上海化学工业区工业气体有限公司

ShanghaiChemical Industry Park Industrial Gases Co.,Ltd．(SCIPIG)

公司简介

上海化学工业区工业气体有限公司(SCIPIG)成立于2002年8月，由法国液化空气集团(AIRLIQUIDE)和美国普莱克斯集团(PRAXAIR)各出资50%合资组建，是最早进驻上海化学工业区开始生产运营的投资企业之一。

SCIPIG现有员工七十余人，项目初期总投资规模超过一亿八千万美元。下设两个生产工厂：

– 空分厂(ASU)：主要生产各种空气分离气体，如氮气、氧气、压缩干燥空气等；

– 合成气厂(HYCO)：主要生产氢气、一氧化碳，及副产蒸汽。

自2004年7月开始，公司通过自己拥有的管道网络向上海化学工业区内各工业客户供应上述气体产品。目前上海化学工业区内大多数已经投产运营的企业都是我们的长期客户。

法国液化空气集团(AIR LIQUIDE)和美国普莱克斯集团(PRAXAIR)分别是当今世界工业气体领域居于领先地位的两大集团公司，在为化工和石油化工领域高端客户提供优质工业气体产品和服务方面具有悠久的历史和丰富的经验。依靠两家母公司强大的专业技术资源，运行经验，管理技巧和市场开发等方面的大力支持，工业气体公司承诺以最优质的工业气体产品和服务来满足化学工业区内各客户需求，作为长期的合作伙伴与客户共同成长。

Company Introduction

Shanghai Chemical Industry Park Industrial Gases Company Limited (SCIPIG) was established in August 2002, as a 50/50 Joint Venture between the Air Liquide Group and Praxair Inc. It was one of the first investors starting operations in SCIP (in July 2004), with an initial project investment above 180 million USD.

With a team of more than 70 employees working on the site, the company is currently operating two plants:

- Air Separation Unit (ASU), producing nitrogen, oxygen, argon and compressed dry air.
- H2/CO Unit (HYCO), producing hygrogen, carbon monoxide and by-product steam.

From 2004, SCIPIG has been supplying industrial gases to various industrial users in SCIP through an extended pipeline network built, owned and operated by SCIPIG. Today, the major customers operation in SCIP are our long-term customers.

The Air Liquide Group and Praxair Inc. are both leading industrial gas companies worldwide, with a long history and extensive experience in providing excellent quality of industrial gas products and service to the most demanding customers in chemicals/petrochemicals. Benefiting from the technological expertise, operational know-how, management skills and business development support from its two parents, SCIPIG is committed to provide the best quality and service for all industrial gases, to satisfy its customers in SCIP, and to accompany them in their growth through a long term partnership.

地址：上海化学工业区州工路139号
邮编：201507
电话：(86-21)67120666
传真：(86-21)67120822
Add：139 ZhougongRoad，ShanghaiChemiCal Industry Park，Shanghai 201507
Tel：(86-21)67120666
Fax：(86-21)67120822

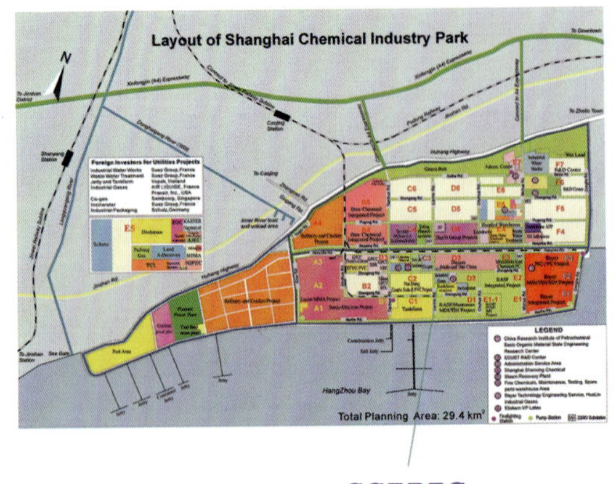

A Joint Venture between the Air Liquide Group and Praxair Inc.

罗氏研发（中国）有限公司

Roche R&D Center (China) Ltd

The R&D Centre China LTD (RRDCC) was established in 2004 in Zhangjiang Hi-Tech Park in Shanghai as a pioneer in Pharmaceutical R&D in China. About 100 colleagues are working in a state of the art building to support our drug discovery work.

It is now a Roche Centre of Excellence contributing to our drug discovery in the ddisease areas focusing on Oncology and Virology, particularly liver-based diseases. The centre cooperates with the best Academic institutes, Biotech companies and Contract Research Organisations in China and is a preferred partner within the Biopharmaceutical community in China.

2004年，罗氏在上海张江高科技园区成立了中国药物研发的先驱——罗氏研发（中国）有限公司（RRDCC）。该研发中心有世界先进的实验室和办公设施，100多名罗氏员工在此努力工作，开展新药研究的创新工作。

罗氏中国研发中心已经成长为一个优秀的药物研发机构，今后将在肿瘤和病毒尤其是肝脏疾病领域发挥重要作用。研发中心非常重视同中国最好的学术机构、生物技术公司和其他研究组织的合作，被誉为中国生物制药界最受欢迎的合作伙伴。

罗氏研发（中国）有限公司
上海浦东新区张江高科园区蔡伦路720弄5号
邮编：201203
电话：+86-21-3895 4910
传真：+86-21-5079 0291

Roche R&D Center (China) Ltd
No. 5 Building, Lane 720 Cai Lun Road,
Pudong, Shanghai 201203
Tel: +86-21-3895 4910
Fax: +86-21-5079 0291

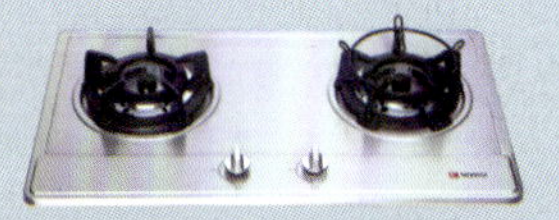

山高刀具公司是全球硬质合金刀具及相关产品的领袖之一，产品范围覆盖车削、铣削、钻削、铰削和镗削等领域，广泛应用于汽车、航空航天、能源、通用机械、模具、医疗等行业。

山高具备机加工完整解决方案的能力，它是客户可以信赖的合作伙伴。山高的目标是为客户提高加工效率，降低制造成本。

Mio宇达电通

Mio宇达电通成立于2002年，是全球著名GPS卫星导航产品的领导厂商，为全球前三大个人手持卫星导航设备品牌。专注于发展先进的卫星导航系列产品，以消费者需求为出发，推广便携式移动通讯装置，包括车用导航系统、随身导航系统等。

宇达电通在上海、成都均有研发中心，并于江苏省昆山市设有生产基地。同时，在北京、上海、广州、深圳、成都、沈阳等地设有分公司。宇达电通的产品荣获 TS 16949 标准认证，客服中心也获得 CCCS 标准五星级认证等多项权威行业认证。

2008年7月Mio宇达电通正式签约成为中国 2010 年上海世博会导航设备高级赞助商，Mio品牌为上海世博会指定导航设备。

Mio品牌以explore more为宗旨，希望改变人们体验世界的角度，让GPS使用者更自由自在的探索世界。

地址：上海市闸北区江场三路211号　　电话：021-61431188
服务热线：400-828-2777　　网址：www.mio.com.cn

安德普翰商务服务（上海）有限公司

关于ADP

ADP是世界最大的业务外包解决方案提供商之一，年收入近90亿美金，在全球拥有约570,000家客户。凭借60年的资深业内经验，ADP能够向业界提供全面的人力资源、薪酬、税务及福利管理解决方案。这些简便易用，经济有效的创新性服务解决方案帮助不同类型、不同规模的企业创造高价值，使其公司的业务运转更有成果、更高效，最终达到最佳的行业标准。ADP同时也为全球轿车、卡车、摩托车、船舶及休闲车辆经销商提供世界领先的集成化计算机信息解决方案。欲了解更多信息，欢迎登录我们的网站：www.adpchina.com。

ADP在中国

ADP于2006年1月进入中国，依托在上海和北京两地的稳健运营，ADP的雇主服务在中国市场迅速立足并快速发展，服务网络遍及70多个城市。
ADP将全球最佳实践与本土经验整合，为中国市场提供一系列独特的、以技术和世界级服务为主导的创新性解决方案，满足中国各种规模企业的多元化需求：
GlobalView?：无限整合的全球人力资源外包解决方案
Streamline?：便捷、省心的区域性薪酬和人力资源管理解决方案
OneHR?：满足中国雇主需求的综合性人力资源业务流程外包解决方案

地址：上海市卢湾区淮海中路98号金钟广场30层
邮编：200021
电话：+86.21.2326 7999
传真：+86.21.2326 7998

养乐多（中国）投资有限公司

Yakult (China) Corporation

养乐多（中国）投资有限公司是日本国株式会社Yakult（养乐多）本社于2005年4月在中国上海成立的一家统筹中国国内生产销售业务的总公司。养乐多集团作为世界上最大的生产和销售活性乳酸菌乳饮品的制造商，1935年开始在日本销售养乐多活性乳酸菌乳饮品，至今已有70多年的历史。自1964年进入中国台湾地区以来，养乐多的生产及销售网络开始扩展到全世界，相继在32个国家和地区开展事业，全球每天销量达到2500万瓶。

养乐多（中国）投资有限公司在中国市场的产品为养乐多活性乳酸菌乳饮品。（在广州地区的商品名称为益力多，与养乐多为同一产品）。每瓶100ml的养乐多里至少含有100亿个以上对人体有益的活性乳酸菌。

自2002年养乐多正式进入中国大陆以来，已经拥有上海、广州两个生产基地，第三家天津工厂正在建设之中。迄今为止，养乐多已在北京、天津、青岛、济南、上海、南京、杭州、武汉、沈阳、福州、广州等地区进行销售，其中在北京、上海、广州还设有多家宅配中心。根据上海市饮料协会的统计，养乐多已经连续五年占据上海市乳酸菌饮料市场销售额的榜首，2009年更是达到了48.8%的占有率，超出第二名约20个百分点。

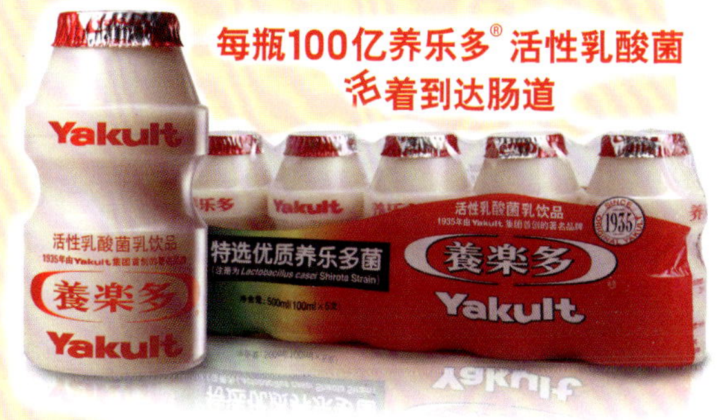

地址：上海市浦东新区浦东南路1118号
鄂尔多斯国际大厦20楼06-09室
邮编：200120
电话：021-50108358
传真：021-50108352
免费客服电话：800 820 9966

上海外商投资企业年鉴

YEARBOOK OF SHANGHAI FOREIGN-INVESTED ENTERPRISES

（2010 年版）

上海市商务委员会　编

中国出版集团
東方出版中心

图书在版编目（CIP）数据

上海外商投资企业年鉴. 2010年版／上海市商务委员会编—上海：东方出版中心，2010.11
ISBN 978-7-5473-0099-2

Ⅰ. 上... Ⅱ.上... Ⅲ.外资公司—上海市—2010—年鉴
Ⅳ.F279.246-54

中国版本图书馆CIP数据核字（2010）第214075号

责任编辑：沈　敏
执行编辑：赵　斌
封面设计：赵　炯

上海外商投资企业年鉴
（2010年版）
上海市商务委员会 编
中国出版集团 东方出版中心出版
（上海市仙霞路345号东方世纪大厦　　邮政编码：200336）
新华书店上海发行所发行　上海浦东北联印刷厂印刷
2010年12月第1版 2010年12月第1次印刷
开本：889×1194 1/16 印张：56 插页：120 字数：150万
ISBN 978-7-5473-0099-2
定价：380.00元

序

上海是我国外商投资的热点地区之一，也是外商投资环境较为完善、适于外商生存发展的地区之一。上海市政府长期坚持对外开放，不断改善投资经营环境，努力拓宽外商投资领域，使上海吸收外商投资的规模持续扩大、水平不断提高。

上海成功吸收外商投资对于本市经济的高速增长，对于本市产业结构的顺利调整，对于本市新兴技术产业的发展壮大，对于本市城市基础建设的改进，对于本市综合经济实力的提高等，都起到了有力的推动和提升作用。

《上海外商投资企业年鉴（2010年版）》（以下简称《年鉴》）是为了方便外商投资企业之间、社会各界与外商投资企业之间的联络而编辑出版的。《年鉴》汇集了在沪的外商投资企业（名录）3万余家，收录了外商投资企业的联络方法、主营业务、主要负责人等内容。《上海外商投资企业年鉴》每年更新一版，由上海市对外经贸服务中心负责汇编。虽然该《年鉴》是外商投资企业最新状况的反映，但由于时间紧、企业多，再加上部分企业情况变化快，所以难免会出现一些不足以反映即时变动的地方，敬请广大读者用户见谅，并提出宝贵意见和建议，以便于我们改进工作，使《年鉴》的编辑出版不断趋于完善。

《上海外商投资企业年鉴》编辑部

2010年10月

2010年版

上海
外商投资
企业年鉴

协办及
支持单位

美敦力医疗用品技术服务（上海）有限公司

地址：上海市张江松涛路560号张江大厦8楼
邮编：201203
电话：021-38612000
传真：021-50801322
网址：www.medtronic.com.cn

美国余晨峰律师事务所驻上海代表处

地址：上海市延安西路726号华敏翰尊国际广场25楼K室
邮编：200050
电话：021-52382833
传真：021-52382733
网址：www.mylawcorp.com

崇邦新基（上海）企业管理咨询有限公司

地址：上海市共和新路1968号8座10楼大宁国际商业广场
邮编：200120
电话：021-66301818
传真：021-66304188

上海信义房屋中介咨询有限公司

地址：上海市淮海中路222号力宝广场26楼
邮编：200021
电话：021-23222666
传真：021-23222608

保乐力加（中国）贸易有限公司

地址：上海市湖滨路222号天地一号楼20层2001单元
邮编：200021
电话：021-23011019
传真：021-23011150
网址：www.pernod-ricard.com

目 录

部分代表处及企业索引

一、代表处

二、农林牧渔业、食品加工、饮料制造业

三、纺织业、服装及其他纤维制品和皮革、毛皮、羽绒及其制品业

四、造纸及纸制品业、印刷业及文教体育用品制造业

五、石油加工、化学原料及化学制品、医药生物技术及化学纤维制造业

六、橡胶、塑料及非金属矿物制品业

七、普通机械、专用设备和交通运输设备制造业

八、电气机械及器材、电子及通讯设备和仪表及文化、办公用机械制造业

农、林、牧、渔业

企业名称	上海福冈水产有限公司				
企业地址	上海市杨浦区军工路 2855 号 3 区 4 号（200438）				
投资总额	8000 万日元	电　话	64276752	传　真	64273657
设立日期	2007-11-14	负 责 人	井上常纪（INOUE TSUNEKI）		
主营业务	从事水产品及其相关食品的批发、佣金代理。				

企业名称	爱索特植物园艺（上海）有限公司				
企业地址	上海市金山区廊下镇景乐路 228 号 4 幢 306 室（201516）				
投资总额	25 万欧元	电　话		传　真	
设立日期	2007-9-28	负 责 人	LUC PIETERS		
主营业务	培育、选育花卉及植物，销售本公司自产产品。				

企业名称	富泽新记生物科技（上海）有限公司				
企业地址	上海市奉贤区望园路 2275 号（201404）				
投资总额	3900 万 RMB	电　话	67100495	传　真	67100495
设立日期	2007-9-26	负 责 人	周令仁		
主营业务	生产食品添加剂、干燥类果蔬菜、香辛料、食品原物料。				

企业名称	上海珂罗茜克园艺有限公司				
企业地址	上海松江现代农业园区五厍示范区东厍路 105 号（201606）				
投资总额	500 万 RMB	电　话	32210528	传　真	32210528
设立日期	2007-7-9	负 责 人	史民救		
主营业务	花卉、蔬菜、瓜果、树木的种植、加工。				

企业名称	东之味食品（上海）有限公司				
企业地址	上海市嘉定工业区叶城路 925 号 B 区第 3 幢（201821）				
投资总额	500 万 USD	电　话		传　真	
设立日期	2007-4-13	负 责 人	东俊顺		
主营业务	水产品的加工、贝类净化及加工，海藻功能食品开发。				

企业名称	上海岛乃香食品有限公司				
企业地址	上海市嘉定区马陆镇丰登路 615 弄 12 号（201801）				
投资总额	110 万 USD	电　话	65688238	传　真	55051397
设立日期	2007-4-13	负 责 人	KINOSHITA EITA（木下英太）		
主营业务	生产、加工贝壳类、虾鱼类、海藻类水产品以及蔬菜类、瓜果类。				

企业名称	品氏托普园艺（上海）有限公司				
企业地址	上海市浦东新区张江镇股军路 215 号 3 幢东首（201203）				
投资总额	6.5 万 USD	电　话	50828900	传　真	
设立日期	2007-3-8	负 责 人	NIELS SOE		
主营业务	花卉、苗木、蔬菜的无土栽培，基质的加工。				

企业名称	上海宏辉食品有限公司				
企业地址	上海市奉贤区青村镇沿钱公路 4598 号（201411）				
投资总额	500 万 USD	电　话	57560678	传　真	57567669
设立日期	2007-2-8	负 责 人	黄俊辉		
主营业务	收购、生产、加工水果、蔬菜及其深加工产品。				

企业名称	三宝美康食品（上海）有限公司				
企业地址	上海市嘉定区外冈镇古塘村 488 号第 1 幢（201806）				
投资总额	50 万 USD	电　话	69931210	传　真	69931210
设立日期	2007-2-1	负 责 人	佐佐木直亲		
主营业务	蔬菜、水果、花卉的生产、储藏，蔬菜、水果、花卉的加工。				

企业名称	上海汉夏农业发展有限公司				
企业地址	上海市奉贤区现代农业园区（201401）				
投资总额	378 万 USD	电　话	57436750	传　真	57436600
设立日期	2006-11-30	负 责 人	徐海峰		
主营业务	蔬菜（含食用菌）无公害栽培技术开发，优良种畜种禽、水产苗种繁育。				

企业名称	上海青上农业科技有限公司				
企业地址	上海市奉贤区南桥镇南桥路 246 号 D 幢（201400）				
投资总额	1000 万 USD	电　话	64501216	传　真	64504997
设立日期	2006-8-21	负 责 人	陈南宏		
主营业务	研究、开发、生产农作物长效肥料及重钙，研究、开发盐酸，销售产品。				

企业名称	中绿（上海）实业有限公司				
企业地址	上海市奉贤区农业园区（201404）				
投资总额	500 万 USD	电　话	07104020	传　真	07104025
设立日期	2006-8-21	负 责 人	孙少锋		
主营业务	生鲜蔬菜、水果、腌渍品、果蔬汁和方便食品的加工。				

企业名称	唐伦生态园林发展（上海）有限公司				
企业地址	上海市嘉定区安亭镇安晓路 128 号 1 幢（201805）				
投资总额	1000 万 USD	电　话		传　真	
设立日期	2006-4-13	负 责 人	詹智能		
主营业务	花卉树林种植及销售，生态景观设计，水处理技术的研发及应用。				

企业名称	上海锦地绿化苗木有限公司				
企业地址	上海市浦东新区杨高北路 528 号 14 幢 187 室（200131）				
投资总额	60 万 USD	电　话	63400915	传　真	63400913
设立日期	2006-4-10	负 责 人	张金荣		
主营业务	苗木、花卉、盆景、草坪及观赏植物种植，销售产品，提供咨询。				

企业名称	上海加泰林业有限公司				
企业地址	上海市浦东新区博兴路 195 号 239 室（200127）				
投资总额	200 万 USD	电　话	64477537	传　真	64477537
设立日期	2006-2-27	负 责 人	ANTHONY NG		
主营业务	林木营造及良种培育，林木产品的加工，销售产品，提供技术咨询。				

企业名称	仂元（上海）园艺有限公司				
企业地址	上海市闵行区莲花南路 2399 号 5#甲（201102）				
投资总额	500 万 USD	电　话	64978015	传　真	64978095
设立日期	2006-1-19	负 责 人	李素真		
主营业务	生产各类园艺工具和相关配套产品，销售自产产品。				

企业名称	欧食多有机农产品（上海）有限公司				
企业地址	上海市浦东新区吴店路 286 号 7 幢 202-203 室（200120）				
投资总额	50 万 USD	电　话	51082569	传　真	54902651
设立日期	2006-1-9	负 责 人	PAUL LIN		
主营业务	有机蔬果、水果、花卉的种植，种植产品深加工研发、加工和生产。				

企业名称	上海鲜花港德鲁仕植物有限公司				
企业地址	上海市南汇区东海农场桃园路南首（201303）				
投资总额	132.5 万 USD	电　话	58296140	传　真	58296133
设立日期	2005-12-21	负 责 人	REGINALD H.K.DEROOSE		
主营业务	生产花卉种苗、盆栽花卉、切花、观赏植物及农艺设备，销售自产产品。				

企业名称	上海彼福艾饲料科技有限公司				
企业地址	上海市松江区新桥镇新格路 1125 号（201612）				
投资总额	30 万 USD	电　话	57687881	传　真	57687882
设立日期	2005-12-6	负 责 人	MARC INDIGNE		
主营业务	生产饲料香甜味剂、畜禽、水产配合饲料，浓缩饲料。				

企业名称	埃富恩饲料科技（上海）有限公司				
企业地址	上海市松江区车新公路 185 号内 3 号厂房（201611）				
投资总额	14 万 USD	电　话	37601165	传　真	37601163
设立日期	2005-8-18	负 责 人	宋济生		
主营业务	生产畜禽、水产配合饲料、浓缩饲料、单一饲料、饲料添加剂。				

企业名称	上海诘介生物科技有限公司				
企业地址	上海市奉贤区南桥镇解放东路 121 号（201400）				
投资总额	25 万 USD	电　话	57418008	传　真	37198002
设立日期	2005-7-15	负 责 人	罗素娟		
主营业务	生产花卉介质、花卉资材，生物菌培养，园林绿化，销售公司自产产品。				

企业名称	嘉贸农产品（上海）有限公司				
企业地址	上海市外高桥保税区荷丹路 242 号第二层 218 室（200131）				
投资总额	10 万欧元	电　话	58691797	传　真	58692179
设立日期	2005-5-31	负 责 人	THOMAS MATTHIAS CREMER		
主营业务	保税区内以农产品及钢材为主的仓储、分拨、展示、技术咨询。				

企业名称	上海宝卉园艺科技有限公司				
企业地址	上海市宝山区庙行镇共康路 601 号 203 室（200435）				
投资总额	20 万 USD	电　话	66864112	传　真	66864113
设立日期	2005-3-4	负 责 人	CHIN CHOON GUAN（陈俊源）		
主营业务	苗木和种子的培植及技术开发；园艺设计及其相关服务。				

企业名称	上海光兆林业发展有限公司				
企业地址	上海市浦东新区张江镇郭守敬路 35L 号 2 号路 603A—109 室（201203）				
投资总额	300 万 USD	电　话	60150062	传　真	60156078
设立日期	2005-1-21	负 责 人	宋学孟		
主营业务	造林技术、育林技术、生物技术的研究、开发，提供相关的技术咨询。				

企业名称	**东海水族（上海）有限公司**				
企业地址	上海市浦东新区机场镇小圩村2队乔家宅80号202－210室（201206）				
投资总额	14万USD	电　　话	33935256	传　　真	33935993
设立日期	2004-10-28	负 责 人	陈镇平		
主营业务	养殖实验和观赏性水产品、水生植物，养殖食用水产品等。				

企业名称	**丸启水产品加工（上海）有限公司**				
企业地址	上海市金山区卫清东路1989号15幢（201508）				
投资总额	91万USD	电　　话	57241513	传　　真	57240627
设立日期	2004-9-28	负 责 人	潘春健		
主营业务	水产品加工项目。				

企业名称	**百奥明饲料添加剂（上海）有限公司**				
企业地址	上海市嘉定区马陆镇尚学路400号（201801）				
投资总额	52.5万USD	电　　话	69155981	传　　真	69155172
设立日期	2004-9-15	负 责 人	ERICH ERBER		
主营业务	生产及开发饲料添加剂，销售本公司自产产品并提供相关技术咨询服务。				

企业名称	**科菲特饲料（上海）有限公司**				
企业地址	上海市嘉定区华亭镇嘉行公路2575号（201811）				
投资总额	21万USD	电　　话	59952123	传　　真	59952265
设立日期	2004-8-2	负 责 人	尹熙元		
主营业务	生产饲料、饲料添加剂，销售本公司自产产品并提供售后服务。				

企业名称	**上海豪庭园艺有限公司**				
企业地址	上海市闵行区华漕镇王泥浜村北杜巷生产队（201106）				
投资总额	55万USD	电　　话	52630010	传　　真	52231550
设立日期	2004-6-23	负 责 人	孟　军		
主营业务	培植花卉、苗木，制作人造花卉、花卉工艺品和园艺工具。				

企业名称	**艾斯伯特农业发展（上海）有限公司**				
企业地址	上海市嘉定区马陆镇希望路340号（201801）				
投资总额	14万USD	电　　话	64282658	传　　真	
设立日期	2004-4-22	负 责 人	赵汗卿		
主营业务	蔬菜、水果无公害栽培技术及产品系列化开发、生产。				

企业名称	**上海生泰林业有限公司**				
企业地址	上海市浦东新区博兴路195号208室（200129）				
投资总额	1000万RMB	电　　话	64477537	传　　真	64477930
设立日期	2004-4-22	负 责 人	吴柱豪		
主营业务	林木的营造及良种培育，林木产品的加工，销售自产产品。				

企业名称	**上海惠和蔬果农艺有限公司**				
企业地址	上海市嘉定区沪宜公路5058号（201800）				
投资总额	14万USD	电　　话	61136509	传　　真	61136506
设立日期	2004-3-23	负 责 人	郑惠彪		
主营业务	蔬菜、瓜果、花草苗木的种植、加工，销售本公司自产产品。				

企业名称	**泓本实业（上海）有限公司**				
企业地址	上海市松江区洞泾镇渔洋浜村松江1356号地块（201619）				
投资总额	300万USD	电　　话	64396651	传　　真	54254120
设立日期	2004-2-26	负 责 人	张伟明		
主营业务	生产、研发有机肥料及农业机具新技术设备制造，销售公司自产产品。				

企业名称	**上海鼎汉生物科技有限公司**				
企业地址	上海松江现代农业园区五厍示范区西二号河西侧（201606）				
投资总额	50万USD	电　　话	57877311	传　　真	57874922
设立日期	2003-11-7	负 责 人	黄圣朝		
主营业务	开发、培育兰花及其他花卉，苗木种植，销售公司自产产品。				

企业名称	**上海远雄园林绿化有限公司**				
企业地址	上海市青浦区华新镇马阳村（201708）				
投资总额	25万USD	电　　话	62709999	传　　真	62701799
设立日期	2003-10-28	负 责 人	洪贤德		
主营业务	苗木、花卉及观赏植物种植、养护和经营，绿化工程讯息工期及服务。				

企业名称	**上海永亿农业发展有限公司**				
企业地址	上海市松江区泖港镇兴旺村（201606）				
投资总额	50万USD	电　　话	62707766	传　　真	62085321
设立日期	2003-10-14	负 责 人	中州彬		
主营业务	生产有机农产品及生态食品，销售公司自产产品。				

企业名称	**上海五丰上食畜牧有限公司**				
企业地址	上海市嘉定工业区北区（201800）				
投资总额	242万USD	电　　话	39960733	传　　真	
设立日期	2003-9-18	负 责 人	顾晓鸣		
主营业务	种猪繁育，生猪饲养及销售（涉及许可经营的凭许可证经营）。				

企业名称	**蓝湖观赏鱼（上海）有限公司**				
企业地址	上海市闵行区华漕镇吴翟路1500号（201107）				
投资总额	51万USD	电　　话	54791585	传　　真	64194322
设立日期	2003-9-11	负 责 人	OOI PENG SUN（黄炳山）		
主营业务	培育、养殖观赏鱼，鱼食料、水族器材的生产，销售自产产品。				

企业名称	**上海兴迪水产有限公司**				
企业地址	上海市浦东新区机场镇陈胡村2队128号（201202）				
投资总额	20万USD	电　　话	58936959	传　　真	58936779
设立日期	2003-7-22	负 责 人	山川勤（YAMAKAWA TSUTOMU）		
主营业务	加工、生产水产品、渔具用品、干鲜蔬菜，销售自产产品。				

企业名称	**上海耕旺园艺有限公司**				
企业地址	上海市闵行区浦江镇新风村（201114）				
投资总额	20万USD	电　　话	64918605	传　　真	64918640
设立日期	2003-7-17	负 责 人	吴宗哲		
主营业务	花卉培植技术的开发、咨询、花卉的培养，销售自产产品。				

企业名称	**上海奇宝宠物有限公司**				
企业地址	上海市奉贤区奉城镇大门村（201400）				
投资总额	14万USD	电　　话	52275176	传　　真	52273125
设立日期	2003-7-10	负 责 人	徐之强		
主营业务	生产、加工宠物玩具及用品等。				

企业名称	**上海富田园艺有限公司**				
企业地址	上海市金山区亭林镇友谊村友谊场（201505）				
投资总额	20万USD	电　　话	64685215	传　　真	
设立日期	2003-5-29	负 责 人	王雪萃		
主营业务	种植、培育各种花卉、蔬菜、果品及苗木，销售公司自产产品。				

企业名称	**上海集轩园林绿化工程有限公司**				
企业地址	上海市青浦区赵屯镇东方村（201711）				
投资总额	25万USD	电　　话	59223788	传　　真	59212095
设立日期	2003-4-29	负 责 人	陈长环		
主营业务	开发、培育、种植树木、苗木、花卉，销售公司自产产品。				

企业名称	**上海佘之乐实业有限公司**				
企业地址	上海市松江区佘山国家旅游度假区内月湖周边地块（201602）				
投资总额	500万USD	电　　话	57798090	传　　真	
设立日期	2003-4-10	负 责 人	曹日章		
主营业务	种植花卉、苗木、蔬菜、草皮，开发生态农业、观光农业，水产养殖等。				

企业名称	**上海华珍农业科技发展有限公司**				
企业地址	上海市青浦区华新镇凌家村华凌路88号（201708）				
投资总额	100万USD	电　　话	59793869	传　　真	59793846
设立日期	2003-4-3	负 责 人	陈龙木		
主营业务	花卉、蔬菜、瓜果的培育生产，销售公司自产产品。				

企业名称	**上海华亭滨江林业有限公司**				
企业地址	上海市松江区车墩镇永福村（201600）				
投资总额	105万USD	电　　话	57773912	传　　真	57773912
设立日期	2003-3-21	负 责 人	LAY KOK WENG		
主营业务	生态林的种植和养护，销售公司自产产品。				

企业名称	**上海伟图种马发展有限公司**				
企业地址	上海市青浦区朱家角镇王金村与新胜村界内（201714）				
投资总额	80万USD	电　　话	69830022	传　　真	69830055
设立日期	2003-3-19	负 责 人	黄沛华		
主营业务	优良种马的培育、养殖，销售公司自产产品，提供产品技术咨询服务。				

企业名称	**上海英才林业有限公司**				
企业地址	上海市青浦区赵屯镇白石路3688号（201711）				
投资总额	42万USD	电　　话	51040257	传　　真	52818429
设立日期	2002-12-10	负 责 人	关英才		
主营业务	花卉、苗木种植销售，绿化工程设计、施工，销售公司自产产品。				

农、林、牧、渔业

企业名称	上海同润生物工程有限公司				
企业地址	上海市奉贤区南桥镇（201400）				
投资总额	21.199万USD	电　话	62783503	传　真	62781563
设立日期	2002-11-20	负责人	韩申飞		
主营业务	有机肥料资源开发，生产农作物秸秆还田及综合利用。				

企业名称	上海芭芭拉宠物有限公司				
企业地址	上海市中华路1150号－1152号A幢底层1148弄大门旁（200021）				
投资总额	21万USD	电　话	63455899	传　真	63453899
设立日期	2002-8-2	负责人	严伟奇		
主营业务	宠物类动物优良品种的繁殖、销售，经营宠物类动物的治疗、托养等。				

企业名称	上海惠盛农产品有限公司				
企业地址	上海市青浦区香花桥现代农业园区（201707）				
投资总额	20万USD	电　话	59861300	传　真	59861302
设立日期	2002-7-15	负责人	王万彬		
主营业务	食用菌、花卉、蔬菜、苗木、种子种苗种植、加工，销售公司自产产品。				

企业名称	上海大汉园景科技有限公司				
企业地址	上海市闵行区老沪闵路2038号（201102）				
投资总额	50万USD	电　话	64971008	传　真	64970676
设立日期	2002-7-24	负责人	刘邦昭		
主营业务	盆景，苗木，花卉，种苗及相关栽培介质的制作，培植。				

企业名称	上海汉枫园林技术有限公司				
企业地址	上海市卢湾区南塘浜路103号312室D座（200023）				
投资总额	20万USD	电　话	50201600	传　真	50200659
设立日期	2002-6-25	负责人	于薪铎		
主营业务	优质草坪草、观赏草、牧草新品种、彩色林木、种苗的培育。				

企业名称	上海大福欧园林有限公司				
企业地址	上海市青浦区华新镇民兴工业区（201705）				
投资总额	90万USD	电　话	62617330	传　真	62421008
设立日期	2002-6-11	负责人	陈　萍		
主营业务	园林绿化工程设计、施工及其管理、咨询，苗木花卉等的生产。				

企业名称	上海汇美园艺景观有限公司				
企业地址	上海市钦州路635号（200233）				
投资总额	24万USD	电　话	54972380	传　真	54246127
设立日期	2002-6-18	负责人	符忠宪		
主营业务	园林绿化工程设计、绿化布景及配套服务、花卉种植和培育。				

企业名称	上海晨兴林业开发有限公司				
企业地址	上海市松江区泖港镇（201607）				
投资总额	800万USD	电　话	54278839	传　真	54274066
设立日期	2002-6-17	负责人	王　晨		
主营业务	种植花卉、苗木、蔬菜，开发生态农业、观光农业、水产养殖等。				

企业名称	中鼎生物科技（上海）有限公司				
企业地址	上海市浦东新区孙桥镇沔北路185号（201210）				
投资总额	420万USD	电　话	58573399	传　真	58571992
设立日期	2002-5-30	负责人	刘季钧		
主营业务	花卉生产及苗圃基地建设与经营，销售公司自产产品。				

企业名称	上海御桦观赏鱼有限公司				
企业地址	上海市松江区九亭镇（松江899号地块）（201600）				
投资总额	110万USD	电　话	57696016	传　真	
设立日期	2002-5-30	负责人	林泰国		
主营业务	优良观赏鱼苗种繁育（不含我国特有的珍贵优良品种）。				

企业名称	上海爱格斯生态科技有限公司				
企业地址	上海市浦东新区孙桥现代农业开发区勤政路48号（201203）				
投资总额	40万USD	电　话	67635890	传　真	67635890
设立日期	2002-5-16	负责人	姚永康		
主营业务	开发、研究、推广、繁育优良种水产苗种、名特优水产品等。				

企业名称	上海健松种植有限公司				
企业地址	上海市金山区松隐镇驳岸12组（201504）				
投资总额	20万USD	电　话	57387304	传　真	
设立日期	2002-4-24	负责人	大平健治		
主营业务	种植各类蔬菜、瓜果、花卉、食用菌，销售公司自产产品。				

企业名称	晨丰（上海）实业有限公司				
企业地址	上海市松江区泖港镇（201607）				
投资总额	1200万USD	电　话	57864066	传　真	57862036
设立日期	2002-4-18	负责人	王　晨		
主营业务	种植花卉、苗木、蔬菜，开发生态农业、观光农业、水产养殖等。				

企业名称	上海台霖园艺工程有限公司				
企业地址	上海市闵行区颛桥镇中心村姚家生产队（201109）				
投资总额	40万USD	电　话	64900889	传　真	64902092
设立日期	2002-4-15	负责人	马永玲		
主营业务	花草种子，花卉生产与苗圃基地和园林建设、经营。				

企业名称	长荣有氧景观科技（上海）有限公司				
企业地址	上海市松江工业区茸北分区茸兴路东侧2号标准厂房（201613）				
投资总额	20万USD	电　话	57784181	传　真	57784223
设立日期	2002-3-5	负责人	林训良		
主营业务	生产、制造果树、蔬菜、花卉、植物等栽培新技术设备。				

企业名称	石狩水产品（上海）有限公司				
企业地址	上海市闵行区吴中路1569号（201103）				
投资总额	6万USD	电　话	64062130	传　真	64062132
设立日期	2002-2-25	负责人	吴　琦		
主营业务	加工水产品，销售自产产品。				

企业名称	上海欧珀尔园艺有限公司				
企业地址	上海市闵行区沪闵路2759号（201100）				
投资总额	28万USD	电　话	64912254	传　真	64917723
设立日期	2002-2-8	负责人	RANDOLPH ROSS BROWN		
主营业务	种植、培育、包装销售盆栽花卉、观赏叶植物及其他园艺产品。				

企业名称	上海都市维生种苗有限公司				
企业地址	上海市浦东星火开发区民乐路88号（201419）				
投资总额	300万USD	电　话	57505638	传　真	57505618
设立日期	2002-1-22	负责人	祁瑞芝		
主营业务	花卉、蔬菜等植物种植品种资源的引进，开发，培育和生产。				

制造业－食品加工业和食品、饮料制造业

制造业-食品加工业和食品、饮料制造业

企业名称	领鲜食品（上海）有限公司				
企业地址	上海市松江区车墩镇茜浦路195弄13号17幢(201611)				
投资总额	1500万USD	电话	37745186	传真	
设立日期	2009-11-18	负责人	潘慰		
主营业务	生产、加工、研发小型食品机械，销售自产产品。				

企业名称	上海英丰食用菌设备有限公司				
企业地址	上海市奉贤区金钱公路4735号第2幢(201407)				
投资总额	36万USD	电话	57569881	传真	57569880
设立日期	2009-11-11	负责人	KWON TAE WOON		
主营业务	生产食用菌机械及相关零部件，销售公司自产产品。				

企业名称	卡卡圈（上海）食品有限公司				
企业地址	上海市金山区亭林镇东新村1组1幢(201505)				
投资总额	23万USD	电话	62371661	传真	62370552
设立日期	2009-9-27	负责人	韩亨奎		
主营业务	甜甜圈的生产、加工及销售自产产品。				

企业名称	上海卡胡那食品有限公司				
企业地址	上海市杨浦区军工路2600号13幢三楼310-315室(200438)				
投资总额	50万USD	电话		传真	
设立日期	2009-8-7	负责人	MARINA SHIH CHIN MA		
主营业务	烘烤类糕点生产的项目，销售自产产品。				

企业名称	鼎轩茶业（上海）有限公司				
企业地址	上海市青浦区白鹤镇白石公路2288号第6幢(201700)				
投资总额	100万USD	电话	59211230	传真	59211320
设立日期	2009-8-3	负责人	陈叙萍		
主营业务	成品茶的加工、拼配。				

企业名称	上海丰原普乐思食品有限公司				
企业地址	上海市金山区亭林镇亭卫公路9299弄138号3幢(201505)				
投资总额	1000万USD	电话		传真	
设立日期	2009-7-16	负责人	IGNACIO DE MORAES JUNIOR		
主营业务	冻牛肉、冻鸡肉等肉类制品生产加工项目。				

企业名称	大燕食品（上海）有限公司				
企业地址	上海市普陀区常德路1167号(200060)				
投资总额	14万USD	电话		传真	
设立日期	2009-7-9	负责人	黄国宾		
主营业务	食品加工、生产，销售自产产品。				

企业名称	顺恒大豆食品设备（上海）有限公司				
企业地址	上海市松江区施惠路315弄10号1幢A区(201613)				
投资总额	30万USD	电话	57783790	传真	57784435
设立日期	2009-6-23	负责人	间濑恒平		
主营业务	制造、加工大豆食品设备及成套生产线，豆浆、豆乳。				

企业名称	佼佼意人食品（上海）有限公司				
企业地址	上海市松江区书山路55号A1厂房(201600)				
投资总额	50万USD	电话	67760978	传真	67760987
设立日期	2009-3-4	负责人	CARECCI SALVATORE		
主营业务	生产、加工意大利面条、匹萨、蛋糕、面包。				

企业名称	上海吉田食品有限公司				
企业地址	上海市南汇区航头镇大麦湾工业园区飞桥路688号B区(201300)				
投资总额	20万USD	电话	33758082	传真	33758082
设立日期	2009-2-13	负责人	HARUN JIANTO		
主营业务	生产各类米、面制品，销售公司自产产品。				

企业名称	堤梯斯咖啡（上海）有限公司				
企业地址	上海市嘉定区江桥镇金园八路439号1幢(201821)				
投资总额	70万USD	电话	39556752	传真	39556752
设立日期	2009-1-19	负责人	TAN MENG HAN		
主营业务	开发、焙制、生产咖啡豆，销售本公司自产产品。				

企业名称	维爱比（上海）比萨有限公司				
企业地址	上海市松江区民强路399号3号厂房一楼(201600)				
投资总额	40万USD	电话	61678188	传真	33738115
设立日期	2009-1-14	负责人	MARCUS EDWARD BRAMHALL		
主营业务	生产、加工比萨食品、销售公司的自产产品。				

企业名称	上海台创食品贸易有限公司				
企业地址	上海市闵行区虹梅南路1755号第2幢1楼A室(200237)				
投资总额	14万USD	电话	54300561	传真	
设立日期	2008-12-19	负责人	刘佳孟		
主营业务	从事食品、烘焙材料、餐饮设备、调味料、添加剂、香料的批发。				

企业名称	鱼面工坊（上海）食品有限公司				
企业地址	上海市松江区茸北路88号3幢第一层(201613)				
投资总额	14万USD	电话	37628445	传真	37621197
设立日期	2008-12-12	负责人	张骐		
主营业务	生产、加工保湿面、酱卤肉制品，销售公司自产产品并提供售后服务。				

企业名称	华润雪花啤酒（上海）有限公司				
企业地址	上海市宝山工业园区金石路1688号521室(200499)				
投资总额	8051万USD	电话	51528609	传真	51528687
设立日期	2008-12-12	负责人	王群		
主营业务	生产啤酒及其副产品，销售自产产品。				

企业名称	达拓食品贸易（上海）有限公司				
企业地址	上海市静安区成都北路333号南楼1603E室(200041)				
投资总额	35万USD	电话	58356311	传真	58352998
设立日期	2008-12-2	负责人	MARCO ANTONIO DE OLIVEIRA		
主营业务	食品、宠物食品及原辅料的批发、进出口、佣金代理。				

企业名称	上海荷裕冷冻食品有限公司				
企业地址	上海市奉贤现代农业园区汇丰西路1438号(201401)				
投资总额	450万USD	电话	37565290	传真	37565290
设立日期	2008-11-26	负责人	KLAAS POST		
主营业务	水产品及农副产品的生产、加工。				

企业名称	上海德拉瓦伊食品机械贸易有限公司				
企业地址	上海市浦东新区金桥出口加工区宁桥路999号5幢207室(201206)				
投资总额	22万USD	电话	58349900	传真	
设立日期	2008-11-20	负责人	ROBERTO TRAVAGLINI		
主营业务	食品加工设备、轻工机械设备、装卸机械。				

企业名称	上海圃园福生绿色食品有限公司				
企业地址	上海市嘉定工业区洪德路1265号第3幢(201807)				
投资总额	2200万USD	电话	66505524	传真	56683368
设立日期	2008-11-17	负责人	张小宝		
主营业务	蔬菜加工、饮料、豆制食品项目。				

企业名称	上海顶盛食品工业有限公司				
企业地址	上海市嘉定区马陆镇横仓公路355号第3幢2楼(201801)				
投资总额	1100万USD	电话	59159509	传真	
设立日期	2008-11-6	负责人	魏应充		
主营业务	生产面包。				

企业名称	默克保健食品贸易（上海）有限公司				
企业地址	上海市南京西路1468号中欣大厦2602－2605室(200040)				
投资总额	1493万USD	电话	32224788	传真	62899789
设立日期	2008-11-6	负责人	KLAUS REINHARD HOENNEKNOEVEL		
主营业务	保健食品、糖果、乳制品、糕点、饼干。				

企业名称	富仕兰食品贸易（上海）有限公司				
企业地址	上海市卢湾区淮海中路93号901、902、910室(200021)				
投资总额	447万USD	电话	63910066	传真	63503790
设立日期	2008-11-6	负责人	THEODORUS CORNELIUS ADRIANUS		
主营业务	奶粉的批发、佣金代理。				

企业名称	麦兴（上海）面包有限公司				
企业地址	上海市嘉定区外冈镇嘉松北路1321号第2幢(201806)				
投资总额	650万USD	电话		传真	
设立日期	2008-10-20	负责人	刘家治		
主营业务	糕点。				

企业名称	上海唐宫食品有限公司				
企业地址	上海市闵行区沪光东路158号2号厂房(200237)				
投资总额	15万USD	电话	54408886	传真	54409889
设立日期	2008-10-14	负责人	叶树松		
主营业务	生产肉及肉制品。				

企业名称	意甜食品（上海）有限公司				
企业地址	上海市奉贤区青村镇青村南路18号厂区内东南2幢(201414)				
投资总额	14万USD	电话	56959725	传真	
设立日期	2008-9-28	负责人	GRANIERI MICHELE		
主营业务	面包的生产加工销售。				

企业名称	上海杉家食品有限公司				
企业地址	上海市黄浦区昼锦路15号地下一层08室B041单元(200010)				
投资总额	14万USD	电话	33728388	传真	
设立日期	2008-6-4	负责人	米田弘一		
主营业务	蜂蜜类饮料、食品的生产。				

企业名称	巧艺可可食品（上海）有限公司				
企业地址	上海市浦东新区龙汇路300号214室(201204)				
投资总额	1.46万USD	电话	58915104	传真	67685357
设立日期	2008-9-17	负责人	VERONIQUE YANG		
主营业务	西式糕点、巧克力的加工，销售自产产品。				

企业名称	甜园食品（上海）有限公司				
企业地址	上海市黄浦区昼锦路15号地下一层07室B052单元(200010)				
投资总额	7.5万USD	电话	52728910	传真	52728910
设立日期	2008-6-4	负责人	BAKO ISTVAN RICHARD		
主营业务	中西糕点、冰淇淋、咖啡、饮料。				

企业名称	曼凯雪食品贸易（上海）有限公司				
企业地址	上海市黄浦区延安东路588号5D室(200003)				
投资总额	17万USD	电话	53021255	传真	53022522
设立日期	2008-8-16	负责人	GIAN MARIA EMENDATORI		
主营业务	食品、食品机械的批发、进出口。				

企业名称	西本连合食品商贸（上海）有限公司				
企业地址	上海市长宁区遵义路100号A栋2809室(200051)				
投资总额	50万USD	电话	62371230	传真	62371232
设立日期	2008-5-26	负责人	三城康平		
主营业务	食品、饮料、日用百货、饲料、食品检测器械的进出口。				

企业名称	膳明食品贸易（上海）有限公司				
企业地址	上海市长宁区定西路1232号第4幢513室(200050)				
投资总额	28.5万USD	电话	52397930	传真	52397931
设立日期	2008-8-11	负责人	余发强		
主营业务	食品销售管理。				

企业名称	蜜莉菲歌（上海）食品贸易有限公司				
企业地址	上海市长宁区哈密路442号405室(200335)				
投资总额	14万USD	电话	62915820	传真	62915820
设立日期	2008-5-23	负责人	王志贤		
主营业务	食品销售管理。				

企业名称	福达（上海）食品有限公司				
企业地址	上海市金山工业区合兴村1组2053号7幢(201505)				
投资总额	1500万USD	电话	57276968	传真	57276968
设立日期	2008-7-29	负责人	梁家熹		
主营业务	生产、加工腐乳、酱油、酱油等系列产品。				

企业名称	维利奥（上海）食品贸易有限公司				
企业地址	上海市浦东新区世纪大道1589号1503－1504室(200122)				
投资总额	100万USD	电话	50584316	传真	50584320
设立日期	2008-5-21	负责人	VEIJO TAPIO MERILAINEN		
主营业务	食品、食品添加剂、食品配料的批发。				

企业名称	鑫镐食品工业（上海）有限公司				
企业地址	上海市奉贤区大叶公路6978号2号楼1车间(201404)				
投资总额	40万USD	电话	57587111	传真	
设立日期	2008-7-23	负责人	陈嘉庆		
主营业务	生产食品原料、食品添加剂。				

企业名称	爱丰食品机械（上海）有限公司				
企业地址	上海市松江区南乐路1276弄88号1幢(201600)				
投资总额	97万USD	电话	37621196	传真	37621197
设立日期	2008-5-13	负责人	长峰昭一		
主营业务	研发、设计、生产食品机械及其零配件。				

企业名称	上海丸水新三角洲食品销售有限公司				
企业地址	上海市闸北区汶水路273号2幢518室(200072)				
投资总额	50万USD	电话	52286538	传真	52286538
设立日期	2008-7-22	负责人	竹内一夫		
主营业务	水产品的批发、进出口。				

企业名称	全雅食品贸易（上海）有限公司				
企业地址	上海市闵行区吴中路1189号2幢717室(201103)				
投资总额	150万USD	电话	64510290	传真	64510390
设立日期	2008-4-30	负责人	何宗哲		
主营业务	调味品、罐头、饮料、预包装食品、水产品及上述食品原料的批发。				

企业名称	尤益嘉（上海）食品商贸有限公司				
企业地址	上海市南汇区康桥镇沪南路2888弄1号楼2楼(201300)				
投资总额	55万USD	电话	58121130	传真	58121130
设立日期	2008-7-14	负责人	KWOK TIO TJEN		
主营业务	从事食品和饮料的批发、进出口。				

企业名称	隆立食品（上海）有限公司				
企业地址	上海市奉贤区奉城镇神州路88号第14幢(201411)				
投资总额	35万USD	电话	63807031	传真	63807032
设立日期	2008-4-18	负责人	KIYOTAKA YOSHIDA		
主营业务	生产、加工冷冻食品、脱水食品。				

企业名称	上海青芳食品科技有限公司				
企业地址	上海市徐汇区华泾路1305弄8号A座一楼(200231)				
投资总额	70万USD	电话	64965566	传真	65965656
设立日期	2008-6-10	负责人	许育彰		
主营业务	食品销售管理。				

企业名称	上海泰农食品贸易有限公司				
企业地址	上海市金山区枫泾镇泾商路99弄2087号304室(201501)				
投资总额	6.5万USD	电话	67360016	传真	67360016
设立日期	2008-4-16	负责人	TANASIT PONGCHANASIT		
主营业务	食品销售管理。				

企业名称	奥雷比亚食品贸易（上海）有限公司				
企业地址	上海市青浦区天盈路475号2幢(201700)				
投资总额	25万USD	电话	59228287	传真	59228103
设立日期	2008-6-10	负责人	ALEXANDROS GEORGIADIS		
主营业务	从事农副产品、粮食制品的批发、佣金代理（拍卖除外）、进出口。				

企业名称	瑞果食品（上海）有限公司				
企业地址	上海市嘉定区南翔镇蕰北公路1755弄20号一楼(201802)				
投资总额	384万USD	电话	64684071	传真	64684071
设立日期	2008-4-9	负责人	陈翔立		
主营业务	生产糕点。				

企业名称	联亨冷冻食品（上海）有限公司				
企业地址	上海市青浦工业园区香大路885号2幢(201700)				
投资总额	300万USD	电话	59224116	传真	59224119
设立日期	2008-6-6	负责人	LIU CHUN CHIN		
主营业务	生产速冻肉制品、速冻果蔬制品。				

企业名称	上海田点之家食品有限公司				
企业地址	上海市松江区九亭伴亭东路288号一幢1F西侧(201615)				
投资总额	20万USD	电话	37632867	传真	37632863
设立日期	2008-4-9	负责人	林永芳		
主营业务	生产米面制品、豆腐花。				

企业名称	上海顶甄食品有限公司				
企业地址	上海市嘉定区马陆镇丰年路85号第1幢第1层(201800)				
投资总额	900万USD	电话	59159509	传真	69597135
设立日期	2008-6-5	负责人	魏应行		
主营业务	生产糕点。				

企业名称	爱典有机食品贸易（上海）有限公司				
企业地址	上海市浦东新区张杨北路5509号1202P座(200137)				
投资总额	30万USD	电话	50802222	传真	
设立日期	2008-4-2	负责人	NIEH PING-HIGH MICHAEL		
主营业务	食品的批发、佣金代理。				

制造业-食品加工业和食品、饮料制造业

企业名称	帕斯嘉（上海）食品添加剂有限公司				
企业地址	上海市闵行区浦江镇立跃路1768弄67号7号楼1层(201112)				
投资总额	150万USD	电话	58692901	传真	58692903
设立日期	2008-3-27	负责人	JAKOB THOISEN		
主营业务	生产复配浓缩料、复配乳化增稠剂。				

企业名称	仙波食品商贸（上海）有限公司				
企业地址	上海市松江区乐都路358号云间大厦602室(201600)				
投资总额	13万USD	电话	68411008	传真	50663589
设立日期	2008-3-13	负责人	堀江敏夫		
主营业务	各种食品、食品调味料、食品添加剂、食品机械设备及食品厨具的批发。				

企业名称	泰而勒食品设备制造（上海）有限公司				
企业地址	上海市闵行区沪闵路3986号(201108)				
投资总额	200万USD	电话	54429898	传真	54833301
设立日期	2008-3-12	负责人	RICHARD LIANG HE		
主营业务	开发、生产食品机械及零件。				

企业名称	思鸿食品贸易（上海）有限公司				
企业地址	上海市长宁区延安西路1023号3101室(200050)				
投资总额	7万USD	电话	52377852	传真	52377851
设立日期	2008-3-4	负责人	林永清		
主营业务	食品销售管理。				

企业名称	创润食品贸易（上海）有限公司				
企业地址	上海市浦东新区东靖路1831号403－14室(201208)				
投资总额	15万USD	电话	63232255	传真	63232255
设立日期	2008-2-25	负责人	THELEEN JENNY HSUI		
主营业务	酒类、食品的批发、佣金代理。				

企业名称	熙可食品科技（上海）有限公司				
企业地址	上海市嘉定区嘉唐路1155号4幢(201821)				
投资总额	700万USD	电话	53850085	传真	53850087
设立日期	2008-2-14	负责人	朱演铭		
主营业务	食品领域的新产品、工艺、技术的研发。				

企业名称	安邦食品技术咨询（上海）有限公司				
企业地址	上海市闸北区恒通路360号B1305室(200070)				
投资总额	16万USD	电话	63805646	传真	63801912
设立日期	2008-1-25	负责人	JAMES ROBERT MUNYON		
主营业务	对食品及相关行业的安全生产提供技术咨询和其他技术服务。				

企业名称	上海丰贵食品有限公司				
企业地址	上海市嘉定区江桥镇爱特路85弄8号第1幢第1层（201803）				
投资总额	20万USD	电话	69112380	传真	69112382
设立日期	2007-12-25	负责人	游健阳		
主营业务	生产、加工中西式糕点。				

企业名称	上海伯隆食品有限公司				
企业地址	上海市嘉定区黄渡镇淞阳路884号第4幢部分（201804）				
投资总额	66万USD	电话	64388372	传真	64289737
设立日期	2007-11-2	负责人	夏青		
主营业务	生产、加工茶饮料，保健食品。				

企业名称	上海新苗仁食品有限公司				
企业地址	上海市闵行区浦江镇陈行公路1128号-3幢（201112）				
投资总额	20万USD	电话	64290165	传真	64291853
设立日期	2007-11-1	负责人	周德芳		
主营业务	生产裱花蛋糕、饼干、月饼、烘烤类糕点、巧克力及其制品。				

企业名称	吉和喜喜食品（上海）有限公司				
企业地址	上海市长宁区武夷路710号101室（200051）				
投资总额	60万USD	电话	33933850	传真	33933870
设立日期	2007-10-29	负责人	李宗恩		
主营业务	现制现售：焙烤食品（面包）、裱花蛋糕。				

企业名称	上海达美乐比萨有限公司				
企业地址	上海市浦东新区民冬路166号4号楼底层（201203）				
投资总额	250万USD	电话	68591366	传真	68591368
设立日期	2007-10-25	负责人	欧阳心诺（SCOTT KENNETH OELKER）		
主营业务	匹萨饼、炸鸡、汉堡、饮料、色拉等快餐系列食品的加工。				

企业名称	达能依云食品营销（上海）有限公司				
企业地址	上海市静安区万航渡路888号16楼J室（200041）				
投资总额	1500万RMB	电话	52581777	传真	52588511
设立日期	2007-10-19	负责人	孙威强		
主营业务	从事饮用水、饼干、谷类加工食品、包装食品和其他饮料的批发。				

企业名称	瑞弗仕（上海）酒业有限公司				
企业地址	上海市外高桥保税区加太路39号莼熠楼第五层35部位（200131）				
投资总额	20万USD	电话	64161013	传真	64161317
设立日期	2007-10-15	负责人	刘军		
主营业务	保税区内以酒业为主的仓储、分拨、售后服务。				

企业名称	上海恩波露食品有限公司				
企业地址	上海市松江区新飞路1500弄22号厂房（201611）				
投资总额	30万USD	电话	67602381	传真	67602300
设立日期	2007-9-26	负责人	若林顺子		
主营业务	提供加工、生产和研发奶酪制品、肉类制品项目。				

企业名称	上海麒麟食品有限公司				
企业地址	上海市嘉定区安亭镇和静路1200号第2幢（201805）				
投资总额	1000万USD	电话	39587070	传真	39587002
设立日期	2007-9-20	负责人	小林厚		
主营业务	饮料生产项目。				

企业名称	右妮咖啡（上海）有限公司				
企业地址	上海市松江工业区江田东路140号第5栋（201600）				
投资总额	2亿日元	电话	57744147	传真	57744149
设立日期	2007-9-14	负责人	藤志郎		
主营业务	提供咖啡豆烘焙加工项目、袋装咖啡和水溶咖啡制造项目。				

企业名称	上海与得斯食品有限公司				
企业地址	上海市闵行区虹桥镇吴中路1050号第6幢（B幢）106室（201103）				
投资总额	20万RMB	电话	64012051	传真	64012051
设立日期	2007-8-14	负责人	金美贤		
主营业务	咖啡厅（不含熟食卤味）。				

企业名称	上海巧语思食品有限公司				
企业地址	上海市青浦区练塘镇蒸夏路89弄55号9号厂房（201715）				
投资总额	30万USD	电话	59813023	传真	59813019
设立日期	2007-8-8	负责人	陈玉霞		
主营业务	生产、加工各类酥糖、果酱、糕饼及坚果类食品。				

企业名称	上海小南国食品有限公司				
企业地址	上海市青浦工业园区华青路以西、云湖以北地块（201700）				
投资总额	900万USD	电话	69228015	传真	69228015
设立日期	2007-8-6	负责人	王慧敏		
主营业务	生产方便食品、快餐食品以及其他食品加工。				

企业名称	上海澳派食品有限公司				
企业地址	上海市普陀区兰溪路137号6楼E区606室（200060）				
投资总额	14万USD	电话	54036108	传真	34245870
设立日期	2007-8-2	负责人	SUNNY JIAN YANG WONG		
主营业务	食品、纺织品、服装、日用品、文化用品的批发。				

企业名称	意庐食品（上海）有限公司				
企业地址	上海市卢湾区淮海中路300号B107商铺（200021）				
投资总额	14万USD	电话	32110567	传真	62280678
设立日期	2007-6-4	负责人	马佐治		
主营业务	面包、蛋糕、西点及相关食品的加工，销售自产产品。				

企业名称	上海长春藤生物科技有限公司				
企业地址	上海市闵行区吴中路1065号803室（201103）				
投资总额	800万USD	电话	64065395	传真	64065395
设立日期	2007-5-30	负责人	庄雅清		
主营业务	生物保健品的研发，提供相关技术的咨询。				

企业名称	上海酷圣石冰淇淋有限公司				
企业地址	上海市黄浦区西藏中路268号B1-K13&K14室（200001）				
投资总额	800万USD	电话	33727188	传真	33727299
设立日期	2007-5-28	负责人	徐重仁		
主营业务	饮品店（不含熟食卤味）。				

企业名称	领驰食品发展（上海）有限公司				
企业地址	上海市松江工业区东部新区松开 IV-110 号地块（201613）				
投资总额	2500 万 USD	电话	54722052	传真	54722052
设立日期	2007-4-30	负责人	潘慰		
主营业务	生产餐饮业用面、小包装面、饺子、馄饨及其他日式米面食品。				

企业名称	上海雨杰食品有限公司				
企业地址	上海市嘉定区徐行镇前曹公路 1158 号第 1 幢东侧（201808）				
投资总额	100 万 USD	电话	59521459	传真	
设立日期	2007-4-16	负责人	郭荣锦		
主营业务	生产、加工中、西式糕点，休闲食品，销售本公司自产产品。				

企业名称	上海味可思肉类食品有限公司				
企业地址	上海市奉贤区金汇镇鼎金路 218 号（201404）				
投资总额	116 万澳元	电话	57486700	传真	57486748
设立日期	2007-4-9	负责人	ANTHONY PUHARICH		
主营业务	肉类及食品的生产、加工，销售自产产品。				

企业名称	上海法泰食品有限公司				
企业地址	上海市闵行区七宝镇联宝路 55 号（201101）				
投资总额	80 万 USD	电话	54792411	传真	54856031
设立日期	2007-2-5	负责人	陈荣治		
主营业务	冰淇淋原料的生产、加工，销售自产产品。				

企业名称	美良嘉（上海）食品有限公司				
企业地址	上海市松江区九亭镇连富路 828 号 B6 幢厂房（201615）				
投资总额	30 万 USD	电话	67698398	传真	67698368
设立日期	2007-1-8	负责人	吴明哲		
主营业务	生产冷冻食品、肉制品、中西式点心。				

企业名称	上海加都食品有限公司				
企业地址	上海市嘉定工业区洪德路 1365 号第 8 幢（201821）				
投资总额	200 万 USD	电话	39967477	传真	39967477
设立日期	2007-1-5	负责人	王忠权		
主营业务	冷冻食品的加工，销售本公司自产产品。				

企业名称	皇誉宠物食品（上海）有限公司				
企业地址	上海市工业综合开发区环城西路 3111 号（201400）				
投资总额	2377 万 USD	电话	54638415	传真	54402731
设立日期	2006-12-28	负责人	BRUNO SAUBOA		
主营业务	生产、加工宠物食品，销售自产产品，并提供相关的售后服务。				

企业名称	上海雅希那食品有限公司				
企业地址	上海市青浦工业园区天盈路 475 号 1 幢（201700）				
投资总额	210 万 USD	电话	59228289	传真	59228103
设立日期	2006-12-20	负责人	ALEXANDROS GEORGIADIS		
主营业务	从事原粮、成品粮、乳制品、腌制食品、调味品加工，销售产品。				

企业名称	上海太太乐福赐特食品有限公司				
企业地址	上海市嘉定区江桥镇解放岛东环路 228 号（201812）				
投资总额	7200 万 RMB	电话	59139518	传真	59139590
设立日期	2006-12-14	负责人	穆立		
主营业务	生产鸡精及其他调味品，销售本公司自产产品。				

企业名称	英特儿营养食品（上海）有限公司				
企业地址	上海市南汇区工业园区 51 号地块（201300）				
投资总额	1.8 亿 RMB	电话	58990899	传真	58995155
设立日期	2006-12-11	负责人	麦惠舜（MARK A.WILSON）		
主营业务	婴儿食品的开发、生产，乳制品的生产，销售自产产品。				

企业名称	上海意优食品有限公司				
企业地址	上海市闵行区莲花南路 2399 号 2 幢乙（200237）				
投资总额	50 万 USD	电话	64452219	传真	64452604
设立日期	2006-12-5	负责人	MARCO BARBIERI		
主营业务	生产肉制品、中西糕点、米面制品、速冻、方便食品，销售产品。				

企业名称	上海江崎格力高南奉食品有限公司				
企业地址	上海市奉贤区青村镇（201414）				
投资总额	2980 万 USD	电话	63260088	传真	63731123
设立日期	2006-11-30	负责人	穴穗忠男		
主营业务	生产焙烤食品、糖果、巧克力、方便食品、液体乳及乳制品。				

企业名称	可口可乐饮料（上海）有限公司				
企业地址	上海市闵行区东川路 555 号甲楼 403G 室（200241）				
投资总额	1600 万 USD	电话	61018601	传真	50314292
设立日期	2006-11-24	负责人	DOUGLAS ANDREW JACKSON		
主营业务	配制、生产、加工、包装、销售饮料主剂、浓缩液。				

企业名称	大成良友食品（上海）有限公司				
企业地址	上海市浦东新区张杨路 88 号 606 室（200122）				
投资总额	1 亿 RMB	电话	58766918	传真	58766917
设立日期	2006-11-23	负责人	朱元旦		
主营业务	生产面粉、饲料粉、麸皮及面粉食品、食品添加剂，销售产品。				

企业名称	上海东航伊人食品有限公司				
企业地址	上海市南汇区康桥镇康士路 25 号 1193 室（201319）				
投资总额	3500 万 RMB	电话	62743190	传真	62413630
设立日期	2006-11-23	负责人	蒋佳		
主营业务	粮食、蔬菜、水果、禽畜产品的储藏及加工；水产品加工。				

企业名称	上海八融食品有限公司				
企业地址	上海市闵行区黎安路 1655 号 2#厂房（201100）				
投资总额	100 万 USD	电话	54860046	传真	54886837
设立日期	2006-11-17	负责人	蔡秉融		
主营业务	生产中、西糕点，销售自产产品。				

企业名称	洲际食品制造（上海）有限公司				
企业地址	上海市工业综合开发区庄行工业园一栋（201400）				
投资总额	35 万 USD	电话	64589310	传真	64589316
设立日期	2006-10-11	负责人	郑建元		
主营业务	生产、加工休闲食品、膨化食品，冷冻水产品，冷冻调理食品。				

企业名称	上海善益食品有限公司				
企业地址	上海市闵行区联曹路 188 号 34 栋（200241）				
投资总额	189 万 USD	电话	64343887	传真	64345225
设立日期	2006-10-9	负责人	李盛泽		
主营业务	生产加工中西糕点、月饼、冷冻面团、裱花蛋糕、米面制品，销售产品。				

企业名称	上海基乐帝莱冷饮有限公司				
企业地址	上海市长宁区黄金城道 472 号 1-2 层（201103）				
投资总额	20 万 USD	电话	61512117	传真	61512119
设立日期	2006-9-20	负责人	金世容		
主营业务	饮品店（不含熟食卤味）（涉及行政许可的，凭许可证经营）。				

企业名称	大冢（上海）食品安全研究开发有限公司				
企业地址	上海市闵行区莲花南路 1969 号（200237）				
投资总额	160 万 USD	电话	54408540	传真	57709050
设立日期	2006-9-4	负责人	青山幸治		
主营业务	食品及原材料安全检测技术、分析方法的研究、开发，自研成果转让。				

企业名称	上海嘿呀饮料有限公司				
企业地址	上海市静安区武定路 1100-1 号（200041）				
投资总额	80 万港币	电话	52288819	传真	52286261
设立日期	2006-8-17	负责人	张迈		
主营业务	茶室（不含熟食卤味）（涉及行政许可的，凭许可证经营）。				

企业名称	上海麦星食品有限公司				
企业地址	上海市卢湾区日晖东路 473 号 1 层（200023）				
投资总额	4600 万日元	电话	53015833	传真	53015832
设立日期	2006-7-31	负责人	管义弘		
主营业务	生产面包、中西糕点；销售自产产品（涉及行政许可的凭许可证经营）。				

企业名称	图林根食品（上海）有限公司				
企业地址	上海市嘉定区马陆镇嘉新公路 1575 号第 18 幢（201801）				
投资总额	20 万欧元	电话	59889941	传真	59889941
设立日期	2006-7-28	负责人	卓建雄		
主营业务	生产香肠、面包、番茄酱、芥末酱，销售本公司自产产品。				

企业名称	欧中（上海）食品有限公司				
企业地址	上海市闵行区虹中路 115 号 2 号厂房底层（201103）				
投资总额	14 万欧元	电话	64064365	传真	64064365
设立日期	2006-7-5	负责人	VAN VEENENDAAL BASTIAN JEROEN		
主营业务	生产面包，销售自产产品（涉及行政许可的，凭许可证经营）。				

制造业-食品加工业和食品、饮料制造业

企业名称	**上海富泰食品有限公司**				
企业地址	上海市嘉定区徐行镇曹新公路 88 号 2 幢 1 层（201809）				
投资总额	500 万 USD	电话	59945967	传真	59946766
设立日期	2006-7-4	负责人	林丽华		
主营业务	蔬菜、水果、禽畜产品的储藏及加工，销售本公司自产产品。				

企业名称	**上海隆明饲料添加剂有限公司**				
企业地址	上海市宝山城市工业园区市台路 238 号（200436）				
投资总额	21 万 USD	电话	36160310	传真	36160310
设立日期	2006-6-28	负责人	薄井隆明		
主营业务	生产饲料添加剂和预混料，销售自产产品。				

企业名称	**蓝樽（上海）酒业有限公司**				
企业地址	上海市嘉定区安亭镇宝安路 4008 号（201805）				
投资总额	50 万 USD	电话	59509999	传真	59504444
设立日期	2006-5-17	负责人	方芸		
主营业务	生产葡萄酒、威士忌、白兰地、伏特加、饮料，销售本公司自产产品。				

企业名称	**麦西恩食品（上海）有限公司**				
企业地址	上海市奉贤区南桥镇五星工业区 668 号（201400）				
投资总额	1300 万 USD	电话	37108500	传真	37520890
设立日期	2006-4-26	负责人	JUAN ANTONIO DE JESUS GONZALEZ		
主营业务	生产玉米饼、小麦饼、米饼、塔可酥皮、塔可卷、面包、塔可配套汤汁。				

企业名称	**帝斯曼食品配料（上海）有限公司**				
企业地址	上海市星火开发区白沙路 98 号（200127）				
投资总额	420 万 USD	电话	33104899	传真	63528889
设立日期	2006-4-25	负责人	刘宇翔		
主营业务	生产、加工食品添加剂，销售自产产品，并进行技术支持和售后服务。				

企业名称	**麒麟饮料（上海）有限公司**				
企业地址	上海市宝山区沪太路 7318 号（201908）				
投资总额	1750 万 USD	电话	66867080	传真	66867090
设立日期	2006-4-24	负责人	小林厚		
主营业务	茶饮料、果汁饮料、咖啡饮料等产品的生产，销售自产产品。				

企业名称	**上海同灿食品有限公司**				
企业地址	上海市青浦区白鹤镇鹤祥路 1 号（201709）				
投资总额	105 万 USD	电话	59586340	传真	59587595
设立日期	2006-4-17	负责人	李明月		
主营业务	生产加工豆沙系列、糖渍樱桃、糖渍板栗、果酱、果蔬罐头及休闲食品。				

企业名称	**上海大鹤蛋品有限公司**				
企业地址	上海市南汇区六灶镇鹿园工业区鹿吉路 96 号 01 幢（201322）				
投资总额	15 万 USD	电话	68160335	传真	58000187
设立日期	2006-3-31	负责人	大嶋正显		
主营业务	鸡蛋和鸡饲料的加工，销售公司自产产品，提供技术服务。				

企业名称	**刚朵拉（上海）食品有限公司**				
企业地址	上海市南京西路 338 号天安中心大厦一楼 104-106 单元（200003）				
投资总额	15 万欧元	电话	63594881	传真	63597619
设立日期	2006-3-24	负责人	DIEGO PENOCCIO		
主营业务	生产冰淇淋和冷热饮料等食品，销售自产产品，附设分支机构。				

企业名称	**宏川食品（上海）有限公司**				
企业地址	上海市宝山区宝安公路 2400 弄 188 号（201907）				
投资总额	15 万 USD	电话	56865055	传真	56865055
设立日期	2006-3-23	负责人	程德华		
主营业务	生产、加工香菇、木耳等食用菌及干鲜蔬菜，销售自产产品。				

企业名称	**奇脆乐食品（上海）有限公司**				
企业地址	上海市华展路 125 号二楼（200231）				
投资总额	14 万 USD	电话	64965478	传真	64965479
设立日期	2006-3-17	负责人	叶镇邦		
主营业务	生产、加工西式点心、中式米、面制食品，销售产品，提供技术咨询。				

企业名称	**天谱乐食食品（上海）有限公司**				
企业地址	上海市浦东新区机场镇小圩村 2 队乔家宅 90 号（201203）				
投资总额	30 万 USD	电话	58427200	传真	58427255
设立日期	2006-3-16	负责人	FRANK MESIANO		
主营业务	农副产品的加工，销售自产产品（涉及行政许可的，凭许可证经营）。				

企业名称	**上海逸馥食品有限公司**				
企业地址	上海市长宁区江苏北路 89 号 9 楼（200042）				
投资总额	60 万 USD	电话	61203107	传真	61203035
设立日期	2006-3-16	负责人	胡珺		
主营业务	生产胶基糖果并销售自产产品（生产限分支机构）。				

企业名称	**奥歌诗丹迪（上海）酒业有限公司**				
企业地址	上海市外高桥保税区富特北路 399 号 2 号楼第二层四部位（200131）				
投资总额	20 万 USD	电话	64732585	传真	64737145
设立日期	2006-3-15	负责人	黄华宇		
主营业务	区内以酒业为主的仓储、分拨、售后服务、技术支持、技术培训，贸易。				

企业名称	**上海展富食品有限公司**				
企业地址	上海市闵行区曹联路 18 号（201108）				
投资总额	14 万 USD	电话	63848301	传真	63856980
设立日期	2006-3-10	负责人	陈卓明		
主营业务	生产冷冻制品、熏烤类制品、肉制品、复合调味品、中西糕点、冰淇淋。				

企业名称	**上海东航美心食品有限公司**				
企业地址	上海市南汇区祝桥镇金闻路 25 号（201323）				
投资总额	1981 万 RMB	电话	51135209	传真	51135209
设立日期	2006-3-7	负责人	王义明		
主营业务	生产熟食制品、中西糕饼、各类粗加工食品、快餐、休闲食品、南北货。				

企业名称	**家乐氏食品（上海）有限公司**				
企业地址	上海市外高桥保税区富特东一路 396 号四层 433 部位（200131）				
投资总额	14 万 USD	电话	58362618	传真	58358515
设立日期	2006-2-28	负责人	武汇文		
主营业务	区内以食品为主仓储、分拨、售后服务、技术支持、技术培训,国际贸易。				

企业名称	**兴润食品（上海）有限公司**				
企业地址	上海市闵行区梅陇镇梅莲工业区,莲花南路 2399 号 2#（200237）				
投资总额	20 万 USD	电话	33505735	传真	33505735
设立日期	2006-2-20	负责人	沃干青		
主营业务	生产肉制品、汤、果汁饮料、蔬菜汁饮料、复合调味品，销售自产产品。				

企业名称	**上海瑞莱新侨食品有限公司**				
企业地址	上海市宛平南路 966 号（200032）				
投资总额	30 万 USD	电话	52377070	传真	52379987
设立日期	2006-2-7	负责人	陈昱		
主营业务	生产中西式新潮糕点、面点、面包，销售自产产品。				

企业名称	**上海三展日成食品有限公司**				
企业地址	上海市嘉定区华亭镇嘉行公路 2555 号 2 幢（201811）				
投资总额	50 万 USD	电话	59953789	传真	59956788
设立日期	2006-2-7	负责人	叶林素真		
主营业务	生产馅料，销售本公司自产产品。				

企业名称	**雅山咖啡（上海）有限公司**				
企业地址	上海市浦东新区松林路 357 号通茂大酒店一楼大堂内（200122）				
投资总额	14 万 USD	电话	68405002	传真	68405003
设立日期	2006-1-10	负责人	PATRICK A.SIBBLIES		
主营业务	咖啡馆（含咖啡、饮料、中西糕点零售）。				

企业名称	**上海林仕食品有限公司**				
企业地址	上海市长宁区新唐路 11 号（200335）				
投资总额	150 万 USD	电话	62697600	传真	62697800
设立日期	2006-1-5	负责人	LIM CHAI LAI		
主营业务	生产咖啡，销售公司自产产品并提供相关技术咨询服务。				

企业名称	**上海苏瓦卡食品有限公司**				
企业地址	上海市浦东新区乐园路 199 号 2 幢 3 楼西首（201206）				
投资总额	14 万 USD	电话	51327351	传真	51327356
设立日期	2005-12-29	负责人	秦宇洋		
主营业务	生产、加工冷冻饮品、饮料、糕点、炖品,销售自产产品。				

企业名称	**善龙食品（上海）有限公司**				
企业地址	上海市浦东新区行南路 1027 号 3 幢 A 部位（200137）				
投资总额	100 万 USD	电话	50672858	传真	58613842
设立日期	[illegible]	负责人	[illegible]		
主营业务	生产各类糖果食品及糕点食品,销售自产产品。				

企业名称	**上海桂禾食品科技顾问有限公司**				
企业地址	上海市浦东新区金桥镇佳林路 655 号 407 室（201206）				
投资总额	15 万 USD	电话	55156550	传真	55150220
设立日期	2005-11-14	负责人	白法仑		
主营业务	食品加工工艺和技术领域的咨询及技术服务。				

企业名称	**上海宝长食品有限公司**				
企业地址	上海市松江区茸兴路 433 号 2 幢 1 楼（201613）				
投资总额	50 万 USD	电话	57783796	传真	57784076
设立日期	2005-11-4	负责人	马自元		
主营业务	生产、加工糕点、面包、饼干、焙烤食品。				

企业名称	**上海顶鸿食品有限公司**				
企业地址	上海市嘉定区黄渡镇东街村 9 号 2 幢（201804）				
投资总额	210 万 USD	电话	69597067	传真	69597135
设立日期	2005-10-31	负责人	魏应行		
主营业务	生产加工面包、蛋糕、冷冻面团，销售本公司自产产品。				

企业名称	**上海桀姆仕餐饮管理有限公司**				
企业地址	上海市虹口区高阳路 245 号 6023 室（200080）				
投资总额	14 万 USD	电话	65451095	传真	65451095
设立日期	2005-9-19	负责人	王忆先		
主营业务	制作各类饮料、饮品。				

企业名称	**汉氏食品稳定剂商贸（上海）有限公司**				
企业地址	上海市浦东新区三林路 234 号 1 号楼 101 室（201203）				
投资总额	25 万 USD	电话	58783506	传真	58783496
设立日期	2005-9-8	负责人	徐忠信		
主营业务	食品稳定剂的批发、进口及售后服务（涉及行政许可的，凭许可证经营）。				

企业名称	**文森梵高酒业（上海）有限公司**				
企业地址	上海市卢湾区绍兴路 17 弄 3－4 号底室 M6（200020）				
投资总额	40 万 USD	电话	64678881	传真	64673850
设立日期	2005-8-25	负责人	鲍国章		
主营业务	酒类（除黄酒、白酒之外）生产、加工，销售自产产品。				

企业名称	**上海喜伯食品有限公司**				
企业地址	上海市松江高新技术园区玉秀路 19 号 110 栋（201600）				
投资总额	14 万 USD	电话	57838888	传真	57836666
设立日期	2005-8-24	负责人	林蔡佩玲		
主营业务	餐饮咨询服务，生产、加工食品原材料及咖啡豆烘焙。				

企业名称	**馥园杨姐食品（上海）有限公司**				
企业地址	上海市闵行区莲花南路 2165 弄 89 号（200237）				
投资总额	300 万 USD	电话	64589666	传真	34511886
设立日期	2005-8-23	负责人	杨淑贞		
主营业务	蔬菜、禽畜产品、水产品的加工，销售公司自产产品。				

企业名称	**日邦食品（上海）有限公司**				
企业地址	上海市浦东南路 588 号浦发大厦 28 层 H 室（200120）				
投资总额	100 万 USD	电话	58708660	传真	50798702
设立日期	2005-8-17	负责人	筱原三典		
主营业务	农产品、粮油、畜禽产品、乳制品、水产品的批发、佣金代理。				

企业名称	**上海窝瓦食品有限公司**				
企业地址	上海市闵行区平阳路 258 号（201108）				
投资总额	20 万 USD	电话	64079689	传真	64079569
设立日期	2005-8-16	负责人	董泰忠		
主营业务	中西糕点、鲜榨、冲饮饮料的制作，销售自产产品。				

企业名称	**宝利诺食品（上海）有限公司**				
企业地址	上海市静安区泰兴路 432 号底层、二层（200041）				
投资总额	14 万 USD	电话	62980872	传真	52522734
设立日期	2005-8-3	负责人	MEHEI EL IDRISSI EL YACOUBI		
主营业务	生产、加工巧克力及西点食品，销售自产产品。				

企业名称	**多力房（上海）咖啡销售有限公司**				
企业地址	上海市长宁区仙霞西路 7 弄 4 号（200335）				
投资总额	14 万 USD	电话	63454318	传真	63453259
设立日期	2005-8-1	负责人	濑户一敬		
主营业务	咖啡的零售；咖啡的进出口及相关配套业务。				

企业名称	**上海珈露梦食品有限公司**				
企业地址	上海市闵行区吴中路 1128 号（201103）				
投资总额	20 万 USD	电话	64065998	传真	64065993
设立日期	2005-7-18	负责人	荒木守		
主营业务	生产咖啡、咖啡饮料、糕点，销售自产产品。				

企业名称	**上海汉德新业水产食品有限公司**				
企业地址	上海市奉贤区现代农业园区 12 街坊 26/12 丘（201400）				
投资总额	100 万 USD	电话	57436750	传真	57436600
设立日期	2005-6-21	负责人	徐海峰		
主营业务	生产、加工水产品，销售公司自产产品。				

企业名称	**上海多鲜乐食品工业有限公司**				
企业地址	上海市嘉定区马陆镇澄浏中路（201800）				
投资总额	10000 万港币	电话	68762317	传真	58202595
设立日期	2005-6-20	负责人	姚炜达		
主营业务	粮食、蔬菜、水果、禽畜产品的储藏及加工，水产品加工。				

企业名称	**御展（上海）食品有限公司**				
企业地址	上海市闵行区德宏路 88 号（200240）				
投资总额	14 万 USD	电话	54704546	传真	54704647
设立日期	2005-6-13	负责人	谢传承		
主营业务	生产各类蛋糕粉，销售自产产品。				

企业名称	**巧意食品（上海）有限公司**				
企业地址	上海市外高桥保税区冰克路 500 号 B2K-3 仓库 A32 部位（200131）				
投资总额	12.5 万 USD	电话	54510167	传真	64477513
设立日期	2005-5-24	负责人	张景云		
主营业务	保税区内以食品、酒类为主的仓储、分拨业务；国际贸易、转口贸易。				

企业名称	**上海金车食品销售有限公司**				
企业地址	上海市浦东新区凌桥镇 27 号乙座 101 室（200137）				
投资总额	100 万 USD	电话	51522002	传真	51522012
设立日期	2005-5-18	负责人	李添财		
主营业务	从事食品类、饮料类商品的进出口，批发和佣金代理。				

企业名称	**荏原食品（上海）有限公司**				
企业地址	上海市宝山区潘广路 699 号（201900）				
投资总额	380 万 USD	电话	52361199	传真	52363270
设立日期	2005-4-27	负责人	黄蓉		
主营业务	开发、生产各种调味食品，销售自产产品。				

企业名称	**渡边食品机械销售（上海）有限公司**				
企业地址	上海市长宁区天山支路 154 号 203L 室（200336）				
投资总额	20 万 USD	电话	64707200	传真	64707278
设立日期	2005-4-27	负责人	渡边英二		
主营业务	食品机械、厨房设备及用品的零售，自营商品进口。				

企业名称	**满记甜品（上海）有限公司**				
企业地址	上海市长宁区平塘路 699 号 3 楼西首（200335）				
投资总额	100 万 USD	电话	62759333	传真	62757872
设立日期	2005-4-25	负责人	王慧敏		
主营业务	生产豆类及果蔬类甜点；销售自产产品，提供相关技术咨询服务。				

企业名称	**明治制果食品工业（上海）有限公司**				
企业地址	上海市松江工业区松开 IV－51 号（201613）				
投资总额	1200 万 USD	电话	67601212	传真	67601232
设立日期	2005-4-25	负责人	山口和夫		
主营业务	糖果点心、口香糖、巧克力、保健食品、饮料的研究、开发。				

企业名称	**汇补保健食品（上海）有限公司**				
企业地址	上海市松江区中山街道（徐塘路与明南路之间）（201600）				
投资总额	300 万 USD	电话	67742485	传真	67742486
设立日期	2005-4-21	负责人	邹镇联（CHOW CHIN CHONG）		
主营业务	生产生物保健品、保健食品添加剂、保健食品原料。				

企业名称	**上野忠（上海）食品销售有限公司**				
企业地址	上海市长宁区古北路 1398 弄 13 号 102 室（200336）				
投资总额	2000 万日元	电话	62702606	传真	62333943
设立日期	2005-4-18	负责人	上野晃富史		
主营业务	食品零售、自营商品进口、采购国内产品出口、其他相关配套业务。				

企业名称	三荣源（上海）食品原料有限公司				
企业地址	上海市莘庄工业区华宁路 2888 弄 333 号（201108）				
投资总额	210 万 USD	电　话	64423966	传　真	64423977
设立日期	2005-4-15	负责人	村上隆之		
主营业务	食品添加剂的生产加工，销售自产产品。				

企业名称	上海卡罗美食品有限公司				
企业地址	上海市浦东新区张杨路 579 号三鑫商厦一楼 106 室（200120）				
投资总额	14 万 USD	电　话	58308583	传　真	58308582
设立日期	2005-4-14	负责人	金哲琳		
主营业务	经营咖啡吧，含零售咖啡、饮料和中西糕点。				

企业名称	和屋食品（上海）有限公司				
企业地址	上海市浦东新区杨新东路 104 号 6 号楼 2 楼（200122）				
投资总额	500 万 RMB	电　话	64399576	传　真	54256798
设立日期	2005-4-8	负责人	菊池华州		
主营业务	生产米面制品及半成品净菜、餐饮（限其分支机构经营）。				

企业名称	聚利（上海）食品有限公司				
企业地址	上海市嘉定区马陆镇澄浏中路 999 号甲（201801）				
投资总额	15 万 USD	电　话	64859899	传　真	64859896
设立日期	2005-3-31	负责人	东俊源		
主营业务	生产食品添加剂，加工馅料、米（面）类制品，销售本公司自产产品。				

企业名称	夏洛食品（上海）有限公司				
企业地址	上海市南汇区惠南镇南门大街 92 号（201300）				
投资总额	20 万 USD	电　话	29761282	传　真	
设立日期	2005-3-29	负责人	夏富明		
主营业务	西餐、中餐服务（涉及许可经营的凭许可证经营）。				

企业名称	日清（上海）食品安全研究开发有限公司				
企业地址	上海市闵行区紫竹科学园区剑川路 468 号（201109）				
投资总额	486 万 USD	电　话	64352220	传　真	64352260
设立日期	2005-3-24	负责人	山田敏广		
主营业务	有关食品安全检测的新分析方法的研发和对现有方法的改良。				

企业名称	上海汉坊食品有限公司				
企业地址	上海市闵行区北翟路 3889 号 9 座（201106）				
投资总额	20 万 USD	电　话	52231952	传　真	52231970
设立日期	2005-3-23	负责人	谢豪敏		
主营业务	加工、生产肉类食品、调味品、烘焙原料，销售自产产品。				

企业名称	上海南常食品机械有限公司				
企业地址	上海市外高桥保税区富特西一路 155 号 C 楼二层 2004 乙部位(200131)				
投资总额	20 万 USD	电　话	58661555	传　真	58665902
设立日期	2005-3-22	负责人	南常之		
主营业务	保税区内以食品机械及其零部件为主的仓储分拨业务。				

企业名称	上海糖罐子食品有限公司				
企业地址	上海市虹口区汶水东路 918 号东楼 302（200434）				
投资总额	20 万 USD	电　话	65293008	传　真	65293008
设立日期	2005-3-18	负责人	王国樑		
主营业务	生产加工糖果，巧克力，销售自产产品，提供售后及相关咨询服务。				

企业名称	小久保（上海）食品有限公司				
企业地址	上海市松江区泖港镇中区路 31 号（201607）				
投资总额	7000 万日元	电　话	52734280	传　真	52733934
设立日期	2005-3-16	负责人	横岛文隆		
主营业务	加工生产冷冻食品（凭许可证内容登记经营范围后方可经营）。				

企业名称	理研维他精化食品工业（上海）有限公司				
企业地址	上海市富特西一路 155 号 D2 区 005 地块 C 楼二层 2040 部位(200131)				
投资总额	60 万 USD	电　话	64694751	传　真	64277347
设立日期	2005-3-7	负责人	大尺宽		
主营业务	保税区内以精细化工产品及食品添加剂为主的仓储、分拨。				

企业名称	上海申古食品有限公司				
企业地址	上海市杨浦区军工路 2428 号（200432）				
投资总额	100 万 USD	电　话	51036116	传　真	65743730
设立日期	2005-2-25	负责人	高俊良		
主营业务	生产、加工农副产品、肉制品、水产品及小包装食品。				

企业名称	欧杰马食品（上海）有限公司				
企业地址	上海市外高桥保税区奥纳路 55 号 1 号楼 2 层 C 部位（200131）				
投资总额	20 万 USD	电　话	61224918	传　真	61224920
设立日期	2005-2-24	负责人	吴屹华		
主营业务	保税区以食品饮料为主的仓储、分拨业务。				

企业名称	百傲泰保健食品（上海）有限公司				
企业地址	上海市奉贤区现代农业园区 4-3 号地块（201400）				
投资总额	240 万 USD	电　话	68866669	传　真	68865600
设立日期	2005-2-8	负责人	宋勤飞		
主营业务	研究、开发健康食品。				

企业名称	美地食品（上海）有限公司				
企业地址	上海市闵行区虹中路 359 号 1 号楼 4F 西（201103）				
投资总额	14 万 USD	电　话	54778677	传　真	54223022
设立日期	2005-2-5	负责人	AMNON RONEN		
主营业务	生产糕点（西式糕点）、色拉（涉及行政许可的凭许可证经营）。				

企业名称	英联川宁饮料（上海）有限公司				
企业地址	上海市浦东新区华东路 5001 号第二大道 128 号 T3—4（201206）				
投资总额	9000 万 RMB	电　话	58582266	传　真	58582255
设立日期	2005-1-28	负责人	ROBERT EDWARD TAVENER		
主营业务	从事非碳酸、酒精饮料的研发、生产、包装，袋包茶叶的加工、包装。				

企业名称	威洋食品（上海）有限公司				
企业地址	上海市外高桥保税区富特东一路 396 号第五层 10 部位（200131）				
投资总额	6.5 万 USD	电　话	63544653	传　真	63549871
设立日期	2005-1-7	负责人	黄业初		
主营业务	保税区内以食品及冷冻食品为主的仓储分拨业务。				

企业名称	上海叶氏食品有限公司				
企业地址	上海市闵行区向阳工业区 C-1 地块（201108）				
投资总额	1000 万 USD	电　话	54931616	传　真	54931616
设立日期	2004-12-10	负责人	叶惠德		
主营业务	粮食、蔬菜、肉类、豆类加工成半成品，销售自产产品。				

企业名称	超大（上海）食用菌有限公司				
企业地址	上海市宝山区石太路 1588 号（201940）				
投资总额	150 万港币	电　话	66864030	传　真	66864031
设立日期	2004-12-7	负责人	郭　浩		
主营业务	食用菌、蔬菜、水果及海产品的包装、加工，销售自产产品。				

企业名称	上海美美食品有限公司				
企业地址	上海市长宁区双流路 15 号（200335）				
投资总额	20 万 USD	电　话	62900229	传　真	62900074
设立日期	2004-11-29	负责人	赵关福		
主营业务	生产加工中西糕点、裱花蛋糕，销售自产产品。				

企业名称	比信（上海）食品生产有限公司				
企业地址	上海市松江区车墩镇南门村郭家队内（201611）				
投资总额	20 万 USD	电　话	52918888	传　真	52917042
设立日期	2004-11-24	负责人	中州彬		
主营业务	生产盒饭　（涉及行政许可的凭许可证经营）。				

企业名称	上海森田食品有限公司				
企业地址	上海市闵行区虹梅南路 3509 弄 298 号 A5 长房（201108）				
投资总额	20 万 USD	电　话	54407498	传　真	54407499
设立日期	2004-11-18	负责人	森田孝一		
主营业务	生产面包、糕点、休闲食品，销售自产产品。				

企业名称	蔚然生物食品（上海）有限公司				
企业地址	上海市闵行区吴翟路二号桥（201106）				
投资总额	50 万 USD	电　话	64400320	传　真	64400319
设立日期	2004-11-17	负责人	郭海棠		
主营业务	开发、研制、生产保健袋泡茶、草本植物保健品、草本植物食品。				

企业名称	上海惠比寿食品有限公司				
企业地址	上海市普陀区同普路 1358 弄 1 号 1 楼（200333）				
投资总额	30 万 USD	电　话	52690971	传　真	52690992
设立日期	2004-11-8	负责人	里并庆玉		
主营业务	生产加工面制品及相关佐餐调味料，销售自产产品。				

企业名称	上海宏海食品有限公司				
企业地址	上海市松江区新桥镇新桥开发区新格路 20 号标准厂房（201612）				
投资总额	362 万 USD	电　话	67600678	传　真	67600679
设立日期	2004-11-4	负责人	陈龙海		
主营业务	各类果蔬饮料、冷冻食品的开发、加工、生产。				

企业名称	雅之食食品（上海）有限公司				
企业地址	上海市浦东新区金桥出口加工区金沪路 1281 号 A 幢 409 室（201206）				
投资总额	14 万 USD	电　话	58382683	传　真	58382683
设立日期	2004-10-28	负责人	邱界华		
主营业务	生产燕窝、蛤士蟆类食品，销售自产产品。				

企业名称	齐口多乐（上海）食品贸易有限公司				
企业地址	上海市外高桥保税区富特西一路 139 号 1411 室（200131）				
投资总额	20 万 USD	电　话	64160042	传　真	64160042
设立日期	2004-10-11	负责人	BAMIBO BAFAEL		
主营业务	国际贸易、转口贸易、保税区企业间的贸易及保税区内贸易代理。				

企业名称	上海佳沛食品有限公司				
企业地址	上海市青浦区练塘镇蒸夏路 89 号（201715）				
投资总额	50 万 USD	电　话	59810138	传　真	59810541
设立日期	2004-9-16	负责人	吴凯立		
主营业务	生产、加工豆沙、果酱、调味酱、调理馅料、转化糖浆、糕点。				

企业名称	铭采屋食品（上海）有限公司				
企业地址	上海市闵行区银都路 555 号银都产业园 3 号厂房二层（201108）				
投资总额	20 万 USD	电　话	54408398	传　真	54408328
设立日期	2004-8-31	负责人	李铭恭		
主营业务	生产、加工面包、蛋糕、休闲食品、冷饮，含乳类饮料（非碳酸饮料）。				

企业名称	金澳食品（上海）有限公司				
企业地址	上海市徐汇区凯旋路 2288 弄 1 号（200030）				
投资总额	1000 万人民币	电　话	64854018	传　真	64852959
设立日期	2004-8-30	负责人	ERICHSU		
主营业务	研究、开发、加工、生产豆类乳制品、蛋白饮料、果蔬饮料、咖啡饮料。				

企业名称	上海天目食品有限公司				
企业地址	上海市黄浦区瞿溪路 510 号 1 室（200011）				
投资总额	15 万 USD	电　话	54032399	传　真	54032399
设立日期	2004-8-20	负责人	励忠发		
主营业务	生产各类糕点、休闲食品（限分支机构经营），销售自产产品。				

企业名称	日冷食品贸易（上海）有限公司				
企业地址	上海市外高桥保税区泰谷路 88 号 665 室（200131）				
投资总额	50 万 USD	电　话	51113891	传　真	51113892
设立日期	2004-8-13	负责人	横川正		
主营业务	国际贸易、转口贸易、保税区企业间的贸易及区内贸易代理；区内商务咨询服务。				

企业名称	上海东创食品有限公司				
企业地址	上海市青浦区徐泾镇沪青平公路 1800 号（201702）				
投资总额	51 万 USD	电　话	69170101	传　真	69171807
设立日期	2004-7-23	负责人	XAVIER NAVILLIE		
主营业务	蔬菜、水果及营养食品加工，销售本公司自产产品，提供产品售后服务。				

企业名称	佐粒豆（上海）食品有限公司				
企业地址	上海市闵行区景联路 189 号工业区 3 号（201108）				
投资总额	20 万 USD	电　话	34040019	传　真	34040108
设立日期	2004-7-19	负责人	SOH CHIN HUA		
主营业务	糕点、豆浆的生产及加工，销售自产产品。				

企业名称	上海佳润食品有限公司				
企业地址	上海市闵行区新闵路 15 号（200240）				
投资总额	300 万 USD	电　话	64849928	传　真	64849995
设立日期	2004-6-4	负责人	林纯美		
主营业务	婴儿、老年食品及功能食品的开发、生产，销售自产产品。				

企业名称	上海许留山食品有限公司				
企业地址	上海市浦东新区浦东大道 2056 号 708 室（201206）				
投资总额	14 万 USD	电　话	58990385	传　真	58990385
设立日期	2004-5-12	负责人	杨麟华		
主营业务	生产、加工各式甜品、点心食品、休闲食品，销售自产产品。				

企业名称	明治制果（上海）有限公司				
企业地址	上海市外高桥保税区台中南路 2 号 151 室（200131）				
投资总额	50 万 USD	电　话	64692267	传　真	64684080
设立日期	2004-5-9	负责人	山口和夫		
主营业务	国际贸易，转口贸易，保税区企业间贸易及贸易代理。				

企业名称	上海味丹企业有限公司				
企业地址	上海市松江工业区车新公路 158 号（201601）				
投资总额	980 万 USD	电　话	57602525	传　真	57602030
设立日期	2004-4-29	负责人	杨文湖		
主营业务	生产快速食品、调理调味食品和特色饮料、冰制食品、休闲食品。				

企业名称	上海东方希望动物营养食品有限公司				
企业地址	上海市浦东新区合庆镇东胜路 371 号 4 幢（201201）				
投资总额	1000 万 USD	电　话	58975154	传　真	58975933
设立日期	2004-4-27	负责人	郑彦初		
主营业务	生产饲料、饲料添加剂、预混料、浓缩饲料，销售自产产品。				

企业名称	德琪食品（上海）有限公司				
企业地址	上海市嘉定工业区北区 16－2 号地块（201821）				
投资总额	500 万 USD	电　话	39963912	传　真	39963912
设立日期	2004-4-13	负责人	金顺牡		
主营业务	开发，生产乳制品、功能食品、果蔬饮料、蛋白饮料，茶饮料。				

企业名称	上海美科卫食品科技有限公司				
企业地址	上海市南汇区康桥工业区康桥东路 1300 弄 6 号（201315）				
投资总额	20 万 USD	电　话	68183319	传　真	68183935
设立日期	2004-4-7	负责人	韩友民		
主营业务	生产中西式营养快餐，销售公司自产产品。				

企业名称	山下食品（上海）有限公司				
企业地址	上海市闵行区莘建支路 76 号（201100）				
投资总额	20 万 USD	电　话	54954171	传　真	54954172
设立日期	2004-4-6	负责人	山下英久		
主营业务	制作、加工面包、蛋糕、可丽饼、匹萨等日式、西点食品和咖啡。				

企业名称	圣皮尔精品葡萄酒（上海）有限公司				
企业地址	上海市外高桥保税区冰克路 500 号 D1 部位（200131）				
投资总额	20 万 USD	电　话	64453214	传　真	64453202
设立日期	2004-4-5	负责人	DONALD ALLEN ST PIERRE		
主营业务	以葡萄酒为主的保税区内仓储分拨业务以及相关产品的售后服务等。				

企业名称	上海立高敦食品有限公司				
企业地址	上海市奉贤区庄行镇（201402）				
投资总额	130 万 USD	电　话	57404226	传　真	57404968
设立日期	2004-4-1	负责人	高春长		
主营业务	生产食品类产品；中西点用品各类果酱、果冻、果泥、果点、果膏。				

企业名称	上海奥维力食品有限公司				
企业地址	上海市杨浦区宁武路 269 号 14 号楼 2 楼（200090）				
投资总额	20 万 USD	电　话	65702440	传　真	65202490
设立日期	2004-3-25	负责人	YU LIHNONG （俞力农）		
主营业务	生产、加工速冻小包装食品及糕点，销售自产产品。				

企业名称	伊多食品（上海）有限公司				
企业地址	上海市闵行区莘朱路 850 号（201100）				
投资总额	20 万 USD	电　话	54375054	传　真	54375054
设立日期	2004-3-24	负责人	林世国		
主营业务	水产品、肉类加工（均不含熟食）和净菜包装，销售自产产品。				

企业名称	上海山崎面包有限公司				
企业地址	上海市静安区南京西路 1598 号 316 室（200040）				
投资总额	84 万 USD	电　话	62498996	传　真	62498277
设立日期	2004-3-3	负责人	NOBUHIKO EGAWA （江川信彦）		
主营业务	制作面包、糕点，销售自产产品，附带堂吃（含饮料、咖啡、茶点）。				

企业名称	可瑞安制果（上海）食品有限公司				
企业地址	上海市闵行区经济技术开发区天宁路 51 号（200245）				
投资总额	268 万 USD	电　话	54726701	传　真	54726756
设立日期	2004-2-24	负责人	尹泳达		
主营业务	小麦、谷类等粮食食品的生产加工，销售自产产品，提供售后服务。				

企业名称	希野（上海）有限公司				
企业地址	上海市嘉定工业区嘉唐公路 1117 号（201807）				
投资总额	508 万 USD	电　话	59545513	传　真	
设立日期	2004-2-13	负 责 人	沈　平		
主营业务	开发、生产、加工蜂类产品和食用菌类产品，销售本公司自产产品。				

企业名称	上海诠芳食品有限公司				
企业地址	上海市闵行区七宝镇新龙路 5 号（201101）				
投资总额	30 万 USD	电　话	64790695	传　真	64784592
设立日期	2004-2-10	负 责 人	王学尧		
主营业务	生产食品添加剂及水果粉、糖果、食品调味料，销售自产产品。				

企业名称	伊特安食品（上海）有限公司				
企业地址	上海市普陀区古浪路 1702 弄 17 号 15 栋 2 室（200331）				
投资总额	24.5 万 USD	电　话	62658164	传　真	62658164
设立日期	2004-2-9	负 责 人	藤冈久士		
主营业务	生产加工调味品、香料、甜味剂等食品添加剂、点心、乳制品。				

企业名称	黎亮（上海）实业有限公司				
企业地址	上海市松江高新技术园区玉阳路南侧富强路西侧（201600）				
投资总额	500 万 USD	电　话	57744334	传　真	57744334
设立日期	2004-1-18	负 责 人	黎守谦		
主营业务	生产和加工罐装包装食品，食品包装材料、绿色农副产品及菌类食品。				

企业名称	上海紫江食品容器包装有限公司				
企业地址	上海市浦东新区高东路 118 号（200137）				
投资总额	500 万 USD	电　话	58486118	传　真	58486128
设立日期	2004-1-15	负 责 人	郭　峰		
主营业务	生产无机非金属材料和制品（涉及许可经营的凭许可证经营）。				

企业名称	上海好侍食品有限公司				
企业地址	上海市嘉定工业区二期 7 号地块（201821）				
投资总额	1000 万 USD	电　话	69169750	传　真	69169751
设立日期	2004-1-8	负 责 人	濑户皓三		
主营业务	开发、生产功能性食品（包括咖喱调味料），销售本公司自产产品。				

企业名称	上海天美格灵水业发展有限公司				
企业地址	上海市普陀区镇坪路 176 弄 4 号 1 楼（200061）				
投资总额	75 万 USD	电　话	51099222	传　真	52041889
设立日期	2004-1-6	负 责 人	KOH KIAN WAH		
主营业务	生产管道饮用水、桶装水、瓶装水，销售自产产品。				

企业名称	新膳海美食（上海）有限公司				
企业地址	上海市闵行区七莘路 3655 号 S－247（201101）				
投资总额	20 万 USD	电　话	51163918	传　真	54797108
设立日期	2004-1-5	负 责 人	林利珍		
主营业务	中西餐饮（含酒、饮料、咖啡堂售、堂饮），甜点制作。				

企业名称	上海升汉食品有限公司				
企业地址	上海市松江区大港镇港兴西路 189 号（201614）				
投资总额	15 万 USD	电　话	57853348	传　真	57853349
设立日期	2003-12-25	负 责 人	陈润龙		
主营业务	加工、生产快餐盒饭、糕点、西餐，销售公司自产产品。				

企业名称	美珍香休闲食品（上海）有限公司				
企业地址	上海市西藏中路 268 号 B1-21 室（200001）				
投资总额	15 万 USD	电　话	63917369	传　真	63917389
设立日期	2003-12-16	负 责 人	王陈山		
主营业务	休闲食品生产加工及销售自产产品以及相关的技术服务。				

企业名称	上海伊杉食品有限公司				
企业地址	上海市青浦区赵巷镇（上海新城经济开发区二区）（201703）				
投资总额	51 万 USD	电　话	59755912	传　真	59755841
设立日期	2003-12-1	负 责 人	李庆海		
主营业务	生产、加工生鲜冷冻小包装食品及调料，销售公司自产产品。				

企业名称	正大食品企业（上海）有限公司				
企业地址	上海市宝山区鹤岗路 301 号（200940）				
投资总额	300 万 USD	电　话	51157613	传　真	51157612
设立日期	2003-11-17	负 责 人	谢国民		
主营业务	食品及饮料的加工、生产，提供相关的技术咨询，销售自产产品。				

企业名称	穗林食品（上海）有限公司				
企业地址	上海市普陀区真北路 3562 号 3 楼 301 室（200442）				
投资总额	25 万 USD	电　话	52840712	传　真	52840723
设立日期	2003-11-14	负 责 人	黄绣芳		
主营业务	生产、加工面包、饼干、中西糕点、糖果、休闲食品，销售自产产品。				

企业名称	岩崎京松食品模型（上海）有限公司				
企业地址	上海市江场西路 395 号 3 楼 H 座（200436）				
投资总额	14 万 USD	电　话	62520840	传　真	62520840
设立日期	2003-11-5	负 责 人	范　煜		
主营业务	开发、设计、生产食品模型和服务行业的管理、营销软件。				

企业名称	众爱食品（上海）有限公司				
企业地址	上海市嘉定工业区北区 20－1 号地块（201807）				
投资总额	610 万 USD	电　话	51651616	传　真	5129800
设立日期	2003-11-4	负 责 人	黄晴丽		
主营业务	生产、加工各类食品及半成品、豆浆、饮料（非国外牌号碳酸饮料）。				

企业名称	上海艾丝碧西食品有限公司				
企业地址	上海市闵行区梅陇镇景联路 759 号（201108）				
投资总额	301 万 USD	电　话	51096911	传　真	54406067
设立日期	2003-11-4	负 责 人	李盛泽		
主营业务	加工、生产面包、饼干、各种糕点、冰淇淋、咖啡、非碳酸饮料等。				

企业名称	上海雀巢普瑞纳宠物食品有限公司				
企业地址	上海市浦东新区金桥出口加工区云桥路 355 号（201206）				
投资总额	24.16 万 USD	电　话	58995352	传　真	58992707
设立日期	2003-10-31	负 责 人	穆立（J.M. MUELLER）		
主营业务	生产、加工、包装宠物食品、宠物用品，销售自产产品。				

企业名称	义式企业食品（上海）有限公司				
企业地址	上海市闵行区合川路 3152 号北楼 2F（201103）				
投资总额	80 万 USD	电　话	64050475	传　真	64056467
设立日期	2003-10-20	负 责 人	KEITH CHEN		
主营业务	小型食品器具、咖啡的生产，销售自产产品，提供相关售后服务。				

企业名称	上海片江食品有限公司				
企业地址	上海市闵行区虹梅南路 3509 弄 8 号（201108）				
投资总额	50 万 USD	电　话	64978619	传　真	54638562
设立日期	2003-10-17	负 责 人	周燕莉		
主营业务	生产快餐盒饭、饭团、寿司等日本料理及熟食、调味品、加工保鲜。				

企业名称	三得利（上海）食品有限公司				
企业地址	上海市浦东新区川桥路 600 号（201206）				
投资总额	1560 万 USD	电　话	58541234	传　真	58999546
设立日期	2003-10-9	负 责 人	仙木伸介		
主营业务	果蔬饮料、茶饮料、咖啡饮料的开发、生产，销售自产产品。				

企业名称	全冠晶（上海）食品有限公司				
企业地址	上海市徐汇区肇嘉浜路 333 号 403 室（200032）				
投资总额	108 万 USD	电　话	64619589	传　真	64619289
设立日期	2003-10-8	负 责 人	陈堡塞		
主营业务	生产休闲食品、保健食品，销售自产产品，并提供相关技术服务。				

企业名称	上海新派食品有限公司				
企业地址	上海市闵行区金都路 38 号（201108）				
投资总额	50 万 USD	电　话	64349636	传　真	64346128
设立日期	2003-10-8	负 责 人	谢凤华		
主营业务	生产快餐、各种糕点、冷冻食品、方便食品，销售自产产品。				

企业名称	安佐快餐（上海）有限公司				
企业地址	上海市浦东新区老杨高路 2389 号 1 幢、2 幢、4 幢（201208）				
投资总额	14 万 USD	电　话	68972019	传　真	68972013
设立日期	2003-9-30	负 责 人	王金妹（ONG KIM MOI）		
主营业务	生产快餐食品，销售自产产品，并提供相关的技术咨询和服务。				

企业名称	上海香特莉食品发展有限公司				
企业地址	上海市闵行区春申路 2525 号（201100）				
投资总额	900 万 USD	电　话	64384108	传　真	64384109
设立日期	2003-9-11	负 责 人	姚　原		
主营业务	生产中西糕点、月饼、馅料、保健食品、休闲食品、冷饮、饮料。				

企业名称	欧斯克食品（上海）有限公司				
企业地址	上海市闵行区合川路 3137 号 3 号楼 2 层西（201103）				
投资总额	3500 万日元	电　话	64053880	传　真	64053881
设立日期	2003-8-21	负 责 人	小谷一郎		
主营业务	生产加工袋泡茶，销售自产产品（涉及行政许可的，凭许可证经营）。				

企业名称	上海哈扎林多食品有限公司				
企业地址	上海市瑞金二路 118 号瑞金宾馆 F 座（200020）				
投资总额	20 万 USD	电　话	64478790	传　真	64478790
设立日期	2003-8-12	负 责 人	HAIDHI ANGKAWIJANA		
主营业务	生产、加工面包和西点食品，销售自产产品。				

企业名称	上海宏隆面制品有限公司				
企业地址	上海市嘉定区徐行镇宝钱公路北侧安新村（201809）				
投资总额	40 万 USD	电　话	39979882	传　真	39979885
设立日期	2003-7-31	负 责 人	李继德		
主营业务	生产、加工面粉制品，销售本公司自产产品。				

企业名称	上海申轩食品有限公司				
企业地址	上海市制造局路 833 弄 23 号 12 座（200011）				
投资总额	20 万 USD	电　话	64524192	传　真	54854403
设立日期	2003-7-31	负 责 人	陈祯焜		
主营业务	生产各类中西糕点、冷冻食品、休闲食品，销售本公司自产产品。				

企业名称	上海新语面包食品有限公司				
企业地址	上海市闵行区宜山路 1618 号综合楼 677 室（200233）				
投资总额	200 万 USD	电　话	54666565	传　真	54659338
设立日期	2003-7-24	负 责 人	陈国华		
主营业务	生产、加工各种中西糕点、巧克力、饼干、糖果及半制食品。				

企业名称	上海新天地广场酒业有限公司				
企业地址	上海市太仓路 181 弄新天地广场北里 1 号（200021）				
投资总额	35 万 USD	电　话	63861818	传　真	63861100
设立日期	2003-7-22	负 责 人	罗康瑞		
主营业务	生产葡萄酒，销售自产产品（涉及许可经营的，凭许可证经营）。				

企业名称	麦之穗（上海）食品有限公司				
企业地址	上海市龙漕路 200 弄 21 号（200235）				
投资总额	50 万 USD	电　话	64515472	传　真	64514445
设立日期	2003-7-21	负 责 人	吉川靖司		
主营业务	功能食品及其他食品、饮料的开发、生产（限分支机构）。				

企业名称	上海五丰上食食品有限公司				
企业地址	上海市嘉定区娄塘镇朱家桥工业区（201818）				
投资总额	2200 万人民币	电　话	39960733	传　真	39960799
设立日期	2003-7-17	负 责 人	顾晓鸣		
主营业务	生猪屠宰、片猪肉、分割肉、熟肉制品、猪副产品加工及销售。				

企业名称	上海兼光食品有限公司				
企业地址	上海市斜土路 2060 弄 3 号 11 室（200032）				
投资总额	14 万 USD	电　话	53018206	传　真	53018207
设立日期	2003-7-5	负 责 人	高须重春		
主营业务	生产西点食品，销售自产产品（涉及许可经营的凭许可证经营）。				

企业名称	上海仙波食品有限公司				
企业地址	上海市松江区高新技术园区玉阳路 292 号（201600）				
投资总额	120 万 USD	电　话	57736611	传　真	57735958
设立日期	2003-6-19	负 责 人	堀江敏夫		
主营业务	生产调味品、干燥食品的混合包装食品，销售公司自产产品。				

企业名称	上海富味乡油脂食品有限公司				
企业地址	上海市闵行区虹梅南路 1755 号 B 区 5 号厂房（200237）				
投资总额	80 万 USD	电　话	54300561	传　真	64556319
设立日期	2003-5-29	负 责 人	陈瑞礼		
主营业务	生产人造奶油、各种调味品、酱料和以芝麻油为原料的调和油。				

企业名称	上海罗根食品有限公司				
企业地址	上海市闵行区华漕镇东美南路 7 号（201106）				
投资总额	20 万 USD	电　话	54460515	传　真	54460519
设立日期	2003-5-22	负 责 人	蔡鸿瑜		
主营业务	加工、生产各类调味料、微波食品、中西式点心、肉类食品。				

企业名称	明古连（上海）食品有限公司				
企业地址	上海市嘉定区马陆镇彭赵工业区厂房 B（201801）				
投资总额	105 万 USD	电　话	59104668	传　真	59104663
设立日期	2003-5-14	负 责 人	倪朝全		
主营业务	生产和销售冰淇淋、糕点、面包及相关食品，门市供应饮料。				

企业名称	上海百群食品有限公司				
企业地址	上海市闵行区华漕镇东美南路 9 号（201106）				
投资总额	20 万 USD	电　话	54468128	传　真	54460272
设立日期	2003-5-14	负 责 人	荣大宁		
主营业务	加工、生产肉类、豆制品、干果、固体饮料、销售自产产品。				

企业名称	上海大塚食品有限公司				
企业地址	上海市闵行区莲花南路 1969 号（201100）				
投资总额	800 万 USD	电　话	54400906	传　真	54400514
设立日期	2003-4-24	负 责 人	宫崎吉明		
主营业务	蔬菜，水果，禽畜产品，农副产品的储存及加工，开发，生产。				

企业名称	上海冷海食品有限公司				
企业地址	上海市奉贤区现代农业园区（201400）				
投资总额	36 万 USD	电　话	57456750	传　真	57436600
设立日期	2003-4-24	负 责 人	徐海峰		
主营业务	水产品、农副产品的加工，销售公司自产产品。				

企业名称	上海斗品膳食品管理有限公司				
企业地址	上海市闵行区莘朱路 850 号（乙）（201100）				
投资总额	20 万 USD	电　话	54389464	传　真	54385417
设立日期	2003-4-22	负 责 人	林明宗		
主营业务	中、西餐食品（包括点心、饮料）的加工，销售自产产品。				

企业名称	上海龙厨食品有限公司				
企业地址	上海市松江区新桥镇庙三路四号厂房（201612）				
投资总额	20 万 USD	电　话	57681425	传　真	57681371
设立日期	2003-4-22	负 责 人	叶惠德		
主营业务	粮食存储加工，销售公司自产产品（涉及许可经营的，凭许可证经营）。				

企业名称	上海唐龙海产食品有限公司				
企业地址	上海市金山区朱行镇明叶路 39 号（201506）				
投资总额	30 万 USD	电　话	62629824	传　真	62629824
设立日期	2003-4-10	负 责 人	孔德民		
主营业务	生产加工冷冻食品、水产品、罐头食品，销售自产产品。				

企业名称	上海日粉食品有限公司				
企业地址	上海市松江高新技术园区玉阳路 298 号（201600）				
投资总额	210 万 USD	电　话	57735566	传　真	57736373
设立日期	2003-4-7	负 责 人	稻月喜一		
主营业务	开发、生产、加工各种预混拌粉、面包屑、液体调味食品及相关食品。				

企业名称	冰儿食品（上海）有限公司				
企业地址	上海市奉贤区奉贤镇（201411）				
投资总额	14 万 USD	电　话	57513419	传　真	57513419
设立日期	2003-4-7	负 责 人	刘建士		
主营业务	生产各类调味品，销售公司自产产品（涉及许可经营的，凭许可证经营）。				

企业名称	上海灿海海产食品有限公司				
企业地址	上海市浦东新区施新路 2018 号（201202）				
投资总额	14 万 USD	电　话	68967268	传　真	68967270
设立日期	2003-3-26	负 责 人	NORMAN LEH-MIN CHWANG		
主营业务	生产水产类食品，销售自产产品（涉及许可经营的，凭许可证经营）。				

企业名称	上海森永食品有限公司				
企业地址	上海市浦东康桥工业区康桥东路 1 号 5 号厂房（201319）				
投资总额	717 万 USD	电　话	68130108	传　真	68130308
设立日期	2003-3-19	负 责 人	福寺诚一		
主营业务	从事粮果、巧克力、饼干、点心等食品类的制造、加工。				

企业名称	上海广得利保健品有限公司				
企业地址	上海市闵行区龙吴路 5055 号（200241）				
投资总额	70 万 USD	电　话	64528022	传　真	64528022
设立日期	2003-3-6	负 责 人	郑炎昌		
主营业务	生产、加工维他命、茶多酚、OPC 胶囊保健食品、片剂食品等。				

制造业-食品加工业和食品、饮料制造业

企业名称	**新之味（上海）食品有限公司**				
企业地址	上海市金山嘴工业区 16 号地块（201508）				
投资总额	70 万 USD	电　话	51362801	传　真	51362811
设立日期	2003-2-24	负责人	林　新		
主营业务	生产糕点、冷冻类食品、农副产品深加工，销售公司自产产品。				

企业名称	**丸钲食品（上海）有限公司**				
企业地址	上海市杨浦区通北路 400 号 6 号楼三楼（200082）				
投资总额	20 万 USD	电　话	65411042	传　真	65461709
设立日期	2003-2-13	负责人	後藤康夫		
主营业务	面制品及面制品配料的加工生产，销售自产产品。				

企业名称	**上海士丰实业有限公司**				
企业地址	上海市闵北工业区五号街坊 B（201107）				
投资总额	500 万 USD	电　话	62961199	传　真	62967603
设立日期	2003-1-9	负责人	林国兴		
主营业务	生产糖果、冰淇淋、饮料、肉类熟食加工、米面制品、罐头及包装食品。				

企业名称	**上海岩井食品模型有限公司**				
企业地址	上海市浦东新区博文路 1458 号 C 栋 3 楼东侧（200125）				
投资总额	25 万 USD	电　话	58737494	传　真	58730794
设立日期	2002-12-18	负责人	岩井稔		
主营业务	设计、生产食品塑料模型、动植物塑料模型，销售自产产品。				

企业名称	**上海绿态食品有限公司**				
企业地址	上海市宝山区沪太路集宁路 175 号（200949）				
投资总额	114 万 USD	电　话	66876091	传　真	66876117
设立日期	2002-12-12	负责人	徐彦明		
主营业务	加工水产品、畜禽产品、农副产品、食品及饮用水，销售自产产品。				

企业名称	**乐淘鲜食品（上海）有限公司**				
企业地址	上海市外高桥保税区基隆路 1 号 912 室（200131）				
投资总额	30 万 USD	电　话	52392896	传　真	52392895
设立日期	2002-11-22	负责人	STEPHANE BARBUT		
主营业务	国际贸易、转口贸易、保税区企业间的贸易及区内贸易代理。				

企业名称	**吉麦得（上海）食品有限公司**				
企业地址	上海市青浦区白鹤镇工业园区（201709）				
投资总额	20 万 USD	电　话	59745337	传　真	59744419
设立日期	2002-11-20	负责人	JACQUES MATAS		
主营业务	加工各类蔬菜，销售公司自产产品。				

企业名称	**酩悦轩尼诗帝亚吉欧洋酒（上海）有限公司**				
企业地址	上海市浦东新区浦东南路528号上海证券大厦北幢22层09室（200120）				
投资总额	14 万 USD	电　话	62881888	传　真	62881011
设立日期	2002-11-4	负责人	MARK FRANCIS BEDINGHAM		
主营业务	以酒类产品为主的国内批发、进出口贸易、相关酒类产品的仓储。				

企业名称	**上海逸腾制冷设备有限公司**				
企业地址	上海市浦东新区顾曹路 1204 号（201209）				
投资总额	30 万 USD	电　话	51099811	传　真	51620208
设立日期	2002-11-5	负责人	罗文耀		
主营业务	设计、生产冷冻机组及配件，销售自产产品。				

企业名称	**上海三隆油脂有限公司**				
企业地址	上海市金山区朱泾镇金山大桥河西南塊船厂南面（201500）				
投资总额	42 万 USD	电　话	57319696	传　真	57316289
设立日期	2002-10-31	负责人	CHORG TIAM FATT		
主营业务	起酥油、人造奶油、代可可脂等食用油制品的加工，销售自产产品。				

企业名称	**麦恺胜（上海）食品有限公司**				
企业地址	上海市青浦工业园区外青松公路 5500 号 302 室（201707）				
投资总额	100 万 USD	电　话	59700618	传　真	59701080
设立日期	2002-10-17	负责人	郑耿松		
主营业务	生产加工肉禽和水产品、食品添加剂，销售公司自产产品。				

企业名称	**上海获实食品有限公司**				
企业地址	上海市崇明岛上实现代农业园区（202183）				
投资总额	1506 万 USD	电　话	59471094	传　真	59471094
设立日期	2002-10-14	负责人	日野三代春		
主营业务	生产、开发速冻蔬菜、切块包装蔬菜、蔬菜调理品、蔬菜饮料等。				

企业名称	**上海可瑞安食品贸易有限公司**				
企业地址	上海市外高桥保税区日京路 35 号凯兴大楼第六层 A 部位（200131）				
投资总额	35 万 USD	电　话	54726701	传　真	54726756
设立日期	2002-10-8	负责人	金容旭		
主营业务	国际贸易、转口贸易、保税区内企业间的贸易及贸易代理；区内商业性简单加工。				

企业名称	**上海品高食品有限公司**				
企业地址	上海市松江茸梅路西侧、茸北路南侧 3、4 号标准厂房（201613）				
投资总额	150 万 USD	电　话	57781158	传　真	57780368
设立日期	2002-9-26	负责人	苏庆瑞		
主营业务	生产食品调味酱类、食品调味粉类、健康食品。				

企业名称	**比欧（上海）食品工业有限公司**				
企业地址	上海市松江区佘山工业区陶干路西侧（201602）				
投资总额	500 万 USD	电　话	62375558	传　真	62375308
设立日期	2002-9-26	负责人	丁　军		
主营业务	生产、加工食品、果酱、面包、糕点、饼干。				

企业名称	**上海四和食品有限公司**				
企业地址	上海市夏家塘张贵桥中路 19 号－20 号（200434）				
投资总额	20 万 USD	电　话	66520829	传　真	66520829
设立日期	2002-9-17	负责人	唐大硕		
主营业务	生产纯鲜豆浆饮品、面食、点心，销售自产产品。				

企业名称	**上海雀巢通用磨坊食品有限公司**				
企业地址	上海市松江工业区俞塘路 318 号（201613）				
投资总额	42 万 USD	电　话	57741718	传　真	57741706
设立日期	2002-9-13	负责人	穆　立		
主营业务	从事系列即食早餐谷物、早餐谷物块以及相关或类似产品的生产、推广。				

企业名称	**上海真宇食品有限公司**				
企业地址	上海市青浦区赵屯镇新桥路 868 号（201712）				
投资总额	100 万 USD	电　话	59221796	传　真	59220758
设立日期	2002-9-5	负责人	翁陈爱		
主营业务	生产香精、香料、食品添加剂，销售公司自产产品。				

企业名称	**上海洽洽食品有限公司**				
企业地址	上海松江工业区玉阳路南侧富民路东侧（201600）				
投资总额	520 万 USD	电　话	57735075	传　真	57736008
设立日期	2002-8-24	负责人	陈先保		
主营业务	生产果酸饮料、棒棒冰、油炸食品、炒货，收购葵花子、花生米等。				

企业名称	**上海瑞英食品有限公司**				
企业地址	上海市嘉定区嘉松北路 1255 号（201806）				
投资总额	56 万 USD	电　话	59587913	传　真	59589457
设立日期	2002-8-16	负责人	陈道钧		
主营业务	生产食品添加剂、乳制品、食用香料、食用淀粉，销售企业自产产品。				

企业名称	**上海康允食品有限公司**				
企业地址	上海市奉贤区西渡镇鸿宝村（201401）				
投资总额	15 万 USD	电　话	57155988	传　真	57155981
设立日期	2002-8-12	负责人	黄志辉		
主营业务	生产各类肉制品及米面制品、销售公司自产产品。				

企业名称	**上海味之素调味品有限公司**				
企业地址	上海市松江工业区东部新区申港路 3000 号（201613）				
投资总额	1151 万 USD	电　话	67600808	传　真	67600909
设立日期	2002-8-9	负责人	前田宏一		
主营业务	生产、加工调味品、方便食品及其相关产品。				

企业名称	**上海元祖梦果子有限公司**				
企业地址	上海市青浦区赵巷镇沪青平公路 3398 号（201703）				
投资总额	980 万 USD	电　话	59755678	传　真	59755155
设立日期	2002-8-5	负责人	张秀琬		
主营业务	糕点、糖果、冷饮、速冻食品及食品原料、半成品的生产、销售。				

企业名称	**客登庸（上海）食品有限公司**				
企业地址	上海市闵行区漕宝路 1685 弄 2 号（201101）				
投资总额	85 万 USD	电　话	57753399	传　真	57750019
设立日期	2002-7-23	负责人	[illegible]		
主营业务	生产休闲食品、保健食品，销售自产产品并提供相关技术服务。				

企业名称	上海汉德食品有限公司				
企业地址	上海市奉贤区现代农业园区（201400）				
投资总额	400 万 USD	电　话	57436750	传　真	57436750
设立日期	2002-7-23	负 责 人	徐海峰		
主营业务	水产品及农副产品的加工、销售。				

企业名称	富泽新记生化技术（上海）有限公司				
企业地址	上海市闵行区华翔路 237 弄 12 号（201105）				
投资总额	48 万 USD	电　话	52272587	传　真	52272591
设立日期	2002-7-11	负 责 人	丁仁心		
主营业务	生产销售各种食品添加剂、香精香料、干燥类果蔬菜、香辛料等。				

企业名称	浦岛海苔食品（上海）有限公司				
企业地址	上海市松江区玉佳路 77 号（201600）				
投资总额	60 万 USD	电　话	67728333	传　真	67728624
设立日期	2002-7-8	负 责 人	井本明		
主营业务	生产、加工海苔功能食品、海产品、蔬菜薄片、果蔬饮料。				

企业名称	伊莎贝尔（中国）食品有限公司				
企业地址	上海市普陀区同普路 1225 弄 11、13 号厂房（200333）				
投资总额	610 万 USD	电　话	52705383	传　真	52704482
设立日期	2002-7-5	负 责 人	林金湖		
主营业务	生产加工各类中西糕点、饼干、月饼、果冻、巧克力及相关产品。				

企业名称	上海紫泉饮料工业有限公司				
企业地址	上海市闵行区颛兴路 1188 号（201108）				
投资总额	2980 万 USD	电　话	64428811	传　真	64890455
设立日期	2002-6-20	负 责 人	毛国敏		
主营业务	生产销售开发果蔬饮料、蛋白饮料、茶饮料、咖啡饮料及相关产品。				

企业名称	上海兼光食品有限公司				
企业地址	上海市斜土路 2060 弄 3 号 11 室（200023）				
投资总额	20 万 USD	电　话	53018206	传　真	53018207
设立日期	2002-6-18	负 责 人	高须重春		
主营业务	生产西点食品，销售自产产品。				

企业名称	上海汇海食品有限公司				
企业地址	上海市南汇区惠南镇拱极东路 111 号（201300）				
投资总额	71 万 USD	电　话	68012367	传　真	68012450
设立日期	2002-6-17	负 责 人	李振荣		
主营业务	生产新鲜果蔬（保鲜），果蔬制品（水煮系列）。				

企业名称	上海达永快餐服务有限公司				
企业地址	上海市松江区车墩镇上海莘莘学子创业园内北闵路回业路口（201611）				
投资总额	30 万 USD	电　话	57601415	传　真	57601417
设立日期	2002-6-14	负 责 人	戴伟恩		
主营业务	农副产品加工、配送以及快餐食品的供应，销售公司自产产品。				

企业名称	日光食品（上海）有限公司				
企业地址	上海市闵行区浦江镇苏召路 1785 弄 128 号（201114）				
投资总额	20 万 USD	电　话	34030271	传　真	34030271
设立日期	2002-6-4	负 责 人	苏建胜		
主营业务	蔬菜、水果、禽畜产品的储藏及加工，销售公司自产产品。				

企业名称	上海御厨食品有限公司				
企业地址	上海市松江区九亭镇久富经济开发区龙高路（201615）				
投资总额	20 万 USD	电　话	67690611	传　真	67690751
设立日期	2002-5-27	负 责 人	高顺忠		
主营业务	生产各类卤味食品、速冻食品。				

企业名称	双华食品（上海）有限公司				
企业地址	上海市闵行区莲花南路 2333 号（201100）				
投资总额	2000 万 USD	电　话	33505115	传　真	33506118
设立日期	2002-5-20	负 责 人	孙颂恩		
主营业务	利用粮食储藏加工技术生产并销售即食新鲜面制品、米饭制品等。				

企业名称	上海统园食品技术有限公司				
企业地址	上海市宜山路 1618 号 633 室（200233）				
投资总额	85 万 USD	电　话	54481678	传　真	54481624
设立日期	2002-4-29	负 责 人	王继中		
主营业务	生产销售果酱，食品调味品，营养复配方及各类食品添加剂。				

企业名称	上海福棠食品有限公司				
企业地址	上海松江高新技术园区玉阳路 A2（201600）				
投资总额	30 万 USD	电　话	57736133	传　真	57736096
设立日期	2002-4-17	负 责 人	林　棠		
主营业务	开发并生产老年食品、功能食品及食品添加剂。				

企业名称	上海思米酵素科技有限公司				
企业地址	上海市嘉定区叶城路 1288 号 B－120 室（201821）				
投资总额	6 万 USD	电　话	59165767	传　真	59165767
设立日期	2002-3-21	负 责 人	林再庆		
主营业务	生产工业酶制剂，销售企业自产产品。				

企业名称	上海松冠食品有限公司				
企业地址	上海市松江工业区茸北分区文翔路北侧（201613）				
投资总额	42 万 USD	电　话	57782539	传　真	57782556
设立日期	2002-3-20	负 责 人	钟胜赐		
主营业务	生产面包糠、预拌粉、调味品、烘培食品、休闲食品及冷冻包装食品。				

企业名称	上海避风塘食品有限公司				
企业地址	上海市闵行区莲花南路 1997 号（201100）				
投资总额	600 万 USD	电　话	33505767	传　真	33505773
设立日期	2002-3-19	负 责 人	叶锡铭		
主营业务	生产销售冷冻食品，调理食品，预制菜肴，水产品，调味品。				

企业名称	星和食品（上海）有限公司				
企业地址	上海市普陀区真南路 1735 弄 226 号（200331）				
投资总额	14 万 USD	电　话	32052258	传　真	32052259
设立日期	2002-3-11	负 责 人	弓长可人		
主营业务	生产各类食品、食品添加剂、调味品，销售自产产品。				

企业名称	上海联旭食品有限公司				
企业地址	上海市浦东康桥工业区康桥东路 1 号－111 号（201315）				
投资总额	140 万 USD	电　话	68130788	传　真	68130886
设立日期	2002-3-7	负 责 人	卢壮智		
主营业务	生产烘焙食品、饼干、糕点、烘焙辅料，以及烘焙技术咨询服务。				

企业名称	上海金山淘大食品有限公司				
企业地址	上海市金山区朱泾镇万安街 2 号（201500）				
投资总额	105 万 USD	电　话	57321150	传　真	57320779
设立日期	2002-2-10	负 责 人	秦　鹏		
主营业务	生产加工酱油、醋、豆腐乳、酱料、中西式调味料、焦糖色、淀粉糖等。				

企业名称	上海瑞海食品有限公司				
企业地址	上海市浦东新区川沙路 3169 号（201200）				
投资总额	1000 万 USD	电　话	58925693	传　真	58900514
设立日期	2002-1-25	负 责 人	徐和平		
主营业务	加工农副产品、水产品、海产品、蔬菜以及相关产品，销售自产产品。				

制造业—纺织、服装及其他纤维制品和皮革、毛皮、羽绒及其制品业

企业名称	上海劲彩印染有限公司				
企业地址	上海市金山区枫泾镇环东一路 65 弄 9 号二层(201501)				
投资总额	2200 万 USD	电　话	67360072	传　真	
设立日期	2009-12-23	负 责 人	洪奕彬		
主营业务	从事高档织物面料织染及后整理加工，销售公司自产产品。				

企业名称	上海蓝永时装有限公司				
企业地址	上海市青浦区沪青平公路 4501 弄 78 号 3 幢(201700)				
投资总额	14 万 USD	电　话		传　真	
设立日期	2009-11-4	负 责 人	CHO MI SOOK		
主营业务	生产、加工服装、服饰，销售公司自产产品。				

企业名称	上海睦度服装设计有限公司				
企业地址	上海市松江科技园区崇南路 3 号 7 幢 3 号房(201616)				
投资总额	5 万 USD	电　话	63527858	传　真	
设立日期	2009-10-22	负 责 人	DUZGEC METIN		
主营业务	服装设计。针纺织品，服装，服饰，服装辅料及配件。				

企业名称	上海煌杰服饰有限公司				
企业地址	上海市青浦区朱家角镇康园路 105 号 2 幢(201700)				
投资总额	50 万 USD	电　话	59701256	传　真	59700042
设立日期	2009-10-16	负 责 人	陈志煌		
主营业务	生产、加工服装、服饰、电脑绣花、印花、针纺织品。				

企业名称	上海华克思鞋业有限公司				
企业地址	上海市嘉定区马陆镇彭封路 125 号第 2 幢 1 楼 A 区(201800)				
投资总额	20 万 USD	电　话	57310205	传　真	
设立日期	2009-9-8	负 责 人	魏　慧		
主营业务	研发、生产鞋类产品，销售自产产品。				

企业名称	子泽服饰（上海）有限公司				
企业地址	上海市松江区新桥镇新茸路 168 号第二幢第二层(201612)				
投资总额	20 万 USD	电　话	57687332	传　真	57687336
设立日期	2009-8-13	负 责 人	罗其福		
主营业务	生产、加工服装、服饰，家居用品，销售公司自产产品。				

企业名称	上海进荣服饰有限公司				
企业地址	上海市浦东新区祝桥镇盐朝公路 69 号(201324)				
投资总额	4 万 USD	电　话	58091109	传　真	
设立日期	2009-8-10	负 责 人	藤卷睦典		
主营业务	服装服饰的整理，上述同类商品的批发、佣金代理。				

企业名称	伦顿弗格（上海）服饰有限公司				
企业地址	上海市金山区枫泾镇王圩东路 1698 号 4 号楼 303 室(201501)				
投资总额	146 万 USD	电　话	52704470	传　真	65066508
设立日期	2009-5-31	负 责 人	张永力		
主营业务	设计、生产（委托加工）针织、梭织、皮革服装及其服饰配件。				

企业名称	爱汶服装设计（上海）有限公司				
企业地址	上海市浦东新区康桥镇沪南公路 2591 弄 2 号 302 室(201315)				
投资总额	17 万 USD	电　话	68060698	传　真	68060656
设立日期	2009-5-11	负 责 人	CARRA BEATRICE CHLOE		
主营业务	服装、服饰、鞋帽、箱包的设计、打样。				

企业名称	扬菲裳（上海）服饰有限公司				
企业地址	上海市闵行区申南路 111 号 2 号楼 2 楼(201108)				
投资总额	15 万 USD	电　话	62999899	传　真	
设立日期	2009-5-6	负 责 人	ISRAEL BENJAMIN PNINI		
主营业务	生产各类服装及服饰，销售自产产品。				

企业名称	上海芙德肠衣有限公司				
企业地址	上海市金山工业区通业路 211 号 2 幢 3 号(201506)				
投资总额	1200 万 USD	电　话	57271997	传　真	
设立日期	2009-5-5	负 责 人	翁国权		
主营业务	猪肠衣、羊肠衣、各种规格套管肠衣、其他肠衣类商品生产加工。				

企业名称	贵斯夫（上海）服饰有限公司				
企业地址	上海市浦东新区金藏路 258 号 T20-5 号楼第七层北侧(201206)				
投资总额	15 万 USD	电　话	61631032	传　真	61631500
设立日期	2009-4-7	负 责 人	邝美仪		
主营业务	生产、加工各类服装、服饰，销售自产产品。				

企业名称	升泽（上海）时装有限公司				
企业地址	上海市共和新路 912 号 308 室(200070)				
投资总额	20 万 USD	电　话	56721059	传　真	58367558
设立日期	2009-3-24	负 责 人	季　萍		
主营业务	生产、加工服装服饰，销售自产产品。				

企业名称	马科司服装（上海）有限公司				
企业地址	上海市闵行区纪翟路 1409 弄 78 号 1 号楼 2 层(201106)				
投资总额	33 万 USD	电　话	63500821	传　真	
设立日期	2009-3-2	负 责 人	田中博		
主营业务	设计、生产、加工服装、服饰，设计、开发、制作服装软件。				

企业名称	大泷浪速时装整理（上海）有限公司				
企业地址	上海市宝山区共祥路 137 号 2 楼(201901)				
投资总额	25 万 USD	电　话	56390377	传　真	
设立日期	2009-2-26	负 责 人	OTAKI HIDEAKI		
主营业务	从事服装、纺织品、针织品的加工整理及其制品的检品和仓储保管业务。				

企业名称	上海引领家纺有限公司				
企业地址	上海市松江区仓桥工业园玉秀路 89 号 12 号厂房(201600)				
投资总额	20 万 USD	电　话	67725087	传　真	67725071
设立日期	2009-2-12	负 责 人	BRUNO GEORGES BARETEAU		
主营业务	生产、加工家用纺织品、文教用具，销售公司自产产品。				

企业名称	翊丰布艺（上海）有限公司				
企业地址	上海市闵行区华漕镇纪翟路 1409 弄 78 号 2 号楼 3 层(201107)				
投资总额	75 万 USD	电　话	54220567	传　真	54220575
设立日期	2009-2-3	负 责 人	简智斌		
主营业务	生产窗帘，销售公司自产产品。				

企业名称	志力（上海）服饰有限公司				
企业地址	上海市闵行区金都路 1128 号 4 号楼 4001 室（200237）				
投资总额	10 万 USD	电　话	54409782	传　真	54409761
设立日期	2008-12-26	负 责 人	LI LI		
主营业务	生产服装，销售公司自产产品；上述同类商品的批发、佣金代理。				

企业名称	路得纺织品（上海）有限公司				
企业地址	上海市徐汇区凯旋南路 31 号 14 幢 104 室（200232）				
投资总额	14 万 USD	电　话	61198413	传　真	61198411
设立日期	2008-12-18	负 责 人	陈佩桦		
主营业务	纺织品、礼品的批发、佣金代理（拍卖除外）及进出口业务。				

企业名称	思妍时装（上海）有限公司				
企业地址	上海市杨浦区长阳路 1514 号 1 号楼六层（200090）				
投资总额	129.03 万 USD	电　话	65688208	传　真	65688208
设立日期	2008-12-15	负 责 人	萧玉妍		
主营业务	设计、加工、生产服装及服饰，销售自产产品。				

企业名称	耐特格拉菲特（上海）纺织服装软件有限公司				
企业地址	上海市徐汇区茶陵北路 20 号 4301 室（200032）				
投资总额	14 万 USD	电　话	58403828	传　真	64220672
设立日期	2008-12-10	负 责 人	CORNELLS JACOBUS CAN STAM		
主营业务	计算机软件的开发、设计，制作，销售自产产品。				

企业名称	派勋（上海）服饰有限公司				
企业地址	上海市南汇区周浦镇周祝公路 25 号（201318）				
投资总额	15 万 USD	电　话	68129306	传　真	62321052
设立日期	2008-12-10	负 责 人	汪利方		
主营业务	生产、加工纺织品、服饰、家纺制品及其相关产品，销售公司自产产品。				

企业名称	上海希禄世服装整理有限公司				
企业地址	上海市松江区车墩镇车亭公路 699 号 5 幢 3 层（201611）				
投资总额	10 万 USD	电　话	57608515	传　真	57608298
设立日期	2008-12-4	负 责 人	阿川文美江		
主营业务	生产服装、针织制品及其机织产品，服饰整理及检品，销售自产产品。				

企业名称	上海戴维世珂缔皮具有限公司				
企业地址	上海市金山区枫泾镇建贡路 63 号 1 幢（201501）				
投资总额	20 万 USD	电　话	62727799	传　真	62728278
设立日期	2008-12-4	负 责 人	卢新明		
主营业务	皮革制品及服饰类相关产品的生产，销售公司自产产品。				

企业名称	上海芙绿德时装有限公司				
企业地址	上海市金山工业区高楼村 2104 号（201506）				
投资总额	42 万 USD	电　话	64068009	传　真	
设立日期	2008-12-2	负 责 人	佐藤健二		
主营业务	生产、加工服装、服饰、床上用品等纺织品，印染，销售自产产品。				

企业名称	上海科见服装检验有限公司				
企业地址	上海市青浦工业园区华纺路 99 弄 99 号 6 幢底层（201700）				
投资总额	50 万 USD	电　话		传　真	69723068
设立日期	2008-11-13	负 责 人	金木幸夫		
主营业务	从事服装、服饰、纺织品、床上用品的商业性检测整理服务及配套服务。				

企业名称	上海玥丰纺织品有限公司				
企业地址	上海市奉贤区奉城镇南奉公路 1478 号-2（201411）				
投资总额	50 万 USD	电　话		传　真	64301481
设立日期	2008-11-5	负 责 人	王常丰		
主营业务	生产超细纤维系列产品，销售公司自产产品。				

企业名称	可日鲜服装商贸（上海）有限公司				
企业地址	上海市闵行区吴中路 1065 号第 1 幢 607 室（201103）				
投资总额	30.71 万 USD	电　话	51503433	传　真	
设立日期	2008-11-5	负 责 人	文永右（MOON YOUNG WOO）		
主营业务	从事服装服饰、皮革制品、箱包、鞋帽的批发、佣金代理（拍卖除外）。				

企业名称	拉发纺织机械（上海）有限公司				
企业地址	上海市南汇区航头镇航吉路 26 号－2（201316）				
投资总额	23.42 万 USD	电　话	68868335	传　真	68868021
设立日期	2008-10-21	负 责 人	RUGGERO PIETRO MARCHIORETTO		
主营业务	生产起毛机、磨毛机、预缩机，销售公司自产产品并提供售后服务。				

企业名称	盛腾时装贸易（上海）有限公司				
企业地址	上海市虹口区吴淞路 270 号 2 层（200080）				
投资总额	210 万 USD	电　话	26025188	传　真	62025188
设立日期	2008-10-8	负 责 人	徐伟军		
主营业务	日用百货、香水、化妆品及卫生用品的批发，佣金代理（拍卖除外）。				

企业名称	精明乐拉纺织设备贸易（上海）有限公司				
企业地址	上海市徐汇区田林十村 37 号 423 室（200233）				
投资总额	14 万 USD	电　话	51876681	传　真	51097809
设立日期	2008-10-6	负 责 人	ROBERTO GIAMMINOLA		
主营业务	纺织机械设备及其组件、配件、零部件的批发、进出口、佣金代理。				

企业名称	思艾服装贸易（上海）有限公司				
企业地址	上海市普陀区同普路 1225 弄 8 号楼 3 楼西（200333）				
投资总额	20 万 USD	电　话	52690087	传　真	52709387
设立日期	2008-9-25	负 责 人	SLAGER XANDER		
主营业务	服装、服装面料及辅料、服装饰物、皮革制品、箱包的批发、佣金代理。				

企业名称	锦冕纺织（上海）有限公司				
企业地址	上海市奉贤区金汇镇锦日路 299 号 16 幢（201404）				
投资总额	30 万 USD	电　话	57480619	传　真	
设立日期	2008-9-5	负 责 人	COHEN NICOLAS PINHAS		
主营业务	设计、生产各种服装、服装面料及辅料、箱包；销售公司自产产品。				

企业名称	上海英迈吉服装有限公司				
企业地址	上海市南汇区泥城镇育建路 1 号 10 幢（201307）				
投资总额	73.28 万 USD	电　话	58077472	传　真	64011930
设立日期	2008-8-22	负 责 人	厉忠明		
主营业务	生产服装、服装辅料；销售公司自产产品。				

企业名称	上海优亚力服装有限公司				
企业地址	上海市松江区石湖荡镇育新路 169 号 1 幢 201 楼（201614）				
投资总额	20 万 USD	电　话	57842453	传　真	
设立日期	2008-8-22	负 责 人	道安淳一		
主营业务	生产加工服装服饰、鞋帽，销售自产产品。				

企业名称	创丰（上海）服装贸易有限公司				
企业地址	上海市长宁区遵义路 100 号 2－7、8、10、11 单元（200051）				
投资总额	18 万 USD	电　话	53064184	传　真	63602162
设立日期	2008-8-11	负 责 人	杨衍杰		
主营业务	从事服装、服饰、男女内衣及皮革制品的零售、批发及进出口业务。				

企业名称	乐门（上海）纺织品贸易有限公司				
企业地址	上海市闸北区江场三路 228 号 206 室（200431）				
投资总额	15 万 USD	电　话	65083863	传　真	65083865
设立日期	2008-8-8	负 责 人	PIERRE.J.G.GILLEMAN		
主营业务	化工产品（危险品除外）、家具的批发、进出口、佣金代理。				

企业名称	辰旸纺织品（上海）有限公司				
企业地址	上海市普陀区绥德路 118 弄 55 号 5 层（200331）				
投资总额	20 万 USD	电　话	66082780	传　真	66082782
设立日期	2008-8-6	负 责 人	邵　任		
主营业务	生产、加工服装、紧身衣、家用针纺织品、床上用品，销售自产产品。				

企业名称	格则尔（上海）服装贸易有限公司				
企业地址	上海市长宁区娄山关路 83 号 31 层 3108－3110 室（200336）				
投资总额	14.65 万 USD	电　话	61132280	传　真	
设立日期	2008-7-31	负 责 人	DAVID JOSEPH GAZAL		
主营业务	服装、服装配件、纺织品的批发、进出口、佣金代理（拍卖除外）。				

企业名称	之旭针织品（上海）有限公司				
企业地址	上海市黄浦区中山南路 1416 号 107 室（200010）				
投资总额	15 万 USD	电　话		传　真	52919214
设立日期	2008-7-28	负 责 人	程山大为（DAII HODOYAMA）		
主营业务	生产、加工各类针织服装、袜子（生产限分支机构），销售自产产品。				

企业名称	时式（上海）服装贸易有限公司				
企业地址	上海市黄浦区南京东路 409－459 号 1203 室（200001）				
投资总额	18 万 USD	电　话	63602162	传　真	63602162
设立日期	2008-7-16	负 责 人	杨衍杰		
主营业务	从事服装、服饰、男女内衣及皮革制品的批发及进出口；配套服务。				

企业名称	可慕服装（上海）有限公司				
企业地址	上海市金山区漕廊公路 7425 号 1 幢（201516）				
投资总额	15 万 USD	电　话	52722221	传　真	
设立日期	2008-7-11	负 责 人	埜中满伸		
主营业务	生产、设计、加工各类中高档服装、服饰、鞋帽，销售公司自产产品。				

企业名称	萌亚时装贸易（上海）有限公司				
企业地址	上海市长宁区延安西路 1448 弄 1 号 2C 室（200052）				
投资总额	30 万 USD	电　话	62838489	传　真	
设立日期	2008-7-4	负 责 人	MANN PARMJIT SINGH		
主营业务	从事服装、服饰、纺织品及其配套产品、面辅料的批发、佣金代理。				

企业名称	厚木（上海）时装贸易有限公司				
企业地址	上海市普陀区真北路 3199 弄 19 号 2 楼（200333）				
投资总额	200 万 USD	电　话	51031033	传　真	51031012
设立日期	2008-6-23	负 责 人	张鹏鸣		
主营业务	厨房及卫生间用具、日用杂货、化妆品的批发、佣金代理。				

企业名称	韩港（上海）服装贸易有限公司				
企业地址	上海市闵行区黄桦路 301 号（201103）				
投资总额	7.15 万 USD	电　话	56961351	传　真	
设立日期	2008-6-19	负 责 人	LEE CHUL GEUN		
主营业务	服装、箱包、鞋帽、工艺品的批发、零售、佣金代理（拍卖除外）。				

企业名称	坤威纺织品贸易（上海）有限公司				
企业地址	上海市闵行区双柏路 888 号 40 幢 3 楼东侧 332 室（200237）				
投资总额	30 万 USD	电　话	62705320	传　真	32230853
设立日期	2008-6-16	负 责 人	施锦玲		
主营业务	贱金属（钢铁除外）及其制品的进出口、批发、佣金代理。				

企业名称	馨龙纺织品贸易（上海）有限公司				
企业地址	上海市浦东新区潍坊五村 546 号 313 室（200122）				
投资总额	14.1 万 USD	电　话	62880073	传　真	51696006
设立日期	2008-6-11	负 责 人	ANTONIO ESPOSITO		
主营业务	家用纺织品、日用品、家用百货、家用五金的批发、佣金代理。				

企业名称	上海中钜制衣有限公司				
企业地址	上海市浦东新区川沙新镇新建路 80 号 1－2 幢（201202）				
投资总额	50 万 USD	电　话	52081991	传　真	
设立日期	2008-6-11	负 责 人	胡雪梅		
主营业务	服装、针织品、纺织品、床上用品的加工，销售自产产品。				

企业名称	新悦鸿纺织品贸易（上海）有限公司				
企业地址	上海市浦东新区向城路58号5I室（200122）				
投资总额	20万USD	电话	50988686	传真	
设立日期	2008-6-4	负责人	江明政		
主营业务	纺织品的批发、佣金代理（拍卖除外）、进出口及相关配套业务。				

企业名称	上海特安迪服装有限公司				
企业地址	上海市嘉定区南翔镇嘉程路1085号第4幢第2层（201802）				
投资总额	14万USD	电话	69170182	传真	
设立日期	2008-5-30	负责人	南相丞（NAM SANG SEUNG）		
主营业务	生产服装、服饰，销售本公司自产产品；上述产品及同类商品的批发。				

企业名称	锦邑纺织品（上海）有限公司				
企业地址	上海市松江工业区东区大道328号11号厂房（201600）				
投资总额	100万USD	电话	67753188	传真	67753199
设立日期	2008-5-22	负责人	简明照		
主营业务	生产、加工纺织原料、纺织制品、纺织机械设备及其零配件。				

企业名称	上海张禹服饰有限公司				
企业地址	上海市闵行区友东路89号1幢101室（201100）				
投资总额	14.31万USD	电话	54887386	传真	
设立日期	2008-5-20	负责人	WOO SANG HOON		
主营业务	生产、加工服装服饰，销售自产产品，并提供相关技术咨询服务。				

企业名称	德轩绣品（上海）有限公司				
企业地址	上海市南汇区康桥东路1159弄69号2幢（201315）				
投资总额	450万USD	电话	54313877	传真	64116860
设立日期	2008-5-8	负责人	陈勋毅		
主营业务	电脑刺绣、花边的生产，销售公司自产产品，上述产品的进出口业务。				

企业名称	高荣服饰（上海）有限公司				
企业地址	上海市青浦区重固镇赵重公路1976、1978号3幢B座厂房（201706）				
投资总额	60万USD	电话	39876513	传真	39876713
设立日期	2008-5-5	负责人	唐福祥		
主营业务	生产、加工服饰配件，销售公司自产产品。				

企业名称	嘉彩服饰（上海）有限公司				
企业地址	上海市松江区石湖荡镇唐明路299号4幢2楼东侧（201604）				
投资总额	14万USD	电话	57842750	传真	57842740
设立日期	2008-5-4	负责人	梁嘉仁		
主营业务	生产、加工纺织原料、针纺织品、服装、工艺品、鞋帽服饰、袜子。				

企业名称	皇鸿家纺（上海）有限公司				
企业地址	上海市南汇区宣桥镇宣镇东路1055弄6号（201319）				
投资总额	20万USD	电话	58188853	传真	58181098
设立日期	2008-4-28	负责人	FRANK M FOLEY JR		
主营业务	生产家用纺织品，销售公司自产产品，从事上述同类产品的进出口业务。				

企业名称	爱涛纺织品商贸（上海）有限公司				
企业地址	上海市闵行区光华路2118号第3幢344室（201111）				
投资总额	15万USD	电话	64584255	传真	
设立日期	2008-4-21	负责人	DANIEL KLEPAC		
主营业务	从事纺织品、工艺品（文物除外）、文具用品、体育用品、日用品批发。				

企业名称	上海升仁羽绒制品有限公司				
企业地址	上海市青浦区朱家角镇康业路751弄1号至7号（单号）（201700）				
投资总额	100万USD	电话	69839658	传真	69839560
设立日期	2008-4-17	负责人	何仁		
主营业务	生产、加工羽绒制品，销售公司自产产品。				

企业名称	上海主富服装贸易有限公司				
企业地址	上海市卢湾区打浦路398弄4号3层320室（200023）				
投资总额	138万USD	电话	53023989	传真	
设立日期	2008-4-1	负责人	黄淑玉		
主营业务	服装及服饰的批发、零售（限分支机构经营）、佣金代理。				

企业名称	如德制衣（上海）有限公司				
企业地址	上海市普陀区银杏路659号7号楼301室（200331）				
投资总额	20万USD	电话		传真	66954287
设立日期	2008-3-27	负责人	HONG YU LAURSEN		
主营业务	研发设计纸样、制造加工服装，销售自产产品，并提供配套技术服务。				

企业名称	帝上鹰服装贸易（上海）有限公司				
企业地址	上海市虹口区四平路773号802室（200092）				
投资总额	14万USD	电话	65205456	传真	65752937
设立日期	2008-3-24	负责人	鹰野卫二		
主营业务	服装、纺织品面料辅料、服装生产软件的批发、佣金代理（拍卖除外）。				

企业名称	劳绮麦时服装（上海）有限公司				
企业地址	上海市浦东新区金桥出口加工区桂桥路158号4幢2层（201206）				
投资总额	103.06万USD	电话	58993252	传真	
设立日期	2008-3-19	负责人	ANDREA FEDERICI		
主营业务	服装和服饰的整理、修理、质量检验（不含进出口商品检验、鉴定）。				

企业名称	上海清潭纺织品贸易有限公司				
企业地址	上海市闵行区吴中路1100号5幢820室（201103）				
投资总额	10万USD	电话	64056023	传真	64056023
设立日期	2008-3-18	负责人	ROH HEE SOO		
主营业务	服装、辅料、纺织品、纱线的批发、佣金代理（拍卖除外）、进出口。				

企业名称	依嘉非纺织品贸易（上海）有限公司				
企业地址	上海市普陀区银杏路659号1幢101（200331）				
投资总额	100万USD	电话	66278841	传真	66278843
设立日期	2008-3-10	负责人	ANDREA CASAVECCHIA		
主营业务	纺织品及其原料（棉花除外）、服装的批发、进出口，提供配套服务。				

企业名称	上海东晋服装有限公司				
企业地址	上海市奉贤区青村镇光明工农村468号（201414）				
投资总额	14万USD	电话	57475912	传真	57471609
设立日期	2008-3-4	负责人	王焱		
主营业务	生产各类服装，销售公司自产产品（涉及行政许可的，凭许可证经营）。				

企业名称	艾本秀制衣（上海）有限公司				
企业地址	上海市闵行区立跃路1768弄67号3号房屋2楼（201112）				
投资总额	14万USD	电话	51905207	传真	51905206
设立日期	2008-2-29	负责人	ARCHER-PERKINS SIMON EDWARD		
主营业务	生产和加工服装、服饰，销售自产产品。				

企业名称	百延（上海）服装服饰有限公司				
企业地址	上海市闵行区纪翟路1409号78号7栋2层（201106）				
投资总额	50万USD	电话	62218743	传真	52633210
设立日期	2008-2-25	负责人	周忠平		
主营业务	加工、生产服装及服饰，销售自产产品。				

企业名称	紫廷服装贸易（上海）有限公司				
企业地址	上海市卢湾区斜土路780号605－22室（200023）				
投资总额	6.5万USD	电话	62721117	传真	52282912
设立日期	2008-2-25	负责人	YAK CHIAU MING		
主营业务	从事服装、鞋帽、布料、日用百货、工艺礼品、玩具的批发、进出口。				

企业名称	上海赞英时装有限公司				
企业地址	上海市长宁区娄山关路555号2008室（200051）				
投资总额	97.22万USD	电话	62281717	传真	62289868
设立日期	2008-2-22	负责人	松本章		
主营业务	各种服装的设计，服装的批发、进出口，提供相关配套服务。				

企业名称	上海羚马服饰有限公司				
企业地址	上海市松江区九亭镇伴亭东路288号2号楼第4层（201615）				
投资总额	13.88万USD	电话	57635025	传真	57635127
设立日期	2008-2-5	负责人	崔基元		
主营业务	生产、加工服装、鞋帽、针纺织品、皮革制品、包装材料、工艺礼品。				

企业名称	上海查林基服饰有限公司				
企业地址	上海市松江区荣乐东路592号2栋1层（201600）				
投资总额	17.6万USD	电话	37793770	传真	
设立日期	2008-2-1	负责人	BRESSAN ROBERTO		
主营业务	设计、生产各类服装和服饰用品，销售自产产品。				

企业名称	上海莎埠露服饰有限公司				
企业地址	上海市闵行区浦江镇恒南路1358号2号楼1楼底层（201112）				
投资总额	50万USD	电话	54335111	传真	54042819
设立日期	2008-1-31	负责人	陈家宁		
主营业务	设计、生产各类服装、辅料及服饰配件，销售自产产品。				

制造业-纺织、服装及其他纤维制品和皮革、毛皮、羽绒及其制品业

企业名称	上海施棣文皮革制品有限公司				
企业地址	上海市奉贤区南桥镇光明村 11 组（201400）				
投资总额	15 万 USD	电　话	57489246	传　真	57489249
设立日期	2008-1-24	负责人	施伟		
主营业务	设计、制造、加工皮革制品及相关配件，销售公司自产产品。				

企业名称	上海卡马森服饰有限公司				
企业地址	上海市闵行区景联路 398 号厂房 A 三楼（200237）				
投资总额	14 万 USD	电　话		传　真	
设立日期	2008-1-23	负责人	周锋		
主营业务	设计、生产各类服装、服饰、服装辅料及配饰，销售自产产品。				

企业名称	桦面纺纺织（上海）有限公司				
企业地址	上海市闵行区虹梅南路 4999 弄 7 号厂房（200241）				
投资总额	50 万 USD	电　话	64789159	传　真	
设立日期	2008-1-22	负责人	林世宗		
主营业务	加工各种纱线、针织衫，销售自产产品，上述同类商品的批发、进出口。				

企业名称	艾梵圣纺织品贸易（上海）有限公司				
企业地址	上海市外高桥保税区加太路 39 号第二层六部位（200131）				
投资总额	14 万 USD	电　话	51920638	传　真	50936280
设立日期	2008-1-17	负责人	DARIUSH POURRAHMANI		
主营业务	纺织品服装及相关配饰件、工艺品（除文物）、电子产品、家具的批发。				

企业名称	上海丞九服装有限公司				
企业地址	上海市浦东新区金桥出口加工区金沪路 1269 号 1 号楼 2 楼（201206）				
投资总额	14 万 USD	电　话	58998970	传　真	
设立日期	2008-1-10	负责人	STEPHANIE Y QI		
主营业务	设计、生产、加工服装、服饰，销售自产产品。				

企业名称	东柏纺织品（上海）有限公司				
企业地址	上海市松江区民益路 201 号第 30 号厂房第六层（201613）				
投资总额	14 万 USD	电　话	33738151	传　真	
设立日期	2008-1-7	负责人	朱运华		
主营业务	设计、生产、加工纺织品、面料、服装服饰，销售公司自产产品。				

企业名称	颖荣针织（上海）有限公司				
企业地址	上海市闵行区浦江镇汇西村八队（201112）				
投资总额	14 万 USD	电　话	54840700	传　真	54840703
设立日期	2008-1-2	负责人	缪建一		
主营业务	生产各类服装及服饰，销售自产产品（涉及行政许可的，凭许可证经营）。				

企业名称	上海益生纺织科技发展有限公司				
企业地址	上海市杨浦区平凉路 988 号三号楼 3-228 室（200082）				
投资总额	500 万 RMB	电　话	65899018	传　真	65899016
设立日期	2007-12-28	负责人	吴会俊		
主营业务	针织绒、毛条、毛纱、羊毛衫、服装服饰的制造。				

企业名称	茂丰（上海）服饰有限公司				
企业地址	上海市松江区文翔路 142 号 8 幢（201620）				
投资总额	50 万 USD	电　话	54361738	传　真	54353257
设立日期	2007-12-25	负责人	王博雅		
主营业务	设计、生产、加工服装，销售公司自产产品。				

企业名称	上海达安箱包有限公司				
企业地址	上海市奉贤区同迎路 388 号（201400）				
投资总额	150 万 USD	电　话	67103305	传　真	67103305
设立日期	2007-12-18	负责人	BEAN-JIANG KU		
主营业务	生产、加工各类箱包及其配件，销售公司自产产品。				

企业名称	巨久纺织品（上海）有限公司				
企业地址	上海市闵行区虹梅南路 3509 弄 298 号 11 幢（200237）				
投资总额	30 万 USD	电　话	54375605	传　真	54375910
设立日期	2007-12-13	负责人	简裕宗		
主营业务	生产服装、服饰及辅料，销售自产产品。				

企业名称	卡基泰克服装（上海）有限公司				
企业地址	上海市外高桥保税区加太路 39 号蒐熠楼第三层 29 部位（200131）				
投资总额	100 万 RMB	电　话	58662558	传　真	63530371
设立日期	2007-12-7	负责人	梶浦昇		
主营业务	保税区内以纺织品、服装为主的仓储分拨业务。				

企业名称	上海华颖拉链有限公司				
企业地址	上海市浦东新区上南路 3421 号 2 幢（200124）				
投资总额	600 万 RMB	电　话	58476183	传　真	58476183
设立日期	2007-11-27	负责人	蒋伟英		
主营业务	拉链的生产、加工，销售自产产品。				

企业名称	胜梦（上海）时装有限公司				
企业地址	上海市嘉定区菊园新区嘉安公路 2055 号第一幢第一层（201800）				
投资总额	14 万 USD	电　话	69168880	传　真	69168150
设立日期	2007-11-26	负责人	远藤淳一		
主营业务	生产服装、服饰，销售本公司自产产品并提供售后服务。				

企业名称	上海华杉服饰有限公司				
企业地址	上海市松江区九亭龙高路 538 号 5 层（201615）				
投资总额	20 万 USD	电　话	64068600	传　真	64068620
设立日期	2007-11-21	负责人	金永莲		
主营业务	生产服装服饰，销售自产产品。				

企业名称	亿宝服装（上海）有限公司				
企业地址	上海市淮安路 717 号 2 号楼 2 楼（200042）				
投资总额	160 万 RMB	电　话	62273101	传　真	62273101
设立日期	2007-11-21	负责人	郑立言		
主营业务	设计、生产各式服装及服饰，销售自产产品。				

企业名称	上海富艺服装有限公司				
企业地址	上海市金山区枫泾镇兴塔兴新路 905 号 2 号楼 C 区（201501）				
投资总额	20 万 USD	电　话	58348803	传　真	50320709
设立日期	2007-11-19	负责人	吕镒		
主营业务	设计、开发、生产各类服装服饰，销售公司自产产品。				

企业名称	上海泰杭纺织有限公司				
企业地址	上海市松江高新技术园区大江路 128 弄 4 号-A（201600）				
投资总额	30 万 USD	电　话	57733793	传　真	37621187
设立日期	2007-11-15	负责人	蔡政勋		
主营业务	加工、生产纺织用单丝，销售公司自产产品。				

企业名称	上海侨梦儿童服装制作有限公司				
企业地址	上海市松江区中山街道文翔路 142 号第 13 幢厂房（201613）				
投资总额	100 万 USD	电　话	37799277	传　真	37799277
设立日期	2007-11-8	负责人	诸炎生		
主营业务	生产、加工儿童服装、服饰，销售公司自产产品。				

企业名称	上海春涵花制衣有限公司				
企业地址	上海市松江区中山街道文翔路 142 号第 15 幢厂房（201613）				
投资总额	100 万 USD	电　话	37799277	传　真	37799277
设立日期	2007-11-8	负责人	黄春弟		
主营业务	生产、加工时装、服装，销售公司自产产品。				

企业名称	上海卫斯尼服饰有限公司				
企业地址	上海市松江区九亭高科技园区涞寅路 1881 号 8 号厂房（201615）				
投资总额	14 万 USD	电　话		传　真	
设立日期	2007-11-8	负责人	余子亮		
主营业务	生产服装、服饰、鞋帽、皮革制品、箱包及相关面辅料。				

企业名称	恒宇（上海）服装有限公司				
企业地址	上海市松江区佘山镇沈砖公路 3129 弄 8 号 3 层（201602）				
投资总额	10 万 USD	电　话	63728998	传　真	63278218
设立日期	2007-11-8	负责人	JAMES J. SHAY		
主营业务	服装、服饰及其相关配件、纺织面料及辅料的批发、设计。				

企业名称	新巴乐可服装（上海）有限公司				
企业地址	上海市青浦区徐泾镇华徐公路 739 弄 5 号-1（201700）				
投资总额	502 万 USD	电　话	59895672	传　真	59895717
设立日期	2007-10-29	负责人	高蓉蓉		
主营业务	从事针织、梭织等各类服装、服饰的生产和设计。				

企业名称	恒俊时装（上海）有限公司				
企业地址	上海市长宁区天山路 1718 号 6 号楼 6301、6401 室（200051）				
投资总额	20 万 USD	电　话	62289800	传　真	62289699
设立日期	2007-10-26	负责人	余汉明		
主营业务	服装、服饰及辅料、针纺织品、纺织品原料的批发、进出口。				

企业名称	上海维杰服饰有限公司				
企业地址	上海市嘉定区南翔镇惠平路 1228 号（201802）				
投资总额	250 万 USD	电　话	54888325	传　真	64952032
设立日期	2007-10-25	负 责 人	梅爵圣		
主营业务	生产各类帽子、包袋、服饰及辅助材料。				

企业名称	上海高真服装有限公司				
企业地址	上海市闵行区浦江镇三达路 85 号 7 号楼一楼 A 座（201112）				
投资总额	20 万 USD	电　话	54313683	传　真	54313683
设立日期	2007-10-24	负 责 人	吕景山		
主营业务	设计、生产各类服装及服饰配件，销售自产产品。				

企业名称	上海朝飞服饰有限公司				
企业地址	上海市宝山区沪联路 818 号（201907）				
投资总额	100 万 USD	电　话	56026990	传　真	56026992
设立日期	2007-10-24	负 责 人	长野寿夫		
主营业务	生产、加工各类服装、服饰及相关产品，销售自产产品。				

企业名称	上海艾仁服装有限公司				
企业地址	上海市浦东新区合庆镇东胜路 1007 号 3 幢（201201）				
投资总额	15 万 USD	电　话	58977535	传　真	
设立日期	2007-10-23	负 责 人	YOO BYUNG NOH		
主营业务	生产、加工服装，销售自产产品。				

企业名称	意德玛服饰设计（上海）有限公司				
企业地址	上海市卢湾区建国中路 10 号 3 号楼 3101-3103 室（200020）				
投资总额	14 万 USD	电　话	64667958	传　真	64667226
设立日期	2007-10-22	负 责 人	MARCHESINI ELENA		
主营业务	服装设计、饰品设计、品牌策划、形象空间设计。				

企业名称	上海明基服饰有限公司				
企业地址	上海市松江区新桥镇莘松路 1302 号第 3 幢厂房（201612）				
投资总额	21 万 USD	电　话	67644056	传　真	67644071
设立日期	2007-10-12	负 责 人	陈庆龄		
主营业务	生产、加工各类服装、服饰、服装辅料及相关产品。				

企业名称	上海意丰时装有限公司				
企业地址	上海市黄浦区瞿溪路 510 号 C101 室（200011）				
投资总额	50 万 USD	电　话	50683138	传　真	50683199
设立日期	2007-9-30	负 责 人	MARINA LING CHEN（陈玲）		
主营业务	各类服装、服饰的设计、加工。				

企业名称	美晶纺织品（上海）有限公司				
企业地址	上海青浦出口加工区北青公路 8228 号三区 1 地块 4 号厂房（201700）				
投资总额	210 万 USD	电　话	69210358	传　真	69210358
设立日期	2007-9-7	负 责 人	MICHAEL DEAN MESSER		
主营业务	生产、加工各类纺织用品，销售公司自产产品。				

企业名称	哩辰服饰（上海）有限公司				
企业地址	上海市青浦区华新镇华徐公路 3029 弄 58 号 5 幢（201701）				
投资总额	50 万 USD	电　话	39873082	传　真	39873082
设立日期	2007-9-7	负 责 人	凌小娟		
主营业务	生产、加工服装、服饰、帽、箱包，销售公司自产产品。				

企业名称	上海廷渊纺织品有限公司				
企业地址	上海市浦东新区金桥出口加工区宁桥路 825 号 4 号楼 4 楼厂房(201206)				
投资总额	14 万 USD	电　话	51348006	传　真	51348009
设立日期	2007-8-22	负 责 人	JUNG YEON SEO（徐廷渊）		
主营业务	设计、生产服装、家用纺织品，销售自产产品。				

企业名称	卡顿服饰（上海）有限公司				
企业地址	上海市杨浦区锦创路 20 号 1802 室（200433）				
投资总额	100 万 USD	电　话	51029016	传　真	51029016
设立日期	2007-8-10	负 责 人	吴　彬		
主营业务	服装、皮具、鞋、围巾的生产和加工。				

企业名称	上海歌瑞服饰有限公司				
企业地址	上海市南汇区南汇工业园区宣中路 8 号（201300）				
投资总额	50 万 USD	电　话	54957341	传　真	54957341
设立日期	2007-8-8	负 责 人	张　琪		
主营业务	生产服装、服饰，销售公司自产产品。				

企业名称	莹炫服装（上海）有限公司				
企业地址	上海市田林路 219 号 7 幢六楼（200233）				
投资总额	14 万 USD	电　话	64851824	传　真	64850461
设立日期	2007-7-31	负 责 人	LEE KWOAN MUG		
主营业务	设计、生产服装、面料、辅料，销售自产产品。				

企业名称	上海欧欧咪妮服饰有限公司				
企业地址	上海市宝山区富联路 665 号 2 幢 3 楼（201907）				
投资总额	200 万 USD	电　话	33718960	传　真	33719362
设立日期	2007-7-26	负 责 人	陈忠和		
主营业务	生产各类成衣、鞋子、妇婴服饰用品。				

企业名称	上海盛鑫服饰有限公司				
企业地址	上海市闵行区万源路 2163 号 22 幢（B 幢）1 楼（201103）				
投资总额	58 万 USD	电　话	64659005	传　真	54773660
设立日期	2007-7-19	负 责 人	陈吉隆		
主营业务	生产布制品、服装类产品、服饰配件、婴童产品。				

企业名称	上海唐松家纺用品有限公司				
企业地址	上海市青浦工业园区盈秀路 388 号 1 号厂房（201700）				
投资总额	15 万 USD	电　话	64575525	传　真	64575525
设立日期	2007-7-18	负 责 人	江松荣		
主营业务	生产、加工家用纺织品、家用饰品。				

企业名称	上海巨亮服饰有限公司				
企业地址	上海市闵行区七宝镇吴宝路 255 号 501 室（201101）				
投资总额	50 万 USD	电　话	60906528	传　真	60906526
设立日期	2007-7-12	负 责 人	谢雅玲		
主营业务	生产、加工（限分支机构）服装、服饰、辅助材料。				

企业名称	上海欣煌格瑞夫服饰有限公司				
企业地址	上海市松江区小昆山镇东厍村 56/4 丘第 4、5、6 号厂房（201616）				
投资总额	18 万 USD	电　话	51717751	传　真	51717752
设立日期	2007-7-9	负 责 人	翁金明		
主营业务	生产、加工服装、服饰。				

企业名称	活俪（上海）窗帘有限公司				
企业地址	上海市闵行区华漕镇纪高路 1318 号第二幢（201106）				
投资总额	20 万 USD	电　话	62967900	传　真	62967907
设立日期	2007-7-5	负 责 人	柯坤荣		
主营业务	生产、加工窗帘及其辅料，销售自产产品。				

企业名称	上海李金箱包有限公司				
企业地址	上海市奉贤区庄行镇华严开发区发展路 100-1 号（201415）				
投资总额	40 万 USD	电　话	67194577	传　真	67194779
设立日期	2007-7-4	负 责 人	金亮植		
主营业务	生产、加工各类箱包、服装、服饰。				

企业名称	上海福棉服装有限公司				
企业地址	上海市外高桥保税区加太路 39 号第三层 55 部位（200131）				
投资总额	10 万 USD	电　话	58660632	传　真	64412272
设立日期	2007-6-26	负 责 人	山内秀则		
主营业务	区内以服装及饰品为主的仓储分拨业务。				

企业名称	翰峻皮业（上海）有限公司				
企业地址	上海市浦东新区金丰路 158 弄 1 号（201203）				
投资总额	20 万 USD	电　话	58583368	传　真	33826609
设立日期	2007-6-22	负 责 人	YE HUANG FEIYAN CHRISTINE		
主营业务	生产、加工皮革制品，销售自产产品。				

企业名称	福广服饰（上海）有限公司				
企业地址	上海市金山区山阳镇山富西路 289 弄 7 号 1 楼东侧（201508）				
投资总额	20 万 USD	电　话	64464981	传　真	64468490
设立日期	2007-6-13	负 责 人	藏田龙幸		
主营业务	服装、帽子、皮革制品、箱包、领带的打样、生产、加工。				

企业名称	宇舜纺织用品（上海）有限公司				
企业地址	上海市松江高新园区技术园区大江路 128 弄 4 号厂房（201600）				
投资总额	20 万 USD	电　话	57734872	传　真	64196804
设立日期	2007-6-4	负 责 人	王来好		
主营业务	加工、生产工业纺织用品及相关产品。				

制造业-纺织、服装及其他纤维制品和皮革、毛皮、羽绒及其制品业

企业名称	上海安徒生童鞋有限公司				
企业地址	上海市宝山区江杨南路 2590 号三栋 202（200435）				
投资总额	25 万 USD	电话	63374905	传真	63374903
设立日期	2007-5-15	负责人	吴树纲		
主营业务	生产童鞋及童袜产品，销售自产产品。				

企业名称	跨世纺织品检测技术服务（上海）有限公司				
企业地址	上海市黄浦区新昌路 80 号 3 层 330 室（200003）				
投资总额	50 万港币	电话	33134800	传真	63265326
设立日期	2007-5-14	负责人	JAMES IRVINE HORSFIELD		
主营业务	提供各类纺织品和服装检测、生产、加工过程中的技术指导、技术服务。				

企业名称	东聚纺织品（上海）有限公司				
企业地址	上海市闵行区华漕镇联友路 225 号乙室（201106）				
投资总额	20 万 USD	电话	62218811	传真	62214676
设立日期	2007-4-26	负责人	刘慈强		
主营业务	纺织品、针织品、毛衫及服饰的生产、加工。				

企业名称	上海新贸光弘服饰有限公司				
企业地址	上海市南汇区新场镇新奉公路 518 号 3 幢（201300）				
投资总额	50 万 USD	电话	68170265	传真	68170264
设立日期	2007-4-26	负责人	杨晓新		
主营业务	生产服装、服饰，服装整理，销售自产产品。				

企业名称	求窈服饰（上海）有限公司				
企业地址	上海市普陀区绥德路 118 弄 51 号二楼（200331）				
投资总额	20 万 USD	电话	66080806	传真	66080822
设立日期	2007-4-25	负责人	陈家和		
主营业务	设计生产婚纱、礼服、服装服饰，销售自产产品。				

企业名称	广展皮具（上海）有限公司				
企业地址	上海市闵行区合川路 3136 号 4 号楼 2 楼（201103）				
投资总额	20 万 USD	电话	51699677	传真	51192821
设立日期	2007-4-25	负责人	萧茂智		
主营业务	生产、加工箱包、皮革制品、服装服饰及辅料。				

企业名称	上海天天乐婴幼儿用品有限公司				
企业地址	上海市长宁区广顺路 33 号 8 幢 302 室（200335）				
投资总额	150 万 USD	电话	62783063	传真	62783063
设立日期	2007-4-17	负责人	胡蕴蓓		
主营业务	婴幼儿用品、针纺织品、服装鞋帽、玩具的批发、零售。				

企业名称	笛阿露（上海）服饰有限公司				
企业地址	上海市漕宝路 70 号 1805 室（200233）				
投资总额	14 万 USD	电话	64329077	传真	64329078
设立日期	2007-4-16	负责人	川修三		
主营业务	服装服饰、仿首饰、家具的批发、进出口。				

企业名称	上海创时服装有限公司				
企业地址	上海市闵行区虹桥镇合川路 3089 号第 5 幢 5 层（201103）				
投资总额	100 万 USD	电话	64059009	传真	64059668
设立日期	2007-4-12	负责人	郑陈煜		
主营业务	设计、生产服装、服饰，销售自产产品。				

企业名称	裘贝服装（上海）有限公司				
企业地址	上海市浦东新区王港镇创新路 1 号 1 幢 101 室（200201）				
投资总额	210 万 USD	电话	58560011	传真	58563255
设立日期	2007-4-11	负责人	WAN MEIN CHEN		
主营业务	设计、生产各类服装、内衣裤、面料、饰品、辅料用品。				

企业名称	冠海服装辅料（上海）有限公司				
企业地址	上海市松江区车墩镇留业路 99 号 18 幢二层（201611）				
投资总额	200 万港币	电话	57605965	传真	57605965
设立日期	2007-4-10	负责人	林志龙		
主营业务	生产、加工各类服装辅料、非织造（无纺）布。				

企业名称	上海坤高服饰有限公司				
企业地址	上海市南汇区周浦镇沈西村 1060 号（201300）				
投资总额	20 万 USD	电话	54890909	传真	
设立日期	2007-4-10	负责人	ALAIN FRIDMAN		
主营业务	生产服装及服饰产品，销售公司自产产品。				

企业名称	喜敦（上海）窗帘有限公司				
企业地址	上海松江出口加工区 B 区茸康路 109 弄 59 号 7 幢厂房底楼（201600）				
投资总额	14 万 USD	电话	57856269	传真	57856296
设立日期	2007-4-9	负责人	DAVID RAMAGE HUGHES		
主营业务	生产、加工窗帘、窗帘用附件及其他装饰用品。				

企业名称	上海星之沛纺织制品有限公司				
企业地址	上海市松江区石湖荡镇胜塔路 9 号 1 幢 2 楼（201604）				
投资总额	900 万 RMB	电话	67847680	传真	57847030
设立日期	2007-4-6	负责人	戴晓昕		
主营业务	设计、生产和加工家用纺织品、工艺品。				

企业名称	上海瑞雀服饰有限公司				
企业地址	上海市外高桥保税区冰克路 500 号 B 区 B2K-3 地块 A15 部位（200131）				
投资总额	20 万 USD	电话	52377506	传真	52377508
设立日期	2007-3-29	负责人	胡苏松		
主营业务	区内以服装服饰、服装辅料、服装面料为主的仓储、分拨业务。				

企业名称	欧姬雅服装（上海）有限公司				
企业地址	上海市闵行区莘庄镇顾戴路 2988 号 2 号 A（201101）				
投资总额	300 万 USD	电话	52272929	传真	64199364
设立日期	2007-3-23	负责人	萧清贵		
主营业务	生产各类服装，销售自产产品。				

企业名称	鑫双埃纺织制品（上海）有限公司				
企业地址	上海市松江区叶榭镇张泽镇东路 19 号 1 幢（201608）				
投资总额	38 万 USD	电话	57742487	传真	
设立日期	2007-3-14	负责人	缪明珠		
主营业务	生产和加工家用纺织品，各类服装，针纺织制品，电脑绣品。				

企业名称	上海彬裕服饰有限公司				
企业地址	上海市黄浦区中华路 1007 号二楼（200010）				
投资总额	10.5 万 USD	电话	63788308	传真	63788022
设立日期	2007-3-9	负责人	谢丰全		
主营业务	设计和生产各类服装、服饰、箱包、鞋类制品。				

企业名称	上海爱可丽设计服装有限公司				
企业地址	上海市嘉定区黄渡镇曹安路 4671 号第 24 幢第 1 层（201804）				
投资总额	20 万 USD	电话	56473599	传真	56470599
设立日期	2007-3-8	负责人	大野雅敏		
主营业务	设计、生产各类服装、服饰。				

企业名称	钜兆时装（上海）有限公司				
企业地址	上海市闵行区顾戴路 2988 号 2 号 B（201100）				
投资总额	1500 万 USD	电话	62389898	传真	62388989
设立日期	2007-3-5	负责人	王平男		
主营业务	生产各类服装，销售自产产品。				

企业名称	乐铠纺织品（上海）有限公司				
企业地址	上海市奉贤区奉城镇南奉公路 1062 号（201411）				
投资总额	14 万 USD	电话	57520371	传真	57513826
设立日期	2007-2-8	负责人	林琴		
主营业务	生产各类毛巾、毛毯、浴巾、床上用品。				

企业名称	上海和安皮制品有限公司				
企业地址	上海市奉贤区南桥镇六墩村轿行工业区 58 号（201400）				
投资总额	35 万 USD	电话	57196968	传真	57196908
设立日期	2007-2-5	负责人	姚仁均		
主营业务	生产各式皮制劳防手套、日用手套、帽子、箱包。				

企业名称	上海槐花鞋业有限公司				
企业地址	上海市浦东新区合庆镇友谊村五队西凌家宅 69 号第 4 幢（201201）				
投资总额	33 万 USD	电话	68910131	传真	68910131
设立日期	2007-1-26	负责人	权龙俊		
主营业务	皮鞋、运动鞋的生产，销售自产产品。				

企业名称	上海富顺洁润丝纺织科技发展有限公司				
企业地址	上海市青浦区徐泾镇诸光路 201 号（201702）				
投资总额	20 万 USD	电话	59769666	传真	59769666
设立日期	2007-1-16	负责人	潘跃进		
主营业务	研发、生产纳米纺织新材料及其制品。				

企业名称	昱仑（上海）纺织品科技有限公司				
企业地址	上海市奉贤区奉城镇奉坚路 213 号（201411）				
投资总额	150 万 USD	电　　话	57558030	传　　真	57558033
设立日期	2007-1-11	负 责 人	许文郎		
主营业务	生产床上用品、纺织原辅料及相关纺织品。				

企业名称	上海保富时装有限公司				
企业地址	上海市浦东新区三林路 200 号 9 幢（200124）				
投资总额	14 万 USD	电　　话	50824628	传　　真	58410854
设立日期	2007-1-8	负 责 人	李星白		
主营业务	生产各类服装，销售自产产品。				

企业名称	上海小茜子时装有限公司				
企业地址	上海市嘉定区菊园新区嘉安公路 2121 号二楼（201812）				
投资总额	15 万 USD	电　　话	69160840	传　　真	69160947
设立日期	2006-12-22	负 责 人	青月茜		
主营业务	生产、加工服装、服饰、鞋帽、装饰包，销售自产产品并提供售后服务。				

企业名称	上海贯融服饰有限公司				
企业地址	上海市闵行区剑川路 951 号第 4 幢 406 室（200245）				
投资总额	50 万 USD	电　　话	51503433	传　　真	51503439
设立日期	2006-12-14	负 责 人	李圭泰		
主营业务	生产服装、服饰，销售自产产品（涉及行政许可的，凭许可证经营）。				

企业名称	上海翼扬制衣有限公司				
企业地址	上海市浦东新区前锋村夹路村宅 4 号 6 幢（200120）				
投资总额	500 万 USD	电　　话	58999333	传　　真	61092333
设立日期	2006-12-13	负 责 人	SUN PO LIU		
主营业务	设计、生产服装、服饰、装饰用眼镜、鞋子、仿真首饰、销售自产产品.				

企业名称	上海佳佩琳服装有限公司				
企业地址	上海市松江区北松公路 7168 号第 4、5 栋厂房（201613）				
投资总额	20 万 USD	电　　话	65882848	传　　真	65882848
设立日期	2006-12-13	负 责 人	潘淑华		
主营业务	生产服装、服饰，销售公司自产产品（涉及行政许可的，凭许可证经营）。				

企业名称	亚太融通（上海）纺织品有限公司				
企业地址	上海市松江出口加工区华哲路 260 弄 3 号（201613）				
投资总额	14 万 USD	电　　话	37837676	传　　真	37772192
设立日期	2006-12-8	负 责 人	CORTNEY LAMONT SMITH		
主营业务	生产家用纺织品、窗帘、服装、服饰、箱包、鞋、帽，销售自产产品。				

企业名称	上海同美服装有限公司				
企业地址	上海市奉贤区金汇镇工业路 8 号 34 幢 4 楼（201408）				
投资总额	14 万 USD	电　　话	57484928	传　　真	57484928
设立日期	2006-12-8	负 责 人	AMBER RANG OLESEN		
主营业务	服装样品打样，销售公司自产产品（涉及行政许可的，凭许可证经营）。				

企业名称	上海仪松服饰有限公司				
企业地址	上海市松江 ZS-06-014 号地块（201613）				
投资总额	600 万 USD	电　　话	64905218	传　　真	64927050
设立日期	2006-12-1	负 责 人	庄宏彬		
主营业务	设计、制造服装、服饰、鞋、帽、箱包、装饰品、工艺礼品及相关配件。				

企业名称	上海信香制衣有限公司				
企业地址	上海市卢湾区瞿溪路 754 号-774 号 3 号楼 334 室（200023）				
投资总额	14 万 USD	电　　话	63027260	传　　真	63029769
设立日期	2006-11-22	负 责 人	铃木教之		
主营业务	生产加工各类服装、服饰及服饰配件（限分支机构经营），销售产品。				

企业名称	上海牵李马针织有限公司				
企业地址	上海市青浦区朱家角镇工业园区康业路 36 号（201713）				
投资总额	15 万 USD	电　　话	59834782	传　　真	59834785
设立日期	2006-11-16	负 责 人	MA YOON GI		
主营业务	生产、加工服装及服饰，销售公司自产产品。				

企业名称	帝凡黎服饰制造（上海）有限公司				
企业地址	上海市浦东新区高翔路 941 号二层（200135）				
投资总额	210 万 USD	电　　话	58483908	传　　真	58481995
设立日期	2006-11-13	负 责 人	DOMINIQUE JACOMET		
主营业务	设计、生产（委托加工）衣料、服装、饰品、鞋类、箱包和其他产品。				

企业名称	上海北阳服装有限公司				
企业地址	上海市闵行区龙茗路 1905 号 202 室（201101）				
投资总额	14 万 USD	电　　话	64641332	传　　真	64874412
设立日期	2006-11-6	负 责 人	杨能礼		
主营业务	服装进出口、批发及配套服务。				

企业名称	上海博舍纺织科技有限公司				
企业地址	上海市青浦工业园区华浦路 555 号 1 号厂房（201700）				
投资总额	220 万 USD	电　　话	59720102	传　　真	59720110
设立日期	2006-10-24	负 责 人	PHILIPPE LOUIS GILBERT PORCHER		
主营业务	研发、生产各类纺织制品，销售公司自产产品及其他进出口贸易业务。				

企业名称	安腾服装（上海）有限公司				
企业地址	上海市外高桥保税区富特西一路 115 号 2 号楼第 5 层 A 部分（200131）				
投资总额	12.8 万 USD	电　　话	61390880	传　　真	61390885
设立日期	2006-10-17	负 责 人	SETTON JACQUES		
主营业务	以服装为主的保税区内仓储、分拨业务；国际贸易、转口贸易。				

企业名称	上海哈桑服饰有限公司				
企业地址	上海市闵行区浦江镇昌林路 430 号 1 幢 2 层（201112）				
投资总额	14 万 USD	电　　话	34110200	传　　真	34110202
设立日期	2006-10-16	负 责 人	白　敏		
主营业务	生产、加工各类服装、服饰，销售自产产品。				

企业名称	钧达（上海）纺织品有限公司				
企业地址	上海市外高桥保税区冰克路 500 号 B2K-3 地块 A19 部位（200131）				
投资总额	101 万 USD	电　　话	51155966	传　　真	51155988
设立日期	2006-10-13	负 责 人	益关寿		
主营业务	区内以纺织为主的仓储、分拨业务；国际贸易、转口贸易。				

企业名称	上海茂扬针织有限公司				
企业地址	上海市松江区佘山工业区陶干路 265-1 号（201602）				
投资总额	20 万 USD	电　　话	67742485	传　　真	67742486
设立日期	2006-9-27	负 责 人	林佳幸		
主营业务	生产针织面料、辅料，销售公司自产产品，并提供售后服务。				

企业名称	上海鸿源服饰整理有限公司				
企业地址	上海市南汇区大团镇永春东路 22 号 6 幢东 2 楼（201311）				
投资总额	11 万 USD	电　　话	58081386	传　　真	58080172
设立日期	2006-9-15	负 责 人	原田昭		
主营业务	生产袜子、护腿、帽子、服饰整理，销售公司自产产品。				

企业名称	兴达国际（上海）特种帘线有限公司				
企业地址	上海市长宁区哈密路 106 号（200335）				
投资总额	1200 万 USD	电　　话	62363928	传　　真	62360115
设立日期	2006-9-15	负 责 人	刘锦兰		
主营业务	研究、开发、制造新型高科技金属复合线及特种复合金属线，销售产品。				

企业名称	上海润耀服饰开发有限公司				
企业地址	上海市秣陵路 50 号 5608 室（200070）				
投资总额	1000 万 USD	电　　话	51060567	传　　真	51060568
设立日期	2006-9-11	负 责 人	王绮帆		
主营业务	服饰及相关配件的研究和设计、从事服饰及相关产品的批发、零售。				

企业名称	上海尧优服饰有限公司				
企业地址	上海富盛经济开发区新申路 921 号 2 号 B 区 298 室（202156）				
投资总额	500 万日元	电　　话	59411919	传　　真	59411919
设立日期	2006-9-8	负 责 人	佐渡敏美		
主营业务	生产针织服装、梭织服装及服饰，销售自产产品。				

企业名称	批批吉服饰（上海）有限公司				
企业地址	上海市徐家宅路 143 号 103 幢 302 室（200071）				
投资总额	600 万 USD	电　　话	51035333	传　　真	51036221
设立日期	2006-9-6	负 责 人	覃彬彬		
主营业务	生产、加工服装、服饰和床上用品，销售自产产品。				

企业名称	仁同（上海）服装有限公司				
企业地址	上海市闵行区吴中路 1100 号 612 室（201103）				
投资总额	30 万 USD	电　　话	64058114	传　　真	64055114
设立日期	2006-9-5	负 责 人	JANG KI KWON		
主营业务	生产服装、皮件、毛皮制品、饰物及系列产品，销售自产产品。				

企业名称	东韵（上海）家居饰品有限公司				
企业地址	上海市南汇区康桥镇康士路 25 号 1142 室（201315）				
投资总额	70 万 USD	电　话	68148029	传　真	58148904
设立日期	2006-9-1	负责人	RIDVAN TATARGIL		
主营业务	生产各类床上用品、窗帘、家具缝纫饰品以及纺织品后整理加工。				

企业名称	上海希尔睦时装有限公司				
企业地址	上海市外高桥保税区美桂北路 317 号 5 楼 G 部位（200131）				
投资总额	2500 万日元	电　话	61203290	传　真	61203287
设立日期	2006-8-31	负责人	佐佐木晃司		
主营业务	保税区内各种服装、服装面料、辅料、服饰用品、纺织品为主仓储分拨。				

企业名称	新士纺织用品（上海）有限公司				
企业地址	上海市松江高新技术园区大江路 128 弄 1 号（201600）				
投资总额	55 万 USD	电　话	67741579	传　真	67741579
设立日期	2006-8-21	负责人	刘秋明		
主营业务	加工、生产纺织用品，纺织染整用品及纺织相关产品，销售自产产品。				

企业名称	坦姆菲尔特特种纺织品（上海）有限公司				
企业地址	上海市嘉定工业区北和公路 1055 号 2 号厂房（201821）				
投资总额	130 万欧元	电　话	51651607	传　真	51651607
设立日期	2006-8-21	负责人	JYRKI JUHANI NUUTILA		
主营业务	工程用特种纺织品生产，销售本公司自产产品并提供售后服务。				

企业名称	上海骏蕙服饰有限公司				
企业地址	上海市闵行区华漕镇华翔路 3018 弄 4 号（201107）				
投资总额	55 万 USD	电　话	62219081	传　真	62219065
设立日期	2006-8-17	负责人	孙　骏		
主营业务	生产加工各类服装、鞋帽及相关饰品，销售自产产品。				

企业名称	兰蝶服饰（上海）有限公司				
企业地址	上海市松江区车墩镇得胜村 281 号（201611）				
投资总额	88 万 USD	电　话	57607047	传　真	57607306
设立日期	2006-8-10	负责人	俞惠芳		
主营业务	生产针织服装及配套服饰，加工中高档男女服装，销售公司自产产品。				

企业名称	上海元枫纺织品有限公司				
企业地址	上海市闵行区浦江镇北徐村 71 丘 A 区（201112）				
投资总额	20 万 USD	电　话	54848100	传　真	64919242
设立日期	2006-8-9	负责人	徐维一		
主营业务	生产加工各类服装及服饰，销售自产产品。				

企业名称	上海沂菲服饰有限公司				
企业地址	上海市卢湾区瞿溪路 754 号-774 号 4 号楼 2 层（200021）				
投资总额	16 万 USD	电　话	63024956	传　真	63024956
设立日期	2006-8-4	负责人	RIGEL XIAO FEI DAVIS		
主营业务	服装、服饰的设计与制作（制作限分支机构），销售自产产品。				

企业名称	雷森服饰（上海）有限公司				
企业地址	上海市闵行区梅陇镇澄建路 178 号 6 号厂房（201108）				
投资总额	102 万 USD	电　话	64342167	传　真	64342157
设立日期	2006-7-27	负责人	TAN KEK LOOI		
主营业务	生产各类体育运动服、休闲服，销售公司自产产品。				

企业名称	上海广孝服饰整理有限公司				
企业地址	上海市宝山区富联一路 19 号 C 幢（201907）				
投资总额	25 万 USD	电　话	36044190	传　真	36044192
设立日期	2006-7-26	负责人	HIROTA TAKAAKI（广田孝昭）		
主营业务	从事各类服装、服饰等纺织品的检查、修补、整理、包装等业务。				

企业名称	昱源服饰（上海）有限公司				
企业地址	上海市松江区中山街道文翔路 58 号第一层厂房（201613）				
投资总额	14 万 USD	电　话	52232806	传　真	52232806
设立日期	2006-7-25	负责人	王伯伦		
主营业务	设计、加工、生产各类服装、服饰、鞋、帽、围巾、箱包，销售产品。				

企业名称	欧机纺织品特种整理（上海）有限公司				
企业地址	上海市浦东新区东塘路 669 号 22 幢 1 楼（200127）				
投资总额	120 万 USD	电　话	58671193	传　真	50671220
设立日期	2006-7-21	负责人	徐光辉		
主营业务	各类服饰、纺织品的后整理及加工，销售自产产品并提供相关技术服务。				

企业名称	上海统鼎针织有限公司				
企业地址	上海市闵行区都会路 258 号一幢三楼（201109）				
投资总额	200 万 USD	电　话	54888269	传　真	54888262
设立日期	2006-7-20	负责人	陈嘉禾		
主营业务	生产、加工羊毛衫、针织服装、皮革制品、服饰，销售自产产品。				

企业名称	龙笛服饰（上海）有限公司				
企业地址	上海市松江区洞泾镇渔洋浜村松江 1581 号地块（201619）				
投资总额	350 万 USD	电　话	50900828	传　真	58704007
设立日期	2006-7-20	负责人	刘轩豪		
主营业务	设计、生产和加工各类服装、服饰及服装面料、辅料、床上用品、鞋帽。				

企业名称	宏远发展（上海）有限公司				
企业地址	上海市奉贤区星火经济开发区白沙路 197 号（201419）				
投资总额	1980 万 USD	电　话	57502111	传　真	57504166
设立日期	2006-7-17	负责人	叶清来		
主营业务	高仿真化纤及高档织物面料研究、开发、染织、后整理加工，销售产品。				

企业名称	上海普威实业有限公司				
企业地址	上海市闵行区都会路 258 弄 2 号楼（201108）				
投资总额	1000 万 USD	电　话	64065759	传　真	64063231
设立日期	2006-7-10	负责人	白竣仁		
主营业务	生产、加工各类中高档服装、服饰、鞋帽、针纺织品、面料，销售产品。				

企业名称	威融纺织品（上海）有限公司				
企业地址	上海市闵行区吴中路 1050 号 15 幢-1641（201103）				
投资总额	20 万 USD	电　话	62702215	传　真	62702275
设立日期	2006-7-7	负责人	TEO HAN MENG		
主营业务	生产纺织品，销售自产产品，并提供相关售后服务。				

企业名称	上海德崴服装有限公司				
企业地址	上海市青浦区徐泾镇双联路 365 号（201702）				
投资总额	70 万 USD	电　话	59884848	传　真	59884864
设立日期	2006-7-4	负责人	吴文伟		
主营业务	生产加工服装服饰及其他纺织品，销售自产产品，提供纺织品商业检测。				

企业名称	东元（上海）刺绣有限公司				
企业地址	上海市松江区小昆山镇港业路 50 号第 6 幢厂房（201616）				
投资总额	25 万 USD	电　话	27091952	传　真	63805957
设立日期	2006-7-4	负责人	李锺翼（LEEC HONG ICK）		
主营业务	服装刺绣，销售公司自产产品，并提供售后技术服务。				

企业名称	上海久良纺织有限公司				
企业地址	上海市松江区九亭镇寅西路 369 弄 30 号（201615）				
投资总额	21 万 USD	电　话	37633535	传　真	67697030
设立日期	2006-7-4	负责人	邢　捷		
主营业务	生产服装、服饰、服装面料和辅料、床上用品、箱包，销售自产产品。				

企业名称	上海南德纺织科技有限公司				
企业地址	上海市外高桥保税区奥纳路 79 号一层二部位（200131）				
投资总额	50 万 USD	电　话	52581211	传　真	52581221
设立日期	2006-6-29	负责人	王全成		
主营业务	保税区内以高科技功能性纺织纤维、纱线、面料、服装为主仓储分拨。				

企业名称	时帝夫（上海）服饰有限公司				
企业地址	上海市外高桥保税区加太路 39 号第四层 33 部位（200131）				
投资总额	14 万 USD	电　话	52371199	传　真	52377227
设立日期	2006-6-27	负责人	岳欣禹		
主营业务	保税区内以服装鞋帽、皮革制品、纺织品及相关配饰件为主的仓储分拨。				

企业名称	上海西文服饰有限公司				
企业地址	上海枫泾工业区（A）区（201501）				
投资总额	510 万 USD	电　话	52271688	传　真	52271222
设立日期	2006-6-27	负责人	孙少文		
主营业务	生产电脑商标织品、服饰品及纺织和包装印刷机械产品，销售自产产品。				

企业名称	上海龙意服饰有限公司				
企业地址	上海市嘉定区马陆镇宝安公路 2682 号 10 幢（201801）				
投资总额	2000 万 RMB	电　话	61423216	传　真	61423217
设立日期	2006-6-20	负责人	朱　勇		
主营业务	设计、开发和生产服装及相关配套产品，销售自产产品并提供相关咨询。				

企业名称	上海暾佳服饰有限公司				
企业地址	上海市闵行区瓶北路150弄100号第二幢（201108）				
投资总额	14万USD	电　话	64900737	传　真	64902601
设立日期	2006-6-7	负责人	古　谷		
主营业务	生产、加工各类服装、家庭纺织用品，销售自产产品。				

企业名称	丝威服装（上海）有限公司				
企业地址	上海市莘庄工业区申旺路518号1幢302室（201108）				
投资总额	14万USD	电　话	54427413	传　真	54427423
设立日期	2006-5-25	负责人	NELSON LEE		
主营业务	设计、生产服装，销售自产产品，提供售后服务。				

企业名称	凯萝服饰（上海）有限公司				
企业地址	上海市闵行区虹许路480号2楼（201103）				
投资总额	20万USD	电　话	64052945	传　真	64054587
设立日期	2006-5-23	负责人	吴玉升		
主营业务	生产服装、服饰、辅料、鞋帽、箱包、饰品，销售产品并提供售后服务。				

企业名称	上海明宣实业有限公司				
企业地址	上海市闵行区放鹤路2158号第5幢底楼（201108）				
投资总额	400万USD	电　话	64065759	传　真	64063231
设立日期	2006-5-17	负责人	张明山		
主营业务	加工、生产各类中高档服装、服饰、鞋帽、针纺织品、面料，销售产品。				

企业名称	玖乐幸纺织品（上海）有限公司				
企业地址	上海市外高桥保税区富特东一路370号综合楼第四层一部位（200131）				
投资总额	12.8万USD	电　话	53822071	传　真	53822071-18
设立日期	2006-5-16	负责人	武田光由		
主营业务	以纺织品为主保税区内仓储、分拨业务及产品的售后服务；国际贸易。				

企业名称	上海瑞堅实业有限公司				
企业地址	上海市闵行区放鹤路2158号第5幢2楼（201108）				
投资总额	400万USD	电　话	62427748	传　真	62425777
设立日期	2006-5-12	负责人	梁瑞周		
主营业务	加工、生产各类中高档服装、服饰、鞋帽、针纺织品、面料，销售产品。				

企业名称	上海乐旋服装有限公司				
企业地址	上海市闵行区北松路3589号（201111）				
投资总额	20万USD	电　话	64337446	传　真	64336251
设立日期	2006-4-25	负责人	本康平		
主营业务	生产、加工服装、服装辅料、面料、针纺织品，销售公司自产产品。				

企业名称	上海曼斯诚制衣有限公司				
企业地址	上海市金山区金山卫镇钱圩建元路20号（201515）				
投资总额	25万USD	电　话	57294623	传　真	57294623
设立日期	2006-4-25	负责人	干宝珠		
主营业务	生产各类服装及服装辅料，销售公司自产产品。				

企业名称	上海荷华皮业有限公司				
企业地址	上海市金山卫镇金山大道5888号（201508）				
投资总额	1800万RMB	电　话	67263960	传　真	57263912
设立日期	2006-4-25	负责人	戴国强		
主营业务	生产加工皮革箱包、皮鞋等皮革制品及相关的皮化用品，销售公司产品。				

企业名称	上海宏威时装有限公司				
企业地址	上海市嘉定区马陆镇双丁路555号第4幢二楼（201801）				
投资总额	50万USD	电　话	59105552	传　真	59105557
设立日期	2006-4-10	负责人	李　威		
主营业务	生产、加工各类服装，销售本公司自产产品。				

企业名称	安德鲁干洗纺织品制造（上海）有限公司				
企业地址	上海市青浦工业园区金桥路555号6幢（201700）				
投资总额	31万USD	电　话	59227021	传　真	59227022
设立日期	2006-4-10	负责人	DAVID MICHAEL NEARY		
主营业务	生产、加工干洗设备及其相关零部件、纺织制品，销售公司自产产品。				

企业名称	南和时装（上海）有限公司				
企业地址	上海市奉贤区南桥镇杨王村648号（201400）				
投资总额	30万USD	电　话	57475726	传　真	57476162
设立日期	2006-4-4	负责人	中川义嗣		
主营业务	生产、加工各类服装、服饰、鞋帽、工艺品；销售公司自产产品。				

企业名称	阂懋服饰用品（上海）有限公司				
企业地址	上海市松江区九亭镇九谊路399号（201615）				
投资总额	51万USD	电　话	57636695	传　真	57636652
设立日期	2006-3-31	负责人	林雪珍		
主营业务	生产服装、服饰、箱包、袋、鞋帽、皮件及相关制品，销售自产产品。				

企业名称	客诺时装（上海）有限公司				
企业地址	上海市南汇区航头镇沪南公路4617弄6号（201316）				
投资总额	14万USD	电　话	68148208	传　真	68148206
设立日期	2006-3-30	负责人	王贤玲		
主营业务	设计、生产、加工服装、服饰及鞋帽，销售公司自产产品。				

企业名称	锦迈服饰（上海）有限公司				
企业地址	上海市浦东新区金沪路1151号三层（201203）				
投资总额	14万USD	电　话	61040999	传　真	61040996
设立日期	2006-3-22	负责人	LEE，JENNIFER		
主营业务	设计、生产服装、服饰，装饰用饰品、鞋子、箱包，销售自产产品。				

企业名称	上海昂泰服饰有限公司				
企业地址	上海市宝山区呼玛路547号601-602室（200441）				
投资总额	15万USD	电　话	66302113	传　真	66313123
设立日期	2006-3-13	负责人	马群祥		
主营业务	生产各类服装及其相关配件，销售自产产品。				

企业名称	威森服饰（上海）有限公司				
企业地址	上海市松江区九亭镇盛龙路819号（201615）				
投资总额	20万USD	电　话	67626497	传　真	67626535
设立日期	2006-3-10	负责人	陈玉璋		
主营业务	生产、制造服装服饰，销售自产产品。				

企业名称	上海韩义时装有限公司				
企业地址	上海市南汇区宣桥镇宣中路6号二楼　（201314）				
投资总额	20万USD	电　话	64326001	传　真	64326002
设立日期	2006-3-7	负责人	金赞荣		
主营业务	生产服装服饰，销售公司自产产品。				

企业名称	雪州服饰（上海）有限公司				
企业地址	上海市青浦区盈秀路388号（201700）				
投资总额	90万USD	电　话	69839332	传　真	69839331
设立日期	2006-3-1	负责人	武藤凌子		
主营业务	生产、加工服装及服饰，销售公司自产产品。				

企业名称	上海浩添服饰有限公司				
企业地址	上海市奉贤区四团镇五四村（201412）				
投资总额	60万USD	电　话	57131919	传　真	57137392
设立日期	2006-2-23	负责人	徐明根		
主营业务	生产、加工各类服装、服装饰品及原辅料，销售公司自产产品。				

企业名称	上海釜纺服饰有限公司				
企业地址	上海市奉贤区南桥镇金光大道9号（201400）				
投资总额	20万USD	电　话	64065535	传　真	64065535
设立日期	2006-2-23	负责人	崔夏逢		
主营业务	生产各类服装及辅料，销售公司自产产品。				

企业名称	著永（上海）服饰有限公司				
企业地址	上海市松江区小昆山镇港业路50号第3幢厂房（201602）				
投资总额	14万USD	电　话	57854661	传　真	57854663
设立日期	2006-2-20	负责人	KANG YOUNG KU		
主营业务	生产、加工服装、服饰，销售公司自产产品，并提供售后服务。				

企业名称	上海百灵晶旅游用品有限公司				
企业地址	上海水电路120号306室（200083）				
投资总额	20万USD	电　话	58097797	传　真	58097747
设立日期	2006-2-9	负责人	胡展鸿		
主营业务	设计生产旅游用、运动用各类箱包、皮革制品、针棉制品、提供咨询。				

企业名称	宏骏纺织（上海）有限公司				
企业地址	上海市闵行区黎安路1126号（201100）				
投资总额	20万USD	电　话	51197660	传　真	51197663
设立日期	2006-2-7	负责人	俞国富		
主营业务	设计、生产服装、服装辅料，销售自产产品。				

企业名称	上海米米服饰有限公司				
企业地址	上海市南汇工业园区陆桥项埭 186 号（201300）				
投资总额	14 万 USD	电话	58189193	传真	58188381
设立日期	2006-2-6	负责人	BONITA C.LIM		
主营业务	设计、生产、加工服装及服饰，销售公司自产产品，提供咨询。				

企业名称	茉利琳（上海）时装有限公司				
企业地址	上海市金山区亭林镇红阳村 6 组（201505）				
投资总额	160 万 USD	电话	57233777	传真	57234130
设立日期	2006-1-26	负责人	木原宏次		
主营业务	服装的设计、生产及后整理，销售公司自产产品。				

企业名称	吉田服饰（上海）有限公司				
企业地址	上海市嘉定区江桥镇华江路 795 号第 3 幢（201803）				
投资总额	518 万 USD	电话	51103666	传真	51103666
设立日期	2006-1-25	负责人	朱　浩		
主营业务	生产加工服装服饰鞋帽、床上用品、箱包，销售产品并提供售后服务。				

企业名称	特思纺织服装科技（上海）有限公司				
企业地址	上海市宜山路 1289 号（200233）				
投资总额	15 万 USD	电话	64951161	传真	64029540
设立日期	2006-1-23	负责人	崔永锡		
主营业务	开发设计、制作服装设计计算机软件，销售自产产品，并提供技术咨询。				

企业名称	上海俪榭制衣有限公司				
企业地址	上海市杨浦区通北路 540 号 1 号楼底层（200082）				
投资总额	22 万 USD	电话	58380059	传真	58386658
设立日期	2006-1-23	负责人	杨　倩		
主营业务	生产加工服装、服饰及其服饰制品，销售自产产品。				

企业名称	雅柏利（上海）粘扣带有限公司				
企业地址	上海市青浦区徐泾镇华徐路 56 弄 2 号（201702）				
投资总额	247 万 USD	电话	59765802	传真	59765803
设立日期	2006-1-20	负责人	林国光		
主营业务	生产、加工各种黏扣带，销售自产产品，并提供相关的技术咨询。				

企业名称	上海六企服饰有限公司				
企业地址	上海市奉贤区南桥镇杨王村 648 号（201400）				
投资总额	23 万 USD	电话	34124107	传真	54164571
设立日期	2006-1-20	负责人	李　桉		
主营业务	生产各类中高档服装、服饰，毛巾类制品及床上用品，销售自产产品。				

企业名称	上海丸千制衣有限公司				
企业地址	上海市奉贤区奉城镇协新村（201411）				
投资总额	14 万 USD	电话	57133379	传真	57132032
设立日期	2006-1-20	负责人	植田昌宏		
主营业务	生产、加工服装、针织品、鞋帽，销售公司自产产品。				

企业名称	宜勤纺织品（上海）有限公司				
企业地址	上海市奉贤区青村镇青港工业园区（201407）				
投资总额	300 万 USD	电话	65530423	传真	65528232
设立日期	2006-1-20	负责人	庄世栋		
主营业务	生产服装鞋帽、服装附件及辅料、长毛绒玩具、布类及皮革类工艺礼品。				

企业名称	法达时装（上海）有限公司				
企业地址	上海市闵行区颛桥镇放鹤路 2158 号第一幢（201108）				
投资总额	250 万 USD	电话	54888269	传真	54888262
设立日期	2006-1-19	负责人	侯晓蝉		
主营业务	生产加工各类服装、服饰、针织品、皮革制品、鞋帽、服装布料和辅料。				

企业名称	上海都威纺织有限公司				
企业地址	上海市松江工业区车墩分区回业路 49 号（201611）				
投资总额	106 万欧元	电话	62390457	传真	62381597
设立日期	2006-1-19	负责人	陈栋梁		
主营业务	生产、加工新型纺织纤维及其制成品、针纺织品、高强度纤维等纺织品。				

企业名称	上海珠陆服饰有限公司				
企业地址	上海市闵行区吴中路 1238 号（201103）				
投资总额	20 万 USD	电话	34128328	传真	34128329
设立日期	2006-1-19	负责人	陈正姬		
主营业务	服装及相关服饰配件的生产、加工，销售自产产品。				

企业名称	德司达印染科技（上海）有限公司				
企业地址	上海市松江区民强路 301 号第 4 幢厂房（201620）				
投资总额	300 万 USD	电话	61159092	传真	61159007
设立日期	2006-1-17	负责人	LAN MICHAEL STUART DOWNIE		
主营业务	高档织物面料的织染及后整理加工，销售自产产品，产品加工技术研究。				

企业名称	上海富积服装有限公司				
企业地址	上海市外高桥保税区富特西一路 355 号高翔大楼第二、三层（200131）				
投资总额	80 万 USD	电话	58666079	传真	58666078
设立日期	2006-1-16	负责人	富田博		
主营业务	生产加工各类男女西装、服装、服饰，销售产品及产品仓储、分拨业务。				

企业名称	上海七棉协联纱线有限公司				
企业地址	上海市南汇区周浦镇康沈路 1997 号（201318）				
投资总额	12800 万 RMB	电话	68117704	传真	58113883
设立日期	2006-1-16	负责人	黄建强		
主营业务	研究、开发、生产纺纱、纺线、缝纫线，销售自产产品，提供技术咨询。				

企业名称	服士宏服饰（上海）有限公司				
企业地址	上海市外高桥保税区富特东一路 396 号第五层 562 部位（200131）				
投资总额	20 万 USD	电话	51504190	传真	51504193
设立日期	2006-1-13	负责人	藤井宏		
主营业务	保税区内以服装、饰品为主的仓储分拨业务及相关产品的售后服务。				

企业名称	西之鼎制衣（上海）有限公司				
企业地址	上海市浦东新区张江路 91 号 6 幢（201203）				
投资总额	20 万 USD	电话	58185993	传真	58185718
设立日期	2006-1-11	负责人	杨珍雯		
主营业务	生产、加工服装、服饰，销售自产产品。				

企业名称	上海东群纺织制品有限公司				
企业地址	上海市青浦区白鹤镇鹤祥路 151 弄 101 号（201709）				
投资总额	80 万 USD	电话	59741141	传真	59740730
设立日期	2005-12-31	负责人	吴清亮		
主营业务	生产、加工服装、服饰及其他纺织品,销售公司自产产品。				

企业名称	上海蓝伯纺织新材料有限公司				
企业地址	上海市松江区中德路 589 号 6 号主厂房（201616）				
投资总额	201 万 USD	电话	57854941	传真	57854945
设立日期	2005-12-29	负责人	吴翊宇		
主营业务	生产和加工工程用特种纺织品,销售公司自产产品。				

企业名称	上海佳禄无尘制品有限公司				
企业地址	上海市金山工业区亭卫公路 8158 号（201506）				
投资总额	60 万 USD	电话	57273508	传真	57275505
设立日期	2005-12-23	负责人	杨国隆		
主营业务	研发和生产无尘手套、衣、帽、裤、鞋、擦拭布，销售公司自产产品。				

企业名称	上海乔斯服饰有限公司				
企业地址	上海市浦东新区华夏西路 5758 号 6 幢（201201）				
投资总额	20 万 USD	电话	50910477	传真	50910478
设立日期	2005-12-14	负责人	李　岚		
主营业务	生产、加工服装、服饰、羊毛衫及其他针棉织品，销售自产产品。				

企业名称	赫比服饰（上海）有限公司				
企业地址	上海市外高桥保税区奥纳路 185 号综合大楼第六层 A2 部位（200131）				
投资总额	6.5 万 USD	电话	58681599	传真	58680317
设立日期	2005-12-12	负责人	HE XIANG QUN（何相群）		
主营业务	针织服装、针织绒毛制品的研发、制造、加工及销售。				

企业名称	上海宫蔚工艺鞋有限公司				
企业地址	上海市南汇区新场镇新奉公路 1799 号第 2 幢（201314）				
投资总额	14 万 USD	电话	68171440	传真	68171441
设立日期	2005-12-1	负责人	后藤一雄		
主营业务	工艺鞋的生产、加工，销售公司自产产品。				

企业名称	上海育荣时装有限公司				
企业地址	上海市嘉定区马陆镇申裕路 388 号（201801）				
投资总额	16 万 USD	电话	59902688	传真	59900095
设立日期	2005-11-28	负责人	汪国荣		
主营业务	生产高档时装，销售本公司自产产品。				

企业名称	拓美服装（上海）有限公司				
企业地址	上海市松江区小昆山镇青云街38号2号厂房（201616）				
投资总额	50万USD	电话	58405880	传真	58405574
设立日期	2005-11-25	负责人	富冈和良		
主营业务	研发、生产针织、梭织等纺织品,女装、童装、男装等成衣制品。				

企业名称	上海藤仓服饰有限公司				
企业地址	上海市共和新路3050号11幢338室（200072）				
投资总额	14万USD	电话	64814110	传真	64814117
设立日期	2005-11-22	负责人	藤仓仁		
主营业务	生产、设计服饰、箱包、手袋制品，销售自产产品。				

企业名称	博马努瓦服饰商业（上海）有限公司				
企业地址	上海市普陀区雪松路318号底层（200070）				
投资总额	100万欧元	电话	62345898	传真	62340908
设立日期	2005-11-10	负责人	ROLAND BEAU MANOIR		
主营业务	服饰零售，自营商品进口，采购国内产品出口，其他相关配套业务。				

企业名称	上海史密斯标牌有限公司				
企业地址	上海市嘉定区黄渡镇联西村曹联路36号（201804）				
投资总额	70万USD	电话	69154990	传真	69154670
设立日期	2005-11-10	负责人	顾耀忠		
主营业务	标牌及展示产品的设计和制作。				

企业名称	上海隆鑫服饰用品有限公司				
企业地址	上海市闵行区浦江镇立跃路2708号（201100）				
投资总额	1000万USD	电话	64659005	传真	64065860
设立日期	2005-11-9	负责人	陈吉隆		
主营业务	生产服装、服饰，鞋帽、包袋、礼品、装饰品、家居用品。				

企业名称	上海安库路寿服饰整理有限公司				
企业地址	上海市闵行区景联路258号（200241）				
投资总额	100万USD	电话	64343099	传真	64342566
设立日期	2005-11-3	负责人	饭塚贤一		
主营业务	从事纺织品、服饰及配件、鞋类及皮革制品的后整理业务。				

企业名称	盈泰纺织品（上海）有限公司				
企业地址	上海市外高桥保税区富特西一路115号2号楼第8层I部位（200131）				
投资总额	12.8万USD	电话	58357623	传真	58357629
设立日期	2005-11-2	负责人	王沁		
主营业务	以纺织品为主的保税区内仓储、分拨业务及相关产品的售后服务。				

企业名称	上海天翔纺织科技有限公司				
企业地址	上海市南汇工业园区宣中路399号15幢（201300）				
投资总额	210万USD	电话	58182838	传真	58183618
设立日期	2005-10-24	负责人	程仁		
主营业务	高档织物面料的后整理加工，销售公司自产产品。				

企业名称	曼黛服装（上海）有限公司				
企业地址	上海市闵行区虹梅南路3509弄298号B1、B8栋（201108）				
投资总额	100万USD	电话	54409123	传真	54400696
设立日期	2005-10-24	负责人	黄丁守		
主营业务	生产服装、服饰及服装用品辅料、袜子、鞋帽、围巾。				

企业名称	嘉馥（上海）服装有限公司				
企业地址	上海市松江科技园区崇南路6号B区4号房（201616）				
投资总额	14万USD	电话	66529731	传真	66529731
设立日期	2005-10-24	负责人	陈子昂		
主营业务	生产各类服装,服装辅料及配件,文胸、服饰、内衣及内衣类产品。				

企业名称	上海凯琳圣纺织有限公司				
企业地址	上海市南汇区沪南路9458号312室（201300）				
投资总额	1000万USD	电话	58385025	传真	58385028
设立日期	2005-10-21	负责人	CHEN FENG		
主营业务	生产被服、披巾、靠垫、窗帘、纱线及纺织品（梭、针织类）。				

企业名称	仟宇制衣（上海）有限公司				
企业地址	上海市闵行区浦江镇联民村（201112 ）				
投资总额	20万USD	电话	54313761	传真	54313763
设立日期	2005-10-18	负责人	王嘉宏		
主营业务	纺织品及服装的生产，销售自产产品。				

企业名称	上海信固纺织品有限公司				
企业地址	上海市外高桥保税区泰谷路88号第三层G部位（200131）				
投资总额	12.5万USD	电话	62917331	传真	62917119
设立日期	2005-10-12	负责人	傅关福		
主营业务	保税区内以纺织品为主的仓储、分拨、商品展示、售后服务。				

企业名称	湖昂渡（上海）服装整理有限公司				
企业地址	上海市江场西路395号109室（200435）				
投资总额	14万USD	电话	69150811	传真	69150811
设立日期	2005-10-12	负责人	陈奋奋		
主营业务	提供服装服饰的包装整理服务（涉及行政许可的，凭许可证经营）。				

企业名称	上海光川纺织有限公司				
企业地址	上海市松江工业区洞泾分区洞凯路南（201619）				
投资总额	45万USD	电话	57698286	传真	57698293
设立日期	2005-10-9	负责人	陈光林		
主营业务	高档织物面料的织造及后整理加工，销售公司自产产品。				

企业名称	上海贤曜纺织时装有限公司				
企业地址	上海市闵行区光华路2118号A-18（201111）				
投资总额	20万USD	电话	54956945	传真	64987525
设立日期	2005-9-30	负责人	李兆祥		
主营业务	生产时装、服饰及辅料，销售公司自产产品。				

企业名称	上海安德鲁纺织品有限公司				
企业地址	上海市外高桥保税区富特西一路155号C楼第二层2030部位(200131)				
投资总额	13万USD	电话	39711018	传真	69729029
设立日期	2005-9-29	负责人	DENNIS THOMAS TAYLOR		
主营业务	区内以工业纺织品为主的仓储、分拨业务及相关产品的售后服务。				

企业名称	上海安福纤无纺布制品有限公司				
企业地址	上海市奉贤区南桥镇沪杭公路1838号（201400）				
投资总额	14万USD	电话	67105093	传真	67105090
设立日期	2005-9-29	负责人	牟金华		
主营业务	设计、生产无纺布袋及无纺布制品，销售公司自产产品。				

企业名称	上海清丽针织有限公司				
企业地址	上海市青浦区香花桥东路401号（201706）				
投资总额	25万USD	电话	59702958	传真	59702952
设立日期	2005-9-20	负责人	清川要治		
主营业务	生产针织服装及其他针织产品，销售公司自产产品，				

企业名称	上海洛克空间服饰有限公司				
企业地址	上海市长宁区天山支路154号405I室（200051）				
投资总额	50万USD	电话	54890561	传真	64278983
设立日期	2005-9-19	负责人	ENOMOTO MITSUYOSHI		
主营业务	设计、生产、加工服装、服饰，销售自产产品。				

企业名称	韦博斯特服饰（上海）有限公司				
企业地址	上海市闵行区澄建路351号虹曹工业园区7号楼（200237）				
投资总额	30万USD	电话	62896090	传真	62896090
设立日期	2005-9-16	负责人	MALCOLM HARRY WEBSTER		
主营业务	生产加工服装、服饰、鞋帽，销售自产产品。				

企业名称	库夫纳汉沙纺织（上海）有限公司				
企业地址	上海市化学工业区奉贤分区苍工路1588号（201424）				
投资总额	400万欧元	电话	57448366	传真	57448522
设立日期	2005-9-15	负责人	ULRICH SCHERBEL		
主营业务	高档织物面料的织染及后整理加工，产品和工艺开发。				

企业名称	上海维特针纺织品有限公司				
企业地址	上海市闵行区浦江镇联星村8组（201112）				
投资总额	400万港币	电话	64118169	传真	64116898
设立日期	2005-9-14	负责人	闫洪振		
主营业务	生产服装、服饰、面料及辅料，鞋帽，箱包，玩具。				

企业名称	斯密德纺织机械（上海）有限公司				
企业地址	上海市外高桥保税区富特西一路155号C楼二层2003部位（200131）				
投资总额	14万USD	电话	58352311	传真	58357385
设立日期	2005-9-12	负责人	任爱娟		
主营业务	保税区内以纺织机械及组件为主的仓储分拨业务。				

制造业-纺织、服装及其他纤维制品和皮革、毛皮、羽绒及其制品业

企业名称	万彩织带（上海）有限公司				
企业地址	上海市青浦区徐泾镇二联村（201702）				
投资总额	200万USD	电话	59766776	传真	59766776
设立日期	2005-9-9	负责人	GRAHAM LESLIE HOPPS		
主营业务	生产服装标识、织带、缎带、织唛，销售公司自产产品。				

企业名称	上海安嘉罗服饰有限公司				
企业地址	上海市外高桥保税区冰克路500号BLL部位（200131）				
投资总额	12.5万USD	电话	58358392	传真	33927408
设立日期	2005-9-8	负责人	DARREN TONY RIORDAN		
主营业务	区内以服饰产品为主的仓储、分拨业务；国际贸易、转口贸易。				

企业名称	上海泰腾侬服饰有限公司				
企业地址	上海市南汇区六灶镇鹿园工业区鹿兴路199号10#厂房（201322）				
投资总额	14万USD	电话	58038870	传真	58038764
设立日期	2005-9-7	负责人	立野正		
主营业务	生产各类服装、服饰，销售公司自产产品，承接刺绣业务。				

企业名称	上海真维斯服饰有限公司				
企业地址	上海市金沙江路2041弄39号一、二、四楼（200333）				
投资总额	300万RMB	电话	52701949	传真	52706734
设立日期	2005-9-7	负责人	杨振勋		
主营业务	各类服装、服饰及配件的零售及相关的设计、开发配套业务。				

企业名称	上海熙迪服饰有限公司				
企业地址	上海市奉贤区庄行镇南亭公路1165号（201415）				
投资总额	25万USD	电话	37182010	传真	57465069
设立日期	2005-9-5	负责人	张敏祺		
主营业务	生产各类服装、针纺织品，销售公司自产产品。				

企业名称	上海鹏雁服饰有限公司				
企业地址	上海市松江区九亭镇久富经济开发区盛富路地块号649号（201615）				
投资总额	14万USD	电话	67690181	传真	37638003
设立日期	2005-8-31	负责人	林燕明		
主营业务	生产加工各类服装、服饰及辅料、汽车椅套，销售公司自产产品。				

企业名称	优缌梦罗家居用品（上海）有限公司				
企业地址	上海市闵行区银都路588号A楼（200237）				
投资总额	20万USD	电话	61020180	传真	61020160
设立日期	2005-8-29	负责人	吉村佳彦		
主营业务	生产床上用品、卫浴用品、家居纺织用品，销售自产产品。				

企业名称	阿尔伯达引力（上海）时装有限公司				
企业地址	上海市浦东新区川沙路3483号2号楼（201202）				
投资总额	15万USD	电话	66289963	传真	66285859
设立日期	2005-8-26	负责人	季泽林		
主营业务	生产、加工服装、服饰，销售自产产品。				

企业名称	上海大泷服装整理有限公司				
企业地址	上海市南汇区周浦镇繁荣工业园区12号C座（201318）				
投资总额	20万USD	电话	68189766	传真	68189765
设立日期	2005-8-25	负责人	大泷秀明		
主营业务	服装整理与加工，销售公司自产产品（涉及许可经营的凭许可证经营）。				

企业名称	上海阳浦运动服装有限公司				
企业地址	上海市奉贤区南桥镇运河北路855号（201400）				
投资总额	30万USD	电话	57184621	传真	57187058
设立日期	2005-8-25	负责人	汪德林		
主营业务	制造、加工运动服装、运动饰品、休闲装及时装。				

企业名称	幻知曲（上海）日用品有限公司				
企业地址	上海市长宁区中山西路750号1号楼200－B室（200051）				
投资总额	100万USD	电话	62411604	传真	62411634
设立日期	2005-8-22	负责人	谭嘉敏		
主营业务	生产、加工各类床上用品、靠垫、鞋底、乳胶类制品和日用品。				

企业名称	上海良思纺织品有限公司				
企业地址	上海市松江区欣玉路160号内5号厂房（201600）				
投资总额	21万USD	电话	57736184	传真	57736255
设立日期	2005-8-20	负责人	张建新		
主营业务	生产各类针织衫、服装、机织棒针衫、儿童服饰、鞋帽。				

企业名称	上海日播至美服饰制造有限公司				
企业地址	上海市松江区中山街道茸阳路98号（201613）				
投资总额	60万USD	电话	57783232	传真	57783160
设立日期	2005-8-18	负责人	王卫东		
主营业务	设计、制造各类服装、服饰及居室用品，销售公司自产产品。				

企业名称	东冀纺织品（上海）有限公司				
企业地址	上海市奉贤区奉城镇南奉公路北侧（201411）				
投资总额	108万USD	电话	57515552	传真	57515559
设立日期	2005-8-16	负责人	李子强		
主营业务	生产各类服装、羊绒制品、纺织原辅料、面料及相关纺织品。				

企业名称	上海歌乐娜纺织品有限公司				
企业地址	上海市外高桥保税区富特东一路396号527部位（200131）				
投资总额	6.5万USD	电话	64698796	传真	64690379
设立日期	2005-8-11	负责人	森泽章雄		
主营业务	保税区内以纺织品、服装辅料为主的仓储发拨业务。				

企业名称	延承服饰（上海）有限公司				
企业地址	上海市外高桥保税区泰谷路88号第四层F部位（200131）				
投资总额	12.5万USD	电话	64327190	传真	34312485
设立日期	2005-8-11	负责人	BYUN SEUNG HYUNG		
主营业务	保税区内以品牌服饰为主的仓储、分拨业务。				

企业名称	上海雷亘服装设计服务有限公司				
企业地址	上海市静安区江宁路445号23层D室（200040）				
投资总额	14万USD	电话	52282618	传真	52286799
设立日期	2005-8-11	负责人	EVELYN MOLDEZ PATRON		
主营业务	服装设计与服饰技术、服装面料相关的信息咨询及服务。				

企业名称	阿迪达斯（上海）有限公司				
企业地址	上海市徐汇区虹桥路1号港汇广场1座30楼（200030）				
投资总额	11000万RMB	电话	24010600	传真	64482133
设立日期	2005-8-11	负责人	Wolfgang Bentheimer		
主营业务	运动服饰、体育用品、眼镜、手表和化妆品的批发与零售。				

企业名称	艾俄菁纺织品（上海）有限公司				
企业地址	上海市外高桥保税区奥纳路55号3号楼第5层D部位（200131）				
投资总额	12.5万USD	电话	68881813	传真	58794537
设立日期	2005-8-10	负责人	LEONG BOON YEW		
主营业务	保税区内以纺织品为主的仓储、分拨业务；国际贸易、转口贸易。				

企业名称	塞戈玛时装（上海）有限公司				
企业地址	上海市外高桥保税区泰谷路209号第三层B1部位（200131）				
投资总额	5.5万欧元	电话	62885672	传真	62885729
设立日期	2005-8-9	负责人	RICCARDO BILANCIONI		
主营业务	以服装为主的仓储、分拨业务及提供相关产品的售后服务、技术支持。				

企业名称	上海我努服装有限公司				
企业地址	上海市金山区朱泾镇南横街5号（201500）				
投资总额	20万USD	电话	57317202	传真	57323523
设立日期	2005-8-9	负责人	山田健治		
主营业务	服装生产、加工，销售公司自产产品（涉及行政许可的凭许可证经营）。				

企业名称	上海朝美羽绒制品有限公司				
企业地址	上海市松江区广庵路88号（201604）				
投资总额	14万USD	电话	57751488	传真	57751013
设立日期	2005-8-3	负责人	菊池充		
主营业务	生产各类高档被子、毯子、枕、床单、床垫等床上用品，各类羽绒制品。				

企业名称	上海康富针织有限公司				
企业地址	上海市金山区亭林工业园区林宝路396号（201505）				
投资总额	600万USD	电话	62431132	传真	62431141
设立日期	2005-8-3	负责人	邝世元		
主营业务	生产加工各类服装、针织衫，鞋、袜、帽、包等服饰产品。				

企业名称	米丝莱纺织（上海）有限公司				
企业地址	上海市奉贤区现代农业园区岚丰路700号（201400）				
投资总额	500万USD	电话	37196112	传真	37196119
设立日期	2005-8-1	负责人	YU PATRICIA		
主营业务	生产各类服装、箱包、鞋、面料及辅料，销售公司自产产品。				

企业名称	上海韩莹帝女装有限公司				
企业地址	上海市长宁区哈密路中新泾王姚更 18 号 C 幢（200335）				
投资总额	14 万 USD	电话	51511358	传真	51511359
设立日期	2005-7-25	负责人	崔炳五		
主营业务	生产服装及系列产品，销售自产产品（涉及行政许可的，凭许可证经营）。				

企业名称	百得瑞（上海）纺织品添加剂有限公司				
企业地址	上海市闵行区颛桥镇光中路 321 号（201106）				
投资总额	8 万欧元	电话	51089603	传真	32160360
设立日期	2005-7-22	负责人	FRIEDRICH PETRY		
主营业务	开发、生产纺织品添加剂，销售公司自产产品，提供售后技术服务。				

企业名称	福山通运包装整理（上海）有限公司				
企业地址	上海市虹口区四川北路 1688 号 808 室（200080）				
投资总额	16 万 USD	电话	63256618	传真	63258887
设立日期	2005-7-21	负责人	小丸法之		
土营业务	提供服装服饰及面辅料、金属材料、针纺织品、床上用品。				

企业名称	上海丽格鞋业有限公司				
企业地址	上海市浦东新区峨山路 95 弄 16 号 201 室（200120）				
投资总额	10000 万日元	电话	53825052	传真	53068785
设立日期	2005-7-19	负责人	大川修一		
主营业务	鞋及其相关用品、皮革制品的零售；自营商品进口；采购国内产品出口。				

企业名称	潞可（上海）服饰销售有限公司				
企业地址	上海市浦东新区新金桥路 28 号 2603、2604 室（200135）				
投资总额	75 万欧元	电话	50304075	传真	50304080
设立日期	2005-7-14	负责人	TAIEB DAVES		
主营业务	服饰批发、佣金代理（拍卖除外），商品进出口及相关配套业务。				

企业名称	上海明而达西服有限公司				
企业地址	上海市浦东新区金桥路 298 号 1 幢 2 层（201206）				
投资总额	150 万 USD	电话	58468269	传真	58718656
设立日期	2005-7-6	负责人	梁钦荣		
主营业务	生产服装和服饰配件，销售自产产品，并提供相关的技术咨询和服务。				

企业名称	上海普斯纺织有限公司				
企业地址	上海市闵行区吴中路 1128 号（201103）				
投资总额	20 万 USD	电话	64651660	传真	54585091
设立日期	2005-7-6	负责人	李碧莲		
主营业务	研发、设计、生产加工服装、服饰、床上用品及相关配套产品。				

企业名称	上海楦霖纺织品有限公司				
企业地址	上海市松江区九亭镇盛富路 36 号（201615）				
投资总额	20 万 USD	电话	51696288	传真	62606579
设立日期	2005-6-29	负责人	孙易兰		
主营业务	生产加工纺织品成衣及相关面料辅料，纺织品整理，销售公司自产产品。				

企业名称	上海丽升朗华服饰整理有限公司				
企业地址	上海市松江区玉佳支路 98 号（201600）				
投资总额	14 万 USD	电话	67726427	传真	67720800
设立日期	2005-6-28	负责人	周一峰		
主营业务	加工服装、服饰，提供整理和熨烫服务，销售公司自产产品。				

企业名称	逸贸服饰销售（上海）有限公司				
企业地址	上海市浦东新区昌里路 335 号 301 室（200126）				
投资总额	300 万 RMB	电话	34627000	传真	34627207
设立日期	2005-6-27	负责人	李伟忠		
主营业务	服装、饰品及相关配件的零售、批发，佣金代理（拍卖除外）。				

企业名称	上海茉丽服饰有限公司				
企业地址	上海市奉贤区奉城镇南奉公路北侧（201411）				
投资总额	309 万 USD	电话	57513833	传真	57513833
设立日期	2005-6-21	负责人	郑　杰		
主营业务	生产、加工各类服装、皮具、箱包及手袋，销售公司自产产品。				

企业名称	上海凯贤时装有限公司				
企业地址	上海闵行区文井路 495 号 1 号楼（TC-2 厂房）第 3 层（200245）				
投资总额	200 万 USD	电话	64309292	传真	64631539
设立日期	2005-6-20	负责人	吴文泰		
主营业务	生产高档女装及其配套服饰，销售自产产品。				

企业名称	上海西士卡服饰有限公司				
企业地址	上海市青浦区练塘镇朱枫公路 3534 号（201715）				
投资总额	243 万 RMB	电话	59255528	传真	59256616
设立日期	2005-6-20	负责人	叶培华		
主营业务	生产、加工服装及服饰，销售公司自产产品。				

企业名称	上海雅色服饰有限公司				
企业地址	上海市金山工业区朱漕公路 99 号（201500）				
投资总额	30 万 USD	电话	64016431	传真	64017194
设立日期	2005-6-16	负责人	雷　军		
主营业务	设计、生产各类时装及提供相关技术服务，销售公司自产产品。				

企业名称	上海通平纺织品有限公司				
企业地址	上海市长宁区天山路 597 号 6 楼（200335）				
投资总额	180 万 USD	电话	68766057	传真	68766057
设立日期	2005-6-16	负责人	顾　平		
主营业务	生产加工家用纺织品、针织品及服饰，销售自产产品。				

企业名称	福园纺织品（上海）有限公司				
企业地址	上海市金山区吕巷镇戚埭村 9 组（201507）				
投资总额	35 万 USD	电话	57370777	传真	57371516
设立日期	2005-6-15	负责人	倪向明		
主营业务	加工、生产窗帘、床上用品等家用纺织品，销售公司自产产品。				

企业名称	上海安徒生儿童用品有限公司				
企业地址	上海市霍山路 170 号 1095 室（200082）				
投资总额	25 万 USD	电话	63374905	传真	63374906
设立日期	2005-6-15	负责人	周　珍		
主营业务	设计、开发、生产服饰品及相关配套系列产品，销售自产产品。				

企业名称	金洵纺织品（上海）有限公司				
企业地址	上海市长宁区北翟路 163 弄 30 号 5 幢 104 室（200335）				
投资总额	14 万 USD	电话	59856131	传真	59856123
设立日期	2005-6-15	负责人	邬学君		
主营业务	加工、生产服装，服饰，针织品，毛衣，手套，围巾，帽子。				

企业名称	五优洁纺织品护理（上海）有限公司				
企业地址	上海市虹口区北海宁路 58 弄 22 号 203 室（200080）				
投资总额	36 万 USD	电话	51164434	传真	51164435
设立日期	2005-6-14	负责人	OLIVIER JEAN-CLAUDE BEDAT		
主营业务	提供纺织品护理服务（仅限门店）和相关纺织品护理咨询。				

企业名称	上海华江纺织品有限公司				
企业地址	上海市松江区九亭镇盛高路 118 号（201615）				
投资总额	30 万 USD	电话	67627898	传真	67627892
设立日期	2005-6-13	负责人	林梅惠		
主营业务	设计、生产各类服装及面料，销售公司自产产品。				

企业名称	塔达希时装（上海）有限公司				
企业地址	上海市普陀区新村工业坊 8 期 2 号 1-4F（200333）				
投资总额	100 万 USD	电话	52697338	传真	52697339
设立日期	2005-6-10	负责人	TADASHI SHOJI		
主营业务	生产加工服装、服饰，销售自产产品，并提供产品售后服务。				

企业名称	上海惠梦吉富服装整理有限公司				
企业地址	上海市浦东新区川沙路 2843 号 9 幢厂房一、二层（201201）				
投资总额	35 万 USD	电话	58588016	传真	58588018
设立日期	2005-6-7	负责人	滨田龙一		
主营业务	从事各类服装、服饰、家用纺织品的后整理及加工。				

企业名称	上海古俪西服饰有限公司				
企业地址	上海市闵行区闵北路 669 号（201106）				
投资总额	30 万 USD	电话	64193108	传真	64193068
设立日期	2005-6-6	负责人	金田安弘		
主营业务	生产各类男女时装、西服、茄克，销售自产产品。				

企业名称	上海骆通服饰有限公司				
企业地址	上海市奉贤区奉城镇中路 2-8 号(双)（201411）				
投资总额	14 万 USD	电话	67550058	传真	67550048
设立日期	2005-6-2	负责人	江文秀		
主营业务	生产、加工种类服装及相关产品。				

制造业-纺织、服装及其他纤维制品和皮革、毛皮、羽绒及其制品业

企业名称	上海众冠帽业有限公司				
企业地址	上海市闵行区华漕镇鹫山村（201106）				
投资总额	18万USD	电话	62968833	传真	62967066
设立日期	2005-6-1	负责人	王建声		
主营业务	加工、生产各类帽子、围巾、手套及相关辅料，销售自产产品。				

企业名称	凌励纱线（上海）有限公司				
企业地址	上海市南京西路1515号嘉里中心610B室（200040）				
投资总额	10万USD	电话	62370701	传真	62370704
设立日期	2005-6-1	负责人	GIULIANO COPPINI		
主营业务	从事纱线的批发、纱线的进出口、其他相关配套业务。				

企业名称	上海新俪玮纺织品有限公司				
企业地址	上海市闵行区华漕镇建设村（201106）				
投资总额	20万USD	电话	59895410	传真	59895411
设立日期	2005-6-1	负责人	丁云芬		
主营业务	加工、生产各类服装、服饰、包袋及相关辅料，销售自产产品。				

企业名称	上海热田服饰有限公司				
企业地址	上海市平凉路1398号306室（200090）				
投资总额	30.8万USD	电话	62362387	传真	62362385
设立日期	2005-5-30	负责人	廖嘉		
主营业务	生产加工服饰、服装辅料及其纺织制品，销售自产产品。				

企业名称	里利拉链（上海）有限公司				
企业地址	上海市外高桥保税区希雅路55号12号楼6层G部位（200131）				
投资总额	12.5万USD	电话	52985060	传真	52985060
设立日期	2005-5-30	负责人	谷小虎		
主营业务	保税区内以拉链为主的仓储、分拨业务；国际贸易、转口贸易。				

企业名称	上海依尚风景时装有限公司				
企业地址	上海市青浦区白鹤镇外青松公路3238弄38号（201709）				
投资总额	15万USD	电话	57475912	传真	57475815
设立日期	2005-5-30	负责人	向悟海		
主营业务	纺织品、服装、鞋帽、布类玩具及相关面辅材料的设计、生产、加工。				

企业名称	东洋泰（上海）针织品销售有限公司				
企业地址	上海市徐汇区漕溪北路18号上海实业大厦16E1（200030）				
投资总额	10万USD	电话	64411979	传真	64411690
设立日期	2005-5-27	负责人	ALLISON HOPEMURPHY		
主营业务	从事针织品的批发、进出口及相关配套业务。				

企业名称	皓彬时装（上海）有限公司				
企业地址	上海市闵行区虹梅南路4999号（200241）				
投资总额	250万USD	电话	62195253	传真	62195251
设立日期	2005-5-26	负责人	李仁荣		
主营业务	研发、设计、生产各类服装及相关面料、辅料，销售自产产品。				

企业名称	思克杰时装（上海）有限公司				
企业地址	上海市瞿溪路510号F8室（200011）				
投资总额	105万USD	电话	63588000	传真	63588000
设立日期	2005-5-25	负责人	SIMON HUGHES		
主营业务	时装及其饰品的批发、佣金代理；相关的进出口业务及配套服务。				

企业名称	上海海欣集团依可贝尔服装有限公司				
企业地址	上海市松江区洞泾镇洞舟路185号（201619）				
投资总额	320万USD	电话	57670908	传真	27670916
设立日期	2005-5-24	负责人	袁永林		
主营业务	生产各类织物面料的服装、室内装饰品及其他工艺制品。				

企业名称	福迈服装（上海）有限公司				
企业地址	上海市浦东康桥工业区康桥路218号1号楼二层（201315）				
投资总额	14万USD	电话	62106811	传真	62115979
设立日期	2005-5-23	负责人	ANJA THORBECKE—JONES		
主营业务	生产各类服装、服饰，销售公司自产产品。				

企业名称	汉荣时装（上海）有限公司				
企业地址	上海市闵行区虹梅南路3509弄298号（200030）				
投资总额	100万USD	电话	54891551	传真	54891551
设立日期	2005-5-20	负责人	李汉春		
主营业务	生产服装、服饰、床上用品、包袋、布质玩具及服装面料。				

企业名称	上海海欣集团凯特莉服饰有限公司				
企业地址	上海市松江区洞泾工业区振业路178号（201619）				
投资总额	50万USD	电话	57698014	传真	57698024
设立日期	2005-5-19	负责人	袁永林		
主营业务	生产各类服装、服装饰品、皮革制品、毛毯、床上用品。				

企业名称	永盈服饰销售（上海）有限公司				
企业地址	上海市浦东新区昌里路335号302室（200126）				
投资总额	300万RMB	电话	34627000	传真	34627207
设立日期	2005-5-18	负责人	李伟忠		
主营业务	服装、饰品及相关配件的零售、批发，佣金代理（拍卖除外）。				

企业名称	上海奈克思服饰有限公司				
企业地址	上海市松江区石湖荡镇长塔路893弄4号（201617）				
投资总额	51万USD	电话	37840052	传真	57842430
设立日期	2005-5-17	负责人	西泽久雄		
主营业务	设计、生产、加工服装，服饰及鞋帽，箱包，销售公司自产产品。				

企业名称	上海欢捷时装有限公司				
企业地址	上海市松江高新技术园区金玉路1155号内2号厂房（201600）				
投资总额	15万USD	电话	55100661	传真	65419830
设立日期	2005-5-13	负责人	浅野阳一郎		
主营业务	生产、加工服装、服饰、面料、辅料，销售公司自产产品。				

企业名称	上海阿咪服饰有限公司				
企业地址	上海市闵行区浦江镇汇南村（201112）				
投资总额	20万USD	电话	64919770	传真	64919775
设立日期	2005-5-13	负责人	LEE HO IN		
主营业务	生产各类服装及服饰，销售自产产品（涉及行政许可的凭许可证经营）。				

企业名称	歌迪卡服饰（上海）有限公司				
企业地址	上海市长宁区广顺路33号D幢二楼东（200335）				
投资总额	30万USD	电话	51087799	传真	61454688
设立日期	2005-5-12	负责人	桑钧晟		
主营业务	纺织品新材料的设计开发，服装设计生产，销售自产产品。				

企业名称	上海史壮克织带有限公司				
企业地址	上海市嘉定区黄渡镇星塔路1202号2幢（201804）				
投资总额	50万USD	电话	69593018	传真	69595869
设立日期	2005-5-11	负责人	周业盛		
主营业务	生产各类化纤织带，销售本公司自产产品。				

企业名称	大冠（上海）纺织有限公司				
企业地址	上海市外高桥保税区美盛路111号第1层D部位（200131）				
投资总额	20万USD	电话	54222300	传真	54222303
设立日期	2005-5-10	负责人	萧金沐		
主营业务	保税区内以纺织品为主的仓储、分拨、展示、技术开发、技术咨询。				

企业名称	玛璐葩鞋业（上海）有限公司				
企业地址	上海市浦东新区合庆镇凌白路1135号10-17幢（201202）				
投资总额	14万USD	电话	68919371	传真	68919148
设立日期	2005-5-9	负责人	藤长显治		
主营业务	生产皮鞋、布鞋和合成革类鞋及相关配件，销售自产产品。				

企业名称	上海最蓝时装有限公司				
企业地址	上海市青浦区赵巷镇沪青平公路3715弄26幢（201703）				
投资总额	25万USD	电话	69751367	传真	69751360
设立日期	2005-4-28	负责人	今井元一		
主营业务	生产、加工服装及服饰，销售公司自产产品。				

企业名称	桑德森（上海）纺织机械有限公司				
企业地址	上海青浦工业园区外青松公路5500号103室（201700）				
投资总额	300万USD	电话	59228032	传真	59228260
设立日期	2005-4-25	负责人	李柏洲		
主营业务	开发、生产新型纺织机械，销售公司自产产品并提供产品售后服务。				

企业名称	文得立涂层织物（上海）有限公司				
企业地址	上海市嘉定区黄渡镇联西路18号（201804）				
投资总额	210万USD	电话	69590742	传真	69591982
设立日期	2005-4-21	负责人	HANS-MICHAEL HORNBERG		
主营业务	开发、生产橡塑制品及各种织物，销售本公司自产产品。				

企业名称	上海富意时装有限公司				
企业地址	上海市闵行区虹梅南路 1755 号 B 区 1 号（200237）				
投资总额	30 万 USD	电　　话	54288902	传　　真	54288987
设立日期	2005-4-20	负 责 人	谭宪强		
主营业务	生产服装、服饰，销售自产产品。				

企业名称	上海璐丝玛服饰有限公司				
企业地址	上海市金山区廊下镇工业区景勇路（201516）				
投资总额	210 万 USD	电　　话	57395158	传　　真	57391396
设立日期	2005-4-20	负 责 人	伊藤清一		
主营业务	生产各类服装服饰、服装后整理及服装检验服务，销售公司自产产品。				

企业名称	上海菁美服饰企业有限公司				
企业地址	上海市金山区山阳镇亭卫公路 1938 号（201508）				
投资总额	50 万 USD	电　　话	54795556	传　　真	54795563
设立日期	2005-4-20	负 责 人	骆和杰		
主营业务	生产加工各类服装、服装面料及辅料、床上用品、休闲鞋、休闲包。				

企业名称	利耐特服装（上海）有限公司				
企业地址	上海市卢湾区思南路 35 号北楼 420 室（200020）				
投资总额	60 万 USD	电　　话	63277260	传　　真	63725997
设立日期	2005-4-19	负 责 人	周近赤		
主营业务	生产、加工服装、服饰、床上用品及其他针纺织品。				

企业名称	上海崇鑫纺织制品有限公司				
企业地址	上海崇明工业园区 B-3-6 地块（202150）				
投资总额	50 万 USD	电　　话	64659005	传　　真	64065860
设立日期	2005-4-19	负 责 人	陈吉和		
主营业务	生产纺织面料、各类服装及配套的饰品。				

企业名称	上海先众西服有限公司				
企业地址	上海市浦东新区新金桥路 230 号 T17－1B 第五层（201206）				
投资总额	5600 万日元	电　　话	58998321	传　　真	58992854
设立日期	2005-4-15	负 责 人	渡部隆夫		
主营业务	生产、加工西服及婚礼配套服饰，销售自产产品。				

企业名称	上海明都服饰有限公司				
企业地址	上海市松江区车墩镇香车路 206－338 号（328 幢）（201611）				
投资总额	210 万 USD	电　　话	57776318	传　　真	37837088
设立日期	2005-4-15	负 责 人	许建华		
主营业务	生产、加工服装、服饰及家用纺织品，销售公司自产产品。				

企业名称	上海线索时装有限公司				
企业地址	上海市虬江路 1379 号 1 号楼 508 室（200070）				
投资总额	20 万 USD	电　　话	61221087	传　　真	61222418
设立日期	2005-4-15	负 责 人	YIN WEI		
主营业务	服装生产及加工，销售自产产品（涉及行政许可的，凭许可证经营）。				

企业名称	浩澳皮革（上海）有限公司				
企业地址	上海市嘉定区马陆镇宝安公路 2600 弄 118 号（201801）				
投资总额	160 万 USD	电　　话	69157531	传　　真	69157546
设立日期	2005-4-13	负 责 人	JOHN FILIPOVIC		
主营业务	皮革后整饰新技术加工，销售本公司自产产品。				

企业名称	上海赛润羊绒制品有限公司				
企业地址	上海市松江区洞泾镇光星村 8 队（201619）				
投资总额	210 万 USD	电　　话	57690356	传　　真	51699100
设立日期	2005-4-13	负 责 人	SU HSIAO JIE		
主营业务	高档织物面料的织染和后整理加工，销售公司自产产品。				

企业名称	上海京清蓉服饰有限公司				
企业地址	上海市奉贤区南桥镇（201401）				
投资总额	100 万 USD	电　　话	67159976	传　　真	67159971
设立日期	2005-4-11	负 责 人	堀田贞将		
主营业务	生产各类服饰及辅料，销售公司自产产品。				

企业名称	景卓服饰商贸（上海）有限公司				
企业地址	上海市卢湾区陕西南路 35-37 号底层商铺（200020）				
投资总额	370 万 USD	电　　话	64264611	传　　真	64264911
设立日期	2005-4-8	负 责 人	沈秀娴		
主营业务	服装、服饰、鞋、包的零售；自营产品的进口。				

企业名称	上海利普路司纺织品有限公司				
企业地址	上海市奉贤区奉城镇头桥一支路 18 号（201411）				
投资总额	40 万 USD	电　　话	57558922	传　　真	57558933
设立日期	2005-4-4	负 责 人	浦光夫		
主营业务	生产、加工各类服装、纺织原辅料、面料及相关纺织品。				

企业名称	信奇服饰（上海）有限公司				
企业地址	上海市嘉定区马陆镇丰功路 371 号（201801）				
投资总额	120 万 USD	电　　话	69157199	传　　真	69156669
设立日期	2005-4-1	负 责 人	许义荣		
主营业务	生产服装、服饰，销售本公司自产产品。				

企业名称	上海盛和阳纺织有限公司				
企业地址	上海市松江区新浜镇南首（赵王村）（201605）				
投资总额	60 万 USD	电　　话	57891919	传　　真	57893609
设立日期	2005-3-29	负 责 人	刘万生		
主营业务	生产纺织化纤制品长毛绒布、纺织纱线、毛毯、各类毛绒玩具。				

企业名称	上海婷娜服饰有限公司				
企业地址	上海市闵行区吴中路 500 号（201103）				
投资总额	30 万 USD	电　　话	54893399	传　　真	54893399
设立日期	2005-3-25	负 责 人	史爱兰		
主营业务	生产、加工服装、服饰、鞋帽、服装配件、纺织品，销售自产产品。				

企业名称	上海首相服饰辅料有限公司				
企业地址	上海市闵行区虹井路 308 号（201103）				
投资总额	14 万 USD	电　　话	51089801	传　　真	51089802
设立日期	2005-3-24	负 责 人	冈崎敬悟		
主营业务	生产、加工服装及服饰配件，销售自产产品。				

企业名称	安缇纺织（上海）有限公司				
企业地址	上海市南汇区航头镇航南公路 999 号（201316）				
投资总额	50 万 USD	电　　话	52371525	传　　真	52371528
设立日期	2005-3-23	负 责 人	KAY BRENDAN		
主营业务	生产针织面料，销售公司自产产品。				

企业名称	上海美绮丹制衣有限公司				
企业地址	上海市青浦区华新镇方黄公路西侧（201708）				
投资总额	300 万港币	电　　话	69791591	传　　真	69791597
设立日期	2005-3-22	负 责 人	乐嘉成		
主营业务	生产、加工服装及服饰，销售公司自产产品。				

企业名称	上海创源箱包有限公司				
企业地址	上海市奉贤区四团镇华峰路 1 号（201412）				
投资总额	60 万 USD	电　　话	51087057	传　　真	51087052
设立日期	2005-3-22	负 责 人	李祖荣		
主营业务	生产各类箱包，销售公司自产产品（涉及行政许可的凭许可证经营）。				

企业名称	海墨服饰（上海）有限公司				
企业地址	上海市奉贤区南桥镇奉浦大道 1166 号（201400）				
投资总额	80 万 USD	电　　话	51363238	传　　真	51363258
设立日期	2005-3-22	负 责 人	金卫忠		
主营业务	生产服装、服饰及辅料、针纺织品、鞋帽，销售公司自产产品。				

企业名称	思韩体西恩（上海）服装有限公司				
企业地址	上海市莘庄工业区金都路 3266 号 1 幢厂房三楼（201108）				
投资总额	20 万 USD	电　　话	54422525	传　　真	54428705
设立日期	2005-3-17	负 责 人	张炳哲		
主营业务	制造、加工服装，销售本公司自产产品，提供相关售后服务。				

企业名称	上海旭泰鞋业有限公司				
企业地址	上海市松江区佘山镇吉业路 1 号（201602）				
投资总额	20 万 USD	电　　话	57796957	传　　真	57792449
设立日期	2005-3-15	负 责 人	陈国栋		
主营业务	生产 EVA 及橡胶类发泡板，EVA 鞋垫，小模发泡成型底，橡胶底。				

企业名称	上海思轩绣品纺织有限公司				
企业地址	上海市闵行区浦江镇三达路 85 号三号楼（201112）				
投资总额	20 万 USD	电　　话	54313877	传　　真	64116860
设立日期	2005-3-14	负 责 人	陈勋毅		
主营业务	刺绣、生产成衣、家饰成品，销售自产产品。				

制造业-纺织、服装及其他纤维制品和皮革、毛皮、羽绒及其制品业

企业名称	上海东有容服装有限公司				
企业地址	上海市闵行区华漕镇北青公路189号（201106）				
投资总额	14万USD	电　　话	52234276	传　　真	
设立日期	2005-3-4	负 责 人	翁霈潭		
主营业务	设计、开发、制作、生产服装；销售自产产品。				

企业名称	上海德瑞皮革技术有限公司				
企业地址	上海市外高桥保税区富特东一路396号1楼5层503部位（200131）				
投资总额	6.05万USD	电　　话	50818660	传　　真	50818690
设立日期	2005-3-4	负 责 人	SIMSON CHAN		
主营业务	保税区内以皮革化学品为主的仓储和分拨业务。				

企业名称	上海小秘密内衣有限公司				
企业地址	上海市平顺路722号203室（200435）				
投资总额	14万USD	电　　话	59884081	传　　真	59884086
设立日期	2005-2-23	负 责 人	CHERIFI MOHAMED,LARBI		
主营业务	生产、加工内衣、睡衣等服装服饰，销售自产产品。				

企业名称	上海珀新纺织工艺有限公司				
企业地址	上海市闵行区华漕镇吴宝路1565号（201106）				
投资总额	20万USD	电　　话	64883959	传　　真	
设立日期	2005-2-5	负 责 人	黄仕承		
主营业务	加工、生产复合面料，销售自产产品（涉及行政许可的凭许可证经营）。				

企业名称	事坦格纺织技术（上海）有限公司				
企业地址	上海市闵行区申富路879号4号厂房（201108）				
投资总额	127.5万USD	电　　话	54425720	传　　真	54425827
设立日期	2005-2-1	负 责 人	PHILIPPE ZWAHLEN		
主营业务	开发、设计和生产各种针织机器及其零部件。				

企业名称	泰克斯凯尔纺织品（上海）有限公司				
企业地址	上海市奉贤区青村镇奉柘公路3333号（201414）				
投资总额	50万USD	电　　话	57597906	传　　真	
设立日期	2005-1-28	负 责 人	CHARLES H.FLYNT		
主营业务	开发、生产各种纺织类产品，销售公司自产产品。				

企业名称	和乎梨（上海）纺织品有限公司				
企业地址	上海市外高桥保税区泰谷路88号第三层F部位（200131）				
投资总额	12万USD	电　　话	62091640	传　　真	62090530
设立日期	2005-1-27	负 责 人	永井博		
主营业务	保税区以纺织品、服装为主的仓储分拨业务。				

企业名称	上海维苏纺织制品有限公司				
企业地址	上海市杨浦区平凉路1398号6号楼2楼（200090）				
投资总额	22万USD	电　　话	65480119	传　　真	
设立日期	2005-1-24	负 责 人	陈强生		
主营业务	生产家用纺织制品、绣品，销售自产产品。				

企业名称	上海宝冠纺织有限公司				
企业地址	上海市闵行区银都路588号（201108）				
投资总额	20万USD	电　　话	54407568	传　　真	54407577
设立日期	2005-1-24	负 责 人	熊小玉		
主营业务	生产高档纺织品面料及服装，销售公司自产产品。				

企业名称	上海国浦纺织制品有限公司				
企业地址	上海市崇明工业园区（202150）				
投资总额	50万USD	电　　话	64868172	传　　真	64640791
设立日期	2005-1-24	负 责 人	赵国勋		
主营业务	生产纺织面料、服装及配套的饰品。				

企业名称	迪柯制衣（上海）有限公司				
企业地址	上海市漕溪路258弄26号（200233）				
投资总额	150万USD	电　　话	54481004	传　　真	64820448
设立日期	2005-1-21	负 责 人	崔钟良		
主营业务	生产服装、服饰、箱包及其相关产品，销售自产产品。				

企业名称	上海法莱诗服饰有限公司				
企业地址	上海市浦东新区宁阳路33号21栋4楼（200127）				
投资总额	14万USD	电　　话	58121497	传　　真	68193682
设立日期	2005-1-21	负 责 人	伍国善（REN CUOSHAN）		
主营业务	设计、生产、加工服饰、皮具制品，销售自产产品。				

企业名称	莫森柏布艺（上海）有限公司				
企业地址	上海市普善路300号第12幢第二层（200070）				
投资总额	14万USD	电　　话	63261029	传　　真	63261005
设立日期	2005-1-20	负 责 人	NICOLAS MOUSSEMPES		
主营业务	生产、加工窗帘、布艺制品、纺织类居室用品，销售自产产品。				

企业名称	碧雪德贝尔纺织品（上海）有限公司				
企业地址	上海市莘庄工业区金都路3266号2号厂房（201108）				
投资总额	20万USD	电　　话	54421498	传　　真	54421498
设立日期	2005-1-20	负 责 人	CHISTOPHE CAIS		
主营业务	制造服装及相关配件，销售自产产品并提供相关售前和售后服务。				

企业名称	圣东尼（上海）针织机器有限公司				
企业地址	上海市金山区金山嘴工业区卫清东路2000号（201508）				
投资总额	217万USD	电　　话	57240777	传　　真	57242495
设立日期	2005-1-18	负 责 人	GIANPIETRO BELOTTI		
主营业务	设计、开发、生产、组装新型纺织机械成套设备及相关零部件。				

企业名称	协隆制衣（上海）有限公司				
企业地址	上海市奉贤区南桥镇轿行村146号（201400）				
投资总额	60万USD	电　　话	54256948	传　　真	64270384
设立日期	2005-1-14	负 责 人	黄志豪		
主营业务	生产各类服装和辅料，销售公司自产产品并提供产品的售后服务。				

企业名称	上海晓宇服装有限公司				
企业地址	上海市青浦区华新镇华徐公路3029弄65号（201700）				
投资总额	50万USD	电　　话	59778288	传　　真	59778316
设立日期	2005-1-14	负 责 人	黄　河		
主营业务	生产、加工服装及服饰，销售公司自产产品。				

企业名称	波尼泰路皮革（上海）有限公司				
企业地址	上海市奉贤区青村镇金钱公路3326号（201411）				
投资总额	330万USD	电　　话	57475059	传　　真	57475069
设立日期	2005-1-12	负 责 人	MAGNABOSCO GASTONE		
主营业务	皮革后处理加工，销售公司自产产品（涉及行政许可的凭许可证经营）。				

企业名称	泰仁特服装（上海）有限公司				
企业地址	上海市外高桥保税区富特东一路396号第五层509部件（200131）				
投资总额	6.5万USD	电　　话	64162658	传　　真	64167570
设立日期	2005-1-12	负 责 人	PATRICK BENSIMON		
主营业务	保税区内以服装及其相关配件为主的仓储分拨业务。				

企业名称	上海川博鞋业有限公司				
企业地址	上海市闵行区浦江镇汇红村（201112）				
投资总额	14万USD	电　　话	54847899	传　　真	54845899
设立日期	2005-1-11	负 责 人	川崎博		
主营业务	加工、生产鞋用材料、鞋类产品，销售自产产品。				

企业名称	上海吉美艾服饰有限公司				
企业地址	上海市青浦区练塘工业园区蒸夏路333号（201700）				
投资总额	400万USD	电　　话	59815522	传　　真	59815033
设立日期	2005-1-11	负 责 人	NOEL MENASSA		
主营业务	生产各类服装、服饰、毛绒玩具、家用纺织品，销售公司自产产品。				

企业名称	上海泰歌娜纺织有限公司				
企业地址	上海市闵行区虹桥镇宜山路1618号综合楼2楼（201103）				
投资总额	15万USD	电　　话	64016736	传　　真	
设立日期	2005-1-10	负 责 人	ADRIANUS SMOLDERS		
主营业务	生产、加工各种布料，销售自产产品。				

企业名称	上海璐衣娜时装有限公司				
企业地址	上海市金山区兴塔镇兴桂路15号（201502）				
投资总额	150万USD	电　　话	57363077	传　　真	57360061
设立日期	2005-1-7	负 责 人	柳尺正		
主营业务	生产各类中高档服装，销售公司自产产品。				

企业名称	杉晋服装（上海）有限公司				
企业地址	上海市长宁区天山路30号3号楼306室（200336）				
投资总额	25万USD	电　　话	64053212	传　　真	54580132
设立日期	2005-1-4	负 责 人	KIM SUNG JIN		
主营业务	生产、加工服装及配套服饰，销售公司自产产品。				

企业名称	上海卡拉优尼服饰有限公司				
企业地址	上海市浦东新区三林路158号（200124）				
投资总额	20万USD	电　话	62093701	传　真	62097610
设立日期	2004-12-27	负责人	任　迪		
主营业务	生产服装、鞋帽和纺织工艺品，销售自产产品。				

企业名称	上海三冠制帽有限公司				
企业地址	上海市金山区亭林工业园区南区（201505）				
投资总额	30万USD	电　话	57232277	传　真	57232299
设立日期	2004-12-24	负责人	盐尻英一		
主营业务	生产帽子、服装等运动服饰系列产品，销售公司自产产品。				

企业名称	上海海欣集团服装有限公司				
企业地址	上海市松江工业区佘山分区泗陈公路北侧、陶干路东侧地块（201602）				
投资总额	1050万USD	电　话	57698863	传　真	
设立日期	2004-12-23	负责人	袁永林		
主营业务	生产各类织物面料的服装、室内装饰品及其他工艺制品。				

企业名称	上海蜜卡朵服饰有限公司				
企业地址	上海市闵行区莘朱路946号（201102）				
投资总额	100万USD	电　话	54375589	传　真	54375963
设立日期	2004-12-23	负责人	IRAWATY KUMIAWAN		
主营业务	加工、生产服装、服饰、鞋帽，销售自产产品。				

企业名称	上海倍爱时装有限公司				
企业地址	上海市松江工业区东部新区新飞路以西地块（201600）				
投资总额	210万USD	电　话	67601218	传　真	67601110
设立日期	2004-12-17	负责人	野中正二		
主营业务	设计、研发、加工、生产各类时装，设计，研发面、辅料。				

企业名称	尚富岛服饰（上海）有限公司				
企业地址	上海市秣陵路50号308－15室（200070）				
投资总额	14万USD	电　话	54202551	传　真	54202553
设立日期	2004-12-16	负责人	宫地考男		
主营业务	设计、加工、制作各类服装、服饰、鞋帽，销售自产产品。				

企业名称	上海新生健康服饰有限公司				
企业地址	上海市闵行区七宝镇联明路555号（201101）				
投资总额	25万USD	电　话	67632248	传　真	67632249
设立日期	2004-12-15	负责人	谷口祐信		
主营业务	生产保健针织品及苞覆纱，销售自产产品并提供相关的技术咨询服务。				

企业名称	美德雅线业（上海）有限公司				
企业地址	上海市黄浦区瞿溪路510号C1室（200011）				
投资总额	14万USD	电　话	69172120	传　真	69170708
设立日期	2004-12-11	负责人	KHWA PENG TEOK （执行董事）		
主营业务	加工绣花线、刺绣线、缝纫线及服装辅料，销售自产产品。				

企业名称	上海丸松服饰有限公司				
企业地址	上海市松江区九亭镇恒富路99号1幢（201615）				
投资总额	14万USD	电　话	57746514	传　真	57742235
设立日期	2004-12-11	负责人	外海开三		
主营业务	生产、加工服装服饰、服饰配件及其面辅料，皮革用品，宠物用品等。				

企业名称	泰进皮具（上海）有限公司				
企业地址	上海市松江区北杨路68号A幢（201600）				
投资总额	40万USD	电　话	67728593	传　真	67727656
设立日期	2004-12-11	负责人	朴世振		
主营业务	加工、生产皮具、皮革制品、工艺品，领带，销售公司自产产品。				

企业名称	上海申达二印染整有限公司				
企业地址	上海市杨浦区军工路100号（200090）				
投资总额	118万USD	电　话	65664175	传　真	65660845
设立日期	2004-12-8	负责人	王秋蓉		
主营业务	纺织面料高技术后整理加工、印染，纺织面料、服装、床上用品加工。				

企业名称	上海博茂时装有限公司				
企业地址	上海市金山区金山卫镇老卫清路1059号（201512）				
投资总额	240万人民币	电　话	51875731	传　真	57260255
设立日期	2004-12-1	负责人	肖　钟		
主营业务	生产、制造加工纺织服装（含内衣、泳装）及相关辅料，销售自产产品。				

企业名称	太古资源（上海）商贸有限公司				
企业地址	上海市西藏南路218号永银大厦1601单元（200011）				
投资总额	604万USD	电　话	61211000	传　真	32251081
设立日期	2004-11-30	负责人	谭丽文		
主营业务	服装，鞋帽及其保修用品，针纺织品、帽、旅行包及运动装，游泳服装。				

企业名称	上海荣康家纺有限公司				
企业地址	上海市青浦区白鹤镇朱浦村（201700）				
投资总额	50.8万人民币	电　话	69743398	传　真	69743058
设立日期	2004-11-23	负责人	许毓岩		
主营业务	生产、加工家用纺织品，销售公司自产产品。				

企业名称	上海协联申达线业有限公司				
企业地址	上海市浦东新区川沙路888号（201201）				
投资总额	2350万USD	电　话	58569886	传　真	63778215
设立日期	2004-11-23	负责人	黄建明		
主营业务	生产绣花线、钩编绞线、针织纱线、机织纱线、缝纫纱线、丝光线等。				

企业名称	芭贝（上海）毛线编结有限公司				
企业地址	上海市宛平南路223号（200032）				
投资总额	14万USD	电　话	34243505	传　真	54656592
设立日期	2004-11-23	负责人	早川言		
主营业务	设计、加工和生产手工毛线编结织物，销售自产产品。				

企业名称	玮珍服饰（上海）有限公司				
企业地址	上海市闵行区莘朱路816弄22号（201104）				
投资总额	600万USD	电　话	54381155	传　真	54510167
设立日期	2004-11-18	负责人	张晨农		
主营业务	生产服装、服饰及辅料，销售公司自产产品。				

企业名称	上海富国皮革研究开发有限公司				
企业地址	上海市南大路800弄10号16幢（200436）				
投资总额	200万USD	电　话	62503354	传　真	
设立日期	2004-11-11	负责人	RICHARD YAN		
主营业务	皮革及其制品的研究、开发，转让其研发成果，提供相关技术咨询。				

企业名称	雄洋（上海）织品服装有限公司				
企业地址	上海市闵行区东川路2958号（201111）				
投资总额	500万USD	电　话	64626134	传　真	64306268
设立日期	2004-11-5	负责人	曾俊雄		
主营业务	生产服装、服饰、袜子、皮包、帽子、手提袋、围巾、服装辅料等。				

企业名称	上海道尔奋针织有限公司				
企业地址	上海市青浦工业园区外青松公路5399号A12号厂房（201700）				
投资总额	1000万USD	电　话	52110305	传　真	51757505
设立日期	2004-11-5	负责人	杨　晨		
主营业务	生产、加工服装及服饰，销售公司自产产品。				

企业名称	上海根奈奇服饰有限公司				
企业地址	上海市闵行区吴中路1050号（201104）				
投资总额	20万USD	电　话	54166724	传　真	54166524
设立日期	2004-11-3	负责人	蔡渊汉		
主营业务	设计、生产服装、服饰、辅料，销售自产产品。				

企业名称	宸鼎纺织工业（上海）有限公司				
企业地址	上海市闵行区颛桥镇剑川路894号（200240）				
投资总额	60万USD	电　话	54738099	传　真	54738091
设立日期	2004-10-26	负责人	陈智雄		
主营业务	生产毛线、成衣、服饰、纺织辅料，销售自产产品。				

企业名称	稽山（上海）服饰有限公司				
企业地址	上海市松江区大港镇新港路1号（201614）				
投资总额	68万USD	电　话	57855347	传　真	57855341
设立日期	2004-10-22	负责人	曹顺德		
主营业务	生产、加工服装、服饰及相应的电脑绣花、编织品、床上用品、手帕等。				

企业名称	三彩（上海）纺织品有限公司				
企业地址	上海市金汇路85号（201105）				
投资总额	20万USD	电　话	64069861	传　真	64069860
设立日期	2004-10-19	负责人	何　鸣		
主营业务	生产加工各类服装、面料、辅料，销售自产产品。				

制造业-纺织、服装及其他纤维制品和皮革、毛皮、羽绒及其制品业

企业名称	史黛克服饰（上海）有限公司				
企业地址	上海市黄浦区制造局路 833 弄 23 号（200011）				
投资总额	30 万 USD	电　话	62197433	传　真	62196473
设立日期	2004-10-12	负 责 人	唐文秋		
主营业务	生产服装（限分支机构经营），销售自产产品等。				

企业名称	浩沙（中国）有限公司				
企业地址	上海青浦工业园区外青松公路 5399 号 23 号厂房（201700）				
投资总额	1200 万 USD	电　话	54245282	传　真	54070337
设立日期	2004-10-11	负 责 人	施洪流		
主营业务	高档织物面料的织、染，设计、生产、加工高档内衣、泳装、健身装等。				

企业名称	上海丸二服饰有限公司				
企业地址	上海市崇明县港沿镇港沿村建业 1011 号（202100）				
投资总额	10 万 USD	电　话	69411119	传　真	69411099
设立日期	2004-10-8	负 责 人	金川和夫		
主营业务	生产针织服饰，销售自产产品（涉及行政许可的凭许可证经营）。				

企业名称	菲娃（上海）服饰有限公司				
企业地址	上海市田林路 142 号 A3 幢 7F 室（200233）				
投资总额	14 万 USD	电　话	64954770	传　真	64954771
设立日期	2004-9-30	负 责 人	曾　琳		
主营业务	生产、加工服装、服饰及针织品，销售自产产品。				

企业名称	莱艺富服饰（上海）有限公司				
企业地址	上海市松江区九亭镇久富经济开发区恒富路 99 号 6 号厂房（201615）				
投资总额	250 万 USD	电　话	67627926	传　真	67627927
设立日期	2004-9-29	负 责 人	川出俊秀		
主营业务	生产、加工服装服饰（包括各类男女时装、童装）及面料、宠物用品等。				

企业名称	上海蝉之翼服装制作有限公司				
企业地址	上海市松江工业区茸北分区茸兴路以东，茸北路以南地块（201613）				
投资总额	1200 万 USD	电　话	67719080	传　真	67719081
设立日期	2004-9-29	负 责 人	黄春弟		
主营业务	各类时装设计、制作，销售公司自产产品。				

企业名称	上海代尔塔羊皮制品有限公司				
企业地址	上海闵行出口加工区（201100）				
投资总额	20 万 USD	电　话	57436656	传　真	57433337
设立日期	2004-9-28	负 责 人	JOHN DOMITRIOU		
主营业务	生产加工羊皮制品及相关五金类产品，销售公司自产产品。				

企业名称	上海莱事姬拉服饰有限公司				
企业地址	上海市普陀区真南路 828 号 401 室（200331）				
投资总额	25 万 USD	电　话	62766548	传　真	62763234
设立日期	2004-9-27	负 责 人	符雄志		
主营业务	生产加工（限分支机构经营）服装、服饰、纺织品、工艺品。				

企业名称	上海宝藤服饰整理有限公司				
企业地址	上海市宝山区沪联路 789 号（201907）				
投资总额	500 万人民币	电　话	56022645	传　真	56022720
设立日期	2004-9-24	负 责 人	山鸟 一友		
主营业务	服装、服饰的后整理、保管、验品及相关设计、技术的咨询。				

企业名称	上海申达川岛染整有限公司				
企业地址	上海市嘉定区安亭镇园国路、园大路口（201805）				
投资总额	364 万 USD	电　话	69573957	传　真	69573956
设立日期	2004-9-24	负 责 人	刘福根		
主营业务	生产工程用特种纺织品、高档织物面料用染色纱或纤维以及后整理加工。				

企业名称	上海弘天服饰针织有限公司				
企业地址	上海市嘉定区黄渡镇邓家角村 3 号 4-6 幢（201804）				
投资总额	50 万 USD	电　话	59591512	传　真	59591631
设立日期	2004-9-23	负 责 人	卞　揆		
主营业务	生产各类中、高档袜类产品、针织内衣、服饰及床上用品。				

企业名称	上海冈部服装有限公司				
企业地址	上海市南汇区祝桥镇祝东村九组（201300）				
投资总额	30 万 USD	电　话	58104816	传　真	58104815
设立日期	2004-9-22	负 责 人	冈部英一		
主营业务	生产、加工服装服饰，销售自产产品（涉及行政许可的凭许可证经营）。				

企业名称	上海怡腾鞋业有限公司				
企业地址	上海市南汇区祝桥镇盐仓盐朝公路 71 号（201324）				
投资总额	25 万 USD	电　话	58093596	传　真	58099901
设立日期	2004-9-22	负 责 人	梅圆通		
主营业务	生产皮革鞋、PU 革鞋，销售公司自产产品（涉及行政许可凭许可证经营）。				

企业名称	织艺服饰服料（上海）有限公司				
企业地址	上海市闵行区梅陇镇向阳路 305 弄 55 号（201108）				
投资总额	14 万 USD	电　话	54406470	传　真	
设立日期	2004-9-22	负 责 人	尤怀久		
主营业务	生产服装、服饰辅料，绣花，销售自产产品。				

企业名称	上海丰翎羽绒服饰有限公司				
企业地址	上海市浦东新区川杨路 580 号甲（200122）				
投资总额	14 万 USD	电　话	68907082	传　真	68907083
设立日期	2004-9-15	负 责 人	毛志桥		
主营业务	生产、加工羽绒制品、服装及辅料，销售自产产品。				

企业名称	利宝（上海）制衣有限公司				
企业地址	上海市闵行区伊犁南路 20 号 204 室（201103）				
投资总额	50 万 USD	电　话	67627664	传　真	67627661
设立日期	2004-9-9	负 责 人	郭海瑞		
主营业务	生产服装、鞋帽、床上用品及电脑绣花，销售自产产品。				

企业名称	上海群象富服装整理有限公司				
企业地址	上海市浦东新区川沙镇川六公路 1121 号（201200）				
投资总额	35 万 USD	电　话	58592411	传　真	58592422
设立日期	2004-9-9	负 责 人	出原正贵		
主营业务	生产、加工各类服装和服饰品，销售自产产品，提供各类服装。				

企业名称	上海旭美隆服饰有限公司				
企业地址	上海市嘉定区马陆镇彭赵村（201801）				
投资总额	66 万 USD	电　话	69156981	传　真	69156983
设立日期	2004-9-7	负 责 人	白金隆		
主营业务	生产、加工服饰、服装及相关辅料，销售自产产品。				

企业名称	赛蕾利（上海）服饰有限责任公司				
企业地址	上海市闵行区虹桥镇合川路 3071 号 A 幢 1－2 层（201103）				
投资总额	21 万 USD	电　话	52276391	传　真	52276393
设立日期	2004-9-3	负 责 人	刘　湖		
主营业务	生产各类服装及服饰，领带，销售自产产品。				

企业名称	绿鸿服饰（上海）有限公司				
企业地址	上海市闵行区北翟路 3889 号 25 座（201106）				
投资总额	36 万 USD	电　话	62205844	传　真	62200295
设立日期	2004-9-2	负 责 人	郑党恩		
主营业务	加工、生产服装、服饰及相关辅料，销售自产产品。				

企业名称	岱安服饰（上海）有限公司				
企业地址	上海市闵行区宜山路 1618 号 717 室（201103）				
投资总额	20 万 USD	电　话	51192355	传　真	64659798
设立日期	2004-9-2	负 责 人	徐奉锡		
主营业务	生产鞋帽、服饰用品、服装辅料，销售自产产品。				

企业名称	上海施华洛礼服有限公司				
企业地址	上海市嘉定区江桥镇华江路 909 号（201803）				
投资总额	15 万 USD	电　话	69111752	传　真	69111751
设立日期	2004-8-17	负 责 人	陈和明		
主营业务	生产各类服装服饰，销售本公司自产产品。				

企业名称	冠德纺织制衣（上海）有限公司				
企业地址	上海市凯旋路 2288 弄 1 号（200030）				
投资总额	20 万 USD	电　话	51098969	传　真	64403019
设立日期	2004-8-13	负 责 人	陈清辉		
主营业务	服装、服饰设计及相关的技术咨询服务（涉及许可经营的凭许可证经营）。				

企业名称	景雅纺织（上海）有限公司				
企业地址	上海市松江工业区石湖荡分区惠民经济城 A1、A2 幢（201604）				
投资总额	105 万 USD	电　话	57841835	传　真	57841837
设立日期	2004-8-13	负 责 人	景国平		
主营业务	设计、生产各类中高档窗帘、床上用品、辅料，销售公司自产产品。				

企业名称	**上海伦辉纺织有限公司**				
企业地址	上海市松江区佘山工业区顺业路 8 号（201602）				
投资总额	101 万 USD	电　话	57796767	传　真	57796458
设立日期	2004-8-13	负 责 人	蔡笃文		
主营业务	研发、设计、生产纺织面料、家居用品、服装，销售公司自产产品。				

企业名称	**上海中纺伊纺织技术检验服务有限公司**				
企业地址	上海市青浦区公园路 348 号 7 楼 A703 室（201700）				
投资总额	70 万 USD	电　话	51113634	传　真	51113654
设立日期	2004-8-10	负 责 人	三宅纯二		
主营业务	纺织面料、服饰质量技术的商业性检测，纺织品检测仪器相关技术咨询。				

企业名称	**上海拷斯莱纺织有限公司**				
企业地址	上海市松江区中山街道夏家浜村标准厂房（201613）				
投资总额	20 万 USD	电　话	64400148	传　真	64400276
设立日期	2004-8-9	负 责 人	大塚孝一		
主营业务	纺织品、纤维制品、服装及其面辅料的生产、设计，销售自产产品。				

企业名称	**上海日英鞋业有限公司**				
企业地址	上海市闵行区梅陇镇虹梅南路 3938 弄 199 号（201108）				
投资总额	20 万 USD	电　话	64344190	传　真	64341374
设立日期	2004-8-4	负 责 人	原边喜洋		
主营业务	生产各类男女皮鞋、辅料及半成品、皮革制品，销售自产产品。				

企业名称	**上海里纳泰斯时装有限公司**				
企业地址	上海市青浦区练塘镇小蒸芦周路 21 号（201716）				
投资总额	20 万 USD	电　话	59815103	传　真	59815101
设立日期	2004-8-3	负 责 人	徐正琪		
主营业务	生产、加工服装及服饰、床上用品，销售公司自产产品。				

企业名称	**莱帛泰柯服饰辅料（上海）有限公司**				
企业地址	上海市闵行区闵北路 88 弄（201107）				
投资总额	20 万 USD	电　话	52262773	传　真	
设立日期	2004-7-30	负 责 人	TORAG POURSHAMTOBI		
主营业务	设计、加工、生产各种服装辅料及服饰饰品，销售自产产品。				

企业名称	**晃立（上海）服装有限公司**				
企业地址	上海市浦东新区星火开发区白云路 5 号（200122）				
投资总额	51 万 USD	电　话	57501168	传　真	57503678
设立日期	2004-7-22	负 责 人	藤川由典		
主营业务	服装的水洗加工，销售自产产品（涉及许可经营的凭许可证经营）。				

企业名称	**上海米斯娜服饰有限公司**				
企业地址	上海市外高桥保税区富特中路 311 号第四层（200131）				
投资总额	51 万 USD	电　话	63058855	传　真	50462460
设立日期	2004-7-22	负 责 人	周伟健		
主营业务	保税区内生产加工服装、销售自产产品。				

企业名称	**客乐思普勒斯（上海）服饰整理有限公司**				
企业地址	上海市长宁区绥宁路 291 号 B3（200335）				
投资总额	3000 万日元	电　话	52197331	传　真	52197321
设立日期	2004-7-20	负 责 人	森文夫		
主营业务	从事新品服饰、新品棉纺织品的整理，包括产品包装、质量检验。				

企业名称	**上海弘百妇婴儿童用品有限公司**				
企业地址	上海市闵行区七宝镇中春路 7001 号（201101）				
投资总额	20 万 USD	电　话	67626016	传　真	33522139
设立日期	2004-7-19	负 责 人	蓝瑞阳		
主营业务	生产婴幼儿服装、服饰、鞋帽袜、包袋、玩具、童车及相关用品。				

企业名称	**玛司科蕊礼服（上海）有限公司**				
企业地址	上海市嘉定区黄渡镇联西路 80 号（201804）				
投资总额	50 万 USD	电　话	69590863	传　真	69590863
设立日期	2004-7-17	负 责 人	李宪华		
主营业务	生产各类服装服饰，销售本公司自产产品。				

企业名称	**上海郁金香地毯制造有限公司**				
企业地址	上海市浦东康桥工业区康桥东路 1300 弄 8 号（201315）				
投资总额	120 万 USD	电　话	68183726	传　真	
设立日期	2004-7-13	负 责 人	曹　枫		
主营业务	生产各类地毯、地垫、挂毯及其他相关产品，销售公司自产产品。				

企业名称	**尼克（上海）企业发展有限公司**				
企业地址	上海市闵行区虹许路 538 号（201103）				
投资总额	518 万 USD	电　话	64064248	传　真	64736603
设立日期	2004-7-10	负 责 人	袁蕙华		
主营业务	生产各类服装、服饰、鞋帽、箱包及相关配件，销售自产产品。				

企业名称	**上海良翊拉链有限公司**				
企业地址	上海市南汇区惠南镇沪南路 9628 号 4 幢 6 幢 101-204 室（201300）				
投资总额	500 万 USD	电　话	68016809	传　真	68001904
设立日期	2004-7-9	负 责 人	洪光炫		
主营业务	生产拉链及拉链专用铜扁丝，销售公司自产产品。				

企业名称	**巴乐德服装（上海）有限公司**				
企业地址	上海市青浦工业园区外青松公路 5399 号 A8 厂房（201700）				
投资总额	14 万 USD	电　话	69212458	传　真	69212459
设立日期	2004-7-9	负 责 人	文自皓		
主营业务	生产、加工服装及服饰品，销售公司自产产品。				

企业名称	**上海多拿服饰有限公司**				
企业地址	上海市浦东康桥工业区康桥东路 1 号-6（201315）				
投资总额	1000 万 USD	电　话	68189844	传　真	68189304
设立日期	2004-7-9	负 责 人	陈立人		
主营业务	生产、加工服饰、帽子、箱包和工艺礼品，销售公司自产产品。				

企业名称	**上海欧莱尔时装有限公司**				
企业地址	上海市金山嘴工业区中山工业园区（201508）				
投资总额	300 万 USD	电　话	54855959	传　真	54856565
设立日期	2004-7-8	负 责 人	李奇峰		
主营业务	生产各类服装、服饰及相关产品，销售公司自产产品。				

企业名称	**上海布璐梦服饰有限公司**				
企业地址	上海市闵行区吴中路 1050 号（201103）				
投资总额	14 万 USD	电　话	54882593	传　真	34153922
设立日期	2004-7-7	负 责 人	今田博		
主营业务	生产服装、服饰、鞋帽，电脑绣花，销售公司自产产品。				

企业名称	**上海亿源鞋业有限公司**				
企业地址	上海市嘉定区华亭镇工业园区纬零路南侧（201811）				
投资总额	210 万 USD	电　话	59543006	传　真	59542176
设立日期	2004-7-6	负 责 人	顾亿军		
主营业务	生产鞋类及其相关产品，销售本公司自产产品并提供售后服务。				

企业名称	**明信时装（上海）有限公司**				
企业地址	上海市青浦区重固镇毛家角村（201706）				
投资总额	14 万 USD	电　话	59784742	传　真	59784743
设立日期	2004-7-5	负 责 人	HONG KI SANG		
主营业务	生产、加工服装及服饰品，销售公司自产产品。				

企业名称	**蔻迪服饰（上海）有限公司**				
企业地址	上海市闵行区虹梅路 3203 号 602 室（201103）				
投资总额	31 万 USD	电　话	64617335	传　真	64617339
设立日期	2004-7-2	负 责 人	黄志辉		
主营业务	生产服饰、皮包、皮鞋及相关佩饰，销售自产产品，提供售后服务。				

企业名称	**斌群（上海）纺织品有限公司**				
企业地址	上海市闵行区华漕镇华翔路 2288 号（201107）				
投资总额	60 万 USD	电　话	52262096	传　真	52261739
设立日期	2004-7-2	负 责 人	段正智		
主营业务	加工、生产针织面料、服装、服饰及相关辅料，销售自产产品。				

企业名称	**采妍服饰（上海）有限公司**				
企业地址	上海市闵行区华漕镇吴翟路二号桥（201106）				
投资总额	20 万 USD	电　话	52276090	传　真	52276617
设立日期	2004-7-2	负 责 人	许文豪		
主营业务	加工、生产服装、服饰及针织品，销售自产产品。				

企业名称	**上海金井纺织服饰有限公司**				
企业地址	上海市普陀区真南路 1809 弄 69 号第 6 幢（200331）				
投资总额	14 万 USD	电　话	51098090	传　真	52843762
设立日期	2004-7-2	负 责 人	梁红霞		
主营业务	生产加工服装服饰，销售自产产品。				

制造业-纺织、服装及其他纤维制品和皮革、毛皮、羽绒及其制品业

企业名称	**都网织物（上海）有限公司**				
企业地址	上海市松江区新桥镇华明路申海小区B3号（201612）				
投资总额	2590万日元	电话	57687422	传真	57687423
设立日期	2004-6-29	负责人	生田宜秋		
主营业务	生产各类针织品、卫生洁具用针织品，销售公司自产产品。				

企业名称	**上海丝马特织物有限公司**				
企业地址	上海市嘉定区马陆镇石岗村（201801）				
投资总额	14万USD	电话	59157950	传真	59162626
设立日期	2004-6-29	负责人	江守哲郎		
主营业务	生产筛网和筛网制品，工业用基布，销售本公司自产产品。				

企业名称	**上海南亚针织有限公司**				
企业地址	上海市金山区吕巷镇工业园区（201517）				
投资总额	200万USD	电话	57377331	传真	57377332
设立日期	2004-6-28	负责人	王启翔		
主营业务	生产各类高档毛衫及针织服装，销售公司自产产品。				

企业名称	**天能工程用纺织品（上海）有限公司**				
企业地址	上海市南汇工业园区汇成路601号-655号（201300）				
投资总额	150万USD	电话	68015385	传真	68015387
设立日期	2004-6-28	负责人	JI SHENG YE ZHANG		
主营业务	生产各类工程用特种纺织品，销售公司自产产品，提供售后服务。				

企业名称	**上海幸和西仓服装有限公司**				
企业地址	上海市浦东新区北蔡镇杨桥村川北公路1158号（201204）				
投资总额	20万USD	电话	62360590	传真	62360275
设立日期	2004-6-25	负责人	桥根幸雄		
主营业务	生产服装，销售自产产品；面料及服装制品的检验、修补、加工。				

企业名称	**上海智盛服饰有限公司**				
企业地址	上海市奉贤区工业综合开发区远东北路1515号7号厂房（201400）				
投资总额	20万USD	电话	67103771	传真	67103770
设立日期	2004-6-22	负责人	陈守恂		
主营业务	生产、加工各式服装及其饰品、针织品，销售公司自产产品。				

企业名称	**尚之语服饰（上海）有限公司**				
企业地址	上海市浦东新区梅花路281号B221室（201204）				
投资总额	20万USD	电话	56489307	传真	56489305
设立日期	2004-6-22	负责人	郑维康		
主营业务	设计、生产、加工纺织品，服装辅料，销售公司自产产品。				

企业名称	**伊麦思服饰（上海）有限公司**				
企业地址	上海市普陀区怒江路561弄1号底楼（200333）				
投资总额	40万USD	电话	52815708	传真	52820808
设立日期	2004-6-21	负责人	刘明辉		
主营业务	生产加工服装服饰，销售自产产品。				

企业名称	**上海凯喜雅纺织品有限公司**				
企业地址	上海市金山区北部工业区新农园区（201500）				
投资总额	100万USD	电话	51367388	传真	57340660
设立日期	2004-6-18	负责人	卢卫国		
主营业务	生产各式服装，家用纺织品及辅料，销售公司自产产品。				

企业名称	**爱意精品鞋业（上海）有限公司**				
企业地址	上海市长宁区广顺路33号B幢1-F（200333）				
投资总额	300万USD	电话	52585688	传真	52585677
设立日期	2004-6-17	负责人	李芳		
主营业务	设计、加工、生产各类鞋子、服饰及相关的配套产品。				

企业名称	**雅美服装（上海）有限公司**				
企业地址	上海市闵行区浦江镇勤劳第二工业区第3厂房（201114）				
投资总额	20万USD	电话	64662113	传真	54332889
设立日期	2004-6-15	负责人	李卓鹏		
主营业务	服装及附属品的生产，销售自产产品，并提供相关的售后服务。				

企业名称	**上海宸极服饰有限公司**				
企业地址	上海市闵行区虹中路359号2号楼一楼（201103）				
投资总额	50万USD	电话	54223185	传真	54223186
设立日期	2004-6-8	负责人	秦朝阳		
主营业务	生产服装服饰产品，销售自产产品（涉及许可经营的凭许可证经营）。				

企业名称	**上海龙荣纺织洗染有限公司**				
企业地址	上海市金山区金山嘴工业区内16号地块（201501）				
投资总额	36万USD	电话	57244303	传真	57241313
设立日期	2004-6-8	负责人	潘龙		
主营业务	成衣洗染加工及制衣，销售公司自产产品。				

企业名称	**上海皓坡府服饰有限公司**				
企业地址	上海市金山区新农镇沈庄村6068号（201503）				
投资总额	20万USD	电话	57321518	传真	57321518
设立日期	2004-6-8	负责人	蒋明仙		
主营业务	生产日本和服、服饰服装，销售公司自产产品。				

企业名称	**上海启泉时装有限公司**				
企业地址	上海市奉贤区庄行镇南亭公路1143号（201415）				
投资总额	500万港币	电话	57468233	传真	57469233
设立日期	2004-6-3	负责人	陈树通		
主营业务	生产针织、梭织、丝织、真皮、仿皮服装，丝巾、领带、皮带。				

企业名称	**上海森政纺织制品有限公司**				
企业地址	上海市闵行区吴中路1050号（201100）				
投资总额	30万USD	电话	54889941	传真	54889940
设立日期	2004-5-28	负责人	金元基		
主营业务	设计、生产服装、服饰、辅料，销售自产产品。				

企业名称	**上海金美骆服饰有限公司**				
企业地址	上海市宝山区碧水路380号（201900）				
投资总额	21万USD	电话	56118983	传真	56118429
设立日期	2004-5-27	负责人	张海成		
主营业务	生产、加工服装、服饰品、围巾、手套、袜子、领带、鞋帽等相关产品。				

企业名称	**攀捷服装（上海）有限公司**				
企业地址	上海市嘉定区徐行镇朱村（201102）				
投资总额	20万USD	电话	54223877	传真	64802977
设立日期	2004-5-26	负责人	JORDAN ROSENBERG		
主营业务	生产服装，销售自产产品。				

企业名称	**上海文诗利服饰有限公司**				
企业地址	上海市浦东新区机场镇川南奉公路1403号6幢（201202）				
投资总额	130万USD	电话	65608802	传真	65664323
设立日期	2004-5-21	负责人	徐军		
主营业务	设计、生产各类服装及服饰，销售自产产品。				

企业名称	**曼迪泰丽服饰（上海）有限公司**				
企业地址	上海市金桥出口加工区金沪路278号T4-2第四层西侧单元（201206）				
投资总额	14万USD	电话	50317335	传真	50317339
设立日期	2004-5-19	负责人	SUNG MI KANG（姜成美）		
主营业务	设计、生产、加工服装、服饰及鞋帽、箱包，销售自产产品。				

企业名称	**上海伊灿服饰有限公司**				
企业地址	上海市嘉定区马陆镇马东开发区励学路（201801）				
投资总额	20万USD	电话	69156546	传真	69156548
设立日期	2004-5-18	负责人	吴庆全		
主营业务	生产各类针、梭织服装、服饰，销售本公司自产产品。				

企业名称	**上海善洋服饰有限公司**				
企业地址	上海市青浦区沪青平公路4501弄28号（201700）				
投资总额	25万USD	电话	59859816	传真	59859818
设立日期	2004-5-13	负责人	金善泽		
主营业务	生产、加工服装及服饰，销售公司自产产品。				

企业名称	**利金服饰（上海）有限公司**				
企业地址	上海市松江区石湖荡工业园区（松江870号地块）（201600）				
投资总额	500万港币	电话	57847738	传真	57847736
设立日期	2004-5-8	负责人	郑文彪		
主营业务	生产、加工服装、服饰，销售本公司自产产品。				

企业名称	**上海常辉服装有限公司**				
企业地址	上海市金山区金山卫镇第二工业区金瓯路58号（201512）				
投资总额	20万USD	电话	67246736	传真	67262974
设立日期	2004-4-27	负责人	宫武恭宏		
主营业务	生产各类针织服装及服装辅料，销售公司自产产品。				

企业名称	上海新地纺织品有限公司				
企业地址	上海市嘉定区外冈镇外冈工业三区（201800）				
投资总额	14 万 USD	电　话	68536521	传　真	68536517
设立日期	2004-4-23	负责人	南忠熙		
主营业务	生产服装及辅料，纺织品面料的加工，销售本公司自产产品。				

企业名称	上海托惠服饰有限公司				
企业地址	上海市闵行区光华路 638 号（2011003）				
投资总额	20 万 USD	电　话	64187008	传　真	64187011
设立日期	2004-4-20	负责人	丰村亚青		
主营业务	生产服装、鞋帽、皮革制品、床上用品及相关的辅助面料。				

企业名称	上海奈佳多纺织制衣有限公司				
企业地址	上海市青浦区朱家角沈太路 100 号（201714）				
投资总额	80 万 USD	电　话	59830148	传　真	59834680
设立日期	2004-4-14	负责人	仲田章		
主营业务	生产各类针纺织品、中高档服装，销售公司自产产品。				

企业名称	高树（上海）纺织服装有限公司				
企业地址	上海市闵行区七宝镇中春路 7166 号（201101）				
投资总额	55 万 USD	电　话	54869151	传　真	54869171
设立日期	2004-4-14	负责人	周传芳		
主营业务	生产各类服装、服饰，销售自产产品（涉及许可经营的凭许可证经营）。				

企业名称	上海吉思美家纺有限公司				
企业地址	上海市闵行区江川路 1800 号（200245）				
投资总额	120 万 USD	电　话	54737398	传　真	54735688
设立日期	2004-4-14	负责人	章军华		
主营业务	设计、生产服装、布艺品、针纺织品、床上用品，销售自产产品。				

企业名称	冠嘉（上海）服饰有限公司				
企业地址	上海市松江工业区茸北分区文翔路 58 号（201600）				
投资总额	20 万 USD	电　话	54359545	传　真	54356718
设立日期	2004-4-8	负责人	李慧美		
主营业务	设计、生产、加工服装、服饰及居家用品，销售公司自产产品。				

企业名称	宝飞服饰（上海）有限公司				
企业地址	上海市青浦区徐泾镇华徐路 88 号（201702）				
投资总额	14 万 USD	电　话	69760189	传　真	59763902
设立日期	2004-4-8	负责人	陈永祥		
主营业务	生产、加工服装、服饰、鞋帽，销售本公司自产产品。				

企业名称	上海亚杜徕斯服饰纺织品有限公司				
企业地址	上海市松江区车墩莘莘学子园回业路 6 号厂房（201611）				
投资总额	14 万 USD	电　话	57603376	传　真	57603109
设立日期	2004-4-7	负责人	寺川孝司		
主营业务	服装、服饰及配件、家用纺织品、日用品、箱包等的生产、加工。				

企业名称	达亚帆布（上海）有限公司				
企业地址	上海市闵行区金都路 4299 号（201108）				
投资总额	105 万 USD	电　话	64632409	传　真	64632409
设立日期	2004-4-7	负责人	林义坚		
主营业务	开发、生产、加工帆布、帆布制品及其配件，销售自产产品。				

企业名称	上海冠球手套防护用品有限公司				
企业地址	上海市金山区枫泾工业园区（201501）				
投资总额	60 万 USD	电　话	67356383	传　真	67356359
设立日期	2004-4-5	负责人	何强元		
主营业务	生产手套及其他防护用品，销售公司自产产品。				

企业名称	如倩娜制衣（上海）有限公司				
企业地址	上海市闵行区虹许路 518 号（201100）				
投资总额	20 万 USD	电　话	51539916	传　真	51539920
设立日期	2004-4-5	负责人	金点汉		
主营业务	生产各类服装、服饰及其附件、鞋帽、绣品及其辅料，销售自产产品。				

企业名称	上海加图织品有限公司				
企业地址	上海市闵行区七宝镇中春路 7001 号（201101）				
投资总额	20 万 USD	电　话	34240697	传　真	64685507
设立日期	2004-4-5	负责人	张家圣		
主营业务	生产绣花、服饰，销售自产产品（涉及许可经营的凭许可证经营）。				

企业名称	上海创誉服饰有限公司				
企业地址	上海市青浦区徐泾镇民主村（201702）				
投资总额	14 万 USD	电　话	59886449	传　真	59768503
设立日期	2004-4-2	负责人	陈建平		
主营业务	生产服装、服饰，销售公司自产产品（涉及许可经营的凭许可证经营）。				

企业名称	南晶服装（上海）有限公司				
企业地址	上海市浦东新区严桥路 410 号 F 栋 5 楼（200125）				
投资总额	50 万 USD	电　话	50902323	传　真	50901490
设立日期	2004-3-30	负责人	杨默涵		
主营业务	设计、生产服装及服饰，销售自产产品（涉及许可经营的凭许可证经营）。				

企业名称	南安针织时装（上海）有限公司				
企业地址	上海市南汇工业园区 22-2 号地块（201300）				
投资总额	4290 万港币	电　话	50902323	传　真	
设立日期	2004-3-30	负责人	徐伟福		
主营业务	生产各类针织内衣、毛衣及时装、服饰，销售公司自产产品。				

企业名称	南泉制衣（上海）有限公司				
企业地址	上海市南汇工业园区 22-1 号地块（201300）				
投资总额	4290 万港币	电　话	50902323	传　真	50901490
设立日期	2004-3-30	负责人	徐伟福		
主营业务	生产加工各类中高档时装及服饰，销售公司自产产品。				

企业名称	上海雅蕾莎服饰有限公司				
企业地址	上海市长宁区中山西路 1279 弄 3 号 3F（200051）				
投资总额	14 万 USD	电　话	62088425	传　真	62085586
设立日期	2004-3-29	负责人	蔡尧仁昭		
主营业务	加工、生产服装及配套服饰，销售自产产品并提供相关技术咨询服务。				

企业名称	上海佰松服饰有限公司				
企业地址	上海市松江区佘山工业区强业路南侧（201602）				
投资总额	470 万 USD	电　话	62406291	传　真	62261838
设立日期	2004-3-26	负责人	李衡安		
主营业务	生产、加工服装、服饰、辅料、面料，销售公司自产产品。				

企业名称	新名辰服饰（上海）有限公司				
企业地址	上海市松江工业园区内松闵路以北、书海路以东地块（201613）				
投资总额	210 万 USD	电　话	64398200	传　真	64397769
设立日期	2004-3-26	负责人	邵　翼		
主营业务	生产各类服装、服饰、袜子、围巾、包、休闲鞋，销售公司自产产品。				

企业名称	上海亿金纺织品有限公司				
企业地址	上海市金山区漕泾镇阮巷村 2162 号（201508）				
投资总额	120 万 USD	电　话	57281628	传　真	57243978
设立日期	2004-3-26	负责人	滕根叶		
主营业务	生产加工各类家用纺织品、服装服饰，销售公司自产产品。				

企业名称	欧纱蕾家饰（上海）有限公司				
企业地址	上海市闵行区虹梅路 3203 号 301 室（201103）				
投资总额	20 万 USD	电　话	64465336	传　真	64465330
设立日期	2004-3-25	负责人	王雪贞		
主营业务	生产家纺制品、家饰制品，销售自产产品。				

企业名称	上海由贵服饰有限公司				
企业地址	上海市南汇区大团镇龙树村（201311）				
投资总额	90 万 USD	电　话	68082266	传　真	68082288
设立日期	2004-3-24	负责人	金国平		
主营业务	生产服装、服饰，销售公司自产产品（涉及许可经营的凭许可证经营）。				

企业名称	上海领袖服饰发展有限公司				
企业地址	上海市金山区金枫公路 1080 号（201500）				
投资总额	217 万 USD	电　话	50810765	传　真	50811981
设立日期	2004-3-24	负责人	陈　健		
主营业务	生产各类服装、服饰产品，销售公司自产产品。				

企业名称	上海木川服饰有限公司				
企业地址	上海市南汇区惠南镇幸福村一组（201301）				
投资总额	14 万 USD	电　话	68271913	传　真	68271913
设立日期	2004-3-24	负责人	杨凤娟		
主营业务	生产服装、服饰及辅料，销售公司自产产品。				

企业名称	上海巴哈服饰有限公司				
企业地址	上海市浦东新区金桥出口加工区金沪路 1143 号 4F（201206）				
投资总额	20 万 USD	电话	51018948	传真	51018965
设立日期	2004-3-19	负责人	刘碧城		
主营业务	设计、生产服装、服饰，装饰用眼镜、鞋子、箱包及相关饰品。				

企业名称	上海神明服装有限公司				
企业地址	上海市青浦区赵巷镇和睦村（201703）				
投资总额	14 万 USD	电话	59756883	传真	59755966
设立日期	2004-3-18	负责人	影山光友		
主营业务	生产、加工服装及服饰、检品，销售公司自产产品。				

企业名称	品鑫纺织工业（上海）有限公司				
企业地址	上海市南汇区康桥工业区康桥东路 1313 号（201315）				
投资总额	300 万 USD	电话	50804722	传真	50804721
设立日期	2004-3-4	负责人	DICK CHANG		
主营业务	高档织物面料的织染及后整理加工，销售公司自产产品。				

企业名称	上海欧易虹服饰有限公司				
企业地址	上海市南汇工业园区 48 号地块（201300）				
投资总额	105 万 USD	电话	63174544	传真	63175713
设立日期	2004-3-4	负责人	邱冰淑		
主营业务	生产各类服饰及相关辅料，销售公司自产产品。				

企业名称	上海桂群服饰有限公司				
企业地址	上海市嘉定区菊园新区竹筱村兴竹路 689 号（201800）				
投资总额	14 万 USD	电话	59963800	传真	59962833
设立日期	2004-3-2	负责人	林秀美		
主营业务	生产时装、围巾和帽子，销售本公司自产产品。				

企业名称	上海东百时装有限公司				
企业地址	上海市青浦区商榻镇商榻北路 225 号（201719）				
投资总额	60 万 USD	电话	59281389	传真	59284888
设立日期	2004-3-1	负责人	许明金		
主营业务	生产加工各类服装、服饰、床上用品及相关原辅材料，销售自产产品。				

企业名称	上海三扇鲔田服装辅料有限公司				
企业地址	上海市松江区新桥镇新茸路松南小区 16 号标准厂房（201600）				
投资总额	37.8 万 USD	电话	57687030	传真	57687031
设立日期	2004-3-1	负责人	鲔田贤治		
主营业务	生产服装辅料及其他机、针织产品的附属品，销售公司自产产品。				

企业名称	安德鲁工业纺织品制造（上海）有限公司				
企业地址	上海青浦工业园区中国纺织科技产业城 C 幢（201700）				
投资总额	305 万 USD	电话	39711018	传真	69729070
设立日期	2004-3-1	负责人	DENNIS THOMAS TAYLOR		
主营业务	工程用特种纺织品生产，销售公司自产产品，并提供产品售后技术咨询。				

企业名称	上海普笛服饰有限公司				
企业地址	上海市闵行区虹中路 45 号（201103）				
投资总额	100 万 USD	电话	64065759	传真	64068102
设立日期	2004-2-27	负责人	郭淑云		
主营业务	加工、生产服装、服饰及相关配套产品，销售自产产品。				

企业名称	上海美装服饰有限公司				
企业地址	上海市南汇区新场工业区（201314）				
投资总额	5500 万人民币	电话	68266116	传真	68262008
设立日期	2004-2-24	负责人	陈博超		
主营业务	生产床上用品、服装、服饰及后整理加工，销售公司自产产品。				

企业名称	上海久华纱服饰有限公司				
企业地址	上海市浦东康桥工业区康桥东路 1365 弄 10 号（201315）				
投资总额	165 万 USD	电话	68187050	传真	68187060
设立日期	2004-2-24	负责人	久保博		
主营业务	生产各类服装、服饰，销售公司自产产品。				

企业名称	上海正隆纤维织造有限公司				
企业地址	上海市青浦区赵屯镇赵中路 587 号（201711）				
投资总额	60 万 USD	电话	59213030	传真	59213871
设立日期	2004-2-23	负责人	林忠御		
主营业务	生产、加工腈纶、锦纶制品及高档面料、里料的后整理加工。				

企业名称	上海东京时装销售有限公司				
企业地址	上海市外高桥保税区日京路 35 号 1133 室（200131）				
投资总额	20 万 USD	电话	62351324	传真	62351254
设立日期	2004-2-23	负责人	NORITAKA IZAKI		
主营业务	国际贸易、转口贸易、保税区企业间贸易及保税区内贸易代理。				

企业名称	怡佳咏（上海）时装有限公司				
企业地址	上海市松江区佘山工业区顺业路（201600）				
投资总额	250 万 USD	电话	64878036	传真	
设立日期	2004-2-18	负责人	姚英永		
主营业务	生产、加工服装、服饰、针纺织品，销售公司自产产品。				

企业名称	肖尔（上海）地毯制造有限公司				
企业地址	上海市闵行区银都路 375 号（201108）				
投资总额	520 万 USD	电话	54406975	传真	54406979
设立日期	2004-2-16	负责人	CHARLIE CAI		
主营业务	生产各种地毯及相关辅料，销售自产产品。				

企业名称	安旭冠实业（上海）有限公司				
企业地址	上海市青浦工业园区外青松公路 5500 号 104 室（201700）				
投资总额	510 万 USD	电话	62999476	传真	62999479
设立日期	2004-2-11	负责人	吴孟宗		
主营业务	生产、加工无纺布材料及制品、服装辅料、卫生材料、包装制品等。				

企业名称	上海三马时装有限公司				
企业地址	上海市南汇区周浦镇繁荣工业区建豪路 10 号（201318）				
投资总额	40 万 USD	电话	68189795	传真	68189763
设立日期	2004-2-11	负责人	三马敏司		
主营业务	生产服装及相关服饰品，销售公司自产产品。				

企业名称	高美制帽服饰（上海）有限公司				
企业地址	上海市南汇区新场镇新卫路 51 号（201314）				
投资总额	15 万 USD	电话	67627405	传真	67627407
设立日期	2004-2-10	负责人	EDWARD KAHNG		
主营业务	生产各类服装、服饰及帽子，销售公司自产产品。				

企业名称	上海元硕服饰有限公司				
企业地址	上海市奉贤区柘林镇虹光村（201400）				
投资总额	20 万 USD	电话	64811520	传真	34100435
设立日期	2004-2-5	负责人	黄文才		
主营业务	生产服装、服饰、腰带、包装及布类工艺品，销售公司自产产品。				

企业名称	上海祥基服饰有限公司				
企业地址	上海市闵行区华漕镇北翟路 3889 号 7 座（201106）				
投资总额	50 万 USD	电话	52232141	传真	52232623
设立日期	2004-2-4	负责人	滨崎直文		
主营业务	加工、生产服装、服饰及相关辅料，销售自产产品。				

企业名称	上海松苑服饰有限公司				
企业地址	上海市奉贤区柘林镇虹光村（201416）				
投资总额	40 万 USD	电话	57493648	传真	57493902
设立日期	2004-2-3	负责人	廖峰达		
主营业务	生产服装、服饰、包装、腰带及布类工艺品，销售公司自产产品。				

企业名称	林生纺织（上海）有限公司				
企业地址	上海市外高桥保税区富特西一路 155 号 B 楼 302 部位（200131）				
投资总额	30 万 USD	电话	64657986	传真	64657937
设立日期	2004-2-2	负责人	纪怡明		
主营业务	保税区内以纺织品为主的仓储、分拨业务；国际贸易、转口贸易等。				

企业名称	上海保宁服饰有限公司				
企业地址	上海市杨浦区双阳路 181 号新大楼一楼（200090）				
投资总额	14 万 USD	电话	65127851	传真	65127891
设立日期	2004-1-29	负责人	李承文（LEE SEUNG MUN）		
主营业务	生产、加工各类服装、服饰、鞋帽，销售自产产品。				

企业名称	上海尚得服装有限公司				
企业地址	上海市闵行区华漕镇北翟路 3889 号 17 座（201106）				
投资总额	51 万 USD	电话	62203126	传真	62200951
设立日期	2004-1-20	负责人	陈旖旎		
主营业务	加工、生产服装、服饰及相关辅料，销售自产产品。				

企业名称	**上海鼎冠帽业有限公司**				
企业地址	上海市闵行区浦江镇塘浦路1070号（201114）				
投资总额	51万USD	电话	54332796	传真	54322226
设立日期	2004-1-20	负责人	吴福全		
主营业务	生产各类帽子、服装、服饰及绣品，电脑绣花加工。				

企业名称	**上海斯弥沙服饰有限公司**				
企业地址	上海市长宁区定西路988号1503室（200050）				
投资总额	100万USD	电话	52395782	传真	52395785
设立日期	2004-1-20	负责人	小川智士		
主营业务	服装设计、制版、生产、加工服装及配套服饰，销售公司自产产品。				

企业名称	**上海时鸿服饰有限公司**				
企业地址	上海市松江区新桥镇申徐路85号（201612）				
投资总额	14万USD	电话	67649328	传真	67649315
设立日期	2004-1-19	负责人	查惠兴		
主营业务	生产各类服装和服饰用品，销售公司自产产品。				

企业名称	**上海永见和服有限公司**				
企业地址	上海市金山区朱泾镇工业园区（201500）				
投资总额	18万USD	电话	62211127	传真	62214091
设立日期	2004-1-18	负责人	郭凤娟		
主营业务	生产和服、针梭织服装及服饰用品，销售公司自产产品。				

企业名称	**达三纺织（上海）有限公司**				
企业地址	上海市浦东新区金桥出口加工区金沪路278号第60幢第四层(201206)				
投资总额	25万USD	电话	58345559	传真	58543885
设立日期	2004-1-17	负责人	宋之莹		
主营业务	设计、生产毛衫、针织衫及梭织衫，销售自产产品。				

企业名称	**上海法诗图纺织科技有限公司**				
企业地址	上海青浦工业园区外青松公路5500号104室（201700）				
投资总额	1200万USD	电话	62361940	传真	62361943
设立日期	2004-1-17	负责人	王育云		
主营业务	纺织面料织染及后整理加工新技术的研究、开发，高档织物面料的织染。				

企业名称	**上海羽嘉纺织品有限公司**				
企业地址	上海市金山区漕泾镇蒋庄村12组（201507）				
投资总额	100万USD	电话	62948856	传真	62948916
设立日期	2004-1-16	负责人	东重义		
主营业务	丝绸印花和各类织物面料的印花以及坯布织造、服装生产。				

企业名称	**上海炼美服饰有限公司**				
企业地址	上海市闵行区华漕镇华漕村华漕生产队（201106）				
投资总额	20万USD	电话	52235255	传真	52630125
设立日期	2004-1-15	负责人	黄崇桂		
主营业务	生产、加工手套、围巾、帽子及服饰工艺品，销售自产产品。				

企业名称	**上海蓓如娜服装整理有限公司**				
企业地址	上海市浦东新区川沙路2843号5幢厂房（200131）				
投资总额	35万USD	电话	58580552	传真	58580872
设立日期	2004-1-15	负责人	宇野知典		
主营业务	从事各类服装、服饰及日用品的生产、加工整理、检品。				

企业名称	**梦工房（上海）制衣有限公司**				
企业地址	上海市普陀区真南路2548号13幢二层（200331）				
投资总额	14万USD	电话	62508754	传真	62501295
设立日期	2004-1-15	负责人	陈 肖		
主营业务	生产加工服装、服饰，销售自产产品（凡涉及许可经营的凭许可证经营）。				

企业名称	**上海万淳纺织有限公司**				
企业地址	上海市嘉定区徐行镇石皮村嘉行大道1308号（201808）				
投资总额	301万USD	电话	59557638	传真	59553891
设立日期	2004-1-9	负责人	朱海平		
主营业务	纺织品的防缩、防褐色、防皱处理及提供相关工艺技术咨询服务。				

企业名称	**上海多田荣服饰有限公司**				
企业地址	上海市奉贤区金汇镇开发区内（201400）				
投资总额	105万USD	电话	57486201	传真	57485593
设立日期	2004-1-9	负责人	北村定男		
主营业务	加工、生产各类服装及服饰，销售自产产品。				

企业名称	**上海迪美伦服饰有限公司**				
企业地址	上海市金山区廊下镇漕廊公路7598号（201516）				
投资总额	60万USD	电话	57218888	传真	57219393
设立日期	2004-1-8	负责人	高庆峰		
主营业务	生产各类高档服装及服饰品，销售公司自产产品。				

企业名称	**上海优而秀服装有限公司**				
企业地址	上海市闵行区华漕镇建设村（201106）				
投资总额	30万USD	电话	52212166	传真	52213688
设立日期	2004-1-8	负责人	刘瀚阳		
主营业务	生产、加工服装、服饰及相关针织品，销售自产产品。				

企业名称	**上海锝谚服饰有限公司**				
企业地址	上海市松江区泖港镇彭家村叶新公路3348号（201607）				
投资总额	14万USD	电话	57740383	传真	57740382
设立日期	2004-1-7	负责人	胡秀萍		
主营业务	加工、生产手套、围巾、帽子、头带、袜子及服饰，销售公司自产产品。				

企业名称	**上海洋子服饰礼品有限公司**				
企业地址	上海市宝山区同济路339号（200940）				
投资总额	14万USD	电话	56846410	传真	56846411
设立日期	2004-1-5	负责人	伊藤俊二		
主营业务	生产、加工各种服装、服饰、纺织品、床上用品、礼品。				

企业名称	**晏美服饰（上海）有限公司**				
企业地址	上海市宝山区丰翔路1409号(200436)				
投资总额	6.2万USD	电话	66165008	传真	56136042
设立日期	2003-12-26	负责人	王 芳		
主营业务	生产和服、针梭织服装及服饰用品，销售公司自产产品。				

企业名称	**上海天尚婴童用品有限公司**				
企业地址	上海市奉贤区青村镇金钱公路3326号（201406）				
投资总额	59万USD	电话	51096685	传真	51332533
设立日期	2003-12-24	负责人	儿玉和宏		
主营业务	研制、开发、生产婴童服装、服饰、配件、床上用品、鞋帽、纸巾等。				

企业名称	**上海梦咏丝针织时装有限公司**				
企业地址	上海市闵行区华漕镇纪王村纪川路20号（201107）				
投资总额	20万USD	电话	62967388	传真	62967387
设立日期	2003-12-23	负责人	陈咏仪		
主营业务	加工、生产各类时装、服饰及相关辅料，销售自产产品。				

企业名称	**上海京艺三宝纺织工艺品有限公司**				
企业地址	上海市南汇工业园区48号地块内（201300）				
投资总额	500万USD	电话	58186267	传真	58186221
设立日期	2003-12-16	负责人	ANNIE LO		
主营业务	生产纺织产品、服装、各类手编、手绣、手绘机绣工艺产品等。				

企业名称	**上海外服服饰检整有限公司**				
企业地址	上海市宝山区兰岗路9号（200940）				
投资总额	37万USD	电话	66591462	传真	33791463
设立日期	2003-12-16	负责人	白德荣		
主营业务	从事服装、床上用品、纺织品、针织品的加工整理及其制品的检品。				

企业名称	**上海侨光花式纱有限公司**				
企业地址	上海市闵行区曹建路159号（201108）				
投资总额	30万USD	电话	64343810	传真	64343820
设立日期	2003-12-16	负责人	王啟翔		
主营业务	生产各类纱线及相关产品，服装、纺织品及相关工艺品。				

企业名称	**上海东球纺织制品有限公司**				
企业地址	上海市崇明县堡镇镇瀛洲村（202157）				
投资总额	28万USD	电话	52261194	传真	52261441
设立日期	2003-12-12	负责人	沈 敏		
主营业务	生产针纺织品、床上用品、裘皮制品、绒制品、服装及配套的饰品。				

企业名称	**上海奥古卡瓦服饰辅料有限公司**				
企业地址	上海市外高桥保税区富特北路288号2号楼5楼B座（200131）				
投资总额	20万USD	电话	58682650	传真	58681955
设立日期	2003-12-12	负责人	奥川健行		
主营业务	保税区内以服饰材料为主的生产、加工，销售自产产品。				

制造业-纺织、服装及其他纤维制品和皮革、毛皮、羽绒及其制品业

企业名称	麦亨丽家纺服饰制品（上海）有限公司				
企业地址	上海市南汇区航头镇大麦湾工业区 5842 号 5 幢 105 室（201316）				
投资总额	51 万 USD	电　话	58492629	传　真	58492629
设立日期	2003-12-11	负 责 人	马舟良		
主营业务	生产各类服装、服饰、床上用品以及浴帘、窗帘，销售公司自产产品。				

企业名称	上海贝索箱包制品有限公司				
企业地址	上海市闵行区金都路 4299 号 A 幢 2015 室 11 座（201108）				
投资总额	20 万 USD	电　话	54956945	传　真	64382535
设立日期	2003-12-11	负 责 人	黄维鉴		
主营业务	生产箱包及其零配件、服装服饰、饰品、鞋帽、销售自产产品。				

企业名称	上海比绘布时装有限公司				
企业地址	上海市闵行区虹井路 225 号 703－705 室（201103）				
投资总额	14 万 USD	电　话	54225008	传　真	34213312
设立日期	2003-12-11	负 责 人	增田道夫		
主营业务	设计、生产服装，销售自产产品（涉及许可经营的凭许可证经营）。				

企业名称	大眼睛刺绣服饰（上海）有限公司				
企业地址	上海市闵行区华漕镇吴翟路七号桥西首（201106）				
投资总额	40 万 USD	电　话	62969682	传　真	
设立日期	2003-12-4	负 责 人	宫田进三		
主营业务	加工、生产各类服装、服饰及相关辅料，销售公司自产产品。				

企业名称	上海日染服饰检整有限公司				
企业地址	上海市南汇区六灶镇鹿园工业区鹿兴路 199－9 号（201322）				
投资总额	20 万 USD	电　话	62805340	传　真	62806860
设立日期	2003-12-3	负 责 人	佐村信哉		
主营业务	服装、纺织品等后整理加工，销售公司自产产品。				

企业名称	上海西更玛纺织品有限公司				
企业地址	上海市奉贤区南桥镇江海经济园区（201400）				
投资总额	109 万 USD	电　话	50422768	传　真	
设立日期	2003-12-1	负 责 人	杨祖德		
主营业务	生产各类针织、梭织类纺织品、服装及面、辅料，销售公司自产产品。				

企业名称	茂泰纺织（上海）有限公司				
企业地址	上海市闵行区宜山路 1618 号 693 室（201101）				
投资总额	160 万 USD	电　话	54222189	传　真	54222187
设立日期	2003-11-27	负 责 人	许以柔		
主营业务	生产针织成衣、羊毛衫、手套及相关制品，销售自产产品。				

企业名称	上海成功湖时装工艺有限公司				
企业地址	上海市钦州北路 1199 号 88 幢第三层（200233）				
投资总额	50 万 USD	电　话	54262288	传　真	54262229
设立日期	2003-11-25	负 责 人	郑平华		
主营业务	设计、开发中高档时装系列、面料及其新工艺、新技术。				

企业名称	上海渡边服装辅料有限公司				
企业地址	上海市青浦区香花桥东路 401 号（201700）				
投资总额	88 万 USD	电　话	59702958	传　真	59702952
设立日期	2003-11-24	负 责 人	清森利昌		
主营业务	加工、生产服装辅料，销售公司自产产品，开发新产品。				

企业名称	爱知皮革（上海）有限公司				
企业地址	上海市嘉定区国际汽车城零部件配套工业园区园区路 588 号（201805）				
投资总额	101 万 USD	电　话	69573219	传　真	69573251
设立日期	2003-11-20	负 责 人	伊藤康之		
主营业务	生产皮革制品，塑胶制品，销售本公司自产产品并提供售后服务。				

企业名称	上海三立思服饰有限公司				
企业地址	上海市普陀区丹巴路 121 号（200062）				
投资总额	6.2 万 USD	电　话	52811633	传　真	52818619
设立日期	2003-11-20	负 责 人	金梦仙		
主营业务	生产加工服装、服饰，销售自产产品。				

企业名称	汇安服饰（上海）有限公司				
企业地址	上海市青浦区白鹤镇鹤祥路 38 弄 2 号（201709）				
投资总额	20 万 USD	电　话	59745064	传　真	59745045
设立日期	2003-11-18	负 责 人	胡伟安		
主营业务	生产、加工服装及服饰，销售自产产品（涉及许可经营的凭许可证经营）。				

企业名称	上海芙久伊服饰有限公司				
企业地址	上海市普陀区怒江北路 449 弄 8 号 7 号楼 4 层西侧（200333）				
投资总额	21 万 USD	电　话	52829900	传　真	52829985
设立日期	2003-11-14	负 责 人	木川保明		
主营业务	生产加工服装辅料及配件（标牌、吊牌等），销售公司自产产品。				

企业名称	稻生（上海）服装整理有限公司				
企业地址	上海市宝山区股高路 1 号新库四层（200439）				
投资总额	14 万 USD	电　话	65912895	传　真	65912884
设立日期	2003-11-14	负 责 人	大西康广		
主营业务	从事服装、服饰、缝缝制品、各类出口纺织品、日用品的后整理等。				

企业名称	明宜（上海）纺织品有限公司				
企业地址	上海市闵行区华翔路 2288 号（201105）				
投资总额	30 万 USD	电　话	52261699	传　真	52261736
设立日期	2003-11-11	负 责 人	许公任		
主营业务	加工、生产针织面料和成衣、毛衣及相关辅料，销售自产产品。				

企业名称	上海桑原服装修整有限公司				
企业地址	上海市闵行区虹许路 408 号 1 楼（201103）				
投资总额	20 万 USD	电　话	50581571	传　真	50581572
设立日期	2003-11-4	负 责 人	田村健一		
主营业务	各种纤维织物的修整加工（涉及许可经营的凭许可证经营）。				

企业名称	尹腾凉服饰（上海）有限公司				
企业地址	上海市嘉定区嘉唐公路 1088 号（201807）				
投资总额	14 万 USD	电　话	59541330	传　真	59541331
设立日期	2003-11-4	负 责 人	伊藤良和		
主营业务	加工生产服装、服饰，销售自产产品（涉及许可经营的凭许可证经营）。				

企业名称	倬琦服饰（上海）有限公司				
企业地址	上海市闵行区虹梅路 3203 号 203 室（201102）				
投资总额	110 万 USD	电　话	62511179	传　真	
设立日期	2003-11-4	负 责 人	詹国委		
主营业务	生产中、高档服装、服饰及皮件制品，销售公司自产产品。				

企业名称	上海思加爱针织时装有限公司				
企业地址	上海市金山区兴塔镇洳桥村 5001 号（201502）				
投资总额	28 万 USD	电　话	57366139	传　真	57366106
设立日期	2003-10-28	负 责 人	陆纪云		
主营业务	生产各类中高档针梭织服装及服饰产品，销售公司自产产品。				

企业名称	上海英泰丽捷斯服饰有限公司				
企业地址	上海市松江区新桥镇申港路南侧（201612）				
投资总额	60 万 USD	电　话	67649691	传　真	67648508
设立日期	2003-10-27	负 责 人	神户徹也		
主营业务	生产各类服装及服饰用品，销售自产产品。				

企业名称	上海普利滋纺织染整有限公司				
企业地址	上海市金山区漕泾镇蒋庄村 12 组（201507）				
投资总额	42 万 USD	电　话	67256832	传　真	
设立日期	2003-10-23	负 责 人	黄阿理		
主营业务	各类纤维染色、纱线染色及针织染色；销售公司自产产品。				

企业名称	宗福企业（上海）有限公司				
企业地址	上海市青浦区徐泾镇华徐路 105 号（201702）				
投资总额	800 万 USD	电　话	68876207	传　真	68876209
设立日期	2003-10-16	负 责 人	洪福亮		
主营业务	生产服装、包袋、塑料制品、配套模具，销售公司自产产品。				

企业名称	纽威服饰（上海）有限公司				
企业地址	上海市青浦区青浦镇胜利路 588 号（201700）				
投资总额	50 万 USD	电　话	69222700	传　真	69222550
设立日期	2003-10-16	负 责 人	TORSTEN JANSSON		
主营业务	生产加工各类中高档服装、服饰、服装辅料、服装配件。				

企业名称	上海易居家用纺织品有限公司				
企业地址	上海市竹行码头街 10 号 507 室（200010）				
投资总额	25 万 USD	电　话	52274746	传　真	52274749
设立日期	2003-10-16	负 责 人	杨亚明		
主营业务	生产、设计、加工家饰纺织用品及软装饰品，销售公司自产产品。				

企业名称	上海欧翔实业有限公司				
企业地址	上海市松江工业区富强路西侧、金玉路南侧（201600）				
投资总额	1200万USD	电话	67812288	传真	67812366
设立日期	2003-10-16	负责人	朱启龙		
主营业务	生产纺织面料、针织品、织造、服装、服饰及辅料、电脑绣花等。				

企业名称	英威达纺织品经营服务（上海）有限公司				
企业地址	上海市淮海中路300号香港新世界大厦17楼（200021）				
投资总额	100万USD	电话	63876666	传真	63353890
设立日期	2003-10-15	负责人	YEOH OON SIEW		
主营业务	销售杜邦企业和其他企业生产的杜邦定牌产品等。				

企业名称	上海顶庆服饰有限公司				
企业地址	上海市闵行区华漕镇吴翟路二号桥（201106）				
投资总额	20万USD	电话	52275085	传真	52275187
设立日期	2003-10-8	负责人	郭庆祥		
主营业务	设计、加工、生产服装、服饰、手套及相关辅料，销售自产产品。				

企业名称	上海松江巴比利服饰有限公司				
企业地址	上海市松江区新桥镇春申村春业路1号（201600）				
投资总额	100万USD	电话	63611882	传真	63611361
设立日期	2003-10-8	负责人	马里奥·巴比利		
主营业务	生产各类服装和服饰用品，销售公司自产产品。				

企业名称	崑洲实业（上海）有限公司				
企业地址	上海市嘉定区国际汽车城零部件配套工业园区园福路南侧（201814）				
投资总额	800万USD	电话	69573578	传真	69573587
设立日期	2003-9-24	负责人	杨绍欣		
主营业务	设计、生产服装，销售本公司自产产品（涉及许可经营的凭许可证经营）。				

企业名称	上海保乐手套有限公司				
企业地址	上海市杨浦区双阳路控江七村61号（200093）				
投资总额	15万USD	电话	53935368	传真	53935378
设立日期	2003-9-17	负责人	王贺		
主营业务	生产、加工安全防护类手套、服装、鞋帽，销售自产产品。				

企业名称	东久高级时装（上海）有限公司				
企业地址	上海市南汇工业园区48号地块（201300）				
投资总额	400万USD	电话	58551569	传真	58551188
设立日期	2003-9-16	负责人	杨珍雯（JANE JEN WEN YANG）		
主营业务	生产各类中高档时装及西服，销售公司自产产品。				

企业名称	上海元星皮件有限公司				
企业地址	上海市南汇区康桥工业区康桥东路1号A座501室（201315）				
投资总额	14万USD	电话	58108333	传真	58108877
设立日期	2003-9-11	负责人	周卫明		
主营业务	生产箱包、面料包、票夹，销售公司自产产品。				

企业名称	奥德麦瑞服饰（上海）有限公司				
企业地址	上海市静安区石门二路333弄3号25E室（200041）				
投资总额	40万USD	电话	62153219	传真	62153220
设立日期	2003-9-10	负责人	钱振伟		
主营业务	设计生产服装、服饰，销售自产产品（涉及许可经营的凭许可证经营）。				

企业名称	上海春天实业有限公司				
企业地址	上海市松江工业区富强路西侧、向阳河东侧（201600）				
投资总额	500万USD	电话	67812277	传真	67812366
设立日期	2003-9-5	负责人	胡如春（执行董事）		
主营业务	生产服装、服饰、服装辅料、织唛、电脑绣花、花边、纽扣、拉链等。				

企业名称	上海龙资服饰有限公司				
企业地址	上海市奉贤区金汇镇（201404）				
投资总额	60万USD	电话	62724026	传真	62722333
设立日期	2003-9-4	负责人	殷培忠		
主营业务	生产各式服装及面、辅料，销售公司自产产品。				

企业名称	盛欣箱包（上海）有限公司				
企业地址	上海市奉贤区奉城镇（201411）				
投资总额	20万USD	电话	57511688	传真	57521257
设立日期	2003-9-4	负责人	忻效秦		
主营业务	设计生产箱包，销售自产产品。				

企业名称	上海丹萍服饰发展有限公司				
企业地址	上海市嘉定区外冈镇工业园区B1（201806）				
投资总额	210万USD	电话	63805764	传真	63805764
设立日期	2003-9-2	负责人	李爱玉		
主营业务	生产服饰、服装，鞋类，箱包，销售本公司自产产品。				

企业名称	上海亚士泰时装有限公司				
企业地址	上海市松江区九亭镇沪松路1620弄23号（201615）				
投资总额	120万USD	电话	68411008	传真	50663589
设立日期	2003-9-1	负责人	山田信正		
主营业务	生产、加工各类服装、纺织品，销售公司自产产品。				

企业名称	上海世爵服饰有限公司				
企业地址	上海市杨浦区佳木斯路72号41幢208室（200437）				
投资总额	1200万RMB	电话	65608802	传真	65602015
设立日期	2003-8-29	负责人	徐军		
主营业务	生产加工各类服装及服装辅料，销售自产产品，提供相关技术服务。				

企业名称	上海葛力丝服饰有限公司				
企业地址	上海市钦江路99号1号楼5层（200233）				
投资总额	50万USD	电话	54275858	传真	64959161
设立日期	2003-8-28	负责人	林全安		
主营业务	生产服装、服饰，销售自产产品（涉及许可经营的凭许可证经营）。				

企业名称	上海玛乐益德纤维制品有限公司				
企业地址	上海市金山区廊下镇新建丰村一组（201516）				
投资总额	30万USD	电话	57393039	传真	57393036
设立日期	2003-8-28	负责人	石黑彻		
主营业务	生产各类汽车内饰纤维制品及服装饰品，销售公司自产产品。				

企业名称	上海封幸服装有限公司				
企业地址	上海市嘉定区江桥镇金宝工业园区（201812）				
投资总额	42.63万USD	电话	69130514	传真	69130520
设立日期	2003-8-27	负责人	本田长武		
主营业务	生产服装、服饰，销售本公司自产产品（涉及许可经营的凭许可证经营）。				

企业名称	上海银杏礼品有限公司				
企业地址	上海市浦东新区东川路516号1栋1层东部（200122）				
投资总额	20万USD	电话	58367300	传真	58367695
设立日期	2003-8-22	负责人	梁锡芬		
主营业务	设计、生产各类礼品类手表、首饰、器皿和纺织皮革制品等。				

企业名称	上海逸纱布艺装饰有限公司				
企业地址	上海市南苏州路333号106室C座（200002）				
投资总额	20万USD	电话	53082598	传真	53080654
设立日期	2003-8-21	负责人	吴蕴庄		
主营业务	设计、加工、生产各类窗帘、装饰布、床单、台布、浴室装饰用品。				

企业名称	客慕服装（上海）有限公司				
企业地址	上海市长宁区延安西路2299号05A31、05A33室（200336）				
投资总额	16万USD	电话	62361272	传真	62362358
设立日期	2003-8-21	负责人	林中满伸		
主营业务	生产、加工各类中高档服装、服饰、鞋帽及其他纺织品。				

企业名称	上海未来纺织有限公司				
企业地址	上海市松江区新浜工业区（201605）				
投资总额	250万USD	电话	67891250	传真	67891255
设立日期	2003-8-20	负责人	PARK DONG KI		
主营业务	高档织物面料的织染及后整理加工，销售公司自产产品。				

企业名称	上海飞联纺织有限公司				
企业地址	上海市嘉定嘉定镇博乐路70号（201800）				
投资总额	1200万USD	电话	69985081	传真	
设立日期	2003-8-18	负责人	顾煜		
主营业务	生产各类纱线用纺织面料，销售公司自产产品。				

企业名称	上海大隆比西实业有限公司				
企业地址	上海市松江区洞泾镇渔洋浜村（松江区洞泾工业区二区）（201619）				
投资总额	650万USD	电话	57672731	传真	
设立日期	2003-8-14	负责人	杨建国		
主营业务	生产制鞋机械、服装机械、电子电器配件，销售公司自产产品。				

制造业-纺织、服装及其他纤维制品和皮革、毛皮、羽绒及其制品业

企业名称	上海申捷鞋业有限公司				
企业地址	上海市金山区漕泾镇张漕公路 336 号（201507）				
投资总额	50 万 USD	电　　话	67256688	传　　真	
设立日期	2003-8-14	负 责 人	樊敏华		
主营业务	生产各类鞋类、皮具等皮革制品，销售公司自产产品。				

企业名称	上海好眠工房家居用品有限公司				
企业地址	上海市闵行区吴中路 1059 号 9 号楼（201103）				
投资总额	30 万 USD	电　　话	64694879	传　　真	64468650
设立日期	2003-8-14	负 责 人	洪美琪		
主营业务	生产床上用品、服装及皮鞋、皮具，销售自产产品。				

企业名称	上海胜赛纺织有限公司				
企业地址	上海市闵行区山花路 518 号（201100）				
投资总额	20 万 USD	电　　话	64121712	传　　真	64123466
设立日期	2003-8-14	负 责 人	林清吉		
主营业务	生产服装、服饰及帽子，销售自产产品（涉及许可经营的凭许可证经营）。				

企业名称	上海大金宏服装有限公司				
企业地址	上海市金山第二工业区（201512）				
投资总额	150 万 USD	电　　话	67262692	传　　真	57260031
设立日期	2003-8-14	负 责 人	董　川		
主营业务	生产各类高级时装及高档羽绒制品，销售公司自产产品。				

企业名称	宇旭时装（上海）有限公司				
企业地址	上海市闵行区吴泾镇星火村（201100）				
投资总额	200 万 USD	电　　话	54481004	传　　真	54970997
设立日期	2003-8-6	负 责 人	金一圭		
主营业务	生产服装、服饰、箱包、床上用品、布艺饰品、窗帘、台布、沙发套。				

企业名称	上海同瑞服饰有限公司				
企业地址	上海市金山区枫泾镇环枫东路 151 号（201501）				
投资总额	120 万 USD	电　　话	52704470	传　　真	52704933
设立日期	2003-8-6	负 责 人	陈鸿成		
主营业务	设计、生产针织、梭织、皮革服装及其服饰配件，销售公司自产产品。				

企业名称	上海升豪针织时装有限公司				
企业地址	上海市金山区新农镇东工业区（201503）				
投资总额	20 万 USD	电　　话	57340598	传　　真	57340598
设立日期	2003-7-31	负 责 人	郭奎兴		
主营业务	针织毛衫的织造，销售公司自产产品（涉及许可经营的凭许可证经营）。				

企业名称	上海秀泰绣品有限公司				
企业地址	上海市奉贤区奉城洪庙工业园区洪朱路 86 号（201411）				
投资总额	20 万 USD	电　　话	57131530	传　　真	57134505
设立日期	2003-7-31	负 责 人	李椿辉		
主营业务	从事电脑针刺绣花，销售公司自产产品。				

企业名称	霓达传动带（上海）有限公司				
企业地址	上海市宜山路 889 号上海齐来工业城内第 3 幢第 3 层 E 单元（200233）				
投资总额	30 万 USD	电　　话	64953471	传　　真	64953437
设立日期	2003-7-29	负 责 人	长穗智康		
主营业务	设计开发、生产、加工传送带、传动带及其他工业皮带、传送装置。				

企业名称	上海宏昌纺织科技有限公司				
企业地址	上海市嘉定工业区马陆园区双单路（201801）				
投资总额	260 万 USD	电　　话	59164788	传　　真	59160176
设立日期	2003-7-29	负 责 人	STEPHEN J.JUDGE		
主营业务	生产工业用特种纺织品，销售自产产品（涉及许可经营的凭许可证经营）。				

企业名称	上海亚涛服饰有限公司				
企业地址	上海市闵行区莘庄镇友东路 479 号（201100）				
投资总额	30 万 USD	电　　话	54950011	传　　真	64952032
设立日期	2003-7-24	负 责 人	毛　震		
主营业务	生产各类帽子、服装、服饰，销售自产产品。				

企业名称	兆嘉工程用布（上海）有限公司				
企业地址	上海市松江工业区车墩分区香亭路（201611）				
投资总额	300 万 USD	电　　话	57775652	传　　真	57774081
设立日期	2003-7-17	负 责 人	陈伟嘉		
主营业务	工程用特种纺织品生产，销售自产产品（涉及许可经营的凭许可证经营）。				

企业名称	伊芬迪运动服饰（上海）有限公司				
企业地址	上海市青浦区重固镇崧华路盛泾港桥堍（201706）				
投资总额	50 万 USD	电　　话	65225132	传　　真	65222522
设立日期	2003-7-15	负 责 人	EDDIE YI LIU		
主营业务	生产服装及服饰品，销售公司自产产品（涉及许可经营的凭许可证经营）。				

企业名称	上海尚澳服饰有限公司				
企业地址	上海市青浦工业园区袁家村 38 号（201700）				
投资总额	20 万 USD	电　　话	66955538	传　　真	66773414
设立日期	2003-7-15	负 责 人	MARKOU GREGORY		
主营业务	生产加工服装、缝纫制品，销售公司自产产品。				

企业名称	上海欧罗华实业有限公司				
企业地址	上海市松江工业区车墩分区（松江 1550 号地块）（201611）				
投资总额	500 万 USD	电　　话	50331702	传　　真	58775503
设立日期	2003-7-10	负 责 人	汤永丰		
主营业务	生产防弹衣、安全防护制品、服装、纺织原料，销售公司自产产品。				

企业名称	上海高户枕业有限公司				
企业地址	上海市南汇区新港镇南果公路 746 号（201209）				
投资总额	15 万 USD	电　　话	58190699	传　　真	58190656
设立日期	2003-7-9	负 责 人	高户菊夫		
主营业务	生产枕头、靠垫、睡袋、床垫等床上用品，销售公司自产产品。				

企业名称	上海贝喜针织品有限公司				
企业地址	上海市金山区兴塔镇双庙村五组（201500）				
投资总额	20 万 USD	电　　话	51192312	传　　真	51192357
设立日期	2003-7-8	负 责 人	鲜于东哲		
主营业务	生产加工服装、缝纫制品，销售公司自产产品。				

企业名称	上海遐和时装有限公司				
企业地址	上海市嘉定区华亭镇北新村（201816）				
投资总额	70 万 USD	电　　话	59954186	传　　真	59954166
设立日期	2003-7-2	负 责 人	强云飞		
主营业务	生产、加工各式服装、服饰，销售本公司自产产品。				

企业名称	中谷服饰（上海）有限公司				
企业地址	上海市嘉定区南翔镇西工业开发区（201802）				
投资总额	50 万 USD	电　　话	69171117	传　　真	69171115
设立日期	2003-7-2	负 责 人	龚　斌		
主营业务	生产各类服装服饰，销售自产产品（涉及许可经营的凭许可证经营）。				

企业名称	上海三宝纺织工艺品有限公司				
企业地址	上海市闵行区放鹤路 2751 号（201109）				
投资总额	50 万 USD	电　　话	64901901	传　　真	64901052
设立日期	2003-7-2	负 责 人	DERRICK LO		
主营业务	生产家用纺织产品、室内缝纫产品、手工工艺品、绒绣产品等。				

企业名称	盛威纺织（上海）有限公司				
企业地址	上海市崇明县城桥镇西门路 699 号（202150）				
投资总额	50 万 USD	电　　话	69629101	传　　真	69629105
设立日期	2003-6-26	负 责 人	林志杰		
主营业务	生产服装、服饰、服装面料和辅料、床上用品、箱包，销售自产产品。				

企业名称	上海谷田服装有限公司				
企业地址	上海市虹口区四平路 421 弄 20 号 519 室（200081）				
投资总额	40 万 USD	电　　话	56961199	传　　真	56665707
设立日期	2003-6-24	负 责 人	水谷裕行		
主营业务	生产各类服装，销售公司自产产品（涉及许可经营的凭许可证经营）。				

企业名称	上海富施他纺织品有限公司				
企业地址	上海市浦东新区北蔡镇莲振路 258 号（201204）				
投资总额	10 万 USD	电　　话	50422768	传　　真	68927033
设立日期	2003-6-24	负 责 人	杨祖德		
主营业务	生产床上用品，服装服饰，纺织类的装饰品和旅游纪念品。				

企业名称	上海敷岛福纺织品有限公司				
企业地址	上海市金山区干巷镇干林路 2188 号（201518）				
投资总额	126 万 USD	电　　话	05723152118	传　　真	
设立日期	2003-6-19	负 责 人	竹内俊明		
主营业务	生产各类家用纺织品及制品，销售公司自产产品。				

企业名称	酷皮儿服装服饰（上海）有限公司				
企业地址	上海市闵行区华漕镇纪翟路（201107）				
投资总额	301 万 USD	电　　话	62969818	传　　真	62969768
设立日期	2003-6-18	负 责 人	邱　淡		
主营业务	加工、生产纺织制品、服装、服饰及相关辅料，销售自产产品。				

企业名称	上海则靓制衣有限公司				
企业地址	上海市闵行区华漕镇吴翟路 785 号（201106）				
投资总额	108 万 USD	电　　话	64194041	传　　真	34151266
设立日期	2003-6-18	负 责 人	洪孺羽		
主营业务	加工、生产针棉制品、服装、饰品，销售自产产品。				

企业名称	上海海迪鞋业有限公司				
企业地址	上海市南汇区六灶镇鹿园工业区鹿兴路 93 号 6 幢（201322）				
投资总额	25 万 USD	电　　话	58165500	传　　真	58162237
设立日期	2003-6-17	负 责 人	八嶋彰彦		
主营业务	设计、生产鞋类制品，销售公司自产产品。				

企业名称	上海依拓纺织有限公司				
企业地址	上海市金山区亭林镇工业园区南区（201505）				
投资总额	140 万 USD	电　　话	67230000	传　　真	57237878
设立日期	2003-6-13	负 责 人	何爱勤		
主营业务	生产针纺织坯布、各类服装，销售公司自产产品。				

企业名称	瓯堡纺织工业（上海）有限公司				
企业地址	上海市南汇区康桥工业区康桥东路 1313 号（201315）				
投资总额	300 万 USD	电　　话	50804728	传　　真	50804721
设立日期	2003-6-11	负 责 人	NANCY TUAN		
主营业务	各类布料的织造及成品的加工生产，销售公司自产产品。				

企业名称	耀邦（上海）制衣有限公司				
企业地址	上海市卢湾区瑞金南路 345 弄 1 号 20 层 A1 座（200023）				
投资总额	30 万 USD	电　　话	53010909	传　　真	
设立日期	2003-6-10	负 责 人	姚　隽		
主营业务	生产成衣服装、服装辅料及服饰，销售自产产品。				

企业名称	上海嘉晨精密纺织机械制造有限公司				
企业地址	上海市闵行区江川路 1425 弄 63 号（200245）				
投资总额	280 万 USD	电　　话	54425998	传　　真	54425568
设立日期	2003-6-5	负 责 人	潘耀泉		
主营业务	生产新型纺织机械成套设备，销售自产产品。				

企业名称	上海太田织服装辅料有限公司				
企业地址	上海市闵行区颛桥镇灯辉路北（201108）				
投资总额	20 万 USD	电　　话	64908788	传　　真	64908768
设立日期	2003-6-5	负 责 人	太田智之		
主营业务	生产服装商标、吊牌、洗涤标、包装袋、其他服装附属品及服装成衣。				

企业名称	祺阳瑛格（上海）服饰有限公司				
企业地址	上海市外高桥富特北路 358 号管理楼第六层 607／B 部位（200131）				
投资总额	20 万 USD	电　　话	52340527	传　　真	52340524
设立日期	2003-6-4	负 责 人	韩永前		
主营业务	保税区内生产服装、服饰、皮革制品，国际贸易、转口贸易。				

企业名称	科倍企业发展（上海）有限公司				
企业地址	上海市青浦区徐泾镇华徐公路 105 号（201702）				
投资总额	500 万 USD	电　　话	62375099	传　　真	62375129
设立日期	2003-6-3	负 责 人	毛锦泉		
主营业务	生产加工服装、服饰制品及其原辅材料，销售公司自产产品。				

企业名称	上海岸皆路服饰有限公司				
企业地址	上海市青浦区徐泾镇蟠龙村（201702）				
投资总额	40 万 USD	电　　话	59884217	传　　真	59884218
设立日期	2003-6-3	负 责 人	王耀敏		
主营业务	生产各类服装及服饰，销售自产产品（涉及许可经营的凭许可证经营）。				

企业名称	领东时装（上海）有限公司				
企业地址	上海市外高桥保税区台中南路 2 号新贸楼 255 室（200131）				
投资总额	30 万 USD	电　　话	53067093	传　　真	53065127
设立日期	2003-5-30	负 责 人	李国源		
主营业务	国际贸易、转口贸易、保税区企业间的贸易及贸易代理等。				

企业名称	马可玛瑞服饰（上海）有限公司				
企业地址	上海市松江区九亭镇洋河浜路 1 号 E 幢（201600）				
投资总额	150 万 USD	电　　话	67697651	传　　真	67697650
设立日期	2003-5-29	负 责 人	杨懿嘉		
主营业务	设计、加工、生产服装、服饰、鞋帽及配套辅料，销售公司自产产品。				

企业名称	中邦（上海）电脑机绣制衣有限公司				
企业地址	上海市奉贤区平安镇平北村（201413）				
投资总额	700 万 USD	电　　话	57544833	传　　真	
设立日期	2003-5-28	负 责 人	林哲荣		
主营业务	生产、加工服装、服饰等纺织成品及其配件、辅料，销售自产产品。				

企业名称	上海日盛纺织品有限公司				
企业地址	上海市闵行区华漕镇华翔路 2101 弄 2 号（201107）				
投资总额	50 万 USD	电　　话	52261410	传　　真	52260726
设立日期	2003-5-28	负 责 人	李衍中		
主营业务	生产、加工各类针织面料、成衣及相关的辅料，销售自产产品。				

企业名称	上海锦康纺织品有限公司				
企业地址	上海市闵行区华漕镇北翟路 3710 号（201106）				
投资总额	100 万 USD	电　　话	62206437	传　　真	62206437
设立日期	2003-5-28	负 责 人	甘建福		
主营业务	生产各类针织化纤面料、服饰、和服，组装针织圆机，销售自产产品。				

企业名称	上海卡比特家饰地毯有限公司				
企业地址	上海市青浦工业园区外青松公路 5500 号 116 室（201700）				
投资总额	70 万 USD	电　　话	59700202	传　　真	59703368
设立日期	2003-5-22	负 责 人	曹顺林		
主营业务	开发、生产地毯、纺织装饰用品、床上用品，销售公司自产产品。				

企业名称	上海高年服饰有限公司				
企业地址	上海市松江区佘山工业区陶干路（201602）				
投资总额	101 万 USD	电　　话	57793900	传　　真	57793912
设立日期	2003-5-22	负 责 人	欧阳信		
主营业务	生产服装、服饰、针织品、编织品、鞋帽，销售公司自产产品。				

企业名称	上海卓杰服饰有限公司				
企业地址	上海市南汇区老港镇化工工业园区良港路东侧 150 米（201300）				
投资总额	35 万 USD	电　　话	68531213	传　　真	68535591
设立日期	2003-5-22	负 责 人	徐　芬		
主营业务	加工、生产各式服装、服饰及面辅料，销售公司自产产品。				

企业名称	日月星丝纺制品（上海）有限公司				
企业地址	上海市西藏北路 489 号（200070）				
投资总额	20 万 USD	电　　话	66282608	传　　真	66287308
设立日期	2003-5-22	负 责 人	黄仲兴		
主营业务	生产化纤布、无纺布制品及丝带，销售自产产品。				

企业名称	上海寰仪服饰制衣有限公司				
企业地址	上海市闵行区官山路 1718 号 C 幢 3 楼（201103）				
投资总额	15 万 USD	电　　话	64464457	传　　真	64467417
设立日期	2003-5-22	负 责 人	秦　仪		
主营业务	生产、加工服装及其相关的服配件，销售自产产品。				

企业名称	上海新顶箱包有限公司				
企业地址	上海市金山区亭枫公路 3168 号（201500）				
投资总额	51 万 USD	电　　话	57319602	传　　真	57321580
设立日期	2003-5-22	负 责 人	王向军		
主营业务	生产各类中高档箱包、公文包、票夹等旅游用品，销售公司自产产品。				

企业名称	上海振兴电脑刺绣服饰有限公司				
企业地址	上海市闵行区莘朱路三号桥北（201100）				
投资总额	35 万 USD	电　　话	54376008	传　　真	54376006
设立日期	2003-5-22	负 责 人	郭臻晖		
主营业务	生产各类服饰、服装、刺绣、镭射加工，销售自产产品。				

企业名称	上海利安手套有限公司				
企业地址	上海市洞泾镇洞泾开发区二区内南北干道东侧、洞薛路北侧（201619）				
投资总额	20 万 USD	电　　话	57699220	传　　真	57699230
设立日期	2003-5-15	负 责 人	慎　强		
主营业务	生产工程用纺织品及尼龙、纱线等材料制手套，销售公司自产产品。				

制造业-纺织、服装及其他纤维制品和皮革、毛皮、羽绒及其制品业

企业名称	美资环美服装辅料（上海）有限公司				
企业地址	上海市嘉定区马陆镇申裕路（201801）				
投资总额	70万USD	电　　话	59901104	传　　真	59901109
设立日期	2003-5-14	负 责 人	THOMAS ALLEN DANCH		
主营业务	生产、加工各种服装，销售自产产品（涉及许可经营的凭许可证经营）。				

企业名称	帕瓦（上海）服饰有限公司				
企业地址	上海市南汇区周浦镇繁荣工业区沈西村10组（201318）				
投资总额	100万USD	电　　话	68138801	传　　真	68132327
设立日期	2003-5-14	负 责 人	家山英夫		
主营业务	生产各类服饰、鞋帽及针纺织品，销售公司自产产品。				

企业名称	上海赛娇皮具有限公司				
企业地址	上海市虹口区中山北二路1705号105室（200080）				
投资总额	6.2万USD	电　　话	65549858	传　　真	65549858
设立日期	2003-5-13	负 责 人	徐赛美		
主营业务	加工制造爬虫类皮具皮革系列产品，销售自产产品。				

企业名称	卓饰纺织品（上海）有限公司				
企业地址	上海市青浦区外青松公路5399号A25#厂房（201700）				
投资总额	400万USD	电　　话	69210358	传　　真	69210579
设立日期	2003-5-13	负 责 人	ROBERT G. CULP III		
主营业务	高档纺织面料的后整理加工，销售公司自产产品。				

企业名称	上海鹰弘纺织品有限公司				
企业地址	上海市青浦区白鹤镇塘湾村（201708）				
投资总额	20万USD	电　　话	69744869	传　　真	69744785
设立日期	2003-5-13	负 责 人	岳建训		
主营业务	生产加工服装、服饰及其纺织制品，销售公司自产产品。				

企业名称	上海芬理希梦时装有限公司				
企业地址	上海市奉贤区泰日镇（201400）				
投资总额	224万USD	电　　话	57580636	传　　真	57580635
设立日期	2003-5-8	负 责 人	大井实		
主营业务	生产服装、皮革制品、服饰、小商品，销售公司自产产品。				

企业名称	上海亚萍针织有限公司				
企业地址	上海市浦东新区曹路镇龚丰路709号（201209）				
投资总额	20万USD	电　　话	38923390	传　　真	58568485
设立日期	2003-5-7	负 责 人	胡亚萍		
主营业务	生产针纺织品、服装，销售自产产品（涉及许可经营的凭许可证经营）。				

企业名称	纬冠针织品（上海）有限公司				
企业地址	上海市闵行区华漕镇华翔路3558号－2（201107）				
投资总额	25万USD	电　　话	52261011	传　　真	52261020
设立日期	2003-4-30	负 责 人	廖朝良		
主营业务	生产加工针织服饰及相关产品，销售自产产品。				

企业名称	大盟制衣（上海）有限公司				
企业地址	上海市嘉定区华亭镇嘉行公路2855号（201811）				
投资总额	25万USD	电　　话	59952737	传　　真	59953667
设立日期	2003-4-30	负 责 人	曹宗辉		
主营业务	生产服装，销售本公司自产产品（涉及许可经营的凭许可证经营）。				

企业名称	上海天达服饰有限公司				
企业地址	上海市政德东路103号（200080）				
投资总额	150万USD	电　　话	65303857	传　　真	65302666
设立日期	2003-4-30	负 责 人	高建中		
主营业务	生产服装，销售本公司自产产品。				

企业名称	宏冉企业（上海）有限公司				
企业地址	上海市青浦区徐泾镇华徐公路105号（201702）				
投资总额	1200万USD	电　　话	68876208	传　　真	68876209
设立日期	2003-4-29	负 责 人	朱建平		
主营业务	生产电脑绣花、旅游用品、织带、塑料制品、精密模具及其相关制品。				

企业名称	伊丝尔俪服饰（上海）有限公司				
企业地址	上海市黄浦区北京东路668号东楼17楼F－G室（200001）				
投资总额	20万USD	电　　话	54407201	传　　真	54407202
设立日期	2003-4-24	负 责 人	吴　慧		
主营业务	设计、加工各类服装、服饰、鞋帽及相关辅料，销售自产产品。				

企业名称	欧时服装（上海）有限公司				
企业地址	上海市龙漕路222号4号楼2层（200232）				
投资总额	14万USD	电　　话	64517866	传　　真	64517822
设立日期	2003-4-24	负 责 人	刘　中		
主营业务	生产各类服装、服饰，销售自产产品（涉及许可经营的凭许可证经营）。				

企业名称	元宏家居用品（上海）有限公司				
企业地址	上海市闵行区吴中路1074号（201100）				
投资总额	51万USD	电　　话	64650008	传　　真	64650288
设立日期	2003-4-22	负 责 人	黄荣献		
主营业务	生产各类服装、服饰、相关面辅料。				

企业名称	上海宝仁鞋业有限公司				
企业地址	上海市奉贤区青村镇（201414）				
投资总额	250万USD	电　　话	57568786	传　　真	57560910
设立日期	2003-4-22	负 责 人	彭秀枝		
主营业务	生产胶鞋、运动鞋、冷粘鞋，销售公司自产产品。				

企业名称	上海黑田服饰有限公司				
企业地址	上海市松江区中山街道茸兴路西侧（松江149D地块）（201611）				
投资总额	20万USD	电　　话	57786691	传　　真	57786690
设立日期	2003-4-22	负 责 人	黑田俊英		
主营业务	生产各类中高档车缝手套及其他手套和箱包、腰带、皮鞋帮、帽子等。				

企业名称	上海斯派克纺织有限公司				
企业地址	上海市奉贤区西渡镇（201401）				
投资总额	20万USD	电　　话	50855230	传　　真	50850090
设立日期	2003-4-22	负 责 人	朱　明		
主营业务	生产各类服装、服饰、相关面辅料、销售公司自产产品。				

企业名称	上海台山纺织品有限公司				
企业地址	上海市闵行区联明路555号6栋（201101）				
投资总额	20万USD	电　　话	54852225	传　　真	54852226
设立日期	2003-4-22	负 责 人	简明雄		
主营业务	生产针织面料、服装等相关纺织品辅料，销售自产产品。				

企业名称	上海板桥时装有限公司				
企业地址	上海市青浦区重固镇北青公路9138号（201708）				
投资总额	150万USD	电　　话	59868102	传　　真	59868104
设立日期	2003-4-22	负 责 人	吉田康宏		
主营业务	生产各类服装及服饰，销售自产产品（涉及许可经营的凭许可证经营）。				

企业名称	梦田服装（上海）有限公司				
企业地址	上海市浦东新区高东工业区高翔路941号（200122）				
投资总额	260万USD	电　　话	62882161	传　　真	62882061
设立日期	2003-4-21	负 责 人	GUY LAURRETTE		
主营业务	设计、生产（委托加工）服装、服饰、鞋子、箱包及其相关产品。				

企业名称	上海松江汉帛服饰有限公司				
企业地址	上海市松江工业区茸北分区（松江1464号地块）（201600）				
投资总额	500万USD	电　　话	057182831717	传　　真	057182831112
设立日期	2003-4-16	负 责 人	戴建坤		
主营业务	设计、制造各类服装、服饰及鞋、帽等相关配套产品。				

企业名称	上海经艳家居用品有限公司				
企业地址	上海市虹口区四平路494弄12号1号楼501室（200080）				
投资总额	100万USD	电　　话	63866898	传　　真	63861196
设立日期	2003-4-16	负 责 人	纪文凤		
主营业务	设计、生产各类家具及配套的家居用品、工艺品并提供售后服务。				

企业名称	裘格（上海）服饰有限公司				
企业地址	上海市闵行区吴中路1221号5楼（201103）				
投资总额	20万USD	电　　话	64017736	传　　真	64017760
设立日期	2003-4-10	负 责 人	黄子宁		
主营业务	生产加工服装及其服饰配件，销售自产产品。				

企业名称	巴芙洛（上海）布艺装饰材料有限公司				
企业地址	上海市闵行区虹梅路3855弄78号（201108）				
投资总额	20万USD	电　　话	54403926	传　　真	54403928
设立日期	2003-4-10	负 责 人	罗仕娫		
主营业务	生产服装、家居布艺制品、饰品，销售自产产品。				

企业名称	彩天良衣（上海）服饰有限公司				
企业地址	上海市闵行区颛桥镇光华路 628 号（201108）				
投资总额	14 万 USD	电　话	64891638	传　真	64890254
设立日期	2003-4-10	负 责 人	柯　曦		
主营业务	设计、生产服装、服饰及相关辅料和包装材料，销售公司自产产品。				

企业名称	上海朗轩时装有限公司				
企业地址	上海市闵行区合川路 3152 号北楼 3F（201103）				
投资总额	50 万 USD	电　话	64463680	传　真	64463679
设立日期	2003-4-3	负 责 人	吴孟忠		
主营业务	加工、生产各类中高档时装及相关的服饰件，销售自产产品。				

企业名称	丸红纤维（上海）有限公司				
企业地址	上海市外高桥保税区台中南路 2 号新贸楼 322 室（200131）				
投资总额	50 万 USD	电　话	62191586	传　真	62190846
设立日期	2003-4-3	负 责 人	桥本雅至		
主营业务	保税区内以纤维原料、纤维制品为主的国际贸易、转口贸易。				

企业名称	上海高久企业发展有限公司				
企业地址	上海市青浦区朱家角镇工业园 A8 号（201713）				
投资总额	500 万 USD	电　话	59230333	传　真	59230151
设立日期	2003-4-3	负 责 人	陈黎平		
主营业务	生产各类针纺织品、服装及相关辅助材料，销售公司自产产品。				

企业名称	上海新纽森纺织制品有限公司				
企业地址	上海市奉贤区平安镇（201413）				
投资总额	21 万 USD	电　话	65241843	传　真	65241845
设立日期	2003-4-3	负 责 人	陈轶伟		
主营业务	生产、加工纺织制品、纺织类旅游用品、服装及辅料，销售自产产品。				

企业名称	上海西合镒宇服装有限公司				
企业地址	上海市嘉定区娄塘镇嘉唐公路 552 号（201807）				
投资总额	20 万 USD	电　话	59549546	传　真	59549545
设立日期	2003-4-3	负 责 人	朴义珍		
主营业务	生产加工服装、服饰及服装辅料，销售本公司自产产品。				

企业名称	上海卡璐达家居纺织制品有限公司				
企业地址	上海市嘉定区华亭镇高石路 2727 号（201816）				
投资总额	36 万 USD	电　话	59952839	传　真	59952789
设立日期	2003-3-28	负 责 人	蔡卡璐		
主营业务	生产家用纺织品（窗帘、沙发套、靠垫、睡衣等）、加工毛巾。				

企业名称	上海浪速时装整理服务有限公司				
企业地址	上海市宝山区共祥路 137 号（201901）				
投资总额	50 万 USD	电　话	56390128	传　真	56391769
设立日期	2003-3-25	负 责 人	东宏刚		
主营业务	从事服装、纺织品、针织品的加工整理及其制品的检验和仓储保管业务。				

企业名称	上海基江纺织工艺品有限公司				
企业地址	上海市青浦区徐泾镇华徐公路 590 号（201703）				
投资总额	40 万 USD	电　话	59768803	传　真	59768802
设立日期	2003-3-19	负 责 人	苏永乐		
主营业务	生产服装及长毛绒玩具，销售公司自产产品。				

企业名称	上海共得乐服装辅料有限公司				
企业地址	上海市金山区朱泾镇前进路 3034 号（201500）				
投资总额	25 万 USD	电　话	57326411	传　真	57331106
设立日期	2003-3-13	负 责 人	岸井隆		
主营业务	生产服装辅料、服装机械及服饰用品，销售公司自产产品。				

企业名称	上海吉贝服饰有限公司				
企业地址	上海市金山区廊下镇漕廊公路 7021 号（201516）				
投资总额	25 万 USD	电　话	57394930	传　真	57390326
设立日期	2003-3-13	负 责 人	许国响		
主营业务	生产各类中高档梭织服装、针织服装及其服饰产品，销售公司自产产品。				

企业名称	亿纺服饰（上海）有限公司				
企业地址	上海市长宁区仙霞路 319 号 1102 室（200051）				
投资总额	22.8 万 USD	电　话	62402080	传　真	62959997
设立日期	2003-3-13	负 责 人	周伯勋		
主营业务	加工、生产各类服装及各类绣花、服饰、印花服装辅料产品。				

企业名称	上海韩光服装有限公司				
企业地址	上海市奉贤区光明镇光明村九组（201406）				
投资总额	15 万 USD	电　话	57474393	传　真	57474395
设立日期	2003-3-13	负 责 人	任铜和		
主营业务	生产各类服装、内衣和辅料。				

企业名称	上海乐菱时装有限公司				
企业地址	上海市金山区山阳镇红旗东路 265 号（201514）				
投资总额	80 万 USD	电　话	57243030	传　真	57243131
设立日期	2003-3-10	负 责 人	黄伟国		
主营业务	生产各类高档服装及各种服饰品，销售公司自产产品。				

企业名称	上海顺康服饰有限公司				
企业地址	上海市漕河泾新兴技术开发区田林路 398 号 2 号楼第 5B 层（200233）				
投资总额	20 万 USD	电　话	61212299	传　真	54261998
设立日期	2003-3-10	负 责 人	郑葭生		
主营业务	设计、生产服装、服饰，销售自产产品，提供相关的技术咨询服务。				

企业名称	上海百之百制衣有限公司				
企业地址	上海市松江区车墩镇高桥村（松江 1381 号地块）（201613）				
投资总额	210 万 USD	电　话	54531332	传　真	64881207
设立日期	2003-3-7	负 责 人	袁国珍		
主营业务	生产机织毛衣，手工纺织毛衣及面料服装，销售公司自产产品。				

企业名称	天武运动设施（上海）有限公司				
企业地址	上海市沪南路 9458 号南汇工业园区 19 号地块（200120）				
投资总额	85 万 USD	电　话	58405562	传　真	58406175
设立日期	2003-3-6	负 责 人	JOHN CARTIS		
主营业务	生产工程用特种纺织品，销售公司自产产品，提供相关的技术服务。				

企业名称	上海嘉予制衣有限公司				
企业地址	上海市闵行区梅陇镇集心工业区 7 街坊（201100）				
投资总额	150 万 USD	电　话	54372922	传　真	54372921
设立日期	2003-3-6	负 责 人	毛雯琪		
主营业务	生产服装、服饰及辅料，销售自产产品（涉及许可经营的凭许可证经营）。				

企业名称	祥发制衣（上海）有限公司				
企业地址	上海市南汇区祝桥镇金闻路 12 号 G 座（201323）				
投资总额	51 万 USD	电　话	58104377	传　真	58104257
设立日期	2003-3-5	负 责 人	陈兴宏		
主营业务	生产各类服装，销售公司自产产品（涉及许可经营的凭许可证经营）。				

企业名称	上海黄电服饰喷砂水洗有限公司				
企业地址	上海市南汇工业园区汇成路 530 号（201300）				
投资总额	30.26 万 USD	电　话	68009761	传　真	68009627
设立日期	2003-3-5	负 责 人	王长清		
主营业务	服饰喷砂、手擦、喷浆、套色和水洗（涉及许可经营的凭许可证经营）。				

企业名称	沃意服饰国际贸易（上海）有限公司				
企业地址	上海市外高桥泰谷路 207 号 D12－44 号楼第四层 J1 部位（200131）				
投资总额	20 万 USD	电　话	58764652	传　真	50640189
设立日期	2003-3-3	负 责 人	ERMANNO CIMA VIVAREL		
主营业务	保税区内以服装、服饰产品为主的仓储分拨业务；国际贸易、转口贸易。				

企业名称	上海日都华科时装有限公司				
企业地址	上海市长宁区遵义路 100 号 A 栋 2911－12 室（200051）				
投资总额	30 万 USD	电　话	62371882	传　真	62371885
设立日期	2003-2-28	负 责 人	内田俊明		
主营业务	生产、设计各类服装、服饰、鞋帽、箱包及服装布料后整理。				

企业名称	天下轻纺制品（上海）有限公司				
企业地址	上海市嘉定区黄渡镇绿苑路南侧老宅村（201804）				
投资总额	210 万 USD	电　话	69592929	传　真	69592839
设立日期	2003-2-28	负 责 人	黎万安		
主营业务	生产箱包、服装、床上用品及其他缝纫制品，销售本公司自产产品。				

企业名称	伟亚（上海）时装有限公司				
企业地址	上海市金山嘴工业区卫清东路 1833 号（201508）				
投资总额	100 万 USD	电　话	62439737	传　真	62431141
设立日期	2003-2-28	负 责 人	谭颖颐		
主营业务	生产加工各类服装、针织衫，鞋、袜、帽、包、服饰产品。				

制造业-纺织、服装及其他纤维制品和皮革、毛皮、羽绒及其制品业

企业名称	**上海意如佳针织制造有限公司**				
企业地址	上海市浦东新区曹路镇水洞港路 82 号（201209）				
投资总额	20 万 USD	电　话	58634277	传　真	58634500
设立日期	2003-2-21	负 责 人	丁　昕		
主营业务	生产针纺织品、服装服饰，销售自产产品。				

企业名称	**上海三仟院时装有限公司**				
企业地址	上海市延安中路 955 弄 14 号 3 号楼（200040）				
投资总额	50 万 USD	电　话	63203588	传　真	
设立日期	2003-2-18	负 责 人	小关秀一		
主营业务	生产、加工服装（含裘革服装）及配套饰品，销售自产产品。				

企业名称	**上海中康制衣有限公司**				
企业地址	上海市嘉定区华亭镇华亭工业园区高石路（201811）				
投资总额	35 万 USD	电　话	59953714	传　真	59953734
设立日期	2003-1-29	负 责 人	涂辉斌		
主营业务	生产针织、梳织服装及面辅料，销售本公司自产产品。				

企业名称	**上海威迪斯服饰有限公司**				
企业地址	上海市松江区洞泾镇工业二区（分区）A－1 地块（201600）				
投资总额	150 万 USD	电　话	63868898	传　真	63868608
设立日期	2003-1-29	负 责 人	刘国平		
主营业务	设计、加工、生产服饰及配套辅料，销售公司自产产品。				

企业名称	**荣佳服饰（上海）有限公司**				
企业地址	上海市奉贤区奉城镇（201400）				
投资总额	25 万 USD	电　话	62256252	传　真	62256581
设立日期	2003-1-22	负 责 人	穆经荣		
主营业务	加工各式服装及面、辅料，销售公司自产产品。				

企业名称	**上海多葆服装有限公司**				
企业地址	上海市浦东新区金桥镇金明路 1109 号（201206）				
投资总额	23 万 USD	电　话	58994804	传　真	58992047
设立日期	2003-1-17	负 责 人	俞志国		
主营业务	设计、生产服装及相关辅料，销售自产产品。				

企业名称	**上海锐丰纱线有限公司**				
企业地址	上海市闵行区航建路 289 号（201106）				
投资总额	60 万 USD	电　话	52270717	传　真	52270967
设立日期	2003-1-16	负 责 人	黄念基		
主营业务	加工、生产涤纶标识、领带原料及相关辅料，销售自产产品。				

企业名称	**上海美彤姿帐篷制造有限公司**				
企业地址	上海市金山区亭林镇兴工路 58 号（201505）				
投资总额	35 万 USD	电　话	67231301	传　真	67231303
设立日期	2003-1-16	负 责 人	野村昌子		
主营业务	生产帐篷、旅游用品、健身器材，销售公司自产产品。				

企业名称	**上海凯富雅皮件制品有限公司**				
企业地址	上海市奉贤区邬桥镇（201402）				
投资总额	28 万 USD	电　话	57407317	传　真	57402429
设立日期	2003-1-16	负 责 人	薛家富		
主营业务	加工各式小皮件，腰带、腰链、服饰、时尚潮流饰品，销售自产产品。				

企业名称	**隆英时盛纺织品（上海）有限公司**				
企业地址	上海市杨浦区锦西路 185 号三楼（200092）				
投资总额	100 万 USD	电　话	51085757	传　真	68183636
设立日期	2003-1-16	负 责 人	毛丽英		
主营业务	生产各类中高档服装、服饰、鞋、帽及其他纺织品，销售自产产品。				

企业名称	**上海蓉木服饰有限公司**				
企业地址	上海市青浦区白鹤镇工业园区（201709）				
投资总额	30 万 USD	电　话	59742230	传　真	59745449
设立日期	2003-1-13	负 责 人	王文蓉		
主营业务	生产中高档服装服饰品，销售自产产品（涉及许可经营的凭许可证经营）。				

企业名称	**上海东龙拉链零配件有限公司**				
企业地址	上海市闵行区新镇路 1468 号（201101）				
投资总额	30 万 USD	电　话	64615019	传　真	64615089
设立日期	2003-1-13	负 责 人	施培胜		
主营业务	生产拉链、箱包零配件及相关产品，销售自产产品。				

企业名称	**诚自丰（上海）服饰有限公司**				
企业地址	上海市青浦区赵巷镇沪青平公路 3797 号（201703）				
投资总额	14 万 USD	电　话	50319113	传　真	50319103
设立日期	2003-1-13	负 责 人	平间诚		
主营业务	生产服装辅料，销售公司自产产品（涉及许可经营的凭许可证经营）。				

企业名称	**啓成针织制品（上海）有限公司**				
企业地址	上海市虹口区场中路 685 弄 151 号三号楼二楼（200434）				
投资总额	14 万 USD	电　话	57800114	传　真	57800430
设立日期	2003-1-3	负 责 人	柴田和信		
主营业务	生产、加工各类劳防用品、针纺织品，销售自产产品。				

企业名称	**上海高衣服饰有限公司**				
企业地址	上海市奉贤区庄行镇一新街 188 号（201415）				
投资总额	80 万 USD	电　话	57467416	传　真	57466483
设立日期	2002-12-30	负 责 人	柯佳仁		
主营业务	生产、加工针织品、服装服饰及辅料加工，销售自产产品。				

企业名称	**上海申伊时装有限公司**				
企业地址	上海市松江区五厍示范区朱定村北首（201600）				
投资总额	60 万 USD	电　话	64432502	传　真	64430219
设立日期	2002-12-29	负 责 人	陆发林		
主营业务	生产服装服饰，销售公司自产产品。				

企业名称	**上海新友协制衣有限公司**				
企业地址	上海市浦东新区三林镇上南路 6000 号 4 号楼（200124）				
投资总额	56 万 USD	电　话	58491683	传　真	58490387
设立日期	2002-12-26	负 责 人	金泳男		
主营业务	生产中，高档服装，服饰及针织坯布，销售自产产品。				

企业名称	**吉村服饰（上海）有限公司**				
企业地址	上海市闵行区罗锦路 179 号（201100）				
投资总额	21 万 USD	电　话	54375689	传　真	54373368
设立日期	2002-12-26	负 责 人	王惠玲		
主营业务	生产服装，服饰，鞋袜，销售自产产品。				

企业名称	**上海海昊服装有限公司**				
企业地址	上海市浦东新区金桥出口加工区云桥路 933 号（201203）				
投资总额	100 万 USD	电　话	50318798	传　真	50313268
设立日期	2002-12-25	负 责 人	朱永宝		
主营业务	设计、生产各类中高档服装、皮革制品、家纺产品、服饰及辅料。				

企业名称	**上海乔佩斯时装有限公司**				
企业地址	上海市松江工业区松开 II－178 号地块（201616）				
投资总额	500 万 USD	电　话	57766208	传　真	57761134
设立日期	2002-12-20	负 责 人	任俊华		
主营业务	生产、加工中高档丝绸服装和各类时装、纺织品，销售公司自产产品。				

企业名称	**上海佐辰服饰有限公司**				
企业地址	上海市金山区张堰镇鲁堰村 8 组（201514）				
投资总额	42 万 USD	电　话	57216851	传　真	57216089
设立日期	2002-12-20	负 责 人	夏春权		
主营业务	生产各类服装及其辅料，销售公司自产产品。				

企业名称	**上海隆久服饰有限公司**				
企业地址	上海市宝山区宝安公路 1957 弄 200 号（201907）				
投资总额	40 万 USD	电　话	56027767	传　真	56026296
设立日期	2002-12-20	负 责 人	王海明		
主营业务	生产针织服装、皮革制品及相关产品，销售自产产品。				

企业名称	**上海泛美佳丽纺织有限公司**				
企业地址	上海市南汇区康桥工业区康桥东路 958 号（201315）				
投资总额	300 万 USD	电　话	68139990	传　真	68139925
设立日期	2002-12-11	负 责 人	汪　击		
主营业务	生产各类床上用品、工艺绣品、工业纺织复制品、服装饰品。				

企业名称	**上海易隆服饰制造有限公司**				
企业地址	上海市普陀区真南路 2548 号 5 号楼（200331）				
投资总额	70 万 USD	电　话	62842486	传　真	62842584
设立日期	2002-12-10	负 责 人	何广宇		
主营业务	设计、生产、加工女性内衣、服装，销售自产产品。				

企业名称	上海圣远纺织有限公司				
企业地址	上海市浦东新区龙东大道 6111 号 1 栋 103G 室（201200）				
投资总额	214 万 USD	电　话	58385025	传　真	58385028
设立日期	2002-12-5	负 责 人	曹振中		
主营业务	生产各类缝纫用线及服装，服饰，销售自产产品。				

企业名称	迪志衬布（上海）有限公司				
企业地址	上海市青浦区徐泾镇西郊经济技术开发区（诸陆西路 2680 号）（201702）				
投资总额	142 万 USD	电　话	69762683	传　真	69792693
设立日期	2002-12-4	负 责 人	CHRISTIAN LE SAYEC		
主营业务	加工和生产衬布产品、服装辅料，销售本公司的产品并提供相关服务。				

企业名称	上海庆友纺织品有限公司				
企业地址	上海市嘉定区娄塘镇嘉唐公路 2135 号（201807）				
投资总额	20 万 USD	电　话	59543941	传　真	59543694
设立日期	2002-12-3	负 责 人	须田友二		
主营业务	生产、加工服装及其他缝制产品，销售企业自产产品。				

企业名称	上腾煜制衣（上海）有限公司				
企业地址	上海市金山区山阳镇红旗东路 318 号（201508）				
投资总额	200 万 USD	电　话	57241699	传　真	57241899
设立日期	2002-12-3	负 责 人	林玉整		
主营业务	生产各类中高档服饰、相关主辅料以及各类服饰配件。				

企业名称	上海海欣长毛绒服装面料有限公司				
企业地址	上海市松江区洞泾镇砖桥村（201619）				
投资总额	2000 万 USD	电　话	57698021	传　真	57698025
设立日期	2002-12-3	负 责 人	袁永林		
主营业务	生产各类经编、纬编织造的高档提花、印花腈纶、涤纶等。				

企业名称	上海炯峰实业有限公司				
企业地址	上海市奉贤区光明镇（201406）				
投资总额	980 万 USD	电　话	57470805	传　真	57471488
设立日期	2002-11-29	负 责 人	牟云峰		
主营业务	加工生产箱包及其配件，服饰及面辅料，鞋子，帽子，工艺品。				

企业名称	上海裘安纺织服装有限公司				
企业地址	上海市闵行区虹梅路 3205 号 1F（201103）				
投资总额	30 万 USD	电　话	54225345	传　真	54225477
设立日期	2002-11-29	负 责 人	陈媛捷		
主营业务	生产销售加工服装。				

企业名称	立达纺织机械（上海）有限公司				
企业地址	上海市娄山关路 83 号新虹桥中心大厦 12 楼（200336）				
投资总额	20 万 USD	电　话	62368013	传　真	62368012
设立日期	2002-11-28	负 责 人	PETER GRUENIG		
主营业务	保税区内以纺织机械为主的仓储，分拨业务等。				

企业名称	上海华礼丝民光纺织品有限公司				
企业地址	上海市金山区干巷镇干林路 2188 号（201518）				
投资总额	20 万 USD	电　话	50897699	传　真	50897599
设立日期	2002-11-22	负 责 人	许毓岩		
主营业务	生产各种家用纺织品及其制品，销售公司自产产品。				

企业名称	上海嘉业毛针织品有限公司				
企业地址	上海市奉贤区光明镇（201400）				
投资总额	112 万 USD	电　话	57470138	传　真	57472229
设立日期	2002-11-20	负 责 人	畔柳胜		
主营业务	生产针织类纺织品及服饰制品，销售公司自产产品。				

企业名称	东洋佳嘉（上海）海绵制品有限公司				
企业地址	上海市嘉定区徐行镇宝钱公路劳动路口（201809）				
投资总额	107 万 USD	电　话	59945911	传　真	59945922
设立日期	2002-11-18	负 责 人	冈村升一		
主营业务	汽车座垫面料等工业用特种纺织品的生产、加工，销售企业自产产品。				

企业名称	上海宝童制衣有限公司				
企业地址	上海市宝山区业绩路 21 号（200436）				
投资总额	202 万 USD	电　话	62845904	传　真	62845421
设立日期	2002-11-15	负 责 人	LAN HENRY		
主营业务	生产服装、饰品、服装辅料、箱包及相关产品，销售自产产品。				

企业名称	宏国服饰（上海）有限公司				
企业地址	上海市宁波路 595 号 305A 室（200001）				
投资总额	20 万 USD	电　话	63139255	传　真	63133266
设立日期	2002-11-12	负 责 人	王黄束爱		
主营业务	生产、加工各类服装、服饰、鞋帽、床上用品以及相关辅料。				

企业名称	上海飞凯服饰有限公司				
企业地址	上海市闵行区合川路 3071 号（二楼）（201103）				
投资总额	28 万 USD	电　话	64013650	传　真	64013630
设立日期	2002-11-11	负 责 人	黄祖申		
主营业务	生产销售各类服装，服饰，辅料及床上用品。				

企业名称	华歌尔（上海）研发中心有限公司				
企业地址	上海市淮海中路 283 号香港广场南座 1203 室（200021）				
投资总额	200 万 USD	电　话	53526099	传　真	63024043
设立日期	2002-10-30	负 责 人	筱崎彰大		
主营业务	在人体工学和服装设计领域内的技术和产品的研究开发。				

企业名称	上海美博家纺有限公司				
企业地址	上海市杨浦区军工路 1300 号 1 幢西二楼（200433）				
投资总额	30 万 USD	电　话	65343380	传　真	65508318
设立日期	2002-10-28	负 责 人	GREG BLOCK		
主营业务	生产纺织艺术品及纺织艺术品的整理、包装、咨询服务。				

企业名称	阿姿谊（上海）针织有限公司				
企业地址	上海市浦东新区严桥路 410 号 2 区 D 幢 4 楼（200125）				
投资总额	29 万 USD	电　话	68376746	传　真	68736946
设立日期	2002-10-22	负 责 人	山崎芳朗		
主营业务	生产内衣、袜子类针织产品，销售自产产品。				

企业名称	奥克斯威尔制衣（上海）有限公司				
企业地址	上海市松江区车墩镇车亭公路 59 号（201611）				
投资总额	140 万 USD	电　话	57609190	传　真	
设立日期	2002-10-22	负 责 人	JUN YEH		
主营业务	生产、加工各类服装、服饰及纺织缝制品，销售公司自产产品。				

企业名称	上海夏梵服饰有限公司				
企业地址	上海市闵行区吴中路 1074 号（201103）				
投资总额	20 万 USD	电　话	64060570	传　真	64019739
设立日期	2002-10-16	负 责 人	夏明华		
主营业务	生产销售、加工服装、服饰及相关配套产品。				

企业名称	皇兰服装（上海）有限公司				
企业地址	上海市闵行区苏召路 1158 号（201114）				
投资总额	20 万 USD	电　话	54310657	传　真	54310597
设立日期	2002-10-15	负 责 人	ROGER NATAF		
主营业务	生产服装及其饰品，配件和绣品，销售自产产品。				

企业名称	宏渡服装辅料（上海）有限公司				
企业地址	上海市青浦区徐泾镇华徐公路 105 号（201700）				
投资总额	1000 万 USD	电　话	51113600	传　真	51113300
设立日期	2002-10-9	负 责 人	刘绚强		
主营业务	生产服装辅料，销售公司自产产品。				

企业名称	升源纺织印花（上海）有限公司				
企业地址	上海市闵行区航建路 101 弄 48 号（201106）				
投资总额	36 万 USD	电　话	52273660	传　真	52273525
设立日期	2002-10-8	负 责 人	王继陛		
主营业务	纺织品印花及设计销售和加工，提供相关的技术咨询。				

企业名称	上海华昌拉链有限公司				
企业地址	上海市浦东新区耀华支路 39 弄 10 号（200126）				
投资总额	28 万 USD	电　话	58476183	传　真	63775270
设立日期	2002-10-1	负 责 人	JIANG RUIZHONG		
主营业务	生产、加工各种拉链、服装辅料，销售自产产品。				

企业名称	上海加宝针织制衣有限公司				
企业地址	上海市松江区佘山镇松江 1207 号地块（201600）				
投资总额	85 万 USD	电　话	62614488	传　真	62620622
设立日期	2002-9-30	负 责 人	黄六宝		
主营业务	生产针织服装、梭织服装及服装，销售公司自产产品。				

制造业-纺织、服装及其他纤维制品和皮革、毛皮、羽绒及其制品业

企业名称	港申纺织服饰（上海）有限责任公司				
企业地址	上海市松江区佘山工业区兴业路（201602）				
投资总额	500万USD	电　话	57792506	传　真	57792500
设立日期	2002-9-30	负责人	施清体		
主营业务	生产、加工服装、服饰、纺织面料、鞋帽、包装、床上用品、旅游用品。				

企业名称	上海彼德斯纺织制品有限公司				
企业地址	上海市青浦区赵巷镇赵巷村（201703）				
投资总额	20万USD	电　话	59752940	传　真	59752943
设立日期	2002-9-11	负责人	洪顺安		
主营业务	生产各类床上用品、服装、鞋帽、箱包，销售公司自产产品。				

企业名称	格格莉昂时装（上海）有限公司				
企业地址	上海市松江区佘山工业区佘北公路（201602）				
投资总额	130万USD	电　话	57793778	传　真	57793778
设立日期	2002-9-30	负责人	何增铭		
主营业务	生产、加工服装、服饰、鞋帽、布艺玩具、包袋，销售公司自产产品。				

企业名称	上海唯益路服饰整理有限公司				
企业地址	上海市浦东新区蔡伦支路6－8号（201203）				
投资总额	14万USD	电　话	58555655	传　真	58554913
设立日期	2002-9-11	负责人	川西利和		
主营业务	服饰，鞋帽，床上用品，棉，针纺织品的整理，产品包装，质量检验。				

企业名称	上海尼杰服装有限公司				
企业地址	上海市虹口区祥德路302号690室（200081）				
投资总额	20万USD	电　话	56666073	传　真	56666225
设立日期	2002-9-30	负责人	真野乘史		
主营业务	服装设计、服装修整、新面料辅料研究、开发。				

企业名称	巧工坊服饰品（上海）有限公司				
企业地址	上海市闵行区浦江镇联达路363号（201105）				
投资总额	30万USD	电　话	54313451	传　真	54313450
设立日期	2002-9-6	负责人	野村俊明		
主营业务	生产服装、服饰，销售自产产品。				

企业名称	上海丽洁无尘制品有限公司				
企业地址	上海市嘉定区南翔镇真南路4270号（201802）				
投资总额	42万USD	电　话	59121805	传　真	59121805
设立日期	2002-9-28	负责人	张文正		
主营业务	生产无尘衣、帽、鞋、手套、袖套、指套，销售企业自产产品。				

企业名称	上海尾崎商事服装有限公司				
企业地址	上海市青浦工业园区天盈路430号（201712）				
投资总额	800万USD	电　话	59228388	传　真	59228081
设立日期	2002-9-2	负责人	严田善夫		
主营业务	生产各类服装及服饰，销售公司自产产品。				

企业名称	上海信辉服饰有限公司				
企业地址	上海市嘉定区马陆镇育绿路88号（201801）				
投资总额	1200万USD	电　话	69156188	传　真	69156669
设立日期	2002-9-28	负责人	许义荣		
主营业务	生产服装和服饰，销售企业自产产品。				

企业名称	富天服装（上海）有限公司				
企业地址	上海市松江区久富经济开发区砖莘公路北侧、盛龙路东侧（201615）				
投资总额	420万USD	电　话	67691705	传　真	67626608
设立日期	2002-9-2	负责人	王卫忠		
主营业务	生产服装、鞋帽、针纺织品、服装辅料，销售公司自产产品。				

企业名称	上海美彩娜时装有限公司				
企业地址	上海市青浦区朱家角镇综合经济城（201713）				
投资总额	30万USD	电　话	59241152	传　真	59241809
设立日期	2002-9-27	负责人	上野正雄		
主营业务	生产服装及服装印花、绣花加工，销售公司自产产品。				

企业名称	端正制衣（上海）有限公司				
企业地址	上海市嘉定区南翔镇西工业开发区（201802）				
投资总额	100万USD	电　话	69176818	传　真	69176816
设立日期	2002-8-30	负责人	周端恺		
主营业务	生产服装及服装辅料，销售企业自产产品。				

企业名称	上海骄品纺织服装有限公司				
企业地址	上海市嘉定区南翔镇西工业开发区（201802）				
投资总额	210万USD	电　话	62205581	传　真	62209981
设立日期	2002-9-27	负责人	黄桂霖		
主营业务	生产防水透湿布料、服装、袜子、帽子、皮带、手提背包、填充玩具。				

企业名称	上海古今内衣制造有限公司				
企业地址	上海市淮海中路865号（200020）				
投资总额	90万USD	电　话	68938933	传　真	68931993
设立日期	2002-8-27	负责人	浦雅玲		
主营业务	生产销售胸罩、束裤、泳衣、紧身衣、内裤、内衣，女用系列产品。				

企业名称	上海喜洁卫生用品有限公司				
企业地址	上海市嘉定区唐行镇唐窑路84号（201816）				
投资总额	22万USD	电　话	59951119	传　真	59951669
设立日期	2002-9-19	负责人	冯　洵		
主营业务	生产手套、围裙、袖套、帽子、鞋套、口罩、包装袋等薄膜制品。				

企业名称	上海鑫成制衣有限公司				
企业地址	上海市南汇区泥城镇东港经济小区（201307）				
投资总额	43万USD	电　话	58248111	传　真	58249619
设立日期	2002-8-27	负责人	刘国仁		
主营业务	生产各类服装及服装辅料，销售公司自产产品。				

企业名称	上海丸加服饰有限公司				
企业地址	上海市松江区车墩镇车亭公路699号（201611）				
投资总额	20万USD	电　话	57608272	传　真	57608315
设立日期	2002-9-19	负责人	远藤智夫		
主营业务	生产、加工服饰品，销售自产产品。				

企业名称	上海韦贸纺织织品印花有限公司				
企业地址	上海市嘉定区外冈镇工业园区第四小区（201806）				
投资总额	100万USD	电　话	59585498	传　真	59585061
设立日期	2002-8-26	负责人	蔡燕霖		
主营业务	高档织物面料的织染及后整理加工，销售企业自产产品。				

企业名称	上海来祥服饰有限公司				
企业地址	上海市青浦区赵屯镇兴利路481号（201711）				
投资总额	100万USD	电　话	34221425	传　真	34221427
设立日期	2002-9-19	负责人	汤娟娟		
主营业务	生产服装及服饰，销售公司自产产品。				

企业名称	上海东装家居材料制造有限公司				
企业地址	上海市闵行区七宝镇中春路7166号（201101）				
投资总额	114万USD	电　话	64795156	传　真	64795157
设立日期	2002-8-22	负责人	野本雅裕		
主营业务	开发、生产各类窗帘制品、百叶窗帘、卷布窗帘及其零部件，扶手制品。				

企业名称	激赏流行服饰（上海）有限公司				
企业地址	上海市闵行区合川路3152号（201103）				
投资总额	20万USD	电　话	51099378	传　真	64651189
设立日期	2002-9-13	负责人	刘秋萍		
主营业务	生产销售，加工各类服装，服饰及相关的布料印染设计。				

企业名称	上海题桥织造有限公司				
企业地址	上海市闵行区浦江镇工业园区立跃路2985弄9号（201114）				
投资总额	800万USD	电　话	64292434	传　真	64298253
设立日期	2002-8-21	负责人	潘玉明		
主营业务	生产服装，面料织造（涉及许可经营的凭许可证经营），销售自产产品。				

企业名称	上海八木美安时装有限公司				
企业地址	上海市青浦区金泽镇商榻社区商周路188号（201719）				
投资总额	140万USD	电　话	39280005	传　真	59282576
设立日期	2002-9-12	负责人	片桐庆典		
主营业务	生产各种高级时装，销售公司自产产品。				

企业名称	上海优室家用品有限公司				
企业地址	上海市闵行区梅陇镇众欣工业园区（201100）				
投资总额	170万USD	电　话	54295528	传　真	54293866
设立日期	2002-8-21	负责人	陈聪明		
主营业务	生产床上针棉织品及相关厨用清洁品，销售自产产品。				

企业名称	上海里扬羽毛制品有限公司				
企业地址	上海市青浦区朱家角工业园区（201713）				
投资总额	200万USD	电　话	59835758	传　真	59835762
设立日期	2002-8-20	负责人	杨芳霖		
主营业务	生产、加工羽绒制品、床上用品、室内装饰用品及服装，销售自产产品。				

企业名称	上海新凯豪制衣有限公司				
企业地址	上海市奉贤区西渡镇鸿宝村（201401）				
投资总额	120万USD	电　话	67151111	传　真	67151118
设立日期	2002-8-19	负责人	陈炳新		
主营业务	生产各类针、梭织成衣及面料、辅料、配套饰品，销售公司自产产品。				

企业名称	上海恩焕箱包有限公司				
企业地址	上海市青浦区赵屯镇青赵路3370号（201712）				
投资总额	50万USD	电　话	59229586	传　真	59229718
设立日期	2002-8-12	负责人	OH JIA HWAN		
主营业务	生产箱包及其零配件，销售公司自产产品。				

企业名称	上海瑞昌亚克力工业有限公司				
企业地址	上海市青浦工业园区新达路767号（201712）				
投资总额	420万USD	电　话	69212632	传　真	69212636
设立日期	2002-8-12	负责人	曾逢中		
主营业务	开发、生产亚克力产品，销售公司自产产品。				

企业名称	古布服饰（上海）有限公司				
企业地址	上海市浦东康桥工业区川周路2736号（201315）				
投资总额	14万USD	电　话	58134516	传　真	58134516
设立日期	2002-8-12	负责人	平野文		
主营业务	生产服装、服饰，销售公司自产产品（涉及许可管理的凭证可证经营）。				

企业名称	上海功庭刺绣有限公司				
企业地址	上海市松江工业区茸北分区施惠路北侧（201613）				
投资总额	40万USD	电　话	57780367	传　真	57786013
设立日期	2002-8-9	负责人	杨茂盛		
主营业务	生产各种成衣之装饰品及其配套产品，销售公司自产产品。				

企业名称	上海毅诚服装有限公司				
企业地址	上海市虹口区四平路283号三号楼7D室（200081）				
投资总额	60万USD	电　话	65229468	传　真	65221137
设立日期	2002-8-7	负责人	伊藤总一郎		
主营业务	生产、加工各类服装，销售自产产品。				

企业名称	康太服饰设计（上海）有限公司				
企业地址	上海市漕河泾新兴技术开发区田州路99号9号楼第9层（200233）				
投资总额	110万USD	电　话	54450055	传　真	54550600
设立日期	2002-8-2	负责人	华斌廷		
主营业务	服装、服饰的开发设计。				

企业名称	上海欧迪芬内衣精品有限公司				
企业地址	上海市闵行区七宝镇沪松公路588号（201101）				
投资总额	1000万USD	电　话	54866877	传　真	54866875
设立日期	2002-7-29	负责人	王文宗		
主营业务	生产销售服装，内衣，内裤及饰品。				

企业名称	大同利美特染整（上海）有限公司				
企业地址	上海市松江工业区松江54－2号地块（201600）				
投资总额	700万USD	电　话	57740088	传　真	57741660
设立日期	2002-7-25	负责人	安江惠		
主营业务	高档织物面料的印染以及后整理加工，销售公司自产产品。				

企业名称	藏爱服饰（上海）有限公司				
企业地址	上海市闵行区合川路3053号1号楼3楼（201103）				
投资总额	28万USD	电　话	64053639	传　真	64057614
设立日期	2002-7-23	负责人	黄水华		
主营业务	生产销售服装，服饰。				

企业名称	上海美登服饰有限公司				
企业地址	上海市闵行区老沪闵路1317号（200237）				
投资总额	70万USD	电　话	54826732	传　真	54291443
设立日期	2002-7-19	负责人	陈生财		
主营业务	生产销售服装，服饰。				

企业名称	帕蒂卡纺织品（上海）有限公司				
企业地址	上海市闵行区莘朱路885号（201100）				
投资总额	80万USD	电　话	54389753	传　真	54389749
设立日期	2002-7-17	负责人	杨士贤		
主营业务	生产销售服装，服饰及辅料，袜子。				

企业名称	嘉全特种布（上海）有限公司				
企业地址	上海市金山区枫泾工业园区（201500）				
投资总额	500万USD	电　话	67356399	传　真	67356388
设立日期	2002-7-15	负责人	洪国绪		
主营业务	各类特种工程用布的生产、印染、加工，销售公司自产产品。				

企业名称	上海太普适达服饰有限公司				
企业地址	上海市普陀区金沙江路1340弄172支弄14号8号楼第三层（200333）				
投资总额	42万USD	电　话	62650828	传　真	52500012
设立日期	2002-7-15	负责人	孙贝尼		
主营业务	生产加工各式服装服饰，销售公司自产产品。				

企业名称	上海法米尼服饰有限公司				
企业地址	上海市闵行区七宝镇星站路97号（201101）				
投资总额	20万USD	电　话	54863992	传　真	54863992
设立日期	2002-7-11	负责人	林启东		
主营业务	生产服装、服饰、鞋帽、包装、布类饰品，销售自产产品。				

企业名称	上海广南服饰有限公司				
企业地址	上海市龙华东路573号四楼（200023）				
投资总额	20万USD	电　话	63023902	传　真	63052375
设立日期	2002-7-11	负责人	薛锡琴		
主营业务	生产、销售服装及辅料。				

企业名称	仙奇布艺制品（上海）有限公司				
企业地址	上海市嘉定区嘉朱公路76号内（201801）				
投资总额	15万USD	电　话	69917959	传　真	69917635
设立日期	2002-7-11	负责人	林荣钦		
主营业务	生产服装、服饰、布艺制品，销售企业自产产品。				

企业名称	名葳纺织品（上海）有限公司				
企业地址	上海市闵行区春申路2329号（201100）				
投资总额	145万USD	电　话	64109010	传　真	64109010
设立日期	2002-7-11	负责人	任志明		
主营业务	生产销售加工纺织布艺制品、窗饰配件、床上用品。				

企业名称	洛功服装（上海）有限公司				
企业地址	上海市奉贤区钱桥镇经济园区（201407）				
投资总额	700万USD	电　话	57599999	传　真	57599788
设立日期	2002-7-10	负责人	沈　刚		
主营业务	生产各类服装及配套服饰，销售公司自产产品。				

企业名称	贵婷服饰（上海）有限公司				
企业地址	上海市嘉定区黄渡镇联西村（201804）				
投资总额	20万USD	电　话	69590659	传　真	69590673
设立日期	2002-7-8	负责人	张秋吉		
主营业务	生产服装，服饰，鞋，帽及销售自产产品。				

企业名称	上海流仕制衣有限公司				
企业地址	上海市金山区朱泾镇万安街724号（201500）				
投资总额	50万USD	电　话	54962200	传　真	64685264
设立日期	2002-7-4	负责人	范长娟		
主营业务	生产各类高档服装及服饰产品，销售公司自产产品。				

企业名称	上海吉能斯服饰有限公司				
企业地址	上海市南汇区新场镇新坦瓦公路188号（201314）				
投资总额	100万USD	电　话	68153355	传　真	68153399
设立日期	2002-7-4	负责人	纪幼兰		
主营业务	生产服装和饰品、床上用品、绣花制品，销售公司自产产品。				

企业名称	奔趣服饰（上海）有限公司				
企业地址	上海市长宁区北翟路299号第9幢二楼（200335）				
投资总额	70万USD	电　话	52263800	传　真	52263801
设立日期	2002-7-2	负责人	LIM VIRGILIO		
主营业务	加工、生产服装、服饰及配套附件，销售公司自产产品。				

制造业-纺织、服装及其他纤维制品和皮革、毛皮、羽绒及其制品业

企业名称	上海尚青服饰有限公司				
企业地址	上海市闵行区七宝镇星站路102号（201101）				
投资总额	25万USD	电　　话	64612488	传　　真	64599709
设立日期	2002-7-2	负 责 人	黄嘉彦		
主营业务	生产销售服装，服饰及相关产品。				

企业名称	启源针织（上海）有限公司				
企业地址	上海市普陀区云岭西路488号（200333）				
投资总额	900万USD	电　　话	52701488	传　　真	52701678
设立日期	2002-7-1	负 责 人	林金川		
主营业务	生产、加工高档针织面料，销售自产产品。				

企业名称	法姬娜（上海）有限公司				
企业地址	上海市青浦区徐泾镇工业园区（201702）				
投资总额	2500万USD	电　　话	59760805	传　　真	69762177
设立日期	2002-7-1	负 责 人	刘光新		
主营业务	生产服装、箱包及皮鞋，销售自产产品。				

企业名称	上海台凌婴童用品有限公司				
企业地址	上海市闵行区虹中路69号（201103）				
投资总额	70万USD	电　　话	64466810	传　　真	64031133
设立日期	2002-6-27	负 责 人	许复进		
主营业务	生产销售童装，婴童用品，玩具，皮包，不涉及许可证范围的服装。				

企业名称	当真高级服饰（上海）有限公司				
企业地址	上海市浦东新区川沙镇牌楼路158号（201202）				
投资总额	20万USD	电　　话	58596910	传　　真	58596490
设立日期	2002-6-27	负 责 人	当真好技		
主营业务	设计、生产高级服装、服饰，销售自产产品。				

企业名称	上海祥鹿服装有限公司				
企业地址	上海市闵行区莘庄镇中春路4755弄99号（201108）				
投资总额	138万USD	电　　话	54167684	传　　真	54166746
设立日期	2002-6-27	负 责 人	吕伊萍		
主营业务	生产销售服装，服饰，皮革制品。				

企业名称	上海君爱服饰有限公司				
企业地址	上海市闵行区合川路3061号（201103）				
投资总额	40万USD	电　　话	57628230	传　　真	57628326
设立日期	2002-6-26	负 责 人	乔海增		
主营业务	生产销售各类服装、服饰及辅料。				

企业名称	美宝旅游用品（上海）有限公司				
企业地址	上海市金山区枫泾镇工业园区（201501）				
投资总额	500万USD	电　　话	67356188	传　　真	67356198
设立日期	2002-6-25	负 责 人	刘哲宗		
主营业务	生产研发各类箱包及箱包配件和辅料以及相关的旅游用品。				

企业名称	三东服装整理（上海）有限公司				
企业地址	上海市嘉定工业区福海路1186号（201821）				
投资总额	42万USD	电　　话	69522899	传　　真	69522280
设立日期	2002-6-25	负 责 人	光井良治		
主营业务	加工、生产各类服装及服装整理，销售企业自产产品。				

企业名称	上海松尔服饰有限公司				
企业地址	上海市闵行区浦江镇友建村红旗路18号（201114）				
投资总额	20万USD	电　　话	54194877	传　　真	54194878
设立日期	2002-6-25	负 责 人	松田力		
主营业务	生产销售中高档服装及服饰。				

企业名称	威特波浪包袋（上海）有限公司				
企业地址	上海市浦东新区新金桥路1427号2楼（201206）				
投资总额	100万USD	电　　话	58991092	传　　真	58992874
设立日期	2002-6-25	负 责 人	邵公全		
主营业务	设计、生产、加工各类中高档面料、人造革和天然皮革的手袋和箱包。				

企业名称	上海三幸寝装有限公司				
企业地址	上海市松江区佘山工业区佘北公路（201602）				
投资总额	100万USD	电　　话	57792712	传　　真	57793660
设立日期	2002-6-24	负 责 人	卢小洁		
主营业务	生产床上用品、寝装饰品。				

企业名称	上海奇阳实业有限公司				
企业地址	上海市松江工业区茸北分区茸阳路69号（201613）				
投资总额	500万USD	电　　话	57783333	传　　真	57783322
设立日期	2002-6-19	负 责 人	赖文鸿		
主营业务	设计、制造各类服装、服饰及鞋帽等相关配套产品。				

企业名称	上海兴织名达高级时装有限公司				
企业地址	上海市嘉定区马陆镇包桥村（201801）				
投资总额	52万USD	电　　话	69156238	传　　真	69156239
设立日期	2002-6-13	负 责 人	徐志明		
主营业务	生产针纺织服装、服饰，针纺织面料加工，销售企业自产产品。				

企业名称	法娜妮（上海）服饰有限公司				
企业地址	上海市虹口区四川北路838号6楼（200080）				
投资总额	50万USD	电　　话	63831199	传　　真	63930979
设立日期	2002-6-13	负 责 人	陆炜娟		
主营业务	生产加工各类服装、鞋帽，销售自产产品。				

企业名称	上海华远制衣有限公司				
企业地址	上海市金山区兴塔镇曹都村（201502）				
投资总额	28万USD	电　　话	57361168	传　　真	57361447
设立日期	2002-6-12	负 责 人	田中信夫		
主营业务	生产各类中高档服装、服饰产品，销售公司自产产品。				

企业名称	上海湘威纺织品有限公司				
企业地址	上海市闵行区华漕镇闵北路333号15幢（201107）				
投资总额	30万USD	电　　话	62218251	传　　真	62218254
设立日期	2002-6-7	负 责 人	詹燕芳		
主营业务	生产、销售、加工服装、服饰及相关的面、辅料。				

企业名称	上海里奥化纤工程发展有限公司				
企业地址	上海市长宁区延安西路1882号科技楼304室（200052）				
投资总额	240万USD	电　　话	62800973	传　　真	62809639
设立日期	2002-6-5	负 责 人	李克让		
主营业务	研究、开发新型纤维，转让科研成果，销售自产试验性产品。				

企业名称	上海张天爱服饰设计有限公司				
企业地址	上海市浦东新区东川公路3458号3号楼（201209）				
投资总额	20万USD	电　　话	63304581	传　　真	64260322
设立日期	2002-6-5	负 责 人	张天爱		
主营业务	设计、生产各类服装和服饰，销售自产产品。				

企业名称	上海佳物服装有限公司				
企业地址	上海市嘉定区华亭镇浏翔公路7035号（201811）				
投资总额	100万USD	电　　话	59974989	传　　真	59970427
设立日期	2002-5-30	负 责 人	松浦幸次		
主营业务	生产各类服装，销售企业自产产品。				

企业名称	上海台茂国际实业有限公司				
企业地址	上海市青浦区华新镇北青公路4228号（201705）				
投资总额	1000万USD	电　　话	59772288	传　　真	59771199
设立日期	2002-5-26	负 责 人	许清富		
主营业务	生产、加工各类服装及各类绣花、印花服装辅料产品，销售自产产品。				

企业名称	上海富爱堤高级时装有限公司				
企业地址	上海市浦东新区上南路5158号（200124）				
投资总额	30万USD	电　　话	68303098	传　　真	68303090
设立日期	2002-5-24	负 责 人	长我部良一		
主营业务	生产高级时装及服饰，销售自产产品。				

企业名称	上海彩琪服饰有限公司				
企业地址	上海市金山区山阳镇亭卫路827号（201500）				
投资总额	25万USD	电　　话	62701505	传　　真	62701506
设立日期	2002-5-24	负 责 人	范陈桂莺		
主营业务	生产服装、服饰及服装主辅料，销售公司自产产品。				

企业名称	波妮尔（上海）皮具有限公司				
企业地址	上海市长宁区娄山关路83号2909室、2910室（200336）				
投资总额	50万USD	电　　话	62706363	传　　真	62708787
设立日期	2002-5-22	负 责 人	YEE KIM YOK		
主营业务	加工、生产皮具及皮革制品，销售公司自产产品。				

企业名称	上海佐米第服饰有限公司				
企业地址	上海市闵行区金都路曹中村（201108）				
投资总额	20 万 USD	电　话	54402323	传　真	54402727
设立日期	2002-5-22	负责人	詹百琳		
主营业务	生产销售服装，服饰，内衣，内裤，口罩，购物袋。				

企业名称	上海泰锋纺织制品有限公司				
企业地址	上海市青浦区赵巷镇赵天昆路林泾桥南首东侧（新光村）（201703）				
投资总额	34 万 USD	电　话	59753633	传　真	59754256
设立日期	2002-5-20	负责人	蓝彬源		
主营业务	高档织物面料后整理加工（压花、压光）。				

企业名称	上海佳颀服饰有限公司				
企业地址	上海青浦工业园区崧盈路 1158 号（201613）				
投资总额	150 万 USD	电　话	59868069	传　真	59868089
设立日期	2002-5-14	负责人	洪睿腾		
主营业务	生产加工床上用品、服饰、服装、包装用品、鞋子。				

企业名称	上海威尚纺织品有限公司				
企业地址	上海市闵行区景联路 389 号（201108）				
投资总额	285 万 USD	电　话	54406166	传　真	54404461
设立日期	2002-5-13	负责人	李　威		
主营业务	生产销售服装，服饰，床上用品。				

企业名称	上海菩俪诗时装有限公司				
企业地址	上海市卢湾区永嘉路 35 号 16F（200020）				
投资总额	150 万 USD	电　话	64739292	传　真	64736188
设立日期	2002-5-13	负责人	程　浩		
主营业务	生产服装服饰，销售公司自产产品（涉及许可管理的凭许可证经营）。				

企业名称	上海健伟服饰有限公司				
企业地址	上海市闵行区七宝镇中春路 6966 号（201101）				
投资总额	28 万 USD	电　话	64593800	传　真	64592758
设立日期	2002-5-11	负责人	朱爱明		
主营业务	生产销售服饰，纺织制品，毛衣成衣（涉及许可经营的凭许可证经营）。				

企业名称	上海建纺纺织有限公司				
企业地址	上海市青浦区徐泾镇徐泾经济城工业开发区（201702）				
投资总额	60 万 USD	电　话	59760233	传　真	59768004
设立日期	2002-5-10	负责人	万玉华		
主营业务	生产各类毛线，销售公司自产产品。				

企业名称	上海丽霖制衣有限公司				
企业地址	上海富民仓桥经济城玉佳西路 76 号（201600）				
投资总额	40 万 USD	电　话	67728283	传　真	67728267
设立日期	2002-5-10	负责人	李云招		
主营业务	生产各类纱线、面料、针织品，加工成衣，毛衣。				

企业名称	港美纺织品（上海）有限公司				
企业地址	上海市宜山路 889 号齐来工业城 3 号楼 5D 单元（200233）				
投资总额	20 万 USD	电　话	54450055	传　真	54450225
设立日期	2002-4-30	负责人	温锦泰		
主营业务	开发、设计、生产服装、服饰及相关辅料，销售自产产品。				

企业名称	上海名荟时装有限公司				
企业地址	上海市杨浦区民京路 853 号（200438）				
投资总额	20 万 USD	电　话	68459091	传　真	68459650
设立日期	2002-4-29	负责人	刘　懂		
主营业务	服装、服饰、纺织品辅料的生产，销售自产产品。				

企业名称	上海冠达纺织制造有限公司				
企业地址	上海市松江区小昆山镇松蒸公路 1668 号（201615）				
投资总额	20 万 USD	电　话	67691541	传　真	67691540
设立日期	2002-4-28	负责人	周代轩		
主营业务	生产高档服装、针织面料以及针织圆机产品。				

企业名称	上海百合若英时装有限公司				
企业地址	上海市永嘉路 19 弄 8 号 04 室（200020）				
投资总额	20 万 USD	电　话	53010910	传　真	53010910
设立日期	2002-4-27	负责人	青砥诚治		
主营业务	生产服装及辅料，针织羊毛衫。				

企业名称	达时（上海）时装有限公司				
企业地址	上海市卢湾区瞿溪路 760 号 111A 室（200023）				
投资总额	20 万 USD	电　话	64279926	传　真	54590398
设立日期	2002-4-26	负责人	梁容华		
主营业务	生产销售各类服装、服饰。				

企业名称	上海小松精练纤维制品有限公司				
企业地址	上海市闵行区莘庄工业区天为颛盛路 569 号 5 号房（201100）				
投资总额	140 万 USD	电　话	64422058	传　真	64422098
设立日期	2002-4-23	负责人	汤琼怡		
主营业务	生产销售以纤维面料为主的服装服饰。				

企业名称	上海亿俊服饰有限公司				
企业地址	上海市普陀区南大路 28`88 号 332 座（200331）				
投资总额	42 万 USD	电　话	66773414	传　真	66773427
设立日期	2002-4-22	负责人	赵林兴		
主营业务	生产加工服装、缝纫制品，销售公司自产产品。				

企业名称	上海胜茂服饰有限公司				
企业地址	上海市松江区九亭镇龙高路 200 号（201605）				
投资总额	172 万 USD	电　话	67691166	传　真	67690868
设立日期	2002-4-19	负责人	郭沐果		
主营业务	生产、加工各类服装、服饰、面料。				

企业名称	上海道本服饰有限公司				
企业地址	上海市松江区大昆工业园区 C 区彭丰路东侧港业北路南侧（201614）				
投资总额	30 万 USD	电　话	57855593	传　真	57855591
设立日期	2002-4-16	负责人	道本好规		
主营业务	生产加工各类服装、服饰以及床上用品并提供服饰检品。				

企业名称	上海实隆服饰有限公司				
企业地址	上海松江大昆工业园区（C 区）（201615）				
投资总额	20 万 USD	电　话	57854497	传　真	57854509
设立日期	2002-4-10	负责人	吕道宇		
主营业务	生产各类服饰、领带、围巾、手套等产品，销售公司自产产品。				

企业名称	利澜服饰制品（上海）有限公司				
企业地址	上海市宝山区沪太路 4858 号（201907）				
投资总额	72 万 USD	电　话	56025073	传　真	56024456
设立日期	2002-4-3	负责人	徐进泉		
主营业务	生产各类针织、编结、皮革、车缝类的工艺品、礼品、玩具、手套等。				

企业名称	得时纺织制品（上海）有限公司				
企业地址	上海市成都北路 333 号招商局广场南楼 2406 室（200041）				
投资总额	72 万 USD	电　话	52981363	传　真	52981562
设立日期	2002-4-2	负责人	MICHAEL DENNIS CROTT		
主营业务	生产窗帘、浴帘、床上用品及其他家用纺织制品，销售公司自产产品。				

企业名称	友岛（上海）纺织品有限公司				
企业地址	上海市青浦区赵屯镇腾北工业区 6－7 号（201711）				
投资总额	155 万 USD	电　话	59211478	传　真	59211600
设立日期	2002-4-2	负责人	小岛正宪		
主营业务	高级服装设计及制版、服装面辅料的特殊整理加工，刺绣等。				

企业名称	唐汉添服饰（上海）有限公司				
企业地址	上海市青浦区徐泾镇华徐路 588 号（201702）				
投资总额	105 万 USD	电　话	59765900	传　真	59766001
设立日期	2002-4-1	负责人	石田干英		
主营业务	生产服装及服饰，销售公司自产产品。				

企业名称	上海明思服饰有限公司				
企业地址	上海市崇明县三星镇沈家镇（202100）				
投资总额	20 万 USD	电　话	56625438	传　真	56625417
设立日期	2002-3-27	负责人	顾　弘		
主营业务	生产针棉织品、服装及配套的饰品、手套、鞋、帽、袜、围巾、箱包等。				

企业名称	上海共顺色线有限公司				
企业地址	上海市闵行区沪闵路 2051 号（201109）				
投资总额	80 万 USD	电　话	64902200	传　真	64906600
设立日期	2002-3-21	负责人	筒井征一		
主营业务	生产销售加工捻纱色线，服装，服装辅料。				

制造业-纺织、服装及其他纤维制品和皮革、毛皮、羽绒及其制品业

企业名称	上海勤越服装有限公司				
企业地址	上海市松江区泖港镇强民工业区三期4号（201607）				
投资总额	200万USD	电话	57861143	传真	57864827
设立日期	2002-3-19	负责人	邓杨詠曼		
主营业务	生产高中档次的服装服饰，销售自产产品。				

企业名称	上海东方凯文服装有限公司				
企业地址	上海市奉贤区钱桥镇奉柘公路3333号191号（201407）				
投资总额	300万USD	电话	57599999	传真	
设立日期	2002-3-2	负责人	沈刚		
主营业务	生产各类服装及配套服饰，销售公司自产产品。				

企业名称	日彦印花（上海）有限公司				
企业地址	上海市松江区车墩镇松米公路（松江694号地块）（201611）				
投资总额	100万USD	电话	57771951	传真	57771959
设立日期	2002-3-15	负责人	涂加财		
主营业务	生产高仿真化纤及高档织物面料及后整理加工，销售公司自产产品。				

企业名称	花缘服饰（上海）有限公司				
企业地址	上海市浦东新区北艾路1487号（200125）				
投资总额	20万USD	电话	68221563	传真	68221480
设立日期	2002-2-28	负责人	MANUEL ROS TORNERO		
主营业务	生产、加工服装、服饰，销售自产产品。				

企业名称	枰和卫生用品（上海）有限公司				
企业地址	上海市南汇区工业园区15号地块（201300）				
投资总额	40万USD	电话	63283483	传真	63283623
设立日期	2002-3-14	负责人	黑川宣彦		
主营业务	生产棉棒制品、湿纸巾等相关产品，销售公司自产产品。				

企业名称	摩特纺织品（上海）有限公司				
企业地址	上海市松江区洞泾镇砖桥村（洞泾工业一区）（201619）				
投资总额	498万USD	电话	57708834	传真	57672141
设立日期	2002-2-26	负责人	陈本留		
主营业务	生产纺织品及中、高级服装，销售公司自产产品。				

企业名称	上海宝拉家用纺织品有限公司				
企业地址	上海市青浦区重固镇大街425号（201700）				
投资总额	100万USD	电话	59761676	传真	59761382
设立日期	2002-3-13	负责人	朱珏影		
主营业务	生产家用纺织品、床上用品、服装、服饰、电脑绣花，销售自产产品。				

企业名称	上海迪科服装有限公司				
企业地址	上海市松江区九亭镇九里亭村（201615）				
投资总额	35万USD	电话	57638125	传真	57637253
设立日期	2002-2-26	负责人	土田敏雅		
主营业务	设计加工、生产各类服装、服饰。				

企业名称	上海银宝制衣有限公司				
企业地址	上海市青浦区重固镇大街425号（201700）				
投资总额	100万USD	电话	63258787	传真	
设立日期	2002-3-13	负责人	朱珏影		
主营业务	生产服装及服饰，销售公司自产产品。				

企业名称	山珀针纺织品（上海）有限公司				
企业地址	上海市闵行区吴宝路1565号（201105）				
投资总额	200万USD	电话	64209202	传真	64205971
设立日期	2002-2-25	负责人	袁正皓		
主营业务	生产销售，加工针纺织品，工艺品（涉及许可证经营的凭许可证经营）。				

企业名称	上海桂名纺织品整理有限公司				
企业地址	上海市闵行区华漕镇杨家巷村北青公路699弄10号（201106）				
投资总额	74万USD	电话	62219901	传真	62219905
设立日期	2002-3-12	负责人	洪永杓		
主营业务	生产销售转移膜及相关的纺织助剂，高档织物面料的后整理加工。				

企业名称	上海优天高新材料有限公司				
企业地址	上海市奉贤区邬桥镇经济开发区（201402）				
投资总额	100万USD	电话	57403333	传真	57405555
设立日期	2002-2-25	负责人	石斌		
主营业务	生产防水透气面料和鞋类，销售公司自产产品。				

企业名称	上海古岛莎保得纺织品有限公司				
企业地址	上海市政德东路103号（200433）				
投资总额	30万USD	电话	65385599	传真	65389915
设立日期	2002-3-12	负责人	古岛邦男		
主营业务	服装、服饰、纺织品的后整理。				

企业名称	上海惠仁缝纫制品有限公司				
企业地址	上海市宝山区泗东路33号（200940）				
投资总额	14万USD	电话	55540895	传真	55540903
设立日期	2002-2-22	负责人	李东珍		
主营业务	生产绗缝、无纺布、化纤织物制品、服装、服饰、床上用品及布料加工。				

企业名称	川岛织物（上海）有限公司				
企业地址	上海市嘉定区徐行镇潘桥路258号（201809）				
投资总额	2919万USD	电话	59946865	传真	59946882
设立日期	2002-3-11	负责人	加藤铃夫		
主营业务	生产、加工汽车座垫面料等工业用特种纺织品，销售自产产品。				

企业名称	上海七齐艾服饰有限公司				
企业地址	上海市浦东新区唐镇机口村（201203）				
投资总额	25万USD	电话	58960606	传真	58963516
设立日期	2002-2-21	负责人	齐藤一利		
主营业务	生产服装、服饰，销售自产产品（产品不涉及许可证管理）。				

企业名称	丰田纺织（上海）有限公司				
企业地址	上海市外高桥保税区富特西一路155号C楼2013甲部位（200131）				
投资总额	60万USD	电话	58350040	传真	58350062
设立日期	2002-3-29	负责人	MOTO TERUTSUNE 本辉恒		
主营业务	保税区内以纺织品、汽车零部件及其相关产品为主的仓储、分拨。				

企业名称	上海伟狮服装辅料有限公司				
企业地址	上海市浦东新区金桥镇佳林路1028号5层（201206）				
投资总额	20万USD	电话	50319822	传真	50319171
设立日期	2002-2-19	负责人	詹伟忠		
主营业务	生产纽扣、拉链、服装辅料，并销售自产产品。				

企业名称	上海中永时装有限公司				
企业地址	上海市青浦区上海宏城经济区兴业路A2号（201700）				
投资总额	184万USD	电话	59859515	传真	59859517
设立日期	2002-3-7	负责人	金永淳		
主营业务	生产各类服装，销售公司自产产品。				

企业名称	上海伟航电脑针织有限公司				
企业地址	上海市金山区山阳镇卫清东路1823号（201508）				
投资总额	700万USD	电话	57245771	传真	57245772
设立日期	2002-2-15	负责人	朱可夫		
主营业务	生产针织服装及服饰品，销售公司自产产品。				

企业名称	上海浦东新乐丰针织有限公司				
企业地址	上海市浦东新区杨思后长街42号（200126）				
投资总额	80万USD	电话	58421135	传真	58421289
设立日期	2002-3-6	负责人	张工毅		
主营业务	生产针织、梭织服装和服饰，销售自产产品。				

企业名称	上海罗玛尼艾－娜嘉琪玛服饰有限公司				
企业地址	上海市奉贤区江海经济园区（201400）				
投资总额	28万USD	电话	67104601	传真	67104602
设立日期	2002-2-10	负责人	中岛广道		
主营业务	服饰的检验，检修，生产，销售公司自产产品。				

企业名称	上海安部茜时装有限公司				
企业地址	上海市嘉定工业区32号地块（201821）				
投资总额	210万USD	电话	69520333	传真	69523558
设立日期	2002-3-6	负责人	安部达		
主营业务	生产、加工服装、童装、服饰、鞋帽、装饰包，销售企业自产产品。				

企业名称	上海东和纺织制品有限公司				
企业地址	上海市闵行区老青沪路501号（201105）				
投资总额	30万USD	电话	52271197	传真	52270297
设立日期	2002-2-1	负责人	董树云		
主营业务	生产针纺织品、床上用品、裘皮制品、绒制品、服装及配套的饰品。				

企业名称	上海东沅鞋业贴合材料有限公司				
企业地址	上海市松江区泗泾镇打铁桥村（201601）				
投资总额	20万USD	电话	57626045	传真	57626063
设立日期	2002-1-28	负责人	彭志铭		
主营业务	生产、加工各类制鞋用贴合材料以及鞋跟、鞋底、鞋类制品。				

企业名称	上海高凡服装有限公司				
企业地址	上海市金山区漕泾镇亭卫公路3308号（201507）				
投资总额	150万USD	电话	64747218	传真	
设立日期	2002-1-23	负责人	高建中		
主营业务	生产各类服装，销售公司自产产品。				

企业名称	上海吉富服装整理有限公司				
企业地址	上海市浦东新区川沙路2843号（201201）				
投资总额	28万USD	电话	58588016	传真	58588018
设立日期	2002-1-20	负责人	儿玉和宏		
主营业务	生产、加工各类服装服饰及服装服饰的检品与后整理，销售自产产品。				

企业名称	知科服装（上海）有限公司				
企业地址	上海市嘉定区南翔镇惠平路603号（201802）				
投资总额	140万USD	电话	69171983	传真	69176421
设立日期	2002-1-20	负责人	阮自庆		
主营业务	生产服装，销售企业自产产品。				

企业名称	上海国勋纺织品有限公司				
企业地址	上海市徐汇区三汇路18号2楼（200235）				
投资总额	38万USD	电话	64868172	传真	64640791
设立日期	2002-1-17	负责人	杨江河		
主营业务	生产针织服装面料、服装、袜子、服饰产品和巾被产品，销售自产产品。				

企业名称	上海瑞华制靴有限公司				
企业地址	上海市嘉定区南翔镇西工业开发区（201802）				
投资总额	85万USD	电话	69176802	传真	69176787
设立日期	2002-1-11	负责人	王海玲		
主营业务	生产各类鞋业制品，销售自产产品（涉及许可证经营的凭许可证经营）。				

企业名称	上海幸川服饰有限公司				
企业地址	上海市金山区松隐镇工业园区（201500）				
投资总额	16万USD	电话	50870702	传真	50870703
设立日期	2002-1-11	负责人	岩川介一		
主营业务	生产各类服装、服饰，销售公司自产产品。				

企业名称	巨航鞋业（上海）有限公司				
企业地址	上海市闵行区闵北路333-6号（201107）				
投资总额	30万USD	电话	62218306	传真	62218313
设立日期	2002-1-9	负责人	林群伟		
主营业务	生产销售、加工皮革制品及鞋类制品。				

企业名称	上海芳宏时装有限公司				
企业地址	上海市松江区叶榭镇富荣经济开发区求仁二路7号、8号厂房（201609）				
投资总额	76万USD	电话	67800232	传真	67800113
设立日期	2002-1-8	负责人	小林芳宏		
主营业务	生产、加工服装、服饰。				

企业名称	上海农莱织品有限公司				
企业地址	上海市松江区九亭镇上海华寅仓储有限公司内（201607）				
投资总额	30万USD	电话	64680826	传真	64680827
设立日期	2002-1-8	负责人	谢爱美		
主营业务	生产各类服饰、服装。				

制造业－木材加工及竹、藤、棕、草制品业和家具制造业

企业名称	禾铨木业（上海）有限公司				
企业地址	上海市青浦工业园区新科路 488 号 A26 厂房西（201700）				
投资总额	2500 万 USD	电　话	33862387	传　真	
设立日期	2009-10-28	负 责 人	简伶娟		
主营业务	开发、生产、加工各类木制品及其配件，销售公司自产产品。				

企业名称	狮享家具（上海）有限公司				
企业地址	上海市闵行区中春路 7001 号 6 幢 1 号厂房（201101）				
投资总额	14 万 USD	电　话	64591717	传　真	64619016
设立日期	2009-8-11	负 责 人	MICHAEL LOH KIM CHUAN		
主营业务	加工、生产家具，皮革制品，金属制品，销售自产产品。				

企业名称	席梦思床褥家具（上海）有限公司				
企业地址	上海市奉贤区光明 A3 工业区顺福路 415 号（201400）				
投资总额	95 万 USD	电　话	62482233	传　真	62482238
设立日期	2009-3-6	负 责 人	MASARU ONODERA		
主营业务	床褥、家具、家居用品及其零部件的生产。				

企业名称	杰尼尔家具（上海）有限公司				
企业地址	上海市奉贤区奉城镇南奉公路 1478 号 3 号厂房（201411）				
投资总额	14 万 USD	电　话		传　真	
设立日期	2009-1-21	负 责 人	TAN SAIK CHYE RICHARD		
主营业务	生产各类沙发、家具，销售公司自产产品。				

企业名称	德禄家具（上海）有限公司				
企业地址	上海市奉贤区安泰路 603 号 1 车间（201412）				
投资总额	50 万 USD	电　话	60825100	传　真	60825101
设立日期	2009-1-9	负 责 人	BERGMANN CARSTEN DIRK		
主营业务	生产各类家具，销售公司自产产品。				

企业名称	磐友（上海）化妆用具有限公司				
企业地址	上海市奉贤区柘林镇沪杭公路 3202 号第 1 栋厂房 2 区（201424）				
投资总额	80 万 USD	电　话	57445202	传　真	57445203
设立日期	2008-12-12	负 责 人	MITSUHIKO SAKAMOTO		
主营业务	生产化妆用具，销售公司自产产品。				

企业名称	上海金爱办公家具有限公司				
企业地址	上海市杨浦区长阳路 1514 号 1 幢四楼（200090）				
投资总额	168 万 USD	电　话	63872000	传　真	65726099
设立日期	2008-12-1	负 责 人	王音荣		
主营业务	办公家具及其零件、地毯、灯具、建筑材料的进出口、批发、佣金代理。				

企业名称	上海华木竹木制品有限公司				
企业地址	上海市浦东新区川六公路 2091 号（200127）				
投资总额	50 万 USD	电　话	58709453	传　真	58702739
设立日期	2008-11-25	负 责 人	AMODIO CERRELLI		
主营业务	生产加工橱柜、家具、竹木制品，销售自产产品。				

企业名称	钻石木（上海）木业贸易有限公司				
企业地址	上海市静安区西康路 300 号 2001 室（200041）				
投资总额	50 万 USD	电　话	61700218	传　真	61700219
设立日期	2008-10-13	负 责 人	JOHN GREGORY LEE		
主营业务	木材制品的批发、进出口、佣金代理。				

企业名称	上海家乐丽家具贸易有限公司				
企业地址	上海市青浦区赵巷镇嘉松中路 5399 号 4 幢 A6－106（201700）				
投资总额	30 万 USD	电　话	69755338	传　真	69755337
设立日期	2008-9-17	负 责 人	PHUA YONG TAT		
主营业务	家具的零售、批发、进出口。				

企业名称	精点家具（上海）有限公司				
企业地址	上海市金山区亭林镇南亭公路 4819 号 2 幢（201505）				
投资总额	400 万 USD	电　话	67232905	传　真	
设立日期	2008-9-2	负 责 人	吴伟杰		
主营业务	生产制造各类家具及其配套五金件、纸饰面板。				

企业名称	上海京铠家具有限公司				
企业地址	上海市闵行区纪鹤路 1268 号第 1 幢 102#（201100）				
投资总额	20 万 USD	电　话	62967615	传　真	62967615
设立日期	2008-8-11	负 责 人	庄孟璟		
主营业务	生产办公家具，销售自产产品。				

企业名称	福印（上海）木业商贸有限公司				
企业地址	上海市闸北区共和新路 3388 号 510 室（200070）				
投资总额	14 万 USD	电　话	66762623	传　真	
设立日期	2008-8-4	负 责 人	卓文祥		
主营业务	木制品、化工产品（除危险品）、机电产品的批发、进出口。				

企业名称	上海华中米兰大师家具有限公司				
企业地址	上海市青浦区朱家角镇康业路 901 弄 20 号厂房及 16 号第 2 层(201713)				
投资总额	15 万 USD	电　话		传　真	
设立日期	2008-7-31	负 责 人	马春阳		
主营业务	生产、加工家具，销售公司自产产品。				

企业名称	上海舒阳家具有限公司				
企业地址	上海市青浦区重固镇北青公路 5888 号（201700）				
投资总额	14 万 USD	电　话	39878693	传　真	39878690
设立日期	2008-7-21	负 责 人	Patrick Yves GIORDAN		
主营业务	家具的设计、生产、加工，销售公司自产产品。				

企业名称	上海汉雨家具有限公司				
企业地址	上海市嘉定区马陆镇励学路 1281 号第 2 幢（201801）				
投资总额	112 万 USD	电　话	59517598	传　真	59517598
设立日期	2008-7-9	负 责 人	陈苹苹		
主营业务	设计、生产各类家具及其配件。				

企业名称	上海汉映家具有限公司				
企业地址	上海市嘉定区马陆镇励学路 1281 号第 3、4 幢（201801）				
投资总额	55 万 USD	电　话	59161010	传　真	59517570
设立日期	2008-7-9	负 责 人	陈苹苹		
主营业务	设计、生产各类家具及其配件。				

企业名称	上海丹美家具贸易有限公司				
企业地址	上海市普陀区真北路 1208 号红星美凯龙二楼 F8007 单元（200333）				
投资总额	14 万 USD	电　话	31268211	传　真	60956801
设立日期	2008-6-27	负 责 人	MADEE LERTKACHONSUK		
主营业务	家具的批发、零售及进出口。				

企业名称	达颜装饰木料贸易（上海）有限公司				
企业地址	上海市静安区延安中路 1440 号 20 幢 613 室（200040）				
投资总额	25 万 USD	电　话	61031730	传　真	61031731
设立日期	2008-6-26	负 责 人	ANDREA TAGLIABUE		
主营业务	装饰材料、家具、木制板材及相关零配件的进出口、批发。				

企业名称	赫尔曼橱柜（上海）有限公司				
企业地址	上海市奉贤区庄行镇浦卫公路 3388 号（201415）				
投资总额	120 万 USD	电　话	62708655	传　真	
设立日期	2008-5-4	负 责 人	JURGEN VOHRINGER		
主营业务	生产各种橱柜及附件，销售公司自产产品。				

企业名称	日枫雅玛卡瓦办公家具（上海）有限公司				
企业地址	上海市嘉定区南翔镇翔黄公路 215 号第 3 幢（201801）				
投资总额	50 万 USD	电　话	59128021	传　真	59128023
设立日期	2008-4-25	负 责 人	木村则光		
主营业务	生产家具、办公用品，销售本公司自产产品并提供售后服务。				

企业名称	恒谐硬木地板（上海）贸易有限公司				
企业地址	上海市嘉定区南翔镇陈翔路 65 弄 32 号（201802）				
投资总额	64 万 USD	电　话	62946070	传　真	62946072
设立日期	2008-4-23	负 责 人	PAUL RALPH ANDERSON		
主营业务	木地板、展架、室内装修材料的批发、佣金代理。				

企业名称	意梵美家具（上海）有限公司				
企业地址	上海市南汇区宣黄公路 1021 号（201300）				
投资总额	114 万 USD	电　话	68043125	传　真	68043126
设立日期	2008-3-27	负 责 人	GIOVANNI ROMAGNOLI		
主营业务	设计、制造和装配各类家具及零部件。				

企业名称	君洋家具贸易（上海）有限公司				
企业地址	上海市嘉定区南翔镇民主街 224 号 207 室（201802）				
投资总额	30 万 USD	电　话	59222095	传　真	59220880
设立日期	2008-3-24	负 责 人	郭竹君（CHU CHU-CHUN KUO）		
主营业务	家具及其辅料，电子产品及其零部件的进出口、批发。				

制造业-木材加工及竹、藤、棕、草制品业和家具制造业

企业名称	衣恋家具（上海）有限公司				
企业地址	上海市奉贤区青村镇沿钱公路 4158 号（201414）				
投资总额	70 万 USD	电　话	54481004	传　真	57564570
设立日期	2008-2-22	负 责 人	KWON SOON MOON		
主营业务	生产木制品及相关配件，销售公司自产产品。				

企业名称	上海富澜家具有限公司				
企业地址	上海市嘉定区马陆镇励学路 1368 号第 2 幢（201801）				
投资总额	50 万 USD	电　话	59513236	传　真	59513278
设立日期	2008-2-18	负 责 人	HORI YUICHIRO		
主营业务	设计、生产家具和木制品，销售本公司自产产品。				

企业名称	塔沙福洛木业（上海）有限公司				
企业地址	上海市嘉定区南翔镇惠平路 1188 号第 5 幢第 1 层（201802）				
投资总额	14 万 USD	电　话	69917960	传　真	39507106
设立日期	2008-1-31	负 责 人	REZA KIANPOUR		
主营业务	生产、加工木地板，销售本公司自产产品。				

企业名称	上海凯璞木业有限公司				
企业地址	上海市奉贤区四团镇五墩村十组 5-7 幢（201412）				
投资总额	66 万 USD	电　话	57530200	传　真	57530200
设立日期	2007-11-23	负 责 人	顾　华		
主营业务	研究、开发、生产各种家具及配件，销售公司自产产品。				

企业名称	百纳璐诗（上海）家具有限公司				
企业地址	上海市嘉定区安亭镇漳翔路 1055 号第 2 幢（201800）				
投资总额	100 万 USD	电　话	59509971	传　真	59509973
设立日期	2007-11-16	负 责 人	邓　志		
主营业务	生产家具及室内家居用品，销售本公司自产产品。				

企业名称	上欧木业（上海）有限公司				
企业地址	上海市奉贤区柘林镇胡桥社区庄胡公路 2289 号（201424）				
投资总额	30 万 USD	电　话	57452009	传　真	57452009
设立日期	2007-11-1	负 责 人	SHEN SHAORU		
主营业务	生产木制品，销售公司自产产品。				

企业名称	瀚通门业（上海）有限公司				
企业地址	上海市闵行区双柏路 888 号 A 号厂房 1-2 楼（200237）				
投资总额	70 万 USD	电　话	33580741	传　真	33580740
设立日期	2007-9-18	负 责 人	吴伟艺		
主营业务	生产工业用门及装卸月台设备、商业用门，销售公司自产产品。				

企业名称	上海佩森木业有限公司				
企业地址	上海市奉贤区奉城镇红陆路 20 号 1 幢（201411）				
投资总额	25 万 USD	电　话	58148859	传　真	58148859
设立日期	2007-8-24	负 责 人	蔡锦之		
主营业务	设计、生产各式橱柜、家具，销售公司自产产品。				

企业名称	上海腾泽箱包有限公司				
企业地址	上海市南汇区园中路 533 号 3 号厂房（201300）				
投资总额	20 万 USD	电　话	68009061	传　真	68009975
设立日期	2007-7-30	负 责 人	陆志明		
主营业务	生产箱包、服饰、布艺工艺品及服装辅料加工。				

企业名称	环木建材（上海）有限公司				
企业地址	上海市奉贤区奉城镇洪庙社区洪兰路 48 号（201411）				
投资总额	55 万 USD	电　话	57134468	传　真	57134448
设立日期	2007-7-23	负 责 人	LIM KIAN AIK		
主营业务	生产新型防火保温建材产品、家具及其相关配套的建筑五金制品。				

企业名称	左尚明舍家居用品（上海）有限公司				
企业地址	上海市奉贤区南桥镇金轩路 8 号 9 幢厂房（201400）				
投资总额	260 万 USD	电　话	33658198	传　真	33658199
设立日期	2007-7-17	负 责 人	顾军荣		
主营业务	生产新型建筑装饰材料、高档环保型装饰装修材料、各类家具。				

企业名称	上海威博木业有限公司				
企业地址	上海市青浦区白鹤镇外青松公路 3777 弄 68 号 7 号厂房（201709）				
投资总额	100 万 RMB	电　话	59741122	传　真	59741122
设立日期	2007-6-7	负 责 人	费仁元		
主营业务	生产、加工各类木制品及其配套件，销售公司自产产品。				

企业名称	上海巨丽办公家具有限公司				
企业地址	上海市松江区小昆山工业园区港兴路 116 号 2 号厂房（201616）				
投资总额	20 万 USD	电　话	57857378	传　真	57857318
设立日期	2007-5-30	负 责 人	汤俊铭		
主营业务	加工、生产办公家具及其零配件。				

企业名称	霍莉家具（上海）有限公司				
企业地址	上海市浦东新区机场镇大洪村凌家宅 21 号三幢（200120）				
投资总额	14 万 USD	电　话	68781961	传　真	
设立日期	2007-4-19	负 责 人	李　弘		
主营业务	家具、家饰的加工，销售自产产品。				

企业名称	金斯敦家具（上海）有限公司				
企业地址	上海市奉贤区青村镇奉柘公路 2898 号（201414）				
投资总额	15 万 USD	电　话	57590336	传　真	57590337
设立日期	2007-4-18	负 责 人	杨　陈		
主营业务	开发、生产各种家具，销售公司自产产品。				

企业名称	佳诗佳家具（上海）有限公司				
企业地址	上海市闵行区梅陇镇虹梅南路 3509 弄 1 号（200237）				
投资总额	50 万 USD	电　话	33506601	传　真	54132500
设立日期	2007-3-15	负 责 人	LAM HON SHIONG		
主营业务	生产家具系列产品，销售自产产品并提供相关的售后服务。				

企业名称	上海连鸿家具有限公司				
企业地址	上海市嘉定区浏翔路 1728 号（201801）				
投资总额	20 万 USD	电　话	69151730	传　真	69150272
设立日期	2007-3-5	负 责 人	林明聪		
主营业务	生产办公家具及相关木制品和五金件，销售本公司自产产品。				

企业名称	久和木业（上海）有限公司				
企业地址	上海市奉贤区柘林镇东海村路 199 号 3 幢（201424）				
投资总额	99 万 USD	电　话	57443120	传　真	57443130
设立日期	2007-3-1	负 责 人	杨之远		
主营业务	生产各类木制地板，销售公司自产产品。				

企业名称	纳图兹家具（中国）有限公司				
企业地址	上海市奉贤区闵行出口加工区环城西路 3111 号（201400）				
投资总额	1000 万 USD	电　话	8008108087	传　真	54544510
设立日期	2007-2-16	负 责 人	TAN EAM SENG RICHARD		
主营业务	生产沙发、沙发半成品、皮革及布料切割。				

企业名称	豪门家具（上海）有限公司				
企业地址	上海市嘉定区徐行镇前曹公路 699 号第 1 幢 A 区（201809）				
投资总额	51 万 USD	电　话	39978575	传　真	39978996
设立日期	2007-2-15	负 责 人	GARRY CHEN		
主营业务	生产家具及家居饰品，销售本公司自产产品。				

企业名称	上海森海森林木业有限公司				
企业地址	上海市黄浦区中山南路 1117 号 420 室 A 座（200010）				
投资总额	500 万港币	电　话	64467070	传　真	64960082
设立日期	2007-2-12	负 责 人	王凤献		
主营业务	木材及木制品（原木除外）、家具的批发、佣金代理。				

企业名称	上海喜世多汉英厨具有限公司				
企业地址	上海市嘉定区南翔镇惠平路 595 号 1 幢 2 楼（201802）				
投资总额	420 万 RMB	电　话	64018757	传　真	64018763
设立日期	2007-1-19	负 责 人	倪新光		
主营业务	生产锅、砧板，销售本公司自产产品。				

企业名称	邦益木业（上海）有限公司				
企业地址	上海市松江区石湖荡镇东夏村东三渡口 888 号（201604）				
投资总额	100 万 USD	电　话	57728550	传　真	57815834
设立日期	2007-1-8	负 责 人	王大春		
主营业务	研发和生产门窗、橱柜、复合门、家具木制品、家用装饰材料。				

企业名称	艾巴克整体橱柜（上海）有限公司				
企业地址	上海青浦工业园区新团路 200 号 16 号厂房一层（201700）				
投资总额	40 万欧元	电　话	63296198	传　真	63299318
设立日期	2006-12-20	负 责 人	STEFAN OSTWALDT		
主营业务	家具、橱柜及其零部件的生产、加工，销售公司自产产品。				

企业名称	依嘉（上海）木业有限公司					
企业地址	上海市奉贤区奉城镇神州路 288 号（201411）					
投资总额	375 万 USD	电　　话	57514690	传　　真	57514690	
设立日期	2006-11-27	负 责 人	王大春			
主营业务	设计、生产各类家具、建筑装饰材料，销售公司自产产品。					

企业名称	上海东龄家具制造有限公司					
企业地址	上海市嘉定区马陆镇科盛路 1000 号第 2 幢（201801）					
投资总额	25 万 USD	电　　话	69156556	传　　真	69157149	
设立日期	2006-11-7	负 责 人	朱学亿			
主营业务	生产家具、沙发，销售本公司自产产品。					

企业名称	上海亲亲家具用品有限公司					
企业地址	上海市奉贤区金汇镇江艇路 388 号（201404）					
投资总额	100 万 USD	电　　话	57485867	传　　真	57485822	
设立日期	2006-11-7	负 责 人	沈晓峰			
主营业务	设计、生产、加工家具及配套系统和产品，销售产品并提供售后服务。					

企业名称	昇迅活动房（上海）有限公司					
企业地址	上海市宝山区顾村镇工业园区富联三路 3 号内 D4 厂房（201907）					
投资总额	60 万 USD	电　　话	56494548	传　　真	56499648	
设立日期	2006-11-3	负 责 人	孙兴霖			
主营业务	生产、加工可移动式活动房，可移动式金属仓库及其部件、配件。					

企业名称	上海顶峰家具有限公司					
企业地址	上海市松江区石湖荡镇长塔路 35 号（201604）					
投资总额	70 万 USD	电　　话	57845928	传　　真	57841818	
设立日期	2006-9-4	负 责 人	福村八十八			
主营业务	生产家具及家具装饰品，销售公司自产产品。					

企业名称	上海龙澳家具有限公司					
企业地址	上海市奉贤区奉城镇灯民村（201411）					
投资总额	15 万 USD	电　　话	57566973	传　　真	57566973	
设立日期	2006-9-4	负 责 人	肖岳华			
主营业务	生产各式家具、沙发及装饰材料，销售公司自产产品。					

企业名称	澳地（上海）家具有限公司					
企业地址	上海市嘉定区南翔镇永乐村田旺路 55 号 B 区（201802）					
投资总额	14 万 USD	电　　话	69124136	传　　真	69124135	
设立日期	2006-8-30	负 责 人	任翠萍			
主营业务	生产家具、沙发、木制工艺品、床上用品、灯具，销售本公司自产产品。					

企业名称	上海心月堂家居饰品有限公司					
企业地址	上海市浦东新区莲溪路 1151 号 4 号楼第 1 层（200122）					
投资总额	14 万 USD	电　　话	50427663	传　　真	50610365	
设立日期	2006-8-29	负 责 人	张　莉			
主营业务	生产家居饰品、纺织品、床上用品、窗帘、家居服装、工艺品、家具。					

企业名称	卢优名建筑材料（上海）有限公司					
企业地址	上海市松江区叶榭镇叶繁路 198 号（201609）					
投资总额	50 万 USD	电　　话	64694575	传　　真	64694575	
设立日期	2006-8-21	负 责 人	ARTHUR TAN LO			
主营业务	设计、生产各种建筑材料、家具及相关产品，销售公司自产产品。					

企业名称	上海艺极恩特楼梯制造有限公司					
企业地址	上海市松江区富永路 766 弄 76 号（201600）					
投资总额	200 万欧元	电　　话	59886938	传　　真	59886938	
设立日期	2006-8-10	负 责 人	张家刚			
主营业务	开发、设计、生产钢质楼梯、木质楼梯、扶栏、阳台栏杆，钢结构。					

企业名称	杰爱木业（上海）有限公司					
企业地址	上海市奉贤区柘林镇孙桥路 707 号（201407）					
投资总额	50 万 USD	电　　话	57457778	传　　真	57458755	
设立日期	2006-8-1	负 责 人	SHUSHAN SHIMON BEN			
主营业务	生产各类木制地板，销售公司自产产品（涉及行政许可的凭许可证经营）。					

企业名称	上海豪臣木业有限公司					
企业地址	上海市青浦区外青松公路 3777 弄 68 号甲号房（201700）					
投资总额	30 万 USD	电　　话	59741122	传　　真	69209098	
设立日期	2006-7-31	负 责 人	高秀兰			
主营业务	生产、加工木门、木地板、厨房家具及装潢用木制品，销售自产产品。					

企业名称	博豪窗业（上海）有限公司					
企业地址	上海市松江区新桥镇民益路 39 号第 1 号厂房 A 区（201612）					
投资总额	25 万欧元	电　　话	67687030	传　　真	67687031	
设立日期	2006-6-22	负 责 人	KAY PUPPE			
主营业务	开发、生产、加工各类门窗及相关配套产品，销售公司自产产品。					

企业名称	宜家分拨（上海）有限公司					
企业地址	上海市奉贤区新杨路 1588 号 1 幢（201413）					
投资总额	2700 万 USD	电　　话	24124627	传　　真	54250386	
设立日期	2006-6-22	负 责 人	DAVID HOOD			
主营业务	家具、家居用品、器具以及玩具、绿色植物、大型家用电器的批发等。					

企业名称	安信伟光（上海）木材有限公司					
企业地址	上海市青浦工业区外青松公路 5500 号 201 室 A 座（201700）					
投资总额	2750 万 USD	电　　话	62598800	传　　真	62289503	
设立日期	2006-6-7	负 责 人	卢伟光			
主营业务	开发生产各类木制品、人造板、家具、锯材、木片加工，原辅材料进口。					

企业名称	卡睦德建筑装饰材料（上海）有限公司					
企业地址	上海市松江工业区东部新区书慧园区一期 2 号标准厂房（201600）					
投资总额	14 万 USD	电　　话	67601505	传　　真	67601207	
设立日期	2006-6-2	负 责 人	JAKUB LADA			
主营业务	设计、生产、加工室内装饰材料，移动门，家具以及金属和塑料配件。					

企业名称	百隆家具配件（上海）有限公司					
企业地址	上海市青浦工业园区内 C6 地块（201700）					
投资总额	500 万欧元	电　　话	53510038	传　　真	33080281	
设立日期	2006-5-22	负 责 人	GERHARD EUGEN BLUM			
主营业务	研究、设计、生产高档建筑五金以及相关配套产品，销售自产产品。					

企业名称	润湟家具（上海）有限公司					
企业地址	上海市金山区漕泾镇工业开发区西部规划二路 2—20 号（201508）					
投资总额	20 万 USD	电　　话	61210965	传　　真	61210967	
设立日期	2006-4-19	负 责 人	程志江			
主营业务	生产加工家具，提供相关的技术咨询，销售自产产品并提供售后服务。					

企业名称	上海矢达家居用品有限公司					
企业地址	上海市闵行区虹梅南路 1755 号 C 区 6 号（200237）					
投资总额	15 万 USD	电　　话	64551501	传　　真	54631085	
设立日期	2006-4-6	负 责 人	亓鹏生			
主营业务	生产床上用品，销售自产产品（涉及行政许可的，凭许可证经营）。					

企业名称	法特装饰材料（上海）有限公司					
企业地址	上海市松江工业区闵申路 188 号 5 号厂房 A 座（201600）					
投资总额	14 万 USD	电　　话	57684255	传　　真	57684660	
设立日期	2006-3-10	负 责 人	MICHEL BOUZIGNAC			
主营业务	生产自动防蚊、放水卷帘窗，销售公司自产产品并提供售后服务。					

企业名称	上海信正木业有限公司					
企业地址	上海市闵行区梅陇镇景联路 685 号（200237）					
投资总额	14 万 USD	电　　话	67691184	传　　真	67690395	
设立日期	2006-3-6	负 责 人	山田昭彦			
主营业务	生产木制家具及木制品，销售自产产品，其他进出口贸易业务。					

企业名称	泛亚沙发（上海）有限公司					
企业地址	上海松江出口加工区民康路以南巡环东路以西 C2 栋 E 栋（201613）					
投资总额	40 万 USD	电　　话	51580140	传　　真	51580351	
设立日期	2006-2-15	负 责 人	NICOLETTI GIUSEPPE			
主营业务	生产沙发，沙发装饰垫，木制家具，以及沙发或家具的配件，销售产品。					

企业名称	悠友家具（上海）有限公司					
企业地址	上海市冠生园路 227 号（200235）					
投资总额	20 万 USD	电　　话	64909981	传　　真	64909982	
设立日期	2006-2-9	负 责 人	MINAMI KEISUKE（南惠介）			
主营业务	生产木制家具、塑料模型，销售自产产品，其他进出口贸易业务。					

企业名称	西屋木业（上海）有限公司					
企业地址	上海市奉贤区庄行镇（201415）					
投资总额	16 万 USD	电　　话	57461230	传　　真	57461232	
设立日期	2006-1-27	负 责 人	陶骏彦			
主营业务	加工生产木制品，销售公司自产产品（涉及行政许可的凭许可证经营）。					

制造业-木材加工及竹、藤、棕、草制品业和家具制造业

企业名称	上海美克美家家具有限公司				
企业地址	上海市松江工业区洞泾分区洞业路（201619）				
投资总额	7815 万 RMB	电　话	63190055	传　真	57672731
设立日期	2006-1-6	负责人	寇卫平		
主营业务	开发、设计、生产家具及其相关产品，销售公司自产产品。				

企业名称	泰宏（上海）木业有限公司				
企业地址	上海市奉贤区奉城镇南奉公路北侧（201411）				
投资总额	56 万 USD	电　话	56015970	传　真	56013860
设立日期	2006-1-6	负责人	卓全泰		
主营业务	加工、生产各式家具及装饰材料，销售公司自产产品并提供售后服务。				

企业名称	卡斯贝拉家具（上海）有限公司				
企业地址	上海市闵行区莘庄镇中春路 4755 弄 99 号（201100）				
投资总额	20 万 USD	电　话	54959660	传　真	54959662
设立日期	2005-12-21	负责人	黄　富（NG PUA）		
主营业务	设计、生产各类高级门、窗、家具、家居制品，加工金属类支架。				

企业名称	上海诺沃芬门业有限公司				
企业地址	上海市松江区佘山工业区明业路 118 号（201602）				
投资总额	200 万欧元	电　话	57793335	传　真	57796577
设立日期	2005-12-16	负责人	WILKE MANFRED F.W.		
主营业务	生产电梯门、防火门、铁门，销售自产产品，提供售后服务。				

企业名称	海森崴（上海）木业有限公司				
企业地址	上海市松江区车墩镇香车路 206-338 号 220 全幢 1 层（201611）				
投资总额	20 万 USD	电　话	57603028	传　真	57603505
设立日期	2005-12-7	负责人	施伊泽		
主营业务	生产、加工家饰、家具类木制品，销售公司自产产品。				

企业名称	菲玛装饰材料（上海）有限公司				
企业地址	上海市松江区小昆山镇港业路 50 号 A 座（201616）				
投资总额	14 万 USD	电　话	57853721	传　真	57853070
设立日期	2005-12-6	负责人	FERNANDO HINOJOSA IZQUIERDO		
主营业务	生产、加工彩色混凝土、颜料、着色剂、脱模剂及混凝土保护材料。				

企业名称	怡家家具（上海）有限公司				
企业地址	上海市嘉定工业区娄塘人民村三组 370 号 1 幢（201806）				
投资总额	20 万 USD	电　话	59961239	传　真	59961239
设立日期	2005-11-24	负责人	WANG LIANG-GEN（王良根）		
主营业务	生产家具，销售本公司自产产品并提供售后服务。				

企业名称	恒丽有限公司				
企业地址	上海市杨浦区大连路 1546 号（200092）				
投资总额	4000 万 USD	电　话	63650139	传　真	63688787
设立日期	2005-10-21	负责人	谈意道		
主营业务	从事家具、厨卫、建材、五金、交电、机电设备、电子产品。				

企业名称	上海禾达木业有限公司				
企业地址	上海市嘉定区马陆镇彭封路 109 号 1 幢（201801）				
投资总额	105 万 USD	电　话	59101737	传　真	59102929
设立日期	2005-10-11	负责人	陈正吉		
主营业务	生产装潢木制品及木制家具，销售本公司自产产品。				

企业名称	亦丰木业（上海）有限公司				
企业地址	上海市闵行区春申路 2329 号（201100）				
投资总额	100 万 USD	电　话	54387719	传　真	54382216
设立日期	2005-10-10	负责人	卜立新		
主营业务	加工、生产木制品，销售自产产品。				

企业名称	上海鸿羽来木制品有限公司				
企业地址	上海小昆山经济区 B 区内（小昆山镇崇南路 3 号）2-4 号厂房（201616）				
投资总额	20 万 USD	电　话	57760122	传　真	57760127
设立日期	2005-9-29	负责人	齐藤建三		
主营业务	生产、加工木制品、金属制品及塑料制品，销售自产产品。				

企业名称	玛文家具（上海）有限公司				
企业地址	上海市闵行区华漕镇 414 街坊 2/2 丘（201100）				
投资总额	500 万 USD	电　话	62212284	传　真	62212153
设立日期	2005-9-14	负责人	JUSTIN CHUI		
主营业务	生产家具及相关配套饰品，销售自产产品。				

企业名称	海轩木业（上海）有限公司				
企业地址	上海市奉贤区现代农业园区大叶公路 4510 号（201400）				
投资总额	51 万 USD	电　话	57576996	传　真	57489009
设立日期	2005-8-29	负责人	钱志强		
主营业务	生产家具，销售公司自产产品。				

企业名称	凯可特（上海）厨卫有限公司				
企业地址	上海市宝山区长江西路 685 号（200435）				
投资总额	20 万 USD	电　话	66151733	传　真	66152566
设立日期	2005-8-15	负责人	LIANG SHU		
主营业务	生产板式橱柜及其售后服务，销售自产产品。				

企业名称	艺脉家具制造（上海）有限公司				
企业地址	上海市松江区新浜工业园区胡工路 99 号（201605）				
投资总额	14 万 USD	电　话	54891331	传　真	54135502
设立日期	2005-8-6	负责人	李应钟		
主营业务	生产各类家具、装饰制品、装饰装潢材料、室内装饰艺术品。				

企业名称	上海大自然俊华家具有限公司				
企业地址	上海市闵行区陪昆路 208 号（201108）				
投资总额	14 万 USD	电　话	33617335	传　真	33617299
设立日期	2005-7-12	负责人	杨俊华（YANG JUN HUA）		
主营业务	生产高档沙发、家具及皮具，销售自产产品，提供相关的售后服务。				

企业名称	权照木业（上海）有限公司				
企业地址	上海市长宁区绥宁路 805 号 2 幢 103 室（200335）				
投资总额	14 万 USD	电　话	54940994	传　真	54940994
设立日期	2005-7-7	负责人	张文林		
主营业务	木竹制品的生产、开发，销售自产产品，提供售后服务。				

企业名称	民谷木制门窗（上海）有限公司				
企业地址	上海市杨浦区国权路 39 号 2 号楼 302A 室（200433）				
投资总额	20 万 USD	电　话	65027470	传　真	65027470
设立日期	2005-7-4	负责人	TAMIYA KOJI		
主营业务	生产加工木制门、窗、玩具、家具，销售自产产品。				

企业名称	格宁斯窗饰（上海）有限公司				
企业地址	上海市闵行区银都路 588 号西区 55 幢（一期 16#）（201108）				
投资总额	50 万 USD	电　话	52080869	传　真	52080879
设立日期	2005-6-27	负责人	蔡建明		
主营业务	制造、加工窗饰产品及其配件，销售自产产品，提供售后服务。				

企业名称	艾喜益环保制品（上海）有限公司				
企业地址	上海市闵行区莘松路 850 弄 218 号（201100）				
投资总额	51 万 USD	电　话	64938918	传　真	64938908
设立日期	2005-6-22	负责人	谢东明		
主营业务	加工、生产各种木浆纤维海绵日常清洁用品。				

企业名称	乐瓦家具（上海）有限公司				
企业地址	上海市闵行区双柏路 1333 弄 19 号（201108）				
投资总额	150 万 USD	电　话	64976282	传　真	64973958
设立日期	2005-6-3	负责人	陈启龙		
主营业务	生产家具、弹簧、床垫，销售自产产品。				

企业名称	上海聚意航木制品有限公司				
企业地址	上海市嘉定区安亭镇园区路 1189 号 3 号厂房（201805）				
投资总额	30 万 USD	电　话	59560731	传　真	59560721
设立日期	2005-5-30	负责人	GOH KHAY CHIANG		
主营业务	生产木制门、地板，销售本公司自产产品。				

企业名称	西爱斯爱斯（上海）窗帘有限公司				
企业地址	上海市外高桥保税区富特东一路 370 号二楼（200131）				
投资总额	20 万 USD	电　话	58666818	传　真	58666828
设立日期	2005-5-30	负责人	加纳英之		
主营业务	保税区内各种窗帘的生产及销售；以窗帘为主的仓储、分拨业务。				

企业名称	上海爱爱家具有限公司				
企业地址	上海市奉贤区奉城镇白衣聚村二组（201411）				
投资总额	18 万 USD	电　话	57526200	传　真	57525334
设立日期	2005-4-1	负责人	家崎高雄		
主营业务	研发、设计、生产各式家具，销售公司自产产品并提供相关服务。				

企业名称	**上海席梦思床褥家具销售有限公司**				
企业地址	上海市长乐路 989 号世纪商贸广场 37 楼 3703 室（200031）				
投资总额	30 万 USD	电　话	62482233	传　真	62480322
设立日期	2005-3-23	负 责 人	RYUJIW ATANABE		
主营业务	商品零售（包括：床褥、家具、家居用品及其原材料和零部件）。				

企业名称	**上海康璐家具有限公司**				
企业地址	上海市奉贤区青村镇南奉公路 2292 号（201411）				
投资总额	50 万 USD	电　话	57567150	传　真	57567151
设立日期	2005-3-16	负 责 人	朱治涛		
主营业务	生产室内外家具、沙发、办公家具，销售公司自产产品。				

企业名称	**上海合永家具有限公司**				
企业地址	上海市奉贤区奉城镇洪庙社区集贤村三组（201411）				
投资总额	20 万 USD	电　话	57137181	传　真	57137049
设立日期	2005-2-5	负 责 人	王春松		
主营业务	生产家具，销售公司自产产品（涉及行政许可的凭许可证经营）。				

企业名称	**上海合志家具有限公司**				
企业地址	上海市嘉定区徐行镇劳动路 419 号（201809）				
投资总额	31 万 USD	电　话	59940197	传　真	59940329
设立日期	2004-11-26	负 责 人	瞿殿光		
主营业务	生产家具，销售本公司自产产品（涉及行政许可的，凭许可证经营）。				

企业名称	**上海福乐迎木业有限公司**				
企业地址	上海市松江区小昆山镇崇南路 8 号（201616）				
投资总额	6.2 万 USD	电　话	57766897	传　真	57766555
设立日期	2004-10-12	负 责 人	胡长胜		
主营业务	生产木地板、木门、家具及木制品，销售公司自产产品。				

企业名称	**进永办公家具（上海）有限公司**				
企业地址	上海市闵行区华漕镇光华村林家桥（201105）				
投资总额	20 万 USD	电　话	39872382	传　真	39872383
设立日期	2004-9-29	负 责 人	朱启仲		
主营业务	加工、生产各类家具及配套的装饰品与零配件，销售自产产品。				

企业名称	**康坦波家具（上海）有限公司**				
企业地址	上海市嘉定区安亭镇园福路 525 号（201805）				
投资总额	720 万 USD	电　话	69573048	传　真	69573055
设立日期	2004-9-24	负 责 人	TOMMASO NIGRO		
主营业务	生产家具，销售本公司自产产品并提供售后服务。				

企业名称	**上海倍源木业有限公司**				
企业地址	上海市松江工业区车墩分区香亭路 255 号（201611）				
投资总额	120 万 USD	电　话	57776141	传　真	57776069
设立日期	2004-9-14	负 责 人	王　勤		
主营业务	生产地板、锯材、木片、人造板，销售公司自产产品。				

企业名称	**帝伯奇家具（上海）有限公司**				
企业地址	上海市嘉定区马陆镇育绿路 28 弄 8 号（201801）				
投资总额	14 万 USD	电　话	59902868	传　真	59902658
设立日期	2004-9-7	负 责 人	金岛亨		
主营业务	生产家具，销售本公司自产产品（涉及行政许可的，凭许可证经营）。				

企业名称	**上海榆之家具有限公司**				
企业地址	上海市浦东新区杨高南路 2347 号第 7 幢（200120）				
投资总额	14 万 USD	电　话	50825339	传　真	50825339
设立日期	2004-9-1	负 责 人	梁勤佳		
主营业务	生产家具、家具饰品，销售自产产品，室内装潢咨询。				

企业名称	**上海灏凯家具有限公司**				
企业地址	上海市嘉定区马陆镇彭赵村（201801）				
投资总额	73 万 USD	电　话	69156978	传　真	69156979
设立日期	2004-8-20	负 责 人	YI FANG ZHANG		
主营业务	生产家具及其他木制品，销售本公司自产产品。				

企业名称	**宿龙家具（上海）有限公司**				
企业地址	上海市闵行区春申路 2658 弄 67 号（201100）				
投资总额	400 万 USD	电　话	54544510	传　真	54544516
设立日期	2004-7-30	负 责 人	陈彦成		
主营业务	生产沙发、沙发半成品、木制品、皮革制品、服饰、床上用品。				

企业名称	**二叶（上海）家具装饰有限公司**				
企业地址	上海市闵行区梅陇镇景联路 188 弄 2、4、5 号（201108）				
投资总额	100 万 USD	电　话	64348881	传　真	64348887
设立日期	2004-7-19	负 责 人	安东正志		
主营业务	生产各类材质的家具、标牌、广告板、电器配套装饰品。				

企业名称	**上海知勉家居用品有限公司**				
企业地址	上海市闵行区浦江镇三达路 85 号 6 号楼（201112）				
投资总额	20 万 USD	电　话	54312962	传　真	54312963
设立日期	2004-7-5	负 责 人	高忆婕		
主营业务	生产布艺品、家饰用品，销售自产产品（涉及许可经营的凭许可证经营）。				

企业名称	**上海博高木结构有限公司**				
企业地址	上海市城桥经济开发区（202150）				
投资总额	14.5 万 USD	电　话	62301563	传　真	62307263
设立日期	2004-7-1	负 责 人	孙　悦		
主营业务	设计、加工木结构房屋所需的材料，提供相关技术和咨询及售后服务。				

企业名称	**朗曼（上海）家具有限公司**				
企业地址	上海市奉贤区奉城镇头桥社区（201411）				
投资总额	14 万 USD	电　话	57550616	传　真	33615247
设立日期	2004-5-28	负 责 人	ZHANG YUAN SONG		
主营业务	加工、生产各式家具，销售公司自产产品。				

企业名称	**瑞胜家具（上海）有限公司**				
企业地址	上海市嘉定工业区福海路 1055 号（201821）				
投资总额	15 万 USD	电　话	63031383	传　真	53010331
设立日期	2004-5-18	负 责 人	梁定文		
主营业务	生产家具、卫浴洁具、销售本公司自产产品并提供售后服务。				

企业名称	**财纳福诺木业（上海）有限公司**				
企业地址	上海市嘉定区江桥镇火线村宝元四路 188 号 2 幢（210812）				
投资总额	84 万 USD	电　话	69132748	传　真	69132659
设立日期	2004-4-22	负 责 人	THOMAS BAERT		
主营业务	生产地板等木制品，销售本公司自产产品并提供售后服务。				

企业名称	**乾坤家具（上海）有限公司**				
企业地址	上海市青浦区赵巷镇沪青平公路 3899 号（201703）				
投资总额	14 万 USD	电　话	69750877	传　真	69750877
设立日期	2004-4-21	负 责 人	RAFAEL CAMPINS FIGUERAS		
主营业务	设计、生产、加工各类家具及其配套制品，销售公司自产产品。				

企业名称	**上海西东家居用品有限公司**				
企业地址	上海市青浦工业园区外青松公路 5500 号 108 室（201700）				
投资总额	600 万 USD	电　话	59752602	传　真	59750645
设立日期	2004-4-9	负 责 人	李振忠		
主营业务	开发、加工装饰布家用纺织品以及相关家居用品及配件。				

企业名称	**上海梵莎家具有限公司**				
企业地址	上海市闵行区莲花南路 2129 弄 118 号 5 号厂房（201102）				
投资总额	50 万 USD	电　话	33506210	传　真	33506205
设立日期	2004-4-6	负 责 人	徐丹奇		
主营业务	生产家具系列产品、沙发（包括半成品）、床垫及家饰制品。				

企业名称	**上海乐瑞家居用品有限公司**				
企业地址	上海市金山区兴塔镇工业园区（201502）				
投资总额	18 万 USD	电　话	57365971	传　真	57365977
设立日期	2004-4-2	负 责 人	杨金矿		
主营业务	生产淋浴房、浴缸等卫生洁具及其五金制品，销售公司自产产品。				

企业名称	**艺琳画材（上海）有限公司**				
企业地址	上海市青浦工业园区外青松公路 5500 号 109 室（201700）				
投资总额	1200 万 USD	电　话	59754151	传　真	59751535
设立日期	2004-3-30	负 责 人	ARTHUR VIEGAS		
主营业务	生产水彩画、中国画、油画、广告画、水粉画颜料，油画棒，彩色蜡笔。				

企业名称	**上海冈村家具物流设备有限公司**				
企业地址	上海市外高桥保税区富特北路 133 号第四层 B 部位（200131）				
投资总额	1.4 亿日元	电　话	61157577	传　真	61157597
设立日期	2004-3-30	负 责 人	HIRATSUKA TAKESHI		
主营业务	保税区内以家具、物流设备、商业设备为主的仓储、分拨、展示。				

企业名称	**上海耐美薄大陶板有限公司**				
企业地址	上海市青浦区华新镇北青公路 3888 号（201705）				
投资总额	300 万 USD	电　话	69778010	传　真	69778020
设立日期	2004-3-26	负责人	吴荣场		
主营业务	生产高档环保型装饰装修材料（各种陶板及其配件）。				

企业名称	**上海福澳木业有限公司**				
企业地址	上海市奉贤区庄行镇（201400）				
投资总额	19 万 USD	电　话	57466001	传　真	57466003
设立日期	2004-3-23	负责人	邱祥忠		
主营业务	加工生产木制地板及木制品，销售公司自产产品。				

企业名称	**联美木业（上海）有限公司**				
企业地址	上海市嘉定区马陆镇包桥村（201801）				
投资总额	30 万 USD	电　话	69153517	传　真	69153865
设立日期	2004-3-15	负责人	萧昆台		
主营业务	生产加工木制品，销售本公司自产产品（涉及许可经营的凭许可证经营）。				

企业名称	**派尔刚木制品（上海）有限公司**				
企业地址	上海市普陀区古浪路 415 弄 2 号底楼、5 号底楼（200331）				
投资总额	38 万 USD	电　话	52840909	传　真	52842853
设立日期	2004-2-26	负责人	HAINA JIN		
主营业务	生产加工木质结构房屋、木制家具、木制装饰材料，销售自产产品。				

企业名称	**思派林木业（上海）有限公司**				
企业地址	上海市青浦工业园区外青松公路 1688 号（201708）				
投资总额	40 万 USD	电　话	69791176	传　真	69791175
设立日期	2004-2-5	负责人	王春根		
主营业务	生产、加工木制家具、地板，销售公司自产产品，提供产品售后服务。				

企业名称	**上海特维士窗饰制品有限公司**				
企业地址	上海金山嘴工业区中山工业园区（201508）				
投资总额	200 万 USD	电　话	57241000	传　真	57241999
设立日期	2004-1-9	负责人	叶蕙心		
主营业务	生产各种百叶窗帘，配套零部件及其机械设备和模具制造。				

企业名称	**上海君岛木业有限公司**				
企业地址	上海市闵行区莘朱路 1999 号（201100）				
投资总额	75 万 USD	电　话	67691184	传　真	67690395
设立日期	2004-1-1	负责人	君岛胜人		
主营业务	生产木制家具及木制品，销售自产产品。				

企业名称	**上海盈申科技有限公司**				
企业地址	上海市嘉定区嘉定工业开发区叶城路 925 号（201821）				
投资总额	105 万 USD	电　话	64327196	传　真	64327199
设立日期	2003-12-25	负责人	陈关庭		
主营业务	研究、设计、开发、生产环保治理设备、电气控制柜（盘）、模具。				

企业名称	**上海万诚家具有限公司**				
企业地址	上海市青浦区北青公路 3886 号（201708）				
投资总额	800 万 USD	电　话	59884476	传　真	59883855
设立日期	2003-12-9	负责人	洪善银		
主营业务	生产木制、钢制家具及其配套件，销售公司自产产品。				

企业名称	**麦亨丽家具用品（上海）有限公司**				
企业地址	上海市南汇区航头镇大麦湾工业区 5842 号 5 幢 106 室（201316）				
投资总额	51 万 USD	电　话	58492629	传　真	68306311
设立日期	2003-12-4	负责人	马舟良		
主营业务	生产加工木制、塑制及不锈钢、玻璃制作的各类家具、洁具。				

企业名称	**金狮家具（上海）有限公司**				
企业地址	上海市浦东新区沔北路 58 弄 115 号（201203）				
投资总额	35 万 USD	电　话	50200411	传　真	50200413
设立日期	2003-12-3	负责人	KING DAVID RUSSELL		
主营业务	生产沙发、钢、木家具，销售自产产品，提供相关技术咨询和技术服务。				

企业名称	**华洋轩家饰（上海）有限公司**				
企业地址	上海市宝山区牡丹江路 1325 号 3D-449 室（201900）				
投资总额	14 万 USD	电　话	62700406	传　真	62702848
设立日期	2003-11-12	负责人	周丽丽		
主营业务	加工组装家具及与之配套的装饰用品和工艺品，销售自产产品。				

企业名称	**普舒蓝家具（上海）有限公司**				
企业地址	上海市松江区九亭镇久富经济开发区得心路 68 号（201615）				
投资总额	14 万 USD	电　话	67690222	传　真	67690222
设立日期	2003-11-5	负责人	ROBERTO POZZEBON		
主营业务	设计、制作、生产木制品、木制家具及相关零部件，销售公司自产产品。				

企业名称	**帝文木业（上海）有限公司**				
企业地址	上海市闵行区浦江镇勤劳村（201112）				
投资总额	52 万 USD	电　话	54333258	传　真	54333260
设立日期	2003-10-20	负责人	DIETER KURT STADELMA		
主营业务	生产各类木制品、木质装饰材料和工艺品，销售公司自产产品。				

企业名称	**上海全富家具有限公司**				
企业地址	上海市闵行区友东路 237 号（201100）				
投资总额	50 万 USD	电　话	54881103	传　真	54885420
设立日期	2003-9-18	负责人	李　盈秾		
主营业务	生产各类家具、工艺品，销售自产产品（涉及许可经营的凭许可证经营）。				

企业名称	**青木堂家具（上海）有限公司**				
企业地址	上海市闵行区华漕镇联友路 100 弄 12 号（201106）				
投资总额	101 万 USD	电　话	52261328	传　真	52261318
设立日期	2003-9-18	负责人	江文义		
主营业务	加工、生产家具及木制品，销售自产产品。				

企业名称	**澳帕（上海）家具装饰有限公司**				
企业地址	上海市嘉定区南翔镇永乐村田旺路 55 号（201802）				
投资总额	28 万 USD	电　话	69120746	传　真	69124135
设立日期	2003-9-16	负责人	任安妮		
主营业务	生产家具、木制制品，销售本公司自产产品。				

企业名称	**意黛亚（上海）木业装饰有限公司**				
企业地址	上海市奉贤区邬桥镇（201401）				
投资总额	25 万 USD	电　话	57407237	传　真	57407028
设立日期	2003-8-14	负责人	斋藤英哉		
主营业务	加工、生产家具、木制装饰品、木制装潢品，销售公司自产产品。				

企业名称	**上海新爱顿家具有限公司**				
企业地址	上海市奉贤区青村镇（201414）				
投资总额	105 万 USD	电　话	57569711	传　真	57569722
设立日期	2003-8-6	负责人	张　明		
主营业务	生产各类木制家具，销售公司自产产品。				

企业名称	**上海富乐居家具有限公司**				
企业地址	上海市漕溪北路 739 号汇翠花园 7 号（200030）				
投资总额	100 万 USD	电　话	64281491	传　真	64281490
设立日期	2003-7-24	负责人	李锡霖		
主营业务	生产加工家具，销售自产产品（涉及许可经营的凭许可证经营）。				

企业名称	**上海美琦厨卫有限公司**				
企业地址	上海市奉贤区胡桥镇临海工业区（201417）				
投资总额	51 万 USD	电　话	29687570	传　真	54812263
设立日期	2003-7-17	负责人	黄海澄		
主营业务	加工、生产厨房家具、卫生家具、家用电子电器、五金装饰材料。				

企业名称	**上海捷恩家具有限公司**				
企业地址	上海市松江区新浜工业园区新工路 295 号 A 号、B 号（201605）				
投资总额	170 万 USD	电　话	57893660	传　真	57893207
设立日期	2003-7-17	负责人	张　珩		
主营业务	生产、加工皮制及布艺沙发，皮制及布艺沙发套，汽车座套。				

企业名称	**星科包装（上海）有限公司**				
企业地址	上海市浦东新区利航路 429 号（201201）				
投资总额	80 万 USD	电　话	58382353	传　真	58382797
设立日期	2003-7-16	负责人	莫金强		
主营业务	设计、生产有色金属复合包装材料、新型合金包装材料。				

企业名称	**上海晋合木业制造有限公司**				
企业地址	上海市南汇工业园区沪南路 9458 号（201300）				
投资总额	126 万 USD	电　话	68009898	传　真	68009168
设立日期	2003-7-15	负责人	陈明镜		
主营业务	各类木制产品的生产、开发、设计，销售公司自产产品。				

企业名称	上海福力木业有限公司				
企业地址	上海市松江区九亭镇上海松江高科技园区沧泾路38号（201615）				
投资总额	35万USD	电　话	57626600	传　真	57626611
设立日期	2003-6-26	负责人	STEPHEN WAI KUI YUEN		
主营业务	生产木质厨柜、装饰板材和其他木制品，销售公司自产产品。				

企业名称	斑杰铭木艺（上海）有限公司				
企业地址	上海市闵行区联友路75号（201107）				
投资总额	50万USD	电　话	62212281	传　真	62212284
设立日期	2003-6-18	负责人	JUSTIN CHUI		
主营业务	生产木制品，销售自产产品（涉及许可经营的凭许可证经营）。				

企业名称	力国企业发展（上海）有限公司				
企业地址	上海市闵行区七宝镇吴宝路255号（201101）				
投资总额	600万USD	电　话	64612212	传　真	64193310
设立日期	2003-6-11	负责人	王国达		
主营业务	设计、生产木地板及提供相关配套包装，销售自产产品；企业发展咨询。				

企业名称	上海特埃弗木业有限公司				
企业地址	上海市南汇区东海镇盐朝北路8号（201324）				
投资总额	40万USD	电　话	58260105	传　真	58260430
设立日期	2003-6-11	负责人	欧阳可年		
主营业务	生产各类木制橱柜、门、家具及其他木制品，销售公司自产产品。				

企业名称	上海思达家具有限公司				
企业地址	上海市嘉定工业区马陆园区（201801）				
投资总额	1200万USD	电　话	69155555	传　真	69155111
设立日期	2003-6-3	负责人	杨　阳		
主营业务	生产家具及其他木制品，销售企业自产产品。				

企业名称	上海森桑装饰材料有限公司				
企业地址	上海市闵行区七宝镇联明村中联路18号（201101）				
投资总额	40万USD	电　话	54866488	传　真	54867938
设立日期	2003-5-28	负责人	路易斯·陈		
主营业务	生产窗帘、装饰材料、销售自产产品（涉及许可经营的凭许可证经营）。				

企业名称	上海爱柏歌德木业有限公司				
企业地址	上海市奉贤区庄行镇牛溇村601号（201415）				
投资总额	25万USD	电　话	57109188	传　真	57107318
设立日期	2003-5-28	负责人	丁福如		
主营业务	生产实木地板、各种复合地板、家具、整体厨房及厨房用电器。				

企业名称	上海家合饰品有限公司				
企业地址	上海市嘉定区安亭镇星明村（201805）				
投资总额	93万USD	电　话	59509955	传　真	59509966
设立日期	2003-5-14	负责人	陈国浩		
主营业务	生产布艺、灯饰、小型家具等家庭装饰用品，销售本公司自产产品。				

企业名称	上海信弘家具用品有限公司				
企业地址	上海市浦东新区港城路803号（200120）				
投资总额	21万USD	电　话	50405007	传　真	58676442
设立日期	2003-5-14	负责人	谢　雷		
主营业务	生产家具及家具配套的缝纫制品，服装及箱包，销售自产产品。				

企业名称	科曼多家具（上海）有限公司				
企业地址	上海市闵行区华漕镇许浦村陈家弄生产队（201106）				
投资总额	51万USD	电　话	62202589	传　真	62202589
设立日期	2003-4-24	负责人	叶家斌		
主营业务	加工、生产家具及相关五金件，销售自产产品。				

企业名称	上海翠雅家具有限公司				
企业地址	上海市闵行区吴中路1128号（201103）				
投资总额	20万USD	电　话	64069518	传　真	64069518
设立日期	2003-4-22	负责人	刘婉文		
主营业务	加工、生产组合式钢木结构家具、各种家庭用手工工艺品。				

企业名称	上海青士竹木制品有限公司				
企业地址	上海市浦东新区唐陆路3258号第二幢305室（201203）				
投资总额	37万USD	电　话	32100319	传　真	62718752
设立日期	2003-4-21	负责人	王文亨		
主营业务	生产各类竹木装饰材料和产品，销售自产产品。				

企业名称	凯纳斯家具（上海）有限公司				
企业地址	上海市嘉定区马陆镇众芳村洪德路、南裕民路东侧（201801）				
投资总额	14万USD	电　话	59106775	传　真	59104681
设立日期	2003-4-10	负责人	GUIDO MELIS		
主营业务	生产家具，销售本公司自产产品（涉及许可经营的凭许可证经营）。				

企业名称	上海竹中木业有限公司				
企业地址	上海市青浦区金泽镇练西公路3586号（201721）				
投资总额	60万USD	电　话	39270067	传　真	39270060
设立日期	2003-4-8	负责人	竺中洋		
主营业务	生产木制家具、钢制家具、厨房家具，销售公司自产产品。				

企业名称	上海广钦木业有限公司				
企业地址	上海市青浦区华新镇秀龙村（201708）				
投资总额	100万USD	电　话	69798525	传　真	69798506
设立日期	2003-4-3	负责人	张财祥		
主营业务	生产、加工装饰、装修用木制品，销售公司自产产品。				

企业名称	冠相家具（上海）有限公司				
企业地址	上海市青浦工业园区郏一村608、618号（201706）				
投资总额	30万USD	电　话	59868731	传　真	39876008
设立日期	2003-3-25	负责人	陈淳恩		
主营业务	生产各类家具、木制品、室内装饰件，销售公司自产产品。				

企业名称	贝本木业（上海）有限公司				
企业地址	上海市青浦区夏阳街道王仙村15号（201700）				
投资总额	55万USD	电　话	59815016	传　真	59815015
设立日期	2003-3-12	负责人	神谷拓信		
主营业务	生产、加工高档环保木质装饰装修建材，销售公司自产产品。				

企业名称	上海东松木业有限公司				
企业地址	上海市青浦区朱家角镇朱枫公路1809号（201714）				
投资总额	50万USD	电　话	59836053	传　真	59836145
设立日期	2003-3-6	负责人	金子博		
主营业务	生产建筑装饰用木制品，销售公司自产产品。				

企业名称	上海佑大木业有限公司				
企业地址	上海市青浦区练塘镇新朱枫公路780号（201715）				
投资总额	50万USD	电　话	59815215	传　真	59815217
设立日期	2003-1-22	负责人	戴智辉		
主营业务	生产木制家具及木制产品，销售公司自产产品，				

企业名称	上海三翔金属制品有限公司				
企业地址	上海市嘉定区南翔镇西工业开发区（201802）				
投资总额	2500万USD	电　话	51205608	传　真	51205405
设立日期	2002-12-24	负责人	赵伦杰		
主营业务	生产金属制家具，销售本公司自产产品。				

企业名称	上海启疆木业有限公司				
企业地址	上海市南汇区东海镇盐朝公路8号（201324）				
投资总额	20万USD	电　话	58260030	传　真	58260032
设立日期	2002-12-16	负责人	侯　器		
主营业务	生产橱柜、浴室柜等木制品，销售公司自产产品。				

企业名称	家是雅（上海）家居有限公司				
企业地址	上海市松江区泖港镇焦家村18丘（201607）				
投资总额	44万USD	电　话	57862874	传　真	57862885
设立日期	2002-12-12	负责人	李炫九		
主营业务	加工、生产各类家具及居家用品，销售公司自产产品提供售后服务。				

企业名称	上海碧高木业有限公司				
企业地址	上海市闵行区闵北路801弄7号厂房（201107）				
投资总额	20万USD	电　话	52262740	传　真	62214583
设立日期	2002-11-26	负责人	斯蒂芬		
主营业务	生产销售各类材质家具、画框、木制工艺品。				

企业名称	艾特力家具（上海）有限公司				
企业地址	上海市青浦区朱家角镇工业园区（201713）				
投资总额	1000万USD	电　话	59834666	传　真	59830080
设立日期	2002-11-25	负责人	许振林		
主营业务	生产各类家具及饰品，销售公司自产产品。				

企业名称	锡山实业（上海）有限公司				
企业地址	上海市青浦区重固镇崧华路 950 号（201706）				
投资总额	750 万 USD	电　话	59868000	传　真	59868100
设立日期	2002-11-21	负责人	王晓玉		
主营业务	设计、生产各类家具，销售公司自产产品。				

企业名称	上海江州工艺品有限公司				
企业地址	上海市松江区松江工业区茸北分区松江第 706 号地块（201613）				
投资总额	286 万 USD	电　话	57784035	传　真	57784093
设立日期	2002-11-18	负责人	伊藤敬一		
主营业务	生产佛坛、佛具以及其他木制工艺品。				

企业名称	森尼木业（上海）有限公司				
企业地址	上海市青浦区宏城开发区沪青平公路 4501 弄 42 号（201700）				
投资总额	28 万 USD	电　话	59859572	传　真	59859573
设立日期	2002-11-6	负责人	洪超宽		
主营业务	生产木制装饰材料，销售公司自产产品。				

企业名称	叶氏木业（上海）有限公司				
企业地址	上海市康桥工业区沪南公路 2502 号 408 室（201318）				
投资总额	2980 万 USD	电　话	58104611	传　真	58104613
设立日期	2002-9-27	负责人	叶　欣		
主营业务	生产家具、家具配件及材料，室内木材装饰材料、木材建筑材料。				

企业名称	沛德家具（上海）有限公司				
企业地址	上海市闵行区华翔路 3018 弄 6 号（201107）				
投资总额	28 万 USD	电　话	51098318	传　真	62219921
设立日期	2002-9-3	负责人	刘擎宇		
主营业务	设计、生产中高档家具，沙发，销售自产产品，提供相关售后服务。				

企业名称	梦巢家具（上海）有限公司				
企业地址	上海市青浦工业区崧华路 399 号（201703）				
投资总额	440 万 USD	电　话	59757801	传　真	59757803
设立日期	2002-8-28	负责人	杜　玲		
主营业务	加工、生产销售各种家具，工艺品，灯具及木粉香棒，香球，香制品。				

企业名称	上海新钢办公家具有限公司				
企业地址	上海市松江区新桥镇新腾支路 1 号地块（201612）				
投资总额	140 万 USD	电　话	57648574	传　真	57648173
设立日期	2002-7-31	负责人	史佩桦		
主营业务	生产、设计环保型综合办公家具系列产品。				

企业名称	上海瑞奇木业有限公司				
企业地址	上海市闵行区吴翟路 1111 号（201106）				
投资总额	25 万 USD	电　话	52231000	传　真	52230233
设立日期	2002-7-8	负责人	庄一健		
主营业务	生产销售加工木制日用品。				

企业名称	菲莉金属制品（上海）有限公司				
企业地址	上海南汇区工业园区（201300）				
投资总额	1800 万 USD	电　话	58148777	传　真	58148999
设立日期	2002-6-19	负责人	杨建辉		
主营业务	生产、加工办公桌椅、家用扶梯和货架等钢塑家具及其零配件。				

企业名称	风笛家具（上海）有限公司				
企业地址	上海市闵行区澄江路 1282 号（200241）				
投资总额	35 万 USD	电　话	62723560	传　真	62723576
设立日期	2002-6-3	负责人	田家昌		
主营业务	生产销售家具，门窗，家用装饰品。				

企业名称	上海乡村家俱制造有限公司				
企业地址	上海市奉贤区塘外镇奉柘公路 921 号（201408）				
投资总额	14 万 USD	电　话	57170888	传　真	57170988
设立日期	2002-6-3	负责人	瞿凤莲		
主营业务	生产木制家具及装饰材料，销售公司自产产品。				

企业名称	上海星日席垫制品有限公司				
企业地址	上海市闵行区颛桥镇向阳工业园区第三街坊（201108）				
投资总额	52 万 USD	电　话	55150180	传　真	55150190
设立日期	2002-5-22	负责人	刘存美		
主营业务	生产销售、加工塑料、草料、麻料类席垫制品。				

企业名称	上海科顿家具有限公司				
企业地址	上海市闵行区老沪青平公路 531 号（201105）				
投资总额	70 万 USD	电　话	52960510	传　真	52960500
设立日期	2002-5-20	负责人	刘镇坤		
主营业务	生产销售办公、文教用品，家具、装饰材料及相关零配五金件。				

企业名称	上海淳艺家饰有限公司				
企业地址	上海市闵行区华漕镇建设村徐车亭生产队（201106）				
投资总额	28 万 USD	电　话	52270936	传　真	52270740
设立日期	2002-4-9	负责人	倪沪州		
主营业务	生产家具、家居饰品、文具用品。				

企业名称	上海宝京包装制品有限公司				
企业地址	上海市宝山区罗泾镇高椿树村（200949）				
投资总额	47 万 USD	电　话	56874321	传　真	36134008
设立日期	2002-4-5	负责人	服部一弘		
主营业务	从事木制包装箱、纸制包装箱、包装底架的设计、生产、加工。				

企业名称	上海葳林家具有限公司				
企业地址	上海市青浦工业园区新胜路 239 号（201712）				
投资总额	210 万 USD	电　话	59228686	传　真	59338669
设立日期	2002-3-21	负责人	游如坚		
主营业务	生产家具及其配件、伞和烧烤炉、壁炉、灯饰等五金制品。				

企业名称	紫晶家具（上海）有限公司				
企业地址	上海市嘉定区马陆镇包桥村沈石路 58 号（201801）				
投资总额	35 万 USD	电　话	69156111	传　真	69156833
设立日期	2002-3-12	负责人	李　艺		
主营业务	设计、生产各式家具及其他木制品，销售企业自产产品。				

企业名称	雷柏特（上海）实验室设备有限公司				
企业地址	上海市闵行区华漕镇杨家巷村华翔路 3668 弄 1 号（201106）				
投资总额	50 万 USD	电　话	52728699	传　真	52727557
设立日期	2002-2-26	负责人	林玫香		
主营业务	生产销售实验桌组，通风柜组及其零部件，实验室周边设备，钢木制品。				

企业名称	欧风家具（上海）有限公司				
企业地址	上海市凯旋路 1205 号（200052）				
投资总额	70 万 USD	电　话	62802337	传　真	62948443
设立日期	2002-2-21	负责人	陈　迪		
主营业务	生产办公家具、沙发、提供相关的咨询及配套服务。				

企业名称	上海名扬家具有限公司				
企业地址	上海市青浦区重固镇郏店村赵重路 1741 号（201706）				
投资总额	28 万 USD	电　话	59785668	传　真	59785638
设立日期	2002-2-21	负责人	郭有武		
主营业务	生产钢制、塑钢家具及其配件，销售公司自产产品。				

企业名称	上海芬妮尔塑料制品有限公司				
企业地址	上海市青浦工业园区高新技术成果转化基地 A17 号（201707）				
投资总额	112 万 USD	电　话	69210928	传　真	69210996
设立日期	2002-2-4	负责人	FRANK BUEDDICKER		
主营业务	生产各种塑料制品、家具配件、家电配件、家具五金装饰件、塑料。				

企业名称	上海欧适家具有限公司				
企业地址	上海市闵行区吴中路 1128 号（201103）				
投资总额	28 万 USD	电　话	64655230	传　真	64655230
设立日期	2002-1-18	负责人	刘文潮		
主营业务	生产销售组合式钢木结构家具，移动门及其他装饰品。				

制造业－造纸及纸制品业、印刷业及记录媒介的复制和文教体育用品制造业

企业名称	上海崴莨纸业贸易有限公司				
企业地址	上海市长宁区宣化路 28 号 1103、1104 室（200050）				
投资总额	146.万 USD	电　话	52980693	传　真	52980696
设立日期	2008-12-29	负 责 人	JEAN-PIERRE TING		
主营业务	纸张、纸制品、电子产品、橡塑制品的批发、佣金代理。				

企业名称	王子制纸管理（上海）有限公司				
企业地址	上海市长宁区延安西路 2201 号上海国际贸易中心 1507 室（200336）				
投资总额	200 万 USD	电　话	32231101	传　真	62195555
设立日期	2008-12-24	负 责 人	渡边正		
主营业务	资金运作与财务管理。				

企业名称	上海无限体育有限公司				
企业地址	上海市浦东新区张杨北路 5509 号 501l 室（200120）				
投资总额	25 万 USD	电　话	61111141	传　真	61093705
设立日期	2008-12-3	负 责 人	CHEN CHING HUI		
主营业务	提供赛事组织、赛事经纪、体育培训、健身咨询服务。				

企业名称	上海宝绿包装材料科技有限公司				
企业地址	上海市青浦区白鹤镇外青松公路 3777 弄 55 号第 3 幢（201700）				
投资总额	20 万 USD	电　话	59741111	传　真	59741111
设立日期	2008-11-13	负 责 人	吴德明		
主营业务	开发、生产、加工包装膜，销售公司自产产品。				

企业名称	泰信印务（上海）有限公司				
企业地址	上海市嘉定工业区北区小东街 220 号第 1 幢（201807）				
投资总额	500 万 USD	电　话	59161503	传　真	59160354
设立日期	2008-10-28	负 责 人	SUH MYOUNGHYUN		
主营业务	生产包装材料。				

企业名称	上海京璞元保健用品有限公司				
企业地址	上海市青浦区白鹤镇外青松公路 3858 号 10 幢 3 层（201700）				
投资总额	20 万 USD	电　话	59743268	传　真	
设立日期	2008-10-24	负 责 人	CHEN JUI-HSIANG		
主营业务	生产、加工运动护具及其他相关运动护具配件，销售公司自产产品。				

企业名称	伊派库包装材料（上海）有限公司				
企业地址	上海市宝山区集贤路 1001 号厂房 1 和厂房 2（201907）				
投资总额	140 万 USD	电　话	66863012	传　真	66863021
设立日期	2008-10-21	负 责 人	住田嘉之		
主营业务	产业用包装材料及其制品的加工制造、销售自产产品。				

企业名称	霖格包装设计（上海）有限公司				
企业地址	上海市虹口区物华路 58 号底层西间 02 室（200086）				
投资总额	14.6 万 USD	电　话	64961363	传　真	64965163
设立日期	2008-10-15	负 责 人	KOR LEONG SENG		
主营业务	产品包装设计，纸制品设计，图文设计。				

企业名称	济丰包装（上海）有限公司				
企业地址	上海市徐汇区田林路 398 号 2 幢 2 楼 A204 室（200233）				
投资总额	50 万 USD	电　话	54504666	传　真	59175756
设立日期	2008-10-10	负 责 人	周天力		
主营业务	研究、开发、设计各类包装产品，提供包装技术咨询和配套服务。				

企业名称	上海新汇原创文化科技有限公司				
企业地址	上海市外高桥保税区马吉路 2 号 3303 室（200131）				
投资总额	73 万 USD	电　话	54971225	传　真	54972225
设立日期	2008-9-22	负 责 人	THOMAS JOHN OLSCHESKE		
主营业务	音乐作品、美术作品的创作。				

企业名称	上海三宝纸包装制品有限公司				
企业地址	上海市青浦区盈秀路 255 号 3A 厂房（201700）				
投资总额	15 万 USD	电　话	59208953	传　真	59208953
设立日期	2008-9-19	负 责 人	KIM YEONGLEUL		
主营业务	生产纸制包装品。				

企业名称	商瑞佶包装材料（上海）有限公司				
企业地址	上海市闵行区华宁路 4018 弄 58 号 10 号厂房 A（201108）				
投资总额	14.6 万 USD	电　话	58680666	传　真	58668077
设立日期	2008-9-9	负 责 人	FUNG SHEONG YUE		
主营业务	生产包装材料，销售自产产品。				

企业名称	威尔优冠标识（上海）有限公司				
企业地址	上海市嘉定区南翔镇惠裕路 388 号第 1 幢（201802）				
投资总额	47 万 USD	电　话	69171388	传　真	69171788
设立日期	2008-9-5	负 责 人	KAKE TSUNEO		
主营业务	标识、标牌（不含广告）及展示用品的设计、制作、安装。				

企业名称	皇将（上海）包装科技有限公司				
企业地址	上海市普陀区同普路 1343 弄 1 号楼（200331）				
投资总额	105 万 USD	电　话	52703030	传　真	52696019
设立日期	2008-8-29	负 责 人	杨胜辉		
主营业务	生产制造包装机械设备及其配套设备和零部件。				

企业名称	格瑞赛尔（上海）新型包装容器有限公司				
企业地址	上海市化学工业区奉贤分区苍工路 718 号 2#厂房（201424）				
投资总额	350 万 USD	电　话	53965505	传　真	53965595
设立日期	2008-8-25	负 责 人	EUGENE XIAOGANG WU		
主营业务	生产新型药品包装材料、容器，销售自产产品。				

企业名称	大动包装（上海）有限公司				
企业地址	上海市奉贤区环城东路 399 号（201400）				
投资总额	30 万 USD	电　话	50960220	传　真	50960230
设立日期	2008-7-22	负 责 人	赤木正旻		
主营业务	胶合板及木制托盘、包装箱、支撑框架等物流用品的生产。				

企业名称	上海富钧文化用品有限公司				
企业地址	上海市松江区洞泾镇洞舟路 550 号 A 栋四楼（201619）				
投资总额	20 万 USD	电　话	67679622	传　真	67679622
设立日期	2008-6-2	负 责 人	李秋吟		
主营业务	生产、加工文化用品，塑料玩具，家用纺织品。				

企业名称	旭耀纸业（上海）有限公司				
企业地址	上海市松江区车墩镇新加路 98 号 3 幢（201611）				
投资总额	200 万 USD	电　话	64889981	传　真	57774739
设立日期	2008-5-6	负 责 人	王升曜		
主营业务	纸及纸制品的生产、加工。				

企业名称	红旭文具（上海）有限公司				
企业地址	上海市奉贤区南桥镇江海经济园区肖南路 688 号 1 号楼 1 车间（201400）				
投资总额	51 万 USD	电　话	33658299	传　真	33658799
设立日期	2008-4-11	负 责 人	周明授		
主营业务	生产各类文具，销售公司自产产品。				

企业名称	上海华达纸箱有限公司				
企业地址	上海市金山区廊下镇万勇路 115 号 1－2 幢（201516）				
投资总额	38 万 USD	电　话		传　真	
设立日期	2008-4-10	负 责 人	陈春华		
主营业务	生产各类中高档纸箱及相关产品。				

企业名称	雷盾体育用品（上海）有限公司				
企业地址	上海市闸北区江场三路 238 号 1001－1004 室（200436）				
投资总额	15 万 USD	电　话	60951868	传　真	60951866
设立日期	2008-4-9	负 责 人	FRANDSEN TERRY DALE		
主营业务	体育娱乐用品及相关设备的研发。				

企业名称	礼恩派（上海）纤维包装有限公司				
企业地址	上海市嘉定区安亭镇翔方公路 3018 号第 2 幢（201814）				
投资总额	210 万 USD	电　话	69576622	传　真	69576677
设立日期	2008-3-27	负 责 人	BARTON WADE. DANIEL		
主营业务	生产棉花包装专用钢丝扣、锁扣系统及配套产品。				

企业名称	上海力康运动用品有限公司				
企业地址	上海市松江区小昆山镇彭丰路 2 号 1、2、3、4 幢（201616）				
投资总额	15 万 USD	电　话	67742485	传　真	57857170
设立日期	2008-3-20	负 责 人	高岛智		
主营业务	生产各类运动手套、箱包、绳带、帽、袜，销售公司自产产品。				

企业名称	上海新万丰伞业有限公司				
企业地址	上海市嘉定区马陆镇沪宜公路 2820 号第 4 幢（201801）				
投资总额	58 万 USD	电　话	69152683	传　真	69152682
设立日期	2008-2-27	负 责 人	徐新田		
主营业务	生产伞，销售本公司自产产品。				

企业名称	安机尔包装设备（上海）有限公司				
企业地址	上海市嘉定区马陆镇大治东路27号第9幢至第11幢（201801）				
投资总额	41万USD	电　话	59905515	传　真	59905516
设立日期	2008-2-25	负责人	CHAN KIN KWOK		
主营业务	生产包装设备及相关零部件。				

企业名称	科迪特（上海）标签制品有限公司				
企业地址	上海市奉贤区沪杭公路4288号（201400）				
投资总额	58.8万USD	电　话	33658151	传　真	33658155
设立日期	2008-1-18	负责人	LISARDO CONDE ABELLEIRA		
主营业务	各类服装标签、吊牌的设计、加工、制作。				

企业名称	上海申楷菱文具有限公司				
企业地址	上海市金山区亭枫公路2435号1幢（201505）				
投资总额	105万USD	电　话	57345199	传　真	57348316
设立日期	2007-11-23	负责人	数原英一郎		
主营业务	生产、加工铅笔板、木制铅笔（芯）、中性笔。				

企业名称	艾珐装帧材料（上海）有限公司				
企业地址	上海市松江区东兴路25号5号厂房（201613）				
投资总额	66万USD	电　话	51871185	传　真	57747773
设立日期	2007-11-12	负责人	李继东		
主营业务	生产、加工纸张压纹、PU革压纹、植绒纸、装帧布等装帧材料。				

企业名称	斐乐体育有限公司				
企业地址	上海市卢湾区巨鹿路137号5F甲室（200020）				
投资总额	900万USD	电　话	51793071	传　真	51793400
设立日期	2007-9-29	负责人	李昭		
主营业务	从事各类鞋、箱包、服饰、家具产品的批发、进出口。				

企业名称	上承（上海）文具礼品有限公司				
企业地址	上海市松江区玉阳路699弄1号房（201600）				
投资总额	80万USD	电　话	67727000	传　真	67727000
设立日期	2007-9-19	负责人	李可柔		
主营业务	生产各类文具、礼品，销售自产产品。				

企业名称	上海新溶纸业有限公司				
企业地址	上海市青浦区白鹤镇鹤祥路161号（201700）				
投资总额	20万USD	电　话	59734837	传　真	59734837
设立日期	2007-9-3	负责人	张金明		
主营业务	加工纸制品及纸制品加工设备的制造。				

企业名称	加亚特种纸（上海）有限公司				
企业地址	上海宝山城市工业园区园光路188号2幢一层（200436）				
投资总额	15万USD	电　话	36162736	传　真	36162756
设立日期	2007-8-17	负责人	CHENG YUK		
主营业务	纸袋包装制品及其相关的纸制品的生产、加工。				

企业名称	上海爱佳文教用品有限公司				
企业地址	上海市青浦区朱家角镇康业路751弄1号（201713）				
投资总额	300万USD	电　话	62486700	传　真	62486700
设立日期	2007-7-18	负责人	SHEN ZIMING		
主营业务	生产、加工文教用品及儿童用品，销售公司自产产品。				

企业名称	上海千隆国际印刷设计有限公司				
企业地址	上海市普陀区曹杨路362弄15号1006室M座（200063）				
投资总额	50万USD	电　话	58583083	传　真	58583272
设立日期	2007-7-6	负责人	根本三郎		
主营业务	提供印刷设计及印刷技术的咨询服务。				

企业名称	凤王包装制品（上海）有限公司				
企业地址	上海市奉贤区南桥镇跃进村六组1-3幢厂房（201400）				
投资总额	14万USD	电　话	67186832	传　真	67186832
设立日期	2007-7-4	负责人	风能洋之		
主营业务	设计、加工各类纸质包装袋、纸箱、无纺布袋及相关制品。				

企业名称	优士崐（上海）包装制品有限公司				
企业地址	上海市青浦区华新镇华徐公路3029弄88号第4幢（201708）				
投资总额	14万USD	电　话	39873420	传　真	39873978
设立日期	2007-6-26	负责人	黄铿年		
主营业务	文教用品及包装制品的加工，销售公司自产产品。				

企业名称	上海鹏太包装材料有限公司				
企业地址	上海市闵行区友东路81号1楼东面（201100）				
投资总额	51万USD	电　话	54888790	传　真	54880620
设立日期	2007-6-13	负责人	吴品川		
主营业务	生产加工模内成型产品、塑料制品、PLA包装制品。				

企业名称	上海百升印务有限公司				
企业地址	上海青浦工业园区新团路200号18号厂房（201700）				
投资总额	1500万RMB	电　话	59867050	传　真	59867053
设立日期	2007-6-4	负责人	韩勇秋		
主营业务	从事包装装潢印刷品印刷、其他印刷品印刷。				

企业名称	上海树泰体育用品有限公司				
企业地址	上海市闵行区浦江镇三鲁公路719弄158号1幢（201112）				
投资总额	18.75万USD	电　话	54843958	传　真	54843960
设立日期	2007-6-1	负责人	吴　晓		
主营业务	生产体育运动用滑板及相关配件。				

企业名称	上海泰伦斯文化用品有限公司				
企业地址	上海市松江区新桥镇申徐二路201号（201612）				
投资总额	50万USD	电　话	67681808	传　真	67681806
设立日期	2007-5-30	负责人	西村贞一		
主营业务	生产水彩颜料，丙烯画颜料，油画颜料和其他文化用品。				

企业名称	上海新德奥林丹办公用品有限公司				
企业地址	上海市嘉定区江桥镇华江路666号第4幢（201803）				
投资总额	15万USD	电　话	59144890	传　真	59144890
设立日期	2007-4-23	负责人	宋维芬		
主营业务	生产文化办公用品，销售本公司自产产品。				

企业名称	上海希珂斯制笔有限公司				
企业地址	上海市嘉定区外冈镇外钱公路1478号第1-3幢（201806）				
投资总额	50万USD	电　话	69932755	传　真	69932704
设立日期	2007-4-13	负责人	WANG ZHENLEI（王震雷）		
主营业务	生产文具、笔，销售本公司自产产品并提供售后服务。				

企业名称	乐美包装（上海）有限公司				
企业地址	上海市浦东新区浦东南路999号20楼D/E座（200120）				
投资总额	250万USD	电　话	68598811	传　真	68598819
设立日期	2007-4-10	负责人	黄志源		
主营业务	液体包装材料，纸张制品及其相关产品，液体包装设备的批发。				

企业名称	上海杰凯文具制造有限公司				
企业地址	上海市嘉定区江桥镇星火村星华公路1021号第2幢（201803）				
投资总额	25万USD	电　话	59137375	传　真	59138775
设立日期	2007-3-29	负责人	高培赞		
主营业务	生产文具，销售本公司自产产品。				

企业名称	浪龙体育器材（上海）有限公司				
企业地址	上海市闵行区纪翟路1198号5号厂房A区（201106）				
投资总额	60万USD	电　话	54762982	传　真	54762982
设立日期	2007-3-29	负责人	ANTHONY CHRISTOPHER PETER		
主营业务	加工、生产冲浪板及相关配套件，销售自产产品。				

企业名称	中沪国际纸业包装（上海）有限公司				
企业地址	上海市嘉定工业区叶城路1630号4幢（201800）				
投资总额	500万USD	电　话	39538686	传　真	39538585
设立日期	2007-3-7	负责人	陈宏基		
主营业务	生产高档纸板以及相关制品。				

企业名称	实耐格（上海）包装有限公司				
企业地址	上海市喜泰路243号第128栋（200232）				
投资总额	140万USD	电　话	54357562	传　真	54353396
设立日期	2007-2-9	负责人	CHI MUN WONG		
主营业务	研发、生产各种工业品和消费品的包装材料。				

企业名称	激能体育休闲用品（上海）有限公司				
企业地址	上海金山区亭林镇工业区（201505）				
投资总额	350万USD	电　话	57233775	传　真	57233674
设立日期	2007-1-23	负责人	李懋蕾		
主营业务	生产体育休闲运动器材、包装带、配件、服装。				

企业名称	睿拓（上海）乐器制造有限公司				
企业地址	上海市闵行区沁春路 707 号 2 号楼 201 室（201101）				
投资总额	14 万 USD	电　话	64882721	传　真	64884635
设立日期	2007-1-17	负 责 人	李秋明		
主营业务	生产乐器和乐器配件，销售自产产品。				

企业名称	玛星都包装材料（上海）有限公司				
企业地址	上海市金山区亭林镇林盛路 298 号 3 号厂房（201505）				
投资总额	13 万 USD	电　话	58352286	传　真	58352286
设立日期	2007-1-16	负 责 人	SUSAN WIJAYA		
主营业务	开发设计、生产加工包装材料，销售公司自产产品。				

企业名称	上海益丰体育用品有限公司				
企业地址	上海市宝山区石太路 2457 号一号楼（201907）				
投资总额	245 万 USD	电　话	65392701	传　真	65399267
设立日期	2006-12-28	负 责 人	斯文（STEVEN SI）		
主营业务	生产高尔夫球车及相关休闲、健身器材、园林工具，销售自产产品。				

企业名称	上海上音琴业有限公司				
企业地址	上海市嘉定工业区福海路 1186 号 1 幢 A 区（201821）				
投资总额	200 万港币	电　话	69523038	传　真	69523036
设立日期	2006-12-26	负 责 人	吴天延		
主营业务	生产钢琴及其配件，销售本公司自产产品并提供售后服务。				

企业名称	奥美托环保再生纸业（上海）有限公司				
企业地址	上海市松江区车墩镇留业路 52 号（201611）				
投资总额	500 万 RMB	电　话	67635622	传　真	67635622
设立日期	2006-11-28	负 责 人	大本知昭		
主营业务	回收、加工、打包废旧纸张，纸制品的加工，销售产品，提供售后服务。				

企业名称	国明包装制品（上海）有限公司				
企业地址	上海市嘉定区安亭镇众百路 448 号第 3 幢（201805）				
投资总额	14 万 USD	电　话	59501567	传　真	59508680
设立日期	2006-11-17	负 责 人	ROBERT TSENG（曾国华）		
主营业务	生产纸质、木质、塑料包装制品，销售本公司自产产品。				

企业名称	澳富纸业包装（上海）有限公司				
企业地址	上海市浦东新区蔡路镇建光村 2 队北顾家宅 88 号 3 幢（201206）				
投资总额	14 万 USD	电　话	68910299	传　真	68910299
设立日期	2006-10-19	负 责 人	YU EDMUND HUANG		
主营业务	生产纸质一次性餐具，销售自产产品，并提供相关技术咨询和技术服务。				

企业名称	上海新近昌纸制品有限公司				
企业地址	上海市嘉定区外冈镇嘉松北路 768 号 3 号厂房（201806）				
投资总额	600 万 USD	电　话	69130531	传　真	69131807
设立日期	2006-10-18	负 责 人	CHENG TSUNG-SHENG（郑宗升）		
主营业务	设计、生产纸制包装产品，销售本公司自产产品。				

企业名称	保禄安全防范产品（上海）有限公司				
企业地址	上海市长宁区广顺路 33 号 8 幢 201 室（200335）				
投资总额	15 万 USD	电　话	52400923	传　真	52400913
设立日期	2006-10-10	负 责 人	TAN YEOW HUAY SYLVIA		
主营业务	生产各类封签及相关安全防范设备，销售自产产品，提供相关技术咨询。				

企业名称	宝中宝防伪商标材料（上海）有限公司				
企业地址	上海市松江工业试点园区松江 CD-05-029 号地块（201611）				
投资总额	700 万 USD	电　话	69176098	传　真	69171223
设立日期	2006-8-23	负 责 人	董国宝		
主营业务	开发生产防伪商标镭射膜、商标纸，销售自产产品，提供产品售后服务。				

企业名称	吉伟模型玩具（上海）有限公司				
企业地址	上海市外高桥保税区德堡路 379 号 59 号楼第一层东部位（200130）				
投资总额	125 万 USD	电　话	50484392	传　真	50484379
设立日期	2006-8-21	负 责 人	MICHAEL SHERWIN		
主营业务	生产及开发玩具、游戏用品及其相关零配件，销售产品并提供售后服务。				

企业名称	布兰诺工业包装材料（上海）有限公司				
企业地址	上海市松江区九亭镇金吴村盛龙路 5 号（201615）				
投资总额	20 万欧元	电　话	67626655	传　真	67627019
设立日期	2006-8-12	负 责 人	郑章庆		
主营业务	设计、生产、加工工业包装用纸制品、塑料薄膜、塑料包装箱及容器。				

企业名称	上海联盈包装材料技术有限公司				
企业地址	上海市嘉定区外冈镇工业园区恒乐路 88 号（201806）				
投资总额	500 万 USD	电　话	69577025	传　真	69575226
设立日期	2006-8-8	负 责 人	陈隆隆		
主营业务	生产各类包装材料，包装装潢印刷品印刷，销售本公司自产产品。				

企业名称	上海井上包装制品有限公司				
企业地址	上海市奉贤区南桥镇沪杭公路 1497 号（201400）				
投资总额	20 万 USD	电　话	57431977	传　真	57431977
设立日期	2006-8-3	负 责 人	永井正则		
主营业务	生产 PET 塑料包装瓶，销售公司自产产品。				

企业名称	上海瀚杰印务有限公司				
企业地址	上海市嘉定工业区叶城路 555 号 504 室（201800）				
投资总额	700 万 USD	电　话	39596226	传　真	39596225
设立日期	2006-8-3	负 责 人	林再德		
主营业务	设计、生产包装装潢制品，销售本公司自产产品。				

企业名称	上海耐提文教用品有限公司				
企业地址	上海市闵行区都会路 258 号一幢二楼（201109）				
投资总额	200 万 USD	电　话	54888269	传　真	54888262
设立日期	2006-7-20	负 责 人	王明炎		
主营业务	生产加工书写用品、文具礼品、教学用品、木制玩具、纸品，销售产品。				

企业名称	长润包装材料（上海）有限公司				
企业地址	上海市嘉定区马陆镇宝安公路 2459 号（201801）				
投资总额	15 万 USD	电　话	55062610	传　真	55091933
设立日期	2006-7-17	负 责 人	吴王琦		
主营业务	生产纸制品、塑料制品、铝箔制品，销售自产产品，上述产品同类商品。				

企业名称	上海三义包装材料有限公司				
企业地址	上海市嘉定区徐行镇伏虎村联民东毛 470 号（201808）				
投资总额	20 万欧元	电　话	59909199	传　真	59909366
设立日期	2006-7-10	负 责 人	林义文		
主营业务	生产塑胶制品，销售本公司自产产品（涉及行政许可的凭许可证经营）。				

企业名称	共荣纸品（上海）有限公司				
企业地址	上海市浦东新区金沪路 1143 号 505 室（201203）				
投资总额	2000 万日元	电　话	68868335	传　真	68868321
设立日期	2006-7-7	负 责 人	薮中孝司		
主营业务	生产、加工纸箱和塑料箱，销售自产产品，并提供相关的售后服务。				

企业名称	上海富极包装制品有限公司				
企业地址	上海市嘉定区华亭镇嘉行大道 2676 号二楼（201811）				
投资总额	21 万 USD	电　话	59551213	传　真	59551213
设立日期	2006-7-6	负 责 人	藤原忠昭		
主营业务	生产包装制品、办公用品，销售本公司自产产品。				

企业名称	海崴文化用品（上海）有限公司				
企业地址	上海市闵行区向阳路 201 弄 55 号（200237）				
投资总额	50 万 USD	电　话	54430702	传　真	54430703
设立日期	2006-7-3	负 责 人	施心荣		
主营业务	生产文教用品、相册、名片簿、礼品，销售自产产品。				

企业名称	灿华印刷器材（上海）有限公司				
企业地址	上海市浦东北蔡三八河路 628 号 5 房室（201200）				
投资总额	14 万 USD	电　话	58128714	传　真	58121169
设立日期	2006-6-26	负 责 人	张滨义		
主营业务	加工、销售墨斗片、炮底胶、墨棍清洁无纺布、上光版、柔性版。				

企业名称	上海超拨乐器音响有限公司				
企业地址	上海市浦东新区上钢三村 2 号甲 1001 号-1002 号（200122）				
投资总额	150 万 USD	电　话	59558457	传　真	59558450
设立日期	2006-6-10	负 责 人	ALAN XIANGDE LIU		
主营业务	生产各类乐器、乐器音响、乐器箱包及配件、销售产品，提供技术咨询。				

企业名称	上海东方明珠现场娱乐体育有限公司				
企业地址	上海市张江高科技园区松涛路 560 号 3 层甲 01 室（201203）				
投资总额	250 万 USD	电　话	58791888	传　真	58797802
设立日期	2006-6-8	负 责 人	曹志勇		
主营业务	举办各类体育赛事和文化娱乐活动业务以及相关的咨询服务。				

企业名称	宝贝思跑（上海）运动器材有限公司				
企业地址	上海市浦东新区川沙镇吴店路 301 号 12 幢底层（201206）				
投资总额	30 万 USD	电　　话	58599671	传　　真	58599842
设立日期	2006-5-30	负 责 人	蔡熙雨		
主营业务	开发、生产和加工儿童运动器材、童车，以及其他儿童用品，销售产品。				

企业名称	上海丽宝纸制品有限公司				
企业地址	上海市青浦区金泽镇 318 国道 9390 号（201722）				
投资总额	1800 万 RMB	电　　话	59815288	传　　真	59272439
设立日期	2006-5-22	负 责 人	PIPAT PANIANGVAIT		
主营业务	开发、生产、加工纸制品及纸制品设备，销售自产产品，提供技术服务。				

企业名称	上海鸿涛纸制品有限公司				
企业地址	上海市南汇区惠南镇汇成路 601 弄 1-8 号 7 幢标准厂房（201300）				
投资总额	70 万 USD	电　　话	68009021	传　　真	68009343
设立日期	2006-5-16	负 责 人	苏　涛		
主营业务	生产加工包装所需的标签纸、色带及其他包装材料用品，销售自产产品。				

企业名称	德林仕（上海）体育发展有限公司				
企业地址	上海市嘉定区曹安路 5555 号 201-67（201805）				
投资总额	14 万 USD	电　　话	32115082	传　　真	32115082
设立日期	2006-5-8	负 责 人	SHI LIN		
主营业务	体育赛事管理咨询、会务咨询（涉及行政许可的凭许可证经营）。				

企业名称	江利印刷（上海）有限公司				
企业地址	上海市外高桥保税区奥纳路 187 号（200131）				
投资总额	125 万 USD	电　　话	50463005	传　　真	50463100
设立日期	2006-4-24	负 责 人	TAN GHE LIANG		
主营业务	包装装潢印刷；国际贸易、转口贸易、保税区企业间贸易及贸易代理。				

企业名称	希悦尔包装（中国）有限公司				
企业地址	上海市青浦工业园区外青松公路 5500 号 105 室（201700）				
投资总额	3900 万 USD	电　　话	52989424	传　　真	52989424
设立日期	2006-4-24	负 责 人	YICK MAN LI		
主营业务	开发生产加工聚酰胺保鲜膜、多功能膜、新型建筑材料、塑料合金产品。				

企业名称	派通文化用品（上海）有限公司				
企业地址	上海市长宁区新华路 543 号 1 号楼 4F,H-2 座（200050）				
投资总额	350 万 RMB	电　　话	62942251	传　　真	62942267
设立日期	2006-4-5	负 责 人	石垣淳一		
主营业务	从事文具及相关产品、电子产品、日用杂货、玩具及化妆品的批发。				

企业名称	宏杰（上海）包装有限公司				
企业地址	上海市南汇区新场镇工业区新浩路 1 号（201314）				
投资总额	500 万 USD	电　　话	68154620	传　　真	68154621
设立日期	2006-3-28	负 责 人	蔡宏能		
主营业务	开发生产以纸箱为主的各种包装资材及纸塑、缓冲材、彩盒、环保托盘。				

企业名称	上海三都集文化用品有限公司				
企业地址	上海市闵行区纪翟路 1409 弄 78 号 4 号楼 1 楼 B 座（201107）				
投资总额	3000 万日元	电　　话	52241452	传　　真	52241462
设立日期	2006-3-27	负 责 人	矢田治		
主营业务	文具用品及餐馆用菜单、菜单夹、招牌、垫子、托盘的制造，销售产品。				

企业名称	飞音户外运动用品（上海）有限公司				
企业地址	上海市松江区叶榭镇大庙村村南（201607）				
投资总额	14 万 USD	电　　话	57888210	传　　真	57888163
设立日期	2006-3-20	负 责 人	黄淳瑗		
主营业务	生产、组装各类电子航模玩具、户外运动器材及相关零配件的加工。				

企业名称	海曲和星乐器制造（上海）有限公司				
企业地址	上海市卢湾区南塘浜路 103 号 225 室 C 座（200023）				
投资总额	20 万 USD	电　　话	64317089	传　　真	64378440
设立日期	2006-3-13	负 责 人	王均宏		
主营业务	设计、生产弦乐器及零部件，销售自产产品并提供相关售后服务。				

企业名称	龙利得包装印刷（上海）有限公司				
企业地址	上海市奉贤区柘林镇浦卫公路 6085 号（201417）				
投资总额	128 万 USD	电　　话	57459111	传　　真	57459227
设立日期	2006-2-23	负 责 人	徐龙平		
主营业务	生产各类高档纸、纸板、纸箱、纸盒、包装印刷材料，包装装潢印刷。				

企业名称	上海三千印刷有限公司				
企业地址	上海市青浦区徐泾镇诸光路 533 号（201702）				
投资总额	150 万 USD	电　　话	59768460	传　　真	59885073
设立日期	2006-2-21	负 责 人	李丙泓		
主营业务	生产、加工包装材料及产品包装装潢印刷，销售公司自产产品。				

企业名称	鸿宜包装制品（上海）有限公司				
企业地址	上海市松江科技园区港业路 18 号（201600）				
投资总额	14 万 USD	电　　话	57854935	传　　真	57854992
设立日期	2006-2-20	负 责 人	张钰和		
主营业务	生产纸制、木制包装制品，销售公司自产产品，并提供相关的技术服务。				

企业名称	上海汇彩包装有限公司				
企业地址	上海市浦东新区上钢三村 45 号甲底层（200127）				
投资总额	27 万 USD	电　　话	58160932	传　　真	58166883
设立日期	2006-2-13	负 责 人	李玉华		
主营业务	加工纸类、木材类、塑料类包装材料，销售自产产品（限分支机构经营）。				

企业名称	荣阳（上海）包装制品有限公司				
企业地址	上海市松江区新桥镇车新公路 16 号（201612）				
投资总额	14 万 USD	电　　话	57641748	传　　真	57642742
设立日期	2006-1-23	负 责 人	余秉勋		
主营业务	设计生产加工纸质包装产品及相关产品，销售自产产品并提供售后服务。				

企业名称	优尼发特种纸（上海）有限公司				
企业地址	上海市宝山区大场镇祁连山路 1989 号 A 座 2 楼（200436）				
投资总额	38 万 USD	电　　话	52841541	传　　真	52841542
设立日期	2006-1-17	负 责 人	KIM JOON KYU		
主营业务	加工各种特种纸，销售自产产品（以上涉及行政许可的凭许可证经营）。				

企业名称	上海威骐玩具科技有限公司				
企业地址	上海市嘉定区马陆镇彭封路 180 号 2 幢（201801）				
投资总额	20 万 USD	电　　话	59101215	传　　真	59100892
设立日期	2006-1-12	负 责 人	安文植		
主营业务	设计生产各类玩具，销售本公司自产产品。				

企业名称	雷多斯塑料包装制品（上海）有限公司				
企业地址	上海市闵行区澄建路 178 号 1 号厂房（201000）				
投资总额	50 万 USD	电　　话	64349118	传　　真	64349117
设立日期	2005-12-14	负 责 人	HE HUA		
主营业务	生产各种环保塑料包装制品，销售公司自产产品。				

企业名称	优贝创世印刷机械设计（上海）有限公司				
企业地址	上海市黄浦区北京东路 666 号 C 区四层 4104 室（200001）				
投资总额	1558 万日元	电　　话	63593725	传　　真	63593845
设立日期	2005-12-1	负 责 人	金井洋一		
主营业务	印刷机械设计，印刷电子设计，印刷工厂的工业自动化设计及工程设计。				

企业名称	上海国俊特种纸业有限公司				
企业地址	上海市松江工业试点园区泖亭路松江 CD-05-026 号地块（201611）				
投资总额	700 万 USD	电　　话	69176098	传　　真	69171223
设立日期	2005-11-28	负 责 人	董君增		
主营业务	开发、生产易碎纸、胶粘贴纸等纸塑制品，销售公司自产产品。				

企业名称	上海新中少儿高尔夫培训有限公司				
企业地址	上海市长宁区仙霞路 88 号百联西郊购物中心 4203 座（200336）				
投资总额	12 万 USD	电　　话	52172273	传　　真	52172273
设立日期	2005-11-16	负 责 人	ONG BOON CHONG		
主营业务	少年儿童高尔夫球运动基本技能的培训。				

企业名称	爱木迪比化妆品包装（上海）有限公司				
企业地址	上海市外高桥保税区英伦路 389 号 50 号厂房 G 部位（200131）				
投资总额	12.5 万 USD	电　　话	51085753	传　　真	66082616
设立日期	2005-11-7	负 责 人	三木雅文		
主营业务	保税区内化妆品容器的组装，销售公司自产产品。				

企业名称	芭蓓埃路文具（上海）有限公司				
企业地址	上海市嘉定区外冈镇望安公路 670 号（201806）				
投资总额	20 万 USD	电　　话	59936675	传　　真	59936673
设立日期	2005-10-28	负 责 人	宇田优		
主营业务	生产纸制品文具，销售本公司自产产品。				

企业名称	香根包装制品（上海）有限公司				
企业地址	上海市松江区新桥镇申港路 509 号闵申工业园区光明小区 B-1（201612）				
投资总额	14 万 USD	电　话	64013854	传　真	64013695
设立日期	2005-10-20	负 责 人	吴瀌莹		
主营业务	生产、加工各类包装材料、化妆品容器及其配件、玻璃瓶。				

企业名称	上海白纱纸品印刷有限公司				
企业地址	上海市闵行区景联路 189 号 13 幢（200241）				
投资总额	125 万 USD	电　话	64344486	传　真	64344498
设立日期	2005-10-20	负 责 人	林衍束		
主营业务	包装装潢印刷（涉及行政许可的凭许可证经营）。				

企业名称	特瑞贡（上海）包装有限公司				
企业地址	上海市闵行区灯辉路 1129 号（201000）				
投资总额	25 万 USD	电　话	64908296	传　真	64906596
设立日期	2005-10-18	负 责 人	山代计多		
主营业务	设计、生产各类包装产品，销售自产产品，提供相关技术咨询。				

企业名称	上海瑞天文教用品有限公司				
企业地址	上海市青浦区华新镇华徐公路 3029 弄 53 号（201708）				
投资总额	20 万 USD	电　话	59778767	传　真	59778767
设立日期	2005-10-17	负 责 人	赖全格		
主营业务	生产、加工各类文具及其模具和配件，销售公司自产产品。				

企业名称	上海智星包装制品有限公司				
企业地址	上海市青浦区华新镇华丹路 315 号（201708）				
投资总额	14 万 USD	电　话	59791299	传　真	59794014
设立日期	2005-10-13	负 责 人	黄基铉		
主营业务	生产塑料包装制品，销售公司自产产品。				

企业名称	上海创基旅行用品有限公司				
企业地址	上海市奉贤区南桥镇南桥路 683 号（201400）				
投资总额	20 万 USD	电　话	57412699	传　真	57410108
设立日期	2005-10-11	负 责 人	周　琦		
主营业务	设计、生产、加工各类箱包、服装及相关的配件辅料。				

企业名称	上海展印包装材料有限公司				
企业地址	上海市嘉定区江桥镇纪家村（201803）				
投资总额	20 万 USD	电　话	39557666	传　真	39556100
设立日期	2005-9-29	负 责 人	魏鸿宾		
主营业务	生产、加工涂布制品，销售本公司自产产品。				

企业名称	波拉印刷设备（上海）有限公司				
企业地址	上海市青浦工业园区外青松公路 5399 号 A28 号厂房 C 区（201700）				
投资总额	250 万 USD	电　话	69214262	传　真	37793004
设立日期	2005-9-28	负 责 人	MICHAEL NEUGART		
主营业务	开发印刷相关设备的高科技产品；生产、组装和加工印刷相关设备。				

企业名称	上海汉宏普乐士文具有限公司				
企业地址	上海市浦东新区川南奉公路 2899 号 8、10 幢（201202）				
投资总额	95 万 USD	电　话	38100088	传　真	68106090
设立日期	2005-9-14	负 责 人	周积非		
主营业务	生产文件夹、装订机及办公文具用品，销售自产产品。				

企业名称	上海钟宇塑料包装制品有限公司				
企业地址	上海市松江工业区东兴路 11 号（201600）				
投资总额	25 万 USD	电　话	67740571	传　真	67742927
设立日期	2005-8-30	负 责 人	李桢基		
主营业务	生产药品、化妆品用塑料包装箱、容器、模具。				

企业名称	博得乐器（上海）有限公司				
企业地址	上海市宝山区真陈路 1398 弄 45 号（200436）				
投资总额	20 万 USD	电　话	61425325	传　真	61425325
设立日期	2005-8-30	负 责 人	彭大中		
主营业务	提琴等乐器及其相关配套件的生产和加工，销售自产产品。				

企业名称	泛西（上海）高尔夫用品有限公司				
企业地址	上海市淮海中路 300 号 2802 室（200021）				
投资总额	100 万 USD	电　话	52604610	传　真	52604611
设立日期	2005-8-16	负 责 人	吴福元		
主营业务	高尔夫运动用品及相关附属产品的零售，批发，进口。				

企业名称	成采电脑文化用品（上海）有限公司				
企业地址	上海市宝山区蕴川路 512 号（201907）				
投资总额	21 万 USD	电　话	68266116	传　真	68266116
设立日期	2005-8-10	负 责 人	邱美芳		
主营业务	生产喷墨头、墨盒和墨水等打印耗材系列产品，销售自产产品。				

企业名称	上海彩映包装印刷有限公司				
企业地址	上海市嘉定工业区南区 18 号地块（201821）				
投资总额	210 万 USD	电　话	69169951	传　真	69169920
设立日期	2005-8-8	负 责 人	川口五十一		
主营业务	从事各种包装装潢印刷品的印刷和加工，销售本公司自产产品。				

企业名称	上海特名克纸容器机械有限公司				
企业地址	上海市闵行区华漕镇黎明村（201106）				
投资总额	15 万 USD	电　话	54370950	传　真	54384589
设立日期	2005-7-18	负 责 人	KIM GONG HE 金钟嬉		
主营业务	生产纸制品加工机械及纸制品，销售自产产品并提供相关的售后服务。				

企业名称	黑德体育用品（上海）有限公司				
企业地址	上海市外高桥保税区德林路 368 号 A 楼第三层 A 部位（200131）				
投资总额	20 万 USD	电　话	62523131	传　真	52380919
设立日期	2005-7-18	负 责 人	孙玉萍		
主营业务	以体育用品为主的仓储、分拨业务。				

企业名称	王子包装（上海）有限公司				
企业地址	上海青浦工业园区外青松公路 5500 号 301 室（201700）				
投资总额	70000 万日元	电　话	69200033	传　真	69200830
设立日期	2005-7-8	负 责 人	大阪光晖		
主营业务	开发、制造、加工包装用纸袋及其使用的薄膜。				

企业名称	府中纸工机械（上海）有限公司				
企业地址	上海市松江区中山街道茸兴路 368 号 8 号厂房（201613）				
投资总额	30 万 USD	电　话	57783177	传　真	57784201
设立日期	2005-7-4	负 责 人	三宅阳一郎		
主营业务	生产、加工各类纸制品加工机械、纸制品及相关产品。				

企业名称	上海日安塑料包装材料有限公司				
企业地址	上海市嘉定工业区洪德路 1365 号 6 幢（201821）				
投资总额	500 万 USD	电　话	69526918	传　真	69526918
设立日期	2005-7-1	负 责 人	毛文玉		
主营业务	生产塑料包装材料及制品，销售本公司自产产品。				

企业名称	上海艾策文化用品有限公司				
企业地址	上海市外高桥保税区菲拉路 55 号第七层 B 部位（200131）				
投资总额	6.1 万 USD	电　话	58683210	传　真	58683212
设立日期	2005-6-27	负 责 人	郑秀钟		
主营业务	打印机硒鼓的生产、加工、组装、销售自产产品。				

企业名称	韩金包装材料（上海）有限公司				
企业地址	上海市嘉定工业区北区 14－2 号地块（201807）				
投资总额	500 万 USD	电　话	33517166	传　真	33517099
设立日期	2005-6-16	负 责 人	金锡用		
主营业务	生产、加工薄膜制品及金葱粉，销售本公司自产产品。				

企业名称	奥利安都（上海）钟表有限公司				
企业地址	上海市卢湾区瞿溪路 766 号（200023）				
投资总额	2900 万 USD	电　话	63526157	传　真	63024287
设立日期	2005-6-14	负 责 人	杨衍杰		
主营业务	从事高档钟表，金、银、铂金类饰品，珠宝饰品。				

企业名称	上海爱景实包装有限公司				
企业地址	上海市青浦区华新镇嘉松中路 4188 弄 88 号（201708）				
投资总额	20 万 USD	电　话	59779434	传　真	59779434
设立日期	2005-6-10	负 责 人	黄佑性		
主营业务	生产、加工各类包装袋，销售公司自产产品。				

企业名称	上海发丝达印刷有限公司				
企业地址	上海市青浦工业园区久远路 239 号 2 号厂房（201700）				
投资总额	1000 万港币	电　话	69225105	传　真	69225105
设立日期	2005-6-6	负 责 人	雷胜昌		
主营业务	包装装潢印刷品印刷，纸制包装品及其他纸制品的加工、生产。				

企业名称	**森信纸业（上海）有限公司**				
企业地址	上海市上中西路135弄5号（200237）				
投资总额	500万RMB	电话	54301008	传真	64532520
设立日期	2005-6-1	负责人	岑绮兰		
主营业务	商品批发包括文教用品、纸张、纸制品、包装印刷器材及材料等。				

企业名称	**万年青（上海）运动器材有限公司**				
企业地址	上海市青浦工业园区外青松公路5500号108室（201700）				
投资总额	2000万USD	电话	69225999	传真	69225959
设立日期	2005-5-31	负责人	刘严雄		
主营业务	开发、生产、加工健身、保健器材、运动服装。				

企业名称	**美津浓（中国）体育用品有限公司**				
企业地址	上海市青浦区朱家角镇沈巷沈砖路505号（201714）				
投资总额	800万USD	电话	32224688	传真	62880308
设立日期	2005-5-23	负责人	林锡河		
主营业务	生产、加工体育用品，销售自产产品（涉及行政许可的，凭许可证经营）。				

企业名称	**海德堡印刷设备（上海）有限公司**				
企业地址	上海市青浦区外青松公路5399号A8厂房（201700）				
投资总额	800万欧元	电话	69212388	传真	69213165
设立日期	2005-5-17	负责人	STEPHAN PLENZ		
主营业务	研发和生产多色胶印机及配套设备，销售自产产品。				

企业名称	**上海学佳文教用品有限公司**				
企业地址	上海市闵行区华漕镇北翟路4100号2号厂房（201106）				
投资总额	14万USD	电话	62041341	传真	62041343
设立日期	2005-5-10	负责人	DANIEL CHEN		
主营业务	加工、生产各类文教用品，销售自产产品。				

企业名称	**青航环保包装制品（上海）有限公司**				
企业地址	上海市松江区新桥镇新格路申海小区1511弄6号（201612）				
投资总额	14万USD	电话	57687386	传真	57687385
设立日期	2005-4-30	负责人	HANS. REICHENECKER		
主营业务	生产EPE、EPP、EPS、纸塑包装制品及吸塑制品、隔热材料。				

企业名称	**格瑞夫（上海）包装有限公司**				
企业地址	上海市化学工业区奉贤分区苍工路（201424）				
投资总额	250万USD	电话	57448415	传真	57448422
设立日期	2005-4-28	负责人	EUGEVE XIAOGANG WU		
主营业务	生产先进的化学制品包装容器及其他工业包装容器。				

企业名称	**柯梅音乐器材（上海）有限公司**				
企业地址	上海市闵行区虹梅路992号（201103）				
投资总额	50万USD	电话	54189203	传真	54482094
设立日期	2005-4-27	负责人	郤余生		
主营业务	生产舞台音响器材，销售自产产品（涉及行政许可的凭许可证经营）。				

企业名称	**上海神隆包装有限公司**				
企业地址	上海市嘉定区马陆镇思义路1686号2幢（201801）				
投资总额	20万USD	电话	69157140	传真	69157133
设立日期	2005-4-21	负责人	汤川惣一郎		
主营业务	生产食品包装制品、灶垫及相关的机械设备、模具及工夹具。				

企业名称	**荣智爱（上海）包装有限公司**				
企业地址	上海市张江高科技园区祖冲之路887弄84号405室（201203）				
投资总额	14万USD	电话	51317528	传真	51317258
设立日期	2005-4-21	负责人	暮松邦一		
主营业务	礼品包装材料的研发、设计、生产，销售自产产品。				

企业名称	**宏投包装（上海）有限公司**				
企业地址	上海市秣陵路50号310－12室（200070）				
投资总额	15万USD	电话	33083490	传真	53858206
设立日期	2005-4-15	负责人	麦西蒙		
主营业务	生产、加工各类包装袋，销售自产产品并提供相关技术咨询服务。				

企业名称	**上海泰梦印刷科技有限公司**				
企业地址	上海市青浦区徐泾镇金联村一队汇龙路188号（200235）				
投资总额	210万USD	电话	59883030	传真	59884466
设立日期	2005-4-8	负责人	三浦照章		
主营业务	开发、生产、加工包装材料及其产品的包装、装潢印刷。				

企业名称	**特耐王包装（上海）有限公司**				
企业地址	上海市嘉定区马陆镇浏翔公路3035号（201801）				
投资总额	15万USD	电话	59510481	传真	59510486
设立日期	2005-4-1	负责人	周垂桓		
主营业务	生产新型高强度包装制品（不含印刷），销售本公司自产产品。				

企业名称	**伊藤（上海）体育休闲有限公司**				
企业地址	上海市宝山区大华路518号3楼D区（200436）				
投资总额	14万USD	电话	50471722	传真	50471723
设立日期	2005-3-30	负责人	三轮多津子		
主营业务	溜冰场及相关溜冰技术服务，附设咖啡休闲厅。				

企业名称	**小川（上海）包装有限公司**				
企业地址	上海市青浦工业园区天盈路502号B4西半栋厂房（201700）				
投资总额	33万USD	电话	59227191	传真	59227195
设立日期	2005-3-30	负责人	小川洋		
主营业务	生产、加工医疗、医药灭菌材料、各类包装材料，销售公司自产产品。				

企业名称	**一索瓦包装机械（上海）有限公司**				
企业地址	上海市嘉定区黄渡镇罗家村砧桥生产队（201804）				
投资总额	70万USD	电话	59593650	传真	59593651
设立日期	2005-3-29	负责人	矶轮英之		
主营业务	设计、生产新型打印装置（喷墨打印机），销售本公司自产产品。				

企业名称	**上海伊利时印刷有限公司**				
企业地址	上海市闵行区兴梅路750号（200237）				
投资总额	1000万RMB	电话	54415090	传真	54415558
设立日期	2005-3-21	负责人	李培芬		
主营业务	包装装潢印刷品印刷，销售自产产品（涉及行政许可的凭许可证经营）。				

企业名称	**上海德皇文具有限公司**				
企业地址	上海市闵行区北青公路832弄258号（201106）				
投资总额	20万USD	电话	52262471	传真	52262473
设立日期	2005-3-17	负责人	蔡副煌		
主营业务	生产加工文具、办公用品及相关的包装件，销售自产产品。				

企业名称	**阿普丽佳（上海）婴儿用品有限公司**				
企业地址	上海市卢湾区徐家汇路555号6楼D座（200023）				
投资总额	50万USD	电话	63901389	传真	63901385
设立日期	2005-3-14	负责人	森谷光男		
主营业务	生产、加工婴幼儿汽车安全座椅、儿童推车及相关育儿器具。				

企业名称	**上海中体爱立特体育发展有限公司**				
企业地址	上海市金山区石化新城路5号（200540）				
投资总额	36.31万USD	电话	37990288	传真	57248799
设立日期	2005-3-14	负责人	王俊生		
主营业务	体育赛事组织（不得涉及赌博、博彩）、经营、管理。				

企业名称	**狄诺美林钟表（上海）有限公司**				
企业地址	上海市外高桥保税区泰谷路88号趴层A6部位（200131）				
投资总额	6.5万USD	电话	64267347	传真	64267346
设立日期	2005-3-4	负责人	曾广钊		
主营业务	保税区内以钟表为主的仓储分拨业务及其相关产品的售后服务。				

企业名称	**新商印刷（上海）有限公司**				
企业地址	上海市松江出口加工区西泖泾路175号1—1号标准厂房（201613）				
投资总额	70000万日元	电话	57749000	传真	67747112
设立日期	2005-2-2	负责人	北田和幸		
主营业务	生产、加工包装印刷机械，销售公司自产产品并提供售后技术服务。				

企业名称	**上海壮盛运动用品有限公司**				
企业地址	上海市奉贤区南桥镇张翁庙村（201400）				
投资总额	15万USD	电话	57170941	传真	57170407
设立日期	2005-2-2	负责人	季群平		
主营业务	生产各类运动产品，销售公司自产产品。				

企业名称	**泰鼐屹（上海）塑料包装有限公司**				
企业地址	上海市奉贤区南桥镇韩村村（201400）				
投资总额	14万USD	电话	67100925	传真	67103171
设立日期	2005-1-20	负责人	周忠		
主营业务	生产各类塑料制品，销售公司自产产品。				

企业名称	上海新华菱文具制造有限公司				
企业地址	上海市宝山区宝祁路611号4号房（200436）				
投资总额	73万USD	电　话	66277893	传　真	66278235
设立日期	2005-1-19	负责人	数原英一郎		
主营业务	各种文具和办公用品的生产和加工，销售自产产品。				

企业名称	富士星光印刷器材（上海）有限公司				
企业地址	上海市外高桥保税区冰克路500号第三层B部位（200131）				
投资总额	425万USD	电　话	58400733	传　真	58400958
设立日期	2005-1-18	负责人	沈海祥		
主营业务	以印刷器材及零部件产品为主的保税区内仓储、分拨。				

企业名称	浪速包装（上海）有限公司				
企业地址	上海市外高桥保税区奥纳路160号一楼第一层3部位（200131）				
投资总额	20万USD	电　话	63743993	传　真	63747978
设立日期	2005-1-19	负责人	池上宽		
主营业务	保税区内以包装材料为主的仓储、分拨业务。				

企业名称	上海德宝纸业有限公司				
企业地址	上海市松江高新技术园区北杨路北侧218号2号厂房（201600）				
投资总额	15万USD	电　话	67723106	传　真	67725237
设立日期	2004-12-23	负责人	张　吉		
主营业务	生产、加工纸制品，销售公司自产产品。				

企业名称	美德维实伟克包装材料（上海）有限公司				
企业地址	上海市外高桥保税区富特东一路396号2号楼212室（200131）				
投资总额	50万USD	电　话	61155145	传　真	61130555
设立日期	2004-12-20	负责人	Benjamin Franklin Ward		
主营业务	保税区内以纸张及包装材料为主的仓储、分拨业务。				

企业名称	上海吕赛克纸品有限公司				
企业地址	上海市松江区车墩镇香泖路139号（201611）				
投资总额	21万USD	电　话	57776251	传　真	57775803
设立日期	2004-11-25	负责人	ARWED LOSEKE		
主营业务	生产、加工纸质包、袋，销售自产产品。				

企业名称	柯乐第色卡（上海）有限公司				
企业地址	上海市松江区泖港镇中区路46号标房（201607）				
投资总额	100万USD	电　话	57868428	传　真	57868429
设立日期	2004-10-28	负责人	张文质		
主营业务	生产印刷色卡及其配件，销售公司自产产品。				

企业名称	上海中华商务联合印刷有限公司				
企业地址	上海市青浦工业园区外青松公路5500号208室（201700）				
投资总额	1800万USD	电　话	59226000	传　真	59226111
设立日期	2004-10-28	负责人	罗志雄		
主营业务	从事各类包装装潢印刷业务（出版物印刷除外）以及相关服务。				

企业名称	乐嘉文包装技术（上海）有限公司				
企业地址	上海外高桥保税区加太路39号第五层12部位（200131）				
投资总额	6.5万USD	电　话	64728743	传　真	64726395
设立日期	2004-10-15	负责人	陈建国		
主营业务	保税区内以包装机械、制药设备为主的仓储分拨业务。				

企业名称	上海辉临印刷材料有限公司				
企业地址	上海市青浦工业园区友爱路18号（201700）				
投资总额	20万USD	电　话	59220520	传　真	59220052
设立日期	2004-9-30	负责人	朴镕奎		
主营业务	油墨、涂料、颜料及类似产品的开发、制造，销售自产产品。				

企业名称	上海宏美包装制品有限公司				
企业地址	上海市松江区石湖荡镇塔闵路159号13号标准厂房（201604）				
投资总额	400万USD	电　话	57847722	传　真	57841583
设立日期	2004-9-13	负责人	陈洪素燕		
主营业务	生产、加工纸制品，影像分色加工，照像制版，销售公司自产产品。				

企业名称	晶琴乐器（上海）有限公司				
企业地址	上海市金山区枫泾工业园区（201501）				
投资总额	25万USD	电　话	67356400	传　真	67356411
设立日期	2004-8-17	负责人	陈德鹏		
主营业务	生产钢琴及各类乐器，销售公司自产产品。				

企业名称	金奉源纸业（上海）有限公司				
企业地址	上海市奉浦工业区奉浦大道111号（201419）				
投资总额	5000万人民币	电　话	57505588	传　真	57505245
设立日期	2004-8-13	负责人	黄志源		
主营业务	生产高档纸及纸板（新闻纸除外），销售公司自产产品。				

企业名称	上海碰得商务印刷有限公司				
企业地址	上海市浦东新区机场镇川南奉公路1403号11幢101室（201202）				
投资总额	132.5万USD	电　话	51908716	传　真	51908701
设立日期	2004-8-2	负责人	薛　强		
主营业务	商业表格印刷、包装装潢印刷品印刷、其他印刷品印刷，销售自产产品。				

企业名称	施玛帕斯体育用品制造（上海）有限公司				
企业地址	上海市金桥出口加工区金藏路258-T20T4号601室B座（201206）				
投资总额	14万USD	电　话	58343117	传　真	58343577
设立日期	2004-7-28	负责人	马鸣凯		
主营业务	研究、开发、生产、加工运动器材，彩弹娱乐场所的器材。				

企业名称	玉川卫生用品（上海）有限公司				
企业地址	上海市金山区朱行镇长卫路169号东区（201506）				
投资总额	42万USD	电　话	57276602	传　真	57276865
设立日期	2004-7-15	负责人	玉川博		
主营业务	生产纱布制品及无纺布制品，销售公司自产产品。				

企业名称	上海三汰包装材料有限公司				
企业地址	上海枫泾工业园区环东一路25号（201501）				
投资总额	100万USD	电　话	67356580	传　真	67356596
设立日期	2004-7-14	负责人	刘武进		
主营业务	高档纸及纸板生产（新闻纸除外），销售公司自产产品。				

企业名称	峰明快印设计（上海）有限公司				
企业地址	上海市嘉定区马陆镇印村村（201801）				
投资总额	14万USD	电　话	63016555	传　真	63021555
设立日期	2004-7-12	负责人	李秉升		
主营业务	产品包装设计，纸制品设计、加工，销售本公司自产产品。				

企业名称	上海梅林瑞源包装有限公司				
企业地址	上海市嘉定区南翔镇高科技园区（201802）				
投资总额	375万USD	电　话	69173097	传　真	69173097
设立日期	2004-7-8	负责人	陈静良		
主营业务	生产空罐和皇冠盖，加工马口铁的印铁及涂料，销售本公司自产产品。				

企业名称	上海金考快印服务有限公司				
企业地址	上海市长宁区仙霞路345号101室（200336）				
投资总额	80万USD	电　话	62592211	传　真	62747060
设立日期	2004-6-28	负责人	崔广福		
主营业务	图文处理、彩色大图喷绘、平面图案和个性化图文的设计和制作。				

企业名称	王子奇能纸业（上海）有限公司				
企业地址	上海市青浦工业园区崧泽大道7575号（201700）				
投资总额	2980万USD	电　话	62375200	传　真	62375600
设立日期	2004-6-11	负责人	北村欣勇		
主营业务	开发、生产无纺高档纸，销售公司自产产品，提供技术服务。				

企业名称	芭尔宝（上海）儿童用品有限公司				
企业地址	上海市嘉定区马陆镇希望路340号（201801）				
投资总额	20万USD	电　话	62891791	传　真	52731935
设立日期	2004-6-10	负责人	GUANG YU GUO		
主营业务	生产儿童玩具、教具、儿童用品，销售本公司自产产品。				

企业名称	高佛文具（上海）有限公司				
企业地址	上海市嘉定区马陆镇彭赵村（201801）				
投资总额	105万USD	电　话	59107701	传　真	59107703
设立日期	2004-6-3	负责人	许振旺		
主营业务	生产、加工办公用品、礼品，销售本公司自产产品。				

企业名称	上海汉吉纸业有限公司				
企业地址	上海市浦东新区川南奉公路1403号4幢109室（200120）				
投资总额	14万USD	电　话	51908781	传　真	51908799
设立日期	2004-5-28	负责人	薛　强		
主营业务	纸制品的加工，销售自产产品（涉及许可经营的凭许可证经营）。				

企业名称	上海龙尔达包装制品有限公司				
企业地址	上海市奉贤区南桥镇西渡（鸿宝）工业区（201402）				
投资总额	500万USD	电话	61752737	传真	61752739
设立日期	2004-5-28	负责人	丁永方		
主营业务	生产、加工高级纸张及纸板（新闻纸除外），销售公司自产产品。				

企业名称	上海大城包装材料有限公司				
企业地址	上海市金山区亭林镇松金公路5486号（201505）				
投资总额	80万USD	电话	57232432	传真	57235372
设立日期	2004-5-25	负责人	叶煌都		
主营业务	开发、生产各种纸质、塑料包装材料及其成品，销售公司自产产品。				

企业名称	上海楷贤包装制品有限公司				
企业地址	上海市嘉定区江桥镇星华公路577号（201824）				
投资总额	20万USD	电话	69135686	传真	69133700
设立日期	2004-5-24	负责人	曾建昌		
主营业务	设计、生产真空吸塑制品，可降解植物纤维制品及相关模具。				

企业名称	上海凤磔包装制品有限公司				
企业地址	上海市松江区新桥镇新格路1511弄2号（201612）				
投资总额	20万USD	电话	57687025	传真	57687026
设立日期	2004-4-23	负责人	DUTEIL BENOIT		
主营业务	加工生产各类包装制品及小五金制品，销售公司自产产品。				

企业名称	上海国帆餐具有限公司				
企业地址	上海市金山区廊下镇新建丰村1106号（201516）				
投资总额	25万USD	电话	57394987	传真	57391396
设立日期	2004-4-20	负责人	徐琴梅		
主营业务	生产各类中高档金属中西餐具，像框等装饰工艺品，销售自产产品。				

企业名称	鹏达精密包装材料（上海 ）有限公司				
企业地址	上海市嘉定工业区洪德路1265号B3幢（201821）				
投资总额	125万USD	电话	69169798	传真	69169799
设立日期	2004-4-8	负责人	NIELSEN BJARNE UHDE		
主营业务	生产、加工热塑产品，销售本公司自产产品。				

企业名称	三惠（上海）包装制品有限公司				
企业地址	上海市奉贤区青村镇（201414）				
投资总额	30万USD	电话	57564333	传真	57564111
设立日期	2004-4-5	负责人	许之麟		
主营业务	生产各类包装制品，销售公司自产产品。				

企业名称	贝发（上海）文具礼品有限公司				
企业地址	上海市青浦工业园区外青松公路5500号101室（201700）				
投资总额	1800万USD	电话	61251453	传真	61251453
设立日期	2004-4-2	负责人	陈明华		
主营业务	开发、生产文具礼品、文教办公用品、旅游和文体用品、塑料。				

企业名称	上海恒保钟表有限公司				
企业地址	上海市田林路142号（200233）				
投资总额	25万USD	电话	54260868	传真	54261139
设立日期	2004-3-31	负责人	荣智丰		
主营业务	生产钟表，销售自产产品，提供相关技术咨询服务。				

企业名称	多莱（上海）文化用品有限公司				
企业地址	上海市青浦工业园区外青松公路5500号103室（201700）				
投资总额	800万USD	电话	64749889	传真	64950980
设立日期	2004-3-30	负责人	吴安平		
主营业务	各类文体用品、工艺礼品以及相关模具的开发与制造，销售自产产品。				

企业名称	上海竖琴乐器有限公司				
企业地址	上海市松江工业区茸北分区文翔路379号（201612）				
投资总额	20万USD	电话	57687095	传真	57686893
设立日期	2004-3-26	负责人	ANTONIO JOSE FORERO TASCON		
主营业务	各类乐器的生产、制作，销售公司自产产品并提供售后服务。				

企业名称	上海嘉钻运动用品有限公司				
企业地址	上海市工业综合开发区（201400）				
投资总额	230万USD	电话	67109628	传真	67109628
设立日期	2004-3-25	负责人	季峰		
主营业务	生产、加工骑马用具、游艇配件、宠物用品及相关的高级休闲运动用品。				

企业名称	上海仁宝包装制品有限公司				
企业地址	上海市嘉定区黄渡镇联星村（201804）				
投资总额	25万USD	电话	39597800	传真	39597312
设立日期	2004-3-24	负责人	李定国		
主营业务	生产塑料制品，销售本公司自产产品（涉及许可经营的凭许可证经营）。				

企业名称	港宝彩印（上海）有限公司				
企业地址	上海市宝山区城市工业园区园光路398号（201900）				
投资总额	1000万USD	电话	36162673	传真	36162618
设立日期	2004-3-17	负责人	林铭华		
主营业务	包装装潢印刷品印刷，纸制品加工（印刷除外），销售自产产品。				

企业名称	展进纸业（上海）有限公司				
企业地址	上海市徐汇区蒲汇塘路50号1号楼2106室（200030）				
投资总额	14万USD	电话	54254169	传真	54254169
设立日期	2004-3-10	负责人	蔡金山		
主营业务	生产、加工纸制品，销售公司自产产品（涉及许可经营的凭许可证经营）。				

企业名称	上海安兴汇东纸业有限公司				
企业地址	上海市闵行区双柏路518号（201108）				
投资总额	183万USD	电话	64348668	传真	64344783
设立日期	2004-2-24	负责人	姚国安		
主营业务	生产高级文化纸系列产品，销售自产产品。				

企业名称	上海泰业印刷有限公司				
企业地址	上海市闵行区虹梅南路1755号众欣工业园区西区2丙（200237）				
投资总额	1800万人民币	电话	54397066	传真	54397067
设立日期	2004-2-24	负责人	印德明		
主营业务	包装装潢印刷、出版物印刷及其他印刷品的印刷。				

企业名称	上海诸藤包装制品有限公司				
企业地址	上海市嘉定区外冈镇外冈工业园区四区（201806）				
投资总额	110万USD	电话	69575972	传真	69575971
设立日期	2004-2-5	负责人	诸藤和树		
主营业务	生产各类包装制品，销售本公司自产产品。				

企业名称	上海元祥纸业有限公司				
企业地址	上海市松江区佘山工业区陶干路（201602）				
投资总额	150万USD	电话	57796221	传真	57796226
设立日期	2004-1-29	负责人	林锦能		
主营业务	制造各类纸箱，纸器，销售公司自产产品。				

企业名称	上海艾利特条形码制品有限公司				
企业地址	上海市嘉定区马陆镇宝安公路美建路201号（201802）				
投资总额	20万USD	电话	69154656	传真	69154676
设立日期	2004-1-19	负责人	赖文专		
主营业务	生产不干胶制品，碳带裁切，组装条形码打印机，销售自产产品。				

企业名称	潜利工业有限公司				
企业地址	上海市宝山区月浦镇知仁路99号（200942）				
投资总额	16000万USD	电话	66031116	传真	66036689
设立日期	2004-1-18	负责人	TONY J FAN		
主营业务	生产高档纸（新闻纸除外），销售自产产品。				

企业名称	凯基印刷（上海）有限公司				
企业地址	上海市闵行区闵北路88弄19号（201107）				
投资总额	1000万人民币	电话	52260231	传真	52262197
设立日期	2004-1-15	负责人	陆有海		
主营业务	出版物及包装装潢印刷品印刷（涉及许可经营的凭许可证经营）。				

企业名称	上海五条特殊纸业有限公司				
企业地址	上海市嘉定工业区伊宁路1060号（201821）				
投资总额	700万USD	电话	69169951	传真	69169920
设立日期	2004-1-8	负责人	川口五十一		
主营业务	开发、生产高档纸及纸板，销售本公司自产产品。				

企业名称	上海大卫王玩具有限公司				
企业地址	上海市工业综合开发区综星苑9号房（201400）				
投资总额	50万USD	电话	51087202	传真	64730291
设立日期	2003-12-25	负责人	陈慧真		
主营业务	研制开发生产玩具、服装、工艺品及其辅件，销售公司自产产品。				

制造业-造纸及纸制品业、印刷业及记录媒介的复制和文教体育用品制造业

企业名称	**永腾（上海）纸制品有限公司**				
企业地址	上海市嘉定区马陆镇马东工业园区（201801）				
投资总额	20万USD	电话	69156590	传真	69156590
设立日期	2003-12-22	负责人	罗媛		
主营业务	生产纸制品，销售本公司自产产品（涉及许可经营的凭许可证经营）。				

企业名称	**睦美卫生用品（上海）有限公司**				
企业地址	上海市青浦区华新镇马阳村纪鹤公路八号桥西首（201708）				
投资总额	25万USD	电话	59798393	传真	59798397
设立日期	2003-12-1	负责人	滝本永次郎		
主营业务	生产、加工一次性纸类卫生品，销售公司自产产品。				

企业名称	**托雅玛乐器制造（上海）有限公司**				
企业地址	上海市嘉定工业区福海路1186号（201821）				
投资总额	20万USD	电话	69523038	传真	69523016
设立日期	2003-11-25	负责人	吴雅玲		
主营业务	生产乐器及其配件，销售本公司自产产品并提供售后服务。				

企业名称	**上海奋达乐器有限公司**				
企业地址	上海市嘉定区徐行镇新建路（201808）				
投资总额	100万USD	电话	59558401	传真	59558389
设立日期	2003-11-18	负责人	ALAN XIANGDE LIU		
主营业务	生产各类乐器及乐器配件，销售本公司自产产品。				

企业名称	**谱运（上海）运动器材有限公司**				
企业地址	上海市嘉定区马陆镇彭赵村彭封路108号乙-1号（201107）				
投资总额	20万USD	电话	59106859	传真	59106859
设立日期	2003-11-14	负责人	蔡素惠		
主营业务	生产运动器材、跑步机皮带，销售公司自产产品。				

企业名称	**柏林贝希斯坦钢琴（上海）有限公司**				
企业地址	上海市工业综合开发区（201400）				
投资总额	400万USD	电话	57435431	传真	57434707
设立日期	2003-11-12	负责人	李炯国		
主营业务	生产钢琴、吉他、小提琴及相关的半成品和零部件，销售自产产品。				

企业名称	**何如文化用品（上海）有限公司**				
企业地址	上海市松江区新浜镇（201605）				
投资总额	1000万USD	电话	57891843	传真	57893440
设立日期	2003-11-11	负责人	何作如		
主营业务	加工、生产文化用品、纸制品及相关配件，销售公司自产产品。				

企业名称	**上海帆顺毛毯包装有限公司**				
企业地址	上海市金山区漕泾镇中一东路8号（201517）				
投资总额	321.61万USD	电话	57256666	传真	57256618
设立日期	2003-10-30	负责人	沈正林		
主营业务	生产各类工业用包装产品、水箱及其零辅件，销售公司自产产品。				

企业名称	**海富检测包装系统技术（上海）有限公司**				
企业地址	上海市闵行区澄建路351号（200237）				
投资总额	20万USD	电话	64343911	传真	64343910
设立日期	2003-10-20	负责人	BERNHARD HEUFT		
主营业务	设计、生产、组装空瓶检测仪、灌装管理设备、包装、分部设备。				

企业名称	**上海橘林文具有限公司**				
企业地址	上海市宜山路1618号综合楼683室（201103）				
投资总额	20万USD	电话	67691556	传真	67691560
设立日期	2003-10-8	负责人	孙景洪		
主营业务	设计、生产、加工各类文具用品，销售公司自产产品。				

企业名称	**上海南塑包装有限公司**				
企业地址	上海市松江工业区东部新区申港路以东，松闵路以北地块（201613）				
投资总额	500万USD	电话	67741442	传真	67741442
设立日期	2003-9-25	负责人	林增化		
主营业务	生产软包装袋，纸塑复合袋、集装编织袋等产品，销售公司自产产品。				

企业名称	**上海昶亨印刷科技有限公司**				
企业地址	上海市闵行区合川路3071号3楼（201103）				
投资总额	30万USD	电话	64460138	传真	64792872
设立日期	2003-9-11	负责人	叶继青		
主营业务	包装印刷设备的生产，印刷版原料加工及印刷技术咨询。				

企业名称	**通达扶桑印务（上海）有限公司**				
企业地址	上海市松江区九亭镇久富经济开发区盛龙路999号（201615）				
投资总额	100万USD	电话	67691728	传真	67691245
设立日期	2003-9-5	负责人	王亚南		
主营业务	生产各类不干胶标签、各类电器、汽车标贴及装饰件。				

企业名称	**上海沪邦印染有限公司**				
企业地址	上海市浦东新区东塘路669号（200127）				
投资总额	725.5万USD	电话	68661278	传真	68660008
设立日期	2003-9-3	负责人	王秋蓉		
主营业务	生产各类高档印染布，销售自产产品（涉及许可经营的凭许可证经营）。				

企业名称	**上海豪声教育器材有限公司**				
企业地址	上海市浦东新区浦东北路1958号一楼105室（200127）				
投资总额	14万USD	电话	58356390	传真	58356380
设立日期	2003-8-28	负责人	蔡明环		
主营业务	乐器、文具用品的生产、加工，销售自产产品，提供相关的技术咨询。				

企业名称	**裕亿纸业（上海）有限公司**				
企业地址	上海市闵行区闵北路89弄6号－8号（201106）				
投资总额	125万USD	电话	52261045	传真	52261047
设立日期	2003-8-21	负责人	于洪鹏		
主营业务	加工、生产各种瓦楞纸纸板、纸箱、纸盒及纸质包装材料。				

企业名称	**上海原岩数码设计有限公司**				
企业地址	上海市浦东新区牡丹路60号1913C室（200127）				
投资总额	14万USD	电话	62372230	传真	63351199
设立日期	2003-8-20	负责人	魏俊杰		
主营业务	产品说明书、产品包装和礼品的设计、加工和制作（不含印刷与广告）。				

企业名称	**上海萨特环保纸器有限公司**				
企业地址	上海市松江区九亭高科技园区台坊东路（201615）				
投资总额	50万USD	电话	67697211	传真	67697061
设立日期	2003-8-14	负责人	梁喆		
主营业务	生产纸制容器、纸包装材料及相关产品，销售公司自产产品。				

企业名称	**上海运盛制版有限公司**				
企业地址	上海市闵行区朱行路55号（200237）				
投资总额	132.9万USD	电话	54391166	传真	54395397
设立日期	2003-7-17	负责人	杨俊红		
主营业务	生产软包装凹印辊筒，销售企业自产产品及提供售后服务。				

企业名称	**上海运青制版有限公司**				
企业地址	上海市青浦区华新镇新谊村（201708）				
投资总额	150万USD	电话	59797199	传真	59797299
设立日期	2003-7-15	负责人	杨振东		
主营业务	生产凹印辊，销售公司自产产品并提供售后服务。				

企业名称	**上海凸版印刷有限公司**				
企业地址	上海市松江工业区东部新区Ⅳ－16号地块（201601）				
投资总额	2500万USD	电话	67600860	传真	67600572
设立日期	2003-7-15	负责人	高宫城实明		
主营业务	研发、生产、加工环保用无机、有机膜，高档纸及纸制品。				

企业名称	**上海伟凯运动用品有限公司**				
企业地址	上海市松江工业区沈砖公路198号（201619）				
投资总额	1000万USD	电话	57432818	传真	57432818
设立日期	2003-7-10	负责人	倪华杰		
主营业务	生产安全头盔、护目镜、防护帽、防水衣，销售公司自产产品。				

企业名称	**上海和尔得包装有限公司**				
企业地址	上海市青浦工业园区新高路96号（201707）				
投资总额	150万USD	电话	59701035	传真	59701141
设立日期	2003-7-8	负责人	永井正一郎		
主营业务	生产纸制品、纸制礼盒及各类包装制品，销售公司自产产品。				

企业名称	**美迪科（上海）包装材料有限公司**				
企业地址	上海市奉贤区头桥经济城奉陆路五支路（201400）				
投资总额	60.5万USD	电话	64877796	传真	64868852
设立日期	2003-7-2	负责人	杨建刚		
主营业务	研制开发生产新型药品的纸质复合包装材料、容器，销售公司自产产品。				

企业名称	上海勉嘉包装材料有限公司				
企业地址	上海市嘉定区徐行镇澄浏路 891 号（201808）				
投资总额	100 万 USD	电　　话	59908148	传　　真	59908128
设立日期	2003-7-2	负 责 人	曾国才		
主营业务	生产各类塑胶制品、销售本公司自产产品。				

企业名称	上海贝登堡文具礼品有限公司				
企业地址	上海市嘉定区江桥镇金宝工业园区（201800）				
投资总额	15 万 USD	电　　话	62821368	传　　真	62823445
设立日期	2003-6-17	负 责 人	詹焕桢		
主营业务	生产文具、工艺礼品，销售本公司自产产品并提供售后服务。				

企业名称	安硕文教用品（上海）有限公司				
企业地址	上海市青浦区赵屯镇香大路 948 号（201711）				
投资总额	1000 万 USD	电　　话	59754151	传　　真	59751535
设立日期	2003-6-17	负 责 人	徐沛枫		
主营业务	生产铅笔、蜡笔、水彩笔、圆珠笔、文具盒、削笔器、橡皮、文具尺。				

企业名称	上海大树包装容器有限公司				
企业地址	上海市嘉定区外冈镇嘉松北路 6 号（201806）				
投资总额	170 万 USD	电　　话	59583255	传　　真	59583073
设立日期	2003-6-3	负 责 人	林家良		
主营业务	生产桶、罐等金属包装容器，销售本公司自产产品。				

企业名称	上海蓉镜斋包装制品有限公司				
企业地址	上海市松江区佘山镇陈坊桥北首（201602）				
投资总额	20 万 USD	电　　话	57656163	传　　真	57655691
设立日期	2003-5-29	负 责 人	涂安昌		
主营业务	生产纸制品、纸制礼盒及各类包装制品，销售公司自产产品。				

企业名称	上海浦钧运动用品有限公司				
企业地址	上海市松江区九亭镇上海松江高科技园区（201615）				
投资总额	150 万 USD	电　　话	67696936	传　　真	67696938
设立日期	2003-5-29	负 责 人	黄齐隆		
主营业务	生产健身车、划船器、跳步器、踏步机为主的健身运动器材。				

企业名称	上海杰波办公用品有限公司				
企业地址	上海市嘉定区复华南路（201818）				
投资总额	35 万 USD	电　　话	59512843	传　　真	59512343
设立日期	2003-5-14	负 责 人	吴颖棋		
主营业务	生产文具、办公家具、箱包，销售本公司自产产品。				

企业名称	上海台博胶粘材料有限公司				
企业地址	上海市闵行区浦江镇立民村（201114）				
投资总额	60 万 USD	电　　话	54331859	传　　真	54331856
设立日期	2003-4-30	负 责 人	郭柏坤		
主营业务	生产、加工各类纸制品、塑料制品、喷绘耗材、包装材料。				

企业名称	上海台梓礼品有限公司				
企业地址	上海市嘉定区外冈镇外冈工业园区四区（201806）				
投资总额	128 万 USD	电　　话	69575711	传　　真	69575722
设立日期	2003-4-30	负 责 人	王振兴		
主营业务	生产金属、皮革、木制的浴室用品、家用品，礼品、文具用品。				

企业名称	阿波制纸（上海）有限公司				
企业地址	上海市浦东新区星火开发区莲塘路 355 号（201419）				
投资总额	300 万 USD	电　　话	57505851	传　　真	57505851
设立日期	2003-4-25	负 责 人	三木康弘		
主营业务	各类高档纸的开发和生产，销售自产产品，提供相关的技术咨询。				

企业名称	格新纸品（上海）有限公司				
企业地址	上海市闵行区华漕镇黎明村西陶（201106）				
投资总额	30 万 USD	电　　话	52960121	传　　真	52960120
设立日期	2003-4-10	负 责 人	尤荣辉		
主营业务	加工、生产纸制品（不涉及印刷），销售自产产品。				

企业名称	马渊包装（上海）有限公司				
企业地址	上海市外高桥保税区富特西一路 155 号 C 楼第六层 B 部位（200131）				
投资总额	20 万 USD	电　　话	58682207	传　　真	58680904
设立日期	2003-4-8	负 责 人	池田弘太郎		
主营业务	研究、开发、生产各种产品包装用途的聚乙烯发泡塑料衬垫。				

企业名称	上海高泰包装有限公司				
企业地址	上海市松江区佘山工业区吉业路 567 号（201602）				
投资总额	30 万 USD	电　　话	64958003	传　　真	64953336
设立日期	2003-3-25	负 责 人	SARATH WIJESINGHE		
主营业务	生产塑料制品、包装材料及相关产品，销售公司自产产品。				

企业名称	上海杜沅文教用品有限公司				
企业地址	上海市嘉定区华亭镇工业园区 2 号地块东侧（201816）				
投资总额	150 万 USD	电　　话	59952114	传　　真	59953114
设立日期	2003-3-25	负 责 人	金敏子		
主营业务	生产文教用品，销售本公司自产产品（涉及许可经营的凭许可证经营）。				

企业名称	上海建会灵运动用品有限公司				
企业地址	上海市奉贤区奉城镇（201408）				
投资总额	15 万 USD	电　　话	57170941	传　　真	57170407
设立日期	2003-3-21	负 责 人	季群平		
主营业务	生产各类运动用品，销售公司自产产品。				

企业名称	海裕（上海）包装材料有限公司				
企业地址	上海市闵行区吴中路 1050 号东盈广场 5 楼（201100）				
投资总额	20 万 USD	电　　话	62099258	传　　真	58317256
设立日期	2003-3-21	负 责 人	陈福顺		
主营业务	生产各类产品包装用于干燥剂，销售自产产品，提供相关技术咨询。				

企业名称	上海佳顺工艺玩具有限公司				
企业地址	上海市松江区佘山工业区昌业路南侧（201602）				
投资总额	20 万 USD	电　　话	57794383	传　　真	57794358
设立日期	2003-3-21	负 责 人	陆立新		
主营业务	生产各类长绒玩具、布类玩具、毛巾鞋帽服饰（长毛绒）、针织品。				

企业名称	上海丹沸包装材料有限公司				
企业地址	上海市柳营路 465 号 307 室（200072）				
投资总额	20 万 USD	电　　话	66048186	传　　真	66291866
设立日期	2003-3-19	负 责 人	罗炳福		
主营业务	生产工程塑料制品，销售自产产品（涉及许可经营的凭许可证经营）。				

企业名称	上海鸿台包装材料有限公司				
企业地址	上海市宝山区佳龙路 318 号（201906）				
投资总额	42.35 万 USD	电　　话	66046620	传　　真	66046828
设立日期	2003-3-19	负 责 人	杨建明		
主营业务	生产各种包装材料制品，销售自产产品（涉及许可经营的凭许可证经营）。				

企业名称	上海东冠纸业有限公司				
企业地址	上海金山工业区（201500）				
投资总额	360 万 USD	电　　话	57276565	传　　真	57277171
设立日期	2003-3-18	负 责 人	李慈雄		
主营业务	生产纸及纸制品，销售自产产品（涉及许可经营的凭许可证经营）。				

企业名称	利海纸业（上海）有限公司				
企业地址	上海市松江区玉树路 777 号（201600）				
投资总额	125 万 USD	电　　话	57733777	传　　真	57733999
设立日期	2003-3-16	负 责 人	马海龙		
主营业务	生产各类纸质仓栈板、纸质角板、纸箱、纸管、各种包装材料。				

企业名称	濠逸商标印刷（上海）有限公司				
企业地址	上海市浦东新区唐镇工业区龙新路 18 号（201201）				
投资总额	1000 万人民币	电　　话	58580333	传　　真	58580777
设立日期	2003-3-14	负 责 人	岑亦庄		
主营业务	生产纸质、塑胶、薄膜类包装装潢和商标（包括不干胶标签）印刷品。				

企业名称	上海松禾标签制造有限公司				
企业地址	上海市闵行区七宝镇中春路 7001 号（201101）				
投资总额	20 万 USD	电　　话	54887235	传　　真	54887237
设立日期	2003-3-6	负 责 人	欧阳慧		
主营业务	生产各种标签、粘标制品，销售自产产品。				

企业名称	上海启印包装工业有限公司				
企业地址	上海市闵行区合川路 3136 号 2 号楼底楼（201103）				
投资总额	50 万 USD	电　　话	64069746	传　　真	64068792
设立日期	2003-2-24	负 责 人	林资硕		
主营业务	生产各类礼品、文具包装用的塑料材料及制品，销售自产产品。				

制造业-造纸及纸制品业、印刷业及记录媒介的复制和文教体育用品制造业

企业名称	布鲁奇维尔（上海）通风技术有限责任公司				
企业地址	上海市浦东新区上钢三村 45 号甲 132 室（201200）				
投资总额	14 万 USD	电话	57406953	传真	57406498
设立日期	2003-1-30	负责人	GERMAN MORENO CASTRE		
主营业务	设计、制造德纸行业的通风干燥相关设备，销售自产产品。				

企业名称	洁特纸业（上海）有限公司				
企业地址	上海市嘉定区嘉唐公路 220 号（201800）				
投资总额	20 万 USD	电话	69992793	传真	69992793
设立日期	2003-1-29	负责人	傅特		
主营业务	生产、加工抹布纸、卫生纸、湿巾纸、纸浴巾、纸毛巾。				

企业名称	上海富大印刷有限公司				
企业地址	上海市真南路 2548 号 31 号厂房 1-2 层（200331）				
投资总额	180 万 USD	电话	51097200	传真	66083599
设立日期	2003-1-28	负责人	陈大庆		
主营业务	包装装潢印刷品印刷，销售公司自产产品。				

企业名称	永丰余纸业（上海）有限公司				
企业地址	上海市松江区石湖荡镇工业区 1871-3 号地块（201604）				
投资总额	150 万 USD	电话	67697515	传真	67697533
设立日期	2003-1-24	负责人	钟弘治		
主营业务	生产高档纸及纸板（新闻纸除外），销售公司自产产品。				

企业名称	上海诺亚华文体用品有限公司				
企业地址	上海市青浦区重固镇工业园区（201706）				
投资总额	100 万 USD	电话	58394010	传真	58394011
设立日期	2003-1-22	负责人	陈伟萍		
主营业务	生产各种笔、文具、高尔夫附属用品（球钉、球标、记分笔等）。				

企业名称	上海东龙彩印包装有限公司				
企业地址	上海市闵行区七宝镇新镇路 1464 号（201101）				
投资总额	30 万 USD	电话	33522685	传真	33522683
设立日期	2003-1-13	负责人	洪建设		
主营业务	生产服装吊牌、标识花边装饰及服装辅料（不涉及印刷）。				

企业名称	上海润泰纸业有限公司				
企业地址	上海市宝山区富锦路 3159 号（201901）				
投资总额	230 万 USD	电话	56390688	传真	56865815
设立日期	2002-12-18	负责人	黄浩祥		
主营业务	从事各类纸制品、包装装潢纸品的分切、复合、复卷等加工。				

企业名称	上海大诚印刷有限公司				
企业地址	上海市普陀区真北路 3199 弄 5 号 1－2 层（200331）				
投资总额	200 万 USD	电话	62503311	传真	51031837
设立日期	2002-12-16	负责人	余政宪		
主营业务	包装装潢印刷品印刷。				

企业名称	李宁体育（上海）有限公司				
企业地址	上海市浦东新区陆家嘴东路 161 号 32F01－07 室（200120）				
投资总额	2000 万 USD	电话	58798095	传真	58799009
设立日期	2002-12-11	负责人	李宁		
主营业务	开发，设计，生产，制造运动服饰，休闲服装，体育用品。				

企业名称	上海优尼特商场设备有限公司				
企业地址	上海市奉贤区奉浦大道西路 4 号（201400）				
投资总额	50 万 USD	电话	67103400	传真	67100549
设立日期	2002-12-2	负责人	丁永方		
主营业务	生产各类服饰模特及相关配套产品，衣架，货架，销售公司自产产品。				

企业名称	上海飞昌绿色纸制品有限公司				
企业地址	上海市闵行区虹许路 408 号 8 楼（201103）				
投资总额	60 万 USD	电话	64058880	传真	64058068
设立日期	2002-11-29	负责人	朱金龙		
主营业务	研发生产环保纸制餐具及相关产品，绿色纸制品生产机械制造。				

企业名称	上海远立文教用品有限公司				
企业地址	上海市嘉定工业区洪德路 1155 号 A2 幢（201821）				
投资总额	100 万 USD	电话	69169429	传真	69169629
设立日期	2002-11-26	负责人	李京		
主营业务	生产文教、办公用品，销售企业自产产品。				

企业名称	骏源特种纸（上海）有限公司				
企业地址	上海市青浦工业园区汇联路 1739 号（201700）				
投资总额	510 万 USD	电话	59706666	传真	59706688
设立日期	2002-11-14	负责人	宋俊富		
主营业务	开发、生产特种高档纸、纸板及纸制品，销售公司自产产品。				

企业名称	上海万如南洋信封有限公司				
企业地址	上海市青浦区赵巷镇崧春路 199 弄 150 号（201703）				
投资总额	35 万 USD	电话	59757110	传真	59757122
设立日期	2002-11-13	负责人	龚吟琳		
主营业务	生产加工信封、纸袋（不含印刷），销售公司自产产品。				

企业名称	安伟和纸业（上海）有限公司				
企业地址	上海市闵行区虹梅路 2975 号（201106）				
投资总额	84 万 USD	电话	52378822	传真	52378560
设立日期	2002-9-30	负责人	冯台源		
主营业务	生产销售纸制品，包装制品(不涉及印刷)。				

企业名称	上海寿精版印刷有限公司				
企业地址	上海市闵行区申富路 789 号（201108）				
投资总额	164 万 USD	电话	54426361	传真	54426362
设立日期	2002-9-28	负责人	鹫谷和彦		
主营业务	包装装潢印刷品的印刷，销售自产产品。				

企业名称	上海新进昌图文设计有限公司				
企业地址	上海市嘉定区曹安路 3035 号（201812）				
投资总额	50 万 USD	电话	69130531	传真	69131807
设立日期	2002-9-26	负责人	郑宗翰		
主营业务	设计、生产新颖的纸制包装产品，销售企业自产产品。				

企业名称	宝沐松（上海）文化用品有限公司				
企业地址	上海市宝山区蕴川路 5350 弄 1 号（200942）				
投资总额	20 万 USD	电话	66867361	传真	66867363
设立日期	2002-9-24	负责人	KIM MYUNG SUN		
主营业务	生产文化用品及礼品，销售自产产品。				

企业名称	上海速必得设计有限公司				
企业地址	上海市河南南路 16 号中汇大厦第一层北大厅（200002）				
投资总额	125 万 USD	电话	62497895	传真	63275996
设立日期	2002-9-19	负责人	黄天林		
主营业务	创意设计，包装装潢印刷品印刷。				

企业名称	富山乐器（上海）有限公司				
企业地址	上海市嘉定工业区福海路 1186 号（201821）				
投资总额	187 万 USD	电话	69523038	传真	69523036
设立日期	2002-9-19	负责人	吴天延		
主营业务	生产乐器产品及其配件，销售企业自产产品。				

企业名称	上海采多文具有限公司				
企业地址	上海市松江区泗泾工业区九干路 1 号（201601）				
投资总额	60 万 USD	电话	57626122	传真	57617703
设立日期	2002-9-13	负责人	潘惠芳		
主营业务	生产文具、文化用品、办公用品，销售自产产品。				

企业名称	上海德氏纸制品有限公司				
企业地址	上海市宝山区沪太路 5008 弄 118 号（201907）				
投资总额	200 万 USD	电话	56027238	传真	56027236
设立日期	2002-9-13	负责人	RODNEY FRANK DETMOLD		
主营业务	生产纸盒包装制品及纸盒包装制品印刷，销售自产产品。				

企业名称	上海宏晨家庭用品有限公司				
企业地址	上海市金山区金山第二工业区钱圩镇分区（201515）				
投资总额	35 万 USD	电话	57292727	传真	57292344
设立日期	2002-9-4	负责人	何军良		
主营业务	生产各种餐具、保温瓶、杯子等家庭用品及其旅游用品。				

企业名称	上海田氏包装装潢印刷有限公司				
企业地址	上海市普陀区武威路 259 号 A4 座（200331）				
投资总额	423 万 USD	电话	51097003	传真	51032226
设立日期	2002-9-3	负责人	田天禄		
主营业务	包装装潢印刷品的印刷，销售公司自产产品。				

企业名称	上海紫泉标签有限公司				
企业地址	上海市闵行区颛兴路 998 号（201100）				
投资总额	1800 万 USD	电　话	64425099	传　真	64893697
设立日期	2002-8-23	负责人	周洁碧		
主营业务	生产各类标签及包装装潢印刷制品，销售自产产品。				

企业名称	上海雅旭文具有限公司				
企业地址	上海市闵行区北青公路 730 弄 21 号－22 号（201107）				
投资总额	28 万 USD	电　话	62212620	传　真	62219804
设立日期	2002-8-22	负责人	周明授		
主营业务	生产各类文具，礼品。				

企业名称	上海威齐文具礼品有限公司				
企业地址	上海市闵行区北青公路 730 弄 31 号（201107）				
投资总额	30 万 USD	电　话	62215046	传　真	62215047
设立日期	2002-8-22	负责人	谢媛媛		
主营业务	生产销售各类文具，礼品，箱包。				

企业名称	上海中隆纸业有限公司				
企业地址	上海市康桥工业区康桥东路 1300 弄综合楼 502 室（201315）				
投资总额	1 亿 USD	电　话	58129798	传　真	58128986
设立日期	2002-8-16	负责人	张世阳		
主营业务	生产高档纸板，销售自产产品（涉及行政许可的凭许可证经营）。				

企业名称	上海丹尼兔文化用品有限公司				
企业地址	上海市奉贤区塘外镇（201408）				
投资总额	20 万 USD	电　话	57174788	传　真	57174778
设立日期	2002-8-15	负责人	潘桂芳		
主营业务	生产笔类产品，销售公司自产产品。				

企业名称	上海允统文具礼品有限公司				
企业地址	上海市闵行区华漕镇陶家角村鑫兴路 9 号（201106）				
投资总额	40 万 USD	电　话	62214772	传　真	52230677
设立日期	2002-7-23	负责人	陈鸿德		
主营业务	生产销售各类文具、礼品。				

企业名称	喜克斯（上海）文化用品有限公司				
企业地址	上海市松江区新桥镇闵申工业区光明小区 A－6 甲号厂房（201612）				
投资总额	30 万 USD	电　话	57684599	传　真	57684600
设立日期	2002-7-8	负责人	林炳旭		
主营业务	生产各类笔、修正液、铅笔盒、塑胶尺、订书机、胶水、胶带等。				

企业名称	优任（上海）玩具礼品制造有限公司				
企业地址	上海市闵行区华翔路 129 号（201105）				
投资总额	140 万 USD	电　话	62952808	传　真	62952809
设立日期	2002-7-8	负责人	林　敏		
主营业务	生产销售，研制玩具礼品，服饰及配件。				

企业名称	海京文化用品（上海）有限公司				
企业地址	上海市闵行区颛桥镇沪光路（201108）				
投资总额	28 万 USD	电　话	54430702	传　真	54430703
设立日期	2002-7-4	负责人	施林秋云		
主营业务	生产销售文件袋、便条、笔记本、相册、名片簿（不涉及印刷）。				

企业名称	上海协益办公用品有限公司				
企业地址	上海市嘉定区嘉行公路 1599 号（201808）				
投资总额	280 万 USD	电　话	59556171	传　真	59556618
设立日期	2002-7-1	负责人	倪中生		
主营业务	生产办公用品、家具、文具用品，销售企业自产产品。				

企业名称	上海笙丰冲孔制品有限公司				
企业地址	上海市青浦区朱家角镇康工路 189 号（201713）				
投资总额	30 万 USD	电　话	59832791	传　真	59832797
设立日期	2002-6-28	负责人	吕宏祥		
主营业务	布料及皮革、塑胶、纸板类制品的冲孔加工，销售公司自产产品。				

企业名称	上海雄峰户外用品有限公司				
企业地址	上海市闵行区华漕镇赵介村联友路 2655 号－1（201107）				
投资总额	30 万 USD	电　话	62965346	传　真	62965347
设立日期	2002-6-27	负责人	田文华		
主营业务	生产销售帐篷、睡袋、户外野战服、野营餐桌椅及户外旅游休闲用品。				

企业名称	上海安嘉礼品有限公司				
企业地址	上海市金山枫泾工业园区（201501）				
投资总额	30 万 USD	电　话	57352525	传　真	57351616
设立日期	2002-6-25	负责人	冯公望		
主营业务	生产加工领带、丝巾、玩具、雨伞等礼品和旗帜、工艺服装。				

企业名称	上海凯雅特种包装材料有限公司				
企业地址	上海市嘉定工业区 36-3 号地块（201821）				
投资总额	100 万 USD	电　话	59161503	传　真	69524640
设立日期	2002-6-25	负责人	李钟华		
主营业务	生产纸、塑包装材料及其他纸制品，销售企业自产产品。				

企业名称	上海九星印刷包装有限公司				
企业地址	上海市浦东新区绿科路 111 号（201204）				
投资总额	600 万 USD	电　话	50429939	传　真	68943918
设立日期	2002-6-21	负责人	左　敏		
主营业务	设计、印刷高档彩盒包装及其他产品包装装潢印刷品，商标标识。				

企业名称	柯尼卡美能达医疗印刷器材（上海）有限公司				
企业地址	上海市外高桥保税区德堡路 11 号 46 号楼 105 部位（200131）				
投资总额	50 万 USD	电　话	64222626	传　真	54960966
设立日期	2002-6-10	负责人	中尾和博		
主营业务	保税区内以印刷感光材料、印刷设备为主的仓储、分拨及售后服务。				

企业名称	固丽纸业（上海）有限公司				
企业地址	上海市国际汽车城零部件配套工业园区园大路宝安路口（201805）				
投资总额	600 万 USD	电　话	69576192	传　真	69576193
设立日期	2002-6-6	负责人	陈锦贤		
主营业务	生产高档纸板，销售企业自产产品。				

企业名称	上海比美实礼品有限公司				
企业地址	上海市闵行区万源路 2708 号-1（201103）				
投资总额	52 万 USD	电　话	64656601	传　真	64656898
设立日期	2002-6-3	负责人	郭世全		
主营业务	生产销售长毛绒玩具，文具用品，家庭用手工工艺品及饰品。				

企业名称	上海荣跃纸品有限公司				
企业地址	上海市嘉定区徐行镇劳动村劳动路 455 号（201809）				
投资总额	20 万 USD	电　话	59949995	传　真	59949995
设立日期	2002-5-24	负责人	林振男		
主营业务	生产纸制包装制品，销售企业自产产品。				

企业名称	古林包装材料制造（上海）有限公司				
企业地址	上海市浦东新区金桥出口加工区川桥路 1515 号（201206）				
投资总额	25 万 USD	电　话	50314683	传　真	50314153
设立日期	2002-5-24	负责人	古林敬硕		
主营业务	生产、加工纸塑料、纺织类、金属类（除金、银）竹木类。				

企业名称	渡边纸制品（上海）有限公司				
企业地址	上海市松江工业区松江 1021 号地块（201605）				
投资总额	1600 万 USD	电　话	57891843	传　真	57893440
设立日期	2002-5-24	负责人	何作如		
主营业务	生产纸制品及其相关配件，销售公司自产产品。				

企业名称	联聚（上海）包装制品有限公司				
企业地址	上海市松江区新桥镇闵申工业区光明小区 A－7 号厂房（201612）				
投资总额	182 万 USD	电　话	57684489	传　真	57684232
设立日期	2002-4-28	负责人	何澄松		
主营业务	生产（含委外加工）包装制品盒、包装装潢印刷品印刷。				

企业名称	上海日耀饰品有限公司				
企业地址	上海市闵行区华漕镇吴漕路航兴路 4 号（201106）				
投资总额	20 万 USD	电　话	52235208	传　真	52235108
设立日期	2002-4-27	负责人	林宝忠		
主营业务	生产饰品、玩具及蜡制品，销售自产产品，提供相关售后服务。				

企业名称	上海展宇纸业有限公司				
企业地址	上海市闵行区华漕镇联友路 68 号（201107）				
投资总额	168 万 USD	电　话	52260178	传　真	62213461
设立日期	2002-4-25	负责人	余泓斌		
主营业务	生产、加工销售纸板，纸箱，纸管及其他包装材料。				

企业名称	上海星民印花材料有限公司				
企业地址	上海市金山区新农镇沈庄村（201503）				
投资总额	20 万 USD	电　话	57346007	传　真	57345440
设立日期	2002-4-9	负责人	金永圭		
主营业务	生产印花制板、印花网纱、制版胶及其他印花辅助配件。				

企业名称	尤妮佳生活用品服务（上海）有限公司				
企业地址	上海市延安东路 618 号东海商业中心 22 楼（200001）				
投资总额	1250 万 USD	电　话	53854166	传　真	53854799
设立日期	2002-4-5	负责人	中野健之亮		
主营业务	从事日本尤妮佳株式会社在中国投资生产的纸尿裤系列。				

企业名称	上海彩艺文教用品有限公司				
企业地址	上海市宝山区新川沙路 85 号（200949）				
投资总额	21 万 USD	电　话	56874052	传　真	56874050
设立日期	2002-4-3	负责人	曾淑真		
主营业务	生产、加工蜡笔、粉笔、油画棒文教类塑料制品、礼品等组合文具。				

企业名称	山段包装制品（上海）有限公司				
企业地址	上海市松江区新桥镇闵申大道 88 号（201612）				
投资总额	39 万 USD	电　话	57685023	传　真	57685019
设立日期	2002-4-2	负责人	山田司郎		
主营业务	包装、设计、生产瓦楞板纸托盘、瓦楞板纸、纸箱、纸管。				

企业名称	上海大昭和有限公司				
企业地址	上海市青浦工业园区新水路 280 号（201700）				
投资总额	1450 万 USD	电　话	59705313	传　真	59705301
设立日期	2002-3-28	负责人	齐藤了介		
主营业务	生产可降解纸袋、纸盒、纸杯、剥离纸及其他纸制品，纤维复膜加工。				

企业名称	上海仁彩印务有限公司				
企业地址	上海市东泉路 205 号（200232）				
投资总额	800 万 USD	电　话	54355170	传　真	54350901
设立日期	2002-3-19	负责人	梅曙南		
主营业务	生产各类商标和包装装潢印刷制品，电脑排版设计、制版。				

企业名称	上海拥立胶粘有限公司				
企业地址	上海市松江区九亭高科技园区涞坊路 2099 号（201615）				
投资总额	498 万 USD	电　话	67697171	传　真	67697272
设立日期	2002-3-15	负责人	马主元		
主营业务	生产胶粘带、胶水、文化用品、固体胶。				

企业名称	上海津津文教用品有限公司				
企业地址	上海市青浦区华新镇杨家庄村（201705）				
投资总额	40 万 USD	电　话	59774652	传　真	59770732
设立日期	2002-3-7	负责人	郑津津		
主营业务	生产木制笔、金属笔、木制工艺品、简易相机、玩具望远镜，				

企业名称	上海加贝包装材料有限公司				
企业地址	上海市嘉定区华亭镇嘉行公路 3395 号（201816）				
投资总额	20 万 USD	电　话	59951526	传　真	59953729
设立日期	2002-3-4	负责人	贺志强		
主营业务	生产纸质、木制包装托盘，销售企业自产产品。				

企业名称	博英（上海）玩具有限公司				
企业地址	上海市闵行区春申路 1985 弄 55 号（201101）				
投资总额	180 万 USD	电　话	54306000	传　真	54306000
设立日期	2002-3-1	负责人	黄智德		
主营业务	设计、生产各类玩具，文具，礼品，销售自产产品。				

企业名称	上海埃思电子乐器有限公司				
企业地址	上海市青浦区赵屯镇浦江路 526 号（201711）				
投资总额	34 万 USD	电　话	59212326	传　真	59212328
设立日期	2002-2-25	负责人	金星汉		
主营业务	生产中西乐器、电声乐器配件，销售公司自产产品。				

企业名称	上海和伸文具用品有限公司				
企业地址	上海市青浦区赵屯镇大盈水厂桥北首（201712）				
投资总额	200 万 USD	电　话	56626730	传　真	66290107
设立日期	2002-2-22	负责人	章鸿达		
主营业务	生产文教针、工业针、文具用品，销售公司自产产品。				

企业名称	极能运动用品（上海）有限公司				
企业地址	上海市青浦区华新镇方黄路 615 号（201705）				
投资总额	35 万 USD	电　话	69778235	传　真	69778231
设立日期	2002-2-21	负责人	ROBERT BISHOP		
主营业务	生产休闲体育运动器材、包装袋、配件、服装，销售公司自产产品。				

企业名称	上海鑫观体育用品有限公司				
企业地址	上海市嘉定区马陆镇丰饶路 88 号（201801）				
投资总额	21 万 USD	电　话	69157366	传　真	69154885
设立日期	2002-2-14	负责人	毛元君		
主营业务	生产运动器材、球类产品、运动手套、护具等体育用品。				

企业名称	上海申博智能标识技术有限公司				
企业地址	上海市浦东新区高翔路 526 号（200137）				
投资总额	180 万 USD	电　话	68795025	传　真	68795033
设立日期	2002-2-9	负责人	李成忠		
主营业务	生产、制作智能卡、智能标签、读写机具，销售自产产品。				

企业名称	上海允得文具礼品有限公司				
企业地址	上海市松江区佘山工业区陶干路西侧（201602）				
投资总额	28 万 USD	电　话	57793786	传　真	57793789
设立日期	2002-1-29	负责人	江美雅		
主营业务	生产文具用品、礼品以及相关零部件，销售自产产品。				

企业名称	上海丁基球业有限公司				
企业地址	上海市南汇区新场镇新奉公路 811 号（201314）				
投资总额	70 万 USD	电　话	33752233	传　真	33752626
设立日期	2002-1-28	负责人	周克华		
主营业务	生产橡胶球类等橡胶制品，销售公司自产产品。				

企业名称	加利派包装制品（上海）有限公司				
企业地址	上海市奉贤区工业综合开发区远东路 1329 号（201400）				
投资总额	268 万 USD	电　话	67102158	传　真	67104543
设立日期	2002-1-17	负责人	PIERRE HEMAR		
主营业务	生产装饰性包装制品（包括绘制包装制品），销售公司自产产品。				

企业名称	上海冠群运动器材有限公司				
企业地址	上海市嘉定工业区马陆园区德富路（201801）				
投资总额	840 万 USD	电　话	59104228	传　真	59104226
设立日期	2002-1-11	负责人	胡碧文		
主营业务	生产网球、壁球及其相关配套的塑料制品，销售企业自产产品。				

企业名称	上海布尔玩具有限公司				
企业地址	上海市闵行区华漕镇联友路 2569 号（201107）				
投资总额	28 万 USD	电　话	54590586	传　真	54590148
设立日期	2002-1-9	负责人	张　波		
主营业务	生产销售各类玩具及手工艺制品。				

制造业—石油加工及炼焦业、化学原料及化学制品、医药和化学纤维制造业

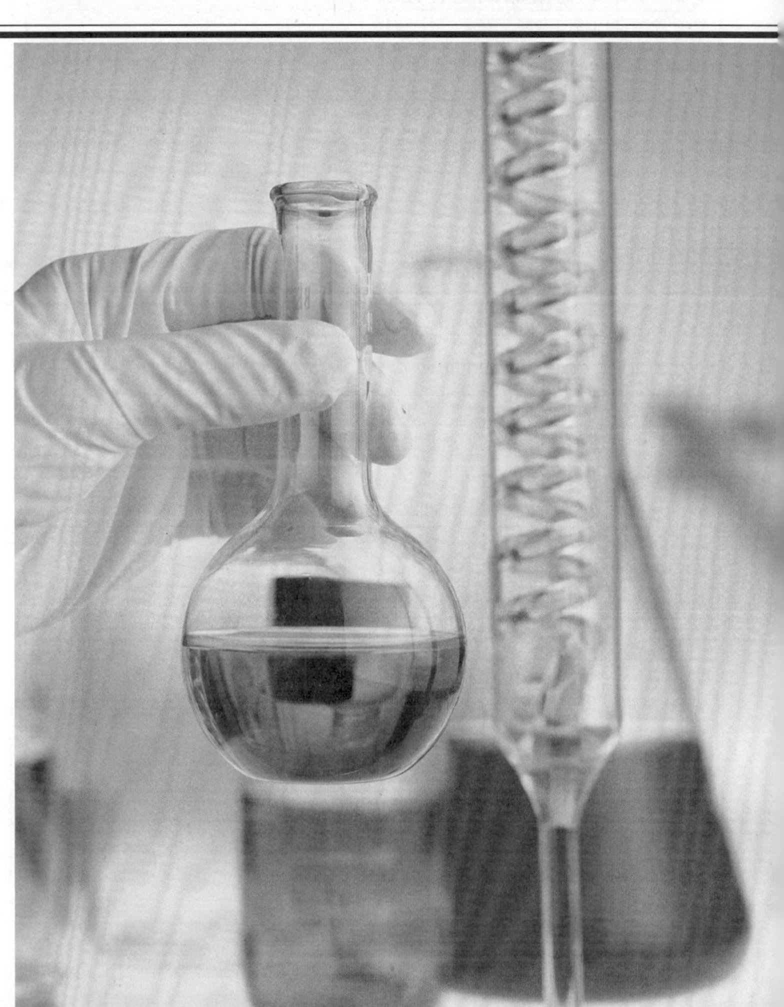

企业名称	阿旺赛镀膜技术（上海）有限公司				
企业地址	上海市嘉定工业区叶城路 1288 号第 3 幢 2 楼 A 区（201800）				
投资总额	16 万 USD	电话	59889286	传真	
设立日期	2009-12-28	负责人	俞立明		
主营业务	研发玻璃镀膜设备及相关技术，转让研发成果并提供相关的技术咨询。				

企业名称	潘可士玛（上海）饲料添加剂有限公司				
企业地址	上海市嘉定区马陆镇育绿路 28 弄 1 号（201801）				
投资总额	73 万 USD	电话	39105779	传真	39105781
设立日期	2009-12-22	负责人	FRANCOIS GAUTIER		
主营业务	生产饲料添加剂的项目。				

企业名称	上海昊赐精细化工有限公司				
企业地址	上海市奉贤区目华北路 388 号 1 幢 617 室（201424）				
投资总额	2200 万 USD	电话		传真	
设立日期	2009-12-4	负责人	王丹		
主营业务	生产、加工无凝胶高分散白炭黑，销售公司自产产品。				

企业名称	上海藤仓化成涂料有限公司				
企业地址	上海市奉贤区目华北路 388 号 1 幢 616 室（201424）				
投资总额	644 万 USD	电话	68412066	传真	
设立日期	2009-11-11	负责人	鹫野襄治		
主营业务	高性能涂料的生产、加工及自产产品的销售。				

企业名称	方润医疗器械科技（上海）有限公司				
企业地址	上海市张江高科技产业东区瑞庆路 590 号 9 幢 502 室（201201）				
投资总额	20 万 USD	电话	50720693	传真	50720687
设立日期	2009-11-9	负责人	JAY QIN		
主营业务	医疗器械和相关技术的研发。				

企业名称	科文斯医药研发（上海）有限公司				
企业地址	上海市浦东新区康新公路 3377 号 4 号楼（201318）				
投资总额	1800 万 USD	电话	51371100	传真	51371301
设立日期	2009-11-5	负责人	毕红钢		
主营业务	医药研发。				

企业名称	上海纽威医药科技有限公司				
企业地址	上海市江场三路 238 号 1216 室（200436）				
投资总额	18 万 USD	电话	51877909	传真	61484508
设立日期	2009-10-26	负责人	ZHONGYUAN LIU		
主营业务	在医药领域从事技术开发咨询。				

企业名称	上海酷选化妆品有限公司				
企业地址	上海市奉贤奉浦工业区远东路 668 号一号楼三层东（201400）				
投资总额	7 万 USD	电话	37566516	传真	37566515
设立日期	2009-9-30	负责人	王维平		
主营业务	生产化妆品（护肤类），销售公司自产产品。				

企业名称	松太（上海）生物科技有限公司				
企业地址	上海市龙华路 2577 号 11 幢 216 室（200235）				
投资总额	15 万 USD	电话	54076388	传真	
设立日期	2009-9-22	负责人	杨致真		
主营业务	化妆品、护肤品、保健食品、纺织面料领域内的新技术、新产品的研发。				

企业名称	法液空医疗气体（上海）有限公司				
企业地址	上海市青浦工业园区胜利路以东、赛彼科公司以北（201700）				
投资总额	700 万 USD	电话		传真	
设立日期	2009-9-17	负责人	ALEJANDRO BERARDI		
主营业务	开发、生产和充装含新型活性成份的医疗气体的项目。				

企业名称	普霖贝利生物医药研发（上海）有限公司				
企业地址	上海市张江高科技园区蔡伦路 780 号 2 楼 210-A 室（201203）				
投资总额	200 万 USD	电话	51323331	传真	51323339
设立日期	2009-9-14	负责人	杜军		
主营业务	原料药、药品固体制剂、药品液体制剂、药品注射剂、生物药的研发。				

企业名称	华图医疗器械科技（上海）有限公司				
企业地址	上海市杨浦区黄兴路 1725 号 701 室（200433）				
投资总额	20 万 USD	电话		传真	
设立日期	2009-9-3	负责人	潘辉		
主营业务	医疗器械、诊断试剂的研发，自有技术转让和技术服务。				

企业名称	璀丝雅生物科技（上海）有限公司				
企业地址	上海市松江区新松江路 1234 号 703A 室（201620）				
投资总额	20 万 USD	电话	64411380	传真	64411377
设立日期	2009-8-26	负责人	张舜华		
主营业务	生物科技领域内技术开发、技术咨询服务。				

企业名称	丽鑫生技化妆品（上海）有限公司				
企业地址	上海市松江区民强路 165 号 1 幢第一层（201600）				
投资总额	500 万 USD	电话	57687192	传真	
设立日期	2009-8-13	负责人	郭靖凯		
主营业务	从事化妆品及其同类商品（特定商品除外）的批发、进出口。				

企业名称	安络杰医疗器械（上海）有限公司				
企业地址	上海市浦东新区康桥镇康新路 3377 号 7 幢（201318）				
投资总额	250 万 USD	电话	38230999	传真	38230998
设立日期	2009-8-13	负责人	JOHN JAMES FRY		
主营业务	开发、生产以及加工医疗器械零部件，销售公司自产产品。				

企业名称	上海迈思强医疗器械有限公司				
企业地址	上海市长宁区天山西路 568 号 A504、A505、A506 室（200335）				
投资总额	100 万 USD	电话	52198369	传真	
设立日期	2009-8-10	负责人	孟昭伟		
主营业务	医疗器材和健康护理用品的研究开发，转让自研成果。				

企业名称	上海爱力枚生物科技研发有限公司				
企业地址	上海市浦东新区小白路 115 号 11 幢 C 区（201201）				
投资总额	15 万 USD	电话	58588673	传真	
设立日期	2009-7-28	负责人	游连庆		
主营业务	蘑菇、灵芝提炼和深加工技术的研发。				

企业名称	金衣生物科技（上海）有限公司				
企业地址	上海市浦东新区上丰西路 55 号 2 幢 118 室（201203）				
投资总额	200 万 USD	电话		传真	
设立日期	2009-7-24	负责人	JIARAVANON PATCHAREE		
主营业务	生物制品的研发。				

企业名称	上海科斯晶生物技术有限公司				
企业地址	上海市张江高科技园区哈雷路 866 号 301 室（201203）				
投资总额	80 万 USD	电话	51095588	传真	
设立日期	2009-7-24	负责人	朱一明		
主营业务	生物医药及医疗器械的研发。				

企业名称	上海麦柏星生物科技有限公司				
企业地址	上海市张江高科技园区蔡伦路 720 弄 2 号楼 103 室（201203）				
投资总额	8 万 USD	电话		传真	
设立日期	2009-7-13	负责人	MASON LU		
主营业务	生物抗体制药制剂的研发。				

企业名称	上海麦柏星生物科技有限公司				
企业地址	上海市张江高科技园区蔡伦路 720 弄 2 号楼 103 室（201203）				
投资总额	8 万 USD	电话	15721000917	传真	
设立日期	2009-7-13	负责人	MASON LU		
主营业务	生物抗体制药制剂的研发。				

企业名称	诺加医疗用品（上海）有限公司				
企业地址	上海市松江区小昆山镇镇中心路 599 号 16 幢（201616）				
投资总额	15 万 USD	电话	57858427	传真	
设立日期	2009-6-30	负责人	WILLIAM MICHAEL GOODWIN		
主营业务	生产、加工一类医疗器械、医用呼吸过滤器、医用塑料制品。				

企业名称	华威化工（上海）有限公司				
企业地址	上海市金山区漕泾镇平业路 82 号（201507）				
投资总额	100 万 USD	电话	67256978	传真	67256975
设立日期	2009-5-8	负责人	LOW KIM GEIK		
主营业务	胶粘剂、水性涂料、合成乳液、水处理剂等相关化工产品的研发和生产。				

企业名称	科弗睿（上海）医疗器械科技有限公司				
企业地址	上海市浦东新区杨高北路 528 号 14 幢 1A22 室（200137）				
投资总额	10 万 USD	电话		传真	
设立日期	2009-5-4	负责人	LEE CHAO YOUNG		
主营业务	医疗器械的技术开发，自有技术成果转让。				

企业名称	上海上诺精细化学有限公司				
企业地址	上海市金山第二工业区金山大道 4588 号（201512）				
投资总额	800 万 USD	电　　话	67262261	传　　真	67261212
设立日期	2009-4-24	负 责 人	丁长光		
主营业务	研发、生产、加工石油钻井用化学添加剂。				

企业名称	上海百胜油墨有限公司				
企业地址	上海市金山工业区合兴村 1088 号 2 幢（201506）				
投资总额	7 万 USD	电　　话	62183016	传　　真	62183019
设立日期	2009-4-22	负 责 人	莫芬芳		
主营业务	环保油墨生产（委托加工），销售自产产品。				

企业名称	爱帝佛比化妆品包装（上海）有限公司				
企业地址	上海市普陀区绥德路 118 弄 53 号二楼（200060）				
投资总额	14 万 USD	电　　话	51085753	传　　真	66081217
设立日期	2009-4-21	负 责 人	三木雅人		
主营业务	开发、生产化妆品容器，销售自产产品。				

企业名称	攀柔莎（上海）生物科技有限公司				
企业地址	上海市金山工业区揽工路 568 号 2 幢（201500）				
投资总额	100 万 USD	电　　话	67277511	传　　真	67277518
设立日期	2009-4-9	负 责 人	PETER CHENG JIAN PAN		
主营业务	研发日用化工产品、技术开发、自有技术转让。				

企业名称	上海海浩医药科技有限公司				
企业地址	上海市张江高科技园区蔡伦路 720 号 1 号楼 517 室（201203）				
投资总额	15 万 USD	电　　话	50793802	传　　真	
设立日期	2009-4-9	负 责 人	王易易		
主营业务	新药及保健品的研发。				

企业名称	哈泰生物科技（上海）有限公司				
企业地址	上海市张江高科技园区蔡伦路 720 弄 1 号楼 615 室（201203）				
投资总额	15 万 USD	电　　话		传　　真	
设立日期	2009-3-25	负 责 人	JIANPING XU		
主营业务	生物及药物技术（植物提取物）的研发。				

企业名称	液化空气（上海）气体有限公司				
企业地址	上海市青浦工业园区天盈路西大盈港以东 G17 地块（201700）				
投资总额	400 万 USD	电　　话	54956262	传　　真	
设立日期	2009-3-24	负 责 人	REMI CHARACHON		
主营业务	生产、加工各种工业气体、超纯气体、标准气体、医疗气体的项目。				

企业名称	合亚医药科技（上海）有限公司				
企业地址	上海市张江高科技产业东区瑞庆路 528 号 22 幢 1 层（201201）				
投资总额	75 万 USD	电　　话	68685998	传　　真	
设立日期	2009-3-16	负 责 人	张志家		
主营业务	抗菌素及用于治疗肝炎、艾滋病的药物的研发，医药中间体的研发。				

企业名称	良伟嘉高地医疗科技（上海）有限公司				
企业地址	上海市闵行区颛兴东路 1528 号 11 幢 1 层 B（201108）				
投资总额	16 万 USD	电　　话		传　　真	
设立日期	2009-2-13	负 责 人	高地健		
主营业务	医疗器械零部件、直线驱动装置设备的生产、开发。				

企业名称	耀证医疗器械开发（上海）有限公司				
企业地址	上海市嘉定区马陆镇敬学路 208 号第一层（201801）				
投资总额	100 万 USD	电　　话	59151105	传　　真	59151108
设立日期	2009-2-12	负 责 人	吕联祥		
主营业务	医用中心制氧系统、供氧系统的研究开发。				

企业名称	上海英诺伟医疗器械有限公司				
企业地址	上海市张江高科技园区爱迪生路 330 号 301-2 室（201203）				
投资总额	40 万 USD	电　　话	51370786	传　　真	50791830
设立日期	2009-2-2	负 责 人	浦峥峻		
主营业务	塑料制品的研发、生产、销售自产产品。				

企业名称	科伯利生物技术（上海）有限公司				
企业地址	上海市张江高科技园区碧波路 690 号 2 号楼 401-14 室（201203）				
投资总额	16 万 USD	电　　话	61042205	传　　真	61041410
设立日期	2009-1-15	负 责 人	PASI PETTERI ROUSU		
主营业务	基于非木材和非食物为原料的生物精炼技术及相关设备的研发。				

企业名称	上海吻德生物科技有限公司				
企业地址	上海市奉贤区奉浦大道 12 号办公楼 402-403 室（201400）				
投资总额	14 万 USD	电　　话		传　　真	
设立日期	2009-1-14	负 责 人	何国泓		
主营业务	提供在生物科技领域的技术咨询、技术开发。				

企业名称	乐福美医药开发（上海）有限公司				
企业地址	上海市张江高科技园区松涛路 563 号 B 座（2 号楼）206 室（201203）				
投资总额	7.31 万 USD	电　　话	50277753	传　　真	50277753
设立日期	2008-12-29	负 责 人	MICHELE YUHONG ZHANG（章宇红）		
主营业务	为生物医药研发机构及相关研发产提供技术支持和技术服务。				

企业名称	上海翔润生物技术有限公司				
企业地址	上海市张江高科技园区蔡伦路 780 号 5 楼 D 座（201203）				
投资总额	14 万 USD	电　　话	51320439	传　　真	
设立日期	2008-12-19	负 责 人	ZHONGPING ALEXANDER YU		
主营业务	生物技术及相关产品的研发。				

企业名称	上海铧锋化工科技有限公司				
企业地址	上海市金山区山通路 188 号 11 幢厂房（201508）				
投资总额	30 万 USD	电　　话	57247133	传　　真	57247006
设立日期	2008-12-12	负 责 人	区宜杰		
主营业务	研发生产各种油墨助剂、绝缘胶(危险品除外)，销售公司自产产品。				

企业名称	雅丝嘉生物科技（上海）有限公司				
企业地址	上海市金山区枫泾镇泾商路 99 弄 2156 号 201 室（201502）				
投资总额	14 万 USD	电　　话	57361159	传　　真	58357006
设立日期	2008-12-12	负 责 人	林正雄		
主营业务	研发生物科技的产品。				

企业名称	亚松聚氨酯（上海）有限公司				
企业地址	上海市松江区宝荣路 9 号-3 号厂房（201613）				
投资总额	16 万 USD	电　　话	62122213	传　　真	62110004
设立日期	2008-12-10	负 责 人	DAVID J.MILLS		
主营业务	加工、生产聚氨酯产品，销售公司自产产品。				

企业名称	赢众生物科技（上海）有限公司				
企业地址	上海市张江高科技园区龙东大道 2500 号 E 楼 128 室（201203）				
投资总额	400 万 USD	电　　话	50720866	传　　真	50720858
设立日期	2008-11-27	负 责 人	TY TIEFENG HU		
主营业务	医疗技术及医疗器械、生物诊断试剂的研发。				

企业名称	裕光粘胶制品（上海）有限公司				
企业地址	上海市松江区新桥镇新镇街 599 号第 4 幢（201612）				
投资总额	20 万 USD	电　　话	64648895	传　　真	64894112
设立日期	2008-11-20	负 责 人	潘裕之		
主营业务	研发、生产、加工粘胶带、密封物及其相关产品。				

企业名称	上海贴诺医疗用品有限公司				
企业地址	上海市普陀区真南路 2548 号 3 号楼 3 楼（200331）				
投资总额	13 万 USD	电　　话	63636137	传　　真	63636137
设立日期	2008-11-17	负 责 人	LAWRENCE SAMMEROFF		
主营业务	设计、开发、生产、加工创可贴产品。				

企业名称	维龙（上海）新材料科技有限公司				
企业地址	上海市奉贤区奉浦工业区环城北路 688 号（201400）				
投资总额	146 万 USD	电　　话	57436288	传　　真	57436287
设立日期	2008-11-5	负 责 人	施丽霞		
主营业务	研发、生产聚丙烯发泡材料及设备，销售公司自产产品。				

企业名称	上海大微生物科技有限公司				
企业地址	上海市黄浦区光启路 2-10 号 1 层 1092 室（200010）				
投资总额	20 万 USD	电　　话	62877001	传　　真	62877002
设立日期	2008-10-29	负 责 人	阪本惠子		
主营业务	微生物产品的研究、开发。				

企业名称	上海迪希科伦比恩化工有限公司				
企业地址	上海市化学工业区目华路 185 号第二层 215 室（201507）				
投资总额	3174 万 USD	电　　话	64913283	传　　真	
设立日期	2008-10-28	负 责 人	PAK MYUNG HO		
主营业务	研发及生产硬质碳黑、软质碳黑，销售自产产品。				

企业名称	速菲科（上海）化工设备有限公司				
企业地址	上海市普陀区常和路 288 号 4 号厂房东侧（200331）				
投资总额	15 万 USD	电 话	63639829	传 真	63639815
设立日期	2008-10-23	负 责 人	HUW WILLIAMS		
主营业务	生产、加工过滤设备、泵送设备及配件，销售自产产品。				

企业名称	上海拜瑞曼克生物科技有限公司				
企业地址	上海市松江区沈砖公路 4629 号 110 室（201602）				
投资总额	100 万 USD	电 话	67478888	传 真	64748888
设立日期	2008-9-25	负 责 人	李 炎		
主营业务	临床诊断仪器的开发。				

企业名称	汉诺化工科技（上海）有限公司				
企业地址	上海市松江区新桥镇新庙三路 759 号（201612）				
投资总额	12 万 USD	电 话	57680205	传 真	57680205
设立日期	2008-9-18	负 责 人	涂倚熊		
主营业务	研究、设计、生产着色剂，塑料助剂，离型剂。				

企业名称	龙孳生物医药科技（上海）有限公司				
企业地址	上海市张江高科技园区龙东大道 2500 号 F 楼 116 室（201203）				
投资总额	53 万 USD	电 话	68919191	传 真	
设立日期	2008-9-12	负 责 人	黄汉洲		
主营业务	生物医药的研究与开发。				

企业名称	上海新元德生物科技有限公司				
企业地址	上海市奉贤区金海公路 5885 号 1338 室（201400）				
投资总额	10 万 USD	电 话	51763567	传 真	
设立日期	2008-9-10	负 责 人	陈灿辉		
主营业务	生物科技领域的技术咨询和技术开发。				

企业名称	爱地那非医药技术（上海）有限公司				
企业地址	上海市浦东新区光明路 718 号 711 室（200108）				
投资总额	500 万 USD	电 话	50277487	传 真	50276051
设立日期	2008-9-2	负 责 人	杨 志		
主营业务	药品、健康保健产品、消毒产品的研究开发。				

企业名称	协发医药科技（上海）有限公司				
企业地址	上海市卢湾区茂名南路 205 号 1605 室（200020）				
投资总额	14 万 USD	电 话	64662999	传 真	64152713
设立日期	2008-9-1	负 责 人	OGAWA HIROKI		
主营业务	制药技术的研发、医药科技咨询。				

企业名称	上海裕昭生物医药有限公司				
企业地址	上海市张江高科技园区松涛路 563 号 A 座（1 号楼）317 室（201203）				
投资总额	6.5 万 USD	电 话	50807370	传 真	50800718
设立日期	2008-8-29	负 责 人	YIFA LIU（刘亦法）		
主营业务	生物医药及相关产品的研发。				

企业名称	大冢（上海）药物研究开发有限公司				
企业地址	上海市张江高科技园区哈雷路 1058 号第三层（201203）				
投资总额	510 万 USD	电 话	58559588	传 真	58959038
设立日期	2008-8-22	负 责 人	夏目国昭		
主营业务	抗生素类药物、抗感染类药物、心血管疾病类药物的研究、开发。				

企业名称	沪亚生物医药技术（上海）有限公司				
企业地址	上海市张江高科技园区蔡伦路 780 号 802 室（201203）				
投资总额	14 万 USD	电 话	51323312	传 真	51323312
设立日期	2008-8-20	负 责 人	MIREILLE GINGRAS		
主营业务	从事生物医药技术的研究、开发。				

企业名称	维亚生物科技（上海）有限公司				
企业地址	上海市张江高科技园区哈雷路 1043 号 502 室（201203）				
投资总额	160 万 USD	电 话	51320408	传 真	51320412
设立日期	2008-8-14	负 责 人	吴 鹰		
主营业务	生物医药技术的研发。				

企业名称	上海密尔可胶带有限公司				
企业地址	上海市松江区民强路 1235 号第 1 幢厂房（201611）				
投资总额	95 万 USD	电 话	57686845	传 真	57686845
设立日期	2008-8-12	负 责 人	MIGUEL ARNEDO CORTIJO		
主营业务	生产及加工各种胶带。				

企业名称	祜申（上海）医药科技有限公司				
企业地址	上海市张江高科技园区龙东大道 2500 号 F 楼 124 室（201203）				
投资总额	14 万 USD	电 话	68561018	传 真	68682632
设立日期	2008-8-11	负 责 人	XIE HAITAO		
主营业务	医药技术的研发。				

企业名称	上海白塔医药科技有限公司				
企业地址	上海市闵行区金都路 4289 号 6 幢 2 楼 115 室（201108）				
投资总额	2.9 万 USD	电 话	53078165	传 真	53078165
设立日期	2008-8-5	负 责 人	OHIRA EMMIN		
主营业务	医药科技领域内的技术咨询服务。				

企业名称	上海梅里埃生物工程有限公司				
企业地址	上海市徐汇区漕河泾新兴技术开发区钦州北路 1181 号（200233）				
投资总额	1319 万 USD	电 话	64850088	传 真	64950975
设立日期	2008-8-4	负 责 人	JEAN-MARC DURANO		
主营业务	新型诊断试剂以及其他相关产品的生产。				

企业名称	联合基因生物科技（上海）有限公司				
企业地址	上海市杨浦区鞍山五村 14 号 104 室（200092）				
投资总额	100 万 USD	电 话	61406788	传 真	61406900
设立日期	2008-7-23	负 责 人	毛裕民		
主营业务	生物科技领域内的技术咨询、技术服务。				

企业名称	辉源生物科技（上海）有限公司				
企业地址	上海市张江高科技园区哈雷路 1011 号 302 室（201203）				
投资总额	450 万 USD	电 话	51163700	传 真	51163766
设立日期	2008-7-22	负 责 人	TAN XUEHAI		
主营业务	从事治疗肿瘤、代谢性疾病、中枢神经系统疾病的药物研究、开发。				

企业名称	富乐（上海）粘合剂研发有限公司				
企业地址	上海市张江高科技园区祖冲之路 899 号 1 号楼（201203）				
投资总额	140 万 USD	电 话	50278430	传 真	50277452
设立日期	2008-7-17	负 责 人	KEVIN MICHAEL GILLIGAN		
主营业务	黏合剂、密封剂和涂料技术的研发及相关新产品的开发。				

企业名称	柯妙生物科技发展（上海）有限公司				
企业地址	上海市奉贤区金海公路 5885 号 1323 室（201400）				
投资总额	50 万 USD	电 话	52702590	传 真	
设立日期	2008-7-16	负 责 人	张文源		
主营业务	生物科技领域的技术咨询、技术转让、技术开发和技术服务。				

企业名称	上海奥洁涂料有限公司				
企业地址	上海市金山区山阳镇卫清东路 2228 号第 4 幢（201508）				
投资总额	15 万 USD	电 话	57242773	传 真	57242770
设立日期	2008-7-2	负 责 人	全东万		
主营业务	研发、生产各种涂料、防水材料、保温材料及相关配件和施工辅助工具。				

企业名称	博格隆（上海）生物技术有限公司				
企业地址	上海市张江高科技园区蔡伦路 720 弄 1 号楼 314 室（210203）				
投资总额	15 万 USD	电 话	58953301	传 真	58953306
设立日期	2008-7-1	负 责 人	HONG ZHANG（张洪）		
主营业务	生物医学材料及制品的研发、生产。				

企业名称	上海金量源生物科技有限公司				
企业地址	上海市张江高科技园区龙东大道 2500 号 E 楼 135 室（201203）				
投资总额	14 万 USD	电 话	61940373	传 真	61940371
设立日期	2008-7-1	负 责 人	黄国晋		
主营业务	生物技术及相关产品的研发。				

企业名称	桑西里奥医药科技（上海）有限公司				
企业地址	上海市张江高科技园区龙东大道 2500 号 F 楼 253 室（201203）				
投资总额	5 万 USD	电 话	50807782	传 真	50807782
设立日期	2008-6-26	负 责 人	FREDERICK DOMINICK SANCILIO		
主营业务	医药技术的开发、自有技术的转让。				

企业名称	上海百思可生物科技有限公司				
企业地址	上海市南汇区周浦镇周祝公路 337 号 9 幢 112 室（201318）				
投资总额	385 万 USD	电 话	58957877	传 真	51901165
设立日期	2008-6-25	负 责 人	宋会群		
主营业务	加工、分装诊断试剂原料和医药中间体原料。				

企业名称	贝沃特医药技术（上海）有限公司				
企业地址	上海市张江高科技园区龙东大道2500号F楼251室（201203）				
投资总额	20万USD	电　话	68317982	传　真	50800522
设立日期	2008-6-24	负责人	慕晓军		
主营业务	新药及相关医药技术的研发。				

企业名称	上海天坛生物科技有限公司				
企业地址	上海市杨浦区黄兴路1号615室（200090）				
投资总额	42万USD	电　话	65708828	传　真	65709960
设立日期	2008-6-12	负责人	黄　政		
主营业务	从事茶叶深加工、农产品相关生物工程的技术研发、技术咨询。				

企业名称	上海华峰普恩聚氨酯有限公司				
企业地址	上海市金山工业区通业路218号3幢2号（201508）				
投资总额	1022万USD	电　话	57245678	传　真	57245908
设立日期	2008-6-5	负责人	尤小平		
主营业务	研发、生产聚氨酯硬泡等高效建筑保温材料的项目。				

企业名称	宏萌纳米生化科技有限公司				
企业地址	上海市金山区通业路218号4幢2号（201506）				
投资总额	2980万USD	电　话	63520039	传　真	63520039
设立日期	2008-5-27	负责人	ROBERT CHIN CHEN		
主营业务	纳米生化技术研发及其产品的生产，生物医药材料及其制品。				

企业名称	上海泽润安珂生物制药有限公司				
企业地址	上海市张江高科技园区蔡伦路333号2号楼（D楼）303室（201203）				
投资总额	12万USD	电　话	58556789	传　真	
设立日期	2008-5-16	负责人	曲　颂		
主营业务	生物制品的研发。				

企业名称	凯惠药业（上海）有限公司				
企业地址	上海市奉贤区目华北路388号501室（201424）				
投资总额	3500万USD	电　话	57448011	传　真	51371375
设立日期	2008-5-16	负责人	HUI MICHAEL XIN		
主营业务	研发生产新型化合物药物和活性成分药物的原料药。				

企业名称	立邦（上海）化工有限公司				
企业地址	上海市南汇区祝桥镇金闻路10号2幢（201323）				
投资总额	500万USD	电　话	38910042	传　真	38910042
设立日期	2008-5-12	负责人	YONG HEE LEE		
主营业务	研发、生产汽车、家电、卷钢等金属表面处理剂。				

企业名称	上海姿秀化妆品有限公司				
企业地址	上海市奉贤区肖湾路318号10号厂房（201400）				
投资总额	14万USD	电　话	37199271	传　真	37199275
设立日期	2008-4-28	负责人	金光泽		
主营业务	研究、开发、生产、加工化妆品及相关产品。				

企业名称	倍泽生物医药技术（上海）有限公司				
企业地址	上海市张江高科技园区哈雷路898弄6号111室（201203）				
投资总额	140万USD	电　话	61637609	传　真	61637609
设立日期	2008-4-22	负责人	张家骐		
主营业务	生物医药及相关技术的研发。				

企业名称	上海源力生物技术有限公司				
企业地址	上海市张江高科技园区蔡伦路399号A座5A室（201203）				
投资总额	141万USD	电　话	61941333	传　真	61941338
设立日期	2008-4-22	负责人	孙飘扬		
主营业务	生物医药的研发。				

企业名称	福乐阁涂料（上海）有限公司				
企业地址	上海市松江工业区东部新区新飞园区10号厂房（201600）				
投资总额	297万USD	电　话	54258626	传　真	64876962
设立日期	2008-4-18	负责人	SOREN PESCHARDT OLESEN		
主营业务	生产水性涂料、水性黏合剂。				

企业名称	上海金啤生物科技有限公司				
企业地址	上海市金山工业区新街村4076号3幢（201504）				
投资总额	1107万USD	电　话	57277639	传　真	57277639
设立日期	2008-4-16	负责人	姚文全		
主营业务	麦精生产与麦精相关的食品添加剂。				

企业名称	爱可泰隆医药技术（上海）有限公司				
企业地址	上海市张江高科技园区哈雷路866号1楼101座（201203）				
投资总额	20万USD	电　话	61686500	传　真	61686510
设立日期	2008-4-1	负责人	THOMAS LAWRENCE MONROE		
主营业务	医药产品、小分子药物的研发。				

企业名称	锐威（上海）生物化工科技有限公司				
企业地址	上海市奉贤区海湾旅游区莘奉公路4968号2楼（201419）				
投资总额	500万USD	电　话	62116163	传　真	62116193
设立日期	2008-3-28	负责人	大久保健		
主营业务	生物化工领域的技术咨询、技术转让、技术开发和技术服务。				

企业名称	迪芘油墨（上海）有限公司				
企业地址	上海市金山工业区通业路128号3幢2号（201505）				
投资总额	215万USD	电　话	37441647	传　真	67103049
设立日期	2008-3-14	负责人	JEAN-LOUIS DUBUIT		
主营业务	研究、开发、加工和生产印刷油墨、稀释剂及配套产品。				

企业名称	健士星生物技术研发（上海）有限公司				
企业地址	上海市长宁区临虹路280弄6号楼101、104－106室（200070）				
投资总额	300万USD	电　话	33720130	传　真	33720133
设立日期	2008-3-10	负责人	YA CAI		
主营业务	从事茶叶及中草药活性成分、食品、饮料的研发、中试。				

企业名称	澎立生物医药技术（上海）有限公司				
企业地址	上海市张江高科技园区伽利略路388弄7号楼（201203）				
投资总额	400万USD	电　话	61002280	传　真	61002270
设立日期	2008-3-7	负责人	JIFENG DUAN（段继峰）		
主营业务	用于治疗骨、肿瘤、炎症、自身免疫疾病的新药的研究、开发。				

企业名称	伽倻化工（上海）有限公司				
企业地址	上海市金山区山阳镇山德路28－1号厂房（201508）				
投资总额	60万USD	电　话	57243957	传　真	57243957
设立日期	2008-2-25	负责人	PARK SAM YEOL		
主营业务	设计、开发、生产应用热转印技术的油墨。				

企业名称	美迪西普亚医药科技（上海）有限公司				
企业地址	上海市张江高科技园区李冰路67弄5号1楼（201203）				
投资总额	800万USD	电　话	51320237	传　真	51320222
设立日期	2008-2-2	负责人	CHUN-LIN CHEN		
主营业务	生物医药产品、医药中间体的研发，转让自有技术。				

企业名称	上海汉高粘合剂有限公司				
企业地址	上海市嘉定区南翔镇蕰北公路1755弄31号底层（201802）				
投资总额	772万USD	电　话	52841202	传　真	52841202
设立日期	2008-1-29	负责人	PATRICK CHAHIAN		
主营业务	生产胶黏剂、高性能涂料，生产新型节能、环保建筑材料。				

企业名称	上海迪科海洋生物科技有限公司				
企业地址	上海市奉贤区柘林镇新林路2058号1幢101室（201424）				
投资总额	34万USD	电　话	64864415	传　真	64864812
设立日期	2008-1-28	负责人	YEO HOON SENG		
主营业务	养殖水产品，提供相关的技术咨询和技术转让。				

企业名称	艾乐瑞生物技术（上海）有限公司				
企业地址	上海市张江高科技园区蔡伦路780号5楼I座（201203）				
投资总额	10万USD	电　话	51323330	传　真	51323338
设立日期	2008-1-17	负责人	徐　焜		
主营业务	生物技术、化学技术、护肤及护发产品、保健品的研发。				

企业名称	空气化工产品制气（上海）有限公司				
企业地址	上海市松江区茸江路68号1幢4层（201613）				
投资总额	140万USD	电　话	38962000	传　真	50805555
设立日期	2008-1-14	负责人	WILBUR WAI-BONG MOK		
主营业务	设计、研发、生产、组装制气用专用设备与仪器。				

企业名称	上海红帝龙生物科技有限公司				
企业地址	上海市张江高科技园区蔡伦路720弄1号楼212室（201203）				
投资总额	4.2万USD	电　话	50795789	传　真	50795789
设立日期	2008-1-11	负责人	李春铜		
主营业务	生物肥料、生物饲料、农业土壤改良技术、环境保护技术的研发。				

企业名称	伊立欧化学（上海）有限公司				
企业地址	上海市化学工业区C3-1-3A地块（201507）				
投资总额	940万USD	电　话	53852277	传　真	53853788
设立日期	2007-12-28	负责人	JACQUES COLLONGE		
主营业务	开发和生产聚合物和化学助剂。				

企业名称	布登海姆精细化工（上海）有限公司				
企业地址	上海市化学工业区F4-2地块（201507）				
投资总额	320万欧元	电　话	60918276	传　真	60918276
设立日期	2007-12-25	负责人	HARALD SCHAUB		
主营业务	开发和生产磷酸盐及无卤素阻燃剂。				

企业名称	尚科生物医药（上海）有限公司				
企业地址	上海市南汇区周浦镇周祝公路337号9幢110室（201300）				
投资总额	1200万RMB	电　话	68187183	传　真	68187185
设立日期	2007-12-25	负责人	周秋华		
主营业务	生物医药技术的研发、转让，医药中间体的生产、销售。				

企业名称	上海凌韩胶粘制品有限公司				
企业地址	上海市青浦区外青松公路4925号A17（201700）				
投资总额	100万USD	电　话	59705262	传　真	
设立日期	2007-12-24	负责人	凌幼农		
主营业务	生产、加工中高档塑胶保护膜。				

企业名称	扬翔（上海）环保科技有限公司				
企业地址	上海市金山区漕泾镇工业开发区西部规划二路2-20号（201507）				
投资总额	70万USD	电　话	67256677	传　真	67256736
设立日期	2007-12-18	负责人	陈芝颖		
主营业务	生产环保型改性母粒，功能型母粒，奈米生化母粒。				

企业名称	尚芳化妆品（上海）有限公司				
企业地址	上海青浦出口加工区3-2地块A1号厂房二楼（201700）				
投资总额	1000万USD	电　话	59705005	传　真	59706095
设立日期	2007-12-18	负责人	陈松泽		
主营业务	生产、加工化妆品、护肤品、护发品的项目。				

企业名称	上海泓博智源医药技术有限公司				
企业地址	上海市浦东新区瑞庆路528号1幢乙号5层（201201）				
投资总额	150万USD	电　话	50720100	传　真	50720058
设立日期	2007-12-14	负责人	PING CHEN		
主营业务	新药及相关生物技术的研究、开发、自有技术转让。				

企业名称	上海新高峰生物医药有限公司				
企业地址	上海市肇嘉浜路446弄1号605-608室（200031）				
投资总额	999万USD	电　话	54668788	传　真	54668700
设立日期	2007-12-11	负责人	任　军		
主营业务	药品、生物制品、保健品、诊断试剂、医疗器械、实验设备的研究开发。				

企业名称	欣润（上海）生物药业有限公司				
企业地址	上海市张江高科技园区蔡伦路333号2号楼（D楼）604室（201203）				
投资总额	1000万USD	电　话	58556789	传　真	58559755
设立日期	2007-12-4	负责人	曲　颂		
主营业务	单克隆抗体及生物制品的研究、开发。				

企业名称	美西生物科技（上海）有限公司				
企业地址	上海市南汇区周祝公路317号（201300）				
投资总额	500万USD	电　话	54652233	传　真	54655745
设立日期	2007-11-27	负责人	永田良一		
主营业务	生物技术药品及化学药的研发，药物成分的精密分析、检验。				

企业名称	上海致新生物科技有限公司				
企业地址	上海市奉贤区金汇镇江艇路188号第四栋（201404）				
投资总额	80万USD	电　话	57487058	传　真	57487051
设立日期	2007-11-23	负责人	骆承甫		
主营业务	生产日用化妆品（护肤、美容修饰、香水类）、化妆品用原料。				

企业名称	上海容泰生物工程有限公司				
企业地址	上海市南汇区陶桥村488号（201300）				
投资总额	3568万RMB	电　话	51695968	传　真	51901165
设立日期	2007-11-21	负责人	夏煜煜		
主营业务	加工、分装抗原抗体、中间体、酶制品，销售公司自产产品。				

企业名称	上海金源生物科技发展有限公司				
企业地址	上海市金山区枫泾镇钱明东路101号2幢（201500）				
投资总额	118万USD	电　话	67356385	传　真	67356066
设立日期	2007-11-20	负责人	李　平		
主营业务	植物油脂生产。				

企业名称	法布特司（上海）化学工业有限公司				
企业地址	上海市金山区山阳镇山德路28号5号（201508）				
投资总额	15万欧元	电　话	57249200	传　真	57249201
设立日期	2007-11-19	负责人	DANIELE ZIBETTI		
主营业务	生产和加工纺织品印染制剂及其衍生品。				

企业名称	佰里金生物科技（上海）有限公司				
企业地址	上海市海宁路1399号1407室（200070）				
投资总额	15万USD	电　话	56834493	传　真	56834493
设立日期	2007-11-14	负责人	杨明辉		
主营业务	生物科技咨询，生产畜禽饲料、畜禽饲料添加剂。				

企业名称	拜礼达生物科技（上海）有限公司				
企业地址	上海市南汇区周浦镇周祝公路337号11幢（201315）				
投资总额	251万USD	电　话	33927531	传　真	60911130
设立日期	2007-11-12	负责人	叶君玉		
主营业务	生产、加工试纸条，抗原和抗体原料，酶保护剂，酶稳定剂。				

企业名称	意百瑞化工科技（上海）有限公司				
企业地址	上海市静安区新闸路1098弄1号2503室（200041）				
投资总额	14万USD	电　话	62483071	传　真	62484076
设立日期	2007-11-2	负责人	阳金莲		
主营业务	化工原料及产品、橡胶原料及制品、塑料原料及制品的研发。				

企业名称	高仰生物科技（上海）有限公司				
企业地址	上海市嘉定区马陆镇宝安公路2815号第1幢1楼D区（201801）				
投资总额	14万USD	电　话	39152211	传　真	39152211
设立日期	2007-11-1	负责人	周贤裕		
主营业务	生产加工含氧纯净水，销售本公司自产产品。				

企业名称	全圣昕化工科技（上海）有限公司				
企业地址	上海市普陀区中山北路1759号2002室（200236）				
投资总额	200万RMB	电　话	60958923	传　真	60958924
设立日期	2007-10-23	负责人	韩嘉智		
主营业务	环保及回收再利用技术的咨询。				

企业名称	新培晶医药科技（上海）有限公司				
企业地址	上海市浦东新区张江路665号505室（201203）				
投资总额	14万USD	电　话	54237506	传　真	64223464
设立日期	2007-10-17	负责人	RICHARD DAVIS IRONS		
主营业务	生物医学、医药技术和检验技术的研究。				

企业名称	爱克发医疗系统设备（上海）有限公司				
企业地址	上海市外高桥保税区华申路180号602B部位（200131）				
投资总额	20万USD	电　话	24122007	传　真	24122062
设立日期	2007-10-15	负责人	JEROEN VAN HEESEWIJK		
主营业务	保税区内以爱克发产品为主的仓储、分拨、展示业务。				

企业名称	信实生物医药（上海）有限公司				
企业地址	上海市张江高科技园区蔡伦路720弄1号楼313室（201203）				
投资总额	48万USD	电　话	50720299	传　真	50720299
设立日期	2007-10-15	负责人	XIANYONG BU		
主营业务	生物医药及相关产品的研发，转让自有技术。				

企业名称	卫源环保科技（上海）有限公司				
企业地址	上海市金山区张堰镇金张支路688号1幢102室（201514）				
投资总额	300万USD	电　话	57248890	传　真	57247900
设立日期	2007-10-12	负责人	CAO HUA		
主营业务	研究、开发、生产催化剂、油田助剂、水处理剂。				

企业名称	上海豪科高分子化学科技有限公司				
企业地址	上海市南汇区新场工业区古翠路21号（201314）				
投资总额	50万RMB	电　话	38015002	传　真	38015002
设立日期	2007-9-30	负责人	HENRY LONG MEI		
主营业务	生产新型高分子材料及相关配套产品，销售公司自产产品。				

企业名称	**佐藤生物技术（上海）有限公司**				
企业地址	上海市张江高科技园区张江路 91 号 6 幢 310 室（201203）				
投资总额	7 万 USD	电　话	63774945	传　真	
设立日期	2007-9-27	负责人	佐藤康毅		
主营业务	研究、开发除臭杀菌剂，包括空气除臭剂、脱味剂、口臭漱口液。				

企业名称	**精英雅式医疗制品（上海）有限公司**				
企业地址	上海市工业综合开发区环城北路 318 号 3 车间（201400）				
投资总额	300 万 USD	电　话	57436636	传　真	57436636
设立日期	2007-9-21	负责人	章孝兵		
主营业务	医疗器械零部件的设计、加工、制造。				

企业名称	**韶远化学科技（上海）有限公司**				
企业地址	上海市张江高科技园区蔡伦路 720 弄 3 号楼 301 室（201203）				
投资总额	100 万 USD	电　话	50795510	传　真	50795055
设立日期	2007-9-21	负责人	齐　铭		
主营业务	学技术、生物技术、化学试剂、生化试剂、医药中间体的研发。				

企业名称	**确信乐思化学（上海）有限公司**				
企业地址	上海市化学工业区奉贤分区（201424）				
投资总额	1500 万 USD	电　话	63900600	传　真	50912810
设立日期	2007-9-21	负责人	方　晟		
主营业务	研发、生产各类金属及非金属表面处理化学助剂、活性添加剂。				

企业名称	**上海开绪生化科技有限公司**				
企业地址	上海市龙吴路 2715 号 2 号楼 412-416 室（200231）				
投资总额	10 万 USD	电　话	34622833	传　真	23010125
设立日期	2007-9-21	负责人	袁开绪		
主营业务	化工产品（除危险品）、生物试剂（除医疗、诊断试剂）的研发、生产。				

企业名称	**佩特化工（上海）有限公司**				
企业地址	上海市化学工业区奉贤分区楚华支路 369 号（201424）				
投资总额	900 万 USD	电　话	68183468	传　真	68183102
设立日期	2007-9-20	负责人	ANDREAS HENNER JOACHIM PETER		
主营业务	生产稀释剂、固化剂、油漆。				

企业名称	**奥浦顿（上海）医药科技有限公司**				
企业地址	上海市张江高科技园区蔡伦路 333 号 2 号楼（D）楼 115 室（201203）				
投资总额	210 万 USD	电　话	51370700	传　真	51323311
设立日期	2007-9-19	负责人	阚　颖		
主营业务	医药产品、生产制品、计算机软件的研发。				

企业名称	**奇优米（上海）化学科技有限公司**				
企业地址	上海市浦东新区杨高北路 528 号 14 幢 4026 室（200137）				
投资总额	60 万 USD	电　话	58363565	传　真	52396991
设立日期	2007-9-13	负责人	曲清蕃		
主营业务	精细化学、高分子材料、塑料制品领域的技术咨询服务。				

企业名称	**上海盛堡胶辊有限公司**				
企业地址	上海市浦东新区龄南路 358 号 1 号、6 号厂房（200126）				
投资总额	200 万 RMB	电　话	57585570	传　真	58595570
设立日期	2007-9-12	负责人	夏汀滢		
主营业务	生产印刷胶辊、辊筒，销售自产产品。				

企业名称	**亨斯迈化学研发中心（上海）有限公司**				
企业地址	上海市闵行区文井路 135 号 102-108 室（200245）				
投资总额	220 万 USD	电　话	24037288	传　真	64621234
设立日期	2007-9-11	负责人	WANG SHUNSHENG		
主营业务	从事聚氨酯产品和功能化学品的研究、开发。				

企业名称	**上海诚美化妆品研发有限公司**				
企业地址	上海市闵行区东川路 555 号甲楼 2002 室（200241）				
投资总额	1600 万 RMB	电　话	64267198	传　真	64267118
设立日期	2007-9-10	负责人	王振平		
主营业务	化妆品及其生产技术的研发，对植物成分、中药成分的提取方法的研究。				

企业名称	**瀚亨生物科技（上海）有限公司**				
企业地址	上海市浦东新区海徐路 939 号 5 幢 322 室（200137）				
投资总额	101 万 USD	电　话	54225202	传　真	54225202
设立日期	2007-9-5	负责人	黄朝福		
主营业务	肥料、饲料、饲料添加剂、土壤改造剂的研究。				

企业名称	**金冬化工（上海）有限公司**				
企业地址	上海市外高桥保税区华申路 180 号综合大楼八层 824 室（200131）				
投资总额	20 万 USD	电　话	52371667	传　真	
设立日期	2007-9-4	负责人	施金贵		
主营业务	化工产品及原料、橡胶制品的批发、佣金代理。				

企业名称	**凯泰克化工技术服务（上海）有限公司**				
企业地址	上海市普陀区白兰路 137 弄 2 号 1002 室（200062）				
投资总额	14 万 USD	电　话	62702215	传　真	61405881
设立日期	2007-8-28	负责人	KARL BARRY THEW		
主营业务	提供与石油化工及石油精炼相关的催化剂处理、化学制品清理。				

企业名称	**美创化妆品研究开发（上海）有限公司**				
企业地址	上海市闵行区东川路 555 号甲楼 2001 室（201100）				
投资总额	4 亿日元	电　话	58305899	传　真	58309346
设立日期	2007-8-23	负责人	八木文明		
主营业务	化妆品及其生产技术的研发。				

企业名称	**上海嘉亨日用化学品有限公司**				
企业地址	上海市松江区佘山镇陶干路 118 号 A 座（201602）				
投资总额	1000 万 USD	电　话	57746357	传　真	62650666
设立日期	2007-8-16	负责人	曾本生		
主营业务	加工、生产塑胶包装用品，塑胶制品，销售公司自产产品。				

企业名称	**大赛璐药物手性技术（上海）有限公司**				
企业地址	上海市外高桥保税区希雅路 69 号 16 号楼 5 层 C 部位（200131）				
投资总额	1000 万 RMB	电　话	50460086	传　真	50462321
设立日期	2007-8-16	负责人	西村久雄		
主营业务	手性化合物的合成、制备；手性色谱技术的开发。				

企业名称	**日涂（上海）涂料研究开发有限公司**				
企业地址	上海市浦东新区创业路 287 号综合科技楼（201201）				
投资总额	210 万 USD	电　话	58382339	传　真	58385639
设立日期	2007-8-14	负责人	AOKI KEI		
主营业务	涂料及其相关产品的研究、开发。				

企业名称	**法科达拉（上海）高分子材料有限公司**				
企业地址	上海市嘉定区安亭镇安晓路 128 号第 3 幢（201814）				
投资总额	140 万 USD	电　话	50643299	传　真	50461486
设立日期	2007-8-14	负责人	YEO CHIN THIAM		
主营业务	生产、加工高分子材料及制品。				

企业名称	**凯杰生物技术（上海）有限公司**				
企业地址	上海市浦东新区世纪大道 1600 号 25 楼 06-10 室（200120）				
投资总额	14 万 USD	电　话	8009880328	传　真	8009880329
设立日期	2007-8-14	负责人	PEER M. SCHATZ		
主营业务	提供生物制剂及相关设备的技术咨询服务。				

企业名称	**交晨生物医药技术（上海）有限公司**				
企业地址	上海市张江高科技园区哈雷路 898 弄 6 号 118 室（201203）				
投资总额	25 万 USD	电　话	61637600	传　真	61637610
设立日期	2007-8-10	负责人	张家骐		
主营业务	生物技术和新型药物的研究及开发，转让自有技术。				

企业名称	**威马化工（上海）有限公司**				
企业地址	上海市喜泰路 237 号 2 幢 186 室（200233）				
投资总额	15 万欧元	电　话	54814939	传　真	54816543
设立日期	2007-7-31	负责人	杜亚平		
主营业务	油漆、涂料的生产、加工及批发。				

企业名称	**上海高旭化工新材料有限公司**				
企业地址	上海市松江区新飞路 1500 弄 17 号（201611）				
投资总额	80 万 RMB	电　话	64824532	传　真	64518499
设立日期	2007-7-31	负责人	QUENTIN SHI（施晓旦）		
主营业务	研究、开发、生产造纸用高科技化学品。				

企业名称	**盟科医药技术（上海）有限公司**				
企业地址	上海市张江高科技园区哈雷路 898 号 6 号 106 室（201203）				
投资总额	140 万 USD	电　话	61637617	传　真	
设立日期	2007-7-30	负责人	张家骐		
主营业务	新型药物研究及开发，转让自有技术。				

制造业-石油加工及炼焦业、化学原料及化学制品、医药和化学纤维制造业

企业名称	基埃生物科技（上海）有限公司				
企业地址	上海市杨浦区翔殷路128号16号楼201-204室（200433）				
投资总额	3万USD	电　话	51819439	传　真	51819439
设立日期	2007-7-25	负责人	TWETA JACK		
主营业务	生物科技、基因工程科技的技术开发、技术咨询。				

企业名称	诺伟司饲料添加剂（上海）有限公司				
企业地址	上海市嘉定区马陆镇博学路88号第5幢（201801）				
投资总额	40万USD	电　话	69151878	传　真	69151886
设立日期	2007-7-13	负责人	JEFFREY BRUCE KLOPFENSTEIN		
主营业务	生产饲料添加剂，销售本公司自产产品。				

企业名称	中泽技鑫环保科技（上海）有限公司				
企业地址	上海市松江工业区试点园区新桥镇新格路555号（201612）				
投资总额	128万USD	电　话	37787487	传　真	67687221
设立日期	2007-7-13	负责人	杜俊霖		
主营业务	研发、生产加工环保设备，提供资源再生及综合利用技术。				

企业名称	迪瑞生物医药科技（上海）有限公司				
企业地址	上海市张江高科技园区张江路91号6幢309室（201203）				
投资总额	140万USD	电　话	51371899	传　真	51371896
设立日期	2007-7-9	负责人	BOR-WEN WU		
主营业务	新药的研究，开发以及相关领域的技术服务和技术咨询。				

企业名称	康肽德生物医药技术（上海）有限公司				
企业地址	上海市张江高科技园区蔡伦路720弄1号楼339室（201203）				
投资总额	140万USD	电　话	61637600	传　真	61637611
设立日期	2007-7-5	负责人	张家骐		
主营业务	生物技术和现代药物的研究及开发，转让自有技术。				

企业名称	上海浩滤特膜技术有限公司				
企业地址	上海市闵行区浦江镇立跃路1768弄67号4号房屋1楼（201112）				
投资总额	700万RMB	电　话	51905215	传　真	51905213
设立日期	2007-7-3	负责人	VINCENT SHAW		
主营业务	滤膜及膜设备的开发、生产，销售自产产品。				

企业名称	慧瑞环保涂料（上海）有限公司				
企业地址	上海市松江高新技术园区玉佳西路74号（201600）				
投资总额	21万USD	电　话	57628093	传　真	57629111
设立日期	2007-6-27	负责人	徐蓓蓓		
主营业务	生产水性及紫外光固化（无溶剂）环保涂料。				

企业名称	上海麻沼化妆品有限公司				
企业地址	上海市金山区亭林镇金腾路1111号4幢（201505）				
投资总额	3.5亿日元	电　话	52069013	传　真	52069013
设立日期	2007-6-25	负责人	麻沼雅海		
主营业务	生产唇膏类、笔类、膏霜类、粉底类等化妆品。				

企业名称	洛德精细化学（上海）有限公司				
企业地址	上海市化学工业区E5-16地块（201507）				
投资总额	900万USD	电　话	50461178	传　真	50462050
设立日期	2007-6-18	负责人	DAVID SIPORIN		
主营业务	开发和生产胶黏剂、涂料、罐封材料、罐注混合物、导电或导热材料。				

企业名称	世安达纤维（上海）有限公司				
企业地址	上海市长宁区仙霞路137号9D室（200051）				
投资总额	30万USD	电　话	52419899	传　真	52069091
设立日期	2007-6-18	负责人	AN SHAN LI		
主营业务	化学纤维、纺织品及纺织品原料的批发、佣金代理。				

企业名称	上海仁度生物科技有限公司				
企业地址	上海市张江高科技园区东区瑞庆路528号10幢乙号3层A室（201203）				
投资总额	370万RMB	电　话	50720255	传　真	50720186
设立日期	2007-6-13	负责人	张保宁		
主营业务	基因及免疫检测试剂、生化试剂、化学试剂的研发、生产。				

企业名称	明尼苏达矿业制造特殊材料（上海）有限公司				
企业地址	上海市化学工业区F4-1地块（201507）				
投资总额	1050万USD	电　话	57686635	传　真	
设立日期	2007-6-12	负责人	余俊雄		
主营业务	研发、生产粘胶剂材料（危险化学品除外），销售自产产品。				

企业名称	科凯精细化工（上海）有限公司				
企业地址	上海市金山区金山卫镇板桥西路2459号（201512）				
投资总额	1150万USD	电　话	54644666	传　真	64858898
设立日期	2007-6-12	负责人	YUSUF AKTALAY		
主营业务	精细化学品的生产和销售。				

企业名称	安泊诺（上海）医药科技有限公司				
企业地址	上海市张江高科技园区李冰路151号2号楼304室（201203）				
投资总额	60万USD	电　话	51370725	传　真	51320511
设立日期	2007-6-8	负责人	ZHAI YIFAN		
主营业务	医药研发，并提供相应的技术咨询和技术服务。				

企业名称	上海纽瑞茵生物技术有限公司				
企业地址	上海市奉贤区奉城镇洪庙工业二路85号（201411）				
投资总额	14万USD	电　话	59221638	传　真	59222223
设立日期	2007-6-6	负责人	卓晓帆		
主营业务	生物制品专业领域内的技术研究、开发。				

企业名称	上海科致生物科技有限公司				
企业地址	上海市漕宝路500号5号楼2楼（200233）				
投资总额	460万RMB	电　话	54975025	传　真	54975030
设立日期	2007-5-29	负责人	CHIA-HUI PAUL SHIEH		
主营业务	生物标记技术的研究和开发。				

企业名称	上海昂博生物技术有限公司				
企业地址	上海市化学工业区奉贤分区楚工路388号综合楼3-4层（201424）				
投资总额	100万USD	电　话	57448358	传　真	57448526
设立日期	2007-5-28	负责人	杨建华		
主营业务	生产多肽生物产品，保护氨基酸及相关医药中间体。				

企业名称	上海伟康天锐生物科技有限公司				
企业地址	上海青浦工业园区生物医药区，旺旺公司以东（201700）				
投资总额	500万USD	电　话	64720289	传　真	64725705
设立日期	2007-5-22	负责人	黄国平		
主营业务	开发、生产食品级壳聚糖、壳寡糖、植堡丰有机可溶性肥料。				

企业名称	富奥姆（上海）化工有限公司				
企业地址	上海市普陀区真南路2548号第9栋（200060）				
投资总额	51万USD	电　话	52848490	传　真	52848490
设立日期	2007-5-21	负责人	油浦八郎		
主营业务	生产塑料制品、保温材料、发泡材料及复合材料制品。				

企业名称	住化分析技术（上海）有限公司				
企业地址	上海市江场三路161、163号6楼（200072）				
投资总额	500万USD	电　话	56778181	传　真	56770215
设立日期	2007-5-18	负责人	松田公昭		
主营业务	从事有机、无机成分的技术分析和技术咨询。				

企业名称	舒普特（上海）消毒剂有限公司				
企业地址	上海市浦东新区民冬路166号7号楼一楼（200137）				
投资总额	15万USD	电　话	58750050	传　真	58750050
设立日期	2007-5-17	负责人	HORST BINDERBAUER		
主营业务	生产消毒液及盛装消毒液器材，销售自产产品。				

企业名称	上海呵宝化妆品有限公司				
企业地址	上海市松江区民益路35号第二幢厂房（201613）				
投资总额	20万USD	电　话	54665580	传　真	54665583
设立日期	2007-5-14	负责人	YU MEI YU		
主营业务	生产、加工美容修饰品，销售公司自产产品。				

企业名称	精迪生物医药技术（上海）有限公司				
企业地址	上海市张江高科技园区东区瑞庆路528号6幢3层（201203）				
投资总额	100万USD	电　话	50720288	传　真	50720286
设立日期	2007-5-11	负责人	ZHENYU GU		
主营业务	生物医药及相关技术的研究、开发。				

企业名称	戴盟（上海）化工有限公司				
企业地址	上海市金山区月工路288号（201507）				
投资总额	10万欧元	电　话	34075518	传　真	34070518
设立日期	2007-4-26	负责人	ANDREAS ALBERT UHLEMAYR		
主营业务	生产紫外上光剂、润湿水添加剂、水性上光剂。				

企业名称	华研（上海）医药科技有限公司				
企业地址	上海市浦东新区东靖路1831号403-6室（201208）				
投资总额	14万USD	电话	58876211	传真	58876211-17
设立日期	2007-4-24	负责人	曹亮		
主营业务	药物制剂、药物化学、药理药代、药物分析领域的技术开发。				

企业名称	创兴精细化学（上海）有限公司				
企业地址	上海金山工业区通业路128号（201506）				
投资总额	900万USD	电话	57271177	传真	57272525
设立日期	2007-4-23	负责人	陈金源		
主营业务	生产电子用高科技化学品、高性能涂料、特种胶凝材料。				

企业名称	英腾化工（上海）有限公司				
企业地址	上海市外高桥保税区富特东一路418号第七层西部位（200131）				
投资总额	64万USD	电话	61035999	传真	54032822
设立日期	2007-4-20	负责人	YEAP CHOON YAM		
主营业务	保税区内以化工原料及相关制品（危险品除外）为主的仓储分拨业务。				

企业名称	上海信力助剂有限公司				
企业地址	上海市嘉定区嘉松路8225号第1幢部分（201804）				
投资总额	100万USD	电话	62706006	传真	62198465
设立日期	2007-4-19	负责人	黄金树		
主营业务	生产染化助剂、抗静电剂，销售本公司自产产品。				

企业名称	上海茂甲有机硅有限公司				
企业地址	上海市奉贤区庄行镇庄北路258号（201415）				
投资总额	20万USD	电话	57463656	传真	57463023
设立日期	2007-4-18	负责人	陈怡		
主营业务	生产、加工有机硅原料及附属产品。				

企业名称	上海禧合应用材料有限公司				
企业地址	上海市张江高科技园区蔡伦路88号2号楼5楼西二（201203）				
投资总额	14万USD	电话	58579818	传真	58579810
设立日期	2007-4-17	负责人	邵春生		
主营业务	研发、生产胶粘剂，销售自产产品。				

企业名称	喜乐康药业（上海）有限公司				
企业地址	上海市长宁区延安西路777号1103室（200051）				
投资总额	120万USD	电话	62114700	传真	59753553
设立日期	2007-4-16	负责人	郑亚伦		
主营业务	生产医药原料中间体。				

企业名称	先进通量（上海）生物技术有限公司				
企业地址	上海市漕宝路500号6号楼301室（200233）				
投资总额	14万USD	电话	64833216	传真	64833236
设立日期	2007-3-30	负责人	FANQING CHEN（陈帆青）		
主营业务	生物芯片及相关试剂、相关设备等领域的技术服务。				

企业名称	上海希印复合材料有限公司				
企业地址	上海市松江区中山街道茸平路99号第二层厂房（201613）				
投资总额	70万USD	电话	57746514	传真	57742235
设立日期	2007-3-27	负责人	谷口能人		
主营业务	生产、加工有色金属复合材料。				

企业名称	阿索泰珂干燥剂（上海）有限公司				
企业地址	上海市松江区新桥镇金都西路655号A幢一层（201612）				
投资总额	20万USD	电话	67681621	传真	67681622
设立日期	2007-3-22	负责人	RALF ANDERS JERSBY		
主营业务	开发、生产各种集装箱干燥剂及相关产品。				

企业名称	马思特（上海）化学技术服务有限公司				
企业地址	上海市浦东新区牡丹路60号703室（200124）				
投资总额	40万USD	电话	58133527	传真	58134828
设立日期	2007-3-19	负责人	JOE H. WRIGHT		
主营业务	提供化学品的产品工艺技术、装备技术、三废排放技术服务。				

企业名称	空气化工产品气体（上海）有限公司				
企业地址	上海市浦东新区龙东大道6111号1栋330室（201201）				
投资总额	245万USD	电话	63608080	传真	63609090
设立日期	2007-3-16	负责人	WILBUR WAI-BONG MOK		
主营业务	生产、加工用于电子化工及其他高科技领域之高科技气体。				

企业名称	米卡斯希尔油封工业（上海）有限公司				
企业地址	上海市松江区佘山镇（天马工业园区）天云路121号（201611）				
投资总额	51万USD	电话	57663358	传真	57664068
设立日期	2007-3-14	负责人	陈秀娟		
主营业务	开发、生产和加工橡塑胶密封件、零配件及杂件等橡塑制品。				

企业名称	英威达合成纤维（上海）有限公司				
企业地址	上海市华青路501号7号楼210和212室（200021）				
投资总额	1260万USD	电话	69716060	传真	69716275
设立日期	2007-3-6	负责人	DILIP KUMAR		
主营业务	研究、开发、生产及加工差别化化学纤维，销售自产产品。				

企业名称	上海英华香精香料有限公司				
企业地址	上海市南汇区老港镇同发路123弄7号厂房（201302）				
投资总额	100万港币	电话	68296605	传真	68296287
设立日期	2007-2-25	负责人	朱智		
主营业务	生产烟草用香精香料，销售公司自产产品。				

企业名称	统葳精密涂装（上海）有限公司				
企业地址	上海青浦工业园区崧华路999号9号厂房（201700）				
投资总额	70万USD	电话	59867061	传真	59867059
设立日期	2007-2-25	负责人	李立民		
主营业务	加工汽车座椅滑槽、防震支架、安全带支架及其他汽车配件。				

企业名称	上海豪胜化工科技有限公司				
企业地址	上海市金山第二工业区金鸥路（201505）				
投资总额	4000万RMB	电话	37285118	传真	37285118
设立日期	2007-2-14	负责人	徐大刚		
主营业务	从事化工的开发，金属烷基化合物，专用工业催化剂。				

企业名称	健科医药化工（上海）有限公司				
企业地址	上海市金山区吕巷镇工业园区朱吕公路6488号（201514）				
投资总额	20万USD	电话	57376471	传真	57376473
设立日期	2007-2-7	负责人	林捷		
主营业务	生产医药化工中间体（除危险品），销售公司自产产品。				

企业名称	帕卡表面处理科技（上海）有限公司				
企业地址	上海市嘉定区南翔镇翔乐路26号第一幢（201802）				
投资总额	210万USD	电话	39925100	传真	39925119
设立日期	2007-2-2	负责人	小野骏		
主营业务	表面处理产品及其原料、表面处理设备、表面处理技术的研发。				

企业名称	优尔稀聚合物（上海）有限公司				
企业地址	上海市化学工业区E5-17地块（201507）				
投资总额	210万USD	电话	52289995	传真	52289994
设立日期	2007-1-31	负责人	GERARD JACOBUS MARSMAN		
主营业务	开发和生产聚合物、乳胶、混合物、乳剂、黏合剂和相关产品。				

企业名称	庄信万丰（上海）催化剂有限公司				
企业地址	上海市松江工业区松开Ⅱ 133 1号地块（201613）				
投资总额	500万USD	电话	57741234	传真	57740131
设立日期	2007-1-29	负责人	ROBERT BULLEN SMITH		
主营业务	生产加工催化剂和贵金属化学品。				

企业名称	上海蒲田精细化工有限公司				
企业地址	上海市嘉定区马陆镇嘉戬支路335号第1幢B区（201822）				
投资总额	14万USD	电话	59510681	传真	59510759
设立日期	2007-1-24	负责人	元晨		
主营业务	生产水处理剂、橡胶防老剂、润滑油添加剂，生产UV专用树脂。				

企业名称	上海新禹中懋化学有限公司				
企业地址	上海市南汇区老港工业区拱极东路418号（201302）				
投资总额	40万USD	电话	68296303	传真	68296302
设立日期	2007-1-22	负责人	王正忠		
主营业务	生产液体氯化铁，销售公司自产产品。				

企业名称	上海新生活化妆品有限公司				
企业地址	上海市嘉定工业区北区21-3号地块（201807）				
投资总额	4000万RMB	电话	63372766	传真	63372650
设立日期	2007-1-16	负责人	AN BONG RAK（安凤洛）		
主营业务	生产美容器材，生产化妆品、护肤品、护发品。				

制造业-石油加工及炼焦业、化学原料及化学制品、医药和化学纤维制造业

企业名称	稳固胶黏技术（上海）有限公司				
企业地址	上海市嘉定区华亭镇高石路 2777 号第 1 幢（201811）				
投资总额	42 万 USD	电话	59959049	传真	59959045
设立日期	2007-1-12	负责人	RICHARD WALLACE		
主营业务	生产密封剂及相关清洗剂、润滑剂，生产工业胶黏剂、促进剂。				

企业名称	福尔波粘合剂（上海）有限公司				
企业地址	上海市松江区华加路 99 号 13、14 号厂房（201613）				
投资总额	100 万 USD	电话	67748080	传真	67748181
设立日期	2007-1-10	负责人	PIERFRANCO DI GIOIA		
主营业务	研究、开发、生产胶黏剂，销售公司自产产品。				

企业名称	万松印刷油墨（上海）有限公司				
企业地址	上海市金山第二工业区夏盛路（201505）				
投资总额	300 万 USD	电话	58768357	传真	58766848
设立日期	2007-1-4	负责人	包国华		
主营业务	胶印油墨的产品开发以及生产。				

企业名称	西氏医药包装（中国）有限公司				
企业地址	上海市青浦工业园区金桥路以北、新阳路以东 I9 地块（201700）				
投资总额	1300 万 USD	电话	61026850	传真	61023850
设立日期	2006-12-31	负责人	华　雄		
主营业务	研发、生产新型药品包装材料和容器，销售公司自产产品。				

企业名称	保瑞医药科技（上海）有限公司				
企业地址	上海市黄浦区西藏中路 268 号 4907-03 室（200001）				
投资总额	14 万 USD	电话	63404425	传真	63404763
设立日期	2006-12-31	负责人	PATRICK KEVIN DONNELLY		
主营业务	药物开发咨询，医疗器械开发的咨询，临床试验管理的咨询。				

企业名称	鹿尼德（上海）表面材料技术有限公司				
企业地址	上海市松江区佘山工业区明业路北侧 A 幢（201602）				
投资总额	105 万 USD	电话	54234098	传真	54234100
设立日期	2006-12-31	负责人	杨永峰		
主营业务	生产加工涂料，销售公司自产产品，并提供售后技术服务和咨询服务。				

企业名称	沙提（上海）热熔胶有限公司				
企业地址	上海市青浦工业园区外青松公路 5399 号 A8（201700）				
投资总额	560 万欧元	电话	69228278	传真	69228270
设立日期	2006-12-28	负责人	DANIEL SCHATTI		
主营业务	设计、生产纺织用助剂和胶粘剂，销售公司自产产品，并提供技术咨询。				

企业名称	鸥哈希化学工业（上海）有限公司				
企业地址	上海市嘉定工业区北区 41-4 号地块（201800）				
投资总额	300 万 USD	电话	58690057	传真	58690061
设立日期	2006-12-22	负责人	大桥一元		
主营业务	生产、加工高性能涂料、稀释剂、固化剂，销售本公司自产产品。				

企业名称	杜特胶黏剂（上海）有限公司				
企业地址	上海市外高桥保税区富特东一路 62 号第一层 B1 部位（200131）				
投资总额	112 万欧元	电话	58693060	传真	58692980
设立日期	2006-12-19	负责人	CHAN POH KOK		
主营业务	研发生产加工热熔胶产品，销售自产产品，并提供售后服务和技术咨询。				

企业名称	上海古杉生物能源科技有限公司				
企业地址	上海市化学工业区奉贤分区（201424）				
投资总额	8000 万港币	电话	37111538	传真	37111538
设立日期	2006-12-18	负责人	俞建秋		
主营业务	研发生物柴油、植物沥青、甘油，相关技术服务及咨询，生产生物柴油。				

企业名称	瑞复生物医药科技（上海）有限公司				
企业地址	上海市张江高科技园区郭守敬路 351 号 2 号楼 A603-20 室（201203）				
投资总额	100 万港币	电话	51320191	传真	51320190
设立日期	2006-12-15	负责人	邵政康		
主营业务	生物技术、医药、医药中间体、医疗器械、保健品的研究、开发。				

企业名称	上海天乐良纤维有限公司				
企业地址	上海市闵行区颛兴东路 1421 弄 135 号 2 号房（201108）				
投资总额	80 万 USD	电话	64425520	传真	64425521
设立日期	2006-12-12	负责人	井上隆弘		
主营业务	生产、加工各类纤维带及上述产品编织物，销售自产产品。				

企业名称	上海汉高向华黏合剂有限公司				
企业地址	上海市浦东新区张江镇股军路 115 号第 2 幢（200120）				
投资总额	2300 万 USD	电话	58576944	传真	58574808
设立日期	2006-12-11	负责人	FARUK ARIG		
主营业务	研究、开发、生产卫生用品用压敏胶黏剂、卫生用品用热熔胶产品。				

企业名称	上海顺缔聚氨酯有限公司				
企业地址	上海市闵行区莘庄镇黎安路 1126 号 1 幢 1 楼 D（201100）				
投资总额	15 万 USD	电话	69209007	传真	69209007
设立日期	2006-12-7	负责人	王道前		
主营业务	研发、生产、销售聚氨酯、聚脲系列及聚酯类高分子材料，销售产品。				

企业名称	海昌生化科技有限公司				
企业地址	上海市长宁区广顺路 33 号 3 幢 301 室（200335）				
投资总额	650 万 USD	电话	52192600	传真	52192601
设立日期	2006-12-6	负责人	蔡国洲		
主营业务	研究、开发、生产生物医学工程材料与仪器，蛋白胨，羟基色氨酸。				

企业名称	格斯生物医药（上海）有限公司				
企业地址	上海市张江高科技园区蔡伦路 720 号 1 号楼 614 室（201203）				
投资总额	100 万 USD	电话	51323986	传真	51370703
设立日期	2006-12-4	负责人	张家骐		
主营业务	生物技术和现代药物的研究及开发，转让自有技术，并提供技术咨询。				

企业名称	英诗诺化工（上海）有限公司				
企业地址	上海市松江区闵申工业园区光华小区 C-1 号厂房 B 区（201612）				
投资总额	15 万 USD	电话	57684338	传真	57684720
设立日期	2006-11-27	负责人	DANIEL KESSELRING		
主营业务	研究、生产、加工聚氨酯染（颜）料，表面活性剂，皮革化学品。				

企业名称	约克夏染料（上海）有限公司				
企业地址	上海市闵行区虹梅南路 3509 弄 298 号（200237）				
投资总额	1000 万港币	电话	54403369	传真	54406799
设立日期	2006-11-15	负责人	刘国华		
主营业务	研发、加工颜料、染料和印染助剂（限分支机构经营），销售自产产品。				

企业名称	沙索化学（上海）有限公司				
企业地址	上海市浦东新区花园石桥路 33 号花旗银行大厦 23 层 2341 室（200122）				
投资总额	140 万 USD	电话	61010156	传真	61010154
设立日期	2006-10-24	负责人	MARTHINUS JOHANNES LOUW		
主营业务	从事化学产品及石油化学产品的批发、佣金代理，上述商品的进出口。				

企业名称	晟凯生物科技（上海）有限公司				
企业地址	上海市闵行区东川路 555 号乙楼 5049 室（200241）				
投资总额	140 万 USD	电话	61528711	传真	61528712
设立日期	2006-10-24	负责人	马武平		
主营业务	生物医药技术及产品的研究开发；研发成果的技术转让；提供技术咨询。				

企业名称	东端涂料技术服务（上海）有限公司				
企业地址	上海市闵行区都市路 4418 号（金铭大厦）4 楼 B（201100）				
投资总额	1.3 万 USD	电话	53757188	传真	63862199
设立日期	2006-10-19	负责人	王裕煌		
主营业务	涂料及化工产品的技术服务及咨询（涉及行政许可的凭许可证经营）。				

企业名称	易能涂料（上海）有限公司				
企业地址	上海市嘉定工业区北和公路 1285 号 2 号厂房（201807）				
投资总额	133 万 USD	电话	51651382	传真	51651389
设立日期	2006-10-17	负责人	HANS GEORG GEISEL		
主营业务	开发、生产涂料，销售本公司自产产品并提供售后服务。				

企业名称	上海莱凯特种化学品有限公司				
企业地址	上海市金山工业区定业路 158 号（201505）				
投资总额	15 万 USD	电话	57277351	传真	57277353
设立日期	2006-10-16	负责人	JAMES CROFTON		
主营业务	生产发光材料，销售公司自产产品，提供相关技术咨询和服务。				

企业名称	百奥奇木生态材料技术（上海）有限公司				
企业地址	上海市嘉定工业区叶城路 555 号 103 室（201800）				
投资总额	502 万 USD	电话	62473292	传真	62473289
设立日期	2006-10-10	负责人	王　寅		
主营业务	生产生态高分子新材料，销售自产产品并提供相关技术咨询及技术服务。				

企业名称	好时威（上海）化工有限公司				
企业地址	上海枫泾工业区A区曹黎路38号-1（201501）				
投资总额	60万USD	电　　话	57352590	传　　真	57352971
设立日期	2006-9-27	负 责 人	沈　佩		
主营业务	生产树脂产品、丙纶、涤纶、锦纶、标准母粒、成品母粒、PP无纺布。				

企业名称	米高化工（上海）有限公司				
企业地址	上海市金山第二工业区海金路（201512）				
投资总额	900万加元	电　　话	57965445	传　　真	57965445
设立日期	2006-9-26	负 责 人	刘国才		
主营业务	生产硫酸钾、盐酸、化肥及相关化工产品项目。				

企业名称	上海比欧西华扬二氧化碳有限公司				
企业地址	上海市崇明县长兴乡中船造船基地内（202150）				
投资总额	500万RMB	电　　话	56754469	传　　真	56754469
设立日期	2006-9-25	负 责 人	LU SI PING		
主营业务	生产二氧化碳气体，销售自产产品及其相关的技术服务。				

企业名称	润盈生物工程（上海）有限公司				
企业地址	上海市青浦工业园区内，新区路以北，西门子以西地块（201700）				
投资总额	1800万USD	电　　话	58349748	传　　真	69228322
设立日期	2006-9-22	负 责 人	易永发		
主营业务	生产益生菌菌粉，销售公司自产产品并提供相关技术咨询和售后服务。				

企业名称	赫兰特色彩颜料（上海）有限公司				
企业地址	上海市浦东新区星火开发区白云路65号7号厂房（201204）				
投资总额	15万USD	电　　话	38870594	传　　真	38875594
设立日期	2006-9-20	负 责 人	GERRIT JAN LUITEN		
主营业务	生产、加工、研究和开发用于建筑物、塑料包装、树脂、人造橡胶。				

企业名称	上海永矗建材技术有限公司				
企业地址	上海市金山区廊下镇漕廊公路7465号第1-8幢（201516）				
投资总额	250万USD	电　　话	52110068	传　　真	57392255
设立日期	2006-9-18	负 责 人	张豪仁		
主营业务	开发高性能复合材料、高档环保型装饰装修材料及制品生产，提供咨询。				

企业名称	迪氏曼医药化学（上海）有限公司				
企业地址	上海市化学工业区E5-12地块（201507）				
投资总额	500万USD	电　　话	64606764	传　　真	64606479
设立日期	2006-9-13	负 责 人	JANMEJAY RAJNIKANT VYAS		
主营业务	开发和生产医药、化妆品、农用的精细有机化学中间体和用于催化剂。				

企业名称	上海冠诺油墨有限公司				
企业地址	上海市南汇区老港工业区良勤路北侧（201302）				
投资总额	12.5万USD	电　　话	58156306	传　　真	58156305
设立日期	2006-9-5	负 责 人	黄光伟		
主营业务	生产环保油墨，销售公司自产产品，提供售后技术服务。				

企业名称	奇华顿合成香料（上海）有限公司				
企业地址	上海市化学工业区奉贤分区联合北路111号（201424）				
投资总额	1000万USD	电　　话	28931288	传　　真	50801001
设立日期	2006-9-4	负 责 人	NICHOLAS J. T. WONG		
主营业务	生产天然香料、合成香料和单离香料并提供相关技术咨询和技术服务。				

企业名称	上海丰野表面处理剂有限公司				
企业地址	上海市浦东新区上丰西路55号5幢（200127）				
投资总额	200万RMB	电　　话	58585844	传　　真	58585944
设立日期	2006-8-30	负 责 人	饶晓霞		
主营业务	研制、生产钢铁表面处理剂，空调铝箔用亲水涂料，汽车涂装前处理剂。				

企业名称	健永生物技术（上海）有限公司				
企业地址	上海市外高桥保税区泰谷路18号1号楼第六层604、605部位（200131）				
投资总额	20万USD	电　　话	51353255	传　　真	51353200
设立日期	2006-8-29	负 责 人	郭富凤		
主营业务	保税区内经营保健食品、口腔洗漱用品为主的仓储分拨，提供技术咨询。				

企业名称	龙邦（上海）新能源产品有限公司				
企业地址	上海市奉贤区南桥镇南桥路246号（201400）				
投资总额	800万USD	电　　话	66154230	传　　真	66154230
设立日期	2006-8-29	负 责 人	周裕飞		
主营业务	生产M28-58甲醇汽油及新型石油添加剂。				

企业名称	科锐医药技术（上海）有限公司				
企业地址	上海市张江高科技园区郭守敬路351号2号楼520室（201203）				
投资总额	210万USD	电　　话	51320410	传　　真	51320411
设立日期	2006-8-18	负 责 人	DANIEL RICHARD PASSERI		
主营业务	生物医药产品、药物的研发，转让自有技术，提供技术咨询及技术服务。				

企业名称	上海凯洛生物技术有限公司				
企业地址	上海市外高桥保税区泰谷路18号11层1106B室（200131）				
投资总额	20万USD	电　　话	52911461	传　　真	52911463
设立日期	2006-8-9	负 责 人	卓威廷		
主营业务	国际贸易、转中贸易、保税区企业间贸易及贸易代理；货物技术进出口。				

企业名称	承美（上海）香精香料有限公司				
企业地址	上海市崇明工业园区秀山路58号（202150）				
投资总额	20万USD	电　　话	69625391	传　　真	69625200
设立日期	2006-8-8	负 责 人	NORMAN ANDREW VAN REES		
主营业务	生产、加工香精、香料，家居、车用护理系列产品，销售自产产品。				

企业名称	美利肯材料技术（上海）有限公司				
企业地址	上海市虹桥路3号二座2105室（200030）				
投资总额	75万USD	电　　话	61132228	传　　真	61132229
设立日期	2006-8-7	负 责 人	GEORGE ASHLEY ALLEN		
主营业务	从事透明剂、成核剂、聚合性着色剂，地毯、汽车及家居内饰纺织品。				

企业名称	电气硝子玻璃（上海）广电有限公司				
企业地址	上海市闵行区莘庄工业区银都路3828弄55号309室A座（201108）				
投资总额	1550万USD	电　　话	61313506	传　　真	61313506
设立日期	2006-8-3	负 责 人	北川保		
主营业务	加工TFT液晶用玻璃基板及其加工技术研发，销售自产产品。				

企业名称	优能化工（上海）有限公司				
企业地址	上海市外高桥保税区冰克路500号B幢B2K-4仓库A13部位（200131）				
投资总额	13万USD	电　　话	62789531	传　　真	62789532
设立日期	2006-8-2	负 责 人	李允熙		
主营业务	区内以石化产品为主的仓储、分拨业务及相关产品售后服务和技术支持。				

企业名称	华富生物科技（上海）有限公司				
企业地址	上海市浦东新区金桥出口加工区金皖路389号8楼803室（201206）				
投资总额	50万RMB	电　　话	58990011	传　　真	58995859
设立日期	2006-7-26	负 责 人	巢正国		
主营业务	研发、生产食品，销售自产产品（涉及行政许可的凭许可证经营）。				

企业名称	上海荣叶涂装有限公司				
企业地址	上海市松江区新桥镇春申村申南二路60号第四号厂房（201612）				
投资总额	21万USD	电　　话	67649474	传　　真	67649474
设立日期	2006-7-13	负 责 人	赵　宏		
主营业务	铝型材、钢铁件的表面处理和静电粉末喷涂、喷漆，销售公司自产产品。				

企业名称	凯惠医药科技（上海）有限公司				
企业地址	上海市张江高科技园区蔡伦路720弄3号楼302室（201203）				
投资总额	30万USD	电　　话	51320088	传　　真	51320110
设立日期	2006-7-13	负 责 人	HUI XIN（惠欣）		
主营业务	医药化学领域相关技术、应用人类功能基因组技术、现代生物技术研究。				

企业名称	美彩（上海）颜料有限公司				
企业地址	上海市化学工业区奉贤分区楚华支路388号（201400）				
投资总额	14万USD	电　　话	57448215	传　　真	57448215
设立日期	2006-7-11	负 责 人	JAMES ORAM WIBLE		
主营业务	颜料色浆的加工、生产及技术应用服务，销售公司自产产品。				

企业名称	上海同聚复合材料有限公司				
企业地址	上海市松江科技园区港业西路158号-4号（201600）				
投资总额	105万USD	电　　话	57853385	传　　真	57853385
设立日期	2006-7-6	负 责 人	林海屏		
主营业务	设计生产加工模具、各类汽车零配件及相关塑料制品和复合材料制品。				

企业名称	码科泰克（上海）化学有限公司				
企业地址	上海市嘉定区马陆镇丰登路273号第一层和第二层厂房（201801）				
投资总额	7500万日元	电　　话	59510887	传　　真	59511589
设立日期	2006-6-23	负 责 人	MATSUKAWA HIDEYUKI（松川英文）		
主营业务	开发、生产无损检测设备、标号设备，筹建：开发、生产家用日化产品。				

企业名称	上海滇虹药业有限公司				
企业地址	上海青浦工业园区外青松公路 5500 号 208 室（201700）				
投资总额	1200 万 USD	电　话	59760792	传　真	59762336
设立日期	2006-6-22	负 责 人	周家柢		
主营业务	开发、生产中西药制剂〔硬胶囊剂、软胶囊剂、合剂、乳膏剂（激素类）〕。				

企业名称	上海大海医药化工有限公司				
企业地址	上海市外高桥保税区富特西一路 139 号第 6 层 604 部位（200131）				
投资总额	14 万 USD	电　话	58666882	传　真	58666189
设立日期	2006-6-20	负 责 人	DING JUNHUA		
主营业务	保税区内以医药品、化工品原料及中间体、试剂及其产品为主仓储分拨。				

企业名称	美药典医药标准物质研发（上海）有限公司				
企业地址	上海市张江高科技园区李冰路 67 弄 11 号楼（B 型楼）（201203）				
投资总额	140 万 USD	电　话	51370600	传　真	51370610
设立日期	2006-6-13	负 责 人	JOHN T.FOWLER		
主营业务	药品检测技术的研发，转让自有研发成果，并提供技术咨询和技术服务。				

企业名称	上海白象秀陶瓷涂料有限公司				
企业地址	上海市嘉定区马陆镇思义路 1600 号-B 区（201801）				
投资总额	21 万 USD	电　话	69154620	传　真	69154620
设立日期	2006-6-12	负 责 人	边在烈		
主营业务	生产无机陶瓷涂料，销售本公司自产产品并提供售后服务。				

企业名称	上海石化比欧西气体有限责任公司				
企业地址	上海市金山区朱行镇开乐大街 158 号 6 号楼一楼（201506）				
投资总额	3200 万 USD	电　话	57942323	传　真	57940271
设立日期	2006-5-31	负 责 人	徐忠伟		
主营业务	生产氧（液化、压缩）、氮（液化、压缩）、氩（液化）产品。				

企业名称	上海凯米诗精细化工有限公司				
企业地址	上海市外高桥保税区华申路 218 号三层西部位（200131）				
投资总额	20 万 USD	电　话	58518866	传　真	58218666
设立日期	2006-5-30	负 责 人	CRAIG ANDREW BOYD		
主营业务	保税区内以精细化工及化工产品为主仓储分拨业务，以及产品售后服务。				

企业名称	上海欧拜涂料有限公司				
企业地址	上海市闵行区金都路 1038 号（200237）				
投资总额	50 万 USD	电　话	64970230	传　真	64970210
设立日期	2006-5-22	负 责 人	陆林森		
主营业务	生产水性涂料，销售公司自产产品（涉及行政许可的凭许可证经营）。				

企业名称	上海宝立自动化工程有限公司				
企业地址	上海市张江高科技园区郭守敬路 515 号 203 室（201203）				
投资总额	1500 万 RMB	电　话	50801155	传　真	50800701
设立日期	2006-5-17	负 责 人	朱立强		
主营业务	自动控制系统研发设计，钢铁冷轧机及工艺线设备相关软件设计，制作。				

企业名称	洛科斯润滑油（上海）有限公司				
企业地址	上海市嘉定区马陆镇丰兆路 118 号 2 幢（201801）				
投资总额	120 万 USD	电　话	59906319	传　真	59906315
设立日期	2006-5-17	负 责 人	池甜熹		
主营业务	生产润滑油，销售本公司自产产品（涉及行政许可的凭许可证经营）。				

企业名称	帝斯曼复合树脂（上海）有限公司				
企业地址	上海市浦东新区星火开发区白沙路 122 号 9 号楼（200122）				
投资总额	380 万 USD	电　话	61418188	传　真	61417001
设立日期	2006-5-15	负 责 人	JAN PAUL DE VRIES		
主营业务	生产、加工精细化工复合树脂助剂，销售自产产品，并提供技术咨询。				

企业名称	诺华（中国）生物医学研究有限公司				
企业地址	上海市张江高科技园区郭守敬路 351 号 2 号楼 694-20 室（201203）				
投资总额	3200 万 USD	电　话	52925666	传　真	52925999
设立日期	2006-5-11	负 责 人	ZHENFU LI（李振福）		
主营业务	药品的研究和开发，相关的技术咨询和服务。				

企业名称	上海基材化工有限公司				
企业地址	上海市外高桥保税区美桂北路 317 号五楼 A 部位（200131）				
投资总额	65 万 USD	电　话	69526928	传　真	69529316
设立日期	2006-4-18	负 责 人	曾俊林		
主营业务	保税区内以点胶设备为主仓储分拨业务及售后服务，国际和转口贸易。				

企业名称	协化工程建设（上海）有限公司				
企业地址	上海市浦东新区浦东大道 2000 号 19 楼 C 室（200135）				
投资总额	70 万 USD	电　话	68868335	传　真	68868021
设立日期	2006-4-13	负 责 人	陈朝贵		
主营业务	以建设工程专业承包形式从事管道工程施工、化工石油设备管道安装。				

企业名称	上海中石化三井化工有限公司				
企业地址	上海市化学工业区目华路 201 号 1006 室（201507）				
投资总额	3.06 亿 RMB	电　话	58886265	传　真	50372439
设立日期	2006-4-10	负 责 人	张　涌		
主营业务	双酚 A 及其相关产品的生产和销售。				

企业名称	上海凯惠医药化工有限公司				
企业地址	上海市南汇区老港镇拱极东路 10 号 9 号楼（201302）				
投资总额	14 万 USD	电　话	51320088	传　真	51320330
设立日期	2006-3-31	负 责 人	符岳中		
主营业务	生产原人参二醇，销售公司自产产品，提供相关的技术咨询服务。				

企业名称	上海晨健抗体组药物有限公司				
企业地址	上海市张江高科技园区郭守敬路 351 号 2 楼 694-18 室（201203）				
投资总额	238 万 USD	电　话	51388210	传　真	51388211
设立日期	2006-3-29	负 责 人	张家骐		
主营业务	抗体组药物及新型生物技术药物的研究与开发及技术服务和技术咨询。				

企业名称	上海捷威药业有限公司				
企业地址	上海市化学工业区奉贤分区（201405）				
投资总额	2000 万 USD	电　话	61203144	传　真	61203144
设立日期	2006-3-17	负 责 人	庄秉廉		
主营业务	研制开发化学原料药、化学中间体、制剂药，生产化学原料药、制剂药。				

企业名称	施洁医疗技术（上海）有限公司				
企业地址	上海市南汇区上海临港国际物流发展有限公司一期物流仓库（201202）				
投资总额	730 万 USD	电　话	58594676	传　真	58599312
设立日期	2006-3-13	负 责 人	MARC MARKEY		
主营业务	从事生物医学、医药、医疗用品和相关材料的专业灭菌加工及技术开发。				

企业名称	肯天化工（上海）有限公司				
企业地址	上海市青浦工业园区外青松公路 5399 号 A7 厂房（201700）				
投资总额	200 万 USD	电　话	64263281	传　真	64263282
设立日期	2006-3-9	负 责 人	JAMES LOGAN GRAFF		
主营业务	生产脱膜剂及其他特种化学品，销售公司自产产品并提供相关技术咨询。				

企业名称	益合医药（上海）有限公司				
企业地址	上海市浦东新区浦东南路 360 号 2003 室（200120）				
投资总额	100 万 USD	电　话	50543394	传　真	58771989
设立日期	2006-3-7	负 责 人	GOODWIN H WANG		
主营业务	为医药研发机构及药厂提供医药新技术指导和咨询服务，商务咨询。				

企业名称	骏实生物科技（上海）有限公司				
企业地址	上海市闵行区曹建路 161 号（200237）				
投资总额	30 万 USD	电　话	34040369	传　真	34040278
设立日期	2006-3-3	负 责 人	石云峰		
主营业务	生产Ⅱ类 6840 医用体外诊断试剂，销售自产产品。				

企业名称	上海奥星衡洁清洗剂有限公司				
企业地址	上海市松江区北杨路 118 号-甲号（201600）				
投资总额	30 万 USD	电　话	57734811	传　真	57734187
设立日期	2006-3-1	负 责 人	何国强		
主营业务	研发、生产、加工清洗剂、消毒剂及相关设备和零配件，销售自产产品。				

企业名称	和泓生物技术（上海）有限公司				
企业地址	上海市张江高科技园区郭守敬路 351 号 2 号楼 694-11 室（201203）				
投资总额	172 万 USD	电　话	50805428	传　真	50803194
设立日期	2006-2-27	负 责 人	张家骐		
主营业务	生物技术的研究及开发，转让自有技术，并提供技术咨询和技术服务。				

企业名称	上海谊盛化工科技发展有限公司				
企业地址	上海市长宁区北翟路 1178 号 208 室（200335）				
投资总额	1000 万 USD	电　话	59766780	传　真	59768775
设立日期	2006-2-27	负 责 人	NG AIK SEONG EDDIE		
主营业务	油漆、高性能涂料、特殊粉末涂料、增塑剂、二甲基醛胺等的技术开发。				

企业名称	意迪那生物技术（上海）有限公司				
企业地址	上海市外高桥保税区希雅路 330 号 7 号楼 2 层 G 部位（200131）				
投资总额	11 万欧元	电　　话	63747220	传　　真	63743798
设立日期	2006-2-17	负 责 人	BENEDETTO DELLA BEFFA		
主营业务	保税区内以生物制品为主的仓储分拨业务、国际贸易、转口贸易。				

企业名称	福斯润滑油（中国）有限公司				
企业地址	上海市嘉定区南翔镇高科技园区惠裕路 899 号（201802）				
投资总额	780 万 USD	电　　话	69177464	传　　真	59129787
设立日期	2006-2-17	负 责 人	KLAUS HARTIG		
主营业务	生产工业用及汽车用润滑油，销售本公司自产产品。				

企业名称	雅思敏润滑油（上海）有限公司				
企业地址	上海市外高桥保税区富特东一路 396 号四层 428 部位（200131）				
投资总额	14 万 USD	电　　话	68751561	传　　真	68751561
设立日期	2006-2-13	负 责 人	NOOR AZMI BIN JANTAN		
主营业务	区内以润滑油为主仓储、分拨、售后服务、技术支持、技术培训，贸易。				

企业名称	赛彼科（上海）特殊化学品有限公司				
企业地址	上海青浦工业园区外青松公路 5500 号 303 室（201700）				
投资总额	230 万 USD	电　　话	64660149	传　　真	64661109
设立日期	2006-2-13	负 责 人	BERTRAND,PAUL,VICTOR HILLION		
主营业务	人类和动物健康新型药用、疫苗佐剂及辅助化学和生物中间产品的开发。				

企业名称	上海仕贵宝油墨制造有限公司				
企业地址	上海市嘉定区黄渡镇钱家村（201804）				
投资总额	14 万 USD	电　　话	59591719	传　　真	59596242
设立日期	2006-2-9	负 责 人	WILLIAM THOMAS HOAGLAND		
主营业务	生产喷码机，筹建：生产油墨，销售本公司自产产品。				

企业名称	上海药明康德化学科技有限公司				
企业地址	上海市外高桥保税区富特中路 288 号 2 号楼 5 层（200131）				
投资总额	50 万 USD	电　　话	50461111	传　　真	50461000
设立日期	2006-1-27	负 责 人	李　革		
主营业务	从事药用化合物、中间体和精细化工产品，以及纳米材料等的研发生产。				

企业名称	盈姿生物科技（上海）有限公司				
企业地址	上海市嘉定区黄渡镇春归路 580 号（201804）				
投资总额	20 万 USD	电　　话	69596997	传　　真	69596957
设立日期	2006-1-27	负 责 人	钟国谦		
主营业务	生产灵芝孢子制品、蜂制品和虫草制品，销售本公司自产产品。				

企业名称	大马棕榈油技术研发（上海）有限公司				
企业地址	上海市莘庄工业区华宁路 2888 弄 88 号 2-3 楼商务中心（201108）				
投资总额	210 万 USD	电　　话	64423303	传　　真	64423866
设立日期	2006-1-23	负 责 人	YUSOF BIN BASIRAN		
主营业务	棕榈油产品及相关技术研发，特别是对棕榈油技术研发工作及成果转让。				

企业名称	上海碧伦化妆品有限公司				
企业地址	上海市闵行区颛桥镇中春路 2666 号（201108）				
投资总额	200 万 USD	电　　话	54888269	传　　真	54888262
设立日期	2006-1-19	负 责 人	侯　玉		
主营业务	加工化妆品、美容护肤产品、洗涤剂、清洗剂，销售自产产品。				

企业名称	上海安特洛普化学有限公司				
企业地址	上海市化学工业区奉贤分区银工路 1 号（201400）				
投资总额	400 万 USD	电　　话	55122488	传　　真	55123011
设立日期	2006-1-16	负 责 人	石建勋		
主营业务	开发、设计、生产新型高分子材料、涂料、特种聚合物等新型材料。				

企业名称	复中生物技术（上海）有限公司				
企业地址	上海市浦东新区杨新东路 24 号 311-312 室（200127）				
投资总额	15 万 USD	电　　话	61406788	传　　真	61406789
设立日期	2006-1-10	负 责 人	毛裕民		
主营业务	生物制品和基因技术应用的研发，并提供相关的技术咨询和技术服务。				

企业名称	兆昌化工（上海）有限公司				
企业地址	上海市外高桥保税区富特北路 318 号第二层 G 部位（200131）				
投资总额	20 万 USD	电　　话	63410225	传　　真	63410229
设立日期	2006-1-4	负 责 人	戴剑平		
主营业务	区内以化工品（除危险品）为主的仓储分拨业务；国际贸易、转口贸易。				

企业名称	生兴行化学（上海）有限公司				
企业地址	上海市外高桥保税区日京路 2 号 2 层 204 室（200131）				
投资总额	13 万 USD	电　　话	63758048	传　　真	63759038
设立日期	2005-12-21	负 责 人	邓启明		
主营业务	保税区内化学产品为主的国际贸易、转口贸易、保税区内企业间的贸易。				

企业名称	帕玛奎克（上海）防水材料有限公司				
企业地址	上海市普陀区武宁路 19 号 1307 室（200042）				
投资总额	35 万 USD	电　　话	62325392	传　　真	62325391
设立日期	2005-12-21	负 责 人	董指中		
主营业务	生产加工(限分支机构经营)建筑用防水材料，销售自产的产品。				

企业名称	上海松原嘉卓化工有限公司				
企业地址	上海市松江区九亭镇盛富路 50 号第一号厂房（201615）				
投资总额	100 万 USD	电　　话	54450588	传　　真	54450988
设立日期	2005-12-15	负 责 人	朴钟昊（PARK JONG HO）		
主营业务	生产水性分散型助剂，销售自产产品。				

企业名称	上海爱法贝化妆品有限公司				
企业地址	上海市外高桥保税区富特西一路 155 号 C 楼 2007（乙）部位（200131）				
投资总额	12.5 万 USD	电　　话	64261166	传　　真	64273615
设立日期	2005-12-14	负 责 人	唐建伟		
主营业务	保税区内以化妆品为主的仓储、分拨业务及相关产品的售后服务。				

企业名称	上海捷德化工有限公司				
企业地址	上海市外高桥保税区富特东一路 396 号第四层 429 部位（200131）				
投资总额	20 万 USD	电　　话	64271448	传　　真	64863684
设立日期	2005-12-13	负 责 人	黄敬洲		
主营业务	保税区内以平面结构用胶、点胶设备为主的仓储分拨业务及售后服务。				

企业名称	中化道达尔油品有限公司				
企业地址	上海市浦东南路 999 号 14 层 C+D 室（200120）				
投资总额	27216 万 RMB	电　　话	68885788	传　　真	68885755
设立日期	2005-12-12	负 责 人	JEAN-LOUIS PETIT		
主营业务	汽车燃油、液化石油气、润滑油及其他石油产品的零售及收购、租赁。				

企业名称	克鲁勃润滑产品（上海）有限公司				
企业地址	上海市青浦工业园区外青松公路 5500 号 208 室　（201700）				
投资总额	800 万 USD	电　　话	63720022	传　　真	63721806
设立日期	2005-12-8	负 责 人	HANNO DIETER WENTZLER		
主营业务	生产纺织和化纤抽丝用助剂和油剂，高性能涂料。				

企业名称	奥迪斯化工产品（上海）有限公司				
企业地址	上海市外高桥保税区富特东一路 396 号第四层 403 部位（200131）				
投资总额	20 万 USD	电　　话	58665036	传　　真	
设立日期	2005-11-22	负 责 人	PAY HEANG HOCK		
主营业务	保税区内以化工产品（除危险品）为主的仓储分拨业务。				

企业名称	上海凯邺新型复合材料有限公司				
企业地址	上海市松江区新桥镇新格路 393 号（201612）				
投资总额	25 万 USD	电　　话	57687558	传　　真	57687518
设立日期	2005-11-17	负 责 人	HUANG　WEI		
主营业务	加工、生产塑料、树脂、纤维及其衍生新型复合材料和制品。				

企业名称	鹏凌生物医药科技（上海）有限公司				
企业地址	上海市张江高科技园区李冰路 67 弄 10 号楼（A 型楼）（201203）				
投资总额	20 万欧元	电　　话	51323966	传　　真	51323955
设立日期	2005-11-16	负 责 人	MARC YANE PERI COI		
主营业务	生物技术、化妆品、药品、化学原料、食品的研究开发。				

企业名称	美斯达（上海）医药开发有限公司				
企业地址	上海市张江高科技园区科苑路 151 号华强大厦 5105 室（201203）				
投资总额	10.1 万 USD	电　　话	50807377	传　　真	50807377
设立日期	2005-11-16	负 责 人	殷　专		
主营业务	医药数据管理和统计分析的软件开发，医药信息咨询，新药研究开发。				

企业名称	施诺聚氨酯（上海）有限公司				
企业地址	上海市嘉定区马陆镇李家村 576 号 1 幢（201801）				
投资总额	100 万 USD	电　　话	69157666	传　　真	69157585
设立日期	2005-10-31	负 责 人	张志雄		
主营业务	生产聚氨酯海绵制品，销售本公司自产产品。				

企业名称	洛桑日用化工（上海）有限公司				
企业地址	上海市嘉定区马陆镇宝安公路 3601 号 107 室（201801）				
投资总额	15 万 USD	电　话	64368638	传　真	64368638
设立日期	2005-10-28	负 责 人	陈健生		
主营业务	生产日用化工中间体（除危险品），销售本公司自产产品。				

企业名称	碧馥莱化妆品（上海）有限公司				
企业地址	上海市莘庄工业区金都路 3688 号（201108）				
投资总额	14 万 USD	电　话	64395892	传　真	54420472
设立日期	2005-10-19	负 责 人	WANLI XU		
主营业务	化妆品制造，销售自产产品。				

企业名称	上海开拓者医药发展有限公司				
企业地址	上海市张江高科技园区蔡伦路 720 弄 3 号楼 303 室（201203）				
投资总额	200 万 USD	电　话	51320000	传　真	51320002
设立日期	2005-10-18	负 责 人	肖文娟		
主营业务	医药化学领域内相关技术的研究、开发，提供相关技术咨询和技术服务。				

企业名称	上海诺美医药技术有限公司				
企业地址	上海市张江高科技园区郭守敬路 351 号 2 号楼 687－15 室（201203）				
投资总额	10.5 万 USD	电　话	51370711	传　真	51370712
设立日期	2005-10-17	负 责 人	BRIAN MAOBIN ZHANG（张茂斌）		
主营业务	新药及医药技术的研发，并提供相关的技术咨询和技术服务。				

企业名称	益多仕生物化学（上海）有限公司				
企业地址	上海市张江高科技园区春晓路 439 号 9 号楼（201203）				
投资总额	14 万 USD	电　话	50275232	传　真	50275233
设立日期	2005-10-13	负 责 人	崔钟权（JONG KW ON CHOI）		
主营业务	日用化学用品、化妆品、医药品、精细化学材料的技术研究和开发。				

企业名称	智裕珂生物制品（上海）有限公司				
企业地址	上海市外高桥保税区巴圣路 275 号 39#楼第一层西部位（200131）				
投资总额	6.2 万 USD	电　话	50461100	传　真	63223781
设立日期	2005-10-12	负 责 人	DAVID WILLIAM TURNER		
主营业务	保税区内以营养品添加剂为主的仓储、分拨业务。				

企业名称	三晟化工（上海）有限公司				
企业地址	上海市松江工业区东部新区书海路以西、九天塑料以南厂房（201600）				
投资总额	50 万 USD	电　话	67601305	传　真	67601310
设立日期	2005-10-12	负 责 人	沈相莱		
主营业务	生产皮革化学品、胶黏剂、高性能涂料。				

企业名称	上海蓝园生物工程有限公司				
企业地址	上海市张江高科技园区郭守敬路 351 号 2 号楼 687－16 室（201203）				
投资总额	15 万 USD	电　话	51320668	传　真	51320663
设立日期	2005-9-30	负 责 人	CHONG SHENG YUAN		
主营业务	酶制剂及生物中间体试剂的开发研究，提供相关的技术咨询和技术服务。				

企业名称	宝船生物医药科技（上海）有限公司				
企业地址	上海市张江高科技园区李冰路 151 号 5 号楼 5401、5402 室（201203）				
投资总额	100 万 USD	电　话	51320594	传　真	51320594
设立日期	2005-9-30	负 责 人	FRANK DON LEE		
主营业务	生物医药产品、药物、医药中间体、医疗器械的研发，医疗信息咨询。				

企业名称	印帝纶化纤（上海）有限公司				
企业地址	上海市外高桥保税区意威路 266 号第二层 A 部位（200131）				
投资总额	12.35 万 USD	电　话	58699888	传　真	58690769
设立日期	2005-9-29	负 责 人	SANDEEP SHARMA		
主营业务	保税区内以化纤产品为主的仓储、分拨、展示、售后服务。				

企业名称	巴罗世界涂料（上海）有限公司				
企业地址	上海市莘庄工业区申富路 879 号 2A 厂房（201108）				
投资总额	50 万 USD	电　话	54420432	传　真	54425679
设立日期	2005-9-26	负 责 人	GARTH LOUISSMART		
主营业务	研究、开发、设计、生产涂料，销售自产产品。				

企业名称	上海医科欧生物医药有限公司				
企业地址	上海市张江高科技园区牛顿路 200 号 8 号楼 2 楼 B 座（201203）				
投资总额	15 万 USD	电　话	50275258	传　真	50275617
设立日期	2005-9-20	负 责 人	ZHOU LINGWEN（周令闻）		
主营业务	生物医药开发及相关技术转让，技术咨询，医药中间体生产。				

企业名称	苏尔寿美科表面技术（上海）有限公司				
企业地址	上海市闵行区闵北路 666 号（201106）				
投资总额	390 万法郎	电　话	52264709	传　真	52264701
设立日期	2005-9-20	负 责 人	THOMAS OTTO GUTZWILLER		
主营业务	设计、开发表面处理技术；从事零部件表面涂层和强化处理。				

企业名称	辉瑞（中国）研究开发有限公司				
企业地址	上海市浦东科苑路 88 号上海德国中心 2 幢 501-533 室（201203）				
投资总额	200 万 USD	电　话	28935970	传　真	50277918
设立日期	2005-9-14	负 责 人	LINGSHI TAN		
主营业务	数据软件、数据管理，SAS 流程软件的研究开发。				

企业名称	伊士曼（上海）化工商业有限公司				
企业地址	上海市张江高科技园区祖冲之路 887 弄 87 号（201203）				
投资总额	140 万 USD	电　话	61208700	传　真	52929366
设立日期	2005-9-8	负 责 人	ROBERT JOHN PRESTON		
主营业务	化工品的进出口、批发、佣金代理。				

企业名称	上海阿多玛化妆品有限公司				
企业地址	上海市松江工业区东部新区书勤路以北地块（201613）				
投资总额	300 万 USD	电　话	54580663	传　真	54580970
设立日期	2005-9-5	负 责 人	徐腾珠		
主营业务	生产、加工化妆品包装饰品材料，塑料包装用品。				

企业名称	泰柯日化产品（上海）有限公司				
企业地址	上海市宝山城市工业园区真陈路 1000 号 329 室（200436）				
投资总额	380 万 USD	电　话	63289089	传　真	63733706
设立日期	2005-8-30	负 责 人	尤良全		
主营业务	生产日用洗涤品、润肤膏霜产品，销售自产产品。				

企业名称	亚生（上海）医药研发有限公司				
企业地址	上海市张江高科技园区蔡伦路 780 号 3 楼 J－K 座（201203）				
投资总额	100 万 USD	电　话	51320528	传　真	51320511
设立日期	2005-8-29	负 责 人	JOHN MEL SORENSEN		
主营业务	药物技术研发，并提供相应的技术服务。				

企业名称	奎克化学（中国）有限公司				
企业地址	上海市青浦工业园区外青松公路 5500 号 208 室（201700）				
投资总额	900 万 USD	电　话	64275775	传　真	64275780
设立日期	2005-8-25	负 责 人	JOHANNES FRANCISCUS NIEMAN		
主营业务	开发、生产冷轧油、热轧油、轧铝油、平整液、光整液、防锈油。				

企业名称	冠翔精细化工（上海）有限公司				
企业地址	上海市嘉定区安亭镇园际路 388 号（201805）				
投资总额	70 万 USD	电　话	59562670	传　真	59562557
设立日期	2005-8-23	负 责 人	隋康乐		
主营业务	生产胶黏剂（除危险品）、合成橡胶，销售本公司自产产品。				

企业名称	上海锐泽化工机械有限公司				
企业地址	上海市浦东新区唐镇工业园区金丰路 8 号 1 幢（201203）				
投资总额	18 万 USD	电　话	68417365	传　真	68417360
设立日期	2005-8-11	负 责 人	钟容豪		
主营业务	化工装置配套设备及零配件的生产，销售自产产品。				

企业名称	洵正化工（上海）有限公司				
企业地址	上海市浦东新区江东路 1716 号 3 幢（200137）				
投资总额	14 万 USD	电　话	62472738	传　真	62464327
设立日期	2005-8-11	负 责 人	王豪源		
主营业务	生产水泥添加剂、防水材料、干混建材、屋面防雨装置的建筑结构件。				

企业名称	星力（上海）颜料有限公司				
企业地址	上海市奉贤区青村镇周陆村二组（201407）				
投资总额	14 万 USD	电　话	57598309	传　真	57598351
设立日期	2005-8-8	负 责 人	陈薇莉		
主营业务	颜料商品化加工，销售公司自产产品。				

企业名称	方达医药技术（上海）有限公司				
企业地址	上海市张江高科技园区李冰路 67 弄 13 号（201203）				
投资总额	150 万 USD	电　话	50796566	传　真	50796603
设立日期	2005-8-2	负 责 人	SONG LI		
主营业务	生产医药产品、药物、医药中间体的研发，自有技术转让。				

企业名称	德玛生物技术（上海）有限公司				
企业地址	上海市长宁区长宁路 865 号 8 号楼 1139 室（200050）				
投资总额	22.24 万 USD	电　话	64834817	传　真	64325357
设立日期	2005-7-26	负 责 人	冯　胜		
主营业务	皮肤护理技术开发，销售自行开发的技术，并提供相关技术咨询。				

企业名称	杜邦高性能涂料（上海）有限公司				
企业地址	上海市嘉定工业区叶城路 555 号（201800）				
投资总额	2667 万 USD	电　话	28921311	传　真	28921498
设立日期	2005-7-25	负 责 人	DOUGLAS W.MUZYKA		
主营业务	研发、生产、加工高性能涂料及其相关产品，销售自产产品。				

企业名称	上海蓝心医药科技有限公司				
企业地址	上海市张江高科技园区蔡伦路 720 号 1 号楼 211 室（201203）				
投资总额	40 万 USD	电　话	51320477	传　真	51320477
设立日期	2005-7-25	负 责 人	WILLIAM LEE		
主营业务	药品、健康保健产品、消毒产品的研究开发，提供相关技术咨询。				

企业名称	上海瑞瀚保健用品制造有限公司				
企业地址	上海市青浦区华新镇纪鹤公路 1385 弄 58 号（201708）				
投资总额	15 万 USD	电　话	59797736/7	传　真	59797738
设立日期	2005-7-15	负 责 人	赖志佳		
主营业务	生产理疗康复用品、运动护具，销售公司自产产品。				

企业名称	斯百全化学（上海）有限公司				
企业地址	上海市张江高科技园区蔡伦路 720 弄 1 号楼 616 室（201203）				
投资总额	140 万 USD	电　话	63910720	传　真	63910454
设立日期	2005-7-14	负 责 人	SHELDON XIUJI ZHANG		
主营业务	精细化工产品的研究、开发，提供相关的技术咨询和技术服务。				

企业名称	阿克克瓦纳油气化工工程（上海）有限公司				
企业地址	上海市浦东新区港城路 2 号 2 幢 301 室（200137）				
投资总额	365 万 USD	电　话	50818811	传　真	50816006
设立日期	2005-7-13	负 责 人	JOHN DAVID MCCLELLAN		
主营业务	以建筑施工承包形式从事化工石油工程施工总承包。				

企业名称	上海联景聚氨酯工业有限公司				
企业地址	上海市松江区泖港工业区新明路 888 号（201607）				
投资总额	180 万 USD	电　话	57861603	传　真	57862130
设立日期	2005-7-13	负 责 人	蔡建国		
主营业务	研发、生产和加工聚氨酯橡胶、塑料合金与相关产品。				

企业名称	爱贝斯建筑材料（上海）有限公司				
企业地址	上海市普陀区中山北路 2130 号 806 室（200063）				
投资总额	20 万 USD	电　话	52901117	传　真	52900775
设立日期	2005-7-12	负 责 人	梁国樟		
主营业务	生产加工地坪、内外墙装材料、防水、防腐涂装材料。				

企业名称	飘玛洁化工科技（上海）有限公司				
企业地址	上海市江场西路 395 号 108 室（200435）				
投资总额	14 万 USD	电　话	54936399	传　真	54936399
设立日期	2005-7-12	负 责 人	EU HO FOO		
主营业务	研发、生产、加工玻璃清洁剂，销售自产产品，提供相关的技术服务。				

企业名称	杰达维（上海）医药科技发展有限公司				
企业地址	上海市莘庄工业区光华路 968 号（201108）				
投资总额	20 万 USD	电　话	64345388	传　真	64345308
设立日期	2005-7-12	负 责 人	王建设		
主营业务	高级医药中间体、有机化合物的结构设计及合成方法研究。				

企业名称	新欧宝化工（上海）有限公司				
企业地址	上海市嘉定区江桥镇华江路 795 号第 1、2 幢（201803）				
投资总额	516 万 USD	电　话	69111205	传　真	69111205
设立日期	2005-7-4	负 责 人	张　琦		
主营业务	生产涂料、油漆、胶粘剂以及相关中间体产品，销售本公司自产产品。				

企业名称	克罗莫（上海）化学科技有限公司				
企业地址	上海市嘉定工业区叶城路 1411 号第 4 幢第 5 层（201821）				
投资总额	40 万 USD	电　话	69575060	传　真	69575070
设立日期	2005-7-4	负 责 人	JOSE LUIS CABESTANY		
主营业务	生产皮革处理剂、印刷品表面处理剂、织物处理剂。				

企业名称	碧辟（上海）液化石油气有限公司				
企业地址	上海市宝山蕴川路 3999 号 109 室（200941）				
投资总额	350 万 USD	电　话	66315030	传　真	66315007
设立日期	2005-6-28	负 责 人	刘　梓		
主营业务	加工、储存液化石油气及其深加工产品，销售自产产品及其售后服务。				

企业名称	赛闻化工（上海）有限公司				
企业地址	上海市外高桥保税区冰克路 500 号 B2K－3 仓库 E21 部位（200131）				
投资总额	6.2 万 USD	电　话	68590881	传　真	68590883
设立日期	2005-6-28	负 责 人	BOGUSLAW ANTONI ACHINGER		
主营业务	保税区内以化工产品为主的仓储、分拨业务。				

企业名称	上海成宙化工有限公司				
企业地址	上海市金山区金山卫镇梅园村（201512）				
投资总额	30 万 USD	电　话	67263457	传　真	67261631
设立日期	2005-6-24	负 责 人	叶申图		
主营业务	生产各种规格的聚丙烯，聚乙烯塑料袋、布，聚乙烯薄膜和造纸助剂。				

企业名称	上海新素材特种聚合物有限公司				
企业地址	上海市浦东新区沪南公路 2500 号 3 号厂房（201204）				
投资总额	30 万 USD	电　话	68937105	传　真	68937103
设立日期	2005-6-21	负 责 人	KIM JEONG TAE（金桢泰）		
主营业务	研发、生产色油、色沙和色母等特种聚合物产品，销售自产产品。				

企业名称	上海雅运精细化工有限公司				
企业地址	上海市龙吴路 2451 号（200231）				
投资总额	1700 万 RMB	电　话	69136448	传　真	69136466
设立日期	2005-6-16	负 责 人	谢　兵		
主营业务	化工助剂、纺织染料、纺织面料、针纺织品的生产、加工、研发。				

企业名称	雷盛化妆品喷雾器（上海）有限公司				
企业地址	上海市青浦工业园区天盈路 502 号 B5 厂房（201700）				
投资总额	215 万 USD	电　话	59228800	传　真	59228811
设立日期	2005-6-15	负 责 人	卢展宏		
主营业务	开发、生产及加工美容护理用品、化妆品、家居用品、药品的喷头。				

企业名称	上海科迈香料有限公司				
企业地址	上海市嘉定区江桥镇宝园四路 478 号第 1 幢（201804）				
投资总额	21.7 万 USD	电　话	69136667	传　真	69136797
设立日期	2005-6-9	负 责 人	PETER JOSEPH CALABRETTA		
主营业务	开发、生产食用香精、植物提取物及其他各类香精香料、食品添加剂。				

企业名称	高丝化妆品销售（中国）有限公司				
企业地址	上海市淮海中路 138 号上海广场 9 楼（200021）				
投资总额	600 万 USD	电　话	63756633	传　真	63756346
设立日期	2005-6-9	负 责 人	长浜清人		
主营业务	化妆品及其相关产品的进出口、批发、佣金代理。				

企业名称	奇耐纤维隔热材料（上海）有限公司				
企业地址	上海市外高桥保税区美桂北路 378 号 37 号楼 D 部位（200131）				
投资总额	110 万 USD	电　话	50464566	传　真	50464418
设立日期	2005-6-8	负 责 人	KEVIN J.OGORMAN		
主营业务	保税区内隔热耐火纤维制品的生产、加工；销售自产产品。				

企业名称	妆美堂日用品（上海）有限公司				
企业地址	上海市外高桥保税区富特西一路 115 号 2 号楼第 6 层 E 部位（200131）				
投资总额	18 万 USD	电　话	63965550	传　真	53966992
设立日期	2005-6-2	负 责 人	寺田正秀		
主营业务	保税区内以化妆用品、玩具礼品为主的日用品的仓储、分拨业务。				

企业名称	上海赛沃化工材料有限公司				
企业地址	上海市宝山城市工业园区山连路 111 号（200436）				
投资总额	20 万 USD	电　话	36160184	传　真	36160243
设立日期	2005-6-2	负 责 人	陈长青		
主营业务	研究、开发、生产紫外光固化胶粘剂及其他相关化工产品。				

企业名称	上海所望之花化妆品有限公司				
企业地址	上海市外高桥保税区奥纳路 79 号 1 号楼第二层 8 部位（200131）				
投资总额	13 万 USD	电　话	62706747	传　真	62708269
设立日期	2005-5-31	负 责 人	YANG YAI CHUL		
主营业务	以化妆品为主的保税区内仓储、分拨业务以及相关产品的售后服务。				

企业名称	上海鑫凯精细化工有限公司				
企业地址	上海市金山第二工业区（201512）				
投资总额	1000万USD	电　话	67263056	传　真	67263056
设立日期	2005-5-26	负责人	邱上洪		
主营业务	生产颜料、染料、助剂等相关精细化工产品。				

企业名称	泰凌医药科技开发（上海）有限公司				
企业地址	上海市张江高科技园区蔡伦路720弄1号楼418室（201203）				
投资总额	100万USD	电　话	50368077	传　真	50367616
设立日期	2005-5-24	负责人	吴铁		
主营业务	医药产品、生物制品、医疗器械产品、化工产品的研发。				

企业名称	上海才德化工有限公司				
企业地址	上海市化学工业区奉贤分区（201424）				
投资总额	210万USD	电　话	57448110	传　真	57445397
设立日期	2005-5-19	负责人	温金广		
主营业务	生产、加工水溶性聚酯、聚醚树脂、水性油漆、水性聚氨脂。				

企业名称	泛洋洲化工原料（上海）有限公司				
企业地址	上海市外高桥保税区泰谷路88号B1层A8部位（200131）				
投资总额	12.5万USD	电　话	28901846	传　真	28901849
设立日期	2005-5-9	负责人	江朝辉		
主营业务	保税区内以化工原料为主的仓储分拨业务。				

企业名称	协同油脂（上海）有限公司				
企业地址	上海市外高桥保税区富特北路458号430室（200131）				
投资总额	20万USD	电　话	52080818	传　真	52080817
设立日期	2005-4-30	负责人	高桥晴行		
主营业务	以油脂为主的国际贸易、转口贸易、保税区企业间的贸易。				

企业名称	上海国葆墨水有限公司				
企业地址	上海市宝山区毛家路451弄38号（201907）				
投资总额	100万USD	电　话	66864551	传　真	66864553
设立日期	2005-4-29	负责人	SAUL HEIMAN		
主营业务	生产书写和标记用墨，销售自产产品并提供相关的售后服务。				

企业名称	大日精化（上海）油墨有限公司				
企业地址	上海市化学工业区奉贤分区楚华支路2号（201424）				
投资总额	40万USD	电　话	57448295	传　真	57448066
设立日期	2005-4-22	负责人	大和田进		
主营业务	各种油墨及胶水的生产、加工，销售公司自产产品。				

企业名称	上海希迪制药有限公司				
企业地址	上海市南汇区惠南镇沪南公路9125号（201300）				
投资总额	710万USD	电　话	51323300	传　真	51323301
设立日期	2005-4-21	负责人	徐胜平		
主营业务	医药产品的研究开发及相关领域内的技术服务，生产医药原料。				

企业名称	东来涂料技术（上海）有限公司				
企业地址	上海市嘉定工业区北区41－3号地块（201807）				
投资总额	600万USD	电　话	59968297	传　真	59968297
设立日期	2005-4-20	负责人	朱忠敏		
主营业务	生产、加工涂料，销售本公司自产产品。				

企业名称	蔚然药业（上海）有限公司				
企业地址	上海市松江工业区东部新区Ⅳ－69号地块（201613）				
投资总额	500万USD	电　话	54972662	传　真	64400319
设立日期	2005-4-20	负责人	郭海棠		
主营业务	生产、加工保健食品，中药。				

企业名称	立发（上海）染料有限公司				
企业地址	上海市松江工业区东兴路79号1号标准厂房（201600）				
投资总额	14万USD	电　话	67742733	传　真	67742398
设立日期	2005-4-15	负责人	曹圭完		
主营业务	染（颜）料生产、加工，销售公司自产产品。				

企业名称	更家（上海）专用化学品有限公司				
企业地址	上海市闵行区虹建路58号（201103）				
投资总额	100万USD	电　话	64341925	传　真	64345010
设立日期	2005-4-13	负责人	佐藤纯二		
主营业务	生产日用洗涤剂系列产品、化妆品及配套的自动感应储存装置。				

企业名称	李和权化工（上海）有限公司				
企业地址	上海市外高桥保税区加太路108号第三层G部位（200131）				
投资总额	6.2万USD	电　话	63058855	传　真	63058833
设立日期	2005-4-13	负责人	BO SUK LEE		
主营业务	保税区内以塑料化工产品为主的仓储、分拨业务。				

企业名称	上海星可生化有限公司				
企业地址	上海市嘉定区马陆镇科茂路69号（201801）				
投资总额	25万USD	电　话	69155971	传　真	69157182
设立日期	2005-4-8	负责人	张群星		
主营业务	生产清洗剂、色谱淋洗剂，销售本公司自产产品并提供售后服务。				

企业名称	紫苑印刷颜料（中国）有限公司				
企业地址	上海市浦东新区江心沙路300号1号楼（200137）				
投资总额	2400万欧元	电　话	58611828	传　真	58610282
设立日期	2005-4-18	负责人	PETER CONWAY		
主营业务	染（颜）料商品化加工技术应用及其生产，销售自产产品。				

企业名称	欧纷泰化工（上海）有限公司				
企业地址	上海市莘庄工业区光华路1258号（201108）				
投资总额	20万欧元	电　话	64423962	传　真	64423952
设立日期	2005-3-25	负责人	PIERRE ETIENNE DEHON		
主营业务	研究、生产主要应用于电子、精密清洗和化学领域的焊接、清洗用化学产品。				

企业名称	上海太乐宝卫生用品有限公司				
企业地址	上海市闵行区虹梅南路3509弄298号（201108）				
投资总额	25万USD	电　话	64972324	传　真	64972280
设立日期	2005-3-25	负责人	汪战兴		
主营业务	生产母乳垫，抽湿巾，卫生护垫，尿裤，销售自产产品。				

企业名称	勒科斯弗气瓶（上海）有限公司				
企业地址	上海市闵行区瓶北路150弄123号（201108）				
投资总额	60万USD	电　话	64904007	传　真	64904035
设立日期	2005-3-23	负责人	JOHN STEPHEN PHODES		
主营业务	高性能复合材料制品生产，销售自产产品。				

企业名称	丹派（上海）工业胶有限公司				
企业地址	上海市浦东新区张江镇青云路80号1、5、7、10、11幢（201203）				
投资总额	14万USD	电　话	50799028	传　真	50799018
设立日期	2005-3-22	负责人	RYS ROLANDO A.F.L.		
主营业务	研发、生产各种工业胶，销售自产产品。				

企业名称	曼氏（上海）香精香料有限公司				
企业地址	上海市宝山城市工业园区真陈路1000号514室（200436）				
投资总额	350万USD	电　话	52110388	传　真	52110298
设立日期	2005-3-21	负责人	DENIS RAFFAUD		
主营业务	生产食品、日化、牙膏和烟草用香精，销售自产产品。				

企业名称	上海素玛格先锋药业有限公司				
企业地址	上海市浦东新区星火开发区内K地部分地块（201419）				
投资总额	500万USD	电　话	57505966	传　真	57505955
设立日期	2005-3-21	负责人	吴建文		
主营业务	生产原需进口的原料药（活性医药成份）和中间体，销售自产产品。				

企业名称	上海高桥爱思开溶剂有限公司				
企业地址	上海市浦东新区东塘路451号（200137）				
投资总额	8444万RMB	电　话	58616688	传　真	58617900
设立日期	2005-3-21	负责人	罗新富		
主营业务	开发、生产环保型等各类溶剂，销售自产产品。				

企业名称	上海法妃儿生物技术有限公司				
企业地址	上海市松江区洞泾工业经济开发区二区南北干道东侧（201619）				
投资总额	105万USD	电　话	67728539	传　真	67725032
设立日期	2005-3-21	负责人	范壬瑜		
主营业务	生产洗涤用品，销售公司自产产品。				

企业名称	上海泽生医药科技有限公司				
企业地址	上海市张江高科技园区郭守敬路351号2号楼678-12室（201203）				
投资总额	362.5万USD	电　话	50802627	传　真	50802621
设立日期	2005-3-16	负责人	ZHOU MINGDONG（周明东）		
主营业务	抗癌、抗心衰的生物医药的开发，转让自有技术。				

企业名称	花馨化妆品（上海）有限公司				
企业地址	上海市六合路 98 号港陆黄浦中心 307、308 室（200001）				
投资总额	210 万 USD	电　话	63601177	传　真	63514893
设立日期	2005-3-14	负责人	田部早巳		
主营业务	化妆品批发、佣金代理（除拍卖外）、上述商品的进口、技术服务。				

企业名称	美中医药研发（上海）有限公司				
企业地址	上海市张江高科技园区春晓路 300 号 A 区（201203）				
投资总额	150 万 USD	电　话	50807070	传　真	50801347
设立日期	2005-3-3	负责人	张世元		
主营业务	药品的研究、开发，转让自有技术，提供相关的技术咨询和技术服务。				

企业名称	上海自由化工科技有限公司				
企业地址	上海市松江区车墩镇香车路 351 号 7 号厂房（201611）				
投资总额	20 万 USD	电　话	57776306	传　真	57776301
设立日期	2005-3-1	负责人	朴镇杓		
主营业务	开发、生产、加工皮革化学品，销售公司自产产品。				

企业名称	上海永港复合材料有限公司				
企业地址	上海市南汇区老港镇拱极路 10 号（201302）				
投资总额	1325 万港币	电　话	68296232	传　真	68296160
设立日期	2005-2-28	负责人	张永定		
主营业务	生产多功能聚氯乙烯（PVC）、复合增强剂，销售公司自产产品。				

企业名称	上海华利来特种纤维有限公司				
企业地址	上海市金山区兴塔镇工业区（201502）				
投资总额	500 万 USD	电　话	67891502	传　真	67891503
设立日期	2005-2-24	负责人	朴星虎		
主营业务	差别化涤纶纤维的生产加工及染色，销售公司自产产品。				

企业名称	上海铭源数康生物芯片有限公司				
企业地址	上海市松江工业区东部新区松开 IV-60 号地块（201600）				
投资总额	2980 万 USD	电　话	37196200	传　真	37196276
设立日期	2005-2-24	负责人	姚　涌		
主营业务	生物医学工程技术产品及配套诊断试剂与设备的生产和研发。				

企业名称	上海快克医药科技发展有限公司				
企业地址	上海市长宁区北翟路 1178 号 1 号楼南幢 205E 室（200335）				
投资总额	600 万 USD	电　话	63585039	传　真	63585039
设立日期	2005-2-22	负责人	郑志勇		
主营业务	医药技术的研究及研发成果的技术转让。				

企业名称	莎莎化妆品（中国）有限公司				
企业地址	上海市卢湾区巨鹿路 417 号欣广大厦 6 楼 602-603 室（200020）				
投资总额	5000 万港币	电　话	62673377	传　真	62678437
设立日期	2005-2-6	负责人	郭少强		
主营业务	化妆品及相关产品的零售，自营商品的进口。				

企业名称	宁柏迪特种化学（上海）有限公司				
企业地址	上海市化学工业区目华路 185 号第一层 116 室（201400）				
投资总额	237 万 USD	电　话	63176190	传　真	63178115
设立日期	2005-2-6	负责人	GIOVANNI CARLO FONTANA		
主营业务	开发和生产染料、颜料、聚合物、有机及无机粉末、表面活性剂。				

企业名称	三银涂料（上海）有限公司				
企业地址	上海市青浦区华新镇嘉松中路 1135 弄 55 号 3 号厂房（201700）				
投资总额	700 万 USD	电　话	59883377	传　真	59884001
设立日期	2005-2-2	负责人	黄银贤		
主营业务	开发、生产高性能涂料，销售公司自产产品。				

企业名称	上海英伯肯医学生物技术有限公司				
企业地址	上海市张江高科技园区李冰路 51 号研发楼 7 号楼（201203）				
投资总额	310 万 USD	电　话	51320505	传　真	51320580
设立日期	2005-2-1	负责人	赵国屏		
主营业务	诊断试剂（除药品）的研究开发及生产，销售自产产品。				

企业名称	欧美化工（上海）有限公司				
企业地址	上海市化学工业区奉贤分区楚工路 459 号（201417）				
投资总额	250 万 USD	电　话	57448393	传　真	57448284
设立日期	2005-1-28	负责人	谢文恩		
主营业务	生产水性上光油、紫外线 UV 光油、紫外线 UV 底油、油性光油。				

企业名称	巴斯夫聚氨酯特种产品（上海）有限公司				
企业地址	上海市浦东新区江心沙路 300 号（200131）				
投资总额	19090 万 RMB	电　话	63851630	传　真	63851629
设立日期	2005-1-24	负责人	周应赐		
主营业务	工程塑料和合成材料的配套原料的研发、生产。				

企业名称	梯希爱（上海）化成工业发展有限公司				
企业地址	上海市化学工业区目华路 185 号 219 室（201507）				
投资总额	500 万 USD	电　话	58685001	传　真	58680513
设立日期	2005-1-21	负责人	浅川皓司		
主营业务	有机试剂的研究开发、生产、加工，销售自产产品。				

企业名称	瑞竹化工（上海）有限公司				
企业地址	上海市莘庄工业区申南路 380 号（201108）				
投资总额	85 万 USD	电　话	64898597	传　真	54425442
设立日期	2005-1-14	负责人	中岛洋三		
主营业务	生产、加工硅橡胶混炼胶，销售自产产品。				

企业名称	上海瑞浦实业有限公司				
企业地址	上海市化学工业区奉贤分区朱家村七区（201424）				
投资总额	150 万 USD	电　话	57448333	传　真	57448338
设立日期	2005-1-12	负责人	李洪明		
主营业务	生产化学原料药、表面活性剂，销售公司自产产品。				

企业名称	华顺香料（上海）有限公司				
企业地址	上海市嘉定区南翔镇胜辛南路 500 号 3 号楼（201802）				
投资总额	100 万 USD	电　话	69172102	传　真	69172104
设立日期	2005-1-5	负责人	莫淑珍		
主营业务	香料、香精及添加剂等精细化工类产品的开发、研制、生产。				

企业名称	上海万里雪代香料有限公司				
企业地址	上海市嘉定区马陆镇宝安公路 2735 号（201801）				
投资总额	300 万 RMB	电　话	69156752	传　真	69153960
设立日期	2005-1-5	负责人	许胜炎		
主营业务	生产香精、香料（非食用），销售本公司自产产品。				

企业名称	西里西亚香精（上海）有限公司				
企业地址	上海市莘庄工业区颛兴路 1588 号 F 幢（201108）				
投资总额	140 万 USD	电　话	64421266	传　真	64421265
设立日期	2004-12-27	负责人	CLEMENS HANKE		
主营业务	生产、加工、研究开发香精、香精提取物、食品色素产品。				

企业名称	上海至正潘德那聚合物有限公司				
企业地址	上海市莘庄工业区元江路 5050 号（201108）				
投资总额	160 万 USD	电　话	64091112	传　真	64095577
设立日期	2004-12-27	负责人	侯海良		
主营业务	生产低烟无卤阻燃（HFFR）热塑性化合物和辐照交联化合物。				

企业名称	上海惠美须化工有限公司				
企业地址	上海市松江区车墩镇华长路 313 号（201611）				
投资总额	14 万 USD	电　话	62781127	传　真	32230210
设立日期	2004-12-22	负责人	坂口昌弘		
主营业务	生产、加工纤维用去污及与洗衣用相关的机械设备。				

企业名称	上海美可涂料有限公司				
企业地址	上海市嘉定区徐行镇安新村宝钱公路南侧（201809）				
投资总额	105 万 USD	电　话	39979746	传　真	39979086
设立日期	2004-12-22	负责人	黄琼如		
主营业务	筹建：生产各类家具漆、染（颜）料，销售本公司自产产品。				

企业名称	上海斯佳药物研究开发有限公司				
企业地址	上海市南汇区沪南路 3999 号（201318）				
投资总额	68 万 USD	电　话	68131468	传　真	68131011
设立日期	2004-12-20	负责人	韩　伟		
主营业务	新药研发，先导化合物和药物中间体的合成研究，自有技术转让。				

企业名称	华德力集团（上海）工程塑料有限公司				
企业地址	上海市奉贤区奉城镇南奉公路北侧（奉城经济园区）（201411）				
投资总额	500 万 USD	电　话	57513833	传　真	57513833
设立日期	2004-12-15	负责人	陈建明		
主营业务	研发、设计、生产配色、加纤、防火塑料粒产品。				

制造业-石油加工及炼焦业、化学原料及化学制品、医药和化学纤维制造业

企业名称	门福高分子材料（上海）有限公司				
企业地址	上海市青浦工业园区新达路 1269 号（201700）				
投资总额	57.5 万 USD	电　　话	69210749	传　　真	69210785
设立日期	2004-12-7	负 责 人	CHRISTIAN		
主营业务	生产氟合材料及配套部件，销售公司自产产品并提供售后服务。				

企业名称	高砂香料（上海）有限公司				
企业地址	上海市外高桥保税区华京路 8 号三联大厦 537 室（200086）				
投资总额	4200 万日元	电　　话	63287701	传　　真	63287703
设立日期	2004-12-7	负 责 人	中岛达彦		
主营业务	以香料为主的产品的国际贸易、转口贸易。				

企业名称	上海岸石化学有限公司				
企业地址	上海市闵行区华漕镇北翟路 3318 号（201106）				
投资总额	25 万 USD	电　　话	62204078	传　　真	62201438
设立日期	2004-12-6	负 责 人	陈信伊		
主营业务	生产、加工纺织用化学助剂及各类电子用化学助剂，销售自产产品。				

企业名称	凯立昂生物技术（上海）有限公司				
企业地址	上海市卢湾区马当路 477 号 B 楼三层 B307C 室（200023）				
投资总额	20 万 USD	电　　话	64436369	传　　真	53028755
设立日期	2004-11-29	负 责 人	韩纪芳		
主营业务	生物化工技术的研发及相关技术咨询（涉及行政许可的凭许可证经营）。				

企业名称	士尼利涂料（上海）有限公司				
企业地址	上海市嘉定区菊园新区嘉安公路 2085 号 2 号厂房（201821）				
投资总额	35 万 USD	电　　话	69577482	传　　真	69577481
设立日期	2004-11-29	负 责 人	朴丞钟		
主营业务	生产高性能涂料，销售本公司自产产品。				

企业名称	双日纤维（上海）有限公司				
企业地址	上海市外高桥保税区新灵路 80 号 215 室（200131）				
投资总额	50 万 USD	电　　话	62781001	传　　真	62787722
设立日期	2004-11-27	负 责 人	HONTO CHISAWA		
主营业务	国际贸易、转口贸易、保税区内企业间的贸易及贸易代理。				

企业名称	上海雪国高榕生物技术有限公司				
企业地址	上海市奉贤区现代农业园区高丰路（201400）				
投资总额	210 万 USD	电　　话	67109301	传　　真	67108532
设立日期	2004-11-18	负 责 人	余养朝		
主营业务	生产各类食用菌，销售公司自产产品。				

企业名称	上海天英和生物技术有限公司				
企业地址	上海市崇明县竖新镇前哨村（202179）				
投资总额	14 万 USD	电　　话	56663279	传　　真	56665038
设立日期	2004-11-17	负 责 人	大泽邦夫		
主营业务	水产品养殖，生产微生物技术产品，销售自产产品。				

企业名称	上海森松化工成套装备有限公司				
企业地址	上海市南汇区康桥工业区康桥东路 1 号－17（201315）				
投资总额	1400 万 USD	电　　话	68481217	传　　真	68481217
设立日期	2004-11-17	负 责 人	松久信夫		
主营业务	开发、生产、安装电厂脱硫设备、大型耐高温、耐酸袋式除尘器等。				

企业名称	上海宝来特气体有限公司				
企业地址	上海市嘉定工业区嘉唐公路 806 号 1、2 号厂房（201807）				
投资总额	42 万 USD	电　　话	39938007	传　　真	59549803
设立日期	2004-11-12	负 责 人	陈　刚		
主营业务	配制各类混合气体，销售本公司自产产品。				

企业名称	丝芙兰（上海）化妆品销售有限公司				
企业地址	上海市淮海中路 629 号五楼（200020）				
投资总额	600 万 USD	电　　话	63876228	传　　真	53063039
设立日期	2004-11-11	负 责 人	THIERRY JAUGEAS		
主营业务	香水、化妆品、个人护理用品及其他相关产品的零售等。				

企业名称	凯帝丸善油脂（上海）有限公司				
企业地址	上海市闵行区吴翟路 288 号（201106）				
投资总额	20 万 USD	电　　话	52275642	传　　真	52275691
设立日期	2004-11-8	负 责 人	椿本和幸		
主营业务	加工、生产纤维油剂、工业用润滑剂、染色助剂、洗净剂等。				

企业名称	金马涂装（上海）有限公司				
企业地址	上海市闵行区虹中路 645 号北楼（201103）				
投资总额	21 万 USD	电　　话	54224441	传　　真	54224445
设立日期	2004-11-5	负 责 人	ALLAN CAMERON SUTHERLAND JR		
主营业务	设计、开发、装配、生产粉末和液体涂装应用部件和系统等。				

企业名称	空气化工产品系统（上海）有限公司				
企业地址	上海市奉贤区上海化工园苍工路 777 号（201424）				
投资总额	500 万 USD	电　　话	38962223	传　　真	50807788
设立日期	2004-11-5	负 责 人	WILBUR MOK		
主营业务	生产电子、精细化工等高科技气体化学品及其系统产品等。				

企业名称	上海德兆化工颜料有限公司				
企业地址	上海市崇明县新河镇新申路 921 号（202156）				
投资总额	10 万 USD	电　　话	63390953	传　　真	63506735
设立日期	2004-11-2	负 责 人	邱丙荣		
主营业务	生产高级染料、颜料着色剂，销售自产产品。				

企业名称	阁俪涂料（上海）有限公司				
企业地址	上海市黄浦区制造局路 833 弄翁家沙 8 号二座（200011）				
投资总额	20 万 USD	电　　话	51082196	传　　真	51572259
设立日期	2004-11-2	负 责 人	郭　安		
主营业务	建筑、防腐、防火涂料，地坪漆及相关调色设备的加工、生产等。				

企业名称	上海普群胶粘材料有限公司				
企业地址	上海市闵行区华漕镇许浦村许浦生产队（201106）				
投资总额	14 万 USD	电　　话	52234262	传　　真	52234263
设立日期	2004-11-1	负 责 人	项慧芬		
主营业务	加工、生产不干胶、胶带、原纸及防黏纸、防黏膜系列产品等。				

企业名称	安沙刷业（上海）有限公司				
企业地址	上海市松江区泖港镇中区路 42 号标房（201607）				
投资总额	100 万 USD	电　　话	57868428	传　　真	57868429
设立日期	2004-10-28	负 责 人	张文质		
主营业务	生产滚刷工具及其配件，销售公司自产产品。				

企业名称	平成高分子材料（上海）有限公司				
企业地址	上海市金山区金山卫镇吕张公路 1031 号（201512）				
投资总额	1.6 亿日元	电　　话	57294822	传　　真	57293322
设立日期	2004-10-21	负 责 人	小林谨司		
主营业务	生产高分子材料发泡及相关产品：家具类（沙发、床垫、靠垫）。				

企业名称	嘉旭精细化工（上海）有限公司				
企业地址	上海市嘉定区马陆镇彭封路 55 号 1 号厂房（201801）				
投资总额	20 万 USD	电　　话	69156991	传　　真	69156993
设立日期	2004-10-15	负 责 人	翁振宗		
主营业务	生产纺织品功能助剂、防火剂；塑胶射出品表面处理剂。				

企业名称	上海虹固化学工业有限公司				
企业地址	上海市长宁区广顺路 33 号 C 幢二楼南侧（200335）				
投资总额	100 万 USD	电　　话	51507025	传　　真	51507023
设立日期	2004-10-9	负 责 人	蔡万发		
主营业务	研制、开发、生产纺织及皮革用染料、助剂（除危险品）等。				

企业名称	普锐涂料（上海）有限公司				
企业地址	上海市嘉定区徐行镇宝凤路 655 号（201808）				
投资总额	450 万 USD	电　　话	39978111	传　　真	39978222
设立日期	2004-10-9	负 责 人	JOHN D.MILLION		
主营业务	生产、加工高性能液体涂料、粉末涂料、导电涂料等。				

企业名称	嘉里精细化学工业（上海）有限公司				
企业地址	上海市浦东新区高东镇高翔环路 379 号（200120）				
投资总额	500 万 USD	电　　话	58487988	传　　真	58485728
设立日期	2004-10-9	负 责 人	郭建海		
主营业务	开发、生产助剂和添加剂等精细化工产品，销售自产产品。				

企业名称	上海岸本特种涂装有限公司				
企业地址	上海市浦东康桥工业园区康桥东路 1365 弄 4 号厂房（201315）				
投资总额	50 万 USD	电　　话	68412228	传　　真	68183483
设立日期	2004-9-27	负 责 人	中村英一		
主营业务	对各类产品进行保护层涂覆及相关业务（涉及行政许可凭许可证经营）。				

企业名称	焰星纤维（上海）有限公司				
企业地址	上海市长宁区广顺路 33 号 B 幢 4 楼东（200335）				
投资总额	70 万 USD	电　　话	51113493	传　　真	51113498
设立日期	2004-9-27	负 责 人	石黑裕		
主营业务	生产纺织纤维、面料、缝制品，销售自产产品等。				

企业名称	上海石化沥青有限公司				
企业地址	上海市金山区第二工业区（201512）				
投资总额	1800 万人民币	电　　话	57936123	传　　真	57936123
设立日期	2004-9-24	负 责 人	辜昌基		
主营业务	沥青、改性沥青的开发、生产，销售公司自产产品。				

企业名称	健能隆医药技术（上海）有限公司				
企业地址	上海市张江高科技园区哈雷路 899 号 A214 室（201203）				
投资总额	14 万 USD	电　　话	68530511	传　　真	58512743
设立日期	2004-9-17	负 责 人	黄予良（HUANG YU LIANG）		
主营业务	医药技术、医疗设备的研究、开发，并提供相关技术咨询和技术服务。				

企业名称	上海华林工业气体有限公司				
企业地址	上海化学工业区目华路 F3-A200 地块内（201507）				
投资总额	1036 万 USD	电　　话	67121177	传　　真	67121579
设立日期	2004-9-13	负 责 人	赵持恒		
主营业务	生产一氧化碳、氢气、氧气、氮气等工业气体，销售等。				

企业名称	佳贝生物技术（上海）有限公司				
企业地址	上海市嘉定区叶城路 1288 号（201800）				
投资总额	20 万 USD	电　　话	59103976	传　　真	59103976
设立日期	2004-9-9	负 责 人	尹玉岭		
主营业务	生物控释技术的研发及相关化妆品的半成品、成品的开发、生产。				

企业名称	磐泰精细化工（上海）有限公司				
企业地址	上海市嘉定区马陆镇希望路 358 弄 26 号（201801）				
投资总额	35 万 USD	电　　话	59106178	传　　真	59106179
设立日期	2004-9-1	负 责 人	许明昆		
主营业务	生产胶粘剂，销售本公司自产产品（涉及行政许可的凭许可证经营）。				

企业名称	德固赛特种化学（上海）有限公司				
企业地址	上海市化学工业区联合路 68 号（200131）				
投资总额	1040 万 USD	电　　话	51332688	传　　真	61191433
设立日期	2004-9-1	负 责 人	PETER HANS MEINSHAUSEN		
主营业务	开发、生产涂料、色浆、聚酯树脂、催化剂、引发剂、添加剂等。				

企业名称	康达特（上海）化学制品有限公司				
企业地址	上海市外高桥保税区美桂南路 331 号 56 号厂房二层北部位（200131）				
投资总额	50 万 USD 万	电　　话	50484618	传　　真	
设立日期	2004-8-30	负 责 人	DIDIER BOUSSAULT		
主营业务	生产、加工高科技润滑油脂产品，销售自产产品。				

企业名称	福乐尔香料（上海）有限公司				
企业地址	上海市浦东新区金桥出口加工区金沪路 1269 号 3 号楼底楼（201206）				
投资总额	20 万 USD	电　　话	50317615	传　　真	50317593
设立日期	2004-8-23	负 责 人	季　平		
主营业务	香料、香精的生产，销售自产产品（涉及许可经营的凭许可证经营）。				

企业名称	上海中远化工物流有限公司				
企业地址	上海市化工区奉贤分区目华北路 25 号（201424）				
投资总额	604.6 万 USD	电　　话	63099266	传　　真	63098355
设立日期	2004-8-12	负 责 人	叶伟龙		
主营业务	进出口业务及相关服务，包括自营或代理货物的进口、出口业务等。				

企业名称	珮立生物工程（上海）有限公司				
企业地址	上海市青浦区赵巷镇赵巷村（201703）				
投资总额	16 万 USD	电　　话	63451892	传　　真	63459126
设立日期	2004-8-10	负 责 人	余全立		
主营业务	生产、加工生物酶制品、表面活性剂、工业用清洁剂等。				

企业名称	上海诺臻化工新材料有限公司				
企业地址	上海市闵行区马桥工业园区陪昆路 206 号 A 区 1 号（201111）				
投资总额	72.6 万 USD	电　　话	52382192	传　　真	52382190
设立日期	2004-8-5	负 责 人	黄炯炯		
主营业务	开发、生产 PTFE 双向拉伸膜和其他含氟材料制品，销售自产产品。				

企业名称	雅诺染料化工（上海）有限公司				
企业地址	上海市闵行区虹梅南路 3509 弄 298 号（200237）				
投资总额	101 万 USD	电　　话	54402025	传　　真	54407036
设立日期	2004-8-5	负 责 人	李俊隆		
主营业务	研发、加工颜料、染料、印染助剂，销售自产产品。				

企业名称	帝斯曼迪索特种化学（上海）有限公司				
企业地址	上海市浦东新区龚路镇曙光村（201203）				
投资总额	74 万 USD	电　　话	33104988	传　　真	63528889
设立日期	2004-8-2	负 责 人	林为斌		
主营业务	生产、加工光纤用特种涂料，销售自产产品。				

企业名称	上海江河药业有限公司				
企业地址	上海市闵行区闵北工业区 2 号街坊 C 座（201107）				
投资总额	1000 万 USD	电　　话	62263499	传　　真	62253717
设立日期	2004-7-30	负 责 人	朱　晖		
主营业务	新型心脑血管药生产，采用缓释、控释、靶向等。				

企业名称	上海永丽节能墙体材料有限公司				
企业地址	上海市南汇区航头镇大麦湾工业区沪南路 5842 号 A12 地块（201316）				
投资总额	400 万 USD	电　　话	68221260	传　　真	68221258
设立日期	2004-7-29	负 责 人	张永定		
主营业务	生产新型建筑材料（高效节能保温材料），销售公司自产产品。				

企业名称	上海捷安涂装工程有限公司				
企业地址	上海市南汇区宣桥镇三灶工业园区 876 号 1801 室（201300）				
投资总额	20 万 USD	电　　话	61513911	传　　真	61513998
设立日期	2004-7-23	负 责 人	许亚来		
主营业务	船舶及钢结构建筑、混凝土的防腐、防火、防火特殊涂装施工等。				

企业名称	马洁达色母粒（上海）有限公司				
企业地址	上海市青浦工业园区中纺科技城华盈路 595 号（201700）				
投资总额	70 万 USD	电　　话	69732596	传　　真	69732277
设立日期	2004-7-23	负 责 人	PIERO STOPPA		
主营业务	生产、加工色母粒，颜料用剂及其他颜料制品，销售公司自产产品。				

企业名称	中大三国（上海）制镜有限公司				
企业地址	上海市奉贤区金汇镇金钱公路 1959 号（201404）				
投资总额	400 万日元	电　　话	57575700	传　　真	57575139
设立日期	2004-7-23	负 责 人	中　西徹		
主营业务	生产化妆品容器、汽车和电子产品用镜子等。				

企业名称	寺冈（上海）高机能胶粘带有限公司				
企业地址	上海市外高桥保税区泰谷路 185 号 2 层 G 部位（200137）				
投资总额	30 万 USD	电　　话	58682957	传　　真	58682993
设立日期	2004-7-22	负 责 人	西村敏信		
主营业务	保税区内生产、组装和研发胶带产品等。				

企业名称	康化（上海）新药研发有限公司				
企业地址	上海市闵行区顾戴路 2535 弄 99 号（201100）				
投资总额	60 万 USD	电　　话	54884080	传　　真	54884080
设立日期	2004-7-9	负 责 人	马锁根		
主营业务	研发新药，生产非天然氨基酸、天然氨基酸多肽等精细化工品。				

企业名称	凯默斯医药科技（上海）有限公司				
企业地址	上海市延安西路 1326 号生物大厦 20 楼（200052）				
投资总额	150 万 USD	电　　话	52585258	传　　真	52585250
设立日期	2004-7-8	负 责 人	PETER J WERTH		
主营业务	从事药品、保健品研究项目策划及数据的解析与管理等。				

企业名称	上海联友制药技术有限公司				
企业地址	上海市张江高科技园区蔡伦路 720 弄 2 号楼 602 室（201203）				
投资总额	1162 万人民币	电　　话	51320350	传　　真	51320353
设立日期	2004-7-8	负 责 人	施雄伟		
主营业务	药品的研究与开发，自有技术转让，提供相关的技术咨询和服务。				

企业名称	帝斯曼精细化工（上海）有限公司				
企业地址	上海市浦东新区金海路东端（上川路口）（201206）				
投资总额	225 万 USD	电　　话	33104988	传　　真	63528889
设立日期	2004-6-25	负 责 人	STEWART HARRIS		
主营业务	加工、生产茶多酚及其衍生产品，销售自产产品。				

企业名称	上海金海雅宝精细化工有限公司				
企业地址	上海市金山区第二工业区（201512）				
投资总额	500万USD	电　话	67261234	传　真	67261105
设立日期	2004-6-18	负责人	严光明		
主营业务	生产制造2-6-二叔丁基苯酚，2-4-二叔丁基苯酚及衍生产品和助剂。				

企业名称	立邦船舶涂料（上海）有限公司				
企业地址	上海市外高桥保税区荷丹路240号第四层A部位（200120）				
投资总额	30万USD	电　话	58662293	传　真	58662293
设立日期	2004-6-15	负责人	远藤明朗		
主营业务	保税区内以涂料和溶剂、粘接材料、船舶用品等产品为主的仓储、分拨。				

企业名称	朗盛化学（上海）有限公司				
企业地址	上海市浦东新区张江高科技园区祖冲之路899号8号楼（200131）				
投资总额	350万USD	电　话	61096666	传　真	61096667
设立日期	2004-6-15	负责人	王永利		
主营业务	提供化学产品的技术支持和研究开发服务,受母公司或第三方委托等。				

企业名称	上海中机润滑油有限公司				
企业地址	上海市外高桥保税区英伦路38号620室（200120）				
投资总额	72.6万USD	电　话	58662292	传　真	58662292
设立日期	2004-6-8	负责人	郑胜生		
主营业务	国际贸易、转口贸易、保税区企业间的贸易及区内贸易代理等。				

企业名称	诺誉（上海）特殊聚合物有限公司				
企业地址	上海市松江工业区书慧路300号（201603）				
投资总额	1200万USD	电　话	51118917	传　真	67600778
设立日期	2004-6-1	负责人	DONALD W.BOGUS		
主营业务	设计、开发、生产和加工工程塑料等。				

企业名称	上海磐旭精细化工有限公司				
企业地址	上海市浦东新区川六公路2699号7.9幢（201202）				
投资总额	14万USD	电　话	58593290	传　真	58593291
设立日期	2004-5-28	负责人	詹　浩		
主营业务	生产化妆品塑料软管表面保护液，丝网印刷色料等。				

企业名称	上海元永精细化学有限公司				
企业地址	上海市松江区石湖荡镇长塔路775号4幢（201617）				
投资总额	18万USD	电　话	57841005	传　真	57841029
设立日期	2004-5-28	负责人	姜尚勋		
主营业务	生产纺织印花涂料,销售公司自产产品(涉及许可经营的凭许可证经营)。				

企业名称	天狮溢海有限公司				
企业地址	上海市青浦区朱家角镇朱枫公路201号（201714）				
投资总额	2亿美元	电　话	50495905	传　真	50495891
设立日期	2004-5-27	负责人	李金元		
主营业务	生产、加工工业机械、产品的电镀及表面处理。				

企业名称	桑迪亚医药技术（上海）有限责任公司				
企业地址	上海市张江高科技园区爱迪生路332号（201203）				
投资总额	4040.82万	电　话	51098642	传　真	50790032
设立日期	2004-5-26	负责人	王晓川		
主营业务	新药的研发；自有技术的转让；提供相关技术咨询，技术服务。				

企业名称	上海刚功化工有限公司				
企业地址	上海市外高桥保税区富特北路258号第五层I部位（200131）				
投资总额	38万USD	电　话	63809061	传　真	63809062
设立日期	2004-5-20	负责人	寺阪刚		
主营业务	保税区内高性能吸水高分子及无纺布、埋地保护管接头等。				

企业名称	碧雅诗化妆品（上海）有限公司				
企业地址	上海市松江工业区东部新区申港路以东、书林路以南地块（200060）				
投资总额	500万USD	电　话	52989252	传　真	52989366
设立日期	2004-5-20	负责人	高木隆		
主营业务	加工、生产化妆品、美容产品，销售公司自产产品。				

企业名称	上海中逸精细化工有限公司				
企业地址	上海市南汇区六灶镇鹿园工业区鹿兴路93号5号楼（201322）				
投资总额	48.37万USD	电　话	58161111	传　真	58166883
设立日期	2004-5-13	负责人	黄　波		
主营业务	生产烟用香精香料,销售公司自产产品(涉及许可经营的凭许可证经营)。				

企业名称	上海宏达高分子材料有限公司				
企业地址	上海市闵行区莘庄镇顾戴路3333弄58号（201100）				
投资总额	60万USD	电　话	51510733	传　真	54888656
设立日期	2004-5-13	负责人	朱秋平		
主营业务	生产有机硅、高分子材料及其电子、电器制品，销售自产产品。				

企业名称	丸红化工（上海）有限公司				
企业地址	上海市外高桥保税区台中南路2号新贸楼201室（200131）				
投资总额	200万USD	电　话	68415688	传　真	68412377
设立日期	2004-5-13	负责人	柴田光慈		
主营业务	以化工品为主的国际贸易、转口贸易。				

企业名称	时旭生物医药科技（上海）有限公司				
企业地址	上海市张江高科技园区郭守敬路351号2号659-19室（201203）				
投资总额	20万USD	电　话	54263665	传　真	52122828
设立日期	2004-5-12	负责人	JUN SHI		
主营业务	生物制品、保健品的研发；生物技术软件的开发、设计、制作。				

企业名称	比尔安达（上海）润滑材料有限公司				
企业地址	上海市宝山城市工业园区丰翔路1302号（200436）				
投资总额	11万USD	电　话	36161318	传　真	36161338
设立日期	2004-5-8	负责人	汪鸿涛		
主营业务	各类金属表面干膜润滑处理；生产电器焊接辅助材料；销售自产产品。				

企业名称	上海江守染色技术有限公司				
企业地址	上海市普陀区甘泉一村61号128室（200065）				
投资总额	20万USD	电　话	62956633	传　真	62955050
设立日期	2004-4-30	负责人	筑后嘉英		
主营业务	加工生产染料产品（生产限分支），销售自产产品等。				

企业名称	安科生物制品（上海）有限公司				
企业地址	上海市青浦工业园区崧华路1438号（201700）				
投资总额	60万USD	电　话	59868185	传　真	59868162
设立日期	2004-4-28	负责人	白岩和雄		
主营业务	研究、开发、加工、生产生物医学材料、应用试剂及制品等。				

企业名称	锦胜生物技术（上海）有限公司				
企业地址	上海市张江高科技园区哈雷路1011号304-305室（201203）				
投资总额	36万USD	电　话	58555946	传　真	58555946
设立日期	2004-4-23	负责人	药建明		
主营业务	化妆品的研发、生产、销售自产产品（涉及许可经营的凭许可证经营）。				

企业名称	菊水化工（上海）有限公司				
企业地址	上海市外高桥保税区冰克路500号106室（200131）				
投资总额	30万USD	电　话	62953081	传　真	62084682
设立日期	2004-4-21	负责人	远山真人		
主营业务	国际贸易、转口贸易、保税区企业间的贸易及贸易代理等。				

企业名称	上海家诺华化妆品有限公司				
企业地址	上海市青浦区徐泾中路518号（201702）				
投资总额	200万USD	电　话	69768968	传　真	69768930
设立日期	2004-4-21	负责人	PHILLIP STEPNEY		
主营业务	生产日用化学制品、化妆品、美容品、洗涤用品，销售本公司自产产品。				

企业名称	润东医药研究开发（上海）有限公司				
企业地址	上海市张江高科技园区郭守敬路351号2号楼659-12室（201203）				
投资总额	150万人民币	电　话	68825600	传　真	68829817
设立日期	2004-4-21	负责人	姜世新		
主营业务	药物的开发、研究，生物、生化技术的开发、研究等。				

企业名称	陶氏化学（上海）有限公司				
企业地址	上海市外高桥保税区泰谷路185号一层D座（200131）				
投资总额	20万USD	电　话	58662280	传　真	63366998
设立日期	2004-4-16	负责人	JAMES DAVID MCILVENNY		
主营业务	保税区内以化学品、化工产品、塑料以及农药产品为主的分拨仓储等。				

企业名称	蓓特菲化妆品（上海）有限公司				
企业地址	上海市青浦工业园区外青松公路5500号101室（201700）				
投资总额	500万USD	电　话	53965965	传　真	53966278
设立日期	2004-4-14	负责人	黄宗茂		
主营业务	开发、生产、加工化妆品，销售公司自产产品。				

企业名称	**上海华宝孔雀香精香料有限公司**				
企业地址	上海市嘉定工业区福海路 1055 号（201821）				
投资总额	1 亿人民币	电　话	69522793	传　真	69520524
设立日期	2004-4-14	负 责 人	朱林瑶		
主营业务	生产各类食用香精、香料，日化香精、香料及食品添加剂等。				

企业名称	**精华制漆（上海）有限公司**				
企业地址	上海市青浦区赵屯镇腾北路 83 号（201712）				
投资总额	90 万 USD	电　话	59741913	传　真	59740057
设立日期	2004-4-13	负 责 人	除荫堂		
主营业务	生产、加工涂料、油漆、溶剂、涂料原料，销售公司自产产品。				

企业名称	**上海世林海绵有限公司**				
企业地址	上海市松江区富民开发区玉秀路 39 号 122 房（201600）				
投资总额	20 万 USD	电　话	67726318	传　真	67725848
设立日期	2004 4-8	负 责 人	孙德龙		
主营业务	生产海绵制品，销售公司自产产品（涉及许可经营的凭许可证经营）。				

企业名称	**艾捷香料（上海）有限公司**				
企业地址	上海市闵行区金都路 4299 号 A 幢 1 楼 412 室（201100）				
投资总额	15 万 USD	电　话	64907472	传　真	64905416
设立日期	2004-4-7	负 责 人	丁　诚		
主营业务	开发、生产食品添加剂、天然香料、合成香料及单离香料等。				

企业名称	**上海福助工业有限公司**				
企业地址	上海市金山工业区（201540）				
投资总额	15 万日元	电　话	67277611	传　真	67277676
设立日期	2004-4-6	负 责 人	井上治郎		
主营业务	生产、开发农膜新产品；食品储藏及洁净用卫生材料等。				

企业名称	**上海新水高透明材料有限公司**				
企业地址	上海市工业综合开发区肖湾路 318 号（201401）				
投资总额	150 万 USD	电　话	57433269	传　真	57433323
设立日期	2004-4-5	负 责 人	藤重裕		
主营业务	生产高性能复合材料及其制品，销售自产产品。				

企业名称	**上海波胜运动场地有限公司**				
企业地址	上海市松江工业区高新技术园区玉秀路 8 号（201600）				
投资总额	250 万 USD	电　话	67723030	传　真	67723211
设立日期	2004-4-5	负 责 人	DARREN JAMES GIRARD		
主营业务	生产人造运动场地面，销售公司自产产品。				

企业名称	**海丰赛文（上海）包装材料有限公司**				
企业地址	上海市松江区新桥镇新茸路松南小区 10 号（201612）				
投资总额	51 万 USD	电　话	57686501	传　真	57686780
设立日期	2004-3-31	负 责 人	张文邦		
主营业务	生产、加工涂料、油墨，销售公司自产产品并提供相应的技术咨询服务。				

企业名称	**广立化学（上海）有限公司**				
企业地址	上海市南汇工业园区 48 号地块（201300）				
投资总额	500 万 USD	电　话	58183121	传　真	58183303
设立日期	2004-3-26	负 责 人	陈民强		
主营业务	开发、生产胶黏剂、水性乳液、催化剂、表面活性剂等。				

企业名称	**吉友联有机合成化学（上海）有限公司**				
企业地址	上海市外高桥保税区冰克路 500 号 321 室（200131）				
投资总额	20 万 USD	电　话	64159378	传　真	64152793
设立日期	2004-3-25	负 责 人	RAFIZ SHIV KUMAR		
主营业务	国际贸易、转口贸易、保税区企业间的贸易及贸易代理等。				

企业名称	**上海寿技王化工装备有限公司**				
企业地址	上海市普陀区金沙江路 588 号 421 室（200062）				
投资总额	20 万 USD	电　话	52264007	传　真	52264006
设立日期	2004-3-24	负 责 人	松本憲幸		
主营业务	生产加工工业用塔槽、热交换器、搅拌反应槽、机械器具及配件等。				

企业名称	**美星隐形眼镜（上海）有限公司**				
企业地址	上海市张江高科技园区蔡伦路 720 弄 2 号 302 室（201203）				
投资总额	50 万 USD	电　话	51320147	传　真	51320149
设立日期	2004-3-22	负 责 人	朱昌勋		
主营业务	隐形眼镜、隐形眼镜材料及护理液的开发、生产；销售自产产品等。				

企业名称	**上海艾力斯医药科技有限公司**				
企业地址	上海市张江高科技园区蔡伦路 720 弄 2 号 304 室（201203）				
投资总额	1000 万人民币	电　话	51320230	传　真	51320233
设立日期	2004-3-22	负 责 人	杜锦豪		
主营业务	化学合成原料药及制剂、中药有效成分的提取物及制剂。				

企业名称	**宝丽菲姆保护膜（上海）有限公司**				
企业地址	上海市闵行区梅富路 176 号（201100）				
投资总额	22 万 USD	电　话	51099518	传　真	54377291
设立日期	2004-3-18	负 责 人	JENS KAUFMANN		
主营业务	加工、生产保护膜，销售自产产品（涉及许可经营的凭许可证经营）。				

企业名称	**倍腾尤为涂层（上海）有限公司**				
企业地址	上海市南汇区康桥工业区康桥东路 1 号 1 号楼（201315）				
投资总额	50 万 USD	电　话	58139702	传　真	58139935
设立日期	2004-3-18	负 责 人	ELLIOT K.FULLEN		
主营业务	生产各类光固化涂层及提供相关的技术咨询服务，销售公司自产产品。				

企业名称	**艾佩科（上海）化学有限公司**				
企业地址	上海市外高桥保税区冰克路 500 号 507 室（201103）				
投资总额	20 万 USD	电　话	64461686	传　真	64054343
设立日期	2004-3-16	负 责 人	程姝凡		
主营业务	国际贸易、转口贸易、保税区企业间的贸易及贸易代理等。				

企业名称	**杜尔涂装系统工程（上海）有限公司**				
企业地址	上海市青浦区白鹤镇外青松公路 2550 号（201709）				
投资总额	268 万 USD	电　话	62193719	传　真	62194519
设立日期	2004-3-1	负 责 人	HARALD RUBER		
主营业务	设计、生产、加工涂装系统工程设备、汽车总装系统设备等。				

企业名称	**中天（上海）生物新药有限公司**				
企业地址	上海市松江工业区茸北分区松江 1006 号地块（201600）				
投资总额	1000 万 USD	电　话	57784998	传　真	57784999
设立日期	2004-2-25	负 责 人	冯凤仪		
主营业务	采用生物工程技术生产的新型药物生产，中药材、中药提取物等。				

企业名称	**上海乐宝日化有限公司**				
企业地址	上海市宝山城市工业园区丰翔路南、园丰路西（200436）				
投资总额	600 万 USD	电　话	36161755	传　真	36160880
设立日期	2004-2-20	负 责 人	魏长有		
主营业务	开发、生产洗涤用品、护肤用品、食品，销售自产产品。				

企业名称	**奇华顿食用香精香料（上海）有限公司**				
企业地址	上海市浦东新区金桥出口加工区（南区）31 号地块（201203）				
投资总额	1072 万 USD	电　话	28937619	传　真	58380576
设立日期	2004-2-18	负 责 人	邹杰济		
主营业务	生产食用香精香料，销售自产产品，并提供相关技术服务。				

企业名称	**上海百医奥制药有限公司**				
企业地址	上海市松江区中山街道茸北工业区茸阳路 568C 号地块（201613）				
投资总额	260 万 USD	电　话	57786338	传　真	57784646
设立日期	2004-2-17	负 责 人	牟　军		
主营业务	生产片剂、胶囊、颗粒剂、糖浆剂等各种剂型的化学药品等。				

企业名称	**禹辉（上海）转印材料有限公司**				
企业地址	上海市嘉定工业区北区 28 号地块（201807）				
投资总额	600 万 USD	电　话	39538376	传　真	39538659
设立日期	2004-2-13	负 责 人	金　哲		
主营业务	研究、开发、生产镭射转移纸、镀铝转移纸及其他新型转印材料等。				

企业名称	**上海美迪西生物医药有限公司**				
企业地址	上海市张江高科技园区哈雷路 1011 号 502 室（201203）				
投资总额	2240 万人民币	电　话	51320621	传　真	51320621
设立日期	2004-2-2	负 责 人	陈金章		
主营业务	爱滋病药物、抗癌药增敏剂二基因工程疫苗及生物医药中间体的研发。				

企业名称	**仁圣纤维（上海）有限公司**				
企业地址	上海市外高桥保税区日京路 35 号 1106 室（200131）				
投资总额	20 万 USD	电　话	64082362	传　真	64083953
设立日期	2004-1-20	负 责 人	张炳烈		
主营业务	国际贸易、转口贸易、保税区企业间的贸易及区内贸易代理等。				

企业名称	上海鑫山汇众生物制品研究开发有限公司				
企业地址	上海市余山工业区松江 1179 号地块（201600）				
投资总额	1196 万 USD	电　话	57631128	传　真	57646229
设立日期	2004-1-16	负责人	钱智春		
主营业务	生物制品分析技术、生产技术、微生物的研究、开发（包括中试）等。				

企业名称	苹果（上海）化妆品有限公司				
企业地址	上海市闵行区剑川路 468 号（201104）				
投资总额	500 万 USD	电　话	64522818	传　真	64522818
设立日期	2004-1-7	负责人	杜洪良		
主营业务	生产护肤类化妆品、香水，销售自产产品提供售后服务。				

企业名称	泰凌医药物流（上海）有限公司				
企业地址	上海市张江高科技园区科苑路 333 号一期仓库二层 203 库区（201203）				
投资总额	1200 万 USD	电　话	50368077	传　真	50368077
设立日期	2004-1-5	负责人	吴　铁		
主营业务	以药品、预防性生物制品业务，及相关信息服务和物流咨询服务。				

企业名称	奥星意科思制药装备（上海）有限公司				
企业地址	上海市松江工业区东部新区新港路以西、书勤路以北（201613）				
投资总额	26 万 USD	电　话	57734811	传　真	57733238
设立日期	2003-12-25	负责人	何国强		
主营业务	新型药品包装材料、容器及先进的制药设备制造，销售公司自产产品。				

企业名称	领先特品化学（上海）有限公司				
企业地址	上海市外高桥保税区美桂北路 378 号 B2-2（200131）				
投资总额	20 万 USD	电　话	64756220	传　真	64833116
设立日期	2003-12-22	负责人	WARREN GEORGE BISHOP		
主营业务	保税区内以合成类化工品。				

企业名称	上海联格生物科技有限公司				
企业地址	上海市嘉定工业区叶城路 1288 号（201821）				
投资总额	210 万 USD	电　话	59164797	传　真	59164799
设立日期	2003-12-22	负责人	游健二		
主营业务	研究、开发、生产胶原蛋白、化妆品，销售本公司自产产品。				

企业名称	帝约克化学（上海）有限公司				
企业地址	上海市松江工业区东部新区内新港中路以东（201613）				
投资总额	70 万 USD	电　话	57684804	传　真	57684797
设立日期	2003-12-19	负责人	GORAN HELGE WIDSTROM		
主营业务	生产高性能涂料、涂料添加剂及其他化学助剂，销售公司自产产品。				

企业名称	凯膜过滤技术（上海）有限公司				
企业地址	上海市青浦工业园区外青松公路 5500 号 104 室（筹建处）（201700）				
投资总额	120 万 USD	电　话	64320228	传　真	
设立日期	2003-12-16	负责人	林金星		
主营业务	研制、生产以膜分离技术为主的分离设备、系统和部件等。				

企业名称	基因生物技术国际贸易（上海）有限公司				
企业地址	上海市外高桥保税区富特西一路 155 号 C 楼三层东西部位（200131）				
投资总额	20 万 USD	电　话	58682790	传　真	
设立日期	2003-12-15	负责人	张　涛		
主营业务	保税区内以从事生物技术产品及机电产品为主的仓储、分拨业务等。				

企业名称	豪孚迪医疗器械（上海）有限公司				
企业地址	上海市浦东康桥工业区康桥东路 1365 弄 4 号厂房底层（201315）				
投资总额	55 万 USD	电　话	68183182	传　真	68183017
设立日期	2003-12-11	负责人	ALAN SPENCE MC BRIDE		
主营业务	设计、生产医疗器械，销售公司自产产品，提供售后技术服务。				

企业名称	华界化学（上海）有限公司				
企业地址	上海市金山区金山第二工业区春华路（201512）				
投资总额	140 万 USD	电　话	67262323	传　真	67261137
设立日期	2003-12-11	负责人	吴祯祺		
主营业务	生产化学助剂、表面活性剂、乳化剂、纺织助剂、塑胶添加剂。				

企业名称	鲍威能源技术设备（上海）有限公司				
企业地址	上海嘉定区华亭镇工业园区 17 号地块（201811）				
投资总额	210 万 USD	电　话	54225005	传　真	54225007
设立日期	2003-12-9	负责人	张家倍		
主营业务	研发、设计、制造火电站脱硫设备等。				

企业名称	白鹭医药技术（上海）有限公司				
企业地址	上海市张江高科技园区哈雷路 899 号 B 座 304-2 室（201203）				
投资总额	20 万 USD	电　话	51320466	传　真	51320466
设立日期	2003-12-8	负责人	BRAIN SARSFEID SEED		
主营业务	生物医药产品、药物、医药中间体、医疗器械的研发。				

企业名称	上海彩星化工有限公司				
企业地址	上海市化学工业区奉贤分区（201424）				
投资总额	198 万 USD	电　话	53080684	传　真	53080684
设立日期	2003-12-4	负责人	刘寅飞		
主营业务	开发、生产活性染料、酸性染料、染料中间体和助剂。				

企业名称	骏神生物医学（上海）有限公司				
企业地址	上海市张江高科技园区郭守敬路 351 号 2 号楼 650－13 室（201203）				
投资总额	6.2 万 USD	电　话	64783957	传　真	52683063
设立日期	2003-11-28	负责人	顾元骏		
主营业务	生物技术的研究、开发、转让，提供相关技术咨询。				

企业名称	科莱恩色母粒（上海）有限公司				
企业地址	上海市闵行区金都路 4377 弄 88 号（200233）				
投资总额	109 万 USD	电　话	54426515	传　真	54427961
设立日期	2003-11-28	负责人	DVON BETRAB		
主营业务	生产色母粒（含添加剂母粒），塑料着色和改性产品，销售自产产品。				

企业名称	罗德里化工石油工程（上海）有限公司				
企业地址	上海市奉贤区南桥镇南桥路 246 号（201400）				
投资总额	501 万 USD	电　话	58857975	传　真	68532084
设立日期	2003-11-21	负责人	许俊平		
主营业务	化工石油工程施工总承包，化工石油设备管道安装工程专业承包。				

企业名称	上海汇塑化工科技有限公司				
企业地址	上海市南汇工业园区汇成路 530 号 11 号厂房（201300）				
投资总额	78 万 USD	电　话	68009155	传　真	68009155
设立日期	2003-11-20	负责人	林泉绿		
主营业务	加工和生产工程塑料，交联聚乙稀及相关产品，销售公司自产产品。				

企业名称	上海惠妮保健美容品有限公司				
企业地址	上海市松江区泗泾镇高新技术开发区（松江 1754 号地块）（201611）				
投资总额	400 万 USD	电　话	27615892	传　真	
设立日期	2003-11-19	负责人	林决定		
主营业务	生产化妆品、美容器材、护肤美发产品等。				

企业名称	上海贝海化工有限公司				
企业地址	上海市嘉定区马陆镇沪宜公路 2585 号（201801）				
投资总额	22 万 USD	电　话	52916960	传　真	52916966
设立日期	2003-11-18	负责人	张丽英		
主营业务	生产各种塑胶制品及粘胶制品，销售本公司自产产品。				

企业名称	华阳油墨（上海）有限公司				
企业地址	上海市青浦区金泽镇工业园区（201718）				
投资总额	30 万 USD	电　话	59265093	传　真	59265032
设立日期	2003-11-12	负责人	李广海		
主营业务	生产油墨、涂料及配套辅助材料，销售公司自产产品。				

企业名称	上海赛能石油管道特种涂料有限公司				
企业地址	上海市宝山区园和路北侧（200941）				
投资总额	40.08 万 USD	电　话	33851886	传　真	33851885
设立日期	2003-11-12	负责人	张　军		
主营业务	生产特种涂料，销售自产产品（涉及许可经营的凭许可证经营）。				

企业名称	锐博化工（上海）有限公司				
企业地址	上海市外高桥保税区冰克路 500 号 B2K-3 仓库 F3 部位（200131）				
投资总额	20 万 USD	电　话	50470707	传　真	50470909
设立日期	2003-11-11	负责人	BHARAT GOEL		
主营业务	保税区内以石化产品为主的仓储、分拨、展示。				

企业名称	上海康复特兽用化学制药有限公司				
企业地址	上海市嘉定区徐行镇澄浏路 681 号（201808）				
投资总额	78 万 USD	电　话	59557265	传　真	59558981
设立日期	2003-11-11	负责人	毛耀明		
主营业务	生产兽用原料药，抗生素粉针剂、水针剂、预混剂、饮水剂。				

企业名称	爱博斯迪科化学（上海）有限公司				
企业地址	上海市外高桥保税区日樱南路 11 号（200131）				
投资总额	500 万 USD	电　话	38984800	传　真	50484169
设立日期	2003-11-5	负 责 人	吴强华		
主营业务	保税区内研发生产电子用高科技化学产品等。				

企业名称	尤尼威尔化学品（上海）有限公司				
企业地址	上海市外高桥保税区富特东一路 418 号第四层二部位（200131）				
投资总额	20 万 USD	电　话	64672535	传　真	64672931
设立日期	2003-10-31	负 责 人	郭　岩		
主营业务	以化工产品为主的保税区内仓储分拨业务及相关产品的保税区内维修。				

企业名称	贝尔香精香料（上海）有限公司				
企业地址	上海市松江区九亭高科技园区九泾路 1500 号（201615）				
投资总额	150 万 USD	电　话	67697717	传　真	67696329
设立日期	2003-10-31	负 责 人	JAMES H.HEINZ		
主营业务	生产香精、香料、调味品及添加剂，销售公司自产产品。				

企业名称	生工生物工程（上海）有限公司				
企业地址	上海市松江区香闵路东侧、泖亭路北侧松江 1746 号地块（201613）				
投资总额	600 万 USD	电　话	57786185	传　真	57782251
设立日期	2003-10-28	负 责 人	王启松		
主营业务	研发、生产生化试剂耗材，销售公司自产产品。				

企业名称	上海元鼎渔具有限公司				
企业地址	上海市南汇区祝桥镇金闻路 9 号 4 幢（201323）				
投资总额	14 万 USD	电　话	58104436	传　真	58104431
设立日期	2003-10-15	负 责 人	王兆弘		
主营业务	生产渔具及相关产品，销售公司自产产品。				

企业名称	赛思科有害生物防治（上海）有限公司				
企业地址	上海市浦东新区北张家浜路 68 号 5 幢 133 室（201206）				
投资总额	30 万 USD	电　话	54971190	传　真	54971195
设立日期	2003-9-30	负 责 人	全淳杓		
主营业务	提供有害生物防治、灭除服务（涉及许可经营的凭许可证经营）。				

企业名称	药源药物化学（上海）有限公司				
企业地址	上海市张江高科技园区哈雷路 1043 号 3 楼 304 室（201203）				
投资总额	6.2 万 USD	电　话	51320090	传　真	51320090
设立日期	2003-9-28	负 责 人	WANG YUANG（王元）		
主营业务	生物医药技术的研究、开发，转让自有技术，提供相关技术咨询。				

企业名称	上海飞龙医用诊断用品有限公司				
企业地址	上海市长宁区延安西路 1306 号（200052）				
投资总额	73 万 USD	电　话	64850537	传　真	64854051
设立日期	2003-9-28	负 责 人	唐伟国		
主营业务	生产、加工、销售各类临床诊断试剂、生物制剂。				

企业名称	美迪森（上海）医疗器械有限公司				
企业地址	上海市张江高科技园区蔡伦路 720 弄 7 号（201203）				
投资总额	175 万 USD	电　话	50793366	传　真	50790238
设立日期	2003-9-26	负 责 人	张诚浩		
主营业务	生产、开发医疗仪器用电子传感器及连接线、心电图仪等。				

企业名称	上海木雅子化妆用具有限公司				
企业地址	上海市松江区中山东路 70 号（201600）				
投资总额	46 万 USD	电　话	57822656	传　真	57822657
设立日期	2003-9-25	负 责 人	穆建华		
主营业务	生产各类化妆用具，销售公司自产产品。				

企业名称	璐彩特国际（中国）化工有限公司				
企业地址	上海市漕泾上海化学工业园区 A1－1 地块（201507）				
投资总额	3960 万 USD	电　话	67120888	传　真	67120860
设立日期	2003-9-25	负 责 人	刘锡金		
主营业务	生产、销售甲基丙烯酸甲酯单体等。				

企业名称	天瑟儿生物科技（上海）有限公司				
企业地址	上海市金桥出口加工区宁桥路 615 号第二幢第三层（201206）				
投资总额	30 万 USD	电　话	58342221	传　真	58342219
设立日期	2003-9-23	负 责 人	韩晓燕		
主营业务	研究、开发、生产化妆品，销售自产产品。				

企业名称	上海科鼎反光材料有限公司				
企业地址	上海市宝山区顾村镇工业开发区富联三路南侧（201907）				
投资总额	35 万 USD	电　话	36040300	传　真	36040388
设立日期	2003-9-16	负 责 人	金道明		
主营业务	生产各类反光、荧光材料及其产品，销售自产产品。				

企业名称	上海博立尔化工有限公司				
企业地址	上海市嘉定区华亭镇唐行村（201816）				
投资总额	60 万 USD	电　话	59951484	传　真	59951794
设立日期	2003-9-16	负 责 人	姜笃兵		
主营业务	生产树脂、涂料、粘合剂、试剂、助剂、医用齿科材料等。				

企业名称	上海保斯道汽车用品有限公司				
企业地址	上海市松江区新浜镇浩海路 258 号 4 号标准厂房（201605）				
投资总额	14 万 USD	电　话	57898001	传　真	57898117
设立日期	2003-9-4	负 责 人	广濑德藏		
主营业务	研制、生产汽车保护用品、汽车香水、香片，销售公司自产产品。				

企业名称	佩特涂料（上海）有限公司				
企业地址	上海市南汇区康桥工业区康桥东路 1365 弄（201315）				
投资总额	35 万 USD	电　话	68183468	传　真	68183102
设立日期	2003-8-29	负 责 人	盛夕军		
主营业务	生产稀释剂、固化剂、油漆，销售公司自产产品。				

企业名称	上海特伦特高分子材料有限公司				
企业地址	上海市闵行区浦江镇恒南路东（201108）				
投资总额	10 万 USD	电　话	64898525	传　真	64899102
设立日期	2003-8-28	负 责 人	王立新		
主营业务	研究,开发,生产工程塑料和热塑料弹性体及其制品,销售自产产品。				

企业名称	艾洛化工（上海）有限公司				
企业地址	上海市外高桥保税区富特西一路 396 号第四层三部位（200131）				
投资总额	20 万 USD	电　话	58649000	传　真	58649000
设立日期	2003-8-27	负 责 人	LEONG CHEE CHOW HENRY		
主营业务	保税区内以化工制品为主的仓储和分拨业务，及提供相关的技术咨询等。				

企业名称	上海欧积织染技术有限公司				
企业地址	上海市虹漕路 421 号 67 号厂房 10 楼 1012 室（200233）				
投资总额	25 万 USD	电　话	68868335	传　真	68868021
设立日期	2003-8-14	负 责 人	酒本义树		
主营业务	生产纺织和化纤抽丝用助剂，油漆，染化料，销售公司自产产品。				

企业名称	上海港申化工有限公司				
企业地址	上海市嘉定区安亭镇大众工业园区三区（201814）				
投资总额	300 万 USD	电　话	59507558	传　真	59506815
设立日期	2003-8-14	负 责 人	徐涵大		
主营业务	生产防冻液、制动液、动力转向油，加工车用增强阻尼垫等。				

企业名称	先达医疗产品（上海）有限公司				
企业地址	上海市浦东新区六陈路 999 号（200120）				
投资总额	80 万 USD	电　话	58592057	传　真	58593716
设立日期	2003-8-6	负 责 人	HON LEUNG FREDRIK WAI		
主营业务	生产生物医用敷料，销售自产产品（涉及许可经营的凭许可证经营）。				

企业名称	上海鑫禾净化制品有限公司				
企业地址	上海市闵行区北翟路 3889 号 16 座（201106）				
投资总额	14 万 USD	电　话	52265435	传　真	52264441
设立日期	2003-8-6	负 责 人	范　宏		
主营业务	生产非医用一次性净化制品，销售自产产品。				

企业名称	上海麟翔生物技术有限公司				
企业地址	上海市嘉定工业区福海路 1055 号（201821）				
投资总额	8 万 USD	电　话	52952561	传　真	52952561
设立日期	2003-7-30	负 责 人	江嘉翔		
主营业务	研发、生产生物技术产品（新型消毒剂，食品，化妆品等的生物添加剂）。				

企业名称	上海中信亚特斯诊断试剂有限公司				
企业地址	上海市张江高科技园区哥白尼路 391 号（201203）				
投资总额	610 万 USD	电　话	51320880	传　真	51320881
设立日期	2003-7-29	负 责 人	朱伟光		
主营业务	医疗诊断试剂的研发；自有技术的转让。				

企业名称	吉耐特制漆（上海）有限公司				
企业地址	上海市嘉定区马陆镇沪宜公路 2825 号（201801）				
投资总额	60 万 USD	电　　话	59107777	传　　真	
设立日期	2003-7-22	负 责 人	吕坚垣		
主营业务	生产油漆、涂料，销售本公司自产产品并提供相关技术服务。				

企业名称	上海景业生化工程有限公司				
企业地址	上海市张江高科技园区哈雷路 899 号 B 座 205-1（201203）				
投资总额	120 万 USD	电　　话	50801916	传　　真	50801386
设立日期	2003-7-14	负 责 人	刘修才		
主营业务	生物、化工、制药工程设备设计与制造。				

企业名称	上海瑞虹诊所有限公司				
企业地址	上海市闵行区虹许路 788 号名都城 11 号楼底层（201103）				
投资总额	1400 万人民币	电　　话	64451515	传　　真	64459595
设立日期	2003-7-11	负 责 人	欧阳重		
主营业务	为中外患者提供诊疗服务。具体诊疗科目为：内科、外科、妇产科等。				

企业名称	上海莱礼高分子材料制品有限公司				
企业地址	上海市杨浦区军工路 1436 号 66 幢（200433）				
投资总额	24.2 万 USD	电　　话	65485077	传　　真	65485066
设立日期	2003-7-10	负 责 人	方维宏		
主营业务	高分子聚合物及其附件制品的生产和加工，销售自产产品。				

企业名称	斯埃比化学制品（上海）有限公司				
企业地址	上海市南汇区老港化工工业园区 C7－C11 地块（201302）				
投资总额	14 万 USD	电　　话	27209031	传　　真	57556755
设立日期	2003-7-8	负 责 人	CHOR YAN CHUNG		
主营业务	生产高分子吸水性树脂及其衍生物的系列产品，销售自产产品。				

企业名称	上海辉旭化学工业有限公司				
企业地址	上海市闵行区梅陇镇景联路 759 号（201108）				
投资总额	154 万 USD	电　　话	54405601	传　　真	54405607
设立日期	2003-7-4	负 责 人	三浦清志		
主营业务	生产汽车用高性能防锈涂层，高性能密封条，粘结剂等。				

企业名称	凯萨精细化工（上海）有限公司				
企业地址	上海市奉贤区邬桥镇（201402）				
投资总额	25 万 USD	电　　话	57407071	传　　真	57407074
设立日期	2003-7-2	负 责 人	STEFAN KAISER		
主营业务	生产、加工玻璃油漆、蜡烛用油漆、颜料、染料，销售公司自产产品。				

企业名称	上海美钻设备成套有限公司				
企业地址	上海市宝山区锦乐路 500 号（200941）				
投资总额	350 万 USD	电　　话	56921878	传　　真	56640060
设立日期	2003-7-2	负 责 人	黄　河		
主营业务	生产、组装石油天然气机械设备和工程机械设备，以及相关的工具等。				

企业名称	上海超能防腐蚀包装材料有限公司				
企业地址	上海市南汇区泥城镇彭镇北泐村（201306）				
投资总额	20 万 USD	电　　话	58240492	传　　真	58240792
设立日期	2003-7-1	负 责 人	忻剑锋		
主营业务	生产防腐蚀包装材料，销售公司自产产品，提供产品技术服务。				

企业名称	上海爱沃特医疗气体有限公司				
企业地址	上海市青浦工业园区久远路 336 号（201700）				
投资总额	316 万 USD	电　　话	69225436	传　　真	69225476
设立日期	2003-7-1	负 责 人	笹山隆男		
主营业务	生产医用气体、灭菌气体、工业气体，销售公司自产产品等。				

企业名称	大日精化（上海）化工有限公司				
企业地址	上海市奉贤区化学工业区奉贤分区楚华支 2 号（201424）				
投资总额	300 万 USD	电　　话	57448220	传　　真	57448290
设立日期	2003-6-30	负 责 人	户佐峰男		
主营业务	加工、生产紫外线硬化涂装剂、涂料、油墨、合成皮革用树脂等。				

企业名称	日邦聚氨酯（上海）有限公司				
企业地址	上海市松江区中山街道茸北路 330 弄 1-2 号（201613）				
投资总额	170.52 万 USD	电　　话	62193399	传　　真	62177117
设立日期	2003-6-26	负 责 人	新藤正则		
主营业务	研发，设计，生产（含委外加工）等。				

企业名称	圣犹达医疗用品（上海）有限公司				
企业地址	上海市外高桥保税区富特西一路 439 号 01 号楼 1 层（200131）				
投资总额	20 万 USD	电　　话	54963131	传　　真	64224838
设立日期	2003-6-24	负 责 人	PAUL J.GAM		
主营业务	保税区内以心血管医疗设备、产品和零部件为主的分拨、仓储业务。				

企业名称	上海汉枫缓释肥料有限公司				
企业地址	上海市浦东新区孙桥沔北路 185 号 E-8（200120）				
投资总额	483.24 万 USD	电　　话	50202102	传　　真	50202102
设立日期	2003-6-24	负 责 人	于薪铎		
主营业务	研究、开发、生产环保型缓释肥料以及有机肥料产品等。				

企业名称	永星化工（上海）有限公司				
企业地址	上海市金山区亭林镇林盛路 198 号（201505）				
投资总额	500 万 USD	电　　话	57233399	传　　真	57233004
设立日期	2003-6-19	负 责 人	张志恒		
主营业务	生产电镀添加剂、涂料、表面活性剂、清洗剂及电镀设备。				

企业名称	大关化学（上海）有限公司				
企业地址	上海市浦东康桥工业区康桥东路 905 弄 7 号（201315）				
投资总额	20 万 USD	电　　话	58523383	传　　真	58528263
设立日期	2003-6-17	负 责 人	津田力麻子		
主营业务	生产建筑用防水、防腐涂装材料，销售公司自产产品。				

企业名称	彩皇（上海）精密化学有限公司				
企业地址	上海市嘉定区马陆镇仓场村（201818）				
投资总额	300 万 USD	电　　话	59901989	传　　真	59902076
设立日期	2003-6-17	负 责 人	泽登太平		
主营业务	研发、生产染（颜）料商品化加工技术的产品、高性能涂料。				

企业名称	东洋纺（上海）生物科技有限公司				
企业地址	上海市浦东新区张杨路 188 号汤臣商务中心 310、312（200120）				
投资总额	42.63 万 USD	电　　话	58794900	传　　真	58794901
设立日期	2003-6-16	负 责 人	川上文清		
主营业务	研制、开发、生产用于医学研究与生物工程用途的生物医学材料及制品。				

企业名称	上海慧旭药物技术开发有限公司				
企业地址	上海市嘉定工业区福海路和霍城路交叉口（201821）				
投资总额	300 万 USD	电　　话	69523222	传　　真	69523211
设立日期	2003-6-13	负 责 人	张中能		
主营业务	医药、化工及相关产品技术的研究、开发、转让技术成果。				

企业名称	上海美乐家保洁用品有限公司				
企业地址	上海市奉贤区奉浦远东北路 1515 号龙洋工业园区 16 号厂房（201400）				
投资总额	66.5 万 USD	电　　话	67105652	传　　真	67105651
设立日期	2003-6-9	负 责 人	MCKAY CHRISTENSEN		
主营业务	开发、生产清洁洗涤产品及个人清洁产品。				

企业名称	胜和宝齿科技术（上海）有限公司				
企业地址	上海市闵行区虹梅路 2069 号 B 幢 2 楼（201103）				
投资总额	20 万 USD	电　　话	64464054	传　　真	64464720
设立日期	2003-6-5	负 责 人	堤义明		
主营业务	生产高分子热可塑性齿科材料及其制品，销售自产产品。				

企业名称	上海傲珈生物技术有限公司				
企业地址	上海市奉贤区头桥镇红陆路 1 号大楼 1－250 号（201411）				
投资总额	33.5 万 USD	电　　话	57559415	传　　真	57559419
设立日期	2003-6-5	负 责 人	SANDECP SAPRA		
主营业务	营养品的研究、开发、生产，销售公司自产产品。				

企业名称	上海大阳日酸气体有限公司				
企业地址	上海市莘庄工业区华宁路以西、颛兴路以南地块（201108）				
投资总额	1250 万 USD	电　　话	64891912	传　　真	64891966
设立日期	2003-5-28	负 责 人	松枝宽祐		
主营业务	生产工业用气体产品，销售自产产品并提供相关的技术配套服务。				

企业名称	三缘医药（上海）有限公司				
企业地址	上海市张江高科技园区郭守敬路 351 号 2 号楼 644-2 室（201203）				
投资总额	14 万 USD	电　　话	62724678	传　　真	54281667
设立日期	2003-5-22	负 责 人	CAOWU		
主营业务	中西药物的研究、开发，提供相关的技术咨询和技术服务。				

企业名称	清彗纤维印染（上海）有限公司				
企业地址	上海市黄浦区中山南路847号401室（200011）				
投资总额	30万USD	电　话	64057856	传　真	64057856
设立日期	2003-5-19	负责人	朴成圭		
主营业务	坯布纤维印染，提供相关技术服务及销售公司自产产品。				

企业名称	上海新亚逸馥生物工程有限公司				
企业地址	上海市闵行区昆阳路1500号（200245）				
投资总额	60万USD	电　话	61203117	传　真	61203035
设立日期	2003-5-16	负责人	吴建文		
主营业务	研发、生产保健产品、美容护肤品，销售自产产品。				

企业名称	先尼科化工（上海）有限公司				
企业地址	上海市青浦工业园区外青松公路5500号106室（201700）				
投资总额	300万USD	电　话	59702968	传　真	59702969
设立日期	2003-5-13	负责人	王一恺		
主营业务	开发、生产高性能有机颜料及其中间体。				

企业名称	上海吴羽化学有限公司				
企业地址	上海市嘉定工业区永盛路高台路8-2地块（201821）				
投资总额	210万USD	电　话	69169167	传　真	69169187
设立日期	2003-4-30	负责人	椛田诚一郎		
主营业务	生产玻璃、陶瓷、玻璃纤维窑炉用高档耐火材料。				

企业名称	高格博精细化工（上海）有限公司				
企业地址	上海市嘉定工业区辛勤村（201821）				
投资总额	20万USD	电　话	69169120	传　真	69169196
设立日期	2003-4-16	负责人	CHANG HAK RYANG		
主营业务	生产轮胎脱模剂，胶水，销售本公司自产产品。				

企业名称	诺普生物技术（上海）有限公司				
企业地址	上海市浦东张江镇川北公路8000号1103-1104室（201203）				
投资总额	15万USD	电　话	50803596	传　真	50803596
设立日期	2003-4-15	负责人	吴晓娜		
主营业务	研究、开发、生产血管细胞生长因子类生物制剂等。				

企业名称	迪申生物技术（上海）有限公司				
企业地址	上海市张江高科技园区张江路727号411-A室（201203）				
投资总额	6.2万USD	电　话	50271181	传　真	50806756
设立日期	2003-4-9	负责人	张晓霞		
主营业务	生物试剂的研制，销售自产产品并提供相关技术咨询、服务等。				

企业名称	维沙思（上海）香精有限公司				
企业地址	上海市浦东新区金桥出口加工区川桥路1295号3号楼（201206）				
投资总额	40万USD	电　话	50312987	传　真	50320855
设立日期	2003-4-8	负责人	JEREMY HEI KAM CHENG		
主营业务	研究、开发食用香精、日用香精，并提供相关的技术咨询服务。				

企业名称	上海化学工业区公共管廊有限公司				
企业地址	上海市化学工业区E7地块目华路201号（201507）				
投资总额	1192万USD	电　话	67120328	传　真	67120200
设立日期	2003-4-3	负责人	阮延华		
主营业务	向化工区内的用户提供输油、输气和化学品管道及道廊服务。				

企业名称	霖源生物科技（上海）有限公司				
企业地址	上海市嘉定工业区辛勤村（201821）				
投资总额	20万USD	电　话	63203215	传　真	63843688
设立日期	2003-3-25	负责人	潘欣祥		
主营业务	研发、生产美容护肤用生物制品、仪器等。				

企业名称	上海真鹤涂装有限公司				
企业地址	上海市青浦区重固镇上海万事发经济开发区（郏店村）（201706）				
投资总额	20万USD	电　话	59783861	传　真	59783875
设立日期	2003-3-25	负责人	薮田勉		
主营业务	设备喷涂及零部件喷涂、注塑压注及钣金制造，销售公司自产产品。				

企业名称	上海化学工业区太古升达废料处理有限公司				
企业地址	上海市化学工业区E4-2地块（201507）				
投资总额	1716万港币	电　话	67120808	传　真	67120988
设立日期	2003-3-25	负责人	阮延华		
主营业务	从事废物处理服务业务（涉及许可经营的凭许可证经营）。				

企业名称	琦雅日化（上海）有限公司				
企业地址	上海市松江区佘山工业区陶干路（201602）				
投资总额	100万USD	电　话	57796526	传　真	57796529
设立日期	2003-3-21	负责人	施协均		
主营业务	生产家庭清洁及卫生用品、个人护理、美容、护肤用品与化妆品。				

企业名称	上海方多生物科技有限公司				
企业地址	上海市莘庄工业区中春路西、春申塘北侧（201100）				
投资总额	600万USD	电　话	54405876	传　真	54405876
设立日期	2003-3-21	负责人	夏靖友		
主营业务	研究开发生物技术,提供相关技术咨询,技术服务及自研成果转让。				

企业名称	上海硕创生物医药科技有限公司				
企业地址	上海市张江高科技园区牛顿路501号240室				
投资总额	30万USD	电　话	50791830	传　真	50791832
设立日期	2003-3-20	负责人	韩寿彭		
主营业务	医疗领域的科技开发、咨询服务及保健食品、生物技术开发。				

企业名称	上海上骅涂装有限公司				
企业地址	上海市青浦工业园区新达路900号（201700）				
投资总额	200万USD	电　话	69212789	传　真	69212177
设立日期	2003-3-12	负责人	徐文麟		
主营业务	塑胶件和金属件的喷涂、镭雕、移印加工，销售公司自产产品。				

企业名称	大明通商化学工业（上海）有限公司				
企业地址	上海市松江区永丰街道玉佳路83号厂房（201600）				
投资总额	20万USD	电　话	67728032	传　真	
设立日期	2003-3-7	负责人	全大荣（执行董事）		
主营业务	研究、开发染（颜）料商品化加工技术（涉及许可经营的凭许可证经营）。				

企业名称	上海亨斯迈聚氨酯有限公司				
企业地址	上海市化学工业区目华路201号12楼（201507）				
投资总额	5937万USD	电　话	37506000	传　真	67121106
设立日期	2003-3-7	负责人	邱焕章		
主营业务	生产、营销各种等级的聚合物MDI和纯MDI|MDI衍生物。				

企业名称	上海巴斯夫聚氨酯有限公司				
企业地址	上海市化学工业区（200001）				
投资总额	20217万USD	电　话	67121199	传　真	38655506
设立日期	2003-3-7	负责人	周应赐		
主营业务	生产MDI及MDI预聚物，硝酸、DNT和TDI及相关产品。				

企业名称	上海联恒异氰酸酯有限公司				
企业地址	上海市长宁区新华路660号502室（200050）				
投资总额	33821万USD	电　话	37508000	传　真	64072677
设立日期	2003-3-7	负责人	罗新富		
主营业务	生产苯胺、硝基苯、粗MDI和相关产品，销售自产产品。				

企业名称	上海卡谱乐尔建材有限公司				
企业地址	上海市嘉定区安亭镇漳翔路1086弄1号（201814）				
投资总额	151万欧元	电　话	52901178	传　真	52917876
设立日期	2003-3-7	负责人	DR.KLAUS MURJAHN		
主营业务	生产高性能涂料和高效保温材料。				

企业名称	上海蔡玉堂制药有限公司				
企业地址	上海市浦东新区龚路公路700号3幢109室（201314）				
投资总额	20万USD	电　话	64192841	传　真	64192841
设立日期	2003-2-28	负责人	蔡得利		
主营业务	生产中成药（不涉及禁止外商投资产业目录）及功能食品。				

企业名称	上海伍洋渔具有限公司				
企业地址	上海市浦东新区上南路5609号（201204）				
投资总额	15万USD	电　话	33936089	传　真	33936375
设立日期	2003-2-24	负责人	北住幸康		
主营业务	生产渔具，销售自产产品（涉及许可经营的凭许可证经营）。				

企业名称	澳赛尔斯生物技术（上海）有限公司				
企业地址	上海市桂平路495号15号楼6A1-6A4室（200233）				
投资总额	22万USD	电　话	64853421	传　真	64850144
设立日期	2003-2-24	负责人	童　杰		
主营业务	研发细胞生物学技术，生产实验室用生物干细胞，销售自产产品。				

企业名称	伊诺药物化学（上海）有限公司				
企业地址	上海市张江高科技园区哈雷路 1043 号 3 楼 306 室（201203）				
投资总额	12 万 USD	电话	51320080	传真	51320089
设立日期	2003-2-18	负责人	马晓军		
主营业务	药物化学技术及生物技术的研发；药物中间体、活性药物原料的研发。				

企业名称	上海应成油脂化工有限公司				
企业地址	上海市嘉定区黄渡镇工业园区（201804）				
投资总额	50 万 USD	电话	69597070	传真	69597171
设立日期	2003-1-15	负责人	蒋文华		
主营业务	生产各类复合添加剂及相关产品，销售本公司自产产品。				

企业名称	拿破仑漆业（上海）有限公司				
企业地址	上海市金山区枫泾工业园区（201501）				
投资总额	20 万 USD	电话	67356150	传真	67356100
设立日期	2003-2-18	负责人	潘首源		
主营业务	生产油漆、涂料，销售公司自产产品（涉及许可经营的凭许可证经营）。				

企业名称	上海诚美化妆品有限公司				
企业地址	上海市松江区新桥镇申南二路 37 号（200030）				
投资总额	48.57 万 USD	电话	64267198	传真	64267118
设立日期	2003-1-10	负责人	王振平		
主营业务	生产、研制化妆品、护肤保健品及其他日化产品，销售公司自产产品。				

企业名称	上海柯淇化妆品有限公司				
企业地址	上海市普陀区同普路 1030 弄 2 号 4 楼西（200333）				
投资总额	20 万 USD	电话	52702590	传真	52707668
设立日期	2003-2-13	负责人	张文源		
主营业务	研发、生产化妆品及美容用品，转让经营范围内产品的研发成果。				

企业名称	上海华伊美化妆品有限公司				
企业地址	上海市松江工业区玉阳路南侧、富民路西侧（201600）				
投资总额	1000 万 USD	电话	63013827	传真	63037272
设立日期	2003-1-10	负责人	冯伊微		
主营业务	生产美容化妆品、日用化工品、化妆品原料，销售公司自产产品。				

企业名称	凯乐医药咨询（上海）有限公司				
企业地址	上海市张江高科技园区哈雷路 899 号 305 室（201203）				
投资总额	14 万 USD	电话	58557768	传真	58557768
设立日期	2003-2-12	负责人	威廉凯乐		
主营业务	生物医药、医疗信息咨询，生物医药产品，药物、医药中间体。				

企业名称	上海东洋油墨制造有限公司				
企业地址	上海市松江工业区东部新区松开 IV-8 号地块（201613）				
投资总额	2160 万 USD	电话	67600606	传真	67600696
设立日期	2003-1-10	负责人	小高康邦		
主营业务	生产、加工胶粘剂、染（颜）料商品化工加工技术，电子用高科技化学品等。				

企业名称	鸥哈希化学（上海）贸易有限公司				
企业地址	上海市外高桥保税区基隆路 1 号 905 室（200131）				
投资总额	20 万 USD	电话	58690057	传真	58690061
设立日期	2003-2-10	负责人	大桥一元		
主营业务	保税区内以化学产品为主的国际贸易、转口贸易。				

企业名称	上海纳莱生物制品有限公司				
企业地址	上海市闵行区金都路 4299 号 A 幢 2025 室（201104）				
投资总额	120 万 USD	电话	62262653	传真	62262695
设立日期	2003-1-9	负责人	屈建平		
主营业务	研究开发生物技术，提供相关技术咨询，技术服务。				

企业名称	罗门哈斯（上海）特殊涂料有限公司				
企业地址	上海市青浦工业园区新区路 601 号（201700）				
投资总额	225 万 USD	电话	59703582	传真	37793004
设立日期	2003-1-30	负责人	王 铮		
主营业务	开发、生产各类高性能涂料，销售公司自产产品。				

企业名称	上海三悠树脂有限公司				
企业地址	上海市嘉定区复华高新技术园区 14 号地块（201800）				
投资总额	106.33 万 USD	电话	59900078	传真	59903058
设立日期	2003-1-3	负责人	村上启司		
主营业务	开发、生产电器、电子用绝缘、导电材料及相关树脂产品。				

企业名称	上海惠鹏生物医药有限公司				
企业地址	上海市张江高科技园区郭守敬路 351 号 2 号楼 650-04 室（201203）				
投资总额	1.2 万 USD	电话	54431847	传真	64585882
设立日期	2003-1-29	负责人	杨 青		
主营业务	研究开发生物技术，提供相关技术咨询。				

企业名称	慈博生物医药技术（上海）有限公司				
企业地址	上海市张江高科技园区松涛路 563 号 B 座 107 室（201203）				
投资总额	1.2 万 USD	电话	50808516	传真	50804208
设立日期	2003-1-2	负责人	金 坚		
主营业务	医疗领域的科技开发、咨询服务及保健食品、生物技术开发。				

企业名称	沪基化工（上海）有限公司				
企业地址	上海市嘉定区马陆镇宝安公路北、高速公路东（201801）				
投资总额	14 万 USD	电话	59152568	传真	59151197
设立日期	2003-1-29	负责人	李桂泉		
主营业务	生产改进型镀敷用表面处理产品及电镀添加剂，销售本公司自产产品。				

企业名称	上海德昕日化有限公司				
企业地址	上海市奉贤区奉浦开发区奉浦大道 12 号（201400）				
投资总额	2250 万 USD	电话	37187999	传真	67107976
设立日期	2002-12-31	负责人	王纯德		
主营业务	生产日用化学品、洗涤用品、化妆品用化学原料。				

企业名称	亚东石化（上海）有限公司				
企业地址	上海市浦东星火开发区白沙路 133 号（201419）				
投资总额	30452 万 USD	电话	68751888	传真	68756772
设立日期	2003-1-21	负责人	张立德		
主营业务	生产精对苯二甲酸（PTA），销售自产产品。				

企业名称	盛品精密气体（上海）有限公司				
企业地址	上海松江科技园区施贤路北侧三号河西侧（201616）				
投资总额	1750 万 USD	电话	50301747	传真	50301580
设立日期	2002-12-31	负责人	唐静洲		
主营业务	生产、加工大宗超高纯度电子级气体、电子级特殊气体超高纯度化学品。				

企业名称	拜耳（上海）聚氨酯有限公司				
企业地址	上海市漕泾上海化学工业区 F2 地块（200031）				
投资总额	43001 万 USD	电话	37493103	传真	37493092
设立日期	2003-1-21	负责人	TONY VAN OSSELAER		
主营业务	开发、生产 MDI、TDI、PET、PET 组合料、改性 MDI 及中间产品。				

企业名称	上海玛莎姿化妆品有限公司				
企业地址	上海市奉贤区邬桥镇大叶公路 1898 号（201402）				
投资总额	150 万 USD	电话	57406821	传真	57405577
设立日期	2002-12-25	负责人	Dario Ferrari		
主营业务	生产日用化妆笔及相关产品，销售公司自产产品。				

企业名称	爱建德固赛（上海）引发剂有限公司				
企业地址	上海市宝山区沪太路 7717 号（201908）				
投资总额	120.92 万 USD	电话	66863492	传真	66863492
设立日期	2003-1-21	负责人	嵇金宝		
主营业务	开发、生产过硫酸盐和其他引发剂产品，销售自产产品。				

企业名称	上海富铝树脂有限公司				
企业地址	上海市闵行区虹曹经济园区（原海利华毛纺车间）（201108）				
投资总额	500 万 USD	电话	64977397	传真	64974903
设立日期	2002-12-24	负责人	林恒德		
主营业务	生产销售丙烯酸橡胶，高性能水性涂料。				

企业名称	永代化工（上海）有限公司				
企业地址	上海市南汇工业园区 19 号地块标准厂房 13 号内（201300）				
投资总额	50 万 USD	电话	68009592	传真	68009593
设立日期	2003-1-16	负责人	和田正行		
主营业务	生产加工、组装各种用途的合成树脂产品，销售公司自产产品。				

企业名称	上海潘鼎化工涂料有限公司				
企业地址	上海市闵行区北翟路 1550 号（201106）				
投资总额	20 万 USD	电话	59142282	传真	59142282
设立日期	2002-12-17	负责人	潘振邦		
主营业务	涂料及相关化工产品的生产，销售自产产品及提供喷涂服务。				

企业名称	大荣塑料（上海）有限公司				
企业地址	上海松江高新技术园区玉阳路 288 号 A8（201600）				
投资总额	37 万 USD	电　　话	57736381	传　　真	57736387
设立日期	2002-12-13	负 责 人	野坂惠一		
主营业务	工程塑料及塑料合金生产，销售公司自产产品。				

企业名称	阪田油墨（上海）有限公司				
企业地址	上海市青浦工业园区外青松公路 5500 号 309 室（201707）				
投资总额	714 万 USD	电　　话	59868088	传　　真	59868065
设立日期	2002-12-11	负 责 人	键谷彰		
主营业务	开发、生产油墨、电子高科技化学品、胶粘剂，销售公司自产产品。				

企业名称	上海亚联抗体医药有限公司				
企业地址	上海市张江高科技园区祖冲之路 887 弄 73－74 号（201203）				
投资总额	600 万 USD	电　　话	50808080	传　　真	50808081
设立日期	2002-12-10	负 责 人	陆　斐		
主营业务	生物医药技术的研究，开发，转让自有技术。				

企业名称	得彩（上海）涂料有限公司				
企业地址	上海青浦工业园区新团路 199 号（201707）				
投资总额	1450 万 USD	电　　话	59705913	传　　真	59705871
设立日期	2002-12-10	负 责 人	崔光均		
主营业务	生产高性能涂料、树脂，销售公司自产产品，并提供相关服务。				

企业名称	三博生化科技（上海）有限公司				
企业地址	上海市嘉定区叶城路 1288 号（201821）				
投资总额	15 万 USD	电　　话	51029680	传　　真	54130601
设立日期	2002-12-4	负 责 人	刘宪斌		
主营业务	开发生产防腐剂，防霉剂，防菌剂，防藻剂，水处理剂等。				

企业名称	奔趣化妆品（上海）有限公司				
企业地址	上海市长宁区北翟路 299 号第二幢四楼（200335）				
投资总额	70 万 USD	电　　话	52263805	传　　真	52263801
设立日期	2002-12-4	负 责 人	VIRGILIO LIM		
主营业务	开发、研制、生产化妆品，销售公司自产产品并提供相关技术咨询服务。				

企业名称	上海瑞德卫生纸品有限公司				
企业地址	上海市外高桥保税区意威路 F22－2 地块（200131）				
投资总额	600 万 USD	电　　话	50463382	传　　真	58355215
设立日期	2002-11-26	负 责 人	崔守礼		
主营业务	生产和销售日用卫生用品，保税区内仓储、分拨业务。				

企业名称	星田边化工（上海）有限公司				
企业地址	上海市松江工业区洞泾分区二区内南北干道东侧（201619）				
投资总额	200 万 USD	电　　话	57670682	传　　真	57670681
设立日期	2002-11-25	负 责 人	藤池 滋		
主营业务	生产催化剂、助剂、涂料、颜料硬化剂、稀释剂，销售公司自产产品。				

企业名称	上海顺耀金属表面处理材料有限公司				
企业地址	上海市嘉定区娄塘镇战斗村（201807）				
投资总额	20 万 USD	电　　话	59548523	传　　真	59548523
设立日期	2002-11-22	负 责 人	刘亮芹		
主营业务	生产、加工脱脂剂、金属表面处理剂，销售企业自产产品。				

企业名称	上海松柏气体工业有限责任公司				
企业地址	上海市宝山区泰和路陆家宅 53 号（200940）				
投资总额	472 万 USD	电　　话	56845791	传　　真	56845737
设立日期	2002-11-21	负 责 人	周智新		
主营业务	生产各种工业气体、特种气体和液态气体及相关设备等。				

企业名称	上海小高皮革化工有限公司				
企业地址	上海市奉贤工业综合开发区公谊路 78 号（201400）				
投资总额	28 万 USD	电　　话	67105095	传　　真	67105097
设立日期	2002-11-19	负 责 人	柳文善		
主营业务	生产、加工皮革化学品，销售自产产品，并提供产品的售后技术服务。				

企业名称	上海永丽建筑外加剂有限公司				
企业地址	上海市南汇区周浦镇周东路 602 号（201318）				
投资总额	20 万 USD	电　　话	58156320	传　　真	58156320
设立日期	2002-11-11	负 责 人	张永定		
主营业务	生产各种建筑外加剂、建筑黏合剂，销售公司自产产品。				

企业名称	裕发精密塑胶（上海）有限公司				
企业地址	上海市外高桥保税区德堡路 273 号 57#厂房（200131）				
投资总额	140 万 USD	电　　话	50482198	传　　真	50482897
设立日期	2002-11-2	负 责 人	QUEK HOWE SEAR		
主营业务	保税区内生产、组装高精密工程塑胶配件，销售自产产品。				

企业名称	上海越兴树脂科技有限公司				
企业地址	上海市嘉定区外冈镇甘柏村（201806）				
投资总额	70 万 USD	电　　话	69575460	传　　真	69575499
设立日期	2002-10-31	负 责 人	唐永兴		
主营业务	生产胶粘剂等树脂产品，销售企业自产产品。				

企业名称	杰玛雷明生物科技（上海）有限公司				
企业地址	上海市张江高科技园区郭守敬路 351 号 2 号楼 630－14 室（201203）				
投资总额	6 万 USD	电　　话	52061197	传　　真	52061197
设立日期	2002-10-24	负 责 人	杜红宇		
主营业务	以天然植物萃取物为原料产品的研究、开发、生产，销售自产产品。				

企业名称	上海复旦张江生物医药股份有限公司				
企业地址	上海市浦东新区张江高科技园区蔡伦路 308 号（201203）				
投资总额	856 万 USD	电　　话	58953355	传　　真	58553990
设立日期	2002-10-14	负 责 人	王海波		
主营业务	研究开发生物与医药技术，生产中间体（非成品药）。				

企业名称	上海协承昌化工有限公司				
企业地址	上海市松江工业区宝益路 28 号 3 号厂房（201613）				
投资总额	70 万 USD	电　　话	67740558	传　　真	67740556
设立日期	2002-10-10	负 责 人	刘国俊		
主营业务	生产、加工辐射固化涂料、油墨、树脂原料及其配套产品。				

企业名称	富嘉绵业（上海）有限公司				
企业地址	上海市嘉定工业区叶城路 1630 号 8、10 幢（201821）				
投资总额	358 万 USD	电　　话	69524112	传　　真	69524113
设立日期	2002-9-28	负 责 人	麻生普		
主营业务	研发、生产各种材质的寝具用品、靠垫材、隔音材、隔热材及相关产品。				

企业名称	上海长春藤化工有限公司				
企业地址	上海市松江工业区荣乐东路 289 号（201600）				
投资总额	250 万 USD	电　　话	67742709	传　　真	57747909
设立日期	2002-9-20	负 责 人	胡霭馨		
主营业务	生产各种高性能油漆涂料及相关的化工产品，销售公司自产产品。				

企业名称	嘉里油脂化学工业（上海）有限公司				
企业地址	上海市浦东新区高东工业园区高东路 118 号 D 区（200137）				
投资总额	2980 万 USD	电　　话	58487988	传　　真	58485728
设立日期	2002-9-20	负 责 人	郭建海		
主营业务	开发，生产精细化工产品,销售自产产品，提供相关的技术和售后服务。				

企业名称	皇冠涂料（上海）有限公司				
企业地址	上海市南汇区六灶镇鹿园工业区鹿兴路 8 号（201322）				
投资总额	60 万 USD	电　　话	58161616	传　　真	58161616
设立日期	2002-9-19	负 责 人	林星澎		
主营业务	生产紫外线涂料及其他各种涂料，销售公司自产产品。				

企业名称	日华化学技术咨询（上海）有限公司				
企业地址	上海市漕河泾新兴技术开发区西区 12 号楼 2 层（200233）				
投资总额	140 万 USD	电　　话	54277300	传　　真	54277377
设立日期	2002-9-11	负 责 人	东乡重左卫门		
主营业务	化学纤维加工等相关的技术咨询服务。				

企业名称	上海嘉汇精细化工有限公司				
企业地址	上海市嘉定区娄塘镇灯塔村（201815）				
投资总额	950 万 USD	电　　话	61416373	传　　真	63180026
设立日期	2002-9-6	负 责 人	俞关猷		
主营业务	生产食用色素、颜料及染料中间体，销售自产产品。				

企业名称	小川香料（上海）有限公司				
企业地址	上海市松江工业区江田东路 85 号（201613）				
投资总额	300 万 USD	电　　话	67742188	传　　真	54656237
设立日期	2002-9-5	负 责 人	小川裕		
主营业务	生产加工天然香料、合成香料、单离香料，销售公司自产产品。				

制造业-石油加工及炼焦业、化学原料及化学制品、医药和化学纤维制造业

企业名称	上海环聚树脂有限公司				
企业地址	上海市青浦区华新镇纪鹤路3695号（201708）				
投资总额	40万USD	电　话	59798185	传　真	59798187
设立日期	2002-8-28	负责人	郑大邦		
主营业务	生产合成树脂及其制成品，销售公司自产产品。				

企业名称	上海法尔玛生物技术有限公司				
企业地址	上海市张江高科技园区郭守敬路351号2号楼630－8室（201203）				
投资总额	20万USD	电　话	57684035	传　真	64047017
设立日期	2002-8-21	负责人	祝　礼		
主营业务	生物化学产品，技术的研制开发，生产，销售自产产品。				

企业名称	巴斯夫化工有限公司				
企业地址	上海市化工区楚华路8号（200001）				
投资总额	30540万USD	电　话	37501002	传　真	37501122
设立日期	2002-8-20	负责人	关志华		
主营业务	生产聚四氢呋喃、四氢呋喃等化工产品，在国内外市场上销售自产产品。				

企业名称	上海美善塑胶有限公司				
企业地址	上海松江区洞泾工业区洞薛路298号（201619）				
投资总额	50万USD	电　话	57670447	传　真	57670446
设立日期	2002-8-12	负责人	刘光知		
主营业务	生产塑料及塑料制成品，特种工程塑料的改性加工，销售公司自产产品。				

企业名称	上海单抗制药技术有限公司				
企业地址	上海市张江高科技园区松涛路563号B座405室（201203）				
投资总额	172万USD	电　话	50803839	传　真	50803837
设立日期	2002-8-12	负责人	黄　薇		
主营业务	药物，药物先导体，药物（用）材料的研究，开发和自行研究技术成果的转让。				

企业名称	莱宝康日化（上海）有限公司				
企业地址	上海市长宁区天山西路789号1078室（200335）				
投资总额	20万USD	电　话	52160787	传　真	52160780
设立日期	2002-8-8	负责人	CHRISTOPHER DAVID HUMBERSTONE		
主营业务	研究、开发、生产日用化学品原料及相关产品，销售自产产品。				

企业名称	晟康生物医药技术（上海）有限公司				
企业地址	上海市张江高科技园区郭守敬路351号2号楼630－4室（201203）				
投资总额	6万USD	电　话	61528711	传　真	61528712
设立日期	2002-8-2	负责人	马武平		
主营业务	生物医药产品研发及自有技术的转让；医药化工中间体的开发，生产等。				

企业名称	金爱生物技术工程（上海）有限公司				
企业地址	上海市广顺路33号C楼101室（200335）				
投资总额	2000万USD	电　话	64156228	传　真	64727258
设立日期	2002-7-30	负责人	荣克敏		
主营业务	开发、生产生物污水处理系统环保设备，销售公司自产产品。				

企业名称	韩锦化工（上海）有限公司				
企业地址	上海市嘉定工业区马陆园区五号路（201801）				
投资总额	57万USD	电　话	59104029	传　真	59104033
设立日期	2002-7-26	负责人	柳光志		
主营业务	生产发泡剂及相关产品，销售企业自产产品。				

企业名称	诺誉高性能化工（上海）有限公司				
企业地址	上海市青浦工业园区高科技成果转化基地A26东（201700）				
投资总额	240万USD	电　话	69210836	传　真	67741579
设立日期	2002-7-23	负责人	李　涛		
主营业务	开发、生产纺织用助剂，销售公司自产产品及提供相关技术服务。				

企业名称	瑞德肝脏疾病研究（上海）有限公司				
企业地址	浦东张江高科技园区碧波路328号C座107－113室（201203）				
投资总额	20万USD	电　话	50805153	传　真	50805152
设立日期	2002-7-22	负责人	胡卓汉		
主营业务	生物医药材料及制品的生产，销售自产产品。				

企业名称	施普乐医疗用品（上海）有限公司				
企业地址	上海市闵行区莘庄工业区申富路789号A－2（201103）				
投资总额	100万USD	电　话	64068636	传　真	63356618
设立日期	2002-7-19	负责人	曹建华		
主营业务	生产销售新型专用医疗用棉签。				

企业名称	七松机械科技（上海）有限公司				
企业地址	上海市松江区新桥镇茸新路松南小区（201612）				
投资总额	100万USD	电　话	57680373	传　真	57681073
设立日期	2002-7-9	负责人	陈清平		
主营业务	生产、开发有色金属复合材料及新型合金材料（钛合金复合材料）等。				

企业名称	上海沂泰涂料有限公司				
企业地址	上海市嘉定区黄渡镇联西村43号（201804）				
投资总额	40万USD	电　话	69590777	传　真	69592207
设立日期	2002-7-8	负责人	林泰训		
主营业务	生产涂料、油漆及配套工具，销售企业自产产品。				

企业名称	上海安那服装有限公司				
企业地址	上海市浦东新区三林镇东林村庄家堰98号（200124）				
投资总额	28万USD	电　话	58146348	传　真	58146346
设立日期	2002-7-4	负责人	吉川茂树		
主营业务	生产、加工以针织和合成纤维面料为主的服装和服饰、辅料，销售自产产品。				

企业名称	长濑有色化学技术(上海)有限公司				
企业地址	上海市漕河泾新兴技术开发区钦州北路1066号75号楼6楼（200233）				
投资总额	47万USD	电　话	54261812	传　真	54261811
设立日期	2002-7-3	负责人	山崎保弘		
主营业务	研究开发织物前整理、染色、后整理的加工技术及染料、颜料等。				

企业名称	上海固顿化工有限公司				
企业地址	上海市青浦区朱家角镇工业园区（201713）				
投资总额	69万USD	电　话	59230838	传　真	59230839
设立日期	2002-6-28	负责人	郑秀明		
主营业务	生产环保型胶黏剂、涂料（油漆）及日用香精，销售公司自产产品。				

企业名称	美迪康医用材料（上海）有限公司				
企业地址	上海市松江工业区车墩配套区香泾路938号（201611）				
投资总额	85万USD	电　话	57774913	传　真	57775908
设立日期	2002-6-25	负责人	黄志恒		
主营业务	生产纸杯、棉卷、纱布等相关医用材料，销售公司自产产品。				

企业名称	上海金海雅宝聚合物添加剂有限公司				
企业地址	上海市金山区金山卫镇第二工业区卫六路99号（201512）				
投资总额	725万USD	电　话	67261234	传　真	67261105
设立日期	2002-6-25	负责人	严光明		
主营业务	开发、生产“N.P.S“催化剂及其相关精细化工产品。				

企业名称	铪舜洗涤用品（上海）有限公司				
企业地址	上海富民仓桥经济城（A区）第3号房（玉佳路3号）（201600）				
投资总额	20万USD	电　话	67727727	传　真	67726161
设立日期	2002-6-24	负责人	陈再胜		
主营业务	生产服装、纺织用洗涤剂，销售公司自产产品。				

企业名称	上海千进化工有限公司				
企业地址	上海市闵行区虹建路58号（201108）				
投资总额	140万USD	电　话	64341360	传　真	64343136
设立日期	2002-6-24	负责人	马才就		
主营业务	生产销售清洗剂、餐具洗涤剂、清洁卫生用品、化妆品类精细化工产品。				

企业名称	上海大桥化工有限公司				
企业地址	上海市嘉定区马陆镇亚钢路（201801）				
投资总额	58万USD	电　话	59155228	传　真	59107956
设立日期	2002-6-22	负责人	刘树川		
主营业务	生产各类油漆，涂料，树脂及有机助剂，销售企业自产产品。				

企业名称	金朝生物科技（上海）有限公司				
企业地址	上海市嘉定区南翔镇西工业开发区（201802）				
投资总额	1000万USD	电　话	69179614	传　真	69179238
设立日期	2002-6-22	负责人	谢光		
主营业务	生产饲料（包括添加剂预混料）、饲料添加剂，销售企业自产产品。				

企业名称	上海国丽粉体涂料有限公司				
企业地址	上海市嘉定区外冈镇沪宜公路5999－412号（201818）				
投资总额	70万USD	电　话	69575545	传　真	69575543
设立日期	2002-6-21	负责人	陈俊荣		
主营业务	生产高分子粉体涂料，金属表面清洁剂，销售企业自产产品。				

企业名称	叶氏油墨（上海）有限公司				
企业地址	上海市青浦区重固镇毛家角村（北青公路 6511 号）（201706）				
投资总额	250 万 USD	电　　话	59786411	传　　真	59785960
设立日期	2002-6-19	负 责 人	叶子轩		
主营业务	印刷油墨及其配套辅助材料的生产，销售公司自产产品。				

企业名称	叶氏化工（上海）有限公司				
企业地址	上海市青浦区重固镇北青公路 6511 号（201706）				
投资总额	500 万 USD	电　　话	59781593	传　　真	59785090
设立日期	2002-6-19	负 责 人	叶凤娟		
主营业务	生产油漆及油漆配套辅助材料，销售公司自产产品。				

企业名称	大龙医疗设备（上海）有限公司				
企业地址	上海市闵行区莘庄工业区华宁路 4018 弄 58 号 12 号厂房（201108）				
投资总额	30 万 USD	电　　话	34074261	传　　真	34074030
设立日期	2002-6-18	负 责 人	陈小梅		
主营业务	生产销售血沉仪，液体移动器，混匀仪类的小型医疗检验设备等。				

企业名称	迈特（上海）生物科技有限公司				
企业地址	上海市张江高科技园区哈雷路 1011 号 203 室（201203）				
投资总额	70 万 USD	电　　话	58953143	传　　真	58950319
设立日期	2002-6-14	负 责 人	王小曾		
主营业务	动植物提取物、海洋生物提取物类天然保健品，原料药及中间体研究等。				

企业名称	上海松力生物技术有限公司				
企业地址	上海市闵行区金都路 4299 号（201108）				
投资总额	65 万 USD	电　　话	54424061	传　　真	54424346
设立日期	2002-6-10	负 责 人	何红兵		
主营业务	研究、开发、生产医用生物材料、医疗器械、销售自产产品等。				

企业名称	上海长悦涂料有限公司				
企业地址	上海市青浦区北青公路 9138 号（201706）				
投资总额	56 万 USD	电　　话	59868107	传　　真	59868107
设立日期	2002-6-7	负 责 人	董建华		
主营业务	生产紫外线光固化涂料，销售公司自产产品。				

企业名称	上海坎赛橡胶有限公司				
企业地址	上海市奉贤区平安沿江路 20 号（201413）				
投资总额	200 万 USD	电　　话	57541514	传　　真	57542617
设立日期	2002-6-7	负 责 人	玉冈大藏		
主营业务	设计、开发、生产合成橡胶及其制品、橡胶模具，销售公司自产产品。				

企业名称	白羊油漆（上海）有限公司				
企业地址	上海市浦东新区北艾路 1410 号（200125）				
投资总额	70 万 USD	电　　话	50597712	传　　真	50597710
设立日期	2002-6-5	负 责 人	季范焕		
主营业务	生产建筑、木工用涂料，装饰性砂浆，防水材料，底面处理材料等。				

企业名称	上海韩盛化工涂料有限公司				
企业地址	上海市青浦工业园区盈秀路 338 号（201708）				
投资总额	112 万 USD	电　　话	69206994	传　　真	69206994
设立日期	2002-6-5	负 责 人	董　硕		
主营业务	生产工业用高性能涂料，皮革处理用化学品，销售公司自产产品。				

企业名称	上海美申化工有限公司				
企业地址	上海市新闸路 1250 号 458 室（200040）				
投资总额	6 万 USD	电　　话	62673642	传　　真	62180706
设立日期	2002-6-4	负 责 人	唐立富		
主营业务	开发、生产电子用高科技化学品及催化剂、助剂；食品添加剂等。				

企业名称	宣伟（上海）涂料有限公司				
企业地址	上海市嘉定区徐行镇经一路北段东侧（201808）				
投资总额	990 万 USD	电　　话	59552882	传　　真	59553003
设立日期	2002-6-3	负 责 人	保耀麟		
主营业务	生产、加工液体涂料、粉末涂料、油漆、混合溶剂和混合添加剂。				

企业名称	上海奇扬电子化学有限公司				
企业地址	上海市嘉定区徐行镇工业开发区曹新路 816 号（201809）				
投资总额	74 万 USD	电　　话	39979135	传　　真	39979121
设立日期	2002-5-29	负 责 人	李瑛奇		
主营业务	生产电子产品和金属表面处理的特殊化学试剂等。				

企业名称	卡勒特纳米材料（上海）有限公司				
企业地址	上海市嘉定工业区马陆园区双丁路（201801）				
投资总额	42 万 USD	电　　话	59101230	传　　真	59101711
设立日期	2002-5-28	负 责 人	陈　林		
主营业务	开发、生产高性能纳米涂料、树脂涂料，销售企业自产产品。				

企业名称	上海鸿硕科技实业有限公司				
企业地址	上海市松江工业区盐平路西侧（玉阳路 289 号）（201600）				
投资总额	1250 万 USD	电　　话	57735678	传　　真	57735588
设立日期	2002-5-27	负 责 人	陈均鸿		
主营业务	研发、生产高分子合成精细化工产品，表面活性剂，水处理剂等。				

企业名称	上海正英工业炉制造有限公司				
企业地址	上海市奉贤区外经委国顺路 15 号（201400）				
投资总额	20 万 USD	电　　话	67102788	传　　真	67102789
设立日期	2002-5-20	负 责 人	杨希放		
主营业务	生产各类燃烧器及配件和各类工业炉窑及控制系统，销售公司自产产品。				

企业名称	上海博昇微晶科技有限公司				
企业地址	上海市张江高科技园区哈雷路 1043 号 307 室（201203）				
投资总额	30 万 USD	电　　话	51320166	传　　真	51320199
设立日期	2002-5-20	负 责 人	WEN LONGPING		
主营业务	生物芯片及相关仪器的开发，生产，销售自产产品。				

企业名称	上海日燃化工有限公司				
企业地址	上海市松江区石湖荡镇松蒸公路南侧（201604）				
投资总额	139 万 USD	电　　话	57753727	传　　真	57751142
设立日期	2002-5-17	负 责 人	小林始		
主营业务	生产、加工膏状以及固体燃料，销售公司自产产品。				

企业名称	麦迪蒲生物药业（上海）有限公司				
企业地址	上海市闵行区虹梅南路 3855 号（201108）				
投资总额	1000 万 USD	电　　话	33504000	传　　真	33505333
设立日期	2002-4-28	负 责 人	唐　维		
主营业务	加工，生产、销售以动、植物为原料的非药品提取物及其制成品。				

企业名称	上海龙头生物技术有限公司				
企业地址	上海市杨浦区平凉路 988 号（200082）				
投资总额	70 万 USD	电　　话	55215140	传　　真	55214545
设立日期	2002-4-27	负 责 人	黄均详		
主营业务	研究、开发、生产甲壳素系列产品（销售自产产品），并提供四技服务。				

企业名称	上海飞凯光电材料有限公司				
企业地址	上海市浦东新区金桥出口加工区金沪路 1281 号 D 座（201206）				
投资总额	125 万 USD	电　　话	50551001	传　　真	58993079
设立日期	2002-4-25	负 责 人	张金山		
主营业务	光纤涂料的研发，生产，销售自产产品并提供售后服务。				

企业名称	上海麦加涂料有限公司				
企业地址	上海市沪宜公路 2565 号（201801）				
投资总额	20 万 USD	电　　话	59150035	传　　真	59150035
设立日期	2002-4-24	负 责 人	李　劲		
主营业务	生产各类涂料、树脂漆，销售企业自产产品并提供售后服务。				

企业名称	先求化妆用具（上海）有限公司				
企业地址	上海松江高新技术园区玉阳路北侧、盐平路西侧 C2 号房（201600）				
投资总额	20 万 USD	电　　话	57735998	传　　真	61451256
设立日期	2002-4-24	负 责 人	南相求		
主营业务	生产化妆用品、化妆用具、装饰品、礼品、销售公司自产产品。				

企业名称	富美实（上海）化学技术咨询有限公司				
企业地址	上海市张江高科技园区春晓路 149 号生物医药楼二楼北部（201203）				
投资总额	29 万 USD	电　　话	50791520	传　　真	50791530
设立日期	2002-4-12	负 责 人	MILTON STEELE		
主营业务	提供用于农业、食品业、制药业和特殊工业的化学产品制造的技术支持。				

企业名称	速马力（上海）石油化工有限公司				
企业地址	上海松江新桥闵申工业园区光明小区 A－2 号厂房（201612）				
投资总额	20 万 USD	电　　话	57684402	传　　真	57684923
设立日期	2002-4-4	负 责 人	纲川和成		
主营业务	生产加工汽车润滑油、齿轮油、添加剂以及化学原料。				

企业名称	桦塑科技（上海）有限公司				
企业地址	上海市松江工业区沪松公路D－2地块（201615）				
投资总额	1250万USD	电　话	67696606	传　真	67696467
设立日期	2002-4-4	负责人	黄琮琳		
主营业务	研发、生产半导体、元器件专用材料、非金属制品模具等。				

企业名称	上海宝特环保新材料有限公司				
企业地址	上海市张江高科技园区松涛路563号1号楼办公楼2层220室(201203)				
投资总额	10万USD	电　话	50806319	传　真	50277787
设立日期	2002-4-3	负责人	卞继武		
主营业务	水性涂料、水性木器漆、水性黏合剂及水性树脂的开发、研制等。				

企业名称	上海百世开利健康用品有限公司				
企业地址	上海市宁桥路615号第4幢通用房212—214室（201203）				
投资总额	200万人民币	电　话	50323456	传　真	50326767
设立日期	2002-3-26	负责人	杨学斌		
主营业务	开发、生产净化剂类健康用品，销售自产产品。				

企业名称	上海友恒生物科技有限公司				
企业地址	上海市邵厂经济小区0区346号（200063）				
投资总额	96万USD	电　话	52352001	传　真	52352001
设立日期	2002-3-25	负责人	陈　捷		
主营业务	从事生物工程和生物医学工程技术开发和研究。				

企业名称	上海新生源医药研究有限公司				
企业地址	上海市徐汇区田林路398号（200233）				
投资总额	168万USD	电　话	54668788	传　真	54668700
设立日期	2002-3-25	负责人	石首山		
主营业务	药品、生物制品、保健品、诊断试剂、医疗器械、试验设备的研究与开发等。				

企业名称	上海勤隆化工有限公司				
企业地址	上海市浦东新区合庆镇联星路252弄39号（201201）				
投资总额	20万USD	电　话	38971331	传　真	38971331
设立日期	2002-3-20	负责人	金伊男		
主营业务	生产油酸、吲哚衍生物、醚衍生物、哌嗪衍生物、酚类衍生物等。				

企业名称	普利司通（上海）精密塑料有限公司				
企业地址	上海市松江区车墩镇莘莘学子园北闵路4号厂房（201611）				
投资总额	119万USD	电　话	57601122	传　真	57600606
设立日期	2002-3-19	负责人	佐藤高志		
主营业务	加工、生产各类塑胶制品、海绵以及海绵制品、黏胶制品等。				

企业名称	上海数康生物科技有限公司				
企业地址	上海市漕河泾新兴技术开发区钦州北路1089号51号厂房（200233）				
投资总额	960万USD	电　话	64852886	传　真	37196276
设立日期	2002-3-15	负责人	陆锡强		
主营业务	新医药、中药、医疗诊断技术、生物技术、生物芯片的研究与开发。				

企业名称	上海图博可特石油管道涂层有限公司				
企业地址	上海市宝山区月浦工业园区锦乐路101号（200941）				
投资总额	338万USD	电　话	66932885	传　真	56928666
设立日期	2002-3-5	负责人	张　军		
主营业务	生产管材内外防腐及建筑防腐材料、相关的化工产品。				

企业名称	上海韩辉色彩技术有限公司				
企业地址	上海市闵行区华漕镇闵北路333号9幢（201107）				
投资总额	30万USD	电　话	62218272	传　真	62218276
设立日期	2002-2-27	负责人	郑然吉		
主营业务	研发生产化工助剂，销售自产产品及提供相关售后服务。				

企业名称	上海化学工业区发展有限公司				
企业地址	上海市目华路201号化工区大厦（201507）				
投资总额	28663万USD	电　话	67120000	传　真	67122222
设立日期	2002-2-27	负责人	陆益平		
主营业务	工业区内的房产规划，开发和经营。				

企业名称	盛联精密气体（上海）有限公司				
企业地址	上海市张江高科技园区李时珍路766号（201203）				
投资总额	1000万USD	电　话	50301747	传　真	50301580
设立日期	2002-2-9	负责人	周　祖菴		
主营业务	集成电路行业，高科技产业用液态高纯度气体及特殊气体的生产制造等。				

企业名称	上海中茂新能源应用有限公司				
企业地址	上海市金山区朱行镇工业区二号（201506）				
投资总额	150万USD	电　话	57274523	传　真	57270777
设立日期	2002-2-6	负责人	李茂盛		
主营业务	汽油双燃料汽车附件的生产，销售公司自产产品。				

企业名称	上海泰利德化学有限公司				
企业地址	上海市嘉定区娄塘镇工业园区（201807）				
投资总额	150万USD	电　话	59543396	传　真	59543098
设立日期	2002-1-28	负责人	权石男		
主营业务	生产集装箱下部防锈涂料和特殊金属加工油及相关化工产品等。				

企业名称	上海合勤色带不干胶制品有限公司				
企业地址	上海市青浦区徐泾镇徐华路658号（201702）				
投资总额	28万USD	电　话	59763096	传　真	59768096
设立日期	2002-1-24	负责人	黄秀贞		
主营业务	生产色带、纸带、不干胶，销售公司自产产品。				

企业名称	杜邦钛白科技（上海）有限公司				
企业地址	上海市松江区九亭高科技园区（松江893号地块）（201615）				
投资总额	640万USD	电　话	67697288	传　真	67697266
设立日期	2002-1-24	负责人	黄　晨		
主营业务	研究、开发、生产二氧化钛及其相关产品，销售公司自产产品。				

企业名称	上海中信国健药业有限公司				
企业地址	上海市张江高科技园区李冰路399号（201203）				
投资总额	8288万USD	电　话	50791399	传　真	58553335
设立日期	2002-1-24	负责人	李松兴		
主营业务	生物制品，基因工程产品，中西药业，生物试剂德研究，开发。				

企业名称	上海鹤见泵业有限公司				
企业地址	上海市奉贤区南桥镇民村路8号（201400）				
投资总额	80万USD	电　话	67107612	传　真	67107615
设立日期	2002-1-22	负责人	迁本治		
主营业务	生产水泵、水泵用电机及相关零件，销售公司自产产品。				

企业名称	友图全像（上海）激光材料有限公司				
企业地址	上海市松江工业区东宝路11号3号标准厂房（201613）				
投资总额	420万USD	电　话	57742227	传　真	57742226
设立日期	2002-1-22	负责人	冯雨新		
主营业务	生产、加工新材料以及开发、设计，销售公司自产产品。				

企业名称	马思特（上海）化学有限公司				
企业地址	上海市浦东康桥工业区康桥东路1234号（201319）				
投资总额	100万USD	电　话	68070101	传　真	68070303
设立日期	2002-1-21	负责人	JOE H.WRIGHT		
主营业务	研制、生产金属加工液及润滑剂和回收利用设备，销售公司自产产品。				

企业名称	芳香世家（上海）香精香料有限公司				
企业地址	上海市闵行区黎安路828号（201100）				
投资总额	28万USD	电　话	64130752	传　真	54177682
设立日期	2002-1-10	负责人	CHRISTINE LI		
主营业务	生产销售加工香精香料（不含天然香料）日用芳香制品等精细化工产品。				

企业名称	上海日宝精密塑料有限公司				
企业地址	上海市外高桥保税区荷丹路128号第一层、二层全部位（200131）				
投资总额	260万USD	电　话	58668001	传　真	58668003
设立日期	2002-1-7	负责人	内田雅典		
主营业务	保税区内生产、加工、研究开发各类塑料、树脂产品，销售自产产品。				

制造业－橡胶、塑料及非金属矿物制品业

企业名称	昱天（上海）新材料有限公司				
企业地址	上海市松江区新桥镇申港路 265 号一幢 1 层（201612）				
投资总额	100 万 USD	电 话	67652590	传 真	67652592
设立日期	2009-12-30	负责人	王智生		
主营业务	研发、生产采用高新技术的产业用特种纺织品。				

企业名称	上海金山雕塑园有限公司				
企业地址	上海市金山区蒙山路 939 弄 10 号 12 层（201540）				
投资总额	439 万 USD	电 话		传 真	
设立日期	2009-12-18	负责人	付元季		
主营业务	雕塑的设计、制作加工。				

企业名称	上海力隆环保塑料有限公司				
企业地址	上海市嘉定区安亭镇众百路 448 号第 6 幢（201814）				
投资总额	4394 万 USD	电 话	13501277771	传 真	
设立日期	2009-12-7	负责人	何良健		
主营业务	生产包装用环保塑膜，销售本公司自产产品。				

企业名称	藤泽合成塑料（上海）有限公司				
企业地址	上海市松江区车墩镇回业路 380 号 4 幢 1 层（201611）				
投资总额	10 万 USD	电 话	61920532	传 真	
设立日期	2009-11-19	负责人	岛谷悦子		
主营业务	生产、加工塑料制品、自动排泄处理器以及用于卫生洁具。				

企业名称	先普卫浴（上海）有限公司				
企业地址	上海市嘉定区南翔镇惠平路 77 号 2 幢（201802）				
投资总额	59 万 USD	电 话	60822031	传 真	60822030
设立日期	2009-11-3	负责人	郭 春		
主营业务	卫浴产品及相关零部件的生产，销售自产产品。				

企业名称	上海苏锡橡胶有限公司				
企业地址	上海市浦东新区园顺路 8 号 2 号厂房（201300）				
投资总额	100 万 USD	电 话	61905509	传 真	
设立日期	2009-10-13	负责人	GILLES SOUCY		
主营业务	开发和生产橡胶制品、汽车零配件、橡胶体育用品和工程用橡胶制品。				

企业名称	道升（上海）橡塑工业有限公司				
企业地址	上海市松江区新桥镇新镇街 599 号 9 号厂房（201612）				
投资总额	22 万 USD	电 话	33738226	传 真	33738266
设立日期	2009-9-30	负责人	JIE ZHONG		
主营业务	生产加工橡塑制品、建筑材料、五金制品，销售公司自产产品。				

企业名称	艾蒂复合材料（上海）有限公司				
企业地址	上海市金山工业区金百路 918 号 1 号楼（201506）				
投资总额	100 万 USD	电 话	57277688	传 真	57277773
设立日期	2009-9-24	负责人	RAMON RODRIGUEZ IRIZARRY		
主营业务	生产、加工各种工业绝缘材料、复合材料及相关产品。				

企业名称	上海赛奥运动用品有限公司				
企业地址	上海市松江区洞泾镇洞凯路 251 号 D3 幢（201619）				
投资总额	100 万 USD	电 话	57436662	传 真	
设立日期	2009-8-25	负责人	杨朝辉		
主营业务	生产安全头盔、护目镜、防护帽、防水衣，销售公司自产产品。				

企业名称	菱优工程塑料（上海）有限公司				
企业地址	上海化学工业区目华路 185 号第 3 层 307 室（201507）				
投资总额	10598 万 USD	电 话	62184081/3	传 真	62184082
设立日期	2009-7-24	负责人	仓井敏磨		
主营业务	研究、开发、生产工程塑料及塑料合金，销售自产产品。				

企业名称	上海雅灏塑胶制品有限公司				
企业地址	上海市闵行区园区北路 315 弄 118 号 4 幢 102 室（201108）				
投资总额	15 万 USD	电 话	64905267	传 真	54954041
设立日期	2009-6-18	负责人	寺尾铁军		
主营业务	生产、组装各类塑胶制品及零部件，各类模具。				

企业名称	上海三和硅业有限责任公司				
企业地址	上海市宝山区石太路 1607 号 3 号厂房（201907）				
投资总额	146 万 USD	电 话	66038996	传 真	66038990
设立日期	2009-5-4	负责人	茹优儿		
主营业务	金属硅、金属硅粉的生产、加工，相关技术信息的研究。				

企业名称	上海野村化成橡塑制品有限公司				
企业地址	上海市闵行区灯辉路 1158 号 1 号厂房（201108）				
投资总额	20 万 USD	电 话	64904629	传 真	
设立日期	2009-2-19	负责人	杉村刚史		
主营业务	生产合成树脂制品、橡塑制品、磁性材料制品。				

企业名称	汇中玻璃幕墙（上海）有限公司				
企业地址	上海市南汇区康桥路 628 号-3（201318）				
投资总额	60 万 USD	电 话	58125551	传 真	58126012
设立日期	2009-1-21	负责人	LIM KENG HOON		
主营业务	设计、加工玻璃幕墙及其铝合金、钢结构，销售公司自产产品。				

企业名称	上海本多工程塑料有限公司				
企业地址	上海市松江区泗泾镇高技路 385 弄 13 号（201601）				
投资总额	20 万 USD	电 话	57628179	传 真	57628049
设立日期	2008-12-10	负责人	罗大泉		
主营业务	生产、加工塑料原料的造粒。				

企业名称	必禄复合材料（上海）有限公司				
企业地址	上海市静安区南京西路 1366 号恒隆二座 4003-4008 室（200040）				
投资总额	1200 万 USD	电 话	61376888	传 真	61376702
设立日期	2008-12-4	负责人	刘 威		
主营业务	生产工程塑料，销售公司自产产品。				

企业名称	迈法塑料品制造（上海）有限公司				
企业地址	上海市松江区车墩镇新车公路 418 弄 6 号底层（201611）				
投资总额	37 万 USD	电 话	68598060	传 真	68598070
设立日期	2008-11-26	负责人	Jean-Jacques Bares		
主营业务	研发、生产、加工接线盒、卷帘窗和车库门的塑料。				

企业名称	阿普拉（上海）塑料制品有限公司				
企业地址	上海市青浦区新园路 1111 号 1 号厂房（201700）				
投资总额	450 万 USD	电 话	69228296	传 真	69228295
设立日期	2008-11-18	负责人	BERND WACHTER		
主营业务	废旧塑料的消解和再利用。				

企业名称	上海新岛新材料科技有限公司				
企业地址	上海市金山区枫泾镇环东一路 65 弄 12 号、13 号（201502）				
投资总额	50 万 USD	电 话	57361159	传 真	
设立日期	2008-11-10	负责人	许长新		
主营业务	新型碳基复合材料的研发及生产，销售公司自产产品。				

企业名称	金浦威恩磁业（上海）有限公司				
企业地址	上海市浦东新区联星路 633 号 2 幢（201201）				
投资总额	64 万 USD	电 话	68910636	传 真	68910635
设立日期	2008-10-15	负责人	陈小平		
主营业务	磁性材料的研发、生产，销售自产产品。				

企业名称	拉法基石膏系统（上海）有限公司				
企业地址	上海市宝山工业园区金石路 1688 号 519 室（200949）				
投资总额	1500 万 USD	电 话	23074800	传 真	23074888
设立日期	2008-9-24	负责人	CHRISTIAN DEVILLERS		
主营业务	设计、制造、加工石膏粉，脱硫石膏板，天然石膏板。				

企业名称	赵耐拖玻璃制品（上海）有限公司				
企业地址	上海市松江区石湖荡镇长塔路 945 弄 14 号厂房（201614）				
投资总额	20 万 USD	电 话	57842469	传 真	57842459
设立日期	2008-7-8	负责人	CHO SUNG HOON		
主营业务	设计、开发、生产、加工艺术玻璃。				

企业名称	迪文普塑料成型（上海）有限公司				
企业地址	上海市嘉定区安亭镇泰顺路 888 号第 2 栋第一层 A 区（201805）				
投资总额	635 万 USD	电 话	39587045	传 真	39587049
设立日期	2008-5-26	负责人	西田吉男		
主营业务	塑料瓶胚以及相关产品的设计与生产。				

企业名称	欧科来精密塑胶技术（上海）有限公司				
企业地址	上海市闵行区虹梅南路 3509 弄 88 号第 3 幢（200237）				
投资总额	200 万 USD	电 话		传 真	
设立日期	2008-5-22	负责人	BOO THIAM HEE		
主营业务	设计、生产高精度塑胶模具配件，塑胶瓶盖。				

企业名称	翰圣塑料（上海）有限公司				
企业地址	上海市奉贤区楚华支路 128 号 7 号楼（201424）				
投资总额	51 万 USD	电话	57470002	传真	57470002
设立日期	2008-5-14	负责人	王斯正		
主营业务	生产、再生利用 PET 聚酯、PE 聚乙烯及其他塑料制品。				

企业名称	澳迈塑料机械（上海）有限公司				
企业地址	上海市普陀区古浪路 415 弄 2 号 1 层东侧（200331）				
投资总额	79 万 USD	电话	52826809	传真	52826802
设立日期	2008-4-21	负责人	HARALD ZANG		
主营业务	研发、制造、组装塑料加工机械，销售自产产品。				

企业名称	上海华达塑胶有限公司				
企业地址	上海市金山区廊下镇万勇路 115 号 3－4 幢（201516）				
投资总额	38 万 USD	电话	57392275	传真	57392272
设立日期	2008-4-10	负责人	陈春华		
主营业务	生产塑胶母粒及塑胶相关制品。				

企业名称	上海珀泰蓝卫浴有限公司				
企业地址	上海市奉贤区柘林镇庄胡公路 2289 号 8 幢（201424）				
投资总额	20 万 USD	电话	57458068	传真	57456722
设立日期	2008-3-25	负责人	ANTONY WOOD		
主营业务	加工、组装各种淋浴房及卫浴柜和橱柜。				

企业名称	上海运杰塑料包装有限公司				
企业地址	上海市嘉定区江桥镇华江路 726 弄 28 号第 2 幢（201803）				
投资总额	20 万 USD	电话	55321869	传真	62205660
设立日期	2008-3-17	负责人	朱志强		
主营业务	生产集装箱散装内衬袋，销售本公司自产产品。				

企业名称	上海宝田塑料制品有限公司				
企业地址	上海市嘉定区马陆镇丰年路 955 号第 4 幢（201801）				
投资总额	20 万 USD	电话	59981818	传真	59991919
设立日期	2008-3-3	负责人	陈世文		
主营业务	生产、加工塑料制品，销售本公司自产产品。				

企业名称	三素（上海）塑料制品有限公司				
企业地址	上海市南汇区六灶镇都市型工业园鹿兴路 8－1 号 5 幢（201322）				
投资总额	50 万 USD	电话	51382608	传真	51382662
设立日期	2008-2-21	负责人	CHIO HEE JIN		
主营业务	生产、加工各类塑料化妆品容器、塑料包装制品。				

企业名称	亚科精细玻璃（上海）有限公司				
企业地址	上海市松江区北杨路 68 号 1 幢（201600）				
投资总额	140 万 USD	电话	67723381	传真	67723381
设立日期	2007-12-20	负责人	沈 励		
主营业务	研发、生产、加工平板玻璃深加工技术、平面显示用触摸屏。				

企业名称	曼佐里特复合材料（上海）有限公司				
企业地址	上海市金山工业区金百路 918 号（201506）				
投资总额	250 万欧元	电话	57277688	传真	57277689
设立日期	2007-12-14	负责人	HENRI MAGNAUD		
主营业务	开发、生产和加工玻璃钢制品。				

企业名称	澳创石膏制品（上海）有限公司				
企业地址	上海市松江区九亭镇姚北路 59 号第二幢（201600）				
投资总额	14 万 USD	电话	37820209	传真	
设立日期	2007-12-13	负责人	GARY PRICE		
主营业务	生产加工纸面石膏线、粘结粉，销售自产产品。				

企业名称	上海宏达工业皮带有限公司				
企业地址	上海市宝山区长康路 26 号 A 块 A6F1-2（200441）				
投资总额	20 万 USD	电话	56425995	传真	66520754
设立日期	2007-12-7	负责人	段文集		
主营业务	动力传动带、工业皮带和热塑性弹性体产品、零部件的生产和加工。				

企业名称	采埃孚橡胶金属（上海）有限公司				
企业地址	上海市青浦工业园区漕盈路 3775 号（201700）				
投资总额	5000 万 RMB	电话	59227652	传真	59227699
设立日期	2007-12-7	负责人	TORSTEN BREMER		
主营业务	设计、开发、制造应用于轿车、商用车。				

企业名称	瑞克赛尔海绵（上海）有限公司				
企业地址	上海市康桥工业区康意路 525 号（201323）				
投资总额	50 万欧元	电话	68413355	传真	61641235
设立日期	2007-12-6	负责人	EDOUARD DUPONT		
主营业务	生产、加工聚氨酯海绵制品。				

企业名称	上海艾宝视高眼镜护理产品有限公司				
企业地址	上海市普陀区同普路 1130 弄 5 号 3 楼 304-310 室（200063）				
投资总额	52 万 USD	电话	52697603	传真	52705465
设立日期	2007-11-12	负责人	王金福		
主营业务	隐形眼镜伴侣盒、镊子、眼镜盒、镜片清洗液等眼镜护理产品的批发。				

企业名称	上海西氏医用橡胶制品有限公司				
企业地址	上海市青浦区练塘镇青枫公路太浦河桥北侧（201700）				
投资总额	20 万 USD	电话	69228788	传真	69228906
设立日期	2007-10-31	负责人	杨文娟		
主营业务	研发、生产医药包材产品及相关产品。				

企业名称	上海克比精密塑胶模具有限公司				
企业地址	上海市松江区九亭镇洋河浜路 501 号 2 幢 2 楼（201615）				
投资总额	300 万港币	电话	37775131	传真	37775130
设立日期	2007-10-24	负责人	庄辉阳		
主营业务	设计、生产精冲模、精密型腔模及配件、精密五金件。				

企业名称	安东尼技术玻璃（上海）有限公司				
企业地址	上海市普陀区真南路 829 号甲（200331）				
投资总额	210 万 USD	电话	62502497	传真	62849513
设立日期	2007-10-23	负责人	JEFFREY R.CLARK		
主营业务	生产技术玻璃制品及相关配件，销售自产产品。				

企业名称	上海戈冉泊精密模具有限公司				
企业地址	上海市闵行区双柏路 688 号 2 号二区厂房（200237）				
投资总额	25 万 USD	电话	64341113	传真	64341123
设立日期	2007-10-17	负责人	黄进南		
主营业务	生产精密中型注塑模具，销售自产产品。				

企业名称	上海仁成塑料制品有限公司				
企业地址	上海市南汇区航头镇航帆路 56 号 5 幢 1 楼（201300）				
投资总额	100 万 USD	电话	68221851	传真	68221856
设立日期	2007-10-17	负责人	LEE JONG SUK		
主营业务	生产加工汽车、手机、数码相机用的塑料零部件及相关塑料制品模具。				

企业名称	上海东一超星橡胶有限公司				
企业地址	上海市闵行区虹桥镇吴中路 686 弄 2 号第 5 幢 201 室（201103）				
投资总额	120 万 USD	电话	54225692	传真	54225697
设立日期	2007-10-10	负责人	金世渊		
主营业务	从事橡胶制品及其原料、辅材料（天然橡胶除外）的批发。				

企业名称	上海清流达霖卫浴科技有限公司				
企业地址	上海市嘉定区菊园新区菊城路 33 号第 4 幢（201800）				
投资总额	100 万 USD	电话	69160232	传真	69161300
设立日期	2007-10-8	负责人	MASAKI GYOTO		
主营业务	生产各类卫生洁具及相关配套件。				

企业名称	澳吉玻璃（上海）有限公司				
企业地址	上海市奉贤区浦星公路 8889 号（201407）				
投资总额	40 万 USD	电话	57599980	传真	57599985
设立日期	2007-9-27	负责人	方 静		
主营业务	加工各类玻璃制品及框架，销售公司自产产品。				

企业名称	上海耀皮日板玻璃销售有限公司				
企业地址	上海市南汇区康桥路 611 号一幢 02（201317）				
投资总额	70 万 RMB	电话	38108108	传真	
设立日期	2007-9-26	负责人	李亮佐		
主营业务	玻璃及玻璃深加工产品的批发、进出口和相关配套服务。				

企业名称	康宁陶瓷材料（上海）有限公司				
企业地址	上海市外高桥保税区华申路 180 号综合大楼 6 层 602C 部位（200131）				
投资总额	25 万 USD	电话	54674666	传真	54075899
设立日期	2007-9-19	负责人	SIMON JOHN MACKINNON		
主营业务	保税区内以陶瓷材料及其相关产品为主的仓储、分拨业务。				

企业名称	拉普绝缘材料（上海）有限公司				
企业地址	上海市松江区华加路 99 号 12 号厂房（201613）				
投资总额	140 万 USD	电话	54890638	传真	54890638
设立日期	2007-9-19	负责人	JOHN HENRY HURSHMAN		
主营业务	制造高压复合绝缘子和瓷长棒绝缘子，销售自产产品。				

企业名称	上海海松塑料有限公司				
企业地址	上海市奉贤区沪杭公路 1359 号（201400）				
投资总额	14 万 USD	电话	57437336	传真	57437335
设立日期	2007-9-5	负责人	郑镇范		
主营业务	生产柔性编织袋，销售公司自产产品。				

企业名称	上海吉益品塑胶纤维制品有限公司				
企业地址	上海化学工业区奉贤分区苍工路 818 号（201424）				
投资总额	14 万 USD	电话	57448368	传真	57448043
设立日期	2007-8-22	负责人	MARIE HENG CHAY KEOW		
主营业务	生产各类塑胶纤维包装容器，销售公司自产产品。				

企业名称	上海拓腾精密模具有限公司				
企业地址	上海市松江区九亭镇洋河浜路 501 号 2 幢 1 楼（201615）				
投资总额	150 万 USD	电话	67697376	传真	67697379
设立日期	2007-8-13	负责人	张坚		
主营业务	设计、生产和加工精冲模、精密型腔模及模具标准件。				

企业名称	陶高卫浴（上海）有限公司				
企业地址	上海市工业综合开发区西韩路 228 号 A1A 车间（201400）				
投资总额	24.5 万欧元	电话	37198887	传真	67109097
设立日期	2007-8-13	负责人	GUZZINI GIANLUCA		
主营业务	研发、生产、装配各类浴缸、淋浴设备及相关的电子零部件。				

企业名称	上海耀皮世进粘贴玻璃有限公司				
企业地址	上海市浦东康桥工业区康柳路 55 号（201315）				
投资总额	150 万 USD	电话	68193000	传真	68194622
设立日期	2007-8-10	负责人	顾懿亲		
主营业务	生产汽车玻璃用特种密封材料，以及汽车玻璃包边业务。				

企业名称	大宜吉橡胶（上海）有限公司				
企业地址	上海市松江区中山街道文翔路 128 号 10 号厂房（201613）				
投资总额	101 万 USD	电话	57782361	传真	57782360
设立日期	2007-7-24	负责人	TANAKORN. PHUCHIT（林朝坤）		
主营业务	开发、生产和加工橡塑胶密封件及相关零配件。				

企业名称	上海巴赫班洁具有限公司				
企业地址	上海市金山区枫泾镇工业园区枫冠路 59 号 1 车间（201501）				
投资总额	51 万 USD	电话	58365826	传真	58265856
设立日期	2007-7-17	负责人	杨珂		
主营业务	生产卫生洁具、厨房设备及器具、五金配件及其他建筑装潢材料。				

企业名称	上海敬开德精密陶瓷有限公司				
企业地址	上海市奉贤区南桥镇环城西路 2096 号（201400）				
投资总额	35 万 USD	电话	51328092	传真	51328092
设立日期	2007-7-16	负责人	单伟毅		
主营业务	生产精密陶瓷件、各类陶瓷附件、提供产品技术咨询服务。				

企业名称	上海多来美格模具成型有限公司				
企业地址	上海市松江区叶榭镇叶达路西侧 2 号-2（201609）				
投资总额	14 万 USD	电话	33557896	传真	33557895
设立日期	2007-7-9	负责人	菅野忠		
主营业务	生产和加工机械设备、电器设备、五金工具、模具、塑料制品。				

企业名称	帝荣卫浴（上海）有限公司				
企业地址	上海市金山区枫泾镇兴塔兴述路 38 号（201501）				
投资总额	20 万欧元	电话	57362830	传真	57360663
设立日期	2007-6-13	负责人	MANUEL MARTIN JUVANTENY		
主营业务	开发、生产加工卫浴产品，销售公司自产产品。				

企业名称	塞迪维尔玻璃绝缘子（上海）有限公司				
企业地址	上海市星火开发区民乐路 338 号（201419）				
投资总额	580 万 USD	电话		传真	
设立日期	2007-6-12	负责人	MAURIZIO RUGGI		
主营业务	研发、制造、组装高压和超高压电路绝缘子。				

企业名称	上海发股玻璃有限公司				
企业地址	上海市闵行区老沪闵路 1111 号 5 幢 4 楼 401 室（200237）				
投资总额	540 万 USD	电话	64531688	传真	
设立日期	2007-6-4	负责人	田口望		
主营业务	生产、加工 TFT-LCD 用玻璃基板。				

企业名称	贝联注塑技术（上海）有限公司				
企业地址	上海市闵行区双柏路 869 号 2#房（200237）				
投资总额	15 万 USD	电话	64341065	传真	64348118
设立日期	2007-6-4	负责人	DAVID GEORGE MYERS		
主营业务	各类注塑产品及注塑模具的开发、生产。				

企业名称	步博工程塑料（上海）有限公司				
企业地址	上海市松江工业区锦昔园 C3 号 B 座厂房（201600）				
投资总额	30 万 USD	电话	62712215	传真	62702275
设立日期	2007-5-30	负责人	RANDALL WOJTYSIAK		
主营业务	生产、加工工程塑料及金属制品。				

企业名称	元硕碳晶技术（上海）有限公司				
企业地址	上海市浦东新区瑞庆路 528 号 4 幢（201201）				
投资总额	160 万 USD	电话	50720266	传真	50720267
设立日期	2007-5-28	负责人	潘钦陵		
主营业务	碳晶板和碳晶制品的研发、生产、加工。				

企业名称	上海嘉视眼镜有限公司				
企业地址	上海市金山区亭林镇亭华路 333 号 2 号楼 B 层（201505）				
投资总额	100 万 USD	电话	52520779	传真	52520779
设立日期	2007-5-16	负责人	李长江		
主营业务	生产各类眼镜镜片、光学镜片。				

企业名称	东卡兹软管（上海）有限公司				
企业地址	上海市宝山区城市工业园区真陈路 1398 弄 7 号（200436）				
投资总额	20 万 USD	电话	36162245	传真	65752592
设立日期	2007-4-18	负责人	细川良则		
主营业务	生产特氟隆软管、硅橡胶软管、不锈钢软管及相关软管附件产品。				

企业名称	玛戈隆特骨瓷（上海）有限公司				
企业地址	上海市浦东新区曹路镇瑞祥路 68 号（10、11、12 幢）（201209）				
投资总额	30 万 USD	电话	50687388	传真	50686300
设立日期	2007-4-18	负责人	赵春阳		
主营业务	骨瓷产品、陶瓷产品的研发、制作及加工。				

企业名称	上海运申制版模具有限公司				
企业地址	上海市嘉定区安亭镇园国路 398 号第 2 幢（201805）				
投资总额	2000 万 RMB	电话	69574752	传真	69573880
设立日期	2007-4-12	负责人	单卫军		
主营业务	设计、制造凹版模具制品。				

企业名称	上海南松复合材料有限公司				
企业地址	上海市南汇工业园区汇成路 601 弄 1 号厂房（201300）				
投资总额	100 万 USD	电话	68014406	传真	68014199
设立日期	2007-4-6	负责人	陈正中		
主营业务	生产、加工以农作物秸秆为主要原材料的高密度新型环保型复合材料。				

企业名称	邦星挪罗塑胶制品（上海）有限公司				
企业地址	上海市闵行区莘北路 669 号 4 幢 B 座（201100）				
投资总额	25 万 USD	电话	54954041	传真	54955787
设立日期	2007-3-9	负责人	成尾清弘（NARUO KIYOHIRO）		
主营业务	生产、组装各类精密塑胶零部件，各类模具。				

企业名称	上海福耀客车玻璃有限公司				
企业地址	上海市嘉定区安亭镇园福路 588 号第 10 幢（201814）				
投资总额	1000 万 RMB	电话	69573299	传真	69573111
设立日期	2007-3-7	负责人	曹德旺		
主营业务	生产特种玻璃，销售本公司自产产品。				

企业名称	上海志源塑胶制品有限公司				
企业地址	上海市奉贤区沪杭公路 1669 号 2 号厂房（201400）				
投资总额	100 万 USD	电话	37198395	传真	37198400
设立日期	2007-2-12	负责人	马晓明		
主营业务	设计、生产非金属制品模具及相关的塑胶制品。				

企业名称	上海艾朗模具有限公司				
企业地址	上海市松江区新桥镇马汤村马裕路 131 号（201612）				
投资总额	20 万 USD	电　　话	57681021	传　　真	57681023
设立日期	2007-2-8	负 责 人	PEIYU ZHAN		
主营业务	生产、加工模具，销售公司自产产品。				

企业名称	三徕拓橡塑制品（上海）有限公司				
企业地址	上海市松江区新桥镇新格路 1511 弄 5 号厂房（201612）				
投资总额	666 万 RMB	电　　话	57687272	传　　真	67687153
设立日期	2007-2-1	负 责 人	药师寺启子		
主营业务	生产、加工橡塑制品、橡塑材料、橡塑机械。				

企业名称	上海金阳塑胶包装有限公司				
企业地址	上海市闵行区华漕镇联友路 2469 号 5#厂房（201107）				
投资总额	11 万 USD	电　　话	62968230	传　　真	64494287
设立日期	2007-1-31	负 责 人	PETER YANG		
主营业务	生产各类塑胶袋，销售自产产品。				

企业名称	华瓷（上海）特种陶瓷有限公司				
企业地址	上海市嘉定区外冈镇西冈身路 88 号第 1 幢（201806）				
投资总额	3800 万日元	电　　话	59586651	传　　真	59586652
设立日期	2007-1-26	负 责 人	沈晓潮		
主营业务	生产特种陶瓷制品，销售本公司自产产品。				

企业名称	上海鸿黎精密模具有限公司				
企业地址	上海市嘉定区外冈镇宝钱公路 5799 号第 5 幢（201806）				
投资总额	90 万 USD	电　　话	69931993	传　　真	69931990
设立日期	2007-1-25	负 责 人	陈家美		
主营业务	生产非金属制品模具，汽车、摩托车模具。				

企业名称	恩欣格工程塑料（上海）有限公司				
企业地址	上海市松江工业区锦昔园 C3 号 A 座厂房（201613）				
投资总额	250 万 USD	电　　话	33528111	传　　真	33528322
设立日期	2007-1-23	负 责 人	KLAUS ENSINGER		
主营业务	生产、加工工程塑料，销售公司自产产品。				

企业名称	基立溪（上海）塑胶制品有限公司				
企业地址	上海市松江区松江科技园区光华路 150 号（201616）				
投资总额	50 万 USD	电　　话	57855262	传　　真	57855260
设立日期	2007-1-23	负 责 人	蒋彩萍		
主营业务	生产塑胶布、塑胶制品，销售公司自产产品。				

企业名称	杰诺塑胶（上海）有限公司				
企业地址	上海市青浦工业园区新胜路 379-393（单号）3 号、5 号厂房（201700）				
投资总额	30 万 USD	电　　话	59228122	传　　真	59228165
设立日期	2007-1-19	负 责 人	倪福三		
主营业务	生产、加工日用、工业用塑胶制品及配套电器五金零件。				

企业名称	固特异工程橡胶管理（上海）有限公司				
企业地址	上海市浦东新区福山路 500 号 10 层 02-05 单元（200122）				
投资总额	200 万 USD	电　　话	61637777	传　　真	61637722
设立日期	2007-1-15	负 责 人	克里斯琼斯（CHRIS JONES）		
主营业务	为固特异集团及所投资的企业在工程橡胶产品方面提供经营决策。				

企业名称	万臣塑料制品（上海）有限公司				
企业地址	上海市南汇区新坦瓦公路 929 弄 8 号（201300）				
投资总额	20 万 USD	电　　话	68155555	传　　真	68151220
设立日期	2007-1-15	负 责 人	吴文万		
主营业务	生产塑料盖子、各种塑料制品，销售公司自产产品。				

企业名称	优源塑料制品（上海）有限公司				
企业地址	上海市嘉定区马陆镇澄浏中路 2285 号 1 栋（201808）				
投资总额	3500 万日元	电　　话	59906980	传　　真	59906981
设立日期	2007-1-8	负 责 人	田中润		
主营业务	生产、加工各种塑料制品、皮革制品、木制品、金属制品。				

企业名称	上海领南船用物资有限公司				
企业地址	上海市松江区新浜镇浩海路 258 号 D 幢厂房（201605）				
投资总额	40 万 USD	电　　话	67891185	传　　真	67891187
设立日期	2006-12-28	负 责 人	KWANG SI LEE		
主营业务	加工生产造船用保温材料、密封断热制品，销售产品并提供售后服务。				

企业名称	上海佰铭钟精密金属制品有限公司				
企业地址	上海市嘉定区南翔镇胜辛南路 355 弄 58 号 2 幢（201802）				
投资总额	50 万 USD	电　　话	69176937	传　　真	67196627
设立日期	2006-12-21	负 责 人	朱民刚		
主营业务	生产、加工金属制品，销售本公司自产产品。				

企业名称	博斯宝工具（上海）有限公司				
企业地址	上海市松江区新桥镇新格路 1511 弄 12 号（201612）				
投资总额	55 万 USD	电　　话	64401791	传　　真	64401634
设立日期	2006-12-20	负 责 人	卫　国		
主营业务	生产、加工无机非金属材料及制品（人工晶体），销售公司自产产品。				

企业名称	上海晁华有机硅有限公司				
企业地址	上海市松江区洞泾开发区洞薛路 518 号第四栋 C 座（201619）				
投资总额	14 万 USD	电　　话	67679293	传　　真	67679283
设立日期	2006-12-20	负 责 人	黄雯华		
主营业务	生产热溶胶及其涂布工具，有机硅系列产品，色母，销售自产产品。				

企业名称	上海必美宜新华抛磨材料有限公司				
企业地址	上海市青浦区赵巷镇赵重路 35 号（201703）				
投资总额	1000 万 RMB	电　　话	59754930	传　　真	59754924
设立日期	2006-11-21	负 责 人	周迎光		
主营业务	研究、开发、制造各类抛磨材料和抛磨设备，销售产品并提供技术咨询。				

企业名称	克磨士（上海）研磨材料有限公司				
企业地址	上海市松江工业区华加路 99 号 15 号厂房（201600）				
投资总额	3 亿日元	电　　话	68101008	传　　真	50663589
设立日期	2006-11-10	负 责 人	小松原彬		
主营业务	生产无机非金属材料及制品，销售公司自产产品并提供售后服务。				

企业名称	上海晶龙硅材料有限公司				
企业地址	上海市奉贤区闵行出口加工区 E6、E8 地块（201400）				
投资总额	8000 万 RMB	电　　话	33655266	传　　真	33655267
设立日期	2006-11-8	负 责 人	靳保芳		
主营业务	太阳能电池、半导体硅材料生产加工，销售公司自产产品。				

企业名称	英特乐传送带（上海）有限公司				
企业地址	上海市外高桥保税区日京路 150 号 23 号仓库 2 层 201 部位（200131）				
投资总额	150 万 USD	电　　话	51118500	传　　真	62888277
设立日期	2006-10-30	负 责 人	EDEL F. BLANKS		
主营业务	开发，生产传送带及相关配件，销售自产产品，并提供相关的技术咨询。				

企业名称	上海全茂塑胶助剂有限公司				
企业地址	上海市嘉定区徐行镇澄浏公路 744 号第 1、2、5 幢（201800）				
投资总额	100 万 USD	电　　话	59908428	传　　真	59908527
设立日期	2006-10-25	负 责 人	刘秋菊		
主营业务	生产塑胶助剂、塑胶制品添加剂、稳定剂、色片、色膏、色砂。				

企业名称	上海启诚塑胶制品有限公司				
企业地址	上海市青浦区华新镇华腾路 1669 号 2 幢（201700）				
投资总额	20 万 USD	电　　话	69790309	传　　真	69790755
设立日期	2006-10-24	负 责 人	王耀权		
主营业务	生产、加工塑胶制品，销售公司自产产品。				

企业名称	上海汇罗金属有限公司				
企业地址	上海市嘉定区马陆镇彭封公路 165 号第 1 幢（201801）				
投资总额	14 万 USD	电　　话	59102965	传　　真	59102708
设立日期	2006-10-20	负 责 人	胡末雄		
主营业务	不锈钢板、不锈钢锭、不锈钢棒的裁切加工，销售本公司自产产品。				

企业名称	盈湃塑料着色技术（上海）有限公司				
企业地址	上海市宝山区真大路 450 弄 3 号（200436）				
投资总额	45 万 USD	电　　话	66620618	传　　真	66620638
设立日期	2006-10-9	负 责 人	PATRICK WONG		
主营业务	塑料制品的研发、生产、加工，销售自产产品；上述产品的进出口。				

企业名称	上海博拉什塑料建材有限公司				
企业地址	上海市青浦区白鹤镇外青松公路 3539 号 4 号厂房（201709）				
投资总额	60 万 USD	电　　话	59740979	传　　真	59703677
设立日期	2006-10-9	负 责 人	水　清		
主营业务	生产、加工塑料制品，销售公司自产产品并提供技术支持和售后服务。				

制造业-橡胶、塑料及非金属矿物制品业

企业名称	三品高性能塑料制品（上海）有限公司				
企业地址	上海市外高桥保税区富特北路 288 号高信城 2 号楼 6 楼东（200131）				
投资总额	20 万 USD	电　话	58666628	传　真	58666629
设立日期	2006-9-30	负责人	SERGE REIG		
主营业务	保税区内生产、加工以氟树脂或其他塑料材料制造的高性能塑料产品。				

企业名称	上海海及洱五金工具有限公司				
企业地址	上海市嘉定区安亭镇宝安公路 4085 号 3 号厂房（201814）				
投资总额	20 万 USD	电　话	59509097	传　真	59504889
设立日期	2006-9-26	负责人	罗济育		
主营业务	生产五金工具，销售本公司自产产品并提供售后服务。				

企业名称	上海奇品材料科技有限公司				
企业地址	上海市青浦区白鹤镇外青松公路 3547 弄 226 号 4 号厂房（201709）				
投资总额	161 万 USD	电　话	59742299	传　真	59742299
设立日期	2006-9-26	负责人	吴陈仁淑		
主营业务	开发生产加工 PVC 塑料地砖、热可塑性弹性体地砖、塑料板、塑料布。				

企业名称	艺科注塑（上海）有限公司				
企业地址	上海市闵行区颛兴路 1688 号 L-A 幢（201100）				
投资总额	66 万 USD	电　话	64423182	传　真	64423183
设立日期	2006-9-20	负责人	CHRISTOPHE GEORGES ALBIN		
主营业务	注塑产品、电子元器件的设计、制造、组装，销售产品，提供技术支持。				

企业名称	上海佳作塑胶有限公司				
企业地址	上海市奉贤区南桥镇奉浦大道 1166 号（201400）				
投资总额	56 万 USD	电　话	51363185	传　真	51363188
设立日期	2006-9-18	负责人	杜天群		
主营业务	生产塑胶制品、充气玩具，销售合营公司自产产品。				

企业名称	能高共建（上海）新型环保建材有限公司				
企业地址	上海市奉贤区金汇镇乐富路 185 号（201404）				
投资总额	100 万 USD	电　话	57570176	传　真	57570393
设立日期	2006-9-4	负责人	徐　智		
主营业务	生产高档环保型建筑装饰装修材料、优质建筑防水材料、建筑保温材料。				

企业名称	上海摩根特种材料有限公司				
企业地址	上海市闵行区龙吴路 4250 号 3 号楼（201109）				
投资总额	60 万 USD	电　话	64343350	传　真	64345793
设立日期	2006-8-25	负责人	林志华		
主营业务	特种密封材料、高性能复合材料及其制品的生产、研发，销售自产产品。				

企业名称	亚辛金属加工（上海）有限公司				
企业地址	上海市嘉定区安亭镇和静东路 318 号第 1 幢（201805）				
投资总额	14 万 USD	电　话	59569600	传　真	59569559
设立日期	2006-8-24	负责人	RYOU JAE KYEOUNG		
主营业务	生产、加工各种金属配件，销售本公司自产产品。				

企业名称	上海新帝工具有限公司				
企业地址	上海青浦工业园区 F12 地块（201700）				
投资总额	1800 万 USD	电　话	52271965	传　真	52271967
设立日期	2006-8-22	负责人	朱洪文		
主营业务	开发、生产、加工五金工具，销售公司自产产品，并提供产品售后服务。				

企业名称	上海桃乡橡塑有限公司				
企业地址	上海市金山区漕泾镇工业开发区西部规划公路 2 号-20 号（201507）				
投资总额	50 万 USD	电　话	67256850	传　真	67256851
设立日期	2006-8-11	负责人	桧垣仂		
主营业务	生产丁基橡胶、工业用橡胶、树脂制品，加工金属管件及其它金属制品。				

企业名称	上海英宇塑料制品有限公司				
企业地址	上海市青浦工业园区新园路 30 号（201700）				
投资总额	1000 万 USD	电　话	69214998	传　真	69214886
设立日期	2006-8-10	负责人	陈剑海		
主营业务	生产、加工塑胶制品、五金件及模具制作，家用电器、消费类电子产品。				

企业名称	上海元特浩洁具用品有限公司				
企业地址	上海市金山区枫泾镇兴塔新金山路 50 号（201502）				
投资总额	125 万 USD	电　话	34222637	传　真	34222757
设立日期	2006-8-9	负责人	李英杰		
主营业务	设计、生产卫生洁具、净水器、装饰材料、五金配件等产品。				

企业名称	上海井上后藤塑料制品有限公司				
企业地址	上海市闵行区顾戴路 3355 号 2 栋（201100）				
投资总额	20 万 USD	电　话	64013204	传　真	54221829
设立日期	2006-8-2	负责人	后藤真介		
主营业务	研发生产吹塑制品和相关吹塑模具、检具及后加工设备，销售自产产品。				

企业名称	上海多麦克司五金制造有限公司				
企业地址	上海市松江工业园区石湖荡分区长塔路 128 号第三幢（201600）				
投资总额	70 万 USD	电　话	62350626	传　真	62350606
设立日期	2006-7-26	负责人	张仁飞		
主营业务	生产、加工、设计五金制品及相关零部件，销售公司自产产品。				

企业名称	上海高信科塑料制品有限公司				
企业地址	上海市奉贤区南桥镇发展村（201400）				
投资总额	20 万 USD	电　话	57432712	传　真	57432722
设立日期	2006-7-19	负责人	郎晓宁		
主营业务	生产各类塑料制品，销售公司自产产品（涉及行政许可的凭许可证经营）。				

企业名称	上海建工材料环港预拌混凝土有限公司				
企业地址	上海市南汇区康桥镇康桥东路 1365 弄 1 号（201319）				
投资总额	250 万 USD	电　话	58077923	传　真	58077788
设立日期	2006-7-18	负责人	刘长民		
主营业务	生产商品混凝土及其制品、商品砂浆及其制品，提供泵运服务。				

企业名称	鲍姆氟塑料（上海）有限公司				
企业地址	上海市金山区张堰镇汇科路 388 号 8 座底层（201514）				
投资总额	14 万 USD	电　话	57219798	传　真	57219799
设立日期	2006-7-11	负责人	MARKUS BAUM		
主营业务	设计、生产塑料内衬管件，销售公司自产产品，并提供相关的技术咨询。				

企业名称	上海三井鑫云贵稀金属循环利用有限公司				
企业地址	上海市金山区张堰镇工业区汇科路 222 号（201514）				
投资总额	350 万 USD	电　话	57210108	传　真	57210120
设立日期	2006-7-11	负责人	井上启二		
主营业务	回收提炼电子废物、废料中的贵稀金属，贵稀金属原料。				

企业名称	上海罗宾金刚石工具制造有限公司				
企业地址	上海市闵行区银都路 3828 弄 56 号 301 室 D 座（201108）				
投资总额	50 万 USD	电　话	54830522	传　真	54830509
设立日期	2006-7-10	负责人	刘炳生		
主营业务	生产金刚石等超硬材料工具、刀具及相关配套零配件，销售自产产品。				

企业名称	狮后厨卫产品（上海）有限公司				
企业地址	上海市松江区中山街道茸北路 551 号第一幢厂房（201613）				
投资总额	20 万 USD	电　话	57782954	传　真	57782954
设立日期	2006-7-7	负责人	SANTE PASOTTI		
主营业务	生产、组装卫生和水暖设备以及厨卫装饰设备，销售公司自产产品。				

企业名称	依合斯工程塑胶（上海）有限公司				
企业地址	上海市嘉定区马陆镇陈宝路 58 号 212 幢（201801）				
投资总额	160 万 USD	电　话	69153031	传　真	69183231
设立日期	2006-7-6	负责人	RONALD BALL		
主营业务	生产塑胶制品、滚轮、加工塑胶材料，销售自产产品并提供售后服务。				

企业名称	上海拜龙橡塑制品有限公司				
企业地址	上海市南汇区鹿园工业区鹿兴路 199 号-6 号厂房（201322）				
投资总额	52 万 USD	电　话	68160600	传　真	68160588
设立日期	2006-7-5	负责人	顾　松		
主营业务	生产生活用瓶塞、垫圈及医疗器械所需硅橡胶与塑料配套件及相关模具。				

企业名称	利基严选石材（上海）有限公司				
企业地址	上海市青浦区北青公路 6725 弄 23、25 号（201706）				
投资总额	20 万 USD	电　话	59773164	传　真	59786790
设立日期	2006-6-12	负责人	吴科毅		
主营业务	开发、加工大理石、花岗石制品，销售自产产品并提供产品技术咨询。				

企业名称	上海力古橡塑制品有限公司				
企业地址	上海市奉贤区金汇镇泰日光泰路 1109 号（201404）				
投资总额	25 万 USD	电　话	67580281	传　真	67580281
设立日期	2006-6-10	负责人	陆原健		
主营业务	生产、加工橡塑制品，销售公司自产产品。				

企业名称	上海惠比寿塑料有限公司				
企业地址	上海市奉贤区庄行镇长浜村（201415）				
投资总额	65 万 USD	电　　话	57462311	传　　真	57462312
设立日期	2006-6-1	负 责 人	西吉史		
主营业务	生产塑料原料及制品，销售公司自产产品。				

企业名称	贝亚齐橡胶制品（上海）有限公司				
企业地址	上海市闵行区虹梅南路 1755 号 B 区 6 号厂房（200237）				
投资总额	85 万 USD	电　　话	64059634	传　　真	64651383
设立日期	2006-6-1	负 责 人	苏似锦		
主营业务	生产实心内胎、防制内胎及橡胶制品，销售自产产品，并提供售后服务。				

企业名称	富梵石业（上海）有限公司				
企业地址	上海市闵行区华漕镇北翟路 1444 弄 178 号（201106）				
投资总额	14 万 USD	电　　话	52160193	传　　真	52160079
设立日期	2006-5-31	负 责 人	黄如筠		
主营业务	加工、生产石质装饰品，销售自产产品。				

企业名称	上海峰盛碳纤科技有限公司				
企业地址	上海市嘉定区南翔镇惠申路 88 号（201802）				
投资总额	210 万 USD	电　　话	69173157	传　　真	69172299
设立日期	2006-5-26	负 责 人	洪再发		
主营业务	生产无机非金属材料及制品，销售本公司自产产品。				

企业名称	兆辉（上海）氟塑防腐技术有限公司				
企业地址	上海市松江区新桥镇新格路 1511 弄 9 号（201612）				
投资总额	60 万 USD	电　　话	57687766	传　　真	57686515
设立日期	2006-5-23	负 责 人	郑俊祥		
主营业务	开发、生产氟碳材料模压制品、氟碳材料塑材，各种容器、配管。				

企业名称	金柏（上海）环保塑料制品有限公司				
企业地址	上海市闵行区浦江镇东佳路 18 号（201112）				
投资总额	40 万 USD	电　　话	51304978	传　　真	51304928
设立日期	2006-5-12	负 责 人	陈德平		
主营业务	生产各类塑料制品、吸塑产品和包装材料及配件，销售自产产品。				

企业名称	上海祁尔塑胶有限公司				
企业地址	上海市嘉定区马陆镇叶城路 361 号 1 幢（201801）				
投资总额	14 万 USD	电　　话	59901291	传　　真	59903388
设立日期	2006-4-13	负 责 人	罗中兴		
主营业务	生产塑胶阀芯、陶瓷阀芯、铜阀芯，销售本公司自产产品。				

企业名称	比安奇五金技术（上海）有限公司				
企业地址	上海市荷丹路 240 号 D 区 D13 地块 2 层 E-207 部位（200131）				
投资总额	11 万欧元	电　　话	52985060	传　　真	52985060
设立日期	2006-4-10	负 责 人	MASSIMO BIANCHI		
主营业务	保税区内以五金产品为主的仓储分拨业务；国际贸易、转口贸易。				

企业名称	奔控五金制品（上海）有限公司				
企业地址	上海市外高桥保税区希雅路 55 号 12#厂房第三层 A 部位（200131）				
投资总额	13 万 USD	电　　话	50462738	传　　真	50462726
设立日期	2006-3-29	负 责 人	CHUA SHI PIENG		
主营业务	保税区内以五金制品为主的仓储分拨业务，以及相关产品的售后服务。				

企业名称	万星塑胶制品（上海）有限公司				
企业地址	上海市松江区新桥镇申徐路 8 号 B 栋厂房（201612）				
投资总额	175 万 USD	电　　话	67681033	传　　真	67681022
设立日期	2006-3-24	负 责 人	郑保卿		
主营业务	设计、生产、加工各类塑胶模具、精密塑胶具、压铸模具及其配件产品。				

企业名称	上海京科工业模型科技发展有限公司				
企业地址	上海市浦东新区东胜路 38 号 A 区 1 栋（200131）				
投资总额	53 万 USD	电　　话	68916566	传　　真	68916681
设立日期	2006-3-22	负 责 人	曹志辉		
主营业务	各类工业新产品的非金属模型、模具的设计加工和制造，销售自产产品。				

企业名称	上海仁仙橡胶有限公司				
企业地址	上海市嘉定工业区洪德路 1085 号 B3 幢（201821）				
投资总额	20 万 USD	电　　话	69169330	传　　真	69169535
设立日期	2006-3-20	负 责 人	韩泽勉		
主营业务	生产橡胶制品、硅胶制吕、塑料制品，销售本公司自产产品。				

企业名称	明珩塑胶制品（上海）有限公司				
企业地址	上海市嘉定区马陆镇永盛路 98 号 3 幢（201801）				
投资总额	20 万 USD	电　　话	59107596	传　　真	59150042
设立日期	2006-3-20	负 责 人	MICHAEL MING CHAUNLEE		
主营业务	生产水上游乐休闲器材、电动玩具及其他塑胶制品，销售自产产品。				

企业名称	上海迪爱生胶粘材料有限公司				
企业地址	上海市外高桥保税区富特北路 559 号 B 部位（200131）				
投资总额	80 万 USD	电　　话	58660151	传　　真	58660151
设立日期	2006-3-16	负 责 人	及川洋		
主营业务	保税区内以胶黏制品、材料的加工、组装、检测、研究开发及销售。				

企业名称	贵海金属制品（上海）有限公司				
企业地址	上海市嘉定区外冈镇外钱公路 2348 号（201806）				
投资总额	70 万 USD	电　　话	69931501	传　　真	69931505
设立日期	2006-3-15	负 责 人	佐藤永佳		
主营业务	生产、加工金属制品，销售本公司自产产品并承接金属表面处理业务。				

企业名称	上海汉杰塑料制品有限公司				
企业地址	上海市宝山区刘场路 335 弄 55 号（200435）				
投资总额	50 万 USD	电　　话	56434049	传　　真	56435336
设立日期	2006-3-13	负 责 人	李廷奇		
主营业务	生产塑料制品，利用回收废旧塑料加工再生塑料原料，销售自产产品。				

企业名称	上海晋飞复合材料科技有限公司				
企业地址	上海市闵行区联曹路 260 号 F1 底楼（200241）				
投资总额	45 万 USD	电　　话	64342453	传　　真	64342452
设立日期	2006-3-9	负 责 人	王　滨		
主营业务	加工、生产各种碳纤维复合材料制品、玻璃纤维及其它复合材料制品。				

企业名称	西格里石墨技术（上海）有限公司				
企业地址	上海工业综合开发区环城东路 151-2 号（201400）				
投资总额	84 万欧元	电　　话	52110333	传　　真	52110085
设立日期	2006-3-9	负 责 人	HARIOLF KOTTMANN		
主营业务	生产以炭素、石墨为基础的工艺设备、机加工部件，销售公司自产产品。				

企业名称	丰罗绝缘材料（上海）有限公司				
企业地址	上海市松江区民强路 1235 号 C 幢厂房（201612）				
投资总额	210 万瑞郎	电　　话	67687020	传　　真	67687021
设立日期	2006-3-8	负 责 人	FRANCOIS LEMONNIER		
主营业务	生产耐高温绝缘材料及绝缘成型件，销售公司自产产品并提供售后服务。				

企业名称	君特注塑系统（上海）有限公司				
企业地址	上海市浦东新区金桥出口加工区川桥路 1765 号 T40-5（201206）				
投资总额	14 万 USD	电　　话	38712217	传　　真	58997929
设立日期	2006-3-3	负 责 人	HERBERT GUNTHER		
主营业务	设计、开发、生产注塑机部件及其系统，销售自产产品，提供技术咨询。				

企业名称	磐密帝时橡塑制品（上海）有限公司				
企业地址	上海市外高桥保税区华中路 55 号第二层 A 部位（200131）				
投资总额	13 万 USD	电　　话	68763740	传　　真	68763743
设立日期	2006-2-22	负 责 人	NICHOLAS WANG		
主营业务	生产、加工橡塑制品，销售自产产品；国际贸易、转口贸易、贸易代理。				

企业名称	雅保特塑胶制品（上海）有限公司				
企业地址	上海市松江区新桥镇春申村申南二路 66 号（201612）				
投资总额	14 万 USD	电　　话	67648369	传　　真	67648596
设立日期	2006-1-24	负 责 人	邓矩深		
主营业务	生产、加工塑胶制品，销售公司自产产品，提供产品售后服务。				

企业名称	上海亚大汽车塑料制品有限公司				
企业地址	上海市青浦区华新镇华昌工业园区 3 号（201700）				
投资总额	250 万 USD	电　　话	39502590	传　　真	39502566
设立日期	2006-1-20	负 责 人	李喜增		
主营业务	开发、生产汽车用工程塑料零部件及总成，销售公司自产产品。				

企业名称	上海乔治费歇尔亚大塑料管件制品有限公司				
企业地址	上海市青浦区华新镇华昌工业园区 3 号（201700）				
投资总额	400 万 USD	电　　话	59790555	传　　真	51651658
设立日期	2006-1-20	负 责 人	常志成		
主营业务	开发、生产工程塑料管件及其配套件和相应机具，销售公司自产产品。				

制造业-橡胶、塑料及非金属矿物制品业

企业名称	**诗董橡胶（上海）有限公司**				
企业地址	上海市外高桥保税区富特东一路 396 号第一层 A3 部位（200131）				
投资总额	13 万 USD	电话	54934965	传真	54934521
设立日期	2006-1-19	负责人	李世强		
主营业务	保税区内以天然橡胶及相关产品为主的仓储分拨业务以及售后服务。				

企业名称	**上海威福洁具有限公司**				
企业地址	上海市宝山区潘川路 2189 号（200436）				
投资总额	20 万 USD	电话	56871809	传真	56873372
设立日期	2006-1-9	负责人	钱志芬		
主营业务	生产卫浴洁具及其相关配件，销售自产产品。				

企业名称	**上海嘉立塑料工程有限公司**				
企业地址	上海市宝山区蕴川路 1188 弄 55 号（201901）				
投资总额	20 万 USD	电话	36020219	传真	36020219
设立日期	2006-1-9	负责人	LI PING（李平）		
主营业务	生产航空发动机维修所用的塑料磨料，销售自产产品。				

企业名称	**上恩磨料磨具（上海）有限公司**				
企业地址	上海市青浦区华新镇嘉松中路 455 号 89 号（201708）				
投资总额	200 万港币	电话	59798558	传真	59798559
设立日期	2006-1-9	负责人	王炳灿		
主营业务	生产、加工工业用研磨材料，砂纸，砂布、圆盘砂、研磨膏、研磨液。				

企业名称	**马贝建筑材料（上海）有限公司**				
企业地址	上海市南汇区宣桥镇沪南公路 8999 号（201314）				
投资总额	285 万 USD	电话	58180909	传真	58180808
设立日期	2006-1-6	负责人	GIORGIO SQUINZI		
主营业务	生产、开发各类新型建筑材料，销售公司自产产品并提供相关咨询。				

企业名称	**美寿满留化工塑料（上海）有限公司**				
企业地址	上海市工业综合开发区环城北路 78 号（201400）				
投资总额	101 万 USD	电话	67106125	传真	67106127
设立日期	2006-1-6	负责人	森实隆生		
主营业务	生产、加工塑料制品、无纺布制品、纸制品，销售公司自产产品。				

企业名称	**上海丸万塑料薄膜制品有限公司**				
企业地址	上海市松江泗泾高新技术开发区 6 号标准厂房 A 幢（201601）				
投资总额	28 万 USD	电话	57628849	传真	57628149
设立日期	2006-1-5	负责人	柴田文博		
主营业务	生产、加工环保型可降解塑料薄膜制品及纸包装产品，销售自产产品。				

企业名称	**东山塑料薄膜（上海）有限公司**				
企业地址	上海市嘉定区华亭镇塔桥村 10 队（201816）				
投资总额	60 万 USD	电话	59950987	传真	59950887
设立日期	2005-12-29	负责人	深津昭彦		
主营业务	生产薄膜材料及其制品，销售本公司自产产品。				

企业名称	**上海三缘好塑料有限公司**				
企业地址	上海市浦东新区北蔡镇联勤村冯家宅 12 号（201204）				
投资总额	14.1 万 USD	电话	50423171	传真	50423172
设立日期	2005-12-26	负责人	洞田礼彰		
主营业务	设计、生产塑料制品，销售自产产品，并提供相关的技术支持。				

企业名称	**上海爱邦铝箔制品有限公司**				
企业地址	上海市金山区枫泾镇工业区(A 区)（201501）				
投资总额	400 万 USD	电话	67360316	传真	67360199
设立日期	2005-12-26	负责人	张松岳		
主营业务	生产家用铝箔制品、铝制品、塑料制品，销售公司自产产品。				

企业名称	**上海康意来橡塑制品有限公司**				
企业地址	上海市奉贤区青村镇南张村六组（201414）				
投资总额	20 万 USD	电话	57596765	传真	57596765
设立日期	2005-12-9	负责人	钱炳刚		
主营业务	生产橡塑制品及其五金配件，销售公司自产产品。				

企业名称	**上海斯克橡胶用品商业有限公司**				
企业地址	上海市金山区山阳镇朱山公路 58 号 1380 室（201508）				
投资总额	12 万 USD	电话	54451116	传真	54451988
设立日期	2005-12-7	负责人	李东熙		
主营业务	橡胶加工助剂、发泡抑制剂、乳胶、滑剂、塑解剂的进口及零售。				

企业名称	**爱卓塑料（上海）有限公司**				
企业地址	上海市宝山区园新路 185 号（200436）				
投资总额	100 万 USD	电话	36161686	传真	36161687
设立日期	2005-12-5	负责人	李毅		
主营业务	表层防护工程塑料和装饰工程塑料及其相关制品的生产，销售自产产品。				

企业名称	**锐佳卫浴（上海）有限公司**				
企业地址	上海市外高桥保税区泰谷路 88 号第二层 F 部位（200131）				
投资总额	12.8 万 USD	电话	50462986	传真	50462599
设立日期	2005-11-22	负责人	黄印成		
主营业务	保税区内以卫浴产品为主的仓储、分拨、商品展示、售后服务。				

企业名称	**查必森磨料（上海）有限公司**				
企业地址	上海市浦东新区港城路 2 号 337 室（200120）				
投资总额	14 万 USD	电话	65452827	传真	63613494
设立日期	2005-11-18	负责人	李安仪		
主营业务	加工、制造各类磨具磨料，石材加工机械及石材的加工，销售自产产品。				

企业名称	**东天有机硅（上海）有限公司**				
企业地址	上海市奉贤区南桥镇金钱公路 3308 号（201400）				
投资总额	20 万 USD	电话	57470115	传真	57475301
设立日期	2005-11-15	负责人	李桂花		
主营业务	生产有机硅材料、有机硅助剂，销售自产产品。				

企业名称	**横滨橡胶（中国）有限公司**				
企业地址	上海市长宁区遵义路 100 号虹桥上海城 B 栋 3587（200051）				
投资总额	3000 万 USD	电话	62371717	传真	62372785
设立日期	2005-11-14	负责人	小林达		
主营业务	在国家允许外商投资的领域依法进行投资。				

企业名称	**野必立塑胶制品（上海）有限公司**				
企业地址	上海市松江区叶榭镇富荣经济开发区四期 7 号厂房（201610）				
投资总额	26 万 USD	电话	67809077	传真	67809091
设立日期	2005-11-4	负责人	ONG ENG LOCK		
主营业务	加工、生产安全封条和工业用塑胶制品，销售公司自产产品。				

企业名称	**上海华利新型建材有限公司**				
企业地址	上海市奉贤区南桥镇西渡工业区 8 街坊 68/9 丘（201400）				
投资总额	140 万 USD	电话	57158608	传真	57159509
设立日期	2005-10-28	负责人	陈建萍		
主营业务	生产各类新型建材、彩钢玻璃棉复合板。				

企业名称	**飞越达橡胶（上海）有限公司**				
企业地址	上海市外高桥保税区冰克路 500 号底层 D11 部位（200131）				
投资总额	12.5 万 USD	电话	64403336	传真	34240870
设立日期	2005-10-27	负责人	VO HUU DUONG		
主营业务	保税区内以橡胶为主的仓储、分拨业务及其相关产品的技术咨询。				

企业名称	**上海四冠塑料制品有限公司**				
企业地址	上海市松江工业区荣乐东路 579 号 2 号厂房（201600）				
投资总额	20 万 USD	电话	57747440	传真	57747440
设立日期	2005-10-26	负责人	林妙贞		
主营业务	生产和加工塑料制品、塑料包装制品，销售公司自产产品。				

企业名称	**圣戈班研发（上海）有限公司**				
企业地址	上海市闵行经济技术开发区文井路 135 号 305 室（201100）				
投资总额	8200 万 RMB	电话	54758366	传真	54757514
设立日期	2005-10-25	负责人	GERARD LAIGROZ		
主营业务	从事磨料磨具产品、颗粒及粉末产品、玻璃产品的研究开发、生产。				

企业名称	**提比森（上海）建材有限公司**				
企业地址	上海市青浦区外青松公路 5500 号 201 室（201700）				
投资总额	400 万 USD	电话	64780134	传真	64193185
设立日期	2005-10-18	负责人	詹明哲		
主营业务	生产、加工建筑材料，销售公司自产产品。				

企业名称	**上海施诺华玻璃制品有限公司**				
企业地址	上海市青浦工业园区华青路 738 号（201700）				
投资总额	2000 万 RMB	电话	69210378	传真	69211217
设立日期	2005-10-10	负责人	施罗君		
主营业务	设计、生产、加工玻璃工艺品、水晶玻璃饰品、器皿、玻璃加工机械。				

企业名称	正佳橡胶（上海）有限公司				
企业地址	上海市外高桥保税区富特东一路 396 号 423 室（200131）				
投资总额	100 万 USD	电话	52080368	传真	52080360
设立日期	2005-10-9	负责人	ZHANG QINGXI		
主营业务	保税区内以天然橡胶原料及相关制品为主的仓储分拨业务。				

企业名称	古比雪夫氮（上海）工程塑料有限公司				
企业地址	上海市青浦工业园区外青松公路 5500 号 108 室（201700）				
投资总额	900 万 USD	电话	69223358	传真	69223365
设立日期	2005-9-9	负责人	雷布金		
主营业务	开发、生产工程塑料及塑料合金，销售公司自产产品。				

企业名称	日轮橡塑工业（上海）有限公司				
企业地址	上海市奉贤区青村镇南张村（201414）				
投资总额	210 万 USD	电话	57599272	传真	57598482
设立日期	2005-8-29	负责人	松田真幸		
主营业务	橡胶、树脂软管及零配件、其他工业用橡胶、树脂关联产品的制造。				

企业名称	上海高鹏精密塑料制品有限公司				
企业地址	上海市松江区民益路 2 号（201612）				
投资总额	400 万 RMB	电话	57687525	传真	57687530
设立日期	2005-8-20	负责人	高井久胜		
主营业务	生产、加工塑料制品，精密轴承零部件，销售公司自产产品。				

企业名称	苏威高新材料研发（上海）有限公司				
企业地址	上海市张江高科技园区祖冲之路 899 号 7 号楼（201203）				
投资总额	350 万 USD	电话	50805080	传真	50805376
设立日期	2005-8-15	负责人	PHILIPPE R.DESCAMPS		
主营业务	研究和开发高级聚合物和高性能塑料混合物。				

企业名称	上海汉圣橡胶科技有限公司				
企业地址	上海市奉贤区奉城镇塘外团结村十一组（201411）				
投资总额	15 万 USD	电话	57171803	传真	57171803
设立日期	2005-8-12	负责人	沈建强		
主营业务	研发、设计、生产暖通设备、橡胶制品专用设备。				

企业名称	上海三来陶瓷有限公司				
企业地址	上海市南汇区航头镇沪南路 4880 弄 68 号（201300）				
投资总额	116 万 RMB	电话	58145279	传真	58145287
设立日期	2005-8-10	负责人	桥本君夫		
主营业务	生产加工特种陶瓷、特种玻璃烤花制品，销售公司自产产品。				

企业名称	鼎御（上海）五金塑料有限公司				
企业地址	上海市宝山区沪太路 8889 号 501 室（200949）				
投资总额	500 万 USD	电话	33850068	传真	33850068
设立日期	2005-7-28	负责人	JIMMY CHIEN		
主营业务	生产、加工五金制品和塑料制品，销售自产产品。				

企业名称	上海文德阻燃材料有限公司				
企业地址	上海市浦东新区杨高北路 528 号 16 幢（200137）				
投资总额	50 万 USD	电话	68878629	传真	68878630
设立日期	2005-7-25	负责人	傅珍全		
主营业务	生产阻燃织物、抗静电织物、涂层织物、绒毛布、服装，销售自产产品。				

企业名称	上海瑞吉塑料制品有限公司				
企业地址	上海市嘉定区外冈镇望安路 642 号 1 幢（201806）				
投资总额	14 万 USD	电话	59936324	传真	59937446
设立日期	2005-7-14	负责人	杨柏婷		
主营业务	生产聚氨酯制品，销售本公司自产产品。				

企业名称	森佩富莱（上海）特种橡胶制品有限公司				
企业地址	上海市化学工业区奉贤分区 A20 工业地块（201424）				
投资总额	1500 万 USD	电话	37111133	传真	37111135
设立日期	2005-7-14	负责人	DIPL-ING RAINHOLD ZELLNER		
主营业务	生产、加工合成橡胶及其制品，销售公司自产产品。				

企业名称	韩华综化（上海）塑料有限公司				
企业地址	上海市嘉定工业区北区 16 号地块（201821）				
投资总额	600 万 USD	电话	39963996	传真	39963922
设立日期	2005-7-12	负责人	朴荣一		
主营业务	生产玻璃钢制品，销售本公司自产产品并提供售后服务。				

企业名称	上海多田工程塑料有限公司				
企业地址	上海市奉贤区柘林镇大树村（201424）				
投资总额	20 万 USD	电话	57457430	传真	57242631
设立日期	2005-6-30	负责人	多田始		
主营业务	生产、加工工程塑料，销售公司自产产品。				

企业名称	上海牛若塑料制品有限公司				
企业地址	上海市奉贤区南桥镇五星村四组（201400）				
投资总额	14 万 USD	电话	57475605	传真	57475613
设立日期	2005-6-30	负责人	服部浩之		
主营业务	生产塑料制品，销售公司自产产品。				

企业名称	上海恺杰汽车塑料零部件有限公司				
企业地址	上海市浦东康桥工业区康花路 200 号（201315）				
投资总额	500 万 USD	电话	68069101	传真	68069101
设立日期	2005-6-22	负责人	丁传兴		
主营业务	开发、设计、制造汽车塑料零部件，销售公司自产产品并提供售后服务。				

企业名称	上海偕和橡塑科技发展有限公司				
企业地址	上海市奉贤区青村镇奉柘公路 3059 号（201414）				
投资总额	18 万 USD	电话	57597829	传真	57597344
设立日期	2005-6-21	负责人	水谷纯		
主营业务	加工以橡胶、塑料为原料生产的汽车、家用电器密封件及配件。				

企业名称	上海美盈塑料有限公司				
企业地址	上海市青浦区徐泾镇华徐公路 569 号（201702）				
投资总额	300 万 RMB	电话	59898008	传真	59898006
设立日期	2005-6-10	负责人	孙江宁		
主营业务	生产塑料容器、塑料制品，销售公司自产产品。				

企业名称	上海晶盟硅材料有限公司				
企业地址	上海市青浦区北青公路 8228 号，二区 48 号（201707）				
投资总额	1890 万 USD	电话	59702591	传真	59702535
设立日期	2005-6-9	负责人	焦平海		
主营业务	研发、设计、制造、加工半导体硅外延片、硅抛光片及相关产品。				

企业名称	上海圣欧同达安全防护材料开发有限公司				
企业地址	上海市青浦区白鹤镇南（201709）				
投资总额	500 万 USD	电话	59742197	传真	59744422
设立日期	2005-5-30	负责人	钟炫柱		
主营业务	生产、加工阻燃防火面料、阻燃防火服装、安全防护产品。				

企业名称	海喜德建材（上海）有限公司				
企业地址	上海市浦东新区川六公路 1358 号 1 号厂房（201202）				
投资总额	14 万 USD	电话	58361948	传真	58361949
设立日期	2005-5-27	负责人	吴晓彤		
主营业务	研发、生产新型建筑材料和高性能涂料。				

企业名称	本幸塑料（上海）有限公司				
企业地址	上海市外高桥保税区富特东一路 438 号第一层 D 部位（200131）				
投资总额	6.25 万 USD	电话	50581571	传真	58357499
设立日期	2005-5-26	负责人	本山和幸		
主营业务	塑料薄膜、塑料粒子、塑料、塑料模具、模具加工机床的仓储、分拨。				

企业名称	上海福井化成塑胶有限公司				
企业地址	上海市工业综合开发区远东路 777 弄（201400）				
投资总额	70 万 USD	电话	67106701	传真	67106705
设立日期	2005-5-25	负责人	福井保夫		
主营业务	设计、开发、生产塑胶座椅、空调用塑胶配件的塑胶产品。				

企业名称	上海奇高玻璃制品有限公司				
企业地址	上海市松江区九亭镇久富经济开发区盛高路上标准厂房（201615）				
投资总额	20 万 USD	电话	67626150	传真	67626155
设立日期	2005-5-23	负责人	陈炳灿		
主营业务	生产加工玻璃制品、玻璃复合制品及其相关五金配件、塑料配件。				

企业名称	上海采埃孚中鼎橡胶金属技术有限公司				
企业地址	上海市青浦区外青松公路 5399 号 A28 号厂房（201700）				
投资总额	8000 万 RMB	电话	59227399	传真	59227311
设立日期	2005-5-17	负责人	夏鼎湖		
主营业务	生产、装配和测试用于轿车、商用车的减震橡胶金属零部件及相关产品。				

企业名称	上海丰圣新型建材有限公司				
企业地址	上海市奉贤区奉城镇南奉公路北侧（201411）				
投资总额	105万USD	电话	27568772	传真	57171166
设立日期	2005-4-18	负责人	魏泰黄		
主营业务	开发、生产高效保温建材，销售公司自产产品并提供产品的售后服务。				

企业名称	长力赛特工程塑料（上海）有限公司				
企业地址	上海市嘉定工业区回城南路1888号（201821）				
投资总额	150万港币	电话	59142888	传真	59143767
设立日期	2005-3-22	负责人	何曙华		
主营业务	生产工程塑料、电器塑料，销售本公司自产产品。				

企业名称	优创（上海）精密注塑制模有限公司				
企业地址	上海市闵行区莘松路850弄198号（201100）				
投资总额	70万USD	电话	64938820	传真	64938828
设立日期	2005-3-22	负责人	CHUA KIM CHEW 蔡锦州		
主营业务	开发、生产非金属制品模具、精冲模、精密型腔模，销售自产产品。				

企业名称	李赛克超大镀膜玻璃（上海）有限公司				
企业地址	上海市青浦工业园区新技路55号（201707）				
投资总额	1600万欧元	电话	69210055	传真	69210077
设立日期	2005-3-22	负责人	PETER LISEC		
主营业务	生产、加工特种玻璃，平板玻璃深加工技术的研究与开发。				

企业名称	玖润塑胶工业（上海）有限公司				
企业地址	上海市闵行区华漕镇纪翟路大桥车站（201107）				
投资总额	20万USD	电话	62965661	传真	62966323
设立日期	2005-3-17	负责人	吴阳曙		
主营业务	设计、制造精密塑料模具，生产塑料制品，销售自产产品。				

企业名称	上海莱尔森塑胶有限公司				
企业地址	上海市松江区石湖荡镇贵南路南侧原申鹿呢绒厂（201604）				
投资总额	50万USD	电话	57609106	传真	57609109
设立日期	2005-3-15	负责人	陈学本		
主营业务	生产塑胶制品、五金制品，销售公司自产产品。				

企业名称	欣斯琪实业（上海）有限公司				
企业地址	上海市青浦区外青松公路5399号A28厂房（201700）				
投资总额	800万USD	电话	64550806	传真	64550806
设立日期	2005-3-14	负责人	黄尚渭		
主营业务	生产、加工塑料制品、金属制品、木制品和纸制品，销售公司自产产品。				

企业名称	上海长伟锦磁工程塑料有限公司				
企业地址	上海市真陈路1000号513室（200436）				
投资总额	210万USD	电话	64400545	传真	34241659
设立日期	2005-3-11	负责人	程方清		
主营业务	工程塑料及塑料合金的生产，销售自产产品。				

企业名称	上海井上捷克橡塑制品有限公司				
企业地址	上海市奉贤区柘林镇沪杭公路3079号（201424）				
投资总额	100万USD	电话	67191117	传真	67191114
设立日期	2005-3-4	负责人	伊藤耕司		
主营业务	设计、开发、生产丙烯酸橡胶，并提供相关技术咨询服务。				

企业名称	上海藤仓橡塑电缆有限公司				
企业地址	上海市杨浦区军工路1076号（200093）				
投资总额	600万USD	电话	55225293	传真	65499116
设立日期	2005-2-25	负责人	姜克勤		
主营业务	生产35KV及以下橡胶塑料绝缘电线及电缆。				

企业名称	上海阿萨克洁具有限公司				
企业地址	上海市外高桥保税区富特东一路396号2楼211部位（200131）				
投资总额	6.2万USD	电话	58999868	传真	58999870
设立日期	2005-2-18	负责人	TIMOTHY MARTIN POWELL		
主营业务	保税区内以洁具产品为主的仓储、分拨、展示业务。				

企业名称	西川橡胶（上海）有限公司				
企业地址	上海市外高桥保税区富特西一路155号C楼第二层2039部位(200131)				
投资总额	6.1万USD	电话	57734617	传真	57734606
设立日期	2005-2-7	负责人	西川正洋		
主营业务	保税区内以橡胶制品为主的仓储、分拨业务。				

企业名称	赫美斯（上海）磨料有限公司				
企业地址	上海市青浦工业园区天盈路98号3号厂房（201700）				
投资总额	60万欧元	电话	50640369	传真	50640365
设立日期	2005-1-31	负责人	COLLN CLARKE		
主营业务	磨料产品的设计、生产与加工，销售自产产品。				

企业名称	上海海安橡塑制品有限公司				
企业地址	上海市南汇区六灶镇鹿园工业区鹿兴路93号4座（201322）				
投资总额	52万USD	电话	58166491	传真	58166494
设立日期	2005-1-31	负责人	吕淑真		
主营业务	生产密封圈、橡胶减震垫块等橡胶制品，销售公司自产产品。				

企业名称	上海映瑞橡胶制品有限公司				
企业地址	上海市崇明工业园区秀山路B-3-6地块（201900）				
投资总额	50万USD	电话	64869199	传真	64869016
设立日期	2005-1-26	负责人	赵国桢		
主营业务	生产各种合成橡胶的混炼胶、各种“O”环、油封、垫片。				

企业名称	上海宇立保温材料有限公司				
企业地址	上海市嘉定区嘉定镇沪宜公路4290号B幢（201800）				
投资总额	14万USD	电话	69916789	传真	69916639
设立日期	2005-1-25	负责人	甄志明		
主营业务	生产高效保温材料，销售本公司自产产品并提供售后服务。				

企业名称	上海晶英玻璃制品有限公司				
企业地址	上海市南汇区康桥东路905弄31号（201315）				
投资总额	14万USD	电话	50201933	传真	50201932
设立日期	2005-1-24	负责人	SANGKAYOOLAKUL MONTHIEN		
主营业务	生产建筑装潢玻璃、光学超薄玻璃、镜片的深加工，销售公司自产产品。				

企业名称	白特荣塑胶（上海）有限公司				
企业地址	上海市闵行区双柏路688号3号厂房（200241）				
投资总额	108万USD	电话	64341775	传真	64341811
设立日期	2005-1-14	负责人	NG CHER YEW（黄子耀）		
主营业务	开发、生产数字照相机的关键件、仪用接插件、注塑模具。				

企业名称	上海珉成塑料制品有限公司				
企业地址	上海嘉定区外冈镇沪宜昌公路5221号（201806）				
投资总额	30万USD	电话	59580558	传真	59586047
设立日期	2004-12-30	负责人	白珉植		
主营业务	生产塑料制品销售本公司自产产品（涉及行政许可的凭许可证经营）。				

企业名称	上海祥群塑胶工业有限公司				
企业地址	上海市闵行区华漕镇航华工业园区航建路501号B座（201106）				
投资总额	20万USD	电话	52270694	传真	52770875
设立日期	2004-12-15	负责人	许宏志		
主营业务	生产各类塑胶制品、塑料童车、日用塑胶用品、塑料玩具。				

企业名称	硕昌（上海）精密塑料制品有限公司				
企业地址	上海市松江工业区江田东路111号（201613）				
投资总额	15万USD	电话	67742355	传真	67742360
设立日期	2004-12-10	负责人	李焕昌		
主营业务	加工、生产塑料制品、注塑制品，销售自产产品并提供售后技术服务。				

企业名称	上海纳瓦塑胶制品有限公司				
企业地址	上海市闵行区闵北工业区7号地块（201107）				
投资总额	101万USD	电话	64050018	传真	64060299
设立日期	2004-11-30	负责人	王昭安		
主营业务	加工、生产各类塑料制品，销售自产产品。				

企业名称	日轮软管工业（上海）有限公司				
企业地址	上海市浦东新区北蔡镇五星路351号1、2、3、11幢（201204）				
投资总额	35万USD	电话	68948530	传真	68947480
设立日期	2004-11-17	负责人	松田真幸		
主营业务	橡胶、树脂软管及零配件，其他工业用橡胶、树脂关联产品的制造。				

企业名称	上海英达宝塑料有限公司				
企业地址	上海市南汇区鹿园工业区鹿兴路199－7号（201306）				
投资总额	50万USD	电话	58166830	传真	68160215
设立日期	2004-11-9	负责人	陈秀维		
主营业务	生产工程塑料及色母粒、色粉，销售公司自产产品。				

企业名称	上海藤光塑料有限公司				
企业地址	上海市外高桥保税区日京路2号307室（200131）				
投资总额	20万USD	电　话	63351189	传　真	63351190
设立日期	2004-11-8	负责人	小川雅雄		
主营业务	国际贸易、转口贸易、保税区内企业间的贸易、贸易代理等。				

企业名称	上海华华邺明氟塑料有限公司				
企业地址	上海市嘉定区黄渡镇曹安公路4514弄1号1号楼（201804）				
投资总额	30万USD	电　话	69595636	传　真	69595637
设立日期	2004-11-1	负责人	邵霞萍		
主营业务	生产聚四氟乙烯止泄带、橡塑密封圈，销售本公司自产产品。				

企业名称	三洋东知（上海）橡胶有限公司				
企业地址	上海市奉贤区金汇镇大叶公路6059号（201404）				
投资总额	76万USD	电　话	57581127	传　真	57583146
设立日期	2004-10-26	负责人	铃木昭二		
主营业务	生产合成橡胶片材、型材、管材及其他橡胶产品，销售公司自产产品。				

企业名称	上海外高桥保税区科理能塑业有限公司				
企业地址	上海市外高桥保税区德林路368号A楼三层A部位（200131）				
投资总额	20万USD	电　话	58660267	传　真	58660277
设立日期	2004-10-18	负责人	谢伟明		
主营业务	生产加工塑料产品，销售自产产品；以半导体器材为主的的国际贸易。				

企业名称	上海瑞展塑料制品有限公司				
企业地址	上海市宝山区祁连山路3252号（200436）				
投资总额	30万USD	电　话	66128998	传　真	66128995
设立日期	2004-10-15	负责人	吴德民		
主营业务	生产百叶窗；销售自产产品（以上涉及行政许可的凭许可证经营）。				

企业名称	拓莫拓（上海）五金塑胶制品有限公司				
企业地址	上海市嘉定区马陆镇陈村村陈宝路285号（201801）				
投资总额	20万USD	电　话	69153932	传　真	69153933
设立日期	2004-10-12	负责人	户本守		
主营业务	生产各种脚轮，金属制品，塑料制品，销售本公司自产产品。				

企业名称	上海泰奉橡胶塑料有限公司				
企业地址	上海市工业综合开发区综星苑7号厂房（201400）				
投资总额	100万USD	电　话	67102401	传　真	67102425
设立日期	2004-9-22	负责人	三尾义彦		
主营业务	生产防震橡胶、发泡材料及家电汽车用橡胶塑料部件。				

企业名称	万新橡胶科技（上海）有限公司				
企业地址	上海市松江区新桥镇华民路12号厂房（201612）				
投资总额	175万USD	电　话	62494977	传　真	62496631
设立日期	2004-9-6	负责人	许清霖（KOH CHENG LIN）		
主营业务	开发、生产、加工各类橡胶制品、混炼胶、塑胶制品、五金制品、模具。				

企业名称	上海明曜塑料制品有限公司				
企业地址	上海市松江区九亭镇涞坊路2099号（201615）				
投资总额	14万USD	电　话	67697352	传　真	67697353
设立日期	2004-9-2	负责人	张曜任		
主营业务	设计、加工生产塑料制品、塑料钢模，销售自产产品并提供售后技术。				

企业名称	才塑高分子材料（上海）有限公司				
企业地址	上海市青浦工业园区天一路451号（201700）				
投资总额	80万USD	电　话	59227203	传　真	59227201
设立日期	2004-8-26	负责人	林丽芬		
主营业务	生产工程塑料及塑料合金，销售公司自产产品。				

企业名称	毅兴工程塑料（上海）有限公司				
企业地址	上海市外高桥保税区台中南路2号新贸楼165室（200131）				
投资总额	20万USD	电　话	64401618	传　真	34240203
设立日期	2004-8-18	负责人	许国光		
主营业务	国际贸易、转口贸易，保税区企业间的贸易及贸易代理。				

企业名称	聚威工程塑料（上海）有限公司				
企业地址	上海市松江区九亭镇涞坊路2049号（201615）				
投资总额	40万USD	电　话	67697225	传　真	67697271
设立日期	2004-8-4	负责人	王　晶		
主营业务	改性塑料的生产、加工，销售自产产品（涉及许可经营的凭许可证经营）。				

企业名称	上海敦富塑胶制品有限公司				
企业地址	上海市松江区佘山工业区佘北公路北干山桥西侧（201602）				
投资总额	55万USD	电　话	57793872	传　真	57793873
设立日期	2004-8-2	负责人	于卫华		
主营业务	生产各种塑胶制品、五金制品，销售自产产品并提供相关技术服务。				

企业名称	上海普容尼模塑有限公司				
企业地址	上海市松江区中山街道茸梅路669号（201613）				
投资总额	20万USD	电　话	57786084	传　真	57782446
设立日期	2004-7-28	负责人	井上仁良		
主营业务	开发、设计、生产和加工各类精密注塑件及模具，电子零件。				

企业名称	上海耀炜塑胶有限公司				
企业地址	上海市闵行区华漕镇吴翟路3281号（201106）				
投资总额	36.5万USD	电　话	52261471	传　真	52261473
设立日期	2004-7-19	负责人	陈金树		
主营业务	生产、加工塑胶、橡胶、金属制管道产品、密封件及精密模具。				

企业名称	上海双凯塑胶制品有限公司				
企业地址	上海枫泾工业园区环枫东路18号（201501）				
投资总额	50万USD	电　话	67356212	传　真	67356212
设立日期	2004-7-15	负责人	陈　琦		
主营业务	生产加工台布、托盘、雨衣等日用塑料制品，销售公司自产产品。				

企业名称	壹特塑胶（上海）有限公司				
企业地址	上海市普陀区绥德路628号B1楼底（200331）				
投资总额	60万USD	电　话	62503322	传　真	52843117
设立日期	2004-7-9	负责人	苏庆福		
主营业务	设计、制造汽车配件、精密电器元件、塑料部件，销售自产产品。				

企业名称	上海正锋塑胶制品有限公司				
企业地址	上海市嘉定区外冈镇外钱公路747号（201806）				
投资总额	100万USD	电　话	59939385	传　真	59939379
设立日期	2004-6-24	负责人	LAI TENG CHIAO		
主营业务	生产婴儿学步车、三轮车、手推车及相关塑胶制品，销售自产产品。				

企业名称	考泰斯（上海）塑料技术有限公司				
企业地址	上海市外高桥保税区F24－1地块（200131）				
投资总额	1550万USD	电　话	50462868	传　真	50460891
设立日期	2004-6-23	负责人	王　翔		
主营业务	保税区内生产、加工全套汽车燃油系统、各类汽车配件，销售自产产品。				

企业名称	泰西精密模具塑料（上海）有限公司				
企业地址	上海市浦东新区金桥出口加工区新金桥路600号（201206）				
投资总额	70万USD	电　话	38660068	传　真	38660018
设立日期	2004-6-7	负责人	HENRY BECK		
主营业务	加工、生产精密模具和相关注塑件及配套注塑器械，销售自产产品。				

企业名称	富利塑料软管（上海）有限公司				
企业地址	上海市南汇区航头镇沪南公路4999弄8号（201317）				
投资总额	25万USD	电　话	58146400	传　真	58148966
设立日期	2004-6-4	负责人	王连喜		
主营业务	生产塑料软管、瓶盖，销售自产产品（涉及许可经营的凭许可证经营）。				

企业名称	上海翔达塑胶工业有限公司				
企业地址	上海市闵行区华漕镇联友路189号（201107）				
投资总额	20万USD	电　话	52260950	传　真	52264902
设立日期	2004-5-31	负责人	詹智胜		
主营业务	生产健身用品及PVC材质的球类产品，销售自产产品。				

企业名称	三养工程塑料（上海）有限公司				
企业地址	上海市青浦工业园区外青松公路5500号109室（201700）				
投资总额	500万USD	电　话	69222270	传　真	69222271
设立日期	2004-5-19	负责人	赵在铉		
主营业务	生产工程塑料及塑料合金，销售公司自产产品。				

企业名称	莱丹塑料焊接技术（上海）有限公司				
企业地址	上海市闵行区莘庄工业区颛兴路1588号A号厂房（201108）				
投资总额	120万瑞士法郎	电　话	64422398	传　真	64422338
设立日期	2004-5-18	负责人	克里斯蒂娜·莱斯特		
主营业务	开发、生产塑料焊接设备、热风设备、热加工设备。				

制造业-橡胶、塑料及非金属矿物制品业

企业名称	超盛橡胶产品（上海）有限公司				
企业地址	上海市南汇工业园区园中路 20 号地块 7 号厂房（201300）				
投资总额	52.9 万 USD	电　话	68009876	传　真	68009875
设立日期	2004-5-13	负 责 人	STEVEN W .NIETO		
主营业务	生产、加工橡胶复合物，销售公司自产产品，提供相关技术服务。				

企业名称	优尼欧塑胶（上海）有限公司				
企业地址	上海市松江工业区东兴路 25 号 3 号厂房（201613）				
投资总额	15 万 USD	电　话	67742238	传　真	67742239
设立日期	2004-5-9	负 责 人	李　泽		
主营业务	设计、生产和加工各类塑胶制品及相关设备，销售公司自产产品。				

企业名称	上海泓德塑料制品有限公司				
企业地址	上海市宝山城市工业园区城银路园泰路路口（200436）				
投资总额	210 万 USD	电　话	36162598	传　真	36160366
设立日期	2004-5-8	负 责 人	林文腾		
主营业务	生产汽车、摩托车塑料零部件，家用电器塑料配件及塑料制品。				

企业名称	妮红汉新精密注塑制模（上海）有限公司				
企业地址	上海市闵行区莘庄镇莘北路 669 号（201100）				
投资总额	70 万 USD	电　话	54954043	传　真	54955787
设立日期	2004-4-28	负 责 人	寺尾铁军		
主营业务	设计、制造、生产非金属制品模具、汽车、摩托车模具。				

企业名称	上海德瑞尔塑胶制品有限公司				
企业地址	上海市闵行区浦江镇汇西村八队（201112）				
投资总额	14 万 USD	电　话	64918971	传　真	64918972
设立日期	2004-4-22	负 责 人	梁志兴		
主营业务	生产各类塑胶制品，销售自产产品（涉及许可经营的凭许可证经营）。				

企业名称	上海亚都塑料有限公司				
企业地址	上海市金山区枫泾镇新春村 3163 号（201501）				
投资总额	50 万 USD	电　话	57351588	传　真	57354848
设立日期	2004-4-16	负 责 人	陈圣都		
主营业务	生产塑料制品及其设备制造，销售公司自产产品。				

企业名称	博利特橡胶（上海）有限公司				
企业地址	上海市青浦区朱家角镇工业园区（B19）（201713）				
投资总额	50 万 USD	电　话	59832337	传　真	59832291
设立日期	2004-4-14	负 责 人	肥田彰吾		
主营业务	生产、加工橡胶制品及助剂，销售公司自产产品。				

企业名称	上海普日塑料制品有限公司				
企业地址	上海市川沙路 1706 号 2 幢 101-103 室，3 幢 101 室，6 幢 101 室（201200）				
投资总额	14 万 USD	电　话	51021868	传　真	50817862
设立日期	2004-4-6	负 责 人	PETER PUHL		
主营业务	生产办公用塑料印章及其配件（不包括公章），塑料印章制品的装配。				

企业名称	上海克比塑胶有限公司				
企业地址	上海市嘉定区南翔镇高科技园区惠裕路 19 号（201802）				
投资总额	21 万 USD	电　话	69170782	传　真	69170213
设立日期	2004-4-1	负 责 人	张　坚		
主营业务	生产精密型腔膜及配件、精密五金件、橡塑胶件，销售本公司自产产品。				

企业名称	上海东鸿塑料制品有限公司				
企业地址	上海市青浦区外青松公路 3688 号（201709）				
投资总额	210 万 USD	电　话	59740000	传　真	59743777
设立日期	2004-3-24	负 责 人	陆玉辉		
主营业务	开发、生产新技术农膜产品（光解膜、多功能膜及原料等）。				

企业名称	上海群翔塑胶制品有限公司				
企业地址	上海市嘉定区徐行镇澄浏路 728 号（201808）				
投资总额	60 万 USD	电　话	59909082	传　真	59909083
设立日期	2004-3-23	负 责 人	汤绍昆		
主营业务	生产 PVC 塑胶制品及其相关产品，销售本公司自产产品。				

企业名称	科精祥星精密注塑（上海）有限公司				
企业地址	上海市浦东新区川沙路 6999 号二号厂房一楼（201202）				
投资总额	100 万 USD	电　话	58593160	传　真	58593166
设立日期	2004-3-23	负 责 人	陈福财		
主营业务	研发、生产电子、汽车摩托车类的注塑制品，光电类新型元器件。				

企业名称	上海耐克特塑胶有限公司				
企业地址	上海市青浦区外青松公路 5500 号 104 室（201700）				
投资总额	250 万 USD	电　话	59227160	传　真	59227160
设立日期	2004-3-17	负 责 人	张　珏		
主营业务	生产、加工塑胶给排水管材、管件及配件、塑胶制品，销售自产产品。				

企业名称	上海福将塑胶工业有限公司				
企业地址	上海市宝山城市工业园区 H－1 地块（200436）				
投资总额	1200 万 USD	电　话	56683718	传　真	56682829
设立日期	2004-3-9	负 责 人	陈庐一		
主营业务	生产塑料制品、包装材料和金属制品，销售自产产品。				

企业名称	盛安塑胶五金（上海）有限公司				
企业地址	上海市松江区松江高科技园区松沪工业小区盛业路分区（201600）				
投资总额	35 万 USD	电　话	57796150	传　真	57796152
设立日期	2004-2-23	负 责 人	小泽秀志		
主营业务	塑料五金制品及模具制作和相关组件生产，销售公司自产产品。				

企业名称	上海东全橡胶工业有限公司				
企业地址	上海市松江区洞泾镇工业规划区松江第 295－1 号地块（201601）				
投资总额	55 万 USD	电　话	57674048	传　真	67670741
设立日期	2004-2-6	负 责 人	室井仁志		
主营业务	生产各类金属橡塑制品、减震器，销售公司自产产品。				

企业名称	上海亚马特塑胶有限公司				
企业地址	上海市青浦工业园区高新技术成果转化基地 A27 号厂房（东）（201700）				
投资总额	210 万 USD	电　话	59758822	传　真	59758833
设立日期	2004-2-3	负 责 人	武井康介		
主营业务	开发、生产电子、电器设备塑胶品、日用及其他塑胶制品。				

企业名称	淘盛橡胶制品（上海）有限公司				
企业地址	上海市青浦工业园区天一路 488 号（201712）				
投资总额	50.5 万 USD	电　话	59228469	传　真	59228469
设立日期	2004-2-2	负 责 人	陶礼治		
主营业务	生产、加工各类高档工业胶辊及其配件，销售公司自产产品。				

企业名称	上海爱开模塑有限公司				
企业地址	上海青浦工业园区天一路 459 号（201712）				
投资总额	60 万 USD	电　话	59227186	传　真	59227187
设立日期	2004-1-30	负 责 人	井出幸男		
主营业务	模具的设计和制造，塑料零部件的加工和装配，销售公司自产产品。				

企业名称	上海昌埭绝缘材料有限公司				
企业地址	上海市松江区新桥镇银都西路申北一弄第十二幢（201612）				
投资总额	14 万 USD	电　话	57609357	传　真	37601314
设立日期	2004-1-13	负 责 人	刘　婉		
主营业务	生产、加工电工绝缘材料，销售公司自产产品并提供售后技术服务。				

企业名称	上海艾玛拉皮带有限公司				
企业地址	上海市青浦区朱家角经济区内（201700）				
投资总额	1500 万 USD	电　话	65332222	传　真	65480430
设立日期	2004-1-7	负 责 人	涂木林		
主营业务	生产、加工工业用输送皮带，销售公司自产产品，并提供技术咨询服务。				

企业名称	上海井上模塑开发有限公司				
企业地址	上海市闵行区合川路 3071 号（201103）				
投资总额	50.69 万 USD	电　话	64013204	传　真	54221829
设立日期	2003-12-24	负 责 人	河野培荣		
主营业务	非金属制品模具设计、开发、制造，销售自产产品及相关的售后服务。				

企业名称	威禾精密模具（上海）有限公司				
企业地址	上海市国际汽车城配套工业园区东部配套区 11 号地块 5 车间（201805）				
投资总额	70 万 USD	电　话	59504301	传　真	59504302
设立日期	2003-12-22	负 责 人	谢美安		
主营业务	设计、生产精密模具，销售本公司自产产品并提供相关技术咨询。				

企业名称	上海来嘉乐塑料有限公司				
企业地址	上海市闵行区浦江镇鲁汇工业区（201112）				
投资总额	301 万 USD	电　话	54846028	传　真	54846033
设立日期	2003-12-22	负 责 人	小久保好章		
主营业务	高性能工程塑料，中间体的生产加工。				

企业名称	美都精密模具（上海）有限公司				
企业地址	上海市国际汽车城配套工业园区东部配套区 11 号地块 4 车间（201805）				
投资总额	80 万 USD	电 话	59504329	传 真	59505367
设立日期	2003-12-19	负 责 人	王元庆		
主营业务	设计、生产精密模具，销售本公司自产产品并提供相关技术咨询。				

企业名称	上海野田精密塑料制品有限公司				
企业地址	上海市青浦区徐泾镇诸陆西路 2959 号（201702）				
投资总额	100 万 USD	电 话	59840688	传 真	59840618
设立日期	2003-12-16	负 责 人	野田伸浩		
主营业务	生产、加工各类塑胶制品，销售公司自产产品。				

企业名称	峰群石材（上海）有限公司				
企业地址	上海市青浦区重固镇毛家角村（201706）				
投资总额	30 万 USD	电 话	69187204	传 真	69186504
设立日期	2003-12-12	负 责 人	傅元慧		
主营业务	生产、加工大理石、花岗石制品，销售公司自产产品。				

企业名称	上海英硕塑料制品有限公司				
企业地址	上海市闵行区春申路 2328 弄张慕工业区（201100）				
投资总额	200 万 USD	电 话	54379710	传 真	54379701
设立日期	2003-12-11	负 责 人	陈剑海		
主营业务	生产精密塑料模具，塑料相关包装制品，销售自产产品。				

企业名称	上铭塑模（上海）有限公司				
企业地址	上海市松江区中山街道施惠路以北、茸阳路以西地块（201613）				
投资总额	260 万 USD	电 话	57783057	传 真	57783327
设立日期	2003-12-10	负 责 人	後藤务		
主营业务	设计、加工精冲模、精密型腔膜、模具标准件生产，销售公司自产产品。				

企业名称	河村模具塑料（上海）有限公司				
企业地址	上海市松江区新桥镇新茸路松南小区 12 号厂房（201612）				
投资总额	50 万 USD	电 话	57687155	传 真	57686701
设立日期	2003-12-8	负 责 人	河村英昭		
主营业务	非金属模具的设计、制造，精冲模、精密型腔膜、模具标准件的生产。				

企业名称	上海宝利根精密模塑有限公司				
企业地址	上海市闵行区梅陇镇景联路 188 弄 6 号（200237）				
投资总额	100 万 USD	电 话	64340580	传 真	64340586
设立日期	2003-12-6	负 责 人	莫泽广		
主营业务	非金属制品模具设计、制造，销售公司自产产品。				

企业名称	上海米斯轮胎有限公司				
企业地址	上海市浦东新区川沙镇吴店路 309 号（201202）				
投资总额	18 万 USD	电 话	58597478	传 真	58597400
设立日期	2003-12-4	负 责 人	张屹中		
主营业务	子午线轮胎的翻新加工，销售自产产品（涉及许可经营的凭许可证经营）。				

企业名称	上海奇宝胜工具有限公司				
企业地址	上海市闵行区江川路 1800 号（200245）				
投资总额	50 万 USD	电 话	64895785	传 真	64895033
设立日期	2003-12-4	负 责 人	柳加林		
主营业务	生产五金工具、橡塑制品，销售公司自产产品。				

企业名称	上海宏晨模具成型有限公司				
企业地址	上海市金山区金山第二工业区钱圩分区（201515）				
投资总额	21 万 USD	电 话	57292727	传 真	57292344
设立日期	2003-12-3	负 责 人	何军辉		
主营业务	生产各类家庭用品和旅游用品以及汽车附件的模具，销售公司自产产品。				

企业名称	上海联立塑料制品有限公司				
企业地址	上海市宝山区一二八纪念路 1088 号（200435）				
投资总额	20 万 USD	电 话	56834012	传 真	66983018
设立日期	2003-12-2	负 责 人	陈松海		
主营业务	生产、加工塑料薄膜制品及纸张产品，销售自产产品。				

企业名称	上海米乔精密模具有限公司				
企业地址	上海市闵行区华漕镇鹫山村卞更巷生产队（201106）				
投资总额	20 万 USD	电 话	62966562	传 真	62962275
设立日期	2003-11-28	负 责 人	吴锡仁		
主营业务	设计、加工、生产精密模具、机械零部件、冲压件、射出成型制品。				

企业名称	越谷化成工程塑料（上海）有限公司				
企业地址	上海市嘉定区马陆镇浏翔公路 2248 弄 17 号（201801）				
投资总额	175 万 USD	电 话	69156195	传 真	69156197
设立日期	2003-11-20	负 责 人	仁木康弘		
主营业务	高性能工程塑料，有机颜料及中间体的生产加工。				

企业名称	和易陶瓷（上海）有限公司				
企业地址	上海市闵行区北翟路 3889 号 85 栋（201106）				
投资总额	14 万 USD	电 话	52733578	传 真	52733577
设立日期	2003-11-19	负 责 人	戴秀芝		
主营业务	生产陶瓷原料，销售公司自产产品（涉及许可经营的凭许可证经营）。				

企业名称	上海伯隆橡塑科技有限公司				
企业地址	上海市奉贤区奉城镇塘外航塘公路 4868 号（201408）				
投资总额	20 万 USD	电 话	54950945	传 真	64987525
设立日期	2003-11-17	负 责 人	苏永隆		
主营业务	研发、生产合成橡胶制品、非金属类制品模具，销售公司自产产品。				

企业名称	上海克比精密模塑有限公司				
企业地址	上海市嘉定区南翔镇高科技园区惠裕路 19 号（201802）				
投资总额	120 万 USD	电 话	69179108	传 真	69170213
设立日期	2003-11-13	负 责 人	张 坚		
主营业务	设计、生产精冲模、精密型腔模及其配件，销售本公司自产产品。				

企业名称	嘉一养殖设备工程（上海）有限公司				
企业地址	上海市青浦区徐泾镇诸光路 399 弄 18 号（201702）				
投资总额	20 万 USD	电 话	59509985	传 真	59509906
设立日期	2003-11-11	负 责 人	周尊贤		
主营业务	生产水产养殖设备及渔具、农用高密度多功能薄膜及土工膜。				

企业名称	建荣橡胶（上海）有限公司				
企业地址	上海市青浦工业园区华浦路 500 号（201700）				
投资总额	180 万 USD	电 话	69714715	传 真	69714716
设立日期	2003-10-24	负 责 人	稻木三四郎		
主营业务	生产工业用精密橡胶制品及塑胶压出成型品，办公用橡胶、塑胶滚轴。				

企业名称	博利海速利得工程塑料（上海）有限公司				
企业地址	上海市瑞金二路 202 号 210 室（200020）				
投资总额	14 万 USD	电 话	58358918	传 真	58358918
设立日期	2003-10-23	负 责 人	YONG AH SEN		
主营业务	生产各种异形工程塑料产品及配套产品（限分支机构）。				

企业名称	上海美亚科丽塑胶有限公司				
企业地址	上海市金山区金山卫镇穿心路（201512）				
投资总额	37.45 万 USD	电 话	67262022	传 真	57160133
设立日期	2003-10-23	负 责 人	张允伏		
主营业务	生产塑胶、蚊香机械设备，销售公司自产产品。				

企业名称	大江金塑料制品（上海）有限公司				
企业地址	上海市浦东新区机场镇邓发路邓一村张家宅 14 号（201202）				
投资总额	5.42 万 USD	电 话	50530238	传 真	50535238
设立日期	2003-10-21	负 责 人	陈中坚		
主营业务	塑料制品的生产，销售自产产品，并提供相关的咨询服务。				

企业名称	上海人脊橡塑科技制品有限公司				
企业地址	上海市青浦区白鹤镇外青松公路 3191 号（201709）				
投资总额	51 万 USD	电 话	54037117	传 真	54032192
设立日期	2003-10-20	负 责 人	张克威		
主营业务	设计、开发、生产、加工橡塑类聚氨脂保健制品，销售公司自产产品。				

企业名称	上海安尚塑胶有限公司				
企业地址	上海市松江区新桥镇华明路 3 号标准厂房（201613）				
投资总额	30 万 USD	电 话	57681756	传 真	57681754
设立日期	2003-10-16	负 责 人	安钟圭		
主营业务	生产加工各类塑胶制品及其零部件，销售公司自产产品。				

企业名称	拉瓦克（上海）卫浴产品有限公司				
企业地址	上海市普陀区古浪路 415 弄 4 号底楼（200333）				
投资总额	20 万 USD	电 话	54094037	传 真	54096855
设立日期	2003-10-8	负 责 人	JINDRICH VAREKA		
主营业务	生产、加工卫浴器材，销售自产产品（涉及许可经营的凭许可证经营）。				

制造业-橡胶、塑料及非金属矿物制品业

企业名称	协展塑胶制品（上海）有限公司				
企业地址	上海市嘉定区马陆镇印村村（201801）				
投资总额	16 万 USD	电　话	59103729	传　真	59103728
设立日期	2003-9-24	负 责 人	余秀艺		
主营业务	生产塑胶制品、五金制品、模具，销售本公司自产产品。				

企业名称	上海凯钲五金制品有限公司				
企业地址	上海市嘉定区马陆镇北管村（201801）				
投资总额	35 万 USD	电　话	69153534	传　真	69154419
设立日期	2003-9-24	负 责 人	张国火		
主营业务	生产五金工具、塑料制品、模具及包装产品，销售本公司自产产品。				

企业名称	塑美双螺杆挤出机械（上海）有限公司				
企业地址	上海市闵行区华宁路 4018 弄 58 号（201108）				
投资总额	20 万 USD	电　话	64892109	传　真	64892272
设立日期	2003-9-18	负 责 人	金英吉		
主营业务	生产双螺杆挤出机及相关配套设备，销售自产产品，提供相关售后服务。				

企业名称	上海跃龙新材料股份有限公司				
企业地址	上海市浦东新区东方路 818 号（200122）				
投资总额	1038 万 USD	电　话	36133963	传　真	56871230
设立日期	2003-9-17	负 责 人	张志敏		
主营业务	生产稀土氧化物、稀土磁材、发光材料及其他稀土延伸材料。				

企业名称	上海东洋炭素工业有限公司				
企业地址	上海市松江高新技术园区玉阳路 150 号（201600）				
投资总额	600 万 USD	电　话	57736592	传　真	57736550
设立日期	2003-9-11	负 责 人	近藤照久		
主营业务	生产无机非金属材料及制品（高性能复合材料、特种陶瓷）。				

企业名称	戴纳密斯塑模（上海）有限公司				
企业地址	上海市浦东新区施新路 2300 号 8 幢 102 室（200127）				
投资总额	14 万 USD	电　话	50426891	传　真	50426896
设立日期	2003-9-4	负 责 人	陈丽丽（TANG LI LI）		
主营业务	生产模具、注塑制品，销售自产产品，模具组装与维修。				

企业名称	科益精密模塑（上海）有限公司				
企业地址	上海市新闸路 1250 号 159 室（200041）				
投资总额	84 万 USD	电　话	69171330	传　真	69171326
设立日期	2003-9-4	负 责 人	CHAN ENG GUAN		
主营业务	开发、设计、生产非金属模具、汽车注塑模、精冲模、精密型腔模。				

企业名称	上海井上新材料有限公司				
企业地址	上海市奉贤区新寺镇沪杭公路 3081 号（201424）				
投资总额	80 万 USD	电　话	57492777	传　真	57490833
设立日期	2003-8-28	负 责 人	朝仓慎一		
主营业务	研制、开发、生产聚氨酯橡胶，销售公司自产产品。				

企业名称	上海海欣玩具有限公司				
企业地址	上海市松江区洞泾工业区二区（201601）				
投资总额	500 万 USD	电　话	57698505	传　真	57698972
设立日期	2003-8-20	负 责 人	徐文彬		
主营业务	生产经营各种塑料、金属、电子、电动、布类、长毛绒及吹塑玩具。				

企业名称	上海北玻玻璃技术工业有限公司				
企业地址	上海松江科技园区 A 区 14 号地块（201614）				
投资总额	1200 万 USD	电　话	57858633	传　真	57858600
设立日期	2003-8-20	负 责 人	高学明		
主营业务	设计、制造、生产以玻璃钢化设备为主的玻璃加工设备及玻璃建材加工。				

企业名称	江威（上海）模塑有限公司				
企业地址	上海市闵行区江川路 2017／4（201111）				
投资总额	35 万 USD	电　话	54723918	传　真	54720366
设立日期	2003-8-18	负 责 人	汪祥迪		
主营业务	生产各类热塑件、模具、塑料件，销售自产产品。				

企业名称	道森橡塑制品（上海）有限公司				
企业地址	上海市嘉定区外冈镇外钱公路 445 号（201806）				
投资总额	125 万 USD	电　话	33517373	传　真	33517663
设立日期	2003-8-14	负 责 人	潘嘉慧		
主营业务	生产各类橡塑制品、五金制品，销售本公司自产产品。				

企业名称	上海九天塑料薄膜有限公司				
企业地址	上海市松江工业区书海路西侧、中坚工具东侧、雅聚鞋业北侧（201613）				
投资总额	500 万 USD	电　话	67600899	传　真	67600659
设立日期	2003-8-14	负 责 人	王　伟		
主营业务	生产聚酰亚胺保鲜膜和农用多功能膜，销售公司自产产品。				

企业名称	舒驰容器（上海）有限公司				
企业地址	上海化学工业区 E5－8 地块（201800）				
投资总额	371.94 万 USD	电　话	67121220	传　真	67120777
设立日期	2003-8-7	负 责 人	UDO SCHFTZ		
主营业务	建立资源再生及综合利用技术系统，回收国内废旧塑料容器。				

企业名称	派克奇塑料技术（上海）有限公司				
企业地址	上海市嘉定区菊园小区昌桥村 1 组（201800）				
投资总额	18 万 USD	电　话	69902752	传　真	69902755
设立日期	2003-8-6	负 责 人	徐鸿冠		
主营业务	生产塑料包装袋及制袋设备，销售本公司自产产品并提供售后服务。				

企业名称	启吉精密塑料制品（上海）有限公司				
企业地址	上海市闵行区华翔路 3558 号（201107）				
投资总额	60 万 USD	电　话	67550170	传　真	57550773
设立日期	2003-7-31	负 责 人	宋日晖		
主营业务	精密塑料制品的制造、加工，销售自产产品。				

企业名称	舒捷（上海）胶带有限公司				
企业地址	上海市松江出口加工区西泖泾路 175 号 A 幢（201600）				
投资总额	105 万 USD	电　话	57749500	传　真	57749500
设立日期	2003-7-31	负 责 人	EGBERT LAWRENCE DAVIS IV		
主营业务	研究、开发、生产、加工各种工业与电子胶带及附件。				

企业名称	上海南骐塑胶制品有限公司				
企业地址	上海市闵行区老北翟路 4056－C 号（201107）				
投资总额	20 万 USD	电　话	62206956	传　真	51753503
设立日期	2003-7-31	负 责 人	方裕渊		
主营业务	加工、生产塑胶制品，销售自产产品（涉及许可经营的凭许可证经营）。				

企业名称	上海科达利五金塑胶有限公司				
企业地址	上海市松江区九亭镇上海松江高科技园区 D－4 地块（201615）				
投资总额	101 万 USD	电　话	67696989	传　真	67696612
设立日期	2003-7-31	负 责 人	励建立		
主营业务	生产模具、机电产品、电池配件、五金制品及塑料制品。				

企业名称	索威斯胶带（上海）有限公司				
企业地址	上海市外高桥保税区日樱北路 353 号 9 号楼 B 部位（200137）				
投资总额	20 万 USD	电　话	50461945	传　真	50462281
设立日期	2003-7-28	负 责 人	WIM NOORLANDER		
主营业务	保税区内生产加工各种胶带，销售自产产品并提供相关产品的维修服务。				

企业名称	上海泰骏五金制品有限公司				
企业地址	上海市嘉定区黄渡镇星塔村（201804）				
投资总额	40 万 USD	电　话	69592510	传　真	69592515
设立日期	2003-7-22	负 责 人	苏雄闽		
主营业务	生产汽车专用高强度紧固件，销售本公司自产产品。				

企业名称	上海合竹塑胶五金制品有限公司				
企业地址	上海市嘉定区南翔镇高科技园区嘉美路 257 号（201802）				
投资总额	20 万 USD	电　话	69176845	传　真	69176839
设立日期	2003-7-15	负 责 人	蔡俊宏		
主营业务	生产塑胶制品（运动器材、塑胶骨架组件、塑胶配件、划浆等）。				

企业名称	宇进塑料制品制造（上海）有限公司				
企业地址	上海市闵行区闵北路 333 号 12 幢（201107）				
投资总额	76 万 USD	电　话	62211182	传　真	62216771
设立日期	2003-7-10	负 责 人	李庆熙		
主营业务	生产各种塑料制品，销售自产产品（涉及许可经营的凭许可证经营）。				

企业名称	上海嘉华青松混凝土有限公司				
企业地址	上海市青浦区重固镇北青公路 6878 号（201706）				
投资总额	242 万 USD	电　话	59868247	传　真	59868347
设立日期	2003-7-8	负 责 人	陈启能		
主营业务	生产商品混凝土及混凝土构件，销售自产产品，提供售后服务。				

企业名称	上海尼思塑胶机械有限公司				
企业地址	上海市外高桥保税区荷丹路 88 号西裙楼一层全部位（200131）				
投资总额	40 万 USD	电　话	58682590	传　真	58682592
设立日期	2003-7-4	负 责 人	依田穗积		
主营业务	以塑胶机械及其相关零部件、周边机器为主的保税区内仓储、分拨业务。				

企业名称	上海兴马精密塑料有限公司				
企业地址	上海市外高桥保税区日樱南路 151 号第一层南部位（200131）				
投资总额	20 万 USD	电　话	58623929	传　真	58623929
设立日期	2003-7-3	负 责 人	RAI RAJEN		
主营业务	保税区内设计、开发、生产、加工、装配塑料零配件及其他精密塑料。				

企业名称	上海海马树脂制品有限公司				
企业地址	上海市松江区新桥镇民益路 201 号第 1 幢标准厂房（201612）				
投资总额	20 万 USD	电　话	57686310	传　真	57686309
设立日期	2003-7-3	负 责 人	朴允绪		
主营业务	生产各种改性塑料、合金及其他高分子材料，销售公司自产产品。				

企业名称	递达利塑胶工业（上海）有限公司				
企业地址	上海市闵行区双柏路 879 弄 88 号（201108）				
投资总额	300 万 USD	电　话	54405099	传　真	54405741
设立日期	2003-7-2	负 责 人	何江平		
主营业务	加工、生产塑胶钢模、塑胶制品、塑胶二次加工、塑胶喷涂。				

企业名称	广复建材（上海）有限公司				
企业地址	上海市松江工业区泖港分区中业路 22 号地块（201607）				
投资总额	150 万 USD	电　话	57868428	传　真	57868429
设立日期	2003-6-26	负 责 人	张文质		
主营业务	非金属矿深加工（超细粉碎、高纯、精制、改性），销售公司自产产品。				

企业名称	上海优比特塑胶制品有限公司				
企业地址	上海市普陀区真南路 822 弄 455 支弄 88 号（200331）				
投资总额	20 万 USD	电　话	63634114	传　真	62849902
设立日期	2003-6-19	负 责 人	张正东		
主营业务	生产橡塑制品，销售自产产品（凡涉及许可经营的凭许可证经营）。				

企业名称	祝旺复合塑料（上海）有限公司				
企业地址	上海市闵行区华漕镇纪王联友路 2360 弄 86 号（201107）				
投资总额	14 万 USD	电　话	62966501	传　真	62966502
设立日期	2003-6-5	负 责 人	张崇湖		
主营业务	加工、生产食品包装膜及食品包装袋，销售自产产品。				

企业名称	上海瑞北电力绝缘器材有限公司				
企业地址	上海市闵行区光华路 2118 号（201108）				
投资总额	60.5 万 USD	电　话	62396638	传　真	62396638
设立日期	2003-6-5	负 责 人	朱贤鸿		
主营业务	生产绝缘罩壳、电力金具、电力电器，销售自产产品。				

企业名称	上海佐藤精密塑料制品有限公司				
企业地址	上海市宝山区沪太路 5785 号（201907）				
投资总额	60 万 USD	电　话	56027401	传　真	56027405
设立日期	2003-6-3	负 责 人	佐藤俊臣		
主营业务	耐高温绝缘成型件的生产，汽车模具加工，销售自产产品。				

企业名称	上海白武橡胶加工有限公司				
企业地址	上海市松江工业区松东路 318 号（201613）				
投资总额	20 万 USD	电　话	57747839	传　真	57742473
设立日期	2003-5-29	负 责 人	颜治东		
主营业务	生产、加工树脂、橡胶制品，销售公司自产产品。				

企业名称	昌钿五金制品（上海）有限公司				
企业地址	上海市闵行区华漕镇闵北路 333 号 2 幢（201107）				
投资总额	35 万 USD	电　话	62218290	传　真	62218293
设立日期	2003-5-28	负 责 人	黄银湖		
主营业务	加工、生产五金制品，销售自产产品（涉及许可经营的凭许可证经营）。				

企业名称	上海林林玻璃制品有限公司				
企业地址	上海市奉贤区青村镇（201414）				
投资总额	15 万 USD	电　话	57563625	传　真	57563141
设立日期	2003-5-22	负 责 人	姚仁林		
主营业务	生产各种灯、玻璃制品，销售公司自产产品。				

企业名称	上海纬斯伯模具注塑件有限公司				
企业地址	上海市南汇区沪南路 2502 号（201315）				
投资总额	50.8 万 USD	电　话	59903726	传　真	59903774
设立日期	2003-5-14	负 责 人	尚正凯		
主营业务	生产精密注塑零件及精密注塑模具，销售公司自产产品。				

企业名称	上海永巧塑料有限公司				
企业地址	上海市松江区新桥镇华明路 10 号厂房（201614）				
投资总额	100 万 USD	电　话	57680060	传　真	57680872
设立日期	2003-4-29	负 责 人	植田常幸		
主营业务	生产工程塑料、塑料合金，销售公司自产产品。				

企业名称	福益精密模塑（上海）有限公司				
企业地址	上海市外高桥保税区希雅路 11 号底层（200131）				
投资总额	20 万 USD	电　话	50460680	传　真	50460330
设立日期	2003-4-25	负 责 人	王展伟		
主营业务	保税区内生产、加工、组装精密模具、塑料制品，销售自产产品。				

企业名称	上海海华安全玻璃制品有限公司				
企业地址	上海市青浦区徐泾镇振泾路 198 号（201702）				
投资总额	1000 万 USD	电　话	59768578	传　真	59762550
设立日期	2003-4-22	负 责 人	葛永兴		
主营业务	生产特种玻璃及其制品，销售自产产品（涉及许可经营的凭许可证经营）。				

企业名称	工达塑料制品（上海）有限公司				
企业地址	上海市青浦区徐泾镇诸光路 399 弄 20 号（201702）				
投资总额	6.2 万 USD	电　话	59886155	传　真	59885849
设立日期	2003-4-16	负 责 人	孙鹏飞		
主营业务	生产注塑模及制品、模具。				

企业名称	肇民精密塑胶制品（上海）有限公司				
企业地址	上海市宝山区宝安公路 1317 号（201907）				
投资总额	81 万 USD	电　话	56023675	传　真	56026870
设立日期	2003-4-16	负 责 人	平民三		
主营业务	耐高温绝缘材料及绝缘成型件的生产，销售自产产品。				

企业名称	上海特殊陶业有限公司				
企业地址	上海市松江工业区东兴路 25 号（201600）				
投资总额	450 万 USD	电　话	67740987	传　真	67740997
设立日期	2003-4-16	负 责 人	松成庆一		
主营业务	生产、加工火花塞和尾气排放对策用电子控制传感器，销售自产产品。				

企业名称	富科克橡塑（上海）有限公司				
企业地址	上海市外高桥保税区泰谷路 233 号第一层全部位（200131）				
投资总额	250 万 USD	电　话	58680465	传　真	58682908
设立日期	2003-4-15	负 责 人	河本 荣一		
主营业务	保税区内生产、加工用于汽车车窗刮水器的橡塑制品。				

企业名称	福耀集团（上海）汽车玻璃有限公司				
企业地址	上海市嘉定区国际汽车城零部件配套工业园区百安路 333 号（201801）				
投资总额	3000 万 USD	电　话	69573112	传　真	69573111
设立日期	2003-4-15	负 责 人	曹德旺		
主营业务	平板玻璃深加工、平板玻璃深加工技术及设备制造，销售自产产品。				

企业名称	弥钢塑料制品（上海）有限公司				
企业地址	上海市闵行区华漕镇北青公路 180 弄 208 号（201107）				
投资总额	20 万 USD	电　话	64791372	传　真	64791375
设立日期	2003-4-10	负 责 人	金高贤		
主营业务	生产有关文具、玩具、礼品塑料制品及塑料包装（不涉及印刷）。				

企业名称	日乃本五金塑料制品（上海）有限公司				
企业地址	上海市嘉定工业区天祝路 920 号（201821）				
投资总额	305 万 USD	电　话	69169968	传　真	69169343
设立日期	2003-4-10	负 责 人	田中常隆		
主营业务	生产五金件及相关木制配件、塑料件、模具，销售本公司自产产品。				

企业名称	上海荣恒胶袋制品有限公司				
企业地址	上海市青浦区重固镇北青公路 9138 号（201707）				
投资总额	60 万 USD	电　话	59868728	传　真	59868730
设立日期	2003-4-8	负 责 人	王桂娥		
主营业务	生产塑胶袋及胶带，销售公司自产产品（涉及许可经营的凭许可证经营）。				

企业名称	高驰石业（上海）有限公司				
企业地址	上海市青浦区华新镇凤中路 251 号（201708）				
投资总额	500 万 USD	电话	59775045	传真	59771010
设立日期	2003-4-8	负责人	高瑜敏		
主营业务	生产、加工大理石、花岗石制品，销售公司自产产品。				

企业名称	莫尔塑料（上海）有限公司				
企业地址	上海市外高桥保税区富特西一路 155 号 B 楼第六层 A 部位（200131）				
投资总额	20 万 USD	电话	58661097	传真	58667940
设立日期	2003-3-24	负责人	RAINER FUNK		
主营业务	保税区内以各类精密塑料部件为主的仓储、分拨业务。				

企业名称	上海西亀金属型材加工有限公司				
企业地址	上海市嘉定区马陆镇嘉新公路（201801）				
投资总额	36 万 USD	电话	59158174	传真	59158378
设立日期	2003-3-6	负责人	西亀辰彦		
主营业务	生产、加工金属型材制品及塑料制品，销售本公司自产产品。				

企业名称	吉维玻璃镜业（上海）有限公司				
企业地址	上海市奉贤区海湾经济园区二区（201424）				
投资总额	100 万 USD	电话	57127031	传真	57127032
设立日期	2003-2-24	负责人	RUSSELL SICKLEN		
主营业务	生产各类镜子，销售自产产品（涉及许可经营的凭许可证经营）。				

企业名称	上海喜元塑胶制品有限公司				
企业地址	上海市松江区莘莘学子创业园回业路北侧第 3 号厂房（201611）				
投资总额	56 万 USD	电话	57602655	传真	57600955
设立日期	2003-2-13	负责人	俞炳云		
主营业务	生产、加工各类化妆品容器、电子产品外壳，销售公司自产产品。				

企业名称	上海兴雅玻璃材料有限公司				
企业地址	上海市虹梅南路 1755 弄 C 区 10 号（201108）				
投资总额	120 万 USD	电话	33505757	传真	33504877
设立日期	2003-1-30	负责人	山井龙彦		
主营业务	抗菌剂、日用芳香剂及塑料包装制品的设计、开发和生产。				

企业名称	博钧包装材料（上海）有限公司				
企业地址	上海市青浦区重固镇香花桥社区渔民新村 1 号（201709）				
投资总额	14 万 USD	电话	59702299	传真	59703688
设立日期	2003-1-28	负责人	杨瑞胜		
主营业务	生产各类塑料、纸类包装制品（不含印刷），销售公司自产产品。				

企业名称	上海亚福水泥制品有限公司				
企业地址	上海市闵行区龙吴路 3000 号（201109）				
投资总额	254 万 USD	电话	64343748	传真	64345195
设立日期	2003-1-22	负责人	张才雄		
主营业务	生产商品砼、水泥制品、销售自产产品，提供自产产品的配套运输。				

企业名称	英特贝斯（上海）陶瓷有限公司				
企业地址	上海市闵行区黎安路 668 号（201100）				
投资总额	55 万 USD	电话	64124639	传真	64127156
设立日期	2003-1-16	负责人	朴显淳		
主营业务	生产卫生洁具及配套五金制品，销售自产产品。				

企业名称	上海莎安精密注塑有限公司				
企业地址	上海市闵行区梅陇镇普乐路众欣工业区 C 区 3 号（200237）				
投资总额	88 万 USD	电话	64768886	传真	64772889
设立日期	2003-1-16	负责人	田中昭治		
主营业务	加工、制造精密塑料、精密模具，销售自产产品。				

企业名称	上海钜富五金制品有限公司				
企业地址	上海市嘉定区徐行镇曹王前曹公路 485 号（201808）				
投资总额	40 万 USD	电话	59945747	传真	59945957
设立日期	2003-1-15	负责人	吴建达		
主营业务	生产五金件及塑胶件，销售本公司自产产品。				

企业名称	上海康诺管业有限公司				
企业地址	上海市青浦工业园区外青松公路 5500 号 109 室（201707）				
投资总额	250 万 USD	电话	59703188	传真	59702660
设立日期	2003-1-13	负责人	朱 悦		
主营业务	开发、生产玻璃钢塑料管材、管件，销售公司自产产品。				

企业名称	上海英科实业有限公司				
企业地址	上海市奉贤区胡桥镇新工业区（201417）				
投资总额	600 万 USD	电话	57451159	传真	57451877
设立日期	2002-12-27	负责人	刘方毅		
主营业务	生产塑料仿木装饰及塑料仿木建材制品(画框、相框、镜框)。				

企业名称	上海金兴优耐特建材有限公司				
企业地址	上海市金山区朱泾工业开发区（201500）				
投资总额	60 万 USD	电话	57314476	传真	57321269
设立日期	2002-12-25	负责人	丁大卫		
主营业务	生产、销售陶瓷建材装潢材料及其辅助材料。				

企业名称	上海考萌乐付生活用品有限公司				
企业地址	上海金桥出口加工区（南区）华东路 5001 号（TA－3）厂房（201201）				
投资总额	100 万 USD	电话	61002201	传真	61002204
设立日期	2002-12-24	负责人	三宅启史		
主营业务	生产、加工家庭用塑料、纤维制品，销售自产产品。				

企业名称	上海真豪新型材料有限公司				
企业地址	上海市松江区泖港镇强民工业区中强路 599 号（201607）				
投资总额	200 万 USD	电话	57861086	传真	57861396
设立日期	2002-12-24	负责人	邱健樑		
主营业务	生产新型建筑材料。				

企业名称	美寿满留塑料（上海）有限公司				
企业地址	上海市工业综合开发区（201400）				
投资总额	250 万 USD	电话	67106125	传真	67106127
设立日期	2002-12-23	负责人	森实隆生		
主营业务	包装装潢印刷品印刷、生产塑料产品和无纺布产品。				

企业名称	上海鸿台包装材料有限公司				
企业地址	上海市宝山区佳龙路 318 号（201907）				
投资总额	60 万 USD	电话	66046620	传真	66046828
设立日期	2002-12-17	负责人	杨建明		
主营业务	生产各种包装材料制品，销售自产产品。				

企业名称	虎伯拉铰接系统（上海）有限公司				
企业地址	上海市外高桥保税区德林路 F21 地块 50 号楼 A 部位（200131）				
投资总额	200 万 USD	电话	50462007	传真	50462136
设立日期	2002-12-12	负责人	REINHARD OSKAR HUBNER		
主营业务	保税区内生产、加工用于交通和机械加工设备的铰接系统及配件。				

企业名称	上海泾奇高分子材料有限公司				
企业地址	上海市龙吴路 4600 号（200241）				
投资总额	1806 万 USD	电话	64343898	传真	64341041
设立日期	2002-12-3	负责人	张和进		
主营业务	生产加工聚甲基丙烯酸甲酯高分子模塑料和其他高分子材料。				

企业名称	运邦合成材料（上海）有限公司				
企业地址	上海市延长路 149 号科技楼 501 室（200072）				
投资总额	11 万 USD	电话	64899400	传真	64892025
设立日期	2002-11-20	负责人	何方斌		
主营业务	生产加工纸、塑、木、金属等各种材质合成的材料及其产品。				

企业名称	艾奇凯建筑材料（上海）有限公司				
企业地址	上海市松江区泗泾镇旺东南路 199 号（201601）				
投资总额	50 万 USD	电话	57619452	传真	57619178
设立日期	2002-11-19	负责人	金基玹		
主营业务	生产、加工各类导电及防静电产品。				

企业名称	长濑精密塑料（上海）有限公司				
企业地址	上海外高桥保税区美盛路 173 号第一层 B 部位（200131）				
投资总额	200 万 USD	电话	58681665	传真	58681667
设立日期	2002-11-19	负责人	出口 雄二		
主营业务	生产、加工精密成型的塑料制品、树脂类制品及相关模具。				

企业名称	昆盈聚胺脂（上海）有限公司				
企业地址	上海市闵行区华翔路 2110 弄 55 号（201107）				
投资总额	40 万 USD	电话	59785471	传真	59785470
设立日期	2002-11-14	负责人	王陈秋		
主营业务	生产销售海绵、再生海绵、贴合绵及其加工产品（喷胶棉）。				

企业名称	西默塑品（上海）有限公司				
企业地址	上海市松江工业区沪松公路东侧、荣乐东路液压泵站以北地块（201612）				
投资总额	100 万 USD	电　话	57740077	传　真	
设立日期	2002-11-12	负责人	HONG CHARLES LI		
主营业务	热塑性、垫固性塑料制品以及相关和配套的金属、橡胶类制品的加工。				

企业名称	上海瑞欧密封材料有限公司				
企业地址	上海市嘉定区叶城路 1288 号（201821）				
投资总额	28 万 USD	电　话	58128117	传　真	58128575
设立日期	2002-11-11	负责人	徐永华		
主营业务	生产工业与工程相关的密封材料及机械配件，销售企业自产产品。				

企业名称	上海耀皮工程玻璃有限公司				
企业地址	上海市浦东康桥工业区康柳路（201315）				
投资总额	3500 万 USD	电　话	38108108	传　真	38108109
设立日期	2002-11-7	负责人	李亮佐		
主营业务	平板玻璃深加工，提供产品售后服务，销售公司自产产品。				

企业名称	华利玻璃棉（上海）有限公司				
企业地址	上海市奉贤区西渡镇（201401）				
投资总额	205 万 USD	电　话	57158608	传　真	57159509
设立日期	2002-11-4	负责人	徐冬华		
主营业务	生产玻璃制品、保温材料、绝缘材料、贴面、胶水、新型建筑材料。				

企业名称	圣戈班韩格拉斯世固锐特玻璃（上海）有限公司				
企业地址	上海市闵行经济技术开发区文井路 18 号（200245）				
投资总额	3500 万 USD	电　话	64630016	传　真	
设立日期	2002-10-30	负责人	MARC VRECKO		
主营业务	生产安全玻璃，销售自产产品并提供相关的技术支持及售后服务。				

企业名称	上海元陆橡塑制品有限公司				
企业地址	上海市闵行区浦江镇建新村四组 84 号（201112）				
投资总额	25 万 USD	电　话	54310741	传　真	54310742
设立日期	2002-10-28	负责人	毛利元彦		
主营业务	生产销售橡塑制品、五金模具。				

企业名称	住电（上海）超效能高分子有限公司				
企业地址	上海市外高桥保税区富特东一路 350 号第一、二层全部位（200131）				
投资总额	70 万 USD	电　话	58680898	传　真	58680749
设立日期	2002-10-25	负责人	佐圆治生		
主营业务	保税区内销售记忆塑料管塑料薄膜，附属器具及相关产品的生产，开发。				

企业名称	上海凯顿百森建筑材料科技发展有限公司				
企业地址	上海市闸北区天目中路 428 号东楼 19H（200070）				
投资总额	48 万 USD	电　话	56774232	传　真	67727215
设立日期	2002-10-18	负责人	余同欢		
主营业务	研制、开发、生产、加工环保系列防水材料、内外墙建筑涂料。				

企业名称	上海亿中塑料制品有限公司				
企业地址	上海市奉贤区西渡口（201401）				
投资总额	980 万 USD	电　话	57150611	传　真	57151650
设立日期	2002-10-18	负责人	陈著运		
主营业务	生产保鲜薄膜和多功能塑料薄膜，销售公司自产产品。				

企业名称	上海高泰包装有限公司				
企业地址	上海市松江区佘山工业区兴业路（201600）				
投资总额	40 万 USD	电　话	64958003	传　真	64953336
设立日期	2002-9-30	负责人	SARATH WIJESINGHE		
主营业务	生产塑料制品、包装材料及相关产品，销售公司自产产品。				

企业名称	赛德（上海）日用包装有限公司				
企业地址	上海市青浦工业园区新业路 759 弄 3 号（201700）				
投资总额	420 万 USD	电　话	69212265	传　真	69212010
设立日期	2002-9-30	负责人	PETER HUMPHREYS		
主营业务	生产、加工家庭用塑料薄膜袋、保鲜膜、垃圾袋和其他塑胶家庭用品。				

企业名称	加藤德橡塑制品（上海）有限公司				
企业地址	上海市嘉定区马陆镇彭封路（201801）				
投资总额	50 万 USD	电　话	59104208	传　真	59104210
设立日期	2002-9-29	负责人	加藤巳千颜		
主营业务	生产各类橡胶、塑料制品，销售企业自产产品。				

企业名称	上海协和橡塑制品有限公司				
企业地址	上海市金山区廊下西首（201516）				
投资总额	70 万 USD	电　话	57393845	传　真	57393844
设立日期	2002-9-25	负责人	渡边慎太郎		
主营业务	生产自行车内胎及其相关橡塑制品，销售公司自产产品。				

企业名称	上海德山塑料有限公司				
企业地址	上海市青浦区外青松公路 5500 号 307 室（201700）				
投资总额	660 万 USD	电　话	59705669	传　真	59703756
设立日期	2002-9-19	负责人	水野义一		
主营业务	生产用于卫生用品和农业种植业的多功能薄膜，销售公司自产产品。				

企业名称	工力复合材料（上海）有限公司				
企业地址	上海市松江区新桥镇闵申路 298 弄 8 号标准厂房（201612）				
投资总额	25 万 USD	电　话	57684537	传　真	57684517
设立日期	2002-9-16	负责人	YUTAKA (JEFF) ADACHI		
主营业务	生产、加工塑料制品，销售公司自产产品并提供相关技术服务。				

企业名称	顺兴（上海）轻钢建材有限公司				
企业地址	上海市松江区石湖荡镇塔汇贵南路 2 号（201617）				
投资总额	20 万 USD	电　话	57843877	传　真	57844319
设立日期	2002-9-13	负责人	林吴美智		
主营业务	生产、加工新型钢结构墙体、钢瓦材料、相关防火隔热材料。				

企业名称	百科塑料（上海）有限公司				
企业地址	上海市外高桥保税区巴圣路 275 号 41#楼第一层 B 部位（200131）				
投资总额	20 万 USD	电　话	58361366	传　真	58360369
设立日期	2002-9-2	负责人	CHONG GEORGE		
主营业务	国际贸易、转口贸易，保税区企业间的贸易与贸易代理。				

企业名称	上海登顺塑胶制品有限公司				
企业地址	上海市闵行区北青公路 730 弄 32 号－33 号（201107）				
投资总额	40 万 USD	电　话	62214081	传　真	62214092
设立日期	2002-8-22	负责人	陈明助		
主营业务	生产销售各类塑胶制品。				

企业名称	汉泰外墙保温技术（上海）有限公司				
企业地址	上海市闵行区梅陇镇虹梅南路澄江路（201108）				
投资总额	80 万 USD	电　话	56429514	传　真	56429514
设立日期	2002-8-19	负责人	DAVID YIN		
主营业务	生产外墙保温系统的材料及配套的外墙防水防裂涂层。				

企业名称	上海世亨包装制品有限公司				
企业地址	上海市松江区高科技园区九泾路 128 号 2 号楼三楼（201101）				
投资总额	40 万 USD	电　话	67697101	传　真	67697101
设立日期	2002-8-2	负责人	林陈素霞		
主营业务	生产销售不干胶制品，各类包装制品。				

企业名称	上海耀皮康桥汽车玻璃有限公司				
企业地址	上海市浦东康桥工业区（201315）				
投资总额	3000 万 USD	电　话	68193000	传　真	68194622
设立日期	2002-8-2	负责人	沈晓鹤		
主营业务	平板玻璃深加工。				

企业名称	聚发橡胶密封圈（上海）有限公司				
企业地址	上海新城崧泽工业园区崧春路 339 号（201703）				
投资总额	20 万 USD	电　话	69758469	传　真	69758468
设立日期	2002-7-31	负责人	ONG BOON KWEE		
主营业务	生产橡胶密封圈、密封条，销售公司自产产品。				

企业名称	广泰塑胶制品（上海）有限公司				
企业地址	上海松江出口加工区 5 号 B 区标准厂房（201601）				
投资总额	300 万 USD	电　话	57626188	传　真	57617132
设立日期	2002-7-30	负责人	洪涣青		
主营业务	生产、加工非金属制品模具、精密注塑件、光学镜片。				

企业名称	上海太松复合塑料有限公司				
企业地址	上海市外高桥保税区荷香路 283 号（200131）				
投资总额	600 万 USD	电　话	50462766	传　真	50462677
设立日期	2002-7-30	负责人	吴昭等		
主营业务	复合塑料材料的生产、加工及销售自产产品，保税区仓储业务。				

制造业-橡胶、塑料及非金属矿物制品业

企业名称	合旗（上海）日用品有限公司					
企业地址	上海市闵行区虹许路 408 号六楼（201101）					
投资总额	142 万 USD	电话	64064680	传真	64654743	
设立日期	2002-7-29	负责人	陈俊男			
主营业务	生产销售各类日用品、办公用品、针织制品，提供相关技术服务。					

企业名称	上海郡是新塑材有限公司					
企业地址	上海市浦东新区成园路 299 号（201206）					
投资总额	800 万 USD	电话	50313899	传真	50318496	
设立日期	2002-7-29	负责人	森信行			
主营业务	设计生产多功能膜，销售自产产品并提供相关技术咨询服务。					

企业名称	比堤娜塑胶（上海）有限公司					
企业地址	上海市闵行区浦江镇工业园区恒南路 1518 号（201114）					
投资总额	30 万 USD	电话	54331390	传真	54331392	
设立日期	2002-7-25	负责人	陈启源			
主营业务	开发、生产模具、塑胶制品及工业机械的加工、生产，销售自产产品。					

企业名称	环球石材（上海）有限公司					
企业地址	上海市闵行区莘朱路 1015 弄（201100）					
投资总额	400 万 USD	电话	64346318	传真	54387553	
设立日期	2002-7-24	负责人	朱新胜			
主营业务	生产销售各种工艺云石，云石板材。					

企业名称	上海泰兴光学股份有限公司					
企业地址	上海市静安区江宁路 777 号 1－2 楼（200040）					
投资总额	725 万 USD	电话	54450011	传真	54450001	
设立日期	2002-7-24	负责人	孙如玮			
主营业务	生产、制造、研发眼镜架、镜片、太阳眼镜及其他眼镜配件。					

企业名称	上海锦亨石材有限公司					
企业地址	上海市嘉定区江桥工业区沙河路 60 号（201803）					
投资总额	924 万 USD	电话	69110811	传真	69790330	
设立日期	2002-7-24	负责人	林建生			
主营业务	加工大理石、花岗石制品，销售公司自产产品并提供技术服务。					

企业名称	荣幸橡胶（上海）有限公司					
企业地址	上海市青浦区重固镇新区东路 4585 号（201706）					
投资总额	24 万 USD	电话	59782461	传真	59782659	
设立日期	2002-7-22	负责人	仓井慎司			
主营业务	生产工业用橡胶零配件及其模具加工，销售公司自产产品。					

企业名称	年和塑胶五金（上海）有限公司					
企业地址	上海市青浦区徐泾镇诸陆东路 1626 号（201702）					
投资总额	70 万 USD	电话	59766333	传真	69762224	
设立日期	2002-7-11	负责人	林金进			
主营业务	生产塑胶五金零件、塑胶电镀及喷漆，销售公司自产产品。					

企业名称	上海东九人造石材有限公司					
企业地址	上海市青浦区上海盈港经济城城市工业扩散基地内（201700）					
投资总额	140 万 USD	电话	69205309	传真	69206383	
设立日期	2002-7-11	负责人	林国源			
主营业务	生产、加工人造石，销售公司自产产品。					

企业名称	上海吉丰窗帘有限公司					
企业地址	上海市闵行区华漕镇纪鹤路 2 号（201107）					
投资总额	400 万 USD	电话	62962665	传真	62960873	
设立日期	2002-7-8	负责人	粘锡辉			
主营业务	生产销售各类窗帘、建筑装潢用品、室内装饰用品。					

企业名称	日超工程塑料（上海）有限公司					
企业地址	上海市外高桥保税区加太路 89 号第一层（200131）					
投资总额	500 万 USD	电话	58668988	传真	58668898	
设立日期	2002-7-1	负责人	浅井雅夫			
主营业务	生产工程塑料，防静电着色母料，各种树脂的染色、混色。					

企业名称	九方新型建材（上海）有限公司					
企业地址	上海市嘉定区江桥镇曹安路 1778 号（201803）					
投资总额	70 万 USD	电话	62788269	传真	62787232	
设立日期	2002-6-21	负责人	孙小平			
主营业务	生产、加工建筑装饰材料及相关产品，销售企业自产产品。					

企业名称	上海巨睿塑胶模具有限公司					
企业地址	上海市闵行区华漕镇华翔路 1969 号（201107）					
投资总额	20 万 USD	电话	52263459	传真	52960273	
设立日期	2002-6-18	负责人	陈义松			
主营业务	生产销售注塑模、塑胶制品。					

企业名称	上海天贸塑胶制品有限公司					
企业地址	上海市闵行区华漕镇联友路 188 号（201107）					
投资总额	120 万 USD	电话	62215472	传真	59867140	
设立日期	2002-6-18	负责人	江振城			
主营业务	开发与生产环保用有机、无机和生物膜，销售自产产品。					

企业名称	上海阿司倍鹭家用制品有限公司					
企业地址	上海市松江区松江工业区九泾路西侧 B－3 地块（201615）					
投资总额	500 万 USD	电话	67696188	传真	67696195	
设立日期	2002-6-17	负责人	今井勤			
主营业务	模具设计、加工及生产塑料制品和各类家庭用品，销售公司自产产品。					

企业名称	上海维仪塑胶制品有限公司					
企业地址	上海市松江区九亭镇久富工业园区连富路 769 号（201615）					
投资总额	420 万 USD	电话	67691782	传真	67691918	
设立日期	2002-6-13	负责人	黄嘉洋			
主营业务	生产加工塑胶制品、非金属制品模具。					

企业名称	考泰斯（上海）塑料制品有限公司					
企业地址	上海市普陀区石泉路 300 号－1（200061）					
投资总额	70 万 USD	电话	50462868	传真	50460891	
设立日期	2002-6-10	负责人	汤 勇			
主营业务	生产各类汽车塑料油箱和相关配套件、全套汽车燃油系统。					

企业名称	东和兴塑胶（上海）有限公司					
企业地址	上海市奉贤区金汇镇齐贤工业区（201403）					
投资总额	20 万 USD	电话	57578976	传真	57578977	
设立日期	2002-6-5	负责人	吴乐元			
主营业务	生产高精密度注塑模具、高级塑料包装用容器和盖、电子电器塑胶件。					

企业名称	上海明台塑胶制品有限公司					
企业地址	上海市闵行区闵北路 89 弄 5 号甲（201107）					
投资总额	25 万 USD	电话	62219871	传真	62219873	
设立日期	2002-6-3	负责人	陈冠州			
主营业务	生产销售塑料、塑胶制品及模具。					

企业名称	顺久塑料制品（上海）有限公司					
企业地址	上海市闵北路 88 弄 23－24 号（201107）					
投资总额	35 万 USD	电话	62213362	传真	62215229	
设立日期	2002-6-3	负责人	许富财			
主营业务	生产销售模具、精密橡胶件、注塑件、铝合金件。					

企业名称	上海大山建筑材料有限公司					
企业地址	上海市松江区车墩镇北松公路 5555 号 3 号厂房（201600）					
投资总额	70 万 USD	电话	57832448	传真	57832448	
设立日期	2002-6-2	负责人	杨富雄			
主营业务	生产新型建筑材料（轻质高强多功能墙体材料、高档环保型装饰材料等）。					

企业名称	巧艺塑胶制品（上海）有限公司					
企业地址	上海市青浦区徐泾镇蟠龙路 465 号（201702）					
投资总额	20 万 USD	电话	69768517	传真	69768519	
设立日期	2002-5-27	负责人	黄智强			
主营业务	生产日用塑胶制品、日用五金制品，销售公司自产产品。					

企业名称	青钢金属建材（上海）有限公司					
企业地址	上海市青浦工业园区汇金路 1133 号（201700）					
投资总额	760 万 USD	电话	59705558	传真	59705555	
设立日期	2002-5-23	负责人	陈元藤			
主营业务	生产轻钢构件、金属天花板及其零配件，销售公司自产产品。					

企业名称	上海麦都机械有限公司					
企业地址	上海市闵行区华漕镇纪梅路 115 弄 2 号（201105）					
投资总额	42 万 USD	电话	62967213	传真	62964943	
设立日期	2002-5-15	负责人	葛 明			
主营业务	生产、加工集装箱船用及运输工具用绑扎件，销售企业自产产品。					

企业名称	上海爱银绿色建材有限公司				
企业地址	上海市浦东新区社庄村张家门 26 号（201206）				
投资总额	20 万 USD	电　话	58347007	传　真	58347009
设立日期	2002-5-13	负 责 人	ANTONY FREDERICK OLD		
主营业务	生产建筑用石膏制品、建筑用石材及相关制品，销售自产产品。				

企业名称	上海比利包装材料有限公司				
企业地址	上海市闵行区北翟路 3889 号－8 座（201106）				
投资总额	35 万 USD	电　话	54956945	传　真	64987525
设立日期	2002-4-23	负 责 人	王家耕		
主营业务	生产销售食品用包装材料、容器、器具、装饰品（均不涉及印刷）。				

企业名称	上海欣厚骅建材有限公司				
企业地址	上海市闵行区黎安路友东路（201100）				
投资总额	100 万 USD	电　话	54889866	传　真	54888567
设立日期	2002-4-23	负 责 人	黄式青		
主营业务	生产保温、隔热、吸音材料、节能新型墙体、防火、防水环保涂料。				

企业名称	上海爱友塑料包装有限公司				
企业地址	上海市嘉定区江桥工业园区（201803）				
投资总额	400 万 USD	电　话	69160998	传　真	69160996
设立日期	2002-4-11	负 责 人	伊藤宽一		
主营业务	生产塑料包装制品，销售企业自产产品。				

企业名称	上海专精复合材料有限公司				
企业地址	上海市闵行区浦江镇立跃路 2795 号（201112）				
投资总额	25 万 USD	电　话	64917825	传　真	64917825
设立日期	2002-4-5	负 责 人	高焕琼		
主营业务	生产销售新型复合材料（FRP 格栅板、挤拉型材、线槽架）。				

企业名称	青翔模塑（上海）有限公司				
企业地址	上海市奉贤区金汇镇工业路 26 号（201404）				
投资总额	30 万 USD	电　话	57481888	传　真	57482011
设立日期	2002-4-5	负 责 人	符永干		
主营业务	设计、生产销售精冲模，模具标准件。				

企业名称	村田石垣塑料制品（上海）有限公司				
企业地址	上海市闵行区浦江镇三鲁路 1598 弄 103 支弄 6 号（201112）				
投资总额	33 万 USD	电　话	64917850	传　真	64917851
设立日期	2002-4-5	负 责 人	村田惠纪		
主营业务	生产销售各类民用电器、电池产品配套的塑料零配件及塑料模具。				

企业名称	上海极东橡塑有限公司				
企业地址	上海市南汇区康桥工业区康桥东路 905 弄 1 号（201319）				
投资总额	40 万 USD	电　话	58131442	传　真	58131345
设立日期	2002-4-5	负 责 人	末光淳二		
主营业务	生产导电硅胶、橡胶制品，销售公司自产产品。				

企业名称	上海舜立塑胶有限公司				
企业地址	上海市浦东新区孙桥镇二灶村陆家队（201203）				
投资总额	60 万 USD	电　话	58579027	传　真	58579025
设立日期	2002-4-4	负 责 人	赖登堂		
主营业务	生产、加工塑胶制品，销售自产产品并提供相关的技术服务。				

企业名称	上海阿丽贝塑料防腐设备有限公司				
企业地址	上海市金山区枫泾镇环东一路 118 号（201501）				
投资总额	1500 万人民币	电　话	67355716	传　真	67355643
设立日期	2002-4-3	负 责 人	李洪文		
主营业务	生产工业用塑料储罐、储槽、洗涤塔、管道等塑料防腐设备。				

企业名称	上海三峰压铸注塑技术有限公司				
企业地址	上海市闵行区梅富路 37 号（201100）				
投资总额	700 万 USD	电　话	54387733	传　真	54387722
设立日期	2002-4-2	负 责 人	吉田克幸		
主营业务	设计、制造非金属制品模具、汽车、摩托车模具、夹具、电子专用设备。				

企业名称	上海东波尔斯精密塑料有限公司				
企业地址	上海市奉贤区齐贤镇工业区齐贤大道 87 号（201403）				
投资总额	600 万 USD	电　话	57575211	传　真	57570086
设立日期	2002-4-1	负 责 人	中本敏夫		
主营业务	设计、开发、生产塑胶模具，大容量光、磁盘存储器的部件开发和制造。				

企业名称	上海祥生贝克轴瓦有限公司				
企业地址	上海市南汇区周浦镇康沈路 1970 号（201318）				
投资总额	446 万 USD	电　话	58111948	传　真	58115206
设立日期	2002-3-28	负 责 人	赵　彪		
主营业务	生产汽车轴瓦及轴瓦材料零部件，销售公司自产产品。				

企业名称	李赛克玻璃技术（上海）有限公司				
企业地址	上海市青浦工业园区新达路 695 号（201700）				
投资总额	500 万 USD	电　话	69210055	传　真	69210077
设立日期	2002-3-28	负 责 人	彼得·李赛克		
主营业务	平板玻璃深加工技术开发，生产中空玻璃及其配套件，销售自产产品。				

企业名称	上海紫江彩印药品包装有限公司				
企业地址	上海市闵行区颛兴路 888 号（201108）				
投资总额	2000 万 USD	电　话	64426888	传　真	64426071
设立日期	2002-3-26	负 责 人	王　虹		
主营业务	生产销售新型药品包装材料，容器及相关产品。				

企业名称	上海中春塑胶制品有限公司				
企业地址	上海市金山区新农镇亭枫公路 2469 号（201503）				
投资总额	20 万 USD	电　话	57346666	传　真	57340349
设立日期	2002-3-21	负 责 人	柯金令		
主营业务	生产通讯器材、运动器材、电视机的塑料零配件及其塑料染色造粒。				

企业名称	上海米其林回力轮胎股份有限公司				
企业地址	上海市闵行经济技术开发区江川路 1251 号（200245）				
投资总额	8015 万 USD	电　话	32204500	传　真	58208321
设立日期	2002-3-20	负 责 人	YVES CHAPOT		
主营业务	制造加工销售高级子午线轮胎。				

企业名称	上海自在塑化科技有限公司				
企业地址	上海市闵行区春申路 2328 弄（201100）				
投资总额	760 万 USD	电　话	51117616	传　真	51117617
设立日期	2002-3-20	负 责 人	郭　靖		
主营业务	生产精密模具、化妆品容器盒及塑料包材、数码相机外壳、手机外壳。				

企业名称	波特塑料工业（上海）有限公司				
企业地址	上海市普陀区绥德路 555 号 1 号厂房（200331）				
投资总额	420 万 USD	电　话	52700211	传　真	52707068
设立日期	2002-3-15	负 责 人	吴圣雄		
主营业务	生产工程塑料及塑料薄膜、板材容器等塑料制品，销售自产产品。				

企业名称	上海太阳膜结构有限公司				
企业地址	上海市松江工业区南乐路 1336 号（201611）				
投资总额	420 万 USD	电　话	57749480	传　真	57749480
设立日期	2002-3-15	负 责 人	浦田谕		
主营业务	设计、研究开发、生产、加工以膜为主的新型建筑材料、钢结构物。				

企业名称	阪东（上海）塑胶制品有限公司				
企业地址	上海市外高桥保税区日樱北路 100 号 66 号楼第 层 B 部位（200131）				
投资总额	70 万 USD	电　话	50460161	传　真	50460649
设立日期	2002-3-14	负 责 人	野中敬三		
主营业务	保税区内复印机塑胶刮片的制造，销售自产产品及相关产品。				

企业名称	上海龙升再生塑料有限公司				
企业地址	上海市南汇区新场镇新二路 488 号（201314）				
投资总额	30 万 USD	电　话	68171268	传　真	68172687
设立日期	2002-3-7	负 责 人	杨文彦		
主营业务	生产再生塑料粒子及塑料制品，销售公司自产产品。				

企业名称	亿安（上海）塑胶有限公司				
企业地址	上海松江出口加工区茸腾路 1 号厂房（201613）				
投资总额	420 万 USD	电　话	57748200	传　真	57748050
设立日期	2002-3-7	负 责 人	徐鸿钧		
主营业务	生产、加工各类电子、电机以及光学设备用塑胶件、模具。				

企业名称	上海艾比塑胶有限公司				
企业地址	上海市松江区新桥镇新庙三路 6 号标准厂房（201612）				
投资总额	160 万 USD	电　话	57680618	传　真	57680669
设立日期	2002-3-1	负 责 人	佐野惠		
主营业务	生产 PVC、PPR 系列的建筑材料及注塑产品、模具，销售自产产品。				

制造业-橡胶、塑料及非金属矿物制品业

企业名称	上海天江精密塑胶制品有限公司				
企业地址	上海市闵行区梅陇镇春申路 2518 弄 36 号（201100）				
投资总额	142 万 USD	电　话	64349800	传　真	64346660
设立日期	2002-2-27	负责人	胡建立		
主营业务	生产销售非金属精密模具，塑胶产品的表面处理。				

企业名称	安科塑胶（上海）有限公司				
企业地址	上海市青浦区华新镇纪鹤路（201708）				
投资总额	76 万 USD	电　话	69791470	传　真	69791478
设立日期	2002-1-28	负责人	LEE CHANG BOK		
主营业务	生产加工泡沫塑料及海绵制品，销售公司自产产品。				

企业名称	上海郑祎陶瓷艺术有限公司				
企业地址	上海市卢湾区泰康路 220 号二楼（200025）				
投资总额	20 万 USD	电　话	53010910	传　真	61025450
设立日期	2002-2-11	负责人	郑　祎		
主营业务	陶艺制作、陶艺咨询服务，销售自制陶艺产品。				

企业名称	中谷（上海）精密塑料制品有限公司				
企业地址	上海市浦东新区王桥路 689 号（201201）				
投资总额	87 万 USD	电　话	58382080	传　真	58382076
设立日期	2002-1-28	负责人	河村真人		
主营业务	生产精密电子件、小型医疗器材、录像带用的注塑件。				

企业名称	东洋塑胶制品（上海松江）有限公司				
企业地址	上海市松江区洞泾镇渔洋浜村（洞泾工业二区）（201619）				
投资总额	1100 万 USD	电　话	57670111	传　真	57670555
设立日期	2002-2-6	负责人	林来安		
主营业务	生产精密塑胶模具、电器精密塑胶配件。				

企业名称	明珩塑胶金属制品（上海）有限公司				
企业地址	上海市嘉定区马陆镇永盛大道 98 号（201801）				
投资总额	600 万 USD	电　话	59107596	传　真	59150042
设立日期	2002-1-24	负责人	李明川		
主营业务	生产健身及按摩器材、水上游乐休闲器材、游艇用具、家具。				

企业名称	上海优达塑胶制品有限公司				
企业地址	上海市闵行区华漕镇北青公路 730 弄 1 号（201107）				
投资总额	60 万 USD	电　话	62212324	传　真	62212324
设立日期	2002-2-4	负责人	CHOU HAO SEN		
主营业务	生产销售加工各类塑胶制品。				

企业名称	上海建华管桩有限公司				
企业地址	上海市松江区泗泾镇工业区（201601）				
投资总额	630 万 USD	电　话	57626241	传　真	57626241
设立日期	2002-1-24	负责人	许景新		
主营业务	生产、加工预应力混凝土管桩、钢筋混凝土方桩。				

企业名称	上海冈山野村橡塑制品有限公司				
企业地址	上海市闵行区莘庄工业区颛盛路 569 号 4 号房（201108）				
投资总额	28 万 USD	电　话	64904629	传　真	64904653
设立日期	2002-1-31	负责人	冈山公哉		
主营业务	生产销售合成树脂制品、橡胶制品、磁性材料制品。				

企业名称	菲斯巴克（上海）包装容器有限公司				
企业地址	上海市青浦区华新镇纪鹤路 2451 号（201708）				
投资总额	100 万 USD	电　话	69791429	传　真	69791426
设立日期	2002-1-21	负责人	LEE CHANG BOK		
主营业务	生产塑料包装容器及自产产品印刷，销售公司自产产品。				

制造业－黑色金属、有色金属冶炼及压延加工业和金属制品业

企业名称	帝沃齐工具（上海）有限公司				
企业地址	上海市嘉定工业区兴文路 880 号第 1 幢 A 区（201807）				
投资总额	113 万 USD	电话	33517186	传真	
设立日期	2009-12-8	负责人	JEAN-FRANCCEDILOIS		
主营业务	生产切削工具及相关配件，销售本公司自产产品。				

企业名称	上海共荣金属制品有限公司				
企业地址	上海市松江区车墩镇香亭路 268 号二幢（201611）				
投资总额	78 万 USD	电话	57776178	传真	57776037
设立日期	2009-12-4	负责人	高林秀卓		
主营业务	设计、生产、加工各种金属制品，各种汽车、摩托车。				

企业名称	博奥（上海）管材成型技术有限公司				
企业地址	上海市松江区洞泾工业区洞业路 205 号 8 号厂房（201619）				
投资总额	103 万 USD	电话	67679012	传真	67679020
设立日期	2009-11-18	负责人	ANTONIO FARESE		
主营业务	从事研究、开发、制造弯管机和端部成型机及相关技术。				

企业名称	发速金属制品（上海）有限公司				
企业地址	上海市嘉定区马陆镇横仓公路 1355 弄 3 号第 1、2 层（201801）				
投资总额	150 万 USD	电话	59107740	传真	
设立日期	2009-11-10	负责人	松田良明		
主营业务	开发、生产地暖设备及金属制品，销售自产产品并提供售后服务。				

企业名称	中濑（上海）精密金属有限公司				
企业地址	上海市嘉定工业区城北路 1355 号 C 幢第 1 层（201800）				
投资总额	40 万 USD	电话	69925056	传真	69925058
设立日期	2009-11-9	负责人	藤本宗正		
主营业务	制造金属切削件、焊接件、冲压件、研磨件、滚边件，销售自产产品。				

企业名称	勃乐氏密封系统（上海）有限公司				
企业地址	上海市嘉定工业区北和公路 1339 号第 3 幢 A 区（201800）				
投资总额	104 万 USD	电话	39538180	传真	51862170
设立日期	2009-11-6	负责人	沈振声		
主营业务	研发、生产塑料发动机罩盖及其配套组件。				

企业名称	上海拓璞精密五金有限公司				
企业地址	上海市青浦工业园区新金路 33 号第 6 幢厂房（201700）				
投资总额	800 万 USD	电话		传真	
设立日期	2009-9-27	负责人	吴国祥		
主营业务	开发、生产精密弹簧，五金件，水暖器材，金属制品及非金属制品模具。				

企业名称	律通复合材料（上海）有限公司				
企业地址	上海市金山区漕泾镇平业路 48 号（201507）				
投资总额	219 万 USD	电话	57253150	传真	
设立日期	2009-9-27	负责人	HE THOMAS JIATAO		
主营业务	开发、生产和加工玻璃钢制品。				

企业名称	上海纳铁福传动系统销售有限公司				
企业地址	上海市浦东新区康沈路 898 号（201315）				
投资总额	146 万 USD	电话	58129033	传真	
设立日期	2009-9-1	负责人	沈建华		
主营业务	万向节、传动轴等传动系列产品及其相关原材料、零部件商品的批发。				

企业名称	上海敏丰贸易有限公司				
企业地址	上海市浦东新区景雅路 135 号 1 幢 103 室（201203）				
投资总额	210 万 USD	电话	64082732	传真	64083733
设立日期	2009-8-27	负责人	韩晓丽		
主营业务	从事有色金属，矿产品的批发。				

企业名称	上海金儿金属科技发展有限公司				
企业地址	上海市宝山区潘泾路 3759 号 3 幢（201907）				
投资总额	100 万 USD	电话	31350212	传真	
设立日期	2009-7-28	负责人	孙亚飞		
主营业务	金属包装制品的制造及加工，钢材加工。				

企业名称	质力特种金属（上海）有限公司				
企业地址	上海市外高桥保税区日樱北路 353 号 10#楼 B1 部位（200131）				
投资总额	13 万 USD	电话	50465817	传真	
设立日期	2009-5-26	负责人	BRUNO ROMEO		
主营业务	贱金属及其制品、塑料及其制品的加工、切割。				

企业名称	柏乐（上海）复合材料有限公司				
企业地址	上海市宝山区塘西街 308 号 2 幢一楼（201907）				
投资总额	200 万 USD	电话	64029764	传真	
设立日期	2009-5-25	负责人	DAVID ZHAO		
主营业务	组装、加工木塑复合材料、碳纤维复合材料、金属基复合材料。				

企业名称	寰尚空间设计装饰（上海）有限公司				
企业地址	上海市青浦工业园区崧复路 1199 号 1、2 厂房（201700）				
投资总额	200 万 USD	电话	59867595	传真	59867607
设立日期	2009-4-24	负责人	JONATHAN MARK DICKINSON		
主营业务	设计、生产各种木制家具、展示设备、五金配件、钢制品和纺织品。				

企业名称	缔纷特诺发（上海）遮阳制品有限公司				
企业地址	上海市松江工业区佘山分区明业路北侧 A 幢（201602）				
投资总额	105 万 USD	电话	64082277	传真	64367600
设立日期	2009-4-16	负责人	杨永峰		
主营业务	生产、加工遮阳制品、门、窗、建筑材料、管状马达、汽车零部件。				

企业名称	瑞美德金属制品（上海）有限公司				
企业地址	上海市闵行区景联路 389 号 2 幢 104 室（200237）				
投资总额	20 万 USD	电话	64340501	传真	
设立日期	2009-3-4	负责人	小野一树		
主营业务	从事以高温合金、金属材料的制品研制及生产。				

企业名称	澳昶金属结构（上海）有限公司				
企业地址	上海市奉贤区奉城镇协新路 700 号 1 号楼 1 车间（201411）				
投资总额	13 万 USD	电话		传真	
设立日期	2009-2-27	负责人	SHENG HE HONG		
主营业务	加工结构性金属制品、畜牧用机械，销售公司自产产品。				

企业名称	斯得岚哈根（上海）五金制品有限公司				
企业地址	上海市金山区朱泾镇新农鸿安路 318 号 4 幢（201503）				
投资总额	15 万 USD	电话	37284012	传真	37284082
设立日期	2009-2-17	负责人	郝明		
主营业务	五金制品、塑胶制品、玻璃钢制品的开发、生产加工。				

企业名称	上海钰埕金属制品有限公司				
企业地址	上海市嘉定区江桥镇宝园七路 211 号第 2 幢(201800)				
投资总额	30 万 USD	电话	39116707	传真	39116468
设立日期	2008-12-22	负责人	陈海山		
主营业务	生产五金制品、组装相关五金加工设备，销售本公司自产产品。				

企业名称	仲代金属精密加工（上海）有限公司				
企业地址	上海市嘉定区马陆镇丰登路 615 弄 12 号 A 区(201801)				
投资总额	100.25 万 USD	电话	59907259	传真	59907269
设立日期	2008-12-16	负责人	CORSI GIOVANNI		
主营业务	金属制品的加工，销售本公司自产产品并提供售后服务。				

企业名称	上海长宏伸五金制品有限公司				
企业地址	上海市松江区民益路 19 号 7 幢二层(201612)				
投资总额	36 万 USD	电话	33738201	传真	33738200
设立日期	2008-12-12	负责人	蔡瑞芳		
主营业务	设计、开发、生产五金制品，销售公司自产产品。				

企业名称	英一金属贸易（上海）有限公司				
企业地址	上海市外高桥保税区华京路 2 号三联大厦南楼 710 室(200131)				
投资总额	20 万 USD	电话	69157101	传真	69156976
设立日期	2008-12-4	负责人	中村定		
主营业务	钢铁、铜及其制品、铝及其制品、电子零部件、汽车零部件的批发。				

企业名称	犀比奥（上海）金属制品有限公司				
企业地址	上海市闵行区虹梅南路 3509 弄 298 号 A3 幢一楼(200237)				
投资总额	20 万 USD	电话	54302309	传真	54389078
设立日期	2008-11-25	负责人	邢志		
主营业务	生产各种五金件，销售自产产品，并提供相关售后服务。				

企业名称	威廉金属材料商贸（上海）有限公司				
企业地址	上海市浦东新区张家浜路 37 弄 3 号 703(200120)				
投资总额	14 万 USD	电话	62702215	传真	62702275
设立日期	2008-11-17	负责人	RICHARD WILLIAM SAGER		
主营业务	半导体专用材料、金属制品、包装材料、化工产品的批发、佣金代理。				

企业名称	上海森临金属装饰材料有限公司				
企业地址	上海市浦东新区金海路 2588 号 1 幢 234 室(201209)				
投资总额	87 万 USD	电　话	58933269	传　真	58935131
设立日期	2008-11-6	负 责 人	王　健		
主营业务	金属天花板、金属墙面板、金属隔墙板及辅材的设计和产品应用设计。				

企业名称	上海德鹰工具有限公司				
企业地址	上海市奉贤区柘林镇浦卫公路 6655 号 2 号楼(201424)				
投资总额	35 万 USD	电　话	57587111	传　真	57459036
设立日期	2008-10-30	负 责 人	闵　航		
主营业务	生产五金工具、刃具，销售公司自产产品。				

企业名称	西马克梅尔工程（中国）有限公司				
企业地址	上海市闵行区金都路 3688 号 1 幢 126 室(201108)				
投资总额	3000 万 USD	电　话	54178868	传　真	54178821
设立日期	2008-10-22	负 责 人	JOACHIM SCHONBECK		
主营业务	研发、设计、制造钢管、型材、棒线材、铜材及铝材轧机。				

企业名称	金拓金属贸易（上海）有限公司				
企业地址	上海市黄浦区延安东路 100 号 509 室(200002)				
投资总额	450 万 USD	电　话	63265258	传　真	63266768
设立日期	2008-9-25	负 责 人	吕　祎		
主营业务	黄金饰品、工艺礼品（文物除外）的批发、佣金代理。				

企业名称	上海民冶金属材料贸易有限公司				
企业地址	上海市浦东新区高东镇光明路 718 号 732 室(200137)				
投资总额	50 万 USD	电　话	58765911	传　真	
设立日期	2008-9-22	负 责 人	周志明		
主营业务	金属材料（钢材除外）、金属制品。				

企业名称	上海崇健金属设备制造有限公司				
企业地址	上海市嘉定工业区兴贤路 599 号第 10 幢(201815)				
投资总额	20 万 USD	电　话	39538386	传　真	39538385
设立日期	2008-9-1	负 责 人	三池崇裕		
主营业务	生产及加工金属制品，销售本公司自产产品。				

企业名称	昊科金属贸易（上海）有限公司				
企业地址	上海市浦东新区耀华路 215 号 2 幢 B509 室(200126)				
投资总额	20 万 USD	电　话	58887113	传　真	58881773
设立日期	2008-8-27	负 责 人	GOH KIM HENG LOUIS		
主营业务	金属制品，机械设备，电子产品，纺织品的批发。				

企业名称	上海永忆金属制品有限公司				
企业地址	上海市嘉定区南翔镇蕰北公路 1755 弄 15 号(201802)				
投资总额	2990 万 USD	电　话	69125238	传　真	
设立日期	2008-8-25	负 责 人	赵伦杰		
主营业务	开发、生产建筑五金件、水暖器材及其配件。				

企业名称	多卡模板（上海）有限公司				
企业地址	上海市闵行区元江路 3883 号 2 幢(201108)				
投资总额	300 万 USD	电　话	60900899	传　真	60901099
设立日期	2008-8-1	负 责 人	HUANG CHUNG HSIUN（黃昱龍）		
主营业务	开发、设计、生产、组装模板产品、系统。				

企业名称	东奕五金贸易（上海）有限公司				
企业地址	上海市外高桥保税区杨高北路 2001 号市场商务楼二层 207C 室(200131)				
投资总额	30 万 USD	电　话		传　真	
设立日期	2008-7-28	负 责 人	邵晓梅		
主营业务	国际贸易、转口贸易、保税区企业间的贸易及贸易代理。				

企业名称	上海力易得工具制造有限公司				
企业地址	上海市南汇区宣桥镇三灶园区宣梅路 285 号(201314)				
投资总额	20 万 USD	电　话	58953880	传　真	58955766
设立日期	2008-7-25	负 责 人	徐达民		
主营业务	设计、生产各类五金电器、工具及其零部件，销售公司自产产品。				

企业名称	凯芯金属材料贸易（上海）有限公司				
企业地址	上海市徐汇区虹桥路 808 号 41 幢 A8607 室(200030)				
投资总额	10 万 USD	电　话	64478680	传　真	64478679
设立日期	2008-7-21	负 责 人	MICHAEL GLOWA		
主营业务	铜合金制品、建筑装潢材料和五金制品的批发、进出口。				

企业名称	耐洛（上海）金属贸易有限公司				
企业地址	上海市张江高科技园区科苑路 88 号 1 幢 601 部分(201203)				
投资总额	32 万 USD	电　话	28986810	传　真	61469620
设立日期	2008-7-17	负 责 人	VOLKER SCHUETTE		
主营业务	金属半成品和制成品的进出口、批发、佣金代理。				

企业名称	上海戴德斯勒模具技术有限公司				
企业地址	上海市松江区玉阳路 288 弄 11 幢(201600)				
投资总额	214 万 USD	电　话	67728606	传　真	67728612
设立日期	2008-5-20	负 责 人	阎忠良		
主营业务	研究、设计、开发、生产金属制品模具。				

企业名称	舒配特五金贸易（上海）有限公司				
企业地址	上海市外高桥保税区华申路 215 号第三层右面部位(200131)				
投资总额	26 万 USD	电　话	58661126	传　真	58661128
设立日期	2008-5-20	负 责 人	ALEXANDER CHRISTOPHER		
主营业务	国际贸易，转口贸易。				

企业名称	上海欧德乐建筑材料制造有限公司				
企业地址	上海市南汇区康桥镇康桥路 957 号(201315)				
投资总额	28 万 USD	电　话	62363881	传　真	62363885
设立日期	2008-5-19	负 责 人	PATRICK RYAN HOOPER		
主营业务	生产、加工铝合金百叶窗帘及相关产品。				

企业名称	上海达丞模型科技有限公司				
企业地址	上海市松江区九亭镇沪松公路 1620 弄 30 号 2 号楼西侧(201615)				
投资总额	20 万 USD	电　话	67639695	传　真	67639693
设立日期	2008-5-4	负 责 人	王永宗		
主营业务	研发、设计、生产各种遥控模型车、船。				

企业名称	上海葡赛金属材料贸易有限公司				
企业地址	上海市浦东新区银城中路 139 号 909 室(200120)				
投资总额	100 万 USD	电　话	68865639	传　真	68865636
设立日期	2008-4-25	负 责 人	ANTONIO CORREIA DE ANDRADE		
主营业务	金属材料、钢铁冶金产品、机械设备及其零配件的批发和进出口。				

企业名称	上海团澳金属制品有限公司				
企业地址	上海市青浦区白鹤镇鹤鹏路 299 号第 2 幢 1 车间(201700)				
投资总额	71 万 USD	电　话	59740009	传　真	59740001
设立日期	2008-4-24	负 责 人	袁中华		
主营业务	生产、加工淋浴房、休闲桌及其配套件。				

企业名称	瀚兴精密模具（上海）有限公司				
企业地址	上海市松江区洞泾镇同乐路 399 号 2 号厂房第 1 层(201619)				
投资总额	30 万 USD	电　话	67763541	传　真	67763542
设立日期	2008-4-8	负 责 人	LIOW SIEW HONG		
主营业务	设计、制造金属制品模具和非金属制品模具。				

企业名称	确信爱法金属（上海）有限公司				
企业地址	上海市浦东新区莲溪路 1151 号 5 号楼 2 层 A 座(201204)				
投资总额	140 万 USD	电　话	63900600	传　真	63900500
设立日期	2008-3-19	负 责 人	冼伟铨		
主营业务	生产焊锡膏、锡粉、锡丝和有色金属焊丝。				

企业名称	上海大盛建材有限公司				
企业地址	上海市闸北区江场三路 173 号 201 室 H 室(200070)				
投资总额	69 万 USD	电　话	33514056	传　真	33514016
设立日期	2008-3-5	负 责 人	陈威颖		
主营业务	环保型建材的开发、生产，销售自产产品。				

企业名称	瑞思拓（上海）不锈钢管有限公司				
企业地址	上海化学工业区奉贤分区目华北路 388 号 1 栋 204 室(201424)				
投资总额	1437 万 USD	电　话	58541591	传　真	58541517
设立日期	2008-2-28	负 责 人	Joaquim Boixareu		
主营业务	生产各种不锈钢制品，销售公司自产产品。				

企业名称	上海宇坤金属制品有限公司				
企业地址	上海市杨浦区淞沪路 161 号 702 室 A(200433)				
投资总额	15 万 USD	电　话	56462861	传　真	65616124
设立日期	2008-2-21	负 责 人	李　宏		
主营业务	生产加工金属材料制品及相关辅料。				

企业名称	富速精密模具（上海）有限公司				
企业地址	上海市松江区洞泾镇洞业路 399 号 3 幢底楼(201619)				
投资总额	100 万 USD	电　话	67742487	传　真	57670196
设立日期	2008-2-20	负 责 人	WONG KA SING		
主营业务	设计、生产精度高于 0．02 毫米（含 0．02 毫米）精密冲压模具。				

企业名称	庞博（上海）贵金属贸易有限公司				
企业地址	上海市浦东新区乳山路 227 号 3 楼 42 室(200120)				
投资总额	138 万 USD	电　话	28909658	传　真	
设立日期	2008-2-4	负 责 人	MEHDI BARKHORDAR		
主营业务	银制纪念章、挂件、首饰及工艺品（文物除外）的批发、零售、进出口。				

企业名称	釜乐五金贸易（上海）有限公司				
企业地址	上海市外高桥保税区华申路 215 号底楼第一层南面部位(200131)				
投资总额	30 万 USD	电　话	58661127	传　真	
设立日期	2008-1-29	负 责 人	HANSJORG FULLER		
主营业务	国际贸易、转口贸易。				

企业名称	恳达（上海）装饰材料有限公司				
企业地址	上海市闵行区浦江镇永丰村金闸路 688 号(201112)				
投资总额	35 万 USD	电　话	64918997	传　真	64918997
设立日期	2008-1-28	负 责 人	陈恒财		
主营业务	开发、生产塑料、金属、木、竹、布为原料的装饰材料制品。				

企业名称	上海坤亿精密金属成形制品有限公司				
企业地址	上海市宝山区罗宁路 1508 号 A 幢(200949)				
投资总额	410 万 USD	电　话	51651700	传　真	51651711
设立日期	2008-1-22	负 责 人	卢博昭		
主营业务	设计、制造金属制品模具，汽车与摩托车车夹、检具。				

企业名称	万爵金属贸易（上海）有限公司				
企业地址	上海市南汇区康桥镇康桥路 1098 号 1 号楼 213 室(201315)				
投资总额	10.16 万 USD	电　话		传　真	
设立日期	2008-1-21	负 责 人	CORSI GIOVANNI		
主营业务	工业用刀具、工具及硬质合金材料的批发、佣金代理。				

企业名称	上海泰陆精密模具有限公司				
企业地址	上海市浦东新区合庆镇川杨路 558 号 101 室(201201)				
投资总额	20 万 USD	电　话	68904216	传　真	68902066
设立日期	2008-1-17	负 责 人	金容九		
主营业务	汽车零部件生产设备及汽车零件的设计、生产。				

企业名称	上海日费金属制品贸易有限公司				
企业地址	上海市松江区新松江路 1234 号 701B 室(201620)				
投资总额	14 万 USD	电　话		传　真	
设立日期	2008-1-8	负 责 人	MAEDA MASASHI（前田政司）		
主营业务	铜及铜制品、铝及铝制品、轧辊、仪器、仪表的进出口、批发。				

企业名称	英哈杰金属制品（上海）有限公司				
企业地址	上海市松江区小昆山镇茸康路 109 弄 31 号 3 幢厂房底层(201616)				
投资总额	108 万 USD	电　话	57750175	传　真	57750171
设立日期	2008-1-7	负 责 人	史生红		
主营业务	设计、生产、加工金属制品、电子元器件、包装机械。				

企业名称	立皓管道配件（上海）有限公司				
企业地址	上海市闵行区金都路 4289 号 2 幢 1 楼(201108)				
投资总额	21 万 USD	电　话	54832981	传　真	54832913
设立日期	2008-1-2	负 责 人	JEAN-MARC PIQUEPE		
主营业务	生产、装配不锈钢和其它金属制阀门、管道及配件。				

企业名称	上海科米钢管有限公司				
企业地址	上海市松江区车墩镇泾车路 69 号 1 幢（201611）				
投资总额	101 万 USD	电　话	37772111	传　真	37772406
设立日期	2007-12-21	负 责 人	孙小燕		
主营业务	生产、加工不锈钢焊管、钢管、管件、阀门。				

企业名称	尚风包装材料（上海）有限公司				
企业地址	上海青浦出口加工区加 3-2 地块 A1 号厂房一楼（201700）				
投资总额	800 万 USD	电　话	59705005	传　真	59706068
设立日期	2007-12-18	负 责 人	JOHN CHEN		
主营业务	设计、生产化妆品包装用品、化妆用具、注塑模具。				

企业名称	肯茂精密工具（上海）有限公司				
企业地址	上海市宝山城市工业园区真陈路 868 号一号厂房二楼（200436）				
投资总额	210 万 USD	电　话	61175608	传　真	61175606
设立日期	2007-12-17	负 责 人	FILIP FILIPOV		
主营业务	生产精密切削刀具、采矿刀具、专业 PBC 钻头。				

企业名称	上海振华港机钢结构有限公司				
企业地址	上海市浦东康桥工业区康桥路 787 号（201300）				
投资总额	15 万 USD	电　话	58396666	传　真	58397000
设立日期	2007-12-10	负 责 人	曹伟忠		
主营业务	生产销售钢结构件，港口机械零配件。				

企业名称	炬威冶金技术（上海）有限公司				
企业地址	上海市虹口区西江湾路 500 号 20 幢 2 楼（200096）				
投资总额	14 万欧元	电　话	65875099	传　真	65879995
设立日期	2007-12-10	负 责 人	JEAN MARC ANDRE RAICK		
主营业务	研究，开发，设计冶金设备、热处理设备和工业炉设备及相关配件。				

企业名称	沃林金属（上海）有限公司				
企业地址	上海市外高桥保税区泰谷路 159 号（200131）				
投资总额	20 万 USD	电　话	50640056	传　真	58682885
设立日期	2007-12-5	负 责 人	HAROLD MOORE KARP		
主营业务	保税区内以高效换热管及其成型模具、换热器为主的生产、加工。				

企业名称	上海倍易适工具有限公司				
企业地址	上海市奉贤区柘林镇浦卫公路 6655 号（201424）				
投资总额	35 万 USD	电　话	57450923	传　真	57459895
设立日期	2007-12-4	负 责 人	MARTIN LUBOVISKI		
主营业务	生产五金工具，销售公司自产产品。				

企业名称	艾蒙凯瑟金属材料（上海）有限公司				
企业地址	上海市外高桥保税区日樱北路 258 号 F14-5 室（200137）				
投资总额	500 万 USD	电　话	50463060	传　真	50463570
设立日期	2007-11-22	负 责 人	MICHAEL HOWARD GOLDBERG		
主营业务	生产和加工金属制品。				

企业名称	上海途泰气动工具有限公司				
企业地址	上海市闵行区曹建路 46 号 102 室 A 座（201108）				
投资总额	30 万 USD	电　话	24037500	传　真	24037600
设立日期	2007-11-19	负 责 人	ANDERS LINDQVIST		
主营业务	组装、生产工业工具和系统工具，销售自产产品。				

企业名称	上海镒森五金制造有限公司				
企业地址	上海市嘉定区外冈镇外青松公路 488 号第 4 幢部分（201806）				
投资总额	25 万 USD	电　话	59581108	传　真	59581108
设立日期	2007-11-14	负 责 人	洪丽兴		
主营业务	生产、加工五金、塑胶制品，销售本公司自产产品。				

企业名称	益亿精密五金（上海）有限公司				
企业地址	上海市闵行区联友路 255 号 6 号厂房（201106）				
投资总额	20 万 USD	电　话	52265569	传　真	52633265
设立日期	2007-10-26	负 责 人	HELEN LEE		
主营业务	生产、加工高强度紧固件、金属棒材零件、金属模具。				

企业名称	上海海泰不锈钢制品有限公司				
企业地址	上海市宝山区蕴川路 3900 号 5 号厂房（200942）				
投资总额	100 万 USD	电　话	56197548	传　真	56194406
设立日期	2007-10-23	负 责 人	王晓健		
主营业务	不锈钢装潢材料、日用金属制品、金属材料的加工及生产。				

企业名称	秀达金属制造（上海）有限公司				
企业地址	上海市浦东新区唐镇王港东宇街 1 号 3 幢（201201）				
投资总额	250 万 RMB	电　话	28901707	传　真	28901707
设立日期	2007-10-23	负 责 人	林健华		
主营业务	设计、生产精密金属件、密封件，销售自产产品。				

企业名称	上海业国金属制品有限公司				
企业地址	上海市青浦区赵巷镇赵巷村 66 号第 5 幢（201703）				
投资总额	14 万 USD	电　话	59734837	传　真	59734837
设立日期	2007-9-29	负 责 人	SIN CHING CHIN		
主营业务	金属制品加工及组装，销售公司自产产品。				

企业名称	上海驹建钢结构技术有限公司				
企业地址	上海市浦东新区福山路 519 号 211 室（200120）				
投资总额	2000 万日元	电　话	68768873	传　真	68768897
设立日期	2007-9-13	负 责 人	清水时男		
主营业务	与钢结构有关的技术开发、技术咨询、技术服务和自有技术转让。				

企业名称	三井金属（上海）企业管理有限公司				
企业地址	上海市长宁区娄山关路 83 号 607 室（200336）				
投资总额	200 万 USD	电　话	62368836	传　真	62368837
设立日期	2007-8-28	负 责 人	松藤雅伸		
主营业务	投资经营决策，市场营销服务，资金运作与财务管理。				

企业名称	上海亚佳五金制品有限公司				
企业地址	上海市奉贤区柘林镇东海村 117 号（201408）				
投资总额	15 万 USD	电　话	57443367	传　真	57443327
设立日期	2007-7-25	负 责 人	林荣俊		
主营业务	生产吊、配管件及保温支撑件，膨胀螺丝，型钢支架。				

企业名称	士仓货架制造（上海）有限公司				
企业地址	上海市奉贤区庄行镇大叶公路 1881 弄 158 号（201415）				
投资总额	210 万 USD	电　话	51035822	传　真	37240686
设立日期	2007-7-19	负 责 人	赵士逸		
主营业务	生产各类钢结构货架，销售公司自产产品。				

企业名称	上海联高金属制品有限公司				
企业地址	上海市奉贤区柘林镇（胡桥社区）浦卫公路 8558 号（201424）				
投资总额	138 万 USD	电　话	57456576	传　真	57456576
设立日期	2007-7-19	负 责 人	顾永弟		
主营业务	设计、生产各种金属制品、模具、环保水处理设备及配件。				

企业名称	上海河冶住商锯业有限公司				
企业地址	上海市松江区新浜工业园区文兵路 518 号标准厂房（201605）				
投资总额	130.7 万 USD	电　话	66285914	传　真	66285915
设立日期	2007-7-19	负 责 人	杨文义		
主营业务	研制、开发、生产各类锯条、五金工具、切削刀具。				

企业名称	上海菲特尔莫古复合材料有限公司				
企业地址	上海市周浦都市型工业园沈梅路 18 号（201300）				
投资总额	800 万 USD	电　话	58114019	传　真	58114193
设立日期	2007-7-18	负 责 人	薛　建		
主营业务	开发和生产新型铝基复合材料和铜基复合材料。				

企业名称	尼奇凹金属制品（上海）有限公司				
企业地址	上海市松江区九亭镇易富路 29 号 1、2、3 号厂房（201615）				
投资总额	14 万 USD	电　话	67690975	传　真	67690509
设立日期	2007-7-13	负 责 人	宫尾和汪		
主营业务	加工、生产各种金属制品及其相关模具和零配件。				

企业名称	古士德五金制品（上海）有限公司				
企业地址	上海市松江区九亭镇盛富路 19 号四号楼底层（201615）				
投资总额	14 万 USD	电　话	33522189	传　真	33522540
设立日期	2007-7-11	负 责 人	邱忻华		
主营业务	生产、加工五金制品，销售公司自产产品。				

企业名称	上海沪洋制盖有限公司				
企业地址	上海市松江区车墩镇车新公路 89 号 B 区（201611）				
投资总额	500 万 USD	电　话	57684838	传　真	57601071
设立日期	2007-6-22	负 责 人	姜静宜		
主营业务	生产各类易拉盖、包装容器用盖，销售自产产品。				

企业名称	拓金（上海）五金有限公司				
企业地址	上海市青浦区华新镇华蔡路 658 号 4 幢（201708）				
投资总额	160 万 USD	电　话	69792681	传　真	69791778
设立日期	2007-6-13	负 责 人	庄能杰		
主营业务	生产、加工各类五金工具、五金件，销售公司自产产品。				

企业名称	依工至优工具（上海）有限公司				
企业地址	上海市金山区山阳镇亭卫公路 2285 号 3 号生产车间（201508）				
投资总额	150 万 USD	电　话	57247818	传　真	57248238
设立日期	2007-5-29	负 责 人	ALLAN C. SUTHERLAND		
主营业务	研制、开发、生产和装配镶有硬质合金的钻头。				

企业名称	上海拉丽克金属构件有限公司				
企业地址	上海市浦东新区友谊路 515 号 2 幢 C 区（201201）				
投资总额	20 万 USD	电　话	68910379	传　真	68910379
设立日期	2007-5-24	负 责 人	藤城忠彦		
主营业务	各类金属脚手架及配件的生产、加工，销售自产产品。				

企业名称	上海瑞耀金属有限公司				
企业地址	上海市嘉定区外冈镇西冈身路 88 号第 2 幢（201806）				
投资总额	55 万 USD	电　话	59589217	传　真	59584745
设立日期	2007-4-29	负 责 人	贺志强		
主营业务	生产五金制品，控制柜，销售本公司自产产品。				

企业名称	金尺（上海）金属制品有限公司				
企业地址	上海市松江区新桥镇新格路 1423 号（201612）				
投资总额	50 万 USD	电　话	67687268	传　真	67687258
设立日期	2007-4-17	负 责 人	HO TECK SENG		
主营业务	生产、加工金属制品、五金制品。				

企业名称	帝沃龙工具包装制品制造（上海）有限公司				
企业地址	上海市嘉定工业区北区嘉唐公路 1155 号第 7 幢（201807）				
投资总额	33 万欧元	电　话	33517188	传　真	33517189
设立日期	2007-4-16	负 责 人	JEAN-FRANCOIS TIVOLY		
主营业务	生产塑料包装制品、刀削工具及相关配件。				

企业名称	上海泰润金属制品有限公司				
企业地址	上海市嘉定区外冈镇外青松公路 578 号第 4-6 幢（201806）				
投资总额	300 万港币	电　话	59936552	传　真	59936493
设立日期	2007-4-12	负 责 人	邱提昌		
主营业务	生产模具配件，销售本公司自产产品。				

企业名称	剑云金属制品（上海）有限公司				
企业地址	上海市浦东新区张江镇孙环路 739 号 5 幢 102 室（201203）				
投资总额	14 万 USD	电　话	68098068	传　真	68098068
设立日期	2007-4-12	负 责 人	朱剑云		
主营业务	精密模具、金属制品、五金件、汽车零配件的加工、制造。				

企业名称	上海精政德金属零配件有限公司				
企业地址	上海市嘉定区马陆镇博学路 111 号第一幢南区（201801）				
投资总额	22 万 USD	电　话	69156880	传　真	69156877
设立日期	2007-4-5	负 责 人	茅雪文		
主营业务	生产、加工金属零配件。				

企业名称	上海东忠精密部件有限公司				
企业地址	上海市外高桥保税区富特北路 288 号 2 号楼第六层西部位（200131）				
投资总额	3500 万日元	电　话	58683833	传　真	58683855
设立日期	2007-3-21	负 责 人	宫田晴次		
主营业务	设计、组装各类电极产品，销售自产产品。				

企业名称	上海江森鹤华汽车金属零部件有限公司				
企业地址	上海浦东康桥工业区康意路 463 号（201315）				
投资总额	1800 万 USD	电　话	39583066	传　真	39583066
设立日期	2007-3-15	负 责 人	吴　可		
主营业务	设计、生产汽车座椅金属骨架及汽车附件。				

企业名称	上海钢之杰金属幕墙有限公司				
企业地址	上海市宝山区罗宁路 1309 号（200949）				
投资总额	1500 万港币	电　话	33851008	传　真	33851009
设立日期	2007-3-14	负 责 人	许金勇		
主营业务	生产聚氨酯、岩棉金属面夹芯板等新型建筑材料。				

企业名称	上海申澳有色焊材有限公司				
企业地址	上海市浦东新区上南路 4109 号 6-8 幢（200124）				
投资总额	1000 万 RMB	电　话	58328089	传　真	58328089
设立日期	2007-3-6	负 责 人	蒋镇林		
主营业务	生产有色金属焊丝、焊条、熔剂、钎料。				

企业名称	嘉诚发展（上海）有限公司				
企业地址	上海市宝山区金石路 1688 号 517 室（200949）				
投资总额	500 万 USD	电　话	51088783	传　真	62169798
设立日期	2007-1-19	负 责 人	马新春		
主营业务	电解铜的切割、整理加工、储存，生产加工摩托车配件。				

企业名称	特士克工具（上海）有限公司				
企业地址	上海市南汇区祝桥镇盐朝公路 388 号 A 幢厂房（201324）				
投资总额	15 万 USD	电　话	58093881	传　真	58093891
设立日期	2007-1-18	负责人	萧锦丰		
主营业务	加工、组装手工具产品、五金接插件及相关配件。				

企业名称	科洛尼金属（上海）有限公司				
企业地址	上海市宝山区金石路 1688 号 515 室（200949）				
投资总额	1200 万 USD	电　话	33851041	传　真	33851037
设立日期	2006-12-28	负责人	GUNTER PILARSKY		
主营业务	废不锈钢、合金废料以及其他有色金属加工，销售自产产品。				

企业名称	上海明典模具工业有限公司				
企业地址	上海市松江区车墩镇车新公路 368 号 2 幢东区（201611）				
投资总额	130 万 USD	电　话	34240630	传　真	64685507
设立日期	2006-12-25	负责人	张瑞熙		
主营业务	开发、制造汽车模具，销售自产产品并提供相关维修及技术咨询服务。				

企业名称	戈发五金工艺（上海）有限公司				
企业地址	上海市松江区车墩镇留业路 99 号 11 幢 1 层（201611）				
投资总额	14 万 USD	电　话	57715637	传　真	57715637
设立日期	2006-12-20	负责人	戈允祯		
主营业务	研发、制造建筑、家具五金配件，各种移门五金系列产品，销售产品。				

企业名称	上海杰名钢结构有限公司				
企业地址	上海市浦东新区合庆镇勤奋村四队黄家宅 122 号（201206）				
投资总额	300 万港币	电　话	58970061	传　真	58977029
设立日期	2006-12-15	负责人	陆国忠		
主营业务	生产、加工金属结构件、船舶舾装件、锅炉附件、金属贮藏罐、五金件。				

企业名称	上海至首模具有限公司				
企业地址	上海市青浦工业园区盈秀路 255 号 3 号厂房（201700）				
投资总额	20 万 USD	电　话	69223281	传　真	69223283
设立日期	2006-12-12	负责人	NG SEE KEEN		
主营业务	设计、生产、加工非金属制品模具，销售自产产品，并提供技术咨询。				

企业名称	上海德铨精密模具有限公司				
企业地址	上海市奉贤区沪杭公路 2104 号第一栋（201400）				
投资总额	250 万 USD	电　话	37187999	传　真	67107679
设立日期	2006-12-8	负责人	林子岚		
主营业务	生产非金属制品模具、精密型腔模和塑料合金材料，销售公司自产产品。				

企业名称	上海永钜金属制品有限公司				
企业地址	上海市松江区洞泾镇洞业路 489 号 1 幢 2 层（201619）				
投资总额	52 万 USD	电　话	57670989	传　真	57670997
设立日期	2006-12-8	负责人	陈庄寿		
主营业务	生产缝纫机、复印机、电动工具的零部件，电梯、汽车、文具五金。				

企业名称	奥氟力（上海）密封材料有限公司				
企业地址	上海市闵行区黎安路 1126 号 1 幢 1 楼 C（201100）				
投资总额	14 万 USD	电　话	54955787	传　真	54955787
设立日期	2006-12-6	负责人	MICHAEL WERNER		
主营业务	生产密封件及相关的材料和产品，销售自产产品。				

企业名称	上海灏辉精密模具成型技术有限公司				
企业地址	上海市嘉定区浏翔公路 3851 号 58 号第 2 幢（201822）				
投资总额	50 万 USD	电　话	65922990	传　真	65922990
设立日期	2006-12-4	负责人	王海丹		
主营业务	设计、生产精密模具、精密冶具，销售本公司自产产品并提供售后服务。				

企业名称	筑海模具（上海）有限公司				
企业地址	上海市青浦工业园区胜利路以东、北盈路以南（201700）				
投资总额	600 万 USD	电　话	52273075	传　真	52273071
设立日期	2006-12-4	负责人	田红新		
主营业务	设计、生产、加工精冲模、精密型腔模、新型电子元器件，销售产品。				

企业名称	翔成（上海）模具有限公司				
企业地址	上海市闵行区黎安路 1655 号三号楼（201100）				
投资总额	50 万 USD	电　话	54887288	传　真	54887088
设立日期	2006-12-4	负责人	唐沢明		
主营业务	生产精冲模、模具标准件，销售自产产品。				

企业名称	德星精密模具（上海）有限公司				
企业地址	上海市嘉定区安亭镇园业路 199 号（201805）				
投资总额	37.5 万 USD	电　话	69576696	传　真	69576693
设立日期	2006-12-1	负责人	THOMAS LIM CHIN KWANG		
主营业务	生产精冲模、精密型腔模及模具标准件，销售自产产品并提供技术服务。				

企业名称	上海海隆石油钻具有限公司				
企业地址	上海市宝山区金石路 1688 号 511 室（200949）				
投资总额	5000 万 RMB	电　话	33851068	传　真	33851858
设立日期	2006-11-17	负责人	张　军		
主营业务	石油勘探开发新型仪器设备设计与制造，销售自产产品。				

企业名称	希赫泵业（上海）有限公司				
企业地址	上海市南汇工业园区宣黄公路 985 号（201300）				
投资总额	50 万 USD	电　话	51757300	传　真	51757349
设立日期	2006-11-13	负责人	THEODOR ROWEKAMP		
主营业务	生产、组装、测试真空泵、压缩机、流体泵、污泥混合器及其机组。				

企业名称	上海蓝钻铝箔制品有限公司				
企业地址	上海市嘉定区马陆镇陈宝路 66 弄 5 号（201801）				
投资总额	500 万 RMB	电　话	69152881	传　真	69152880
设立日期	2006-11-10	负责人	王玉凡		
主营业务	生产、加工铝箔、铝板及其他铝制品，销售本公司自产产品。				

企业名称	上海杰康汽车饰件模具有限公司				
企业地址	上海浦东康桥工业区康花路 206 号（201315）				
投资总额	50 万 USD	电　话	64364124	传　真	64701460
设立日期	2006-11-8	负责人	丁传兴		
主营业务	设计生产发泡模、真空模和搪塑模及相关胎具和夹具、检具，销售产品。				

企业名称	安美信模具（上海）有限公司				
企业地址	上海市松江出口加工区 A 区华哲路 260 弄 16 号厂房（201613）				
投资总额	210 万 USD	电　话	37837755	传　真	37837656
设立日期	2006-11-3	负责人	JOSEPH ANSCHER		
主营业务	生产加工精密模具，汽车精密零配件，塑料制品，金属制品，销售产品。				

企业名称	韬博模具（上海）有限公司				
企业地址	上海市闵行区景联路 189 号 8 号新建标准厂房一层（200241）				
投资总额	75 万 USD	电　话	61150336	传　真	61150331
设立日期	2006-10-13	负责人	王　勇		
主营业务	非金属制品模具设计、制造，销售本公司自产产品，提供技术咨询服务。				

企业名称	上海瀚洋船舶九型钢结构件制造有限公司				
企业地址	上海市宝山区牡丹江路 1508 号 2205-D 座（201901）				
投资总额	50 万 USD	电　话	33793218	传　真	33790785
设立日期	2006-9-22	负责人	黄　璐		
主营业务	集装箱零部件、船舶零部件、钢结构的制造、加工及仓储，销售产品。				

企业名称	和冈钢材（上海）有限公司				
企业地址	上海青浦工业园区新桥路 861 号乙厂房（201700）				
投资总额	5000 万日元	电　话	59223830	传　真	59223839
设立日期	2006-9-18	负责人	松永博行		
主营业务	钢铁结构制品的切割加工，销售公司自产产品。				

企业名称	上海祺祥汽车模具有限公司				
企业地址	上海市宝山工业园区罗宁路 1168 号（200949）				
投资总额	100 万 USD	电　话	33851690	传　真	33851690
设立日期	2006-8-9	负责人	叶华彪		
主营业务	从事汽车模具、夹具的设计、制造，销售自产产品。				

企业名称	梭登堡金属（上海）有限公司				
企业地址	上海市金山工业区通业路 128 号（201508）				
投资总额	20 万 USD	电　话	57277070	传　真	57271165
设立日期	2006-7-24	负责人	林资雄		
主营业务	生产加工合金钢条，标准件，紧固件，螺丝，牺牲阳极等各类金属制品。				

企业名称	上海时佳模具制造有限公司				
企业地址	上海市宝山区富联一路 19 号 F 幢（201907）				
投资总额	6.3 万 USD	电　话	36041361	传　真	36044286
设立日期	2006-7-14	负责人	胡涵彬		
主营业务	生产塑胶冷冲模具，机械加工零部件，装配件及注塑件，销售自产产品。				

企业名称	上海东宪精密模具有限公司				
企业地址	上海市嘉定工业区洪德路 1365 号第 4 幢（201821）				
投资总额	100 万 USD	电　话	69520418	传　真	69523087
设立日期	2006-7-5	负责人	稻垣宪司		
主营业务	设计、制造非金属制品模具，销售本公司自产产品。				

企业名称	竹盛精密模具（上海）有限公司				
企业地址	上海市松江区新桥镇申港路光明小区 B8 幢（201612）				
投资总额	14 万 USD	电　话	57684030	传　真	57684007
设立日期	2006-7-4	负责人	张映武		
主营业务	开发生产和加工精密模具、模具零配件、精密冲压和五金冲压零配件。				

企业名称	上海奉信铜业有限公司				
企业地址	上海市奉贤区四团镇（201412）				
投资总额	398 万 USD	电　话	64056803	传　真	64056812
设立日期	2006-7-4	负责人	JAMES ONG		
主营业务	加工生产铜箔，销售公司自产产品。				

企业名称	上海大秀金属制品有限公司				
企业地址	上海市奉贤区奉浦远东路 1515 号龙洋工业园区 6 号厂房（201400）				
投资总额	16 万 USD	电　话	67109867	传　真	67109873
设立日期	2006-7-4	负责人	宇都宫正一		
主营业务	生产、加工铁、不锈钢金属制品，销售公司自产产品。				

企业名称	喜吉金属材料（上海）有限公司				
企业地址	上海市外高桥保税区加太路 39 号第四层 50 部位（200131）				
投资总额	6.5 万 USD	电　话	34312851	传　真	34313941
设立日期	2006-6-27	负责人	LIM CHEUL YOUNG		
主营业务	保税区内以金属材料为主的仓储分拨业务以及相关产品的售后服务。				

企业名称	钧泰（上海）精密金属制品有限公司				
企业地址	上海市奉贤区环城西路 3111 号闵行出口加工区中央大道 2 号（201400）				
投资总额	79 万瑞郎	电　话	33655270	传　真	33655273
设立日期	2006-6-27	负责人	PHILIPPE HOLZER		
主营业务	从事钟表以及精密计时仪器零配件的设计生产，销售公司自产产品。				

企业名称	上海恒钻金属工具有限公司				
企业地址	上海市闵行区浦江工业园区三达路 537 弄 65 号（201112）				
投资总额	20 万 USD	电　话	64114125	传　真	54311403
设立日期	2006-6-26	负责人	JEAN. T.P.A CATRICE		
主营业务	生产、加工金属工具，销售自产产品（涉及行政许可的，凭许可证经营）。				

企业名称	上海万杰不锈钢器皿有限公司				
企业地址	上海市松江区佘山工业区陶干路 265 号（201602）				
投资总额	80 万 USD	电　话	57797168	传　真	57797167
设立日期	2006-6-23	负责人	王泳俊		
主营业务	生产不锈钢真空容器及不锈钢器皿，销售自产产品，并提供售后服务。				

企业名称	日星金属制品（上海）有限公司				
企业地址	上海市南汇工业园区园西路 229 号 3-4 号厂房（201300）				
投资总额	100 万 USD	电　话	68010044	传　真	68016945
设立日期	2006-6-2	负责人	藤原通雄		
主营业务	开发设计生产高档建筑五金件、水暖器材及五金件，汽车、摩托车模具。				

企业名称	依迪埃精密模具（上海）有限公司				
企业地址	上海市松江科技园区中德路 1420 号地块厂房（201600）				
投资总额	30 万 USD	电　话	33100275	传　真	33100275
设立日期	2006-5-31	负责人	TIMOTHY CHARLES CALLAHAN		
主营业务	制造、加工非金属制品模具、精密型腔模、模具标准件，销售自产产品。				

企业名称	上海福升钢丸有限公司				
企业地址	上海市嘉定区嘉定镇清河路 660 弄 21 号 13 幢（201800）				
投资总额	25 万 USD	电　话	69918793	传　真	69918793
设立日期	2006-5-22	负责人	藤浪督己		
主营业务	开发、生产金属钢丸，销售本公司自产产品。				

企业名称	其士铝工程（上海）有限公司				
企业地址	上海市浦东新区乳山路 227 号 301 室-24 座（200120）				
投资总额	945 万港币	电　话	61196969	传　真	61196968
设立日期	2006-4-11	负责人	许国檏		
主营业务	建筑幕墙工程专业承包、建筑幕墙工程设计、钢结构工程专业承包。				

企业名称	上海江日钢钢结构有限公司				
企业地址	上海市宝山区月浦工业园区云天路 48 号（200942）				
投资总额	30 万 USD	电　话	66038029	传　真	66038021
设立日期	2006-4-10	负责人	夏肖敏		
主营业务	钢结构、冷弯生产加工安装及相关金属、金属构件、五金交电加工销售。				

企业名称	上海通口模具标准件有限公司				
企业地址	上海市嘉定工业区叶城路 1411 号 4 幢 502 室（201821）				
投资总额	50 万 USD	电　话	67975920	传　真	69577090
设立日期	2006-3-24	负责人	木通口宽仁		
主营业务	生产模具标准件（限分支机构经营），销售本公司自产产品。				

企业名称	欣狮铝业（上海）有限公司				
企业地址	上海市松江区车墩镇香车路 206-338 号（250 全幢 1 层）（201611）				
投资总额	370 万 USD	电　话	54824135	传　真	54824135
设立日期	2006-3-22	负责人	周秋芳		
主营业务	生产加工和安装铝合金型材、模具、铝合金电机壳及配件、铝合金门窗。				

企业名称	仓敷菱东金属制品制造（上海）有限公司				
企业地址	上海市松江区施惠路 169 号第 2、7 号厂房（201600）				
投资总额	2.5 亿日元	电　话	57784660	传　真	57784661
设立日期	2006-3-20	负责人	难波敢		
主营业务	开发生产高档建筑五金件，制造汽车、摩托车用铸锻毛坯件，销售产品。				

企业名称	上海优尼康银亮钢有限公司				
企业地址	上海市金山工业区通业路 188 号（201506）				
投资总额	500 万 USD	电　话	57276901	传　真	57276903
设立日期	2006-3-9	负责人	江惠敏		
主营业务	汽车、摩托车铸锻毛坯件制造，模具标准件生产，销售公司自产产品。				

企业名称	晶亿金属材料（上海）有限公司				
企业地址	上海市广中西路 777 弄 12 号 2 楼 258 室（200072）				
投资总额	20 万 USD	电　话	66125890	传　真	66125870
设立日期	2006-3-8	负责人	MR.TODSAPORN LIMPIVIRIYAJIT		
主营业务	研发生产加工金属化陶瓷基板，半导体材料，半导体晶体，半导体组件。				

企业名称	上虎（上海）精密工具有限公司				
企业地址	上海市闵行区联友路 669 号一号厂房（201107）				
投资总额	150 万 USD	电　话	52264911	传　真	52264919
设立日期	2006-3-3	负责人	刘小玲		
主营业务	生产各种精冲模、精密型腔模、模具标准件及相关零配件，销售产品。				

企业名称	上海卫赛五金制品有限公司				
企业地址	上海市外高桥保税区加太路 39 号第 4 层 1 部位（200131）				
投资总额	15 万 USD	电　话	67194363	传　真	57156938
设立日期	2006-3-2	负责人	徐蕊娟		
主营业务	保税区内以五金制品为主的仓储分拨业务，以及相关产品的售后服务。				

企业名称	英柯欧模具（上海）有限公司				
企业地址	上海市南汇区南汇工业园区宣中路 399 号 16 幢（201300）				
投资总额	210 万 USD	电　话	58186300	传　真	58186303
设立日期	2006-3-2	负责人	ERIC JOHN SERES		
主营业务	生产用于塑料注塑成型模具用的热流道系统及其零部件，销售自产产品。				

企业名称	上海和百福合金材料有限公司				
企业地址	上海市嘉定区徐行镇曹新公路 1388 弄 8 号 301 室（201809）				
投资总额	1200 万 USD	电　话	59940382	传　真	59940382
设立日期	2006-2-24	负责人	邱世湉		
主营业务	生产新型合金材料，销售自产产品（涉及行政许可的凭许可证经营）。				

企业名称	比欧西爱德华真空泵制造（上海）有限公司				
企业地址	上海市外高桥保税区富特北路 29 号 A 部位（200131）				
投资总额	40 万英镑	电　话	58669618	传　真	58669993
设立日期	2006-2-22	负责人	NEIL ANTHONY LAVENDER JONES		
主营业务	保税区内真空泵及其系统的设计、研发、加工、测试，销售自产产品。				

企业名称	宇力精密模具（上海）有限公司				
企业地址	上海市外高桥保税区英伦路 386 号一楼第一层（200313）				
投资总额	100 万 USD	电　话	50481111	传　真	50480971
设立日期	2006-1-26	负责人	黎文坚（LAI MUN KIN）		
主营业务	研发、生产各类精密模具、模具标准件及其相关产品，销售自产产品。				

企业名称	万星精密模具（上海）有限公司				
企业地址	上海市松江区新桥镇申徐路8号A栋（201612）				
投资总额	175万USD	电话	67681033	传真	67681022
设立日期	2006-1-26	负责人	郑保卿		
主营业务	设计、生产、加工各类精密模具、精密塑胶模、压铸模具及其配件产品。				

企业名称	福勒犁金属材料（上海）有限公司				
企业地址	上海市外高桥保税区富特东一路396号第五层563部位（200131）				
投资总额	13万USD	电话	61415466	传真	61415460
设立日期	2006-1-19	负责人	LOW SIEW CHEONG		
主营业务	保税区内以金属材料、塑胶材料为主的仓储分拨业务，以及售后服务。				

企业名称	泰生（上海）冲压有限公司				
企业地址	上海金山工业区朱行桥湾村6组（201505）				
投资总额	7000万日元	电话	57273131	传真	57273535
设立日期	2006-1-18	负责人	伊藤利治		
主营业务	冲压模具、精冲模、模具标准件及相关产品的设计、制造、加工。				

企业名称	上海奥仑温莎精密工具有限公司				
企业地址	上海市嘉定区马陆镇李家村600号2幢（201801）				
投资总额	80万USD	电话	69154080	传真	69154320
设立日期	2006-1-17	负责人	陈伟康		
主营业务	生产、加工刃具、模具、工夹具、精密金属零件、轴类零件、橡塑件。				

企业名称	双爱贵金属（上海）有限公司				
企业地址	上海市虹口区川公路166号（200081）				
投资总额	6000万日元	电话	63562550	传真	63569567
设立日期	2006-1-11	负责人	NAITO AKIYOSHI		
主营业务	生产制造贵金属合金、贵金属附属材料、贵金属珍宝饰品，销售产品。				

企业名称	雅科金属（上海）有限公司				
企业地址	上海市外高桥保税区芬菊路308号7号厂房东部位及夹层（200131）				
投资总额	200万USD	电话	50482219	传真	50480133
设立日期	2006-1-9	负责人	SEET TECK CHEW（薛特州）		
主营业务	保税区内精密电子产品的金属外壳及模具生产和开发。				

企业名称	全亿五金商贸（上海）有限公司				
企业地址	上海市长宁区仙霞路317号2108室（200050）				
投资总额	100万USD	电话	52574016	传真	52579018
设立日期	2005-12-16	负责人	JIMMY CHIEN		
主营业务	五金产品的进出口及批发，提供相关的售后服务。				

企业名称	上海钜祥精密五金制品有限公司				
企业地址	上海市松江区新桥镇民益路19号3号房（201612）				
投资总额	30万USD	电话	57686851	传真	57686255
设立日期	2005-12-15	负责人	林於晃		
主营业务	生产、加工五金制品及电子元器件，销售公司自产产品。				

企业名称	清川（上海）金属制品有限公司				
企业地址	上海市松江区天马山天云路228号2、3号厂房（201603）				
投资总额	14万USD	电话	67741579	传真	
设立日期	2005-12-7	负责人	清川重雄		
主营业务	生产通讯、架线用金属制品及其零配件，土木工程、园艺用器材。				

企业名称	上海春伸铜制品有限公司				
企业地址	上海市外高桥保税区富特西一路155号C楼底层东B部位（200131）				
投资总额	13万USD	电话	58661698	传真	58661699
设立日期	2005-11-22	负责人	春田英男		
主营业务	保税区内以铜制品为主的仓储、分拨业务及相关产品的售后服务。				

企业名称	亿国拓丽（上海）五金有限公司				
企业地址	上海市外高桥保税区日樱北路499号1楼第1层7I部位（200131）				
投资总额	6.5万USD	电话	58679931	传真	58542187
设立日期	2005-11-16	负责人	陈鸿木		
主营业务	保税区内以五金产品为主的仓储、分拨业务。				

企业名称	图特斯工具系统技术（上海）有限公司				
企业地址	上海市南汇区康桥工业区康桥东路1159弄1号厂房（201315）				
投资总额	100万USD	电话	68182800	传真	68182690
设立日期	2005-11-16	负责人	DR.CHRISTOPH WEIB		
主营业务	开发、生产、组装机电成套系统、气动工具、电动工具。				

企业名称	马瑞狮工具制造（上海）有限公司				
企业地址	上海市外高桥保税区冰克路500号C13部位（200131）				
投资总额	14万USD	电话	68558801	传真	68558802
设立日期	2005-11-10	负责人	MARC LAURENCE ELLIS VINCENZ		
主营业务	制造和销售手工工具、切割工具、电动工具、钻头及OEM部件产品。				

企业名称	永荣（上海）模具制造有限公司				
企业地址	上海市嘉定区叶城路555号338室（201807）				
投资总额	2880万USD	电话	59546055	传真	59546622
设立日期	2005-11-2	负责人	王增滨		
主营业务	设计、生产汽车、摩托车模具及铸锻毛坯件，精冲模。				

企业名称	上海英杰制模有限公司				
企业地址	上海市浦东康桥工业区康桥东路1号A座701室（201315）				
投资总额	1750万RMB	电话	68106182	传真	68106177
设立日期	2005-11-2	负责人	马金福		
主营业务	生产工业塑料制品及汽车塑料模具，销售公司自产产品。				

企业名称	奥达科金属制品（上海）有限公司				
企业地址	上海市浦东康桥工业区沪南公路2502号（201300）				
投资总额	1358万USD	电话	58857711	传真	58857722
设立日期	2005-10-31	负责人	燕存露		
主营业务	生产高档建筑五金件，销售自产产品。				

企业名称	上海城投绿衍污水管网有限公司				
企业地址	上海市青浦区华新镇华强街584号（201708）				
投资总额	4800万RMB	电话	59791568	传真	59791568
设立日期	2005-10-31	负责人	吴冠军		
主营业务	从事污水收集管及相关设施的建设、经营。				

企业名称	上海恒辉机床工具有限公司				
企业地址	上海市嘉定工业区北区15号地块（201807）				
投资总额	500万USD	电话	69169310	传真	69169336
设立日期	2005-10-27	负责人	李雁辉		
主营业务	生产机床附件、五金工具、夹具、刃具、量具、磨具、磨料。				

企业名称	上海弗可斯厨房用品有限公司				
企业地址	上海市嘉定区马陆镇彭赵村彭封路108号丙—3号（201801）				
投资总额	40万USD	电话	59102286	传真	59100482
设立日期	2005-10-26	负责人	PASQUALE JOHN DE MARCO		
主营业务	生产厨房用品、餐具，销售本公司自产产品。				

企业名称	上海日比野金属制品有限公司				
企业地址	上海市青浦区外青松公路5399号A8号厂房（201700）				
投资总额	80万USD	电话	69211266	传真	69211233
设立日期	2005-10-26	负责人	伊藤和弘		
主营业务	生产、加工金属制品及模具，销售公司自产产品。				

企业名称	上海开拓磁选金属有限公司				
企业地址	上海市宝山区长江路735号（200435）				
投资总额	3176万USD	电话	66222630	传真	66222366
设立日期	2005-10-26	负责人	吴建伟		
主营业务	不锈钢钢渣回收、加工处理、资源再生及综合利用业务。				

企业名称	上海鑫顺模具有限公司				
企业地址	上海市普陀区绥德路2弄1号5-43室（200331）				
投资总额	210万USD	电话	63538548	传真	57609595
设立日期	2005-10-25	负责人	黄毅平		
主营业务	开发、制造汽车模具（含冲模、注塑模）。				

企业名称	亿国拓丽（上海）索具制造有限公司				
企业地址	上海市浦东新区浦东北路2190弄19号3幢一楼（200137）				
投资总额	20万USD	电话	58996123	传真	58542187
设立日期	2005-10-18	负责人	陈鸿木		
主营业务	生产、加工各类起重索具、船舶五金器具、船舶机械及相关的配件。				

企业名称	上海皆科管道系统有限公司				
企业地址	上海市浦东新区龙东大道4493号2幢2楼（201201）				
投资总额	50万欧元	电话	58589020	传真	58584294
设立日期	2005-10-13	负责人	方建平		
主营业务	研制、生产塑料管道、管件产品，销售自产产品。				

企业名称	那智不二越（上海）精密工具有限公司				
企业地址	上海市嘉定区马陆镇丰茂路 258 号（201801）				
投资总额	200 万 USD	电　话	69157200	传　真	69157669
设立日期	2005-10-12	负 责 人	中岛秀博		
主营业务	开发、生产精密工具，销售本公司自产产品并提供售后服务。				

企业名称	赫比（上海）精密冲压模具制品有限公司				
企业地址	上海市浦东康桥工业区康桥东路 1 号－12（201315）				
投资总额	700 万 USD	电　话	58997666	传　真	58997333
设立日期	2005-10-9	负 责 人	姚晓东		
主营业务	设计、制造金属及非金属精密模具。				

企业名称	阿尔伯特五金制品（上海）有限公司				
企业地址	上海市工业综合开发区（201400）				
投资总额	200 万 USD	电　话	51696911	传　真	57475511
设立日期	2005-9-26	负 责 人	MARK HOLLADAY		
主营业务	高档建筑五金件、水暖器材及五金件开发、生产。				

企业名称	上海加易佳五金电子有限公司				
企业地址	上海市嘉定区黄渡镇春归路 869 号（201804）				
投资总额	14 万 USD	电　话	69588918	传　真	69588920
设立日期	2005-9-20	负 责 人	张国书		
主营业务	生产机械零配件，冲压件，精密弹簧，销售本公司自产产品。				

企业名称	上海九池精密模具有限公司				
企业地址	上海市松江区车墩工业开发区香泾路 1039 号（201611）				
投资总额	35 万 USD	电　话	57774177	传　真	57774028
设立日期	2005-9-15	负 责 人	池上信		
主营业务	设计、开发、生产非金属制品模具，精冲模、精密型腔模。				

企业名称	上海桐井建材有限公司				
企业地址	上海市嘉定区真新新村街道丰庄村范家宅南侧（201823）				
投资总额	700 万 RMB	电　话	62261622	传　真	62261622
设立日期	2005-9-7	负 责 人	森本明		
主营业务	生产吊顶系统和隔墙系统及相关配件，销售本公司自产产品。				

企业名称	瑞钢（上海）钢板有限公司				
企业地址	上海市外高桥保税区基隆路 6 号 5 楼 534 室（200131）				
投资总额	40 万 USD	电　话	62350065	传　真	62754161
设立日期	2005-9-6	负 责 人	BENGT OLOF MARTINSSON		
主营业务	以钢板、钢锭等其他材料为主的国际贸易、转口贸易。				

企业名称	鲁琴金属制品（上海）有限公司				
企业地址	上海市江场西路 395 号三楼 S 座（200435）				
投资总额	100 万 USD	电　话	63541225	传　真	63173486
设立日期	2005-9-5	负 责 人	段治白		
主营业务	金属材料的生产、加工，销售自产产品。				

企业名称	顺龄金属制品（上海）有限公司				
企业地址	上海市奉贤区楚华北路 E10 地块（201424）				
投资总额	400 万 USD	电　话	57448383	传　真	57448381
设立日期	2005-9-5	负 责 人	李宝荣		
主营业务	设计、开发、制造高档建筑五金件及相关零部件。				

企业名称	华伟表面处理技术（上海）有限公司				
企业地址	上海市浦东新区北蔡镇五星路 358 号东南面二楼厂房（200124）				
投资总额	120 万港币	电　话	51088770	传　真	58433598
设立日期	2005-9-1	负 责 人	陈郑至芳		
主营业务	金属及塑料件表面喷涂加工，金属及塑料装饰件和注塑产品的生产。				

企业名称	上海杉野金属制品有限公司				
企业地址	上海松江出口加工区华哲路 355 弄罗伊尔园区五期 4 号（201613）				
投资总额	3000 万日元	电　话	57775099	传　真	57775352
设立日期	2005-8-30	负 责 人	杉野辰英		
主营业务	生产金属制品，有色金属压延加工，销售公司自产产品。				

企业名称	上海富有精密钨钢有限公司				
企业地址	上海市松江区洞泾工业二区（201619）				
投资总额	300 万 USD	电　话	67679406	传　真	37679003
设立日期	2005-8-24	负 责 人	廖万隆		
主营业务	开发、生产、加工碳化钨合金材料、精密金属模具。				

企业名称	上海登远钢管有限公司				
企业地址	上海市宝山区盘古路 846 号（201900）				
投资总额	20 万 USD	电　话	36213507	传　真	36216511
设立日期	2005-8-22	负 责 人	刘建明		
主营业务	生产、加工钢管、金属材料、钢结构件，销售自产产品。				

企业名称	大越（上海）金属制品有限公司				
企业地址	上海市松江区佘山工业区民业路 37 号（201602）				
投资总额	100 万 USD	电　话	57794099	传　真	57794089
设立日期	2005-8-18	负 责 人	林昭围		
主营业务	金属材料（不含贵金属）的加工、合金的切削。				

企业名称	西德克精密拉深技术（上海）有限公司				
企业地址	上海市南汇工业区宣中路 399 号 23 幢（201300）				
投资总额	115 万欧元	电　话	58183810	传　真	58183533
设立日期	2005-8-16	负 责 人	HUBERT SCHMIDT		
主营业务	高档水暖器材及其他高精度五金件的生产。				

企业名称	铭益精密模具（上海）有限公司				
企业地址	上海市松江区新桥镇闵申工业园区光华小区 E－1 厂房（201612）				
投资总额	30 万 USD	电　话	57685100	传　真	57685102
设立日期	2005-8-15	负 责 人	陈玉清		
主营业务	设计、生产、加工各类精密模具，精密塑胶模。				

企业名称	欧华玛新型建材（上海）有限公司				
企业地址	上海市松江区茸兴路 488 号 1 幢厂房（201613）				
投资总额	240 万 USD	电　话	57784282	传　真	57784207
设立日期	2005-8-15	负 责 人	杨明洲		
主营业务	开发、设计、生产新型建筑材料。				

企业名称	上海吉斯金合金铜铸造有限公司				
企业地址	上海市金山区山阳镇朱山路 501 号（201507）				
投资总额	50 万 USD	电　话	57241151	传　真	57241151
设立日期	2005-8-15	负 责 人	金永强		
主营业务	生产、加工合金铜制品，销售公司自产产品。				

企业名称	亚太第一钛业（上海）有限公司				
企业地址	上海市化学工业区奉贤分区（201424）				
投资总额	600 万 USD	电　话	57941941	传　真	57942248
设立日期	2005-8-15	负 责 人	俞　锟		
主营业务	研究、开发、生产、加工钛白粉，销售公司自产产品。				

企业名称	帝赛屋建筑材料（上海）有限公司				
企业地址	上海市松江区叶榭镇叶繁路 17 号标准厂房（201609）				
投资总额	300 万 USD	电　话	67740752	传　真	57887489
设立日期	2005-8-11	负 责 人	KYLE EDWARD DONG		
主营业务	设计、生产各种预制钢建筑材料和构件。				

企业名称	上海深海宏添建材有限公司				
企业地址	上海市浦东新浦支路 183 号（200125）				
投资总额	280 万 USD	电　话	68742127	传　真	68741105
设立日期	2005-8-8	负 责 人	苏海兵		
主营业务	开发、生产新型建筑材料（高档环保型装饰装修材料）。				

企业名称	鸿辉久金属工具（上海）有限公司				
企业地址	上海市外高桥保税区泰谷路 18 号 1 号楼 5 层 501 部位（200131）				
投资总额	13 万 USD	电　话	50483057	传　真	50484269
设立日期	2005-8-3	负 责 人	许梦麟		
主营业务	保税区内以钨钢铣头、钻头为主的仓储、分拨业务。				

企业名称	双威建材（上海）有限公司				
企业地址	上海市南汇区航头镇大麦湾工业区 A1 号地块（201316）				
投资总额	840 万 USD	电　话	68221396	传　真	68221113
设立日期	2005-8-1	负 责 人	LEE SOONG HWA		
主营业务	生产新型轻质高强度建筑材料、高抗压连锁地砖等混凝土制品。				

企业名称	万耀精密模具（上海）有限公司				
企业地址	上海市闵行区颛桥镇沧源路 55 号（201107）				
投资总额	14 万 USD	电　话	54700489	传　真	54700469
设立日期	2005-7-28	负 责 人	吴荣昌		
主营业务	研发、生产精冲模、精密型腔模，高档建筑五金件。				

企业名称	思凯特管业（上海）有限公司				
企业地址	上海市南汇区祝桥空港工业区金闻路 81 号（201323）				
投资总额	210 万 USD	电　话	61049228	传　真	61049229
设立日期	2005-7-28	负 责 人	刘彦智		
主营业务	设计、生产组装石油化工和电力行业等用的特殊管道组成件。				

企业名称	上海高星丽金属制品有限公司				
企业地址	上海市嘉定区安亭镇众川路 199 号 7 号厂房（201805）				
投资总额	25 万 USD	电　话	69595990	传　真	59505390
设立日期	2005-7-25	负 责 人	陈云碧		
主营业务	生产铝合金门窗、铝幕墙及金属配套件，玻璃深加工产品。				

企业名称	科吉金属制品（上海）有限公司				
企业地址	上海市南汇区康桥工业区康桥东路 1 号 18D 厂房（201315）				
投资总额	40 万 USD	电　话	68190718	传　真	68190700
设立日期	2005-7-21	负 责 人	GULIO CORGHI		
主营业务	生产钢塑复合管、工程复合塑料管，销售公司自产产品。				

企业名称	上海海亮铜业有限公司				
企业地址	上海市奉贤区四团镇（201412）				
投资总额	1800 万 USD	电　话	57533283	传　真	57533283
设立日期	2005-7-19	负 责 人	冯海良		
主营业务	生产有色金属复合材料、新型合金材料。				

企业名称	上海康德莱手岛制管有限公司				
企业地址	上海市嘉定区江桥镇华江路 171 号 8 幢（201806）				
投资总额	1200 万 RMB	电　话	59117628	传　真	59145038
设立日期	2005-7-14	负 责 人	孙昌金		
主营业务	生产各类不锈钢毛细管、焊接管、加工不锈钢钢带。				

企业名称	藤仓精密模具（上海）有限公司				
企业地址	上海市嘉定工业区叶城路 1411 号 A 栋 2 层（201821）				
投资总额	210 万 USD	电　话	59166561	传　真	59166562
设立日期	2005-7-12	负 责 人	西田孝至		
主营业务	生产精冲模、精密型腔模、模具标准件，销售本公司自产产品。				

企业名称	力喜精密模具（上海）有限公司				
企业地址	上海市外高桥保税区芬菊路 308 号 11 号厂房（200131）				
投资总额	20 万 USD	电　话	50480499	传　真	50480529
设立日期	2005-7-7	负 责 人	TAN JIT YEE		
主营业务	高精密塑料模具的开发、设计、加工、制作。				

企业名称	昶益塑胶模具（上海）有限公司				
企业地址	上海市嘉定区马陆镇双丁路 199 号（201801）				
投资总额	60 万 USD	电　话	59103729	传　真	59103728
设立日期	2005-7-4	负 责 人	余秀艺		
主营业务	生产非金属制品模具，销售本公司自产产品。				

企业名称	凌普工具（上海）有限公司				
企业地址	上海市闵行区纪翟路 1198 号 5 号厂房（闵北工业区）（201106）				
投资总额	101 万 USD	电　话	52263145	传　真	52263042
设立日期	2005-6-28	负 责 人	LAWN SAM MU-SHENG		
主营业务	加工、生产五金、电工、木工工具、卫浴金属件及配套件。				

企业名称	上海泰盛电动工具制造有限公司				
企业地址	上海市金山区廊下镇新风路 166 号（201516）				
投资总额	36 万 USD	电　话	57395279	传　真	57395276
设立日期	2005-6-21	负 责 人	袁绪鹏		
主营业务	生产制造电动工具、气动工具及零部件。				

企业名称	际埃益集装箱维修（上海）有限公司				
企业地址	上海市浦东新区上钢新村街道昌里路 335 号 301A 室（200126）				
投资总额	14 万 USD	电　话	50459134	传　真	63536819
设立日期	2005-6-20	负 责 人	LEE KANGWON（李康元）		
主营业务	集装箱干箱、冷箱的维修，集装箱冷机的维修。				

企业名称	安凯精密金属零件工业（上海）有限公司				
企业地址	上海市闵行区漕河泾出口加工区浦星路 789 号 4 号楼 1 层（201112）				
投资总额	51 万 USD	电　话	54315200	传　真	64696089
设立日期	2005-6-17	负 责 人	ARTHUR KURZ		
主营业务	研发、设计和生产使用在数控系统及伺服装置、计算机。				

企业名称	上海麦睿斯五金制品有限公司				
企业地址	上海市松江区久富经济开发区同利路田富四期厂房 1 号楼（201615）				
投资总额	25 万 USD	电　话	67691600	传　真	67627314
设立日期	2005-6-16	负 责 人	周　静		
主营业务	生产不锈钢器皿、厨具、台架、五金制品和塑料制品。				

企业名称	上海席邦五金工具有限公司				
企业地址	上海市青浦区夏阳街道沪青平公路 5646 号 6 号厂房（201700）				
投资总额	15 万 USD	电　话	59858384	传　真	59858385
设立日期	2005-6-14	负 责 人	翟　翊		
主营业务	生产、加工五金工具、建筑用升降机械、五金配件。				

企业名称	上海斯马特塑胶模具有限公司				
企业地址	上海市嘉定区黄渡镇淞阳路 988 号（201804）				
投资总额	35 万 USD	电　话	69595951	传　真	69592123
设立日期	2005-6-10	负 责 人	LING AN-HEID		
主营业务	设计生产塑胶制品模具及相关零配件、塑胶制品。				

企业名称	圣特模具（上海）有限公司				
企业地址	上海市闵行区春申路 2980 号（201100）				
投资总额	14 万 USD	电　话	62619980	传　真	62619952
设立日期	2005-6-8	负 责 人	袁燕骏		
主营业务	设计、生产注塑模具及其零部件和各类塑料零部件。				

企业名称	上海精锐金属建筑系统有限公司				
企业地址	上海市宝山区德都路 266 号（200942）				
投资总额	128 万 USD	电　话	51086899	传　真	54452919
设立日期	2005-6-7	负 责 人	何卫良		
主营业务	设计、开发、生产有色金属复合材料、新型合金材料。				

企业名称	伊斯特伟斯（上海）金刚石模具有限公司				
企业地址	上海市漕河泾新兴技术开发区虹梅路 2008 号 204、206 室（200233）				
投资总额	175 万欧元	电　话	64855051	传　真	64857258
设立日期	2005-6-6	负 责 人	J.J.C.HOLTHAUS		
主营业务	自主开发、设计、制造电子及高品质电信线缆产品的天然金刚石。				

企业名称	辉祥机械五金（上海）有限公司				
企业地址	上海市浦东新区金桥出口加工区金沪路 1281 号 1 幢 302 室（201206）				
投资总额	30 万 USD	电　话	58660606	传　真	58669483
设立日期	2005-5-31	负 责 人	黄玉慧		
主营业务	研发、设计、生产加工五金产品、研磨材料、电动工具及相关配件。				

企业名称	上海钧瑞金属实业有限公司				
企业地址	上海市外高桥保税区荷丹路 68 号 A1 部位（200131）				
投资总额	100 万 USD	电　话	51088783	传　真	62169798
设立日期	2005-5-30	负 责 人	赵圣义		
主营业务	保税区内以金属材料为主的仓储、分拨业务及相关产品的售后服务。				

企业名称	雅保特精密模具（上海）有限公司				
企业地址	上海市松江区新桥镇春申村申南二路 68 号（201612）				
投资总额	75 万 USD	电　话	67648369	传　真	67648596
设立日期	2005-5-27	负 责 人	邓钜深		
主营业务	开发、生产和加工精冲模、精密型腔模、模具标准件。				

企业名称	迈达科模型模具（上海）有限公司				
企业地址	上海市嘉定工业区叶城路 1411 号 4 幢 2 层（201821）				
投资总额	20 万 USD	电　话	69527052	传　真	69527053
设立日期	2005-5-23	负 责 人	森川文		
主营业务	生产非金属制品模具、精冲模、精密型腔模、模具标准件。				

企业名称	安藤刀具（上海）有限公司				
企业地址	上海市外高桥保税区泰谷路 88 号 B1 层 A7 部位（200131）				
投资总额	14 万 USD	电　话	50462986	传　真	50462599
设立日期	2005-5-23	负 责 人	安藤仁己		
主营业务	保税区内以电子产品为主的仓储、分拨、商品展示。				

企业名称	上优机床工具（上海）有限公司				
企业地址	上海市嘉定区复华高新技术园区申霞路 358 号（201818）				
投资总额	250 万欧元	电　话	59900890	传　真	59900860
设立日期	2005-5-17	负 责 人	杨金昌		
主营业务	设计、生产三轴以上联动的数控机床及其配套工具。				

企业名称	浦斯圣精密模具（上海）有限公司				
企业地址	上海市松江工业区闵申大道188号内2号厂房（201613）				
投资总额	120万USD	电　话	57685188	传　真	57685268
设立日期	2005-5-17	负责人	郑添和（TAY TIAN HOE）		
主营业务	设计、制造汽车、摩托车模具（含冲模、注塑模、模压模等）。				

企业名称	上海月匠星工具有限公司				
企业地址	上海市外高桥保税区荷丹路240号D1－207部位（200131）				
投资总额	20万USD	电　话	54651155	传　真	64455251
设立日期	2005-5-12	负责人	ULF LENNART CARLSSON		
主营业务	保税区内以工具、机械设备为主的仓储、分拨、展示业务。				

企业名称	布廷恩不锈钢管道（上海）有限公司				
企业地址	上海市嘉定区马陆镇敬学路199号2号厂房（201801）				
投资总额	30万欧元	电　话	69157598	传　真	69157599
设立日期	2005-5-11	负责人	HERMANN BUTTING		
主营业务	加工不锈钢管，生产管道配套件，销售本公司自产产品。				

企业名称	上海普容尼精密模具有限公司				
企业地址	上海市松江区中山街道茸梅路669号2号厂房（201613）				
投资总额	300万USD	电　话	57786075	传　真	57782960
设立日期	2005-4-30	负责人	井上仁良		
主营业务	生产、加工绝缘成型件，精冲模，精密型腔模，模具标准件。				

企业名称	海杜（上海）五金制品有限公司				
企业地址	上海市外高桥保税区美桂南路338号底层01、03部位（200131）				
投资总额	400万USD	电　话	50483363	传　真	50483263
设立日期	2005-4-30	负责人	DIEMER CHRISTIAN		
主营业务	保税区内生产以电池壳、管箍、软管、建筑用五金扩张金属条。				

企业名称	顺兴（上海）有限公司				
企业地址	上海市闵行区中春路5999号（201100）				
投资总额	4000万USD	电　话	62371258	传　真	52372277
设立日期	2005-4-28	负责人	严舸舸		
主营业务	承办仓储、集装箱的拼装、拆装、分拨、中转、包装。				

企业名称	上海艾比塑胶模具有限公司				
企业地址	上海市松江区新桥镇新格路850弄B幢（201612）				
投资总额	100万USD	电　话	57680618	传　真	57681078
设立日期	2005-4-20	负责人	佐野惠		
主营业务	开发、设计、生产和加工各类精密模具，注塑产品。				

企业名称	弗兰科希管件系统（上海）有限公司				
企业地址	上海市嘉定区安亭镇百安公路537号1区（201814）				
投资总额	140万欧元	电　话	69573800	传　真	69573805
设立日期	2005-4-19	负责人	OTTO FRIEDRICH KIRCHNER		
主营业务	开发、设计、生产塑料管、金属管及管件系统。				

企业名称	拓模精密模具（上海）有限公司				
企业地址	上海市浦东新区新金桥路600号T17地块厂房东侧单元B区（201206）				
投资总额	30万USD	电　话	51321699	传　真	51321689
设立日期	2005-4-11	负责人	JEFFREY WILLIAM MERTZ		
主营业务	设计、生产注塑模具、注塑制品．销售自产产品。				

企业名称	元一建材（上海）有限公司				
企业地址	上海市闵行区航建路368号（201106）				
投资总额	20万USD	电　话	64659130	传　真	64659130
设立日期	2005-4-11	负责人	沈金泽		
主营业务	加工、制造金属檐沟、落水管及屋面，销售自产产品。				

企业名称	上海爱思凯气体容器有限公司				
企业地址	上海市松江区泖港镇中区路41、45号厂房（201607）				
投资总额	20000万日元	电　话	57864679	传　真	57861642
设立日期	2005-4-7	负责人	矢端和之		
主营业务	加工、生产高压气体容器、无缝拉伸容器、各种气体用设备及其零配件。				

企业名称	新典廷塑胶五金（上海）有限公司				
企业地址	上海市青浦工业园区盈秀路178号1号厂房（201700）				
投资总额	25万USD	电　话	69222669	传　真	59202933
设立日期	2005-3-30	负责人	中西正		
主营业务	生产、加工塑胶制品及金属零部件，销售公司自产产品。				

企业名称	鹰伦五金商贸（上海）有限公司				
企业地址	上海市虹口区武进路255号601-T室（200080）				
投资总额	100万USD	电　话	62791570	传　真	62791570
设立日期	2005-3-29	负责人	MICHAEL DALTON		
主营业务	从事有关工业用特殊金属的批发、佣金代理（拍卖除外）。				

企业名称	美铝紧固件系统（上海）有限公司				
企业地址	上海市外高桥保税区加太路28号B部位（200131）				
投资总额	20万USD	电　话	58682980	传　真	58681859
设立日期	2005-3-25	负责人	JOHN CHRISTIAN TECKLENGBURG II		
主营业务	以紧固件系统和辅助产品为主的保税区仓储、分拨。				

企业名称	上海铃宝金属工艺有限公司				
企业地址	上海市奉贤区庄行镇南庄公路825号（201415）				
投资总额	60万USD	电　话	57467377	传　真	57464553
设立日期	2005-3-25	负责人	铃木敏昭		
主营业务	加工、生产金属制品及五金工具，销售公司自产产品。				

企业名称	上海恒佳昌精密模具有限公司				
企业地址	上海市浦东新区张江镇中心路218号C幢（201203）				
投资总额	100万USD	电　话	58575111	传　真	58575566
设立日期	2005-3-24	负责人	蔡雄铭		
主营业务	生产精冲模、精密型腔模、模具标准件和新型电子元器件。				

企业名称	友路精密工具（上海）有限公司				
企业地址	上海市浦东新区凌桥镇西45号5幢02室（200137）				
投资总额	20万USD	电　话	50202136	传　真	50202137
设立日期	2005-3-23	负责人	黄明杰		
主营业务	生产刷子、涂装工具及配件，销售自产产品。				

企业名称	普锐高（上海）机械工具制造有限公司				
企业地址	上海市南汇区航头大麦湾工业区航鸣路22号（201316）				
投资总额	165万欧元	电　话	68221050	传　真	68221033
设立日期	2005-3-18	负责人	周亚雄		
主营业务	设计、生产汽车、摩托车模具（含冲模、注塑模、模压模）。				

企业名称	上海娄星工具有限公司				
企业地址	上海市嘉定工业区北区20号东南地块（201807）				
投资总额	250万USD	电　话	33517212	传　真	33517268
设立日期	2005-3-15	负责人	吴　宏		
主营业务	生产电动工具及配件，销售本公司自产产品并提供售后服务。				

企业名称	上海乾科洁净技术有限公司				
企业地址	上海市南汇区六灶镇鹿园工业区鹿兴路199号5栋（201322）				
投资总额	250万RMB	电　话	68160180	传　真	68160181
设立日期	2005-3-15	负责人	LOW KOK YEW		
主营业务	生产隔间板、净房等新型建筑材料，销售公司自产产品。				

企业名称	上海贝高福厨房用具有限公司				
企业地址	上海市长宁区愚园路1258号2003-2007室（200050）				
投资总额	14万USD	电　话	52370303	传　真	52371151
设立日期	2005-3-11	负责人	VANTHOOR RAF（执行董事）		
主营业务	厨房用具、餐具用品的生产（限分支机构经营）。				

企业名称	茂腾精密模具（上海）有限公司				
企业地址	上海市嘉定区马陆镇彭封路129弄29号2幢（201801）				
投资总额	14万USD	电　话	59106736	传　真	59106726
设立日期	2005-3-11	负责人	王国才		
主营业务	生产精冲模、模具标准件，销售本公司自产产品。				

企业名称	上海好居王金属制品有限公司				
企业地址	上海市工业综合开发区公谊路56号（201400）				
投资总额	25万USD	电　话	57493668	传　真	57493608
设立日期	2005-3-9	负责人	高　杰		
主营业务	设计、生产高档金属制品及相关的配件。				

企业名称	上海旭华高纯气瓶有限公司				
企业地址	上海市青浦区沪青平公路2700号（201703）				
投资总额	800万RMB	电　话	59756401	传　真	59755289
设立日期	2005-3-4	负责人	李华强		
主营业务	高压气瓶、高纯度气体包装容器的深加工、制造。				

制造业-黑色金属、有色金属冶炼及压延加工业和金属制品业

企业名称	上海旭辰家饰制品有限公司				
企业地址	上海市嘉定区马陆镇宝安公路 2548 号 2 号厂房（201801）				
投资总额	15 万 USD	电　话	69155005	传　真	59154756
设立日期	2005-3-1	负 责 人	黄世彰		
主营业务	生产金属门窗及配件，家纺产品，销售本公司自产产品。				

企业名称	上欣源装饰品（上海）有限公司				
企业地址	上海市松江区九亭镇蒲汇路 135 弄 2 号 7#厂房（201615）				
投资总额	25 万 USD	电　话	57635178	传　真	57635177
设立日期	2005-2-25	负 责 人	须雪芳		
主营业务	生产、加工睡袋，枕头，服装，手工地毯，室内装饰品。				

企业名称	日立刀具（上海）有限公司				
企业地址	上海市外高桥保税区富特西一路 139 号 1307 室（200131）				
投资总额	61 万 USD	电　话	63586395	传　真	63586329
设立日期	2005-2-24	负 责 人	清水一由		
主营业务	国际贸易、转口贸易、保税区企业间贸易及区内贸易代理。				

企业名称	凯尼派克工具（上海）有限公司				
企业地址	上海市外高桥保税区富特东一路 396 号第四层 412 部位（200131）				
投资总额	6.5 万 USD	电　话	58998010	传　真	58998050
设立日期	2005-2-16	负 责 人	RALF CARL GUSTAV PUTSCH		
主营业务	以手动工具为主的区内仓储分拨业务及提供相关产品的售后服务。				

企业名称	上海中村精密金属有限公司				
企业地址	上海市嘉定区马陆镇励学路 1088 号（201801）				
投资总额	70 万 USD	电　话	69156990	传　真	69157103
设立日期	2005-2-8	负 责 人	中村定		
主营业务	钢板的切割、冲压等加工，生产电器金属零配件，销售本公司自产产品。				

企业名称	上海鹤侨精密模具有限公司				
企业地址	上海市闵行区莲花南路 755 号（200237）				
投资总额	1000 万港币	电　话	54385555	传　真	34083355
设立日期	2005-2-7	负 责 人	许晓琛		
主营业务	生产精密塑胶模具及模具软件的开发、制作，销售自产产品。				

企业名称	蓝璀建筑钢结构（上海）有限公司				
企业地址	上海市松江工业区荣乐东路 568 号（201613）				
投资总额	220 万 USD	电　话	57745337	传　真	57745364
设立日期	2005-2-5	负 责 人	CHRISTOPHER GRAHAM FOGARTY		
主营业务	设计、加工、生产耐高腐蚀性镀铝锌合金板、新型建筑材料。				

企业名称	上海威史特五金制品有限公司				
企业地址	上海市松江区永丰街道松江高新技术园区大江路 258 号（201600）				
投资总额	500 万 USD	电　话	57734523	传　真	57734542
设立日期	2005-2-5	负 责 人	西康雄		
主营业务	设计、生产、加工各种锁具、建筑装潢家具用隔断。				

企业名称	上海超胜模具制造有限公司				
企业地址	上海市松江区新桥镇民益路 6 号（201612）				
投资总额	50 万 USD	电　话	57687786	传　真	57645384
设立日期	2005-2-3	负 责 人	李景来		
主营业务	设计、生产汽车、摩托车模具（含冲模、注塑模、模压模）、夹具。				

企业名称	东隆爱管件制造（上海）有限公司				
企业地址	上海市奉贤区金汇镇工业区（201404）				
投资总额	60 万 USD	电　话	57480016	传　真	57483786
设立日期	2005-2-3	负 责 人	向山正纪		
主营业务	高档建筑五金件及相关配件、水暖器材及五金件开发、生产、组装。				

企业名称	艺科精密模具注塑（上海）有限公司				
企业地址	上海市闵行区颛兴路 1688 号 G-A 幢（201108）				
投资总额	120 万 USD	电　话	64423182	传　真	64423183
设立日期	2005-2-1	负 责 人	TEO SOON SENG		
主营业务	设计、制造非金属制品模具、模具标准件，销售自产产品。				

企业名称	上海资铭精密模具有限公司				
企业地址	上海市闵行区虹梅南路 1507 号（200237）				
投资总额	20 万 USD	电　话	64322271	传　真	64322271
设立日期	2005-2-1	负 责 人	林美英（LIM BEEENG）		
主营业务	非金属制品模具的设计、制造，销售自产产品。				

企业名称	可丽娜厨卫（上海）有限公司				
企业地址	上海市外高桥保税区新灵路 118 号 7 层 707A 室（200131）				
投资总额	20 万 USD	电　话	64480400	传　真	64480401
设立日期	2005-1-28	负 责 人	公文耕治		
主营业务	国际贸易、转口贸易、保税区企业间贸易及贸易代理。				

企业名称	上海隽永金属制品有限公司				
企业地址	上海市松江区新桥镇春申村申北一路 61 号（201612）				
投资总额	20 万 USD	电　话	67649825	传　真	57646667
设立日期	2005-1-26	负 责 人	周以诚		
主营业务	生产各种五金制品，手动、气动、电动工具及相关配件。				

企业名称	上海尚顶金属线材科技有限公司				
企业地址	上海市闵行区莘庄镇黎安路 1189 号（201100）				
投资总额	108 万 USD	电　话	54881719	传　真	54881811
设立日期	2005-1-21	负 责 人	王德仁		
主营业务	生产、加工有色金属复合材料、新型合金材料、金属丝材。				

企业名称	稻叶建材（上海）有限公司				
企业地址	上海市松江区新桥镇申南二路 68 号（201612）				
投资总额	14 万 USD	电　话	67649287	传　真	67649286
设立日期	2005-1-11	负 责 人	稻叶司		
主营业务	生产铝车棚、建筑物户外建材为主的铝型材。				

企业名称	上海恩佳金属制品有限公司				
企业地址	上海市松江区泗泾镇泗泾工业区九干路 88 号 B 座（201601）				
投资总额	91 万 USD	电　话	57617450	传　真	57617449
设立日期	2005-1-7	负 责 人	JOHN WISE.MOFFAT		
主营业务	设计、制造汽车、摩托车模具（含冲模、注塑模、模压模等）。				

企业名称	上海安美特铝业有限公司				
企业地址	上海市宝山城市工业园区真陈路 1000 号 510 室（200436）				
投资总额	600 万 USD	电　话	36162292	传　真	36162231
设立日期	2005-1-5	负 责 人	李　凡		
主营业务	生产磁盘、磁盘配件及精密金属件冲压和成型加工。				

企业名称	亿森（上海）模具有限公司				
企业地址	上海市嘉定工业区北区 27－1 号地块（201807）				
投资总额	808 万 USD	电　话	59547098	传　真	59547090
设立日期	2004-12-23	负 责 人	黄金森		
主营业务	设计、制造、加工汽车模具、夹具，销售本公司自产产品等。				

企业名称	加商英可金属（上海）有限公司				
企业地址	上海市外高桥保税区英伦路 389 号 50 号仓库 A 部位（200131）				
投资总额	50 万 USD	电　话	62498100	传　真	62492102
设立日期	2004-12-23	负 责 人	罗国铨		
主营业务	保税区内以金属和金属制品为仓储内商业性简单加工；商品展示等。				

企业名称	上海爱知模具有限公司				
企业地址	上海市松江区九亭镇同利路 871 号地块 3 号厂房（201615）				
投资总额	30 万 USD	电　话	67627773	传　真	67627779
设立日期	2004-12-22	负 责 人	石仓敏明		
主营业务	设计、制造汽车模具及各种非金属制品模具，生产和组装塑料制品等。				

企业名称	上海晨昌精密模具有限公司				
企业地址	上海市康健路 135 号 B 座 523 室（200233）				
投资总额	1000 万港币	电　话	69573088	传　真	69573555
设立日期	2004-12-16	负 责 人	王进丁		
主营业务	生产精密模具（限其分支机构生产），销售自产产品等。				

企业名称	三越金属（上海）有限公司				
企业地址	上海市外高桥保税区台中南路 2 号 261 室（200131）				
投资总额	8 万 USD	电　话	62368345	传　真	62368353
设立日期	2004-12-3	负 责 人	钧谷宏行		
主营业务	国际贸易、转口贸易，保税区企业间的贸易及区内贸易代理等。				

企业名称	上海斯图尔特有限公司				
企业地址	上海市闵行区浦江工业园区康华路（201112）				
投资总额	500 万 USD	电　话	51370288	传　真	51370299
设立日期	2004-11-22	负 责 人	CHARLES SANTANGELO		
主营业务	开发、生产用于黑色金属和有色金属的铸造、成形、轧压、冲压等。				

企业名称	美特尔金属工业（上海）有限公司				
企业地址	上海青浦出口加工区加三－标1地块4号厂房一楼东侧（201707）				
投资总额	600万USD	电　话	59703993	传　真	59702001
设立日期	2004-11-12	负责人	CHUA KHENG CHOON		
主营业务	冲压、加工、组装精密金属产品；设计、制作模具，销售自产产品等。				

企业名称	向德（上海）金属制品有限公司				
企业地址	上海市闵行区莘沥路莘北村西七生产队（201101）				
投资总额	100万USD	电　话	51570373	传　真	51570373
设立日期	2004-11-9	负责人	施明毅		
主营业务	加工、生产金属制品，销售自产产品（涉及行政许可的凭许可证经营）。				

企业名称	上海南投金属制品有限公司				
企业地址	上海市闵行区华翔路3539号（201106）				
投资总额	14万USD	电　话	62212299	传　真	62215959
设立日期	2004-11-8	负责人	曾美铃		
主营业务	生产金属制品、模具、五金零部件，销售自产产品。				

企业名称	上海爱斯可精密模具有限公司				
企业地址	上海松江高新技术园区玉阳路669号（201600）				
投资总额	1000万USD	电　话	67725105	传　真	67725106
设立日期	2004-11-8	负责人	斋藤实		
主营业务	设计、制作、生产汽车、摩托车模具、夹具、精冲模、精密型腔模等。				

企业名称	法尔福钢绳（上海）有限公司				
企业地址	上海市灵石路709号64－2厂房（200072）				
投资总额	25万欧元	电　话	56778006	传　真	56779229
设立日期	2004-11-2	负责人	Gerhard Pfeifer		
主营业务	钢丝绳及配件等；销售自产产品并提供技术咨询和技术服务。				

企业名称	上海皮埃夫西金属制品有限公司				
企业地址	上海青浦工业园区天盈路502号B2栋（201700）				
投资总额	830万人民币	电　话	59227182	传　真	59227183
设立日期	2004-10-20	负责人	LEHMANN		
主营业务	开发、生产汽车密封条专用骨架，其他骨架产品，与骨架有关的工装等。				

企业名称	上海余合环菱金属制品有限公司				
企业地址	上海市青浦区华新镇新协路1535号（201708）				
投资总额	25万USD	电　话	59794660	传　真	59794650
设立日期	2004-10-18	负责人	余合环		
主营业务	生产、加工金属制品及塑胶制品的零配件，销售公司自产产品等。				

企业名称	井上金属精密制品（上海）有限公司				
企业地址	上海市松江工业区茸北分区茸兴路438弄2号（201613）				
投资总额	30万USD	电　话	57783737	传　真	57784451
设立日期	2004-10-11	负责人	井上英利		
主营业务	生产特殊钢材、非铁金属、普通钢材等，销售公司自产产品等。				

企业名称	汉斯合金（上海）有限公司				
企业地址	上海市外高桥保税区美桂南路25号第一层全部位（200131）				
投资总额	20万USD	电　话	50482496	传　真	50484142
设立日期	2004-10-11	负责人	LIM J00 SUAN		
主营业务	保税区内镍钴合金、不锈钢和特种金属的生产，销售自产产品等。				

企业名称	大敏邦金属制品（上海）有限公司				
企业地址	上海市外高桥保税区富特中路288号2号楼1层A部位（200131）				
投资总额	20万USD	电　话	50462386	传　真	50463835
设立日期	2004-10-9	负责人	詹棠瑞		
主营业务	保税区内金属制品及五金配件的生产、加工，销售自产产品等。				

企业名称	艾默生钧康实业（上海）有限公司				
企业地址	上海市闵行区莘朱路832号（201100）				
投资总额	620万USD	电　话	54386003	传　真	54384971
设立日期	2004-9-22	负责人	ROBERTJ.CLEMENTS		
主营业务	研究、开发、加工、生产各种类型高档建筑五金件，销售自产产品等。				

企业名称	上海豪俊精密模具有限公司				
企业地址	上海市浦东新区川沙镇普新路696号3幢（201202）				
投资总额	14万USD	电　话	58592399	传　真	58592415
设立日期	2004-9-17	负责人	原千惠		
主营业务	设计、制造精密塑料模具、精密五金模具等，销售自产产品等。				

企业名称	毅斯金属（上海）有限公司				
企业地址	上海市宝山区殷高路1号（200439）				
投资总额	20万USD	电　话	63281839	传　真	63281839
设立日期	2004-9-16	负责人	吕渭杰		
主营业务	生产、加工五金产品及机电设备，销售自产产品。				

企业名称	上海路浦朝华金属结构有限公司				
企业地址	上海市宝山区杨行工业园区杨南路428号（201901）				
投资总额	480万USD	电　话	66760043	传　真	56391210
设立日期	2004-9-10	负责人	王兰英		
主营业务	金属结构产品的制造，多用途箱型设备和机械设备制造、翻新、维修等。				

企业名称	玛珀（上海）精密刀具有限公司				
企业地址	上海市闵行区虹中路359号一号楼一楼（201103）				
投资总额	100万USD	电　话	54223173	传　真	54223177
设立日期	2004-9-10	负责人	DR DIETER KRESS		
主营业务	汽车、摩托车模具、夹具和刀具的设计、制造，销售自产产品等。				

企业名称	全腾精密模具（上海）有限公司				
企业地址	上海市嘉定区马陆镇包桥村敬学路（201801）				
投资总额	210万USD	电　话	69153858	传　真	69157780
设立日期	2004-9-7	负责人	林忠宪		
主营业务	设计、制造汽车、摩托车模具、夹具，销售本公司自产产品。				

企业名称	上海百汇通金属制品有限公司				
企业地址	上海市松江区车墩镇东街（上海茸良粮油公司内一号厂房）（201611）				
投资总额	15万USD	电　话	57776195	传　真	57776197
设立日期	2004-9-7	负责人	徐金荣		
主营业务	生产建筑型钢组合件、通用五金配件、电子元件，销售公司自产产品。				

企业名称	上海桑村金属配件制造有限公司				
企业地址	上海市闵行区浦江镇汇红村（201112）				
投资总额	20万USD	电　话	64919314	传　真	64919316
设立日期	2004-8-27	负责人	金成录		
主营业务	设计、生产各种五金配件和相关的模具及胶带等，销售自产产品。				

企业名称	上海海盛特种金属箱有限公司				
企业地址	上海市浦东新区机场镇川南奉公路3585号1幢（200122）				
投资总额	40万USD	电　话	50968568	传　真	68969508
设立日期	2004-8-26	负责人	倪荣昌		
主营业务	生产活动式房屋箱、仓储箱及配件，销售自产产品。				

企业名称	卡斯特林焊材（上海）有限公司				
企业地址	上海市外高桥保税区希雅路11号13#、14#楼3、4层（200131）				
投资总额	20万USD	电　话	50643478	传　真	50643477
设立日期	2004-8-24	负责人	徐家炳		
主营业务	保税区内以各种切割焊接设备和焊材为主的仓储、分拨业务等。				

企业名称	富新诗立金属制品（上海）有限公司				
企业地址	上海市闵行区梅富路38号4#厂房（201100）				
投资总额	100万USD	电　话	64522818	传　真	64522818
设立日期	2004-8-20	负责人	龙根·富尔梅克		
主营业务	加工、生产电子接插件、电子开关、马达汽车零部件、五金制品等。				

企业名称	上海倍思得金属制品有限公司				
企业地址	上海市石湖荡镇闵塔路南侧贵南路西侧长塔路1202号地块（201600）				
投资总额	50万USD	电　话	34240381	传　真	34246508
设立日期	2004-8-19	负责人	太田博		
主营业务	生产、加工、设计各种建筑装潢用隔断、配件及相关材料等。				

企业名称	上海戈冉泊精密模塑有限公司				
企业地址	上海市闵行区双柏路688号（201108）				
投资总额	101万USD	电　话	64341113	传　真	64341113
设立日期	2004-8-16	负责人	NG CHIN LAM（黄进南）		
主营业务	生产仪用接插件、精密型腔模，销售自产产品，并提供相关技术咨询等。				

企业名称	上海韩一金属制品有限公司				
企业地址	上海市松江区车墩镇工业区香车路250号（第四幢）（201611）				
投资总额	32万USD	电　话	57776061	传　真	57776063
设立日期	2004-8-11	负责人	金致和		
主营业务	高档建筑五金件、水暖器材及五金件开发、生产，销售自产产品。				

制造业-黑色金属、有色金属冶炼及压延加工业和金属制品业

企业名称	威尔逊模具（上海）有限公司				
企业地址	上海市莘庄工业区华宁路 4018 弄 58 号 6 号厂房（201108）				
投资总额	39.87 万 USD	电话	51089638	传真	64422195
设立日期	2004-8-3	负责人	ROBERT HASKINS		
主营业务	设计、生产汽车、摩托车模具，精冲模和模具标准件，销售自产产品等。				

企业名称	美钧金属（上海）有限公司				
企业地址	上海市浦东康桥工业区康桥东路 1300 弄 7 号（201318）				
投资总额	150 万 USD	电话	68183538	传真	68183990
设立日期	2004-8-3	负责人	黄燕芬		
主营业务	金属材料的切割及金属配件的设计、加工，销售公司自产产品。				

企业名称	上海栢中管业有限公司				
企业地址	上海市奉贤区庄行镇邬桥社区叶浦路 268 号（201402）				
投资总额	400 万 USD	电话	67101386	传真	67101379
设立日期	2004-7-29	负责人	陆仁军		
主营业务	设计、生产各类钢管、混凝土管桩和电站余热锅炉的部件等。				

企业名称	上海优克非金属制品有限公司				
企业地址	上海市嘉定工业区洪德路 1688 号 C 幢（201821）				
投资总额	51 万 USD	电话	69169578	传真	69169576
设立日期	2004-7-26	负责人	杨维华		
主营业务	非金属制品模具设计、制造，销售本公司自产产品并提供售后服务。				

企业名称	上海华庄金属制品有限公司				
企业地址	上海市嘉定区江桥镇爱特路 257 号（201803）				
投资总额	60 万 USD	电话	69110963	传真	69110965
设立日期	2004-7-22	负责人	邵忠华		
主营业务	生产、加工金属冲压件、钣金件、机械零配件，组装电器柜等。				

企业名称	上海那嘉集装箱货柜有限公司				
企业地址	上海市嘉定区华亭镇横泾村（201811）				
投资总额	27.5 万 USD	电话	59953453	传真	59953453
设立日期	2004-7-17	负责人	陶敏苇		
主营业务	生产集装箱，销售本公司自产产品（涉及许可经营的凭许可证经营）。				

企业名称	上海秉荣金属制品有限公司				
企业地址	上海市松江区泗泾工业区九干路 68 号（201601）				
投资总额	22 万 USD	电话	57626730	传真	57626729
设立日期	2004-7-8	负责人	高群超		
主营业务	生产、加工内沟槽管、平滑管、电脑用热管及毛细管、三通管等。				

企业名称	福丰钣金（上海）有限公司				
企业地址	上海市松江区九亭镇松江高科技园区洋河浜路 398 号（201615）				
投资总额	50 万 USD	电话	67697630	传真	67697625
设立日期	2004-7-1	负责人	陈逸松		
主营业务	生产钣金、各种机械模具、塑胶电子零配件及其他五金零配件等。				

企业名称	锦泰峰五金机械（上海）有限公司				
企业地址	上海市外高桥保税区日樱北路 199 号 55#厂房（200131）				
投资总额	500 万 USD	电话	50462230	传真	50464900
设立日期	2004-6-21	负责人	陆轩青		
主营业务	以五金、各类轴承及机械产品为主的仓储、分拨业务及技术咨询服务等。				

企业名称	上海汉信模具制造有限公司				
企业地址	上海市松江区中山街道施惠路 315 弄 9 号（201613）				
投资总额	50 万 USD	电话	57784336	传真	57783981
设立日期	2004-6-18	负责人	招　銮		
主营业务	生产精冲模、精密型腔模、模具标准件，销售公司自产产品。				

企业名称	三笛精密模具（上海）有限公司				
企业地址	上海市嘉定区马陆镇思诚路北侧（201801）				
投资总额	20 万 USD	电话	69154862	传真	69155400
设立日期	2004-6-17	负责人	SOON TZE SEN		
主营业务	设计、生产精冲模，销售本公司自产产品并提供售后服务。				

企业名称	安特金属成形（上海）有限公司				
企业地址	上海市南汇工业园区 2 号地块内（201300）				
投资总额	1200 万 USD	电话	38286688	传真	58186011
设立日期	2004-6-17	负责人	黎福钧		
主营业务	设计、生产汽车用驱动桥总成、变速器、滤清器、等速万向节等。				

企业名称	安铁克思（上海）精密部件有限公司				
企业地址	上海青浦工业园区天盈路 98 号（201700）				
投资总额	24150 万日元	电话	69225115	传真	69225893
设立日期	2004-6-16	负责人	安藤晴朗		
主营业务	生产、加工精密轴承及各种主机专用轴承，销售公司自产产品等。				

企业名称	乌中冶金制品（上海）有限公司				
企业地址	上海市外高桥保税区富特西一路 139 号 1507、1509、1510 室（200120）				
投资总额	20 万 USD	电话	58668969	传真	58668966
设立日期	2004-6-16	负责人	曾建东		
主营业务	以冶金制品为主的仓储分拨业务及相关产品的售后服务；国际贸易等。				

企业名称	小田原金属加工（上海）有限公司				
企业地址	上海市浦东新区机场镇营前村蔡家宅 26 号 7 幢（200122）				
投资总额	20 万 USD	电话	68785949	传真	68785949
设立日期	2004-6-16	负责人	TOSHIO TSUZUKI（都筑骏男）		
主营业务	生产、加工电机零配件，销售自产产品（涉及许可经营凭许可证经营）。				

企业名称	上海京世合精密五金有限公司				
企业地址	上海市嘉定区南翔镇沈家村（201802）				
投资总额	17.5 万 USD	电话	69124677	传真	69124670
设立日期	2004-6-14	负责人	郑世漳		
主营业务	设计、生产精冲模、精密型腔模、模具标准件、高档五金件等。				

企业名称	上海住友金属矿山电子材料有限公司				
企业地址	上海市青浦区华浦路 500 号（201700）				
投资总额	210 万 USD	电话	69729559	传真	69729069
设立日期	2004-6-9	负责人	佐佐木清孝		
主营业务	半导体、元器件专用材料及配套用辅助件的生产，销售公司自产产品等。				

企业名称	上海美亚正光激光模具制造有限公司				
企业地址	上海市普陀区曹杨一村 184 号 102 室（200062）				
投资总额	40 万 USD	电话	51037361	传真	50213833
设立日期	2004-6-7	负责人	郑　岩		
主营业务	精冲模具及其设备制造（生产限分支）（涉及许可经营凭许可证经营）。				

企业名称	精英模具制品（上海）有限公司				
企业地址	上海市工业综合开发区环城北路 318 号（201401）				
投资总额	1500 万港币	电话	57436636	传真	57436635
设立日期	2004-6-4	负责人	章孝兵		
主营业务	设计、生产、加工模具、注塑制品及其成套产品，销售公司自产产品等。				

企业名称	上海赛科利汽车模具技术应用有限公司				
企业地址	上海市浦东新区曹路镇杨东路 6 号（201209）				
投资总额	1987.5 万 USD	电话	50212571	传真	50212950
设立日期	2004-6-3	负责人	周宝林		
主营业务	生产汽车用模具及其应用产品。				

企业名称	赛彪达金属制品（上海）有限公司				
企业地址	上海市青浦区青安路葛家浜车站西（201709）				
投资总额	220 万 USD	电话	56626730	传真	66290107
设立日期	2004-5-31	负责人	伏　克		
主营业务	生产金属丝网、汽车滤清器网、金属类文教用品，销售公司自产产品等。				

企业名称	万胜刀具（上海）有限公司				
企业地址	上海市外高桥保税区泰谷路 88 号一层 B 部位（200131）				
投资总额	60 万 USD	电话	58682847	传真	58681797
设立日期	2004-5-27	负责人	徐丽媛		
主营业务	切削刀具、刀具预调仪、刀具磨床及汽车零配件为主仓储、分拨业务等。				

企业名称	上海福源德立工模具有限公司				
企业地址	上海市奉贤区科技创业服务中心（解放东路 121 号）（201400）				
投资总额	21 万 USD	电话	57134567	传真	57132981
设立日期	2004-5-27	负责人	张仁福		
主营业务	生产检具、工装夹具、模具、在线或离线检测装备，销售自产产品等。				

企业名称	高和精密模具（上海）有限公司				
企业地址	上海市浦东新区东胜路 272 号（201201）				
投资总额	210 万 USD	电话	68919515	传真	68919522
设立日期	2004-5-14	负责人	川开裕司		
主营业务	塑料等非金属制品精密模具、精密型腔膜、模具标准件的研发、制造等。				

企业名称	上海工产有色金属有限公司				
企业地址	上海市青浦工业园区外青松公路 5500 号 103 室（201700）				
投资总额	301 万 USD	电　话	59868773	传　真	59868049
设立日期	2004-5-13	负 责 人	齐藤一		
主营业务	开发、生产有色金属复合材料，销售公司自产产品。				

企业名称	上海日锻金属有限公司				
企业地址	上海市金山区金山嘴工业区内卫清东路 2000 号（201508）				
投资总额	45 万 USD	电　话	57245347	传　真	57244987
设立日期	2004-5-12	负 责 人	辻本幸弘		
主营业务	生产开发仓储笼、托盘、梯子、脚手架等金属制品，销售公司自产产品。				

企业名称	耀友精密模具（上海）有限公司				
企业地址	上海市嘉定区黄渡镇方黄公路 7735 号（201804）				
投资总额	22.5 万 USD	电　话	59590727	传　真	59590757
设立日期	2004-5-11	负 责 人	黄桂兰		
主营业务	生产精冲模、精密型腔膜、模具标准件，销售本公司自产产品。				

企业名称	递达利精密模具（上海）有限公司				
企业地址	上海市闵行区梅陇镇双柏路 879 弄 88 号（200241）				
投资总额	70 万 USD	电　话	54405099	传　真	54405741
设立日期	2004-4-30	负 责 人	何江平		
主营业务	设计、生产非金属制品模具，销售公司自产产品。				

企业名称	上海阳通精密钣金有限公司				
企业地址	上海市嘉定区马陆镇立新村（201801）				
投资总额	14 万 USD	电　话	59589375	传　真	59584745
设立日期	2004-4-30	负 责 人	江志鹏		
主营业务	生产金属柜、电脑五金件、货架、盲板、手推车等产品，销售自产产品。				

企业名称	旭烈模具（上海）有限公司				
企业地址	上海市嘉定区黄渡镇方黄路 7735 号（201804）				
投资总额	21 万 USD	电　话	59590419	传　真	59590420
设立日期	2004-4-8	负 责 人	许国正		
主营业务	设计、制造汽车、摩托车、模具、夹模，销售本公司自产产品。				

企业名称	派拉蒙钢结构科技咨询（上海）有限公司				
企业地址	上海市闵行区金都路 4299 号 A 幢 1 楼 701 室（201108）				
投资总额	14 万 USD	电　话	54185122	传　真	54185122
设立日期	2004-4-8	负 责 人	张荣跃		
主营业务	钢结构建筑设计咨询（涉及许可经营的凭许可证经营）。				

企业名称	上海勤兴金属制品有限公司				
企业地址	上海市嘉定区马陆镇樊家村（201801）				
投资总额	15 万 USD	电　话	69156415	传　真	69156417
设立日期	2004-4-5	负 责 人	李聪明		
主营业务	生产各类焊接结构件，钢板、钢材的裁剪加工，销售本公司自产产品。				

企业名称	上海丰地五金工具有限公司				
企业地址	上海市沪太路新川沙路 516 号（200949）				
投资总额	14 万 USD	电　话	66876218	传　真	66876228
设立日期	2004-3-31	负 责 人	PETER CHEN		
主营业务	生产五金工具、塑料制品及汽摩配件，销售公司自产产品。				

企业名称	上海键稳精密五金有限公司				
企业地址	上海市嘉定区黄渡镇曹联路 17 号（201804）				
投资总额	100 万 USD	电　话	69592966	传　真	69592969
设立日期	2004-3-22	负 责 人	陈建财		
主营业务	生产汽车专用高强度紧固件，销售本公司自产产品。				

企业名称	上海神火铝箔有限公司				
企业地址	上海市浦东康桥工业区康桥东路 1 号 18G 厂房（201319）				
投资总额	2409.6万 USD	电　话	58136763	传　真	58136765
设立日期	2004-3-16	负 责 人	赵　奇		
主营业务	生产有色金属复合材料，销售公司自产产品，提供售后服务。				

企业名称	林德曼精密模具（上海）有限公司				
企业地址	上海市青浦区赵屯镇白石公路 3338 号（201711）				
投资总额	30 万 USD	电　话	59218281	传　真	59218281
设立日期	2004-3-15	负 责 人	顾　峰		
主营业务	非金属制品模具设计、制造，销售公司自产产品。				

企业名称	上海鑫菱金属再生有限公司				
企业地址	上海市金山区张堰镇松金公路 2072 号（201514）				
投资总额	66.5 万 USD	电　话	57217619	传　真	57214544
设立日期	2004-3-4	负 责 人	吴小云		
主营业务	铝再生原料、铝废料的提炼及加工，再生铝和铝合金系列产品等。				

企业名称	诺万五金制造（上海）有限公司				
企业地址	上海市金山第二工业区（201512）				
投资总额	50 万 USD	电　话	51088177	传　真	57265317
设立日期	2004-3-3	负 责 人	IAN FOSTER		
主营业务	生产五金、锁具和五金机电产品，销售公司自产产品。				

企业名称	上海合展不锈钢制品有限公司				
企业地址	上海市嘉定区嘉行公路 2939 号（201816）				
投资总额	35 万 USD	电　话	59954162	传　真	59954082
设立日期	2004-2-25	负 责 人	张爱华		
主营业务	生产不锈钢厨房用品、烤炉，冷作板金加工，销售本公司自产产品。				

企业名称	米迪菲五金工具（上海）有限公司				
企业地址	上海市浦东康桥工业区康桥东路 1388 号（201315）				
投资总额	14 万 USD	电　话	68183060	传　真	68183082
设立日期	2004-2-24	负 责 人	胡　珺		
主营业务	生产组装五金手动工具及各类小五金件，销售公司自产产品。				

企业名称	上海平和粉末冶金有限公司				
企业地址	上海市松江高新技术园区（松江 YF－04－017 号 B 地块）（201600）				
投资总额	250 万 USD	电　话	57736637	传　真	57736640
设立日期	2004-2-18	负 责 人	大竹功一		
主营业务	生产和加工有色金属复合材料及其粉末制品，销售公司自产产品。				

企业名称	上海和光模具有限公司				
企业地址	上海市嘉定区安亭镇高科技产业工业园 16 号地块（201805）				
投资总额	500 万 USD	电　话	39508617	传　真	39508717
设立日期	2004-2-13	负 责 人	杉浦和三郎		
主营业务	开发、设计、生产汽车用模具、夹具，销售本公司自产产品。				

企业名称	拓安金属（上海）有限公司				
企业地址	上海市闵行区梅陇镇许泾村（201106）				
投资总额	30 万 USD	电　话	54406195	传　真	54406192
设立日期	2004-2-5	负 责 人	於文军		
主营业务	生产高档建筑五金件，销售公司自产产品。				

企业名称	凯帝（上海）商业设施有限公司				
企业地址	上海市闵行区曹建路 150 号（201108）				
投资总额	70 万 USD	电　话	64344558	传　真	64344090
设立日期	2004-1-20	负 责 人	AUDOIN PHILIPPE		
主营业务	手推车、货架、平板拖车及配件的生产，销售公司自产产品。				

企业名称	麦记五金机械（上海）有限公司				
企业地址	上海市闵行区华漕镇卫星村（201107）				
投资总额	160 万港币	电　话	62279209	传　真	02279179
设立日期	2004-1-20	负 责 人	林志宏		
主营业务	钢丝绳、索具、五金制品、钢结构制品、吊装产品、机械设备等。				

企业名称	上海力进铝质工程有限公司				
企业地址	上海市卢湾区打浦路 1 号金玉兰广场 1907 室（200023）				
投资总额	1000 万人民币	电　话	53960700	传　真	53960391
设立日期	2004-1-19	负 责 人	任海峰		
主营业务	建筑、单元式幕墙、玻璃幕墙、石材幕墙、铝门窗、不锈钢制品等。				

企业名称	上海车昌五金制品有限公司				
企业地址	上海市嘉定区马陆镇樊家村（201801）				
投资总额	15 万 USD	电　话	59158935	传　真	59109700
设立日期	2004-1-17	负 责 人	吕宇科		
主营业务	生产加工五金冲压件、模具，销售本公司自产产品。				

企业名称	科铸金属制品（上海）有限公司				
企业地址	嘉定区安亭镇上海国际汽车城零部件配套工业园区泰波路（201805）				
投资总额	1200 万 USD	电　话	59502530	传　真	59502530
设立日期	2004-1-17	负 责 人	江爵援		
主营业务	生产新型合金材料及铸锻件，精密型腔模，销售本公司自产产品等。				

企业名称	上海立山商业设备有限公司				
企业地址	上海市嘉定工业区二期 14－1 号（201800）				
投资总额	680 万 USD	电　话	69169668	传　真	69169592
设立日期	2004-1-9	负责人	纲谷英三		
主营业务	生产货柜、货架、柜台、指示牌等商业设施，销售本公司自产产品等。				

企业名称	上海贝雅士五金制品有限公司				
企业地址	上海市闵行区莘庄镇中春路 4755 弄 99 号（201100）				
投资总额	20 万 USD	电　话	54959660	传　真	54959662
设立日期	2004-1-8	负责人	黄　富		
主营业务	设计、生产各类高级门、窗、家居制品，加工金属类支架、连接件等。				

企业名称	上海翔虎金属制品有限公司				
企业地址	上海市嘉定区江桥镇爱特路 128 号（201803）				
投资总额	5000 万日元	电　话	59143774	传　真	59143741
设立日期	2004-1-6	负责人	谷本隆广		
主营业务	生产金属冲压件、金属构件、金属模具以及机械加工和涂装等。				

企业名称	爱康（上海）压力容器有限公司				
企业地址	上海市南汇区航头镇福善村 8 组（大麦湾工业园区内）（201316）				
投资总额	90 万欧元	电　话	68220793	传　真	68220783
设立日期	2004-1-5	负责人	塔尔塔利诺·佛朗哥		
主营业务	生产储气瓶、分离器、压力设备，销售公司自产产品。				

企业名称	雅泛迪铝业（上海）有限公司				
企业地址	上海市闵行区莘庄工业区申富路 611 号（201108）				
投资总额	150 万 USD	电　话	64896655	传　真	64894455
设立日期	2004-1-5	负责人	郑添和		
主营业务	生产汽车轮毂等铝合金配件，销售自产产品。				

企业名称	亿诺邦金属制品（上海）有限公司				
企业地址	上海市国际汽车城零部件配套工业园区 11 号地块 1 号（201805）				
投资总额	50 万 USD	电　话	59504142	传　真	59503511
设立日期	2003-12-19	负责人	谢门冠		
主营业务	设计、生产家具及金属饰品、隔间、幕墙及其配件，销售自产产品等。				

企业名称	上海钜钲金属制品有限公司				
企业地址	上海市嘉定区江桥镇增建村（201803）				
投资总额	50 万 USD	电　话	69134904	传　真	69134880
设立日期	2003-12-12	负责人	游仲华		
主营业务	金属拉丝及相关制品的生产，销售本公司自产产品 。				

企业名称	上海武凌金属制品有限公司				
企业地址	上海市宝山区联杨路 3551 号（201907）				
投资总额	21 万 USD	电　话	62496677	传　真	62574780
设立日期	2003-12-12	负责人	RAYNOON MO		
主营业务	生产、加工拖车、运动车和车船、农机配件及其他金属五金制品等。				

企业名称	承茀精密钣金（上海）有限公司				
企业地址	上海市松江区莘莘学子创业园回业路 28 号 A 座（201611）				
投资总额	100 万 USD	电　话	57606302	传　真	57606308
设立日期	2003-12-9	负责人	王俊雄		
主营业务	加工、设计、制造各种钣金、滑轨伸缩防护罩、各种机械外型护罩等。				

企业名称	上海六贤表面处理有限公司				
企业地址	上海市嘉定区娄塘镇灯南村（201815）				
投资总额	120 万 USD	电　话	59962015	传　真	59966539
设立日期	2003-11-29	负责人	胡秋雪		
主营业务	各种材质之表面处理（含电镀、抛光、阳极处理、烤漆镀膜、强化等）。				

企业名称	舒伦克金属颜料（上海）有限公司				
企业地址	上海市松江工业区华加路 99 号华滨工业园 9 号厂房（201611）				
投资总额	20 万 USD	电　话	57749910	传　真	57749920
设立日期	2003-11-26	负责人	JOACHIM VON SCHLENK		
主营业务	开发、生产各类金属颜料及相关产品，销售自产产品并提供咨询等。				

企业名称	上海台逸金属制品有限公司				
企业地址	上海市金山区卫清东路 1989 号（200540）				
投资总额	30 万 USD	电　话	57241044	传　真	57241044
设立日期	2003-11-25	负责人	张雅韵		
主营业务	生产园艺工具、泥木工具等五金产品及其塑胶零配件以及不锈钢等。				

企业名称	鼎源（上海）金属制品有限公司				
企业地址	上海市松江区泖港镇西地块（松江 MG－03－006 号地块）（201607）				
投资总额	140 万 USD	电　话	57861217	传　真	57861202
设立日期	2003-11-25	负责人	李　卫		
主营业务	加工、生产不锈钢制品、铝制品及其零配件，销售公司自产产品。				

企业名称	上海宝工工具有限公司				
企业地址	上海市南汇区康桥工业区康桥东路 1365 弄 25 号楼（201315）				
投资总额	60 万 USD	电　话	68183050	传　真	68183061
设立日期	2003-11-13	负责人	詹爱贞		
主营业务	生产手动工具及电动工具，组装配套工具箱，销售公司自产产品。				

企业名称	上海水谷精密模具制造有限公司				
企业地址	上海市宝山区顾村工业园区富联一路（201907）				
投资总额	185.88 万 USD	电　话	36040101	传　真	36040289
设立日期	2003-11-12	负责人	齐藤孝		
主营业务	生产汽车、摩托车模具，销售自产产品（涉及许可经营的凭许可证经营）。				

企业名称	泰科龙（上海）管道有限公司				
企业地址	上海市青浦工业园区久业路 397－399 号（201802）				
投资总额	600 万 USD	电　话	69125566	传　真	69225032
设立日期	2003-10-31	负责人	NOEL K. ROSSKELLY		
主营业务	开发、生产各类水暖器材、阀门及阀门配件，销售自产产品并售后服务。				

企业名称	上海岩家金属件有限公司				
企业地址	上海市青浦区西岑镇任屯村（201718）				
投资总额	51 万 USD	电　话	59793532	传　真	59792871
设立日期	2003-10-27	负责人	毕　芸		
主营业务	生产精密金属结构件及金属结构件喷涂，销售公司自产产品。				

企业名称	上海士磅金属制品有限公司				
企业地址	上海市嘉定区马陆镇彭赵村励学路 525 号（201801）				
投资总额	30 万 USD	电　话	69156018	传　真	69156109
设立日期	2003-10-23	负责人	华魏琇		
主营业务	生产热收缩膜包装机、收缩膜捆扎机、封口机、胶带封箱机等。				

企业名称	上海龙美精密模具有限公司				
企业地址	上海市青浦区华新镇徐谢村（201708）				
投资总额	250 万 USD	电　话	69790088	传　真	69791122
设立日期	2003-10-16	负责人	李国隆		
主营业务	设计、开发、生产、加工各类精密模具及其配套件，销售自产产品。				

企业名称	上海泰古德刀具有限公司				
企业地址	上海市嘉定区南翔镇裕南村（201802）				
投资总额	14 万 USD	电　话	69170596	传　真	69171393
设立日期	2003-10-13	负责人	江崎佑二		
主营业务	生产、加工刀具，销售本公司自产产品并提供相关技术服务。				

企业名称	艾柏士精密五金（上海）有限公司				
企业地址	上海朱家角工业园区 8 号（201713）				
投资总额	600 万 USD	电　话	59230257	传　真	59834615
设立日期	2003-10-8	负责人	许振林		
主营业务	生产自行车零配件，摩托车、汽车刹车器及配件、五金塑料制品等。				

企业名称	上海中炼线材有限公司				
企业地址	上海市嘉定工业区二期九号地块（201821）				
投资总额	600 万 USD	电　话	69169803	传　真	69169503
设立日期	2003-10-8	负责人	邹定伟		
主营业务	研究、开发、生产新型合金材料，销售自产产品并提供售后服务。				

企业名称	上海帝鑫五金机电有限公司				
企业地址	上海市杨浦区双阳路 181 号西大楼一楼（200093）				
投资总额	20 万 USD	电　话	28724970	传　真	69150078
设立日期	2003-9-24	负责人	JONNEX MAO		
主营业务	加工、制造、组装各类五金工具、五金刀具、五金检测仪器等。				

企业名称	思跃工具（上海）有限公司				
企业地址	上海市南汇区康桥工业区康桥东路 1300 弄 5 号（201318）				
投资总额	20 万 USD	电　话	68183044	传　真	68183042
设立日期	2003-9-24	负责人	LORI NORHRUP		
主营业务	研发、设计、制造手动工具、电动工具及其零部件，销售自产产品等。				

企业名称	上海硕利特精密金属制品有限公司				
企业地址	上海市松江区新桥镇马裕路 8 号（201612）				
投资总额	21 万 USD	电话	57277197	传真	57276059
设立日期	2003-9-5	负责人	李永钊		
主营业务	生产、加工（含委外加工）锌铝合金、塑料制品、五金配件、钣金等。				

企业名称	积架实业（上海）有限公司				
企业地址	上海市松江区新桥民益村第 1186 号地块（201613）				
投资总额	300 万 USD	电话	54687588	传真	57687588
设立日期	2003-9-5	负责人	邢邢悳		
主营业务	开发、生产新型建筑材料、高档建筑五金件、水暖器材、非金属材料等。				

企业名称	上海启耀金属有限公司				
企业地址	上海市嘉定区黄渡镇工业园区（201804）				
投资总额	1000 万 USD	电话	69580666	传真	69580999
设立日期	2003-9-3	负责人	郑文水		
主营业务	生产五金件、精冲模、非金属制品模具，销售本公司自产产品。				

企业名称	八光电热器件（上海）有限公司				
企业地址	上海市松江工业区俞塘路 512 号天威工业城 2 楼（201613）				
投资总额	29.4 万 USD	电话	57743121	传真	57741700
设立日期	2003-9-1	负责人	儿玉祥路		
主营业务	加工、生产模具标准件、新型仪表元器件，销售公司自产产品。				

企业名称	赫科精密模具（上海）有限公司				
企业地址	上海市国际汽车城零部件配套工业园区 11 号地块 3 号车间（201814）				
投资总额	100 万 USD	电话	59507699	传真	59507675
设立日期	2003-9-1	负责人	洪振达		
主营业务	设计、生产精密模具，销售本公司自产产品，并提供技术咨询等。				

企业名称	上海键嘉五金制品有限公司				
企业地址	上海市闵行区吴翟路 1166 号				
投资总额	20 万 USD	电话	59216299	传真	59216220
设立日期	2003-8-28	负责人	张国平		
主营业务	五金制品。				

企业名称	金耐迪精密模具（上海）有限公司				
企业地址	上海市浦东新区施新路 2300 号 8 幢 101 室				
投资总额	14 万 USD	电话	58588004	传真	58588024
设立日期	2003-8-28	负责人	汪信铭		
主营业务	设计、生产模具、夹具和精密机械零部件，销售自产产品，模具维修等。				

企业名称	上海华晁工业设计有限公司				
企业地址	上海市闵行区沪闵路 3458 弄 239 号（201108）				
投资总额	40 万 USD	电话	54897270	传真	64897271
设立日期	2003-8-18	负责人	游旻宪		
主营业务	设计、生产非金属制品模具，汽车、摩托车模具、夹具，销售自产产品。				

企业名称	上海伟承金属制品有限公司				
企业地址	上海市嘉定区马陆镇嘉新公路（201801）				
投资总额	14 万 USD	电话	59902208	传真	59901485
设立日期	2003-8-14	负责人	黄鸿渊		
主营业务	生产模具、塑胶制品、弹簧、五金冲压件，组装电子部件等。				

企业名称	长欣胶业（上海）有限公司				
企业地址	上海市松江区国际中小企业城南乐路 518 号 3 号厂房（201613）				
投资总额	100 万 USD	电话	57609777	传真	57609682
设立日期	2003-8-7	负责人	郑东和		
主营业务	开发、生产、加工氟素橡胶、硅胶、丁腈胶、乙丙烯胶、丙烯酸脂胶等。				

企业名称	约翰威尔弹簧（上海）有限公司				
企业地址	上海市金桥出口加工区金沪路 278 号 T4－2 第二层西侧（201206）				
投资总额	50 万 USD	电话	50326638	传真	58995312
设立日期	2003-8-1	负责人	黄晓田		
主营业务	设计、生产精密弹簧、弹簧测试工具及其相关零部件，销售自产产品。				

企业名称	上海山田精密模具有限公司				
企业地址	上海市奉浦远东北路 1515 号龙洋工业园区 17 号厂房（201401）				
投资总额	70 万 USD	电话	67103548	传真	67100978
设立日期	2003-7-24	负责人	加藤浩一		
主营业务	生产加工精冲模、精密模具标准件，销售自产产品并提供售后服务。				

企业名称	上海逢都富琉金属有限公司				
企业地址	上海市嘉定区马陆镇仓场村嘉新公路 835 弄 15 号（201801）				
投资总额	25.58 万 USD	电话	59901520	传真	59901531
设立日期	2003-7-22	负责人	长谷川和宏		
主营业务	生产新型合金材料及制品，销售本公司自产产品。				

企业名称	上海迁川制版模具有限公司				
企业地址	上海市嘉定区马陆镇丰饶路 123 号（201801）				
投资总额	100 万 USD	电话	69156215	传真	69156227
设立日期	2003-7-15	负责人	辻川丰		
主营业务	非金属制品模具设计、制造，销售本公司自产产品。				

企业名称	上海斯宙威金属制品有限公司				
企业地址	上海市崇明县中兴镇兴东村（202161）				
投资总额	40 万 USD	电话	69443846	传真	69446876
设立日期	2003-7-10	负责人	苏文龙		
主营业务	生产不锈钢制品、铝制品、铜制品等金属制品及相关的配套产品等。				

企业名称	上海新晶模具有限公司				
企业地址	上海市宝山区丰翔路 1302 号（200436）				
投资总额	25 万 USD	电话	36161174	传真	361611201
设立日期	2003-6-24	负责人	林宪兑		
主营业务	汽车、摩托车冲模、注塑模具的设计、加工，销售自产产品。				

企业名称	协新管件制造（上海）有限公司				
企业地址	上海市浦东新区北蔡镇艾东村东朱家宅 32 号 3、13、14 幢（200125）				
投资总额	28 万 USD	电话	57539676	传真	57539576
设立日期	2003-6-19	负责人	卢秉武		
主营业务	生产油路和气路管件，销售本公司自产产品。				

企业名称	赫比（上海）精密模具有限公司				
企业地址	上海市浦东新区顾高路 3151 号（201206）				
投资总额	250 万 USD	电话	58996535	传真	58917179
设立日期	2003-6-19	负责人	姚晓东		
主营业务	研发、设计、生产非金属制品精密模具，销售自产产品。				

企业名称	上海泰迦精密模具工业有限公司				
企业地址	上海市工业综合开发区远东路 1688 号（201400）				
投资总额	58.3 万 USD	电话	67106064	传真	67106075
设立日期	2003-6-11	负责人	川村辉夫		
主营业务	生产、加工精冲模、精密模具标准件，销售公司自产产品等。				

企业名称	上海奥比金属有限公司				
企业地址	上海市嘉定区马陆镇台商工业园区（201801）				
投资总额	280 万 USD	电话	69158000	传真	69158093
设立日期	2003-6-11	负责人	STEVEN SI		
主营业务	铜、铝等废旧金属熔炼、铸锭、铸件，销售本公司自产产品。				

企业名称	睿宁金属工业（上海）有限公司				
企业地址	上海市青浦区赵屯镇香大路 948 号（201711）				
投资总额	500 万 USD	电话	69136689	传真	69136680
设立日期	2003-6-10	负责人	陈善睿		
主营业务	研发、设计、生产、加工电子、机械、形形色色塑料等，设备的模具等。				

企业名称	隆英金属模具（上海）有限公司				
企业地址	上海市松江区新桥镇（松江 1466 号地块）（201612）				
投资总额	500 万 USD	电话	57681358	传真	57681327
设立日期	2003-6-5	负责人	何侨生		
主营业务	生产、加工精冲模、精密型腔膜、模具标准件，销售公司自产产品。				

企业名称	悦轩（上海）金属工业有限公司				
企业地址	上海市青浦工业园区西部创业园 A1 地块（201700）				
投资总额	500 万 USD	电话	69225195	传真	69225109
设立日期	2003-6-3	负责人	张晓翼		
主营业务	生产各类金属休闲家具及其配套件，销售公司自产产品。				

企业名称	上海新华菱模具制造有限公司				
企业地址	上海市普陀区真南路 2548 号 15 号厂房（200331）				
投资总额	60 万 USD	电话	66277893	传真	66278235
设立日期	2003-5-29	负责人	数原英一郎		
主营业务	精冲模、精密型腔模、模具标准件生产加工，销售自产产品。				

企业名称	上海白铜精密材料有限公司				
企业地址	上海市松江区金玉路 1158 号（201600）				
投资总额	160 万 USD	电　话	67728910	传　真	67728988
设立日期	2003-5-29	负 责 人	井上 薰		
主营业务	生产及加工铝、生铜、不锈钢、特殊钢等金属材料，非金属材料等。				

企业名称	上海日英精密模具有限公司				
企业地址	上海市闵行区颛兴东路 1421 弄 155 号（201108）				
投资总额	200 万 USD	电　话	64899003	传　真	64898976
设立日期	2003-5-28	负 责 人	山井稔		
主营业务	研发生产非金属制品模具，精冲模，精密型腔模，模具标准件等。				

企业名称	上海荣星金属表面处理有限公司				
企业地址	上海市嘉定区马陆镇彭赵村横仓路澄城路（201801）				
投资总额	60 万 USD	电　话	69153002	传　真	69153082
设立日期	2003-5-27	负 责 人	王德城		
主营业务	各种金属制品表面处理，销售本公司自产产品。				

企业名称	日友精密模具（上海）有限公司				
企业地址	上海市嘉定区黄渡镇联群村毛家队（201804）				
投资总额	20 万 USD	电　话	69590156	传　真	69591120
设立日期	2003-5-27	负 责 人	箭内一幸		
主营业务	生产、加工模具、注塑件，销售本公司自产产品。				

企业名称	金昇隆金属制品（上海）有限公司				
企业地址	上海市嘉定区南翔镇高科技园区（201802）				
投资总额	51 万 USD	电　话	69176489	传　真	69176540
设立日期	2003-5-22	负 责 人	马瑞源		
主营业务	生产电子测试仪器、工模具，精冲模，高档五金件，销售自产产品。				

企业名称	上海米尼宝合金材料有限公司				
企业地址	上海市老沪闵路 1901 号（200237）				
投资总额	20 万 USD	电　话	54633490	传　真	54638490
设立日期	2003-5-22	负 责 人	任培清		
主营业务	生产碳化钨球珠，销售自产产品（涉及许可经营的凭许可证经营）。				

企业名称	上海宝世威石油钢管制造有限公司				
企业地址	上海市宝山区月浦工业园区南区园和路南侧（200431）				
投资总额	990 万 USD	电　话	66930600	传　真	56194046
设立日期	2003-5-16	负 责 人	荆松龙		
主营业务	钢管制造及防腐，销售自产产品，提供制管、防腐技术服务。				

企业名称	上海港工美亚钢管制造有限公司				
企业地址	上海市闵行区吴泾镇通海路 245 号（200241）				
投资总额	2500 万 USD	电　话	64507114	传　真	64507126
设立日期	2003-5-16	负 责 人	诸葛宇杰		
主营业务	生产各类钢管及其相关辅助结构设施，销售自产产品，并提供售后服务。				

企业名称	新铭阀业（上海）有限公司				
企业地址	上海市松江高新技术园区大江路南侧、东环路西侧（201600）				
投资总额	50 万 USD	电　话	57734666	传　真	57734733
设立日期	2003-5-15	负 责 人	许智钧		
主营业务	生产阀门、管接头、连接件、管材、模具及配件，销售公司自产产品。				

企业名称	莱茵辛克锌材料制造（上海）有限公司				
企业地址	上海市金桥出口加工区（南区）华东路 5001 号 T3－4A 座（201206）				
投资总额	50 万 USD	电　话	58585882	传　真	58585877
设立日期	2003-5-12	负 责 人	JAMES CHRIS BOWER		
主营业务	生产、加工锌材料制品，销售自产产品并提供售后服务。				

企业名称	上海田永模具技术有限公司				
企业地址	上海市松江区泗泾镇九干路 243 弄 1 号（201601）				
投资总额	17 万 USD	电　话	57621343	传　真	57621347
设立日期	2003-4-10	负 责 人	田部井尚（执行董事）		
主营业务	研发、生产各类模具系列产品，销售公司自产产品，并提供技术服务。				

企业名称	上海加特美金属制品有限公司				
企业地址	上海市嘉定区嘉松北路菊城路 288 弄（华中工业园区）（201800）				
投资总额	133 万 USD	电　话	69168789	传　真	69168966
设立日期	2003-4-10	负 责 人	梁明发		
主营业务	生产，加工金属冲压制品，销售本公司自产产品。				

企业名称	上海东铁五金有限公司				
企业地址	上海市松江工业区佘山分区建业路北侧（201602）				
投资总额	105 万 USD	电　话	57793100	传　真	57793377
设立日期	2003-4-10	负 责 人	叶庆铉		
主营业务	生产高档建筑五金及配件，销售公司自产产品。				

企业名称	晶格阳光门业（上海）有限公司				
企业地址	上海市青浦区徐泾镇诸光路 399 弄 7 号（201702）				
投资总额	20 万 USD	电　话	59886000	传　真	59885886
设立日期	2003-4-8	负 责 人	蔡锦松		
主营业务	生产铁合金门窗、金属防火门窗及其零配件，销售公司自产产品等。				

企业名称	确信爱法金属（上海）贸易有限公司				
企业地址	上海市外高桥保税区基隆路 6 号 924 室（200131）				
投资总额	20 万 USD	电　话	63900600	传　真	58692179
设立日期	2003-4-8	负 责 人	何瑞昌		
主营业务	国际贸易、转口贸易，保税区企业间的贸易及贸易代理等。				

企业名称	上海泰日富士丸料理器具有限公司				
企业地址	上海市奉贤区泰日镇（201405）				
投资总额	60 万 USD	电　话	57581311	传　真	57581281
设立日期	2003-4-3	负 责 人	袁海俊		
主营业务	生产不粘锅、不锈钢器皿及相关产品，销售公司自产产品。				

企业名称	上海达文索林剃须刀有限公司				
企业地址	上海市松江区佘山工业区陶干路西（201602）				
投资总额	36 万 USD	电　话	57793207	传　真	57793790
设立日期	2003-3-25	负 责 人	程日高		
主营业务	生产剃须刀、配件及相关产品，销售公司自产产品。				

企业名称	仲田金属表面加工（上海）有限公司				
企业地址	上海市松江工业区佘山分区陶干路东侧（201602）				
投资总额	68.21 万 USD	电　话	57796229	传　真	57793976
设立日期	2003-3-21	负 责 人	松野竹巳		
主营业务	金属、木材、塑料的表面加工及相关设备的生产，销售公司自产产品等。				

企业名称	上海罗巴鲁富锌涂料有限公司				
企业地址	上海市嘉定区马陆镇马东工业区丰功路 393 号（201801）				
投资总额	93.79 万 USD	电　话	69156584	传　真	69156593
设立日期	2003-3-12	负 责 人	田中有		
主营业务	生产各类高性能涂料，销售本公司自产产品。				

企业名称	上海后藤金属制品有限公司				
企业地址	上海市松江区中山街道茸花路东侧（松江 1412 号地块）（201613）				
投资总额	126 万 USD	电　话	57784655	传　真	57784528
设立日期	2003-3-7	负 责 人	后藤浩		
主营业务	汽车、摩托车用铸锻毛坯件制造，销售公司自产产品。				

企业名称	上海莎安精密模具有限公司				
企业地址	上海市闵行区梅陇镇众欣工业区 C 区 3 号（200237）				
投资总额	35 万 USD	电　话	64768886	传　真	64772889
设立日期	2003-3-6	负 责 人	田中昭治		
主营业务	精密型腔模的制造，销售公司自产产品，并提供售后服务。				

企业名称	凌道有机硅（上海）有限公司				
企业地址	上海市闵行区向阳路 1185 号（201108）				
投资总额	280 万 USD	电　话	64892201	传　真	64891460
设立日期	2003-3-6	负 责 人	林基珊		
主营业务	研发生产有机硅橡胶、热塑弹性体及其相关的高分子新型材料等。				

企业名称	光力模具（上海）有限公司				
企业地址	上海市长阳路 2555 号（200090）				
投资总额	20 万 USD	电　话	58579007	传　真	58575289
设立日期	2003-3-6	负 责 人	杨宗熹		
主营业务	模具制造、提供技术服务、销售自产产品。				

企业名称	萨帕铝型材（上海）有限公司				
企业地址	上海市嘉定区嘉唐公路 1111 号（201807）				
投资总额	14 万 USD	电　话	39966228	传　真	39966200
设立日期	2003-3-6	负 责 人	ARNE RENGSTEDT		
主营业务	铝型材及其他铝制品的加工，销售本公司自产产品。				

企业名称	诠端精密模具（上海）有限公司				
企业地址	上海市闵行区华漕镇红卫村 89 丘（201107）				
投资总额	20 万 USD	电　　话	62966310	传　　真	52264531
设立日期	2003-2-28	负 责 人	叶成中		
主营业务	设计、制造、生产非金属制品模具，汽车、摩托车模具、精冲模等。				

企业名称	上海昱贸五金工具有限公司				
企业地址	上海市嘉定区江桥镇金宝工业园区（201812）				
投资总额	20 万 USD	电　　话	69132151	传　　真	69132235
设立日期	2003-2-28	负 责 人	李碧莲		
主营业务	生产各类五金工量具及相关产品，销售本公司自产产品。				

企业名称	上海三翔金属制品有限公司				
企业地址	上海市嘉定区南翔镇西工业开发区（201802）				
投资总额	1000 万 USD	电　　话	51205608	传　　真	51205405
设立日期	2003-2-28	负 责 人	赵伦杰		
主营业务	生产金属制家具，销售本公司自产产品（涉及许可经营的凭许可证经营）。				

企业名称	上海盛琦五金有限公司				
企业地址	上海市松江工业区佘山分区兴业路 389 号（201602）				
投资总额	70 万 USD	电　　话	57796363	传　　真	57796322
设立日期	2003-2-24	负 责 人	丁山昆麟		
主营业务	生产日用五金、建筑五金、各式门锁、门档、铰链及相关五金配件等。				

企业名称	合兴精密模具（上海）有限公司				
企业地址	上海市嘉定区沪宜公路 5025 号（201821）				
投资总额	60 万 USD	电　　话	69168471	传　　真	69968601
设立日期	2003-2-19	负 责 人	郭碧华		
主营业务	生产、加工精密型冲模、精密型腔模及精密铝铸件，销售自产产品。				

企业名称	柏山精泰真空设备（上海）有限公司				
企业地址	上海市浦东新区合庆镇共一村五队（201201）				
投资总额	30 万 USD	电　　话	38954599	传　　真	58999911
设立日期	2003-2-19	负 责 人	木坚山宏		
主营业务	研发、生产加工真空泵及相关产品，销售自产产品及提供相应的技术等。				

企业名称	上海航特金属制品有限公司				
企业地址	上海市青浦区朱家角镇新华村 218 号（201713）				
投资总额	18 万 USD	电　　话	59248998	传　　真	59241502
设立日期	2003-2-19	负 责 人	陈彦栋		
主营业务	生产电脑散热片、门窗把手，销售公司自产产品。				

企业名称	渗耐防水系统（上海）有限公司				
企业地址	上海市华宁路莘庄工业区（201108）				
投资总额	560 万 USD	电　　话	34073788	传　　真	34073600
设立日期	2003-2-13	负 责 人	PETER SCHIDKNECHT		
主营业务	生产新型建筑材料（优质防水密封材料），销售自产产品并提供服务等。				

企业名称	上海犀牛金属软管有限公司				
企业地址	上海市奉贤区南桥镇五星村（201400）				
投资总额	20 万 USD	电　　话	57494270	传　　真	57491043
设立日期	2003-2-13	负 责 人	吴承一		
主营业务	加工、生产不锈钢软管、黄铜连接产品、输送管、建筑用器材等。				

企业名称	雅哈达金属（上海）有限公司				
企业地址	上海市外高桥保税区富特中路 299 号 47 号厂房底层 B 部位（200131）				
投资总额	85 万 USD	电　　话	50463277	传　　真	50463280
设立日期	2003-2-12	负 责 人	八幡公造		
主营业务	电装零件、组装零部件及金属部件等的制造、加工、组装和销售等。				

企业名称	上海若松金属制品有限公司				
企业地址	上海市青浦区金泽镇工业园区 B3 厂房（201719）				
投资总额	14 万 USD	电　　话	59261529	传　　真	59261741
设立日期	2003-1-30	负 责 人	山崎众		
主营业务	生产五金零配件及各类金属制品的加工，销售公司自产产品。				

企业名称	上海鸿君精密模具有限公司				
企业地址	上海市嘉定区江桥镇金宝工业西区（201812）				
投资总额	20 万 USD	电　　话	69136281	传　　真	69136282
设立日期	2003-1-29	负 责 人	郑鸿君		
主营业务	生产汽车、摩托车模具（含冲模、模压模），销售本公司自产产品。				

企业名称	上海八幡五金有限公司				
企业地址	上海市松江区新浜工业园区浩海路 158 号 11、12 幢（201605）				
投资总额	100 万 USD	电　　话	57891688	传　　真	57893703
设立日期	2003-1-29	负 责 人	铃木建吾		
主营业务	生产各种螺丝、紧固件、家用五金制品及其相关配套零件等。				

企业名称	杰帝母线（上海）有限公司				
企业地址	上海市闵行区宜山路 1618 号 661 室（201103）				
投资总额	20 万 USD	电　　话	51192750	传　　真	
设立日期	2003-1-22	负 责 人	吴林峰		
主营业务	母线系统及其配件的设计、开发、制作、销售以及技术服务。				

企业名称	忠嗣金属制作（上海）有限公司				
企业地址	上海市泸定路 329 弄 3 号（200062）				
投资总额	50 万 USD	电　　话	52370315	传　　真	52370319
设立日期	2003-1-15	负 责 人	吉冈忠嗣		
主营业务	金属零部件、构件的加工制作，销售自产产品并提供相应的技术服务。				

企业名称	利坚化工（上海）有限公司				
企业地址	上海市嘉定区南翔镇西工业开发区（201802）				
投资总额	21 万 USD	电　　话	69176900	传　　真	
设立日期	2003-1-15	负 责 人	李　晖		
主营业务	生产纳米材料添加剂、金属表面处理添加剂及塑胶、电子线路板添加剂。				

企业名称	山高刀具制造（上海）有限公司				
企业地址	上海市虹漕路 456 号 10 号楼（200233）				
投资总额	75 万 USD	电　　话	64855588	传　　真	
设立日期	2003-1-9	负 责 人	LEIF LARSSON		
主营业务	开发、生产机械加工用刀具，销售自产产品并提供相关技术咨询服务。				

企业名称	库拉图五金工具（上海）有限公司				
企业地址	上海市闵行区莘庄工业区华宁路 3740 弄 198 号（201108）				
投资总额	20 万 USD	电　　话	64483970	传　　真	64480968
设立日期	2003-1-9	负 责 人	AZER BABAEV		
主营业务	生产五金工具，销售自产产品（涉及许可经营的凭许可证经营）。				

企业名称	上海坤盟金属制品有限公司				
企业地址	上海市青浦区华新镇嵩山村（201705）				
投资总额	20 万 USD	电　　话	59775539	传　　真	59775109
设立日期	2003-1-8	负 责 人	王木坤		
主营业务	生产厨房用金属制品及其相关塑胶制品，销售公司自产产品。				

企业名称	大川丸和建筑材料（上海）有限公司				
企业地址	上海市松江区叶榭镇辕门东路 858 号（201613）				
投资总额	200 万 USD	电　　话	57887171	传　　真	57886161
设立日期	2003-1-7	负 责 人	大川荣男		
主营业务	生产住宅楼房用走廊、楼梯的金属装饰品、金属配件、钢骨结构材料等。				

企业名称	南极光钢铁（上海）有限公司				
企业地址	上海宝山区罗店镇工业园区内（200062）				
投资总额	1200 万 USD	电　　话	66867020	传　　真	66867019
设立日期	2003-1-7	负 责 人	陈龙潭		
主营业务	生产、加工镀锌及耐腐蚀性铝锌合金板涂层板，销售自产产品。				

企业名称	上海帝吉新奥金属包装有限公司				
企业地址	上海市闵行区莘朱路 1050 号（201100）				
投资总额	70 万 USD	电　　话	54371413	传　　真	
设立日期	2002-12-24	负 责 人	金升忠		
主营业务	生产销售各种金属容器密封材料。				

企业名称	大川丸和建筑材料（上海）有限公司				
企业地址	上海市松江区叶榭镇辕门东路 858 号（201608）				
投资总额	285 万 USD	电　　话	57887171	传　　真	57786161
设立日期	2002-12-12	负 责 人	大川荣男		
主营业务	生产住宅楼房用走廊、楼梯的金属装饰品、金属配件、钢骨结构材料等。				

企业名称	亚东大气治理设备（上海）有限公司				
企业地址	上海市浦东新区合庆镇东川公路 7779 号（200124）				
投资总额	77 万 USD	电　　话	58496779	传　　真	33936657
设立日期	2002-12-12	负 责 人	李雅谷		
主营业务	开发、生产工业用大气净化设备，生产汽车维修用液压工具等。				

企业名称	上海山田金属工业制造有限公司					
企业地址	上海市嘉定工业区北区宝钱公路 3885 号（201815）					
投资总额	53 万 USD	电　话	59963795	传　真	59961522	
设立日期	2002-12-5	负责人	山田秀一			
主营业务	生产金属制的包装及各类扳金制品，销售本公司自产产品。					

企业名称	上海青木中泓五金制品有限公司					
企业地址	上海市宝山区顾村工业园区沪联路 168 号（201907）					
投资总额	30 万 USD	电　话	56020055	传　真	56020077	
设立日期	2002-12-5	负责人	钟敦伟			
主营业务	生产车船五金、各种门锁及相关产品，销售自产产品。					

企业名称	上海平和展示器材有限公司					
企业地址	上海市嘉定区徐行镇曹王北首（201809）					
投资总额	74 万 USD	电　话	59947944	传　真	59949037	
设立日期	2002-12-4	负责人	黄绍文			
主营业务	生产、加工各类展示器材及配套五金件，销售企业自产产品。					

企业名称	库拉图五金工具（上海）有限公司					
企业地址	上海市闵行区莘庄工业区华宁路 3740 弄 198 号（201108）					
投资总额	20 万 USD	电　话	64483970	传　真	64480968	
设立日期	2002-12-4	负责人	AZER BABAEV			
主营业务	生产五金工具，销售自产产品。					

企业名称	特扶利五金制品（上海）有限公司					
企业地址	上海市松江区洞泾镇松江 202 号地块（201619）					
投资总额	500 万 USD	电　话	57676262	传　真	57676361	
设立日期	2002-11-28	负责人	中野胜利			
主营业务	开发、生产高档建筑五金件。					

企业名称	上海德士门窗有限公司					
企业地址	上海市工业综合开发区东至南横泾港，西至沪杭公路（201400）					
投资总额	140 万 USD	电　话	57436988	传　真	57436987	
设立日期	2002-11-22	负责人	陆德士			
主营业务	塑钢门窗、铝合金门窗制作安装，封口、卷帘门、幕墙、板金加工等。					

企业名称	上海英信钢材制品有限公司					
企业地址	上海市宝山区蕴川路 2728 号（201901）					
投资总额	600 万 USD	电　话	56391810	传　真	56391986	
设立日期	2002-11-17	负责人	伍有联			
主营业务	钢材的剪切加工、矽钢片、EI 片、电机转定子的冲压生产等。					

企业名称	上海山进不锈钢有限公司					
企业地址	上海市松江出口加工区西泖泾路 357 号（201611）					
投资总额	460 万 USD	电　话	57749280	传　真	57749281	
设立日期	2002-11-1	负责人	山内进			
主营业务	生产不锈钢、磨棒钢以及相关产品。					

企业名称	同和金属材料（上海）有限公司					
企业地址	上海松江出口加工区茸翔路 8 号第 7 号厂房（201613）					
投资总额	720 万 USD	电　话	57748118	传　真	57748338	
设立日期	2002-10-28	负责人	中川典彦			
主营业务	生产加工各种金属材料、有色金属复合材料、新型合金材料、塑料材料。					

企业名称	铁卫五金制品（上海）有限公司					
企业地址	上海市松江区九亭镇久富经济开发区沧盛园区（原福利厂）（201615）					
投资总额	20 万 USD	电　话	63011898	传　真	54942368	
设立日期	2002-10-22	负责人	徐玮呈			
主营业务	加工、生产五金制品、锁具及其相关配件，销售公司自产产品。					

企业名称	竹昌精密冲压件（上海）有限公司					
企业地址	上海市松江区新桥镇闵申路 298 弄 12 号（201612）					
投资总额	20 万 USD	电　话	57684538	传　真	57684500	
设立日期	2002-10-14	负责人	梁国威			
主营业务	加工、生产精密五金冲压零配件、数码相机机构体，销售公司自产产品。					

企业名称	皓世管道系统（上海）有限公司					
企业地址	上海市申富路 679 号一号厂房（201108）					
投资总额	29 万 USD	电　话	54424150	传　真	54425140	
设立日期	2002-9-24	负责人	LASSE MANAOLA			
主营业务	生产销售加工管道系统和相关配件，并提供相关的技术咨询和售后服务。					

企业名称	上海奈司精密工具有限公司					
企业地址	上海市嘉定区马陆镇樊家村（201801）					
投资总额	21 万 USD	电　话	59157555	传　真	59155771	
设立日期	2002-9-17	负责人	樊忠良			
主营业务	生产硬质合金工具及附属零配件，销售企业自产产品。					

企业名称	上海治励金属工贸有限公司					
企业地址	上海市南汇工业园区 19 号地块标准厂房 A 型 1 幢 3 号（201300）					
投资总额	62 万 USD	电　话	68009572	传　真	68009573	
设立日期	2002-9-5	负责人	高桥大			
主营业务	生产上下水管道、接口、阀口、栓及相关产品，销售公司自产产品。					

企业名称	惟可五金制品（上海）有限公司					
企业地址	上海市青浦区大观园经济城工业园区内 285 弄 100 号（201719）					
投资总额	42 万 USD	电　话	69839090	传　真	69839191	
设立日期	2002-8-28	负责人	张文邦			
主营业务	生产不锈钢烤炉及五金塑胶零配件，销售公司自产产品。					

企业名称	上海世豪钢木门窗有限公司					
企业地址	上海市青浦区朱家角镇薛间村（201713）					
投资总额	34 万 USD	电　话	59242777	传　真	59230149	
设立日期	2002-8-28	负责人	欧灿田			
主营业务	生产金属类门窗及金属隔门墙板、金属结构建材及其五金配件、门锁等。					

企业名称	耐锯（上海）精密刃具有限公司					
企业地址	上海市嘉定区马陆镇樊家村（201801）					
投资总额	85 万 USD	电　话	69155899	传　真	69155898	
设立日期	2002-8-20	负责人	范聪允			
主营业务	生产精密刀具、刃具及各类金属加工并销售企业自产产品。					

企业名称	上海维杰精密工业有限公司					
企业地址	上海市莘庄工业区顾戴西路 2525 号（201100）					
投资总额	210 万 USD	电　话	54888730	传　真	54887736	
设立日期	2002-8-12	负责人	强邦家			
主营业务	研发、生产模具、注塑产品、小五金件，销售自产产品，提供服务。					

企业名称	美航金属（上海）有限公司					
企业地址	上海市外高桥保税区富特西一路 155 号 C 楼底层东 B 部位（200131）					
投资总额	22 万 USD	电　话	68183528	传　真	68183990	
设立日期	2002-8-8	负责人	门增轩			
主营业务	保税区内铝合金新型材料加工，销售自产产品。					

企业名称	米高（上海）包装技术有限公司					
企业地址	上海市南汇区泥城镇南芦公路 1885 号（200120）					
投资总额	140 万 USD	电　话	58881318	传　真	58883488	
设立日期	2002-8-6	负责人	陈建云			
主营业务	生产加工汽车与汽车零部件用的金属、木、纸、橡塑等外包装制品等。					

企业名称	上海启扬金属制品有限公司					
企业地址	上海市嘉定区马陆镇众芳村洪德路裕民路口（201801）					
投资总额	150 万 USD	电　话	51088835	传　真	59102911	
设立日期	2002-7-27	负责人	施冬杰			
主营业务	生产卫厨金属洁具制品，金属加工，销售企业自产产品。					

企业名称	上海上发金属制品有限公司					
企业地址	上海市嘉定区马陆镇包桥村（201801）					
投资总额	21 万 USD	电　话	69152125	传　真	69156789	
设立日期	2002-7-27	负责人	黄茂森			
主营业务	生产、加工五金冲压件、模具及其他金属制品，销售企业自产产品。					

企业名称	上海帕卡表面改质有限公司					
企业地址	上海市嘉定区马陆东开发区（201801）					
投资总额	228 万 USD	电　话	69156066	传　真	69156071	
设立日期	2002-7-25	负责人	林兴国			
主营业务	金属热处理、表面处理，销售企业自产产品。					

企业名称	上海欧一安保器材有限公司					
企业地址	上海市奉贤区邬桥镇吴塘村（201402）					
投资总额	150 万 USD	电　话	57407301	传　真	57407309	
设立日期	2002-7-23	负责人	张宗志			
主营业务	研究、开发、生产各类锁具及安保系统，销售公司自产产品等。					

企业名称	大碇电脑配件（上海）有限公司				
企业地址	上海松江出口加工区南乐路31弄1号（201613）				
投资总额	1600万USD	电话	57748968	传真	57748962
设立日期	2002-7-18	负责人	庄育志		
主营业务	生产电脑用五金零件、铆钉、转轴、绝缘片及其它相关非金属配件等。				

企业名称	加铭金属制品（上海）有限公司				
企业地址	上海市松江工业区东宝路28号（201613）				
投资总额	70万USD	电话	57847822	传真	57847823
设立日期	2002-7-12	负责人	苏为元		
主营业务	设计、生产、加工各种阀门、卫浴、五金管道等金属制品。				

企业名称	青山特华金属材料（上海）有限公司				
企业地址	上海市普陀区志丹路498号（200065）				
投资总额	28万USD	电话	63853066	传真	63852588
设立日期	2002-7-3	负责人	宫西敬介		
主营业务	生产、加工新型特殊金属材料、磁性电子材料、其它机械金属配件等。				

企业名称	上海和木金属制品有限公司				
企业地址	上海市嘉定区嘉朱公路499号（201800）				
投资总额	70万USD	电话	69913836	传真	69913399
设立日期	2002-6-27	负责人	戴 烨		
主营业务	生产铜、铝金属制品，销售企业自产产品。				

企业名称	明昆金属工具（上海）有限公司				
企业地址	上海市闵行区闵北工业区第三号地块（201107）				
投资总额	1000万USD	电话	52264889	传真	52264398
设立日期	2002-6-26	负责人	陈昆镇		
主营业务	生产五金工具、电动工具、卫浴金属件及配套的塑胶、铁制工具箱等。				

企业名称	上海百固金属制品有限公司				
企业地址	上海市闵行区华漕镇闵北路689号（201107）				
投资总额	60万USD	电话	62213728	传真	62213728
设立日期	2002-6-26	负责人	梁文山		
主营业务	生产金属制品、交通器材零配件及附件，销售自产产品。				

企业名称	青昂钢管（上海）有限公司				
企业地址	上海市青浦工业园区外青松公路5625号（201700）				
投资总额	100万USD	电话	69210348	传真	69210350
设立日期	2002-6-24	负责人	中河元		
主营业务	加工、生产涂塑管及其制品，销售公司自产产品。				

企业名称	上海诚通精密带钢有限公司				
企业地址	上海市嘉定区徐行镇劳动路123号（201808）				
投资总额	644万USD	电话	59948700	传真	59945059
设立日期	2002-6-22	负责人	李和鑫		
主营业务	加工精密带钢，销售企业自产产品。				

企业名称	上海润鼎机电设备有限公司				
企业地址	上海市闵行区放鹤路1500弄18号（201109）				
投资总额	40万USD	电话	34306502	传真	34306882
设立日期	2002-6-18	负责人	陈和成		
主营业务	生产、销售自动注脂器及零配件，提供售后服务及相关的技术咨询。				

企业名称	上海成一保险箱有限公司				
企业地址	上海市嘉定区马陆镇包桥村浏翔路东侧（201801）				
投资总额	40万USD	电话	69155753	传真	69155754
设立日期	2002-6-17	负责人	成二郎		
主营业务	生产各类保险箱及其他金属制品，销售企业自产产品。				

企业名称	上海泰士星日用制品有限公司				
企业地址	上海市嘉定区马陆镇申裕路（201818）				
投资总额	420万USD	电话	59902005	传真	59901713
设立日期	2002-6-14	负责人	陈果贝		
主营业务	生产婴孩车、办公家具、健身器材及其零部件，销售企业自产产品。				

企业名称	奥捷（上海）五金有限公司				
企业地址	上海市松江区九亭镇久富经济开发区盛龙路（201615）				
投资总额	137万USD	电话	67690599	传真	67690655
设立日期	2002-6-13	负责人	施百龄		
主营业务	生产各类家用电器五金件、家用电器塑料件、五金模具，销售自产产品。				

企业名称	晋亿螺丝（上海）有限公司				
企业地址	上海市闵行区漕宝路401号（200233）				
投资总额	28万USD	电话	52265569	传真	52633265
设立日期	2002-6-11	负责人	杨祎冰		
主营业务	加工、生产销售五金冲压件、标准件。				

企业名称	上海星格厨房设备有限公司				
企业地址	上海市闵行区吴漕路155号（201106）				
投资总额	45万USD	电话	52231235	传真	62200747
设立日期	2002-6-3	负责人	陈永富		
主营业务	生产、销售厨房用高压锅及其他不锈钢器皿。				

企业名称	上海锦建金属制品有限公司				
企业地址	上海市闵行区华漕镇华翔路2110弄69号（201107）				
投资总额	30万USD	电话	57794391	传真	57794381
设立日期	2002-6-3	负责人	陈 诚		
主营业务	生产、销售、加工不锈钢、金属制品，提供相关的技术咨询服务。				

企业名称	上海世控精密设备有限公司				
企业地址	上海市嘉定工业区霍城路511号（201821）				
投资总额	50万USD	电话	69522464	传真	69522471
设立日期	2002-5-29	负责人	许周炎		
主营业务	生产各类阀门、气体输送设备及相关的自动控制系统和五金机械配件等。				

企业名称	上海旭汇金刚石工业有限公司				
企业地址	上海市浦东新区峨山路77号金牛大厦北楼二层（200127）				
投资总额	100万USD	电话	50426478	传真	50426468
设立日期	2002-5-23	负责人	蓝敏雄		
主营业务	生产各种天然金刚石、人造金刚石等超硬材料制成的模具等。				

企业名称	上海久德金属工程有限公司				
企业地址	上海市松江区九亭高科技园区B-5号地块（201615）				
投资总额	100万USD	电话	67697568	传真	67697565
设立日期	2002-5-17	负责人	吴丽兰（执行董事）		
主营业务	制造、加工不锈钢等金属门窗、防盗门窗、花格、帷幕墙板等。				

企业名称	上海吉爱尔斯金属制品有限公司				
企业地址	上海市嘉定区马陆镇彭封路（201801）				
投资总额	42万USD	电话	59512002	传真	59512001
设立日期	2002-5-15	负责人	裴点奎		
主营业务	开发、生产高档建筑五金件和其他五金件，销售企业自产产品。				

企业名称	奥林匹亚（上海）照明有限公司				
企业地址	上海市奉贤区西渡镇工业区（金光村）（201401）				
投资总额	110万USD	电话	57436418	传真	57436413
设立日期	2002-4-28	负责人	浅野侥		
主营业务	设计、生产照明灯具及相关的五金、电器产品，销售公司自产产品等。				

企业名称	上海彰丰五金制品有限公司				
企业地址	上海市青浦区华新镇嘉松中路1688号（201708）				
投资总额	28万USD	电话	69790397	传真	69791110
设立日期	2002-4-22	负责人	潘东朋		
主营业务	生产各类五金零配件，销售公司自产产品。				

企业名称	爵丽紫珠美（上海）珠宝制品有限公司				
企业地址	上海市松江区泗泾镇高科技技术开发区（201601）				
投资总额	100万USD	电话	57628586	传真	57628586
设立日期	2002-4-19	负责人	徐娴静		
主营业务	生产加工贵金属、珠宝饰品，销售公司自产产品并提供售后服务。				

企业名称	世乐五金配件（上海）有限公司				
企业地址	上海外高桥保税区富特西一路381号A1楼第三层D部位（200131）				
投资总额	30万USD	电话	58681481	传真	58681479
设立日期	2002-4-12	负责人	SY－BOR MR		
主营业务	保税区内生产加工五金配件、电子门锁等各类锁具，销售自产产品等。				

企业名称	上海神乐酒店设备工程有限公司				
企业地址	上海市浦东新区唐镇创新中路86号（201203）				
投资总额	20万USD	电话	58966666	传真	38976866
设立日期	2002-4-11	负责人	陆 卫		
主营业务	生产、加工厨房设备及相关的不锈钢制品，并提供相关技术咨询服务等。				

制造业-黑色金属、有色金属冶炼及压延加工业和金属制品业

企业名称	艾姆派斯结构工程（上海）有限公司				
企业地址	上海市嘉定区叶城路 1288 号 B－118 室（201821）				
投资总额	6 万 USD	电　话	62307137	传　真	62300717
设立日期	2002-4-10	负 责 人	陈涑敏		
主营业务	生产结构件产品，销售企业自产产品并提供技术咨询和售后服务。				

企业名称	上海帕克门窗有限公司				
企业地址	上海市嘉定区南翔镇翔乐路 68 号（201802）				
投资总额	78 万 USD	电　话	69121853	传　真	69121853
设立日期	2002-4-9	负 责 人	朱裕来		
主营业务	生产多功能卷帘门窗、彩色塑钢、彩色铝合金门窗及配套产品等。				

企业名称	伊予金属制品（上海）有限公司				
企业地址	上海市松江区九亭镇久富经济开发区盛龙路 8 号（201615）				
投资总额	40 万 USD	电　话	67690660	传　真	67690664
设立日期	2002-3-29	负 责 人	城冈阳志		
主营业务	生产、加工、组装标准及非标准金属制品、厨房用具、文具用品等。				

企业名称	菲耐克斯包装技术（上海）有限公司				
企业地址	上海市青浦区朱家角镇南港村（201713）				
投资总额	6 万 USD	电　话	32120333	传　真	62134087
设立日期	2002-3-26	负 责 人	陆嘉清		
主营业务	设计、生产包装机械及零部件。				

企业名称	上海拉斯派特圆隆金属材料有限公司				
企业地址	上海市杨浦区民星路 201 号（200433）				
投资总额	20 万 USD	电　话	51051926	传　真	35030383
设立日期	2002-3-24	负 责 人	赵毅谨		
主营业务	生产、销售表面处理设备及金属件产品的表面处理，提供相关四技服务。				

企业名称	上海新立拉链有限公司				
企业地址	上海市浦东康桥工业区康梧路（201315）				
投资总额	300 万 USD	电　话	68922738	传　真	68067597
设立日期	2002-3-13	负 责 人	庄玉慧		
主营业务	生产各种拉链及辅助材料，销售公司自产产品。				

企业名称	上海布克林金属防腐有限公司				
企业地址	上海市奉贤区塘外经济小区 C 区 185 号（201408）				
投资总额	28 万 USD	电　话	57170431	传　真	57174388
设立日期	2002-2-25	负 责 人	陈挑林		
主营业务	生产冷作钣金、五金冲件，销售公司自产产品。				

企业名称	上海中荷五金制造有限公司				
企业地址	上海市宝山区联长路 258 号（200431）				
投资总额	20 万 USD	电　话	69132753	传　真	69132199
设立日期	2002-2-25	负 责 人	王福英		
主营业务	生产五金工具、刷子、塑料制品、减震器、电器仪器、汽配等。				

企业名称	上海集强金属工业有限公司				
企业地址	上海松江大昆工业园区松江第 816 号地块（201614）				
投资总额	800 万 USD	电　话	57853918	传　真	57853711
设立日期	2002-1-18	负 责 人	谢忠旭		
主营业务	生产有色金属复合材料。				

企业名称	世仓物流设备（上海）有限公司				
企业地址	上海市嘉定区安亭镇上海国际汽车城零部件配套园区（201101）				
投资总额	80 万 USD	电　话	51875788	传　真	54887656
设立日期	2002-1-9	负 责 人	林明孝		
主营业务	生产仓储系统货架、移动式档案柜、自动旋转货架、工位器具等。				

制造业－通用设备和电气机械及器材制造业

企业名称	路斯特绿能电气技术（上海）有限公司				
企业地址	上海市浦东新区高行工业开发区莱阳路 2927 弄 80 号一层（200137）				
投资总额	45 万 USD	电　　话	50400088	传　　真	50416332
设立日期	2009-12-22	负 责 人	LUST WOLFGANG		
主营业务	设计、研发、生产可再生能源设备。				

企业名称	西门子风力发电设备（上海）有限公司				
企业地址	上海市浦东新区同汇路 168 号 D608 室（201308）				
投资总额	750 万 USD	电　　话	38894830	传　　真	
设立日期	2009-12-14	负 责 人	ANDREAS HORST MATTHE		
主营业务	研发、组装风力发电设备机舱产品。				

企业名称	上海美御微电子有限公司				
企业地址	上海市闵行区联友路 728 号第 5 幢二楼东侧（200237）				
投资总额	2500 万 USD	电　　话	53960350	传　　真	53960351
设立日期	2009-12-10	负 责 人	尹向彬		
主营业务	生产集成电路，销售自产产品。				

企业名称	波亚（上海）电器设备有限公司				
企业地址	上海市奉贤区南桥镇肖湾路 318 号 8 幢 102 室（201400）				
投资总额	15 万 USD	电　　话		传　　真	
设立日期	2009-12-9	负 责 人	朱广威		
主营业务	电抗器、变压器、滤波器、电阻单元及其相关配件的制造。				

企业名称	西振机电设备（上海）有限公司				
企业地址	上海市闵行区向阳路 855 号生产用房第 1 层 M1 区 （201108）				
投资总额	50 万 USD	电　　话		传　　真	
设立日期	2009-12-4	负 责 人	张振玉		
主营业务	开发生产封箱机、磨镜机、汽车零部件以及电气配件。				

企业名称	佳逸电子科技（上海）有限公司				
企业地址	上海市张江高科技园区祖冲之路 1500 号 3 号楼（201203）				
投资总额	15 万 USD	电　　话	58953345	传　　真	
设立日期	2009-11-20	负 责 人	HYUN JIK SHIN		
主营业务	集成电路及电子组件、电能质量监测仪的研发。				

企业名称	雅科贝思精密机电（上海）有限公司				
企业地址	上海市浦东新区川沙路 6999 号 B 区 38 幢第三层（201202）				
投资总额	16 万 USD	电　　话	58871153	传　　真	58595800
设立日期	2009-11-13	负 责 人			
主营业务	直线和平面电机及其驱动装置、直线和控制系统的研发、制造。				

企业名称	上海堊源电子科技有限公司				
企业地址	上海市嘉定工业区嘉朱公路 3058 号第 1 幢第 1 层（201807）				
投资总额	150 万 USD	电　　话	39967070	传　　真	
设立日期	2009-11-11	负 责 人	郭文玲		
主营业务	生产、加工数码电子产品的零配件。				

企业名称	戴伟苏珊电气配件（上海）有限公司				
企业地址	上海市闵行区三鲁公路 1598 弄 101 支弄 13 号 1 幢底层（201112）				
投资总额	21 万 USD	电　　话	34533968	传　　真	
设立日期	2009-11-10	负 责 人	DAVID HONG YEH		
主营业务	设计、生产、加工各种电气连接件、金属冲压件。				

企业名称	诚田自动化仪表（上海）有限公司				
企业地址	上海市闵行区中春路 7039 弄 88 号 1 幢 4 楼（201101）				
投资总额	15 万 USD	电　　话	54857220	传　　真	64793900
设立日期	2009-11-9	负 责 人	朱仁诚		
主营业务	生产、加工自动化仪表、控制元件。				

企业名称	戴纳密斯（上海）电子科技有限公司				
企业地址	上海市浦东新区康桥镇康桥路 957 号 B 幢（201315）				
投资总额	50 万 USD	电　　话	68063334	传　　真	68046472
设立日期	2009-11-4	负 责 人	TANG KENG CHOR		
主营业务	设计、生产、组装以塑料原料为主的电脑。				

企业名称	菲翼汽车电气（上海）有限公司				
企业地址	上海市浦东新区桂桥路 290 号三楼（201206）				
投资总额	52 万 USD	电　　话		传　　真	
设立日期	2009-10-28	负 责 人	JAKOB GILLIAM		
主营业务	设计、生产汽车用天线接线端子，加热丝端子。				

企业名称	美嘉机电（上海）有限公司				
企业地址	上海市嘉定区马陆镇丰功路 968 号第 9 幢（201801）				
投资总额	1000 万 USD	电　　话	52341668	传　　真	
设立日期	2009-10-20	负 责 人	冯之瑾		
主营业务	研发、生产空气压缩机、空气泵、焊机。				

企业名称	上海德朗能动力电池有限公司				
企业地址	上海市奉贤区青村镇光明金钱公路 3492 号（201406）				
投资总额	725 万 USD	电　　话	57474369	传　　真	57474370
设立日期	2009-10-20	负 责 人	吴江峰		
主营业务	制造、加工锂离子电池、电池控制系统及相关配套产品。				

企业名称	由信电气科技（上海）有限公司				
企业地址	上海市普陀区同普路 1153 弄 2 号 3 楼（200060）				
投资总额	20 万 USD	电　　话	32028365	传　　真	32023365
设立日期	2009-9-30	负 责 人	周　懿		
主营业务	生产电气及电子产品、防雷设备及其使用配件。				

企业名称	三动机电（上海）有限公司				
企业地址	上海市浦东新区康桥工业区秀浦路 3999 弄 12 号（201318）				
投资总额	73 万 USD	电　　话	38256140	传　　真	
设立日期	2009-9-25	负 责 人	虞政华		
主营业务	设计、生产汽车配套电机、控制传动变速装置。				

企业名称	上海隽提电子科技有限公司				
企业地址	上海市奉贤区浦卫公路 1576 号 201 室（201402）				
投资总额	150 万 USD	电　　话	57471176	传　　真	
设立日期	2009-9-25	负 责 人	金　杰		
主营业务	电子科技领域内的技术开发，计算机软硬件的开发与设计。				

企业名称	科熠电子技术（上海）有限公司				
企业地址	上海市虹口区长阳路 235 号 406 室（200082）				
投资总额	14 万 USD	电　　话	65850479	传　　真	
设立日期	2009-9-8	负 责 人	CHONG CHEA CHIN		
主营业务	开发电子产品及其检测技术，提供相关的技术咨询和技术服务。				

企业名称	沛德光电科技（上海）有限公司				
企业地址	上海市浦东新区华东路 3999 号 3 幢 12 室（201201）				
投资总额	14 万 USD	电　　话	33826696	传　　真	33826696
设立日期	2009-8-28	负 责 人	郑美茹		
主营业务	光电仪器、电子仪器的设计、研发、加工。				

企业名称	欧曼普电信设备（上海）有限公司				
企业地址	上海奉贤上海市工业综合开发区环城北路 50 号内 2 号房（201400）				
投资总额	28 万 USD	电　　话	37565590	传　　真	
设立日期	2009-7-31	负 责 人	ANDREA CONTE		
主营业务	设计、生产、装配电信设备零部件，销售自产产品。				

企业名称	托特机电（上海）有限公司				
企业地址	上海市金山区亭林镇寺平南路 21 号 14 幢（201505）				
投资总额	366 万 USD	电　　话	51702065	传　　真	
设立日期	2009-7-17	负 责 人	张建伟		
主营业务	生产加工电气自控设备、制冷设备、通用设备零部件。				

企业名称	郝乐（上海）电子有限公司				
企业地址	上海市青浦区华新镇华徐公路 3029 弄 112 号第 2 幢（201708）				
投资总额	30 万 USD	电　　话	33602023	传　　真	
设立日期	2009-7-2	负 责 人	吴　龙		
主营业务	研发、生产、加工照明灯具及零配件。				

企业名称	正将自动化设备（上海）有限公司				
企业地址	上海市松江区车墩镇三浜路 470 号 3 幢（201611）				
投资总额	51 万 USD	电　　话	57609270	传　　真	57609232
设立日期	2009-6-30	负 责 人	叶能魁		
主营业务	设计、生产和组装多种原料配方计量输送整线自动化设备及其代工配料。				

企业名称	上海电气阿海珐临港变压器有限公司				
企业地址	上海市同汇路 168 号 D610 室（201306）				
投资总额	5303 万 USD	电　　话	52397070	传　　真	62267260
设立日期	2009-6-1	负 责 人	YVAN LE BOURLOT		
主营业务	研发、设计、生产交流电电力变压器、电抗器。				

企业名称	合基电讯科技（上海）有限公司				
企业地址	上海市浦东新区东靖路1831号603-11室（201208）				
投资总额	250万USD	电话	50122318	传真	58392717
设立日期	2009-5-27	负责人	JOHN CAREY COLLINS		
主营业务	电信设备、通讯产品和相关软件的研发、设计、技术咨询服务。				

企业名称	微替系机电（上海）有限公司				
企业地址	上海市松江区新桥镇申港路1688号第五幢厂房第一层（201612）				
投资总额	14万USD	电话	57684510	传真	57684125
设立日期	2009-5-20	负责人	铃鹿芳朗		
主营业务	生产、加工机电设备及其零部件，销售公司自产产品。				

企业名称	上海司科电动工具有限公司				
企业地址	上海市松江区泗泾镇九干路199号1幢厂房（201601）				
投资总额	20万USD	电话	57626619	传真	
设立日期	2009-5-19	负责人	陈桃珍		
主营业务	生产、加工电动工具、园林工具、汽车工具及零配件、机电配件。				

企业名称	唐岱电子科技（上海）有限公司				
企业地址	上海市松江区泖港镇新宾路1469弄9号3幢厂房底层（201607）				
投资总额	14万USD	电话	54466859	传真	
设立日期	2009-5-14	负责人	赵启生		
主营业务	生产、加工电子设备及元器件、工业用机械及零部件。				

企业名称	帝欧（上海）光电科技有限公司				
企业地址	上海市松江区新桥镇新格路767号2幢四层A区（201612）				
投资总额	25万USD	电话	37787347	传真	37787391
设立日期	2009-5-7	负责人	JOHN XIAOYANG LI		
主营业务	研究、设计、开发、生产LED照明灯，LED警示灯。				

企业名称	美茵机电科技（上海）有限公司				
企业地址	上海市杨浦区国定路335号2号楼1912室（200433）				
投资总额	20万USD	电话	67751637	传真	
设立日期	2009-5-7	负责人	LILY MA		
主营业务	计算机软、硬件，电子产品及新材料产品的开发和制造。				

企业名称	添鸿化学科技（上海）有限公司				
企业地址	上海市金山区漕泾镇平业路66号（201507）				
投资总额	30万USD	电话	67256989	传真	
设立日期	2009-5-7	负责人	林壮恭		
主营业务	生产加工蚀刻液、去光阻液、稀释剂、清洗剂。				

企业名称	上海耀赢电器有限公司				
企业地址	上海市嘉定区徐行镇嘉行公路1298号第4幢（200002）				
投资总额	1500万USD	电话	59555079	传真	
设立日期	2009-5-6	负责人	黄长克		
主营业务	开发、生产电力电气设备、开关，变压器，配电柜。				

企业名称	RHINE电梯（上海）有限公司				
企业地址	上海市宝山区石洞口路78号1幢A区（200942）				
投资总额	200万USD	电话	51875396	传真	63539992
设立日期	2009-4-24	负责人	李东流		
主营业务	电梯、立体车库等用于人员和货物垂直和水平运输的设备研发、制造。				

企业名称	别特罗尼自动化系统（上海）有限公司				
企业地址	上海市宝山区蕰川路516号1－4至1－9室（201907）				
投资总额	44万USD	电话	61676210	传真	61676211
设立日期	2009-4-16	负责人	WOLFGANG WILHELM GUNTER		
主营业务	从事研发、开发、组装纺织专用设备及相关零部件。				

企业名称	驭雷（上海）机电科技有限公司				
企业地址	上海市松江区小昆山镇崇南路3号3幢1号房（201616）				
投资总额	50万USD	电话	26816821	传真	26816821
设立日期	2009-4-14	负责人	王巍		
主营业务	设计、生产航天海洋与现代运输设备的配套装置。				

企业名称	柯贝尔电能质量技术（上海）有限公司				
企业地址	上海市浦东新区周浦镇沈梅路99弄3号厂房（201318）				
投资总额	160万USD	电话	51692628	传真	38214166
设立日期	2009-4-2	负责人	MARKUS BRUENGGER		
主营业务	生产无功功率补偿控制器及其零部件、相关配套软件。				

企业名称	上海通用广电电力元件有限公司				
企业地址	上海市奉贤区远东路777弄28号（201400）				
投资总额	950万USD	电话	67108955	传真	
设立日期	2009-3-31	负责人	严怀忠		
主营业务	开发、生产小型低压断路器、塑壳开关和电子漏电开关。				

企业名称	加勋电脑科技（上海）有限公司				
企业地址	上海市延长路149号94幢110室（200072）				
投资总额	15万USD	电话	56383820	传真	
设立日期	2009-3-31	负责人	陈炳富		
主营业务	计算机应用软件、动漫软件的开发、设计、制作。				

企业名称	德映仕图（上海）机电设备技术有限公司				
企业地址	上海市宝山区蕰川路5503号南楼4256室（200942）				
投资总额	88万USD	电话	33826864	传真	33827086
设立日期	2009-3-25	负责人	LEE SEE WAH		
主营业务	提供动力设备、电气设备、电子设备、精密仪器的校正、安装。				

企业名称	斯尼汶特（上海）电气有限公司				
企业地址	上海市青浦工业园区新技路818号6号厂房（201700）				
投资总额	85万USD	电话	51782882	传真	51782889
设立日期	2009-3-24	负责人	DR.SARAH SCHNIEWINDT		
主营业务	研发、生产和加工用于电力生产、输送和供用电环节的自动化装置。				

企业名称	松下电工电动工具（上海）有限公司				
企业地址	上海市松江区江田东路258号第12幢厂房（201613）				
投资总额	210万USD	电话	57741006	传真	
设立日期	2009-3-19	负责人	加见友宏		
主营业务	生产、加工和组装电动工具和用于电动工具的电池组。				

企业名称	捷光精密电子（上海）有限公司				
企业地址	上海市松江区茸江路8弄4号1F（201613）				
投资总额	100万USD	电话	67747218	传真	67747228
设立日期	2009-3-19	负责人	余仁杰		
主营业务	设计、生产电子计算机设备、电脑及数码周边产品。				

企业名称	利奥电池系统（上海）有限公司				
企业地址	上海市闵行区春东路508号2幢1-2层（201108）				
投资总额	363万USD	电话	54422860	传真	54428289
设立日期	2009-3-18	负责人	WILLIAM JOHN SANDERSON		
主营业务	设计、制造、加工用于移动电子设备、备用电系统和其他产品的电池组。				

企业名称	上海埃目斯自动化技术有限公司				
企业地址	上海市莘砖公路518号2号厂房第八层A区（201612）				
投资总额	18万USD	电话	64419350	传真	64380600
设立日期	2009-3-9	负责人	OLAF SOMMER		
主营业务	生产加工仪器仪表、气体采样及预处理零部件。				

企业名称	芯电半导体（上海）有限公司				
企业地址	上海市张江高科技园区张江路18号2号楼1楼－1（201203）				
投资总额	1200万USD	电话	38610000	传真	
设立日期	2009-3-3	负责人	张汝京		
主营业务	半导体（硅片及各类化合物半导体）集成电路芯片制造、针测及测试。				

企业名称	怀盛机电设备（上海）有限公司				
企业地址	上海市外高桥保税区奥纳路185号综合大楼第六层B2部位（200131）				
投资总额	20万USD	电话	58661838	传真	
设立日期	2009-3-3	负责人	YU SHENG		
主营业务	保税区内机电设备、瓦斯抑爆设备关键部件的设计、生产、加工。				

企业名称	阳程光电（上海）有限公司				
企业地址	上海市嘉定区马陆镇兴平路569号第5幢（201801）				
投资总额	400万USD	电话	59511688	传真	59511818
设立日期	2009-3-2	负责人	黄秋逢		
主营业务	研发、生产微电子用玻璃基板，销售本公司自产产品。				

企业名称	赫凯电气开关（上海）有限公司				
企业地址	上海市嘉定区安亭镇泰波路558号第2幢（201801）				
投资总额	200万USD	电话	63621313	传真	
设立日期	2009-2-23	负责人	STEPHEN JOHN CURTIS		
主营业务	研发、生产电力电气开关，销售本公司自产产品。				

企业名称	传仕电梯控制系统（上海）有限公司				
企业地址	上海市浦东新区金穗路 1501 号 B 幢 302 区（201209）				
投资总额	13 万 USD	电话	50323859	传真	50212737
设立日期	2009-2-23	负责人	许生疆		
主营业务	研发电梯控制系统及电器零配件，生产电梯控制器。				

企业名称	爱科劲魄能柴油发电机组（上海）有限公司				
企业地址	上海市临港新城新元南路 600 号 3 幢一层 02（201312）				
投资总额	150 万 USD	电话	52985448	传真	
设立日期	2009-2-17	负责人	ROGER NEIL BATKIN		
主营业务	生产柴油发电机组，销售公司自产产品。				

企业名称	赫斯默（上海）电子科技有限公司				
企业地址	上海市张江高科技园区蔡伦路 1690 号 2 号楼 105 室（201203）				
投资总额	25 万 USD	电话	58915937	传真	
设立日期	2009-2-13	负责人	ZHANG XIAODONG		
主营业务	液压电控系统装备、控制器、显示器、传感器的研发、生产。				

企业名称	上海科诚电子技术有限公司				
企业地址	上海市江场一路 68 号 5 楼（200072）				
投资总额	40 万 USD	电话	56651313	传真	
设立日期	2009-2-9	负责人	戴奉义		
主营业务	在电子技术专业领域内的技术服务和技术咨询。				

企业名称	西门子风力发电叶片（上海）有限公司				
企业地址	上海市临港新城同汇路 168 号 D607 室（201306）				
投资总额	3128 万 USD	电话	20942500	传真	20942580
设立日期	2009-1-21	负责人	ANDREAS HORST MATTHE		
主营业务	生产，安装风力发电设备配套的叶片、机械件及其配套零部件。				

企业名称	兆益（上海）电子科技有限公司				
企业地址	上海市闵行区合川路 3089 号第 4 幢 9 楼 106 室（201103）				
投资总额	105 万 USD	电话	64889413	传真	
设立日期	2009-1-19	负责人	LIZHEN SHI		
主营业务	研发、设计、生产电子检测产品、仪表仪器、机械配件。				

企业名称	青蓝电机（上海）有限公司				
企业地址	上海市奉贤区金汇镇齐贤社区百曲村 453 号第二栋（201404）				
投资总额	59 万 USD	电话	50483853	传真	
设立日期	2009-1-14	负责人	鸟越干雄		
主营业务	电子设备、电子元器件及配件、模具、水处理设备及配件的设计、生产。				

企业名称	阿海珐输配电技术中心（中国）有限公司				
企业地址	上海市闵行区新骏环路 188 号 8 号楼 302 室（201114）				
投资总额	4254 万 USD	电话	22086088	传真	
设立日期	2009-1-9	负责人	PETER KIRCHESCH		
主营业务	研究、开发特高压交、直流输变电系统技术。				

企业名称	俐景电子科技（上海）有限公司				
企业地址	上海市闵行区莘建东路 58 弄 2 号 1106 室（201100）				
投资总额	15 万 USD	电话	54179386	传真	54179395
设立日期	2009-1-7	负责人	吕尚民		
主营业务	研制、开发、设计电子产品的软硬件、ID、结构、自动化生产线。				

企业名称	铼阔光电（上海）有限公司				
企业地址	上海市松江区九亭镇金马路 159 号 2 幢（201615）				
投资总额	133 万 USD	电话	67690078	传真	
设立日期	2009-1-5	负责人	车毓华		
主营业务	设计、生产 LED 灯箱、LED 显示屏、LED 照明系统、LED 日用百货。				

企业名称	惠登光电科技（上海）有限公司				
企业地址	上海市松江区新飞路 1500 弄 18 号底层（201611）				
投资总额	20 万 USD	电话	67602248	传真	
设立日期	2009-1-5	负责人	吴家玉		
主营业务	研发、生产、加工远红外线光电产品、发光二极管及其相关光电产品。				

企业名称	上海群展自动化设备有限公司				
企业地址	上海市松江区新桥镇闵申路 666 号 3、10 幢（201612）				
投资总额	51 万 USD	电话	57685276	传真	
设立日期	2009-1-5	负责人	沈鸿志		
主营业务	定型机节能减碳设备及整厂自动化设备的生产、加工、组装。				

企业名称	溯高美索克曼电气设备（上海）有限公司				
企业地址	上海市青浦区工业园区外青松公路 5399 号 A30 号（201700）				
投资总额	237 万 USD	电话	62288663	传真	62283468
设立日期	2008-12-26	负责人	FRATTA RENATO		
主营业务	开发、研究和生产电力动能供给系统相关的仪器及其配件。				

企业名称	上海轩歌机械制造有限公司				
企业地址	上海市奉贤区四团镇海奕路 158 号（201412）				
投资总额	275 万 USD	电话	65623390	传真	
设立日期	2008-12-4	负责人	HERITIER CATHERINE ANNIE		
主营业务	制造凸轮轴、传动轴、活塞、滚轴、轴承，销售公司自产产品。				

企业名称	埃筑博（上海）工程机械有限公司				
企业地址	上海市临港新城新元南路 600 号 1 号厂房 406 室（201303）				
投资总额	500 万 USD	电话	68284062	传真	68284168
设立日期	2008-12-3	负责人	INDONESIA FELIX ISWARA		
主营业务	研究、开发、生产筑路机械、建筑机械、矿山机械及相关配套设备。				

企业名称	伊古机械（上海）有限公司				
企业地址	上海市嘉定区黄渡镇曹安公路 4510 号－1（201804）				
投资总额	25 万 USD	电话	69592203	传真	69592303
设立日期	2008-11-28	负责人	ENRICO FERRI		
主营业务	研发、设计、生产玻璃纤维缠绕机器。				

企业名称	奇大悉阀门制造（上海）有限公司				
企业地址	上海市青浦区华新镇纪鹤公路 3600 号（201700）				
投资总额	51 万 USD	电话	59798798	传真	59798790
设立日期	2008-11-25	负责人	DAVID BRIAN MEADOR		
主营业务	设计、生产阀门、五金管件，销售公司自产产品。				

企业名称	康岱（上海）机电科技有限公司				
企业地址	上海市松江区九亭镇健鹏路 118 号第 2 栋厂房 2 楼车间 A 区（201615）				
投资总额	20 万 USD	电话	62272912	传真	62272912
设立日期	2008-11-20	负责人	康宏生		
主营业务	设计、制造自动电气控制器、变频器、电子设备。				

企业名称	奥岱圣（上海）机械有限公司				
企业地址	上海市嘉定区马陆镇亚钢路 110 号（201801）				
投资总额	14 万 USD	电话	59107333	传真	59107360
设立日期	2008-11-13	负责人	WU XIAOHUI		
主营业务	生产空气压缩机及其零部件，销售本公司自产产品。				

企业名称	上海广韩真空科技有限公司				
企业地址	上海市浦东新区虹星路 187 号 2 幢 2 楼（201203）				
投资总额	14.6 万 USD	电话	51389737	传真	51389737
设立日期	2008-11-10	负责人	王作义		
主营业务	真空机械设备的研发、设计。				

企业名称	合朝电器（上海）有限公司				
企业地址	上海市奉贤区浦星公路 8989 号 3-4 号厂房（201414）				
投资总额	500 万 USD	电话	57599263	传真	57599263
设立日期	2008-11-5	负责人	黄宗联		
主营业务	生产各类车用电器、车用配件，销售公司自产产品。				

企业名称	岛田电机（上海）有限公司				
企业地址	上海市青浦工业园区崧煌路 999 号 2 号厂房底层（201700）				
投资总额	30 万 USD	电话	59867778	传真	59867779
设立日期	2008-10-29	负责人	岛田正孝		
主营业务	生产、加工电梯零部件及相关电器照明设备。				

企业名称	上海雯龙机械设计有限公司				
企业地址	上海市徐汇区肇嘉浜路 446 弄 1 号 1002A 室（200031）				
投资总额	1.5 万 USD	电话	54656112	传真	54657598
设立日期	2008-10-24	负责人	HANS VOLKER LACHENICHT		
主营业务	机械设计、研制开发，并提供相关技术服务。				

企业名称	杰尚轴承（上海）有限公司				
企业地址	上海市闵行区春光路 730 号 101-C（201100）				
投资总额	88 万 USD	电话	62999899	传真	62760856
设立日期	2008-10-24	负责人	ANDRE BRULHART		
主营业务	开发、设计、生产、组装球形轴承以及相关零件和组件。				

企业名称	富世华（中国）机械制造有限公司				
企业地址	上海市嘉定区马陆镇嘉新公路 1355 号（201801）				
投资总额	1200 万 USD	电　　话	59107343	传　　真	39150279
设立日期	2008-10-22	负 责 人	BO ANDREASSON		
主营业务	生产园林机械产品及其零配件、小型发电机，销售本公司自产产品。				

企业名称	泰凯技联（上海）机电设备有限公司				
企业地址	上海市松江区中山街道梅家浜路 209，309 号第四幢 458-2 室（201613）				
投资总额	14.6 万 USD	电　　话	62125803	传　　真	62125803
设立日期	2008-10-21	负 责 人	于忠海		
主营业务	机电设备的加工，销售自产产品。				

企业名称	上海钧盈精密机械有限公司				
企业地址	上海市青浦工业园区久业路 178 号（201700）				
投资总额	60 万 USD	电　　话	69225758	传　　真	69225229
设立日期	2008-10-21	负 责 人	黄二益		
主营业务	生产、加工数控机床的精密轴件、电机轴件、汽机车零件。				

企业名称	杰电高压电缆附件（上海）有限公司				
企业地址	上海市松江区欣玉路 546 号全幢第二幢厂房（201600）				
投资总额	99.5 万 USD	电　　话	67728388	传　　真	67728577
设立日期	2008-10-21	负 责 人	嶋田光正		
主营业务	电缆附件及其附属产品制造、加工、研发以及设计。				

企业名称	旭有机材阀门设备（上海）有限公司				
企业地址	上海市嘉定区马陆镇丰登路 615 弄 16 号、18 号（201801）				
投资总额	210 万 USD	电　　话	61392600	传　　真	61392606
设立日期	2008-10-20	负 责 人	小川秀策		
主营业务	开发、生产各类阀门（除特种设备）、废水净化处理设备及其零部件.				

企业名称	上海欧斯纳泵制造有限公司				
企业地址	上海市奉贤区程普路 155 号第 8 幢（201400）				
投资总额	55 万 USD	电　　话	33655400	传　　真	33655400
设立日期	2008-10-20	负 责 人	王晓刚		
主营业务	生产离心泵，销售公司自产产品。				

企业名称	宜世摩（上海）机电科技有限公司				
企业地址	上海市松江区新桥镇荣乐东路 28 号（201612）				
投资总额	20 万 USD	电　　话	57687228	传　　真	57687131
设立日期	2008-10-15	负 责 人	THOMAS SCHMID		
主营业务	生产、加工操纵器及零部件、机电设备及零部件。				

企业名称	益灵精密机械制造（上海）有限公司				
企业地址	上海市嘉定区华亭镇唐窑路 25 号南侧 1 楼（201811）				
投资总额	15 万 USD	电　　话	59952820	传　　真	59952820
设立日期	2008-10-15	负 责 人	郭绍箕		
主营业务	生产印刷机械、包装机械及其零部件，销售本公司自产产品。				

企业名称	上海美能恩输送带制造有限公司				
企业地址	上海市青浦区北青公路 8228 号三区 1 号第 3 幢厂房（201700）				
投资总额	210 万 USD	电　　话	39793611	传　　真	39793611
设立日期	2008-10-8	负 责 人	PATRICK KILCORSE		
主营业务	生产、加工工业用输送带，销售公司自产产品。				

企业名称	德尔福中央电气（上海）有限公司				
企业地址	上海市嘉定区安亭镇园国路 60 号第 7 幢 A 区（201805）				
投资总额	540 万 USD	电　　话	59563300	传　　真	69573793
设立日期	2008-9-28	负 责 人	MAJDI BADER ABULABAN		
主营业务	设计、研发、生产汽车电子控制系统的输入部件及其相关的零部件。				

企业名称	鸿思棣机电设备（上海）有限公司				
企业地址	上海市外高桥保税区泰谷路 207 号第一层 D2 部位（200131）				
投资总额	20 万 USD	电　　话	58661236	传　　真	58683832
设立日期	2008-9-27	负 责 人	郭　升		
主营业务	电主轴设备及其零部件的装配和组装，销售自产产品。				

企业名称	上海电气凯士比核电泵阀有限公司				
企业地址	上海市南汇区临港新城同汇路 168 号 D311 室（201306）				
投资总额	2316 万 USD	电　　话	64633553	传　　真	64633906
设立日期	2008-9-24	负 责 人	杭鹏飞		
主营业务	设计和生产用于核电站的泵。				

企业名称	菲托过滤系统（上海）有限公司				
企业地址	上海市青浦工业园区天辰路 1855 号第七幢厂房（201700）				
投资总额	20 万 USD	电　　话	59227510	传　　真	59227511
设立日期	2008-9-17	负 责 人	RUSCH CRISTIAN		
主营业务	生产、加工过滤器材，销售公司自产产品。				

企业名称	上海擎实机械设备有限公司				
企业地址	上海市奉贤区南桥镇跃进村 1028 号 F45-48（201400）				
投资总额	30 万 USD	电　　话	57557738	传　　真	57557738
设立日期	2008-9-2	负 责 人	夏　青		
主营业务	设计、制造、组装矿山机械、岩石破碎机械、物料输送机械。				

企业名称	上海特晟机电科技有限公司				
企业地址	上海市闵行区友东路 18 号 3 幢（201100）				
投资总额	28 万 USD	电　　话	54889712	传　　真	
设立日期	2008-8-22	负 责 人	凌　军		
主营业务	研发、生产拉布机及其控制软件，销售自产产品。				

企业名称	罗岛马科机械（上海）有限公司				
企业地址	上海市奉贤区柘林镇东海村路 199 号 2 幢（201424）				
投资总额	20 万 USD	电　　话		传　　真	
设立日期	2008-8-22	负 责 人	WANG GUOMING		
主营业务	生产皮革机械及配件，销售公司自产产品。				

企业名称	上海翠林电机有限公司				
企业地址	上海市嘉定区马陆镇丰年路 55 号第 2 幢第 1 层（201801）				
投资总额	300 万 USD	电　　话	59103067	传　　真	59103170
设立日期	2008-8-20	负 责 人	林法平		
主营业务	生产交流电动机，销售本公司自产产品。				

企业名称	上海雄斯精密机械设备有限公司				
企业地址	上海市嘉定工业区北区小东街 220 号第 7 幢（201807）				
投资总额	400 万 USD	电　　话	59108572	传　　真	
设立日期	2008-8-15	负 责 人	张永源		
主营业务	生产各式精密机床及部件，销售本公司自产产品。				

企业名称	蓝畅过滤器材（上海）有限公司				
企业地址	上海市金山区亭林镇林盛路 309 号－1（201505）				
投资总额	39 万 USD	电　　话	67230615	传　　真	67230625
设立日期	2008-8-7	负 责 人	YVES STRUYVE		
主营业务	生产各类过滤器材、过滤设备及不锈钢高精密过滤器、格栅。				

企业名称	擎宇精密机械（上海）有限公司				
企业地址	上海市松江区新桥镇民益路 28 号 2 幢 2 楼（201612）				
投资总额	20 万 USD	电　　话		传　　真	
设立日期	2008-8-1	负 责 人	夏鸿伟		
主营业务	生产、加工冷媒压缩机和冷冻空调设备、家用电器及其相关的零部件。				

企业名称	新之邦机械设备（上海）有限公司				
企业地址	上海市金山区山阳镇板桥东路 589 号第 2 幢（201508）				
投资总额	20 万 USD	电　　话	51362801	传　　真	51362811
设立日期	2008-7-23	负 责 人	林　新		
主营业务	生产各种包装机械设备，销售公司自产产品。				

企业名称	维士威（上海）控制阀门有限公司				
企业地址	上海市金山区金山卫镇秋实路 688 号 1 号楼 5 单元 301 室（201512）				
投资总额	73.2 万 USD	电　　话	31263323	传　　真	51593248
设立日期	2008-7-23	负 责 人	盛　波		
主营业务	生产、加工阀门、阀门控制设备。				

企业名称	慧士通（上海）机械电子有限公司				
企业地址	上海市松江工业试点园区车墩镇香亭路 307 号 1－2 栋厂房（201611）				
投资总额	51 万 USD	电　　话	54902416	传　　真	54902143
设立日期	2008-7-14	负 责 人	叶剑敏		
主营业务	设计、开发、生产传送机械、输送机械。				

企业名称	汉拿空调科技（上海）有限公司				
企业地址	上海市徐汇区虹漕路 448 号 101、801 室（200233）				
投资总额	300 万 USD	电　　话	61455400	传　　真	61455400
设立日期	2008-7-14	负 责 人	SHIN YOUNG JU		
主营业务	汽车空调系统的设计、开发、技术咨询和技术服务。				

企业名称	上海本夏电气有限公司				
企业地址	上海市嘉定区马陆镇丰登路 615 弄 4 号（201801）				
投资总额	110 万 USD	电　话	59907091	传　真	59907681
设立日期	2008-7-10	负责人	GREGORY JAY HEMPFLING		
主营业务	生产加工机电设备及其零部件，销售本公司自产产品。				

企业名称	帕马（上海）机械技术服务有限公司				
企业地址	上海市徐汇区虹桥路 808 号 41 幢 A8319 室（200030）				
投资总额	15.51 万 USD	电　话	64481278	传　真	64481282
设立日期	2008-7-7	负责人	ETTORE BATISTI		
主营业务	相关机床安装、应用的技术服务，技术咨询。				

企业名称	上海悦星机械制造有限公司				
企业地址	上海市金山工业区合兴村 1 组 2053 号 4 幢（201505）				
投资总额	375 万 USD	电　话	57560750	传　真	57561973
设立日期	2008-7-4	负责人	于新华		
主营业务	研发、生产、加工园林机械、室外家具。				

企业名称	上海攀旭发制药机械有限公司				
企业地址	上海市宝山城市工业园区园丰路 85 号一幢一楼 A 区（200436）				
投资总额	217 万 USD	电　话	36161981	传　真	36161982
设立日期	2008-7-1	负责人	魏国琴		
主营业务	研发、生产制药机械及其配套设备，销售自产产品。				

企业名称	上海翱昇电气有限公司				
企业地址	上海市宝山区吴逸仙路 4318 号 11 号厂房（200940）				
投资总额	14.5 万 USD	电　话	61096137	传　真	68640696
设立日期	2008-7-1	负责人	冯　铁		
主营业务	传感器的生产以及销售自产产品。				

企业名称	博梅德控制阀门（上海）有限公司				
企业地址	上海市闵行区莲花南路 1971 弄 98 号第 1 幢第 2 层厂房（200237）				
投资总额	62 万 USD	电　话	64272470	传　真	64272926
设立日期	2008-6-26	负责人	YEHUDA BEHAR		
主营业务	研制、开发、生产控制阀门及其零部件，销售自产产品。				

企业名称	梵姆科机械（上海）有限公司				
企业地址	上海市浦东新区金唐路 145 号 2 幢 A 室（201203）				
投资总额	52.5 万 USD	电　话	33827716	传　真	33827671
设立日期	2008-6-13	负责人	BRYAN P. GENTILE		
主营业务	从事金属冲压及成形设备、高速送料机的生产、加工。				

企业名称	荷瑞机械（上海）有限公司				
企业地址	上海市松江区东兴路 25 号 3 号厂房（201613）				
投资总额	31.9 万 USD	电　话	62705336	传　真	62700363
设立日期	2008-6-11	负责人	GIJSBERT JAN DE BRUIN		
主营业务	加工机械零部件，组装电子产品，销售公司自产产品。				

企业名称	日宏精密机械（上海）有限公司				
企业地址	上海市松江区永丰街道北杨路 80 弄 13 号 2 幢（201600）				
投资总额	38.8 万 USD	电　话	57733177	传　真	57733768
设立日期	2008-6-4	负责人	别府諟		
主营业务	生产、制造各种精密机械用温控装置、送油装置及相关零配件。				

企业名称	瀚石机械（上海）有限公司				
企业地址	上海市闵行区虹中路 699 号 7 幢 2 楼（201103）				
投资总额	71.59 万 USD	电　话	64466667	传　真	64466663
设立日期	2008-6-2	负责人	程　冰		
主营业务	加工、生产机械设备、五金工具及配件，销售自产产品。				

企业名称	上海汉萨欧雅斯电气有限公司				
企业地址	上海市南汇区康桥镇康桥东路 388 号（201319）				
投资总额	20 万 USD	电　话	68183627	传　真	68139491
设立日期	2008-5-28	负责人	柳起铉		
主营业务	生产双电源切换开关、双电源切换开关控制器。				

企业名称	上海韩邑照明电气有限公司				
企业地址	上海市宝山区萧云路 558 号 1 幢 A 座(201907)				
投资总额	15 万 USD	电　话	33850001	传　真	33850268
设立日期	2008-5-28	负责人	SEO WOAN SOO		
主营业务	生产、组装电光源产品，照明设备。				

企业名称	上海焰盛机电设备有限公司				
企业地址	上海市嘉定区南翔镇蕰北公路 1755 弄 11 号第 1 层（201802）				
投资总额	200 万 USD	电　话	39127346	传　真	39127342
设立日期	2008-5-19	负责人	叶逢霖		
主营业务	生产仪表仪器、焊割设备、发电机、五金工具。				

企业名称	上海仁业电器有限公司				
企业地址	上海市南汇区六灶镇南六公路 1188 号 1 号楼（201300）				
投资总额	30 万 USD	电　话	68160677	传　真	68160617
设立日期	2008-5-19	负责人	刘凤珠		
主营业务	生产继电器及与电子控制相关的部件和元器件。				

企业名称	上海宜兼通电器有限公司				
企业地址	上海市松江区佘山镇沈砖公路 3129 弄 27 号厂房（201602）				
投资总额	50 万 USD	电　话	57669482	传　真	57669485
设立日期	2008-5-5	负责人	陈晓岚		
主营业务	生产、加工电器产品、灯具以及上述产品的零配件。				

企业名称	上海贝比艾扬戈电器有限公司				
企业地址	上海市奉贤区奉城镇协同路 200 号（201411）				
投资总额	20 万 USD	电　话	57131808	传　真	57133223
设立日期	2008-5-4	负责人	杨光奎		
主营业务	组装高低压成套控制设备、起重电器，销售公司自产产品。				

企业名称	浩友夫（上海）机械有限公司				
企业地址	上海市青浦工业园区新技路 818 号 7 号厂房（201700）				
投资总额	100 万 USD	电　话	59700927	传　真	59701351
设立日期	2008-5-4	负责人	WERNER ULRICH STAHLECKER		
主营业务	生产、加工包装专用设备、装订设备。				

企业名称	珀睿克电气（上海）有限公司				
企业地址	上海市奉贤区奉城镇神州路 288 号第 8 幢 1 号（201411）				
投资总额	14 万 USD	电　话	68940135	传　真	
设立日期	2008-5-4	负责人	万佩敏		
主营业务	生产各类电气产品的检测系统，销售公司自产产品。				

企业名称	上海赫弗盛电器有限公司				
企业地址	上海市青浦区练塘镇章练塘路 628 弄 38 号（201715）				
投资总额	126.6 万 USD	电　话	59815420	传　真	59734837
设立日期	2008-4-22	负责人	DAVID MARQUEZ BORREGUERO		
主营业务	生产电取暖器，销售公司自产产品。				

企业名称	默顿电梯（上海）有限公司				
企业地址	上海市奉贤区大叶公路 2058 弄 30 号（201415）				
投资总额	30 万 USD	电　话	51826058	传　真	51826057
设立日期	2008-4-18	负责人	杰夫里·梅森·布朗		
主营业务	组装电梯、扶梯及零部件，销售、安装。				

企业名称	通用电气时代微波电子（上海）有限公司				
企业地址	上海市莘庄工业区元山路 318 号 4 号楼（201100）				
投资总额	400 万 USD	电　话	51761200	传　真	64424098
设立日期	2008-4-17	负责人	武庭春		
主营业务	设计、制造、加工同轴电缆，电缆组件，连接器。				

企业名称	王氏港建（上海）机械有限公司				
企业地址	上海市普陀区金沙江路 1340 弄 172 支弄 14 号 5 号楼 1F 东（200333）				
投资总额	160 万 USD	电　话	52833303	传　真	52833028
设立日期	2008-4-14	负责人	徐应春		
主营业务	生产加工电子设备及其零配件、电子元器件，销售自产产品。				

企业名称	上海三嵩精密机电有限公司				
企业地址	上海市松江区永丰街道玉阳路 1088 弄 51 号厂房（201600）				
投资总额	50 万 USD	电　话	33521296	传　真	33521295
设立日期	2008-4-9	负责人	黄文杞		
主营业务	生产、制造电子制动器、制动电机、电磁制动器。				

企业名称	恩巴机械（上海）有限公司				
企业地址	上海市松江区锦昔路 180 弄 22 号厂房（201613）				
投资总额	50 万 USD	电　话	67753498	传　真	67753499
设立日期	2008-4-2	负责人	ANDERS ERLAND BERG		
主营业务	研究、设计、开发、生产瓦楞纸箱行业加工机械和设备。				

企业名称	环正机械设备（上海）有限公司				
企业地址	上海市松江区洞泾镇洞业路 489 号 1 幢 1 楼西侧（201619）				
投资总额	14 万 USD	电　话	67679472	传　真	67679471
设立日期	2008-4-2	负 责 人	WEI TONY		
主营业务	生产和加工各类缝制设备及相关零部件。				

企业名称	上海逖慕机械有限公司				
企业地址	上海市嘉定区南翔镇陈翔公路 58 弄 6 号 6 幢（201802）				
投资总额	51.53 万 USD	电　话	69177421	传　真	69178291
设立日期	2008-3-31	负 责 人	ADILETTA GIAMPAOLO		
主营业务	生产金属线材加工设备，销售本公司自产产品。				

企业名称	上海福根思精密机械有限公司				
企业地址	上海市浦东新区合庆镇庆丰村工业小区中心路南侧 3 幢（201201）				
投资总额	100 万 USD	电　话	68919611	传　真	68919932
设立日期	2008-3-19	负 责 人	陈　洲		
主营业务	设计、加工、制造静液压驱动装置、汽车车身外覆盖件。				

企业名称	大柯机电（上海）有限公司				
企业地址	上海市普陀区绥德路 889 弄 2 号楼 3 层北面 A 座（200331）				
投资总额	35 万 USD	电　话	62509121	传　真	62509169
设立日期	2008-3-14	负 责 人	KIM DUCK HYUN		
主营业务	生产、加工通讯器械、电子产品，销售自产产品。				

企业名称	艾沃尔（上海）机械设备有限公司				
企业地址	上海市南汇区航头镇航启路 30 号 1 幢、2 幢（201316）				
投资总额	60.96 万 USD	电　话	58225183	传　真	58225182
设立日期	2008-3-14	负 责 人	FRANCO TARTAGLINO		
主营业务	生产储气瓶、分离器和压力设备及其零部件。				

企业名称	上海环润电机有限公司				
企业地址	上海市松江区泗泾镇江川南路 1 号 4 号厂房（201601）				
投资总额	51 万 USD	电　话	57629035	传　真	
设立日期	2008-3-13	负 责 人	侯　军		
主营业务	生产各种电机、风机、汽车零部件及相关产品。				

企业名称	上海中睦电气设备有限公司				
企业地址	上海市奉贤区肖湾路 318 号 1 号厂房（201400）				
投资总额	100 万 USD	电　话	37199333	传　真	37199303
设立日期	2008-3-11	负 责 人	厉其宪		
主营业务	设计、加工、制造真空环网柜及其他中低压开关类电气产品。				

企业名称	上海东空机械有限公司				
企业地址	上海市宝山区宝安公路 655 弄 201 号（201907）				
投资总额	38.89 万 USD	电　话	36043172	传　真	36043190
设立日期	2008-3-10	负 责 人	王习兵		
主营业务	建筑工程机械制造与维修，销售自产产品。				

企业名称	上海新千世泵业有限公司				
企业地址	上海市松江区九亭镇伴亭东路 288 号 4 幢 2 层（201615）				
投资总额	55.55 万 USD	电　话	37634090	传　真	37634080
设立日期	2008-3-10	负 责 人	徐彬方		
主营业务	生产、加工泵、阀、水质分析仪表及水处理设备。				

企业名称	上海德尔玛克重型机械有限公司				
企业地址	上海市宝山区富联路 1688 号－乙（201907）				
投资总额	312 万 USD	电　话	54186348	传　真	64439633
设立日期	2008-3-7	负 责 人	MATTHIAS HEICHEL		
主营业务	开发、生产和加工柴油打桩锤、液压振动锤。				

企业名称	康百世朝田液压机电（中国）有限公司				
企业地址	上海市临港新城书院镇丽正路 1628 号 1 号楼 201 室（201303）				
投资总额	680 万 USD	电　话	57630050	传　真	57632080
设立日期	2008-3-6	负 责 人	邱水来		
主营业务	研发、生产液压设备、液压电机及其零部件。				

企业名称	仨佑（上海）机电技术有限公司				
企业地址	上海市宝山区淞宝路 50 号 2 号楼 112 室（200940）				
投资总额	10.1 万 USD	电　话	36040226	传　真	36040268
设立日期	2008-2-29	负 责 人	章倩云		
主营业务	机械传动系统、流体动力系统、电子控制系统的设计、开发。				

企业名称	柯尔柏斯来福临机械（上海）有限公司				
企业地址	上海市嘉定区安亭镇泰顺路 1128 号第 1 幢（201805）				
投资总额	1288 万 USD	电　话	39587333	传　真	39587338
设立日期	2008-2-26	负 责 人	RALF KAMMERMEIER		
主营业务	设计、生产数控机床、数控系统和伺服装置及相关零部件。				

企业名称	埃柯迪非织造机械工程（上海）有限公司				
企业地址	上海市虹口区四川北路 2261 号 1101 室（200080）				
投资总额	20 万 USD	电　话	65358871	传　真	55600678
设立日期	2008-2-26	负 责 人	JUERGEN MERZ		
主营业务	研究、开发、设计纺织机械设备、无纺机械设备及配件。				

企业名称	铂维机械（上海）有限公司				
企业地址	上海市工业综合开发区奉浦大道 1 号（201400）				
投资总额	135 万 USD	电　话	67100168	传　真	67102332
设立日期	2008-2-22	负 责 人	NG SEOW KONG		
主营业务	组装干洗设备、工业洗涤设备、熨烫设备、地毯清洗设备。				

企业名称	东方马达（上海）有限公司				
企业地址	上海市松江区金玉路 908 号 1 幢 2 层（201600）				
投资总额	50 万 USD	电　话	62375440	传　真	62375433
设立日期	2008-2-19	负 责 人	周　磊		
主营业务	设计、生产各类电机，销售公司自产产品。				

企业名称	威尔凯电气（上海）有限公司				
企业地址	上海市奉贤区青村镇光大路 1260 号第 4 幢（201414）				
投资总额	14 万 USD	电　话	57566877	传　真	57565855
设立日期	2008-2-2	负 责 人	丁林平		
主营业务	生产、组装变频调速器、软启动器，销售公司自产产品。				

企业名称	上海盛星机械有限公司				
企业地址	上海市嘉定区马陆镇宝安公路 2785 号第 4 幢（201800）				
投资总额	250 万 USD	电　话	69156569	传　真	
设立日期	2008-1-30	负 责 人	王明月		
主营业务	生产饲料加工成套设备关键部件，销售本公司自产产品。				

企业名称	普拉斯特电缆（上海）有限公司				
企业地址	上海市奉贤区青村镇光大路 511 号第 6 幢（201414）				
投资总额	15 万 USD	电　话	57566968	传　真	57564999
设立日期	2008-1-29	负 责 人	丁林平		
主营业务	生产特种电缆，销售公司自产产品。				

企业名称	孚陆豪司机械自动化（上海）有限公司				
企业地址	上海市嘉定区徐行镇嘉行公路 1900 号 2 幢（201808）				
投资总额	64.4 万 USD	电　话	39198270	传　真	
设立日期	2008-1-25	负 责 人	JUHA KYLLONEN		
主营业务	生产工业机械自动化系统装置及配套软件。				

企业名称	上海大铉机械有限公司				
企业地址	上海市嘉定区南翔镇嘉绣路 388 号第 1 幢（201802）				
投资总额	51 万 USD	电　话	62528981	传　真	62115677
设立日期	2008-1-25	负 责 人	LEE JONG CHIL		
主营业务	生产钢铁机械、纺织机械及其配件。				

企业名称	上海牙山弹簧制造有限公司				
企业地址	上海市嘉定区华亭镇武双路 601 号（201811）				
投资总额	65.万 USD	电　话	59973882	传　真	59973993
设立日期	2008-1-18	负 责 人	包文忠		
主营业务	生产、加工工业用弹簧，销售本公司自产产品。				

企业名称	睿嘉（上海）电气有限公司				
企业地址	上海嘉定工业区北区小东街 220 号第 5 幢（201807）				
投资总额	1500 万 USD	电　话	59160000	传　真	
设立日期	2008-1-15	负 责 人	陈国成		
主营业务	开发、生产高压变频器和高压真空开关及其零部件。				

企业名称	上海卓汇机械有限公司				
企业地址	上海市奉贤区南桥镇光明村（201400）				
投资总额	41 万 USD	电　话	57469117	传　真	57469117
设立日期	2008-1-14	负 责 人	黄荣华		
主营业务	制造、组装洗碗机及相关的机械设备。				

企业名称	阿尔菲机电设备（上海）有限公司				
企业地址	上海市南汇区六灶镇鹿园工业区鹿吉路 96 号 5 号厂房（201322）				
投资总额	14 万 USD	电　话	33896255	传　真	33896255
设立日期	2008-1-11	负 责 人	JAN LOUIS ALEXANDER PLYMOTH		
主营业务	生产、组装可移动式焊接烟尘净化器。				

企业名称	派博机械（上海）有限公司				
企业地址	上海市奉贤区南桥镇光明村 340 号 2 幢（201400）				
投资总额	200 万 USD	电　话	62519616	传　真	64667757
设立日期	2008-1-10	负 责 人	徐晓苏		
主营业务	研究、开发、生产各种包装机械及配件。				

企业名称	深津机械制造（上海）有限公司				
企业地址	上海市奉贤区奉城镇南奉公路 1478 号 2－A 栋厂房（201411）				
投资总额	27 万 USD	电　话	57524198	传　真	57527148
设立日期	2008-1-10	负 责 人	朱义东		
主营业务	设计、制造各类机械设备并提供产品的售后服务。				

企业名称	普利思玛照明（上海）有限公司				
企业地址	上海市南汇区航头镇航盛路 18 号（201317）				
投资总额	50 万 USD	电　话	54107193	传　真	54107195
设立日期	2008-1-9	负 责 人	ROBERTO BAGGIO		
主营业务	设计、生产各类照明设备，销售公司自产产品。				

企业名称	希斯庄明机电设备（上海）有限公司				
企业地址	上海市南汇区临港新城新元南路 600 号 1 号厂房 405 室（201303）				
投资总额	1200 万 USD	电　话	68284216	传　真	68284216
设立日期	2008-1-8	负 责 人	KUNG KIT		
主营业务	研究、开发、生产五轴联动数控机床、五轴联动数控系统。				

企业名称	安狄凡施机械科技（上海）有限公司				
企业地址	上海市外高桥保税区富特东一路 122 号（200131）				
投资总额	50 万 USD	电　话	58692886	传　真	58822705
设立日期	2007-12-29	负 责 人	LOUIS TARABORELLI		
主营业务	保税区包装机械及其零部件的生产、加工、组装销售自产产品。				

企业名称	卡麦龙（上海）机械有限公司				
企业地址	上海市闵行区马桥镇中辉路 60 号 15 号厂房（201111）				
投资总额	42 万 USD	电　话	51593230	传　真	64091860
设立日期	2007-12-27	负 责 人	SEET CHONG JENG		
主营业务	生产、组装油气压力控制设备、压缩机，销售自产产品，提供售后服务。				

企业名称	如冈自动化控制技术（上海）有限公司				
企业地址	上海市奉贤区四团镇市场路 16 号（201412）				
投资总额	15 万 USD	电　话	52162052	传　真	51869166
设立日期	2007-12-27	负 责 人	WANG RU GANG		
主营业务	机电自动化控制技术咨询、服务，机电自动化控制设备相关配件进出口。				

企业名称	毅科热交换器（上海）有限公司				
企业地址	上海市闵行区元山路 318 号 10 号厂房（201108）				
投资总额	100 万 USD	电　话	64157273	传　真	64156391
设立日期	2007-12-25	负 责 人	STIG ROLAND GORTZ		
主营业务	开发、生产热交换器等高档建筑五金件，销售自产产品并提供技术咨询。				

企业名称	明玮祺盛（上海）包装机械有限公司				
企业地址	上海市奉贤区南桥镇金海路 3818 号（201400）				
投资总额	500 万港币	电　话	33659063	传　真	33659069
设立日期	2007-12-20	负 责 人	刘明创		
主营业务	生产包装机械设备、高档电脑纸板机、高档电脑印刷机、全自动黏箱机。				

企业名称	宝华海恩斯压缩机（上海）有限公司				
企业地址	上海市闵行区剑川路 878 号第 4 幢（201111）				
投资总额	20 万 USD	电　话	54713598	传　真	54713818
设立日期	2007-12-11	负 责 人	PHILIPP BAYAT		
主营业务	生产、设计压缩机及相关零部件，销售自产产品，并提供技术咨询。				

企业名称	奥普蒂玛包装机械（上海）有限公司				
企业地址	上海市嘉定区马陆镇申霞路 314 号（6）B 区（201801）				
投资总额	70 万欧元	电　话	59903608	传　真	59907399
设立日期	2007-12-8	负 责 人	JÜRGEN KUSKE		
主营业务	开发、生产填充和包装机械及零部件，销售本公司产品并提供售后服务。				

企业名称	上海理贝包装机械有限公司				
企业地址	上海市松江区九亭镇洋河浜路 388 号 5 幢（201615）				
投资总额	20 万 USD	电　话	37775111	传　真	37775100
设立日期	2007-12-7	负 责 人	张有志		
主营业务	设计、生产自动化成套包装设备及相关零部件，销售公司自产产品。				

企业名称	卡勒克密封技术（上海）有限公司				
企业地址	上海市闵行区兴梅路 628 号第 4 幢（200237）				
投资总额	160 万 USD	电　话	64544412	传　真	34080906
设立日期	2007-12-7	负 责 人	JOHN RICHARD MAYO		
主营业务	无机非金属特种密封材料、填料静密封及其他密封材料生产。				

企业名称	保荣闪光灯技术（上海）有限公司				
企业地址	上海市浦东新区金桥出口加工区金藏路 258 号 2 号楼 3 楼 A 座（201206）				
投资总额	14 万 USD	电　话	51389340	传　真	51389342
设立日期	2007-12-3	负 责 人	李　璐		
主营业务	生产摄影用灯光设备及零配件，销售自产产品，并提供相关的技术咨询。				

企业名称	美邦启立光电科技（上海）有限公司				
企业地址	上海市南汇区园中路 533 号 20 幢（201300）				
投资总额	1020 万 USD	电　话	50272555	传　真	50275025
设立日期	2007-11-29	负 责 人	RICHARD CHI KEUNG		
主营业务	光电子器件、电子传感器的设计、开发、生产，销售自产产品。				

企业名称	星南华精密机械（上海）有限公司				
企业地址	上海市嘉定区安亭镇园大路 155 号第 1 幢一层（201805）				
投资总额	48 万 USD	电　话	69576166	传　真	69576500
设立日期	2007-11-27	负 责 人	LAU BOON LEONG（刘文亮）		
主营业务	生产、加工精密机床主轴及相关零配件，并提供售后服务。				

企业名称	上海台菱光电科技有限公司				
企业地址	上海市嘉定区黄渡镇华浦路 1 号第 29 幢（201804）				
投资总额	50 万 USD	电　话	59599959	传　真	59595224
设立日期	2007-11-27	负 责 人	黄洪珍		
主营业务	生产发光二极体、精密金属件、电子镇流器、节能灯。				

企业名称	军宇电气设备（上海）有限公司				
企业地址	上海市宝山区毛家路 1 号（200941）				
投资总额	20 万 USD	电　话	66865873	传　真	65173388
设立日期	2007-11-23	负 责 人	俞　军		
主营业务	生产高低压电器控制设备、普通机电设备、电缆桥架、管道电气设备。				

企业名称	咏伸五金机械（上海）有限公司				
企业地址	上海市南汇区宣桥镇宣夏路 293 号 7 幢（201300）				
投资总额	13 万 USD	电　话	50597219	传　真	50597219
设立日期	2007-11-23	负 责 人	谢宜珍		
主营业务	加工、组装五金机械、五金工具及以上产品批发、进出口和售后服务。				

企业名称	特美思机械（上海）有限公司				
企业地址	上海市嘉定区马陆镇申霞路 314 号（6）二楼（201801）				
投资总额	50 万 USD	电　话	59903677	传　真	
设立日期	2007-11-22	负 责 人	MATTEO GENTILI		
主营业务	设计、生产生活用纸包装机、装箱机、传送带和仓储物流系统。				

企业名称	哈斯自动数控机械制造（上海）有限公司				
企业地址	上海市浦东新区王桥路 786 号 4 号楼 1 楼（201203）				
投资总额	400 万 USD	电　话	38616666	传　真	38616799
设立日期	2007-11-21	负 责 人	FISCHER MOU		
主营业务	研发、制造三轴以上联动的数控机床、数控系统及伺服装置，销售产品。				

企业名称	韩宸庆洙（上海）工程机械有限公司				
企业地址	上海市嘉定区江桥镇曹丰路 130 号第 7 幢（201803）				
投资总额	14 万 USD	电　话	39528505	传　真	39528506
设立日期	2007-11-21	负 责 人	李种一（LEE JONG IL）		
主营业务	生产液压破碎器、快速连接器、机械夹、打夯机、钻孔机等机械部件。				

企业名称	开郎电力控制系统（上海）有限公司				
企业地址	上海市浦东新区玉兰路 16 号 108 室（201204）				
投资总额	20 万 USD	电　话	51908500	传　真	51908500
设立日期	2007-11-19	负 责 人	ROBERT EDWARD LARSON		
主营业务	电力自动化控制系统软件的开发、制作，销售自产产品。				

企业名称	格临达机械（上海）有限公司				
企业地址	上海市松江工业区闵申路 388 号第 4 幢厂房（201612）				
投资总额	14 万 USD	电话	57684982	传真	57685220
设立日期	2007-11-19	负责人	汪涛		
主营业务	生产、加工伸缩式扶手工作平台、升降台、用于材料传输的提取操作台。				

企业名称	上海品嘉机电有限公司				
企业地址	上海市松江工业试点园区车墩镇茸华支路北侧（201611）				
投资总额	258 万 USD	电话	57774921	传真	
设立日期	2007-11-15	负责人	邹宁		
主营业务	研发、生产流体传送、控制机电设备及其配套零部件，销售自产产品。				

企业名称	上海正之和润滑机械有限公司				
企业地址	上海市普陀区中山北路 2900 号 5 幢 505 室（200060）				
投资总额	30 万 USD	电话	51272997	传真	52669220
设立日期	2007-11-13	负责人	石井康之		
主营业务	生产、加工润滑机械设备及相关零部件，销售产品，并提供相关咨询。				

企业名称	环球特科（上海）电源销售有限公司				
企业地址	上海市嘉定区嘉安公路 2085 号第 2 幢 1 楼（201821）				
投资总额	11 万 USD	电话	69160055	传真	69160422
设立日期	2007-11-6	负责人	DAVID MICHEAL RAKOVSKY		
主营业务	电源供应器、电池、变压器、电线接头、插座及零部件进出口、批发。				

企业名称	芳贺电气（上海）有限公司				
企业地址	上海市闵行区莘庄工业区华宁路 4018 弄 58 号 8 号房（201100）				
投资总额	30 万 USD	电话	33508338	传真	
设立日期	2007-11-2	负责人	越智克司		
主营业务	开发机电一体化系统软件，生产各种电动机、各种机电控制器及零部件。				

企业名称	中电电气（上海）光伏有限公司				
企业地址	上海市松江工业区西部科技园区 V-25B 地块（201600）				
投资总额	2980 万 USD	电话	57850711	传真	57850700
设立日期	2007-11-1	负责人	陆廷秀		
主营业务	晶体硅太阳能电池及相关产品的研发、生产及相关技术服务。				

企业名称	海得电气科技有限公司				
企业地址	上海市浦东新区东靖路 1831 号 603-1 室（200131）				
投资总额	5000 万 RMB	电话	54235333	传真	54235550
设立日期	2007-10-31	负责人	许泓		
主营业务	工业自动化产品、机械产品、电子产品、电气产品的批发、进出口。				

企业名称	斯皇胜（上海）液压有限公司				
企业地址	上海市闵行区沪闵路 1858 号第 13 幢（201108）				
投资总额	50 万 USD	电话	34120165	传真	54130113
设立日期	2007-10-24	负责人	吴晓康		
主营业务	开发、生产液压油缸及液压设备，销售公司自产产品，并提供技术咨询。				

企业名称	上海司坦德因管件制造有限公司				
企业地址	上海市浦东新区唐陆路 1275 号第 2 幢（201206）				
投资总额	135 万 USD	电话	52712365	传真	52712339
设立日期	2007-10-23	负责人	NICHOLAS MATTHEW DIDOVIC		
主营业务	电气、建筑类管件及其配件的设计、开发、生产，销售自产产品。				

企业名称	邦程电信技术（上海）有限公司				
企业地址	上海市虹口区横浜路 123 弄 1 号 215 室（200081）				
投资总额	30 万 USD	电话	38870532	传真	58889959
设立日期	2007-10-18	负责人	DAI SHI JUN		
主营业务	从事轨道交通自动控制产品、计算机网络系统技术开发，提供技术咨询。				

企业名称	直本机械设备（上海）有限公司				
企业地址	上海市莘庄工业区华宁路 2888 弄 318 号 3 号楼第二层（201100）				
投资总额	20 万 USD	电话	33508108	传真	64326092
设立日期	2007-10-9	负责人	藤田信介		
主营业务	制作服装用的设备、熨烫设备、食品烹调设备、美发设备的制造、加工。				

企业名称	曼兹自动化技术服务（上海）有限公司				
企业地址	上海市张江高科技园区科苑路 88 号 2 幢 701 区部分 717 室（201203）				
投资总额	14 万 USD	电话	28986072	传真	28986073
设立日期	2007-9-30	负责人	DIETER MANZ		
主营业务	为太阳能电池技术、平面显示器等系统提供安装、保养、维修服务。				

企业名称	博羚（上海）精密部件有限公司				
企业地址	上海市江场三路 238 号 1001A 室（200070）				
投资总额	15 万欧元	电话	60951868	传真	60951868
设立日期	2007-9-30	负责人	ANTON RUDOLF DR HANNOT		
主营业务	开发、生产、加工精密金属部件和塑料部件，销售自产产品。				

企业名称	上海艾安梯机械设备有限公司				
企业地址	上海市闵行区丽江路 1 号 101 室（200245）				
投资总额	500 万 RMB	电话	64356729	传真	64356729
设立日期	2007-9-28	负责人	胡清麟		
主营业务	从事各类特种阀门产品的设计、开发和生产制造，销售自产产品。				

企业名称	德侯（上海）自动化有限公司				
企业地址	上海市嘉定区马陆镇陈安路 155 号（201801）				
投资总额	14 万 USD	电话	59100296	传真	59103829
设立日期	2007-9-27	负责人	PHANNALITH DENIS		
主营业务	研发、生产输送设备、立体仓库的设备及其零部件，销售本公司产品。				

企业名称	上海卓克光电科技有限公司				
企业地址	上海市静安区南京西路 555 号 226 室（200041）				
投资总额	20 万 USD	电话	62562268	传真	62562278
设立日期	2007-9-24	负责人	TAN SIANG BOCK SUNNY		
主营业务	光电产品、激光产品及处理系统、半导体仪器等设备的批发、进出口。				

企业名称	上海进典控制阀有限公司				
企业地址	上海市漕河泾开发区浦江高科技园三鲁路 3585 号第 4 幢（201112）				
投资总额	350 万 USD	电话	64296118	传真	64297088
设立日期	2007-9-21	负责人	范姿颖		
主营业务	高性能气动控制阀、电动控制阀、半导体用控制阀设计、研发、生产。				

企业名称	名信食品机械（上海）有限公司				
企业地址	上海市奉贤区庄行镇华严开发区发展路 380 号 1 幢底楼（201415）				
投资总额	30 万 USD	电话	57462492	传真	57462018
设立日期	2007-9-20	负责人	尹荣吉		
主营业务	生产食品机械设备及配件，销售公司自产产品。				

企业名称	米路加（上海）板金机械技术开发有限公司				
企业地址	上海市浦东新区归昌路 258 号 306 室（201201）				
投资总额	160 万港币	电话	62524461	传真	62524461
设立日期	2007-9-19	负责人	池田次身（IKEDA TSUGUMI）		
主营业务	板金机械及配套软件、相关产品的设计，板金机械及产品批发、进出口。				

企业名称	上海普希勤精密机械有限公司				
企业地址	上海市嘉定区马陆镇敬学路 200 号第 2 幢（201801）				
投资总额	21 万 USD	电话	69150061	传真	69150063
设立日期	2007-9-18	负责人	陈素芬		
主营业务	生产精密动力头、液压滑台、数控滑台及相关镗床、铣床、钻床、拉床。				

企业名称	启鸿光电科技（上海）有限公司				
企业地址	上海市南汇区沪南路 9628 号 1 幢一、二层（201300）				
投资总额	1300 万 USD	电话	50272555	传真	50275025
设立日期	2007-9-7	负责人	RICHARD CHI KEUNG YEUNG		
主营业务	光电子器件、电子传感器的设计、开发、生产，销售自产产品。				

企业名称	上海富发照明科技有限公司				
企业地址	上海市嘉定区马陆镇宝安公路 2770 号第 4 幢（201800）				
投资总额	14 万 USD	电话	69152125	传真	69156789
设立日期	2007-9-6	负责人	黄孟筠		
主营业务	设计、生产照明灯具及相关零部件，销售本公司产品并提供售后服务。				

企业名称	吉埃斐工业炉（上海）有限公司				
企业地址	上海市南汇区康桥镇康梧路 308 号 2 幢（201315）				
投资总额	40 万欧元	电话	68069818	传真	
设立日期	2007-9-5	负责人	DANIELE PIZZOL		
主营业务	设计制造热处理及工业加热设备及其零配件，销售公司自产产品。				

企业名称	梯伦豪斯机械（上海）有限公司				
企业地址	上海市嘉定区安亭镇园业路 151 号 2 幢（201805）				
投资总额	30 万 USD	电话	69576671	传真	69576673
设立日期	2007-9-3	负责人	JOHANN PETER THIELENHAUS		
主营业务	开发、生产、加工高精度机床、齿轮和压缩机以及相关零部件。				

企业名称	阿尔布莱特机电（上海）有限公司				
企业地址	上海市松江区佘山镇沈砖公路 3129 弄 18 号厂房（201602）				
投资总额	53 万英镑	电　话	57669181	传　真	57669523
设立日期	2007-8-31	负 责 人	KEVIN JOHN HOLLAND		
主营业务	设计、生产、加工直流电磁开关，电流接触器以及上述产品的零配件。				

企业名称	上海汉欣电缆技术有限公司				
企业地址	上海市普陀区怒江北路 561 弄 2 号楼 3 楼西侧（200333）				
投资总额	130 万 USD	电　话	56878797	传　真	56878129
设立日期	2007-8-27	负 责 人	王张福		
主营业务	生产数据电缆及相关组件，销售自产产品，并提供相关技术咨询服务。				

企业名称	特莱萨崎电气（上海）有限公司				
企业地址	上海市南汇区南汇工业园区宣中路 399 号 5 幢、7 幢（201300）				
投资总额	160 万 USD	电　话	58186422	传　真	58186340
设立日期	2007-8-21	负 责 人	ONG POCK KEONG		
主营业务	生产配电及控制系统电器元件、配电柜，销售公司自产产品。				

企业名称	上海航锐电源科技有限公司				
企业地址	上海市闵行区中春路 6629 号 7 号楼（13 幢）4 层（201101）				
投资总额	300 万 RMB	电　话	64781799	传　真	
设立日期	2007-8-17	负 责 人	胡创界		
主营业务	设计、制造太阳能、风能独立及并网逆变器，节能及新能源电气、电源。				

企业名称	上海巨石机电有限公司				
企业地址	上海市金山区枫泾镇潮枫路 2508 号 4 幢（201501）				
投资总额	50 万 USD	电　话	67354930	传　真	67352671
设立日期	2007-8-13	负 责 人	陈婷婷		
主营业务	生产直流马达、车用马达、电磁接触器、汽车配件、车用绞盘。				

企业名称	上海晶樱机电科技有限公司				
企业地址	上海市工业综合开发区西韩路 8 号（201400）				
投资总额	200 万 RMB	电　话	37199150	传　真	37199152
设立日期	2007-8-13	负 责 人	宫本信秀		
主营业务	多晶硅片的棒料切割加工成型，销售公司自产产品，相关设备的维修。				

企业名称	艾娜尔（上海）机械有限公司				
企业地址	上海市南汇工业园区园中路 533 号 4 号厂房（201300）				
投资总额	14 万 USD	电　话	33895190	传　真	33895194
设立日期	2007-8-10	负 责 人	JOSE LUIS DEL PRIM IMAZ		
主营业务	生产、加工建筑机械及其零配件，销售公司自产产品，提供相关售后服务。				

企业名称	赢诺自动机械（上海）有限公司				
企业地址	上海市南汇工业园区园西路 229 号（201300）				
投资总额	15 万 USD	电　话	68043368	传　真	68043369
设立日期	2007-8-10	负 责 人	PHILIP ANDREW SOTOK		
主营业务	生产汽车零配件、汽车装饰用品、照明器材，销售公司自产产品。				

企业名称	复凯物流自动化系统（上海）有限公司				
企业地址	上海市外高桥保税区富特西一路 473 号 6 号楼 4 层 449 室（200131）				
投资总额	15 万 USD	电　话	62522211	传　真	52375079
设立日期	2007-8-8	负 责 人	JEAN GUO		
主营业务	物流自动化设备、物流自动化系统的设计、安装、调试、技术咨询。				

企业名称	上海明薪光电科技有限公司				
企业地址	上海市肇嘉浜路 159 号 1403 室（200032）				
投资总额	15 万 USD	电　话	64693553	传　真	64879883
设立日期	2007-8-7	负 责 人	白世钦		
主营业务	设计、开发、制作发光二极管、电路板芯片、射灯、红外光线头等产品。				

企业名称	上海东丽机电有限公司				
企业地址	上海市嘉定区马陆镇宝安公路 2815 号第 1 幢 1 楼 A 区（201801）				
投资总额	15 万 USD	电　话	69152211	传　真	69152211
设立日期	2007-8-7	负 责 人	洪茂进		
主营业务	研发、生产塑料加工设备、切割机、控制电柜及上述产品配件。				

企业名称	上海中伊船用机械设备有限公司				
企业地址	上海市外高桥保税区荷丹路 242 号第二层 205 室（200131）				
投资总额	6.7 万 USD	电　话	58682766	传　真	
设立日期	2007-8-1	负 责 人	ABDOLHAMID MALLAHZADEH		
主营业务	区内以船用机械设备为主的仓储、分拨业务；国际贸易、转口贸易。				

企业名称	凯斯帕液压（上海）有限公司				
企业地址	上海市浦东康桥工业区创业路 369 弄 28 号厂房（201300）				
投资总额	300 万 USD	电　话	60971888	传　真	60971883
设立日期	2007-7-30	负 责 人	RENATO CASAPPA		
主营业务	生产液压设备、组件、液压设备的电子伺服装置以及机械部件。				

企业名称	上海普丁杜电器有限公司				
企业地址	上海市青浦区白鹤镇鹤祥路 25 号 1 号厂房 2 层（201709）				
投资总额	100 万 USD	电　话	59745922	传　真	59745922
设立日期	2007-7-30	负 责 人	徐君荣		
主营业务	低压电器元件、电气自动化和智能化成套产品的开发、制造，销售产品。				

企业名称	法远建机械设备（上海）有限公司				
企业地址	上海市普陀区银杏路 659 号 7 号楼 102 室（200331）				
投资总额	20 万 USD	电　话	62482277	传　真	62491238
设立日期	2007-7-27	负 责 人	邓晓雯		
主营业务	生产包装机械、烟草检测仪器设备及相关附件，销售自产产品。				

企业名称	上海佑司电器科技有限公司				
企业地址	上海市松江区大昆工业园区彭丰路 8 号 9 幢厂房（201616）				
投资总额	20 万 USD	电　话	57857175	传　真	57857362
设立日期	2007-7-26	负 责 人	森　诚		
主营业务	生产、加工、研发光触媒电器、办公机器、办公文具及其相关产品。				

企业名称	太扬电器（上海）有限公司				
企业地址	上海市奉贤区环城西路 3111 号 E 型厂房第二层（201400）				
投资总额	400 万 USD	电　话	37101802	传　真	37101814
设立日期	2007-7-26	负 责 人	潘可群		
主营业务	生产、加工各种电子产品、新型电子元器件及车用音响等视听设备。				

企业名称	纪创工业自动化技术（上海）有限公司				
企业地址	上海市浦东新区金桥出口加工区金藏路 258 号 4 楼 703 室（201206）				
投资总额	250 万 RMB	电　话	51089603	传　真	32160360
设立日期	2007-7-24	负 责 人	BRIAN WANG（王世钧）		
主营业务	设计、开发、生产工业机器人、工业自动化控制系统、优化系统。				

企业名称	上海诺顿发动机配件有限公司				
企业地址	上海市嘉定区安亭镇嘉松北路 3568 号第 1 幢至第 3 幢（201805）				
投资总额	100 万 USD	电　话	69968140	传　真	69968140
设立日期	2007-7-17	负 责 人	冯　敏		
主营业务	生产汽车发动机零配件，销售本公司自产产品并提供售后服务。				

企业名称	众铕升（上海）精密机械有限公司				
企业地址	上海市浦东新区张江镇殷家浜路 1185 号（201203）				
投资总额	35 万 USD	电　话	58570455	传　真	
设立日期	2007-7-16	负 责 人	弓长千昌		
主营业务	各类热交换器、汽车空调相关零部件生产设备的制造，销售自产产品。				

企业名称	镁灿光电科技（上海）有限公司				
企业地址	上海市浦东新区五莲路 590 号 101 室（201201）				
投资总额	50 万 USD	电　话	58773720	传　真	58773729
设立日期	2007-7-16	负 责 人	王炳权		
主营业务	研发、设计建筑照明系统和显示系统、相关的计算机软件和芯片的设计。				

企业名称	拜玛机械制造（上海）有限公司				
企业地址	上海市松江区小昆山镇港业路 50 号 6 幢 C 座（201616）				
投资总额	20 万欧元	电　话	57850940	传　真	57850949
设立日期	2007-7-13	负 责 人	王建芳		
主营业务	机械设备及其零配件、五金产品、工具及其零配件的生产、加工、组装。				

企业名称	井福泵业（上海）有限公司				
企业地址	上海市松江科技园区崇南路 3 号 7 幢 8 号房（201616）				
投资总额	20 万 USD	电　话	54863668	传　真	54863608
设立日期	2007-7-11	负 责 人	林永德		
主营业务	恒压变频变速控制器及软件、缓启动控制器、变频器、水泵组装、加工。				

企业名称	大律机械设备（上海）有限公司				
企业地址	上海市外高桥保税区富特北路 215 号第四层 A16 部位（200131）				
投资总额	20 万 USD	电　话	56374512	传　真	56371893
设立日期	2007-7-10	负 责 人	ALAN MICHAEL PHILLIPS		
主营业务	区内以机械设备为主的仓储，分拨业务以及相关产品的售后服务。				

企业名称	大熙数控机械（上海）有限公司				
企业地址	上海市外高桥保税区富特北路 215 号第四层 A15 部位（200131）				
投资总额	20 万 USD	电话	56374512	传真	56371893
设立日期	2007-7-10	负责人	张建鹏		
主营业务	区内以数控机械设备为主的仓储，分拨业务以及相关产品的售后服务。				

企业名称	上海国分电机有限公司				
企业地址	上海市嘉定区黄渡镇春雨路 132 弄 6 号第 2 幢 1，2 层 A 部位（201804）				
投资总额	119 万 USD	电话	69590272	传真	69597295
设立日期	2007-7-10	负责人	森山克己		
主营业务	设计生产照明器具及其配件，销售本公司自产产品并提供相关技术服务。				

企业名称	上海大麦湾信和精密机械有限公司				
企业地址	上海市南汇区航头镇航鸣路 25 号 2 号房 1 楼（201316）				
投资总额	14 万 USD	电话	68222201	传真	68222202
设立日期	2007-7-10	负责人	金起中		
主营业务	生产包装设备、自动配料系统、自动输送机，销售公司自产产品。				

企业名称	上海宝雍精密机械有限公司				
企业地址	上海市嘉定区黄渡镇联西村联西路 15 号第 6 幢（201804）				
投资总额	210 万 USD	电话	69592623	传真	69591819
设立日期	2007-7-9	负责人	杨钦翔		
主营业务	生产汽车、摩托车模具，精冲模，精密型腔模，模具标准件。				

企业名称	爱克西姆音响（上海）有限公司				
企业地址	上海市松江区玉树路 538 号 4 幢 B 区（201600）				
投资总额	20 万 USD	电话	57733866	传真	57734266
设立日期	2007-7-9	负责人	EDWARD WILLIAM DEBOER		
主营业务	开发、生产音响及音响设备，销售自产产品，提供相关技术咨询服务。				

企业名称	思规科机电技术（上海）有限公司				
企业地址	上海市松江科技园区崇南路 3 号 7 幢 5 号房（201616）				
投资总额	15 万 USD	电话	60919622	传真	60919633
设立日期	2007-7-9	负责人	CHEN JING		
主营业务	生产涂装设备及涂装流水线、油漆检测仪器及配件，销售自产产品。				

企业名称	上海胜洲动力机械有限公司				
企业地址	上海市嘉定区外冈镇外钱公路 1393 号第 2 幢（201806）				
投资总额	101 万 USD	电话	59936696	传真	59936696
设立日期	2007-7-6	负责人	徐丰洲		
主营业务	生产、加工齿轮减速机及相关零部件、机械手、五金件，销售自产产品。				

企业名称	广申工业泵（上海）有限公司				
企业地址	上海市虹口区东江湾路 188 号 5 号楼 412、416 室（200081）				
投资总额	11 万 USD	电话	33872058	传真	55238869
设立日期	2007-7-4	负责人	THOMAS GABRIEL RUTHMAN		
主营业务	从事各类水泵及零部件的批发，佣金代理，上述商品进出口及相关业务。				

企业名称	尚诺电器制造（上海）有限公司				
企业地址	上海市外高桥保税区富特北路 215 号 B11 部位（200131）				
投资总额	130 万 USD	电话	33600888	传真	33600002
设立日期	2007-7-2	负责人	童中平		
主营业务	保税区内家用电器的生产、组装、加工，销售自产产品及提供售后服务。				

企业名称	怡诺（上海）电器制造有限公司				
企业地址	上海市杨浦区民治路 7 号 10 幢二层 1 室、2 室（200093）				
投资总额	20 万 USD	电话	65493320	传真	
设立日期	2007-6-28	负责人	张诺维		
主营业务	电梯器件自控设备的生产、制造，并提供相关技术服务，销售自产产品。				

企业名称	上海迈星机械工程有限公司				
企业地址	上海市浦东新区川沙镇高桥路 199 号 6 号楼（201200）				
投资总额	26 万 USD	电话	58594728	传真	58594818
设立日期	2007-6-21	负责人	CHIA CHYE HOE		
主营业务	金属机械设备的加工、制造、安装调试，销售自产产品。				

企业名称	上海磊格电源科技有限公司				
企业地址	上海市金山区漕泾镇工业开发区西部规划二路 2-20 号（201508）				
投资总额	40 万 USD	电话	27333167	传真	67256850
设立日期	2007-6-13	负责人	张志成		
主营业务	生产、加工铅酸蓄电池、机电设备及零配件，销售公司自产产品。				

企业名称	西锐电气（上海）有限公司				
企业地址	上海市杨浦区翔殷路 128 号 11 号楼 B 座 108 室（200433）				
投资总额	100 万 USD	电话	51870858	传真	65183574
设立日期	2007-6-13	负责人	YU JINHU		
主营业务	焊接切割设备、工业控制设备及其零部件的研发、生产、加工。				

企业名称	德源光电技术（上海）有限公司				
企业地址	上海市宜山路 770 号 1 号楼 503 室（200233）				
投资总额	10 万 USD	电话	54489298	传真	64360052
设立日期	2007-6-11	负责人	KEMING DU		
主营业务	开发、生产光学、电子、光电子产品，销售自产产品，提供技术服务。				

企业名称	开瑞振动机械（上海）有限公司				
企业地址	上海市浦东新区衡安路 1030 弄 80 号 B 区 C 区（201208）				
投资总额	20 万 USD	电话	33925880	传真	
设立日期	2007-6-8	负责人	BRIAN MICHAEL TRUDEL		
主营业务	生产重载荷振动设备，销售自产产品（涉及行政许可的凭许可证经营）。				

企业名称	中电电气（上海）太阳能科技有限公司				
企业地址	上海市松江工业区西部科技园区 V-25A 号地块（201613）				
投资总额	700 万 USD	电话	62376999	传真	62377038
设立日期	2007-6-4	负责人	蔡志方		
主营业务	研发、设计、生产、加工太阳能电池组件，太阳能电站的建设、经营。				

企业名称	弗曼奈特机械技术服务（上海）有限公司				
企业地址	上海市浦东新区东绣路 1166 号（200127）				
投资总额	562 万 USD	电话	68454856	传真	33783568
设立日期	2007-6-4	负责人	JOSEPH ELLSWORTH MILLIRON		
主营业务	阀门、管道、机械设备、电子设备、精密仪器及零配件带压堵漏、检测。				

企业名称	柯贝尔电力技术（上海）有限公司				
企业地址	上海市浦东新区张杨路 828-838 号 17A 室（200122）				
投资总额	20 万欧元	电话	51692628	传真	
设立日期	2007-6-4	负责人	ACHIM TEMPELMEIER		
主营业务	从事电力技术的引进、开发、应用及其相关技术咨询、技术服务。				

企业名称	光拓彩通（上海）照明科技有限公司				
企业地址	上海市黄浦区瞿溪路 510 号 317 室（200011）				
投资总额	20 万 USD	电话	61325055	传真	61325033
设立日期	2007-6-1	负责人	末松喜代文		
主营业务	灯光照明的设计、灯具的批发，提供安装、维护等配套服务。				

企业名称	上海中奥特种电梯有限公司				
企业地址	上海市嘉定区安亭镇曹安公路 5328 号第 2 幢部分（201800）				
投资总额	1300 万 USD	电话	68862727	传真	68862292
设立日期	2007-5-31	负责人	王元万		
主营业务	研发、生产电梯的相关零配件，销售自产产品。				

企业名称	北摄精密冲压部件（上海）有限公司				
企业地址	上海市浦东新区高东工业园区高东二路 318 号 8 幢 1 层（200336）				
投资总额	2.5 亿日元	电话	58487707	传真	
设立日期	2007-5-31	负责人	JIKYO HIROSHI（治京 宽）		
主营业务	精密金属冲压件及相关部件的生产、冲压、加工，销售自产产品。				

企业名称	靖升机电（上海）有限公司				
企业地址	上海市松江区九亭镇久富开发区盛富路 34 号 5A 号厂房（201615）				
投资总额	20 万 USD	电话	67691565	传真	67691138
设立日期	2007-5-30	负责人	彭胜辉		
主营业务	设计、生产、加工机电设备，销售自产产品并提供相关技术咨询服务。				

企业名称	上海美普照明电器有限公司				
企业地址	上海市嘉定区马陆镇嘉新公路 1118 号第 2 幢第一层（201801）				
投资总额	20 万 USD	电话	59157458	传真	59157457
设立日期	2007-5-29	负责人	李建胜		
主营业务	生产半导体照明灯具、照明电子元器件、指示性照明器材。				

企业名称	上海恰杰涂装机械有限公司				
企业地址	上海市松江区九亭镇易富路 23 号（201615）				
投资总额	8 万 USD	电话	33522168	传真	33522188
设立日期	2007-5-28	负责人	罗建新		
主营业务	生产、加工喷涂工具、电动工具、气动工具及相关配套产品。				

企业名称	怡克索机械设备（上海）有限公司				
企业地址	上海市松江区九亭镇涞寅路 1881 号 3 幢 3 楼（201615）				
投资总额	120 万 USD	电　　话	37775118	传　　真	67696119
设立日期	2007-5-28	负 责 人	唐志宏（TANG JIHONG JERRY）		
主营业务	设计、生产和加工工业检测设备及零部件，销售产品并提供售后服务。				

企业名称	上海创波光电科技有限公司				
企业地址	上海市闵行区剑川路 951 号 5 幢 2 楼东区（200245）				
投资总额	2400 万日元	电　　话	54710925	传　　真	
设立日期	2007-5-23	负 责 人	坂口正		
主营业务	设计和组装图像处理专用光源、图像传感器和自动化机器视觉系统。				

企业名称	鸿旭包装机械（上海）有限公司				
企业地址	上海市宝山区城银路 318 号 4 幢（200436）				
投资总额	70 万 USD	电　　话	36161887	传　　真	36162759
设立日期	2007-5-22	负 责 人	黄南源		
主营业务	包装机械设备及其零部件、研磨机、钜床的组装，销售自产产品。				

企业名称	上海精瓷照明电器有限公司				
企业地址	上海市嘉定区马陆镇嘉新公路 1001 号第 2-6 幢（201801）				
投资总额	340 万 USD	电　　话	59104451	传　　真	59104446
设立日期	2007-5-22	负 责 人	李志君		
主营业务	研发、生产陶瓷金属卤化物灯，销售自产产品并提供相关技术服务。				

企业名称	美得机械配件（上海）有限公司				
企业地址	上海市松江工业区俞塘路 510 号第三幢第一层（201613）				
投资总额	17 万 USD	电　　话	57745175	传　　真	57744520
设立日期	2007-5-18	负 责 人	梁烨春		
主营业务	研究、设计、开发、生产机械配件，销售公司自产产品并提供售后服务。				

企业名称	研精舍（上海）精密机械加工有限公司				
企业地址	上海市工业综合开发区环城西路 3111 号闵行出口加工区（201400）				
投资总额	280 万 USD	电　　话	33655217	传　　真	33655226
设立日期	2007-5-17	负 责 人	水谷阳一		
主营业务	生产加工精密机械及其配件、金属模具，销售公司自产产品。				

企业名称	尼开电机（上海）有限公司				
企业地址	上海市普陀区同普路 1175 弄 11 号 A（200333）				
投资总额	20 万 USD	电　　话	52701009	传　　真	
设立日期	2007-5-16	负 责 人	阿部诚		
主营业务	生产音响、电子部件及相关材料，销售公司自产产品。				

企业名称	上海盟晟精密机械制造有限公司				
企业地址	上海市闵行区浦江镇汇红村 5 队（201112）				
投资总额	20 万 USD	电　　话	54336070	传　　真	54336070
设立日期	2007-5-16	负 责 人	JENNY CHENG-YI HSU		
主营业务	研发、生产机电设备部件、仪器仪表，销售产品并提供相关技术服务。				

企业名称	美吉杰密封件（上海）有限公司				
企业地址	上海市松江工业区锦昔置业园 C2 号（201613）				
投资总额	15.5 万欧元	电　　话	53757188	传　　真	63722199
设立日期	2007-5-16	负 责 人	STEPHANE TRIQUET		
主营业务	研发、生产密封件和多孔聚合物，销售公司自产产品并提供售后服务。				

企业名称	上海必晖电池有限公司				
企业地址	上海市浦东新区华东路 1279 号 1、2、3、4、6 幢（201206）				
投资总额	1800 万港币	电　　话	58543051	传　　真	58541750
设立日期	2007-5-15	负 责 人	许永新（HUI，WING SUN）		
主营业务	生产锂离子电池、无汞碱锰和锂锰电池，销售产品，并提供技术咨询。				

企业名称	三菱日立制铁机械（上海）有限公司				
企业地址	上海市外高桥保税区奥纳路 160 号 1 号楼 1 层 F2 部位（200131）				
投资总额	25 万 USD	电　　话	68598835	传　　真	68767599
设立日期	2007-5-15	负 责 人	川井和生		
主营业务	保税区内冶金制造设备、有色金属制造设备的仓储、分拨、展示、咨询。				

企业名称	麦可罗（上海）电器有限公司				
企业地址	上海市杨浦区国定路 315 号 14 幢（200433）				
投资总额	12.5 万 USD	电　　话	65110181	传　　真	65114567
设立日期	2007-5-15	负 责 人	MACRO YONG DONG		
主营业务	电器设备及配件、照明器材的生产、加工，销售自产产品。				

企业名称	爱尼亚士移动光电科技（上海）有限公司				
企业地址	上海市长宁区东诸安浜路 231 号 312 室（200050）				
投资总额	14 万 USD	电　　话	64327342	传　　真	62524084
设立日期	2007-5-11	负 责 人	葛　娟		
主营业务	从事移动光电电子产品、设备的研发、设计、研究成果及技术转让。				

企业名称	海福莱照明（上海）有限公司				
企业地址	上海市浦东新区上南路 4109 号 5 幢（200124）				
投资总额	200 万 USD	电　　话	50843180	传　　真	50843180
设立日期	2007-5-10	负 责 人	祁建华		
主营业务	研发、生产高效节能型卤素电光源，销售自产产品。				

企业名称	柯雷锅炉（上海）有限公司				
企业地址	上海市奉贤区奉城镇工业园区城中路 6 号（201411）				
投资总额	130 万 USD	电　　话	51692000	传　　真	51692000
设立日期	2007-5-8	负 责 人	胡念武		
主营业务	生产常压系列锅炉及锅炉辅机设备，销售公司自产产品。				

企业名称	铝合机械（上海）有限公司				
企业地址	上海市松江区新桥镇马裕路 133 号（201612）				
投资总额	40 万 USD	电　　话	57681005	传　　真	57680975
设立日期	2007-4-30	负 责 人	湛松润		
主营业务	生产、加工压铸机及周边设备，高速精密冲床及周边设备。				

企业名称	爱墨斯机械（上海）有限公司				
企业地址	上海市松江区车墩镇三浜路 388 号 13 号厂房（201611）				
投资总额	14 万 USD	电　　话	57609701	传　　真	57609701
设立日期	2007-4-30	负 责 人	杨　荣		
主营业务	生产、加工和组装园林机械、农业机械、建筑机械、动力机械。				

企业名称	斯杲特机械零部件（上海）有限公司				
企业地址	上海市闵行区景联路 189 号 31 幢二楼（200241）				
投资总额	30 万 USD	电　　话	64340740	传　　真	64340545
设立日期	2007-4-29	负 责 人	SCOTT JAMES MC FARLAND		
主营业务	加工、生产汽车灯具及部件、容器阀门及配套件，销售自产产品。				

企业名称	摩肯施液压控制技术（上海）有限公司				
企业地址	上海市奉贤区汇丰北路 681 号 3 车间（201400）				
投资总额	20 万 USD	电　　话	38720103	传　　真	38720109
设立日期	2007-4-25	负 责 人	吴家良		
主营业务	生产液压动力控制系统和相关附件，并提供液压设备维修、测试。				

企业名称	上海杰伟机械制造有限公司				
企业地址	上海市嘉定区黄渡镇春意路 111 号第 1 幢（201804）				
投资总额	30 万 USD	电　　话	69590058	传　　真	69595488
设立日期	2007-4-16	负 责 人	何海潮		
主营业务	生产挤出机螺杆、套筒、塑料机械、电子机械、包装机械，销售产品。				

企业名称	上海广电富士光电材料有限公司				
企业地址	上海市莘庄工业区金都路 3688 号 1 幢号楼 125 室（201108）				
投资总额	1 亿 USD	电　　话	61313248	传　　真	61313082
设立日期	2007-4-12	负 责 人	顾忠惠		
主营业务	研发、生产及销售各种 TFT-LCD 用 CF 及其关联产品。				

企业名称	上海一峰精密机械有限公司				
企业地址	上海市桂平路 418 号兴园科技广场 512-515 室（200232）				
投资总额	200 万 RMB	电　　话	54262451	传　　真	54262485
设立日期	2007-4-10	负 责 人	张　峰		
主营业务	研发、生产数控机床、仪器仪表及其零部件，销售自产产品。				

企业名称	大隈工程机械（上海）有限公司				
企业地址	上海市莘庄工业区春光路 730 号 301 室 A 座（201100）				
投资总额	8 亿日元	电　　话	50461882	传　　真	50460124
设立日期	2007-4-10	负 责 人	森义彦		
主营业务	机械设备以及零部件的生产加工，相关技术服务，销售自产产品。				

企业名称	上海鸿程机电有限公司				
企业地址	上海市宝山区南陈路 88 号 5 乙 2 楼（200436）				
投资总额	20 万 USD	电　　话	66132808	传　　真	66132808
设立日期	2007-4-9	负 责 人	SZU PIN PETER LEE（李思平）		
主营业务	电机、精密机械及其相关产品的开发、设计、测试、制造和生产。				

企业名称	上海爱腾冷冻机械有限公司				
企业地址	上海市嘉定区徐行镇徑一路1号第1幢（201808）				
投资总额	120万USD	电话	51620218	传真	51620208
设立日期	2007-4-4	负责人	罗文耀		
主营业务	生产食品、工业及物流用冷冻、冷藏设备及相关配件、钣金件。				

企业名称	潘诺机械制造（上海）有限公司				
企业地址	上海市张江高科技园区蔡伦路399号第4幢A09室（201203）				
投资总额	15万欧元	电话	68043302	传真	68043303
设立日期	2007-3-28	负责人	JOAN DAVID PANNON VALLS		
主营业务	生产印花机及相关配件，销售自产产品，提供相关技术咨询和技术服务。				

企业名称	叶鲁机械（上海）有限公司				
企业地址	上海市松江区九亭镇沪松公路1620弄32号2幢（201615）				
投资总额	65万USD	电话	67639570	传真	67639575
设立日期	2007-3-27	负责人	LIAN ROBIN		
主营业务	金属及非金属工业加工设备及其零配件的组装，铝合金及塑钢门窗组装。				

企业名称	日美隼包装机械科技（上海）有限公司				
企业地址	上海市松沪工业小区A区4号厂房F座标准厂房（201615）				
投资总额	50万USD	电话	37633451	传真	37633460
设立日期	2007-3-27	负责人	野岛新也		
主营业务	生产、加工包装机械、阀门、金属制品、电气设备零件，销售自产产品。				

企业名称	欧姆龙索能自动化（上海）有限公司				
企业地址	上海市张江高科技园区爱迪生路326号101、201室（201203）				
投资总额	125万USD	电话	50790800	传真	50790803
设立日期	2007-3-26	负责人	YUKIO KOBAYASHI（小林雪生）		
主营业务	新型电子元器件、新型仪表元器件、自动化设备及控制系统研发、生产。				

企业名称	杰开机电科技（上海）有限公司				
企业地址	上海市张江高科技园区郭守敬路351号2号楼A608-16室（201203）				
投资总额	11万USD	电话	62892031	传真	62892032
设立日期	2007-3-26	负责人	JIALUO JACK XUAN		
主营业务	工程控制系统软件、计算机及半导体控制设备、精密仪器的设计、开发。				

企业名称	统睦机电（上海）有限公司				
企业地址	上海市松江区车墩镇回业路18号4幢-1（201611）				
投资总额	42万USD	电话	57602599	传真	57602780
设立日期	2007-3-14	负责人	林鸿章		
主营业务	研发、制造和加工电梯零配件、机械及电子设备零配件，销售自产产品。				

企业名称	上海美启机械制造有限公司				
企业地址	上海市嘉定区马陆镇丰茂路258号1幢1楼D区（201800）				
投资总额	200万港币	电话	69156796	传真	69156796
设立日期	2007-3-8	负责人	赵琦		
主营业务	研发、生产机械金属零件，五金件，电子编程器，销售本公司自产产品。				

企业名称	上海芝再精密机械有限公司				
企业地址	上海市松江区新桥镇庙三北路1108号3幢（201612）				
投资总额	128万USD	电话	57680756	传真	57681068
设立日期	2007-3-7	负责人	陆芝再		
主营业务	设计、生产和加工精密型腔模、模具标准件，销售公司自产产品。				

企业名称	上海韩浩机电有限公司				
企业地址	上海市闵行区马桥镇中辉路60号3栋（201111）				
投资总额	20万USD	电话	64016180	传真	64016166
设立日期	2007-2-28	负责人	KIM YOUNGJUN		
主营业务	设计、开发、生产电气机械及器材、电子器件、模具、塑料制品。				

企业名称	共佑机电（上海）有限公司				
企业地址	上海市浦东新区外高桥保税区加太路39号第五层37部位（200131）				
投资总额	6.5万USD	电话	62700779	传真	62700439
设立日期	2007-2-26	负责人	上田圭介（UEDA KEISUKE）		
主营业务	区内以机电产品及其零部件为主仓储、分拨。				

企业名称	施迪德精密机械（上海）有限公司				
企业地址	上海青浦工业园区崧华路999号6号厂房一层（201700）				
投资总额	84万欧元	电话	59867089	传真	
设立日期	2007-2-16	负责人	STEFAN ROELKE		
主营业务	研发、制造和加工精密机械部件及配套产品，组装成套设备。				

企业名称	上海丰翠明光电有限公司				
企业地址	上海市金山工业区金腾路2001号1号楼（201506）				
投资总额	300万USD	电话	57250333	传真	57251777
设立日期	2007-2-14	负责人	陈俊村		
主营业务	设计、生产镇流器、电子适配器、电子节能灯、电子变压器、感应器。				

企业名称	阿托孚迪（上海）传动产品有限公司				
企业地址	上海市南汇区宣中路399号14幢（201300）				
投资总额	30万USD	电话	63588686	传真	63589899
设立日期	2007-2-13	负责人	LAURA THOMPSON GRONDIN		
主营业务	设计、开发、生产：齿轮箱、轴承、汽车座椅滑轨及相关零部件和配件。				

企业名称	启科（上海）自动化系统有限公司				
企业地址	上海市外高桥保税区基隆路1号汤臣国际贸易大厦2028室（200131）				
投资总额	1600万日元	电话	58696598	传真	58696599
设立日期	2007-2-13	负责人	朱翊斌		
主营业务	工业自动化系统的设计、研发、技术咨询，工业自动化控制设备的批发。				

企业名称	尚武机电技术（上海）有限公司				
企业地址	上海市奉贤区南桥镇杨王村六组3号厂房（201400）				
投资总额	14万USD	电话	57475964	传真	37517095
设立日期	2007-2-12	负责人	SIM SANG MOO		
主营业务	研究、开发、生产机电自动化设备及配件，销售公司自产产品。				

企业名称	日立电梯（上海）有限公司				
企业地址	上海市青浦工业区C2地块（201700）				
投资总额	4000万USD	电话	69228282	传真	69228282
设立日期	2007-2-9	负责人	高桥秀明		
主营业务	研发、制造电梯、自动扶梯、自动人行道、杂物梯、立体停车场设备。				

企业名称	达肯机械工业（上海）有限公司				
企业地址	上海市松江区石湖荡镇东三路8号A幢（201604）				
投资总额	15万USD	电话	67601819	传真	67601817
设立日期	2007-2-8	负责人	杨文		
主营业务	生产加工焊接切割设备、五金工具、供气系统及设备、焊接机械设备。				

企业名称	拓许机电科技（上海）有限公司				
企业地址	上海市浦东新区绿科路271号1幢B612室（201204）				
投资总额	14万USD	电话	61629511	传真	61629513
设立日期	2007-2-7	负责人	YASUDA MASASHI（安田正志）		
主营业务	振动控制技术的研发，自有研发成果转让，并提供技术服务和技术咨询。				

企业名称	科奈而精密塑料机械（上海）有限公司				
企业地址	上海市茜浦路195弄书慧园一期内D-9号厂房A区、D-1（201613）				
投资总额	200万USD	电话	67601870	传真	67601871
设立日期	2007-2-6	负责人	SCOTT JOHN SLOAT		
主营业务	设计、生产、加工塑料橡胶专用设备及其相关零配件，销售自产产品。				

企业名称	贵聪阀门（上海）有限公司				
企业地址	上海市南汇区三灶工业园区发展东路32号（201300）				
投资总额	14万USD	电话	68552593	传真	68552596
设立日期	2007-2-6	负责人	杜红梅		
主营业务	生产、加工阀门及其相配套的配件，销售公司自产产品，提供售后服务。				

企业名称	上海博枫电器有限公司				
企业地址	上海市奉贤区青村镇泰青路4085号（201414）				
投资总额	120万RMB	电话	57461209	传真	57461209
设立日期	2007-2-6	负责人	吴宗文		
主营业务	生产、加工家用小电器及其配件、健身器材及其配件和相关缝纫制品。				

企业名称	上海阿桂弥电器有限公司				
企业地址	上海市闵行区吴中路1050号15幢2082（201103）				
投资总额	20万USD	电话	54886924	传真	54886524
设立日期	2007-2-5	负责人	李相九		
主营业务	生产节电器，销售自产产品（涉及行政许可的凭许可证经营）。				

企业名称	美尔基安高压阀门技术（上海）有限公司				
企业地址	上海市外高桥保税区加太路39号第三层12部位（200131）				
投资总额	14万USD	电话	38720160	传真	38720159
设立日期	2007-2-5	负责人	HANS-GÜNTER ZENTGRAF		
主营业务	区内以高压阀门为主仓储分拨业务及提供相关产品售后服务，技术支持。				

企业名称	上海舒泰精密铸造有限公司				
企业地址	上海市青浦区朱家角镇沈砖公路 1576 号（201713）				
投资总额	100 万 USD	电　话	59833286	传　真	59831885
设立日期	2007-2-2	负 责 人	WANG JIMMY YONG		
主营业务	生产、加工民用飞机零部件，金属制品，汽车、摩托车的零部件。				

企业名称	阂阳光电（上海）有限公司				
企业地址	上海市外高桥保税区泰谷路 18 号 1 号楼 1 层 101 部位（200131）				
投资总额	20 万 USD	电　话	52360815	传　真	52360817
设立日期	2007-2-1	负 责 人	金伟华		
主营业务	保税区内以光电产品为主的仓储分拨及售后服务，国际贸易、转口贸易。				

企业名称	上海一帽机械有限公司				
企业地址	上海市闵行区浦江镇闸航路 3509 弄 99 号 1 幢（201112）				
投资总额	100 万 RMB	电　话	54846938	传　真	54846328
设立日期	2007-1-31	负 责 人	刘解平		
主营业务	检测机械制造及提供相关技术咨询和售后服务，销售自产产品。				

企业名称	上海荣进电器有限公司				
企业地址	上海市南汇区康桥工业区沪南公路 2575 号 912 室（201315）				
投资总额	20 万 USD	电　话	68015154	传　真	68014944
设立日期	2007-1-30	负 责 人	川崎俊夫		
主营业务	生产电加热器具及配件和零部件，销售公司自产产品。				

企业名称	上海泰兹电气有限公司				
企业地址	上海市松江区洞泾工业二区洞厍路 725 号 4 号厂房（201619）				
投资总额	125 万 USD	电　话	67679330	传　真	67671549
设立日期	2007-1-29	负 责 人	徐皓青		
主营业务	设计、生产和加工各类电缆附件、避雷器、绝缘子、互感器、电柜。				

企业名称	富胜光电科技（上海）有限公司				
企业地址	上海市嘉定工业区北区 15-5 号地块（201807）				
投资总额	800 万 USD	电　话	59998945	传　真	
设立日期	2007-1-25	负 责 人	肖连丰		
主营业务	生产数字照相机关键件，大屏幕彩色投影显示器用光学引擎。				

企业名称	柏豪光机电科技（上海）有限公司				
企业地址	上海市嘉定工业区高台路 1558-2 号 2 幢（201821）				
投资总额	720 万 USD	电　话	69166146	传　真	69166146
设立日期	2007-1-25	负 责 人	刘金东		
主营业务	开发、生产测试仪器及相关的专用计算机软件，销售本公司自产产品。				

企业名称	彤宇（上海）机械有限公司				
企业地址	上海市嘉定工业区北区 21-4 号地块（201807）				
投资总额	700 万 USD	电　话	59998100	传　真	
设立日期	2007-1-24	负 责 人	林　苏		
主营业务	开发、生产纺织机械设备及其零部件，销售自产产品并提供技术咨询。				

企业名称	银鼎精密元件（上海）有限公司				
企业地址	上海市嘉定工业区北区 23 号地块（201800）				
投资总额	1500 万 USD	电　话	64158275	传　真	59511180
设立日期	2007-1-23	负 责 人	白永耀		
主营业务	精密轴承及各种主机专用轴承制造，精密在线测量仪器开发与制造。				

企业名称	纬喀司精密机械（上海）有限公司				
企业地址	上海市松江区新桥镇新茸路 14 号（201612）				
投资总额	14 万 USD	电　话	57687683	传　真	57687685
设立日期	2007-1-23	负 责 人	金泰洪（KIM TAE HONG）		
主营业务	生产焊接机器、切割机器、涂装机器及其他精密机械，销售自产产品。				

企业名称	汉萨福莱柯思液压技术（上海）有限公司				
企业地址	上海市临港新城新元南路 600 号 1 号厂房 303 室（201303）				
投资总额	400 万欧元	电　话	52581216	传　真	52581219
设立日期	2007-1-22	负 责 人	THOMAS ARMERDING		
主营业务	设计、生产、加工和装配流体连接器、液压系统、液压元器件。				

企业名称	瑞诺德传动机械（上海）有限公司				
企业地址	上海市浦东新区北蔡镇中心路 385 号 3 幢（200124）				
投资总额	1500 万 RMB	电　话	50462696	传　真	50462695
设立日期	2007-1-22	负 责 人	DAVTES ROBERT JOHN		
主营业务	生产动力传动机械产品，销售自产产品并提供相关技术咨询、技术支持。				

企业名称	上海国上机电科技有限公司				
企业地址	上海市嘉定工业区北区 32-4 号地块（201807）				
投资总额	700 万 USD	电　话	69169003	传　真	69169234
设立日期	2007-1-19	负 责 人	周立民		
主营业务	生产船用配套设备及挂车安全连接件，销售本公司自产产品。				

企业名称	欧西玛速飞得（上海）机械有限公司				
企业地址	上海青浦工业园区胜利路以西、北青公路以北地块（201700）				
投资总额	1600 万 USD	电　话	54868787	传　真	54866227
设立日期	2007-1-19	负 责 人	邓江荣		
主营业务	开发、生产新型纺织机械，销售自产产品并提供技术支持和售后服务。				

企业名称	旭淄自动化科技（上海）有限公司				
企业地址	上海市嘉定工业区（北区）21-5 号地块（201800）				
投资总额	1500 万 USD	电　话	69526190	传　真	59166591
设立日期	2007-1-17	负 责 人	冯振复		
主营业务	设计、生产三轴以上联动的高精度数控机床及其配套零部件。				

企业名称	领威精密机械（上海）有限公司				
企业地址	上海市松江区新桥镇民益路 42 号第 5 幢（201612）				
投资总额	385 万 USD	电　话	57687036	传　真	57687041
设立日期	2007-1-8	负 责 人	张志善		
主营业务	生产三轴以上联动数控机床，比例、伺服液压技术压铸机、精密型腔模。				

企业名称	纪胜（上海）机械有限公司				
企业地址	上海市松江区泗泾镇永强路 68 号山田工业园 7 号厂房（201601）				
投资总额	50 万 USD	电　话	52265388	传　真	52265658
设立日期	2007-1-8	负 责 人	林纪华		
主营业务	生产加工包装机械及相关零部件，包装材料，销售公司自产产品。				

企业名称	乐雷光电技术（上海）有限公司				
企业地址	上海市松江区叶榭镇叶达路 7 号-3 标准厂房（201609）				
投资总额	15 万 USD	电　话	57887818	传　真	57887840
设立日期	2007-1-8	负 责 人	熊克苍		
主营业务	研发、生产二极体灯泡、控制器、电子变压器、电子式安定器、触发器。				

企业名称	上海金弘电线电缆有限公司				
企业地址	上海市嘉定区安亭镇外青松公路 1148 号第 2 幢（201805）				
投资总额	100 万 USD	电　话	69570952	传　真	69571666
设立日期	2006-12-30	负 责 人	潘晨曦		
主营业务	生产电线电缆，销售本公司自产产品（涉及行政许可的，凭许可证经营）。				

企业名称	依合斯电梯配件（上海）有限公司				
企业地址	上海市嘉定区马陆镇陈宝路 58 号 215 幢（201801）				
投资总额	20 万 USD	电　话	69153031	传　真	69153231
设立日期	2006-12-22	负 责 人	RONALD BALL		
主营业务	设计、生产自动扶梯和电梯的配件，销售自产产品并提供售后服务。				

企业名称	上海泰尔富电气有限公司				
企业地址	上海市南汇区康桥镇康士路 25 号 1191 室（201315）				
投资总额	999 万 USD	电　话	64749560	传　真	64511240
设立日期	2006-12-22	负 责 人	杨天夫		
主营业务	设计、生产微特电机及其相关电子驱动控制产品，销售公司自产产品。				

企业名称	上海欧励达机械设备制造有限公司				
企业地址	上海市嘉定区安亭镇宝安公路 4788 弄 188 号 5 幢（201805）				
投资总额	20 万 USD	电　话	59501383	传　真	59501387
设立日期	2006-12-19	负 责 人	张利人		
主营业务	生产印刷机械及专用测试、维修设备和上述产品的零配件。				

企业名称	富士达电梯配件（上海）有限公司				
企业地址	上海茜浦路 195 弄书慧园一期 D-7、D-17 号（201613）				
投资总额	140 万 USD	电　话	67600566	传　真	67600722
设立日期	2006-12-18	负 责 人	内山高一		
主营业务	研究、开发、生产及加工升降电梯、手扶电梯零部件，销售自产产品。				

企业名称	迪施艾（上海）电气有限公司				
企业地址	上海市奉贤区庄行镇叶家六组（201402）				
投资总额	20 万 USD	电　话	57401115	传　真	57401191
设立日期	2006-12-14	负 责 人	YAN MACHEMER		
主营业务	生产电器开关及元件，销售公司自产产品。				

企业名称	离元照明（上海）有限公司				
企业地址	上海市浦东新区毕升路299弄6号101室（200122）				
投资总额	14万USD	电　话	50807700	传　真	50809900
设立日期	2006-12-11	负责人	傅　磊（LEI FU）		
主营业务	照明设计、建筑装饰设计、平面设计咨询及企业形象设计咨询。				

企业名称	永准机械（上海）有限公司				
企业地址	上海市嘉定区南翔镇惠申路420号1号厂房（201802）				
投资总额	240万USD	电　话	69170707	传　真	69173008
设立日期	2006-12-11	负责人	陈伯洋		
主营业务	生产通用及数控铣床、车床和附件及相关零部件，销售本公司自产产品。				

企业名称	上海藤仓诚隆电缆附件有限公司				
企业地址	上海市闵行区光华路2188号（201111）				
投资总额	200万USD	电　话	64095071	传　真	64093705
设立日期	2006-12-8	负责人	李安保		
李安保	制造用于35KV及以下电线、电缆，以及由橡胶、塑料等构成直线连接件。				

企业名称	晔帝克（上海）精机有限公司				
企业地址	上海市奉贤区北环路489号3号（201402）				
投资总额	50万USD	电　话	57407666	传　真	57407555
设立日期	2006-12-8	负责人	林国村		
主营业务	生产各类低功率气动控制阀及非金属制品模具设计制造，销售自产产品。				

企业名称	肯易极（上海）自动化设备有限公司				
企业地址	上海市闵行区申旺路518号西2F1幢203室（201108）				
投资总额	14万USD	电　话	34073538	传　真	54428169
设立日期	2006-12-7	负责人	郭巴达日胡		
主营业务	生产光电工业专业自动化设备，销售自产产品，并提供相关的售后服务。				

企业名称	中电国际新能源（上海）控股有限公司				
企业地址	上海市浦东新区浦电路438号602-3室（200120）				
投资总额	3000万USD	电　话	52585280	传　真	52585220
设立日期	2006-12-6	负责人	李小琳		
主营业务	依法进行投资，受所投资企业书面委托，向其所投资企业提供有关服务。				

企业名称	德刻耐精密工业技术（上海）有限公司				
企业地址	上海市嘉定工业区金兰路151号第1幢（201807）				
投资总额	21万USD	电　话	59547958	传　真	59547758
设立日期	2006-12-6	负责人	林章宇		
主营业务	生产特殊干式润滑成套设备，特殊干式润滑处理，销售本公司自产产品。				

企业名称	上海远急机电设备制造有限公司				
企业地址	上海市宝山城市工业园区园新路165号（200436）				
投资总额	220万USD	电　话	36162401	传　真	36162408
设立日期	2006-12-5	负责人	邓维正		
主营业务	加工装配立体停车库、铁道车辆、特种车辆、集装箱零部件及机电设备。				

企业名称	伯马球阀（上海）有限公司				
企业地址	上海市浦东新区顾高路1186号（200122）				
投资总额	30万USD	电　话	63528848	传　真	63513138
设立日期	2006-11-29	负责人	PETER KUHLMANN-LEHMKUHLE		
主营业务	设计生产阀门及其相关零件和附件，销售自产产品，提供相关技术服务。				

企业名称	勇日机械设备贸易（上海）有限公司				
企业地址	上海市浦东新区世纪大道1500号东方大厦1321室（200122）				
投资总额	20万USD	电　话	61276200	传　真	61276202
设立日期	2006-11-29	负责人	杨丰赞		
主营业务	从事机械设备及其零配件的进出口、批发和佣金代理（拍卖除外）。				

企业名称	哈格机械设备（上海）有限公司				
企业地址	上海市原平路171-177号一层（200436）				
投资总额	14万USD	电　话	56954988	传　真	56954388
设立日期	2006-11-27	负责人	WOUTER G. H. KLEIZEN		
主营业务	液压机械设备及零部件的生产加工组装，销售自产产品并提供技术支持。				

企业名称	政雄自动化设备（上海）有限公司				
企业地址	上海市松江工业区试点园区泖亭路南侧，荣福路西侧路口（201611）				
投资总额	500万USD	电　话	67690416	传　真	67690416
设立日期	2006-11-27	负责人	游平政		
主营业务	研发，制造，加工液压气动元件及低功率气动阀岛用控制阀，智能汽缸。				

企业名称	康明斯滤清系统（上海）有限公司				
企业地址	上海市浦东新区物流大道268号（200120）				
投资总额	182万USD	电　话	50463918	传　真	50463928
设立日期	2006-11-23	负责人	BENJAMIN AU-YEUNG		
主营业务	滤清系统产品及相关零部件、排气系统产品及零部件设计制造和组装。				

企业名称	弘翔动力机械（上海）有限公司				
企业地址	上海市松江区佘山镇罗山村10-1号（201602）				
投资总额	14万USD	电　话	57794177	传　真	57653756
设立日期	2006-11-23	负责人	SHEN RONG		
主营业务	生产电动工具，内燃机及相关配套产品，机械加工，销售公司自产产品。				

企业名称	上海台海工业变频器制造有限公司				
企业地址	上海市嘉定区南翔镇纬五路28-1号第1幢（201802）				
投资总额	50万USD	电　话	69177166	传　真	69178166
设立日期	2006-11-22	负责人	叶进平		
主营业务	生产变频器，销售本公司自产产品（涉及行政许可的凭许可证经营）。				

企业名称	上海凯意特机械有限公司				
企业地址	上海市南汇工业区宣黄公路985号B座（201300）				
投资总额	14万USD	电　话	58186163	传　真	58186165
设立日期	2006-11-22	负责人	潘彦洪		
主营业务	开发、生产、加工塑料机械产品及零配件、塑料薄膜，销售自产产品。				

企业名称	上海迈能机电科技有限公司				
企业地址	上海青浦工业园区久远路239号3号厂房东侧（201700）				
投资总额	14万USD	电　话	50599451	传　真	50599452
设立日期	2006-11-16	负责人	WILLIAM PATRICK MONTAGUE		
主营业务	开发、生产、加工各类显示设备、照明设备、监控设备、信息传输设备。				

企业名称	福格申机械工程（上海）有限公司				
企业地址	上海市江场三路173号101室（200436）				
投资总额	50万欧元	电　话	66310592	传　真	66310591
设立日期	2006-11-15	负责人	胡建伟		
主营业务	设计制造加工泵类产品、粉碎机、排放系统、浆料混合和环保系统零件。				

企业名称	施耐博格（上海）精密机械有限公司				
企业地址	上海市闵行区灯辉路1128号1号A厂房（201108）				
投资总额	100万欧元	电　话	64904583	传　真	64905457
设立日期	2006-11-15	负责人	郑佩玲		
主营业务	设计、制造精密直线导轨系统及配件，销售自产产品并提供售后服务。				

企业名称	法纳通电器（上海）有限公司				
企业地址	上海市嘉定区南翔镇蕴北公路1755弄21号1-2层（201802）				
投资总额	56万USD	电　话	39126111	传　真	39125881
设立日期	2006-11-10	负责人	潘伟杰		
主营业务	研发、生产低压电器及元器件，销售本公司自产产品并提供技术服务。				

企业名称	曙创世（上海）机械贸易有限公司				
企业地址	上海市漕宝路509号709室（200233）				
投资总额	20万USD	电　话	54261686	传　真	54261829
设立日期	2006-11-9	负责人	中岛敏夫		
主营业务	机械设备、机械装置及相关零部件的进出口、批发、佣金代理。				

企业名称	裕泰液压技术（上海）有限公司				
企业地址	上海市闵行区颛桥镇瓶北路150弄86号3号厂房（201108）				
投资总额	20万USD	电　话	64086963	传　真	64903462
设立日期	2006-11-9	负责人	黎伟雄		
主营业务	研发、生产液压系统、液压集成阀块及比例伺服系统，销售自产产品。				

企业名称	上海琦安机电设备有限公司				
企业地址	上海市浦东新区唐镇新镇路591号第1幢（201204）				
投资总额	175万RMB	电　话	58599295	传　真	58599296
设立日期	2006-11-8	负责人	徐惠琦		
主营业务	停车库记录仪器、考勤记录仪、室内集尘主机设备设计生产，销售产品。				

企业名称	上海亚伦奇达西阀门制造有限公司				
企业地址	上海市嘉定区黄渡镇星塔路1018弄1号第2幢（201811）				
投资总额	100万USD	电　话	69590973	传　真	69592069
设立日期	2006-11-7	负责人	方存正		
主营业务	设计、生产阀门、五金管件，销售本公司自产产品并提供相关售后服务。				

企业名称	上海威耳特机械科技有限公司				
企业地址	上海市嘉定区马陆镇育绿路28弄第五幢（201801）				
投资总额	20万USD	电话	69153848	传真	68153846
设立日期	2006-11-1	负责人	星正一		
主营业务	研发、生产农业、林业、园艺专用小型机械设备及相关零配件。				

企业名称	上海尚愉电器有限公司				
企业地址	上海市闵行区梅陇镇春申路2329号第2幢1楼（200237）				
投资总额	50万USD	电话	54998316	传真	54991515
设立日期	2006-10-26	负责人	沈跃平		
主营业务	生产高低压配电柜、母线槽及相关电力电子器件和配件，销售自产产品。				

企业名称	昌高机械（上海）有限公司				
企业地址	上海市奉贤区青村镇南奉公路4458号（201407）				
投资总额	20万USD	电话	57569881	传真	57569880
设立日期	2006-10-25	负责人	卞吉虎		
主营业务	生产纺织机械、磨花机械及相关零配件，销售公司自产产品。				

企业名称	光雹（上海）机械工业有限公司				
企业地址	上海市松江科技园区崇南路6号C区5号房（201616）				
投资总额	160万RMB	电话	57766767	传真	57761112
设立日期	2006-10-23	负责人	陈文昌		
主营业务	生产密封件、油压、传动机械设备及配件，仪器仪表，橡塑五金制品。				

企业名称	林卞台萨克玛机械贸易（上海）有限公司				
企业地址	上海市浦东新区宁桥路999号（T15-5）号203室（201206）				
投资总额	30万欧元	电话	52985060	传真	52985061
设立日期	2006-10-16	负责人	VALERIO KEREM MESUTOGLU		
主营业务	从事用于紧固件和金属元件工业的机械及其相关备件、元件和工具批发。				

企业名称	埃比西西机械（上海）有限公司				
企业地址	上海市嘉定区黄渡镇谢春路280号第2幢第一层（201804）				
投资总额	15万USD	电话	39510140	传真	59511341
设立日期	2006-10-13	负责人	PAUL FREDERICK HEISS		
主营业务	生产水泵、车用五金件、阀门及相关零部件，销售本公司自产产品。				

企业名称	上海丹海科技有限公司				
企业地址	上海金山工业区金百路300号（201505）				
投资总额	501万USD	电话	57276991	传真	57276992
设立日期	2006-10-11	负责人	严载允		
主营业务	设计生产低功率气动控制阀系统及部件、汽车后方感应电子装置制造。				

企业名称	上海东捷液压有限公司				
企业地址	上海市浦东新区衡安路598号（200122）				
投资总额	100万USD	电话	50418036	传真	50418086
设立日期	2006-10-9	负责人	顾智刚		
主营业务	液压成套设备、液压元件、气油压、气动元件、液压机械的生产。				

企业名称	友盛（上海）精密机械有限公司				
企业地址	上海市外高桥保税区泰谷路88号B1层A26部位（200131）				
投资总额	20万USD	电话	64430900	传真	64430221
设立日期	2006-10-9	负责人	陈明河		
主营业务	区内以精密机械产品为主的仓储分拨业务以及相关产品的售后服务。				

企业名称	上海意霏达电器制造有限公司				
企业地址	上海市青浦区华新镇嘉松中路4488号3号楼（201705）				
投资总额	30万欧元	电话	59779273	传真	59779192
设立日期	2006-10-9	负责人	陈广达		
主营业务	开发组装和生产工业控制和自动化电子设备及其零部件，销售自产产品。				

企业名称	沃达迈灯具制造（上海）有限公司				
企业地址	上海市宝山区长建路199号5号标准厂房A单元（200949）				
投资总额	67万欧元	电话	33850038	传真	33850032
设立日期	2006-10-2	负责人	GERHARD WALDMANN		
主营业务	从事生产、设计各类新型照明灯具设备及零配件，销售自产产品。				

企业名称	科迈柯（上海）机械有限公司				
企业地址	上海市松江区洞泾镇洞薛路518号第三栋A座（201619）				
投资总额	20万欧元	电话	57670862	传真	57670863
设立日期	2006-9-29	负责人	GIANCARLO RUFFO		
主营业务	生产清洁设备，销售公司自产产品并提供售后服务。				

企业名称	宝峨机械设备（上海）有限公司				
企业地址	上海市浦东新区杨高北路528号17幢（200137）				
投资总额	20万USD	电话	39596180	传真	39596185
设立日期	2006-9-27	负责人	DIETER H. K. STETTER		
主营业务	工程机械零配件加工，销售自产产品；工程机械、建筑机械、机电设备。				

企业名称	摩力电机（上海）有限公司				
企业地址	上海市浦东新区川沙路6999号11号厂房（201204）				
投资总额	25万欧元	电话	50476055	传真	50476057
设立日期	2006-9-25	负责人	PALOMBO DOMENICO		
主营业务	设计生产各类电机以及电机驱动设备，销售自产产品，并提供技术咨询。				

企业名称	海特奇贝斯（上海）机械工业有限公司				
企业地址	上海市南汇区康桥东路1300弄综合楼419室（201315）				
投资总额	1000万USD	电话	50326080	传真	
设立日期	2006-9-25	负责人	费立榕		
主营业务	生产机械配件、汽车配件和电器产品，销售公司自产产品。				

企业名称	斯贝克玛液压机械（上海）有限公司				
企业地址	上海市南汇区新元南路SB1-7地块6号楼第一层A区（201300）				
投资总额	50万欧元	电话	68284597	传真	688284586
设立日期	2006-9-25	负责人	VESA-HEIKKI MAKELA		
主营业务	液压机械的设计、生产；液压系统的组装，测试；销售自产产品。				

企业名称	上海宝勒特压缩机有限公司				
企业地址	上海市宝山区金石路1688号509室（200949）				
投资总额	1000万USD	电话	56403254	传真	56752224
设立日期	2006-9-20	负责人	MAGNUS GYLLO		
主营业务	生产空气压缩机及其附件和零部件，并提供技术服务，销售自产产品。				

企业名称	福维克家用电器制造（上海）有限公司				
企业地址	上海青浦工业园区崧泽大道8777号B厂房（201700）				
投资总额	220万欧元	电话	69213732	传真	69212836
设立日期	2006-9-18	负责人	EBERHARD POTHMANN		
主营业务	生产加工组装各类家用电器，销售自产产品，提供产品维修及售后服务。				

企业名称	乐思灯具（上海）有限公司				
企业地址	上海市嘉定区马陆镇育绿路28号8号厂房（201801）				
投资总额	45万USD	电话	69157248	传真	69156781
设立日期	2006-9-14	负责人	FABRIZIO FAVILLI		
主营业务	生产灯具，销售本公司自产产品并提供相关售后服务。				

企业名称	龙工（上海）路面机械制造有限公司				
企业地址	上海市松江区新桥镇民益路26号第18幢（201612）				
投资总额	5000万港币	电话	57644948	传真	57687966
设立日期	2006-9-12	负责人	李 斌		
主营业务	开发、设计、制造路面机械，工程机械，柴油发动机及其零部件。				

企业名称	路斯特传动系统（上海）有限公司				
企业地址	上海市高行工业开发区莱阳路2927弄49号第四幢二层（200137）				
投资总额	120万欧元	电话	62893139	传真	62894497
设立日期	2006-9-11	负责人	WOLFGANG LUST		
主营业务	传动系统相关软、硬件的研发、设计、生产；新型自动控制元器件。				

企业名称	上海舜水阀门有限公司				
企业地址	上海市金山区枫泾工业区A区曹黎路38号3幢（201501）				
投资总额	300万USD	电话	67360197	传真	
设立日期	2006-9-11	负责人	叶 晶		
主营业务	生产液化石油气调压阀、煤气灶具和烧烤炉及其相关的五金、塑料配件。				

企业名称	陆特（上海）机械有限公司				
企业地址	上海市南汇工业园区宣中路399号18幢（201300）				
投资总额	20万USD	电话	58186330	传真	58186322
设立日期	2006-9-1	负责人	PETRI STRENGELL		
主营业务	生产木材加工机械及其零部件，销售公司自产产品，提供相关售后服务。				

企业名称	上海红瀛电器有限公司				
企业地址	上海市崇明县堡镇小洋村（原上海瀛洋电器有限公司内）（202150）				
投资总额	25万USD	电话	59451330	传真	59451330
设立日期	2006-9-1	负责人	王绪香		
主营业务	生产加工工业排风扇、电器配件、金属制品，销售自产产品。				

企业名称	飞索电磁线（上海）有限公司				
企业地址	上海市青浦区练塘镇芦潼路 335 号（201715）				
投资总额	200 万 USD	电　　话	59815432	传　　真	59815055
设立日期	2006-9-1	负 责 人	张　晖		
主营业务	生产、加工电磁线，销售公司自产产品。				

企业名称	迩欧艾照明（上海）有限公司				
企业地址	上海市松江区车墩镇留业路 99 号（10，17 幢）（201611）				
投资总额	300 万 USD	电　　话	64870634	传　　真	64870634
设立日期	2006-8-28	负 责 人	KAMRAN MIRZA		
主营业务	开发、生产和加工节能照明产品及相关配件，销售公司自产产品。				

企业名称	英吉克逊机械（上海）有限公司				
企业地址	上海市青浦工业园区赵重公路 1288 号（201700）				
投资总额	20 万 USD	电　　话	57219808	传　　真	57219809
设立日期	2006-8-22	负 责 人	SUEN TZE FONG		
主营业务	开发、生产、加工 EPS、EPP 成型机械设备及其相关设备和零配件。				

企业名称	三菱电机上海机电电梯有限公司				
企业地址	上海市闵行区金都路 3669 号 1 幢（201108）				
投资总额	5300 万 USD	电　　话	64303030	传　　真	64300932
设立日期	2006-8-19	负 责 人	夏毓灼		
主营业务	电梯及大楼管理系统以及零部件的制造及销售。				

企业名称	锐尔驰机电设备（上海）有限责任公司				
企业地址	上海市浦东新区五星路 385 号 4 幢（200120）				
投资总额	20 万 USD	电　　话	28986198	传　　真	28986197
设立日期	2006-8-16	负 责 人	HEINRICH WILHELM SAUER		
主营业务	电动技术部件、大功率电子设备及配套零件、专用机床机械零部件开发。				

企业名称	上海中加拉发机械制造有限公司				
企业地址	上海市浦东康桥工业区康桥东路 1 号 18D 北厂房（201315）				
投资总额	200 万 RMB	电　　话	68191031	传　　真	68191036
设立日期	2006-8-14	负 责 人	符　宁		
主营业务	生产、组装纺织机械及零部件，销售公司自产产品，提供售后服务。				

企业名称	伦茨（上海）传动系统有限公司				
企业地址	上海市临港新城重装备区 SCI-2-A 地块（201307）				
投资总额	500 万欧元	电　　话	38280334	传　　真	38280432
设立日期	2006-8-7	负 责 人	JÜRGEN JENDRYSCHIK		
主营业务	加工和制造模块式减速机，销售公司自产产品及其零件。				

企业名称	哈诺维亚特种照明电器（上海）有限公司				
企业地址	上海市松江区九亭镇易富路 27 号 B 座厂房（201615）				
投资总额	14 万 USD	电　　话	67627720	传　　真	67627730
设立日期	2006-8-3	负 责 人	YONGWEI GU		
主营业务	设计、生产和加工照明器材及相关设备，销售自产产品并提供技术服务。				

企业名称	益盟精密锻件（上海）有限公司				
企业地址	上海市奉贤区四团镇（201412）				
投资总额	250 万 USD	电　　话	57536353	传　　真	57536890
设立日期	2006-8-1	负 责 人	施春真		
主营业务	加工生产汽车用精密锻件，汽车模具，夹具，销售公司自产产品。				

企业名称	卡博菲电缆桥架（上海）有限公司				
企业地址	上海青浦工业园区金桥路 555 号 2、3 号厂房（201700）				
投资总额	161 万欧元	电　　话	59228887	传　　真	59228870
设立日期	2006-7-31	负 责 人	XAVIER DE FROMENT		
主营业务	开发、生产高级电缆桥架和相关系统，销售自产产品并提供售后服务。				

企业名称	弗朗兹哈斯食品机械（上海）有限公司				
企业地址	上海市青浦工业园区金桥路 555 号 1 号厂房（201700）				
投资总额	150 万 USD	电　　话	59228529	传　　真	59228979
设立日期	2006-7-31	负 责 人	JOHANN HAAS		
主营业务	研发设计、生产组装食品机械设备以及相关零部件和配件，销售产品。				

企业名称	上海斯米克智能化电气系统有限公司				
企业地址	上海市闵行区浦江工业园区立跃路 2708 号 3 幢（201114）				
投资总额	2000 万 USD	电　　话	58360880	传　　真	58359390
设立日期	2006-7-25	负 责 人	李慈雄		
主营业务	生产新型仪表元器件、仪用控制装置及智能型电子电器开关等设计开发。				

企业名称	上海泉承机电有限公司				
企业地址	上海市松江区九亭高科技园区寅西路 371 号 3 号厂房（201615）				
投资总额	300 万 USD	电　　话	57637296	传　　真	57637231
设立日期	2006-7-25	负 责 人	蔡玉祥		
主营业务	生产和加工各类电动工具、五金工具及相关部件，销售公司自产产品。				

企业名称	上海大宇阀业制造有限公司				
企业地址	上海市宝山区潘泾路 1280 号（201907）				
投资总额	100 万 USD	电　　话	56018188	传　　真	56019988
设立日期	2006-7-18	负 责 人	董建成		
主营业务	生产阀门、管件、法兰及其相关配件，销售自产产品。				

企业名称	电光防爆科技（上海）有限公司				
企业地址	上海市闵行区浦江镇联航路 1515 号（201112）				
投资总额	600 万 USD	电　　话	54338777	传　　真	54336658
设立日期	2006-7-17	负 责 人	朱　丹		
主营业务	研发、生产智能化防爆电器及自动化监控系统产品，销售自产产品。				

企业名称	上海雷泽灵电气有限公司				
企业地址	上海市嘉定区菊园新区嘉行公路 868 号西区 B 栋（201808）				
投资总额	500 万 RMB	电　　话	69900868	传　　真	69900869
设立日期	2006-7-17	负 责 人	沈　洁		
主营业务	生产高、低压成套开关设备及电气元件，销售自产产品并提供售后服务。				

企业名称	上海盈嘉机械有限公司				
企业地址	上海市松江工业区车新路 501 号（201600）				
投资总额	105 万 USD	电　　话	37601600	传　　真	37601599
设立日期	2006-7-13	负 责 人	邹　宁		
主营业务	设计、生产流体传送、控制设备及其配套部件，销售公司自产产品。				

企业名称	特艺佳机械贸易（上海）有限公司				
企业地址	上海市嘉定区马陆镇申霞路 314 号（201818）				
投资总额	14 万 USD	电　　话	59900622	传　　真	59900639
设立日期	2006-7-12	负 责 人	叶秋葵		
主营业务	造纸机械、纸品加工机械、纺织机械、包装机械的批发、佣金代理。				

企业名称	上海普茵特精密机械有限公司				
企业地址	上海市南汇区汇成路 530 号 22 栋厂房（201300）				
投资总额	17 万 USD	电　　话	68187010	传　　真	68187020
设立日期	2006-7-7	负 责 人	胡传礽		
主营业务	生产、加工各类印刷机械，销售自产产品，提供售后服务和技术服务。				

企业名称	佑立照明（上海）有限公司				
企业地址	上海市松江区洞泾工业区洞凯路 565 号（201619）				
投资总额	300 万 USD	电　　话	57670511	传　　真	57670511
设立日期	2006-7-6	负 责 人	JEFFREY ALLEN BEHRENDT		
主营业务	设计、生产和加工照明电器、电子镇流器、电感镇流器、电子元器件。				

企业名称	上海德深机械制造有限公司				
企业地址	上海市宝山工业园区金石路 1688 号 504 室（200949）				
投资总额	1250 万 USD	电　　话	57618111	传　　真	57618418
设立日期	2006-7-6	负 责 人	王　娣		
主营业务	生产钢铁加工机械设备、五金制品；销售自产产品。				

企业名称	科尼港口机械（上海）有限公司				
企业地址	上海市临港新城新元南路 555 号 1001 室（201306）				
投资总额	160 万 USD	电　　话	22012222	传　　真	22012111
设立日期	2006-7-5	负 责 人	HO YIN FOO		
主营业务	开发和制造港口机械设备（包括港口起重机械），销售自产产品。				

企业名称	群韵饮料机械（上海）有限公司				
企业地址	上海市浦东康桥工业区沪南公路 2502 号 101 室（201315）				
投资总额	40 万 USD	电　　话	68187010	传　　真	68187020
设立日期	2006-7-5	负 责 人	MIKAEL BY		
主营业务	生产咖啡机和饮料设备及相关零部件，销售自产产品，并提供售后服务。				

企业名称	吉唯达（上海）电气有限公司				
企业地址	上海市浦东新区青云路 80 号（201203）				
投资总额	130 万 USD	电　　话	58958648	传　　真	58956829
设立日期	2006-7-3	负 责 人	JAMES ALLEN ACREE		
主营业务	生产电缆终端、中间接头、限流保护器及控制系统、配电开关及配件。				

制造业-通用设备和电气机械及器材制造业

企业名称	上海瀚通机械设备制造有限公司				
企业地址	上海宝山城市工业园区宝祁路 599 号 8 幢 401 室（200436）				
投资总额	500 万 USD	电　话	52987830	传　真	52987911
设立日期	2006-7-3	负责人	章力丁		
主营业务	研发、生产制冷空调设备，真空设备及仪器，阀门，六氟化硫充放设备。				

企业名称	上海泓雅精密机械有限公司				
企业地址	上海市松江区车墩镇莘莘学子创业园回业路北侧（201612）				
投资总额	20 万 USD	电　话	54223320	传　真	54223699
设立日期	2006-6-29	负责人	朴荣焕（PARK YOUNG HOWAN）		
主营业务	生产、加工电子工业专用设备及其零配件，销售公司自产产品。				

企业名称	双日机械（上海）有限公司				
企业地址	上海市外高桥保税区富特北路 358 号 705/A（200131）				
投资总额	30 万 USD	电　话	58783262	传　真	58786529
设立日期	2006-6-28	负责人	藤枝昭		
主营业务	以机械产品为主仓储分拨；国际贸易、转口贸易、保税区内企业间贸易。				

企业名称	汉特曼机械贸易（上海）有限公司				
企业地址	上海市莘庄工业区华宁路 4018 弄 58 号 14 号楼（201108）				
投资总额	200 万欧元	电　话	64891028	传　真	64893780
设立日期	2006-6-28	负责人	THOMAS HERMANN HANDTAIANN		
主营业务	食品加工机械及其零部件的组装、批发、佣金代理和上述商品的进出口。				

企业名称	意嘉机械制造（上海）有限公司				
企业地址	上海市嘉定区华亭镇高石路 2488 号 1 幢（201811）				
投资总额	350 万欧元	电　话	39900022	传　真	39900011
设立日期	2006-6-27	负责人	FABRIZIO GASPARINI		
主营业务	生产数控机床及零部件，销售本公司自产产品。				

企业名称	上海东方威尔压缩机有限公司				
企业地址	上海市宝山区富联路 1588 号（201907）				
投资总额	130 万 USD	电　话	66932227	传　真	66932229
设立日期	2006-6-27	负责人	吴永旭		
主营业务	设计生产各类压缩机、油水分离器、储气罐及零部件，电机控制系统。				

企业名称	上海黑马安全自动化系统有限公司				
企业地址	上海市外高桥保税区希雅路 69 号 2 号楼第 5 层 A 部位（200131）				
投资总额	50 万 USD	电　话	50461401	传　真	50461402
设立日期	2006-6-23	负责人	曲振元		
主营业务	保税区内生产加工测试装配维修与销售安全系统产品和仓储分拨业务。				

企业名称	斯伯克数控技术（上海）有限公司				
企业地址	上海市嘉定区马陆镇复华路 33 号第 1 幢第 4 层（201801）				
投资总额	20 万瑞士法郎	电　话	59900575	传　真	59900565
设立日期	2006-6-22	负责人	JEAN-PIERRE VAN GRIETHUYSEN		
主营业务	研发、制造三轴以上联动的数控系统、伺服装置及相关零部件。				

企业名称	上海创斯达机电有限公司				
企业地址	上海市浦东新区东川公路 3985 号第 14、15 幢（201203）				
投资总额	100 万 USD	电　话	50368072	传　真	50368073
设立日期	2006-6-20	负责人	刘佳炎		
主营业务	生产园林机械零部件，保险箱，自动取款机零部件和汽车尾气检测仪器。				

企业名称	宏羿机械零件贸易（上海）有限公司				
企业地址	上海市外高桥保税区泰谷路 18 号 1015A 室（200131）				
投资总额	70 万 USD	电　话	53068881	传　真	53069048
设立日期	2006-6-12	负责人	TU LIEH CHIH		
主营业务	以机械零件为主国际贸易转口贸易、保税区企业间贸易及区内贸易代理。				

企业名称	上海东舞精密部件有限公司				
企业地址	上海市工业综合开发区（201400）				
投资总额	300 万 USD	电　话	33655600	传　真	33655611
设立日期	2006-6-10	负责人	藤井志知郎		
主营业务	生产精密电机和零配件及相关电机制品衍生产品、工夹具和加工设备。				

企业名称	路斯特绿能电气系统（上海）有限公司				
企业地址	上海市浦东新区莱阳路 2927 弄 49 号第四幢二层东 B 区（200127）				
投资总额	20 万欧元	电　话	50400088	传　真	50416332
设立日期	2006-6-8	负责人	LUST WOLFGANG		
主营业务	设计研发生产再生能源设备中电气传动及工业自动化控制系统和装备。				

企业名称	上海山特姆电气有限公司				
企业地址	上海市宝山区宝祁路 599 号 8 幢 403 室（200436）				
投资总额	210 万 USD	电　话	36307799	传　真	36307779
设立日期	2006-6-8	负责人	张明华		
主营业务	设计、制造高低压开关柜、各类控制柜及其相关配套服务。				

企业名称	艾泰斯热系统研发（上海）有限公司				
企业地址	上海市徐汇区钦江路 88 号一、二层部分（200233）				
投资总额	200 万 USD	电　话	54266466	传　真	54266499
设立日期	2006-6-6	负责人	格桑旺杰		
主营业务	设计和研发车用空调系统和发动机冷却系统总成及其相关重要零部件。				

企业名称	上海上水埃维柯阀门有限公司				
企业地址	上海市松江区新浜镇华冈路 128 号底层（201605）				
投资总额	1800 万 RMB	电　话	66525309	传　真	66525309
设立日期	2006-5-31	负责人	NIELS AAGE KJAER		
主营业务	开发生产阀门、管道及阀门配件，销售自产产品并提供技术及售后服务。				

企业名称	佩特拉托机械（上海）有限公司				
企业地址	上海市闵行区龙吴路 5287 号（200241）				
投资总额	15 万 USD	电　话	54872860	传　真	54872860
设立日期	2006-5-31	负责人	张安达		
主营业务	生产印刷机械、包装机械、机械零部件，销售自产产品，提供售后服务。				

企业名称	上海澳舒电器有限公司				
企业地址	上海市外高桥保税区富特北路 353 号第三层 306 部位（200131）				
投资总额	16 万 USD	电　话	62275790	传　真	62278379
设立日期	2006-5-30	负责人	WEI HUA		
主营业务	保税区内以家用电器为主的仓储、分拨业务及相关产品的售后服务。				

企业名称	亨赛克精密机械（上海）有限公司				
企业地址	上海市青浦工业园区金桥路 555 号 5 栋邮政编码（201700）				
投资总额	20 万 USD	电　话	59227128	传　真	59227288
设立日期	2006-5-24	负责人	YVES VINCENT ALTMANN		
主营业务	生产和加工精密剌针轴承，销售自产产品，并提供技术支持和售后服务。				

企业名称	上海文全船舶机械工程有限公司				
企业地址	上海市嘉定区马陆镇科盛路 951 号（201801）				
投资总额	14 万 USD	电　话	69152475	传　真	69152476
设立日期	2006-5-24	负责人	骆登伟		
主营业务	生产船用机械零配件，销售自产产品并提供船舶、发电机维修服务。				

企业名称	上海欧纯机械设备有限公司				
企业地址	上海市嘉定区外冈镇沪宜公路 5211 号（201806）				
投资总额	30 万 USD	电　话	59588452	传　真	59588413
设立日期	2006-5-22	负责人	OLA ERLANDSEN		
主营业务	生产轴承、链轮、链条及其他传动件，销售本公司自产产品。				

企业名称	上海开尔机械工程有限公司				
企业地址	上海市外高桥保税区奥纳路 79 号 1 号楼 2 层 10 部位（200131）				
投资总额	13 万 USD	电　话	68881813	传　真	58792583
设立日期	2006-5-22	负责人	MICHAEL WILHELM FRNST WILMERIN		
主营业务	保税区内以机械产品设备为主仓储分拨业务及提供相关维修、技术咨询。				

企业名称	上海德台实业有限公司				
企业地址	上海市闵行区颛桥镇放鹤路 2158 号第四幢（201108）				
投资总额	500 万 USD	电　话	54888269	传　真	54888262
设立日期	2006-5-22	负责人	柯宗荣		
主营业务	设计、生产、加工机电、机械零配件、金属模具、建筑装潢材料。				

企业名称	爱那其斯电机（上海）有限公司				
企业地址	上海市青浦区沈巷镇朱枫公路 1333 号（201713）				
投资总额	170 万 USD	电　话	59832989	传　真	59832977
设立日期	2006-5-17	负责人	NAGASAKA HIROMI		
主营业务	设计、生产、加工电气用机器装置及零部件和计量用机器装置及零部件。				

企业名称	上海雅各伯瑞克阀门制造有限公司				
企业地址	上海市嘉定区黄渡镇工业园区春浓路 312 号（201804）				
投资总额	52 万 USD	电　话	69596393	传　真	69596392
设立日期	2006-5-11	负责人	林秀建		
主营业务	生产阀门、五金管件，销售本公司自产产品。				

企业名称	意露（上海）冷藏有限公司				
企业地址	上海市闵行区纪展路 358 号（200237）				
投资总额	1800 万 USD	电话	52682981	传真	52682981
设立日期	2006-5-8	负责人	ONG CHIN YET		
主营业务	整包货物的拆包拆零、存货管理并提供相关的咨询服务和售后服务。				

企业名称	上海鸣志精密轴承制造有限公司				
企业地址	上海市青浦区华新镇华蔡路 658 号（201708）				
投资总额	51 万 USD	电话	69792227	传真	69792226
设立日期	2006-5-8	负责人	常建鸣		
主营业务	生产精密轴承及各种主机专用轴承，销售公司自产产品。				

企业名称	上海中发依帕超高压电器有限公司				
企业地址	上海市奉贤区金汇镇浦星公路 5088 号（201408）				
投资总额	1 亿 RMB	电话	57486666	传真	57482777
设立日期	2006-4-30	负责人	高建慎		
主营业务	开发设计试验制造气体绝缘开关装置和气体绝缘断路器设备及产品。				

企业名称	益得栗精密机械（上海）有限公司				
企业地址	上海市青浦工业园区青松公路 5399 号 A13 厂房 A 座（201700）				
投资总额	15 万 USD	电话	69210438	传真	69213637
设立日期	2006-4-28	负责人	朱朝艺		
主营业务	开发、生产各类机床的数控系统、自动进给器、螺杆、交直流电机等。				

企业名称	奥启盛机械工业（上海）有限公司				
企业地址	上海市松江区中山街道施惠路 259 号第六幢厂房（201600）				
投资总额	105 万 USD	电话	57784606	传真	57784616
设立日期	2006-4-25	负责人	CHOK HON YOONG		
主营业务	生产精冲模、精密型腔模、模具标准件，销售公司自产产品。				

企业名称	戈拉精密部件（上海）有限公司				
企业地址	上海市奉贤沪杭公路 1669 号 4 号厂房（201400）				
投资总额	14 万 USD	电话	67107985	传真	67107984
设立日期	2006-4-24	负责人	VISHANJI H.GALA		
主营业务	设计生产加工压缩机阀片、阀板和阀组件，碟型弹簧，大型加工筛沙机。				

企业名称	佑力机械（上海）有限公司				
企业地址	上海市嘉定区黄渡镇联西村 17-8 宗 2 幢（201805）				
投资总额	14 万 USD	电话	69582405	传真	69582405
设立日期	2006-4-19	负责人	罗瑞萦		
主营业务	生产电动吊车、行车及其零配件，销售本公司自产产品并提供售后服务。				

企业名称	科模热思（上海）工业电热器材有限公司				
企业地址	上海市外高桥保税区泰谷路 88 号丰谷大厦第四层 A2 部位（200131）				
投资总额	28 万 USD	电话	58668802	传真	58668804
设立日期	2006-4-11	负责人	JOHN WARNER		
主营业务	保税区内以工业电热及控制系统、零件及其原材料为主的仓储分拨业务。				

企业名称	国浦（上海）机电设备有限公司				
企业地址	上海市外高桥保税区奥纳路 79 号 1 号楼第一层 7 部位（200131）				
投资总额	60 万 USD	电话	61090100	传真	61090102
设立日期	2006-4-10	负责人	薄丹青		
主营业务	保税区内以机电产品为主的仓储、分拨业务以及相关产品的售后服务。				

企业名称	莱格禄普拉司（上海）机械贸易有限公司				
企业地址	上海市外高桥保税区富特北路 458 号 2#398 室（200131）				
投资总额	20 万 USD	电话	64697869	传真	64282797
设立日期	2006-4-6	负责人	HITOSHI WASHIO		
主营业务	机械产品为主国际贸易、转口贸易、保税区企业间贸易及区内贸易代理。				

企业名称	雷欧电气元件（上海）有限公司				
企业地址	上海市浦东新区上南路 3320 号八幢一层（201300）				
投资总额	14 万 USD	电话	68790830	传真	68790823
设立日期	2006-4-5	负责人	TWELLSIECK FRIEDEL		
主营业务	生产、组装电抗器以及电气部件，销售自产产品，提供相关的技术服务。				

企业名称	巴荣工业机械（上海）有限公司				
企业地址	上海市嘉定区黄渡镇春归路 299 号 2 幢（201805）				
投资总额	150 万 USD	电话	69597170	传真	69597177
设立日期	2006-4-5	负责人	富田恭平		
主营业务	生产城市污水处理设备（离心分离机），销售自产产品并提供售后服务。				

企业名称	上海电气电站开发有限公司				
企业地址	上海市虹口区四平路 257 号上海新元大酒店 19 楼 F 座（200081）				
投资总额	1000 万 RMB	电话	54048333	传真	54045283
设立日期	2006-4-4	负责人	张晓明		
主营业务	电站设备、电网设备及相关产品的批发和售后服务。				

企业名称	斯宝传动技术（上海）有限公司				
企业地址	上海市外高桥保税区加太路 39 号第四层 7 部位（200131）				
投资总额	14 万 USD	电话	50550380	传真	58680861
设立日期	2006-3-30	负责人	PAUL HERMANN		
主营业务	保税区内传动技术研究开发，以传动设备及零部件为主仓储分拨业务。				

企业名称	迈迪克（上海）照明科技有限公司				
企业地址	上海市长宁区虹桥路 2266 号 4 号楼 121 室（200335）				
投资总额	15 万 USD	电话	51111408	传真	51111408
设立日期	2006-3-30	负责人	熊建昌		
主营业务	从事照明电器、电子、电感整流器具、灯具及电光源产品设计研发生产。				

企业名称	埃得思自动化设备（上海）有限公司				
企业地址	上海市金桥出口加工区（南区）龙桂路 128 号 T3-11（201206）				
投资总额	100 万 USD	电话	61601828	传真	61601821
设立日期	2006-3-28	负责人	LIM CHIN HUI		
主营业务	设计加工生产半导体测试、封装、表面贴装设备、微电子自动化设备。				

企业名称	上海板机电气制造有限公司				
企业地址	上海市嘉定区安亭镇南安路 169 号 1 幢 A 区（201805）				
投资总额	22 万 USD	电话	59560404	传真	59560404
设立日期	2006-3-27	负责人	汪锦星		
主营业务	研发制造标准开关柜、电气控制系统，销售自产产品并提供售后服务。				

企业名称	逸典精密机械（上海）有限公司				
企业地址	上海市嘉定区马陆镇宝安公路 2785 号 5 幢（201801）				
投资总额	14 万 USD	电话	39152781	传真	39152780
设立日期	2006-3-23	负责人	李旺相		
主营业务	生产半导体、电子专用加工设备、染整设备及配件，加工染料。				

企业名称	祥博机电（上海）有限公司				
企业地址	上海市嘉定区马陆镇丰功路 55 弄 5 号（201801）				
投资总额	25 万 USD	电话	69152456	传真	69152457
设立日期	2006-3-23	负责人	稻泽匡昭		
主营业务	生产加工机械设备电子零部件、机械零部件，销售本公司自产产品。				

企业名称	能徕电器（上海）有限公司				
企业地址	上海市奉贤区奉城镇奉高路 7 号（201411）				
投资总额	14 万 USD	电话	57524728	传真	57525056
设立日期	2006-3-23	负责人	陈冠英		
主营业务	生产加工电子产品、灯具及配件、节能调控设备及配件，销售自产产品。				

企业名称	百超玻璃机械（上海）有限公司				
企业地址	上海市外高桥保税区日京路 88 号一层 A 部位（200131）				
投资总额	40 万 USD	电话	58680480	传真	58682787
设立日期	2006-3-22	负责人	ROLF HONEGGER		
主营业务	保税区内以玻璃机械及零配件为主仓储分拨业务及相关产品售后服务。				

企业名称	上海先锋电镀技术有限公司				
企业地址	上海市嘉定区江桥镇发祥路 23 号 9 幢（201803）				
投资总额	100 万 USD	电话	69133300	传真	69133049
设立日期	2006-3-22	负责人	怡田雄		
主营业务	各种材质之表面处理，销售本公司自产产品。				

企业名称	上海林博热能技术有限公司				
企业地址	上海市浦东新区浦东北路 1520 号（200131）				
投资总额	3000 万 RMB	电话	69172861	传真	69172862
设立日期	2006-3-21	负责人	内藤进		
主营业务	生产燃气热水器及灶具，销售处磁产品，提供售后服务及技术咨询服务。				

企业名称	上海环松爱尔爱司动力机械有限公司				
企业地址	上海市南汇区南芦公路 163 号 6#、7#厂房（201300）				
投资总额	175 万 USD	电话	65665858	传真	65663932
设立日期	2006-3-20	负责人	LI SHUNING		
主营业务	生产用于摩托车运动休闲车的动力总成、零部件及与之配套运动休闲车。				

企业名称	新魁机电科技（上海）有限公司				
企业地址	上海市松江科技园区崇南路 6 号 B 区 4 号房（201602）				
投资总额	14 万 USD	电　话	54302698	传　真	54300265
设立日期	2006-3-16	负 责 人	松本修一		
主营业务	开发制作电气机械及微电脑应用软件，设计、制造机械设备及机械部件。				

企业名称	豪乐奥机械设备（上海）有限公司				
企业地址	上海市松江区东兴路 79 号 10 号 A 区（201600）				
投资总额	200 万 USD	电　话	67743655	传　真	67740746
设立日期	2006-3-16	负 责 人	RICHARD JOHN COTTON		
主营业务	设计、生产、组装缓冲器及其相关机械设备，销售产品并提供售后服务。				

企业名称	上海奥星安吉拉东尼机械装备有限公司				
企业地址	上海市松江区玉阳路 799 号（201600）				
投资总额	15 万 USD	电　话	57734811	传　真	57733238
设立日期	2006-3-8	负 责 人	何国强		
主营业务	生产冷冻设备及零部件，销售自产产品，并提供技术服务和售后服务。				

企业名称	礼恩派（上海）机械技术有限公司				
企业地址	上海市嘉定区安亭镇漳翔路 1051 号（201805）				
投资总额	210 万 USD	电　话	59508600	传　真	59509957
设立日期	2006-3-8	负 责 人	ERNEST C.JETT		
主营业务	高技术含量的特种工业缝纫机制造，销售本公司自产产品。				

企业名称	库柏工业电气（上海）有限公司				
企业地址	上海市浦东新区胜利路 955 号 B 幢（200131）				
投资总额	100 万 USD	电　话	28993888	传　真	28993990
设立日期	2006-3-7	负 责 人	刘金利（KIM LEE LAW）		
主营业务	开发生产电力配送和管理设备，电路电气系统保护产品和电源管理产品。				

企业名称	凯晔电气科技（上海）有限公司				
企业地址	上海市闵行区江川路 1800 号 105 幢（200245）				
投资总额	62 万 USD	电　话	64834001	传　真	65166407
设立日期	2006-3-2	负 责 人	林琴芳		
主营业务	研发、生产成套智能化电气工程测试、控制系统及配件，销售自产产品。				

企业名称	上海鑫杭成套空调设备科技有限公司				
企业地址	上海青浦工业园区久远路 239 号（201700）				
投资总额	500 万 USD	电　话	50383897	传　真	50383897
设立日期	2006-3-1	负 责 人	唐绍聪		
主营业务	研发、设计、生产成套空调设备及相关零部件，销售公司自产产品。				

企业名称	希迪斯分电系统（上海）有限公司				
企业地址	上海市浦东新区川沙路 6999 号 5 号厂房（201203）				
投资总额	16.6 万欧元	电　话	58594088	传　真	58594099
设立日期	2006-2-28	负 责 人	RALF GERHARD BOOK		
主营业务	开发生产配电设备及其零部件，销售自产产品并提供技术及售后服务。				

企业名称	品服精密科技（上海）有限公司				
企业地址	上海市闵行区莲花南路 2399 号 6#甲（200237）				
投资总额	727 万 USD	电　话	34240967	传　真	34245967
设立日期	2006-2-28	负 责 人	张和德		
主营业务	生产 BGA 封装锡球，销售自产产品（涉及行政许可的，凭许可证经营）。				

企业名称	上海恒有源科技发展有限公司				
企业地址	上海市崇明县城桥镇东门路 101 号（202150）				
投资总额	110 万港币	电　话	62267966	传　真	62267101
设立日期	2006-2-28	负 责 人	王　奔		
主营业务	承接新型采暖制冷成套工程研发安装、技术咨询、技术服务、技术转让。				

企业名称	上海米亚基光电机械有限公司				
企业地址	上海市工业综合开发区肖南路（201400）				
投资总额	210 万 USD	电　话	64486000	传　真	64486550
设立日期	2006-2-27	负 责 人	田尻康		
主营业务	高效焊装生产设备的制造，销售公司自产产品并提供相应的售后服务。				

企业名称	上海浔安数码科技发展有限公司				
企业地址	上海市长宁区天山路 600 弄 4 号 19 层 AB 室（200336）				
投资总额	140 万 USD	电　话	62283355	传　真	62419755
设立日期	2006-2-24	负 责 人	叶英保		
主营业务	从事数码影音、视频产品、网络产品、家用电器等领域内研究开发设计				

企业名称	英维思自动化控制系统（上海）有限公司				
企业地址	上海市莘庄工业区光华路 968 号（201108）				
投资总额	300 万 USD	电　话	61451188	传　真	61451187
设立日期	2006-2-22	负 责 人	梁孝慈		
主营业务	研发、生产自动化控制系统产品和销售自产产品及提供相关的技术服务。				

企业名称	优必胜达进（上海）轴承有限公司				
企业地址	上海市松江区车墩镇车泾公路李高路高桥村（201611）				
投资总额	128 万 USD	电　话	64903046	传　真	64903457
设立日期	2006-2-20	负 责 人	DOMINGO SO PENALOZA（卢天民）		
主营业务	生产、加工精密轴承及各种主机专用轴承，销售公司自产产品。				

企业名称	劲亚（上海）机械有限公司				
企业地址	上海市松江区九亭镇连富路 63 号（201615）				
投资总额	56 万 USD	电　话	67690691	传　真	67691411
设立日期	2006-2-20	负 责 人	林瑞祥		
主营业务	开发、设计、生产各类全自动（数控）纸制品加工机械产品及其零配件。				

企业名称	上海莱恩精密机床附件有限公司				
企业地址	上海市浦东康桥工业区康衫路 518 号 5 幢（201315）				
投资总额	370 万 USD	电　话	58128569	传　真	58128800
设立日期	2006-2-20	负 责 人	刘国青		
主营业务	设计、生产三轴以上数控机床的高精度滚珠丝杠，销售公司自产产品。				

企业名称	上海东冠工程机械有限公司				
企业地址	上海市嘉定区黄渡镇杨木桥村（201804）				
投资总额	14 万 USD	电　话	59594329	传　真	59594327
设立日期	2006-2-16	负 责 人	KWON DONG AN		
主营业务	生产工程机械配套件及相关零配件，销售本公司自产产品。				

企业名称	富士金阀门（上海）有限公司				
企业地址	上海市富特西一路 333 号长城大厦第 6 层 C6-7 部位（200131）				
投资总额	14 万 USD	电　话	67696576	传　真	67696536
设立日期	2006-2-13	负 责 人	菅三夫		
主营业务	保税区内以阀门为主仓储、分拨、商品展示，售后服务及技术支持咨询。				

企业名称	良笠精密机械（上海）有限公司				
企业地址	上海青浦工业园区外青松公路 5500 号 201 室（201700）				
投资总额	500 万 USD	电　话	69247000	传　真	69247111
设立日期	2006-2-13	负 责 人	周文育		
主营业务	开发生产加工数控系统、数控机床、夹治具、多轴器、钻孔机、攻丝机。				

企业名称	上海隆泉照明器具有限公司				
企业地址	上海市南汇区三灶都市型工业园区发展东路 518 号（201300）				
投资总额	300 万 USD	电　话	68967162	传　真	68967163
设立日期	2006-2-10	负 责 人	丁　毅		
主营业务	生产、加工照明器具及相配套的金属材料，销售公司自产产品。				

企业名称	谢尔机械（上海）有限公司				
企业地址	上海市松江区新桥镇新界路 109 号第 4 幢厂房（201612）				
投资总额	24 万 USD	电　话	57645209	传　真	57644617
设立日期	2006-2-7	负 责 人	ROLAND HOEHN		
主营业务	设计、加工、生产切粒机械系统、木材加工机械及金属加工机械。				

企业名称	戴尔麦克工业机械手（上海）有限公司				
企业地址	上海市浦东新区浦东大道 1093 弄 10 号 1-3 层（200135）				
投资总额	10 万 USD	电　话	58601869	传　真	58602152
设立日期	2006-2-5	负 责 人	JOHN ALLAN CZINNER		
主营业务	研发设计、组装测试、生产翻新和维修工业机械手系统及配套工具。				

企业名称	上海久日机械有限公司				
企业地址	上海市松江区新浜工业区（二期）文兵路 70 号（201605）				
投资总额	210 万 USD	电　话	57780480	传　真	57782195
设立日期	2006-1-28	负 责 人	洪创旭		
主营业务	生产、制造电机配件及机械零件，销售公司自产产品。				

企业名称	上海正环汇众活塞环有限公司				
企业地址	上海市嘉定区黄渡镇东港路 110 号（201800）				
投资总额	1467 万 USD	电　话	56041184	传　真	56047421
设立日期	2006-1-27	负 责 人	THOMAS F.NEUSIIS		
主营业务	设计、制造活塞环和完整的活塞环组件，销售自产产品并提供售后服务。				

企业名称	越浩机械制造（上海）有限公司				
企业地址	上海市宝山区沪太路 8889 号 508 室（200949）				
投资总额	800 万 USD	电话	57618866	传真	57618418
设立日期	2006-1-27	负责人	李慧		
主营业务	生产钢铁加工机械设备，五金制品，销售自产产品。				

企业名称	大普数控机械（上海）有限公司				
企业地址	上海市外高桥保税区冰克路 500 号 B2K-4 仓库 A23 部位（200131）				
投资总额	20 万 USD	电话	56371909	传真	56371893
设立日期	2006-1-24	负责人	张建鹏		
主营业务	区内以机械设备为主的仓储分拨业务以及相关产品售后服务技术支持。				

企业名称	古河凿岩机械（上海）有限公司				
企业地址	上海市奉贤区金汇镇汇金二支路（201405）				
投资总额	5000 万日元	电话	57486636	传真	57486638
设立日期	2006-1-24	负责人	加藤洋一郎		
主营业务	生产凿岩机械、液压破碎机及零部件，销售自产产品并提供维修及咨询。				

企业名称	博威邮封自动化系统（上海）有限公司				
企业地址	上海市浦东新区东方路 710 号 801 室（200120）				
投资总额	14 万 USD	电话	58302958	传真	58302956
设立日期	2006-1-23	负责人	MAN KIT ANDREW SHUM		
主营业务	计算机及自动化设备调试、安装、保养、维护，计算机软件产品开发。				

企业名称	翎创机电（上海）有限公司				
企业地址	上海市闵行区纪翟路 1198 号（201106）				
投资总额	28 万 USD	电话	52261462	传真	52261465
设立日期	2006-1-20	负责人	刘俊达		
主营业务	生产数控精密机床，销售自产产品（涉及行政许可的凭许可证经营）。				

企业名称	捷奥机械（上海）有限公司				
企业地址	上海市嘉定区徐行镇曹新公路 453 号 2 幢（201809）				
投资总额	20 万 USD	电话	59941005	传真	59941006
设立日期	2006-1-20	负责人	WANG YUE NENG		
主营业务	生产金属板材加工设备，销售本公司自产产品并提供售后服务。				

企业名称	麦贝格机器制造（上海）有限公司				
企业地址	上海市闵行区梅陇镇澄建路 128 号 1 号厂房（200237）				
投资总额	51 万 USD	电话	64343900	传真	64342372
设立日期	2006-1-19	负责人	DR TIETZE JOCHEM		
主营业务	生产各类图文机械设备、切纸机、堆叠机、平张检验系统、密度计。				

企业名称	安培威机械制造（上海）有限公司				
企业地址	上海市奉贤区南桥镇奉金路 666 号（201400）				
投资总额	300 万 USD	电话	67158181	传真	67159881
设立日期	2006-1-17	负责人	梁孝慈		
主营业务	研究、开发、生产、组装食品机械和饮料机械及其配套设备，销售产品。				

企业名称	赫兹空调压缩机（上海）有限公司				
企业地址	上海市闵行区虹梅南路 4999 号（200237）				
投资总额	48 万 USD	电话	64509502	传真	64509812
设立日期	2006-1-16	负责人	沈大兹		
主营业务	研究、制造客车空调压缩机、离合器及相关零部件，销售自产产品。				

企业名称	依古姿妮照明（中国）有限公司				
企业地址	上海市奉贤区环城西路 3411 号（201412）				
投资总额	620 万 USD	电话	63411199	传真	33655201
设立日期	2006-1-16	负责人	Massimiliano Guzzini		
主营业务	研究、设计、开发、制造与装配照明设备及零部件配件，销售自产产品。				

企业名称	弘拓机电工业（上海）有限公司				
企业地址	上海市嘉定区马陆镇嘉新公路东侧（201801）				
投资总额	51 万 USD	电话	59103323	传真	39151088
设立日期	2006-1-13	负责人	孙志伟		
主营业务	生产压缩机、电动工具、气动工具、发电机、高压清洗机、电动机等。				

企业名称	维码（上海）家电有限公司				
企业地址	上海市富特西一路 155 号 C 楼第二层 2006 乙部位（200131）				
投资总额	12.5 万 USD	电话	62376661	传真	62376606
设立日期	2006-1-11	负责人	LAODE WILLY TJAHJADI		
主营业务	保税区内以家用电器为主的仓储、分拨业务及相关产品的售后服务。				

企业名称	普腾机械（上海）有限公司				
企业地址	上海市外高桥保税区杨高北路 2001 号办公楼 2 层 212B 室（200131）				
投资总额	13 万 USD	电话	51062810	传真	51062810
设立日期	2006-1-11	负责人	SU YUN WU		
主营业务	以机械设备为主的国际贸易、转口贸易、保税区企业间贸易及贸易代理。				

企业名称	宝马格（中国）工程机械有限公司				
企业地址	上海市工业综合开发区内（201400）				
投资总额	660 万 USD	电话	67104242	传真	67104141
设立日期	2006-1-11	负责人	MARTIN OCHOTTA		
主营业务	公路港口新型机械设备设计与制造，铁路大型施工及养护设备设计制造。				

企业名称	胜山机械贸易（上海）有限公司				
企业地址	上海市外高桥保税区英伦路 38 号衡山商务楼 309 室（200131）				
投资总额	800 万日元	电话	64736398	传真	64457895
设立日期	2006-1-10	负责人	木村雄一		
主营业务	以机械产品为主国际贸易、转口贸易、保税区内企业间贸易及贸易代理。				

企业名称	丰生微电机（上海）有限公司				
企业地址	上海市松江区泖港镇沈家埭村 62/2 丘第 3 号厂房（201607）				
投资总额	100 万 USD	电话	54297408	传真	54297405
设立日期	2006-1-10	负责人	赵建丰		
主营业务	生产、加工微机电子设备、机械设备及相关配件、仪器仪表、销售产品。				

企业名称	维尔泰克（上海）压缩空气系统技术有限公司				
企业地址	上海市浦东新区金丰路 6 号 4 幢（200120）				
投资总额	38 万 USD	电话	62884522	传真	62884533
设立日期	2006-1-6	负责人	曹克坚		
主营业务	空气压缩技术研究开发、压缩机系统部件设计及配套服务，生产压缩机。				

企业名称	罗托克阀门控制技术（上海）有限公司				
企业地址	上海市闵行区联曹路 260 米 G 栋（200241）				
投资总额	189 万 USD	电话	64348388	传真	64348266
设立日期	2006-1-6	负责人	GRAHAMMICHAELOGDEN		
主营业务	组装生产电动、气动、液动执行器、齿轮箱、阀门附件、仪表工程产品。				

企业名称	澳牧特机电设备（上海）有限公司				
企业地址	上海市杨浦区延吉中路 65 号 76 室（200093）				
投资总额	30 万 USD	电话	65085585	传真	65085585
设立日期	2006-1-5	负责人	RIE KAWAMURA		
主营业务	生产空调及通风设备的配件，销售自产产品。				

企业名称	殷愫克高电气科技（上海）有限公司				
企业地址	上海市张江高科技园区郭守敬路 351 号 2 号楼 604A-14 室（201203）				
投资总额	14 万 USD	电话	58358392	传真	58355822
设立日期	2006-1-4	负责人	JAE HO LEE		
主营业务	电气相关技术的研究、开发，转让自有技术，提供相关技术和技术服务。				

企业名称	高顶机电（上海）有限公司				
企业地址	上海市外高桥保税区日京路 35 号凯兴大楼第四层 B—3 部位（200131）				
投资总额	70 万 USD	电话	58667696	传真	58667696
设立日期	2005-12-13	负责人	王淼		
主营业务	以半导体设备、机电设备、零部件为主的仓储、分拨业务。				

企业名称	鼓德温（上海）阀门有限公司				
企业地址	上海市外高桥保税区富特中路 288 号 02#楼第一层 B 部位（200131）				
投资总额	35 万 USD	电话	63588686	传真	63589899
设立日期	2005-12-13	负责人	JOHN WALKER GOODWIN		
主营业务	保税区内阀门及相关产品的开发、设计、生产，销售自产产品。				

企业名称	特而博涡轮系统（上海）有限公司				
企业地址	上海市宝山区祁骆路 18 号（200436）				
投资总额	70 万欧元	电话	62673006	传真	62672002
设立日期	2005-12-13	负责人	MARTIN CARLSEN		
主营业务	生产、装配鼓风机零件和部件，销售自产产品。				

企业名称	上海臼井发动机零部件有限公司				
企业地址	上海市莘庄工业区金都路 3688 号（201100）				
投资总额	660 万 USD	电话	54832288	传真	34073828
设立日期	2005-12-9	负责人	渡边利一		
主营业务	设计和生产汽车零部件、发动机零部件、用于内燃机、农业机械。				

制造业-通用设备和电气机械及器材制造业

企业名称	卡特彼勒再制造工业（上海）有限公司				
企业地址	上海市南汇区南芦公路 2158 号 103 室（201306）				
投资总额	210 万 USD	电话	32204628	传真	68281072
设立日期	2005-12-9	负责人	KEVIN R.THIENEMAN		
主营业务	汽车、采矿机械、建筑机械的发动机、变速器的翻新、再制造。				

企业名称	上海汉德电机制造有限公司				
企业地址	上海市嘉定工业区北区 20-4 号地块（201807）				
投资总额	600 万 USD	电话	69132753	传真	69132195
设立日期	2005-12-7	负责人	王福英		
主营业务	生产特种电动机，销售本公司自产产品。				

企业名称	上海三电冷机有限公司				
企业地址	上海市浦东康桥工业区康桥东路 1 号 201 室（201315）				
投资总额	100 万 USD	电话	56503555	传真	56502666
设立日期	2005-12-6	负责人	洪福卿		
主营业务	制造商用冰柜和冷冻柜、自动售货机、投币器、纸钞识别系统及零部件。				

企业名称	上海杰米森电器有限公司				
企业地址	上海市宝山区沪太路 8889 号 503 室（200949）				
投资总额	500 万 USD	电话	62112765	传真	62524619
设立日期	2005-12-5	负责人	徐伟国		
主营业务	生产电子、电器和照明产品，销售自产产品。				

企业名称	麦特沃克气动元件（上海）有限公司				
企业地址	上海市宝山区富联三路 3 号 C1 栋（201907）				
投资总额	75 万 USD	电话	36043088	传真	36043077
设立日期	2005-12-5	负责人	VALENTINO PELLENGHI		
主营业务	生产机电仪表自动化气动元件、气动工具、电动工具。				

企业名称	上海乐兆传动产品有限公司				
企业地址	上海市嘉定工业区金兰路 221 号厂房东部（201807）				
投资总额	40 万 USD	电话	59546810	传真	59543888
设立日期	2005-11-28	负责人	陆志刚		
主营业务	开发、生产联轴器及相关传动产品，销售本公司自产产品。				

企业名称	亚成空调系统（上海）有限公司				
企业地址	上海市浦东新区唐镇虹星路 137 号 2 幢（201203）				
投资总额	14 万 USD	电话	58631542	传真	58631383
设立日期	2005-11-24	负责人	廖启利		
主营业务	车、船空调热交换系统的研究、开发、生产，销售自产产品。				

企业名称	上海永大吉亿电机有限公司				
企业地址	上海市松江区九亭镇八佰伴路 77 号（201615）				
投资总额	2500 万 USD	电话	57633888	传真	57632251
设立日期	2005-11-24	负责人	许作名		
主营业务	研发、生产和加工马达、电梯主机、电梯门机、电梯零组件。				

企业名称	上海晨晃机电工业有限公司				
企业地址	上海市南汇区宣桥镇发展东路 160 号（201300）				
投资总额	84 万 USD	电话	58039271	传真	58039279
设立日期	2005-11-23	负责人	范振道		
主营业务	设计制造生物处理废水设备电磁式隔膜鼓风机及各种送风机。				

企业名称	森本防爆电器（上海）有限公司				
企业地址	上海市嘉定区嘉定镇嘉罗公路 100 号 2 幢（201800）				
投资总额	60 万 USD	电话	59900900	传真	59906078
设立日期	2005-11-22	负责人	叶向仁		
主营业务	生产防爆产品、工矿灯具、高低压电器，销售本公司自产产品。				

企业名称	中电电力检修工程有限公司				
企业地址	上海市长宁区延安西路 726 号 22K 室（200050）				
投资总额	5000 万 RMB	电话	52378032	传真	52378022
设立日期	2005-11-17	负责人	谷大可		
主营业务	发电设备、变电站设备、输电线路、起重设备的安装、调试。				

企业名称	科鹏电缆（上海）有限公司				
企业地址	上海市闵行区莘北路 121 号一楼（201100）				
投资总额	12 万欧元	电话	64883655	传真	64885217
设立日期	2005-11-17	负责人	ROLAND SCHULTNER		
主营业务	电缆的生产、加工、组装，销售自产产品，提供相关技术咨询。				

企业名称	华相集成电路（上海）有限公司				
企业地址	上海市张江高科技园区郭守敬路 351 号 2 号楼 692-06 室（201203）				
投资总额	100 万 USD	电话	50804106	传真	50804105
设立日期	2005-11-16	负责人	许宗贤		
主营业务	集成电路的研发、设计；集成电路软件的研发、设计、制作。				

企业名称	上海丰乐行机电设备制造有限公司				
企业地址	上海市浦东新区新金桥路 828 号 T4-1（201206）				
投资总额	118 万 RMB	电话	50756554	传真	50756702
设立日期	2005-11-11	负责人	YVONNE YUWEN TONG		
主营业务	开发、设计、加工、生产光电设备、化工仪器设备、包装机械。				

企业名称	锃时机电工程（上海）有限公司				
企业地址	上海市浦东新区博兴路 195 号 251 室（200120）				
投资总额	200 万 USD	电话	53077722	传真	53079322
设立日期	2005-11-10	负责人	利少威		
主营业务	机电设备安装、建筑装饰，并提供上述相关工程的技术咨询服务。				

企业名称	上海大西热学控制技术有限公司				
企业地址	上海市闵行区剑川路 910 号（201100）				
投资总额	51 万 USD	电话	64354115	传真	64351457
设立日期	2005-11-4	负责人	大西康仁		
主营业务	设计、制造测试设备及其部件，相关软件的开发，销售自产产品。				

企业名称	世图兹空调技术系统（上海）有限公司				
企业地址	上海市莘庄工业区申富路 999 号（201108）				
投资总额	85.4 万 USD	电话	54830270	传真	54830271
设立日期	2005-11-3	负责人	JÜRGEN STULZ		
主营业务	生产、研究和开发空调和调湿系统及其相关工具、零配件。				

企业名称	纳博热（上海）工业炉有限公司				
企业地址	上海市闵行区瓶北路 158 号 150 弄（201102）				
投资总额	15 万 USD	电话	64902960	传真	64903107
设立日期	2005-11-3	负责人	杨承庆		
主营业务	设计、生产工业炉及其零配件，销售自产产品。				

企业名称	莱尼电气系统（上海）有限公司				
企业地址	上海市嘉定区外冈镇上海国际汽车城产业园嘉松北路 768 号（201806）				
投资总额	1200 万 USD	电话	59575550	传真	39939521
设立日期	2005-10-31	负责人	ALFONS THEODOR HERMANN HAERTL		
主营业务	设计、制造汽车电子装置，销售本公司自产产品并提供售后服务。				

企业名称	上海德百实电器电子有限公司				
企业地址	上海市闵行区虹桥镇吴中路 1050 号（201101）				
投资总额	14 万 USD	电话	54883397	传真	54883550
设立日期	2005-10-31	负责人	ZHIYI LI		
主营业务	生产开关电源、自动化仪表、系统集成，销售自产产品。				

企业名称	上海觅赡轴承有限公司				
企业地址	上海市浦东新区北蔡镇潘姚村三八河路 628 号 1—2 幢（201204）				
投资总额	200 万 USD	电话	50426445	传真	50426449
设立日期	2005-10-24	负责人	郑熙烈		
主营业务	生产、加工轴承及其零配件，销售自产产品。				

企业名称	凯士比阀业（上海）有限公司				
企业地址	上海市闵行区江川路 1400 号（200245）				
投资总额	250 万欧元	电话	64302888	传真	64301504
设立日期	2005-10-20	负责人	AGUS SUSANTO		
主营业务	设计、加工、生产阀门及配件和相关配套的电子产品。				

企业名称	优益特（上海）液压技术有限公司				
企业地址	上海市浦东新区莲振路 298 号四号楼底层（200127）				
投资总额	120 万 RMB	电话	50913750	传真	50913751
设立日期	2005-10-13	负责人	冯 焱		
主营业务	液压和气压动力机械及零配件的加工，销售自产产品。				

企业名称	依必安派特电机（上海）有限公司				
企业地址	上海市南汇工业园区宣中路 399 号 24 幢厂房（201300）				
投资总额	300 万 USD	电话	58182568	传真	58188115
设立日期	2005-10-12	负责人	THOMAS PHILIPPIAK		
主营业务	生产电子、通讯等行业用通风装置，加工装配电动机、风机。				

企业名称	德和盛电气（上海）有限公司				
企业地址	上海市莘庄工业区华宁路 2888 弄 318 号 6 幢（201108）				
投资总额	50 万欧元	电　话	64423736	传　真	64423705
设立日期	2005-10-8	负 责 人	HANS A.THIEL		
主营业务	设计、开发、生产和装配机械、电气和电子保护产品及部件。				

企业名称	磊亚（上海）紧固件有限公司				
企业地址	上海市外高桥保税区富特东一路 391 号第五层 505 部位（200131）				
投资总额	20 万 USD	电　话	50461897	传　真	50461897
设立日期	2005-9-29	负 责 人	HARTWIG KARL JULIUS MÜGGENBUR		
主营业务	保税区内以紧固件和连接件为主的仓储分拨业务。				

企业名称	中瑞捷赛宝（上海）锅炉有限公司				
企业地址	上海市闵行区立跃路 2951 号浦江镇工业园经济城（201114）				
投资总额	20 万 USD	电　话	64299010	传　真	64291423
设立日期	2005-9-15	负 责 人	THOR IVAR LUND		
主营业务	生产加工有机载体锅炉、有机热载体压力容器、热交换器、加热盘管。				

企业名称	横河电机（中国）商贸有限公司				
企业地址	上海市徐汇区淮海中路 1010 号嘉华中心 28 楼（200030）				
投资总额	605 万 USD	电　话	54051919	传　真	54051011
设立日期	2005-9-9	负 责 人	青山淳		
主营业务	从事自动控制系统、现场计量器、传感器等的商品批发、佣金代理。				

企业名称	上海绿城水处理有限公司				
企业地址	上海市青浦区华新镇华强街 584 号（201708）				
投资总额	200 万 RMB	电　话	59774477	传　真	59774477
设立日期	2005-9-9	负 责 人	钟炫柱		
主营业务	提供与污水处理、给水处理及其他环保设施相关的技术服务。				

企业名称	阿尔斯通机电（上海）有限公司				
企业地址	上海市莘庄工业区华宁路 2888 弄 333 号旋翼小区 4 栋厂房（201108）				
投资总额	100 万欧元	电　话	64421666	传　真	64422652
设立日期	2005-9-9	负 责 人	JEAN-PIERRE RODRIGUEZ		
主营业务	开发、设计、生产、组装、测试电子传动与自动化系统。				

企业名称	日新驰威高能电机（上海）有限公司				
企业地址	上海市青浦工业园区汇金路 958 号（201700）				
投资总额	92 万 USD	电　话	69210351	传　真	69211324
设立日期	2005-9-7	负 责 人	西野勤		
主营业务	设计、生产、加工辐照装置、净化环境装置、高电压装置及其配件。				

企业名称	上海东热工业炉有限公司				
企业地址	上海市嘉定区南翔高科技园区嘉好路 855 号 5 号厂房（201802）				
投资总额	20 万 USD	电　话	69172970	传　真	69172950
设立日期	2005-9-2	负 责 人	望月俊二		
主营业务	各种工业炉，非铁金属熔化炉，保温炉及电气控制装置的设计、制作。				

企业名称	上海大信机电有限公司				
企业地址	上海市松江工业区方塔北路 605 号（201600）				
投资总额	100 万 USD	电　话	57741896	传　真	57740089
设立日期	2005-9-2	负 责 人	傍岛重宪		
主营业务	生产、加工发电机、农用机械、农用器具、水泵及以上产品相关零部件。				

企业名称	上海莹辉照明工程有限公司				
企业地址	上海市浦东新区北张家浜路 68 号 6 幢 132 室（200120）				
投资总额	200 万 USD	电　话	62166666	传　真	62166753
设立日期	2005-9-1	负 责 人	徐志松		
主营业务	灯具及灯光控制系统安装；机电设备安装，建筑设计咨询。				

企业名称	上海高手机电有限公司				
企业地址	上海市闵行区七宝镇友谊村 99 街坊 5 丘（201108）				
投资总额	20 万 USD	电　话	64618707	传　真	64619180
设立日期	2005-8-29	负 责 人	廖谢源		
主营业务	电动工具、汽动工具、电子零配件的生产，销售公司自产产品。				

企业名称	特瑞堡密封系统（上海）有限公司				
企业地址	上海市莘庄工业区金都路 3688 号附楼 201 室（201108）				
投资总额	500 万欧元	电　话	61451830	传　真	61451833
设立日期	2005-8-26	负 责 人	CARSTEN HOEG		
主营业务	高性能复合材料、特种密封材料及制品的研发、生产。				

企业名称	通用电气商务航空服务（上海）有限公司				
企业地址	上海市浦东新区莲林路 33 号 1 号楼 326 室（200124）				
投资总额	14 万 USD	电　话	32224555	传　真	62793066
设立日期	2005-8-24	负 责 人	周　明		
主营业务	为本集团的飞机营销管理提供市场咨询以及相关管理咨询，技术支持。				

企业名称	ABB 高压电机有限公司				
企业地址	上海市闵行经济技术开发区二期 B 地块（201111）				
投资总额	800 万 USD	电　话	54723133	传　真	54725009
设立日期	2005-8-24	负 责 人	路义普		
主营业务	设计、制造、组装铁路系统机车的牵引电机和工业电机产品及系统。				

企业名称	上海东利荧光灯有限公司				
企业地址	上海市闵行区罗锦路 69 号（200237）				
投资总额	106 万 USD	电　话	64767258	传　真	64766628
设立日期	2005-8-23	负 责 人	陆　毅		
主营业务	生产灯管、灯泡、灯具、照明电器，销售自产产品。				

企业名称	韩京机电（上海）有限公司				
企业地址	上海市闵行区七宝镇联明路 555 号（201100）				
投资总额	14 万 USD	电　话	64619665	传　真	64595115
设立日期	2005-8-10	负 责 人	金荣振		
主营业务	生产电动机、减速箱及其配件、配套电子产品，销售公司自产产品。				

企业名称	上海西门子低压断路器有限公司				
企业地址	上海市青浦工业园区外青松公路 5500 号 101 室（201700）				
投资总额	18000 万 RMB	电　话	39200818	传　真	69228706
设立日期	2005-8-8	负 责 人	RUDOLF MARTIN SIEGERS		
主营业务	开发、生产低压断路器和销售自产产品，并提供相关售后服务。				

企业名称	长沅机电（上海）有限公司				
企业地址	上海松江高科技园区寅青路东侧 3 号厂房（201615）				
投资总额	500 万 USD	电　话	67694541	传　真	67694524
设立日期	2005-8-6	负 责 人	王　蕾		
主营业务	开发、生产高档建筑五金件、水暖器材及五金件，制造。				

企业名称	上海万腾厨房用具有限公司				
企业地址	上海市松江区佘山工业区强业路（1828 号地块）（201602）				
投资总额	500 万 USD	电　话	57797168	传　真	57797163
设立日期	2005-8-2	负 责 人	王泳俊		
主营业务	生产保温容器、电器产品、塑料制品、不锈钢制品及厨房用具。				

企业名称	泰顿密封紧固制品（上海）有限公司				
企业地址	上海市外高桥保税区加太路 29 号 1 号楼第四层 C 部位（200131）				
投资总额	20 万 USD	电　话	58665551	传　真	58665552
设立日期	2005-7-28	负 责 人	LAWRENCE P.GOODE		
主营业务	保税区内以密封紧固制品为主的分拨、仓储业务。				

企业名称	国赛电器制造（上海）有限公司				
企业地址	上海市嘉定区安亭镇泰波路 558 号（201805）				
投资总额	120 万 USD	电　话	59502376	传　真	59502377
设立日期	2005-7-27	负 责 人	陶富平		
主营业务	组装生产空调及中央空气调节水处理设备，销售本公司自产产品。				

企业名称	野村精机（上海）有限公司				
企业地址	上海市工业综合开发区环城北路陈桥路路口（201400）				
投资总额	400 万 USD	电　话	37198641	传　真	67104367
设立日期	2005-7-25	负 责 人	李正霖		
主营业务	三轴以上联动的数控机床、数控系统及伺服装置制造。				

企业名称	帕马机床（上海）有限公司				
企业地址	上海市外高桥保税区富特东一路 396 号第五层 511 部位（200131）				
投资总额	14 万 USD	电　话	64481278	传　真	64481282
设立日期	2005-7-24	负 责 人	ETTORE BATISTI		
主营业务	保税区内以机床及其零配件为主的仓储分拨业务。				

企业名称	徽拓真空阀门（上海）有限公司				
企业地址	上海市外高桥保税区希雅路 55 号 12 号楼第六层 J 部位（200131）				
投资总额	20 万 USD	电　话	58544300	传　真	58344379
设立日期	2005-7-19	负 责 人	DR. RICHARD FISCHER		
主营业务	以真空阀门为主的保税区内仓储分拨业务及相关产品的售后服务。				

企业名称	蔼克彼电源（上海）有限公司				
企业地址	上海市外高桥保税区冰克路500号A幢B2K－3仓库D31部位(200131)				
投资总额	12.1万USD	电话	51341018	传真	51341010
设立日期	2005-7-18	负责人	DUNCAN JOHN PENNY		
主营业务	保税区内以电源产品为主的仓储、分拨业务及相关产品的售后服务。				

企业名称	威思威璐精机（上海）有限公司				
企业地址	上海市闵行区春申路1985弄69号（200237）				
投资总额	20万USD	电话	54292560	传真	54292679
设立日期	2005-7-12	负责人	李天豪		
主营业务	生产液压气动器材，销售自产产品。				

企业名称	紫芯集成电路系统（上海）有限公司				
企业地址	上海市闵行区剑川路468号（201108）				
投资总额	15万USD	电话	61212742	传真	61212743
设立日期	2005-7-12	负责人	GUFENG XI（奚谷枫）		
主营业务	研究、开发、设计集成电路芯片及软件，销售自产产品。				

企业名称	上海得冷空调有限公司				
企业地址	上海市青浦区练塘镇工业园区二期标准厂房B1型3号（201715）				
投资总额	30万USD	电话	59815296	传真	59815297
设立日期	2005-7-1	负责人	崔得浩		
主营业务	生产、加工空调、冷藏冷柜及相关零配件，销售公司自产产品。				

企业名称	新摩电机（上海）有限公司				
企业地址	上海市浦东新区高翔路640号1幢（201208）				
投资总额	15万USD	电话	62105010	传真	62523213
设立日期	2005-6-30	负责人	CYRILL HAMMER		
主营业务	生产电动机和鼓风机，销售自产产品。				

企业名称	优思吉德实业（上海）有限公司				
企业地址	上海市青浦工业园区外青松公路5500号102室（201700）				
投资总额	600万USD	电话	59758000	传真	69758500
设立日期	2005-6-27	负责人	谢松峰		
主营业务	开发、生产机房恒温恒湿设备、开关电源、不间断电源、配电设备。				

企业名称	布鲁克纳机械技术服务（上海）有限公司				
企业地址	上海市嘉定区马陆镇宝安公路3601号103室（201801）				
投资总额	14万USD	电话	52981618	传真	52981617
设立日期	2005-6-23	负责人	OMER AKYAZICI		
主营业务	机械技术咨询及技术服务。				

企业名称	威姆斯（上海）压缩机阀门有限公司				
企业地址	上海市浦东新区金桥出口加工区金藏路258号T20-4楼401室(201206)				
投资总额	14万USD	电话	63917119	传真	63917709
设立日期	2005-6-21	负责人	VIRGILIO MIETTO		
主营业务	设计和生产压缩机阀门及其他压缩机零部件，销售自产产品。				

企业名称	易生肖特电源产品制造（上海）有限公司				
企业地址	上海市浦东新区金桥出口加工区川桥路1510号1幢一楼厂房(201206)				
投资总额	14万USD	电话	58997799	传真	58996758
设立日期	2005-6-16	负责人	ROBERT SCHULTE		
主营业务	研制、生产不间断电源产品及相关器件，销售自产产品。				

企业名称	英富凯机电工程（上海）有限公司				
企业地址	上海市外高桥保税区富特西一路155号C楼2025、2031部位(200131)				
投资总额	20万USD	电话	52372255	传真	52375079
设立日期	2005-6-16	负责人	HO KIM HAI		
主营业务	保税区内以机械电子产品为主的的仓储、分拨。				

企业名称	上海联索机电制造有限公司				
企业地址	上海市青浦工业园区外青松公路5500号109室（201700）				
投资总额	800万USD	电话	59753883	传真	59753773
设立日期	2005-6-15	负责人	陈维明		
主营业务	通用设备、专业设备、仪器仪表、电气机械及器材制造。				

企业名称	杰梯晞精密机电（上海）有限公司				
企业地址	上海市外高桥保税区荷丹路240号2层D1-210部位（200131）				
投资总额	20万USD	电话	58361011	传真	58361007
设立日期	2005-6-14	负责人	武井和雄		
主营业务	保税区内以精密机电产品及机械、模具零部件为主的仓储、分拨。				

企业名称	益肯电工器材（上海）有限公司				
企业地址	上海市宝山城市工业园区丰翔路1302号（200436）				
投资总额	20万USD	电话	36161108	传真	36162889
设立日期	2005-6-13	负责人	PASCAL GERKEN		
主营业务	生产电机机械用碳制品、碳刷架受电弓、接地装置及其相关产品。				

企业名称	福润金基管阀产品（上海）有限公司				
企业地址	上海市嘉定区马陆镇马南开发区亚钢路325号（201801）				
投资总额	14万USD	电话	59159848	传真	59159846
设立日期	2005-6-9	负责人	高志强		
主营业务	阀门及配件、管接头、管道及配件、仪表配件的研发、设计、加工。				

企业名称	凯鼎特奇（上海）艺术照明工程有限公司				
企业地址	上海市闵行区友东路237号（201100）				
投资总额	158万USD	电话	54292340	传真	54292340
设立日期	2005-6-9	负责人	林鼎盛		
主营业务	生产各类照明、音响设备，销售自产产品。				

企业名称	上海电科电工材料有限公司				
企业地址	上海市工业综合开发区奉浦大道111号（201400）				
投资总额	332万USD	电话	57437146	传真	57437100
设立日期	2005-6-3	负责人	沈小宇		
主营业务	生产有色金属复合材料、新型合金材料、电器用的电触头材料。				

企业名称	黑田电气（上海）有限公司				
企业地址	上海市青浦区徐泾镇徐民路800号（201702）				
投资总额	3000万USD	电话	59761525	传真	59761527
设立日期	2005-6-2	负责人	吉良昌彦		
主营业务	在国家鼓励和允许外商投资的领域进行投资。				

企业名称	上海利爱矽科玛马达有限公司				
企业地址	上海市青浦区白鹤镇鹤祥路25号（201709）				
投资总额	80万欧元	电话	59744768	传真	59743399
设立日期	2005-6-1	负责人	陈吴曜荣		
主营业务	开发、组装、生产电动机和发电机及其零部件，销售公司自产产品。				

企业名称	健鹏机电科技（上海）有限公司				
企业地址	上海市外高桥保税区奥纳路79号1号楼两层2067室（200131）				
投资总额	12.1万USD	电话	51302580	传真	51302583
设立日期	2005-5-30	负责人	魏谷		
主营业务	光机电科技产品的技术开发及软件设计。				

企业名称	威琅电气（上海）有限公司				
企业地址	上海市嘉定区马陆镇宝安公路2738号5幢（201801）				
投资总额	14万USD	电话	63555833	传真	63607967
设立日期	2005-5-24	负责人	RUDIGER FORSTER		
主营业务	设计、生产电子、电气元件及相关配套系统，销售本公司自产产品。				

企业名称	熊津（上海）电器有限公司				
企业地址	上海市闵行区虹中路359号2号楼1楼B座（201103）				
投资总额	20万USD	电话	54223190	传真	54223191
设立日期	2005-5-24	负责人	裴文秀		
主营业务	组装、生产智能便座、软水机、空气净化器、净水机、电饭煲。				

企业名称	弗里森泵业（上海）有限公司				
企业地址	上海市莘庄工业区申旺路5号（201108）				
投资总额	14万USD	电话	51511388	传真	51511399
设立日期	2005-5-23	负责人	WOLFGANG RUDOLF STAMP		
主营业务	生产食品、饮料、医药和化工行业所需的不锈钢泵及其零部件。				

企业名称	上海柯克伍德换向器有限公司				
企业地址	上海市浦东新区津行路1125号2－6幢（200137）				
投资总额	80万USD	电话	50401687	传真	58670007
设立日期	2005-5-20	负责人	L.THOMS KOECHLEY		
主营业务	研发、生产转向器，销售自产产品。				

企业名称	伊萨焊接切割器材（上海）有限公司				
企业地址	上海市外高桥保税区泰谷路209号第一层B部位（200131）				
投资总额	210万USD	电话	63503790	传真	63503790
设立日期	2005-5-19	负责人	MICHAEL STANDAR		
主营业务	保税区内以焊切设备及其零部件和耗品为主的仓储、分拨业务。				

企业名称	上海华凌博峰机电工程有限公司				
企业地址	上海市场中路1960弄6号301室（200435）				
投资总额	150万USD	电　话	68009380	传　真	68009383
设立日期	2005-5-17	负责人	朱仁飞		
主营业务	设计、开发、生产电子专用设备、测试仪器及其零部件，销售自产产品。				

企业名称	上海吉清标准件有限公司				
企业地址	上海市南汇区新场镇新南村（201314）				
投资总额	14万USD	电　话	54049770	传　真	54049780
设立日期	2005-5-16	负责人	侯云鹏		
主营业务	生产标准件产品，销售公司自产产品。				

企业名称	寰鼎集成电路（上海）有限公司				
企业地址	上海市外高桥保税区富特东一路396号第三层六部位（200131）				
投资总额	12.5万USD	电　话	58884000	传　真	58884777
设立日期	2005-5-16	负责人	林伟光		
主营业务	保税区内以集成电子设备及其零配件为主的仓储分拨业务。				

企业名称	希格赛斯电气（上海）有限公司				
企业地址	上海市天目西路511号锦程大厦25层　（200070）				
投资总额	50万USD	电　话	63538510	传　真	63537872
设立日期	2005-5-16	负责人	郭礼彬		
主营业务	研制、开发、生产配电设备、电器元件和自动化控制元件。				

企业名称	开利空调冷冻销售（上海）有限公司				
企业地址	上海市张江高科技园区龙东大道3000号1号楼（201203）				
投资总额	300万USD	电　话	63591816	传　真	63611111
设立日期	2005-5-16	负责人	ALLAN R JONES		
主营业务	从事空调、冷冻和其他相关商品的零售。				

企业名称	明基电通（上海）有限公司				
企业地址	上海市长宁区广顺路33号B栋6层（200335）				
投资总额	1000万USD	电　话	52188446	传　真	52188311
设立日期	2005-5-11	负责人	李锡华		
主营业务	研究、开发、生产计算机硬件、软件系统及配套产品，网络产品。				

企业名称	奥克莱特摩恩电气（上海）有限公司				
企业地址	上海市浦东新区唐镇工业园区金丰路18号1-2幢（201203）				
投资总额	100万USD	电　话	58970929	传　真	58970926
设立日期	2005-5-10	负责人	问泽鸿		
主营业务	新型仪表元器件和材料（仪用接插件）生产；非金属制品模具设计。				

企业名称	上海电气太阳能有限公司				
企业地址	上海市松江出口加工区A西泖泾路罗伊尔工业园11号（201613）				
投资总额	180万欧元	电　话	67747878	传　真	67747118
设立日期	2005-4-28	负责人	朱元昊		
主营业务	设计、制造高技术绿色电池及“光伏组件”，销售自产产品。				

企业名称	上海朋久机电控制产品有限公司				
企业地址	上海市浦东新区唐镇创新中路601号2幢（201203）				
投资总额	14万USD	电　话	58969701	传　真	58969702
设立日期	2005-4-27	负责人	桑子朋久		
主营业务	设计、生产小型步进电机、永磁同步电机相关配件，销售自产产品。				

企业名称	雷乐士（上海）电源系统有限公司				
企业地址	上海市外高桥保税区富特东二路500号28号楼底层F部位（200131）				
投资总额	20万USD	电　话	50464748	传　真	50464648
设立日期	2005-4-25	负责人	ROBERTO FACCI		
主营业务	保税区内研发、生产不间断电源及相关器材，销售自产产品。				

企业名称	法隆霓虹电器（上海）有限公司				
企业地址	上海市奉贤区青村镇钱桥工业园区（201406）				
投资总额	25万USD	电　话	57597177	传　真	57597237
设立日期	2005-4-22	负责人	RICHARD HUO		
主营业务	生产霓虹灯及相关产品，销售公司自产产品并提供产品的售后服务。				

企业名称	格拉索冷冻系统（上海）有限公司				
企业地址	上海市嘉定区江桥镇金园四路399号（201824）				
投资总额	140万欧元	电　话	59137520	传　真	59137743
设立日期	2005-4-21	负责人	PETRUS ANTONIUS RIJKOORT		
主营业务	设计生产制冷设备、制冷工程系统和其他相关产品。				

企业名称	沪智机电工程（上海）有限公司				
企业地址	上海市浦东新区博兴路195号260室（200129）				
投资总额	97万USD	电　话	51085770	传　真	52583100
设立日期	2005-4-15	负责人	施建和		
主营业务	机电设备安装工程施工。				

企业名称	中意莱富康压缩机（上海）有限公司				
企业地址	上海市浦东新区庆达路315号2号厂房（201203）				
投资总额	210万欧元	电　话	68917288	传　真	68917388
设立日期	2005-4-8	负责人	GIANNI CANDIO		
主营业务	生产、研发制冷压缩机及其配件，销售公司自产产品。				

企业名称	上海长华新技电材有限公司				
企业地址	上海市长宁区长宁路1027号兆丰广场2004室（200050）				
投资总额	250万USD	电　话	52419090	传　真	52416820
设立日期	2005-4-5	负责人	陈俊英		
主营业务	半导体封装材料及设备、电器等有关产品为主的批发和佣金代理。				

企业名称	杰必机电配件（上海）有限公司				
企业地址	上海市嘉定区马陆镇丰功路55弄1号（201801）				
投资总额	110万USD	电　话	69156008	传　真	69153918
设立日期	2005-3-31	负责人	CESARE SINIGAGLIA		
主营业务	设计、生产汽车、电器及通风设备仪器用的机电部件。				

企业名称	福乐（上海）照明灯具有限公司				
企业地址	上海市闵行区华漕镇航宇路455号（201106）				
投资总额	20万USD	电　话	52276435	传　真	52276426
设立日期	2005-3-30	负责人	林克洪		
主营业务	生产、研制各类照明灯具及相关配套件，销售自产产品。				

企业名称	上海万德隆电器技术有限公司				
企业地址	上海市闵行区梅陇镇欣梅都市工业园区B区（200237）				
投资总额	300万澳元	电　话	64975416	传　真	64976037
设立日期	2005-3-30	负责人	陈建英		
主营业务	加工、生产线槽、线槽盒、插座，销售自产产品。				

企业名称	新宸宜（上海）实业发展有限公司				
企业地址	上海市宝山区沪太路8889号104室（200949）				
投资总额	1280万USD	电　话	58317633	传　真	68763357
设立日期	2005-3-25	负责人	郑宗衍		
主营业务	生产机电、电子、电气、照明及相关产品，销售自产产品。				

企业名称	诺企电容器（上海）有限公司				
企业地址	上海市宝山区长虹路38号（200949）				
投资总额	50万欧元	电　话	66876368	传　真	66876369
设立日期	2005-3-25	负责人	KARI ANTERO TUOMALA		
主营业务	设计、开发、组装和制造电容器单元和组合及其他相关产品。				

企业名称	赛盟伴热工程（上海）有限公司				
企业地址	上海市外高桥保税区泰谷路88号第二层C部位（200131）				
投资总额	65万USD	电　话	68672366	传　真	50582369
设立日期	2005-3-25	负责人	MARK BURDICK		
主营业务	保税区内伴热系统产品及零部件、配件设备的生产、加工。				

企业名称	鹤田机电（上海）有限公司				
企业地址	上海市工业综合开发区公谊路28号（201400）				
投资总额	30万USD	电　话	67104410	传　真	67106640
设立日期	2005-3-22	负责人	野村安伸		
主营业务	生产车船用发电机、电机、控制柜及相关的零配件。				

企业名称	飞速主轴技术（上海）有限公司				
企业地址	上海市闵行区华航路200弄5号楼（201105）				
投资总额	75万USD	电　话	52277655	传　真	52277656
设立日期	2005-3-17	负责人	CHRISTOPH RENNHARD		
主营业务	制造精密主轴及相关附件，销售自产产品，提供相关售后服务。				

企业名称	伍尔特斯卫格紧固件（上海）有限公司				
企业地址	上海市奉贤区南桥镇西闸路1969号（201401）				
投资总额	400万USD	电　话	57156908	传　真	57156938
设立日期	2005-3-16	负责人	ALOIS WIMMER		
主营业务	生产五金冲件、高档紧固件，销售公司自产产品。				

制造业-通用设备和电气机械及器材制造业

企业名称	上海爱尔爱司发动机有限公司				
企业地址	上海市南汇工业园区沪南公路 9458 号（201300）				
投资总额	500 万 USD	电　话	65665858	传　真	65681616
设立日期	2005-3-15	负 责 人	LI SHUNNING		
主营业务	生产通用燃气发动机、通用燃油发动机、小型农业、林业机械器具。				

企业名称	欧菱宝空调（上海）有限公司				
企业地址	上海市青浦区外青松公路 5399 号 A29 号厂房（201700）				
投资总额	420 万欧元	电　话	59740505	传　真	59740022
设立日期	2005-3-14	负 责 人	SACCONE ROBERTO		
主营业务	开发、生产、组装制冷、制热电器与设备，通风和空气调节装置。				

企业名称	洛林桑德（上海）电器有限公司				
企业地址	上海青浦工业园区外青松公路 4215 号（201712）				
投资总额	35 万 USD	电　话	59227066	传　真	59227122
设立日期	2005-3-11	负 责 人	THOMAS JAME SRYAN		
主营业务	生产、加工吸尘器零部件及其他五金、塑料配件，销售公司自产产品。				

企业名称	上海清能燃料电池技术有限公司				
企业地址	上海市普陀区金沙江路 2041 弄 39 号 4 楼（200333）				
投资总额	30 万 USD	电　话	52709082	传　真	52705064
设立日期	2005-3-7	负 责 人	顾志军		
主营业务	燃料电池及各类电池材料、清洁能源系统及其相关设备、部件的研发。				

企业名称	德我美（上海）机电有限公司				
企业地址	上海市闵行区纪翟路 1528 号（201106）				
投资总额	14 万 USD	电　话	62966951	传　真	62966950
设立日期	2005-3-4	负 责 人	姜成镇		
主营业务	生产、加工灯具及配件、灯具设备、装饰材料，销售自产产品。				

企业名称	富来（上海）压铸机有限公司				
企业地址	上海市奉贤区青村镇钱桥工业园区（201407）				
投资总额	20 万欧元	电　话	57590098	传　真	57590287
设立日期	2005-2-28	负 责 人	LOANNIS LOANNIDIS		
主营业务	开发、制造压铸机及辅助设备和有关备件，销售公司自产产品。				

企业名称	矽翔微机电系统（上海）有限公司				
企业地址	上海市张江高科技园区郭守敬路 498 号 10202-10204 室（201203）				
投资总额	14 万 USD	电　话	50806686	传　真	50803862
设立日期	2005-2-28	负 责 人	黄立基（HUANG LIJI）		
主营业务	微机电系统电子仪器的开发、设计，计算机软件的开发、设计、制作。				

企业名称	伟马快德机电科技（上海）有限公司				
企业地址	上海市松江工业区高新技术园区 8 号厂房 B 座（201613）				
投资总额	20 万 USD	电　话	57740022	传　真	57746601
设立日期	2005-2-25	负 责 人	MICHAEL NOLLE		
主营业务	加工、生产警示灯、通讯灯、信号灯、警报器，销售公司自产产品。				

企业名称	上海凯奈电气有限公司				
企业地址	上海市工业综合开发区奉浦大道 111 号 Z-99（201400）				
投资总额	14 万 USD	电　话	50202338	传　真	50202339
设立日期	2005-2-25	负 责 人	吕志云		
主营业务	设计、生产低压配电设备、控制设备和金属钣金制品。				

企业名称	杏真电器（上海）有限公司				
企业地址	上海市嘉定区马陆镇东陈村（201818）				
投资总额	20 万 USD	电　话	59514458	传　真	59514457
设立日期	2005-2-24	负 责 人	多贺久恭		
主营业务	生产镇流器及配件，销售本公司自产产品并提供相关技术咨询。				

企业名称	上海奥菲坎培思家用电器有限公司				
企业地址	上海市闵行区老沪闵路 2029 号（200237）				
投资总额	100 万 USD	电　话	62707068	传　真	62707069
设立日期	2005-2-22	负 责 人	徐心仁		
主营业务	开发、生产散热器系列产品及其他家用小家电产品。				

企业名称	阳帝（上海）电器有限公司				
企业地址	上海市外高桥保税区富特西一路 155 号 C 楼 2038 甲部位（200131）				
投资总额	20 万 USD	电　话	62275790	传　真	62278379
设立日期	2005-2-18	负 责 人	WEI HUA		
主营业务	保税区内以家用电器为主的仓储、分拨业务。				

企业名称	上海三望电器有限公司				
企业地址	上海市南汇区新场镇沪南公路 7541 号（201314）				
投资总额	20 万 USD	电　话	58170232	传　真	58170233
设立日期	2005-2-18	负 责 人	片寄畅夫		
主营业务	生产及组装电冰箱和冷冻库的零部件，销售公司自产产品。				

企业名称	胜工电机（上海）有限公司				
企业地址	上海松江出口加工区 B 区茸康路 109 弄 91 号 C1 厂房底层（201600）				
投资总额	30 万 USD	电　话	57856566	传　真	57856308
设立日期	2005-2-16	负 责 人	陈明辉		
主营业务	生产小型电机（包括汽车用电机）及其零部件，销售自产产品。				

企业名称	上海福佑斯电器有限公司				
企业地址	上海市松江科技园区港兴东路 88 号 A-1 厂房（201614）				
投资总额	52 万 USD	电　话	57853645	传　真	57855538
设立日期	2005-2-5	负 责 人	戴吉焕		
主营业务	生产玻璃管状、陶瓷管状保险丝，温度保险丝，保险丝座。				

企业名称	上海连衡电器有限公司				
企业地址	上海市浦东新区凌桥镇西 45 号 6 幢 22 室（200137）				
投资总额	15 万 USD	电　话	68622582	传　真	33827912
设立日期	2005-2-5	负 责 人	RAE WU		
主营业务	设计、生产灯具、照明设备及相关配件，销售自产产品。				

企业名称	上海托泰电梯有限公司				
企业地址	上海市宝山区友谊路 370 号（201900）				
投资总额	182 万 USD	电　话	66791078	传　真	56783788
设立日期	2005-2-4	负 责 人	徐济亚		
主营业务	电梯、自动扶梯，自动人行道及其配件的生产、销售。				

企业名称	上海前沿路易无线电射频识别系统有限公司				
企业地址	上海市长宁区华山路 800 弄 6 号二楼 2－7 室（200050）				
投资总额	40 万 USD	电　话	62265844	传　真	62265944
设立日期	2005-2-4	负 责 人	陈早春		
主营业务	无线电射频识别系统软件的研究、开发，销售公司自产产品。				

企业名称	上海艾智实业有限公司				
企业地址	上海青浦工业园区天盈路 98 号 1 号厂房（201700）				
投资总额	500 万 USD	电　话	54247836	传　真	54247762
设立日期	2005-2-4	负 责 人	王德明		
主营业务	生产、加工三轴以上联动的数控机床及其零配件，销售公司自产产品。				

企业名称	埃特司精密零部件（上海）有限公司				
企业地址	上海市浦东新区金藏路 351 号 T22—33 厂房 103 单元（201206）				
投资总额	50.1 万 USD	电　话	58547177	传　真	58547156
设立日期	2005-2-2	负 责 人	BRUCE E.SEELEY		
主营业务	设计、生产用于汽车、医疗设备、计算机的精密传动零部件。				

企业名称	德斯兰压缩机（上海）有限公司				
企业地址	上海市嘉定区马陆镇励学路西侧（201801）				
投资总额	56 万 USD	电　话	69150197	传　真	69150603
设立日期	2005-2-1	负 责 人	程小兰		
主营业务	生产空气压缩机、冷干机、过滤器及配件，销售本公司自产产品。				

企业名称	捷而科电材（上海）有限公司				
企业地址	上海市松江区石湖荡镇长塔路 893 弄 A－5 号（201604）				
投资总额	50 万 USD	电　话	57841100	传　真	57842912
设立日期	2005-1-28	负 责 人	山本佳则		
主营业务	加工、组装绝缘材料成型件，销售自产产品及提供售后服务。				

企业名称	上海力玛赫机电制造有限公司				
企业地址	上海市嘉定工业区北区 20 号地块（201807）				
投资总额	600 万 USD	电　话	69132755	传　真	69132195
设立日期	2005-1-28	负 责 人	孙心强		
主营业务	生产激光测量仪、小家电，销售本公司自产产品。				

企业名称	布鲁克电缆（上海）有限公司				
企业地址	上海市杨浦区国顺东路 800 号内西侧厂房五楼 551 室（200433）				
投资总额	14 万 USD	电　话	55062530	传　真	55062533
设立日期	2005-1-27	负 责 人	MARKUS MICHAEL BURGER		
主营业务	加工、生产电缆附件（接头、终端头、接地装置等）和安装工具。				

企业名称	上海上缆藤仓电缆有限公司				
企业地址	上海市闵行区光华路2118号（201111）				
投资总额	1000万USD	电话	65388280	传真	65302475
设立日期	2005-1-27	负责人	姜克勤		
主营业务	生产66KV及以上XLPE电缆。				

企业名称	上海奇线汽车电气系统有限公司				
企业地址	上海市浦东新区华东路5001号（南区）第二大道28号T3（200131）				
投资总额	300万USD	电话	58585757	传真	58585326
设立日期	2005-1-27	负责人	WILLIAM CHARIES BROWN JR		
主营业务	研究、开发、设计、生产车用电子、电力配电系统的零部件。				

企业名称	上海通鹏电材有限公司				
企业地址	上海青浦工业园区天盈路502号B4东半栋厂房（201700）				
投资总额	24万USD	电话	59227258	传真	59227268
设立日期	2005-1-26	负责人	田畑虎幸		
主营业务	开发、设计和生产电子部件托盘及相关产品，销售公司自产产品。				

企业名称	上海弥迦阀门制造有限公司				
企业地址	上海市嘉定区黄渡镇春浓路765号（201804）				
投资总额	52万USD	电话	69595600	传真	69595598
设立日期	2005-1-25	负责人	方存正		
主营业务	生产阀门、五金管件，销售本公司自产产品。				

企业名称	上海乃德机电工程有限公司				
企业地址	上海市浦东新区杨园南路116号3幢203室（200137）				
投资总额	300万RMB	电话	51287228	传真	51287227
设立日期	2005-1-24	负责人	SIM HEE CHEW		
主营业务	机电设备安装工程专业承包（三级），电子工程专业承包。				

企业名称	上海大一互电力电器有限公司				
企业地址	上海市奉贤区南桥镇环城东路118号（201400）				
投资总额	500万RMB	电话	67106426	传真	67106424
设立日期	2005-1-20	负责人	王继元		
主营业务	研发、制造互感器及相关电力电器，销售自产产品。				

企业名称	密勒电气（上海）有限公司				
企业地址	上海市张江高科技园区龙东大道3000号7号楼310室（201203）				
投资总额	14万USD	电话	68798001	传真	68798009
设立日期	2005-1-17	负责人	EOWARD SCOTT EMERSON		
主营业务	新型电子元器件、测量仪器、连接器、模具及其零备件的设计，生产，				

企业名称	恩系（上海）空调有限公司				
企业地址	上海市外高桥保税区富特北路432号6楼二层A部位（200131）				
投资总额	14万USD	电话	58684886	传真	58684889
设立日期	2005-1-11	负责人	梁全忠		
主营业务	保税区内空调三角架的加工；区内以空调零部件为主的仓储、分拨业务。				

企业名称	上海贝依明电气有限公司				
企业地址	上海市宝山区沪太路7035号（201908）				
投资总额	500万USD	电话	66865778	传真	56861441
设立日期	2005-1-10	负责人	钟慧娟		
主营业务	生产灯具，电子产品、仪器仪表、五金件及相关电子产品。				

企业名称	安士能电器（上海）有限公司				
企业地址	上海市松江工业区高新技术园区8号厂房（201613）				
投资总额	20万USD	电话	57747090	传真	67740401
设立日期	2005-1-8	负责人	KAI SCHOLL		
主营业务	加工、生产新型仪表元器件（光电开关、接近开关）。				

企业名称	上海杰弗朗机械设备有限公司				
企业地址	上海市嘉定区徐行镇曹王村浏翔公路东侧（201809）				
投资总额	210万USD	电话	39979368	传真	39979660
设立日期	2004-12-30	负责人	薛永健		
主营业务	生产水生态系统的环境保护设备，不移动式破碎机。				

企业名称	沃瑞克数控机床（上海）有限公司				
企业地址	上海市浦东新区历城路70号甲1068室（200126）				
投资总额	51万USD	电话	59114716	传真	59115514
设立日期	2004-12-23	负责人	JINCHENG HAO		
主营业务	生产三轴以上联动的数控机床，销售自产产品并提供相应售后服务。				

企业名称	泰事达机电设备（上海）有限公司				
企业地址	上海市南汇祝桥空港工业区金亮路8号（201323）				
投资总额	210万USD	电话	58109119	传真	58104227
设立日期	2004-12-23	负责人	RAMON CAPELK GALI		
主营业务	设计、生产、组装真空泵、超净工作台、生物安全柜等。				

企业名称	上海昆美电器有限公司				
企业地址	上海市浦东新区川桥路1295号（201206）				
投资总额	15万USD	电话	50315856	传真	50315553
设立日期	2004-12-23	负责人	邹建良		
主营业务	家用电器配件的设计、生产，销售自产产品，并提供相关的技术咨询。				

企业名称	福托伟阀门（上海）有限公司				
企业地址	上海市闵行区莘庄工业区华宁路2888弄88号12栋（201108）				
投资总额	67.5万USD	电话	64421367	传真	64421376
设立日期	2004-12-22	负责人	刘荣强		
主营业务	设计、生产罐式集装箱专用阀门及相关配件，销售自产产品。				

企业名称	荒井电机制作（上海）有限公司				
企业地址	上海市闵行区颛兴东路1421弄85号（201108）				
投资总额	1亿日元	电话	64896838	传真	64892215
设立日期	2004-12-21	负责人	荒井孝一		
主营业务	加工、生产空调室内机及配件、发电机及配件、油压机及配件、钣金件。				

企业名称	上海敏动机电有限公司				
企业地址	上海市松江区茸兴路368号9号厂房（201611）				
投资总额	20万USD	电话	57784460	传真	57784462
设立日期	2004-12-20	负责人	白木秀子		
主营业务	研发、生产、加工、组装各类电动机、电瓶车及相关配件。				

企业名称	上海西尔宏润动力机械制造有限公司				
企业地址	上海市嘉定区马陆镇陈安路220号1楼（201801）				
投资总额	50万USD	电话	59100001	传真	59100002
设立日期	2004-12-17	负责人	CHOW CHIA-KONG		
主营业务	生产船用动力机械及相关备件，销售本公司自产产品。				

企业名称	速水弹簧制品（上海）有限公司				
企业地址	上海市嘉定区马陆镇陈安路165号（201801）				
投资总额	20万USD	电话	59106108	传真	59106079
设立日期	2004-12-8	负责人	饭田和正		
主营业务	生产弹簧及其它金属制品，销售本公司自产产品。				

企业名称	上海沃兹金田锯业有限公司				
企业地址	上海市嘉定区华亭镇嘉唐公路2526号（201816）				
投资总额	30万USD	电话	59954007	传真	59954015
设立日期	2004-12-8	负责人	杨汇星		
主营业务	生产锯片、电动工具、气动工具及其相关配件，销售本公司自产产品。				

企业名称	康菱动力科技（上海）有限公司				
企业地址	上海青浦工业园区天盈路66号（201700）				
投资总额	250万USD	电话	69225054	传真	69225055
设立日期	2004-12-7	负责人	温国生		
主营业务	设计、生产、加工柴油发电机组及其配件，销售公司自产产品。				

企业名称	森丰电控设备（上海）有限公司				
企业地址	上海市浦东新区川沙路401 9 号1 幢A 区（201201）				
投资总额	25万USD	电话	68871448	传真	50398002
设立日期	2004-12-7	负责人	盛田丰一		
主营业务	装配汽车用机器人手臂的研发、设计、生产，销售自产产品。				

企业名称	矽优机电（上海）有限公司				
企业地址	上海市外高桥保税区富特北路200 号D 区第二层D 部位（200131）				
投资总额	30万USD	电话	52400011	传真	52400907
设立日期	2004-11-23	负责人	王 森		
主营业务	保税区内以机电设备、零部件为主的仓储、分拨业务。				

企业名称	上海顿汉空调机械有限公司				
企业地址	上海市松江高科技园区C—1地块（201615）				
投资总额	60万USD	电话	67697461	传真	67696599
设立日期	2004-11-19	负责人	郭松娄		
主营业务	设计、生产空调及相关零配件和机械设备，销售公司自产产品。				

制造业-通用设备和电气机械及器材制造业

企业名称	上海三尊电器有限公司				
企业地址	上海市田林路 195 弄 51 号西二楼（200233）				
投资总额	14 万 USD	电　话	64851576	传　真	64855551
设立日期	2004-11-17	负责人	李顺洪		
主营业务	研发、设计、制造用于输配电控制的电器设备（限分支机构生产）。				

企业名称	上海欧普小泉照明工程有限公司				
企业地址	上海市黄浦区九江路 399 号 1201 室（200001）				
投资总额	120 万 USD	电　话	64843210	传　真	64843209
设立日期	2004-11-16	负责人	马秀慧		
主营业务	设计、开发、生产各类照明灯具（生产限分支机构），销售自产产品。				

企业名称	尤利卡（上海）集成电气有限公司				
企业地址	上海市奉贤区柘林镇沪杭公路西侧郊南村十组（201424）				
投资总额	100 万 USD	电　话	57443944	传　真	57443505
设立日期	2004-11-12	负责人	田大泉		
主营业务	生产箱式牵引变电站设备、交流箱式变电箱、40.5KV 交流断路器。				

企业名称	伯乐电路技术（上海）有限公司				
企业地址	上海市青浦出口加工区加三—标 1 地块 3 号厂房（201700）				
投资总额	500 万 USD	电　话	69228900	传　真	69228851
设立日期	2004-11-12	负责人	陈国雄		
主营业务	设计、生产新型电路板及相关产品，销售自产产品。				

企业名称	中荷航海电讯技术（上海）有限公司				
企业地址	上海市黄浦区成都北路 500 号 1603 室（200003）				
投资总额	14 万 USD	电　话	62702215	传　真	62702275
设立日期	2004-11-12	负责人	DAVID A.SLAGER		
主营业务	船舶导航及通讯设备的维修、维护及相关技术咨询服务。				

企业名称	建捷电器（上海）有限公司				
企业地址	上海市松江区新桥镇华明路 1511 弄 17 号标准厂房（201612）				
投资总额	30 万 USD	电　话	57687496	传　真	57687499
设立日期	2004-11-12	负责人	稻木三四郎		
主营业务	家用电器、汽车、办公用品的零部件制造及组装，销售自产产品。				

企业名称	上海德斐克电机有限公司				
企业地址	上海市青浦工业园区久远路 239 号 4 号厂房（201700）				
投资总额	60 万 USD	电　话	69225066	传　真	69225068
设立日期	2004-11-10	负责人	汪武扬		
主营业务	开发、生产各类电机以及相关配件，销售公司自产产品。				

企业名称	上海坤益机械有限公司				
企业地址	上海市青浦区外青松公路 4215 号（201700）				
投资总额	20 万 USD	电　话	59743282	传　真	59703043
设立日期	2004-11-8	负责人	林坤益		
主营业务	生产、加工纺织机械零配件，销售公司自产产品。				

企业名称	河村机电（上海）有限公司				
企业地址	上海市青浦工业园区新区路 325 号（201700）				
投资总额	460 万 USD	电　话	69213262	传　真	69210953
设立日期	2004-11-8	负责人	河村幸俊		
主营业务	开发、生产高低压受配电系统设备，高低压成套开关系统设备。				

企业名称	汉准机电（上海）有限公司				
企业地址	上海市嘉定工业区北区沥红路 127 号（201821）				
投资总额	21 万 USD	电　话	59541788	传　真	59542002
设立日期	2004-11-1	负责人	林章宇		
主营业务	三轴以上联动的数控机床、数控系统及伺服装置制造。				

企业名称	上海三玖电气设备有限公司				
企业地址	上海市长宁区广顺路 33 号 B 幢 1F（200335）				
投资总额	120 万 USD	电　话	52600457	传　真	62617381
设立日期	2004-10-26	负责人	帅鸿元		
主营业务	生产各类测录仪装置及相关的电气设备，销售自产产品。				

企业名称	上海西杰轴承有限公司				
企业地址	上海市黄浦区宁波路 595 号 404 室 D（200001）				
投资总额	24 万 USD	电　话	64905471	传　真	64903457
设立日期	2004-10-26	负责人	吴胜奇		
主营业务	设计、加工、生产各类轴承，销售自产产品，提供售后服务。				

企业名称	宝密浸渗机械（上海）有限公司				
企业地址	上海市嘉定区嘉安公路 1999 号 2 号厂房（201821）				
投资总额	25 万 USD	电　话	69160313	传　真	69160380
设立日期	2004-10-22	负责人	VIC BELLANTI		
主营业务	生产浸渗设备及相关零部件，销售本公司自产产品并提供售后服务。				

企业名称	米洛机械（上海）有限公司				
企业地址	上海市浦东新区上南路 5885 弄 20 号（200124 ）				
投资总额	30 万 USD	电　话	68121288	传　真	68121280
设立日期	2004-10-22	负责人	张忆平		
主营业务	设计和生产服装机械和轻工机械及相关零配件，销售自产产品。				

企业名称	辰巳菱机（上海）电机有限公司				
企业地址	上海市工业综合开发区肖湾路 318 号综星苑 8 号（201400）				
投资总额	20 万 USD	电　话	67108617	传　真	67108627
设立日期	2004-10-21	负责人	近藤丰嗣		
主营业务	设计、生产发电设备的负荷检测装置，远隔电源制御自动的监视。				

企业名称	上海阿兰维斯特电器有限公司				
企业地址	上海市松江区泗泾镇新南村 789 号（201601）				
投资总额	0.35 万 USD	电　话	57615811	传　真	57615711
设立日期	2004-10-19	负责人	李明权		
主营业务	开发、生产煤矿、石油化工方面的防爆电器产品及其零配件。				

企业名称	奥星可瑞机械装备（上海）有限公司				
企业地址	上海市松江区高新技术园区玉阳路南侧东环路东侧（201600）				
投资总额	26 万 USD	电　话	57734811	传　真	57733238
设立日期	2004-10-11	负责人	何国强		
主营业务	制造新型药品包装材料、容器及先进的制药设备和水纯化设备系统。				

企业名称	上海远松机械有限公司				
企业地址	上海市嘉定区安亭镇园大路 38 号（201805）				
投资总额	50 万 USD	电　话	59502961	传　真	59502961
设立日期	2004-10-10	负责人	魏松荣		
主营业务	制造三轴以上联动的数控机床，销售本公司自产产品。				

企业名称	上海库柏电力电容器有限公司				
企业地址	上海市浦东新区龙东大道 6111 号 1 栋 123D（201203）				
投资总额	900 万 USD	电　话	28993960	传　真	28993983
设立日期	2004-9-28	负责人	WILLLAM D.MARTIN0		
主营业务	开发、生产电力电容器及并联电容器产品，销售自产产品。				

企业名称	上海川方机电有限公司				
企业地址	上海市枫泾工业园区（201501）				
投资总额	150 万 USD	电　话	67356939	传　真	67353063
设立日期	2004-9-28	负责人	蔡林福		
主营业务	生产各式汽车绞盘及其零配件，销售公司自产产品。				

企业名称	大繁橡塑机械（上海）有限公司				
企业地址	上海市外高桥保税区奥纳路 79 号 1 号楼第二层 4 部位(200131)				
投资总额	20 万 USD	电　话	63865671	传　真	63865672
设立日期	2004-9-24	负责人	森广藏		
主营业务	区内橡塑机械设备及其配套的零部件的生产，销售自产产品。				

企业名称	上海基山田中机械设备有限公司				
企业地址	上海市松江区叶榭镇张泽民发路 288 号（201609）				
投资总额	70 万 USD	电　话	57887687	传　真	57887693
设立日期	2004-9-21	负责人	深山康生		
主营业务	生产、加工沥青搅拌站成套设备，销售公司自产产品。				

企业名称	托伦斯精密机械（上海）有限公司				
企业地址	上海市张江高科技园区法拉第路 249 号（201213）				
投资总额	70 万 USD	电　话	58955197	传　真	58955297
设立日期	2004-9-21	负责人	张文飞		
主营业务	半导体测试仪器、精密仪器的研发、生产，销售自产产品。				

企业名称	山特维克矿山工程机械（中国）有限公司				
企业地址	上海市嘉定工业区永盛路和宝塔路 14-2 号地块（201821）				
投资总额	600 万 USD	电　话	69166050	传　真	69166025
设立日期	2004-9-17	负责人	罗 东		
主营业务	生产和组装矿山、工程和建筑机械，销售本公司自产产品。				

企业名称	**上海西条峰雄机械有限公司**				
企业地址	上海市闵行区浦江镇三达路 85 号四号楼（201112）				
投资总额	20 万 USD	电　话	34110148	传　真	34110149
设立日期	2004-9-13	负 责 人	森达雄		
主营业务	机电设备、金属材料、制药设备生产加工，销售自产产品。				

企业名称	**鲁布润滑机械（上海）有限公司**				
企业地址	上海市外高桥保税区泰谷路 88 号第三层 C 部位（200131）				
投资总额	20 万 USD	电　话	58683818	传　真	58683880
设立日期	2004-9-10	负 责 人	堀越荣治郎		
主营业务	保税区内润滑装置、油剂及有关零件的生产、组装，销售自产产品。				

企业名称	**庆元中央空调（上海）有限公司**				
企业地址	上海市松江高新技术园区欣玉路 458 弄 5 号（201600）				
投资总额	50 万 USD	电　话	57735291	传　真	57735053
设立日期	2004-9-9	负 责 人	孙思根		
主营业务	生产制冷设备、空调末端设备、空气压缩机、冷媒压缩机及零配件。				

企业名称	**上海奉贤燃机发电有限公司**				
企业地址	上海市奉贤区金汇镇金钱公路 1328 号（201403）				
投资总额	6400 万 USD	电　话	67101386	传　真	67101388
设立日期	2004-9-8	负 责 人	陆仁军		
主营业务	天然气发电站的建设和经营（涉及行政许可的凭许可证经营）。				

企业名称	**上海远越机电有限公司**				
企业地址	上海市嘉定区南翔镇昌翔路 128 号（201802）				
投资总额	50 万 USD	电　话	69177570	传　真	69177570
设立日期	2004-9-7	负 责 人	李　明		
主营业务	生产增压器及柴油机配件，销售本公司自产产品。				

企业名称	**中凰机械制造（上海）有限公司**				
企业地址	上海市松江区车墩镇香车路 206 号（201611）				
投资总额	51 万 USD	电　话	57776071	传　真	57776072
设立日期	2004-9-7	负 责 人	渡边政博		
主营业务	设计、制造汽车模具（含冲模、注塑模、模压模等）、夹具。				

企业名称	**丸井明椿电气（上海）有限公司**				
企业地址	上海市嘉定区南翔镇田旺路 65 号第一幢 A 区（201802）				
投资总额	20 万 USD	电　话	59177921	传　真	59177920
设立日期	2004-9-2	负 责 人	黄仲贤		
主营业务	加工、生产各种马达、减速机及零组件、电气控制系统及配件。				

企业名称	**上海绿动电气有限公司**				
企业地址	上海市浦东新区莲溪路 1151 号 1#厂房 3 层 E 座（201204）				
投资总额	14 万 USD	电　话	68948500	传　真	68948900
设立日期	2004-9-1	负 责 人	王磐华		
主营业务	电气自动化控制设备及相关配套件的设计、生产、销售自产产品。				

企业名称	**保思乐紧固件（上海）有限公司**				
企业地址	上海松江出口加工区 B 区Ⅲ-1 号地块（201600）				
投资总额	1600 万 USD	电　话	57856055	传　真	57856056
设立日期	2004-8-27	负 责 人	GUENTHER R.KRAM		
主营业务	加工和生产紧固件及其工具和其他相关产品，销售公司自产产品。				

企业名称	**上海盛进机械有限公司**				
企业地址	上海市青浦工业园区天一路 609 号（201700）				
投资总额	70 万 USD	电　话	59228166	传　真	59228299
设立日期	2004-8-25	负 责 人	朴政昱		
主营业务	生产建筑工程机械零配件，销售公司自产产品。				

企业名称	**红相电力（上海）有限公司**				
企业地址	上海市中山南二路 717 号 3 号楼南三楼（200032）				
投资总额	14 万 USD	电　话	64181771	传　真	64180302
设立日期	2004-8-24	负 责 人	杨　成		
主营业务	研制、开发、生产电能计量、校验设备、变电站及电网运行监控设备。				

企业名称	**上海泽亚照明电器有限公司**				
企业地址	上海市浦东新区唐陆公路 3618 号 8 幢（201203）				
投资总额	30 万 USD	电　话	58969777	传　真	58969777
设立日期	2004-8-19	负 责 人	陈益松		
主营业务	设计、制造照明灯具及其配套设备，销售自产产品。				

企业名称	**扶星机电（上海）有限公司**				
企业地址	上海市闵行区七莘路 1366 号（201100）				
投资总额	14 万 USD	电　话	54889990	传　真	54882989
设立日期	2004-8-18	负 责 人	金星来		
主营业务	有关机械、电子设备及配件的加工，销售自产产品，提供相关售后服务。				

企业名称	**下平电机（上海）有限公司**				
企业地址	上海市嘉定工业区嘉唐公路 858 号（201807）				
投资总额	80 万 USD	电　话	59549300	传　真	59549080
设立日期	2004-8-17	负 责 人	下平道夫		
主营业务	开发、研制、生产频率控制与选择元件、电力电子器件及相关控制系统。				

企业名称	**杰西博工程机械（上海）有限公司**				
企业地址	上海市南汇区康桥工业区康桥东路 1 号 402 室（201315）				
投资总额	870 万 USD	电　话	38113000	传　真	38113001
设立日期	2004-8-16	负 责 人	CAMPBELL COUTTS		
主营业务	制造、组装挖掘装载机、小型挖掘机的整机及其零部件，销售自产产品。				

企业名称	**爱迪生电气研发（上海）有限公司**				
企业地址	上海市浦东新区胜利路 955 号 B 幢（201201）				
投资总额	200 万 USD	电　话	28993689	传　真	28993996
设立日期	2004-8-16	负 责 人	刘金利		
主营业务	研究、开发照明产品及其相关零部件，防爆及特殊环境使用的电气。				

企业名称	**群贸机械（上海）有限公司**				
企业地址	上海市嘉定区马陆镇丰年路 158 号（201801）				
投资总额	20 万 USD	电　话	69156326	传　真	69156325
设立日期	2004-8-13	负 责 人	范扬汉		
主营业务	生产油压机、钻孔机、坡口机、自动焊接机及零配件。				

企业名称	**龙工（上海）机械制造有限公司**				
企业地址	上海市松江区新桥镇民益路 26 号 A（201612）				
投资总额	4800 万港币	电　话	57644558	传　真	57686629
设立日期	2004-8-13	负 责 人	李新炎		
主营业务	开发、设计、生产工程机械设备、柴油机及其零部件，销售自产产品。				

企业名称	**上海柘中电站设备有限公司**				
企业地址	上海市奉贤区金汇镇金钱公路 1328 号（201404）				
投资总额	300 万 USD	电　话	67100000	传　真	67100058
设立日期	2004-8-9	负 责 人	陆仁军		
主营业务	设计、生产 10 万千瓦及以上燃气-蒸汽联合循环发电设备。				

企业名称	**星崎冷热机械（上海）有限公司**				
企业地址	上海市外高桥保税区泰谷路 207 号 2 楼 A5 部位（200131）				
投资总额	21000 万日元	电　话	51801998	传　真	51801947
设立日期	2004-8-5	负 责 人	坂本精志		
主营业务	保税区内以工业制冰机、冷库、雪柜、餐具清洗机。				

企业名称	**法麦凯尼柯机械（上海）有限公司**				
企业地址	上海市闵行区莘庄工业区华宁路 2888 弄 88 号第 10 号厂房（201111）				
投资总额	50 万欧元	电　话	64422977	传　真	64422981
设立日期	2004-8-4	负 责 人	ROMMELLI GUIDO		
主营业务	设计、制造一次性卫生用品的生产和包装设备及其零部件。				

企业名称	**上海枫港精密机械有限公司**				
企业地址	上海市松江区佘北工业区民业路北侧（201602）				
投资总额	21 万 USD	电　话	57794088	传　真	57794089
设立日期	2004-8-4	负 责 人	林昭围		
主营业务	高档建筑五金件研发制造、链接型自动施打螺丝之组装。				

企业名称	**优必胜（上海）精密轴承制造有限公司**				
企业地址	上海市闵行区马桥镇光华路 2118 号（201111）				
投资总额	200 万 USD	电　话	64905471	传　真	64903457
设立日期	2004-8-3	负 责 人	DOMINGO SO PENALOZA（卢天民）		
主营业务	生产轴承及轴承零件，销售自产产品（涉及许可经营的凭许可证经营）。				

企业名称	**喜鞍吉（上海）机电有限公司**				
企业地址	上海市青浦区华新镇嵩山路 349 号（201706）				
投资总额	14 万 USD	电　话	59772870	传　真	59772871
设立日期	2004-7-29	负 责 人	山本晴夫		
主营业务	生产、加工电动自行车、自行车及其配件，销售公司自产产品。				

企业名称	上海田中机械有限公司				
企业地址	上海市南汇区鹿园工业区鹿兴路 92 号（201301）				
投资总额	116 万 USD	电　话	68160170	传　真	68160171
设立日期	2004-7-27	负 责 人	井手兴彦		
主营业务	开发、设计、生产加工各类切割机、焊接机以及相关配套的辅助产品。				

企业名称	椿艾默生机械（上海）有限公司				
企业地址	上海市嘉定工业区高台路 1588 号 4 号厂房（201821）				
投资总额	120 万 USD	电　话	69169305	传　真	69169308
设立日期	2004-7-26	负 责 人	宫崎英夫		
主营业务	生产动力传动装置及零部件，销售本公司自产产品并提供售后服务。				

企业名称	艾吉提姆机械制造（上海）有限公司				
企业地址	上海市嘉定区马陆镇陈安路 225 号（201801）				
投资总额	14 万 USD	电　话	59100835	传　真	59100839
设立日期	2004-7-17	负 责 人	张　贤珪		
主营业务	生产汽车车灯专用设备、喷涂设备，销售本公司自产产品。				

企业名称	上海炫耀机械制造有限公司				
企业地址	上海市南汇区惠南镇沪南路 9628 号 5 幢 6 幢 205-208 室（201300）				
投资总额	250 万 USD	电　话	68016809	传　真	68016829
设立日期	2004-7-9	负 责 人	钟谨鸿		
主营业务	生产拉链设备及相关配件，销售公司自产产品。				

企业名称	利尔得电气（上海）有限公司				
企业地址	上海市南汇区康桥工业区康桥东路 1 号-7（201315）				
投资总额	25 万 USD	电　话	31006304	传　真	51006303
设立日期	2004-7-9	负 责 人	瞿国浦		
主营业务	生产、加工低压电器及相关配件，销售公司自产产品。				

企业名称	易机肯机电（上海）有限公司				
企业地址	上海市松江区九亭开发区鹤诸路 2 号（201615）				
投资总额	14 万 USD	电　话	33731312	传　真	33731312
设立日期	2004-7-9	负 责 人	成日休		
主营业务	生产各类发电机、发动机、柴油机的控制零配件、检测保护装置。				

企业名称	上海祥田机械有限公司				
企业地址	上海市松江区佘山工业区陶干路 228 号（201602）				
投资总额	20 万 USD	电　话	67741579	传　真	67741579
设立日期	2004-7-8	负 责 人	LEE JI HUN（李智勋）		
主营业务	生产、加工油压件、车用电器、电缆、五金件及其配件。				

企业名称	汉堡阁电热系统（上海）有限公司				
企业地址	上海市嘉定工业区嘉安公路 605 弄 7 号（201802）				
投资总额	200 万人民币	电　话	54195718	传　真	54198358
设立日期	2004-7-6	负 责 人	ANTON HALMBURGER		
主营业务	开发、生产电加热产品，销售本公司自产产品。				

企业名称	斯托派克包装机械（上海）有限公司				
企业地址	上海市嘉定区马陆镇丰饶路（201801）				
投资总额	10000 万日元	电　话	69154558	传　真	69154668
设立日期	2004-7-1	负 责 人	下岛敏章		
主营业务	生产包装材料、包装机械和其相关设备及零部件，销售本公司自产产品。				

企业名称	上海悠尼琪照明有限公司				
企业地址	上海市嘉定区马陆镇育绿路 28 弄 10 号（201801）				
投资总额	110 万 USD	电　话	69153211	传　真	69156538
设立日期	2004-6-29	负 责 人	铃木秀男		
主营业务	生产照明设备、灯具及相关产品和零配件，销售本公司自产产品。				

企业名称	铼翎机械工业（上海）有限公司				
企业地址	上海市松江区佘山工业区陶干路（201602）				
投资总额	500 万 USD	电　话	57796777	传　真	57793348
设立日期	2004-6-29	负 责 人	JOHN RAOS		
主营业务	设计、开发、生产、加工汽车关键零部件。				

企业名称	上海杉吉园林机电有限公司				
企业地址	上海市浦东新区昌里路 335 号 5018 室（201908）				
投资总额	20 万 USD	电　话	34150695	传　真	34151298
设立日期	2004-6-29	负 责 人	居延民		
主营业务	设计、生产割草机、修剪机、杀虫喷雾器、园艺工具和小农具。				

企业名称	特乐斯特机械（上海）有限公司				
企业地址	上海市浦东新区川沙路 6999 号川沙经济园区 8 号厂房（201200）				
投资总额	20 万 USD	电　话	58598303	传　真	58598310
设立日期	2004-6-25	负 责 人	彭新华		
主营业务	设计、制造橡胶、塑料等材料的加工成型设备及相关零部件。				

企业名称	中诚凯尔（上海）机电有限公司				
企业地址	上海市浦东新区东方路 989 号中达广场 1202 室（201204）				
投资总额	14 万 USD	电　话	68671872	传　真	68671873
设立日期	2004-6-25	负 责 人	孙贤祥		
主营业务	生产按摩器械（非医疗器械）、运动器械及其配套的机电控制系统。				

企业名称	胜科临富（上海）机械制造有限公司				
企业地址	上海市奉贤区奉城镇洪庙社区镇北村八组（201411）				
投资总额	20 万 USD	电　话	57137116	传　真	57137016
设立日期	2004-6-22	负 责 人	关钦星		
主营业务	加工生产淀粉胶混合设备和纸板箱设备，销售公司自产产品。				

企业名称	赛姆提克（上海）机械有限公司				
企业地址	上海市张江高科技园区郭守敬路 351 号 1 号楼 607 室（201203）				
投资总额	100 万 USD	电　话	68795318	传　真	68795318
设立日期	2004-6-22	负 责 人	KARL EBETSHUBER		
主营业务	环保设备的开发、设计、生产，销售自产产品。				

企业名称	锦泰峰五金机械（上海）有限公司				
企业地址	上海市外高桥保税区日樱北路 199 号 55#厂房（200137）				
投资总额	500 万 USD	电　话	50462230	传　真	50464900
设立日期	2004-6-21	负 责 人	陆轩青		
主营业务	保税区内以五金、各类轴承及机械产品为主的仓储、分拨业务。				

企业名称	上海哈克继电器有限公司				
企业地址	上海市浦东新区机场镇望三村东唐家宅 60 号二幢（201202）				
投资总额	20 万 USD	电　话	68961852	传　真	68961852
设立日期	2004-6-16	负 责 人	徐晓峰		
主营业务	生产继电器，销售自产产品（涉及许可经营的凭许可证经营）。				

企业名称	小松发电设备系统（上海）有限公司				
企业地址	上海市松江区东兴路 39 号（201600）				
投资总额	5000 万日元	电　话	67742156	传　真	67742157
设立日期	2004-6-14	负 责 人	中村直生		
主营业务	研发、生产发电设备系统及其关联产品和配件，销售公司自产产品。				

企业名称	美安捷机电（上海）有限公司				
企业地址	上海市闵行区江川路 1800 号（201108）				
投资总额	20 万 USD	电　话	64890721	传　真	64890721
设立日期	2004-6-8	负 责 人	荒木英之		
主营业务	缝纫机、缝纫设备的生产及机电自动控制设备的软、硬件的设计。				

企业名称	东恒动力机械（上海）有限公司				
企业地址	上海市嘉定区大众汽车工业园区宝安公路 4115 号（201805）				
投资总额	2500 万 USD	电　话	39501178	传　真	39501012
设立日期	2004-6-4	负 责 人	薛和平		
主营业务	开发、生产汽车变速器及其零部件，销售本公司自产产品。				

企业名称	上海峻亿兴机电工业有限公司				
企业地址	上海市闵行区莘庄镇中春路 4755 弄 99 号（201100）				
投资总额	450 万 USD	电　话	62944380	传　真	62944389
设立日期	2004-6-2	负 责 人	黄永照		
主营业务	生产空压机及高压清洗机零部件、电动工具、气电动工具。				

企业名称	奥亚马（上海）精密机械有限公司				
企业地址	上海市外高桥保税区奥纳路 160 号 D4 区一楼 1 部位（200131）				
投资总额	20 万 USD	电　话	54250256	传　真	54250983
设立日期	2004-5-31	负 责 人	北神勳		
主营业务	各种精密机械零部件、避震器、紧固件、五金工具的生产、加工、组装。				

企业名称	裕宇机电技术（上海）有限公司				
企业地址	上海市浦东新区花山路 706 号 1221 室（200137）				
投资总额	14 万 USD	电　话	50402521	传　真	50403212
设立日期	2004-5-28	负 责 人	陈阆仲		
主营业务	工业控制系统的维修及检测，冷藏集装箱制冷系统的维修及检测。				

企业名称	上海德针机械有限公司				
企业地址	上海市工业综合开发区（201400）				
投资总额	20 万 USD	电　话	51391288	传　真	51391289
设立日期	2004-5-27	负 责 人	KHOSROWZADEH REZILOU BEHZAD		
主营业务	设计、制造、加工纺织机械产品及相关的零配件，销售公司自产产品。				

企业名称	上海乙石塔电机有限公司				
企业地址	上海市奉贤区南桥镇（201400）				
投资总额	14 万 USD	电　话	67106251	传　真	67106253
设立日期	2004-5-27	负 责 人	石田匡庆		
主营业务	生产各类电机及相关配件，销售公司自产产品。				

企业名称	上海先川电机有限公司				
企业地址	上海市青浦工业园区天一路 518 号（201712）				
投资总额	100 万 USD	电　话	59228682	传　真	59228682
设立日期	2004-5-26	负 责 人	李容玉		
主营业务	生产、加工各类电机、伺服马达、减速机、变速器及其配件。				

企业名称	中物精密电器（上海）有限公司				
企业地址	上海市浦东新区龙东大道 6101 号（200120）				
投资总额	500 万 USD	电　话	58970723	传　真	58973814
设立日期	2004-5-26	负 责 人	三尾义彦		
主营业务	生产新型打印装置（激光、喷墨打印机），销售自产产品。				

企业名称	上海安宇马斯特菲克斯工具有限公司				
企业地址	上海市宝山区罗店镇塘西街 261 号（201908）				
投资总额	50 万 USD	电　话	66862145	传　真	66867656
设立日期	2004-5-26	负 责 人	张雄时		
主营业务	制造、加工五金工具，销售自产产品（涉及许可经营的凭许可证经营）。				

企业名称	道锌机械（上海）有限公司				
企业地址	上海市青浦工业园区外青松公路 5500 号 105 室（201700）				
投资总额	425 万 USD	电　话	59754987	传　真	59750403
设立日期	2004-5-19	负 责 人	张胜潭		
主营业务	开发、生产公路、港口新型机械设备及其相关零部件。				

企业名称	上海欧粹机电有限公司				
企业地址	上海市松江区仓桥富民经济城玉佳西路 68 号（201600）				
投资总额	50 万 USD	电　话	67728272	传　真	67728271
设立日期	2004-5-19	负 责 人	卢惠华		
主营业务	设计、生产、加工电焊切割设备及零部件，销售公司自产产品。				

企业名称	邦森机械工程（上海）有限公司				
企业地址	上海市闵行区莘庄镇莘北路 669 号（201100）				
投资总额	40 万 USD	电　话	54942083	传　真	54942082
设立日期	2004-5-17	负 责 人	曲延峻（PAUL CHIU）		
主营业务	设计、生产高性能焊接机器人、高效焊接生产设备、工业机械手。				

企业名称	高溢精密机械配件（上海）有限公司				
企业地址	上海市闵行区莘朱路 1005 号（201100）				
投资总额	50 万 USD	电　话	54377742	传　真	54389007
设立日期	2004-5-13	负 责 人	李枝全		
主营业务	生产新型纺织机械及零配件，销售自产产品。				

企业名称	科弘精密陶瓷机械（上海）有限公司				
企业地址	上海市闵行区中春路 7001 号 6 号厂房（201101）				
投资总额	30 万 USD	电　话	54887750	传　真	54883325
设立日期	2004-5-13	负 责 人	PANNACCI UBALDO		
主营业务	生产、组装多功能滚筒印花机、新式二次下料机及其配件。				

企业名称	涌镇液压机械（上海）有限公司				
企业地址	上海市松江区车墩镇回业路 21 号（201611）				
投资总额	20 万 USD	电　话	57606290	传　真	57606289
设立日期	2004-5-8	负 责 人	邱献郎		
主营业务	生产精密机械、电机产品、精密测试台、液压元件、非标设备。				

企业名称	美电电器设备（上海）有限公司				
企业地址	上海市奉贤区庄行镇（201400）				
投资总额	20 万 USD	电　话	61139292	传　真	61139292
设立日期	2004-4-30	负 责 人	高铭安		
主营业务	生产电气设备配件、开关、断路器、接触器、继电器、电表、电容器等。				

企业名称	欧利晶精密机械（上海）有限公司				
企业地址	上海市外高桥保税区希雅路 69 号 16 号楼第六层 B 部位（200137）				
投资总额	60 万 USD	电　话	50462341	传　真	50462486
设立日期	2004-4-26	负 责 人	神守昭夫		
主营业务	保税区内生产、加工、组装电子行业精密机械及办公设备的精密部件。				

企业名称	高雅机电工程（上海）有限公司				
企业地址	上海市浦东新区浦东南路 855 号世界广场 9 楼 E 座（200120）				
投资总额	1500 万人民币	电　话	58369988	传　真	58369990
设立日期	2004-4-26	负 责 人	冼镇安		
主营业务	机电设备安装工程专业承包、消防设施工程专业承包。				

企业名称	上海宽璐机电有限公司				
企业地址	上海市闵行区华漕镇北翟路 3889 号 13、15 座（201106）				
投资总额	100 万 USD	电　话	52233290	传　真	52233291
设立日期	2004-4-23	负 责 人	梁国雄		
主营业务	生产电灯打气机、打气泵、童车、压力计、五金制品、安全帽等。				

企业名称	盛腾克机械（上海）有限公司				
企业地址	上海市青浦工业园区振盈路 58 号（201700）				
投资总额	100 万 USD	电　话	69225771	传　真	69225872
设立日期	2004-4-21	负 责 人	TAN GWAN HIM		
主营业务	开发、生产、组装轴承、导轨，销售公司自产产品。				

企业名称	上海英科心电图医疗产品有限公司				
企业地址	上海市奉贤区柘林镇胡滨公路 555 号（201400）				
投资总额	35 万 USD	电　话	57451159	传　真	57451187
设立日期	2004-4-21	负 责 人	刘方毅		
主营业务	开发、生产心电图电极及其相关产品，销售自产产品。				

企业名称	麦太保电动工具（上海）有限公司				
企业地址	上海市闵行区浦江工业园区三鲁路 3585 号 7 幢（201114）				
投资总额	210 万 USD	电　话	24162688	传　真	64292999
设立日期	2004-4-20	负 责 人	CHRISTIAN INGOLD		
主营业务	设计、开发、生产电动工具，压缩机、气泵、焊接机、固定木工设备等。				

企业名称	桑浦电缆机械（上海）有限公司				
企业地址	上海市嘉定区复华高新技术园区 15 号地块申霞路 314 号（201801）				
投资总额	38 万 USD	电　话	59900448	传　真	59900350
设立日期	2004-4-20	负 责 人	Antonio maccaferri		
主营业务	生产工业电缆设备，销售本公司自产产品并提供售后服务。				

企业名称	三菱电机空调影像设备（上海）有限公司				
企业地址	上海市外高桥保税区富特西一路 355 号 1201-1209 室（200131）				
投资总额	20 万 USD	电　话	63353030	传　真	63353600
设立日期	2004-4-16	负 责 人	田村直巳		
主营业务	保税区内以三菱电机产品为主的仓储、分拨、展示、售后服务。				

企业名称	上海川口机械有限公司				
企业地址	上海市青浦区白鹤镇腾北路 71 号（201712）				
投资总额	36 万 USD	电　话	59215570	传　真	59215488
设立日期	2004-4-15	负 责 人	川口豪康		
主营业务	生产精密电脑注塑机、辅机及其配件、塑料模具、精密塑料件。				

企业名称	邦林机械制造（上海）有限公司				
企业地址	上海市闵行区剑川路 618 号（200241）				
投资总额	20 万 USD	电　话	54735107	传　真	54735106
设立日期	2004-4-14	负 责 人	林　炯		
主营业务	生产建筑机械及配件，销售自产产品（涉及许可经营的凭许可证经营）。				

企业名称	芳源企业（上海）有限公司				
企业地址	上海市松江工业区九泾路西侧 D-1 地块(201600)				
投资总额	1000 万 USD	电　话	67696649	传　真	67697379
设立日期	2004-4-13	负 责 人	张　坚		
主营业务	生产、制造精冲模、精密型腔模、新型平板显示器件、新型电子元器件。				

企业名称	安阆铸件（上海）有限公司				
企业地址	上海市南汇区康桥镇康士路 25 号 1150 室（201317）				
投资总额	20 万 USD	电　话	58147016	传　真	58147019
设立日期	2004-4-12	负 责 人	刘仁安		
主营业务	以阀门、变速箱、五金工具、水泵、模具为主的国际贸易、转口贸易。				

企业名称	**上海隆润动力机械有限公司**				
企业地址	上海市嘉定区菊园新区六里村（201800）				
投资总额	20 万 USD	电　话	69168842	传　真	69168843
设立日期	2004-4-7	负责人	杨义青		
主营业务	生产小型汽油发动机、发电机、汽车制动零部件、园林机械及其零配件。				

企业名称	**稳孚勒机械（上海）有限公司**				
企业地址	上海市浦东新区机场镇远航路 785 号 4 号厂房（201202）				
投资总额	20 万 USD	电　话	68407060	传　真	68968310
设立日期	2004-4-6	负责人	DIETER SCHUCH		
主营业务	生产和加工机电设备零部件，销售自产产品。				

企业名称	**上海健伦机电有限公司**				
企业地址	上海市青浦工业园区外青松公路 5500 号 201 室（201707 ）				
投资总额	500 万 USD	电　话	39807936	传　真	39807936
设立日期	2004-3-30	负责人	黄玉坤		
主营业务	生产、加工三轴以上联动数控机床及其零部件、数控系统，精冲模等。				

企业名称	**日立住友重机械建机起重机（上海）有限公司**				
企业地址	上海市外高桥保税区泰谷路 185 号第二层 F 部位（200131）				
投资总额	20 万 USD	电　话	68889710	传　真	68889720
设立日期	2004-3-29	负责人	坂田幸一郎		
主营业务	以建设机械类及其附属品、零部件为主的保税区内仓储、分拨。				

企业名称	**上海傲来薄膜电路有限公司**				
企业地址	上海市普陀区古浪路 415 弄 4 号 2 楼南（200331）				
投资总额	21 万 USD	电　话	62504777	传　真	52846651
设立日期	2004-3-26	负责人	MING CHOW		
主营业务	生产加工新型电子元器件（混合集成电路），销售自产产品。				

企业名称	**欧扎克（上海）轴承有限公司**				
企业地址	上海市外高桥保税区泰谷路 88 号第四层 D 部位（200131）				
投资总额	20 万 USD	电　话	58682672	传　真	58682675
设立日期	2004-3-25	负责人	尾崎正和		
主营业务	保税区内设计、开发、生产、加工直线轴承、导轨、丝杆。				

企业名称	**上海研毫精密机电有限公司**				
企业地址	上海市闵行区罗阳路 108 号（201100）				
投资总额	30 万 USD	电　话	64544570	传　真	64544583
设立日期	2004-3-25	负责人	邱永丰		
主营业务	生产精密轴承，销售自产产品（涉及许可经营的凭许可证经营）。				

企业名称	**上海青木精密机械有限公司**				
企业地址	上海市青浦区青浦镇盈秀路 359 号（201700）				
投资总额	210 万 USD	电　话	69221447	传　真	59202738
设立日期	2004-3-24	负责人	青木良辅		
主营业务	生产柴油机涡轮增压器，销售公司自产产品及提供相关配套服务。				

企业名称	**上海荣泰电器有限公司**				
企业地址	上海市松江区仓桥金玉路 1155 号（201600）				
投资总额	80 万 USD	电　话	67725721	传　真	67725731
设立日期	2004-3-23	负责人	施赞登		
主营业务	制造电子元器件（光电子器件），销售公司自产产品。				

企业名称	**上海贸隆机械有限公司**				
企业地址	上海市嘉定区黄渡镇东港路南首（201804）				
投资总额	35 万 USD	电　话	69580841	传　真	69580842
设立日期	2004-3-23	负责人	蔡尔纯		
主营业务	生产、加工制卡设备、裁断设备、液压设备及零部件。				

企业名称	**上海键稳精密五金有限公司**				
企业地址	上海市嘉定区黄渡镇曹联路 17 号（201804）				
投资总额	100 万 USD	电　话	69591145	传　真	69592966
设立日期	2004-3-22	负责人	陈建财		
主营业务	生产汽车专用高强度紧固件，销售本公司自产产品。				

企业名称	**卓越紧固系统（上海）有限公司**				
企业地址	上海市嘉定工业区高台路 1558 号（201821）				
投资总额	500 万 USD	电　话	33517770	传　真	33517638
设立日期	2004-3-19	负责人	林德诚		
主营业务	生产汽车专用高强度紧固件，销售本公司自产产品。				

企业名称	**上海全懋机械有限公司**				
企业地址	上海市嘉定区马陆镇樊家村（201801）				
投资总额	20 万 USD	电　话	69156010	传　真	69156473
设立日期	2004-3-18	负责人	魏嘉茂		
主营业务	生产组合机床、攻牙机、钻床、油压（空压）设备。				

企业名称	**博太科电气（上海）有限公司**				
企业地址	上海市外高桥保税区富特东一路 438 号 3 楼 B 部位（200137）				
投资总额	20 万 USD	电　话	53560100	传　真	53085900
设立日期	2004-3-18	负责人	LOTHAR MEZGER		
主营业务	研发、生产、加工、组装防爆电气产品、防爆自动化产品、测量仪器。				

企业名称	**上海米登电气有限公司**				
企业地址	上海市松江工业区东部新区松开 IV-45 号地块（201613）				
投资总额	500 万 USD	电　话	37621197	传　真	37621197
设立日期	2004-3-16	负责人	王辉华		
主营业务	生产、加工各类电气设备、开关、电线，销售公司自产产品。				

企业名称	**意士比机械（上海）有限公司**				
企业地址	上海市嘉定区马陆镇马东工业区育绿路 28 弄 6 号（201801）				
投资总额	12 万欧元	电　话	69156212	传　真	69156210
设立日期	2004-3-15	负责人	UGO PARROCO		
主营业务	生产冷锻成形机器及相关设备和零配件，销售本公司自产产品。				

企业名称	**上海中日家用电器有限公司**				
企业地址	上海市金山区枫泾工业园区环枫北路 26 号（201501）				
投资总额	50 万 USD	电　话	67356010	传　真	67356065
设立日期	2004-3-15	负责人	张方敏		
主营业务	生产洗衣机、冰箱等家用电器，销售公司自产产品。				

企业名称	**上海融翰电气有限公司**				
企业地址	上海市青浦区华新镇秀龙村（201708）				
投资总额	400 万 USD	电　话	59791292	传　真	59794946
设立日期	2004-3-11	负责人	虞建敏		
主营业务	生产、加工电线电缆、电缆桥架、母线槽及其相关成套电器配件。				

企业名称	**西派克（上海）泵业有限公司**				
企业地址	上海市浦东康桥工业区康桥东路 1365 弄 21 号厂房（201315）				
投资总额	35 万欧元	电　话	38108888	传　真	38108899
设立日期	2004-3-8	负责人	DAVID M. FRENDIN		
主营业务	生产和加工泵及其主要零部件，销售公司自产产品，提供相关售后服务。				

企业名称	**侨光电梯（上海）有限公司**				
企业地址	上海市金山区吕巷镇工业园区（201517）				
投资总额	1000 万 USD	电　话	57377331	传　真	57377332
设立日期	2004-3-8	负责人	王启翔		
主营业务	生产各类电梯、自动扶梯及其相关零部件，销售公司自产产品。				

企业名称	**瑞伟机械（上海）有限公司**				
企业地址	上海市外高桥保税区泰谷路 207 号第四层 J 部位（200137）				
投资总额	20 万 USD	电　话	58682986	传　真	58682995
设立日期	2004-3-8	负责人	MICHAEL EUGEN WOEBER		
主营业务	保税区内机械配件为主的仓储分拨业务、技术咨询、技术培训等。				

企业名称	**汉罗特电气（上海）有限公司**				
企业地址	上海市嘉定区马陆镇马东工业园区（201891）				
投资总额	62 万 USD	电　话	69156360	传　真	69156663
设立日期	2004-3-4	负责人	PIERRE A.J.V. HALLET		
主营业务	生产电子专用设备、测试仪器、工模具，销售本公司自产产品。				

企业名称	**博利马机械设备（上海）有限公司**				
企业地址	上海市松江区新桥镇新格路 1581 号（201612）				
投资总额	70 万 USD	电　话	57686430	传　真	57686430
设立日期	2004-3-4	负责人	EMANUELA COLOMBO		
主营业务	研究、开发、生产、制造三轴以上联动的数控机床、数控系统。				

企业名称	**上海三爱斯空调技术有限公司**				
企业地址	上海市漕河泾新兴技术开发区田林路 142 号 A3 栋 1F 东（200233）				
投资总额	30 万 USD	电　话	64959426	传　真	64966527
设立日期	2004-3-2	负责人	LEE BONG WON		
主营业务	研发、生产空调设备的制冷制热性能、耐久性测定装备。				

企业名称	上海笠原电装有限公司				
企业地址	上海市同普路1225弄5号一楼（200333）				
投资总额	20万USD	电　话	52695530	传　真	32023313
设立日期	2004-3-2	负责人	笠原瑞穗		
主营业务	制造加工磁性产品及相关设备，销售自产产品，提供相关的技术服务。				

企业名称	上海利尔多机电有限公司				
企业地址	上海市松江区佘山工业区强业路313号（201602）				
投资总额	500万USD	电　话	57797186	传　真	57797187
设立日期	2004-3-1	负责人	梁　海		
主营业务	生产汽车应急电源装置、汽车冰箱、电动工具、五金工具、气动工具等。				

企业名称	上海纳米奇精密机电有限公司				
企业地址	上海市车新公路185号上海国际中小企业城园区内3、4号厂房(201613)				
投资总额	300万USD	电　话	57609898	传　真	57609825
设立日期	2004-3-1	负责人	并木章二		
主营业务	生产新型电子元器件，销售公司自产产品以及提供相关的售后服务。				

企业名称	日之缝机械设备（上海）有限公司				
企业地址	上海市闵行区顾戴路3333弄100号（201100）				
投资总额	20万USD	电　话	52273650	传　真	52273651
设立日期	2004-2-23	负责人	陆静宜		
主营业务	生产、加工缝纫机械及其配件，销售自产产品。				

企业名称	上海阿里山神木精密机械有限公司				
企业地址	上海市松江区佘山工业区民业路东侧（201602）				
投资总额	14万USD	电　话	57796122	传　真	57796121
设立日期	2004-2-18	负责人	林昭围		
主营业务	紧固件之设计研发、检测、筛选、连接组合等。				

企业名称	上海南洋电机有限公司				
企业地址	上海市嘉定区南翔镇惠申路111号（201802）				
投资总额	1900万USD	电　话	69172227	传　真	69172248
设立日期	2004-2-18	负责人	周志炎		
主营业务	设计、生产工业用直流电动机、交流电动机、特殊用途电机及配件。				

企业名称	技能机电设备（上海）有限公司				
企业地址	上海市闵行区陪昆路206号（201111）				
投资总额	25万USD	电　话	64095960	传　真	64095926
设立日期	2004-2-18	负责人	梁玉才		
主营业务	生产自动化机械设备及零配件，销售自产产品。				

企业名称	住友重机械工业（上海）有限公司				
企业地址	上海市外高桥保税区泰谷路205号第三层M部位（200131）				
投资总额	20万USD	电　话	63403993	传　真	63403722
设立日期	2004-2-16	负责人	大下纯一		
主营业务	保税区内以机械产品为主的仓储、分拨业务；相关技术咨询及售后服务。				

企业名称	上海凯赫精密机械有限公司				
企业地址	上海市青浦区徐泾镇罗家村（201702）				
投资总额	70万USD	电　话	59768962	传　真	59768967
设立日期	2004-2-11	负责人	魏振凯		
主营业务	设计、生产、加工汽车、摩托车夹具（焊接夹具、检验夹具等）。				

企业名称	上海克米林电器有限公司				
企业地址	上海市闵行区浦江镇杜行工业小区1号（201112）				
投资总额	28万USD	电　话	54312061	传　真	54312062
设立日期	2004-2-10	负责人	周继武		
主营业务	生产各类照明电器、电子产品，销售自产产品。				

企业名称	亚特机电设备（上海）有限公司				
企业地址	上海市浦东康桥工业区康桥东路1365弄7号厂房（201315）				
投资总额	30万USD	电　话	68183183	传　真	68183115
设立日期	2004-2-9	负责人	陆伟强		
主营业务	生产船舶仪器仪表设备，加工海洋平台配件，销售公司自产产品。				

企业名称	码信普罗机械（上海）有限公司				
企业地址	上海市嘉定区澄浏中路1925弄28号（201800）				
投资总额	28万USD	电　话	52195353	传　真	52199193
设立日期	2004-2-6	负责人	家田胜		
主营业务	设计、生产汽车工业专用的高效焊装生产设备及相关零部件。				

企业名称	上海颂一机电有限公司				
企业地址	上海市嘉定区外冈镇施晋村外冈工业园区四区（201806）				
投资总额	40万USD	电　话	69575002	传　真	59585159
设立日期	2004-2-6	负责人	玄钟华		
主营业务	生产洗衣机离合器组件及配件、螺栓、螺钉、齿轮轴等。				

企业名称	上海瓯胜阀门有限公司				
企业地址	上海市松江区佘山工业区陶干路（201602）				
投资总额	500万USD	电　话	27686826	传　真	57796328
设立日期	2004-2-5	负责人	赵益来		
主营业务	设计、生产各类阀门、泵，销售公司自产产品并提供相关技术服务。				

企业名称	上海利昆机械有限公司				
企业地址	上海市青浦区外青松公路3688号（201709）				
投资总额	60万USD	电　话	59740789	传　真	59740600
设立日期	2004-2-5	负责人	赖树成		
主营业务	设计、开发、生产齿轮、涡轮减速机、减速马达，齿轮箱。				

企业名称	上海励高莱恩流体机械有限公司				
企业地址	上海青浦工业园区天一路453号（201712）				
投资总额	50万USD	电　话	59228894	传　真	59228957
设立日期	2004-2-4	负责人	童在提		
主营业务	生产柴油机燃油泵、各类电泵、流体机械产品、消防设备。				

企业名称	上海埃海迪机械有限公司				
企业地址	上海市闵行区莘庄镇顾戴路2568号（201100）				
投资总额	26万USD	电　话	54465850	传　真	54465853
设立日期	2004-2-4	负责人	何　青		
主营业务	生产、加工机械零部件、五金件、机电配件、模具，销售自产产品。				

企业名称	上海冠鼎针筒机械有限公司				
企业地址	上海市青浦区华新镇凤溪白马塘村（201705）				
投资总额	25万USD	电　话	39807131	传　真	39807354
设立日期	2004-2-4	负责人	高泉达		
主营业务	生产、加工纺织机械设备零部件，销售公司自产产品。				

企业名称	美加洛（上海）电器制造有限公司				
企业地址	上海市杨浦区松花江路99号（200093）				
投资总额	20万USD	电　话	65493830	传　真	65483440
设立日期	2004-2-4	负责人	薛　敏		
主营业务	新型电子元器件（片式元器件、敏感元器件及传感器、频率控制）。				

企业名称	麦记五金机械（上海）有限公司				
企业地址	上海市江宁路418号和一大厦1707室（200041）				
投资总额	160万港币	电　话	62279209	传　真	62279179
设立日期	2004-1-20	负责人	林志宏		
主营业务	钢丝绳、索具、五金制品、钢结构制品、吊装产品、机械设备等。				

企业名称	星本机电配件（上海）有限公司				
企业地址	上海市奉贤区庄行镇张塘村三组（201415）				
投资总额	100万USD	电　话	57407335	传　真	57407337
设立日期	2004-1-19	负责人	星本康雄		
主营业务	开发、生产、精加工以铰链、门锁（把手）为主的高档建筑五金用品。				

企业名称	上海伊艾思精密机电有限公司				
企业地址	上海市浦东新区唐镇新镇路235号2-3幢（201204）				
投资总额	14万USD	电　话	58967327	传　真	58967301
设立日期	2004-1-19	负责人	牧野匡邦		
主营业务	生产与精密机电设备配套的消静电装置，销售自产产品。				

企业名称	上海海沙金机械工业有限公司				
企业地址	上海市闵行区莘庄镇顾戴路2568号（201100）				
投资总额	14万USD	电　话	67690359	传　真	67690296
设立日期	2004-1-15	负责人	冯晓雁		
主营业务	生产、加工金属制品、宠物用品、家具零部件装配，销售自产产品。				

企业名称	壹机（上海）机械有限公司				
企业地址	上海市外高桥保税区巴圣路275号40号楼第一层东部位（200122）				
投资总额	35万USD	电　话	68406002	传　真	68406003
设立日期	2004-1-14	负责人	0TOKOZAWA FUJL0		
主营业务	株式会社第一美加提克生产的机械设备及其相关零部件为主的仓储。				

制造业-通用设备和电气机械及器材制造业

企业名称	其贸机电工程（上海）有限公司				
企业地址	上海市静安区昌平路 710 号 B 座 009 室(200040)				
投资总额	37 万 USD	电　话	61196969	传　真	61196968
设立日期	2004-11-4	负 责 人	梁基广		
主营业务	一般工业和公用、民用建设项目的设备、线路、管道的安装。				

企业名称	美诺精密压铸（上海）有限公司				
企业地址	上海市嘉定区安亭镇嘉安公路 3939 号（201805）				
投资总额	350 万 USD	电　话	59563939	传　真	59563989
设立日期	2004-1-9	负 责 人	杉本润		
主营业务	设计、生产汽车、摩托车用铸锻毛坯件，销售本公司自产产品。				

企业名称	上海太同电镀有限公司				
企业地址	上海市金山区亭林工业园区南区（201505）				
投资总额	50 万 USD	电　话	57236969	传　真	57236969
设立日期	2004-1-9	负 责 人	张　晖		
主营业务	生产各类五金配件的电镀及汽车标牌、装饰件，销售公司自产产品。				

企业名称	上海不二越精密轴承有限公司				
企业地址	上海市嘉定区马陆镇马东开发区（201801）				
投资总额	150 万 USD	电　话	69156200	传　真	69156202
设立日期	2004-1-9	负 责 人	石黑健治		
主营业务	开发、生产精密轴承及各种主机专用轴承，销售本公司自产产品。				

企业名称	柏堅货柜机械维修（上海）有限公司				
企业地址	上海市黄浦区延安东路 58 号 1201B（200002）				
投资总额	51.3 万 USD	电　话	63202727	传　真	63362829
设立日期	2004-1-8	负 责 人	凯柏杨		
主营业务	集装箱、船舶及其零部件的机械维修、保养。				

企业名称	埃维恩（上海）机械有限公司				
企业地址	上海市松江区洞泾工业二区渔洋浜村（松江 1387 号地块）（201619）				
投资总额	250 万 USD	电　话	67679191	传　真	67679257
设立日期	2004-1-7	负 责 人	缪申羚		
主营业务	生产制造废塑料处理设备及辅助周边设备，销售公司自产产品。				

企业名称	普鲁卡姆电器（上海）有限公司				
企业地址	上海市南汇区南汇工业园区汇成路 1118 号（201305）				
投资总额	1000 万 USD	电　话	58181798	传　真	58180618
设立日期	2004-1-7	负 责 人	DAVID DENG		
主营业务	生产取暖器及燃气器具和零部件，销售公司自产产品。				

企业名称	艾可德建设工程机械（上海）有限公司				
企业地址	上海市外高桥保税区冰克路 500 号 714 室（200131）				
投资总额	100 万 USD	电　话	58692650	传　真	62831424
设立日期	2004-1-5	负 责 人	小沼光雄		
主营业务	国际贸易、转口贸易、保税区企业间的贸易及贸易代理。				

企业名称	来利自动化技术（上海）有限公司				
企业地址	上海市漕河泾新兴技术开发区桂平路 471 号 8 号楼 1 楼（200233）				
投资总额	50 万 USD	电　话	64853458	传　真	54260648
设立日期	2003-12-29	负 责 人	周宏康		
主营业务	生产、组装永磁直流电机及配套的齿轮减速器。				

企业名称	新日本空调工程（上海）有限公司				
企业地址	上海市江场三路 223 号（200436）				
投资总额	316.84 万 USD	电　话	51060068	传　真	51060063
设立日期	2003-12-26	负 责 人	林利之		
主营业务	以建设工程承包的形式从事机电安装工程总承包。				

企业名称	上海昱高电气有限公司				
企业地址	上海市浦东新区浦东大道 2507 号（200129）				
投资总额	20 万 USD	电　话	68533206	传　真	68533206
设立日期	2003-12-26	负 责 人	钟绍铭（CH00NG SIEW MENG）		
主营业务	生产交直流传动装置；电气自动化控制设备及相关配套件的设计。				

企业名称	阿博格机械贸易（上海）有限公司				
企业地址	上海市外高桥保税区杨高北路 2005 号二层 243 室（200131）				
投资总额	50 万 USD	电　话	62682211	传　真	62689210
设立日期	2003-12-25	负 责 人	HEHL MICHAEL ALEXAND		
主营业务	国际贸易、转口贸易、保税区企业间的贸易及区内贸易代理。				

企业名称	登福机械（上海）有限公司				
企业地址	上海青浦工业园区新团路 200 号（201700）				
投资总额	210 万 USD	电　话	59703703	传　真	59701116
设立日期	2003-12-24	负 责 人	HELEN WRIGHT CORNELL		
主营业务	开发、生产和组装各种空气及气体压缩机，风机和泵类产品及其零配件。				

企业名称	康弗特电器（上海）有限公司				
企业地址	上海市嘉定区黄渡镇联群村毛家队（201804）				
投资总额	51 万 USD	电　话	69560369	传　真	69590369
设立日期	2003-12-19	负 责 人	吴海庭		
主营业务	生产小家电，五金、塑胶制品，精密模具，销售本公司自产产品。				

企业名称	派克伊诺斯机电设备（上海）有限公司				
企业地址	上海市金山区亭林工业园区南区（201505）				
投资总额	87.17 万 USD	电　话	67232246	传　真	67232249
设立日期	2003-12-18	负 责 人	诺埃尔・赫茨鲍特		
主营业务	生产挤奶设备、食品（含乳制品）加工设备、冷却设备及冷却容器。				

企业名称	上海沃施企业有限公司				
企业地址	上海市松江工业区东部新区（申港路以东、书林路以北）（201612）				
投资总额	400 万 USD	电　话	64092111	传　真	64092555
设立日期	2003-12-15	负 责 人	吴海江		
主营业务	加工、生产草坪机，园艺工具及户外休闲家居，销售公司自产产品。				

企业名称	两岸家用品（上海）有限公司				
企业地址	上海市松江区佘北工业园区民业路北侧 1017 号地块（201602）				
投资总额	102 万 USD	电　话	57796210	传　真	57722097
设立日期	2003-12-15	负 责 人	陈宗林		
主营业务	生产、加工各类童床、童车、玩具及其他婴幼儿系列产品和家饰品。				

企业名称	上海精旭机械有限公司				
企业地址	上海市青浦区华新镇北青公路 3888 号（201708）				
投资总额	70 万 USD	电　话	69778062	传　真	69778086
设立日期	2003-12-12	负 责 人	吴育珍		
主营业务	生产、加工机械零配件及精冲模、精密型腔膜、模具标准件。				

企业名称	法实特电热系统（上海）有限公司				
企业地址	上海市外高桥保税区港澳路 239 号北楼第三层 A 部位（200131）				
投资总额	20 万 USD	电　话	50480070	传　真	50480586
设立日期	2003-12-10	负 责 人	EFTHIMIOS JOHN STOJK		
主营业务	设计、生产、加工热流道系统产品及加热器、温控器产品。				

企业名称	上嘉鼓风机（上海）有限公司				
企业地址	上海市嘉定工业区二期 12-1 号地块（201821）				
投资总额	1200 万 USD	电　话	59137687	传　真	59137187
设立日期	2003-12-8	负 责 人	应　波		
主营业务	生产风机、电机，销售本公司自产产品（涉及许可经营的凭许可证经营）。				

企业名称	上海美约空调冷冻设备技术服务有限公司				
企业地址	上海市普陀区西康路 1380 号（200060）				
投资总额	35 万 USD	电　话	62766509	传　真	62993086
设立日期	2003-12-8	负 责 人	陈裕年		
主营业务	对中国境内的约克产品及其相关空调冷冻系统设备的安装、调试。				

企业名称	罗普伺达机器人（上海）有限公司				
企业地址	上海市普陀区云岭西路 356 弄 5 号 4 楼（200333）				
投资总额	51 万 USD	电　话	62600990	传　真	52706214
设立日期	2003-12-8	负 责 人	金正浩		
主营业务	生产制造电子专用设备、测试仪器、数控系统及伺服装置。				

企业名称	上海松下电工盛一装饰有限公司				
企业地址	上海市卢湾区茂名南路 205 号 F603 室（200020）				
投资总额	24.81 万 USD	电　话	54651212	传　真	54660056
设立日期	2003-1-28	负 责 人	成田重男		
主营业务	室内装潢设计咨询，电工、电器产品和家居产品的维修、安装服务。				

企业名称	上海拓阔精密缓冲轴承有限公司				
企业地址	上海市松江区九亭镇小寅村九泾路松沪工业小区后（201615）				
投资总额	110 万 USD	电　话	67696773	传　真	67696922
设立日期	2003-12-5	负 责 人	吉川宏		
主营业务	生产精密轴承及各种主机专用轴承，销售公司自产产品。				

企业名称	**上海恒阳机器制造有限公司**				
企业地址	上海市南汇区宣桥镇南六公路 876 号（201300）				
投资总额	193.28 万 USD	电　话	58037325	传　真	58037325
设立日期	2003-12-4	负 责 人	五十岚丈夫		
主营业务	生产印刷机械、包装机械，销售公司自产产品。				

企业名称	**上海山田电气实业有限公司**				
企业地址	上海市松江区泗泾镇高新技术工业区 1890 号地块（201700）				
投资总额	550 万 USD	电　话	67690368	传　真	67690009
设立日期	2003-12-4	负 责 人	山田正明		
主营业务	生产电器导线、接插件、焊接件、各类端子、电器箱体、包装材料等。				

企业名称	**擎通电器（上海）有限公司**				
企业地址	上海市浦东新区张江路 727 号 507-D 室(200122)				
投资总额	14 万 USD	电　话	61138311	传　真	61138580
设立日期	2003-12-3	负 责 人	李　震		
主营业务	小型家用电器的研究、开发；家庭食物处理机的研发、生产。				

企业名称	**上海安和精密电子电器有限公司**				
企业地址	上海市奉贤区大叶公路 8188 号（201409 ）				
投资总额	509 万 USD	电　话	57559391	传　真	57557850
设立日期	2003-12-3	负 责 人	LAU, PETER YU YEE		
主营业务	研发、生产各类微型电机及相关配件、电子元器件，销售公司自产产品。				

企业名称	**上海旭恒精工机械制造有限公司**				
企业地址	上海市嘉定区安亭镇泰顺路 1125 号（201805）				
投资总额	390 万 USD	电　话	59502479	传　真	59101975
设立日期	2003-12-1	负 责 人	郑　骅		
主营业务	开发、设计、生产各类机械及机械零配件，销售本公司自产产品。				

企业名称	**上海百玛士绿色能源有限公司**				
企业地址	上海市普陀区祁连山路 1035 弄 56 号（200436）				
投资总额	724.87 万 USD	电　话	52663452	传　真	52663471
设立日期	2003-12-1	负 责 人	陶小平		
主营业务	城市环卫特种设备制造，销售自产产品。				

企业名称	**上海材艺电器制造有限公司**				
企业地址	上海市嘉定区黄渡镇东街村　（201804）				
投资总额	40 万 USD	电　话	69592732	传　真	69591598
设立日期	2003-11-28	负 责 人	黑岩卓彦		
主营业务	生产镇流器、五金冲压件，销售本公司自产产品。				

企业名称	**摩根电气（上海）有限公司**				
企业地址	上海市莘庄工业区申富路 369 号（201108）				
投资总额	101 万 USD	电　话	34074733	传　真	34073324
设立日期	2003-11-28	负 责 人	DANIEL M MORGAN		
主营业务	研发、设计、生产冶金工业用的电气、自动化设备及系统。				

企业名称	**尼利可自动控制机器（上海）有限公司**				
企业地址	上海市嘉定区黄渡镇曹安路 4075 弄 29 号(201804)				
投资总额	42.63 万 USD	电　话	39596637	传　真	39596639
设立日期	2003-11-26	负 责 人	壶屋善弘		
主营业务	检查控制设备以及监测系统中的自动化仪表的生产，销售自产产品。				

企业名称	**上海雷威机电有限公司**				
企业地址	上海市松江工业区（松江 1383 号地块）（201611）				
投资总额	500 万 USD	电　话	57601078	传　真	57601080
设立日期	2003-11-25	负 责 人	王华军		
主营业务	生产汽车、摩托车电器零部件、仪器、仪表，商标织机设备。				

企业名称	**秀工机械（上海）有限公司**				
企业地址	上海市青浦区赵屯镇腾北路 111 号（201711）				
投资总额	20 万 USD	电　话	59215632	传　真	59215722
设立日期	2003-11-24	负 责 人	光武公		
主营业务	生产、加工机械零部件，销售公司自产产品。				

企业名称	**奥的斯电梯管理（上海）有限公司**				
企业地址	上海市浦东新区龙东大道 3000 号 5 号楼 401-404 室(201203)				
投资总额	200 万 USD	电　话	61222506	传　真	61222529
设立日期	2003-11-21	负 责 人	CHARLES VO		
主营业务	为本公司及其投资者所拥有、控制企业提供经营决策和管理咨询服务等。				

企业名称	**先韩机械（上海）有限公司**				
企业地址	上海市嘉定区江桥镇华江支路 169 号（201803）				
投资总额	14 万 USD	电　话	69198541	传　真	69198545
设立日期	2003-11-20	负 责 人	尹元相		
主营业务	组装液压工程机械及生产相关配套部件，销售本公司自产产品。				

企业名称	**上海港机重工有限公司**				
企业地址	上海市浦东新区浦东南路 3500 号（200125）				
投资总额	120 万 USD	电　话	58705870	传　真	58817756
设立日期	2003-11-20	负 责 人	陈　云		
主营业务	生产港口起重机械及配件、物料搬运机械及配件、隧道挖掘机械等。				

企业名称	**上海华尊电源有限公司**				
企业地址	上海市浦东康桥工业区康意路 499 号 2 幢 5 楼 A 座（201315）				
投资总额	51.6 万 USD	电　话	58129330	传　真	68192594
设立日期	2003-11-20	负 责 人	冯华洪		
主营业务	生产设计电池、充电器及相关的零部件，销售公司自产产品。				

企业名称	**龙工（上海）机械制造有限公司**				
企业地址	上海市松江区新桥镇民益路 26 号 A（201612）				
投资总额	38.36 万 USD	电　话	57686706	传　真	57686706
设立日期	2003-11-19	负 责 人	李新炎		
主营业务	生产制动器总成、驱动器总成、变速器、专用高强度紧固件。				

企业名称	**上海加多机电有限公司**				
企业地址	上海市奉贤区庄行镇（201415）				
投资总额	25 万 USD	电　话	37118962	传　真	27530205
设立日期	2003-11-19	负 责 人	刘　玲		
主营业务	生产矿山机电设备，销售公司自产产品。				

企业名称	**艾伦巴赫机电设备（上海）有限公司**				
企业地址	上海市闵行区澄建路 351 号四号厂房 C 区（201108）				
投资总额	20 万 USD	电　话	64343949	传　真	64349608
设立日期	2003-11-19	负 责 人	BERNHOLD EORN		
主营业务	设计、开发、生产塑料及其他材料的机电一体化加工成型设备。				

企业名称	**上海三泉照明器具有限公司**				
企业地址	上海市浦东新区邓发路邓一村张家宅 14 号(201202)				
投资总额	30 万 USD	电　话	68967162	传　真	68967163
设立日期	2003-11-19	负 责 人	冈上隆一		
主营业务	生产照明器具，销售自产产品并提供售后服务。				

企业名称	**第星油压工程机械（上海）有限公司**				
企业地址	上海市松江区九亭科技园区台坊东路（201615）				
投资总额	20 万 USD	电　话	67697381	传　真	67697384
设立日期	2003-11-18	负 责 人	李昌镐		
主营业务	生产油压工程机械设备与相关配件，销售公司自产产品。				

企业名称	**斯特林流体系统（上海）有限公司**				
企业地址	上海市南京西路 580 号南证大厦 10 楼 1007 室（200041）				
投资总额	20 万 USD	电　话	62188068	传　真	62178086
设立日期	2003-11-17	负 责 人	THEODOR ROEWEKAMP		
主营业务	生产、组装、测试涡壳泵和真空泵机组，提供技术支持，加工零部件。				

企业名称	**上海宫原机械有限公司**				
企业地址	上海市闵行区虹梅南路 3855 弄 78 号（200233）				
投资总额	140 万 USD	电　话	33505654	传　真	33505525
设立日期	2003-11-15	负 责 人	宫原一也		
主营业务	工程机械产品为主的仓储、分拨业务及技术咨询服务。				

企业名称	**百莱玛（上海）机械有限公司**				
企业地址	上海市外高桥保税区华京路 461 号 39 号厂房 D 部位（200137）				
投资总额	100 万 USD	电　话	50462299	传　真	50462302
设立日期	2003-11-15	负 责 人	蔡翰霆		
主营业务	保税区内以工程机械产品为主的仓储、分拨业务及技术咨询服务。				

企业名称	**菱电机电工程（上海）有限公司**				
企业地址	上海市卢湾区淮海中路 138 号上海广场 11 楼（200021）				
投资总额	36.5 万 USD	电　话	63272228	传　真	63279773
设立日期	2003-11-14	负 责 人	宇佐美亲夫		
主营业务	以专业施工承包方式从事机电设备安装工程专业承包。				

企业名称	大成温调机电工程（上海）有限公司				
企业地址	上海市浦东新区航津路658号8楼（200137）				
投资总额	182万USD	电话	62835969	传真	62804423
设立日期	2003-11-14	负责人	阿部一郎		
主营业务	机电、消防设施，建筑装饰工程有关的施工，技术咨询及服务。				

企业名称	奇胜奥智电器产品服务（上海）有限公司				
企业地址	上海市浦东新区张杨路228号12A06室（200120）				
投资总额	200万USD	电话	63500099	传真	63500055
设立日期	2003-11-13	负责人	VICTOR CHONG		
主营业务	从事销售和代理销售施耐德集团和奇胜集团在中国投资企业的产品。				

企业名称	上海近畿机械有限公司				
企业地址	上海市青浦区赵巷镇垂姚村（201703）				
投资总额	20万USD	电话	64863545	传真	64861069
设立日期	2003-11-13	负责人	川端弘三		
主营业务	生产、加工精密机械及零配件，销售自产产品。				

企业名称	罗浩斯（上海）实业发展有限公司				
企业地址	上海市宝山区顾村工业园区富联二路（201906）				
投资总额	2000万USD	电话	36043529	传真	36041090
设立日期	2003-11-12	负责人	胡建乐		
主营业务	照明设备、照明电器、低压电器等电子电器产品及相关配套件的产品。				

企业名称	跨智工程软件技术（上海）有限公司				
企业地址	上海市郭守敬路498号浦东软件园22301－332室(201203)				
投资总额	15.44万USD	电话	68407106	传真	68407106
设立日期	2003-11-11	负责人	MELLIGIERI ARVIND		
主营业务	工业机械产品的工程设计及制造支持解决方案，相关技术的开发。				

企业名称	上海大库机械有限公司				
企业地址	上海市外高桥保税区富特北路358号601室（200131）				
投资总额	20万USD	电话	62759825	传真	62759826
设立日期	2003-11-11	负责人	周德荣		
主营业务	国际贸易、转口贸易，保税区内企业间的贸易及贸易代理。				

企业名称	斯普瑞喷雾系统（上海）有限公司				
企业地址	上海市松江工业区东开置业园区A幢（201611）				
投资总额	500万USD	电话	67600882	传真	67600548
设立日期	2003-11-7	负责人	JAMES E. BRAMSEN		
主营业务	研发、设计、生产、组装喷嘴、喷雾控制系统设备及其零部件。				

企业名称	上海震旦办公自动化销售有限公司				
企业地址	上海市天山西路789号201室（200051）				
投资总额	1000万USD	电话	58828999	传真	58760316
设立日期	2003-11-3	负责人	陈永泰		
主营业务	销售代理震旦集团及其关联公司在中国所投资企业生产的品牌商品。				

企业名称	上海广电NEC液晶显示器有限公司				
企业地址	上海市莘庄工业区华宁路3388号（201108）				
投资总额	42245万USD	电话	34074600	传真	64898335
设立日期	2003-11-3	负责人	顾培柱		
主营业务	TFT-LED屏及其模块的设计、开发、制造、销售及售后服务。				

企业名称	小松产业机械（上海）有限公司				
企业地址	上海市外高桥保税区富特北路206号LO#仓库第一层A部位（200131）				
投资总额	20万USD	电话	64720909	传真	64739773
设立日期	2003-10-31	负责人	山田浩二		
主营业务	以小松产业机械产品为主的仓储、分拨业务，以及相关产品的售后服务。				

企业名称	上海宝钢阿赛洛激光拼焊有限公司				
企业地址	上海市嘉定区安亭镇百安路园国路口（201805）				
投资总额	1467.8万USD	电话	69573775	传真	69573896
设立日期	2003-10-30	负责人	艾宝俊		
主营业务	研制、开发、生产汽车用激光拼焊金属复合材料，销售本公司自产产品。				

企业名称	亚威科电器设备（上海）有限公司				
企业地址	上海市外高桥保税区荷丹路126号四楼（200137）				
投资总额	20万USD	电话	58682812	传真	58682810
设立日期	2003-10-28	负责人	HARALD PAUL SCHROTT		
主营业务	保税区内生产、组装和开发家用电器的控制系统产品，销售自产产品。				

企业名称	上海威德环保有限公司				
企业地址	上海市南汇区沪南公路9458号三期厂房6栋C座（201300）				
投资总额	21万USD	电话	63392036	传真	63392796
设立日期	2003-10-27	负责人	张显超		
主营业务	装配、生产曝气器、搅拌器和环境监测仪表仪器，销售公司自产产品。				

企业名称	上海亚细亚甲南气动液压有限公司				
企业地址	上海市青浦区练塘镇蒸夏路89弄36号（201715）				
投资总额	50.69万USD	电话	59810732	传真	59810731
设立日期	2003-10-24	负责人	宫内寿一		
主营业务	组装、加工、生产油压、气压机械及其零部件，销售公司自产产品。				

企业名称	上海稻叶电子机械有限公司				
企业地址	上海市嘉定区安亭镇方泰众川路198号（201805）				
投资总额	28万USD	电话	59505177	传真	59506167
设立日期	2003-10-24	负责人	中前年高		
主营业务	生产、组装各种电子专用设备、测试仪器、工模具，销售公司自产产品。				

企业名称	梅耶博格机械设备（上海）有限公司				
企业地址	上海市外高桥保税区美盛路55号底层北部位（200131）				
投资总额	20万USD	电话	63602455	传真	63504715
设立日期	2003-10-24	负责人	PETER PAULI		
主营业务	以切割机械设备及其零部件为主的生产，销售自产产品。				

企业名称	上海虞富电器制品有限公司				
企业地址	上海市嘉定工业区二期11-4号地块（201821）				
投资总额	600万USD	电话	59142000	传真	59142000
设立日期	2003-10-23	负责人	李富江		
主营业务	生产空调器风扇、五金冲压件、注塑件，销售本公司自产产品。				

企业名称	上海奇幅特音响有限公司				
企业地址	上海市嘉定区江桥镇张家村星华公路656号(201812)				
投资总额	140万USD	电话	69135511	传真	69133827
设立日期	2003-10-23	负责人	幅年幸		
主营业务	生产音响系列产品。				

企业名称	科倍隆机械设备系统（上海）有限公司				
企业地址	上海市松江区九亭镇沪松公路1620弄8号（201615）				
投资总额	40.68万USD	电话	57637859	传真	57637862
设立日期	2003-10-23	负责人	GUENTER BACHMANN		
主营业务	开发研制、设计装配、加工生产混合造粒机、废塑料再生产处理设备。				

企业名称	上海克罗姆表业有限责任公司				
企业地址	上海市虹口区水电路1229号（200434）				
投资总额	241.62万USD	电话	65600366	传真	55382815
设立日期	2003-10-21	负责人	JOHANN VON GRAEVENIT		
主营业务	从事家用和商用在线燃气测控仪表及相关部件的开发和生产。				

企业名称	上海天干机械有限公司				
企业地址	上海市松江区车新公路518号（201611）				
投资总额	14万USD	电话	57609119	传真	57609523
设立日期	2003-10-21	负责人	陈锦泉		
主营业务	设计、生产各种食品饮料机械及包装机械、多轴机械手臂等。				

企业名称	上海亚兰电光源有限公司				
企业地址	上海市沪和路6648号（201908）				
投资总额	20万USD	电话	66313957	传真	56039566
设立日期	2003-10-21	负责人	丁永耀		
主营业务	生产、加工电光源、照明电器及其器具，销售自产产品。				

企业名称	上海振好机械有限公司				
企业地址	上海市嘉定区黄渡镇联西村（201804）				
投资总额	30万USD	电话	69592750	传真	69592752
设立日期	2003-10-20	负责人	陈加庆		
主营业务	生产振动送料机及五金件，销售本公司自产产品。				

企业名称	康甫机械（上海）有限公司				
企业地址	上海市嘉定区马陆镇唐宝路西侧（201801）				
投资总额	20万USD	电话	69156130	传真	69156389
设立日期	2003-10-16	负责人	BUSCH LUTZ		
主营业务	设计、生产各类薄膜加工机械及其零配件，销售本公司自产产品。				

企业名称	上海富捷电线电缆有限公司				
企业地址	上海市南汇区康桥镇创业路 9 号（201315）				
投资总额	50 万 USD	电　话	58135369	传　真	58135835
设立日期	2003-10-15	负 责 人	周协发		
主营业务	生产、加工各类电线电缆，销售公司自产产品，提供技术服务。				

企业名称	上海沃泰克电器制造有限公司				
企业地址	上海市南汇区新场镇坦直工业区（201314）				
投资总额	36.3 万 USD	电　话	58134250	传　真	58131783
设立日期	2003-10-15	负 责 人	顾华华		
主营业务	生产汽车用电器件（电线、电瓶、充电器、逆变器、工作灯）。				

企业名称	上海久博精密机械有限公司				
企业地址	上海市工业综合开发区吴塘路 458 号（201400）				
投资总额	25 万 USD	电　话	57431676	传　真	57431709
设立日期	2003-10-13	负 责 人	刘耀章		
主营业务	生产、加工精冲模、精密模具标准件，销售公司自产产品。				

企业名称	展辉服装机械（上海）有限公司				
企业地址	上海国际服装机械城（201501）				
投资总额	1000 万 USD	电　话	57353204	传　真	57353204
设立日期	2003-10-13	负 责 人	段世辉		
主营业务	高技术含量的特种工业缝纫机制造，销售公司自产产品。				

企业名称	赛柏尔自动化（上海）有限公司				
企业地址	上海市漕河泾新兴技术开发区桂平路 471 号 4 号楼 3 楼（200233）				
投资总额	14 万 USD	电　话	64959531	传　真	64959533
设立日期	2003-10-13	负 责 人	DAVID NYLAND		
主营业务	设计、生产、装配自动化智能设备、远程遥控设备及相关零部件。				

企业名称	上海复盛埃尔曼机电有限公司				
企业地址	上海市松江区新桥镇民益路 28 号（201612）				
投资总额	80 万 USD	电　话	57687850	传　真	57686564
设立日期	2003-10-8	负 责 人	范光淦		
主营业务	生产气体压缩系统、引擎驱动发电系统（装置）、柴油动力焊接机械等。				

企业名称	隆沪机电工程（上海）有限公司				
企业地址	上海市闸北区天目西路 218 号嘉里不夜城第一座 2806 室（200070）				
投资总额	150 万 USD	电　话	63176786	传　真	63535792
设立日期	2003-10-8	负 责 人	刘茂才		
主营业务	以建设工程专业承包的形式从事机电设备安装工程专业承包等。				

企业名称	上海日野发动机有限公司				
企业地址	上海市奉浦开发区环城东路 307 号（201400）				
投资总额	2998 万 USD	电　话	67108800	传　真	67108496
设立日期	2003-10-8	负 责 人	陈干锦		
主营业务	设计、研发和制造柴油机发动机及其零部件，销售自产产品。				

企业名称	菲宝斯（上海）电气有限公司				
企业地址	上海市虹漕路 461 号 55-56 号房第 2 层 A 室（200233）				
投资总额	14 万 USD	电　话	64959922	传　真	64732141
设立日期	2003-9-27	负 责 人	LASSI TAPANI NIEMI		
主营业务	开发、设计、组装工程塑料电气密封箱及其配件，销售自产产品。				

企业名称	超卓机械科技（上海）有限公司				
企业地址	上海市青浦工业园区天盈路 502 号 6 号厂房（201707）				
投资总额	51 万 USD	电　话	59227169	传　真	59227069
设立日期	2003-9-23	负 责 人	林坤渊		
主营业务	开发、生产、加工三轴以上联动的数控机床，伺服装置及其关键零部件。				

企业名称	上海派乐电气有限公司				
企业地址	上海市闵行区剑川路 468 号（201109）				
投资总额	56 万 USD	电　话	58891888	传　真	50893896
设立日期	2003-9-18	负 责 人	夏展敏		
主营业务	研制、开发和生产照明光源、电器元件、电源设备器材及相关软件产品。				

企业名称	上海伟治弘机电安装有限公司				
企业地址	上海市黄浦区六合路 98 号港陆黄浦中心大厦 16C（200001）				
投资总额	97 万 USD	电　话	63604690	传　真	63604681
设立日期	2003-9-18	负 责 人	渡边弘治		
主营业务	以专业承包方式从事机电设备安装工程，专业承包施工。				

企业名称	上海光岳机械制造有限公司				
企业地址	上海市闵行区浦江镇建东村 8 队（201114）				
投资总额	60 万 USD	电　话	28696592	传　真	57395391
设立日期	2003-9-18	负 责 人	严红娟		
主营业务	生产各种机械设备及其零部件，销售自产产品。				

企业名称	富松精密机械（上海）有限公司				
企业地址	上海市松江区洞泾镇渔洋浜村（洞泾工业区二区）（201619）				
投资总额	250 万 USD	电　话	33522111	传　真	67691688
设立日期	2003-9-17	负 责 人	罗能广		
主营业务	生产电子元件成型相关设备、绕线机设备、手机按键、外壳、生产设备。				

企业名称	迪朗电器（上海）有限公司				
企业地址	上海市闵行区梅陇镇欣梅工业区曹行地块（201108）				
投资总额	300 万 USD	电　话	54802121	传　真	54809292
设立日期	2003-9-11	负 责 人	安吉拉·布直（ANGELO BUCCIOL）		
主营业务	生产汽车、船舶及各类设备用的电机、电器及其零部件，销售自产产品。				

企业名称	上海钰工机电有限公司				
企业地址	上海市松江区新桥镇民益村松江 1368 号地块（201612）				
投资总额	250 万 USD	电　话	67687220	传　真	67687000
设立日期	2003-9-11	负 责 人	周　青		
主营业务	生产、加工各类机电产品、机具、机床刃具及其零部件。				

企业名称	上海泰河阀门有限公司				
企业地址	上海市松江区车墩镇联庄村 583 号厂房（201613）				
投资总额	15 万 USD	电　话	57602565	传　真	57602668
设立日期	2003-9-5	负 责 人	郑太和		
主营业务	加工、生产阀门及其配件以及其他机械配件，销售公司自产产品。				

企业名称	施耐德（上海）电器部件制造有限公司				
企业地址	上海市南汇区康桥工业区康桥路 833 号（201318）				
投资总额	150 万 USD	电　话	58122222	传　真	58122457
设立日期	2003-9-5	负 责 人	GUY DUFRAISSE		
主营业务	生产新型电子元器件及电力电子元器件，销售公司自产产品。				

企业名称	上海牧迎机电有限公司				
企业地址	上海市嘉定工业区洪德路 1265 号 B4 幢（201821）				
投资总额	50 万 USD	电　话	59555528	传　真	39985081
设立日期	2003-9-3	负 责 人	裴相禧		
主营业务	生产新型电子元器件、电子专用工模具、高档五金件。				

企业名称	寇司德机械（上海）有限公司				
企业地址	上海市嘉定工业区马陆园区双单路 208 号（201801）				
投资总额	50 万欧元	电　话	59104666	传　真	59104508
设立日期	2003-9-3	负 责 人	ERICH WILHELM BROKER		
主营业务	设计开发、生产新型纺织机械、新型造纸机械成套设备。				

企业名称	林德冷冻系统（上海）有限公司				
企业地址	上海市嘉定工业区洪德路 1265 号 A1 幢（201821）				
投资总额	53.59 万 USD	电　话	69169258	传　真	69169114
设立日期	2003-9-2	负 责 人	周　巍		
主营业务	开发、生产商用冷柜、热柜、常温柜、冷库、制冷系统及其零配件等。				

企业名称	嘉音包装设备（上海）有限公司				
企业地址	上海市青浦区赵屯镇新胜路 685 号（201711）				
投资总额	30 万 USD	电　话	59223988	传　真	59223922
设立日期	2003-9-2	负 责 人	房江汉		
主营业务	生产包装机械设备、包装材料，销售公司自产产品。				

企业名称	日东电工（上海）电能源有限公司				
企业地址	上海市松江工业区联阳路 116 号（201613）				
投资总额	820 万 USD	电　话	67741968	传　真	67741801
设立日期	2003-9-1	负 责 人	竹间和彦		
主营业务	半导体专用材料、新型电子元器件的开发、生产，销售公司自产产品。				

企业名称	上海飞吉亚机械有限公司				
企业地址	上海市南汇区康桥工业区康桥东路 1 号 409 室（201323）				
投资总额	25 万 USD	电　话	68913538	传　真	68913508
设立日期	2003-8-29	负 责 人	原田和正		
主营业务	生产电子专用设备，销售公司自产产品（涉及许可经营的凭许可证经营）。				

企业名称	上海品冠机电有限公司				
企业地址	上海市闵行区七宝镇中春路 7001 号（201101）				
投资总额	20 万 USD	电　　话	54889170	传　　真	51193789
设立日期	2003-8-28	负 责 人	丁新龄		
主营业务	生产空压、液压、自动化机械零配件，销售自产产品。				

企业名称	旭滀机械（上海）有限公司				
企业地址	上海市嘉定工业区 31 号地块东块（201807）				
投资总额	300 万 USD	电　　话	69526190	传　　真	59166591
设立日期	2003-8-27	负 责 人	冯振复		
主营业务	设计、生产三轴以上联动的数控机床及其配套零部件。				

企业名称	住设机电工程（上海）有限公司				
企业地址	上海市娄山关路 85 号东方国际大厦 D 座 308 室（200336）				
投资总额	100 万 USD	电　　话	62176050	传　　真	62717270
设立日期	2003-8-27	负 责 人	白石贞雄		
主营业务	以建设工程专业承包的形式从事机电设备安装工程施工等。				

企业名称	山阳机电技术（上海）有限公司				
企业地址	上海市浦东新区航津路 658 号 8 楼（200137）				
投资总额	100 万 USD	电　　话	64152001	传　　真	64150222
设立日期	2003-8-27	负 责 人	八幡欣也		
主营业务	以建设工程专业承包的形式从事机电设备安装工程施工等。				

企业名称	麦王照明电器（上海）有限公司				
企业地址	上海市宝山区顾村工业园区富联一路（201906）				
投资总额	20 万 USD	电　　话	36041850	传　　真	36041853
设立日期	2003-8-27	负 责 人	王易虹		
主营业务	生产照明电器产品，销售公司自产产品（涉及许可经营的凭许可证经营）。				

企业名称	上海镁镁合金压铸有限公司				
企业地址	上海市嘉定区安亭镇泰顺路 777 号（201814）				
投资总额	800 万 USD	电　　话	59502388	传　　真	59502399
设立日期	2003-8-25	负 责 人	沈建华		
主营业务	生产汽车和摩托车用镁合金压铸件，销售本公司自产产品。				

企业名称	申泉电机（上海）有限公司				
企业地址	上海市奉贤区庄行镇华严开发区（201415）				
投资总额	20 万 USD	电　　话	64868894	传　　真	64864286
设立日期	2003-8-22	负 责 人	泉　觉		
主营业务	电机、仪表自动控制系统的软、硬件的开发、设计、生产。				

企业名称	松下电器物流（上海）有限公司				
企业地址	上海市浦东新区银城东路 101 号汇丰大厦 6 层（200120）				
投资总额	20 万 USD	电　　话	68411961	传　　真	68411924
设立日期	2003-8-22	负 责 人	木元哲		
主营业务	提供国内货运代理、货物联运及相关的咨询服务。				

企业名称	礼恩派（上海）床具机械有限公司				
企业地址	上海市嘉定区安亭镇漳翔路 1055 号（201805）				
投资总额	210 万 USD	电　　话	59508600	传　　真	59506200
设立日期	2003-8-21	负 责 人	JOHN DING		
主营业务	生产家具制造设备及相关零配件、家具配件，销售本公司自产产品。				

企业名称	佳优机械工具（上海）有限公司				
企业地址	上海市外高桥保税区富特东一路 396 号第一层 A 部位（200131）				
投资总额	20 万 USD	电　　话	50898890	传　　真	50898810
设立日期	2003-8-20	负 责 人	BRUCE ZOLOT		
主营业务	以切割刀具、测量工具及机床附件为主的仓储、分拨业务。				

企业名称	上海辉远电机有限公司				
企业地址	上海市闵行区罗阳路 108 号（201100）				
投资总额	50 万 USD	电　　话	54397113	传　　真	54397107
设立日期	2003-8-18	负 责 人	张炳清		
主营业务	加工、生产高频电主轴、精密电子机械及零件，销售自产产品。				

企业名称	上海铃宝机械有限公司				
企业地址	上海市奉贤区青村镇百沿钱公路 4158 号（201414）				
投资总额	20 万 USD	电　　话	57690166	传　　真	57690167
设立日期	2003-8-14	负 责 人	铃木淳一		
主营业务	加工生产阀门、管件及机械零部件，销售公司自产产品。				

企业名称	凯伯精密机械（上海）有限公司				
企业地址	上海市嘉定区马陆镇机械工业园区纬一路南侧（201801）				
投资总额	210 万 USD	电　　话	69156662	传　　真	69156308
设立日期	2003-8-14	负 责 人	蔡清哲		
主营业务	生产三轴以上联动的数控机床、数控系统及伺服装置。				

企业名称	上海亚伦阀门制造有限公司				
企业地址	上海市嘉定区黄渡镇工业园区星塔路东侧（201804）				
投资总额	50 万 USD	电　　话	69591520	传　　真	69592069
设立日期	2003-8-14	负 责 人	方存正		
主营业务	生产阀门、五金管件，销售本公司自产产品。				

企业名称	克威机电（上海）有限公司				
企业地址	上海市外高桥保税区希雅路 330 号第一层 A 部位（200131）				
投资总额	20 万 USD	电　　话	54242003	传　　真	64369869
设立日期	2003-8-14	负 责 人	吴水祥		
主营业务	保税区内以机电设备为主的仓储、分拨业务及其相关产品的售后服务。				

企业名称	日东电工（中国）投资有限公司				
企业地址	上海市浦东新区浦东大道 2123 号龙珠广场 2003 室（200135）				
投资总额	28 万 USD	电　　话	62475500	传　　真	62894771
设立日期	2003-8-14	负 责 人	竹间和彦		
主营业务	在中国鼓励和允许外商投资的胶带、电子、医疗产品等领域进行投资。				

企业名称	津田驹机械设备（上海）有限公司				
企业地址	上海市外高桥保税区富特西一路 135 号 A203、B104 室（200131）				
投资总额	20 万 USD	电　　话	64326538	传　　真	64325579
设立日期	2002-8-13	负 责 人	奥波猛		
主营业务	保税区内以机械设备及相关零部件为主的仓储、分拨业务等。				

企业名称	上海奥尼斯特机电有限公司				
企业地址	上海市浦东新区龙东大道 6111 号 1 幢 203B 室（201203）				
投资总额	70 万 USD	电　　话	58308196	传　　真	58305119
设立日期	2003-8-12	负 责 人	TSUI TAO TONY		
主营业务	船用通讯系统及自动化系统的开发和研制，生产电气箱柜及配套产品等。				

企业名称	上海元征机械设备有限责任公司				
企业地址	上海市嘉定区安亭镇百安公路 661 号（201814）				
投资总额	1000 万 USD	电　　话	69573168	传　　真	69573110
设立日期	2003-8-6	负 责 人	刘　新		
主营业务	生产汽车举升机、车轮平衡机、拆胎机、四轮定位仪、大梁校正架等。				

企业名称	天孚真空机器软管（上海）有限公司				
企业地址	上海市莘庄工业区春光路以西，金都路以北（201108）				
投资总额	250 万 USD	电　　话	54427750	传　　真	54427751
设立日期	2003-8-6	负 责 人	前岛谅三		
主营业务	开发、生产电子专用设备、高档建筑五金、水暖器材及五金件等。				

企业名称	上海宇恒继电器有限公司				
企业地址	上海市南汇区六灶镇鹿园工业区鹿兴路 101 号（201322）				
投资总额	210 万 USD	电　　话	68160677	传　　真	68160517
设立日期	2003-8-6	负 责 人	徐晓峰		
主营业务	生产继电器及与电子控制相关的部件和元器件，销售公司自产产品。				

企业名称	希捷爱斯（上海）电气有限公司				
企业地址	上海市嘉定区嘉定镇环城路 2300 号（201800）				
投资总额	1000 万人民币	电　　话	69900809	传　　真	69900808
设立日期	2003-8-6	负 责 人	李安保		
主营业务	研发、生产气体绝缘高低压开关设备及其电气元器件、输变电设备等。				

企业名称	上海鹰地精密机电有限公司				
企业地址	上海市嘉定区马陆镇嘉戬公路 581 弄 1 号（201801）				
投资总额	20 万 USD	电　　话	39510176	传　　真	39510177
设立日期	2003-8-6	负 责 人	HI SOOK HWANG		
主营业务	生产各类微型直流、交流、齿轮电机及其零配件，销售本公司自产产品。				

企业名称	米勒万家顿（上海）锻压机械有限公司				
企业地址	上海市外高桥保税区日樱南路 11 号第二层东北部位（200131）				
投资总额	20 万 USD	电　　话	68881330	传　　真	68881330
设立日期	2003-8-6	负 责 人	UWE HINDERER		
主营业务	各类开卷落料、冲压成型、锻造成型和压力铸造设备等。				

企业名称	上海多智星照明有限公司				
企业地址	上海市金桥出口加工区金皖路389号金门广场205室（201206）				
投资总额	14万USD	电话	58547920	传真	50319395
设立日期	2003-7-30	负责人	NAOMITSU TOKIEDA		
主营业务	生产灯具及相关的电子原件、配件，销售自产产品并提供售后服务。				

企业名称	上海德珂斯机械自动化技术有限公司				
企业地址	上海市长宁区绥宁路291号D1－2室（201106）				
投资总额	16.27万USD	电话	52197312	传真	52197210
设立日期	2003-7-29	负责人	TUNKERS OLAF JOSEF		
主营业务	生产制造焊装夹具，自动夹紧汽缸及相关机械配件、电器元件等。				

企业名称	吉梯机电（上海）有限公司				
企业地址	上海市松江区车墩镇香车路262号（201613）				
投资总额	50万USD	电话	57775775	传真	57775181
设立日期	2003-7-25	负责人	任永一		
主营业务	生产、加工电梯零部件，销售公司自产产品并提供售后技术服务。				

企业名称	上海肯把大机电有限公司				
企业地址	上海市闵行区合川路3071号（201103）				
投资总额	30万USD	电话	64052889	传真	64052880
设立日期	2003-7-24	负责人	金宪泰		
主营业务	生产基板自动检查机及相关配件，并提供有关服务，销售自产产品。				

企业名称	上海杰士鼎虎动力有限公司				
企业地址	上海市闵行区吴中路2165弄6号（201103）				
投资总额	210万USD	电话	64194012	传真	64190890
设立日期	2003-7-17	负责人	陶建国		
主营业务	生产、组装、加工电动叉车蓄电池、充电机；销售自产产品。				

企业名称	上海达特精密机械配件有限公司				
企业地址	上海市江场西路395号三楼C座（200436）				
投资总额	10.01万USD	电话	56770133	传真	56776647
设立日期	2003-7-17	负责人	王苏毅		
主营业务	研制、开发、生产各类精密汽车专用工装夹具、冲压模具（含磨具）等。				

企业名称	阿耐思特岩田产业机械（上海）有限公司				
企业地址	上海市外高桥保税区新灵路118号1212室（200131）				
投资总额	20万USD	电话	64079713	传真	64475442
设立日期	2003-7-15	负责人	壶田贵弘		
主营业务	各种工业设备的设计，提供相关的技术咨询服务；国际贸易、转口贸易。				

企业名称	上海江欧照明电器有限公司				
企业地址	上海市青浦区赵屯镇青安路4782号（201712）				
投资总额	800万USD	电话	59703013	传真	59701254
设立日期	2003-7-15	负责人	王琴景		
主营业务	生产照明器材、灯具、电光源、电子变压器、电子整流器等。				

企业名称	亿萨伟传动机械（上海）有限公司				
企业地址	上海市浦东新区凌桥镇西45号3幢（201204）				
投资总额	14万USD	电话	50425566	传真	50425576
设立日期	2003-7-15	负责人	钟燕洲		
主营业务	生产动力传动机械设备，销售自产产品并提供售后服务。				

企业名称	上海伟迈电气电子产品有限公司				
企业地址	上海市嘉定区南翔镇西工业开发区嘉美路550号（惠申路口）（201802）				
投资总额	225.08万USD	电话	69176331	传真	69176303
设立日期	2003-7-10	负责人	MR.PIERO CAMILLO GUS		
主营业务	开发、设计、生产转换器、传感器、报警装置、插头、插座、开关等。				

企业名称	上海美钻机械设备有限公司				
企业地址	上海市宝山区锦乐路东侧（200941）				
投资总额	132万USD	电话	56921822	传真	56640060
设立日期	2003-7-9	负责人	黄　河		
主营业务	生产、加工石油天然气机械设备、工程机械设备及相关的工具、仪器等。				

企业名称	上海芦别精机有限公司				
企业地址	上海市松江工业区美能达路595号（201613）				
投资总额	33.8万USD	电话	67742321	传真	67742322
设立日期	2003-7-3	负责人	佐藤一基		
主营业务	生产精密轴承及各种主机专用轴承制造，销售公司自产产品。				

企业名称	利盛得（上海）机械有限公司				
企业地址	上海市青浦区外青松公路3777弄68号（201708）				
投资总额	20万USD	电话	59742509	传真	59742513
设立日期	2003-7-1	负责人	BENZONI ETTORE		
主营业务	生产、加工、装配纺织机械及其相关零部件、五金零配件。				

企业名称	上海慧伦电气有限公司				
企业地址	上海市浦东金桥出口加工区宁桥路999号T－15－1－6楼（201206）				
投资总额	73万USD	电话	61629200	传真	61629240
设立日期	2003-6-30	负责人	张　洋		
主营业务	微机继电保护系统、电力控制自动化系统、变电站等。				

企业名称	上海贝思特佛马特门机有限公司				
企业地址	上海市南汇区航头镇大麦湾工业区（201300）				
投资总额	207万USD	电话	58228800	传真	68220799
设立日期	2003-6-24	负责人	EDUARD AMIGD		
主营业务	开发生产电梯开门机、电梯厅门门头板、电梯厅门产品等。				

企业名称	上海布博西开关有限公司				
企业地址	上海市闵行区春申路1985弄69号（201102）				
投资总额	25万USD	电话	54297936	传真	54297935
设立日期	2003-6-25	负责人	杨敏伟		
主营业务	生产电气形状、电工仪表、仪器，销售自产产品，并提供售后安装。				

企业名称	帝源（上海）工具制造有限公司				
企业地址	上海市松江区九亭镇恒江路188号（201615）				
投资总额	70万USD	电话	67691279	传真	67691121
设立日期	2003-6-19	负责人	梁进士		
主营业务	生产各类建筑、五金工具，自动机械工具，机床配件等。				

企业名称	上海纽腾电热电器制造有限公司				
企业地址	上海市奉贤区胡桥镇大树村（201400）				
投资总额	51万USD	电话	62777676	传真	62663029
设立日期	2003-6-19	负责人	程　敏		
主营业务	生产电热毯、电热敷及系列产品、毯子、睡袍、睡衣、家用木器家具等。				

企业名称	上海欧莎卡葵克机械有限公司				
企业地址	上海市闵行区浦江镇陈行立跃路3039A号（201114）				
投资总额	20万USD	电话	64110483	传真	64110486
设立日期	2003-6-18	负责人	刘英杰		
主营业务	生产服装机械，销售自产产品（涉及许可经营的凭许可证经营）。				

企业名称	上海诚达机械有限公司				
企业地址	上海市南汇工业园区48号地块（201300）				
投资总额	480万USD	电话	68558861	传真	68620027
设立日期	2003-6-17	负责人	朱昌明		
主营业务	各类船用配件的制造、加工，销售公司自产产品，并提供售后服务。				

企业名称	上海广同机械有限公司				
企业地址	上海市青浦区重固镇毛家角村陈华港（北青路6878号）（201709）				
投资总额	50万USD	电话	59785223	传真	59782732
设立日期	2003-6-17	负责人	张广义		
主营业务	生产纺织机械及无纺布，销售公司自产产品等。				

企业名称	上海松川远亿机械设备有限公司				
企业地址	上海市青浦工业园区崧泽大道9881号（201700）				
投资总额	500万USD	电话	69213288	传真	69213157
设立日期	2003-6-10	负责人	黄　松		
主营业务	设计、生产包装机械、食品机械，销售公司自产产品。				

企业名称	上海顶峰服装机械有限公司				
企业地址	上海市松江区洞泾镇蔡家浜路205号（201619）				
投资总额	20万USD	电话	57675733	传真	57675320
设立日期	2003-6-5	负责人	宫坂光夫		
主营业务	生产、加工、安装服装机械，销售公司自产产品。				

企业名称	上海京美电脑机械有限公司				
企业地址	上海市金山区吕巷镇朱吕公路6363号（201517）				
投资总额	120万USD	电话	57376999	传真	57377291
设立日期	2003-6-5	负责人	赖万上		
主营业务	生产线切割机、电火花机、深孔加工机等三轴以上连动的数控机床。				

企业名称	上海德尔格精密工具有限公司				
企业地址	上海市嘉定区南翔镇西工业开发区（201802）				
投资总额	250 万 USD	电　话	69591620	传　真	39596466
设立日期	2003-6-3	负责人	林秋芬		
主营业务	生产电子专用工模具，销售本公司自产产品并提供售后服务。				

企业名称	桑来斯光电科技（上海）有限公司				
企业地址	上海市松江工业区宝益路 28 号 9 栋（201600）				
投资总额	30 万 USD	电　话	57746017	传　真	57746017
设立日期	2003-6-3	负责人	ALEX NING		
主营业务	生产数字照相机镜头，非金属制品模具，销售本公司自产产品。				

企业名称	上海达宏松岛机械有限公司				
企业地址	上海市嘉定区马陆镇大宏村横仓路（201818）				
投资总额	14 万 USD	电　话	59514138	传　真	59514139
设立日期	2003-6-3	负责人	松岛彻		
主营业务	生产滑动传感器、皮带偏离开关、缆绳式紧急开关及相关产品。				

企业名称	凯茨工程机械部件（上海）有限公司				
企业地址	上海市嘉定区复华高新技术园区申霞路 306 号（201818）				
投资总额	150 万 USD	电　话	59903288	传　真	59903289
设立日期	2003-5-27	负责人	ROBERT BRUCE KAY		
主营业务	设计和生产柴油机涡轮增压器、柴油车机外排放排控制装置。				

企业名称	博凯机械（上海）有限公司				
企业地址	上海市青浦工业园区外青松公路 5500 号 106 室（201706）				
投资总额	500 万 USD	电　话	59700658	传　真	59703658
设立日期	2003-5-22	负责人	CHRISTIAN ENGEL		
主营业务	开发、生产新型造纸机械及其零部件，销售公司自产产品。				

企业名称	上海艾诺特殊钢铸造有限公司				
企业地址	上海市青浦工业园区外青松公路 5500 号 110 室（201700）				
投资总额	330 万 USD	电　话	69225100	传　真	69225103
设立日期	2003-5-22	负责人	夏本 信之		
主营业务	开发、生产汽车、摩托车用铸件及模具、夹具、模具标准件。				

企业名称	上海首辉机电设备工程有限公司				
企业地址	上海市闵行区莘庄镇黎安路友东路（201100）				
投资总额	128 万 USD	电　话	54889969	传　真	54889968
设立日期	2003-5-22	负责人	沈清进		
主营业务	生产新型机电元件、电力电子器件、电力高低压配电柜成套等。				

企业名称	上海洛思比克阀门有限公司				
企业地址	上海市青浦区香花桥东路 368 号（201707）				
投资总额	29 万 USD	电　话	59702716	传　真	59701528
设立日期	2003-5-22	负责人	JOHN RICHARD LEONE		
主营业务	生产各类阀门和相关配套产品，销售公司自产产品。				

企业名称	京特机电（上海）有限公司				
企业地址	上海市青浦区沪青平公路 4501 弄 26 号（201703）				
投资总额	50 万 USD	电　话	59856037	传　真	59856038
设立日期	2003-5-22	负责人	小西秀人		
主营业务	开发、设计、生产电子专用测试仪器，销售自产产品。				

企业名称	不莱梅贝克（上海）自动化系统技术有限公司				
企业地址	上海市外高桥保税区新灵路 118 号 1009A 室（200131）				
投资总额	20 万 USD	电　话	64345701	传　真	64345702
设立日期	2003-5-21	负责人	WALFGANG ALBERTZ		
主营业务	自动化系统及计算机软件的研究开发，并提供相关技术咨询服务。				

企业名称	多尼尔机械（上海）有限公司				
企业地址	上海市外高桥保税区富特中路 299 号 45 号厂房底层 B 区（200137）				
投资总额	44.64 万 USD	电　话	50462838	传　真	50462138
设立日期	2003-5-20	负责人	PETER D. DORNIER		
主营业务	保税区内以机械产品为主的仓储、分拨业务及相关产品的技术咨询。				

企业名称	博可机械（上海）有限公司				
企业地址	上海市松江区新桥镇闵申工业园区光华小区 D－2 号厂房（201612）				
投资总额	24 万 USD	电　话	57684821	传　真	57684420
设立日期	2003-5-15	负责人	H.J.BENDER		
主营业务	研究、开发、生产层压机、涂层机，销售公司自产产品。				

企业名称	日和照明电器（上海）有限公司				
企业地址	上海市松江区新桥镇新茸路松南小区 6 号标准厂房（201612）				
投资总额	20 万 USD	电　话	57681330	传　真	57681331
设立日期	2003-5-15	负责人	宫尾和汪		
主营业务	生产、加工照明器具及其零部件，相关模具产品，销售公司自产产品。				

企业名称	东芝照明显示系统（上海）有限公司				
企业地址	上海市外高桥保税区美盛路 168 号南楼第一层 C 部位（200131）				
投资总额	1 亿日元	电　话	68431048	传　真	68431049
设立日期	2003-5-15	负责人	三津田武久		
主营业务	照明产品、屏幕显示产品的开发、生产、组装及相关产品软硬件的开发。				

企业名称	大金空调技术（上海）有限公司				
企业地址	上海市外高桥保税区基隆路 6 号 1224 室（200131）				
投资总额	255.78 万 USD	电　话	62897118	传　真	62894810
设立日期	2003-5-15	负责人	大野宪儿		
主营业务	提供空调、冷冻机器的维修保养服务和大金品牌产品的维修保养服务。				

企业名称	上海威柯空调设备有限公司				
企业地址	上海市南汇区康桥工业区康桥东路 1300 弄（201315）				
投资总额	30 万 USD	电　话	51196890	传　真	51196891
设立日期	2003-5-14	负责人	荣嘉蔚		
主营业务	组装中央空调及零部件，提供产品售后服务，销售公司自产产品。				

企业名称	盟贺（上海）电光源有限公司				
企业地址	上海市青浦工业园区外青松公路 5500 号 109 室（201700）				
投资总额	70 万 USD	电　话	54812367	传　真	59722827
设立日期	2003-5-13	负责人	叶宗正		
主营业务	生产、加工、装配日用电光源产品、圣诞灯饰、汽车灯具、汽车小配件。				

企业名称	富士电机马达（上海）有限公司				
企业地址	上海市外高桥保税区基隆路 1 号 2114 室（200131）				
投资总额	40 万 USD	电　话	52399681	传　真	52399680
设立日期	2003-5-9	负责人	安井皓一		
主营业务	国际贸易、转口贸易，保税区企业间的贸易及区内贸易代理。				

企业名称	上海台沃机械工具有限公司				
企业地址	上海市松江区九亭镇盛富路 16-2 号厂房（201615）				
投资总额	20 万 USD	电　话	67691597	传　真	67691587
设立日期	2003-5-8	负责人	徐秀贵		
主营业务	生产、加工各种机械、五金工具、刀具及其零配件，销售公司自产产品。				

企业名称	贝宁格纺织机械有限公司				
企业地址	上海市青浦工业园区新业路 759 弄 3 号（201700）				
投资总额	361 万 USD	电　话	62371908	传　真	62371909
设立日期	2003-5-7	负责人	FRANZ HERMANN KOLLER		
主营业务	生产浆纱机、整经机及其他纺织机械设备、零配件。				

企业名称	通利电声系统（上海）有限公司				
企业地址	上海市浦东新区王港镇共青路 200 号（201201）				
投资总额	50 万 USD	电　话	58589280	传　真	58680531
设立日期	2003-5-7	负责人	李敬章		
主营业务	设计、生产舞台音响、灯光系统、乐器及配件，自产产品的销售和出租。				

企业名称	莫迪埃姆克（上海）建筑机械有限公司				
企业地址	上海市嘉定区马陆镇李家村（201801）				
投资总额	22 万 USD	电　话	69157144	传　真	69157143
设立日期	2003-4-30	负责人	汤姆雅苏达		
主营业务	生产、组装中小型建筑机械、路面建筑机械及其零配件。				

企业名称	欧大纬纺织机械（上海）有限公司				
企业地址	上海市闵行区华漕镇华翔路 3558 号—3（201107）				
投资总额	35 万 USD	电　话	52261011	传　真	52261020
设立日期	2003-4-30	负责人	廖朝良		
主营业务	生产、组装纺织机械及服装生产用镭射切割机，销售自产产品。				

企业名称	上海良司机电技术有限公司				
企业地址	上海市闵行区钦州南路 1000 号（200233）				
投资总额	40 万 USD	电　话	57887712	传　真	57887013
设立日期	2003-4-30	负责人	潘幼良		
主营业务	生产制造精密电器零部件、塑料制品及模具；加工环保、生化装置。				

企业名称	上海兴享机械工业有限公司				
企业地址	上海市闵行区华翔路50弄38号（201105）				
投资总额	21万USD	电　话	59868837	传　真	59868839
设立日期	2003-4-30	负责人	蔡明儒		
主营业务	生产加工机械设备，销售自产产品并提供售后服务。				

企业名称	上海原宿电器有限公司				
企业地址	上海市浦东新区王桥工业区王桥路431号(201200)				
投资总额	150万USD	电　话	58387810	传　真	58384526
设立日期	2003-4-29	负责人	小宫刚彦		
主营业务	生产、销售电子基板、充电电池、充电器、电视教育游戏机及零部件。				

企业名称	恩曼自动化技术（上海）有限公司				
企业地址	上海市外高桥保税区富特北路288号2号楼4层东401部位（200137）				
投资总额	20万USD	电　话	58682250	传　真	58682252
设立日期	2003-4-29	负责人	何立新		
主营业务	油田自动化设备与工具的生产，销售公司自产产品。				

企业名称	上海神和机械有限公司				
企业地址	上海市浦东新区杨新东路80号（200126）				
投资总额	24.16万USD	电　话	68313500	传　真	68133330
设立日期	2003-4-25	负责人	影山源三郎		
主营业务	生产食品加工设备、包装设备，销售自产产品并提供相关的技术咨询。				

企业名称	上海恒昌精密机械加工有限公司				
企业地址	上海市普陀区真南路1948弄80支弄51号10号厂房A座（200331）				
投资总额	26万USD	电　话	62844969	传　真	62845264
设立日期	2003-4-24	负责人	伍子平		
主营业务	制造精密机械加工的精密合体、封装盖以及微电路金属载板。				

企业名称	上海辉之杰机械制造有限公司				
企业地址	上海市嘉定区华亭镇华高路477号（201816）				
投资总额	50万USD	电　话	59954125	传　真	59954122
设立日期	2003-4-24	负责人	孙学新		
主营业务	生产、加工各种类型超重机械、运输机械、建筑机械、空调机械设备。				

企业名称	优尼可而机械（上海）有限公司				
企业地址	上海市松江区泗泾镇九干路68号（201601）				
投资总额	50万USD	电　话	57626423	传　真	57626425
设立日期	2003-4-24	负责人	林世宗		
主营业务	设计、制造空气和气体压缩机及系统设备，销售公司自产产品。				

企业名称	上海易持自动系统有限公司				
企业地址	上海市浦东新区芳华路37号401室（201204）				
投资总额	5.54万USD	电　话	68402569	传　真	68402462
设立日期	2003-4-23	负责人	庞友同		
主营业务	工业控制自动化系统和物流管理自动控制系统的开发、设计、安装等。				

企业名称	上海多图电气有限公司				
企业地址	上海市嘉定区马陆镇彭赵村彭封路116号（201801）				
投资总额	70万USD	电　话	59102457	传　真	59104200
设立日期	2003-4-22	负责人	董嘉玫		
主营业务	生产灯具、开关、插座、门锁、电子钟表，销售本公司自产产品。				

企业名称	上海龙云精密机械有限公司				
企业地址	上海市松江区九亭镇工业区伴亭路南侧（201611）				
投资总额	150万USD	电　话	57633107	传　真	57635240
设立日期	2003-4-22	负责人	鸟越俊男		
主营业务	生产、加工特殊包装带、半导体、液晶制造装置及配套运送装置。				

企业名称	纳明机械（上海）有限公司				
企业地址	上海市外高桥保税区富特东一路396号第五层二部位（200131）				
投资总额	20万USD	电　话	64876796	传　真	64877107
设立日期	2003-4-21	负责人	任永祥		
主营业务	搬运装卸机械设备、物流机械设备、化学机械关联设备、医疗机械等。				

企业名称	瓦尔塔迈科电池（上海）有限公司				
企业地址	上海市浦东新区川沙路6999号三号厂房（201201）				
投资总额	100万USD	电　话	58598385	传　真	58593313
设立日期	2003-4-19	负责人	胡新维		
主营业务	生产、加工锂离子电池、锂聚合物电池、动力镍氢电池及零配件。				

企业名称	上海吉泰电阻器有限公司				
企业地址	上海市松江区泗泾镇江川南路1号（201601）				
投资总额	60万USD	电　话	57629298	传　真	57616620
设立日期	2003-4-16	负责人	米歇尔·哈恩		
主营业务	生产磁悬浮列车、地铁、轨道交通、港口机械等行业的制动电阻。				

企业名称	上海尤尼柯电气科技有限公司				
企业地址	上海市奉贤区柘林镇工业园区3102号（201400）				
投资总额	100万USD	电　话	57443986	传　真	57443980
设立日期	2003-4-16	负责人	张士昌		
主营业务	软件开发、生产电气设备，销售自产产品。				

企业名称	席特（上海）传动机械有限公司				
企业地址	上海市浦东新区龚路公路700号4幢109室（201209）				
投资总额	14万USD	电　话	50588921	传　真	50589106
设立日期	2003-4-15	负责人	RJCCARDO SCAGLIA		
主营业务	设计、生产、加工机床配件、动力传动件、工业皮带、皮带加工机床等。				

企业名称	泰勒螺柱焊接系统（上海）有限公司				
企业地址	上海市浦东新区新金桥路1369号（201206）				
投资总额	20万USD	电　话	58993833	传　真	50313331
设立日期	2003-4-14	负责人	DAVID TAYLOR		
主营业务	设计、生产螺柱焊接设备及其零配件和辅件，销售自产产品。				

企业名称	区强记机械（上海）有限公司				
企业地址	上海市外高桥保税区富特北路353号第一层西南部位（200137）				
投资总额	20万USD	电　话	68622036	传　真	68622039
设立日期	2003-4-10	负责人	区佩仪		
主营业务	保税区内以手动、电动和气动工具为主的仓储、分拨业务。				

企业名称	佳耐美电气（上海）有限公司				
企业地址	上海市宁桥路999号第1幢通用厂房第一层西侧(201206)				
投资总额	70万USD	电　话	50326650	传　真	50326651
设立日期	2003-4-9	负责人	川本公夫		
主营业务	开发、研制、生产通信用接插件及相关设备，销售自产产品。				

企业名称	崇沣精工精密弹簧（上海）有限公司				
企业地址	上海市外高桥保税区芬菊路308号11号楼第三层东部位（200131）				
投资总额	150万USD	电　话	50483966	传　真	50483020
设立日期	2003-4-8	负责人	新井健二		
主营业务	生产精密弹簧，销售自产产品并提供相关产品的设备的维修和售后服务。				

企业名称	布洛姆燃烧器（上海）有限公司				
企业地址	上海市浦东新区顾高路1383号（201208）				
投资总额	50万USD	电　话	68723278	传　真	68723270
设立日期	2003-4-4	负责人	CHRISTOPHER ROBERT ARMITAGE		
主营业务	设计、生产烧嘴、燃烧器、热交换器、焚烧炉等。				

企业名称	上海钢蕊机械工程有限公司				
企业地址	上海市嘉定区徐行镇前曹路15号（201809）				
投资总额	20万USD	电　话	59940135	传　真	59940136
设立日期	2003-4-3	负责人	罗济钦		
主营业务	生产辊轴、辊轮、磨胎、磨盘、锤头及相关配件等。				

企业名称	上海斯加科机械有限公司				
企业地址	上海市宝山区富联一路200号（201908）				
投资总额	60万USD	电　话	36040550	传　真	36040559
设立日期	2003-4-3	负责人	朱嘉明		
主营业务	生产移动式和固定式混凝土搅拌站、高压水力清洗机等。				

企业名称	新世界电讯（上海）有限公司				
企业地址	上海市卢湾区淮海中路526弄30号B室（200021）				
投资总额	30万USD	电　话	33083478	传　真	33083408
设立日期	2003-4-3	负责人	黄志超		
主营业务	开发计算机软件及相关电子产品的研发，网络通讯系统集成的设计。				

企业名称	上海凯尔达散热器有限公司				
企业地址	上海市金山嘴工业区卫清东路2312号（201508）				
投资总额	50万USD	电　话	57282058	传　真	57281677
设立日期	2003-4-3	负责人	管光成		
主营业务	生产暖通设备，销售公司自产产品（涉及许可经营的凭许可证经营）。				

企业名称	上海普林斯机械制造有限公司				
企业地址	上海市松江区新桥镇新闵经济城新润路 A4 号厂房（201612）				
投资总额	210 万 USD	电　话	64177646	传　真	62185597
设立日期	2003-3-31	负 责 人	EDWARD K.MILLER		
主营业务	设计、生产、加工比例、伺服液压技术、低功率气动控制阀，精冲模等。				

企业名称	瑞光（上海）电气设备有限公司				
企业地址	上海市嘉定工业区洪德路 811 号（201821）				
投资总额	500 万 USD	电　话	69169495	传　真	69169493
设立日期	2003-3-28	负 责 人	和田隆男		
主营业务	研发、制造、组装卫生用品生产设备、包装设备、无纺布产品生产设备。				

企业名称	泰珂洛超硬工具（上海）有限公司				
企业地址	上海市外高桥保税区华京路 8 号第四层 429－431 室（200131）				
投资总额	22 万 USD	电　话	51119757	传　真	51119757
设立日期	2003-3-25	负 责 人	谷口广文		
主营业务	国际贸易、转口贸易，保税区内企业间的贸易及贸易代理。				

企业名称	上海阿特科精密零件有限公司				
企业地址	上海市浦东新区曹路镇上川公路 1499 号（201209）				
投资总额	28 万 USD	电　话	68681601	传　真	68680089
设立日期	2003-3-26	负 责 人	胡　昆		
主营业务	生产激光打印机、复印机及相关产品用各类热辊、橡胶辊及零配件。				

企业名称	宾得精密机器（上海）有限公司				
企业地址	上海市复华高新技术园区申霞路 312 号（201822）				
投资总额	255 万 USD	电　话	59900239	传　真	59900930
设立日期	2003-3-25	负 责 人	太田信行		
主营业务	研究、开发、生产照相机、数码相机、医疗设备、光学产品。				

企业名称	优能工具（上海）有限公司				
企业地址	上海市外高桥保税区富特西一路 355 号 505－512 室（200131）				
投资总额	32 万 USD	电　话	57628577	传　真	57628436
设立日期	2003-3-24	负 责 人	太平博		
主营业务	生产、销售印刷电路板所用工具及其配套用具；国际贸易、转口贸易。				

企业名称	上海欧尚包装机械有限公司				
企业地址	上海市松江区九富经济开发区柴浜路北侧（201615）				
投资总额	18 万 USD	电　话	67627801	传　真	67627801
设立日期	2003-3-21	负 责 人	俞　箭		
主营业务	生产包装机械、包装材料、五金件，销售公司自产产品。				

企业名称	上海象印家用电器有限公司				
企业地址	上海市外高桥保税区冰克路 500 号 906 室(200131)				
投资总额	20 万 USD	电　话	51113282	传　真	51113285
设立日期	2003-3-19	负 责 人	渡边美良		
主营业务	国际贸易、转口贸易、保税区企业间的贸易及区内贸易代理。				

企业名称	上海航新航宇机械技术有限公司				
企业地址	上海市南汇区康桥工业区康桥东路 1 号（201315）				
投资总额	42 万 USD	电　话	58104629	传　真	58104617
设立日期	2003-3-19	负 责 人	卜范胜		
主营业务	研发、加工、生产液压、气动等机械机电产品，销售公司自产产品。				

企业名称	格略特机电科技（上海）有限公司				
企业地址	上海市彭江路 200 号 4 号楼 403 室（200072）				
投资总额	6.2 万 USD	电　话	66315098	传　真	66315099
设立日期	2003-3-19	负 责 人	王大刚		
主营业务	机电液一体化设计与制造，机电产品和机械工程设备的生产与维修。				

企业名称	上海新剑机电科技发展有限公司				
企业地址	上海市松江科技园区（松江 1241 号地块）（201614）				
投资总额	50 万 USD	电　话	57855670	传　真	57855673
设立日期	2003-3-13	负 责 人	单新平		
主营业务	研发、生产精密机电产品、高精度轴及种类仪器仪表、机电电器等。				

企业名称	上海鼎政电器有限公司				
企业地址	上海市闵行区莘朱路四号桥东（201100）				
投资总额	21 万 USD	电　话	54371581	传　真	34083414
设立日期	2003-3-13	负 责 人	吕礼涟		
主营业务	生产照明灯具及配套件、零部件，销售自产产品。				

企业名称	上海西科斯基飞机有限公司				
企业地址	上海市浦东新区海徐路 939 号 120 室（200137）				
投资总额	600 万 USD	电　话	58485729	传　真	58485747
设立日期	2003-3-12	负 责 人	滕　伟		
主营业务	设计、生产民用直升机及其零部件，销售自产产品并提供售后维修等。				

企业名称	上海乐美丝网印刷机械有限公司				
企业地址	上海市松江区九亭镇久富经济开发区盛富路 5 号（201600）				
投资总额	14 万 USD	电　话	67691196	传　真	67690043
设立日期	2003-3-7	负 责 人	金春石		
主营业务	生产、加工印刷机械、制版及相关配件，销售公司自产产品。				

企业名称	上海一东机电有限公司				
企业地址	上海市南汇工业园区沪南路 9626 号（201300）				
投资总额	15 万 USD	电　话	68009517	传　真	68009669
设立日期	2003-3-6	负 责 人	王云平		
主营业务	开发、设计、生产光学机电和其他设备用的高比重硬质材料的零部件。				

企业名称	润沃精机（上海）有限公司				
企业地址	上海市闵行区闵北路 88 弄 7 号（201107）				
投资总额	50 万 USD	电　话	34020168	传　真	54702055
设立日期	2003-3-6	负 责 人	刘树柏		
主营业务	加工、生产各种模具、模具标准件、五金制品，销售公司自产产品。				

企业名称	易赛尔（上海）铝业机械有限公司				
企业地址	上海市外高桥保税区华申路 120 号第一层 B 部位（200131）				
投资总额	20 万 USD	电　话	58660888	传　真	50672133
设立日期	2003-3-4	负 责 人	PHILIPPE SAMAMA		
主营业务	保税区内以炼铝设备产品为主的仓储、分拨业务。				

企业名称	安特精密机械（上海）有限公司				
企业地址	上海市外高桥保税区日樱北路 255 号 44 号厂房（200131）				
投资总额	300 万 USD	电　话	38286688	传　真	58186011
设立日期	2003-3-1	负 责 人	黎福钧		
主营业务	保税区内有关金属、塑料、橡胶等零配件的制造，加工等。				

企业名称	酒井工程机械（上海）有限公司				
企业地址	上海市嘉定区二期 II-2 地块（201821）				
投资总额	280 万 USD	电　话	69169808	传　真	69169634
设立日期	2003-2-28	负 责 人	田沼康克		
主营业务	设计、制造公路、港口、铁路等建设用机械设备、翻修机械设备。				

企业名称	上海正好用阀门有限公司				
企业地址	上海市奉贤区邬桥镇邬西工业园区（201402）				
投资总额	20 万 USD	电　话	57405744	传　真	57406447
设立日期	2003-2-28	负 责 人	卢尔曾		
主营业务	生产各类阀门及五金加工，销售公司自产产品。				

企业名称	上海金利德照明电器有限公司				
企业地址	上海市南汇区彭镇工业路 12 号 301 室（201307）				
投资总额	14 万 USD	电　话	58147214	传　真	58147212
设立日期	2003-2-28	负 责 人	徐美源		
主营业务	生产应急电源、照明电器及相关电子零部件，销售公司自产产品。				

企业名称	上海吉贺机电有限公司				
企业地址	上海市嘉定区外冈镇沪宜公路 5666 号（201806）				
投资总额	14 万 USD	电　话	69575346	传　真	69575287
设立日期	2003-2-28	负 责 人	庄白云		
主营业务	加工组装病床、轮椅、置物架，表面处理机械（电镀、涂装设备）等。				

企业名称	五权机电（上海）有限公司				
企业地址	上海市闵行区虹梅南路 3855 弄 78 号（201108）				
投资总额	20 万 USD	电　话	33505598	传　真	33506490
设立日期	2003-2-28	负 责 人	权太敏		
主营业务	生产新型电子元器件、高档建筑五金件，销售自产产品。				

企业名称	法雷日之出电气保护系统（上海）有限公司				
企业地址	上海市闵行区虹梅南路 3855 弄 78 号（201108）				
投资总额	15 万 USD	电　话	33505129	传　真	33505107
设立日期	2003-2-28	负 责 人	中村修		
主营业务	研发、生产电力电子器件以及相关零部件，销售自产产品。				

企业名称	**康百世机电（上海）有限公司**				
企业地址	上海市松江区九亭镇久富经济开发区伴亭路（201615）				
投资总额	20 万 USD	电　　话	57632068	传　　真	57632080
设立日期	2003-2-24	负 责 人	邱水来		
主营业务	加工、生产液压机器及其零部件、电线电缆、电子连接器。				

企业名称	**日昱机电设备仪器（上海）有限公司**				
企业地址	上海市嘉定工业区马陆园区双丁路、裕民路口（201801）				
投资总额	50 万 USD	电　　话	59104616	传　　真	59104621
设立日期	2003-2-20	负 责 人	孙辉明		
主营业务	研究、设计、开发数字分析处理器应用技术及相关产品的生产、销售。				

企业名称	**上海合愉电机有限公司**				
企业地址	上海市宝山区呼兰路 523 号（200431）				
投资总额	20 万 USD	电　　话	66212913	传　　真	36110452
设立日期	2003-2-19	负 责 人	MIKE MCGACKEN		
主营业务	生产小型电动机、电动机专用线圈、电动机零部件及其他电机产品。				

企业名称	**上海环阳机械有限公司**				
企业地址	上海市嘉定区马陆镇樊家村（201801）				
投资总额	50 万 USD	电　　话	69156588	传　　真	69156683
设立日期	2003-2-13	负 责 人	傅淑美		
主营业务	生产塑料机械辅助设备（破碎、混合、输送、温控）及上述产品的配件。				

企业名称	**韩宇工程机械（上海）有限公司**				
企业地址	上海市共和新路 3201 号 1615 室（200072）				
投资总额	21 万 USD	电　　话	67626858	传　　真	67626859
设立日期	2003-2-13	负 责 人	杨澈宇		
主营业务	生产、加工工程机械设备及其配件，销售本公司自产产品。				

企业名称	**安立工业自动化（上海）有限公司**				
企业地址	上海市外高桥保税区富特中路 46#通用厂房第三层 A 部位（200131）				
投资总额	25 万 USD	电　　话	50463066	传　　真	50463068
设立日期	2003-1-31	负 责 人	岩渊英夫		
主营业务	保税区内从事机械及相关零部件和原材料为主的仓储、分拨业务。				

企业名称	**住电精密工具（上海）有限公司**				
企业地址	上海市青浦区徐泾镇沪青平公路 2266 号 3 幢 1F－W 室（201703）				
投资总额	200 万 USD	电　　话	69762121	传　　真	69762054
设立日期	2003-1-30	负 责 人	鸿野雄一郎		
主营业务	开发、设计、加工、生产电子专用生产设备及测试仪器，工模具。				

企业名称	**金胜发机械（上海）有限公司**				
企业地址	上海市嘉定区马陆机械工业园区唐宝路东侧（201801）				
投资总额	56 万 USD	电　　话	69156231	传　　真	69156229
设立日期	2003-1-29	负 责 人	施永哲		
主营业务	生产 CNC 切削中心等机床设备、食品加工机械设备、压力容器。				

企业名称	**上海布博西广电电气有限公司**				
企业地址	上海市奉贤区奉浦大道 111 号（201400）				
投资总额	100 万 USD	电　　话	67101666	传　　真	67103139
设立日期	2003-1-29	负 责 人	严怀忠		
主营业务	设计、开发、生产中、低压高科技开关、控制设备。				

企业名称	**昶懋机电（上海）有限公司**				
企业地址	上海市松江工业区石湖荡分区标房园区 3 号厂房（201617）				
投资总额	25 万 USD	电　　话	57847342	传　　真	57847398
设立日期	2003-1-29	负 责 人	舒兆华		
主营业务	生产汽车急救线、工作灯、汽车电线、汽车五金及配件。				

企业名称	**松下电工信息仪器（上海）有限公司**				
企业地址	上海市闵行区莘庄工业区申富路 811 号（201108）				
投资总额	339 万 USD	电　　话	54426880	传　　真	54426889
设立日期	2003-1-22	负 责 人	田西登喜男		
主营业务	生产新型电子元器件及新型仪表元器件，销售自产产品。				

企业名称	**西图自动控制（上海）有限公司**				
企业地址	上海市浦东新区金桥出口加工区金沪路 1143 号 5F（200120）				
投资总额	28 万 USD	电　　话	58541085	传　　真	58342771
设立日期	2003-1-22	负 责 人	RICHARD ZHOU		
主营业务	研制、生产栏杆机、读票机、发票机、控制器以及停车场控制系统。				

企业名称	**常盟机械（上海）有限公司**				
企业地址	上海市闵行区江川路 2235 号（200240）				
投资总额	20 万 USD	电　　话	54726175	传　　真	54721537
设立日期	2003-1-22	负 责 人	姚文俊		
主营业务	生产建筑机械，销售自产产品，提供技术服务。				

企业名称	**上海汇泉电气配件有限公司**				
企业地址	上海市南汇区大团镇永春北路 75 号（201311）				
投资总额	20 万 USD	电　　话	58086776	传　　真	58086776
设立日期	2003-1-22	负 责 人	周　萍		
主营业务	生产电器配件，销售公司自产产品（涉及许可经营的凭许可证经营）。				

企业名称	**梅田特殊钢模具（上海）有限公司**				
企业地址	上海市嘉定区安亭镇园国路 1209 号（201814）				
投资总额	250 万 USD	电　　话	69573100	传　　真	69573104
设立日期	2003-1-10	负 责 人	福嶋正彦		
主营业务	生产和加工汽车、摩托车用模具、夹具、模具标准件。				

企业名称	**奥拓玛热交换器（上海）有限公司**				
企业地址	上海市浦东新区三林镇工业小区陈行路 99 号（201203）				
投资总额	210 万 USD	电　　话	33618965	传　　真	33618222
设立日期	2003-1-3	负 责 人	董宗德		
主营业务	生产蒸发器、冷凝器、离合器、暖风机、水箱、储液罐、连接管等。				

企业名称	**缆普电缆（上海）有限公司**				
企业地址	上海市台中南路 116 号新 1 号厂房第一层东 A 部位（200235）				
投资总额	20 万 USD	电　　话	64400833	传　　真	64400834
设立日期	2003-1-20	负 责 人	XIAO YU JIANG		
主营业务	保税区内以电缆产品为主的分拨仓储业务；国际贸易、转口贸易。				

企业名称	**上海欧飒喀精工有限公司**				
企业地址	上海市松江区叶榭镇东路 19 号（原上海松华帽厂内）（201608）				
投资总额	16.77 万 USD	电　　话	57887472	传　　真	57887473
设立日期	2003-1-16	负 责 人	逢坂喜久男		
主营业务	加工、生产各类家用电器零部件、模具、夹具、电磁阀。				

企业名称	**奈镁克（上海）精密机械有限公司**				
企业地址	上海市闵行区华漕镇华翔路 1885 号（201107）				
投资总额	20 万 USD	电　　话	22818889	传　　真	52272875
设立日期	2003-1-16	负 责 人	罗祥益		
主营业务	生产五金配件、气动流体机、空油压机、小型自动控制机、小型搬运车。				

企业名称	**上海杰富石油机械有限公司**				
企业地址	上海市浦江工业区（201114）				
投资总额	22 万 USD	电　　话	54311730	传　　真	54311729
设立日期	2003-1-16	负 责 人	方思羽		
主营业务	生产制造各类阀门、机械设备及石油专用机械，销售自产产品。				

企业名称	**咖纳控制系统（上海）有限公司**				
企业地址	上海市外高桥保税区日京路 35 号 1204 室（200131）				
投资总额	20 万 USD	电　　话	63862188	传　　真	63862199
设立日期	2003-11-5	负 责 人	金治敏郎		
主营业务	研究、开发、制作计算机应用软件，销售自产产品。				

企业名称	**上海星昂机械有限公司**				
企业地址	上海外高桥保税区富特北路 229 号第一、二层（200131）				
投资总额	30 万 USD	电　　话	58682100	传　　真	58682101
设立日期	2002-12-31	负 责 人	兴津智彦		
主营业务	以机床及相关零部件为主的保税区内仓储、分拨、展示、培训。				

企业名称	**健特精密电子（上海）有限公司**				
企业地址	上海市嘉定区南翔镇西工业开发区（201802）				
投资总额	165 万 USD	电　　话	69176776	传　　真	69176786
设立日期	2002-12-30	负 责 人	吴敏禄		
主营业务	生产新型电子元器件，销售本公司自产产品。				

企业名称	**上海坤盟金属制品有限公司**				
企业地址	上海市青浦区华新镇嵩山村（201705）				
投资总额	28 万 USD	电　　话	59775539	传　　真	59775105
设立日期	2002-12-27	负 责 人	王木坤		
主营业务	生产厨房用金属制品及其相关塑胶制品。				

企业名称	上海中隆轴承有限公司				
企业地址	上海市奉贤区开发区奉浦大道28号（201400）				
投资总额	800万USD	电　话	67103056	传　真	67103068
设立日期	2002-12-25	负责人	胡先根		
主营业务	研究、开发、设计、制造各种高精密轴承及相关的轴承配件。				

企业名称	上海优士迪高纯气体工程技术有限公司				
企业地址	上海市奉贤区庄行镇华园路68号60幢102室（201400）				
投资总额	15万USD	电　话	58969887	传　真	58968997
设立日期	2002-12-25	负责人	KLAUS SIEGFRIED GA		
主营业务	高纯气体系统的设计、安装与调试及相关的工程技术咨询。				

企业名称	上海燃颖机械有限公司				
企业地址	上海市嘉定区嘉朱公路3168号（201815）				
投资总额	28万USD	电　话	59961889	传　真	59961860
设立日期	2002-12-24	负责人	邓艳秋		
主营业务	生产液压器、液压控制阀、低功率气动控制阀及相关零配件。				

企业名称	上海威宜登光电有限公司				
企业地址	上海市闵行区合川路3136号3号楼2楼（201103）				
投资总额	20万USD	电　话	59251244	传　真	59251246
设立日期	2002-12-23	负责人	赵振法		
主营业务	发光二极体、照明灯具、车灯、印刷电路板、铝电解电容器的设计。				

企业名称	雅由电子（上海）有限公司				
企业地址	上海市青浦区华徐路539号（201702）				
投资总额	140万USD	电　话	69760939	传　真	69761155
设立日期	2002-12-23	负责人	井上雅雄		
主营业务	生产电子元器件、各类线束、接插件、通信设备零部件。				

企业名称	上海凯飞电子科技有限公司				
企业地址	上海市闵行区虹中路399号（201103）				
投资总额	102万USD	电　话	64654931	传　真	64651783
设立日期	2002-12-23	负责人	巫宗德		
主营业务	生产电子镇流器、照明器具、节能灯、线圈、变压器、电解电容器等。				

企业名称	上海环阳机械有限公司				
企业地址	上海市嘉定区宝安路2708号（201801）				
投资总额	70万USD	电　话	69156083	传　真	69156683
设立日期	2002-12-19	负责人	傅淑美		
主营业务	生产塑料机械辅助设备（破碎、混合、输送、温控）及上述产品的配件。				

企业名称	艾斯比特制热电器（上海）有限公司				
企业地址	上海市闵行区友东路38号（201100）				
投资总额	20万USD	电　话	34154988	传　真	54883711
设立日期	2002-12-18	负责人	KEVIN LILLY		
主营业务	加工、组装、生产、销售制热空调产品、液压动力系统产品等。				

企业名称	奥拓玛热交换器（上海）有限公司				
企业地址	上海市浦东新区三林镇工业小区陈行路99号（200124）				
投资总额	400万USD	电　话	58361899	传　真	58361897
设立日期	2002-12-17	负责人	董宗德		
主营业务	生产、销售蒸发器、冷凝器、压缩机及离合器、暖风机、储液罐等。				

企业名称	上海古贺精工有限公司				
企业地址	上海市南汇区黄路镇大治河桥东首（201301）				
投资总额	30万USD	电　话	58272117	传　真	68271965
设立日期	2002-12-12	负责人	古贺光幸		
主营业务	生产加工塑料、五金零配件及钳子，销售公司自产产品。				

企业名称	世格流体控制（上海）有限公司				
企业地址	上海市松江区新桥镇华明路8号厂房（201612）				
投资总额	70万USD	电　话	57681288	传　真	57680988
设立日期	2002-12-12	负责人	李炫九		
主营业务	研究、开发、设计、生产电磁阀、气动阀及相关产品。				

企业名称	意达（上海）纺织机械有限公司				
企业地址	上海市松江工业区东兴路98号（201613）				
投资总额	100万USD	电　话	67742618	传　真	57744426
设立日期	2002-12-10	负责人	MARIO CAPANO		
主营业务	生产新型纺织机械及其辅助机器和零部件，销售自产产品。				

企业名称	鸥恩电子元器件（上海）有限公司				
企业地址	上海市浦东新区孙桥中心路孙桥工业区（201203）				
投资总额	42万USD	电　话	58575930	传　真	58575931
设立日期	2002-12-9	负责人	陈淑仪		
主营业务	开发、设计、生产精密电子元器件，销售自产产品。				

企业名称	健格电器电子（上海）有限公司				
企业地址	上海市浦东新区新金桥路28号20F01室（201206）				
投资总额	30万USD	电　话	50305161	传　真	50325959
设立日期	2002-12-5	负责人	黄宇谦		
主营业务	研制生产微型电器电子量测控制器、电梯专用的微电脑精密控制器。				

企业名称	上海三悠树脂有限公司				
企业地址	上海市嘉定区复华高新技术园区14号地块（201818）				
投资总额	187万USD	电　话	59900078	传　真	59903058
设立日期	2002-12-5	负责人	村上启司		
主营业务	开发、生产电器、电子用绝缘、导电材料及相关树脂产品。				

企业名称	上海联川自动化科技有限公司				
企业地址	上海市嘉定区马陆镇台商机械加工园区（201801）				
投资总额	100万USD	电　话	69152222	传　真	69156917
设立日期	2002-12-4	负责人	江金涛		
主营业务	生产工业用炉、自动化生产线、高低压配电设备及金属机械加工。				

企业名称	儒博控制系统制造（上海）有限公司				
企业地址	上海市嘉定工业区马陆园区陈安路88号（201801）				
投资总额	29万USD	电　话	59104052	传　真	59104050
设立日期	2002-12-3	负责人	DRAGAN		
主营业务	制造和加工发动机、压缩机保护系统和配套阀门、开关、泵。				

企业名称	上海复成精密机械有限公司				
企业地址	上海市浦东新区北张家浜路68号1幢212室（200122）				
投资总额	28万USD	电　话	56015740	传　真	56010997
设立日期	2002-11-29	负责人	邵建伟		
主营业务	生产机械传动件、零部件、冷作件、紧固件、五金件及相关模具。				

企业名称	嘉邦液压机器制造（上海）有限公司				
企业地址	上海市金山区亭林镇林盛路338号（201505）				
投资总额	214万USD	电　话	67232028	传　真	67232110
设立日期	2002-11-25	负责人	杉村宣行		
主营业务	研发、生产节能型低功率气动控制阀，销售公司自产产品及售后服务。				

企业名称	上海海科机械刀片有限公司				
企业地址	上海市宝山区沪太支路416号（200436）				
投资总额	62万USD	电　话	56518200	传　真	56682831
设立日期	2002-11-22	负责人	杨卫东		
主营业务	生产各类机械刀片及相关产品，销售自产产品。				

企业名称	威台机械（上海）有限公司				
企业地址	上海市嘉定区马陆镇樊家村朱宝路（201801）				
投资总额	140万USD	电　话	59157234	传　真	59157340
设立日期	2002-11-20	负责人	黄师道		
主营业务	设计、生产各类金属板卷装设备，非标机械钢铁结构件。				

企业名称	费霖英（上海）机械有限公司				
企业地址	上海市南汇区祝桥镇空港工业区M－5地块（201709）				
投资总额	20万USD	电　话	68102954	传　真	68102954
设立日期	2002-11-14	负责人	小林正义		
主营业务	生产、加工机械零件，销售公司自产产品。				

企业名称	默特克电源（上海）有限公司				
企业地址	上海市柳营路881号（200072）				
投资总额	2980万USD	电　话	56035818	传　真	66527590
设立日期	2002-11-13	负责人	范　宪		
主营业务	研发、生产、加工各类无汞碱锰电池、动力镍氢电池、锂离子电池。				

企业名称	上海拓阔精密缓冲轴承有限公司				
企业地址	上海市松江区九亭镇小寅村九泾路松沪工业小区后（201615）				
投资总额	420万USD	电　话	67696773	传　真	67696922
设立日期	2002-11-12	负责人	吉川宏		
主营业务	生产精密轴承及各种主机专用轴承。				

企业名称	泰拉尔通用机械（上海）有限公司				
企业地址	上海市颛桥工业区 MO－3 地块（201108）				
投资总额	110 万 USD	电　话	64909128	传　真	64909126
设立日期	2002-11-4	负 责 人	营田博文		
主营业务	设计加工生产水泵，给水泵组和通风机及相关零部件，销售自产产品。				

企业名称	上海彪迪电业有限公司				
企业地址	上海市闵行区莘朱路 1258 号（201100）				
投资总额	40 万 USD	电　话	54393260	传　真	54398896
设立日期	2002-11-4	负 责 人	华　迪		
主营业务	制造销售电子变压器、各类电子产品、节能灯饰、灯具。				

企业名称	德克尔马豪吉特迈（上海）机床有限公司				
企业地址	上海市松江区新桥镇陈春路 178 号（201612）				
投资总额	500 万 USD	电　话	67648333	传　真	67648765
设立日期	2002-11-2	负 责 人	雷蒙德		
主营业务	设计、生产三轴以上联动的数控机床、机器附件以及零配件。				

企业名称	日亚意旺机械（上海）有限公司				
企业地址	上海市外高桥保税区美桂北路 317 号森历大厦第四层 B 部位（200131）				
投资总额	104 万 USD	电　话	58314024	传　真	58313644
设立日期	2002-11-2	负 责 人	辻贞夫		
主营业务	保税区内以半导体，液晶元器件设备装置为主的仓储、分拨业务等。				

企业名称	肯威电器（上海）有限公司				
企业地址	上海市闵行区莘朱路 1328 号（201100）				
投资总额	150 万 USD	电　话	54438000	传　真	54439515
设立日期	2002-10-30	负 责 人	吴克勤		
主营业务	生产、销售照明电器、电器配件及五金工具。				

企业名称	上海耀华纳米科技有限公司				
企业地址	上海市延平路 69 号 1005 室（200042）				
投资总额	1895 万 USD	电　话	63390737	传　真	63391955
设立日期	2002-10-29	负 责 人	龙万里		
主营业务	生产纳米超细碳酸钙及其他纳米粉末，销售自产产品。				

企业名称	库迈思精密机械（上海）有限公司				
企业地址	上海市闵行区莘庄工业区申富路 679 号 4 号楼（201108）				
投资总额	20 万 USD	电　话	51755215	传　真	51755286
设立日期	2002-10-28	负 责 人	JOSEF JOHAWN ZUMSTEI		
主营业务	设计生产并装配线束加工机械、线束加工系统和自动装配系统。				

企业名称	品能光电技术（上海）有限公司				
企业地址	上海市闵行区莘朱路 918 号（201100）				
投资总额	170 万 USD	电　话	54388215	传　真	54387960
设立日期	2002-10-22	负 责 人	邱佳发		
主营业务	生产二极体灯泡、控制器、电子变压器、电子式安定器、触发器等。				

企业名称	上海仓部电子有限公司				
企业地址	上海市嘉定工业区高台路 1020 号（201821）				
投资总额	800 万 USD	电　话	69169091	传　真	69169973
设立日期	2002-10-16	负 责 人	金泽岳信		
主营业务	生产耐高温绝缘材料（绝缘等级为 F、H 级）及成品等。				

企业名称	大建电子（上海）有限公司				
企业地址	上海市嘉定区徐行镇曹王劳动路西侧（201809）				
投资总额	200 万 USD	电　话	59940002	传　真	59940001
设立日期	2002-10-16	负 责 人	林蓉芬		
主营业务	生产扬声器及其相关配件，销售企业自产产品。				

企业名称	上海博贯机械技术有限公司				
企业地址	上海市外高桥保税区华京路 8 号三联发展大厦 821 室（200131）				
投资总额	28 万 USD	电　话	63875765	传　真	63848287
设立日期	2002-10-12	负 责 人	渡边博之		
主营业务	工业用机械设备设计为主的软件开发、制作，销售自产产品。				

企业名称	上海东波大气输送系统设备有限公司				
企业地址	上海市金山区枫泾镇环枫东路 18 号（201500）				
投资总额	50 万 USD	电　话	64177646	传　真	62185597
设立日期	2002-10-11	负 责 人	杨树崴		
主营业务	设计制造输送机器系统设备和涂装设备及其售后服务。				

企业名称	上海罗森博格机电有限公司				
企业地址	上海市松江区泗泾镇九干路 199-209 号（201601）				
投资总额	28 万 USD	电　话	57617997	传　真	57626062
设立日期	2002-10-10	负 责 人	HELMUT ROTHENBERGER		
主营业务	生产手动工具、电动工具、电子产品、管道技术产品、焊接设备等。				

企业名称	上海久日电机配件有限公司				
企业地址	上海市松江工业区茸北分区茸兴路 161 号（201613）				
投资总额	20 万 USD	电　话	57780480	传　真	57782195
设立日期	2002-10-10	负 责 人	洪创旭		
主营业务	生产、制造电机配件及机械零件。				

企业名称	布克哈德压缩机（上海）有限公司				
企业地址	上海市雁荡路 109 号复兴广场 517 室（200020）				
投资总额	33 万 USD	电　话	53863990	传　真	53863991
设立日期	2002-10-8	负 责 人	MARTIN KARL HELLER		
主营业务	生产压缩机、阀门及相关产品。				

企业名称	上海方根数码微控科技有限公司				
企业地址	上海市闵行区合川路 3152 号（201103）				
投资总额	105 万 USD	电　话	64462282	传　真	64462270
设立日期	2002-10-8	负 责 人	许德滨		
主营业务	微电脑温度控制系统，HVAC 系统导演法设计，制造。				

企业名称	上海台贸机械设备维修有限公司				
企业地址	上海市松江区（上海富民仓桥私营经济城）（201600）				
投资总额	51 万 USD	电　话	67725142	传　真	67725656
设立日期	2002-9-30	负 责 人	苏宏明		
主营业务	生产叉车、工程机械、港口机械、柴油发电机相关零配件。				

企业名称	箭普索斯金属制造（上海）有限公司				
企业地址	上海市宝山区月浦工业园区园和路 18 号（200941）				
投资总额	100 万 USD	电　话	53062288	传　真	52288255
设立日期	2002-9-29	负 责 人	MICHAEL R. PORTER		
主营业务	研发、制造机械零部件，销售自产产品，并提供相关技术咨询服务。				

企业名称	威理泵业（上海）有限公司				
企业地址	上海外高桥保税区富特北路 288 号 2 号楼第 5 层东部位（200131）				
投资总额	28 万 USD	电　话	58680539	传　真	58680537
设立日期	2002-9-28	负 责 人	BRUCE　BARTELLS		
主营业务	生产、加工各类泵及相关产品；销售自产产品。				

企业名称	上海光侨机电设备有限公司				
企业地址	上海市嘉定区马陆镇彭赵村（201801）				
投资总额	30 万 USD	电　话	59104160	传　真	59104099
设立日期	2002-9-28	负 责 人	梁奎根		
主营业务	生产 UV 光固化机及相关的检测仪器，销售企业自产产品。				

企业名称	大扇（上海）有限公司				
企业地址	上海市嘉定区安亭镇国际汽车城汽车零部件配套工业园区（201814）				
投资总额	1250 万 USD	电　话	59503577	传　真	59504314
设立日期	2002-9-27	负 责 人	合田昭男		
主营业务	生产全自动酶免系统含加样、酶标、洗板、孵育、数据后处理等。				

企业名称	金德利赉精密机电部件（上海）有限公司				
企业地址	上海市南汇区南汇工业园区汇成路 528 号（201300）				
投资总额	300 万 USD	电　话	68009501	传　真	68009502
设立日期	2002-9-25	负 责 人	林健信		
主营业务	生产精密轴承及配套五金件，销售自产产品。				

企业名称	嘉里油脂公共设施（上海）有限公司				
企业地址	上海市浦东新区高东工业园区高东路 118 号 A 区（200137）				
投资总额	1500 万 USD	电　话	58487988	传　真	58485728
设立日期	2002-9-24	负 责 人	郭健海		
主营业务	生产蒸汽、氢气，销售自产产品。				

企业名称	上海良高精密机械有限公司				
企业地址	上海市松江工业区洞泾分区二区（洞业路 299 号）（201619）				
投资总额	500 万 USD	电　话	57670766	传　真	57670678
设立日期	2002-9-24	负 责 人	郑金宗		
主营业务	生产各类泵类、夹具、精密零件、汽车螺栓、制动器、电机配件。				

企业名称	高裕精密模具（上海）有限公司				
企业地址	上海市外高桥保税区日樱北路353号10号楼D部位（200131）				
投资总额	20万USD	电　话	50643232	传　真	50462028
设立日期	2002-9-20	负 责 人	刘法伟		
主营业务	开发、制造、加工精密模具、销售自产产品及其产品的维修和售后服务。				

企业名称	包利思特机械（上海）有限公司				
企业地址	上海市松江区新桥镇新泾工业园区闵申路688弄6号（201612）				
投资总额	140万USD	电　话	57684298	传　真	57684138
设立日期	2002-9-20	负 责 人	高井文彦		
主营业务	生产各类包装机械及其相关配套设备和辅件，销售公司自产产品。				

企业名称	上海世诚石英制品有限公司				
企业地址	上海市奉贤区南桥镇跃进村401号（201400）				
投资总额	15万USD	电　话	67184970	传　真	67184591
设立日期	2002-9-20	负 责 人	姜义诚		
主营业务	生产、加工石英灯、石英制品、石英电加热元件，销售公司自产产品。				

企业名称	名殿电气（上海）有限公司				
企业地址	上海市外高桥保税区日京路161号商都大楼第四层全部位（200131）				
投资总额	70万USD	电　话	58680613	传　真	58660569
设立日期	2002-9-19	负 责 人	伊东树也		
主营业务	保税区内电气机械、电线产品和零部件的制造、加工、销售。				

企业名称	日东自动化设备（上海）有限公司				
企业地址	上海市松江区方塔北路605号（201613）				
投资总额	282万USD	电　话	62442512	传　真	62052406
设立日期	2002-9-15	负 责 人	毕天富		
主营业务	研发、设计、加工自动化设备以及相关制品和零部件。				

企业名称	上海米特轴承有限公司				
企业地址	上海浦东康桥工业区康桥东路1258-1300弄1-2号（201315）				
投资总额	71万USD	电　话	58131282	传　真	58131107
设立日期	2002-9-13	负 责 人	VITTORIO MUSSO		
主营业务	生产工业用精密轴承、异形轴承、专用轴承及其零配件和模具标准件。				

企业名称	澳侨机械加工（上海）有限公司				
企业地址	上海市青浦区徐泾镇蟠龙路151弄10号（201702）				
投资总额	20万USD	电　话	57792345	传　真	57792277
设立日期	2002-9-11	负 责 人	RICARDO TOMAS HERRER		
主营业务	生产、加工机械零件，销售公司自产产品。				

企业名称	科泰电源设备（上海）有限公司				
企业地址	上海市青浦工业园区崧泽配套区（201703）				
投资总额	300万USD	电　话	69758653	传　真	69758500
设立日期	2002-9-10	负 责 人	谢松峰		
主营业务	生产柴油发电机组及配套件、开关电源、不间断电源、配电设备等。				

企业名称	上海派惠腾机电工程有限公司				
企业地址	上海市青浦区朱家角工业园区康欧路759号（201713）				
投资总额	28万USD	电　话	69839055	传　真	69839088
设立日期	2002-9-10	负 责 人	李　军		
主营业务	设计、制造家用电器、电子产品的各种装配生产线。				

企业名称	星域控制机电设备（上海）有限公司				
企业地址	上海市闵行区莲花南路2129弄118号8座（201100）				
投资总额	28万USD	电　话	54402868	传　真	54402858
设立日期	2002-9-5	负 责 人	LIM HOCK LEONG PATRI		
主营业务	生产、加工各类专业用泵、阀门、搅拌器及其配套检测仪表和零配件。				

企业名称	赛耳泰科电气（上海）有限公司				
企业地址	上海市普陀区金沙江路1340弄172支弄14号内13号楼三层(200333)				
投资总额	28万USD	电　话	52804397	传　真	52804698
设立日期	2002-9-5	负 责 人	LEPORATTI ALESSANOR		
主营业务	生产、加工电气开关及相关附件，销售自产产品。				

企业名称	上海澳通电气有限公司				
企业地址	上海市奉贤区奉浦大道111号（201400）				
投资总额	100万USD	电　话	67101608	传　真	67101610
设立日期	2002-9-4	负 责 人	严怀忠		
主营业务	生产非晶合金铁芯制品，地理式变压器，地理式输配电设等。				

企业名称	艾康紧固件（上海）有限公司				
企业地址	上海外高桥保税区泰谷路209号第四层B部位（200131）				
投资总额	20万USD	电　话	58683688	传　真	58683988
设立日期	2002-9-2	负 责 人	KENNETH ALLEN SWANST		
主营业务	保税区内用于电讯和数据传输系统的紧固件及相关产品的仓储。				

企业名称	上海阿可电子机械制造有限公司				
企业地址	上海市安亭镇上海国际汽车城零部件配套工业园区泰丰路（201804）				
投资总额	800万USD	电　话	59501070	传　真	59501071
设立日期	2002-8-29	负 责 人	ROBERT DING-LI CHEN		
主营业务	生产新型电容器、电子专用设备、滤波器及上述产品的相关配件。				

企业名称	上海斯百克密封制品有限公司				
企业地址	上海市青浦区华新镇纪鹤路3695号（201708）				
投资总额	28万USD	电　话	59798182	传　真	59798184
设立日期	2002-8-27	负 责 人	颜家益		
主营业务	生产板状密封件制品，销售公司自产产品。				

企业名称	瑞斯机械（上海）有限公司				
企业地址	上海市嘉定工业区叶城路1288号C－22（201821）				
投资总额	20万USD	电　话	69169510	传　真	69169511
设立日期	2002-8-26	负 责 人	DAVID BRADBURY		
主营业务	生产滚压成型设备、金属卷材加工设备及其零部件，销售企业自产产品。				

企业名称	上海南华兰陵电气有限公司				
企业地址	上海市闵行区旗忠森林体育城经济园区光华路2118号（201111）				
投资总额	488万USD	电　话	54980500	传　真	54980500
设立日期	2002-8-26	负 责 人	庄　竞		
主营业务	生产、销售高低压电器开关、高低压元器件。				

企业名称	三笠机械（上海）有限公司				
企业地址	上海市外高桥富特北路201号华铁综合楼第三层C部位（200131）				
投资总额	40万USD	电　话	68407271	传　真	68407447
设立日期	2002-8-26	负 责 人	京谷弘也		
主营业务	保税区内以三笠建筑设备及其零部件为主的仓储分拨业务。				

企业名称	格林瀚克通风设备（上海）有限公司				
企业地址	上海外高桥保税区巴圣路360号22号厂房中西侧A部位（200131）				
投资总额	60万USD	电　话	50485026	传　真	50484269
设立日期	2002-8-13	负 责 人	RICHARD ROBERTSON		
主营业务	通风设备的生产，销售自产产品；保税区内以通风设备为主的国际贸易。				

企业名称	上海恩梯恩精密机电有限公司				
企业地址	上海市松江工业区南乐路666号（201611）				
投资总额	7990万USD	电　话	57749196	传　真	57748555
设立日期	2002-8-12	负 责 人	近藤哲也		
主营业务	生产、加工精密轴承及各种主机专用轴承、等速万向节等。				

企业名称	佰弘机械（上海）有限公司				
企业地址	上海市青浦区白鹤镇鹤祥路1号（201709）				
投资总额	72万USD	电　话	59748330	传　真	59748311
设立日期	2002-8-12	负 责 人	陈锦荣		
主营业务	生产橡塑发泡机械及零配件，销售公司自产产品。				

企业名称	上海埃尔特压缩空气系统工程有限公司				
企业地址	上海市闵行区虹梅南路5209号（201111）				
投资总额	118万USD	电　话	54873352	传　真	54872783
设立日期	2002-8-9	负 责 人	JOHN BARON		
主营业务	制造、销售、设计压缩气体系统机械设备、辅机、通用机械产品。				

企业名称	成田燃具（上海）有限公司				
企业地址	上海市松江区新桥镇闵申工业园区光明小区A-3号（201612）				
投资总额	101万USD	电　话	57684326	传　真	57684785
设立日期	2002-8-9	负 责 人	成田一成		
主营业务	生产、加工燃烧器、燃烧器用零部件。				

企业名称	上海奥芝特机电有限公司				
企业地址	上海市闵行区陪昆路（马桥工业园）（201111）				
投资总额	25万USD	电　话	64099477	传　真	64092977
设立日期	2002-8-6	负 责 人	周金华		
主营业务	生产加工各类小型发电机、小五金、汽车用铸锻毛配件，销售自产产品。				

企业名称	上海比亚迪有限公司				
企业地址	上海市松江区车墩镇香泾路 999 号（201611）				
投资总额	2900 万 USD	电话	57778888	传真	57775000
设立日期	2002-7-26	负责人	王传福		
主营业务	生产锂离子电池及其零件和部件，销售公司自产产品。				

企业名称	达加利电器（上海）有限公司				
企业地址	上海市松江区洞泾镇渔洋浜村（洞泾工业区二区）（201613）				
投资总额	114 万 USD	电话	57670302	传真	57670067
设立日期	2002-7-25	负责人	JULIA CHEN		
主营业务	生产各种灯具、灯泡、电感及电子镇流器，光源电子产品和包装。				

企业名称	上海普莱克斯自动设备制造有限公司				
企业地址	上海市松江区永丰路 35 号（201600）				
投资总额	100 万 USD	电话	57713003	传真	57783004
设立日期	2002-7-24	负责人	桥本博文		
主营业务	开发、生产为压铸机配套的功能辅助装置（各种机械手）。				

企业名称	坎贝尔环保设备（上海）有限公司				
企业地址	上海市奉贤区奉浦－江海经济园区肖南路标准厂房第 14 栋（201400）				
投资总额	70 万 USD	电话	33658991	传真	33658993
设立日期	2002-7-23	负责人	FRANK HERR		
主营业务	设计、生产、组装烟尘净化环保设备及相关成套设备。				

企业名称	上海阿通裁断机械有限公司				
企业地址	上海市奉贤区柘林镇南华亭经济小区（201424）				
投资总额	28 万 USD	电话	57442589	传真	57442585
设立日期	2002-7-23	负责人	ERMINIO VENERONI		
主营业务	设计、生产、组装用于鞋业和皮业的机器，开发用于裁断系统的软件。				

企业名称	上海简雅照明电器有限公司				
企业地址	上海市嘉定区叶城路 1288 号（201821）				
投资总额	30 万 USD	电话	67627501	传真	67627502
设立日期	2002-7-22	负责人	顾永卫		
主营业务	生产照明电器、灯具及配件，销售本公司自产产品。				

企业名称	上海实兴机械有限公司				
企业地址	上海市嘉定区敬学路 101 号（201801）				
投资总额	21 万 USD	电话	69156118	传真	69156099
设立日期	2002-7-17	负责人	李聪兴		
主营业务	生产纵剪机、整平机及仓储设备，销售企业自产产品。				

企业名称	三幸机械（上海）有限公司				
企业地址	上海市浦东新区北蔡镇联勤村新王家宅 58 号第 5 幢（201204）				
投资总额	28 万 USD	电话	50429831	传真	50249832
设立日期	2002-7-13	负责人	田中利幸		
主营业务	设计、制造高档食品机械，销售公司自产产品。				

企业名称	上海特毅通用动力机械有限公司				
企业地址	上海市金山区兴塔工业区兴豪路 10 号（201502）				
投资总额	271 万 USD	电话	67360207	传真	57361415
设立日期	2002-7-12	负责人	刁立宪		
主营业务	生产小型通用发动机及水泵组，小型汽（柴）油发电机组。				

企业名称	上海艾克森新技术有限公司				
企业地址	上海市嘉定区曹安路 4338 号（201804）				
投资总额	42 万 USD	电话	69590003	传真	69590007
设立日期	2002-7-9	负责人	余胜亮		
主营业务	生产换热设备机组、给排水处理设备、泵、阀门及零部件。				

企业名称	上海凯嘉油压机械有限公司				
企业地址	上海市嘉定区马陆镇北管村（201801）				
投资总额	21 万 USD	电话	69156106	传真	69156105
设立日期	2002-7-8	负责人	廖碧云		
主营业务	生产液压机械、泵及液压零组件，销售企业自产产品。				

企业名称	上海翔工精密机械有限公司				
企业地址	上海市嘉定工业区马陆园区双单路南侧（201801）				
投资总额	140 万 USD	电话	59104088	传真	59104066
设立日期	2002-7-8	负责人	赵惟芬		
主营业务	生产注塑机、纺织机械、橡塑地砖、壁纸及其他塑料薄膜的生产设备。				

企业名称	上海索菲玛液压设备有限公司				
企业地址	上海市浦东新区高东镇高东工业区（3－1 地块）（200137）				
投资总额	25 万 USD	电话	58485112	传真	58486121
设立日期	2002-7-4	负责人	GIORGIO GIRONDI		
主营业务	设计、生产液压滤清器和企业工业滤清器、油液净化过滤设备。				

企业名称	必取办公用品（上海）有限公司				
企业地址	上海市平凉路 2716 号 34#厂房五楼（200090）				
投资总额	70 万 USD	电话	65180350	传真	65180331
设立日期	2002-7-4	负责人	江东龙		
主营业务	生产、加工打印耗材、打孔装订机、塑封机及耗材，销售自产产品。				

企业名称	艾川格（上海）阀门制造有限公司				
企业地址	上海青浦区上海徐泾镇蟠龙路 151 弄 10 号（201702）				
投资总额	20 万 USD	电话	57792345	传真	57792277
设立日期	2002-7-2	负责人	RICARDO TOMAS HERRER		
主营业务	生产阀门及其控制系统，销售公司自产产品。				

企业名称	上海永协机械配件有限公司				
企业地址	上海市嘉定区娄塘镇沥红路 167 号（201807）				
投资总额	63 万 USD	电话	65507426	传真	55226100
设立日期	2002-7-2	负责人	彭龙飞		
主营业务	生产洗衣机配件、汽车配件、标准件及其他五金机械配件，橡塑制品。				

企业名称	上海广为美线电源电器有限公司				
企业地址	上海市闵行区龙吴路 6200 号（200241）				
投资总额	100 万 USD	电话	64500840	传真	64501187
设立日期	2002-7-2	负责人	范晔平		
主营业务	生产、加工各类移动电源，销售自产产品。				

企业名称	轩亮照明（上海）有限公司				
企业地址	上海市嘉定区马陆镇包桥村（201801）				
投资总额	57 万 USD	电话	69155250	传真	69155063
设立日期	2002-7-2	负责人	赖日轩		
主营业务	生产各类灯饰、电光源产品，销售企业自产产品。				

企业名称	上海威和家用电器设备有限公司				
企业地址	上海市嘉定区徐行镇澄浏公路 796 号（201808）				
投资总额	20 万 USD	电话	59908931	传真	59908492
设立日期	2002-6-28	负责人	黄华国		
主营业务	生产水处理设备、负离子发生器及家用空调零部件，销售企业自产产品。				

企业名称	创值工业（上海）有限公司				
企业地址	上海松江出口加工区南区路罗伊尔园区三期厂房（201600）				
投资总额	600 万 USD	电话	5774822	传真	57748833
设立日期	2002-6-25	负责人	张钦堡		
主营业务	生产打印机部件、石油化工阀门组件、光纤维电缆接头等。				

企业名称	瑞浪精密机械（上海）有限公司				
企业地址	上海市嘉定区永盛路 2201 号（201821）				
投资总额	220 万 USD	电话	69524298	传真	69524290
设立日期	2002-6-25	负责人	宫井亘		
主营业务	生产汽车零件、工业缝纫机、家用缝纫机、缝纫设备的精密配件组装。				

企业名称	星天具起动机（上海）有限公司				
企业地址	上海市松江大昆工业园区内（松江 995 号地块）（201614）				
投资总额	160 万 USD	电话	57855325	传真	57853477
设立日期	2002-6-24	负责人	原田亚夫		
主营业务	生产、组装以农林、新建新技术设备为主的各类引擎启动装置。				

企业名称	上海美科机械有限公司				
企业地址	上海市松江区佘山工业区吉业路 126 号（201602）				
投资总额	2980 万 USD	电话	63355500	传真	63355088
设立日期	2002-6-24	负责人	刘 泉		
主营业务	产品设计开发、生产机械产品、体育运动器材、家具。				

企业名称	上海格兰照明有限公司				
企业地址	上海市闵行区梅莲工业区莲花路规划 5 路口（201108）				
投资总额	50 万 USD	电话	64145837	传真	64136215
设立日期	2002-6-24	负责人	游世惠		
主营业务	设计、生产、销售各类灯具、消防用应急灯具等。				

企业名称	上海明进机械有限公司				
企业地址	上海市南汇区六灶镇新兴村（201322）				
投资总额	20 万 USD	电话	58168329	传真	58168281
设立日期	2002-6-18	负责人	金明准		
主营业务	生产数控金属带锯床及相关配件，销售公司自产产品。				

企业名称	上海元力工程机械有限公司				
企业地址	上海市金山区张漕公路 336 号（201507）				
投资总额	150 万 USD	电话	67256366	传真	67256368
设立日期	2002-6-18	负责人	赖志昌		
主营业务	起重搬运设备（除汽车起重机以外）、钢骨结构设备、机电仪器设备等。				

企业名称	摩根油膜轴承（上海）有限公司				
企业地址	上海市闵行区莘庄工业区 D2 地块申富路 369 号（201108）				
投资总额	500 万 USD	电话	34074733	传真	34073324
设立日期	2002-6-17	负责人	DANIEL M. MORGAN		
主营业务	生产油膜轴承，销售自产产品并提供相关技术服务。				

企业名称	上海嘉宝协力电子有限公司				
企业地址	上海市嘉定工业区叶城路 1630 号（201800）				
投资总额	250 万 USD	电话	69175120	传真	69178915
设立日期	2002-6-13	负责人	阎德松		
主营业务	生产深海集鱼灯、SP 玻壳、金属卤化灯等照明器具、灯用稳定器等。				

企业名称	上海莹辉照明科技有限公司				
企业地址	上海市青浦工业园区外青松公路 5500 号 107 室（201700）				
投资总额	1200 万 USD	电话	62166666	传真	62166753
设立日期	2002-6-12	负责人	徐志铭		
主营业务	生产节能灯管、灯具、电器开关、镇流器、稳压器、玻璃制品。				

企业名称	冠礼控制科技（上海）有限公司				
企业地址	上海市富特西一路 333 号长城大楼第二层 A1-2 部位（201200）				
投资总额	20 万 USD	电话	50323399	传真	50320887
设立日期	2002-6-10	负责人	洪英智		
主营业务	设计、生产气瓶柜、阀门箱和液体输送柜，销售自产产品。				

企业名称	上海川田特种螺钉制造有限公司				
企业地址	上海市闵行区老北翟路 4100 号（201107）				
投资总额	20 万 USD	电话	52210272	传真	63130562
设立日期	2002-6-5	负责人	黄耀鸿		
主营业务	生产各类紧固件，销售自产产品。				

企业名称	上海三品照明科技有限公司				
企业地址	上海市闵行区虹梅南路 3509 弄 298 号（201100）				
投资总额	40 万 USD	电话	54991062	传真	54991113
设立日期	2002-6-5	负责人	黄钦正		
主营业务	生产照明器具、稳定器、发光二极体及配件、LED 系统应用设计。				

企业名称	上海升扬工业设备有限公司				
企业地址	上海市浦东新区龚路公路 700 号 5 幢 101 室（201206）				
投资总额	20 万 USD	电话	58548695	传真	58548696
设立日期	2002-6-5	负责人	刘国勇		
主营业务	生产流体袋式过滤器、过滤袋，销售自产产品并提供售后服务。				

企业名称	大桥精密电子（上海）有限公司				
企业地址	上海市川沙路 4000 号王桥工业区 2 号地块 2 号厂房第一层（201200）				
投资总额	280 万 USD	电话	58382211	传真	58384111
设立日期	2002-6-5	负责人	古尾谷健		
主营业务	开发、设计、生产精密电子元器件，销售自产产品。				

企业名称	上海埃福梯自动化输送技术有限公司				
企业地址	上海市嘉定工业区胜辛路 1000 号（201821）				
投资总额	20 万 USD	电话	69169028	传真	69169050
设立日期	2002-6-4	负责人	GERHARD BRUBSDIN		
主营业务	生产工业输送设备，销售企业自产产品并提供售后服务。				

企业名称	上海钟辉电器成套设备有限公司				
企业地址	上海松江叶榭镇井凌桥村（201608）				
投资总额	20 万 USD	电话	57881330	传真	57887541
设立日期	2002-6-3	负责人	ZHONG DAVID		
主营业务	生产、制造电器开关箱、溶解设备、小方舱、针本、软塑料制品				

企业名称	上海宇意机械有限公司				
企业地址	上海市嘉定区徐行镇曹新路劳动路口（201809）				
投资总额	54 万 USD	电话	59946331	传真	59946270
设立日期	2002-5-31	负责人	王跃能		
主营业务	生产机械压力机、安全离合器，销售企业自产产品。				

企业名称	上海奥仑电机有限公司				
企业地址	上海青浦区朱家角工业园区（201713）				
投资总额	600 万 USD	电话	59243856	传真	59243880
设立日期	2002-5-31	负责人	朱世强		
主营业务	生产各种电动工具及交直流电机、串激电机及变种机种。				

企业名称	波立门特工程设备（上海）有限公司				
企业地址	上海市嘉定区新成路街道嘉罗公路 1591 号（201822）				
投资总额	20 万 USD	电话	59558090	传真	59558336
设立日期	2002-5-28	负责人	吉哈尔·普鲁门达		
主营业务	生产、组装用于铺缆、通讯施工工程及建筑物清洁的设备及相关零配件。				

企业名称	宇恒电控装置（上海）有限公司				
企业地址	上海市普陀区金沙江路 1340 弄 172 支弄 14 号 3 号楼底层东侧（200333）				
投资总额	80 万 USD	电话	52803633	传真	52803633
设立日期	2002-5-28	负责人	严继农		
主营业务	开发、研制、生产电动车辆电动控制系统零配件、整件及测试仪器。				

企业名称	艺莱灯饰（上海）有限公司				
企业地址	上海市闵行区银都路 1640 号（201108）				
投资总额	20 万 USD	电话	64965385	传真	64965861
设立日期	2002-5-26	负责人	GARNIER GILBERT LOUIS		
主营业务	加工、生产、销售灯罩材料及灯罩。				

企业名称	杰特必纺织机械系统（上海）有限公司				
企业地址	上海市外高桥保税区爱都路 390 号 30 号厂房 A 区底楼（200131）				
投资总额	20 万 USD	电话	50461200	传真	50462816
设立日期	2002-5-24	负责人	PATRICK STEVERLNCK		
主营业务	保税区内以纺织机械零部件为主的仓储、分拨、展示业务。				

企业名称	哈伯精密冷却设备（上海）有限公司				
企业地址	上海市松江加工区车墩镇配套区香亭路 1 号（201611）				
投资总额	70 万 USD	电话	57775787	传真	57775607
设立日期	2002-5-23	负责人	许文宪		
主营业务	生产精密机械用冷却装置。				

企业名称	上海公星机械有限公司				
企业地址	上海市嘉定区南翔镇宝翔路 425 号（201802）				
投资总额	30 万 USD	电话	69122415	传真	69122414
设立日期	2002-5-22	负责人	杨世哲		
主营业务	生产电力、通信及铁路线路之架空及地下装置器材及零配件。				

企业名称	卡世特机器零部件（上海）有限公司				
企业地址	上海市青浦区徐泾镇徐华路 68 号（201702）				
投资总额	20 万 USD	电话	59884372	传真	59884370
设立日期	2002-5-20	负责人	林明聪		
主营业务	生产油压机械零部件，销售公司自产产品。				

企业名称	汉唐电子（上海）有限公司				
企业地址	上海市闵行区宜山路 1618 号（201103）				
投资总额	30 万 USD	电话	64012468	传真	64012467
设立日期	2002-5-20	负责人	曹敏人		
主营业务	生产、销售数码温湿传感、特低湿电子干燥箱、无尘环境控制柜等。				

企业名称	上海势华电机制作有限公司				
企业地址	上海市虹漕路 421 号 67#1215 室（200233）				
投资总额	20 万 USD	电话	64320116	传真	64320118
设立日期	2002-5-16	负责人	甲山喜代志		
主营业务	生产制造焊接电源和激光焊接装置，涉及许可证经营的凭许可证经营。				

企业名称	上海禾瀚机电有限公司				
企业地址	上海市闵行区虹中路 699 号（201103）				
投资总额	28 万 USD	电话	64015436	传真	64015438
设立日期	2002-5-16	负责人	李颖科		
主营业务	生产、销售灯具、空调配件、监控设备，提供售后服务。				

企业名称	上海吉赛能源科技有限公司				
企业地址	上海市嘉定区招贤路 1280 号（201821）				
投资总额	2500 万 USD	电话	69523366	传真	69522932
设立日期	2002-5-15	负责人	杨清正		
主营业务	研究开发和生产聚合物锂离子电池、其他新型电池及相关的材料与器件。				

企业名称	上海帕卡机电配件有限公司				
企业地址	上海市松江区大昆工业园区（201614）				
投资总额	60 万 USD	电话	57855685	传真	57854201
设立日期	2002-5-15	负责人	石田宏一郎		
主营业务	空调隔音材、汽车隔音材、空调过滤器及工业精密清洗剂的制造。				

企业名称	上海昆中机械有限公司				
企业地址	上海市闵行区闵北工业区第五号地块（201107）				
投资总额	600 万 USD	电话	52261680	传真	52261670
设立日期	2002-5-13	负责人	关定国		
主营业务	设计、制造包装机械，销售自产产品及售后服务。				

企业名称	施乐百风机马达（上海）有限公司				
企业地址	上海市松江区泗泾镇高新科技工业园区高技路 299 号（201601）				
投资总额	60 万 USD	电话	57628784	传真	57628771
设立日期	2002-5-13	负责人	PETER FENKL		
主营业务	生产、销售电动马达、控制器、风机。				

企业名称	玛斯柯照明设备（上海）有限公司				
企业地址	上海市闵行区纪鹤路 505 弄 5 号（201107）				
投资总额	140 万 USD	电话	52961668	传真	52962818
设立日期	2002-5-10	负责人	JOE CROOKHAM		
主营业务	设计、加工、生产、销售灯具及相关的照明设备附件。				

企业名称	上海稽富比动力设备有限公司				
企业地址	上海市嘉定区马陆镇樊家村（201801）				
投资总额	114 万 USD	电话	69153541	传真	69153383
设立日期	2002-5-8	负责人	PAOLO CAMPINTI		
主营业务	生产发电机组（100 千瓦以下）、高压清洗机，销售企业自产产品。				

企业名称	写乐精密机械（上海）有限公司				
企业地址	上海市嘉定工业区胜辛路 998 号（201821）				
投资总额	28 万 USD	电话	69169770	传真	69169753
设立日期	2002-4-29	负责人	碓井初秋		
主营业务	生产自动机械手伺服装置及相关零部件，销售企业自产产品。				

企业名称	上海逸众电池有限公司				
企业地址	上海市松江工业区民益路 31 号（201612）				
投资总额	196 万 USD	电话	57686058	传真	57686623
设立日期	2002-4-28	负责人	区玉玲		
主营业务	生产加工各类锂离子电池以及零配件，并提供技术服务。				

企业名称	上海爱知锻造有限公司				
企业地址	上海市杨浦区翔殷路 1059 弄 10 号（200433）				
投资总额	2980 万 USD	电话	65506208	传真	65506206
设立日期	2002-4-26	负责人	沈建华		
主营业务	开发、生产各类汽车锻件和机械锻件，销售自产产品。				

企业名称	特思智能楼宇科技（上海）有限公司				
企业地址	上海市普陀区真南路 2548 号上海都市型工业园区 22 幢楼二（200331）				
投资总额	92 万 USD	电话	62097829	传真	62097101
设立日期	2002-4-26	负责人	OTTO SUFFNER		
主营业务	设计、生产敏感元器件及传感器、电力电子器件等自控及通讯器件。				

企业名称	上海屹华工具有限公司				
企业地址	上海市闵行区普乐路 208 号（201612）				
投资总额	112 万 USD	电话	64778085	传真	64778007
设立日期	2002-4-25	负责人	雷庄晖		
主营业务	生产、销售各类工具，五金制品，塑料制品，包装材料（不涉及印刷）。				

企业名称	贺加欣机电（上海）有限公司				
企业地址	上海市闵行区沪闵路 3458 弄 169 号（201108）				
投资总额	110 万 USD	电话	34074264	传真	34074260
设立日期	2002-4-25	负责人	裴俊豪		
主营业务	生产、销售高技术含量的特种工业缝纫机，新型机电元件。				

企业名称	罗托皮亚皮革机械（上海）有限公司				
企业地址	上海市嘉定区外冈镇沪宜公路 5945 弄外冈工业三区（201806）				
投资总额	42 万 USD	电话	69575350	传真	69575328
设立日期	2002-4-24	负责人	林京泰		
主营业务	生产皮革加工机械及相关零配件，销售企业自产产品。				

企业名称	仕盟包装科技（上海）有限公司				
企业地址	上海市青浦区徐泾镇诸光路 311 弄 11 号（201702）				
投资总额	30 万 USD	电话	59885680	传真	59885895
设立日期	2002-4-19	负责人	杨德明		
主营业务	开发、生产自动化包装机械及其零配件和配套塑料包装材料。				

企业名称	上海丰禾液压制品有限公司				
企业地址	上海市园新路 185 号（200436）				
投资总额	60 万 USD	电话	36160126	传真	36161689
设立日期	2002-4-18	负责人	孙树国		
主营业务	生产汽车用柴油机燃油泵、比例伺服液压制品，销售自产产品。				

企业名称	上海盛艾尔浦环保工程设备有限公司				
企业地址	上海市浦东新区金桥路 527 号 205 室（200129）				
投资总额	120 万 USD	电话	68535468	传真	68535466
设立日期	2002-4-18	负责人	熊天渝		
主营业务	烟（燃）气净化工程的设备设计、制造、安装、调试和维护。				

企业名称	上海宫原机械有限公司				
企业地址	上海市闵行区虹梅南路 3855 弄 78 号（201108）				
投资总额	180 万 USD	电话	54402654	传真	54402649
设立日期	2002-4-17	负责人	宫原一也		
主营业务	生产柴油机零部件、内燃机零部件、牵引装置零部件，销售自产产品。				

企业名称	世乐五金配件（上海）有限公司				
企业地址	上海外高桥保税区富特西一路 381 号 A1 楼第三层 D 部位（200131）				
投资总额	30 万 USD	电话	58681481	传真	58681479
设立日期	2002-4-12	负责人	SY.BOR MR		
主营业务	保税区内生产加工五金配件、电子门锁等各类锁具，销售自产产品。				

企业名称	圣采（上海）电子连接线材有限公司				
企业地址	上海市浦东新区沪南路 2178 号 B－1 室（201204）				
投资总额	200 万 USD	电话	68938458	传真	68938452
设立日期	2002-4-10	负责人	王玉梅		
主营业务	开发、生产多头并线、扁线、绞线、编织线、各式合金线。				

企业名称	上海小山紧固件有限公司				
企业地址	上海外高桥保税区泰谷路 213 号第三层 B1 部位（200131）				
投资总额	20 万 USD	电话	58680163	传真	58680165
设立日期	2002-4-9	负责人	小山真一		
主营业务	保税区内以金属紧固件、工厂用设备、备品为主的仓储、分拨业务展示。				

企业名称	上海三德·七纺机纺织机械有限公司				
企业地址	上海市周家嘴路 2809 号（200093）				
投资总额	82 万 USD	电话	65706835	传真	65706857
设立日期	2002-4-8	负责人	蒋久霖		
主营业务	设计、生产新型热定型机、电脑织袜机及零部件、销售自产产品。				

企业名称	日旭精密机械（上海）有限公司				
企业地址	上海外高桥保税区泰谷路 213 号第二层 B1 部位（200131）				
投资总额	20 万 USD	电话	58681388	传真	58681726
设立日期	2002-4-1	负责人	樱井薰		
主营业务	保税区内以各类密封件、精密机械及配套零部件为主的仓储、分拨。				

企业名称	上海久巧机电有限公司				
企业地址	上海市嘉定区黄渡镇曹安路 3985 号（201804）				
投资总额	78 万 USD	电话	69590756	传真	69590795
设立日期	2002-3-29	负责人	尤文达		
主营业务	生产电梯零部件及五金加工，销售企业自产产品。				

企业名称	上海钜力虎机电系统有限公司				
企业地址	上海松江高新技术园区玉佳西路 74 号（201600）				
投资总额	70 万 USD	电话	67725555	传真	67728148
设立日期	2002-3-27	负责人	邓连钦		
主营业务	设计、生产五轴以上数控系统、伺服装置、数控机床、工业用机器人。				

企业名称	启特动力（上海）有限公司				
企业地址	上海市浦东康桥工业区康花路（201315）				
投资总额	1000万USD	电　话	68192668	传　真	68192669
设立日期	2002-3-27	负责人	吴志坚		
主营业务	生产、加工车用传动与驱动控制系统、车用电源系统、车用电机。				

企业名称	萨克米（上海）机械贸易有限公司				
企业地址	上海市外高桥保税区华京路461号39号楼第一层C部位（200131）				
投资总额	43万USD	电　话	50460860	传　真	50462729
设立日期	2002-3-26	负责人	MAURO MASINI		
主营业务	保税区内以机械、零部件为主的仓储、分拨和展示业务及相关技术培训。				

企业名称	联钢紧固系统（上海）有限公司				
企业地址	上海市嘉定工业区马陆园区德立路358号（201801）				
投资总额	1000万USD	电　话	59106654	传　真	59103399
设立日期	2002-3-25	负责人	卓美荣		
主营业务	生产制造汽车专用高强度紧固件，销售企业自产产品。				

企业名称	上海锋馥输送机械有限公司				
企业地址	上海市奉贤区胡桥镇庄胡路2918号（201417）				
投资总额	30万USD	电　话	57458997	传　真	57451667
设立日期	2002-3-21	负责人	刘承翰		
主营业务	各种工程自动化流水线、仓储设备、物流设备、机械手臂。				

企业名称	朗德电子科技（上海）有限公司				
企业地址	上海市浦东新区机场镇亭塘路175号（201202）				
投资总额	30万USD	电　话	68738400	传　真	68738650
设立日期	2002-3-21	负责人	施长明		
主营业务	设计、生产电容器，销售自产产品并提供相关技术咨询服务。				

企业名称	上海爱铝美克斯工程设备有限公司				
企业地址	上海市松江区车墩镇四娄村（松江三浜实业公司内）（201611）				
投资总额	35万USD	电　话	57609383	传　真	57609628
设立日期	2002-3-15	负责人	柳下清一		
主营业务	设计、生产、加工电子专用设备、表面处理设备、环保设备。				

企业名称	上海恩艾思电气有限公司				
企业地址	上海市浦东新区牡丹路60号409室（201204）				
投资总额	30万USD	电　话	58584430	传　真	58584332
设立日期	2002-3-15	负责人	程　婷		
主营业务	设计、生产配电板及监测设备，销售自产产品，并提供相关技术咨询。				

企业名称	瑞拓电气（上海）有限公司				
企业地址	上海市闵行区莘庄工业区华宁路4018弄58号8号房（201108）				
投资总额	73万USD	电　话	64892477	传　真	64892487
设立日期	2002-3-14	负责人	ANDREAS LUDWING		
主营业务	设计、开发、制造、销售汽车及家用电器零部件，提供相关的售后服务。				

企业名称	上海坪山空调有限公司				
企业地址	上海市松江工业区宝胜支路B区1号厂房（201613）				
投资总额	20万USD	电　话	57746975	传　真	57746977
设立日期	2002-3-11	负责人	柳在润		
主营业务	生产、加工车用空调器、汽车滤清器、空压机、离合器、汽车蒸发器。				

企业名称	上海索沃机电工程有限公司				
企业地址	上海市闵行区浦江镇三鲁路4号桥/陈行公路1985号（201114）				
投资总额	70万USD	电　话	54640107	传　真	54640107
设立日期	2002-3-5	负责人	崔沿革		
主营业务	大型工矿企业电气和机械设备的检修、调试、维修与工程技术服务。				

企业名称	星客液压动力设备（上海）有限公司				
企业地址	上海市闵行区华漕镇吴漕路855号（201106）				
投资总额	20万USD	电　话	52232967	传　真	52232972
设立日期	2002-2-25	负责人	MAN LIN ZHOU		
主营业务	生产、销售油压泵、油压马达、油压过滤机及相关阀门，提供售后服务。				

企业名称	液化空气（上海浦东新区）有限公司				
企业地址	上海市张江高科技园区郭守敬路351号2号楼620－8室（201203）				
投资总额	1340万USD	电　话	64851712	传　真	64851897
设立日期	2002-2-25	负责人	夏华雄		
主营业务	各种超纯气体、工业气体、电子特气和混合气体，销售自产产品。				

企业名称	上海银得马机械设备有限公司				
企业地址	上海市松江区永丰街道玉佳路25号（201600）				
投资总额	100万USD	电　话	54157429	传　真	54156605
设立日期	2002-2-22	负责人	徐朝堂		
主营业务	开发、设计生产印花机以及辅助设备（暖道工程设备、环保设备）。				

企业名称	沃尔沃建筑设备（中国）有限公司				
企业地址	上海市浦东新区金京路2045号（201206）				
投资总额	2400万USD	电　话	63352047	传　真	63352003
设立日期	2002-2-21	负责人	KEITH JOHN ELLIS		
主营业务	研究、开发、生产建筑工程机械设备零部件，销售自产产品。				

企业名称	通用电气（中国）研究开发中心有限公司				
企业地址	上海市张江高科技园区蔡伦路1800号（201203）				
投资总额	2900万USD	电　话	50504666	传　真	50807278
设立日期	2002-2-6	负责人	STEVEN J SCHNEIDER		
主营业务	从事材料、信息、制造、电气、电子及光电子等科学技术的研究和开发。				

企业名称	大稻程机电设备（上海）有限公司				
企业地址	上海市闵行区华漕镇北青路1468号（201107）				
投资总额	20万USD	电　话	62212626	传　真	62216245
设立日期	2002-2-4	负责人	陈秀娥		
主营业务	生产、销售微型发电机、电源切换柜、并联柜以及上述产品的零配件。				

企业名称	戴瑞米克（上海）电池隔膜有限公司				
企业地址	上海外高桥保税区泰谷路207号三层11部位(200131)				
投资总额	40万USD	电　话	50671925	传　真	50672190
设立日期	2002-1-31	负责人	FRANK NASISI		
主营业务	保税区内电池隔膜的加工、组装及自产产品的销售。				

企业名称	上海华升富士达扶梯有限公司				
企业地址	上海市闵行区朱莘路1188号（201100）				
投资总额	1560万USD	电　话	54302988	传　真	54303988
设立日期	2002-1-24	负责人	李延麟		
主营业务	设计、生产自动扶梯、自动人行道、立体停车设备和电梯零部件。				

企业名称	大益齿轮机械（上海）有限公司				
企业地址	上海市嘉定区马陆镇樊家村（201801）				
投资总额	85万USD	电　话	69156568	传　真	69156310
设立日期	2002-1-20	负责人	陈明禄		
主营业务	生产精密齿轮、制动器总成和机械设备之相关传动配件。				

企业名称	上海浦东汉威阀门有限公司				
企业地址	上海市浦东新区机场镇航股路245号（201202）				
投资总额	250万USD	电　话	68783960	传　真	68783962
设立日期	2002-1-10	负责人	王志明		
主营业务	生产各类高中压阀门、高科技特种阀门及管路附件，销售自产产品。				

企业名称	长进包装设备（上海）有限公司				
企业地址	上海市松江区新桥镇春申村申北五路八号一幢（201612）				
投资总额	40万USD	电　话	67649003	传　真	67649193
设立日期	2002-1-8	负责人	长保行		
主营业务	设计、生产、加工各种包装设备，销售自产产品。				

企业名称	特丝机电产品（上海）有限公司				
企业地址	上海市保税区爱都路390号30号厂房D部位（200131）				
投资总额	20万USD	电　话	50643496	传　真	50642524
设立日期	2002-1-8	负责人	G.J.L.VAN.DE.KERKHOF		
主营业务	开发、制造、加工机械零部件及机电模板，销售自产产品。				

企业名称	上海哲明五金制品有限公司				
企业地址	上海市闵行区华中路168号（201101）				
投资总额	20万USD	电　话	64195538	传　真	64193185
设立日期	2002-1-5	负责人	詹明哲		
主营业务	生产、销售各类阀门、调压器、气容器、家用金属制品。				

企业名称	耐螺扣紧固件（上海）有限公司				
企业地址	上海市闵行区莘庄工业区颛盛路569号6号厂房（201108）				
投资总额	107万USD	电　话	64420011	传　真	64420022
设立日期	2002-1-4	负责人	三宅泰二		
主营业务	生产、销售、加工汽车专用高强度紧固件。				

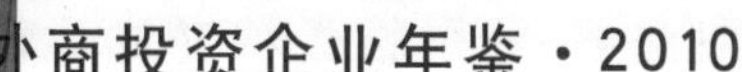

制造业－专用设备和交通运输设备制造业

企业名称	上海全通诺特通信技术有限公司				
企业地址	上海市浦东新区民生路 1403 号 1109 室（200127）				
投资总额	300 万 USD	电　话	33927568	传　真	33927569
设立日期	2009-12-23	负责人	陈元明		
主营业务	无线通信、卫星通信和有线通信产品、设备的研发。				

企业名称	精文世嘉（上海）有限公司				
企业地址	上海市外高桥保税区泰谷路 207 号二层 H2 部位（200131）				
投资总额	1470 万 USD	电　话	58692756	传　真	
设立日期	2009-12-23	负责人	周澍钢		
主营业务	游艺机、游戏机、模拟机、玩具的设计开发、生产。				

企业名称	明绚新能源技术（上海）有限公司				
企业地址	上海市闵行区新骏环路 189 号 C106 室（201112）				
投资总额	18 万 USD	电　话	34637660	传　真	
设立日期	2009-12-22	负责人	徐性怡		
主营业务	开发汽车电子、电力电子、电机控制、机电一体化等新能源技术。				

企业名称	奥的亮（上海）照明设备有限公司				
企业地址	上海市普陀区中江路 879 弄 22 号 3－4 楼（200333）				
投资总额	150 万 USD	电　话	52657725	传　真	52657726
设立日期	2009-12-22	负责人	朱一夫		
主营业务	各种 LED 光源、灯具、光电显示器、发光灯板的研发、制造。				

企业名称	上海法福克工程机械制造有限公司				
企业地址	上海市闵行区丽江路 1 号 144、145 幢（200245）				
投资总额	264 万 USD	电　话	54705990	传　真	
设立日期	2009-12-18	负责人	DORDOY BRIAN WILLIAM		
主营业务	生产各类起重机及其钢结构件，销售和租赁自产产品。				

企业名称	新柯隆真空机械（上海）有限公司				
企业地址	上海市桂平路 471 号 9 号楼 1 楼 A 座（200233）				
投资总额	40 万 USD	电　话	62350917	传　真	59130369
设立日期	2009-12-16	负责人	成田正哉		
主营业务	真空设备及其零部件、真空镀膜电子光学零部件的生产。				

企业名称	西克玛（上海）复合材料有限公司				
企业地址	上海市金山区枫泾镇环东一路 65 弄 1 号底层（201501）				
投资总额	105 万 USD	电　话	67355987	传　真	67355986
设立日期	2009-12-11	负责人	TOLSON SCOTT JUSTIN		
主营业务	研究、开发、设计、生产碳/碳复合材料及其制品，销售公司自产产品。				

企业名称	发柏（上海）机械有限公司				
企业地址	上海市奉贤区肖湾路 318 号 7 幢 128 室（201400）				
投资总额	60 万 USD	电　话	37566608	传　真	37566730
设立日期	2009-12-9	负责人	JOACIM ALVAR NICLAS JOHANSSON		
主营业务	生产牛奶包装机械、石油勘探设备及其机械零部件，销售公司自产产品。				

企业名称	柯林斯液压设备（上海）有限公司				
企业地址	上海市普陀区敦煌路 358 号 2 号楼二楼 C 区（200331）				
投资总额	14 万 USD	电　话	57887730	传　真	23010241
设立日期	2009-12-7	负责人	刘冬艳		
主营业务	工业过滤、分离，移动过滤装置、液压设备的生产加工。				

企业名称	上海诺轮自行车有限公司				
企业地址	上海市青浦工业园区崧煌路 580 号 7 幢南侧厂房（201700）				
投资总额	100 万 USD	电　话		传　真	
设立日期	2009-12-4	负责人	李见隆		
主营业务	生产、加工自行车，销售公司自产产品。				

企业名称	德尔青微涂层（上海）有限公司				
企业地址	上海市青浦工业园区崧泽大道 8618 号 5 号楼 A（201707）				
投资总额	30 万 USD	电　话	69211068	传　真	69211070
设立日期	2009-12-2	负责人	FEI YIN		
主营业务	从事金属表面防腐蚀成膜加工。				

企业名称	科控工业自动化设备（上海）有限公司				
企业地址	上海市闵行区新骏环路 188 号 15 幢 101 室（201112）				
投资总额	40 万 USD	电　话	34637166	传　真	
设立日期	2009-12-2	负责人	JOUMLRG TITTES		
主营业务	开发机械设备制造领域的操控及驱动技术，系统集成[illegible]				

企业名称	力仓风力设备（上海）有限公司				
企业地址	上海市浦东新区惠南镇园中路 588 号 6、7 号厂房（201300）				
投资总额	800 万 USD	电　话	51301999	传　真	51301883
设立日期	2009-12-1	负责人	张锦田		
主营业务	设计、生产、销售大型风电机组叶片。				

企业名称	福蓝齐机械设备（上海）有限公司				
企业地址	上海市浦东新区三灶工业园宣春路 162 号（200137）				
投资总额	16 万 USD	电　话	50307319	传　真	50307283
设立日期	2009-11-30	负责人	DANIEL PHELPS FRENCH		
主营业务	橡胶和塑料加工设备、榨油机及相关零部件的制造，销售自产产品。				

企业名称	樱研犬塚机场设备（上海）有限公司				
企业地址	上海市嘉定区南翔镇蕰北公路 1755 弄 19 号 101 室（201802）				
投资总额	44 万 USD	电　话		传　真	
设立日期	2009-11-26	负责人	周　敏		
主营业务	组装机场用运输设备，销售本公司自产产品并提供售后服务。				

企业名称	卡耐尔（上海）企业发展有限公司				
企业地址	上海市宝山区春和路 588 号 205 室（200942）				
投资总额	146 万 USD	电　话	50904471	传　真	
设立日期	2009-11-25	负责人	王雪飞		
主营业务	混凝土外加剂、化学建材的科研开发、生产及物流配送，销售自产产品。				

企业名称	上海旭恒欣卡机械制造有限公司				
企业地址	上海市嘉定区安亭镇泰顺路 1125 号第 2 幢 A 区（201805）				
投资总额	50 万 USD	电　话	59502481	传　真	59502492
设立日期	2009-11-23	负责人	郑　骅		
主营业务	生产纸品加工机械及零配件，销售本公司自产产品。				

企业名称	双一精密机械设备（上海）有限公司				
企业地址	上海市嘉定区南翔镇翔江公路 755 号第 2 幢第 1 层（201800）				
投资总额	14 万 USD	电　话	39926418	传　真	
设立日期	2009-11-23	负责人	NG THIAM LYE		
主营业务	设计、生产加工精密模具、高档五金件、新型电子元器件及配件。				

企业名称	西博德石油设备（上海）有限公司				
企业地址	上海市青浦工业园区天盈路 98 号 2 幢厂房（201700）				
投资总额	38 万 USD	电　话	69225055	传　真	69225058
设立日期	2009-11-19	负责人	RICHARD THOMAS SCHMIDT		
主营业务	油田设备及零部件的商业性检验、加工、组装和测试，销售自产产品。				

企业名称	上海德霄精密机械有限公司				
企业地址	上海市松江区民强路 301 号第 6 幢厂房（201600）				
投资总额	14 万 USD	电　话	57649075	传　真	57649076
设立日期	2009-11-18	负责人	萧广义		
主营业务	生产、加工机械设备及其零部件，销售公司自产产品。				

企业名称	上海欧贝派蒂森窗帘制品有限公司				
企业地址	上海市奉贤区青村镇奉永路 515 号 2 幢 1 车间（201400）				
投资总额	15 万 USD	电　话	57564576	传　真	57567547
设立日期	2009-11-17	负责人	伊力亚尔		
主营业务	生产窗帘及相关配件，销售公司自产产品。				

企业名称	上海天汉石油装备有限公司				
企业地址	上海市金山工业区通业路 218 号 5 幢 5 区（201506）				
投资总额	903 万 USD	电　话	66056116	传　真	
设立日期	2009-11-17	负责人	王得刚		
主营业务	设计、研发、生产石油装备领域内的特种陶瓷制品及机械部件。				

企业名称	上海瑞合宠物用品有限公司				
企业地址	上海市金山工业区亭卫公路 6383 号 2 幢（201506）				
投资总额	417 万 USD	电　话	57276666	传　真	
设立日期	2009-11-17	负责人	许　璟		
主营业务	生产、加工宠物用品、饲料。				

企业名称	安融能源技术（上海）有限公司				
企业地址	上海市浦东新区惠南镇汇成路 530 号 7 幢（201300）				
投资总额	40 万 USD	电　话	52287590	传　真	52286173
设立日期	2009-11-16	负责人	TORE FJUKSTAD		
主营业务	开发、设计、生产空气净化、温度、湿度、通风等设备及系统。				

企业名称	开玛标识技术（上海）有限公司				
企业地址	上海市外高桥保税区希雅路 55 号 12 号楼第 4 层 A 部位（200131）				
投资总额	10 万 USD	电　话	50460001	传　真	
设立日期	2009-11-10	负 责 人	霍云翔		
主营业务	标识材料、粘胶、色带的研发、制造、销售自产产品。				

企业名称	东罐机械（上海）有限公司				
企业地址	上海市奉贤区沪杭公路 755 号 7 幢（201400）				
投资总额	77 万 USD	电　话	57435744	传　真	57435788
设立日期	2009-11-10	负 责 人	岸本达夫		
主营业务	开发、生产、组装机械设备、机械部件及电气机械，销售公司自产产品。				

企业名称	阿莫西乐微孔薄膜（上海）有限公司				
企业地址	上海市嘉定区安亭镇曹安公路 4514 弄 2 号第 1 幢 A 区（201804）				
投资总额	98 万 USD	电　话	69592871	传　真	69592872
设立日期	2009-11-3	负 责 人	吕景明		
主营业务	研发、生产微孔薄膜制品、环保用无机膜、蓄电池零件。				

企业名称	欧陆检测技术服务（上海）有限公司				
企业地址	上海市江场西路 395 号 701 室（200436）				
投资总额	266 万 USD	电　话	61819108	传　真	66319200
设立日期	2009-11-2	负 责 人	QIN SHUHAN		
主营业务	从事电子电器、机械设备、五金工具、纺织品、玩具、家具的质量检测。				

企业名称	上海美纳德建筑设计有限公司				
企业地址	上海市嘉定区嘉定镇清河路 160 号第 2 幢 106 室（201800）				
投资总额	44 万 USD	电　话	61405813	传　真	
设立日期	2009-10-26	负 责 人	张素花		
主营业务	建筑工程设计及相关咨询。				

企业名称	上海新森浩印染机械有限公司				
企业地址	上海市奉贤区奉城镇洪南村五组（201411）				
投资总额	15 万 USD	电　话	57136000	传　真	57134858
设立日期	2009-10-26	负 责 人	乐逸涛		
主营业务	生产印染机械、纺织机械、非标设备、机械配件、冷作钣金。				

企业名称	维图菲（上海）液压设备有限公司				
企业地址	上海市普陀区敦煌路 358 号 2 号楼底楼 A 区（200331）				
投资总额	20 万 USD	电　话	61454717	传　真	61454716
设立日期	2009-10-23	负 责 人	孙士峰		
主营业务	工业过滤、分离、移动过滤装置、离心式净油器的生产加工。				

企业名称	上海罗特维尔喷码技术有限公司				
企业地址	上海市浦东新区金桥出口加工区宁桥路 999 号 T15-2-3F（201206）				
投资总额	29 万 USD	电　话	58348225	传　真	58348193
设立日期	2009-10-23	负 责 人	WONG FRANCISCO LEE		
主营业务	生产电子产品、食品包装机械、自动数据处理的喷码设备及零配件。				

企业名称	上海加英建筑节能技术有限公司				
企业地址	上海市宝山城市工业园区真陈路 1355 号－2（200444）				
投资总额	14 万 USD	电　话	36160736	传　真	
设立日期	2009-10-21	负 责 人	NICHOLAS ANDREW ASARO		
主营业务	从事聚氨脂建筑材料及其原辅材料的研发、生产，销售自产产品。				

企业名称	森莱特机械（上海）有限公司				
企业地址	上海市天目中路 267 号 101-06 室（200071）				
投资总额	17 万 USD	电　话	51015822	传　真	
设立日期	2009-10-16	负 责 人	吴安和		
主营业务	机械设备的生产加工。				

企业名称	亿添视频技术（上海）有限公司				
企业地址	上海市宜山路 900 号 B 楼 16 层 B 区（200233）				
投资总额	1200 万 USD	电　话	64396829	传　真	
设立日期	2009-9-28	负 责 人	吕　品		
主营业务	研究、开发、设计、委托生产音视频及数据的传输、接收及录制设备。				

企业名称	上海永阶装饰材料有限公司				
企业地址	上海市松江区九亭镇涞寅路 1881 号 5 幢 1 楼（201615）				
投资总额	14 万 USD	电　话	69110818	传　真	69112735
设立日期	2009-9-27	负 责 人	范正仁		
主营业务	生产加工灯箱、灯箱布、离型纸、不干胶、PVC 胶带、有机玻璃。				

企业名称	上海翔燕包装制品有限公司				
企业地址	上海市松江区施惠路 259 号 4 幢（201613）				
投资总额	20 万 USD	电　话	67741646	传　真	
设立日期	2009-9-25	负 责 人	石川宗一郎		
主营业务	生产、加工包装用纸制品、塑料制品、纺织制品、无纺布制品。				

企业名称	上海奇绩传动技术有限公司				
企业地址	上海市闵行区中春路 4999 号 1169 室（201108）				
投资总额	150 万 USD	电　话	54172365	传　真	
设立日期	2009-9-25	负 责 人	郑文钦		
主营业务	开发、设计驱动机，销售开发、设计成果。				

企业名称	西屋港能企业（上海）有限公司				
企业地址	上海市奉贤区环城东路 383 号 3023 室（201400）				
投资总额	645 万 USD	电　话	37565819	传　真	
设立日期	2009-9-22	负 责 人	龚春其		
主营业务	生产高低压成套开关设备、高低压断路器、防爆电器设备。				

企业名称	莱歌研磨机械制造（上海）有限公司				
企业地址	上海市宝山区石太路 1657 号二号厂房（200949）				
投资总额	112 万 USD	电　话	53853366	传　真	53853386
设立日期	2009-9-18	负 责 人	DR. JOACHIM KIRCHMANN		
主营业务	设计、生产研磨机械设备及其零部件，销售自产产品。				

企业名称	乌姆哈丁救生设备技术服务（上海）有限公司				
企业地址	上海市浦东新区园顺路 8 号 1 号单层厂房（201300）				
投资总额	15 万 USD	电　话	58309503	传　真	58309513
设立日期	2009-9-15	负 责 人	OVEROSSLAND		
主营业务	从事船舶救生设备的保养与维修，相关零部件的批发。				

企业名称	上海伟盟环保材料有限公司				
企业地址	上海市松江区辰花路 388 号 1F（201600）				
投资总额	88 万 USD	电　话	57677898	传　真	57677201
设立日期	2009-9-11	负 责 人	赖建志		
主营业务	生产、加工环保材料及纸张，销售公司自产产品。				

企业名称	海装机械（上海）有限公司				
企业地址	上海市金山区枫泾镇兴坊路 565 号 3 幢 118 室（201502）				
投资总额	200 万 USD	电　话	31260175	传　真	
设立日期	2009-9-11	负 责 人	陈晓华		
主营业务	船用机械设备、工程机械设备（除特种设备）的生产、加工、维修。				

企业名称	上海伟速达汽车门禁安全系统有限公司				
企业地址	上海市浦东新区张杨北路 5509 号 906 室（200137）				
投资总额	20 万 USD	电　话	68660003	传　真	
设立日期	2009-9-10	负 责 人	VLADISLAV HERMANN		
主营业务	汽车门禁安全系统及配套零部件的设计，以及配套软件的设计。				

企业名称	那宇机械设计（上海）有限公司				
企业地址	上海市闵行区伊犁南路 111 号 1701 室-18（201103）				
投资总额	40 万 USD	电　话	51566161	传　真	
设立日期	2009-9-2	负 责 人	李载明		
主营业务	提供钢铁制链机械设备安装的设计方案并提供相关的技术咨询服务。				

企业名称	上海敬禾汽车零部件有限公司				
企业地址	上海市青浦工业园区盈秀路 253 号 3 幢厂房（201700）				
投资总额	50 万 USD	电　话	59209227	传　真	59209237
设立日期	2009-9-2	负 责 人	林玮宣		
主营业务	生产、加工汽车零部件、五金配件，销售公司自产产品。				

企业名称	理想能源设备（上海）有限公司				
企业地址	上海市张江高科技园区居里路 1 号 1（2）幢（201203）				
投资总额	1000 万 USD	电　话	50271606	传　真	
设立日期	2009-8-28	负 责 人	南存辉		
主营业务	非晶/微晶薄膜太阳能电池生产专用设备的研究、开发、设计。				

企业名称	天马日盛（上海）机械设备有限公司				
企业地址	上海市宝山区沪樊路 53 号 4 幢（200949）				
投资总额	28 万 USD	电　话	56878395	传　真	56878397
设立日期	2009-8-28	负 责 人	AUGUSTO GABELLONI		
主营业务	研发、生产、组装空气压缩机、空气压缩机主机及部件，销售自产产品。				

企业名称	东海立邦仓储（上海）有限公司				
企业地址	上海市虹口区唐山路 216 号 9 幢 4 楼 417 室（200082）				
投资总额	15 万 USD	电话	51274087	传真	
设立日期	2009-8-26	负责人	生田泰穗		
主营业务	研究开发货物仓储管理系统，提供相关的信息处理服务和咨询业务。				

企业名称	诺德美克（上海）机械有限公司				
企业地址	上海市浦东新区川沙路 6999 号 A 区 9 号厂房（201206）				
投资总额	49 万 USD	电话	58599800	传真	58598955
设立日期	2009-8-26	负责人	ALFREDO CERCIELLO		
主营业务	复合机械及配件的制造，销售自产产品。				

企业名称	万豪（上海）户外用品有限公司				
企业地址	上海市松江区玉阳路 838 弄 20 号（201600）				
投资总额	14 万 USD	电话	61538055	传真	61538055
设立日期	2009-8-25	负责人	MASOUD MAFI		
主营业务	生产加工户外用品、烧烤设备及配件，供热通风及空调工程的设备。				

企业名称	伊维氏传动系统（上海）有限公司				
企业地址	上海市浦东新区六灶镇鹿吉路 369 号 8 号厂房（201300）				
投资总额	100 万 USD	电话	28986389	传真	
设立日期	2009-8-20	负责人	MARTIN HANS KOHN		
主营业务	设计、开发、生产发动机牵引力控制系统、正时系统。				

企业名称	上海科禄格维德通风设备有限公司				
企业地址	上海市嘉定区安亭镇园国路 500 号 1 幢第 1 层 E 区（201805）				
投资总额	15 万 USD	电话	69573266	传真	
设立日期	2009-8-19	负责人	YANG CHING FU		
主营业务	生产风机及其配件，销售本公司自产产品并提供售后服务。				

企业名称	上海兴桥汽车零部件有限公司				
企业地址	上海宝山城市工业园区真陈路 1355 号-1（200444）				
投资总额	266 万 USD	电话	50130284	传真	
设立日期	2009-8-18	负责人	谢锦助		
主营业务	机动车辆内装饰件的制造、安装。				

企业名称	新盟和（上海）精密机械有限公司				
企业地址	上海市闵行区纪翟路 1199 弄 7 号 1 楼 D 区（201106）				
投资总额	37 万 USD	电话	52962966	传真	52962970
设立日期	2009-8-17	负责人	松冈正亲		
主营业务	生产、开发机械设备及其零部件，销售自产产品。				

企业名称	上海泰极传动机械有限公司				
企业地址	上海市奉贤区金汇镇工业路 555 号 2 号楼 1 车间（201404）				
投资总额	50 万 USD	电话	56096727	传真	56096727
设立日期	2009-8-13	负责人	FRANCISCO LUCAS MORATA		
主营业务	生产传动机械、太阳能发电设备、工程机械设备及相关配件。				

企业名称	雄安（上海）舞台工程有限公司				
企业地址	上海市虹口区物华路 58 号 2 楼 268 室（200086）				
投资总额	16 万 USD	电话	61513985	传真	
设立日期	2009-8-12	负责人	CHEW ANN KWEE		
主营业务	剧场、戏院及其他演出场所规划咨询，提供舞台设计。				

企业名称	钧耀（上海）通信技术有限公司				
企业地址	上海市浦东新区金唐路 145 号 3 号 3 层（201203）				
投资总额	100 万 USD	电话		传真	
设立日期	2009-8-11	负责人	张玉斌		
主营业务	研发无线通讯产品零配件，开发设计通讯软件，销售自产产品。				

企业名称	沙伯基础（中国）研发有限公司				
企业地址	上海市南汇区康桥镇创业路 369 弄 1_68 号 3 幢第 2 层（201319）				
投资总额	4300 万 USD	电话	38617216	传真	
设立日期	2009-8-10	负责人	AHMED MOHAMMED K.AL UMAR		
主营业务	从事塑料产品、化工产品及其原材料的研究、开发。				

企业名称	博太科防爆设备（上海）有限公司				
企业地址	上海市闵行区浦江高科技园区新骏环路 188 号 7 号楼 101、401(201112)				
投资总额	168 万 USD	电话	53560100	传真	53085900
设立日期	2009-8-7	负责人	DR.ANJOU HORST RALF APPELT		
主营业务	设计、加工、生产、组装防爆设备，电伴热设备。				

企业名称	维汉质量检测（上海）有限公司				
企业地址	上海市崇明县庙镇窑桥村社南 780 号 2 幢 175 室（202153）				
投资总额	8 万 USD	电话	51920692	传真	
设立日期	2009-8-6	负责人	NABIL BIN ABD JALIL		
主营业务	提供普通机械设备、石油设备、电子电器产品的质量检验。				

企业名称	盟诺机械（上海）有限公司				
企业地址	上海市松江区民强路 1235 号 2 号楼（201600）				
投资总额	200 万 USD	电话	57686328	传真	57686769
设立日期	2009-7-30	负责人	STEPHEN JAMES KLOTZ		
主营业务	汽车工业及其他工业塑料零配件和自动化工业设备的研发、制造。				

企业名称	戴尔塔油品技术服务（上海）有限公司				
企业地址	上海市浦东新区浦东南路 999 号新梅联合广场 16B 室（200120）				
投资总额	100 万 USD	电话	60893886	传真	60893931
设立日期	2009-7-28	负责人	纪鹏辉		
主营业务	提供石油制品使用、储存、运输技术服务。				

企业名称	上海香榭太阳能设备有限公司				
企业地址	上海市松江区文翔路 142 号 19 幢二层（201620）				
投资总额	1000 万 USD	电话	37621195	传真	
设立日期	2009-7-27	负责人	黄春弟		
主营业务	加工、生产太阳能集热器，太阳能取暖设备及其他太阳能设备。				

企业名称	帝特汽车技术（上海）有限公司				
企业地址	上海市张江高科技园区金科路 2966 号 1 幢北楼 408 室（201203）				
投资总额	15 万 USD	电话	50791548	传真	
设立日期	2009-7-24	负责人	李广骏		
主营业务	汽车整车及零部件设计，自有技术转让；计算机工程软件设计、研发。				

企业名称	上海柯茂机械有限公司				
企业地址	上海市金山区枫泾镇亭枫公路 8289 号 7 幢（201501）				
投资总额	293 万 USD	电话	67353162	传真	67353163
设立日期	2009-7-23	负责人	余昱暄		
主营业务	离心式压缩机、离心式冷水机组、气体压缩机的研发、生产。				

企业名称	迪斯曼瀚斯陶瓷材料（上海）有限公司				
企业地址	上海市嘉定区南翔镇惠申路 83 号第 1 层（201802）				
投资总额	14 万 USD	电话	61677311	传真	61677311
设立日期	2009-7-21	负责人	CLEMENS CLAUS HENSEL		
主营业务	汽车三元催化器陶瓷载体回收加工。				

企业名称	埃驰（上海）汽车零部件技术有限公司				
企业地址	上海市浦东新区龙阳路 2277 号 25 层 01 单元（201204）				
投资总额	16 万 USD	电话	50302766	传真	
设立日期	2009-7-21	负责人	GANDHE, GAJANAN VITHAL		
主营业务	汽车内饰及相关配套件的设计，自有技术成果的转让。				

企业名称	上海浦星汽车部件有限公司				
企业地址	上海市闵行区三鲁公路 3585 号 1 幢 A1 底层（201112）				
投资总额	500 万 USD	电话	62831245	传真	
设立日期	2009-7-20	负责人	颜健生		
主营业务	生产、加工汽车零部件，销售自产产品。				

企业名称	胜拓传感器（上海）有限公司				
企业地址	上海市浦东新区民冬路 166 号 4 号楼二楼西侧（201209）				
投资总额	30 万 USD	电话	61096911	传真	61096912
设立日期	2009-7-15	负责人	GIUSEPPE REGALIA		
主营业务	从事压力、温度和流量传感器的设计、生产。				

企业名称	伯尔克（上海）底盘技术有限公司				
企业地址	上海市临港新城万祥镇万达路 129 号（201308）				
投资总额	530 万 USD	电话	68280370	传真	68280387
设立日期	2009-7-14	负责人	WOLFHART SCHMITZ-MEIMBRESSE		
主营业务	研发、生产、加工工程机械底盘系统及其零部件。				

企业名称	点帧企业形象设计（上海）有限公司				
企业地址	上海市金山区亭林镇金展路 2229 号 5 楼 503 室（201505）				
投资总额	2 万 USD	电话	54891635	传真	54891635
设立日期	2009-7-13	负责人	LAURENT SIMONET		
主营业务	企业形象及产品的包装策划和设计以及相关咨询服务。				

企业名称	福派管道系统（上海）有限公司				
企业地址	上海市闵行区华宁路 4018 弄 58 号 10 幢厂房 A 区（201108）				
投资总额	14 万 USD	电话	33508380	传真	33508371
设立日期	2009-7-8	负责人	周开秀		
主营业务	生产加工管道及相关配件，销售自产产品。				

企业名称	韩金箔膜研发（上海）有限公司				
企业地址	上海市嘉定工业区兴文路 680 号 1 幢（201821）				
投资总额	700 万 USD	电话	33517166	传真	
设立日期	2009-7-7	负责人	金锡用		
主营业务	箔膜技术和产品的研发，提供相关研发成果的技术转让和技术咨询服务。				

企业名称	西艾特空调技术开发（上海）有限公司				
企业地址	上海市静安区延安中路 1440 号 20 幢 2E 室（200040）				
投资总额	93 万 USD	电话	62492899	传真	
设立日期	2009-7-6	负责人	MARC GASTON LUCIEN BREAN		
主营业务	从事冰蓄冷、节能、制冷、采暖、空调的技术开发应用、自有技术转让。				

企业名称	上海可泰检验有限公司				
企业地址	上海市闵行区金都路 4299 号 5 幢 209 室（201108）				
投资总额	60 万 USD	电话	64222052	传真	64048610
设立日期	2009-7-3	负责人	TSUCHIYA GORO		
主营业务	纺织品、纤维产品、日用消费品的非法定检验、检测和品质评定。				

企业名称	派依克节能设备（上海）有限公司				
企业地址	上海市闵行区纪宏路 58 号 2 号楼底层（201106）				
投资总额	15 万 USD	电话	61037180	传真	61037180
设立日期	2009-6-23	负责人	J. J. GOOSSENS		
主营业务	加工生产电池制作检测设备。				

企业名称	顺恒大豆食品设备（上海）有限公司				
企业地址	上海市松江区施惠路 315 弄 10 号 1 幢 A 区（201613）				
投资总额	30 万 USD	电话	57783790	传真	57784435
设立日期	2009-6-23	负责人	间濑恒平		
主营业务	制造、加工大豆食品设备及成套生产线，豆浆、豆乳。				

企业名称	凯帛瑞泵业制造（上海）有限公司				
企业地址	上海市南汇区老港工业区同发路 123 弄 8 号（201302）				
投资总额	398 万 USD	电话	68296060	传真	68296068
设立日期	2009-6-22	负责人	DONATO MARCHI		
主营业务	设计、生产泵成品及其组件、零配件，销售公司自产产品。				

企业名称	波若威光纤通讯设备（上海）有限公司				
企业地址	上海市闵行区黎安路 1187 号 2 幢 105 室（201100）				
投资总额	15 万 USD	电话	54883262	传真	
设立日期	2009-6-18	负责人	林志宗		
主营业务	开发、生产光学纤传输设备、有源无源器件。				

企业名称	戴纳密克（上海）机械有限公司				
企业地址	上海浦东康桥工业区创业路 309 弄 2（1_68）号 1 层 A 区（201315）				
投资总额	20 万 USD	电话	50318431	传真	50318430
设立日期	2009-6-18	负责人	CARLO ALBERTO MONTECCHI		
主营业务	生产和组装齿轮箱和绞车，销售自产产品。				

企业名称	期埃施机械制造（上海）有限公司				
企业地址	上海市青浦工业园区天辰路 1855 号 5 栋 A 区（201700）				
投资总额	15 万 USD	电话	59208072	传真	59208073
设立日期	2009-6-16	负责人	连正亭		
主营业务	生产加工纺织机械及相关机械设备及其零配件。				

企业名称	施克（上海）自动化控制技术有限公司				
企业地址	上海市浦东新区博兴路 195 号 244 室（201203）				
投资总额	15 万 USD	电话	58212350	传真	
设立日期	2009-6-15	负责人	王美英		
主营业务	研发自动化控制系统及电器零配件。				

企业名称	丹华奥斯科船舶设备（上海）有限公司				
企业地址	上海市浦东新区世纪大道 1500 号 11 层 1102D-3 室（200122）				
投资总额	70 万 USD	电话	68916603	传真	68916607
设立日期	2009-6-9	负责人	王根德		
主营业务	船用配件及空调的研发、设计。				

企业名称	上海挚挚杰工程技术有限公司				
企业地址	上海市松江区小昆山镇崇南路 3 号 3 幢 2 号房（201616）				
投资总额	14 万 USD	电话	57761887	传真	
设立日期	2009-6-9	负责人	BIEDER HEINZ-PETER		
主营业务	机电工程技术服务，机电产品技术开发及转让。				

企业名称	红家室内用品（上海）有限公司				
企业地址	上海市南汇区康桥镇康桥路 1098 号 1 号楼 129 室（201315）				
投资总额	8 万 USD	电话	64318019	传真	
设立日期	2009-6-8	负责人	ELISE CELINE LALLEMENT		
主营业务	设计、生产、加工布艺制品、床上用品、室内装饰用品。				

企业名称	润弩（上海）能源设备有限公司				
企业地址	上海市南汇区航头镇航闸路 256 号（201316）				
投资总额	22 万 USD	电话	51329666	传真	51329695
设立日期	2009-6-8	负责人	MC.KINNEY		
主营业务	设计、生产、组装太阳能发电装置、太阳能照明设备。				

企业名称	罗宝盈佳（上海）开关有限公司				
企业地址	上海市嘉定工业区兴贤路 1151 号第 2 幢（201800）				
投资总额	439 万 USD	电话	59883978	传真	59883979
设立日期	2009-6-5	负责人	王锦明		
主营业务	研发、生产智能开关设备及其零配件。				

企业名称	吉禧世燃烧技术（上海）有限公司				
企业地址	上海市共和新路 1988 号 910 单元（200072）				
投资总额	4 万 USD	电话	33871207	传真	
设立日期	2009-6-3	负责人	IAIN LEWIS SHOVELLER		
主营业务	燃烧技术的研究、开发、自有技术成果的转让。				

企业名称	卓威（上海）禽业设备有限公司				
企业地址	上海市金山区亭林镇亭林工业园区林盛路 358 号 1 幢（201505）				
投资总额	20 万 USD	电话	67230056	传真	67232340
设立日期	2009-5-27	负责人	KOEN BOOT		
主营业务	生产自动产蛋箱，集蛋、禽蛋输送系统，禽蛋包装设备。				

企业名称	阿特拉斯海事技术（上海）有限公司				
企业地址	上海市普陀区陕西北路 1438 号 919 室（200000）				
投资总额	30 万 USD	电话	52520323	传真	
设立日期	2009-5-25	负责人	CLAUS KRUMMREY		
主营业务	从事船舶交通管理系统（VTS）、水文设备的安装、调试。				

企业名称	上海三葵日用品有限公司				
企业地址	上海市外高桥保税区泰谷路 209 号第 3 层 B2 部位（200131）				
投资总额	15 万 USD	电话	58692023	传真	
设立日期	2009-5-19	负责人	谷本大雄		
主营业务	保税区内加工女士包、拖鞋、睡衣等日用品，销售自产产品。				

企业名称	思速汽车部件（上海）有限公司				
企业地址	上海市南汇区泥城镇新元南路 600 号 2 幢楼一层（部位）01（201306）				
投资总额	66 万 USD	电话	54594545	传真	
设立日期	2009-5-18	负责人	MATTI VALO TUOMINEN		
主营业务	设计、开发、生产、组装各类车桥及相关产品，销售自产产品。				

企业名称	英得艾斯（上海）冷冻空调有限公司				
企业地址	上海市金山工业区天工路 285 弄 5 号 2 幢（201506）				
投资总额	20 万 USD	电话	58607595	传真	58607006
设立日期	2009-5-15	负责人	余红升		
主营业务	通风供暖、制冷空调、自动门、给排水、船用设备及附件的加工、制造。				

企业名称	庄信万丰雅佶隆（上海）环保技术有限公司				
企业地址	上海市松江工业区东区大道 328 号第 2 幢厂房底层（201613）				
投资总额	3000 万 USD	电话	57741234	传真	
设立日期	2009-5-13	负责人	JOHN VITAS ZUBRICKAS		
主营业务	研发、生产汽车（包括摩托车）尾气净化催化剂及其他助剂。				

企业名称	平户机械（上海）有限公司				
企业地址	上海市嘉定区马陆镇浏翔公路 3035 号 1 幢 1 楼（201818）				
投资总额	20 万 USD	电话	63235155	传真	
设立日期	2009-5-12	负责人	柏辰彦		
主营业务	液压设备及其零部件的加工、维修。				

企业名称	网拓（上海）通信技术有限公司				
企业地址	上海市青浦工业园区新科路 303 号 B2 厂房 C 区（201700）				
投资总额	75 万 USD	电话	69213555	传真	69213655
设立日期	2009-5-11	负责人	AILI LIU		
主营业务	研发、生产通讯射频器件、模块及子系统。				

企业名称	上海亚明固态照明有限公司				
企业地址	上海市嘉定区马陆镇嘉新公路 1001 号第 8 幢第一层（201801）				
投资总额	293 万 USD	电话	59103842	传真	
设立日期	2009-5-6	负责人	李志君		
主营业务	研发、生产半导体照明光源、灯具及其零配件，销售本公司自产产品。				

企业名称	裕远体育用品（上海）有限公司				
企业地址	上海市青浦工业园区崧煌路 999 号 1 号厂房 2 楼（201700）				
投资总额	15 万 USD	电话	69796169	传真	59867495
设立日期	2009-5-5	负责人	黄正裕		
主营业务	生产、加工体育用塑胶球类制品，销售公司自产产品。				

企业名称	璞特包装材料（上海）有限公司				
企业地址	上海市金山工业区定业路 9 号 1 幢（201506）				
投资总额	28 万 USD	电话		传真	
设立日期	2009-5-5	负责人	JEONG DONG SEUNG		
主营业务	生产、加工金银卡纸、转移纸，销售公司自产产品。				

企业名称	贝英勒工业产品（上海）有限公司				
企业地址	上海市浦东新区金海路 1000 号 7 号楼 304 室（201206）				
投资总额	45 万 USD	电话	60932633	传真	60932630
设立日期	2009-5-4	负责人	VINCENT PATTERSON		
主营业务	生产、组装电磁铁，销售自产产品，并提供相关的技术咨询。				

企业名称	海茵茨曼（上海）发动机控制系统有限公司				
企业地址	上海市闵行区申旺路 18 号 8 栋 2 楼西侧厂房（201100）				
投资总额	30 万 USD	电话	54429085	传真	23025009
设立日期	2009-4-29	负责人	MARKUS GROMER		
主营业务	研发、生产发动机、涡轮机控制系统和驱动电机。				

企业名称	耀丰（上海）道具制作有限公司				
企业地址	上海市松江区佘山工业园区陶干路 706 号 1 幢（201600）				
投资总额	65 万 USD	电话		传真	
设立日期	2009-4-29	负责人	司徒羡照		
主营业务	生产、加工各类商场道具及相关配件，建筑小五金，销售公司自产产品。				

企业名称	上海晟彰汽车配件有限公司				
企业地址	上海市松江区洞泾工业区二区洞薛路 651 弄 100 号 6 号楼二楼（201619）				
投资总额	20 万 USD	电话	67679251	传真	67679252
设立日期	2009-4-24	负责人	李在君		
主营业务	生产、加工汽车零配件、电子电器产品，销售自产产品。				

企业名称	上海纳福希阀门有限公司				
企业地址	上海市青浦工业园区外青松公路 4878 号 1 号厂房（201700）				
投资总额	220 万 USD	电话	55311988	传真	65033359
设立日期	2009-4-24	负责人	杨 恒		
主营业务	生产、加工阀门及流体控制设备。				

企业名称	豪泽涂层技术（上海）有限公司				
企业地址	上海市闵行区新骏环路 188 号 6 号楼 101 室（201112）				
投资总额	153 万 USD	电话	34637611	传真	34637610
设立日期	2009-4-23	负责人	KRUG CARL LUDWIG GEORG		
主营业务	开发、生产、组装涂层机及提供涂层加工服务，销售自产产品。				

企业名称	安配色色母粒制造（上海）有限公司				
企业地址	上海市闵行区华锦路 191 号 8 号厂房（201108）				
投资总额	100 万 USD	电话	64277703	传真	62369332
设立日期	2009-4-23	负责人	KAM MING MUI		
主营业务	加工、制造以色母粒为主的塑料制品，销售自产产品。				

企业名称	上海汇森益发工业炉有限公司				
企业地址	上海市闵行区剑川路 953 弄 154 号厂房（200240）				
投资总额	73 万 USD	电话	51591588	传真	51591599
设立日期	2009-4-23	负责人	LUIGI DALLO		
主营业务	研发、生产工业热处理系统及零部件，销售自产产品。				

企业名称	展新迪斯艾机械（上海）有限公司				
企业地址	上海市青浦区徐泾镇诸光路 533 号 B 区（201701）				
投资总额	52 万 USD	电话	59886791	传真	
设立日期	2009-4-22	负责人	姜水波		
主营业务	制造、加工包装机械、包装材料，销售公司自产产品。				

企业名称	上海上汽马瑞利动力总成有限公司				
企业地址	上海市嘉定区叶城路 1288 号 1 幢（201800）				
投资总额	1533 万 USD	电话	33517115	传真	
设立日期	2009-4-15	负责人	杨春保		
主营业务	开发、标定、制造测试机械式自动变速器控制系统中液压成套设备。				

企业名称	上海中油天宝巴圣钢管有限公司				
企业地址	上海市闵行区塘浦路 999 弄 228 号 10 幢 A、B 间（201112）				
投资总额	2990 万 USD	电话	241066666	传真	
设立日期	2009-4-14	负责人	刘新发		
主营业务	生产石油天然气输送管道及配套产品，销售自产产品。				

企业名称	上海卫康光学眼镜有限公司				
企业地址	上海市浦东新区懿德路 379 号（200124）				
投资总额	30 万 USD	电话	33929818	传真	33929000
设立日期	2009-4-13	负责人	刘莉莉		
主营业务	隐形眼镜、普通眼镜及配套产品的设计、生产。				

企业名称	上海艾派科环境技术有限公司				
企业地址	上海市闵行区金都路 4289 号 6 幢 2 楼 142 室（201108）				
投资总额	6 万 USD	电话	64126524	传真	
设立日期	2009-4-8	负责人	JIAGUO QI		
主营业务	环境技术领域内的技术咨询服务。				

企业名称	上海箭普索斯机械科技有限公司				
企业地址	上海市奉贤区青村镇奉柘公路 2655 号 2 幢（201414）				
投资总额	60 万 USD	电话	57593331	传真	57593099
设立日期	2009-4-8	负责人	PORTER SAMUEL CHARLES		
主营业务	制造机械设备及相关配件并提供相关领域的技术咨询和技术服务。				

企业名称	瑛睦空间设计（上海）有限公司				
企业地址	上海市静安区北京西路 1701 号 2710 室（200041）				
投资总额	164 万 USD	电话	62756665	传真	
设立日期	2009-4-7	负责人	YOKOYAMA HIROSHI		
主营业务	建筑装饰工程设计，提供相关技术咨询和管理服务。				

企业名称	帕克环保工程技术（上海）有限公司				
企业地址	上海市浦东新区康桥镇秀浦路 3999 弄 36 号（201300）				
投资总额	14 万 USD	电话	50800101	传真	50800221
设立日期	2009-4-2	负责人	JOHAN HENRI JOZEF PAQUES		
主营业务	开发、生产环保技术和环保设备。				

企业名称	克康（上海）排气控制系统有限公司				
企业地址	上海市外高桥保税区希雅路 150 号 B 部位（200131）				
投资总额	400 万 USD	电话	58779269	传真	
设立日期	2009-3-27	负责人	FERNANDO J.TURNER		
主营业务	汽车和摩托车催化转换器及其零部件的生产加工、组装。				

企业名称	恩瑷斯璧机械（上海）有限公司				
企业地址	上海市普陀区怒江北路 449 弄 8 号 4 幢 1 楼西侧（200000）				
投资总额	15 万 USD	电话	52822068	传真	52822069
设立日期	2009-3-26	负责人	戴 克		
主营业务	生产塑料加工机械及食品加工机械、水处理环保设备。				

企业名称	上海日东辰一机械设计有限公司				
企业地址	上海市浦东新区东方路 971 号 7G 室（200021）				
投资总额	20 万 USD	电话	53085929	传真	
设立日期	2009-3-26	负责人	周 平		
主营业务	机械模具及夹具的研发、设计、转让自有技术。				

企业名称	上海欧兰帝换热器有限公司				
企业地址	上海市青浦工业园区新园路 1111 号 2 幢（201700）				
投资总额	150 万 USD	电话	69210266	传真	69210811
设立日期	2009-3-26	负责人	CHRISTIAN ORLANDI		
主营业务	生产、设计换热器、散热器、凝汽器、蒸发器及相关配套产品。				

企业名称	上海恒欣假肢矫形器材有限公司				
企业地址	上海市闵行区吴中路1366号第5幢810室（201103）				
投资总额	1万USD	电话	62669193	传真	62663691
设立日期	2009-3-19	负责人	赵正禾		
主营业务	生产人体假肢及各类矫形康复器材，销售自产产品。				

企业名称	彦德（上海）高分子技术有限公司				
企业地址	上海市闵行区汇西村142街坊2丘5幢（201112）				
投资总额	25万USD	电话	64910631	传真	
设立日期	2009-3-17	负责人	毛利雅彦		
主营业务	设计、生产、加工汽车及家用电器模具。				

企业名称	誉德生态技术咨询（上海）有限公司				
企业地址	上海市崇明县新河镇新申路829号154室（202156）				
投资总额	15万USD	电话	59682375	传真	
设立日期	2009-3-4	负责人	邢舫		
主营业务	单位/区域生态开发咨询、节能技术咨询、绿色建筑评定体系及改造咨询。				

企业名称	汇富迈斯特（上海）汽车零部件开发有限公司				
企业地址	上海市闵行区吴中路1368号第二幢A座（201103）				
投资总额	30万USD	电话	34321989	传真	34321990
设立日期	2009-3-4	负责人	郑铉秦		
主营业务	汽车零部件、电动车及其零部件的设计和开发。				

企业名称	柯施泰工业安全设备（上海）有限公司				
企业地址	上海市闵行区金都路1165弄123号23幢壹号厂房二层A座（200237）				
投资总额	36万USD	电话	61519023	传真	61519030
设立日期	2009-3-4	负责人	MARK STEPHEN LAVELLE		
主营业务	研制、开发和生产安全连锁及其配件，销售自产产品。				

企业名称	德铧恩特工业自动化技术（上海）有限公司				
企业地址	上海市普陀区绥德路613弄22号1层（200060）				
投资总额	26万USD	电话	52381722	传真	
设立日期	2009-2-27	负责人	OTTO ALFRED BARBIAN		
主营业务	无损检测设备及测试板的技术开发、技术咨询和技术服务。				

企业名称	上海名韵舱室设备工程有限公司				
企业地址	上海市宝山区南大路650号7号楼1－3层（200436）				
投资总额	29万USD	电话	52840519	传真	52841673
设立日期	2009-2-26	负责人	PETER HARRY ANTON VAN AKEN		
主营业务	制造、生产舱室家具，舱室系统工程设计、安装、封装及服务。				

企业名称	菲锐西（上海）流体控制设备有限公司				
企业地址	上海市青浦工业园区新团路200号12号厂房（201700）				
投资总额	50万USD	电话	59867900	传真	59867902
设立日期	2009-2-19	负责人	PHILIPPE.TREMEAU		
主营业务	开发、设计、组装和生产流体控制设备及相关产品、零部件。				

企业名称	雅富顿化工科技（上海）有限公司				
企业地址	上海市闵行区紫月路1299号1号楼3楼（200240）				
投资总额	140万USD	电话	68865603	传真	
设立日期	2009-2-19	负责人	JAE HOON CHO		
主营业务	研究开发用于商业、工业及汽车用的石油附属产品和化工产品。				

企业名称	凯斯乐（上海）机床主轴维修有限公司				
企业地址	上海市闵行区元山路318号3幢201室（201108）				
投资总额	53万USD	电话	62090027	传真	
设立日期	2009-2-17	负责人	UWE RONDE		
主营业务	各类机床主轴及相关零部件的维修，提供相关的咨询服务。				

企业名称	上海费宏制钉有限公司				
企业地址	上海市嘉定区马陆镇博学路151号第2幢106室（201801）				
投资总额	14万USD	电话	57639347	传真	67632107
设立日期	2009-2-16	负责人	LEWIS ALEXANDER FISHER		
主营业务	生产各类钉子，销售本公司自产产品。				

企业名称	赫氏赛迪工程技术（上海）有限公司				
企业地址	上海市宝山区双城路803弄1号316室（200031）				
投资总额	100万USD	电话	61195928	传真	
设立日期	2009-2-12	负责人	肖学文		
主营业务	从事冶金工程项目技术咨询服务。				

企业名称	瑞恩（上海）花卉有限公司				
企业地址	上海市南汇区东海农场滨果公路南首（201303）				
投资总额	11万USD	电话	58291370	传真	68769686
设立日期	2009-2-12	负责人	LEONARDUS VAN RIJN		
主营业务	销售公司自产产品。				

企业名称	亮思（上海）灯饰有限公司				
企业地址	上海市嘉定区马陆镇丰登路615弄15号（201801）				
投资总额	40万USD	电话	61513986	传真	
设立日期	2009-2-9	负责人	JAKIMIC LEON		
主营业务	设计、生产灯具、灯饰，销售本公司自产产品。				

企业名称	斯拓针织机械（上海）有限公司				
企业地址	上海市金山区山阳镇亭卫公路2185号8号厂房（201508）				
投资总额	210万USD	电话		传真	
设立日期	2009-2-3	负责人	HEINRICH PETER GEORG STOLL		
主营业务	研发、生产新型纺织机械及其零部件和组件。				

企业名称	上海凯盛节能工程技术有限公司				
企业地址	上海市普陀区中山北路2000号26层2618室（200060）				
投资总额	300万USD	电话	52916280	传真	52914007
设立日期	2009-1-24	负责人	彭寿		
主营业务	工业余热发电、节能环保及水泥生产工程的技术开发。				

企业名称	德劳工业服务（上海）有限公司				
企业地址	上海市卢湾区淮海中路381号1325-38室（200021）				
投资总额	34万USD	电话	23083913	传真	23083999
设立日期	2009-1-23	负责人	BRUNO SOLINAS		
主营业务	石油设备、天然气设备、风能设备及其他工业设备领域的咨询。				

企业名称	埃迈诺冠气动器材（上海）有限公司				
企业地址	上海市闵行区都会路1885号3号楼（201108）				
投资总额	1000万USD	电话	24161800	传真	24161900
设立日期	2009-1-22	负责人	CHON KWO TSAI		
主营业务	从事包括整体多路阀、气动电磁阀的设计与制造。				

企业名称	上海碧科清洁能源技术有限公司				
企业地址	上海市浦东新区郭守敬路351号427室（201203）				
投资总额	2372万USD	电话	64310242	传真	
设立日期	2009-1-21	负责人	孙予罕		
主营业务	清洁能源领域技术的研究、开发、中试。				

企业名称	麦纳轮胎技术服务（上海）有限公司				
企业地址	上海市杨浦区营口路578号1504室（200433）				
投资总额	1万USD	电话	58871703	传真	
设立日期	2009-1-13	负责人	ROCHUS CORNELIS LAURENTIUS		
主营业务	从事轮胎及橡胶的技术咨询和技术服务。				

企业名称	上海永乾机械设备有限公司				
企业地址	上海市闵行区都会路2501号1号厂房（201108）				
投资总额	20万USD	电话	34305188	传真	34305298
设立日期	2009-1-12	负责人	蔡剑虹		
主营业务	研发、生产物料搬运输送设备及其零部件，销售自产产品。				

企业名称	上海日茂汽车配件有限公司				
企业地址	上海市奉贤区南桥镇杨王村六组第8幢（201400）				
投资总额	46万USD	电话	51343875	传真	
设立日期	2009-1-12	负责人	田中哲夫		
主营业务	生产汽车配件、金属冲压件及制品。				

企业名称	上海应源礼品发展有限公司				
企业地址	上海市崇明县城桥镇秀山路7号9幢103室（202150）				
投资总额	51万USD	电话	59907077	传真	59907022
设立日期	2009-1-9	负责人	苏纯美		
主营业务	生产礼品、文化办公用品及销售自产产品。				

企业名称	三惠涂装设备（上海）有限公司				
企业地址	上海市普陀区祁连山路1035弄188号2幢106室（200331）				
投资总额	14万USD	电话	32210779	传真	62314851
设立日期	2009-1-8	负责人	三桥博之		
主营业务	开发、生产涂装设备（特种设备除外），销售自产产品。				

企业名称	史雷夫流体设备（上海）有限公司				
企业地址	上海市松江区石湖荡镇唐明路 299 号 5 幢底楼西侧（201614）				
投资总额	25 万 USD	电　话	57842675	传　真	57842676
设立日期	2009-1-8	负 责 人	陈修维		
主营业务	生产、组装流体设备、特种金属管及相关配件。				

企业名称	爱美达（上海）热能系统有限公司				
企业地址	上海市松江区新飞路 1199 号 1 号厂房（201611）				
投资总额	300 万 USD	电　话	61152000	传　真	61152555
设立日期	2009-1-8	负 责 人	ALAN W.WONG		
主营业务	研发、设计和生产电讯、计算机和能源等工业领域的太阳能和散热系统。				

企业名称	阀迩沃（上海）阀门有限公司				
企业地址	上海市金山工业区天工路 285 弄 7 号（201506）				
投资总额	38 万 USD	电　话	37286120	传　真	37286128
设立日期	2009-1-6	负 责 人	JOSE BENITO APALATEGUI		
主营业务	设计、开发、生产各类阀门及机械设备。				

企业名称	力显机械（上海）有限公司				
企业地址	上海市沪太路 1895 弄 51 号 8 幢 1 层（200436）				
投资总额	7 万 USD	电　话	66503592	传　真	
设立日期	2009-1-5	负 责 人	MING YUAN QIN		
主营业务	五金、机械零部件、塑料制品、模具的加工。				

企业名称	百士吉泵业（上海）有限公司				
企业地址	上海市浦东新区民冬路 51 号 B 栋（201209）				
投资总额	70 万 USD	电　话	58680539	传　真	58680537
设立日期	2009-1-4	负 责 人	张岳鹏		
主营业务	生产各类泵、液体稀释器、连接器件及零配件。				

企业名称	路斯特绿能电气技术（上海）有限公司				
企业地址	上海市浦东新区高行工业开发区莱阳路 2927 弄 80 号一层（200137）				
投资总额	45 万 USD	电　话	50400088	传　真	50416332
设立日期	2009-12-22	负 责 人	LUST WOLFGANG		
主营业务	设计、研发、生产可再生能源设备。				

企业名称	西门子风力发电设备（上海）有限公司				
企业地址	上海市浦东新区同汇路 168 号 D608 室（201308）				
投资总额	750 万 USD	电　话	38894830	传　真	
设立日期	2009-12-14	负 责 人	ANDREAS HORST MATTHE		
主营业务	研发、组装风力发电设备机舱产品。				

企业名称	上海美御微电子有限公司				
企业地址	上海市闵行区联友路 728 号第 5 幢二楼东侧（200237）				
投资总额	2500 万 USD	电　话	53960350	传　真	53960351
设立日期	2009-12-10	负 责 人	尹向彬		
主营业务	生产集成电路，销售自产产品。				

企业名称	波亚（上海）电器设备有限公司				
企业地址	上海市奉贤区南桥镇肖湾路 318 号 8 幢 102 室（201400）				
投资总额	15 万 USD	电　话		传　真	
设立日期	2009-12-9	负 责 人	朱广威		
主营业务	电抗器、变压器、滤波器、电阻单元及其相关配件的制造。				

企业名称	西振机电设备（上海）有限公司				
企业地址	上海市闵行区向阳路 855 号生产用房第 1 层 M1 区（201108）				
投资总额	50 万 USD	电　话		传　真	
设立日期	2009-12-4	负 责 人	张振玉		
主营业务	开发生产封箱机、磨镜机、汽车零部件以及电气配件。				

企业名称	佳逸电子科技（上海）有限公司				
企业地址	上海市张江高科技园区祖冲之路 1500 号 3 号楼（201203）				
投资总额	15 万 USD	电　话	58953345	传　真	
设立日期	2009-11-20	负 责 人	HYUN JIK SHIN		
主营业务	集成电路及电子组件、电能质量监测仪的研发。				

企业名称	雅科贝思精密机电（上海）有限公司				
企业地址	上海市浦东新区川沙路 6999 号 B 区 38 幢第三层（201202）				
投资总额	16 万 USD	电　话	58871153	传　真	58595800
设立日期	2009-11-13	负 责 人			
主营业务	直线和平面电机及其驱动装置、直线和控制系统的研发、制造。				

企业名称	上海堃源电子科技有限公司				
企业地址	上海市嘉定工业区嘉朱公路 3058 号第 1 幢第 1 层（201807）				
投资总额	150 万 USD	电　话	39967070	传　真	
设立日期	2009-11-11	负 责 人	郭文玲		
主营业务	生产、加工数码电子产品的零配件。				

企业名称	戴伟苏珊电气配件（上海）有限公司				
企业地址	上海市闵行区三鲁公路 1598 弄 101 支弄 13 号 1 幢底层（201112）				
投资总额	21 万 USD	电　话	34533968	传　真	
设立日期	2009-11-10	负 责 人	DAVID HONG YEH		
主营业务	设计、生产、加工各种电气连接件、金属冲压件。				

企业名称	诚田自动化仪表（上海）有限公司				
企业地址	上海市闵行区中春路 7039 弄 88 号 1 幢 4 楼（201101）				
投资总额	15 万 USD	电　话	54857220	传　真	64793900
设立日期	2009-11-9	负 责 人	朱仁诚		
主营业务	生产、加工自动化仪表、控制元件。				

企业名称	戴纳密斯（上海）电子科技有限公司				
企业地址	上海市浦东新区康桥镇康桥路 957 号 B 幢（201315）				
投资总额	50 万 USD	电　话	68063334	传　真	68046472
设立日期	2009-11-4	负 责 人	TANG KENG CHOR		
主营业务	设计、生产、组装以塑料原料为主的电脑。				

企业名称	菲翼汽车电气（上海）有限公司				
企业地址	上海市浦东新区桂桥路 290 号三楼（201206）				
投资总额	52 万 USD	电　话		传　真	
设立日期	2009-10-28	负 责 人	JAKOB GILLIAM		
主营业务	设计、生产汽车用天线接线端子、加热丝端子。				

企业名称	美嘉机电（上海）有限公司				
企业地址	上海市嘉定区马陆镇丰功路 968 号第 9 幢（201801）				
投资总额	1000 万 USD	电　话	52341668	传　真	
设立日期	2009-10-20	负 责 人	冯之瑾		
主营业务	研发、生产空气压缩机、空气泵、焊机。				

企业名称	上海德朗能动力电池有限公司				
企业地址	上海市奉贤区青村镇光明金钱公路 3492 号（201406）				
投资总额	725 万 USD	电　话	57474369	传　真	57474370
设立日期	2009-10-20	负 责 人	吴江峰		
主营业务	制造、加工锂离子电池、电池控制系统及相关配套产品。				

企业名称	由信电气科技（上海）有限公司				
企业地址	上海市普陀区同普路 1153 弄 2 号 3 楼（200060）				
投资总额	20 万 USD	电　话	32028365	传　真	32023365
设立日期	2009-9-30	负 责 人	周　懿		
主营业务	生产电气及电子产品、防雷设备及其使用配件。				

企业名称	三动机电（上海）有限公司				
企业地址	上海市浦东新区康桥工业区秀浦路 3999 弄 12 号（201318）				
投资总额	73 万 USD	电　话	38256140	传　真	
设立日期	2009-9-25	负 责 人	虞政华		
主营业务	设计、生产汽车配套电机、控制传动变速装置。				

企业名称	上海隽提电子科技有限公司				
企业地址	上海市奉贤区浦卫公路 1576 号 201 室（201402）				
投资总额	150 万 USD	电　话	57471176	传　真	
设立日期	2009-9-25	负 责 人	金　杰		
主营业务	电子科技领域内的技术开发，计算机软硬件的开发与设计。				

企业名称	科熠电子技术（上海）有限公司				
企业地址	上海市虹口区长阳路 235 号 406 室（200082）				
投资总额	14 万 USD	电　话	65850479	传　真	
设立日期	2009-9-8	负 责 人	CHONG CHEA CHIN		
主营业务	开发电子产品及其检测技术，提供相关的技术咨询和技术服务。				

企业名称	沛德光电科技（上海）有限公司				
企业地址	上海市浦东新区华东路 3999 号 3 幢 12 室（201201）				
投资总额	14 万 USD	电　话	33826696	传　真	33826696
设立日期	2009-8-28	负 责 人	郑美茹		
主营业务	光电仪器、电子仪器的设计、研发、加工。				

企业名称	欧曼普电信设备（上海）有限公司				
企业地址	上海奉贤区工业综合开发区环城北路 50 号内 2 号房（201400）				
投资总额	28 万 USD	电　话	37565590	传　真	
设立日期	2009-7-31	负责人	ANDREA CONTE		
主营业务	设计、生产、装配电信设备零部件，销售自产产品。				

企业名称	托特机电（上海）有限公司				
企业地址	上海市金山区亭林镇寺平南路 21 号 14 幢（201505）				
投资总额	366 万 USD	电　话	51702065	传　真	
设立日期	2009-7-17	负责人	张建伟		
主营业务	生产加工电气自控设备、制冷设备、通用设备零部件。				

企业名称	郝乐（上海）电子有限公司				
企业地址	上海市青浦区华新镇华徐公路 3029 弄 112 号第 2 幢（201708）				
投资总额	30 万 USD	电　话	33602023	传　真	
设立日期	2009-7-2	负责人	吴　龙		
主营业务	研发、生产、加工照明灯具及零配件。				

企业名称	正将自动化设备（上海）有限公司				
企业地址	上海市松江区车墩镇三浜路 470 号 3 幢（201611）				
投资总额	51 万 USD	电　话	57609270	传　真	57609232
设立日期	2009-6-30	负责人	叶能魁		
主营业务	设计、生产和组装多种原料配方计量输送整线自动化设备及其代工配料。				

企业名称	上海电气阿海珐临港变压器有限公司				
企业地址	上海市同汇路 168 号 D610 室（201306）				
投资总额	5303 万 USD	电　话	52397070	传　真	62267260
设立日期	2009-6-1	负责人	YVAN LE BOURLOT		
主营业务	研发、设计、生产交流电电力变压器、电抗器。				

企业名称	合基电讯科技（上海）有限公司				
企业地址	上海市浦东新区东靖路 1831 号 603-11 室（201208）				
投资总额	250 万 USD	电　话	50122318	传　真	58392717
设立日期	2009-5-27	负责人	JOHN CAREY COLLINS		
主营业务	电信设备、通讯产品和相关软件的研发、设计、技术咨询服务。				

企业名称	微替系机电（上海）有限公司				
企业地址	上海市松江区新桥镇申港路 1688 号第五幢厂房第一层（201612）				
投资总额	14 万 USD	电　话	57684510	传　真	57684125
设立日期	2009-5-20	负责人	铃鹿芳朗		
主营业务	生产、加工机电设备及其零部件，销售公司自产产品。				

企业名称	上海司科电动工具有限公司				
企业地址	上海市松江区泗泾镇九干路 199 号 1 幢厂房（201601）				
投资总额	20 万 USD	电　话	57626619	传　真	
设立日期	2009-5-19	负责人	陈桃珍		
主营业务	生产、加工电动工具、园林工具、汽车工具及零配件、机电配件。				

企业名称	唐岱电子科技（上海）有限公司				
企业地址	上海市松江区泖港镇新宾路 1469 弄 9 号 3 幢厂房底层（201607）				
投资总额	14 万 USD	电　话	54466859	传　真	
设立日期	2009-5-14	负责人	赵启生		
主营业务	生产、加工电子设备及元器件、工业用机械及零部件。				

企业名称	帝欧（上海）光电科技有限公司				
企业地址	上海市松江区新桥镇新格路 767 号 2 幢四层 A 区（201612）				
投资总额	25 万 USD	电　话	37787347	传　真	37787391
设立日期	2009-5-7	负责人	JOHN XIAOYANG LI		
主营业务	研究、设计、开发、生产 LED 照明灯，LED 警示灯。				

企业名称	美茵机电科技（上海）有限公司				
企业地址	上海市杨浦区国定路 335 号 2 号楼 1912 室（200433）				
投资总额	20 万 USD	电　话	67751637	传　真	
设立日期	2009-5-7	负责人	LILY MA		
主营业务	计算机软、硬件，电子产品及新材料产品的开发和制造。				

企业名称	添鸿化学科技（上海）有限公司				
企业地址	上海市金山区漕泾镇平业路 66 号（201507）				
投资总额	30 万 USD	电　话	67256989	传　真	
设立日期	2009-5-7	负责人	林壮泰		
主营业务	生产加工蚀刻液、去光阻液、稀释剂、清洗剂。				

企业名称	上海耀赢电器有限公司				
企业地址	上海市嘉定区徐行镇嘉行公路 1298 号第 4 幢（200002）				
投资总额	1500 万 USD	电　话	59555079	传　真	
设立日期	2009-5-6	负责人	黄长克		
主营业务	开发、生产电力电气设备、开关，变压器，配电柜。				

企业名称	RHINE 电梯（上海）有限公司				
企业地址	上海市宝山区石洞口路 78 号 1 幢 A 区（200942）				
投资总额	200 万 USD	电　话	51875396	传　真	63539992
设立日期	2009-4-24	负责人	李东流		
主营业务	电梯、立体车库等用于人员和货物垂直和水平运输的设备研发、制造。				

企业名称	别特罗尼自动化系统（上海）有限公司				
企业地址	上海市宝山区蕰川路 516 号 1－4 至 1－9 室（201907）				
投资总额	44 万 USD	电　话	61676210	传　真	61676211
设立日期	2009-4-16	负责人	WOLFGANG WILHELM GUNTER		
主营业务	从事研发、开发、组装纺织专用设备及相关零部件。				

企业名称	驭雷（上海）机电科技有限公司				
企业地址	上海市松江区小昆山镇崇南路 3 号 3 幢 1 号房（201616）				
投资总额	50 万 USD	电　话	26816821	传　真	26816821
设立日期	2009-4-14	负责人	王　巍		
主营业务	设计、生产航天海洋与现代运输设备的配套装置。				

企业名称	柯贝尔电能质量技术（上海）有限公司				
企业地址	上海市浦东新区周浦镇沈梅路 99 弄 3 号厂房（201318）				
投资总额	160 万 USD	电　话	51692628	传　真	38214166
设立日期	2009-4-2	负责人	MARKUS BRUENGGER		
主营业务	生产无功功率补偿控制器及其零部件、相关配套软件。				

企业名称	上海通用广电电力元件有限公司				
企业地址	上海市奉贤区远东路 777 弄 28 号（201400）				
投资总额	950 万 USD	电　话	67108955	传　真	
设立日期	2009-3-31	负责人	严怀忠		
主营业务	开发、生产小型低压断路器、塑壳开关和电子漏电开关。				

企业名称	加勋电脑科技（上海）有限公司				
企业地址	上海市延长路 149 号 94 幢 110 室（200072）				
投资总额	15 万 USD	电　话	56383820	传　真	
设立日期	2009-3-31	负责人	陈炳富		
主营业务	计算机应用软件、动漫软件的开发、设计、制作。				

企业名称	德映仕图（上海）机电设备技术有限公司				
企业地址	上海市宝山区蕴川路 5503 号南楼 4256 室（200942）				
投资总额	88 万 USD	电　话	33826864	传　真	33827086
设立日期	2009-3-25	负责人	LEE SEE WAH		
主营业务	提供动力设备、电气设备、电子设备、精密仪器的校正、安装。				

企业名称	斯尼汶特（上海）电气有限公司				
企业地址	上海市青浦工业园区新技路 818 号 6 号厂房（201700）				
投资总额	85 万 USD	电　话	51782882	传　真	51782889
设立日期	2009-3-24	负责人	DR.SARAH SCHNIEWINDT		
主营业务	研发、生产和加工用于电力生产、输送和供用电环节的自动化装置。				

企业名称	松下电工电动工具（上海）有限公司				
企业地址	上海市松江区江田东路 258 号第 12 幢厂房（201613）				
投资总额	210 万 USD	电　话	57741006	传　真	
设立日期	2009-3-19	负责人	加见友宏		
主营业务	生产、加工和组装电动工具和用于电动工具的电池组。				

企业名称	捷光精密电子（上海）有限公司				
企业地址	上海市松江区茸江路 8 弄 4 号 1F（201613）				
投资总额	100 万 USD	电　话	67747218	传　真	67747228
设立日期	2009-3-19	负责人	余仁杰		
主营业务	设计、生产电子计算机设备、电脑及数码周边产品。				

企业名称	利奥电池系统（上海）有限公司				
企业地址	上海市闵行区春东路 508 号 2 幢 1-2 层（201108）				
投资总额	363 万 USD	电　话	54422860	传　真	54428289
设立日期	2009-3-18	负责人	WILLIAM JOHN SANDERSON		
主营业务	设计、制造、加工用于移动电子设备、备用电系统和其他产品的电池组。				

制造业-专用设备和交通运输设备制造业

企业名称	上海埃目斯自动化技术有限公司				
企业地址	上海市莘砖公路 518 号 2 号厂房第八层 A 区（201612）				
投资总额	18 万 USD	电　话	64419350	传　真	64380600
设立日期	2009-3-9	负 责 人	OLAF SOMMER		
主营业务	生产加工仪器仪表、气体采样及预处理零部件。				

企业名称	芯电半导体（上海）有限公司				
企业地址	上海市张江高科技园区张江路 18 号 2 号楼 1 楼－1（201203）				
投资总额	1200 万 USD	电　话	38610000	传　真	
设立日期	2009-3-3	负 责 人	张汝京		
主营业务	半导体（硅片及各类化合物半导体）集成电路芯片制造、针测及测试。				

企业名称	怀盛机电设备（上海）有限公司				
企业地址	上海市外高桥保税区奥纳路 185 号综合大楼第六层 B2 部位（200131）				
投资总额	20 万 USD	电　话	58661838	传　真	
设立日期	2009-3-3	负 责 人	YU SHENG		
主营业务	保税区内机电设备、瓦斯抑爆设备关键部件的设计、生产、加工。				

企业名称	阳程光电（上海）有限公司				
企业地址	上海市嘉定区马陆镇兴平路 569 号第 5 幢（201801）				
投资总额	400 万 USD	电　话	59511688	传　真	59511818
设立日期	2009-3-2	负 责 人	黄秋逢		
主营业务	研发、生产微电子用玻璃基板，销售本公司自产产品。				

企业名称	赫凯电气开关（上海）有限公司				
企业地址	上海市嘉定区安亭镇泰波路 558 号第 2 幢（201801）				
投资总额	200 万 USD	电　话	63621313	传　真	
设立日期	2009-2-23	负 责 人	STEPHEN JOHN CURTIS		
主营业务	研发、生产电力电气开关，销售本公司自产产品。				

企业名称	传仕电梯控制系统（上海）有限公司				
企业地址	上海市浦东新区金穗路 1501 号 B 幢 302 区（201209）				
投资总额	13 万 USD	电　话	50323859	传　真	50212737
设立日期	2009-2-23	负 责 人	许生疆		
主营业务	研发电梯控制系统及电器零配件，生产电梯控制器。				

企业名称	爱科动魄能柴油发电机组（上海）有限公司				
企业地址	上海市临港新城新元南路 600 号 3 幢一层 02（201312）				
投资总额	150 万 USD	电　话	52985448	传　真	
设立日期	2009-2-17	负 责 人	ROGER NEIL BATKIN		
主营业务	生产柴油发电机组，销售公司自产产品。				

企业名称	赫斯默（上海）电子科技有限公司				
企业地址	上海市张江高科技园区蔡伦路 1690 号 2 号楼 105 室（201203）				
投资总额	25 万 USD	电　话	58915937	传　真	
设立日期	2009-2-13	负 责 人	ZHANG XIAODONG		
主营业务	液压电控系统装备、控制器、显示器、传感器的研发、生产。				

企业名称	上海科诚电子技术有限公司				
企业地址	上海市江场一路 68 号 5 楼（200072）				
投资总额	40 万 USD	电　话	56651313	传　真	
设立日期	2009-2-9	负 责 人	戴奉义		
主营业务	在电子技术专业领域内的技术服务和技术咨询。				

企业名称	西门子风力发电叶片（上海）有限公司				
企业地址	上海市临港新城同汇路 168 号 D607 室（201306）				
投资总额	3128 万 USD	电　话	20942500	传　真	20942580
设立日期	2009-1-21	负 责 人	ANDREAS HORST MATTHE		
主营业务	生产，安装风力发电设备配套的叶片、机械件及其配套零部件。				

企业名称	兆益（上海）电子科技有限公司				
企业地址	上海市闵行区合川路 3089 号第 4 幢 9 楼 106 室（201103）				
投资总额	105 万 USD	电　话	64889413	传　真	
设立日期	2009-1-19	负 责 人	LIZHEN SHI		
主营业务	研发、设计、生产电子检测产品、仪表仪器、机械配件。				

企业名称	青蓝电机（上海）有限公司				
企业地址	上海市奉贤区金汇镇齐贤社区百曲村 453 号第二栋（201404）				
投资总额	59 万 USD	电　话	50483853	传　真	
设立日期	2009-1-14	负 责 人	鸟越干雄		
主营业务	电子设备、电子元器件及配件、模具、水处理设备及配件的设计、生产。				

企业名称	阿海珐输配电技术中心（中国）有限公司				
企业地址	上海市闵行区新骏环路 188 号 8 号楼 302 室（201114）				
投资总额	4254 万 USD	电　话	22086088	传　真	
设立日期	2009-1-9	负 责 人	PETER KIRCHESCH		
主营业务	研究、开发特高压交、直流输变电系统技术。				

企业名称	俐景电子科技（上海）有限公司				
企业地址	上海市闵行区莘建东路 58 弄 2 号 1106 室（201100）				
投资总额	15 万 USD	电　话	54179386	传　真	54179395
设立日期	2009-1-7	负 责 人	吕尚民		
主营业务	研制、开发、设计电子产品的软硬件、ID、结构、自动化生产线。				

企业名称	铼阔光电（上海）有限公司				
企业地址	上海市松江区九亭镇金马路 159 号 2 幢（201615）				
投资总额	133 万 USD	电　话	67690078	传　真	
设立日期	2009-1-5	负 责 人	车毓华		
主营业务	设计、生产 LED 灯箱、LED 显示屏、LED 照明系统、LED 日用百货。				

企业名称	惠登光电科技（上海）有限公司				
企业地址	上海市松江区新飞路 1500 弄 18 号底层（201611）				
投资总额	20 万 USD	电　话	67602248	传　真	
设立日期	2009-1-5	负 责 人	吴家玉		
主营业务	研发、生产、加工远红外线光电产品、发光二极管及其相关光电产品。				

企业名称	上海群展自动化设备有限公司				
企业地址	上海市松江区新桥镇闵申路 666 号 3、10 幢（201612）				
投资总额	51 万 USD	电　话	57685276	传　真	
设立日期	2009-1-5	负 责 人	沈鸿志		
主营业务	定型机节能减碳设备及整厂自动化设备的生产、加工、组装。				

企业名称	上海古川厨房设备有限公司				
企业地址	上海市南汇区六灶镇鹿溪路 508 号（201322）				
投资总额	14 万 USD	电　话	33896508	传　真	33896528
设立日期	2008-12-25	负 责 人	古川明良		
主营业务	生产不锈钢橱柜、水斗等厨房设备，销售公司自产产品。				

企业名称	象志汽车零配件（上海）有限公司				
企业地址	上海市奉贤区环城西路 3111 号闵行出口加工区 2 号厂房（201400）				
投资总额	260.8 万 USD	电　话	33655096	传　真	33655096
设立日期	2008-12-12	负 责 人	吉田隆司		
主营业务	汽车、摩托车后视镜等零配件的生产加工与技术服务。				

企业名称	上海艮兑汽车配件有限公司				
企业地址	上海市奉贤区奉城镇神州路 288 号第 8 幢 2 号（201411）				
投资总额	14 万 USD	电　话	57174832	传　真	57174977
设立日期	2008-12-12	负 责 人	GAN THIAN LAIN		
主营业务	生产汽车尾翼及相关配件，销售公司自产产品。				

企业名称	赫尔环保设备（上海）有限公司				
企业地址	上海市奉贤区港和路 19 弄 1-24 号 16 号厂房（201400）				
投资总额	15 万 USD	电　话	57199033	传　真	57199033
设立日期	2008-12-8	负 责 人	FRANK HERR		
主营业务	设计、制造、组装环保、机电设备及其配件。				

企业名称	桥弘数控设备（上海）有限公司				
企业地址	上海市松江区荣乐东路 81 号 212C（201600）				
投资总额	1000 万 USD	电　话	61016418	传　真	61016413
设立日期	2008-12-4	负 责 人	CHOU CHARLES FU TAN		
主营业务	设计数控系统和三轴以上联动的数控机床。				

企业名称	万洗得洗车设备（上海）有限公司				
企业地址	上海市金山区亭林镇南亭公路 5343 号 1 幢（201504）				
投资总额	30 万 USD	电　话	37283217	传　真	37283200
设立日期	2008-11-17	负 责 人	EWALD PLONICH		
主营业务	洗车设备、配件、附加设备和外围设备的开发、生产。				

企业名称	博瓦（上海）波纹管技术有限公司				
企业地址	上海市南汇区工业园区园中路 451 号 11 号厂房（201300）				
投资总额	300 万 USD	电　话	58187112	传　真	58187113
设立日期	2008-11-7	负 责 人	GERHARD LEIN		
主营业务	生产、加工用于汽车、民用飞机和其他交通运输设备的关键饶性零部件。				

企业名称	爱萨福（上海）物流装备有限公司				
企业地址	上海市外高桥保税区泰谷路 207 号第四层 N 部位（200131）				
投资总额	20 万 USD	电话	58684249	传真	63724989
设立日期	2008-11-6	负责人	SVEN OLOF BERNTSSON		
主营业务	开发、设计、生产、组装物流起重和捆扎缆索装备。				

企业名称	西彼泰格净水系统（上海）有限公司				
企业地址	上海市南汇区航头镇航鸣路 15 号 1 幢（201317）				
投资总额	50 万 USD	电话	58226223	传真	58226223
设立日期	2008-10-31	负责人	ALVIN EUGENE RICE		
主营业务	生产、加工、组装净水设备、碳棒滤芯及其相关产品。				

企业名称	福瑞制药设备（上海）有限公司				
企业地址	上海市闵行区金都路 3688 号 1 幢 214 室（201108）				
投资总额	21.5 万 USD	电话	54831376	传真	54426771
设立日期	2008-10-29	负责人	MONIQUE ANTIGLIO-WITTWER		
主营业务	开发、设计、生产、组装高性能粉碎筛分设备。				

企业名称	上海赛克来亚输送系统有限公司				
企业地址	上海市宝山区毛家路 1 号 3 幢（200942）				
投资总额	20 万 USD	电话	36040018	传真	33855036
设立日期	2008-10-16	负责人	DONALD EDWARD BAKER		
主营业务	设计、组装、生产气力输送系统及其相关配套产品。				

企业名称	上海华冠希尔博专用车辆有限公司				
企业地址	上海市青浦区金泽镇田山庄村 428 号（201700）				
投资总额	293 万 USD	电话	39203800	传真	59864187
设立日期	2008-10-8	负责人	林永瑶		
主营业务	开发、制造、改装专用车辆及其配件和环境卫生、工程用设备。				

企业名称	希西艾流体控制设备（上海）有限公司				
企业地址	上海市徐汇区田州路 159 号 15 幢 108 室（200232）				
投资总额	47 万 USD	电话	60901700	传真	60901706
设立日期	2008-10-7	负责人	ANTHONY FINOCCHIARO		
主营业务	生产阀门、阀门执行机构、阀门控制设备，销售自产产品。				

企业名称	茂洋船舶设备制造（上海）有限公司				
企业地址	上海市嘉定区马陆镇科茂路 1016 号第 4 幢（201801）				
投资总额	32 万 USD	电话	39105191	传真	39105195
设立日期	2008-10-6	负责人	江富亮		
主营业务	设计、生产船舶甲板机械及配件，销售本公司自产产品。				

企业名称	上海星瀚汽车维修服务有限公司				
企业地址	上海市普陀区红柳路 555 弄 68 号 A3-28 室（200333）				
投资总额	200 万 USD	电话	61812266	传真	61812233
设立日期	2008-9-28	负责人	GAN KHIAN SENG（颜健生）		
主营业务	汽车维修（一类）及售后服务。				

企业名称	昭进半导体设备（上海）有限公司				
企业地址	上海市青浦区金泽镇金鹰南路 1 号 5-7 幢厂房（201718）				
投资总额	40 万 USD	电话	57626722	传真	57626722
设立日期	2008-9-25	负责人	中原司		
主营业务	生产、组装半导体硅片加工设备，销售公司自产产品。				

企业名称	欧晟专业设备（上海）有限公司				
企业地址	上海市宝山城市工业园区园新路 125 号 1 号车间（200436）				
投资总额	17.37 万 USD	电话	61671616	传真	61671824
设立日期	2008-9-25	负责人	CESARE CAPRIZ		
主营业务	机场跑道灯、民用照明设备、辅助照明设备的研发。				

企业名称	阿特拉斯·科普柯（上海）工艺设备有限公司				
企业地址	上海市临港新城新元南路 600 号 1 号厂房 307 室（201303）				
投资总额	560 万 USD	电话	68284062	传真	68284060
设立日期	2008-9-18	负责人	EDWARD MARTIN JONES		
主营业务	研发、生产、组装单级和多级齿轮式涡轮压缩机。				

企业名称	施都凯仪器设备（上海）有限公司				
企业地址	上海市嘉定区马陆镇双丁路 557 号第 4 幢第 1 层 A 区（201801）				
投资总额	105 万 USD	电话	59103991	传真	59103930
设立日期	2008-9-12	负责人	尹光洙		
主营业务	生产实验室设备，环境测试设备，血柜，超低温冷藏箱。				

企业名称	湘南汽车设计（上海）有限公司				
企业地址	上海市静安区北京西路 1701 号 2309 室（200041）				
投资总额	20 万 USD	电话	51508881	传真	51508881
设立日期	2008-9-11	负责人	MATSUOKA YASUHIKO		
主营业务	汽车及工业产品的造型设计、结构设计和开发。				

企业名称	安泊来安防设备（上海）有限公司				
企业地址	上海市张江高科技园区碧波路 690 号 8 号楼 101 室（201203）				
投资总额	71.58 万 USD	电话	61506001	传真	61042200
设立日期	2008-8-25	负责人	JOE LAHOUD		
主营业务	机械门锁和电子门锁及其相关零部件的生产，销售自产产品。				

企业名称	德赛诊断产品（上海）有限公司				
企业地址	上海市外高桥保税区爱都路 253 号 4#楼 2 层 A 部位（200131）				
投资总额	50 万 USD	电话	8008203319	传真	50464742
设立日期	2008-8-21	负责人	钱震斌		
主营业务	研制、开发、生产医学临床诊断试剂。				

企业名称	嘉惠船艇设备（上海）有限公司				
企业地址	上海市嘉定区马陆镇亚钢路 277 弄 55 号第 3 幢（201801）				
投资总额	210 万 USD	电话	59150433	传真	
设立日期	2008-8-14	负责人	舒泓		
主营业务	设计、生产船用复合甲板、地板、家具，船用通讯器材。				

企业名称	上海世钟汽车配件有限公司				
企业地址	上海市长宁区仙霞路 318－322 号 2105 室（200336）				
投资总额	16 万 USD	电话	51078287	传真	62786733
设立日期	2008-8-14	负责人	YOON YOUNG SUN		
主营业务	汽车配件的设计、开发。				

企业名称	上海拓缘汽车零部件有限公司				
企业地址	上海市南汇区康桥镇康桥东路 1111 号－2（201315）				
投资总额	120.8 万 USD	电话		传真	
设立日期	2008-8-12	负责人	许子林		
主营业务	设计、生产汽车车型快速模具。				

企业名称	上海高升环境设备有限公司				
企业地址	上海市奉贤区环城北路 88 号（201400）				
投资总额	15 万 USD	电话	67109961	传真	67109962
设立日期	2008-8-11	负责人	DANYAAKOV KLEIN		
主营业务	组装地暖设备及产品，工业地暖设备、控制系统。				

企业名称	奥电动力设备（上海）有限公司				
企业地址	上海市嘉定区外冈镇汇仁路 1988 号第 2、3 幢（201806）				
投资总额	300 万 USD	电话	69521037	传真	
设立日期	2008-7-25	负责人	ZAHID HAMID ADAMJEE		
主营业务	生产柴油发电机组及其零部件，销售本公司自产产品。				

企业名称	瀚鹏龙（上海）自动化设备有限公司				
企业地址	上海市闵行区七宝镇中春路 7333 弄 87 号（201101）				
投资总额	458,8 万 USD	电话	54869067	传真	54869097
设立日期	2008-7-22	负责人	GIUSEPPE RANALLI		
主营业务	研发、生产自动化装配检测设备及其配套的软件，销售自产产品。				

企业名称	首帆动力设备制造（上海）有限公司				
企业地址	上海市南汇区六灶镇鹿达路 111 号 9、10、12 幢（201322）				
投资总额	300 万 USD	电话	60970158	传真	60970155
设立日期	2008-7-18	负责人	SOUFAN NASSER		
主营业务	生产发电机组、发动机、智能型动力设备。				

企业名称	上海恩尼克思安全设备有限公司				
企业地址	上海市南汇区周浦镇沪南路 3736 弄 5 号第二幢四楼（201318）				
投资总额	40.6 万 USD	电话	68066636	传真	68066835
设立日期	2008-7-11	负责人	陈建刚		
主营业务	生产气体检测仪和气体监测仪等安全设备，销售公司自产产品。				

企业名称	曼胡默尔滤清器（上海）有限公司				
企业地址	上海市嘉定工业区叶城路 1211 号第 4 幢（201821）				
投资总额	772.9 万 USD	电话	61043222	传真	58206015
设立日期	2008-7-11	负责人	MANFRED WOLF		
主营业务	研发和制造滤清器、滤清器系统和相关产品。				

企业名称	萨来力（上海）汽车水泵有限公司				
企业地址	上海市嘉定区安亭镇泰丰路 188 号 B 区（201805）				
投资总额	32.2 万 USD	电　话	59501551	传　真	59501552
设立日期	2008-7-10	负 责 人	SALERI LUCA		
主营业务	汽车水泵及其零配件的设计、制造。				

企业名称	恩勒精密设备（上海）有限公司				
企业地址	上海市闵行区马桥镇中辉路 60 号 6 幢（201111）				
投资总额	101.5 万 USD	电　话	51593203	传　真	51593204
设立日期	2008-7-8	负 责 人	HANS-ROLAND WAGNER		
主营业务	开发、设计、生产、组装高精密机器设备。				

企业名称	和卓（上海）风能设备制造有限公司				
企业地址	上海市金山工业区通业路 218 号 4 幢 3 号（201506）				
投资总额	2980 万 USD	电　话	57275966	传　真	57276292
设立日期	2008-7-7	负 责 人	薛敬洁		
主营业务	研发、生产风电整机系列产品的项目。				

企业名称	碧梦技（上海）复合材料有限公司				
企业地址	上海市奉贤区闵行出口加工区 3111 号 204 室（201400）				
投资总额	977 万 USD	电　话	69212980	传　真	69212984
设立日期	2008-7-1	负 责 人	MICHAEL KREHL		
主营业务	生产以金属基复合材料制成的汽车零部件，销售公司自产产品。				

企业名称	亿维气体技术（上海）有限公司				
企业地址	上海市嘉定区安亭镇众川路 199 号第 7 幢第 1 层（201805）				
投资总额	20 万 USD	电　话	51873580	传　真	51028350
设立日期	2008-7-1	负 责 人	初凤光		
主营业务	研发、设计、生产变压吸附制氮机、沼气回收设备。				

企业名称	莱培德流体设备（上海）有限公司				
企业地址	上海市松江区茸北路 88 号 4 幢第二层厂房东车间（201613）				
投资总额	14.5 万 USD	电　话	37628450	传　真	37628452
设立日期	2008-6-27	负 责 人	金承刚		
主营业务	设计开发、生产和加工各类泵及相关附件。				

企业名称	海矩液压设备（上海）有限公司				
企业地址	上海市宝山区一二八纪念路 1088 号 4 幢（200439）				
投资总额	20 万 USD	电　话	66973010	传　真	66973060
设立日期	2008-6-18	负 责 人	KEVIN PETER BROWN		
主营业务	制造和装配液压设备及上述产品的维修和售后服务。				

企业名称	利雅路热能设备（上海）有限公司				
企业地址	上海市金山工业区金百路 388 号（201505）				
投资总额	639 万 USD	电　话	64276274	传　真	65223500
设立日期	2008-6-17	负 责 人	LUCIANO FAVERO		
主营业务	燃烧器、热水器、取暖炉和光伏电池的设计、制造。				

企业名称	摩铎利传动设备（上海）有限公司				
企业地址	上海市松江区茸华路 1155 号 2 幢厂房一楼（201613）				
投资总额	25.5 万 USD	电　话	63178829	传　真	63549065
设立日期	2008-6-4	负 责 人	MAURIZIO NEGRO		
主营业务	生产、加工各类齿轮发动机、变速器、电发动机及其配件。				

企业名称	米克朗自动化设备（上海）有限公司				
企业地址	上海市松江区洞泾镇洞业路 358 号 3 号厂房（201619）				
投资总额	14 万 USD	电　话	67679681	传　真	67679683
设立日期	2008-6-4	负 责 人	ANDREAS LAM		
主营业务	设计、制造自动化设备、流体设备及相关零部件。				

企业名称	韩佳（上海）环保设备有限公司				
企业地址	上海市闵行区合川路 3051 号 9 幢 403 室（201103）				
投资总额	20 万 USD	电　话	64014091	传　真	64012660
设立日期	2008-6-2	负 责 人	PARK JE SUNG		
主营业务	生产、加工水处理设备及配件、空气净化设备及配件。				

企业名称	上海迪由控制系统有限公司				
企业地址	上海市南汇区航头镇沪南路 5599 号 1 幢（201306）				
投资总额	101 万 USD	电　话	68220731	传　真	68220703
设立日期	2008-5-26	负 责 人	THORSTEN DIRK CONNEMANN		
主营业务	生产变速系统、驻车制动系统及其有关分总成与零部件。				

企业名称	高田汽车电子（上海）有限公司				
企业地址	上海市外高桥保税区韩城路 17 号 71 号厂房 A 部位（200131）				
投资总额	300 万 USD	电　话	58998317	传　真	68868335
设立日期	2008-5-22	负 责 人	严义明		
主营业务	设计、开发和生产车用安全电子产品、传感器。				

企业名称	卡麦龙（上海）仪器控制设备有限公司				
企业地址	上海市松江出口加工区茸腾路 255 号 1 号厂房（201600）				
投资总额	232 万 USD	电　话	64091860	传　真	64091860
设立日期	2008-5-20	负 责 人	SEET CHONG JENG		
主营业务	生产、组装及测试油气压力控制设备。				

企业名称	瑞必科净化设备（上海）有限公司				
企业地址	上海市松江区江田东路 92 号 5 幢（201600）				
投资总额	57 万 USD	电　话	33528700	传　真	33528725
设立日期	2008-5-20	负 责 人	KURT SORSCHAK		
主营业务	各类气体净化、过滤、分离和吸附设备的生产及研发。				

企业名称	孚乐率传输设备制造（上海）有限公司				
企业地址	上海市松江区锦昔路 180 弄 3 号一楼（201600）				
投资总额	21 万 USD	电　话	33528388	传　真	33528058
设立日期	2008-5-20	负 责 人	KEVIN GERARD KOZMINSKI		
主营业务	生产、加工机械传送带，传送带清洗器，滑轮套。				

企业名称	诺翼航空设备（上海）有限公司				
企业地址	上海市青浦区朱家角镇康工路 120 号（1 幢、3 幢）（201713）				
投资总额	14 万 USD	电　话	51506625	传　真	51506625
设立日期	2008-5-15	负 责 人	MATHIEU BOIVIN		
主营业务	生产、加工飞机客舱周转箱，销售公司自产产品。				

企业名称	柯维自动化设备（上海）有限公司				
企业地址	上海市浦东新区川沙路 6999 号 B 区 18 号厂房三层（200125）				
投资总额	100 万 USD	电　话	61681268	传　真	61681266
设立日期	2008-5-8	负 责 人	TAY KOK WEE		
主营业务	设计、生产精密机械自动化设备、太阳能节能设备及相关零配件。				

企业名称	欢乐无限（上海）游艇有限公司				
企业地址	上海市化学工业区奉贤分区（201424）				
投资总额	120 万 USD	电　话	33659063	传　真	
设立日期	2008-5-7	负 责 人	BAILEY ZHENG		
主营业务	研发、设计、生产、组装各种规格的游艇及相关配件。				

企业名称	西马克艾洛特姆感应设备技术（上海）有限公司				
企业地址	上海市静安区康定路 358 号 15 幢 114 室（200040）				
投资总额	17.57 万 USD	电　话	63505151	传　真	63606211
设立日期	2008-4-29	负 责 人	PHILIPP KANNENGIESSER		
主营业务	研究、开发、设计电感应淬火设备、工业电加热设备。				

企业名称	赛雪龙轨道交通安全技术（上海）有限公司				
企业地址	上海市闵行区申南路 111 号 1 号楼 1 楼 B 区（201100）				
投资总额	38.5 万 USD	电　话	64422900	传　真	64422910
设立日期	2008-4-24	负 责 人	JOSEPH MURER		
主营业务	开发、设计、生产、组装轨道交通运输安全性牵引设备。				

企业名称	日轻（上海）汽车配件有限公司				
企业地址	上海市青浦工业园区崧华路 1368 号 3 幢厂房（201700）				
投资总额	141.5 万 USD	电　话	59869388	传　真	59869399
设立日期	2008-4-17	负 责 人	宣心明		
主营业务	研发、生产铝合金挤压型材的汽车零配件，销售公司自产产品。				

企业名称	百超玻璃设备技术（上海）有限公司				
企业地址	上海市嘉定区马陆镇横仓路 355 号第 1 幢（201801）				
投资总额	193 万 USD	电　话	59513600	传　真	59511993
设立日期	2008-4-16	负 责 人	JIN SHEN		
主营业务	开发、生产玻璃深加工设备及其零部件。				

企业名称	明尼维德（上海）升降设备有限公司				
企业地址	上海市浦东新区龙桂路 356 号 T6－3 第一层（201206）				
投资总额	35 万 USD	电　话	61053236	传　真	61053232
设立日期	2008-4-14	负 责 人	GRAHAM DEREK KEMP		
主营业务	生产、加工、组装楼梯升降设备、升降装置及零配件。				

企业名称	赛伊马斯汽车用品（上海）有限公司				
企业地址	上海市松江区恒富路99号6幢（201615）				
投资总额	51万USD	电　话	67690177	传　真	67690176
设立日期	2008-4-8	负责人	KUIKYUNG SUNG		
主营业务	生产、组装汽车零部件及汽车装饰件。				

企业名称	奥斯汽车部件技术（上海）有限公司				
企业地址	上海市闸北区天目西路218号1幢2301室（200071）				
投资总额	40万USD	电　话	63549889	传　真	63549885
设立日期	2008-4-7	负责人	DAVID BAGGETT		
主营业务	汽车零部件的设计、研发、技术支持、技术咨询。				

企业名称	上海海立特凯迈特制冷设备有限公司				
企业地址	上海市浦东新区曹路镇秦家港路1723号9幢（201203）				
投资总额	64万USD	电　话	65697654	传　真	65803133
设立日期	2008-4-1	负责人	彭学广		
主营业务	轨道交通空调、机场空调的设计、生产，销售自产产品。				

企业名称	上海汇普水处理设备有限公司				
企业地址	上海市宝山区长江西路101号108幢一楼（200441）				
投资总额	50万USD	电　话	64208840	传　真	
设立日期	2008-3-31	负责人	TAN JUE CHIU		
主营业务	生产、组装生活及工业用排水处理设备。				

企业名称	洪嘉医疗器械（上海）有限公司				
企业地址	上海市南汇区周浦镇周祝公路337号9幢109室（201318）				
投资总额	11万USD	电　话		传　真	
设立日期	2008-3-24	负责人	周　洪		
主营业务	生产血糖监控（测）仪，销售自产产品。				

企业名称	尚合（上海）精密夹具有限公司				
企业地址	上海市松江区车墩镇书海路1239号4号厂房（201611）				
投资总额	100万USD	电　话	67602401	传　真	67602411
设立日期	2008-3-21	负责人	许修华		
主营业务	设计、制造汽车模具、夹具，摩托车模具、夹具。				

企业名称	通玛科重型车辆（上海）有限公司				
企业地址	上海市闵行区北吴路1296号第三幢A座（201108）				
投资总额	69万USD	电　话	33932671	传　真	33932670
设立日期	2008-3-17	负责人	朱新生		
主营业务	开发、生产现场运输特种车辆。				

企业名称	上海新导电子设备安装有限公司				
企业地址	上海市闵行区吴中路1050号5号北楼807室（201103）				
投资总额	7万USD	电　话	60907628	传　真	60907626
设立日期	2008-3-14	负责人	池德相		
主营业务	印刷电路板生产设备、太阳能电池生产专用设备的安装、维修和保养。				

企业名称	天海雪城汽车电子工程研发（上海）有限公司				
企业地址	上海市嘉定区安亭镇和静路24弄8号第1幢（201800）				
投资总额	200万USD	电　话	59565405	传　真	59564593
设立日期	2008-3-11	负责人	王来生		
主营业务	汽车电子、电气系统的研制与开发，转让研发成果。				

企业名称	上海英谷桥梁科技有限公司				
企业地址	上海市奉贤区远东路1515弄15号（201400）				
投资总额	13.8万USD	电　话	65976515	传　真	65976516
设立日期	2008-3-10	负责人	韩凯翔		
主营业务	研发、设计、生产桥梁用支座、伸缩缝。				

企业名称	萨伊感应设备（上海）有限公司				
企业地址	上海市松江区车墩镇三浜路388号11号厂房（201611）				
投资总额	220万USD	电　话	37601498	传　真	37601499
设立日期	2008-2-26	负责人	ENRICO CAMURATI		
主营业务	感应加热系统和设备的研发、生产。				

企业名称	上海德炜船舶设备有限公司				
企业地址	上海市嘉定区南翔镇陈翔公路58弄4号第4幢（201802）				
投资总额	30万USD	电　话	69177751	传　真	69178636
设立日期	2008-2-25	负责人	高家声		
主营业务	生产船舶机电设备及零配件。				

企业名称	上海伊狄达汽车技术服务有限公司				
企业地址	上海市长宁区愚园路1258号1810室（200050）				
投资总额	16万USD	电　话	62100894	传　真	52080556
设立日期	2008-2-25	负责人	CARLES GRASAS ALSINA		
主营业务	机动车及其零部件和相关产品的性能和质量测试、质量控制。				

企业名称	尼的曼空气净化设备（上海）有限公司				
企业地址	上海市青浦工业园区天盈路98号4幢厂房（201700）				
投资总额	200万USD	电　话	69225502	传　真	69225503
设立日期	2008-2-13	负责人	ANDERS STEFAN AGERING		
主营业务	生产、加工空气净化设备及其零配件。				

企业名称	美特威斯特（上海）设备零配件有限公司				
企业地址	上海市宝山城市工业园区丰翔路1000号A区（200436）				
投资总额	30万USD	电　话	51695656	传　真	51695656
设立日期	2008-2-4	负责人	ROSS DAVID ANDERSON		
主营业务	生产通用设备零部件，传输带及其零部件，销售自产产品。				

企业名称	精驰达光通信器件（上海）有限公司				
企业地址	上海市南汇区祝桥镇立新村1156号7号厂房（201323）				
投资总额	14万USD	电　话	58092538	传　真	58092526
设立日期	2008-2-4	负责人	小林光志		
主营业务	生产各类光连接器，销售公司自产产品。				

企业名称	特酷电子设备（上海）有限公司				
企业地址	上海市嘉定区马陆镇申霞路358号1幢厂房102室（201801）				
投资总额	18万USD	电　话	59907573	传　真	59907595
设立日期	2008-2-1	负责人	RÜDIGER STAHL		
主营业务	生产工业自动化控制设备及零部件，销售本公司自产产品。				

企业名称	雷逊汽车配件（上海）有限公司				
企业地址	上海市青浦区华新镇淮海村华丹路888号（201708）				
投资总额	483万USD	电　话	69791388	传　真	69790399
设立日期	2008-1-30	负责人	GEORGES LAMMOGLIA		
主营业务	从事汽车行业和其他行业金属紧固件和其他机械配件的开发和生产。				

企业名称	轮通空调节能设备（上海）有限公司				
企业地址	上海市奉贤区奉城镇神州路288号6幢1号（201411）				
投资总额	46万USD	电　话	54306216	传　真	54306217
设立日期	2008-1-24	负责人	胡毅强		
主营业务	研发、生产各类空调相关节能产品。				

企业名称	科睿司制药用水处理设备（上海）有限公司				
企业地址	上海市张江高科技园区碧波路572弄115号8幢一层（201203）				
投资总额	40万USD	电　话	59867880	传　真	59867201
设立日期	2008-1-11	负责人	CAY MANSSON		
主营业务	水处理技术的研发。				

企业名称	上海碧沁信息科技有限公司				
企业地址	上海市张江高科技园区郭守敬路498号9幢20301－20303室(201203)				
投资总额	12.8万USD	电　话	50276068	传　真	50276066
设立日期	2008-1-11	负责人	关　星		
主营业务	半导体集成电路的设计，软件的设计、开发、制作，销售自产产品。				

企业名称	西刻标识设备（上海）有限公司				
企业地址	上海市浦东新区金藏路258号第4幢通用厂房405室（201206）				
投资总额	12.8万USD	电　话	61645600	传　真	61645612
设立日期	2008-1-8	负责人	GERARD BARRAUD		
主营业务	设计、加工、生产标识设备、标识工具及零配件，销售自产产品。				

企业名称	贯源太阳能设备（上海）有限公司				
企业地址	上海市嘉定区南翔镇真南路5028号第2幢（201802）				
投资总额	1200万USD	电　话	23077058	传　真	23077300
设立日期	2008-1-4	负责人	许明茵		
主营业务	生产、组装、测试太阳能照明设备及相关零部件。				

企业名称	丽清汽车科技（上海）有限公司				
企业地址	上海市闵行区申旺路18号8幢1楼1号（201108）				
投资总额	120万USD	电　话	54832486	传　真	54832488
设立日期	2008-1-4	负责人	刘美秀		
主营业务	开发、生产、加工汽车、摩托车用照明发光二极管电子配线板。				

制造业-专用设备和交通运输设备制造业

企业名称	八喜新热能技术（上海）有限公司				
企业地址	上海市浦东新区川大路518号开能5号厂房底层（201202）				
投资总额	160万欧元	电　话	58591372	传　真	58591372
设立日期	2007-12-25	负 责 人	MAURO FRATTESI		
主营业务	开发、设计、生产燃气热水器、电热水器、太阳能热水器、燃烧器。				

企业名称	攀士福安全装备（上海）有限公司				
企业地址	上海市浦东新区金桥出口加工区金豫路251号2幢一层（201206）				
投资总额	105万USD	电　话	68755909	传　真	68755906
设立日期	2007-12-24	负 责 人	JOHN DOUGLAS LEAVITT		
主营业务	开发、设计、生产安全防护用品装备和装置，销售自产产品。				

企业名称	上海东丰波塔自动门有限公司				
企业地址	上海市松江工业区佘山分区内A6地块内第四栋厂房（201602）				
投资总额	14万USD	电　话	57793100	传　真	57742235
设立日期	2007-12-20	负 责 人	周清阳		
主营业务	生产、加工自动门，销售公司自产产品，提供售后技术服务及咨询服务。				

企业名称	上海诺信汽车零部件有限公司				
企业地址	上海市南汇区新翰路18号A幢（201314）				
投资总额	100万USD	电　话	50309858	传　真	50309808
设立日期	2007-12-14	负 责 人	陈　序		
主营业务	生产、加工汽车配件，机械配件、销售公司自产产品,提供咨询服务。				

企业名称	上海永辛环保设备工程有限公司				
企业地址	上海市崇明县新河镇新开河路825号8栋124室（202156）				
投资总额	80万RMB	电　话	59688898	传　真	59688898
设立日期	2007-12-5	负 责 人	张乐红		
主营业务	建筑节能环保技术的运用与推广，相关工程与设备的安装、调试、维修。				

企业名称	翟柯莱姆达计量设备（上海）有限公司				
企业地址	上海市闵行区联曹路552号1号厂房二楼（200237）				
投资总额	65万USD	电　话	64346151	传　真	64346051
设立日期	2007-12-4	负 责 人	殷立峰		
主营业务	开发、生产精密在线测量仪器及相关零配件，销售自产产品。				

企业名称	均磊环保科技（上海）有限公司				
企业地址	上海市外高桥保税区加太路29号1号楼303B室（200131）				
投资总额	20万USD	电　话	50640058	传　真	58663917
设立日期	2007-12-3	负 责 人	章乐均		
主营业务	隔热保温涂料及环保涂料研发、清洁能源工程咨询，建筑环保投资咨询。				

企业名称	斓大环境科技（上海）有限公司				
企业地址	上海市长宁区娄山关路85号C座1202室（200051）				
投资总额	14万USD	电　话	62781155	传　真	62787739
设立日期	2007-12-3	负 责 人	新岡司		
主营业务	环境保护、空气净化领域内的技术开发，转让自研成果，提供技术咨询。				

企业名称	笨马机电技术（上海）有限公司				
企业地址	上海市南汇区宣桥镇宣夏路293号（201322）				
投资总额	65万USD	电　话	51872623	传　真	51961285
设立日期	2007-11-29	负 责 人	许云东		
主营业务	生产冲天炉、电炉、加配料系统、造型线及浇注机、抛丸清理设备。				

企业名称	上海掌宇松九科教设备有限公司				
企业地址	上海市松江区九亭镇龙高路538号1号楼三楼（201615）				
投资总额	30万USD	电　话	33522573	传　真	33522572
设立日期	2007-11-27	负 责 人	许泰益		
主营业务	开发、生产教学实验设备、电子元器件、多媒体电子白板、仪器仪表。				

企业名称	萨意诺（上海）汽车工程技术有限公司				
企业地址	上海市浦东新区金桥出口加工区新金桥路1122号505室（201206）				
投资总额	40万USD	电　话	61462176	传　真	61462336
设立日期	2007-11-26	负 责 人	ANTONY JOHN WARD		
主营业务	开发和设计汽车整车、零部件、内装饰及相关软件，提供技术咨询。				

企业名称	德尔福冷却系统（上海）有限公司				
企业地址	上海松江出口加工区三庄路28号6幢3楼（201613）				
投资总额	250万USD	电　话	57746514	传　真	57743302
设立日期	2007-11-22	负 责 人	GERALD SCOTT GRAHAM		
主营业务	设计、研发、生产风机、风扇及其电子元器件，空调、制冷系统。				

企业名称	格罗特（上海）车灯系统有限公司				
企业地址	上海市松江工业区华加路99号7号厂房（201600）				
投资总额	250万USD	电　话	64732588	传　真	63906659
设立日期	2007-11-22	负 责 人	WILLIAM DOMINIC GROTE		
主营业务	从事机动车车灯系统及其相关零部件和配件的生产、加工、销售。				

企业名称	福耀集团上海汽车饰件有限公司				
企业地址	上海市嘉定区安亭镇园福路588号第2幢（201814）				
投资总额	3000万USD	电　话	69573333	传　真	69573111
设立日期	2007-11-22	负 责 人	曹德旺		
主营业务	生产汽车配套玻璃总成用零部件及特种玻璃，销售自产产品。				

企业名称	亚士图泳池设备（上海）有限公司				
企业地址	上海市南丹东路238号1801室（200030）				
投资总额	12.5万USD	电　话	64693089	传　真	63910615
设立日期	2007-11-16	负 责 人	ELOY PLANES CORTS		
主营业务	泳池设备、水处理设备及其零部件、化工原料批发，佣金代理，进出口。				

企业名称	奥星洁净设备（上海）有限公司				
企业地址	上海市松江区北杨路118号3幢（201600）				
投资总额	30万USD	电　话	37714023	传　真	37714017
设立日期	2007-11-12	负 责 人	HO KWOK KEUNG MARS		
主营业务	设计、生产和加工洁净设备、空调通风系统设备、配套型材及相关配件。				

企业名称	上海乐福瑞汽车服务有限公司				
企业地址	上海市静安区万航渡路888号8004室（200041）				
投资总额	140万USD	电　话	61313588	传　真	62187838
设立日期	2007-11-12	负 责 人	DAVID CARL SCHLAKMAN		
主营业务	汽车修理、汽车养护的中介服务，并提供相关的技术服务。				

企业名称	上海西门子电站成套设备有限公司				
企业地址	上海市闵行区江川路333号421幢第四层（201111）				
投资总额	2000万RMB	电　话	61158099	传　真	61158099
设立日期	2007-11-12	负 责 人	ROCHUS BERGMANN		
主营业务	火力发电设备系统集成，火力发电设备及相关零部件的批发、佣金代理。				

企业名称	上海赛易克华海船用设备有限公司				
企业地址	上海市杨浦区隆昌路619号352幢305室（200090）				
投资总额	50万USD	电　话	55238935	传　真	55238122
设立日期	2007-11-7	负 责 人	HOLGER ELIES		
主营业务	船用设备及船舶货物绑扎系统设备的设计与生产，并提供相关技术咨询。				

企业名称	上海麦士格瑞交通智能技术有限公司				
企业地址	上海市张江高科技园区龙东大道2500号D楼107室（201203）				
投资总额	100万RMB	电　话	64275560	传　真	64273980
设立日期	2007-11-7	负 责 人	陈绪丰		
主营业务	交通电子智能控制技术及产品的研发，提供相关技术咨询和技术服务。				

企业名称	上海普惠飞机发动机维修有限公司				
企业地址	上海市青浦区漕盈路2500号主楼9层902、903房间（201700）				
投资总额	3950万USD	电　话	59705618	传　真	
设立日期	2007-11-6	负 责 人	李养民		
主营业务	飞机发动机及其相关零部件的修理、维护及大修服务的开发与提供。				

企业名称	上海森旺环保科技有限公司				
企业地址	上海市闵行区金都路4299号4幢2楼51室（201108）				
投资总额	20万USD	电　话	54404873	传　真	54404783
设立日期	2007-11-1	负 责 人	刘邦昭		
主营业务	负压降温、通风、除尘、换气等环保产品的设计、开发及生产。				

企业名称	上海御峰车辆零部件科技有限公司				
企业地址	上海市南汇工业园区园春路106号A座（201300）				
投资总额	14万USD	电　话	68009180	传　真	58003660
设立日期	2007-10-31	负 责 人	杜若愚		
主营业务	生产加工车辆零部件、五金件，销售公司自产产品，提供售后技术服务。				

企业名称	格理波德环保科技（上海）有限公司				
企业地址	上海市普陀区武宁路227、231号3053室（200331）				
投资总额	300万USD	电　话		传　真	
设立日期	2007-10-29	负 责 人	吴建华		
主营业务	设计、制造环件与污水处理设备及相关零配件、销售产品并提供咨询。				

企业名称	美冠厨房设备（上海）有限公司				
企业地址	上海市松江区洞泾镇洞伟路6号1幢（201619）				
投资总额	55万USD	电话	67679061	传真	67679057
设立日期	2007-10-29	负责人	DANIEL SHEN		
主营业务	设计、生产厨卫设备及相关配件，销售公司自产产品，并提供配套服务。				

企业名称	邦品智能设备（上海）有限公司				
企业地址	上海市张江高科技园区春晓路149号1幢305室（201203）				
投资总额	140万USD	电话	50273731	传真	50276310
设立日期	2007-10-26	负责人	JIAN XHANG		
主营业务	半导体芯片封装设备及相关设备的研发，提供相关技术咨询和技术服务。				

企业名称	贝鲁斯医疗器材（上海）有限公司				
企业地址	上海市张江高科技产业东区瑞庆路528号20幢甲号三、四层（201203）				
投资总额	21万欧元	电话	69116303	传真	
设立日期	2007-10-25	负责人	MING SHEN（沈 明）		
主营业务	心脏生物瓣膜、气囊充盈装置和皮下移植式注射器研发，提供技术咨询。				

企业名称	顺枫船舶动力设备（上海）有限公司				
企业地址	上海市浦东新区民冬路635号8幢（201201）				
投资总额	160万港币	电话	51688811	传真	68720218
设立日期	2007-10-24	负责人	陈润钦		
主营业务	生产、安装船用发电机组及相关零配件，销售自产产品。				

企业名称	泛得自动化设备科技（上海）有限公司				
企业地址	上海市浦东新区芳华路37号701室（200130）				
投资总额	13万USD	电话	52911461	传真	52911463
设立日期	2007-10-23	负责人	简淑慧		
主营业务	自动化仓储设备及配件、输送物流设备及配件批发、佣金代理、进出口。				

企业名称	意诚思坦（上海）展示器材制造有限公司				
企业地址	上海市松江区新浜镇浩海路225号1-3号楼（201605）				
投资总额	40万USD	电话	67891395	传真	34224900
设立日期	2007-10-22	负责人	黄忆遂		
主营业务	生产加工便捷式展示器材、展示灯具、展示器材箱包，销售自产产品。				

企业名称	宝莲汽车工程科技（上海）有限公司				
企业地址	上海市杨浦区国定路335号10010室（200433）				
投资总额	14万USD	电话	65026815	传真	
设立日期	2007-10-22	负责人	BOYCOTT BENJAMIN JAMES		
主营业务	车辆动力设备性能、结构、工艺流程设计及车辆外型设计。				

企业名称	上海鑫盛辉环境科技有限公司				
企业地址	上海市浦东新区金丰北路751号1幢1楼（201206）				
投资总额	2980万USD	电话	58608471	传真	58608471
设立日期	2007-10-19	负责人	林平鑫		
主营业务	空气层流装置、节能坐便器、水净化产品、矿化材料的开发、委托加工。				

企业名称	斯堪纳克（上海）环境技术有限公司				
企业地址	上海市长宁区遵义路107号606室（200051）				
投资总额	24.5万USD	电话	62375309	传真	62375217
设立日期	2007-10-18	负责人	SVEN HEDMAN		
主营业务	分析和优化酸处理设备，测量和减少液体废物、固体废物、气体的设备。				

企业名称	上海中集专用车有限公司				
企业地址	上海市宝山区抚远路1771号（201908）				
投资总额	3000万RMB	电话	56860000	传真	56863985
设立日期	2007-10-18	负责人	李胤辉		
主营业务	开发、生产厢式半挂车、厢式汽车，及与上述车辆相关的机械产品。				

企业名称	唯视博展示器材（上海）有限公司				
企业地址	上海市外高桥保税区华京路418号41号楼第1层B部位（200131）				
投资总额	30万USD	电话	50464405	传真	50464409
设立日期	2007-10-17	负责人	MARCEL RUHLAND		
主营业务	保税区内展示器、旗杆、展架、户外广告伞、广告旗等研发、生产。				

企业名称	爱贝克（上海）能源科技有限公司				
企业地址	上海市闵行区吴中路1366号第5幢710室（201103）				
投资总额	101万USD	电话	54225589	传真	54222720
设立日期	2007-10-17	负责人	黄毓鹏		
主营业务	能源科技领域技术咨询，氢氧焰能设备、太阳能光电设备批发及进出口。				

企业名称	摩裴过滤设备（上海）有限公司				
企业地址	上海市浦东新区莲溪路1280号8幢2楼（201204）				
投资总额	20万欧元	电话	58919916	传真	58919667
设立日期	2007-10-16	负责人	GIOVANNI PASOTTO		
主营业务	各类过滤设备及其相关零配件生产，销售产品，上述同类商品的进出口。				

企业名称	应拓柯制动器（上海）有限责任公司				
企业地址	上海市临港新城新元南路600号6号楼一楼B座（201306）				
投资总额	35万USD	电话	68284790	传真	68284430
设立日期	2007-10-15	负责人	MATTHIAS BRENDLER		
主营业务	设计、生产电磁制动器及离合器，销售自产产品，提供相关技术咨询。				

企业名称	上海悦道汽车服务有限公司				
企业地址	上海市浦东新区浦东南路999号新梅双塔大厦30层D单元（200120）				
投资总额	175万USD	电话	58846612	传真	58769419
设立日期	2007-10-15	负责人	ROBERT EDWARD MATHIE JR		
主营业务	受汽车制造商和服务提供商委托，提供联络、技术咨询、技术支持。				

企业名称	思夫科屠宰设备（上海）有限公司				
企业地址	上海市浦东新区川沙路6999号23幢（201202）				
投资总额	53万USD	电话	58594980	传真	58592339
设立日期	2007-10-11	负责人	依伯·彬·纽卡（IB SAND NYKJAER）		
主营业务	屠宰设备的生产、组装，销售产品，屠宰设备及零部件的批发、进出口。				

企业名称	希澳（上海）游艇配件有限公司				
企业地址	上海市奉贤区奉城镇南奉公路938号4幢（201411）				
投资总额	20万澳元	电话	57522291	传真	57522291
设立日期	2007-10-8	负责人	FOTIS LALIZAS		
主营业务	设计、生产各类游艇的相关配件，销售自产产品并提供产品售后服务。				

企业名称	康沃益（上海）物流设备有限公司				
企业地址	上海市松江区新桥镇金都西路888号A栋（201612）				
投资总额	100万USD	电话	67681433	传真	
设立日期	2007-9-30	负责人	MARK FLEGM		
主营业务	生产、加工物流设备及其零配件，销售自产产品，提供售后服务。				

企业名称	上海戈览特蔓篷房有限公司				
企业地址	上海市松江区石湖荡镇塔汇路111弄3号（201614）				
投资总额	20万USD	电话	57842156	传真	57842156
设立日期	2007-9-29	负责人	倪卫兵		
主营业务	开发、设计和生产篷房，销售公司自产产品，提供自产产品租赁服务。				

企业名称	索威德（上海）汽车配件有限公司				
企业地址	上海市宝山区真大路454号2号楼（200436）				
投资总额	14万USD	电话	66160821	传真	56131902
设立日期	2007-9-27	负责人	LARRY DEAN PORTER		
主营业务	生产、装配汽车燃油零部件、汽车电子零部件、驱动系统零部件。				

企业名称	优邦假肢矫形器（上海）有限公司				
企业地址	上海市宝山区爱晖路821号北二楼（200441）				
投资总额	100万RMB	电话	66223226	传真	66223228
设立日期	2007-9-27	负责人	王宏宇		
主营业务	生产、安装、维修假肢矫形器、残疾人用品、假肢配件、附件、轮椅。				

企业名称	亿迪印刷机械（上海）有限公司				
企业地址	上海市松江区科技园区中德路1588号4号厂房（201616）				
投资总额	20万USD	电话	57858801	传真	57858805
设立日期	2007-9-26	负责人	FRANCOIS BAYZELON		
主营业务	设计、生产柔性版印刷设备及其零部件，销售公司自产产品并提供咨询。				

企业名称	蓝恩励实验室设备（上海）有限公司				
企业地址	上海市松江区宝益路255号2号厂房（201613）				
投资总额	51万USD	电话	51102291	传真	51102275
设立日期	2007-9-26	负责人	ADRIAN AMSTUTZ		
主营业务	生产、加工实验室设备、实验室家具及其相关零配件，销售自产产品。				

企业名称	格拉默车辆内饰（上海）有限公司				
企业地址	上海市南汇区康桥镇创业路369弄45-1（201315）				
投资总额	250万欧元	电话	61181480	传真	61181481
设立日期	2007-9-26	负责人	UWE. WOEHNER		
主营业务	生产座椅系统和汽车内饰等其他汽车关键零部件，销售公司自产产品。				

企业名称	上海美瑞帝防爆设备技术有限公司				
企业地址	上海市闵行区中春路7333弄108号A幢（201101）				
投资总额	30万USD	电话	64597535	传真	54858286
设立日期	2007-9-25	负责人	李忠明		
主营业务	开发、生产各种特种防爆设备及其零部件，销售产品，提供技术咨询。				

企业名称	摩博泰柯环保科技（上海）有限公司				
企业地址	上海市浦东新区张杨北路5509号5021室（200120）				
投资总额	50万USD	电话	68866306	传真	58885960
设立日期	2007-9-25	负责人	ERIC FISCHER		
主营业务	环保设备加工、组装、调试，销售自产产品，提供安装咨询及售后服务。				

企业名称	上海日光汽车饰件有限公司				
企业地址	上海市松江工业区松开Ⅲ-45号地块10号厂房（201600）				
投资总额	50万USD	电话	62847865	传真	52842769
设立日期	2007-9-19	负责人	屠德光		
主营业务	生产、加工汽车方向盘，汽车、摩托车用零配件、饰件，机电零配件。				

企业名称	韩臣（上海）自动化设备有限公司				
企业地址	上海市松江区中山街道文翔路142号11幢（201613）				
投资总额	20万USD	电话	57781302	传真	57782216
设立日期	2007-9-18	负责人	韩炯洙（HAN HYUNG SOO）		
主营业务	生产、加工传输设备、动力传动设备，工业自动化控制设备以及零部件。				

企业名称	富溥特（上海）机械设备贸易有限公司				
企业地址	上海市普陀区陕西北路1438号2516-2517室（200060）				
投资总额	20万USD	电话	51756338	传真	51780178
设立日期	2007-9-17	负责人	GABRIELE PICCOLO		
主营业务	机械设备、电子设备及其零部件和易耗品的批发、佣金代理，进出口。				

企业名称	沃而福液压设备（上海）有限公司				
企业地址	上海市浦东康桥工业区创业路369弄24号厂房（201315）				
投资总额	100万USD	电话	60979800	传真	60979802
设立日期	2007-9-17	负责人	MAZZALI ROMANO		
主营业务	设计、生产机械设备所用液压方向控制阀采用比例、伺服液压技术产品。				

企业名称	上海合科汽车工程技术有限公司				
企业地址	上海市浦东新区川沙路6999号8号厂房（201202）				
投资总额	14万USD	电话	58593962	传真	58593960
设立日期	2007-9-12	负责人	王有智		
主营业务	汽车零部件及配套软件的设计、开发（涉及行政许可的，凭许可证经营）。				

企业名称	上海韦尔特冷冻系统有限公司				
企业地址	上海市嘉定区黄渡镇联西村曹联路32号第2幢（201804）				
投资总额	120万USD	电话	69592388	传真	69592128
设立日期	2007-9-5	负责人	WU JIA WEN		
主营业务	生产制冷设备，销售本公司自产产品并提供售后服务。				

企业名称	唯芮商业设备制造（上海）有限公司				
企业地址	上海市嘉定区马陆镇叶城路361号第2幢（201801）				
投资总额	30万USD	电话	51558093	传真	51558094
设立日期	2007-9-4	负责人	JAMES C.SMITH		
主营业务	生产、加工各种展示装置及展示用办公家具，销售本公司自产产品。				

企业名称	上海富功空调设备有限公司				
企业地址	上海市闵行区颛桥镇元江路3883号1号厂房（201108）				
投资总额	120万USD	电话	64903596	传真	64903516
设立日期	2007-9-4	负责人	吴昌林		
主营业务	生产商用、工业用风冷式、水冷式冷热水热泵机组，风机盘管，空调箱。				

企业名称	上海锃嘉生物工程有限公司				
企业地址	上海市长宁区清池路74号1幢4楼（200335）				
投资总额	20万USD	电话	52182577	传真	52181217
设立日期	2007-9-3	负责人	WONG SIEW WAH		
主营业务	研究、开发、生产生物医学培养基材料及制品，销售公司自产产品。				

企业名称	上海源池净水设备制造有限公司				
企业地址	上海市浦东新区川沙镇普陀路218号2楼（201200）				
投资总额	40万USD	电话	58590970	传真	58592967
设立日期	2007-9-3	负责人	刘治宙		
主营业务	净水设备及相关零部件的生产，销售产品，同类商品批发、佣金代理。				

企业名称	万邦（中国）船舶工业技术有限公司				
企业地址	上海市浦东新区浦东南路999号新梅联合广场26楼D室（200120）				
投资总额	5000万RMB	电话	51309988	传真	51902929
设立日期	2007-8-30	负责人	李国雄（LI KWOK HUNG）		
主营业务	船舶工业技术咨询、企业管理咨询、投资咨询、商务咨询、经济咨询。				

企业名称	倍力曼医疗设备（上海）有限公司				
企业地址	上海市浦东新区上丰西路55号11幢201室F座（201203）				
投资总额	20万USD	电话	51370998	传真	51370996
设立日期	2007-8-28	负责人	刘玄		
主营业务	清洗、消毒和灭菌设备系统及备件和零部件进出口、批发和佣金代理。				

企业名称	世元高尔夫器材制造（上海）有限公司				
企业地址	上海市浦东新区庆达路586号9幢（201201）				
投资总额	120万USD	电话	58979554	传真	58979521
设立日期	2007-8-28	负责人	宋元麟		
主营业务	生产高尔夫球具及相关配件用品，销售自产产品，并提供相关技术咨询。				

企业名称	上海泛烁抛磨材料有限公司				
企业地址	上海市松江区车墩镇南门村64号厂房（201611）				
投资总额	12万USD	电话	67647265	传真	67647265
设立日期	2007-8-22	负责人	REGINALD NOLDE		
主营业务	生产、加工抛光膏、抛光浆、抛光布轮、抛光机械及相关零配件。				

企业名称	帝澳逊展示设备（上海）有限公司				
企业地址	上海市松江区石湖荡镇胜塔路99弄1号厂房（201614）				
投资总额	20万USD	电话	67742485	传真	
设立日期	2007-8-21	负责人	PARK HAG SUN		
主营业务	生产商城展示设施、室内家具，制作公园用设施、整体候车亭。				

企业名称	上海休伯康特能源设备有限公司				
企业地址	上海市浦东新区金桥出口加工区金沪路1099号第一层（201206）				
投资总额	155万USD	电话	50315500	传真	50320516
设立日期	2007-8-20	负责人	RICHARD STEVEN VANDERGEEST		
主营业务	设计、开发、生产非晶合铁芯变压器、非晶合制品、电力控制仪表。				

企业名称	史慕尔机电设备（上海）有限公司				
企业地址	上海市嘉定区安亭镇漳翔路1288号第1幢（201805）				
投资总额	90万USD	电话	52985060	传真	52985061
设立日期	2007-8-17	负责人	ADOLFO PACE		
主营业务	生产电动车发动机、控制器及相关零配件，销售产品并提供技术咨询。				

企业名称	上海京信机电部件有限公司				
企业地址	上海市宝山区共康路1026号A块3号3楼（200441）				
投资总额	14万USD	电话	51622570	传真	51622571
设立日期	2007-8-17	负责人	丸山英之		
主营业务	生产电子零部件、五金产品、PVC产品，销售自产产品。				

企业名称	威刻勒机器设备（上海）有限公司				
企业地址	上海市外高桥保税区华京路418号41#楼C1部位（200131）				
投资总额	20万USD	电话	50461871	传真	50461873
设立日期	2007-8-13	负责人	DR JAEKEL CARSTEN		
主营业务	保税区内以工艺纸张加工机器设备及零配件为主，国际贸易、仓储、分拨。				

企业名称	上海瑞莹旅游用品有限公司				
企业地址	上海市奉贤区南桥镇西渡社区沿浦西路88号（201401）				
投资总额	101万USD	电话	57155068	传真	57155068
设立日期	2007-8-8	负责人	梁胜忠		
主营业务	生产箱包及相关的五金配件，销售公司自产产品。				

企业名称	宝德温印刷设备制造（上海）有限公司				
企业地址	上海市松江工业区锦昔置业园C4厂房（201600）				
投资总额	72万USD	电话	58358308	传真	58358300
设立日期	2007-8-7	负责人	今福一英		
主营业务	生产、制造印刷设备、印刷辅助设备及相关零部件，销售公司自产产品。				

企业名称	上海史培尔医疗器械有限公司				
企业地址	上海市广中西路757号8楼A室（200072）				
投资总额	50万RMB	电话	56037550	传真	56037550
设立日期	2007-8-7	负责人	PIERRE M.J.BOUTIN		
主营业务	植入材料和人工器官，矫形外科，手术器械，妇产科手术等器械进出口。				

企业名称	善水（上海）通用设备制造有限公司				
企业地址	上海市嘉定区马陆镇浏翔公路 2868 号第 1 幢（201801）				
投资总额	15 万 USD	电　话	59517187	传　真	59517188
设立日期	2007-7-26	负责人	DANGER RENAUD		
主营业务	生产空调用凝结水去除泵及相关配件、塑料制品，销售本公司自产产品。				

企业名称	沃尔沃遍达（上海）发动机有限公司				
企业地址	上海市临港新城新元南路 600 号 1 号厂房 308 室（201303）				
投资总额	4800 万 RMB	电　话	62370008	传　真	
设立日期	2007-7-26	负责人	SVEN ANDERS BEVREUS		
主营业务	生产工业用、船用机组用、船用发电机组用、车用柴油发动机。				

企业名称	扬欣打印设备（上海）有限公司				
企业地址	上海市闵行区浦星路 789 号漕河泾出口加工区 5 号楼地面一层（201112）				
投资总额	105 万 USD	电　话	54315789	传　真	54315793
设立日期	2007-7-24	负责人	PAOLO VISENTINI		
主营业务	生产打印设备机芯及相关零配件，销售自产产品，并提供相关配套服务。				

企业名称	华睿斯汽车材料（上海）有限公司				
企业地址	上海市奉贤区南桥镇杨王村杨海路 488 号 2 幢（201400）				
投资总额	15 万 USD	电　话		传　真	
设立日期	2007-7-19	负责人	JAMES MC CORRY		
主营业务	汽车刹车片、刹车蹄以及各类车用摩擦材料的生产，销售自产产品。				

企业名称	诺渤（上海）汽车零部件有限公司				
企业地址	上海市青浦工业园区天一路 428 号（201700）				
投资总额	30 万 USD	电　话	59228108	传　真	59227360
设立日期	2007-7-18	负责人	DANIEL J FISHER		
主营业务	生产、加工汽车变速器及其零部件、汽车用模具、模具标准件。				

企业名称	哲峰机械设备（上海）有限公司				
企业地址	上海市闵行区剑川路 951 号 A 楼 407、409 室（200245）				
投资总额	14 万 USD	电　话	33582006	传　真	33582006
设立日期	2007-7-18	负责人	SUN STEPHEN		
主营业务	维修包带机器人、数字涨形机、绕线机、下料机、自动喷漆线设备。				

企业名称	堤迪希汽车零部件（上海）有限公司				
企业地址	上海市外高桥保税区美盛路 225 号第三层 B 部位（200131）				
投资总额	15 万 USD	电　话	58107676	传　真	58107575
设立日期	2007-7-17	负责人	陈铭森		
主营业务	以汽车零部件，有色金属材料为主仓储分拨业务，国际贸易、转口贸易。				

企业名称	举凤风力发电设备（上海）有限公司				
企业地址	上海市浦东新区张杨路 707 号 31 层 02-05、06B（200135）				
投资总额	280 万 USD	电　话	58363325	传　真	58363327
设立日期	2007-7-16	负责人	JANE WANG LAI		
主营业务	风力发电设备、节能产品、普通及特殊高度垂直轴风涡轮研发、设计。				

企业名称	森路太阳能设备（上海）有限公司				
企业地址	上海市外高桥保税区日樱北路 199 号 9 幢楼第三层 301 室（200131）				
投资总额	14 万 USD	电　话	50461084	传　真	50643272
设立日期	2007-7-16	负责人	EDWARD SAMUEL WETHERBEE		
主营业务	组装太阳能设备，销售自产产品，并提供维修、技术服务和售后服务。				

企业名称	洋采自动化设备（上海）有限公司				
企业地址	上海市嘉定区马陆镇丰年路 88 弄 10 号一层（201801）				
投资总额	14 万 USD	电　话	69155976	传　真	69154696
设立日期	2007-7-16	负责人	蔡进谦		
主营业务	生产涂装设备、环保设备、输送设备，销售本公司自产产品。				

企业名称	上海旺捷机电设备有限公司				
企业地址	上海市松江区九亭镇涞寅路 1881 号 3 幢 2 楼（201615）				
投资总额	428 万 USD	电　话	37633088	传　真	37633078
设立日期	2007-7-13	负责人	唐志宏		
主营业务	设计、生产和加工机电一体化设备，电源动力装置，自动控制设备。				

企业名称	欧宝利冷链技术（上海）有限公司				
企业地址	上海市松江区九亭镇九徐路 143 号 9 号厂房（201615）				
投资总额	14 万 USD	电　话	67639361	传　真	67639361
设立日期	2007-7-13	负责人	PIERRA MARIE FRANCOIS CASOLI		
主营业务	设计、开发、加工、生产各类冷链技术产品，销售产品并提供技术咨询。				

企业名称	可滤康水处理设备贸易（上海）有限公司				
企业地址	上海市徐汇区虹桥路 606 号一层（200031）				
投资总额	70 万 USD	电　话	62360844	传　真	62361290
设立日期	2007-7-10	负责人	MARK A.SEALS		
主营业务	水处理设备与其零配件批发、零售、进出口、佣金代理，提供配套服务。				

企业名称	上海尚德能源工程技术有限公司				
企业地址	上海市浦星路 789 号上海漕河泾出口加工区管委会大楼 312 室（201114）				
投资总额	2600 万 USD	电　话	62885574	传　真	62885554
设立日期	2007-7-4	负责人	施正荣		
主营业务	光伏、风能、光热、热泵等发电、节能系统工程的咨询、安装、调试。				

企业名称	上海法雷奥汽车电机有限公司				
企业地址	上海闵行经济技术开发区剑川路 2281 号二层（201111）				
投资总额	268 万 USD	电　话	64307604	传　真	64307584
设立日期	2007-6-28	负责人	刘　坚		
主营业务	开发和生产摇窗电机、空调电机总成，ABS 电机，各种执行电机。				

企业名称	霍尼韦尔综合科技（中国）有限公司				
企业地址	上海市张江高科技园区李冰路 430 号实验楼（201203）				
投资总额	2980 万 USD	电　话	28942267	传　真	50790295
设立日期	2007-6-22	负责人	SHANE SHAHROOZ TEDJARATI		
主营业务	航空航天仪器及部件、自动化控制、交通运输系统和特殊材料行业产品。				

企业名称	华外医疗器械（上海）有限公司				
企业地址	上海市张江高科技园区郭守敬路 178 号 1 幢 301-307 室（201203）				
投资总额	25 万 USD	电　话	50277300	传　真	50277369
设立日期	2007-6-20	负责人	方云才		
主营业务	医疗器械的研究开发、自有研究成果的转让，并提供相关的技术咨询。				

企业名称	富毅特（上海）环保科技有限公司				
企业地址	上海市浦东新区民冬路 166 号 2 号楼底层（201209）				
投资总额	14 万 USD	电　话	68725098	传　真	68725058
设立日期	2007-6-20	负责人	LIM SOON YEE		
主营业务	环保机械的技术开发、水处理设备、净化设备的设计、制造，销售产品。				

企业名称	沛柯（上海）环保设备有限公司				
企业地址	上海市松江区九亭镇涞坊路 2039 号 1 幢（201615）				
投资总额	50 万 USD	电　话	37775175	传　真	37775176
设立日期	2007-6-15	负责人	HAYEK GEORGE NOUR		
主营业务	生产环境污染防治设备，销售公司自产产品并提供售后服务。				

企业名称	荒井亚中制冷设备（上海）有限公司				
企业地址	上海市松江区叶榭镇新建支路 46 号（201609）				
投资总额	2 亿日元	电　话	57887792	传　真	57887791
设立日期	2007-6-15	负责人	荒井孝		
主营业务	生产加工钣金件、空调器材、农业机械、汽车零部件及配件、塑料制品。				

企业名称	澳枫（上海）控制技术有限公司				
企业地址	上海市张江高科技园区爱迪生路 326 号 301-2 室（201203）				
投资总额	26 万 USD	电　话	58956071	传　真	58956072
设立日期	2007-6-13	负责人	HAITAO ZHANG（张海涛）		
主营业务	工业自动化监控设备及系统、矿山控制设备及系统的开发、生产。				

企业名称	赫门印刷机械（上海）有限公司				
企业地址	上海市普陀区同普路 1343 弄 6 号 4 楼 401-408 室（200333）				
投资总额	4800 万日元	电　话	52695500	传　真	52696820
设立日期	2007-6-13	负责人	齐藤太郎		
主营业务	研发、设计、生产印刷机辅助设备和辅助装置及器材，销售自产产品。				

企业名称	恒行数码科技（上海）有限公司				
企业地址	上海市普陀区金沙江路 893 号底层-二层（200063）				
投资总额	210 万 USD	电　话	52805709	传　真	52805809
设立日期	2007-6-11	负责人	孙建民		
主营业务	从事照相洗印设备的技术服务、维修、维护及技术咨询，相关设备批发。				

企业名称	毕梯优能源设备（上海）有限公司				
企业地址	上海市外高桥保税区富特北路 559 号 1 层 A 部位（200131）				
投资总额	45 万 USD	电　话	58669988	传　真	58669988
设立日期	2007-6-11	负责人	PAUL J.VAN DER WANSEM		
主营业务	各种温度炉制造工艺设备的设计、开发、制造和组装，销售自产产品。				

企业名称	伊乐科环保科技（上海）有限公司				
企业地址	上海市长宁区仙霞路 137 号 9B 室（200051）				
投资总额	40 万 USD	电　话	61526136	传　真	61526139
设立日期	2007-6-8	负责人	MICHAEL JEFFREY SNOW		
主营业务	生产环保专业领域内的水处理设备、机械设备、仪器仪表、水泵、阀门。				

企业名称	上海伟易机电设备有限公司				
企业地址	上海市徐汇区桂平路 680 号创业中心大厦五楼 519、521 室（200233）				
投资总额	14 万 USD	电　话	64857275	传　真	64857077
设立日期	2007-6-8	负责人	付金超		
主营业务	研发、生产三轴以上联动的数控机床、数控系统、伺候装置及配套软件。				

企业名称	施乐百机电设备（上海）有限公司				
企业地址	上海市松江区新浜镇上虞路 168 号 3、4 号厂房（201605）				
投资总额	130 万欧元	电　话	57629784	传　真	57891997
设立日期	2007-6-7	负责人	THOMAS BROMMER		
主营业务	生产电动马达、风机、控制器及相关零配件，销售企业自产产品。				

企业名称	上海欧恩比矫形器有限公司				
企业地址	上海市静安区胶州路 207 号 12 号楼底层局部及二楼全部（200041）				
投资总额	200 万 RMB	电　话	62537373	传　真	62719021
设立日期	2007-6-6	负责人	高建华		
主营业务	开发、生产和经营假肢、身体矫形器及相关材料和附件，销售自产产品。				

企业名称	梯而卡工业控制设备（上海）有限公司				
企业地址	上海市松江高新技术园区大江路 99 弄 5 号（201600）				
投资总额	50 万 USD	电　话	59790552	传　真	
设立日期	2007-6-4	负责人	于海梁		
主营业务	设计、生产液压、气动工业控制设备、自动化生产设备、精密设备。				

企业名称	新纶汽车设备（上海）有限公司				
企业地址	上海市青浦区徐泾镇蟠龙路 1055 号 2 号厂房（201702）				
投资总额	102 万 USD	电　话	59883392	传　真	59884498
设立日期	2007-6-4	负责人	胡美慧		
主营业务	加工、组装汽车维修设备、汽车配件及相关产品辅助配件，销售产品。				

企业名称	西原环保工程（上海）有限公司				
企业地址	上海市浦东新区东方路 1988 号 904 室（200125）				
投资总额	120 万 RMB	电　话	61624146	传　真	61624147
设立日期	2007-6-1	负责人	西信俊		
主营业务	环保工程承包施工并提供相关技术咨询。				

企业名称	泰力玛船用设备服务（上海）有限公司				
企业地址	上海市杨浦区波阳路 16 号 10 幢 3 楼（200090）				
投资总额	20 万欧元	电　话	35010181	传　真	33776415
设立日期	2007-5-31	负责人	单巧根		
主营业务	船舶通信导航设备维修，并提供相关的配套服务。				

企业名称	三升（上海）环保科技有限公司				
企业地址	上海市浦东新区花木路 832 号 203 室（201204）				
投资总额	14 万 USD	电　话	50541528	传　真	50541529
设立日期	2007-5-30	负责人	彭立群		
主营业务	环保设备及环保新技术、新产品的研发，转让自有技术，提供技术咨询。				

企业名称	上海金箭自动化设备科技发展有限公司				
企业地址	上海市浦东新区三林镇上南路 4949 号 6 幢（200124）				
投资总额	25 万 USD	电　话	58491055	传　真	58216364
设立日期	2007-5-29	负责人	汤文勇		
主营业务	设计、制造机械自动化设备，销售自产产品，并提供相关的技术咨询。				

企业名称	上海晟昱机电设备制造有限公司				
企业地址	上海市江场三路 169 号 101 室（200436）				
投资总额	100 万 RMB	电　话	36039966	传　真	
设立日期	2007-5-29	负责人	王力川		
主营业务	研制、开发、生产工业自动化及电气系统设备，销售自产产品。				

企业名称	凯临恩超声波科技（上海）有限公司				
企业地址	上海市松江区车墩镇三浜路 388 号 10 幢（201611）				
投资总额	20 万 USD	电　话	57609653	传　真	57609011
设立日期	2007-5-28	负责人	LIM TEONG KHENG		
主营业务	研发、生产和加工超声波焊接设备，摩擦焊接设备，清洗、去脂的设备。				

企业名称	凯途摩托（上海）有限公司				
企业地址	上海市闵行区伊犁南路 111 号 1601 室（201103）				
投资总额	20 万 USD	电　话	51531010	传　真	51531010
设立日期	2007-5-24	负责人	马　蓉		
主营业务	从事摩托车及其配件的批发、佣金代理、进出口，以及相关咨询服务。				

企业名称	上海卡迪泰克医疗技术有限公司				
企业地址	上海市张江高科技园区蔡伦路 720 弄 1 号楼 531 室（201203）				
投资总额	150 万 RMB	电　话	51320680	传　真	51320680
设立日期	2007-5-24	负责人	YU GUO WENG		
主营业务	生物与医药技术、医疗器械设备的研究、开发，转让自有研发成果。				

企业名称	爱导（上海）汽车零部件贸易有限公司				
企业地址	上海市长宁区兴义路 8 号 1505 室（200336）				
投资总额	190 万 USD	电　话	52080777	传　真	52080162
设立日期	2007-5-22	负责人	角谷孝二		
主营业务	从事汽车导航系统和自动变速器及其零部件的批发、佣金代理、进出口。				

企业名称	创世湃轲包装技术（上海）有限公司				
企业地址	上海市南汇区康桥工业区沪南公路 2502 号 3 号楼 106 室（201319）				
投资总额	20 万 USD	电　话	68187066	传　真	68187077
设立日期	2007-5-18	负责人	贝念茵		
主营业务	生产包装材料，提供包装技术服务、咨询。				

企业名称	上海强智动传动设备有限公司				
企业地址	上海市南汇区南汇工业园区汇成路 530 号 8 座（201300）				
投资总额	50.05 万 USD	电　话	33895507	传　真	33895517
设立日期	2007-5-17	负责人	JORDI NADAL SELLARES		
主营业务	生产、加工各类工业用变速箱、减速器及相关零部件，销售自产产品。				

企业名称	毕孚自动化设备贸易（上海）有限公司				
企业地址	上海市江场三路 163 号 501 室（200072）				
投资总额	32 万 USD	电　话	66312666	传　真	66315696
设立日期	2007-5-16	负责人	梁力强		
主营业务	工业自动化软硬件产品、电子产品的批发及进出口、佣金代理。				

企业名称	上海因特汽车内饰模具有限公司				
企业地址	上海市浦东新区合庆镇川杨河路 1496 号 A 幢（201200）				
投资总额	200 万 RMB	电　话	68901913	传　真	68910207
设立日期	2007-5-16	负责人	姜　旭		
主营业务	汽车内饰模具的设计、加工和制造，销售自产产品。				

企业名称	福斯流体技术（上海）有限公司				
企业地址	上海市浦东新区陆家嘴环路 1233 号汇亚大厦 10 楼 05-07 单元（200120）				
投资总额	14 万 USD	电　话	58823788	传　真	50476288
设立日期	2007-5-15	负责人	CHUA WEI TIEN COLIN（蔡伟添）		
主营业务	流量控制产品与技术方案的设计、开发及相关技术咨询、企业管理咨询。				

企业名称	菲尼克斯（上海）环境控制技术有限公司				
企业地址	上海市外高桥保税区华申路 180 号 825 室（200131）				
投资总额	60 万 USD	电　话	64228268	传　真	64228278
设立日期	2007-5-14	负责人	胡征宇		
主营业务	环境控制技术服务、国际贸易、转口贸易、保税区企业间贸易代理。				

企业名称	思泰瑞奥星制药设备（上海）有限公司				
企业地址	上海市松江区永航路 366 号（201600）				
投资总额	152 万 USD	电　话	52415122	传　真	52415537
设立日期	2007-5-14	负责人	HIROSHI KUDO		
主营业务	制造、组装制药设备及零配件，销售自产产品，并提供咨询和售后服务。				

企业名称	佛吉亚（上海）汽车部件系统有限公司				
企业地址	上海市奉贤区肖湾路 318 号 2 号厂房（201400）				
投资总额	100 万欧元	电　话	37198585	传　真	37198550
设立日期	2007-5-11	负责人	ARMAND CHEN		
主营业务	汽车内饰系统、部件的制造，销售公司自产产品并提供相关售后服务。				

企业名称	柯涞思燃气设备制造（上海）有限公司				
企业地址	上海市奉贤区南桥镇运河路 493 号（201400）				
投资总额	200 万 USD	电　话	33656509	传　真	33656528
设立日期	2007-4-29	负责人	MARK RICHARD HOLLADAY		
主营业务	燃气设备及相关零部件的生产，销售公司自产产品并提供产品售后服务。				

企业名称	江森自控汽车内饰管理（中国）有限公司				
企业地址	上海市长宁区仙霞路 319 号远东国际广场 A 幢 1607-1612 室（200051）				
投资总额	950 万 USD	电　　话	62350284	传　　真	52574218
设立日期	2007-4-29	负 责 人	ERIC S. MITCHELL		
主营业务	提供投资管理和咨询服务、经营决策和管理咨询服务、财务咨询服务。				

企业名称	上海美博清洗设备有限公司				
企业地址	上海市奉贤区青村镇奉永路 566 号（201414）				
投资总额	15 万 USD	电　　话	57565892	传　　真	57565892
设立日期	2007-4-27	负 责 人	FILIPPO GNUGNOLI		
主营业务	开发、生产毛刷、扫帚、真空吸尘器及相关零部件，销售自产产品。				

企业名称	奥米帝克汽车技术（上海）有限公司				
企业地址	上海市浦东新区民冬路 166 号 6 号楼 1 楼（200135）				
投资总额	25 万 USD	电　　话	61624600	传　　真	58764326
设立日期	2007-4-18	负 责 人	RICHARD JONATHAN WALL		
主营业务	开发、生产汽车工业电子产品及零部件，相关软件的设计、制作。				

企业名称	越海液体货物包装（上海）有限公司				
企业地址	上海市天目西路 218 号嘉里不夜城第一座 701、710 室（200071）				
投资总额	20 万 USD	电　　话	63542253	传　　真	63548793
设立日期	2007-4-17	负 责 人	徐建兴		
主营业务	散装液体货物的集装化包装，集装箱液袋及附件的批发、进出口业务。				

企业名称	百瑞空气处理设备（上海）有限公司				
企业地址	上海市闵行区剑川路 951 号 F 幢（200245）				
投资总额	14 万 USD	电　　话	51591555	传　　真	51591559
设立日期	2007-4-17	负 责 人	DINESH KUMAR GUPTA		
主营业务	设计、生产、组装干燥机、空调设备及其零部件、加湿机、除湿机。				

企业名称	上海李尔汽车零件有限公司				
企业地址	上海市闵行区莘庄镇黎安路 1588 号 1 号厂房（201100）				
投资总额	154 万 USD	电　　话	54880606	传　　真	54880998
设立日期	2007-4-12	负 责 人	PAUL ROGER JEFFERSON		
主营业务	研究、开发、设计、制造和装配汽车金属部件、汽车座椅用滑槽。				

企业名称	上海佩尼医疗科技发展有限公司				
企业地址	上海市南汇区康桥工业区康桥东路 1159 弄 101 号 3 号厂房（201315）				
投资总额	2250 万 RMB	电　　话	68182756	传　　真	68182756
设立日期	2007-4-10	负 责 人	蔡蕊红		
主营业务	研发、生产体外循环、血液净化系列产品，销售自产产品。				

企业名称	依工热转印碳带（上海）有限公司				
企业地址	上海市闵行区春东路 327 号第 1 幢二层（201108）				
投资总额	95 万 USD	电　　话	54305701	传　　真	54305709
设立日期	2007-4-5	负 责 人	ALLAN C.SUTHERLAND		
主营业务	开发、生产加工热转印碳带、热烫印箔、自动识别和数据采集标贴产品。				

企业名称	上海泽台机电成套设备有限公司				
企业地址	上海市长宁区广顺路 33 号 8 幢 205 室（200335）				
投资总额	60.8 万 USD	电　　话	62991223	传　　真	62991223
设立日期	2007-4-4	负 责 人	笠井明子		
主营业务	电子专用机械成套设备、测试仪器、仪表、办公自动化设备加工和组装。				

企业名称	康源环保科技（上海）有限公司				
企业地址	上海市浦东新区秦家港路 1723 号 14 幢（201021）				
投资总额	6.5 万 USD	电　　话	58304237	传　　真	58304237
设立日期	2007-4-3	负 责 人	LIN LI		
主营业务	环保生物塑料、环保设备及环保新技术、新产品的研发，转让自有技术。				

企业名称	艾依爱斯汽车技术（上海）有限公司				
企业地址	上海市浦东新区浦东南路 1101 号 917 室（201201）				
投资总额	14 万 USD	电　　话	58358395	传　　真	58350939
设立日期	2007-4-3	负 责 人	古贺司（KOGA TSUTOMU）		
主营业务	设计、开发汽车制造生产线，汽车制造设备，自有技术成果的转让。				

企业名称	罗敏水处理设备（上海）有限公司				
企业地址	上海市南汇区航头镇航闸路 188 号 7 幢（201316）				
投资总额	50 万 USD	电　　话	58226956	传　　真	58226956
设立日期	2007-4-2	负 责 人	PETER LOH PIE TEH		
主营业务	生产水生态系统的环境保护设备，销售公司自产产品。				

企业名称	上海清流卫浴设备有限公司				
企业地址	上海市嘉定区马陆镇戬浜村东陈路 2 号第 1 幢（201801）				
投资总额	100 万 USD	电　　话	64486677	传　　真	64485700
设立日期	2007-3-29	负 责 人	MASAKI GYOTO（木正木晓东）		
主营业务	生产各类卫生洁具及相关配套件，销售本公司自产产品并提供售后服务。				

企业名称	瑞福汽车控制系统（上海）有限公司				
企业地址	上海市金桥出口加工区金海路 1000 号 2 幢 2 层（201206）				
投资总额	100 万 USD	电　　话	58996869	传　　真	58996681
设立日期	2007-3-28	负 责 人	NIR ELIMELECH		
主营业务	设计、开发、加工、生产汽车燃油排气系统及其零部件，销售自产产品。				

企业名称	克立司帝控制系统（上海）有限公司				
企业地址	上海市松江工业区荣乐东路 552 号厂房（201613）				
投资总额	100 万欧元	电　　话	57743398	传　　真	57742958
设立日期	2007-3-26	负 责 人	LI MING ZHANG		
主营业务	开发、生产、加工自动控制系统、计算机硬件、智能交通管理设备。				

企业名称	上海安保飞沃特设备工程有限公司				
企业地址	上海市浦东新区东方路 710 号 705、706 室（200122）				
投资总额	200 万 RMB	电　　话	50818328	传　　真	50818318
设立日期	2007-3-26	负 责 人	SIM YONG HUAT		
主营业务	社会公共安全设备及器材制造，销售自产产品，计算机软件开发。				

企业名称	上海依迪机床制造有限公司				
企业地址	上海市宝山区石洞口路 50 号（200942）				
投资总额	100 万 USD	电　　话	56039898	传　　真	56151776
设立日期	2007-3-23	负 责 人	陈钦雄		
主营业务	加工、装配数控机床，销售自产产品。				

企业名称	延锋彼欧汽车外饰系统有限公司				
企业地址	上海市嘉定工业区福海路 1055 号 6 幢（201800）				
投资总额	5.035 亿 RMB	电　　话	39582846	传　　真	39582358
设立日期	2007-3-23	负 责 人	赵启华		
主营业务	设计、开发、试验、制造汽车外饰系统及其零部件，销售自产产品。				

企业名称	上海和展汽车服务有限公司				
企业地址	上海市闵行区莲花南路 2058 号（201108）				
投资总额	300 万 USD	电　　话	64895728	传　　真	34304649
设立日期	2007-3-20	负 责 人	陈顺德		
主营业务	汽车保养、检测、装潢（涉及行政许可的凭许可证经营）。				

企业名称	阿黛凯检测技术（上海）有限公司				
企业地址	上海市松江区九亭镇健鹏路 5 号 1 幢厂房（201615）				
投资总额	20 万 USD	电　　话	67639508	传　　真	67639528
设立日期	2007-3-7	负 责 人	MOUCHET JACQUES		
主营业务	设计、生产和加工用于气体压力、气体密封、气体流量的各种测量仪器。				

企业名称	艾地盟（上海）卡丁车有限公司				
企业地址	上海市奉贤区奉城镇神州路 288 号 1 幢 10 号（201411）				
投资总额	900 万 USD	电　　话	62375531	传　　真	62375539
设立日期	2007-3-7	负 责 人	詹益湖		
主营业务	组装娱乐用水上快艇、卡丁车、沙漠特种专用车产品，生产汽车零部件。				

企业名称	上海帝华汽车部件有限公司				
企业地址	上海市金山区枫泾工业园区万枫公路 2880 号（201501）				
投资总额	5429 万 USD	电　　话	51369990	传　　真	51369990
设立日期	2007-3-7	负 责 人	徐　刚		
主营业务	生产、加工汽车冲压零部件，销售自产产品；承揽冲压件的来料加工。				

企业名称	上海铭冠通风设备有限公司				
企业地址	上海市嘉定区南翔镇田旺路 373 号 1 幢 A 区（201802）				
投资总额	15 万 USD	电　　话	59170081	传　　真	59170083
设立日期	2007-3-7	负 责 人	詹家铭		
主营业务	生产排风扇，销售本公司自产产品并提供售后服务。				

企业名称	安为机电设备制造（上海）有限公司				
企业地址	上海市浦东新区川沙镇高桥路 199 号 5 幢（201202）				
投资总额	20 万 USD	电　　话	58593948	传　　真	51343580
设立日期	2007-3-5	负 责 人	李瑞萍		
主营业务	研发、设计、生产加工自动化控制设备、工业用测量气体和液体流量计。				

企业名称	杰森医疗设备（上海）有限公司				
企业地址	上海市灵石路 721 号 8 幢 305 室（200435）				
投资总额	10 万 USD	电话	51606266	传真	51606270
设立日期	2007-3-5	负责人	单为民		
主营业务	手术台、手术无影灯、医用吊塔、麻醉呼吸机等医疗设备的研发、生产。				

企业名称	耐加拉刹车系统产品（上海）有限公司				
企业地址	上海市嘉定区安亭镇漳翔路 1199 号（201805）				
投资总额	276.5 万 USD	电话	59505112	传真	59505112
设立日期	2007-3-1	负责人	MICHAEL CLARK COURT		
主营业务	设计、生产汽车刹车系统产品及零配件，销售本公司自产产品。				

企业名称	亿亿发电设备（上海）有限公司				
企业地址	上海市外高桥保税区富特西一路 333 号 6 楼 C6-9 部位（200131）				
投资总额	13 万 USD	电话	58363327	传真	58363327
设立日期	2007-3-1	负责人	LAI JANE WANG		
主营业务	保税区内以风力发电设备为主仓储、分拨业务及风力发电技术咨询服务。				

企业名称	微硕（上海）日用品有限公司				
企业地址	上海市松江工业区东区大道 524 号第 5 幢厂房（201600）				
投资总额	65 万 USD	电话	54076388	传真	54075239
设立日期	2007-2-28	负责人	陈武刚		
主营业务	加工、生产日用品、相关美容器材，销售自产产品，并提供售后服务。				

企业名称	上海汽车世界娱乐经营管理有限公司				
企业地址	上海市嘉定区安亭镇墨玉南路 888 号 1201 室（201805）				
投资总额	3000 万 USD	电话	61401055	传真	69503019
设立日期	2007-2-17	负责人	凌临贵		
主营业务	汽车世界博览、会展、文化设施的建设以及建成后设施的经营管理。				

企业名称	亘勇精密机械设备（上海）有限公司				
企业地址	上海市闵行区虹梅南路 3609 号 1 号楼 2 层 B2（201108）				
投资总额	20 万 USD	电话	33505161	传真	33505163
设立日期	2007-2-16	负责人	曹淑媛		
主营业务	研发、生产组装电脑车床刀塔、电脑数控分度盘、超精密搪铣分割台。				

企业名称	纬得康（上海）制热设备有限公司				
企业地址	上海市宝山区长建路 199 号 6 栋 A11B（200949）				
投资总额	100 万 USD	电话	33850086	传真	66127516
设立日期	2007-2-16	负责人	陈 侠		
主营业务	设计、研发及生产壁炉及相关配套制热产品，销售自产产品。				

企业名称	上海鸣志马特里斯打印设备有限公司				
企业地址	上海市闵行区闵北工业区鸣嘉路 168 号 2 号楼 3 层（201107）				
投资总额	100 万 USD	电话	52634688	传真	52634098
设立日期	2007-2-16	负责人	常建鸣		
主营业务	生产、研究和开发打印头及打印引擎装置，销售产品，提供技术支持。				

企业名称	上海柏禄帕迅能源科技有限公司				
企业地址	上海市闵行区莘庄工业园区申旺路 18 号第 8 栋 1 楼（201108）				
投资总额	100 万 USD	电话	56660921	传真	56660921
设立日期	2007-2-16	负责人	LU CHOW		
主营业务	生产、研发用于汽车的电机及电机控制器，销售产品，提供售后服务。				

企业名称	麦格纳斯太尔汽车技术（上海）有限公司				
企业地址	上海市浦东新区张江路 665 号 3 楼 A10 室（201203）				
投资总额	210 万 USD	电话	68796246	传真	68793291
设立日期	2007-2-15	负责人	WERNER WILHELM		
主营业务	汽车整车及零部件的设计、研发及相关技术咨询和服务，自有技术转让。				

企业名称	上海辰礼激光机床有限公司				
企业地址	上海市奉贤区庄行镇汇安路 128 号 2 幢（201415）				
投资总额	200 万 USD	电话	57461868	传真	57461806
设立日期	2007-2-12	负责人	刘纯礼		
主营业务	生产、加工三轴以上联动的数控机床、数控系统及伺服装置。				

企业名称	上海赛姆森松搅拌设备有限公司				
企业地址	上海市南汇区祝桥镇空港工业区金闻路 29 号-1（201323）				
投资总额	10 万 USD	电话	38112058	传真	33756899
设立日期	2007-2-12	负责人	松久晃基		
主营业务	设计和生产真空均质系统和相关设备，销售自产产品，提供售后服务。				

企业名称	上海星禾智能设备有限公司				
企业地址	上海市浦东新区浦东南路 2054 弄 6 号 202 室（200131）				
投资总额	200 万 RMB	电话	51751660	传真	51751661
设立日期	2007-2-9	负责人	刘 群		
主营业务	研究、开发、设计智能设备系统、计算机软件，销售自产产品。				

企业名称	弦和水上娱乐器材（上海）有限公司				
企业地址	上海市松江区九亭镇涞寅路 1899 号 7 幢厂房（201615）				
投资总额	14 万 USD	电话	69210305	传真	69210286
设立日期	2007-2-8	负责人	冯文丰		
主营业务	设计、生产、加工、组装水上娱乐器材、运动器材、水上组合浮筒。				

企业名称	泰德燃气设备（上海）有限公司				
企业地址	上海市奉贤区青村镇岳和村 129 号（201414）				
投资总额	14 万 USD	电话	57566657	传真	57566610
设立日期	2007-2-8	负责人	SU REN LU		
主营业务	设计、生产燃气机系统及相关配件，销售公司自产产品。				

企业名称	诺凯空气技术（上海）有限公司				
企业地址	上海市浦东新区陆家嘴东路 161 号招商局大厦 2212 单元（200122）				
投资总额	21 万欧元	电话	68877220	传真	58797607
设立日期	2007-2-8	负责人	ANDREAS ENGSTROM		
主营业务	研发、设计制热、通风、空气调节、冷冻和消防系统，成果技术转让。				

企业名称	上海盈田汽车零部件有限公司				
企业地址	上海市金山区张堰镇张漕公路 97 号 3 号楼（201514）				
投资总额	21 万 USD	电话	57214666	传真	57218555
设立日期	2007-2-6	负责人	孙宝弟		
主营业务	生产车镜、汽车配件，销售公司自产产品。				

企业名称	上海安浦鸣志自动化设备有限公司				
企业地址	上海市闵行区闵北工业区鸣嘉路 168 号 2 号楼 228 室（201102）				
投资总额	75 万 USD	电话	52634688	传真	52634098
设立日期	2007-2-6	负责人	常建鸣		
主营业务	生产、研究和开发多轴联动的数控系统及伺服装置，销售自产产品。				

企业名称	上海汤始建华管桩有限公司				
企业地址	上海市松江区松江 XB-04-016 号地块（201605）				
投资总额	5000 万港币	电话	57626245	传真	57626245
设立日期	2007-2-2	负责人	许景新		
主营业务	生产加工预应力混凝土管桩、钢盘混凝土方桩、混凝土水管及水泥构件。				

企业名称	上海盈帅风力发电机设备有限公司				
企业地址	上海市嘉定工业区北区 26-2 号地块（201805）				
投资总额	400 万 USD	电话	59963691	传真	59961989
设立日期	2007-2-2	负责人	郭进财		
主营业务	生产风力及太阳能发电机，销售本公司自产产品。				

企业名称	上海飞力普斯工业车辆零配件制造有限公司				
企业地址	上海市嘉定区安亭镇百安公路 935 号（201805）				
投资总额	100 万 USD	电话	69574800	传真	69574805
设立日期	2007-2-2	负责人	ROBERT AVERAY PHILLIPS		
主营业务	研发、生产供车辆使用的拖车用电路系统及配套产品，销售自产产品。				

企业名称	米勒辊环技术（上海）有限公司				
企业地址	上海市浦东新区唐镇金新路 78 号 3 幢南区（201201）				
投资总额	75 万 USD	电话	62737985	传真	62737550
设立日期	2007-2-1	负责人	PHILLIP LIANG ZHANG		
主营业务	设计生产、维修和维护机械、冶金、有色金属行业需要的轧辊、辊环。				

企业名称	特罗浦斯润滑系统（上海）有限公司				
企业地址	上海市松江工业区东兴路 8 号 2 号厂房（201613）				
投资总额	15 万欧元	电话	67740275	传真	67740205
设立日期	2007-2-1	负责人	DIVISI WALTER FRANK		
主营业务	设计、生产和加工集中润滑系统、润滑设备及其部件和零配件。				

企业名称	瑞能太阳能设备技术服务（上海）有限公司				
企业地址	上海市张江高科技园区郭守敬路 351 号 2 号楼 432 室（201203）				
投资总额	14 万 USD	电话	28986722	传真	28986721
设立日期	2007-1-31	负责人	JURGEN KARL GUTEKUNST		
主营业务	太阳能设备的安装调试、维护，提供相关技术服务与技术咨询。				

企业名称	上海森德康舒环境系统有限公司				
企业地址	上海市漕宝路 320 号一幢三层 302 室（200233）				
投资总额	40 万 USD	电话	64513922	传真	64515311
设立日期	2007-1-29	负责人	ZHAN-GENG GUO		
主营业务	各式散热器及采暖系统、空调系统及通风系统的解决方案设计。				

企业名称	上海北特汽车零部件有限公司				
企业地址	上海市嘉定区华亭镇高石公路 2488 号第 1、2 幢（201811）				
投资总额	100 万 USD	电话	59952771	传真	59952887
设立日期	2007-1-29	负责人	靳　坤		
主营业务	开发、生产汽车底盘金属零部件，销售本公司自产产品并提供售后服务。				

企业名称	上海科伦车业有限公司				
企业地址	上海市闵行区联曹路 260 号 F2 底楼（200241）				
投资总额	200 万 USD	电话	64348678	传真	64348608
设立日期	2007-1-25	负责人	JIANHUA ZHANG		
主营业务	生产高尔夫球场、旅游景点区域内、体育场所及住宅小区内专用电瓶车。				

企业名称	上海横通救生设备维修有限公司				
企业地址	上海市浦东新区金桥出口加工区金藏路 258 号第 1 层 103 单元（201206）				
投资总额	20 万 USD	电话	50316880	传真	50326208
设立日期	2007-1-25	负责人	田中要助		
主营业务	海上救生设备、消防设备的维修、保养及零配件的生产，提供技术咨询。				

企业名称	捷仪（上海）气体控制设备有限公司				
企业地址	上海市奉贤区肖湾路 318 号 4 号厂房（201400）				
投资总额	100 万 USD	电话	57434200	传真	37198408
设立日期	2007-1-25	负责人	MICHAEL HERMANSSON		
主营业务	研发、制造、加工气体控制设备及相关产品，销售公司自产产品。				

企业名称	逸阳温控设备（上海）有限公司				
企业地址	上海市嘉定区安亭镇嘉安公路 3051 号 2 号厂房（201805）				
投资总额	14 万 USD	电话	69573237	传真	69573757
设立日期	2007-1-25	负责人	陈宝梅		
主营业务	生产汽车空调、车锁、座椅、销售本公司自产产品并提供维修服务。				

企业名称	佐技机电设备（上海）有限公司				
企业地址	上海市松江区九亭镇金吴村盛高路 119 号（201615）				
投资总额	20 万欧元	电话	33522349	传真	33522318
设立日期	2007-1-24	负责人	郑章庆		
主营业务	设计、生产、加工机电设备，金属加工机械，超声波清洗机，金属制品。				

企业名称	上海瑞资自动化设备有限公司				
企业地址	上海市金山区漕泾镇张漕路 276 号（201508）				
投资总额	50 万 USD	电话	67625887	传真	67625887
设立日期	2007-1-23	负责人	李辉雄		
主营业务	生产制造应用计算机及影像摄取的自动化检查设备，紫外光应用设备。				

企业名称	德全泰智能科技（上海）有限公司				
企业地址	上海市虹桥路 628 号 407 室（200030）				
投资总额	55 万 USD	电话	64399245	传真	64399245
设立日期	2007-1-23	负责人	胡新光		
主营业务	智能化设备的设计、研发，计算机软件的设计、开发、制作。				

企业名称	泰磁（上海）机电设备有限公司				
企业地址	上海市外高桥保税区日京路 150 号第一层及其夹层（200131）				
投资总额	40 万 USD	电话	68882110	传真	58822110
设立日期	2007-1-22	负责人	CARDONE MICHELE		
主营业务	永久性电磁起重机、磁力起重机的水平和垂直装货装置的生产。				

企业名称	孚利模（上海）汽车饰件模具设备有限公司				
企业地址	上海市嘉定区马陆镇龙盘路 568 号 1 号厂房（201801）				
投资总额	135 万欧元	电话	51651568	传真	51651569
设立日期	2007-1-22	负责人	HANS-GÜNTER BAYER		
主营业务	研发、生产非金属制品模具、非金属制品及其生产设备，销售自产产品。				

企业名称	联信环保设备（上海）有限公司				
企业地址	上海市闵行区莘北路 518 号 6 幢 4-5 楼（201100）				
投资总额	210 万 USD	电话	64885250	传真	64885250
设立日期	2007-1-19	负责人	STEPHANIE KENYON KUSHNER		
主营业务	研发、设计、生产高压及真空环境清洁设备，停车场电子收费系统设备。				

企业名称	茂泰牙科器材（上海）有限公司				
企业地址	上海市浦东新区外高桥保税区美盛路 168 号西楼 2 层 E 部位（200131）				
投资总额	20 万 USD	电话	58683387	传真	52377195
设立日期	2007-1-17	负责人	CHANG PAUL CHENG-TU		
主营业务	保税区内以牙科器械、设备及其材料为主的仓储分拨业务及产品展示。				

企业名称	奥托立夫（上海）汽车安全系统研发有限公司				
企业地址	上海市嘉定工业开发区北区 29 号地块（201821）				
投资总额	400 万 USD	电话	69169699	传真	69169698
设立日期	2007-1-12	负责人	郑洁亮（CHANG KET LEONG）		
主营业务	汽车安全装备技术和产品的研究开发，转让自行开发的技术成果。				

企业名称	世万保制动器（上海）有限公司				
企业地址	上海市浦东新区金桥出口加工区金藏路 351 号 30 幢 2 楼（201206）				
投资总额	26 万欧元	电话	50311062	传真	50311062
设立日期	2007-1-12	负责人	JAN STRUVE		
主营业务	生产用于风能发电设备、运输机械设备的制动器总成，销售自产产品。				

企业名称	伽玛星医疗工业（上海）有限公司				
企业地址	上海市张江高科技园区龙东大道 3000 号 1 号楼 707 室（201203）				
投资总额	50 万 USD	电话	51095758	传真	61404252
设立日期	2007-1-10	负责人	金惠志		
主营业务	肿瘤治疗设备的研发、生产，销售自产产品，并提供相关技术咨询。				

企业名称	光骏机电设备（上海）有限公司				
企业地址	上海市嘉定区马陆镇彭封路 108 号甲 4（201801）				
投资总额	14 万 USD	电话	59104090	传真	59104099
设立日期	2007-1-10	负责人	陈姿萤		
主营业务	生产印刷设备、紫外线光固化设备及相关零部件，销售本公司自产产品。				

企业名称	东和恩泰热能技术（上海）有限公司				
企业地址	上海临港新城新元南路 600 号一号楼 302 室（201306）				
投资总额	508 万 USD	电话	50271828	传真	50271878
设立日期	2007-1-9	负责人	KANGHEE KIM		
主营业务	从事以船舶、化工和食品行业为主的高性能热交换器、海水淡化装置。				

企业名称	上海特茂新能源科技有限公司				
企业地址	上海市松江区车墩镇赵家泾路 80 号（201611）				
投资总额	100 万 USD	电话	57609460	传真	57609580
设立日期	2006-12-28	负责人	李茂盛		
主营业务	生产轻烃、汽油双燃料汽车附件，销售公司自产产品并提供售后服务。				

企业名称	上海萨亚机床技术有限公司				
企业地址	上海市浦东新区耀华路 625 号 6 号楼底楼 A 区（200137）				
投资总额	30 万欧元	电话	55150431	传真	55150432
设立日期	2006-12-26	负责人	CARLOS ERCILLA ABAITUA		
主营业务	数控机床及相关配件的装配，销售自产产品，提供售后服务和技术咨询。				

企业名称	上海富陆船舶设备有限公司				
企业地址	上海市卢湾区瞿溪路 694 号 4527 室（200023）				
投资总额	15 万 USD	电话	61355088	传真	61355099
设立日期	2006-12-26	负责人	顾建明		
主营业务	船舶辅助设备的维修及相关技术咨询和配套服务。				

企业名称	上海威可特汽车热交换器制造有限公司				
企业地址	上海市奉贤区金汇镇泰西路 189 号 3 幢（201405）				
投资总额	100 万 USD	电话	51693318	传真	57587627
设立日期	2006-12-18	负责人	罗　军		
主营业务	生产、加工汽车热交换器、汽车空调系统及配件、汽车仪器仪表及配件。				

企业名称	明尼苏达矿业制造医用器材（上海）有限公司				
企业地址	上海市闵行区浦星路 789 号 302 室（201114）				
投资总额	1500 万 USD	电话	22102213	传真	62096100
设立日期	2006-12-14	负责人	余俊雄		
主营业务	研发、生产医用透明敷料、含药伤口敷料、伤口吸收和愈合敷料。				

企业名称	创值汽车配件（上海）有限公司				
企业地址	上海市松江区西泖泾路 365 号 1 幢（201613）				
投资总额	300 万 USD	电话	57748822	传真	57748833
设立日期	2006-12-8	负责人	TEO KIM POO		
主营业务	设计、生产、加工汽车零配件，打印机部件，石油化工阀门组件等。				

企业名称	斯美沃欧特堡（上海）夹具有限公司				
企业地址	上海市南汇区祝桥空港工业区金闻路72号6号楼（201300）				
投资总额	50万欧元	电话	58106383	传真	58106395
设立日期	2006-12-5	负责人	王强		
主营业务	数控机床用夹具、卡盘的开发设计生产；以上种类产品的批发和进出口。				

企业名称	上海泛亚华欣医疗设备维修服务有限公司				
企业地址	上海市杨浦区延吉中路65号99室（200093）				
投资总额	14万USD	电话	61042977	传真	61042978
设立日期	2006-12-1	负责人	曹强		
主营业务	从事医疗设备维修服务，提供医疗设备技术咨询。				

企业名称	艾斯曼汽车零部件（上海）有限公司				
企业地址	上海市浦东新区东胜路38号A区第5幢（200122）				
投资总额	40万欧元	电话	28986541	传真	28986399
设立日期	2006-11-30	负责人	JURGEN EISMANN		
主营业务	生产汽车仪表板、中控台、扶手、操纵部件和车门总成覆盖装饰件。				

企业名称	上海逸高精密设备有限公司				
企业地址	上海市浦东新区莲溪路1280号2号楼一层（201204）				
投资总额	14万USD	电话	33781355	传真	51062301
设立日期	2006-11-29	负责人	DENNIS HEWKO		
主营业务	金属成型设备及其零部件的研发、设计和制造；销售自产产品。				

企业名称	宗民环保科技（上海）有限公司				
企业地址	上海市杨浦区淞沪路161号2301室（200433）				
投资总额	60万USD	电话	55520136	传真	65103650
设立日期	2006-11-29	负责人	许朝芳		
主营业务	净水设备及周边配套设备的加工、组装；纳米陶瓷净化系统研发。				

企业名称	上海普东特种消防装备有限公司				
企业地址	上海市宝山城市工业园区宝祁路999号（200436）				
投资总额	1000万RMB	电话	36160420	传真	36160420
设立日期	2006-11-29	负责人	吴海卫		
主营业务	生产、加工、研发自动监控系统、防火灭火装置、抢险救生装备。				

企业名称	上海飞诺亚环保技术有限公司				
企业地址	上海市浦东新区金沪路1281号底层（200122）				
投资总额	12.5万USD	电话	50551001	传真	58993079
设立日期	2006-11-24	负责人	ZHANG JINSHAN（张金山）		
主营业务	设计、生产工业污水处理设备及相关配件，销售产品，并提供技术咨询。				

企业名称	泰科医疗器材制造（上海）有限公司				
企业地址	上海市闵行区漕河泾出口加工区浦星路789号10号楼（200235）				
投资总额	1350万USD	电话	24010200	传真	24010220
设立日期	2006-11-24	负责人	WALTER TARCA		
主营业务	生产和装配医用缝合材料及粘合剂，医用高频仪器设备，外科手术器械。				

企业名称	圣美申医疗科技（上海）有限公司				
企业地址	上海市南汇区周祝公路337号10幢101室（201315）				
投资总额	375万USD	电话	50720025	传真	50720026
设立日期	2006-11-22	负责人	LUYI SEN		
主营业务	研发、生产新型血管留置管，PDA智能型输液系统等。				

企业名称	埃尔肯（上海）车库产业有限公司				
企业地址	上海市浦东新区华夏东路3548号（200122）				
投资总额	125万USD	电话	58856149	传真	58856149
设立日期	2006-11-21	负责人	杨永帆		
主营业务	车库设备及零配件的加工、制造、安装、维护、保养、车库经营管理。				

企业名称	康能斯汽车零部件（上海）有限公司				
企业地址	上海市外高桥保税区加太路29号1号楼第四层D部位（200131）				
投资总额	20万USD	电话	54257384	传真	64392866
设立日期	2006-11-20	负责人	DOUGLASS J ROTHERMEL		
主营业务	保税区内以汽车零部件为主的仓储、分拨业务，相关产品的技术支持。				

企业名称	基昂自控设备（上海）有限公司				
企业地址	上海市松江区泗泾镇望东南路50弄9号（201601）				
投资总额	20万USD	电话	62093696	传真	62091256
设立日期	2006-11-10	负责人	王瑶珉		
主营业务	设计、生产和加工自动化控制设备、自动化仪表及相关配套产品。				

企业名称	上海豪曼汽车用品有限公司				
企业地址	上海市松江工业区东兴路21号第四幢厂房第二层（201600）				
投资总额	130万RMB	电话	57740968	传真	57740968
设立日期	2006-11-10	负责人	章锋		
主营业务	生产车用胶粘剂，销售公司自产产品，并提供售后服务。				

企业名称	上海宗祈制冷通风设备有限公司				
企业地址	上海市嘉定区南翔镇嘉绣路388号第4幢（201802）				
投资总额	51万USD	电话	69176951	传真	69176956
设立日期	2006-11-8	负责人	叶晋嘉		
主营业务	设计、生产空调通风设备及其配件，销售自产产品并提供售后服务。				

企业名称	米高（上海）汽车配件有限公司				
企业地址	上海市南汇区（临港新城）万祥产业区F2-2地块（200080）				
投资总额	320万USD	电话	58881318	传真	58883488
设立日期	2006-11-3	负责人	陈建云		
主营业务	生产加工汽车配件及金属、木、纸、橡塑、防锈材料包装制品。				

企业名称	千山净水科技（上海）有限公司				
企业地址	上海市闵行区浦江镇立跃路1768弄67号5幢3层（201112）				
投资总额	70万USD	电话	54335633	传真	54338533
设立日期	2006-11-2	负责人	李丽凤		
主营业务	开发、生产多功能制水机、反渗透纯水机、过滤器、杀菌机、沐浴器。				

企业名称	刻宝（上海）雕刻设备有限公司				
企业地址	上海市闵行区沪闵路3388号2幢（201108）				
投资总额	21万欧元	电话	68868335	传真	68868021
设立日期	2006-10-26	负责人	GÉRARD GUYARD		
主营业务	开发、生产、加工微冲式、刻划式及其他机械雕刻设备和相关部件。				

企业名称	吉凯恩扭矩技术系统（上海）有限公司				
企业地址	上海市南汇区康桥东路1号101室（201319）				
投资总额	78.1万USD	电话	58120975	传真	58121690
设立日期	2006-10-25	负责人	GRAEME BERNARD WALFORD		
主营业务	生产、销售驱动桥总成、粘性连轴器、自动变速箱部件。				

企业名称	上海金州环保发展有限公司				
企业地址	上海市漕河泾新兴技术开发区古美路1515号19楼601室（200233）				
投资总额	2000万RMB	电话	54451188	传真	54450960
设立日期	2006-10-24	负责人	陈蓓		
主营业务	研究开发水、污水和垃圾处理技术和环保设备，环保及水处理机械设备。				

企业名称	锐德热力设备（上海）有限公司				
企业地址	上海市希雅路11号F区F5地块14号楼第一层C座（200131）				
投资总额	20万USD	电话	50643207	传真	50464768
设立日期	2006-10-23	负责人	JONANNES REHM		
主营业务	在保税区内从事以热力焊接成套设备及相关配件的仓储、分拨业务。				

企业名称	埃迪司汽车饰件系统（上海）有限公司				
企业地址	上海市嘉定区安亭镇泰顺路1111号4号厂房（201805）				
投资总额	210万USD	电话	59501500	传真	59501599
设立日期	2006-10-12	负责人	DAVID FRANCIS TAYLOR		
主营业务	生产车用装饰件、仪器仪表装饰件，销售自产产品并提供售后服务。				

企业名称	艾联（上海）汽车零部件有限公司				
企业地址	上海市青浦区外青松公路5399号A26室（201707）				
投资总额	200万USD	电话	69213535	传真	69211918
设立日期	2006-10-8	负责人	LOTHAR BOCK		
主营业务	研究开发生产车身工程密封系统部件与结构增强系统部件，销售产品。				

企业名称	施魏科工业设备（上海）有限公司				
企业地址	上海市闵行区陪昆路206号23幢（201111）				
投资总额	25万USD	电话	64091207	传真	64091531
设立日期	2006-9-30	负责人	DAVID PATERSON		
主营业务	生产、加工工业用筛、油气田用筛及分离设备，销售公司自产产品。				

企业名称	诺太德（上海）净水科技有限公司				
企业地址	上海市松江区永航路188弄1号楼（201600）				
投资总额	60万USD	电话	57734854	传真	57734572
设立日期	2006-9-28	负责人	陈金枝		
主营业务	开发生产及组装净化水器材、滤材、过滤器、软水器、净化水装置设备。				

企业名称	上海蓝恩控制系统有限公司				
企业地址	上海市南汇区周浦镇建豪路8号C座（201318）				
投资总额	60万USD	电话	68066739	传真	68066928
设立日期	2006-9-27	负责人	BOO MAGNUS CLENOW		
主营业务	生产、开发汽车变速器换档系统、控制系统、电子踏板及相关零部件。				

企业名称	黑松（上海）感应加热科技有限公司				
企业地址	上海市嘉定区安亭镇泰海路233号第三幢（201814）				
投资总额	20万USD	电话	59502199	传真	59503099
设立日期	2006-9-27	负责人	黑松节夫		
主营业务	生产加热线圈和加热装置及其相关的配套件，销售本公司自产产品。				

企业名称	上海杰开扬医疗器械有限公司				
企业地址	上海市闵行区光华路2118号第三幢6楼604室（201111）				
投资总额	20万USD	电话	51581781	传真	51581782
设立日期	2006-9-20	负责人	陈英俊		
主营业务	生产轮椅、拐杖、护理床、按摩器材、残疾人车及五金配件，销售产品。				

企业名称	瓦格纳比罗舞台设备（上海）有限公司				
企业地址	上海市古北新区荣华东道96号C座（201103）				
投资总额	14万USD	电话	62080626	传真	62092440
设立日期	2006-9-19	负责人	HELMUT WURZINGER		
主营业务	舞台设计；机械零部件、舞台组件和舞台设备的安装；机械零部件。				

企业名称	德阁厨卫设备（上海）有限公司				
企业地址	上海市松江区永丰街道盐平路18号仓平小区B4号厂房（201600）				
投资总额	14万USD	电话	67742485	传真	67742786
设立日期	2006-9-19	负责人	水野伸雄		
主营业务	生产和加工厨卫设备、家具及相关产品，销售公司自产产品。				

企业名称	上海巨晴水疗设备有限公司				
企业地址	上海市杨浦区包头路1135弄1号103室（200433）				
投资总额	40万USD	电话	33771999	传真	33772999
设立日期	2006-9-18	负责人	陈智光		
主营业务	水疗浴设备的组装加工，配套沐浴精油、浴盐产品罐装加工，销售产品。				

企业名称	上海冠鑫自行车有限公司				
企业地址	上海市嘉定区马陆镇希望城希望路568号1号厂房（201801）				
投资总额	50万USD	电话	59106826	传真	59105658
设立日期	2006-9-15	负责人	罗锦营		
主营业务	生产自行车及健身器材，销售本公司自产产品。				

企业名称	德尔格医疗系统（上海）有限公司				
企业地址	上海市南汇区周祝公路337号11幢101室（201321）				
投资总额	5100万RMB	电话	58990798	传真	58990979
设立日期	2006-9-14	负责人	WOLFGANG SYHR		
主营业务	生产麻醉机、呼吸机、监护仪、婴儿培养箱、医用中央供气系统。				

企业名称	上海瑞亚安环保设备有限公司				
企业地址	上海市南汇区祝桥空港工业区金闻路10号3幢B座（201323）				
投资总额	55万USD	电话	33754506	传真	33754512
设立日期	2006-9-13	负责人	KARL EBETSHUBER		
主营业务	设计、生产、组装电力系统环保设备，销售自产产品，并提供技术咨询。				

企业名称	柯凡特无障碍升降设备（上海）有限公司				
企业地址	上海市闵行区景联路855号15幢（201108）				
投资总额	20万USD	电话	64347988	传真	64347989
设立日期	2006-9-13	负责人	JORG GISLER		
主营业务	制造无障碍升降设备，销售公司自产产品并提供相关售后服务。				

企业名称	奥索假肢矫形康复器材（上海）有限公司				
企业地址	上海市徐汇区漕宝路509号新漕河泾大厦1907室（200030）				
投资总额	50万USD	电话	54266048	传真	54266049
设立日期	2006-9-12	负责人	HEKLA ARNARDOTTIR		
主营业务	研究开发假肢、矫形器及其相关配件，技术转让，并提供相应技术咨询。				

企业名称	龙工（上海）挖掘机制造有限公司				
企业地址	上海市松江区新桥镇新茸路松南小区9号标准厂房（201612）				
投资总额	5000万港币	电话	57684948	传真	67687188
设立日期	2006-9-12	负责人	陈 杰		
主营业务	设计、生产隧道挖掘机及其零配件，销售自产产品，提供售后技术服务。				

企业名称	上汽依维柯商用车投资有限公司				
企业地址	上海市浦东新区宁桥路615号3幢（200135）				
投资总额	5000万USD	电话	22011672	传真	22011777
设立日期	2006-9-12	负责人	肖国普		
主营业务	在商用、柴油发动机等领域从事投资。向所投资企业提供有关服务。				

企业名称	上海晟泰试验设备有限公司				
企业地址	上海市嘉定区北公路1755弄1号底层（201802）				
投资总额	62万USD	电话	69170606	传真	69170809
设立日期	2006-9-7	负责人	谈贞荣		
主营业务	研发、生产试验测试设备，销售本公司自产产品并提供技术服务。				

企业名称	代荣超音波设备（上海）有限公司				
企业地址	上海市松江民益路201号1号楼1层（201613）				
投资总额	14万USD	电话	67687100	传真	67687103
设立日期	2006-9-6	负责人	CHO DAE SIK		
主营业务	设计开发生产振动摩擦熔接机、超音波熔接机、热熔接机、旋转熔接机。				

企业名称	上海永继精密设备制造有限公司				
企业地址	上海市金山区金山卫镇金石公路2239号（201512）				
投资总额	500万RMB	电话	57294962	传真	57294961
设立日期	2006-9-5	负责人	张晓敏		
主营业务	生产精冲模、精密型腔膜，销售公司自产产品。				

企业名称	上海重浩汽车配件有限公司				
企业地址	上海市松江区新浜工业区松江XB-04-021地块（201605）				
投资总额	1000万USD	电话	67737372	传真	67737372
设立日期	2006-8-25	负责人	徐重镐（SEA JUNG HO）		
主营业务	制造、加工汽车电子装置，汽车、摩托车用铸锻毛坯件，数字摄录机。				

企业名称	上海邦源汽车用品有限公司				
企业地址	上海市松江高新技术园区大江路99弄9号（201600）				
投资总额	14万USD	电话	57733709	传真	57734667
设立日期	2006-8-25	负责人	蔡为		
主营业务	生产汽车漆面保护套，无纺布制品，销售自产产品，并提供售后服务。				

企业名称	玛克瑞文空气净化科技（上海）有限公司				
企业地址	上海市闵行区莘庄工业区华宁路4018弄58号14幢A座（201108）				
投资总额	14万USD	电话	64423346	传真	64423347
设立日期	2006-8-25	负责人	田赫秀		
主营业务	开发、设计和生产用于空气净化的除尘袋及相关零部件，销售自产产品。				

企业名称	上海国登制冷设备有限公司				
企业地址	上海市闵行区七宝镇华友路515号（201101）				
投资总额	51万USD	电话	64597175	传真	64597183
设立日期	2006-8-24	负责人	张朝煌		
主营业务	生产、加工商用冷冻、冷藏箱体、冷风机、冷藏设备，销售自产产品。				

企业名称	肯美德环境技术设备（上海）有限公司				
企业地址	上海市闵行区吴中路1128号12#楼（201105）				
投资总额	50万USD	电话	63055511	传真	63055599
设立日期	2006-8-24	负责人	HII YU CHONG		
主营业务	研发、制造以净水、废水处理设备为主的环境技术设备，销售自产产品。				

企业名称	瑞福莱暖通设备（上海）有限公司				
企业地址	上海市奉贤区奉城镇塘外团结村十一队（201411）				
投资总额	14万USD	电话	61169501	传真	61169500
设立日期	2006-8-22	负责人	沈建强		
主营业务	生产安装暖通设备及相关零部件，销售自产产品并提供产品的售后服务。				

企业名称	上海索格菲滤清器有限公司				
企业地址	上海市浦东新区川南奉公路3585号7幢（201203）				
投资总额	360万USD	电话	68961012	传真	68960855
设立日期	2006-8-18	负责人	朱亚农		
主营业务	生产各类工业滤清器及相关配件，销售自产产品，并提供技术咨询。				

企业名称	伊顿工业（上海）有限公司				
企业地址	上海市浦东新区花木镇芳华路139号2号楼（201203）				
投资总额	210万USD	电话	58917006	传真	58910904
设立日期	2006-8-15	负责人	JEFFREY LYNN ROMIG		
主营业务	开发、生产汽车关键部件，销售自产产品，提供相关产品的技术咨询。				

企业名称	上海赛路美医疗器械有限公司				
企业地址	上海市杨浦区翔殷路 20 号 6 幢二楼（200433）				
投资总额	25 万 USD	电话	62261178	传真	62128958
设立日期	2006-8-14	负责人	堀口昇		
主营业务	医用电位治疗仪的生产，并提供相关的技术服务、技术咨询。				

企业名称	亿森（上海）汽车零部件有限公司				
企业地址	上海市嘉定区叶城路 555 号 202 室（201807）				
投资总额	508 万 USD	电话	59547078	传真	59547090
设立日期	2006-8-14	负责人	黄金森		
主营业务	设计、制造、加工汽车车身冲压件及汽车模具、检具，销售自产产品。				

企业名称	上海奈那卡斯汽车铸件有限公司				
企业地址	上海市松江工业区东宝路 28 号 1 号厂房（201613）				
投资总额	140 万 USD	电话	57741010	传真	57741320
设立日期	2006-8-12	负责人	DAVID JOHN ANGELL		
主营业务	设计、加工、生产汽车用铸锻毛坯件，销售自产产品并提供技术服务。				

企业名称	上海怡友医疗器械有限公司				
企业地址	上海市闵行区宜山路 1618 号 E 座 3 楼（201103）				
投资总额	70 万 USD	电话	61450386	传真	61450382
设立日期	2006-8-11	负责人	高秉哲（KO BYUNG CHUL）.		
主营业务	生产、加工口腔数字内窥镜系统，销售产品并提供售后服务。				

企业名称	杜克普爱华工业制造（上海）有限公司				
企业地址	上海市浦东新区牌楼路 358 号 2-3 号楼（200122）				
投资总额	100 万 USD	电话	50335136	传真	50335127
设立日期	2006-8-10	负责人	张　敏		
主营业务	设计制造高技术特种工业缝纫机、电脑控制工业缝纫机及其他缝制设备。				

企业名称	悌埃保温制品（上海）有限公司				
企业地址	上海市浦东新区东胜路 38 号 A6 厂房（200120）				
投资总额	50 万 USD	电话	68918800	传真	68917878
设立日期	2006-8-10	负责人	KNUT HERBRAND SAELEBAKKE		
主营业务	生产、加工高效保温材料，销售产品并提供售后服务、技术支持和咨询。				

企业名称	康达医疗器械（上海）有限公司				
企业地址	上海市外高桥保税区加太路 39 号第四层 23 部位（200131）				
投资总额	30 万 USD	电话	52662077	传真	52660966
设立日期	2006-8-7	负责人	郭咏阳		
主营业务	以医疗器械、医用设备、计算机及软件为主的仓储分拨业务、国际贸易。				

企业名称	山崎马扎克机床（上海）有限公司				
企业地址	上海市闵行区金都路 3669 号 6 幢（201100）				
投资总额	310 万 USD	电话	58668318	传真	58683068
设立日期	2006-7-31	负责人	TOMOHISA YAMAZAKI		
主营业务	生产加工数控机床配套零部件，机床整机及配套零部件、控制系统。				

企业名称	万奇汽车设计（上海）有限公司				
企业地址	上海市浦东新区新金桥路 28 号新金桥大厦 26 层 2605-2606（201203）				
投资总额	40 万 USD	电话	50309220	传真	50309776
设立日期	2006-7-31	负责人	NORMAN ALAN RHYS JOHNSON		
主营业务	汽车整车设计，汽车内、外部结构设计，汽车零部件的研究开发。				

企业名称	上海福伊特夏固今创车钩技术有限公司				
企业地址	上海市莘庄工业区金都路 3688 号 1 号楼 307 室（201100）				
投资总额	200 万欧元	电话	64428686	传真	64428610
设立日期	2006-7-31	负责人	俞金坤		
主营业务	在中国境内出售和分销自产车钩及其相应备件，并提供技术支持。				

企业名称	上海鼎肯士影视设备制造有限公司				
企业地址	上海市青浦区朱家角镇朱枫公路 1257 号（201700）				
投资总额	20 万 USD	电话	59835822	传真	59835833
设立日期	2006-7-31	负责人	吴光诚		
主营业务	生产、加工各类投影屏幕及材料和零部件，销售公司自产产品。				

企业名称	聚安安全装备（上海）有限公司				
企业地址	上海市外高桥保税区奥纳路 79 号 1 号楼二层二部位（200131）				
投资总额	13 万 USD	电话	51697857	传真	51697857
设立日期	2006-7-24	负责人	栾　芳		
主营业务	保税区内以安全防护用品为主的仓储、分拨业务及售后服务与技术支持。				

企业名称	朗基尔汽车零部件（上海）有限公司				
企业地址	上海市嘉定工业区叶城路 555 号 104 室（201800）				
投资总额	400 万欧元	电话	63588686	传真	63588686
设立日期	2006-7-24	负责人	MATTEO ROSSINI		
主营业务	研究开发和生产高性能复合材料汽车零部件、汽车模具，销售自产产品。				

企业名称	上海耐司热流道科技有限公司				
企业地址	上海市松江区新桥镇陈春公路 898 号（201612）				
投资总额	20 万 USD	电话	57682268	传真	57644975
设立日期	2006-7-20	负责人	LIU JUN NI		
主营业务	生产、加工注塑模热流道系统、精密型腔模、模具标准件、模具半成品。				

企业名称	凯锐特环保设备（上海）有限公司				
企业地址	上海市松江高新技术园区永航路 288 弄 7 号（201600）				
投资总额	14 万 USD	电话	57734863	传真	37713323
设立日期	2006-7-20	负责人	CHUAN KWONG NAM		
主营业务	生产、加工、组装水处理装置及电控设备和相关零部件，销售自产产品。				

企业名称	督瑞通用设备（上海）有限公司				
企业地址	上海市南汇区老港工业区同发路 123 弄标准厂房区 10 号（201300）				
投资总额	14 万 USD	电话	58545421	传真	58545425
设立日期	2006-7-17	负责人	GABE OHMS		
主营业务	生产加工各类淋浴门、机械配件、汽车配件以及其他相关产品。				

企业名称	双城风机（上海）有限公司				
企业地址	上海市奉贤肖湾路 318 号 3 号厂房（201400）				
投资总额	200 万 USD	电话	67107525	传真	67107529
设立日期	2006-7-17	负责人	CHARLES LOWELL BARRY		
主营业务	生产各类风机及配件，销售公司自产产品并提供产品的售后服务。				

企业名称	斯托克测控设备（上海）有限公司				
企业地址	上海市松江试点园区车墩分区松江 CD-06-008 号地块（201611）				
投资总额	800 万 USD	电话	57626288	传真	57626880
设立日期	2006-7-13	负责人	余正可		
主营业务	设计生产、加工测控设备、阀门专用电动执行器、电器，销售自产产品。				

企业名称	利是缝纫机（上海）有限公司				
企业地址	上海市外高桥保税区富特北路 358 号 605 室（200131）				
投资总额	50 万 USD	电话	58666211	传真	58666211
设立日期	2006-7-12	负责人	CENK OFLAZ		
主营业务	生产各类工业缝纫机械部件，销售自产产品；上述商品的进出口业务。				

企业名称	上海艾姆梯保龄设备制造销售有限公司				
企业地址	上海市外高桥保税区富特西一路 381 号 A1 楼第一层 B 部位（200131）				
投资总额	12.5 万 USD	电话	58665020	传真	58665022
设立日期	2006-7-12	负责人	KARLJOSEFALFONSHERFURTNER		
主营业务	保龄设备及相关体育器材的制造，销售自产产品；国际贸易、转口贸易。				

企业名称	泰正汽车配件（上海）有限公司				
企业地址	上海市外高桥保税区富特西一路 115 号 2 号楼第 4 层 A 部位（200131）				
投资总额	15 万 USD	电话	64692267	传真	54890048
设立日期	2006-7-5	负责人	LIM WEI FOOK		
主营业务	以汽车配件为主的保税区内仓储、分拨业务及产品的技术培训、维修。				

企业名称	上海尚盟汽车服务有限公司				
企业地址	上海市闵行区吴宝路 1389 号第 7 幢（201105）				
投资总额	100 万 USD	电话	64785050	传真	54495115
设立日期	2006-7-3	负责人	李荣华		
主营业务	汽车维修，提供汽车装饰、汽车美容、汽车等服务及相关的技术咨询。				

企业名称	上海马珂斯汽车用品有限公司				
企业地址	上海市闵行区颛兴路 1421 弄 151 号一栋 A 座（201104）				
投资总额	20 万 USD	电话	64422274	传真	64422284
设立日期	2006-6-30	负责人	木村隆之		
主营业务	开发、生产汽车用品、摩托车用品，销售自产产品。				

企业名称	上海波音航空改装维修工程有限公司				
企业地址	上海市浦东国际机场内飞翱路（200135）				
投资总额	8500 万 USD	电话	61605881	传真	58766553
设立日期	2006-6-29	负责人	TIMOTHY JOHN COPES		
主营业务	飞机改装、飞机维修、航空器材销售和维修，并提供工程技术服务。				

企业名称	上海华萌高温材料有限公司				
企业地址	上海市嘉定区黄渡镇泥岗村开发路 408 号 5 幢一楼 A 区（201804）				
投资总额	52 万 USD	电话	62239886	传真	62239886
设立日期	2006-6-27	负责人	ZHANG LANYIN		
主营业务	生产加工高温窑炉用材料、传感器，销售本公司产品并提供售后服务。				

企业名称	上海东方威尔传动设备有限公司				
企业地址	上海市宝山区富联路 1666 号（201907）				
投资总额	125 万 USD	电话	66933566	传真	66931855
设立日期	2006-6-27	负责人	吴永旭		
主营业务	设计、生产各类减速机、传动装置及其零部件，电机、电器控制系统。				

企业名称	上海康立得保温节能技术有限公司				
企业地址	上海市嘉定工业区叶城路 555 号 102 室（201800）				
投资总额	400 万 USD	电话	69160022	传真	69168921
设立日期	2006-6-23	负责人	祝良栋		
主营业务	开发、生产建筑高效保温材料，销售本公司产品并提供相关技术咨询。				

企业名称	医恩医疗系统研发（上海）有限公司				
企业地址	上海市卢湾区思南路 105 号 1 幢 201 室（200025）				
投资总额	140 万 USD	电话	63844516	传真	63857368
设立日期	2006-6-12	负责人	CHRISTOPHER J.PAIGE		
主营业务	生物医疗的研究开发；研发成果的转让；与研发成果相关的技术咨询。				

企业名称	上海丹华船舶设备制造有限公司				
企业地址	上海市浦东新区南洋泾路 529 号 35 幢底楼东部（201201）				
投资总额	35 万 USD	电话	68916601	传真	68916607
设立日期	2006-6-9	负责人	王根德		
主营业务	船用空调、船用设备及配件生产加工、装配、维修，销售自产产品。				

企业名称	霍夫汽车设计（上海）有限公司				
企业地址	上海市浦东新区浙桥路 289 号建银大厦 A 座 810 室（200120）				
投资总额	14 万 USD	电话	51346509	传真	51346509
设立日期	2006-6-9	负责人	CURTISLAMESHOFF		
主营业务	汽车整车设计，汽车内、外部结构设计，汽车零部件的研究开发。				

企业名称	上海威霸发电设备有限公司				
企业地址	上海市浦东新区川沙镇黄楼栏学路 531 号 10 幢（201204）				
投资总额	14 万 USD	电话	58949068	传真	58948668
设立日期	2006-6-8	负责人	BENEDICT CHEN ONN MENG		
主营业务	生产发电设备、消音箱、隔震器、发电设备保护装置及相关零部件。				

企业名称	尼克利斯（上海）淋浴设备有限公司				
企业地址	上海市松江区九亭镇连富路 769 号 3 号车间 6 幢（201615）				
投资总额	50 万 USD	电话	67691782	传真	67691918
设立日期	2006-6-5	负责人	MARC NIKLES		
主营业务	生产、加工淋浴设备及相关配件，销售公司自产产品，并提供技术咨询。				

企业名称	凯富保温技术（上海）有限公司				
企业地址	上海市奉贤区化学工业区日华路 111 号 1 号通用厂房 A 区（201507）				
投资总额	40 万欧元	电话	51089603	传真	32160360
设立日期	2006-6-4	负责人	HORST KORNER		
主营业务	开发、生产、加工隔离材料、保温产品及其相关部件，销售自产产品。				

企业名称	凯膜特种分离技术（上海）有限公司				
企业地址	上海市嘉定区马陆镇希望路 475 号（201801）				
投资总额	14 万 USD	电话	64320228	传真	64320226
设立日期	2006-6-1	负责人	LIM KIM SENG		
主营业务	研发生产以膜分离技术为主分离设备、系统和相关部件，销售自产产品。				

企业名称	宏实系统工程（上海）有限公司				
企业地址	上海市张江高科技园区郭守敬路 351 号 2 号楼 696-02 室（201203）				
投资总额	14 万 USD	电话	62351738	传真	62351735
设立日期	2006-5-31	负责人	杨　敏		
主营业务	防雷电防腐蚀安全系统，计算机信息系统，节能系统生物识别系统研发。				

企业名称	上海晟达传动设备有限公司				
企业地址	上海市闵行区莘庄工业区春东路 439 号（201108）				
投资总额	30 万 USD	电话	54831381	传真	54831380
设立日期	2006-5-31	负责人	BERND KIRSCHEY		
主营业务	生产弹性联轴器、传动轴、离合器及其他动力传动设备与零部件。				

企业名称	上海颉轩运动器材有限公司				
企业地址	上海市嘉定区马陆镇希望路 628 号（201801）				
投资总额	14 万 USD	电话	59102765	传真	59101959
设立日期	2006-5-30	负责人	张璎珞		
主营业务	生产运动器材及零配件，销售本公司自产产品并提供售后服务。				

企业名称	卓维（中国）有限公司				
企业地址	上海市宝山区沪太路 8889 号 518 室（200436）				
投资总额	1800 万 USD	电话	68864883	传真	68864882
设立日期	2006-5-26	负责人	林沂水		
主营业务	开发、生产塑身、美体、美容、健身、休闲康体器材和器械，五金制品。				

企业名称	上海长京风力发电设备有限公司				
企业地址	上海市奉贤区海湾旅游区海工路 28 号（201418）				
投资总额	35 万 USD	电话	57173902	传真	57173502
设立日期	2006-5-26	负责人	牛振兴		
主营业务	生产发电设备和橡胶轮胎机械、塑料机械用零部件，电站成套设备。				

企业名称	金兆比医疗器械（上海）有限公司				
企业地址	上海市嘉定区徐行镇前曹公路 699 号 1 幢（201809）				
投资总额	15 万 USD	电话	39979931	传真	39979932
设立日期	2006-5-22	负责人	郑庆瑞		
主营业务	生产康复理疗器械，销售本公司自产产品并提供售后服务。				

企业名称	意特佩雷斯压铸设备（上海）有限公司				
企业地址	上海市嘉定区安亭镇泰丰路 188 号（201804）				
投资总额	50 万 USD	电话	59501551	传真	59501552
设立日期	2006-5-16	负责人	BASILIO SALERI		
主营业务	设计、制造高压铸造和重力浇注设备及相关零部件，销售本公司产品。				

企业名称	爱德夏汽车技术（上海）有限公司				
企业地址	上海市江场三路 219 号 301 室甲（200434）				
投资总额	14 万 USD	电话	66311012	传真	66313009
设立日期	2006-5-16	负责人	MANFRED PUHLMANN		
主营业务	研发和设计汽车零部件和模块（涉及行政许可的，凭许可证经营）。				

企业名称	乐世门（上海）流体技术有限公司				
企业地址	上海市嘉定区马陆镇丰功路 55 弄 6 号（201801）				
投资总额	15 万 USD	电话	51699528	传真	69152155
设立日期	2006-5-15	负责人	曾祥滨		
主营业务	设计、生产液压系统、空压系统及其零配件，销售本公司自产产品。				

企业名称	上海亚昊汽车产品设计有限公司				
企业地址	上海市闵行区沪闵路 3458 弄 28 号（201108）				
投资总额	60 万 USD	电话	64897270	传真	64897271
设立日期	2006-5-12	负责人	秦荣煌		
主营业务	设计、制造汽车、摩托车模具、夹具及非金属制品模具，销售自产产品。				

企业名称	上海西帝传动设备有限公司				
企业地址	上海市南汇工业园区汇成路 530 号 8 号厂房（201300）				
投资总额	1000 万 RMB	电话	68060500	传真	58186155
设立日期	2006-4-29	负责人	林　殷		
主营业务	生产、加工动力传动设备和液压传动设备及关联零部件，销售自产产品。				

企业名称	高尔登船舶工程（上海）有限公司				
企业地址	上海市南汇工业园区园中路 533 号 5 号厂房（201300）				
投资总额	175 万 USD	电话	58186628	传真	58186633
设立日期	2006-4-27	负责人	PAUL.N.ANDRESEN		
主营业务	生产船舶零部件，船舶设备及辅助设备维修、组装及翻新，技术咨询。				

企业名称	邓禄普采矿设备（上海）有限公司				
企业地址	上海市嘉定区外冈镇外钱公路 455 号（201806）				
投资总额	700 万 USD	电话	59546363	传真	59546663
设立日期	2006-4-27	负责人	NICHOLAS HUW HARRISON		
主营业务	设计和制造井下无轨采、装、运设备，销售本公司自产产品。				

企业名称	爱德奇电讯设备（上海）有限公司				
企业地址	上海市松江区中山街道西泖泾路 175 号 5 号厂房（201613）				
投资总额	505 万 USD	电话	37742403	传真	67747400
设立日期	2006-4-27	负责人	MARY E.QUAY		
主营业务	设计生产组装光通讯元器件及设备，数字信号交叉连接产品及其元器件。				

企业名称	上海艾杰福威制冷工程有限公司				
企业地址	上海市金山区张堰镇金张支路 329 号（201514）				
投资总额	100 万 RMB	电　话	57219700	传　真	57218817
设立日期	2006-4-27	负责人	STEVEN ALLAN LIEBSON		
主营业务	生产加工制冷工程使用的各类软风管和附件，销售公司自产产品。				

企业名称	上海启明汽车配件制造有限责任公司				
企业地址	上海市浦东新区浦明路 1235 号 1 层（200131）				
投资总额	62.5 万 USD	电　话	58222053	传　真	68220671
设立日期	2006-4-26	负责人	钱世华		
主营业务	汽车起动机、发电机及其配件的制造，销售自产产品。				

企业名称	上海必威冷冻设备有限公司				
企业地址	上海市闵行区江川路 2017/3 号（201111）				
投资总额	37.5 万 USD	电　话	54721994	传　真	54724005
设立日期	2006-4-24	负责人	蔡福喜		
主营业务	开发生产食品生产专用设备、食品加工专用设备、冷藏设备、冷冻设备。				

企业名称	美得彼烹饪设备制造（上海）有限公司				
企业地址	上海市松江区九亭镇盛高路 98 号（201600）				
投资总额	14 万 USD	电　话	67690808	传　真	67627640
设立日期	2006-4-17	负责人	陈一涵		
主营业务	生产、加工、装配烹饪设备及相关的零部件，销售产品，提供技术服务。				

企业名称	上海和科设备制造有限公司				
企业地址	上海市松江区泗泾镇望东南路 38 号南 2 栋（201601）				
投资总额	14 万 USD	电　话	57619596	传　真	57619309
设立日期	2006-4-14	负责人	平泽悟（HIRASAWA SATORU）		
主营业务	生产、加工各种管路自动加工设备以及热交换器制造设备，销售产品。				

企业名称	麦塔机器设备（上海）有限公司				
企业地址	上海市莘庄工业区申富路 789 号 2 号厂房南半幢（201108）				
投资总额	34 万 USD	电　话	54831550	传　真	54831550
设立日期	2006-4-14	负责人	FRANK SOUYRIS		
主营业务	生产各种用于制造电容器的卷绕机和用于制造光源产品的卷绕机。				

企业名称	诺德士（上海）健身器械有限公司				
企业地址	上海市外高桥保税区华申路 180 号综合楼 501A 部位（200131）				
投资总额	30 万 USD	电　话	50483019	传　真	50484269
设立日期	2006-4-12	负责人	徐小斌		
主营业务	保税区内以健身器械产品及其零配件为主的仓储、分拨及售后服务。				

企业名称	格鲁伯厨卫设备（上海）有限公司				
企业地址	上海市外高桥保税区加太路 39 号第四层 16 部位（200131）				
投资总额	13 万 USD	电　话	58661006	传　真	
设立日期	2006-4-11	负责人	JOHN DONALD HOSKINSON		
主营业务	保税区内以厨卫产品和建筑材料为主的仓储分拨业务，及产品售后服务。				

企业名称	瑞璟净化系统工程（上海）有限公司				
企业地址	上海市浦东新区莲振路 298 号 3 号楼 302 室（200131）				
投资总额	80 万 USD	电　话	58824500	传　真	58824577
设立日期	2006-4-10	负责人	JIN SE HYUN		
主营业务	无尘无菌室及其他净化系统工程的铝合金高架地板、机台基架设计安装。				

企业名称	格罗威水产养殖设备（上海）有限公司				
企业地址	上海市青浦区赵巷镇沈泾塘村 183 号（201703）				
投资总额	80 万 USD	电　话	69753365	传　真	69753312
设立日期	2006-4-10	负责人	HNG CONG YU		
主营业务	生产、加工水产养殖设备及其零部件，销售自产产品并提供技术咨询。				

企业名称	上海锦韩汽车部件制造有限公司				
企业地址	上海市松江区车墩镇香车路 398 号 2 号厂房 1 层（201611）				
投资总额	25 万 USD	电　话	37837182	传　真	37837182
设立日期	2006-4-7	负责人	尚宝胜		
主营业务	生产、加工汽车车身、车顶等汽车部件，销售自产产品，提供售后服务。				

企业名称	上海赫燕安装工程有限公司				
企业地址	上海市奉贤化学工业区苍工路 1459 号（201400）				
投资总额	10 万欧元	电　话	57448520	传　真	57448530
设立日期	2006-4-7	负责人	ERIC JAN KARMAN		
主营业务	制作、安装保温材料、伴热材料，脚手架、油漆防腐和涂料的施工。				

企业名称	上海东蕊真空涂装有限公司				
企业地址	上海市奉贤区柘林镇孙桥村 1321 号（201405）				
投资总额	20 万 USD	电　话	57459133	传　真	57459133
设立日期	2006-4-7	负责人	赵　俊		
主营业务	从事塑料、玻璃、金属的表面涂装加工，销售公司自产产品。				

企业名称	上海田岛环保设备有限公司				
企业地址	上海市嘉定区黄渡镇春归路 299 号 1 幢（201805）				
投资总额	70 万 USD	电　话	39599018	传　真	59599880
设立日期	2006-4-5	负责人	田岛明良		
主营业务	生产城市污水处理设备，销售本公司自产产品并提供售后服务。				

企业名称	福美克斯（上海）复合材料有限公司				
企业地址	上海市卢湾区肇嘉浜路 62 弄 18 号（200020）				
投资总额	50 万 USD	电　话	58585330	传　真	58587992
设立日期	2006-3-29	负责人	叶　丹		
主营业务	生产汽车内饰用各种复合材料，聚氨脂泡沫材料以及泡沫回收材料地毯。				

企业名称	三松脚轮（上海）有限公司				
企业地址	上海市松江工业区华加路 28 号 B 号厂房（201600）				
投资总额	150 万 USD	电　话	57749777	传　真	57749633
设立日期	2006-3-29	负责人	JUNG SOOK YUN		
主营业务	设计生产加工脚轮、轮子、各种搬运设备及其配件产品，销售自产产品。				

企业名称	上海墨特梅方科汽车部件有限公司				
企业地址	上海市金山区漕泾镇平业路 99 号（201508）				
投资总额	50 万 USD	电　话	67256611	传　真	67256825
设立日期	2006-3-29	负责人	林楚鹤		
主营业务	生产加工汽车排档系统、车门限位器、转向管柱、手刹车、拉手总成。				

企业名称	上海板机液压设备有限公司				
企业地址	上海市嘉定区安亭镇墨玉南路 98 号 1 幢 A 区（201805）				
投资总额	41 万 USD	电　话	59560237	传　真	59560404
设立日期	2006-3-27	负责人	汪锦星		
主营业务	设计制造人造板机械设备、液压气动控制系统、电气配套系统。				

企业名称	上海优普休闲车辆有限公司				
企业地址	上海市松江出口加工区 A 区罗伊尔园区四期 3 号厂房（201600）				
投资总额	15 万欧元	电　话	57783778	传　真	57783299
设立日期	2006-3-27	负责人	GALLONE FLAVIO		
主营业务	生产加工自行车、助动车、踏板车、运动、休闲用车辆及小型船只。				

企业名称	蒂森克虏伯汽车车身技术（上海）有限公司				
企业地址	上海市浦东新区陆家嘴东路 161 号招商局大厦 2007 室（200120）				
投资总额	50 万欧元	电　话	38784700	传　真	58877522
设立日期	2006-3-23	负责人	ANDREAS GUMRING		
主营业务	研究开发设计汽车车身部件、汽车模具、白车身设备、汽车安装设备。				

企业名称	冯阿登纳真空设备（上海）有限公司				
企业地址	上海市外高桥保税区爱都路 390 号 31#楼 D 部位（200131）				
投资总额	13 万 USD	电　话	50462782	传　真	50461678
设立日期	2006-3-21	负责人	ANSGAR DOMINIKUS DIEKMANN		
主营业务	保税区内以真空设备及相关部件为主仓储分拨业务；国际和转口贸易。				

企业名称	优立昂（上海）汽车零部件科技有限公司				
企业地址	上海市嘉定工业区叶城路 555 号 201 室（201807）				
投资总额	650 万 USD	电　话	59134579	传　真	59134114
设立日期	2006-3-20	负责人	曾　伟		
主营业务	开发、生产、加工汽车电动助力转向系统及相关零部件，销售自产产品。				

企业名称	康升（上海）环保科技有限公司				
企业地址	上海市闵行区剑川路 468 号 1 幢 204 室　（201109）				
投资总额	25 万 USD	电　话	61259010	传　真	61259012
设立日期	2006-3-17	负责人	叶春杰 YAP CHOON KIAT		
主营业务	研究、开发、生产水处理系统及设备，销售自产产品，提供售后服务。				

企业名称	奥根汽车设备（上海）有限公司				
企业地址	上海市松江区东兴路 79 号 10 号 B 区（201600）				
投资总额	270 万 USD	电　话	67743655	传　真	67740746
设立日期	2006-3-16	负责人	RICHARD JOHN COTTON		
主营业务	设计、生产、组装汽车设备，销售自产产品并提供相关售后服务。				

企业名称	艾伦汽车配件（上海）有限公司				
企业地址	上海市延长路 149 号科技楼 313 室（200072）				
投资总额	6.2 万 USD	电话	68070308	传真	68070307
设立日期	2006-3-15	负责人	胡自强		
主营业务	汽车零配件的研发、生产，销售自产产品，并提供相关技术咨询。				

企业名称	上海贝克易烘培器具有限公司				
企业地址	上海市闵行区梅富路 159 号 7 号楼（200237）				
投资总额	27 万 USD	电话	54376100	传真	54376160
设立日期	2006-3-14	负责人	王胜利		
主营业务	生产烘焙设备及模具、厨房器具用品，销售自产产品，提供售后服务。				

企业名称	唯赛勃环保科技（上海）有限公司				
企业地址	上海青浦工业园区外青松公路 5500 号 203 室（201700）				
投资总额	2200 万 USD	电话	69758588	传真	69758288
设立日期	2006-3-9	负责人	JIAN XIN XIE		
主营业务	开发、生产水处理设备及其配套零部件，销售自产产品，提供技术服务。				

企业名称	上海雄大船舶设备有限公司				
企业地址	上海市松江区富民经济开发区八秀路 18 号凤泽小区 13 号（201600）				
投资总额	200 万 RMB	电话	67728228	传真	67728951
设立日期	2006-3-3	负责人	孙溪林		
主营业务	设计制造船用舾装件及钢结构，产品咨询服务及产品零部件的维修保养。				

企业名称	上海美钻亿菱钻井设备有限公司				
企业地址	上海市浦东新区东川公路 5085 号第一幢（200127）				
投资总额	350 万 RMB	电话	65538126	传真	65538092
设立日期	2006-2-27	负责人	TERRY MICHAE LPETTY		
主营业务	设计、制造用于石油勘探开发的新型石油钻井采油机器、仪器仪表。				

企业名称	长洋石材加工设备（上海）有限公司				
企业地址	上海市闵行区华漕镇纪翟路 1409 弄 78 号 4 号楼 A 座（201106）				
投资总额	20 万 USD	电话	62967701	传真	62967703
设立日期	2006-2-23	负责人	SALSI ERNESTO		
主营业务	生产加工金刚石锯片、金刚石刀头及零部件，销售产品并提供售后服务。				

企业名称	纽迈司气动器材（上海）有限公司				
企业地址	上海市松江区九亭镇久富经济开发区金马路 76 号（201615）				
投资总额	25 万欧元	电话	51102500	传真	51102505
设立日期	2006-2-21	负责人	ROBERTO BOTTACINI		
主营业务	生产组装气动零部件，销售自产产品，以及提供上述产品的售后服务。				

企业名称	上海斯大暖通设备有限公司				
企业地址	上海市松江科技园区崇南路 6 号 B 区 8 号房（201616）				
投资总额	14 万 USD	电话	54763039	传真	54763035
设立日期	2006-2-21	负责人	朴宽雄（PARK KWAN WOONG）		
主营业务	生产空调设备、水暖器材，销售自产产品，提供相关的安装、维修服务。				

企业名称	蓝姆汽车焊接设备（上海）有限公司				
企业地址	上海市松江区九亭镇寅西路 1 号 4 号厂房（201615）				
投资总额	500 万 USD	电话	52271092	传真	52272093
设立日期	2006-2-21	负责人	林永达		
主营业务	设计、生产和加工自动化汽车焊接设备、汽车焊接夹具、汽车检验夹具。				

企业名称	乔山健身器材（上海）有限公司				
企业地址	上海市嘉定区叶城路 1411 号 8 栋西（201800）				
投资总额	2000 万 USD	电话	59101515	传真	59100715
设立日期	2006-2-21	负责人	罗泉		
主营业务	研发生产健身器材、相关配件及其专用模具，销售产品并提供售后服务。				

企业名称	罗尔西传动设备（上海）有限公司				
企业地址	上海市闵行区莲花南路 2399 号梅莲工业区 5 号厂房（200237）				
投资总额	30 万 USD	电话	54406066	传真	54406177
设立日期	2006-2-17	负责人	PARMEGGIANI PAOLO		
主营业务	生产工业用减速机、电机、减速马达、动力传动产品及其零配件。				

企业名称	韦氏车用雪地产品（上海）有限公司				
企业地址	上海市闵行区鲁南路 78 弄 29 号（201112）				
投资总额	180 万欧元	电话	68461988	传真	68463422
设立日期	2006-2-17	负责人	PAOLO ZANETTI		
主营业务	开发、设计、生产轮胎用雪链等车用雪地产品及其配件以及相关产品。				

企业名称	上海上久液晶设备有限公司				
企业地址	上海市康健路 135 号 A 座 338 室（200235）				
投资总额	30 万 USD	电话	50398002	传真	50398002
设立日期	2006-2-14	负责人	谢辉煌		
主营业务	承接液晶及半导体相关设备的安装、维护以及相关技术的咨询服务。				

企业名称	德耐宝齿科（上海）有限公司				
企业地址	上海市闵行区浦星路 789 号 6 号楼 1 层（201112）				
投资总额	14 万 USD	电话	64899917	传真	64899929
设立日期	2006-2-10	负责人	WALTER GEBELL		
主营业务	齿科修复体的定制和加工，销售自产产品。				

企业名称	卡尔史托斯内窥镜（上海）有限公司				
企业地址	上海市张江高科技园区龙东大道 3000 号 7 幢 2 层 204 室（201203）				
投资总额	1000 万 USD	电话	61131188	传真	61131199
设立日期	2006-2-9	负责人	SYBILL RENATE STORZ		
主营业务	医疗机构手术室微创手术系统设计服务和承接组建上述系统装配工程。				

企业名称	上海卡瓦格博汽车配件有限公司				
企业地址	上海市嘉定工业区北区 3 号地块（201807）				
投资总额	800 万 USD	电话	59104212	传真	59104213
设立日期	2006-2-9	负责人	金丰		
主营业务	生产空气干燥器、滤清器等汽车零配件，销售本公司自产产品。				

企业名称	上海阿罗拉电力设备有限公司				
企业地址	上海市松江区小昆山工业园区港兴路 116 号 4 号厂房（201616）				
投资总额	90 万 USD	电话	57854499	传真	57852290
设立日期	2006-2-8	负责人	陈志华		
主营业务	生产、加工中压电气设备及相关配件，销售自产产品，并提供售后服务。				

企业名称	隆菱汽车零部件（上海）有限公司				
企业地址	上海市外高桥保税区德堡路 273 号 58 号厂房 2 层 F 部位（200131）				
投资总额	30 万 USD	电话	52082030	传真	52081830
设立日期	2006-2-7	负责人	小口邦雄		
主营业务	保税区内以汽车零部件为主的仓储分拨业务以及产品的技术培训、展示。				

企业名称	摩纳凯（上海）叉车有限公司				
企业地址	上海市松江区中山街道民益路 26 号第 19 幢厂房（201613）				
投资总额	3000 万港币	电话	57687928	传真	61303339
设立日期	2006-2-7	负责人	李君		
主营业务	生产加工叉车、物流设备及其零配件，销售公司自产产品。				

企业名称	汤宏汽车配件（上海）有限公司				
企业地址	上海市松江富民仓桥经济城 A 区（威氏小区 39 号 117 房）（201600）				
投资总额	14 万 USD	电话		传真	
设立日期	2006-1-28	负责人	TOMQUANG MINH TRAN		
主营业务	制造和加工、生产汽车关键零部件及摩托车关键零部件，销售自产产品。				

企业名称	佛萨其胜（上海）流体设备有限公司				
企业地址	上海市南汇区祝桥镇金闻路 9 号 01（201300）				
投资总额	40 万 USD	电话	58104471	传真	58104470
设立日期	2006-1-28	负责人	刘沪光		
主营业务	设计制造装配液压缸及气缸等液体机械装置和零部件，销售自产产品。				

企业名称	世迈钛传动技术（上海）有限公司				
企业地址	上海市闵行区金都路 4299 号 A 幢 1586 号（201108）				
投资总额	20 万 USD	电话	54153259	传真	54152354
设立日期	2006-1-27	负责人	CHANG XIU ZHOU		
主营业务	设计、开发、生产与传动系统的加工制造技术相关的计算机软件。				

企业名称	帝思迈环境设备（上海）有限公司				
企业地址	上海市金山区亭卫公路 6375 号（201506）				
投资总额	50 万 USD	电话	55965431	传真	55965432
设立日期	2006-1-27	负责人	林力健		
主营业务	生产中央空调、暖通设备、太阳能装置、管道、管件和阀门，销售产品。				

企业名称	稀特喜空气净化科技（上海）有限公司				
企业地址	上海市莘庄工业区华宁路 4018 弄 58 号（201108）				
投资总额	20 万 USD	电话	51503607	传真	51503605
设立日期	2006-1-26	负责人	JEON HEOK SOO		
主营业务	开发、设计和生产空气过滤产品，销售自产产品，并提供技术咨询。				

制造业-专用设备和交通运输设备制造业

企业名称	凯勒特燃烧技术与设备（上海）有限公司				
企业地址	上海市南汇区航头镇沪南公路4880弄89号（201316）				
投资总额	35万USD	电话	58147267	传真	58147250
设立日期	2006-1-26	负责人	WILLIAM P.BARTLETT		
主营业务	生产、加工环保和燃烧设备及其相关的零部件，销售公司自产产品。				

企业名称	上海孚天线缆设备有限公司				
企业地址	上海市闵行区中春路7333弄75号（201101）				
投资总额	15万USD	电话	54854673	传真	54854674
设立日期	2006-1-24	负责人	LEEWU		
主营业务	开发生产电线电缆设备、光缆设备、线缆配件，线缆设备软件开发制作。				

企业名称	望瑞门遮阳系统设备（上海）有限公司				
企业地址	上海青浦工业园区崧华路999号 （201700）				
投资总额	150万欧元	电话	59869288	传真	59869288
设立日期	2006-1-24	负责人	ANGELIQUE RENKHOFF MÜCKE		
主营业务	研究、开发和生产应用于公共和民用建筑上高档建筑五金件及控制系统。				

企业名称	上海台瑞实验室设备有限公司				
企业地址	上海市奉贤区奉城镇川南奉公路9125号（201411）				
投资总额	20万USD	电话	57136880	传真	57130998
设立日期	2006-1-24	负责人	刘熹光		
主营业务	实验室设备及其配件产品的制造，销售自产产品并提供产品的售后服务。				

企业名称	乔治亚罗（上海）汽车设计有限公司				
企业地址	上海市浦东新区福山路458号同盛大厦1209-1212室（200122）				
投资总额	35万欧元	电话	50811170	传真	50583911
设立日期	2006-1-20	负责人	STEFANO CAPPUCCIO		
主营业务	汽车飞机和列车等交通工具外型、整体结构和内饰的设计及零部件设计。				

企业名称	永恒力叉车制造（上海）有限公司				
企业地址	上海青浦工业园区天一路651号（201700）				
投资总额	220万USD	电话	59228224	传真	59228334
设立日期	2006-1-20	负责人	王玉春		
主营业务	开发、生产叉车、各种仓储设备、物流设备和上述产品的零部件。				

企业名称	昱海船舶设备（上海）有限公司				
企业地址	上海市外高桥保税区富特东一路396号第五层566部位（200131）				
投资总额	20万USD	电话	51693623	传真	58356001
设立日期	2006-1-19	负责人	LAU HUANG NAM		
主营业务	保税区内以船舶设备及其零配件为主的仓储分拨业务，及产品售后服务。				

企业名称	上海吉信排水技术有限公司				
企业地址	上海市奉贤区青村镇（201407）				
投资总额	700万欧元	电话	64824650	传真	64824629
设立日期	2006-1-17	负责人	许政伟		
主营业务	生产加工市政用各种预制构件、井圈井盖、排水箅子和景观设施产品。				

企业名称	耐美多医疗设备（上海）有限公司				
企业地址	上海市浦东新区莲溪路1151号3号厂房第3层B室（201204）				
投资总额	20万USD	电话	50910871	传真	50910871
设立日期	2006-1-16	负责人	TOMOJI MIYATA（宫田智治）		
主营业务	生产组装医用X射线附属设备及部件，销售产品，并提供技术咨询服务。				

企业名称	上海盖科发电设备有限公司				
企业地址	上海市嘉定区马陆镇龙盘路568号2栋（201801）				
投资总额	74万USD	电话	69152400	传真	69152406
设立日期	2006-1-13	负责人	ROBERT SPIESS		
主营业务	生产发电机组及零配件，发动机、水泵，手提照明灯及其零配件。				

企业名称	益固（上海）真空设计科技有限公司				
企业地址	上海市青浦区白鹤镇赵中路568号（201711）				
投资总额	70万USD	电话	59216111	传真	59216130
设立日期	2006-1-13	负责人	林朝宗		
主营业务	设计生产加工真空镀膜设备，销售自产产品，并提供真空镀膜加工服务。				

企业名称	钜立精密设备制造（上海）有限公司				
企业地址	上海市金桥出口加工区（南区）第二大道128号T3-1（200131）				
投资总额	1000万港币	电话	58585541	传真	58585542
设立日期	2006-1-11	负责人	NG HOO TENG		
主营业务	设计加工生产半导体测试、封装、表面贴装设备；微电子自动化设备。				

企业名称	上海纳博特斯克船用控制设备有限公司				
企业地址	上海市外高桥保税区富特北路458号2号楼470室（200131）				
投资总额	50万USD	电话	58520363	传真	58520348
设立日期	2006-1-11	负责人	高宫利幸		
主营业务	船用控制设备为主国际贸易、转口贸易、保税区企业间贸易及贸易代理。				

企业名称	上海野村水处理工程有限公司				
企业地址	上海市金山区朱泾镇仙居路388号（201500）				
投资总额	51万USD	电话	62429524	传真	62625619
设立日期	2006-1-11	负责人	佐藤哲也		
主营业务	净水处理器材、设备的设计、生产及水处理设备的工程安装和售后服务。				

企业名称	恺博（上海）车辆座椅技术有限公司				
企业地址	上海市青浦工业园区天盈路66号2号厂房（201700）				
投资总额	600万USD	电话	39202207	传真	39202210
设立日期	2006-1-9	负责人	ELMAR DEEGENER		
主营业务	开发、设计、生产车辆座椅系统及其零部件，销售产品并提供技术咨询。				

企业名称	银鼎传动元件（上海）有限公司				
企业地址	上海市嘉定区马陆镇嘉富路518弄15号（201801）				
投资总额	100万USD	电话	59511170	传真	59511180
设立日期	2006-1-6	负责人	白永耀		
主营业务	设计、生产数控机床关键零部件，精密在线测量仪器，销售自产产品。				

企业名称	斯蒂莫斯（上海）水处理设备有限公司				
企业地址	上海市南汇区康桥工业区康桥东路1159弄51号6号厂房（201315）				
投资总额	40万欧元	电话	68182610	传真	68182616
设立日期	2006-1-5	负责人	ALBERTO BORELLA		
主营业务	设计、制造水处理设备和高纯介质分配系统及其零部件、软件开发。				

企业名称	三共机械销售（上海）有限公司				
企业地址	上海市徐汇区肇嘉浜路777号青松城1017室（200032）				
投资总额	200万USD	电话	64438717	传真	64439622
设立日期	2005-12-26	负责人	小川广海		
主营业务	从事精密机械设备、精密机械产品、精密机械零部件的进出口、批发。				

企业名称	百恩机械制造（上海）有限公司				
企业地址	上海市青浦工业园区天盈路502号3号厂房（201700）				
投资总额	70万USD	电话	59227050	传真	59227052
设立日期	2005-12-22	负责人	IAN FREDERICK LEEDER KENYON		
主营业务	生产、加工办公自动化设备和包装设备及其零部件。				

企业名称	普朗斯塑机械（上海）有限公司				
企业地址	上海市青浦工业园区金桥路555号1号厂房（201700）				
投资总额	20万欧元	电话	59228818	传真	59228819
设立日期	2005-12-22	负责人	GIANFRANCO CATTAPAN		
主营业务	设计、制造和装配塑料加工机械及其零配件，销售公司自产产品。				

企业名称	道普汽车零部件（上海）有限公司				
企业地址	上海市莘庄工业区光华路1258号（201108）				
投资总额	350万USD	电话	64896918	传真	64893252
设立日期	2005-12-21	负责人	SHAILESH DOSHI		
主营业务	生产汽车用线束产品，销售自产产品，提供售后服务。				

企业名称	上海联信环境卫生车辆有限公司				
企业地址	上海市闵行区莘北路518号（201100）				
投资总额	500万USD	电话	54300338	传真	54395701
设立日期	2005-12-21	负责人	MARK D.WEBER		
主营业务	环境卫生车辆及设备的研发、设计、加工制造、安装。				

企业名称	摩纳凯（上海）机械有限公司				
企业地址	上海市松江区松江922-2号地块（201612）				
投资总额	8360万港币	电话	57687598	传真	57687970
设立日期	2005-12-20	负责人	李 君		
主营业务	设计、生产、加工驱动桥总成，自动变速箱，公路、港口新型机械设备。				

企业名称	上海纳沛斯净化系统工程有限公司				
企业地址	上海市浦东新区莲振路298号3号楼203室（201204）				
投资总额	50万USD	电话	50422298	传真	50426788
设立日期	2005-12-19	负责人	孙德官		
主营业务	无尘无菌室及其它净化系统工程设计与施工以及配套机电设备安装。				

企业名称	盛世博扬卫浴设备（上海）有限公司				
企业地址	上海宝山城市工业园区真陈路 1000 号 331 室（200444）				
投资总额	500 万 USD	电　话	36307789	传　真	36307789
设立日期	2005-12-19	负责人	孔祥智		
主营业务	设计、生产卫浴设备、洁具、五金配件，销售自产产品。				

企业名称	大陆汽车系统管理（上海）有限公司				
企业地址	上海市黄浦区南京西路 338 号 2304-2306 室（200003）				
投资总额	200 万 USD	电　话	61418252	传　真	61418292
设立日期	2005-12-16	负责人	JAY K.KUNKEL		
主营业务	经委托向母公司直接或间接投资的企业提供投资经营决策服务。				

企业名称	矿镭汽车配套部件（上海）有限公司				
企业地址	上海市嘉定区外冈镇汇贤路 688 号 2 幢（201806）				
投资总额	65.82 万 USD	电　话	69575810	传　真	69575806
设立日期	2005-12-16	负责人	RICHARD A.SNELL		
主营业务	生产盘式制动器总成，销售本公司自产产品。				

企业名称	梵谷医疗器械（上海）有限公司				
企业地址	上海市外高桥保税区泰谷路 18 号 1 号楼 5 层 505 部位（200131）				
投资总额	20 万 USD	电　话	54510167	传　真	64477513
设立日期	2005-12-14	负责人	赖玉玲		
主营业务	保税区以医疗器械、医疗产品为主的仓储分拨业务及售后服务。				

企业名称	上海企德货展设备有限公司				
企业地址	上海市宝山区罗店镇塘西街 308 号（201907）				
投资总额	15 万 USD	电　话	54760460	传　真	54760632
设立日期	2005-12-13	负责人	DAVID ZHAO		
主营业务	生产、加工会展货架;会展设备及其售后服务;销售自产产品。				

企业名称	日翔机械（上海）有限公司				
企业地址	上海市浦东新区高桥路 268 号 6 幢一楼（200137）				
投资总额	14 万 USD	电　话	51613318	传　真	51613316
设立日期	2005-12-12	负责人	松田美慧		
主营业务	研发、生产农业、林业、园艺小型专用机械设备及相关零配件。				

企业名称	坦能清洁系统设备（上海）有限公司				
企业地址	上海市青浦区天盈路 66 号 3 号楼（201700）				
投资总额	210 万 USD	电　话	69225333	传　真	69225262
设立日期	2005-12-12	负责人	ALAN R.SCHUWEILER		
主营业务	生产和加工地面保养设备、户外清洁设备，以及相关零部件。				

企业名称	上海优化工程机械设计有限公司				
企业地址	上海市浦东新区商城路 660 号 25 楼 AB 室（200122）				
投资总额	14 万 USD	电　话	68881896	传　真	68881891
设立日期	2005-12-12	负责人	MICHAEL MC CONNELL		
主营业务	汽车整车（含重型运输车）及其零部件及相关软件的设计。				

企业名称	史托尔兹（上海）机械有限公司				
企业地址	上海市南汇区航头大麦湾工业区航鸣路 15 号（201316）				
投资总额	50 万 USD	电　话	68221366	传　真	68221285
设立日期	2005-12-12	负责人	中村行雄		
主营业务	生产、组装注塑机配套设备如干燥机、模温机、塑料边角回料粉碎机。				

企业名称	悠然得游乐设备（上海）有限公司				
企业地址	上海市闵行区七宝镇中春路 7001 号 8-15（201100）				
投资总额	14 万 USD	电　话	64619685	传　真	64590837
设立日期	2005-12-8	负责人	李熔基		
主营业务	设计、生产游乐设备，销售自产产品。				

企业名称	上海德皇机械有限公司				
企业地址	上海市闵行区闵北路 801 弄 8 号厂房（201108）				
投资总额	51 万 USD	电　话	52264275	传　真	52264278
设立日期	2005-12-8	负责人	颜安安		
主营业务	制造、加工精密机床、机械及外围设备。				

企业名称	上海摩拓泰汽车部件有限公司				
企业地址	上海青浦工业园区北青公路 9728 号（201700）				
投资总额	102 万 USD	电　话	59701545	传　真	59701545
设立日期	2005-12-8	负责人	刘　勇		
主营业务	开发、生产车身电子控制系统、卫星导航定位接受系统及其关键零部件。				

企业名称	五协机械（上海）有限公司				
企业地址	上海市嘉定区马陆镇澄浏中路 1501 号（201801）				
投资总额	40 万 USD	电　话	59902978	传　真	59902971
设立日期	2005-12-7	负责人	王锦煌		
主营业务	新型造纸机械（含纸浆）成套设备制造，销售本公司自产产品。				

企业名称	上海马力索精密机械有限公司				
企业地址	上海市浦东康桥工业区沪南公路 2502 号 108 室（201315）				
投资总额	560 万 USD	电　话	58974077	传　真	58977434
设立日期	2005-12-6	负责人	周礼德		
主营业务	生产、加工机械零部件及其他通用零部件。				

企业名称	海英荷普曼船舶设备（上海）有限公司				
企业地址	上海市外高桥保税区富特北路 402 号 3 号楼第二层中部位 A 部（200131）				
投资总额	20 万欧元	电　话	68889350	传　真	68889351
设立日期	2005-12-2	负责人	JOCHEM WILLEM EDUARD HOPMAN		
主营业务	保税区内以船舶设备为主的分拨、仓储业务。				

企业名称	现大精密机械（上海）有限公司				
企业地址	上海市嘉定区黄渡镇曹安路 3908 号 B 栋（201804）				
投资总额	50 万 USD	电　话	69596992	传　真	69596993
设立日期	2005-12-2	负责人	崔正吉		
主营业务	研发、生产充气减震器，销售本公司自产产品。				

企业名称	上海五友汽车零部件有限公司				
企业地址	上海市闵行区闵北路 88 弄 18 号（201106）				
投资总额	750 万 USD	电　话	62969858	传　真	62968521
设立日期	2005-12-1	负责人	加藤千雄		
主营业务	生产电子控制燃油喷射系统、低功率气动控制阀及零部件。				

企业名称	孟莫克化工成套设备（上海）有限公司				
企业地址	上海市外高桥保税区基隆路 1 号塔楼 1010-2 室（200131）				
投资总额	20 万 USD	电　话	64435213	传　真	64435215
设立日期	2005-11-30	负责人	PATRICK MICHAEL RITSCHEL		
主营业务	以化工成套设备为主的国际贸易、转口贸易、保税区内企业间的贸易。				

企业名称	巨庸安晋机械设备（上海）有限公司				
企业地址	上海市黄浦区宁波路 595 号 420 室 F 座（200001）				
投资总额	42 万 USD	电　话	64741366	传　真	64660316
设立日期	2005-11-23	负责人	叶双铭		
主营业务	商品批发，包括：健身设备、食品包装设备、医疗设备。				

企业名称	上海鸿均精密机械有限公司				
企业地址	上海市南汇区康桥工业区沪南路 2575 号台海大厦 904 室（201315）				
投资总额	14 万 USD	电　话	58179636	传　真	58179637
设立日期	2005-11-23	负责人	CHANG SUNG MAO		
主营业务	生产移印机、网印机、烫金机、干燥机等标准型机器。				

企业名称	上海特勃路波润滑技术有限公司				
企业地址	上海市宝山区沪太路 5585 号（201907）				
投资总额	14 万 USD	电　话	66021505	传　真	66021508
设立日期	2005-11-23	负责人	ALEXANDER ANDREAS REBS		
主营业务	生产精细润滑设备及其相关产品，销售自产产品。				

企业名称	日电产京利（上海）机械有限公司				
企业地址	上海市外高桥保税区冰克路 500 号 2 号楼第 2 层 A—1 部位（200131）				
投资总额	20 万 USD	电　话	51531331	传　真	68751017
设立日期	2005-11-22	负责人	野田健太郎		
主营业务	区内以日本电产京利公司的高速自动冲压机械产品等为主的仓储分拨。				

企业名称	上海宝星缝纫设备有限公司				
企业地址	上海市青浦区华新镇嘉松中路 1299 弄 88 号（201708）				
投资总额	22 万 USD	电　话	59796885	传　真	59796889
设立日期	2005-11-21	负责人	王周琴		
主营业务	生产、加工缝纫设备及其配件，销售公司自产产品。				

企业名称	上海马力胜机械设备有限公司				
企业地址	上海市浦东新区合庆镇曹阳村杨家宅 150 号 1 幢 1 层东侧（201201）				
投资总额	30 万欧元	电　话	58567776	传　真	58567778
设立日期	2005-11-17	负责人	JOHANNES CORNEKIS VAN DRIEL		
主营业务	机械零部件加工、其他通用零部件生产，销售自产产品。				

企业名称	赢科机械设备（上海）有限公司				
企业地址	上海市闵行区纪翟路 1198 号 3 号楼（201104）				
投资总额	101 万 USD	电话	52264011	传真	52264025
设立日期	2005-11-17	负责人	RAOUL WERNER SEMPELL		
主营业务	生产加工电子专用设备、测试仪器、工模具，销售自产产品。				

企业名称	希锘佰数控机械制造（上海）有限公司				
企业地址	上海市松江区洞泾工业经济开发区二区洞厍路南（200131）				
投资总额	15 万 USD	电话	57632803	传真	57632712
设立日期	2005-11-16	负责人	奚春芳		
主营业务	设计、开发、生产、加工数控机械及其配件。				

企业名称	飞适动力汽车座椅零件（上海）有限公司				
企业地址	上海市松江区开明路 1158 号第四幢（201613）				
投资总额	100 万 USD	电话	67741095	传真	67740811
设立日期	2005-11-16	负责人	MICHAEL ROBERT FISHER		
主营业务	汽车座椅部件的设计、工艺设计、制造、装配。				

企业名称	科玛机械设备（上海）有限公司				
企业地址	上海市松江区佘山工业区强业路 588 号（201602）				
投资总额	101 万 USD	电话	57794176	传真	57794159
设立日期	2005-11-16	负责人	STEFAN A.LUPKE		
主营业务	研发、设计、制造、生产塑料波纹管机械设备。				

企业名称	睿舍尔化工设备（上海）有限公司				
企业地址	上海市外高桥保税区华申路 180 号综合大楼 502A 部位（200131）				
投资总额	12.5 万 USD	电话	62490055	传真	62881636
设立日期	2005-11-16	负责人	WERNER GEIPEL		
主营业务	保税区内以化工设备为主的仓储、分拨及维修、售后服务和技术支持。				

企业名称	上海鹰泰精密机械有限公司				
企业地址	上海市浦东新区北张家浜路 68 号 2 幢（200122）				
投资总额	105 万 USD	电话	59833285	传真	59831885
设立日期	2005-11-14	负责人	张大庆		
主营业务	生产、制造精密民用航空零件、汽车零部件及机电产品零部件。				

企业名称	绿安全（上海）空气净化设备有限公司				
企业地址	上海市松江工业区东兴路八号 1 号厂房（201613）				
投资总额	31.8 万 USD	电话	67742251	传真	67742262
设立日期	2005-11-10	负责人	松村不二夫		
主营业务	生产、设计、加工空气净化设备及其零部件。				

企业名称	斯凯孚（上海）汽车技术有限公司				
企业地址	上海市嘉定区上海国际汽车城零部件配套工业园区 10 号地块（201805）				
投资总额	930 万 USD	电话	69574300	传真	69574320
设立日期	2005-11-10	负责人	马格森		
主营业务	设计、生产精密轴承及汽车电子装置，销售本公司自产产品。				

企业名称	范沃森（上海）自动化测试设备有限公司				
企业地址	上海市南汇工业园区宣中路 399 号 25 号厂房（201300）				
投资总额	40 万 USD	电话	58182528	传真	58182531
设立日期	2005-11-9	负责人	VICTOR JOHN FORMOSA		
主营业务	研究、开发和生产自动化测试设备，销售公司自产产品。				

企业名称	美昕医疗器械（上海）有限公司				
企业地址	上海松江出口加工区华哲路 355 号 1、2、3 号厂房（201600）				
投资总额	350 万 USD	电话	57776677	传真	57775300
设立日期	2005-11-9	负责人	ERIC YONG ZOU		
主营业务	加工、生产医疗器械及其零部件。				

企业名称	上海威克迈龙川汽车发动机零件有限公司				
企业地址	上海市闵行区三鲁公路 58 号 2 楼（201112）				
投资总额	3800 万 RMB	电话	64919716	传真	64914432
设立日期	2005-11-9	负责人	沙溪湃		
主营业务	开发、生产汽油发动机燃油分配管，销售自产产品。				

企业名称	海渡工业设备（上海）有限公司				
企业地址	上海市外高桥保税区富特西一路 115 号 2 号楼第 8 层 F 部位（200131）				
投资总额	12.5 万 USD	电话	57649217	传真	57649309
设立日期	2005-11-7	负责人	MOHAMED AHMED EL SAID EL MENAW		
主营业务	以工业设备、电动工具为主的保税区内仓储、分拨业务。				

企业名称	亨内基丸加聚氨酯机械技术（上海）有限公司				
企业地址	上海市莘庄工业区华宁路 2888 弄 318 号（201108）				
投资总额	91 万 USD	电话	64890259	传真	64897952
设立日期	2005-11-7	负责人	JÜRGEN DAHMER		
主营业务	生产各种聚氨酯机械设备、聚氨酯工艺生产线、零配件。				

企业名称	万特赛农机配件（上海）有限公司				
企业地址	上海市莘庄工业区颛兴路 1688 号 I-B 厂房（201108）				
投资总额	56 万 USD	电话	64425076	传真	64425077
设立日期	2005-11-3	负责人	PETER ROTTGEN		
主营业务	设计、开发、生产农业机械零部件，销售自产产品。				

企业名称	海德欧克斯（上海）船舶设备维修有限公司				
企业地址	上海市南汇区康桥工业区康梧路 218 号-3（201315）				
投资总额	14 万 USD	电话	68062052	传真	68062053
设立日期	2005-11-3	负责人	CHRISTOS SKALTSARIS		
主营业务	从事船舶设备的维修和保养，以及相关的技术和咨询服务。				

企业名称	美艾意（上海）机械有限公司				
企业地址	上海市青浦工业园区外青松公路 5399 号 A31 号厂房 A 区域（201700）				
投资总额	20 万 USD	电话	59228396	传真	59228318
设立日期	2005-11-1	负责人	MARCO ROVELLINI		
主营业务	生产、加工新型纺织机械，销售公司自产产品。				

企业名称	上海硕展机械有限公司				
企业地址	上海市嘉定区黄渡镇联西村联西路 21 号第 1、2 幢（201804）				
投资总额	80 万 USD	电话	69596720	传真	69590133
设立日期	2005-10-31	负责人	韩 强		
主营业务	生产、加工机械零部件，销售本公司自产产品。				

企业名称	裕群自动化机械（上海）有限公司				
企业地址	上海市松江区车墩镇北闵路 27 号（201611）				
投资总额	14.08 万 USD	电话	57602551	传真	57601185
设立日期	2005-10-28	负责人	戴敬弘		
主营业务	设计、制造自动化输送设备，销售公司自产产品。				

企业名称	上海力奔斯机械有限公司				
企业地址	上海市松江工业区洞泾分区洞凯路中段（201619）				
投资总额	25 万 USD	电话	57670455	传真	57670455
设立日期	2005-10-28	负责人	田中直二		
主营业务	制造各种新型电子元件及相关电子机械设备、工模具。				

企业名称	诺霸精密机械（上海）有限公司				
企业地址	上海市外高桥保税区美桂北路 317 号三层 E 部位（200131）				
投资总额	14 万 USD	电话	61450368	传真	61450369
设立日期	2005-10-27	负责人	TZENG HUNG LIEN BENJAMIN		
主营业务	保税区内以精密机械、五金工具为主的仓储、分拨、展示。				

企业名称	奥利就针织机械（上海）有限公司				
企业地址	上海市闵行区华漕镇华翔路 3558 弄 3 号 B 座（201102）				
投资总额	25 万 USD	电话	52261011	传真	52261023
设立日期	2005-10-27	负责人	廖朝良		
主营业务	生产、加工精密轴承，销售自产产品。				

企业名称	艾拓思实验设备（上海）有限公司				
企业地址	上海市外高桥保税区芬菊路 28 号 1 号楼第 2 层 C1 部位（200131）				
投资总额	12.5 万 USD	电话	50890199	传真	50890166
设立日期	2005-10-26	负责人	WENG LI JUAN		
主营业务	保税区内以科学仪器、试验仪器及其零部件、试剂为主的仓储分拨业务。				

企业名称	伊东机械设备（上海）有限公司				
企业地址	上海市外高桥保税区冰克路 500 号 B2K-3 仓储 E31 部位（200131）				
投资总额	12.5 万 USD	电话	54081753	传真	54111966
设立日期	2005-10-20	负责人	崔 晶		
主营业务	区内以机械设备及零部件为主的仓储、分拨业务。				

企业名称	伊藤未来能源设备（上海）有限公司				
企业地址	上海市闵行区春东路 439 号（201100）				
投资总额	10000 万日元	电话	64423470	传真	64423475
设立日期	2005-10-20	负责人	内海二郎		
主营业务	设计生产各种气体和液体能源的传输控制设备。				

企业名称	上海峰勤液压机械有限公司				
企业地址	上海市松江工业区闵申路 188 号内 4 号厂房东面部分（201613）				
投资总额	45.5 万 USD	电　话	57684132	传　真	57684123
设立日期	2005-10-19	负责人	吴宗勋		
主营业务	设计、生产、加工比例控制阀、液压机械之集成块与油压泵站。				

企业名称	莱歇碾磨机械（上海）有限公司				
企业地址	上海市外高桥保税区富特东一路 396 号第五层 538 部位（200131）				
投资总额	13 万 USD	电　话	58823640	传　真	58823641
设立日期	2005-10-18	负责人	DR. JOACHIM KIRCHMANN		
主营业务	区内以碾磨机械设备及其零部件为主的仓储分拨业务。				

企业名称	赫格隆驱动系统（上海）有限公司				
企业地址	上海市外高桥保税区荷丹路 240 号 49 号厂房 2 层 E203 部位（200131）				
投资总额	30 万 USD	电　话	67681118	传　真	67681160
设立日期	2005-10-18	负责人	海钢涛		
主营业务	保税区内以驱动工具和机器设备为主的仓储、分拨业务。				

企业名称	纳沃流体系统（上海）有限公司				
企业地址	上海青浦工业园区崧辉路 777 号（201703）				
投资总额	60.8 万 USD	电　话	59757775	传　真	59757779
设立日期	2005-10-18	负责人	潘晓晖		
主营业务	生产、加工空压机、水泵，销售公司自产产品。				

企业名称	海瑞克（上海）隧道机械有限公司				
企业地址	上海市外高桥保税区芬辛路 20 号 1 号楼第 A1 层 A－D（200131）				
投资总额	14 万 USD	电　话	58699008	传　真	58699005
设立日期	2005-10-9	负责人	GEBHARD LEHMANN		
主营业务	保税区内组装、加工、维护及维修隧道挖掘设备及其零部件。				

企业名称	易趋宏挤压研磨机械（上海）有限公司				
企业地址	上海市中兴路 960 号 103 幢 1 楼（200070）				
投资总额	20 万 USD	电　话	56905809	传　真	56306554
设立日期	2005-9-29	负责人	张粤雁		
主营业务	机床生产制造，加工研磨机械零部件及配件，磨料。				

企业名称	飞亿克自动化设备（上海）有限公司				
企业地址	上海市黄浦区中山南路 1088 号 701-702 室（200010）				
投资总额	50 万 USD	电　话	51096900	传　真	63668100
设立日期	2005-9-27	负责人	饭野英城		
主营业务	计算机系统集成的设计、开发、研制和维护。				

企业名称	上海日东平盛精密机械制造有限公司				
企业地址	上海市南汇区新场工业区新浩路 8 号（201314）				
投资总额	20 万 USD	电　话	68156088	传　真	68156085
设立日期	2005-9-26	负责人	周　平		
主营业务	设计制造机械零部件、汽车零部件、摩托车零部件。				

企业名称	欧罗拉（上海）钢丝加工设备有限公司				
企业地址	上海市嘉定工业区高台路 1558 号 2 号甲幢（201821）				
投资总额	40.6 万欧元	电　话	69166038	传　真	69166033
设立日期	2005-9-26	负责人	陈安德		
主营业务	生产加工钢丝加工设备及其零部件，销售本公司自产产品。				

企业名称	瓦特斯控制设备（上海）有限公司				
企业地址	上海市嘉定区黄渡镇春浓路 765 号 2 幢（201804）				
投资总额	20 万 USD	电　话	69596758	传　真	69596759
设立日期	2005-9-26	负责人	潘承东		
主营业务	生产暖通设备及相关的调节阀、仪器、仪表，销售本公司自产产品。				

企业名称	善卫安防设备（上海）有限公司				
企业地址	上海外高桥保税区日樱南路 11 号科苑厂房 2 楼中部位（200131）				
投资总额	20 万 USD	电　话	64802998	传　真	54806096
设立日期	2005-9-21	负责人	DOUGLAS FRANK BRUSH		
主营业务	保税区内以保险箱（柜）、现金箱、保管箱为主的仓储分拨业务。				

企业名称	奥托昆普汽车热交换器材料（上海）有限公司				
企业地址	上海市外高桥保税区福特北路 211 号一层 A 部位（200131）				
投资总额	108 万 USD	电　话	62493475	传　真	62493495
设立日期	2005-9-21	负责人	HANS STAFFAN FOLKE ANGER		
主营业务	生产汽车热交换器用铜带、铜材及铜合金半成品的加工。				

企业名称	上海元征爱思开汽车服务有限公司				
企业地址	上海市闵行区莲花南路 1388 弄 7 号 3 楼 3 号（200237）				
投资总额	450 万 RMB	电　话	51696099	传　真	61094101
设立日期	2005-9-19	负责人	李泰焕		
主营业务	机动车整车维修经营（二类），提供汽车装饰、汽车美容。				

企业名称	上海希希埃动力控制设备有限公司				
企业地址	上海市杨浦区杨树浦路 2200 号内（200090）				
投资总额	333.33 万 USD	电　话	65431040	传　真	65430371
设立日期	2005-9-16	负责人	ROBERT G.MCDONALD		
主营业务	设计、制造各类阀门及其零配件，销售自产产品并提供售后服务。				

企业名称	史丹利蒙（上海）机械有限公司				
企业地址	上海市嘉定区黄渡镇曹联路 28 号 8 号厂房（201804）				
投资总额	80 万欧元	电　话	59515187	传　真	59515377
设立日期	2005-9-16	负责人	CHRISTOR STURM		
主营业务	研发、生产木材加工机械和印刷机械，销售本公司自产产品。				

企业名称	万福乐（上海）液压系统有限公司				
企业地址	上海市闵行区金都路 3688 号瑞士中心 214 室（201108）				
投资总额	15 万 USD	电　话	54831776	传　真	54831778
设立日期	2005-9-16	负责人	HANS RUDOLF WANDFLUH		
主营业务	设计、开发、制造电子液压系统和相关零部件，销售自产产品。				

企业名称	上海赛诺精密机械有限公司				
企业地址	上海市嘉定区马陆镇思诚路 1405 号（201801）				
投资总额	14 万 USD	电　话	69157449	传　真	69157449
设立日期	2005-9-15	负责人	大桥清义		
主营业务	生产工程机械用浮动密封件，销售本公司自产产品并提供售后服务。				

企业名称	雷度米特医疗设备（上海）有限公司				
企业地址	上海市外高桥保税区巴圣路 360 号 22 号厂房 1 层 A 部位（200131）				
投资总额	13 万 USD	电　话	61286476	传　真	61286488
设立日期	2005-9-14	负责人	LARS SECHER KNUDSEN		
主营业务	保税区内以医疗设备产品为主的仓储、分拨业务。				

企业名称	西艾意汽车零部件（上海）有限公司				
企业地址	上海市嘉定区嘉安公路菊城路 288 弄 7 号（201800）				
投资总额	210 万 USD	电　话	69160678	传　真	69168786
设立日期	2005-9-14	负责人	ROBERTO JOSE ALONSO RUIZ		
主营业务	生产汽车冲压件、管件、塑料件、汽车安全部件、底盘刹车系统部件。				

企业名称	卡斯马汽车系统（上海）有限公司				
企业地址	上海市嘉定区安亭镇嘉松北路 3815 号 2 号楼（201805）				
投资总额	500 万 USD	电　话	59502699	传　真	59505765
设立日期	2005-9-13	负责人	BELIZABETH MACCABE		
主营业务	研发、制造驱动桥总成，销售本公司自产产品并提供技术服务。				

企业名称	捷暖（上海）冷热设备有限公司				
企业地址	上海市嘉定区马陆镇嘉昌路 258 号（201801）				
投资总额	15 万 USD	电　话	59510266	传　真	59510586
设立日期	2005-9-12	负责人	张本丹绘		
主营业务	生产地暖产品及产品加工设备，销售本公司自产产品并提供售后服务。				

企业名称	艾尔维汽车工程技术（上海）有限公司				
企业地址	上海市嘉定区安亭镇和静路 988 号三楼（201805）				
投资总额	14 万 USD	电　话	59576978	传　真	59577752
设立日期	2005-9-12	负责人	MICHAEL POSEHMANN		
主营业务	提供汽车设计和制造的技术咨询服务(涉及行政许可的，凭许可证经营)。				

企业名称	普莱默斯医疗器械（上海）有限公司				
企业地址	上海市外高桥保税区冰克路 500 号 D22 部位（200131）				
投资总额	12.5 万 USD	电　话	58302225	传　真	58300291
设立日期	2005-9-8	负责人	袁友莱		
主营业务	保税区内以医疗器械为主的仓储、分拨业务。				

企业名称	斯凯孚精密机械（上海）有限公司				
企业地址	上海市浦东新区金桥出口加工区新金桥路 999 号 4 幢辅楼（201206）				
投资总额	56 万 USD	电　话	58543720	传　真	58543727
设立日期	2005-9-8	负责人	OLOF MAGNUS JOHANSSON		
主营业务	精密轴承及各种主机专用轴承制造，销售自产产品。				

企业名称	上海翔阂机械有限公司				
企业地址	上海市嘉定区马陆镇敬学路 200 号 1 幢（201801）				
投资总额	21 万 USD	电话	69157535	传真	69157537
设立日期	2005-9-8	负责人	许文敬		
主营业务	生产、加工拉床、拉床刀具及相关配件，销售本公司自产产品。				

企业名称	其胜威纳（上海）润滑设备有限公司				
企业地址	上海市南汇区祝桥空港工业区金闻路 9 号 1 幢（201326）				
投资总额	55 万 USD	电话	68102971	传真	68102977
设立日期	2005-9-7	负责人	刘沪光		
主营业务	设计、生产、组装工业用流体系统（润滑、液压系统）及零配件。				

企业名称	上海升提精密机械技术服务有限公司				
企业地址	上海市青浦区白鹤镇赵屯赵中路 568 号（201700）				
投资总额	30 万 USD	电话	59212772	传真	59212775
设立日期	2005-9-7	负责人	RICHARD EDWARD		
主营业务	精密机械、设备维修与售后服务，并提供相关技术服务。				

企业名称	南实装机械（上海）有限公司				
企业地址	上海市外高桥保税区富特东一路 396 号第五层 529 部位（200131）				
投资总额	12.5 万 USD	电话	34224027	传真	34224027
设立日期	2005-9-6	负责人	村上武彦		
主营业务	保税区内以机械设备及其零部件为主的仓储、展示。				

企业名称	上海魁新精密机械有限公司				
企业地址	上海市闵行区澄建路 351 号 7 号底层厂房（201108）				
投资总额	3000 万日元	电话	64345177	传真	64345199
设立日期	2005-9-2	负责人	菊地浩二		
主营业务	生产精冲模、精密型腔模及模具标准件。				

企业名称	爱其影像设备（上海）有限公司				
企业地址	上海市外高桥保税区泰谷路 88 号 B1 层 A10 部位（200131）				
投资总额	100 万 USD	电话	53960088	传真	53960318
设立日期	2005-8-30	负责人	IMAI TORU		
主营业务	保税区内以影像设备为主的仓储、分拨业务。				

企业名称	松风齿科器材（上海）有限公司				
企业地址	上海市外高桥保税区美盛路 56 号 4 号楼 3 层 G1(1－18)部位(200131)				
投资总额	100 万 USD	电话	57796980	传真	57796981
设立日期	2005-8-29	负责人	关敏明		
主营业务	保税区内以齿科材料为主的仓储、分拨业务。				

企业名称	上海荷迪思湿度控制设备有限公司				
企业地址	上海市青浦区华新镇嵩山村 352 号（201705）				
投资总额	20 万 USD	电话	52413725	传真	52415185
设立日期	2005-8-25	负责人	SOREN OLESEN		
主营业务	生产、加工工业用转轮除湿机组、木材干燥设备、中央空调恒温。				

企业名称	特能救生设备维修服务（上海）有限公司				
企业地址	上海市浦东新区金桥镇金明南路 88 号（201206）				
投资总额	20 万 USD	电话	50313659	传真	50310178
设立日期	2005-8-24	负责人	CH00 HOR KAN		
主营业务	海上救生设备的维修、保养及零配件的加工，提供相关的技术咨询。				

企业名称	秀和钢构设备（上海）有限公司				
企业地址	上海市嘉定区黄渡镇联星村联星路 58 号 1 幢（201804）				
投资总额	14 万 USD	电话	59994615	传真	59994615
设立日期	2005-8-24	负责人	山本秀喜		
主营业务	生产钢结构设备以及相关钢结构件，销售本公司自产产品。				

企业名称	上海恒先海水制冰设备有限公司				
企业地址	上海市长宁区广顺路 33 号 C 幢 4F（200335）				
投资总额	14 万 USD	电话	62414952	传真	62412843
设立日期	2005-8-23	负责人	张世平		
主营业务	设计、生产加工各类制冰设备，销售自产产品。				

企业名称	上海达克泰机械设备技术有限责任公司				
企业地址	上海市闵行区浦江镇东方经济城鲁南路 78 弄 29 号（201112）				
投资总额	18 万欧元	电话	58391936	传真	58391733
设立日期	2005-8-22	负责人	DENIS PRADON		
主营业务	生产、加工高空作业平台、高空作业安全保护设施、爬升式提升机。				

企业名称	上海来昊机械设备有限公司				
企业地址	上海市外高桥保税区冰克路 500 号 C12 部位（200131）				
投资总额	12.5 万 USD	电话	58420337	传真	50942199
设立日期	2005-8-18	负责人	吕新良		
主营业务	保税区内以机械设备为主的仓储、分拨业务。				

企业名称	京伦精机（上海）有限公司				
企业地址	上海市闵行区航宇路 455 号（201106）				
投资总额	60 万 USD	电话	52277843	传真	52273843
设立日期	2005-8-18	负责人	黄西尧		
主营业务	制造、加工精密包装机械、制药设备，销售自产产品。				

企业名称	斯伦贝谢油田设备（上海）有限公司				
企业地址	上海青浦出口加工区北青公路 8228 号 3—1 座一层厂房（201700）				
投资总额	500 万 USD	电话	59705518	传真	59702956
设立日期	2005-8-17	负责人	WANCHAI RATANASIRIGULCHAI		
主营业务	生产、加工油田设备及其零部件，销售公司自产产品。				

企业名称	上海甘森利汽车配件有限公司				
企业地址	上海市金山区朱泾镇万枫公路 235 号（201500）				
投资总额	60 万 USD	电话	57333740	传真	57331317
设立日期	2005-8-12	负责人	甘石明		
主营业务	生产汽车空调压缩机及配件，销售公司自产产品。				

企业名称	美精技医疗器械（上海）有限公司				
企业地址	上海市外高桥保税区美盛路 56 号 4 号楼 E2（1－26）部位（200131）				
投资总额	6.5 万 USD	电话	58353677	传真	50541683
设立日期	2005-8-11	负责人	PHILLLPS JOEL CONLY		
主营业务	保税区内以医疗器械产品为主的仓储分拨、展示。				

企业名称	细川密克朗（上海）粉体机械有限公司				
企业地址	上海市外高桥保税区泰谷路 88 号第一层 F 部位（200131）				
投资总额	3000 万日元	电话	53068031	传真	64047579
设立日期	2005-8-11	负责人	木原均		
主营业务	保税区内以粉碎机、干燥机为主的仓储、分拨业务。				

企业名称	工兵建筑工程机械（上海）有限公司				
企业地址	上海市宝山区刘场路 433 弄 85 号（200441）				
投资总额	20 万 USD	电话	39557660	传真	69138660
设立日期	2005-8-8	负责人	赵在龙		
主营业务	生产、组装和维修各类工程用破碎器、快换接头。				

企业名称	池贝（上海）机械设备有限公司				
企业地址	上海市闵行区江川路 1800 号（200240）				
投资总额	70 万 USD	电话	54963737	传真	54963866
设立日期	2005-8-8	负责人	高柳稔		
主营业务	制造各类机床产品、塑料机械和其他的机械产品。				

企业名称	巴固德洛（中国）安全防护设备有限公司				
企业地址	上海市松江工业区美能达路 312 号（201613）				
投资总额	650 万 USD	电话	64450606	传真	64725881
设立日期	2005-8-6	负责人	FRANCIS ALLIROT		
主营业务	生产、加工各类劳动防护用品和安全防护装备。				

企业名称	上海维比尔医疗器械有限公司				
企业地址	上海市松江区泗泾镇张施村官泾路 68 号 3 号厂房（201601）				
投资总额	20 万 USD	电话	67735869	传真	57628470
设立日期	2005-8-4	负责人	MICHAEL VERNIE SOWARDS		
主营业务	生产、加工康复器材、轮椅、助行器、心脏起搏器。				

企业名称	上海瓦锡兰齐耀柴油机有限公司				
企业地址	上海市南汇区南芦公路 2158 号（201306）				
投资总额	660 万欧元	电话	68284126	传真	68284149
设立日期	2005-8-3	负责人	金东寒		
主营业务	生产、装配完成瓦锡兰设计的 AUXPAC 发电机组和相关零部件。				

企业名称	宏如自动化设备（上海）有限公司				
企业地址	上海市外高桥保税区富特东一路 396 号第五层 536 部位（200131）				
投资总额	12.5 万 USD	电话	67731921	传真	67731923
设立日期	2005-8-3	负责人	马国书		
主营业务	保税区内以自动化设备及其零配件为主的仓储分拨业务。				

企业名称	弗锐汽车配件制造（上海）有限公司				
企业地址	上海市南汇区康桥工业区康桥东路 1 号 9B 厂房（201319）				
投资总额	35 万 USD	电　　话	58155397	传　　真	58155307
设立日期	2005-8-1	负 责 人	MARY LOUISE TERNAY		
主营业务	生产组装汽车刹车总成及零配件，销售公司自产产品。				

企业名称	实瑞过滤设备（上海）有限公司				
企业地址	上海市松江区新桥民益路 201 号 12 号厂房一层 B 区（201612）				
投资总额	30 万 USD	电　　话	57687390	传　　真	57687391
设立日期	2005-7-27	负 责 人	ADRIAN PATRICK MULLER		
主营业务	设计、生产组装各类过滤设备及其零部件，销售公司自产产品。				

企业名称	上海赛风汽车系统有限公司				
企业地址	上海市南汇区康桥镇康桥东路 888 号（201319）				
投资总额	300 万 USD	电　　话	58135812	传　　真	58135812
设立日期	2005-7-27	负 责 人	ROBERT T.JEN		
主营业务	生产汽车转向机及齿条等汽车零部件、自动门减速器总成。				

企业名称	哈思勒工业设备（上海）有限公司				
企业地址	上海市嘉定区马陆镇德立路 541 号（201801）				
投资总额	14 万 USD	电　　话	59106058	传　　真	59105300
设立日期	2005-7-25	负 责 人	MICHEL JAMEY		
主营业务	开发、设计、生产工业用给料及测量设备。				

企业名称	达勒沃（上海）环保设备有限公司				
企业地址	上海市外高桥保税区富特东一路 396 号 5 层 535 部位（200131）				
投资总额	12.5 万 USD	电　　话	64699801	传　　真	64699802
设立日期	2005-7-24	负 责 人	LIM CHEE MENG		
主营业务	保税区内以环保设备、水处理设备及零配件为主的仓储分拨业务。				

企业名称	奥比科机械（上海）有限公司				
企业地址	上海市青浦区白鹤镇沈联村（201709）				
投资总额	200 万 USD	电　　话	59744843	传　　真	59744704
设立日期	2005-7-22	负 责 人	叶瑞泉		
主营业务	生产、加工汽车配件，销售公司自产产品。				

企业名称	埃帝斯工业温控设备（上海）有限公司				
企业地址	上海市松江工业区荣乐东路 535 号 2 幢 B 厂房（201600）				
投资总额	20 万 USD	电　　话	67741033	传　　真	67742860
设立日期	2005-7-20	负 责 人	GUOWEI SHEN（沈国伟）		
主营业务	设计、生产工业用烘箱，清洗设备和物料自动化传输设备。				

企业名称	上海克万机械设备技术服务有限公司				
企业地址	上海市浦东新区东方路 3409 号 105 室（200122）				
投资总额	15 万 USD	电　　话	51552736	传　　真	51552738
设立日期	2005-7-18	负 责 人	STYLIANOS GEORGE LAMBRINOS		
主营业务	生产线设备、厂区配套设施的维修、维护、清洁保养。				

企业名称	住电汽车电装设计开发（上海）有限公司				
企业地址	上海市浦东新区浦东南路 855 号 31 层 F、C、H、I 单元（200122）				
投资总额	120 万 USD	电　　话	68598668	传　　真	58369077
设立日期	2005-7-15	负 责 人	0SAMU INOUE（井上治）		
主营业务	用于汽车的电装零部件及线束的研发、设计、测试。				

企业名称	法亚（中国）机械商贸有限公司				
企业地址	上海市浦东新区乳山路 227 号 201 室－10 座（200120）				
投资总额	600 万 RMB	电　　话	62376487	传　　真	62376489
设立日期	2005-7-15	负 责 人	PIETRO MARINI		
主营业务	道路建设与养护设备、土木及工程设备等商品的批发、佣金代理。				

企业名称	恩格尔机械（上海）有限公司				
企业地址	上海市莘庄工业区金都路 3688 号 2114 室（201108）				
投资总额	1500 万 USD	电　　话	54830100	传　　真	54830108
设立日期	2005-7-14	负 责 人	PETER NEUMANN		
主营业务	设计、开发、制造采用比例和伺服液压技术的塑料加工设备。				

企业名称	上海浦世格淋环保设施有限公司				
企业地址	上海市奉贤区金汇镇经济园区（201404）				
投资总额	35 万 USD	电　　话	57485524	传　　真	57485564
设立日期	2005-7-14	负 责 人	郑森品		
主营业务	生产移动厕所、垃圾箱及污水处理器，销售公司自产产品。				

企业名称	瑞金精密机械（上海）有限公司				
企业地址	上海市嘉定区江桥镇金宝工业园区宝园四路 361 号 3 号厂房（201821）				
投资总额	14 万 USD	电　　话	69132918	传　　真	69136499
设立日期	2005-7-12	负 责 人	邱南华		
主营业务	设计、生产精冲模、高档五金件、新型电子元器件。				

企业名称	上海白云汽车油管有限公司				
企业地址	上海市奉贤区四团镇（201412）				
投资总额	1402 万 RMB	电　　话	33907325	传　　真	33907872
设立日期	2005-7-11	负 责 人	孙　强		
主营业务	加工、生产汽车油管，销售公司自产产品。				

企业名称	大福洗车设备（上海）有限公司				
企业地址	上海市松江工业区松东路 322 号 B 号厂房（201600）				
投资总额	20000 万日元	电　　话	67742436	传　　真	67742437
设立日期	2005-7-8	负 责 人	柿沼清毅		
主营业务	开发、设计、加工、生产洗车机及洗车机用循环水设备。				

企业名称	上海国林义肢康复器材有限公司				
企业地址	上海市闵行区吴中路 1128 号（201103）				
投资总额	120 万 USD	电　　话	54225590	传　　真	54225510
设立日期	2005-7-1	负 责 人	耿　蓉		
主营业务	研发、生产假肢关节、矫形器、接受腔及零部件。				

企业名称	伊姆乐（上海）机械有限公司				
企业地址	上海市青浦区外青松公路 5399 号 A15 厂房（201700）				
投资总额	35 万 USD	电　　话	69213177	传　　真	69213199
设立日期	2005-7-1	负 责 人	IGOR DIRACCA		
主营业务	精密型腔模及模具标准件生产，有色金属精炼设备。				

企业名称	上海戈辉机械科技有限公司				
企业地址	上海市青浦工业园区外青松路 5500 号 108 室（201700）				
投资总额	600 万 USD	电　　话	69136980	传　　真	69136983
设立日期	2005-7-1	负 责 人	JAMES MAO ZHONG GU		
主营业务	开发、生产、加工精密紧固件、机械设备及零配件。				

企业名称	上海阿尔斯通敖韩热能设备有限公司				
企业地址	上海市金山区张堰镇百家村 4059 号（201514）				
投资总额	120 万 USD	电　　话	57215772	传　　真	57213488
设立日期	2005-6-30	负 责 人	沈春豪		
主营业务	火电站脱硫装置技术及设备制造并提供售后服务。				

企业名称	上海易居暖通空调设备有限公司				
企业地址	上海市嘉定工业区叶城路 1288 号 5 号楼 B 区 109 室（201821）				
投资总额	37 万 USD	电　　话	65955771	传　　真	35100435
设立日期	2005-6-29	负 责 人	野村邦男		
主营业务	地暖设备、空调设备的安装以及提供相关配套服务。				

企业名称	椿本美芙兰输送机械（上海）有限公司				
企业地址	上海市嘉定工业区洪德路 1688 号 B 幢（201821）				
投资总额	120 万 USD	电　　话	69169916	传　　真	69169918
设立日期	2005-6-26	负 责 人	宫北大嗣		
主营业务	生产输送机、切削油处理装置及配件，销售本公司自产产品。				

企业名称	斯米特车业（上海）有限公司				
企业地址	上海市嘉定区徐行镇安新村武西组（201808）				
投资总额	15 万 USD	电　　话	59949999	传　　真	599409333
设立日期	2005-6-23	负 责 人	张永刚		
主营业务	生产电动自行车，销售本公司自产产品。				

企业名称	上海科宝汽车传动件有限公司				
企业地址	上海市宝山区罗店镇工业园（201907）				
投资总额	1089 万加元	电　　话	66866702	传　　真	66866703
设立日期	2005-6-21	负 责 人	MICHAEL C.COURT		
主营业务	生产汽车自动变速箱及液压变速阀（比例、伺服液压技术）。				

企业名称	艾希动力机械制造（上海）有限公司				
企业地址	上海市浦东新区张杨路 158 号 C1511 室（200120）				
投资总额	14 万 USD	电　　话	58589579	传　　真	58761928
设立日期	2005-6-21	负 责 人	LI HUAN（黎　欢）		
主营业务	生产、加工汽艇、沙滩车、汽车零部件、摩托车零部件及建筑用脚手架。				

企业名称	上海格林威汽车服务有限公司				
企业地址	上海市嘉定区墨玉南路1011号（201805）				
投资总额	28万USD	电话	69502400	传真	69502430
设立日期	2005-6-17	负责人	FRANK JOHN RODRIGUEZ		
主营业务	汽车维护、汽车小修及专项修理。				

企业名称	上海奥城汽车配件有限公司				
企业地址	上海市嘉定工业区北区9-2号地块（201807）				
投资总额	500万USD	电话	59966296	传真	59961335
设立日期	2005-5-27	负责人	周锦兴		
主营业务	生产汽车变速箱零部件，销售本公司自产产品。				

企业名称	飞幕机械制造（上海）有限公司				
企业地址	上海市闵行区华翔路268号（201106）				
投资总额	14万USD	电话	52276401	传真	52276402
设立日期	2005-6-17	负责人	GIANFRANCO PETTINARI		
主营业务	生产、加工、组装（以上限分支机构经营）铝制品切割机。				

企业名称	翰玛工业设备（上海）有限公司				
企业地址	上海市嘉定区安亭镇园业路151号2幢（201805）				
投资总额	20万USD	电话	62953307	传真	62953308
设立日期	2005-5-26	负责人	HEINZ RUNTE		
主营业务	组装自动化生产流水线，生产焊装夹具，开发控制软件。				

企业名称	宝而吉机械（上海）有限公司				
企业地址	上海市松江区施惠路315弄9号A区（201600）				
投资总额	20万欧元	电话	57784010	传真	57784140
设立日期	2005-6-17	负责人	RIGHI MAURO		
主营业务	研发、设计、生产用于生产各类刷子、油漆刷、滚筒刷等的机械设备。				

企业名称	阿礼山汽车配件（上海）有限公司				
企业地址	上海市闵行区合川路3051号8号楼4楼（201103）				
投资总额	20万USD	电话	61121815	传真	64019193
设立日期	2005-5-23	负责人	张冠群		
主营业务	生产、加工车用空调及相关配件，并提供售后服务，销售自产产品。				

企业名称	意联热能设备（上海）有限公司				
企业地址	上海市外高桥保税区富特东一路396号518部位（200131）				
投资总额	12.5万USD	电话	54407697	传真	54407696
设立日期	2005-6-13	负责人	SAMUELE BOSIO		
主营业务	保税区内以热能设备及其零配件为主的仓储、分拨业务。				

企业名称	鑫万全传动零件（上海）有限公司				
企业地址	上海市南汇工业园区园中路61号（201300）				
投资总额	60万USD	电话	68009646	传真	68009548
设立日期	2005-5-19	负责人	陈树润		
主营业务	生产、加工传动零件，销售公司自产产品。				

企业名称	羿科安全设备（上海）有限公司				
企业地址	上海市外高桥保税区富特西一路155号C楼第二层2028部位(200131)				
投资总额	40万USD	电话	52361288	传真	52363362
设立日期	2005-6-9	负责人	肖理跃		
主营业务	保税区内以安全保护设备为主的仓储、分拨业务。				

企业名称	优华劳斯汽车系统（上海）有限公司				
企业地址	上海市嘉定区安亭镇双浦村西水闸（201805）				
投资总额	500万USD	电话	59565529	传真	59566599
设立日期	2005-5-18	负责人	YUBAO CHEN		
主营业务	研发、生产汽车发动机零部件、汽车检测设备及相关模具。				

企业名称	荣树机械（上海）有限公司				
企业地址	上海市嘉定区马陆镇戬浜村东陈路北侧（201801）				
投资总额	2500万日元	电话	59514891	传真	59514896
设立日期	2005-6-7	负责人	野泽正树		
主营业务	生产塑料加工机械及加工塑料制品，销售本公司自产产品。				

企业名称	创兴机械设备（上海）有限公司				
企业地址	上海市闵行区联曹路260号（200241）				
投资总额	50万USD	电话	53831328	传真	
设立日期	2005-5-18	负责人	WONG MUN SUM		
主营业务	加工、生产注塑机、机械零配件，销售自产产品。				

企业名称	福特汽车金融（中国）有限公司				
企业地址	上海市浦东新区世纪大道211号信息大厦32层（200120）				
投资总额	50000万RMB	电话	28916868	传真	28916899
设立日期	2005-6-6	负责人	MICHAEL STANLEY KOZEL		
主营业务	提供购车贷款业务。				

企业名称	纪和机械制造（上海）有限公司				
企业地址	上海市闵行区联曹路260号（200241）				
投资总额	200万USD	电话	64349898	传真	64349188
设立日期	2005-5-18	负责人	WONG KOON LUP		
主营业务	设计、生产精密模具、数控机床及相关部件，销售自产产品。				

企业名称	上海麦得可医疗器械销售有限公司				
企业地址	上海市长宁区新泾一村105号303B室（200336）				
投资总额	20万USD	电话	62903968	传真	62905513
设立日期	2005-6-2	负责人	韦家庆		
主营业务	经营医疗器械、自毁式一次性注射器产品批发和产品的进出口。				

企业名称	基伊埃板式热交换设备（上海）有限公司				
企业地址	上海市闵行区华漕镇纪翟路1409弄218号（201106）				
投资总额	20万USD	电话	63900001	传真	63900556
设立日期	2005-5-13	负责人	乌瑞克·弗汉勒（ULRICH FEHLAUER）		
主营业务	研究、开发、设计制造各类热交换器及其部件，销售自产产品。				

企业名称	玻尔玛自动化设备（上海）有限公司				
企业地址	上海市外高桥保税区泰谷路88号B1层G部位（200131）				
投资总额	13万USD	电话	54427798	传真	54427795
设立日期	2005-6-2	负责人	陈怡因		
主营业务	保税区以工业自动化设备为主的仓储、分拨业务。				

企业名称	上海韩海汽车部件有限公司				
企业地址	上海市青浦区白鹤镇沈联村（外青松公路3999号）（201700）				
投资总额	100万USD	电话	57945361	传真	59742727
设立日期	2005-5-13	负责人	刘 勇		
主营业务	生产、加工、组装汽车屏风总成及其他零部件和附件。				

企业名称	上海明东汽车配件制造有限公司				
企业地址	上海市奉贤区奉城镇南奉公路北侧（201411）				
投资总额	105万USD	电话	50309282	传真	50325617
设立日期	2005-6-1	负责人	赵晓东		
主营业务	研发、设计、生产汽车滤清器、汽车发电机配件、汽车底盘配件。				

企业名称	肯泰特机械（上海）有限公司				
企业地址	上海市松江区新桥镇松茸路松南小区14号（201612）				
投资总额	21万USD	电话	57687680	传真	57687685
设立日期	2005-5-10	负责人	沈述镇（SIM SOOL JIN）		
主营业务	开发、生产和加工工程塑料拖链、钢制拖链、导管防护套。				

企业名称	祥腾机械工业（上海）有限公司				
企业地址	上海市松江区佘山工业区陶干路10号（201602）				
投资总额	500万USD	电话	57796702	传真	57796881
设立日期	2005-5-30	负责人	黄泽基		
主营业务	生产、加工汽车、摩托车模具、夹具、精冲模、精密型腔模。				

企业名称	易特驰汽车技术（上海）有限公司				
企业地址	上海市浦东新区银城中路200号1101室（200120）				
投资总额	100万欧元	电话	50372220	传真	28981016
设立日期	2005-5-9	负责人	DIETER WOHLFARTH		
主营业务	汽车电子控制系统技术咨询，相关应用软件开发及制作。				

企业名称	浩盾通风设备（上海）有限公司				
企业地址	上海市外高桥保税区富特北路127号4层C厂房（200137）				
投资总额	20万USD	电话	58684388	传真	58684568
设立日期	2005-5-30	负责人	RINNE HEIKKI JUHANI		
主营业务	保税区内以通风设备为主的生产加工，销售自产产品。				

企业名称	霍尼韦尔信耀汽车传感器（上海）有限公司				
企业地址	上海市嘉定区马陆镇丰功路55弄8号（201801）				
投资总额	270万USD	电话	69155810	传真	69155823
设立日期	2005-5-9	负责人	沈达理（SHANETED JARATI）		
主营业务	设计、制造、加工汽车传感器，销售本公司自产产品。				

企业名称	**欧陀普机械（上海）有限公司**				
企业地址	上海市青浦工业园区天盈路 66 号（201700）				
投资总额	30 万 USD	电话	69225800	传真	69225801
设立日期	2005-5-9	负责人	JOSE PUJOL PALAU		
主营业务	用于打磨、抛光、去毛刺及精密抛磨的自动机械和数控机械（CNC）。				

企业名称	**迈兹特精密机械（上海）有限公司**				
企业地址	上海市外高桥保税区韩城路 101 号 62#厂房（200131）				
投资总额	400 万 USD	电话	51331678	传真	51331679
设立日期	2005-4-30	负责人	MATS AKE CARLSSON		
主营业务	生产及开发防包装、印刷、电信及相关行业的精密机械和零件。				

企业名称	**创值精密机械（上海）有限公司**				
企业地址	上海市松江工业区东宝路 8 号（201600）				
投资总额	35 万 USD	电话	57748822	传真	57740000
设立日期	2005-4-30	负责人	TEO KIM POO		
主营业务	生产、加工各类精密机械设备及其零部件，汽车零部件。				

企业名称	**斯贝柯（上海）机械有限公司**				
企业地址	上海市松江工业区松开Ⅲ-35 号（201600）				
投资总额	450 万 USD	电话	67748005	传真	67747010
设立日期	2005-4-30	负责人	CHUNG MAENG GI		
主营业务	设计、生产、加工搅拌设备，桥梁施工设备。				

企业名称	**上海大众动力总成有限公司**				
企业地址	上海市嘉定工业区叶城路 925 号 A 区 6 幢（201800）				
投资总额	90490 万 RMB	电话	69965678	传真	59543100
设立日期	2005-4-29	负责人	DR BARTHEL SCHRODER		
主营业务	装配、制造、销售合资公司生产的汽车发动机总成及其零部件。				

企业名称	**伊斯拉视像设备制造（上海）有限公司**				
企业地址	上海市宝山区南大路 19 号 3 号楼底层（200436）				
投资总额	14 万 USD	电话	68916286	传真	68916286
设立日期	2005-4-29	负责人	PETER EIKMEYER		
主营业务	开发、制造精密在线测量仪器。				

企业名称	**吉尧汽车零配件（上海）有限公司**				
企业地址	上海市宝山区城市工业园区城银路 318 号（200436）				
投资总额	180 万欧元	电话	63639250	传真	63634776
设立日期	2005-4-29	负责人	ALAIN FROISSARD/		
主营业务	设计、生产、加工各种车辆外壳和工业运输设备外壳零部件和配件。				

企业名称	**汉纬尔机械（上海）有限公司**				
企业地址	上海市松江区新桥镇闵申工业园区光华小区 D－1 号（201612）				
投资总额	14 万 USD	电话	57684545	传真	57684011
设立日期	2005-4-28	负责人	刘迎春		
主营业务	设计、制造和组装气体压缩机及相关自动化机电产品。				

企业名称	**瑞好通用机械（上海）有限公司**				
企业地址	上海市外高桥保税区奥纳路 55 号二号楼一层 D 部位（200131）				
投资总额	12.8 万 USD	电话	58690499	传真	
设立日期	2005-4-28	负责人	KIP KIRBY		
主营业务	保税区内以通用机械产品为主的仓储、分拨、展示。				

企业名称	**博索尼奥拉茂（上海）叉车属具有限公司**				
企业地址	上海市闵行区马桥镇陪昆路 206 号 B 区 11 号厂房（201111）				
投资总额	50 万 USD	电话	64093050	传真	64093060
设立日期	2005-4-27	负责人	ROBERTO SCOTTI		
主营业务	生产、组装叉车属具和相关零部件，销售自产产品。				

企业名称	**恩斯克华纳变速器零部件（上海）有限公司**				
企业地址	上海市工业综合开发区（201400）				
投资总额	800 万 USD	电话	57433737	传真	57437154
设立日期	2005-4-26	负责人	上野哲夫		
主营业务	研究、开发、设计、组装、制造变速器关键零部件及相关产品。				

企业名称	**上海抛丸机械设备制造有限公司**				
企业地址	上海市莘庄工业区春光路 99 弄 60 号（201108）				
投资总额	20 万 USD	电话	54424290	传真	54427541
设立日期	2005-4-25	负责人	涂　绮		
主营业务	研发、生产抛丸机、喷砂机、研磨机、铣磨机、铣刨机。				

企业名称	**上海万大鑫业机械设备有限公司**				
企业地址	上海市松江区高新技术园区富民路 88 号第 3 号房（201600）				
投资总额	20 万 USD	电话	57736661	传真	57736596
设立日期	2005-4-25	负责人	陈鑫淼		
主营业务	制造、加工、组配全自动预拌混凝土机械设备、环境污染防治自动设备。				

企业名称	**摩台克机械设备（上海）有限公司**				
企业地址	上海市嘉定区马陆镇北管村思义路 510 号（201801）				
投资总额	105 万 USD	电话	69156120	传真	69156223
设立日期	2005-4-22	负责人	ADOLF SCHAFFNER		
主营业务	生产建筑干粉生产设备、干粉砂浆施工设备、筒仓及固定架。				

企业名称	**上海河原机械有限公司**				
企业地址	上海市宝山区城市工业园区城银路 318 号（200436）				
投资总额	20 万 USD	电话	36162847	传真	36162847
设立日期	2005-4-22	负责人	河原荣		
主营业务	机械设备及其零部件和电子产品的设计、制造、售后服务。				

企业名称	**兼广机械部件（上海）有限公司**				
企业地址	上海市松江工业区东宝路 28 号 2 号南侧厂房（201600）				
投资总额	35 万 USD	电话	67742810	传真	67742811
设立日期	2005-4-20	负责人	桥本广		
主营业务	设计生产机械设备的部件及配套工具，销售公司自产产品。				

企业名称	**德韧干巷汽车系统（上海）有限公司**				
企业地址	上海市金山区干巷镇金张公路 2658 号（201511）				
投资总额	1000 万 USD	电话	57202709	传真	57201098
设立日期	2005-4-20	负责人	TIMOTHY CURIS STEPHENS		
主营业务	设计、生产汽车换挡变速器及零部件，销售公司自产产品。				

企业名称	**安吉－捷飞络汽车服务有限公司**				
企业地址	上海市浦东新区金桥出口加工区金滇路 150 号 1 幢 1F（201206）				
投资总额	1150 万 USD	电话	58358833	传真	58358933
设立日期	2005-4-14	负责人	LARRY LEONARD BURCH		
主营业务	汽车维修、汽车小修及专项修理。				

企业名称	**思图拉汽车设计（上海）有限公司**				
企业地址	上海市浦东新区浦东大道 138 号 8 楼 H 室（200120）				
投资总额	14 万 USD	电话	63588686	传真	63589899
设立日期	2005-4-13	负责人	COSIMO DI CURSI		
主营业务	汽车内、外部结构设计及汽车零部件的研究开发。				

企业名称	**上海李尔汽车系统有限公司**				
企业地址	上海市浦东新区上川路 289 号 2、3 幢（201202）				
投资总额	375 万 USD	电话	68876000	传真	68876003
设立日期	2005-4-13	负责人	RUSSELL JOHN HALL		
主营业务	研发、生产、加工、组装车辆用座椅、内饰系统、电子电器系统。				

企业名称	**普耳机械（上海）有限公司**				
企业地址	上海市灵石路 709 号 71#－2 厂房（200072）				
投资总额	260 万 USD	电话	51099977	传真	54110265
设立日期	2005-4-11	负责人	傅文龙		
主营业务	研制、开发、生产压缩机及其零配件，销售自产产品。				

企业名称	**好能机械系统（上海）有限公司**				
企业地址	上海市浦东新区唐镇江欣路 1388 号（201203）				
投资总额	14 万 USD	电话	58346011	传真	50320477
设立日期	2005-4-8	负责人	NEDBLAKE JEFFERY BRADFORD		
主营业务	设计、开发、生产包装机械以及相关零配件，销售自产产品。				

企业名称	**瑞英机械技术服务（上海）有限公司**				
企业地址	上海市嘉定区马陆镇希望路 340 号 302 室（200041）				
投资总额	14 万 USD	电话	66053661	传真	66053662
设立日期	2005-4-8	负责人	YAGO ENRIQUE ZENS PIRKER		
主营业务	机械技术咨询及技术服务（涉及行政许可的凭许可证经营）。				

企业名称	**索斯沃斯（上海）升降设备有限公司**				
企业地址	上海市闵行区金都路 4299 号三号厂房一楼（201102）				
投资总额	15 万 USD	电话	54938474	传真	54938474
设立日期	2005-4-7	负责人	陆　放		
主营业务	生产、研发各系列液压、机械升降平台，销售自产产品。				

企业名称	上海锐玛精密机械有限公司				
企业地址	上海市嘉定工业区北区 10－2 号地块（201800）				
投资总额	540 万 USD	电话	39968077	传真	
设立日期	2005-4-7	负责人	陈丽如		
主营业务	生产数控机床及配件、非金属制品模具、儿童家具。				

企业名称	上海古来森道机械有限公司				
企业地址	上海市嘉定区马陆镇澄浏中路 1519 号（201801）				
投资总额	50 万 USD	电话	59903936	传真	59903938
设立日期	2005-4-7	负责人	德野敦		
主营业务	生产回转餐桌及配套件、洗碗机、食品机、制冷机。				

企业名称	上海乐来汽车分析测试有限公司				
企业地址	上海市南汇区康桥工业区康桥东路 1365 弄 12A 号（201315）				
投资总额	70 万 USD	电话	68183293	传真	68183295
设立日期	2005-4-6	负责人	KEN-JEN LANG		
主营业务	汽车材料、零件和部件的专业测试和技术分析，汽车安全性能检测。				

企业名称	小矢部精密机械（上海）有限公司				
企业地址	上海市浦东新区川沙路 6999 号 19 栋 207 室（201201）				
投资总额	20 万 USD	电话	68650223	传真	68650223
设立日期	2005-4-5	负责人	宫崎圭藏		
主营业务	研究、开发、设计和生产自动化生产线设备与控制系统及相关的零部件。				

企业名称	劳伦森韦特瑞（上海）检测设备有限公司				
企业地址	上海市静安区新闸路 1250 号 A 座 054 室（200040）				
投资总额	25 万 USD	电话	62471166	传真	62790889
设立日期	2005-4-1	负责人	STOLPE TOMAS PATRIK		
主营业务	生产、加工、装配造纸和水泵业的质量控制设备、测量与测试设备。				

企业名称	德闻计量设备（上海）有限公司				
企业地址	上海市浦东新区宁桥路 999 号 T15－3 幢 5 楼西侧（201206）				
投资总额	20 万 USD	电话	58542099	传真	58340733
设立日期	2005-3-31	负责人	NG KOK MING		
主营业务	研究、开发、生产精密燃气计量仪器仪表，销售自产产品。				

企业名称	清弘空调设备（上海）有限公司				
企业地址	上海市金山区山阳镇红旗东路 518 号（201508）				
投资总额	30 万 USD	电话	62470580	传真	
设立日期	2005-3-30	负责人	井畑忠		
主营业务	空调设备、配管设备及其关联设备的加工、装配、安装。				

企业名称	上海优而备智自动化设备有限公司				
企业地址	上海市外高桥保税区日京路 51 号 B 楼 2203-2205、2207 部位（200131）				
投资总额	6.5 万 USD	电话	58683500	传真	58683700
设立日期	2005-3-30	负责人	ROBERT DEREK SAMUEL GASTON		
主营业务	保税区内以自动化设备等产品为主的仓储、分拨、展示。				

企业名称	肯塔基环保节能设备（上海）有限公司				
企业地址	上海市奉贤区柘林镇南电路 6 号（201424）				
投资总额	30 万 USD	电话	64276303	传真	64276302
设立日期	2005-3-29	负责人	倪扬		
主营业务	开发、生产、加工环保安全节能设备及机械产品，销售公司自产产品。				

企业名称	长岩机械（上海）有限公司				
企业地址	上海青浦工业园区汇金路 958 号 3 号厂房（201700）				
投资总额	50 万 USD	电话	69212692	传真	69212690
设立日期	2005-3-22	负责人	李德义		
主营业务	生产、加工螺丝冲压机及相关零部件，以及相关模具的开发与制造。				

企业名称	埃尔温勇克机械（上海）有限公司				
企业地址	上海市外高桥保税区希雅路 69 号 16#第六层 D 部位（200131）				
投资总额	5 万欧元	电话	50463525	传真	50463527
设立日期	2005-3-21	负责人	ROGER KLEFFMANN		
主营业务	区内以机床及相关配件产品为主的的仓储、分拨业务。				

企业名称	世驻停车设备（上海）有限公司				
企业地址	上海市浦东新区凌桥镇西 45 号 10 幢（200137）				
投资总额	20 万 USD	电话	62770911	传真	62770911
设立日期	2005-3-21	负责人	JIONG LI		
主营业务	设计、生产停车场库自动化设备，销售自产产品。				

企业名称	上海功阳精密机械有限公司				
企业地址	上海市松江区车墩镇车新公路 49 号（201611）				
投资总额	30 万 USD	电话	57606012	传真	57606013
设立日期	2005-3-16	负责人	林雅蜜		
主营业务	生产、加工各类精密机械设备，数控加工中心机床。				

企业名称	上海科节路节能设备有限公司				
企业地址	上海市松江工业区松东路 301 号（201613）				
投资总额	60 万 USD	电话	57743993	传真	
设立日期	2005-3-16	负责人	黄永昌		
主营业务	开发、设计各类用于设备节能的软件、自动化系统、智能系统。				

企业名称	麦迪逊医疗设备（上海）有限公司				
企业地址	上海市外高桥保税区富特西一路 155 号 C 楼 2013 乙部位（200131）				
投资总额	20 万 USD	电话	50797887	传真	50796082
设立日期	2005-3-15	负责人	CHANG SEONG HO		
主营业务	区内以医疗器械产品为主的相关零配件的仓储、分拨业务。				

企业名称	艾梯达涂装设备（上海）有限公司				
企业地址	上海市外高桥保税区富特北路 458 号 2#楼第 4 层 425 室（200131）				
投资总额	75 万 USD	电话	62377090	传真	62377090
设立日期	2005-3-14	负责人	ALLAN CAMERON SUTHERLAND		
主营业务	国际贸易、转口贸易、保税区企业间的贸易及区内贸易代理。				

企业名称	捷维时威勃储运系统（上海）有限公司				
企业地址	上海市外高桥保税区富特北路 399 号加工厂房第 3 层 E 部位（200131）				
投资总额	20 万 USD	电话	58799023	传真	58799027
设立日期	2005-3-14	负责人	ELLENS DANIEL SCOTT		
主营业务	保税区内以物料储运系统为主的仓储、分拨业务。				

企业名称	法中轨道交通运输设备（上海）有限公司				
企业地址	上海市宝山区刘场路 335 号 A 栋底层（200443）				
投资总额	20 万 USD	电话	56485566	传真	56486167
设立日期	2005-3-14	负责人	U J R WURTZ		
主营业务	轨道运输交通自动门系统及轨道交通安全设备的设计、开发、生产。				

企业名称	上海开能壁炉产品有限公司				
企业地址	上海市浦东新区川沙镇工业小区川大路 518 号 3 楼（201200）				
投资总额	100 万 USD	电话	58599910	传真	58599802
设立日期	2005-3-11	负责人	杨焕凤		
主营业务	壁炉及相关配件的生产，销售自产产品，并提供相关的售后服务。				

企业名称	上海汉虹精密机械有限公司				
企业地址	上海市宝山城市工业园区真陈路 1000 号 515 室（200436）				
投资总额	1200 万 USD	电话	36161010	传真	36160443
设立日期	2005-3-11	负责人	山村章		
主营业务	生产数控机床、电子专用设备、测试仪器、工模具制造。				

企业名称	上海精吉来机械有限公司				
企业地址	上海市青浦区重固镇赵重路 1288 号（201706）				
投资总额	14 万 USD	电话	59785592	传真	59785591
设立日期	2005-3-11	负责人	石启忠		
主营业务	精密机械加工、机电产品及其零部件的设计、制造。				

企业名称	上海前通汽车服务有限公司				
企业地址	上海市长宁区延安西路 728 号华敏翰尊国际 15 层 I 座（200050）				
投资总额	400 万 USD	电话	62113030	传真	52534888
设立日期	2005-3-10	负责人	CHAUNCEY SHEY		
主营业务	品牌汽车销售咨询及展览展示服务咨询。				

企业名称	雀来宝汽车设计（上海）有限公司				
企业地址	上海市宜山路 900 号科技大楼 A 区第 11 层 1105 室（200233）				
投资总额	30 万欧元	电话	54234390	传真	54234380
设立日期	2005-3-9	负责人	DENIS BLANC		
主营业务	研究、开发和设计汽车零部件，并提供相关的技术咨询服务。				

企业名称	上海佰润诺机械制造工程有限公司				
企业地址	上海市嘉定区马陆镇宝安公路 2761 号第一幢（201801）				
投资总额	38 万 USD	电话	69152192	传真	69152191
设立日期	2005-3-8	负责人	DANIEL YUAN（袁丹）		
主营业务	各类机械零件的设计、制造，机械设备的改造、修理、加工。				

企业名称	上海升纯饮用水设备有限公司				
企业地址	上海市松江区莘砖公路3911号厂房（201613）				
投资总额	43.89万USD	电话	57699300	传真	57699311
设立日期	2005-3-8	负责人	ALVIN E.RICE		
主营业务	生产、加工和组装碳棒滤芯和饮水处理设备及其相关产品。				

企业名称	控达克（上海）机械制造有限公司				
企业地址	上海市松江区中山街道茸兴路368号7号厂房（201613）				
投资总额	20万USD	电话	57784459	传真	57784456
设立日期	2005-3-7	负责人	铃木良美		
主营业务	生产、加工电机、汽车零部件，电器部件的组装。				

企业名称	希尔博装卸设备（上海）有限公司				
企业地址	上海市宝山区罗宁路1799号（200949）				
投资总额	210万USD	电话	66876758	传真	66876700
设立日期	2005-3-4	负责人	KALEVI JUHANI NURMI		
主营业务	开发、生产、装配装卸操作设备，销售自产产品。				

企业名称	莎佰吾精密机械（上海）有限公司				
企业地址	上海市外高桥保税区美盛路56号4号楼夹层南部位（200131）				
投资总额	6.005万USD	电话	58692443	传真	58682449
设立日期	2005-3-4	负责人	DENIS，JACQUES MOOS		
主营业务	保税区内以精密机械及其零部件为主的仓储、分拨业务。				

企业名称	大同海龙机械（上海）有限公司				
企业地址	上海市外高桥保税区富特北路288号2号楼第六层东部位（200131）				
投资总额	30万USD	电话	58668005	传真	58668006
设立日期	2005-2-28	负责人	大田祐资		
主营业务	各种风力、水力机械及相关机械制品的制造，销售自产产品。				

企业名称	思伟世高（上海）医疗器材有限公司				
企业地址	上海市黄浦区九江路399号28楼20室B座（200003）				
投资总额	14万USD	电话	63853088	传真	63852588
设立日期	2005-2-28	负责人	童爱珍		
主营业务	设计、生产监护电极（限分支机构经营），提供相关咨询服务。				

企业名称	安乐设备安装工程（上海）有限公司				
企业地址	上海市浦东新区商城路738号胜康廖氏大厦10楼1008室（200120）				
投资总额	241万USD	电话	58353797	传真	58353796
设立日期	2005-2-28	负责人	POON LOK TO OTTO（潘乐陶）		
主营业务	以建筑施工承包形式从事机电安装工程总承包、环保工程专业承包。				

企业名称	西马克德马格冶金设备（上海）有限公司				
企业地址	上海市化学工业区奉贤分区苍工路（胡滨路路口）（201424）				
投资总额	500万欧元	电话	37504020	传真	
设立日期	2005-2-25	负责人	DIETER ROSENTHAL		
主营业务	生产冶金设备的部件包括薄板连铸机的部件，组装和维修相关机械设备。				

企业名称	斯必克（上海）流体设备有限公司				
企业地址	上海市外高桥保税区港澳路389号第5号楼第一层中部位（200131）				
投资总额	50万USD	电话	54955616	传真	54955626
设立日期	2005-2-22	负责人	CHRISTOPHER J. KEARNEY		
主营业务	保税区内生产、组装流体设备、搅拌设备、碾磨机及相关的辅件。				

企业名称	法适达（上海）机械设备有限公司				
企业地址	上海市闵行区颛兴东路1421弄152号（201108）				
投资总额	14万USD	电话	64422428	传真	64428801
设立日期	2005-2-22	负责人	BRUNO PATRON		
主营业务	生产、设计高空作业平台和吊篮以及提升设备，销售自产产品。				

企业名称	日易晖机械（上海）有限公司				
企业地址	上海市外高桥保税区富特北路432号602C-D室（200131）				
投资总额	10万USD	电话	51160116	传真	51160117
设立日期	2005-2-18	负责人	简淑芬		
主营业务	保税区内以机械产品、机械冷却产品及五金产品为主的仓储、分拨业务。				

企业名称	雕坊激光机械（上海）有限公司				
企业地址	上海市外高桥保税区泰谷路88号B1层A4部位（200131）				
投资总额	20万USD	电话	54273300	传真	54263890
设立日期	2005-2-18	负责人	卢芬芳		
主营业务	保税区内以激光机械及零配件为主的仓储、分拨业务。				

企业名称	辟途威交通科技（上海）有限公司				
企业地址	上海市黄浦区人民路885号901室（200001）				
投资总额	14万USD	电话	63288206	传真	63288236
设立日期	2005-2-8	负责人	THOMAS HEINZSCHWERDTFEGER		
主营业务	设计、开发、研制交通软件，交通系统集成，销售本公司生产的产品。				

企业名称	伊顿工业离合制动器（上海）有限公司				
企业地址	上海市外高桥保税区法赛路281号第34号楼第一层东部位（200131）				
投资总额	50万USD	电话	50484811	传真	50484911
设立日期	2005-2-7	负责人	STANLEY VINCENT MICKENS		
主营业务	保税区内设计、生产和组装各类工业离合器和制动器。				

企业名称	上海西门子燃气轮机部件有限公司				
企业地址	上海市闵行区建设路77号（200240）				
投资总额	1840万欧元	电话	61153007	传真	61153100
设立日期	2005-2-6	负责人	张素心		
主营业务	生产西门子公司F级和E级燃气轮机热气通道部件。				

企业名称	客登庸实业（上海）有限公司				
企业地址	上海市松江区石湖荡镇新松路141号（201604）				
投资总额	500万USD	电话	57753399	传真	57750030
设立日期	2005-2-5	负责人	郑宇辰		
主营业务	生产食品机械和食品包装机械，开发制作计算机软件。				

企业名称	钱讯（上海）数码音响设备有限公司				
企业地址	上海市普陀区同普路1175弄1号1楼B区、2楼B区（200333）				
投资总额	28万USD	电话	51206666	传真	
设立日期	2005-2-5	负责人	林信宏		
主营业务	研发、生产数码音响器材、数码音响设备及承接音响工程。				

企业名称	麦蒂（上海）空气处理设备有限公司				
企业地址	上海市外高桥保税区富特东一路396号第五层510部位（200131）				
投资总额	20万USD	电话	54171080	传真	54177641
设立日期	2005-2-5	负责人	ROBERTO TIOZZO		
主营业务	保税区内以空气处理设备及其零配件为主的仓储、分拨业务。				

企业名称	上海智航汽车用品有限公司				
企业地址	上海市闵行区金都路4299号（201100）				
投资总额	40万USD	电话	54956619	传真	54956679
设立日期	2005-2-3	负责人	杨忠进		
主营业务	汽车用品、汽车百货、汽车电器用品、汽车电子产品的零售。				

企业名称	中外炉热工设备（上海）有限公司				
企业地址	上海市奉贤区柘林镇胡桥临海开发区（201424）				
投资总额	50万USD	电话	57452366	传真	57452766
设立日期	2005-2-2	负责人	真柄恒彦		
主营业务	生产工业炉、环保设备、燃烧装置、真空装置、气体发生装置。				

企业名称	新普塑（上海）机械有限公司				
企业地址	上海市嘉定区南翔镇翔江公路965弄38号第三幢（201802）				
投资总额	40万USD	电话	69125463	传真	69125451
设立日期	2005-2-2	负责人	松井宏信		
主营业务	生产塑料加工机械，销售本公司自产产品。				

企业名称	泰乐玛汽车制动系统（上海）有限公司				
企业地址	上海市南汇工业园区园中路20号地块9号厂房（201300）				
投资总额	185万欧元	电话	68015801	传真	68015807
设立日期	2005-2-2	负责人	ORAZIO RAGNI		
主营业务	开发、制造、组装汽车制动系统及其零部件，销售公司自产产品。				

企业名称	联贸医疗用品技术（上海）有限公司				
企业地址	上海市外高桥保税区美盛路56号04号楼第一层D6部位（200131）				
投资总额	6.5万USD	电话	52375001	传真	52375005
设立日期	2005-2-1	负责人	CHOR WAH PATRICK NG（吴楚华）		
主营业务	保税区内医疗用品技术的研究开发；以医疗器械为主的仓储、分拨业务。				

企业名称	土平知可飒机械（上海）有限公司				
企业地址	上海市嘉定工业区叶城路1288号5号楼B区102室（201821）				
投资总额	5000万日元	电话	69153991	传真	69154682
设立日期	2005-2-1	负责人	土平征宏		
主营业务	生产、加工机械设备的金属零部件，销售本公司自产产品。				

企业名称	上海易资迈机械有限公司				
企业地址	上海市嘉定区马陆镇彭赵村（201821）				
投资总额	35万USD	电　话	69157040	传　真	69157172
设立日期	2005-2-1	负责人	WIEDMANN GERHARD JOSEF		
主营业务	生产纺织设备及其零配件，销售本公司自产产品。				

企业名称	德恩杰高温设备（上海）有限公司				
企业地址	上海市闵行区银春路819号（201108）				
投资总额	49万欧元	电　话	64907780	传　真	64907822
设立日期	2005-2-1	负责人	DERICHSSTEFAN MATTMIAS		
主营业务	生产应用于钢铁、石化精炼、能源环保和玻璃行业的工业阀门。				

企业名称	协车（上海）汽车服务有限公司				
企业地址	上海市闵行区宜山路1618号718室（201103）				
投资总额	51万USD	电　话	62121919	传　真	62121919
设立日期	2005-1-31	负责人	张居雄		
主营业务	汽车咨询服务（除经纪）、商务咨询、投资咨询、企业形象设计。				

企业名称	上海英提尔交运汽车零部件有限公司				
企业地址	上海市嘉定区安亭镇工业园区11号地块（201805）				
投资总额	5000万RMB	电　话	69574666	传　真	69574311
设立日期	2005-1-27	负责人	刘必荣		
主营业务	生产汽车座椅骨架、座椅系统及冲压成形、焊接组装。				

企业名称	宇姆莱自动化设备（上海）有限公司				
企业地址	上海青浦工业园区盈秀路266号（201700）				
投资总额	14万USD	电　话	69202318	传　真	69202425
设立日期	2005-1-26	负责人	HANS SCHMITZ		
主营业务	生产、加工机电柜设备，销售公司自产产品。				

企业名称	伯曼机械制造（上海）有限公司				
企业地址	上海青浦工业园区天盈路98号6号厂房（201700）				
投资总额	210万欧元	电　话	64728743	传　真	64726395
设立日期	2005-1-26	负责人	HERMANN BRUNSEN		
主营业务	港口新型机械设备设计与制造，井下无轨采、装、运设备制造。				

企业名称	易必策汽车工程技术（上海）有限公司				
企业地址	上海市长宁区北翟路1178号201室（200335）				
投资总额	14万USD	电　话	52191347	传　真	52191342
设立日期	2005-1-26	负责人	ULRICH BETZ		
主营业务	利用计算机辅助的汽车及相关汽车工业装备设计。				

企业名称	索尔曼（上海）通用设备制造有限公司				
企业地址	上海市嘉定区菊园新区漳浦路155号2幢（201800）				
投资总额	17.5万USD	电　话	69168961	传　真	69168962
设立日期	2005-1-25	负责人	JEAN-LOUIS VILLANDRE		
主营业务	生产空调用凝结水去除泵及相关配件，销售本公司自产产品。				

企业名称	全速汽车零部件（上海）有限公司				
企业地址	上海市嘉定工业区北区19-1号地块（201807）				
投资总额	500万USD	电　话	59998100	传　真	59998100
设立日期	2005-1-25	负责人	张　威		
主营业务	开发、生产、加工汽车电子设备和车身附件。				

企业名称	美莱克轨道车辆系统（上海）有限公司				
企业地址	上海市浦东新区沪南公路1458号14-15幢（201204）				
投资总额	120万USD	电　话	50425085	传　真	50425089
设立日期	2005-1-24	负责人	IGNACIO FUSTER JUNQUERA		
主营业务	设计、生产轨道车辆车载设备，销售自产产品。				

企业名称	上海采埃孚伦福德底盘技术有限公司				
企业地址	上海市奉贤区环城北路1088号（201104）				
投资总额	1000万USD	电　话	37100666	传　真	33655456
设立日期	2005-1-24	负责人	沈荣根		
主营业务	生产轿车、客车和卡车的转向拉杆、球铰链、控制臂。				

企业名称	上海中晃净化空调设备有限公司				
企业地址	上海市奉贤区庄行镇（201415）				
投资总额	30万USD	电　话	57462268	传　真	57462813
设立日期	2005-1-24	负责人	ONG THIAM ENG		
主营业务	开发、设计、生产智能化、节能型净化空调设备及其配件。				

企业名称	上海安力登汽车空调压缩机有限公司				
企业地址	上海市金山区朱泾镇温河村新民二组5001号（201503）				
投资总额	60万USD	电　话	57346851	传　真	57341393
设立日期	2005-1-21	负责人	赵彩林		
主营业务	设计，制造汽车空调压缩机产品，销售公司自产产品。				

企业名称	普兰梅卡医疗设备（上海）有限公司				
企业地址	上海市莘庄工业区华宁路2888弄88号3号厂房（201108）				
投资总额	27万USD	电　话	64420757	传　真	64420761
设立日期	2005-1-21	负责人	MARKKU JUHANI		
主营业务	制造微处理器控制高频直流X光齿科设备及其配套齿科护理设备。				

企业名称	李斯特测试设备（上海）有限公司				
企业地址	上海市外高桥保税区冰克路500号A幢A2部位（200131）				
投资总额	20万USD	电　话	58996900	传　真	58996822
设立日期	2005-1-21	负责人	MICHAEL D . LASKE		
主营业务	保税区内发动机测试产品、测量和测试设备的仓储、分拨业务。				

企业名称	思斯制冷设备（上海）有限公司				
企业地址	上海市嘉定区马陆镇丰功路南侧尚学路西（201821）				
投资总额	15万USD	电　话	61635297	传　真	61635299
设立日期	2005-1-20	负责人	ALBERT OTTO CRAISS		
主营业务	生产制冷设备零部件，销售本公司自产产品。				

企业名称	富士医疗器材（上海）有限公司				
企业地址	上海市外高桥保税区日京路79号时美大楼6层N部位（200131）				
投资总额	550万USD	电　话	64264236	传　真	34243467
设立日期	2005-1-18	负责人	铃木俊昭		
主营业务	保税区内以医疗用机器设备及相关器材产品为主的仓储、分拨。				

企业名称	上海海隆石油装备有限公司				
企业地址	上海市宝山区沪太路8889号（200949）				
投资总额	5000万RMB	电　话	33851886	传　真	33851858
设立日期	2005-1-14	负责人	张　军		
主营业务	生产管道涂料、焊丝、焊剂、石曲连续管、撬装加气站的成套设备。				

企业名称	彩思（上海）机械设备有限公司				
企业地址	上海市南汇区横沔镇康桥东路111号18-B（201315）				
投资总额	14万USD	电　话	68190098	传　真	68190008
设立日期	2005-1-14	负责人	柳文龙		
主营业务	生产取样架等机械类辅助设备及喂料机，销售公司自产产品。				

企业名称	上海泰瑞机械设备有限公司				
企业地址	上海市南汇区康桥工业区康桥东路1369号厂房二层（201319）				
投资总额	15万USD	电　话	68139666	传　真	68139885
设立日期	2005-1-14	负责人	穆　然		
主营业务	生产五金工具，销售公司自产产品。				

企业名称	艾博特医疗卫生用品（上海）有限公司				
企业地址	上海市嘉定工业区嘉唐路西、金娄路北－2号地块（201807）				
投资总额	520万USD	电　话	59545850	传　真	59545850
设立日期	2005-1-12	负责人	俞新玲		
主营业务	开发、生产医用纱布、纱球、卫生巾、尿垫及其他医疗卫生用品。				

企业名称	隆英（上海）企业有限公司				
企业地址	上海市松江区新桥镇（松江1302-1号地块）（201613）				
投资总额	1218万USD	电　话	57641317	传　真	57681327
设立日期	2005-1-12	负责人	何侨生（HO KIAU SENG）		
主营业务	开发、设计、生产（委托加工）石油勘探设备、钻采设备。				

企业名称	科润医疗产品（上海）有限公司				
企业地址	上海市外高桥保税区美盛路56号4号楼107室（200131）				
投资总额	20万USD	电　话	62491092	传　真	62495323
设立日期	2005-1-12	负责人	SIMON JOHN HARTLEY		
主营业务	以医疗器械为主的国际贸易、转口贸易。				

企业名称	上海一第标准件有限公司				
企业地址	上海市嘉定区徐行镇宝钱公路550号（201808）				
投资总额	100万USD	电　话	39979180	传　真	39979190
设立日期	2005-1-11	负责人	川村义有		
主营业务	生产汽车专用高强度紧固件，销售本公司自产产品。				

企业名称	上海法士达游艇制造有限公司				
企业地址	上海松江出口加工区西洳泾路 175 号 12 号厂房（201613）				
投资总额	70 万 USD	电　　话	57749640	传　　真	57749642
设立日期	2005-1-11	负 责 人	MORITS SKAUGEN		
主营业务	设计、生产和加工玻璃钢游艇，销售公司自产产品。				

企业名称	百鸿国际机械（上海）有限公司				
企业地址	上海市松江工业区东部新区 IV-66 号地块（201600）				
投资总额	520 万 USD	电　　话	56087800	传　　真	56080792
设立日期	2005-1-11	负 责 人	葛建芬		
主营业务	生产、加工各类机械设备、防腐设备、水泵、阀门。				

企业名称	康瑞工程设备维护服务（上海）有限公司				
企业地址	上海市浦东新区航津路 658 号 802 室（201204）				
投资总额	50 万 USD	电　　话	67121139	传　　真	67121136
设立日期	2005-1-10	负 责 人	GILBERT C.N.M.MENU		
主营业务	机械工程设备的维护、清洗服务，提供相关的技术咨询。				

企业名称	萩华机械技术（上海）有限公司				
企业地址	上海市松江区中山街道茸兴路 438 弄 3 号（201613）				
投资总额	13500 万日元	电　　话	57784588	传　　真	57784599
设立日期	2005-1-8	负 责 人	萩原邦章		
主营业务	设计、加工、生产塑料再生处理设备、分切机、卷取机。				

企业名称	卡尔玛工业（上海）有限公司				
企业地址	上海市南汇区泥城镇南芦公路 2158 号（200137）				
投资总额	1000 万 USD	电　　话	61184882	传　　真	61184808
设立日期	2005-1-7	负 责 人	Jack Sawrey		
主营业务	开发、生产港口机械设备，销售自产产品，提供相关的技术咨询服务。				

企业名称	麦格纳汽车技术（上海）有限公司				
企业地址	上海市张江高科技园区龙东大道 3000 号 5 号楼 507－512 室（201203）				
投资总额	100 万 USD	电　　话	68796246	传　　真	68793292
设立日期	2005-1-7	负 责 人	FREDERICK YEUNG SHAN KAO		
主营业务	汽车零部件的设计、研究、开发，自有技术的转让。				

企业名称	石川岛船舶工程（上海）有限公司				
企业地址	上海市外高桥保税区富特东路 396 号第二层 214 室（200131）				
投资总额	20 万 USD	电　　话	63518029	传　　真	63518028
设立日期	2005-1-7	负 责 人	ITO HIROMU（伊藤弘武）		
主营业务	保税区以船舶设备及其零配件为主的仓储分拨业务。				

企业名称	务顺机械（上海）有限公司				
企业地址	上海市外高桥保税区荷丹路 240 号第二层 D203 部位（200131）				
投资总额	20 万 USD	电　　话	62888080	传　　真	62887879
设立日期	2005-1-7	负 责 人	MOHAMAD SHUKRI BIN BAHAROM		
主营业务	保税区内以电子生产机械设备、工业自动化设备为主的仓储、分拨。				

企业名称	上海三樱汽车管路有限公司				
企业地址	上海市嘉定工业区洪德路 1155 号 B3 幢（201822）				
投资总额	100 万 USD	电　　话	69169370	传　　真	69169499
设立日期	2005-1-6	负 责 人	篠原利幸		
主营业务	研发、生产汽车制动金属管、尼龙燃油管、燃油分配器。				

企业名称	上海三共防护用品有限公司				
企业地址	上海市奉贤区金汇镇南行村六组（201404）				
投资总额	18 万 USD	电　　话	57578005	传　　真	57578025
设立日期	2005-1-6	负 责 人	李　建		
主营业务	生产个人防护面罩、空气呼吸器，销售公司自产产品。				

企业名称	斯必克空气处理设备（上海）有限公司				
企业地址	上海市工业综合开发区肖湾路 318 号综星苑 1 号厂房（201400）				
投资总额	150 万 USD	电　　话	22085969	传　　真	22085981
设立日期	2005-1-6	负 责 人	KEVIN LILLY		
主营业务	生产、组装空气处理设备、环保治理设备及相关产品。				

企业名称	得立鼎涂装设备（上海）有限公司				
企业地址	上海市外高桥保税区奥纳路 55 号 2 号楼第一层 F 部位（200131）				
投资总额	100 万 USD	电　　话	62123263	传　　真	62131023
设立日期	2005-1-6	负 责 人	森直重（MORI NAOSHIGE）		
主营业务	保税区内汽车涂装设备及配件的生产、组装及相关设备的安装。				

企业名称	腾新机械（上海）有限公司				
企业地址	上海市外高桥保税区富特北路 21L 号一层 B 部位（200131）				
投资总额	65 万 USD	电　　话	50471211	传　　真	50472221
设立日期	2005-1-4	负 责 人	池野淳		
主营业务	保税区内以建筑机械、食品加工机械、机电设备为主的仓储、展示。				

企业名称	梅里埃诊断产品（上海）有限公司				
企业地址	上海市外高桥保税区富特西一路，383 号 A2 楼第 4 层 A 部位（200131）				
投资总额	50 万 USD	电　　话	51159355	传　　真	51159455
设立日期	2005-1-4	负 责 人	ALAIN MERIEUX		
主营业务	保税区内以医疗诊断试剂、医疗器械设备为主的仓储、分拨、展示。				

企业名称	延锋伟世通金桥汽车饰件系统有限公司				
企业地址	上海市浦东新区金穗路 778 号（201206）				
投资总额	1200 万 USD	电　　话	38613008	传　　真	38613009
设立日期	2004-12-30	负 责 人	袁新华		
主营业务	开发和制造用于汽车的座舱系统、仪表板和门内外饰件产品。				

企业名称	哈柏司工业传动设备（上海）有限公司				
企业地址	上海市闵行区顾戴路 3355 号（201100）				
投资总额	60 万 USD	电　　话	34171228	传　　真	34171258
设立日期	2004-12-30	负 责 人	LAM CHEE WEI		
主营业务	生产、加工各类工业输送及传动皮带齿轮、马达减速机，销售自产产品。				

企业名称	佳琢展示设备（上海）有限公司				
企业地址	上海市松江工业区荣乐东路 531 号（201613）				
投资总额	37 万 USD	电　　话	67742451	传　　真	67742449
设立日期	2004-12-30	负 责 人	CHIN CHIN LOONG		
主营业务	加工生产玻璃钢及有机塑料等展示设备及零配件、金属压延产品。				

企业名称	上海格兰海芬汽车零部件有限公司				
企业地址	上海市嘉定区黄渡镇谢春路 1288 号 B 幢（201805）				
投资总额	100 万 USD	电　　话	69596136	传　　真	69596137
设立日期	2004-12-28	负 责 人	DANIEL J FISHER		
主营业务	生产汽车变速器及其零部件，销售本公司自产产品。				

企业名称	上海兆宏汽车零部件制造有限公司				
企业地址	上海市青浦区华新镇纪鹤公路 2288 号（201708）				
投资总额	210 万 USD	电　　话	59792660	传　　真	59796896
设立日期	2004-12-27	负 责 人	蓝呈丰		
主营业务	生产汽车、机车、摩托车轮毂，汽车、机车用铸件的涂料。				

企业名称	上海欧蓝游艇有限公司				
企业地址	上海市浦东新区民生路 550 号 515 室（200135）				
投资总额	70 万 USD	电　　话	68556525	传　　真	68534234
设立日期	2004-12-23	负 责 人	罗伯特·格里克（ROBERTO GRECO）		
主营业务	游艇的设计及船型研发，并提供相关的技术咨询服务。				

企业名称	永日昶健身器材（上海）有限公司				
企业地址	上海市松江区松米路 8 号内 17 号厂房（201600）				
投资总额	14 万 USD	电　　话	67830941	传　　真	67830941
设立日期	2004-12-23	负 责 人	任梦蕉		
主营业务	生产和加工健身器材、理疗机配件、工艺品、文具用品，销售自产产品。				

企业名称	上海泰汇液晶显示器件有限公司				
企业地址	上海市浦东新区合庆镇向阳村三队 1 栋（201201）				
投资总额	150 万 USD	电　　话	58970718	传　　真	68919160
设立日期	2004-12-21	负 责 人	三尾义彦		
主营业务	生产新型平板显示器件、销售自产产品，并提供相应的技术咨询。				

企业名称	特拉斯汽车技术（上海）有限公司				
企业地址	上海市浦东新区金沪路 1311 号 2 幢 207 室（201206　）				
投资总额	60 万 USD	电　　话	58541309	传　　真	58541236
设立日期	2004-12-20	负 责 人	何伊林		
主营业务	汽车零部件及相关软件的设计、开发、生产，销售自产产品。				

企业名称	上海欧菲滤清器有限公司				
企业地址	上海市青浦区北青公路 8228 号二区 28 号（201700）				
投资总额	500 万 USD	电　　话	59703309	传　　真	59701192
设立日期	2004-12-16	负 责 人	乔基奥·基隆迪		
主营业务	开发、设计、生产汽车滤清器（三滤）及相关配件，销售公司自产产品。				

制造业-专用设备和交通运输设备制造业

企业名称	上海豪华正清汽车饰件有限公司				
企业地址	上海市青浦区华新镇华丹路 958 号（201700）				
投资总额	60 万 USD	电话	69791314	传真	69791374
设立日期	2004-12-16	负责人	张景原		
主营业务	生产、加工汽车饰件及其产品的表面特殊处理，销售公司自产产品。				

企业名称	麦罗数码电子（上海）有限公司				
企业地址	上海市青浦区徐泾镇沪青平公路 1818 号 4 号厂房（201702）				
投资总额	14 万 USD	电话	62402080	传真	
设立日期	2004-12-16	负责人	许哲诚		
主营业务	生产、加工、组装电脑、音响及其配件、软件生产开发，销售自产产品。				

企业名称	上海富双汽车配件有限公司				
企业地址	上海市奉贤区南桥镇五星村 447 号（201400）				
投资总额	14 万 USD	电话	57475601	传真	57475603
设立日期	2004-12-15	负责人	山田博明		
主营业务	生产车辆、船舶内装饰品及相关零部件，销售公司自产产品。				

企业名称	益美高（上海）制冷设备有限公司				
企业地址	上海市宝山区沪太路 8889 号 103 室（200949）				
投资总额	500 万 USD	电话	66877786	传真	66877008
设立日期	2004-12-14	负责人	威廉·巴特莱		
主营业务	生产制冷设备及相关售后服务，销售自产产品。				

企业名称	上海谢科那康保健器材有限公司				
企业地址	上海市浦东新区川沙镇金家村楼南队第 9-11 幢（201201）				
投资总额	14 万 USD	电话	50591837	传真	50591837
设立日期	2004-12-11	负责人	JIN BANG HO（陈芳镐）		
主营业务	生产、加工保健床垫、保健服装、电磁波切断器、家用搅拌器等。				

企业名称	上海新中瑞医疗器械有限公司				
企业地址	上海市黄浦区浙江中路 400 号 1804 室（200003）				
投资总额	210 万 USD	电话	58567111	传真	58569552
设立日期	2004-12-11	负责人	陈景瑞		
主营业务	研究开发和生产制造医疗器械以及相关设备和辅助配套材料。				

企业名称	威立雅水务设备安装工程（上海）有限公司				
企业地址	上海市黄浦区福州路 318 号 1801－1802 室（200003）				
投资总额	120 万 USD	电话	63912525	传真	63912766
设立日期	2004-12-11	负责人	CYRIL JACOB		
主营业务	水务设备和有关机电设备工程安装等。				

企业名称	上海威杜勒安防器材设备有限公司				
企业地址	上海市新泾工业园区闵申路 688 弄 7 号（201612）				
投资总额	14 万 USD	电话	57684718	传真	57684668
设立日期	2004-12-8	负责人	黄羽薇		
主营业务	生产、加工摄像、监视器材及其辅助设备，以及以上产品的零部件。				

企业名称	上海艾热性能泵有限公司				
企业地址	上海市闵行区浦星公路 3899 号 16 栋（201112）				
投资总额	20 万 USD	电话	52824581	传真	52825663
设立日期	2004-12-6	负责人	LORENZO LANDINI		
主营业务	开发、设计、生产活塞泵、振动泵、高压清洁机、电泵和其他泵等。				

企业名称	上海安吉黄帽子汽车用品有限公司				
企业地址	上海市闵行区宜山路 1618 号（201103）				
投资总额	500 万 USD	电话	51500188	传真	51500001
设立日期	2004-12-6	负责人	胡顺华		
主营业务	汽车零部件及用品、汽车零部件及用品的制造设备、装置及机械。				

企业名称	贝克牌气泵设备（上海）有限公司				
企业地址	上海市外高桥保税区富特中路 299 号 46 号楼第三层 C 部位(200131)				
投资总额	20 万 USD	电话	50460371	传真	50460373
设立日期	2004-12-3	负责人	MARTIN BECKER		
主营业务	保税区内以真空泵、压缩机、供气系统产品及备件产品为主的仓储、分拨业务。				

企业名称	上海毓恬冠佳汽车零部件有限公司				
企业地址	上海市青浦工业园区天盈路 98 号 5 号厂房（201700）				
投资总额	800 万 USD	电话	69758136	传真	69732178
设立日期	2004-12-3	负责人	吴军		
主营业务	生产、加工汽车零配件，销售公司自产产品并提供产品技术咨询。				

企业名称	日泰（上海）汽车标准件有限公司				
企业地址	上海市青浦工业园区外青松公路 5399 号 A27 号厂房西半栋（201700）				
投资总额	1000 万 USD	电话	69716291	传真	69716291
设立日期	2004-12-3	负责人	陈金光		
主营业务	开发、生产汽车专用高强度紧固件，销售公司自产产品。				

企业名称	恩华特环境技术（上海）有限公司				
企业地址	上海市张江高科技园区郭守敬路 351 号 2 号楼 603A—08 室（201203 ）				
投资总额	14 万 USD	电话	62897311	传真	62890920
设立日期	2004-12-2	负责人	STROEM HANS GOERAN		
主营业务	城市垃圾自动收集系统的设计、开发及相关应用软件的开发、制作等。				

企业名称	上海胜牌汽车服务有限公司				
企业地址	上海市江场西路 395 号 6 楼（200436）				
投资总额	305 万 USD	电话	24024785	传真	24024755
设立日期	2004-12-1	负责人	CRAIG MOUGHLER		
主营业务	提供与汽车维修相关的技术咨询服务。筹建：汽车维护、汽车小修。				

企业名称	邦迪汽车系统（上海）有限公司				
企业地址	上海市嘉定区安亭镇泰波路 589 号 A 幢（201805）				
投资总额	300 万 USD	电话	59502262	传真	59502290
设立日期	2004-11-30	负责人	PHILLIP STEPHENSON		
主营业务	设计、生产汽车制动器总成及其硬管、软管等系统产品。				

企业名称	世元伊恩锑液压（上海）有限公司				
企业地址	上海青浦工业园区汇金路 958 号（201700）				
投资总额	50 万 USD	电话	69212665	传真	69212660
设立日期	2004-11-30	负责人	朴宪康		
主营业务	生产、加工液压泵、阀、缸及其他液压系统产品，销售自产产品。				

企业名称	金瑶（上海）商业管理有限公司				
企业地址	上海市黄浦区北京东路 666 号 B 区四层 43201 室（200001）				
投资总额	20 万 USD	电话	64075377	传真	64075121
设立日期	2004-11-29	负责人	卢润森（执行董事）		
主营业务	商业管理、商业服务、商业营销策划、财务管理咨询服务、投资咨询。				

企业名称	上海科达传动系统有限公司				
企业地址	上海市闵行区虹桥镇吴中路 1128 号（201103）				
投资总额	101 万 USD	电话	64463303	传真	64060250
设立日期	2004-11-29	负责人	林斌		
主营业务	生产、加工传动带、传输带、传动件及相关工业器材配套产品。				

企业名称	上海永华鲁耳环保工程有限公司				
企业地址	上海市卢湾区徐家汇路 560 号 801 室（200023）				
投资总额	14 万 USD	电话	64156315	传真	64156316
设立日期	2004-11-26	负责人	王永森		
主营业务	生产节能及环保产品，销售自产产品。				

企业名称	上海东朋安全设备有限公司				
企业地址	上海市松江工业区东兴路 79 号 A 区 4 号（201613）				
投资总额	182 万 USD	电话	67740601	传真	
设立日期	2004-11-24	负责人	大桥广史		
主营业务	生产、加工安全设备、医疗空气装置、自给式空气呼吸器等。				

企业名称	艾博斯泵业（上海）有限公司				
企业地址	上海市外高桥保税区荷丹路 240 号 3 层 K 部位（200131）				
投资总额	20 万 USD	电话	68882900	传真	58826718
设立日期	2004-11-19	负责人	JAN PETER ARU		
主营业务	保税区内以水泵及相关产品为主的仓储、分拨业务及售后服务。				

企业名称	上海田岛精密缝纫机有限公司				
企业地址	上海市南汇工业园区 47 号地块（201300）				
投资总额	800 万 USD	电话	54075191	传真	54075193
设立日期	2004-11-18	负责人	田岛仁志		
主营业务	加工、制造高技术含量的特种工业缝纫机及其零配件，销售自产产品。				

企业名称	全伸健身器材（上海）有限公司				
企业地址	上海市张江高科技园区龙东大道 3000 号 5 号楼 201—202 室（201203）				
投资总额	20 万人民币	电话	68792688	传真	68790238
设立日期	2004-11-18	负责人	SAM SHENG CHEN		
主营业务	健身器材的研发、设计、生产，销售自产产品，提供相关的技术咨询。				

企业名称	泰勒斯依维艾音响（上海）有限公司				
企业地址	上海市外高桥保税区冰克路500号2号仓库第一层A部位（200131）				
投资总额	20万USD	电　　话	62351625	传　　真	62351676
设立日期	2004-11-16	负 责 人	GREGORY WILLIAN RICHTER		
主营业务	保税区内以通讯音像器材为主的仓储、分拨业务，并提供产品的维修。				

企业名称	上海雷驰车业有限公司				
企业地址	上海市嘉定区马陆镇嘉戬支路335号2号厂房（201801）				
投资总额	300万USD	电　　话	66730036	传　　真	
设立日期	2004-11-16	负 责 人	陆伟隆		
主营业务	生产自行车、电动自行车及零配件，销售本公司自产产品。				

企业名称	英特斯道普（上海）流量控制技术有限公司				
企业地址	上海市宝山区海江路5号库区内1号库房（201900）				
投资总额	14万USD	电　　话	02371000	传　　真	62371662
设立日期	2004-11-16	负 责 人	W ALTER FRANZ SCHAER		
主营业务	开发、研究并生产流量控制系统产品，销售自产产品，提供售后服务。				

企业名称	耐特豪福换向器（上海）有限公司				
企业地址	上海青浦工业园区天盈路502号A1厂房（201707）				
投资总额	46.9万USD	电　　话	59227099	传　　真	59227060
设立日期	2004-11-15	负 责 人	MICHAEL NETFELHOFF		
主营业务	新型机电元件的开发、生产，销售自产产品并提供相关技术支持和售后服务。				

企业名称	上海翔发设备维修服务有限公司				
企业地址	上海市浦东新区申波路9号A203室（201204）				
投资总额	14万USD	电　　话	63516765	传　　真	63516795
设立日期	2004-1-12	负 责 人	LIM SIN CHIN		
主营业务	机电设备、精密仪器及元件、通讯设备的维修、维护及技术咨询服务。				

企业名称	上海奥托立夫汽车安全装置有限公司				
企业地址	上海市嘉定工业区胜辛路5号桥（201821）				
投资总额	210万USD	电　　话	69169200	传　　真	69169698
设立日期	2004-11-12	负 责 人	GUNNAR DAHLEN		
主营业务	研发、生产汽车安全气囊及其它安全系列产品，销售本公司自产产品。				

企业名称	上海萨易液压马达有限公司				
企业地址	上海市浦东新区金沪路1281号1幢306室（201206）				
投资总额	15万USD	电　　话	50315248	传　　真	50315246
设立日期	2004-11-10	负 责 人	ANGELO PECORARI		
主营业务	生产液压马达及液压元件，销售自产产品，并提供相关的技术咨询。				

企业名称	圣宝莱智能存储系统（上海）有限公司				
企业地址	上海市外高桥保税区日京路79号第一层C部位（200131）				
投资总额	20万USD	电　　话	58684300	传　　真	58684310
设立日期	2004-11-10	负 责 人	MICHAEL GREGORY		
主营业务	设计、生产、加工各类智能存储柜和立体仓库的软硬件系统。				

企业名称	艾瑞克威斯水处理设备（上海）有限公司				
企业地址	上海市外高桥保税区泰谷路88号半地下层B部位（200131）				
投资总额	6.2万USD	电　　话	50461897	传　　真	50461897
设立日期	2004-10-28	负 责 人	EDUARD LAMBERTNS FREDERIK W EIS		
主营业务	保税区内以水处理的设备及零部件为主的仓储、分拨业务等。				

企业名称	宝利苏迪焊接技术（上海）有限公司				
企业地址	上海市闵行区金都路4299号1号厂房（201108）				
投资总额	12万欧元	电　　话	64097826	传　　真	54573333
设立日期	2004-10-28	负 责 人	HANS-PETERMARINER		
主营业务	设计、生产轨道及机械化的焊接设备及其零配件，销售自产产品。				

企业名称	贝洱海拉温控系统（上海）有限公司				
企业地址	上海市浦东新区金桥出口加工区建业路411号3楼（201201）				
投资总额	50万USD	电　　话	58382163	传　　真	58382612
设立日期	2004-10-28	负 责 人	NORBERT GRUBER		
主营业务	研究、开发、生产汽车空调系统控制元件及智能化汽车冷却系统电子控制元件。				

企业名称	雅马哈发动机采购（上海）有限公司				
企业地址	上海市闵行区紫竹科学园区剑川路468号（200051）				
投资总额	370万USD	电　　话	52378811	传　　真	52375558
设立日期	2004-10-27	负 责 人	MARUCHI TSUTOMU		
主营业务	采购供雅马哈发动机株式会社用的商品和相关零部件及原材料出口等。				

企业名称	上海环立汽车空调有限公司				
企业地址	上海市闵行区宜山路1618号E厂房10楼（201103）				
投资总额	60万USD	电　　话	54424019	传　　真	54422478
设立日期	2004-10-26	负 责 人	陈焕添（HUAN TIAN CHEN）		
主营业务	研发、生产各类车辆空调器及相关零配件，销售自产产品。				

企业名称	上海中长江汽车电器有限公司				
企业地址	上海市南汇区航头镇沪南公路5842号大麦湾工业区15号东（201316）				
投资总额	300万USD	电　　话	58228176	传　　真	58228175
设立日期	2004-10-21	负 责 人	诸爱道		
主营业务	生产汽车电器及其零部件，销售公司自产产品。				

企业名称	鲁布斯奇流体技术（上海）有限公司				
企业地址	上海市南汇区新场镇沪南公路7511号（200070）				
投资总额	14万USD	电　　话	63176461	传　　真	63177312
设立日期	2004-10-20	负 责 人	LORENZO MARCHESI		
主营业务	生产、组装鼓风机、离心泵和真空泵，销售公司自产产品。				

企业名称	上海帕捷汽车配件有限公司				
企业地址	上海市嘉定区复华高新技术园区申霞路358号4号厂房（201801）				
投资总额	100万USD	电　　话	59903481	传　　真	59903261
设立日期	2004-10-20	负 责 人	许　充		
主营业务	生产汽车底盘零部件、发动机零部件及其他机械配件，销售自产产品。				

企业名称	曦玛离心机（上海）有限公司				
企业地址	上海市张江高科技园区郭守敬路351号2号楼603A-01室（200032）				
投资总额	14万USD	电　　话	54481023	传　　真	
设立日期	2004-10-18	负 责 人	HANS MICHAEL CHRIS		
主营业务	开发、生产实验室离心机及其部件和配件，销售自产产品。				

企业名称	优进精密工业（上海）有限公司				
企业地址	上海市闵行区春申路1985弄69号底层西部（201100）				
投资总额	70万USD	电　　话	54280186	传　　真	54280187
设立日期	2004-10-18	负 责 人	中山节夫		
主营业务	工业设计的开发、工业模型与模具设计、树脂成型、涂装、制作。				

企业名称	优光环保材料（上海）有限公司				
企业地址	上海市卢湾区永嘉路31号509室（200020）				
投资总额	15万USD	电　　话	34060377	传　　真	64724117
设立日期	2004-10-14	负 责 人	NOGUCHI TOSHIO		
主营业务	建筑物内外墙、房顶的节能保温材料喷涂，智能材料等。				

企业名称	麦考勃气动输送工程（上海）有限公司				
企业地址	上海市浦东新区海徐路939号5栋221室（200137）				
投资总额	14万USD	电　　话	62490055	传　　真	62881636
设立日期	2004-10-12	负 责 人	MICHAEL FREDERICK CRAWLEY		
主营业务	研发、设计和生产气动输送系统、各类低功率气动控制阀等。				

企业名称	索肯（上海）工控成套设备有限公司				
企业地址	上海市宝山工业区沪太路8889号（200949）				
投资总额	1680万USD	电　　话	50589018/9	传　　真	68769360
设立日期	2004-10-11	负 责 人	陈道贤		
主营业务	生产电机软启动器、高低压电器和输配电成套设备等。				

企业名称	新奥维工业自动化（上海）有限公司				
企业地址	上海富民仓桥经济城（A区）、玉秀路19号第108厂房（201600）				
投资总额	14万USD	电　　话	67723123	传　　真	67723125
设立日期	2004-10-11	负 责 人	黄亚龙		
主营业务	设计、制造工业自动化系统和传输系统及相关配套产品。				

企业名称	摩梯莱特光源（上海）有限公司				
企业地址	上海市外高桥保税区富特西一路155号B楼303A部位（200131）				
投资总额	20万USD	电　　话	68739108	传　　真	68739968
设立日期	2004-10-8	负 责 人	WOLFGANG MASSOW		
主营业务	保税区内以光源产品为主的仓储、分拨业务及相关产品的售后服务。				

企业名称	上海特滤环保产品有限公司				
企业地址	上海市闵行区虹梅南路3609号（201108）				
投资总额	25万USD	电　　话	54406792	传　　真	54406793
设立日期	2004-10-8	负 责 人	STEPHEN ALEXANDER LOFTUS		
主营业务	过滤袋及其材料、滤料和相关配套产品的加工、生产，销售自产产品。				

制造业-专用设备和交通运输设备制造业

企业名称	科世茂设备工程（上海）有限公司				
企业地址	上海市外高桥保税区台中南路 2 号新贸楼 278 室（200050）				
投资总额	20 万 USD	电　话	52061956	传　真	52061986
设立日期	2004-9-30	负 责 人	城田芳子		
主营业务	国际贸易、转口贸易、保税区企业间的贸易及贸易代理等。				

企业名称	欧皮特传动系统（上海）有限公司				
企业地址	上海市松江工业区庙三路 5 号标准厂房（201612）				
投资总额	17.5 万欧元	电　话	57687465	传　真	57687462
设立日期	2004-9-29	负 责 人	HE INZ W LIKENING		
主营业务	开发、生产、加工传动系统和相关配件，销售公司自产产品。				

企业名称	上海凯劢克泰进精密零件有限公司				
企业地址	上海市青浦区练塘镇工业园区 B-09 号（201705）				
投资总额	20 万 USD	电　话	54071426	传　真	54071843
设立日期	2004-9-28	负 责 人	西村诚人		
主营业务	生产、加工汽车用安全保险带、安全气囊的零部件。				

企业名称	宇龙数控技术（上海）有限公司				
企业地址	上海市浦东新区金桥出口加工区金海路 955 弄 2 号一层（201206）				
投资总额	100 万 USD	电　话	61016401	传　真	61016402
设立日期	2004-9-24	负 责 人	JOHNNY SHEN		
主营业务	设计、加工、生产三轴以上联动的数控机床，销售自产产品。				

企业名称	以达施尔（上海）实验室设备有限公司				
企业地址	上海市浦东新区孙扬路 1010 号（200122）				
投资总额	14 万 USD	电　话	50202488	传　真	50202418
设立日期	2004-9-21	负 责 人	孙　恒		
主营业务	开发、设计和生产实验室分析设备及其零部件，销售自产产品。				

企业名称	麦基嘉（上海）设备维修有限公司				
企业地址	上海市黄浦区福州路 318 号 1705 室（200001）				
投资总额	20 万 USD	电　话	63912798	传　真	63912276
设立日期	2004-9-16	负 责 人	HANS KARL ERIK PETERSSON		
主营业务	船舶设备、备件、零配件的维修和保养，并提供相关技术服务。				

企业名称	上海士泰哥汽车零部件制造有限公司				
企业地址	上海市闵行区莘亭路 888 号（201101）				
投资总额	35 万 USD	电　话	54862280	传　真	54862290
设立日期	2004-9-16	负 责 人	陈仁锭		
主营业务	生产滤清器及其他汽车零配件，销售自产产品。				

企业名称	奥托立夫（上海）气体发生器有限公司				
企业地址	上海市工业综合开发区 M16 地块（201400）				
投资总额	400 万 USD	电　话	69169200	传　真	69169378
设立日期	2004-9-10	负 责 人	GUNNER DAHLEN		
主营业务	设计、生产安全气囊的气体发生器和微型气体发生器。				

企业名称	福桑精机（上海）有限公司				
企业地址	上海市松江区中山街道茸北路 333 弄 7 号厂房（201613）				
投资总额	20 万 USD	电　话	57786390	传　真	57786389
设立日期	2004-9-10	负 责 人	吴登山		
主营业务	开发、设计、生产机电产品，机动车辆零部件，五金制品，自动化设备。				

企业名称	耐特斯传输设备（上海）有限公司				
企业地址	上海市闵行区莘庄镇外环路 352 号 4 号房（201100）				
投资总额	20 万 USD	电　话	54942306	传　真	54942285
设立日期	2004-9-9	负 责 人	SEBASTIEN LE MOIGNIC		
主营业务	设计、开发、生产饮料行业的传输设备，销售自产产品。				

企业名称	上海菱青汽车零部件有限公司				
企业地址	上海市青浦工业园区新科路 333 号（201700）				
投资总额	3 亿日元	电　话	69212980	传　真	69212984
设立日期	2004-9-8	负 责 人	古贺雅文		
主营业务	生产、加工柴油机燃油泵及其他油泵的零配件，销售公司自产产品。				

企业名称	上海布雷维尼减速器有限公司				
企业地址	上海市老沪闵路 1308 号 2－3 号楼（200060）				
投资总额	20 万 USD	电　话	64963398	传　真	
设立日期	2004-9-6	负 责 人	RENATO BREV INI		
主营业务	生产、加工机械传动设备（包括减速器、绞盘等），销售自产产品。				

企业名称	安通林汽车配件制造（上海）有限公司				
企业地址	上海市嘉定区外冈镇外冈工业一区（201806）				
投资总额	200 万欧元	电　话	59586312	传　真	59586309
设立日期	2004-9-6	负 责 人	ERNESTO ANTOLIN ARRIBAS		
主营业务	开发、生产、制造无机非金属材料及制品，销售本公司自产产品。				

企业名称	上海毕新夹具制造有限公司				
企业地址	上海市嘉定区黄渡镇工业园园区路 2 号朱家村（201804）				
投资总额	180 万港币	电　话	59596480	传　真	59596771
设立日期	2004-9-6	负 责 人	李卓麟		
主营业务	设计、制造汽车、摩托车夹具，销售本公司自产产品。				

企业名称	拓乐（上海）汽车顶架系统制造有限公司				
企业地址	上海市青浦工业园区盈秀路 258 号（201700）				
投资总额	14 万 USD	电　话	39200056	传　真	59206283
设立日期	2004-8-31	负 责 人	PETER HANS KRAL		
主营业务	汽车顶架系统的生产，销售公司自产产品。				

企业名称	安迈工程设备（上海）有限公司				
企业地址	上海市青浦工业园区外青松公路 5500 号 108 室（201700）				
投资总额	630 万 USD	电　话	64653166	传　真	64653165
设立日期	2004-8-27	负 责 人	ROLF JOHANN JENNY		
主营业务	开发、设计和制造公路新型机械设备及相关零部件。				

企业名称	上海四维尔邦盛汽车零部件有限公司				
企业地址	上海市青浦工业园区外青松公路 5399 号 A30 厂房（201700）				
投资总额	310 万 USD	电　话	69218204	传　真	69218204
设立日期	2004-8-27	负 责 人	罗旭强		
主营业务	开发、生产、加工汽车组合仪表及其零部件、汽车注塑模。				

企业名称	上海理士电动车有限公司				
企业地址	上海市奉贤区四团镇彭平路 806 号-112（201400）				
投资总额	1000 万 USD	电　话	50311647	传　真	50314235
设立日期	2004-8-27	负 责 人	董　李		
主营业务	研究、开发、生产电动车、锂电池、镍氢电池、锂聚合物电池。				

企业名称	艾瑞生物技术（上海）有限公司				
企业地址	上海市张江高科技园区蔡伦路 720 弄 2 号楼 502 室(200122)				
投资总额	14 万 USD	电　话	64956948	传　真	64956948
设立日期	2004-8-27	负 责 人	TAN HONC		
主营业务	光学生物传感头的研究、开发，转让自有技术成果。				

企业名称	仕驰汽车配套部件（上海）有限公司				
企业地址	上海市嘉定区外冈工业园区汇宝路西侧（201806）				
投资总额	105 万 USD	电　话	59585801	传　真	59585802
设立日期	2004-8-26	负 责 人	DONALD PATRICK LORRAINE		
主营业务	生产汽车用座椅、把手、反光镜、刮鱼器、内饰件等。				

企业名称	上海志尚音像器材有限公司				
企业地址	上海市嘉定区徐行镇宝钱公路 485 号（201809）				
投资总额	20 万 USD	电　话	59949912	传　真	39979052
设立日期	2004-8-24	负 责 人	孙思玮		
主营业务	生产扬声器、麦克风、功率放大器及相关零配件，销售本公司自产产品。				

企业名称	上海华暖考克兰锅炉管理有限公司				
企业地址	上海市宝山区虎林路 888 号（200431）				
投资总额	20 万 USD	电　话	66206693	传　真	66228666
设立日期	2004-8-24	负 责 人	THOMAS PATRICK RITCHIE		
主营业务	提供锅炉及相关设施的管理咨询和技术服务。				

企业名称	上海宇津野汽车模具有限公司				
企业地址	上海市普陀区志丹路 168 号 3010 室（200061）				
投资总额	20 万 USD	电　话	56659332	传　真	
设立日期	2004-8-20	负 责 人	宇津野高幸		
主营业务	生产制造精冲模、精密型腔模、模具标准件，销售自产产品。				

企业名称	苏科自动化设备（上海）有限公司				
企业地址	上海市松江工业区荣乐东路 535-3 号厂房（201600）				
投资总额	20 万 USD	电　话	57746198	传　真	57740635
设立日期	2004-8-20	负 责 人	JO SEFSCHUCKER		
主营业务	研发、生产和加工各类涂料设备及其零部件，销售公司自产产品。				

企业名称	空气动力输送系统（上海）有限公司				
企业地址	上海市外高桥保税区芬辛路 20 号 1#楼 B4 层 H-K 部位（200131）				
投资总额	20 万 USD	电　话	64325188	传　真	64326101
设立日期	2004-8-18	负责人	杨旺男		
主营业务	保税区内以动力输送系统产品为主的仓储、分拨业务；国际贸易。				

企业名称	纽耶拉轮胎设备（上海）有限公司				
企业地址	上海市外高桥保税区新灵路 118 号 701A 室（200131）				
投资总额	20 万 USD	电　话	58213451	传　真	58213451
设立日期	2004-8-18	负责人	CHEN CHIA CHUNG		
主营业务	以轮胎设备为主的国际贸易、转口贸易、保税区企业间的贸易。				

企业名称	上海诺力士驷博自动化有限公司				
企业地址	上海市浦东新区东方路 710 号 1613 室（200127）				
投资总额	30 万 USD	电　话	68761180	传　真	68758808
设立日期	2004-8-18	负责人	ERNST MICHAEL SCHMIDMER		
主营业务	开发、设计、生产船用自动化系统、船用计算机软件，销售自产产品。				

企业名称	上海益晔标牌制作有限公司				
企业地址	上海市闵行区北翟路 3889 号 23 座（201106）				
投资总额	20 万 USD	电　话	52416508	传　真	52416509
设立日期	2004-8-18	负责人	陈钟田		
主营业务	制作广告画片、招牌、灯箱及耗材的生产，销售自产产品。				

企业名称	科力思数字系统（上海）有限公司				
企业地址	上海市外高桥保税区富特北路 399 号 3 号楼 3 层 A 部位（200131）				
投资总额	20 万 USD	电　话	62787708	传　真	62787708
设立日期	2004-8-17	负责人	JOHNM M．KLINE		
主营业务	数字投影设备，数字放映设备及周边产品开发、生产及组装加工。				

企业名称	朗培工业自动化（上海）有限公司				
企业地址	上海市长宁区天山西路 789 号 2254 室（200002）				
投资总额	14 万 USD	电　话	33024698	传　真	33024699
设立日期	2004-8-17	负责人	UW E PETER AUGENSTEIN		
主营业务	生产工业自动化控制系统，销售自产产品。				

企业名称	索世搅拌机（上海）有限公司				
企业地址	上海市闵行区新镇路 1675 号　（201101）				
投资总额	14 万 USD	电　话	64614487	传　真	64614489
设立日期	2004-8-12	负责人	村上司也		
主营业务	研发、加工、生产液状树脂自动计量搅拌机，销售自产产品。				

企业名称	友聚（上海）精工机具有限公司				
企业地址	上海市嘉定区黄渡镇联西村（201804）				
投资总额	20 万 USD	电　话	69596169	传　真	69569163
设立日期	2004-8-11	负责人	许裕昌		
主营业务	生产不干胶涂布、贴合设备，分条、裁切设备，包装设备及零配件。				

企业名称	桑德克斯板式换热器（上海）有限公司				
企业地址	上海市普陀区花溪路 199 号 3043 室（201200 ）				
投资总额	20 万 USD	电　话	68395021	传　真	68395027
设立日期	2004-8-10	负责人	张子荣		
主营业务	生产加工换热器，销售自产产品，并提供相关的技术服务。				

企业名称	艾尔维尔（上海）机房设备有限公司				
企业地址	上海市松江工业区锦昔路 38 号 A 栋厂房（201600）				
投资总额	38 万 USD	电　话	64228268	传　真	64228278
设立日期	2004-8-9	负责人	WAYNE Y.TSIEN		
主营业务	研发、生产和加工精密环境控制系统及配件。				

企业名称	上海舍米艾磁器技术有限公司				
企业地址	上海市闵行区吴中路 1050 号（201103）				
投资总额	20 万 USD	电　话	54164843	传　真	54164845
设立日期	2004-8-9	负责人	赵贤俊		
主营业务	设计生产磁性材料、磁铁充磁器和充磁自动化系统设备等。				

企业名称	怡富数码喷绘设备（上海）有限公司				
企业地址	上海市外高桥保税区富特东二路 500 号 27#楼底层 D 部位（200131）				
投资总额	20 万 USD	电　话	50460500	传　真	50460777
设立日期	2004-8-9	负责人	欧振成		
主营业务	保税区内各类数码设备为主的仓储、分拨业务及其相关技术服务。				

企业名称	上海三轮汽车零部件有限公司				
企业地址	上海市松江区石湖荡镇闵塔路 159 号 17 号标准厂房（201604）				
投资总额	25000 万日元	电　话	57847550	传　真	57847497
设立日期	2004-8-4	负责人	田畑清光		
主营业务	生产、加工汽车关键零部件（制动器总成），销售公司自产产品。				

企业名称	海拉（上海）汽车工业服务有限责任公司				
企业地址	上海市黄浦区延安东路 618 号 19B2D 室（200003）				
投资总额	20 万 USD	电　话	53855021	传　真	53855016
设立日期	2004-8-2	负责人	PETER FRANCISDOYLE		
主营业务	为中外汽车行业及企业提供咨询服务。				

企业名称	达斯科环境设备（上海）有限公司				
企业地址	上海市浦东新区浦东南路 1085 号 705 室（200120）				
投资总额	20 万 USD	电　话	58353419	传　真	58354880
设立日期	2004-8-2	负责人	丸山宏树		
主营业务	设计、制造、安装工业用除尘、通风换气净化的成套环境工程装置。				

企业名称	安迈路面技术（上海）有限公司				
企业地址	上海市浦东新区花山路 706 号 1227 室				
投资总额	260 万 USD	电　话	64262231	传　真	64262230
设立日期	2004-8-2	负责人	ROBERT GRANT LEMONS		
主营业务	路面修复技术的研究、开发，并提供相关的技术服务。				

企业名称	宝钢新日铁汽车板有限公司				
企业地址	上海市宝山钢铁股份有限公司厂区内纬五路冷轧综合楼（201900）				
投资总额	300000 万 RMB	电　话	26643528	传　真	26643518
设立日期	2004-7-30	负责人	宗冈正二		
主营业务	生产冷轧钢板和热镀锌钢板，销售自产产品并提供相关服务。				

企业名称	上海清水宁隆精工有限公司				
企业地址	上海市工业综合开发区北三路 8 号（201400）				
投资总额	150 万 USD	电　话	67103056	传　真	67103057
设立日期	2004-7-29	负责人	胡先根		
主营业务	设计、制造、加工精密轴承及各种主机专用轴承及轴承零部件。				

企业名称	努奥罗企业（上海）有限公司				
企业地址	上海市松江工业区车墩分区香泾路（201611）				
投资总额	500 万 USD	电　话	54869777	传　真	54856980
设立日期	2004-7-28	负责人	陈　胜		
主营业务	开发、生产暖通、空调设备及配件、高档建筑五金件。				

企业名称	上海诺赛泵业制造有限公司				
企业地址	上海市松江区新浜工业园区四支路 465-1 号（201605）				
投资总额	20 万 USD	电　话	57894496	传　真	57898697
设立日期	2004-7-28	负责人	吕文珍		
主营业务	生产、加工水泵、阀门、电控设备、五金零部件，销售公司自产产品。				

企业名称	百力通（上海）动力设备有限公司				
企业地址	上海市青浦工业园区外青松公路 5399 号 A32（201700）				
投资总额	100 万 USD	电　话	63862188	传　真	63862199
设立日期	2004-7-26	负责人	JEFFERY S.ALBRIGHT		
主营业务	生产、组装动力机械和设备及零配件，销售自产产品。				

企业名称	博比（上海）设备制造有限公司				
企业地址	上海市闵行区培昆路 208 号（201111）				
投资总额	101 万 USD	电　话	64439611	传　真	64430902
设立日期	2004-7-26	负责人	袁文达		
主营业务	设计、生产液压机械设备，销售自产产品，提供设备的安装。				

企业名称	上海昌美精机有限公司				
企业地址	上海市松江工业区江田东路 111 号（201600）				
投资总额	50 万 USD	电　话	67742356	传　真	67742360
设立日期	2004-7-22	负责人	李焕昌		
主营业务	设计、加工、生产非金属制品模具及其相关精密模具配件。				

企业名称	苏德罗尼克焊接系统（上海）有限公司				
企业地址	上海市外高桥保税区希雅路 11 号 14 号厂房四层 D 室（200122）				
投资总额	100 万 USD	电　话	58825455	传　真	58825253
设立日期	2004-7-22	负责人	RENALD　FAVRE		
主营业务	保税区内生产、组装和开发焊接设备，激光焊接冷轧钢板。				

制造业-专用设备和交通运输设备制造业

企业名称	天合汽车研发（上海）有限公司				
企业地址	上海市虹漕路421号62号厂房（200233）				
投资总额	386万USD	电话	61209078	传真	61202266
设立日期	2004-7-21	负责人	JOHN JONES		
主营业务	研究和开发汽车零部件和系统，提供相关技术咨询和技术支持服务。				

企业名称	科特环保设备（上海）有限公司				
企业地址	上海市浦东新区凌桥镇西45号6幢20室（200120）				
投资总额	14万USD	电话	54240000	传真	54247122
设立日期	2004-7-21	负责人	陈永钦		
主营业务	设计、生产窗式百页及管道空气净化设备，销售自产产品。				

企业名称	奥托容克冶金设备（上海）有限公司				
企业地址	上海市杨浦区波阳路16号经一路6幢（200090）				
投资总额	16万USD	电话	65805796	传真	65806081
设立日期	2004-7-20	负责人	DR.GUNTHER VOSWINCKEL		
主营业务	生产、加工中小型冶金设备及其配件，并提供相关的技术服务。				

企业名称	库卡柔性系统制造（上海）有限公司				
企业地址	上海市青浦工业园区天盈路502号（201700）				
投资总额	42万欧元	电话	59228883	传真	59228538
设立日期	2004-7-16	负责人	STEFAN SOEHN		
主营业务	设计、制造汽车、摩托车模具、夹具，高性能焊接机器人和高效焊接生产设备。				

企业名称	阳坤工业管道系统（上海）有限公司				
企业地址	上海市奉贤区庄行镇华严村（201415）				
投资总额	15万USD	电话	50589020	传真	50589021
设立日期	2004-7-13	负责人	KIM YOO KYUNG		
主营业务	高纯气体系统、超纯水系统、工业管道系统的设计、安装。				

企业名称	绅骏动力系统（上海）有限公司				
企业地址	上海市莘庄工业区颛兴路1688号G栋（201108）				
投资总额	50万USD	电话	64428511	传真	64428505
设立日期	2004-7-10	负责人	KHO KIM SENG		
主营业务	生产柴油发动机、发动机及其配备装置，销售自产产品。				

企业名称	上海统翔无尘设备有限公司				
企业地址	上海市松江区九亭镇盛富路34号5号厂房（201615）				
投资总额	14万USD	电话	67627385	传真	67691635
设立日期	2004-7-9	负责人	廖荐宏		
主营业务	生产无尘设备，无尘室器材及其相关产品，销售公司自产产品。				

企业名称	上海约纳森工具制造有限公司				
企业地址	上海市崇明县陈家镇裕强路638号（202100）				
投资总额	30万USD	电话	63530259	传真	63540573
设立日期	2004-7-9	负责人	钱建生		
主营业务	生产五金工具、金属材料和机电产品，销售自产产品。				

企业名称	茂旭安防工程设备（上海）有限公司				
企业地址	上海市普陀区金沙江路1006弄2幢343室（200062）				
投资总额	20万USD	电话	52822913	传真	52823288
设立日期	2004-7-8	负责人	施宏坤		
主营业务	生产制造安防工程设备、电子门禁、楼宇自动化控制系统。				

企业名称	上海格灵威医疗用品有限公司				
企业地址	上海市闵行区浦江镇浦星公路3899号（201112）				
投资总额	30万USD	电话	64918449	传真	64913470
设立日期	2004-7-5	负责人	张可信		
主营业务	生产各类医疗耗材，销售自产产品。				

企业名称	上海马勒滤清系统有限责任公司				
企业地址	上海市工业综合开发区环城北路1199号（201200）				
投资总额	1931万USD	电话	58382100	传真	58383994
设立日期	2004-7-5	负责人	PETER GRUNOW		
主营业务	开发、生产滤清系统产品，销售自产产品。				

企业名称	永恒力叉车（上海）有限公司				
企业地址	上海市外高桥保税区荷丹路242号第一层D部位（200131）				
投资总额	20万USD	电话	52847799	传真	52843605
设立日期	2004-7-1	负责人	MATHIAS FISCHER		
主营业务	保税区内以叉车产品为主的仓储、分拨业务及其产品的售后服务。				

企业名称	格雷康自动检测控制设备（上海）有限公司				
企业地址	上海市浦东新区金桥出口加工区金沪路1281号1幢301室（201206）				
投资总额	20万USD	电话	50317331	传真	50317320
设立日期	2004-6-30	负责人	KLAUS OTTO WILLI HINZPETER		
主营业务	从事火花探测熄灭系统及在线检测控制系统的生产、加工。				

企业名称	上海丰虎汽车地毯有限公司				
企业地址	上海市松江区高新技术园区（富民路西侧）第16号厂房（201600）				
投资总额	64万USD	电话	57735663	传真	57735502
设立日期	2004-6-29	负责人	长谷和治		
主营业务	生产汽车用地毯及办公、家庭用等各类地毯，销售公司自产产品。				

企业名称	华博干巷汽车镜（上海）有限公司				
企业地址	上海市金山区干巷镇朱吕公路4000号（201514）				
投资总额	500万欧元	电话	57207945	传真	57207561
设立日期	2004-6-29	负责人	AXEL BUCHHOLZ		
主营业务	制造汽车工业用汽车镜玻璃及汽车镜玻璃总成，提供售后服务。				

企业名称	医科达（上海）医疗器械有限公司				
企业地址	上海市外高桥保税区富特北路386号第一层G部位（200127）				
投资总额	20万USD	电话	58997200	传真	58997220
设立日期	2004-6-28	负责人	韦志圣		
主营业务	以医疗器械为主的保税区内仓储分拨业务及相关产品的售后服务和技术支持。				

企业名称	上海忠成天野轻工有限公司				
企业地址	上海市金山区北部工业园区新农园区（201503）				
投资总额	120万USD	电话	57342616	传真	57346517
设立日期	2004-6-28	负责人	吴晓斌		
主营业务	生产家用洗衣机，车用冰箱，多士炉，汽车装饰品。				

企业名称	上海胜翔汽机车部件有限公司				
企业地址	上海市青浦区白鹤镇外青松公路3618号（201700）				
投资总额	100万USD	电话	59741100	传真	
设立日期	2004-6-23	负责人	蔡水发		
主营业务	生产、加工摩托车盘式制动器，销售公司自产产品。				

企业名称	上海汇之星汽车维修服务有限公司				
企业地址	上海市南汇区六灶镇家化路2号（201322）				
投资总额	200万USD	电话	64200000	传真	64201313
设立日期	2004-6-21	负责人	颜健生（GAN KHIAN SENO）		
主营业务	奔驰下属品牌汽车的维修、展示，维修用汽车零部件的加工、技术服务。				

企业名称	雪樱汽车研究开发（上海）有限公司				
企业地址	上海市浦东新区唐镇创新中路601号6幢102室（200041）				
投资总额	20万USD	电话	62561467	传真	
设立日期	2004-6-21	负责人	吕忠平		
主营业务	轿车整车的先期研究，概念车的开发。				

企业名称	西德科东昌汽车座椅技术有限公司				
企业地址	上海市宝山城市工业园区丰翔路以南F5地块（200436）				
投资总额	7000万人民币	电话	36161600	传真	36161606
设立日期	2004-6-21	负责人	DIETMAR KORZEKWA		
主营业务	座椅及座椅配套组件产品、电器机械与电子设备等。				

企业名称	上海凌云东园汽车部件有限公司				
企业地址	上海市青浦区华新镇工业园区（201708）				
投资总额	220万USD	电话	59797376	传真	59796119
设立日期	2004-6-18	负责人	信虎峰		
主营业务	汽车关键零部件的设计、研发、制造，销售公司自产产品。				

企业名称	罗尔斯－罗伊斯船舶制造（上海）有限公司				
企业地址	上海市南汇工业区第45号地块（200021）				
投资总额	300万英镑	电话	58188899	传真	58189368
设立日期	2004-6-17	负责人	BIRGER MYKLEBUST		
主营业务	比例、伺服液压技术，电子专用设备、测试仪器、工模具及其零部件的生产。				

企业名称	普菲特汽车零件制造（上海）有限公司				
企业地址	上海市松江区新桥镇华明路9号标准厂房（201612）				
投资总额	35万USD	电话	57687378	传真	57687379
设立日期	2004-6-15	负责人	郑水荣		
主营业务	生产加工汽车零件，销售公司自产产品。				

企业名称	上海阿文美驰汽车部件有限公司				
企业地址	上海市青浦区华新镇纪鹤公路 2438 号（201708）				
投资总额	300 万 USD	电　话	64279400	传　真	64285189
设立日期	2004-6-14	负 责 人	刘　坚		
主营业务	设计、开发、生产、组装汽车天窗、车顶模块及车门模块组件。				

企业名称	雨鸟灌溉设备（上海）有限公司				
企业地址	上海市南汇区康桥工业区康桥东路 1365 弄 23 号（201315）				
投资总额	25 万 USD	电　话	68139665	传　真	68139665
设立日期	2004-6-10	负 责 人	ANTHONY LA FETRA		
主营业务	生产灌溉设备及零配件，销售公司自产产品。				

企业名称	上海采埃孚变速器有限公司				
企业地址	上海市嘉定区叶城路 288 号（201822）				
投资总额	849 万欧元	电　话	69529635	传　真	69529619
设立日期	2004-6-9	负 责 人	杨春保		
主营业务	乘用轿车自动变速箱和相关产品及其零部件的生产、组装和销售。				

企业名称	罗尔斯-罗伊斯船舶（上海）有限公司				
企业地址	上海市外高桥保税区台中南路 2 号新贸楼 218 室（200131）				
投资总额	20 万 USD	电　话	58188899	传　真	58189368
设立日期	2004-6-8	负 责 人	BIRGER MYKLEBUST		
主营业务	以船舶机械设备产品和零部件为主的国际贸易等。				

企业名称	苛氯工程设备技术（上海）有限公司				
企业地址	上海市青浦区外青松公路 5399 号 A20 号厂房（201700）				
投资总额	250 万 USD	电　话	69210981	传　真	69210976
设立日期	2004-6-7	负 责 人	加藤善德		
主营业务	节约能源及环境保护新技术的研究、开发和综合利用。				

企业名称	上海上汽汽车模具技术应用有限公司				
企业地址	上海市浦东新区曹路镇杨东路 6 号（201209）				
投资总额	1200 万 USD	电　话	50212571	传　真	50212950
设立日期	2004-6-3	负 责 人	肖国普		
主营业务	汽车用模具及其应用产品生产项目的筹建。				

企业名称	浦思汽车设计（上海）有限公司				
企业地址	上海市张江高科技园区碧波路 690 号 2 号楼 304 室（201203）				
投资总额	20 万 USD	电　话	50270891	传　真	50270879
设立日期	2004-6-1	负 责 人	CHUNG BIN YIM		
主营业务	汽车整车设计、开发，相关软件的开发、设计、制作。				

企业名称	丽水（上海）环保设备有限公司				
企业地址	上海市奉贤区四团镇（201411）				
投资总额	30 万 USD	电　话	57541424	传　真	57541137
设立日期	2004-5-28	负 责 人	吴金花		
主营业务	设计、开发、制造环保设备及相关产品的备品、备件。				

企业名称	上海三晃瑞华冶金设备有限公司				
企业地址	上海市长宁区广顺路 33 号 C 幢南侧一楼（200335）				
投资总额	600 万 USD	电　话	59123130	传　真	59120719
设立日期	2004-5-27	负 责 人	MATSUZUKA		
主营业务	研制、开发、生产薄板连铸机设备及配套产品。				

企业名称	法可赛（上海）汽车配件有限公司				
企业地址	上海市嘉定区马陆镇龙盘路 568 号 4 号楼（201801）				
投资总额	31 万 USD	电　话	57493254	传　真	57492071
设立日期	2004-5-26	负 责 人	FRANCISCO JAVIER PUJOL ARTIGAS		
主营业务	设计、开发、生产各类机动车配件，销售自产产品。				

企业名称	上海雷兹高压互感器有限公司				
企业地址	上海市松江工业区江田东路 225 号（201613）				
投资总额	1350 万 USD	电　话	57745041	传　真	57745272
设立日期	2004-5-25	负 责 人	王根和		
主营业务	生产加工各类中、高压电流电压互感器、电容式电压互感器。				

企业名称	依汶达菲瑟化纤设备（上海）有限公司				
企业地址	上海市外高桥保税区冰克路 500 号 B2K-3 仓库 C2 部位（200131）				
投资总额	20 万 USD	电　话	64228209	传　真	64228209
设立日期	2004-5-24	负 责 人	STEINAUER WEYNER		
主营业务	以化纤设备和化工设备为主的保税区内仓储、分拨业务。				

企业名称	延锋百利得（上海）汽车安全系统有限公司				
企业地址	上海市浦东康桥工业区秀浦路（南汇区 1064 号地块）（201315）				
投资总额	800 万 USD	电　话	68060605	传　真	68060333
设立日期	2004-5-24	负 责 人	赵启华		
主营业务	设计、开发、测试、制造汽车安全系统产品。				

企业名称	艾辰（上海）自动清洗设备有限公司				
企业地址	上海市闵行区虹中路 359 号一号楼三楼（201103）				
投资总额	51 万 USD	电　话	54223100	传　真	54223103
设立日期	2004-5-19	负 责 人	俞炳基		
主营业务	生产各类冲洗器、座便器及相关配件，销售自产产品。				

企业名称	朗森（上海）实业有限公司				
企业地址	上海市松江工业区东部新区新飞路以西，富殿实业以北地块（201613）				
投资总额	450 万 USD	电　话	57702295	传　真	57702295
设立日期	2004-5-14	负 责 人	何茜茜		
主营业务	生产各类灯饰，装饰扇及相关衍生产品、家居产品。				

企业名称	上海康普艾大隆高压设备有限公司				
企业地址	上海市长江西路 850 号（200435）				
投资总额	420 万 USD	电　话	66152883	传　真	66150137
设立日期	2004-5-14	负 责 人	洪　琛		
主营业务	设计、生产、装配各类高压压缩机、CNG 加气站系统及设备和零部件。				

企业名称	上海靶向医疗系统有限公司				
企业地址	上海市张江高科技园区牛顿路 200 号 8 幢（1 号楼）503A 室（201203）				
投资总额	100 万 RMB	电　话	50809980	传　真	50809980
设立日期	2004-5-12	负 责 人	常兆华		
主营业务	研究、开发药物输送系统、低温冷冻、射频、微波、超声波等。				

企业名称	伟世通亚太（上海）有限公司				
企业地址	上海市浦东新区新金桥路 28 号新金桥大厦 2007 室（201206）				
投资总额	200 万 USD	电　话	54504599	传　真	54504598
设立日期	2004-5-10	负 责 人	ROBERT CHARLES PALLASH		
主营业务	提供投资管理和咨询服务，提供市场营销服务。				

企业名称	雷诺卡车（上海）有限公司				
企业地址	上海市杨高北路 2001 号展示交易中心第一层 4-1，5-3 部位（200137）				
投资总额	541.25 万 USD	电　话	65089083	传　真	65089073
设立日期	2004-5-9	负 责 人	STEFANOCHMIELEWSKI		
主营业务	保税区内以轻型商用车、卡车及零部件为主的仓储、分拨、展示业务。				

企业名称	上海十和机材有限公司				
企业地址	上海市松江区叶榭镇张泽民发路 288 号（201619）				
投资总额	20 万 USD	电　话	62411924	传　真	62410514
设立日期	2004-5-8	负 责 人	穗满胜志		
主营业务	生产、加工建筑机械、塑料五金配件、网络 OA 地板。				

企业名称	上海冷熊汽车冷冻机有限公司				
企业地址	上海市浦东新区川沙镇吴店路 338 号（201202）				
投资总额	20 万 USD	电　话	58590603	传　真	58598002
设立日期	2004-5-8	负 责 人	罗连变		
主营业务	冷藏车辆冷冻机及相关配件的设计和制造，销售自产产品。				

企业名称	上海国际汽车城环亚企业管理有限公司				
企业地址	上海市嘉定区安亭镇墨玉路 18 号 303 室（201805）				
投资总额	980 万 USD	电　话	59572744	传　真	59567741
设立日期	2004-4-29	负 责 人	单春荣		
主营业务	企业管理、物业管理、市场策划和咨询服务。				

企业名称	福士洁洗涤设备（上海）有限公司				
企业地址	上海市浦东康桥工业区康桥东路 1365 弄 9 号厂房（201315）				
投资总额	20 万 USD	电　话	68183282	传　真	68183210
设立日期	2004-4-27	负 责 人	YEH WANG CHENG MIN		
主营业务	生产、组装洗涤设备及辅助产品，销售公司自产产品。				

企业名称	利世（上海）有限公司				
企业地址	上海市宝山区丰翔路工业路口（200436）				
投资总额	500 万 USD	电　话	51695656	传　真	36161390
设立日期	2004-4-27	负 责 人	罗历歌		
主营业务	汽车零部件及汽车相关产品的研发、橡胶件、金属件、注塑件的生产。				

企业名称	速升（上海）高尔夫自动化有限公司				
企业地址	上海市闵行区陈行公路 1128 号（201114）				
投资总额	20 万 USD	电话	63725716	传真	
设立日期	2004-4-21	负责人	MAURICE CHIN		
主营业务	生产高尔夫自动化产品及相关周边产品，销售自产产品。				

企业名称	上海国际汽车城颖奕高尔夫俱乐部有限公司				
企业地址	上海市嘉定区上海国际汽车城高尔夫球场地块（201805）				
投资总额	2000 万 USD	电话	69580635	传真	69580635
设立日期	2004-4-20	负责人	凌临贵		
主营业务	经营高尔夫球场及其配套餐饮、娱乐设施，康乐中心等。				

企业名称	椿本汽车发动机（上海 ）有限公司				
企业地址	上海市嘉定工业区高台路 1588 号 3 号厂房（201821）				
投资总额	250 万 USD	电话	69169441	传真	69169446
设立日期	2004-4-19	负责人	加藤康彦		
主营业务	制造汽车发动机的关键部件（定时链转动系统），销售本公司自产产品。				

企业名称	爱阔特（上海）清洗设备制造有限公司				
企业地址	上海市闵行区颛桥镇安乐工业小区内（201109）				
投资总额	20 万 USD	电话	64907352	传真	54468628
设立日期	2004-4-19	负责人	石井郁男		
主营业务	生产清洗设备及其零配件，销售自产产品并提供相关的售后服务。				

企业名称	上海中山医用器材有限公司				
企业地址	上海市松江区佘山镇天马平原路南侧（201600 ）				
投资总额	500 万 USD	电话	64039718	传真	64039718
设立日期	2004-4-16	负责人	王玉琦		
主营业务	生产各类医用器材、卫生用品，销售公司自产产品。				

企业名称	上海汉风汽车设计有限公司				
企业地址	上海市外高桥保税区华申路 229 号第一层 C 部位（200131）				
投资总额	200 万 USD	电话	51175919	传真	51175900
设立日期	2004-4-16	负责人	孙 栋		
主营业务	汽车设计、研发、汽车制造工艺和流程设计。				

企业名称	爱鸥自动化系统（上海）有限公司				
企业地址	上海市长宁区可乐路 50 号 9 号仓库（200052）				
投资总额	1000 万日元	电话	52197191	传真	52193977
设立日期	2004-4-13	负责人	多田洁		
主营业务	制造电子控制仪器、电子计算机的组件及零配件。				

企业名称	上海元豪表面处理有限公司				
企业地址	上海市松江出口加工区三庄路 18 弄 8 号第三层（201613）				
投资总额	210 万 USD	电话	57645108	传真	57645125
设立日期	2004-4-13	负责人	张琴珠		
主营业务	加工各类半导体、集成电路、元器件、金属及非金属的表面处理，销售自产产品。				

企业名称	喜利得（上海）有限公司				
企业地址	上海市莘庄工业区申南路 1528 号（201108）				
投资总额	750 万 USD	电话	54534510	传真	64851932
设立日期	2004-4-13	负责人	STEFAN P.A.NOKEN		
主营业务	研究、开发、生产钻孔机、凿破机、电动起子等。				

企业名称	上海百车司派安汽车服务有限公司				
企业地址	上海市闵行区七莘路 1078 号（201100）				
投资总额	450 万 USD	电话	54530711	传真	54530712
设立日期	2004-4-12	负责人	志野修市		
主营业务	汽车大修、总成修理、汽车维护、汽车小修及专项修理等。				

企业名称	阿德曼工具（上海）有限公司				
企业地址	上海市青浦工业园区外青松公路 5500 号 104 室（201707）				
投资总额	600 万 USD	电话		传真	
设立日期	2004-4-8	负责人	AZER BABAEV		
主营业务	生产、制造五金工具、园林工具、电动工具及附件。				

企业名称	福喜厨房设备（上海 ）有限公司				
企业地址	上海市嘉定工业区洪德路 1688 号（201821）				
投资总额	210 万 USD	电话	69169280	传真	69169281
设立日期	2004-4-8	负责人	熊谷俊范		
主营业务	厨房设备、食品加工设备的研究开发、设计、制造。				

企业名称	闵名精密机器（上海）有限公司				
企业地址	上海市青浦工业园区外青松公路 5399 号（201700）				
投资总额	300 万 USD	电话	28658996	传真	59855870
设立日期	2004-4-8	负责人	闵仁美		
主营业务	生产各类精密机器，销售公司自产产品。				

企业名称	上海壬锋医疗用品有限公司				
企业地址	上海市普陀区石泉六村 63 号 309 室 7 座（200331）				
投资总额	20 万 USD	电话	62501641	传真	52843264
设立日期	2004-4-8	负责人	LAWRENCE SAMMEROFF		
主营业务	生产加工卫生材料，销售自产产品（涉及许可经营的凭许可证经营）。				

企业名称	上海大纪新格工业炉有限公司				
企业地址	上海市宝山区富联三路 9 号（201907）				
投资总额	20 万 USD	电话	56041111	传真	56041115
设立日期	2004-4-7	负责人	大饲正幸		
主营业务	工业炉（非压力）的生产、设计及其相关服务，销售自产产品。				

企业名称	联鑫（上海）环保设备有限公司				
企业地址	上海市南汇区老港化工园区南港公路 1765 号（201103）				
投资总额	20 万 USD	电话	51097759	传真	51097759
设立日期	2004-4-6	负责人	富文杰		
主营业务	生产、组装垃圾处理设备、废弃物分类资源回收设备等环保设备。				

企业名称	上海日技工业设备有限公司				
企业地址	上海市浦东新区金桥出口加工区宁桥路 999 号 T15-1-3F（201206）				
投资总额	24 万 USD	电话	58340488	传真	58340488
设立日期	2004-4-5	负责人	仓科哲宽		
主营业务	设计、生产电子专用设备、测试仪器、工模具及软件的开发研制，销售自产产品。				

企业名称	科比传动技术（上海）有限公司				
企业地址	上海市松江工业区东部新区 （201600）				
投资总额	375 万 USD	电话	54503230	传真	54450412
设立日期	2004-4-2	负责人	WOLFGANG WIELE		
主营业务	开发、生产、安装数控系统、伺服装置，汽车制动器总成、驱动桥总成。				

企业名称	旭广企业发展（上海）有限公司				
企业地址	上海市青浦工业园区外青松公路 5500 号 104 室（201700）				
投资总额	600 万 USD	电话	52707600	传真	52705602
设立日期	2004-4-2	负责人	刘得胜		
主营业务	开发、生产数码音视频设备、电声器材、电子乐器。				

企业名称	金水（上海）水处理设备有限公司				
企业地址	上海市松江区松蒸路庄泾车站东侧（201604）				
投资总额	50 万 USD	电话	63410010	传真	
设立日期	2004-4-2	负责人	NG KOON YEE MICKEY		
主营业务	设计、制造水处理设备，销售公司自产产品。				

企业名称	英美科自动化设备（上海）有限公司				
企业地址	上海市松江工业区宝益路 28 号 8 号厂房（201600）				
投资总额	21 万 USD	电话	67600875	传真	
设立日期	2004-4-2	负责人	王鼎祥（ONG TENG SEONG）		
主营业务	生产、加工油墨、油漆及涂料用加工设备及其零部件。				

企业名称	上海博泰汽配有限公司				
企业地址	上海市嘉定工业区二期 17-1A 地块（201821）				
投资总额	500 万 USD	电话	52534887	传真	52398099
设立日期	2004-4-1	负责人	陈琪航		
主营业务	生产汽车电子设备系统，销售本公司自产产品。				

企业名称	亚萨合莱保安系统（上海）有限公司				
企业地址	上海市松江区九亭镇九亭经济开发区二期工业区 1 号厂房（201615）				
投资总额	14 万 USD	电话	64518490	传真	54482161
设立日期	2004-4-1	负责人	梁若泉		
主营业务	加工、生产自动门、电子门锁及门禁系统、保险箱。				

企业名称	上海晓神船舶工程技术有限公司				
企业地址	上海市奉贤区柘林镇北宅村（201400）				
投资总额	50 万 USD	电话	57493222	传真	57494092
设立日期	2004-3-31	负责人	马勇年		
主营业务	船舶设备、机械和配件设计、制造、维修及相关技术咨询服务。				

企业名称	菱重叉车（上海）有限公司				
企业地址	上海市外高桥保税区泰谷路 88 号 719 室（200131）				
投资总额	100 万 USD	电　话	63607105	传　真	63607107
设立日期	2004-3-24	负责人	坪井弘喜		
主营业务	以各种叉车、物流及搬运设备及其零配件为主的国际贸易。				

企业名称	上海文洋汽车服务有限公司				
企业地址	上海市闵行区莘庄工业区北庙泾港以东，元江路以北（201108）				
投资总额	350 万 USD	电　话	54468068	传　真	54468068
设立日期	2004-3-24	负责人	丁家义		
主营业务	生产汽车零部件以及汽车装潢及维修，销售自产产品。				

企业名称	上海绿力工具工业有限公司				
企业地址	上海市松江科技园区大港镇港业路 116 号（201614）				
投资总额	250 万 USD	电　话	57855166	传　真	57852705
设立日期	2004-3-19	负责人	蔡建芳		
主营业务	生产、开发高档五金件，销售公司自产产品。				

企业名称	科琪企业（上海）有限公司				
企业地址	上海市松江工业区东部新区内 （201600）				
投资总额	300 万 USD	电　话	59591224	传　真	69580109
设立日期	2004-3-18	负责人	林江涛		
主营业务	研发、生产、加工服饰机械及相关机械用零部件，服饰辅料。				

企业名称	弘中威汽车部件（上海）有限公司				
企业地址	上海市松江工业区车墩分区香闵路（201612）				
投资总额	600 万 USD	电　话	59557789	传　真	59556776
设立日期	2004-3-18	负责人	陈丽萍		
主营业务	生产制造汽车配件，销售公司自产产品。				

企业名称	上海欧仕格压缩机有限公司				
企业地址	上海市嘉定区南翔镇东工业园区纬五路 25 号（201802）				
投资总额	150 万 USD	电　话	69177197	传　真	69177182
设立日期	2004-3-18	负责人	李坚钢		
主营业务	生产流体机械及其配套件、五金工具，销售本公司自产产品。				

企业名称	上海西埃西汽车零件有限公司				
企业地址	上海市宝山区锦秋路 1505 弄桥岗路 8 号（200436）				
投资总额	14 万 USD	电　话	56551527	传　真	
设立日期	2004-3-17	负责人	蔡汀洲		
主营业务	生产汽车灯具及其模具，销售自产产品。				

企业名称	诚加净化设备技术（上海）有限公司				
企业地址	上海市松江科技园区港德西路 4 号标准厂房（201614）				
投资总额	20 万 USD	电　话	57855537	传　真	57855357
设立日期	2004-3-16	负责人	林渊博		
主营业务	生产制造水处理有机药剂、洁净室设备、环保设备，销售公司自产产品。				

企业名称	狮科净化设备（上海）有限公司				
企业地址	上海市闵行区金都路 4299 号 A 幢 1 楼 510 室（201108）				
投资总额	14 万 USD	电　话	64710643	传　真	64710643
设立日期	2004-3-16	负责人	许奕琛		
主营业务	生产净化设备，销售自产产品，并提供售后技术咨询服务。				

企业名称	柯沃泰膜结构（上海）有限公司				
企业地址	上海市松江区新桥镇华明路申海小区 B2 号标准厂房（201613）				
投资总额	500 万 USD	电　话	57687162	传　真	57687098
设立日期	2004-3-16	负责人	王辉华		
主营业务	生产、加工各类电气设备、开关、电线，销售公司自产产品。				

企业名称	上海赫瑞特吉游艇工业有限公司				
企业地址	上海市奉贤区海湾旅游区（201418）				
投资总额	210 万 USD	电　话	62787475	传　真	62783583
设立日期	2004-3-9	负责人	马正明		
主营业务	生产各类游艇及相关配件，销售公司自产产品。				

企业名称	联智工业（上海）有限公司				
企业地址	上海市嘉定工业区马陆园区双单路（201801）				
投资总额	500 万 USD	电　话	59104106	传　真	59104110
设立日期	2004-3-4	负责人	杨殿铧		
主营业务	设计、生产汽车、摩托车模具、夹具、其他精冲模、模具标准件。				

企业名称	柯沃泰膜结构（上海）有限公司				
企业地址	上海市松江区新桥镇华明路申海小区 B2 号标准厂房（201612）				
投资总额	30 万欧元	电　话	57687162	传　真	57687098
设立日期	2004-3-4	负责人	HUBERT REITER		
主营业务	生产、加工新型建筑材料，销售公司自产产品。				

企业名称	伊顿盛士达汽车流体连接器（上海）有限公司				
企业地址	上海市外高桥保税区爱都路 388 号 FM12-4 通用厂房西部位（200131）				
投资总额	680 万 USD	电　话	50460606	传　真	50463596
设立日期	2004-3-2	负责人	辛长宝		
主营业务	设计、生产汽车空调管软管及硬管总成和汽车动力转向管软管。				

企业名称	上海特毅企业有限公司				
企业地址	上海市闵行区莘庄镇中春路 4747 号（201100）				
投资总额	1000 万 USD	电　话	57361417	传　真	57361415
设立日期	2004-3-2	负责人	潘亚平		
主营业务	生产小型通用发动机、小型汽（柴）油发电机、压力清洗设备。				

企业名称	雅奇（上海）航空材料有限公司				
企业地址	上海市闵行区莲花南路 2129 弄 118 号 1 号厂房（201108）				
投资总额	30 万 USD	电　话	54405681	传　真	54405682
设立日期	2004-3-2	负责人	PAUL MARKS		
主营业务	研究、开发、加工高性能涂料（飞机专用）、特种材料。				

企业名称	上海海德隆流体设备制造有限公司				
企业地址	上海市奉贤区南桥镇张翁庙村十组（201401）				
投资总额	80 万 USD	电　话	57431613	传　真	57431613
设立日期	2004-3-2	负责人	胡莉苹		
主营业务	生产泵、阀、给排水成套设备、电机、电气成套设备。				

企业名称	约柏滤材工业（上海）有限公司				
企业地址	上海市青浦区赵屯镇大盈工业区（201700 ）				
投资总额	200 万 USD	电　话	59221666	传　真	59220808
设立日期	2004-3-1	负责人	陈松田		
主营业务	生产加工汽车专用高强度紧固件及配件，销售公司自产产品。				

企业名称	神钢压缩机制造（上海）有限公司				
企业地址	上海市嘉定工业区二期 14—2A 地块（201821）				
投资总额	500 万 USD	电　话	69169651	传　真	69169373
设立日期	2004-2-26	负责人	毛利修三		
主营业务	研发、制造压缩机及相关产品和零部件，销售本公司自产产品。				

企业名称	瑞诺德动力传动（上海）有限公司				
企业地址	上海市外高桥保税区希雅路 69 号 15 号楼第四层 A 部位（200131）				
投资总额	20 万 USD	电　话	50462696	传　真	50462695
设立日期	2004-2-25	负责人	DEREK ANTHONY BROWN		
主营业务	以动力传动产品、汽车零部件及其机床工具产品为主的保税区内仓储。				

企业名称	上海为彪汽配制造有限公司				
企业地址	上海市南汇区祝桥空港工业区 M-4 地块（201323）				
投资总额	165 万 USD	电　话	58592876	传　真	58592533
设立日期	2004-2-24	负责人	尤山泉		
主营业务	生产汽车底盘及相关配件，销售公司自产产品。				

企业名称	上海普济医疗器械制造有限公司				
企业地址	上海市青浦工业园区外青松公路 5500 号 104 室（201700）				
投资总额	210 万 USD	电　话	63573753	传　真	63070574
设立日期	2004-2-23	负责人	陈连忠		
主营业务	开发、生产各类医疗器械，销售公司自产产品，并提供产品技术支持。				

企业名称	罗克韦尔自动化制造（上海）有限公司				
企业地址	上海市浦东华东路 5001 号金桥出口加工区（南区）3 号地块（201209）				
投资总额	400 万 USD	电　话	58589668	传　真	58589660
设立日期	2004-2-23	负责人	LARRY R. FAIST		
主营业务	研究、发展、设计、装配、生产工业自动化产品、系统、辅助设备。				

企业名称	上海奥瑟瑞鑫医疗器械有限公司				
企业地址	上海市浙江中路 400 号 2101 室（200003）				
投资总额	20 万 USD	电　话	58820421	传　真	58877973
设立日期	2004-2-18	负责人	丁伟中		
主营业务	研究、开发、设计、检测和试制康复医疗器械和骨科专用器材。				

企业名称	上海埃波托斯消防装备有限公司					
企业地址	上海市宝山区工业园区沪太路 8889 号（201901）					
投资总额	20 万 USD	电　话	55490988	传　真	55490989	
设立日期	2004-2-17	负 责 人	郑和通			
主营业务	生产自动灭火装置，销售自产产品（涉及许可经营的，凭许可证经营）。					

企业名称	上海贝洱热系统有限公司					
企业地址	上海市浦东新区新金桥路 28 号新金桥大厦 3805 室（200441）					
投资总额	1500 万 USD	电　话	56440555	传　真	56441329	
设立日期	2004-2-12	负 责 人	赵凤高			
主营业务	开发、生产汽车电子设备系统（汽车湿度控制系统）及相关零部件。					

企业名称	上海昆斯贝保鲜设备有限公司					
企业地址	上海市青浦工业园区天盈路 502 号（201700）					
投资总额	175 万 USD	电　话	59227007	传　真	59227006	
设立日期	2004-2-12	负 责 人	MICHAEL DROBOT			
主营业务	农副产品储藏保鲜设备设计、制造，销售公司自产产品。					

企业名称	上海英诺德汽配有限公司					
企业地址	上海市外高桥保税区芬菊路 308 号 11 号厂房底层西部位（200131）					
投资总额	20 万 USD	电　话	58681770	传　真	58681819	
设立日期	2004-2-11	负 责 人	PHILIP ANDREW SOTOK			
主营业务	生产汽车内饰及照明系统配件、车用遮光板零部件。					

企业名称	福克动力传动（上海）有限公司					
企业地址	上海市闵行区梅陇外镇向阳路 558 号（201108）					
投资总额	310 万 USD	电　话	64977890	传　真	64933608	
设立日期	2004-2-10	负 责 人	董大卫			
主营业务	设计和生产齿轮减速机、联轴器、齿轮、逆止器和其他动力传动设备。					

企业名称	伊贝纳贝克曼汽车内饰品（上海）有限公司					
企业地址	上海市金山区张堰镇金张公路 258 号（201514）					
投资总额	55 万 USD	电　话	57214170	传　真	57213924	
设立日期	2004-2-6	负 责 人	拉尔夫・贝克曼			
主营业务	生产汽车内饰布，工程用特种防火纺织品和工业用布及其制品。					

企业名称	富景发动机配件（上海）有限公司					
企业地址	上海市嘉定区南翔镇浏翔路 778 号（201802）					
投资总额	101 万 USD	电　话	59175511	传　真	59175533	
设立日期	2004-2-5	负 责 人	黄荣发			
主营业务	汽车、摩托车用铸锻毛坯件制造，销售本公司自产产品。					

企业名称	铭板打印装置设备（上海）有限公司					
企业地址	上海市嘉定区马陆镇希望城五路西侧（201801）					
投资总额	210 万 USD	电　话	59151616	传　真	59152338	
设立日期	2004-2-5	负 责 人	吴淑敏			
主营业务	生产新型打印装置，销售本公司自产产品。					

企业名称	上海瀚氏汽车模具检具有限公司					
企业地址	上海市闵行区莘庄镇友东路 365 号（201100）					
投资总额	50 万 USD	电　话	54955009	传　真	54951545	
设立日期	2004-2-5	负 责 人	张荣福			
主营业务	设计、制作汽车、摩托车模具、夹具、精冲模、精密型腔模、模具标准件。					

企业名称	上海宝瑞货车配件有限公司					
企业地址	上海市浦东新区川图路 399 号 18A 号厂房 A6 室（201202）					
投资总额	25 万 USD	电　话	59102825	传　真	59103325	
设立日期	2004-2-5	负 责 人	B.DUMAS			
主营业务	生产汽车货车五金及橡塑配件、厢板、厢体总成，销售自产产品。					

企业名称	沃驰汽车部件（上海）有限公司					
企业地址	上海市嘉定工业区三期 2-2 号地块（201821）					
投资总额	450 万 USD	电　话		传　真		
设立日期	2004-2-2	负 责 人	吴海林			
主营业务	制造、加工特种车辆部件，销售本公司自产产品。					

企业名称	上海肯呐特控制设备有限公司					
企业地址	上海市闵行区沈杜路 4209 号 1 号厂房（201112）					
投资总额	15 万 USD	电　话	54312366	传　真	54312399	
设立日期	2004-2-2	负 责 人	胡进平			
主营业务	设计、生产、组装、测试自动化电子管的旋转控制系统。					

企业名称	臼井汽车零部件（上海）有限公司					
企业地址	上海市松江工业区荣乐东路 579 号 8 号标准厂房（201613）					
投资总额	110 万 USD	电　话	67741851	传　真	67741969	
设立日期	2004-1-29	负 责 人	渡边利一			
主营业务	开发、设计、生产汽车零部件、发动机零部件，各种金属管。					

企业名称	上海史道勒博比设备工程有限公司					
企业地址	上海市东安路 8 号 826 室（200032）					
投资总额	21 万 USD	电　话	64439611	传　真	64430902	
设立日期	2004-1-21	负 责 人	袁文达			
主营业务	设计、生产表面处理设备、电镀设备、环保设备，销售公司自产产品。					

企业名称	上海恩翼帕瓦长城开关有限公司					
企业地址	上海市嘉定工业区二期 14-1 号北地块（201800）					
投资总额	450 万 USD	电　话	69169911	传　真	69169922	
设立日期	2004-1-20	负 责 人	吉川隆司			
主营业务	生产、加工、开发电气开关设备、输变电设备产品、零配件。					

企业名称	上海迅龙环境技术有限公司					
企业地址	上海市张江高科技园区郭守敬路 351 号 1 号楼 621 室（200131）					
投资总额	14 万欧元	电　话	64288707	传　真	34240355	
设立日期	2004-1-19	负 责 人	DR.TECHN.GUAN LIANG（管梁）			
主营业务	环境及水资源保护和水处理设备及器材的研发、设计、制造。					

企业名称	恩比贝克汽车零部件（上海）有限公司					
企业地址	上海市浦东康桥工业区康意路 188 号 A 座 4 楼（201323 ）					
投资总额	210 万 USD	电　话	58106666	传　真	58107528	
设立日期	2004-1-18	负 责 人	LASSO DE LA VEGA BORJA JOAQUIN			
主营业务	研发、生产汽车用精密轴承及各种主机专用轴承。					

企业名称	兰沃普压缩机（上海）有限公司					
企业地址	上海市青浦区徐泾镇上海西郊经济技术开发区华徐路 105 号（201702）					
投资总额	1200 万 USD	电　话	56023377	传　真	56025583	
设立日期	2004-1-16	负 责 人	池政敏			
主营业务	生产、加工空压机及配套产品，销售自产产品。					

企业名称	爱尔康医疗产品（上海）有限公司					
企业地址	上海市外高桥保税区美盛路 56 号 04 号楼 109 部位（200131）					
投资总额	20 万 USD	电　话	58682933	传　真	58680015	
设立日期	2004-1-14	负 责 人	TIMOTHY ROBERT GILES SEAR			
主营业务	保税区内眼科手术设备、眼科诊断设备、眼科手术中使用的其他医疗设施。					

企业名称	上海阿波罗乾通航空材料有限公司					
企业地址	上海市共和新路 3200 号（200072）					
投资总额	200 万 USD	电　话	56655959	传　真		
设立日期	2004-11-4	负 责 人	谈济钦			
主营业务	生产加工民用航空零部件，销售自产产品。					

企业名称	上海菱重增压器有限公司					
企业地址	上海市青浦工业园区高新技术成果转化基地 A34 号厂房（201700）					
投资总额	850 万 USD	电　话	69210030	传　真	69210825	
设立日期	2004-1-14	负 责 人	俞银贵			
主营业务	设计和制造柴油机涡轮器及其配套的相关零部件，销售公司自产产品。					

企业名称	上海爱仕达汽车零部件有限公司					
企业地址	上海市青浦工业园区外青松公路 4508 号（201700）					
投资总额	1500 万 USD	电　话	59223842	传　真	59223891	
设立日期	2004-1-13	负 责 人	陈合林			
主营业务	汽车用铸锻毛坯件（主要包括气缸、缸盖）制造，销售公司自产产品。					

企业名称	上海麒翔汽车内饰设计有限公司					
企业地址	上海市松江区永丰街道八秀路 18 号 8 号厂房（201600）					
投资总额	21 万 USD	电　话	51168430	传　真	67728705	
设立日期	2004-1-13	负 责 人	简连锋			
主营业务	生产工业用特种纺织品、汽车内装饰绒布、面料及泡棉贴合加工。					

企业名称	阿尔卡特高真空技术（上海）有限公司					
企业地址	上海市张江高科技园区祖冲之路 887 弄 82 号底楼（201203）					
投资总额	100 万 USD	电　话	50270628	传　真	38953815	
设立日期	2004-1-9	负 责 人	BERNARD.A.0RTONNE			
主营业务	精密仪器设备的维修（涉及许可经营的凭许可证经营）。					

企业名称	上海埃梯梯恒通先进水处理有限公司				
企业地址	上海市普陀区同普路 1130 弄 8 号（200333）				
投资总额	280 万 USD	电　话	52704405	传　真	52708800
设立日期	2004-1-8	负 责 人	MARK STEELE		
主营业务	研究、开发、生产净水和污水处理系统设备及其零部件。				

企业名称	上海恩德斯豪斯自动化设备有限公司				
企业地址	上海市闵行区剑川路 468 号（201109）				
投资总额	100 万 USD	电　话	54902300	传　真	54902302
设立日期	2004-1-8	负 责 人	KLAUS ENDRESS		
主营业务	开发、生产工具自动化设备及相关的软件。				

企业名称	史必驰自动控制系统（上海）有限公司				
企业地址	上海市闵行区澄建路 351 号 A 区（201108）				
投资总额	20 万 USD	电　话	64345701	传　真	64345703
设立日期	2004-1-7	负 责 人	PETER SPITZER		
主营业务	开发、设计、生产线自动控制系统及其部件。				

企业名称	阿贾克斯托科（上海）感应设备有限公司				
企业地址	上海市南汇工业园区园中路 20 号地块内（201300）				
投资总额	50 万 USD	电　话	68009540	传　真	68009542
设立日期	2004-1-7	负 责 人	RONALD J．COZEAN		
主营业务	生产、制造感应熔炼和加热设备、辅助设备及其零部件，销售公司自产产品。				

企业名称	贝洱汽车零部件（上海）有限公司				
企业地址	上海市外高桥保税区富特西一路 155 号 B 楼第六层 C 部位（200233）				
投资总额	50 万 USD	电　话	64013660	传　真	64065101
设立日期	2004-1-6	负 责 人	MICHAEL LOESCH		
主营业务	保税区内以汽车零部件为主的仓储、分拨业务及相关产品的技术咨询。				

企业名称	巴马（上海）空压机有限公司				
企业地址	上海市南汇区航头镇沪南公路 5842 号—15 号大麦湾工业园区(201316)				
投资总额	90 万欧元	电　话	68220961	传　真	
设立日期	2004-1-5	负 责 人	巴尔马·罗伯托（BALMA ROBERTO）		
主营业务	生产空气压缩机及零部件，气动和电动工具，销售公司自产产品。				

企业名称	上海松芝重工船舶系统有限公司				
企业地址	上海市老沪闵路 1100 号（200232）				
投资总额	2990 万 USD	电　话	54428688	传　真	54421274
设立日期	2004-1-5	负 责 人	陈焕添		
主营业务	港口新型机械设备设计制造、游艇制造，销售自产产品。				

企业名称	罗宾斯（上海）地下工程设备有限公司				
企业地址	上海市闵行区碧溪路 298 号（200240）				
投资总额	75 万 USD	电　话	34023238	传　真	54723970
设立日期	2004-1-5	负 责 人	LOK W.HOME		
主营业务	设计、生产隧道（矿山）掘进机械设备及其配套系统部件、配件。				

企业名称	上海和洽好展示设备有限公司				
企业地址	上海永冠经济开发区（上海市崇明县向化镇永春村）（202161）				
投资总额	20 万 USD	电　话	63546998	传　真	63546996
设立日期	2003-12-31	负 责 人	顾永泉		
主营业务	生产加工展示与陈列设备，金属制品，塑料制品及相配套的相关产品。				

企业名称	邦飞利传动设备（上海）有限公司				
企业地址	上海市青浦工业园区西部创业园 C1 区 8 号厂房（201700）				
投资总额	50 万 USD	电　话	69225500	传　真	69225511
设立日期	2003-12-29	负 责 人	CLEMENTINO BONFIGLIO		
主营业务	生产、组装减速机、齿轮电机、电子调速机和机械调速机。				

企业名称	菲特尔莫古（上海）汽车零部件有限公司				
企业地址	上海市曲阳路 800 号 2 楼（200437）				
投资总额	48 万 USD	电　话	55880898	传　真	55882232
设立日期	2003-12-26	负 责 人	朱庆平		
主营业务	保税区内以汽车零部件为主的仓储、分拨业务及其相关产品的技术服务。				

企业名称	上海富士达电梯研发有限公司				
企业地址	上海市松江工业区东部新区内（新飞路以东、书敏路以南地块）(201600)				
投资总额	400 万 USD	电　话	54301618	传　真	54301628
设立日期	2003-12-25	负 责 人	内山高一		
主营业务	电梯、自动扶梯、自动人行道以及立体停车设备技术和产品。				

企业名称	上海优奈米锡球科技有限公司				
企业地址	上海市闵行区春申路 2328 弄（201108）				
投资总额	400 万 USD	电　话	54995005	传　真	54382693
设立日期	2003-12-24	负 责 人	王　旭		
主营业务	生产 BGA 封装锡球，销售自产产品（涉及许可经营的凭许可证经营）。				

企业名称	丰田汽车技术研发（上海）有限公司				
企业地址	上海市嘉定区黄渡镇国际汽车城黄渡工业区嘉松路东侧（201804）				
投资总额	720 万 USD	电　话	69592200	传　真	69592211
设立日期	2003-12-24	负 责 人	砂川博明		
主营业务	汽车的新技术、新结构及新装置以及新型车的研究开发。				

企业名称	上海闵升医疗科技有限公司				
企业地址	上海市闵行区春申路 2328 弄（201100）				
投资总额	230 万 USD	电　话	51117616	传　真	51117617
设立日期	2003-12-24	负 责 人	钱本文		
主营业务	生产医疗生肢产品、人工关节、骨科植入物、手术器械、销售自产产品。				

企业名称	上海宝华威热处理设备有限公司				
企业地址	上海市奉贤区柘林镇（201416）				
投资总额	52 万 USD	电　话	57491513	传　真	57493702
设立日期	2003-12-19	负 责 人	杨景峰		
主营业务	热处理设备及相关设备的制造和维修服务，销售公司自产产品。				

企业名称	鹏恩达自动化工程（上海）有限公司				
企业地址	上海市嘉定区南翔镇浏翔公路 678 号（201802）				
投资总额	15 万 USD	电　话	69175090	传　真	69177601
设立日期	2003-12-19	负 责 人	CHUAH CHOON BIN		
主营业务	设计、生产汽车、摩托车夹具，自动化装配流水线，销售自产产品。				

企业名称	上海海通国际汽车码头有限公司				
企业地址	上海市浦东新区洲海路 3988 号（200137）				
投资总额	800 万 USD	电　话	58482547	传　真	58482649
设立日期	2003-12-18	负 责 人	黄　新		
主营业务	码头装卸（含汽车流装）和仓储（涉及许可经营的，凭许可证经营）。				

企业名称	力必浩（上海）油脂设备有限公司				
企业地址	上海市外高桥保税区美盛路 56 号 4 号楼 209 室(200131)				
投资总额	20 万 USD	电　话	58859191	传　真	58857676
设立日期	2003-12-15	负 责 人	WONG YEW CHOO		
主营业务	国际贸易、转口贸易、保税区企业间的贸易及贸易代理。				

企业名称	上海松芝汽车空调有限公司				
企业地址	上海市闵行区莘庄工业区春光路 588 号				
投资总额	140 万 USD	电　话	54424019	传　真	54423041
设立日期	2003-12-11	负 责 人	张少芬		
主营业务	生产大巴、中巴、微型汽车空调器及相关配件，销售自产产品。				

企业名称	粟村真空工程（上海）有限公司				
企业地址	上海市金山区金山嘴工业区卫清东路 2000 号（201508）				
投资总额	60 万 USD	电　话	57242030	传　真	57245545
设立日期	2003-12-11	负 责 人	刘湘生		
主营业务	生产真空系统，压缩系统及其机电成套设备和辅助设备。				

企业名称	日立海立汽车部件（上海）有限公司				
企业地址	上海市青浦出口加工区（201700）				
投资总额	1050 万 USD	电　话	59705503	传　真	59705523
设立日期	2003-12-5	负 责 人	石川芳寿		
主营业务	汽车起动机及其部件、汽车发电机及其部件。				

企业名称	海拉汽车电子研发（上海）有限公司				
企业地址	上海市浦东新区王桥开发区建业路 411 号（201201）				
投资总额	210 万 USD	电　话	58382163	传　真	58382173
设立日期	2003-12-3	负 责 人	HANS THEODOR DORIBEN		
主营业务	汽车电子产品的研发、设计和测试。				

企业名称	双龙汽车（上海）有限公司				
企业地址	上海市外高桥保税区冰克路 500 号 1209 室（200131）				
投资总额	20 万 USD	电　话	64403451	传　真	64403453
设立日期	2003-12-2	负 责 人	HYUNG KI CHOI		
主营业务	国际贸易、转口贸易、保税区企业间的贸易代理。				

制造业-专用设备和交通运输设备制造业

企业名称	上海铨赢汽车仪器制造有限公司				
企业地址	上海市闵行区北翟路 3889 号（201106）				
投资总额	30 万 USD	电话	62201010	传真	52210007
设立日期	2003-11-28	负责人	卢慧祯		
主营业务	生产汽车检测维修仪器及汽车养护用品，销售自产产品。				

企业名称	上海华普国润汽车有限公司				
企业地址	上海市金山区枫泾镇工业园区（201500）				
投资总额	5169 万 USD	电话	67356000	传真	67355535
设立日期	2003-11-24	负责人	徐刚		
主营业务	研制、开发、生产轿车关键零部件，销售自产产品。				

企业名称	博格（上海）压缩机有限公司				
企业地址	上海市松江区新桥镇华民路东侧 2 区 A 号厂房（201612）				
投资总额	40 万 USD	电话	57681790	传真	57681789
设立日期	2003-11-24	负责人	WOLF DIETRICH MEIER		
主营业务	设计、生产空气压缩及其相关配套设备和零部件，销售公司自产产品。				

企业名称	爱立发自动化设备（上海）有限公司				
企业地址	上海市桂平路 680 号 33 号厂房 4 楼 405B 室（200233）				
投资总额	16 万 USD	电话	64956756	传真	64956755
设立日期	2003-11-24	负责人	山崎晃		
主营业务	设计、制造精密半导体机器，销售自产产品，提供相关技术咨询服务。				

企业名称	上海艾美克斯酒店设备用品有限公司				
企业地址	上海市嘉定区福海路 1055 号（201821）				
投资总额	10.1 万 USD	电话	63746666	传真	63748420
设立日期	2003-11-20	负责人	顾用佶		
主营业务	开发管理软件，生产酒店客房用控制器、小型电子冰箱、烘干机。				

企业名称	上海努浩船舶设备有限公司				
企业地址	上海市外高桥保税区富特东一路 418 号四楼三部位（200131）				
投资总额	20 万 USD	电话	64439428	传真	64166108
设立日期	2003-11-17	负责人	HOLGER ELIES		
主营业务	保税区内以船舶设备为主的仓储、分拨业务及相关产品的售后服务。				

企业名称	上海韩昌船舶设备有限公司				
企业地址	上海市奉贤区钱桥镇（201407）				
投资总额	30 万 USD	电话	57590081	传真	57590083
设立日期	2003-11-12	负责人	DONG SUB OH		
主营业务	生产船用加热盘管、燃油单元、应急拖带装置、舾装件。				

企业名称	上海李尔实业交通汽车部件有限公司				
企业地址	上海市嘉定区安亭镇国际汽车城零部件配套工业园区 15A（201805 ）				
投资总额	800 万 USD	电话	59768680	传真	69760004
设立日期	2003-11-5	负责人	刘 坚		
主营业务	研究、开发、设计、制造汽车电子控制系统总成及其零部件。				

企业名称	上海永远幸医疗科技有限公司				
企业地址	上海市江场西路 395 号 3 楼 G 座（200436）				
投资总额	16 万 USD	电话	53069551	传真	
设立日期	2003-11-5	负责人	范 煜		
主营业务	医疗设备、仪器及科研用试剂的研制、开发、生产。				

企业名称	萨澳丹佛斯（上海）有限公司				
企业地址	上海市浦东新区金桥出口加工区榕桥路 626 号 A 区（201200）				
投资总额	500 万 USD	电话	58345876	传真	58345748
设立日期	2003-10-30	负责人	TERRY LARSON		
主营业务	设计、生产比例、伺服液压技术设备及其零部件，销售自产产品。				

企业名称	上海纽爱奇风力发电设备有限公司				
企业地址	上海市南汇区新港镇新府东路 121 号（201304）				
投资总额	7 万 USD	电话	52782428	传真	52782428
设立日期	2003-10-30	负责人	应黎华		
主营业务	设计、生产风力发电设备、太阳能发电设备，销售公司自产产品。				

企业名称	金井特线工业（上海）有限公司				
企业地址	上海市金山区金山嘴工业区（201508）				
投资总额	750 万 USD	电话	67277070	传真	67277077
设立日期	2003-10-23	负责人	金井宏实		
主营业务	生产新型合金材料的钢帘线以及针布等纤维机械产品。				

企业名称	上海强邦印刷器材有限公司				
企业地址	上海市嘉定工业区北区 28 号地块（201821）				
投资总额	500 万 USD	电话	59547767	传真	59547788
设立日期	2003-10-20	负责人	郭良春		
主营业务	生产印刷器材、印刷设备，销售本公司自产产品。				

企业名称	上海伟斯立制冷通风设备有限公司				
企业地址	上海市嘉定区南翔镇西工业开发区 14 号地块（201802）				
投资总额	51 万 USD	电话	69176465	传真	69179317
设立日期	2003-10-17	负责人	叶晋嘉		
主营业务	设计、生产空调通风设备及其配件，销售本公司自产产品。				

企业名称	上海义福汽车配件有限公司				
企业地址	上海市闵行区莘庄工业区申富路 HI 地块（201108）				
投资总额	500 万 USD	电话	54424019	传真	54423041
设立日期	2003-10-17	负责人	张少芬		
主营业务	生产线束总成、传动轴总成、转向节、制动鼓、前轴、差速器壳等。				

企业名称	上海宁宁特种装备有限公司				
企业地址	上海市闵行区宜山路 1618 号 677 室（201106）				
投资总额	51 万 USD	电话	64066406	传真	64061052
设立日期	2003-10-16	负责人	王晓峰		
主营业务	生产防弹、防刺、防火、防毒、人体防卫装备及消防器械。				

企业名称	上海团结普瑞玛激光设备有限公司				
企业地址	上海市杨浦区临青路 66 号 309-L 室（200090）				
投资总额	192 万 USD	电话	64093793	传真	64093347
设立日期	2003-10-16	负责人	陈海兵		
主营业务	生产加工数控激光切割、激光打孔、焊接成套设备、销售自产产品。				

企业名称	上海理光数码设备有限公司				
企业地址	上海市浦东新区金桥出口加工区金港路 887 号（201203）				
投资总额	800 万 USD	电话	58549000	传真	58548999
设立日期	2003-10-13	负责人	原和幸		
主营业务	新型打印装置、数码办公设备及相关零部件、消耗品的生产、加工。				

企业名称	优迈达工业设备（上海）有限公司				
企业地址	上海市闵行区普乐路 185 号（201103）				
投资总额	100.1 万 USD	电话	54300335	传真	54300335
设立日期	2003-10-8	负责人	ABDVL HALIM BIN HARV		
主营业务	生产产业车辆零配件、清扫车零配件、环卫车辆零配件、汽车零配件。				

企业名称	特电汽车电子（上海）有限公司				
企业地址	上海市嘉定工业区一期 31-3 号地块（201821）				
投资总额	346.28 万 USD	电话	69529363	传真	69520980
设立日期	2003-10-8	负责人	小野田信彦		
主营业务	开发、生产汽车电子设备系统产品，销售本公司自产产品。				

企业名称	艾格赛尔喷涂设备（上海）有限公司				
企业地址	上海市闵行区莲花南路 755 号 4 号厂房（201102）				
投资总额	14 万 USD	电话	54386060	传真	54386090
设立日期	2003-10-8	负责人	PHILIPPE PROVEWAZ		
主营业务	研究、开发、生产喷涂设备、颗粒回收设备及相关产品。				

企业名称	上海旭邦汽车配件有限公司				
企业地址	上海市青浦区白鹤镇开发区 D 区（201709）				
投资总额	20 万 USD	电话	59745058	传真	59745060
设立日期	2003-10-8	负责人	张树榜		
主营业务	生产、加工汽车配件（灯具、连接线、音响器材等），销售自产产品。				

企业名称	伽俐莱尔计量仪器（上海）有限公司				
企业地址	上海市松江工业区车墩分区香亭路（201611）				
投资总额	50 万 USD	电话	62801151	传真	62832765
设立日期	2003-9-25	负责人	TUROTTI ANDREA		
主营业务	精密在线测量仪器的开发与制造，销售公司自产产品。				

企业名称	上海邹氏企业有限公司				
企业地址	上海市松江工业区沈砖公路 5555 号（201601）				
投资总额	500 万 USD	电话	57670564	传真	57670718
设立日期	2003-9-25	负责人	邹锦章（执行董事）		
主营业务	生产小五金、电子产品、电动玩具，销售公司自产产品。				

企业名称	洛森通风设备（上海）有限公司					
企业地址	上海市松江工业区宝益路 28 号（201600）					
投资总额	70 万 USD	电　话	67741436	传　真	67741435	
设立日期	2003-9-25	负责人	KARL ROSENBERG			
主营业务	研究、设计、开发、生产公路隧道营运监控、通风、防灾和救助系统设备。					

企业名称	威士精密工具（上海）有限公司					
企业地址	上海市松江区九亭镇久富经济开发区连富路 828 号（201615）					
投资总额	23.25 万 USD	电　话	67632300	传　真	57639961	
设立日期	2003-9-25	负责人	郑章庆			
主营业务	生产各类建筑五金及贵金属刃具、机械工夹具、自动机械工具。					

企业名称	优利多船舶制品（上海）有限公司					
企业地址	上海市南汇工业园区园中路 18 号地块（201300）					
投资总额	30 万 USD	电　话	65951155	传　真	65956110	
设立日期	2003-9-24	负责人	TOR OISETH			
主营业务	生产船舶用绝缘、保温材料及成型件，销售公司自产产品。					

企业名称	上海小松自动化设备有限公司					
企业地址	上海市浦东新区龙东大道 6111 号　（201201）					
投资总额	56 万 USD	电　话	38953608	传　真	38953660	
设立日期	2003-9-24	负责人	邱广伟			
主营业务	机械自动化设备和配件的研发、设计、制造。					

企业名称	天合汽车零部件（上海）有限公司					
企业地址	上海市嘉定区安亭镇米泉南路 655 号（201805）					
投资总额	1110 万 USD	电　话	39575012	传　真	59571711	
设立日期	2003-9-23	负责人	JOHN JONES			
主营业务	生产、组装汽车底盘电子动力转向系统、汽车制动器。					

企业名称	丹纳车钩系统技术（上海）有限公司					
企业地址	上海市莘庄工业区华宁路 4018 弄 58 号（201108）					
投资总额	40 万 USD	电　话	64422182	传　真	64422189	
设立日期	2003-9-23	负责人	CLAS REUE NICOLIN			
主营业务	生产、加工、组装车钩系统产品，销售自产产品。					

企业名称	上海百伊锦实业有限公司					
企业地址	上海市松江区车墩镇朝阳路 1 号（201611）					
投资总额	300 万 USD	电　话	57774632	传　真	57775976	
设立日期	2003-9-17	负责人	戴建坤			
主营业务	产畜牧、饲料机械及相关钢结构件、粮食机械。					

企业名称	上海海嘉车辆配件有限公司					
企业地址	上海市嘉定区嘉定镇环城北路仓桥西堍（201800）					
投资总额	140 万 USD	电　话	39986193	传　真	59925602	
设立日期	2003-9-16	负责人	吴滨华			
主营业务	生产汽车、摩托车用铸造毛坯件，销售自产产品。					

企业名称	高田（上海）汽配制造有限公司					
企业地址	上海市青浦工业园区外青松路 5500 号 104 室（201700）					
投资总额	2200 万 USD	电　话	69212880	传　真	69212886	
设立日期	2003-9-12	负责人	严义明			
主营业务	开发、设计、生产汽车安全气囊及其零配件、汽车用铸锻毛坯件。					

企业名称	爱克赛路科技（上海）有限公司					
企业地址	上海市闵行区曹建路 151 号　（201108）					
投资总额	300 万 USD	电　话	64345858	传　真	34045433	
设立日期	2003-9-11	负责人	行冈靖典（Y.YUKIOKA）			
主营业务	研究、开发、设计和生产汽车制动器总成、汽车减震器。					

企业名称	龙工（上海）桥箱有限公司					
企业地址	上海市松江区新桥镇民益路 26 号（201612）					
投资总额	140 万 USD	电　话	57686706	传　真	57686706	
设立日期	2003-9-5	负责人	倪银英			
主营业务	比例伺服液压技术的研发、低功率气动控制阀的生产。					

企业名称	建和自行车（上海）有限公司					
企业地址	上海市嘉定区嘉唐公路 1046 号（201807）					
投资总额	35 万 USD	电　话	39959052	传　真	59546360	
设立日期	2003-9-3	负责人	袁作容			
主营业务	生产自行车、电动车、娱乐车及其零配件。					

企业名称	上海普胜钠工具贸易有限公司					
企业地址	上海市外高桥保税区希雅路 69 号 15#楼第五层 D 部位（200131）					
投资总额	20 万 USD	电　话	50462350	传　真	50462149	
设立日期	2003-9-1	负责人	林炯钦			
主营业务	保税区内以汽车维修工具产品为主的仓储、分拨业务及产品的技术服务。					

企业名称	广鸿材料应用（上海）有限公司					
企业地址	上海市漕河泾新兴技术开发区钦州北路 1066 号 73 号楼 6 楼（200233）					
投资总额	20 万 USD	电　话	54261388	传　真	54261395	
设立日期	2003-8-29	负责人	杨杰民			
主营业务	研究、开发、设计新型材料的应用技术、红外线定位技术。					

企业名称	上海巨鲸康复器材有限公司					
企业地址	上海市闵行区七宝镇中春路 6818 弄 8 号（201101）					
投资总额	51 万 USD	电　话	64780398	传　真	64193602	
设立日期	2003-8-28	负责人	伍志伟			
主营业务	生产康复器材及其五金配件，销售自产产品。					

企业名称	上海芙儿优日用制品有限公司					
企业地址	上海市南汇工业园区 2 号地块（201300）					
投资总额	300 万 USD	电　话	53560300	传　真	53084002	
设立日期	2003-8-27	负责人	徐坚宁			
主营业务	开发、加工母婴系列用品、宠物用品及其配件。					

企业名称	派克欧哈尔实业（上海）有限公司					
企业地址	上海市南汇工业园区园中路 20 号地块内（201300）					
投资总额	501 万 USD	电　话	38000400	传　真	68009042	
设立日期	2003-8-27	负责人	周振雄			
主营业务	生产汽车关键零部件、汽车、摩托车用铸锻毛坯件制造。					

企业名称	热电（上海）仪器有限公司					
企业地址	上海市浦东新区金桥出口加工区秦桥路 211 号 T71－6 幢　（201206）					
投资总额	100 万 USD	电　话	50504588	传　真	50504589	
设立日期	2003-8-22	负责人	JOSOPH S. WEBB			
主营业务	生产分析仪器、测量和控制仪器、光学仪器及实验用仪器。					

企业名称	福基汽车装饰材料（上海）有限公司					
企业地址	上海市闵行区宜山路 1618 号 659 室（201106）					
投资总额	100 万 USD	电　话	52272469	传　真	52272467	
设立日期	2003-8-21	负责人	陈明聪			
主营业务	生产、加工各类汽车、火车的装饰材料，销售自产产品。					

企业名称	上海百安士汽车配件有限公司					
企业地址	上海市青浦区青浦工业园区赵屯工业园（201712）					
投资总额	1200 万 USD	电　话	63074582	传　真	63067432	
设立日期	2003-8-14	负责人	沈　琪			
主营业务	生产汽车电子设备系统、汽车制动器总成、汽车滤清器。					

企业名称	上海伊可夫智能门控设备有限公司					
企业地址	上海松江科技园区（松江 987 号地块）（201614）					
投资总额	210 万 USD	电　话	57852477	传　真	37850030	
设立日期	2003-8-14	负责人	孔令敏			
主营业务	生产玻璃门控、智能门禁系统及 IC 卡门锁，销售公司自产产品。					

企业名称	康明斯发动机（上海）有限公司					
企业地址	上海市金桥出口加工区新金桥路 581 号（201203）					
投资总额	29 万 USD	电　话	50318966	传　真	50318528	
设立日期	2003-8-13	负责人	SAW BOO GUAN			
主营业务	生产、装配柴油发动机、相关动力系统及相关零部件，销售自产产品。					

企业名称	新柯隆真空设备（上海）有限公司					
企业地址	上海市外高桥保税区荷丹路 242 号第五层 A 部位（200336）					
投资总额	20 万 USD	电　话	62350936	传　真	62350917	
设立日期	2003-8-12	负责人	成田正哉			
主营业务	保税区以真空装置及其零部件为主的仓储、分拨、展示、技术开发等。					

企业名称	机夫车辆技术咨询（上海）有限公司					
企业地址	上海市青浦区白鹤镇私营开发区 C 区　（201709）					
投资总额	14 万 USD	电　话	59744950	传　真	59744952	
设立日期	2003-8-12	负责人	CLARENCE GROSDIDIER			
主营业务	企业管理咨询、企业内部人员培训、汽车维修技术咨询。					

企业名称	百泰能源控制设备（上海）有限公司				
企业地址	上海市祁连山路 689 号（200436）				
投资总额	14 万 USD	电　话	62231613	传　真	62600787
设立日期	2003-8-12	负 责 人	CARL ADOLPH LUDWIG		
主营业务	生产能源控制设备及其配件，销售自产产品，并提供相关的售后服务。				

企业名称	鹰革沃特华汽车皮革（中国）有限公司				
企业地址	上海市莘庄工业区紫磊村（201100）				
投资总额	780 万 USD	电　话	64420522	传　真	64420900
设立日期	2003-8-6	负 责 人	JERRY SUMPTER		
主营业务	皮革后整饰新技术加工，销售自产产品并提供相关的售后服务。				

企业名称	沃姆制冷设备（上海）有限公司				
企业地址	上海市工业综合开发区奉金大道 88 号（201401）				
投资总额	1000 万港币	电　话	57435688	传　真	57431155
设立日期	2003-8-6	负 责 人	黄东海		
主营业务	生产空调制冷设备及附件，销售自产产品。				

企业名称	马特汽车运动咨询（上海）有限公司				
企业地址	上海市浦东新区洪山路 174 号 116 室（201206）				
投资总额	15 万 USD	电　话	62351885	传　真	62351979
设立日期	2003-8-1	负 责 人	WINFRIED VOLKER MATT		
主营业务	赛车运动管理咨询、体育项目管理咨询、市场调研、企业形象策划咨询。				

企业名称	上海浦东巴士交通股份有限公司				
企业地址	上海市浦东新区浦建路 36 号（200127）				
投资总额	11000 万 USD	电　话	63853113	传　真	63863113
设立日期	2003-7-31	负 责 人	王国军		
主营业务	市内、郊县及埠际公共交通客运、货运和出租汽车，交通建设项目。				

企业名称	上海艾希诺科技有限公司				
企业地址	上海市漕河泾新兴技术开发区桂平路 470 号 14 号楼 3 层（200233）				
投资总额	20 万 USD	电　话	64856712	传　真	64856712
设立日期	2003-7-29	负 责 人	唐志宏		
主营业务	医疗用 X 光设备制造、销售、维修自产产品，并提供相关技术服务。				

企业名称	上海新瑞医疗有限公司				
企业地址	上海市卢湾区重庆南路 149 号（200020）				
投资总额	1400 万人民币	电　话	24028048	传　真	24028049
设立日期	2003-7-29	负 责 人	欧阳重		
主营业务	为中外患者提供诊疗保健服务。				

企业名称	力士救汽车俱乐部（上海）有限公司				
企业地址	上海市浦东新区商城路 800 号 1101 室（201103 ）				
投资总额	42 万 USD	电　话	58359100	传　真	58359500
设立日期	2003-7-24	负 责 人	霜鸟文一		
主营业务	从事汽车维修咨询、汽车信息咨询、商务咨询。				

企业名称	恩沛音响设备（上海）有限公司				
企业地址	上海市宜山路 770 号（200233）				
投资总额	14 万 USD	电　话	56769977	传　真	56769797
设立日期	2003-7-24	负 责 人	SIWEI ZOU		
主营业务	生产声响电子专用设备及相关材料，销售自产产品，提供产品售后服务。				

企业名称	三菱重工汽车空调系统（上海）有限公司				
企业地址	上海市金桥出口加工区秦桥路 211 号（201206）				
投资总额	200 万 USD	电　话	58996686	传　真	58996329
设立日期	2003-7-24	负 责 人	藤井康雄		
主营业务	生产汽车空调机及其零部件，销售自产产品，并提供相关的技术咨询。				

企业名称	上海湘良液压件有限公司				
企业地址	上海市崇明县城桥镇三江村老效河（202150）				
投资总额	28 万 USD	电　话	69621801	传　真	69620136
设立日期	2003-7-23	负 责 人	陆友荣		
主营业务	生产液压零件、汽车摩托车零件、锻件和机械电器。				

企业名称	易士登工业金属制造（上海）有限公司				
企业地址	上海市宝山区泰和路 1101 号（200940）				
投资总额	100 万 USD	电　话	56845012	传　真	56673748
设立日期	2003-7-22	负 责 人	SULLIVAN III		
主营业务	开发、生产汽车配件、五金机械、塑料制品及相关产品。				

企业名称	上海瑞立汽车零部件有限公司				
企业地址	上海市嘉定工业区永盛路（201801）				
投资总额	500 万 USD	电　话	59998945	传　真	
设立日期	2003-7-22	负 责 人	张美兰		
主营业务	生产汽车零部件及其相关产品，销售本公司自产产品并提供售后服务。				

企业名称	上海希尔达汽车内饰件有限公司				
企业地址	上海市松江区泗泾工业区九干路 257 号（201203）				
投资总额	14 万 USD	电　话	57617579	传　真	57626569
设立日期	2003-7-22	负 责 人	CUI GUANGEN		
主营业务	生产植绒产品、汽车塑料内部件、冲压件，销售自产产品。				

企业名称	驶多飞汽车模具（上海）有限公司				
企业地址	上海市嘉定区安亭镇米泉路 111 号（201805）				
投资总额	45 万 USD	电　话	59570236	传　真	59570237
设立日期	2003-7-10	负 责 人	PETER STOLFIG		
主营业务	汽车模具、夹具设计、制造，销售自产产品并提供售后服务。				

企业名称	康奈可汽车科技（上海）有限公司				
企业地址	上海市金桥出口加工区新金桥路 28 号 8F08 室（201206）				
投资总额	864 万 USD	电　话	52080707	传　真	52080586
设立日期	2003-7-8	负 责 人	濑户利胜		
主营业务	研究、开发、设计、制造汽车零件总成和零件总成构件及相关的模具。				

企业名称	爱马克半导体设备安装（上海）有限公司				
企业地址	上海市张江高科技园区龙东大道 3000 号 1 号楼 303 室（201203）				
投资总额	20 万 USD	电　话	58969700	传　真	68458394
设立日期	2003-7-7	负 责 人	PETER TATCHENUND		
主营业务	生产用于装卸、搬运、安装半导体设备的专用五金工具及器械。				

企业名称	克莱门特捷联制冷设备（上海）有限公司				
企业地址	上海市浦东新区星火开发区白云路 88 号（201100）				
投资总额	250 万 USD	电　话	64633663	传　真	54759661
设立日期	2003-7-3	负 责 人	严伟立		
主营业务	空调机组、热泵、新风机、加热器和制冷设备及相关配套件的生产。				

企业名称	康士伯控制系统（上海）有限公司				
企业地址	上海市金桥出口加工区金沪路 334 号（201206）				
投资总额	95 万 USD	电　话	50323636	传　真	50323100
设立日期	2003-7-3	负 责 人	HANS PETTER ERIKSEN		
主营业务	生产船舶运行监控、操作控制系统设备及船舶模拟操作器。				

企业名称	乔辉洁净室设备（上海）有限公司				
企业地址	上海市嘉定区马陆镇包桥村浏翔公路 2248 弄 9 号（201801）				
投资总额	51 万 USD	电　话	69155275	传　真	69155180
设立日期	2003-7-2	负 责 人	邱丽华		
主营业务	生产、加工无尘无菌室专用设备、材料及耗材、无尘无菌衣、鞋等器具。				

企业名称	欧科佳（上海）汽车电子设备有限公司				
企业地址	上海市闵行区黎安路 958 号 1 号楼 3 楼（201100）				
投资总额	14 万 USD	电　话	54531478	传　真	54531478
设立日期	2003-7-2	负 责 人	GUY PELTIER		
主营业务	设计、研发和生产各类汽车电子设备、汽车检修设备，销售自产产品。				

企业名称	上海亚特拉系统集成有限公司				
企业地址	上海市南丹路 80 号 1803 室（200030）				
投资总额	20 万 USD	电　话	64285275	传　真	64699883
设立日期	2003-7-2	负 责 人	刘贵义		
主营业务	开发、生产环保与工业安全监控的仪器设备、系统集成软件。				

企业名称	寰兴交通器材（上海）有限公司				
企业地址	上海市奉贤区奉日镇（201405）				
投资总额	300 万 USD	电　话	57636355	传　真	57637104
设立日期	2003-7-17	负 责 人	陈秋宽		
主营业务	生产加工汽车和摩托车相关零部件，销售自产产品。				

企业名称	上海宇南汽车电器有限公司				
企业地址	上海市浦东康桥工业区康桥东路 1 号 408 室（201316）				
投资总额	55 万 USD	电　话	68220709	传　真	68220713
设立日期	2003-7-15	负 责 人	李楠默		
主营业务	生产加工汽车电子设备及控制系统，销售公司自产产品。				

企业名称	亚特宝（上海）救生设备有限公司				
企业地址	上海市南汇区康桥工业区秀沿路 285 号（201315）				
投资总额	14 万 USD	电　话	68193432	传　真	68192832
设立日期	2003-7-15	负 责 人	倪　冈		
主营业务	生产救生设备，销售公司自产产品（涉及许可经营的，凭许可证经营）。				

企业名称	上海乐生医疗器械有限公司				
企业地址	上海市张江高科技园区祖冲之路 887 弄 83 号 201 室				
投资总额	11 万 USD	电　话	51317166	传　真	51317169
设立日期	2003-7-14	负 责 人	张　弛		
主营业务	生物医学膜材料的研发、生产；计算机软件、医疗器械软件的研究等。				

企业名称	上海新三星给排水设备有限公司				
企业地址	上海松江工业区车墩分区（松江 1621 号地块）（201611）				
投资总额	210 万 USD	电　话	69595904	传　真	69595904
设立日期	2003-7-10	负 责 人	陈忠孝		
主营业务	生产水泵、给排水设备、电气控制柜、机电产品。				

企业名称	宾得励精科技（上海）有限公司				
企业地址	上海市闵行区澄建路 351 号 1 号厂房（201108）				
投资总额	200 万 USD	电　话	64343606	传　真	64343605
设立日期	2003-7-10	负 责 人	林日盛		
主营业务	生产激光扫描仪、各种测量设备、光学元器件及上述产品相关零部件。				

企业名称	上海安凯希斯汽配有限公司				
企业地址	上海市松江区石湖荡镇长塔路 893 弄 A7－9 号（201604）				
投资总额	59.68 万 USD	电　话	57845800	传　真	57847539
设立日期	2003-6-26	负 责 人	安井了介		
主营业务	生产汽车遮光板及相关汽车零配件，销售公司自产产品。				

企业名称	上海永冠巧科玛收银台制造有限公司				
企业地址	上海市崇明县港沿镇南首（202158）				
投资总额	40 万 USD	电　话	59461515	传　真	59461717
设立日期	2003-6-26	负 责 人	顾永泉		
主营业务	设计、生产收银台及相关的超市设备，销售自产产品，提供售后服务。				

企业名称	上海千立自动化设备有限公司				
企业地址	上海市松江区车墩镇松金公路 98 号（201611）				
投资总额	15 万 USD	电　话	67834998	传　真	67833634
设立日期	2003-6-19	负 责 人	李碧玉		
主营业务	生产粉液体的自动计量流量设备和纺织染整，实验设备。				

企业名称	科仕环境控制设备（上海）有限公司				
企业地址	上海市长宁区凯旋路 1205 号二层（200052）				
投资总额	20 万 USD	电　话	52306996	传　真	52306997
设立日期	2003-6-13	负 责 人	赖志光		
主营业务	研究、开发、生产环境控制设备，销售公司自产产品。				

企业名称	上海协和环境设备有限公司				
企业地址	上海市浦东新区唐陆路 1725 号（201201）				
投资总额	25.58 万 USD	电　话	58581608	传　真	58582993
设立日期	2003-6-11	负 责 人	司城武洋		
主营业务	设计、生产、组装工业用耐腐蚀风机、水泵等。				

企业名称	上海丰和东杰汽车装饰件有限公司				
企业地址	上海市闵行区元江路 5088 号（201108）				
投资总额	240 万 USD	电　话	64098333	传　真	64090917
设立日期	2003-6-11	负 责 人	刘东立		
主营业务	设计、制造汽车用各种内外装饰件，销售自产产品。				

企业名称	上海奥维舞台设备有限公司				
企业地址	上海市青浦区商榻镇陈东村（201719）				
投资总额	30 万 USD	电　话	62192814	传　真	52171222
设立日期	2003-6-10	负 责 人	柳勤辉		
主营业务	舞台设备设计、安装，展览制作，会议布置，音频及灯光设计。				

企业名称	上海英科医疗用品有限公司				
企业地址	上海市奉贤区胡桥镇新工业区（201417）				
投资总额	20 万 USD	电　话	57451877	传　真	57451877
设立日期	2003-5-28	负 责 人	刘方毅		
主营业务	生产一次性速冷冰袋、热袋、冷热袋拳橡塑和五金制品，销售公司自产产品.。				

企业名称	上海康茂胜自动控制有限公司				
企业地址	上海市嘉定工业区马陆园区封周路（201801）				
投资总额	210 万 USD	电　话	65363650	传　真	65360613
设立日期	2003-5-27	负 责 人	阿蒂尔·卡莫齐		
主营业务	生产销售低功率气动控制阀及其相关的气动控制系统及配件。				

企业名称	凯弗隆（上海）净水设备有限公司				
企业地址	上海市青浦区崧泽工业园区 5 号楼（201703）				
投资总额	15 万 USD	电　话	64791896	传　真	64791996
设立日期	2003-5-22	负 责 人	严　玲		
主营业务	生产净水器、纯水机、净水设备及其零配件。				

企业名称	上海关电太比雅环保工程设备有限公司				
企业地址	上海市青浦工业园区外青松公路 5500 号（201700）				
投资总额	250 万 USD	电　话	50581629	传　真	50581629
设立日期	2003-5-13	负 责 人	原田稔		
主营业务	生产中水循环处理装置和安全吊装设备，销售自产产品。				

企业名称	上海能达机电成套设备有限公司				
企业地址	上海市长宁区玉屏南路 113 弄 18 号 202 室（200051）				
投资总额	50 万 USD	电　话	62986893	传　真	62991223
设立日期	2003-5-8	负 责 人	清泉明子		
主营业务	电子专用机械成套设备、测试仪器、仪表、办公自动化设备。				

企业名称	那电久寿机器（上海）有限公司				
企业地址	上海市莘庄工业区申富路 815 号（201108）				
投资总额	150 万 USD	电　话	54427877	传　真	54427043
设立日期	2003-4-30	负 责 人	矢桥巍		
主营业务	设计、制造高效焊装生产设备、汽车、摩托车夹具，销售自产产品。				

企业名称	世腾汽车皮件（上海）有限公司				
企业地址	上海市南汇区康桥工业区康桥东路 1300 号（201315）				
投资总额	210 万 USD	电　话	38119111	传　真	58135310
设立日期	2003-4-30	负 责 人	ROBERT DE MAJISTRE		
主营业务	皮革后整饰新技术加工，销售公司自产产品。				

企业名称	上海格林热能设备有限公司				
企业地址	上海市奉贤区胡桥镇庄胡公路 3338 号（201417）				
投资总额	30 万 USD	电　话	54075100	传　真	54075101
设立日期	2003-4-30	负 责 人	FRANK ELLIS		
主营业务	生产火电站脱硫设备、工业锅炉硫脱硝设备，销售自产产品。				

企业名称	富利美（上海）工业清洗设备有限公司				
企业地址	上海市松江区九亭镇日富路 2 号（201615）				
投资总额	20 万 USD	电　话	67691583	传　真	67691553
设立日期	2003-4-29	负 责 人	冈村和彦		
主营业务	生产各类工业用洗净机、干燥机、蒸馏机，销售公司自产产品。				

企业名称	费希尔调压器（上海）有限公司				
企业地址	上海市浦东新区金桥出口加工区金闵路 1006 号（201206）				
投资总额	100 万 USD	电　话	58997887	传　真	58996500
设立日期	2003-4-28	负 责 人	LARRY WAYNE FLATT		
主营业务	研制、生产低功率气动控制阀及伺服装置，销售自产产品。				

企业名称	上海捷仕克汽车配件有限公司				
企业地址	上海市奉贤区奉城镇（201411）				
投资总额	600 万 USD	电　话	57513833	传　真	57510555
设立日期	2003-4-24	负 责 人	詹益湖		
主营业务	生产汽车关键零部件、制动器总成、驱动桥总成、变速器。				

企业名称	上海马特威汽配有限公司				
企业地址	上海市嘉定区叶城路 1288 号（201821）				
投资总额	6.2 万 USD	电　话	62724378	传　真	62724370
设立日期	2003-4-24	负 责 人	叶晓艳		
主营业务	加工与组装汽车、摩托车用的弹簧与减振器，销售本公司自产产品。				

企业名称	上海泰事达华东制药设备有限公司				
企业地址	上海市南汇区祝桥空港工业区金亮路 8 号（201323）				
投资总额	72.48 万 USD	电　话	58109119	传　真	58104227
设立日期	2003-4-22	负 责 人	ANTONI CAPELLA GALI		
主营业务	生产、组装真空冷冻干燥设备、消毒柜设备、水处理及分离设备。				

企业名称	上海通然顺运动器材有限公司				
企业地址	上海市闵行区华漕镇北翟路 4855 号（201107）				
投资总额	20 万 USD	电话	62214321	传真	62214326
设立日期	2003-4-22	负责人	罗不宏		
主营业务	生产运动器材、机械式停车框架，销售自产产品。				

企业名称	尼康仪器（上海）有限公司				
企业地址	上海市外高桥保税区泰谷路 205 号第三层 K 部位（200120）				
投资总额	100 万 USD	电话	58360050	传真	58360030
设立日期	2003-4-21	负责人	日下裕文		
主营业务	保税区内仓储、分拨业务；区内产品展示、售后服务、技术咨询、培训。				

企业名称	上海凯航通力船用设备有限公司				
企业地址	上海市浦东新区杨园南路 116 号 3 幢 319 室（201209）				
投资总额	60.41 万 USD	电话	58485707	传真	58486025
设立日期	2003-4-16	负责人	曹德华		
主营业务	设计生产船用厨房设备、冷库板、钢结构，销售自产产品。				

企业名称	上海松风齿科材料有限公司				
企业地址	上海市嘉定工业区三期 4-1 号地块（201821）				
投资总额	127.89 万 USD	电话	57796912	传真	57796910
设立日期	2003-4-16	负责人	关敏明		
主营业务	生产齿科材料、器械，销售本公司自产产品。				

企业名称	上海精德电子国际贸易有限公司				
企业地址	上海市外高桥保税区泰谷路 169 号第三层 B 部位（200131）				
投资总额	20 万 USD	电话	58999900	传真	58999911
设立日期	2003-4-10	负责人	居 上		
主营业务	仓储、分拨业务、技术咨询及售后服务、商业性简单加工。				

企业名称	赛瓦（上海）石油设备器材有限公司				
企业地址	上海市松江区石湖荡镇闵塔路工业小区 4 号厂房（201604）				
投资总额	70 万 USD	电话	57847560	传真	57847553
设立日期	2003-4-10	负责人	彼得·赛兹		
主营业务	开发、生产石油钻采设备及其附件和材料，销售公司自产产品。				

企业名称	炫荣工业自动化设备（上海）有限公司				
企业地址	上海市闵行区新桥路 8 号（200233）				
投资总额	30 万 USD	电话	64019776	传真	64469175
设立日期	2003-4-10	负责人	倪永平		
主营业务	生产自动化成套设备及相关的控制软件开发，销售自产产品。				

企业名称	上海隆福拉索有限公司				
企业地址	上海市奉贤区莘奉公路 888 号龙洋工业园区 5 号厂房（201400）				
投资总额	50 万 USD	电话	67105486	传真	67105661
设立日期	2003-4-7	负责人	JAMES GRYAN		
主营业务	开发生产汽车和工业市场的操纵控制零件和系统，销售公司自产产品。				

企业名称	上海西迪易收银设备有限公司				
企业地址	上海市松江区新桥镇新泾工业园区闵申大道 90 号（201612）				
投资总额	21 万 USD	电话	57684718	传真	57684668
设立日期	2003-4-7	负责人	黄蔡锦华		
主营业务	生产、加工收银机系统及其周边设备之塑料、电子、电器产品。				

企业名称	欧德克流体处理设备（上海）有限公司				
企业地址	上海市松江区永丰街道玉佳路第 71 号房（201100）				
投资总额	20 万 USD	电话	63807266	传真	51013970
设立日期	2003-4-7	负责人	NORBERT PETER MARKER		
主营业务	设计、开发、制造换热器、液体控制零部件系统和成套设备。				

企业名称	采埃孚商用车底盘技术（上海）有限公司				
企业地址	上海市浦东新区三林路 97 号（200124）				
投资总额	285.7 万 USD	电话	58412266	传真	50846218
设立日期	2003-4-7	负责人	HUBERT GROSS		
主营业务	开发、设计、生产商用车底盘系统、套件和零部件，销售自产产品。				

企业名称	新日铁设备工程（上海）有限公司				
企业地址	上海市外高桥保税区荷丹路 242 号第三层 A 部位（200040）				
投资总额	59.68 万 USD	电话	62472262	传真	32220898
设立日期	2003-4-3	负责人	高桥诚		
主营业务	以制铁设备及其相关零部件为主的保税区内仓储业务、分拨、展示业务。				

企业名称	多明尼克汉德净化设备（上海）有限公司				
企业地址	上海市松江工业区宝胜路 D 区期 2 号厂房（201613）				
投资总额	85 万 USD	电话	67740919	传真	67740900
设立日期	2003-4-3	负责人	STEWART VAUGHAN		
主营业务	生产、加工压缩气体用交货设备及零组件，气、液体用膜过滤器。				

企业名称	尚飞帘闸门窗设备（上海）有限公司				
企业地址	上海市长宁区华山路 1520 弄 121 号（200052）				
投资总额	30 万 USD	电话	62809660	传真	62800270
设立日期	2003-3-28	负责人	WITFRID LE NAOUR		
主营业务	研究、开发、生产、加工卷闸、门、帘及遮阳产品和相关配套电动控制产品。				

企业名称	大川原粉体设备（上海）有限公司				
企业地址	上海市浦东新区合庆镇青暮路 1228 号 1 幢、2 幢（201209）				
投资总额	51.16 万 USD	电话	68901070	传真	68909970
设立日期	2003-3-28	负责人	大川原武		
主营业务	设计、生产固体、液体（危险品除外）的粉体处理装置及零部件。				

企业名称	威伯科汽车控制系统（上海）有限公司				
企业地址	上海市莘庄工业区申富路 789 号（201108）				
投资总额	210 万 USD	电话	54421888	传真	54420888
设立日期	2003-3-27	负责人	GUENTER SEEGERS		
主营业务	设计、生产汽车控制系统及零部件，销售自产产品。				

企业名称	富耐连自动化系统（上海）有限公司				
企业地址	上海市外高桥保税区荷丹路 190 号第一层 A 部位（200131）				
投资总额	20 万 USD	电话	63023940	传真	63022531
设立日期	2003-3-27	负责人	KENNET LUNDBERG		
主营业务	设计、开发、生产及加工传送装置等自动化系统产品及零部件产品。				

企业名称	上海茂迅汽车装饰材料制品有限公司				
企业地址	上海市闵行区浦江镇东佳路 18 号（201112）				
投资总额	60 万 USD	电话	54333573	传真	54333579
设立日期	2003-3-27	负责人	杨德明		
主营业务	生产汽车用的玻璃钢、吸塑及注塑制品，销售自产产品并提供相关技术服务。				

企业名称	上海红锦冷暖设备有限公司				
企业地址	上海市嘉定区华亭镇横泾村四组（201816）				
投资总额	20 万 USD	电话	57633533	传真	57631492
设立日期	2003-3-25	负责人	李 康喆		
主营业务	生产组装汽车空调及其零部件，销售本公司自产产品。				

企业名称	夏琨（上海）美容设备有限公司				
企业地址	上海市闵行区纪鹤路 2 号（201107）				
投资总额	6.2 万 USD	电话	62965803	传真	62962590
设立日期	2003-3-25	负责人	陈章宁		
主营业务	研发、生产美容、健身专用仪器设备，销售自产产品。				

企业名称	上海金旅汽车配件有限公司				
企业地址	上海市闵行区莘庄工业区华宁路西侧地块（201108）				
投资总额	1000 万 USD	电话	54424019	传真	54422478
设立日期	2003-3-19	负责人	赖雪凤		
主营业务	生产制动器总成、驱动桥总成、变速器、柴油机燃油泵。				

企业名称	洋紫荆牙科器材（上海）有限公司				
企业地址	上海市普陀区同普路 1030 弄 4 号四楼（200333）				
投资总额	25 万 USD	电话	54890581	传真	54890582
设立日期	2003-3-13	负责人	陈冠峰		
主营业务	加工假牙，销售自产产品（凡涉及许可经营的凭许可证经营）。				

企业名称	小松科马驰包装机械（上海）有限公司				
企业地址	上海市浦东新区川沙路 6999 号 7-4 地块（201201）				
投资总额	455 万 USD	电话	58598863	传真	58599925
设立日期	2003-3-6	负责人	小松慎二		
主营业务	生产包装机械及相关零配件，销售自产产品。				

企业名称	飞阳联合数码技术（上海）有限公司				
企业地址	上海市闵行区金都路 4299 号 A 幢 2003 室（201108）				
投资总额	51 万 USD	电话	54759027	传真	54759022
设立日期	2003-3-6	负责人	陈祥光		
主营业务	生产广告制作设备及相关的耗材和零配件，销售自产产品。				

企业名称	上海欧翔车业有限公司				
企业地址	上海市嘉定区南翔镇工业开发区纬五路（201802）				
投资总额	117万USD	电话	69175403	传真	69175403
设立日期	2003-2-28	负责人	王建东		
主营业务	生产、组装摩托车、助动车、电动自行车、电动车及磁电机。				

企业名称	艾迪克涂装设备（上海）有限公司				
企业地址	上海市嘉定区娄塘镇第一工业园区金娄路25／2宗（201807）				
投资总额	25万USD	电话	59543393	传真	
设立日期	2003-2-19	负责人	TANOUE KENJIRO		
主营业务	设计、制造涂装设备及相关配套设备，销售本公司自产产品。				

企业名称	艾弗斯半导体设备（上海）有限公司				
企业地址	上海市外高桥保税区基隆路1号1615－2室（200131）				
投资总额	20万USD	电话	63875755	传真	63875756
设立日期	2003-2-18	负责人	SHIAO-KWANG EDMUMD		
主营业务	保税区内以半导体加工设备和零部件产品为主的国际贸易、转口贸易。				

企业名称	浦单达（上海）口腔医疗器材有限公司				
企业地址	上海市闵行区浦江镇建村三鲁路5538号（201114）				
投资总额	20万USD	电话	54333308	传真	54333336
设立日期	2003-2-13	负责人	张征宇（PAUL C. CHANG）		
主营业务	生产各类临床假牙，销售自产产品（涉及许可经营的凭许可证经营）。				

企业名称	上海华懋环保节能设备有限公司				
企业地址	上海市松江科技园区港业路标准厂房区（201614）				
投资总额	47万USD	电话	57855230	传真	57855233
设立日期	2003-2-13	负责人	郑石治		
主营业务	生产各类空气净化设备、空气处理设备、塑料加工周边设备、节能设备。				

企业名称	宝爱汽配（上海）有限公司				
企业地址	上海市闵行区沪闵路3068号（201109）				
投资总额	29万USD	电话	64903678	传真	64906477
设立日期	2003-1-30	负责人	落合谕		
主营业务	生产汽车装饰用品及相关产品、室内装饰家具，销售自产产品。				

企业名称	上海金谨钰卫浴设备有限公司				
企业地址	上海市青浦区华新镇嘉松中路1085号（201708）				
投资总额	14万USD	电话	59793269	传真	59792094
设立日期	2003-1-28	负责人	陈雅爵		
主营业务	生产、加工卫浴五金设备及按摩椅，销售公司自产产品。				

企业名称	艾达汽车紧固件（上海）有限公司				
企业地址	上海青浦华浦路500号（201700）				
投资总额	210万USD	电话	69729276	传真	69729779
设立日期	2003-12-8	负责人	WILLIAM TURSKY		
主营业务	开发、设计、装配及生产汽车用高强度金属紧固件及其配件。				

企业名称	上海益帆实验设备有限公司				
企业地址	上海市新泾镇努力村北港路1882号（201107）				
投资总额	20万USD	电话	52232683	传真	52232966
设立日期	2003-1-28	负责人	谭攸泗		
主营业务	生产实验室专用家具及相关复合材料产品，销售自产产品。				

企业名称	铁姆肯工程产品（上海）有限公司				
企业地址	上海市外高桥保税区富特西一路155号第六层C-2部位（200131）				
投资总额	33万USD	电话	62481311	传真	62480427
设立日期	2003-1-23	负责人	詹姆士.M.格莱士（JAMS.M.GRESH）		
主营业务	以通用传动零件、部件、产成品及附属零件为主的区内仓储、分拨业务。				

企业名称	三爱瑞星汽车用品（上海）有限公司				
企业地址	上海市嘉定工业区二期6-2号地块（201821）				
投资总额	1000万USD	电话	62494758	传真	62494256
设立日期	2003-1-22	负责人	HENRY HSU		
主营业务	生产柴油机燃油泵、柴油车机外排放控制装置、滤清器、减震器。				

企业名称	王氏港建（上海）设备维修服务有限公司				
企业地址	上海市金沙江路1340弄172支弄14号1号楼（200333）				
投资总额	21万USD	电话	52833303	传真	52833028
设立日期	2003-1-15	负责人	徐应春		
主营业务	精密仪器、设备维修与售后服务及相关技术咨询服务。				

企业名称	上海蓝宇制冷暖通设备有限公司				
企业地址	上海市浦东新区浦东北路985号（201208）				
投资总额	20万USD	电话	68468279	传真	68468160
设立日期	2003-1-9	负责人	杨玲		
主营业务	制冷暖通配件的加工、生产，销售自产产品，以及相关的配套服务。				

企业名称	神乐燃气设备（上海）有限公司				
企业地址	上海市浦东新区川沙路6999号10号标准厂房（201200）				
投资总额	31.9万USD	电话	58597610	传真	58597612
设立日期	2003-1-9	负责人	玉井健一		
主营业务	生产燃气设备及相关零配件，销售自产产品，并提供售后服务。				

企业名称	瑞克交通工具设计（上海）有限公司				
企业地址	上海市张江高科技园区郭守敬路351号2号楼602X-3室（200122）				
投资总额	14万USD	电话	50588884	传真	50589278
设立日期	2003-1-8	负责人	WOLFGANG RUCKER		
主营业务	研究、开发交通工具及相关机器设备，提供有关技术咨询。				

企业名称	上海科轻起重机有限公司				
企业地址	上海市南汇区康桥镇上南路6688号（201315）				
投资总额	24.16万USD	电话	68133086	传真	68133058
设立日期	2003-1-7	负责人	汤晓明		
主营业务	设计制造标准起重机机械和轻钢结构，销售公司自产产品。				

企业名称	上海同泰电子科技有限公司				
企业地址	上海松江高新技术园区欣玉路南侧东环路东侧SJ12（201600）				
投资总额	616万USD	电话	67728428	传真	67728438
设立日期	2002-12-31	负责人	李文彦		
主营业务	生产加工柔性线路板、精冲模、精密型腔模、模具标准件。				

企业名称	常盟机械（上海）有限公司				
企业地址	上海市闵行区江川路2235号（201111）				
投资总额	20万USD	电话	54726175	传真	54721537
设立日期	2002-12-30	负责人	姚文俊		
主营业务	生产建材机械，销售自产产品，提供技术服务。				

企业名称	上海德昕精密模具电子有限公司				
企业地址	上海市奉贤区奉浦开发区奉浦大道北侧（201400）				
投资总额	1000万USD	电话	37187121	传真	57575812
设立日期	2002-12-25	负责人	王雅峰		
主营业务	生产精密电子塑胶配件、塑胶日用品、医疗包装、塑胶食品包装。				

企业名称	梅田特殊钢模具（上海）有限公司				
企业地址	上海市嘉定区园国路1209号（201805）				
投资总额	800万USD	电话	69573100	传真	69573104
设立日期	2002-12-19	负责人	福屿正彦		
主营业务	生产和加工汽车、摩托车用模具、夹具、模具标准件，销售本公司自产产品。				

企业名称	关西（上海）工业缝纫机有限公司				
企业地址	上海市嘉定区马陆镇嘉新公路835弄55号（201818）				
投资总额	420万USD	电话	59901537	传真	59901538
设立日期	2002-12-19	负责人	森本力		
主营业务	生产高技术含量的特种工业缝纫机及零部件，销售企业自产产品。				

企业名称	力倍金具（上海）有限公司				
企业地址	上海市嘉定区洪德路1155号A3座（201821）				
投资总额	29万USD	电话	69169058	传真	69169055
设立日期	2002-12-19	负责人	WALTER PFANDL		
主营业务	开发生产用于铁路架空线系统、高压架空导线、变电站、通讯电缆。				

企业名称	联恒工业（上海）有限公司				
企业地址	上海市嘉定工业区马陆园区永盛路双单路口（201801）				
投资总额	2460万USD	电话	59104106	传真	59104110
设立日期	2002-12-18	负责人	杨殿铎		
主营业务	设计、生产汽车、摩托车模具、夹具、其他精冲模、模具标准件。				

企业名称	伟创力电子技术（上海）有限公司				
企业地址	上海市嘉定区永盛路77号（201801）				
投资总额	70万USD	电话	39158000	传真	59153331
设立日期	2002-12-17	负责人	MANNY MARIMUTHU		
主营业务	生产新型打印装置及电子专用设备，销售企业自产产品。				

制造业-专用设备和交通运输设备制造业

企业名称	霍尼韦尔消防安防系统（上海）有限公司				
企业地址	上海市浦东新区张江高科技园区祖冲之路887弄81号2楼（201203）				
投资总额	170万USD	电　话	50272119	传　真	50271058
设立日期	2002-12-17	负责人	SHANE SHAHROOZ TEDJA		
主营业务	生产、组装楼宇自动化，消防及安防产品、系统、部件及相关的配件。				

企业名称	约斯特（上海）汽车部件有限公司				
企业地址	上海市南汇区康桥工业区申康路北侧8号地铁（201319）				
投资总额	73万USD	电　话	68183333	传　真	68183300
设立日期	2002-12-17	负责人	LARS BRORSON		
主营业务	生产牵引座、牵引销、支腿等汽车部件，销售自产产品。				

企业名称	上海平贺机械有限公司				
企业地址	上海青浦区重固镇北青公路6725弄16号（201706）				
投资总额	30万USD	电　话	59781978	传　真	59783768
设立日期	2002-12-4	负责人	林玉堂		
主营业务	生产缝制设备及配件、五金零部件，销售公司自产产品。				

企业名称	住友重机械减速机（上海）有限公司				
企业地址	上海松江出口加工区南乐路309弄1－6号（201600）				
投资总额	600万USD	电　话	57748866	传　真	57748515
设立日期	2002-12-4	负责人	野岛和正		
主营业务	加工、生产减速机、电机及其相关零配件，销售公司自产产品。				

企业名称	上海日都汽车配件有限公司				
企业地址	上海青浦工业园区天盈路98号5号厂房（201700）				
投资总额	500万USD	电　话	64276750	传　真	64273657
设立日期	2002-12-3	负责人	沟吕木义治		
主营业务	开发、生产汽车滤清器，销售公司自产产品。				

企业名称	上海复星佰珞生物技术有限公司				
企业地址	上海市浦东康桥工业区康士路31号（201103）				
投资总额	170万USD	电　话	64650600	传　真	64650605
设立日期	2002-11-21	负责人	朱耀毅		
主营业务	研究、开发、生产生物工程设备及附件，生产三类医疗器械。				

企业名称	上海里祥精密模具有限公司				
企业地址	上海市青浦工业园区高科技成果转化基地A25号（201700）				
投资总额	305万USD	电　话	69210476	传　真	69210478
设立日期	2002-11-19	负责人	陈清潭		
主营业务	设计、制造非金属制品模具、精冲模、精密型腔模及模具标准件。				

企业名称	瑞切尔石化设备（上海）有限公司				
企业地址	上海市江场西路200号南楼401室（200436）				
投资总额	45万USD	电　话	51168595	传　真	51168575
设立日期	2002-11-17	负责人	M.S.FREUDENSTEIN		
主营业务	设计、生产石油化工设备，销售自产产品并提供相关的技术咨询服务。				

企业名称	上海科泰运输制冷设备有限公司				
企业地址	上海市南汇区康桥东路1258弄15号（201319）				
投资总额	286万USD	电　话	58131128	传　真	58131466
设立日期	2002-11-15	负责人	朱学农		
主营业务	粮食、肉食品、水产品等食品的保鲜、储藏、运输。				

企业名称	德仓精密电子（上海）有限公司				
企业地址	上海市青浦区徐泾镇沪青平公路2266号3幢1F－E室（201702）				
投资总额	70万USD	电　话	59898130	传　真	59898132
设立日期	2002-11-15	负责人	仓泽德义		
主营业务	开发、设计、加工、生产电子专用设备、测试仪器、工模具及零部件。				

企业名称	上海钊辉科技有限公司				
企业地址	上海市青浦工业园区新业路568号（201700）				
投资总额	1500万USD	电　话	69212868	传　真	69211130
设立日期	2002-11-13	负责人	黄钊辉		
主营业务	开发、生产主要用于柴油车的机外排放控制装置，销售公司自产产品。				

企业名称	上海三立汇众汽车零部件有限公司				
企业地址	上海市嘉定区安亭镇园国路409号（201814）				
投资总额	1200万USD	电　话	69574058	传　真	69574038
设立日期	2002-11-7	负责人	鲍南江		
主营业务	设计、生产汽车制动器总成关键零部件及变速箱操纵机构和换档机构。				

企业名称	承勋交通器材（上海）有限公司				
企业地址	上海市青浦区徐泾镇京华路60号三楼302室（201700）				
投资总额	210万USD	电　话	54404912	传　真	54404685
设立日期	2002-11-4	负责人	林淑珍		
主营业务	生产、加工汽车刹车蹄块、车灯、门锁、车把等汽车配件。				

企业名称	顺登模具科技（上海）有限公司				
企业地址	上海市青浦区徐泾镇蟠龙村诸陆东路1658号（201702）				
投资总额	28万USD	电　话	59764408	传　真	59883116
设立日期	2002-10-29	负责人	吴一平		
主营业务	设计、生产模具，销售公司自产产品。				

企业名称	上海都田机械有限公司				
企业地址	上海市闵行区江川路1800号上海闵行电气工业园区（200245）				
投资总额	20万USD	电　话	67691877	传　真	67691876
设立日期	2002-10-28	负责人	铃木时雄		
主营业务	设计、制造以3根轴以上连动的高速加工机械，销售自产产品。				

企业名称	墨迪希戴怀勒凹凸版印刷技术（上海）有限公司				
企业地址	上海市闵行区申富路789号2号楼北（201108）				
投资总额	51万USD	电　话	54425742	传　真	54425315
设立日期	2002-10-28	负责人	HANS JOERY BRUDERMAN		
主营业务	生产销售印刷机械的零件及用于生产印刷机械和零件的机械和设备。				

企业名称	裕原（上海）精机有限公司				
企业地址	上海市奉贤区邬桥镇大叶路1789号（201402）				
投资总额	455万USD	电　话	57406688	传　真	57406677
设立日期	2002-10-28	负责人	林宜正		
主营业务	生产各类低功率气动控制阀、汽车活塞、气门、液压挺杆。				

企业名称	上海立珂医疗器械有限公司				
企业地址	上海市普陀区真北路3199号B8三层（200333）				
投资总额	40万USD	电　话	32050897	传　真	62848909
设立日期	2002-10-25	负责人	增田孝一		
主营业务	设计、制造牙科治疗设备、牙科技工室产品及相关医疗器械。				

企业名称	实密精工（上海）有限公司				
企业地址	上海市松江区新桥镇春申村申光路25号6号标准厂房（201612）				
投资总额	650万USD	电　话	67649299	传　真	67649296
设立日期	2002-10-24	负责人	林三弟		
主营业务	生产、设计精冲模、注塑模、模具标准件，销售公司自产产品。				

企业名称	上海福春机电设备有限公司				
企业地址	上海市嘉定工业区马陆园区希望路485号（201801）				
投资总额	20万USD	电　话	59101533	传　真	59101534
设立日期	2002-10-24	负责人	傅明宗		
主营业务	设计、生产、加工涂装设备，环保设备，灌封注胶粘着设备。				

企业名称	福鸟润滑系统（上海）有限公司				
企业地址	上海市金桥出口加工区金皖路501号6楼（201206）				
投资总额	20万USD	电　话	58345355	传　真	58992492
设立日期	2002-10-23	负责人	陈翠凤		
主营业务	生产、加工、组装润滑系统设备及其相关机械配件。				

企业名称	上海创威酒店设备工程有限公司				
企业地址	上海市虹口区水电路1229号（200434）				
投资总额	97万USD	电　话	65600936	传　真	65600936
设立日期	2002-10-23	负责人	庄自国		
主营业务	设计、开发生产宾馆、饮料业及商、家用不锈钢用具，西式燃气炉具。				

企业名称	上海东方飞机维修有限公司				
企业地址	上海市浦东机场大道66号浦东国际机场办公楼101－102室（201202）				
投资总额	600万USD	电　话	68855061	传　真	68855060
设立日期	2002-10-22	负责人	李养民		
主营业务	从事飞机航线修理业务。				

企业名称	上海星山模具制造有限公司				
企业地址	上海市崇明工业园区官山路8号				
投资总额	140万USD	电　话	69624852	传　真	69624851
设立日期	2002-10-21	负责人	松山秀树		
主营业务	各类模具设计制造，非金属制品生产，电子电器产品设计制造。				

企业名称	上海维崧纺织机械配件有限公司				
企业地址	上海市闵行区华漕镇纪鹤路 505 弄 8 号（201107）				
投资总额	70 万 USD	电话	62965799	传真	52634158
设立日期	2002-10-15	负责人	杨谢青娥		
主营业务	生产各类纺织机械及其配件，销售自产产品。				

企业名称	上海精和模具有限公司				
企业地址	上海市青浦区徐泾镇徐泾中路 689 号（201702）				
投资总额	600 万 USD	电话	59766998	传真	59767067
设立日期	2002-10-14	负责人	郑春福		
主营业务	设计、生产各种精密模具，销售公司自产产品。				

企业名称	顺久精密模具（上海）有限公司				
企业地址	上海市闵行区闵北路 88 弄 23-24 号（201107）				
投资总额	23 万 USD	电话	62215225	传真	62215229
设立日期	2002-10-10	负责人	许富财		
主营业务	生产销售精密型腔模、冲压模、模具标准件。				

企业名称	上海精工凹印制版有限公司				
企业地址	上海市闵行区浦江工业区（201114）				
投资总额	215 万 USD	电话	54339880	传真	54331399
设立日期	2002-10-10	负责人	李文田		
主营业务	生产销售凹制版原辅材料及工具、印刷机零配件。				

企业名称	吉姆（上海）机电有限公司				
企业地址	上海市青浦工业园区高科技成果转化基地 A26 号（201707）				
投资总额	1250 万 USD	电话	69211503	传真	69211761
设立日期	2002-9-30	负责人	MELVIN ASHLAND		
主营业务	开发、生产动力镍氢电池、电机及其零配件、金属制品。				

企业名称	史克马机电（上海）有限公司				
企业地址	上海市青浦区大盈工业园区漕渝路（201712）				
投资总额	42 万 USD	电话	59228490	传真	59228700
设立日期	2002-9-28	负责人	林 司		
主营业务	开发、生产主要用于现代农业、林业机具新技术设备及其关键零部件。				

企业名称	上海东灿汽车配件有限公司				
企业地址	上海市青浦北青公路 9518 号（201707）				
投资总额	28 万 USD	电话	59705266	传真	59705286
设立日期	2002-9-25	负责人	张木河		
主营业务	生产汽车滤清器及配件。				

企业名称	欣勇印刷新材料（上海）有限公司				
企业地址	上海市浦东新区三林镇胡巷宅 173 号 115 室（200122）				
投资总额	28 万 USD	电话	64078781	传真	64478693
设立日期	2002-9-24	负责人	萧士仁		
主营业务	生产印刷制版用材料，敏感元器件及元器件专用材料。				

企业名称	佐登灯具工业（上海）有限公司				
企业地址	上海市闵行区梅陇镇永联村（200237）				
投资总额	420 万 USD	电话	54403717	传真	54403729
设立日期	2002-9-24	负责人	KLAUS WERNER		
主营业务	生产销售居家、户外、商业办公、海洋船舶、汽车机车照明等灯罩。				

企业名称	上海金禹湖实业有限公司				
企业地址	上海市松江区九亭经济开发区（松江 1017 号地块）（201615）				
投资总额	300 万 USD	电话	57630308	传真	57633121
设立日期	2002-9-23	负责人	黄 彤		
主营业务	生产、加工汽车配件、合金材料、金属制品、家居制品、建材。				

企业名称	奥林必亚机械（上海）有限公司				
企业地址	上海市奉贤区奉城镇（201411）				
投资总额	95 万 USD	电话	57175481	传真	57175490
设立日期	2002-9-23	负责人	陈伯延		
主营业务	生产汽车底盘、转向悬挂系统、转向球头拉杆差速器。				

企业名称	奥斯机（上海）精密工具有限公司				
企业地址	上海市松江工业区松开路 VI-6 号地块（201613）				
投资总额	2998 万 USD	电话	67600562	传真	67600779
设立日期	2002-9-20	负责人	大泽辉秀		
主营业务	生产、加工模具标准件以及硬质合金，销售公司自产产品。				

企业名称	弘森电子（上海）有限公司				
企业地址	上海市嘉定区黄渡镇联西路 87 号（201804）				
投资总额	100 万 USD	电话	69591027	传真	69595011
设立日期	2002-9-20	负责人	郑清文		
主营业务	生产精密型腔模，模具标准件和各类显示器专用装配设备。				

企业名称	上海格来纳机械模具有限公司				
企业地址	上海市浦东康桥工业区康桥路 1157 号				
投资总额	28 万 USD	电话	58124228	传真	58124556
设立日期	2002-9-19	负责人	洪祖芬		
主营业务	设计、制造、加工食品包装机械和模具并提供售后服务。				

企业名称	贤富金属制品（上海）有限公司				
企业地址	上海松江出口加工区三庄路 8 弄 5－6 号（201613）				
投资总额	1250 万 USD	电话	57748356	传真	57748359
设立日期	2002-9-18	负责人	陈正忠		
主营业务	设计、生产和加工金属制品、塑胶制品、模具及模具标准件。				

企业名称	上海世达尔现代农机有限公司				
企业地址	上海市闵行区华宁路 1300 号（200245）				
投资总额	300 万 USD	电话	64637428	传真	64637428
设立日期	2002-9-16	负责人	张镇翰		
主营业务	设计、制造用于牧草、玉米等农作物收割、翻晒、整理、捆扎、仓储。				

企业名称	上海易保电子有限公司				
企业地址	上海市闵行区虹中路 645 号（201103）				
投资总额	130 万 USD	电话	64060574	传真	64060521
设立日期	2002-9-11	负责人	河在鸿		
主营业务	开发生产销售电子锁及保安防盗产品。				

企业名称	创意库（上海）汽车设计有限公司				
企业地址	上海市嘉定工业区招贤路 1280 号 2 幢（201821）				
投资总额	200 万 USD	电话	59164086	传真	59167131
设立日期	2002-9-4	负责人	江佩珊		
主营业务	汽车等工业产品的开发、设计、转让自研成果，提供技术指导服务。				

企业名称	上海振裕精密模具有限公司				
企业地址	上海市嘉定区徐行镇澄浏公路 796 号（201808）				
投资总额	70 万 USD	电话	59909238	传真	59908542
设立日期	2002-8-30	负责人	王正宗		
主营业务	生产精冲模、汽车模具，销售企业自产产品。				

企业名称	上海佳耀日用品有限公司				
企业地址	上海市奉贤区星火农场中心（201419）				
投资总额	6 万 USD	电话	57501367	传真	57501367
设立日期	2002-8-29	负责人	朱 兵		
主营业务	生产、加工物架、包装袋、缝纫制品，销售公司自产产品。				

企业名称	发富汽车配件（上海）有限公司				
企业地址	上海市青浦区沪青平公路 2152 弄 8 号（201702）				
投资总额	150 万 USD	电话	59762175	传真	69761618
设立日期	2002-8-26	负责人	SOMKIT TANADUMRONGSA		
主营业务	生产汽车电器、机械部件及零部件、各类模具及零配件。				

企业名称	中成泛港印刷机械（上海）有限公司				
企业地址	上海市闵行区光中路 388 号（201108）				
投资总额	70 万 USD	电话	64426616	传真	64426676
设立日期	2002-8-20	负责人	冯明坚		
主营业务	研发、生产销售印刷机械及零配件，印刷油墨及添加剂与相关产品。				

企业名称	美嘉帕拉斯特汽车零部件（上海）有限公司				
企业地址	上海市青浦区北青公路 9735 号（201707）				
投资总额	96 万 USD	电话	50912321	传真	50912240
设立日期	2002-8-20	负责人	THIERRY MANNI		
主营业务	设计、生产汽车塑料零部件及配件，销售公司自产产品。				

企业名称	上海九华汽车维修有限公司				
企业地址	上海市闵行区吴中路 1599 号（201103）				
投资总额	300 万 USD	电话	64069966	传真	64069666
设立日期	2002-8-20	负责人	宗成道		
主营业务	汽车修理、汽车配件、汽车装潢材料、汽车空调修理。				

企业名称	上海安永精密切割机有限公司				
企业地址	上海市国权路39号3号楼1楼南侧（200433）				
投资总额	75万USD	电话	52690152	传真	52690155
设立日期	2002-8-19	负责人	喜田正夫		
主营业务	高精度电子零部件专用生产设备线及配件的生产加工，提供技术支持。				

企业名称	吉达船用机械（上海）有限公司				
企业地址	上海市国顺东路11号（200433）				
投资总额	28万USD	电话	65481188	传真	65500088
设立日期	2002-8-16	负责人	YONG YOEW SING		
主营业务	船用空气冷却器、蒸发器、热交换器及配件生产维修服务。				

企业名称	上海爱朗仪器有限公司				
企业地址	上海市嘉定工业区叶城路1630号（201821）				
投资总额	580万USD	电话	69523831	传真	69523281
设立日期	2002-8-13	负责人	千野英贤		
主营业务	研究、开发、生产中药有效物质提取、分析用仪器、环保检测仪器。				

企业名称	上海耀科印刷机械有限公司				
企业地址	上海市闵行区双柏路688号（201108）				
投资总额	140万USD	电话	64341019	传真	64345642
设立日期	2002-8-12	负责人	张惠英		
主营业务	生产印刷成套机械和零部件及配套控制软件的开发、制作。				

企业名称	钇微（上海）科技有限公司				
企业地址	上海市嘉定工业区2期2号地块（201821）				
投资总额	3000万USD	电话	69169600	传真	69169613
设立日期	2002-8-8	负责人	林宝彰		
主营业务	研制、开发、生产医疗器材、光电产品、精密紧固件及其零配件。				

企业名称	上海永信热技有限公司				
企业地址	上海浦东康桥工业区康意路188号（201315）				
投资总额	140万USD	电话	68062801	传真	68062804
设立日期	2002-8-6	负责人	姜东信		
主营业务	生产平板显示器热处理设备、垃圾焚烧炉、干燥炉、烧成炉等工业炉。				

企业名称	上海矽威机电设备有限公司				
企业地址	上海市青浦区白鹤镇鹤祥路38弄2号（201709）				
投资总额	22万USD	电话	59748689	传真	59748815
设立日期	2002-8-5	负责人	陈耀熙		
主营业务	生产输送机械、小型包装机械及仓储用机械，销售公司自产产品。				

企业名称	联众汽车配件（上海）有限公司				
企业地址	上海市浦东新区川沙路905号（201209）				
投资总额	87万USD	电话	50681889	传真	50681808
设立日期	2002-8-5	负责人	吉蔚娣		
主营业务	设计、生产汽车、摩托车底盘零部件，销售自产产品。				

企业名称	恩埃希（上海）电子设备有限公司				
企业地址	上海市工业综合开发区远东路886号韩园小区F幢（201401）				
投资总额	25万USD	电话	67103162	传真	67103163
设立日期	2002-8-1	负责人	李建农		
主营业务	生产、销售平板设备、半导体设备及相关的电子产品及配件。				

企业名称	英全精密模具（上海）有限公司				
企业地址	上海青浦区徐泾镇诸陆东路1628号（201702）				
投资总额	126万USD	电话	59767755	传真	59767644
设立日期	2002-7-22	负责人	林梨诏		
主营业务	非金属制品模具设计、制造、模具深孔钻模加工，销售公司自产产品。				

企业名称	上海乐百通工具制造有限公司				
企业地址	上海市工业综合开发区环城北路口（201401）				
投资总额	300万USD	电话	57431580	传真	57436905
设立日期	2002-7-19	负责人	刘炳生		
主营业务	生产人造金刚石工具制品五金工具制品，销售公司自产产品。				

企业名称	雅登音响乐器（上海）有限公司				
企业地址	上海外高桥保税区美盛路171号2号楼第四层（201107）				
投资总额	42万USD	电话	58589280	传真	58680531
设立日期	2002-7-18	负责人	李敬章		
主营业务	保税区内加工、制造电声产品、乐器及其有关配件，销售自产产品。				

企业名称	上海东宪精密机器有限公司				
企业地址	上海市嘉定工业区叶城路1211号2幢（201821）				
投资总额	140万USD	电话	69520418	传真	69523087
设立日期	2002-7-17	负责人	后藤志郎		
主营业务	生产、组装汽车用排气测定器、排烟测定器、水质分析器及相关零部件。				

企业名称	艺德创盟电子（上海）有限公司				
企业地址	上海市张江高科技园区碧波路456号A204室（201203）				
投资总额	71万USD	电话	51320410	传真	51320411
设立日期	2002-7-15	负责人	莫建邻		
主营业务	汽车电子设备系统、电子及通讯设备、相关测试仪器的研发、设计等。				

企业名称	威德福油田设备（上海）有限公司				
企业地址	上海松江出口加工区松开Ⅲ－43号地块（南乐路311）（201611）				
投资总额	800万USD	电话	57748333	传真	57749003
设立日期	2002-7-8	负责人	ADAM JULIAN ESBERGER		
主营业务	制造、加工油气工业设备及其相关零部件，销售公司自产产品。				

企业名称	朗轩电子设备（上海）有限公司				
企业地址	上海市漕河泾新兴技术开发区桂平路495号15号楼5楼（200233）				
投资总额	40万USD	电话	54261531	传真	54501021
设立日期	2002-7-8	负责人	霍世华		
主营业务	设计生产半导体等电子生产设备及其部件。				

企业名称	上海减摩机电有限公司				
企业地址	上海市嘉定区南翔镇真南路4270号（201802）				
投资总额	35万USD	电话	59953332	传真	59953276
设立日期	2002-7-8	负责人	吕松辉		
主营业务	生产无铅焊料、变压器、安定器（整流器和稳压器）、变频器。				

企业名称	日奔纸张纸浆电材（上海）有限公司				
企业地址	上海市外高桥保税区泰谷路48号第一楼A部位（200131）				
投资总额	97万USD	电话	58682021	传真	58682023
设立日期	2002-7-1	负责人	前田秀雄		
主营业务	保税区内纸张、薄膜胶片，电子材料和相关产品的加工、组装、检测。				

企业名称	优越脚轮（上海）有限公司				
企业地址	上海市嘉定区马陆镇沪嘉经济发展区嘉富路618号（201818）				
投资总额	50万USD	电话	39510089	传真	59516169
设立日期	2002-7-1	负责人	雄岛卫		
主营业务	生产工业用各类脚轮、手推车、洗净机及与其相关的塑料、橡胶制品。				

企业名称	三贵康复器材（上海）有限公司				
企业地址	上海市嘉定工业区洪德路1155号（201821）				
投资总额	107万USD	电话	69169690	传真	69169619
设立日期	2002-6-28	负责人	佐藤永佳		
主营业务	生产、加工康复器材及其相关配件，销售企业自产产品。				

企业名称	丸一精密模具（上海）有限公司				
企业地址	上海市闵行区浦江镇东方经济城浦星路3899号（201112）				
投资总额	45万USD	电话	64918193	传真	64917970
设立日期	2002-6-25	负责人	佐藤昌宏		
主营业务	生产销售精密型腔模、精冲模。				

企业名称	上海紫江特种瓶业有限公司				
企业地址	上海市闵行区颛兴路998号（201108）				
投资总额	2980万USD	电话	64896233	传真	64896233.
设立日期	2002-6-20	负责人	郭　峰		
主营业务	生产无机非金属材料及制品（高性能复合材料）。				

企业名称	奥赛德工程设备（上海）有限公司				
企业地址	上海市宝山区一二八纪念路1078号（200435）				
投资总额	110万USD	电话	62261815	传真	52385028
设立日期	2002-6-19	负责人	陈维杰		
主营业务	生产擦窗机、吊篮、升降平台等高空作业设备，销售、租赁自产产品。				

企业名称	乔辉洁净室设备（上海）有限公司				
企业地址	上海市嘉定区马陆镇包桥村浏翔公路2248弄9号（201801）				
投资总额	70万USD	电话	69155275	传真	69155180
设立日期	2002-6-18	负责人	邱丽华		
主营业务	生产、加工无尘无菌室专用设备、材料及耗材、无尘无菌衣、鞋等器具。				

企业名称	山田尖端科技（上海）有限公司				
企业地址	上海市青浦工业园区（201707）				
投资总额	1625 万 USD	电话	69211909	传真	69212566
设立日期	2002-6-18	负责人	胡永刚		
主营业务	开发、生产半导体电子专用设备、测试仪器、工模具及其零部件。				

企业名称	上海贸钜精密模具有限公司				
企业地址	上海市闵行区华漕镇杨家巷村华翔路 3668-3 号（201107）				
投资总额	35 万 USD	电话	62214701	传真	62214702
设立日期	2002-6-17	负责人	陈健德		
主营业务	生产精冲模、精密型腔模、模具标准件，销售自产产品。				

企业名称	上海翔承贸线路板有限公司				
企业地址	上海市嘉定区 PCB 工业园区（201818）				
投资总额	200 万 USD	电话	59516208	传真	59516291
设立日期	2002-6-17	负责人	胡占亚		
主营业务	生产多层印刷电路板，销售企业自产产品。				

企业名称	希凯电子机械开发（上海）有限公司				
企业地址	上海市漕河泾新兴技术开发区宜山路 900 号科技大楼 1003 室(200233)				
投资总额	71 万 USD	电话	54234977	传真	54234066
设立日期	2002-6-14	负责人	佐藤元		
主营业务	汽车零部件及相关机械、电子产品的细化设计。				

企业名称	上海泰伦机械制造有限公司				
企业地址	上海市宝山区杨行镇大黄村（201901）				
投资总额	170 万 USD	电话	56800376	传真	56801841
设立日期	2002-6-12	负责人	沈龙隆		
主营业务	生产金属构件、模具、矿山和岩石破碎机械、备件和相关产品。				

企业名称	爱舍（上海）新型建材有限公司				
企业地址	上海市奉贤区金汇镇西闸路 9 号（200030）				
投资总额	800 万 USD	电话	57481600	传真	57482007
设立日期	2002-6-12	负责人	钟敬仁		
主营业务	研究、开发、生产新型建材，销售公司自产产品。				

企业名称	上海爱斯可汽车电装有限公司				
企业地址	上海市松江区新浜工业园区新工路西侧 215 号（201615）				
投资总额	620 万 USD	电话	67725105	传真	67725106
设立日期	2002-6-7	负责人	斋藤实		
主营业务	生产加工汽车关键零部件、新型仪表元器件及其零部件。				

企业名称	上海鸿友工业有限公司				
企业地址	上海市嘉定工业区马陆园区双丁路（201801）				
投资总额	2460 万 USD	电话	59103170	传真	59103661
设立日期	2002-6-6	负责人	王东平		
主营业务	生产割草机、喷雾机等园林机械及相关零部件，销售企业自产产品。				

企业名称	戴伸精密模具（上海）有限公司				
企业地址	上海市青浦区新区路台商工业园区 1515 号（201700）				
投资总额	1250 万 USD	电话	69212516	传真	69212212
设立日期	2002-6-5	负责人	林 彰		
主营业务	设计、生产精密模具，销售公司自产产品。				

企业名称	寰达交通器材（上海）有限公司				
企业地址	上海市松江区九亭镇沪亭北路 4 号黄泥浜村 SJ04（201615）				
投资总额	25 万 USD	电话	57580798	传真	57580799
设立日期	2002-5-27	负责人	陈亮谷		
主营业务	生产加工汽车门拉手、窗户启动器、方向器、变动门开关等。				

企业名称	泽太化纤（上海）有限公司				
企业地址	上海市青浦区大盈香大路 1258 号（201712）				
投资总额	500 万 USD	电话	59223738	传真	59220617
设立日期	2002-5-22	负责人	高 飞		
主营业务	生产双组份复合纤维，销售公司自产产品。				

企业名称	首华机电（上海）有限公司				
企业地址	上海市宝山区丰翔路 306 弄 24 号（200436）				
投资总额	30 万 USD	电话	66164010	传真	56136740
设立日期	2002-5-22	负责人	陈俊胜		
主营业务	生产、加工无线电机、高周波加热机、焊接机及其他专用设备。				

企业名称	晋奕精密机械（上海）有限公司				
企业地址	上海市闵行区北青公路 699 弄 3 号（201107）				
投资总额	58 万 USD	电话	62219464	传真	62219464
设立日期	2002-5-20	负责人	吕庆郎		
主营业务	生产销售汽车、摩托车模具、夹具，提供售后技术服务。				

企业名称	宜峰医疗器械（上海）有限公司				
企业地址	上海市江场西路 199 号 B 座 304－8 室（200436）				
投资总额	28 万 USD	电话	62300545	传真	62300545
设立日期	2002-5-20	负责人	PHILLIP HONG KAO		
主营业务	生产加工病床、手术床、手术室洗手台、病房家具、手术器件等。				

企业名称	怡高包装器材（上海）有限公司				
企业地址	上海市黄浦区海潮路 1 号第 10 幢（200011）				
投资总额	40 万 USD	电话	38923202	传真	58566501
设立日期	2002-5-17	负责人	陈拔萃		
主营业务	设计、生产非金属制品模具、各类印刷品包装用模切刀片、弯刀机等。				

企业名称	上海吉纳尔运动器材有限公司				
企业地址	上海市青浦区朱家角工业园区（201713）				
投资总额	50 万 USD	电话	59232299	传真	59245720
设立日期	2002-5-17	负责人	陈晓谷		
主营业务	生产各类自行车及其零配件，销售公司自产产品。				

企业名称	上海日春精密模具有限公司				
企业地址	上海市闵行区梅富路 88 号（201100）				
投资总额	100 万 USD	电话	54387070	传真	54389383
设立日期	2002-5-15	负责人	董国君		
主营业务	生产静冲模、精密型腔模、模具标准件，销售自产产品。				

企业名称	上海元志电子材料有限公司				
企业地址	上海市嘉定区马陆镇新联村嘉新公路 699 号（201801）				
投资总额	182 万 USD	电话	59901568	传真	59901566
设立日期	2002-5-15	负责人	徐烘昌		
主营业务	生产电子专用绝缘片及相关配件，销售企业自产产品.。				

企业名称	上海加冷松芝汽车空调有限公司				
企业地址	上海市闵行区莘庄工业区申富路 H1 地块/春光路 588 号（201108）				
投资总额	3500 万 USD	电话	54424998	传真	54424019
设立日期	2002-5-15	负责人	陈福成		
主营业务	生产销售各类车辆空调器及相关配件。				

企业名称	上海皆豪模具工业有限公司				
企业地址	上海市松江区车墩镇莘莘学子创业园北闵路 26 号（201611）				
投资总额	20 万 USD	电话	57605446	传真	57605445
设立日期	2002-5-10	负责人	赖清候		
主营业务	生产汽车、摩托车模具（含冲模、注塑模），销售公司自产产品。				

企业名称	上海诚泰精密模具工业有限公司				
企业地址	上海市嘉定区金园公路 455 号（201812）				
投资总额	142 万 USD	电话	59135511	传真	59134730
设立日期	2002-5-9	负责人	草本诚二		
主营业务	生产精密模具及其相关配件，销售企业自产产品。				

企业名称	优利多船舶设备（上海）有限公司				
企业地址	上海外高桥保税区荷丹路 320 号 12 号仓库第一、二层 A 部位（200131）				
投资总额	20 万 USD	电话	58691292	传真	58691279
设立日期	2002-4-25	负责人	OISETH TOR		
主营业务	保税区生产、装配船舶用绝缘板材、安全设备、维修保养器材，销售自产产品。				

企业名称	上海台昌农业机械设备有限公司				
企业地址	上海市闵行区浦江镇三鲁路四号桥/陈行路 1689 号（201114）				
投资总额	20 万 USD	电话	64299553	传真	64299347
设立日期	2002-4-23	负责人	杨德丰		
主营业务	生产加温机、干燥机、废弃物处理机、过滤器材、温棚设备及配件。				

企业名称	高田（上海）汽车安全装置有限公司				
企业地址	上海市青浦工业园区新业路 759 弄（201700）				
投资总额	1250 万 USD	电话	69212880	传真	69212886
设立日期	2002-4-23	负责人	严义明		
主营业务	生产汽车安全气囊等汽车安全装置及其零部件，销售公司自产产品。				

制造业-专用设备和交通运输设备制造业

企业名称	商亨实业（上海）有限公司				
企业地址	上海市闵行区黎安路 1288 号（201100）				
投资总额	1180 万 USD	电　话	51197676	传　真	51197676
设立日期	2002-4-23	负责人	吴思榕		
主营业务	生产和装配并销售卡车起重机、高空作业车、环保机具。				

企业名称	上海谷瑞农牧设备有限公司				
企业地址	上海市松江工业区茸北分区文翔路北侧（201613）				
投资总额	28 万 USD	电　话	57781158	传　真	57782907
设立日期	2002-4-18	负责人	郑存仁		
主营业务	生产、加工谷物储存、烘干、处理机械、动物饲养机械。				

企业名称	陈唱工业机械（上海）有限公司				
企业地址	上海市梅富路 176 号（201100）				
投资总额	30 万 USD	电　话	54376333	传　真	34083632
设立日期	2002-4-15	负责人	周成才		
主营业务	生产销售叉车零配件、汽车零配件，提供相关售后服务。				

企业名称	上海侨进实业发展有限公司				
企业地址	上海市闵行区北青公路 800 号（201101）				
投资总额	750 万 USD	电　话	64191125	传　真	64193894
设立日期	2002-4-12	负责人	陈仁锭		
主营业务	生产销售汽车零配件、塑料制品、装饰材料、装潢五金、灯具。				

企业名称	联宇环保科技（上海）有限公司				
企业地址	上海市浦东新区东方路 3698 号 110 室（200125）				
投资总额	28 万 USD	电　话	52358890	传　真	52391859
设立日期	2002-4-11	负责人	池榕光		
主营业务	工业、生活饮用水设备和污废水处理设备的生产，销售自产产品。				

企业名称	上海江太夹具有限公司				
企业地址	上海市嘉定区安亭镇大众工业园区园大路 268 号（201805）				
投资总额	100 万 USD	电　话	69576124	传　真	69576126
设立日期	2002-4-10	负责人	吴惠宜		
主营业务	生产汽车、摩托车工业用模具、夹具，销售本公司自产产品。				

企业名称	上海天仪精密模具有限公司				
企业地址	上海市浦东新区浦东南路 2230 号 4 号楼底层（200135）				
投资总额	31 万 USD	电　话	68562987	传　真	68565500
设立日期	2002-4-9	负责人	ISHIBASHI MASARU		
主营业务	设计、生产精密模具及其零部件，销售自产产品。				

企业名称	泰艺洁净技术（上海）有限公司				
企业地址	上海浦东康桥工业开发区康桥路 1100 号 812 室（200042）				
投资总额	20 万 USD	电　话	62316574	传　真	62314562
设立日期	2002-4-8	负责人	LIN YI MING		
主营业务	设计、生产无尘间隔系统设备及材料，销售公司自产产品。				

企业名称	东理化汽车电子（上海）有限公司				
企业地址	上海市外高桥保税区港澳路 271 号 1 号厂房 3 层西部位（200131）				
投资总额	50 万 USD	电　话	50482770	传　真	50480593
设立日期	2002-4-8	负责人	小原善之		
主营业务	保税区内生产汽车零部件，以 OEM 或 ODM 方式生产家用电子零部件。				

企业名称	一真光学（上海）有限公司				
企业地址	上海市奉贤区南桥镇西渡南渡村 829 号（201401）				
投资总额	182 万 USD	电　话	57157311	传　真	57157313
设立日期	2002-4-2	负责人	文炳甲		
主营业务	生产、加工各类光电器件和敏感之器件，并销售自产产品。				

企业名称	集荣模具（上海）有限公司				
企业地址	上海青浦区徐泾镇上海西郊经济技术开发区蟠龙路 800 号（201702）				
投资总额	500 万 USD	电　话	59883177	传　真	69768527
设立日期	2002-3-27	负责人	刘玉基		
主营业务	生产精密模具及模具零部件，销售公司自产产品。				

企业名称	上海开姆森机械设备制造有限公司				
企业地址	上海市普陀区真南路 1958 号（200331）				
投资总额	28 万 USD	电　话	62508282	传　真	62848806
设立日期	2002-3-18	负责人	ZHANG WEN PING		
主营业务	加工、生产冶金辅助机械设备及清洁剂，销售自产产品。				

企业名称	上海欧伊恩汽车零部件有限公司				
企业地址	上海市松江区车墩镇新余村（松江第 945 号地块）（201611）				
投资总额	168 万 USD	电　话	57609715	传　真	57609710
设立日期	2002-3-18	负责人	胡玉意		
主营业务	生产汽车等速万向节、减震器、硅油风扇离合器、水泵、灯具及汽车配件。				

企业名称	德嘉汽车配件（上海）有限公司				
企业地址	上海市嘉定区安亭镇园区路 1128 号（201805）				
投资总额	420 万 USD	电　话	69576177	传　真	69576179
设立日期	2002-3-17	负责人	谢章廷		
主营业务	生产汽车减震器及精密轴承，销售企业自产产品。				

企业名称	上海裕同机器有限公司				
企业地址	上海市朱家角镇工业园区（201714）				
投资总额	142 万 USD	电　话	59830178	传　真	59830081
设立日期	2002-3-15	负责人	钟翔君		
主营业务	生产制革机械及转鼓、木制工艺品，销售公司自产产品。				

企业名称	泰石克建筑机械（上海）有限公司				
企业地址	上海市闵行区莘庄工业区天为中路小区 7 号（201108）				
投资总额	79 万 USD	电　话	64895237	传　真	34074222
设立日期	2002-3-14	负责人	伊藤达郎		
主营业务	设计生产销售破碎器、移动式破碎机等建筑机械等。				

企业名称	上海安岱五金工具有限公司				
企业地址	上海市青浦区崧泽工业园区（201703）				
投资总额	30 万 USD	电　话	69758727	传　真	69758728
设立日期	2002-3-11	负责人	杨文次		
主营业务	生产汽车专用高强度紧固件，销售公司自产产品。				

企业名称	威尔逊模具（上海）有限公司				
企业地址	上海市莘庄工业区华宁路 4018 弄 58 号 6 号厂房（201111）				
投资总额	20 万 USD	电　话	51089638	传　真	64422195
设立日期	2002-3-7	负责人	ROBERT ANTHONY HASKI		
主营业务	以模具为主的国际贸易、转口贸易、保税区内企业间的贸易及贸易代理。				

企业名称	友喜达机械（上海）有限公司				
企业地址	上海市闵行区莘朱路 816 弄 10 号（201100）				
投资总额	28 万 USD	电　话	54382001	传　真	54384839
设立日期	2002-3-5	负责人	吉田章		
主营业务	研发、制造纺织机械及相关零件，销售自产产品。				

企业名称	志德精密机械（上海）有限公司				
企业地址	上海市嘉定工业区马陆园区陈安路 115 号（201801）				
投资总额	420 万 USD	电　话	59101150	传　真	59101151
设立日期	2002-3-4	负责人	钟招志		
主营业务	生产精冲模、精密型腔模、模具标准件及五金制品。				

企业名称	上海佳元模型有限公司				
企业地址	上海市嘉定区马陆镇嘉新公路 1018 号（201801）				
投资总额	42 万 USD	电　话	59154950	传　真	59154699
设立日期	2002-3-4	负责人	陈荣元		
主营业务	设计、生产非金属制品模具及模型，销售企业自产产品。				

企业名称	上海集陇模具技术有限公司				
企业地址	上海市闵行区七宝镇沪星 4 队（201101）				
投资总额	30 万 USD	电　话	34150358	传　真	64196728
设立日期	2002-3-1	负责人	王福祥		
主营业务	生产销售加工精密模具、模型、汽车塑料配件。				

企业名称	泽星（上海）精密工业有限公司				
企业地址	上海市金山区枫泾镇工业园区（201501）				
投资总额	500 万 USD	电　话	67356444	传　真	67356281
设立日期	2002-2-26	负责人	蔡文士		
主营业务	设计制造精密模具、大容量光、磁盘驱动器。				

企业名称	上海达阔环保科技有限公司				
企业地址	上海市松江工业区松开 3-32 号地块 SJ19（201613）				
投资总额	150 万 USD	电　话	57749731	传　真	57749730
设立日期	2002-2-9	负责人	戴锦明		
主营业务	设计、生产工业用污水处理设备及净水处理系统设备。				

企业名称	伟巴斯特车顶供暖系统（上海）有限公司				
企业地址	上海市闵行区梅陇镇景联路 855 号（201100）				
投资总额	140 万 USD	电　话	54402718	传　真	54406602
设立日期	2002-2-7	负 责 人	康惠彬		
主营业务	生产销售汽车天窗、汽车加热器、提供安装、维修服务。				

企业名称	胖龙园艺设备（上海）有限公司				
企业地址	上海市闵行区纪翟路 1198 号（201107）				
投资总额	800 万 USD	电　话	52261467	传　真	52261221
设立日期	2002-1-31	负 责 人	徐骁力		
主营业务	生产农业机具新技术设备、节水灌溉新技术设备。				

企业名称	上海青益恩机电有限公司				
企业地址	上海青浦工业园区新业路 599 号（201700）				
投资总额	50 万 USD	电　话	69211620	传　真	69211326
设立日期	2002-1-29	负 责 人	加藤智章		
主营业务	生产加工各种电子机械零件、座厕盖零件，销售公司自产产品。				

企业名称	上海雅杰精密机械有限公司				
企业地址	上海市青浦区华新镇华新工业园区（201708）				
投资总额	40 万 USD	电　话	69790123	传　真	69790811
设立日期	2002-1-28	负 责 人	赖传盛		
主营业务	设计生产光纤、通讯、电子用线缆设备，销售公司自产产品。				

企业名称	刘钣车件制造（上海）有限公司				
企业地址	上海市嘉定工业区马陆园区希望路（201801）				
投资总额	148 万 USD	电　话	59101511	传　真	59101400
设立日期	2002-1-28	负 责 人	江原功一		
主营业务	生产汽车、摩托车车体零配件，销售企业自产产品。				

企业名称	上海邕升机械有限公司				
企业地址	上海市闵行区联友路纪宏路 69 号（201107）				
投资总额	100 万 USD	电　话	52963637	传　真	52963639
设立日期	2002-1-24	负 责 人	林振民		
主营业务	生产销售新型纺织机械及其配件。				

企业名称	康奈尔（上海）医疗器械有限公司				
企业地址	上海市杨浦区国定路 335 号（200433）				
投资总额	130 万 USD	电　话	65546699	传　真	65527000
设立日期	2002-1-24	负 责 人	李军		
主营业务	生产医疗器械，销售自产产品。（详见医疗器械生产许可证）				

企业名称	丰生（上海）电子有限公司				
企业地址	上海松江区泖港镇叶新公路北侧强民工业区三期 1 号（201617）				
投资总额	280 万 USD	电　话	57861424	传　真	57862703
设立日期	2002-1-22	负 责 人	赵友邦		
主营业务	生产电子设备、机械设备及相关配件、仪器仪表。				

企业名称	上海汇德汽车服务有限公司				
企业地址	上海市南汇区沪南公路 2523 号（201315）				
投资总额	170 万 USD	电　话	58128666	传　真	58129286
设立日期	2002-1-11	负 责 人	唐　诚		
主营业务	各类汽车及其零部件的维修和保养，并提供相关的技术咨询服务。				

企业名称	方松企业发展（上海）有限公司				
企业地址	上海市松江区茸北工业区茸兴路东侧（松江第 904 号地块）（201613）				
投资总额	500 万 USD	电　话	54656759	传　真	54656755
设立日期	57784375	负 责 人	李克欣		
主营业务	医疗设备的开发、研制以及提供技术服务，销售公司自产产品。				

企业名称	麦王裕泉环保设备制造（上海）有限公司				
企业地址	上海市宝山区共祥路西北侧（201901）				
投资总额	20 万 USD	电　话	68552275	传　真	56390405
设立日期	2002-1-9	负 责 人	王易虹		
主营业务	环保设备制造，销售自产产品及其相关业务的咨询服务。				

企业名称	上海上佳环境机械有限公司				
企业地址	上海市奉贤区胡桥镇庄胡公路 3086 号（201417）				
投资总额	20 万 USD	电　话	52560671	传　真	32210223
设立日期	2002-1-8	负 责 人	邵　峰		
主营业务	生产、加工环保设备、钢结构件、销售自产产品。				

企业名称	上海本特勒汇众汽车零部件有限公司				
企业地址	上海市汶水路 251 号（200072）				
投资总额	1997 万 USD	电　话	56037771	传　真	56772889
设立日期	2002-1-8	负 责 人	桂龙明		
主营业务	生产汽车驱动中的焊接、桥架等相关配件，销售自产产品。				

企业名称	上海大盛模具有限公司				
企业地址	上海市嘉定区黄渡镇联西村（201804）				
投资总额	420 万 USD	电　话	69590251	传　真	69590133
设立日期	2002-1-6	负 责 人	毛　岱		
主营业务	生产精冲模、精密型腔模、模具标准件，销售企业自产产品。				

企业名称	大中缝机（上海）有限公司				
企业地址	上海市奉贤区外经贸委齐贤区联谊路一号（201403）				
投资总额	28 万 USD	电　话	57472725	传　真	57473758
设立日期	2002-1-4	负 责 人	尤鹏举		
主营业务	生产高技术含量的特种工业缝纫机；销售公司自产产品。				

企业名称	上海萨克斯动力总成部件系统有限公司				
企业地址	上海市青浦区华新镇纪鹤路 3189 号（201708）				
投资总额	2900 万 USD	电　话	59796521	传　真	59795141
设立日期	2002-1-1	负 责 人	肖国普		
主营业务	设计、制造汽车自动变速器部件（液力变矩器）、离合器、主缸和副缸等。				

制造业－电子及通信设备和仪器仪表及文化、办公用机械制造业

企业名称	上海慧日新能源科技有限公司				
企业地址	上海市江场三路 228 号 609 室（200436）				
投资总额	1000 万 USD	电话		传真	
设立日期	2009-12-31	负责人	邱斐		
主营业务	太阳能电池相关原材料、电子智能控制产品的研发、技术成果转让。				

企业名称	上海孚达信息科技有限公司				
企业地址	上海市天钥桥路 909 号 3 号楼 108 室（200030）				
投资总额	29 万 USD	电话	8009881198	传真	62231908
设立日期	2009-12-23	负责人	JESSE SONG		
主营业务	计算机信息、网络、自动化通讯专业领域内的技术咨询及安装。				

企业名称	神鹰飞腾新能源科技（上海）有限公司				
企业地址	上海市奉贤区远东路 777 弄 28 号（201400）				
投资总额	400 万 USD	电话	67104458	传真	
设立日期	2009-12-17	负责人	陈辉		
主营业务	叉车用燃料电池动力系统及相关零部件的研发、生产。				

企业名称	上海通亿能源科技有限公司				
企业地址	上海市奉贤区柘林镇浦卫公路 6709 号（201416）				
投资总额	150 万 USD	电话	57459397	传真	
设立日期	2009-12-7	负责人	ZHU XIAOFENG		
主营业务	生产、加工太阳能节能产品、光电产品、冷热散热交换器。				

企业名称	领特（上海）通信科技有限公司				
企业地址	上海市张江高科技园区松涛路 647 弄 7-8 号 102-103 室（201203）				
投资总额	15 万 USD	电话	61646116	传真	
设立日期	2009-12-7	负责人	ANG HOCK PHO		
主营业务	有线通信设备、仪器和元器件的研发，自有技术转让。				

企业名称	永燮安防设备科技（上海）有限公司				
企业地址	上海市嘉定区马陆镇彭封路 108 号第 2 幢 103-108 室（201801）				
投资总额	14 万 USD	电话	59100631	传真	59100632
设立日期	2009-12-2	负责人	徐永和		
主营业务	研发、设计、生产消防逃生缓降管、救生衣、高尔夫球杆及相关配套件。				

企业名称	中夏芯基（上海）科技有限公司				
企业地址	上海市张江高科技园区龙东大道 3000 号 1 幢 A 楼 602 室（201203）				
投资总额	100 万 USD	电话		传真	
设立日期	2009-11-26	负责人	刘钧		
主营业务	半导体设备及相关软件的开发，自动控制技术的研发。				

企业名称	富台节能科技（上海）有限公司				
企业地址	上海市嘉定区江桥镇华江路 341 号第 1 幢（201803）				
投资总额	20 万 USD	电话	59115418	传真	
设立日期	2009-11-23	负责人	陈永全		
主营业务	设计、加工、装配节能减排设备，销售自产产品并提供相关技术咨询。				

企业名称	德门通讯科技（上海）有限公司				
企业地址	上海市闵行区瓶安路 1259 号 4 号楼（201108）				
投资总额	80 万 USD	电话		传真	
设立日期	2009-11-20	负责人	张斌		
主营业务	开发、设计、生产通讯终端天线，销售自产产品。				

企业名称	聚辰半导体（上海）有限公司				
企业地址	上海市张江高科技园区松涛路 647 弄 12 号（201203）				
投资总额	700 万 USD	电话	50802288	传真	
设立日期	2009-11-13	负责人	浦汉沪		
主营业务	集成电路产品的设计、研发、制造。				

企业名称	必博网络科技（上海）有限公司				
企业地址	上海市浦东新区张杨路 707 号 905 室（200120）				
投资总额	14 万 USD	电话		传真	
设立日期	2009-11-12	负责人	OMER MOHAMMAD LATIF		
主营业务	网络技术的研发、系统集成的调试及维护，计算机软件的开发、设计。				

企业名称	莘宇丰（上海）有机硅科技有限公司				
企业地址	上海市松江工业区新飞路 250 弄 A11、A12、A13 号厂房（201600）				
投资总额	600 万 USD	电话	64589240	传真	
设立日期	2009-11-10	负责人	张登丰		
主营业务	研发、生产、加工用于家电系列的电热硅橡胶。				

企业名称	精曜（上海）能源科技有限公司				
企业地址	上海市张江高科技园区郭守敬路 351 号 2 号楼 516 室（201203）				
投资总额	1000 万 USD	电话	58186830	传真	68796879
设立日期	2009-10-21	负责人	张柏龄		
主营业务	薄膜太阳能能源技术、薄膜太阳能电池关键设备技术的设计、研发。				

企业名称	铠马仕智能科技（上海）有限公司				
企业地址	上海市长宁区广顺路 33 号 8 幢 116 室（200335）				
投资总额	37 万 USD	电话	62399578	传真	
设立日期	2009-10-16	负责人	MICHAEL JOSEPH MC KEON		
主营业务	研究、开发各类智能控制系统，销售自行开发产品。				

企业名称	得意（上海）网络科技有限公司				
企业地址	上海市浦东新区峨山路 613 号 11 幢 C3 室（200120）				
投资总额	20 万 USD	电话	33040822	传真	
设立日期	2009-10-16	负责人	黄纪恩		
主营业务	网络技术的研发，自有技术成果转让。				

企业名称	易红信息技术（上海）有限公司				
企业地址	上海市奉贤区远东路 828 号 1 幢 521 室（201400）				
投资总额	14 万 USD	电话	64019162	传真	
设立日期	2009-10-15	负责人	NAM KIJUNG		
主营业务	计算机软件的技术开发、技术转让、技术咨询和技术服务。				

企业名称	拓赛（上海）网络科技有限公司				
企业地址	上海市黄浦区河南南路 665 号 613 室（200011）				
投资总额	13 万 USD	电话	62088559	传真	62705322
设立日期	2009-10-13	负责人	铃木贞一郎		
主营业务	网络技术、信息技术领域的技术开发、技术咨询、技术服务。				

企业名称	东豪（上海）材料科技有限公司				
企业地址	上海市松江区九亭镇涞坊路 2099 号 4 号厂房（201615）				
投资总额	145 万 USD	电话	67697171	传真	
设立日期	2009-9-29	负责人	刘正芳		
主营业务	研发生产光学级保护膜，电脑、手机用保护膜。				

企业名称	百会环保科技（上海）有限公司				
企业地址	上海市浦东新区宣桥镇南芦公路 193 号 408 室（201314）				
投资总额	100 万 USD	电话	58035991	传真	
设立日期	2009-9-15	负责人	江兴增		
主营业务	风力发电机的设计，以及相关的技术研究，自有技术成果的转让。				

企业名称	蔚海光学仪器（上海）有限公司				
企业地址	上海市闵行区金都路 1165 弄 123 号 23 幢 1 号厂房三层四层（200237）				
投资总额	42 万 USD	电话	62956708	传真	62956698
设立日期	2009-9-14	负责人	ROBERT RANDELMAN		
主营业务	生产、组装光学仪器、电子设备及其零配件，销售自产产品。				

企业名称	金翼环境科技（上海）有限公司				
企业地址	上海市张江高科技园区牛顿路 200 号 5 号楼 109 室（201203）				
投资总额	307 万 USD	电话	50270768	传真	50802858
设立日期	2009-9-8	负责人	石经哲		
主营业务	环境技术、生物技术、食品加工技术、生态萃取食品改性淀粉技术。				

企业名称	同初安心屋（上海）现代农业科技有限公司				
企业地址	上海市松江区泖港镇新宾路 1469 弄 9 号 3 幢 2 楼 202 室（201607）				
投资总额	20 万 USD	电话	62786193	传真	62782143
设立日期	2009-9-1	负责人	梁观诚		
主营业务	现代农业科技研发、推广。				

企业名称	上海酷族信息技术有限公司				
企业地址	上海市黄浦区北京东路 666 号 C 区 601（A）室（200001）				
投资总额	17 万 USD	电话	51571800	传真	
设立日期	2009-8-28	负责人	李华军		
主营业务	通讯、电信及计算机软件、信息系统集成的开发、设计、制作。				

企业名称	上海潮祺半导体照明有限公司				
企业地址	上海宝山城市工业园区城银路 268 号 2 号楼 4 楼（200444）				
投资总额	7 万 USD	电话	36161335	传真	36161358
设立日期	2009-8-28	负责人	张云联		
主营业务	生产灯具、照明产品、电子电器设备、元器件，销售自产产品。				

企业名称	比阳（上海）能源科技有限公司				
企业地址	上海市梅园路228号2315室（200070）				
投资总额	439万USD	电　话	63391091	传　真	63391077
设立日期	2009-8-13	负责人	龚尊		
主营业务	电站、输、变、配电设备、配套基材以及可再生能源设备的研发。				

企业名称	上海鑫昀新能源科技有限公司				
企业地址	上海市浦东新区东陆路1970、1972号（201206）				
投资总额	3000万USD	电　话	50311908	传　真	50311908
设立日期	2009-8-11	负责人	陆伟君		
主营业务	风能和太阳能科技领域内的技术研究，自有技术成果的转让。				

企业名称	帝陶信息科技（上海）有限公司				
企业地址	上海市崇明县秀山路8号3幢2层C区2026室（202150）				
投资总额	5万USD	电　话	69625818	传　真	
设立日期	2009-8-6	负责人	LEI POU FUN		
主营业务	技术开发、技术转让、技术咨询和技术服务。				

企业名称	上海世纪亨格网络科技有限公司				
企业地址	上海市杨浦区翔殷路128号11号楼C座208室（200433）				
投资总额	15万USD	电　话	58770852	传　真	58771590
设立日期	2009-7-31	负责人	WU YI HUANG		
主营业务	网络科技领域内的技术咨询、技术服务、技术开发。				

企业名称	上海恒劲动力科技有限公司				
企业地址	上海市张江高科技园区张东路1388号1号楼（201203）				
投资总额	1054万USD	电　话	68794600	传　真	68794580
设立日期	2009-6-24	负责人	GAO YONG		
主营业务	燃料电池技术及其相关的新能源产品的研究、设计、开发、生产。				

企业名称	益科博能源科技（上海）有限公司				
企业地址	上海市张江高科技园区张东路1387号1幢101室（201203）				
投资总额	1464万USD	电　话	68795941	传　真	68795942
设立日期	2009-6-23	负责人	项晓东		
主营业务	太阳能技术及其相关设备的研究、开发、设计。				

企业名称	澳思登科学仪器（上海）有限公司				
企业地址	上海市江场三路228号6层605室（200436）				
投资总额	22万USD	电　话	66309067	传　真	
设立日期	2009-6-15	负责人	陈瑜		
主营业务	精密仪器的研发、制造和销售自产产品。				

企业名称	上海裴垒信息科技有限公司				
企业地址	上海市漕溪路250号A307室（200235）				
投资总额	600万USD	电　话	54489590	传　真	
设立日期	2009-6-12	负责人	HUA-CHANG RICHARD HUANG		
主营业务	商业计算机软件的开发、设计、制作，销售自产产品。				

企业名称	奥秘（上海）科技有限公司				
企业地址	上海市松江区车墩镇香亭路368号第一幢厂房（201611）				
投资总额	44万USD	电　话	57774376	传　真	
设立日期	2009-6-8	负责人	孙利敏		
主营业务	研发、生产生物和化学仪器相关的设备、配件及耗材。				

企业名称	八方皇海半导体技术（上海）有限公司				
企业地址	上海市张江高科技园区祖冲之路1077号2幢3103室（201203）				
投资总额	29万USD	电　话	50278936	传　真	
设立日期	2009-6-8	负责人	陈明贤		
主营业务	集成电路的研发、设计、测试；计算机软件的研发、设计。				

企业名称	新港能源科技（上海）有限公司				
企业地址	上海市长宁区延安西路2299号2406室（200336）				
投资总额	15万USD	电　话	62366804	传　真	
设立日期	2009-6-3	负责人	DAVID RONALD MUIR MURRAY		
主营业务	能源科技领域内的技术开发、转让自研成果。				

企业名称	上海蓝菲光学仪器有限公司				
企业地址	上海市闵行区金都路1165弄123号23幢壹号厂房一层（200237）				
投资总额	23万USD	电　话	52068686	传　真	52068191
设立日期	2009-5-21	负责人	BLAINE RICHARD FLORES		
主营业务	从事研制、开发、生产和组装光测量系统。				

企业名称	景略半导体（上海）有限公司				
企业地址	上海市张江高科技园区松涛路563号A座(1号楼)223、224室(201203)				
投资总额	18万USD	电　话	50802393	传　真	50802395
设立日期	2009-4-30	负责人	何润生		
主营业务	半导体的研发、计算机软件的开发、设计、制作。				

企业名称	澳英环保科技（上海）有限公司				
企业地址	上海市杨浦区黄兴路2005弄2号1802室（200433）				
投资总额	15万USD	电　话		传　真	
设立日期	2009-4-22	负责人	TENG DAO LI		
主营业务	污水处理环保科技技术的开发，并提供相关的技术咨询。				

企业名称	埃优诺（上海）特种润滑材料科技有限公司				
企业地址	上海市普陀区武威路288号2号楼底楼东侧（200000）				
投资总额	20万USD	电　话	54249140	传　真	64877686
设立日期	2009-4-21	负责人	王瑞兴		
主营业务	润滑油的生产加工，润滑脂的分包装，销售自产产品。				

企业名称	韦尔达环保科技（上海）有限公司				
企业地址	上海市张江高科技园区毕升路289号8号楼402室（201204）				
投资总额	50万USD	电　话	58528222	传　真	
设立日期	2009-4-21	负责人	周瑾		
主营业务	环保技术、环保设备研发，自有技术成果的转让。				

企业名称	上海凯世通半导体有限公司				
企业地址	上海市张江高科技园区牛顿路200号7号楼单元1（201203）				
投资总额	146万USD	电　话	28934194	传　真	28934524
设立日期	2009-4-16	负责人	陈炯		
主营业务	集成电路设备、固体照明器材及材料、医疗设备研发设计。				

企业名称	调光大师照明科技（上海）有限公司				
企业地址	上海市金山区漕泾镇漕廊公路888号1幢A区（201507）				
投资总额	44万USD	电　话	58969777	传　真	58969776
设立日期	2009-4-3	负责人	陈俊村		
主营业务	照明器材、节能灯具、电子节能灯、电子镇流器及其配套产品的设计。				

企业名称	上势信息科技（上海）有限公司				
企业地址	上海市闵行区吴中路1050号第6幢1006室（201103）				
投资总额	50万USD	电　话	87099288	传　真	
设立日期	2009-3-31	负责人	刘彩玲		
主营业务	从事信息通讯科技、网络科技、计算机软硬件领域内的技术开发。				

企业名称	上海跃动信息技术有限公司				
企业地址	上海市长乐路989号2707A室（200031）				
投资总额	14万USD	电　话	24051682	传　真	
设立日期	2009-3-30	负责人	THOMAS SIEGHARD FELLGER		
主营业务	手机互联网技术开发、手机应用软件开发、用户界面设计和开发。				

企业名称	上海传骋信息技术有限公司				
企业地址	上海市共和新路3201号802室（200070）				
投资总额	7万USD	电　话	54452922	传　真	
设立日期	2009-3-25	负责人	邹素琼		
主营业务	通讯软件和电子产品的研发、设计，并提供相关的技术咨询、技术服务。				

企业名称	克尔司半导体设备（上海）有限公司				
企业地址	上海市浦东新区南汇工业园区汇成路530号12号厂房（201300）				
投资总额	50万USD	电　话		传　真	
设立日期	2009-3-10	负责人	IK NYUN KIM		
主营业务	生产组装半导体器件和集成电路整机装配专用设备、太阳能加工设备。				

企业名称	上海外高桥万国数据科技发展有限公司				
企业地址	上海市外高桥保税区华京路2号办公楼708室（200131）				
投资总额	1000万USD	电　话	61941318	传　真	61940051
设立日期	2009-3-9	负责人	黄伟		
主营业务	以承接服务外包方式从事信息系统应用管理和维护。				

企业名称	度科信息科技（上海）有限公司				
企业地址	上海市奉贤区青村镇南奉公路3081号1幢101室（201414）				
投资总额	14万USD	电　话	51118200	传　真	
设立日期	2009-3-3	负责人	LI LIN		
主营业务	计算机领域内的技术开发、技术咨询、技术服务和技术转让。				

企业名称	极特太阳能科技（上海）有限公司				
企业地址	上海市浦东新区高翔路955号1幢（200137）				
投资总额	240万USD	电　话	62887272	传　真	62887660
设立日期	2009-2-26	负责人	JEFFREY JOHN FORD		
主营业务	研发、设计、制造太阳能专用多晶硅材料生产设备和检测设备。				

企业名称	观取（上海）信息科技有限公司				
企业地址	上海市长宁区淮海西路570号8幢1层B室（200052）				
投资总额	15万USD	电　话	37702775	传　真	37702779
设立日期	2009-2-25	负责人	萧家弘		
主营业务	设计、开发、制作发光二极管、LCD显示屏幕设备、自动控制设备。				

企业名称	上海麟风风能科技有限公司				
企业地址	上海市金山区浦卫公路16393号2－3幢（201508）				
投资总额	293万USD	电　话	57246161	传　真	57242567
设立日期	2009-1-14	负责人	严强		
主营业务	研发生产风力发电机及相关零配件，销售公司自产产品。				

企业名称	百柯流体科技（上海）有限公司				
企业地址	上海市闵行区金都路1165弄123号23幢(壹号)厂房二层B座(200237)				
投资总额	30万USD	电　话	52068686	传　真	52068191
设立日期	2009-1-9	负责人	TIMOTHY P. O'SULLIVAN		
主营业务	研发、生产流体控制和气体处理设备及相关零部件，销售自产产品。				

企业名称	上海欧尚信息技术研发有限公司				
企业地址	上海市杨浦区长阳路1750号3楼第24-26单元（200090）				
投资总额	140万USD	电　话	65432211	传　真	
设立日期	2009-1-5	负责人	BRUNO ROBERT MERCIER		
主营业务	从事与信息管理系统、查询系统、收银系统的研究与开发。				

企业名称	宏达通讯有限公司				
企业地址	上海市张江高科技园区金科路2555号201A室（201203）				
投资总额	800万USD	电　话	53088885	传　真	68187902
设立日期	2008-12-29	负责人	庄正松		
主营业务	通讯产品及相关零组件、软件、计算机软硬件的设计、研究开发。				

企业名称	上海瀚富信息科技有限公司				
企业地址	上海市奉贤区青村镇人民路48号7幢118室（201414）				
投资总额	15万USD	电　话	51068156	传　真	
设立日期	2008-12-26	负责人	王　戈		
主营业务	信息科技领域内的技术开发、技术转让、技术咨询。				

企业名称	上海程合表面科技有限公司				
企业地址	上海市嘉定工业区北区嘉朱公路3058号第1幢第2层（201807）				
投资总额	100万USD	电　话	59968177	传　真	59968179
设立日期	2008-12-16	负责人	詹钧尧		
主营业务	生产、加工数码电子产品的零配件，销售本公司自产产品。				

企业名称	上海誉皓电子科技有限公司				
企业地址	上海市青浦工业园区新科路588号（201700）				
投资总额	220万USD	电　话		传　真	
设立日期	2008-12-12	负责人	黄丽华		
主营业务	设计、生产新型平板显示器、新型电子元器件、移动通信系统。				

企业名称	上海新储集成电路有限公司				
企业地址	上海市金山区亭卫公路6505号2幢8号（201506）				
投资总额	146万USD	电　话	37286180	传　真	37286180
设立日期	2008-12-4	负责人	封松林		
主营业务	相变存储器的技术研发，相变存储器及相关产品的生产加工。				

企业名称	上海祥濠环保科技有限公司				
企业地址	上海市奉贤区四平路7号8幢106室（201412）				
投资总额	16万USD	电　话	64696861	传　真	64696823
设立日期	2008-12-4	负责人	刘亚英		
主营业务	环保科技领域的技术咨询和技术服务。				

企业名称	晁电太阳能科技（上海）有限公司				
企业地址	上海市松江区荣乐东路81号212-D室（201613）				
投资总额	1200万USD	电　话		传　真	
设立日期	2008-12-1	负责人	王凯旋		
主营业务	设计、研发光电及光伏电池相关产品。				

企业名称	德氏连接器制造（上海）有限公司				
企业地址	上海市嘉定工业区北和公路255号第1幢、第2幢（201807）				
投资总额	170万USD	电　话	33517277	传　真	33517278
设立日期	2008-11-20	负责人	JEAN MARIE JACQUES PAINVIN		
主营业务	生产、加工和组装电子连接装置、接触件。				

企业名称	加创安防系统（中国）有限公司				
企业地址	上海市闸北区广中西路757号1708室（200072）				
投资总额	1000万USD	电　话	66306600	传　真	66309997
设立日期	2008-11-17	负责人	JAMES ZAHN		
主营业务	安防产品和系统的研发、生产。				

企业名称	上海陛通半导体能源科技有限公司				
企业地址	上海市浦东新区金桥镇陆行村金家圈队87号1幢101-102室(201206)				
投资总额	12万USD	电　话	50792683	传　真	50792683
设立日期	2008-11-17	负责人	宋维聪		
主营业务	集成电路产品工艺技术研究，太阳能应用系统的设计。				

企业名称	纳安斐电子（上海）有限公司				
企业地址	上海市青浦工业园区天辰路1855号第8幢厂房（201700）				
投资总额	100万USD	电　话	59227500	传　真	59227599
设立日期	2008-11-12	负责人	GERHARD SCHENK		
主营业务	开发、生产、加工大型工业控制器及配件。				

企业名称	威格勒传感器技术（上海）有限公司				
企业地址	上海市闵行区东川路555号甲楼2017室（200241）				
投资总额	20万USD	电　话	68554890	传　真	68554895
设立日期	2008-11-12	负责人	刘明秋		
主营业务	研究、开发传感器技术及相关软件。				

企业名称	达郦（上海）环保科技有限公司				
企业地址	上海市徐汇区龙华西路585号A幢8A6室（200232）				
投资总额	150万USD	电　话	64699801	传　真	64699802
设立日期	2008-11-5	负责人	LIM YEW BOON		
主营业务	环保技术的研究、开发，提供相关技术咨询服务。				

企业名称	晟晰新能源科技（上海）有限公司				
企业地址	上海市长宁区延安西路1033号A座1001室（200050）				
投资总额	14万USD	电　话	31338285	传　真	
设立日期	2008-11-5	负责人	林金宗		
主营业务	新能源科技领域内的技术开发并提供相关技术咨询。				

企业名称	纳斯美林商品检测（上海）有限公司				
企业地址	上海市普陀区中江路879弄1号楼3031室（200063）				
投资总额	43万USD	电　话	51068155	传　真	51068156
设立日期	2008-10-30	负责人	CHULAM M SUHRAWARDI		
主营业务	为国际贸易提供检验和鉴定服务，包括货物运输前的检验和鉴定。				

企业名称	上海特律自动化控制有限公司				
企业地址	上海市南汇区祝桥镇金闻路10号4幢（201323）				
投资总额	100万USD	电　话	60971899	传　真	60971897
设立日期	2008-10-28	负责人	杨天夫		
主营业务	设计、生产直线和平面电机等机电产品的自动化控制器。				

企业名称	捷蔚光电科技（上海）有限公司				
企业地址	上海市普陀区中江路879弄1号楼172室（200063）				
投资总额	73万USD	电　话	63620559	传　真	63620557
设立日期	2008-10-28	负责人	冯奎法		
主营业务	光电科技专业领域内的技术咨询、技术服务。				

企业名称	上海海莱威无线通信技术有限公司				
企业地址	上海市张江高科技园区毕升路299弄11号楼301室（201203）				
投资总额	43万USD	电　话		传　真	
设立日期	2008-10-27	负责人	柴永森		
主营业务	无线通信技术、移动通信终端产品以及相关零部件的研发。				

企业名称	康莱光学科技（上海）有限公司				
企业地址	上海市松江区新桥镇申村申南三路69号-1号标准厂房（201612）				
投资总额	50万USD	电　话	37788361	传　真	37788362
设立日期	2008-10-21	负责人	王大光		
主营业务	研发、生产、加工眼镜镜片及眼镜组装。				

制造业-电子及通信设备和仪器仪表及文化、办公用机械制造业

企业名称	普莱格电子控制系统（上海）有限公司				
企业地址	上海市南汇区惠南镇园中路451号第12幢厂房（201300）				
投资总额	163万USD	电　话	58021734	传　真	50551113
设立日期	2008-10-20	负责人	RUTH PLEIGER-KRAFT		
主营业务	生产液压和电子液压伺服元件和设备，以及相关电控系统。				

企业名称	华以工业（上海）有限公司				
企业地址	上海市外高桥保税区富特南路301号2楼E部位（200131）				
投资总额	20万USD	电　话	50485228	传　真	50485220
设立日期	2008-9-11	负责人	BOAZ HOROWITZ		
主营业务	保税区内太阳能反射镜驱动器、电极面膜的生产加工、组装、测试。				

企业名称	上海逸辉热能源开发有限公司				
企业地址	上海市黄浦区淮海东路68号502室（200002）				
投资总额	200万USD	电　话		传　真	
设立日期	2008-10-20	负责人	陆文宝		
主营业务	热能源技术开发，能源领域的技术咨询服务。				

企业名称	比比科技（上海）有限公司				
企业地址	上海市松江区民益路201号16幢4层（201600）				
投资总额	50万USD	电　话	54422858	传　真	33738107
设立日期	2008-9-9	负责人	劳逸强		
主营业务	实验室仪器、分析仪器及其配件的研发、制造。				

企业名称	特科玻璃钢船艇技术（上海）有限公司				
企业地址	上海市静安区康定路528号2幢2楼213室（200041）				
投资总额	14万USD	电　话	52068989	传　真	52066738
设立日期	2008-10-20	负责人	RAMASAMY RAMESH		
主营业务	救生艇、吊艇架装置和小型船舶的技术咨询、技术服务。				

企业名称	上海藤建电子有限公司				
企业地址	上海市闵行区双柏路888号35幢三楼（200237）				
投资总额	27万USD	电　话	33506700	传　真	33505595
设立日期	2008-9-9	负责人	藤田守广		
主营业务	开发、生产各种发光二极管（LED）制品，销售自产产品。				

企业名称	上海全览半导体技术有限公司				
企业地址	上海市松江区华哲路355弄9号厂房A座（201613）				
投资总额	1000万USD	电　话	57749288	传　真	57748297
设立日期	2008-10-17	负责人	XIAO-YING HONG		
主营业务	从事CMOS影像传感器集成电路的设计、开发和制造。				

企业名称	上海凯斯大岛精密电子制造有限公司				
企业地址	上海市松江区小昆山镇港兴路1号B2号厂房（201616）				
投资总额	30万USD	电　话	58684201	传　真	58684202
设立日期	2008-9-8	负责人	胜谷泰之		
主营业务	生产、加工、研发各种电子、机械设备用金属零部件和树脂部件。				

企业名称	布里斯克磁业（上海）有限公司				
企业地址	上海市松江区金都西路555弄6号（201612）				
投资总额	20万USD	电　话	67619303	传　真	67649973
设立日期	2008-10-14	负责人	丁　弘		
主营业务	生产退磁器、磁性吊重器、磁选机、五金制品、机床附件。				

企业名称	沁心（上海）卫生用品有限公司				
企业地址	上海市松江区佘山镇沈砖公路3129弄6号（201602）				
投资总额	50万USD	电　话	59764175	传　真	59763989
设立日期	2008-9-5	负责人	PARMAR YOGESHKUMAR		
主营业务	生产、加工卫生用品，销售公司自产产品。				

企业名称	壹晶半导体技术（上海）有限公司				
企业地址	上海市浦东新区浦东南路500号国家开发银行大厦4128室（200120）				
投资总额	14万USD	电　话	53083683	传　真	53083683
设立日期	2008-10-6	负责人	JOHN RAYMOND HARDING		
主营业务	半导体材料应用设计，半导体材料和加工技术研究。				

企业名称	菱重增压器科技（上海）有限公司				
企业地址	上海市青浦工业园区外青松公路5399号高新技术基地A35号（201700）				
投资总额	40万USD	电　话	69210030	传　真	62470552
设立日期	2008-9-5	负责人	盐原修次郎		
主营业务	涡轮增压器等发动机部件的设计和开发，提供相关的技术咨询服务。				

企业名称	钜圣电子科技（上海）有限公司				
企业地址	上海市外高桥保税区希雅路11号14#楼第四层C1部位（200131）				
投资总额	20万USD	电　话	50460311	传　真	50460311
设立日期	2008-9-26	负责人	陈孝滨		
主营业务	保税区内电子芯片产品、半导体设备的组装、生产。				

企业名称	上海舜宇海逸光电技术有限公司				
企业地址	上海市张江高科技园区蔡伦路1690号2号楼502-504室（201203）				
投资总额	467.9万USD	电　话	50801818	传　真	50807998
设立日期	2008-9-3	负责人	王文鉴		
主营业务	光电技术的开发，光电传（互）感器的研发、设计。				

企业名称	胜狮货柜技术研发（上海）有限公司				
企业地址	上海市宝山区宝杨路2020号14幢3楼（201901）				
投资总额	200万USD	电　话	63930099	传　真	63930915
设立日期	2008-9-24	负责人	张松声（TEO SIONG SENG）		
主营业务	从事各类集装箱、挂车、半挂车、各类运输载体等物流装备的研发。				

企业名称	兆恒电脑科技（上海）有限公司				
企业地址	上海市奉贤区青村镇人民路48号2幢101室（201414）				
投资总额	14万USD	电　话	64959645	传　真	64959647
设立日期	2008-9-2	负责人	赵　蕾		
主营业务	计算机领域内的技术开发、技术咨询。				

企业名称	吉好特船务工程（上海）有限公司				
企业地址	上海市浦东新区华东路3999号3幢C区（201202）				
投资总额	14万USD	电　话	33826485	传　真	33826486
设立日期	2008-9-22	负责人	KIM DONGSO		
主营业务	船用主、副锅铲配件、船用热交换器配件的制造、修理。				

企业名称	亿阳钢杆（上海）有限公司				
企业地址	上海市金山区亭林镇亭华路189号（201505）				
投资总额	500万USD	电　话	37283263	传　真	37283262
设立日期	2008-8-27	负责人	王炳南		
主营业务	生产加工照明、输配电、广告用各类锥形或多棱形钢杆及照明灯具。				

企业名称	钧硕电子科技（上海）有限公司				
企业地址	上海市康桥工业区康桥镇康桥东路1号1号楼201－203室（201315）				
投资总额	1477万USD	电　话	38113768	传　真	58134268
设立日期	2008-9-18	负责人	张天宝		
主营业务	研发、生产笔记本产品机构件及其系统组装成品。				

企业名称	上海香朵农业科技有限公司				
企业地址	上海市崇明县庙镇窑桥村社南780号2幢142室（202153）				
投资总额	70万USD	电　话	64422565	传　真	64422566
设立日期	2008-8-27	负责人	赖岳军		
主营业务	农业科技领域内的技术咨询和技术服务。				

企业名称	上海七辉电子技术有限公司				
企业地址	上海市嘉定区江桥镇宝园四路800号第3幢A区（201803）				
投资总额	15万USD	电　话	69119065	传　真	69119065
设立日期	2008-9-18	负责人	MURASAWA KIYONORI（村泽清则）		
主营业务	生产发光二极管（LED）、蓄光材料及相关产品。				

企业名称	上海铂妍美容用品有限公司				
企业地址	上海市青浦工业园区天盈路368号（201700）				
投资总额	20万USD	电　话	52715585	传　真	52715585
设立日期	2008-8-25	负责人	DR. FRITZ LUETTGENS		
主营业务	生产、加工美容用具，销售公司自产产品。				

企业名称	旭化成电子科技（上海）有限公司				
企业地址	上海市卢湾区淮海中路381号中环广场23F2335-38室（200020）				
投资总额	200万USD	电　话	63916111	传　真	63915500
设立日期	2008-9-17	负责人	小堀秀毅		
主营业务	电子材料、电子元件及零部件的设计开发。				

企业名称	泰利玛光电科技（上海）有限公司				
企业地址	上海市浦东新区民冬路635号7幢1层102室（201209）				
投资总额	14万USD	电　话	58817700	传　真	66355937
设立日期	2008-8-25	负责人	GERALD GLENN HENDERSON		
主营业务	研究、开发、制造高真空精密镀膜设备及其相关零部件。				

企业名称	动态通量（上海）生命科学仪器有限公司				
企业地址	上海市杨浦区营口路 578 号 707 室（200438）				
投资总额	15 万 USD	电　　话	61172117	传　　真	61172176
设立日期	2008-8-25	负 责 人	LI JIANG		
主营业务	生化生物仪器设备、检验仪器设备、环保仪器设备的技术开发。				

企业名称	亚派克（上海）环保科技有限公司				
企业地址	上海市普陀区绥德路 118 弄 53 号 4 层（200331）				
投资总额	30 万 USD	电　　话	66081950	传　　真	66081990
设立日期	2008-8-22	负 责 人	洪逸书		
主营业务	环保领域内的技术服务、技术咨询；包装材料。				

企业名称	人一木（上海）数码科技有限公司				
企业地址	上海市静安区西康路 223 号 406 室（200041）				
投资总额	18 万 USD	电　　话	62895937	传　　真	62892937
设立日期	2008-8-20	负 责 人	余志远		
主营业务	数码及多媒体技术（音像制品除外）的设计、开发。				

企业名称	拜恩州气体技术（上海）有限公司				
企业地址	上海市奉贤区青村镇奉柘公路 2898 号 1 幢 101 室（201414）				
投资总额	11 万 USD	电　　话	62105232	传　　真	62105232
设立日期	2008-8-19	负 责 人	HENRICI HANS JOACHIM OTTO		
主营业务	从事气体生产技术、废气处理技术等德国环保节能先进技术服务。				

企业名称	意德电控科技（上海）有限公司				
企业地址	上海市长宁区延安西路 1023 号 901 室（200050）				
投资总额	14 万 USD	电　　话	61612136	传　　真	61612029
设立日期	2008-8-14	负 责 人	POH CHEE YING		
主营业务	电力控制系统科技领域内的技术开发。				

企业名称	深迪半导体（上海）有限公司				
企业地址	上海市张江高科技园区蔡伦路 1690 号 2 号楼 302 室（201203）				
投资总额	300 万 USD	电　　话	50276900	传　　真	50276626
设立日期	2008-8-13	负 责 人	邹波		
主营业务	新型电子元器件、微机械电子传感器的研究、开发、设计。				

企业名称	顺欣环保科技（上海）有限公司				
企业地址	上海市虹口区广粤支路 1 号 8 幢 604 室（200434）				
投资总额	15 万 USD	电　　话	65291701	传　　真	65297069
设立日期	2008-8-13	负 责 人	古屋敏		
主营业务	研究、开发、生产装配取暖器，销售自产产品。				

企业名称	威零浪真空镀膜（上海）有限公司				
企业地址	上海市南汇区周浦镇新坦瓦公路 1456 号 7 幢底楼（201318）				
投资总额	15 万 USD	电　　话		传　　真	
设立日期	2008-8-12	负 责 人	RICHARD FUNG MING LAM		
主营业务	加工真空镀膜产品以及相关配套技术服务。				

企业名称	意力速（上海）电子技术研发有限公司				
企业地址	上海市松江区宝莲路 151 号第七幢（201613）				
投资总额	200 万 USD	电　　话	57742968	传　　真	57740758
设立日期	2008-8-11	负 责 人	今津敏行		
主营业务	关于电子仪器连接器、配套附件及其生产设备的研究。				

企业名称	上海宜昉环境检测有限公司				
企业地址	上海市闵行区七莘路 146 号 21 幢 4 楼西（201100）				
投资总额	29 万 USD	电　　话	64929481	传　　真	
设立日期	2008-8-7	负 责 人	YI CHEN		
主营业务	建筑工程室内空气检测和节能检测、职业卫生检测。				

企业名称	上海英安电子科技有限公司				
企业地址	上海市闸北区恒通路 360 号 C1001 室（200070）				
投资总额	14.6USD	电　　话	63808187	传　　真	63807851
设立日期	2008-8-5	负 责 人	SAMUEL MAURICE DWEK		
主营业务	电子设备、计算机软件开发。				

企业名称	上海波顿宏达绘图仪器有限公司				
企业地址	上海市奉贤区奉城镇南奉公路 276 号（201411）				
投资总额	20 万 USD	电　　话	57527000	传　　真	57521732
设立日期	2008-8-1	负 责 人	奚德才		
主营业务	生产和销售绘图仪器。				

企业名称	波邦海洋油气服务（上海）有限公司				
企业地址	上海市崇明县长兴潘园公路 1800 号 1058 室（201913）				
投资总额	51.7 万 USD	电　　话	64486037	传　　真	
设立日期	2008-7-31	负 责 人	PHILIPPE DU FRESNAY		
主营业务	为船舶建造领域、海洋石油和天然气钻探领域内的提供商务服务。				

企业名称	明神光电科技（上海）有限公司				
企业地址	上海市外高桥保税区泰谷路 88 号丰谷大楼第四层 G 部位（200131）				
投资总额	30 万 USD	电　　话	58682821	传　　真	58682819
设立日期	2008-7-29	负 责 人	合田仁一		
主营业务	光电、光纤器件的设计、生产。				

企业名称	欧领特（上海）重型冷轧有限公司				
企业地址	上海市宝山区金石路 1688 号 529 室（200949）				
投资总额	1000 万 USD	电　　话	58367500	传　　真	31268700
设立日期	2008-7-25	负 责 人	GOH KIAN SIN		
主营业务	生产、加工、维修钢板桩及其他冷轧型钢制品，销售自产产品。				

企业名称	格律克粉体工程（上海）有限公司				
企业地址	上海市卢湾区雁荡路 107 号 24D 室（200020）				
投资总额	14.6 万 USD	电　　话	53820108	传　　真	63724055
设立日期	2008-7-22	负 责 人	LUA BOON HENG		
主营业务	粉体处理工程技术研发，自有技术转让。				

企业名称	上海捷姆埃流体技术有限公司				
企业地址	上海市普陀区中山北路 2130 号 2006 室（200063）				
投资总额	73 万 USD	电　　话		传　　真	
设立日期	2008-7-18	负 责 人	陆　峹		
主营业务	流体专业的技术服务和技术咨询。				

企业名称	傲领分析技术（上海）有限公司				
企业地址	上海市外高桥保税区希雅路 330 号 7 号厂房底层 C 部位（200131）				
投资总额	35 万 USD	电　　话	50461180	传　　真	50461128
设立日期	2008-7-14	负 责 人	PHILIPPE BONHOMME		
主营业务	研发、生产、检测测量仪器仪表、气体色谱仪。				

企业名称	上海士丰电子材料有限公司				
企业地址	上海市松江区九亭镇九泾路 128 弄 2 号 1 幢 1 楼北侧（201615）				
投资总额	30 万 USD	电　　话	67697471	传　　真	
设立日期	2008-7-14	负 责 人	陈应清		
主营业务	生产、加工绝缘片、泡棉、屏蔽材料、电子标签、电子配件。				

企业名称	上海恩法半导体科技有限公司				
企业地址	上海市闸北区天目西路 218 号第一座 1908 室（200070）				
投资总额	1000 万 USD	电　　话	24188802	传　　真	24188598
设立日期	2008-7-4	负 责 人	ALAIN PIERRE JOSE DUTHEIL		
主营业务	研究、设计和开发无线技术软件、半导体产品。				

企业名称	水环纯水务技术（上海）有限公司				
企业地址	上海市南汇区宣桥镇南六公路 676 号（201300）				
投资总额	50 万 USD	电　　话	50101228	传　　真	50101220
设立日期	2008-7-4	负 责 人	FARID MARWAN NESICOLACI		
主营业务	水务技术服务；环保、节能、节水设备，水处理设备和相关配套的批发。				

企业名称	雷莫电子（上海）有限公司				
企业地址	上海市浦东新区金海路 1000 号 6 号楼第五层（201206）				
投资总额	42 万 USD	电　　话	58997721	传　　真	58997727
设立日期	2008-7-2	负 责 人	ALESSANDRO ANTONIO LUIGI PESCI		
主营业务	设计、开发、装配、加工电子连接器、光纤连接器、电子线缆组件。				

企业名称	上海新安纳电子科技有限公司				
企业地址	上海市金山工业区天工路 285 弄 2 幢（201506）				
投资总额	145 万 USD	电　　话	37286188	传　　真	62134404
设立日期	2008-7-1	负 责 人	宋志棠		
主营业务	硅溶胶和电子材料及相关产品的研发。				

企业名称	上海矽乐光电科技有限公司				
企业地址	上海市松江区石湖荡镇养石路 88 号 2 幢、3 幢、7 幢（201614）				
投资总额	400 万 USD	电　　话	57751689	传　　真	57752625
设立日期	2008-6-27	负 责 人	陈份来		
主营业务	生产、加工硅材料及其辅料，销售公司自产产品。				

制造业-电子及通信设备和仪器仪表及文化、办公用机械制造业

企业名称	竹芯电子光学科技（上海）有限公司				
企业地址	上海市静安区大田路 129 弄 1 号 18 层 E 室（200041）				
投资总额	20 万 USD	电　话	62720956	传　真	62713825
设立日期	2008-6-26	负 责 人	LIN AMY		
主营业务	集成电路、电子元器件及产品、通信产品的设计、开发。				

企业名称	欧必翼门控科技（上海）有限公司				
企业地址	上海市南汇区康桥镇秀浦路 3999 号 30A 号（201319）				
投资总额	80 万 USD	电　话	38256025	传　真	38256018
设立日期	2008-6-25	负 责 人	张建新		
主营业务	产各类自动旋转门及相关配件。				

企业名称	汇智赢华医疗科技研发（上海）有限公司				
企业地址	上海市张江高科技产业东区瑞庆路 590 号 5 幢 101 室（201203）				
投资总额	200 万 USD	电　话	58969818	传　真	66355937
设立日期	2008-6-25	负 责 人	TY TIEFENG HU（胡铁峰）		
主营业务	临床前实验动物生物模型、医学材料及制品的研发。				

企业名称	上海幼安医疗科技有限公司				
企业地址	上海市金山区亭林镇亭卫公路 9655 号一幢（201505）				
投资总额	50 万 USD	电　话	57231575	传　真	57231580
设立日期	2008-6-10	负 责 人	詹梅桂		
主营业务	生产自动回缩不可二次利用的安全注射器的项目。				

企业名称	能绿环保技术（上海）有限公司				
企业地址	上海市张江高科技园区龙东大道 2500 号 F 楼 255 室（201203）				
投资总额	38 万 USD	电　话		传　真	
设立日期	2008-6-10	负 责 人	YI FAN CHEN（陈逸帆）		
主营业务	环保技术、生物燃料技术的研发，自有研发成果的转让。				

企业名称	新突思电子科技（上海）有限公司				
企业地址	上海市闵行区宜山路 2016 号 12 楼 A－C 座（201103）				
投资总额	14 万 USD	电　话	64065566	传　真	54867842
设立日期	2008-6-4	负 责 人	王兴中		
主营业务	电子产品的技术开发、设计，销售自产产品。				

企业名称	上海菲舒能源科技有限公司				
企业地址	上海市徐汇区肇嘉浜路 446 弄 1 号 1107 室（200031）				
投资总额	14 万 USD	电　话		传　真	
设立日期	2008-5-30	负 责 人	张惠坚		
主营业务	从事生物海藻及生物能源技术专业领域内的技术开发、技术咨询。				

企业名称	奥特莱光电子技术（上海）有限公司				
企业地址	上海市闵行区东川路 555 号己楼 2 楼 03B 室（200241）				
投资总额	700 万 USD	电　话		传　真	
设立日期	2008-5-29	负 责 人	张　婧		
主营业务	研究、开发光电子技术、激光、光子医疗设备。				

企业名称	朵力创意设计（上海）有限公司				
企业地址	上海市闸北区延长路 149 号 94 幢 101 室（200070）				
投资总额	15 万 USD	电　话	62822240	传　真	52307397
设立日期	2008-5-26	负 责 人	林明娥		
主营业务	视觉创意设计，建筑设计咨询。				

企业名称	金卫医疗科技（上海）有限公司				
企业地址	上海市徐汇区肇嘉浜路 446 弄 1 号 1 号楼 1801 室（200031）				
投资总额	1000 万 USD	电　话	59203990	传　真	59200145
设立日期	2008-5-22	负 责 人	经建中		
主营业务	医疗科技领域内的计算机软件设计、制作。				

企业名称	上海美宜环保科技有限公司				
企业地址	上海市南汇区新场工业区新浩路 45 号（201314）				
投资总额	250 万 USD	电　话	38015788	传　真	38015782
设立日期	2008-5-19	负 责 人	曹世亮		
主营业务	环境污染治理技术的研发应用。				

企业名称	沛尔泉环保科技（上海）有限公司				
企业地址	上海市闸北区江场西路 1577 弄 13 号 2 楼（200070）				
投资总额	21 万 USD	电　话	36322008	传　真	36322068
设立日期	2008-5-19	负 责 人	廖丽玲		
主营业务	研发、生产与环保技术相关的净水设备、海水淡化设备。				

企业名称	征明通讯科技（上海）有限公司				
企业地址	上海市闵行区光华路 2118 号第 3 幢 428 室（201111）				
投资总额	15 万 USD	电　话		传　真	
设立日期	2008-5-15	负 责 人	HAN KWAN SUNG		
主营业务	研发、生产通信产品配套的软件，销售自产产品。				

企业名称	纽升太阳能科技（上海）有限公司				
企业地址	上海市张江高科技园区碧波路 328 号 A 座 3 楼（201203）				
投资总额	100 万 USD	电　话	50275888	传　真	50275899
设立日期	2008-5-8	负 责 人	LAIZHONG LUO		
主营业务	半导体薄膜太阳电池、光伏电产品制造设备及技术的研发。				

企业名称	国锦（上海）环保科技有限公司				
企业地址	上海市张江高科技园区龙东大道 2500 号 F 楼 238 室（201203）				
投资总额	64 万 USD	电　话	61042660	传　真	61042661
设立日期	2008-5-7	负 责 人	张一帆		
主营业务	大气污染防治技术、水处理技术、土壤改良技术的开发。				

企业名称	上海天倪电子工程有限公司				
企业地址	上海市崇明县城桥镇官山路 2 号 3 幢 C 区 2065 室（202150）				
投资总额	38 万 USD	电　话	58810558	传　真	58810558
设立日期	2008-5-7	负 责 人	白效洪		
主营业务	射频识别技术、模具、仿真技术、电子技术、计算机软硬件的技术开发。				

企业名称	上海中挪海事技术有限公司				
企业地址	上海市化学工业区奉贤分区目华北路 388 号 1 幢 204 室（201424）				
投资总额	200 万 USD	电　话	57448389	传　真	57448399
设立日期	2008-5-4	负 责 人	高照杰		
主营业务	在船舶建造和营运以及海洋和陆地工程领域内提供相关的技术咨询。				

企业名称	流景网络科技（上海）有限公司				
企业地址	上海市崇明县城桥镇秀山路 7 号 5 幢 D 区 206 室（202150）				
投资总额	30 万 USD	电　话	69625818	传　真	
设立日期	2008-5-4	负 责 人	ROBERT DONALD SCALES		
主营业务	网络科技、计算机技术领域内的技术开发、技术转让。				

企业名称	铨亿电子（上海）有限公司				
企业地址	上海市松江区车墩镇香闵路 488 号 1 幢 1 楼（201611）				
投资总额	20 万 USD	电　话	57775290	传　真	57775260
设立日期	2008-4-29	负 责 人	甘桂三		
主营业务	设计、生产和加工电子测试机及相关产品。				

企业名称	亦可网络科技（上海）有限公司				
企业地址	上海市闸北区延长路 149 号 94 幢 105 室（200070）				
投资总额	980 万 USD	电　话	60868047	传　真	60868047
设立日期	2008-4-29	负 责 人	周　忻		
主营业务	网络技术和计算机软硬件的研发、制作。				

企业名称	上海锦龙半导体科技有限公司				
企业地址	上海市张江高科技园区龙东大道 2500 号 E 楼 213 室（201203）				
投资总额	10 万 USD	电　话	58732110	传　真	58732109
设立日期	2008-4-28	负 责 人	HAN CHIN FONG		
主营业务	集成电路专用设备的研发、生产。				

企业名称	星晶电子科技（上海）有限公司				
企业地址	上海市张江高科技园区蔡伦路 1690 号 2 号楼 312 室（201203）				
投资总额	34 万 USD	电　话	50277238	传　真	50273898
设立日期	2008-4-25	负 责 人	SOH YONG SENG（苏勇盛）		
主营业务	直线和平面电机及其驱动系统、激光模块的研发、生产。				

企业名称	凌骥电子（上海）有限公司				
企业地址	上海市徐汇区虹漕路 461 号 58#楼第一、二层（200233）				
投资总额	500 万 USD	电　话	54279988	传　真	64852660
设立日期	2008-4-25	负 责 人	CHEN DAOSHEN		
主营业务	研究、开发、生产高端路由器中的高效节能型电力电子设备。				

企业名称	上海翠能光电科技有限公司				
企业地址	上海市闵行区浦星公路 789 号 321 室（201112）				
投资总额	300 万 USD	电　话	34637008	传　真	34637008
设立日期	2008-4-21	负 责 人	樊邦扬		
主营业务	研发、设计、生产照明灯具及其零部件，销售自产产品。				

企业名称	贝克牌真空科技（上海）有限公司				
企业地址	上海市青浦工业园区新丹路288号#5厂房（201700）				
投资总额	221万USD	电　　话	59867988	传　　真	59867986
设立日期	2008-4-17	负 责 人	CARSTEN HELMUT KRICKE		
主营业务	设计、开发、制造、加工真空泵、压缩机以及相关部件。				

企业名称	盛企（上海）光电系统科技有限公司				
企业地址	上海市普陀区祁连山南路2889号2号楼3楼（200333）				
投资总额	600万USD	电　　话	69216666	传　　真	69210688
设立日期	2008-4-16	负 责 人	ZHAO YONGLI		
主营业务	LED产品的技术咨询。				

企业名称	智选半导体科技（上海）有限公司				
企业地址	上海市浦东新区新金桥路1088号A栋1818室（201206）				
投资总额	16万USD	电　　话	61094755	传　　真	
设立日期	2008-4-11	负 责 人	李　斌		
主营业务	研究、开发、设计集成电路测试软件，集成电路测试夹具。				

企业名称	迈迪实信息科技（上海）有限公司				
企业地址	上海市外高桥保税区富特南路311号53号厂房第二层全部位(200131)				
投资总额	14万USD	电　　话	54315055	传　　真	54315038
设立日期	2008-4-9	负 责 人	WILLIAM ROYCE MCLENNAN		
主营业务	电器设备、电子产品及其零部件的生产，加工。				

企业名称	上海北极巍电子技术研究有限公司				
企业地址	上海市宝山区上大路668号601室（200436）				
投资总额	1000万USD	电　　话		传　　真	
设立日期	2008-4-8	负 责 人	钱国强		
主营业务	电子元器件、计算机硬件、软件系统、专有计算机系统的技术开发。				

企业名称	芯旸光电科技（上海）有限公司				
企业地址	上海市徐汇区田州路159号15单元401室（200233）				
投资总额	60万USD	电　　话	54453399	传　　真	54453088
设立日期	2008-4-7	负 责 人	潘　栋		
主营业务	研究、开发微电子技术、光电技术、通讯技术，计算机软件的设计。				

企业名称	光翊艺术设计（上海）有限公司				
企业地址	上海市杨浦区国顺东路800号419室（200433）				
投资总额	14万USD	电　　话	55057478	传　　真	
设立日期	2008-4-7	负 责 人	许瑞容		
主营业务	计算机软硬件、艺术品的设计、制作，销售自产产品。				

企业名称	上海昭立电子有限公司				
企业地址	上海市浦东新区川沙路6999号37幢2、3层（201203）				
投资总额	60万USD	电　　话	58380366	传　　真	58594845
设立日期	2008-4-1	负 责 人	福田明夫（FUKUDA AKIO）		
主营业务	生产、加工电子线路板、遥控器、电磁阀，销售自产产品。				

企业名称	诗达彼医疗管理咨询（上海）有限公司				
企业地址	上海市张江高科技园区龙东大道2500号F楼107室（201203）				
投资总额	14万USD	电　　话	63038575	传　　真	63033916
设立日期	2008-3-27	负 责 人	CLAUDE ALAIN，CHAUCHARD		
主营业务	医疗管理咨询、医疗信息咨询。				

企业名称	上海凯培安玮盛保洁服务有限公司				
企业地址	上海市浦东新区枣庄路959号207室（200136）				
投资总额	12万USD	电　　话	68339855	传　　真	68339855
设立日期	2008-3-26	负 责 人	LOH MYA THWIN		
主营业务	提供清洁服务、绿化养护服务，环保信息咨询。				

企业名称	灿靛齿科材料技术（上海）有限公司				
企业地址	上海市浦东新区金沪路1222号2幢第四层406－407室（201206）				
投资总额	12万USD	电　　话	53085929	传　　真	
设立日期	2008-3-26	负 责 人	入江正彦		
主营业务	齿科材料技术及相关产品的研究、开发。				

企业名称	上海彪鸿医疗科技有限公司				
企业地址	上海市嘉定区马陆镇嘉新公路835弄第1幢（201801）				
投资总额	200万USD	电　　话	52395677	传　　真	52395055
设立日期	2008-3-24	负 责 人	江邦卿		
主营业务	生产护具、保健足垫、弹性袜、座垫、枕垫、床垫、轮椅。				

企业名称	欧赛德船舶设计（上海）有限公司				
企业地址	上海市浦东新区桃林路18号A座2510室（200135）				
投资总额	10万USD	电　　话	58513412	传　　真	58513739
设立日期	2008-3-24	负 责 人	MICHIEL ADRIAAN WIJSMULLER		
主营业务	高新技术船舶和海洋工程装备的设计，提供相关技术服务。				

企业名称	尚合（上海）精密夹具有限公司				
企业地址	上海市松江区车墩镇书海路1239号4号厂房（201611）				
投资总额	100万USD	电　　话	67602401	传　　真	67602411
设立日期	2008-3-21	负 责 人	许修华		
主营业务	设计、制造汽车模具、夹具，摩托车模具。				

企业名称	上海灵和电子科技有限公司				
企业地址	上海市奉贤区金汇镇沿浦公路388号（201404）				
投资总额	108万USD	电　　话	52040231	传　　真	
设立日期	2008-3-21	负 责 人	陈显和		
主营业务	开发、设计电子产品软件、硬件，销售公司自产产品。				

企业名称	瑞肯物流管理咨询（上海）有限公司				
企业地址	上海市张江高科技园区龙东大道3000号1号楼202室（201203）				
投资总额	14万USD	电　　话	63611616	传　　真	63619655
设立日期	2008-3-21	负 责 人	KENNETH FLOYD BREINHOLT		
主营业务	物流管理咨询、供应链管理咨询。				

企业名称	伯乐（上海）生命科学研究发展有限公司				
企业地址	上海市张江高科技产业东区瑞庆路590号9幢1层（201203）				
投资总额	140万USD	电　　话	64260808	传　　真	
设立日期	2008-3-20	负 责 人	NORMAN SCHWARTZ		
主营业务	生命科学的研究开发。				

企业名称	恒常智能科技（上海）有限公司				
企业地址	上海市长宁区茅台路1068号219室（200335）				
投资总额	20万USD	电　　话	33608989	传　　真	33608989
设立日期	2008-3-19	负 责 人	蔡　佾锠		
主营业务	智能科技领域内的技术开发及转让。				

企业名称	斯必克工业技术研究开发（上海）有限公司				
企业地址	上海市长宁区华山路1568号1楼101室、102室及3楼（200052）				
投资总额	200万USD	电　　话	22085888	传　　真	22085981
设立日期	2008-3-17	负 责 人	KEVIN LILLY		
主营业务	从事汽车诊断检测仪器、汽车售前售后专用工具。				

企业名称	奥珀海洋工程技术咨询（上海）有限公司				
企业地址	上海市浦东新区新金桥路18号浦东民航大厦23层2301室（201206）				
投资总额	14万USD	电　　话	50304737	传　　真	50302017
设立日期	2008-3-13	负 责 人	PETER INGVARDT FALK		
主营业务	海洋石油及天燃气工程设备的技术咨询。				

企业名称	上海赫迪威电子科技有限公司				
企业地址	上海市闵行区漕河泾出口加工区浦星路789号308室（201112）				
投资总额	25万USD	电　　话	64400265	传　　真	64400267
设立日期	2008-3-10	负 责 人	戴龙军		
主营业务	设计汽车智能电子产品、汽车电脑的测试设备。				

企业名称	上海寰鑫光电科技有限公司				
企业地址	上海市嘉定区马陆镇育绿路288号第14幢（201801）				
投资总额	300万USD	电　　话	59521459	传　　真	59156347
设立日期	2008-3-7	负 责 人	蔡智慧		
主营业务	生产LED光电产品，汽车专用紧固件。				

企业名称	创岳自动化控制科技（上海）有限公司				
企业地址	上海市浦东新区小白路115号2幢（201200）				
投资总额	21万USD	电　　话	58812505	传　　真	58811015
设立日期	2008-3-6	负 责 人	LIM BOON HENG		
主营业务	工业自动化装备的设计和制造，以及相关配套软件的开发和制作。				

企业名称	霓达光电（上海）有限公司				
企业地址	上海市松江工业区锦昔路180弄16号（201613）				
投资总额	220万USD	电　　话	68825006	传　　真	
设立日期	2008-3-4	负 责 人	大塚一彦		
主营业务	研发、生产光电子器件、敏感元器件及传感器。				

企业名称	展腾太阳能科技（上海）有限公司				
企业地址	上海市闵行区东川路 555 号乙楼 1 层 05 室（200241）				
投资总额	2000 万 USD	电　话	61212288	传　真	54888364
设立日期	2008-2-28	负责人	李文男		
主营业务	开发、设计、生产太阳能硅电池、电池组件。				

企业名称	柏登亚数码影像科技（上海）有限公司				
企业地址	上海市松江区民益路 201 号 20 幢 1 层（201613）				
投资总额	35 万 USD	电　话	54451369	传　真	54451360
设立日期	2008-2-26	负责人	柯惠和		
主营业务	数码影像喷绘产品的生产、制作。				

企业名称	倚天泰克电子（上海）有限公司				
企业地址	上海市嘉定区真新街道金沙江路 3131 号第 2 幢（201800）				
投资总额	100 万 USD	电　话	69108000	传　真	69108001
设立日期	2008-2-22	负责人	LAURENT PIERRE EUGENE DESCLOS		
主营业务	研发、生产新型电子元器件。				

企业名称	海罗索斯净水科技（上海）有限公司				
企业地址	上海市金山区漕泾镇月工路 288 号 3 幢（201507）				
投资总额	35 万 USD	电　话	67256200	传　真	67256203
设立日期	2008-2-21	负责人	ERIC ROBINSON		
主营业务	生产饮用水的纯化介质、抗菌助剂以及相关装置。				

企业名称	富丞光电科技（上海）有限公司				
企业地址	上海市松江区九亭镇连富路 780 弄 100 号 1 幢底楼 B 座（201615）				
投资总额	20 万 USD	电　话	67627431	传　真	33522904
设立日期	2008-2-20	负责人	刘奉仁		
主营业务	半导体、光电子专用材料的开发。				

企业名称	上海华以诺新能源科技有限公司				
企业地址	上海市嘉定工业区叶城路 1411 号第 3 幢 1 楼（201821）				
投资总额	1000 万 USD	电　话	62085291	传　真	
设立日期	2008-2-19	负责人	邓运明		
主营业务	研发、生产太阳能发电系统及相关部件。				

企业名称	金厦瑞泽精密零件（上海）有限公司				
企业地址	上海市奉贤区柘林镇新申路 18 号（201424）				
投资总额	120 万 USD	电　话	57494000	传　真	57493888
设立日期	2008-2-19	负责人	潘金光		
主营业务	生产电力电子器件、发动机和底盘电子控制系统及关键零部件。				

企业名称	上海骏斯电子有限公司				
企业地址	上海市闵行区新桥路 126 号 2 幢 3 楼西侧（201103）				
投资总额	14 万 USD	电　话	64060440	传　真	64466446
设立日期	2008-2-19	负责人	张佩芬		
主营业务	加工、生产通讯用隔离器、环形器、天线及相关配件。				

企业名称	凯为半导体科技（上海）有限公司				
企业地址	上海市浦东新区浦东南路 588 号浦发大厦 24 层 I 单元（200120）				
投资总额	25 万 USD	电　话	68886981	传　真	68886982
设立日期	2008-2-19	负责人	SUZANNE MICHELLE SEANDEL		
主营业务	半导体产品、电子产品、集成电路的生产和开发。				

企业名称	上海紫红春混合动力电池发展有限公司				
企业地址	上海市奉贤区奉城镇神州路 288 号 5 幢（201411）				
投资总额	2980 万 USD	电　话	57513833	传　真	57520000
设立日期	2008-2-18	负责人	邬彬斐		
主营业务	生产无贡碱锰电池、动力镍氢电池、锂离子电池。				

企业名称	太意数码科技（上海）有限公司				
企业地址	上海市长宁区淮海西路 570 号 3 幢 D 楼 201 单元（200052）				
投资总额	20 万 USD	电　话	52540158	传　真	52540168
设立日期	2008-2-5	负责人	MURRAY JEFFREY STROUD		
主营业务	数码科技领域内的技术开发及销售自行开发产品。				

企业名称	铭达科冶金科技（上海）有限公司				
企业地址	上海市南汇区宣桥镇三灶都市型工业园宣夏路 422 号 2 楼（201300）				
投资总额	75 万 USD	电　话	58032151	传　真	58680205
设立日期	2008-2-4	负责人	ROBERT JONKMAN		
主营业务	加工、装配冶金用副枪探头。				

企业名称	华福（上海）环保科技有限公司				
企业地址	上海市嘉定工业区北区霜竹路 4450 号第 6 幢（201821）				
投资总额	500 万 USD	电　话	39193030	传　真	39193020
设立日期	2008-2-2	负责人	黄晓茵		
主营业务	电子产品及衍生废弃物的回收及循环再生利用。				

企业名称	上海泰福健康管理咨询有限公司				
企业地址	上海市浦东新区浦电路 438 号 1005 室（200122）				
投资总额	76 万 USD	电　话	61912090	传　真	61912099
设立日期	2008-2-1	负责人	ALLEN Y CHAO		
主营业务	医疗健康管理信息咨询。				

企业名称	上海玖裕光电科技有限公司				
企业地址	上海市嘉定工业区洪德路 1265 号第 2 幢 1 楼（201800）				
投资总额	40 万 USD	电　话	59170328	传　真	59170318
设立日期	2008-1-31	负责人	庄景盛		
主营业务	研发、生产光纤显示器。				

企业名称	上海希日电子有限公司				
企业地址	上海市松江区茸北路 88 号第 7 幢厂房 101 号（201613）				
投资总额	20 万 USD	电　话	37628287	传　真	37628283
设立日期	2008-1-30	负责人	冈本浩三		
主营业务	生产、加工用于汽车玻璃上的电插片。				

企业名称	酷吉智能系统（上海）有限公司				
企业地址	上海市张江高科技园区毕升路 299 弄 6 号 401 室 C 座（201203）				
投资总额	14 万 USD	电　话	50277438	传　真	50277428
设立日期	2008-1-30	负责人	JIONG CAI		
主营业务	智能系统及相关产品的研发。				

企业名称	特毅比安防器材（上海）有限公司				
企业地址	上海市虹口区广灵四路 110 号－120 号 4 幢 106 室（200098）				
投资总额	16 万 USD	电　话	65179129	传　真	65179127
设立日期	2008-1-24	负责人	STEPHANE LOUIS BIDAULT		
主营业务	加工、生产安防器材，销售自产产品。				

企业名称	宝地电子科技（上海）有限公司				
企业地址	上海市嘉定工业区嘉唐公路 1028 号（201800）				
投资总额	2998 万 USD	电　话	59521459	传　真	
设立日期	2008-1-22	负责人	杨柳		
主营业务	生产液晶显示设备、计算机配件、视频眼镜。				

企业名称	上海仪捷光电科技有限公司				
企业地址	上海市南汇区宣中路 399 号 8 幢房（201314）				
投资总额	200 万 USD	电　话	58185519	传　真	58185530
设立日期	2008-1-17	负责人	李小军		
主营业务	设计、生产、加工微电子用玻璃基板和光电特种玻璃薄化产品。				

企业名称	瑞萃微电子科技（上海）有限公司				
企业地址	上海市浦东新区新金桥路 58 号银东大厦 18 楼 D 室（201206）				
投资总额	41 万 USD	电　话	22819881	传　真	33820953
设立日期	2008-1-17	负责人	KAI-YEUNG SUNNY SIU		
主营业务	半导体芯片和其它微电子产品技术的研究、开发。				

企业名称	乙梵空间设计（上海）有限公司				
企业地址	上海市浦东新区张杨北路 5509 号 1221 室（200137）				
投资总额	12 万 USD	电　话	54035522	传　真	54035522
设立日期	2008-1-17	负责人	马兴武		
主营业务	室内装饰装修工程的设计，家具设计，产品外观设计。				

企业名称	中信泰富工程技术（上海）有限公司				
企业地址	上海市张江高科技园区张衡路 198 弄 10 号 103 室（201203）				
投资总额	1000 万 USD	电　话	33927318	传　真	33927308
设立日期	2008-1-16	负责人	蔡星海		
主营业务	冶金、采矿和电力工业自动化控制系统及相关软件的开发、制作。				

企业名称	吉希电子（上海）有限公司				
企业地址	上海市嘉定区安亭镇园耀路 508 号第 2 幢 3 楼（201805）				
投资总额	70 万 USD	电　话	69574150	传　真	69574155
设立日期	2008-1-15	负责人	高田博保		
主营业务	设计、生产计算机连接线、连接器及相关的电气测试软件。				

企业名称	埃科诺斯托（上海）流体技术有限公司				
企业地址	上海市奉贤区远东路 828 号 2 幢 202 室（201400）				
投资总额	22 万 USD	电话	62702008	传真	62702009
设立日期	2008-1-10	负责人	DE VRIES OTTO		
主营业务	流体和密封技术的设计、研发和转让。				

企业名称	中凡硅科（上海）有限公司				
企业地址	上海市徐汇区龙吴路 2715 号 2 幢 4 楼（200231）				
投资总额	9900 万 USD	电话	64682399	传真	
设立日期	2008-1-4	负责人	钱建萍		
主营业务	研发、生产太阳能发电材料及上述中间体产品。				

企业名称	上海维新汽车电子有限公司				
企业地址	上海市华泾路 1238 号（200231）				
投资总额	20 万 USD	电话	64967718	传真	64965005
设立日期	2007-12-25	负责人	TAN YAN LAI		
主营业务	生产、研发汽车电子装置,发动机和底盘电子控制系统及关键零部件。				

企业名称	柯普乐测控技术（上海）有限公司				
企业地址	上海市松江区玉阳路 699 弄 2 号厂房（201600）				
投资总额	125 万 USD	电话	67741418	传真	67741420
设立日期	2007-12-25	负责人	STEFAN HANS-HEINRICH FUCHS		
主营业务	研发、设计、生产、加工各类自动化、电子、仪表及工业生产控制系统。				

企业名称	君通科技（上海）有限公司				
企业地址	上海市共和新路 1209 号 20 幢底层及 2 楼（200070）				
投资总额	300 万 RMB	电话	66057229	传真	66057229
设立日期	2007-12-21	负责人	徐中华		
主营业务	研发、生产电子机械产品及配件、控制线路板，销售自产产品。				

企业名称	上海泷晟环保科技有限公司				
企业地址	上海市奉贤区庄行镇工业园区相计小区 17 号 1 号楼（201415）				
投资总额	1.8 亿日元	电话	57403227	传真	57403227
设立日期	2007-12-18	负责人	刘英武		
主营业务	生产、加工以农作物秸秆、废旧塑料、锯木屑等为原料的复合再生材。				

企业名称	上海远急最上检测技术有限公司				
企业地址	上海市南汇区老港镇良欣路 456 号 311 室（201302）				
投资总额	55 万 USD	电话	62890790	传真	62890788
设立日期	2007-12-14	负责人	邓维正		
主营业务	工业产品检测和质量管理、零部件修理装配、相关咨询服务。				

企业名称	李尔汽车电子电器（上海）有限公司				
企业地址	上海市张江高科技产业东区仁庆路 509 号 5 号楼（201203）				
投资总额	500 万 USD	电话	38661778	传真	38661779
设立日期	2007-12-12	负责人	CHRISTOPHER JAMES OBEY		
主营业务	汽车电子、汽车电器及其检测设备的研发和生产，自研成果许可和转让。				

企业名称	雅露电子（上海）有限公司				
企业地址	上海市松江区车墩镇泖亭路 100 弄-15 号（201611）				
投资总额	202 万 USD	电话	37620277	传真	37620285
设立日期	2007-12-11	负责人	金槿河（KEUN HA KIM）		
主营业务	生产新型电子元器件，销售公司自产产品并提供相关的售后服务。				

企业名称	德又达网络通讯科技（上海）有限公司				
企业地址	上海市浦东新区民夏路 238 号第一幢一楼整层东面（201201）				
投资总额	50 万 USD	电话	68723988	传真	68723996
设立日期	2007-12-10	负责人	梁克勇		
主营业务	网络通讯设备的设计、测试、维护以及相关软件的设计，提供技术咨询。				

企业名称	钛柯电子科技（上海）有限公司				
企业地址	上海市长宁区天山路 600 弄 2 号 20G 室（200051）				
投资总额	14 万 USD	电话	52400390	传真	52400391
设立日期	2007-12-5	负责人	FRANCOIS PAUL VICTOR SEBES		
主营业务	电子科技领域内的技术开发、转让自研成果，并提供技术咨询服务。				

企业名称	上海新添科电子科技有限公司				
企业地址	上海市嘉定工业区小东街 220 号第 3 幢（201807）				
投资总额	20 万 USD	电话	64223128	传真	64220113
设立日期	2007-12-4	负责人	新川忍		
主营业务	半导体薄膜材料的清洗、贴片等加工业务，研发、设计半导体芯片技术。				

企业名称	银创（上海）科技有限公司				
企业地址	上海市杨浦区翔殷路 128 号 11 号楼 B 座 116 室（200433）				
投资总额	1000 万 RMB	电话	64326363	传真	64326165
设立日期	2007-12-4	负责人	朱至诚		
主营业务	自助柜员机、自助缴费机等自助金融服务机具及其网络的研发、制造。				

企业名称	康姆艾德电子（上海）有限公司				
企业地址	上海市金桥出口加工区桂桥路 1201 号 10 栋 1 楼 B 单元（201206）				
投资总额	76 万 USD	电话	38720998	传真	68799009
设立日期	2007-12-3	负责人	DAVID WAI CHEN		
主营业务	开发、生产元器件专用材料、电子专用设备、测试仪器、X 射线设备。				

企业名称	华菁电子科技（上海）有限公司				
企业地址	上海市浦东新区莲溪路 1151 号 2 号楼厂房一层 A（201204）				
投资总额	25 万 USD	电话	50610099	传真	68923789
设立日期	2007-11-28	负责人	JERRY K-CHINE		
主营业务	计算机、通讯设备、电子产品、检测仪器的技术咨询、维修及售后服务。				

企业名称	上海根本电子技术有限公司				
企业地址	上海市普陀区千阳路 271 弄 16 号甲（200333）				
投资总额	30 万 USD	电话	64396132	传真	64396130
设立日期	2007-11-28	负责人	根本郁芳		
主营业务	生产传感器、报警器，销售自产产品（涉及行政许可的，凭许可证经营）。				

企业名称	上海胜高半导体有限公司				
企业地址	上海市外高桥保税区加太路 39 号蒄熠楼第三层 9 部位（200137）				
投资总额	50 万 USD	电话	52080333	传真	52080116
设立日期	2007-11-27	负责人	村松和彦		
主营业务	保税区内以半导体元器件为主仓储分拨业务及提供相关产品售后服务。				

企业名称	康传电子科技（上海）有限公司				
企业地址	上海市漕溪北路 18 号 14 楼 G1 室（200030）				
投资总额	16 万 USD	电话	64277389	传真	64689778
设立日期	2007-11-27	负责人	张彦成		
主营业务	计算机软件、网络工程、工业控制系统的设计与开发。				

企业名称	巴合曼电子技术服务（上海）有限公司				
企业地址	上海市张江高科技园区科苑路 88 号 2 幢 726 室（201203）				
投资总额	15 万 USD	电话	28986070	传真	28986071
设立日期	2007-11-27	负责人	JUERGEN PETER ING. DUELLI		
主营业务	提供用于风力发电机和工业控制系统的技术支持服务。				

企业名称	钜立半导体设备（上海）有限公司				
企业地址	上海市浦东新区川沙路 6999 号 39 栋厂房（201201）				
投资总额	2000 万港币	电话	58591999	传真	58590668
设立日期	2007-11-26	负责人	NG HOO TENG		
主营业务	设计、制造半导体封装、测试、表面贴装专用设备及零配件。				

企业名称	视氧光学（上海）有限公司				
企业地址	上海市闵行区浦星公路 789 号 15 号楼第 1 层、第 2 层（201112）				
投资总额	150 万 USD	电话	64121532	传真	64121532
设立日期	2007-11-26	负责人	温生台		
主营业务	研发、生产第三类 6822 医用光学器具、仪器、内窥镜设备及其配件。				

企业名称	和伊信息系统（上海）有限公司				
企业地址	上海市浦东新区陆家嘴环路 1000 号 15 楼 15-033 室（200120）				
投资总额	2000 万日元	电话	68412198	传真	68412199
设立日期	2007-11-22	负责人	长岛秀晃		
主营业务	计算机软件开发、制作，销售自产产品，计算机系统设计、调试和维护。				

企业名称	安霸半导体技术（上海）有限公司				
企业地址	上海市浦东新区浦建路 76 号由由国际广场 1701 室（200127）				
投资总额	22.7 万 USD	电话	50942301	传真	50942321
设立日期	2007-11-20	负责人	冯羽涛		
主营业务	集成电路和半导体元器件的研发，相关软件的开发和制作。				

企业名称	迈凌（上海）微电子有限公司				
企业地址	上海市张江高科技园区毕升路 299 弄 11 号 201 室（201203）				
投资总额	14 万 USD	电话	50800522	传真	50800522
设立日期	2007-11-20	负责人	JEAN-SEBASTIEN GAGNE		
主营业务	集成电路的研究、开发、设计，计算机软件的研究、开发、设计、制作。				

企业名称	纽益购（上海）电子科技有限公司				
企业地址	上海市青浦区华新镇华徐公路 3029 弄 39 号 4 幢（201705）				
投资总额	20 万 USD	电　话	39873808	传　真	39873808
设立日期	2007-11-14	负责人	张德和		
主营业务	开发、生产、加工家用清洁电器及其零配件，销售公司自产产品。				

企业名称	美赛检测技术（上海）有限公司				
企业地址	上海市普陀区中山北路 2911 号 404 室（200063）				
投资总额	15 万 USD	电　话	64262517	传　真	64263996
设立日期	2007-11-14	负责人	BARRY LYNN BROWDER		
主营业务	提供商品检测服务，企业管理咨询，环保及科技咨询，计算机软件开发。				

企业名称	益扬电子科技（上海）有限公司				
企业地址	上海市徐汇区田州路 159 号 15 单元 309 室（200233）				
投资总额	500 万 USD	电　话	62372233	传　真	62372468
设立日期	2007-11-13	负责人	蔡龙熙		
主营业务	电子产品及其零部件的设计、研发和自主研发成果转让，提供技术支持。				

企业名称	信沃精密仪器（上海）有限公司				
企业地址	上海市闵行区虹梅南路 3609 号 4 号厂房第二层（200237）				
投资总额	12 万 USD	电　话	33506828	传　真	33506828
设立日期	2007-11-12	负责人	LEE FOOK LENG		
主营业务	开发、设计、生产精密在线测量仪器，销售产品，提供相关技术咨询。				

企业名称	上海昂贝电子科技有限公司				
企业地址	上海市黄浦区北京东路 666 号 C 区 906 室（200001）				
投资总额	100 万 USD	电　话	53080099	传　真	53088018
设立日期	2007-11-8	负责人	徐　澜		
主营业务	集成电路、电子电器产品、操作系统及应用软件的设计、开发、生产。				

企业名称	上海乙支电子有限公司				
企业地址	上海市嘉定区马陆镇丰功路 680 号第 3 幢（201801）				
投资总额	30 万 USD	电　话	69150770	传　真	69150771
设立日期	2007-11-7	负责人	金光振（KIM KWANG JIN）		
主营业务	生产汽车传感器及其配件，销售本公司自产产品。				

企业名称	上海豪薇电子科技有限公司				
企业地址	上海市外高桥保税区富特西一路 289 号 B 楼四层 B404 室（200131）				
投资总额	14 万 USD	电　话	64403335	传　真	
设立日期	2007-11-7	负责人	杨占标		
主营业务	国际贸易、转口贸易、保税区内企业间贸易代理，货物及技术进出口。				

企业名称	上海格冉博精密电子有限公司				
企业地址	上海市闵行区虹梅南路 4999 号 2 号厂房及 4 号厂房 1118 室（200240）				
投资总额	52 万 USD	电　话	64341113	传　真	34120735
设立日期	2007-11-1	负责人	NG CHIN LAM		
主营业务	生产仪用接插件以及上述产品的部件加工，销售产品，提供技术咨询。				

企业名称	威上电子（上海）有限公司				
企业地址	上海市浦东康桥工业区创业路 369 弄 45 号（200120）				
投资总额	1500 万 USD	电　话	38764688	传　真	50274863
设立日期	2007-10-31	负责人	周长荣		
主营业务	设计、生产计算机软件、硬件和集成电路，销售产品，提供技术咨询。				

企业名称	上海安弗特电子有限公司				
企业地址	上海市闵行区顾戴路 3100 弄 68 号二楼（201100）				
投资总额	129 万 USD	电　话	54882965	传　真	54887859
设立日期	2007-10-29	负责人	RATTANASUDSAI WITTAYA		
主营业务	生产新型电子元器件，销售自产产品。				

企业名称	典慧材料科技（上海）有限公司				
企业地址	上海市浦东新区孙环路 741 号 4 幢 107 室（201203）				
投资总额	14 万 USD	电　话	50800718	传　真	50800718
设立日期	2007-10-29	负责人	KEITH CHANG		
主营业务	水污染及水质测试薄片、生物细胞测试薄片的研发、生产，销售产品。				

企业名称	芯凯电子科技（上海）有限公司				
企业地址	上海市张江高科技园区碧波路 500 号 101 室（201203）				
投资总额	14 万 USD	电　话	50275775	传　真	50275775
设立日期	2007-10-29	负责人	KIN EDWARD SHUM		
主营业务	集成电路的研发、设计，计算机软件的研发，设计，制作，销售产品。				

企业名称	昌拓自动化科技（上海）有限公司				
企业地址	上海市松江区泗泾镇九干路 243 弄 11 号厂房 A 区（201615）				
投资总额	200 万港币	电　话	57627189	传　真	57627189
设立日期	2007-10-24	负责人	王真立		
主营业务	研发、生产、加工工业自动化控制系统、气压元器件、油压元器件。				

企业名称	普发真空技术（上海）有限公司				
企业地址	上海市张江高科技园区华升路 289 号 5 号楼 102 室（201203）				
投资总额	10 万欧元	电　话	58352335	传　真	58353833
设立日期	2007-10-16	负责人	MATTHIAS WIEMER		
主营业务	真空泵、真空泵组、真空设备的维修,上述同类商品和真空检测设备批发。				

企业名称	索丽世半导体（上海）有限公司				
企业地址	上海市浦东新区浦东南路 855 号世界广场 8 层 I 单元（200120）				
投资总额	20 万 USD	电　话	62351224	传　真	62351245
设立日期	2007-10-11	负责人	JANG SEOG YOUNG		
主营业务	电子产品的软件、硬件的开发、设计，销售自产产品。				

企业名称	芬瑞工业测量技术（上海）有限公司				
企业地址	上海市张江高科技园区科苑路 88 号 2 幢 701 室 027 单元（201203）				
投资总额	14 万 USD	电　话	28986278	传　真	28986279
设立日期	2007-10-9	负责人	DR.THOMAS FRIES		
主营业务	工业表面测量技术和分析系统、相关计算机软件和测量仪器的开发。				

企业名称	居诺半导体设备（上海）有限公司				
企业地址	上海市外高桥保税区华申路 180 号综合楼第六层 601A 部位（200131）				
投资总额	20 万 USD	电　话	61094422	传　真	58666073
设立日期	2007-10-8	负责人	吴胜道		
主营业务	半导体测试设备及其零部件的生产和加工，销售自产产品。				

企业名称	汉门（上海）电子工业有限公司				
企业地址	上海市松江区洞泾工业区二区洞舟路 558 号（201619）				
投资总额	200 万 USD	电　话	67679090	传　真	67679616
设立日期	2007-9-26	负责人	黄雅莉		
主营业务	电子元器件、电脑配件及相关电子产品的研发、生产、加工。				

企业名称	银矽电子科技（上海）有限公司				
企业地址	上海市闵行区莘庄镇顾戴路 2568 号 9 幢 1 楼（201100）				
投资总额	500 万 USD	电　话	54889188	传　真	
设立日期	2007-9-26	负责人	吴朝灿（WU CHAO TSAN）		
主营业务	设计、生产半导体、通讯元器件及相关的配套产品，销售自产产品。				

企业名称	莱现特电子科技（上海）有限公司				
企业地址	上海市嘉定区黄渡镇联西路 98 号（201804）				
投资总额	100 万 USD	电　话	69590330	传　真	69590326
设立日期	2007-9-25	负责人	BIN CHU LSUNG（宾哲晟）		
主营业务	生产手机、数码产品配件，销售产品并提供相关产品设计和加工服务。				

企业名称	希鹏微电子科技（上海）有限公司				
企业地址	上海市浦东新区民生路 1518 号 A 楼 1203 室（200135）				
投资总额	50 万 USD	电　话	61042669	传　真	61042669
设立日期	2007-9-24	负责人	刘燕良		
主营业务	半导体集成电路软硬件技术的设计、研究、开发和转让，提供技术支持。				

企业名称	迈笔通信技术（上海）有限公司				
企业地址	上海市郭守敬路 498 号浦东软件园 1 幢 1502-B 室（201203）				
投资总额	80 万 USD	电　话	50276167	传　真	50276167
设立日期	2007-9-21	负责人	蒋跃峰		
主营业务	通信类电子元器件的设计、研发，计算机软件的开发、设计、制作。				

企业名称	星因达电子（上海）有限公司				
企业地址	上海市普陀区柳华路 55 号 31-33 室（200063）				
投资总额	100 万 USD	电　话	66279077	传　真	66279278
设立日期	2007-9-21	负责人	PETER JOSEPH MURPHY		
主营业务	新型仪表元器件和材料（仪用功能材料）生产、销售自产产品。				

企业名称	国宙电子（上海）有限公司				
企业地址	上海市松江工业区松开Ⅲ-68C 号地块（201700）				
投资总额	1700 万 USD	电　话	62186688	传　真	62186688
设立日期	2007-9-17	负责人	黄　干		
主营业务	研发、生产、加工新型电子元器件，数字音、视频编解码设备。				

企业名称	诺得卡（上海）微电子有限公司				
企业地址	上海市浦星路789号漕河泾出口加工区通用标准厂房8号楼（201112）				
投资总额	500万USD	电话	54315988	传真	
设立日期	2007-9-13	负责人	ERIK PETER JACOBUS		
主营业务	智能卡模组及射频识别电子标签模组的封装、测试，销售自产产品。				

企业名称	展唐通讯科技（上海）有限公司				
企业地址	上海市徐汇区虹漕路461号软件大厦3F、3G室（200233）				
投资总额	140万USD	电话	54268282	传真	54265778
设立日期	2007-9-12	负责人	曹刚		
主营业务	从事与电子通信相关的技术和产品研究开发、技术转让，提供技术咨询。				

企业名称	新考思莫施电子（上海）有限公司				
企业地址	上海市松江工业区东兴路25号4号厂房（201600）				
投资总额	1亿日元	电话	67743138	传真	67743728
设立日期	2007-9-12	负责人	久保行央		
主营业务	开发、生产各类气体检测报警器及其相关零部件，销售自产产品。				

企业名称	三备电子（上海）有限公司				
企业地址	上海市松江区新桥镇新庙三路728号第4幢厂房第2层（201612）				
投资总额	20万USD	电话	57680909	传真	57681071
设立日期	2007-9-11	负责人	春名进		
主营业务	电子元器件、光学玻璃、机械加工零部件、机械切削耗材的生产、加工。				

企业名称	圆展电子科技（上海）有限公司				
企业地址	上海市静安区武宁南路488号智慧广场1509室（200041）				
投资总额	70万USD	电话	52987988	传真	52987970
设立日期	2007-9-7	负责人	周硕会		
主营业务	计算机系统集成、无线视频电子产品、多媒体系统软件产品及设备研发。				

企业名称	威莱克半导体材料（上海）有限公司				
企业地址	上海市南汇工业园区宣中路399号27幢（201300）				
投资总额	100万USD	电话	58183189	传真	58183211
设立日期	2007-9-6	负责人	DAN ARMAND MANGAN		
主营业务	开发生产半导体元器件专用材料，销售自产产品，提供相关售后服务。				

企业名称	纳秒通信技术（上海）有限公司				
企业地址	上海市张江高科技园区毕升路299弄15号102室（201203）				
投资总额	51万USD	电话	50278860	传真	33932866
设立日期	2007-9-5	负责人	邱祖雄		
主营业务	通信技术、时钟控制系统技术的研发，相关软件的开发、设计、制作，				

企业名称	上海普菱柯仪器仪表有限公司				
企业地址	上海市青浦区华新镇北青公路3638号（201700）				
投资总额	25万USD	电话	39808400	传真	39808515
设立日期	2007-9-3	负责人	张子雄		
主营业务	生产、加工仪器仪表及其配套件，销售自产产品并提供相关技术支持。				

企业名称	意尔创传感技术（上海）有限公司				
企业地址	上海市漕河泾新兴技术开发区田洲路159号莲花大楼501室（200233）				
投资总额	20万USD	电话	54452313	传真	54452320
设立日期	2007-8-30	负责人	SCARAMUZZA ANDREA		
主营业务	研发、生产传感器及相关配件、销售自产产品，上述同类商品的批发。				

企业名称	傲米子电子科技（上海）有限公司				
企业地址	上海市闵行区光华路2118号第6幢1204室（201111）				
投资总额	14万USD	电话	54890935	传真	54890937
设立日期	2007-8-27	负责人	洪岩松		
主营业务	从事电子科技领域技术服务、技术咨询，通讯设备软件及配套硬件设施。				

企业名称	百样电子科技（上海）有限公司				
企业地址	上海市浦东新区芳华路991号A室（200135）				
投资总额	350万RMB	电话	33777956	传真	33777958
设立日期	2007-8-24	负责人	BAI NING		
主营业务	电子产品、计算机、数码产品、家用电器的研发，上述同类商品的批发。				

企业名称	诺百（上海）通信网络科技有限公司				
企业地址	上海市奉贤区望园路2199号115室（201400）				
投资总额	30万USD	电话	62819325	传真	57103282
设立日期	2007-8-22	负责人	方仁宗		
主营业务	计算机软硬件领域内的技术开发、转让、咨询服务，电视监控设计。				

企业名称	上海映相电子有限公司				
企业地址	上海市松江区江田东路185号3幢4楼A座（201613）				
投资总额	14万USD	电话	67743678	传真	57740236
设立日期	2007-8-21	负责人	徐育芳		
主营业务	生产电子电气产品，自动控制设备及电梯配件，销售公司自产产品。				

企业名称	多普达（上海）通讯科技有限公司				
企业地址	上海市黄浦区北京东路666号科技京城G区八层（200001）				
投资总额	800万RMB	电话	53088885	传真	53088889
设立日期	2007-8-17	负责人	陈主望		
主营业务	无线移动用户终端、无线数据终端、无线多媒体终端、电子产品及配件。				

企业名称	上海瑞费迪电子标签有限公司				
企业地址	上海市金山工业区合兴村1088号（201506）				
投资总额	60万USD	电话	61480931	传真	61480932
设立日期	2007-8-16	负责人	陈云花		
主营业务	电子标签、电子设备、视频设备、物流、防伪防窜货等条码系统研发。				

企业名称	百佳泰（上海）电子科技有限公司				
企业地址	上海市静安区西康路828号309室（200040）				
投资总额	35万USD	电话	62171995	传真	62171829
设立日期	2007-8-14	负责人	陈弘伟		
主营业务	设计、开发电器及视听电子产品、电子零配件及电脑配套设备。				

企业名称	上海贝岭微电子制造有限公司				
企业地址	上海市宜山路810号1幢（200233）				
投资总额	4000万RMB	电话	6485700	传真	64854424
设立日期	2007-8-13	负责人	肖永吉		
主营业务	集成电路及微电子器件的制造、代加工及技术服务和咨询，销售产品。				

企业名称	上海崇林汽车电子有限公司				
企业地址	上海青浦工业园区久业路以西、北盈路以北、戈辉公司以南（201700）				
投资总额	750万USD	电话	53930116	传真	53930026
设立日期	2007-8-8	负责人	邬建斌		
主营业务	研发、生产、加工汽车零部件及配件、模具、塑料制品、电子元器件。				

企业名称	诚宽电子技术（上海）有限公司				
企业地址	上海市张江高科技园区祖冲之路887弄83-84号楼401、402室(201203)				
投资总额	100万USD	电话	50276186	传真	50276185
设立日期	2007-8-8	负责人	韦涛		
主营业务	集成电路的研发、设计，计算机软件的研发、制作，销售自产产品。				

企业名称	上海星华盈能源科技有限公司				
企业地址	上海市卢湾区马当路365号3北（200025）				
投资总额	1200万USD	电话	55394591	传真	55394591
设立日期	2007-8-7	负责人	库国华		
主营业务	节约能源科技、资源再生及综合利用技术的开发，技术转让及配套服务。				

企业名称	上海登凯岚节能科技有限公司				
企业地址	上海市浦东新区龙东大道5385号805室（201203）				
投资总额	15万USD	电话	51505509	传真	51089383
设立日期	2007-8-7	负责人	STEVEN ROBERT GRETENSTEIN		
主营业务	建筑科技产品、建筑节能产品和技术的研发，自有技术的转让。				

企业名称	上海诺霖环保仪器设备有限公司				
企业地址	上海市杨浦区齐齐哈尔路76号内30号厂房1楼（200082）				
投资总额	20万USD	电话	65897458	传真	65897603
设立日期	2007-8-2	负责人	钟渭霖		
主营业务	环保监测仪器、环保设备及其零配件的生产，并提供相关的技术服务。				

企业名称	上海日坤蕾茵博电子科技有限公司				
企业地址	上海市虹桥路333号1幢210室（200030）				
投资总额	150万RMB	电话	64278870	传真	64278017
设立日期	2007-8-2	负责人	张玉辉		
主营业务	空调、制冷、自动控制设备及人工模拟环境系统工程领域的设计、研发。				

企业名称	科睦电子科技（上海）有限公司				
企业地址	上海市静安区威海路511号1605室（200041）				
投资总额	50万USD	电话	28216067	传真	61419016
设立日期	2007-8-1	负责人	LIM TOCK YEN		
主营业务	电子精密仪器、仪表、自动化生产设备维修与售后服务，提供技术咨询。				

企业名称	上海科境科技有限公司				
企业地址	上海市嘉定区菊园新区宝嘉公路 1022 号第 2 幢 403 室（201800）				
投资总额	2800 万 RMB	电　话	63285315	传　真	63285315
设立日期	2007-7-26	负 责 人	何小崎		
主营业务	研发、制作智能卡，销售本公司自产产品，并提供相关的技术服务。				

企业名称	得励半导体技术（上海）有限公司				
企业地址	上海市宜山路 705 号科技大厦 A 座 801 室（200233）				
投资总额	20 万 USD	电　话	62893139	传　真	63722199
设立日期	2007-7-25	负 责 人	刘燕良		
主营业务	从事半导体工程设备及相关零部件和软件的批发、进出口、佣金代理。				

企业名称	天数宽频科技（上海）有限公司				
企业地址	上海市闵行区宜山路 2016 号 9 楼 901-907 室（201103）				
投资总额	1000 万 USD	电　话	64658899	传　真	64656625
设立日期	2007-7-25	负 责 人	徐　强		
主营业务	数码音像传输设备、数字放像设备、数字接收设备、录音设备批发。				

企业名称	智移通讯科技（上海）有限公司				
企业地址	上海市张江高科技园区科苑路 201 号 305 室（201203）				
投资总额	20 万 USD	电　话	50270522	传　真	50809987
设立日期	2007-7-24	负 责 人	姜宏模		
主营业务	通讯技术的研究开发、提供相关技术咨询服务，通讯设备及零配件批发。				

企业名称	帕克西铁道电子信息系统（上海）有限公司				
企业地址	上海市闵行区莘庄工业区春东路 479 号 2 号楼 103 室（201100）				
投资总额	24 万瑞士法郎	电　话	34073550	传　真	34078550
设立日期	2007-7-24	负 责 人	MARK MEIER		
主营业务	开发、设计、生产、组装各种铁路轨道交通专业计算机显示控制设备。				

企业名称	上海长晖科技有限公司				
企业地址	上海市长宁区中山西路 1265 弄 18 号一楼 A 室（200051）				
投资总额	2800 万 RMB	电　话	63287700	传　真	63285315
设立日期	2007-7-20	负 责 人	何世尧		
主营业务	信息和通讯领域内的计算机软件技术开发、制作、销售自产产品。				

企业名称	上海福杰计算机系统有限公司				
企业地址	上海市嘉定区马陆镇希望路 588 号 1 幢（201801）				
投资总额	2980 万 USD	电　话	63322990	传　真	63325003
设立日期	2007-7-19	负 责 人	吴　平		
主营业务	计算机辅助设计、辅助测试、辅助制造系统及其他应用系统的生产。				

企业名称	上海励徕电子科技有限公司				
企业地址	上海市嘉定区马陆镇陈宝路 66 弄 8 号第 2 层（201801）				
投资总额	2990 万 USD	电　话	63322990	传　真	63325003
设立日期	2007-7-19	负 责 人	吴　平		
主营业务	电子专用设备、测试仪器、工模具制造，销售本公司自产产品。				

企业名称	鸿甫电子科技（上海）有限公司				
企业地址	上海市松江区梅家浜路 209 号第三幢厂房第二层（201613）				
投资总额	14 万 USD	电　话	57783890	传　真	57783893
设立日期	2007-7-19	负 责 人	ONG TENG SEONG		
主营业务	研究、设计、生产电子测试仪器及其相关软件、配件，销售自产产品。				

企业名称	上海弘视通信技术有限公司				
企业地址	上海市桂平路 481 号 15 号楼创业中心部分 5 楼 5C3 室（200233）				
投资总额	43 万 USD	电　话	54235083	传　真	54235723
设立日期	2007-7-18	负 责 人	陈冬根		
主营业务	监控设备及相关软件的研发、技术转让，并提供相关的技术咨询服务。				

企业名称	富事德电子科技（上海）有限公司				
企业地址	上海市外高桥保税区加太路 29 号楼东侧底层（200131）				
投资总额	35 万 USD	电　话	51699850	传　真	63615697
设立日期	2007-7-13	负 责 人	LEE KAR LUN ROGER		
主营业务	电子产品、机械产品、检测设备及其零配件、组件的进出口、批发。				

企业名称	上海沼田电子科技有限公司				
企业地址	上海市松江区新桥镇新格路 850 弄 10 号（201612）				
投资总额	25 万 USD	电　话	67687151	传　真	67687226
设立日期	2007-7-9	负 责 人	杨　洋		
主营业务	加工印刷线路板、组装话筒、线圈、控制盘（器）、遥控器，销售产品。				

企业名称	艾齐迪电子（上海）有限公司				
企业地址	上海市外高桥保税区荷丹路 288 号 A 楼第六层 A、B 部位（200131）				
投资总额	150 万 USD	电　话	58683966	传　真	
设立日期	2007-7-9	负 责 人	刘庆东		
主营业务	保税区内以掌上型计算机、通讯设备等电子产品为主的仓储分拨业务。				

企业名称	上海村田激光技术有限公司				
企业地址	上海市闵行区莘北路 669 号第 3 幢（201100）				
投资总额	9500 万日元	电　话	64937818	传　真	64937819
设立日期	2007-7-5	负 责 人	村田光生		
主营业务	激光加工、喷涂、研磨、雕刻印刷基辊，销售自产产品，提供技术咨询。				

企业名称	上海伽纳美电子有限公司				
企业地址	上海市嘉定区马陆镇丰登路 615 弄 1 号 1 层（201801）				
投资总额	3000 万日元	电　话	59907275	传　真	59907276
设立日期	2007-7-4	负 责 人	TARO KANAME（要太郎）		
主营业务	生产电磁铁，电子元件，销售本公司自产产品。				

企业名称	梦奇芯片技术（上海）有限公司				
企业地址	上海市浦东新区民生路 1518 号 A 栋 1401 室 A（200135）				
投资总额	15 万 USD	电　话	61635728	传　真	61635720
设立日期	2007-7-3	负 责 人	赵立峰		
主营业务	计算机软硬件、芯片专业技术领域内的技术研发、自有技术成果的转让。				

企业名称	美特斯工业系统（上海）有限公司				
企业地址	上海市桂平路 481 号 23#厂房（200233）				
投资总额	160 万 USD	电　话	54271122	传　真	64956330
设立日期	2007-7-1	负 责 人	DAVID MICHAEL MEIER		
主营业务	设计、开发、生产、组装试验设备、传感器及零部件，研发制作软件。				

企业名称	立盈电子科技（上海）有限公司				
企业地址	上海市宝山区南大路 19 号白猫家电产业园区 1 号楼 204 室（200436）				
投资总额	14 万 USD	电　话	36160571	传　真	36160015
设立日期	2007-6-27	负 责 人	温碧洲		
主营业务	电子专用设备、测试仪器、工模具领域内的研发，转让研发成果。				

企业名称	雅韬半导体（上海）有限公司				
企业地址	上海市郭守敬路 498 号浦东软件园 9 幢 20204-20206 室（201203）				
投资总额	20 万 USD	电　话	50270005	传　真	50807060
设立日期	2007-6-25	负 责 人	CHUAN JIN.RICHARD SHI		
主营业务	集成电路的研究、开发，计算机软件的研发、制作、销售自产产品。				

企业名称	领科无线射频系统（上海）有限公司				
企业地址	上海市乐山路 33 号 4 号楼 204 室（200030）				
投资总额	10 万 USD	电　话	51556388	传　真	51556389
设立日期	2007-6-25	负 责 人	钱国平		
主营业务	无线射频芯片及系统技术开发、应用，销售自产产品。				

企业名称	上海晶澳太阳能光伏科技有限公司				
企业地址	上海市江场三路 303 号 410 室（200436）				
投资总额	2000 万 USD	电　话	60955999	传　真	60955959
设立日期	2007-6-22	负 责 人	靳保芳		
主营业务	硅材料、太阳能电池、组件的批发、进出口，提供相关的技术服务。				

企业名称	倚芯微电子技术（上海）有限公司				
企业地址	上海市张江高科技园区龙东大道 2500 号 D 楼 112 室（201203）				
投资总额	50 万 USD	电　话	61506086	传　真	61052181
设立日期	2007-6-21	负 责 人	JIAN CHEN		
主营业务	集成电路及相关电子产品的研发、设计，计算机软件研发、设计、制作。				

企业名称	上海德晟通信科技有限公司				
企业地址	上海市闵行区莲花路 1555 号华一大厦 1301 室（200237）				
投资总额	500 万 RMB	电　话	51692381	传　真	54805055
设立日期	2007-6-21	负 责 人	曾　键		
主营业务	设计无线通信产品 PCBA、PDA、通信软件，销售产品，提供技术咨询。				

企业名称	网联电子材料（上海）有限公司				
企业地址	上海市漕河泾新兴技术开发区田州路 99 号 9 号楼 602 室（200233）				
投资总额	200 万港币	电　话	54450668	传　真	54450058
设立日期	2007-6-19	负 责 人	曹玉仙		
主营业务	开发、制作精密网板及相关配套产品，销售产品，同类商品的进出口。				

企业名称	上海艾力克新能源有限公司				
企业地址	上海市化学工业区奉贤分区楚华路块（201424）				
投资总额	2000万USD	电　话	57443959	传　真	57444825
设立日期	2007-6-19	负责人	张连文		
主营业务	晶体硅太阳能电池、组件、光伏系统工程、光伏应用产品的研发、制作。				

企业名称	上海晶宏电子材料有限公司				
企业地址	上海市嘉定工业区霍城路512号第2幢（201821）				
投资总额	65万USD	电　话	39108630	传　真	39108630
设立日期	2007-6-19	负责人	蒋国耀		
主营业务	研发、生产半导体、元器件专用材料，销售自产产品并提供售后服务。				

企业名称	图博节能科技（上海）有限公司				
企业地址	上海市莘庄工业区华宁路2888弄318号3号楼1层厂房（201100）				
投资总额	100万USD	电　话	33508666	传　真	33508566
设立日期	2007-6-18	负责人	WONG YI		
主营业务	开发、生产毛细管网栅类高效保温产品及其系统、配件，销售自产产品。				

企业名称	丰汉电子（上海）有限公司				
企业地址	上海市松江区洞泾镇同乐路385号2幢（201619）				
投资总额	80万USD	电　话	67671641	传　真	
设立日期	2007-6-15	负责人	盛田丰一		
主营业务	设计、生产机器人电子设备、电气控制机械装备，销售自产产品。				

企业名称	上海汉保电子有限公司				
企业地址	上海市松江区洞泾镇莘砖公路3825号第2幢厂房（201619）				
投资总额	500万USD	电　话	67671515	传　真	57673358
设立日期	2007-6-15	负责人	吴建华		
主营业务	生产新型电子元器件，销售公司自产产品。				

企业名称	法安电子（上海）有限公司				
企业地址	上海市闵行区颛兴东路1421弄152号底楼A区（201108）				
投资总额	12万欧元	电　话	64429991	传　真	64428801
设立日期	2007-6-15	负责人	YANIS COTTARD		
主营业务	研发、生产电子防护产品，销售自产产品,提供相关技术服务和售后服务。				

企业名称	康明多译通电子科技（上海）有限公司				
企业地址	上海市卢湾区建国东路525号710室（200025）				
投资总额	200万RMB	电　话	63858620	传　真	63858619
设立日期	2007-6-12	负责人	忻尚明		
主营业务	计算机网络系统开发、设计、安装及技术支持,软件开发、设计、制作。				

企业名称	高富西岱尔（上海）电子制造有限公司				
企业地址	上海市南汇区康意路499号2B幢（201315）				
投资总额	21万欧元	电　话	58122525	传　真	58122121
设立日期	2007-6-8	负责人	FRANCOIS GUICHARD		
主营业务	生产电子、电气和机电产品组件以及板卡、电缆、避雷装置、销售产品。				

企业名称	上海杰世腾连接器技术开发有限公司				
企业地址	上海市外高桥保税区富特南路55号第2层西北部位（200131）				
投资总额	20万USD	电　话	50481720	传　真	50481714
设立日期	2007-6-7	负责人	YOSHIZAWA KIYOSHI		
主营业务	电子、电气连接部件、线束及模具的设计、开发,电子及配套产品的批发。				

企业名称	图芯芯片技术（上海）有限公司				
企业地址	上海市张江高科技园区碧波路690号2号楼104-C座（201203）				
投资总额	20万USD	电　话	50276951	传　真	50276950
设立日期	2007-6-7	负责人	WEI JIN DAI		
主营业务	图形芯片的设计、开发，自有技术转让，提供相关技术服务。				

企业名称	浪新微电子系统（上海）有限公司				
企业地址	上海市张江高科技园区毕升路289弄4号401、402室（201203）				
投资总额	150万USD	电　话	33932328	传　真	33932329
设立日期	2007-6-7	负责人	刘箭		
主营业务	集成电路及系统的研究、设计、开发,计算机软件的研发、制作。				

企业名称	上海芯哲微电子科技有限公司				
企业地址	上海市奉贤区南桥镇环城东路323号（201400）				
投资总额	8000万RMB	电　话	37198606	传　真	39198748
设立日期	2007-6-5	负责人	周锦亮		
主营业务	研发、设计、制造、加工新型电子元器件，销售公司自产产品。				

企业名称	谐硕电子科技（上海）有限公司				
企业地址	上海市松江区车墩镇留业路176号2幢第三层（201611）				
投资总额	14万USD	电　话	57603316	传　真	55600311
设立日期	2007-6-4	负责人	夏一维		
主营业务	开发、生产和加工电子元器件、线路板及电工器材，销售公司自产产品。				

企业名称	尧智半导体技术（上海）有限公司				
企业地址	上海市张江高科技园区毕升路289弄4号102室（201203）				
投资总额	10万USD	电　话	33933877	传　真	33933833
设立日期	2007-6-4	负责人	LONG KIM WING		
主营业务	集成电路的设计、研究、开发、测试,相关软件设计、研发、测试、制作。				

企业名称	上海盛宝环保科技开发有限公司				
企业地址	上海市金山区朱泾镇鸿安路381弄6号（201500）				
投资总额	1200万USD	电　话	57345737	传　真	57345737
设立日期	2007-5-31	负责人	祝文宇		
主营业务	环保产品，电子设备的研发、生产及技术转让、技术咨询服务。				

企业名称	赫思曼汽车通讯设备（上海）有限公司				
企业地址	上海市外高桥保税区加太路39号第四层59部位（200131）				
投资总额	14万USD	电　话	51082780	传　真	52375899
设立日期	2007-5-31	负责人	伍慕贞		
主营业务	保税区内以汽车通讯设备及其零部件产品为主的仓储分拨业务。				

企业名称	寰世（上海）节能科技发展有限公司				
企业地址	上海市普陀区真北路3199弄13号102室（200333）				
投资总额	70万USD	电　话	62471020	传　真	62471017
设立日期	2007-5-29	负责人	邱国珍		
主营业务	开发、生产节能节电设备，销售自产产品，提供售后及技术咨询服务。				

企业名称	福仕迈电子（上海）有限公司				
企业地址	上海市加太路29号2号楼东侧第五层504、505、506室（200131）				
投资总额	100万USD	电　话	58680271	传　真	58680272
设立日期	2007-5-24	负责人	连焕明		
主营业务	电子线路板及其相关配套件的组装、加工、研发设计、销售自产产品。				

企业名称	兹位克测试技术（上海）有限公司				
企业地址	上海市科苑路88号德国中心2幢301区部分318室（201203）				
投资总额	10万欧元	电　话	53016331	传　真	53521923
设立日期	2007-5-24	负责人	DR. JAN STEFAN ROELL		
主营业务	提供检测仪器、测试软件相关的技术咨询服务。				

企业名称	史迈诺电子科技（上海）有限公司				
企业地址	上海市桂平路418号兴园科技广场802室（200233）				
投资总额	105万USD	电　话	64851768	传　真	64851820
设立日期	2007-5-22	负责人	王　峰		
主营业务	研发、设计、组装新型平板显示器及其相关软件，销售自产产品。				

企业名称	感易（上海）传感技术有限公司				
企业地址	上海市宜山路900号科技大楼B幢510室（200233）				
投资总额	15万USD	电　话	54234816	传　真	54234807
设立日期	2007-5-22	负责人	JIANHUA WANG		
主营业务	应用软件的研究、开发,计算机软硬件的生产，销售自产产品。				

企业名称	亚希亚固德电子（上海）有限公司				
企业地址	上海市南汇区航头镇航头路118号4号厂房二楼（201316）				
投资总额	200万USD	电　话	58221533	传　真	58225058
设立日期	2007-5-21	负责人	ALBERT CHAO		
主营业务	生产、组装敏感元器件及传感器、频率控制与选择元件、光电子器件。				

企业名称	上海毅惠通信技术有限公司				
企业地址	上海市南汇区祝桥镇空港工业区金闻路16号1幢二楼（201323）				
投资总额	300万USD	电　话	51904600	传　真	51904646
设立日期	2007-5-21	负责人	史丛毅		
主营业务	开发、设计、生产宽带网络接入设备系统、模块及网络通信产品零部件。				

企业名称	上海湖碧驰精密仪器有限公司				
企业地址	上海市宝山城市工业园区园光路188号（200436）				
投资总额	380万USD	电　话	61028279	传　真	36307364
设立日期	2007-5-18	负责人	朴遇亨		
主营业务	生产光学仪器仪表、测量仪器、眼镜设备，销售自产产品。				

企业名称	上海国宝电子科技有限公司				
企业地址	上海市浦东新区浦东大道 2123 号 3083 室（200135）				
投资总额	50 万 USD	电　话	61190568	传　真	
设立日期	2007-5-17	负 责 人	DANIEL LEE		
主营业务	卫星接收器相关零部件、数码电视机相关零部件的开发、设计。				

企业名称	齐凌微电子科技（上海）有限公司				
企业地址	上海市黄浦区西藏南路 765 号 10 楼（200001）				
投资总额	18 万 USD	电　话	63457926	传　真	63457925
设立日期	2007-5-17	负 责 人	孔维新		
主营业务	集成电路及元器件的研发和设计，包括数字电视调谐器芯片等。				

企业名称	安维谱电子检测系统（上海）有限公司				
企业地址	上海市外高桥保税区希雅路 33 号 17#楼第一层 B 部位（200131）				
投资总额	15 万 USD	电　话	50462330	传　真	50460042
设立日期	2007-5-16	负 责 人	GEORGE TANIOS AYOUB		
主营业务	生产电子检测及光学设备、精密机械及零件、电子元器件、传感器。				

企业名称	尚达能可再生能源工程（上海）有限公司				
企业地址	上海市静安区南京西路 1266 号 510 室（200040）				
投资总额	20 万 USD	电　话	61361177	传　真	61361178
设立日期	2007-5-15	负 责 人	WEI DE YI		
主营业务	太阳能、风能、生物能和地热能等可再生能源系统方案设计、设备安装。				

企业名称	索里爱斯西比埃仪表（上海）有限公司				
企业地址	上海市中兴路 401 弄 4 号 201 室（200071）				
投资总额	3000 万日元	电　话	51154395	传　真	51154394
设立日期	2007-5-11	负 责 人	生井成敏		
主营业务	仪器、仪表及其零部件的生产、加工，销售自产产品，提供技术服务。				

企业名称	王氏上盛电子（上海）有限公司				
企业地址	上海松江出口加工区茸腾路 2 号 B 幢西北侧厂房（201613）				
投资总额	45 万 USD	电　话	52833303	传　真	52828809
设立日期	2007-4-30	负 责 人	MARK ALLAN FRECHETTE		
主营业务	半导体元器件专用材料开发生产，电子专用设备，测试仪器与模具制造。				

企业名称	拓朗半导体技术服务（上海）有限公司				
企业地址	上海市张江高科技园区松涛路 560 号 B 座 18 楼（201203）				
投资总额	14 万 USD	电　话	61461700	传　真	50277881
设立日期	2007-4-28	负 责 人	KATHERINE E. SCHUELKE		
主营业务	半导体技术咨询和技术服务（涉及行政许可的凭许可证经营）。				

企业名称	纮华电子科技（上海）有限公司				
企业地址	上海市嘉定区马陆镇陈宝路 66 弄 8 号（201801）				
投资总额	1000 万 USD	电　话	69151660	传　真	69151580
设立日期	2007-4-27	负 责 人	李聪结		
主营业务	设计、研发、测试、封装，表面贴装及生产电子元器件及产品。				

企业名称	上海麦迅特测量技术有限公司				
企业地址	上海市浦东新区龙东大道 5179 号 1 幢 302 室（201203）				
投资总额	2.6 万 USD	电　话	68650223	传　真	68650223
设立日期	2007-4-24	负 责 人	丁建平		
主营业务	测量仪器及测量系统的测试、校准、调试、修理及技术开发、技术咨询。				

企业名称	上海爱思开电子通讯贸易有限公司				
企业地址	上海市浦东新区浦东南路 360 号 31 层 E 座（200120）				
投资总额	105 万 USD	电　话	68862818	传　真	68863818
设立日期	2007-4-23	负 责 人	CHOI MOONKYUNG		
主营业务	移动电话及其配件、饰品、SIM 卡、UIM 卡、手机充值卡等零售、批发。				

企业名称	益世睿得通信科技（上海）有限公司				
企业地址	上海市杨浦区淞沪路 98 号 1703-7 室（200090）				
投资总额	75 万 USD	电　话	64856611	传　真	52281239
设立日期	2007-4-20	负 责 人	范乐文		
主营业务	通信设备系统及器件、计算机系统及软件的研发、生产，提供技术服务。				

企业名称	上海森太克汽车电子有限公司				
企业地址	上海市崇明县长江路 219 号（202178）				
投资总额	150 万 RMB	电　话	65632078	传　真	65797720
设立日期	2007-4-18	负 责 人	杨　毅		
主营业务	研发、生产传感器、组合仪表、HVAC 控制面板、新型车用电热杯。				

企业名称	奥尔托射频科技（上海）有限公司				
企业地址	上海市龙吴路 2998 号二号厂房东部一楼（200231）				
投资总额	50 万欧元	电　话	64341110	传　真	64347800
设立日期	2007-4-16	负 责 人	罗宇翔		
主营业务	设计、生产、加工屏蔽室、电波暗室、微波暗室以及相关的材料和配件。				

企业名称	上海稻壳电子科技有限公司				
企业地址	上海市嘉定区黄渡镇曹安公路 4068 号第 2 幢 103 室（201804）				
投资总额	300 万 RMB	电　话	64398715	传　真	64398743
设立日期	2007-4-13	负 责 人	柴卫平		
主营业务	研发、生产电网无功补偿、消除谐波等相关的设备和装置。				

企业名称	拓许石垣防振科技（上海）有限公司				
企业地址	上海市闵行区三鲁路 1598 弄 103 支弄 5 号厂房（201112）				
投资总额	3000 万日元	电　话	54845930	传　真	54845929
设立日期	2007-4-12	负 责 人	ISHIGAKI MITSUMU 石垣美积		
主营业务	研发、生产各种防振装置及部件，销售自产产品，提供技术咨询服务。				

企业名称	上海电气森瑞克斯电力电子有限公司				
企业地址	上海市浦东康桥工业园区沪南公路 2502 号 2 号楼 202 室（201206）				
投资总额	1000 万 USD	电　话	68063900	传　真	68063932
设立日期	2007-4-9	负 责 人	何延庆		
主营业务	设计、研发、生产、组装风电变换器、太阳能发电逆变器及监控系统。				

企业名称	泰玛斯识别技术（上海）有限公司				
企业地址	上海市中山西路 1800 号 17A1 室（200233）				
投资总额	20 万欧元	电　话	64401838	传　真	64400211
设立日期	2007-4-9	负 责 人	JAN VESTLUND		
主营业务	从事射频识别产品及零部件和软件的开发，为客户提供个性化解决方案。				

企业名称	芯瀚电子技术（上海）有限公司				
企业地址	上海市黄浦区北京东路 666 号 B802 室（200003）				
投资总额	150 万 USD	电　话	61121558	传　真	61121575
设立日期	2007-4-5	负 责 人	杨小奇		
主营业务	研究、开发和设计集成电路芯片、电子产品、通讯设备及其相关软件。				

企业名称	实密电子工业（上海）有限公司				
企业地址	上海市松江区新桥镇春申村申徐路 6 号第 10 幢标准厂房（201612）				
投资总额	20 万 USD	电　话	67649299	传　真	67649296
设立日期	2007-3-30	负 责 人	YOW SHEE KONG		
主营业务	生产各类电子器件及其表面贴片、电子产品的组装、精密金属冲压件。				

企业名称	上海科勒电子科技有限公司				
企业地址	上海市浦东新区金桥出口加工区金滇路 18 号 E 幢（201203）				
投资总额	500 万 USD	电　话	50342929	传　真	50312507
设立日期	2007-3-30	负 责 人	郑灵光（DERRICK TAY）		
主营业务	设计、开发、生产电脑座便器、电子卫浴和感应产品、节能卫浴产品。				

企业名称	上海杰依喜数码电子有限公司				
企业地址	上海市崇明县建设镇建设公路 1259 号一幢 02 室（202155）				
投资总额	50 万 USD	电　话	63289328	传　真	56554205
设立日期	2007-3-30	负 责 人	周　斌		
主营业务	数码电子电器产品，工业自动化控制设备，计算机及周边设备的开发。				

企业名称	上海和东照明电子有限公司				
企业地址	上海市闵行区罗锦路 85 号 1 幢 A 区（200237）				
投资总额	20 万 USD	电　话	64761400	传　真	54282094
设立日期	2007-3-29	负 责 人	孙孜远		
主营业务	生产光源配套元器件及各类灯泡，销售自产产品。				

企业名称	富乐礼机器人智能工程（上海）有限公司				
企业地址	上海市延长路 149 号 126 幢机器人系附楼 201 室（200072）				
投资总额	20 万 USD	电　话	68066990	传　真	68066991
设立日期	2007-3-28	负 责 人	徐立宏		
主营业务	机器人智能技术的研发，自动化设备的研发、生产，销售自产产品。				

企业名称	皑睦讴（上海）电子应用技术有限公司				
企业地址	上海市奉贤区汇丰北路 681 号 E 幢 322 室（201400）				
投资总额	3.8 万 USD	电　话	67100495	传　真	67100495
设立日期	2007-3-26	负 责 人	最上博明		
主营业务	开发、设计与测试电子产品软件、硬件，销售公司自产产品。				

企业名称	汉琳德（上海）系统集成有限公司				
企业地址	上海市长宁区天山路600弄1号1805室（200050）				
投资总额	14万USD	电　话	62370600	传　真	62370598
设立日期	2007-3-26	负责人	HANDOKO BUDIDHARMA		
主营业务	加油站自动控制系统集成；节能管理系统方案设计、咨询及技术支持。				

企业名称	迪邦传感器（上海）有限公司				
企业地址	上海市松江区茸北路88号5幢（201613）				
投资总额	25万USD	电　话	64272889	传　真	64277683
设立日期	2007-3-22	负责人	TAN SIONG SING		
主营业务	生产传感器和其他汽车零部件，销售自产产品，提供相关的售后服务。				

企业名称	旅行者微电子（上海）有限公司				
企业地址	上海市张江高科技园区郭守敬路351号2号楼A608-09室（201203）				
投资总额	300万USD	电　话	64334000	传　真	64334999
设立日期	2007-3-14	负责人	邓海峰		
主营业务	半导体芯片的设计、研究、开发，计算机软件的研究、开发、制作。				

企业名称	上海隆祥光电仪器有限公司				
企业地址	上海市虹口区汶水东路888号2号楼2层202室（200434）				
投资总额	100万RMB	电　话	65266014	传　真	65266014
设立日期	2007-3-14	负责人	野晋滋		
主营业务	研究、开发、生产光学电子元件及仪器，销售自产产品，提供技术咨询。				

企业名称	上海贯裕能源科技有限公司				
企业地址	上海市嘉定工业区招贤路1280号第3、5幢（201821）				
投资总额	900万USD	电　话	59998945	传　真	69523627
设立日期	2007-3-12	负责人	梁昌耀		
主营业务	研发、生产锂离子电池、燃料电池、无汞碱锰电池、动力镍氢电池。				

企业名称	岛津分析技术研发（上海）有限公司				
企业地址	上海市张江高科技园区卡园二路108号6幢3层（201203）				
投资总额	140万USD	电　话	58589879	传　真	58587738
设立日期	2007-3-8	负责人	熊代州三夫		
主营业务	从事理化分析和生命科学研究用的仪器、装置及其分析方法研究、开发。				

企业名称	上海艾碧爱斯半导体设备有限公司				
企业地址	上海市浦东新区绿科路271号一幢B座（201204）				
投资总额	21万欧元	电　话	50429053	传　真	50429061
设立日期	2007-3-8	负责人	HORST MATTHIAS HALL		
主营业务	开发、生产半导体衬底材料、芯片制造设备及相关零配件，				

企业名称	奎科激光半导体（上海）有限公司				
企业地址	上海市松江区叶榭镇叶兴路28号10幢1楼（201609）				
投资总额	950万USD	电　话	67742487	传　真	67742487
设立日期	2007-3-7	负责人	郑海常		
主营业务	研究、生产和加工新型电子元器件，销售公司自产产品。				

企业名称	杜比实验室电子（上海）有限公司				
企业地址	上海市外高桥保税区希雅路69号15楼6层E部位（200131）				
投资总额	20万USD	电　话	50461301	传　真	50461308
设立日期	2007-3-6	负责人	CHAN SEE WENG		
主营业务	保税区内以音视频产品等电子产品为主的仓储、分拨业务。				

企业名称	依工测试测量仪器（上海）有限公司				
企业地址	上海市闵行区梅陇镇春申路1985弄15号1、3、6幢（201108）				
投资总额	355万USD	电　话	54300866	传　真	54282719
设立日期	2007-3-6	负责人	ALLAN C.SUTHERLAND		
主营业务	研发、加工、装配和生产各种测试仪器和设备，精密在线测量仪器设备。				

企业名称	上海宜富奈特电子科技有限公司				
企业地址	上海市松江区施惠路259号一6号（201613）				
投资总额	40万USD	电　话	57784666	传　真	57784777
设立日期	2007-3-6	负责人	郑铉秦		
主营业务	研发、生产汽车多媒体资讯导航系统，车载仪及其相关零配件。				

企业名称	联想（上海）电子科技有限公司				
企业地址	上海市外高桥保税区芬菊路199号68号厂房（200131）				
投资总额	300万USD	电　话	50166722	传　真	50166811
设立日期	2007-3-5	负责人	杨元庆		
主营业务	研发、生产计算机硬、软件系统及配套零部件、网络产品、多媒体产品。				

企业名称	上海麦肯集成电路设计有限公司				
企业地址	上海市张江高科技园区碧波路5号8楼北（201203）				
投资总额	14万USD	电　话	50278488	传　真	50278487
设立日期	2007-3-5	负责人	林振勇		
主营业务	半导体集成电路的设计、研究、开发、应用及与之相关的测试、软件。				

企业名称	微升（上海）环保科技有限公司				
企业地址	上海市外高桥保税区加太路39号5楼22部位（200131）				
投资总额	14万USD	电　话	58354601	传　真	58354607
设立日期	2007-3-2	负责人	CAI ZHUOHAN		
主营业务	环保技术的研究开发、提供相关技术咨询服务，环保设备及零配件批发。				

企业名称	易科斐达电子技术服务（上海）有限公司				
企业地址	上海市浦东新区莲溪路1298号2幢（201204）				
投资总额	30万USD	电　话	51909322	传　真	51909336
设立日期	2007-3-1	负责人	CHEN PAUL FEI-TA		
主营业务	电子、电气产品的软、硬件开发与测试，提供相关技术咨询与技术服务。				

企业名称	超科林微电子设备（上海）有限公司				
企业地址	上海市南汇区康桥工业区创业路369弄56号（201319）				
投资总额	210万USD	电　话	68139988	传　真	68139989
设立日期	2007-2-25	负责人	KEITH KAYWAI CHEUNG		
主营业务	设计、制造用于液晶显示屏及半导体芯片生产设备的精密零部件。				

企业名称	上海耀沣再生资源科技有限公司				
企业地址	上海市长宁区万航渡路2452号4幢103室（200042）				
投资总额	100万USD	电　话	63287700	传　真	63285315
设立日期	2007-2-17	负责人	何世尧		
主营业务	环保及电子产品的开发、生产，销售自产产品并提供相关技术咨询服务。				

企业名称	安裕涂装科技（上海）有限公司				
企业地址	上海市南汇工业园区园西路588号6号、8号厂房（201300）				
投资总额	24.5万USD	电　话	68043255	传　真	68043241
设立日期	2007-2-16	负责人	蔡兆庆		
主营业务	从事各类电子通讯设备零部件、汽车零配件的表面涂装及装配。				

企业名称	志宪电子（上海）有限公司				
企业地址	上海市奉贤现代农业园区汇丰北路681号（201400）				
投资总额	20万USD	电　话	37196330	传　真	37196311
设立日期	2007-2-16	负责人	朴永俊		
主营业务	设计、生产、加工电子、电气自动化控制设备，软件开发及相关零部件。				

企业名称	希比艾斯仪器设备（上海）有限公司				
企业地址	上海青浦出口加工区北青公路8228号三区1号厂房东（201700）				
投资总额	14万USD	电　话	59867227	传　真	59867225
设立日期	2007-2-16	负责人	JOHN JEFFERS		
主营业务	研发、生产、加工应用于空调制冷业、暖通工程和汽车空调业通用仪器。				

企业名称	电子资讯系统（上海）有限公司				
企业地址	上海市浦东新区郭守敬路498号6幢15400室（201203）				
投资总额	500万USD	电　话	28912888	传　真	28912828
设立日期	2007-2-15	负责人	JOSEPH FRANKLIN EAZOR		
主营业务	计算机软件的开发、设计、制作，销售产品，网络相关技术及咨询服务。				

企业名称	上海科加力环保科技有限公司				
企业地址	上海市浦东新区浦东南路1101号1320室（200120）				
投资总额	100万RMB	电　话	58360866	传　真	58360865
设立日期	2007-2-15	负责人	LI MIN YANG		
主营业务	环保技术的研究开发、技术转让、技术咨询，环保设备的进出口、批发。				

企业名称	灵铄电子科技（上海）有限公司				
企业地址	上海市闵行区宜山路1618号综合楼756室（201100）				
投资总额	14万USD	电　话	54220101	传　真	54220789
设立日期	2007-2-14	负责人	高秉强		
主营业务	芯片研发、设计，销售自产产品，提供相关技术服务。				

企业名称	赛灵思电子科技（上海）有限公司				
企业地址	上海市湖滨路222号企业天地商业中心1号楼10楼1016室（200021）				
投资总额	20万USD	电　话	33184788	传　真	63406108
设立日期	2007-2-13	负责人	JON ALAN OLSON		
主营业务	集成电路软硬件技术的设计、研究、开发和转让，提供相关的技术支持。				

企业名称	瀚锦电子（上海）有限公司				
企业地址	上海市浦东新区金桥出口加工区金沪路 1135 号（201206）				
投资总额	1000 万 RMB	电话	50319266	传真	50311900
设立日期	2007-2-9	负责人	刘咸瑞		
主营业务	设计、加工、生产电子专用设备、半导体、元器件及专用材料。				

企业名称	上海艾之科电子有限公司				
企业地址	上海市浦东新区台桥路 28 号 D 幢 2 楼（200135）				
投资总额	100 万港币	电话	38720135	传真	38720135
设立日期	2007-2-7	负责人	陈松坚		
主营业务	生产、加工线缆、通讯器材、通用电气的配件及部件。				

企业名称	上海丰仁电子科技有限公司				
企业地址	上海市松江区石湖荡镇长塔路 399 号 5 号厂房（201604）				
投资总额	2500 万日元	电话	57841753	传真	57841763
设立日期	2007-2-6	负责人	白木智子		
主营业务	开发、生产光电子材料、半导体材料及制品，销售公司自产产品。				

企业名称	上海盟格电子有限公司				
企业地址	上海市松江区九亭姚北路 128 号张慕工业区 7 号厂房（201615）				
投资总额	40 万 USD	电话	33522275	传真	67690253
设立日期	2007-2-2	负责人	本哈得麦德		
主营业务	生产干簧管、线路板、感应器、继电器等电子电器零配件，销售产品。				

企业名称	上海菱祥检测技术有限公司				
企业地址	上海市闵行区景谷路 398 号第二幢（200245）				
投资总额	100 万 USD	电话	64301915	传真	64302330
设立日期	2007-2-1	负责人	大矢隆司		
主营业务	进出口纤维制品、消费品的检验以及后整理业务。				

企业名称	得捷通讯技术（上海）有限公司				
企业地址	上海市张江高科技园区毕升路 289 弄 3 号 301-302 室（201203）				
投资总额	14 万 USD	电话	50275870	传真	50275875
设立日期	2007-1-31	负责人	BRUCE DIAMOND		
主营业务	无线通信设备的研发、设计，射频电路及其集成电路的研发、设计。				

企业名称	富勤环保（上海）有限公司				
企业地址	上海市浦东新区陆家嘴东路 166 号中国保险大厦 2903 室（200120）				
投资总额	1000 万 RMB	电话	68419996	传真	58779006
设立日期	2007-1-31	负责人	吴振仁（VICTOR CHUN YAN NG）		
主营业务	资源再生、电子产品及衍生废弃物、废气、废渣、废液综合利用服务。				

企业名称	朗松珂利（上海）仪器仪表有限公司				
企业地址	上海市松江区新桥镇新格路 850 弄 21 号（201612）				
投资总额	20 万 USD	电话	64897274	传真	64897292
设立日期	2007-1-30	负责人	孔令君		
主营业务	生产各类仪器、仪表、传感器、电子元器件、电气设备零配件。				

企业名称	上海明月光学有限公司				
企业地址	上海市嘉定工业区北区 46-6 号地块（201801）				
投资总额	1200 万 USD	电话	56555760	传真	56555182
设立日期	2007-1-29	负责人	谢公晚		
主营业务	生产数码相机镜头、光学镜片、光学器材，光纤镀膜加工。				

企业名称	威宏电子（上海）有限公司				
企业地址	上海市南汇区康桥工业区沪南公路 2502 号 123 室（201300）				
投资总额	1500 万 USD	电话	50276776	传真	50276776
设立日期	2007-1-22	负责人	周长荣		
主营业务	设计、生产计算机软件、硬件和集成电路，销售设计、生产的产品。				

企业名称	顶利精密电子（上海）有限公司				
企业地址	上海青浦出口加工区加三-2 地块 C2 厂房（201700）				
投资总额	210 万 USD	电话	59702736	传真	59702737
设立日期	2007-1-19	负责人	林桂阳		
主营业务	生产、加工各类电线、电缆及相关电子电器产品和配件，销售自产产品。				

企业名称	上海艾力克太阳能科技有限公司				
企业地址	上海市奉贤区柘林镇沪杭公路 3111 号（201424）				
投资总额	500 万 USD	电话	57442794	传真	57447061
设立日期	2007-1-19	负责人	张连文		
主营业务	晶体硅太阳能产品组装生产，光伏系统设备、光伏应用产品的研发。				

企业名称	上海传承模具电子有限公司				
企业地址	上海市嘉定区安亭镇泰云路 99 号 1 幢（201805）				
投资总额	14 万 USD	电话	59502017	传真	59505859
设立日期	2007-1-19	负责人	徐中旭		
主营业务	生产模具、接触器、电笔、接插件、橡塑制品、五金制品，销售产品。				

企业名称	上海象扬纳米科技有限公司				
企业地址	上海市黄浦区陆家浜路 1011 号 901 室（200011）				
投资总额	15 万 USD	电话	63521115	传真	63521115
设立日期	2007-1-15	负责人	游象扬		
主营业务	纳米领域的四技服务，与纳米技术相关纺织品、护肤品、清洁用品的生产。				

企业名称	玖丽得电子（上海）有限公司				
企业地址	上海市松江区民益路 201 号 80#地块 29 号厂房第六层（201613）				
投资总额	25 万 USD	电话	33730138	传真	33730500
设立日期	2007-1-10	负责人	MICHAEL ALLEN		
主营业务	加工、生产数字放声设备，销售公司自产产品，并提供售后技术服务。				

企业名称	亚德诺半导体技术（上海）有限公司				
企业地址	上海市卢湾区湖滨路 222 号企业天地 1 号楼 2201 室（200021）				
投资总额	105 万 USD	电话	23208000	传真	23208222
设立日期	2007-1-9	负责人	WILLIAM ANDREW MARTIN		
主营业务	半导体技术的研究、开发和设计，转让自研成果，并提供相关的咨询。				

企业名称	傲卡电子科技（上海）有限公司				
企业地址	上海市长宁区延安西路 728 号 15 楼 K 座（200050）				
投资总额	150 万 USD	电话	52534888	传真	52400366
设立日期	2007-1-9	负责人	孙滕谌		
主营业务	汽车电子设备及相关软件的开发与设计，销售自产产品并提供技术咨询。				

企业名称	艾普拉斯（上海）质量检测有限公司				
企业地址	上海市长宁区愚园路 1258 号 1811 室（200050）				
投资总额	14 万 USD	电话	51602460	传真	52080556
设立日期	2007-1-5	负责人	RICARDO PUIGNOU VIGO		
主营业务	提供产品质量检验、工厂和生产过程检验服务和技术支持和咨询服务。				

企业名称	上海广力纳米科技有限公司				
企业地址	上海市闵行区联曹路 260 号 C 型房（200241）				
投资总额	980 万 USD	电话	62421166	传真	62427601
设立日期	2007-1-4	负责人	丁 一		
主营业务	研发、生产纳米高容量动力锂离子电池，销售公司自产产品。				

企业名称	基伊埃工程技术（中国）有限公司				
企业地址	上海市闵行区鹤翔路 99 号（201108）				
投资总额	800 万欧元	电话	64191318	传真	64591368
设立日期	2007-1-4	负责人	KEH LIH STEVE TZUOO		
主营业务	从事轻工、化工、制药工业领域的机械设备生产，工艺流程设计。				

企业名称	上海东首电子有限公司				
企业地址	上海宝山城市工业园区城银路 318 号 207 室（200436）				
投资总额	500 万 USD	电话	58575111	传真	58575566
设立日期	2006-12-28	负责人	蔡雄铭		
主营业务	生产精密电子零部件、接插件端子及其模具，销售自产产品。				

企业名称	竹欣电脑配件（上海）有限公司				
企业地址	上海市松江区新桥镇申港路 588 号（201612）				
投资总额	14 万 USD	电话	67681262	传真	67681285
设立日期	2006-12-28	负责人	张映武		
主营业务	开发、生产和加工电脑五金配件、精密冲压零配件，销售公司自产产品。				

企业名称	先锋电子科技（上海）有限公司				
企业地址	上海市奉贤区环城西路 3111 号上海闵行出口加工区（201412）				
投资总额	1000 万 USD	电话	67104188	传真	37101800
设立日期	2006-12-28	负责人	吉武希海宽		
主营业务	生产汽车音响、车用多功能电子装置及设备等高级电子类产品和零部件。				

企业名称	鑫呈电子科技（上海）有限公司				
企业地址	上海市外高桥保税区希雅路 11 号 13#楼 3 层 E 部位（200131）				
投资总额	13 万 USD	电话	58666178	传真	58667319
设立日期	2006-12-25	负责人	杨 旭		
主营业务	保税区内以半导体产品为主的仓储分拨；提供产品技术咨询、售后服务。				

企业名称	上海屹富祈电子科技有限公司				
企业地址	上海市松江区石湖荡镇塔汇路 79 弄 2 号（201604）				
投资总额	30 万 USD	电话	57841589	传真	57841589
设立日期	2006-12-25	负责人	金容德		
主营业务	设计、生产、加工模具、注塑件、电子专用设备、新型电子元器件。				

企业名称	德门电子（上海）有限公司				
企业地址	上海市闵行区颛桥镇瓶安路 1259 号 3 号厂房（201108）				
投资总额	100 万 USD	电话	64909006	传真	64909816
设立日期	2006-12-22	负责人	金润星		
主营业务	生产新型电子元器件，销售自产产品（涉及行政许可的凭许可证经营）。				

企业名称	磊码电子科技（上海）有限公司				
企业地址	上海市青浦工业园区盈秀路 253 号 3 号厂房（201700）				
投资总额	40 万 USD	电话	59223310	传真	59223213
设立日期	2006-12-20	负责人	DR. LIPPRANDT		
主营业务	开发、生产电子元器件（机电元件）产品及配套零部件，销售自产产品。				

企业名称	上海能瑞电子有限公司				
企业地址	上海市外高桥保税区泰谷路 18 号 1 号楼 105 部位（200131）				
投资总额	13 万 USD	电话	52911461	传真	52911463
设立日期	2006-12-18	负责人	萧智钦		
主营业务	保税区内以电子产品、工业自动化控制产品等为主的仓储分拨、售后服务。				

企业名称	胜相电子（上海）有限公司				
企业地址	上海市南汇区康桥镇康士路 25 号 242 室（201315）				
投资总额	2500 万 USD	电话	58002929	传真	58002929
设立日期	2006-12-18	负责人	刘福洲		
主营业务	研究、设计、开发、生产新型电子元器件，销售公司自产产品。				

企业名称	上海宇兆能源科技有限公司				
企业地址	上海市嘉定区华亭镇霜竹公路 1268 号第 1 幢（201811）				
投资总额	50 万 USD	电话	59959051	传真	59959050
设立日期	2006-12-14	负责人	王建安		
主营业务	生产太阳能产品，销售本公司自产产品。				

企业名称	晒欣太阳能科技（上海）有限公司				
企业地址	上海市嘉定工业区高台路 1558 号-2 号 3 幢（201821）				
投资总额	700 万 USD	电话	59916793	传真	59928777
设立日期	2006-12-14	负责人	吴君亮		
主营业务	生产太阳能应用产品，销售本公司自产产品。				

企业名称	上海住日三原科技有限公司				
企业地址	上海市浦东新区洪山路 176 号 311 室（200122）				
投资总额	400 万 USD	电话	58998880	传真	58993191
设立日期	2006-12-12	负责人	魏　东		
主营业务	电子产品的研究开发及其技术转让；电缆附件、电子产品等的批发。				

企业名称	上海椬腾电子有限公司				
企业地址	上海市青浦工业园区台商园（久业路）（201700）				
投资总额	400 万 USD	电话	51696288	传真	62454827
设立日期	2006-12-12	负责人	孙易兰		
主营业务	生产、加工电子元器件，销售公司自产产品。				

企业名称	泛铨（上海）电子科技有限公司				
企业地址	上海市闵行区宜山路 1618 号综合楼 6 楼（201103）				
投资总额	25 万 USD	电话	51355496	传真	51355497
设立日期	2006-12-11	负责人	柳纪纶		
主营业务	高新技术的电子与信息、新能源与高效节能材料技术开发、技术转让。				

企业名称	英福康（上海）真空仪器有限公司				
企业地址	上海市松江区民益路 201 号 11 号楼一楼 B 区（201613）				
投资总额	40 万 USD	电话	67687185	传真	67687059
设立日期	2006-12-8	负责人	DETLEV PETER GEORGE MAIER		
主营业务	生产真空电子仪器、传感器及其配件和附件，销售产品并提供售后服务。				

企业名称	佳纳电子（上海）有限公司				
企业地址	上海市外高桥保税区富特北路 358 号汤臣管理楼 705B 部位（200131）				
投资总额	18 万 USD	电话	61050791	传真	61050797
设立日期	2006-12-7	负责人	朱明达		
主营业务	保税区内以电子产品为主仓储、分拨、商品展示、售后服务及技术支持。				

企业名称	上海赛路客电子有限公司				
企业地址	上海市浦东新区金桥出口加工区金沪路 1155 号 2 楼（201206）				
投资总额	1.4 亿日元	电话	61090109	传真	61090108
设立日期	2006-12-4	负责人	YOSHINORI MIYAJIMA（宫嘉则）		
主营业务	生产新型电子元器件，销售自产产品，并提供相关的技术咨询。				

企业名称	研华新业电子（上海）有限公司				
企业地址	上海市长宁区广顺路 33 号 3 幢 201 室（200335）				
投资总额	1500 万 USD	电话	62949911	传真	52586366
设立日期	2006-12-1	负责人	刘克振		
主营业务	研发、设计、制造工业用计算机及其零部件，销售产品并提供技术咨询。				

企业名称	开恩泰测量科技（上海）有限公司				
企业地址	上海市浦东新区德州路 270 号 2-208 室（200120）				
投资总额	15 万 USD	电话	54174991	传真	54174992
设立日期	2006-11-30	负责人	陈致年		
主营业务	仪器仪表的设计，仪器仪表、计算器专用设备的批发和进出口。				

企业名称	先达通讯科技（上海）有限公司				
企业地址	上海市浦东新区金明路 1000 号第 4 幢 102 室（200120）				
投资总额	30 万 USD	电话	64068677	传真	64068690
设立日期	2006-11-24	负责人	黄昭然（HUANG，CHAO-JAN）		
主营业务	通讯终端产品、数码产品、电子产品设计、开发，计算机软件开发设计。				

企业名称	泰乐通讯技术（上海）有限公司				
企业地址	上海市张江高科技园区牛顿路 200 号 8 号楼底楼（201203）				
投资总额	140 万 USD	电话	62188660	传真	62188999
设立日期	2006-11-23	负责人	JUN YU（郁 钧）		
主营业务	网络通讯设备软硬件和系统的研究、开发，并提供相关的技术咨询。				

企业名称	裕新（上海）电子有限公司				
企业地址	上海市宝山区金石路 1688 号 512 室（200949）				
投资总额	1000 万 USD	电话	68864883	传真	68866882
设立日期	2006-11-22	负责人	丁棋灿		
主营业务	开发、生产汽车电子装置及其零配件，销售自产产品，并提供技术咨询。				

企业名称	上海名富电子有限公司				
企业地址	上海市外高桥保税区日樱北路 499 号 1 楼第 1 层 7I 部位（200131）				
投资总额	13 万 USD	电话	52911461	传真	52911463
设立日期	2006-11-20	负责人	温意如		
主营业务	以电子产品、电脑及其周边配件、通讯及摄影器材为主的仓储、分拨。				

企业名称	亨发电子（上海）有限公司				
企业地址	上海市嘉定工业区叶城路 1288 号 3 号楼 306 室（201821）				
投资总额	14 万 USD	电话	69522949	传真	69526419
设立日期	2006-11-20	负责人	袁小娥		
主营业务	生产温度传感器及相关产品，销售本公司自产产品。				

企业名称	纵领电子（上海）有限公司				
企业地址	上海市闵行区梅陇镇景联路 188 弄 7 号底层（200237）				
投资总额	45 万 USD	电话	64346668	传真	64346660
设立日期	2006-11-16	负责人	毛　斌		
主营业务	研究、开发、生产电力电子元器件、照明电子产品、背光驱动产品。				

企业名称	上海晶澳太阳能科技有限公司				
企业地址	上海市奉贤区闵行出口加工区 E6、E8 地块（201400）				
投资总额	1200 万 USD	电话	60955999	传真	60955858
设立日期	2006-11-16	负责人	靳保芳		
主营业务	生产、加工单晶硅棒、单晶硅片、太阳能电池、组件，研制。				

企业名称	新瑞半导体（上海）有限公司				
企业地址	上海市张江高科技园区郭守敬路 351 号 2 号楼 418 室（201203）				
投资总额	14 万 USD	电话	61280300	传真	61280569
设立日期	2006-11-9	负责人	蔡瑞珍		
主营业务	集成电路元器件研发、设计，计算机软件研发、设计、制作、销售产品。				

企业名称	博安思通信科技（上海）有限公司				
企业地址	上海市张江高科技园区张东路 1387 号第 39 幢 102 室（201203）				
投资总额	56 万 USD	电话	28912200	传真	28912201
设立日期	2006-11-9	负责人	TOM SUN		
主营业务	区域网络芯片和无线通信终端芯片设计研发、测试维护；软件设计开发。				

企业名称	上海亿升科技有限公司				
企业地址	上海市南汇区南汇工业区沪南路 9458 号 216 室（201300）				
投资总额	3200 万 USD	电话	58873800	传真	58826880
设立日期	2006-11-9	负责人	龙长生		
主营业务	大规模集成电路封装测试、研发，软件的设计、开发，销售公司产品。				

企业名称	上海晶龙光伏技术有限公司				
企业地址	上海市奉贤区闵行出口加工区 E6、E8 地块（201400）				
投资总额	600 万 USD	电话	33655266	传真	33655267
设立日期	2006-11-8	负责人	靳保芳		
主营业务	生产太阳能电源板及配套产品，销售公司自产产品。				

企业名称	上海亮绮数码包装科技有限公司				
企业地址	上海市金桥出口加工区华东路 5001 号第二大道 128 号 T3-1（201206）				
投资总额	20 万 USD	电话	37775501	传真	37775506
设立日期	2006-11-6	负责人	潘正义		
主营业务	电子产品的包装设计及研发，电脑连接线加工，纸制品、塑胶制品加工。				

企业名称	易西电子科技（上海）有限公司				
企业地址	上海市长宁区长宁路 1027 号 2403 室（200050）				
投资总额	14 万 USD	电话	58888096	传真	58888096
设立日期	2006-11-3	负责人	REX LEE BREUNSBACH		
主营业务	电子芯片、温控领域的软件开发、设计、制作，销售产品并提供咨询。				

企业名称	嘉盈（上海）科技有限公司				
企业地址	上海市静安区江宁路 212 号 15 层 A、B 室（200041）				
投资总额	20 万 USD	电话	52895500	传真	52895200
设立日期	2006-11-3	负责人	刘永龄		
主营业务	开发、设计通讯设备软件，销售自行开发的产品，并提供相关技术咨询。				

企业名称	辅升电子科技（上海）有限公司				
企业地址	上海市金桥出口加工区秦桥路 211 号 T71-4 第二层东侧单元（201203）				
投资总额	1800 万 RMB	电话	58997232	传真	58997165
设立日期	2006-11-1	负责人	徐德馨		
主营业务	设计加工生产卫星导航定位接收设备及零部件，车载电话，蓝牙等产品。				

企业名称	上海林科测试技术有限公司				
企业地址	上海市卢湾区徐家汇路 555 号广东发展银行大厦 9 楼 F 座（200023）				
投资总额	35 万 USD	电话	63901696	传真	63901697
设立日期	2006-11-1	负责人	JAMES Sullivan Johnson		
主营业务	交通运输设备的制动器、变速器、离合器、车轴等零部件技术测试分析。				

企业名称	芯讯通无线科技（上海）有限公司				
企业地址	上海市长宁区天山西路 789 号 1 幢 350 室（200335）				
投资总额	100 万 USD	电话	54278872	传真	54278992
设立日期	2006-10-31	负责人	陆永良		
主营业务	设计、研制、开发无线电通讯产品和相关软件，销售产品，提供咨询。				

企业名称	讯研通信息技术（上海）有限公司				
企业地址	上海市张江高科技园区郭守敬路 351 号 2 号楼 A604-17 室（201203）				
投资总额	14 万 USD	电话	51348968	传真	51348969
设立日期	2006-10-23	负责人	尤鹏飞		
主营业务	通讯信息技术及通讯设备技术开发咨询；通讯软件设计制作，销售产品。				

企业名称	上海致永实业发展有限公司				
企业地址	上海市闵行区都会路 1835 号（201108）				
投资总额	1000 万 USD	电话	64672222	传真	64672328
设立日期	2006-10-20	负责人	薛晓路		
主营业务	电子产品的生产加工，生产超薄大屏幕微数字显示设备及其零部件。				

企业名称	雅斯拓科技（上海）有限公司				
企业地址	上海市浦东新区金沪路 1118 号一栋厂房一至四层（200120）				
投资总额	450 万 USD	电话	50325527	传真	50328978
设立日期	2006-10-17	负责人	JAMES EWEN CROLL		
主营业务	研究开发设计和生产各种智能卡模块软件、计算机系统集成，销售产品。				

企业名称	上海摩威电子科技有限公司				
企业地址	上海市张江高科技园区张衡路 200 号 3 号楼 3501—3503 室（201203）				
投资总额	50 万 USD	电话	51095958	传真	50277658
设立日期	2006-10-13	负责人	黄志坚		
主营业务	集成电路元器件研发设计、测试，计算机软件研发设计、测试、制作。				

企业名称	盛派电子科技（上海）有限公司				
企业地址	上海市虹桥路 333 号 4608 室（200031）				
投资总额	60 万 USD	电话	64646643	传真	61613339
设立日期	2006-10-12	负责人	宋福鑫		
主营业务	射频识别技术、集成电路、通讯技术的研发，自有研发成果转让。				

企业名称	俊茂微电子（上海）有限公司				
企业地址	上海市张江高科技园区科苑路 399 号 4 号楼（201203）				
投资总额	2800 万 USD	电话	61092800	传真	61092711
设立日期	2006-10-11	负责人	STEVEN KIM PARKER		
主营业务	研究、开发、设计测各种高精确性模拟混合信号和数字信号处理集成电路。				

企业名称	上海伯乐电子有限公司				
企业地址	上海市青浦工业园区崧泽大道 10800 弄 1 号（201700）				
投资总额	1000 万 USD	电话	64082771	传真	64703128
设立日期	2006-10-9	负责人	ALAN WING HONG WONG		
主营业务	设计、生产新型柔性线路板及相关产品，销售公司产品并提供技术咨询。				

企业名称	铨扬电子科技（上海）有限公司				
企业地址	上海市宝山城市工业园区城银路 55 号（200444）				
投资总额	500 万 USD	电话	36162036	传真	36162028
设立日期	2006-9-27	负责人	黄坤槟		
主营业务	生产电子专用设备，测试仪器，工模具制造，销售自产产品。				

企业名称	上海赛通信息技术有限公司				
企业地址	上海市张江高科技园区郭守敬路 351 号 2 号楼 A604-16 室（201203）				
投资总额	153 万 USD	电话	58799053	传真	62540854
设立日期	2006-9-25	负责人	袁峰		
主营业务	计算机网络通讯软件的开发、制作，销售产品，提供相关系统集成调试。				

企业名称	飞思通（上海）半导体有限公司				
企业地址	上海市张江高科技园区郭守敬路 498 号 14 幢 22301-1157 室（201203）				
投资总额	14 万 USD	电话	51330750	传真	51330760
设立日期	2006-9-25	负责人	GEORGE NEWMAN ALEXY		
主营业务	电子元器件软硬件的设计、研究、开发，计算机软件开发、设计、制作。				

企业名称	威讯半导体技术（上海）有限公司				
企业地址	上海市张江高科技园区金科路 2966 号南楼 109 室（201203）				
投资总额	200 万 USD	电话	38499988	传真	68471108
设立日期	2006-9-25	负责人	DAVID WANG		
主营业务	半导体元器件及应用系统的研发、设计，产品测试和自有成果转让。				

企业名称	美强微电子科技（上海）有限公司				
企业地址	上海市黄浦区陆家浜路 413 弄 5 号 1403 室（200010）				
投资总额	14 万 USD	电话	63773893	传真	63779807
设立日期	2006-9-25	负责人	朱华雄		
主营业务	IC 芯片、太阳能产品、液晶产品的设计、研发。				

企业名称	堡盟电子（上海）有限公司				
企业地址	上海市松江区民益路 201 号 30 号楼第二层 A 区（201600）				
投资总额	14 万 USD	电话	67687095	传真	67687098
设立日期	2006-9-20	负责人	AXEL VIETZE		
主营业务	研究、设计、开发、生产工业用传感器及其应用设备，定位驱动装置。				

企业名称	希格电子工业（上海）有限公司				
企业地址	上海市闵行区黎安路 1126 号 1 幢 1 楼 A（201100）				
投资总额	20 万 USD	电话	54942358	传真	54942368
设立日期	2006-9-20	负责人	CHRIS M. CHEN（陈明易）		
主营业务	生产、加工开关电源、应急照明装置、开关装置、镇流器及电子产品。				

企业名称	上海新阳明高电子材料有限公司				
企业地址	上海市松江区美能达路 503 号高新园区一期二号房（底层）（201613）				
投资总额	30 万 USD	电话	57850088	传真	57850903
设立日期	2006-9-19	负责人	刘瑞槐		
主营业务	研发、生产、加工电子焊料及辅料，化工专用设备，研发电子化学品。				

企业名称	上海广电集成电路有限公司				
企业地址	上海市漕河泾开发区桂平路 418 号兴园科技广场 612 室（200233）				
投资总额	4500 万 RMB	电话	51088722	传真	64957759
设立日期	2006-9-18	负责人	侯钢		
主营业务	集成电路产品开发、设计、委托加工、自产产品的销售及相关产品批发。				

企业名称	芬泰电子（上海）有限公司				
企业地址	上海市外高桥保税区富特西一路 355 号 906、907 部位（200131）				
投资总额	14 万 USD	电话	58661668	传真	58680005
设立日期	2006-9-15	负责人	GUNTER KURBIS		
主营业务	区内以半导体、微电子、电子产品及设备为主的国际贸易、转口贸易。				

企业名称	官迪（上海）电子科技有限公司				
企业地址	上海市嘉定工业区高台路 1588-2 号 3 号厂房（201801）				
投资总额	50 万 USD	电话	69160401	传真	69160422
设立日期	2006-9-14	负责人	DAVID MICHEAL RAKOVSKY		
主营业务	生产、加工电源供应器、复压器、电感器及相关零配件，销售产品。				

企业名称	美细耐斯（上海）电子有限公司				
企业地址	上海市松江区茜浦路 275 弄内 5 号房 B 座（201613）				
投资总额	100 万 USD	电话	67601668	传真	67601686
设立日期	2006-9-12	负责人	MIN DONG UK		
主营业务	开发、生产、加工数字照相机及关键部件，销售产品并提供售后服务。				

企业名称	萨康电子（上海）有限公司				
企业地址	上海市青浦区外青松公路 5399 号 A7 厂房（201700）				
投资总额	210 万 USD	电话	69214388	传真	69213398
设立日期	2006-9-12	负责人	GIAN PIERO BRANDOLINI		
主营业务	开发、生产新型电子元器件、汽车电子装置、宽带接入网通信系统设备。				

企业名称	上海晶翠明光电有限公司				
企业地址	上海市金山工业区金腾路 2001 号 2 号楼（201505）				
投资总额	50 万 USD	电话	57277333	传真	57277335
设立日期	2006-9-11	负责人	陈俊村		
主营业务	设计、生产镇流器、电子适配器、电子节能灯、电子变压器、感应器。				

企业名称	惠瑞捷半导体科技（上海）有限公司				
企业地址	上海市张江高科技园区碧波路 572 弄 115 号 3 幢 1-2 层（201203）				
投资总额	1200 万 USD	电话	61632600	传真	61632699
设立日期	2006-9-7	负责人	OO HONG HEE		
主营业务	半导体测试领域高科技软件产品研发和制造；自主开发技术转让和许可。				

企业名称	迪妙移动通讯科技（上海）有限公司				
企业地址	上海市南汇区康桥工业园区康桥东路 1300 弄综合楼 510 室（201315）				
投资总额	2500 万 USD	电话	54265184	传真	54265160
设立日期	2006-8-31	负责人	彭　华		
主营业务	研发、设计、生产移动通信系统手机及零部件，提供研发设计成果转让。				

企业名称	微而特光电（上海）有限公司				
企业地址	上海市浦东新区小白路 115 号 41、42 幢（200122）				
投资总额	15 万 USD	电话	58151515	传真	58153289
设立日期	2006-8-30	负责人	RICHARD FUNG MING LAM		
主营业务	研发、生产光电类及光纤类原配件、跳线、连接口、滤波器及配套工具。				

企业名称	上海工电能源科技有限公司				
企业地址	上海市张江高科技园区郭守敬路 498 号 14 幢 22301-1143 座（201203）				
投资总额	1 亿人民币	电话	58794030	传真	58797528
设立日期	2006-8-28	负责人	朱亚农		
主营业务	塔式太阳能热电站、太阳能薄膜电池研发、设计、计算机软件研发制作。				

企业名称	锦益光电科技（上海）有限公司				
企业地址	上海市松江区中山街道茸梅路 666 号 3 号厂房（201613）				
投资总额	50 万 USD	电话	57782833	传真	57781358
设立日期	2006-8-25	负责人	陈洋怀		
主营业务	生产半导体大功率光源组件/灯具、瓦斯报警矿灯电子组件、矿灯等。				

企业名称	伟富电子科技（上海）有限公司				
企业地址	上海市闵行区程家桥 258 号 1 幢 1 层东（201103）				
投资总额	100 万 USD	电话	64651140	传真	64651139
设立日期	2006-8-25	负责人	何育纶		
主营业务	设计、开发、生产电子数码晶片，电子计算机软硬件，销售自产产品。				

企业名称	杜肯索斯（上海）空气分布系统有限公司				
企业地址	上海市长宁区长宁路 1158 号 517 室（200051）				
投资总额	50 万 USD	电话	52411316	传真	52411316
设立日期	2006-8-25	负责人	路　标		
主营业务	从事空气分布系统开发、设计、调试、维护，系统集成及相关软件制作。				

企业名称	爱思创电子（上海）有限公司				
企业地址	上海市松江区茸华路 686 号一号厂房（201613）				
投资总额	62.5 万 USD	电话	37601568	传真	37601566
设立日期	2006-8-23	负责人	ANDREW CARR EDWARDS		
主营业务	研究、设计、开发、生产音频、视频设备及其相关部件、配件。				

企业名称	飞利浦半导体（上海）有限公司				
企业地址	上海市闸北区天目西路 218 号嘉里不夜城 2907-2910 室（200070）				
投资总额	500 万 USD	电话	63541088	传真	63542994
设立日期	2006-8-22	负责人	何剑刚		
主营业务	研究、设计、开发和测试半导体技术软件、集成电路、电子元件配件。				

企业名称	上海仨目电子科技有限公司				
企业地址	上海市浦东新区沿浦路 158-2 号第一幢（200122）				
投资总额	14 万 USD	电话	58411115	传真	58411237
设立日期	2006-8-18	负责人	铃木清一郎		
主营业务	各种 LED（发光二极管）显示屏、电子控制器及相关零配件开发、生产。				

企业名称	上海高崎精密电子有限公司				
企业地址	上海青浦工业园区外青松公路 5368 号 2 号厂房（201700）				
投资总额	14 万 USD	电话	69211677	传真	69210300
设立日期	2006-8-18	负责人	関嶋洋		
主营业务	开发、生产、加工各类电子、电气产品用线圈及其他零部件，销售产品。				

企业名称	美络通通讯设备（上海）有限公司				
企业地址	上海市漕河泾新兴技术开发区宜山路 1009 号第八层 801 室（200233）				
投资总额	100 万 USD	电话	54263173	传真	54263173
设立日期	2006-8-17	负责人	WILLIAM JOSEPH GARTNER		
主营业务	研发、设计、制造 32 波及以上光纤波分复用传输系统设备。				

企业名称	上海福摩电子科技有限公司				
企业地址	上海市闵行区春申路 1985 弄 69 号 3 楼西（200237）				
投资总额	4900 万日元	电话	54382930	传真	54382473
设立日期	2006-8-15	负责人	中根义彦		
主营业务	生产电磁辐射屏蔽产品，销售公司自产产品。				

企业名称	上海连翰欣电子科技有限公司				
企业地址	上海市嘉定区徐行镇大安路 2700 号第 6 幢（201809）				
投资总额	600 万 USD	电话	39979217	传真	39979176
设立日期	2006-8-15	负责人	温耀隆		
主营业务	生产、加工为电脑主机、手机等产品配套的多层电路板，销售自产产品。				

企业名称	杰脉通信技术（上海）有限公司				
企业地址	上海市莘庄工业区春东路 479 号 2 幢（201108）				
投资总额	135 万 USD	电话	54429971	传真	54429972
设立日期	2006-8-11	负责人	李　军		
主营业务	研发生产第三代移动通信机站射频子系统模块；宽带系统的射频子系统。				

企业名称	电计科技研发（上海）有限公司				
企业地址	上海市闵行区东川路 555 号甲楼 401-C（200240）				
投资总额	300 万 USD	电话	58205887	传真	58317225
设立日期	2006-8-8	负责人	柳丹峰		
主营业务	电子、汽车行业的产品及元器件的研究与开发；研发成果的技术转让。				

企业名称	炘源晶太阳能科技（上海）有限公司				
企业地址	上海市长宁区古北路 678 号 1501 室（200336）				
投资总额	20 万 USD	电话	62959236	传真	62959216
设立日期	2006-8-8	负责人	朱金惠		
主营业务	太阳能利用技术的研究、开发，转让自研成果，提供咨询和技术服务。				

企业名称	上海纳帕思电子科技有限公司				
企业地址	上海市闵行区纪鹤路 199-209 号（201106）				
投资总额	14 万 USD	电话	51558288	传真	51558266
设立日期	2006-8-2	负责人	SEO INB EOM		
主营业务	生产电子锁、净水器、空气清洁器、清毒器及其零部件，销售自产产品。				

企业名称	晟碟半导体（上海）有限公司				
企业地址	上海市闵行区东川路 555 号巳号楼 1 层 01 室（200241）				
投资总额	3200 万 USD	电话	61253504	传真	61212603
设立日期	2006-8-1	负责人	JUDY BRUNER		
主营业务	设计、研发、测试、封装及生产新型电子元器件及产品，销售自产产品。				

制造业-电子及通信设备和仪器仪表及文化、办公用机械制造业

企业名称	益析光电科技（上海）有限公司				
企业地址	上海市奉贤区南桥镇光明社区大亭公路 4959 号（201400）				
投资总额	60 万 USD	电　话	57473888	传　真	57473999
设立日期	2006-8-1	负 责 人	杨国兴		
主营业务	组装液晶产品、电脑配件、软件设计开发，销售公司自组装的产品。				

企业名称	卓胜微电子（上海）有限公司				
企业地址	上海市张江高科技园区龙东大道 3000 号 5 号楼 701B 室（201203）				
投资总额	150 万 USD	电　话	61006488	传　真	61009682
设立日期	2006-7-28	负 责 人	许志翰		
主营业务	集成电路研发、设计，转让自有技术；软件研发、制作，销售自产产品。				

企业名称	智迈微电子科技（上海）有限公司				
企业地址	上海市杨浦区国定路 335 号 2 号楼 1801 室（200433）				
投资总额	100 万 USD	电　话	65106672	传　真	65106672
设立日期	2006-7-28	负 责 人	张文军		
主营业务	研究开发大规模集成电路及系统和软件，提供技术支持。				

企业名称	日贯电脑配件（上海）有限公司				
企业地址	上海市松江工业试点园区车墩北区茸华路东侧（201613）				
投资总额	300 万 USD	电　话	57609933	传　真	57609933
设立日期	2006-7-28	负 责 人	温兆涌		
主营业务	设计生产电脑配件、设计、研发生产精冲模，设计生产非金属制品模具。				

企业名称	门拓电子科技（上海）有限公司				
企业地址	上海市莘庄工业区华宁路 3740 弄 139 号（201100）				
投资总额	35 万 USD	电　话	64425170	传　真	64899582
设立日期	2006-7-27	负 责 人	WIDO WESSEL WEYER		
主营业务	开发从事电子元器件产品及其配套部件，销售产品；从事上述产品批发。				

企业名称	上海景诠光学制品有限公司				
企业地址	上海市宝山区通河路 830 号（200441）				
投资总额	100 万 USD	电　话	56862068	传　真	56865768
设立日期	2006-7-26	负 责 人	王仁志		
主营业务	生产光学制品、五金制品、塑料制品和工艺品，销售自产产品。				

企业名称	德铧材料检测（上海）有限公司				
企业地址	上海市长宁区延安西路 726 号 22 楼 L 座　（200050）				
投资总额	20 万 USD	电　话	52381722	传　真	62105927
设立日期	2006-7-26	负 责 人	夏炜林		
主营业务	设计、开发无损检测和理化分析设备和技术，销售自行开发产品。				

企业名称	上海逸际邦精密仪器有限公司				
企业地址	上海市松江区新浜镇浩海路 209 号 4 号厂房（201607）				
投资总额	101 万 USD	电　话	57891663	传　真	57891883
设立日期	2006-7-25	负 责 人	森田义则		
主营业务	生产低功率气动控制阀、新型仪表元器件和材料，销售公司自产产品。				

企业名称	上海桑吴太阳能科技发展有限公司				
企业地址	上海市宝山城市工业园区园新路 125 号（200436）				
投资总额	200 万 RMB	电　话	64388050	传　真	64388050
设立日期	2006-7-24	负 责 人	潘　戈		
主营业务	太阳热水系统零部件与系统的设计、制造、安装，销售自产产品。				

企业名称	银石通讯科技（上海）有限公司				
企业地址	上海市闵行区莘庄镇顾戴路 2568 号 6 幢 6 楼（201100）				
投资总额	1000 万 USD	电　话	54889188	传　真	54880921
设立日期	2006-7-20	负 责 人	吴朝灿		
主营业务	设计、生产半导体、通讯元器件及相关的配套产品，销售自产产品。				

企业名称	安泰麒（上海）通信技术有限公司				
企业地址	上海市浦东新区川银路 170 号（200120）				
投资总额	10 万 USD	电　话	54265696	传　真	54265697
设立日期	2006-7-19	负 责 人	TAN SUAT PENG		
主营业务	通信系统技术及网络技术开发、设计，通信软件及相关软件开发、设计。				

企业名称	美迪希实验仪器（上海）有限公司				
企业地址	上海市南汇工业园区园西路 555 号 2-1 号（201300）				
投资总额	50 万 USD	电　话	68010118	传　真	68010069
设立日期	2006-7-17	负 责 人	ERIC EUGENE ESSER		
主营业务	生产实验室用酶标仪、新药开发化合物筛选仪等实验仪器，销售产品。				

企业名称	照嘉电子科技（上海）有限公司				
企业地址	上海市嘉定区安亭镇宝安公司 3978 号第 2 幢第一层（201805）				
投资总额	30 万 USD	电　话	59508888	传　真	59506888
设立日期	2006-7-17	负 责 人	朱秀敏		
主营业务	生产灯具、车用电子装置、车用照明装置、车用塑胶五金件，销售产品。				

企业名称	矽映电子科技（上海）有限公司				
企业地址	上海市宜山路 1009 号 6；新大厦 8 楼 802 室（200233）				
投资总额	61.5 万 USD	电　话	54234699	传　真	54234509
设立日期	2006-7-16	负 责 人	PATRICK REUTENS		
主营业务	研究、开发、设计和测试半导体、电子元器件、集成电路和相关软件。				

企业名称	上海聚达威电子科技有限公司				
企业地址	上海市青浦工业园区崧春路 339 号 1 栋（201700）				
投资总额	500 万 RMB	电　话	69758181	传　真	69758181
设立日期	2006-7-14	负 责 人	张广平		
主营业务	开发制造光电子元器件，液晶电视用前屏蔽板，彩色显示器用偏转线圈。				

企业名称	上海浦东宇虹电子有限公司				
企业地址	上海市浦东康桥工业区沪南公路 2502 号 104 室（201315）				
投资总额	14 万 USD	电　话	68187018	传　真	68187028
设立日期	2006-7-11	负 责 人	甘　山		
主营业务	生产硅橡胶制品、高精度橡胶制品、高精度橡胶模具、装饰铭板制品。				

企业名称	亚博生电子科技（上海）有限公司				
企业地址	上海市浦东新区德州路 270 号 2 幢（部分）（200126）				
投资总额	20 万 USD	电　话	64310999	传　真	64337100
设立日期	2006-7-10	负 责 人	罗得利		
主营业务	ABS-POS 终端及相关外部电子产品、仪器仪表等相关软件批发进出口。				

企业名称	远业电子（上海）有限公司				
企业地址	上海市嘉定区安亭镇金昌路 255 号 2 号厂房（201814）				
投资总额	1250 万 USD	电　话	39508955	传　真	39508755
设立日期	2006-7-10	负 责 人	林宗良		
主营业务	研发生产车身电子控制系统，数字摄录机，新型平板显示器，软件产品。				

企业名称	兼兴电子（上海）有限公司				
企业地址	上海市外高桥保税区泰谷路 169 号 C 楼 6 层（200131）				
投资总额	300 万 USD	电　话	58682998	传　真	58682996
设立日期	2006-7-5	负 责 人	新谷浩之		
主营业务	各类电子产品用电池控制线路板的生产，销售产品并提供相关技术服务。				

企业名称	凯涛电子（上海）有限公司				
企业地址	上海市张江高科技园区郭守敬路 498 号 14 幢 22301-1120 室（201203）				
投资总额	14 万 USD	电　话	50803392	传　真	50803391
设立日期	2006-7-5	负 责 人	WEI XUN CAO		
主营业务	电子元器件的研究、开发，计算机软件的开发、设计、制作，销售产品。				

企业名称	工易数达电子科技（上海）有限公司				
企业地址	上海市嘉定区马陆镇陈安路 230 号（201801）				
投资总额	14 万 USD	电　话	59104872	传　真	59104873
设立日期	2006-7-4	负 责 人	林育平		
主营业务	生产自动化电子控制器件，销售本公司自产产品并提供售后服务。				

企业名称	触动多媒体技术（上海）有限公司				
企业地址	上海市浦东新区龚路公路 701 号 2 幢 202 室（200122）				
投资总额	600 万 USD	电　话	51098699	传　真	51098699
设立日期	2006-6-23	负 责 人	冯晖中（FUNG，MICHAEL F）		
主营业务	多媒体技术、网络技术的开发、设计；计算机软件的开发、设计、制作。				

企业名称	精工电子技术（上海）有限公司				
企业地址	上海市外高桥保税区美盛路 168 号 3 楼（200131）				
投资总额	15 万 USD	电　话	63756611	传　真	63756727
设立日期	2006-6-21	负 责 人	松浦孝志		
主营业务	保税区内开发、生产、加工电子元器件，销售公司自产产品。				

企业名称	高博通信（上海）有限公司				
企业地址	上海市宝山区宝祁路 599 号 8 幢 402 室（200436）				
投资总额	550 万 USD	电　话	64516340	传　真	64516340
设立日期	2006-6-11	负 责 人	陶启伟		
主营业务	生产、研发通信设备及其零部件，从事相关的技术服务，销售自产产品。				

企业名称	集泰实业（上海）有限公司				
企业地址	上海市闵行区光华路 2118 号 3 幢 606 室（201111）				
投资总额	980 万 USD	电　话	33688225	传　真	33688227
设立日期	2006-6-7	负责人	廖传泽		
主营业务	设计微电子应用产品及相关元器件，提供技术及商务咨询。				

企业名称	上海滨胜电子有限公司				
企业地址	上海市闵行区江川路 1800 号 4 幢（200245）				
投资总额	10 万 USD	电　话	51591558	传　真	51591557
设立日期	2006-5-29	负责人	长滨胜康		
主营业务	生产汽车、通讯类产品接插件和插头座的连接线（线束）及电子元器件。				

企业名称	上海君柏电子科技有限公司				
企业地址	上海市外高桥保税区泰谷路 18 号 15 层 1511A 室（200131）				
投资总额	14 万 USD	电　话	51615372	传　真	51615375
设立日期	2006-5-24	负责人	吴彦达		
主营业务	国际贸易、转口贸易、保税区企业贸易及贸易代理；货物及技术进出口。				

企业名称	微创半导体设备（上海）有限公司				
企业地址	上海市外高桥保税区基隆路 6 号 1504 室（200131）				
投资总额	12.5 万 USD	电　话	58691292	传　真	58692179
设立日期	2006-5-24	负责人	GERHARD RUPPIK		
主营业务	保税区内以半导体产品为主仓储和分拨业务，提供技术咨询、售后服务。				

企业名称	普迪飞半导体技术（上海）有限公司				
企业地址	上海市国泰路 11 号复旦大学科技园 604 室、605、606 室（200433）				
投资总额	18 万 USD	电　话	65101515	传　真	65659016
设立日期	2006-5-24	负责人	JAMES DANIEL JENSEN		
主营业务	芯片的研究、设计、开发，并提供相关的技术咨询和技术服务。				

企业名称	德仓电子科技（上海）有限公司				
企业地址	上海市外高桥保税区泰谷路 185 号三层 G 部位（200131）				
投资总额	5000 万日元	电　话	58662201	传　真	58662203
设立日期	2006-5-18	负责人	仓泽德义		
主营业务	保税区内印刷电路板、印刷电路板检测工具及零部件加工、组装、检测。				

企业名称	启钧显示器（上海）有限公司				
企业地址	上海市闵行区银都路 588 号西区 25 幢（201103）				
投资总额	30 万 USD	电　话	54049988	传　真	54049700
设立日期	2006-5-17	负责人	ZHANG QIAN ZHONG		
主营业务	生产、加工液晶显示产品，销售公司自产产品。				

企业名称	谱瑞集成电路（上海）有限公司				
企业地址	上海市漕河泾新兴技术开发区桂平路 680 号 302、304 室（200233）				
投资总额	30 万 USD	电　话	51696318	传　真	64950550
设立日期	2006-5-16	负责人	汪　健		
主营业务	集成电路设计、技术转让，并提供相关的技术支持和技术咨询。				

企业名称	上海捷安光电有限公司				
企业地址	上海市嘉定区徐行镇前曹公路 1258 号 1 号厂房（201808）				
投资总额	105 万 USD	电　话	39978988	传　真	39979848
设立日期	2006-5-15	负责人	杨壬和		
主营业务	生产望远镜、瞄准镜、显微镜等光学仪器及相关零部件，销售自产产品。				

企业名称	上海崎美崎绿色能源有限公司				
企业地址	上海市闵行区浦江镇立跃路 2708 号（201112）				
投资总额	500 万 USD	电　话	54379520	传　真	54389971
设立日期	2006-5-12	负责人	何志伟		
主营业务	研发生产太阳能、风能等新型能源用的设备，成套部件，相关配件软件。				

企业名称	上海江森自控汽车电子有限公司				
企业地址	上海市浦东康桥工业区康桥东路 1268 号（201319）				
投资总额	500 万 USD	电　话	58133999	传　真	58135999
设立日期	2006-5-12	负责人	严方敏		
主营业务	设计、生产汽车仪表总成和汽车电子装置，销售公司自产产品。				

企业名称	泰扬精密电子科技（上海）有限公司				
企业地址	上海市浦东新区金桥出口加工区金沪路 1151 号第 4 层中部（201206）				
投资总额	30 万 USD	电　话	50313990	传　真	50311609
设立日期	2006-5-11	负责人	彭宏虎		
主营业务	设计、生产温度传感器及相关配件，销售自产产品，并提供技术咨询。				

企业名称	锐迪科无线通信技术（上海）有限公司				
企业地址	上海市张江高科技园区碧波路 690 号 2 号楼 302-B 室（201203）				
投资总额	100 万 USD	电　话	50272280	传　真	50272260
设立日期	2006-5-11	负责人	VINCENT PO-KA TAI		
主营业务	无线通信技术、交换设备及数字集群系统设备的研究、开发。				

企业名称	艾思特科技（上海）有限公司				
企业地址	上海市南京西路 1486 弄 3 号楼 205 室（200040）				
投资总额	14 万 USD	电　话	52669360	传　真	52669359
设立日期	2006-5-11	负责人	陈麒宇		
主营业务	开发设计包括通讯网络、电子商务、信息管理、财务、企业管理的软件。				

企业名称	贝罗孚自动化仪表（上海）有限公司				
企业地址	上海市浦东新区金沪路 1281 号 2 幢 4 楼 401 室（200122）				
投资总额	14 万 USD	电　话	58340723	传　真	58340723
设立日期	2006-4-30	负责人	ARNOLD B SIEMER		
主营业务	生产、加工新型仪表元器件，销售自产产品，并提供相关的技术咨询。				

企业名称	长濑微电子科技（上海）有限公司				
企业地址	上海市静安区延安中路 1440 号 428 室（200041）				
投资总额	20 万 USD	电　话	51171606	传　真	51171606
设立日期	2006-4-30	负责人	坪沼一等		
主营业务	半导体及液晶用部件药液供给管理系统及再生处理管理系统安装维修。				

企业名称	理光微电子（上海）有限公司				
企业地址	上海市张江高科技园区碧波路 690 号 2 号楼 403 室（201203）				
投资总额	14 万 USD	电　话	50273200	传　真	50273299
设立日期	2006-4-29	负责人	TERUMOTO NONAKA		
主营业务	半导体芯片的研发、设计、制作，销售自产产品，并提供技术服务。				

企业名称	上海光展电子科技有限公司				
企业地址	上海市嘉定区徐行镇曹胜路 699 号 A 幢（201809）				
投资总额	18 万 USD	电　话	39979198	传　真	39979218
设立日期	2006-4-29	负责人	江根生		
主营业务	生产发光二极管（LED），冷阴极管及相关产品，销售本公司自产产品。				

企业名称	比棋优仪器设备（上海）有限公司				
企业地址	上海市闵行区黎安路 1126 号（201100）				
投资总额	20 万 USD	电　话	64686338	传　真	64688317
设立日期	2006-4-28	负责人	黄利鹏		
主营业务	生产、装配化学反应蒸馏仪器设备，销售自产产品，并提供售后服务。				

企业名称	上海嘉映微电子有限公司				
企业地址	上海市张江高科技园区祖冲之路 899 号 11 幢 2 层（201203）				
投资总额	50 万 USD	电　话	54255868	传　真	54252668
设立日期	2006-4-27	负责人	苏元良		
主营业务	微电子及光电子器件的开发、设计；消费类电子产品的开发、设计。				

企业名称	上海溢承电子有限公司				
企业地址	上海市闵行区七宝镇中春路 7001 号（201101）				
投资总额	15 万 USD	电　话	64393999	传　真	64392145
设立日期	2006-4-26	负责人	崔大焕		
主营业务	生产电子元件及配件，销售自产产品（涉及行政许可的凭许可证经营）。				

企业名称	御津电子（上海）有限公司				
企业地址	上海市浦东新区东川公路 5189 号 2 号楼（200131）				
投资总额	22 万 USD	电　话	68916010	传　真	68916021
设立日期	2006-4-24	负责人	人见和夫		
主营业务	设计、生产、加工电子、汽车、机械及其他日用品零部件中的塑料部件。				

企业名称	上海樱飞特电子有限公司				
企业地址	上海市嘉定区黄渡镇星华公路 2368 号 3 楼（201804）				
投资总额	30 万 USD	电　话	69136167	传　真	69136189
设立日期	2006-4-20	负责人	鲁忠明		
主营业务	生产冷暖风机、加湿机、空气净化机、注塑机及电子产品加工。				

企业名称	圣莱明照明电子电器（上海）有限公司				
企业地址	上海市嘉定工业区宝塔路 1288 号 8 幢（201821）				
投资总额	1500 万 USD	电　话	69169818	传　真	69169277
设立日期	2006-4-13	负责人	LI GUO ZHANG		
主营业务	生产新型电子元器件（光电子器件），销售本公司自产产品。				

制造业-电子及通信设备和仪器仪表及文化、办公用机械制造业

企业名称	**卓芯微电子科技（上海）有限公司**				
企业地址	上海市张江高科技园区郭守敬路351号2号楼A601-05室（201203）				
投资总额	14万USD	电话	54051819	传真	54051819
设立日期	2006-4-12	负责人	田志刚		
主营业务	微电子及芯片的研发、设计，相关计算机软件的开发、设计、制作。				

企业名称	**上海嘉新数码电子有限公司**				
企业地址	上海市浦东新区龙东大道6101号1幢1层A区（200131）				
投资总额	1000万RMB	电话	64559058	传真	64559016
设立日期	2006-4-11	负责人	范文懿		
主营业务	研发、生产电视机及配件、平板显示器，销售自产产品并提供技术咨询。				

企业名称	**高慧船舶通讯设备（上海）有限公司**				
企业地址	上海市外高桥保税区加太路39号菀熠1号楼第五层5部位（200131）				
投资总额	6.3万USD	电话	58362605	传真	58362608
设立日期	2006-4-11	负责人	PATRICK TONG		
主营业务	以通讯设备，液晶器材为主的仓储分拨业务；国际贸易、转口贸易。				

企业名称	**上海日闰电子科技有限公司**				
企业地址	上海市金山区亭林工业区亭虹路58号（201505）				
投资总额	80万USD	电话	67232382	传真	67232384
设立日期	2006-4-10	负责人	包桢臻		
主营业务	生产3C电子产品用耐高温绝缘材料成型件及非金属配件，销售产品。				

企业名称	**美胜科电子产品（上海）有限公司**				
企业地址	上海市外高桥保税区奥纳路79号1#楼二层一部位（200131）				
投资总额	20万USD	电话	51610181	传真	62261835
设立日期	2006-4-6	负责人	YONG HAN BOK		
主营业务	以电子产品为主保税区仓储分拨业务及相关产品售后服务和技术支持。				

企业名称	**上海奥斯特电子科技有限公司**				
企业地址	上海市外高桥保税区加太路39号1号楼第五层8部位（200131）				
投资总额	20万USD	电话	52911461	传真	52911463
设立日期	2006-4-4	负责人	林启利		
主营业务	保税区内以电阻、电容产品为主的仓储分拨业务及售后服务。				

企业名称	**精亿电脑配件（上海）有限公司**				
企业地址	上海市青浦区华新镇华蔡路658号（201708）				
投资总额	380万港币	电话	69791918	传真	69791928
设立日期	2006-4-4	负责人	刘秀萍		
主营业务	生产、加工计算机零部件及周边设备零部件，销售公司自产产品。				

企业名称	**佩卡贝电子技术服务（上海）有限公司**				
企业地址	上海市南京西路1486号东海广场1号楼4楼（200040）				
投资总额	16万欧元	电话	51531514	传真	51531577
设立日期	2006-3-31	负责人	AYMRA DE-LENCQUESAING		
主营业务	电子产品的设计、开发，提供相关技术检测与咨询服务，项目管理咨询。				

企业名称	**亚芯电子科技（上海）有限公司**				
企业地址	上海市张江高科技园区郭守敬路351号2号楼697-20室（201203）				
投资总额	600万USD	电话	62109208	传真	62108820
设立日期	2006-3-29	负责人	冯政新		
主营业务	新型电子元器件的开发、设计，提供相关的技术服务和技术咨询。				

企业名称	**日米电子（上海）有限公司**				
企业地址	上海市外高桥保税区加太路78号一楼第一层东部位（200131）				
投资总额	30万USD	电话	58666778	传真	58666779
设立日期	2006-3-27	负责人	杉永诚一		
主营业务	保税区内生产、加工电子产品及其零部件，销售自产产品，并提供咨询。				

企业名称	**上海扬航通信设备厂**				
企业地址	上海市宝山区铁山路230号（201904）				
投资总额	480万RMB	电话	33792996	传真	33792996
设立日期	2006-3-27	负责人	唐正国		
主营业务	生产研发卫星通信网络系统主品，包括天线系统、跟踪接收系统等。				

企业名称	**上海同永电子技术有限公司**				
企业地址	上海市张江高科技园区郭守敬路351号2号楼697-22室（201203）				
投资总额	50万USD	电话	58999809	传真	58545789
设立日期	2006-3-22	负责人	雷雨成		
主营业务	车用视频及音响系统设备和车载信息系统研发、设计、生产。销售产品。				

企业名称	**闳康技术检测（上海）有限公司**				
企业地址	上海市郭守敬路498号浦东软件园14幢22301-1028座（201203）				
投资总额	200万USD	电话	50802226	传真	50802231
设立日期	2006-3-22	负责人	谢咏芬		
主营业务	电子元器件的研发、设计及技术检测，并提供相关技术咨询与技术服务。				

企业名称	**诺士达盛特电子（上海）有限公司**				
企业地址	上海市浦东新区桂桥路1201号09号厂房（200135）				
投资总额	20万USD	电话	58997610	传真	38722201
设立日期	2006-3-13	负责人	董家祥		
主营业务	生产加工电源机柜、后备电源机柜及相关零部件、辅件，销售自产产品。				

企业名称	**森萨塔电子技术（上海）有限公司**				
企业地址	上海市荷丹路240号D13C-49#厂房二层E部位208（200131）				
投资总额	680万USD	电话	58691292	传真	58692179
设立日期	2006-3-13	负责人	THOMAS WROE		
主营业务	以传感器和控制器为主的保税区内仓储、分拨及相关产品的售后服务。				

企业名称	**赛分科技（上海）有限公司**				
企业地址	上海市张江高科技园区蔡伦路720弄1号楼615室（201203）				
投资总额	37万USD	电话	51320746	传真	51320747
设立日期	2006-3-10	负责人	WAYNE SHAW		
主营业务	研究、开发、生产化学分析仪器，销售自产产品，并提供相关技术咨询。				

企业名称	**恭硕电子科技（上海）有限公司**				
企业地址	上海市浦东康桥工业区沪南路2502号201室（201315）				
投资总额	2500万USD	电话	38113768	传真	58136649
设立日期	2006-3-10	负责人	张天宝		
主营业务	研发、生产、组装手机及其相关零部件，销售自产产品，提供售后服务。				

企业名称	**上海华实纳米材料有限公司**				
企业地址	上海市闵行区欣梅工业园联曹路260号（200241）				
投资总额	100万USD	电话	64347557	传真	64349007
设立日期	2006-3-8	负责人	黄德欢		
主营业务	研发、生产纳米材料及其制造设备，销售自产产品，提供技术信息服务。				

企业名称	**上海环泰光电科技有限公司**				
企业地址	上海市长宁区北虹路1123号819室（200335）				
投资总额	20万USD	电话	62340639	传真	62340639
设立日期	2006-3-8	负责人	黄万盛		
主营业务	开发、设计、生产、加工工业显示模块、触摸屏、连接线及周边产品。				

企业名称	**迈博电子技术（上海）有限公司**				
企业地址	上海市浦东新区严桥路410号1号楼四楼西侧（200131）				
投资总额	15万USD	电话	58538778	传真	58538778
设立日期	2006-3-7	负责人	EDDY CHEN（陈安迪）		
主营业务	功率电子器件、设备的研发、生产，销售自产产品，并提供技术咨询。				

企业名称	**丹纳赫（上海）工业仪器技术研发有限公司**				
企业地址	上海市天目西路218号A座1206室（200070）				
投资总额	14万USD	电话	61286371	传真	61286364
设立日期	2006-2-28	负责人	JAMES LOUIS CAVORETTO		
主营业务	电子测试、环境技术、医疗仪器技术、产品识别、运动控制等设计研发。				

企业名称	**硕晶电子（上海）有限公司**				
企业地址	上海市闵行区虹桥镇虹中路649号4楼（201103）				
投资总额	20万USD	电话	59895469	传真	59895466
设立日期	2006-2-28	负责人	陈瑞贤		
主营业务	生产墨盒制造设备、墨盒、电脑周边设备、电子元件、集成电路板。				

企业名称	**上海慧成显示技术有限公司**				
企业地址	上海市沪南公路9458号401室（201300）				
投资总额	6000万USD	电话	58186077	传真	58186077
设立日期	2006-2-27	负责人	张耀华		
主营业务	研发、生产新型平板显示器及相关零部件，销售自产产品。				

企业名称	**英曼达（上海）集成电路有限公司**				
企业地址	上海市张江高科技园区郭守敬路351号2号楼697-10室（201203）				
投资总额	35万USD	电话	50278878	传真	50278850
设立日期	2006-2-27	负责人	EUGENE WEI LEE		
主营业务	集成电路、数字产品的研发设计，计算机软件的研发、制作，销售产品。				

企业名称	韩晶电子（上海）有限公司				
企业地址	上海市漕河泾新兴技术开发区田州路 99 号 13 号楼 709 室（200233）				
投资总额	14 万 USD	电　话	54450596	传　真	54450597
设立日期	2006-2-23	负 责 人	PARK JONG SIN		
主营业务	研究开发生产热电偶，销售自产产品，开发、设计半导体和集成电路。				

企业名称	上海崧圣光电科技有限公司				
企业地址	上海市松江区茸梅路 327 号 1 号楼第二层（201600）				
投资总额	50 万 USD	电　话	57780402	传　真	57780402
设立日期	2006-2-23	负 责 人	赖文龙		
主营业务	生产、加工新型电子元器件（光电子器件），销售公司自产产品。				

企业名称	协圣仪器仪表（上海）有限公司				
企业地址	上海市奉贤区南桥镇发展村四组（201400）				
投资总额	14 万 USD	电　话	57433153	传　真	57431425
设立日期	2006-2-22	负 责 人	杨景敦		
主营业务	生产各类仪器仪表，销售公司自产产品。				

企业名称	赛迈半导体设备技术（上海）有限公司				
企业地址	上海市浦东新区张杨路 707 号 1601 室（200122）				
投资总额	14 万 USD	电　话	58355218	传　真	58355258
设立日期	2006-2-21	负 责 人	LARRY ALAN VIANO		
主营业务	为半导体生产设备提供保修期内和保修期以后服务；提供设备安装服务。				

企业名称	上海科演电子有限公司				
企业地址	上海市青浦区练塘镇蒸夏路 89 弄 55 号（201707）				
投资总额	60 万 USD	电　话	59811375	传　真	59811380
设立日期	2006-2-21	负 责 人	LEE SANG TAI		
主营业务	生产、加工敏感元器件及传感器、频率控制与选择元件、混合集成电路。				

企业名称	冠联电子工业（上海）有限公司				
企业地址	上海市松江高新技术园区东环路 1 号、第一号房（201600）				
投资总额	110 万 USD	电　话	57734957	传　真	57734889
设立日期	2006-2-15	负 责 人	黄吴芬玲		
主营业务	设计、生产新型电子元器件、精冲模、非金属模具及五金冲压件。				

企业名称	美协成（上海）精密仪器安装有限公司				
企业地址	上海市浦东新区昌里路 335 号 308B 室（200120）				
投资总额	14 万 USD	电　话	68916081	传　真	68916080
设立日期	2006-2-14	负 责 人	王德明		
主营业务	提供精密仪器的现场安装、维修和保养服务。				

企业名称	集速智能标签（上海）有限公司				
企业地址	上海市张江高科技园区张东路 1387 号 5-11 幢 A-B 座（201203）				
投资总额	370 万 USD	电　话	68791050	传　真	68791055
设立日期	2006-2-10	负 责 人	罗志雄		
主营业务	电子智能标签的研发；新型电子元器件的研究、设计、生产，销售产品。				

企业名称	兆利电子科技（上海）有限公司				
企业地址	上海市闵行区光中路 397 号（201108）				
投资总额	500 万 USD	电　话	64895667	传　真	64420333
设立日期	2006-2-10	负 责 人	刘光华		
主营业务	研发生产电子专用设备，测试仪器，工模具；元器件材料；光电子器件。				

企业名称	安集微电子科技（上海）有限公司				
企业地址	上海市华东路 5001 号金桥出口加工区（南区）T6-9 幢底层（200120）				
投资总额	150 万 USD	电　话	68791011	传　真	68791022
设立日期	2006-2-7	负 责 人	王淑敏		
主营业务	集成电路用相关材料的研究、设计、生产，销售自产产品。				

企业名称	威强电子零部件（上海）有限公司				
企业地址	上海市外高桥保税区富特北路 258 号第四层 C3 及 M1 部位（200131）				
投资总额	20 万 USD	电　话	58667158	传　真	58667031
设立日期	2006-2-5	负 责 人	王丽珍		
主营业务	保税区内以电子零部件产品为主的仓储分拨业务；国际贸易、转口贸易。				

企业名称	越琦电子（上海）有限公司				
企业地址	上海市宝山区沪太路 8889 号 507 室（200949）				
投资总额	1000 万 USD	电　话	57618866	传　真	57618418
设立日期	2006-1-27	负 责 人	李　慧		
主营业务	生产电子专用设备、测试仪器，电子五金件，销售自产产品。				

企业名称	美锐芯电子科技（上海）有限公司				
企业地址	上海市张江高科技园区郭守敬路 351 号 2 号楼 696-14 室（201203）				
投资总额	14 万 USD	电　话	50278520	传　真	50278511
设立日期	2006-1-23	负 责 人	姜颖远		
主营业务	新型电子元器件的开发、设计，提供相关的技术咨询和技术服务。				

企业名称	雅芯微电子（上海）有限公司				
企业地址	上海市宜山路 900 号 B 区 11-B（200233）				
投资总额	306 万 USD	电　话	54235088	传　真	54235255
设立日期	2006-1-23	负 责 人	陈正宇		
主营业务	集成电路设计服务，集成电路产品开发；计算机软件网络软件设计开发。				

企业名称	崇芯微电子（上海）有限公司				
企业地址	上海市宜山路 900 号 B 区 11-A（200233）				
投资总额	258 万 USD	电　话	54235959	传　真	54232955
设立日期	2006-1-23	负 责 人	陈正宇		
主营业务	集成电路设计服务，集成电路产品开发；计算机软件网络软件设计开发。				

企业名称	英福特（上海）新能源科技有限公司				
企业地址	上海市浦东新区金桥出口加工区桂桥路 1201 号 2 幢南楼（201206）				
投资总额	2500 万 USD	电　话	68862350	传　真	68862855
设立日期	2006-1-20	负 责 人	SHI YOUNG（史雷永）		
主营业务	半导体、元器件专用材料、光伏电池的开发、生产，销售自产产品。				

企业名称	上海六肯电子科技有限公司				
企业地址	上海市嘉定工业区朱戴路 509 号（201807）				
投资总额	51 万 USD	电　话	59962590	传　真	59963908
设立日期	2006-1-20	负 责 人	邱素珠		
主营业务	生产电子产品按键、硅胶制品、塑胶制品及相关模具，销售自产产品。				

企业名称	上海瑞通环保科技有限公司				
企业地址	上海市张江高科技园区郭守敬路 351 号 2 号楼 604A-16 室（201203）				
投资总额	15 万 USD	电　话	58170900	传　真	58179669
设立日期	2006-1-17	负 责 人	蔡庆生		
主营业务	环境污染治理及监测技术的研发，环保设备的生产，销售自产产品。				

企业名称	上海宜锋电子有限公司				
企业地址	上海市闵行区莘朱路 1398 弄 65 号（200237）				
投资总额	80 万 USD	电　话	34084688	传　真	54295845
设立日期	2006-1-17	负 责 人	张宏州		
主营业务	设计、生产、加工通讯电子产品配件、电脑周边产品，销售自产产品。				

企业名称	创策电子科技（上海）有限公司				
企业地址	上海市张江高科技园区郭守敬路 351 号 2 号楼 696-09 室（201203）				
投资总额	20 万 USD	电　话		传　真	
设立日期	2006-1-17	负 责 人	陈锡瑜		
主营业务	存储卡、存储盘、MP3 播放器、数码摄像机及其他相关电子零配件研发。				

企业名称	上海丰幸电子有限公司				
企业地址	上海市外高桥保税区富特东一路 396 号第四层 431 部位（200131）				
投资总额	20 万 USD	电　话	64174017	传　真	64174546
设立日期	2006-1-16	负 责 人	吉田丰		
主营业务	保税区内以电子产品、摄影器材、电脑产品、通讯器材为主的仓储分拨。				

企业名称	翔通信息技术（上海）有限公司				
企业地址	上海市浦东新区杨高北路 528 号 14 幢 193 室（200131）				
投资总额	14 万 USD	电　话	54253568	传　真	54592223
设立日期	2006-1-16	负 责 人	SIM KAY LEONG（沈启良）		
主营业务	计算机软件的研发，自有技术成果的转让，系统集成，企业管理咨询。				

企业名称	上海亿诺科技有限公司				
企业地址	上海市闵行区吴中路 1050 号 15 幢 1229 号（201103）				
投资总额	35 万 USD	电　话	54883515	传　真	54883515
设立日期	2006-1-16	负 责 人	申朝旭		
主营业务	设计、生产焊接与切割工具及小型设备、电子元件、线路板，销售产品。				

企业名称	上海华创精密电子有限公司				
企业地址	上海市闵行区宜山路 1618 号 D 厂房 6 楼（201103）				
投资总额	20 万 USD	电　话	64759545	传　真	64759956
设立日期	2006-1-12	负 责 人	金大文		
主营业务	设计、生产精密零组件及其他相关配套电子零件，销售自产产品。				

制造业-电子及通信设备和仪器仪表及文化、办公用机械制造业

企业名称	日月光高新科技（上海）有限公司				
企业地址	上海市浦东康桥工业区康桥东路 1 号 1 号厂房办公楼 201 室（201319）				
投资总额	1500 万 USD	电话	50805888	传真	50808666
设立日期	2006-1-11	负责人	张洪本		
主营业务	生产新型电子元器件，销售自产产品，并提供相关技术咨询服务。				

企业名称	昊洋电子科技（上海）有限公司				
企业地址	上海市外高桥保税区日樱北路 499 号 2 号楼二层 203 部位（200137）				
投资总额	15 万 USD	电话	52370110	传真	52370110
设立日期	2006-1-10	负责人	杨慧娟		
主营业务	保税区内以电子元器件为主仓储分拨；国际贸易、转口贸易、贸易代理。				

企业名称	上海澳麟塔影像器材有限公司				
企业地址	上海市外高桥保税区奥纳路 79 号二层 11 部位（200131）				
投资总额	12.8 万 USD	电话	63500821	传真	63500825
设立日期	2006-1-10	负责人	蔡秀美		
主营业务	以影像器材及其相关零部件为主保税区内仓储、分拨、保税展示、培训。				

企业名称	飞利浦电子显示系统（上海）有限公司				
企业地址	上海市浦东新区外高桥保税区巴圣路 272-2 号（200126）				
投资总额	2100 万 USD	电话	50481188	传真	50481199
设立日期	2006-1-9	负责人	张　玥		
主营业务	研发、生产液晶体显示器（LCD）、显示器组件、汽车配套电子元件。				

企业名称	统宝光电显示系统（上海）有限公司				
企业地址	上海市浦东新区外高桥保税区巴圣路 272-2 号（200126）				
投资总额	2100 万 USD	电话	50481575	传真	50481199
设立日期	2006-1-9	负责人	陈瑞聪		
主营业务	研发、生产液晶体显示器、显示器组件、汽车配套电子元件和其他产品。				

企业名称	乔广电子（上海）有限公司				
企业地址	上海市外高桥保税区富特中路 299 号 2 幢二层 B 部位（200131）				
投资总额	20 万 USD	电话	50461169	传真	50461063
设立日期	2006-1-5	负责人	唐久逸		
主营业务	保税区内电子接插件、模具及相关零配件的生产、加工，销售自产产品。				

企业名称	普铄电子（上海）有限公司				
企业地址	上海市外高桥保税区富特北路 258 号第二层 M 部位（200131）				
投资总额	75 万 USD	电话	58684229	传真	58684227
设立日期	2006-1-5	负责人	郑汉源		
主营业务	保税区内探针卡加工、组装及产品销售；以探针卡为主仓储、分拨业务。				

企业名称	萨斯肯通讯技术（上海）有限公司				
企业地址	上海市郭守敬路 498 号浦东软件园 6 幢 14505 室（201203）				
投资总额	14 万 USD	电话	50800832	传真	50800841
设立日期	2006-1-4	负责人	RAJIV CHANDRAKANT MODY		
主营业务	通信系统、计算机网络系统、集成电路相关软件开发制作，销售产品。				

企业名称	华虹国际半导体（上海）有限公司				
企业地址	上海市浦东新区张江高科技园区郭守敬路 668 号（200135）				
投资总额	2000 万 USD	电话	61007909	传真	61006700
设立日期	2005-12-28	负责人	DAVID NIN-KOU WANG		
主营业务	设计、开发、制造（硅片加工）大规模集成电路产品。				

企业名称	傲信通讯系统（上海）有限公司				
企业地址	上海市广中西路 757 号 9 楼（200072）				
投资总额	15 万 USD	电话	66313666	传真	61404300
设立日期	2005-12-23	负责人	董建胜		
主营业务	设计、开发、制作通讯工程，通讯系统设备，网络软件。				

企业名称	奥豪斯仪器（上海）有限公司				
企业地址	上海市漕河泾新兴技术开发区桂平路 471 号 4 号楼 4 楼（200233）				
投资总额	51 万 USD	电话	64850435	传真	64853351
设立日期	2005-12-22	负责人	储锦兰		
主营业务	设计、制造精密称重设备，实验室仪器及其零部件。				

企业名称	瓦特隆电子科技（上海）有限公司				
企业地址	上海市嘉定区安亭镇纬二路 70 号（201805）				
投资总额	210 万 USD	电话	39509510	传真	39509518
设立日期	2005-12-22	负责人	PETER DESLOGE		
主营业务	研发、生产电热器、热电偶和电路控制器，销售本公司自产产品。				

企业名称	赛龙申科通信技术（上海）有限公司				
企业地址	上海市张江高科技园区郭守敬路 351 号 2 号楼 693-18 室（201203）				
投资总额	105 万 USD	电话	50270929	传真	50270939
设立日期	2005-12-20	负责人	LI XIAO BO		
主营业务	通信产品及通信系统工程的技术开发、转让自有技术。				

企业名称	科诣电子检测（上海）有限公司				
企业地址	上海市外高桥保税区芬菊路 199 号 68 号楼第 1 层中部位（200131）				
投资总额	210 万 USD	电话	50484263	传真	50484489
设立日期	2005-12-16	负责人	LIM CHOON HOOI		
主营业务	保税区内以电子产品为主的研发、生产、测试、销售公司自产产品。				

企业名称	明基电通（上海浦东）有限公司				
企业地址	上海市浦东新区金桥出口加工区（南区）第 7 号地块（201206）				
投资总额	3000 万 USD	电话	61052288	传真	61052297
设立日期	2005-12-15	负责人	李锡华		
主营业务	研究、开发、生产移动通信终端产品（该产品全部出口）、液晶显示器。				

企业名称	法柯（上海）自动门控制系统有限公司				
企业地址	上海市南汇区康桥工业区康桥东路 1159 弄 51 号 3 号厂房（201315）				
投资总额	100 万 USD	电话	68182970	传真	68182968
设立日期	2005-12-15	负责人	FABIO LRRERA		
主营业务	设计、生产电子机械自动化产品及设备，销售公司自产产品。				

企业名称	乔智电子（上海）有限公司				
企业地址	上海市外高桥保税区富特东一路 396 号 5 楼 567 部位（200131）				
投资总额	12.5 万 USD	电话	58685052	传真	58685052
设立日期	2005-12-14	负责人	刘兴炜		
主营业务	保税区内以电子产品为主的仓储、分拨、售后服务。				

企业名称	速智（上海）电子科技有限公司				
企业地址	上海市虹桥路 333 号 509 室（200030）				
投资总额	14 万 USD	电话	54893591	传真	54893596
设立日期	2005-12-14	负责人	洪桢杰		
主营业务	开发、设计、制作记忆卡控制芯片软件，销售自产产品。				

企业名称	杰佛伦西威（上海）电子有限公司				
企业地址	上海市外高桥保税区富特西一路 155 号 B 座底层 C 部位（200131）				
投资总额	12.5 万 USD	电话	58667816	传真	58667688
设立日期	2005-12-12	负责人	LUI TUCK WENG		
主营业务	保税区内以节能交流变频器、节能直流变频器为主的仓储、分拨业务。				

企业名称	温泽测量仪器（上海）有限公司				
企业地址	上海青浦工业园区香花桥东路 401 号（201700）				
投资总额	50 万 USD	电话	59703088	传真	59703082
设立日期	2005-12-8	负责人	FRANK WENZEL		
主营业务	开发、生产精密在线测量仪器及其零部件和相关软件系统。				

企业名称	上海英巨机械有限公司				
企业地址	上海市奉贤区南桥镇六墩村八组（201400）				
投资总额	20 万 USD	电话	67112433	传真	67112439
设立日期	2005-12-7	负责人	何政国		
主营业务	组装、加工三轴以上联动数控机床，销售公司自产产品。				

企业名称	安凡微电子（上海）有限公司				
企业地址	上海市郭守敬路 498 号浦东软件园 14 幢 22301-970 室（201203）				
投资总额	20 万 USD	电话	61042868	传真	61042869
设立日期	2005-12-6	负责人	ALFRED PINGSHAN CHANG		
主营业务	电子元器件的研究、开发；数字电视系统的开发、设计。				

企业名称	上海耀诚通信科技有限公司				
企业地址	上海市张江高科技园区郭守敬路 351 号 2 号楼 686-03 室（201203）				
投资总额	15 万 USD	电话	62476580	传真	62476581
设立日期	2005-11-29	负责人	刘洪伦		
主营业务	通信技术的研发，通信产品的开发、设计。				

企业名称	杰思波自动控制技术（上海）有限公司				
企业地址	上海市张江高科技园区郭守敬路 351 号 2 号楼 692-05 室（201203）				
投资总额	10.1 万.USD	电话	50939708	传真	50939718
设立日期	2005-11-28	负责人	贺克非		
主营业务	研究、开发、生产数控控制设备；研究、开发、制作计算机软件。				

企业名称	玻曼量子科技（上海）有限公司				
企业地址	上海市长宁区长顺路 33 号 D 南房六楼 C（200335）				
投资总额	12 万 USD	电话	52194045	传真	52175990
设立日期	2005-11-28	负责人	朱矛之		
主营业务	研制、开发、生产量子科技产品，销售自产产品。				

企业名称	柯尼卡美能达办公系统（中国）有限公司				
企业地址	上海市茂名南路 205 号瑞金大厦 1211 室（200020）				
投资总额	1200 万 USD	电话	64720616	传真	54661061
设立日期	2005-11-23	负责人	舟仓忠幸		
主营业务	复印机、数码复合机、打印机等办公设备、耗材的批发、佣金代理。				

企业名称	杰扬光电产品（上海）有限公司				
企业地址	上海市外高桥保税区富特东一路 396 号第四层 427 部位（200131）				
投资总额	13 万 USD	电话	51098999	传真	50270312
设立日期	2005-11-22	负责人	温郡		
主营业务	保税区内以光学仪器和电子产品为主的仓储分拨业务。				

企业名称	星科金朋集成电路（上海）有限公司				
企业地址	上海市松江区文翔路 4000 号 A 幢厂房（201620）				
投资总额	1000 万 USD	电话	57763333	传真	57760689
设立日期	2005-11-17	负责人	NG CHONG MENG		
主营业务	研发、生产、加工新型电子元器件。				

企业名称	峰力听力技术（上海）有限公司				
企业地址	上海市田州路 99 号 16 号楼四楼（200233）				
投资总额	250 万 USD	电话	61205533	传真	54450752
设立日期	2005-11-16	负责人	URS ELLER		
主营业务	生产听力相关产品、软件和配件，销售自产产品。				

企业名称	欧麦特自动化输送系统（上海）有限公司				
企业地址	上海市南汇区康桥工业区康桥东路 1300 弄 9 号（201315）				
投资总额	14 万 USD	电话	68182668	传真	68182698
设立日期	2005-11-16	负责人	DAVID W.CLARK		
主营业务	设计、开发、生产、组装自动化输送系统设备及其零部件。				

企业名称	镜泰轲斯（上海）电子技术有限公司				
企业地址	上海市松江工业区闵申路 188 号 6 号厂房（201613）				
投资总额	250 万 USD	电话	57685062	传真	57685061
设立日期	2005-11-16	负责人	SUE F.FRANZ		
主营业务	生产、设计、加工汽车电子装置、烟气在线监测仪器的新技术设备。				

企业名称	上海思必得通讯技术有限公司				
企业地址	上海市青浦区沪青平公路 4601 号（201700）				
投资总额	750 万 RMB	电话	54278872	传真	54278992
设立日期	2005-11-16	负责人	王健		
主营业务	移动通信产品、数字音视频编解码设备以及相关软件产品的设计和研发。				

企业名称	上海茂瑞光电有限公司				
企业地址	上海市张江高科技园区郭守敬路 351 号 2 号楼 690－13 室（201203）				
投资总额	300 万 USD	电话	68864252	传真	68864246
设立日期	2005-11-14	负责人	任建宏		
主营业务	数字图像处理器、图象解码器等半导体光电器件的研发、设计。				

企业名称	尚霆仪器科技（上海）有限公司				
企业地址	上海市松江区九亭镇沪松公路 1648 号 2 幢（201615）				
投资总额	14 万 USD	电话	57638246	传真	57638240
设立日期	2005-11-11	负责人	KEVIN JAMES VOELCKER		
主营业务	生产、组装各类电子测试仪器及相关配套设备，销售自产产品。				

企业名称	霍梅尔特斯达自动化测量系统（上海）有限公司				
企业地址	上海市浦东新区金藏路 258 号 4 栋 403B 室（201206）				
投资总额	30 万 USD	电话	58548176	传真	58548166
设立日期	2005-11-9	负责人	VOLKMAR HAUSER		
主营业务	设计、生产精密在线测量仪器，销售自产产品。				

企业名称	上海摩波彼克半导体有限公司				
企业地址	上海市南汇区南汇工业园区园中路 451 号 11 号厂房（201300）				
投资总额	1100 万 USD	电话	50807338	传真	50273808
设立日期	2005-11-9	负责人	SHAWN LEE		
主营业务	集成电路设计、研发与线宽 0.35 微米以下大规模集成电路及配件生产。				

企业名称	依合斯探测系统（上海）有限公司				
企业地址	上海市嘉定区马陆镇陈宝路 58 号 215 幢（201801）				
投资总额	14 万 USD	电话	691530331	传真	69153231
设立日期	2005-11-7	负责人	RONALD HAROLD BALL		
主营业务	生产安全生产及环保监测设备，销售本公司自产产品。				

企业名称	上海富粟电子有限公司				
企业地址	上海市浦东新区王港镇小湾村港湾路 16 号 3 幢（201202）				
投资总额	14 万 USD	电话	58588673	传真	58588697
设立日期	2005-11-3	负责人	廖晨含		
主营业务	生产灯具及相关电子产品，销售自产产品。				

企业名称	欧巨电子（上海）有限公司				
企业地址	上海市闵行区中春路 7001 号 D10-4（201101）				
投资总额	61 万 USD	电话	64597588	传真	64591118
设立日期	2005-11-3	负责人	易正宗		
主营业务	加工及生产电子零配件、仪表元器件，销售自产产品。				

企业名称	新进电子科技（上海）有限公司				
企业地址	上海市漕河泾出口加工区浦星路 789 号 2 号楼（201103）				
投资总额	70 万 USD	电话	54315889	传真	54315880
设立日期	2005-11-3	负责人	北田和幸		
主营业务	设计生产计算机软件、软件包、电子产品的附属产品。				

企业名称	迪利通讯设备（上海）有限公司				
企业地址	上海市外高桥保税区冰克路 500 号 F23 部位（200131）				
投资总额	12.5 万 USD	电话	52359951	传真	
设立日期	2005-11-2	负责人	何士荣		
主营业务	保税区内以通讯设备为主的仓储、分拨业务及其相关产品的技术咨询。				

企业名称	上海德微斯电子有限公司				
企业地址	上海市外高桥保税区富特东一路 396 号第五层 560 部位（200131）				
投资总额	12.8 万 USD	电话	58626992	传真	58626993
设立日期	2005-11-1	负责人	周名辉		
主营业务	保税区内以电子产品、半导体晶圆为主的仓储分拨业务。				

企业名称	隆控电子科技（上海）有限公司				
企业地址	上海市外高桥保税区华申路 55 号第 1 层（200131）				
投资总额	350 万 USD	电话	58665966	传真	50640036
设立日期	2005-11-1	负责人	杨慎蔷		
主营业务	区内生产加工电子产品、注塑成型产品及环保材料，销售自产产品。				

企业名称	智祺通信技术（上海）有限公司				
企业地址	上海市漕河泾新兴技术开发区虹漕路 421 号 66 号楼 2 楼（200233）				
投资总额	200 万 USD	电话	64859922	传真	64957924
设立日期	2005-11-1	负责人	卢昆瑞		
主营业务	软件产品的开发和制作；宽带接入网通信系统。				

企业名称	莱特巴斯光学仪器（上海）有限公司				
企业地址	上海市嘉定工业区洪德路 1365 号 C3 幢（201821）				
投资总额	300 万 USD	电话	69169869	传真	69166095
设立日期	2005-11-1	负责人	KENNETH BRIZEL		
主营业务	研发、生产新型电子元器件，精密仪器，销售本公司自产产品。				

企业名称	宏碁电脑（上海）有限公司				
企业地址	上海市黄浦区西藏中路 168 号 3 楼（200001）				
投资总额	200 万 USD	电话	51178999	传真	
设立日期	2005-10-31	负责人	赖泰岳		
主营业务	从事电脑产品及电子信息产品的批发、佣金代理（拍卖除外）。				

企业名称	奥奈特环保电子（上海）有限公司				
企业地址	上海市外高桥保税区冰克路 500 号 F21 部位（200131）				
投资总额	12.5 万 USD	电话	56660986	传真	56663062
设立日期	2005-10-27	负责人	仁户田昌城		
主营业务	保税区内以环保电子产品为主的仓储、分拨业务。				

企业名称	上海荣恩电子有限公司				
企业地址	上海市浦东新区东胜路 38 号 A 区第八幢（201208）				
投资总额	14 万 USD	电话	68918576	传真	68918576
设立日期	2005-10-27	负责人	NGIAM KIA KWANG（严家光）		
主营业务	计算机周边设备及相关配件的生产加工，销售自产产品。				

企业名称	东铠电子（上海）有限公司				
企业地址	上海市外高桥保税区富特东一路 396 号第五层 551 部位（200131）				
投资总额	13 万 USD	电话	61009361	传真	61009362
设立日期	2005-10-27	负责人	JAMES RICHARD ZANOLLI		
主营业务	保税区内以电子产品、连接器为主的仓储分拨业务。				

企业名称	帝磁电子科技（上海）有限公司				
企业地址	上海市闵行区中春路 7001 号 8-9（201101）				
投资总额	100 万 USD	电话	62470161	传真	62471855
设立日期	2005-10-26	负责人	陈国民		
主营业务	研发、设计、生产电磁炉机芯及相关配件，销售自产产品。				

企业名称	上海昂欣电子有限公司				
企业地址	上海市虹口区广中路 44 号乙 314 室　（200083）				
投资总额	20 万 USD	电话	50392631	传真	50392607
设立日期	2005-10-25	负责人	王健荣		
主营业务	设计、开发汽车用电子产品、照明器材、电子防盗系统。				

企业名称	新藤电子（上海）有限公司				
企业地址	上海市嘉定区安亭镇宝安公路 4788 弄 118 号（201800）				
投资总额	1500 万 USD	电话	63917122	传真	63917100
设立日期	2005-10-25	负责人	新藤久子		
主营业务	生产柔性线路板、新型电子元器件，销售自产产品。				

企业名称	佛朗克电子（上海）有限公司				
企业地址	上海市工业综合开发区（201400）				
投资总额	20 万 USD	电话	57436767	传真	57436611
设立日期	2005-10-24	负责人	曾焕城		
主营业务	生产、加工电子产品，销售公司自产产品。				

企业名称	科麦林通信科技（上海）有限公司				
企业地址	上海市张江高科技园区郭守敬路 351 号 2 号楼 692-20 室（201203）				
投资总额	14 万 USD	电话	64461926	传真	64461926
设立日期	2005-10-20	负责人	张一熙		
主营业务	通信设备、集成电路及芯片的研发、设计，相关软件的研发、设计。				

企业名称	乔索电子（上海）有限公司				
企业地址	上海市浦东新区桂桥路 60 号 204 室（201206）				
投资总额	14 万 USD	电话	50321822	传真	50321821
设立日期	2005-10-20	负责人	SAGI NIAN GEORGE		
主营业务	自动柜员机部件及零件的设计、制造，销售自产产品。				

企业名称	上海稻瓦电子有限公司				
企业地址	上海市奉贤区金汇镇明星村（201403）				
投资总额	6180 万日元	电话	57587727	传真	57587737
设立日期	2005-10-18	负责人	肖劲东		
主营业务	生产仪用接插件，销售公司自产产品。				

企业名称	上海翰展电子科技有限公司				
企业地址	上海市嘉定工业区叶城路 1630 号 6 幢（201821）				
投资总额	800 万 USD	电话	59162936	传真	59163709
设立日期	2005-10-17	负责人	徐敬邦		
主营业务	生产、加工为电脑主机、手机等产品配套的多层电路板。				

企业名称	上海硕电电子科技有限公司				
企业地址	上海市南汇区祝桥镇盐朝公路 776 号 4 区（201324）				
投资总额	20 万 USD	电话	67627111	传真	67627901
设立日期	2005-10-14	负责人	李树群		
主营业务	生产智能型射频识别产品，销售公司自产产品。				

企业名称	霍尼韦尔航空电子（上海）有限公司				
企业地址	上海市张江高科技园区李冰路 430 号 2 号办公楼（201203）				
投资总额	300 万 USD	电话	28942766	传真	28942888
设立日期	2005-10-9	负责人	SHANE SHAHROOZ TEDJARATI		
主营业务	翻新、维修、检测及安装航空电子精密仪器、设备、设施、仪表。				

企业名称	上海天美生化仪器设备工程有限公司				
企业地址	上海市闵行区春东路 555 号（201108）				
投资总额	50 万 USD	电话	54422858	传真	34073265
设立日期	2005-10-9	负责人	劳逸强		
主营业务	研制、生产生命科学类仪器设备，生物安全实验室装置。				

企业名称	达科电子（上海）有限公司				
企业地址	上海市广中西路 777 弄 8 号南侧（200436）				
投资总额	100 万 USD	电话	66304000	传真	66314750
设立日期	2005-10-8	负责人	JAMES BERNARD MORGAN		
主营业务	生产和组装新型平板显示器件及其部件，销售自产产品。				

企业名称	灵高超声波（上海）有限公司				
企业地址	上海市外高桥保税区冰克路 500 号 B31 部位（200131）				
投资总额	12.5 万 USD	电话	58680853	传真	58680853
设立日期	2005-9-29	负责人	LIM TEONG KHENG		
主营业务	以超声波焊接机、摩擦焊接机为主的保税区内仓储分拨业务。				

企业名称	顶圣电子科技（上海）有限公司				
企业地址	上海市外高桥保税区富特东一路 396 号第四层 421 部位（200131）				
投资总额	20 万 USD	电话	50461318	传真	50462599
设立日期	2005-9-29	负责人	张国诚		
主营业务	保税区内以电子科技产品为主的仓储、分拨、商品展示。				

企业名称	飞世尔实验器材制造（上海）有限公司				
企业地址	上海市南汇工业园区园西路 555 号（201300）				
投资总额	244 万 USD	电话	68010051	传真	68010078
设立日期	2005-9-29	负责人	JOHN DELLAPA		
主营业务	开发、设计、生产实验室用特种玻璃制品，销售公司自产产品。				

企业名称	凡科网络技术服务（上海）有限公司				
企业地址	上海市卢湾区淮海中路 300 号香港新世界大厦 47 楼 39 室（200021）				
投资总额	14 万 USD	电话	63272200	传真	63272200
设立日期	2005-9-28	负责人	李虹明		
主营业务	计算机网络软件的研发、网络软件系统集成服务，销售自产产品。				

企业名称	海穆斯工业自动化技术（上海）有限公司				
企业地址	上海市张江高科技园区爱迪生路 326 号 1 楼 B102 室（201203）				
投资总额	20 万 USD	电话	51320590	传真	51320591
设立日期	2005-9-22	负责人	BERNHARD SCHONBORN		
主营业务	工业自动化技术的研发；电气开关柜、电气控制柜的研发、设计、生产。				

企业名称	上海阿卡得电子有限公司				
企业地址	上海市青浦区练塘工业园区二期 36、37 厂房（201715）				
投资总额	100 万 USD	电话	59815518	传真	59815518
设立日期	2005-9-22	负责人	胡建立		
主营业务	生产、加工电力电子器件、数字音、视频编解码设备。				

企业名称	上海铼钺电子科技有限公司				
企业地址	上海市青浦区赵巷镇沪青平公路 2933 弄 51 幢（201703）				
投资总额	16 万 USD	电话	69755281	传真	69755282
设立日期	2005-9-22	负责人	梁见达		
主营业务	开发、生产、加工计算机服务器、计算机周边产品及其零部件。				

企业名称	龙和电子科技（上海）有限公司				
企业地址	上海市嘉定区马陆镇宝安公路 3601 号 105 室（201801）				
投资总额	20 万 USD	电话	64019015	传真	64019015
设立日期	2005-9-21	负责人	TONY TSAI		
主营业务	组装电视机机顶盒转换器、液晶显示器件、记忆半导体模块。				

企业名称	上海彩信电子科技有限公司				
企业地址	上海市闵行区金都路 1128 号 5 号楼 3 楼（201108）				
投资总额	20 万 USD	电话	54404834	传真	54403549
设立日期	2005-9-21	负责人	杨森平		
主营业务	研究、开发、生产各种称重仪表及衡器。				

企业名称	博骋（上海）电子科技有限公司				
企业地址	上海市黄陂南路 751 号 4 号楼三楼（200021）				
投资总额	14 万 USD	电话	63859599	传真	63859577
设立日期	2005-9-20	负责人	HENRY FREDERICK HORKOFF		
主营业务	计算机网络及软件设计，多媒体设计，电脑图文设计。				

企业名称	宝禾利普磁仪器（上海）有限公司				
企业地址	上海市闵行区梅陇镇双柏路 429 号（200241）				
投资总额	50 万 USD	电话	64348600	传真	64346488
设立日期	2005-9-20	负责人	WILLIAN FLETCHER		
主营业务	生产精密仪器、测量仪器、磁力仪器及其配套系统部件、配件。				

企业名称	缆普电子（上海）有限公司				
企业地址	上海市闵行区景联路 188 弄 8 号（200241）				
投资总额	90 万 USD	电　话	64344781	传　真	64344782
设立日期	2005-9-16	负 责 人	SIEGBERT LAPP		
主营业务	开发、生产、装配电子组件，用于电缆安装的连接器及其相关电子产品。				

企业名称	上海品钻电子有限公司				
企业地址	上海市闵行区虹桥镇虹中路 645 号（201103）				
投资总额	51 万 USD	电　话	64465484	传　真	54581062
设立日期	2005-9-16	负 责 人	陈石龙		
主营业务	生产、加工电子元器件、电子零配件、发光二极体、远红外陶瓷。				

企业名称	原艺电子科技（上海）有限公司				
企业地址	上海市松江区车墩镇香车路 225 号（201611）				
投资总额	250 万 USD	电　话	57776299	传　真	57775390
设立日期	2005-9-15	负 责 人	李宪民		
主营业务	开发、生产和加工新型电子元器件（敏感元器件及传感器，光电子器件）。				

企业名称	灿瑞半导体（上海）有限公司				
企业地址	上海市延长路 149 号科技楼 308 室（200072）				
投资总额	50 万 USD	电　话	56387201	传　真	56387206
设立日期	2005-9-13	负 责 人	戚成洲		
主营业务	设计、开发、制造半导体分立器件、电力电子产品。				

企业名称	芹凡通信科技（上海）有限公司				
企业地址	上海市张江高科技园区松涛路 563 号 A305 室（201203）				
投资总额	14 万 USD	电　话	50800797	传　真	65432680
设立日期	2005-9-12	负 责 人	JOAN HUEI-CHUAN HOWNG		
主营业务	无线通讯元件及模块的研发、设计、生产，通讯软件的研发、设计。				

企业名称	纳天集成电路（上海）有限公司				
企业地址	上海市黄浦区北京东路 666 号 B704（L）室（200001）				
投资总额	16 万 USD	电　话	53085703	传　真	53085073
设立日期	2005-9-12	负 责 人	黄励明（执行董事）		
主营业务	研制、开发、生产通信产品、电力自动化产品的集成电路芯片。				

企业名称	锐高照明电子（上海）有限公司				
企业地址	上海市外高桥保税区冰克路 500 号 E32 部位（200131）				
投资总额	50 万欧元	电　话	52400599	传　真	52400230
设立日期	2005-9-8	负 责 人	陆　峥		
主营业务	区内以电子及电感照明部件为主的仓储、分拨业务。				

企业名称	禹华电子（上海）有限公司				
企业地址	上海市浦东新区金海路 1000 号 1 期厂房 B 区 4 楼（201206）				
投资总额	210 万 USD	电　话	50305050	传　真	50301100
设立日期	2005-9-7	负 责 人	吴晓钟		
主营业务	研发、生产工业及消费类电子模块、通信器材和相关通信元器件模块。				

企业名称	软思（上海）电子科技有限公司				
企业地址	上海市浦东新区金藏路 351 号 T22－33 厂房 102、202 单元（201206）				
投资总额	100 万 USD	电　话	58549733	传　真	58542922
设立日期	2005-9-5	负 责 人	游熙平		
主营业务	电子产品的加工、生产、维修；计算机软件的设计、开发。				

企业名称	铨汇电子科技（上海）有限公司				
企业地址	上海市张江高科技园区丹桂路 799 号 2 楼（201203）				
投资总额	105 万 USD	电　话	50799087	传　真	50799082
设立日期	2005-9-2	负 责 人	PEICHING LING（凌北卿）		
主营业务	集成电路研发、设计、电子元器件及产品的研发。				

企业名称	腾龙光学（上海）有限公司				
企业地址	上海市卢湾区茂名南路 205 号瑞金大厦 1702、1707 室（200020）				
投资总额	105 万 USD	电　话	51028880	传　真	54660229
设立日期	2005-9-2	负 责 人	小野守男		
主营业务	光学仪器及设备、照相仪器及设备、弱电设备及相关零配件。				

企业名称	碧彩（上海）衡器技术有限公司				
企业地址	上海市松江工业区东部新区茜浦路书慧置业园 D-3 号厂房（201600）				
投资总额	150 万 USD	电　话	67600999	传　真	67600996
设立日期	2005-9-2	负 责 人	MATTHIAS HARSCH		
主营业务	开发、生产衡器和食品加工设备及相关部件，销售公司自产产品。				

企业名称	上海兴森快捷电子技术有限公司				
企业地址	上海市嘉定工业区北区 35-1 号地块（201807）				
投资总额	620 万 USD	电　话	59543796	传　真	59543585
设立日期	2005-9-1	负 责 人	邱醒亚		
主营业务	开发、生产多层印刷电路板、柔性印刷电路板，SMT 贴装。				

企业名称	雅格微电子（上海）有限公司				
企业地址	上海市张江高科技园区郭守敬路 498 号 14 幢 22301－882 室（201203）				
投资总额	75 万 USD	电　话	50806686	传　真	50803862
设立日期	2005-8-31	负 责 人	JOHN JUN YU		
主营业务	集成电路及新型电子元器件的开发、设计，计算机软件的开发、设计。				

企业名称	上海东竟自动化系统有限公司				
企业地址	上海市外高桥保税区富特西一路 155 号 B 楼二层 E 部位（200131）				
投资总额	100 万 USD	电　话	34060021	传　真	64735212
设立日期	2005-8-29	负 责 人	林步羽		
主营业务	保税区内自动化控制系统的研发、设计及技术服务。				

企业名称	传晶电子（上海）有限公司				
企业地址	上海市外高桥保税区泰谷路 18 号 1 号楼第 5 层 507 部位（200131）				
投资总额	20 万 USD	电　话	64810648	传　真	64810431
设立日期	2005-8-29	负 责 人	叶志瑞		
主营业务	保税区内以半导体、电子材料以及零部件为主的仓储、分拨。				

企业名称	首固（上海）光电有限公司				
企业地址	上海青浦出口加工区北青公路 8228 号 2 号厂房（201700）				
投资总额	120 万英镑	电　话	59705919	传　真	59705919
设立日期	2005-8-25	负 责 人	SHANE PAUL ATHERSTONE		
主营业务	生产、加工紫外线固化灯及其相关产品，销售公司自产产品。				

企业名称	爱尔沃斯（上海）电子制造有限公司				
企业地址	上海市漕河泾新兴技术开发区宜山路 825 号 5 号楼第 7 层（200233）				
投资总额	70 万欧元	电　话	64857859	传　真	64857924
设立日期	2005-8-24	负 责 人	MOZZO ORLANDO		
主营业务	设计、研发、生产对讲系统，自动门禁系统，监控系统等电子产品。				

企业名称	吉帝电子（上海）有限公司				
企业地址	上海市外高桥保税区加太路 29 号 2 号楼 7 层 702、703 部位（200131）				
投资总额	6.5 万 USD	电　话	58683886	传　真	58683887
设立日期	2005-8-23	负 责 人	胡运来		
主营业务	保税区内生产、加工船用海洋工程的电子、电气元器件。				

企业名称	米亚索能太阳能技术（上海）有限公司				
企业地址	上海市张江高科技园区牛顿路 200 号 8 号楼 502 室（201203）				
投资总额	303 万 USD	电　话	50809951	传　真	50809953
设立日期	2005-8-19	负 责 人	LAIZHONG LUO		
主营业务	光伏电产品制造设备及技术的研发，半导体薄膜太阳能电池的生产。				

企业名称	联迪恒星电子科技（上海）有限公司				
企业地址	上海市长宁区兴义路 8 号万都中心 48 楼 05、06、07 室（200335）				
投资总额	120 万 USD	电　话	51095507	传　真	52080255
设立日期	2005-8-19	负 责 人	李　坚		
主营业务	计算机软件设计、开发、制作，系统集成、信息系统维护、运行。				

企业名称	同科林医疗仪器（上海）有限公司				
企业地址	上海市外高桥保税区奥纳路 55 号 3 号楼第五层 E 部位（200131）				
投资总额	16.8 万 USD	电　话	52061662	传　真	62733442
设立日期	2005-8-17	负 责 人	林施玉燕		
主营业务	保税区内以医疗仪器为主的仓储、分拨业务。				

企业名称	上海扬鼎电子科技有限公司				
企业地址	上海市嘉定区江桥镇曹安路 2735 号 5 幢（201803）				
投资总额	14 万 USD	电　话	69139229	传　真	69130094
设立日期	2005-8-17	负 责 人	詹文钦		
主营业务	设计、生产计算机应用软件，门禁控制系统，考勤钟。				

企业名称	西门子终端通讯设备（上海）有限公司				
企业地址	上海市浦东新区川桥路 777 号 6 幢底层（201206）				
投资总额	500 万 RMB	电　话	51309998	传　真	51341880
设立日期	2005-8-16	负 责 人	PETER WEISS		
主营业务	从事设计、生产宽带终端通讯设备、数字音、视频解码设备、无绳电话。				

企业名称	上海普林电子有限公司				
企业地址	上海市松江工业区西区 V-4 地块 1 号厂房 1 楼（201613）				
投资总额	350 万 USD	电　　话	64334347	传　　真	64363893
设立日期	2005-8-11	负 责 人	邬树伟		
主营业务	生产新型仪表元器件和材料（柔性电路板）及相关配件。				

企业名称	上海钜视光学眼镜有限公司				
企业地址	上海市嘉定工业区北区北和公路 26 号地块（201807）				
投资总额	750 万 USD	电　　话	69526918	传　　真	69526918
设立日期	2005-8-11	负 责 人	周陈芳兰		
主营业务	生产光学镜片、眼镜架及零配件，眼镜切削加工设备。				

企业名称	永林电子（上海）有限公司				
企业地址	上海市闵行区虹梅南路 3509 弄 298 号（201108）				
投资总额	56 万 USD	电　　话	52911461	传　　真	52911463
设立日期	2005-8-11	负 责 人	林銮凤		
主营业务	生产灯光照明器材及其零件，灯光控制器，销售自产产品。				

企业名称	欧姆龙传感控制研究开发（上海）有限公司				
企业地址	上海市闵行区剑川路 468 号（201109）				
投资总额	140 万 USD	电　　话	54604566	传　　真	54604561
设立日期	2005-8-8	负 责 人	今仲行一		
主营业务	在工业自动化、电子设备元器件、汽车电子系统领域内的研究、开发。				

企业名称	上海铼电金一丞电子科技有限公司				
企业地址	上海市青浦工业园区外青松公路 5399 号 A27－乙厂房（201700）				
投资总额	36 万 USD	电　　话	52661819	传　　真	52661819
设立日期	2005-8-3	负 责 人	吴源昌		
主营业务	开发、生产精密在线测量仪器、设备，安全生产及环保监测仪器设备。				

企业名称	岩谷电子（上海）有限公司				
企业地址	上海市外高桥保税区希雅路 350 号 6 号楼第 4 层 B1 部位（200137）				
投资总额	35 万 USD	电　　话	62479706	传　　真	62104064
设立日期	2005-8-3	负 责 人	荒木纯		
主营业务	保税区内以电子机械、设备、材料为主的仓储、分拨业务。				

企业名称	上海兆豪光电子有限公司				
企业地址	上海市闵行区吴中路 1050 号（201101）				
投资总额	60 万 USD	电　　话	34170608	传　　真	34170708
设立日期	2005-7-29	负 责 人	YONATAN GERLITZ		
主营业务	生产微电子、光电子产品，销售自产产品。				

企业名称	精工电子商业（上海）有限公司				
企业地址	上海市卢湾区淮海中路 138 号上海广场 2902 室（200021）				
投资总额	122 万 USD	电　　话	63756611	传　　真	63756727
设立日期	2005-7-28	负 责 人	加藤精彦		
主营业务	集成电路、液晶显示屏、微型电池的批发，佣金代理业务。				

企业名称	源科化实验器材（上海）有限公司				
企业地址	上海市外高桥保税区日京路 51 号发展大厦 A 楼 1409、1411 室(200131)				
投资总额	50 万 USD	电　　话	51095800	传　　真	52583818
设立日期	2005-7-27	负 责 人	张岚荪		
主营业务	保税区内以实验室仪器、仪表、设备及相关配件为主的仓储、分拨。				

企业名称	悦得通信科技（上海）有限公司				
企业地址	上海市张江高科技园区郭守敬路 498 号 22301－846 座（201203）				
投资总额	14 万 USD	电　　话	61032233	传　　真	61032231
设立日期	2005-7-26	负 责 人	WEI CHUAN BENG		
主营业务	通信系统技术及网络技术的开发、设计。				

企业名称	谙科（上海）半导体有限公司				
企业地址	上海市黄浦区北京东路 666 号 B704（F）室（200003）				
投资总额	14 万 USD	电　　话	53082801	传　　真	53082802
设立日期	2005-7-26	负 责 人	CHENMIN HU（执行董事）		
主营业务	硅晶片和计算机软件的开发、生产，销售本公司生产的产品。				

企业名称	上海天晶汽车电子科技有限公司				
企业地址	上海市嘉定区马陆镇樊家村龙盘路 555 号 B 栋（201801）				
投资总额	40 万 USD	电　　话	69156914	传　　真	69156479
设立日期	2005-7-25	负 责 人	方俊杰		
主营业务	研发、生产汽车专用天线接收系统、感应系统、显示系统。				

企业名称	格远电子科技（上海）有限公司				
企业地址	上海市浦东新区三林路 234 号 8 幢（201205）				
投资总额	20 万 USD	电　　话	51036266	传　　真	50587198
设立日期	2005-7-20	负 责 人	傅邵斌		
主营业务	生产锂离子电池元器件，销售自产产品。				

企业名称	上海凯搏比价网络系统有限公司				
企业地址	上海市闵行区剑川路 468 号（201108）				
投资总额	100 万 USD	电　　话	51099033	传　　真	62886793
设立日期	2005-7-20	负 责 人	姜　凯		
主营业务	研究、开发、生产网络系统及软件、无线通讯系统及软件。				

企业名称	津丰港连接器（上海）有限公司				
企业地址	上海市外高桥保税区希雅路 55 号 12 号楼 6 层 H 部位（200131）				
投资总额	20 万 USD	电　　话	63071518	传　　真	63936250
设立日期	2005-7-19	负 责 人	黄志豪		
主营业务	保税区内以连接器产品为主的仓储、分拨业务。				

企业名称	敏拓吉电子（上海）有限公司				
企业地址	上海市外高桥保税区富特北路 458 号 36 号楼第三层 1 部位（200131）				
投资总额	50 万 USD	电　　话	62363466	传　　真	62362039
设立日期	2005-7-19	负 责 人	橘至朗		
主营业务	以电子产品为主的区内仓储分拨业务；国际贸易、转口贸易。				

企业名称	力达硕业电子材料（上海）有限公司				
企业地址	上海市外高桥保税区富特西一路 333 号第 6 层 C6-5 部位（200131）				
投资总额	6.1 万 USD	电　　话	51021877	传　　真	50804128
设立日期	2005-7-19	负 责 人	黄昌仁		
主营业务	保税区内以电子材料、机电设备以及零部件为主的仓储、分拨。				

企业名称	创锐讯通讯技术（上海）有限公司				
企业地址	上海市张江高科技园区松涛路 696 号张江大厦 6 层 C 区（201203）				
投资总额	14 万 USD	电　　话	61238314	传　　真	61238800
设立日期	2005-7-18	负 责 人	BRUCE PICKETT JOHNSON		
主营业务	区域网络芯片、无线通信终端芯片的设计、研发、测试、维护。				

企业名称	上海谱斐特电子材料有限公司				
企业地址	上海市外高桥保税区富特西一路 155 号 C 楼第二层 2010 部位(200131)				
投资总额	20 万 USD	电　　话	54224890	传　　真	54224893
设立日期	2005-7-15	负 责 人	KWON CHOON SEOB		
主营业务	保税区内以电子材料、化工材料（不含危险品）为主的仓储分拨业务。				

企业名称	柯尼卡美能达精密光学（上海）有限公司				
企业地址	上海市外高桥保税区荷丹路 240 号第 2 层 D1－206 部位（200131）				
投资总额	50 万 USD	电　　话	57747585	传　　真	67742930
设立日期	2005-7-15	负 责 人	松丸隆		
主营业务	保税区内以精密光学产品、电气、电子仪器为主的仓储、分拨、展示。				

企业名称	郡精仪器（上海）有限公司				
企业地址	上海市嘉定区叶城路 1612 号一楼厂房中部（201821）				
投资总额	750 万港币	电　　话	69529122	传　　真	69529129
设立日期	2005-7-15	负 责 人	高桥胜		
主营业务	开发、生产、加工各类仪器仪表及相关配件，销售本公司自产产品。				

企业名称	新生电子（上海）有限公司				
企业地址	上海市奉贤区环城西路 3111 号闵行出口加工区（201400）				
投资总额	490 万 USD	电　　话	54404670	传　　真	54404672
设立日期	2005-7-15	负 责 人	山下重宪		
主营业务	生产电子通信设备、仪器仪表、办公用设备、交通运输设备。				

企业名称	田村自动化系统（上海）有限公司				
企业地址	上海市外高桥保税区荷丹路 242 号第 2 层 216 部位（200131）				
投资总额	15 万 USD	电　　话	62700660	传　　真	62709989
设立日期	2005-7-13	负 责 人	中野朋之		
主营业务	保税区内以自动化电焊机及自动化周边机器为主的仓储、分拨。				

企业名称	英模科技（上海）有限公司				
企业地址	上海市外高桥保税区英伦路 386 号（200131）				
投资总额	380 万 USD	电　　话	50482222	传　　真	50481111
设立日期	2005-7-13	负 责 人	杨舒人		
主营业务	保税区内手机、电子产品、汽车零部件及相关配件的研发设计				

企业名称	上海壹衡电子衡器有限公司				
企业地址	上海市长宁区可乐路205号5幢（200335）				
投资总额	14万USD	电　话	52161300	传　真	52161200
设立日期	2005-7-12	负责人	李锦诚		
主营业务	开发、生产高精度自动称重显示仪、精密电子衡器。				

企业名称	瑞可达自动门（上海）有限公司				
企业地址	上海青浦工业园区新高路518号（201700）				
投资总额	100万欧元	电　话	69213237	传　真	69213236
设立日期	2005-7-8	负责人	STEFAN RIVA		
主营业务	生产自动门及其零部件，销售公司自产产品。				

企业名称	凯发量具（上海）有限公司				
企业地址	上海市青浦工业园区崧秀路1138号（201700）				
投资总额	45万欧元	电　话	69758100	传　真	69758102
设立日期	2005-7-8	负责人	ULRICH SCHLENKER		
主营业务	生产、加工量具，销售公司自产产品。				

企业名称	上海日东光学有限公司				
企业地址	上海市外高桥保税区美盛路175号（200137）				
投资总额	320万USD	电　话	58680078	传　真	58680323
设立日期	2005-7-6	负责人	中平泰史		
主营业务	保税区内研究、开发、生产光学薄膜，销售自产产品。				

企业名称	克莱夫特电子（上海）有限公司				
企业地址	上海市长宁区长宁路426号108室（200050）				
投资总额	20万USD	电　话	62307508	传　真	62310946
设立日期	2005-7-6	负责人	BLORN SVENSSON		
主营业务	生产、开发变流器、电控设备及相关配套产品。				

企业名称	能杰克数控技术（上海）有限公司				
企业地址	上海市松江区新桥镇新茸路松南小区C座（201612）				
投资总额	105万USD	电　话	57687938	传　真	57687401
设立日期	2005-7-6	负责人	田中信吾		
主营业务	设计、加工、生产三轴以上联动的数控机床，销售公司自产产品。				

企业名称	千佑空气净化技术（上海）有限公司				
企业地址	上海市外高桥保税区泰谷路18号1号楼509部位（200131）				
投资总额	12.3万USD	电　话	67621420	传　真	67621204
设立日期	2005-7-5	负责人	IL JUNG KIM		
主营业务	保税区内以空气净化设备、冷暖空调设备为主的仓储分拨业务。				

企业名称	上海卡姆丹克太阳能科技有限公司				
企业地址	上海市南汇工业园区（201300）				
投资总额	500万USD	电　话	68043017	传　真	68043016
设立日期	2005-7-5	负责人	JOHN ZHANG		
主营业务	生产和开发半导体、元器件专用材料（太阳能专用材料）。				

企业名称	迈克珂来富电子（上海）有限公司				
企业地址	上海市南汇区康桥镇康桥东路1365弄5号2楼（201315）				
投资总额	20万USD	电　话	68183775	传　真	68183770
设立日期	2005-7-5	负责人	藤井广昭		
主营业务	生产、加工印刷电路板相关设备，销售自产产品及提供技术服务。				

企业名称	上海辰田半导体科技有限公司				
企业地址	上海松江出口加工区内南乐路309弄1号标准厂房底楼南区（201600）				
投资总额	30万USD	电　话	57749938	传　真	57749934
设立日期	2005-7-4	负责人	辰己良昭		
主营业务	生产、加工IC芯片生产设备所需的零配件及其他机械。				

企业名称	上海安亿纳米材料有限公司				
企业地址	上海市宝山区上大路68号310室（200436）				
投资总额	120万USD	电　话	66136123	传　真	66136122
设立日期	2005-7-4	负责人	陈震东		
主营业务	生产纳米无机新材料及其相关技术的开发研究。				

企业名称	电视豆动画（上海）有限公司				
企业地址	上海市长宁区天山路641号上海慧谷白猫科技园三号楼408室（200335）				
投资总额	22万USD	电　话	32120061	传　真	52383028
设立日期	2005-6-30	负责人	张水江		
主营业务	计算机软件、计算机动画的设计、开发、制作。				

企业名称	居易通信技术（上海）有限公司				
企业地址	上海市华山路2088号730室（200030）				
投资总额	14万USD	电　话	54070942	传　真	54070942
设立日期	2005-6-30	负责人	夏正林		
主营业务	设计、开发、制作计算机软件，销售自产产品。				

企业名称	赛米克斯微电子科技（上海）有限公司				
企业地址	上海市张江高科技园区龙东大道3000号7号楼208室（201203）				
投资总额	15万USD	电　话	50801128	传　真	50800133
设立日期	2005-6-29	负责人	FRANK NATHAN GREGORY GETTEN		
主营业务	研究、开发、设计、生产新型电子元器件、测试仪器、计算机软件。				

企业名称	上海孚美特电子有限公司				
企业地址	上海市松江区九亭镇九新公路28号（201615）				
投资总额	20万USD	电　话	67691566	传　真	67690453
设立日期	2005-6-28	负责人	中道庆文		
主营业务	生产和加工新型电子元器件，销售公司自产产品。				

企业名称	睿励科学仪器（上海）有限公司				
企业地址	上海市浦东新区华东路5001号第二大道128号T3－10幢101（201206）				
投资总额	1153万RMB	电　话	58588870	传　真	50807760
设立日期	2005-6-27	负责人	吕彤欣		
主营业务	研制、生产半导体设备，销售自产产品。				

企业名称	国晶光电科技（上海）有限公司				
企业地址	上海市嘉定工业区北区胜辛北路2199号A区（201807）				
投资总额	500万USD	电　话	59963688	传　真	59963788
设立日期	2005-6-26	负责人	ALEX RUWIN SHAW		
主营业务	研发、生产新型电子元器件、数字照相机及关键件。				

企业名称	麦氏（上海）自动控制有限公司				
企业地址	上海市奉贤区金汇镇齐贤工业区内（201404）				
投资总额	90万欧元	电　话	57570146	传　真	57570144
设立日期	2005-6-24	负责人	CAURO BUORO		
主营业务	研发、制造泊车门禁控制系统，停车场系统、工业及民用自动化系统。				

企业名称	彩优微电子（上海）有限公司				
企业地址	上海市张江高科技园区春晓路149号1号楼405室（201203）				
投资总额	250万USD	电　话	50275585	传　真	50275590
设立日期	2005-6-24	负责人	桥本孝久		
主营业务	集成电路研发、设计，新型电子元器件的设计、制作。				

企业名称	上海阿特尼克斯电子有限公司				
企业地址	上海市浦东新区东方路899号1201室（200122）				
投资总额	14万USD	电　话	58888528	传　真	58888368
设立日期	2005-6-23	负责人	中岛隆司		
主营业务	从事设计、开发工业用印刷线路板、普通电子机器线路板。				

企业名称	上海力芯集成电路制造有限公司				
企业地址	上海市剑川路468号（201109）				
投资总额	33400万USD	电　话	64851491	传　真	54500008
设立日期	2005-6-22	负责人	张国威		
主营业务	研发、加工、生产半导体集成电路以及新型电子元器件。				

企业名称	上海铁鹰通讯科技有限公司				
企业地址	上海市南汇区惠南镇团结村288号（201300）				
投资总额	18万USD	电　话	58270973	传　真	68270338
设立日期	2005-6-20	负责人	瞿惠清		
主营业务	生产加工室内外天线、小五金制品，销售公司自产产品。				

企业名称	必达泰克光电科技（上海）有限公司				
企业地址	上海市浦东新区唐镇金丰路38号1、2楼（200233）				
投资总额	15万USD	电　话	64515208	传　真	64515208
设立日期	2005-6-20	负责人	SEAN XIAOLU WANG		
主营业务	开发、设计、生产激光仪器、光电仪器、光谱仪器。				

企业名称	捷亿工业科技（上海）有限公司				
企业地址	上海市张江高科技园区郭守敬路351号1号楼518室（201203）				
投资总额	14万USD	电　话	50275008	传　真	50275018
设立日期	2005-6-16	负责人	CLAUDINE SIVIGNON		
主营业务	工业领域的无线遥控系统的研发、设计。				

企业名称	上海司达信产品检测有限公司				
企业地址	上海市长宁区广顺路 33 号四幢四楼（200335）				
投资总额	36.15 万 USD	电　话	52198248	传　真	52198249
设立日期	2005-6-15	负责人	冯立中		
主营业务	从事纺织品及物料、制衣，钟表、玩具及儿童产品的检测服务。				

企业名称	上海松重汽车电子装置有限公司				
企业地址	上海市嘉定区徐行镇俞湾村（201809）				
投资总额	210 万 USD	电　话	39979922	传　真	39979123
设立日期	2005-6-9	负责人	加藤守		
主营业务	汽车电子装置（车身电子控制系统）制造，销售本公司自产产品。				

企业名称	然科电子（上海）有限公司				
企业地址	上海市外高桥保税区美桂北路 343 号 32 号厂房 1－2 层（200131）				
投资总额	250 万 USD	电　话	50480188	传　真	50480189
设立日期	2005-6-8	负责人	吴文龙		
主营业务	保税区内电路板表面贴片、各类电子器件生产、加工、组装、测试。				

企业名称	上海晶友电子有限公司				
企业地址	上海市松江区石湖荡镇广庵路 18 号（201604）				
投资总额	300 万港币	电　话	57753561	传　真	57753562
设立日期	2005-6-6	负责人	章　飞		
主营业务	设计、生产太阳能电池用电子零部件，销售公司自产产品。				

企业名称	辅誉光电（上海）有限公司				
企业地址	上海市松江出口加工区茸江路 68 号 A 栋（201600）				
投资总额	1500 万 USD	电　话	67747218	传　真	67747228
设立日期	2005-6-3	负责人	潘重华		
主营业务	生产、加工新型显示器件，液晶平面显示器，背光源模组。				

企业名称	德商罗芬激光技术（上海）有限公司				
企业地址	上海市浦东新区江东路 1376 号 1 号楼 310 室（200137）				
投资总额	20 万 USD	电　话	68552216	传　真	58213715
设立日期	2005-6-2	负责人	YUENG-CHANG JOHN PENG（彭元璋）		
主营业务	工业激光产品维修、工业应用激光技术的开发。				

企业名称	飞世尔实验器材（上海）有限公司				
企业地址	上海市外高桥保税区日京路 51 号 A 楼第四层 1404 室（200131）				
投资总额	50 万 USD	电　话	52581100	传　真	52580114
设立日期	2005-6-2	负责人	JEFFREY T. JOCHIMS		
主营业务	保税区内以实验室仪器仪表、设备、实验用服装为主的仓储分拨业务。				

企业名称	奕列（上海）电子设备有限公司				
企业地址	上海市张江高科技园区春晓路 149 号 2 幢生物楼 404 室（201203）				
投资总额	55 万 USD	电　话	50273116	传　真	50270000
设立日期	2005-6-2	负责人	HAY SOOK ANN（夏竖安）		
主营业务	半导体设备和精密仪器维修，并提供相关的技术咨询和技术服务。				

企业名称	普雷茨特激光技术（上海）有限公司				
企业地址	上海市田林路 398 号第四层 B 室（200233）				
投资总额	14 万 USD	电　话	64956974	传　真	64956460
设立日期	2005-6-2	负责人	THILO STORK-WERSBORG		
主营业务	开发、生产激光技术产品及相应零配件。				

企业名称	上海盛春惠电子科技有限公司				
企业地址	上海市青浦区华新镇华徐公路 3029 弄 69 号（201700）				
投资总额	55 万 USD	电　话	66351321	传　真	66359686
设立日期	2005-6-1	负责人	陈玉春		
主营业务	生产、加工、组装微型计算机及其配件，计算机软件的开发、生产。				

企业名称	亚得克测量仪器（上海）有限公司				
企业地址	上海市闵行区沁春路 707 号（201100）				
投资总额	14 万 USD	电　话	64929257	传　真	64885143
设立日期	2005-5-31	负责人	JEAN-LUC REGEF		
主营业务	生产、组装用于电流、电压、漏电、电源安全的各类测量仪器。				

企业名称	上海璨宇光电有限公司				
企业地址	上海松江出口加工区茸江路 68 号 E 栋（201613）				
投资总额	300 万 USD	电　话	37740011	传　真	37740175
设立日期	2005-5-31	负责人	黄经洲		
主营业务	研发、制造背光板模块及相关光电子器件，新型平板显示器。				

企业名称	上海科威大电子系统有限公司				
企业地址	上海市张江高科技园区郭守敬路 351 号 2 号楼 684-11 室（201203）				
投资总额	200 万 RMB	电　话	65469108	传　真	65469113
设立日期	2005-5-30	负责人	JORGEN MALMBORG		
主营业务	混凝土传感器和传感系统的开发，销售自产产品。				

企业名称	上海都肯电子锁具有限公司				
企业地址	上海市闵行区虹桥镇合川路 3089 号 6 号楼 3 楼（201103）				
投资总额	50 万 USD	电　话	54581901	传　真	54581890
设立日期	2005-5-26	负责人	金仁载		
主营业务	生产数码门锁，销售自产产品，提供售后服务。				

企业名称	影玮电子（上海）有限公司				
企业地址	上海市张江高科技园区郭守敬路 498 号 22301-742 室（200120）				
投资总额	16.7 万 USD	电　话	51307300	传　真	51307373
设立日期	2005-5-20	负责人	CHEN SHO LONG SANLA		
主营业务	电子元器件的研发，软件的开发、设计、制作。				

企业名称	英华达（上海）数码电子销售有限公司				
企业地址	上海市徐汇区漕溪北路 88 号（200235）				
投资总额	200 万 USD	电　话	64853668	传　真	64858370
设立日期	2005-5-20	负责人	李家恩		
主营业务	计算机软硬件、通讯设备及相关产品、电子产品的批发，零售。				

企业名称	上海泽尔尼仪器有限公司				
企业地址	上海市奉贤区奉城镇高桥村（201411）				
投资总额	53 万 USD	电　话	57513966	传　真	57513636
设立日期	2005-5-19	负责人	杨怀军		
主营业务	精密仪器及高精度无接触自动测量设备研发、生产。				

企业名称	荷登通信技术（上海）有限公司				
企业地址	上海市浦东新区东方路 877 号 506D 室（200120）				
投资总额	14 万 USD	电　话	64663389	传　真	64664340
设立日期	2005-5-18	负责人	CHEN JOSEPH ST（陈盛泰）		
主营业务	通信技术软件的开发、设计、制作，销售自产产品。				

企业名称	盛美半导体设备（上海）有限公司				
企业地址	上海松江出口加工区 B 区东开置业园 A1 型厂房（201613）				
投资总额	120 万 USD	电　话	57856027	传　真	57856037
设立日期	2005-5-17	负责人	HUI WANG		
主营业务	设计、生产、加工电子专用设备及其零部件。				

企业名称	永田雅玛特电子设备（上海）有限公司				
企业地址	上海青浦工业园区振盈路 50 号 1 号厂房（201700）				
投资总额	100 万 USD	电　话	69225079	传　真	69225089
设立日期	2005-5-17	负责人	永田公二		
主营业务	设计、生产、加工、组装电子专用设备、测试仪器。				

企业名称	上海方仕电子有限公司				
企业地址	上海市外高桥保税区富特北路 258 号 4 楼 1 层 A1、I 部位（200131）				
投资总额	14 万 USD	电　话	51119757	传　真	51119757
设立日期	2005-5-16	负责人	张岚仪		
主营业务	保税区内以电子元器件及其组件为主的仓储、分拨业务。				

企业名称	影来登显示技术（上海）有限公司				
企业地址	上海市卢湾区斜土路 768 号 507 室部分（200023）				
投资总额	100 万 USD	电　话	53022229	传　真	63034446
设立日期	2005-5-16	负责人	MARC MC CONNAUGHEY		
主营业务	高清电视数字显示设备及光电设备的设计、研发、应用。				

企业名称	东棉电子（上海）有限公司				
企业地址	上海市外高桥保税区富特东一路 396 号第二层 21 部位（200131）				
投资总额	30 万 USD	电　话	68764727	传　真	68764729
设立日期	2005-5-9	负责人	铃木正美		
主营业务	以电子产品为主的区内仓储分拨业务；国际贸易、转口贸易。				

企业名称	杰视通信技术（上海）有限公司				
企业地址	上海市张江高科技园区郭守敬路 351 号 2 号楼 686－08 室（201203）				
投资总额	14 万 USD	电　话	50806686	传　真	50803862
设立日期	2005-4-30	负责人	GORDON TSU-HUEY LEE		
主营业务	数字盒、视频编解码设备、高档服务器的开发、设计。				

企业名称	上海泛孚电子科技有限公司				
企业地址	上海市长宁区延安西路 1358 号 5 楼 5B（200052）				
投资总额	20 万 USD	电话	52581755	传真	52581760
设立日期	2005-4-28	负责人	李胜隆		
主营业务	计算机软件的设计开发，电子通讯产品的设计开发。				

企业名称	上海惠亚电子设备有限公司				
企业地址	上海市嘉定区南翔镇惠亚路 8 号 A 幢（201802）				
投资总额	500 万 USD	电话	69179000	传真	69179440
设立日期	2005-4-27	负责人	邓顺林		
主营业务	生产、加工光交叉连接设备、IP 数据通信系统、汽车电子装置。				

企业名称	上海元利盛电子设备维修有限公司				
企业地址	上海市浦东新区东方路 710 号 1602 室（200120）				
投资总额	15 万 USD	电话	57632779	传真	57632783
设立日期	2005-4-25	负责人	许作立		
主营业务	电子专用设备、新型电子元器件维修、保养及相关咨询服务。				

企业名称	上海克丽欧电子科技有限公司				
企业地址	上海市黄浦区大沽路 288 号 504 室（200003）				
投资总额	20 万 USD	电话	58434359	传真	58433463
设立日期	2005-4-25	负责人	李行泰		
主营业务	研发、生产各式精密电子、光电设备、净水设备。				

企业名称	固耀电子科技（上海）有限公司				
企业地址	上海市松江区中山街道茸兴路 27 号（201613）				
投资总额	20 万 USD	电话	50271072	传真	50271073
设立日期	2005-4-23	负责人	郭颂（GUO SONG）		
主营业务	设计、制造计算机及网络系统软、硬件，销售公司自产产品。				

企业名称	雷杰科技（上海）有限公司				
企业地址	上海市长宁区江苏路 369 号 28 楼 B－26 室（200050）				
投资总额	100 万 USD	电话	62403140	传真	62110450
设立日期	2005-4-22	负责人	STEPHEN HUANG		
主营业务	激光器系统设备软件领域内的技术开发、设计和制作。				

企业名称	戴安（上海）分析仪器有限公司				
企业地址	上海市张江高科技园区蔡伦路 720 弄 1 号楼 314 室（201203）				
投资总额	50 万 USD	电话	63735348	传真	63848294
设立日期	2005-4-21	负责人	BRUCE LAYTON BARTON		
主营业务	研究、开发、生产精密仪器，销售自产产品。				

企业名称	特思卡电子测试系统（上海）有限公司				
企业地址	上海市莘庄工业区申旺路 518 号（201108）				
投资总额	40 万 USD	电话	54428423	传真	54427515
设立日期	2005-4-20	负责人	JURGEN STENGEL		
主营业务	开发、生产电子测试系统、精密在线测量系统。				

企业名称	上海飞锐光电科技有限公司				
企业地址	上海市浦东新区华东路 5001 号第二大道 128 号 T3－10 幢 102(201201)				
投资总额	2000 万 RMB	电话	58589996	传真	51010252
设立日期	2005-4-20	负责人	郑安民		
主营业务	设计、生产光引擎、光学元器件，销售自产产品。				

企业名称	柴田电子（上海）有限公司				
企业地址	上海市外高桥保税区德林路 368 号 B 楼第三层 A 部位（200131）				
投资总额	13 万 USD	电话	64746408	传真	64749706
设立日期	2005-4-19	负责人	柴田健司		
主营业务	保税区内以电子产品为主的仓储、分拨业务、技术服务。				

企业名称	上海缔通通信科技有限公司				
企业地址	上海市杨浦区榆林路 200 号 7 号楼 164 室（200082）				
投资总额	14 万 USD	电话	63917870	传真	63917876
设立日期	2005-4-18	负责人	TAN TENG CHONG		
主营业务	移动通信网络优化软、硬件的开发及相关的咨询服务。				

企业名称	上海晶扬电子科技有限公司				
企业地址	上海市奉贤区南桥镇莘奉公路 322 号（201400）				
投资总额	37 万 USD	电话	57435807	传真	57435801
设立日期	2005-4-18	负责人	殷妙廷		
主营业务	生产半导体硅材料，半导体材料及半导体器件。				

企业名称	嘉塘光电子产品（上海）有限公司				
企业地址	上海市嘉定区嘉唐路 511－2 号（201807）				
投资总额	50 万 USD	电话	59549613	传真	59549288
设立日期	2005-4-15	负责人	CHIEN-HUA HO		
主营业务	开发、生产光电子产品，销售本公司自产产品。				

企业名称	携程旅游网络技术（上海）有限公司				
企业地址	上海市长宁区广顺路 33 号 B 栋 6 层（200335）				
投资总额	1000 万 USD	电话	34064880	传真	34064880
设立日期	2005-4-14	负责人	范敏		
主营业务	计算机软、硬件技术和系统集成的开发。				

企业名称	奥森太珂半导体（上海）有限公司				
企业地址	上海市松江区荣乐东路 81 号 304 室（201600）				
投资总额	14 万 USD	电话	57763300	传真	67741543
设立日期	2005-4-13	负责人	ANTHONY LANTOSCA		
主营业务	软件开发研究，光热感应技术和装置的开发、设计。				

企业名称	冠鹏怡电子（上海）有限公司				
企业地址	上海市嘉定区复华路 33 号 D1 幢（201818）				
投资总额	14 万 USD	电话	59900117	传真	59900150
设立日期	2005-4-12	负责人	陈哲毅		
主营业务	设计、生产电脑集成电路，销售本公司自产产品。				

企业名称	神亚电子（上海）有限公司				
企业地址	上海市松江区九亭镇高科技园区九泾路松沪工业小区 5 号区（201615）				
投资总额	60 万 USD	电话	57609150	传真	57609268
设立日期	2005-4-11	负责人	贝原邦章		
主营业务	研发、生产电子、电器产品，金属制品，塑料制品。				

企业名称	岸康电子（上海）有限公司				
企业地址	上海市松江区塔闵路 179 号 22 幢（201604）				
投资总额	14 万 USD	电话	67725846	传真	67728074
设立日期	2005-4-8	负责人	严龙福		
主营业务	生产新型电子元器件，销售公司自产产品。				

企业名称	尼康映像仪器销售（中国）有限公司				
企业地址	上海市西藏中路 268 号来福士广场 50 楼 01—04、08 室（200001）				
投资总额	1000 万 USD	电话	63405188	传真	63405066
设立日期	2005-4-8	负责人	板仓志郎		
主营业务	光学仪器及其相关产品的进出口、批发、售后服务。				

企业名称	上海美斯恩网络通讯技术有限公司				
企业地址	上海市剑川路 468 号（200002）				
投资总额	800 万 USD	电话	63351555	传真	63351611
设立日期	2005-4-8	负责人	董叶顺		
主营业务	在全国范围内开展网上信息和数据库检索。				

企业名称	上海蒙恩电子科技有限公司				
企业地址	上海市松江工业区新桥分区春林路 99 号 B 区（201612）				
投资总额	250 万 USD	电话	57686206	传真	57686208
设立日期	2005-4-6	负责人	黄道荣		
主营业务	开发、生产新型仪用接插件、工模具，销售公司自产产品。				

企业名称	索玛（上海）自动化系统有限公司				
企业地址	上海市嘉定区马陆镇丰饶路 368 号（201801）				
投资总额	35 万 USD	电话	69153919	传真	69153155
设立日期	2005-4-5	负责人	GERD SCHAAF		
主营业务	设计、生产开门（窗）机系统、无线电遥控系统、铝制门。				

企业名称	飞确安网络通信设备（上海）有限公司				
企业地址	上海市嘉定工业区叶城路 1288 号 5 号楼 B 区 104 室（201821）				
投资总额	14 万 USD	电话	64748500	传真	64747010
设立日期	2005-4-5	负责人	谷轮重之		
主营业务	生产计算机网络通讯设备，开发、设计网络系统工程。				

企业名称	菱耀（上海）电子有限公司				
企业地址	上海市嘉定区马陆镇励学路 1121 号（201801）				
投资总额	50 万 USD	电话	69157087	传真	69157090
设立日期	2005-4-1	负责人	郑再发		
主营业务	生产新型打印装置（激光、喷墨打印机）、混合集成电路。				

制造业-电子及通信设备和仪器仪表及文化、办公用机械制造业

企业名称	宾德加电子工业（上海）有限公司				
企业地址	上海市松江区车墩镇泖亭路北侧、华长路西侧（201611）				
投资总额	800 万 USD	电话	57715637	传真	57715637
设立日期	2005-3-31	负责人	ZENATI BENZERGA		
主营业务	生产、加工数码相机、新型平板显示器件。				

企业名称	妙结精密零件（上海）有限公司				
企业地址	上海市莘庄工业区申富路 800 号 4 号厂房 C 区（201108）				
投资总额	120 万欧元	电话	51764300	传真	51764308
设立日期	2005-3-30	负责人	田俊华		
主营业务	生产新型仪表元器件和材料（仪用接插件），销售自产产品。				

企业名称	穗晔（上海）电子应用材料有限公司				
企业地址	上海市青浦区练塘工业园区 8 号厂房（201715）				
投资总额	300 万 USD	电话	54955689	传真	54955289
设立日期	2005-3-30	负责人	吴春钟		
主营业务	生产人工晶体，未锻轧纯镍品检加工及其他新型电子元器件。				

企业名称	新相微电子（上海）有限公司				
企业地址	上海市漕河泾新兴技术开发区桂平路 680 号 5 楼 517 室（200233）				
投资总额	52 万 USD	电话	51097181	传真	64954065
设立日期	2005-3-29	负责人	PETER HONG XIAO		
主营业务	液晶显示器驱动电路的设计、开发和组装，销售自产产品。				

企业名称	涛丰电子科技（上海）有限公司				
企业地址	上海市普陀区绥德路 2 弄 25 号 3 层（200333）				
投资总额	80 万 USD	电话	66080531	传真	66080532
设立日期	2005-3-25	负责人	邬国强		
主营业务	半导体电子元器件及相关包装材料产品的设计与生产加工。				

企业名称	吾土电子（上海）有限公司				
企业地址	上海市松江区九亭镇九里亭工业园区（201615）				
投资总额	105 万 USD	电话	57638860	传真	57638872
设立日期	2005-3-25	负责人	CHOIJOON KOOK		
主营业务	生产电子产品、电子元器件、通讯器材、汽车配件。				

企业名称	创见资讯（上海）有限公司				
企业地址	上海市奉贤区闵行出口加工区中央大道 1 号（201400）				
投资总额	1980 万 USD	电话	61619388	传真	61619303
设立日期	2005-3-25	负责人	束崇政		
主营业务	生产扩充内存模块、外接式存储装置（内存、外接式内存、硬盘）。				

企业名称	德欧泰克半导体（上海）有限公司				
企业地址	上海市金山区亭林镇林盛路 228 号（201505）				
投资总额	60 万 USD	电话	67232690	传真	67232857
设立日期	2005-3-24	负责人	BRIGITTE KELPE		
主营业务	开发、生产新型电子元器件（片式元器件、混合集成电路）。				

企业名称	上海祺电电子科技有限公司				
企业地址	上海市南汇康桥工业区康桥东路 1300 弄 10 号 B 厂房（201315）				
投资总额	20 万 USD	电话	68139099	传真	68139891
设立日期	2005-3-24	负责人	简添兴		
主营业务	生产汽车组合仪表、车身电子控制系统、新型仪表元器件。				

企业名称	耐驰仪器（上海）有限公司				
企业地址	上海市嘉定区安亭大众工业园区园大路 38 号 3 号楼部分（201805）				
投资总额	30 万 USD	电话	63532705	传真	63532704
设立日期	2005-3-24	负责人	WOLF-DIETER EMMERICH		
主营业务	开发、生产分析测试仪，销售本公司自产产品。				

企业名称	上海慧纲电子有限公司				
企业地址	上海市外高桥保税区富特北路 399 号 3 号楼第一层 B 部位（200131）				
投资总额	50 万 USD	电话	58684680	传真	58684135
设立日期	2005-3-22	负责人	张昆德		
主营业务	保税区内以电子元器件及其组件为主的仓储、分拨业务。				

企业名称	上海思百吉仪器系统有限公司				
企业地址	上海市闵行区华宁路 2888 弄 88 号 9 号楼（201108）				
投资总额	50 万 USD	电话	64426488	传真	64426498
设立日期	2005-3-22	负责人	DONALD ALBERT RAMBLE		
主营业务	研发、生产各类精密在线测量仪器及相关的软件。				

企业名称	上海泰立特通信技术有限公司				
企业地址	上海市钦州路 100 号 B 座 701-702、716-719 室（200234）				
投资总额	60 万 USD	电话	62506403	传真	62506404
设立日期	2005-3-21	负责人	卢启堂		
主营业务	研制、生产电子和通讯电路、模块、组件及设备。				

企业名称	雷克沙电子（上海）有限公司				
企业地址	上海市外高桥保税区富特东一路 396 号第 4 层 414 部位（200131）				
投资总额	10 万 USD	电话	68419368	传真	68419063
设立日期	2005-3-17	负责人	ERIC STEWART WHITAKER		
主营业务	保税区内以电子产品为主的仓储分拨业务及其相关产品的售后服务。				

企业名称	迈嘉路微电子（上海）有限公司				
企业地址	上海市外高桥保税区美桂北路 317 号第三层 A 部位（200131）				
投资总额	20 万 USD	电话	64048400	传真	64049418
设立日期	2005-3-14	负责人	尾石上人		
主营业务	保税区内从事以液晶、半导体测试装置为主的仓储、分拨业务。				

企业名称	立端电子科技（上海）有限公司				
企业地址	上海市桂平路 96 号（200233）				
投资总额	62 万 USD	电话	51158486	传真	51171741
设立日期	2005-3-14	负责人	周逸文		
主营业务	研究、开发、组装大中型电子计算机、便携式微型计算机。				

企业名称	显明光电（上海）有限公司				
企业地址	上海市奉贤区南桥镇环城北路 168 号（201400）				
投资总额	160 万 USD	电话	67109089	传真	67193501
设立日期	2005-3-11	负责人	刘玉贞		
主营业务	光电子器件产品加工、制造、研发，销售自产产品。				

企业名称	上海通升捷电子有限公司				
企业地址	上海市闵行区沪闵路 3458 弄 228 号（201108）				
投资总额	1000 万 RMB	电话	64422045	传真	64422431
设立日期	2005-3-10	负责人	徐志法		
主营业务	研发生产新型平板显示器件，销售自产产品。				

企业名称	日旺（上海）电子有限公司				
企业地址	上海市外高桥保税区富特东一路 396 号第五层 513 部位（200131）				
投资总额	10 万 USD	电话	58205524	传真	58205243
设立日期	2005-3-9	负责人	MASAMICHI YAMAMOTO		
主营业务	保税区内以钟表为主的仓储分拨业务以及相关产品的售后服务。				

企业名称	大手电子（上海）有限公司				
企业地址	上海市外高桥保税区希雅路 55 号 12 号楼 6 层 C 部位（200131）				
投资总额	15 万 USD	电话	64698930	传真	64698930
设立日期	2005-3-8	负责人	浅贺伊久男		
主营业务	保税区内以液晶产品为主的电子产品的仓储、分拨业务。				

企业名称	微开半导体研发（上海）有限公司				
企业地址	上海市漕河泾新兴技术开发区宜山路 900 号 C 区第 7 层（200233）				
投资总额	140 万 USD	电话	54234566	传真	54234522
设立日期	2005-3-8	负责人	PETER WEIGAND		
主营业务	半导体、集成电路技术及产品和相关软硬件产品的研发。				

企业名称	派特莱电子（上海）有限公司				
企业地址	上海市外高桥保税区富特东一路 396 号第 4 层 409 部位（200131）				
投资总额	12.5 万 USD	电话	68761533	传真	68769688
设立日期	2005-3-7	负责人	河濑浩		
主营业务	保税区内以电子设备及其零配件为主的仓储分拨业务。				

企业名称	上海翱步网络系统有限公司				
企业地址	上海市浦东新区张杨路 158 号 1517 室（200122）				
投资总额	15 万 USD	电话	63606979	传真	63605162
设立日期	2005-3-3	负责人	YUICHIRO KOBA（木场雄一郎）		
主营业务	网络应用软件的开发、制作，销售自产产品。				

企业名称	上海日亚光电销售有限公司				
企业地址	上海市长宁区延安西路 1088 号 517 室（200336）				
投资总额	100 万 USD	电话	62367000	传真	62361718
设立日期	2005-3-2	负责人	宫崎和人		
主营业务	发光二极管（LED）和荧光体及相关商品的批发，佣金代理。				

企业名称	丰宏电子科技（上海）有限公司				
企业地址	上海市外高桥保税区冰克路 500 号 1207 室（200131）				
投资总额	20 万 USD	电　话	53757188	传　真	63862199
设立日期	2005-3-2	负责人	谢秀凌		
主营业务	光机电科技产品的技术开发及相关产品的技术咨询。				

企业名称	和睦科（上海）导光电子有限公司				
企业地址	上海市嘉定区马陆镇彭赵村（201801）				
投资总额	50 万 USD	电　话	59903770	传　真	59903763
设立日期	2005-2-28	负责人	CHO JUNG JE		
主营业务	生产新型电子元器件，销售本公司自产产品。				

企业名称	库柏电子科技（上海）有限公司				
企业地址	上海市浦东新区龙东大道 6111 号 1 栋 106D 室（200122）				
投资总额	300 万 USD	电　话	28993689	传　真	28993996
设立日期	2005-2-28	负责人	THOMAS LOUIS RATTINI		
主营业务	生产新型电子元器件，半导体、元器件专用材料开发、生产。				

企业名称	哈德威哈格努克船舶电子（上海）有限公司				
企业地址	上海市南汇区泥城镇人民村 101 室（201306）				
投资总额	25 万 USD	电　话	61635293	传　真	61635299
设立日期	2005-2-28	负责人	ROB NIJMAN		
主营业务	设计、加工船舶用自动化控制台及仪表盘，销售公司自产产品。				

企业名称	上海艾帕电力电子有限公司				
企业地址	上海市张江高科技园区祖冲之路 899 号 6 幢 4 楼（201203）				
投资总额	70 万 USD	电　话	50273522	传　真	50273523
设立日期	2005-2-25	负责人	竺　伟		
主营业务	电力电子技术的研究、开发，电力电子产品的研究、开发、生产。				

企业名称	佐藤雅诗（上海）电子科技有限公司				
企业地址	上海市外高桥保税区冰克路 500 号 528 室（200131）				
投资总额	20 万 USD	电　话	62957925	传　真	62957926
设立日期	2005-2-24	负责人	NAGAMINE TOSHIO		
主营业务	光机电科技产品的技术开发及相关产品的技术咨询。				

企业名称	伊开达精密电子（上海）有限公司				
企业地址	上海市浦东新区王桥路 439 号二楼（201206）				
投资总额	40 万 USD	电　话	58384511	传　真	58384513
设立日期	2005-2-21	负责人	田　修		
主营业务	精密电子、电器、汽车零部件及相关模具的设计、生产，销售自产产品。				

企业名称	迪岸网络技术（上海）有限公司				
企业地址	上海市长宁区江苏路 369 号 28 楼 B－20 室（200050）				
投资总额	100 万 USD	电　话	52581692	传　真	52581697
设立日期	2005-2-4	负责人	王定标		
主营业务	计算机网络应用软件的开发，设计、制作。				

企业名称	圣诺网络技术（上海）有限公司				
企业地址	上海市长宁区长宁路 1027 号 1005 室 C（200050）				
投资总额	14 万 USD	电　话	62672000	传　真	62673000
设立日期	2005-2-3	负责人	刘骏和		
主营业务	计算机软件、多媒体软件、网络系统软件的设计、开发。				

企业名称	腾耀电子（上海）有限公司				
企业地址	上海市外高桥保税区富特西一路 155 号 5 层（200137）				
投资总额	50 万 USD	电　话	68762992	传　真	58201943
设立日期	2005-2-1	负责人	朱　斌		
主营业务	生产电子设备、销售自产产品及相关产品和设备的测试、维修。				

企业名称	上海睿芯微电子有限公司				
企业地址	上海浦东新区商城路 518 号 2101 室（200120）				
投资总额	240 万 RMB	电　话	51321072	传　真	51321073
设立日期	2005-2-1	负责人	谭志强		
主营业务	集成电路、电子元器件、电子设备、通信产品的研发。				

企业名称	易福门电子（上海）有限公司				
企业地址	上海市外高桥保税区美盛路 56 号 04 楼夹层东部位（200131）				
投资总额	100 万 USD	电　话	51172718	传　真	51172719
设立日期	2005-1-27	负责人	SALEHUR RAHMAN		
主营业务	以电子感应器、网络控制系统为主的保税区内仓储与分拨业务。				

企业名称	上海中佳罗蓝斯堡电子实业有限公司				
企业地址	上海市黄浦区斜土东路 333 弄 7 号楼 15 层（200011）				
投资总额	300 万 USD	电　话	53072931	传　真	53071167
设立日期	2005-1-26	负责人	侥　峰		
主营业务	研发，生产电子产品及液晶、等离子电视系列。				

企业名称	赛鲁逊半导体技术（上海）有限公司				
企业地址	上海市张江高科技园区郭守敬路 351 号 2 号楼 682—08 室（201203）				
投资总额	14 万 USD	电　话	58601377	传　真	58603534
设立日期	2005-1-25	负责人	J0HN STEPHEN IAN GETTINGS		
主营业务	半导体设备的研发，提供相关技术咨询、技术服务。				

企业名称	泰迈思频率电子（上海）有限公司				
企业地址	上海市闵行区新桥路 126 号（201102）				
投资总额	100 万欧元	电　话	64657667	传　真	64061669
设立日期	2005-1-24	负责人	JEAN-YVES COURTOIS		
主营业务	设计、开发、加工和制造频率控制与选择元件。				

企业名称	磐研电子科技（上海）有限公司				
企业地址	上海市浦东新区金桥出口加工区宁桥路 999 号 T15—9（201206）				
投资总额	40 万 USD	电　话	50311999	传　真	50318185
设立日期	2005-1-17	负责人	DANIEL PAUL ARMBRUST		
主营业务	设计、生产、加工工业用计算机和相关电子系统，销售自产产品。				

企业名称	应太科半导体设备（上海）有限公司				
企业地址	上海市浦东新区桂桥路 60 号 1 号厂房 1 楼（201206）				
投资总额	5000 万日元	电　话	50311000	传　真	50310555
设立日期	2005-1-17	负责人	柴田洋孝		
主营业务	半导体生产设备的翻新制造，计算机软件开发、制作。				

企业名称	龙鼎微电子（上海）有限公司				
企业地址	上海市张江高科技园区郭守敬路 351 号 2 号楼 682-15 室（201203）				
投资总额	25 万 USD	电　话	53960300	传　真	53960116
设立日期	2005-1-13	负责人	JOHNSTON CHIEN		
主营业务	微电子及芯片的研发设计，相关计算机软件的开发、设计。				

企业名称	上海高智宏源电子有限公司				
企业地址	上海市钦江路 123 号 4 楼（200233）				
投资总额	60.6 万 USD	电　话	64851449	传　真	64856485
设立日期	2005-1-10	负责人	刘幸偕		
主营业务	设计、开发、生产计算机和数据交换电子产品，销售自产产品。				

企业名称	科诺尔电子（上海）有限公司				
企业地址	上海市嘉定区南翔镇沪宜公路 1061 号 3－5 幢（201802）				
投资总额	15 万 USD	电　话	59121362	传　真	39120117
设立日期	2005-1-10	负责人	KRIS HOLLA		
主营业务	生产电子设备的机架机箱、相关配套控制系统及零部件、操作台。				

企业名称	上海鸟取田中精密电子有限公司				
企业地址	上海市外高桥保税区爱都路 253 号厂房第一层（200131）				
投资总额	91 万 USD	电　话	50463877	传　真	
设立日期	2005-1-10	负责人	田中博文		
主营业务	保税区内精密电子零部件的生产加工组装、测试、设计开发。				

企业名称	上海中臣烟草数控技术有限公司				
企业地址	上海市虹口区东大名路 879 号 301 室（200082）				
投资总额	200 万 USD	电　话	50328022	传　真	58340356
设立日期	2005-1-7	负责人	周永森		
主营业务	研发、设计、加工为烟草专业设备配套的数据采集测控的电控设备。				

企业名称	睿隼电子（上海）有限公司				
企业地址	上海市嘉定区马陆镇宝安公路 2789 号（201801）				
投资总额	14 万 USD	电　话	59153727	传　真	59153725
设立日期	2005-1-5	负责人	叶启年		
主营业务	开发、生产半导体专用材料、电子专用设备、测试仪器。				

企业名称	特堀能（上海）电子有限公司				
企业地址	上海市闵行区梅陇镇银都路 588 号（201108）				
投资总额	20 万 USD	电　话	54402783	传　真	54402798
设立日期	2005-1-4	负责人	荒谷信治		
主营业务	生产电子专用设备、测试仪器，销售自产产品。				

企业名称	博恺（上海）自动化有限公司				
企业地址	上海市闵行区江川路1511号（201111）				
投资总额	21万USD	电话	67626072	传真	67627972
设立日期	2005-1-4	负责人	袁文达		
主营业务	设计、生产工业自动化仪器仪表，电器控制。				

企业名称	上海毕诚电子有限公司				
企业地址	上海市钦州北路1199号第87座6楼602室（200233）				
投资总额	28万USD	电话	64852487	传真	64850942
设立日期	2005-1-4	负责人	张荣仁（TEOENG LIN）		
主营业务	生产光机电一体化电子产品，销售自产产品。				

企业名称	奥尔斯通讯导航设备维修（上海）有限公司				
企业地址	上海市浦东新区北张家浜路68号6幢209室（200135）				
投资总额	14万USD	电话	68762991	传真	68762995
设立日期	2005-1-4	负责人	冯鸿达		
主营业务	船舶通讯导航设备的检修，并提供相关的技术咨询服务。				

企业名称	日月光电子元器件（上海）有限公司				
企业地址	上海市张江高科技园区龙东大道3000号7号楼3层东半层（201203）				
投资总额	1200万USD	电话	50805888	传真	50808666
设立日期	2005-1-4	负责人	张洪本		
主营业务	生产光电子器件等新型电子元器件，销售自产产品。				

企业名称	旭晶半导体设备（上海）有限公司				
企业地址	上海市浦东新区莲溪路1151号中电绿色科技园厂房一层（201204 ）				
投资总额	105万USD	电话	64403335	传真	34240870
设立日期	2004-12-30	负责人	JERRY K -CHINE SHIH		
主营业务	生产、加工半导体设备，销售自产产品并提供相关的技术咨询。				

企业名称	庆阳光电技术（上海）有限公司				
企业地址	上海市郭守敬路498 号浦东软件园22301-555 座（201203）				
投资总额	30万USD	电话	51326888	传真	51326888
设立日期	2004-12-27	负责人	HUANG CHOU -CHIEH（黄洲杰）		
主营业务	大容量光、磁盘产品系统的研发及计算机软件的研究、设计、制作。				

企业名称	上海鹏晨联合实业有限公司				
企业地址	上海市闵行区浦江镇联航路1188号（201112）				
投资总额	1000万USD	电话	54311122	传真	54313186
设立日期	2004-12-24	负责人	姜 雷		
主营业务	研发、生产计算机软、硬件，单模光纤，新型电子元器件。				

企业名称	逐点半导体（上海）有限公司				
企业地址	上海市张江高科技园区祖冲之路887弄88号301－303室（201203）				
投资总额	325万USD	电话	51314777	传真	51314776
设立日期	2004-12-22	负责人	HANS HENRIK 0LSEN		
主营业务	集成电路的开发、设计；软件的研发、制作，销售自产产品。				

企业名称	纯亚电子（上海）有限公司				
企业地址	上海市外高桥保税区加太路29 号1 号楼夹层B部位（200131）				
投资总额	20万USD	电话	58683600	传真	58682399
设立日期	2004-12-22	负责人	李庭文		
主营业务	保税区内电子产品及半导体制造设备、零部件的生产、加工。				

企业名称	德信无线通讯科技（上海）有限公司				
企业地址	上海市张江高科技园区龙东大道3000号8号楼601－610室（201203）				
投资总额	240万USD	电话	61005656	传真	61005849
设立日期	2004-12-20	负责人	王 迅		
主营业务	通用无线通信传输设备的研发，移动通讯终端设备开发、设计。				

企业名称	申舒斯仪表制造（上海）有限公司				
企业地址	上海市工业综合开发区陈桥路1979号（201400）				
投资总额	120万USD	电话	57436969	传真	57437171
设立日期	2004-12-17	负责人	BARRY SENERI		
主营业务	设计、生产水、气、电和热仪表、自动仪表读数设备、管道箱位。				

企业名称	赞鸿电子（上海）有限公司				
企业地址	上海市外高桥保税区富特东一路396号第二层213部位（200131）				
投资总额	6.5万USD	电话	64288429	传真	64645142
设立日期	2004-12-15	负责人	CHUA BOON HUAN		
主营业务	保税区内以电子产品为主的仓储分拨业务；及其相关产品的售后服务。				

企业名称	上海泛展电子科技有限公司				
企业地址	上海市闵行区吴中路500号（200233）				
投资总额	20万USD	电话	52276963	传真	52276963
设立日期	2004-12-13	负责人	林大同		
主营业务	电子产品的生产、制造、加工及相关产品的组装，销售自产产品。				

企业名称	日腾电脑配件（上海）有限公司				
企业地址	上海市松江工业区茸华北路（松江CD-04-048号地块）（201613）				
投资总额	800万USD	电话	57609933	传真	57609933
设立日期	2004-12-11	负责人	黄嘉彬		
主营业务	设计、研发、生产精冲模，设计、生产、非金属制品模具。				

企业名称	吴竹电子（上海）有限公司				
企业地址	上海松江出口加工区西洲泾路175号9号标准厂房（201600）				
投资总额	23万USD	电话	67747172	传真	67747175
设立日期	2004-12-11	负责人	鹤真一郎		
主营业务	生产、加工新型电力电子元器件，销售公司自产产品。				

企业名称	仲巴赫电子（上海）有限公司				
企业地址	上海市桂平路481号18幢二楼（200233）				
投资总额	14万USD	电话	54260443	传真	54261151
设立日期	2004-12-11	负责人	CORNELIA RUTHZUMBACH		
主营业务	生产新型在线外形测量设备、器械及零件，销售自产产品。				

企业名称	速比飞电子设备（上海）有限公司				
企业地址	上海市松江高新技术园区欣玉路458弄15号（201600）				
投资总额	20万USD	电话	57736401	传真	57736402
设立日期	2004-12-9	负责人	卓锦发		
主营业务	制造电子专用设备、测试仪器，销售公司自产产品。				

企业名称	和纺电子（上海）有限公司				
企业地址	上海市外高桥保税区希雅路69 号15# 厂房三层（200137 ）				
投资总额	30万USD	电话	50643520	传真	50643499
设立日期	2004-12-8	负责人	月濑松美		
主营业务	保税区内电子线路板的设计、生产、装配及相关产品零部件组装。				

企业名称	绰能电子（上海）有限公司				
企业地址	上海市外高桥杨高北路2001 号市场商务楼103-105 室（200131）				
投资总额	62万USD	电话	50463167	传真	50463264
设立日期	2004-12-7	负责人	张国威		
主营业务	以电子产品为主的国际贸易、转口贸易、保税区企业间的贸易。				

企业名称	赫比（上海）通讯科技有限公司				
企业地址	上海市浦东新区顾高路315L号2幢（200122）				
投资总额	250万USD	电话	61016400	传真	61016409
设立日期	2004-12-7	负责人	YA0 HSIA0 TUNC（姚晓东）		
主营业务	研究、加工、组装、制造手持无线电话机、车载无线电话机。				

企业名称	上海送大电子有限公司				
企业地址	上海市嘉定区外冈镇长泾村562号A幢（201806）				
投资总额	45万USD	电话	59587300	传真	59587938
设立日期	2004-12-7	负责人	刘甲相		
主营业务	生产汽车电子设备系统，测试仪器，销售本公司自产产品。				

企业名称	白岩通讯技术（上海）有限公司				
企业地址	上海市张江高科技园区碧波路5号10楼（201203）				
投资总额	47万USD	电话	50273198	传真	50273199
设立日期	2004-12-3	负责人	GREG LOWE		
主营业务	光通讯设备、网络通讯设备的研究、开发、制造，相关软件的开发。				

企业名称	瑞结数控技术（上海）有限公司				
企业地址	上海市外高桥保税区富特西一路473号6号楼一层东部位（200131）				
投资总额	60万USD	电话	50461897	传真	50461897
设立日期	2004-12-2	负责人	GARY CHUNG HSU		
主营业务	保税区内数控机械的研发、设计；数控机械及其零配件的组装。				

企业名称	索斯科锁定技术（上海）有限公司				
企业地址	上海市闵行区莘庄工业区金都路3688号附楼123室（201108）				
投资总额	600万USD	电话	64425890	传真	64425700
设立日期	2004-12-1	负责人	汤麟辉		
主营业务	研究、开发、设计、生产各类精密型腔模、高档五金件。				

企业名称	葵和精密电子（上海）有限公司				
企业地址	上海市松江出口加工区 B 区东开置业园 B1 型标准厂房（201614）				
投资总额	2000 万 USD	电话	57856593	传真	57856405
设立日期	2004-12-1	负责人	KOFERIANTO KHO		
主营业务	半导体和集成电路及其相关电子产品的研发、制造及其封装和测试。				

企业名称	上海亮源电子有限公司				
企业地址	上海市嘉定区南翔镇昌翔路 178 号 2 号厂房（201802）				
投资总额	16 万 USD	电话	69178333	传真	69178999
设立日期	2004-12-1	负责人	刘方云		
主营业务	生产镇流器、变压器及相关配件，销售本公司自产产品。				

企业名称	辉芒微电子（上海）有限公司				
企业地址	上海市闵行区宜山路 1618 号综合楼 724 室（201103）				
投资总额	20 万 USD	电话	54220101	传真	54220789
设立日期	2004-12-1	负责人	邓锦辉		
主营业务	IC 设计、制造、系统集成、销售及提供相关技术服务。				

企业名称	弘荣科威通信系统（上海）有限公司				
企业地址	上海市外高桥保税区新灵路 118 号 1506B 室（200131）				
投资总额	36 万 USD	电话	68886976	传真	68886971
设立日期	2004-11-30	负责人	弘田增巳		
主营业务	研发、制作通信系统软件，销售自产产品，提供相关的技术支持。				

企业名称	上海康宝通讯产品有限公司				
企业地址	上海市漕河泾新兴技术开发区苍梧路 16 号 DA6－2F 幢（200233）				
投资总额	14 万 USD	电话	54484186	传真	54486906
设立日期	2004-11-24	负责人	META MARIA ROHDE		
主营业务	开发、生产新型电子频率控制及选择元件、新型混合集成电路。				

企业名称	凸版中芯彩晶电子（上海）有限公司				
企业地址	上海市张江高科技园区张江路 18 号 2 号楼 1 楼（200041）				
投资总额	6400 万 USD	电话	50805800	传真	50276568
设立日期	2004-11-24	负责人	永田明裕		
主营业务	成像传感器的设计；设计、生产、加工晶圆彩膜/微型镜头。				

企业名称	埃帝科测量设备（上海）有限公司				
企业地址	上海市外高桥保税区富特北路 458 号 2 号楼 405 室(200131)				
投资总额	20 万 USD	电话	58663088	传真	58682803
设立日期	2004-11-23	负责人	REECE JOHN BROOKS		
主营业务	以测量仪器产品为主的国际贸易、转口贸易、保税区内企业间的贸易。				

企业名称	新进电子系统（上海）有限公司				
企业地址	上海市松江出口加工区南乐路罗伊尔园区 14、15 号标准厂房（201613）				
投资总额	100 万 USD	电话	67747066	传真	67747065
设立日期	2004-11-19	负责人	加藤健二		
主营业务	设计、生产计算机软件、软件包，电子产品的附属产品，电脑。				

企业名称	逻辑卡（上海）电子科技有限公司				
企业地址	上海市华东路 5001 号金桥出口加工区 128 号 T3-10 幢（201201）				
投资总额	14 万 USD	电话	58585370	传真	58585369
设立日期	2004-11-18	负责人	王黎萍		
主营业务	研发、生产制卡设备、自动售卡、售货设备、智能卡及耗材。				

企业名称	上海希艾西激光技术有限公司				
企业地址	上海市闵行区银都路 588 号（201108）				
投资总额	20 万 USD	电话	54406753	传真	54406763
设立日期	2004-11-17	负责人	SHAM IR EYAL		
主营业务	利用激光技术生产水晶制品、半导体零部件，销售自产产品。				

企业名称	维罗塔电子（上海）有限公司				
企业地址	上海市嘉定区南翔镇嘉美路 955 弄 4 号（201802）				
投资总额	50.04 万 USD	电话	69171660	传真	69171662
设立日期	2004-11-16	负责人	LIM EECHUAN		
主营业务	生产仪用接插件，销售本公司自产产品并提供相关技术服务。				

企业名称	上海农怡电子有限公司				
企业地址	上海市松江区泗泾镇叶家村（上海松江宏源半导体材料厂内）（201601）				
投资总额	15 万 USD	电话	57619032	传真	57619257
设立日期	2004-11-12	负责人	陈家龙		
主营业务	生产 SMD 电子器件、半导体材料、二极管管芯、三极管				

企业名称	福群电子（上海）有限公司				
企业地址	上海市外高桥保税区泰谷路 88 号第二层 A 部位（200131）				
投资总额	20 万 USD	电话	58684818	传真	58681677
设立日期	2004-11-10	负责人	毕戈雄		
主营业务	保税区内电子产品的贴片加工、组装、测试及相关电子设备产品的开发。				

企业名称	华世邦精密电子（上海）有限公司				
企业地址	上海市嘉定区外冈镇仙桥路 135 号 A 幢（201823）				
投资总额	300 万 USD	电话	59939157	传真	59939170
设立日期	2004-11-8	负责人	邓学华		
主营业务	生产新型仪表元器件，新型电子元器件，工模具，销售本公司自产产品。				

企业名称	意法半导体研发（上海）有限公司				
企业地址	上海市剑川路 468 号（201109）				
投资总额	500 万 USD	电话	24188688	传真	24188688
设立日期	2004-11-5	负责人	ROBERT ALEXANDER KRYSIAK		
主营业务	开发、研究半导体电子产品；设计半导体电子产品和集成电路。				

企业名称	上海中科欣达精密电子设备有限公司				
企业地址	上海市漕河泾新兴技术开发区桂平路 471 号 3 号楼 3 楼（200233）				
投资总额	100 万 USD	电话	64853970	传真	64850567
设立日期	2004-11-5	负责人	房国平		
主营业务	生产射频通讯元器件、光电通讯元器件、电子通讯仪器仪表。				

企业名称	上海杰姆斯电子材料有限公司				
企业地址	上海市松江区泗泾镇高新技术园区双施路 333 号（201601）				
投资总额	20 万 USD	电话	57628843	传真	57628843
设立日期	2004-11-3	负责人	JAMES JIAN ZHOU（周俭）		
主营业务	硅材料及制品、石墨碳素材料及制品、石英材料及制品。				

企业名称	嘉塘光电（上海）有限公司				
企业地址	上海市嘉定工业区北区 19-2 号地块（201807）				
投资总额	508 万 USD	电话	59549613	传真	59549288
设立日期	2004-11-2	负责人	CHIEN HUA HO		
主营业务	开发、生产光电子产品，销售本公司自产产品。				

企业名称	上海广硕光电材料有限公司				
企业地址	上海市嘉定区马陆镇励学路 1118 号（201801）				
投资总额	250 万 USD	电话	69156688	传真	69156896
设立日期	2004-11-2	负责人	郑平宗		
主营业务	生产新型平板显示器件、新型电子元器件，销售本公司自产产品。				

企业名称	东芝电脑网络（上海）有限公司				
企业地址	上海市外高桥保税区韩城路 189 号 1 号楼第一层 A 部位（200131）				
投资总额	50 万 USD	电话	63855888	传真	63869995
设立日期	2004-11-1	负责人	下光秀二郎		
主营业务	保税区内计算机、信息、网络产业等相关产品及其零部件。				

企业名称	上海国纪电子有限公司				
企业地址	上海市松江工业区宝胜路 33 号（201613）				
投资总额	600 万 USD	电话	57747138	传真	57746633
设立日期	2004-10-29	负责人	程爱仙		
主营业务	生产高等级 FR-4、FR-5 覆铜板及其制品，销售公司自产产品。				

企业名称	维利安精密仪器维修（上海）有限公司				
企业地址	上海市浦东新区商城路 800 号 516 室（200120）				
投资总额	14 万 USD	电话	58356865	传真	58354690
设立日期	2004-10-28	负责人	ROBERT JOSEPH HALLIDAY		
主营业务	提供半导体生产精密设备和仪器的维修、保养服务。				

企业名称	上海龙达胜宝利光电有限公司				
企业地址	上海市浦东新区东方路 710 号 25 楼南区（200131）				
投资总额	120 万 USD	电话	58301681	传真	58301682
设立日期	2004-10-25	负责人	LIU ZHENG JIANG		
主营业务	研发各类光学、电子、数码和夜视产品及其零部件和配套产品。				

企业名称	上海炫鼎电子科技有限公司				
企业地址	上海市嘉定区沪宜路 1255 号 405 室（201802）				
投资总额	1250 万 USD	电话	66163515	传真	66163515
设立日期	2004-10-22	负责人	谢美舟		
主营业务	生产电子专用设备，销售本公司自产产品。				

企业名称	上海史泰博企业发展有限公司				
企业地址	上海市长宁区广顺路 33 号 B 南四楼（200335）				
投资总额	1000 万 USD	电　话	52574004	传　真	52574001
设立日期	2004-10-21	负 责 人	金卫国		
主营业务	通过电视、电话、邮购出售计算机硬件和软件、通讯设备。				

企业名称	上海得阳光电有限公司				
企业地址	上海市青浦区白鹤镇工业园区 D 区（201709）				
投资总额	50 万 USD	电　话	59741208	传　真	59740116
设立日期	2004-10-20	负 责 人	陈　建		
主营业务	生产、加工照明电器及其配件，销售公司自产产品。				

企业名称	上海耀旭电子有限公司				
企业地址	上海市松江区新桥镇新拓路南侧（201612）				
投资总额	20 万 USD	电　话	57681677	传　真	57681686
设立日期	2004-10-19	负 责 人	蔡邦雄		
主营业务	生产、加工导电条、导电胶布、镀铜弹片、绝缘麦拉片等。				

企业名称	恩梯梯通信设备（上海）有限公司				
企业地址	上海市长乐路 989 号 16 楼 02—03 单元（200031）				
投资总额	230 万 USD	电　话	33663939	传　真	33663389
设立日期	2004-10-15	负 责 人	诸濑崇		
主营业务	IC 卡程序及通信系统软件的开发、设计、制作，销售自产产品。				

企业名称	宽和微电子（上海）有限公司				
企业地址	上海市外高桥保税区加枫路 28 号 2617 室（200131）				
投资总额	20 万 USD	电　话	54510167	传　真	64477513
设立日期	2004-10-12	负 责 人	周素兰		
主营业务	芯片研发、设计；计算机软、硬件的研发，销售自产产品。				

企业名称	上海禄森电子有限公司				
企业地址	上海市闵行区浦江镇联达路 363 号 A1 栋（201112）				
投资总额	50 万 USD	电　话	54313113	传　真	54313136
设立日期	2004-10-10	负 责 人	TE-JUNG CHIU		
主营业务	设计、生产新型电子元器件、电子线路板及集成，销售自产产品。				

企业名称	天源清水光学（上海）有限公司				
企业地址	上海市嘉定工业区高台路 1588 号 1 幢（201821）				
投资总额	70 万 USD	电　话	39169007	传　真	39169008
设立日期	2004-10-28	负 责 人	肖连丰		
主营业务	生产工程塑料，数字照相机关键部件，销售本公司自产产品。				

企业名称	贝图齐电子（上海）有限公司				
企业地址	上海市闵行区合川路 3136 号 4 号楼（201103）				
投资总额	20 万 USD	电　话	64014123	传　真	64014123
设立日期	2004-10-26	负 责 人	BERTUZZI FRANCO		
主营业务	生产电子密码锁，销售自产产品（涉及行政许可的凭许可证经营）。				

企业名称	易悉通信息技术（上海）有限公司				
企业地址	上海市淮海中路 381 号中环广场 2711－2717 室（200020）				
投资总额	50 万 USD	电　话	63915519	传　真	63915527
设立日期	2004-10-8	负 责 人	渡边博文		
主营业务	计算机软件、网络系统软件的设计、开发、制作，销售自产产品。				

企业名称	实达电脑（上海）有限公司				
企业地址	上海市长宁区天山西路 789 号 243 室（200335）				
投资总额	360 万 USD	电　话	52198180	传　真	52198161
设立日期	2004-10-8	负 责 人	贾红兵		
主营业务	开发、生产电子计算机软硬件、系统集成、通讯设备、数码产品。				

企业名称	上海飞乐瑞盛特电子机械设备有限公司				
企业地址	上海市嘉定区安亭镇园大路 338 号（201805）				
投资总额	100 万 USD	电　话	39578020	传　真	39578020
设立日期	2004-10-8	负 责 人	朱永宽		
主营业务	研发、生产三维 CNC（数控）机床、数控雕刻机床、仿形铣床。				

企业名称	赛芯电子技术（上海）有限公司				
企业地址	上海市浦东新区福山路 33 号 6F、E 座（200122）				
投资总额	40 万 USD	电　话	51327170	传　真	51327170
设立日期	2004-10-8	负 责 人	KUNQUAN SUN（孙昆泉）		
主营业务	通讯领域电子产品的研发、计算机软件开发、销售自产产品。				

企业名称	艾维思通讯技术（上海）有限公司				
企业地址	上海市张江高科技园区郭守敬路 351 号 2 号楼 676—14 室(201203)				
投资总额	78 万 USD	电　话	51162852	传　真	51162968
设立日期	2004-9-30	负 责 人	CIOYANNI BARBAROSSA		
主营业务	通讯元器件的研究、开发、软件研发、设计、制作；销售自产产品。				

企业名称	奥托立夫（中国）电子有限公司				
企业地址	上海市工业综合开发区 M16 地块（201821）				
投资总额	610 万 USD	电　话	69169200	传　真	69169698
设立日期	2004-9-29	负 责 人	GUNNER DAHLEN		
主营业务	设计、生产汽车安全电子控制单元、模块和传感器及其部件。				

企业名称	亿贝网络支持（上海）有限公司				
企业地址	上海市张江高科技园区郭守敬路 351 号 2 号楼 676－12 室（201203）				
投资总额	270 万 USD	电　话	64403337	传　真	34240870
设立日期	2004-9-29	负 责 人	JAMES RONALD WEBER		
主营业务	网络系统应用及相关咨询服务，网络信息技术咨询服务。				

企业名称	美利捷自动识别仪器（上海）有限公司				
企业地址	上海市外高桥保税区基隆路 1 号 1419 室（200137）				
投资总额	20 万 USD	电　话	58692780	传　真	58692782
设立日期	2004-9-28	负 责 人	BENNY NOENS		
主营业务	以自动识别仪器为主的国际贸易以及相关产品的技术咨询服务。				

企业名称	祥昱电子（上海）有限公司				
企业地址	上海市外高桥保税区富特西一路 333 号第五层 C5-5 部位（200137）				
投资总额	20 万 USD	电　话	58684366	传　真	58684369
设立日期	2004-9-28	负 责 人	CHUNG SHOU JEN		
主营业务	保税区内以电子元件及配件为主的仓储、分拨业务。				

企业名称	上海庆幸电子有限公司				
企业地址	上海市闵行区吴中路 1351 号（201103）				
投资总额	20 万 USD	电　话	64066322	传　真	64066330
设立日期	2004-9-28	负 责 人	简朝阳		
主营业务	设计、生产注塑模具、注塑件、高精密度电子连接品，销售自产产品。				

企业名称	NEC 光电（上海）有限公司				
企业地址	上海青浦工业园区华青路 729 号（201700）				
投资总额	13 亿日元	电　话	59717187	传　真	59717085
设立日期	2004-9-27	负 责 人	皆元辉征		
主营业务	开发、生产、加工新型电子元器件，销售公司自产产品。				

企业名称	宜普电子（上海）有限公司				
企业地址	上海松江出口加工区三庄路 28 号 2 号厂房 2 楼（201613）				
投资总额	300 万 USD	电　话	67747058	传　真	67747018
设立日期	2004-9-27	负 责 人	宋福祥		
主营业务	生产、加工电脑风扇、微型电机、散热器、电脑零配件、电子元器件。				

企业名称	鸿测电子（上海）有限公司				
企业地址	上海市张江高科技园区春晓路 149 号生物楼 403 室（201203）				
投资总额	25 万 USD	电　话	50270969	传　真	50270938
设立日期	2004-9-24	负 责 人	HENRY WONG		
主营业务	电子专用设备的研究、开发、生产，销售自产产品。				

企业名称	慧方通信技术（上海）有限公司				
企业地址	上海市长宁区长宁路 1027 号 1002 室 E 座（200050）				
投资总额	120 万 USD	电　话	52414790	传　真	52414791
设立日期	2004-9-24	负 责 人	曹小帆		
主营业务	设计、开发、研制光纤通讯、无线宽带、监控技术软件及相关配套产品。				

企业名称	晶富电子科技（上海）有限公司				
企业地址	上海市钦州北路 1089 号 52 号厂房 5 楼（200233）				
投资总额	50 万 USD	电　话	54262303	传　真	54262302
设立日期	2004-9-23	负 责 人	魏秀凤		
主营业务	设计、开发、组装大中型电子计算机、便携式微型计算机、高档服务器。				

企业名称	精工盈司电子科技（上海）有限公司				
企业地址	上海市张江高科技园区碧波路 690 号 2 号楼 102 室（201203）				
投资总额	45.5 万 USD	电　话	50272156	传　真	50273733
设立日期	2004-9-21	负 责 人	船本宏幸		
主营业务	分析测量仪器及其零部件的研发、生产、销售自产产品。				

企业名称	达格美（上海）集成电路有限公司				
企业地址	上海市张江高科技园区龙东大道 3000 号 8 号楼 109 室（201203）				
投资总额	30 万 USD	电　话	58969810	传　真	58969830
设立日期	2004-9-21	负 责 人	MUKUNOKI TADAHARU		
主营业务	集成电路芯片的设计、制作，销售自产产品，并提供相关技术咨询。				

企业名称	广宣电子（上海）有限公司				
企业地址	上海市浦东新区川沙路 1706 号第二幢、第四幢（201201）				
投资总额	20 万 USD	电　话	58289960	传　真	58589959
设立日期	2004-9-20	负 责 人	周志宏		
主营业务	开发、生产电子产品连接器及连接导线，销售自产产品。				

企业名称	耶拿分析仪器（上海）有限公司				
企业地址	上海市宜山路 705 号 B 座 803－804 室（200233）				
投资总额	30 万 USD	电　话	54261978	传　真	54261976
设立日期	2004-9-17	负 责 人	WERNER SCHRADER		
主营业务	设计、生产、组装精密分析仪器，销售自产产品。				

企业名称	上海埃尔凯测量技术有限公司				
企业地址	上海松江九亭松江高技术园区坊北路 780 号（201615）				
投资总额	60 万 USD	电　话	67697691	传　真	67697690
设立日期	2004-9-14	负 责 人	陈浩瑞		
主营业务	设计、制造高精度的数控坐标测量机以及相关的高精密测量仪器。				

企业名称	费斯托（中国）自动化制造有限公司				
企业地址	上海金桥华东路 5001 号金桥出口加工区（南区）1 号地块（201206）				
投资总额	1000 万 USD	电　话	58549001	传　真	58540300
设立日期	2004-9-9	负 责 人	DR.EKKEHARD GERICKE		
主营业务	设计、加工、生产工业自动化产品、系统、辅助设备及零部件。				

企业名称	奥迪欧电子（上海）有限公司				
企业地址	上海市外高桥保税区富特东一路 112 号 A 部位(200131)				
投资总额	20 万 USD	电　话	58665688	传　真	58665788
设立日期	2004-9-9	负 责 人	陈国强		
主营业务	电子产品的生产、加工、组装，销售自产产品并提供相关产品。				

企业名称	昶荣半导体设备（中国）有限公司				
企业地址	上海市闵行区金都路 4299 号（201102）				
投资总额	14 万 USD	电　话	54263453	传　真	54263457
设立日期	2004-9-7	负 责 人	裘洪涛		
主营业务	开发、设计、生产半导体后道工序设备及相关软件，销售自产产品。				

企业名称	依美（上海）电子制品有限公司				
企业地址	上海市外高桥保税区美盛路 56 号 4#楼第三层东部位（200131）				
投资总额	22 万 USD	电　话	58683383	传　真	58683386
设立日期	2004-9-6	负 责 人	廖国恩		
主营业务	各种电子元件、新型电子专用材料（包括高频电磁屏蔽衬垫等）。				

企业名称	路川金域电子（上海）有限公司				
企业地址	上海市浦东新区金桥出口加工区川桥路 1510 号 2 栋底层北侧(201206)				
投资总额	210 万 USD	电　话	50326200	传　真	50329899
设立日期	2004-9-6	负 责 人	JOEL SDLON SPIRA		
主营业务	设计、制造电子器件，包括照明调光器、照明开关、照明控制系统。				

企业名称	上海皇德电子有限公司				
企业地址	上海市外高桥保税区富特西一路 115 号 1#楼第三层西部位（200131）				
投资总额	20 万 USD	电　话	64426008	传　真	64426007
设立日期	2004-9-6	负 责 人	许　皓		
主营业务	保税区内以电子产品为主的仓储、分拨业务及相关产品的技术咨询。				

企业名称	顺阳激光仪器（上海）有限公司				
企业地址	上海市奉贤区庄行镇邬桥社区北环路 558 号（201615）				
投资总额	20 万 USD	电　话	57403084	传　真	57407030
设立日期	2004-9-3	负 责 人	李能焯		
主营业务	开发、生产激光打线仪、激光扫平仪、电子水平仪、激光测距仪。				

企业名称	安集微电子（上海）有限公司				
企业地址	上海市张江高科技园区龙东大道 3000 号 5 号楼 613 室（201203）				
投资总额	35 万 USD	电　话	68791011	传　真	68791022
设立日期	2004-9-2	负 责 人	CHRIS CHANC YU		
主营业务	集成电路及相关材料的研究、设计、生产，销售自产产品。				

企业名称	奥纬集成电路技术（上海）有限公司				
企业地址	上海市张江高科技园区张衡路 200 号 3 号楼 3501 室（201203）				
投资总额	20 万 USD	电　话	50271638	传　真	50271639
设立日期	2004-9-2	负 责 人	PING DONG		
主营业务	集成电路开发、设计，并提供相关技术咨询、技术服务。				

企业名称	爱斯佩克测试科技（上海）有限公司				
企业地址	上海市张江高科技园区龙东大道 3000 号 8 号楼 106-107 室(201203)				
投资总额	60 万 USD	电　话	51036677	传　真	63372237
设立日期	2004-9-1	负 责 人	山口高司		
主营业务	软件产品的研发、生产，精密在线测试设备的开发、制造。				

企业名称	摩迩迪（上海）通信产品国际贸易有限公司				
企业地址	上海市外高桥保税区泰谷路 88 号 633 室（200131）				
投资总额	20 万 USD	电　话	50594670	传　真	50594673
设立日期	2004-8-31	负 责 人	BYUN YANG SUP		
主营业务	以通信产品为主的国际贸易、转口贸易、保税区内企业间的贸易。				

企业名称	英特尔亚太研发有限公司				
企业地址	上海市紫竹科学园区东川路 555 号 4 号楼 2 楼　（201100）				
投资总额	600 万 USD	电　话	61238800	传　真	61238487
设立日期	2004-8-30	负 责 人	Tiffany Doon Silva		
主营业务	在高科技信息和通信领域内（包括电子商务技术解决方案）的研究开发。				

企业名称	第一电子工业（上海）有限公司				
企业地址	上海市嘉定工业区叶城路 1411 号 A-B 栋（201821）				
投资总额	300 万 USD	电　话	69524751	传　真	69524752
设立日期	2004-8-17	负 责 人	大沼利男		
主营业务	研究、开发、生产仪用接插件，销售本公司自产产品。				

企业名称	安智光刻电子材料（上海）有限公司				
企业地址	上海市外高桥保税区日京路 2 号 210 室（200131）				
投资总额	20 万 USD	电　话	64751700	传　真	64753203
设立日期	2004-8-13	负 责 人	周炳揆		
主营业务	以电子材料为主的国际贸易、转口贸易、保税区内企业间的贸易。				

企业名称	硕学电子科技（上海）有限公司				
企业地址	上海市外高桥保税区冰克路 500 号 208 室（200131）				
投资总额	20 万 USD	电　话	54222745	传　真	54222740
设立日期	2004-8-13	负 责 人	李金宗		
主营业务	以电子材料为主的国际贸易、转口贸易、保税区内企业间的贸易。				

企业名称	弘台达检测仪器（上海）有限公司				
企业地址	上海市松江区茸兴路 9 号（201613）				
投资总额	20 万 USD	电　话	57786057	传　真	57780298
设立日期	2004-8-11	负 责 人	陈和顺		
主营业务	研发、生产、加工精密在线测量仪器，试验、检测仪器设备及零配件。				

企业名称	晶福尔（上海）电脑软硬件有限公司				
企业地址	上海市长宁区天山路 641 号 2 号楼 60LB 室（200335）				
投资总额	14 万 USD	电　话	62084062	传　真	62084062
设立日期	2004-8-11	负 责 人	严宜扬		
主营业务	计算机应用软件的开发、设计、制作，销售自产产品，电脑硬件的设计。				

企业名称	飞兆半导体技术（上海）有限公司				
企业地址	上海市南京西路 1515 号嘉里商务中心办公楼 2210 室（200040）				
投资总额	200 万 USD	电　话	63758989	传　真	63759069
设立日期	2004-8-5	负 责 人	廖　青		
主营业务	集成电路和其他半导体器件和产品的研发、开发和设计，销售自产产品。				

企业名称	康拿普视电子（上海）有限公司				
企业地址	上海市外高桥保税区芬辛路 20 号 1 号楼 B4 层 F-H 部位（200131）				
投资总额	20 万 USD	电　话	58698668	传　真	58698669
设立日期	2004-8-5	负 责 人	藤原睦朗		
主营业务	保税区内以电子产品、电机、电脑、半导体、软件为主的仓储。				

企业名称	上海勒道克电子制造有限公司				
企业地址	上海市嘉定区黄渡镇曹安公路 4514 弄 1 号第二幢厂房第三层(201824)				
投资总额	30 万 USD	电　话	69596437	传　真	69596439
设立日期	2004-7-29	负 责 人	项友亮		
主营业务	生产电子血压计、电子体温计，销售本公司自产产品。				

企业名称	**矽拓微电子（上海）有限公司**				
企业地址	上海市张江高科技园区龙东大道 3000 号 8 号楼 201 室（201203）				
投资总额	14 万 USD	电话	68795558	传真	68795556
设立日期	2004-7-28	负责人	郑政		
主营业务	集成电路及基于集成电路的智能传感器的设计、生产、测试。				

企业名称	**奕列半导体（上海）有限公司**				
企业地址	上海市张江高科技园区龙东大道 3000 号 6 号楼 117 室（201203）				
投资总额	120 万 USD	电话	50270501	传真	50273116
设立日期	2004-7-28	负责人	HAY SOOK ANN		
主营业务	集成电路芯片的测试、分析，并提供相关技术咨询和技术服务。				

企业名称	**上海圆通实业有限公司**				
企业地址	上海市闵行区吴中路 1050 号（201100）				
投资总额	500 万 USD	电话	54168648	传真	54168753
设立日期	2004-7-28	负责人	廖传泽		
主营业务	设计、生产电子、机械产品、五金产品及汽车配件，销售自产产品。				

企业名称	**英特尔技术开发（上海）有限公司**				
企业地址	上海市外高桥保税区英伦路 999 号（200131）				
投资总额	1300 万 USD	电话	50481818	传真	50481212
设立日期	2004-7-27	负责人	ROBERT P.PACILEO，JR		
主营业务	在高科技信息和通信领域（包括电子商务技术解决方案）的研究开发。				

企业名称	**新科和工电子（上海）有限公司**				
企业地址	上海市外高桥保税区新灵路 118 号 803A 室（200131）				
投资总额	20 万 USD	电话	64078585	传真	64483655
设立日期	2004-7-23	负责人	大泽清友		
主营业务	保税区内以半导体、电子器械、半导体软件为主的仓储分拨业务。				

企业名称	**恩梯梯数据三洋系统集成（上海）有限公司**				
企业地址	上海市静安区万航渡路 888 号 17 楼 C 室（200042）				
投资总额	42 万 USD	电话	52391572	传真	52391573
设立日期	2004-7-22	负责人	ATSUSHI OHASHI		
主营业务	计算机软件的开发、设计、制作，销售自产产品。				

企业名称	**昂宝电子（上海）有限公司**				
企业地址	上海市张江高科技园区碧波路 690 号 2 号楼 101 室（201203）				
投资总额	199 万 USD	电话	50271718	传真	50271680
设立日期	2004-7-20	负责人	陈忠雄		
主营业务	新型电子元器件的设计、生产，销售自产产品，提供相关技术咨询。				

企业名称	**捷伸电子科技（上海）有限公司**				
企业地址	上海市张江高科技园区龙东大道 3000 号 5 号楼 313-324 室（201203）				
投资总额	70 万 USD	电话	58963535	传真	58963361
设立日期	2004-7-20	负责人	武健群		
主营业务	电子产品及其零部件和相关软件的研究、设计、开发、生产。				

企业名称	**优能博闻智能交通信息技术（上海）有限公司**				
企业地址	上海市张江高科技园区郭守敬路 351 号 2 号楼 674-06 室（200120）				
投资总额	60 万 USD	电话	56776397	传真	56776397
设立日期	2004-7-20	负责人	张政		
主营业务	智能交通信息技术产品，车载通信导航系统产品的研发、生产。				

企业名称	**位元电子（上海）有限公司**				
企业地址	上海市外高桥保税区富特北路 358 号 701、703 室（200131）				
投资总额	20 万 USD	电话	58683031	传真	58683020
设立日期	2004-7-1	负责人	陈荣任		
主营业务	保税区内以集成芯片等电子产品为主的仓储、分拨业务。				

企业名称	**弥亚微电子（上海）有限公司**				
企业地址	上海市郭守敬路 498 号浦东软件园 9 幢 20401、20403 室（201203）				
投资总额	14 万 USD	电话	50793331	传真	50271118
设立日期	2004-7-1	负责人	XIONG PETER QUAN		
主营业务	集成电路的设计、研发、相关软件的研发、制作，销售自产产品。				

企业名称	**东泰升电子（上海）有限公司**				
企业地址	上海市长宁区广顺路 33 号 H 楼 5032 室（200335）				
投资总额	20 万 USD	电话	52586668	传真	52588889
设立日期	2004-7-19	负责人	李诚模		
主营业务	研制、开发、设计、制作集成电路及相关的应用软硬件，销售自产产品。				

企业名称	**普瑞希胜自动化系统集成（上海）有限公司**				
企业地址	上海市黄浦区宁海东路 200 号 1808 室（200021）				
投资总额	14 万 USD	电话	63744911	传真	63288788
设立日期	2004-7-19	负责人	廖波平		
主营业务	计算机软件的开发、设计、制作，销售自产产品；系统集成的安装。				

企业名称	**科圆半导体（上海）有限公司**				
企业地址	上海市张江高科技园区松涛路 563 号 A318 室（201203）				
投资总额	30 万 USD	电话	50270830	传真	50270831
设立日期	2004-7-14	负责人	吴镔		
主营业务	集成电路的研究、设计、开发、制作，销售自产产品。				

企业名称	**商辉达半导体（上海）有限公司**				
企业地址	上海市张江高科技园区碧波路 5 号科苑大厦 10 楼（201203）				
投资总额	350 万 USD	电话	68868335	传真	68868021
设立日期	2004-7-13	负责人	KAREN BURNS		
主营业务	集成电路的开发、设计、制作和测试，软件和相关硬件的设计和生产。				

企业名称	**捷智半导体研发（上海）有限公司**				
企业地址	上海市张江高科技园区碧波路 690 号 2 号楼 103 室（201203）				
投资总额	210 万 USD	电话	50271600	传真	50271135
设立日期	2004-7-5	负责人	PAUL KEMPF		
主营业务	半导体技术和产品的研究开发；转让自有技术成果。				

企业名称	**上海印像电子有限公司**				
企业地址	上海市闵行区澄建路 351 号 8 号厂房（201108）				
投资总额	300 万 USD	电话	64348558	传真	64348556
设立日期	2004-7-2	负责人	陈翠娟		
主营业务	开发、生产手机摄像镜头模组、数字照相机关键部件及电子。				

企业名称	**真索电子（上海）有限公司**				
企业地址	上海市闵行区吴中路 1339 号（201103）				
投资总额	50 万 USD	电话	54408800	传真	54409503
设立日期	2004-7-2	负责人	吕志刚		
主营业务	生产检测网络通讯产品的转换器、记忆装置、安全装置、管理系统装置。				

企业名称	**上海德怡科电子有限公司**				
企业地址	上海市龙吴路 2715 号 1 号楼（200231）				
投资总额	647.8 万 USD	电话	64340011	传真	64340379
设立日期	2004-6-29	负责人	THAKRAL INDERBETHAL SINGH		
主营业务	研究、开发、生产、制造数字电视机、数字摄录机、数字录放机。				

企业名称	**上海泰光电子科技有限公司**				
企业地址	上海市浦东新区虹星路 558 号（201204）				
投资总额	50 万 USD	电话	50681041	传真	50681043
设立日期	2004-6-29	负责人	李骥		
主营业务	设计、开发、生产加工手机和视频终端系统的显示屏保护盖和屏蔽机壳。				

企业名称	**超科林半导体设备（上海）有限公司**				
企业地址	上海市南汇区康桥工业区康桥东路 1300 号（201319）				
投资总额	210 万 USD	电话	68139988	传真	68139989
设立日期	2004-6-28	负责人	KEVIN GRIFFIN		
主营业务	设计、应用和制造用于半导体晶片处理的系统、子系统、模块。				

企业名称	**仪安（上海）电子科技有限公司**				
企业地址	上海市田林路 142 号 A3 幢 7F（200233）				
投资总额	14 万 USD	电话	54263393	传真	54263393
设立日期	2004-6-23	负责人	黄柏浩		
主营业务	生产电子专用设备及零配件，销售公司自产产品。				

企业名称	**永沪福微电子（上海）有限公司**				
企业地址	上海市嘉定工业区霍城路 33 号地铁（201807）				
投资总额	1300 万 USD	电话	64226368	传真	64226328
设立日期	2004-6-17	负责人	新川常滋		
主营业务	生产新型电子元器件及新型仪表元器件，销售自产产品。				

企业名称	**长昱电子科技（上海）有限公司**				
企业地址	上海市外高桥保税区冰克路 500 号 216 室(200131)				
投资总额	20 万 USD	电话	63862188	传真	63862199
设立日期	2004-6-17	负责人	林玉荣		
主营业务	光机电科技产品的技术开发及软件设计，电子产品。				

企业名称	**友协电子（上海）有限公司**				
企业地址	上海市外高桥保税区华申路 80 号第四层 A、B 部位（200131）				
投资总额	20 万 USD	电　话	58362286	传　真	58362116
设立日期	2004-6-16	负责人	连隆贤		
主营业务	保税区内电子及相关产品的仓储、分拨业务。				

企业名称	**伊和鹤（上海）精密仪器有限公司**				
企业地址	上海市松江区南乐路 518 号上海国际中小企业城内（201600）				
投资总额	20 万 USD	电　话	57609961	传　真	57609965
设立日期	2004-6-16	负责人	小林敏美		
主营业务	装配、生产、加工精密仪器及其零部件，销售公司自产产品。				

企业名称	**天翔网络科技（上海）有限公司**				
企业地址	上海市张江高科技园区郭守敬路 351 号 2 号楼 609-14 室（201203）				
投资总额	20 万 USD	电　话	61421833	传　真	52830733
设立日期	2004-6-16	负责人	王　潚		
主营业务	计算机软件和网络软件的设计、开发、制作；销售自产产品。				

企业名称	**如新华茂光电技术（上海）有限公司**				
企业地址	上海市金桥出口加工区(南区)华东路 5001 号 T3-11 幢 206 室(201209)				
投资总额	91 万 USD	电　话	50805882	传　真	50805881
设立日期	2004-6-16	负责人	JOSEPH YOON HOI CHANG		
主营业务	开发、生产生物扫描仪产品、光学仪器和光电设备；销售自产产品。				

企业名称	**泛迪电子科技（上海）有限公司**				
企业地址	上海市杨浦区国权路 39 号 2 号楼 206B 室(200433)				
投资总额	10 万澳大利亚元	电　话	50901571	传　真	50901571
设立日期	2004-6-15	负责人	岳　峰		
主营业务	电子软件产品的开发、制作并提供相关技术咨询、技术服务。				

企业名称	**康泰世通电子科技（上海）有限公司**				
企业地址	上海市长宁区广顺路 33 号 B 幢 4F（200051）				
投资总额	20 万 USD	电　话	64958110	传　真	64958115
设立日期	2004-6-10	负责人	王世新		
主营业务	设计、生产、加工会务专用视频通讯系统及相关软件开发。				

企业名称	**晶澈（上海）电子贸易有限公司**				
企业地址	上海市外高桥保税区冰克路 500 号 218 室（200131）				
投资总额	30 万 USD	电　话	63862188	传　真	63862199
设立日期	2004-6-9	负责人	蔡志光		
主营业务	国际贸易、转口贸易、保税区企业间的贸易及区内贸易代理。				

企业名称	**上海承镁源电子科技有限公司**				
企业地址	上海市江场西路 395 号 610 室（200436）				
投资总额	15 万 USD	电　话	54451097	传　真	54451098
设立日期	2004-6-8	负责人	张慧瑛		
主营业务	集成电路开发、设计，计算机软件开发、设计、制作。				

企业名称	**鸿鹏电子（上海）有限公司**				
企业地址	上海市杨浦区军工路 1436 号 144 幢（200433）				
投资总额	165 万 USD	电　话	55229036	传　真	55229038
设立日期	2004-6-8	负责人	徐伯泉		
主营业务	生产新型平板显示器件、电子专用设备、电子零件用金属构件。				

企业名称	**明德（上海）电子科技有限公司**				
企业地址	上海市松江西泖泾路 175 号罗伊尔四期工业园 10 号标准厂房（201600）				
投资总额	20 万 USD	电　话	57749930	传　真	57749939
设立日期	2004-6-7	负责人	黄日富		
主营业务	计算机软件开发，计算机硬件及附属周边配件的生产及加工整合。				

企业名称	**科磊半导体设备技术（上海）有限公司**				
企业地址	上海市张江高科技园区祖冲之路 887 弄 79、80 号，5 号楼一楼（201203）				
投资总额	240 万 USD	电　话	38959988	传　真	50271505
设立日期	2004-6-2	负责人	JOHN H.KISPERT		
主营业务	半导体及微电子产品生产设备的研发，提供相关工程程序控制。				

企业名称	**上海曼克微电子科技有限公司**				
企业地址	上海市张江高科技园区龙东大道 3000 号 1 号楼 604-605 室（201203）				
投资总额	200 万 USD	电　话	58969418	传　真	58968278
设立日期	2004-6-2	负责人	鲁国炎		
主营业务	新型电子元器件（片式元器件、敏感元器件及传感器）加速度传感器。				

企业名称	**特瑞仕芯电子（上海）有限公司**				
企业地址	上海市外高桥保税区港澳路 239 号第二层 A 部位（200131）				
投资总额	30 万 USD	电　话	51155870	传　真	51155871
设立日期	2004-6-2	负责人	KUNITAROH YOSHIDA		
主营业务	保税区内以电源管理集成电路芯片及相关电子产品为主的仓储。				

企业名称	**亿贝电子商务技术营运（上海）有限公司**				
企业地址	上海市张江高科技园区郭守敬路 351 号 2 号楼 669-03 室（201203）				
投资总额	210 万 USD	电　话	64403336	传　真	34240870
设立日期	2004-6-2	负责人	THOMAS JEFFERY KEEVEN		
主营业务	网络软件的开发，为网络交易平台提供信息库及系统管理。				

企业名称	**中微半导体设备（上海）有限公司**				
企业地址	上海市浦东新区金桥出口加工区（南区）泰华路 188 号（201201）				
投资总额	2000 万 USD	电　话	61001199	传　真	61002218
设立日期	2004-5-31	负责人	尹志尧		
主营业务	研发、生产薄膜制造设备和等离子体刻蚀设备、大面积显示屏设备。				

企业名称	**蔡司工业测量技术（上海）有限公司**				
企业地址	上海市外高桥保税区日樱南路 11 号科苑厂房 1 楼东南部位（200131）				
投资总额	40 万 USD	电　话	50481717	传　真	50481193
设立日期	2004-5-31	负责人	INGBERT G.B.MIESCZALOK		
主营业务	保税区内研究、开发、生产、加工、组装工业测量仪器。				

企业名称	**宽乘电子科技（上海）有限公司**				
企业地址	上海市嘉定区黄渡镇东港路 118 号第 2、3、4 幢（201801）				
投资总额	14 万 USD	电　话	59114456	传　真	59114457
设立日期	2004-5-28	负责人	罗永华		
主营业务	开发、生产电子天线及相关配件和相关模具，销售本公司自产产品。				

企业名称	**上海富伸光电有限公司**				
企业地址	上海市奉贤区庄行镇相计工业区（201402）				
投资总额	14 万 USD	电　话	57407400	传　真	57407403
设立日期	2004-5-28	负责人	董欣志		
主营业务	加工、制造雷射模块及其相关光电零、组件，销售公司自产产品。				

企业名称	**宜禄光电（上海）有限公司**				
企业地址	上海市松江区九亭镇松江高科技园区松沪工业小区 F 区（201615）				
投资总额	35 万 USD	电　话	67696363	传　真	67696600
设立日期	2004-5-28	负责人	郑振荣		
主营业务	半导体、元器件专用材料的开发生产，电子专用设备、仪器。				

企业名称	**牛津仪器（上海）有限公司**				
企业地址	上海市闵行区瓶北路 150 弄 129 号 B 栋（201100）				
投资总额	20 万 USD	电　话	54462025	传　真	54462088
设立日期	2004-5-27	负责人	张　鹏		
主营业务	生产精密仪器和设备，销售自产产品并提供售后服务。				

企业名称	**上海金子自动化仪表有限公司**				
企业地址	上海市工业综合开发区肖湾路 318 号（201400）				
投资总额	1 亿日元	电　话	57433600	传　真	57433700
设立日期	2004-5-27	负责人	中村善典		
主营业务	开发、制造低功率气动控制阀、电磁阀和其他控制仪器及系统。				

企业名称	**上海阿格感光材料有限公司**				
企业地址	上海市嘉定工业区洪德路 1265 号 A3 幢（201821）				
投资总额	400 万 USD	电　话	69169933	传　真	69169398
设立日期	2004-5-26	负责人	MANFRED R.WAGNER		
主营业务	生产新型仪表元器件和材料，销售本公司自产产品，提供售后服务。				

企业名称	**上海美愉电子有限公司**				
企业地址	上海市宝山区金纬一路 E-2-2-3（201906）				
投资总额	20 万 USD	电　话	66690625	传　真	66690611
设立日期	2004-5-26	负责人	RAMZI A.DABBAGH		
主营业务	生产接触器、继电器、变压器、开关、线圈等各类电子元器件产品。				

企业名称	**上海凯虹科技电子有限公司**				
企业地址	上海市松江出口加工区松开Ⅲ-10 号地块 1 号标准厂房（201613）				
投资总额	350 万 USD	电　话	57647888	传　真	57640431
设立日期	2004-5-25	负责人	宋恭源		
主营业务	生产表面贴装型（SMD）之功率分离器及集成电路产品。				

企业名称	永远电脑系统（上海）有限公司				
企业地址	上海市郭守敬路 498 号浦东软件园 22301-437 室（201203）				
投资总额	14 万 USD	电　　话	58350720	传　　真	58350720
设立日期	2004-5-24	负 责 人	YOO MUN CHIEW		
主营业务	计算机硬件的研究、开发、设计，计算机软件的开发、制作。				

企业名称	上海新阳半导体材料有限公司				
企业地址	上海市松江工业区西部新区施贤路以北、联华项目以东（201600）				
投资总额	1000 万 USD	电　　话	69110096	传　　真	69110020
设立日期	2004-5-21	负 责 人	王福祥		
主营业务	加工、生产电子用高科技化学品，电子专用设备，销售公司自产产品。				

企业名称	金喜来电子（上海）有限公司				
企业地址	上海市外高桥保税区港澳路 389 号 5 号厂房第四层西部位（200131）				
投资总额	20 万 USD	电　　话	50484898	传　　真	50484899
设立日期	2004-5-20	负 责 人	VIKAS GOEL		
主营业务	保税区内电脑、电脑配件、周边设备及软件和电子产品为主的仓储分拨。				

企业名称	上海合璧电子元件有限公司				
企业地址	上海市嘉定区安亭镇 8 号地块（201800）				
投资总额	250 万 USD	电　　话	59505466	传　　真	59505477
设立日期	2004-5-20	负 责 人	詹其力		
主营业务	生产电子、电器端子台、连接器、插座、开关、保险丝、线材。				

企业名称	上海艾司德来电子科技有限公司				
企业地址	上海市漕河泾新兴技术开发区钦州北路 1199 号 87 号 6 楼（200233 ）				
投资总额	20 万 USD	电　　话	54276000	传　　真	54279666
设立日期	2004-5-18	负 责 人	DONALD R.SINCLAIR		
主营业务	设计、制造电子专用设备，销售自产产品。				

企业名称	上海广电住金微电子有限公司				
企业地址	上海市青浦区青浦工业园区天盈路 428 号（201700）				
投资总额	1620 万 USD	电　　话	69225228	传　　真	69225298
设立日期	2004-5-14	负 责 人	金　松		
主营业务	液晶显示器和电视、笔记本电脑、彩色等离子显示器的设计、开发。				

企业名称	达夫通信设备（上海）有限公司				
企业地址	上海市长宁区昭化路 51 号 218 室（200050）				
投资总额	25 万 USD	电　　话	51180098	传　　真	51180096
设立日期	2004-5-13	负 责 人	叶晓夫		
主营业务	生产、加工通信设备及相关配套产品，研制、开发通信技术软件。				

企业名称	上海华旭玻尔微电子有限公司				
企业地址	上海市闵行区光华路 888 号（201108）				
投资总额	60.46 万 USD	电　　话	64420451	传　　真	64420451
设立日期	2004-5-13	负 责 人	王建国		
主营业务	开发、生产半导体、元器件专用材料，电子专用设备。				

企业名称	艾当科（上海）电子元器件有限公司				
企业地址	上海市浦东新区华东路 5001 号第二大道 128 号 3-11（201201）				
投资总额	25 万 USD	电　　话	58589178	传　　真	58586988
设立日期	2004-5-11	负 责 人	LEONG AUN LENG		
主营业务	设计、生产电子元器件及其部件，销售自产产品。				

企业名称	富士通日立等离子显示器（上海）有限公司				
企业地址	上海市外高桥保税区华申路 158 号底层 2-D 部位（200131）				
投资总额	20 万 USD	电　　话	63351951	传　　真	63351953
设立日期	2004-5-11	负 责 人	广濑义隆		
主营业务	以等离子显示器及相关的电子产品为主的保税区内仓储、分拨业务。				

企业名称	埃尔斯特计量仪表（上海）有限公司				
企业地址	上海市外高桥保税区港澳路 389 号 5 号楼第一层东部位（200137）				
投资总额	175 万 USD	电　　话	50484300	传　　真	50484818
设立日期	2004-5-9	负 责 人	BERTOLD BUNTEN		
主营业务	设计、研发和生产计量设备和系统（主要是精密在线计量设备和系统）。				

企业名称	必达泰克光电设备（上海）有限公司				
企业地址	上海市浦东新区华东路 5001 号 T3-11-106 室（201201）				
投资总额	15 万 USD	电　　话	58585896	传　　真	58585897
设立日期	2004-4-29	负 责 人	SEAN XIAOLU WANG		
主营业务	设计、生产激光仪器、光谱仪器和光纤设备，销售自产产品。				

企业名称	绿驰通讯科技（上海）有限公司				
企业地址	上海市郭守敬路 498 号浦东软件园 21211—21213 室（200131）				
投资总额	15 万 USD	电　　话	51314118	传　　真	51314316
设立日期	2004-4-28	负 责 人	PUAN CHAN CHEONG		
主营业务	网络通讯产品的开发、设计；计算机软件的研发、设计、制作。				

企业名称	上海盛凌电子有限公司				
企业地址	上海市松江区新桥镇（松江 XQ-03-001 号地块）（200135 ）				
投资总额	380 万 USD	电　　话	57687189	传　　真	57687189
设立日期	2004-4-27	负 责 人	蒋志坚		
主营业务	生产新型电子元器件（敏感元器件、传感器、光电子元器件）。				

企业名称	恩耐激光技术（上海）有限公司				
企业地址	上海市张江高科技园区龙东大道 3000 号 5 号楼 519-524 室（201203 ）				
投资总额	210 万 USD	电　　话	68799188	传　　真	68796188
设立日期	2004-4-27	负 责 人	黄哲（HUANG ZHE）		
主营业务	半导体激光器的研究、开发、生产，销售自产产品。				

企业名称	北星电子产品（上海）有限公司				
企业地址	上海市外高桥保税区芬菊路 28 号 1 号楼第一层（200131）				
投资总额	20 万 USD	电　　话	61224922	传　　真	61224911
设立日期	2004-4-23	负 责 人	崔祥圭		
主营业务	保税区内以电子零部件为主的仓储、分拨及相关售后服务。				

企业名称	上海达亨电子有限公司				
企业地址	上海建设经济开发区（崇明县大同公路 158 号）（202155）				
投资总额	100 万 USD	电　　话	52276641	传　　真	52276640
设立日期	2004-4-21	负 责 人	孙　良		
主营业务	研发、生产激光打印机、硒鼓及相关的配套零件，喷墨打印机。				

企业名称	上海元利盛电子科技有限公司				
企业地址	上海市松江工业区西部新区广富林路南侧、鼎松路西侧地块（201613）				
投资总额	450 万 USD	电　　话	57632779	传　　真	57632783
设立日期	2004-4-21	负 责 人	许作立		
主营业务	研发、生产和加工电子专用设备，新型电子元器件。				

企业名称	冠佐电子（上海）有限公司				
企业地址	上海市外高桥保税区富特西一路 139 号四层（200137）				
投资总额	20 万 USD	电　　话	58682840	传　　真	58682845
设立日期	2004-4-21	负 责 人	苏辉雄		
主营业务	保税区内以电子零部件为主的仓储、分拨、展示及售后服务。				

企业名称	技领半导体（上海）有限公司				
企业地址	上海市张江高科技园区碧波路 456 号 A307 室（201203）				
投资总额	15 万 USD	电　　话	51082797	传　　真	50270885
设立日期	2004-4-21	负 责 人	STEVEN THU HUYNH		
主营业务	集成电路的设计、研发、制作，销售自产产品，提供相关技术咨询。				

企业名称	菁山电子科技（上海）有限公司				
企业地址	上海市外高桥保税区荷丹路 240 号第二层 D207 部位（200131）				
投资总额	20 万 USD	电　　话	51098298	传　　真	51098298
设立日期	2004-4-21	负 责 人	吕威彻		
主营业务	设计、生产电子产品、机械设备、电子玩具的电池组，销售自产产品。				

企业名称	三和精密光学器材（上海）有限公司				
企业地址	上海市松江区新桥镇（松江 1140 号地块内 3 号标准厂房）（201612）				
投资总额	30 万 USD	电　　话	57686802	传　　真	57686803
设立日期	2004-4-21	负 责 人	栗原典夫		
主营业务	生产光学加工所需耗材制品、设备、仪器、及相关器材。				

企业名称	上海立隆微电子有限公司				
企业地址	上海市张江龙东大道 3000 号 1 号楼 1102－1103 室（201203）				
投资总额	14 万 USD	电　　话	50807370	传　　真	50807370
设立日期	2004-4-21	负 责 人	袁子豪		
主营业务	电脑系统软件的设计、开发、制作，销售自产产品并提供相关技术咨询。				

企业名称	实际测通电子（上海）有限公司				
企业地址	上海市松江高新技术产业园区金都西路南侧第 8 号厂房东半部(201612)				
投资总额	80 万 USD	电　　话	67649651	传　　真	67648852
设立日期	2004-4-20	负 责 人	HONG HEE MENG		
主营业务	生产、加工精密在线测量仪器、相关软件产品，销售公司自产产品。				

企业名称	巨尔（上海）光电照明有限公司				
企业地址	上海市闵行区金都路 1128 号三号楼 7 层（201108）				
投资总额	20 万 USD	电　话	52681925	传　真	52681935
设立日期	2004-4-20	负 责 人	王永宏		
主营业务	生产各类 LED 高效率组合灯具、泛光照明灯具、舞台灯具。				

企业名称	有闵电子科技（上海）有限公司				
企业地址	上海市闵行区青年路 198 号（201109）				
投资总额	20 万 USD	电　话	64098998	传　真	64099566
设立日期	2004-4-1	负 责 人	小原史郎		
主营业务	生产电子防盗产品，销售自产产品（涉及许可经营的凭许可证经营）。				

企业名称	怡凡得电子包装（上海）有限公司				
企业地址	上海市外高桥保税区英伦路 389 号 51 号楼第一层东部位（200131）				
投资总额	100 万 USD	电　话	50484588	传　真	50484788
设立日期	2004-4-19	负 责 人	BRUCE EDGAR BATTEN		
主营业务	保税区内生产用于电子贴片元器件以及用于其他工业的卷带包装材料。				

企业名称	天栢宽带网络科技（上海）有限公司				
企业地址	上海市威海路 511 号 9 楼（200041）				
投资总额	500 万 USD	电　话	62561515	传　真	62561789
设立日期	2004-4-19	负 责 人	陈　萍		
主营业务	设计、制造数码音像传输设备、数字放像设备、录音设备。				

企业名称	富士迈半导体精密工业（上海）有限公司				
企业地址	上海市松江工业区西部科技园区文吉路 500 号（201616）				
投资总额	1200 万 USD	电　话	37731888	传　真	37731888
设立日期	2004-4-16	负 责 人	林彦良		
主营业务	研发、生产和加工电子专用设备，测试仪器、工模具、新型电子元器件。				

企业名称	上海柏与电脑图文设计有限公司				
企业地址	上海市天钥桥路 380 弄 20 号 11C 室（200030）				
投资总额	14 万 USD	电　话	54254155	传　真	54254156
设立日期	2004-4-16	负 责 人	田中胜美		
主营业务	电脑图文设计制作（涉及许可经营的，凭许可证经营）。				

企业名称	橙铭通讯科技（上海）有限公司				
企业地址	上海市浦东新区花山路 706 号 1225 室（200040）				
投资总额	14 万 USD	电　话	64881469	传　真	64881469
设立日期	2004-4-15	负 责 人	黄孝思		
主营业务	通讯软件技术咨询、计算机网络技术咨询、企业管理咨询。				

企业名称	大东电报通信技术服务（上海）有限公司				
企业地址	上海市浦东新区世纪大道 211 号 3005 单元（200120）				
投资总额	14 万 USD	电　话	68889290	传　真	68889291
设立日期	2004-4-13	负 责 人	许乃炘		
主营业务	计算机网络软件的系统集成，销售自产产品并提供相关技术咨询。				

企业名称	达特电子（上海）有限公司				
企业地址	上海市浦东新区浦东南路 528 号证券大厦南幢 24 层 01 室（200120）				
投资总额	35 万 USD	电　话	68816808	传　真	68816818
设立日期	2004-4-13	负 责 人	JOEL S.HATLEN		
主营业务	设计、开发、生产用于为集成电路编程的电子设备和相关的零部件产品。				

企业名称	锐迪科微电子（上海）有限公司				
企业地址	上海市张江高科技园区碧波路 690 号 2 号楼 302 室（201203）				
投资总额	70 万 USD	电　话	50271108	传　真	50274990
设立日期	2004-4-13	负 责 人	TAI VINCENT PO-KA		
主营业务	集成电路的设计、研究、开发、制作，销售自产产品。				

企业名称	韩东亚电子（上海）有限公司				
企业地址	上海市松江工业区高新技术园区玉秀路 29 号第 110 号房（201600）				
投资总额	18 万 USD	电　话	67723196	传　真	67723201
设立日期	2004-4-8	负 责 人	崔光叶		
主营业务	生产电子元器件包括：电磁铁、线圈、微型马达、导线、冲床元器件。				

企业名称	富裕电子（上海）有限公司				
企业地址	上海市嘉定区马陆镇浏翔公路 3417 号（201801）				
投资总额	14 万 USD	电　话	59905431	传　真	59905432
设立日期	2004-4-2	负 责 人	白志祥		
主营业务	生产电力电子器件、新型机电元件，销售本公司自产产品。				

企业名称	上海昱翔半导体有限公司				
企业地址	上海市张江高科技园区郭守敬路 351 号 2 号楼 652-01 室（201204）				
投资总额	30 万 USD	电　话	50590259	传　真	50590079
设立日期	2004-3-30	负 责 人	庄锦源		
主营业务	半导体元器件的研究、设计、开发及生产；半导体设备的研究、开发。				

企业名称	美光半导体（上海）有限责任公司				
企业地址	上海市张江碧波路 518 号乳化楼三期 B 幢 303B1 室（201203）				
投资总额	100 万 USD	电　话	63351010	传　真	63352199
设立日期	2004-3-29	负 责 人	TERRY Y MO		
主营业务	半导体和集成电路及相关产品的设计、研究、开发；转让自有技术成果。				

企业名称	上海三木电子有限公司				
企业地址	上海市松江区九亭镇久富开发区连富路 918 号 1 号楼（201615）				
投资总额	14 万 USD	电　话	67691907	传　真	67691843
设立日期	2004-3-29	负 责 人	KOTA YATSUGI		
主营业务	生产新型电子元器件，销售公司自产产品。				

企业名称	首荣电子（上海）有限公司				
企业地址	上海市松江加工区南乐路 309 弄罗伊尔三期园区 1 号厂房 2 楼(201600)				
投资总额	20 万 USD	电　话	57749938	传　真	57749934
设立日期	2004-3-26	负 责 人	陈英明		
主营业务	生产、加工、测试计算机周边设备，多媒体产品及以上产品的部件。				

企业名称	上海卡菱电子科技有限公司				
企业地址	上海市闵行区合川路 3152 号（201103）				
投资总额	50 万 USD	电　话	64058185	传　真	64058185
设立日期	2004-3-26	负 责 人	北一辉		
主营业务	停车场机器设备的生产及其智能化管理系统的开发，销售自产产品。				

企业名称	徕卡测量系统（上海）有限公司				
企业地址	上海市郭守敬路 498 号浦东软件园区 10402-10404 室（201203）				
投资总额	14 万 USD	电　话	50271218	传　真	50271228
设立日期	2004-3-25	负 责 人	JOHANNES JAKOB HESS		
主营业务	测量系统计算机软件的设计、开发、制作，销售自产产品。				

企业名称	航能美光电（上海）有限公司				
企业地址	上海市外高桥保税区泰谷路 88 号四层 E 部位（200131）				
投资总额	20 万 USD	电　话	58683390	传　真	58683389
设立日期	2004-3-24	负 责 人	吴振祥		
主营业务	保税区内研发、生产、加工光电及电子热能系统产品及其零部件。				

企业名称	凤凰光学（上海）有限公司				
企业地址	上海市嘉定区胜辛北路 2199 号（200061）				
投资总额	8000 万人民币	电　话	59966888	传　真	59966803
设立日期	2004-3-24	负 责 人	缪建新		
主营业务	开发生产数字照相机及关键件，光电开关，光电子器件。				

企业名称	饭田精密电子（上海）有限公司				
企业地址	上海市外高桥保税区富特北路 358 号 301 室（200131）				
投资总额	20 万 USD	电　话	63610099	传　真	63509719
设立日期	2004-3-12	负 责 人	矢野启之		
主营业务	保税区内以各种半导体、连接器为主的电子零部件的仓储。				

企业名称	山武自动化仪表（上海）有限公司				
企业地址	上海市外高桥保税区荷丹路 242 号第三层 C 部位（200131）				
投资总额	26 万 USD	电　话	64227926	传　真	64227931
设立日期	2004-3-12	负 责 人	清水一男		
主营业务	保税区内控制仪表及系统、检测仪表及系统、空调控制装置。				

企业名称	佳晟（上海）精密仪器设备服务有限公司				
企业地址	上海市静安区昌平路 710 号 584 室（201111）				
投资总额	14 万 USD	电　话	62586132	传　真	51500925
设立日期	2004-3-10	负 责 人	YEO SECK CHEONG		
主营业务	精密仪器、设备的维修、售后服务及相关的咨询服务。				

企业名称	佳霖电子（上海）有限公司				
企业地址	上海市浦东新区合庆镇东川公路 5055 号（201201）				
投资总额	60 万 USD	电　话	68919633	传　真	68919891
设立日期	2004-3-10	负 责 人	张鸿泰		
主营业务	研发、生产、加工用于半导体行业生产的电子专用设备（真空泵）。				

企业名称	上海凯腾数码有限公司				
企业地址	上海市松江工业区荣乐东路 301 号（201613）				
投资总额	210 万 USD	电　话	57746777	传　真	57746933
设立日期	2004-3-10	负 责 人	汤建君		
主营业务	研发、生产、加工数字照相机及其关键件，销售公司自产产品。				

企业名称	业实集成电路（上海）有限公司				
企业地址	上海市张江高科技园区碧波路 456 号 A205 室（201203）				
投资总额	14 万 USD	电　话	50270568	传　真	50270570
设立日期	2004-3-5	负 责 人	CHING-WEI HUANG		
主营业务	集成电路的设计、研发，自有技术转让并提供相关的技术咨询。				

企业名称	爱佩仪自动精密仪器科技（上海）有限公司				
企业地址	上海市张江高科技园区龙东大道 3000 号 7 号楼 106 室（201203）				
投资总额	101 万 USD	电　话	58967392	传　真	58967391
设立日期	2004-3-4	负 责 人	刘锦湖（KAM CHIU LAU）		
主营业务	精密在线测量仪器的开发制造，销售自产产品，并提供相关的技术咨询。				

企业名称	京都一来（上海）电子材料有限公司				
企业地址	上海市漕河泾新兴技术开发区钦州北路 1089 号 53 号房第一层（200233）				
投资总额	8500 万日元	电　话	54262536	传　真	54262537
设立日期	2004-3-4	负 责 人	末广雅利		
主营业务	研发、生产半导体、元器件专用材料，销售自产产品。				

企业名称	东芝电子管理（中国）有限公司				
企业地址	上海市浦东新区银城东路 101 号 23 层 032 室（200120）				
投资总额	605 万 USD	电　话	68410888	传　真	68410350
设立日期	2004-3-4	负 责 人	铃木诚二郎		
主营业务	受东芝集团及其在中国所投资企业的委托，向其提供投资管理。				

企业名称	中誉电子（上海）有限公司				
企业地址	上海市松江区九亭镇久富经济开发区盛龙路 960 号（201615）				
投资总额	210 万 USD	电　话	67690630	传　真	
设立日期	2004-3-2	负 责 人	田　瑜		
主营业务	生产、设计电动遥控玩具、模型及其设备、电机、控制器及相关产品。				

企业名称	石木光学技术（上海）有限公司				
企业地址	上海市奉贤区南桥镇肖玻路 9 号内（201401）				
投资总额	150 万 USD	电　话	57436711	传　真	57436713
设立日期	2004-2-25	负 责 人	石木章悟		
主营业务	生产石英玻璃光聚光器、光学滤光器、光过滤光器、光反射分离透镜。				

企业名称	赛洛格（上海）半导体研发有限公司				
企业地址	上海市张江高科技园区龙东大道 3000 号 1 号楼 602-603 室（201203）				
投资总额	200 万 USD	电　话	68798880	传　真	68798883
设立日期	2004-2-25	负 责 人	STEVEN FONG		
主营业务	半导体元器件、半导体专用材料、新型电子元器件、8 字节微型控制器。				

企业名称	上海爱谱华顿电子工业有限公司				
企业地址	上海市南汇区航头镇沪南路 4888 号（201317）				
投资总额	120 万 USD	电　话	58144888	传　真	58141234
设立日期	2004-2-24	负 责 人	华建刚		
主营业务	生产电线、电缆、电子监控设备及其零部件，并提供相关售后服务。				

企业名称	捷芯（上海）光电有限公司				
企业地址	上海市张江高科技园区祖冲之路 887 弄 84 号 408 室（201203）				
投资总额	30 万 USD	电　话	51098999	传　真	50272210
设立日期	2004-2-24	负 责 人	温木荣		
主营业务	光电子器件的研究、设计、开发、生产，销售自产产品。				

企业名称	进松克电子贸易（上海）有限公司				
企业地址	上海市外高桥保税区冰克路 500 号 426 室（200131）				
投资总额	20 万 USD	电　话	63862199	传　真	63806456
设立日期	2004-2-24	负 责 人	SUSUMU KOMATSU		
主营业务	国际贸易、转口贸易、保税区企业间的贸易及贸易代理。				

企业名称	上海艾尼得电子包装材料有限公司				
企业地址	上海市闵行区吴中路 1050 号（201106）				
投资总额	50 万 USD	电　话	52275255	传　真	52275211
设立日期	2004-2-24	负 责 人	朱宗敏		
主营业务	生产电子包装材料、包装设备，销售自产产品。				

企业名称	欧爱企业发展（上海）有限公司				
企业地址	上海市松江工业区车墩分区泖亭路（201611）				
投资总额	1250 万 USD	电　话	52574004	传　真	52574001
设立日期	2004-2-23	负 责 人	徐树强		
主营业务	研究、开发和制造大中型电子计算机、便携式微型计算机、高档服务器。				

企业名称	上海建科仪器有限公司				
企业地址	上海市松江区九亭镇松江高科技园区九泾路东侧（201615）				
投资总额	140 万 USD	电　话	62810078	传　真	62811908
设立日期	2004-2-23	负 责 人	WEI CHEN		
主营业务	精密在线测量仪器的开发与制造，安全生产及环保检测仪器。				

企业名称	上海米兰普洛机械电子有限公司				
企业地址	上海市金山工业区（201505）				
投资总额	210 万 USD	电　话	57232228	传　真	57232228
设立日期	2004-2-23	负 责 人	白石雅光		
主营业务	生产电子专用设备、测试仪器及其零部件并提供相关售后服务。				

企业名称	澳实分析检测（上海）有限公司				
企业地址	上海市浦东新区宁桥路 999 号 T15-3 号（201206）				
投资总额	200 万澳大利亚元	电　话	58343336	传　真	58342997
设立日期	2004-2-23	负 责 人	KILMISTER GREGORY FRANCIS		
主营业务	环境分析测试服务，商业性分析测试咨询服务。				

企业名称	日昱机电设备仪器（上海）有限公司				
企业地址	上海市嘉定工业区马陆园区双丁路、裕民路口（201801）				
投资总额	50 万 USD	电　话	59104616	传　真	59104621
设立日期	2004-2-20	负 责 人	RICHARD.H.SUN		
主营业务	研究、设计、开发数字分析处理器应用技术及相关产品。				

企业名称	合泽（上海）电子有限公司				
企业地址	上海市松江工业区（松江 CD03-019 号地块）（201611）				
投资总额	500 万 USD	电　话	51109756	传　真	
设立日期	2004-2-18	负 责 人	谢力书		
主营业务	生产新型电子元器件、片式元器件、敏感元器件及传感器。				

企业名称	上海三公汽车电子有限公司				
企业地址	上海市松江区佘山工业区强业路（201602）				
投资总额	500 万 USD	电　话	57675727	传　真	57675451
设立日期	2004-2-18	负 责 人	陈洪凌		
主营业务	生产电子控制制动防抱死系统、安全气囊及其他汽车电子设备系统。				

企业名称	力新仪器（上海）有限公司				
企业地址	上海市外高桥保税区英伦路 38 号 717 室（200131）				
投资总额	120 万 USD	电　话	62728646	传　真	62728538
设立日期	2004-2-17	负 责 人	沈钦华		
主营业务	以仪器仪表、医疗器材为主国际贸易、转口贸易。				

企业名称	上海山柯电子有限公司				
企业地址	上海市外高桥保税区富特北路 200—122 号第二层 B 位（200131）				
投资总额	20 万 USD	电　话	58680212	传　真	58680210
设立日期	2004-2-12	负 责 人	黄永强		
主营业务	保税区内电子线路板的加工，销售自产产品及提供相关产品的技术咨询。				

企业名称	丰川卓维电子（上海）有限公司				
企业地址	上海市青浦工业园区外青松公路 5500 号 104 室（201700）				
投资总额	500 万 USD	电　话	68864883	传　真	68866882
设立日期	2004-2-6	负 责 人	林沂水		
主营业务	生产电子按摩器及其他电子产品、五金制品、塑胶制品、健身器材。				

企业名称	上海睿茂电子科技有限公司				
企业地址	上海市嘉定区华亭镇工业开发区塔桥村（201811）				
投资总额	14 万 USD	电　话	64383167	传　真	64383167
设立日期	2004-2-6	负 责 人	陈臣琛		
主营业务	发光二极体磊晶片与晶粒的加工及相关应用产品（照明器、杀菌器等）。				

企业名称	上海三奥尼斯电子有限公司				
企业地址	上海市外高桥保税区美盛路 168 号北楼第三层 A 部位（200137）				
投资总额	60 万 USD	电　话	58682990	传　真	58668889
设立日期	2004-2-6	负 责 人	HOHN D.LUTOSTANSKI		
主营业务	电子产品的制造、设计、加工，销售自产产品并提供相关产品。				

企业名称	上海旭统精密电子有限公司				
企业地址	上海市青浦工业园区久远路 388 号（201700）				
投资总额	4200 万人民币	电 话	69225866	传 真	69225958
设立日期	2004-2-5	负 责 人	加纳勳		
主营业务	设计、制造、加工新型电子元器件（含各类混合集成电路及基板组件）。				

企业名称	创怡冠电子产品（上海）有限公司				
企业地址	上海市浦东新区三甲路 409 号（200120）				
投资总额	14 万 USD	电 话	68909029	传 真	68909069
设立日期	2004-2-5	负 责 人	何樨盛		
主营业务	开发、生产、加工电子电器产品中的除静电刷、光栅、光电屏蔽。				

企业名称	总吉电子（上海）有限公司				
企业地址	上海市张江高科技园区郭守敬路 498 号 1417 室（201203）				
投资总额	20 万 USD	电 话	51314242	传 真	51314243
设立日期	2004-2-3	负 责 人	吕 晓		
主营业务	敏感元器件及传感器、频率控制与选择元件的研发、设计、生产。				

企业名称	弘塑电子设备（上海）有限公司				
企业地址	上海市松江区佘山工业区陶干路西侧 9-10 标准厂房（201602）				
投资总额	100 万 USD	电 话	57796308	传 真	57796238
设立日期	2004-1-29	负 责 人	新山喜三郎		
主营业务	研发、生产和加工电子专用设备，销售公司自产产品。				

企业名称	科双电子元件（上海）有限公司				
企业地址	上海市莘庄工业区申富路 800 号 4 号厂房 B 区（201108）				
投资总额	315 万瑞士法郎	电 话	54427500	传 真	54427503
设立日期	2004-1-20	负 责 人	WALTER AKERET		
主营业务	生产新型电子元器件（新型机电元件），销售自产产品。				

企业名称	上海派瑞斯特电子技术有限公司				
企业地址	上海市闵行区平阳路 258 号（201102）				
投资总额	40 万 USD	电 话	57609687	传 真	
设立日期	2004-1-20	负 责 人	王群辉		
主营业务	制造、生产安防类电子产品、相关电器、机电产品、销售自产产品。				

企业名称	上海慕百霖通信有限公司				
企业地址	上海市外高桥保税区希雅路 69 号 16 号厂房 6 层 A 部位（200137）				
投资总额	230 万 USD	电 话	50461545	传 真	50462197
设立日期	2004-1-20	负 责 人	ATSUSHI MINATO		
主营业务	生产、加工移动通信系统产品、无线终端设备、基站设备、交换设备。				

企业名称	揖斐电电子科技（上海）有限公司				
企业地址	上海市张江高科技园区龙东大道 3000 号 L 号楼 704 室（201203）				
投资总额	100 万 USD	电 话	63907081	传 真	63906723
设立日期	2004-1-18	负 责 人	高木隆行		
主营业务	集成电路设计、电子数据通讯关联产品的开发、设计、生产。				

企业名称	卓勒（上海）精密检测仪器有限公司				
企业地址	上海市闵行区颛兴路 1588 号（201108）				
投资总额	14 万 USD	电 话	34073978	传 真	64422622
设立日期	2004-1-18	负 责 人	CHRISTOPH ZOLLER		
主营业务	生产刀具预调和测量设备，销售自产产品，提供售后服务。				

企业名称	上海武银电子有限公司				
企业地址	上海市嘉定区马陆镇嘉新公路 1155 号（201801）				
投资总额	20 万 USD	电 话	59107716	传 真	59107717
设立日期	2004-1-14	负 责 人	叶瑞明		
主营业务	生产充电器，灯具，彩弹筒及其配件。				

企业名称	科顿网络通讯技术（上海）有限公司				
企业地址	上海市浦东新区花山路 706 号 606 室（200336）				
投资总额	50 万 USD	电 话	62036911	传 真	62036911
设立日期	2004-1-13	负 责 人	WEICHENG LIU		
主营业务	计算机、网络和通讯设备系统软件的研发和制作。				

企业名称	杰梯系统集成（上海）有限公司				
企业地址	上海市长宁区延安西路 2201 号 1915 室（200336）				
投资总额	50 万 USD	电 话	62709066	传 真	62709067
设立日期	2004-1-12	负 责 人	RODERICK ALAN BOSS		
主营业务	开发、研究、制作通信终端网络相关的软件、提供系统集成服务。				

企业名称	宏想电子（上海）有限公司				
企业地址	上海市外高桥保税区奥纳路 79 号 1 号楼第二层 3 部位（200131）				
投资总额	58 万 USD	电 话	62184437	传 真	62186059
设立日期	2004-1-9	负 责 人	王亚军		
主营业务	保税区内电子元器件的研发、生产，计算机软件设计开发。				

企业名称	上海华桑电子有限公司				
企业地址	上海市张江高科技园区郭守敬路 351 号 2 号楼 657—20 室（201203）				
投资总额	20 万 USD	电 话	62488438	传 真	62488440
设立日期	2004-1-9	负 责 人	砂川俊昭		
主营业务	集成电路及相关部件、计算机软件的研究、开发、设计。				

企业名称	上海松江费加罗电子有限公司				
企业地址	上海市松江区乐都支路 7 号(原潭东街 106 号)内 30 号楼 2 层(201600)				
投资总额	60 万 USD	电 话	57822828	传 真	67731475
设立日期	2004-1-8	负 责 人	许斐胜利		
主营业务	加工、生产可燃性、有害性气体的探测器、报警器、计量检测用仪器。				

企业名称	来利自动化技术（上海）有限公司				
企业地址	上海市漕河泾新兴技术开发区桂平路 471 号 8 号楼 1 楼（200233）				
投资总额	50 万 USD	电 话	64853458	传 真	54260648
设立日期	2003-12-29	负 责 人	周宏康		
主营业务	生产、组装永磁直流电机及配套的齿轮减速器，手动、自动开发系统。				

企业名称	格科微电子（上海）有限公司				
企业地址	上海市张江高科技园区龙东大道 3000 号 1 号楼 705 室(201203)				
投资总额	14 万 USD	电 话	58968520	传 真	58968520
设立日期	2003-12-26	负 责 人	赵立新		
主营业务	集成电路及相关电子产品的设计、研发；测试、图像传感器的生产。				

企业名称	上海多纳哈迪化学有限公司				
企业地址	上海市青浦工业园区外青松公路 5500 号 104 室（筹建处）（201700）				
投资总额	252 万 USD	电 话	69200929	传 真	69200929
设立日期	2003-12-25	负 责 人	郑亚美		
主营业务	开发、生产胶粘剂和高性能涂料，销售公司自产产品。				

企业名称	浦蓝微电子（上海）有限公司				
企业地址	上海市张江高科技园区郭守敬路 351 号 2 号楼 657-08 室(201203)				
投资总额	14 万 USD	电 话	58964090	传 真	58964109
设立日期	2003-12-23	负 责 人	NAXIN ZHANG（章纳新）		
主营业务	芯片和微电子产品的设计、开发；集成电路的开发、设计、制作。				

企业名称	钰硕电子科技（上海）有限公司				
企业地址	上海市张江高科技园区碧波路 328 号 B 座 106、108、208 室(201203)				
投资总额	55 万 USD	电 话	50270089	传 真	50270080
设立日期	2003-12-22	负 责 人	黄曾添		
主营业务	消费类电子产品的开发、设计、制作，销售自产产品。				

企业名称	应用材料（上海）有限公司				
企业地址	上海市外高桥保税区富特南路 311 号 53 厂房 1 层西部位（200137）				
投资总额	60 万 USD	电 话	58958985	传 真	58958905
设立日期	2003-12-18	负 责 人	ALLEN WAN-TEH LIU		
主营业务	保税区内生产加工半导体制造设备及其相关装置和器具。				

企业名称	上海申彦通讯设备制造有限公司				
企业地址	上海市浦东新区龙东大道 6111 号 1 栋 101B 室(200120)				
投资总额	180 万 USD	电 话	68915900	传 真	68915099
设立日期	2003-12-18	负 责 人	钱 彦		
主营业务	设计、制造通讯设备机柜、机架和壳体及相关附件，销售自产产品。				

企业名称	上海同寅电缆桥架有限公司				
企业地址	上海市嘉定区马陆镇申裕路 318 号 5 幢（201804）				
投资总额	15 万 USD	电 话	59902425	传 真	59902426
设立日期	2003-12-16	负 责 人	吴学而		
主营业务	生产线槽、线架、销售公司自产产品。				

企业名称	罗普伺达机器人（上海）有限公司				
企业地址	上海市普陀区云岭西路 356 弄 5 号 4 楼（200333）				
投资总额	51 万 USD	电 话	52708565	传 真	52706214
设立日期	2003-12-8	负 责 人	全基万		
主营业务	生产制造电子专用设备、测试仪器、数控系统及伺服装置。				

企业名称	维用集成电路（上海）有限公司				
企业地址	上海市闵行区宜山路 1618 号 D 栋 3 楼（201103）				
投资总额	101 万 USD	电　　话	54220101	传　　真	54220789
设立日期	2003-12-4	负 责 人	高秉强		
主营业务	IC 设计、制造、系统集成、销售及提供相关技术服务。				

企业名称	智胜传讯科技（上海）有限公司				
企业地址	上海市漕河泾新兴技术开发区宜山路 888 号新银大厦 901 室（200223）				
投资总额	20 万 USD	电　　话	64402336	传　　真	34240870
设立日期	2003-12-4	负 责 人	沈定伟		
主营业务	研发、生产有线和无线的视频服务器、网络摄像机、网络快球。				

企业名称	飞利浦电子技术（上海）有限公司				
企业地址	上海市嘉定区马陆镇沪宜公路 1805 号（201801）				
投资总额	300 万 USD	电　　话	59156391	传　　真	59153271
设立日期	2003-12-4	负 责 人	PIETERDE HAAN		
主营业务	开发、生产 UHP 超高性能照明灯具，销售本公司自产产品。				

企业名称	爱搏胜分离技术（上海）有限公司				
企业地址	上海市徐汇区华山路 2088 号汇银广场南楼 1401 室(200030)				
投资总额	14 万 USD	电　　话	54070208	传　　真	54070206
设立日期	2003-12-3	负 责 人	DANIEL HERVE		
主营业务	以分离技术为基础的成套设备及零配件的研发、设计、加工、组装。				

企业名称	康福驰电子（上海）有限公司				
企业地址	上海市张江高科技园区牛顿路 200 号 1 号楼 402 室（201203）				
投资总额	20 万 USD	电　　话	50809833	传　　真	50809833
设立日期	2003-12-3	负 责 人	陈理明		
主营业务	设计、生产汽车行驶记录仪等电子产品，销售自产产品。				

企业名称	上海安和精密电子电器有限公司				
企业地址	上海市奉贤区大叶公路 8188 号（201409）				
投资总额	508 万 USD	电　　话	53081282	传　　真	53080299
设立日期	2003-12-3	负 责 人	LAU, PETER YU YEE		
主营业务	研发、生产各类电子元器件、贴片元器件、特种振荡器。				

企业名称	佳网通信科技（上海）有限公司				
企业地址	上海市松涛路 647 弄 9—11 号 4 期孵化楼 1 号楼(201203)				
投资总额	70 万 USD	电　　话	50273600	传　　真	50273500
设立日期	2003-12-3	负 责 人	原信吾		
主营业务	宽带接入网通信系统设备及计算机软件的设计、开发、生产。				

企业名称	先进晶圆集成电路（上海）有限公司				
企业地址	上海市外高桥保税区富特南路 311 号 53 号厂房第一层全部位(200131)				
投资总额	1000 万 USD	电　　话	50484338	传　　真	50484825
设立日期	2003-12-2	负 责 人	VIN CENT TAN HIA		
主营业务	保税区内半导体集成电路器件的晶圆测试、封装、加工业务。				

企业名称	上海群丰电子科技有限公司				
企业地址	上海市漕河泾新兴技术开发区钦州北路 1198 号 83 号楼二层（200233）				
投资总额	20 万 USD	电　　话	64854819	传　　真	64856248
设立日期	2003-11-28	负 责 人	李俊仪		
主营业务	研究、设计、生产汽车上使用的光电产品和空气清净器。				

企业名称	海晟电子科技（上海）有限公司				
企业地址	上海市嘉定区马陆镇复华路 33 号 B 座四楼（201818）				
投资总额	30 万 USD	电　　话	58355963	传　　真	58355965
设立日期	2003-11-26	负 责 人	倪亚西		
主营业务	设计、开发计算机软件，销售本公司自产产品。				

企业名称	白光电子技术（上海）有限公司				
企业地址	上海市嘉定工业区洪德路 1365 号 D1 幢（201821）				
投资总额	72.47 万 USD	电　　话	68813831	传　　真	68812550
设立日期	2003-11-25	负 责 人	吉村加代子		
主营业务	开发、设计、生产电子专用设备，测试仪器，销售本公司自产产品。				

企业名称	和喜电子（上海）有限公司				
企业地址	上海市松江区中山街道文翔路 285 号 7 号厂房（201612）				
投资总额	14 万 USD	电　　话	57786286	传　　真	57786287
设立日期	2003-11-25	负 责 人	横川光海		
主营业务	开发、设计、生产工业自动化设备及其部件，工程车辆配件。				

企业名称	实耐宝工具仪器贸易（上海）有限公司				
企业地址	上海市外高桥保税区华申路 215 号 2 号仓库南侧（200131）				
投资总额	100 万 USD	电　　话	52980638	传　　真	52980639
设立日期	2003-11-24	负 责 人	OH KEH CHAI		
主营业务	保税区内手动、切割电动工具、工具箱、交通工具保养。				

企业名称	鼎芯通讯（上海）有限公司				
企业地址	上海市张江高科技园区碧波路 690 号 2 号楼 303 室(200122)				
投资总额	14 万 USD	电　　话	50804588	传　　真	50804788
设立日期	2003-11-21	负 责 人	陈　凯		
主营业务	半导体芯片及相关产品的设计、开发、测试，半导体的制作。				

企业名称	上海华尊电源有限公司				
企业地址	上海市浦东康桥工业区康意路 499 号 2 幢 5 楼 A 座（201315）				
投资总额	51.6 万 USD	电　　话	68122766	传　　真	68192594
设立日期	2003-11-20	负 责 人	冯华洪		
主营业务	生产设计电池、充电器及相关的零部件，销售公司自产产品。				

企业名称	上海三泉照明器具有限公司				
企业地址	上海市浦东新区邓发路邓一村张家宅 14 号(200120)				
投资总额	30 万 USD	电　　话	68967162	传　　真	68967163
设立日期	2003-11-19	负 责 人	冈上隆一		
主营业务	生产照明器具，销售自产产品并提供售后服务。				

企业名称	澳通美亚电子技术（上海）有限公司				
企业地址	上海浦东新区乳山路 98 号普联大厦第五层 P 座(200120)				
投资总额	20 万 USD	电　　话	32230992	传　　真	62080948
设立日期	2003-11-19	负 责 人	苏兰芬		
主营业务	通信、电子和半导体产品制造设备的维修、维护和检测。				

企业名称	上海大峡谷光电科技有限公司				
企业地址	上海市万荣路 1208 号（200072）				
投资总额	14 万 USD	电　　话	64957165	传　　真	64957167
设立日期	2003-11-18	负 责 人	石熏绮		
主营业务	开发、生产、加工雕刻切割机及照明工程材料，销售自产产品。				

企业名称	上海德萨科电子技术有限公司				
企业地址	上海市武进路 255 号 601 室 C(200080)				
投资总额	16.27 万 USD	电　　话	64452219	传　　真	54248437
设立日期	2003-11-17	负 责 人	MICHAEL SEIFERT		
主营业务	生产、加工汽车电子设备的检测仪器及汽车电子设备空调软件的编制。				

企业名称	毕梯优电子（上海）有限公司				
企业地址	上海市外高桥保税区税加太路 25 号 A 部位（200131）				
投资总额	20 万 USD	电　　话	58669098	传　　真	58669231
设立日期	2003-11-12	负 责 人	PAULUS JOHANNES VAN		
主营业务	保税区内电子加热设备的开发、制造和组装，销售自产产品。				

企业名称	旭图电子科技（上海）有限公司				
企业地址	上海市闵行区虹中路 699 号（201103）				
投资总额	20 万 USD	电　　话	64065720	传　　真	64065722
设立日期	2003-11-11	负 责 人	梁胜谯		
主营业务	电子产品零配件的加工、生产，电源模具设计，电脑耗材包装加工。				

企业名称	克麦帝（上海）电子有限公司				
企业地址	上海市瞿溪路 691 号 2 楼 7 室（200023）				
投资总额	50 万 USD	电　　话	62822108	传　　真	62822107
设立日期	2003-10-8	负 责 人	黄奕诠（DAVID YIQUAN HUANG）		
主营业务	汽车电脑测试设备及配件设计、生产，汽摩配件及相关电子产品的设计。				

企业名称	威申精密仪器（上海）有限公司				
企业地址	上海市闵行区宜山路 1618 号综合楼 682 室（201101）				
投资总额	20 万 USD	电　　话	54165312	传　　真	54165313
设立日期	2003-10-8	负 责 人	ONG TECK HENG		
主营业务	开发、设计、生产精密在线测量仪器，销售自产产品。				

企业名称	斯伦加光电科技（上海）有限公司				
企业地址	上海市嘉定工业区二期 9 号地块（201821）				
投资总额	305 万 USD	电　　话	59178002	传　　真	59177938
设立日期	2003-11-6	负 责 人	刘金东		
主营业务	生产测试仪器及相关的专用计算机软件，销售本公司自产产品。				

企业名称	彦邦光电（上海）有限公司				
企业地址	上海市外高桥保税区奥纳路79号1号楼第二层6号部位（200131）				
投资总额	20万USD	电　话	65376179	传　真	65376182
设立日期	2003-11-5	负 责 人	陈皇志		
主营业务	保税区内以光学电子产品为主的仓储、分拨业务及相关产品的售后服务。				

企业名称	安丰电子（上海）有限公司				
企业地址	上海市外高桥保税区富特东三路30号25号厂房第二层E部位(200120)				
投资总额	800万USD	电　话	58873800	传　真	
设立日期	2003-11-5	负 责 人	沈哲男		
主营业务	保税区内生产加工DVD影碟机CD—R、CD—RW、数字电视机。				

企业名称	迈梭电子（上海）有限公司				
企业地址	上海市浦东新区金桥出口加工区川桥路1765号（201206）				
投资总额	400万USD	电　话	58996571	传　真	58996576
设立日期	2003-11-3	负 责 人	ANDREW C. WALDRON		
主营业务	设计、生产仪用接插件，销售自产产品，并提供相关的技术咨询。				

企业名称	上海双鹏信息技术有限公司				
企业地址	上海市漕河泾开发区虹漕路461号软件大楼第2层F室（200233）				
投资总额	30万USD	电　话	64959209	传　真	64959239
设立日期	2003-11-3	负 责 人	王洪勇		
主营业务	研发、设计、制作移动电话中个人资料管理及信息传输接口装置，研发。				

企业名称	上海音源电子有限公司				
企业地址	上海市松江工业区东部新区松开Ⅳ—10号地块（201600）				
投资总额	800万USD	电　话	64957200	传　真	64957201
设立日期	2003-10-31	负 责 人	王明晨		
主营业务	生产、加工数字调音台、音响设备、数字电线电缆、乐器设备。				

企业名称	启攀微电子（上海）有限公司				
企业地址	上海市闵行区宜山路1618号D栋4楼（201103）				
投资总额	101万USD	电　话	64058488	传　真	64050030
设立日期	2003-10-31	负 责 人	高秉强		
主营业务	集成电路设计、销售，并提供相关的技术服务。				

企业名称	上海纽爱奇风力发电设备有限公司				
企业地址	上海市南汇区新港镇新府东路121号（201304）				
投资总额	7万USD	电　话	52782428	传　真	52782428
设立日期	2003-10-30	负 责 人	应黎华		
主营业务	设计、生产风力发电设备、太阳能发电设备，销售公司自产产品。				

企业名称	上海安配亚电子科技有限公司				
企业地址	上海市嘉定区南翔镇嘉翔路951号（201802）				
投资总额	14万USD	电　话	69170013	传　真	69179335
设立日期	2003-10-28	负 责 人	李引平		
主营业务	生产装配电子线路板，电子、电脑仪器的线束，销售本公司自产产品。				

企业名称	上海梵龙电子有限公司				
企业地址	上海市松江区茸北工业区文翔路388号（201611）				
投资总额	14万USD	电　话	64950681	传　真	64954978
设立日期	2003-10-28	负 责 人	胡松磊		
主营业务	研发、生产和加工电子、仪表、电器设备及计算机自动化控制系统产品。				

企业名称	上海美利达电子科技有限公司				
企业地址	上海市松江区佘山工业区陶干路（201602）				
投资总额	150万USD	电　话	59148358	传　真	57794269
设立日期	2003-10-23	负 责 人	郑东成		
主营业务	非金属制品模具、精冲模、精密型腔模、 模具标准件的设计和制造。				

企业名称	双技电子（上海）有限公司				
企业地址	上海市松江区新桥镇新茸路1729号地块（201612）				
投资总额	105万USD	电　话	57687159	传　真	57687321
设立日期	2003-10-23	负 责 人	TAKASHI MIZOBUCHI		
主营业务	开发、制造大容量光、磁盘驱动器及其部件，销售公司自产产品。				

企业名称	上海开奈电子通讯有限公司				
企业地址	上海市宝山区呼兰路1059号201-202室（200435）				
投资总额	14万USD	电　话	56845040	传　真	56841425
设立日期	2003-10-21	负 责 人	SOMBAT KHANANKAEW		
主营业务	通信及电子产品和相关技术产品的研制、生产，销售自产产品。				

企业名称	上海亚兰电光源有限公司				
企业地址	上海市沪太中路6648号（201908）				
投资总额	20万USD	电　话	56011371	传　真	56014519
设立日期	2003-10-21	负 责 人	丁永耀		
主营业务	生产、加工电光源、照明电器及其器具，销售自产产品。				

企业名称	威能电子（上海）有限公司				
企业地址	上海市外高桥保税区英伦路38号709室（200131）				
投资总额	20万USD	电　话	65535500	传　真	65527706
设立日期	2003-10-20	负 责 人	内海正人		
主营业务	国际贸易、转口贸易、保税区企业间的贸易及区内贸易代理。				

企业名称	厚慈电子（上海）有限公司				
企业地址	上海市嘉定区黄渡镇东街村（201804）				
投资总额	210万USD	电　话	52161879	传　真	52161876
设立日期	2003-10-16	负 责 人	陈进财		
主营业务	生产精冲模及其电子五金产品、绝缘成型件，销售本公司自产产品。				

企业名称	上海富捷电线电缆有限公司				
企业地址	上海市南汇区康桥镇创业路9号（201315）				
投资总额	50万USD	电　话	58135369	传　真	58135835
设立日期	2003-10-15	负 责 人	周协发		
主营业务	生产、加工各类电线电缆，销售公司自产产品，提供技术服务。				

企业名称	雅纳锶精密仪器（上海）有限公司				
企业地址	上海市嘉定区兴竹路755号（201800）				
投资总额	10.01万USD	电　话	69914554	传　真	69914554
设立日期	2003-10-15	负 责 人	孙润光		
主营业务	研制、开发、生产显示器件、精密仪器及相关材料，销售自产产品。				

企业名称	杜邦（上海）采购中心有限公司				
企业地址	上海市张江高科技园区郭守敬路351号2号楼612室（201203）				
投资总额	100万USD	电　话	63866366	传　真	63859522
设立日期	2003-10-13	负 责 人	E.BLAIR ALTHOUSE		
主营业务	在国内采购、销售杜邦企业和其他企业生产的杜邦定牌产品。				

企业名称	超晶电子（上海）有限公司				
企业地址	上海市郭守敬路498号浦东软件园11101-11106座（201203）				
投资总额	400万USD	电　话	50805833	传　真	50805822
设立日期	2003-10-10	负 责 人	熊克力		
主营业务	等离子显示器、液晶显示器、彩色电视机及超大屏幕高清显示设备。				

企业名称	吉普电子（上海）有限公司				
企业地址	上海市松江工业区南区大道北侧松开Ⅲ-49号地块（201613）				
投资总额	350万USD	电　话	57748286	传　真	57748285
设立日期	2003-9-25	负 责 人	宋福祥		
主营业务	生产、加工锂离子电池、锂离子电池组及其配件，销售公司自产产品。				

企业名称	络弘（上海）仪器有限公司				
企业地址	上海市松江工业区玉阳路南侧、东环路西侧（201600）				
投资总额	650万USD	电　话	67727000	传　真	67727000
设立日期	2003-9-25	负 责 人	张月钗		
主营业务	开发和生产新型平板显示器件，新型电子元器件，新型仪表元器件。				

企业名称	信真软件（上海）有限公司				
企业地址	上海市郭守敬路498号浦东软件园1423-1427座（200131）				
投资总额	20万USD	电　话	38953918	传　真	38953928
设立日期	2003-9-25	负 责 人	JIAYUAU FANG		
主营业务	集成电路、芯片及电路板分析软件的开发、设计、制作。				

企业名称	瑟思半导体（上海）有限公司				
企业地址	上海市外高桥保税区泰谷路207 号第二层H4（200131）				
投资总额	30万USD	电　话	58821908	传　真	
设立日期	2003-9-24	负 责 人	HERWIG PETSCHNIG		
主营业务	保税区内以半导体设备及其零部件为主的仓储和分拨业务。				

企业名称	艾来得电子（上海）有限公司				
企业地址	上海市外高桥保税区芬菊路47号1号厂房B区第一层（200131）				
投资总额	500万USD	电　话	50481991	传　真	50480776
设立日期	2003-9-23	负 责 人	许庆育		
主营业务	保税区内从事设计、开发、生产、组装液晶显示器、电视屏幕。				

企业名称	上海罗捷斯迪电子有限公司				
企业地址	上海市外高桥保税区希雅路69号16号楼第三层C部位（200131）				
投资总额	40万USD	电话	50461403	传真	50462497
设立日期	2003-9-23	负责人	马振中		
主营业务	保税区内生产、加工、组装GSM/GPRS等无线通信模块。				

企业名称	卓超高科技电子（上海）有限公司				
企业地址	上海市闵行区兴梅路485号（201103）				
投资总额	25.35万USD	电话	54309601	传真	54309608
设立日期	2003-9-23	负责人	石冈圣悟		
主营业务	生产精密在线测量仪器，销售自产产品，并提供相关技术咨询。				

企业名称	结诚电子（上海）有限公司				
企业地址	上海市外高桥保税区富特北路201号华铁综合楼第二层B部位(200137)				
投资总额	20万USD	电话	58664179	传真	58664179
设立日期	2003-9-18	负责人	松木美津治		
主营业务	保税区内研究、开发、生产、加工、制造、组装半导体、集成电路。				

企业名称	世顶（上海）电子元器件有限公司				
企业地址	上海市外高桥保税区华申路150号生产车间楼第一层（200137）				
投资总额	20万USD	电话	58682419	传真	58682860
设立日期	2003-9-18	负责人	陈灿荣		
主营业务	开发、设计、生产电子元器件，销售公司自产产品。				

企业名称	上海子凯电子科技有限公司				
企业地址	上海市闵行区金都路4299号A幢2017室76座（201108）				
投资总额	20万USD	电话	56477770	传真	56479502
设立日期	2003-9-18	负责人	王志成		
主营业务	开发、设计、生产仪器仪表、检测设备及其零部件。				

企业名称	美博通通信技术（上海）有限公司				
企业地址	上海市静安区铜仁路195号3204、3205室（200040）				
投资总额	30万USD	电话	32104710	传真	62892011
设立日期	2003-9-17	负责人	HENRY SAMUELI		
主营业务	通信产品集成电路的研究、开发和设计，销售自产产品。				

企业名称	派洽精密仪器（上海）有限公司				
企业地址	上海市浦东新区沪南公路1588号（201204）				
投资总额	80万USD	电话	58438800	传真	58432773
设立日期	2003-9-16	负责人	LEE KONG TEE		
主营业务	开发、生产精密轴承、电子专用测试仪器及其零部件。				

企业名称	伯拉莫贝林（上海）精密仪器有限公司				
企业地址	上海市虹漕路421号67号房第10层1007室（200233）				
投资总额	20万USD	电话	54262433	传真	54262433
设立日期	2003-9-16	负责人	ANTONINO BONOMO		
主营业务	研究、开发、生产实验室仪器仪表。				

企业名称	上海宝亮网智电子信息技术有限公司				
企业地址	上海市张江高科技园区郭守敬路351号2号楼649-20室（201203）				
投资总额	48万USD	电话	52378111	传真	52378513
设立日期	2003-9-16	负责人	宋彦耕		
主营业务	计算机软件的开发、设计和制作；计算机系统集成的安装。				

企业名称	福华先进微电子（上海）有限公司				
企业地址	上海市漕河泾新兴技术开发区虹漕路461号59号厂房2楼（200233）				
投资总额	14万USD	电话	54262266	传真	54262699
设立日期	2003-9-15	负责人	杨秉禾		
主营业务	集成电路及其应用系统设计、组装、制造、测试，相关软件的开发。				

企业名称	鸥鹏计算机系统（上海）有限公司				
企业地址	上海市嘉定区南翔镇沪宜公路1255号（201801）				
投资总额	50万USD	电话	52376000	传真	52376900
设立日期	2003-9-9	负责人	大藏政明		
主营业务	开发、生产计算机软件、计算机零部件，销售本公司自产产品。				

企业名称	联测电子科技（上海）有限公司				
企业地址	上海市长宁区延安西路726号19楼K座（200050）				
投资总额	20万USD	电话	52383300	传真	52383301
设立日期	2003-9-9	负责人	周道南		
主营业务	电子专用测试设备及其零配件开发、制造、计算机软件的研发、制作。				

企业名称	上海斯莱照明有限公司				
企业地址	上海市南汇区新场镇坦直工业区（201314）				
投资总额	60万USD	电话	64184034	传真	64184036
设立日期	2003-9-5	负责人	王海		
主营业务	生产照明电器及配件，销售公司自产产品。				

企业名称	日马精密电子（上海）有限公司				
企业地址	上海市松江区新桥镇春申村申徐路28号第6幢（201612）				
投资总额	250万USD	电话	67648753	传真	67648684
设立日期	2003-9-1	负责人	杉本信郎		
主营业务	生产、设计各种新型电子元器件，销售公司自产产品。				

企业名称	上海宝腾电子科技有限公司				
企业地址	上海市宜山路705号科技大厦B座10楼03室（200233）				
投资总额	14万USD	电话	64951083	传真	64956850
设立日期	2003-8-29	负责人	STANLEY C NING		
主营业务	研究、开发、设计识别技术电子产品，提供相关技术咨询和服务。				

企业名称	博莱特电子通讯（上海）有限公司				
企业地址	上海市松江工业区茸腾西路东侧，松开Ⅲ—38B号地块（201613）				
投资总额	800万USD	电话	54278999	传真	54261877
设立日期	2003-8-28	负责人	BRIAN B.Y. CHEN		
主营业务	生产、加工数字摄录机，数字放声设备及其零部件，数字照相机。				

企业名称	山内精密电子（上海）有限公司				
企业地址	上海市莘庄工业区申富路789号1号厂房（201108）				
投资总额	30万USD	电话	54429108	传真	54429166
设立日期	2003-8-28	负责人	和田英司		
主营业务	生产用于音响设备、电脑和办公自动化设备的新型电子元器件。				

企业名称	昆泰集成电路（上海）有限公司				
企业地址	上海市张江高科技园区碧波路5号胡姬花园办公楼12楼（201203）				
投资总额	14万USD	电话	68791668	传真	68791559
设立日期	2003-8-22	负责人	苏志辉		
主营业务	半导体产品及相关计算机软件的研究、设计、开发，计算机软件的制作。				

企业名称	上海利电电子有限公司				
企业地址	上海市同普路1225弄3号二楼（200333）				
投资总额	30万USD	电话	52700050	传真	52705101
设立日期	2003-8-22	负责人	原田克彦		
主营业务	生产、加工电子电气零件，汽车通用零部件，普通机械零件。				

企业名称	上海毅得通讯设备有限公司				
企业地址	上海市闵行区梅富路37号（200233）				
投资总额	50万USD	电话	54375010	传真	54375020
设立日期	2003-8-18	负责人	黄明和		
主营业务	生产宽带接入网通讯系统设备，销售自产产品，提供相关的技术服务。				

企业名称	威克创通讯器材（上海）有限公司				
企业地址	上海市芬菊路308号8号厂房第一层全部位及第二层东部位（200131）				
投资总额	660万USD	电话	50480777	传真	50481881
设立日期	2003-8-18	负责人	HOWARD J.ZINGLER		
主营业务	区内生产、加工用于无线基站及其他各种无线通讯设备的晶体振荡器。				

企业名称	上海明电舍半导体设备有限公司				
企业地址	上海市外高桥保税区富特南路311号53－1A（200131）				
投资总额	238.73万USD	电话	50483681	传真	50483035
设立日期	2003-8-18	负责人	吉田进		
主营业务	保税区内生产加工半导体制造设备及其相关装置和器件，相关产品的研发。				

企业名称	上海元昌电子有限公司				
企业地址	上海市松江工业区乐通公司以东、申港中路以西J9-44-45地块(201613)				
投资总额	780万USD	电话	67741578	传真	57741508
设立日期	2003-8-14	负责人	徐燎燃		
主营业务	生产、加工音响、电子接插件、电子产品，销售公司自产产品。				

企业名称	新柯隆真空设备（上海）有限公司				
企业地址	上海市外高桥保税区荷丹路242号第五层A（200131）				
投资总额	20万USD	电话	62350937	传真	62350917
设立日期	2003-8-12	负责人	成田正哉		
主营业务	保税区真空装置及其零部件，以及经过真空镀膜的电子光学零部件				

企业名称	优特半导体（上海）有限公司				
企业地址	上海市外高桥保税区德堡路 273 号 55 号厂房第一层南部位（200131）				
投资总额	3000 万 USD	电　　话	50483333	传　　真	50483638
设立日期	2003-8-12	负 责 人	李永松		
主营业务	集成电路产品的封装、测试、加工业务；销售自产产品。				

企业名称	展华电子精密仪器服务（上海）有限公司				
企业地址	上海市浦东新区浦东大道 1081、1085、1089 号中信五牛城（200135）				
投资总额	28 万 USD	电　　话	61419018	传　　真	61419019
设立日期	2003-8-7	负 责 人	连焕明		
主营业务	精密仪器（微电子生产设备、多层印制线路板制造和装联设备、通讯）。				

企业名称	莫顿（上海）电子技术有限公司				
企业地址	上海市闵行区宜山路 1618 号 D 厂房 101 室（201103）				
投资总额	54 万 USD	电　　话	64464061	传　　真	64464065
设立日期	2003-8-6	负 责 人	UDO NEUMANN		
主营业务	研制、设计、生产电子元器件、室内电子开关产品及相关部件和配件。				

企业名称	台积电（上海）有限公司				
企业地址	上海市松江区文翔路 4000 号（201616）				
投资总额	37100 万 USD	电　　话	57768000	传　　真	57763205
设立日期	2003-8-4	负 责 人	曾繁城		
主营业务	线宽 0.35 微米及以下大规模集成电路生产及光掩膜之制造、针测等。				

企业名称	上海日智电子有限公司				
企业地址	上海市外高桥保税区富特北路 229 号第三、四层全部位（200137）				
投资总额	70 万 USD	电　　话	58682700	传　　真	58682701
设立日期	2003-7-30	负 责 人	厚地义尚		
主营业务	以电子产品、半导体检测装置及其相关零部件为主的保税区内仓储。				

企业名称	上海多智星照明有限公司				
企业地址	上海市金桥出口加工区金皖路 389 号金门广场 205 室（201206）				
投资总额	14 万 USD	电　　话	58547919	传　　真	50319395
设立日期	2003-7-30	负 责 人	张　杰		
主营业务	生产灯具及相关的电子原件、配件，销售自产产品并提供售后服务。				

企业名称	殷商电子（上海）有限公司				
企业地址	上海市金桥出口加工区宁桥路 615 号 1 幢 9 层（201206）				
投资总额	20 万 USD	电　　话	50318090	传　　真	50313040
设立日期	2003-7-28	负 责 人	KEVIN YIN		
主营业务	开发、设计、生产通信线，电脑线，线束，连接器件，转换器。				

企业名称	萃冠电子贸易（上海）有限公司				
企业地址	上海市外高桥保税区杨高北路 2005 号新易楼 226 室（200131）				
投资总额	20 万 USD	电　　话	63917111	传　　真	63917616
设立日期	2003-7-28	负 责 人	吕浩强		
主营业务	国际贸易、转口贸易、保税区企业间的贸易及贸易代理。				

企业名称	艾谱特工业自动化（上海）有限公司				
企业地址	上海松江永丰街道富民仓桥经济城玉秀路 19 号第 105 号厂房(201600)				
投资总额	30 万 USD	电　　话	67723123	传　　真	67723122
设立日期	2003-7-25	负 责 人	VERHOEVEN		
主营业务	设计、制造工业自动化系统和传输系统及相关配套产品。				

企业名称	恩沛音响设备（上海）有限公司				
企业地址	上海市青浦区徐泾镇沪青平公路 2400 号 1-2 号楼（201702）				
投资总额	14 万 USD	电　　话	59766336	传　　真	59769777
设立日期	2003-7-24	负 责 人	SIWEI ZOU		
主营业务	生产声响电子专用设备及相关材料，销售自产产品。				

企业名称	上海樱松电子信息技术有限公司				
企业地址	上海市闵行区浦江镇恒南路东（201114）				
投资总额	6.2 万 USD	电　　话	54311863	传　　真	62123961
设立日期	2003-7-24	负 责 人	张　明		
主营业务	计算机软件的制作，销售自产产品，并提供售后服务。				

企业名称	上海海鸥数码影像股份有限公司				
企业地址	上海静安区延安西路 300 号（200040）				
投资总额	39 万 USD	电　　话	63216307	传　　真	63235551
设立日期	2003-7-23	负 责 人	薛向东		
主营业务	生产照相机（包括数码照相机）及其零部件，照相器材，光学玻璃。				

企业名称	爱棣股达电子资讯（上海）有限公司				
企业地址	上海市外高桥保税区希雅路 69 号 16 号楼第四层 A 部位（200131）				
投资总额	20 万 USD	电　　话	50462208	传　　真	50462455
设立日期	2003-7-22	负 责 人	邓　阳		
主营业务	以电子产品为主的保税区内仓储分拨业务及相关电子产品。				

企业名称	普然通讯技术（上海）有限公司				
企业地址	上海市张江高科技园区郭守敬路 498 号浦东软件园 9220 室(201203)				
投资总额	150 万 USD	电　　话	50271055	传　　真	50271855
设立日期	2003-7-22	负 责 人	ZHENG LIU		
主营业务	半导体芯片的设计、开发、制作；销售自产产品；设计、开发相关技术。				

企业名称	特梦可通信（上海）有限公司				
企业地址	上海市松江出口加工区内罗伊尔四期园区 8 号标准厂房（201613）				
投资总额	51 万 USD	电　　话	57749628	传　　真	57749351
设立日期	2003-7-17	负 责 人	张　钧		
主营业务	生产、加工电子及通讯产品，手机加工（100%）出口。				

企业名称	上海杰士鼎虎动力有限公司				
企业地址	上海市闵行区吴中路 2165 弄 6 号（201103）				
投资总额	210 万 USD	电　　话	64194012	传　　真	64190890
设立日期	2003-7-17	负 责 人	钱孝刚		
主营业务	生产、组装、加工电动叉车蓄电池、充电机；销售自产产品。				

企业名称	田村电子（上海）有限公司				
企业地址	上海市外高桥保税区富特西一路 1 号 A413 室（200131）				
投资总额	20 万 USD	电　　话	63879388	传　　真	63879388
设立日期	2003-7-15	负 责 人	玉井良平 RYOHEI TAMAI		
主营业务	国际贸易、转口贸易、保税区企业间的贸易及贸易代理。				

企业名称	福电电子器材（上海）有限公司				
企业地址	上海市富特西一路 355 号高翔大楼第三楼 318-322 部位（200137）				
投资总额	20 万 USD	电　　话	58682206	传　　真	58682207
设立日期	2003-7-15	负 责 人	张仁昌		
主营业务	保税区内电子零部件与材料、自动化生产设备及其工具的开发、生产。				

企业名称	豪雅（上海）光学有限公司				
企业地址	上海市外高桥保税区 D7C--04 号厂房第二层 A 部位（200131）				
投资总额	500 万 USD	电　　话	52819663	传　　真	52817232
设立日期	2003-7-15	负 责 人	小仓国俊		
主营业务	保税区内眼镜光学镜片、眼镜光学设备、镜架的制造、加工。				

企业名称	上海迅时通信设备有限公司				
企业地址	上海市张江高科技园区郭守敬路 351 号 2 楼 647-11 室（201203）				
投资总额	14 万 USD	电　　话	61202700	传　　真	61202704
设立日期	2003-7-14	负 责 人	BING YANG（阳兵）		
主营业务	宽带接入网通信系统设备的研究、设计、开发、生产，销售自产产品。				

企业名称	晶晨半导体（上海）有限公司				
企业地址	上海市张江高科技园区郭守敬路 351 号 2 号楼 647-09 室(201203)				
投资总额	100 万 USD	电　　话	50803377	传　　真	50275100
设立日期	2003-7-11	负 责 人	JOHN ZHONG		
主营业务	半导体集成电路芯片的研究、设计、开发、制作，销售自产产品。				

企业名称	亚固光电科技（上海）有限公司				
企业地址	上海市嘉定工业区南区 9-1 号地块（201821）				
投资总额	380 万 USD	电　　话	69169892	传　　真	59516617
设立日期	2003-7-9	负 责 人	张锦源		
主营业务	生产光电子器件，新型平板显示器件，销售公司自产产品。				

企业名称	海扬光学科技（上海）有限公司				
企业地址	上海市嘉定区马陆镇浏翔路东侧（201801）				
投资总额	70 万 USD	电　　话	39159015	传　　真	69155966
设立日期	2003-7-9	负 责 人	陈遐升		
主营业务	生产游泳用护目镜及耳塞、鼻夹、滑水拍等水上运动辅助用品。				

企业名称	同开科技（上海）有限公司				
企业地址	上海市张江高科技园区碧波路 518 号 B 座 108 室（201203）				
投资总额	70 万 USD	电　　话	50801566	传　　真	50801565
设立日期	2003-7-8	负 责 人	陈博仁		
主营业务	用于电子、生物、医疗行业的净化系统专用设备及部件的研发、设计。				

企业名称	德州仪器半导体技术（上海）有限公司				
企业地址	上海市张江高科技园区郭守敬路 351 号 2 号楼 643-20 室（201203）				
投资总额	230 万 USD	电　话	23073676	传　真	63509583
设立日期	2003-7-3	负责人	谢　兵		
主营业务	集成电路、半导体、教育工具、计算器产品为主的设计、研究和开发。				

企业名称	上海知儿电子有限公司				
企业地址	上海市嘉定区安亭镇上海国际汽车城园国路 8 号（201805）				
投资总额	20 万 USD	电　话	59562386	传　真	59562289
设立日期	2003-7-2	负责人	李锡源		
主营业务	生产电子产品用防震垫圈、PVC 片、双面胶带等零部件。				

企业名称	得理微电子（上海）有限公司				
企业地址	上海市宜山路 1618 号综合楼 674 室（201103）				
投资总额	25 万 USD	电　话	64360045	传　真	64367119
设立日期	2003-7-2	负责人	郑　刚		
主营业务	集成电路芯片的设计与开发，销售自产产品并提供技术服务。				

企业名称	日立数据系统（上海）有限公司				
企业地址	上海市外高桥保税区泰谷路 207 号四楼 N 部位（200131）				
投资总额	20 万 USD	电　话	63058855	传　真	63058833
设立日期	2003-6-27	负责人	柯愈强		
主营业务	保税区内以数据存储系统为主的仓储和分拨业务。				

企业名称	上海布博西开关有限公司				
企业地址	上海市闵行区漕宝路 1340 号（201102）				
投资总额	25 万 USD	电　话	54297936	传　真	64807435
设立日期	2003-6-25	负责人	杨敏伟		
主营业务	生产电气开关、电工仪表、仪器，销售自产产品，提供售后安装。				

企业名称	上海光和光学制造有限公司				
企业地址	上海市水丰路 44 号甲（200093）				
投资总额	29.02 万 USD	电　话	65885801	传　真	65888822
设立日期	2003-6-25	负责人	孙自强		
主营业务	生产加工光学系统、光学镜片、钟表玻璃、光学电子产品。				

企业名称	上海侨云科技有限公司				
企业地址	上海市嘉定区马陆镇包桥村（201801）				
投资总额	500 万 USD	电　话	59510491	传　真	39510139
设立日期	2003-6-24	负责人	黄献川		
主营业务	生产电线、电缆、电源线插头、插座等相关电器产品。				

企业名称	柰米闪芯集成电路（上海）有限公司				
企业地址	上海市张江高科技园区郭守敬路 498 号浦东软件园 21307 座(201203)				
投资总额	30 万 USD	电　话	51314199	传　真	51314169
设立日期	2003-6-24	负责人	马汉瑞		
主营业务	集成电路产品及相关软件的开发、设计、制作；销售自产产品。				

企业名称	上海凤凰光电有限公司				
企业地址	上海市江场西路 395 号三楼 A 座（200436）				
投资总额	241.62 万 USD	电　话	59966888	传　真	59966801
设立日期	2003-6-19	负责人	王熙晏		
主营业务	开发、制造各类多媒体显示装置，正投影、背投影光学引擎及其配件。				

企业名称	科曼利（上海）电子有限公司				
企业地址	上海市漕河泾新兴技术开发区虹漕路 30 号科研楼 617-628 室(200233)				
投资总额	20 万 USD	电　话	64519192	传　真	64517710
设立日期	2003-6-17	负责人	PIER ANTONIO BRASI		
主营业务	研发、组装、生产住宅小区、商务楼的内部通讯楼寓可视对讲管理系统。				

企业名称	上海联成电子材料有限公司				
企业地址	上海市松江区佘山工业区陶干路（201602）				
投资总额	250 万 USD	电　话	57793991	传　真	57793990
设立日期	2003-6-13	负责人	翁昭弘		
主营业务	研发生产半导体元器件及电子元器件专用材料及相关配套产品。				

企业名称	上海先达电子磁气有限公司				
企业地址	上海市漕宝路 509 号 1902-1903 室(200233)				
投资总额	20 万 USD	电　话	64857470	传　真	64857478
设立日期	2003-6-13	负责人	及川芳朗		
主营业务	开发、生产脉冲磁化设备、磁检测系统，销售自产产品。				

企业名称	高尔富计算机软件（上海）有限公司				
企业地址	上海市长宁区长宁路 1027 号 1203 室（200050）				
投资总额	20 万 USD	电　话	54263188	传　真	54260977
设立日期	2003-6-13	负责人	陈俊良		
主营业务	开发、生产计算机软件，计算机产品安装维修，销售自产产品。				

企业名称	首光仪器（上海）有限公司				
企业地址	上海市浦东新区金桥出口加工区金皖路 501 号 5 楼（201206）				
投资总额	30 万 USD	电　话	50328090	传　真	50328090
设立日期	2003-6-12	负责人	BERTUS HUIBERT VERST		
主营业务	生产、加工、开发医疗器械及相关配套试剂、消耗品和配件。				

企业名称	上海泰克胜通讯科技有限公司				
企业地址	上海市浦东新区川沙路 6999 号川沙经济园区 1 号厂房（201202）				
投资总额	100 万 USD	电　话	58599200	传　真	58592200
设立日期	2003-6-6	负责人	金股镇		
主营业务	生产、加工移动通信系统基站专用设备，销售自产产品。				

企业名称	凸版资讯信息系统（上海）有限公司				
企业地址	上海市外高桥保税区港澳路 389 号 5 号厂房第三层西部位（200137）				
投资总额	20 万 USD	电　话	58682467	传　真	58682334
设立日期	2003-6-5	负责人	孟光龙		
主营业务	保税区内各种胶卡产品、发卡系统产品及其部件和消耗品。				

企业名称	上海德尔格精密工具有限公司				
企业地址	上海市嘉定区南翔镇西工业开发区（201802）				
投资总额	250 万 USD	电　话	69591620	传　真	39596466
设立日期	2003-6-3	负责人	林秋芬		
主营业务	生产电子专用工模具，销售本公司自产产品并提供售后服务。				

企业名称	特林波电子产品（上海）有限公司				
企业地址	上海市外高桥保税区富特中路 311 号第三层（200131）				
投资总额	20 万 USD	电　话	62702215	传　真	62702275
设立日期	2003-6-3	负责人	DENNIS WORKMAN		
主营业务	保税区内以测量、定位、导航、精确授时等电子通讯产品为主的仓储。				

企业名称	笙联电子科技（上海）有限公司				
企业地址	上海市浦东新区龙东大道 3869 号（201203）				
投资总额	14 万 USD	电　话	58967388	传　真	58967793
设立日期	2003-5-28	负责人	叶佳庆		
主营业务	设计、生产电脑散热风扇元器件，散热模组及其他相关零部件。				

企业名称	国基电子（上海）有限公司				
企业地址	上海市松江工业区松开 III-68B 号地块（松江出口加工区内）（201600）				
投资总额	1300 万 USD	电　话	61206688	传　真	61206688
设立日期	2003-5-22	负责人	黄　干		
主营业务	研发、生产、加工新型电子元器件、片式电子元器件（信号滤波器）。				

企业名称	现代龙一数码电子（上海）有限公司				
企业地址	上海市闵行区联友路 1899 号（201106）				
投资总额	500 万 USD	电　话	62966680	传　真	62966685
设立日期	2003-5-22	负责人	JEFFREY		
主营业务	设计、开发、生产大中型计算机、便携式微型计算机、数字摄录机。				

企业名称	上海蔻兰色料科技有限公司				
企业地址	上海市闵行区黎安路 1607 号（201108）				
投资总额	20 万 USD	电　话	54164212	传　真	54164213
设立日期	2003-5-22	负责人	胡　正		
主营业务	生产助剂及电子用高科技化学品，销售自产产品。				

企业名称	上海富龙电子有限公司				
企业地址	上海市南汇区芦潮港镇果园路 2 号（201300）				
投资总额	20 万 USD	电　话	59131118	传　真	59131119
设立日期	2003-5-22	负责人	钱岳琪		
主营业务	生产霓虹灯及电子变压器、整流器等电子产品、灯箱、灯具。				

企业名称	上海崎美崎太阳能新材料有限公司				
企业地址	上海市嘉定区叶城路 1288 号（201821）				
投资总额	30 万 USD	电　话	54379520	传　真	54389971
设立日期	2003-5-22	负责人	何志伟		
主营业务	生产太阳能电池组件及相关的配套件，开发、生产计算机应用软件。				

企业名称	科睿电子（上海）有限公司				
企业地址	上海市外高桥保税区日樱南路 11 号科苑厂房二层西北部位（200131）				
投资总额	20 万 USD	电话	61234693	传真	61234692
设立日期	2003-5-20	负责人	余养佳（YEE YANG CHIAH）		
主营业务	以电子半导体零部件为主的保税区内仓储、分拨业务。				

企业名称	启扬半导体科技（上海）有限公司				
企业地址	上海市张江高科技园区碧波路 5 号 4 楼（201203）				
投资总额	14 万 USD	电话	50800880	传真	61355061
设立日期	2003-5-20	负责人	林铭村		
主营业务	半导体生产设备的研发、设计、制造；销售自产产品。				

企业名称	国琏电子（上海）有限公司				
企业地址	上海市松江工业区宝益路 28 号（201600）				
投资总额	500 万 USD	电话	61206688	传真	61206688
设立日期	2003-5-15	负责人	黄干		
主营业务	研发、生产、加工新型电子元器件、片式电子元器件（信号滤波器）。				

企业名称	珈伟太阳能科技（上海）有限公司				
企业地址	上海市松江区新桥镇新润路 5 号 B 型标准厂房（201612）				
投资总额	30 万 USD	电话	57681290	传真	57681289
设立日期	2003-5-15	负责人	野村明伯		
主营业务	研发、生产、加工节能型太阳能光电产品、太阳能系统。				

企业名称	上海拓科舞齐电子有限公司				
企业地址	上海市外高桥保税区富特北路 358 号 805、806 室（200131）				
投资总额	20 万 USD	电话	68763747	传真	68763749
设立日期	2003-5-15	负责人	竹内保市		
主营业务	保税区内以电子元件为主的仓储、分拨业务及其相关产品的技术服务。				

企业名称	罗门哈斯电子材料（上海）有限公司				
企业地址	上海市外高桥保税区富特西一路 139 号 1105、1107、1110 室（200131）				
投资总额	30 万 USD	电话	64955141	传真	64955324
设立日期	2003-5-15	负责人	YI HYON PAIK		
主营业务	保税区内提供生产电子产品所需的化工产品的原料、特色金属电镀。				

企业名称	上海安崗通讯电子有限公司				
企业地址	上海市闵行区澄建路 351 号（201108）				
投资总额	101 万 USD	电话	64348850	传真	64348358
设立日期	2003-5-15	负责人	林失让		
主营业务	生产无线通讯设备零部件、射频模块、光纤连接器，销售自产产品。				

企业名称	电创电子（上海）有限公司				
企业地址	上海市嘉定工业区洪德路 1265 号 B6 幢（201821）				
投资总额	100 万 USD	电话	69169296	传真	69169161
设立日期	2003-5-14	负责人	麻生智彦		
主营业务	生产新型电子元器件，销售本公司自产产品，并提供相关的售后服务。				

企业名称	上海友声衡器有限公司				
企业地址	上海市崇明县江口经济小区（202165）				
投资总额	78.519 万 USD	电话	69361350	传真	
设立日期	2003-5-14	负责人	孙宇峰		
主营业务	生产衡器与配件，销售自产产品。				

企业名称	盟贺（上海）电光源有限公司				
企业地址	上海市青浦工业园区外青松公路 5500 号 109 室（201700）				
投资总额	70 万 USD	电话	54812367	传真	59722827
设立日期	2003-5-13	负责人	叶宗正		
主营业务	生产、加工、装配日用电光源产品、圣诞灯饰、汽车灯具、汽车小配件。				

企业名称	蜜望实电子国际贸易（上海）有限公司				
企业地址	上海市外高桥保税区德堡路 273 号 58 号楼第二层 A 部位（200131）				
投资总额	20 万 USD	电话	68251998	传真	68251998
设立日期	2003-5-9	负责人	陈陆喜		
主营业务	保税区内以电子零部件、电子产品为主的仓储、分拨业务。				

企业名称	上海韩荣电子有限公司				
企业地址	上海市嘉定区复华路 33 号 A 座二层 A2（201801）				
投资总额	140 万 USD	电话	59903155	传真	59903676
设立日期	2003-4-30	负责人	韩荣洙		
主营业务	生产、加工温度控制器、自动开关、传感器等电子产品。				

企业名称	上海星河久龙电力电缆有限公司				
企业地址	上海市嘉定区南翔镇火车站路 301 号（201802）				
投资总额	1000 万人民币	电话	69123335	传真	69123335
设立日期	2003-4-30	负责人	帅鸿元		
主营业务	生产、加工各种电线电缆及配套电器开关，销售本公司自产产品。				

企业名称	柏晶电子（上海）有限公司				
企业地址	上海市郭守敬路 498 号浦东软件园 22301-200 座（201203）				
投资总额	14 万 USD	电话	58883680	传真	58881892
设立日期	2003-4-30	负责人	林益民		
主营业务	电子产品技术软件的开发、设计、制作；销售自产产品。				

企业名称	好利顺电子（上海）有限公司				
企业地址	上海市外高桥保税区冰克路 500 号 902 室（200131）				
投资总额	20 万 USD	电话	64325792	传真	64325791
设立日期	2003-4-29	负责人	ARTHUR STANLEY NAD		
主营业务	国际贸易、转口贸易、保税区企业间的贸易及贸易代理。				

企业名称	翰尼宝（上海）电子有限公司				
企业地址	上海市青浦区重固镇毛家角村（201300）				
投资总额	20 万 USD	电话	64478916	传真	64477513
设立日期	2003-4-29	负责人	刘海西		
主营业务	生产、加工加密性电子锁，销售公司自产产品。				

企业名称	山上电子贸易（上海）有限公司				
企业地址	上海市外高桥保税区马吉路 28 号 710 室（200131）				
投资总额	20 万 USD	电话	58353262	传真	58353265
设立日期	2003-4-28	负责人	黄楚琪		
主营业务	国际贸易、转口贸易，保税区企业间的贸易及区内贸易代理。				

企业名称	智锐电子系统设计（上海）有限公司				
企业地址	上海市张江高科技园区郭守敬路 351 号 2 号楼 640-16 室（201203）				
投资总额	14 万 USD	电话	62470682	传真	62470696
设立日期	2003-4-28	负责人	堀内照男		
主营业务	集成电路、计算机及通信系统软件的开发、设计、生产；销售自产产品。				

企业名称	上海进征电子工业有限公司				
企业地址	上海市闵行区景联路 725 号（200240）				
投资总额	420 万 USD	电话	54404670	传真	54400544
设立日期	2003-4-28	负责人	山下重宪		
主营业务	生产电子及通信设备、仪器仪表及文化办公用机械、交通运输设备等。				

企业名称	久代电子科技（上海）有限公司				
企业地址	上海市嘉定区马陆镇沪宜公路 2589 号（201800）				
投资总额	20 万 USD	电话	58369413	传真	58369413
设立日期	2003-4-24	负责人	许长禄		
主营业务	组装电视机机顶盒转化器、液晶显示器件、记忆半导体模块。				

企业名称	东电电子（上海）有限公司				
企业地址	上海市张江高科技园区内高斯路 6-4-2 地块（201206）				
投资总额	60 万 USD	电话	68407106	传真	50272002
设立日期	2003-4-23	负责人	TETSUO TSUNEISHI		
主营业务	半导体生产设备和平板显示生产设备及相关零部件、软件的设计、研发。				

企业名称	瑞萨电子（上海）有限公司				
企业地址	上海市外高桥保税区富特北路 288 号第四层西部位（200131）				
投资总额	50 万 USD	电话	64721001	传真	64725851
设立日期	2003-4-23	负责人	广濑义幸		
主营业务	保税区内以电子产品为主的仓储、分拨业务及技术开发、技术咨询。				

企业名称	友池电子（上海）有限公司				
企业地址	上海市外高桥保税区泰谷路 85 号第三、四层（200137）				
投资总额	100 万 USD	电话	58682268	传真	58682106
设立日期	2003-4-17	负责人	吉见邦一		
主营业务	区内生产、加工、组装液晶板的光扩散薄片及相关零部件。				

企业名称	上海吉泰电阻器有限公司				
企业地址	上海市松江区泗泾镇江川南路 1 号（201601）				
投资总额	60 万 USD	电话	57615678	传真	57616620
设立日期	2003-4-16	负责人	米歇尔·哈恩		
主营业务	生产磁悬浮列车、地铁、轨道交通、港口机械等行业的制动电阻。				

企业名称	东清电子（上海）有限公司				
企业地址	上海市外高桥保税区美盛路225号第三层A部位（200131）				
投资总额	20万USD	电　话	58682270	传　真	58682273
设立日期	2003-4-15	负责人	清田尚文		
主营业务	保税区内电子绝缘材料、电子元器件的加工、制造，销售自产产品。				

企业名称	上海日安电子有限公司				
企业地址	上海市嘉定区江桥镇金宝工业园区（201812）				
投资总额	600万USD	电　话	59136941	传　真	59136943
设立日期	2003-4-10	负责人	泷泽丰		
主营业务	开发生产新型电子元器件、汽车电子设备系统、移动通讯（基站）。				

企业名称	坂惠电子（上海）有限公司				
企业地址	上海市外高桥保税区富特东一路438号第五层B部位（200131）				
投资总额	20万USD	电　话	69576199	传　真	39578023
设立日期	2003-4-10	负责人	李建亮		
主营业务	保税区内以电子产品为主的分拨业务；提供相关售后服务。				

企业名称	卡斯米计算机软件（上海）有限公司				
企业地址	上海市嘉定区叶城路1288号（201821）				
投资总额	6.2万USD	电　话	64014711	传　真	64014711
设立日期	2003-4-10	负责人	丁如霞		
主营业务	开发、生产计算机软件，销售本公司自产产品并提供相关技术咨询服务。				

企业名称	欧好光电控制技术（上海）有限公司				
企业地址	上海市嘉定区叶城路1288号（201821）				
投资总额	10万USD	电　话	69523945	传　真	69523946
设立日期	2003-4-10	负责人	皮　波		
主营业务	研发、生产各类防爆控制阀，各类传感、探测器、检测、报警控制系统。				

企业名称	上海方泰电子科技有限公司				
企业地址	上海市张江高科技园区碧波路690号2号楼203室（201203）				
投资总额	20万USD	电　话	50271868	传　真	50271869
设立日期	2003-4-9	负责人	张国威		
主营业务	集成电路及相关电子零部件的研发、设计、制作，相关技术的研究开发。				

企业名称	上海安电通信科技发展有限公司				
企业地址	上海市普陀区交通路2779号1350室（200070）				
投资总额	50万USD	电　话	62231166	传　真	62231156
设立日期	2003-4-7	负责人	杨永东		
主营业务	生产移动语音/数据网络卡和相配套的应用软件，销售自产产品。				

企业名称	上海西迪易收银设备有限公司				
企业地址	上海市松江区新桥镇新泾工业园区闵申大道90号（201612）				
投资总额	21万USD	电　话	57684718	传　真	57684668
设立日期	2003-4-7	负责人	黄蔡锦华		
主营业务	生产、加工收银机系统及其周边设备之塑料、电子、电器产品。				

企业名称	麦迪实电子科技（上海）有限公司				
企业地址	上海市松江出口加工区南区路罗伊尔三期园区1号标准厂房（201611）				
投资总额	35万USD	电　话	57749099	传　真	67747032
设立日期	2003-4-3	负责人	厉国钦		
主营业务	开发、制作与计算机相关的软件，承接计算机零部件的整合加工。				

企业名称	业鑫电子（上海）有限公司				
企业地址	上海市青浦区上海崧泽工业园区崧春路195号（201703）				
投资总额	30万USD	电　话	69758680	传　真	69758687
设立日期	2003-4-3	负责人	李　竹		
主营业务	生产电脑用交换式电源供应器、交直流变压器、高频交换式变压器。				

企业名称	上海欧陆科仪有限公司				
企业地址	上海市浦东新区金港路501号高科工业城C幢第二层（201206）				
投资总额	28万USD	电　话	58347460	传　真	58545673
设立日期	2003-4-2	负责人	梁德聪		
主营业务	开发、研制用于环保的水质连续监测分析仪、实验室水质分析。				

企业名称	恩丰电子国际贸易（上海）有限公司				
企业地址	上海市外高桥保税区富特北路358号401、403室（200137）				
投资总额	20万USD	电　话	54202291	传　真	54202328
设立日期	2003-3-31	负责人	钟世雄		
主营业务	以电子产品为主的保税区内仓储分拨业务及相关产品的保税区内维修。				

企业名称	派肯迪通讯技术咨询（上海）有限公司				
企业地址	上海市长宁区长宁路1027号1808室（200050）				
投资总额	14万USD	电　话	52419889	传　真	52410762
设立日期	2003-3-27	负责人	ANTHONY JOHN MILBOUR		
主营业务	提供有关无线通讯的软件和技术的咨询、市场调研、市场营销管理咨询。				

企业名称	上海欣丰卓群电路板有限公司				
企业地址	上海市江场西路330号1号楼101室（200436）				
投资总额	46万USD	电　话	36030458	传　真	66527031
设立日期	2003-3-27	负责人	胡泽洪		
主营业务	研制、开发、生产印刷电路板，销售自产产品，并提供相关的技术服务。				

企业名称	欧霖电子工业（上海）有限公司				
企业地址	上海市浦东新区浦东南路1341弄9号底层（200122）				
投资总额	20万USD	电　话	58795616	传　真	58799487
设立日期	2003-3-27	负责人	新井猛		
主营业务	开发、生产电容磁化、消磁机及冲磁场，磁性检测设备，销售自产产品。				

企业名称	上海敏华微电子有限公司				
企业地址	上海市张江高科技园区郭守敬路498号浦东软件园9号楼三层(201203)				
投资总额	40万USD	电　话	50807887	传　真	50807880
设立日期	2003-3-26	负责人	PING KEUNG KO		
主营业务	微电子及光电类器件的开发、设计、制作，销售自产产品。				

企业名称	京滨电子装置研究开发（上海）有限公司				
企业地址	上海市松江工业区西部新区文翔路3988号（201616）				
投资总额	350万USD	电　话	57760208	传　真	57760207
设立日期	2003-3-25	负责人	大和明博		
主营业务	电子控制装置以及发动机关联零部件的研究开发。				

企业名称	上海工立科技有限公司				
企业地址	上海市闵行区颛兴东路1421弄155号（201108）				
投资总额	200万USD	电　话	64893634	传　真	64893502
设立日期	2003-3-25	负责人	佐竹徹		
主营业务	生产新型电子元器件、新型仪表元器件，销售自产产品。				

企业名称	博莎电子（上海）有限公司				
企业地址	上海市松江石湖荡镇闵塔路南侧长石路西侧（201617）				
投资总额	20万USD	电　话	57847286	传　真	57847610
设立日期	2003-3-21	负责人	井上聪		
主营业务	加工、生产电子陶瓷、绝缘零件、电子线路板、电子镇流器。				

企业名称	上海美德电子有限公司				
企业地址	上海市外高桥保税区富特北路358号第七层705、707部位（200131）				
投资总额	20万USD	电　话	58680991	传　真	58680993
设立日期	2003-3-20	负责人	QUEK KOK WAH		
主营业务	保税区内以电子产品为主的分拨业务及相关产品的售后服务。				

企业名称	英飞凌科技资源中心（上海）有限公司				
企业地址	上海市张江高科技园区松涛路647弄8号（201203）				
投资总额	210万USD	电　话	61019047	传　真	61019435
设立日期	2003-3-20	负责人	POW TIEN TEE		
主营业务	提供微电子及相关系统方案；微电子技术和产品的研究开发。				

企业名称	上海新昱电电子有限公司				
企业地址	上海市外高桥保税区富特西一路155号C幢6B(200131)				
投资总额	100万USD	电　话	64466513	传　真	54581062
设立日期	2003-3-20	负责人	王浩隆		
主营业务	保税区生产加工电子元器件、集成电路板，销售公司自产产品。				

企业名称	上海定桥电子有限公司				
企业地址	上海市嘉定区马陆镇浏翔路3081号（201801）				
投资总额	50万USD	电　话	59512776	传　真	59512776
设立日期	2003-3-19	负责人	黄金泰		
主营业务	生产各类极细同轴线、无线传输用天线、讯息传送连接线。				

企业名称	上海优电电子科技有限公司				
企业地址	上海市南汇区康桥镇康桥东路1258弄10号厂房（201315）				
投资总额	51万USD	电　话	58133801	传　真	58133816
设立日期	2003-3-19	负责人	赖茂富		
主营业务	生产锂离子电池及其零部件，销售公司自产产品。				

企业名称	展镭纳米科技（上海）有限公司				
企业地址	上海市闵行区宜山路 1618 号 676 室（201103）				
投资总额	20 万 USD	电话	64052820	传真	64052830
设立日期	2003-3-19	负责人	曾珊珊		
主营业务	研发、生产纳米技术材料及应用系统，光电产品的开发与制造。				

企业名称	上海集轩电子有限公司				
企业地址	上海市青浦区赵巷镇青赵路 6551 号（201711）				
投资总额	25 万 USD	电话	59211115	传真	59212095
设立日期	2003-3-19	负责人	陈长环		
主营业务	生产医疗康复电子产品和保健康复电子产品及其零配件。				

企业名称	上海温拿电脑刺绣有限公司				
企业地址	上海市松江茸北工业区施惠路 315 弄 9 号厂房（201600）				
投资总额	25 万 USD	电话	57784248	传真	57783395
设立日期	2003-3-13	负责人	张郭纹		
主营业务	加工、生产电脑刺绣类产品、电脑刺绣制版，销售公司自产产品。				

企业名称	精宇（上海）电子科技有限公司				
企业地址	上海市闵行区七莘路 999 号（201100）				
投资总额	101 万 USD	电话	54955735	传真	54955739
设立日期	2003-3-13	负责人	戴明键		
主营业务	研究、开发、制造卫星广播电视接收设备及零附件、卫星通讯接收设备。				

企业名称	盈邦光学器件（上海）有限公司				
企业地址	上海市奉贤区西渡镇金港村肖玻路 199 号 8 号厂房（201401）				
投资总额	20 万 USD	电话	57436627	传真	57436637
设立日期	2003-3-13	负责人	金春洙		
主营业务	生产加工各种光电器件和敏感元器件，销售公司自产产品。				

企业名称	晶升电子（上海）有限公司				
企业地址	上海市外高桥保税区法赛路 556 号 43#厂房北部位（200131）				
投资总额	20 万 USD	电话	50483138	传真	50482938
设立日期	2003-3-7	负责人	HENG JEE KWANG		
主营业务	保税区内以电子产品为主的分拨、仓储、物流业务。				

企业名称	上海小金井电子有限公司				
企业地址	上海市嘉定区叶城路 1630 号（201821）				
投资总额	170 万 USD	电话	69524230	传真	69524231
设立日期	2003-3-6	负责人	堤康司		
主营业务	生产低功率气动控制阀、伺服装置、电子专用设备、新型电子传感器。				

企业名称	上海野尻光学有限公司				
企业地址	上海市嘉定区洪德路 816 号（201821）				
投资总额	210 万 USD	电话	69169900	传真	69169090
设立日期	2003-2-28	负责人	福永邦男		
主营业务	生产加工各种金属眼镜架、眼镜机械、光学镜片、永久磁性电子元件。				

企业名称	上海富量光电技术有限公司				
企业地址	上海市闵行区吴宝路 1265 弄 108 号（201105）				
投资总额	22 万 USD	电话	52272458	传真	52275250
设立日期	2003-2-28	负责人	王晓东		
主营业务	开发、生产物料分选设备、包装输送及称重设备、电子监测设备。				

企业名称	联凯富计算机技术（上海）有限公司				
企业地址	上海市天目西路 218 号第一座 2604-2605 室（200070）				
投资总额	14 万 USD	电话	64812668	传真	64810313
设立日期	2003-2-28	负责人	陈 滔		
主营业务	开发、设计、制作计算机软件，计算机系统集成，销售自产产品。				

企业名称	旭电（上海）电子设备维修服务有限公司				
企业地址	上海市闵行区吴中路 1050 号（200233）				
投资总额	21 万 USD	电话	54168093	传真	54168057
设立日期	2003-2-28	负责人	董欣煌		
主营业务	提供计算机、通信设备、精密仪器及元件的维修、维护、技术服务。				

企业名称	上海播德电子技术服务有限公司				
企业地址	上海市漕宝路 70 号光大会展中心 C 座 29 楼 2906 室（200235）				
投资总额	25 万 USD	电话	64386555	传真	54254802
设立日期	2003-2-28	负责人	KEITH AIIAN VANDERBU		
主营业务	电子测试和测量设备的维修服务和技术咨询。				

企业名称	上海矢崎电子配件有限公司				
企业地址	上海市外高桥保税区冰克路 500 号 5#仓库第二层 B 部位（200131）				
投资总额	20 万 USD	电话	58777747	传真	58777747
设立日期	2003-2-26	负责人	善浪康治		
主营业务	保税区内以汽车电子配件为主的仓储、分拨业务，相关产品的技术咨询。				

企业名称	上海铃木电子有限公司				
企业地址	上海市闵行区虹梅路 2069 号房屋 D 栋（200233）				
投资总额	100 万 USD	电话	64656661	传真	64463208
设立日期	2003-2-24	负责人	铃木肇		
主营业务	生产电子材料、电子元器件及相关零部件、电子元器件的制造。				

企业名称	鸿缘电子（上海）有限公司				
企业地址	上海市松江区洞泾镇渔洋浜村（松江工业区洞泾分区二区）（201609）				
投资总额	250 万 USD	电话	67670056	传真	67672731
设立日期	2003-2-24	负责人	吴东发		
主营业务	生产按摩器、电子变压器、光源照明、小彩电、IC 设计、电子玩具。				

企业名称	奥智品光学仪器（上海）有限公司				
企业地址	上海市外高桥保税区富特北路 358 号 702、704、706 室（200131）				
投资总额	20 万 USD	电话	58680872	传真	58681431
设立日期	2003-2-18	负责人	KIRK GOR HUA		
主营业务	保税区内以精密仪器为主的仓储分拨业务及其相关产品的售后服务。				

企业名称	上海维科电子有限公司				
企业地址	上海市外高桥保税区港澳路 239 号厂房南楼第二层 B 部位（200131）				
投资总额	20 万 USD	电话	50482617	传真	50482616
设立日期	2003-2-18	负责人	陈燕来 TAN YAN LAI		
主营业务	生产、设计电子元器件及用于电子元器件的工装夹具、设备。				

企业名称	上海西村电子有限公司				
企业地址	上海市嘉定区复华高新技术园区申裕路 325 号（201818）				
投资总额	30 万 USD	电话	59901437	传真	59901394
设立日期	2003-2-13	负责人	西村正		
主营业务	生产、加工通讯设备、产业设备、家用电器的电子零件、线圈。				

企业名称	派拉蒙电子（上海）有限公司				
企业地址	上海市闵行区浦江镇工业园区（201114）				
投资总额	50 万 USD	电话	63274678	传真	63846725
设立日期	2003-2-13	负责人	GERALD HUANG		
主营业务	生产古董电话机、古董钟、装饰像架等工艺品，销售自产产品。				

企业名称	讯技光电科技（上海）有限公司				
企业地址	上海市南汇区康桥工业区康桥东路 1 号 406 室（201300）				
投资总额	14 万 USD	电话	54071828	传真	54071801
设立日期	2003-2-13	负责人	蔡大猷		
主营业务	生产光电系统软件、计算机软件、多媒体软件、网络系统软件。				

企业名称	上海兴兆电子材料有限公司				
企业地址	上海市宝山区顾村镇新街东首（201907）				
投资总额	20 万 USD	电话	66041891	传真	66041892
设立日期	2003-2-13	负责人	赵燕鸣		
主营业务	金属丝、板、粉、氧化物、研磨材料、耐火材料的加工和制作。				

企业名称	上海妃伦电脑影像耗材有限公司				
企业地址	上海市闵行区华漕镇朱建路 116 号（201107）				
投资总额	20 万 USD	电话	52260400	传真	52260410
设立日期	2003-1-30	负责人	陈克伦		
主营业务	生产数码影像输出器具及耗材，销售自产产品。				

企业名称	进联电子科技（上海）有限公司				
企业地址	上海市嘉定工业区马陆园区希望路（201801）				
投资总额	100 万 USD	电话	69156783	传真	69153282
设立日期	2003-1-29	负责人	吴智远		
主营业务	生产各类新型电子元器件、新型仪表元器件、电子控制模块。				

企业名称	上海捷登光电仪器有限公司				
企业地址	上海市嘉定区徐行镇宝钱公路北侧（201809）				
投资总额	100 万 USD	电话	59949608	传真	59949848
设立日期	2003-1-29	负责人	杨炯和		
主营业务	生产望远镜，瞄准镜，数码相机，显微镜及相关零部件。				

企业名称	上鹤自动化仪器设备（上海）有限公司				
企业地址	上海市嘉定区叶城路 1288 号（201821）				
投资总额	16.8 万 USD	电　话	69524081	传　真	69523759
设立日期	2003-1-29	负 责 人	杨英魁		
主营业务	研制、生产精密在线检测仪器、安全生产检测仪器，应用软件的开发。				

企业名称	斗圆电子技术（上海）有限公司				
企业地址	上海市浦东新区川沙路 6999 号 15 号厂房（201202）				
投资总额	50 万 USD	电　话	58597018	传　真	58597028
设立日期	2003-1-28	负 责 人	李春吉		
主营业务	生产电子接插件及相关零配件，销售自产产品，提供售后咨询服务。				

企业名称	上海西迪光存储科技有限公司				
企业地址	上海市华东路 5001 号第 3 幢通用厂房 TA－3（201206）				
投资总额	250 万 USD	电　话	58990963	传　真	58990963
设立日期	2003-1-28	负 责 人	刘继军		
主营业务	生产可记录光盘（DVD-R 等），开发光存储媒质相关技术。				

企业名称	上海鑫锘计算机软件开发有限公司				
企业地址	上海市虹口区四平路 710 号 902A 室（200086）				
投资总额	10 万 USD	电　话	65229101	传　真	65229106
设立日期	2003-1-28	负 责 人	徐德强		
主营业务	开发、研制、生产网络类软件系统，承接相关的网络安装工程。				

企业名称	斯堪的亚电子（上海）有限公司				
企业地址	上海市浦东新区金桥出口加工区秦桥路 355 号（201206）				
投资总额	100 万 USD	电　话	61002500	传　真	61002599
设立日期	2003-1-22	负 责 人	ULF GUNDMARK		
主营业务	通讯基站材料、电子电器零部件、机电零部件的加工、组装、包装。				

企业名称	胜算通讯科技（上海）有限公司				
企业地址	上海市莘庄工业区申富路 789 号 2 号楼（201108）				
投资总额	20 万 USD	电　话	54426047	传　真	54426141
设立日期	2003-1-22	负 责 人	MING HUI CHEN		
主营业务	开发、生产微波通信系统零部件、小型电机（包括汽车用电机）。				

企业名称	艾使易电子贸易（上海）有限公司				
企业地址	上海市外高桥保税区马吉路 28 号 2602 室（200131）				
投资总额	20 万 USD	电　话	50806660	传　真	50807019
设立日期	2003-1-21	负 责 人	大场干人		
主营业务	国际贸易、转口贸易，保税区企业间的贸易及贸易代理。				

企业名称	信浓电子（上海）有限公司				
企业地址	上海市外高桥保税区华京路 8 号 840、842 室（200131）				
投资总额	20 万 USD	电　话	64431930	传　真	64438563
设立日期	2003-1-21	负 责 人	金子元昭		
主营业务	保税区内以精密电子产品及零配件为主的仓储、分拨业务。				

企业名称	富技兴产（上海）电子设备有限公司				
企业地址	上海市外高桥保税区荷丹路 242 号第四层 C 部位（200131）				
投资总额	20 万 USD	电　话	58368817	传　真	58368105
设立日期	2003-1-21	负 责 人	仮屋信夫		
主营业务	保税区内以工业机器、电子机器、工厂及大厦设备为主的仓储、分拨业务。				

企业名称	上海科秉电子科技有限公司				
企业地址	上海市青浦区白鹤镇外青松公路 3236 号（201709）				
投资总额	50 万 USD	电　话	59745495	传　真	59745425
设立日期	2003-1-20	负 责 人	王智信		
主营业务	集成电路产业、光电产业精密设备、精密仪器及零组件的维修、维护。				

企业名称	上海龙晶微电子有限公司				
企业地址	上海市闵行区剑川路 468 号（201100）				
投资总额	6.2 万 USD	电　话	61212626	传　真	61212628
设立日期	2003-1-20	负 责 人	董叶顺		
主营业务	微电子集成电路及其相关电子元器件和系统的研发、设计、制作。				

企业名称	健特精密电子（上海）有限公司				
企业地址	上海市嘉定区南翔镇西工业开发区（201802）				
投资总额	116 万 USD	电　话	69176776	传　真	69176786
设立日期	2003-1-16	负 责 人	吴敏禄		
主营业务	生产新型电子元器件，销售本公司自产产品。				

企业名称	上海可莱特电子有限公司				
企业地址	上海市黄浦区西藏南路 1685 号 A 幢 4 楼（200011）				
投资总额	15 万 USD	电　话	63153928	传　真	63153929
设立日期	2003-1-16	负 责 人	李东烈		
主营业务	生产安全标志电子产品，销售公司自产产品。				

企业名称	上海思怡电子技术服务有限公司				
企业地址	上海市外高桥保税区富特北路 358 号管理楼第二层 C 部位（200131）				
投资总额	20 万 USD	电　话	58685066	传　真	58685071
设立日期	2003-1-16	负 责 人	游熙平		
主营业务	保税区内电子产品组装维修，技术咨询，电子产品的技术开发。				

企业名称	玛埃特电子设备（上海）有限公司				
企业地址	上海市闵行区华漕镇联友支路 100 弄 8 号（201107）				
投资总额	301 万 USD	电　话	62214211	传　真	62214207
设立日期	2003-1-16	负 责 人	邝金文		
主营业务	设计、生产电子专用设备、测试仪器、工模具，销售自产产品。				

企业名称	上海鼎钛克电子有限公司				
企业地址	上海市宜山路 1718 号 A 栋 2 楼（201103）				
投资总额	70 万 USD	电　话	64657228	传　真	64658620
设立日期	2003-1-16	负 责 人	张生财		
主营业务	研制、生产计算机设备、通信设备、工业控制设备的服务器。				

企业名称	雅由电子（上海）有限公司				
企业地址	上海市青浦区徐泾镇工业园区（201702）				
投资总额	60 万 USD	电　话	69760939	传　真	69761155
设立日期	2003-1-13	负 责 人	井上雅雄		
主营业务	生产电子元器件、各类线束、接插件、通信设备零部件。				

企业名称	上海欣恒光学有限公司				
企业地址	上海市青浦区白鹤镇外青松公路 3236 号（201709）				
投资总额	40 万 USD	电　话	59740749	传　真	59740366
设立日期	2003-1-13	负 责 人	王智信		
主营业务	设计、生产、加工用于光学产品、光电产品的人工晶体材料、无源器件。				

企业名称	上海同泰电子科技有限公司				
企业地址	上海市松江高新技术园区欣玉路南侧东环路东侧（201600）				
投资总额	308 万 USD	电　话	67728428	传　真	67728438
设立日期	2003-1-10	负 责 人	李文彦		
主营业务	生产、加工柔性线路板、精冲模、精密型腔模、模具标准件。				

企业名称	信泰鹿岛电子（上海）有限公司				
企业地址	上海市松江区泗泾镇九干路 368 号 B 栋 2 楼（201601）				
投资总额	250 万 USD	电　话	57626298	传　真	57617236
设立日期	2003-1-10	负 责 人	赖以仁		
主营业务	生产、加工数字摄录机，数字放声设备及零部件，数字照相机。				

企业名称	利积（上海）电子有限公司				
企业地址	上海市松江区新桥镇新格路 1511 弄 3 号（201600）				
投资总额	30 万 USD	电　话	57687195	传　真	57686563
设立日期	2003-1-10	负 责 人	游得宏		
主营业务	电子电路板的设计、生产，销售自产产品，提供相关技术咨询服务。				

企业名称	田商电子（上海）有限公司				
企业地址	上海市外高桥保税区美桂北路 317 号第二层 B 部位（200131）				
投资总额	20 万 USD	电　话	64276750	传　真	64273657
设立日期	2003-1-10	负 责 人	藤田主税		
主营业务	保税区内从事主要以轴承、电路板以及设备装置为主的仓储、分拨业务。				

企业名称	上海韩进光学技术有限公司				
企业地址	上海市奉贤区南桥镇五星村（201400）				
投资总额	100 万 USD	电　话	57107214	传　真	57107414
设立日期	2003-1-9	负 责 人	郑锡男		
主营业务	加工、生产各波段光学特性薄膜，销售公司自产产品。				

企业名称	裕利年电力电子（上海）有限公司				
企业地址	上海市浦东新区金藏路 258 号 5 幢 502 室（201206）				
投资总额	36 万 USD	电　话	50321210	传　真	50321210
设立日期	2003-1-9	负 责 人	阮汉基		
主营业务	研制、生产电力电子产品，销售自产产品，自行研制成果的转让。				

企业名称	上海凯飞电子科技有限公司				
企业地址	上海市闵行区虹中路 399 号（201103）				
投资总额	102 万 USD	电　话	64654931	传　真	64651783
设立日期	2003-1-9	负 责 人	巫宗德		
主营业务	生产电子镇流器、照明器具、节能灯、线圈、变压器、电解电容器。				

企业名称	上海威宜登光电有限公司				
企业地址	上海市合川路 3136 号 3 号楼 2 楼（201103）				
投资总额	20 万 USD	电　话	59251244	传　真	59251246
设立日期	2003-1-9	负 责 人	赵振法		
主营业务	发光二极体、照明灯具、车灯、印刷电路板、铝电解电容器的设计。				

企业名称	上海千速环保设备科技有限公司				
企业地址	上海市嘉定区徐行镇宝钱公路 556 号（201811）				
投资总额	51 万 USD	电　话	59975099	传　真	59975100
设立日期	2003-1-8	负 责 人	魏溪湖		
主营业务	生产环保设备、通风设备及相关产品，销售本公司自产产品。				

企业名称	南极光钢铁（上海）有限公司				
企业地址	上海市宝山区罗店镇工业园区内（200062）				
投资总额	1200 万 USD	电　话	62658519	传　真	62647086
设立日期	2003-1-7	负 责 人	陈龙潭		
主营业务	生产、加工镀锌及耐腐蚀性铝锌合金板涂层板，销售自产产品。				

企业名称	伟创力电脑（上海）有限公司				
企业地址	上海市嘉定区工业区马陆园区永盛路（201801）				
投资总额	50 万 USD	电　话	39158000	传　真	59153331
设立日期	2003-1-7	负 责 人	MANNY MURIMUTHU		
主营业务	生产、加工电信和计算机设备的内部系统、包括其中的电子装置和线路。				

企业名称	力倍金具（上海）有限公司				
企业地址	上海嘉定工业区洪德路 1155 号 A3 座（201821）				
投资总额	20 万 USD	电　话	69169058	传　真	69169055
设立日期	2003-1-7	负 责 人	WALTER PFANDL		
主营业务	开发和生产用于铁路架空线系统、高压架空导线、变电站、通讯电缆。				

企业名称	上海菲尼克斯通讯技术有限公司				
企业地址	上海市青浦区徐泾镇广虹工业小区华徐公路 569 号（201702）				
投资总额	250 万 USD	电　话	59761331	传　真	59761131
设立日期	2003-1-7	负 责 人	马克麦奇		
主营业务	开发、生产新型仪表元器件、通讯用新型仪器设备及关键部件。				

企业名称	镭富电子设备（上海）有限公司				
企业地址	上海市外高桥保税区泰谷路 207 号底层 B 部位（200131）				
投资总额	20 万 USD	电　话	52371288	传　真	52371289
设立日期	2003-1-5	负 责 人	JAMES MICHAEL DODSON		
主营业务	保税区内提供电子元件生产设备及相关配件的仓储、分拨业务。				

企业名称	环旭电子（上海）有限公司				
企业地址	上海市张江高科技园区集成电路产业区龙东大道 3000 号（201203）				
投资总额	2800 万 USD	电　话	58966996	传　真	58967666
设立日期	2003-1-2	负 责 人	张洪本		
主营业务	提供电子产品设计制造服务（DMS）、生产、加工新型电子元器件。				

企业名称	王氏港建（上海）设备维修服务有限公司				
企业地址	上海市普陀区金沙江路 1340 弄 172 支弄 14 号 1 号楼（200333）				
投资总额	21 万 USD	电　话	52833303	传　真	52833028
设立日期	2002-12-31	负 责 人	徐应春		
主营业务	精密仪器、设备维修与售后服务及相关技术咨询服务。				

企业名称	上海东朋科技有限公司				
企业地址	上海市青浦工业园区汇金路 1008 号（201707）				
投资总额	210 万 USD	电　话	69212179	传　真	69212612
设立日期	2002-12-23	负 责 人	富田英之		
主营业务	设计、开发生产信息处理及多重传送设备、控制系统设备、半导体。				

企业名称	脉网信息系统（上海）有限公司				
企业地址	上海市浦东新区商城路 738 号胜康廖氏大厦 1801 室（200120）				
投资总额	20 万 USD	电　话	50581162	传　真	50581176
设立日期	2002-12-20	负 责 人	HARRI MATTI HENRIK M		
主营业务	开发，制作计算机软件，销售自产产品，计算机网络系统的设计，安装。				

企业名称	义思义精密电子设备（上海）有限公司				
企业地址	上海市浦东新区王桥工业区 19 号地块创业路 785 室（201201）				
投资总额	140 万 USD	电　话	58382127	传　真	58382117
设立日期	2002-12-20	负 责 人	高亨来		
主营业务	研制，生产用于半导体，信息技术用电子专用设备的零部件。				

企业名称	上海佳中电子技术有限责任公司				
企业地址	上海市青浦区徐泾镇老沪青公路 499 号（201704）				
投资总额	1000 万 USD	电　话	59732890	传　真	59769888
设立日期	2002-12-18	负 责 人	周　平		
主营业务	生产电子通信设备，销售公司自产产品。				

企业名称	万代半导体元件（上海）有限公司				
企业地址	上海市张江高科技园区郭守敬路 498 号 18101－18104 室（201203）				
投资总额	46 万 USD	电　话	50803180	传　真	50805235
设立日期	2002-12-17	负 责 人	MIKE CHANG		
主营业务	半导体和集成电路的设计、制作；相关测试软件的开发、制作。				

企业名称	英贵电子科技（上海）有限公司				
企业地址	上海市青浦区外青松公路 5399 号（201707）				
投资总额	300 万 USD	电　话	69210011	传　真	69211117
设立日期	2002-12-17	负 责 人	林咏声		
主营业务	生产大容量光盘驱动器及其部件、数字照相机及关键件、高端路由器。				

企业名称	上海远名电子科技有限公司				
企业地址	上海市浦东康桥工业区康桥东路 1300 弄 9 号（201319）				
投资总额	35 万 USD	电　话	58131152	传　真	58131152
设立日期	2002-12-16	负 责 人	杨灿龙		
主营业务	生产光电子器件，新型机电元件，销售公司自产产品。				

企业名称	上海乔冠数码科技有限公司				
企业地址	上海市闵行区虹许路 560 号（201103）				
投资总额	28 万 USD	电　话	64068350	传　真	64068353
设立日期	2002-12-12	负 责 人	林修舌		
主营业务	研发、生产、销售计算机软、硬件及配套设备，多媒体产品，网络技术。				

企业名称	上海尚茂电子技术有限公司				
企业地址	上海市闵行区合川路 3136 号 5 号楼底楼（201103）				
投资总额	24 万 USD	电　话	64068397	传　真	64066592
设立日期	2002-12-12	负 责 人	王国正		
主营业务	新型电子元器件研发及生产，销售自产产品。				

企业名称	上海科秉电子科技有限公司				
企业地址	上海市青浦区白鹤镇外青松公路 3236 号（201709）				
投资总额	71 万 USD	电　话	59745495	传　真	59745425
设立日期	2002-12-11	负 责 人	王智信		
主营业务	集成电路产业、光电产业精密设备、精密仪器及零组件的维修、维护。				

企业名称	亚卫通智能系统（上海）有限公司				
企业地址	上海市普陀区曹杨路 500 号 410-7 号（200063）				
投资总额	87 万 USD	电　话	52131626	传　真	52131628
设立日期	2002-12-11	负 责 人	华　东		
主营业务	大楼智能软件系统集成、无线及有线传输产品的开发、生产。				

企业名称	浩佑光电科技（上海）有限公司				
企业地址	上海市闵行区金都路 4299 号 2006-8 室（201108）				
投资总额	20 万 USD	电　话	67693201	传　真	67693230
设立日期	2002-12-4	负 责 人	黄丰营		
主营业务	生产、销售条码扫描装置，镭射条码扫描仪，血糖分析仪，尿酸分析仪。				

企业名称	特迈科技（上海）有限公司				
企业地址	上海市浦东新区金藏路 258 号 T20－5－501 室（201206）				
投资总额	20 万 USD	电　话	50551008	传　真	58346323
设立日期	2002-12-2	负 责 人	黎国栋		
主营业务	研究、开发、设计和生产集成电路模块焊接机，销售自产产品。				

企业名称	松下电工信息仪器（上海）有限公司				
企业地址	上海市闵行区莘庄工业区申富路 811 号（201108）				
投资总额	678 万 USD	电　话	54426880	传　真	54426889
设立日期	2002-11-28	负 责 人	田西登喜男		
主营业务	生产新型电子元器件及新型仪表元器件，销售自产产品。				

制造业-电子及通信设备和仪器仪表及文化、办公用机械制造业

企业名称	**多伺电子机械技术（上海）有限公司**				
企业地址	上海市闵行区宜山路 1618 号 B 厂房 2 楼东（201103）				
投资总额	150 万 USD	电 话	64650040	传 真	64650630
设立日期	2002-11-27	负 责 人	姜顾熙		
主营业务	生产、销售机械设备，电子配套设备及相关的软件开发。				

企业名称	**上海朗仕电子设备有限公司**				
企业地址	上海市莘庄工业区光中路 868 号（201108）				
投资总额	21 万 USD	电 话	64426001	传 真	64426003
设立日期	2002-11-27	负 责 人	DAVID HELLER		
主营业务	开发、生产、销售电子元器件，电子设备及其零部件。				

企业名称	**河村电子（上海）有限公司**				
企业地址	上海市青浦工业园区新区路 325 号（201707）				
投资总额	2000 万 USD	电 话	69212661	传 真	69212662
设立日期	2002-11-26	负 责 人	河村幸俊		
主营业务	开发、生产新型仪表元器件，安全生产新技术设备及其关键零部件。				

企业名称	**多威通信系统（上海）有限公司**				
企业地址	上海市桂平路 555 号 45 号厂房第 5 层（200233）				
投资总额	90 万 USD	电 话	54262227	传 真	54262225
设立日期	2002-11-25	负 责 人	YANG DAN DAN		
主营业务	通信控制操作系统软件的制作，光电硬件模块的设计生产。				

企业名称	**上海盛尼电子科技有限公司**				
企业地址	上海市虹梅路 2065 号（201103）				
投资总额	26 万 USD	电 话	64852852	传 真	64957232
设立日期	2002-11-24	负 责 人	朱慧健		
主营业务	生产电源线和信号传输终端电子产品的雷电防护产品。				

企业名称	**鸿缘电子（上海）有限公司**				
企业地址	上海市松江区洞泾镇渔洋浜村（松江工业区洞泾分区二区）（201619）				
投资总额	500 万 USD	电 话	67670056	传 真	67672731
设立日期	2002-11-22	负 责 人	吴东发		
主营业务	生产按摩器、电子变压器、光源照明、小彩电、IC 设计、电子玩具。				

企业名称	**旺杰芯微电子（上海）有限公司**				
企业地址	上海市闵行区宜山路 1618 号 B 厂房 4 楼（201103）				
投资总额	210 万 USD	电 话	64018400	传 真	64019418
设立日期	2002-11-21	负 责 人	白坂寿敏		
主营业务	电子专用设备、测试仪器、半导体测试用探针卡等设备的生产。				

企业名称	**上海加扬光电科技有限公司**				
企业地址	上海松江高新技术园区玉树路东侧、大江路北侧（201613）				
投资总额	140 万 USD	电 话	57734411	传 真	57733412
设立日期	2002-11-19	负 责 人	陈文漳		
主营业务	生产、加工三轴以上联动数控机床、数控系统及伺服装置。				

企业名称	**敏科（上海）冶金仪表组件有限公司**				
企业地址	上海市外高桥保税区荷丹路 88 号宝刚浦东国贸大楼 7 楼（200131）				
投资总额	20 万 USD	电 话	58680812	传 真	58680205
设立日期	2002-11-19	负 责 人	RICHARD JOEL FAL		
主营业务	保税区内生产、加工、仓储用于冶金检测探头。				

企业名称	**上海佰德信光电子材料有限公司**				
企业地址	上海市松江区佘山工业区陶干路（顺业路 88 号）（201602）				
投资总额	500 万 USD	电 话	57793696	传 真	57793707
设立日期	2002-11-13	负 责 人	WEI WU		
主营业务	研发、生产半导体、元器件专用材料、汽车尾气净化剂、催化剂。				

企业名称	**上海锦和光电科技有限公司**				
企业地址	上海市嘉定区沪宜公路 2561 号（201801）				
投资总额	30 万 USD	电 话	59105530	传 真	39150017
设立日期	2002-11-11	负 责 人	邹仲秋		
主营业务	生产新型平板显示器件（LCD 背光板 、平板光源）及其配件。				

企业名称	**英顺达科技有限公司**				
企业地址	上海漕河泾出口加工区浦星路 699 号（201114）				
投资总额	8850 万 USD	电 话	64298888	传 真	64298848
设立日期	2002-11-11	负 责 人	叶国一		
主营业务	设计、开发、生产中大型电子计算机，携带式微型计算机，高档服务器。				

企业名称	**上海金明展览设备有限公司**				
企业地址	上海市金陵东路 569 号汇通大厦 1207A 室（200021）				
投资总额	20 万 USD	电 话	53869000	传 真	53869555
设立日期	2002-11-4	负 责 人	何远祺		
主营业务	设计、生产展台、展架、标牌、灯箱，自产产品的安装、维修。				

企业名称	**上海顺鼎科技有限公司**				
企业地址	上海市闵行区中春路 1290 号（201108）				
投资总额	6600 万 USD	电 话	64909166	传 真	64906230
设立日期	2002-11-4	负 责 人	山本次南		
主营业务	研发、生产大中型电子计算机，便携式微型计算机，高档服务器。				

企业名称	**上海毅仁信息科技有限公司**				
企业地址	上海市北京东路 689 号东银大厦 2 楼（200001）				
投资总额	1959 万 USD	电 话	23060088	传 真	23060022
设立日期	2002-11-4	负 责 人	孔 毅		
主营业务	研究、开发无线通讯技术，软件设计开发及制作，电路设计与集成。				

企业名称	**实盈电子（上海）有限公司**				
企业地址	上海松江出口加工区茸北路以东、达丰电脑公司以南（201613）				
投资总额	1625 万 USD	电 话	57749966	传 真	57748268
设立日期	2002-11-4	负 责 人	黄凰洲		
主营业务	生产、加工各类电脑外壳、五金件塑胶件模具、连接头外壳。				

企业名称	**上海龙鸟电子有限公司**				
企业地址	上海市外高桥保税区富特南路 301 号第三层（200131）				
投资总额	100 万 USD	电 话	62725056	传 真	62188866
设立日期	2002-11-2	负 责 人	徐乐勤		
主营业务	生产光盘驱动器，销售自产产品。				

企业名称	**上海爱知电子有限公司**				
企业地址	上海市张江高科技园区郭守敬路 351 号 2 号楼 634-8（201203）				
投资总额	16 万 USD	电 话	67627773	传 真	67627779
设立日期	2002-10-29	负 责 人	石仓敏明		
主营业务	集成电路、晶片电路系统、汽车零件模具、家电零件模具的研发、设计。				

企业名称	**上海顺隆数码电子通讯有限公司**				
企业地址	上海市松江区泗泾工业区九干路 259 号（201601）				
投资总额	25 万 USD	电 话	57626203	传 真	57626201
设立日期	2002-10-29	负 责 人	许春山		
主营业务	研究开发生产信息处理器、无线终端产品、电子汽车音响。				

企业名称	**纪州电子（上海）有限公司**				
企业地址	上海市松江区新桥镇民益路 72 号（201612）				
投资总额	70 万 USD	电 话	57686175	传 真	57686117
设立日期	2002-10-24	负 责 人	釜中甫干		
主营业务	生产电子喷墨打印机系列产品、辊动打印机、墨水、溶剂。				

企业名称	**上海明凯电子有限公司**				
企业地址	上海市浦东新区唐镇工业区金丰北路 88 号（201201）				
投资总额	556 万 USD	电 话	58586990	传 真	58586993
设立日期	2002-10-22	负 责 人	朴根培		
主营业务	生产，加工新型平板显示器件（液晶显示器）高密度数字光盘机。				

企业名称	**勤茂科技（上海）有限公司**				
企业地址	上海市碧波路 572 弄 116 号 20 幢（201203）				
投资总额	70 万 USD	电 话	50807998	传 真	50805379
设立日期	2002-10-18	负 责 人	陈炳聪		
主营业务	集成电路及其模块组产品的设计，研发，制造，销售。				

企业名称	**上海广龙科技有限公司**				
企业地址	上海市南京西路 580 号（200041）				
投资总额	260 万 USD	电 话	51801888	传 真	51801860
设立日期	2002-10-15	负 责 人	陈建新		
主营业务	广播电视技术工艺、信息网络系统的设计、光纤通信系统设计。				

企业名称	**泰柯机电（上海）有限公司**				
企业地址	上海市松江工业区车墩分区香亭路（201614）				
投资总额	150 万 USD	电 话	62801151	传 真	62832765
设立日期	2002-10-14	负 责 人	王培荣		
主营业务	生产投影机、打印机、照明电器、电动工具、转印材料、电脑周边产品。				

企业名称	上海嘉阳通信科技有限公司				
企业地址	上海市松江区石湖荡镇（原申鹿呢绒厂内）（201600）				
投资总额	24万USD	电　话	24028586	传　真	24028512
设立日期	2002-10-11	负责人	李晓峰		
主营业务	研发设计、生产（含委托加工）电子、通讯产品以及终端产品。				

企业名称	安勤计算机应用科技（上海）有限公司				
企业地址	上海市宜山路900号科技大楼B区9楼909（200233）				
投资总额	50万USD	电　话	54234170	传　真	54234171
设立日期	2002-10-10	负责人	刘利绮		
主营业务	设计生产组装单板计算机用功能测试电路板及其零组件与系统产品。				

企业名称	上海阳电通讯技术有限公司				
企业地址	上海市余姚路338号二层6－12轴（200042）				
投资总额	630万USD	电　话	62263499	传　真	62253717
设立日期	2002-10-9	负责人	刘　阳		
主营业务	生产工业调度程控通讯系统、监测系统，销售自产产品。				

企业名称	恩泰电子（上海）有限公司				
企业地址	上海市松江区新桥镇松江1169号地块（201600）				
投资总额	130万USD	电　话	64325571	传　真	64325570
设立日期	2002-9-30	负责人	刘海波		
主营业务	设计开发、制造家用、通讯电器用的音视频功能主板及其电子配件。				

企业名称	开天传动技术（上海）有限公司				
企业地址	上海市浦东新区金桥出口加工区金藏路351号30幢1楼（201206）				
投资总额	25万USD	电　话	50551630	传　真	50320600
设立日期	2002-9-30	负责人	DR. RAINER MICHAEL		
主营业务	设计、开发、制造三轴以上联动的数控机床的伺服装置。				

企业名称	布劳恩惰性气体系统（上海）有限公司				
企业地址	上海市浦东新区新金桥路828号A幢底层4、5、6区（201206）				
投资总额	20万USD	电　话	50320257	传　真	50320229
设立日期	2002-9-26	负责人	GERHARD HINRICHS		
主营业务	设计、开发、生产惰性气体保护系统及相关设备，销售自产产品。				

企业名称	长飞光纤光缆（上海）有限公司				
企业地址	上海市松江工业区江田东路212号（201613）				
投资总额	2980万USD	电　话	57740123	传　真	57747070
设立日期	2002-9-26	负责人	徐锡洲		
主营业务	设计、生产光纤、光缆器件材料及宽带接入网通讯系统设备。				

企业名称	上海协立显彤电子科技有限公司				
企业地址	上海市浦东新区金皖路389号701室（200129）				
投资总额	20万USD	电　话	58719778	传　真	58719770
设立日期	2002-9-26	负责人	西雅宽		
主营业务	生产、加工电子测试设备及配件，销售自产产品，提供相关技术咨询。				

企业名称	高技国际计测器（上海）有限公司				
企业地址	上海市闵行区莘庄工业区申富路889号（201108）				
投资总额	142万USD	电　话	54426886	传　真	54426818
设立日期	2002-9-25	负责人	松本繁		
主营业务	开发、设计、制造轮胎平衡机、计量检测设备、修整设备及相关装置。				

企业名称	成颂电子设备（上海）有限公司				
企业地址	上海市闵行区景联路811号（201108）				
投资总额	142万USD	电　话	54403261	传　真	54403263
设立日期	2002-9-24	负责人	俞东旭		
主营业务	生产、销售电子专用设备，并提供安装，维修，保养等售后服务。				

企业名称	锦徽电子（上海）有限公司				
企业地址	上海市外高桥保税区富特西一路381号A1楼第七层A部位（200131）				
投资总额	20万USD	电　话	58365838	传　真	58355871
设立日期	2002-9-24	负责人	刘颖明		
主营业务	以电子产品为主的保税区内仓储分拨业务，国际贸易、转口贸易。				

企业名称	上海樱总业电子有限公司				
企业地址	上海市松江区新浜镇松江1174号地铁SJ07（201605）				
投资总额	200万USD	电　话	67891055	传　真	67891059
设立日期	2002-9-20	负责人	田中敏夫		
主营业务	生产新型电子元器件。				

企业名称	世芯电子（上海）有限公司				
企业地址	上海市浦东新区郭守敬路351号2号楼632-19室（201203）				
投资总额	70万USD	电　话	52378868	传　真	52378880
设立日期	2002-9-20	负责人	KINYING KWAN		
主营业务	集成电路、晶片电路系统及相关软件的的研发、设计，制作。				

企业名称	上海伙伴数码科技有限公司				
企业地址	上海市闵行区东兰路689号（201102）				
投资总额	28万USD	电　话	64801139	传　真	54936800
设立日期	2002-9-18	负责人	袁梦笑		
主营业务	开发、生产、销售电子专用设备、软件产品、新型电子元器件。				

企业名称	上海德肯智能消防安全设备有限公司				
企业地址	上海市青浦工业园区高科技成果转化基地A21号厂房（201700）				
投资总额	85万USD	电　话	69220879	传　真	69220879
设立日期	2002-9-17	负责人	石成雄		
主营业务	设计开发、加工、生产防火、防爆的安全电子监测、传感、警报仪器。				

企业名称	斯丹达（上海）能源有限公司				
企业地址	上海松江出口加工区茸腾路50号（201611）				
投资总额	450万USD	电　话	57749188	传　真	57749118
设立日期	2002-9-10	负责人	宫泽三郎		
主营业务	生产、加工电子元器件、充电器。				

企业名称	康纬克斯光通讯（上海）有限公司				
企业地址	上海市外高桥保税区菲拉路55号综合楼第三层A部位（200131）				
投资总额	78万USD	电　话	62838887	传　真	62825407
设立日期	2002-9-10	负责人	杜兴隆		
主营业务	保税区内光电网络产品，通讯设备的研发，生产，加工，销售自产产品。				

企业名称	上海尼康精机有限公司				
企业地址	上海市外高桥保税区泰谷路213号第3层B2部位（200131）				
投资总额	287万USD	电　话	58990266	传　真	58990160
设立日期	2002-9-9	负责人	加藤浩		
主营业务	以半导体生产设备、精密机械及其相关零部件为主的保税区内仓储。				

企业名称	上海通润电子技术有限公司				
企业地址	上海市虹漕路421号虹漕大楼67号楼1230室（200233）				
投资总额	34万USD	电　话	64852772	传　真	64852773
设立日期	2002-9-9	负责人	陶建国		
主营业务	研究开发生产电源产品、电子防潮箱、智能电器元器件、工业控制。				

企业名称	卓德（上海）数码音响设备有限公司				
企业地址	上海市闵行区虹许路508号（201103）				
投资总额	28万USD	电　话	51206666	传　真	51206600
设立日期	2002-9-6	负责人	谢佳秦		
主营业务	研发、生产数码音响器材、数码音响设备及承接音响工程。				

企业名称	东拓（上海）电材有限公司				
企业地址	上海外高桥保税区美盛路63号第一层B部位（200131）				
投资总额	139万USD	电　话	58680750	传　真	58680752
设立日期	2002-9-5	负责人	千叶实		
主营业务	保税区内用于包装片状电子部品的台纸、原纸的切割和台纸的打孔。				

企业名称	泰乙技电子（上海）有限公司				
企业地址	上海市嘉定区徐行镇劳动路西侧（201809）				
投资总额	500万USD	电　话	59940370	传　真	59940211
设立日期	2002-9-5	负责人	柏罗・托比亚诺		
主营业务	生产家电、音响类电子产品及零部件，销售企业自产产品。				

企业名称	布蕾德光电（上海）有限公司				
企业地址	上海市浦东新区博文路1458号由由工业区B栋4楼（200125）				
投资总额	56万USD	电　话	50948886	传　真	50948868
设立日期	2002-9-3	负责人	杨日兴		
主营业务	开发，设计，制造照明灯具，电子起调器，电子镇流器，不间断电源。				

企业名称	上海格威得机械有限公司				
企业地址	上海市松江区新桥镇申港路东侧4号标准厂房（201612）				
投资总额	20万USD	电　话	57684910	传　真	57684909
设立日期	2002-9-2	负责人	王光浩		
主营业务	生产、加工高效焊装生产设备及与之相关的零件和部件。				

企业名称	上海怡飞柯精密机械有限公司				
企业地址	上海市青浦工业园区天一路 388 号（201712）				
投资总额	278 万 USD	电　话	59228626	传　真	59228631
设立日期	2002-9-2	负 责 人	渊本敏彦		
主营业务	生产、加工、组装铁路运输设备用的空气制动装置（刹车）、汽车等。				

企业名称	埃伯斯电子（上海）有限公司				
企业地址	上海市普陀区怒江北路 561 弄 4 号 2 楼（200333）				
投资总额	107.09 万 USD	电　话	52822541	传　真	52822541
设立日期	2002-8-30	负 责 人	DENNIS K. KARR		
主营业务	设计、开发、制造电路保护产品和热传感器，销售自产产品。				

企业名称	上海采晶光电设备有限公司				
企业地址	上海金宝工业园区（西区宝二路）（201812）				
投资总额	420 万 USD	电　话	69132434	传　真	69132875
设立日期	2002-8-29	负 责 人	汤競恒		
主营业务	生产液晶显示器，有机发光显示器，LCD 显示器，销售企业自产产品。				

企业名称	密科理安普（上海）微电子有限公司				
企业地址	上海市张江高科技园区祖冲之路 887 弄 84 号 102 室（201203）				
投资总额	100 万 USD	电　话	50805600	传　真	50805598
设立日期	2002-8-23	负 责 人	JEAN－MASC PANDRAUD		
主营业务	生产微电子行业专业的高纯度液体过滤产品，质量流量控制器。				

企业名称	维利安半导体设备（上海）有限公司				
企业地址	上海市浦东商城路 800 号 415 室（200120）				
投资总额	20 万 USD	电　话	58356865	传　真	58354665
设立日期	2002-8-23	负 责 人	姜志善		
主营业务	国际贸易、转口贸易、保税区企业间的贸易与贸易代理；保税区内贸易咨询服务。				

企业名称	特运电子（上海）有限公司				
企业地址	上海市外高桥保税区希雅路 350 号 6 号楼第 1 层 A2 部位（200131）				
投资总额	30 万 USD	电　话	50462190	传　真	50461057
设立日期	2002-8-22	负 责 人	THAM CHEE WOH		
主营业务	保税区内智慧型电脑与工业生产自动化系统电子产品的生产，加工，销售。				

企业名称	巨路电脑设备（上海）有限公司				
企业地址	上海市松江区洞泾镇洞泾经济开发区二区内（201600）				
投资总额	72 万 USD	电　话	54270078	传　真	54270072
设立日期	2002-8-22	负 责 人	邓南轩		
主营业务	生产、设计电脑系统、仪器、仪表、工业自动化系统设备。				

企业名称	诺斯美电子技术（上海）有限公司				
企业地址	上海市南山路 100 号 1101 室（200070）				
投资总额	14 万 USD	电　话	51005180	传　真	51005181
设立日期	2002-8-22	负 责 人	黄德祥		
主营业务	开发、加工、制造电子开关、低压电磁线圈及变压器、变速器及传感器。				

企业名称	上海绅宝星导电工有限公司				
企业地址	上海市浦东新区灵山路 898 号 2 幢（200122）				
投资总额	85 万 USD	电　话	58878766	传　真	58878798
设立日期	2002-8-15	负 责 人	林玉乃		
主营业务	设计、制造海上助航设备及相关辅助设备，光度测量仪，销售自产产品。				

企业名称	上海幻影显示技术有限公司				
企业地址	上海市漕河泾新兴技术开发区宜山路 700 号（200233）				
投资总额	310 万 USD	电　话	64837976	传　真	64839197
设立日期	2002-8-14	负 责 人	孙 良		
主营业务	开发、生产大屏幕显示设备。				

企业名称	友讯电子设备（上海）有限公司				
企业地址	上海市浦东新区菲拉路 55 号第六层 A2 部分（200131）				
投资总额	242 万 USD	电　话	52068899	传　真	52063700
设立日期	2002-8-13	负 责 人	黄哲煌		
主营业务	保税区内以路由器、网络卡、集线器、交换器为主的仓储、分拨业务。				

企业名称	格林斯潘控制技术（上海）有限公司				
企业地址	上海市浦东新区台桥路 28 号 C 幢 5 楼（201206）				
投资总额	160 万 USD	电　话	58997068	传　真	58997069
设立日期	2002-8-8	负 责 人	郭进武		
主营业务	研发、生产空调变频控制器及相关系统产品，销售自产产品。				

企业名称	上海捷准工业自动化设备有限公司				
企业地址	上海市闵行区虹梅路 2069 号（201103）				
投资总额	40 万 USD	电　话	64656336	传　真	64016987
设立日期	2002-8-7	负 责 人	林胜鹤		
主营业务	设计工业用计算机及相关配套软硬件，承接组装工控机。				

企业名称	考达电子（上海）有限公司				
企业地址	上海市闵行区金都路 4299 号 A 幢 2015 室 1 座（201108）				
投资总额	8 万 USD	电　话	59290488	传　真	59290488
设立日期	2002-8-6	负 责 人	姜庆华		
主营业务	开发，生产、销售测速雷达、汽车避撞雷达系列，测速雷达系列软件。				

企业名称	上海戴科电器发展有限公司				
企业地址	上海市闵行区元江路中春路西（201109）				
投资总额	280 万 USD	电　话	67695199	传　真	67695199
设立日期	2002-8-6	负 责 人	陈晓春		
主营业务	生产、加工并销售列车装饰配件，工业自动化机械电子系统工程设备。				

企业名称	上海科尢立子电机有限公司				
企业地址	上海市松江区石湖荡镇闵塔路 159 号（201617）				
投资总额	70 万 USD	电　话	68452218	传　真	68454334
设立日期	2002-8-6	负 责 人	岸本良信		
主营业务	生产加工电子、电机产品，销售公司自产产品。				

企业名称	英村科技有限公司				
企业地址	上海市漕河泾新兴技术开发区田州路 99 号 10 号楼（200233）				
投资总额	3000 万 USD	电　话	54450088	传　真	54263300
设立日期	2002-8-6	负 责 人	江英村		
主营业务	研发、生产电子辞典、掌上电脑、多功能手持式个人处理设备。				

企业名称	上海亿全电子有限公司				
企业地址	上海市松江区车新公路 185 号国际中小企业城 6 号标准厂房（201611）				
投资总额	200 万 USD	电　话	57609700	传　真	57609008
设立日期	2002-8-2	负 责 人	赵克南		
主营业务	开发、生产新型电子元器件，销售公司自产产品并提供售后服务。				

企业名称	文特斯仪器（上海）有限公司				
企业地址	上海市外高桥保税区泰谷路 205 号第四层 K1 部位（200131）				
投资总额	20 万 USD	电　话	58699888	传　真	58693073
设立日期	2002-8-1	负 责 人	PETER SUN		
主营业务	保税区内以压力表，温度计等工业用测试仪器及其零部件为主的仓储。				

企业名称	厚利巴仪器（上海）有限公司				
企业地址	上海市嘉定工业区叶城路 1211 号 1 幢（201821）				
投资总额	118 万 USD	电　话	69522835	传　真	69522823
设立日期	2002-7-31	负 责 人	堀场厚		
主营业务	生产分析仪器、计测仪器及相关零部件，销售企业自产产品。				

企业名称	上海快思聪电子科技有限公司				
企业地址	上海市闸北区天目西路 547 号联通国际大厦 2110 室（200070）				
投资总额	20 万 USD	电　话	63535867	传　真	33031025
设立日期	2002-7-31	负 责 人	向朝霞		
主营业务	开发，生产自动控制产品，计算机软硬件，网络通讯系统集成产品。				

企业名称	昭和真空机械（上海）有限公司				
企业地址	上海市青浦工业园区外青松公路 5500 号（201700）				
投资总额	510 万 USD	电　话	59702577	传　真	59702671
设立日期	2002-7-30	负 责 人	小俣邦正		
主营业务	设计、制造电子、半导体和精密光学元器件的专用设备、测试仪器。				

企业名称	第一兴商（上海）电子有限公司				
企业地址	上海市淮海中路 887 号永新大厦 7008 室（200020）				
投资总额	117 万 USD	电　话	64748108	传　真	64333389
设立日期	2002-7-29	负 责 人	高桥宏明		
主营业务	机顶盒，数码音乐播放机，单板机，PC 板卡，红外线信号转换器。				

企业名称	赫力思科技（上海）有限公司				
企业地址	上海市张江高科技园区祖冲之路 887 弄 72 号 2 楼北（201203）				
投资总额	28 万 USD	电　话	51317070	传　真	51317068
设立日期	2002-7-29	负 责 人	ROBERT J. LEPOFSKY		
主营业务	设计，开发，生产高真空设备，销售自产产品并提供相关的技术咨询。				

企业名称	超圣电子装配（上海）有限公司				
企业地址	上海市外高桥保税区日樱南路238号3楼（200131）				
投资总额	28万USD	电话	50480118	传真	50481119
设立日期	2002-7-25	负责人	王兆纶		
主营业务	研究、开发、生产电子数码产品及周边设备和相关的零部件。				

企业名称	恩尼特克电子科技（上海）有限公司				
企业地址	上海市浦东新区金桥工业开发区宁桥路825号4栋3楼（201206）				
投资总额	20万USD	电话	58999106	传真	58993286
设立日期	2002-7-23	负责人	叶圣兴		
主营业务	研究、开发、生产新型仪表电子接插件、连接器类产品，销售自产产品。				

企业名称	上海爱拓眼镜有限公司				
企业地址	上海松江大昆工业园区（201614）				
投资总额	28万USD	电话	57866477	传真	57855586
设立日期	2002-7-23	负责人	增田博文		
主营业务	生产、加工眼镜、眼镜盒及眼系列相关产品。				

企业名称	上海美杰彩喷材料有限公司				
企业地址	上海市闵行区剑川路1309号（200240）				
投资总额	12万USD	电话	64632963	传真	64632963
设立日期	2002-7-22	负责人	陈文		
主营业务	生产、开发数字打印机及配套产品，提供相关技术服务，销售自产产品。				

企业名称	捷耀光通讯科技（上海）有限公司				
企业地址	上海市漕河泾新兴技术开发区虹漕路461号59号厂房1楼（200233）				
投资总额	500万USD	电话	64856299	传真	54276519
设立日期	2002-7-19	负责人	杨丁元		
主营业务	研发、生产光电转换器、光纤网络卡、外接光电转换盒等光纤网络产品。				

企业名称	上海三菱电梯工程技术有限公司				
企业地址	上海市闵行经济技术开发区元阳路128号（200245）				
投资总额	1000万USD	电话	34051260	传真	34051226
设立日期	2002-7-19	负责人	夏毓灼		
主营业务	研究、开发电梯、扶梯和自动人行道的产品技术，配套生产电梯、扶梯。				

企业名称	盛立亚（中国）光网络系统有限公司				
企业地址	上海市张江高科技园区郭守敬路351号2号楼627-4室（201203）				
投资总额	500万USD	电话	50806800	传真	50806900
设立日期	2002-7-16	负责人	前田博文		
主营业务	计算机软件、网络软件和硬件模块的开发、制作、设计。				

企业名称	大立光电复合材料（上海）有限公司				
企业地址	上海市松江工业区沪松公路以东II－168号地块（201600）				
投资总额	620万USD	电话	67740101	传真	67740707
设立日期	2002-7-16	负责人	杨贻谋		
主营业务	开发、生产半导体、光器件专用材料，销售公司自产产品。				

企业名称	进联电子科技（上海）有限公司				
企业地址	上海市嘉定工业区马陆园区希望路（201801）				
投资总额	142万USD	电话	69156783	传真	69153282
设立日期	2002-7-14	负责人	吴智远		
主营业务	生产各类新型电子元器件、新型仪表元器件、电子控制模块。				

企业名称	其乐达（上海）集成电路有限公司				
企业地址	上海市长宁区延安西路2299号1410室（200336）				
投资总额	14万USD	电话	62361579	传真	62361562
设立日期	2002-7-10	负责人	叶垂奇		
主营业务	设计、开发、制作、测试集成电路的系统软件，销售自产产品。				

企业名称	上海翰格软件有限公司				
企业地址	上海市郭守敬路498号浦东软件园22号22301－077室（201203）				
投资总额	20万USD	电话	63844843	传真	63844843
设立日期	2002-7-10	负责人	TAN AY DENG		
主营业务	电子产品，计算机硬件设备及周边设备的研究，开发。				

企业名称	上海澳托克数字仪器有限公司				
企业地址	上海市虹口区物华路178号8号楼102室（200082）				
投资总额	85万USD	电话	63517031	传真	63517032
设立日期	2002-7-9	负责人	黄虹		
主营业务	生产智能型电动执行器、数字仪器、仪表，提供相关的技术咨询。				

企业名称	东横气体设备（上海）有限公司				
企业地址	上海市外高桥保税区日樱南路11号科苑楼第一层东南部位（200131）				
投资总额	40万USD	电话	50482681	传真	50482971
设立日期	2002-7-8	负责人	KATO HIROHISA		
主营业务	保税区内半导体生产用气体供给设备，药品供给设备的加工，销售。				

企业名称	哈威液压系统（上海）有限公司				
企业地址	上海市浦东新区新金桥路230号6幢第二层（201206）				
投资总额	20万USD	电话	50550521	传真	50550836
设立日期	2002-7-8	负责人	叶江		
主营业务	设计，生产液压阀、泵及相关配件，销售自产产品。				

企业名称	明佳光学镜片（上海）有限公司				
企业地址	上海市秣陵路50号3017室（200070）				
投资总额	20万USD	电话	51017281	传真	51017282
设立日期	2002-7-4	负责人	乡明子		
主营业务	生产、制作光学镜片及零配件材料，销售自产产品并提供相关技术服务。				

企业名称	敏德电子（上海）有限公司				
企业地址	上海市松江工业区东兴路13号标准厂房（201600）				
投资总额	140万USD	电话	57745996	传真	57747604
设立日期	2002-7-3	负责人	EDWARD TAYLOR MAIDA		
主营业务	生产新型电子元器件（敏感元器件-压敏电阻）等，销售公司自产产品。				

企业名称	上海兰第尼机械配件有限公司				
企业地址	上海市闵行区浦江镇浦星公路3899号（201112）				
投资总额	28万USD	电话	52824581	传真	52825663
设立日期	2002-7-2	负责人	兰第尼·罗莱佑		
主营业务	生产、销售、加工精密机械零配件，电子控制系统，冲压件。				

企业名称	史密斯英特康元器件（上海）有限公司				
企业地址	上海市桂平路481号18号房第1层东面厂房（200233）				
投资总额	60万USD	电话	54261839	传真	54261835
设立日期	2002-7-2	负责人	APM BRANS		
主营业务	生产、加工避雷器系列产品，通讯电缆连接器。				

企业名称	锠新电子科技（上海）有限公司				
企业地址	上海市嘉定区徐行镇潘桥路245号（201809）				
投资总额	800万USD	电话	59940008	传真	59940009
设立日期	2002-7-1	负责人	丁广钦		
主营业务	生产高级音响、DVD、移动电话用扬声器、电子元器件及计算机零件等。				

企业名称	爱有开半导体（上海）有限公司				
企业地址	上海市外高桥保税区巴圣路275号38号厂房第一层东部（200131）				
投资总额	28万USD	电话	58354825	传真	58358207
设立日期	2002-7-1	负责人	BYUNG LOK PARK		
主营业务	保税区内以电子产品为主的仓储，分拨业务及其相关产品的售后服务。				

企业名称	鼎芯半导体（上海）有限公司				
企业地址	上海市张江高科技园区碧波路690号2号楼303室（201203）				
投资总额	123万USD	电话	50804588	传真	50804788
设立日期	2002-6-27	负责人	陈凯		
主营业务	集成电路芯片及相关软件的设计，开发，测试，自产产品的销售。				

企业名称	上海赛凯智能系统有限公司				
企业地址	上海市静安区南京西路1600号306室（200040）				
投资总额	20万USD	电话	62492758	传真	62492760
设立日期	2002-6-27	负责人	秋山口关惠		
主营业务	生产自动光学检查仪及相关软件的开发、制造，销售自产产品。				

企业名称	上海宜普实业有限公司				
企业地址	上海市闵行区莘庄工业区D街坊（201108）				
投资总额	3990万USD	电话	54422999	传真	54422900
设立日期	2002-6-27	负责人	莫皓然		
主营业务	设计、生产便携式微型计算机、新型打印机装置及其零配件。				

企业名称	北越电研（上海）有限公司				
企业地址	上海市闵行区金都路4299号（201108）				
投资总额	50万USD	电话	54426618	传真	54426152
设立日期	2002-6-26	负责人	平石耕三		
主营业务	设计、生产机械方面的电子、电气产品，销售自产产品。				

制造业-电子及通信设备和仪器仪表及文化、办公用机械制造业

企业名称	上海基键测试机械有限公司				
企业地址	上海市嘉定工业区马陆园区希望路431号（201801）				
投资总额	25万USD	电　话	59100320	传　真	59100306
设立日期	2002-6-22	负责人	杨宝元		
主营业务	生产染色测试仪器，销售企业自产产品。				

企业名称	汉唐电子（上海）有限公司				
企业地址	上海市闵行区宜山路1618号（200233）				
投资总额	25万USD	电　话	64012468	传　真	64012467
设立日期	2002-6-20	负责人	黄敏人		
主营业务	生产、设计、研发数码温湿传感、特低湿电子干燥箱、无尘环境控制柜。				

企业名称	世纪之星信息科技（上海）有限公司				
企业地址	上海市浦东新区孙桥桥弄工业区（200120）				
投资总额	1000万USD	电　话	62263499	传　真	62253717
设立日期	2002-6-20	负责人	丁建明		
主营业务	生产电脑外壳，事务机外壳，电子稳压电源及紫外线消毒柜。				

企业名称	晶吉光电科技（上海）有限公司				
企业地址	上海市长宁区平塘路699号（200335）				
投资总额	150万USD	电　话	52172370	传　真	62390941
设立日期	2002-6-19	负责人	张瑞麟		
主营业务	研制、开发、生产新型光电子器件。				

企业名称	上海贝豪通讯电子有限公司				
企业地址	上海市闵行区莘庄工业区D街坊（201108）				
投资总额	2999万USD	电　话	64956606	传　真	64956678
设立日期	2002-6-19	负责人	莫皓然		
主营业务	设计，研究，开发，测试数字无线通信终端设备和传输设备。				

企业名称	关西毡子电子（上海）有限公司				
企业地址	上海市嘉定工业区叶城路1630号（201821）				
投资总额	100万USD	电　话	69522744	传　真	69522745
设立日期	2002-6-18	负责人	名仓真史		
主营业务	生产电子元器件专用材料及废气、废液过滤器，销售企业自产产品。				

企业名称	捷普科技（上海）有限公司				
企业地址	上海市徐汇区田林路600号（200233）				
投资总额	9500万USD	电　话	64858585	传　真	54261228
设立日期	2002-6-17	负责人	FORBES.ALEXANDER		
主营业务	研究、开发、设计、制造和加工电子电路板部件和系统，销售自产产品。				

企业名称	劲宝科技（上海）有限公司				
企业地址	上海市张江高科技园区郭守敬路351号2号楼627-16号（201203）				
投资总额	14万USD	电　话	50803503	传　真	50803507
设立日期	2002-6-16	负责人	JOB TIEN-CHIANG,LIU		
主营业务	多媒体软件、网络软件、防盗版软件设计、制作，销售自产产品。				

企业名称	上亿特氟龙电子技术（上海）有限公司				
企业地址	上海市松江区新桥镇闵申工业园区光明小区A—1号厂房（201612）				
投资总额	20万USD	电　话	57684361	传　真	57684692
设立日期	2002-6-13	负责人	莫福田		
主营业务	设计、生产、加工半导体IC产品、资讯类电子产品，加工绝缘涂料。				

企业名称	光宝（上海）信息科技有限公司				
企业地址	上海市闵行区宜山路1618号（200233）				
投资总额	142万USD	电　话	64189922	传　真	64188282
设立日期	2002-6-12	负责人	林行宪		
主营业务	研发、生产、销售计算机软、硬件及配套设备、通讯设备及器件。				

企业名称	同环信息技术（上海）有限公司				
企业地址	上海市松江工业区施惠路315号A区2号厂房SJ13（201600）				
投资总额	600万USD	电　话	57781685	传　真	57784009
设立日期	2002-6-10	负责人	简昭璜		
主营业务	设计、生产掌上电脑，开发、制作计算机软件。				

企业名称	上海明王精密电子有限公司				
企业地址	上海市闵行区虹梅南路1755号（200237）				
投资总额	420万USD	电　话	54295555	传　真	54290055
设立日期	2002-6-7	负责人	坂井启介		
主营业务	生产、销售电子专用设备，测试仪器，工模具制造，新型电子元器件。				

企业名称	东芝机械（上海）有限公司				
企业地址	上海市闵行区莘庄工业区金都路4788号（201108）				
投资总额	2500万USD	电　话	54425455	传　真	54425466
设立日期	2002-6-6	负责人	田中秀雄		
主营业务	生产三轴以上联动的数控机床，电子专用设备，多用胶印机等。				

企业名称	上海捷康特光电科技有限公司				
企业地址	上海市张江高科技园区郭守敬路498号22301－054室（201203）				
投资总额	21万USD	电　话	54255465	传　真	54255465-29
设立日期	2002-6-6	负责人	吴顺正		
主营业务	光电产品，光纤元器件，光电信测试仪表，光纤跳接线的生产。				

企业名称	优仪半导体设备（上海）有限公司				
企业地址	上海市张江高科技园区郭守敬路351号2号楼627－9室（201203）				
投资总额	20万USD	电　话	58579011	传　真	58579003
设立日期	2002-6-6	负责人	CHRISTOPHER EVERETTE		
主营业务	用于半导体设备的电源和精密质量流量控制器的设计，研发，制造。				

企业名称	上海元豪电子有限公司				
企业地址	上海市松江工业区出口加工区三庄路18弄1－8号（201612）				
投资总额	2498万USD	电　话	57645108	传　真	57645125
设立日期	2002-6-5	负责人	邢建亚		
主营业务	加工、生产各类半导体、集成电路元器件封装、测试及可靠性试验。				

企业名称	上海朝龙精密电子有限公司				
企业地址	上海市青浦区白鹤镇外青松公路3636号（201709）				
投资总额	60万USD	电　话	59743102	传　真	59744777
设立日期	2002-6-4	负责人	辜敏郎		
主营业务	生产电子连接器、电子弹簧，销售公司自产产品。				

企业名称	威芯视讯半导体（上海）有限公司				
企业地址	上海市郭守敬路498号20号楼508、510、512室（201203）				
投资总额	20万USD	电　话	50271268	传　真	51010058
设立日期	2002-6-2	负责人	JAMES LEE MANNES		
主营业务	数字音、视频解码、压缩设备集成电路的设计以及相关软件的开发。				

企业名称	阿尔卑斯通信器件技术（上海）有限公司				
企业地址	上海市浦东新区东方路710号汤臣金融大厦5A（200122）				
投资总额	285万USD	电　话	50817575	传　真	50815252
设立日期	2002-5-31	负责人	飞田胜美		
主营业务	研究、开发、设计图像及声音信号接收、发送设备用的电子器件。				

企业名称	巨腾电子（上海）有限公司				
企业地址	上海松江出口加工区5号A区标准厂房SJ20（201603）				
投资总额	700万USD	电　话	67740168	传　真	57743188
设立日期	2002-5-31	负责人	陈文忠		
主营业务	生产精冲模、精密标准件、新型电子元器件。				

企业名称	爱科来医疗电子（上海）有限公司				
企业地址	上海市张江高科技园区祖冲之路887弄72号1楼（201203）				
投资总额	57万USD	电　话	51317071	传　真	51317077
设立日期	2002-5-30	负责人	野恒正义		
主营业务	血液检测及试剂、尿样检测器及试剂的生产，软件的设计。				

企业名称	宏茂微电子（上海）有限公司				
企业地址	上海市青浦工业园区C块，新区路1688号（201700）				
投资总额	50000万USD	电　话	69210668	传　真	69210800
设立日期	2002-5-30	负责人	郑世杰		
主营业务	半导体（硅片及化合物半导体）集成电路器件的封装、测试加工服务。				

企业名称	技声语音软件（上海）有限公司				
企业地址	上海市闵行区宜山路1618号417室（200235）				
投资总额	25万USD	电　话	64325451	传　真	64325453
设立日期	2002-5-30	负责人	彭海华		
主营业务	计算机语音系统的软件开发，相关产品的开发、设计和售后服务。				

企业名称	上海规矩仪器科技有限公司				
企业地址	上海市青浦区华新镇华腾路1688号（201708）				
投资总额	498万USD	电　话	69790000	传　真	69791123
设立日期	2002-5-27	负责人	吴及雩		
主营业务	开发、生产电子量测仪器、电子控制仪表、标准电压源、电子衡器。				

企业名称	上海京南电子通信产品有限公司				
企业地址	上海市嘉定工业区招贤路 828 号（201821）				
投资总额	600 万 USD	电话	69522877	传真	69522094
设立日期	2002-5-25	负责人	李寅宁		
主营业务	生产移动通信系统（CDMA）手机基站交换设备及机架控制板转发器。				

企业名称	敦卫科技（上海）有限公司				
企业地址	上海市闵行区放鹤路 1088 号（201109）				
投资总额	20 万 USD	电话	64400519	传真	64400369
设立日期	2002-5-24	负责人	吴镇德		
主营业务	开发，生产、销售计算机网络系统，开发信息，通信互联网络。				

企业名称	上海昭立电器有限公司				
企业地址	上海市浦东新区川沙路 4000 号第 3 幢第 2 层（201200）				
投资总额	42 万 USD	电话	58380366	传真	58380368
设立日期	2002-5-24	负责人	福田明夫		
主营业务	生产电子基板，遥控器，电子部件，电源组插件，销售自产产品。				

企业名称	神州数码软件（上海）有限公司				
企业地址	上海市长宁区福泉路 111 号 1 幢 3 楼南区（200335）				
投资总额	500 万 USD	电话	22019999	传真	22019999
设立日期	2002-5-22	负责人	郭 为		
主营业务	开发、生产计算机硬件、软件系统及配套零件、网络产品、多媒体产品。				

企业名称	上海上昕电子有限公司				
企业地址	上海市张江高科技园区蔡伦路 255 号（201203）				
投资总额	350 万 USD	电话	58955599	传真	58558038
设立日期	2002-5-21	负责人	徐基隆		
主营业务	半导体器件及集成电路的研发，设计，测试，制造。				

企业名称	希恩流体系统（上海）有限公司				
企业地址	上海市闵行区沪闵路 3988 号（201108）				
投资总额	28 万 USD	电话	54424200	传真	54424187
设立日期	2002-5-20	负责人	ARNE CEDERQVIST		
主营业务	生产液压软管，动力单元，油压接头，风枪及其配件，销售自产产品。				

企业名称	芯特电子（上海）有限公司				
企业地址	上海市嘉定区叶城路 925 号（201821）				
投资总额	1250 万 USD	电话	59167500	传真	59167263
设立日期	2002-5-20	负责人	SAEED MALIK		
主营业务	生产、设计新型电子元件（含高级半导体器件）及电子零配件。				

企业名称	伊迈电子科技（上海）有限公司				
企业地址	上海市金桥出口加工区金藏路 258 号 T20－4、604 室（200131）				
投资总额	20 万 USD	电话	50482020	传真	50483262
设立日期	2002-5-20	负责人	DEMUND NIMMERGUT		
主营业务	保税区内生产电子配件，销售公司自产产品。				

企业名称	宏锦（上海）电子有限公司				
企业地址	上海市松江区新桥镇民益路 10 号（201612）				
投资总额	42 万 USD	电话	57686851	传真	57687171
设立日期	2002-5-15	负责人	林显国		
主营业务	精冲模、精密型腔模、模具标准件生产及非金属制品模具设计、制造。				

企业名称	宜硕科技（上海）有限公司				
企业地址	上海市闵行区宜山路 1618 号综合楼 1 楼（201103）				
投资总额	200 万 USD	电话	64069881	传真	64069790
设立日期	2002-5-15	负责人	黄坤火		
主营业务	集成电路设计，开发，生产、销售与线宽 0.35 微米以下大规模集成电路。				

企业名称	蔚华集成电路（上海）有限公司				
企业地址	上海市张江春晓路 122 弄 34 号智能化办公楼 7 号楼（201203）				
投资总额	140 万 USD	电话	50804106	传真	50804105
设立日期	2002-5-14	负责人	许宗贤		
主营业务	集成电路软件的研发、设计；半导体计量、检验仪器零部件的生产。				

企业名称	也是安电子材料（上海）有限公司				
企业地址	上海市闵行区华漕镇老北翟路 4058 号（201106）				
投资总额	20 万 USD	电话	52236558	传真	52236560
设立日期	2002-5-13	负责人	吴炳鹤		
主营业务	生产、销售、开发半导体，元器件专用材料，提供售后服务。				

企业名称	丽台（上海）信息科技有限公司				
企业地址	上海市闵行区宜山路 1618 号 B 厂房 5 楼（201103）				
投资总额	285 万 USD	电话	64069880	传真	64068991
设立日期	2002-5-10	负责人	谢广成		
主营业务	研发、生产计算机软硬件及配套设备，通讯设备及器件，网络技术。				

企业名称	崇翌微电子技术（上海）有限公司				
企业地址	上海市张江高科技园区祖冲之路 887 弄 84 号 301 室（201203）				
投资总额	20 万 USD	电话	51317050	传真	51317051
设立日期	2002-5-9	负责人	NOBUO MURAKAMI		
主营业务	半导体元器件的设计，研发，制作，自产产品的销售。				

企业名称	郡业电子科技（上海）有限公司				
企业地址	上海松江出口加工区 5 号 B 区标准厂房（201613）				
投资总额	500 万 USD	电话	57748250	传真	57748225
设立日期	2002-5-9	负责人	胡斌成		
主营业务	研发、生产和加工柔性线路板等新型电子元器件，电脑周边设备。				

企业名称	上海明波通信技术有限公司				
企业地址	上海市张江高科技园区春晓路 439 号 2 号楼（201203）				
投资总额	50 万 USD	电话	50803835	传真	50803831
设立日期	2002-5-9	负责人	周长明		
主营业务	通信网络技术，通信网络专用集成电路技术的开发、设计和制作。				

企业名称	庆业电子（上海）有限公司				
企业地址	上海松江出口加工区茸新路（9 号 A 区标准厂房）（201611）				
投资总额	600 万 USD	电话	57748358	传真	57748316
设立日期	2002-4-28	负责人	李怡芬		
主营业务	生产笔记本电脑散热模组，销售公司自产产品。				

企业名称	延业电子科技（上海）有限公司				
企业地址	上海市松江出口加工区 5 号标准厂房（201613）				
投资总额	1250 万 USD	电话	57748100	传真	57748030
设立日期	2002-4-28	负责人	曾建璋		
主营业务	生产、加工电脑及周边产品零配件，销售公司自产产品。				

企业名称	上海宇梦通信科技有限公司				
企业地址	上海市浦东新区世纪大道 88 号金茂大厦 43 楼（200121）				
投资总额	800 万 USD	电话	50490055	传真	50472658
设立日期	2002-4-27	负责人	花村静雄		
主营业务	研制，开发移动通信终端技术和产品，研究成果的许可与转让。				

企业名称	剑腾液晶显示（上海）有限公司				
企业地址	上海市张江高科技园区丹桂路 799 号（201203）				
投资总额	2970 万 USD	电话	58559556	传真	58559557
设立日期	2002-4-26	负责人	HARRY LING		
主营业务	设计，研发，生产液晶显示器及相关光电产品，销售自产产品。				

企业名称	上海赛唯伦科技有限公司				
企业地址	上海市虹口区长阳路 288 号二楼（200082）				
投资总额	85 万 USD	电话	65452099	传真	65452039
设立日期	2002-4-26	负责人	程国强		
主营业务	生产精密数码摄像仪器及配套的电子零件，提供相关产品的售后服务。				

企业名称	奥雷通光通讯设备（上海）有限公司				
企业地址	上海市长宁区广顺路 33 号创业楼五层西侧（200335）				
投资总额	280 万 USD	电话	52192819	传真	52186150
设立日期	2002-4-24	负责人	张 强		
主营业务	研制、开发、设计、生产集成电路及用于通讯和卫星上的元器件。				

企业名称	友尚电子（上海）有限公司				
企业地址	上海市外高桥保税区港澳路 271 号 1 号厂房第三层中部位（200131）				
投资总额	100 万 USD	电话	58365838	传真	58355869
设立日期	2002-4-22	负责人	刘颖明		
主营业务	保税区内以电子元器件为主的仓储、分拨业务及相关产品的售后服务。				

企业名称	上海信东仪器仪表有限公司				
企业地址	上海市松江区九亭镇九亭经济开发区伴亭路 480 号（201615）				
投资总额	210 万 USD	电话	57633871	传真	57633872
设立日期	2002-4-19	负责人	李金潮		
主营业务	精密在线测量仪器仪表、自动控制系统及其相关零配件的研制、生产。				

企业名称	艾狄希电子科技（上海）有限公司				
企业地址	上海市浦东新区张杨路 228 号（201206）				
投资总额	28 万 USD	电　话	50318338	传　真	50318508
设立日期	2002-4-17	负 责 人	沈荣发		
主营业务	电子安保设备的生产以及软件开发，销售自产产品。				

企业名称	上海广智技术发展有限公司				
企业地址	上海市外高桥保税区荷丹路 288 号第三层（AB 部位）与第四层（200131）				
投资总额	2500 万 USD	电　话	58668668	传　真	58661802
设立日期	2002-4-16	负 责 人	王龙化		
主营业务	计算机网卡、集线器、网络交换机、调制解调器、机顶盒的生产和销售。				

企业名称	莱尔德电子材料（上海）有限公司				
企业地址	上海市莘庄工业区华宁路 4018 弄 58 号 1 号厂房（201108）				
投资总额	126 万 USD	电　话	64428018	传　真	64896055
设立日期	2002-4-12	负 责 人	MARTIN LEE RAPP		
主营业务	研究、设计、生产电子元件，包括 EMI（电磁干扰屏蔽装置）。				

企业名称	爱特蒙特光学（上海）有限公司				
企业地址	上海市闸北区洛川东路 285 号 221 室（200072）				
投资总额	20 万 USD	电　话	36033503	传　真	56385502
设立日期	2002-4-12	负 责 人	柏汉祥		
主营业务	开发生产用于机器人视觉系统、半导体工业的高分辨镜头、光学元器件。				

企业名称	高芯电子（上海）有限公司				
企业地址	上海市漕河泾新兴技术开发区桂平路 481 号 20 号楼二楼（200233）				
投资总额	240 万 USD	电　话	64850576	传　真	64858991
设立日期	2002-4-10	负 责 人	周卓南		
主营业务	测试、生产集成电路和电路模块。				

企业名称	西盟半导体设备（上海）有限公司				
企业地址	上海市外高桥保税区冰克路 500 号 6 号仓库 1 楼 A 部位（200131）				
投资总额	20 万 USD	电　话	50326300	传　真	50326301
设立日期	2002-4-9	负 责 人	YU JEN NAN		
主营业务	以半导体产品为主的仓储，国际、转口贸易，区内贸易及贸易代理。				

企业名称	上海德埃精密工量具有限公司				
企业地址	上海市青浦区赵巷镇崧泽工业区（201703）				
投资总额	60 万 USD	电　话	69758516	传　真	69758515
设立日期	2002-4-8	负 责 人	田小东		
主营业务	生产加工精密量具、量规、刀具及附件，销售公司自产产品。				

企业名称	发仕通电子（上海）有限公司				
企业地址	上海市青浦工业园区新业路 759 弄（201700）				
投资总额	210 万 USD	电　话	59859512	传　真	59859513
设立日期	2002-4-2	负 责 人	FASKERTY RIKARD GABO		
主营业务	生产电子传感器及其配件，销售公司自产产品。				

企业名称	福尼克斯成像技术（上海）有限公司				
企业地址	上海市张江高科技园区集成电路产业区 23 号地块（211203）				
投资总额	2900 万 USD	电　话	50323109	传　真	50323123
设立日期	2002-4-2	负 责 人	郑守洪		
主营业务	生产 0.25 微米，亚 0.25 微米和 0.18 微米的光掩膜和其他规格的光掩膜。				

企业名称	上海华杰芯片技术服务有限公司				
企业地址	上海市张江高科技园区碧波路 572 弄 115 号 17 号楼（201203）				
投资总额	500 万 USD	电　话	50806688	传　真	50806081
设立日期	2002-4-2	负 责 人	徐秀法		
主营业务	集成电路设计，开发，封装，测试，集成电路核心技术开发。				

企业名称	上海龙野机电有限公司				
企业地址	上海市松江工业区东宝路 11 号 B 区 2 号标准厂房（201613）				
投资总额	243 万 USD	电　话	57747150	传　真	57740171
设立日期	2002-3-31	负 责 人	小林健治		
主营业务	制造、开发精密在线测量仪器，销售公司自产产品。				

企业名称	奕嘉电子（上海）有限公司				
企业地址	上海市嘉定区外冈镇施晋村（201806）				
投资总额	30 万 USD	电　话	69575727	传　真	69575726
设立日期	2002-3-27	负 责 人	李金长		
主营业务	生产、加工、组装变压器，整流器，线圈，电感器，电源供应器。				

企业名称	宫电高周波设备（上海）有限公司				
企业地址	上海市嘉定工业区霍城路 585 号（201821）				
投资总额	28 万 USD	电　话	69522918	传　真	69522982
设立日期	2002-3-26	负 责 人	宫崎力		
主营业务	生产高周波诱导加热装置、高周波诱电加热装置及相关零部件。				

企业名称	上海昊辉微电子有限公司				
企业地址	上海市张江高科技园区郭守敬路 351 号 2 号楼 606－1 室（201203）				
投资总额	100 万 USD	电　话	62496763	传　真	62496753
设立日期	2002-3-26	负 责 人	萧常辉		
主营业务	集成电路的开发、设计，销售自产产品并提供相关的技术咨询。				

企业名称	东仁扭矩仪器（上海）有限公司				
企业地址	上海市闵行区莘庄工业区华宁路 4018 弄 58 号 2 号房（201108）				
投资总额	60 万 USD	电　话	34074008	传　真	34074135
设立日期	2002-3-25	负 责 人	伊藤圣司		
主营业务	生产、销售扭矩测量仪，扭矩标准仪等安全检测仪器和制造设备。				

企业名称	协伟集成电路设备（上海）有限公司				
企业地址	上海市浦东新区北蔡镇艾东村东朱家宅 30 号（200125）				
投资总额	28 万 USD	电　话	50780434	传　真	50780014
设立日期	2002-3-22	负 责 人	刘玲丽		
主营业务	生产集成电路生产线的辅助设备，销售自产产品并提供安装。				

企业名称	上海维恩佳得数码科技有限公司				
企业地址	上海市嘉定区徐行镇经一路共青路口（201808）				
投资总额	70 万 USD	电　话	59558283	传　真	59558132
设立日期	2002-3-21	负 责 人	杨春晖		
主营业务	研制、开发、生产电子报警产品及相关配件，销售企业自产产品。				

企业名称	捷浪（上海）通讯技术有限公司				
企业地址	上海市漕河泾新兴技术开发区桂平路 680 号 32 幢 601 室（200233）				
投资总额	28 万 USD	电　话	64270394	传　真	64682149
设立日期	2002-3-20	负 责 人	武俊杰		
主营业务	研制、开发、生产对频功率放大器等对频器材，销售自产产品。				

企业名称	应用材料（中国）有限公司				
企业地址	上海市张江高科技园区张江路 368 号（201203）				
投资总额	2980 万 USD	电　话	58958985	传　真	58958905
设立日期	2002-3-20	负 责 人	陈荣玲		
主营业务	半导体生产设备及零部件的研制、生产、销售。				

企业名称	芯发威达电子（上海）有限公司				
企业地址	上海市闵行区莘庄工业区申富路南 515 号（201108）				
投资总额	2500 万 USD	电　话	54429000	传　真	54429400
设立日期	2002-3-19	负 责 人	郭博达		
主营业务	生产、销售工控机，网络储存设备，数据通信多媒体。				

企业名称	威雅利电子（上海）有限公司				
企业地址	上海市外高桥保税区希雅路 33 号 17#厂房 6 层 A1 部位（200131）				
投资总额	28 万 USD	电　话	52989498	传　真	52989499
设立日期	2002-3-18	负 责 人	梁振华		
主营业务	保税区内以电子元件为主的仓储，分拨业务。				

企业名称	三德源家具（上海）有限公司				
企业地址	上海市青浦区徐泾镇光联村（201702）				
投资总额	56 万 USD	电　话	59885855	传　真	59885586
设立日期	2002-3-15	负 责 人	高丽文		
主营业务	生产办公家具及金属类隔间、货架及其零配件，销售公司自产产品。				

企业名称	上海群伦电源有限公司				
企业地址	上海市闵行区颛桥镇向阳工业小区（颛兴东路 1421 弄 135 号）（201108）				
投资总额	36 万 USD	电　话	64894007	传　真	64893941
设立日期	2002-3-15	负 责 人	张延旸		
主营业务	研发、生产新型电子元器件及电力电子元器件，销售自产产品。				

企业名称	上海山本光学眼镜有限公司				
企业地址	上海市松江区泗泾镇东部开发区 A 区望东南路 55 号（201601）				
投资总额	110 万 USD	电　话	57619380	传　真	57619639
设立日期	2002-3-15	负 责 人	山本为信		
主营业务	生产光学眼镜以及配件、附件，销售公司自产产品。				

企业名称	小多电子（上海）有限公司				
企业地址	上海市张江高科技园区郭守敬路 498 号浦东软件园 21407 室（201203）				
投资总额	8 万 USD	电　　话	50804015	传　　真	50804019
设立日期	2002-3-14	负 责 人	钱新耀		
主营业务	家用多媒体电子产品的开发，设计；微处理器模块的研发及生产。				

企业名称	川铁商事电子机器（上海）有限公司				
企业地址	上海市外高桥保税区泰谷路 88 号 B1 层 F 部位（200131）				
投资总额	30 万 USD	电　　话	52587700	传　　真	52588850
设立日期	2002-3-14	负 责 人	石龟讲次		
主营业务	保税区内以电子产品为主的仓储、分拨业务及保税区内售后服务。				

企业名称	上海祥佑数码科技有限公司				
企业地址	上海市闵行区宜山路 1618 号（200233）				
投资总额	38 万 USD	电　　话	64065120	传　　真	64064836
设立日期	2002-3-11	负 责 人	白中滇		
主营业务	研发，生产，销售微处理器开发系统及计算机相关软硬件。				

企业名称	旭宽精密电子（上海）有限公司				
企业地址	上海市闵行区宜山路 1618 号（201103）				
投资总额	50 万 USD	电　　话	54580844	传　　真	54580844
设立日期	2002-3-11	负 责 人	简育水		
主营业务	设计，开发，生产，销售精密电子积层晶片被动元件，电感器，电容器。				

企业名称	上海依然半导体测试有限公司				
企业地址	上海市张江高科技园区碧波路 518 号 B 座 204 室（201203）				
投资总额	25 万 USD	电　　话	38953600	传　　真	50803470
设立日期	2002-3-8	负 责 人	张文飞		
主营业务	半导体测试针卡及设备和相关材料的生产，半导体测试，销售自产产品。				

企业名称	展运（上海）电子有限公司				
企业地址	上海松江出口加工区 Ⅲ－36 号地块（201613）				
投资总额	2980 万 USD	电　　话	64892888	传　　真	64897897
设立日期	2002-3-7	负 责 人	徐鸿均		
主营业务	生产电脑及周边产品须用之零配件。				

企业名称	闵玺（上海）电子有限公司				
企业地址	上海市闵行区宜山路 1618 号（201103）				
投资总额	28 万 USD	电　　话	64011992	传　　真	64012003
设立日期	2002-3-1	负 责 人	吉昌世		
主营业务	生产、销售电子元器件及配件，并提供相关技术服务。				

企业名称	上海豪威集成电路设计有限公司				
企业地址	上海市张江郭守敬路 498 号浦东软件园 7301（A）座（201203）				
投资总额	40 万 USD	电　　话	50803390	传　　真	50803389
设立日期	2002-2-25	负 责 人	RAYMOND WU		
主营业务	影像传感器和相关的集成电路的设计，计算机软件的设计，开发，制作。				

企业名称	上海海茵数码科技有限公司				
企业地址	上海市闵行区金都路 4299 号（201108）				
投资总额	101 万 USD	电　　话	64354503	传　　真	64354503
设立日期	2002-2-8	负 责 人	金小团		
主营业务	生产、研制彩色数码喷绘机、计算机辅助设计（CAD）系统。				

企业名称	富优技研（上海）电子有限公司				
企业地址	上海市松江区车新公路 185 号 8 号厂房（201611）				
投资总额	498 万 USD	电　　话	57609699	传　　真	57609333
设立日期	2002-2-5	负 责 人	林宜村		
主营业务	设计、加工、生产非金属制品模具、新型电子元器件以及相关零部件。				

企业名称	扎克能源技术设备（上海）有限公司				
企业地址	上海市外高桥保税区富特西一路 155 号 C 楼第六层东 D 部位（200131）				
投资总额	28 万 USD	电　　话	64726822	传　　真	64726220
设立日期	2002-2-4	负 责 人	UWE ECKERT		
主营业务	保税区内以能源和燃烧设备及其相关的零配件为主的仓储，分拨业务等。				

企业名称	上海富创硕电子有限公司				
企业地址	上海市闵行区朱建路 138 号（201107）				
投资总额	600 万 USD	电　　话	62219733	传　　真	62219755
设立日期	2002-1-31	负 责 人	JACKSON WANG		
主营业务	生产工业、手机、电脑伺服器、液晶显示器用的各类电源供应器。				

企业名称	永赛自动化系统工程（上海）有限公司				
企业地址	上海市徐汇区华泾镇宾阳路 18 号（200235）				
投资总额	50 万 USD	电　　话	64476163	传　　真	64476153
设立日期	2002-1-30	负 责 人	李佳鸣		
主营业务	开发、设计、研制、组装工业自动化系统产品，销售自产产品。				

企业名称	上海协立控电子有限公司				
企业地址	上海市富特西一路 333 号长城大厦第三层 B3－3 部位（201206）				
投资总额	20 万 USD	电　　话	58350777	传　　真	58352666
设立日期	2002-1-29	负 责 人	西雅宽		
主营业务	保税区内生产用于检测电子印刷线路板的仪器设备，销售自产产品。				

企业名称	上海银笛微电子科技有限公司				
企业地址	上海市漕河泾新兴技术开发区宜山路 705 号 1503 室（200233）				
投资总额	700 万 USD	电　　话	50310990	传　　真	58341840
设立日期	2002-1-25	负 责 人	吴　楠		
主营业务	开发、研制、生产硅材料，开发、制作电脑软件，销售自产产品。				

企业名称	京伟科技（上海）有限公司				
企业地址	上海市漕河泾新兴技术开发区桂平路 700 号 1 号楼（200233）				
投资总额	28 万 USD	电　　话	54261286	传　　真	54261284
设立日期	2002-1-24	负 责 人	胡永康		
主营业务	生产测试夹具及配件，测试探针，针管。				

企业名称	尚亚数码科技（上海）有限公司				
企业地址	上海市嘉定区马陆镇希望路 157 弄 1 号（201801）				
投资总额	30 万 USD	电　　话	51098687	传　　真	51098687
设立日期	2002-1-24	负 责 人	陈寿山		
主营业务	生产 IP 路由器、打印服务器、以太网络交换机、网络监视机。				

企业名称	固瑞克流体设备（上海）有限公司				
企业地址	上海市外高桥保税区希雅路 11 号 14 号厂房二层 B 部位（200131）				
投资总额	30 万 USD	电　　话	64950088	传　　真	64950108
设立日期	2002-1-23	负 责 人	DALE CHRISTIAN KOCH		
主营业务	保税区内以流体设备及其配件材料为主的仓储，分拨业务等。				

企业名称	威晶电子（上海）有限公司				
企业地址	上海外高桥保税区富特东二路 500 号 26 楼 C 部位（200131）				
投资总额	30 万 USD	电　　话	50461650	传　　真	50461654
设立日期	2002-1-17	负 责 人	徐国馨		
主营业务	生产、加工半导体机台及其零部件，无尘室专用零组件。				

企业名称	上海天精电子有限公司				
企业地址	上海市嘉定区南翔镇西工业开发区（201802）				
投资总额	70 万 USD	电　　话	69176100	传　　真	69176200
设立日期	2002-1-16	负 责 人	范纲生		
主营业务	生产平板显示器、显示屏、仪表转换器件和传感器件。				

企业名称	博士视听系统（上海）有限公司				
企业地址	上海市外高桥保税区华京路 461 号 39 号楼第一层 E 部位（200131）				
投资总额	20 万 USD	电　　话	62713800	传　　真	62713008
设立日期	2002-1-5	负 责 人	ROBERT L.MARESCA		
主营业务	保税区内以视听系统产品，相关配件及零部件为主的仓储，分拨业务等。				

企业名称	上海和精电子有限公司				
企业地址	上海外高桥保税区富特北路 129 号第三层全部位（200131）				
投资总额	200 万 USD	电　　话	58681583	传　　真	58681580
设立日期	2002-1-15	负 责 人	顾才辉		
主营业务	保税区内电子产品的制造、设计、加工，销售自产产品。				

企业名称	东电半导体设备（上海）有限公司				
企业地址	上海市保税区荷丹路 126 号（200131）				
投资总额	500 万 USD	电　　话	68407106	传　　真	38954800
设立日期	2002-1-11	负 责 人	常石哲男		
主营业务	以半导体制造装置、LCD 制造装置及相关零部件、耗材为主的仓储业务。				

企业名称	时晶科技（上海）有限责任公司				
企业地址	上海市张江高科技园区碧波路 328 号 C 座 201 室（201203）				
投资总额	10 万 USD	电　　话	50807580	传　　真	50807581
设立日期	2002-1-10	负 责 人	杨　宋		
主营业务	集成电路的设计，开发；计算机软件的开发，设计，制作。				

制造业－工艺品和其他制造业

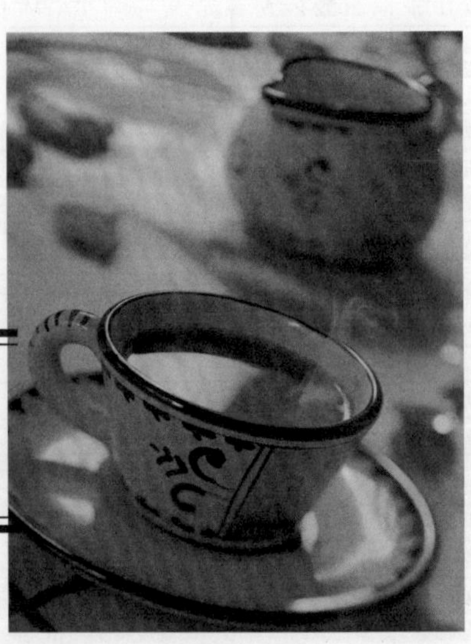

企业名称	星树记（上海）珠宝贸易有限公司				
企业地址	上海市黄浦区西藏中路 268 号三层 L1-SPK1 单元（200002）				
投资总额	10 万 USD	电　　话	34250221	传　　真	64399740
设立日期	2008-11-24	负 责 人	林雍杰		
主营业务	珠宝、首饰（裸钻、毛坯钻除外）的零售、批发。				

企业名称	卫纳思钻石（上海）有限公司				
企业地址	上海市浦东新区世纪大道 88 号金茂大厦 4 楼 G028 室（200120）				
投资总额	20 万 USD	电　　话	50470197	传　　真	
设立日期	2008-11-3	负 责 人	NITIN MODI		
主营业务	在上海钻石交易所开展钻石（不含金银）的交易和钻石的进出口业务。				

企业名称	赞禧珠宝贸易（上海）有限公司				
企业地址	上海市徐汇区龙吴路 1500 号 2 幢 A111 室（200231）				
投资总额	73 万 USD	电　　话		传　　真	
设立日期	2008-10-31	负 责 人	CHAI SIN HIOONG		
主营业务	铂金首饰、黄金首饰、珠宝首饰（裸钻、毛钻除外）的批发、进出口。				

企业名称	上海汇钻怡静珠宝商业有限公司				
企业地址	上海市长宁区江苏路 40 号 103 室（200050）				
投资总额	29 万 USD	电　　话	62139955	传　　真	
设立日期	2008-10-20	负 责 人	曹晨平		
主营业务	钻石饰品（不含裸钻、毛钻）、珠宝、玉器的零售和批发。				

企业名称	海迪钻石（上海）有限公司				
企业地址	上海市浦东新区世纪大道 88 号金茂大厦 4 楼 G027 室（200120）				
投资总额	20 万 USD	电　　话	50470197	传　　真	
设立日期	2008-10-20	负 责 人	HARESHKUMAR RAJMALBHAI SHAH		
主营业务	在上海钻石交易所开展钻石（不含金银）的交易和钻石的进出口业务。				

企业名称	正富工艺制品（上海）有限公司				
企业地址	上海市松江区小昆山镇镇中心路 599 号 25 幢厂房（201616）				
投资总额	300 万 USD	电　　话	62783706	传　　真	62098327
设立日期	2008-9-27	负 责 人	黄素惠		
主营业务	设计、生产工艺礼品、日用礼品、电子礼品。				

企业名称	上海诗都迪珠宝贸易有限公司				
企业地址	上海市浦东新区张杨路 228 号汤臣中心 1815 室（200120）				
投资总额	10 万 USD	电　　话	58407932	传　　真	58773207
设立日期	2008-9-22	负 责 人	游英辉		
主营业务	珠宝、首饰、穿耳器具及耗材和首饰维修、保养器材的批发。				

企业名称	安盈钻石（上海）有限公司				
企业地址	上海市浦东新区世纪大道 88 号金茂大厦 4 楼 G025 室（200120）				
投资总额	21.5 万 USD	电　　话		传　　真	
设立日期	2008-9-12	负 责 人	PETER DENES GIESSER		
主营业务	在上海钻石交易所开展钻石（不含金银）的交易和钻石的进出口业务。				

企业名称	乐福珠宝贸易（上海）有限公司				
企业地址	上海市卢湾区淮海中路 755 号东楼 9G 室（200020）				
投资总额	101 万 USD	电　　话	64677522	传　　真	64677522
设立日期	2008-9-11	负 责 人	曹永清		
主营业务	黄金饰品、铂金饰品、珠宝首饰（毛钻、裸钻除外）、钟表的批发。				

企业名称	上海恩饰钻石有限公司				
企业地址	上海市浦东新区世纪大道 88 号金茂大厦 4 楼 G026（200120）				
投资总额	64 万 USD	电　　话	50470197	传　　真	
设立日期	2008-9-4	负 责 人	赵立辉		
主营业务	在上海钻石交易所开展钻石（不含金银）的交易和钻石的进出口业务。				

企业名称	宝创钻石（上海）有限公司				
企业地址	上海市浦东新区世纪大道 88 号金茂大厦 4 楼 G024（200120）				
投资总额	20 万 USD	电　　话	50470197	传　　真	
设立日期	2008-7-3	负 责 人	VISHAL JAIN		
主营业务	在上海钻石交易所开展钻石（不含金银）的交易和钻石的进出口业务。				

企业名称	路威酩轩钟表珠宝商贸（上海）有限公司				
企业地址	上海市静安区南京西路 1266 号 3009 室（200041）				
投资总额	114.5 万 USD	电　　话	61332688	传　　真	62881459
设立日期	2008-5-29	负 责 人	MICHEL PIERRE MARIE MOUSSELON		
主营业务	钟表、珠宝首饰（毛钻、裸钻除外）、服装及饰品的批发、进出口。				

企业名称	上海张氏吉赛礼品有限公司				
企业地址	上海市金山区亭林镇南亭公路 5055 号 2 号楼（201505）				
投资总额	200 万 USD	电　　话	67232905	传　　真	
设立日期	2008-5-19	负 责 人	张　斌		
主营业务	生产、加工各类礼品、工艺品、饰品。				

企业名称	柏斯迪钻石（上海）有限公司				
企业地址	上海市浦东新区世纪大道 88 号金茂大厦 4 楼 G023 室（200120）				
投资总额	20 万 USD	电　　话	50470197	传　　真	
设立日期	2008-5-14	负 责 人	KEIJIN RI(LEE)		
主营业务	在上海钻石交易所开展钻石（不含金银）的交易和钻石的进出口业务。				

企业名称	上海鑫赞工艺品有限公司				
企业地址	上海市闵行区合川路 3136 号 1 号楼 4 楼（201103）				
投资总额	20 万 USD	电　　话	64653010	传　　真	64653010
设立日期	2008-5-9	负 责 人	黄敏盛		
主营业务	加工、生产工艺品、礼品、玩具、精密陶瓷配件，销售自产产品。				

企业名称	妮吉塔钻石（上海）有限公司				
企业地址	上海市浦东新区世纪大道 88 号金茂大厦 4 楼 G022 室（200120）				
投资总额	20 万 USD	电　　话	50470197	传　　真	
设立日期	2008-4-17	负 责 人	ANKIT JAIN		
主营业务	在上海钻石交易所开展钻石（不含金银）的交易和钻石的进出口业务。				

企业名称	上海欧蒂华珠宝有限公司				
企业地址	上海市松江区文翔路 142 号 7 幢一层（201613）				
投资总额	1680 万 USD	电　　话	37621195	传　　真	
设立日期	2008-4-8	负 责 人	王荣弟		
主营业务	生产、加工珠宝首饰，销售公司自产产品。				

企业名称	国和钻石（上海）有限公司				
企业地址	上海市浦东新区世纪大道 88 号金茂大厦 4 楼 G021 室（200120）				
投资总额	20 万 USD	电　　话	50470197	传　　真	
设立日期	2008-2-25	负 责 人	曹黎峰		
主营业务	在上海钻石交易所开展钻石（不含金银）的交易。				

企业名称	伊妮（上海）珠宝商贸有限公司				
企业地址	上海市静安区北京西路 1465 号 511 室（200040）				
投资总额	100 万 USD	电　　话	52120682	传　　真	52120685
设立日期	2008-2-20	负 责 人	何志佳		
主营业务	天然或养殖珍珠、宝石、金银首饰及零配件、钻石的批发、进出口。				

企业名称	万利佳钻石（上海）有限公司				
企业地址	上海市浦东新区世纪大道 88 号 6 楼 617 室（200120）				
投资总额	20 万 USD	电　　话		传　　真	
设立日期	2008-2-2	负 责 人	黄伟常		
主营业务	在上海钻石交易所开展钻石（不含金银）的交易。				

企业名称	艾奇希钻石（上海）有限公司				
企业地址	上海市浦东新区世纪大道 88 号金茂大厦 31 楼 3162 室（200120）				
投资总额	35 万 USD	电　　话	28909983	传　　真	
设立日期	2008-1-10	负 责 人	LUC L. CLAES		
主营业务	在上海钻石交易所开展钻石（不含金银）的交易和钻石的进出口业务。				

企业名称	华展兰馨工艺品（上海）有限公司				
企业地址	上海市嘉定区徐行镇安新村 278 号第 8 幢、第 9 幢、第 15 幢（201808）				
投资总额	14 万 USD	电　　话	39533533	传　　真	39533533
设立日期	2007-11-16	负 责 人	张卫华		
主营业务	设计、生产、加工雕塑工艺品，销售本公司自产产品。				

企业名称	上海浔兴水晶饰品有限公司				
企业地址	上海市青浦工业园区振盈路 50 号 3 幢 1-2 层（201700）				
投资总额	5000 万 RMB	电　　话	59734837	传　　真	59734837
设立日期	2007-11-7	负 责 人	庄珊妹		
主营业务	生产、加工无机非金属制品。				

企业名称	上海顺广工艺品贸易有限公司				
企业地址	上海市闵行区莘朱路 1999 号 2 楼 A-13 室（200234）				
投资总额	14 万 USD	电　　话	64122240	传　　真	64128224
设立日期	2007-11-1	负 责 人	SHERSHOW AARON		
主营业务	从事工艺品（文物除外）的批发、佣金代理。				

制造业-工艺品和其他制造业

企业名称	晨信工艺品（上海）有限公司				
企业地址	上海市松江区小昆山镇港业路 50 号第 5 幢 C 区（201616）				
投资总额	35 万 USD	电　话	57853161	传　真	57853161
设立日期	2007-10-19	负责人	方熙盛（HE SUNG BANG）		
主营业务	制作相册、相框及摄影道具，摄影数码平面设计及冲印相片。				

企业名称	法智玛日用品（上海）有限公司				
企业地址	上海市闵行区梅富路 38 号第 1 幢（200237）				
投资总额	14 万 USD	电　话	51676901	传　真	51676901
设立日期	2007-6-1	负责人	徐正文		
主营业务	家庭日杂用品的加工、生产，销售自产产品。				

企业名称	上海纯真珠宝有限公司				
企业地址	上海市漕溪路 270 号 1 号楼 A100 室（200233）				
投资总额	500 万 RMB	电　话	54010712	传　真	54010712
设立日期	2007-4-19	负责人	张宜龙		
主营业务	生产金银饰品、珠宝饰品，销售自产产品。				

企业名称	上海柔丝澳力礼品有限公司				
企业地址	上海市松江高新技术园区玉树路 538 号 2 号厂房（201600）				
投资总额	20 万 USD	电　话	57733791	传　真	57733793
设立日期	2007-3-20	负责人	STUART ORR STEVENSON		
主营业务	加工、生产家居饰品，户外饰品，陶瓷工艺品。				

企业名称	玛贝尔（上海）钻饰发展有限公司				
企业地址	上海市金山区朱枫公路 588 号枫泾商城 7 号楼 201 室（201703）				
投资总额	200 万 USD	电　话	64678022	传　真	64670757
设立日期	2007-3-13	负责人	顾新国		
主营业务	金、银、铂金、珠宝首饰、钻石饰品的加工。				

企业名称	卓雅珠宝（上海）有限公司				
企业地址	上海市嘉定区徐行镇曹王红星村 813 号（201809）				
投资总额	15 万 USD	电　话	59940973	传　真	59940953
设立日期	2007-2-17	负责人	曾燕临		
主营业务	设计、生产金银珠宝饰品。				

企业名称	绿铭工艺品（上海）有限公司				
企业地址	上海市嘉定区马陆镇陈宝路 66 弄 10 号（201800）				
投资总额	14 万 USD	电　话	69151000	传　真	69151313
设立日期	2007-2-6	负责人	MAO LING		
主营业务	生产工艺品、销售本公司自产产品。				

企业名称	上海帕格萨斯饰品有限公司				
企业地址	上海市嘉定区叶城路 1288 号 4 号楼 101 室（201821）				
投资总额	20 万 USD	电　话	69522870	传　真	39160064
设立日期	2007-1-23	负责人	井上隆夫		
主营业务	生产加工各类蜡烛、烛台及其模具、工艺品。				

企业名称	让杰钻石（上海）有限公司				
企业地址	上海市浦东新区世纪大道 88 号金茂大厦 458 室（200121）				
投资总额	20 万 USD	电　话	54510167	传　真	
设立日期	2006-12-28	负责人	YASHESH I. PARIKH		
主营业务	在上海钻石交易所开展钻石（不含金银）的交易和钻石的进出口业务。				

企业名称	翔之翼日用品（上海）有限公司				
企业地址	上海市松江区闵塔路 579 弄 23 幢（201604）				
投资总额	14 万 USD	电　话	57847317	传　真	57847319
设立日期	2006-12-25	负责人	土泽政友		
主营业务	生产、加工宠物用品、手套、打气筒，遮阳产品及相关配件，销售产品。				

企业名称	百茂（上海）工艺品有限公司				
企业地址	上海市奉贤区奉城镇神州路 288 号（201411）				
投资总额	375 万 USD	电　话	50272692	传　真	50274990
设立日期	2006-11-27	负责人	WANG EMILY PING		
主营业务	设计、生产各类工艺品、家居用品，销售公司自产产品。				

企业名称	宇和岛珍珠工艺品制造（上海）有限公司				
企业地址	上海市松江区中山街道施惠路 259 号八号厂房 1 楼（201613）				
投资总额	14 万 USD	电　话	57783692	传　真	57783657
设立日期	2006-11-14	负责人	白岩将一		
主营业务	生产、加工珍珠工艺品及贝壳工艺品，销售自产产品，并提供售后服务。				

企业名称	邦尚莉钻石（上海）有限公司				
企业地址	上海市浦东新区世纪大道 88 号金茂大厦 6 楼 6382 室.（200120）				
投资总额	20 万 USD	电　话	50811258	传　真	
设立日期	2006-11-9	负责人	RITESH NILESH SHAH		
主营业务	在上海钻石交易所开展钻石（不含金银）的交易和钻石的进出口业务。				

企业名称	晨爱工艺品设计（上海）有限公司				
企业地址	上海市海宁路 1399 号 2417 室（200072）				
投资总额	4 万 USD	电　话	56633227	传　真	56631475
设立日期	2006-10-26	负责人	BANG HE SUNG		
主营业务	工艺品、相册、图文（不含广告）、相框设计。				

企业名称	金鼎钻石（上海）有限公司				
企业地址	上海市浦东新区世纪大道 88 号金茂大厦 4482 室（200120）				
投资总额	20 万 USD	电　话	54510167	传　真	64477513
设立日期	2006-10-13	负责人	RIKIN KIRIT SHAH		
主营业务	在上海钻石交易所开展钻石（不含金银）的交易和钻石的进出口业务。				

企业名称	花辉日用品（上海）有限公司				
企业地址	上海市南汇区康桥镇康士路 25 号 1188 室（201315）				
投资总额	51 万 USD	电　话	58104489	传　真	58103377
设立日期	2006-10-11	负责人	顾颂杰		
主营业务	生产加工、整理包装以纺织品、塑胶为原料的礼品、日用品。				

企业名称	益倍爱（上海）礼品有限公司				
企业地址	上海市南汇区周浦镇建韵路 38 号 2 号厂房（201318）				
投资总额	20 万 USD	电　话	38110936	传　真	38110940
设立日期	2006-9-27	负责人	陈志宏		
主营业务	生产以塑料为主要原材料的礼品、办公文具用品，销售公司自产产品。				

企业名称	乐宜美清洁用品（上海）有限公司				
企业地址	上海市金山区山阳镇亭卫公路 1999 号（201508）				
投资总额	30 万 USD	电　话	57246585	传　真	57246591
设立日期	2006-9-27	负责人	郑学诚		
主营业务	生产各类洗涤用品、清洗器具以及相关技术服务，销售公司自产产品。				

企业名称	欧世格遮阳休闲用品（上海）有限公司				
企业地址	上海市金山区枫泾镇潮枫路 2546 号（201501）				
投资总额	18 万 USD	电　话	57363162	传　真	57363162
设立日期	2006-7-31	负责人	WANG MUN HENG		
主营业务	生产各类高档遮阳产品及其零配件，销售公司自产产品并提供售后服务。				

企业名称	上海博思日用制品有限公司				
企业地址	上海市奉贤区奉城镇航塘路东侧（201411）				
投资总额	51 万 USD	电　话	57173855	传　真	57173689
设立日期	2006-7-19	负责人	陈扬中		
主营业务	生产各种毛刷制品及相关的金属配件、塑料配件，销售公司自产产品。				

企业名称	毕隆（上海）商务用品制造有限公司				
企业地址	上海市奉贤区南桥镇工业园区港和路 19 号（201400）				
投资总额	30 万 USD	电　话	52285775	传　真	52285995
设立日期	2006-7-7	负责人	MICHAEL LONG HUANG		
主营业务	礼品、办公用品类的商务用品的加工、制造，销售自产产品。				

企业名称	朴氏工艺品（上海）有限公司				
企业地址	上海市青浦工业园区台商园 C5 地块（201700）				
投资总额	750 万 USD	电　话	51029122	传　真	68066676
设立日期	2006-6-29	负责人	朴荣春		
主营业务	生产各类工艺品、贺卡及其附件，文具及纸制品，销售公司自产产品。				

企业名称	上海宙斯工艺品有限公司				
企业地址	上海市松江区九亭镇金吴村易富路 79 号（201615）				
投资总额	50 万 USD	电　话	61457177	传　真	61457102
设立日期	2006-6-13	负责人	蔡伟生		
主营业务	加工、生产家居用品、礼品、家具，销售自产产品，提供售后技术服务。				

企业名称	上海丸喜信合工艺品有限公司				
企业地址	上海市松江区华宾路 55 号（7、8 幢厂房）（201600）				
投资总额	100 万 USD	电　话	67689328	传　真	67689162
设立日期	2006-5-17	负责人	葛平义		
主营业务	生产、加工木质、石材、五金、竹编、草编、陶瓷等工艺品以及服饰品。				

企业名称	永世钻石（上海）有限公司				
企业地址	上海市世纪大道 88 号金茂大厦 4 楼 424 室（200121）				
投资总额	20 万 USD	电　话	54510167	传　真	64477513
设立日期	2006-5-9	负责人	YOSEF ILLOS		
主营业务	在上海钻石交易所开展钻石（不含金银）的交易。				

企业名称	贝亲母婴用品（上海）有限公司				
企业地址	上海市青浦工业园区外青松公路 5500 号 202 室（201700）				
投资总额	500 万 USD	电　话	8008203376	传　真	54510893
设立日期	2006-4-18	负责人	北泽宪政		
主营业务	研发、生产、加工组装母婴用日化产品、日用塑料制品、家用电子产品。				

企业名称	米奥格珠宝（上海）有限公司				
企业地址	上海市外高桥保税区德林路 368 号 A 楼三层 C1 部位（200131）				
投资总额	13 万欧元	电　话	64935720	传　真	58692805
设立日期	2006-4-5	负责人	ZHAO HUAI		
主营业务	保税区内以珠宝为主仓储分拨业务及其相关产品的技术培训、技术咨询。				

企业名称	京华（上海）钻石有限公司				
企业地址	上海浦东世纪大道 88 号金茂大厦 612 室（200120）				
投资总额	100 万 USD	电　话	50478811	传　真	
设立日期	2006-3-28	负责人	张建华		
主营业务	在上海钻石交易所内开展钻石（不含金银）进出口业务。				

企业名称	上海众志卫生用品有限公司				
企业地址	上海市松江区佘山镇佘北工业区昌业路 66 号（201602）				
投资总额	20 万 USD	电　话	57792881	传　真	57792553
设立日期	2006-3-16	负责人	徐明华		
主营业务	生产一次性无纺布口罩、无纺布及无纺布制品、劳防用品，销售产品。				

企业名称	蓝唛（上海）工艺品有限公司				
企业地址	上海市奉贤区奉城镇经济园区大叶公路 1301 号（201411）				
投资总额	14 万 USD	电　话	57557669	传　真	57556984
设立日期	2006-2-23	负责人	马越红		
主营业务	圣诞饰品及礼品、玩具、箱包、床上用品及纺织品的加工、生产。				

企业名称	家多芬（上海）日用品有限公司				
企业地址	上海市松江区新桥镇新格路 699 号（201612）				
投资总额	80 万 USD	电　话	57686706	传　真	57687968
设立日期	2006-2-15	负责人	张文巨		
主营业务	生产、加工木质油精、纳米球、拖把等家用清洁、保养用品，销售产品。				

企业名称	万盛钻石（上海）有限公司				
企业地址	上海市世纪大道 88 号金茂大厦 6 楼 625A 室（200121）				
投资总额	20 万 USD	电　话	50476555	传　真	50990992
设立日期	2006-1-20	负责人	FONG WAH KAI		
主营业务	在上海钻石交易所内开展钻石（不含金银）的交易。				

企业名称	上海彩惠子化妆用具有限公司				
企业地址	上海松江高新技术园区玉树路 103 号内 11 号厂房（201600）				
投资总额	32 万 USD	电　话	57822850	传　真	57822657
设立日期	2005-11-16	负责人	穆建华		
主营业务	生产各类化妆用品，销售公司自产产品。				

企业名称	上海金雅钻石有限公司				
企业地址	上海市浦东新区世纪大道 88 号金茂大厦 4 楼 432 室（200120）				
投资总额	20 万 USD	电　话	50471289	传　真	63058833
设立日期	2005-11-15	负责人	MAYUR RAJNIKANT GANDHI		
主营业务	在上海钻石交易所开展钻石（不含金银）的交易。				

企业名称	程和（上海）日用品有限公司				
企业地址	上海市外高桥保税区冰克路 500 号 F22 部位（200131）				
投资总额	12.5 万 USD	电　话	54656225	传　真	64152847
设立日期	2005-11-7	负责人	刘智平		
主营业务	保税区内以日用生活用品为主的仓储、分拨业务。				

企业名称	京库（上海）礼品有限公司				
企业地址	上海市嘉定区江桥镇沙河路 60 号（201803）				
投资总额	15 万 USD	电　话	59142829	传　真	59142826
设立日期	2005-10-24	负责人	薛彬良		
主营业务	生产礼品、饰品、玩具，销售本公司自产产品并提供售后服务。				

企业名称	晶时礼品（上海）有限公司				
企业地址	上海市杨浦区霍山路 1162 号地块#12 幢第 2 层（200082）				
投资总额	20 万 USD	电　话	51095181	传　真	55211747
设立日期	2005-10-14	负责人	许能竣		
主营业务	生产、加工日用礼品，销售自产产品。				

企业名称	上海欧喜那日用品有限公司				
企业地址	上海市嘉定区安亭镇泰海路 233 号 2 号厂房（201805）				
投资总额	3500 万日元	电　话	59502670	传　真	59502679
设立日期	2005-9-29	负责人	小林惠治		
主营业务	生产一次性日常生活用品，销售本公司自产产品。				

企业名称	上海卫康隐形眼镜有限公司				
企业地址	上海市浦东新区三林镇三林路 234 号 3 幢（200124）				
投资总额	150 万 USD	电　话	58420251	传　真	58423331
设立日期	2005-9-6	负责人	刘朝恒		
主营业务	生产软性隐形眼镜、保养液，销售自产产品。				

企业名称	申枫珠宝（上海）有限公司				
企业地址	上海市外高桥保税区富特北路 432 号 6 号楼三层 304 部位（200131）				
投资总额	25 万 USD	电　话	58684618	传　真	58684638
设立日期	2005-9-1	负责人	ALEXANDER PAYLAN		
主营业务	保税区内珠宝产品及黄金饰品（黄金产品采用国内料件）的加工、销售。				

企业名称	金梧桐（上海）工艺品有限公司				
企业地址	上海市闵行区顾戴路 453 弄 5 号（200237）				
投资总额	14 万 USD	电　话	64122240	传　真	64128224
设立日期	2005-8-31	负责人	AARON SHERSHOW		
主营业务	工艺品的加工，销售自产产品（涉及行政许可的凭许可证经营）。				

企业名称	幻知曲（上海）日用品有限公司				
企业地址	上海市长宁区中山西路 750 号 1 号楼 200－B 室（200051）				
投资总额	100 万 USD	电　话	62411604	传　真	62411634
设立日期	2005-8-22	负责人	谭嘉敏		
主营业务	生产、加工各类床上用品、靠垫、鞋底、乳胶类制品和日用品。				

企业名称	上海园之华居家饰品有限公司				
企业地址	上海市胶州路 58 号 201 室（200040）				
投资总额	14 万 USD	电　话	52286915	传　真	52286916
设立日期	2005-8-19	负责人	上元章生		
主营业务	生产床上用品、纺织饰品、服装、服饰、旅游用品，销售自产产品。				

企业名称	瑞嘉日用品（上海）有限公司				
企业地址	上海市长宁区可乐路 205 号 8 幢（200335）				
投资总额	16.66 万 USD	电　话	52163010	传　真	62385298
设立日期	2005-8-9	负责人	川中一辉		
主营业务	生产家居日用品及相关的包装材料，销售自产产品。				

企业名称	上海新世界世嘉游艺有限公司				
企业地址	上海市南京西路 2－68 号（200003）				
投资总额	2000 万 USD	电　话	63597060	传　真	63596933
设立日期	2005-7-27	负责人	叶健英		
主营业务	提供摄影、摄像服务，室内游乐场的经营，卖品部。				

企业名称	荣生礼品（上海）有限公司				
企业地址	上海市闵行区虹中路 69 号（201103）				
投资总额	20 万 USD	电　话	62128034	传　真	62263140
设立日期	2005-7-4	负责人	汤清池		
主营业务	设计、研发生产玩具、文具礼品，并提供相关产品的商务咨询。				

企业名称	福乐包可礼品（上海）有限公司				
企业地址	上海市张江高科技园区李冰路 568 号 151-5 栋 2 楼西部（201203）				
投资总额	14 万 USD	电　话	58556455	传　真	58551961
设立日期	2005-6-30	负责人	古林一宪		
主营业务	包装礼盒、针织制品、皮制工艺品、服饰工艺品的研发、设计、生产。				

企业名称	上海高树安民礼品有限公司				
企业地址	上海市浦东新区凌桥镇西 45 号 3 幢（200137）				
投资总额	50 万 USD	电　话	58825010	传　真	58825025
设立日期	2005-6-29	负责人	陈桂祥		
主营业务	各类工艺礼品的加工，销售自产产品，提供相关的技术咨询和售后服务。				

企业名称	易派乐钻石（上海）有限公司				
企业地址	上海市浦东新区世纪大道 88 号 600-50 室（200120）				
投资总额	20 万 USD	电　话	54510167	传　真	64477513
设立日期	2005-6-20	负 责 人	PETR FEDOROV		
主营业务	在上海钻石交易所内开展钻石（不含金银）的交易。				

企业名称	华比钻石（上海）有限公司				
企业地址	上海市浦东新区世纪大道 88 号 6101 室（200120）				
投资总额	20 万 USD	电　话	50472771	传　真	50472771
设立日期	2005-6-20	负 责 人	耿莉军		
主营业务	在上海钻石交易所内开展钻石（不含金银）的交易。				

企业名称	上海华威工艺品有限公司				
企业地址	上海市松江高科技园区寅西路西侧 2 号厂房（201615）				
投资总额	600 万 USD	电　话	37621186	传　真	37621187
设立日期	2005-6-16	负 责 人	汤伟明		
主营业务	生产加工玩具礼品、家用纺织、箱包鞋类、服装，销售公司自产产品。				

企业名称	上海汇营工艺品有限公司				
企业地址	上海市奉贤区青村镇（201414）				
投资总额	20 万 USD	电　话	57569501	传　真	57569506
设立日期	2005-6-9	负 责 人	丁龙明		
主营业务	加工、生产布艺制品、床上用品、服装、鞋子，销售公司自产产品。				

企业名称	杰仕工艺饰品（上海）有限公司				
企业地址	上海市工业综合开发区环城西路 3111 号（201401）				
投资总额	600 万 USD	电　话	59542198	传　真	59542733
设立日期	2005-6-2	负 责 人	沈力俭		
主营业务	工艺饰品的设计、开发、生产，销售公司自产产品。				

企业名称	爱斯钻石（上海）有限公司				
企业地址	浦东新区世纪大道 88 号金茂大厦 6 楼 600-49 室（200120）				
投资总额	20 万 USD	电　话	50470197	传　真	64477513
设立日期	2005-6-1	负 责 人	SAMIR ARVINDLAL SHAH		
主营业务	在上海钻石交易所开展钻石（不含金银）的交易。				

企业名称	基太克旅游用品（上海）有限公司				
企业地址	上海市松江科技园区光华路 16 号（201616）				
投资总额	35 万 USD	电　话	57855292	传　真	57855111
设立日期	2005-5-9	负 责 人	蒋彩萍		
主营业务	生产帐篷、旅游用品，销售公司自产产品。				

企业名称	美弗婴幼儿用品（上海）有限公司				
企业地址	上海市松江区新桥镇申港路 36 号（201612）				
投资总额	20 万 USD	电　话	57685166	传　真	57685208
设立日期	2005-4-30	负 责 人	王德墩		
主营业务	开发、生产和加工婴幼儿用品，销售公司自产产品。				

企业名称	上海普然得旅游用品有限公司				
企业地址	上海市奉贤区柘林镇前胜村四组（201424）				
投资总额	20 万 USD	电　话	57491494	传　真	57491688
设立日期	2005-4-22	负 责 人	梁　峰		
主营业务	生产各类箱包，销售公司自产产品。				

企业名称	上海卡基泰克饰品有限公司				
企业地址	上海市天目西路 218 号 2 座 23 楼 2304 室（200070）				
投资总额	31 万 USD	电　话	62488734	传　真	62485017
设立日期	2005-4-4	负 责 人	梶　浦昇		
主营业务	用于纺织、服装、皮革制品、日用品上的饰品及扣子的生产、加工。				

企业名称	上海透明思考琉璃艺术品有限公司				
企业地址	上海市松江区佘山镇（松江佘山 2 号地块）（201602）				
投资总额	250 万 USD	电　话	64790238	传　真	64790480
设立日期	2005-3-31	负 责 人	张　毅		
主营业务	生产、加工艺术水晶、玻璃制品、琉璃、陶瓷用品、镶饰琉璃家具。				

企业名称	太平钻石（上海）有限公司				
企业地址	上海市浦东新区世纪大道 88 号金茂大厦 4 楼 4471 室（200120）				
投资总额	20 万 USD	电　话	63058855	传　真	63058833
设立日期	2004-12-20	负 责 人	HIMANSHU KANAIYALAL MEHTA		
主营业务	在上海钻石交易所开展钻石（不含金银）的交易。				

企业名称	丽萨钻石（上海）有限公司				
企业地址	上海市浦东新区世纪大道 88 号金茂大厦 4 楼 4481 室（200120）				
投资总额	20 万 USD	电　话	54510167	传　真	64477513
设立日期	2004-12-2	负 责 人	JIGNESHKUMAR S.SHETH		
主营业务	在上海钻石交易所开展钻石（不含金银）的交易。				

企业名称	索金钻石（上海）有限公司				
企业地址	上海市浦东新区世纪大道 88 号金茂大厦 4 楼 437 室（200120）				
投资总额	20 万 USD	电　话	54510167	传　真	64477513
设立日期	2004-11-11	负 责 人	JETENDRAKUMAR JIVRAJBHAI		
主营业务	在上海钻石交易所开展钻石（不含金银）的交易。				

企业名称	诗冬工艺品（上海）有限公司				
企业地址	上海市普陀区真南路 2548 号 2 号厂房 301 室（200331）				
投资总额	20 万 USD	电　话	64174043/4	传　真	64174041
设立日期	2004-10-19	负 责 人	沈建东（SHEN JIAN DONG）		
主营业务	旅游工艺品、玩具、鞋帽、包袋、服装的生产加工（限分支机构经营）。				

企业名称	相德利（上海）旅游用品有限公司				
企业地址	上海市南汇区川南奉公路 5892 号（201324）				
投资总额	50 万 USD	电　话	58098833	传　真	58098811
设立日期	2004-9-29	负 责 人	权炳喜		
主营业务	生产箱包、帐篷、沙滩椅等旅游用品，销售公司自产产品。				

企业名称	上海汇钻饰品有限公司				
企业地址	上海市闵行区合川路 3139 号四号楼四楼东（201103）				
投资总额	20 万 USD	电　话	64460687	传　真	64059501
设立日期	2004-8-5	负 责 人	陈渊钿		
主营业务	生产工艺装饰品、礼服及相关的饰品，销售自产产品。				

企业名称	维吉钻石（上海）有限公司				
企业地址	上海市浦东新区世纪大道 88 号金茂大厦 4 楼 401 室（200120）				
投资总额	20 万 USD	电　话	50470316	传　真	50470317
设立日期	2004-8-3	负 责 人	ZHAO JIAQI		
主营业务	在上海钻石交易所开展钻石（不含金银）的交易。				

企业名称	欧伊钻石（上海）有限公司				
企业地址	上海市浦东新区世纪大道 88 号金茂大厦 6 楼 600-44 室（200120）				
投资总额	20 万 USD	电　话	54510167	传　真	64477513
设立日期	2004-7-28	负 责 人	KAWABUCHI YOSHINORI		
主营业务	在上海钻石交易所开展钻石（不含金银）的交易。				

企业名称	所神根珍珠饰品（上海）有限公司				
企业地址	上海市青浦区夏阳街道金家村（201700）				
投资总额	14 万 USD	电　话	59736367	传　真	59736367
设立日期	2004-7-21	负 责 人	所神根孝二		
主营业务	生产、加工珍珠饰品及其配件，销售公司自产产品。				

企业名称	科塔瑞钻石（上海）有限公司				
企业地址	上海市浦东新世纪大道 88 号金茂大厦 600-38 室（200120）				
投资总额	20 万 USD	电　话	54510167	传　真	64477513
设立日期	2004-7-1	负 责 人	J.K.KOTHARI		
主营业务	在上海钻石交易所开展钻石（不含金银）的交易。				

企业名称	上海泽安游乐有限公司				
企业地址	上海市南塘浜路 103 号 318 室 A 座（200023）				
投资总额	60 万 USD	电　话	53062983	传　真	53065290
设立日期	2004-6-25	负 责 人	黎经洪		
主营业务	大型娱乐活动的设计、策划、组织及咨询服务。				

企业名称	上海吉兆工艺礼品制造有限公司				
企业地址	上海市松江区九亭镇龙高路 538 号（201608）				
投资总额	20 万 USD	电　话	67691083	传　真	67691205
设立日期	2004-6-16	负 责 人	吉川泰藏		
主营业务	生产、加工工艺礼品，装饰品，销售公司自产产品。				

企业名称	施瓦茨钻石（上海）有限公司				
企业地址	上海市浦东新区世纪大道 88 号金茂大厦 6 楼 629 室（200120）				
投资总额	20 万 USD	电　话	50470197	传　真	50471586
设立日期	2004-6-2	负 责 人	ILAN SASSON		
主营业务	在上海钻石交易所开展钻石（不含金银）的交易。				

企业名称	上海彩虹礼品有限公司				
企业地址	上海市浦东新区机场镇新营村顾家宅 3 号（201202）				
投资总额	16 万 USD	电话	68785525	传真	68785535
设立日期	2004-5-28	负责人	MARCO TRAVERSO		
主营业务	设计、生产、加工玻璃、金属（金、银、铜、铝除外）、木制、蜡等。				

企业名称	恒和钻石（上海）有限公司				
企业地址	上海市浦东新区世纪大道 88 号金茂大厦 4 楼 429 室（200120）				
投资总额	20 万 USD	电话	50471055	传真	50470876
设立日期	2004-5-14	负责人	陈圣泽		
主营业务	在上海钻石交易所开展钻石（不含金银）的交易。				

企业名称	礼字礼品（上海）有限公司				
企业地址	上海市莘庄工业区华宁路 2888 弄 88 号 1 号厂房（201111）				
投资总额	102 万 USD	电话	64422757	传真	64422779
设立日期	2004-5-13	负责人	DAVID CAMPBELL NICHOLSON		
主营业务	生产组装办公用品、文具、礼品，销售自产产品。				

企业名称	山本珠宝（上海）有限公司				
企业地址	上海市宝通路 449 号（200071）				
投资总额	15 万 USD	电话	56323449	传真	56323446
设立日期	2004-4-26	负责人	山本孝治		
主营业务	珠宝加工，销售自产产品（涉及许可经营的，凭许可证经营）。				

企业名称	思纪工艺礼品（上海）有限公司				
企业地址	上海市浦东新区龙新路 389 号（201200）				
投资总额	160 万港币	电话	58588281	传真	58582213
设立日期	2004-4-23	负责人	李纪阳		
主营业务	设计、生产各类工艺礼品，销售自产产品，并提供相关的技术咨询。				

企业名称	钻利（上海）钻石有限公司				
企业地址	上海市浦东新区世纪大道 88 号金茂大厦 6 楼 610 室（200120）				
投资总额	20 万 USD	电话	50471001	传真	50471002
设立日期	2004-4-22	负责人	TSVI PLUCZENIK		
主营业务	在上海钻石交易所开展钻石（不含金银）的交易。				

企业名称	凯吉凯钻石（上海）有限公司				
企业地址	上海市浦东新区世纪大道 88 号金茂大厦 6 楼 638 室（200120）				
投资总额	20 万 USD	电话	50470226	传真	50470546
设立日期	2004-4-21	负责人	SANJAY NAVRATTAN KOTHARI		
主营业务	在上海钻石交易所开展钻石（不含金银）的交易。				

企业名称	上海雁峰旅游用品制造有限公司				
企业地址	上海市奉贤区南桥镇南桥路 266 号 365 室（201400）				
投资总额	20 万 USD	电话	57466662	传真	57466669
设立日期	2004-4-21	负责人	徐石铮		
主营业务	生产以睡袋、帐篷为主的旅游用品、床上用品，销售自产产品。				

企业名称	上海广益研磨材料有限公司				
企业地址	上海市嘉定区黄渡镇联西村（201804）				
投资总额	30 万 USD	电话	69590977	传真	69590978
设立日期	2004-4-18	负责人	陈守武		
主营业务	生产加工砂布、砂纸及其相关产品，销售本公司自产产品。				

企业名称	上海罗杰旅游用品有限公司				
企业地址	上海市长宁区延安西路 719 号 1701 室（200050）				
投资总额	116 万人民币	电话	62115398	传真	62113119
设立日期	2004-4-16	负责人	罗海峰		
主营业务	各类箱包、皮革制品、服装的生产、加工、制作，销售自产产品。				

企业名称	上海宏美工艺品有限公司				
企业地址	上海市松江工业区车墩分区（松江 1607 号地块）（201611）				
投资总额	250 万 USD	电话	61104748	传真	61104749
设立日期	2004-4-12	负责人	杨尊东		
主营业务	生产工艺礼品，销售公司自产产品（涉及许可经营的凭许可证经营）。				

企业名称	上海绿新旅游用品有限公司				
企业地址	上海市松江区叶榭工业区叶达路西侧（201608）				
投资总额	138 万 USD	电话	57885786	传真	57882797
设立日期	2004-3-23	负责人	赵宝培		
主营业务	生产各类旅游用品、箱包及附件，销售公司自产产品				

企业名称	上海麦可瑞家居艺术有限公司				
企业地址	上海市长宁区哈密路 1233 号 4 号楼 4 楼（200335）				
投资总额	51.8 万 USD	电话	62395599	传真	52197260
设立日期	2004-3-17	负责人	王金祥		
主营业务	设计、生产、加工家居艺术类产品，销售自产产品。				

企业名称	上海恒丰徐浦礼品制作有限公司				
企业地址	上海市华泾路 1305 弄 6 号（200231）				
投资总额	50 万 USD	电话	32100846	传真	32100847
设立日期	2004-3-8	负责人	方富仁		
主营业务	生产、加工工艺礼品、销售公司自产产品，提供相关售后服务。				

企业名称	上海京山工艺品有限公司				
企业地址	上海市嘉定区徐行镇伏虎村 226 号（201808）				
投资总额	14 万 USD	电话	59909597	传真	59908676
设立日期	2004-2-11	负责人	金湘大		
主营业务	生产工艺品、礼品及玩具，销售本公司自产产品。				

企业名称	上海扬太日用品有限公司				
企业地址	上海市浦东新区河北路 58 弄 188 号（201203）				
投资总额	14 万 USD	电话	50200960	传真	50200962
设立日期	2004-2-5	负责人	邓建克		
主营业务	生产和加工窗帘装饰用品、日用品货架、龙头、花洒及卫浴五金产品等。				

企业名称	上海昌源礼品有限公司				
企业地址	上海市奉贤区金汇镇（201403）				
投资总额	20 万 USD	电话	57485661	传真	57570326
设立日期	2004-1-18	负责人	中村国彦		
主营业务	生产各类毛绒、布制（棉、麻、涤）、木制、铁制、陶瓷等工艺礼品。				

企业名称	格瑞依柯（上海）休闲旅游用品有限公司				
企业地址	上海市青浦工业园区高新技术成果转化基地 A-9 号厂房（201700）				
投资总额	300.1 万 USD	电话	69212208	传真	69211707
设立日期	2004-1-14	负责人	CHARLES WEBSTER JR		
主营业务	开发、生产旅游、运动、休闲用品，工业防护用品，车辆装饰件等。				

企业名称	上海美时工艺礼品有限公司				
企业地址	上海市青浦工业园区外青松公路 5500 号 104 室（201700）				
投资总额	100 万 USD	电话	52583880	传真	62538589
设立日期	2004-1-7	负责人	罗江勇		
主营业务	生产各类工艺礼品、电子礼品、文具，销售公司自产产品。				

企业名称	杰品首饰（上海）有限公司				
企业地址	上海市黄浦区福佑路 331 号 1 楼（200010）				
投资总额	20 万 USD	电话	63554058	传真	63112397
设立日期	2004-1-6	负责人	中山孝明		
主营业务	设计、加工珠宝首饰，销售自产产品，并提供相关的售后服务。				

企业名称	珠蕾仕钻石（上海）有限公司				
企业地址	上海市浦东新区世纪大道 88 号金茂大厦 433 室（200120）				
投资总额	20 万 USD	电话	50471901	传真	50471903
设立日期	2003-12-16	负责人	KOTHARI N.P.		
主营业务	在上海钻石交易所开展钻石（不含金银）的交易。				

企业名称	汉斯家庭用品（上海）有限公司				
企业地址	上海市青浦区赵巷镇沪青平公路 3798 号（201703）				
投资总额	60 万 USD	电话	59750620	传真	59753553
设立日期	2003-11-28	负责人	JAMES E. HESS		
主营业务	生产牙线等日用品及塑料配套件，销售公司自产产品。				

企业名称	上海老博日用品有限公司				
企业地址	上海市金山区廊下镇（201516）				
投资总额	20 万 USD	电话	57395201	传真	57395112
设立日期	2003-11-28	负责人	费南多陈		
主营业务	生产竹木日用工艺品以及帆布、玻璃、塑料加工的家庭用品。				

企业名称	迪明科钻石（上海）有限公司				
企业地址	上海市浦东新区世纪大道 88 号金茂大厦 4 楼 962 室（200120）				
投资总额	20 万 USD	电话	63058855	传真	
设立日期	2003-11-27	负责人	CHETAN CHOKSI		
主营业务	在上海钻石交易所内开展钻石（不含金银）的交易、钻石的进出口业务。				

制造业-工艺品和其他制造业

企业名称	东星钻石（上海）有限公司				
企业地址	上海市浦东新区世纪大道 88 号金茂大厦 4 楼 418 室（200120）				
投资总额	20 万 USD	电　话	61001652	传　真	64726035
设立日期	2003-11-26	负责人	VISHAL JANAKRAI GORA		
主营业务	在上海钻石交易所内开展钻石（不含金银）的交易。				

企业名称	爱得美斯钻石（上海）有限公司				
企业地址	上海市浦东新区世纪大道 88 号金茂大厦 4 楼 460 室（200120）				
投资总额	20 万 USD	电　话	50470197	传　真	61001653
设立日期	2003-11-26	负责人	ANDREW BING KUI CHEN（陈秉奎）		
主营业务	在上海钻石交易所内开展钻石（不含金银）的交易。				

企业名称	花茂工艺品（上海）有限公司				
企业地址	上海市浦东康桥工业区康意路 188 号 A 座 5 楼（201315）				
投资总额	20 万 USD	电　话	58103399	传　真	58103377
设立日期	2003-11-20	负责人	顾颂杰		
主营业务	生产、加工圣诞灯及相配套的饰品、花艺礼品等塑胶制品。				

企业名称	裕奇达（上海）工艺礼品有限公司				
企业地址	上海市浦东新区北艾路 1303 弄 10 号（200125）				
投资总额	16 万 USD	电　话	57580757	传　真	57580760
设立日期	2003-11-10	负责人	黄宇宁		
主营业务	圣诞饰品及礼品、玩具、箱包、床上用品及纺织品的加工、生产。				

企业名称	振威（上海）钻石有限公司				
企业地址	上海市浦东新区世纪大道 88 号金茂大厦 4 楼 449 室。（200120）				
投资总额	20 万 USD	电　话	50471883	传　真	50471887
设立日期	2003-10-20	负责人	关奂玲		
主营业务	在上海钻石交易所内开展钻石（不含金银）的交易。				

企业名称	上海晶饰坊工艺品有限公司				
企业地址	上海松江出口加工区罗伊尔三期工业园区 1 号北半标准厂房（201613）				
投资总额	20 万 USD	电　话	67741859	传　真	67741732
设立日期	2003-9-25	负责人	黄岳峰		
主营业务	生产、加工水晶工艺品、灯具，玻璃器皿及以上产品之零部件。				

企业名称	钻钰（上海）文具工艺品有限公司				
企业地址	上海市闵行区莘庄镇顾戴路 1088 号（201102）				
投资总额	30 万 USD	电　话	54794757	传　真	54794757
设立日期	2003-7-31	负责人	廖世成		
主营业务	生产、加工五金、塑料文具工艺品，销售自产产品。				

企业名称	上海彩铺工艺品有限公司				
企业地址	上海市奉贤区西渡镇（201401）				
投资总额	20 万 USD	电　话	57431955	传　真	57431922
设立日期	2003-7-24	负责人	王彩云		
主营业务	生产各类工艺品和五金电器，销售公司自产产品。				

企业名称	将巧工艺（上海）有限公司				
企业地址	上海市嘉定区安亭镇大众工业园区三区（201804）				
投资总额	210 万 USD	电　话	59506173	传　真	59506513
设立日期	2003-7-9	负责人	李在兴		
主营业务	生产工艺饰品、花盆，销售本公司自产产品。				

企业名称	上海汉拓宠物用品有限公司				
企业地址	上海市闵行区华漕镇吴翟路 3275 弄 1 号（201106）				
投资总额	20 万 USD	电　话	52260485	传　真	52260480
设立日期	2003-6-25	负责人	高世丸		
主营业务	生产、加工宠物玩具及用品，销售自产产品。				

企业名称	比华钻石（上海）有限公司				
企业地址	上海市浦东新区世纪大道 88 号金茂大厦 6 楼 600-29 室（200120）				
投资总额	100 万 USD	电　话	64675176	传　真	64675177
设立日期	2003-6-17	负责人	BHAGAT,DARSHAN JIVAT		
主营业务	在上海钻石交易所内开展钻石（不含金银）的交易。				

企业名称	蓝玫瑰（上海）钻石有限公司				
企业地址	上海市浦东新区世纪大道 88 号金茂大厦 6 楼 631 室（200120）				
投资总额	20 万 USD	电　话	50990991	传　真	
设立日期	2003-6-13	负责人	MAIANK MEHTA		
主营业务	在上海钻石交易所内开展钻石（不含金银）的交易。				

企业名称	戴莹钻石（上海）有限公司				
企业地址	上海市浦东新区世纪大道 88 号金茂大厦 4 楼 450 室（200120）				
投资总额	20 万 USD	电　话	65269678	传　真	50471338
设立日期	2003-6-13	负责人	CHIRAG ARVINDKUMAR		
主营业务	在上海钻石交易所内开展钻石（不含金银）的交易。				

企业名称	上海佳特珠宝有限公司				
企业地址	上海市漕宝路 33 号（200233）				
投资总额	14 万 USD	电　话	64362660	传　真	64759816
设立日期	2003-6-5	负责人	黄滈权		
主营业务	生产加工工艺品，销售自产产品，提供相关的技术服务。				

企业名称	上海可瑞特蜡业有限公司				
企业地址	上海市宝山区沪太路 8885 号（200949）				
投资总额	62 万 USD	电　话	66878578	传　真	66872558
设立日期	2003-5-27	负责人	梅月旺		
主营业务	生产工艺品（除金银饰品外），销售自产产品。				

企业名称	寅寅工艺品（上海）有限公司				
企业地址	上海市奉贤区金汇镇工业区（201404）				
投资总额	21 万 USD	电　话	57484998	传　真	57484998
设立日期	2003-5-22	负责人	山田晴男		
主营业务	生产各类木制工艺品，销售公司自产产品。				

企业名称	乐记陈氏艺术制作（上海）有限公司				
企业地址	上海市普陀区真南路 2548 号 16 栋二楼（200331）				
投资总额	14 万 USD	电　话	62844846	传　真	62844846-206
设立日期	2003-5-8	负责人	陈进泉		
主营业务	生产加工工艺灯饰、工艺家居饰品及高级工艺家俱，销售自产产品。				

企业名称	上海艺丽宝工艺品有限公司				
企业地址	上海市金山区吕巷镇浦江工业园区（201517）				
投资总额	300 万 USD	电　话	57370239	传　真	57370060
设立日期	2003-4-24	负责人	方顺龙		
主营业务	生产水晶玻璃、有机玻璃等相关材料的各类工艺品。				

企业名称	乐喜尔钻石（上海）有限公司				
企业地址	上海市浦东新区世纪大道 88 号金茂大厦 6 楼 600-28 室（200120）				
投资总额	20 万 USD	电　话	63522421	传　真	63522421
设立日期	2003-4-22	负责人	SCIALOM，CHARLES LEG		
主营业务	在上海钻石交易所内开展钻石（不含金银）的交易。				

企业名称	永恒钻石（上海）有限公司				
企业地址	上海市浦东新区世纪大道 88 号金茂大厦 6 楼 602 室（200120）				
投资总额	50 万 USD	电　话	50471257	传　真	50471257
设立日期	2003-4-16	负责人	庞茹庭		
主营业务	在上海钻石交易所内开展钻石（不含金银）的交易。				

企业名称	上海恩典结婚用品有限公司				
企业地址	上海市青浦区重固镇新联村新力 101 号（201706）				
投资总额	120 万 USD	电　话	64422565	传　真	64422566
设立日期	2003-4-3	负责人	赖岳军		
主营业务	设计、生产相册、相框、结婚用花、婚纱礼服、喜宴用桌椅。				

企业名称	耶路沙米兄弟钻石（上海）有限公司				
企业地址	上海市浦东新区世纪大道 88 号金茂大厦 6 楼 639 室（200122）				
投资总额	20 万 USD	电　话	29698848	传　真	50471889
设立日期	2003-3-21	负责人	DANNY		
主营业务	在上海钻石交易所内开展钻石（不含金银）的交易。				

企业名称	森迪文（上海）钻石有限公司				
企业地址	上海市浦东新区世纪大道 88 号金茂大厦 4 楼 421 室（200120）				
投资总额	20 万 USD	电　话	50470278	传　真	50470197
设立日期	2003-3-20	负责人	VIPUL MAHENDRAKUMAR		
主营业务	在上海钻石交易所内开展钻石（不含金银）的交易。				

企业名称	优进珠宝饰品（上海）有限公司				
企业地址	上海市虹口区玉田路 430 号 2 楼 205 室（200083）				
投资总额	14 万 USD	电　话	59946569	传　真	59945294
设立日期	2003-3-19	负责人	杨日颎		
主营业务	设计、生产珠宝饰品、工艺品、礼品，销售自产产品。				

企业名称	上海瑞丰钻石有限公司				
企业地址	上海市浦东新区世纪大道 88 号金茂大厦 4 楼 456 室（200120）				
投资总额	20 万 USD	电　　话	50470197	传　　真	59470209
设立日期	2003-3-12	负 责 人	王存芝		
主营业务	在上海钻石交易所内开展钻石（不含金银）的交易。				

企业名称	田口日用品（上海）有限公司				
企业地址	上海市宜山路 801 号 E3 幢 2 楼（200233）				
投资总额	20 万 USD	电　　话	54258541	传　　真	54258542
设立日期	2003-2-28	负 责 人	田口信一朗		
主营业务	开发、生产光盘和软盘的清洁盘，护腕绷带，销售自产产品。				

企业名称	上海原流工艺品有限公司				
企业地址	上海市闵行区七宝镇吴中路 1899 号（201101）				
投资总额	20 万 USD	电　　话	54862908	传　　真	54861908
设立日期	2003-2-28	负 责 人	杨万均		
主营业务	生产工艺品、家具装饰品，销售自产产品。				

企业名称	上海轩尼星钻石有限公司				
企业地址	上海市浦东新区世纪大道 88 号金茂大厦 4 楼 402 室（200120）				
投资总额	20 万 USD	电　　话	50470236	传　　真	50470237
设立日期	2003-2-24	负 责 人	M.B KHUNT		
主营业务	在上海钻石交易所内开展钻石（不含金银）的交易。				

企业名称	英德典钻石（上海）有限公司				
企业地址	上海市浦东新区世纪大道 88 号金茂大厦 6 楼 606 室（200120）				
投资总额	20 万 USD	电　　话	50471623	传　　真	50471624
设立日期	2003-2-14	负 责 人	SHAH TEJASKUMAR MAHS		
主营业务	在上海钻石交易所内开展钻石（不含金银）的交易。				

企业名称	安特钻石（上海）有限公司				
企业地址	上海市浦东新区世纪大道 88 号金茂大厦 4 楼 430 室（200120）				
投资总额	20 万 USD	电　　话	50471562	传　　真	50471560
设立日期	2003-2-14	负 责 人	黄汉铭		
主营业务	在上海钻石交易所内开展钻石（不含金银）的交易。				

企业名称	上海艺念工艺美术品有限公司				
企业地址	上海市传家街 65 号西 202 室（200010）				
投资总额	15 万 USD	电　　话	64370631	传　　真	64338403
设立日期	2003-1-16	负 责 人	SAMI JAMIL WAFA		
主营业务	设计、制作各类工艺美术品、字画、旅游纪念品，销售本公司自产产品。				

企业名称	上海爱丽儿工业有限公司				
企业地址	上海市嘉定区马陆镇彭赵村彭封路（201801）				
投资总额	500 万 USD	电　　话	65294694	传　　真	59158718
设立日期	2003-1-16	负 责 人	程宝贤		
主营业务	生产婴儿用童车、童床、学步车、电动车、手推车及零配件。				

企业名称	上海丹利日用工艺品制造有限公司				
企业地址	上海市莘庄工业区华宁路 4018 弄 58 号 15 号楼（201111）				
投资总额	20 万 USD	电　　话	64893939	传　　真	64896665
设立日期	2003-1-9	负 责 人	梅冰节		
主营业务	设计、生产日用工艺品、促销礼品、工艺礼品包装、玩具。				

企业名称	翠之宝翡翠（上海）有限公司				
企业地址	上海市传家街 65 号西 201 室（200010）				
投资总额	100 万 USD	电　　话	53060119	传　　真	63870018
设立日期	2003-1-8	负 责 人	龚明光		
主营业务	加工、制作翡翠玉器、珠宝首饰、旅游工艺品，销售公司自产产品。				

企业名称	爱美神工艺品（上海）有限公司				
企业地址	上海市南京东路 61 号地下一层 125-130 室（200002）				
投资总额	20 万 USD	电　　话	62722787	传　　真	62722787
设立日期	2003-1-8	负 责 人	吴重山		
主营业务	设计、加工、生产装饰工艺品、旅游工艺品、工艺美术品、文具用品。				

企业名称	上海乐辰工艺品有限公司				
企业地址	上海市崇明工业园区秀山路 68 号（202150）				
投资总额	21 万 USD	电　　话	62966661	传　　真	62966661
设立日期	2003-1-3	负 责 人	章学政		
主营业务	生产玩具、礼品，销售自产产品(涉及许可经营的凭许可证经营)。				

企业名称	上海东龙彩印包装有限公司				
企业地址	上海市闵行区七宝镇新镇路 1464 号（201101）				
投资总额	30 万 USD	电　　话	54852957	传　　真	54852573
设立日期	2002-12-30	负 责 人	洪建设		
主营业务	生产服装吊牌，标识花边装饰及服装辅料，销售自产产品。				

企业名称	上海纳莱生物制品有限公司				
企业地址	上海市闵行区金都路 4299 号 A 幢 2025 室（201108）				
投资总额	120 万 USD	电　　话	54257813	传　　真	64694608
设立日期	2002-12-26	负 责 人	屈建平		
主营业务	研究，开发，生产生物制品，生化试剂，诊断试剂，销售自产产品。				

企业名称	上海丹利日用工艺品制造有限公司				
企业地址	上海市莘庄工业区华宁路 4018 弄 58 号 15 号楼（201111）				
投资总额	20 万 USD	电　　话	64893939	传　　真	64896665
设立日期	2002-12-9	负 责 人	梅冰节		
主营业务	设计，生产日用工艺品，促销礼品，工艺礼品包装，销售自产产品。				

企业名称	上海顺裕工艺品有限公司				
企业地址	上海市闵行区华漕镇北翟路 4168 弄 588 号（201107）				
投资总额	150 万 USD	电　　话	52260611	传　　真	52260612
设立日期	2002-11-11	负 责 人	张秀光		
主营业务	生产陶瓷，玻璃，木，铁等材质的工艺制品，销售自产产品。				

企业名称	协立电机（上海）有限公司				
企业地址	上海市浦东新区商城路 800 号 1220 室（200120）				
投资总额	28 万 USD	电　　话	58350777	传　　真	58352666
设立日期	2002-11-7	负 责 人	西雅宽		
主营业务	工业自动化控制设备及仪器仪表的开发、设计，电子线路板检测装置。				

企业名称	利卡饰品（上海）有限公司				
企业地址	上海市浦东新区川沙路 6999 号 17 号厂房（201202）				
投资总额	28 万 USD	电　　话	58596760	传　　真	58596760
设立日期	2002-11-4	负 责 人	LISA OSWALD		
主营业务	生产铜制仿真饰品、首饰，销售自产产品并提供售后服务。				

企业名称	上海守强家饰有限公司				
企业地址	上海市金山工业区亭卫公路 1789 号（201508）				
投资总额	2900 万 USD	电　　话	57245057	传　　真	57243596
设立日期	2002-9-9	负 责 人	陈金福		
主营业务	生产塑料、竹制、木制、麻制、纸制、铝制等各类窗帘，塑钢门窗。				

企业名称	上海德浦打火机有限公司				
企业地址	上海市奉贤区金汇镇园艺场（201403）				
投资总额	718 万 USD	电　　话	57578641	传　　真	57578670
设立日期	2002-9-6	负 责 人	XAVIER PUIG		
主营业务	生产打火机、配件及相关器材，销售公司自产产品。				

企业名称	采晨工艺景观制作（上海）有限公司				
企业地址	上海市虹口区辽宁路 244 号 507 室（200336）				
投资总额	20 万 USD	电　　话	51194860	传　　真	51194861
设立日期	2002-8-30	负 责 人	邹瑞雪		
主营业务	生产各种花卉工艺品，提供相关的景观设计制作，销售公司自产产品。				

企业名称	上海三松礼品有限公司				
企业地址	上海康桥东路 1300 弄 3 号（201315）				
投资总额	20 万 USD	电　　话	58134099	传　　真	58134249
设立日期	2002-8-21	负 责 人	张忠义		
主营业务	生产各类艺术装饰品，销售公司自产产品。				

企业名称	上海新盟实业有限公司				
企业地址	上海市嘉定区招贤路 111 号（201821）				
投资总额	140 万 USD	电　　话	59164779	传　　真	59164753
设立日期	2002-7-27	负 责 人	尉文渊		
主营业务	生产经营金属制品、木、玻璃、陶瓷、大理石、竹、柳。				

企业名称	盛易达（上海）动画制作有限公司				
企业地址	上海市长宁路 1027 号兆丰广场 2801 室 A 座（200051）				
投资总额	92 万 USD	电　　话	62114691	传　　真	62114691
设立日期	2002-7-2	负 责 人	EDWARD RENMING		
主营业务	动画的加工制作（不含印刷），销售自产产品。				

企业名称	乐善工艺品（上海）有限公司				
企业地址	上海市浦东新区川沙镇六陈路 955 号（201202）				
投资总额	20 万 USD	电　话	58598056	传　真	58598057
设立日期	2002-7-2	负 责 人	黄凤娟		
主营业务	设计、生产工艺礼品及灯饰，销售自产产品。				

企业名称	上海光晋日用品有限公司				
企业地址	上海市松江区新浜工业园区新二路 219 号标准厂房（201605）				
投资总额	150 万 USD	电　话	57892266	传　真	57892866
设立日期	2002-5-20	负 责 人	黄吉性		
主营业务	生产不锈钢丝，清洁球等卫生日用品，销售公司自产产品。				

企业名称	瑞逸（上海）工艺品有限公司				
企业地址	上海市泰康路 200 号 2 楼 201-203 室（200025）				
投资总额	20 万 USD	电　话	63588686	传　真	63589899
设立日期	2002-6-7	负 责 人	TRINE PETERSEN		
主营业务	制作服饰，布艺及木制工艺品。				

企业名称	帕哥华工艺品（上海）有限公司				
企业地址	上海市淮安路 717 号（200041）				
投资总额	20 万 USD	电　话	62531421	传　真	62152011
设立日期	2002-4-23	负 责 人	CHARLES R. MAKINSON		
主营业务	生产布类、石类、玻璃类、木制类、金属类、贝壳类及珍珠类工艺品。				

企业名称	上海和汇安全用品有限公司				
企业地址	上海市奉贤区西渡镇奉金路 8 号（201401）				
投资总额	28 万 USD	电　话	57432818	传　真	57432750
设立日期	2002-5-29	负 责 人	倪华杰		
主营业务	生产安全头盔、护目镜、防护帽、防水衣、销售公司自产产品。				

企业名称	佑瑞旅游制品（上海）有限公司				
企业地址	上海市闵行区七宝镇华友路 550 号（201101）				
投资总额	100 万 USD	电　话	54867778	传　真	54867668
设立日期	2002-1-29	负 责 人	林怡成		
主营业务	生产、销售野外旅游系列制品，五金配件。				

建筑业

企业名称	上海益精建筑装饰有限公司				
企业地址	上海市浦东新区乳山路233号207室（210260）				
投资总额	65万USD	电　　话	58301901	传　　真	
设立日期	2009-11-27	负 责 人	吕 梅		
主营业务	建筑装饰工程设计、施工，建筑工程施工。				

企业名称	优冠装饰（上海）有限公司				
企业地址	上海市长宁区长宁路347号1幢3A室（200050）				
投资总额	22万USD	电　　话	59970313	传　　真	
设立日期	2009-9-22	负 责 人	魏全亨		
主营业务	建筑装饰装修。				

企业名称	匠作建筑工程（上海）有限公司				
企业地址	上海市浦东新区东陆路1960号1层B室（201206）				
投资总额	42万USD	电　　话		传　　真	
设立日期	2009-9-15	负 责 人	朱训洁		
主营业务	建筑装修装饰工程施工、机电设备安装工程、绿化工程施工。				

企业名称	麦天渝建筑设计咨询（上海）有限公司				
企业地址	上海市浦东新区民生路1403号1602室（201204）				
投资总额	2万USD	电　　话	33926886	传　　真	
设立日期	2009-8-31	负 责 人	JEREMY TODD METZ		
主营业务	建筑设计咨询、室内装潢设计、居住小区景观设计、家具设计。				

企业名称	上海沥彩景观工程有限公司				
企业地址	上海市浦东新区上丰西路55号6幢102室（200082）				
投资总额	20万USD	电　　话	65890909	传　　真	65890956
设立日期	2009-8-28	负 责 人	ROBIN MIAO LEE		
主营业务	地面景观工程的设计与施工。				

企业名称	司恩格建筑设计咨询（上海）有限公司				
企业地址	上海市浦东新区航津路658号828室（200138）				
投资总额	3万USD	电　　话	58362605	传　　真	
设立日期	2009-8-24	负 责 人	SAMSON NGOV		
主营业务	室内设计咨询、建筑装潢设计咨询、企业管理咨询、市场营销咨询。				

企业名称	安乐建筑工程服务（上海）有限公司				
企业地址	上海市浦东新区商城路660号乐凯大厦1010室（200122）				
投资总额	50万USD	电　　话	68883062	传　　真	68883061
设立日期	2009-7-22	负 责 人	潘乐陶		
主营业务	提供建筑工程设备的维护和保养的服务。				

企业名称	上海爱睿思装潢工程有限公司				
企业地址	上海市闵行区吴中路686弄2号第5幢（E座）1209室（201103）				
投资总额	15万USD	电　　话	31359271	传　　真	
设立日期	2009-7-16	负 责 人	JANG WOONGNYOUNG		
主营业务	室内装潢，提供相关的咨询服务。				

企业名称	上海盾杰金属装饰工程有限公司				
企业地址	上海市宝山区富联一路250号A栋201室（201907）				
投资总额	15万USD	电　　话	36040076	传　　真	
设立日期	2009-7-16	负 责 人	王 斌		
主营业务	建筑室内室外装修装饰工程，金属门窗和钢结构工程施工。				

企业名称	伟鸿行装饰（上海）有限公司				
企业地址	上海市长宁区延安西路726号24楼C座（200050）				
投资总额	44万USD	电　　话	52389562	传　　真	
设立日期	2009-5-20	负 责 人	莫明修		
主营业务	建筑装饰装修。				

企业名称	策迪安防工程（上海）有限公司				
企业地址	上海市长宁区延安西路1599号20幢3层02单元（200050）				
投资总额	33万USD	电　　话	52391007	传　　真	
设立日期	2009-5-12	负 责 人	CHANG LEE CHENG		
主营业务	以建筑施工承包形式从事建筑智能化工程的施工。				

企业名称	普美帝（上海）装璜工程有限公司				
企业地址	上海市闵行区吴中路1235号7楼B座（201103）				
投资总额	14万USD	电　　话		传　　真	
设立日期	2009-5-6	负 责 人	KIM BYUNG JOO		
主营业务	建筑装饰装卸工程设计施工。				

企业名称	臻林基础工程（上海）有限公司				
企业地址	上海市宝山区呼玛路547号309室（200435）				
投资总额	15万USD	电　　话	50816901	传　　真	50816903
设立日期	2009-4-8	负 责 人	林子恒		
主营业务	以建设工程专业承包形式从事地基与基础工程施工。				

企业名称	怡好建筑装饰工程（上海）有限公司				
企业地址	上海市崇明县北沿公路2111号30幢303室－1（202150）				
投资总额	7万USD	电　　话	69692161	传　　真	
设立日期	2009-3-18	负 责 人	刘景辉		
主营业务	建筑装饰装修工程设计。				

企业名称	爱思匹希欧（上海）设备工程有限公司				
企业地址	上海市长宁区天山路600弄3号11C室（200051）				
投资总额	20万USD	电　　话	52061956	传　　真	52061986
设立日期	2009-3-3	负 责 人	藤原义之		
主营业务	从事机电设备工程的设计，机电设备及零配件的批发、佣金代理。				

企业名称	仁崇室内装潢（上海）有限公司				
企业地址	上海市浦东新区兰村路473号208室（200127）				
投资总额	10万USD	电　　话	32260887	传　　真	
设立日期	2009-2-17	负 责 人	邓运鸿		
主营业务	室内装潢和装饰，室内装潢设计，环境设计咨询。				

企业名称	上海金和源建设工程有限公司				
企业地址	上海市黄浦区北京东路666号东H区6A14室（200001）				
投资总额	50万USD	电　　话	33927108	传　　真	33927109
设立日期	2009-2-3	负 责 人	金本宽中		
主营业务	地基与基础工程专业承包，并提供相关技术咨询服务。				

企业名称	阿蒂建筑设计咨询（上海）有限公司				
企业地址	上海市浦东新区御桥路292号201室(200122)				
投资总额	6.5万USD	电　　话		传　　真	
设立日期	2008-12-29	负 责 人	PARENT GUY,FRANCIS		
主营业务	建筑设计咨询、景观园林设计咨询、室内设计咨询。				

企业名称	盖驰建筑设计咨询（上海）有限公司				
企业地址	上海市黄浦区西藏中路336号17层01-04单元(200002)				
投资总额	15万USD	电　　话	33303298	传　　真	33303290
设立日期	2008-12-19	负 责 人	STEVEN MICHAEL NILLES		
主营业务	建筑设计咨询。				

企业名称	托倪克室内装潢设计（上海）有限公司				
企业地址	上海市黄浦区广西北路528号1002室(200001)				
投资总额	2.2万USD	电　　话	63527838	传　　真	63527839
设立日期	2008-12-18	负 责 人	REBECCA KATHERINE MURRELL		
主营业务	家庭装潢、家庭装潢设计、工程管理咨询。				

企业名称	加尚建筑设计咨询（上海）有限公司				
企业地址	上海市闵行区金都路4289号6幢222室(201108)				
投资总额	14万USD	电　　话		传　　真	
设立日期	2008-12-9	负 责 人	LINNEA DOROTHY DUIGNAN		
主营业务	建筑规划设计咨询、室内装饰设计及施工咨询。				

企业名称	德度建筑设计咨询（上海）有限公司				
企业地址	上海市静安区茂名北路65号1号楼205室(200041)				
投资总额	10.1万USD	电　　话	62184800	传　　真	62181001
设立日期	2008-12-5	负 责 人	NUNZIATINA CARBONE		
主营业务	建筑设计咨询。				

企业名称	上海壹思室内设计咨询有限公司				
企业地址	上海市徐汇区天钥桥路909号3号楼301室(200030)				
投资总额	3万USD	电　　话	62177751	传　　真	62177751
设立日期	2008-12-2	负 责 人	梁裕能		
主营业务	室内设计咨询、艺术设计咨询、建筑设计咨询。				

企业名称	海茵建筑设计咨询（上海）有限公司				
企业地址	上海市卢湾区建国中路10号7号楼7502室(200025)				
投资总额	12万USD	电　　话	61355999	传　　真	61355996
设立日期	2008-11-25	负 责 人	DR HENN		
主营业务	建筑设计信息及技术咨询。				

企业名称	墨泽（上海）景观规划设计有限公司				
企业地址	上海市黄浦区汉口路 515 号 17 层 04 室(200003)				
投资总额	6.4 万 USD	电　话	63603873	传　真	
设立日期	2008-11-19	负 责 人	陈乐珩		
主营业务	有关建筑规划设计、景观规划设计、室内设计信息咨询及投资咨询服务。				

企业名称	意法建筑装潢设计（上海）有限公司				
企业地址	上海市卢湾区打浦路 258 弄 1 号 2 层 201G 室(200025)				
投资总额	100 万 USD	电　话	52370284	传　真	
设立日期	2008-11-11	负 责 人	王盟仁		
主营业务	建筑装饰、装修工程的设计、施工。				

企业名称	派瓦首斯（上海）装潢设计有限公司				
企业地址	上海市浦东新区张杨北路 5509 号 503R 室(200137)				
投资总额	20 万 USD	电　话	34622900	传　真	64348887
设立日期	2008-10-27	负 责 人	安东正志		
主营业务	室内装修装饰工程的设计、施工。				

企业名称	卓恩玛建筑设计咨询（上海）有限公司				
企业地址	上海市杨浦区国泰路 11 号 508 室(200433)				
投资总额	10 万 USD	电　话	55662718	传　真	55662718
设立日期	2008-10-24	负 责 人	周师祺		
主营业务	建筑设计咨询。				

企业名称	阳地钢房屋制造（上海）有限公司				
企业地址	上海市嘉定工业区小东街 220 号第 8 幢(201807)				
投资总额	250 万 USD	电　话	69523461	传　真	69523462
设立日期	2008-10-23	负 责 人	杨迪钢		
主营业务	设计、生产新型薄板轻钢房屋、木结构房屋、地热和建筑配套产品。				

企业名称	嘉科建筑工程设计咨询（上海）有限公司				
企业地址	上海市静安区万航渡路 731 号 1 号楼 306 室(200041)				
投资总额	27.23 万 USD	电　话	61032959	传　真	61032900
设立日期	2008-10-20	负 责 人	CHRISTOPHER EDWARD NAGEL		
主营业务	建筑工程设计咨询(设计除外)、工程项目管理咨询。				

企业名称	飞快建筑空间设计咨询（上海）有限公司				
企业地址	上海市徐汇区徐虹中路 20 号 2 幢 530 室(200030)				
投资总额	10 万 USD	电　话	31268211	传　真	33537098
设立日期	2008-10-10	负 责 人	黄沂雯		
主营业务	室内设计咨询、室内装潢设计咨询、建筑设计咨询。				

企业名称	嘉仙达装饰工程（上海）有限公司				
企业地址	上海市黄浦区北京东路 666 号东 H 楼 6A03 室(200001)				
投资总额	14.65 万 USD	电　话	53086500	传　真	53086500
设立日期	2008-10-9	负 责 人	刘思珮		
主营业务	室内装饰设计，装潢施工、水电安装及相关的配套业务。				

企业名称	资业龙建筑设计咨询（上海）有限公司				
企业地址	上海市杨浦区军工路 300 号 9 号楼 402 室(200090)				
投资总额	100 万 USD	电　话	55647890	传　真	55647890
设立日期	2008-10-9	负 责 人	CHAN CHEE KEONG		
主营业务	建筑设计咨询（建筑设计除外）、景观设计咨询。				

企业名称	设能建筑咨询（上海）有限公司				
企业地址	上海市杨浦区赤峰路 65 号同济科技园 2 号楼 211 室(200092)				
投资总额	4.39 万 USD	电　话	65909220	传　真	55217890
设立日期	2008-10-9	负 责 人	DIRK ALEXANDER SCHWEDE		
主营业务	建筑节能咨询，建筑工程咨询。				

企业名称	德鲁克斯建筑设计咨询（上海）有限公司				
企业地址	上海市浦东新区张江路 665 号德宏大厦 509 室(201203)				
投资总额	7.32 万 USD	电　话	61647186	传　真	68790097
设立日期	2008-10-6	负 责 人	PETER SEIPP		
主营业务	建筑工程设计咨询、建筑工程施工咨询。				

企业名称	原润（上海）建筑设计咨询有限公司				
企业地址	上海市金山区张堰镇松金公路 2758 号 15 幢 103 室(201514)				
投资总额	20 万 USD	电　话	62521188	传　真	
设立日期	2008-9-27	负 责 人	宋仁宗		
主营业务	建筑工程设计咨询。				

企业名称	海恩建科项目管理咨询（上海）有限公司				
企业地址	上海市崇明县城桥镇秀山路 7 号 5 幢 F 区 208 室(202150)				
投资总额	43.82 万 USD	电　话	64697825	传　真	64697825
设立日期	2008-9-19	负 责 人	孙金科		
主营业务	建筑工程项目管理咨询。				

企业名称	上海锐时建筑设计咨询有限公司				
企业地址	上海市虹口区塘沽路 985 号 20 层 2002 室(200085)				
投资总额	7.3 万 USD	电　话	63071941	传　真	63065202
设立日期	2008-9-19	负 责 人	Felix Amat Torras		
主营业务	建筑设计咨询（除建筑设计）、商务咨询及相关服务。				

企业名称	诶零零建筑设计咨询（上海）有限公司				
企业地址	上海市浦东新区耀华路 215 号 2 幢 A507 室(200126)				
投资总额	2.19 万 USD	电　话	58301538	传　真	58301538
设立日期	2008-9-16	负 责 人	RAEFER KEITH WALLIS		
主营业务	建筑设计咨询，电脑图文设计制作，商务信息咨询。				

企业名称	雅森建筑咨询（上海）有限公司				
企业地址	上海市长宁区天山西路 789 号 1 幢 227 室(200335)				
投资总额	14.7 万 USD	电　话	52161585	传　真	52161585
设立日期	2008-9-5	负 责 人	Ian-Peter Ernest Lorenz Bennink		
主营业务	提供建筑设计咨询。				

企业名称	关东建设（上海）有限公司				
企业地址	上海市徐汇区桂平路 418 号 506 室(200233)				
投资总额	102 万 USD	电　话	64325361	传　真	64325362
设立日期	2008-9-1	负 责 人	松江信一		
主营业务	建筑工程施工、钢结构工程、建筑装饰装修工程。				

企业名称	康泰斯（上海）化学工程有限公司				
企业地址	上海市浦东新区东绣路 555 号 202 室(200127)				
投资总额	146 万 USD	电　话	58306766	传　真	50810345
设立日期	2008-8-27	负 责 人	马贤银		
主营业务	化工、石化、医药行业的工程设计。				

企业名称	捷想建筑设计咨询（上海）有限公司				
企业地址	上海市闵行区虹梅路 3215 弄 201 号 6 楼 B－2(201103)				
投资总额	5.567 万 USD	电　话	64761620	传　真	64761620
设立日期	2008-8-27	负 责 人	吴慧敏		
主营业务	建筑设计咨询。				

企业名称	大盛节能卷窗建材（上海）有限公司				
企业地址	上海市松江区新浜工业区上廣路 200 号第一幢(201605)				
投资总额	73 万 USD	电　话	62084062	传　真	62084062
设立日期	2008-8-22	负 责 人	陈威颖		
主营业务	生产、研发、设计、安装遮阳设备。				

企业名称	宝事建筑工程咨询（上海）有限公司				
企业地址	上海市黄浦区广东路 689 号 3011 室(200003)				
投资总额	10 万 USD	电　话	61450616	传　真	61450613
设立日期	2008-8-16	负 责 人	ALF MEHLIG		
主营业务	建筑工程咨询。				

企业名称	上海康民建筑工程有限公司				
企业地址	上海市浦东新区光明路 718 号 809 室(200126)				
投资总额	300 万 USD	电　话		传　真	
设立日期	2008-8-13	负 责 人	侯海泉		
主营业务	研发新型混凝土预制板，自有研发成果的转让。				

企业名称	达置行建筑工程咨询（上海）有限公司				
企业地址	上海市闸北区中兴路 329 号 201－08 室(200071)				
投资总额	30 万 USD	电　话	63569234	传　真	63569234
设立日期	2008-8-13	负 责 人	徐志伟		
主营业务	建筑工程咨询、建筑工程管理咨询。				

企业名称	柏坚建筑工程技术咨询（上海）有限公司				
企业地址	上海市浦东新区杨园南路 116 号 6 幢西 206 室(201208)				
投资总额	14 万 USD	电　话		传　真	
设立日期	2008-8-7	负 责 人	刘柏坚		
主营业务	建筑工程项目技术咨询，机电工程技术咨询。				

企业名称	上海德建装饰工程有限公司				
企业地址	上海市嘉定区嘉定镇塔城路 261 号 4 楼 401 室(201800)				
投资总额	14 万 USD	电话	51572218	传真	51572219
设立日期	2008-8-5	负责人	吴逸汉		
主营业务	家庭装潢设计及施工，并提供相关咨询服务。				

企业名称	上海逸都建筑工程咨询有限公司				
企业地址	上海市奉贤区奉浦工业区远东北路 1329 号 1 幢 116 室(201400)				
投资总额	14 万 USD	电话	52375100	传真	52375102
设立日期	2008-8-1	负责人	王逸群		
主营业务	工程项目管理咨询。				

企业名称	上海欧迪室内装潢设计有限公司				
企业地址	上海市闵行区东川路 555 号乙楼 2067 室(200241)				
投资总额	50 万 USD	电话	61212288	传真	
设立日期	2008-7-22	负责人	杜康生		
主营业务	室内装潢设计，建筑和装潢材料。				

企业名称	弘技机电技术服务（上海）有限公司				
企业地址	上海市嘉定区马陆镇敬学路 188 号第 6 幢 101 室(201801)				
投资总额	15 万 USD	电话	39907390	传真	39907392
设立日期	2008-7-18	负责人	毛金亿		
主营业务	提供机电设备（除特种设备）的安装、维修、保养服务。				

企业名称	查普门泰勒建筑设计咨询（上海）有限公司				
企业地址	上海市崇明县城桥镇秀山路 7 号 6 幢 F 区 314 室(202150)				
投资总额	14 万 USD	电话	63802601	传真	63802605
设立日期	2008-7-18	负责人	COTTAM MICHAEL DAVID		
主营业务	建筑设计咨询（除建筑设计），室内外装潢设计咨询。				

企业名称	上海慎裕建筑装饰有限公司				
企业地址	上海市奉贤区青村镇南奉公路 4458 号 6 幢 107 室(201414)				
投资总额	45 万 USD	电话	52604610	传真	52604611
设立日期	2008-7-15	负责人	SUSANTO NURSALIM		
主营业务	建筑装潢，装潢设计，建筑装潢材料。				

企业名称	上海建亿投资咨询有限公司				
企业地址	上海市闵行区宜山路 1618 号综合楼 859 室(201103)				
投资总额	20 万 USD	电话	64510290	传真	64510390
设立日期	2008-7-11	负责人	刘莉菁		
主营业务	投资咨询、企业管理咨询。				

企业名称	禾扬建筑设计咨询（上海）有限公司				
企业地址	上海市闵行区吴中路 1199 号第 1 幢 811 室(201103)				
投资总额	14 万 USD	电话	54223372	传真	54223428
设立日期	2008-7-7	负责人	黄茂良		
主营业务	建筑设计咨询（建筑设计除外）、投资咨询。				

企业名称	爱帝欧建筑设计咨询（上海）有限公司				
企业地址	上海市静安区北京西路 1250 号 13 层(200041)				
投资总额	15 万 USD	电话		传真	
设立日期	2008-7-4	负责人	CHRISTOPHER SEYMOUR-PROSSER		
主营业务	建筑设计咨询（不含建筑设计），工程技术咨询。				

企业名称	瀚恩建筑设计咨询（上海）有限公司				
企业地址	上海市黄浦区汉口路 300 号 2603－2608 室(200002)				
投资总额	36 万 USD	电话	63518107	传真	63518127
设立日期	2008-7-3	负责人	PAUL GERARD OBRIEN		
主营业务	建筑设计咨询（除建筑设计）、室内设计咨询。				

企业名称	红蝠建筑设计咨询（上海）有限公司				
企业地址	上海市崇明县城桥镇秀山路 7 号 6 幢 B 区 310 室(202150)				
投资总额	10 万 USD	电话	53550103	传真	63800016
设立日期	2008-7-3	负责人	MACKEY PETER JOHN		
主营业务	建筑设计咨询（建筑设计除外）、室内装潢设计咨询。				

企业名称	汰威装饰工程（上海）有限公司				
企业地址	上海市闵行区联曹路 260 号 17 幢厂房 I 号(200237)				
投资总额	14 万 USD	电话		传真	
设立日期	2008-7-2	负责人	TAN KIN SIONG		
主营业务	室内装饰设计及装潢，提供相关的技术咨询。				

企业名称	明创建筑设计咨询（上海）有限公司				
企业地址	上海市闵行区黎安路 859 号 5 幢 135 室(201100)				
投资总额	15 万 USD	电话		传真	
设立日期	2008-6-30	负责人	赖明志		
主营业务	建筑设计咨询。				

企业名称	凯富保温工程科技（上海）有限公司				
企业地址	上海市化学工业区目华路 111 号 1 号通用厂房 A1 区(201507)				
投资总额	31 万 USD	电话	67120218	传真	67120215
设立日期	2008-6-27	负责人	HORST KOERNER		
主营业务	从事防腐保温工程的施工，提供相关的技术和服务。				

企业名称	上海华拿得建筑设计咨询有限公司				
企业地址	上海市青浦区漕盈路 2500 号 1101 室(201700)				
投资总额	14 万 USD	电话		传真	
设立日期	2008-6-26	负责人	章宗珉		
主营业务	建筑设计咨询、室内外装饰设计咨询、景观设计咨询。				

企业名称	艾雍（上海）建筑景观设计咨询有限公司				
企业地址	上海市杨浦区平凉路 1509 号 3 层 2－321 室(200090)				
投资总额	14 万 USD	电话	61252672	传真	61252803
设立日期	2008-6-26	负责人	GAETANO RICO		
主营业务	建筑景观设计咨询。				

企业名称	上海喜氏建筑设计咨询有限公司				
企业地址	上海市静安区北京西路 1277 号 1005 室(200041)				
投资总额	14 万 USD	电话	64127397	传真	64127397
设立日期	2008-6-25	负责人	徐维宏		
主营业务	建筑设计咨询。				

企业名称	浩独室内装潢（上海）有限公司				
企业地址	上海市闸北区江场三路 228 号 312 室(200436)				
投资总额	7 万 USD	电话	51025279	传真	51025277
设立日期	2008-6-18	负责人	LAM HONG MENG		
主营业务	室内装潢，室内建筑装潢设计咨询，室内空间设计咨询。				

企业名称	十瀚（上海）建筑设计咨询有限公司				
企业地址	上海市闸北区灵石路 709 号 71 幢 505 室(200072)				
投资总额	7.15 万 USD	电话	62495587	传真	62495587
设立日期	2008-6-6	负责人	赖雨农		
主营业务	建筑设计咨询。				

企业名称	博视建筑设计咨询（上海）有限公司				
企业地址	上海市浦东新区杨园南路 116 号 6 幢西半幢 141 室(200124)				
投资总额	19 万 USD	电话	54560481	传真	
设立日期	2008-5-19	负责人	YU ANG		
主营业务	建筑设计咨询，建筑规划设计咨询。				

企业名称	建佑投资咨询（上海）有限公司				
企业地址	上海市长宁区延安西路 726 号 10L 室(200050)				
投资总额	60 万 USD	电话	52385993	传真	52385992
设立日期	2008-5-6	负责人	HWANG HYUN SOON		
主营业务	投资咨询、商务信息咨询、企业管理咨询、科技信息咨询。				

企业名称	贺凯施建筑设计咨询（上海）有限公司				
企业地址	上海市黄浦区延安东路 142 号 301 室(200001)				
投资总额	14 万 USD	电话	51523061	传真	51523061
设立日期	2008-5-5	负责人	刘晓春		
主营业务	建筑设计咨询（建筑设计除外）、工程管理咨询。				

企业名称	韶柏（上海）建筑工程咨询有限公司				
企业地址	上海市闸北区虬江路 1000 号 1501 室(200070)				
投资总额	15 万 USD	电话	66298616	传真	
设立日期	2008-4-22	负责人	FLORENTIUS HENRY		
主营业务	建筑工程咨询、经济贸易信息咨询、企业管理咨询。				

企业名称	衡美装潢设计（上海）有限公司				
企业地址	上海市闵行区莘庄镇黎安路 859 号 5 幢 126 室(201100)				
投资总额	60 万 USD	电话	54884629	传真	54884629
设立日期	2008-4-11	负责人	罗时沛		
主营业务	室内装潢，室内装潢设计、装潢工程管理咨询。				

企业名称	弼克建筑咨询（上海）有限公司				
企业地址	上海市徐汇区肇嘉浜路 798 号 605 室(200031)				
投资总额	14 万 USD	电　话	64739099	传　真	64739105
设立日期	2008-4-10	负责人	SHANE MICHAEL D'ARCY		
主营业务	建筑工程咨询、建筑设计咨询。				

企业名称	阏宣建筑设计咨询（上海）有限公司				
企业地址	上海市嘉定区江桥镇金沙江西路 1555 弄 382 号第 6 层(201803)				
投资总额	35 万 USD	电　话	62545911	传　真	62545629
设立日期	2008-3-28	负责人	廖紫均		
主营业务	建筑设计咨询（除建筑设计）、室内设计咨询。				

企业名称	上海太吉光环保工程有限公司				
企业地址	上海市徐汇区漕宝路 80 号 1104 室(200235)				
投资总额	22 万 USD	电　话	64019161	传　真	64019165
设立日期	2008-3-18	负责人	CHOO HYON SIK		
主营业务	环保工程施工专业承包以及相关技术咨询服务。				

企业名称	香港建设（中国）管理有限公司				
企业地址	上海市黄浦区延安东路 150 号(200002)				
投资总额	2000 万 USD	电　话	61936688	传　真	61936677
设立日期	2008-3-14	负责人	黄刚		
主营业务	向其提供投资管理和咨询服务。				

企业名称	上海捷振建设工程管理服务有限公司				
企业地址	上海市南汇区康桥镇康意路 499 号 2 幢 A 座 4120 号(201315)				
投资总额	488 万 USD	电　话		传　真	
设立日期	2008-3-12	负责人	姚征		
主营业务	为商业、住宅建设工程及市政基础设施工程项目提供工程技术管理。				

企业名称	索杰建筑设计咨询（上海）有限公司				
企业地址	上海市闸北区延长路 149 号 45 幢 316 室(200070)				
投资总额	6.94 万 USD	电　话	64684078	传　真	64684080
设立日期	2008-2-3	负责人	ROLF JURGEN DEMMLER		
主营业务	建筑设计咨询（不含建筑设计）、工程技术咨询。				

企业名称	上海晟高机电工程设计有限公司				
企业地址	上海市虹口区四平路 198 号 411 室(200070)				
投资总额	20 万 USD	电　话	64272758	传　真	64272198
设立日期	2008-2-2	负责人	李易融		
主营业务	微电了产品项目工程设计和显示器件项目工程设计。				

企业名称	恩洛哥工程咨询（上海）有限公司				
企业地址	上海市徐汇区龙华路 2862 号 206 室(200232)				
投资总额	11 万 USD	电　话	61285380	传　真	
设立日期	2008-2-2	负责人	JUHA TAPIO LAAJAVA		
主营业务	建筑配套工程设计咨询。				

企业名称	寰筑建筑设计咨询（上海）有限公司				
企业地址	上海市闵行区吴中路 686 弄 2 号 5 幢 207 室(201103)				
投资总额	15 万 USD	电　话	51759511	传　真	51759511
设立日期	2008-1-31	负责人	张国杰		
主营业务	建筑设计咨询（除设计）、建筑工程管理咨询。				

企业名称	阿魅酷建筑设计咨询（上海）有限公司				
企业地址	上海市静安区北京西路 1701 号 1807 室(200040)				
投资总额	15 万 USD	电　话	51508895	传　真	51508897
设立日期	2008-1-30	负责人	叶菲		
主营业务	建筑设计咨询（设计除外），平面设计咨询。				

企业名称	上海建阂机电设计有限公司				
企业地址	上海市徐汇区中山西路 1919 号 1 幢 714 室(200233)				
投资总额	8 万 USD	电　话	51879061	传　真	62702489
设立日期	2008-1-24	负责人	张俊祥		
主营业务	机电设备图文设计、制作，工程机械设备图文设计。				

企业名称	艺季室内设计（上海）有限公司				
企业地址	上海市南汇区康桥镇康意路 499 号 2 幢 A 座 4115 室(201300)				
投资总额	2 万 USD	电　话	63500821	传　真	63181212
设立日期	2008-1-24	负责人	ICHIRO SATO（佐藤一郎）		
主营业务	室内装修装饰工程的设计，建筑工程设计咨询。				

企业名称	中亿建设发展（上海）有限公司				
企业地址	上海市南汇区沪南路 2575 号 806 室(200120)				
投资总额	6921 万 USD	电　话	58137830	传　真	
设立日期	2008-1-17	负责人	王建华		
主营业务	房屋建筑工程施工总承包。				

企业名称	美昌（上海）装饰工程有限公司				
企业地址	上海市长宁区中山西路 750 号 1 幢 238 室(200051)				
投资总额	140 万 USD	电　话	62351151	传　真	62350029
设立日期	2008-1-8	负责人	曹玉廷		
主营业务	室内装修工程，室内装饰装潢设计。				

企业名称	威若廷建筑规划设计顾问（上海）有限公司				
企业地址	上海市黄浦区广东路 689 号 1512 室（200001）				
投资总额	14 万 USD	电　话	63410259	传　真	63410257
设立日期	2007-12-25	负责人	刘江泉		
主营业务	建筑设计咨询（建筑设计除外），景观工程设计咨询。				

企业名称	杨惠文建筑设计顾问（上海）有限公司				
企业地址	上海市漕溪路 190 号 5 楼 502 室（200233）				
投资总额	8 万 USD	电　话	63800241	传　真	63800225
设立日期	2007-12-19	负责人	杨惠文		
主营业务	建筑设计咨询。				

企业名称	上海臻义工程科技有限公司				
企业地址	上海市虹桥路 333 号 1 幢 332 室（200030）				
投资总额	14 万 USD	电　话	64070504	传　真	64471041
设立日期	2007-12-18	负责人	张朝灯		
主营业务	电力工程系统技术研发和相关技术服务。				

企业名称	柏思杰工程顾问（上海）有限公司				
企业地址	上海市长宁区天山路 600 弄 2 号 2 楼 D4-2 室（200051）				
投资总额	14 万 USD	电　话	62402080	传　真	
设立日期	2007-11-19	负责人	单增亮		
主营业务	工程设计咨询（建筑工程设计除外），环境工程咨询。				

企业名称	城牵建筑装潢工程（上海）有限公司				
企业地址	上海市浦东新区东方路 286 号 5 楼 511 室（200120）				
投资总额	14 万 USD	电　话	53965656	传　真	
设立日期	2007-11-15	负责人	TIMOTHY JAMES THRELKELD		
主营业务	室内装潢、室内冷暖设施、设备的设计及安装。				

企业名称	圣塔菲建材（上海）有限公司				
企业地址	上海市嘉定区黄渡镇谢春路 1000 号第 1 幢（201804）				
投资总额	500 万 USD	电　话	66277717	传　真	
设立日期	2007-10-18	负责人	李士发		
主营业务	生产环保涂料、腻子、保温材料，耐磨地坪材料。				

企业名称	卡莱司卓（上海）建筑材料有限公司				
企业地址	上海市嘉定区马陆镇丰登路 615 弄 2 号厂房 1 楼（201801）				
投资总额	200 万 RMB	电　话	59907002	传　真	59907003
设立日期	2007-10-15	负责人	PAUL，ERIC LEVY		
主营业务	开发、生产各类建筑材料和相关产品。				

企业名称	创起设计装饰（上海）有限公司				
企业地址	上海市奉贤区南桥镇运河北路 616 号 7 幢 101 室（201400）				
投资总额	1700 万日元	电　话	54040063	传　真	54040131
设立日期	2007-9-14	负责人	铃木国夫		
主营业务	室内装潢设计、室内装潢，并提供相关的配套服务和咨询。				

企业名称	上海华瀚建筑工程有限公司				
企业地址	上海市奉贤区青村镇北港村 328 号第三车间（201414）				
投资总额	80 万 USD	电　话	61526396	传　真	61526397
设立日期	2007-8-28	负责人	怀培勇		
主营业务	建筑装潢设计、施工。				

企业名称	秦锘石保温建筑科技（上海）有限公司				
企业地址	上海市浦东新区顾徐路 8 号 3 号楼 2 楼（201209）				
投资总额	14 万 USD	电　话	68727897	传　真	
设立日期	2007-8-9	负责人	NG AH HOY（黄亚辉）		
主营业务	保温建筑材料的批发、佣金代理。				

企业名称	伟视科鲁幕墙（上海）有限公司				
企业地址	上海青浦工业园区崧泽大道 9777 号 4 幢（201700）				
投资总额	450 万 USD	电话	69213890	传真	39202068
设立日期	2007-8-6	负责人	宁松		
主营业务	开发、生产新型建筑材料。				

企业名称	高正行建筑科技（上海）有限公司				
企业地址	上海市虹口区新市南路 1104 号底楼 A 区 101 室（200080）				
投资总额	65 万 USD	电话	51752799	传真	51752790
设立日期	2007-8-1	负责人	王烽炜		
主营业务	建筑科技信息咨询，室内建筑装潢咨询。				

企业名称	狮达高建材（上海）有限公司				
企业地址	上海市嘉定区嘉安公路 605 弄 7 号 3 栋（201821）				
投资总额	100 万 RMB	电话	69160874	传真	
设立日期	2007-7-24	负责人	JARROD ERNEST STRATTON		
主营业务	生产、加工金属建材、塑料建材及零部件，销售本公司自产产品。				

企业名称	上海司杰建筑五金有限公司				
企业地址	上海市嘉定区马陆镇博学路 538 号 8 幢 1 楼 A 区（201801）				
投资总额	2990 万 USD	电话	63322990	传真	63325003
设立日期	2007-7-19	负责人	吴平		
主营业务	高档建筑五金件、水暖器材及五金件开发、生产。				

企业名称	高宝室内装潢（上海）有限公司				
企业地址	上海市长宁区定西路 1232 号 1 号楼 615 室（200050）				
投资总额	14 万 USD	电话	61612198	传真	61612196
设立日期	2007-7-9	负责人	黎天翔		
主营业务	室内装潢、室内装潢设计、工程管理咨询。				

企业名称	麦龙建筑节能科技（上海）有限公司				
企业地址	上海市汉中路 158 号 1209B 室（200070）				
投资总额	100 万 USD	电话	63537660	传真	63537660
设立日期	2007-6-25	负责人	LI FENG SHEN		
主营业务	开发生产外墙涂料、外装饰材料、保温材料及五金建筑材料。				

企业名称	斯塔舞台技术工程（上海）有限公司				
企业地址	上海市浦东新区唐陆路 1200 号 2 幢 1 层（201203）				
投资总额	14 万 USD	电话	62472948	传真	62472949
设立日期	2007-5-25	负责人	ROGER BARRETT		
主营业务	舞台工程设计、制作、安装、调试。				

企业名称	上海通世泰建材有限公司				
企业地址	上海市松江区华加路 99 号 8 号厂房（201613）				
投资总额	50 万 USD	电话	67747178	传真	67747578
设立日期	2007-4-28	负责人	诸冈淳一郎		
主营业务	生产、加工、研发建筑装饰装修材料、模具及零部件。				

企业名称	德硅（上海）建筑装饰材料贸易有限公司				
企业地址	上海市外高桥保税区泰谷路 18 号 1 号楼 7 层 711A 室（200131）				
投资总额	100 万 USD	电话	54234098	传真	54234100
设立日期	2007-4-27	负责人	程慧玲		
主营业务	建筑装饰材料的批发、佣金代理。				

企业名称	亚士保温科技（上海）有限公司				
企业地址	上海市青浦工业园区新涛路 28 号 1 号厂房（201700）				
投资总额	1500 万港币	电话	59705818	传真	59705808
设立日期	2007-3-27	负责人	沈刚		
主营业务	开发、生产新型建筑材料，销售公司自产产品。				

企业名称	美鑫（上海）建筑工程有限公司				
企业地址	上海市浦东新区牡丹路 60 号 520 室（200120）				
投资总额	1400 万港币	电话	58828410	传真	58828411
设立日期	2007-3-26	负责人	于娟		
主营业务	以建设工程承包形式从事房屋建筑工程施工总承包。				

企业名称	上海穴吹装饰工程有限公司				
企业地址	上海市浦东新区峨山路 91 弄 98 号 304B（200127）				
投资总额	2000 万日元	电话	50580384	传真	50583840
设立日期	2007-3-23	负责人	穴吹友次		
主营业务	室内装修装饰工程的设计、施工。				

企业名称	茂力泰克建筑装饰（上海）有限公司				
企业地址	上海市长宁区延安西路 2299 号 10B40 展示间（200336）				
投资总额	800 万日元	电话	62365066	传真	62366606
设立日期	2007-3-19	负责人	口武男		
主营业务	以建设工程专业承包形式从事建筑装修工程施工。				

企业名称	艺暖建筑装饰（上海）有限公司				
企业地址	上海市长宁区虹桥路 2298 号 8 幢 211 室（200336）				
投资总额	20 万 USD	电话	67559857	传真	67559837
设立日期	2007-3-12	负责人	KWANG SOO KIM		
主营业务	以建筑工程专业承包形式从事建筑装饰装修工程施工。				

企业名称	上海代高墙体技术有限公司				
企业地址	上海市浦东新区浦东南路 2054 弄 6 号 204 室（200135）				
投资总额	15 万 USD	电话	51698699	传真	58822022
设立日期	2007-2-26	负责人	朱伟伟		
主营业务	新型墙体建筑材料设计、安装，室内设计及装潢。				

企业名称	凡诺德（上海）疏浚工程有限公司				
企业地址	上海市浦东新区世纪大道 1600 号浦项商务广场 2001 室（200122）				
投资总额	500 万 RMB	电话	50899523	传真	50899580
设立日期	2007-2-14	负责人	JACOBUS DE RUIJTER		
主营业务	从事港口与海岸工程专业施工、航道工程专业施工。				

企业名称	上海长喜建筑节能技术发展有限公司				
企业地址	上海市嘉定区洪德路 1365 号 D3 幢（201821）				
投资总额	400 万 USD	电话	63535568	传真	63540323
设立日期	2007-1-25	负责人	孙禧进		
主营业务	研发、生产各种建筑节能材料。				

企业名称	上海茸邦建材制品有限公司				
企业地址	上海市松江区闵塔路 129 号 14 号厂房（201604）				
投资总额	25 万 USD	电话	57847576	传真	57847198
设立日期	2007-1-24	负责人	姚雪庭		
主营业务	设计、生产和加工车篷、家庭户外建材装饰品。				

企业名称	上海铭田建筑安装工程有限公司				
企业地址	上海市崇明县城桥镇秀山路 101 号 5 号楼 F 区 5230 室（202150）				
投资总额	30 万 RMB	电话	59135668	传真	59135081
设立日期	2007-1-24	负责人	曾吉良		
主营业务	水管、两次供水设备的安装及维护。				

企业名称	技扬新型建材（上海）有限公司				
企业地址	上海市奉贤区庄行镇华严开发区发展路 380 号 3 幢（201415）				
投资总额	35 万 USD	电话	57462395	传真	57462390
设立日期	2007-1-10	负责人	王志清		
主营业务	生产、加工高档环保型装饰装修材料。				

企业名称	士德古斯（上海）建筑工程有限公司				
企业地址	上海市静安区成都北路 333 号 901-902 室（200041）				
投资总额	500 万 RMB	电话	52980292	传真	52980270
设立日期	2007-1-5	负责人	重光信雄		
主营业务	从事建筑装饰装修工程的设计与施工。				

企业名称	西尔装饰制品（上海）有限公司				
企业地址	上海市闵行区北翟路 3386 号 A 幢（201107）				
投资总额	20 万 USD	电话	62200206	传真	52630022
设立日期	2006-12-28	负责人	CAI YING		
主营业务	生产木制、金属、塑料、石材、布艺室内外装饰制品，销售自产产品。				

企业名称	哈伟宜（上海）建筑材料有限公司				
企业地址	上海市闵行区浦江镇汇中村 2 组（201112）				
投资总额	40 万 USD	电话	54840507	传真	54840507
设立日期	2006-12-25	负责人	GARRETT RAYNARD KAM		
主营业务	开发、生产、加工各类房屋构件及相关配套产品，提供相关技术咨询。				

企业名称	上海欧陆环境工程有限公司				
企业地址	上海市金桥出口加工区金港路 501 号 C 幢二层 2C 室（201206）				
投资总额	70 万 USD	电话	63502126	传真	63527351
设立日期	2006-11-20	负责人	梁德聪		
主营业务	市政工程总承包，环保工程专业承包，电子工程专业承包以及技术咨询。				

企业名称	上海利诗装饰工程有限公司				
企业地址	上海市长宁区天山西路 120 号 1004 室（200335）				
投资总额	14 万 USD	电　话	52162708	传　真	52162718
设立日期	2006-9-15	负 责 人	WIRAWAN TANEAN		
主营业务	室内装饰设计、室内装潢并提供相关的咨询服务。				

企业名称	上海新合泰建设有限公司				
企业地址	上海市杨浦区国泰路 127 弄 1 号楼 1119 室（200433）				
投资总额	180 万 USD	电　话	65102495	传　真	65113250
设立日期	2006-8-16	负 责 人	于德茂		
主营业务	以建设工程施工专业承包的形式从事地基与基础工程施工。				

企业名称	宜生环境技术工程（上海）有限公司				
企业地址	上海市纪念路 500 号 5 号楼 321 室（200434）				
投资总额	15 万 USD	电　话	52738396	传　真	52738396
设立日期	2006-7-19	负 责 人	PING ZHUANG		
主营业务	从事环保、节能技术的开发、利用、转让和咨询服务，环保等信息咨询。				

企业名称	惠记环保工程（上海）有限公司				
企业地址	上海市浦东新区牡丹路 60 号东辰大厦 1702 室（201203）				
投资总额	80 万 USD	电　话	50594988	传　真	50594230
设立日期	2006-7-3	负 责 人	单伟彪		
主营业务	环保工程施工、环保工程技术咨询、项目管理、相关信息服务。				

企业名称	缔创（上海）建筑装饰有限公司				
企业地址	上海市浦东新区梅花路 281 号 C305 室（200127）				
投资总额	14 万 USD	电　话	64662727	传　真	64722808
设立日期	2006-6-19	负 责 人	萧金龙（SIEW KIM LENG）		
主营业务	承接室内装饰工程的设计与施工，机电工程、消防工程、绿化工程咨询。				

企业名称	铭伸建筑材料制造（上海）有限公司				
企业地址	上海市南汇工业园区宣中路 399 号 20 幢（201300）				
投资总额	160 万 USD	电　话	63603300	传　真	63225325
设立日期	2006-6-2	负 责 人	坂口伸宏		
主营业务	设计生产加工建筑用间隔产品，钣金建筑装饰产品、建筑用金属产品。				

企业名称	上海宝冶建设工业炉工程技术有限公司				
企业地址	上海市宝山区四元路 168 号 8 号楼（200941）				
投资总额	1600 万 RMB	电　话	56646016	传　真	56643414
设立日期	2006-5-26	负 责 人	初文恩		
主营业务	从事炉窑工程专业施工、机电设备安装工程专业施工、防水专业施工。				

企业名称	上海龙上建筑材料有限公司				
企业地址	上海市松江区永丰街道永航路 198 弄第 3 号、8 号厂房（201600）				
投资总额	105 万 USD	电　话	55580664	传　真	55580664
设立日期	2006-5-17	负 责 人	尤胜国		
主营业务	设计、生产、加工各类建筑装潢材料、家具、五金工具，销售自产产品。				

企业名称	布依格（上海）工程有限公司				
企业地址	上海市浦东新区银城中路 200 号中银大厦 2701 2702 室（200120）				
投资总额	500 万 USD	电　话	50372733	传　真	50372755
设立日期	2006-4-26	负 责 人	DOMINIQUE GAZAL		
主营业务	从事市政公用工程施工总承包、公路工程施工总承包、建筑施工总承包。				

企业名称	快达安装工程（上海）有限公司				
企业地址	上海市长宁区仙霞路 650 号 103 室（200336）				
投资总额	2000 万港币	电　话	62883184	传　真	32290183
设立日期	2006-4-6	负 责 人	THOMAS NG		
主营业务	机电设备安装工程专业承包，建筑装修装饰工程承包，消防工程承包。				

企业名称	上海大生实业有限公司				
企业地址	上海市青浦区重固镇北青公路 6788 号（201706）				
投资总额	80 万 USD	电　话	63776377	传　真	63770077
设立日期	2006-3-28	负 责 人	周福生		
主营业务	生产、加工塑料制品、金属制品、灯箱，销售公司自产产品。				

企业名称	上海博傲辉皇装饰有限公司				
企业地址	上海市曲阳路 267 号 503 室（200081）				
投资总额	1000 万 RMB	电　话	65756927	传　真	65757592
设立日期	2006-3-21	负 责 人	王吟俊		
主营业务	从事建筑装修装饰工程的施工，提供承接工程的技术咨询服务。				

企业名称	上海华权实业有限公司				
企业地址	上海市奉贤区柘林镇沪杭公路 2541 号（201417）				
投资总额	2000 万 USD	电　话	57471609	传　真	57471609
设立日期	2006-2-27	负 责 人	金旭芸		
主营业务	公路、环境污染治理设施的建设、经营。				

企业名称	端惠装饰工程（上海）有限公司				
企业地址	上海市闵行区吴中路 1100 号（201103）				
投资总额	14 万 USD	电　话	54221092	传　真	54221092
设立日期	2006-1-27	负 责 人	梁在淳（YANG JAE SOON）		
主营业务	以建筑工程承包形式从事建筑装饰、装修施工。				

企业名称	班尼室内装饰设计工程（上海）有限公司				
企业地址	上海市浦东新区莱阳路 2819 号 403 室（200120）				
投资总额	14 万 USD	电　话	58851080	传　真	50282389
设立日期	2006-1-9	负 责 人	JIAN WEI LIU		
主营业务	室内装修装饰工程的设计、施工，建筑设计咨询、建筑环境设计咨询。				

企业名称	友协建筑工程（上海）有限公司				
企业地址	上海市浦东新区博兴路 195 号 116 室（200129）				
投资总额	100 万 USD	电　话	52600202	传　真	52600062
设立日期	2005-12-23	负 责 人	朱浩堆		
主营业务	以建筑施工承包形式从事机电设备安装工程和建筑装饰装修工程施工。				

企业名称	田龙装饰工程（上海）有限公司				
企业地址	上海市浦东新区乳山路 227 号 380 室（200120）				
投资总额	14 万 USD	电　话	58402003	传　真	58402003
设立日期	2005-11-29	负 责 人	李子明		
主营业务	室内装饰设计，室内装潢并提供相关的咨询服务。				

企业名称	沛丰建筑工程（上海）有限公司				
企业地址	上海市浦东新区博兴路 195 号 254 室（200129）				
投资总额	650 万 USD	电　话	51060128	传　真	51060056
设立日期	2005-11-29	负 责 人	王培守		
主营业务	房屋、办公、商业及工业厂房等建筑工程施工、机电设备安装。				

企业名称	费希尔（上海）船舶修理工程有限公司				
企业地址	上海市崇明县新河镇新申路 921 号（202156）				
投资总额	40 万 USD	电　话	59698104	传　真	59698102
设立日期	2005-11-7	负 责 人	朱建平		
主营业务	从事船舶特种设备的修理、维护、咨询。				

企业名称	上海迪爱希建筑装饰工程有限公司				
企业地址	上海市松江区九亭镇沪松公路 1620 弄 32 号 C 座（201615）				
投资总额	14 万 USD	电　话	67639022	传　真	67639025
设立日期	2005-10-26	负 责 人	佐佐木光		
主营业务	室内装饰工程、展览展厅装饰布置工程。				

企业名称	欧德堡室内装饰产品（上海）有限公司				
企业地址	上海市嘉定区安亭镇众川路 198 号 1 号厂房（201805）				
投资总额	32.078 万欧元	电　话	59502758	传　真	59502759
设立日期	2005-10-17	负 责 人	UWE KAMPHAUS		
主营业务	生产室内装饰产品，销售本公司自产产品并提供售后服务。				

企业名称	上海德客福地坪有限公司				
企业地址	上海市浦东新区唐镇工业区上丰西路 138 号（201203）				
投资总额	50 万 USD	电　话	58592869	传　真	58596389
设立日期	2005-9-5	负 责 人	李赉周		
主营业务	研发、生产地坪装饰材料，销售自产产品。				

企业名称	上海至形装潢工程有限公司				
企业地址	上海市长宁区长顺路 11 号 1 楼 116D 室（200051）				
投资总额	14 万 USD	电　话	52729807	传　真	52729807
设立日期	2005-8-30	负 责 人	何永广		
主营业务	建筑装饰、装潢工程专业承包、会展安装工程。				

企业名称	摩娜装潢（上海）有限公司				
企业地址	上海市长宁区虹桥路 2266 号 10 号楼 124 室（200335）				
投资总额	14 万 USD	电　话	64016180	传　真	54763933
设立日期	2005-8-12	负 责 人	李秀玉		
主营业务	室内装潢及设计，并提供相关的咨询服务。				

企业名称	美华环境工程（上海）有限公司				
企业地址	上海市长宁区遵义路 100 号虹桥上海城 B 座 2095 室（200051）				
投资总额	100 万 USD	电　话	62372251	传　真	62370588
设立日期	2005-7-13	负 责 人	JAMES G KULKEN		
主营业务	以建筑施工承包形式从事市政公用工程施工总承包。				

企业名称	创扬建筑装饰工程（上海）有限公司				
企业地址	上海市天目西路 218 号 2 座 902 室（200070）				
投资总额	65 万 USD	电　话	69112786	传　真	69112776
设立日期	2005-6-22	负 责 人	林山富		
主营业务	以建筑施工承包形式从事建筑装修装饰工程专业施工。				

企业名称	赞勋钻探工程（上海）有限公司				
企业地址	上海市共和新路 3050 号 11 幢 130 室（200072）				
投资总额	7 万 USD	电　话	61313588	传　真	62187838
设立日期	2005-6-10	负 责 人	MARK DARREN SCOLES		
主营业务	提供钻探、凿井工程服务和其他相关服务，提供技术咨询服务。				

企业名称	年丰建筑装饰（上海）有限公司				
企业地址	上海市浦东新区博兴路 195 号 252 室（200129）				
投资总额	122 万 USD	电　话	64181110	传　真	64181110
设立日期	2005-5-25	负 责 人	陈润宏		
主营业务	以专业承包的形式从事建筑装饰工程及与工程相关的工器加工。				

企业名称	玛格巴（上海）桥梁构件有限公司				
企业地址	上海市奉贤区庄行镇耀光村（201415）				
投资总额	49 万瑞士法郎	电　话	57407634	传　真	57407639
设立日期	2005-5-21	负 责 人	SPULER THOMAS CHRISTOPH		
主营业务	生产桥梁、公路及建筑工程构件，销售公司自产产品。				

企业名称	瑞胜建筑装潢（上海）有限公司				
企业地址	上海市曲阳路 553 号 501A 室（200080）				
投资总额	50 万 USD	电　话	63031383	传　真	53010331
设立日期	2005-5-16	负 责 人	梁定文		
主营业务	建筑装修装饰工程专业承包。				

企业名称	上海圣戈班装饰工程有限公司				
企业地址	上海市宝山区新沪路 1069 号（200436）				
投资总额	120 万 RMB	电　话	66408866	传　真	66405030
设立日期	2005-5-13	负 责 人	NICOLAS NIE		
主营业务	建筑装潢工程的设计、施工及技术咨询服务。				

企业名称	泰升建设工程（上海）有限公司				
企业地址	上海崇明工业园区秀山路 68 号（202150）				
投资总额	61 万 USD	电　话	62785333	传　真	62955933
设立日期	2005-5-12	负 责 人	黎德正		
主营业务	工业与民用建筑工程施工，建筑装饰工程施工。				

企业名称	柏克德（中国）工程有限公司				
企业地址	上海市长宁路 1033 号联通大厦 10 层（200051）				
投资总额	5000 万 RMB	电　话	22054566	传　真	22054800
设立日期	2005-4-18	负 责 人	罗恭怡		
主营业务	以建筑施工承包形式从事房屋建筑工程施工总承包。				

企业名称	上海久保田建筑装饰工程有限公司				
企业地址	上海市嘉定工业区叶城路 1288 号 5 号楼 B 区 106 室（201821）				
投资总额	14 万 USD	电　话	62181761	传　真	62181763
设立日期	2005-4-8	负 责 人	久保田勇藏		
主营业务	室内外建筑装潢设计及施工，并提供相关的咨询服务。				

企业名称	凯发新泉建设工程（上海）有限公司				
企业地址	上海市张江高科技园区居里路 99 号 2 楼（201203）				
投资总额	250 万 USD	电　话	50805118	传　真	50805128
设立日期	2005-4-6	负 责 人	LUM OOI LIN		
主营业务	建筑施工承包项目。				

企业名称	派尔非开挖工程（上海）有限公司				
企业地址	上海市秣陵路 50 号 309－17 室（200070）				
投资总额	24 万 USD	电　话	56945906	传　真	56954904
设立日期	2005-4-5	负 责 人	董淑贞		
主营业务	非开挖工程施工，管理工程设备、地下管线的维护。				

企业名称	上海优美俪家装潢工程有限公司				
企业地址	上海市长宁区仙霞路 299 号 A 幢 204 室（200051）				
投资总额	14 万 USD	电　话	62350307	传　真	62399766
设立日期	2005-3-18	负 责 人	缪华怡		
主营业务	建筑装饰、装修工程专业承包及绿化布置并提供相关技术咨询服务。				

企业名称	实为工程（上海）有限公司				
企业地址	上海市浦东新区灵山路 958 号 11 幢 308 室（200135）				
投资总额	370 万 USD	电　话	61049595	传　真	61049596
设立日期	2005-3-7	负 责 人	廖 红		
主营业务	以建筑施工承包形式从事化工石油工程施工总承包。				

企业名称	上海兴上量具技术有限公司				
企业地址	上海市浦东新区三林镇沿浦路 149 号 6 幢（200124）				
投资总额	25 万 USD	电　话	68300560	传　真	58411943
设立日期	2005-3-3	负 责 人	YAN CHEN ZHANG（张延琛）		
主营业务	设计、生产和加工千分尺、游标卡尺、百分表和千分表。				

企业名称	亚士涂装（上海）有限公司				
企业地址	上海市长宁区中山西路 933 号虹桥银城 504 室（200051）				
投资总额	1000 万港币	电　话	59705888	传　真	59705808
设立日期	2005-2-21	负 责 人	李金钟		
主营业务	建筑涂料施工专业承包，建筑和工业保温工程承接。				

企业名称	上海中日环境艺术工程有限公司				
企业地址	上海市黄浦区保屯路 221 号 511 室（200011）				
投资总额	25 万 USD	电　话	62838910	传　真	62838911
设立日期	2005-1-18	负 责 人	黄 晨		
主营业务	标识、标牌设计制作及安装。				

企业名称	上海特友建筑装饰工程有限公司				
企业地址	上海富盛经济开发区（201904）				
投资总额	25 万美金	电　话	53085445	传　真	53080205
设立日期	2005-1-5	负 责 人	木岛督夫		
主营业务	从事商业设备（店铺、展示厅等）的装饰设计、施工。				

企业名称	第恩地建筑咨询（上海）有限公司				
企业地址	上海市长宁区武夷路 697 号 718B 室（200051）				
投资总额	14 万 USD	电　话	52531375	传　真	62264894
设立日期	2004-12-31	负 责 人	HENRY LIANG ZOU		
主营业务	建筑设计咨询、景观设计咨询、建筑开发咨询、建筑技术咨询等。				

企业名称	诺派建筑材料（上海）有限公司				
企业地址	上海市松江工业区东部新区茜浦路以西、书林路以南地块（201613）				
投资总额	500 万 USD	电　话	67600900	传　真	67600628
设立日期	2004-12-28	负 责 人	欧阳长健		
主营业务	设计、制造、加工新型建筑材料及相关配件，销售公司自产产品等。				

企业名称	阿凯笛思建筑咨询（上海）有限公司				
企业地址	上海市嘉定区马陆镇希望路 255 号 202 室（201800）				
投资总额	14 万欧元	电　话	63058855	传　真	63058833
设立日期	2004-12-23	负 责 人	THEO TOMBEUR		
主营业务	建筑工程咨询。（涉及行政许可的，凭许可证经营）				

企业名称	上海艾亚建筑设计咨询有限公司				
企业地址	上海市河南北路 441 号 1519 室（200071）				
投资总额	13 万欧元	电　话	63810066	传　真	63810066
设立日期	2004-12-21	负 责 人	MARTIN ROBAIN		
主营业务	建筑设计咨询、建筑工程咨询、建筑技术咨询。				

企业名称	哈佛特建筑设计咨询（上海）有限公司				
企业地址	上海市南汇区康桥镇康士路 17 号 256 室（201315）				
投资总额	14 万 USD	电　话	62306041	传　真	62306041
设立日期	2004-12-16	负 责 人	BRUCE WAYNE HALFERTY		
主营业务	建筑设计咨询、小区设计规划咨询、工程项目管理和技术咨询等。				

企业名称	盛墙建筑材料制造（上海）有限公司				
企业地址	上海市南汇区六灶镇陈桥村五组（201322）				
投资总额	35 万 USD	电　话	58312718	传　真	58312311
设立日期	2004-12-3	负 责 人	LEROY THOMPSON JR		
主营业务	生产建筑外墙、屋顶、镶嵌面板，销售公司自产产品，提供技术咨询等。				

企业名称	刘伍李（上海）建筑设计咨询有限公司				
企业地址	上海市南汇区南六公路 483 号 308 室（201314）				
投资总额	20 万 USD	电　话	51172309	传　真	51172309
设立日期	2004-12-1	负 责 人	李文英		
主营业务	建筑投资管理咨询、室内外建筑装潢设计咨询、园林设计咨询。				

企业名称	上海美颂建材销售有限公司				
企业地址	上海市宝山区新沪路 1069 号 3 楼（200442）				
投资总额	5000 万 USD	电　话	66408866	传　真	66405030
设立日期	2004-11-30	负 责 人	GERARD LAIGROZ		
主营业务	在中国市场上从事建材类产品的零售业务，公司自营商品的进口等。				

企业名称	上海淞沪公共交通枢纽建设发展有限公司				
企业地址	上海市杨浦区控江路 1555 号 2004 室（A）（200092）				
投资总额	1000 万 RMB	电　话	55391872	传　真	55392094
设立日期	2004-11-19	负 责 人	徐明伟		
徐明伟	市政公共设施管理，公共交通枢纽开发，公共交通枢纽建设等。				

企业名称	上海维多利亚企业有限公司				
企业地址	上海市松江工业区东部新区（201600）				
投资总额	1000 万欧元	电　话	34083567	传　真	67600177
设立日期	2004-11-11	负 责 人	林文良		
主营业务	生产、加工各类高档建筑装潢材料及制品，销售自产产品。				

企业名称	佰韬建筑设计咨询（上海）有限公司				
企业地址	上海市高邮路 5 弄 4 号（200031）				
投资总额	14 万 USD	电　话	54047207	传　真	54030744
设立日期	2004-11-9	负 责 人	孙佩中		
主营业务	建筑设计咨询、室内装潢设计咨询、投资咨询及中介、市场营销策划等。				

企业名称	华燕凯厦罗玛建筑设计顾问（上海）有限公司				
企业地址	上海市长宁区长宁路 1027 号兆丰广场 1901 室（200051）				
投资总额	25 万 USD	电　话	52412653	传　真	52415568
设立日期	2004-10-26	负 责 人	朗书芳		
主营业务	建筑设计咨询、建筑景观设计咨询、室内建筑装潢、投资咨询等。				

企业名称	上海恒富装饰装潢有限公司				
企业地址	上海市嘉定工业区叶城路 1411 号 O 幢-1（201821）				
投资总额	110 万港币	电　话	64834756	传　真	64834753
设立日期	2004-10-21	负 责 人	林虹瑾		
主营业务	建筑装饰、装修，园林绿化工程（涉及行政许可的，凭许可证经营）。				

企业名称	圣沣设计工程（上海）有限公司				
企业地址	上海市浦东新区梅花路 281 号 D226 室（201204）				
投资总额	14 万 USD	电　话	61526118	传　真	61526199
设立日期	2004-10-15	负 责 人	胡小平		
主营业务	建筑装修装饰工程的设计、施工，并提供相关的咨询服务。				

企业名称	德泊亭（上海）工程顾问有限公司				
企业地址	上海市长宁区天山路 30 号甲天山大厦 700 室（200336）				
投资总额	14 万 USD	电　话	52162926	传　真	52162662
设立日期	2004-10-15	负 责 人	何　融		
主营业务	工程管理咨询、建筑设计咨询、企业管理咨询、科技咨询、市场调研等。				

企业名称	上海宏加新型建筑结构制造有限公司				
企业地址	上海市松江区洞泾镇渔洋浜村 DJ-04-019 号地块（201600）				
投资总额	600 万 USD	电　话	64702328	传　真	64700609
设立日期	2004-9-24	负 责 人	何秀永		
主营业务	设计生产、安装维护木结构房屋，设计组装、安装小型中央空调系统等。				

企业名称	东洋工程（上海）有限公司				
企业地址	上海市浦东新区浦东南路 1088 号上海中融大厦 1705/1708 室(200120)				
投资总额	365.5 万 USD	电　话	58889935	传　真	58888176
设立日期	2004-9-23	负 责 人	CHUNG SHOU JEN		
主营业务	从事化工石油工程施工总承包、房屋建筑工程施工总承包等。				

企业名称	圣戈班伟伯绿建建筑材料（上海）有限公司				
企业地址	上海市南汇区宣桥镇沪南公路 9117 号（201300）				
投资总额	4000 万 RMB	电　话	63618037	传　真	63618200
设立日期	2004-9-20	负 责 人	JEAN-LUC GARDAZ		
主营业务	生产建筑瓷砖粘结材料、墙面装饰材料、技术砂浆、地面和防水材料等。				

企业名称	赋品建材（上海）有限公司				
企业地址	上海市闵行区华翔路 237 弄 6 号（201106）、				
投资总额	20 万 USD	电　话	52270160	传　真	52272596
设立日期	2004-9-14	负 责 人	李湘英		
主营业务	生产各种半成品家具及相关配件，销售自产产品。				

企业名称	上海钛腾建材有限公司				
企业地址	上海市嘉定区外冈镇外钱公路 7 号第 4、5 幢（201806）				
投资总额	14 万 USD	电　话	52378414	传　真	52378414
设立日期	2004-9-7	负 责 人	曾志强		
主营业务	生产聚氯乙烯门、窗及相关产品，销售本公司自产产品。				

企业名称	晋思建筑咨询（上海）有限公司				
企业地址	上海市浦东新区乳山路 227 号 101 室 17 座（200120）				
投资总额	20 万 USD	电　话	63058855	传　真	63058833
设立日期	2004-9-2	负 责 人	MILLARD ARTHUR GENSLER JR		
主营业务	建筑设计咨询、房地产信息咨询、项目管理咨询、景观环境设计咨询等。				

企业名称	亚来（上海）建筑设计咨询有限公司				
企业地址	上海市浦东新区莲林路 33 号 2 号楼 103 室（200120）				
投资总额	14 万 USD	电　话	64339320	传　真	64339320
设立日期	2004-9-1	负 责 人	NANCY LOUISE WHALEY		
主营业务	建筑工程咨询，建筑设计咨询，室内工程设计咨询，景观设计咨询等。				

企业名称	上海早川建筑咨询有限公司				
企业地址	上海市卢湾区茂名南路 59 号锦江饭店峻岭楼 3337 室（200020）				
投资总额	14 万 USD	电　话	64739006	传　真	64739006
设立日期	2004-8-26	负 责 人	早川延幸		
主营业务	建筑工程技术咨询（涉及许可经营的，凭许可证经营）。				

企业名称	锦杰建筑规划设计咨询（上海）有限公司				
企业地址	上海市宝山区长江西路 1180 号 431－2 室（200431）				
投资总额	14 万 USD	电　话	53011100	传　真	53964650
设立日期	2004-8-25	负 责 人	余锦杰		
主营业务	建筑、规划设计前期方案策划，建筑规划设计咨询，设备技术的咨询等。				

企业名称	集盟建筑设计咨询（上海）有限公司				
企业地址	上海市浦东新区花山路 706 号 609 室（200120）				
投资总额	14 万 USD	电　话	54655142	传　真	54655143
设立日期	2004-8-23	负 责 人	JOHN BRIAN MCCLUSKEY		
主营业务	建筑设计咨询、景观设计咨询、室内设计咨询、项目管理咨询等。				

企业名称	上海欧聪新型环保建材有限公司				
企业地址	上海市普陀区南石四路 1 号 1 幢 101 室（200062）				
投资总额	25 万 USD	电　话	39872210	传　真	39872210
设立日期	2004-8-19	负 责 人	邹静芳		
主营业务	生产、加工环保型屋面材料、墙面材料、地面材料装饰材料等。				

企业名称	上海山九设备安装工程有限公司				
企业地址	上海市浦东新区海徐路 939 号 5 幢 301 室（200137）				
投资总额	600 万 RMB	电　话	63938828	传　真	63938850
设立日期	2004-8-10	负 责 人	矢野 峰男		
主营业务	从事起重设备安装工程专业施工、机电设备安装工程专业施工等。				

企业名称	一工建筑设计咨询（上海）有限公司				
企业地址	上海市乌鲁木齐中路 328 号 3 楼 310B 室（200031）				
投资总额	14 万 USD	电　话	64377000	传　真	64377178
设立日期	2004-8-10	负 责 人	ROBARTS ADAM JOHN TEMPEST		
主营业务	建筑工程咨询、装饰咨询、环境设计咨询、工程施工技术咨询等。				

企业名称	安海（上海）建筑工程设计咨询顾问有限公司				
企业地址	上海市张江高科技园区郭守敬路 351 号 2 号楼 673－03 室(201203)				
投资总额	60 万 USD	电　话	61001899	传　真	61001819
设立日期	2004-7-29	负 责 人	廖雄明		
主营业务	建筑工程设计咨询、工程咨询及策划、投资咨询、家庭装潢设计咨询等。				

企业名称	赛艾建筑设计咨询（上海）有限公司				
企业地址	上海市浦东新区乳山路 227 号 101 室 18 座（200120）				
投资总额	14 万 USD	电　话	55958711	传　真	55958722
设立日期	2004-7-28	负 责 人	YEO SIEW HAIP		
主营业务	建筑设计咨询、室内设计咨询、景观设计咨询。				

企业名称	上海希培德建筑材料有限公司			
企业地址	上海市青浦区外青松公路 5399 号 A8 号厂房（201700）			
投资总额	40 万加拿大元	电话	59228904	传真	59228904
设立日期	2004-7-22	负责人	BRUCE NORMAN CRILLY		
主营业务	生产混凝土外加剂、混凝土地面材料、无收缩灌浆材料、防水材料等。				

企业名称	浩宝奥建筑设计咨询（上海）有限公司				
企业地址	上海市浦东新区龚路公路 700 号 4 幢 204 室（201209）				
投资总额	21 万 USD	电话	62702215	传真	62702275
设立日期	2004-6-25	负责人	KEVIN MICHAEL FITZGERALD		
主营业务	建筑设计咨询、室内设计咨询、景观设计咨询、物业设备管理咨询。				

企业名称	上海陆百建设有限公司				
企业地址	上海市南汇区康桥镇康桥路 1100 号 519 室（201315）				
投资总额	182 万 USD	电话	64076142	传真	64076141
设立日期	2004-7-22	负责人	沈颂年		
主营业务	建筑装修装饰工程专业承包，机电设备安装工程专业承包等。				

企业名称	上海新金山城市建设发展有限公司				
企业地址	上海市金山工业区朱行镇新街路 4022 号（201506）				
投资总额	2966 万 USD	电话	51099666	传真	51097787
设立日期	2004-6-9	负责人	叶选廉		
主营业务	城市基础设施开发建设，取得土地使用权后的房地产开发建设等。				

企业名称	大司建筑设计咨询（上海）有限公司				
企业地址	上海市静安区昌平路 710 号 774 室（200041）				
投资总额	16 万 USD	电话	59880104	传真	59880024
设立日期	2004-7-15	负责人	陈荣灶		
主营业务	建筑设计咨询、景观设计咨询、室内装潢设计咨询、市场策划等。				

企业名称	上海硕立林业建设有限公司				
企业地址	上海市崇明县城桥镇秀山路 68 号（202150）				
投资总额	14 万 USD	电话	58357475	传真	58357475
设立日期	2004-6-8	负责人	全寅珪		
主营业务	花卉生产与苗圃基地、生态园林工程的建设和经营。				

企业名称	上海柯斯帕尔建筑设计咨询有限公司				
企业地址	上海市杨浦区鞍山路 5 号杨浦商城 2F - B 室（200092）				
投资总额	22 万 USD	电话	65012944	传真	65045395
设立日期	2004-7-14	负责人	余巨鹏		
主营业务	建筑设计咨询，室内装潢设计咨询，城市规划设计咨询，园林设计等。				

企业名称	欧利恩新型建材（上海）有限公司				
企业地址	上海市闵行区浦江镇鲁汇永丰村（201100）				
投资总额	51 万 USD	电话	62779936	传真	62779935
设立日期	2004-6-1	负责人	陈添福		
主营业务	生产各类干粉砂浆及提供售后服务，销售自产产品。				

企业名称	百辉装饰材料（上海）有限公司				
企业地址	上海市嘉定区外冈镇泉泾村（201806）				
投资总额	50 万 USD	电话	69932695	传真	69931306
设立日期	2004-7-12	负责人	廖秀琴		
主营业务	生产塑胶装饰材料及塑胶制品，销售本公司自产产品。				

企业名称	明尼苏答建筑设计咨询（上海）有限公司				
企业地址	上海市静安区万航渡路 888 号 13 层 J－12 座（200042）				
投资总额	1.2 万 USD	电话	62110870	传真	62111643
设立日期	2004-5-31	负责人	尹承茜		
主营业务	建筑、装潢、园林景观、旅游景区的设计咨询。				

企业名称	上海东产建材有限公司				
企业地址	上海市松江区九亭镇同利路 154 号（201601）				
投资总额	20 万 USD	电话	67627535	传真	67627536
设立日期	2004-7-9	负责人	李冬燮		
主营业务	生产新型建筑材料，销售公司自产产品。（涉及许可经营的，凭许可证经营）				

企业名称	上海张承惠建筑设计咨询有限公司				
企业地址	上海市黄浦区汉口路 515 号 17 层 00、02、04 室（200001）				
投资总额	14 万 USD	电话	63603699	传真	63222443
设立日期	2004-5-31	负责人	张承惠		
主营业务	有关建筑设计规划、室内设计规划、小区设计规划、都市规划等。				

企业名称	上海美设尔装饰有限公司				
企业地址	上海市卢湾区斜土路 768 号 2007 室（200023）				
投资总额	14 万 USD	电话	53016782	传真	53013783
设立日期	2004-7-8	负责人	尹奭老		
主营业务	以工程专业承包的形式从事建筑装修装饰工程的施工，并提供咨询服务。				

企业名称	思迈建筑咨询（上海）有限公司				
企业地址	上海市吴江路 31 号东方众鑫大厦 806 室（200041）				
投资总额	14 万 USD	电话	62957527	传真	62093425
设立日期	2004-5-28	负责人	TEO YANN		
主营业务	建筑设计咨询、工程项目管理和技术咨询、景观设计咨询等。				

企业名称	上海普利兴房屋制造有限公司				
企业地址	上海市闵行出口加工区（201100）				
投资总额	20 万 USD	电话	64672257	传真	64672256
设立日期	2004-7-7	负责人	丁晓跃		
主营业务	轻钢结构住宅加工出口，轻钢结构部件加工出口。				

企业名称	上海银得隆建材有限公司				
企业地址	上海市长宁区广顺路 33 号 H 楼底楼（200335）				
投资总额	20 万 USD	电话	61352479	传真	61355189
设立日期	2004-5-27	负责人	王晓强		
主营业务	生产加工木制建材及相关装饰材料，销售公司自产产品，技术咨询等。				

企业名称	杨佳莱特建筑设计咨询（上海）有限公司				
企业地址	上海市浦东新区花山路 706 号 608 室（200137）				
投资总额	14 万 USD	电话	62954791	传真	62954791
设立日期	2004-7-5	负责人	DRUMMOND HASSAN		
主营业务	建筑设计咨询、景观设计咨询、室内设计咨询、项目管理咨询等。				

企业名称	一力建筑设计咨询（上海）有限公司				
企业地址	上海市凯旋路 2288 弄 1 号（200030）				
投资总额	14 万 USD	电话	64692708	传真	64692708
设立日期	2004-5-19	负责人	李 嵩		
主营业务	建筑设计咨询、景观设计咨询、室内装潢设计咨询、投资咨询及中介等。				

企业名称	港安建筑工程咨询（上海）有限公司				
企业地址	上海市长宁区定西路 650 号 841 室（200052）				
投资总额	14 万 USD	电话	52308577	传真	52308578
设立日期	2004-7-1	负责人	ONG KONG BENG		
主营业务	建筑工程管理和技术咨询、投资咨询、企业管理咨询、经济信息咨询等。				

企业名称	三星物产建设（上海）有限公司				
企业地址	上海市浦东新区历城路 70 号甲 1067 室（200126）				
投资总额	100 万 USD	电话	52082200	传真	52081077
设立日期	2004-5-18	负责人	李相大		
主营业务	房屋建筑工程施工总承包，机电设备安装工程专业承包等。				

企业名称	福陆（中国）工程建设有限公司				
企业地址	上海市仙霞路 319 号远东国际广场 A 栋 6L 楼（200051）				
投资总额	730 万 USD	电话	62351066	传真	62351823
设立日期	2004-6-29	负责人	ROBERT A.MCNAMARA		
主营业务	房屋建筑工程施工总承包、化工石油工程总承包、化工设备管道安装等。				

企业名称	美成行装饰设计（上海）有限公司				
企业地址	上海市长宁区仙霞路 335 号 1 号楼 611K 室（200336）				
投资总额	20.5 万 USD	电话	62191528	传真	62197078
设立日期	2004-5-14	负责人	庆 岚		
主营业务	室内装饰设计与设计咨询及相关设备制作、安装的技术咨询等。				

企业名称	天仕水暖材料（上海）有限公司				
企业地址	上海市外高桥保税区德林路 368 号 A 楼 1 层 A 部位（200137）				
投资总额	50 万 USD	电话	50462618	传真	50462383
设立日期	2004-6-29	负责人	CLAUDE I.THEISEN		
主营业务	保税区内水暖器材的生产，销售自产产品，以水暖器材为主的仓储等。				

企业名称	港法装饰设计工程（上海）有限公司				
企业地址	上海市长宁区江苏路 121 号 13F-7 室（200050）				
投资总额	18 万 USD	电话	62262680	传真	62262082
设立日期	2004-5-13	负责人	骆子昂		
主营业务	建筑装饰、装修工程专业承包并提供相关技术咨询服务。				

企业名称	顶全装潢工程（上海）有限公司				
企业地址	上海市长宁区遵义路 100 号 B 栋 2683D 室(200051)				
投资总额	14 万 USD	电　　话	57619731	传　　真	57619289
设立日期	2004-5-8	负 责 人	徐柏辉		
主营业务	室内装潢及室内装潢设计，并提供相关的工程技术咨询服务。				

企业名称	上海智勤建筑材料有限公司				
企业地址	上海市嘉定区黄渡镇星塔村 52-3 号（201804）				
投资总额	210 万 USD	电　　话	59591415	传　　真	59597990
设立日期	2004-4-20	负 责 人	张学钧		
主营业务	生产新型建筑材料，销售本公司自产产品等。				

企业名称	美筑群景建筑设计咨询（上海）有限公司				
企业地址	上海市浦东新区创新中路 86 号第三幢（201203）				
投资总额	14 万 USD	电　　话	51320430	传　　真	51320430
设立日期	2004-4-12	负 责 人	董丽萍		
主营业务	建筑设计咨询、景观设计咨询，工程技术咨询，建设项目策划咨询等。				

企业名称	辉文室内装饰（上海）有限公司				
企业地址	上海市虹口区纪念路 500 号（200435）				
投资总额	200 万 USD	电　　话	68531881	传　　真	58760708
设立日期	2004-4-2	负 责 人	谢忠华		
主营业务	从事建筑装饰工程的设计施工及设备安装，生产与装潢配套的木制品等。				

企业名称	上海百士特建筑材料有限公司				
企业地址	上海市青浦区徐泾镇金联村 136 号（201702）				
投资总额	75 万 USD	电　　话	59895339	传　　真	59895343
设立日期	2004-4-1	负 责 人	郭昱辉		
主营业务	生产、加工轻质高强多功能墙体材料，销售公司自产产品等。				

企业名称	美商大方广建筑设计咨询（上海）有限公司				
企业地址	上海市浦东新区梅花路 281 号 A228 室（201204）				
投资总额	14 万 USD	电　　话	63862188	传　　真	63862199
设立日期	2004-3-31	负 责 人	戴育泽		
主营业务	建筑设计咨询、景观环境设计咨询、建筑规划设计咨询。				

企业名称	皮诺建材科技（上海）有限公司				
企业地址	上海市松江工业区新泾路东侧地块（201613）				
投资总额	1200 万 USD	电　　话	57704529	传　　真	50423889
设立日期	2004-3-16	负 责 人	杨乐钧		
杨乐钧	研发、生产和加工高性能涂料，销售本公司自产产品并提供售后服务等。				

企业名称	上海京汇美饰建筑工程有限公司				
企业地址	上海市奉贤区江海路 88 号 2801-2807 室（201400）				
投资总额	1000 万 RMB	电　　话	63222552	传　　真	63600860
设立日期	2004-3-15	负 责 人	张广生		
主营业务	室内外装饰工程的设计及施工、机电设备安装、装饰工程的家具配套。				

企业名称	上海绵坊建材有限公司				
企业地址	上海市闵行区莘朱路四号桥北（201100）				
投资总额	20 万 USD	电　　话	34083401	传　　真	34083405
设立日期	2004-3-11	负 责 人	黄展茂		
主营业务	加工、生产建材刨光剂、研磨剂、养护剂，销售自产产品等。				

企业名称	瑞德尔篷房制造（上海）有限公司				
企业地址	上海市青浦区徐泾镇诸光路 399 弄 18 号 9-10 幢（201702）				
投资总额	14 万 USD	电　　话	59886030	传　　真	59886607
设立日期	2004-3-10	负 责 人	MARTIN　PER　OSBECK		
主营业务	生产可移动篷房、遮阳器具及零部件和相关配件，售租自产产品。				

企业名称	上海新广协建筑工程咨询有限公司				
企业地址	上海市淮海中路 755 号新华联大厦东楼 11 楼 C 室（200020）				
投资总额	14 万 USD	电　　话	54031736	传　　真	54040277
设立日期	2004-3-4	负 责 人	王鸣娟		
主营业务	建筑设计咨询、建筑施工咨询、室内设计咨询、室内施工咨询等。				

企业名称	上海法西奈浦江缆索有限公司				
企业地址	上海市张江高科技园区龙东大道 3000 号 6 号楼 110 室（201203）				
投资总额	51 万 USD	电　　话	58182868	传　　真	58181333
设立日期	2004-3-3	负 责 人	BRUNO DUPETY		
主营业务	预应力结构产品研究、开发、生产，销售自产产品等。				

企业名称	礼顿工程顾问（上海）有限公司				
企业地址	上海市浦东新区陆家嘴东路 161 号 1915 室（200120）				
投资总额	14 万 USD	电　　话	58823345	传　　真	58828610
设立日期	2004-3-2	负 责 人	JOSEPH DUJMOVIC		
主营业务	建筑工程咨询、采矿工程咨询、地质技术工程咨询、海洋工程咨询等。				

企业名称	肖尔（上海）装饰材料有限公司				
企业地址	上海市闵行区银都路 375 号（201108）				
投资总额	550 万 USD	电　　话	54406975	传　　真	54406979
设立日期	2004-2-16	负 责 人	CHARLIE CAI		
主营业务	生产各种地面、墙面、室内装饰材料、销售自产产品。				

企业名称	国誉装饰技术（上海）有限公司				
企业地址	上海市长宁区遵义路 100 号 B 栋 2683J 室（200051）				
投资总额	30 万 USD	电　　话	61413023	传　　真	61413007
设立日期	2004-2-16	负 责 人	小原俊广		
主营业务	室内装潢设计、室内装潢，并提供相关的配套服务和咨询。				

企业名称	上海富建士装饰工程有限公司				
企业地址	上海市普陀区曹杨一村 184 号 213 室（200331）				
投资总额	20 万 USD	电　　话	52585002	传　　真	52585002
设立日期	2004-2-16	负 责 人	郑剑豪		
主营业务	建筑装修装饰工程专业承包。（资质等级按管理部门颁发的资质证书）				

企业名称	上海珂玛建筑钢制品有限公司				
企业地址	上海市松江区佘山工业区陶干路（201602）				
投资总额	250 万 USD	电　　话	57793877	传　　真	57796443
设立日期	2004-2-10	负 责 人	刘　瑛		
主营业务	生产多用途钢结构建筑系统制品，提供施工服务，非标设备制造加工等。				

企业名称	佳顺建筑设计咨询（上海）有限公司				
企业地址	上海市浦东新区花山路 706 号 605 室（201200）				
投资总额	14 万 USD	电　　话	64313111	传　　真	64712000
设立日期	2004-2-4	负 责 人	李耀荣		
主营业务	室内设计咨询、建筑设计咨询、项目管理咨询及相关工程技术咨询。				

企业名称	上海弘曜建筑科技咨询有限公司				
企业地址	上海市沪太路 453 弄 65 号 E4 室（200070）				
投资总额	15 万 USD	电　　话	54263246	传　　真	54263249
设立日期	2004-1-29	负 责 人	陈明瑞		
主营业务	科技咨询、建筑工程设计咨询及管理咨询，环保及自动化工程咨询等。				

企业名称	皇相工程顾问（上海）有限公司				
企业地址	上海市疏影路 758 弄 16 号 301 室（201100）				
投资总额	60 万 USD	电　　话	51171737	传　　真	51171736
设立日期	2004-1-20	负 责 人	蓝秀琪		
主营业务	建筑、景观工程规划设计咨询、室内设计咨询、环保工程规划设计等。				

企业名称	上海雅狮建筑设计咨询有限公司				
企业地址	上海市静安区南京西路 699 号东方众鑫大厦 1601 室（200041）				
投资总额	14 万 USD	电　　话	52110838	传　　真	52110678
设立日期	2004-1-19	负 责 人	王伟勇（ONG WEI YOUNG WILLIAM）		
主营业务	室内设计咨询、建筑设计咨询、企业管理咨询、投资咨询。				

企业名称	上海民芳设计装潢工程有限公司				
企业地址	上海市长宁区延安西路 1573 弄 20 号一单元（200050）				
投资总额	22 万 USD	电　　话	32120536	传　　真	62518694
设立日期	2004-1-18	负 责 人	李尚民		
主营业务	室内装潢设计、施工（涉及许可经营的凭许可证经营）。				

企业名称	卢纬纶建筑规划咨询（上海）有限公司				
企业地址	上海市浦东新区虹星路 250 号 7 幢 102 室（200120）				
投资总额	14 万 USD	电　　话	62490995	传　　真	62484869
设立日期	2004-1-18	负 责 人	钟应利		
主营业务	建筑工程设计咨询、居住小区景观规划设计咨询、工程项目设计等。				

企业名称	美施威尔（上海）有限公司				
企业地址	上海市天山西路 789 号 2090 室（200335）				
投资总额	610 万 USD	电　　话	54674588	传　　真	54674581
设立日期	2004-1-14	负 责 人	KLAUS SIEGFRIED GARTNER		
主营业务	房屋建筑工程、机电设备安装工程、电子工程、相关工程设备管理。				

企业名称	环宇瀚亚建筑设计咨询（上海）有限公司				
企业地址	上海市浦东新区牡丹路 60 号 1916D 室（201204）				
投资总额	14 万 USD	电　　话	62882828	传　　真	62881818
设立日期	2004-1-12	负 责 人	WAI KIT LAU		
主营业务	建筑设计咨询、室内设计咨询、建筑环境设计咨询等。				

企业名称	美丰国磊装潢工程（上海）有限公司				
企业地址	上海市浦东新区浦电路 489 号燕乔大厦 908 室（200122）				
投资总额	55 万 USD	电　　话	58549980	传　　真	58549982
设立日期	2004-1-9	负 责 人	钟　爵		
主营业务	装潢设计及室内装潢，并提供相关的技术咨询服务。				

企业名称	上海浜野城市建筑咨询有限公司				
企业地址	上海市长宁区定西路 650 号 640 室（200052）				
投资总额	14 万 USD	电　　话	62482388	传　　真	62483188
设立日期	2004-1-7	负 责 人	玉田红绪		
主营业务	城市规划设计咨询、交通设计咨询、建筑景观设计咨询、环保咨询等。				

企业名称	上海艺居建筑设计工程有限公司				
企业地址	上海市浦东新区申波路 9 号 B105 室（201204）				
投资总额	14 万 USD	电　　话	63862188	传　　真	63862199
设立日期	2003-11-28	负 责 人	吴语乔		
主营业务	室内装修装饰工程的设计、施工，建筑设计咨询、建筑环境设计咨询等。				

企业名称	上海晋旺装饰材料有限公司				
企业地址	上海市奉贤区奉城镇洪庙工业区（201411）				
投资总额	150 万 USD	电　　话	57137800	传　　真	57131059
设立日期	2003-11-24	负 责 人	刘月霜		
主营业务	生产以高档织物面料及木、竹、农作物秸杆为面材的生态型环保壁布等。				

企业名称	上海圣族建材有限公司				
企业地址	上海市工业综合开发区（东至南横泾港，西至沪杭公路）（201400）				
投资总额	14 万 USD	电　　话	57432716	传　　真	57432898
设立日期	2003-11-24	负 责 人	李进兴		
主营业务	生产新型建筑材料，销售公司自产产品。				

企业名称	捷流虹吸系统（上海）有限公司				
企业地址	上海市长宁区虹梅路 3721 号西幢 112 室（200335）				
投资总额	14 万 USD	电　　话	62957137	传　　真	62093425
设立日期	2003-11-11	负 责 人	YAP KERN LING		
主营业务	生产虹吸系统的管材、配件、雨水斗，销售自产产品并提供相关咨询等。				

企业名称	上海康帕克建材有限公司				
企业地址	上海市武进路 255 号 601D 室（200080）				
投资总额	30 万 USD	电　　话	68416010	传　　真	58871877
设立日期	2003-11-5	负 责 人	吴剑弼		
主营业务	生产、加工各类石材制品、木材制品及建筑装潢用的相关材料等。				

企业名称	三星工程建设（上海）有限公司				
企业地址	上海市浦东新区归昌路 258 号 219 室（201206）				
投资总额	85 万 USD	电　　话	62350886	传　　真	62350887
设立日期	2003-11-4	负 责 人	郑然柱		
主营业务	房屋建筑工程施工总承包、机电设备安装工程专业承包、装修承包等。				

企业名称	上海格林船务工程有限公司				
企业地址	上海市浦东新区归昌路 258 号 312 室（201206）				
投资总额	14 万 USD	电　　话	54075100	传　　真	54075101
设立日期	2003-10-30	负 责 人	FRANK ELLIS		
主营业务	船舶锅炉废气脱硫装置、余热回收装置、螺旋翅片管和针型管的维修等。				

企业名称	海渡世（上海）建材有限公司				
企业地址	上海市嘉定区马陆镇洪德路 99 号（201801）				
投资总额	46 万 USD	电　　话	59904801	传　　真	59104601
设立日期	2003-10-24	负 责 人	斋藤义春		
主营业务	生产、加工建筑用木制、钢制等产品，销售本公司自产产品。				

企业名称	藤田（上海）建设工程有限公司				
企业地址	上海市浦东新区金桥出口加工区新金桥路 201 号 705 室（200120）				
投资总额	310 万 USD	电　　话	68415522	传　　真	68415667
设立日期	2003-10-14	负 责 人	奥村洋治		
主营业务	从事房屋建筑工程施工总承包、建筑装饰装修工程专业承包等。				

企业名称	光远装饰（上海）有限公司				
企业地址	上海市瑞金南路 1 号海兴广场 22G（200023）				
投资总额	120 万 USD	电　　话	64185083	传　　真	64185082
设立日期	2003-10-13	负 责 人	叶庆苏		
主营业务	承接室内外装饰工程，并对装饰设计、建筑材料进行咨询服务。				

企业名称	九泰（上海）基础工程有限公司				
企业地址	上海市奉贤区平安镇（201413）				
投资总额	200 万 USD	电　　话	62598556	传　　真	62598551
设立日期	2003-10-10	负 责 人	陈荣祥		
主营业务	公路路基工程施工，公路路面工程施工，地基与基础工程施工等。				

企业名称	上鼎工程建设（上海）有限公司				
企业地址	上海市河南北路 441 号锦艺大厦 3 楼（200070）				
投资总额	100 万 USD	电　　话	62199779	传　　真	32091429
设立日期	2003-9-24	负 责 人	萧良材		
主营业务	建筑工程施工、机电工程施工、市政工程施工、环保工程施工等。				

企业名称	上海瀚威建筑五金有限公司				
企业地址	上海市卢湾区瞿溪路 768 号 2 楼 202A 室（200023）				
投资总额	27 万 USD	电　　话	63016942	传　　真	63024317
设立日期	2003-9-23	负 责 人	于汉雄		
主营业务	生产、加工建筑五金、家俱五金及配套的产品，销售自产产品。				

企业名称	大林组（上海）建设有限公司				
企业地址	上海市延安西路 2201 号上海国际贸易中心 1912B 室（200336）				
投资总额	3000 万 RMB	电　　话	62192999	传　　真	62192555
设立日期	2003-9-15	负 责 人	岸田诚		
主营业务	房屋建筑工程施工总承包、建筑装修装饰工程专业承包、机电安装等。				

企业名称	上海东陶卫洗丽洁具有限公司				
企业地址	上海市松江工业区开明路 268 号（201613）				
投资总额	210 万 USD	电　　话	67741288	传　　真	67741558
设立日期	2003-9-11	负 责 人	森民治		
主营业务	生产、组装电脑控制式便座产品，销售公司自产产品并提供售后服务。				

企业名称	华赛德新型建材开发（上海）有限公司				
企业地址	上海市嘉定工业区福海路 1055 号（201821）				
投资总额	11 万 USD	电　　话	62307137	传　　真	62701167
设立日期	2003-9-3	负 责 人	林鸣浩		
主营业务	研发木材、塑料资源再生技术，生产木材、塑料制品，销售自产产品等。				

企业名称	海音工程设计咨询（上海）有限公司				
企业地址	上海市闵行区金都路 4299 号 A 幢 2017 室 48 座（201108）				
投资总额	1.2 万 USD	电　　话	64661021	传　　真	54655545
设立日期	2003-8-26	负 责 人	朱进音		
主营业务	历史建筑修缮保护咨询，工程设计咨询，投资咨询，环境信息咨询等。				

企业名称	上海汉强工程材料有限公司				
企业地址	上海市闵行区梅富路 37 号（201100）				
投资总额	50 万 USD	电　　话	54375023	传　　真	54375020
设立日期	2003-8-18	负 责 人	黄明和		
主营业务	生产桥梁工程材料、建筑五金及减震设备，销售公司自产产品。				

企业名称	上海凯庭新型建材有限公司				
企业地址	上海市嘉定区南翔镇高新技术园区 718 号（201802）				
投资总额	52 万 USD	电　　话	69176863	传　　真	69176726
设立日期	2003-8-14	负 责 人	夏耀忠		
主营业务	生产新型木铝复合型材高档节能门窗等。				

企业名称	上海名门园林建设有限公司				
企业地址	上海市松江区九亭镇（201615）				
投资总额	3000 万 USD	电　　话	52920566	传　　真	52920766
设立日期	2003-8-1	负 责 人	施建东		
主营业务	观光农业、种植花卉苗木、高尔夫球场、高尔夫球练习场及相关餐饮等。				

企业名称	清水建设（中国）有限公司				
企业地址	上海市天钥桥路 333 号腾飞大厦 6 层 601 室（200030）				
投资总额	604 万 USD	电　　话	62708800	传　　真	62706600
设立日期	2003-7-24	负 责 人	冈田正美		
主营业务	从事房屋建筑工程施工总承包、基础工程专业承包等。				

企业名称	竹中（中国）建设工程有限公司				
企业地址	上海市浦东新区银城东路 101 号汇丰大厦 13 楼（200120）				
投资总额	1505 万 USD	电　话	68591201	传　真	68591203
设立日期	2003-7-15	负 责 人	人见亨		
主营业务	从事房屋建筑工程施工总承包、机电安装工程施工总承包等。				

企业名称	鹿岛（上海）工程有限公司				
企业地址	上海市金山区漕泾镇张漕路 1368 号（201500）				
投资总额	200 万 USD	电　话	52587766	传　真	52305686
设立日期	2003-7-14	负 责 人	贞广正悟		
主营业务	房屋建筑工程施工总承包，并提供与上述经营范围相关的技术咨询服务。				

企业名称	上海诺联管道配件有限公司				
企业地址	上海市闵行区老沪闵路 2029 号（201108）				
投资总额	20 万 USD	电　话	62700396	传　真	62700395
设立日期	2003-7-10	负 责 人	CHARLES WENDELL ROCH		
主营业务	生产管道件、阀门及相关配件，销售自产产品。				

企业名称	上海天苏工程材料有限公司				
企业地址	上海市浦东康桥工业区康桥东路 1 号 407 室（201315）				
投资总额	12 万 USD	电　话	58165789	传　真	68160150
设立日期	2003-7-9	负 责 人	林锋		
主营业务	生产加工电子、机械设备的部件，销售公司自产产品。				

企业名称	裕廊工程设计顾问（上海）有限公司				
企业地址	上海市长宁区延安西路 2299 号世贸商城 03A64、03A66 室（200336）				
投资总额	20 万 USD	电　话	61240026	传　真	61240029
设立日期	2003-6-19	负 责 人	毛慧英		
主营业务	工程技术咨询、企业管理咨询、环保信息咨询、企业策划咨询等。				

企业名称	上海劲嘉建材科技有限公司				
企业地址	上海市嘉定区外冈镇工业东区 B2 地块（201806）				
投资总额	800 万 USD	电　话	69575969	传　真	69575957
设立日期	2003-6-17	负 责 人	游雄铁		
主营业务	生产橡塑地、面砖等新型建筑材料，销售本公司自产产品。				

企业名称	广复建材（上海）有限公司				
企业地址	上海松江工业区泖港分区中业路 22 号地块 SJ08（201600）				
投资总额	300 万 USD	电　话	57868428	传　真	57868429
设立日期	2003-6-16	负 责 人	张文质		
主营业务	非金属矿深加工，销售公司自产产品。				

企业名称	上海中外建工程设计与顾问有限公司				
企业地址	上海市浦东新区洪山路 164 号 308 室（200126）				
投资总额	20 万 USD	电　话	63900700	传　真	63919130
设立日期	2003-6-11	负 责 人	张仲良		
主营业务	建筑工程设计、网络工程设计、房地产的信息技术咨询。				

企业名称	施美高（上海）工程有限公司				
企业地址	上海市兴义路 8 号 2802 2804 室（200336）				
投资总额	250 万 USD	电　话	63223945	传　真	63516920
设立日期	2003-5-28	负 责 人	江木富士美		
主营业务	房屋建筑工程施工总承包。（涉及许可经营的，凭许可证经营）				

企业名称	上海增美建材科技有限公司				
企业地址	上海市青浦工业园区外青松公路 5500 号 109 室（201700）				
投资总额	1000 万 USD	电　话	65630808	传　真	65631166
设立日期	2003-5-13	负 责 人	余国令		
主营业务	开发、生产建筑幕墙、门窗及其配套的建筑材料，销售公司自产产品等。				

企业名称	凯钛建材（上海）有限公司				
企业地址	上海市闵行区浦江镇恒南路 1515 号（201114）				
投资总额	70 万 USD	电　话	54335601	传　真	54335606
设立日期	2003-4-24	负 责 人	陈凌云		
主营业务	生产高性能化工建材、金属门、五金配件，销售自产产品等。				

企业名称	优尼可而机械（上海）有限公司				
企业地址	上海市松江区泗泾镇九干路 68 号（201601）				
投资总额	50 万 USD	电　话	57626423	传　真	57626425
设立日期	2003-4-24	负 责 人	林世宗		
主营业务	设计、制造压缩空气及气体系统设备，销售自产产品并提供相关服务。				

企业名称	上海雅阁丽星装饰有限公司				
企业地址	上海市浦东新区唐陆路 1727 号 103-106 室（201206）				
投资总额	14 万 USD	电　话	68407106	传　真	68407106
设立日期	2003-4-19	负 责 人	元　崑		
主营业务	室内装饰装潢工程的设计、施工及技术咨询服务。				

企业名称	甫天装饰材料（上海）有限公司				
企业地址	上海市嘉定区安亭工业园区园大路 9 号（201805）				
投资总额	210 万 USD	电　话	69676148	传　真	69676148
设立日期	2003-4-16	负 责 人	郑光珠		
主营业务	生产高档环保型装饰装修材料，销售本公司自产产品。				

企业名称	彬记建材（上海）有限公司				
企业地址	上海市闵行区江川路 2285 号（201111）				
投资总额	20 万 USD	电　话	63559755	传　真	63559699
设立日期	2003-4-10	负 责 人	陈玉婵		
主营业务	加工喉管及配件，销售自产产品。（涉及许可经营的，凭许可证经营）				

企业名称	上海金祥大发自动门工程有限公司				
企业地址	上海市虹口区祥德路 302 号 431 室（200081）				
投资总额	14 万 USD	电　话	50784727	传　真	68363154
设立日期	2003-4-8	负 责 人	大林哲夫		
主营业务	生产自动门系列、锁具五金、闭门器、橡胶门帘，提供相关技术咨询等。				

企业名称	上海真豪新型材料有限公司				
企业地址	上海市松江区泖港镇民工业区中业路（201600）				
投资总额	140 万 USD	电　话	57861086	传　真	57861396
设立日期	2003-3-27	负 责 人	邱淑缓		
主营业务	生产新型建筑材料，销售公司自产产品。（涉及许可经营的凭许可证经营）				

企业名称	上海中兰环境工程有限公司				
企业地址	上海市徐虹中路 20 号 415 室（200235）				
投资总额	36 万 USD	电　话	52066028	传　真	52066091
设立日期	2003-3-21	负 责 人	葛　芳		
主营业务	生活垃圾卫生填埋场、工业废弃物安全填埋场的防渗工程施工。				

企业名称	上海世茂建设有限公司				
企业地址	上海市浦东新区北张家浜路 68 号 1 幢 542 室（200120）				
投资总额	300 万 RMB	电　话	50473399	传　真	50471199
设立日期	2003-3-16	负 责 人	许世坛		
主营业务	房地产开发、经营，旧房改造及经营（含出租、出售），物业管理等。				

企业名称	上海金兴优耐特建材有限公司				
企业地址	上海市金山区朱泾工业开发区（201500）				
投资总额	60 万 USD	电　话	57314476	传　真	57315369
设立日期	2003-3-13	负 责 人	丁大卫		
主营业务	设计、制造各种陶瓷建筑装潢材料及其辅助材料，销售公司自产产品。				

企业名称	诺凯建材（上海）有限公司				
企业地址	上海市松江区新桥镇新闵经济园区华明路 9 号厂房（201613）				
投资总额	20 万 USD	电　话	50280821	传　真	50280821
设立日期	2003-3-13	负 责 人	陈光泽		
主营业务	生产、加工催化剂、助剂、表面活性剂、无机粉体填料、高性能材料等。				

企业名称	上海钜峰装潢建材有限公司				
企业地址	上海市青浦区重固镇北青公路 5679 号（201706）				
投资总额	60 万 USD	电　话	59784568	传　真	59784566
设立日期	2003-3-6	负 责 人	陈春雄		
主营业务	石材设计、制作及安装服务（涉及许可经营的凭许可证经营）。				

企业名称	上海志贺建筑设计咨询有限公司				
企业地址	上海市张江高科技园区郭守敬路 498 号浦东软件园 20412 室（201203）				
投资总额	4 万 USD	电　话	51314136	传　真	51314135
设立日期	2003-2-10	负 责 人	金清源		
金清源	城市规划及建筑设计策划咨询，景观设计策划咨询，计算机辅导设计等。				

企业名称	上海十力建筑工程有限公司				
企业地址	上海市长宁区北翟路虞姬墩码头 28 号（200050）				
投资总额	210 万 USD	电　话	52179193	传　真	52192000
设立日期	2003-1-3	负 责 人	林子超		
主营业务	房屋建筑工程施工总承包、建筑装修装饰工程专业承包等。				

建筑业

企业名称	上海乐通管道工程有限公司				
企业地址	上海市中山西路1410弄25号一楼(200051)				
投资总额	60.5万USD	电话	64953399	传真	64958006
设立日期	2003-1-3	负责人	吴基胜		
主营业务	管道工程。				

企业名称	上海达科斯科技开发有限公司				
企业地址	上海市南汇区康桥工业区沪南路2502号401室（201206）				
投资总额	125万USD	电话	50326080	传真	50326086
设立日期	2002-12-3	负责人	KOCH.WERNOR		
主营业务	园区内基础设施工程配套，园区的开发管理，科技项目咨询服务。				

企业名称	上海外建建设咨询监理有限公司				
企业地址	上海市浦东新区乳山路98号5层J座（200122）				
投资总额	71万USD	电话	68407645	传真	68407904
设立日期	2002-11-26	负责人	李波		
主营业务	各类建设工程的技术咨询，项目管理及监理服务。				

企业名称	嘉图建筑管理咨询（上海）有限公司				
企业地址	上海市浦东新区世纪大道88号金茂大厦31楼64室（200120）				
投资总额	20万USD	电话	28909648	传真	28909151
设立日期	2002-11-25	负责人	JOHN FRANCIS BELL		
主营业务	工业、住宅、商业、酒店、市政等开发建设项目管理咨询，技术咨询等。				

企业名称	上海汉宇建筑工程技术顾问有限公司				
企业地址	上海市浦东新区北张家浜路68号1幢513室（200127）				
投资总额	20万USD	电话	57366088	传真	57365412
设立日期	2002-11-21	负责人	邢伸贵		
主营业务	工程技术咨询、工程设计咨询、工程项目咨询、环保信息咨询等。				

企业名称	力同装饰用品（上海）有限公司				
企业地址	上海市金山区朱泾镇工业园区（201500）				
投资总额	300万USD	电话	57336262	传真	57335151
设立日期	2002-11-18	负责人	黄国庆		
主营业务	生产各类百叶窗帘及装饰用品，销售公司自产产品。				

企业名称	铨鼎建筑设计咨询（上海）有限公司				
企业地址	上海市长宁区天山路600弄2号21楼B室（200051）				
投资总额	21万USD	电话	62733506	传真	62733510
设立日期	2002-11-7	负责人	胡汉荣		
主营业务	建筑设计咨询、工程设计咨询、建筑管理咨询、国际经济咨询等。				

企业名称	上海思亚建筑设计咨询有限公司				
企业地址	上海市长宁区昭化路357号B4（200050）				
投资总额	20万USD	电话	62511398	传真	62511358
设立日期	2002-10-29	负责人	张乃尊		
主营业务	建筑设计咨询、环境艺术设计咨询、室内设计咨询、工程管理咨询等。				

企业名称	缔博建筑设计咨询（上海）有限公司				
企业地址	上海市浦东新区向城路58号24G（200122）				
投资总额	20万USD	电话	68406339	传真	68406337
设立日期	2002-10-29	负责人	林玉兰		
主营业务	建筑设计及室内设计咨询、城市及环境设计咨询、建筑项目管理咨询等。				

企业名称	迈进工程设计咨询（上海）有限公司				
企业地址	上海市襄阳南路175号环中商厦405室(200031)				
投资总额	20万USD	电话	54656118	传真	64656128
设立日期	2002-10-24	负责人	NASIM SHAHZAD		
主营业务	工程技术管理咨询、工程设计咨询、企业管理咨询、项目管理咨询等。				

企业名称	上海淳达建筑装潢咨询有限公司				
企业地址	上海市黄浦区六合路158号1509室（200001）				
投资总额	20万USD	电话	63533262	传真	63533261
设立日期	2002-10-8	负责人	邓泽荣		
主营业务	投资咨询、房地产咨询、建筑装潢咨询、商务咨询。				

企业名称	达思建筑设计咨询（上海）有限公司				
企业地址	上海市杨浦区周家嘴路3255号808室（200093）				
投资总额	2万USD	电话	65622406	传真	65010643
设立日期	2002-10-3	负责人	曹曙		
主营业务	建筑设计咨询、城市规划咨询、风景园林咨询、室内设计咨询等。				

企业名称	盈建建筑工程咨询（上海）有限公司				
企业地址	上海市浦东康桥工业区康桥路1100号304室（201315）				
投资总额	20万USD	电话	62882828	传真	62881818
设立日期	2002-8-28	负责人	WONG CHOW HUNG		
黄秋鸿	建筑设计及装饰设计咨询，为工程建筑项目提供投资咨询等。				

企业名称	上海贤达工业设备安装工程有限公司				
企业地址	上海市奉贤区南洋高科技园区（201411）				
投资总额	128万USD	电话	68537586	传真	68537025
设立日期	2002-8-15	负责人	徐兆龄		
主营业务	工业设备安装受压容器钢结构件、冷暖通风设备安装。				

企业名称	常吉建筑工程咨询（上海）有限公司				
企业地址	上海市浦东新区张杨路500号12层E单元（201206）				
投资总额	20万USD	电话	58368396	传真	58368398
设立日期	2002-8-6	负责人	许常吉		
主营业务	建筑工程设计咨询，建筑工程管理咨询，室内与景观工程设计咨询。				

企业名称	麦子敬建筑设计咨询（上海）有限公司				
企业地址	上海市浦东新区杨园南路116号201室（200120）				
投资总额	20万USD	电话	64337933	传真	64337916
设立日期	2002-8-2	负责人	麦子敬		
主营业务	建筑设计咨询、工程管理咨询、工程策划咨询、投资咨询、商务咨询。				

企业名称	上海固环工程设计有限公司				
企业地址	上海市张江高科技园区郭守敬路351号2号楼601X－8室（201203）				
投资总额	2万USD	电话	68916008	传真	68916006
设立日期	2002-7-29	负责人	魏正康		
主营业务	固体废物环境治理工程规划，设计与相关技术研究、开发、咨询服务等。				

企业名称	上海西蒙李建筑工程设计咨询有限公司				
企业地址	上海市杨浦区控江路1555号A座17楼1708室（200092）				
投资总额	20万USD	电话	65037411	传真	65037411
设立日期	2002-7-16	负责人	李栋材		
主营业务	建筑规划咨询、建筑设计咨询、建筑工程咨询。				

企业名称	合院建筑设计咨询（上海）有限公司				
企业地址	上海市浦东康桥工业区康桥路1100号3057室（201315）				
投资总额	20万USD	电话	63862188	传真	63862199
设立日期	2002-7-5	负责人	姜修恒		
主营业务	建筑、装饰工程咨询，城市规划及环境景观设计咨询，投资咨询等。				

企业名称	杰弘建筑咨询（上海）有限公司				
企业地址	上海市浦东新区海徐路939号3幢234室（200137）				
投资总额	2万USD	电话	52391720	传真	52394971
设立日期	2002-7-1	负责人	朱俊		
主营业务	城市规划咨询，城市设计咨询，建筑设计咨询，景观设计咨询等。				

企业名称	上海蒙达建筑装饰工程有限公司				
企业地址	上海市虹口区黄渡路74号508室（200081）				
投资总额	50万USD	电话	64732757	传真	64732915
设立日期	2002-6-28	负责人	宋金海		
主营业务	室内外建筑装潢、制冷、空调、电气工程的设计与施工。				

企业名称	上海兴延建设工程有限公司				
企业地址	上海市宝山区樟岭路24号（201900）				
投资总额	240万USD	电话	36071129	传真	36071129
设立日期	2002-6-24	负责人	金寿南		
主营业务	地基工程、基础工程、地下工程、吊装工程及其技术咨询服务。				

企业名称	上海曹裴施建筑设计咨询有限公司				
企业地址	上海市黄陂北路227号B座243－245室（200003）				
投资总额	20万USD	电话	63268838	传真	63268838
设立日期	2002-6-7	负责人	曹玉麒		
主营业务	建筑、结构、扩建及室内外装潢设计的咨询。				

企业名称	华城南顿规划建筑设计咨询（上海）有限公司				
企业地址	上海市杨浦区政立路509号210室（200433）				
投资总额	28万USD	电话	65431199	传真	65438642
设立日期	2002-6-4	负责人	陈勇		
主营业务	建筑设计咨询，规划设计咨询，建筑电脑图文制作咨询。				

企业名称	利帘居家用品（上海）有限公司				
企业地址	上海市闵行区华漕镇华翔路 1900 弄 8 号（201107）				
投资总额	50 万 USD	电　　话	52271884	传　　真	52272594
设立日期	2002-5-8	负 责 人	杨金钱		
主营业务	生产销售、加工各种材质的窗帘、门帘、装饰杆、端饰及相关饰品等。				

企业名称	高普亚建建筑咨询（上海）有限公司				
企业地址	上海市长宁区天山西路 789 号 1162 室（200335）				
投资总额	1.7 万 USD	电　　话	63213206	传　　真	53500165
设立日期	2002-4-11	负 责 人	余　南		
主营业务	建筑设计咨询，室内外设计咨询，景观设计咨询，企业管理咨询等。				

企业名称	埃莫斯建筑工程设计咨询（上海）有限公司				
企业地址	上海市闵行区金都路 4299 号 A－208（201108）				
投资总额	1 万 USD	电　　话	62100180	传　　真	62550064
设立日期	2002-4-28	负 责 人	张　华		
主营业务	建筑工程设计咨询，装饰设计咨询和环境设计咨询。				

企业名称	上海鼎瀚工程设计咨询有限公司				
企业地址	上海市嘉定区嘉行公路 3188 号（201809）				
投资总额	28 万 USD	电　　话	64395921	传　　真	64395913
设立日期	2002-4-10	负 责 人	吴文丰		
主营业务	工程规划设计咨询，建筑设计咨询，室内设计咨询，城市规划咨询等。				

企业名称	骏杰（上海）建筑工程咨询有限公司				
企业地址	上海市虹口区欧阳路 568 号（200081）				
投资总额	22 万 USD	电　　话	56968333	传　　真	56961313
设立日期	2002-4-26	负 责 人	庄伟驹		
主营业务	投资咨询、策划服务、市场调研、信息服务、工程建筑项目管理咨询等。				

企业名称	上海威而富装饰材料有限公司				
企业地址	上海市青浦区重固镇通波塘东街 288 号（201706）				
投资总额	28 万 USD	电　　话	69210646	传　　真	69210692
设立日期	2002-1-14	负 责 人	张三泰		
主营业务	生产人造石、耐火装饰板、各类木制家具，销售公司自产产品。				

企业名称	帝高力装饰材料（上海）有限公司				
企业地址	上海市嘉定工业区宝塔路 1280 号（201821）				
投资总额	108 万 USD	电　　话	69169083	传　　真	69169735
设立日期	2002-4-24	负 责 人	吴基秦		
主营业务	生产高档环保型装饰装修材料，销售企业自产产品。				

企业名称	上海东佑新型建材有限公司				
企业地址	上海市青浦工业园区汇金路 998 号（201707）				
投资总额	240 万 USD	电　　话	69211820	传　　真	69210876
设立日期	2002-1-8	负 责 人	永井洋佑		
主营业务	生产金属类新型建筑装饰装修材料、其他金属网产品及其配件等。				

交通运输、仓储及邮电通信业

企业名称	健流国际货运代理（上海）有限公司				
企业地址	上海市长宁区东诸安浜路 165 弄 29 号 703 室（200050）				
投资总额	73 万 USD	电　　话		传　　真	
设立日期	2009-12-30	负 责 人	FREDERIK WEIJGERTSE		
主营业务	承办海运、陆运、空运进出口货物、国际展品的国际运输代理业务。				

企业名称	云搬社（上海）国际货运代理有限公司				
企业地址	上海市虹口区中山北一路 1200 号 2 号楼 310C 室（200437）				
投资总额	73 万 USD	电　　话	63360630	传　　真	63360632
设立日期	2009-12-28	负 责 人	MATSUZAWA TAKAYUKI		
主营业务	承办海运、陆运、空运进出口货物、国际展品的国际运输代理业务。				

企业名称	精锐（上海）仓储有限公司				
企业地址	上海市闵行区纪展路 58 号 1 幢一楼 H 区（200237）				
投资总额	22 万 USD	电　　话	68825164	传　　真	
设立日期	2009-12-22	负 责 人	王亚立		
主营业务	仓储服务。				

企业名称	国隆（上海）仓储有限公司				
企业地址	上海市闵行区纪展路 58 号 1 幢一楼 I 区（201106）				
投资总额	20 万 USD	电　　话		传　　真	
设立日期	2009-12-22	负 责 人	王亚立		
主营业务	仓储服务。				

企业名称	台捷国际货运代理（上海）有限公司				
企业地址	上海市长宁区镇宁路 525 号 1307 室（200050）				
投资总额	73 万 USD	电　　话	65441760	传　　真	65441760
设立日期	2009-12-18	负 责 人	邱赐华		
主营业务	承办海运、陆运、空运进出口货物的国际运输代理业务。				

企业名称	远杰（上海）仓储有限公司				
企业地址	上海市奉贤区四团镇川南奉公路 8505 号 13 幢（201412）				
投资总额	65 万 USD	电　　话	66201835	传　　真	
设立日期	2009-12-18	负 责 人	晏新磊		
主营业务	仓储设施的建设、经营、管理并提供相关配套服务。				

企业名称	广盈（上海）国际货运代理有限公司				
企业地址	上海市长宁区宣化路 28 号 904 室（200050）				
投资总额	73 万 USD	电　　话	13788970899	传　　真	
设立日期	2009-12-17	负 责 人	LAU SAI KEUNG ANDY		
主营业务	承办海运、陆运、空运进出口货物的国际运输代理业务。				

企业名称	摩羯国际货运代理（上海）有限公司				
企业地址	上海市虹口区四川北路 1318 号 2204 室（200080）				
投资总额	73 万 USD	电　　话	61485870	传　　真	
设立日期	2009-12-14	负 责 人	SHEETAL SADANAND SHETTY		
主营业务	承办海运、陆运、空运进出口货物的国际运输代理业务。				

企业名称	欣越国际物流（上海）有限公司				
企业地址	上海市虹口区杨树浦路 61 号 203-3 幢 1-A3 室（200082）				
投资总额	73 万 USD	电　　话	65757715	传　　真	65757716
设立日期	2009-12-14	负 责 人	孙明高		
主营业务	承办海运、空运进出口货物、国际展品的国际运输代理业务。				

企业名称	礼律物流（上海）有限公司				
企业地址	上海市宝山区蕴川路 5300 弄 2 号五栋一楼（200942）				
投资总额	13 万 USD	电　　话	18917388098	传　　真	
设立日期	2009-12-9	负 责 人	王派通		
主营业务	国内货物代理，物流信息咨询。				

企业名称	实际物流（上海）有限公司				
企业地址	上海市浦东新区景雅路 155 号 1 幢 105 室（201203）				
投资总额	100 万 USD	电　　话	61304648	传　　真	
设立日期	2009-12-7	负 责 人	HENG MON SING（王茂胜）		
主营业务	承办海运、陆运、空运进出口货物的国际运输代理业务。				

企业名称	考顾麻特国际货运代理（上海）有限公司				
企业地址	上海市闵行区中春路 7001 号 1 号楼 1 楼 1009 室（201101）				
投资总额	74 万 USD	电　　话	64460082	传　　真	
设立日期	2009-12-4	负 责 人	LEE SEUNGSOO		
主营业务	承办海运、陆运、空运进出口货物的国际运输代理业务。				

企业名称	尚辉国际货物运输代理（上海）有限公司				
企业地址	上海市虹口区天宝路 545 号 623 室（200092）				
投资总额	73 万 USD	电　　话	36393339	传　　真	
设立日期	2009-12-4	负 责 人	汪　伦		
主营业务	承办海运、空运进出口货物、国际展品的国际运输代理业务。				

企业名称	铭德国际货运代理（上海）有限公司				
企业地址	上海市虹口区溧阳路 375 号 4 幢 336 室（200080）				
投资总额	73 万 USD	电　　话	65416979	传　　真	
设立日期	2009-11-23	负 责 人	曹墨非		
主营业务	承办海运、陆运、空运进出口货物的国际运输代理业务。				

企业名称	上海瀚斯国际货运代理有限公司				
企业地址	上海市虹口区海宁路 137 号 7 层 705 室（200080）				
投资总额	73 万 USD	电　　话	65223211	传　　真	
设立日期	2009-11-23	负 责 人	ALBARUS JENS		
主营业务	承办海运、陆运、空运进出口货物、国际展品的国际运输代理业务。				

企业名称	达塔（上海）仓储服务有限公司				
企业地址	上海市化学工业区奉贤分区苍工路 818 号 2#厂房（201400）				
投资总额	450 万 USD	电　　话	53965505	传　　真	
设立日期	2009-11-17	负 责 人	DARREN ARNELL CHERRY		
主营业务	化学品的仓储、灌装、混合及其他相关服务的项目。				

企业名称	泰雄国际货运代理（上海）有限公司				
企业地址	上海市长宁区天山四村 122 号 18 幢 513 室（200051）				
投资总额	73 万 USD	电　　话	60907168	传　　真	
设立日期	2009-11-13	负 责 人	HANJAE DONG（韩在东）		
主营业务	承办海运、陆运、空运进出口货物的国际运输代理业务。				

企业名称	维成（上海）仓储服务有限公司				
企业地址	上海市松江区石湖荡镇闵塔路 669 弄 8 号 202 室（201614）				
投资总额	2100 万 USD	电　　话	60905292	传　　真	
设立日期	2009-11-11	负 责 人	ERIC VERON		
主营业务	从事普通货物的仓储及其相关咨询服务。				

企业名称	普菲斯亿达物流（上海）有限公司				
企业地址	上海市浦东新区明港路 99 号（201208）				
投资总额	700 万 USD	电　　话	50465802	传　　真	
设立日期	2009-11-9	负 责 人	TIMOTHY ANDREW MCLELLAN		
主营业务	冷冻仓储，并提供相关配套服务。				

企业名称	上海骏通国际物流有限公司				
企业地址	上海市外高桥保税区荷丹路 288 号永盛中心 B 楼 7 层 A1 部位(200131)				
投资总额	88 万 USD	电　　话	68885595	传　　真	
设立日期	2009-11-9	负 责 人	张经平		
主营业务	承办海运、陆运、空运进出口货物的国际运输代理业务。				

企业名称	巴耳菲特精品葡萄酒（上海）有限公司				
企业地址	上海市外高桥保税区华申路 180 号综合大楼 202H 部位（200131）				
投资总额	15 万 USD	电　　话	62263499	传　　真	
设立日期	2009-11-9	负 责 人	叶　波		
主营业务	保税区内以葡萄酒为主的仓储分拨业务及相关产品的售后服务。				

企业名称	利胜地中海航运（上海）有限公司				
企业地址	上海市虹口区高阳路 246 号 613 室（200080）				
投资总额	200 万 USD	电　　话	61043388	传　　真	
设立日期	2009-11-5	负 责 人	TAN YOCK JUEE		
主营业务	为地中海航运有限公司自有或经营的船舶提供揽货、签发提单。				

企业名称	鸿威国际货运代理（上海）有限公司				
企业地址	上海市浦东新区东方路 1988 号 806-10 室（200120）				
投资总额	78 万 USD	电　　话		传　　真	
设立日期	2009-11-3	负 责 人	CHONG WENSHENG（张文盛）		
主营业务	承办海运、陆运、空运进出口货物的国际运输代理业务。				

企业名称	日陆物流（上海）有限公司				
企业地址	上海市浦东新区业盛路 188 号洋山保税港区国贸大厦 A-534（201300）				
投资总额	270 万 USD	电　　话	50677277	传　　真	50677772
设立日期	2009-11-2	负 责 人	菅原務		
主营业务	承办海运、陆运、空运进出口货物的国际运输代理业务。				

企业名称	星光国际货运代理（上海）有限公司				
企业地址	上海市普陀区长寿路 1118 号 B 幢 14H（200060）				
投资总额	73 万 USD	电　　话	52372272	传　　真	
设立日期	2009-10-30	负 责 人	ZUHAIR TAHA HAMID		
主营业务	承办海运、空运进出口货物、国际展品以及私人物品的国际运输业务。				

企业名称	华龙嘉冷冻集装箱服务（上海）有限公司				
企业地址	上海市浦东新区上钢三村 2 号甲第 3 幢 C211 室（200126）				
投资总额	15 万 USD	电　　话	50560746	传　　真	
设立日期	2009-10-27	负 责 人	HWANG SUNG YEON		
主营业务	冷冻集装箱维修服务。				

企业名称	胜捷物流（上海）有限公司				
企业地址	上海市外高桥保税区富特西一路 139 号大楼第 11 层 1108 部位(200131)				
投资总额	15 万 USD	电　　话	56961351	传　　真	
设立日期	2009-10-27	负 责 人	邱洪碧枝		
主营业务	国内货运代理业务，装卸服务。				

企业名称	捷开依（上海）物流有限公司				
企业地址	上海市外高桥保税区泰谷路 185 号第一层 B 部位（200131）				
投资总额	73 万 USD	电　　话	58696015	传　　真	
设立日期	2009-10-22	负 责 人	李　晶		
主营业务	保税区内的仓储（除危险品）及物流咨询服务。				

企业名称	威胜国际货运代理（上海）有限公司				
企业地址	上海市襄阳南路 218 号 6 楼 602 室（200031）				
投资总额	73 万 USD	电　　话	51088282	传　　真	
设立日期	2009-10-21	负 责 人	ALBERT WEI		
主营业务	承办海运、陆运、空运进出口货物的国际运输代理业务。				

企业名称	兆诚国际物流（上海）有限公司				
企业地址	上海市外高桥保税物流园区申非路 20 号 B3-3 仓库（200131）				
投资总额	30 万 USD	电　　话	38750528	传　　真	
设立日期	2009-10-20	负 责 人	凌　骁		
主营业务	国内货物运输代理业务。				

企业名称	飞抵国际货运代理（上海）有限公司				
企业地址	上海市虹口区物华路 58 号 2 楼 269 室（200086）				
投资总额	110 万 USD	电　　话	51604999	传　　真	
设立日期	2009-10-16	负 责 人	黄志圣		
主营业务	承办海运、空运进出口货物的国际运输代理业务。				

企业名称	赫龙货运代理（上海）有限公司				
企业地址	上海市闵行区莲花南路 2588 号 5 幢仓库二层东侧 C 座（200241）				
投资总额	7 万 USD	电　　话	33587606	传　　真	33587600
设立日期	2009-10-15	负 责 人	王娴静		
主营业务	国内货物运输代理，展览展示物品的运输代理服务，仓储。				

企业名称	美易国际货运代理（上海）有限公司				
企业地址	上海市黄浦区九江路 399 号 26 楼 06 室 B 座（200002）				
投资总额	73 万 USD	电　　话	63516578	传　　真	
设立日期	2009-10-13	负 责 人	JOSH ALLEN ENGLAND		
主营业务	承办海运、陆运、空运进出口货物的国际运输代理业务。				

企业名称	百优康国际货运代理（上海）有限公司				
企业地址	上海市浦东新区景雅路 135 号 3 幢 102 室（201200）				
投资总额	73 万 USD	电　　话	61601550	传　　真	61601550
设立日期	2009-9-28	负 责 人	CHRISTOPHER RAYMOND COOKE		
主营业务	承办海运、陆运、空运进出口货物的国际运输代理业务。				

企业名称	全事兴国际货运代理（上海）有限公司				
企业地址	上海市黄浦区广东路 689 号 2605-2606 室（200002）				
投资总额	73 万 USD	电　　话	63410201	传　　真	
设立日期	2009-9-25	负 责 人	MEYER LEANNE		
主营业务	承办海运、陆运、空运进出口货物的国际运输代理业务。				

企业名称	知飞尔国际货运代理（上海）有限公司				
企业地址	上海市闵行区吴中路 1100 号 5 幢 707 室（201103）				
投资总额	73 万 USD	电　　话	64056635	传　　真	
设立日期	2009-9-24	负 责 人	KIM HOBUM		
主营业务	承办海运、陆运、空运进出口货物的国际运输代理业务。				

企业名称	深信货运代理（上海）有限公司				
企业地址	上海市静安区南京西路 881 号 702、703 室（200040）				
投资总额	29 万 USD	电　　话	52288072	传　　真	
设立日期	2009-9-24	负 责 人	姜颖贤		
主营业务	承办陆运进出口货物、国际展品的国际货物运输代理业务。				

企业名称	浩方华美国际物流（上海）有限公司				
企业地址	上海市浦东新区浦东南路 256 号 1305B 室（200120）				
投资总额	73 万 USD	电　　话	68866664	传　　真	
设立日期	2009-9-18	负 责 人	OSCAR MARC SCHLOSSBERG		
主营业务	承办海运、陆运、空运进出口货物的国际运输代理业务。				

企业名称	桥亚（上海）国际货物运输代理有限公司				
企业地址	上海市浦东新区光明路 718 号 834 室（200137）				
投资总额	73 万 USD	电　　话	58769791	传　　真	
设立日期	2009-9-14	负 责 人	AZAROV ANDREY		
主营业务	承办海运、陆运、空运进出口货物的国际运输代理业务。				

企业名称	科博（上海）仓储有限公司				
企业地址	上海市闵行区纪展路 58 号 1 幢一楼 G 区（201106）				
投资总额	20 万 USD	电　　话	68825164	传　　真	
设立日期	2009-9-14	负 责 人	贾季平		
主营业务	仓储服务。				

企业名称	裕铭国际货运代理（上海）有限公司				
企业地址	上海市长宁区仙霞路 333 号 8 层 A2 部位（200336）				
投资总额	110 万 USD	电　　话	60859200	传　　真	
设立日期	2009-9-4	负 责 人	MARCO DUERR		
主营业务	承办海运、陆运、空运进出口货物的国际运输代理业务。				

企业名称	上海联霆船务有限公司				
企业地址	上海市虹口区四平路 775 弄 2 号 1202 室（200092）				
投资总额	15 万 USD	电　　话	63252935	传　　真	
设立日期	2009-8-26	负 责 人	杨捷益		
主营业务	无船承运业务及海运咨询业务。				

企业名称	意赛乐国际货运代理（上海）有限公司				
企业地址	上海市黄浦区人民路 885 号 809 室（200010）				
投资总额	73 万 USD	电　　话	62125803	传　　真	
设立日期	2009-8-13	负 责 人	辛晓文		
主营业务	承办海运、空运进出口货物、国际展品的国际运输代理业务。				

企业名称	昭洲国际船舶代理（上海）有限公司				
企业地址	上海市奉贤区奉炮公路 448 号 17 幢 120 室（201424）				
投资总额	15 万 USD	电　　话	50351784	传　　真	50304984
设立日期	2009-8-13	负 责 人	曹晓智		
主营业务	办理船舶进出港口手续，联系安排引航。				

企业名称	东日国际物流（上海）有限公司				
企业地址	上海市虹口区天宝路 545 号 531 室（200086）				
投资总额	88 万 USD	电　　话	63268833	传　　真	
设立日期	2009-8-3	负 责 人	周嘉祺		
主营业务	承办海运、空运进出口货物、国际展品的国际运输代理业务。				

企业名称	上海荣信船舶管理有限公司				
企业地址	上海市虹口区高阳路 246 号 418 室（200080）				
投资总额	10 万 USD	电　　话	65590117	传　　真	
设立日期	2009-7-22	负 责 人	MUN JE SOB		
主营业务	经营船舶买卖、租赁以及其他船舶资产管理。				

企业名称	上海台骅物流有限公司				
企业地址	上海市外高桥保税区华申路 180 号综合大楼第四层 402G 部位(200131)				
投资总额	20 万 USD	电　　话	58666178	传　　真	
设立日期	2009-7-13	负 责 人	顾华杰		
主营业务	保税区内仓储（除危险品）物流业务，物流咨询服务。				

企业名称	鼎晟国际货运代理（上海）有限公司				
企业地址	上海市长宁区中山西路 999 号 1408 室（200051）				
投资总额	73 万 USD	电　　话	32503777	传　　真	
设立日期	2009-7-9	负 责 人	KIM YEON KEUN		
主营业务	承办海运、空运、陆运进出口货物的国际运输代理业务。				

企业名称	上海东擎国际货运代理有限公司				
企业地址	上海市恒丰路 218 号 1301 室（200070）				
投资总额	73 万 USD	电　话	51801709	传　真	
设立日期	2009-7-9	负责人	蔡晨宇		
主营业务	承办海运、陆运、空运进出口货物的国际运输代理业务。				

企业名称	DHL 空运服务（上海）有限公司				
企业地址	上海市浦东机场启航路 1200 号航空业务 B 楼南座 403-404 室(201207)				
投资总额	3300 万 USD	电　话	68352128	传　真	
设立日期	2009-6-8	负责人	GRANT ALEXANDER TAYLOR		
主营业务	货运商务文件处理、货物接收、回收、过磅、仓储、分拣。				

企业名称	上海正丰国际货运代理有限公司				
企业地址	上海市长宁区古北路 678 号 2103 室（200336）				
投资总额	73 万 USD	电　话	58305899	传　真	
设立日期	2009-5-31	负责人	石黑明博		
主营业务	承办海运、陆运、空运进出口的国际货物运输代理业务。				

企业名称	东新国际货物运输代理（上海）有限公司				
企业地址	上海市崇明县城桥镇秀山路 8 号 3 幢 1 层 B 区 2020 室（202150）				
投资总额	129 万 USD	电　话	69625817	传　真	
设立日期	2009-5-18	负责人	刘思禹		
主营业务	承办海运、陆运、空运进出口货物的国际货物运输代理业务。				

企业名称	赛曲瑞国际货运代理（上海）有限公司				
企业地址	上海市黄浦区会稽路 8 号 1406 室（200001）				
投资总额	73 万 USD	电　话	61418750	传　真	61418775
设立日期	2009-5-18	负责人	STEPHANIE HADDAD		
主营业务	承办海运、陆运、空运进出口货物的国际运输代理业务。				

企业名称	昇联物流（上海）有限公司				
企业地址	上海市长宁区古北路 678 号同诠大厦 1703 室（200336）				
投资总额	73 万 USD	电　话	32098866	传　真	
设立日期	2009-5-15	负责人	姚武钦		
主营业务	承办海运、空运进出口货物、国际展品的国际运输代理业务。				

企业名称	美森物流（上海）有限公司				
企业地址	上海市黄浦区延安东路 550 号海洋大厦 713 室（200001）				
投资总额	73 万 USD	电　话	53534888	传　真	
设立日期	2009-5-13	负责人	MATTHEW J.COX		
主营业务	承办海运、陆运、空运进出口货物的国际运输代理业务。				

企业名称	擎瑞国际物流（上海）有限公司				
企业地址	上海市普陀区陕西北路 1438 号财富时代大厦 1409 室（200060）				
投资总额	73 万 USD	电　话	51506060	传　真	
设立日期	2009-5-13	负责人	苗惠华		
主营业务	承办海运、陆运、空运进出口货物的国际运输代理业务。				

企业名称	后藤物流（上海）有限公司				
企业地址	上海市静安区成都北路 333 号南楼 16 楼 1605H 室（200041）				
投资总额	30 万 USD	电　话	63933093	传　真	63936766
设立日期	2009-5-8	负责人	閔博基		
主营业务	无船承运业务。				

企业名称	普菲斯亿达冷冻仓储（上海）有限公司				
企业地址	上海市临港新城同汇路 168 号 D609 室（201306）				
投资总额	500 万 USD	电　话	64393319	传　真	
设立日期	2009-5-4	负责人	JOHN JAMES GALIHER		
主营业务	从事运输业务相关的仓储设施建设、经营。				

企业名称	恒豪国际货运代理（上海）有限公司				
企业地址	上海市长宁区延安西路 1118 号 2309 室（200052）				
投资总额	75 万 USD	电　话	51695002	传　真	
设立日期	2009-5-4	负责人	YOO BYOUNG SUB		
主营业务	承办海运、陆运、空运进出口货物的国际货物运输代理业务。				

企业名称	勃森国际货运代理（上海）有限公司				
企业地址	上海市虹口区武进路 289 号 923 室（200080）				
投资总额	73 万 USD	电　话	61485878	传　真	
设立日期	2009-4-29	负责人	PETER THORSOE JENSEN		
主营业务	承办海运、陆运、空运进出口货物的国际运输代理业务				

企业名称	长荣物流（上海）有限公司				
企业地址	上海市浦东新区民生路 1199 弄 2 号 3 楼（200135）				
投资总额	100 万 USD	电　话	28912500	传　真	
设立日期	2009-4-24	负责人	吴善桢		
主营业务	提供仓储服务。				

企业名称	上海统超物流有限公司				
企业地址	上海市松江区民益路 22 号 18 幢 1801 单元（201612）				
投资总额	200 万 USD	电　话	57686598	传　真	
设立日期	2009-4-15	负责人	黄千里		
主营业务	仓储、装卸、加工、包装、配送（不含道路运输）及相关信息处理服务。				

企业名称	固铨国际货运代理（上海）有限公司				
企业地址	上海市漕溪北路 18 号 11 楼 B 座（200030）				
投资总额	73 万 USD	电　话	64273630	传　真	
设立日期	2009-3-30	负责人	袁春裕		
主营业务	承办海运、空运进出口货物、国际展品的国际运输代理业务。				

企业名称	戈洛博柯（上海）国际货运代理有限公司				
企业地址	上海市浦东新区浦东南路 1101 号 717 室（200120）				
投资总额	73 万 USD	电　话	64399326	传　真	
设立日期	2009-3-26	负责人	MAHAMOOD ETTOL		
主营业务	承办海运、陆运、空运进出口货物的国际运输代理业务。				

企业名称	海空国际货运代理（上海）有限公司				
企业地址	上海市奉贤区青村镇南奉公路 3081 号 1 幢 102 室（201414）				
投资总额	73 万 USD	电　话	58369481	传　真	
设立日期	2009-3-4	负责人	陈勇		
主营业务	承办海运、陆运、空运进出口货物的国际运输代理业务。				

企业名称	崴航（上海）国际货运代理有限公司				
企业地址	上海市虹口区物华路 73 号 1 号楼 4 层 8613 室（200086）				
投资总额	100 万 USD	电　话	63649995	传　真	63566930
设立日期	2009-2-27	负责人	金增辉		
主营业务	承办海运、空运进出口货物的国际运输代理业务。				

企业名称	上海荷役国际货运代理有限公司				
企业地址	上海市浦东新区浦东南路 1101 号远东大厦 15 楼 1512 室（200120）				
投资总额	73 万 USD	电　话	58360121	传　真	
设立日期	2009-2-25	负责人	铃木弘志		
主营业务	承办海运、陆运、空运进出口货物的国际运输代理业务。				

企业名称	寰庆国际货运代理（上海）有限公司				
企业地址	上海市黄浦区延安东路 45 号 1209 室（200002）				
投资总额	88 万 USD	电　话	63782293	传　真	
设立日期	2009-2-16	负责人	王育民		
主营业务	承办海运、陆运、空运进出口货物的国际运输代理业务。				

企业名称	上海欧达国际货运代理有限公司				
企业地址	上海市黄浦区中山南路 268 号 906 室（200011）				
投资总额	80 万 USD	电　话	63323170	传　真	63323167
设立日期	2009-2-16	负责人	SOLOMON WEBER		
主营业务	承办海运、陆运、空运进出口的国际货物运输代理业务。				

企业名称	上海澳捷国际货运代理有限公司				
企业地址	上海市虹口区物华路 58 号 229 室（200086）				
投资总额	74 万 USD	电　话	64717722	传　真	
设立日期	2009-2-13	负责人	PHILIP HERBERT STORK		
主营业务	承办海运、空运进出口货物的国际运输代理业务。				

企业名称	卡伯斯（上海）国际货运代理有限公司				
企业地址	上海市虹口区奎照路 441 号底层（200434）				
投资总额	73 万 USD	电　话	63758725	传　真	
设立日期	2009-2-12	负责人	李炜旻		
主营业务	承办海运、陆运、空运进出口货物的国际运输代理业务。				

企业名称	北来路特（上海）国际货运代理有限公司				
企业地址	上海市江场三路 238 号 1016 室（200436）				
投资总额	73 万 USD	电　话	51781110	传　真	51781109
设立日期	2009-2-9	负责人	WALPOLE TERENCE ROY		
主营业务	承办海运、陆运、空运进出口货物的国际运输代理业务。				

交通运输、仓储及邮电通信业

企业名称	有达（上海）国际货运有限公司				
企业地址	上海市浦东新区牡丹路60号1801B室（201204）				
投资总额	95万USD	电　话	51028020	传　真	
设立日期	2009-2-5	负责人	MIRKO KNEZEVIC		
主营业务	承办海运、空运进出口货物、国际展品的国际运输代理业务。				

企业名称	上海成协维龙仓储服务有限公司				
企业地址	上海市嘉定区江桥镇解放岛东环路8号5幢（201803）				
投资总额	2500万USD	电　话	60905292	传　真	60905295
设立日期	2009-2-3	负责人	ERIC JEAN VERON		
主营业务	运输业务相关的仓储设施建设和经营。				

企业名称	迈辉国际物流（上海）有限公司				
企业地址	上海市浦东新区川沙路450号312室（201209）				
投资总额	110万USD	电　话	63269885	传　真	
设立日期	2009-2-3	负责人	DONALD ROBERT BRAID		
主营业务	承办海运、陆运、空运进出口货物的国际运输代理业务。				

企业名称	捷衡（上海）国际货运代理有限公司				
企业地址	上海市四平路188号名义1802室（200080）				
投资总额	73万USD	电　话	65220905	传　真	65220377
设立日期	2009-1-23	负责人	张慧俐		
主营业务	承办海运、陆运、空运进出口货物的国际运输代理业务。				

企业名称	凯联船务（上海）有限公司				
企业地址	上海市虹口区广纪路173号1005室（200080）				
投资总额	15万USD	电　话	53086950	传　真	
设立日期	2009-1-19	负责人	DERMOT MALCOLM TAYLOR		
主营业务	无船承运业务。				

企业名称	绿俄运国际货运代理（上海）有限公司				
企业地址	上海市浦东新区光明路718号824室（200120）				
投资总额	73万USD	电　话	58764837	传　真	58775601
设立日期	2009-1-16	负责人	DYUKA ALEXEY		
主营业务	承办海运、陆运、空运进出口货物的国际运输代理业务。				

企业名称	世络仓储（上海）有限公司				
企业地址	上海市外高桥保税区希雅路33号17#楼第3层A部位（200131）				
投资总额	22万USD	电　话	51696006	传　真	
设立日期	2009-1-16	负责人	LUIGI RAPETTI		
主营业务	普通货物的仓储（除危险品）、装卸。				

企业名称	上海浦东国际机场西区公共货运站有限公司				
企业地址	上海市浦东机场河滨西路501号（201207）				
投资总额	9955万USD	电　话	68842008	传　真	
设立日期	2009-1-12	负责人	陈　龙		
主营业务	提供进出港货物、邮件在浦东国际机场的处理服务。				

企业名称	凯盛国际货运代理（上海）有限公司				
企业地址	上海市肇嘉浜路376号1105室（200031）				
投资总额	81万USD	电　话	33010622	传　真	
设立日期	2009-1-9	负责人	黄怡英		
主营业务	承办海运、空运进出口货物、国际展品的国际运输代理业务。				

企业名称	比荷卢国际货运代理（上海）有限公司				
企业地址	上海市长宁区延安西路1088号2402室（200052）				
投资总额	100万USD	电　话	52386781	传　真	
设立日期	2009-1-7	负责人	RONALD C.L.VANDER BORGT		
主营业务	承办海运、陆运、空运进出口货物的国际货物运输代理业务。				

企业名称	上海青浦安同仓储有限公司				
企业地址	上海市青浦区漕盈路2500号404室（201700）				
投资总额	1500万USD	电　话	59703125	传　真	
设立日期	2009-1-6	负责人	BEN MAGIL CORNISH		
主营业务	从事工业及物流仓储设施的开发建设、经营和管理。				

企业名称	盼腾国际货运代理（上海）有限公司				
企业地址	上海市静安区延安中路1440号20幢2楼F室（200040）				
投资总额	73万USD	电　话	52930094	传　真	
设立日期	2009-1-6	负责人	STEPHEN DOUGLAS ROSS-MUNRO		
主营业务	承办海运、陆运、空运进出口货物的国际运输代理业务。				

企业名称	艾莎国际货物运输代理（上海）有限公司				
企业地址	上海市虹口区四川北路888号1703室（200080）				
投资总额	75万USD	电　话	51695775	传　真	
设立日期	2009-1-5	负责人	DOV JOSEPH CHREKY		
主营业务	承办海运、空运进出口货物的国际运输代理业务。				

企业名称	世高国际货运代理（上海）有限公司				
企业地址	上海市虹口区周家嘴路1010号502室(200086)				
投资总额	73万USD	电　话	51821155	传　真	51821177
设立日期	2008-12-30	负责人	关宏达		
主营业务	承办海运、陆运、空运进出口货物的国际运输代理业务。				

企业名称	航利船务（上海）有限公司				
企业地址	上海市虹口区东余杭路1330号101室(200086)				
投资总额	150万USD	电　话	63615265	传　真	63615269
设立日期	2008-12-19	负责人	LING LI KUANG		
主营业务	为马来西亚德利有限公司拥有或经营的船舶提供揽货、签发提单。				

企业名称	时迅国际货运代理（上海）有限公司				
企业地址	上海市虹口区武进路289号1206-1207室(200080)				
投资总额	73万USD	电　话	63065291	传　真	63099918
设立日期	2008-12-16	负责人	陈大棣		
主营业务	承办海运、空运进出口货物、国际展品及过境货物国际运输代理业务。				

企业名称	港瑞国际货运代理（上海）有限公司				
企业地址	上海市卢湾区徐家汇路430号1号楼1104室(200023)				
投资总额	73万USD	电　话		传　真	
设立日期	2008-12-11	负责人	张艺雄		
主营业务	承办海运、空运进出口货物、国际展品的国际运输代理业务。				

企业名称	天狮海国际货运代理（上海）有限公司				
企业地址	上海市静安区北京西路1701号2607室(200040)				
投资总额	74万USD	电　话	66354586	传　真	66355937
设立日期	2008-11-13	负责人	HARVINDER SINGH BHATIA		
主营业务	承办海运、陆运、空运进出口货物的国际货物运输代理业务。				

企业名称	王子物流（上海）有限公司				
企业地址	上海市青浦区崧盈路1068号4幢2楼201室、202室、203室(201706)				
投资总额	47万USD	电　话	58358785	传　真	59868352
设立日期	2008-11-13	负责人	齋藤源二		
主营业务	从事装卸、加工、包装、配送，道路普通货物运输。				

企业名称	高丽海运（上海）有限公司				
企业地址	上海市虹口区吴淞路218号2202室(200080)				
投资总额	150万USD	电　话	63098390	传　真	63096192
设立日期	2008-11-12	负责人	KOO SUK CHUNG		
主营业务	为高丽海运株式会社拥有或经营的船舶提供揽货、签发提单。				

企业名称	上海德圣船务有限公司				
企业地址	上海市虹口区吴淞路531号5楼501房间(200080)				
投资总额	1000万USD	电　话	63092042	传　真	63092951
设立日期	2008-11-10	负责人	陈德胜		
主营业务	为德翔航运有限公司拥有和经营的船舶提供国际船舶代理服务。				

企业名称	应通（上海）物流有限公司				
企业地址	上海市浦东新区唐镇上丰西路55号1幢103室(201210)				
投资总额	80万USD	电　话	58777260	传　真	58777265
设立日期	2008-11-3	负责人	叶　宁		
主营业务	提供仓储服务；承办海、陆、空运进出口货物的国际货物运输代理业务。				

企业名称	上海中外运阿联船舶代理有限公司				
企业地址	上海市崇明县长江农场长江大街260号6幢339室(202178)				
投资总额	36万USD	电　话	23215321	传　真	23215304
设立日期	2008-11-3	负责人	吴学明		
主营业务	办理船舶进出港手续，联系安排引航、靠泊和装卸。				

企业名称	伟恒国际货运代理（上海）有限公司				
企业地址	上海市长宁区延安西路1118号2307室(200052)				
投资总额	75万USD	电　话	62524130	传　真	
设立日期	2008-10-29	负责人	YOO BYOUNG SUB		
主营业务	承办海运、陆运、空运进出口货物的国际货物运输代理业务。				

交通运输、仓储及邮电通信业

企业名称	昂富国际货物运输代理（上海）有限公司				
企业地址	上海市闸北区江场三路 26、28 号 9 层 901 室(200436)				
投资总额	100 万 USD	电话	51290989	传真	51290966
设立日期	2008-10-24	负责人	BENSON WAI		
主营业务	承办海运、空运进出口货物、国际展品的国际运输代理业务。				

企业名称	腾辎国际货运代理（上海）有限公司				
企业地址	上海市黄浦区广东路 500 号 1105（E）室(200002)				
投资总额	67 万 USD	电话	63620326	传真	63620326
设立日期	2008-10-24	负责人	KOTOV VLADIMIR		
主营业务	承办海运、空运进出口货物、国际展品及过境货物的国际运输代理业务。				

企业名称	上海雅胜物流有限公司				
企业地址	上海市奉贤区海杰路 1568 号 103 室(201412)				
投资总额	2980 万 USD	电话	64286789	传真	64698080
设立日期	2008-10-22	负责人	GAGNE JAMES THOMAS		
主营业务	运输业务相关的仓储建设、经营。				

企业名称	德瀚物流（上海）有限公司				
企业地址	上海市虹口区武进路 289 号 1417 室(200080)				
投资总额	100 万 USD	电话	63241457	传真	
设立日期	2008-10-22	负责人	HANS OHLHABER		
主营业务	提供仓储服务。				

企业名称	上海联桥物流发展有限公司				
企业地址	上海市南汇区书院镇丽正路 1628 号 3 幢 103 室(201305)				
投资总额	365 万 USD	电话	56441809	传真	56443238
设立日期	2008-10-16	负责人	史笑非		
主营业务	承办海运、陆运、空运进出口货物及过境货物的国际货物运输代理业务。				

企业名称	昭津（上海）仓储服务有限公司				
企业地址	上海市松江区民益路 201 号 18 幢第四层(201613)				
投资总额	12.8 万 USD	电话	33738135	传真	33738137
设立日期	2008-10-16	负责人	张振雄		
主营业务	普通货物的仓储。				

企业名称	上海升煌国际货运代理有限公司				
企业地址	上海市虹口区物华路 58 号底层东间 07 室(200086)				
投资总额	78 万 USD	电话	65222848	传真	68221966
设立日期	2008-10-15	负责人	王耀棠		
主营业务	承办海运、陆运、空运进出口货物、国际展品的国际运输代理业务。				

企业名称	亚马达托希（上海）贸易有限公司				
企业地址	上海市外高桥保税区美桂北路 317 号五楼 F 部位(200131)				
投资总额	20 万 USD	电话	64828668	传真	64273657
设立日期	2008-10-13	负责人	山田 容平		
主营业务	保税区内以日用品、机电设备、文化用品为主的仓储。				

企业名称	利和物流仓储（上海）有限公司				
企业地址	上海市闵行区宜山路 2000 号 20 幢 802 室(201103)				
投资总额	219 万 USD	电话	54580210	传真	33790090
设立日期	2008-10-8	负责人	DOMINIC GATES		
主营业务	普通货物的仓储和仓储配套服务。				

企业名称	沃尔盛（上海）展示服务有限公司				
企业地址	上海市外高桥保税区富特北路 460 号第二层 B1 部位(200131)				
投资总额	20 万 USD	电话	58660705	传真	
设立日期	2008-10-8	负责人	章成识		
主营业务	区内以酒类产品为主的展示和仓储及提供相关咨询服务。				

企业名称	萨非航运（上海）有限公司				
企业地址	上海市黄浦区河南南路 16 号中汇大厦 4 层 403B 室(200002)				
投资总额	100 万 USD	电话	61322700	传真	63550299
设立日期	2008-10-6	负责人	TOM BEHRENS SORENSEN		
主营业务	为比利时南航集装箱班轮公司自有或经营的船舶提供揽货、签发提单。				

企业名称	荷皇橙派货运代理（上海）有限公司				
企业地址	上海市浦东新区峨山路 91 弄 120 号 8 号楼 7 层西单元(200127)				
投资总额	1230 万 USD	电话	38654000	传真	58301578
设立日期	2008-9-28	负责人	ERIC-WILLEM VAN DEN BERG		
主营业务	国内货运代理业务，普通货物的仓储、装卸。				

企业名称	戈珞曼自动化设备贸易（上海）有限公司				
企业地址	上海市外高桥保税区富特北路 358 号管理楼第 1 层 C 部位(200131)				
投资总额	14.5 万 USD	电话	34224898	传真	34224748
设立日期	2008-9-28	负责人	NORBERT MINRATH		
主营业务	保税区内以自动化设备及其相关组件、零配件为主的仓储。				

企业名称	途恩国际物流（上海）有限公司				
企业地址	上海市普陀区宁夏路 312 弄 5 号 208 室(200333)				
投资总额	87 万 USD	电话	63255599	传真	63255100
设立日期	2008-9-27	负责人	IURIE BURSACOVSCHII		
主营业务	承办海运、陆运、空运进出口货物的国际货物运输代理业务。				

企业名称	沈仕酒业（上海）有限公司				
企业地址	上海市外高桥保税区日樱北路 499 号 3 幢第一层 5K 部位(200131)				
投资总额	75 万 USD	电话	58882185	传真	
设立日期	2008-9-27	负责人	DONALD LEO ST PIERRE		
主营业务	以葡萄酒、酒具及橄榄油为主的区内仓储。				

企业名称	艾福薄膜（上海）有限公司				
企业地址	上海市外高桥保税区富特西一路 155 号钢结构楼 A2（扩）部位(200131)				
投资总额	20 万 USD	电话	58661766	传真	58661768
设立日期	2008-9-24	负责人	张 旭		
主营业务	保税区内以薄膜为主的仓储（除危险品）、分拨业务。				

企业名称	穆格工业控制（上海）有限公司				
企业地址	上海市外高桥保税区意威路 96 号 68 号厂房 B 部位(200131)				
投资总额	20 万 USD	电话	28931602	传真	50463770
设立日期	2008-9-22	负责人	SEAN GARTLAND		
主营业务	保税区内机械运动及动力控制元件、系统设备及相关配件为主的仓储。				

企业名称	福尔波西格林（上海）传动系统有限公司				
企业地址	上海市外高桥保税区富特南路 311 号 53 号厂房第一层全部位(200131)				
投资总额	290 万 USD	电话	50482699	传真	50480933
设立日期	2008-9-12	负责人	MATTHIAS HUENERWADEL		
主营业务	保税区内各类轻型输送带、传动带和其他工业皮带仓储分拨业务。				

企业名称	腾持国际货运代理（上海）有限公司				
企业地址	上海市黄浦区九江路 399 号 2 楼 B11 室(200002)				
投资总额	73 万 USD	电话	64394114	传真	
设立日期	2008-9-9	负责人	钟肇宇		
主营业务	承办海运、陆运、空运进出口货物、国际展品的国际货物运输代理业务。				

企业名称	瑞孚化工（上海）有限公司				
企业地址	上海市外高桥保税区奥纳路 55 号二号楼第一层 A 部位(200131)				
投资总额	20 万 USD	电话	63598216	传真	63524607
设立日期	2008-9-3	负责人	PHILIP ARTHUR BECKLER		
主营业务	保税区内以化工原料（除危险品）为主的仓储、分拨业务。				

企业名称	阁林国际货运代理（上海）有限公司				
企业地址	上海市虹口区长阳路 235 号 2801 室(200082)				
投资总额	100 万 USD	电话	60950918	传真	60950927
设立日期	2008-9-2	负责人	NILS STEFAN BJORK		
主营业务	承办海运、空运、陆运进出口货物的国际运输代理业务。				

企业名称	上海恒台国际货物运输代理有限公司				
企业地址	上海市虹口区四平路 198 号 2307 室(200086)				
投资总额	73 万 USD	电话	51029296	传真	51026581
设立日期	2008-9-2	负责人	刘 枋		
主营业务	承办海运、空运进出口货物的国际运输代理业务。				

企业名称	麦士特办公用品（上海）有限公司				
企业地址	上海市外高桥保税区富特西一路 333 号 6 楼 C6-11 部位(200131)				
投资总额	46 万 USD	电话	58667319	传真	58664137
设立日期	2008-9-2	负责人	WILLIAM HAROLD PRICE		
主营业务	保税区内以办公用品为主的仓储（除危险品）、分拨业务。				

企业名称	亚致力仓储（上海）有限公司				
企业地址	上海市外高桥保税区华京路 418 号 41 号厂房 B 部位(200131)				
投资总额	20 万 USD	电话	50464846	传真	
设立日期	2008-8-29	负责人	JAMES THOMAS GAGNE		
主营业务	保税区内仓储（除危险品）分拨业务。				

交通运输、仓储及邮电通信业

企业名称	特其尔货运代理（上海）有限公司				
企业地址	上海市黄浦区金陵东路 2 号 2411 室(200002)				
投资总额	11.725 万 USD	电　　话	63239199	传　　真	63239916
设立日期	2008-8-22	负 责 人	ISMAIL TOPALOGLU		
主营业务	国内货运运输代理，货物的包装、装卸服务，及其相关咨询业务。				

企业名称	迪高国际货运代理（上海）有限公司				
企业地址	上海市长宁区延安西路 2299 号 6 楼 6P12 室(200336)				
投资总额	74 万 USD	电　　话	62362351	传　　真	
设立日期	2008-8-14	负 责 人	DIEGO D'ORAZIO		
主营业务	承办海运、陆运、空运进出口货物的国际货物运输代理业务。				

企业名称	万星国际货运代理（上海）有限公司				
企业地址	上海市长宁区仙霞路 317 号 1307 室(200051)				
投资总额	73 万 USD	电　　话	62350695	传　　真	62350869
设立日期	2008-8-14	负 责 人	刘书延		
主营业务	承办海运、空运、陆运进出口货物的国际货物运输代理业务。				

企业名称	上海晴辉仓储有限公司				
企业地址	上海市杨浦区国和路 465 号 214 室(200433)				
投资总额	11 万 USD	电　　话	65519485	传　　真	55226925
设立日期	2008-8-14	负 责 人	龚克锐		
主营业务	普通、冷冻货物（不含食品）的保管、装卸、包装。				

企业名称	联合包裹物流（上海）有限公司				
企业地址	上海市浦东机场河滨西路 1907 号(201202)				
投资总额	1000 万 USD	电　　话	61057794	传　　真	61057654
设立日期	2008-8-13	负 责 人	WU KA CHUNG JAMES		
主营业务	提供进出港货物、快件在上海浦东机场 UPS 转运中心内的处理服务。				

企业名称	上海海永仕国际货物运输代理有限公司				
企业地址	上海市虹口区武进路 289 号 422 室(200081)				
投资总额	73 万 USD	电　　话	65855020	传　　真	65351240
设立日期	2008-8-13	负 责 人	陈光良		
主营业务	承办海运、陆运、空运进出口货物的国际运输代理业务。				

企业名称	上海新海丰集装箱运输有限公司				
企业地址	上海市张江高科技园区春晓路 149 号 3 幢 201 室(201203)				
投资总额	100 万 USD	电　　话	38969039	传　　真	38969177
设立日期	2008-8-11	负 责 人	杨绍鹏		
主营业务	在上海口岸为母公司拥有和经营的船舶提供国际船舶代理服务。				

企业名称	普恒仓储（上海）有限公司				
企业地址	上海市南汇区洋山保税港区汇港路 639 号 2 幢 1 单元(201308)				
投资总额	25 万 USD	电　　话	63588686	传　　真	
设立日期	2008-8-8	负 责 人	WILLIAM GERARD CASEY		
主营业务	在洋山保税港区内：从事保税区内仓储和分拨业务。				

企业名称	进泓航运（上海）有限公司				
企业地址	上海市虹口区武进路 289 号 1017 室(200080)				
投资总额	14 万 USD	电　　话	63064073	传　　真	63064074
设立日期	2008-8-8	负 责 人	叶笑芳		
主营业务	无船承运业务（涉及行政许可的凭许可证经营）。				

企业名称	格兰德仓储（上海）有限公司				
企业地址	上海市闵行区虹梅南路 4999 号第一幢 1、3、4 层(201108)				
投资总额	5000 万 USD	电　　话	33581660	传　　真	33581661
设立日期	2008-8-6	负 责 人	阿久津滋夫		
主营业务	从事物流仓储设施的开发、仓储设施租赁及经营管理。				

企业名称	罗吉加（上海）国际货物运输代理有限公司				
企业地址	上海市金山区廊下镇景乐路 228 号 4 幢 311 室(201516)				
投资总额	73 万 USD	电　　话	64814130	传　　真	64814131
设立日期	2008-7-23	负 责 人	NARAN LIDSHA ANDREYEV		
主营业务	承办海运、陆运、空运进出口货物、国际展品的国际货物运输代理业务。				

企业名称	上海联东地中海国际船舶代理有限公司				
企业地址	上海市虹口区黄浦路 53 号 10 楼 1003 室(200080)				
投资总额	439 万 USD	电　　话	61041001	传　　真	61041099
设立日期	2008-7-18	负 责 人	KEVIN LIONEL SCHELLACK		
主营业务	办理船舶进出港口手续，联系安排引航、靠泊、装卸。				

企业名称	上海奇霖物流有限公司				
企业地址	上海市松江区三庄路 18 弄 1－18 号第 2 幢厂房第 2 层(201613)				
投资总额	100 万 USD	电　　话	57645108	传　　真	57645125
设立日期	2008-7-10	负 责 人	卢赟		
主营业务	提供仓储服务；普通货物装卸、产品整理、分拣包装服务。				

企业名称	上海维洛仓储服务有限公司				
企业地址	上海市闵行区虹梅南路 4999 号第四幢 2－4 楼(200241)				
投资总额	600 万 USD	电　　话	60905292	传　　真	60905295
设立日期	2008-7-9	负 责 人	ERIC VERON		
主营业务	提供普通货物的仓储服务及物业管理(涉及行政许可的，凭许可证经营)。				

企业名称	安贝海运（上海）有限公司				
企业地址	上海市浦东新区丰和路 1 号第 3 幢主北楼 1002 室(200120)				
投资总额	14.6 万 USD	电　　话	58400800	传　　真	58400881
设立日期	2008-7-7	负 责 人	朱晖		
主营业务	船舶买卖、租赁以及其他船舶资产管理。				

企业名称	梵达纳塞拉货运代理（上海）有限公司				
企业地址	上海市黄浦区北京东路 666 号东（H）楼 24 层 H 室(200001)				
投资总额	77 万 USD	电　　话	52351021	传　　真	52351021
设立日期	2008-7-3	负 责 人	MATTEO ARCESE		
主营业务	承办海运、陆运、空运进出口货物、国际展品的国际运输代理业务。				

企业名称	荣进国际货运代理（上海）有限公司				
企业地址	上海市长宁区延安西路 1303 号 9 楼 A 室(200050)				
投资总额	75 万 USD	电　　话	62528851	传　　真	52370770
设立日期	2008-7-1	负 责 人	MUN JE SOB		
主营业务	承办海运、陆运、空运进出口货物、国际展品的国际货物运输代理业务。				

企业名称	宝德（上海）仓储有限公司				
企业地址	上海市嘉定工业区嘉唐路 2260 号第 5 幢(201807)				
投资总额	2500 万 USD	电　　话		传　　真	
设立日期	2008-6-26	负 责 人	HOOI KA CHEONG		
主营业务	仓储设施建设、经营。				

企业名称	上海嘉民宝源仓储有限公司				
企业地址	上海市嘉定工业区嘉唐路 2260 号第 3 幢 1 层(201807)				
投资总额	1200 万 USD	电　　话	61332005	传　　真	
设立日期	2008-6-26	负 责 人	PHILIP JOHN PEARCE		
主营业务	运输业务相关的仓储设施建设和经营。				

企业名称	斯克利弗国际货运代理（上海）有限公司				
企业地址	上海市闸北区江场三路 228 号 313 室(200436)				
投资总额	71 万 USD	电　　话		传　　真	
设立日期	2008-6-19	负 责 人	SHAHEEN CHUGTAI BIN MIRZA HABI		
主营业务	承办海运、陆运、空运进出口货物、国际展品的国际货物运输代理业务。				

企业名称	帝诺维亚国际货运代理（上海）有限公司				
企业地址	上海市虹口区新市南路 585 号第 306 单元(200434)				
投资总额	72 万 USD	电　　话	50818553	传　　真	50818335
设立日期	2008-6-16	负 责 人	李　磊		
主营业务	承包海运、陆运、空运进出口货物。				

企业名称	上海顶实仓储有限公司				
企业地址	上海市嘉定区马陆镇丰年路 85 号第 2 幢第 1 层(201801)				
投资总额	400 万 USD	电　　话	59159509	传　　真	
设立日期	2008-6-11	负 责 人	魏应行		
主营业务	仓储以及为仓储货物配套的简单加工、包装、分发及信息咨询服务。				

企业名称	富儿华服装（上海）有限公司				
企业地址	上海市外高桥保税区韩城路 17 号 71#楼第二层 B2 部位(200131)				
投资总额	15 万 USD	电　　话	50464926	传　　真	50464997
设立日期	2008-6-4	负 责 人	JIN SOOK CHANG		
主营业务	保税区内以服装为主的仓储、分拨业务。				

企业名称	上海意高仓储有限公司				
企业地址	上海市松江区叶榭镇民发路 388 号第 3 幢厂房(201609)				
投资总额	1000 万 USD	电　　话	57884714	传　　真	57887298
设立日期	2008-6-4	负 责 人	萧瑞坤		
主营业务	粮食、蔬菜、水果、禽畜产品、肉的冷藏、储藏、加工和包装项目。				

企业名称	优力沃国际货运代理（上海）有限公司				
企业地址	上海市长宁区遵义路 88 号协泰中心 10 楼 C 室(200051)				
投资总额	71 万 USD	电话	63641668	传真	63096062
设立日期	2008-6-2	负责人	AKASH SAMAT		
主营业务	承办海运、陆运、空运进出口货物、国际展品的国际运输代理业务。				

企业名称	上海乐信物流有限公司				
企业地址	上海市普陀区银杏路 659 号 5 号楼 4032 室(200331)				
投资总额	14 万 USD	电话	67740634	传真	57745343
设立日期	2008-6-2	负责人	梁贵雄		
主营业务	从事仓储、装卸、加工、包装、配送，道路普通货物运输。				

企业名称	上海格蔺纳机电设备维修服务有限公司				
企业地址	上海市外高桥保税区荷丹路 242 号 206 部位(200131)				
投资总额	50 万 USD	电话	51315066	传真	51315067
设立日期	2008-5-30	负责人	牛锡海		
主营业务	保税区内高科技含量、高附加值的机电设备、专业音响的仓储业务。				

企业名称	奥士丰（上海）仓储有限公司				
企业地址	上海市南汇区康桥镇创业路 369 弄 38 号－Ⅲ(201315)				
投资总额	1250 万 USD	电话	50326080	传真	50326080
设立日期	2008-5-29	负责人	费立榕		
主营业务	仓储设施开发建设、经营管理和相关的咨询服务。				

企业名称	上海东部国际货运代理有限公司				
企业地址	上海市长宁区天山西路 789 号 1 号幢 109 室(200335)				
投资总额	85 万 USD	电话	62196187	传真	67618244
设立日期	2008-5-29	负责人	徐容植（SUH YONG SIG）		
主营业务	承办海运、空运进出口货物、国际展品的国际运输代理业务。				

企业名称	上海泛成国际货运代理有限公司				
企业地址	上海市虹口区吴淞路 218 号 808 室(200080)				
投资总额	71 万 USD	电话	58644588	传真	58642372
设立日期	2008-5-27	负责人	庄海民		
主营业务	承办海运、陆运、空运进出口货物、国际展品的国际运输代理业务。				

企业名称	智牛电子（上海）有限公司				
企业地址	上海市外高桥保税区富特西一路 155 号 C 楼第六层 C－1B 部位(200131)				
投资总额	15 万 USD	电话	51088933	传真	
设立日期	2008-5-27	负责人	盛钟兴		
主营业务	保税区内以电子加工机械及电子零部件为主的仓储、分拨。				

企业名称	德帮万国国际货运代理（上海）有限公司				
企业地址	上海市虹口区黄浦路 99 号 1503A 室(200080)				
投资总额	71 万 USD	电话	63937728	传真	63937728
设立日期	2008-5-21	负责人	刘忠辉		
主营业务	承办海运、陆运、空运进出口货物、国际展品的国际运输代理业务。				

企业名称	上海费迈帝克仓储有限公司				
企业地址	上海市外高桥保税区富特东　路 370 号综合楼第三层西部位(200131)				
投资总额	12 万 USD	电话	68763368	传真	68768388
设立日期	2008-5-20	负责人	KLAUS-PETER CZARNOWSKI		
主营业务	保税区内以橡胶制品和制动系统零配件为主的仓储、分拨业务。				

企业名称	万氏国际货运代理（上海）有限公司				
企业地址	上海市徐汇区中山西路 2525 号 2 幢 6004、6006、6008 室(200030)				
投资总额	71 万 USD	电话	64396924	传真	64396914
设立日期	2008-5-9	负责人	CHAE SOO CHAN		
主营业务	承办海运、空运进出口货物、国际展品的国际运输代理业务。				

企业名称	光颉（上海）电子科技有限公司				
企业地址	上海市外高桥保税区泰谷路 18 号 1#楼第 6 层 604 部位(200131)				
投资总额	14 万 USD	电话	52911461	传真	52911463
设立日期	2008-5-9	负责人	吴秀玲		
主营业务	保税区内以电子材料，电子零部件，电子原器件为主的仓储分拨业务。				

企业名称	欧吉索机床（上海）有限公司				
企业地址	上海市外高桥保税区富特西一路 473 号第一层东部位(200131)				
投资总额	14 万 USD	电话	38762647	传真	38762648
设立日期	2008-4-28	负责人	KURT REINER JUNG		
主营业务	区内以机床产品为主的仓储分拨业务。				

企业名称	上海洛新仓储有限公司				
企业地址	上海市闵行区虹梅南路 3988 号 11 幢(201108)				
投资总额	1000 万 USD	电话	64976239	传真	62529311
设立日期	2008-4-22	负责人	MING ZHI MEI		
主营业务	仓储服务、仓储设施的经营和相关的物业管理服务和咨询。				

企业名称	韩洋国际货运代理（上海）有限公司				
企业地址	上海市长宁区中山西路 933 号第 4 层 401 室(200051)				
投资总额	71 万 USD	电话	51113298	传真	55381081
设立日期	2008-4-22	负责人	CHOI KYUNG SUN		
主营业务	承办海运、陆运、空运进出口货物；国际展品的国际运输代理。				

企业名称	苫埠国际货运代理（上海）有限公司				
企业地址	上海市长宁区天山路 8 号上海兆益科技园 804 室(200335)				
投资总额	71 万 USD	电话	32504225	传真	32504227
设立日期	2008-4-22	负责人	石田英雄		
主营业务	承办海运、陆运、空运进出口货物、国际产品的国际运输代理业务。				

企业名称	靖达仓储（上海）有限公司				
企业地址	上海市闵行区莘庄工业区春光路 730 号 301E 座(201108)				
投资总额	30 万 USD	电话	64799909	传真	64799909
设立日期	2008-4-21	负责人	刘玉秋		
主营业务	仓储服务（涉及行政许可的，凭许可证经营）。				

企业名称	铠威贝兹德温控设备（上海）有限公司				
企业地址	上海市外高桥保税区加太路 39 号菀熠壹幢第三层 51 部位(200131)				
投资总额	14 万 USD	电话	50308978	传真	50308978
设立日期	2008-4-21	负责人	KARL ARNOLD RUPPRECHT		
主营业务	区内以温控设备为主的仓储分拨业务。				

企业名称	昕昀机电设备（上海）有限公司				
企业地址	上海市外高桥保税区泰谷路 18 号 1 号楼第 6 层 602A 部位(200131)				
投资总额	14 万 USD	电话		传真	
设立日期	2008-4-18	负责人	何素娟		
主营业务	保税区内以五金制品、塑胶制品、玻璃制品为主的仓储分拨业务。				

企业名称	上海楷典仓储有限公司				
企业地址	上海市奉贤区四团镇平安社区红庄村九组(201412)				
投资总额	20 万 USD	电话	54223090	传真	54220103
设立日期	2008-4-15	负责人	CHO TAE HAM		
主营业务	货物包装，仓储及相关的技术服务，包装制品的批发。				

企业名称	盈高国际货运代理（上海）有限公司				
企业地址	上海市黄浦区北京东路 666 号 F 幢 7K 室(200001)				
投资总额	84 万 USD	电话	53084135	传真	53084131
设立日期	2008-4-7	负责人	FABIO　BRASSESCO		
主营业务	承办海运、陆运、空运进出口货物的国际运输代理业务。				

企业名称	华海（上海）国际货运代理有限公司				
企业地址	上海市浦东新区浦东大道 1200 号 1905 室(200120)				
投资总额	500 万 USD	电话	54660701	传真	54660701
设立日期	2008-4-3	负责人	赵世光		
主营业务	承办海运、陆运、空运进出口货物、国际展品的国际运输代理业务。				

企业名称	丰合仓储（上海）有限公司				
企业地址	上海市外高桥保税区富特北路 80 号一楼夹层 M－04 至 M－06(200131)				
投资总额	1244 万 USD	电话		传真	
设立日期	2008-3-28	负责人	洪清兰（ANG CHENG LANG）		
主营业务	物流仓储设施的经营、管理、出租以及提供相应的物流信息咨询服务。				

企业名称	凯得生（上海）物流有限公司				
企业地址	上海市外高桥保税区美桂南路 338 号壹楼第一、二、三层局部位(200131)				
投资总额	100 万 USD	电话		传真	
设立日期	2008-3-27	负责人	LANDON LACK		
主营业务	保税区内仓储物流及物流配送。				

企业名称	元驰国际货运代理（上海）有限公司				
企业地址	上海市虹口区溧阳路 375 号 1 幢 227 室(200080)				
投资总额	212 万 USD	电话	65416979	传真	
设立日期	2008-3-26	负责人	管梦鼎		
主营业务	承办海运、陆运、空运进出口货物的国际货物运输代理业务。				

企业名称	嘉世坚国际货运代理（上海）有限公司				
企业地址	上海市虹口区物华路58号底层东间06室(200086)				
投资总额	72万USD	电话	64451452	传真	64159447
设立日期	2008-3-26	负责人	FABIEN PIERRE GIORDANO		
主营业务	承办海运、陆运、空运进出口货物、国际展品的国际运输代理业务。				

企业名称	上海易网国际物流有限公司				
企业地址	上海市黄浦区北京东路666号F区14F、14G室(200001)				
投资总额	113万USD	电话	51078287	传真	53082099
设立日期	2008-3-24	负责人	KIM MYEONG HWAN		
主营业务	承办海运、陆运、空运进出口货物、国际展品的国际运输代理业务。				

企业名称	飞登国际货运代理（上海）有限公司				
企业地址	上海市浦东新区光明路718号827室(200137)				
投资总额	64万USD	电话	62789668	传真	62789699
设立日期	2008-3-24	负责人	SEUNG WON KANG		
主营业务	承办海运、陆运、空运进出口货物。				

企业名称	赛络电子元件（上海）有限公司				
企业地址	上海市外高桥保税区富特北路133号3层A部位(200131)				
投资总额	103万USD	电话	58691820	传真	58692179
设立日期	2008-3-21	负责人	RIZZO FIORELLA		
主营业务	保税区内以接线端子、连接器及其配件为主的仓储、分拨。				

企业名称	世淋国际货运代理（上海）有限公司				
企业地址	上海市黄浦区九江路333号802室(200001)				
投资总额	70万USD	电话	63516635	传真	63516635
设立日期	2008-3-18	负责人	LEE SUNG IN		
主营业务	承办海运、陆运、空运进出口货物、国际展品的国际运输代理业务。				

企业名称	尚融电子（上海）有限公司				
企业地址	上海市外高桥保税区奥纳路160号1楼1层8部位(200131)				
投资总额	18万USD	电话	68549640	传真	58394393
设立日期	2008-3-18	负责人	叶冈		
主营业务	保税区内以电子电器产品为主的仓储、分拨。				

企业名称	上海优翼国际货运代理有限公司				
企业地址	上海市长宁区虹桥路2272号C段4楼S座(201103)				
投资总额	100万USD	电话	64019161	传真	64019165
设立日期	2008-3-17	负责人	SANG IL LEE		
主营业务	承办海运、陆运、空运进出口货物、国际展品的国际运输代理业务。				

企业名称	康船国际货物运输代理（上海）有限公司				
企业地址	上海市虹口区杨树浦路248号1511室(200080)				
投资总额	69万USD	电话	65416935	传真	65416983
设立日期	2008-3-11	负责人	VLADIMIR BOGATYREV		
主营业务	承办海运、陆运、空运进出口货物、国际展品的国际货物运输代理业务。				

企业名称	凯柏胶宝塑料（上海）有限公司				
企业地址	上海市外高桥保税区富特东一路200号第二层B1部位(200131)				
投资总额	15万USD	电话	63178633	传真	63539310
设立日期	2008-3-10	负责人	ROLAND HELMUT RITTER		
主营业务	保税区内以塑料及其制品为主的仓储、分拨及售后服务。				

企业名称	日邮仓储（上海）有限公司				
企业地址	上海市临港新城同汇路168号B603室(201306)				
投资总额	1200万USD	电话	23209535	传真	63404008
设立日期	2008-3-4	负责人	服部浩		
主营业务	仓储设施的建设和经营。				

企业名称	萨斯（上海）国际货物运输代理有限公司				
企业地址	上海市长宁区仙霞路335号1号楼308A－309A(200336)				
投资总额	76万USD	电话	61199313	传真	61199313
设立日期	2008-3-3	负责人	LEE YEON CHUL		
主营业务	承办空运进出口货物的国际运输代理业务。				

企业名称	青星国际货物运输代理（上海）有限公司				
企业地址	上海市浦东新区浦东南路588号21楼K座(200122)				
投资总额	64万USD	电话	58400667	传真	58799791
设立日期	2008-3-3	负责人	刘志武		
主营业务	承办海运、空运进出口货物和国际展品的国际运输代理业务。				

企业名称	爱通国际货运代理（上海）有限公司				
企业地址	上海市黄浦区延安东路55号3314室(200001)				
投资总额	83万USD	电话	62092184	传真	50460577
设立日期	2008-2-25	负责人	森茂之		
主营业务	承办海运、陆运、空运进出口货物、国际展品的国际货物运输代理业务。				

企业名称	翘运国际货运有限公司				
企业地址	上海市闸北区灵石路709号69幢106室(200073)				
投资总额	138万USD	电话	53083311	传真	53083201
设立日期	2008-2-5	负责人	吴继平		
主营业务	承办海运、陆运、空运进出口货物、国际展品的国际运输代理业务。				

企业名称	上海明海仓储有限公司				
企业地址	上海市浦东新区远航路785号6幢厂房(201202)				
投资总额	10万USD	电话	51346000	传真	51346111
设立日期	2008-2-3	负责人	王国强		
主营业务	仓储，提供分拨、装卸、包装整理服务及相关咨询。				

企业名称	上海爱迅国际货运代理有限公司				
企业地址	上海市虹口区物华路58号底层东间03室(200086)				
投资总额	70万USD	电话	65860099	传真	65123114
设立日期	2008-1-31	负责人	JANET LC TAN		
主营业务	承办海运、陆运、空运进出口货物、国际展品的国际运输代理业务。				

企业名称	上海钜盛国际货运代理有限公司				
企业地址	上海市虹口区天潼路133号9层908室(200082)				
投资总额	68万USD	电话	63567799	传真	63567939
设立日期	2008-1-31	负责人	林日盛		
主营业务	承办海运、陆运、空运进出口货物、国际展品的国际运输代理业务。				

企业名称	舶克国际货运代理（上海）有限公司				
企业地址	上海市卢湾区徐家汇路555号广发银行大厦9F室(200025)				
投资总额	73万USD	电话	63901037	传真	63901509
设立日期	2008-1-29	负责人	CIARAN GERARD MC CANN		
主营业务	承办海运、陆运、空运进出口货物、国际展品的国际运输代理业务。				

企业名称	丸运国际货运代理（上海）有限公司				
企业地址	上海市长宁区娄山关路85号B座301室(200336)				
投资总额	80万USD	电话	62782666	传真	62782696
设立日期	2008-1-28	负责人	冲本宪治		
主营业务	承办海运、陆运、空运进出口货物、国际展品的国际货物运输代理业务。				

企业名称	上海捧奉国际货物运输代理有限公司				
企业地址	上海市长宁区中山西路1277号4幢3层321室(200051)				
投资总额	75万USD	电话	51767081	传真	51098331
设立日期	2008-1-28	负责人	SEO JONG WON		
主营业务	承办海运、陆运、空运进出口货物、国际展品的国际货物运输代理业务。				

企业名称	上海月翔星国际货运代理有限公司				
企业地址	上海市长宁区兴义路8号3208室(200051)				
投资总额	68万USD	电话	52081020	传真	62786761
设立日期	2008-1-28	负责人	枝光正一		
主营业务	承办海运、陆运、空运进出口货物、国际展品的国际货物运输代理业务。				

企业名称	上海普亭仓储有限公司				
企业地址	上海市嘉定区安亭镇众百路448号第7幢(201805)				
投资总额	980万USD	电话	61052759	传真	
设立日期	2008-1-22	负责人	梅志明		
主营业务	仓储设施建设和经营。				

企业名称	维龙仓储（上海）有限公司				
企业地址	上海市嘉定区黄渡镇杨林路555号第3幢第1层(201804)				
投资总额	2500万USD	电话	60905292	传真	60905295
设立日期	2008-1-8	负责人	ERIC JEAN VÉRON		
主营业务	运输业务相关的仓储设施建设和经营。				

企业名称	成岳国际货物运输代理（上海）有限公司				
企业地址	上海市长宁区虹桥路2545弄55-1号办公大楼底楼（200336）				
投资总额	600万RMB	电话	31265516	传真	54477727
设立日期	2007-12-26	负责人	邱文英		
主营业务	国际运输代理业务。				

企业名称	时机货运代理（上海）有限公司				
企业地址	上海市浦东新区杨园南路116号6幢西240室（200127）				
投资总额	100万USD	电　　话	32263229	传　　真	32098806
设立日期	2007-12-24	负 责 人	吴伟浩		
主营业务	海运、陆运、空运进出口货物的国际运输代理业务。				

企业名称	上海普川仓储有限公司				
企业地址	上海市浦东新区川沙路6999号42幢203室、204室（201201）				
投资总额	1200万USD	电　　话	61053999	传　　真	61053999
设立日期	2007-12-24	负 责 人	梅志明（MING ZHI MEI）		
主营业务	仓储，并提供相关仓储管理和咨询服务。				

企业名称	嘉里特佳化工物流（上海）有限公司				
企业地址	上海市闵行区三鲁公路3585号1幢一层（201112）				
投资总额	210万USD	电　　话	31330012	传　　真	31330043
设立日期	2007-12-20	负 责 人	陈锦宾		
主营业务	普通货物的仓储和仓储配套服务、装卸、加工。				

企业名称	赫那罗（上海）物流有限公司				
企业地址	上海市外高桥保税区富特北路215号第一层H16部位（200131）				
投资总额	70万USD	电　　话	60907691	传　　真	61265454
设立日期	2007-12-11	负 责 人	李永锡（LEE YOUNGSUK）		
主营业务	保税区内仓储物流业务、物流咨询。				

企业名称	上海华洋通国际物流有限公司				
企业地址	上海市虹口区四川北路1688号北楼1616室（200080）				
投资总额	100万USD	电　　话	63060777	传　　真	63077503
设立日期	2007-12-10	负 责 人	MAN TSOI		
主营业务	海运、陆运、空运进出口货物的国际货物运输代理业务。				

企业名称	上海富运货运代理有限公司				
企业地址	上海市长宁区中山西路933号615室（200051）				
投资总额	8000万日元	电　　话	51504173	传　　真	51504172
设立日期	2007-12-10	负 责 人	浅井克仁		
主营业务	海运、陆运、空运进出口货物、国际展品的国际运输代理业务。				

企业名称	泰瑞国际货物运输代理（上海）有限公司				
企业地址	上海市虹口区四川北路1611号13楼1306室（200080）				
投资总额	100万USD	电　　话	63562057	传　　真	63563301
设立日期	2007-12-8	负 责 人	黄世钰		
主营业务	海运、陆运、空运进出口货物的国际运输代理业务。				

企业名称	华创国际货运代理（上海）有限公司				
企业地址	上海市虹口区武进路289号1727室（200080）				
投资总额	500万RMB	电　　话	51693649	传　　真	51089613
设立日期	2007-12-8	负 责 人	邓健辉		
主营业务	海运、陆运、空运进出口货物的国际运输代理业务。				

企业名称	川崎振华物流（上海）有限公司				
企业地址	上海市南汇区同汇路168号B602室（临港新城）（201306）				
投资总额	2900万USD	电　　话	51509862	传　　真	51509790
设立日期	2007-12-6	负 责 人	刘明田		
主营业务	仓储设施的建设和经营。				

企业名称	大今国际货代（上海）有限公司				
企业地址	上海市浦东新区龙东大道5385号903室C座（201203）				
投资总额	100万USD	电　　话	68548944	传　　真	68548945
设立日期	2007-12-3	负 责 人	费云海		
主营业务	海运、陆运、空运进出口货物的国际运输代理业务。				

企业名称	极东国际货运代理（上海）有限公司				
企业地址	上海市虹口区吴淞路218号10层06单元（200080）				
投资总额	67万USD	电　　话	63251731	传　　真	63252667
设立日期	2007-11-27	负 责 人	HONG HYUN DUK		
主营业务	海运、陆运、空运进出口货物的国际运输代理业务。				

企业名称	瑞克国际货运代理（上海）有限公司				
企业地址	上海市虹口区天宝路545号506室（200088）				
投资总额	750万RMB	电　　话	33023266	传　　真	63341520
设立日期	2007-11-20	负 责 人	涂鄂良		
主营业务	海运、陆运、空运进出口货物的国际运输代理业务。				

企业名称	霍冶国际货运代理（上海）有限公司				
企业地址	上海市黄浦区延安东路588号17C2室（200021）				
投资总额	67万USD	电　　话	63519641	传　　真	63514616
设立日期	2007-11-16	负 责 人	MICHAEL GERARD LOSCALZO		
主营业务	海运、陆运、空运进出口货物的国际运输代理业务。				

企业名称	联行国际货运代理（上海）有限公司				
企业地址	上海市虹口区物华路58号311室（200086）				
投资总额	99万USD	电　　话	63560501	传　　真	63065937
设立日期	2007-11-15	负 责 人	卢柱德		
主营业务	海运、陆运、空运进出口货物的国际运输代理业务。				

企业名称	立杰物流（上海）有限公司				
企业地址	上海市长宁区延安西路2067号1208室（200336）				
投资总额	500万RMB	电　　话	62789668	传　　真	62789699
设立日期	2007-11-13	负 责 人	JANG CHUL HUN		
主营业务	海运、陆运、空运进出口货物的国际运输代理业务。				

企业名称	和记宝线（上海）货运代理有限公司				
企业地址	上海市长宁区遵义路100号B栋1514-15室（200051）				
投资总额	520万港币	电　　话	62372323	传　　真	62371881
设立日期	2007-11-12	负 责 人	叶承智		
主营业务	海运、陆运、空运进出口货物的国际运输代理业务。				

企业名称	新睿斯国际货运代理（上海）有限公司				
企业地址	上海市黄浦区淮海东路68号709室（200020）				
投资总额	500万RMB	电　　话	63366600	传　　真	63285936
设立日期	2007-11-6	负 责 人	WONG LEE CHEN，MARILYN		
主营业务	海运、陆运、空运进出口货物的国际运输代理业务。				

企业名称	丰树金达仓储（上海）有限公司				
企业地址	上海市普陀区金达路428号5幢1层（200331）				
投资总额	8275万RMB	电　　话	58400658	传　　真	58876476
设立日期	2007-11-5	负 责 人	QUEK SZE KHENG		
主营业务	物流仓储设施的经营、管理、出租以及提供相应的物流咨询服务。				

企业名称	知发国际货运代理（上海）有限公司				
企业地址	上海市黄浦区金陵东路2号光明大厦2207、2209、2211室（200002）				
投资总额	50万欧元	电　　话	63211122	传　　真	63239516
设立日期	2007-10-30	负 责 人	VINCENZO GALLOZZI		
主营业务	海运、陆运、空运进出口货物的国际运输代理业务。				

企业名称	喜达仓储（上海）有限公司				
企业地址	上海市南汇区洋山保税港区同顺大道333号1号楼06室（201308）				
投资总额	540万USD	电　　话	50583876	传　　真	50583892
设立日期	2007-10-24	负 责 人	ONG YAN WAH OLIVER		
主营业务	保税港区内货物的仓储、分拨、配送、商业性简单加工。				

企业名称	上海普闵仓储有限公司				
企业地址	上海市闵行区纪翟路1199弄11号（201106）				
投资总额	1250万USD	电　　话	52272006	传　　真	52272006
设立日期	2007-10-24	负 责 人	梅志明		
主营业务	工业及物流仓储设施的开发、经营管理。				

企业名称	千一国际货运代理（上海）有限公司				
企业地址	上海市浦东新区丰和路1号港务大厦主楼北202室（200120）				
投资总额	550万港币	电　　话	58822947	传　　真	58822810
设立日期	2007-10-18	负 责 人	WHELAN DERMOT ARTHUR		
主营业务	承办海运、陆运、空运进出口货物的国际运输代理业务。				

企业名称	奥硕物流（中国）有限公司				
企业地址	上海市嘉定区嘉唐路2260号第10幢（201804）				
投资总额	800万USD	电　　话	51530888	传　　真	51530999
设立日期	2007-10-16	负 责 人	FRED FACHING CHANG		
主营业务	提供仓储服务。				

企业名称	美翔国际货运代理（上海）有限公司				
企业地址	上海市长宁区定西路988号银统大厦南楼1301室（200050）				
投资总额	650万RMB	电　　话	52373686	传　　真	52373626
设立日期	2007-10-9	负 责 人	陈英群		
主营业务	承办海运、陆运、空运进出口货物的国际运输代理业务。				

企业名称	天一国际货运代理（上海）有限公司					
企业地址	上海市长宁区娄山关路 83 号新虹桥中心大厦 1411 室（200336）					
投资总额	500 万 RMB	电　话	61268516	传　真	61268520	
设立日期	2007-10-9	负 责 人	KANG INDO			
主营业务	承办海运、陆运、空运进出口货物的国际运输代理业务。					

企业名称	奔腾国际货运代理（上海）有限公司					
企业地址	上海市长宁区延安西路 1023 号 B 幢 2201 室（200050）					
投资总额	500 万 RMB	电　话	52385829	传　真	52385835	
设立日期	2007-10-8	负 责 人	杨雅平			
主营业务	承办海运、陆运、空运进出口货物的国际运输代理业务。					

企业名称	上海立贝罗国际货运代理有限公司					
企业地址	上海市浦东新区三林镇上南路 6000 号 4 幢（200124）					
投资总额	500 万 RMB	电　话	68303005	传　真	68303009	
设立日期	2007-9-30	负 责 人	川和义			
主营业务	承办海运、陆运、空运进出口货物的国际运输代理业务。					

企业名称	上海宝偶物流设备贸易有限公司					
企业地址	上海市闵行区华翔路 509 号 A 室（201106）					
投资总额	14 万 USD	电　话	52278035	传　真	52278037	
设立日期	2007-9-28	负 责 人	孙炳洙			
主营业务	仓储设备、输送设备、工业自动化设备。					

企业名称	世中（上海）国际货物运输代理有限公司					
企业地址	上海市黄浦区淮海东路 85 号 18 楼 D 室（200021）					
投资总额	70 万 USD	电　话	63366651	传　真	53824200	
设立日期	2007-9-27	负 责 人	HAN MYUNG SOO			
主营业务	承办海运、空运进出口货物的国际运输代理业务。					

企业名称	飞洋仓储（上海）有限公司					
企业地址	上海市南汇区洋山保税港区同顺大道 333 号 1 号楼 04 室（201308）					
投资总额	1200 万 USD	电　话	62187838	传　真	62187838	
设立日期	2007-9-25	负 责 人	刘永强			
主营业务	保税港区内的仓储、分拨、配送以及仓储设施的经营管理。					

企业名称	联邦快递国际货运代理服务（上海）有限公司					
企业地址	上海市静安区延安中路 1440 号阿波罗大厦 3 楼 312 室（200040）					
投资总额	650 万 RMB	电　话	61055970	传　真	50470030	
设立日期	2007-9-25	负 责 人	GEORGE EDMOND CLARK			
主营业务	承办海运、空运进出口货物的国际运输代理业务。					

企业名称	高联（上海）国际货运代理有限公司					
企业地址	上海市延安西路 889 号太平洋中心 909 室（200052）					
投资总额	500 万 RMB	电　话	52402996/5	传　真	52402636	
设立日期	2007-9-25	负 责 人	郭志霖			
主营业务	承办海运、空运进出口货物的国际运输代理业务。					

企业名称	诺满递国际货物运输代理（上海）有限公司					
企业地址	上海市虹口区武进路 289 号 410 室（200080）					
投资总额	500 万 RMB	电　话	63932527	传　真	63932527	
设立日期	2007-9-24	负 责 人	STEFAN MALOCSAY			
主营业务	承办海运、空运进出口货物的国际运输代理业务。					

企业名称	维纶（上海）仓储服务有限公司					
企业地址	上海市松江区洞泾镇洞薛路 651 弄 88 号第 2 幢厂房第 1 层（201619）					
投资总额	2000 万 USD	电　话	60905292	传　真		
设立日期	2007-9-19	负 责 人	ERIC VERON			
主营业务	普通货物的仓储及其相关咨询服务。					

企业名称	筑港国际货运代理（上海）有限公司					
企业地址	上海市浦东新区商城路 800 号 1406C 室（200122）					
投资总额	70 万 USD	电　话	58305899	传　真	58309346	
设立日期	2007-9-19	负 责 人	濑户口仁三郎			
主营业务	承办海运、空运进出口货物的国际运输代理业务。					

企业名称	巨利（上海）船务有限公司					
企业地址	上海市崇明县城桥镇官山路 2 号 3 幢 C 区 2018 室（202150）					
投资总额	2042 万 USD	电　话	65095161	传　真	65095161	
设立日期	2007-9-17	负 责 人	晨晓路			
主营业务	航道疏浚及相关工程项目的技术咨询、技术开发和技术服务。					

企业名称	御日家（上海）物流有限公司					
企业地址	上海市宝山区牡丹江路 1508 号 505 室（201900）					
投资总额	27 万 USD	电　话	58352335	传　真	58359013	
设立日期	2007-9-5	负 责 人	木尾原正伸			
主营业务	从事仓储、装卸、加工、包装、配送，道路货物专用运输。					

企业名称	雅致国际货运代理（上海）有限公司					
企业地址	上海市黄浦区广东路 500 号 1807 室（200002）					
投资总额	500 万 RMB	电　话	51879892	传　真	63620958	
设立日期	2007-9-3	负 责 人	JAMES MINUTELLO			
主营业务	承办海运、空运进出口货物的国际运输代理业务。					

企业名称	傲空国际货运代理（上海）有限公司					
企业地址	上海市卢湾区淮海中路 300 号 4101 室（200021）					
投资总额	66 万 USD	电　话	63851777	传　真	63852777	
设立日期	2007-8-30	负 责 人	BOUTROS AKL GEAGEA			
主营业务	承办海运、空运进出口货物的国际运输代理业务。					

企业名称	佳晟物流（上海）有限公司					
企业地址	上海市松江出口加工区华哲路 355 弄 8 号（201613）					
投资总额	100 万 USD	电　话	67741442	传　真	57742235	
设立日期	2007-8-28	负 责 人	YEO SECK CHEONG			
主营业务	承办海运、空运进出口货物的国际运输代理业务。					

企业名称	丽服仓储（上海）有限公司					
企业地址	上海市浦东新区金桥出口加工区桑桥路 211 号 2 号楼 2 楼东侧(201206)					
投资总额	350 万 RMB	电　话	38720388	传　真	38720386	
设立日期	2007-8-23	负 责 人	赵建华			
主营业务	普通货物的仓储，并提供相关配套服务和物流咨询。					

企业名称	德维茵（上海）仓储有限公司					
企业地址	上海市奉贤区四团镇邵厂社区东新杨路 903 号（201413）					
投资总额	1250 万 USD	电　话	67102841	传　真	67102841	
设立日期	2007-8-22	负 责 人	戴广林			
主营业务	仓储设施开发建设、经营管理和相关的咨询服务。					

企业名称	菱集国际货运代理（上海）有限公司					
企业地址	上海市古北路 678 号同诠大厦 1602 室（200336）					
投资总额	500 万 RMB	电　话	52080215	传　真	62783010	
设立日期	2007-8-22	负 责 人	富本直一			
主营业务	承办海运、空运进出口货物的国际运输代理业务。					

企业名称	双日国际货运代理（上海）有限公司					
企业地址	上海市卢湾区茂名南路 205 号瑞金大厦 2209 室（200020）					
投资总额	500 万 RMB	电　话	64736911	传　真	64736911	
设立日期	2007-8-22	负 责 人	星加恭			
主营业务	承办海运、空运进出口货物的国际运输代理业务。					

企业名称	上海盛都仓储有限公司					
企业地址	上海市虹口区四川北路 1611 号 1504 室（200080）					
投资总额	20 万 USD	电　话	64400148	传　真	64400276	
设立日期	2007-8-14	负 责 人	细川敏正			
主营业务	从事普通货物的仓储。					

企业名称	迪达物流（上海）有限公司					
企业地址	上海市浦东新区商城路 800 号 608 室（200120）					
投资总额	500 万 RMB	电　话	58352262	传　真	58352262	
设立日期	2007-8-12	负 责 人	SUNIL DEVRANI			
主营业务	承办海运、空运进出口货物的国际运输代理业务。					

企业名称	上海占士贝尔国际货运代理有限公司					
企业地址	上海市徐汇区凯旋路 2200 号第五幢凯旋大厦 2605 室（200030）					
投资总额	65 万 USD	电　话	54773199	传　真	54776621	
设立日期	2007-8-9	负 责 人	洪文祥			
主营业务	承办海运、空运进出口货物的国际运输代理业务。					

企业名称	利斯国际货物运输代理（上海）有限公司					
企业地址	上海市闵行区吴中路 1059 号 10 幢 905-910 室（201103）					
投资总额	70 万 USD	电　话	51695775	传　真	52980486	
设立日期	2007-8-5	负 责 人	DOV JOSEPH CHREKY			
主营业务	承办海运、空运进出口货物的国际运输代理业务。					

企业名称	翼源国际货运代理（上海）有限公司				
企业地址	上海市长宁区仙霞路 137 号盛高国际大厦 16D 室（200051）				
投资总额	500 万 RMB	电　话	62285511	传　真	52066693
设立日期	2007-7-25	负 责 人	RAINER HELM		
主营业务	承办海运、空运进出口货物的国际运输代理业务。				

企业名称	新纪元（上海）国际货运代理有限公司				
企业地址	上海市虹口区四川北路 1688 号 1308 室（200080）				
投资总额	500 万 RMB	电　话	63251817	传　真	63251807
设立日期	2007-7-23	负 责 人	谢　和		
主营业务	承办海运、空运进出口货物的国际运输代理业务。				

企业名称	上海嘉民金迈仓储有限公司				
企业地址	上海市普陀区金迈路 158 号 7 幢 3 楼（200331）				
投资总额	1120 万 USD	电　话	63862386	传　真	63862386
设立日期	2007-7-18	负 责 人	PHILIP JOHN PEARCE		
主营业务	运输业务相关的仓储设备建设、经营。				

企业名称	广迅寰域（上海）国际物流有限公司				
企业地址	上海市虹口区广灵四路 110-120 号 1 幢 211 室（200083）				
投资总额	1200 万 RMB	电　话	63830011	传　真	63931008
设立日期	2007-7-13	负 责 人	翟　钢		
主营业务	承办海运、空运进出口货物的国际运输代理业务。				

企业名称	领域国际货运代理（上海）有限公司				
企业地址	上海市虹口区广纪路 173 号香杉园十层 1004 室（200437）				
投资总额	500 万 RMB	电　话	63615690	传　真	63615358
设立日期	2007-7-11	负 责 人	姚创荣		
主营业务	承办海运、空运进出口货物的国际运输代理业务。				

企业名称	金门物流（上海）有限公司				
企业地址	上海市外高桥保税区美桂南路 338 号第三层 03-04 部位（200131）				
投资总额	20 万 USD	电　话	63756319	传　真	63756393
设立日期	2007-7-10	负 责 人	JOHN HUGO WILLIFORD		
主营业务	保税区内仓储物流业务。				

企业名称	阪急储运（上海）有限公司				
企业地址	上海市黄浦区中山南路 1117 号底层西部（200011）				
投资总额	100 万 USD	电　话	62350999	传　真	62351100
设立日期	2007-7-10	负 责 人	多田尊则		
主营业务	从事仓储、装卸、加工、包装、配送，道路普通货物运输。				

企业名称	上海外高桥新熙地仓储有限公司				
企业地址	上海市外高桥保税物流园区申亚路 120 号第一层 KE1-3A 仓库(200137)				
投资总额	4950 万 USD	电　话	55151011	传　真	55151011
设立日期	2007-7-9	负 责 人	FRANK S. ORRELL		
主营业务	物流仓储、仓库、堆场的租赁及相关配套服务。				

企业名称	上海功晟国际货物运输代理有限公司				
企业地址	上海市虹口区四川北路 1666 号 2601 室（200083）				
投资总额	500 万 RMB	电　话	61436935	传　真	61436968
设立日期	2007-7-6	负 责 人	曾心妤		
主营业务	承办海运、空运进出口货物的国际运输代理业务。				

企业名称	上海通境国际货物运输代理有限公司				
企业地址	上海市虹口区四川北路 525 号 2712A 室（200085）				
投资总额	65 万 USD	电　话	52286986	传　真	52286980
设立日期	2007-7-4	负 责 人	温兆辉		
主营业务	承办海运、空运进出口货物的国际运输代理业务。				

企业名称	上海领易国际货物运输代理有限公司				
企业地址	上海市虹口区武进路 289 号 1216 室（200080）				
投资总额	65 万 USD	电　话	51688896	传　真	51026028
设立日期	2007-6-29	负 责 人	王　燕		
主营业务	承办海运、空运进出口货物的国际运输代理业务。				

企业名称	韩松国际货运（上海）有限公司				
企业地址	上海市长宁区天山西路 789 号 1 幢 111 室（200035）				
投资总额	100 万 USD	电　话	62094858	传　真	62094860
设立日期	2007-6-25	负 责 人	赵圣衎		
主营业务	承办海运、空运进出口货物的国际运输代理业务。				

企业名称	德威国际货运代理（上海）有限公司				
企业地址	上海市浦东新区光明路 718 号 808 室（200137）				
投资总额	150 万 USD	电　话	61031877	传　真	61031878
设立日期	2007-6-25	负 责 人	杨　时		
主营业务	承办海运、空运进出口货物的国际运输代理业务。				

企业名称	国盟国际货运代理（上海）有限公司				
企业地址	上海市大连西路 281 号 102 室（200083）				
投资总额	500 万 RMB	电　话	33010633	传　真	63643488
设立日期	2007-6-20	负 责 人	FINA CHANG		
主营业务	承办海运、空运进出口货物的国际运输代理业务。				

企业名称	上海丹沙货运代理有限公司				
企业地址	上海市黄浦区黄陂北路 227 号中区广场 1202 室（200003）				
投资总额	500 万 RMB	电　话	23068000	传　真	63598144
设立日期	2007-6-19	负 责 人	黄国哲		
主营业务	承办海运、空运进出口货物的国际运输代理业务。				

企业名称	柯文（上海）仓储有限公司				
企业地址	上海市奉贤区现代农业园区高丰路 999 号（201400）				
投资总额	1000 万 USD	电　话	67106612	传　真	67106612
设立日期	2007-6-14	负 责 人	余养朝		
主营业务	运输业务相关的仓储设施建设和经营。				

企业名称	极联（上海）国际货运代理有限公司				
企业地址	上海市浦东新区民生路 1518 号 B 栋 1903 室（200122）				
投资总额	80 万 USD	电　话	61635511	传　真	61635512
设立日期	2007-6-13	负 责 人	YOUSEF KAMHAWI		
主营业务	承办海运、空运进出口货物的国际运输代理业务。				

企业名称	力运国际货运代理（上海）有限公司				
企业地址	上海市静安区西康路 300 号 1503-1504 室（200040）				
投资总额	70 万 USD	电　话	62889830	传　真	62889832
设立日期	2007-6-8	负 责 人	CHING TE LEE		
主营业务	承办海运、空运进出口货物的国际运输代理业务。				

企业名称	蓝旗国际货运代理（上海）有限公司				
企业地址	上海市黄浦区九江路 399 号华盛大厦 1305 室（200001）				
投资总额	500 万 RMB	电　话	63521037	传　真	63520428
设立日期	2007-6-8	负 责 人	MARTIN KOLLMANN		
主营业务	承办海运、空运进出口货物的国际运输代理业务。				

企业名称	欧亿兴国际货运代理（上海）有限公司				
企业地址	上海市中山西路 2025 号永升大厦 617 室（200235）				
投资总额	500 万 RMB	电　话	64659011	传　真	64399070
设立日期	2007-6-8	负 责 人	LEE YOUNG JIN		
主营业务	承办海运、空运进出口货物的国际运输代理业务。				

企业名称	诺四达（上海）物流管理咨询有限公司				
企业地址	上海市虹口区凉城路 465 弄 60 号 1645 室（200434）				
投资总额	14 万 USD	电　话	63513516	传　真	55151110
设立日期	2007-6-1	负 责 人	唐宇杰		
主营业务	提供国际运输及物流相关数据录入服务，电子文档处理。				

企业名称	上海久申国际货运代理有限公司				
企业地址	上海市虹口区东大名路 908 号金岸大厦 13A 室（200082）				
投资总额	500 万 RMB	电　话	51035666	传　真	51062666
设立日期	2007-5-31	负 责 人	王　戒		
主营业务	承办海运、空运进出口货物的国际运输代理业务。				

企业名称	建峰（上海）国际货运代理有限公司				
企业地址	上海市黄浦区延安东路 175 号旺角广场 1211 室（200002）				
投资总额	580 万 RMB	电　话	63362020	传　真	53930630
设立日期	2007-5-28	负 责 人	谢燕妮		
主营业务	承办海运、空运进出口货物的国际运输代理业务。				

企业名称	瀚钰通国际货运代理（上海）有限公司				
企业地址	上海市浦东新区高科西路 551 号上电实业大厦二楼北部 228 室(200126)				
投资总额	120 万 USD	电　话	63232349	传　真	63232310
设立日期	2007-5-24	负 责 人	冯　春		
主营业务	承办海运、空运进出口货物的国际运输代理业务。				

企业名称	上海优尼康国际货运代理有限公司				
企业地址	上海市浦东大道1号中国船舶大厦1701室（200120）				
投资总额	500万RMB	电　话	68860451	传　真	63508301
设立日期	2007-5-22	负责人	朴享炷（PARK HYUNGJOO）		
主营业务	承办海运、空运进出口货物的国际运输代理业务。				

企业名称	上海美道国际货物运输代理有限公司				
企业地址	上海市虹口区杨树浦路18号港运大厦2012及2028室（200082）				
投资总额	66万USD	电　话	65355863	传　真	65125732
设立日期	2007-5-18	负责人	LEE AGNES ROSE		
主营业务	承办海运、空运进出口货物的国际运输代理业务。				

企业名称	桂邦运输（上海）有限公司				
企业地址	上海市虹口区东大名路879号301室（200080）				
投资总额	500万RMB	电　话	65951872	传　真	65951872
设立日期	2007-5-11	负责人	陈响明		
主营业务	承办海运、空运进出口货物的国际运输代理业务。				

企业名称	久荣协同仓储（上海）有限公司				
企业地址	上海市浦东新区妙境北路116弄117号第7幢（201200）				
投资总额	3000万日元	电　话	51870811	传　真	51870811
设立日期	2007-5-10	负责人	桥本泰治（HASHIMOTO TAIJI）		
主营业务	仓储，仓储物品的分拨、简单分拣及包装，集装箱装卸服务。				

企业名称	孚瑞斯通国际货运代理（上海）有限公司				
企业地址	上海市黄浦区广东路500号世界贸易大厦707室（200001）				
投资总额	600万RMB	电　话	63620077	传　真	63620066
设立日期	2007-5-8	负责人	DAVID LIONEL PHILLIPS		
主营业务	承办海运、空运进出口货物的国际运输代理业务。				

企业名称	爱斯依国际货运代理（上海）有限公司				
企业地址	上海市卢湾区徐家汇路430号808、810室（200025）				
投资总额	500万RMB	电　话	63341000	传　真	63341710
设立日期	2007-5-8	负责人	刘振鹏		
主营业务	承办海运、空运进出口货物的国际运输代理业务。				

企业名称	爱多乐仓储（上海）有限公司				
企业地址	上海市南汇区同顺大道333号1号仓库01室(洋山保税港区)(201308)				
投资总额	90万欧元	电　话	68280014	传　真	68280010
设立日期	2007-4-30	负责人	HENRI MIKAEL MANNER		
主营业务	保税港区内工业产品（危险品除外）的仓储、分拨、配送。				

企业名称	合和国际货运代理（上海）有限公司				
企业地址	上海市虹口区物华路58号310室（200086）				
投资总额	65万USD	电　话	68767800	传　真	68768813
设立日期	2007-4-26	负责人	杨祯祥		
主营业务	承办海运、空运进出口货物的国际运输代理业务。				

企业名称	上海捷出国际货运代理有限公司				
企业地址	上海市虹口区东江湾路188号9号楼203室（200081）				
投资总额	500万RMB	电　话	33872077	传　真	33872075
设立日期	2007-4-26	负责人	今井阳介		
主营业务	承办海运、空运进出口货物的国际运输代理业务。				

企业名称	上海东方捷运国际物流有限公司				
企业地址	上海市虹口区天宝路545号502室（200086）				
投资总额	500万RMB	电　话	59886161	传　真	59886771
设立日期	2007-4-12	负责人	游淑节		
主营业务	承办海运、空运进出口货物的国际运输代理业务。				

企业名称	港勤（上海）国际货物运输代理有限公司				
企业地址	上海市闸北区恒丰路218号现代交通商务大厦2108室（200070）				
投资总额	500万RMB	电　话	51288175	传　真	51286922
设立日期	2007-4-9	负责人	杨国龙		
主营业务	承办海运、空运进出口货物的国际运输代理业务。				

企业名称	帆亚国际货运代理（上海）有限公司				
企业地址	上海市静安区昌平路68号509室（200040）				
投资总额	500万RMB	电　话	52287918	传　真	52287920
设立日期	2007-4-5	负责人	DI CHI TRAN		
主营业务	承办海运、空运进出口货物的国际运输代理业务。				

企业名称	亚迈国际货运代理（上海）有限公司				
企业地址	上海市虹口区武进路289号海泰时代大厦712室（200080）				
投资总额	78万USD	电　话	61485886	传　真	61485886
设立日期	2007-4-4	负责人	张政贤		
主营业务	承办海运、空运进出口货物的国际运输代理业务。				

企业名称	上海普徐仓储有限公司				
企业地址	上海市青浦区徐泾镇明珠路1058号（201702）				
投资总额	1500万USD	电　话	61053999	传　真	61053999
设立日期	2007-4-3	负责人	MING ZHI MEI		
主营业务	工业及物流仓储设施的经营管理以及提供相关的咨询服务。				

企业名称	上海集货行国际货运代理有限公司				
企业地址	上海市虹口区四川北路1688号810室（200080）				
投资总额	65万USD	电　话	65228767	传　真	65229876
设立日期	2007-4-2	负责人	张月昭		
主营业务	承办海运、空运进出口货物的国际运输代理业务。				

企业名称	上海柏通国际物流有限公司				
企业地址	上海市奉贤区四平路51号（201400）				
投资总额	5000万RMB	电　话	63582100	传　真	63588801
设立日期	2007-4-2	负责人	汪　家		
主营业务	承办海运、空运进出口货物的国际运输代理业务。				

企业名称	比华国际货运代理（上海）有限公司				
企业地址	上海市虹口区四平路273号4层424室（200081）				
投资总额	600万RMB	电　话	65751852	传　真	65757728
设立日期	2007-3-29	负责人	梁超源		
主营业务	承办海运、空运进出口货物的国际运输代理业务。				

企业名称	海蓝德国际货运代理（上海）有限公司				
企业地址	上海市虹口区东大名路815号高阳大楼4楼B-2座（200082）				
投资总额	500万RMB	电　话	51615767	传　真	51615767
设立日期	2007-3-29	负责人	陈铁缨		
主营业务	承办海运、空运进出口货物的国际运输代理业务。				

企业名称	晟中阳国际货运代理（上海）有限公司				
企业地址	上海市徐汇区肇嘉浜路1033号2FB座（200030）				
投资总额	66万USD	电　话	52383381	传　真	52383386
设立日期	2007-3-28	负责人	田仁一		
主营业务	承办海运、空运进出口货物的国际运输代理业务。				

企业名称	上海升翼国际货运代理服务有限公司				
企业地址	上海市虹口区车站南路39号2117室（200434）				
投资总额	500万RMB	电　话	51083336	传　真	64159389
设立日期	2007-3-28	负责人	陈　森		
主营业务	承办空运、海运进出口货物及国际展品的国际运输代理业务。				

企业名称	捷群国际货运代理（上海）有限公司				
企业地址	上海市静安区愚园路172号主楼1103室（200040）				
投资总额	600万RMB	电　话	62499268	传　真	62499263
设立日期	2007-3-23	负责人	童郁夫		
主营业务	承办海运、空运进出口货物的国际运输代理业务。				

企业名称	邦联国际物流有限公司				
企业地址	上海市浦东新区浦东南路2054弄6号楼201室（200127）				
投资总额	930万USD	电　话	51181628	传　真	51181600
设立日期	2007-3-22	负责人	邢台明		
主营业务	承办海运、空运进出口货物的国际运输代理业务。				

企业名称	首富国际货运代理（上海）有限公司				
企业地址	上海市虹口区物华路58号235室（200086）				
投资总额	500万RMB	电　话	65853298	传　真	65853290
设立日期	2007-3-22	负责人	ENRICO BANDECCHI		
主营业务	承办海运、空运进出口货物的国际运输代理业务。				

企业名称	顺丰速运集团（上海）有限公司				
企业地址	上海市闵行区颛兴东路1421弄148号（201108）				
投资总额	300万USD	电　话	69763031	传　真	69763031
设立日期	2007-3-16	负责人	陶志刚		
主营业务	承办海运、空运进出口货物的国际运输代理业务。				

企业名称	康利星华国际货运代理（上海）有限公司				
企业地址	上海市浦东新区归昌路 260 号 333 室（200135）				
投资总额	500 万 RMB	电　话	62702420	传　真	62702419
设立日期	2007-3-16	负责人	LAM KWOK KEUNG（林国强）		
主营业务	承办海运、空运进出口货物的国际运输代理业务。				

企业名称	雅时恒迅国际货运代理（上海）有限公司				
企业地址	上海市黄浦区浙江中路 400 号春申江大厦 1201 室（200021）				
投资总额	63.3 万 USD	电　话	51199678	传　真	51199678
设立日期	2007-3-15	负责人	郑凯伦		
主营业务	承办海运、空运进出口货物的国际运输代理业务。				

企业名称	新生国际货运代理（上海）有限公司				
企业地址	上海市虹口区四平路 775 弄 1 号 601 室（200092）				
投资总额	500 万 RMB	电　话	63743928	传　真	63743843
设立日期	2007-3-15	负责人	KISHIMOTO ASAMI		
主营业务	承办海运、空运进出口货物的国际运输代理业务。				

企业名称	炫海东南亚（上海）船务有限公司				
企业地址	上海市黄浦区延安东路 700 号 21 层 B-2105 室（200021）				
投资总额	100 万 USD	电　话	53850606	传　真	53851009
设立日期	2007-3-13	负责人	HWANG JEONGGYU		
主营业务	为韩国东南亚海运株式会社自有或经营的船舶揽货。				

企业名称	上海全德国际货运代理有限公司				
企业地址	上海市虹口区物华路 58 号 236 室（200086）				
投资总额	500 万 RMB	电　话	52069387	传　真	52069387
设立日期	2007-3-13	负责人	陈婉芬		
主营业务	承办海运、空运进出口货物的国际运输代理业务。				

企业名称	富升国际货运代理（上海）有限公司				
企业地址	上海市浙江中路 400 号春申江大厦 11 层 1111 室（200001）				
投资总额	300 万 RMB	电　话	51780130	传　真	51780131
设立日期	2007-3-7	负责人	AN THIAN FOO		
主营业务	承办海运、空运进出口货物的国际运输代理业务。				

企业名称	新东京国际货运代理（上海）有限公司				
企业地址	上海市虹口区黄浦路 99 号上海滩国际大厦 703 室（200080）				
投资总额	500 万 RMB	电　话	63065688	传　真	63069688
设立日期	2007-3-5	负责人	李德宁		
主营业务	承办海运、空运进出口货物的国际运输代理业务。				

企业名称	嘉里大通（上海）货运代理有限公司				
企业地址	上海市闵行区浦星路 789 号 103-105 室（201105）				
投资总额	2000 万港币	电　话	51178111	传　真	31330099
设立日期	2007-3-2	负责人	汪炜城		
主营业务	自营或代理货物的进口、出口业务。				

企业名称	上海日包国际货运代理有限公司				
企业地址	上海市虹口区四平路 257 号喜临门大厦 A 座 26H 室（200081）				
投资总额	500 万 RMB	电　话	65213716	传　真	55560625
设立日期	2007-2-27	负责人	锦织达郎		
主营业务	承办海运、空运进出口货物的国际运输代理业务。				

企业名称	哈其德（上海）国际货代有限公司				
企业地址	上海市黄浦区河南南路 16 号中汇大厦 410A 室（200002）				
投资总额	500 万 RMB	电　话	63742488	传　真	63741620
设立日期	2007-2-17	负责人	ANDREAS WENZEL		
主营业务	承办海运、空运进出口货物的国际运输代理业务。				

企业名称	凡米诺新仓储设备（上海）有限公司				
企业地址	上海市青浦区金泽镇沪青平公路 8123 号（201700）				
投资总额	100 万欧元	电　话	59291558	传　真	59291562
设立日期	2007-2-16	负责人	GIANNI MILANI		
主营业务	设计、生产、加工工业橱柜、架设棚架、工作台、手推车。				

企业名称	爱集斯国际运输服务（上海）有限公司				
企业地址	上海市静安区陕西北路 457 号 9 幢 228、229、230 室（200060）				
投资总额	100 万 USD	电　话	52136330	传　真	52137166
设立日期	2007-2-15	负责人	BRUNO MOUSSEY		
主营业务	承办海运、陆运、空运进出口货物的国际运输代理业务。				

企业名称	亚柏莱国际货运代理（上海）有限公司				
企业地址	上海市黄浦区北京东路 666 号 22A 室（200001）				
投资总额	67.5 万 USD	电　话	53085740	传　真	53085452
设立日期	2007-2-13	负责人	FRANCO PIATINO		
主营业务	承办海运、空运进出口货物、国际展品的国际运输代理业务。				

企业名称	安田中仓国际货运代理（上海）有限公司				
企业地址	上海市浦东新区陆家嘴东路 166 号 20 楼 2006、2007 室（200120）				
投资总额	77 万 USD	电　话	68419300	传　真	68419567
设立日期	2007-1-30	负责人	藤本隆生		
主营业务	承办海运、空运进出口货物、国际展品的国际运输代理业务。				

企业名称	嘉门（上海）仓储有限公司				
企业地址	上海市奉贤现代农业园区高丰路 999 号 8 幢（201400）				
投资总额	840 万 USD	电　话	61332017	传　真	63862386
设立日期	2007-1-19	负责人	PHILIP JOHN PEARCE		
主营业务	运输业务相关的仓储设施建设和经营。				

企业名称	飞历国际货运代理（上海）有限公司				
企业地址	上海市虹口区高阳路 246 号 308 室（200080）				
投资总额	500 万 RMB	电　话	63528732	传　真	63512103
设立日期	2007-1-16	负责人	吴树声		
主营业务	承办海运、空运进出口货物的国际运输代理业务。				

企业名称	海翔国际货物运输代理（上海）有限公司				
企业地址	上海市浦东新区峨山路 613 号 1 号楼（200127）				
投资总额	500 万 RMB	电　话	61631666	传　真	61639006
设立日期	2007-1-4	负责人	冯　晓		
主营业务	承办海运、空运进出口货物的国际运输代理业务。				

企业名称	麦兰威典（上海）国际货运代理有限公司				
企业地址	上海市黄浦区九江路 333 号金融广场 27 楼（200002）				
投资总额	100 万 USD	电　话	63501666	传　真	63601594
设立日期	2006-12-22	负责人	TORBEN BENGTSSON		
主营业务	承办海空运进出口货物、国际展品、私人物品及过境货物国际运输代理。				

企业名称	上海中达国际货物运输代理有限公司				
企业地址	上海市虹口区物华路 58 号 220 室（200051）				
投资总额	500 万 RMB	电　话	62292328	传　真	62292338
设立日期	2006-12-21	负责人	马　骥		
主营业务	海陆空运进出口货物、国际展品、私人物品及过境货物国际运输代理。				

企业名称	林孚克斯（上海）道路运输有限公司				
企业地址	上海市徐汇区零陵路 899 号飞洲国际广场 26 楼 F 单元（200030）				
投资总额	500 万 USD	电　话	51506699	传　真	51506698
设立日期	2006-12-19	负责人	JOHN KERSHAW		
主营业务	国内货运代理，仓储服务，道路货物搬运装卸，道路运输技术咨询。				

企业名称	大鹰仓储管理咨询（上海）有限公司				
企业地址	上海市浦东新区川沙路 6999 号 19 幢 205 室（201203）				
投资总额	8 万 USD	电　话	51552000	传　真	51552099
设立日期	2006-12-12	负责人	JAMES DANIEL SCUDERI		
主营业务	企业仓储管理咨询，仓储设施规划咨询，产品陈列和品牌形象设计管理。				

企业名称	沃纳国际物流（上海）有限公司				
企业地址	上海市浦东新区丰和路 1 号 23 楼 2301，03，05，11，13 室（200120）				
投资总额	70 万 USD	电　话	38879520	传　真	58766163
设立日期	2006-12-12	负责人	DEREK JAMES LEAT HERS		
主营业务	海空运进出口货物、国际展品、私人物品及过境货物国际运输代理业务。				

企业名称	上海台港立盟国际物流有限公司				
企业地址	上海市虹口区广纪路 173 号 905 室（200083）				
投资总额	100 万 USD	电　话	61457222	传　真	61457228
设立日期	2006-12-8	负责人	郑家骥		
主营业务	海陆空运进出口货物、国际展品、私人物品及过境货物国际运输代理。				

企业名称	泛西国际货运代理（上海）有限公司				
企业地址	上海市张杨路 560 号中融恒瑞国际大厦西楼 1505 室（200122）				
投资总额	500 万 RMB	电　话	61609185	传　真	61609180
设立日期	2006-12-8	负责人	KRISTINA DOBRYNINA		
主营业务	海陆运进出口货物、国际展品、私人物品及过境货物国际运输代理业务。				

企业名称	裴恩可力国际货运代理（上海）有限公司				
企业地址	上海市虹口区四川北路 1688 号北楼 1008 室（200080）				
投资总额	63 万 USD	电　　话	63091788	传　　真	63092278
设立日期	2006-12-1	负 责 人	萧翠玲		
主营业务	海陆空运进出口货物、国际展品、私人物品及过境货物的国际运输代理。				

企业名称	安利国际货运（上海）有限公司				
企业地址	上海市虹口区四川北路 525 号 2702 室（200081）				
投资总额	700 万 RMB	电　　话	63375125	传　　真	63375619
设立日期	2006-11-30	负 责 人	林万辉		
主营业务	海陆空运进出口货物、国际展品、私人物品及过境货物的国际运输代理。				

企业名称	上海东油船舶服务有限公司				
企业地址	上海市长宁区虹桥路 2268 号 2 层 C、D 座（200051）				
投资总额	50 万 USD	电　　话	62376803	传　　真	62376898
设立日期	2006-11-27	负 责 人	JOSEPH COMPOFELICE		
主营业务	中国境外的、与海洋石油船舶运营相关的财务事务处理、信息事务处理。				

企业名称	上海西中国际货运代理有限公司				
企业地址	上海市虹口区东体育会路 100 弄 1 号 1710B 室（200000）				
投资总额	65 万 USD	电　　话	63068353	传　　真	63066028
设立日期	2006-11-24	负 责 人	李正镐		
主营业务	海空进出口货物、国际展品、私人物品及过境货物的国际运输代理业务。				

企业名称	上海大丰国际货运代理有限公司				
企业地址	上海市虹口区广纪路 173 号香杉园十层 1005 室（200437）				
投资总额	700 万 RMB	电　　话	53930007	传　　真	53930333
设立日期	2006-11-24	负 责 人	吕有理		
主营业务	海陆空运进出口货物、国际展品、私人物品及过境货物的国际运输代理。				

企业名称	中联物流（中国）有限公司				
企业地址	上海市浦东新区张杨路 228 号星星幢 2409 室（200120）				
投资总额	5000 万 RMB	电　　话	58776829	传　　真	58776829
设立日期	2006-11-20	负 责 人	严有其		
主营业务	道路普通货物运输、仓储、配送、装卸、搬运、包装、分拣、流通加工。				

企业名称	裕升国际货运代理（上海）有限公司				
企业地址	上海市虹口区吴淞路 205 号 519 室（200080）				
投资总额	500 万 RMB	电　　话	63935879	传　　真	63935878
设立日期	2006-11-19	负 责 人	李文煌		
主营业务	海陆空运进出口货物、国际展品、私人物品及过境货物的国际运输代理。				

企业名称	日一新国际货运代理（上海）有限公司				
企业地址	上海市浦东新区东方路 710 号汤臣金融大厦 1109 室（200122）				
投资总额	133 万 USD	电　　话	61485878	传　　真	61485886
设立日期	2006-11-14	负 责 人	越水进		
主营业务	海空运进出口货物、国际展品、私人物品及过境货物国际运输代理业务。				

企业名称	上海三艾尔振华物流有限公司				
企业地址	上海市浦东新区张杨北路 528 号 14 幢 3028 室（200120）				
投资总额	1000 万 USD	电　　话	53851199	传　　真	53850255
设立日期	2006-11-8	负 责 人	刘明田		
主营业务	承办海运进出口货物的国际货运代理业务。				

企业名称	上海中海洋山国际集装箱储运有限公司				
企业地址	上海临港新城新元南路 555 号 1007 室（201300）				
投资总额	6400 万 RMB	电　　话	65955179	传　　真	65954973
设立日期	2006-11-8	负 责 人	黄小文		
主营业务	集装箱堆存、中转、分拨、拼装拆箱、冷藏集装箱预冷；集装箱改装。				

企业名称	住友仓储（中国）有限公司				
企业地址	上海市浦东新区金桥出口加工区南区 118 地块（201206）				
投资总额	2000 万 USD	电　　话	68919745	传　　真	68919747
设立日期	2006-11-3	负 责 人	杉原公基		
主营业务	进出口货物和国内货物的仓储以及与之相关的分拨、配送、检品。				

企业名称	顺科国际货运代理（上海）有限公司				
企业地址	上海市虹口区东体育会路 100 弄 1 号 1705A 室（200083）				
投资总额	62 万 USD	电　　话	63620689	传　　真	63620082
设立日期	2006-11-3	负 责 人	SUNE SIMONSEN		
主营业务	海运进出口货物、国际展品、私人物品及过境货物国际运输代理业务。				

企业名称	迦递货运代理（上海）有限公司				
企业地址	上海市浦东新区民生路 1518 号 B 栋 703B 室（200135）				
投资总额	120 万 USD	电　　话	61042706	传　　真	61042709
设立日期	2006-11-2	负 责 人	JEFFREYS BRADLEY FREDERICK		
主营业务	承办海运、陆运、空运进出口货物的国际运输代理业务。				

企业名称	和和国际物流（上海）有限公司				
企业地址	上海市奉贤区四团镇彭平公路 670 号 8 幢（201400）				
投资总额	800 万 USD	电　　话	50581037	传　　真	50581037
设立日期	2006-10-26	负 责 人	胡朝霞		
主营业务	承办海陆空运进出口货物、国际展品、私人物品及过境货物运输代理。				

企业名称	矢吹（上海）物流咨询有限公司				
企业地址	上海市杨浦区淞沪路 98 号 1404 室（200433）				
投资总额	25 万 USD	电　　话	63522208	传　　真	63512108
设立日期	2006-10-23	负 责 人	YABUKI KINICHIRO（矢吹欣一郎）		
主营业务	物流咨询，货运咨询，国际贸易咨询（以上咨询除经纪外）。				

企业名称	劳瑞森柯桑国际货运（上海）有限公司				
企业地址	上海市黄浦区南京西路 338 号上海天安中心大厦 11 楼 02 室（200030）				
投资总额	500 万 RMB	电　　话	63580066	传　　真	63580077
设立日期	2006-10-19	负 责 人	郑凌霄（TAY LIN SIAU）		
主营业务	海陆空运进出口货物、国际展品、私人物品及过境货物的国际运输代理。				

企业名称	新迅（上海）国际货物运输代理有限公司				
企业地址	上海市虹口区黄浦路 99 号 1108 室（200080）				
投资总额	65 万 USD	电　　话	63092209	传　　真	65952575
设立日期	2006-10-18	负 责 人	LIM MENG SWEE		
主营业务	海空运进出口货物、国际展品、私人物品及过境货物的国际运输代理。				

企业名称	上海静冈捆包运输有限公司				
企业地址	上海市浦东新区杨高北路 528 号 14 幢 1 室（200137）				
投资总额	70 万 USD	电　　话	52276610	传　　真	52194481
设立日期	2006-10-16	负 责 人	伊熊章浩		
主营业务	国内货运代理，道路普通货物运输。（涉及行政许可的，凭许可证经营）				

企业名称	巴山国际货运代理（上海）有限公司				
企业地址	上海市静安区南京西路 1038 号梅龙镇广场 15 楼 1506 室（200040）				
投资总额	100 万 USD	电　　话	56437795	传　　真	56437795
设立日期	2006-10-10	负 责 人	CILER KESKINEL		
主营业务	海陆空运进出口货物、国际展品、私人物品及过境货物的国际运输代理。				

企业名称	上海丘寿储运有限公司				
企业地址	上海市长宁区延安西路 2633 号美丽华商务中心 A 幢 A309 室（200336）				
投资总额	3 亿日元	电　　话	52067150	传　　真	52067160
设立日期	2006-9-26	负 责 人	冈田宏郎		
主营业务	道路普通货物运输、道路货物专用运输，道路货物搬运装卸、仓储。				

企业名称	苏特恩斯国际货运代理（上海）有限公司				
企业地址	上海市长宁区延安西路 1566 号龙峰大厦 9 层 D 室（200052）				
投资总额	500 万 RMB	电　　话	52586701	传　　真	52586709
设立日期	2006-9-22	负 责 人	JOHN SUTTON		
主营业务	海陆空运进出口货物、国际展品、私人物品及过境货物国际运输代理。				

企业名称	德高国际物流（上海）有限公司				
企业地址	上海市奥纳路 79 号（D 区 008 地块）1 号楼 1 层 8 部位（200131）				
投资总额	500 万 RMB	电　　话	58206680	传　　真	63758132
设立日期	2006-9-22	负 责 人	THOMAS CARL PRESS		
主营业务	海运、陆运、空运进出口货物、私人物品及过境货物国际运输代理业务。				

企业名称	劲海物流（上海）有限公司				
企业地址	上海市虹口区吴淞路 469 号 802C 室（200001）				
投资总额	100 万 USD	电　　话	63094617	传　　真	63094603
设立日期	2006-9-21	负 责 人	梁燕霞		
主营业务	海陆空运进出口货物、国际展品、私人物品及过境货物国际运输代理。				

企业名称	叶水福临江物流（上海）有限公司				
企业地址	上海市洋山保税港区同顺大道 333 号 1 号楼 03 室（201308）				
投资总额	30 万 USD	电　　话	50480451	传　　真	68287777
设立日期	2006-9-19	负 责 人	YAP AI CHENG		
主营业务	保税区内以电子产品、化工产品、建筑材料为主仓储及商业性简单加工。				

企业名称	进宇（上海）国际货运代理有限公司				
企业地址	上海市黄浦区宁海东路 200 号申鑫大厦 812 室（200021）				
投资总额	500 万 RMB	电　话	51509156	传　真	51509127
设立日期	2006-9-14	负责人	SHIM JAE JUN		
主营业务	海空陆运进出口货物、国际展品、私人物品及过境货物的国际运输代理。				

企业名称	上海三艾尔逸枫仓储有限公司				
企业地址	上海市浦东新区杨高北路 528 号 14 幢 3020 室（200127）				
投资总额	3500 万 RMB	电　话	51552651	传　真	51552631
设立日期	2006-9-13	负责人	林　峰		
主营业务	仓储（涉及行政许可的，凭许可证经营）。				

企业名称	明江（上海）国际物流有限公司				
企业地址	上海市松江区小昆山镇昆西村 1 号房（201600）				
投资总额	3300 万 USD	电　话	61206166	传　真	53852084
设立日期	2006-9-13	负责人	邱瑞斌		
主营业务	海陆空运进出口货物、国际展品、私人物品及过境货物的国际运输代理。				

企业名称	上海海丰世达船务有限公司				
企业地址	上海市虹口区物华路 58 号 203 室（200086）				
投资总额	100 万 RMB	电　话	51166904	传　真	63602930
设立日期	2006-9-1	负责人	金泰弘		
主营业务	无船承运业务（涉及行政许可的凭许可证经营）。				

企业名称	上海中准国际货运代理有限公司				
企业地址	上海市虹口区物华路 58 号 214 室（200082）				
投资总额	63 万 USD	电　话	62369386	传　真	62369320
设立日期	2006-8-31	负责人	叶建光		
主营业务	海空运进出口货物、国际展品、私人物品及过境货物国际运输代理业务。				

企业名称	丞全国际货物运输代理（上海）有限公司				
企业地址	上海市虹口区东大名路 888 弄 1 号 701 室（200080）				
投资总额	100 万 USD	电　话	55100202	传　真	65474627
设立日期	2006-8-25	负责人	吴嘉龄		
主营业务	海空运进出口货物、国际展品、私人物品及过境货物国际运输代理业务。				

企业名称	上海会通美加国际货运代理有限公司				
企业地址	上海市虹口区海宁路 269 号 805 室（200080）				
投资总额	500 万 RMB	电　话	63577899	传　真	63577773
设立日期	2006-8-23	负责人	陈　明		
主营业务	承办海运、空运进出口货物的国际运输代理业务。				

企业名称	东方金发国际物流有限公司				
企业地址	上海市南汇区芦潮港镇芦潮港路 1728 号 215 室（201308）				
投资总额	6000 万 RMB	电　话	33771233	传　真	33772322
设立日期	2006-8-21	负责人	李亚青		
主营业务	海陆空运进出口货物、国际展品、私人物品及过境货物的国际运输代理。				

企业名称	上海立扬国际货运代理有限公司				
企业地址	上海市浦东新区光明路 718 号 813 室（200135）				
投资总额	65 万 USD	电　话	51035066	传　真	64019767
设立日期	2006-8-21	负责人	刘华诚		
主营业务	海陆空运进出口货物、国际展品、私人物品及过境货物的国际运输代理。				

企业名称	捷通国际运输代理（上海）有限公司				
企业地址	上海市虹口区物华路 58 号 302 室（200086）				
投资总额	63 万 USD	电　话	62372818	传　真	62372286
设立日期	2006-8-17	负责人	邹志暐		
主营业务	海陆空运进出口货物、国际展品、私人物品及过境货物国际运输代理。				

企业名称	百运达国际货运代理（上海）有限公司				
企业地址	上海市虹口区黄浦路 99 号 2106 室（200080）				
投资总额	550 万 RMB	电　话	63649336	传　真	63649337
设立日期	2006-8-16	负责人	CHAN WAH POH		
主营业务	海陆空运进出口货物、国际展品、私人物品及过境货物国际运输代理。				

企业名称	上海天健通国际货运有限公司				
企业地址	上海市静安区北京西路 1277 号国旅大厦 1108 室（200040）				
投资总额	600 万 RMB	电　话	62894506	传　真	62894506
设立日期	2006-8-14	负责人	费诚虎		
主营业务	海空运进出口货物、国际展品、私人物品及过境货物国际运输代理业务。				

企业名称	上海大阪尖能商业有限公司				
企业地址	上海市徐汇区肇嘉浜路 798 号 1904 室（200031）				
投资总额	10 万 USD	电　话	64738046	传　真	64737239
设立日期	2006-8-14	负责人	寺岛光夫		
主营业务	五金制品、塑料树脂制品、打印耗材、文具、纺织产品的批发、进出口。				

企业名称	上海海天龙国际物流有限公司				
企业地址	上海洋山保税港区内 A3001 号地块（201307）				
投资总额	500 万 USD	电　话	52588563	传　真	52588562
设立日期	2006-8-11	负责人	王镇波		
主营业务	承办海运、陆运、空运进出口货物国际运输代理业务。				

企业名称	东国国际货运代理（上海）有限公司				
企业地址	上海市卢湾区淮海中路 887 号二百永新大厦 7001 室（200020）				
投资总额	80 万 USD	电　话	64747537	传　真	64672926
设立日期	2006-8-8	负责人	儿野止人		
主营业务	海空陆运进出口货物、国际展品、私人物品及过境货物的国际运输代理。				

企业名称	泰立国际货运代理（上海）有限公司				
企业地址	上海市徐汇区肇嘉浜路 201 弄 2 号 321 室（200032）				
投资总额	62.5 万 USD	电　话	51083336	传　真	64159389
设立日期	2006-8-4	负责人	JACKSON CHIH-CHUN KAO		
主营业务	海空运进出口货物、国际展品、私人物品及过境货物国际运输代理。				

企业名称	锐得物流（上海）有限公司				
企业地址	上海市虹口区广纪路 173 号香杉园 1007 室（200083）				
投资总额	300 万 USD	电　话	62957525	传　真	62093425
设立日期	2006-8-4	负责人	GEORGE WOODWARD		
主营业务	海陆空运进出口货物、国际展品、私人物品及过境货物国际运输代理。				

企业名称	丰田陆捷物流（上海）有限公司				
企业地址	上海市浦东新区高翔环路 565 号 1 幢 105 室（200137）				
投资总额	170 万 USD	电　话	51053322	传　真	51053580
设立日期	2006-8-3	负责人	姜成颜		
主营业务	道路普通货物运输，国内货运代理，仓储，装卸搬运，配送，物流咨询。				

企业名称	上海爱海国际货运代理有限公司				
企业地址	上海市虹口区海宁路 307 号爱思大厦 6 楼 B2 室（200080）				
投资总额	500 万 RMB	电　话	63092091	传　真	63092055
设立日期	2006-8-3	负责人	森田昭良		
主营业务	海空陆运进出口货物、国际展品、私人物品及过境货物的国际运输代理。				

企业名称	美钻石油钻采系统（上海）有限公司				
企业地址	上海市曲阳路 800 号 407 室（200083）				
投资总额	73.5 万 USD	电　话	65538126	传　真	65538092
设立日期	2006-8-3	负责人	黄　河		
主营业务	设计、制造与组装石油勘探开发设备和自动化控制系统，提供技术咨询。				

企业名称	硕邦国际货运代理（上海）有限公司				
企业地址	上海市卢湾区瑞金南路 1 号海兴广场 23 楼 B 座（200020）				
投资总额	550 万 RMB	电　话	64185090	传　真	64185093
设立日期	2006-7-28	负责人	谢文颖		
主营业务	海空运进出口货物、国际展品、私人物品及过境货物国际运输代理业务。				

企业名称	震天国际货运（上海）有限公司				
企业地址	上海市徐汇区龙华后马路 147 号 12 幢 121 室（200232）				
投资总额	500 万 RMB	电　话	34240166	传　真	54595325
设立日期	2006-7-28	负责人	陆景妍		
主营业务	承办海运、陆运、空运进出口货物的国际运输代理业务。				

企业名称	力勤国际货物运输代理（上海）有限公司				
企业地址	上海市虹口区逸仙路 300 号 808 室（200434）				
投资总额	65 万 USD	电　话	51529137	传　真	51529147
设立日期	2006-7-20	负责人	PETER SUNDERLAND		
主营业务	海陆空运进出口货物、国际展品、私人物品及过境货物的国际运输代理。				

企业名称	世浩国际货物运输代理（上海）有限公司				
企业地址	上海市虹口区物华路 58 号 3 楼 303 室（200086）				
投资总额	65 万 USD	电　话	63374760	传　真	63374768
设立日期	2006-7-19	负责人	陈雪容		
主营业务	海陆空运进出口货物、国际展品、私人物品及过境货物的国际运输代理。				

企业名称	脉中（上海）国际货运代理有限公司				
企业地址	上海市徐汇区襄阳南路500号2716室（200030）				
投资总额	500万RMB	电　话	32093947	传　真	32304387
设立日期	2006-7-19	负责人	CHUNG SOO KYUNG		
主营业务	承办海运、陆运、空运进出口货物的国际运输代理业务。				

企业名称	金利仕船务（上海）有限公司				
企业地址	上海市卢湾区淮海中路283号香港广场3007-3008室（200020）				
投资总额	100万USD	电　话	63906060	传　真	63906020
设立日期	2006-7-17	负责人	刘邦师		
主营业务	为香港金侨船务有限公司自有或经营的船舶揽货、签发该公司提单。				

企业名称	振和国际货运代理（上海）有限公司				
企业地址	上海市黄浦区延安东路58号高登金融大厦1205室（200002）				
投资总额	80万USD	电　话	63217005	传　真	63211261
设立日期	2006-6-22	负责人	励钢		
主营业务	海空运、进出口货物、国际展品、私人物品及过境货物的国际运输代理。				

企业名称	美太网（上海）国际货运代理有限公司				
企业地址	上海市长宁区延安西路777号2703室（200050）				
投资总额	500万RMB	电　话	62266699	传　真	62262323
设立日期	2006-6-17	负责人	TSANG MICHAEL KWEI-WAH		
主营业务	承办海运、空运进出口货物的国际运输代理业务。				

企业名称	飞宇国际货代（上海）有限公司				
企业地址	上海市静安区南京西路1856号3幢617室（200040）				
投资总额	65万USD	电　话	51531352	传　真	51531351
设立日期	2006-6-12	负责人	高桥幸夫		
主营业务	海陆空运进出口货物、国际展品、私人物品及过境货物的国际运输代理。				

企业名称	欧展国际货运（上海）有限公司				
企业地址	上海市长宁区古北路678号1701A室（200336）				
投资总额	100万USD	电　话	62591188	传　真	52069199
设立日期	2006-6-11	负责人	涂其恒		
主营业务	海陆空运进出口货物、国际展品、私人物品及过境货物的国际运输代理。				

企业名称	上海蒙兰仓储有限公司				
企业地址	上海市浦东新区花山路706号211室（201203）				
投资总额	3500万RMB	电　话	58649371	传　真	58649371
设立日期	2006-6-8	负责人	龚礼明		
主营业务	集装箱装卸、堆存、仓储、清洗、修箱（涉及行政许可的，凭许可证经营）。				

企业名称	威富联荣国际货运代理（上海）有限公司				
企业地址	上海市长宁区仙霞路319号2609室（200051）				
投资总额	700万RMB	电　话	62350222	传　真	62350425
设立日期	2006-6-7	负责人	陈家俊		
主营业务	承办海运、空运进出口货物的国际运输代理业务。				

企业名称	高濑国际货运代理（上海）有限公司				
企业地址	上海市虹口区四川北路1666号908室（200080）				
投资总额	65万USD	电　话	63094800	传　真	63094806
设立日期	2006-6-7	负责人	石渡孝夫		
主营业务	海陆空运进出口货物、国际展品、私人物品及过境货物的国际运输代理。				

企业名称	隆控物流（上海）有限公司				
企业地址	上海市外高桥保税区华申路55号2幢一层A区（200131）				
投资总额	85万USD	电　话	58665966	传　真	50640051
设立日期	2006-6-6	负责人	周立芸		
主营业务	海陆空运进出口货物、国际展品、私人物品及过境货物国际运输代理。				

企业名称	希恩国际货运代理（上海）有限公司				
企业地址	上海市浦东新区张杨路500号华润时代广场23层B单元（200122）				
投资总额	500万RMB	电　话	58368850	传　真	58368851
设立日期	2006-6-6	负责人	ANITA ERNESAKS		
主营业务	海陆空运进出口货物、国际展品、私人物品及过境货物国际运输代理。				

企业名称	高虎货运代理（上海）有限公司				
企业地址	上海市福州路318号百腾大厦1109A（200002）				
投资总额	62.5万USD	电　话	63912777	传　真	63912208
设立日期	2006-6-2	负责人	CHRISTER SJODOFF		
主营业务	海空运进出口货物、国际展品、私人物品及过境货物的国际运输代理。				

企业名称	瞻航物流（上海）有限公司				
企业地址	上海市外高桥保税区希雅路11号14号楼3层ABC部位（200131）				
投资总额	20万USD	电　话	50460713	传　真	50463367
设立日期	2006-5-30	负责人	MAXWELL ALEXANDER JAMES		
主营业务	保税区仓储、物流业务、国际贸易、转口贸易、进出口经营权企业代理。				

企业名称	鸿霖国际货运代理（上海）有限公司				
企业地址	上海市长宁区绥宁路291号02室（200335）				
投资总额	100万RMB	电　话	62367149	传　真	62361891
设立日期	2006-5-30	负责人	邱垂元		
主营业务	海空运进出口货物、国际展品、私人物品及过境货物国际运输代理业务。				

企业名称	万邦船舶管理（上海）有限公司				
企业地址	上海市虹口区长阳路235号17楼1702-1704室（200082）				
投资总额	12万USD	电　话	65373311	传　真	65851573
设立日期	2006-5-30	负责人	钟敬仁		
主营业务	接受船舶所有人或者船舶承租人、船舶经营人的委托，代为办理业务。				

企业名称	上海神原国际货运代理有限公司				
企业地址	上海市黄浦区中山南路28号久事大厦23楼B座（200010）				
投资总额	500万RMB	电　话	63305577	传　真	63304764
设立日期	2006-5-27	负责人	小森博文		
主营业务	海陆空运进出口货物、国际展品、私人物品及过境货物国际运输代理。				

企业名称	上海启顺国际货运代理有限公司				
企业地址	上海市虹口区黄浦路99号2501室（200080）				
投资总额	100万USD	电　话	26020800	传　真	26020808
设立日期	2006-5-27	负责人	TED CHING YU WANG		
主营业务	海陆空运进出口货物、国际展品、私人物品及过境货物的国际运输代理。				

企业名称	亿为物流（上海）有限公司				
企业地址	上海市外高桥保税区泰谷路88号B1层C部位（200131）				
投资总额	20万USD	电　话	64572816	传　真	64573899
设立日期	2006-5-22	负责人	杨清华		
主营业务	保税区内仓储物流业务，以机械电子、电脑等为主的区内分拨业务。				

企业名称	上海世天威仓储有限公司				
企业地址	上海市外高桥保税区日樱北路499号一楼第一层6J部位（200131）				
投资总额	20万USD	电　话	63353344	传　真	63353771
设立日期	2006-5-15	负责人	PANG GEOK MENG		
主营业务	保税区内以金属产品为主仓储、分拨业务及其相关产品技术服务和咨询。				

企业名称	达伟（上海）仓储有限公司				
企业地址	上海市松江出口加工区茸江路68号C栋（201600）				
投资总额	1000万USD	电　话	37748168	传　真	37748270
设立日期	2006-4-22	负责人	黄健堂		
主营业务	普通货物的仓储（涉及行政许可的，凭许可证经营）。				

企业名称	爱马克（上海）国际货运代理有限公司				
企业地址	上海市浦东新区三林镇林山村红同路508号1幢106室（200180）				
投资总额	63万USD	电　话	50837432	传　真	50837433
设立日期	2006-4-19	负责人	PETER SUND		
主营业务	海陆空运进出口货物、国际展品、私人物品及过境货物国际运输代理。				

企业名称	上海星辉国际货运代理有限公司				
企业地址	上海市浦东新区意威路266号二层（200131）				
投资总额	500万RMB	电　话	62193115	传　真	62191505
设立日期	2006-4-19	负责人	邓湛新		
主营业务	海陆空运进出口货物、国际展品、私人物品及过境货物国际运输代理。				

企业名称	威雅物流设备（上海）有限公司				
企业地址	上海市外高桥保税区日樱北路499号1楼1层85部位（200131）				
投资总额	20万USD	电　话	58680601	传　真	58680010
设立日期	2006-4-18	负责人	LIM KEE SING		
主营业务	以物流设备为主保税区内仓储分拨业务及相关产品售后服务和技术支持。				

企业名称	世天威化工物流（上海）有限公司				
企业地址	上海市外高桥保税区物流园区申亚路1号B幢3层313室（200131）				
投资总额	100万USD	电　话	63353344	传　真	63353771
设立日期	2006-4-18	负责人	JOHANNES JACOBUS MARIA VAN DIJ		
主营业务	区内的仓储物流业务及流通性简单加工；国际贸易、转口贸易。				

企业名称	世递国际货物运输代理（上海）有限公司				
企业地址	上海市浦东新区浦东南路 855 号世界广场 33 层 D 室（200120）				
投资总额	40 万 USD	电话	50540599	传真	58873260
设立日期	2006-4-13	负责人	颜传宗		
主营业务	承办空运进出口货物、国际展品、私人物品及过境货物国际运输代理。				

企业名称	华美权通（上海）国际货运代理有限公司				
企业地址	上海市虹口区四平路 710 号 711-N 室（200086）				
投资总额	62.5 万 USD	电话	51523733	传真	51523735
设立日期	2006-4-12	负责人	林文豹		
主营业务	海空运进出口货物、国际展品、私人物品及过境货物国际运输代理业务。				

企业名称	景龙国际货物运输代理（上海）有限公司				
企业地址	上海市虹口区四平路 710 号 712-C 室（200086）				
投资总额	75 万 USD	电话	63561258	传真	63932332
设立日期	2006-4-10	负责人	陈锦章		
主营业务	海空运进出口货物、国际展品、私人物品及过境货物国际运输代理业务。				

企业名称	星网国际货运（上海）有限公司				
企业地址	上海市浦东新区浦东大道 2056 号仁和大厦 703 室（200135）				
投资总额	750 万 RMB	电话	66253558	传真	66253558
设立日期	2006-4-10	负责人	CYRIL DON RODRIGO JR		
主营业务	海空运进出口货物、国际展品、私人物品及过境货物国际运输代理业务。				

企业名称	玮星国际货物运输代理（上海）有限公司				
企业地址	上海市虹口区武进路 255 号 701-1 室（200086）				
投资总额	65 万 USD	电话	51097255	传真	53821383
设立日期	2006-4-7	负责人	许伟丰		
主营业务	海空运进出口货物、国际展品、私人物品及过境货物国际运输代理业务。				

企业名称	上海瑞实达仓储有限公司				
企业地址	上海市海港综合经济开发区 E-10-3 地块（201407）				
投资总额	250 万 USD	电话	50318856	传真	50320574
设立日期	2006-4-7	负责人	BENGT OLOF FORSSELL		
主营业务	仓储，货物包装，堆存理货、打包托运，装卸服务，并提供技术咨询。				

企业名称	上海海博斯班赛国际物流有限公司				
企业地址	上海市洋山保税港区同顺大道 333 号（201301）				
投资总额	4100 万 RMB	电话	61131731	传真	61131733
设立日期	2006-4-5	负责人	徐领放		
主营业务	保税区内仓储、物流业务；国际贸易、转口贸易、保税区企业间贸易。				

企业名称	上海国际货运航空有限公司				
企业地址	上海市浦东机场内机场大道 100 号（201202）				
投资总额	1.24 亿 RMB	电话	62691018	传真	62697323
设立日期	2006-4-3	负责人	卞祖华		
主营业务	国际、国内航空货邮运输业务及相关服务业务。				

企业名称	中兴瑞通国际货物运输代理（上海）有限公司				
企业地址	上海市长宁区曹家堰路 173 号 2 幢 103 室（200050）				
投资总额	65 万 USD	电话	51151070	传真	51151076
设立日期	2006-3-24	负责人	陈淑真		
主营业务	承办海运、空运进出口货物的国际运输代理业务。				

企业名称	韩通物流（上海）有限公司				
企业地址	上海市浦东新区浦东大道 138 号 18B 室（200120）				
投资总额	100 万 USD	电话	68595000	传真	68595110
设立日期	2006-3-23	负责人	金世钟		
主营业务	海陆空运进出口货物、国际展品、私人物品及过境货物的国际运输代理。				

企业名称	上海新海丰国际船舶代理有限公司				
企业地址	上海市浦东新区莱阳路 2700 号 210 室（200137）				
投资总额	200 万 RMB	电话	51166964	传真	51164379
设立日期	2006-3-17	负责人	杨绍鹏		
主营业务	在上海接受船舶所有人或船舶承租人、船舶经营人委托，经营有关业务。				

企业名称	上海元太国际船舶代理有限公司				
企业地址	上海市桂平路 92 号 201 室（200233）				
投资总额	20 万 USD	电话	62674563	传真	62674512
设立日期	2006-3-13	负责人	朱海龙		
主营业务	在上海口岸接受船舶所有人或者承租人、船舶经营人委托，经营有关业务。				

企业名称	德莎国际货运代理（上海）有限公司				
企业地址	上海市静安区南京西路 1038 号 2303B 室（200041）				
投资总额	500 万 RMB	电话	32174790	传真	62679380
设立日期	2006-3-6	负责人	PODESTA EDOARDO		
主营业务	海空运进出口货物、国际展品、私人物品及过境货物国际运输代理业务。				

企业名称	上海思多而特集装罐服务有限公司				
企业地址	上海市南汇区老港镇工业区良乐路北侧（201302）				
投资总额	400 万 USD	电话	68296396	传真	68296399
设立日期	2006-3-1	负责人	ANDREW W.PICKERING		
主营业务	集装罐的清洗处理、熏蒸、检验、堆存、修理、翻新以及装卸业务。				

企业名称	诚泰国际货运代理（上海）有限公司				
企业地址	上海市虹口区辽宁路 244 号 235 室（200081）				
投资总额	123 万 USD	电话	65211155	传真	65225739
设立日期	2006-2-22	负责人	费金辉		
主营业务	海空运进出口货物、国际展品、私人物品及过境货物的国际运输代理。				

企业名称	瑟福国际货物运输代理（上海）有限公司				
企业地址	上海市浦东新区北张家浜路 68 号 6 幢 359 室（200122）				
投资总额	500 万 RMB	电话	54510167	传真	64477513
设立日期	2006-2-20	负责人	MICHAEL JOHN COSNETT		
主营业务	海陆空运进出口货物、国际展品及私人物品的国际运输代理业务。				

企业名称	京滨国际货运代理（上海）有限公司				
企业地址	上海市虹口区黄浦路 99 号 803A 室（200080）				
投资总额	500 万 RMB	电话	63578893	传真	63073009
设立日期	2006-2-16	负责人	ASAWAKI MAKOTO		
主营业务	海陆空运进出口货物、国际展品、私人物品及过境货物国际运输代理。				

企业名称	上海内外日东国际货运代理有限公司				
企业地址	上海市虹口区四平路 257 号喜临门大厦 A 座 22G 室（200081）				
投资总额	500 万 RMB	电话	65216707	传真	65216708
设立日期	2006-2-7	负责人	增子和彦		
主营业务	承办海运、空运进出口货物的国际运输代理业务。				

企业名称	百辉国际货运代理（上海）有限公司				
企业地址	上海市静安区北京西路 1277 号国旅大厦 1102 室（200040）				
投资总额	500 万港币	电话	62470026	传真	62890026
设立日期	2006-2-7	负责人	李志祥		
主营业务	承办海运、空运、私人物品、展览进出口货物的国际运输代理业务。				

企业名称	清和（上海）国际货运代理有限公司				
企业地址	上海市静安区南京西路 580 号 3008 室（200041）				
投资总额	600 万 RMB	电话	52280900	传真	52280899
设立日期	2006-1-27	负责人	MIYAZAKI SOICHIRO		
主营业务	海陆空运进出口货物、国际展品、私人物品及过境货物的国际运输代理。				

企业名称	豪迪丰（上海）商业有限公司				
企业地址	上海市黄浦区中山东一路 18 号 B2+C1 单元（200002）				
投资总额	10 万 USD	电话	63610011	传真	63613988
设立日期	2006-1-27	负责人	荣智丰		
主营业务	金银饰品、珠宝、钻石、皮革制品、钟表、眼镜、文具、香水等的零售。				

企业名称	傅长春储运（上海）有限公司				
企业地址	上海市凯旋路 3131 号明申中心大厦 1507、1508 室（200030）				
投资总额	200 万 USD	电话	33929377	传真	33929380
设立日期	2006-1-26	负责人	傅启发		
主营业务	国内货运代理、仓储服务、装卸货物、产品整理、分拣包装。				

企业名称	上海全周国际货运代理有限公司				
企业地址	上海市徐汇区龙吴路 1000 号一层（200030）				
投资总额	65 万 USD	电话	54358585	传真	54358787
设立日期	2006-1-26	负责人	乐家安		
主营业务	海陆空运进出口货物、国际展品、私人物品及过境货物的国际运输代理。				

企业名称	万嘉集装箱服务（上海）有限公司				
企业地址	上海市浦东新区昌里路 335 号 205A 室（200127）				
投资总额	25 万 USD	电话	63618581	传真	63618593
设立日期	2006-1-26	负责人	黄成渊		
主营业务	集装箱维修服务；集装箱生产、检验、维修等技术咨询服务。				

企业名称	罗宾逊全球货运（上海）有限公司				
企业地址	上海市虹口区武进路 255 号 701Q 室（200080）				
投资总额	500 万 RMB	电　话	23226198	传　真	63518989
设立日期	2006-1-25	负责人	HONG MARK LIEN		
主营业务	海陆空运进出口货物、国际展品、私人物品及过境货物的国际运输代理。				

企业名称	华建国际货代（上海）有限公司				
企业地址	上海市虹口区广中路 44 乙号 3 号 305 室（200434）				
投资总额	65 万 USD	电　话	63930333	传　真	23010648
设立日期	2006-1-23	负责人	李日兴		
主营业务	海陆空运进出口货物、国际展品、私人物品及过境货物国际运输代理。				

企业名称	上海日陆北方物流有限公司				
企业地址	上海市宝山区牡丹江路 1325 号 A 室 3 座（200940）				
投资总额	100 万 USD	电　话	58690688	传　真	58690660
设立日期	2006-1-18	负责人	朱　健		
主营业务	道路危险货物运输；货物仓储；承办海空运进出口货物等国际运输代理。				

企业名称	上海巨帆国际货运代理有限公司				
企业地址	上海市卢湾区瞿溪路 754-774 号三号楼 328 室（200023）				
投资总额	65 万 USD	电　话	63526161	传　真	63523311
设立日期	2006-1-18	负责人	庄海民		
主营业务	海空运进出口货物、国际展品、私人物品及过境货物的国际运输代理。				

企业名称	世联锦江物流有限公司				
企业地址	上海市浦东新区洪山路 176 号 216 室（200120）				
投资总额	1000 万 USD	电　话	63191888	传　真	63191111
设立日期	2006-1-17	负责人	JAMES DAVID RITCHIE		
主营业务	普通货物仓储、装卸、加工、包装、配送及相关信息处理服务和咨询。				

企业名称	宏富国际货运代理（上海）有限公司				
企业地址	上海市黄浦区延安东路 100 号联谊大厦 8 楼 803-804 室（200002）				
投资总额	65 万 USD	电　话	63297695	传　真	63293038
设立日期	2006-1-11	负责人	KLAUS ENGELMANN		
主营业务	海陆空运进出口货物、国际展品、私人物品及过境货物国际运输代理。				

企业名称	展威国际货运代理有限公司				
企业地址	上海市虹口区北海宁路 58 弄 22 号 205 室（200085）				
投资总额	182 万 USD	电　话	63093333	传　真	63091366
设立日期	2006-1-10	负责人	周　伟		
主营业务	海空运进出口货物、国际展品、私人物品及过境货物的国际运输代理。				

企业名称	东森企业发展（上海）有限公司				
企业地址	上海市浦东新区高桥镇花山路 706 号 1518 室（200137）				
投资总额	2100 万 USD	电　话	58649423	传　真	58649028
设立日期	2006-1-9	负责人	缪祥生		
主营业务	承办海运、空运、陆运进出口货物的国际运输代理业务。				

企业名称	喜达储运（上海）发展有限公司				
企业地址	上海市金山区漕泾镇蒋庄 12 组（201507）				
投资总额	425 万 USD	电　话	50583881	传　真	50583895
设立日期	2006-1-9	负责人	陈有联		
主营业务	仓储、简单分拨、装卸，相关咨询服务。（涉及行政许可的凭许可证经营）				

企业名称	速那特物流（上海）有限公司				
企业地址	上海市富特西一路 155 号 B 楼第七层 704 丙部位（200131）				
投资总额	30 万 USD	电　话	64264611	传　真	64264911
设立日期	2006-1-4	负责人	WONG NAN FAY		
主营业务	保税区内仓储、物流业务及相关物流咨询服务；国际贸易、转口贸易。				

企业名称	日新日仓国际货运（上海）有限公司				
企业地址	上海市浦东新区南新路 686 号 3 幢 1 楼（201807）				
投资总额	130 万 USD	电　话	52283377	传　真	62185133
设立日期	2005-12-31	负责人	武内宏司		
主营业务	道路普通货物运输、集装箱运输，货运站（场）经营，货物包装。				

企业名称	兴亚物流（上海）有限公司				
企业地址	上海市虹口区武进路 255 号 701 室 G（200080）				
投资总额	100 万 USD	电　话	53855359	传　真	53855360
设立日期	2005-12-30	负责人	KIM TAE KYUN		
主营业务	承办海运进出口货物的国际运输代理业务，包括：揽货、订舱、仓储等。				

企业名称	德蓝仕国际货运代理（上海）有限公司				
企业地址	上海市虹口区海宁路 307 号爱思大厦 12A（200080）				
投资总额	600 万 RMB	电　话	63248811	传　真	63646588
设立日期	2005-12-22	负责人	小川康光		
主营业务	承办海运、陆运、空运进出口货物、国际展品的国际运输代理业务。				

企业名称	麦科瑞（上海）仓储有限公司				
企业地址	上海市南汇区康桥工业区沪南路 2502 号 108 室（201315）				
投资总额	1600 万 USD	电　话	61601976	传　真	51169179
设立日期	2005-12-22	负责人	STEPHEN GEORGE HAWKINS		
主营业务	与运输业务相关的仓储设施建设和经营。				

企业名称	捷爱士国际货物运输代理（上海）有限公司				
企业地址	上海市嘉定区宝嘉公路 1022 号（201800）				
投资总额	500 万 USD	电　话	64738135	传　真	64738202
设立日期	2005-12-22	负责人	BENEDETTI GABRIELE		
主营业务	揽货、托运、订舱、仓储、中转、集装箱拼装拆箱等。				

企业名称	得美行道路运输（中国）有限公司				
企业地址	上海市浦东新区浦东南路 1088 号上海中融大厦 1102 室（200120）				
投资总额	25 万 USD	电　话	33934011	传　真	33934012
设立日期	2005-12-21	负责人	林映陆		
主营业务	道路普通货物运输（凭许可证内容登记经营范围后方可经营）。				

企业名称	东优仓储（上海）有限公司				
企业地址	上海市松江工业区东兴路 8 号 3 号厂房（201613）				
投资总额	45 万 USD	电　话	57743613	传　真	57740301
设立日期	2005-12-15	负责人	武川元保		
主营业务	普通货物的仓储，并提供相关的咨询服务。				

企业名称	中英船舶管理（上海）有限公司				
企业地址	上海市静安区南京西路 1376 号上海商城 521A 室（200041）				
投资总额	14 万 USD	电　话	62798320	传　真	62798398
设立日期	2005-12-13	负责人	PIERRE J.B.CREMERS		
主营业务	船舶买卖、租赁及其他船舶资产管理；机务、海务和安排维修。				

企业名称	汉堡南美（中国）船务有限公司				
企业地址	上海市黄浦区延安东路 58 号高登金融大厦 13 楼 1302 室（200002）				
投资总额	100 万 USD	电　话	33074789	传　真	63391938
设立日期	2005-12-8	负责人	HUBERT FERNANDUS WINIFRED		
主营业务	揽货、缮制和签发提单、结算运费和签订服务合同。				

企业名称	华迅港（上海）国际货物运输代理有限公司				
企业地址	上海市虹口区沽源路 110 弄 15 号 310 室（200434）				
投资总额	65 万 USD	电　话	63575696	传　真	63575720
设立日期	2005-12-1	负责人	陶富强		
主营业务	承办海运、陆运、空运进出口货物的国际运输代理业务。				

企业名称	林派克物流设备（上海）有限公司				
企业地址	上海市外高桥保税区荷丹路 240 号 2 层 D1－202 部位（200131）				
投资总额	30 万 USD	电　话	63906077	传　真	63906047
设立日期	2005-11-16	负责人	JAMES RICHARD DOBELL		
主营业务	保税区内以物流设备等产品为主的仓储、分拨。				

企业名称	上海明东集装箱码头有限公司				
企业地址	上海市浦东新区港建路 999 号（200135）				
投资总额	40 亿 RMB	电　话	38984888	传　真	68685888
设立日期	2005-11-16	负责人	陈戌源		
主营业务	投资、建设、经营和管理上海外高桥五期码头。				

企业名称	上海麦好斯仓储有限公司				
企业地址	上海市江场西路 395 号 202 室（200436）				
投资总额	14 万 USD	电　话	51336301	传　真	51336300
设立日期	2005-11-14	负责人	JI WANG		
主营业务	仓储服务，提供包装整理服务，国际经济信息咨询、商务信息咨询。				

企业名称	汉洋国际货运代理（上海）有限公司				
企业地址	上海市虹口区辽宁路 244 号 432 室（200080）				
投资总额	65 万 USD	电　话	63577166	传　真	63577170
设立日期	2005-11-8	负责人	牛治华		
主营业务	承办海运、空运进出口货物、国际展品、过境货物的国际运输代理业务。				

企业名称	上海悦东国际货运代理有限公司				
企业地址	上海市虹口区武进路 255 号 701 室 H（200080）				
投资总额	70 万 USD	电　　话	51029556	传　　真	62327048
设立日期	2005-11-8	负 责 人	何绮薇		
主营业务	承办海运、陆运、空运、进出口货物的国际运输代理业务。				

企业名称	上海怡定和国际船务代理有限公司				
企业地址	上海市浦东新区杨东路 6 号 3318 室（201209）				
投资总额	245 万 RMB	电　　话	54051535	传　　真	54051590
设立日期	2005-11-4	负 责 人	吴天佟		
主营业务	办理船舶进出港口手续，联系安排引航，靠泊和装卸等。				

企业名称	西铁物流（上海）有限公司				
企业地址	上海市外高桥保税区爱都路 390 号 30 号楼第一层 F 部位（200131）				
投资总额	50 万 USD	电　　话	50463680	传　　真	50463156
设立日期	2005-11-2	负 责 人	野久尾彰		
主营业务	保税区内以电子零部件和半导体产品为主的物流、仓储业务。				

企业名称	前通国际货运代理（上海）有限公司				
企业地址	上海市虹口区四平路 710 号 702-X 室（200086）				
投资总额	600 万 RMB	电　　话	62798188	传　　真	62797227
设立日期	2005-10-31	负 责 人	DENIS KIM		
主营业务	承办海运、空运、陆运进出口货物的国际货物运输代理业务。				

企业名称	上海阿尔卑斯物流国际货运代理有限公司				
企业地址	上海市虹口区物华路 58 号 1004 室（200080）				
投资总额	100 万 USD	电　　话	50461700	传　　真	50460642
设立日期	2005-10-25	负 责 人	安间洋一		
主营业务	承办海运、陆运、空运进出口货物、国际展品的国际运输代理业务。				

企业名称	华润货运（上海）有限公司				
企业地址	上海市虹口区高阳路 246 号 206 室（200082）				
投资总额	500 万 USD	电　　话	58665556	传　　真	58665578
设立日期	2005-10-24	负 责 人	吴　安		
主营业务	承办海运、空运进出口货物的国际运输代理业务。				

企业名称	上海中远小可由船务有限公司				
企业地址	上海市浦东新区浦东大道 138 号永华大厦 15 楼 D－01（200120）				
投资总额	2000 万 RMB	电　　话	58872825	传　　真	58879989
设立日期	2005-10-11	负 责 人	孟庆林		
主营业务	国内沿海及长江中下游化学品船运输。				

企业名称	士盟国际货物运输代理（上海）有限公司				
企业地址	上海市闸北区天目西路 547 号联通国际大厦 2407-10 室（200070）				
投资总额	100 万 USD	电　　话	63538538	传　　真	63538776
设立日期	2005-10-10	负 责 人	黄永存		
主营业务	承办海运、空运进出口货物的国际运输代理业务。				

企业名称	加誉国际货运代理（上海）有限公司				
企业地址	上海市虹口区物华路 73 号 2 号楼 104 室（200086）				
投资总额	65 万 USD	电　　话	65085233	传　　真	33773990
设立日期	2005-10-10	负 责 人	张凯芝		
主营业务	承办海运、空运进出口货物、国际展品的国际运输代理业务。				

企业名称	联迎（上海）国际货运代理有限公司				
企业地址	上海市虹口区物华路 73 号 2 号楼 105 室（200086）				
投资总额	65 万 USD	电　　话	63252289	传　　真	63252287
设立日期	2005-10-10	负 责 人	卢柱德		
主营业务	承办海运、陆运、空运进出口货物的国际货物运输代理业务。				

企业名称	洛基泰姆（上海）仓储有限公司				
企业地址	上海市浦东新区台桥路 28 号 D 幢 3 楼（201206）				
投资总额	25 万 USD	电　　话	58682295	传　　真	58682296
设立日期	2005-9-30	负 责 人	草间干夫		
主营业务	提供仓储服务，分拣、包装服务（不含运输），并提供相关的咨询服务。				

企业名称	上海运航国际货物运输代理有限公司				
企业地址	上海市四平路 710 号 704－K（200086）				
投资总额	62 万 USD	电　　话	64403380	传　　真	64403032
设立日期	2005-9-30	负 责 人	黄炎钏		
主营业务	承办海运、空运进出口货物、国际展品的国际运输代理业务。				

企业名称	上海神港仓储有限公司				
企业地址	上海市浦东新区金桥路 2381 号 1 幢 103 室（201206）				
投资总额	115 万 RMB	电　　话	58540137	传　　真	58540231
设立日期	2005-9-27	负 责 人	北村耕一郎		
主营业务	仓储（限分支机构经营）、装卸服务并提供相关技术咨询服务。				

企业名称	潘肯圣科（上海）仓储有限公司				
企业地址	上海市外高桥保税区美盛路 168 号西楼 5 层 E 部位（200131）				
投资总额	20 万 USD	电　　话	63403458	传　　真	63403468
设立日期	2005-9-27	负 责 人	LIM YEOW BENG		
主营业务	保税区内以金属产品为主的仓储、分拨业务。				

企业名称	上海鹏海国际船舶代理有限公司				
企业地址	上海市虹口区高阳路 245 号 527 室（200080）				
投资总额	20 万 USD	电　　话	63252107	传　　真	63258990
设立日期	2005-9-27	负 责 人	金昶宇		
主营业务	办理船舶进出港口手续，联系安排引航、靠泊和装卸。				

企业名称	上海时利国际货运代理有限公司				
企业地址	上海市虹口区天潼路 133 号家化金融大厦 110A 室（200082）				
投资总额	600 万 RMB	电　　话	63565268	传　　真	63561130
设立日期	2005-9-27	负 责 人	郑存汉		
主营业务	承办海运、陆运、空运进出口货物的国际运输代理业务。				

企业名称	上海中集洋山物流装备有限公司				
企业地址	上海市南汇区南芦公路 2158 号（201300）				
投资总额	2000 万 USD	电　　话	61186747	传　　真	61186999
设立日期	2005-9-20	负 责 人	吴发沛		
主营业务	集装箱的设计、制造、维修及相关技术咨询。				

企业名称	世腾（上海）船务服务有限公司				
企业地址	上海市延安西路 726 号华敏大厦 25 楼 F 室（200051）				
投资总额	500 万 USD	电　　话	52373016	传　　真	52373010
设立日期	2005-9-14	负 责 人	裴宣令		
主营业务	揽货；缮制和签发提单；结算、收取和汇寄运费；签订服务合同。				

企业名称	全运国际货代有限公司				
企业地址	上海市虹口区武进路 255 号 701 室 J（200080）				
投资总额	63 万 USD	电　　话	63203024	传　　真	63202462
设立日期	2005-9-14	负 责 人	何浩贤		
主营业务	承办海运、陆运、空运进出口货物、国际展品的国际运输代理业务。				

企业名称	上海中仓物流有限公司				
企业地址	上海市外高桥保税区泰谷路 185 号 1 层 B 部位（200131）				
投资总额	40 万 USD	电　　话	58683302	传　　真	58683303
设立日期	2005-9-14	负 责 人	汤浅康平		
主营业务	保税区内仓储、物流业务及相关物流咨询服务。				

企业名称	上海隆际国际货运代理有限公司				
企业地址	上海市虹桥路 2545 弄 16 号（200051）				
投资总额	100 万 USD	电　　话	64671110	传　　真	64678979
设立日期	2005-9-14	负 责 人	王乃功		
主营业务	承办海运、陆运、空运进出口货物、国际展品的国际运输代理业务。				

企业名称	上海中美联运有限公司				
企业地址	上海市四平路 710 号 701－Q 室（200086）				
投资总额	62 万 USD	电　　话	63267222	传　　真	63267333
设立日期	2005-9-9	负 责 人	梁礼荣		
主营业务	承办海运、空运进出口货物、国际展品、私人物品国际运输代理业务。				

企业名称	布林克国际货运（上海）有限公司				
企业地址	上海市辽宁路 244 号 801－802 室（200080）				
投资总额	79 万 USD	电　　话	50471251	传　　真	50472552
设立日期	2005-9-7	负 责 人	EREZ WEISS		
主营业务	承办海运、空运进出口货物、国际展品、私人物品的国际运输代理业务。				

企业名称	海硕国际货运（上海）有限公司				
企业地址	上海市长宁区延安西路 726 号华敏翰尊国际 16 楼 I 室（200050）				
投资总额	500 万 RMB	电　　话	51188000	传　　真	52370366
设立日期	2005-9-2	负 责 人	韩国福		
主营业务	承办海运、空运进出口货物、国际展品、私人物品的国际运输代理业务。				

企业名称	中港韩国际货运代理（上海）有限公司				
企业地址	上海市虹口区武进路255号701室T（200080）				
投资总额	65万USD	电话	51087388	传真	51069083
设立日期	2005-8-29	负责人	JANG KYUNG HAN		
主营业务	承办海运、陆运、空运进出口货物、国际展品的国际货物运输代理业务。				

企业名称	上海大亚国际货物运输有限公司				
企业地址	上海市虹口区东大名路879号212室（200086）				
投资总额	100万USD	电话	63577115	传真	63577158
设立日期	2005-8-24	负责人	钟敬仁		
主营业务	承办海运、空运、陆运进出口货物的国际运输代理业务。				

企业名称	乐运国际货运代理（中国）有限公司				
企业地址	上海市四平路710号703－P室（200086）				
投资总额	62万USD	电话	63900565	传真	63900562
设立日期	2005-8-24	负责人	董茂林		
主营业务	承办海运、空运进出口货物、国际展品、私人物品的国际运输代理业务。				

企业名称	上海海江仓储有限公司				
企业地址	上海市嘉定区徐行镇前曹公路1158号第1、2号厂房（201809）				
投资总额	400万USD	电话	54659375	传真	54659377
设立日期	2005-8-22	负责人	潘国平		
主营业务	仓储（涉及行政许可的凭许可证经营）。				

企业名称	优月仓储（上海）有限公司				
企业地址	上海市金山区漕泾镇蒋庄12组（201507）				
投资总额	300万USD	电话	67252828	传真	67252829
设立日期	2005-8-19	负责人	陈月英		
主营业务	仓储及相关咨询业务（涉及行政许可的凭许可证经营）。				

企业名称	高瑞（上海）国际货物运输代理有限公司				
企业地址	上海市虹口区长阳路235号（申茂大厦）859室（200082）				
投资总额	63万USD	电话	53968038	传真	53968090
设立日期	2005-8-17	负责人	容超杰		
主营业务	承办海运、陆运、空运进出口货物、国际展品的国际货物运输代理业务。				

企业名称	美商纵横国际货代有限公司				
企业地址	上海市虹口区物华路73号2号楼103室（200086）				
投资总额	65万USD	电话	68862662	传真	68863419
设立日期	2005-8-16	负责人	CHEN HSUAN HSIN SAMUEL		
主营业务	承办海运、陆运、空运进出口货物的国际货物运输代理业务。				

企业名称	上海迅辉国际货运有限公司				
企业地址	上海市高阳路246号218室（200082）				
投资总额	100万USD	电话	64222000	传真	64226068
设立日期	2005-8-16	负责人	谭锦荣		
主营业务	承办海运、空运进出口货物、国际展品的国际货物运输代理业务。				

企业名称	韩中物流（上海）有限公司				
企业地址	上海市外高桥保税区英伦路300号西部位（200131）				
投资总额	20万USD	电话	50482025	传真	50481245
设立日期	2005-8-15	负责人	LEE WON WOO		
主营业务	保税区内仓储物流业务；国际贸易、转口贸易、保税区企业间的贸易。				

企业名称	上海扇兴国际货运有限公司				
企业地址	上海市浦东新区海徐路939号5幢310室（201200）				
投资总额	100万USD	电话	63562211	传真	63568977
设立日期	2005-8-11	负责人	菅野正人		
主营业务	订舱（含租船、包机、包舱）、托运、仓储、包装。				

企业名称	马瑞狮物流（上海）有限公司				
企业地址	上海市外高桥保税区冰克路500号D23部位（200131）				
投资总额	14万USD	电话	68558801	传真	68539127
设立日期	2005-8-3	负责人	MARC LAURENCE ELLIS VINCENZ		
主营业务	保税区内仓储、物流业务、物流咨询；国际贸易、转口贸易。				

企业名称	富士国际货运（中国）有限公司				
企业地址	上海市虹口区物华路58号1001室（200086）				
投资总额	500万RMB	电话	64185999	传真	64184211
设立日期	2005-8-1	负责人	岛津毅		
主营业务	承办海运、陆运、空运进出口货物，国际展品的国际运输代理业务。				

企业名称	龙腾货代（中国）有限公司				
企业地址	上海市虹口区物华路73号2号楼101室（200086）				
投资总额	65万USD	电话	63507580	传真	63507580
设立日期	2005-8-1	负责人	区伟文		
主营业务	承办海运、陆运、空运进出口货物、国际展品国际货物运输代理业务。				

企业名称	上海进航国际货运代理有限公司				
企业地址	上海市虹口区黄浦路53号910室（200080）				
投资总额	100万USD	电话	61418918	传真	61418938
设立日期	2005-7-28	负责人	刘在久		
主营业务	承办海运、陆运、空运进出口货物、国际展品的国际运输代理业务。				

企业名称	俄远东海洋轮船运输有限公司				
企业地址	上海市黄浦区北京东路668号科技京城西楼15H座（200001）				
投资总额	100万USD	电话	65957603	传真	65957601
设立日期	2005-7-26	负责人	SERGEY STEPANOVICH KOZLOV		
主营业务	为俄罗斯远东海洋轮船公司自有或经营的船舶揽货、签发提单等。				

企业名称	马鲁巴货运代理有限公司				
企业地址	上海市浦东新区东方路3409号329室（200125）				
投资总额	100万USD	电话	63322152	传真	63322302
设立日期	2005-7-25	负责人	吴展鸿		
主营业务	承办海运进出口货物的国际运输代理业务。				

企业名称	韩进物流（上海）有限公司				
企业地址	上海市浦东新区张杨路838号20楼（200122）				
投资总额	500万USD	电话	63757311	传真	63757309
设立日期	2005-7-20	负责人	黄德华		
主营业务	仓储；存货管理；货物装卸；搬运；货物简单加工；货物包装。				

企业名称	三皓星物流（上海）有限公司				
企业地址	上海市外高桥保税区荷丹路240号二层D1－211部位（200131）				
投资总额	20万USD	电话	61421551	传真	64833615
设立日期	2005-7-18	负责人	高林辰行		
主营业务	保税区内物流、仓储、分拨及相关物流咨询业务。				

企业名称	嘉达货运代理有限公司				
企业地址	上海市浦东新区东方路3409号330室（200125）				
投资总额	100万USD	电话	53857729	传真	53857732
设立日期	2005-7-15	负责人	刘石佑		
主营业务	承办海运，空运进出口货物的国际运输代理业务。				

企业名称	澳航货运代理有限公司				
企业地址	上海市浦东新区东方路3409号331室（200122）				
投资总额	100万USD	电话	52980088	传真	52981343
设立日期	2005-7-15	负责人	陆文法		
主营业务	承办海运进出口货物的国际运输代理业务。				

企业名称	烨泰国际货运代理有限公司				
企业地址	上海市虹口区四平路188号603室（200086）				
投资总额	100万USD	电话	65753181	传真	65077505
设立日期	2005-7-8	负责人	郭光湧		
主营业务	承办海运、空运进出口货物、国际展品、私人物品的国际货运代理业务。				

企业名称	劲达国际货运代理（中国）有限公司				
企业地址	上海市长宁区遵义路100号虹桥上海城B座2701－2708室（200335）				
投资总额	500万RMB	电话	52574698	传真	62371902
设立日期	2005-7-6	负责人	汪立国		
主营业务	承办海运、陆运、空运进出口货物、国际展品的国际运输代理业务。				

企业名称	协申物流（上海）有限公司				
企业地址	上海市外高桥保税区希雅路350号5号楼四层D部位（200131）				
投资总额	20万USD	电话	50326190	传真	50326190
设立日期	2005-7-5	负责人	HENRY THOMAS COCHRAN		
主营业务	保税区内仓储、物流业务、物流咨询业务。				

企业名称	百岁新联物流（上海）有限公司				
企业地址	上海市南汇区南芦公路1535号（201306）				
投资总额	210万USD	电话	68063696	传真	68063676
设立日期	2005-7-5	负责人	严世平		
主营业务	道路普通货物运输、集装箱运输（涉及许可经营的凭许可证经营）。				

企业名称	亚太国际货代有限公司				
企业地址	上海市虹口区保定路 42 号 328 室（200080）				
投资总额	73 万 USD	电　　话	53026901	传　　真	53026906
设立日期	2005-6-24	负 责 人	ELIGIO OGGIONNI		
主营业务	承办海运、空运进出口货物、国际展品、私人物品的国际运输代理业务。				

企业名称	集联（中国）国际货运代理有限公司				
企业地址	上海市虹口区武进路 255 号 701 室（200080）				
投资总额	65 万 USD	电　　话	63239797	传　　真	63239561
设立日期	2005-6-24	负 责 人	陈亨利		
主营业务	承办海运、空运进出口货物、国际展品、私人物品的国际运输代理业务。				

企业名称	兴华国际货代（中国）有限公司				
企业地址	上海市虹口区武进路 255 号 701 室（200080）				
投资总额	65 万 USD	电　　话	61436785	传　　真	61436773
设立日期	2005-6-24	负 责 人	江丕成		
主营业务	承办海运、空运进出口货物、国际展品、私人物品的国际运输代理业务。				

企业名称	奥德费尔东展船运（上海）有限公司				
企业地址	上海市思南路 35 号北楼 427 室（200020）				
投资总额	1000 万 USD	电　　话	52399469	传　　真	52399897
设立日期	2005-6-21	负 责 人	陈观强		
主营业务	利用自有、租用的船舶从事液体化学品的国内水上转船和运输。				

企业名称	上海星瀚船务代理有限公司				
企业地址	上海市浦东新区杨东路 6 号（201209）				
投资总额	500 万 RMB	电　　话	63617777	传　　真	63514040
设立日期	2005-6-20	负 责 人	金煌中		
主营业务	办理船舶进出港口手续，联系安排引航、靠泊和装卸。				

企业名称	中洋国际货运（上海）有限公司				
企业地址	上海市虹口区四平路 710 号 701-Z 室（200086）				
投资总额	62 万 USD	电　　话	63930303	传　　真	
设立日期	2005-6-20	负 责 人	林世俊		
主营业务	承办海运、空运进出口货物、国际展品、私人物品国际运输代理业务。				

企业名称	元泰国际货运（中国）有限公司				
企业地址	上海市武进路 255 号 701 室 Y（200086）				
投资总额	500 万 RMB	电　　话	52895252	传　　真	52895585
设立日期	2005-6-14	负 责 人	ROBIN TAN		
主营业务	承办海运、空运进出口货物、国际展品、过境货物的国际运输代理业务。				

企业名称	韩中国际货运（上海）有限公司				
企业地址	上海市南京西路 758 号 19 楼 A 室（200041）				
投资总额	62 万 USD	电　　话	51179900	传　　真	51179410
设立日期	2005-6-14	负 责 人	CHOIJAEHYOUNG		
主营业务	揽货、托运、订舱、仓储、中转、集装箱拼装拆箱、结算运杂费等。				

企业名称	协群国际货运代理（中国）有限公司				
企业地址	上海市辽宁路 244 号 603－604 室（200080）				
投资总额	61 万 USD	电　　话	51088008	传　　真	62499263
设立日期	2005-6-9	负 责 人	童郁夫		
主营业务	揽货、托运、订舱、仓储、中转、集装箱装拆箱、结算及交付运杂费等。				

企业名称	上海名港国际货运有限公司				
企业地址	上海市闵行区沪闵路 6555 号建行闵行支行大厦 1505 室（201100）				
投资总额	100 万 USD	电　　话	51082912	传　　真	63375948
设立日期	2005-6-9	负 责 人	荻原茂		
主营业务	承办海运进出口货物的国际运输代理业务。				

企业名称	万达运通国际货运代理有限公司				
企业地址	上海市辽宁路 244 号 428 室（200080）				
投资总额	122 万 USD	电　　话	51080000	传　　真	63255585
设立日期	2005-6-1	负 责 人	赵浦秋		
主营业务	承办海运、空运进出口货物、国际展品、私人物品的国际运输代理业务。				

企业名称	骐迅国际货运代理（中国）有限公司				
企业地址	上海市四平路 710 号 710-F 室（200085）				
投资总额	100 万 USD	电　　话	51154375	传　　真	51154376
设立日期	2005-6-1	负 责 人	郑全智		
主营业务	承办海运、空运进出口货物、国际展品、过境货物的国际运输代理业务。				

企业名称	中远孚宝国际货运有限公司				
企业地址	上海市虹口区物华路 58 号 1008 室（200085）				
投资总额	100 万 USD	电　　话	63730000	传　　真	63732222
设立日期	2005-5-30	负 责 人	曹栋		
主营业务	揽货、托运、订舱、仓储、中转、集装箱拼装拆箱、结算运杂费等。				

企业名称	万络（上海）仓储有限公司				
企业地址	上海市卢湾区茂名南路 205 号瑞金大厦 21 楼 2101 室（200025）				
投资总额	20 万 USD	电　　话	64669559	传　　真	
设立日期	2005-5-26	负 责 人	JOHN HUGO WILLIFORD		
主营业务	仓储，物流和商业信息咨询，仓储物品的简单分拣及分装。				

企业名称	高章货运（上海）有限公司				
企业地址	上海市肇嘉浜路 108 号 5 楼（200023）				
投资总额	61 万 USD	电　　话	64720111	传　　真	64154889
设立日期	2005-5-25	负 责 人	THOMAS PHILIPP SASSE		
主营业务	承办海运、空运进出口货物的国际运输代理业务。				

企业名称	扇兴物流（上海）有限公司				
企业地址	上海市外高桥保税区泰谷路 185 号第三层 H 部位（200131）				
投资总额	30 万 USD	电　　话	54510619	传　　真	
设立日期	2005-5-23	负 责 人	木村重雄		
主营业务	保税区内物流、仓储及相关物流咨询业务。				

企业名称	虎扑物流（上海）有限公司				
企业地址	上海市外高桥保税区希雅路 55 号 12 号楼 6 层 D 部位（200131）				
投资总额	20 万 USD	电　　话	62159230	传　　真	32180703
设立日期	2005-5-19	负 责 人	OLIVER KRAHMER		
主营业务	保税区内仓储、物流、打包、托运业务。				

企业名称	上海藤藏仓储有限公司				
企业地址	上海市南汇区泥城镇宏海路 6 号（201306）				
投资总额	200 万港币	电　　话	58248888	传　　真	58249537
设立日期	2005-5-13	负 责 人	冯　恒		
主营业务	提供仓储服务（除危险品、化学品外）（涉及许可经营的凭许可证经营）。				

企业名称	上海塔比货运有限公司				
企业地址	上海市黄浦区北京东路 668 号东楼 7 楼 D2（200001）				
投资总额	15 万 USD	电　　话	63859696	传　　真	63850689
设立日期	2005-5-13	负 责 人	ANDREAS KIRSCHNER		
主营业务	经营无船承运业务（涉及行政许可的凭许可证经营）。				

企业名称	威成（中国）国际货代有限公司				
企业地址	上海市虹口区武进路 255 号 701 室 U（200080）				
投资总额	65 万 USD	电　　话	51802710	传　　真	51802710
设立日期	2005-5-8	负 责 人	朱明伟		
主营业务	承办海运、空运进出口货物、国际展品、私人物品的国际运输代理业务。				

企业名称	康达国际货代有限公司				
企业地址	上海市虹口区武进路 255 号 701 室 B（200080）				
投资总额	65 万 USD	电　　话	58369623	传　　真	
设立日期	2005-5-8	负 责 人	朱宣文		
主营业务	承办海运、空运进出口货物、国际展示、私人物品国际运输代理业务。				

企业名称	安易美亚国际货运（上海）有限公司				
企业地址	上海市江场西路 395 号 2－4 楼（200436）				
投资总额	100 万 USD	电　　话	62693688	传　　真	
设立日期	2005-4-29	负 责 人	金　勋		
主营业务	揽货、托运、订舱、仓储、中转、集装箱拆装箱、结算及交付运杂费。				

企业名称	爱宏国际货代有限公司				
企业地址	上海市武进路 255 号 701 室 W（200080）				
投资总额	65 万 USD	电　　话	63258989	传　　真	53510747
设立日期	2005-4-26	负 责 人	KEANE DAVID FRANCIS		
主营业务	揽货、订舱、仓储、中转、集装箱拼装拆箱、结算运杂费、报关等。				

企业名称	上海亚美联捷运国际货运代理有限公司				
企业地址	上海市浦东新区银城东路 139 号华能联合大厦 1310 室（200120）				
投资总额	500 万 RMB	电　　话	68866989	传　　真	68866355
设立日期	2005-4-25	负 责 人	何永光		
主营业务	承办海运、空运、陆运进出口货物的国际运输代理业务。				

企业名称	上海世亚国际货运代理有限公司				
企业地址	上海市虹口区东体育会路 100 弄 1 号 1106 室 B（200081）				
投资总额	65 万 USD	电　话	63508128	传　真	63607243
设立日期	2005-4-18	负责人	唐国宁		
主营业务	揽货、订舱、仓储、中转、集装箱拼装拆箱、结算运杂费。				

企业名称	太华船舶管理（上海）有限公司				
企业地址	上海市徐汇区肇嘉浜路 789 号 19 层 F01、F02（200032）				
投资总额	20 万 USD	电　话	64222323	传　真	
设立日期	2005-4-14	负责人	JEFFERY DONALD PHILLIPS		
主营业务	船舶买卖、租赁及其他船舶资产管理；机务、海务和安排维修。				

企业名称	川崎空运国际货运代理（中国）有限公司				
企业地址	上海市延安西路 1303 号万众大厦 4 楼 A 室（200050）				
投资总额	500 万 RMB	电　话	62402989	传　真	62515150
设立日期	2005-4-12	负责人	中田立也		
主营业务	承办海运、陆运、空运进出口货物、国际展品的国际运输代理业务。				

企业名称	威腾国际货运（中国）有限公司				
企业地址	上海市虹口区四川北路 1666 号上海高宝新时代广场 2101 室（200080）				
投资总额	500 万 RMB	电　话	63245511	传　真	65404123
设立日期	2005-4-8	负责人	何炳威		
主营业务	揽货、托运、订舱、仓储、中转、集装箱拼装拆箱。				

企业名称	泰昌祥轮船船务（中国）有限公司				
企业地址	上海市徐家汇路 555 号广东发展银行大厦 12C 座（200023）				
投资总额	100 万 USD	电　话	63901368	传　真	63901724
设立日期	2005-4-5	负责人	张敬华		
主营业务	为泰昌祥轮船公司的船舶揽货、缮制和签发运输提单、结算和汇寄运费。				

企业名称	全翔国际货运（中国）有限公司				
企业地址	上海市长宁区仙霞路 322 号鑫达大厦 22 楼 2202 室（200336）				
投资总额	65 万 USD	电　话	62781668	传　真	62783998
设立日期	2005-4-5	负责人	张　莉		
主营业务	承办海运、空运进出口货物、国际展品、私人物品国际运输代理业务。				

企业名称	沙多玛物流（上海）有限公司				
企业地址	上海市外高桥保税区富特东二路 500 号 28 号楼 C 部位（200131）				
投资总额	20 万 USD	电　话	51105226	传　真	50460257
设立日期	2005-4-5	负责人	BO YANG		
主营业务	保税区内以化工产品（危险品除外）为主的仓储、物流、打包托运业务。				

企业名称	中镇国际货运代理（上海）有限公司				
企业地址	上海市虹口区四平路 710 号 801-P 室（200086）				
投资总额	62 万 USD	电　话	65751330	传　真	65751900
设立日期	2005-3-23	负责人	郑志安		
主营业务	承办海运、空运进出口货物、国际展品、私人物品的国际运输代理业务。				

企业名称	上海宏兴物流有限公司				
企业地址	上海市浦东新区通园路 159 号 829 室（200137）				
投资总额	430 万 USD	电　话	66025515	传　真	66025335
设立日期	2005-3-18	负责人	罗湘玉		
主营业务	物流管理咨询，集装箱装卸、储存、清洗、仓储。				

企业名称	耀欧亚船舶管理（上海）有限公司				
企业地址	上海市浦东新区浦东南路 588 号浦发大厦 23 层 A、K 单元（200120）				
投资总额	7 万 USD	电　话	68872238	传　真	58772657
设立日期	2005-3-11	负责人	RAJAISH BAJPAEE		
主营业务	船舶买卖、租赁及其他船舶资产管理；机务、海务和安排维修。				

企业名称	联合国际货代有限公司				
企业地址	上海市虹口区广灵四路 140 弄 2 号 102 室（200080）				
投资总额	65 万 USD	电　话	63645395	传　真	63645513
设立日期	2005-3-11	负责人	曾能杰		
主营业务	承办海运、空运进出口货物、国际展品、私人物品的国际运输代理业务。				

企业名称	万喜货运（中国）有限公司				
企业地址	上海市祥德路 302 号 A263 室（200081）				
投资总额	65 万 USD	电　话	53540331	传　真	53540131
设立日期	2005-3-10	负责人	陈植桐		
主营业务	承办海运、空运进出口货物、国际展品、私人物品的国际运输代理业务。				

企业名称	天域（中国）国际货运有限公司				
企业地址	上海市虹口区北海宁路 58 弄 22 号 201 室（200080）				
投资总额	65 万 USD	电　话	63093388	传　真	63096868
设立日期	2005-3-9	负责人	PAOLO RUGGHIA		
主营业务	揽货、订舱、仓储、中转、集装箱拼装拆箱、结算运杂费、报关。				

企业名称	华泓国际货运代理（中国）有限公司				
企业地址	上海市虹口区辽宁路 244 号 607-608 室（200080）				
投资总额	80 万 USD	电　话	63373338	传　真	63373505
设立日期	2005-3-9	负责人	郑　国		
主营业务	揽货、托运、订舱、中转、集装箱拆箱、结算及交付杂费、报关、报验。				

企业名称	创业国际货运代理（中国）有限公司				
企业地址	上海市虹口区辽宁路 244 号 429 室（200080）				
投资总额	73 万 USD	电　话	61225488	传　真	61225488
设立日期	2005-3-9	负责人	胡伟忠		
主营业务	承办海运、空运进出口货物、国际展品、私人物品的国际运输代理业务。				

企业名称	天野国际货运代理有限公司				
企业地址	上海市虹口区辽宁路 244 号 528 室（200080）				
投资总额	61 万 USD	电　话	51036669	传　真	61210975
设立日期	2005-2-28	负责人	黄文毅		
主营业务	承办海运、空运进出口货物、国际展品、私人物品的国际运输代理业务。				

企业名称	日电国际货运（上海）有限公司				
企业地址	上海市浦东新区世纪大道 1600 号 20 楼 06 室（200120）				
投资总额	120 万 USD	电　话	50586231	传　真	50586234
设立日期	2005-2-24	负责人	村山勇		
主营业务	揽货、订舱、仓储、中转、集装箱拼装拆箱、结算运杂费、报关。				

企业名称	上海宏广国际货运代理有限公司				
企业地址	上海市虹口区天潼路 133 号 11 楼 D 座（200080）				
投资总额	62 万 USD	电　话	63256600	传　真	63562415
设立日期	2005-2-7	负责人	罗湘阳		
主营业务	揽货、托运、订舱、仓储、中转、集装箱拼装拆箱、结算运杂费、报关。				

企业名称	和明国际货运有限公司				
企业地址	上海市虹口区四川北路 525 号宇航大厦 2711 室（200085）				
投资总额	65 万 USD	电　话	51534558	传　真	51534556
设立日期	2005-2-7	负责人	朱国友		
主营业务	承办海运、空运进出口货物、国际展品国际货物运输代理业务。				

企业名称	中荷（上海）货运代理有限公司				
企业地址	上海市虹口区四平路 710 号 803-J 室（200001）				
投资总额	62.5 万 USD	电　话	53083245	传　真	
设立日期	2005-2-3	负责人	何淑群		
主营业务	承办海运、空运进出口货物、国际展品国际货物运输代理业务。				

企业名称	热线国际货运代理（中国）有限公司				
企业地址	上海市四川北路 525 号宇航大厦 1806 室（200085）				
投资总额	65 万 USD	电　话	63560616	传　真	63568995
设立日期	2005-1-27	负责人	德丸秀雄		
主营业务	揽货、订舱、仓储、中转、集装箱拼装拆箱、结算运杂费、报关、报验。				

企业名称	上海安吉日邮汽车运输有限公司				
企业地址	上海市宝山区蕴藻南路 4 号（200441）				
投资总额	240 万 USD	电　话	69139536	传　真	69139537
设立日期	2005-1-27	负责人	金维伟		
主营业务	普通货物运输及技术咨询（涉及行政许可的，凭许可证经营）。				

企业名称	上海乐趣佳山物流有限公司				
企业地址	上海市外高桥保税区荷丹路 288 号 B 楼第 2 层 A、B、C 部位（200131）				
投资总额	45 万 USD	电　话	50581571	传　真	
设立日期	2005-1-27	负责人	竹内勇		
主营业务	保税区内物流业务，保税区内以纺织品等产品为主的仓储分拨业务。				

企业名称	卡特彼勒物流（上海）有限公司				
企业地址	上海市南汇区泥城镇南芦公路 2158 号（201306）				
投资总额	250 万 USD	电　话	32204628	传　真	62102255
设立日期	2005-1-24	负责人	DAVID CHARLES STUART BRADY		
主营业务	库存管理、仓储、装卸、简单加工、拼装、包装。				

交通运输、仓储及邮电通信业

企业名称	上海中集车辆物流装备有限公司				
企业地址	上海市宝山区水产路 1699 号（201901）				
投资总额	8000 万 RMB	电　　话	66594086	传　　真	66594091
设立日期	2005-1-21	负 责 人	麦伯良		
主营业务	在批租土地内从事仓储及配套设施的开发建设、经营、出租、出售。				

企业名称	创纪国际货运（中国）有限公司				
企业地址	上海市武进路 255 号 701 室 O（200080）				
投资总额	65 万 USD	电　　话	65073401	传　　真	65073422
设立日期	2005-1-21	负 责 人	钟越根		
主营业务	承办海运、空运进出口货物、国际展品、私人物品国际运输代理业务。				

企业名称	上海临港普洛斯国际物流发展有限公司				
企业地址	上海市南芦公路 2158 号（201300）				
投资总额	5000 万 USD	电　　话	68284388	传　　真	68284399
设立日期	2005-1-21	负 责 人	刘家平		
主营业务	从事仓储设施及相关工业设施的建设、经营和管理。				

企业名称	上海飞格国际货运代理有限公司				
企业地址	上海市四川北路 525 号宇航大厦 1407 室（200083）				
投资总额	65 万 USD	电　　话	63575701	传　　真	63575705
设立日期	2005-1-20	负 责 人	吴士钟		
主营业务	承办海运、空运进出口货物、国际展品等的国际运输代理业务。				

企业名称	香江力高国际货运（上海）有限公司				
企业地址	上海市虹口区唐山路 216 号 1 号楼 213B 室（200086）				
投资总额	500 万 RMB	电　　话	62152087	传　　真	62152227
设立日期	2005-1-20	负 责 人	梁智光		
主营业务	从事承办海运、空运进出口货物的国际运输代理业务。				

企业名称	永柏国际货运（中国）有限公司				
企业地址	上海市四平路 210 号家纺大厦 6002－6006 室（200086）				
投资总额	65 万 USD	电　　话	56719080	传　　真	56719060
设立日期	2005-1-17	负 责 人	骆伟琪		
主营业务	承办海运、空运进出口货物、国际展品、私人物品国际运输代理业务。				

企业名称	海连（中国）国际货运有限公司				
企业地址	上海市物华路 73 号 1 号楼 202 室（200086）				
投资总额	65 万 USD	电　　话	53087700	传　　真	53080097
设立日期	2005-1-17	负 责 人	林秋霞		
主营业务	承办海运、空运进出口货物、国际展品、私人物品的国际运输代理业务。				

企业名称	飞裕（中国）国际货运代理有限公司				
企业地址	上海市长宁区仙霞路 335 号 1 号楼 611R 室（200336）				
投资总额	500 万 RMB	电　　话	63263358	传　　真	63734536
设立日期	2005-1-14	负 责 人	孟志福		
主营业务	承办海运、陆运、空运进出口货物、国际展品的国际运输代理业务。				

企业名称	上海沛荣国际航运有限公司				
企业地址	上海市虹口区欧阳路 695 号底层 113 室（200080）				
投资总额	62 万 USD	电　　话	61201122	传　　真	61224332
设立日期	2005-1-14	负 责 人	林祐宇		
主营业务	承办海运、陆运、空运进出口货物、国际展品的国际运输代理业务。				

企业名称	上海利实国际货运有限公司				
企业地址	上海市虹口区唐山路 216 号 213C 室（200080）				
投资总额	100 万 USD	电　　话	64084011	传　　真	
设立日期	2005-1-13	负 责 人	程煜丹		
主营业务	承办海运、空运进出口货物的国际运输代理业务。				

企业名称	均辉国际货运代理（上海）有限公司				
企业地址	上海市虹口区四平路 710 号 807－E 室（200080）				
投资总额	500 万 RMB	电　　话	63527828	传　　真	63527832
设立日期	2005-1-13	负 责 人	李俊驹		
主营业务	揽货、订舱、仓储、中转、集装箱拼装拆箱、结算运杂费、报关、报验。				

企业名称	华威货运（中国）有限公司				
企业地址	上海市武进路 255 号 701 室 P（200002）				
投资总额	80 万 USD	电　　话	63365500	传　　真	63366767
设立日期	2005-1-5	负 责 人	陈明和		
主营业务	承办海运、空运进出口货物、国际展品、私人物品的国际运输代理业务。				

企业名称	上海高世迈船舶管理有限公司				
企业地址	上海市浦东新区乳山路 227 号 101-39 室（200122）				
投资总额	25 万 USD	电　　话	58363400	传　　真	58359320
设立日期	2005-1-5	负 责 人	刘圣春		
主营业务	船舶买卖、租赁及其他船舶资产管理；机务、海务和安排维修。				

企业名称	上速国际货运（上海）有限公司				
企业地址	上海市普陀区中山北路 2550 号物贸大厦 1524 室（200060）				
投资总额	500 万 RMB	电　　话	56320039	传　　真	66284907
设立日期	2005-1-4	负 责 人	缪德宏		
主营业务	承办海运、空运进出口货物、国际展品、私人物品国际运输代理业务。				

企业名称	上海新技船舶服务有限公司				
企业地址	上海市闵行区陈行路 1985 号（201114）				
投资总额	20 万 USD	电　　话	54331562	传　　真	
设立日期	2005-1-4	负 责 人	徐　沙		
主营业务	船舶技术咨询、技术服务，船舶消防及安全救生设备的检修服务。				

企业名称	上海辉域国际货运代理有限公司				
企业地址	上海市虹口区辽宁路 244 号 605-606 室（200080）				
投资总额	62 万 USD	电　　话	63098989	传　　真	36080086
设立日期	2004-12-29	负 责 人	李淑慈		
主营业务	承办海运、空运进出口货物的国际运输代理业务，包括揽货、订舱等。				

企业名称	奥宝司霏国际货运（上海）有限公司				
企业地址	上海市武进路 255 号 701 室 K（200080）				
投资总额	62 万 USD	电　　话	63601933	传　　真	33100417
设立日期	2004-12-23	负 责 人	何宝荣		
主营业务	承办海运、空运进出口货物、国际展品、私人物品的运输代理业务等。				

企业名称	日高国际货运（上海）有限公司				
企业地址	上海市黄浦区瞿溪路 510 号甲 1 室（200011）				
投资总额	61 万 USD	电　　话	53089977	传　　真	
设立日期	2004-12-23	负 责 人	黄锦超		
主营业务	承办海运、空运进出口货物、国际展品、私人物品的国际运输代理业务。				

企业名称	展富物流（上海）有限公司				
企业地址	上海市外高桥保税区富特西一路 139 号 1106 室（200131）				
投资总额	20 万 USD	电　　话	50464336	传　　真	
设立日期	2004-12-22	负 责 人	魏士伟		
主营业务	保税区内仓储物流业务，国际贸易，转口贸易，保税区企业间的贸易等。				

企业名称	骏高国际货运（中国）有限公司				
企业地址	上海市虹口区海宁路 358 号 13 楼西翼全层（200080）				
投资总额	65 万 USD	电　　话	63250077	传　　真	63250051
设立日期	2004-12-18	负 责 人	郑汉溢		
主营业务	海、陆、空进出口运输业务并承办代客报关及业务，办理国际快递业务。				

企业名称	理运国际货运（中国）有限公司				
企业地址	上海市虹口区四平路 710 号 801-P 室（200086）				
投资总额	500 万 RMB	电　　话	63338858	传　　真	63338806
设立日期	2004-12-17	负 责 人	ERNST OLIVER FRANK		
主营业务	承办海运、空运进出口货物、国际展品、私人物品及过境货物运输代理业务等。				

企业名称	泛骏华国际货运（上海）有限公司				
企业地址	上海市唐山路 216 号 1 号楼 212B 室（200080）				
投资总额	61 万 USD	电　　话	62083496	传　　真	62787207
设立日期	2004-12-16	负 责 人	樊宇豪		
主营业务	承办海运、空运进出口货物的国际运输代理业务等。				

企业名称	伯灵顿（中国）货运有限公司				
企业地址	上海市虹口区辽宁路 244 号 705-706 室（200080）				
投资总额	500 万 RMB	电　　话	61225824	传　　真	61225777
设立日期	2004-12-15	负 责 人	JAMES THOMAS GAGNE		
主营业务	承办海运、空运进出口货物、国际展品、私人物品等的运输代理业务。				

企业名称	新洋国际货运（上海）有限公司				
企业地址	上海市四平路 710 号 801-N 座（200086）				
投资总额	65 万 USD	电　　话	63375533	传　　真	63375700
设立日期	2004-12-13	负 责 人	李灿瑾		
主营业务	承办海运、空运进出口货物、国际展品、私人物品等的运输代理业务。				

企业名称	渣华货运（中国）有限公司				
企业地址	上海市武进路 255 号 701 室 M（200080）				
投资总额	65 万 USD	电　话	23062727	传　真	63912922
设立日期	2004-12-11	负责人	李耀辉		
主营业务	承办海运、空运进出口货物、国际展品、私人物品的运输代理业务等。				

企业名称	全球国际货运代理（中国）有限公司				
企业地址	上海市浦东新区意威路 266 号（200131）				
投资总额	500 万 USD	电　话	23071005	传　真	50463528
设立日期	2004-12-8	负责人	KARL-HEINZ EMBERGER		
主营业务	承办海运、陆运、空运进出口货物、国际展品等的运输代理业务。				

企业名称	妙光国际货运代理（上海）有限公司				
企业地址	上海市松江区车新公路 185 号 2 楼（201611）				
投资总额	100 万 USD	电　话	63302266	传　真	63302396
设立日期	2004-12-8	负责人	苏国股		
主营业务	承办海运、空运进出口货物的国际运输代理业务。				

企业名称	上海三网国际货运有限公司				
企业地址	上海市浦东新区银城东路 101 号汇丰大厦 44 楼（200120）				
投资总额	100 万 USD	电　话	68411111	传　真	68410115
设立日期	2004-12-8	负责人	伊藤洋一		
主营业务	承办海运、陆运、空运进出口货物的国际运输代理业务等。				

企业名称	泛联国际货运代理（上海）有限公司				
企业地址	上海市浦东新区博兴路 195 号 238 室（200336）				
投资总额	500 万 RMB	电　话	62375656	传　真	62787784
设立日期	2004-12-7	负责人	刘志超		
主营业务	承办海运、空运进出口货物的国际运输代理业务，包括：揽货、订舱等。				

企业名称	基通物流（上海）有限公司				
企业地址	上海莘庄工业区金都路 3688 号（201108）				
投资总额	300 万 RMB	电　话	54885499	传　真	54886619
设立日期	2004-12-3	负责人	黄伟焕		
主营业务	仓储、装卸、简易加工及相关咨询业务。				

企业名称	上海华洋飞鱼国际货运代理有限公司				
企业地址	上海市四平路 710 号 8 楼 806-M 室（200081）				
投资总额	62 万 USD	电　话	65870333	传　真	65878393
设立日期	2004-11-30	负责人	李福全		
主营业务	承办海运、空运进出口货物、国际展品、私人物品等的运输代理业务。				

企业名称	汛扬（上海）国际货运代理有限公司				
企业地址	上海市临平北路 55 号渡边商务中心 5 楼 F 座（200086）				
投资总额	62 万 USD	电　话	65754492	传　真	65071191
设立日期	2004-11-30	负责人	杨鹤诚		
主营业务	承办海运、空运进出口货物、国际展品、私人物品的运输代理业务等。				

企业名称	库拉索物流（上海）有限公司				
企业地址	上海市外高桥保税区富特北路 353 号第六层二区部位（200131）				
投资总额	20 万 USD	电　话	58684377	传　真	58684347
设立日期	2004-11-29	负责人	翟福华		
主营业务	保税区仓储、物流业务，以日用品为主的分拨业务；国际贸易等。				

企业名称	上海伟胜贸国际货运代理有限公司				
企业地址	上海市四平路 257 号 27 楼 H 室（200086）				
投资总额	62 万 USD	电　话	63093722	传　真	63093711
设立日期	2004-11-26	负责人	陆伟祥		
主营业务	承办海运、空运进出口货物、国际展品、私人物品的国际运输代理业务。				

企业名称	上海裕程国际货运有限公司				
企业地址	上海市长宁区虹桥路 2545 弄 29 号鸿旺楼（200335）				
投资总额	61 万 USD	电　话	62499648	传　真	62499649
设立日期	2004-11-26	负责人	赵宏琦		
主营业务	承办海运、空运进出口货物的国际运输代理业务等。				

企业名称	迪爱生物流（上海）有限公司				
企业地址	上海市浦东新区北张家浜路 68 号 5 幢 557 室（200030）				
投资总额	500 万 USD	电　话	58581616	传　真	58583240
设立日期	2004-11-22	负责人	城守正信		
主营业务	道路普通货物的运输（筹建）、仓储、装卸、加工、包装、配送等。				

企业名称	上海安统国际货运有限公司				
企业地址	上海市武进路 255 号 701 室 N（200051）				
投资总额	62 万 USD	电　话	62700950	传　真	62701917
设立日期	2004-11-22	负责人	杜家风		
主营业务	承办海运、空运进出口货物、国际展品等的国际货物运输代理业务。				

企业名称	兆丰威丽国际货运（上海）有限公司				
企业地址	上海市虹口区飞虹路 360 弄 9 号 3309 室（200086）				
投资总额	100 万 USD	电　话	63939998	传　真	63936722
设立日期	2004-11-18	负责人	俞玉丽		
主营业务	承办海运、空运进出口货物、国际展品、私人物品的国际运输代理业务。				

企业名称	友万物国际货运（上海）有限公司				
企业地址	上海市黄浦区九江路 399 号华盛大厦 1909 室（200001）				
投资总额	700 万 RMB	电　话	63607039	传　真	33040567
设立日期	2004-11-16	负责人	马场范夫		
主营业务	承办海运、空运进出口货物的国际运输代理业务等。				

企业名称	港捷（中国）国际货运有限公司				
企业地址	上海市延安东路 100 号联谊大厦 2107 室（200002）				
投资总额	500 万人民币	电　话	63295337	传　真	63734005
设立日期	2004-11-16	负责人	陈长华		
主营业务	承办海运、空运进出口货物、国际展品、私人物品的国际运输代理业务。				

企业名称	年丰（上海）国际货运有限公司				
企业地址	上海市武进路 255 号 701 室 H（200080）				
投资总额	62 万 USD	电　话	53081322	传　真	53081328
设立日期	2004-11-11	负责人	黄安年		
主营业务	承办海运、空运进出口货物、国际展品、私人物品的国际运输代理业务。				

企业名称	顺兴（中国）有限公司				
企业地址	上海市闵行区中春路 5999 号（201100）				
投资总额	1000 万 USD	电　话	68885833	传　真	68882398
设立日期	2004-11-5	负责人	严舸舸		
主营业务	仓储及货物的集中、分类、分级服务（涉及行政许可的凭许可证经营）。				

企业名称	国桥远航国际货运（上海）有限公司				
企业地址	上海市北京东路 666 号 F 区（西座）171 室（200001）				
投资总额	500 万 RMB	电　话	53081338	传　真	63219002
设立日期	2004-11-3	负责人	欧阳国梁		
主营业务	承办海运、陆运、空运进出口货物、国际展品的运输代理业务。				

企业名称	阪神国际货运（中国）有限公司				
企业地址	上海市虹口区广灵四路 140 弄 1 号 101 室（200083）				
投资总额	500 万 RMB	电　话	63501025	传　真	63509010
设立日期	2004-11-3	负责人	田村敏行		
主营业务	承办海运、陆运、空运进出口货物、国际展品的国际运输代理业务等。				

企业名称	百昌国际货运代理（上海）有限公司				
企业地址	上海市武进路 255 号 701 室（200080）				
投资总额	62 万 USD	电　话	54044615	传　真	
设立日期	2004-11-3	负责人	冯炳伦		
主营业务	承办海运、空运进出口货物、国际展品、私人物品的国际运输代理业务。				

企业名称	上海天纳物流设备有限公司				
企业地址	上海市南汇区周浦镇繁荣工业区沈西村一组（201318）				
投资总额	36.5 万 USD	电　话	57538102	传　真	
设立日期	2004-11-1	负责人	严洪金		
主营业务	生产加工托盘车和手动自动推车的物流设备，销售公司自产产品。				

企业名称	范德兰德物流自动化系统（上海）有限公司				
企业地址	上海市外高桥保税区荷丹路 242 号三层 D 部位（200131）				
投资总额	20 万 USD	电　话	63292886	传　真	63299896
设立日期	2004-10-29	负责人	MARTIN MOSSINKOFF		
主营业务	保税区内以物流自动化系统设备为主的仓储分拨业务；国际贸易等。				

企业名称	环捷国际货运代理（上海）有限公司				
企业地址	上海市淮海中路 381 号中环广场 3101－3108 室（200020）				
投资总额	70 万 USD	电　话	63366777	传　真	63368777
设立日期	2004-10-28	负责人	KORBAN ZIAD RAFIC		
主营业务	承办海运、陆运、空运进出口货物的国际运输代理业务等。				

企业名称	**旗锋国际货运（上海）有限公司**				
企业地址	上海市物华路 178 号 5 号楼 308 室（200086）				
投资总额	500 万 RMB	电　话	53580703	传　真	65356767
设立日期	2004-10-26	负责人	李永基		
主营业务	承办海运、陆运、空运进出口货物、国际展品的国际运输代理业务。				

企业名称	**上海怡丰仓储运输有限公司**				
企业地址	上海市浦东新区航津路 658 号 915 室（200137）				
投资总额	180 万 USD	电　话	50677858	传　真	50677805
设立日期	2004-10-26	负责人	杨绍鹏		
主营业务	仓储，国际集装箱装卸、清洗、修理，集装箱货物装箱、拆箱等。				

企业名称	**上海盛菱国际货运有限公司**				
企业地址	上海市浦东新区梅花路 281 号 C 区 223 室（201204）				
投资总额	112 万 USD	电　话	68543030	传　真	68541225
设立日期	2004-10-26	负责人	王　林		
主营业务	海运进出口货物的国际货物运输代理业务，包括：揽货、订舱、仓储等。				

企业名称	**上海安信荣成集装箱储运有限公司**				
企业地址	上海市浦东新区花山路 706 号 518 室（200137）				
投资总额	100 万 USD	电　话	58648421	传　真	50413137
设立日期	2004-10-22	负责人	唐和明		
主营业务	仓储，国际集装箱装卸、清洗、修理，集装箱货物装箱、拆箱等。				

企业名称	**上海华立立国际货运代理有限公司**				
企业地址	上海市长阳路 235 号申茂大厦 1201 室（200080）				
投资总额	68 万 USD	电　话	65859296	传　真	65859386
设立日期	2004-10-22	负责人	CHIANG YI HUEI JAY		
主营业务	承办海运、空运进出口货物、国际展品的国际运输代理业务等。				

企业名称	**上海亚瀚船舶代理有限公司**				
企业地址	上海市浦东新区桃林路 18 号 A 座 902 室（200135）				
投资总额	14 万 USD	电　话	58858822	传　真	58858823
设立日期	2004-10-13	负责人	黄启洲		
主营业务	在上海口岸接受船舶所有人经营下列业务：办理船舶进出港口手续等。				

企业名称	**硕达（上海）国际货运有限公司**				
企业地址	上海市武进路 255 号 701 室 S（200080）				
投资总额	100 万 USD	电　话	63345900	传　真	63345717
设立日期	2004-10-10	负责人	林碧华		
主营业务	承办海运、空运进出口货物的国际运输代理业务等。				

企业名称	**先达国际货运（上海）有限公司**				
企业地址	上海市虹口区辽宁路 244 号 803－804 室（200080）				
投资总额	97 万 USD	电　话	63642582	传　真	63648818
设立日期	2004-10-10	负责人	任纯兵		
主营业务	承办海运、空运进出口货物、国际展品的国际运输代理业务等。				

企业名称	**上海添马行国际货运代理有限公司**				
企业地址	上海市唐山路 216 号 1 号楼 212A 室（200080）				
投资总额	100 万 USD	电　话	56727520	传　真	56727520
设立日期	2004-9-30	负责人	沈一龙		
主营业务	承办海运、空运进出口货物的国际运输代理业务等。				

企业名称	**普及国际货运代理（中国）有限公司**				
企业地址	上海市延安东路 550 号海洋大厦 618 室（200001）				
投资总额	500 万 RMB	电　话	53524766	传　真	63604550
设立日期	2004-9-23	负责人	JAMESDAVID KILPATRICK		
主营业务	承办海运、陆运、空运进出口货物、国际展品的国际运输代理业务。				

企业名称	**上海天风国际货运代理有限公司**				
企业地址	上海市虹口区东体育会路 100 弄 1 号 505 室（200083）				
投资总额	62 万 USD	电　话	62299351	传　真	62299350
设立日期	2004-9-21	负责人	吴智卿		
主营业务	承办海运、空运进出口货物、私人物品及过境货物的国际运输代理业务。				

企业名称	**上海威鸿国际货运有限公司**				
企业地址	上海市武进路 456 号东楼十层 1003 单元（200071）				
投资总额	100 万 USD	电　话	51100888	传　真	
设立日期	2004-9-8	负责人	李蜀冈		
主营业务	承办海运、空运进出口货物的国际运输代理业务，包括：揽货、订舱等。				

企业名称	**世天威物流（上海外高桥保税物流园区）有限公司**				
企业地址	上海外高桥保税物流园区申亚路 1 号 A 幢 2 层 C 座（200131）				
投资总额	1200 万 USD	电　话	68402666	传　真	
设立日期	2004-9-6	负责人	PANG GEOK RENG		
主营业务	以有色金属、稀有金属、铁合金为主的仓储业务及商业性简单加工等。				

企业名称	**新华海天国际货运（上海）有限公司**				
企业地址	上海市虹口区辽宁路 244 号 703－704 室（200080）				
投资总额	65 万 USD	电　话	53881091	传　真	
设立日期	2004-8-30	负责人	肖立武		
主营业务	承办海运、空运进出口货物、国际展品的国际运输代理业务。				

企业名称	**汉基国际货运代理（上海）有限公司**				
企业地址	上海市虹口区东体育会路 100 弄 1 号 1106 室（200010）				
投资总额	62 万 USD	电　话	63308590	传　真	63308525
设立日期	2004-8-26	负责人	郭剑秋		
主营业务	承办海运、空运进出口货物、国际展品的国际运输代理业务等。				

企业名称	**嘉柏（中国）国际货运代理有限公司**				
企业地址	上海市真江北路 1349 号 206 室（200331）				
投资总额	500 万 RMB	电　话	62508820	传　真	52846601
设立日期	2004-8-25	负责人	王良心		
主营业务	承办海运、陆运、国际展品、私人物品及过境货物的国际运输代理业务。				

企业名称	**沛碧航运管理咨询（上海）有限公司**				
企业地址	上海市长宁区仙霞路 335 号 1 号楼 611－1 室（200336）				
投资总额	20 万 USD	电　话	64222323	传　真	64223277
设立日期	2004-8-16	负责人	DONALD JEFFERY PHILLIPS		
主营业务	航运管理咨询，企业管理咨询，投资咨询，市场信息咨询等。				

企业名称	**上海南海国际货运有限公司**				
企业地址	上海市长宁区江苏路 121 号 13 楼 B－1 座（200050）				
投资总额	61 万 USD	电　话	62089265	传　真	
设立日期	2004-8-12	负责人	徐　莉		
主营业务	承办海运、空运进出口货物、私人物品及过境货物的国际运输代理业务。				

企业名称	**森佰国际货运服务（上海）有限公司**				
企业地址	上海市黄浦区中山东一路 12 号上海外滩 12 号楼 3 楼 347 室（200002）				
投资总额	61.5 万 USD	电　话	62156336	传　真	62159233
设立日期	2004-8-9	负责人	DAVID.N.A.FARGUS		
主营业务	承办海运、陆运、空运进出口货物、国际展品的短途运输服务。				

企业名称	**上海三统国际货运代理有限公司**				
企业地址	上海市虹口区海宁路 307 号爱思大厦 11 楼 A 室（200080）				
投资总额	500 万 RMB	电　话	63570354	传　真	63570332
设立日期	2004-8-4	负责人	下平吉彦		
主营业务	承办海运、陆运、空运进出口货物的国际运输代理业务等。				

企业名称	**上海外高桥保税物流园区太平名威物流有限公司**				
企业地址	上海市外高桥保税区申亚路 1 号 A 幢 2 层 A 座（200080）				
投资总额	105 万 USD	电　话	63935778	传　真	63935191
设立日期	2004-8-4	负责人	陈松声		
主营业务	保税区仓储物流，分拨配送业务，国际贸易、转口贸易。				

企业名称	**上海先达物流服务咨询有限公司**				
企业地址	上海市浦东新区梅花路 281 号 B213 室（201204）				
投资总额	14 万 USD	电　话	63862188	传　真	63862188
设立日期	2004-8-2	负责人	王敏夫		
主营业务	物流管理信息咨询、国际经贸信息咨询、科技咨询、投资咨询等。				

企业名称	**源铭物流（上海）有限公司**				
企业地址	上海市外高桥保税区希雅路 55 号第一层 A 部位（200131）				
投资总额	51 万 USD	电　话	57670577	传　真	57670357
设立日期	2004-7-30	负责人	杨翰林		
主营业务	区内仓储、物流，区内以食品机械及零部件为主的分拨业务，售后服务。				

企业名称	**上海诸星物流有限公司**				
企业地址	上海市外高桥保税区富特西一路 155 号二、三层 D、西 1 部位（200131）				
投资总额	20 万 USD	电　话	58314710	传　真	58314710
设立日期	2004-7-30	负责人	诸星重文		
主营业务	保税区内物流业务，国际贸易、转口贸易、保税区内企业间的贸易。				

企业名称	礼信国际货运（上海）有限公司				
企业地址	上海市淮海中路 918 号久事复兴大厦 23 楼 A-C 座（200020）				
投资总额	500 万 RMB	电话	64153692	传真	64155964
设立日期	2004-7-27	负责人	朱益宗		
主营业务	承办海运、陆运、空运进出口货物的国际运输代理业务等。				

企业名称	亨利货运代理（上海）有限公司				
企业地址	上海市卢湾区淮海中路 775 号新华联大厦西楼 10 楼 A 室（200020）				
投资总额	500 万 RMB	电话	61226022	传真	64150606
设立日期	2004-7-26	负责人	HANS-JURGEN SCHLAUSCH		
主营业务	承办海运、空运进出口货物、国际展品的国际运输代理业务。				

企业名称	华隆瑞锋国际货运（上海）有限公司				
企业地址	上海市唐山路 216 号 1 号楼 211B 室（200070）				
投资总额	750 万 RMB	电话	61431070	传真	63539228
设立日期	2004-7-22	负责人	杜立德		
主营业务	承办海运、空运进出口货物的国际运输代理业务等。				

企业名称	东方海外物流（上海外高桥保税物流园区）有限公司				
企业地址	上海市外高桥保税物流园区申亚路 1 号 A 幢 6 层 A 座（200131）				
投资总额	100 万 USD	电话	23018861	传真	62474705
设立日期	2004-7-22	负责人	张大千		
主营业务	保税区仓储物流，分拨配送业务，国际贸易、保税区内企业间的贸易等。				

企业名称	泛亚班拿国际运输代理（中国）有限公司				
企业地址	上海市浦东机场海天一路 618 号 3 楼（200135）				
投资总额	500 万 RMB	电话	62756390	传真	68753287
设立日期	2004-7-21	负责人	杨秀业		
主营业务	承办海运、陆运、国际展品、私人物品的国际运输代理业务等。				

企业名称	川崎空运物流（上海）有限公司				
企业地址	上海市外高桥保税区日京路 180 号第二层 A 部位（200131）				
投资总额	20 万 USD	电话	52581155	传真	62515150
设立日期	2004-7-21	负责人	片野克美		
主营业务	保税区内物流、仓储业务等。				

企业名称	上海外高桥保税物流园区商船三井物流有限公司				
企业地址	上海市外高桥保税物流园区申亚路 1 号 A 幢 10 层 B 座（200131）				
投资总额	200 万 USD	电话	33665566	传真	38750260
设立日期	2004-7-19	负责人	吕智强		
主营业务	保税区仓储物流，分拨配送业务，国际贸易、转口贸易。				

企业名称	上海外高桥保税物流园区东方嘉盛物流有限公司				
企业地址	上海市外高桥保税物流园区申亚路 1 号 A 幢 5 层 B 座（200131）				
投资总额	100 万 USD	电话	50462208	传真	50462455
设立日期	2004-7-15	负责人	邓阳		
主营业务	保税区仓储、物流业务；国际贸易、转口贸易、商业性简单加工等。				

企业名称	航运佳国际货运（上海）有限公司				
企业地址	上海市中山北二路 1705 号 807 室 A-1（200092）				
投资总额	65 万 USD	电话	52340098	传真	52340038
设立日期	2004-7-14	负责人	HENRIK KLEIS		
主营业务	承办海运、空运进出口货物、国际展品、私人物品的国际运输代理业务。				

企业名称	中菲行国际货运代理（上海）有限公司				
企业地址	上海市虹口区辽宁路 244 号 225 室（200080）				
投资总额	122 万 USD	电话	51336588	传真	58777917
设立日期	2004-7-13	负责人	林映陆		
主营业务	承办海运、空运进出口货物、国际展品等的运输代理业务。				

企业名称	得美行国际货运代理（上海）有限公司				
企业地址	上海市虹口区辽宁路 244 号 226 室（200080）				
投资总额	73 万 USD	电话	51336588	传真	58777917
设立日期	2004-7-13	负责人	陈铎		
主营业务	承办海运、空运进出口货物、私人物品及过境货物运输代理业务。				

企业名称	艾美克物流（上海）有限公司				
企业地址	上海市外高桥保税区巴圣路 275 号 40 厂房第一层中东部位（200131）				
投资总额	20 万 USD	电话	24052789	传真	62751131
设立日期	2004-7-12	负责人	ARIS ROGERS		
主营业务	保税区内从事仓储物流业务，电子产品及其零部件的仓储分拨及售后服务。				

企业名称	胜威诺国际货运代理（上海）有限公司				
企业地址	上海市永嘉路 333 号（200031）				
投资总额	100 万 USD	电话	53080977	传真	53080681
设立日期	2004-7-5	负责人	SERGIO BAZZURRO		
主营业务	承办海运、空运进出口货物、国际展品的国际运输代理业务等。				

企业名称	上海耀骅国际货运代理有限公司				
企业地址	上海市浦东新区罗山路 1609 号 458 室（200135）				
投资总额	100 万 USD	电话	52981128	传真	
设立日期	2004-6-29	负责人	颜益财		
主营业务	承办海运、空运进出口货物的国际运输代理业务，包括：揽货、托运等。				

企业名称	上海泰昌货运有限公司				
企业地址	上海市虹口区武进路 255 号 601S 室（200080）				
投资总额	500 万人民币	电话	62752020	传真	62751110
设立日期	2004-6-23	负责人	徐善纪		
主营业务	承办海运、空运进出口货物的国际运输代理业务等。				

企业名称	上海东芝外服货运代理有限公司				
企业地址	上海市浦东新区浦东国际机场海关监管仓储区 M-4-F-地块 202 室（201200）				
投资总额	100 万 USD	电话	64152722	传真	64157276
设立日期	2004-6-23	负责人	三木盛		
主营业务	承办海运、陆运、国际展品、私人物品及过境货物的国际运输代理业务。				

企业名称	友航（中国）国际货代有限公司				
企业地址	上海市四川北路 525 号宇航大厦 2710 室（200085）				
投资总额	62 万 USD	电话	63934750	传真	
设立日期	2004-6-23	负责人	许庚		
主营业务	承办海运、空运进出口货物、国际展品等的国际货物运输代理业务。				

企业名称	上海鹏华船务有限公司				
企业地址	上海市浦东新区高桥镇清溪路 574 号 2 幢 2 室（200137）				
投资总额	200 万人民币	电话	63301041	传真	63201636
设立日期	2004-6-22	负责人	杨东明		
主营业务	在上海口岸接受船舶所有人委托，经营中外籍国际船舶代理及相关业务。				

企业名称	上海升翔船舶工程有限公司				
企业地址	上海市浦东新区合庆镇勤益村四队褚家宅 31 号 6 幢（201201）				
投资总额	20 万 USD	电话	68902633	传真	68902733
设立日期	2004-6-22	负责人	李光耀		
主营业务	加工、制造船用设备配件，销售自产产品。				

企业名称	上海腾辉物流设备有限公司				
企业地址	上海市南汇工业园区 45 号地块（201300）				
投资总额	6000 万 RMB	电话	38959000	传真	50802535
设立日期	2004-6-17	负责人	章曦		
主营业务	生产压力容器及其零部件，销售公司自产产品并提供相关技术咨询等。				

企业名称	捷迅（中国）国际货运有限公司				
企业地址	上海市四平路 188 号上海商贸大厦 2102 室（200086）				
投资总额	500 万 RMB	电话	65225050	传真	65078377
设立日期	2004-6-17	负责人	顾扬明		
主营业务	承办海运、陆运、空运进出口货物、国际展品的国际运输代理业务等。				

企业名称	优格物流（上海）有限公司				
企业地址	上海市外高桥保税区巴圣路 275 号 41 号厂房第一层东部位（200131）				
投资总额	20 万 USD	电话	50484069	传真	50484073
设立日期	2004-6-15	负责人	POH CHOON LAY		
主营业务	保税区内仓储物流业务，国际贸易、转口贸易。				

企业名称	宜点物流（上海）有限公司				
企业地址	上海市外高桥保税区富特北路 458 号 36 号楼第三层 A 部位（200131）				
投资总额	20 万 USD	电话	62470800	传真	62892110
设立日期	2004-6-2	负责人	LEE SUNG HO		
主营业务	保税区内物流、仓储业务等。				

企业名称	上海坤邦仓储有限公司				
企业地址	上海市浦东新区浦东北路 2190 弄 19 号（200137）				
投资总额	20 万 USD	电话	50415805	传真	50415800
设立日期	2004-5-14	负责人	邝金荣		
主营业务	印刷材料、广告宣传品的仓储（涉及许可经营的，凭许可证经营）。				

企业名称	上海保利佐川物流有限公司				
企业地址	上海市浦东新区浦东南路 528 号上海证券大厦北塔 2607 号（200120）				
投资总额	1000 万 USD	电　　话	51167778	传　　真	54377055
设立日期	2004-5-13	负 责 人	山本贤司		
主营业务	进出口业务及相关服务，包括自营或代理货物的进口、出口业务等。				

企业名称	安堡罗（上海）仓储有限公司				
企业地址	上海市外高桥保税区美盛路 168 号北楼第 3 层 B 部位（200131）				
投资总额	20 万 USD	电　　话	54036108	传　　真	54046186
设立日期	2004-4-21	负 责 人	SUNNY JIAN YANG WONG		
主营业务	保税区内仓储业务；国际贸易、转口贸易、保税区的贸易及贸易代理。				

企业名称	上海康隆国际船舶管理有限公司				
企业地址	上海市浦东新区浦东大道 720 号航运金融大厦 25C（200120）				
投资总额	14 万 USD	电　　话	63058855	传　　真	63058855
设立日期	2004-4-21	负 责 人	林德芳		
主营业务	接受船舶所有人的委托，代为办理以下业务：船舶买卖、租赁等业务。				

企业名称	嘉意物流管理（上海）有限公司				
企业地址	上海曹安路 3550 号（200021）				
投资总额	600 万 USD	电　　话	63906223	传　　真	63906809
设立日期	2004-4-7	负 责 人	梁松山		
主营业务	仓储（涉及许可经营的凭许可证经营）。				

企业名称	胜科新物流（上海）有限公司				
企业地址	上海市外高桥保税区美桂南路 331 号物流园区 1B 楼第二层中部位（200131）				
投资总额	20 万 USD	电　　话	62702215	传　　真	62702275
设立日期	2004-4-5	负 责 人	陈宗波		
主营业务	保税区内仓储物流业务；国际贸易、转口贸易等。				

企业名称	上海万环国际货运代理有限公司				
企业地址	上海市物华路 178 号 4 号楼 303 室（200031）				
投资总额	100 万 USD	电　　话	64452266	传　　真	64453166
设立日期	2004-4-2	负 责 人	杨伟德		
主营业务	承办海运、陆运、空运进出口货物、过境货物的国际运输代理业务等。				

企业名称	上海鲜冷储运有限公司				
企业地址	上海市闵行区虹梅南路 3509 弄 8 号（201108）				
投资总额	130 万 USD	电　　话	54259971	传　　真	54890089
设立日期	2004-3-26	负 责 人	榆敏秀		
主营业务	冷冻、冷藏仓储业务、分包装业务，运输代办，冷藏保温货物运输等。				

企业名称	上海杰德船舶管理有限公司				
企业地址	上海市浦东新区源深路 92 号航科大厦 16 楼 E 座（200120）				
投资总额	14.1 万 USD	电　　话	50282695	传　　真	50282697
设立日期	2004-3-18	负 责 人	黄开贤		
主营业务	接受船舶所有人的委托，代为办理以下业务：船舶买卖、租赁等。				

企业名称	上海鸿硕国际货运代理有限公司				
企业地址	上海市安福路 298 弄 2 号 5A-5B 室（200031）				
投资总额	100 万 USD	电　　话	64458162	传　　真	54540503
设立日期	2004-3-13	负 责 人	袁惠琴		
主营业务	承办海运、空运进出口货物的国际运输代理业务，包括揽货、订舱等。				

企业名称	美铝仓储服务（上海）有限公司				
企业地址	上海市外高桥保税区加太路 28 号 A 部位（200131）				
投资总额	35 万 USD	电　　话	58691292	传　　真	
设立日期	2004-3-12	负 责 人	JOHN CHRISTIAN TECKLENGBURGII		
主营业务	保税区内以美铝集团产品为主的仓储、分拨、展示业务及技术培训等。				

企业名称	百运达物流（上海）有限公司				
企业地址	上海市外高桥保税区富特西一路 115 号 2 号楼第七层 B 部位（200131）				
投资总额	25 万 USD	电　　话	63649336	传　　真	63649337
设立日期	2004-3-12	负 责 人	PETER MAX HUELS		
主营业务	保税区内仓储、物流业务，国际贸易、转口贸易、保税区企业间的贸易。				

企业名称	上海捷艾司国际货运有限公司				
企业地址	上海市沪青平公路 277 号 503 室（201105）				
投资总额	100 万 USD	电　　话	52401164	传　　真	52401180
设立日期	2004-3-11	负 责 人	战志豪		
主营业务	承办海运、空运进出口货物的国际运输代理业务。				

企业名称	上海申信国际货运有限公司				
企业地址	上海市古美路 499 号（201102）				
投资总额	100 万 USD	电　　话	62527755	传　　真	52341155
设立日期	2004-3-3	负 责 人	刘定中		
主营业务	承办海运、空运进出口货物的国际运输代理业务等。				

企业名称	上海港东物流有限公司				
企业地址	上海市外高桥保税区德林路 368 号 B 楼（200131）				
投资总额	20 万 USD	电　　话	50463841	传　　真	58681961
设立日期	2004-2-27	负 责 人	吴震亚		
主营业务	保税区仓储物流业务，国际贸易、转口贸易、保税区企业间的贸易等。				

企业名称	上海菱运国际货运有限公司				
企业地址	上海市虹口区武进路 255 号 6A 室（200080）				
投资总额	100 万 USD	电　　话	63508811	传　　真	63618022
设立日期	2004-2-26	负 责 人	米山浩二		
主营业务	承办海运、进出口货物的国际运输代理业务，包括：揽货、货运、订舱。				

企业名称	环通谊达物流（上海）有限公司				
企业地址	上海市外高桥保税区美桂北路 317 号第五层 B-2 部位（200131）				
投资总额	20 万 USD	电　　话	63212266	传　　真	
设立日期	2004-2-24	负 责 人	张　岩		
主营业务	保税区仓储、物流及物流咨询服务等。				

企业名称	上海沪信东仓储有限公司				
企业地址	上海市浦东新区机场镇川南奉公路 3727 号（201209）				
投资总额	1200 万 USD	电　　话	63758318	传　　真	63758328
设立日期	2004-1-17	负 责 人	OLIVER TRENEMAN		
主营业务	仓储及提供相关信息技术咨询服务。				

企业名称	上海运星国际船务代理有限公司				
企业地址	上海市浦东新区杨东路 6 号（200135）				
投资总额	500 万 RMB	电　　话	63404109	传　　真	63404137
设立日期	2004-1-16	负 责 人	徐秋敏		
主营业务	在上海口岸接受船舶所有人的委托，经营中外国籍船舶代理及相关业务。				

企业名称	星曜达物流（上海）有限公司				
企业地址	上海市外高桥保税区冰克路 500 号 5 号第四层东南部位（200131）				
投资总额	20 万 USD	电　　话	51507130	传　　真	51507127
设立日期	2004-1-16	负 责 人	SIM EE HIAN（沈维贤）		
主营业务	保税区内仓储及物流业务，保税区内以医药保健品为主的分拨业务等。				

企业名称	上海智傲国际运输服务有限公司				
企业地址	上海市浦东新区张杨路 228 号 1201 室（200122）				
投资总额	100 万 USD	电　　话	62363303	传　　真	62363303
设立日期	2004-1-5	负 责 人	杨泰康		
主营业务	承办海运、空运进出口货物和过境货物、国际货物的国际运输代理业务。				

企业名称	上海东方天野国际货运代理有限公司				
企业地址	上海市长阳路 235 号（申茂大厦）26 楼（200092）				
投资总额	100 万 USD	电　　话	51273878	传　　真	51273890
设立日期	2003-12-30	负 责 人	杨　根		
主营业务	承办海运、空运进出口货物的国际运输代理业务等。				

企业名称	阪急国际物流（上海）有限公司				
企业地址	上海市外高桥保税区冰克路 500 号 6 号楼第四层（200131）				
投资总额	60 万 USD	电　　话	58691868	传　　真	58690190
设立日期	2003-12-10	负 责 人	多田尊则		
主营业务	保税区内的仓储、物流业务，国际贸易、转口贸易等。				

企业名称	富士托浪司物流咨询（上海）有限公司				
企业地址	上海市外高桥保税区新灵路 118 号 402A 室（200131）				
投资总额	80 万 USD	电　　话	63308866	传　　真	63304911
设立日期	2003-12-4	负 责 人	川崎泰弘		
主营业务	物流咨询服务；国际贸易、转口贸易，保税区企业间的贸易代理。				

企业名称	上海添茂物流设备制造有限公司				
企业地址	上海市青浦工业园区（原赵屯工业园区内）（201711）				
投资总额	28 万 USD	电　　话	59229439	传　　真	59229666
设立日期	2003-12-4	负 责 人	蔡丽萍		
主营业务	生产物流周转储存箱、笼、架等产品，销售公司自产产品。				

交通运输、仓储及邮电通信业

企业名称	上海优波蓝船舶管理有限公司				
企业地址	上海市虹口区岳州路58号402室（200086）				
投资总额	16.67万USD	电　话	65701888	传　真	65192272
设立日期	2003-10-27	负责人	JOEL YE ZHAN HUA		
主营业务	船舶管理咨询、企业管理咨询、信息咨询。				

企业名称	上海霍冶希诺巴克运业有限公司				
企业地址	上海市延安东路588号东海商业中心17楼B室（200001）				
投资总额	15万USD	电　话	63619160	传　真	63514616
设立日期	2003-10-23	负责人	THOMAS HOYER		
主营业务	国内货运代办，货物联运，货物集装罐形式储运，仓储服务等。				

企业名称	上海立伟集装箱仓储有限公司				
企业地址	上海市浦东新区港城路2428弄6号（200137）				
投资总额	125.5万USD	电　话	63602296	传　真	63523311
设立日期	2003-9-30	负责人	莊海民		
主营业务	集装箱装卸、堆存、清洗、仓储（涉及许可经营的凭许可证经营）。				

企业名称	上海正航国际货运有限公司				
企业地址	上海市四平路421弄20号530室（200081）				
投资总额	100万USD	电　话	63272255	传　真	
设立日期	2003-9-18	负责人	辛岛宏		
主营业务	承办海运、空运进出口货物的国际运输代理业务，包括揽货、订舱等。				

企业名称	上海尧锋物流有限公司				
企业地址	上海市外高桥保税区富特北路578号A部位（200131）				
投资总额	20万USD	电　话	58682081	传　真	58682089
设立日期	2003-9-16	负责人	廖忠梅		
主营业务	保税区内仓储、物流及物流咨询服务；保税区内物流管理系统软件的开发。				

企业名称	上海太平物流有限公司				
企业地址	上海市外高桥保税区富特北路201号第一层B部位（200131）				
投资总额	20万USD	电　话	63930663	传　真	33010806
设立日期	2003-9-1	负责人	张松声		
主营业务	保税区内仓储、物流业务，国际贸易、转口贸易等。				

企业名称	上海滨沪一辉国际货运代理有限公司				
企业地址	上海市宝杨路1231号（200086）				
投资总额	100万USD	电　话	65090243	传　真	65078497
设立日期	2003-8-14	负责人	陈浩辉		
主营业务	承办海运、空运进出口货物的国际运输代理业务等。				

企业名称	上海新天天大众低温物流有限公司				
企业地址	上海市溧阳路601号七楼（200080）				
投资总额	800万USD	电　话	64360876	传　真	64826898
设立日期	2003-7-31	负责人	张国美		
主营业务	普通货运，冷藏保温货运运输，货物仓储，货物联运，分拣，简单加工。				

企业名称	中侨实业发展（上海）有限公司				
企业地址	上海市松江区石湖荡镇工业园区（松江1542号地块）（201604）				
投资总额	300万USD	电　话	57842368	传　真	
设立日期	2003-7-25	负责人	胡忠光（执行董事）		
主营业务	普通商品的仓储（涉及许可经营的凭许可证经营）。				

企业名称	上海华港国际货运代理有限公司				
企业地址	上海市外高桥保税区日京路38号104室（200131）				
投资总额	100万USD	电　话	63372833	传　真	63372900
设立日期	2003-7-24	负责人	沈　宁		
主营业务	承办海运、空运、陆运进出口货物的国际运输代理业务，包括：揽货、仓储等。				

企业名称	上海澳桥国际货运有限公司				
企业地址	上海市浦东新区耀华路699号（200126）				
投资总额	100万USD	电　话	63216565	传　真	63233993
设立日期	2003-7-14	负责人	吕宏旦		
主营业务	承办海运、空运进出口货物的国际运输代理业务等。				

企业名称	洛基泰姆（上海）物流有限公司				
企业地址	上海市外高桥保税区富特北路418号（200137）				
投资总额	40万USD	电　话	58682295	传　真	58682297
设立日期	2003-7-9	负责人	梶山直重		
主营业务	保税区内物流、仓储业务；保税区电子零部件、机械产品的分拨、展示。				

企业名称	上海顺兴国际货运代理有限公司				
企业地址	上海市黄浦区保屯路221号（200011）				
投资总额	100万USD	电　话	68885833	传　真	68882398
设立日期	2003-6-18	负责人	倪　倩		
主营业务	承办海运、空运进出口货物的国际运输代理业务等。				

企业名称	伟士德诚运输（上海）有限公司				
企业地址	上海市卢湾区湖滨路222号新天地大厦1号楼1714－1718室（200080）				
投资总额	100万USD	电　话	63406000	传　真	63406000
设立日期	2003-6-13	负责人	保尔·冼伟士		
主营业务	承办海运、空运进出口货物的国际运输代理业务，包括：揽货、订舱等。				

企业名称	七海船舶维修（上海）有限公司				
企业地址	上海市浦东新区北张家浜路68号1幢249号（200122）				
投资总额	20万USD	电　话	58552626	传　真	58552627
设立日期	2003-6-11	负责人	林柏寿		
主营业务	提供船用电子设备、机械设备、救生设备和器具维修相关的技术咨询等。				

企业名称	神原汽船（中国）船务有限公司				
企业地址	上海市中山南路28号久事大厦23楼C、D座（200002）				
投资总额	100万USD	电　话	63302156	传　真	63304764
设立日期	2003-6-5	负责人	小森博文		
主营业务	为日本神原汽船株式会社自有或经营的船舶揽货等。				

企业名称	亨达国际货运代理有限公司				
企业地址	上海市长宁区虹桥路2545弄59号（200051）				
投资总额	100万USD	电　话	59174847	传　真	59176219
设立日期	2003-6-5	负责人	谢东成		
主营业务	承办海运、空运进出口货物的国际运输代理业务，包括：揽货、订舱等。				

企业名称	古河物流（上海）有限公司				
企业地址	上海市外高桥保税区荷丹路190号第一层B部位（200137）				
投资总额	30万USD	电　话	58691292	传　真	
设立日期	2003-5-22	负责人	井手武昌		
主营业务	保税区内仓储物流业务，以铜、铜合金及铝、铝合金为主的保税区分拨、展示等。				

企业名称	新怡物流（上海）有限公司				
企业地址	上海市外高桥保税区日京路35号第二层F部位（200131）				
投资总额	20万USD	电　话	64095710	传　真	54460880
设立日期	2003-5-22	负责人	PEER LYE HUAT		
主营业务	保税区内物流业务；国际贸易、转口贸易等。				

企业名称	高濑物流（上海）有限公司				
企业地址	上海市外高桥保税区泰谷路185号第一层C部位（200131）				
投资总额	20万USD	电　话	63601753	传　真	33040436
设立日期	2003-5-9	负责人	石渡孝夫		
主营业务	保税区内物流、仓储业务等。				

企业名称	上海佳仓国际货运有限公司				
企业地址	上海市浦东新区航津路658号8楼（201200）				
投资总额	200万USD	电　话	63345280	传　真	63345281
设立日期	2003-4-10	负责人	馆贤二		
主营业务	承办海运、空运进出口货物的国际运输代理业务等。				

企业名称	上海亚美至捷国际货运代理有限公司				
企业地址	上海市浦东新区银城东路139号上海华能联合大厦1211室（200120）				
投资总额	100万USD	电　话	62790011	传　真	
设立日期	2003-4-7	负责人	黑木清隆		
主营业务	承办海运、空运、陆运进出口货物的国际运输代理业务。				

企业名称	达贸（中国）船务有限公司				
企业地址	上海市延安东路100号联谊大厦2010室（200002）				
投资总额	100万USD	电　话	63611155	传　真	63261283
设立日期	2003-4-7	负责人	伊夫·佩兰		
主营业务	为法国达贸股份有限公司自有或经营的船舶提供下列服务：揽货、签发提单等。				

企业名称	中海航集团上海国际货运有限公司				
企业地址	上海市虹口区曲阳路800号1811室（200437）				
投资总额	122万USD	电　话	55889899	传　真	65225614
设立日期	2003-4-1	负责人	李来润		
主营业务	承办海运、空运进出口货物的国际运输代理。				

企业名称	上海中博国际货运代理有限公司				
企业地址	上海市物华路11号（200336）				
投资总额	100万USD	电　话	62368032	传　真	62369095
设立日期	2003-3-28	负责人	陈婉芬		
主营业务	承办海运、空运进出口货物、私人物品及过境货物的国际运输代理业务。				

企业名称	上海蓝云威丽物流咨询有限公司				
企业地址	上海市松江区茸北镇五中路2号（201613）				
投资总额	38.48万USD	电　话	63939998	传　真	63936501
设立日期	2003-3-25	负责人	俞玉丽		
主营业务	物流咨询、投资咨询、货代咨询及相关配套服务。				

企业名称	上海星迅通物流有限公司				
企业地址	上海市虹口区大连西路261号1506室（200081）				
投资总额	24万USD	电　话	50583898	传　真	50583895
设立日期	2003-3-13	负责人	陈俊伟		
主营业务	国内公路运输、国内货运代理、联运服务，货物仓储等。				

企业名称	上海佳商亚东国际货运代理有限公司				
企业地址	上海市黄浦区九江路399号华盛大厦（200001）				
投资总额	140万USD	电　话	63525400	传　真	63525411
设立日期	2003-2-28	负责人	计良拓雄		
主营业务	承办海运、空运进出口货物、国际展品的国际运输代理业务等。				

企业名称	上海内外环亚运输代理有限公司				
企业地址	上海市宝山区通南路328号（200439）				
投资总额	20万USD	电　话	53855100	传　真	53855128
设立日期	2003-1-31	负责人	户田徹		
主营业务	普通货运、货运代办（涉及许可经营的，凭许可证经营）。				

企业名称	上海傲兴国际船舶管理有限公司				
企业地址	上海市浦东新区世纪大道88号金茂大厦17层06单元（200120）				
投资总额	22万USD	电　话	61048537	传　真	50470175
设立日期	2003-1-29	负责人	ANDREW WINSLOW PICKE		
主营业务	接受船舶所有人的委托，可以经营下列业务：船舶买卖、租赁服务等。				

企业名称	上海嘉里漕河泾物流有限公司				
企业地址	上海市南汇区康桥工业区康桥路1100号308室（201315）				
投资总额	1200.2万USD	电　话	62689090	传　真	62684485
设立日期	2003-1-24	负责人	洪敬南		
主营业务	进出口业务及相关服务，包括自营或代理货物的进出口业务等。				

企业名称	鸿池物流（上海）有限公司				
企业地址	上海市外高桥保税区富特东三路30号27号厂房第三层中部位(200131)				
投资总额	160万USD	电　话	63091118	传　真	63098338
设立日期	2003-1-22	负责人	藤原一见		
主营业务	保税区内仓储物流业务；国际贸易、转口贸易、保税区内企业间的贸易。				

企业名称	上海浦东国际集装箱码头有限公司				
企业地址	上海市浦东新区杨高北一路88号（200137）				
投资总额	22952万USD	电　话	58612438	传　真	58611238
设立日期	2003-1-16	负责人	陈立身		
主营业务	管理、经营上海外高桥港区一期集装箱码头等。				

企业名称	上海西铁长发国际货运有限公司				
企业地址	上海市黄浦路99号上海滩国际大厦2A－02室（200080）				
投资总额	140万USD	电　话	33011511	传　真	63647640
设立日期	2003-1-16	负责人	奚　政		
主营业务	承办海运、空运进出口货物的国际运输代理业务等。				

企业名称	中外运阪急国际货运有限公司				
企业地址	上海市浦东新区灵山路898号11幢520室（200135）				
投资总额	120万USD	电　话	62350020	传　真	62709006
设立日期	2003-1-10	负责人	章　冬		
主营业务	海运、空运进出口货物的国际运输代理业务，包括：揽货、订舱、仓储。				

企业名称	南美轮船（中国）船务有限公司				
企业地址	上海市广东路689号海通证券大厦8楼（200001）				
投资总额	100万USD	电　话	63410359	传　真	63410328
设立日期	2003-1-10	负责人	ALEJANDRO MOREIRA PA		
主营业务	为母公司自有或经营的船舶提供下列服务：揽货、签发提单、结算运费。				

企业名称	耐帆物流（上海）有限公司				
企业地址	上海市外高桥保税区加太路108号底层全部位、第二层B部位(200131)				
投资总额	20万USD	电　话	58995218	传　真	58995303
设立日期	2003-1-10	负责人	DITAR ISAI		
主营业务	区内仓储物流业务；国际贸易、转口贸易，区企业间的贸易及贸易代理。				

企业名称	伟创力物流（上海）有限公司				
企业地址	上海市外高桥保税区法赛路310号（200131）				
投资总额	20万USD	电　话	50644678	传　真	50643387
设立日期	2002-12-23	负责人	MANNY AL MARIMUTHU		
主营业务	保税区内仓储物流服务，国际贸易、转口贸易等。				

企业名称	菲迈比干洗设备（上海）有限公司				
企业地址	上海市外高桥保税区奥纳路185号第一层A1部位（200131）				
投资总额	109万USD	电　话	38821770	传　真	38826771
设立日期	2002-12-13	负责人	GINO BIAGI		
主营业务	以干洗设备产品为主的区内仓储、分拨业务及相关产品的售后服务等。				

企业名称	碧迪医疗器械（上海）有限公司				
企业地址	上海市外高桥保税区芬菊路308号6号厂房第1层F部位（200131）				
投资总额	20万USD	电　话	63912678	传　真	63912698
设立日期	2002-12-6	负责人	YAP CHEW LOODG		
主营业务	保税区内以医疗器械为主的仓储、分拨业务及其相关产品的技术服务等。				

企业名称	阿德旺斯应用材料（上海）有限公司				
企业地址	上海市浦东新区日樱北路555号22号楼B部位（200131）				
投资总额	20万USD	电　话	50643549	传　真	50461600
设立日期	2002-12-3	负责人	POL HUYSENTRUTT		
主营业务	保税区内以金属丝为主的仓储、分拨业务及售后服务等。				

企业名称	上海丘比特国际货运代理有限公司				
企业地址	上海市青浦区外青松公路6189号302室（201700）				
投资总额	100万USD	电　话	54155296	传　真	54155295
设立日期	2002-11-27	负责人	钱伟祥		
主营业务	承办海运进出口货物的国际运输代理业务，包括揽货、订舱、仓储等。				

企业名称	万宝至马达（上海）有限公司				
企业地址	上海市外高桥保税区新灵路258号第一层B部位（200131）				
投资总额	70万USD	电　话	62787764	传　真	62787767
设立日期	2002-11-18	负责人	上原靖夫		
主营业务	保税区内以微型马达为主的仓储、分拨业务、相关产品的技术咨询等。				

企业名称	上海熙可物流有限公司				
企业地址	上海市普陀区古浪路356弄55号（200442）				
投资总额	500万USD	电　话	63906310	传　真	63906311
设立日期	2002-11-14	负责人	沈琦炜		
主营业务	仓储和储存、打包和装箱、物流咨询、堆存和理货。				

企业名称	上海集发物流有限公司				
企业地址	上海市宝山区军工路1049号（200138）				
投资总额	5000万USD	电　话	56442108	传　真	56442949
设立日期	2002-11-7	负责人	陈宝钦		
主营业务	经营集装箱的堆存、保管、中转、清洗、修理，集装箱货物的储存等。				

企业名称	威而斯通（上海）工业产品有限公司				
企业地址	上海市外高桥保税区荷丹路242号底层A部位（200131）				
投资总额	28万USD	电　话	58680990	传　真	58680895
设立日期	2002-11-2	负责人	刘尔彬		
主营业务	保税区内以焊接技术产品为主的工业产品仓储、分拨、展示、技术咨询。				

企业名称	日速科计测器（上海）有限公司				
企业地址	上海外高桥保税区巴圣路275号40号楼第一层东部位A（200131）				
投资总额	20万USD	电　话	68410436	传　真	68411885
设立日期	2002-10-18	负责人	児玉和弘		
主营业务	以半导体制造装置，医疗分析装置备件为主的保税区内仓储，分拨业务。				

企业名称	南美轮船（中国）船运有限公司				
企业地址	上海市广东路689号海通证券大厦8楼（200001）				
投资总额	100万USD	电　话	63410359	传　真	63410328
设立日期	2002-10-16	负责人	ALEJANDRO MOREIRA PA		
主营业务	船舶服务。				

交通运输、仓储及邮电通信业

企业名称	奥能化学（上海）有限公司				
企业地址	上海市外高桥保税区芬菊路28号第三层C部位（200131）				
投资总额	20万USD	电话	62899717	传真	62793857
设立日期	2002-10-9	负责人	相马实		
主营业务	化学药品、试剂及配套高科技环保设备的仓储、分拨业务。				

企业名称	上海快马国际货运有限公司				
企业地址	上海市长宁区愚园路1258号绿地商务大厦1307-1310室（200050）				
投资总额	100万USD	电话	62110703	传真	
设立日期	2002-9-29	负责人	王经文		
主营业务	承办海运、空运进出口货物的国际运输代理业务。				

企业名称	中领物流（上海）有限公司				
企业地址	上海市外高桥保税区菲拉路55号生产楼第三层A1、A2部位（200131）				
投资总额	20万USD	电话	55966423	传真	65756309
设立日期	2002-9-27	负责人	邱崇波		
主营业务	保税区内物流、仓储，国际贸易、转口贸易、保税区内企业间的贸易等。				

企业名称	上海沪东集装箱码头有限公司				
企业地址	上海市浦东新区港建路1号（200137）				
投资总额	11亿RMB	电话	58485966	传真	58485312
设立日期	2002-9-12	负责人	陈戌源		
主营业务	国际国内航线的集装箱装卸、中转、仓储、分送、集装箱清洗及维修。				

企业名称	上海萨瓦多毛纺有限公司				
企业地址	上海市外高桥保税区日樱南路251号第二层A2部位（200131）				
投资总额	20万USD	电话	62816666	传真	62811818
设立日期	2002-9-12	负责人	童剑锋		
主营业务	保税区内以纺织品原辅料为主的仓储分拨业务，国际贸易等。				

企业名称	永得利大森物流（上海）有限公司				
企业地址	上海市外高桥保税区美盛路63号第一、二层（200131）				
投资总额	20万USD	电话	58680547	传真	58680659
设立日期	2002-9-11	负责人	小寺基之		
主营业务	以电子零部件为主的保税区内仓储物流，分拨，展示，培训及售后服务。				

企业名称	上海辛浦森航运咨询有限公司				
企业地址	上海市浦东新区东方路899号703室（200122）				
投资总额	20万USD	电话	68763350	传真	58305332
设立日期	2002-9-10	负责人	刘光		
主营业务	航运咨询，物流管理咨询，国际船舶贸易咨询等。				

企业名称	上海永康集装箱服务有限公司				
企业地址	上海市宝山区杨行镇西街村（201901）				
投资总额	140万USD	电话	66760086	传真	66760087
设立日期	2002-9-5	负责人	李雄		
主营业务	集装箱空箱寄存、集装箱质验管理、维修及相关服务。				

企业名称	上海神乐物流仓储有限公司				
企业地址	上海市浦东新区唐镇新虹村缪家宅35号（201203）				
投资总额	60万USD	电话	58966632	传真	58586330
设立日期	2002-9-5	负责人	陆卫		
主营业务	物流仓储，配送（不含运输）及相关物流信息咨询。				

企业名称	西门子物流与装配系统有限公司				
企业地址	上海市外高桥保税区荷丹路88号宝钢浦东国贸大厦1楼（200131）				
投资总额	540万欧元	电话	58873030	传真	58876100
设立日期	2002-8-29	负责人	SIEGFRIED SCHMIDT		
主营业务	保税区内物流自动化系统产品的组装和维修等。				

企业名称	上海日陆外联发物流有限公司				
企业地址	上海市外高桥保税区B8－002A地块（200131）				
投资总额	600万USD	电话	58690688	传真	58690688
设立日期	2002-8-19	负责人	菅原务		
主营业务	保税区以危险品为主的仓储、物流服务及分拨、展示业务等。				

企业名称	上海祥宏物流有限公司				
企业地址	上海市宝山区长江南路1118号（200441）				
投资总额	1462万USD	电话	36140375	传真	36140375
设立日期	2002-8-13	负责人	任维沪		
主营业务	货物仓储、包装、整理、分拣及相关的物流仓储业务。				

企业名称	中国东方航空股份有限公司				
企业地址	上海市浦东新区机场大道66号（201202）				
投资总额	58779万USD	电话	51131114	传真	
设立日期	2002-7-25	负责人	李丰华		
主营业务	国内和经批准的国际、地区航空客、货、邮、行李运输业务及延伸服务。				

企业名称	上海祥业物流资讯管理有限公司				
企业地址	上海市宝山区长逸路18号（200441）				
投资总额	135万USD	电话	36140375	传真	36140375
设立日期	2002-7-23	负责人	任维沪		
主营业务	物流方案设计、物流投资咨询、物流信息咨询、物流企业资产管理咨询。				

企业名称	上海起帆宏鹰国际货运有限公司				
企业地址	上海市鲁班路600号江南造船大厦19楼（200023）				
投资总额	100万USD	电话	53029988	传真	53026366
设立日期	2002-7-22	负责人	VITTORIO MARINO FAVA		
主营业务	海运、空运进出口货物和国际展品的国际运输代理业务等。				

企业名称	三运物流（上海）有限公司				
企业地址	上海市外高桥保税区富特西一路115号2号楼5层A部位（200131）				
投资总额	20万USD	电话	53854560	传真	53854760
设立日期	2002-7-22	负责人	封达恩		
主营业务	保税区内物流业务；以机械电子、电脑及通讯器材等产品为主的仓储分拨业务。				

企业名称	礼诺航运船务（中国）有限公司				
企业地址	上海市西藏中路18号港陆广场2305室（200001）				
投资总额	140万USD	电话	63528638	传真	63528639
设立日期	2002-7-21	负责人	PER-GUSTAV LYNGAS		
主营业务	为挪威礼诺航运有限公司自有或经营的船舶揽货。				

企业名称	丹尼斯克添加剂（上海）有限公司				
企业地址	上海市外高桥保税区冰克路520号B3K－7冷库四层A部位（200131）				
投资总额	20万USD	电话	52681952	传真	
设立日期	2002-7-19	负责人	泰罗·胡潘尼未		
主营业务	保税区内以各种食品添加剂为主的仓储、分拨及售后服务等。				

企业名称	上海全华士盟国际货运有限公司				
企业地址	上海市天目西路547号联通国际大厦2407－2409室（200070）				
投资总额	100万USD	电话	63538538	传真	63538767
设立日期	2002-7-18	负责人	黄永存		
主营业务	承办海、空运进出口货物的国际运输代理业务等。				

企业名称	丸红信息技术（上海）有限公司				
企业地址	上海市外高桥保税区富特北路520号第二层B部位（200131）				
投资总额	140万USD	电话	63301660	传真	63301380
设立日期	2002-7-11	负责人	藤春裕平		
主营业务	保税区内以半导体，显示器等相关的电子设备零部件为主的仓储，展示。				

企业名称	上海大众佐川急便物流有限公司				
企业地址	上海市西藏北路225弄1号102室（200331）				
投资总额	422万USD	电话	66080033	传真	66080055
设立日期	2002-7-9	负责人	鸟海志郎		
主营业务	普通货运，货物仓储。				

企业名称	博雷控制（上海）有限公司				
企业地址	上海市外高桥保税区加太路78号第一层B部位（200131）				
投资总额	20万USD	电话	63879898	传真	63879898
设立日期	2002-7-4	负责人	CRAIG C.BROWN		
主营业务	以阀门控制系统为主的仓储，分拨业务等。				

企业名称	盛柏林自动化系统（上海）有限公司				
企业地址	上海市外高桥保税区冰克路500号A幢A-2-1部位（200131）				
投资总额	40万USD	电话	58690435	传真	58690432
设立日期	2002-6-27	负责人	MICHAEL ANTONINO TRI		
主营业务	保税区内以自动化门禁系统及其零部件为主的仓储，分拨及售后服务。				

企业名称	亿利物流（上海）有限公司				
企业地址	上海市外高桥保税区富特西一路115号2号楼第五层B部位（200131）				
投资总额	28万USD	电话	62942299	传真	62945185
设立日期	2002-6-13	负责人	李妙宗		
主营业务	保税区内仓储，物流业务及保税区内运输，国际贸易，转口贸易等。				

企业名称	网丰物流（上海）有限公司				
企业地址	上海市外高桥保税区泰谷路 169 号 C 座 1-2 层（200131）				
投资总额	20 万 USD	电　话	68407106	传　真	68407106
设立日期	2002-6-11	负 责 人	徐乃成		
主营业务	保税区内仓储物流业务，国际贸易、保税区内企业间的贸易及贸易代理。				

企业名称	内外日东物流（上海）有限公司				
企业地址	上海市外高桥保税区冰克路 500 号第二层 A 部位（200131）				
投资总额	20 万 USD	电　话	58690083	传　真	58694117
设立日期	2002-6-7	负 责 人	中田信也		
主营业务	保税区内以电子，电气部件为主的仓储物流，分拨，展示，技术培训等。				

企业名称	上海白马传动工业有限公司				
企业地址	上海外高桥保税区冰克路 500 号 624 室（200131）				
投资总额	20 万 USD	电　话	64287177	传　真	64388110
设立日期	2002-6-3	负 责 人	周　刚		
主营业务	国际贸易、转口贸易、保税区企业间的贸易及贸易代理等。				

企业名称	铃江物流咨询（上海）有限公司				
企业地址	上海市外高桥保税区新灵路 118 号 1718 室（200131）				
投资总额	20 万 USD	电　话	63260395	传　真	63203009
设立日期	2002-6-3	负 责 人	佐藤博之		
主营业务	物流咨询服务，无船承运业务，国际贸易、转口贸易等。				

企业名称	丸进服饰（上海）有限公司				
企业地址	上海市外高桥保税区美桂北路 317 号森历大厦第五层 A 部位（200336）				
投资总额	28 万 USD	电　话	32230736	传　真	62782767
设立日期	2002-5-29	负 责 人	野泽义忠		
主营业务	保税区内以纺织品为主的仓储、分拨业务等。				

企业名称	兴亚船务（中国）有限公司				
企业地址	上海市延安东路 618 号 19 层 A 座（200001）				
投资总额	100 万 USD	电　话	53854288	传　真	53855038
设立日期	2002-5-17	负 责 人	李润载		
主营业务	为韩国总部船舶揽货。				

企业名称	上海英利物流有限公司				
企业地址	上海市外高桥保税区冰克路 500 号二楼（200131）				
投资总额	380 万 USD	电　话	54221511	传　真	54221551
设立日期	2002-5-9	负 责 人	彭昆耀		
主营业务	区内仓储及物流运输管理，国际贸易、转口贸易、保税区企业间贸易等。				

企业名称	旗锋物流（上海）有限公司				
企业地址	上海市外高桥保税区美盛路 168 号 8F 北楼 A 部位（200131）				
投资总额	20 万 USD	电　话	53580703	传　真	53581383
设立日期	2002-4-29	负 责 人	李永基		
主营业务	保税区仓储物流业务，国际贸易，转口贸易，保税区企业间贸易等。				

企业名称	上海东昌西泰克现代物流管理有限公司				
企业地址	上海市浦东新区浦电路 389 号 12 楼（200122）				
投资总额	200 万 USD	电　话	58565856	传　真	58567188
设立日期	2002-4-27	负 责 人	华杏生		
主营业务	从事生产企业、非生产企业直接或间接物料的仓储、供应等。				

企业名称	锐德（上海）物流有限公司				
企业地址	上海市外高桥保税区富特北路 200 号底楼 A 部位（200131）				
投资总额	35 万 USD	电　话	62957525	传　真	62093425
设立日期	2002-4-24	负 责 人	CHISTOPHER WOODWARD		
主营业务	保税区内物流业务，以机械电子、电脑等产品为主的仓储、分拨业务等。				

企业名称	安吉天地汽车物流有限公司				
企业地址	上海市普陀区曹杨路 595 号（200063）				
投资总额	4951 万 USD	电　话	62609090	传　真	62222824
设立日期	2002-4-22	负 责 人	DAVID KULIK		
主营业务	与汽车相关的普通货运、国内货运代理服务和仓储服务、管理服务。				

企业名称	贝亲婴儿用品（上海）有限公司				
企业地址	上海市外高桥保税区泰谷路 185 号二层 H 部位（200131）				
投资总额	40 万 USD	电　话	53563376	传　真	53563378
设立日期	2002-4-12	负 责 人	北泽宪政		
主营业务	保税区内婴儿日用品、服装、服饰的加工、组装，销售自产产品。				

企业名称	唯佳物流（上海）有限公司				
企业地址	上海市外高桥保税区华申路 201 号底层（200131）				
投资总额	20 万 USD	电　话	50464713	传　真	50464711
设立日期	2002-4-1	负 责 人	汤亚民		
主营业务	保税区内仓储物流业务，国际贸易、转口贸易、保税区企业间的贸易等。				

企业名称	大贯纤维（上海）有限公司				
企业地址	上海外高桥保税区富特西一路 381 号 A1 六层 G 部位（200131）				
投资总额	75 万 USD	电　话	62941871	传　真	62941870
设立日期	2002-3-21	负 责 人	大贯宗南		
主营业务	保税区内以纤维制品为主的仓储、分拨业务及相关产品的技术服务。				

企业名称	三菱化学（上海）有限公司				
企业地址	上海市外高桥保税区富特北路 288 号 1 号楼底层（西部位）（200131）				
投资总额	28 万 USD	电　话	54076030	传　真	54076058
设立日期	2002-3-19	负 责 人	龟村达男		
主营业务	以化工产品、医药、电子产品为主的保税区内的仓储、分拨业务等。				

企业名称	上海孚宝港务有限公司				
企业地址	上海市化学工业区联合路 9 号（201507）				
投资总额	21000 万 USD	电　话	67250928	传　真	67254080
设立日期	2002-3-13	负 责 人	阮延华		
主营业务	建设管理和经营上海化学工业区内化学物品专业码头等。				

企业名称	上村化学（上海）有限公司				
企业地址	上海外高桥保税区芬菊路 308 号新发展 9 号厂房二层 B 部位（200131）				
投资总额	100 万 USD	电　话	52396811	传　真	52396812
设立日期	2002-3-13	负 责 人	UEMURA HIROYA		
主营业务	保税区内以化学品及其相关产品为主的仓储、分拨业务和售后服务。				

企业名称	上海梅陇华德美居仓储物流有限公司				
企业地址	上海市闵行区莲花路银都路口（201108）				
投资总额	1640 万 USD	电　话	50590888	传　真	50590051
设立日期	2002-3-12	负 责 人	STEPHEN GILMAN		
主营业务	建筑材料，装饰装修材料，五金工具，居家装饰用品等。				

企业名称	伯乐生命医学产品（上海）有限公司				
企业地址	上海市外高桥保税区希雅路 69 号 15 号厂房 4 层 C 部位（200131）				
投资总额	35 万 USD	电　话	50462020	传　真	50463668
设立日期	2002-3-7	负 责 人	EDWARD STAUBER		
主营业务	保税区内以生命科学产品及相关消耗品、试剂为主的仓储、分拨业务。				

企业名称	上海迅航物流有限公司				
企业地址	上海市外高桥保税区菲拉路 55 号生产楼第二层 A、B 部位（200131）				
投资总额	20 万 USD	电　话	63913068	传　真	63913113
设立日期	2002-2-20	负 责 人	彭少夫		
主营业务	保税区内以百货和金属材料为主的仓储、物流业务等。				

企业名称	上海爱恩仓储有限公司				
企业地址	上海市宝山区市一东路 275 号（201906）				
投资总额	140 万 USD	电　话	56868381	传　真	56868381
设立日期	2002-2-10	负 责 人	大盐政和		
主营业务	从事床上用品、服装等物品的整修加工，产品技术指导、物品仓储等。				

企业名称	日清纺织（上海）有限公司				
企业地址	上海市外高桥保税区奥纳路 160 号 1 楼第一层 2－5 部位（200131）				
投资总额	20 万 USD	电　话	62350420	传　真	62350659
设立日期	2002-2-9	负 责 人	须贺田道明		
主营业务	以纺织品、纤维制品和机械设备及其零部件为主的保税区内仓储、分拨等。				

企业名称	大福自动化物流设备（上海）有限公司				
企业地址	上海市外高桥保税区富特北路 520 号第三层 B 部位（200131）				
投资总额	58 万 USD	电　话	62368600	传　真	62368200
设立日期	2002-2-4	负 责 人	藤木胜敏		
主营业务	以物流相关设备为主的保税区内仓储、分拨、展示、培训及售后服务等。				

企业名称	克鲁勃润滑剂（上海）有限公司				
企业地址	上海市外高桥保税区菲拉路 55 号生产楼第一层 A1A2 部位（200131）				
投资总额	20 万 USD	电　话	63720022	传　真	63721806
设立日期	2002-1-10	负 责 人	ARNO GULDNER		
主营业务	保税区内从事润滑剂及其相关产品的仓储，分拨业务等。				

房地产业

企业名称	上海新禾旺房地产经纪有限公司				
企业地址	上海市浦东新区金海路3288号4幢A310室（201203）				
投资总额	7万USD	电　话	64390765	传　真	
设立日期	2009-12-30	负责人	陈坤助		
主营业务	房地产经纪。				

企业名称	上海鸿福置业有限公司				
企业地址	上海市虹口区北宝兴路355号2幢107室（200083）				
投资总额	4687万USD	电　话	55155100	传　真	
设立日期	2009-12-29	负责人	TAN YEOW BENG		
主营业务	从事商业物业的出租、经营，物业管理及相关配套服务。				

企业名称	韬彼思房地产经纪（上海）有限公司				
企业地址	上海市卢湾区建国中路10号8号楼8206B室（200025）				
投资总额	6万USD	电　话		传　真	
设立日期	2009-12-28	负责人	黄绍忠		
主营业务	房地产经纪。				

企业名称	华润超智房地产开发有限公司				
企业地址	上海市松江区泗泾镇古楼公路107号1幢（201601）				
投资总额	20646万USD	电　话	65986611	传　真	
设立日期	2009-12-22	负责人	王　印		
主营业务	从事住宅、酒店式公寓及配套商业设施的开发、销售.				

企业名称	华润（上海）房地产开发有限公司				
企业地址	上海市嘉定区南翔镇美裕路600号2幢328室（201802）				
投资总额	43872万USD	电　话	65986611	传　真	
设立日期	2009-12-11	负责人	王　印		
主营业务	从事住宅、酒店式公寓及配套商业设施的开发、销售、管理和经营.				

企业名称	上海信原房地产经纪有限公司				
企业地址	上海市闸北区海宁路1407号一层（200070）				
投资总额	10万USD	电　话		传　真	
设立日期	2009-11-26	负责人	林贤福		
主营业务	房地产经纪，房地产代理出租、出售，房地产咨询服务。				

企业名称	锦崇物业经营管理（上海）有限公司				
企业地址	上海市长宁区广顺路33号8幢134室（200335）				
投资总额	51万USD	电　话	62269719	传　真	
设立日期	2009-11-17	负责人	胡志敏		
主营业务	受托提供物业管理服务，相关的停车管理，提供相关咨询服务。				

企业名称	上海嘉胜物业有限公司				
企业地址	上海市浦东新区云间路418弄会所103室（200122）				
投资总额	960万USD	电　话	63226789	传　真	
设立日期	2009-10-21	负责人	林许秋云		
主营业务	物业管理，自有物业出租，投资咨询.				

企业名称	上海海柏置业有限公司				
企业地址	上海市闵行区联友路369号3028室（201107）				
投资总额	3808万USD	电　话	23089090	传　真	
设立日期	2009-9-27	负责人	张震频		
主营业务	从事房屋的出租、经营、物业管理及相关配套服务.				

企业名称	上海海森置业有限公司				
企业地址	上海市闵行区联友路369号3030室（201107）				
投资总额	2051万USD	电　话	23089090	传　真	
设立日期	2009-9-27	负责人	张震频		
主营业务	从事房屋的出租、经营、物业管理及相关配套服务。				

企业名称	上海海逸置业有限公司				
企业地址	上海市闵行区联友路369号3031室（201107）				
投资总额	967万USD	电　话	23089090	传　真	
设立日期	2009-9-27	负责人	张震频		
主营业务	从事房屋的出租、经营、物业管理及相关配套服务。				

企业名称	上海海广房地产经营有限公司				
企业地址	上海市闵行区联友路369号3029室（201107）				
投资总额	542万USD	电　话	23089090	传　真	
设立日期	2009-9-27	负责人	张震频		
主营业务	从事网球俱乐部的经营、物业管理。				

企业名称	颐泰（上海）置业有限公司				
企业地址	上海市普陀区长寿路868号汇丽大厦402室（200060）				
投资总额	10244万USD	电　话	33533363	传　真	
设立日期	2009-9-23	负责人	李彦忠		
主营业务	从事汇丽大厦的租赁、物业管理及相关配套服务。				

企业名称	晶彩居房地产经纪（上海）有限公司				
企业地址	上海市长宁区长宁路1810号底层（200501）				
投资总额	15万USD	电　话	52723373	传　真	
设立日期	2009-9-23	负责人	张大纬		
主营业务	房地产经纪、房地产信息咨询、企业管理咨询、投资咨询。				

企业名称	利尊房地产经纪（上海）有限公司				
企业地址	上海市青浦区外青松公路5515号2楼（200030）				
投资总额	65万USD	电　话	60872333	传　真	
设立日期	2009-8-20	负责人	廖伟强		
主营业务	房地产经纪，房地产信息咨询，物业管理咨询。				

企业名称	资地置业（上海）有限公司				
企业地址	上海市静安区康定路1147号9幢1018室（200042）				
投资总额	4390万USD	电　话	63079973	传　真	
设立日期	2009-8-13	负责人	周厚文		
主营业务	从事商业物业及石门一路333号1层地库的出租、经营、物业管理。				

企业名称	睿德深蓝物业管理（上海）有限公司				
企业地址	上海市闵行区中春路4999号1286室（201100）				
投资总额	44万USD	电　话	54172365	传　真	
设立日期	2009-7-16	负责人	韩文选		
主营业务	物业管理、保洁服务及相关咨询。				

企业名称	上海永恩房地产发展有限公司				
企业地址	上海市静安区南京西路580号附楼601-603室（200336）				
投资总额	1950万USD	电　话	62788785	传　真	
设立日期	2009-7-7	负责人	李　珩		
主营业务	在南证大厦从事办公楼的开发、经营、出租出售，停车场经营。				

企业名称	上海嘉恒浩发房地产开发管理有限公司				
企业地址	上海市奉贤区目华北路388号686室（201424）				
投资总额	146万USD	电　话	64045093	传　真	
设立日期	2009-6-23	负责人	夏　航		
主营业务	受关联企业的委托，向其所投资的房地产企业提供投资管理服务。				

企业名称	上海派丰永康商业经营管理有限公司				
企业地址	上海市永康路37号2楼（200031）				
投资总额	88万USD	电　话	64676752	传　真	
设立日期	2009-6-22	负责人	孙志伟		
主营业务	从事永康路、嘉善路的商业店铺出租经营。				

企业名称	大神（上海）房地产经纪有限公司				
企业地址	上海市长宁区江苏路369号3F室（200050）				
投资总额	15万USD	电　话	52401008	传　真	52401038
设立日期	2009-6-4	负责人	王文玫		
主营业务	房地产经纪、房地产信息咨询、物业管理。				

企业名称	上海丰涛置业有限公司				
企业地址	上海市青浦区朱家角镇康业路951弄32号3597室（201713）				
投资总额	1539万USD	电　话		传　真	
设立日期	2009-6-1	负责人	倪建达		
主营业务	在上海市青浦区朱家角镇9街坊43/3丘从事住宅开发及经营。				

企业名称	浦豪物业管理（上海）有限公司				
企业地址	上海市黄浦区云南中路47号501室（200001）				
投资总额	15万USD	电　话	63225370	传　真	
设立日期	2009-5-27	负责人	吴象彬		
主营业务	物业管理及相关的咨询服务，自有商业用房的出租。				

企业名称	克理特物业管理（上海）有限公司				
企业地址	上海市浦东新区川沙路6999号29幢210室（201202）				
投资总额	5万USD	电　话	62377233	传　真	
设立日期	2009-5-22	负责人	丁惠景		
主营业务	物业管理与咨询，园林绿化养护，保洁服务，停车场管理。				

房地产业

企业名称	锦泰鸿达城市运营顾问（上海）有限公司				
企业地址	上海市宝山区上大路 668 号 286A 室（200436）				
投资总额	44 万 USD	电　　话	53827278	传　　真	
设立日期	2009-4-24	负 责 人	郑红娣		
主营业务	从事物业管理、企业管理咨询、市场营销策划、会议展览咨询。				

企业名称	上海雅思酒店管理有限公司				
企业地址	上海市浦东新区民生路 600 号 16 幢 212 室（200135）				
投资总额	129 万 USD	电　　话	38611111	传　　真	
设立日期	2009-3-31	负 责 人	许世坛		
主营业务	提供酒店管理及相关服务设施的管理及咨询，物业管理，会务服务。				

企业名称	上海骏兴房地产开发有限公司				
企业地址	上海市淮海中路 333 号瑞安广场 26 楼 H 室（200021）				
投资总额	13462 万 USD	电　　话	63861818	传　　真	
设立日期	2009-3-5	负 责 人	许诚新		
主营业务	在批租的卢湾区 116 号地块范围内从事住宅的开发、建造、出租、出售。				

企业名称	富鼎置业（上海）有限公司				
企业地址	上海市普陀区大渡河路 525 号 305 室（200062）				
投资总额	2000 万 USD	电　　话	52828420	传　　真	
设立日期	2009-3-4	负 责 人	许朝忠		
主营业务	从事普陀区大渡河路 168 弄 26 号自有办公楼的租赁，物业管理。				

企业名称	易康物业管理（上海）有限公司				
企业地址	上海市长宁区兴国路 372 弄 1 号 102 室（200052）				
投资总额	14 万 USD	电　　话		传　　真	
设立日期	2009-2-27	负 责 人	苏定光		
主营业务	物业管理、企业管理咨询。				

企业名称	艾碧克商务服务（上海）有限公司				
企业地址	上海市浦东新区陆家嘴环路 166 号未来资产大厦 17 楼（200120）				
投资总额	40 万 USD	电　　话	51757777	传　　真	
设立日期	2009-2-13	负 责 人	TONY CON LING CHEN		
主营业务	提供办公场地租赁服务。				

企业名称	上海仁恒森兰置业有限公司				
企业地址	上海市浦东新区东靖路 1831 号 401-27 室（201208）				
投资总额	17421 万 USD	电　　话	68768888	传　　真	68765858
设立日期	2008-12-9	负 责 人	陈耀玲		
主营业务	从事房地产开发经营及相关设施的建设。				

企业名称	骏腾（上海）物业管理有限公司				
企业地址	上海市卢湾区打浦路 88 号 6C 室（200023）				
投资总额	15 万 USD	电　　话	64452217	传　　真	64452604
设立日期	2008-11-21	负 责 人	吴克礼		
主营业务	物业管理、物业发展顾问及其相关的咨询服务。				

企业名称	秀盛物业管理（上海）有限公司				
企业地址	上海市闵行区虹井路 348 号第 2 幢 216 室（201103）				
投资总额	6 万 USD	电　　话		传　　真	
设立日期	2008-11-7	负 责 人	姜秀映		
主营业务	物业管理，仓储管理，投资咨询。				

企业名称	升德（上海）物业管理有限公司				
企业地址	上海市金山区吕巷镇干巷荣昌路 318 号 2 幢 119 室（201518）				
投资总额	14 万 USD	电　　话	51090868	传　　真	57253150
设立日期	2008-10-31	负 责 人	廖宜康		
主营业务	物业管理。				

企业名称	上海世邦魏理仕房地产经纪有限公司				
企业地址	上海市徐汇区淮海中路 1010 号嘉华中心 3201 室（200031）				
投资总额	7.3 万 USD	电　　话	24011200	传　　真	54037430
设立日期	2008-10-27	负 责 人	施柏特		
主营业务	房地产经纪、房地产投资咨询、物业管理。				

企业名称	上海宝禾置业有限公司				
企业地址	上海市闸北区恒丰路 506 号（200070）				
投资总额	9800 万 USD	电　　话	63571057	传　　真	63571366
设立日期	2008-10-9	负 责 人	邬立忠		
主营业务	从事商务楼、商业用房和各类配套设施的开发、建设、经营。				

企业名称	上海雅华房地产发展有限公司				
企业地址	上海市普陀区兰溪路 221 弄 4 号丁室（200063）				
投资总额	3077 万 USD	电　　话	62161155	传　　真	22166007
设立日期	2008-10-9	负 责 人	钟慎强		
主营业务	进行住宅、停车场及配套设施的开发、销售。				

企业名称	上海尊怡物业服务有限公司				
企业地址	上海市桂林南路 105 号 19 幢 103 室（200237）				
投资总额	43.8 万 USD	电　　话	62788300	传　　真	62782998
设立日期	2008-9-12	负 责 人	祝惇若		
主营业务	物业管理。				

企业名称	裕博仓储（上海）有限公司				
企业地址	上海市奉贤区海港开发区海杰路 1568 号 101 室（201413）				
投资总额	1350 万 USD	电　　话	61168702	传　　真	61168700
设立日期	2008-9-10	负 责 人	JAMES THOMAS GAGNE		
主营业务	仓储设施建设、管理与经营并提供相关产品的加工、包装服务。				

企业名称	旭瑞（上海）物业管理有限公司				
企业地址	上海市长宁区华山路 1568 号 1004 室（200052）				
投资总额	20 万 USD	电　　话	62825000	传　　真	62825777
设立日期	2008-9-9	负 责 人	RICHARD ANTHONY DAVID		
主营业务	物业管理，投资咨询，商务信息咨询，国际经济信息咨询。				

企业名称	御翠园物业管理（上海）有限公司				
企业地址	上海市浦东新区花木路 1883 弄 98 号（200135）				
投资总额	8.45 万 USD	电　　话	54043388	传　　真	54046581
设立日期	2008-9-5	负 责 人	周伟淦		
主营业务	物业管理、酒店管理、康体设施管理、停车场管理。				

企业名称	蜜纳房地产经纪（上海）有限公司				
企业地址	上海市徐汇区肇嘉浜路 798 号 202 室 A（200030）				
投资总额	20 万 USD	电　　话	64738807	传　　真	64739719
设立日期	2008-9-4	负 责 人	张耀煌		
主营业务	房地产经纪。				

企业名称	宙斯盾物业管理（上海）有限公司				
企业地址	上海市闵行区虹井路 185 号 10 幢 315 室（201103）				
投资总额	20 万 USD	电　　话		传　　真	
设立日期	2008-8-6	负 责 人	GILBERT LIN		
主营业务	物业管理，商务咨询。				

企业名称	上海富华房地产发展有限公司				
企业地址	上海市普陀区武宁路 2101 号 523 室（200063）				
投资总额	5276 万 USD	电　　话	62161155	传　　真	22166007
设立日期	2008-7-31	负 责 人	钟慎强		
主营业务	进行办公楼、住宅楼、商业楼相关配套设施的开发建设、租赁。				

企业名称	上海金盛隆置地有限公司				
企业地址	上海市松江区佘山镇陶干路 265 号 1 幢 1 层 A 座（201600）				
投资总额	5129 万 USD	电　　话	32093071	传　　真	32093076
设立日期	2008-7-31	负 责 人	黄志源		
主营业务	从事度假宾馆及配套设施的开发、建设、物业租赁。				

企业名称	卓敏物业管理（上海）有限公司				
企业地址	上海市长宁区天山路 338 弄 1 号 301－3 室（200051）				
投资总额	14 万 USD	电　　话	61197526	传　　真	61197575
设立日期	2008-7-31	负 责 人	刘 芹		
主营业务	物业管理，管理物业内的清扫保洁。				

企业名称	格宝（上海）物业管理有限公司				
企业地址	上海市闵行区中春路 7001 号 11 幢 221 室（201101）				
投资总额	75 万 USD	电　　话		传　　真	
设立日期	2008-7-29	负 责 人	LOH YOK YEONG		
主营业务	物业管理、酒店投资咨询、商务咨询、室内装潢咨询。				

企业名称	滨韵物业管理（上海）有限公司				
企业地址	上海市虹口区武进路 289 号 415 室（200080）				
投资总额	260 万 USD	电　　话	63214189	传　　真	63299117
设立日期	2008-7-21	负 责 人	JULIO MANUEL IGLESIAS FALLA		
主营业务	物业管理，企业管理咨询，投资咨询，商务咨询。				

企业名称	上海新尚贤坊房地产发展有限公司				
企业地址	上海市卢湾区淮海中路 300 号 5703E 室（200021）				
投资总额	12700 万 USD	电　话	64336688	传　真	64316868
设立日期	2008-7-18	负 责 人	杜惠恺		
主营业务	从事办公楼、酒店以及客房及其他配套设施的开发建设、出租、出售。				

企业名称	上海好世嘉定置业有限公司				
企业地址	上海市嘉定区南大街 272 号 2 幢 211 室（201800）				
投资总额	5836 万 USD	电　话	64672222	传　真	67672328
设立日期	2008-7-8	负 责 人	薛晓路		
主营业务	从事住宅、商业设施的开发、销售和配套设备建设。				

企业名称	上海嘉敏房地产开发经营有限公司				
企业地址	上海市闵行区虹梅南路 4999 号第三幢 306－309 室（200031）				
投资总额	14000 万 USD	电　话	61133333	传　真	61133366
设立日期	2008-6-17	负 责 人	林长丰		
主营业务	从事商业、住宅的开发、建造、出租。				

企业名称	鼎扬（上海）物业管理有限公司				
企业地址	上海市长宁区青溪路 288 弄 11 号甲 102 室（200335）				
投资总额	20 万 USD	电　话	62623399	传　真	
设立日期	2008-6-5	负 责 人	WU TIAN SHAN		
主营业务	物业管理。				

企业名称	纪亮（上海）房地产开发有限公司				
企业地址	上海市青浦区朱家角镇北大街 323 号 201 室（201713）				
投资总额	7960 万 USD	电　话	59244412	传　真	59244845
设立日期	2008-6-2	负 责 人	王安德		
主营业务	从事住宅开发、建设、经营、物业管理。				

企业名称	毕佑德物业管理（上海）有限公司				
企业地址	上海市虹口区武进路 289 号 441 室（200080）				
投资总额	14 万 USD	电　话	62531758	传　真	62531758
设立日期	2008-5-27	负 责 人	CHRISTOPHER REILLY CALLAHAN		
主营业务	物业管理。				

企业名称	上海尚林物业管理有限公司				
企业地址	上海市闸北区延长路 149 号 94 幢 103 室（200070）				
投资总额	480 万 USD	电　话	60868047	传　真	60868047
设立日期	2008-4-29	负 责 人	周　忻		
主营业务	物业管理，物业管理咨询，室内装潢设计咨询，会议服务。				

企业名称	上海旭升置业有限公司				
企业地址	上海市虹口区四川北路 1500 号 904 室（200080）				
投资总额	18000 万 USD	电　话	62156215	传　真	63575638
设立日期	2008-4-25	负 责 人	王安德		
主营业务	进行办公楼和商业设施的开发、经营。				

企业名称	祥贺物业管理（上海）有限公司				
企业地址	上海市松江区新松江路 1290 号 8 楼 808 室（201620）				
投资总额	120 万 USD	电　话	62084062	传　真	62084062
设立日期	2008-3-31	负 责 人	彭焌铭		
主营业务	物业管理、投资管理咨询、资产管理咨询。				

企业名称	澳捷房地产开发（上海）有限公司				
企业地址	上海市松江区新浜工业园区新工路 188 号 1 幢 201 室（201613）				
投资总额	800 万 USD	电　话	67741646	传　真	59815070
设立日期	2008-3-26	负 责 人	ZHANG HENG		
主营业务	从事商品房的开发、销售、租赁及配套物业管理。				

企业名称	上海润雅房地产发展有限公司				
企业地址	上海市普陀区北石路 138 号 1 楼（200333）				
投资总额	4900 万 USD	电　话	22166288	传　真	22166007
设立日期	2008-3-20	负 责 人	钟慎强		
主营业务	进行办公楼、商业物业、停车场及配套设施的开发、销售。				

企业名称	伊诺尔物业管理（上海）有限公司				
企业地址	上海市浦东新区龙阳路 2277 号 202、203 室（201204）				
投资总额	300 万 USD	电　话		传　真	
设立日期	2008-3-11	负 责 人	李培芬		
主营业务	物业管理。				

企业名称	哈考特房地产经纪（上海）有限公司				
企业地址	上海市奉贤区南桥镇南桥路 1 号 17 幢 305 室（201400）				
投资总额	60 万 USD	电　话	62708655	传　真	62700079
设立日期	2008-2-27	负 责 人	丁福如		
主营业务	房地产经纪及相关管理软件开发。				

企业名称	外才室内设计（上海）有限公司				
企业地址	上海市张江高科技园区晨晖路 725 号 108 室（201203）				
投资总额	1.28 万 USD	电　话	50806678	传　真	50805920
设立日期	2008-2-22	负 责 人	邓　禧		
主营业务	室内装潢设计，并提供相关的技术咨询。				

企业名称	欧维轩物业设施管理服务（上海）有限公司				
企业地址	上海市虹口区物华路 58 号底层东间 02 室（200096）				
投资总额	70 万 USD	电　话	65046928	传　真	65046928
设立日期	2008-2-18	负 责 人	Brett Andrew Bannister		
主营业务	物业管理，保洁服务，绿化服务。				

企业名称	缘合（上海）房产经纪有限公司				
企业地址	上海市徐汇区吴兴路 277 号 7 楼 718 室（200031）				
投资总额	14 万 USD	电　话	51113631	传　真	51113631
设立日期	2008-2-5	负 责 人	YAN WEN CHEN TSINKELIS		
主营业务	房地产经纪、房地产咨询。				

企业名称	现在房地产顾问（上海）有限公司				
企业地址	上海市静安区南京西路 580 号主楼 38 层 01 室（200041）				
投资总额	10 万 USD	电　话	31268211	传　真	60956801
设立日期	2008-2-4	负 责 人	李立勐		
主营业务	房地产经纪，投资咨询。				

企业名称	力欣房地产经纪（上海）有限公司				
企业地址	上海市浦东新区莲林路 15 号 1 幢 308 室（200126）				
投资总额	64 万 USD	电　话	50550908	传　真	50550908
设立日期	2008-2-4	负 责 人	CHANG HUNG TU		
主营业务	房地产经纪、投资咨询、市场营销策划咨询、企业管理咨询。				

企业名称	上海恒睿房地产有限公司				
企业地址	上海市青浦区赵巷镇沪青平公路 3609 弄 4 幢 1 号楼 202 室（201702）				
投资总额	21834 万 USD	电　话	55155100	传　真	62367699
设立日期	2008-1-28	负 责 人	赵男男		
主营业务	从事住宅的开发，经营，物业管理。				

企业名称	上海北岸风尚置业有限公司				
企业地址	上海市普陀区大渡河路 525 号长风地产办公楼 304 室（200068）				
投资总额	8479 万 USD	电　话	32180352	传　真	32180330
设立日期	2008-1-28	负 责 人	卢　锋		
主营业务	从事普陀区大渡河路 168 弄 18 号及 31 号办公楼的租赁，物业管理。				

企业名称	胜佳物业管理（上海）有限公司				
企业地址	上海市长宁区延安西路 3080 号 86 室（200336）				
投资总额	200 万 USD	电　话		传　真	
设立日期	2008-1-11	负 责 人	郭明义		
主营业务	物业管理。				

企业名称	帕尔迅（上海）酒店管理有限公司				
企业地址	上海市浦东新区钱仓路 1 号 20H 室（200120）				
投资总额	15 万 USD	电　话	58871392	传　真	
设立日期	2008-1-11	负 责 人	LEE HER KIAT HERMAN.		
主营业务	酒店管理、餐饮管理。				

企业名称	尊创（上海）宾馆有限公司				
企业地址	上海市青浦区朱家角镇北大街 323 号 202 室（201713）				
投资总额	1500 万 USD	电　话	59244412	传　真	
设立日期	2008-1-10	负 责 人	王安德		
主营业务	从事宾馆以及附属配套设施的建设、经营。				

企业名称	凯科置业（上海）有限公司				
企业地址	上海市徐汇区漕宝路 509 号新漕河泾大厦 301 室（200233）				
投资总额	5000 万 USD	电　话	63403394	传　真	63403394
设立日期	2008-1-8	负 责 人	戴家凯		
主营业务	进行房地产经营管理、自有房屋租赁。				

企业名称	佳茂物业管理（上海）有限公司				
企业地址	上海市虹口区东江湾路188号7幢404室（200081）				
投资总额	100万USD	电　话	52413219	传　真	52413219
设立日期	2007-12-19	负责人	陆轩辉		
主营业务	物业管理。				

企业名称	上海凯德新创房地产开发有限公司				
企业地址	上海市闸北区闻喜路555弄49号207室（200435）				
投资总额	8250万USD	电　话	33114633	传　真	63403866
设立日期	2007-12-3	负责人	曾文星		
主营业务	商务办公楼、酒店、商业用房的开发、建设、出租、出售、经营管理。				

企业名称	上海力仕鸿华房地产发展有限公司				
企业地址	上海市长宁区遵义路100号608-B室（200051）				
投资总额	4900万USD	电　话	62370018	传　真	62372998
设立日期	2007-11-26	负责人	何　鸿		
主营业务	在受让地块内从事房地产的开发、经营和物业管理。				

企业名称	上海峰祥房地产经纪有限公司				
企业地址	上海市长宁区天山路650号106幢410室（200051）				
投资总额	200万RMB	电　话	62752311	传　真	62752311
设立日期	2007-11-26	负责人	苏伟诚		
主营业务	房地产经纪、房地产信息咨询。				

企业名称	上海长润江和房地产发展有限公司				
企业地址	上海市普陀区大渡河路1693号302室（200333）				
投资总额	9900万USD	电　话	62725888	传　真	62725700
设立日期	2007-10-16	负责人	钟慎强		
主营业务	从事商场、办公楼、住宅、酒店、停车场及配套设施的开发、销售。				

企业名称	上海坚基物业管理有限公司				
企业地址	上海市沪太路453弄65号第3幢304室（200435）				
投资总额	120万USD	电　话	52413219	传　真	52413219
设立日期	2007-10-15	负责人	岑兆麟		
主营业务	物业管理、物业管理咨询、装饰装修设计咨询。				

企业名称	上海乔信物业管理有限公司				
企业地址	上海市宜山路1398号1幢401室（200233）				
投资总额	51万USD	电　话	24082958	传　真	24082859
设立日期	2007-10-11	负责人	陈锭金		
主营业务	物业管理、物业管理咨询。				

企业名称	上海隆明物业管理有限公司				
企业地址	上海市中兴路401弄4号212室（200070）				
投资总额	210万USD	电　话	62368316	传　真	62368316
设立日期	2007-10-9	负责人	金盛均		
主营业务	物业管理，物业管理咨询。				

企业名称	上海利通置业有限公司				
企业地址	上海市虹口区四川北路1448-1500号叶大昌商厦502室（200080）				
投资总额	7140万USD	电　话	52929008	传　真	52929008
设立日期	2007-9-27	负责人	王安德		
主营业务	商业物业和办公楼的开发建设及经营。				

企业名称	上海南汇普洛斯置业有限公司				
企业地址	上海市南汇区康桥东路1300弄综合楼410室（201315）				
投资总额	2500万USD	电　话	62529311	传　真	62529311
设立日期	2007-9-13	负责人	MING Z. MEI		
主营业务	工业厂房的建设、经营管理；工业以及物流仓储设施的开发、经营管理。				

企业名称	上海加中物业管理有限公司				
企业地址	上海市杨浦区许昌路1296号306-313室（200092）				
投资总额	1000万USD	电　话	55961823	传　真	55961825
设立日期	2007-9-13	负责人	WEIBING GONG		
主营业务	提供物业管理及相关配套服务。				

企业名称	上海申和物业管理有限公司				
企业地址	上海市浦东新区杨高北路528号14幢3052室（200135）				
投资总额	7万USD	电　话	62368316	传　真	
设立日期	2007-8-23	负责人	KIM SEONG GYUN		
主营业务	物业管理，房地产信息咨询。				

企业名称	上海鼎霖房地产开发有限公司				
企业地址	上海市卢湾区鲁班路209号601室C座（200023）				
投资总额	4900万USD	电　话	50271888	传　真	50271809
设立日期	2007-8-20	负责人	张洪本		
主营业务	房地产项目开发建设、商品房销售、租赁。				

企业名称	裕创（上海）置业有限公司				
企业地址	上海市嘉定区南翔镇北公路1755弄39号518室（201802）				
投资总额	980万USD	电　话	54650011	传　真	54658125
设立日期	2007-7-31	负责人	韩　卫		
主营业务	自有房屋出租，物业管理。				

企业名称	上海樱花置业有限公司				
企业地址	上海市长宁区虹桥路2489弄200号18幢1层（200336）				
投资总额	9900万USD	电　话	62690808	传　真	62682335
设立日期	2007-7-25	负责人	JASON MATTHEW BROWN		
主营业务	从事房屋租赁、物业管理及相关的配套服务。				

企业名称	上海中闻盛邦物业管理有限公司				
企业地址	上海市浦东新区世纪大道777号三楼（200120）				
投资总额	14万USD	电　话	58365906	传　真	58360387
设立日期	2007-7-24	负责人	WONG HONG KIONG		
主营业务	物业管理，房地产投资咨询，小区绿化工程，清洁服务。				

企业名称	虹深物业管理（上海）有限公司				
企业地址	上海市闵行区莘庄镇黎安路1288号1幢102室（201100）				
投资总额	20万USD	电　话	34308085	传　真	34308096
设立日期	2007-7-20	负责人	杜明哲		
主营业务	物业管理，保洁服务，商务咨询、投资咨询。				

企业名称	上海高榕实业有限公司				
企业地址	上海市奉贤区现代农业园区高丰路999号1-4幢（201407）				
投资总额	200万USD	电　话	67106612	传　真	67106612
设立日期	2007-7-16	负责人	余养朝		
主营业务	运输业务相关的仓储设施建设和经营、商务咨询。				

企业名称	上海英旭置业有限公司				
企业地址	上海市卢湾区打浦路258弄1号203室（200023）				
投资总额	4.84亿RMB	电　话	23223607	传　真	53823431
设立日期	2007-6-29	负责人	于　阳		
主营业务	从事房产的租赁，物业管理和相关配套服务。				

企业名称	星狮物业管理（上海）有限公司				
企业地址	上海市静安区康定路358号16幢107室（200040）				
投资总额	14万USD	电　话	62816131	传　真	62942128
设立日期	2007-6-14	负责人	LIM EE SENG		
主营业务	物业管理，房地产咨询服务。				

企业名称	上海和太鼎置业管理有限公司				
企业地址	上海市黄浦区中山东二路22号二层（200003）				
投资总额	300万USD	电　话	63512819	传　真	63528538
设立日期	2007-6-6	负责人	SOLOMON SIU LUNG TSAI		
主营业务	办公楼租赁，物业管理，房地产咨询。				

企业名称	环球资源置业顾问（上海）有限公司				
企业地址	上海市黄浦区浙江中路400号11层1151室（200003）				
投资总额	10万USD	电　话	53068968	传　真	63600806
设立日期	2007-6-1	负责人	SUDHAKAR B.V.R.		
主营业务	房地产信息咨询（不含中介）、投资咨询。				

企业名称	伟仲置业（上海）有限公司				
企业地址	上海市长宁区遵义路448号308室（200051）				
投资总额	7500万RMB	电　话	62332927	传　真	62330601
设立日期	2007-6-1	负责人	邓炯扬		
主营业务	酒店改建、自有房地产经营、出租、物业管理。				

企业名称	文定生活（上海）物业管理有限公司				
企业地址	上海市南丹东路109号3幢101室（200030）				
投资总额	500万港币	电　话	62553777	传　真	60158171
设立日期	2007-5-14	负责人	YEUNG KEVIN		
主营业务	物业管理、房地产咨询。				

企业名称	**吉之助物业管理（上海）有限公司**				
企业地址	上海市闵行区吴中路1465号A幢（201103）				
投资总额	980万USD	电　　话	34315757	传　　真	
设立日期	2007-4-13	负 责 人	罗明旭		
主营业务	物业管理、酒店管理；大楼智能软件的开发、制作。				

企业名称	**上海柔林房地产经纪有限公司**				
企业地址	上海市长宁区水城南路37号406室（200051）				
投资总额	5万USD	电　　话	62955779	传　　真	62955770
设立日期	2007-4-11	负 责 人	LEE JAE GIL		
主营业务	房产经纪、房地产咨询、商务咨询。				

企业名称	**满廷红（上海）置业有限公司**				
企业地址	上海市卢湾区打浦路258弄1号201室（200023）				
投资总额	500万港币	电　　话	62581988	传　　真	62581988
设立日期	2007-4-6	负 责 人	何伟生		
主营业务	房地产经纪，不动产投资咨询及策划，相关计算机软件设计。				

企业名称	**上海宙辉置业有限公司**				
企业地址	上海市嘉定区真新街道曹安路1525号601室（201824）				
投资总额	300万USD	电　　话	59181897	传　　真	59181341
设立日期	2007-3-27	负 责 人	陈玄德		
主营业务	自有房屋的出租、出售及提供相关的物业管理。				

企业名称	**上海波特曼建业里东区置业有限公司**				
企业地址	上海市徐汇区建国西路456弄9号底层（200031）				
投资总额	2400万USD	电　　话	54658560	传　　真	54658532
设立日期	2007-3-15	负 责 人	DAVID SCHAEFER		
主营业务	在建业里范围内进行房地产开发经营、房地产咨询。				

企业名称	**上海波特曼建业里房地产发展有限公司**				
企业地址	上海市徐汇区建国西路456弄8号底层（200031）				
投资总额	2375万USD	电　　话	54658560	传　　真	54658532
设立日期	2007-3-12	负 责 人	JOHN C. PORTMAN III		
主营业务	在建业里范围内进行房地产开发经营、房地产咨询、物业管理。				

企业名称	**上海大富房地产经营有限公司**				
企业地址	上海市黄浦区中华路1359号501室（200010）				
投资总额	2000万港币	电　　话	63774089	传　　真	63767216
设立日期	2007-3-8	负 责 人	林建康		
主营业务	房地产物业管理、咨询。				

企业名称	**上海环月物业管理有限公司**				
企业地址	上海市浦东新区陆家嘴环路1000号汇丰大厦14楼（200120）				
投资总额	550万RMB	电　　话	68413339	传　　真	68412826
设立日期	2007-3-8	负 责 人	有森真澄		
主营业务	大楼设备和设施的维护管理及清洁。				

企业名称	**添丰房地产顾问（上海）有限公司**				
企业地址	上海市浦东新区陆家嘴东路166号2004室（200120）				
投资总额	20万USD	电　　话	68419180	传　　真	68419132
设立日期	2007-3-7	负 责 人	何海基（HO，HOI KI）		
主营业务	房地产信息咨询（不含经纪）、投资咨询。				

企业名称	**德志房地产（上海）有限公司**				
企业地址	上海市静安区康定路1147号2栋409C室（200042）				
投资总额	2400万USD	电　　话	62567708	传　　真	62567725
设立日期	2007-3-5	负 责 人	梁仲德		
主营业务	从事自有房产的租赁，物业管理。				

企业名称	**振超物业管理（上海）有限公司**				
企业地址	上海市奉贤区汇丰北路681号F幢316号（201400）				
投资总额	14万USD	电　　话	37195322	传　　真	37195322
设立日期	2007-3-1	负 责 人	胡俊超		
主营业务	物业管理。				

企业名称	**上海达俐物业管理有限公司**				
企业地址	上海市长宁区幸福路137号7楼B座（200052）				
投资总额	30万USD	电　　话	63236777	传　　真	63236222
设立日期	2007-2-15	负 责 人	纪立达		
主营业务	物业管理及物业内的配套服务，物业管理咨询。				

企业名称	**彩明物业管理（上海）有限公司**				
企业地址	上海市浦东新区花木路832号201室（201204）				
投资总额	1115万USD	电　　话	23063627	传　　真	23063601
设立日期	2007-2-14	负 责 人	廖珈庚（LIAUW KA KANG， HENRY）		
主营业务	自有物业的出租并提供相关配套服务。				

企业名称	**上海置茂行物业管理有限公司**				
企业地址	上海市卢湾区淮海中路138号3203室（200021）				
投资总额	25.2万USD	电　　话	2306-3600	传　　真	2306-3601
设立日期	2007-2-7	负 责 人	BOBERT D NASO		
主营业务	物业管理及相关咨询服务。				

企业名称	**坚实置地（上海）有限公司**				
企业地址	上海市杨浦区国和路36号14幢237室（200438）				
投资总额	9亿RMB	电　　话	65986611	传　　真	
设立日期	2007-2-6	负 责 人	王　印		
主营业务	在受让地块内从事房地产开发、经营。				

企业名称	**上海奉松置业有限公司**				
企业地址	上海市奉贤区奉城镇神州路288号（201411）				
投资总额	700万USD	电　　话	61053999	传　　真	61053999
设立日期	2007-2-5	负 责 人	MEI MING ZHI		
主营业务	运输业务相关的仓储设施的建设、经营。				

企业名称	**上海奉嘉置业有限公司**				
企业地址	上海市奉贤区奉城镇神州路288号（201411）				
投资总额	1088万USD	电　　话	61053999	传　　真	67053900
设立日期	2007-2-5	负 责 人	MEI MING ZHI		
主营业务	运输业务相关的仓储设施的建设、经营。				

企业名称	**上海长大房地产有限公司**				
企业地址	上海市浦东新区浦东大道981号311室（200135）				
投资总额	8.7亿RMB	电　　话	62725888	传　　真	62725888
设立日期	2007-1-22	负 责 人	钟慎强		
主营业务	在受让地块内从事办公楼及附属配套设施的开发、经营、出租。				

企业名称	**优尼克物业管理（上海）有限公司**				
企业地址	上海市浦东新区浦明路198号3楼A室（200122）				
投资总额	20万USD	电　　话	58827899	传　　真	58827899
设立日期	2007-1-8	负 责 人	张瑞康（ZHANG RUI KANG）		
主营业务	物业管理、房地产信息咨询。				

企业名称	**上海奉闵置业有限公司**				
企业地址	上海市奉贤区奉城镇神州路288号（201411）				
投资总额	1088万USD	电　　话	61053999	传　　真	61053900
设立日期	2006-12-30	负 责 人	MEI MING ZHI		
主营业务	与运输业务相关的仓储设施建设、经营及提供相关的咨询服务。				

企业名称	**上海英高置业有限公司**				
企业地址	上海市长宁区中山西路1265弄18号4G室（200051）				
投资总额	1.2亿RMB	电　　话	53063322	传　　真	53823431
设立日期	2006-12-26	负 责 人	于　阳		
主营业务	从事自有房产的租赁，物业管理和房地产咨询及相关配套服务。				

企业名称	**和谐汇物业管理（上海）有限公司**				
企业地址	上海市黄浦区中山东一路1号第5层至顶层（200003）				
投资总额	750万USD	电　　话	53010910	传　　真	63041012
设立日期	2006-12-26	负 责 人	DAVID TING KWOK HO（执行董事）		
主营业务	物业管理，商务咨询，企业管理咨询，餐饮管理。				

企业名称	**上海中海海轩房地产有限公司**				
企业地址	上海市卢湾区瑞金南路1号海兴广场4楼D1室（200023）				
投资总额	1.15亿USD	电　　话	54067761	传　　真	54067680
设立日期	2006-12-25	负 责 人	葛亚非		
主营业务	在批租地块内从事房地产开发、经营，附设商场、停车场。				

企业名称	**上海晶冠物业管理有限公司**				
企业地址	上海市田林路128-6（200233）				
投资总额	35万USD	电　　话	62670361	传　　真	62670361
设立日期	2006-12-22	负 责 人	林秋君		
主营业务	物业管理及相关的配套服务（涉及行政许可的，凭许可证经营）。				

企业名称	上海永威置业有限公司				
企业地址	上海市卢湾区淮海中路 138 号 3101 室（200021）				
投资总额	1.28 亿 USD	电　话	63756916	传　真	63756998
设立日期	2006-12-15	负 责 人	GARTH PETERSON		
主营业务	在批租地块内从事房地产开发、经营，附设商场、停车场。				

企业名称	上海福聚房地产经纪有限公司				
企业地址	上海市和田路 288 弄 1 号 101 室（200070）				
投资总额	20 万 USD	电　话	56317745	传　真	56316543
设立日期	2006-12-15	负 责 人	蔡启明		
主营业务	房地产中介服务、房地产信息咨询（涉及行政许可的凭许可证经营）。				

企业名称	上海花龙置业有限公司				
企业地址	上海市卢湾区打浦路 258 弄 1 号一层（200021）				
投资总额	2100 万 USD	电　话	62490055	传　真	62881636
设立日期	2006-12-7	负 责 人	JINDO KOKI		
主营业务	自有房产的租赁，并提供物业管理及相关配套服务。				

企业名称	翠庭置业（上海）有限公司				
企业地址	上海市南汇区沪南公路 2502 号 119 室（201300）				
投资总额	2100 万 USD	电　话	33871800	传　真	33871800
设立日期	2006-12-5	负 责 人	JOSEPH KIM		
主营业务	自有物业的租赁，物业管理及相关配套服务。				

企业名称	上海泽鹏置业有限公司				
企业地址	上海市浦东新区浦东大道 981 号 309 室（200120）				
投资总额	9.8 亿 RMB	电　话	26422380	传　真	61005711
设立日期	2006-12-5	负 责 人	谢一群		
主营业务	在受让地块内从事办公楼开发、出售、出租，附设商场、餐厅、酒吧等。				

企业名称	雷富房地产（上海）有限公司				
企业地址	上海市虹口区武昌路 258 号 522 室（200080）				
投资总额	3653 万 USD	电　话	63079973	传　真	63079839
设立日期	2006-11-27	负 责 人	BERNARD LAU		
主营业务	在出让地块内从事办公楼、商场、停车场及附属配套设施房地产开发。				

企业名称	展信物业管理（上海）有限公司				
企业地址	上海市长宁区仙霞路 355 号 1 号楼 606 室（200335）				
投资总额	50 万 USD	电　话	51727996	传　真	51727995
设立日期	2006-11-9	负 责 人	张国强		
主营业务	物业管理（涉及行政许可的凭许可证经营）。				

企业名称	利星行物业管理服务（上海）有限公司				
企业地址	上海市长宁区延安西路 1319 号地下 A 室（200050）				
投资总额	150 万 RMB	电　话	54498800	传　真	54491577
设立日期	2006-11-7	负 责 人	杨富山		
主营业务	物业管理及物业内的配套服务，物业管理咨询、房地产咨询，提供服务。				

企业名称	上海怡保物业管理有限公司				
企业地址	上海市闵行区莲花南路 955 号 37 幢 101 室（200237）				
投资总额	30 万 USD	电　话	54301730	传　真	54301735
设立日期	2006-10-20	负 责 人	刘东奇		
主营业务	物业管理及其咨询服务（涉及行政许可的，凭许可证经营）。				

企业名称	上海花地房地产经营有限公司				
企业地址	上海市徐汇区蒲汇塘路 158 号 2 楼 203 室（200030）				
投资总额	1850 万 USD	电　话	28963984	传　真	28963984
设立日期	2006-10-14	负 责 人	DAVID SCHAEFER		
主营业务	自有房产出租，洗衣、健身房等配套服务，房产咨询服务。				

企业名称	上海筑地房地产经纪有限公司				
企业地址	上海市浦东新区罗山路 1482 号底层（200127）				
投资总额	62.5 万 USD	电　话	64454746	传　真	64454750
设立日期	2006-10-8	负 责 人	邱茂生		
主营业务	房地产经纪、投资咨询、营销企划（涉及行政许可的，凭许可证经营）。				

企业名称	上海锐丰房地产投资顾问有限公司				
企业地址	上海市浦东新区浦东大道 1476 号 802A 室（200120）				
投资总额	14 万 USD	电　话	51692228	传　真	51692227
设立日期	2006-9-28	负 责 人	张东纯		
主营业务	房地产经纪、房地产信息咨询（涉及行政许可的，凭许可证经营）。				

企业名称	佳梦地物业管理（上海）有限公司				
企业地址	上海市长宁区定西路 657 号 1 幢 801 室（200052）				
投资总额	14 万 USD	电　话	62825567	传　真	62825567
设立日期	2006-9-27	负 责 人	陈若仙		
主营业务	物业管理（涉及行政许可的，凭许可证经营）。				

企业名称	凯龙瑞物业管理（上海）有限公司				
企业地址	上海市南山路 100 号 210 室（200071）				
投资总额	14 万 USD	电　话	33871800	传　真	33871808
设立日期	2006-9-26	负 责 人	STEPHEN ANTHONY ROTH		
主营业务	物业管理、房屋租赁及配套小卖部（涉及行政许可的凭许可证经营）。				

企业名称	仁恒置地投资管理（上海）有限公司				
企业地址	上海市浦东新区茂兴路 88 号 1 楼（200127）				
投资总额	200 万 USD	电　话	50585333	传　真	50585332
设立日期	2006-9-21	负 责 人	钟声坚（ZHONG SHENG JIAN）		
主营业务	受投资方及其所投资的中国公司委托，向其提供投资管理和咨询服务。				

企业名称	上海长喜置业有限公司				
企业地址	上海市嘉定工业区叶城路 555 号 416 室（201821）				
投资总额	1000 万 USD	电　话	63535568	传　真	63540323
设立日期	2006-9-18	负 责 人	孙禧进		
主营业务	在批租地块内从事工业厂房的开发、出租、出售。				

企业名称	上海传家房地产投资顾问有限公司				
企业地址	上海市漕东二路 25 号 103-F 室（200235）				
投资总额	14 万 USD	电　话	51083658	传　真	
设立日期	2006-8-29	负 责 人	王贻正		
主营业务	房地产经纪、房地产投资咨询、投资管理咨询。				

企业名称	炬嘉（上海）实业有限公司				
企业地址	上海市闵行区虹莘路 3065 号 618 室（201101）				
投资总额	1000 万 USD	电　话	54790686	传　真	51793688
设立日期	2006-8-24	负 责 人	林健铭		
主营业务	物业管理，投资咨询，商务咨询，大楼智能软件研发、制作，销售产品。				

企业名称	锦银置业（上海）有限公司				
企业地址	上海市嘉定区真新新村街道万镇路 609 号 101 室（201803）				
投资总额	990 万 USD	电　话	69192363	传　真	69192360
设立日期	2006-8-24	负 责 人	陆　朴鸰		
主营业务	在批租的土地范围内从事办公用房、商住用房的开发、出租、出售。				

企业名称	上海承柏物业管理有限公司				
企业地址	上海市黄浦区汉口路 300 号 2302 室（200001）				
投资总额	200 万 RMB	电　话	63611688	传　真	63611688
设立日期	2006-8-18	负 责 人	陈海建		
主营业务	物业管理及咨询服务（以上经营范围涉及行政许可的凭许可证经营）。				

企业名称	上海鼎固物业管理有限公司				
企业地址	上海市浦东新区崮山路 648 号 7 幢 306 室（200127）				
投资总额	14 万 USD	电　话	50271888	传　真	50271806
设立日期	2006-8-16	负 责 人	张能耀		
主营业务	物业管理，物业内的配套服务和物业管理咨询。				

企业名称	上海海神房地产经纪有限公司				
企业地址	上海市奉贤区环城东路 399 号 2002 室（201400）				
投资总额	18.75 万 USD	电　话	51341831	传　真	51341833
设立日期	2006-8-14	负 责 人	朴志京		
主营业务	房地产咨询，房地产经纪，物业管理（涉及行政许可的凭许可证经营）。				

企业名称	上海百施满物业管理有限公司				
企业地址	上海市闵行区龙茗路 1905 号 212 室（201101）				
投资总额	14 万 USD	电　话	62621027	传　真	62621027
设立日期	2006-8-11	负 责 人	HUR DONG GEOL		
主营业务	物业管理、房地产咨询（除经纪）（涉及行政许可的凭许可证经营）。				

企业名称	凯信物业管理（上海）有限公司				
企业地址	上海市崇明县新河镇新申路 921 弄 2 号 B 区 249 室（202156）				
投资总额	8 万 USD	电　话	62175151	传　真	52286313
设立日期	2006-8-1	负 责 人	DEKUYPER STEPHEN		
主营业务	从事物业管理及其咨询、工程管理咨询、房地产咨询、投资咨询。				

企业名称	**莱坊房地产经纪（上海）有限公司**				
企业地址	上海市广中路 44 乙号 323 室（200434）				
投资总额	14 万 USD	电话	64459968	传真	64459965
设立日期	2006-8-1	负责人	Andrew William Slevin		
主营业务	房地产经纪，房地产信息咨询（涉及行政许可的凭许可证经营）。				

企业名称	**上海松江普洛斯置业有限公司**				
企业地址	上海市松江工业区荣乐东路 81 号 211 室（201600）				
投资总额	3300 万 USD	电话	61053977	传真	61053900
设立日期	2006-7-31	负责人	梅志明		
主营业务	工业及物流仓储设施的开发、经营管理以及提供相关的咨询服务。				

企业名称	**高尔置业（上海）有限公司**				
企业地址	上海市浦东新区南码头路 101 号 505 室（200127）				
投资总额	1309 万 USD	电话	61000536	传真	61009536
设立日期	2006-7-28	负责人	KIM JONG SU		
主营业务	自有物业出租，出售，物业管理，房地产咨询。				

企业名称	**松芝置业（上海）有限公司**				
企业地址	上海市闵行区纪翟路 2762 号二楼（201107）				
投资总额	1000 万 USD	电话	54424019	传真	54424019
设立日期	2006-7-12	负责人	陈福泉		
主营业务	从事适合工业用新型高档厂房相关配套设施开发、销售、租赁、管理等。				

企业名称	**上海红坊物业发展有限公司**				
企业地址	上海市长宁区淮海西路 570 号 B 区 200 室（200052）				
投资总额	3000 万 RMB	电话	62816003	传真	62810125
设立日期	2006-7-4	负责人	郑培光		
主营业务	物业管理、投资咨询、市场营销策划、企业形象策划、会务服务。				

企业名称	**上海相美房地产经纪有限公司**				
企业地址	上海市黄浦区斜土东路 155 号 2 幢 101 室（200011）				
投资总额	5 万 USD	电话	62097973	传真	62702328
设立日期	2006-7-3	负责人	HWANG BONG SUN		
主营业务	房地产经纪、房地产信息咨询。				

企业名称	**上海尚建园创意产业管理有限公司**				
企业地址	上海市宜山路 407 号（200030）				
投资总额	3000 万 RMB	电话	64272950	传真	64272950
设立日期	2006-6-27	负责人	施德容		
主营业务	对徐汇区宜山路 407 号的房屋进行房屋租赁，物业管理，并提供咨询。				

企业名称	**联怡物业管理（上海）有限公司**				
企业地址	上海市浦东新区民生路 1518 号 A 幢 1803 室（200135）				
投资总额	120 万港币	电话	68547660	传真	68547026
设立日期	2006-6-20	负责人	张世蓉		
主营业务	物业管理，停车场（库）经营管理（涉及行政许可的凭许可证经营）。				

企业名称	**上海金港北外滩置业有限公司**				
企业地址	上海市虹口区吴淞路 469 号森林湾大厦 702 室（200080）				
投资总额	35 亿 RMB	电话	63066633	传真	63069539
设立日期	2006-6-17	负责人	黄志源（OEI TJIE GOAN）		
主营业务	从事酒店、办公、商业设施、停车场等房地产开发经营、销售、租赁。				

企业名称	**上海金虹桥国际置业有限公司**				
企业地址	上海市长宁区古北路 555 弄 8 号 7 楼 701 室（200051）				
投资总额	5 亿 RMB	电话	52066659	传真	62413552
设立日期	2006-6-11	负责人	黄大光		
主营业务	从事房地产开发经营，提供物业管理及与之相关的配套服务。				

企业名称	**磐泉房地产经纪（上海）有限公司**				
企业地址	上海市闵行区金汇路 396 号（201103）				
投资总额	14 万 USD	电话	62700917	传真	62700812
设立日期	2006-6-8	负责人	边基锡		
主营业务	商务咨询、房地产中介服务（涉及行政许可的凭许可证经营）。				

企业名称	**昇阳房地产经纪（上海）有限公司**				
企业地址	上海市浦东新区五莲路 707 号 707、707A 室（201206）				
投资总额	10 万 USD	电话	50259167	传真	68719657
设立日期	2006-6-6	负责人	姚季贤		
主营业务	房地产经纪、房地产信息咨询、投资咨询、企业管理咨询。				

企业名称	**上海康誉物业管理有限公司**				
企业地址	上海市长宁区万航渡路 2453 号 13 号楼 306 室（200051）				
投资总额	300 万港币	电话	62597861	传真	63858627
设立日期	2006-6-1	负责人	练均华		
主营业务	物业管理及物业内的配套服务，物业管理咨询、房地产咨询，提供服务。				

企业名称	**上海闵行普洛斯置业有限公司**				
企业地址	上海市闵行区虹梅南路 4999 号第 2 幢 C 座（200237）				
投资总额	990 万 USD	电话	61053959	传真	61053900
设立日期	2006-6-1	负责人	梅志明		
主营业务	工业及物流仓储设施的开发、经营管理以及提供相关的咨询服务。				

企业名称	**康申房产经纪（上海）有限公司**				
企业地址	上海市浦东新区浦东南路 855 号 30 层 G 室（200120）				
投资总额	14 万 USD	电话	58369090	传真	58369022
设立日期	2006-5-30	负责人	久保郁八		
主营业务	房产经纪、房产信息咨询、投资咨询、商务咨询、国际经济信息咨询。				

企业名称	**和记黄埔地产（上海）陆家嘴有限公司**				
企业地址	上海市浦东新区浦东大道 981 号 6B 室（200135）				
投资总额	2.4 亿 USD	电话	54043388	传真	54040088
设立日期	2006-5-19	负责人	周伟淦		
主营业务	受让地块内的酒店、办公楼、商场的开发、经营、物业管理。				

企业名称	**上海浦东嘉里城房地产有限公司**				
企业地址	上海市浦东新区牡丹路 60 号 1001 室（201204）				
投资总额	1.63 亿 USD	电话	63178008	传真	63542352
设立日期	2006-5-18	负责人	黄小抗		
主营业务	开发建设并经营综合楼物业及有关商业配套设施建设、经营、租售管理。				

企业名称	**上海中凯房地产开发管理有限公司**				
企业地址	上海市静安区成都北路 333 号招商局广场东楼 13 楼（200041）				
投资总额	3000 万 RMB	电话	52980016	传真	51690021
设立日期	2006-3-28	负责人	边华才		
主营业务	提供投资管理服务、经营管理服务；房地产开发项目的管理、投资咨询。				

企业名称	**上海新浩隆房地产开发有限公司**				
企业地址	上海市中山北路 3856 弄 2 号 2523 室（200070）				
投资总额	1.26 亿 USD	电话	53065888	传真	53067534
设立日期	2006-3-23	负责人	李慧敏		
主营业务	从事商务楼、办公楼开发、销售，租赁，配套设施开发、销售，租赁。				

企业名称	**上海世茂新体验置业有限公司**				
企业地址	上海市松江区佘山国家旅游度假区林荫新路 1288 号（201602）				
投资总额	1000 万 USD	电话	57655602	传真	57654010
设立日期	2006-3-6	负责人	许荣茂		
主营业务	房地产及相关配套设施的开发、建设、销售、出租、停车场管理。				

企业名称	**上海宝量物业管理有限公司**				
企业地址	上海市长宁区定西路 685 号 5D 室（200052）				
投资总额	18 万 USD	电话	62945333	传真	62944600
设立日期	2006-2-20	负责人	李凤璇		
主营业务	物业管理、停车场管理、投资咨询、商务咨询、企业策划，提供咨询。				

企业名称	**上海康世物业管理有限公司**				
企业地址	上海市武康路 374 号 101 室（200031）				
投资总额	14 万 USD	电话	62790916	传真	62475266
设立日期	2006-2-9	负责人	苏定光		
主营业务	物业管理、投资咨询、会议服务、商务咨询。				

企业名称	**上海东方海外凯旋房地产有限公司**				
企业地址	上海市长宁路 1027 号 4008 室（200050）				
投资总额	8000 万 USD	电话	61451659	传真	61451618
设立日期	2006-2-8	负责人	董立新		
主营业务	从事房地产开发、建造、经营、出租、销售；房地产经营；物业管理。				

企业名称	**和记黄埔地产管理有限公司**				
企业地址	上海市浦东新区牡丹路 60 号 1801C 室（201204）				
投资总额	605 万 USD	电话	54043388	传真	54040088
设立日期	2006-1-26	负责人	周伟淦		
主营业务	提供房地产领域的投资、开发、经营管理和咨询服务、市场营销等服务。				

企业名称	上海嘉定普洛斯置业有限公司				
企业地址	上海市嘉定区外冈镇嘉松北路 768 号 B 幢（201806）				
投资总额	1250 万 USD	电　话	61053977	传　真	61053900
设立日期	2006-1-25	负 责 人	MING ZHI MEI		
主营业务	工业及物流仓储设施的建设、经营管理以及提供相关的咨询服务。				

企业名称	瑞伟特房地产经纪（上海）有限公司				
企业地址	上海市浦东新区东方路 985 号 20E 室（200122）				
投资总额	14 万 USD	电　话	50818002	传　真	50818035
设立日期	2006-1-20	负 责 人	BRIAN RAYMOND WHITE		
主营业务	房地产经纪、房地产投资咨询、市场营销咨询、商务咨询。				

企业名称	怡杰物业管理（上海）有限公司				
企业地址	上海市长宁区虹桥路 1115 弄 19 号 303 室（200051）				
投资总额	500 万 USD	电　话	62090531	传　真	62702732
设立日期	2006-1-12	负 责 人	梁惠康		
主营业务	物业管理、自有房产出租及物业内的配套服务；房地产咨询、投资咨询。				

企业名称	美怡物业管理（上海）有限公司				
企业地址	上海市长宁区虹桥路 1115 弄 19 号 102 室（200051）				
投资总额	500 万 USD	电　话	62090531	传　真	62702732
设立日期	2006-1-6	负 责 人	梁惠康		
主营业务	物业管理、自有房产的出租及物业内的配套服务；房地产咨询。				

企业名称	上海新陆二房地产有限公司				
企业地址	上海市浦东新区浦东大道 981 号 4D 室（200120）				
投资总额	6220 万 USD	电　话	63115588	传　真	63350148
设立日期	2005-12-28	负 责 人	邹益民		
主营业务	在陆家嘴金融贸易区 X2 地块内从事办公楼、公寓式酒店的开发经营。				

企业名称	上海洛克菲勒集团外滩源综合开发有限公司				
企业地址	上海市黄浦区圆明园路 185 号三楼（200001）				
投资总额	8300 万 USD	电　话	63350066	传　真	63350988
设立日期	2005-12-23	负 责 人	WILLIAM G.TUNG		
主营业务	在外滩源一期地块内从事房地产开发、经营、出租、出售。				

企业名称	博诚房地产经纪（上海）有限公司				
企业地址	上海市长宁区淮阴路 485 号 308 室（200335）				
投资总额	14 万 USD	电　话	52389777	传　真	52387677
设立日期	2005-12-23	负 责 人	李永和		
主营业务	房地产经纪。				

企业名称	东意科恩物业管理（上海）有限公司				
企业地址	上海市浦东新区金明路 1000 号 4 幢 301 室（201206）				
投资总额	200 万 RMB	电　话	62950050	传　真	62092215
设立日期	2005-12-21	负 责 人	周毓龙		
主营业务	物业管理，停车场库经营，物业咨询，房地产信息咨询。				

企业名称	加中房地产经纪（上海）有限公司				
企业地址	上海市浦东新区东昌路 511 号西 2-西 4 单元（200135）				
投资总额	30 万 USD	电　话	58821190	传　真	50339300
设立日期	2005-12-21	负 责 人	张爱玲		
主营业务	房地产经纪，投资咨询、商务咨询、企业管理咨询、企业形象策划。				

企业名称	上海新陆三房地产有限公司				
企业地址	上海市浦东新区峨山路 91 弄 98 号 201C 室（200120）				
投资总额	4880 万 USD	电　话	63115588	传　真	63550148
设立日期	2005-12-21	负 责 人	邹益民		
主营业务	在陆家嘴金融贸易区 X2 地块内从事办公楼、公寓式酒店的开发经营。				

企业名称	上海富煊实业发展有限公司				
企业地址	上海市宝山区沪太路 8889 号 504 室（200949）				
投资总额	600 万 USD	电　话	33851627	传　真	33851627
设立日期	2005-12-19	负 责 人	汤泓华		
主营业务	在批租地块内从事工业厂房、仓库的建设、销售、租赁、物业管理。				

企业名称	华勋房产经纪（上海）有限公司				
企业地址	上海市长宁区中山西路 507 号 203 室（200051）				
投资总额	14 万 USD	电　话	32120053	传　真	52398805
设立日期	2005-12-13	负 责 人	李曼君		
主营业务	房地产经纪。				

企业名称	力得房地产经纪（上海）有限公司				
企业地址	上海市长宁区延安西路 895 号 26E 室（200050）				
投资总额	14 万 USD	电　话	52370220	传　真	52370221
设立日期	2005-12-12	负 责 人	服部富雄		
主营业务	房地产咨询及中介、商务咨询。				

企业名称	上海新中杨房地产有限公司				
企业地址	上海市浦东新区潍坊新村街道 245 街坊 23 宗地块（200120）				
投资总额	16500 万 USD	电　话	63115588	传　真	63550148
设立日期	2005-12-8	负 责 人	区浩章		
主营业务	在批租地块内从事住宅、酒店式公寓、办公楼的房地产建筑开发经营。				

企业名称	上海高力物业顾问有限公司				
企业地址	上海市长宁区仙霞路 650 号 202 室（200335）				
投资总额	14 万 USD	电　话	61413688	传　真	61413699
设立日期	2005-11-29	负 责 人	ALAN WEI LUN LIU		
主营业务	受委托的物业管理，房地产咨询和房地产中介。				

企业名称	提香房地产发展（上海）有限公司				
企业地址	上海市南汇区康桥工业区沪南路 2502 号 108 室（201315）				
投资总额	1040 万 USD	电　话	64452498	传　真	64452607
设立日期	2005-11-25	负 责 人	WILSON TSEO LEUNG		
主营业务	租赁、销售自有房产，提供物业管理和房地产咨询及相关配套服务。				

企业名称	上海美景物业管理有限公司				
企业地址	上海市嘉定区安亭镇墨玉路 18 号 4 楼 401 室（201805）				
投资总额	14 万 USD	电　话	59768731	传　真	59768771
设立日期	2005-11-22	负 责 人	祝文宇		
主营业务	物业管理，绿化养护，楼宇室内清洁及其他与物业管理相关的业务。				

企业名称	百晟房地产经纪（上海）有限公司				
企业地址	上海市浦东新区港城路 2 号 2338 室（200137）				
投资总额	14 万 USD	电　话	64418300	传　真	62741187
设立日期	2005-11-14	负 责 人	赵敏如		
主营业务	房地产经纪，商务咨询，投资咨询，企业管理咨询。				

企业名称	上海迪帕特物业管理有限公司				
企业地址	上海市黄浦区九江路 333 号 809 室（200001）				
投资总额	14 万 USD	电　话	63601049	传　真	63505903
设立日期	2005-11-10	负 责 人	洪俊敏		
主营业务	受委托物业的租赁、管理以及相关配套设施的安装与维修。				

企业名称	上海松业物业管理有限公司				
企业地址	上海市松江工业区荣乐东路 81 号 308 室（201613）				
投资总额	14 万 USD	电　话	37818168	传　真	67747123
设立日期	2005-10-20	负 责 人	梁世恒		
主营业务	物业管理服务。				

企业名称	上海芒迪房产经纪有限公司				
企业地址	上海市南汇区惠南镇人民西路 88 号科技馆 109 室 92 号（201300）				
投资总额	14 万 USD	电　话	68548462	传　真	68548461
设立日期	2005-10-14	负 责 人	DONALL J.CURTIN		
主营业务	房地产经纪。				

企业名称	上海保利第一太平戴维斯物业管理有限公司				
企业地址	上海市浦东新区浦东南路 528 号北幢 24 层 03A 室（200122）				
投资总额	500 万 RMB	电　话	64082211	传　真	64082114
设立日期	2005-10-12	负 责 人	王昭绥		
主营业务	物业经营管理，物业管理的咨询服务。				

企业名称	腾联（上海）物业管理有限公司				
企业地址	上海市南京西路 993 号（200040）				
投资总额	30 万 USD	电　话	62584127	传　真	62152657
设立日期	2005-9-27	负 责 人	黄俊康		
主营业务	物业管理及相关设施的管理、物业代理出租。				

企业名称	达鑫房地产经纪（上海）有限公司				
企业地址	上海市浦东新区港城路 2 号 2 幢 2328 室（200137）				
投资总额	14 万 USD	电　话	62083525	传　真	62081723
设立日期	2005-9-12	负 责 人	黄宝玉		
主营业务	房地产经纪，企业管理咨询，商务咨询，投资咨询。				

企业名称	**富群（上海）物业管理有限公司**				
企业地址	上海市闵行区合川路3089号（201103）				
投资总额	100万USD	电话	64468981	传真	64462022
设立日期	2005-8-18	负责人	叶宗男		
主营业务	物业管理，房地产咨询，国际商务咨询，经济信息咨询。				

企业名称	**上海亚维农物业管理有限公司**				
企业地址	上海市卢湾区浏河口路88号226室C座（200021）				
投资总额	20万USD	电话	52726666	传真	52727963
设立日期	2005-8-16	负责人	林雪卿		
主营业务	物业管理、企业管理咨询、房地产咨询（不含经纪）、建筑设计咨询。				

企业名称	**启立物业管理（上海）有限公司**				
企业地址	上海市浦东新区梅花路281号A337室（201204）				
投资总额	20万USD	电话	50274991	传真	50272555
设立日期	2005-8-1	负责人	RICHARD CHI KEUNG YEUNG		
主营业务	物业管理、投资咨询、市场营销咨询、企业管理咨询。				

企业名称	**上海开唛啦物业管理有限公司**				
企业地址	上海市国庆路35号301室（200070）				
投资总额	200万港币	电话	62376629	传真	62376557
设立日期	2005-7-28	负责人	仲敏锐		
主营业务	承租房屋的出租及物业管理。				

企业名称	**上海花旗集团大厦物业管理有限公司**				
企业地址	上海市浦东新区花园石桥路33号3层309室（200120）				
投资总额	200万港币	电话	68886565	传真	68750707
设立日期	2005-7-15	负责人	苏小萍		
主营业务	物业管理，停车库（位）经营。				

企业名称	**上海浦发澳丽房地产有限公司**				
企业地址	上海市浦东新区杨新路61号110室（200126）				
投资总额	10550万RMB	电话	58731033	传真	50395153
设立日期	2005-7-13	负责人	李明虎		
主营业务	在受让地块内从事房地产的开发，建设，经营。				

企业名称	**上海新光保全物业管理有限公司**				
企业地址	上海市南丹路80号1707室（200031）				
投资总额	14万USD	电话	54259948	传真	54259940
设立日期	2005-7-12	负责人	胡铭钟		
主营业务	物业管理及其相关的咨询服务。				

企业名称	**上海富邦物业管理有限公司**				
企业地址	上海市延长中路619号701室（200072）				
投资总额	30万USD	电话	64664338	传真	64731939
设立日期	2005-7-5	负责人	蔡武璋		
主营业务	承租工业厂房与办公楼的出租及物业管理。				

企业名称	**上海旺族房地产开发有限公司**				
企业地址	上海市番禺路1150号二楼（200030）				
投资总额	3500万USD	电话	61151057	传真	61151777
设立日期	2005-6-27	负责人	蔡衍明		
主营业务	在批租地块内从事房地产开发，销售，出租，房产咨询。				

企业名称	**上海汇庆置业有限公司**				
企业地址	上海市浦东新区龙东大道6111号1幢106E（201201）				
投资总额	300万USD	电话	58973000	传真	58971330
设立日期	2005-6-7	负责人	三尾义彦		
主营业务	在批租地块内从事工业房产开发建设经营，物业管理，室内装潢。				

企业名称	**上海豪都物业管理有限公司**				
企业地址	上海市青浦区徐泾镇联民路88弄20号（201702）				
投资总额	301万RMB	电话	64152046	传真	64727278
设立日期	2005-6-6	负责人	屠海鸣		
主营业务	物业管理、绿化养护、停车场。				

企业名称	**钜龙房地产经纪（上海）有限公司**				
企业地址	上海市金山区朱泾镇金枫公路1080号（201500）				
投资总额	14万USD	电话	66051098	传真	56637155
设立日期	2005-5-27	负责人	陈志成		
主营业务	房地产经纪。				

企业名称	**上海开胜物业管理有限公司**				
企业地址	上海市共和新路912号地下2层（200070）				
投资总额	15万USD	电话	66282920	传真	66282922
设立日期	2005-4-27	负责人	李念纬		
主营业务	物业管理，企业管理咨询，公关咨询，投资咨询。				

企业名称	**上海台庆房地产经纪有限公司**				
企业地址	上海市浦东新区梅花路281号A321室（200124）				
投资总额	300万USD	电话	63862188	传真	63862199
设立日期	2005-4-22	负责人	孙庆余		
主营业务	房地产经纪、投资咨询、营销策划。				

企业名称	**长和达盛地产（上海）有限公司**				
企业地址	上海市静安区北京西路1565号107室（200041）				
投资总额	9933万RMB	电话	62986895	传真	62986895
设立日期	2005-4-18	负责人	施德容		
主营业务	在土地使用权受让的地块内从事内销住宅商品房的开发，建造，销售。				

企业名称	**上海爱利特房地产有限公司**				
企业地址	上海市闵行区浦江镇立跃路2708号（201112）				
投资总额	1200万USD	电话	55950680	传真	55951995
设立日期	2005-4-7	负责人	王伟		
主营业务	在批租地块内从事房地产开发经营、租赁、物业管理。				

企业名称	**上海大同延绿置业有限公司**				
企业地址	上海市卢湾区复兴中路369号20楼A室（200021）				
投资总额	7500万港币	电话	63850077	传真	63851188
设立日期	2005-4-5	负责人	邓焘		
主营业务	从事延中绿地（L4- L6地块）地下空间商业设施的开发建设、经营。				

企业名称	**凯德龙城（上海）商用置业有限公司**				
企业地址	上海市闵行区七莘路3655号（201101）				
投资总额	600万USD	电话	64793030	传真	64790808
设立日期	2005-3-30	负责人	PUA SECK GUAN 潘锡源		
主营业务	购物中心及商场的经营、管理、策划、咨询，房产租赁与委托租赁。				

企业名称	**上海东方海外黄浦房地产有限公司**				
企业地址	上海市黄浦区北京东路666号C区四层4090室（200003）				
投资总额	3000万USD	电话	61451659	传真	61451618
设立日期	2005-3-30	负责人	董立新		
主营业务	在出让取得的地块内从事房地产的开发、建造、销售、出租、物业管理。				

企业名称	**上海宝地置业有限公司**				
企业地址	上海市黄浦区南京西路388号27楼（200003）				
投资总额	71767万RMB	电话	63191717	传真	63191646
设立日期	2005-3-22	负责人	吕耀东		
主营业务	在批租地块内从事房地产综合开发、经营，物业管理。				

企业名称	**上海海际房地产有限公司**				
企业地址	上海市杨浦区控江路1688号1801室（200092）				
投资总额	5880万RMB	电话	51533748	传真	51157373
设立日期	2005-3-11	负责人	卢铧		
主营业务	在批租地块内从事房地产开发、经营，房屋租赁，物业管理。				

企业名称	**瑞商联城（上海）房地产顾问有限公司**				
企业地址	上海市桂平路96号（200233）				
投资总额	110万港币	电话	64410666	传真	64418598
设立日期	2005-3-4	负责人	崔明军		
主营业务	房地产投资信息咨询（不含经纪）、商务咨询、经济信息咨询。				

企业名称	**上海广典清物业管理有限公司**				
企业地址	上海市奉贤区南桥镇南中路249号（201400）				
投资总额	14万USD	电话	27542377	传真	57419467
设立日期	2005-3-3	负责人	久保田敏广		
主营业务	物业管理，信息咨询。				

企业名称	**伊顿物业管理（上海）有限公司**				
企业地址	上海市浦东新区乳山路227号101-73室（200120）				
投资总额	37万USD	电话	58826508	传真	58775891
设立日期	2005-2-5	负责人	CHEUNG CHI MING（张志明）		
主营业务	物业管理、停车场库经营、房产信息咨询、商务咨询、房产经纪。				

房地产业

企业名称	上海兆威房地产经纪有限公司				
企业地址	上海市浦东新区乳山路227号101－53室（200120）				
投资总额	4780万港币	电　话	54075466	传　真	54075499
设立日期	2005-2-2	负责人	简倍祥		
主营业务	房地产经纪、房地产信息咨询、物业管理。				

企业名称	上海双禧房地产开发有限公司				
企业地址	上海市长宁区定西路650号807室（200052）				
投资总额	380万USD	电　话	64316111	传　真	52581259
设立日期	2005-1-31	负责人	郭　炎		
主营业务	在批租地块内，从事房地产开发、建设、出租、出售、物业管理。				

企业名称	奥德曼房地产顾问（上海）有限公司				
企业地址	上海市浦东新区乳山路227号10L—66室（200131）				
投资总额	20万USD	电　话	62884798	传　真	62884798
设立日期	2005-1-31	负责人	戴金成		
主营业务	房地产经纪、物业管理、项目策划、投资管理咨询、企业管理咨询。				

企业名称	资顺房地产顾问（上海）有限公司				
企业地址	上海市浦东新区灵山路958号6幢108室（200131）				
投资总额	14万USD	电　话	61601979	传　真	61601966
设立日期	2005-1-27	负责人	CARL NICHOLAS EVERETT		
主营业务	房地产信息咨询、投资管理咨询、国际经济信息咨询。				

企业名称	怡善房地产经纪（上海）有限公司				
企业地址	上海市卢湾区淮海中路98号24楼H室（200020）				
投资总额	20万USD	电　话	62702732	传　真	62702732
设立日期	2005-1-26	负责人	梁惠康		
主营业务	房产经纪、房地产信息咨询、物业管理咨询、经济信息咨询。				

企业名称	上海伟孝物业管理有限公司				
企业地址	上海市长宁区中山西路1279弄S138A室（200051）				
投资总额	50万USD	电　话	32098191	传　真	32098193
设立日期	2005-1-21	负责人	彭荫刚		
主营业务	对自有物业及其受委托的物业进行管理。				

企业名称	荣德房地产顾问（上海）有限公司				
企业地址	上海市浦东新区博兴路195号250室（200120）				
投资总额	14万USD	电　话	58353672	传　真	58350757
设立日期	2005-1-11	负责人	林增荣		
主营业务	房地产信息咨询、投资咨询、市场营销策划、企业形象策划咨询。				

企业名称	上海托博莱特房产有限公司				
企业地址	上海市闵行区浦江镇三鲁公路5715号（201114）				
投资总额	1200万USD	电　话	55950680	传　真	55951995
设立日期	2005-1-11	负责人	孙彩娟		
主营业务	在批租地块内从事房地产开发经营、租赁、物业管理。				

企业名称	上海班格物业管理有限公司				
企业地址	上海市松江区其昌南路416、418号（201600）				
投资总额	14万USD	电　话	62889690	传　真	62889639
设立日期	2005-1-7	负责人	高家仁		
主营业务	物业管理。				

企业名称	上海欧法置业有限公司				
企业地址	上海市嘉定工业区南区17-2号地块（201821）				
投资总额	1000万USD	电　话	67737770	传　真	37728001
设立日期	2005-1-7	负责人	陈景蔚		
主营业务	工业用房的开发、出租、出售。				

企业名称	韩南房产经纪（上海）有限公司				
企业地址	上海市闵行区吴中路1100号炫润国际大厦505室（201103）				
投资总额	14万USD	电　话	34322150	传　真	34322155
设立日期	2005-1-5	负责人	YANG HA SOOK		
主营业务	房产经纪、房地产咨询、商务咨询。				

企业名称	天安港华（上海）房产销售有限公司				
企业地址	上海市浦东新区北蔡镇莲林路33号1号楼202室（201204）				
投资总额	50万USD	电　话	23089090	传　真	63215313
设立日期	2004-12-27	负责人	黄清海		
主营业务	房地产经纪、房地产咨询、房产市场策划等。				

企业名称	上海豪业物业管理有限公司				
企业地址	上海市长宁区华山路868弄1号楼215室（200050）				
投资总额	14万USD	电　话	62127770	传　真	62128718
设立日期	2004-12-24	负责人	朱　澄		
主营业务	物业管理（涉及行政许可的凭许可证经营）。				

企业名称	上海达孚洛物业有限公司				
企业地址	上海市长宁区幸福路298号5幢204－205室（200052）				
投资总额	14万USD	电　话	62807616	传　真	63537380
设立日期	2004-12-17	负责人	徐　堃		
主营业务	物业管理及管理物业内绿化、保洁等配套服务；并提供相关服务等。				

企业名称	上海鼎莘房地产开发有限公司				
企业地址	上海市闵行区虹梅南路3509弄298号（201100）				
投资总额	1000万USD	电　话	50271888	传　真	50271809
设立日期	2004-12-7	负责人	张洪本		
主营业务	在批租地块从事房地产项目开发建设，商品房销售、租赁、中介咨询等。				

企业名称	上海住工房地产咨询有限公司				
企业地址	上海市奉贤区海湾镇奉炮路309号（201418）				
投资总额	20万USD	电　话	63043955	传　真	63043955
设立日期	2004-10-29	负责人	LEE HAE SOOK		
主营业务	房地产咨询、营销策划、投资咨询、商务咨询、企业管理咨询等。				

企业名称	上海信义代书房地产服务咨询有限公司				
企业地址	上海市浦东新区乳山路227号101室－39座（200120）				
投资总额	50万USD	电　话	32174666	传　真	32174665
设立日期	2004-10-20	负责人	夏智亮		
主营业务	房地产交易信息咨询服务，投资咨询、市场调研等。				

企业名称	上海四季满庭芳物业管理有限公司				
企业地址	上海市长宁区天山西路789号2288室（200335）				
投资总额	32万USD	电　话	62686980	传　真	62688521
设立日期	2004-9-27	负责人	JAY CHUN—JICHO		
主营业务	物业管理、房地产信息咨询（涉及行政许可的凭许可证经营）。				

企业名称	永光物业管理（上海）有限公司				
企业地址	上海市长宁区长宁路426号204室（200050）				
投资总额	16万USD	电　话	52415093	传　真	52415103
设立日期	2004-9-15	负责人	黄锦源		
主营业务	自有物业的租赁，物业管理并提供相关服务等。				

企业名称	珀丽置业（上海）有限公司				
企业地址	上海市西康路223号东隆友邦大厦420室（200040）				
投资总额	2000万USD	电　话	51156732	传　真	51156717
设立日期	2004-8-30	负责人	黄明俊		
主营业务	自有房产的出售、出租、物业管理及相关的咨询服务等。				

企业名称	维诗凯亚休闲俱乐部（上海）有限公司				
企业地址	上海市浦东新区云山路1988号（200135）				
投资总额	30万USD	电　话	50304519	传　真	50305304
设立日期	2004-8-2	负责人	YANC LI TINA（杨力田）		
主营业务	休闲俱乐部项目的筹建。				

企业名称	上海中欣长远房地产开发有限公司				
企业地址	上海市松江区玉佳路72号C181座（201600）				
投资总额	15000万RMB	电　话	62790077	传　真	62895755
设立日期	2004-7-26	负责人	林华强		
主营业务	在批租地块内从事房地产综合开发、经营、中介、咨询、物业管理等。				

企业名称	上海溢盈物业管理有限公司				
企业地址	上海市普陀区真南路3717号会所综合楼（200331）				
投资总额	14万USD	电　话	62696683	传　真	62696618
设立日期	2004-7-26	负责人	吴曙南		
主营业务	母公司所投资物业的物业管理（凡涉及许可经营的凭许可证经营）。				

企业名称	青丘房地产经纪（上海）有限公司				
企业地址	上海市浦东新区龙东大道5385号12楼C4室（200120）				
投资总额	14万USD	电　话	52060422	传　真	52060422
设立日期	2004-7-15	负责人	JONG YAE LEE（李钟泰）		
主营业务	房地产经纪（涉及许可经营的凭许可证经营）。				

企业名称	上海创方物业管理有限公司				
企业地址	上海市南京西路 1856 号 501 室（200040）				
投资总额	20 万 USD	电话	62496896	传真	62496284
设立日期	2004-7-1	负责人	杨晓燕		
主营业务	物业管理及相关的停车场管理（涉及许可经营的凭许可证经营）。				

企业名称	上海新陆一房地产有限公司				
企业地址	上海市浦东新区陆家嘴金融贸易区 X2－1 地块（200120）				
投资总额	20500 万 USD	电话	63115588	传真	63550148
设立日期	2004-6-30	负责人	邹益民		
主营业务	在批租地块内从事办公楼、酒店、商场、停车场及配套的建筑开发经营。				

企业名称	隆冠（上海）置业有限公司				
企业地址	上海市普陀区武威路 1168 号 410－1 室（200331）				
投资总额	484 万 USD	电话	62848091	传真	62509723
设立日期	孙俊民	负责人	孙俊民		
主营业务	生产加工包装材料、装饰材料、旅行用品、工艺品，销售自产产品等。				

企业名称	上海中原物业顾问有限公司				
企业地址	上海市南汇区康桥镇康士路 17 号 158 室（201315）				
投资总额	40 万 USD	电话	52402808	传真	52402355
设立日期	2004-6-28	负责人	陆 成		
主营业务	房地产咨询、代理、中介服务（涉及许可经营的凭许可证经营）。				

企业名称	日朋房地产咨询（上海）有限公司				
企业地址	上海市浦东新区施新路 955 号 1 幢 2－A 室（201202）				
投资总额	14 万 USD	电话	52586600	传真	62835176
设立日期	2004-6-17	负责人	远藤志朗		
主营业务	房地产经纪、投资咨询、贸易信息咨询、企业管理咨询等。				

企业名称	上海展讯置业发展有限公司				
企业地址	上海市张江高科技园区龙东大道 3000 号 6 号楼一层 120 室（201203）				
投资总额	90 万 USD	电话	61097553	传真	61097556
设立日期	2004-6-16	负责人	刘建国		
主营业务	批租地块内进行房地产开发、房产销售、房产租赁、物业管理等。				

企业名称	上海瑞安房地产发展有限公司				
企业地址	上海市淮海中路 333 号瑞安广场 26 层 F 室（200021）				
投资总额	35 万 USD	电话	63861818	传真	63861100
设立日期	2004-6-14	负责人	罗康瑞		
主营业务	对瑞安集团及所属了公司在国内投资项目提供管理咨询及物业管理等。				

企业名称	中信泰富（上海）物业管理有限公司				
企业地址	上海市南京西路 1168 号中信泰富广场 906 室（200040）				
投资总额	150 万 USD	电话	62180180	传真	52984800
设立日期	2004-6-10	负责人	凌大卫		
主营业务	在投资母公司投资开发的房地产内从事物业管理、物业代理等。				

企业名称	上海祖鼎实业有限公司				
企业地址	上海市嘉定区南翔镇浏翔工业园区 4 号地块（201802）				
投资总额	500 万 USD	电话	39125239	传真	39125229
设立日期	2004-6-8	负责人	谢美舟		
主营业务	在批租地块上从事工业厂房的开发、建设、出租、出售和物业管理等。				

企业名称	现代智能物业管理（上海）有限公司				
企业地址	上海市宝山区沪太路 3888 号（200436）				
投资总额	50 万 USD	电话	56684883	传真	56517115
设立日期	2004-6-8	负责人	沈维荣		
主营业务	从事物业管理、房地产咨询服务(涉及许可经营的凭许可证经营)。				

企业名称	上海鼎盛兴房地产经纪有限公司				
企业地址	上海市浦东新区北张家浜路 68 号 1 幢 357 室（200120）				
投资总额	20 万 USD	电话	62496056	传真	62496087
设立日期	2004-6-1	负责人	徐博文		
主营业务	房地产经纪、物业管理、房地产信息咨询、房屋室内装潢咨询等。				

企业名称	上海新合兴物业管理有限公司				
企业地址	上海市浦东新区北张家浜路 68 号 1 幢 358 室（200120）				
投资总额	20 万 USD	电话	62496086	传真	62496087
设立日期	2004-6-1	负责人	徐博文		
主营业务	物业管理、房地产信息咨询、房屋室内装潢咨询、庭院绿化布置咨询等。				

企业名称	富屿房地产顾问（上海）有限公司				
企业地址	上海市浦东新区长岛路 239 号 128－C 室（201206）				
投资总额	14 万 USD	电话	51166816	传真	52610003
设立日期	2004-5-21	负责人	罗颖媚		
主营业务	房地产咨询、房地产经纪、投资咨询、企业管理咨询、贸易信息咨询等。				

企业名称	上海甲山林住易房地产咨询有限公司				
企业地址	上海市崇明县城桥镇东门路 101 号（202150）				
投资总额	50 万 USD	电话	62522226	传真	62521808
设立日期	2004-5-2	负责人	祝文宇		
主营业务	从事房地产项目的策划、咨询、服务（涉及许可经营的凭许可证经营）。				

企业名称	上海鼎鼎房地产开发有限公司				
企业地址	上海市延安东路 222 号外滩中心 36F05 室（200002）				
投资总额	3000 万 USD	电话	63512819	传真	63528538
设立日期	2004-4-27	负责人	蔡实鼎		
主营业务	在批租地块内从事办公楼、酒店及酒店公寓、商场以及相关设施的开发。				

企业名称	上海环绿房地产开发有限公司				
企业地址	上海市宝山区泰和西路 3389 号（201907）				
投资总额	5000 万 USD	电话	66783873	传真	56041223
设立日期	2004-4-22	负责人	盛友兴		
主营业务	在批租土地内从事商品住宅的开发、经营、出租、出售、物业管理等。				

企业名称	上海普洛斯槎浦置业有限公司				
企业地址	上海市普陀区武威路 1168 号 417－1 室（200331）				
投资总额	500 万 USD	电话	61053971	传真	61053999
设立日期	2004-4-21	负责人	梅志明		
主营业务	工业及物流仓储设施的开发、经营管理及提供相关的咨询服务等。				

企业名称	上海金墅房地产经纪有限公司				
企业地址	上海市浦东新区浦东大道 2557 号（200120）				
投资总额	14 万 USD	电话	50349462	传真	50349463
设立日期	2004-4-15	负责人	ZHAO DI 赵迪		
主营业务	房地产经纪、市场营销咨询、房地产投资咨询、市场调研等。				

企业名称	上海沪裕房地产有限公司				
企业地址	上海市杨浦区黄兴路 2005 弄 1 号 6A 室（200433）				
投资总额	1800 万 USD	电话	62611899	传真	62616899
设立日期	2004-4-6	负责人	徐洪林		
主营业务	在批租土地内从事房地产开发与销售、物业管理、出租和咨询等。				

企业名称	上海福瑞安腾房地产投资咨询有限公司				
企业地址	上海市高邮路 5 弄 4 号（200031）				
投资总额	14 万 USD	电话	52383808	传真	52383418
设立日期	2004-4-6	负责人	杨元宏		
主营业务	房地产信息咨询、市场调研、营销策划、建筑规划设计咨询等。				

企业名称	上海乐复房地产有限公司				
企业地址	上海市卢湾区淮海中路 333 号瑞安广场 26 楼 E 室（200020）				
投资总额	4250 万 USD	电话	63861818	传真	63867070
设立日期	2004-2-20	负责人	罗康瑞		
主营业务	从事批租地块范围内房地产开发、建筑和经营；物业租售等。				

企业名称	上海悦读房地产咨询有限公司				
企业地址	上海市浦东新区申波路 9 号 13 幢 B107 室（201204）				
投资总额	14 万 USD	电话	53757188	传真	63862199
设立日期	2004-2-12	负责人	周蕙芬		
主营业务	房地产信息咨询、市场调研、营销策划、建筑规划设计咨询等。				

企业名称	上海上阳房地产咨询有限公司				
企业地址	上海市浦东新区梅花路 281 号 A 区 206 室（201204）				
投资总额	520 万 USD	电话	63181212	传真	63862199
设立日期	2004-2-5	负责人	林吉荣		
主营业务	房地产咨询、市场调研、营销咨询、建筑规划设计咨询、室内设计等。				

企业名称	资策会房地产咨询（上海）有限公司				
企业地址	上海市浦东新区申波路 9 号 13 幢 A205 室（201204）				
投资总额	14 万 USD	电话	63862188	传真	63862199
设立日期	2004-2-2	负责人	张耿纶		
主营业务	房地产信息咨询、市场调研、营销策划、建筑规划设计咨询等。				

企业名称	上海兴侨房地产有限公司				
企业地址	上海市卢湾区淮海中路333号瑞安广场26楼C室（200020）				
投资总额	3772.7万USD	电　话	63861818	传　真	63867070
设立日期	2004-1-18	负 责 人	罗康瑞		
主营业务	从事批租地块范围内房地产开发、建造和经营、物业租售等。				

企业名称	新昌瑞安物业管理（上海）有限公司				
企业地址	上海市卢湾区淮海中路333号806室（200021）				
投资总额	25万USD	电　话	63868833	传　真	53868676
设立日期	2004-1-18	负 责 人	樊卓雄		
主营业务	物业管理、室内设计方案咨询、物业管理服务咨询及配套商务中心。				

企业名称	上海亚晟房地产投资咨询有限公司				
企业地址	上海市凯旋路2288弄1号（200235）				
投资总额	15万USD	电　话	64280689	传　真	64398379
设立日期	2004-1-16	负 责 人	谈　洪		
主营业务	房地产投资策划和咨询，房地产经纪，建设项目前期策划等。				

企业名称	上海新舒房地产开发有限公司				
企业地址	上海市宝山区蕴川路1265号（201901）				
投资总额	10000万USD	电　话	33114633	传　真	63403733
设立日期	2004-1-13	负 责 人	陈耀明		
主营业务	在批租地块内从事房地产开发、经营、商品房的租赁、销售等。				

企业名称	上海致有实业发展有限公司				
企业地址	上海市闵行区闵北工业区第2号街坊B座（201106）				
投资总额	250万USD	电　话	64898989	传　真	64890966
设立日期	2004-1-12	负 责 人	薛非然		
主营业务	在批租地块内从事工业厂房、仓库及公建等设施的开发、销售等。				

企业名称	裕廊腾飞置业（上海）有限公司				
企业地址	上海市天钥桥路333号（200030）				
投资总额	2960万USD	电　话	64263222	传　真	64263533
设立日期	2004-1-5	负 责 人	GOH TOH SIM		
主营业务	房屋出租、物业管理（涉及许可经营的，凭许可证经营）。				

企业名称	上海致衡实业发展有限公司				
企业地址	上海市闵行区闵北工业区第2号街坊B座（201107）				
投资总额	250万USD	电　话	64898989	传　真	64890966
设立日期	2003-12-29	负 责 人	薛非然		
主营业务	在批租地块内从事工业厂房、仓库及公建等设施的开发、销售等。				

企业名称	上海延邦物业管理有限公司				
企业地址	上海市延长中路619号718室（200070）				
投资总额	50万USD	电　话	66527599	传　真	66527655
设立日期	2003-12-23	负 责 人	雷　骥		
主营业务	承租工业厂房与商务楼的出租及物业管理，附设餐饮和商务中心等。				

企业名称	上海东苑美墅置业有限公司				
企业地址	上海市闵行区中春路8988弄21号（201103）				
投资总额	2475万USD	电　话	64460707	传　真	64063653
设立日期	2003-12-22	负 责 人	沈慧琴		
主营业务	在批租地块内从事商品房的开发、建设、销售、出租及物业管理。				

企业名称	上海浦蒂爱房地产经营管理有限公司				
企业地址	上海市宝山区华灵路1888号（200436）				
投资总额	900万欧元	电　话	62950631	传　真	62950553
设立日期	2003-12-19	负 责 人	朴大盛		
主营业务	从事批租地块内的仓储、工业标准厂房建造、出售及出租等。				

企业名称	莱舍物业顾问（上海）有限公司				
企业地址	上海市长宁区茅台路270弄7号126室（200335）				
投资总额	14万USD	电　话	63459962	传　真	63459962
设立日期	2003-12-19	负 责 人	陈健礼		
主营业务	房地产咨询及中介（涉及许可经营的，凭许可证经营）。				

企业名称	上海安亭澳丽房产开发有限公司				
企业地址	上海市嘉定区安亭镇墨玉路18号（201805）				
投资总额	1000万USD	电　话	54076133	传　真	54076133
设立日期	2003-12-17	负 责 人	RICHARD ANTHONY DAVI		
主营业务	在受让地块内从事商品房开发、建筑、经营、销售、房地产中介等。				

企业名称	上海安信牡丹江置地有限公司				
企业地址	上海市宝山区东林路393号（201900）				
投资总额	2000万USD	电　话	53966666	传　真	53966661
设立日期	2003-12-12	负 责 人	陈　奇		
主营业务	在批租地块范围内经营房地产开发、销售、租赁、物业管理等。				

企业名称	上海香梅物业管理有限公司				
企业地址	上海市浦东新区花木路388号206室（200127）				
投资总额	60.9万USD	电　话	50590358	传　真	50459263
设立日期	2003-12-12	负 责 人	顾伟伦		
主营业务	物业管理、投资咨询、商务咨询、房地产经纪及咨询等。				

企业名称	上海福乐思特房地产发展有限公司				
企业地址	上海市共和新路2100号看台2楼贵宾1室（200072）				
投资总额	4000万USD	电　话	66301818	传　真	66305298
设立日期	2003-12-5	负 责 人	黄崇圣		
主营业务	在开发地块内从事房地产和各类配套设施的开发、建设、出租等。				

企业名称	上海远中静安房地产有限公司				
企业地址	上海市静安区延平路175弄38号B-06室（200042）				
投资总额	1600万USD	电　话	62709999	传　真	62701799
设立日期	2003-12-4	负 责 人	洪贤德		
主营业务	在土地批租受让地块内从事房地产的开发建设、商品房建造、出租等。				

企业名称	上海万波置业有限公司				
企业地址	上海市浦东新区崂山五村551号207室（200127）				
投资总额	1815万USD	电　话	50596888	传　真	50593838
设立日期	2003-11-14	负 责 人	朱述祥		
主营业务	房地产开发、经营（涉及许可证经营的凭许可证经营）。				

企业名称	超前物业管理（上海）有限公司				
企业地址	上海市浦东新区栖霞路100号102室（200120）				
投资总额	14万USD	电　话	51164378	传　真	51164371
设立日期	2003-10-29	负 责 人	黄亮生		
主营业务	房地产咨询、房地产中介、物业管理（涉及许可经营的凭许可证经营）。				

企业名称	上海美家华泛太房产经纪有限公司				
企业地址	上海市青浦区徐泾镇京华路60号3楼（201702）				
投资总额	65万USD	电　话	54429833	传　真	54429711
设立日期	2003-10-28	负 责 人	ARNOLD TIANCHENG NIU		
主营业务	房地产中介（涉及许可经营的凭许可证经营）。				

企业名称	新中南方物业管理（上海）有限公司				
企业地址	上海市浦东新区北张家浜路68号5幢154室(200120)				
投资总额	14万USD	电　话	38824500	传　真	50372775
设立日期	2003-10-20	负 责 人	刘远方		
主营业务	物业管理及相关服务、物业管理咨询、投资咨询等。				

企业名称	上海斯乐芬房地产开发有限公司				
企业地址	上海市杨浦区长白228街坊2号基地（200093）				
投资总额	1200万USD	电　话	55067922	传　真	55067922
设立日期	2003-10-8	负 责 人	刘若申		
主营业务	批租地块内的房地产开发及物业管理（涉及许可经营的凭许可证经营）。				

企业名称	上海亚美房地产开发有限公司				
企业地址	上海市普陀区万镇路180号204、205室（200233）				
投资总额	1200万USD	电　话	62499693	传　真	62486833
设立日期	2003-9-29	负 责 人	王　燕		
主营业务	在土地租赁受让地块内从事商品房及配套设施开发建造，境内外销售等。				

企业名称	澳佳物业管理（上海）有限公司				
企业地址	上海市静安区延安中路841号1506室（200041）				
投资总额	20万USD	电　话	62893918	传　真	
设立日期	2003-9-17	负 责 人	杨应恒		
主营业务	在母公司所投资开发的房产内从事物业管理、物业代理等。				

企业名称	上海盈旺房地产开发有限公司				
企业地址	上海市龙吴路2451号（200241）				
投资总额	1000万USD	电　话	64870380	传　真	64277985
设立日期	2003-9-12	负 责 人	林振南		
主营业务	在批租地块内从事商品房的开发、建设、销售、出租和物业管理等。				

企业名称	上海汇金物业管理有限公司				
企业地址	上海市上中路462号（200231）				
投资总额	21万USD	电　话	64269888	传　真	64070606
设立日期	2003-9-12	负责人	吴正德		
主营业务	物业管理、商务及房地产信息咨询（涉及许可经营的凭许可证经营）。				

企业名称	上海杨浦中央社区发展有限公司				
企业地址	上海市杨浦区淞沪路98号平盛大厦15楼（200433）				
投资总额	3000万USD	电　话	65107878	传　真	
设立日期	2003-8-26	负责人	罗康瑞		
主营业务	在杨浦大学城中央社区内，从事房地产开发经营和物业管理等。				

企业名称	正大置地有限公司				
企业地址	上海市浦东新区陆家嘴西路168号正大广场B1西区（200120）				
投资总额	5000万人民币	电　话	63352797	传　真	63352171
设立日期	2003-8-22	负责人	谢吉人		
主营业务	商业房地产及配套设施的开发、建设、出租、出售、物业管理等。				

企业名称	上海联玮物业管理有限公司				
企业地址	上海市闵行区虹梅路3203号601室（201103）				
投资总额	51万USD	电　话	64655777	传　真	64069528
设立日期	2003-8-21	负责人	林崇弟		
主营业务	物业管理及相关房产中介服务（涉及许可经营的凭许可证经营）。				

企业名称	友捷房地产策划（上海）有限公司				
企业地址	上海市浦东新区施新路2300号2幢（200137）				
投资总额	14万USD	电　话	50306667	传　真	50307778
设立日期	2003-8-21	负责人	周启元（QIYUAN ANGUS ZHOU）		
主营业务	房地产项目策划咨询、建筑装潢设计咨询、园林景观设计咨询等。				

企业名称	上海城投永业置业发展有限公司				
企业地址	上海市淮海中路138号33楼（200021）				
投资总额	3000万USD	电　话	63756333	传　真	
设立日期	2003-8-20	负责人	吴永华		
主营业务	房地产包括酒店客房的开发、经营、销售、租赁、咨询、物业管理等。				

企业名称	新一代房地产咨询（上海）有限公司				
企业地址	上海市浦东新区沪南公路1588号3号楼101室(201204)				
投资总额	14万USD	电　话	63912003	传　真	63912731
设立日期	2003-8-20	负责人	HARRY CHUA		
主营业务	房地产咨询、房地产中介、房地产投资咨询、房地产市场调研等。				

企业名称	上海宝廷置业有限公司				
企业地址	上海市闵行区古美路457号（201103）				
投资总额	254万USD	电　话	64022018	传　真	64025749
设立日期	2003-8-4	负责人	顾寸新		
主营业务	在土地批租范围内从事房地产开发、销售、租赁、咨询、物业管理。				

企业名称	置梁行房地产顾问（上海）有限公司				
企业地址	上海市浦东新区高桥镇花山路706号818室（200120）				
投资总额	110万港币	电　话	63343107	传　真	63343103
设立日期	2003-8-1	负责人	梁家栋		
主营业务	房地产投资咨询、房地产信息咨询、商务咨询、经济信息咨询等。				

企业名称	上海美邦置业有限公司				
企业地址	上海市延长中路619号（200072）				
投资总额	210万USD	电　话	66527599	传　真	66527655
设立日期	2003-7-17	负责人	雷　骥		
主营业务	工业厂房、商务楼的改建、出租及物业管理，自有房产的出租、出售等。				

企业名称	上海汇江房地产咨询有限公司				
企业地址	上海市浦东新区花山路706号603室（200120）				
投资总额	14万USD	电　话	63867722	传　真	63906175
设立日期	2003-7-16	负责人	JAMES BENNO ROSENWALD III		
主营业务	房地产咨询、物业管理咨询、企业管理咨询、商务咨询、投资咨询等。				

企业名称	金百亿物业管理（上海）有限公司				
企业地址	上海市闵行区虹莘路3768号（201101）				
投资总额	200万USD	电　话	34317776	传　真	64059435
设立日期	2003-7-9	负责人	吴邱垒		
主营业务	仓储、物业管理、房地产中介、房地产咨询、国际商务咨询等。				

企业名称	上海正品房地产咨询有限公司				
企业地址	上海市昌平路710号593室（200040）				
投资总额	84万USD	电　话	64395156	传　真	64391760
设立日期	2003-7-2	负责人	丁大为		
主营业务	房地产中介及咨询、投资咨询、管理咨询、市场调研等。				

企业名称	荷商房地产投资管理（上海）有限公司				
企业地址	上海市浦东新区银城东路101号37楼042室（200122）				
投资总额	50万USD	电　话	68413355	传　真	68410920
设立日期	2003-6-26	负责人	RICHARD PRICE		
主营业务	房地产投资开发项目的管理，房地产市场研究、咨询等。				

企业名称	上海住商房地产经纪有限公司				
企业地址	上海市静安区余姚路2号405室（200041）				
投资总额	55万USD	电　话	64282395	传　真	64282537
设立日期	2003-6-18	负责人	吴耀焜		
主营业务	房地产信息咨询、房地产经纪、企业管理咨询、商务咨询、市场调研等。				

企业名称	上海东之信房地产有限公司				
企业地址	上海市宝山区沪太路1858号（200436）				
投资总额	450万USD	电　话	54071678	传　真	54071678
设立日期	2003-6-17	负责人	陈长春		
主营业务	从事批租地块内商品住宅的开发、经营、出租、出售、物业管理等。				

企业名称	上海维信置业有限公司				
企业地址	上海市松江区九亭镇（201615）				
投资总额	500万USD	电　话	64275585	传　真	64271180
设立日期	2003-6-13	负责人	洪德诚		
主营业务	从事办公商务楼（含配套设施、车库等）的开发、建设、经营等。				

企业名称	上海樽轩实业有限公司				
企业地址	上海市闵行区闵北工业区第5号街坊（201107）				
投资总额	2000万USD	电　话	62969908	传　真	62969918
设立日期	2003-6-10	负责人	方耀明		
主营业务	在批租地块内从事工业厂房、仓库的建造、租赁、物业管理等。				

企业名称	上海世联房地产顾问有限公司				
企业地址	上海市南京西路1266号恒隆广场3103室（200040）				
投资总额	14万USD	电　话	51720205	传　真	63840066
设立日期	2003-6-6	负责人	陈劲松		
主营业务	房地产经纪、房地产信息咨询、投资咨询、企业形象策划等。				

企业名称	上海犀牛角房地产经纪有限公司				
企业地址	上海市浦东新区浦东南路855号33楼B座（200120）				
投资总额	20万USD	电　话	58822131	传　真	58369070
设立日期	2003-5-26	负责人	赖郁辰		
主营业务	房地产中介。				

企业名称	上海泰森房地产咨询有限公司				
企业地址	上海市青浦区朱家角祥凝浜路56号306室（201713）				
投资总额	28万USD	电　话	59249362	传　真	59249303
设立日期	2003-5-24	负责人	陈士良		
主营业务	房地产咨询、投资咨询、项目管理咨询、经济信息咨询、营销策划。				

企业名称	上海鼎荣房地产开发有限公司				
企业地址	上海市鲁班路209号6楼601A座（200023）				
投资总额	3420万USD	电　话	50271888	传　真	50271809
设立日期	2003-5-23	负责人	张洪本		
主营业务	在批租受让地块内从事房地产项目开发建设，商品房销售、租赁等。				

企业名称	上海利雄置业发展有限公司				
企业地址	上海市长宁区长宁路890号（200042）				
投资总额	1100万USD	电　话	52411212	传　真	52419898
设立日期	2003-5-23	负责人	杨开鑫		
主营业务	在批租地块内房地产开发、经营、物业管理、房地产咨询。				

企业名称	上海四季草塘房地产有限公司				
企业地址	上海市静安区南京西路510室1515号(200040)				
投资总额	61万USD	电　话	57647216	传　真	62891773
设立日期	2003-5-23	负责人	李志杰		
主营业务	在批租地块内房地产开发、经营、物业管理、房地产咨询。				

企业名称	英发房地产咨询（上海）有限公司				
企业地址	上海市浦东新区三林镇上南路 4588 号 2 号楼（200124）				
投资总额	100 万 USD	电话	51155130	传真	51155133
设立日期	2003-5-19	负责人	潘英奇		
主营业务	房地产咨询、投资咨询、市场调研、市场营销策划等。				

企业名称	千翔物业管理（上海）有限公司				
企业地址	上海市长宁区仙霞路 319 号 0202 室（200336）				
投资总额	50 万 USD	电话	51528688	传真	51528666
设立日期	2003-5-16	负责人	蔡忠基		
主营业务	物业管理、房地产中介咨询服务（涉及许可经营的凭许可证经营）。				

企业名称	上海永业桃源房产企业有限公司				
企业地址	上海市南汇工业园区沪南路 9458 号 118 室 30 号（201300）				
投资总额	4000 万人民币	电话	53964861	传真	53964582
设立日期	2003-5-14	负责人	吴永华		
主营业务	从事生产用房和与之配套的办公及其他附属设施的开发、建造、装修等。				

企业名称	上海金和盛置业有限公司				
企业地址	上海市浦东新区张江路 727 号 410－B 室（201203）				
投资总额	3000 万人民币	电话	58957593	传真	58958776
设立日期	2003-5-13	负责人	王晋皓		
主营业务	在批租地块内进行房地产开发、房产销售、房产租赁等。				

企业名称	上海和邦房地产经纪有限公司				
企业地址	上海市宛平南路 265 号（200032）				
投资总额	14 万 USD	电话	64263678	传真	64261678
设立日期	2003-5-8	负责人	李汶昌		
主营业务	房地产经纪（涉及许可经营的凭许可证经营）。				

企业名称	上海星盟置业有限公司				
企业地址	上海市松江区龙兴路 189 号 1 号楼（201600）				
投资总额	1000 万 USD	电话	53966666	传真	53966661
设立日期	2003-5-7	负责人	陈奇		
主营业务	在批租地块内从事房地产开发、销售、租赁、物业管理等。				

企业名称	上海盛临置业有限公司				
企业地址	上海市浦东新区川南奉公路 672 号 5 幢 102 室（201202）				
投资总额	600 万 USD	电话	34160776	传真	34160776
设立日期	2003-4-23	负责人	李浩强		
主营业务	仓储、物流咨询、房地产市场信息咨询。				

企业名称	上海东光亿房地产开发有限公司				
企业地址	上海市奉贤区奉城镇川南奉公路（201411）				
投资总额	200 万 USD	电话	54371205	传真	54370827
设立日期	2003-4-22	负责人	陈耀东		
主营业务	从事商品房开发建设、销售、租赁业务及配套会所和相关物业管理等。				

企业名称	上海九百城市广场有限公司				
企业地址	上海市南京西路 1618 号（200040）				
投资总额	3000 万 USD	电话	32174838	传真	62882702
设立日期	2003-4-16	负责人	李庆苏		
主营业务	房地产开发、经营、租赁；物业管理（涉及许可经营的凭许可证经营）。				

企业名称	上海钧圻房地产经营有限公司				
企业地址	上海市黄浦区中山东一路 6 号（200002）				
投资总额	100 万 USD	电话	63218102	传真	63218097
设立日期	2003-4-8	负责人	DAVID HAU-MAN SUNG		
主营业务	房地产出租、物业管理、餐饮、咖啡厅、商务服务、附设商场等。				

企业名称	上海优络盟实业有限公司				
企业地址	上海市莘庄工业区内华宁路元江路口（201100）				
投资总额	1250 万 USD	电话	64678888	传真	64676060
设立日期	2003-4-3	负责人	薛非然		
主营业务	在批租地块内从事工业厂房、仓库的建造、销售、租赁、物业管理等。				

企业名称	沛丰（上海）房地产发展有限公司				
企业地址	上海市静安区 40 号街坊东南角地块（200040）				
投资总额	1250 万 USD	电话	22083565	传真	62888780
设立日期	2003-3-10	负责人	GOSIENGFIAO ROLANDO		
主营业务	在土地批租受让的地块内从事房地产开发、建设、经营、出租、出售等。				

企业名称	龙宝臻邸房地产咨询（上海）有限公司				
企业地址	上海市乌鲁木齐中路 328 号 311 室（200031）				
投资总额	20 万 USD	电话	32140316	传真	32145316
设立日期	2003-2-28	负责人	李张丽莉		
主营业务	房地产信息咨询、环保信息咨询、投资咨询及中介、科技咨询等。				

企业名称	上海珩意房地产经营有限公司				
企业地址	上海市黄浦区中山东一路 18 号（200002）				
投资总额	500 万 USD	电话	63237066	传真	63237060
设立日期	2003-2-13	负责人	张忠伦		
主营业务	房产出租、物业管理（涉及许可经营的凭许可证经营）。				

企业名称	樱花之屋房地产咨询（上海）有限公司				
企业地址	上海市肇嘉浜路 333 号 604 室（200032）				
投资总额	14 万 USD	电话	62271991	传真	62270799
设立日期	2003-1-30	负责人	吴有华		
主营业务	房产经纪、咨询（涉及许可经营的凭许可证经营）。				

企业名称	上海浦东中核大厦房地产开发有限公司				
企业地址	上海市浦东新区民生路 1518 号（200135）				
投资总额	3000 万 USD	电话	68547660	传真	68547026
设立日期	2003-1-22	负责人	王绯玲		
主营业务	从事房地产开发、建设、经营（出租、出售），从事相关物业管理等。				

企业名称	上海新国煌置业有限公司				
企业地址	上海市江宁路 258 号（200041）				
投资总额	1200 万 USD	电话	62348888	传真	62341111
设立日期	2003-1-21	负责人	杨朝舜		
主营业务	从事房地产开发经营、房屋租赁及销售、房产物业的咨询及咨询管理等。				

企业名称	上海鼎固房地产开发有限公司				
企业地址	上海市静安区南京西路 1266 号恒隆广场 3307 室（200040）				
投资总额	1451 万 USD	电话	50271888	传真	50271809
设立日期	2003-1-15	负责人	张洪本		
主营业务	从事房地产项目开发建设，商品房销售、租赁、房地产中介、物管等。				

企业名称	冠丰（上海）房地产发展有限公司				
企业地址	上海市静安区 46 街坊和 40 号街坊大中里北地块（200041）				
投资总额	5700 万 USD	电话	22083565	传真	62888780
设立日期	2003-1-10	负责人	GOSIENGFIAO ROLANDO		
主营业务	从事房地产投资、开发、建设、经营、出租、出售、房地产咨询等。				

企业名称	上海世纪静安房地产开发有限公司				
企业地址	上海市南京西路 1266 号 5210－5212 室（200040）				
投资总额	1200 万 USD	电话	64224391	传真	
设立日期	2003-1-9	负责人	魏应交		
主营业务	从事房地产开发、经营销售、房屋租赁、物业以及附设商场的建设等。				

企业名称	上海欣页物业管理有限公司				
企业地址	上海市杨浦区关山路 100 号（200433）				
投资总额	18 万 USD	电话	65480606	传真	65485002
设立日期	2003-1-8	负责人	陈伟年		
主营业务	物业管理（涉及许可经营的凭许可证经营）。				

企业名称	上海世康房地产咨询有限公司				
企业地址	上海市南汇区康桥工业区沪南路 2727 弄 100 号（201315）				
投资总额	14 万 USD	电话	68194312	传真	68194317
设立日期	2003-1-7	负责人	王伟贤		
主营业务	房地产中介、咨询服务（涉及许可经营的凭许可证经营）。				

企业名称	上海置国房地产咨询有限公司				
企业地址	上海市万航渡路 154 号（200040）				
投资总额	14 万 USD	电话	62883828	传真	62470290
设立日期	2003-1-7	负责人	蔡涯棉		
主营业务	房地产咨询及中介服务、商务咨询、投资咨询及中介服务、管理咨询等。				

企业名称	上海国广房地产经营有限公司				
企业地址	上海市曲沃路 470 弄 2 号 313 室（200003）				
投资总额	8100 万 USD	电话	61133333	传真	61133366
设立日期	2002-12-26	负责人	伦赞球		
主营业务	在开发地块内从事房地产开发、建造、出租、出售及物业管理。				

企业名称	盈丰（上海）房地产发展有限公司				
企业地址	上海市静安区 40 号街坊大中里南地块（200070）				
投资总额	12000 万 USD	电话	22083565	传真	62888780
设立日期	2002-12-25	负责人	GOSIENGFIAO ROLANDO		
主营业务	在土地批租受让地块内从事房地产投资。				

企业名称	新帝标置业投资咨询发展（上海）有限公司				
企业地址	上海市长宁区定西路 988 号 1401 室（200050）				
投资总额	20 万 USD	电话	62174093	传真	62174095
设立日期	2002-12-24	负责人	EDW ARD JIANG		
主营业务	房地产咨询、投资咨询、企业管理咨询、市场调研并提供相关服务等。				

企业名称	上海嘉申房地产开发经营有限公司				
企业地址	上海市静安区万航渡路 456 号底层（200040）				
投资总额	7800 万 USD	电话	61133333	传真	61133366
设立日期	2002-12-23	负责人	伦赞球		
主营业务	在开发地块内从事房地产开发建设和经营房产。				

企业名称	上海证大置业有限公司				
企业地址	上海市浦东新区唐镇唐陆路 3081 号二楼（201208）				
投资总额	1812 万 USD	电话	50331818	传真	50335557
设立日期	2002-12-20	负责人	戴志康		
主营业务	在受让地块内从事房地产项目的开发、建设、经营及后期的物业管理。				

企业名称	高鹏（上海）房地产发展有限公司				
企业地址	上海市浦东新区陆家嘴金融贸易区 X3－1 号地块（200120）				
投资总额	9000 万 USD	电话	58769217	传真	58767862
设立日期	2002-12-17	负责人	杨宗孟		
主营业务	在受让地块内从事房地产的开发、经营，物业管理及相应配套服务等。				

企业名称	上海泛太平洋房地产有限公司				
企业地址	上海市汉口路 678 号 604 室（200001）				
投资总额	1875 万 USD	电话	64395985	传真	64274308
设立日期	2002-12-10	负责人	潘思源		
主营业务	经营房地产开发、房屋销售、租赁、房地产咨询、物业管理。				

企业名称	上海长美物业管理有限公司				
企业地址	上海市威海路 128 号 112 室（200003）				
投资总额	20 万 USD	电话	63956876	传真	63590856
设立日期	2002-12-10	负责人	梁健立		
主营业务	物业管理，房屋租赁中介服务。				

企业名称	上海乐融置业有限公司				
企业地址	上海市天目中路 749 弄 53 号 8F（200070）				
投资总额	980 万 USD	电话	63320099	传真	63326308
设立日期	2002-11-21	负责人	刘迪光		
主营业务	房产置业、自有房屋的出租、出售、物业管理，提供相关的咨询服务。				

企业名称	上海化学工业区置业有限公司				
企业地址	上海市化学工业区西河路 2 号 201 室（201507）				
投资总额	1200 万 USD	电话	67120053	传真	67120051
设立日期	2002-11-18	负责人	高海明		
主营业务	在批租地块内从事房地产的开发、建设、出售及咨询业务。				

企业名称	上海穗华置业有限公司				
企业地址	上海市浦东新区源深路 1 号地块（200120）				
投资总额	3001 万 USD	电话	62689301	传真	62681087
设立日期	2002-11-12	负责人	何鹤龄		
主营业务	在批租的源深路 1 号地块内进行房地产综合开发、经营和物业管理。				

企业名称	上海帝豪停车场管理有限公司				
企业地址	上海市闸北区秣陵路 303 号乙（200070）				
投资总额	19 万 USD	电话	52917092	传真	
设立日期	2002-11-11	负责人	周盛旺		
主营业务	管理停车场（库）及有关的物业管理与服务。				

企业名称	上海中欣大厦物业管理有限公司				
企业地址	上海市静安区南京西路 1468 号 4208 室（200040）				
投资总额	56 万 USD	电话	62471291	传真	62474868
设立日期	2002-11-7	负责人	陈福林		
主营业务	从事物业管理，物业代理及附设停车场管理与出租				

企业名称	上海海湾健康花苑度假村有限公司				
企业地址	上海市奉贤区奉新旅游开发区（201400）				
投资总额	2000 万 USD	电话	57121000	传真	
设立日期	2002-10-21	负责人	朱德平		
主营业务	在批租地块内经营客房、餐饮、健身及配套设施。				

企业名称	好收成（上海）房地产发展有限公司				
企业地址	上海市松江区乐都路 358 号 8010 室（201600）				
投资总额	2980 万 USD	电话	57682643	传真	67645533
设立日期	2002-10-16	负责人	罗乐凤		
主营业务	在土地批租受让地块内，从事商品房的开发、建设、销售等业务。				

企业名称	西亚斯国际咨询（上海）有限公司				
企业地址	上海市杨浦区辽源东路 31 号 105 室（200093）				
投资总额	25 万 USD	电话	58788553	传真	58788553
设立日期	2002-9-30	负责人	刘颖秀		
主营业务	投资咨询、贸易信息咨询、财务咨询、企业管理咨询、房地产信息咨询。				

企业名称	新港物业顾问（上海）有限公司				
企业地址	上海市浦东新区北张家浜路 68 号 1 幢 403 室（200122）				
投资总额	20 万 USD	电话	51756370	传真	51756371
设立日期	2002-9-30	负责人	叶国坚		
主营业务	房地产经济、项目策划推广、房地产咨询、投资咨询、经济信息咨询。				

企业名称	上海张江信息安全产业发展有限公司				
企业地址	上海市浦东新区沪南公路 1568 号 2 号楼二层（201204）				
投资总额	1506 万 USD	电话	50273778	传真	50273308
设立日期	2002-9-29	负责人	辛树林		
主营业务	从事信息安全产业基地（含房产）的开发、建设、经营、物业管理。				

企业名称	上海新徐房地产开发有限公司				
企业地址	上海市徐汇区南丹东路 56 号 3 楼（200030）				
投资总额	3600 万 USD	电话	33114633	传真	63403669
设立日期	2002-9-28	负责人	廖茸桐		
主营业务	商品住宅建设、开发经营、房产租赁、销售、房地产咨询、物业管理。				

企业名称	上海浦能房产经营有限公司				
企业地址	上海市竹行码头街 10 号 208 室（200010）				
投资总额	990 万 USD	电话	62821381	传真	62821603
设立日期	2002-9-27	负责人	洪建明		
主营业务	自有商品房的销售、出租、物业管理、房地产信息咨询。				

企业名称	上海金罗店开发有限公司				
企业地址	上海市沪太路 6655 号（201908）				
投资总额	19883 万 USD	电话	66011600	传真	66010100
设立日期	2002-9-24	负责人	金毅仁		
主营业务	土地开发、房地产开发经营、公建配套及市政设施建设、物业管理等。				

企业名称	上海东方康桥房地产发展有限公司				
企业地址	上海市宝山区宝杨路 3258 号（201901）				
投资总额	1989 万 USD	电话	61352307	传真	53828111
设立日期	2002-9-18	负责人	谢世东		
主营业务	从事商品住宅的开发、经营、出租、出售、物业管理等。				

企业名称	上海新天鸿高尔夫物业发展有限公司				
企业地址	上海市金山区新农镇金石公路 6666 号（201500）				
投资总额	8400 万 USD	电话	57343111	传真	57345735
设立日期	2002-9-12	负责人	方挺		
主营业务	建设、经营、管理高尔夫球场及其配套设施。				

企业名称	上海港虹实业发展有限公司				
企业地址	上海市闵行区虹桥镇吴中路 1358 号（201103）				
投资总额	1990 万 USD	电话	34323662	传真	34323662
设立日期	2002-9-3	负责人	陈志坚		
主营业务	房地产开发、仓储、商铺租赁、物业管理、咨询。				

企业名称	上海宁新房地产开发有限公司				
企业地址	上海市天山路 360 号（200051）				
投资总额	7249 万 USD	电话	33114633	传真	63912714
设立日期	2002-9-1	负责人	林明彦		
主营业务	从事房地产开发、经营、商品房租赁、销售、房地产咨询、物业管理等。				

企业名称	上海松下电工物业管理有限公司				
企业地址	上海市浦东新区临沂北路200号东樱花苑内（200127）				
投资总额	23万USD	电　话	68899587	传　真	68899594
设立日期	2002-8-27	负责人	坂元一昭		
主营业务	在松下电工系统的投资企业范围内提供物业管理，设备维护管理等。				

企业名称	上海家诚房地产经纪有限公司				
企业地址	上海市田林十四村61号(200233)				
投资总额	24万USD	电　话	63840055	传　真	63858438
设立日期	2002-8-24	负责人	桑　玫		
主营业务	房地产经纪。				

企业名称	上海江阳房地产咨询有限公司				
企业地址	上海市奉贤区南桥镇环城东路西、奉浦大道南侧B－134（201400）				
投资总额	20万USD	电　话	62402080	传　真	32120327
设立日期	2002-8-20	负责人	黄炯辉		
主营业务	房地产咨询及中介。				

企业名称	上海行商房地产咨询服务有限公司				
企业地址	上海市松江区石湖荡镇松蒸公路3号（200032）				
投资总额	1000万港币	电　话	52980808	传　真	52980009
设立日期	2002-8-16	负责人	郑为芝		
主营业务	房地产投资咨询服务，中介服务及相关展览展示等。				

企业名称	上海银座大厦置业有限公司				
企业地址	上海市汉口路678号605室(200001)				
投资总额	1875万USD	电　话	64395985	传　真	64274308
设立日期	2002-8-9	负责人	潘思源		
主营业务	经营房地产开发，房屋租赁、买卖、房地产咨询、物业管理。				

企业名称	上海鸿瑞置业有限公司				
企业地址	上海市浦东新区浦东大道2330号1号楼6楼B4－5室（200120）				
投资总额	410万USD	电　话	68599668	传　真	68599678
设立日期	2002-7-25	负责人	BARRY FRANCIS CRONIN		
主营业务	在批租地块内从事房地产开发经营及配套园林绿化建设。				

企业名称	上海西郊庄园物业管理有限公司				
企业地址	上海市青浦区中纺科技城创业中心大楼3037号（201700）				
投资总额	60万USD	电　话	52260878	传　真	62214193
设立日期	2002-7-18	负责人	邱坚华		
主营业务	物业管理。				

企业名称	上海海峡思泉房地产有限公司				
企业地址	上海市闵行区漕宝路1687号（201102）				
投资总额	2500万USD	电　话	54861220	传　真	34101404
设立日期	2002-7-16	负责人	黄清梅		
主营业务	商品房开发建设、出售、出租、房地产咨询中介、物业管理等。				

企业名称	上海卫伟置业有限公司				
企业地址	上海松江出口加工区罗伊尔一期园区一号标准厂房（201613）				
投资总额	170万USD	电　话	57743800	传　真	57742340
设立日期	2002-7-15	负责人	王　伟		
主营业务	建造、收购、出售、出租工业用房及配套设施，并为企业提供存储服务。				

企业名称	华润置地（上海）有限公司				
企业地址	上海市黄浦区老西门街道陆家浜路1049号6楼（200011）				
投资总额	4500万USD	电　话	62838123	传　真	62828787
设立日期	2002-7-11	负责人	王　印		
主营业务	从事房地产开发、建设、出售、出租、物业管理、房地产信息咨询等。				

企业名称	三林万业（上海）投资有限公司				
企业地址	上海市浦东新区浦东大道720号25楼A室（200120）				
投资总额	3846万USD	电　话	50366628	传　真	58200040
设立日期	2002-7-11	负责人	林绍良		
主营业务	投资、房地产综合开发及物业管理、配套设施的建设、房地产咨询等。				

企业名称	上海荆棘鸟物业管理有限公司				
企业地址	上海市闵行区都市路2280号（201100）				
投资总额	15万USD	电　话	54484035	传　真	54484031
设立日期	2002-7-4	负责人	邹蕴玉		
主营业务	提供物业管理服务及相关的中介咨询。				

企业名称	上海越洋恒捷房地产开发有限公司				
企业地址	上海市延安西路65号国际贵都大饭店办公楼804室（200040）				
投资总额	5400万USD	电　话	51028808	传　真	62487660
设立日期	2002-7-1	负责人	蔡水德		
主营业务	在批租地块内从事房地产开发、经营、销售。				

企业名称	上海新国际博览中心有限公司				
企业地址	上海市浦东新区龙阳路2345号（201204）				
投资总额	7150万USD	电　话	28906666	传　真	28906777
设立日期	2002-6-21	负责人	杨小明		
主营业务	利用本公司展览场馆主办，合作主办和承办境内外来展。				

企业名称	上海证大三角洲置业有限公司				
企业地址	上海市浦东新区唐镇唐陆路3081号（200135）				
投资总额	2409万USD	电　话	50331818	传　真	50335557
设立日期	2002-6-17	负责人	戴志康		
主营业务	在受让地块内从事房地产的开发、建设、经营及后期的物业管理。				

企业名称	上海尧泰置业发展有限公司				
企业地址	上海市嘉定区马陆镇（201800）				
投资总额	1000万USD	电　话	62597268	传　真	62593090
设立日期	2002-6-14	负责人	张辉汉		
主营业务	基础设施开发，投资咨询，中介服务，物业管理。				

企业名称	上海航头高夫置业有限公司				
企业地址	上海市南汇区航头镇沪南公路5588号212室（201317）				
投资总额	1000万USD	电　话	58145616	传　真	58148050
设立日期	2002-6-13	负责人	黄卓文		
主营业务	在批租的土地内从事房地产开发、经营、物业管理及配套服务。				

企业名称	上海世茂庄园置业有限公司				
企业地址	上海市松江区佘山国家旅游度假区林荫路369号（201602）				
投资总额	2500万USD	电　话	57655602	传　真	57654010
设立日期	2002-6-3	负责人	许荣茂		
主营业务	批租地块内的商品房开发、销售、租赁以及配套物业的管理。				

企业名称	上海庄城置业发展有限公司				
企业地址	上海市松江工业区荣乐东路111号（201600）				
投资总额	1200万USD	电　话	67701519	传　真	67701265
设立日期	2002-6-2	负责人	周建和		
主营业务	普通住宅及公共配套设施的开发建设。				

企业名称	乐发达房地产咨询服务（上海）有限公司				
企业地址	上海市浦东新区上川路6555号1幢302室（200135）				
投资总额	20万USD	电　话	58859469	传　真	58856295
设立日期	2002-5-22	负责人	JVDITH LIN SULLIVAN		
主营业务	房地产信息咨询、贸易信息咨询、企业管理咨询、投资咨询及中介。				

企业名称	汉荣房地产开发（上海）有限公司				
企业地址	上海市东大名路908号金岸大厦15楼C室（200082）				
投资总额	3750万USD	电　话	65956588	传　真	65956898
设立日期	2002-5-16	负责人	徐至宏		
主营业务	从事房地产开发、建设和经营、物业租售及配套服务设施的建设等。				

企业名称	上海奥尼置业有限公司				
企业地址	上海市大统路553号（200070）				
投资总额	800万USD	电　话	62883555	传　真	62668089
设立日期	2002-5-16	负责人	张龚冰松		
主营业务	自有房屋的租赁、出售、物业管理、房地产开发咨询及中介。				

企业名称	上海臣信房地产经纪有限公司				
企业地址	上海市保屯路221号520室（200011）				
投资总额	57万USD	电　话	62401360	传　真	62495270
设立日期	2002-5-9	负责人	柯博仁		
主营业务	房地产经纪。				

企业名称	上海华龙建设有限公司				
企业地址	上海市奉贤区南桥镇环城东路128号（201400）				
投资总额	2000万USD	电　话	58392282	传　真	58894543
设立日期	2002-5-4	负责人	陈　龙		
主营业务	在批租地块内从事房地产开发、物业管理及房地产咨询服务。				

企业名称	上海世茂北外滩开发建设有限公司				
企业地址	上海市四平路 421 弄 20 号 522 室（200080）				
投资总额	11538 万 USD	电　话	6303399	传　真	63091199
设立日期	2002-4-27	负 责 人	许荣茂		
主营业务	房地产开发、中介咨询等。				

企业名称	上海老西门新苑置业有限公司				
企业地址	上海市黄浦区陆家浜路 1049 号（200041）				
投资总额	8400 万 USD	电　话	63454957	传　真	63457087
设立日期	2002-4-22	负 责 人	荣明杰		
主营业务	房地产开发、建设、出售、出租、物业管理、房地产中介咨询。				

企业名称	惠发置业（上海）有限公司				
企业地址	上海市长宁区兴国路 244 弄 59 号（200052）				
投资总额	210 万 USD	电　话	62494968	传　真	62940734
设立日期	2002-4-19	负 责 人	潘国伟		
主营业务	从事房地产开发、建设、出租、出售及配套服务设施的建设和物业管理。				

企业名称	上海世茂湖滨房地产有限公司				
企业地址	上海市浦东新区牡丹路 60 号 418 室（200135）				
投资总额	5400 万 USD	电　话	50303399	传　真	50302731
设立日期	2002-4-16	负 责 人	许荣茂		
主营业务	从事房地产开发、建设、出租、出售及配套服务设施的建设和物业管理。				

企业名称	上海安信复兴置地有限公司				
企业地址	上海市淮海中路 222 号力宝广场 2207－2211 室（200021）				
投资总额	6000 万 USD	电　话	63362700	传　真	
设立日期	2002-4-12	负 责 人	施　建		
主营业务	房地产开发、销售物业管理、房地产咨询业务。				

企业名称	上海神旺房地产有限公司				
企业地址	上海市武宁南路 187 号 602 室（200042）				
投资总额	2500 万 USD	电　话	61151056	传　真	
设立日期	2002-4-10	负 责 人	林凤仪		
主营业务	从事商品房的开发、经营销售、房屋租赁、房产咨询、物业管理等。				

企业名称	上海嘉兆房地产开发经营有限公司				
企业地址	上海市北京西路 95 号 3 楼（200003）				
投资总额	7200 万 USD	电　话	61133333	传　真	61133366
设立日期	2002-4-1	负 责 人	伦赞球		
主营业务	在开发地块内从事商品住宅开发、房产租售、房地产咨询。				

企业名称	新资房地产开发（上海）有限公司				
企业地址	上海市浦东新区陆家嘴金融贸易区 B2－2 号地块（200120）				
投资总额	13500 万 USD	电　话	58883896	传　真	
设立日期	2002-2-5	负 责 人	岑信江		
主营业务	从事房地产开发、经营、物业管理及相应配套服务设施建设。				

企业名称	嘉麒房地产开发（上海）有限公司				
企业地址	上海市长宁区古北路 666 号（200336）				
投资总额	1200 万 USD	电　话	62786619	传　真	62786619
设立日期	2002-2-5	负 责 人	许秋沧		
主营业务	从事商品房开发、经营、物业管理、咨询及配套设施的经营。				

企业名称	上海新跃房地产开发有限公司				
企业地址	上海市肇嘉浜路 301 号 18 层 04 室（200032）				
投资总额	3600 万 USD	电　话	64452162	传　真	64452064
设立日期	2002-2-4	负 责 人	魏练庆		
主营业务	在批租地块内从事商品住宅的开发、建设、销售出租及物业管理。				

企业名称	上海鸿旭房地产发展有限公司				
企业地址	上海市长春路 158 号 1 号楼 2F 室（200081）				
投资总额	2500 万 USD	电　话	62825368	传　真	62825369
设立日期	2002-1-30	负 责 人	邱才华		
主营业务	本地区范围内商品房的开发、建造、销售、租赁、管理及经营餐饮等。				

企业名称	上海业丰置业有限公司				
企业地址	上海市华山路 2018 号汇银广场 1903、1904 室（200030）				
投资总额	5000 万 USD	电　话	63236777	传　真	63236222
设立日期	2002-1-25	负 责 人	卫民权		
主营业务	从事房地产开发经营、商品房的出租、出售、房地产咨询及配套经营。				

企业名称	上海仁爱房屋服务有限公司				
企业地址	上海市浦东新区顾曹路 589 号 601 室（201206）				
投资总额	35 万 USD	电　话	54061299	传　真	54061299
设立日期	2002-1-16	负 责 人	赵蔡雅雯		
主营业务	房地产信息咨询及中介、投资咨询、科技咨询、贸易信息咨询等。				

企业名称	上海东方海外永业房地产有限公司				
企业地址	上海市淮海中路 138 号 30 楼（200031）				
投资总额	9000 万 USD	电　话	61451659	传　真	61451618
设立日期	2002-1-14	负 责 人	董立新		
主营业务	从事商品房开发、建造、装修、销售、出租、物业管理，房地产咨询等。				

批发和零售贸易业

企业名称	上海思妍丽实业股份有限公司				
企业地址	上海市长宁区仙霞路88号1A-1室（200336）				
投资总额	439万USD	电　话	54890022	传　真	54893969
设立日期	2009-12-31	负责人	姚　彤		
主营业务	化妆品的批发、零售（在美容院内从事零售活动）、佣金代理、进出口。				

企业名称	彩沃贸易（上海）有限公司				
企业地址	上海市嘉定区外冈镇恒翔路198号3幢102室（201806）				
投资总额	56万USD	电　话		传　真	
设立日期	2009-12-28	负责人	木村泰久（KIMURA YASUHISA）		
主营业务	水性涂料（危险品除外）、涂装设备及相关精密测量仪器的批发。				

企业名称	上海盘舆通讯技术有限公司				
企业地址	上海市中山南二路1007号1611室（200030）				
投资总额	15万USD	电　话		传　真	
设立日期	2009-12-31	负责人	李保平		
主营业务	设计、开发船载/车载卫星通信设备；从事船载/车载卫星通信设备的批发。				

企业名称	翊韩贸易（上海）有限公司				
企业地址	上海市奉贤区青村镇南奉公路3081号3幢107室（201414）				
投资总额	55万USD	电　话		传　真	
设立日期	2009-12-28	负责人	KIM IL HO		
主营业务	化工原料（危险品除外）、饰品（裸钻、毛钻除外）、日用百货的批发。				

企业名称	瑷莉商贸（上海）有限公司				
企业地址	上海市普陀区长寿路1118号B楼15K（200060）				
投资总额	15万USD	电　话	62523077	传　真	62523076
设立日期	2009-12-31	负责人	KHOO SHIO CHUEN		
主营业务	化妆品及其原料（危险品除外）、美容美发工具的批发、佣金代理。				

企业名称	上海桑岛商贸有限公司				
企业地址	上海市静安区南京西路1601号38楼3806-F室（200040）				
投资总额	33万USD	电　话	23225035	传　真	
设立日期	2009-12-28	负责人	桑田正三郎		
主营业务	塑胶制品，玻璃制品，汽车零部件，建筑材料，五金产品的批发。				

企业名称	禄氏贸易（上海）有限公司				
企业地址	上海市长宁区延安西路2299号247室（200336）				
投资总额	78万USD	电　话	62366330	传　真	
设立日期	2009-12-30	负责人	ANDREAS MAUSER		
主营业务	用于采石、石材研制的机械设备及其零部件、建筑材料的批发。				

企业名称	都邑（上海）商贸有限公司				
企业地址	上海市闵行区庙泾路66号1284室（201100）				
投资总额	20万USD	电　话	54172365	传　真	
设立日期	2009-12-28	负责人	RICHES OLIVER MARK		
主营业务	从事体育用品的批发、进出口、佣金代理（拍卖除外）。				

企业名称	朋和（上海）商贸有限公司				
企业地址	上海市肇嘉浜路789号6楼638室（200030）				
投资总额	50万USD	电　话	61256838	传　真	
设立日期	2009-12-30	负责人	米村博幸		
主营业务	机械设备及零部件、贱金属及其制品、日用百货的批发、进出口业务。				

企业名称	琪吉包装材料贸易（上海）有限公司				
企业地址	上海市浦东新区商城路800号14楼1410D（200120）				
投资总额	15万USD	电　话	58352278	传　真	
设立日期	2009-12-28	负责人	PAUL TAYLOR		
主营业务	包装材料、印刷材料及办公用品的批发、佣金代理（拍卖除外）。				

企业名称	鸿纽饮料贸易（上海）有限公司				
企业地址	上海市卢湾区湖滨路222号1506A室（合同室号1555室）（200021）				
投资总额	15万USD	电　话		传　真	
设立日期	2009-12-30	负责人	THEIERL RUDOLF		
主营业务	食品（含饮料）的批发、进出口，佣金代理（拍卖除外）。				

企业名称	三宝橡塑贸易（上海）有限公司				
企业地址	上海市虹口区花园路16号2215室（200083）				
投资总额	15万USD	电　话	56662703	传　真	56662705
设立日期	2009-12-28	负责人	柳川肇		
主营业务	橡胶制品（天然橡胶除外）、金属制品、机械器具及零件的批发。				

企业名称	上海菁美贸易有限公司				
企业地址	上海市长宁区仙霞路317号1512、1513室（200051）				
投资总额	15万USD	电　话	62351459	传　真	
设立日期	2009-12-30	负责人	北村博则		
主营业务	建材（钢材、水泥除外）、包装产品及相关零配件的批发。				

企业名称	哈特拉帕船舶设备贸易（上海）有限公司				
企业地址	上海市普陀区常德路1211号1011室（200000）				
投资总额	14万USD	电　话	62329672	传　真	
设立日期	2009-12-28	负责人	Nuernberg Alexander Karl Wilhelm		
主营业务	甲板机械、舵机、空气压缩机、发电机组及零部件的批发、佣金代理。				

企业名称	特任贸易（上海）有限公司				
企业地址	上海市灵石路709号44幢125室（200072）				
投资总额	14万USD	电　话		传　真	
设立日期	2009-12-30	负责人	SO KYUNG SOOK		
主营业务	服装鞋帽、服装辅料、箱包、工艺品（文物除外）、日用百货的批发。				

企业名称	上海裕山信息科技有限公司				
企业地址	上海市襄阳北路97号502室（200031）				
投资总额	10万USD	电　话	64743788	传　真	
设立日期	2009-12-28	负责人	邱耀华		
主营业务	计算机硬件的批发、进出口业务。				

企业名称	上海知幸贸易有限公司				
企业地址	上海市普陀区长寿路1118号B幢21层K（200000）				
投资总额	5万USD	电　话		传　真	
设立日期	2009-12-30	负责人	池田稔臣		
主营业务	螺旋弹簧、铰链、导管接头、管子配件的批发、佣金代理（拍卖除外）				

企业名称	普达洁贸易（上海）有限公司				
企业地址	上海市长宁区哈密路1221号8幢C301室（200335）				
投资总额	5万USD	电　话	52195255	传　真	23225033
设立日期	2009-12-28	负责人	HOLGER KROGSGAARD		
主营业务	清洁设备及配件、日用品的批发、佣金代理（拍卖除外）。				

企业名称	中联恒业（上海）国际贸易有限公司				
企业地址	上海市宝山区牡丹江路1211号安信商业广场1105室（200940）				
投资总额	100万USD	电　话	56118383	传　真	56119383
设立日期	2009-12-29	负责人	钱海明		
主营业务	钢材、建筑材料、铝制品、化工产品及原料（危险品除外）的批发。				

企业名称	革拉弗钻饰商贸（上海）有限公司				
企业地址	上海市黄浦区中山东一路32号L1O商铺（200003）				
投资总额	103万USD	电　话	63216660	传　真	
设立日期	2009-12-24	负责人	NICHOLAS PAINE		
主营业务	从事高级珠宝、手表、珠宝配件的批发、零售、进出口业务。				

企业名称	百丽鞋业（上海）有限公司				
企业地址	上海市虹口区中山北二路1705号858室（200002）				
投资总额	3000万USD	电　话	62954936	传　真	
设立日期	2009-12-28	负责人	盛　放		
主营业务	从事服装鞋帽、箱包、体育用品、家具、皮革制品的批发，佣金代理。				

企业名称	德斯拜思机电控制技术（上海）有限公司				
企业地址	上海市黄浦区福州路666号25楼B单元（200001）				
投资总额	90万USD	电　话	63917666	传　真	
设立日期	2009-12-24	负责人	MIRCO BREITWISSER		
主营业务	机电控制系统的设计、开发、及相关技术咨询和技术服务。				

企业名称	赞南科技（上海）有限公司				
企业地址	上海市闵行区金都路4299号1幢301室（201108）				
投资总额	100万USD	电　话	64126524	传　真	
设立日期	2009-12-28	负责人	ZHAN ZHENG-YUN JAMES		
主营业务	高分子材料的研发，化工原料（除危险品）、高分子材料的批发。				

企业名称	上海骏佳摩托车销售服务有限公司				
企业地址	上海市静安区成都北路131号1层（200041）				
投资总额	26万USD	电　话	83400817	传　真	
设立日期	2009-12-24	负责人	麦晓刚		
主营业务	从事摩托车零售、批发，摩托车零件零售，贸易信息咨询。				

企业名称	新协兴贸易（上海）有限公司				
企业地址	上海市浦东新区六灶镇南六公路 1437 号 2 幢 203 室（201322）				
投资总额	15 万 USD	电　话	51083336	传　真	
设立日期	2009-12-24	负 责 人			
主营业务	五金交电、化妆品、包装材料、橡塑制品、机械配件、服装鞋帽的批发。				

企业名称	佩磷（上海）服饰有限公司				
企业地址	上海市浦东新区恒大路 62 号 10 幢 101A 室（200126）				
投资总额	12 万 USD	电　话	52985488	传　真	
设立日期	2009-12-24	负 责 人	BERKMAN, ADAM CRAIG		
主营业务	纺织品、服装服饰、鞋帽的批发、佣金代理（拍卖除外）。				

企业名称	连胜（上海）贸易有限公司				
企业地址	上海市闵行区春申路 2328 号 3 幢 207 室（201108）				
投资总额	10 万 USD	电　话	54990715	传　真	
设立日期	2009-12-24	负 责 人	奇　沃		
主营业务	服装的批发、进出口、佣金代理（拍卖除外）。				

企业名称	利郎（上海）有限公司				
企业地址	上海市长宁区金钟路 633 号 B 楼 6 层（200335）				
投资总额	2581 万 USD	电　话		传　真	
设立日期	2009-12-23	负 责 人	王良星		
主营业务	钟表、办公用品、日用百货、电子产品、家具、塑料制品的批发。				

企业名称	阿缇希（上海）商贸有限公司				
企业地址	上海市中山西路 1800 号 3 层 G 室（200233）				
投资总额	40 万 USD	电　话	64400901	传　真	
设立日期	2009-12-23	负 责 人	陈宗泽		
主营业务	展示架及相关配套产品的进出口、批发和佣金代理（拍卖除外）。				

企业名称	派莱（上海）贸易有限公司				
企业地址	上海市浦东新区张杨路 560 号 1604 室（200122）				
投资总额	30 万 USD	电　话	58363605	传　真	
设立日期	2009-12-23	负 责 人	甄　皓		
主营业务	工艺品（文物除外）、五金工具、化妆品的批发、佣金代理。				

企业名称	上海亚俊国际贸易有限公司				
企业地址	上海市零陵路 899 号 607 室（200030）				
投资总额	30 万 USD	电　话	54892772	传　真	
设立日期	2009-12-23	负 责 人	邓柏申		
主营业务	服装、纺织品、纱线、服饰、帽子的批发、进出口、佣金代理。				

企业名称	贯腾贸易（上海）有限公司				
企业地址	上海市闵行区程家桥路 258 号 10 幢 403 室（201103）				
投资总额	20 万 USD	电　话	58666178	传　真	
设立日期	2009-12-23	负 责 人	曲贯文		
主营业务	从事纺织制品、服装面料及辅料、服装服饰的批发、进出口、佣金代理。				

企业名称	大岩（上海）防水材料有限公司				
企业地址	上海市浦东新区光明路 718 号 407 室（200137）				
投资总额	16 万 USD	电　话	50907132	传　真	
设立日期	2009-12-23	负 责 人	YOSHIHIRO ONO		
主营业务	建筑装潢材料（钢材、水泥除外）、机电产品、电线电缆的批发。				

企业名称	菲丽商贸（上海）有限公司				
企业地址	上海市茶陵北路 20 号 2 号楼 502 室（200032）				
投资总额	15 万 USD	电　话	61132362	传　真	
设立日期	2009-12-23	负 责 人	ITO KEIJI		
主营业务	服装、鞋帽、皮革制品、箱包、相关配饰件的批发、零售、佣金代理。				

企业名称	倍握实（上海）贸易有限公司				
企业地址	上海市南丹东路 300 弄 9 号 604 室（200030）				
投资总额	15 万 USD	电　话	33632880	传　真	
设立日期	2009-12-23	负 责 人	Jacob Lee Olsen		
主营业务	气动工具、机电五金、建筑材料（钢材、水泥除外）、日用百货的批发。				

企业名称	上海旺铨国际贸易有限公司				
企业地址	上海市漕溪路 250 号 A 区 708 室（200235）				
投资总额	15 万 USD	电　话	64822276	传　真	
设立日期	2009-12-23	负 责 人	穆斯达克佬吉		
主营业务	轻工日用品、文体用品、家居用品、农具、家电、化工产品的批发。				

企业名称	上海古岛自动化设备有限公司				
企业地址	上海市闵行区金都路 4289 号 6 幢 3 楼 42 室（201108）				
投资总额	9 万 USD	电　话		传　真	
设立日期	2009-12-23	负 责 人	FURUSHIMA RYU		
主营业务	化工原料（除危险品）、机械电子设备及相关零部件的批发。				

企业名称	森恬（上海）商贸有限公司				
企业地址	上海市浦东新区杨高北路 528 号 14 幢 1C02 室（200137）				
投资总额	4 万 USD	电　话	62883223	传　真	
设立日期	2009-12-23	负 责 人	洪俊元		
主营业务	化妆品、清洁用品、服装鞋帽、日用百货、针纺织品的批发。				

企业名称	国扬医疗器械贸易（上海）有限公司				
企业地址	上海市金山区漕泾镇共创路 55 号 321 室（201507）				
投资总额	70 万 USD	电　话	57253150	传　真	
设立日期	2009-12-22	负 责 人	史进宇		
主营业务	医疗器械一类、二类（不含许可项目）、三类（详见许可证）的批发。				

企业名称	上海瑞麒美贸易有限公司				
企业地址	上海市杨浦区翔殷路 128 号 11 号楼 B 座 210 室（200433）				
投资总额	15 万 USD	电　话		传　真	
设立日期	2009-12-22	负 责 人	吴修齐		
主营业务	液压动力装置、液压检测仪表、工件夹具及零配套件的批发、佣金代理。				

企业名称	永轴机械设备（上海）有限公司				
企业地址	上海市浦东新区金穗路 1501 号 3 幢 101-B 室（201203）				
投资总额	14 万 USD	电　话	51340060	传　真	
设立日期	2009-12-22	负 责 人	PAOLO A. PECORARI		
主营业务	机械设备、机电产品、电子产品、电子元器件的批发、佣金代理。				

企业名称	上海宝钰贸易有限公司				
企业地址	上海市浦东新区浦东南路 1101 号 1608 室（200120）				
投资总额	50 万 USD	电　话	51386630	传　真	
设立日期	2009-12-21	负 责 人	SAVANDY PO		
主营业务	皮革制品、箱包、手表、家用电器、电动自行车的批发、佣金代理。				

企业名称	安际能源技术（上海）有限公司				
企业地址	上海市肇嘉浜路 1065 甲号 16 楼 1606C 室（200030）				
投资总额	28 万 USD	电　话	51781316	传　真	
设立日期	2009-12-21	负 责 人	Shang Zheng		
主营业务	能源设备的技术开发，自有技术装让；提供相关配套服务及咨询服务。				

企业名称	瑞兹服饰（上海）有限公司				
企业地址	上海市浦东新区张杨路 228 号 919 室（200120）				
投资总额	18 万 USD	电　话	58765882	传　真	
设立日期	2009-12-21	负 责 人	何静雯		
主营业务	服饰、服装及辅料、针纺织品、鞋帽的批发、佣金代理（拍卖除外）。				

企业名称	总业（上海）贸易有限公司				
企业地址	上海市外高桥保税区加枫路 24 号银行楼二层 214 室（200131）				
投资总额	15 万 USD	电　话	50485026	传　真	
设立日期	2009-12-21	负 责 人	田村 充		
主营业务	国际贸易、转口贸易、保税区企业间的贸易及区内贸易代理。				

企业名称	斗本（上海）贸易有限公司				
企业地址	上海市浦东新区瑞庆路 528 号 19 幢甲号 1 层（201201）				
投资总额	15 万 USD	电　话	50720237	传　真	
设立日期	2009-12-21	负 责 人	LEE DAE HEE（李大熙）		
主营业务	皮革制品、文具用品、汽车用品、酒店用品、日用百货的批发。				

企业名称	沃桑贸易（上海）有限公司				
企业地址	上海市浦东新区峨山路 613 号 6 幢 542 室（200127）				
投资总额	14 万 USD	电　话	52045751	传　真	
设立日期	2009-12-21	负 责 人	DAVID NADER		
主营业务	橡胶制品、金属制品、日用百货、灯具、照相器材、体育用品的批发。				

企业名称	斯特拉迪瓦里斯商业（上海）有限公司				
企业地址	上海市闵行区都市路 5001 号首层 06、07 铺位（200030）				
投资总额	900 万 USD	电　话	61611900	传　真	
设立日期	2009-12-18	负 责 人	JORGE TRIQUELL VALLS		
主营业务	包装、鞋类、眼镜、婴儿车、天然纤维织品、合成纤维织品以及批发。				

企业名称	上海联永贸易有限公司				
企业地址	上海市长宁区延安西路726号9B座（200050）				
投资总额	100万USD	电　话	34250221	传　真	
设立日期	2009-12-18	负责人	李仁源		
主营业务	纺织品、服装、鞋帽及辅料的批发。				

企业名称	乐为贸易（上海）有限公司				
企业地址	上海市长宁区延安西路2299号10A47室（200336）				
投资总额	50万USD	电　话	62362728	传　真	
设立日期	2009-12-18	负责人	MORTEN SKOVGAARD FRANK		
主营业务	活动房屋及厨卫用品、游戏用品、节日及体育用品的批发。				

企业名称	莊能子化妆品贸易（上海）有限公司				
企业地址	上海市静安区南京西路1600号三层326室（200040）				
投资总额	29万USD	电　话	62329215	传　真	
设立日期	2009-12-18	负责人	野边一也		
主营业务	化妆品，预包装食品（含熟食卤味，不含冷冻冷藏），净水器的批发。				

企业名称	上海合鸿商贸有限公司				
企业地址	上海市闵行区沪闵路1277号第2幢1028室（201111）				
投资总额	15万USD	电　话	54259020	传　真	
设立日期	2009-12-18	负责人	王素珍		
主营业务	五金交电、化工原料及产品（除危险品）、建筑材料、电讯器材的批发。				

企业名称	美洛丝（上海）酒业有限公司				
企业地址	上海市闵行区罗阳路168号第2幢103室（200237）				
投资总额	15万USD	电　话	54998088	传　真	
设立日期	2009-12-18	负责人	LINKENS FREDERIC A.L		
主营业务	从事酒类、预包装食品的批发（不含熟食卤味、冷冻冷藏）进出口。				

企业名称	阿力克希商贸（上海）有限公司				
企业地址	上海市长宁区仙霞路369号2号楼912室（200336）				
投资总额	15万USD	电　话	52362202	传　真	
设立日期	2009-12-18	负责人	OLEKSII TARAVKOV		
主营业务	电子产品、机电设备、汽车零配件、办公用品、化学品的批发。				

企业名称	迈资山商（上海）贸易有限公司				
企业地址	上海市浦东新区银城中路68号2205室（200120）				
投资总额	15万USD	电　话		传　真	
设立日期	2009-12-18	负责人	汪红霞		
主营业务	汽车零部件、化工产品（危险品除外）的批发、佣金代理（拍卖除外）。				

企业名称	板桥医疗器械（上海）有限公司				
企业地址	上海市钦州北路1066号73号6楼（200233）				
投资总额	11万USD	电　话	51692298	传　真	
设立日期	2009-12-18	负责人	OKAKURA KENKYO（冈仓健乔）		
主营业务	医用服装鞋帽、一类医疗器械的批发、进出口、佣金代理（拍卖除外）。				

企业名称	上海环盛商业有限公司				
企业地址	上海市浦东新区凌河路212号219室（200129）				
投资总额	439万USD	电　话		传　真	
设立日期	2009-12-17	负责人	HAMADA YUJI		
主营业务	农畜产品、肉类、水产品、蔬菜、水果、乳制品、加工食品、茶的批发。				

企业名称	依地贸易（上海）有限公司				
企业地址	上海市青浦区华青南路485号8层907室（201700）				
投资总额	20万USD	电　话		传　真	
设立日期	2009-12-16	负责人	宫川优司		
主营业务	金属模具、塑料模具、塑料制品、电子器械、电子零部件的批发。				

企业名称	金旸明（上海）国际贸易有限公司				
企业地址	上海市南丹东路238号22层A（200030）				
投资总额	20万USD	电　话		传　真	
设立日期	2009-12-16	负责人	萧幸媚		
主营业务	化工原料、机械工具、建筑材料（钢材水泥除外）、五金交电的批发。				

企业名称	百佑佳食品贸易（上海）有限公司				
企业地址	上海市天目西路218号1607室（200070）				
投资总额	12万USD	电　话		传　真	
设立日期	2009-12-16	负责人	DARIN LEE PARKER		
主营业务	从事食品［预包装食品（不含熟食卤味、冷冻冷藏）］、植物饲料批发。				

企业名称	哈马克斯（上海）贸易有限公司				
企业地址	上海市杨浦区营口路578号804室（200433）				
投资总额	22万USD	电　话	55221771	传　真	
设立日期	2009-12-15	负责人	HAMADA RYUSAKU（滨田隆作）		
主营业务	包装材料、建材（钢铁、水泥除外）、日用百货的批发。				

企业名称	科多尼克（上海）贸易有限公司				
企业地址	上海市长宁区仙霞路317号1412、1413室（200051）				
投资总额	15万USD	电　话		传　真	
设立日期	2009-12-15	负责人	PETER OLIVER BOTTEN		
主营业务	从事一类医疗器械、相关零部件、耗材和软件、电子设备的批发。				

企业名称	上海西旺贸易有限公司				
企业地址	上海市宝山区殷高西路518号尚景天地大厦512室（200439）				
投资总额	15万USD	电　话	63531239	传　真	
设立日期	2009-12-15	负责人	奥田正史		
主营业务	纸制品、清洁剂、皮革制品、塑料制品、机电设备、五金交电的批发。				

企业名称	五极贸易（上海）有限公司				
企业地址	上海市长宁区延安西路2067号2703室（200336）				
投资总额	15万USD	电　话	63500825	传　真	
设立日期	2009-12-15	负责人	HAMID EMADIAN NAEINI		
主营业务	服装服饰及其辅料、纺织品、运动器械的批发、佣金代理。				

企业名称	太起纤维（上海）有限公司				
企业地址	上海市闵行区金都路1128号第3幢6100室（200237）				
投资总额	14万USD	电　话	64136962	传　真	
设立日期	2009-12-15	负责人	LEE SANG WON		
主营业务	箱包、服装服饰、工艺品（文物除外）、日用百货、机械设备的批发。				

企业名称	韩胜（上海）商贸有限公司				
企业地址	上海市长宁区天山路1825号4幢332室（200051）				
投资总额	7万USD	电　话		传　真	
设立日期	2009-12-15	负责人	KIM HYEKYENG		
主营业务	电子元器件、仪器仪表、工艺品（文物除外）、鞋类、日用品的批发。				

企业名称	上海法木兰商贸有限公司				
企业地址	上海市长宁区仙霞路299号B幢206室（200336）				
投资总额	7万USD	电　话	62351645	传　真	
设立日期	2009-12-15	负责人	小池恭平		
主营业务	衣料、服饰杂货、日用杂货、办公用品的零售、批发、佣金代理。				

企业名称	上海搭福电子有限公司				
企业地址	上海市松江区九亭镇九新公路339号1幢2层-531（201615）				
投资总额	17万USD	电　话		传　真	
设立日期	2009-12-14	负责人	KO DUCKKYUN		
主营业务	从事电子、电气设备、通讯器材、通讯产品、计算机软硬件的批发。				

企业名称	上海诚太贸易有限公司				
企业地址	上海市嘉定区江桥镇金沙江西路1555弄393号1层138室（201812）				
投资总额	15万USD	电　话	39557254	传　真	
设立日期	2009-12-14	负责人	德原正明		
主营业务	塑料模具、塑料制品、芳香剂、金属模具的批发、进出口。				

企业名称	泰浦陛迪（上海）商贸有限公司				
企业地址	上海市静安区南京西路1038号1808-1809室（200040）				
投资总额	250万USD	电　话	62181269	传　真	
设立日期	2009-12-11	负责人	DAVID MONTGOMERY		
主营业务	床垫、床上用品、床架、饰品、健身器材、针织品、日用品的批发。				

企业名称	唯他麦商贸（上海）有限公司				
企业地址	上海市浦东新区张杨路707号27层04、05室（200120）				
投资总额	100万USD	电　话	61090356	传　真	
设立日期	2009-12-11	负责人	PATRICK KEEREMAN		
主营业务	从事食品、食品添加剂、保健食品、个人护理用品的批发、佣金代理。				

企业名称	程氏天胧行（上海）帽业有限公司				
企业地址	上海市普陀区中山北路2668号裙房五楼部分567室（200000）				
投资总额	15万USD	电　话	50750009	传　真	
设立日期	2009-12-11	负责人	程小洋		
主营业务	服装服饰、鞋帽、箱包、皮革制品、玩具、化妆品的批发、佣金代理。				

企业名称	宝沣贸易（上海）有限公司				
企业地址	上海市长宁区中山西路999号1218室（200051）				
投资总额	15万USD	电话	32515313	传真	
设立日期	2009-12-11	负责人	叶国良		
主营业务	工艺品（文物除外）、办公用品、皮革制品的批发。				

企业名称	易速（上海）贸易有限公司				
企业地址	上海市海宁路1399号1708室（200072）				
投资总额	3万USD	电话	61246880	传真	
设立日期	2009-12-11	负责人	LIM NIK FUI		
主营业务	化妆品的批发、进出口业务。				

企业名称	特联商贸（上海）有限公司				
企业地址	上海市外高桥保税区加太路39号第五层24部位（200131）				
投资总额	44万USD	电话	58662558	传真	
设立日期	2009-12-10	负责人	薛廸诚		
主营业务	机电设备、物流设备、电瓶叉车、内燃叉车、电动牵引车的批发。				

企业名称	诸鑫建材贸易（上海）有限公司				
企业地址	上海市江场三路238号1211室（200436）				
投资总额	30万USD	电话	13611616253	传真	
设立日期	2009-12-10	负责人	金全明		
主营业务	金属制品、化工产品（危险品除外）、日用百货的批发、进出口业务。				

企业名称	皇隆贸易（上海）有限公司				
企业地址	上海市外高桥保税区加太路39号菀熠楼第三层38部位（200131）				
投资总额	20万USD	电话	58662558	传真	
设立日期	2009-12-10	负责人	冯煌昌		
主营业务	化学工业产品（危险品、易制毒产品、特种化学品除外）的批发。				

企业名称	米宝贸易（上海）有限公司				
企业地址	上海市浦东新区枣庄路729号502室（200136）				
投资总额	20万USD	电话		传真	
设立日期	2009-12-10	负责人	彭光汉		
主营业务	仪器仪表、建筑材料（钢材、水泥除外）、橡胶制品的批发、佣金代理。				

企业名称	万狄文钻石（上海）有限公司				
企业地址	上海市浦东新区世纪大道1701号A706a室（200122）				
投资总额	20万USD	电话	50158333	传真	
设立日期	2009-12-10	负责人	YARIV YAAKOBI		
主营业务	在上海钻石交易所内开展钻石（不含金银）的交易。				

企业名称	翔亮贸易（上海）有限公司				
企业地址	上海市广中西路757号208室（200072）				
投资总额	10万USD	电话		传真	
设立日期	2009-12-10	负责人	MA RICKY ZHI-TENG		
主营业务	机电设备、电子产品、电子元器件、五金配件的批发及进出口业务。				

企业名称	骓驰（上海）自行车有限公司				
企业地址	上海市虹梅路2005号3号楼1层（200233）				
投资总额	100万USD	电话	61511929	传真	
设立日期	2009-12-9	负责人	项小平		
主营业务	自行车设计；自行车及其配件、体育用品、劳防用品、鞋帽的批发。				

企业名称	上海贝儿旺贸易有限公司				
企业地址	上海市外高桥保税区加枫路24号银行楼203室（200131）				
投资总额	90万USD	电话	61151055	传真	61151005
设立日期	2009-12-9	负责人	郑文琦		
主营业务	纺织品、机械设备、电脑、箱包鞋子的进出口、批发和佣金代理。				

企业名称	好上谷食品（上海）有限公司				
企业地址	上海市闵行区虹梅路3213号707室（201103）				
投资总额	51万USD	电话	34687487	传真	
设立日期	2009-12-9	负责人	石镒魁		
主营业务	预包装食品（不含熟食卤味、冷冻冷藏）、食品添加剂的批发。				

企业名称	冢本贸易（上海）有限公司				
企业地址	上海市外高桥保税区泰谷路18号1号楼11层1109室（200131）				
投资总额	21万USD	电话	64720041	传真	
设立日期	2009-12-9	负责人	YAMAZAKI KENICHI（山崎健一）		
主营业务	玻璃制品、家居用品、文具、日用品、各类电器的批发。				

企业名称	欧特家博士商业（上海）有限公司				
企业地址	上海市黄浦区河南南路665号604室（200011）				
投资总额	21万USD	电话	62499056	传真	
设立日期	2009-12-9	负责人	RAINER LUHRS		
主营业务	从事食品的批发进出口[食品限包装食品（含冷冻冷藏，不含熟食卤味）]。				

企业名称	上海富局贸易有限公司				
企业地址	上海市闵行区吴中路1339号1幢413B室（201103）				
投资总额	15万USD	电话	34323206	传真	
设立日期	2009-12-9	负责人	JEON JOO HAN		
主营业务	服装服饰、箱包、饰品、鞋帽、日用百货的批发、进出口业务。				

企业名称	沅垣（上海）贸易有限公司				
企业地址	上海市静安区南京西路1376号437室（200041）				
投资总额	15万USD	电话	62797887	传真	
设立日期	2009-12-9	负责人	林勉		
主营业务	日用百货、服装鞋帽、皮革制品、箱包及手袋的批发、佣金代理。				

企业名称	信臻贸易（上海）有限公司				
企业地址	上海市闵行区剑川路951号5幢4层4060室（200240）				
投资总额	7万USD	电话	54705990	传真	
设立日期	2009-12-9	负责人	胡进文		
主营业务	针纺织品、服装鞋帽、日用百货的批发、进出口、佣金代理。				

企业名称	上海艾笛艾穆商贸有限公司				
企业地址	上海市闵行区红松东路1000号409室（201103）				
投资总额	5万USD	电话	64029563	传真	
设立日期	2009-12-9	负责人	崔永哲		
主营业务	从事机械设备及配件、五金交电、橡塑制品、汽摩配件、模具的批发。				

企业名称	上海中易信金属有限公司				
企业地址	上海市嘉定区南翔镇蕰北公路1755弄25号375室（201802）				
投资总额	146万USD	电话	59170425	传真	
设立日期	2009-12-8	负责人	胡炜		
主营业务	金属材料及制品（钢材、贵金属、稀有金属除外）的批发、进出口。				

企业名称	上海邦维贸易有限公司				
企业地址	上海市嘉定区马陆镇陈安路155号第1幢2楼A区（201801）				
投资总额	15万USD	电话	59158718	传真	
设立日期	2009-12-8	负责人	廖武雄		
主营业务	从事文具、五金制品、塑料制品、电子产品、纺织品的批发、进出口。				

企业名称	上海贝琏商贸有限公司				
企业地址	上海市长宁区长宁路347号1幢315室（200050）				
投资总额	10万USD	电话		传真	
设立日期	2009-12-8	负责人	CHOU PEI-CHING MIMI		
主营业务	从事化妆品、服装鞋帽、工艺品、办公家具、纺织品的批发。				

企业名称	明儒化工贸易（上海）有限公司				
企业地址	上海市嘉定区南翔镇陈翔路65弄7号（201802）				
投资总额	7万USD	电话	58306145	传真	
设立日期	2009-12-8	负责人	杨文庆		
主营业务	染料、颜料、油墨、涂料（油漆除外）、染料中间体、树脂的批发。				

企业名称	速卫起重机贸易（上海）有限公司				
企业地址	上海市普陀区祁连山南路2891弄105号601室（200000）				
投资总额	75万USD	电话	66629999	传真	
设立日期	2009-12-7	负责人	HO YIN FOO		
主营业务	起重机械设备及其配件的批发、佣金代理（拍卖除外）。				

企业名称	西含东贸易（上海）有限公司				
企业地址	上海市浦东新区光明路718号746室（200137）				
投资总额	20万USD	电话		传真	
设立日期	2009-12-7	负责人	HAMED KOUHBOR		
主营业务	制品、家用电器、电子产品及配件、机械设备及配件的批发。				

企业名称	上海美厨贸易有限公司				
企业地址	上海市奉贤区望园路2183号3楼（201400）				
投资总额	14万USD	电话	62099615	传真	
设立日期	2009-12-7	负责人	AOKI MIHO		
主营业务	厨房用品、工艺品（文物除外）、文教用品、服装和洗涤用品的批发。				

企业名称	攸利贸易（上海）有限公司				
企业地址	上海市静安区延平路 98 号 4（B）幢 301、303、304 室（200042）				
投资总额	14 万 USD	电　话	62725058	传　真	
设立日期	2009-12-7	负责人	崔贞夏		
主营业务	服装面料、服装、饰品、鞋及配件的批发、佣金代理（拍卖除外）。				

企业名称	億仰贸易（上海）有限公司				
企业地址	上海市外高桥保税区华京路 2 号三联大厦南楼第 5 层 513 室（200131）				
投资总额	14 万 USD	电　话	62702215	传　真	
设立日期	2009-12-7	负责人	LIM KIAN SENG		
主营业务	国际贸易、转口贸易、保税区企业间的贸易及贸易代理。				

企业名称	上海群祐贸易有限公司				
企业地址	上海市长宁区延安西路 1590 号 5 楼 U1 室（200050）				
投资总额	11 万 USD	电　话	52587078	传　真	
设立日期	2009-12-7	负责人	庄鹤麟		
主营业务	食品、饮料、清洁用品、日化产品、化妆品、日用品的批发、佣金代理。				

企业名称	泛攸（上海）商贸有限公司				
企业地址	上海市金山区枫泾镇兴坊路 565 号 3 幢 228 室（201501）				
投资总额	3 万 USD	电　话	68689841	传　真	
设立日期	2009-12-7	负责人	CLAUDIO LITARDI		
主营业务	酒店用品、工艺礼品（文物除外）、文化办公用品、包装材料的批发。				

企业名称	上海汉瑞祥贸易有限公司				
企业地址	上海市长宁区昭化路 68 号 25 幢 108-1、108-2、108-3 室（200050）				
投资总额	112 万 USD	电　话	61246617	传　真	
设立日期	2009-12-4	负责人	CHEN CHUAN-KUN DAVID		
主营业务	消毒和灭菌设备及器具，口腔科设备及器具，办公用品的批发。				

企业名称	卫资贸易（上海）有限公司				
企业地址	上海市长宁区仙霞路 345 号 16 楼 1607A 室（200336）				
投资总额	78 万 USD	电　话	22818060	传　真	
设立日期	2009-12-4	负责人	川口 修		
主营业务	汽车零部件、汽车饰品的进出口、批发、佣金代理（拍卖除外）。				

企业名称	岚世商贸（上海）有限公司				
企业地址	上海市长宁区延安西路 2633 号 A316 室（200051）				
投资总额	40 万 USD	电　话	62706299	传　真	62706229
设立日期	2009-12-4	负责人	五十岚和夫		
主营业务	各种纺织原料（棉花除外）、纺织制品、服装、服饰的批发，佣金代理。				

企业名称	代糕扣利酷（上海）商贸有限公司				
企业地址	上海市长宁区荣华东道 90 号西部 506 室（201103）				
投资总额	22 万 USD	电　话	64400148	传　真	
设立日期	2009-12-4	负责人	久田晃行		
主营业务	从事照明设备、日用百货、食品、服装鞋帽的批发、佣金代理。				

企业名称	上海询展贸易有限公司				
企业地址	上海市长宁区延安西路 1590 号第二栋第陆层第 N 间（200052）				
投资总额	18 万 USD	电　话		传　真	
设立日期	2009-12-4	负责人	吴庆雄		
主营业务	有机化肥、化学肥料、食品、电子产品的批发、佣金代理。				

企业名称	丰佑贸易（上海）有限公司				
企业地址	上海市松江区南乐路 1276 弄 115 号 9 幢 501 室（201600）				
投资总额	16 万 USD	电　话		传　真	
设立日期	2009-12-4	负责人	林俞佑		
主营业务	从事食品添加剂、香精香料、日化原料（除危险化学品）的批发。				

企业名称	品丝德贸易（上海）有限公司				
企业地址	上海市卢湾区西藏南路 228 号 3068 室（200021）				
投资总额	14 万 USD	电　话	63869879	传　真	
设立日期	2009-12-3	负责人	ALEX E NAZARI		
主营业务	服装服饰、日用百货的批发和进出口业务。				

企业名称	保罗拉尔夫劳伦商贸（上海）有限公司				
企业地址	上海市黄浦区河南南路 16 号三楼 3001 室（200001）				
投资总额	300 万 USD	电　话	63361808	传　真	
设立日期	2009-12-2	负责人	GEORGE JAMES HRDINA JR		
主营业务	手表、珠宝首饰（毛钻、裸钻除外）、香水和家居用品的进出口、批发。				

企业名称	嘉露茜娅时装（上海）有限公司				
企业地址	上海市浦东新区景雅路 155 号 3 幢 102 室（201203）				
投资总额	73 万 USD	电　话	61304648	传　真	
设立日期	2009-12-2	负责人	庄英科		
主营业务	从事服装、包袋及服饰的批发、佣金代理（拍卖除外）。				

企业名称	上海美宏商贸有限公司				
企业地址	上海市静安区万航渡路 888 号 13 层 J 室（200041）				
投资总额	55 万 USD	电　话	62118986	传　真	
设立日期	2009-12-2	负责人	王　峰		
主营业务	化妆品，护肤品，美容工具，服装服饰，袜子的批发、进出口业务。				

企业名称	上海赫基服饰贸易有限公司				
企业地址	上海市虹桥路 1 号一座 1103-1106 室（200030）				
投资总额	50 万 USD	电　话		传　真	
设立日期	2009-12-2	负责人	Jacky Xu		
主营业务	服装鞋帽、饰品、皮包、针纺织品及上述产品的辅料的批发。				

企业名称	上海旭绮服装有限公司				
企业地址	上海市青浦区徐泾镇徐祥路 199 号（201701）				
投资总额	33 万 USD	电　话	59766503	传　真	
设立日期	2009-12-2	负责人	都筑已纪郎		
主营业务	提供各类服装、服饰的商业性检测服务；从事各类服装、服饰的批发。				

企业名称	柯德彼贸易（上海）有限公司				
企业地址	上海市黄浦区延安东路 588 号 15D 室（200001）				
投资总额	32 万 USD	电　话	63500033	传　真	
设立日期	2009-12-2	负责人	LARS KITZINGER		
主营业务	电子产品、橡塑制品、化工产品（危险品除外）、纺织品的批发。				

企业名称	大谊机械设备商贸（上海）有限公司				
企业地址	上海市襄阳南路 500 号 2413 室（200031）				
投资总额	20 万 USD	电　话	62800171	传　真	
设立日期	2009-12-2	负责人	陈赞吉		
主营业务	从事机械设备及其零配件的批发、佣金代理（拍卖除外）。				

企业名称	容洲贸易（上海）有限公司				
企业地址	上海市共和新路 3388 号 1012 室（200070）				
投资总额	14 万 USD	电　话	66314080	传　真	
设立日期	2009-12-2	负责人	LEE HYOUNG JU		
主营业务	机械设备、机电设备、环保设备及相关产品的零配件的批发。				

企业名称	石颐记贸易（上海）有限公司				
企业地址	上海市闵行区光华路 2118 号第 6 幢 1453 室（201111）				
投资总额	10 万 USD	电　话	64263441	传　真	
设立日期	2009-12-2	负责人	施怡仁		
主营业务	箱包、服装鞋帽、针纺织品、皮革制品、五金制品、化妆品的批发。				

企业名称	关盛丰（上海）贸易有限公司				
企业地址	上海市浦东新区康桥镇康意路 499 号 2 幢 A 座 4467 室（201315）				
投资总额	8 万 USD	电　话		传　真	
设立日期	2009-12-2	负责人	谢志贤		
主营业务	纳米光触媒（二氧化钛）材料、卫生消毒用品、环保涂料的批发。				

企业名称	渡良濑商事（上海）有限公司				
企业地址	上海市浦东新区杨新东路 26 号 116 室（200020）				
投资总额	8 万 USD	电　话		传　真	
设立日期	2009-12-2	负责人	佐藤直人		
主营业务	贱金属制品、机电设备及其零部件、光学仪器设备零部件的批发。				

企业名称	上海能泓信息科技有限公司				
企业地址	上海市襄阳南路 500 号 1209 室（200231）				
投资总额	1 万 USD	电　话	64560896	传　真	
设立日期	2009-12-2	负责人	杨智强		
主营业务	节能设备及产品、教育软件（音像制品除外）的研发、批发。				

企业名称	西缔爱（上海）贸易有限公司				
企业地址	上海市浦东新区北张家浜路 128 号 703-8 室（200122）				
投资总额	14 万 USD	电　话		传　真	
设立日期	2009-12-1	负责人	BAY CHEOW GUAN DAVID		
主营业务	展板展柜、机械设备、玻璃制品、灯具、金属制品、塑料制品的批发。				

企业名称	惠必斯国际贸易（上海）有限公司				
企业地址	上海市虹桥路 772 弄 2 号 303 室（200030）				
投资总额	8 万 USD	电　话	63235155	传　真	
设立日期	2009-12-1	负 责 人	薮田和男		
主营业务	各类家具、家用杂货及相关商品、零部件的批发、佣金代理。				

企业名称	哈雷戴维森（上海）商贸有限公司				
企业地址	上海市长宁区延安西路 1118 号 2205 室（200052）				
投资总额	400 万 USD	电　话	51875866	传　真	
设立日期	2009-11-30	负 责 人	Rodney James Copes		
主营业务	玩具、日用百货、家居用品、纪念品的批发。				

企业名称	上海樱的服贸易有限公司				
企业地址	上海市闵行区宜山路 2016 号 2 楼 B、C 室（201103）				
投资总额	100 万 USD	电　话	60913270	传　真	64019161
设立日期	2009-11-30	负 责 人	金基明（KIM KI MYUNG）		
主营业务	服装服饰、纺织品、鞋类、箱包的批发、进出口、佣金代理。				

企业名称	罗伯特温商贸（上海）有限公司				
企业地址	上海市长宁区万航渡路 2452 号 A 区 110 室（200051）				
投资总额	100 万 USD	电　话	54259028	传　真	
设立日期	2009-11-30	负 责 人	WAN FIRMIN ROBERT		
主营业务	卫浴用品、厨房用品、办公用品及包装品的批发、进出口、佣金代理。				

企业名称	腾今贸易（上海）有限公司				
企业地址	上海市闵行区平阳路 1526 号 1078 室（201100）				
投资总额	15 万 USD	电　话	64958416	传　真	
设立日期	2009-11-30	负 责 人	Charles Frederic Greibach		
主营业务	从事家居用品、纺织品、日用百货、五金交电、建筑材料的批发。				

企业名称	上海慕勒传动设备贸易有限公司				
企业地址	上海市浦东新区金穗路 1501 号 3 幢 101-A 室（201206）				
投资总额	14 万 USD	电　话	50315248	传　真	
设立日期	2009-11-30	负 责 人	PAOLO A. PECORARI		
主营业务	液压和机械传动设备及零部件的批发。				

企业名称	利嘉贸易（上海）有限公司				
企业地址	上海市浦东新区沪南公路 5189 号 14 幢一层（201317）				
投资总额	8 万 USD	电　话	58146256	传　真	
设立日期	2009-11-30	负 责 人	邹孟澔		
主营业务	刷子梳子、运动用品、塑料及其制品、化学品（除危险品）的批发。				

企业名称	上海玲荣贸易有限公司				
企业地址	上海市上中西路 75 号 9 幢 103 室（200237）				
投资总额	8 万 USD	电　话	33050069	传　真	33050086
设立日期	2009-11-30	负 责 人	张碧玲		
主营业务	化工产品（除危险化学品）、五金交电、服装鞋帽、塑料制品的批发。				

企业名称	正郝贸易（上海）有限公司				
企业地址	上海市奉贤区青村镇南奉公路 3081 号 3 幢 104 室（201414）				
投资总额	60 万 USD	电　话	64327057	传　真	
设立日期	2009-11-27	负 责 人	KYUNG JUNG HO		
主营业务	面料辅料、鞋帽箱包、饰品（裸钻、毛钻除外）、日用百货的批发。				

企业名称	上海雅樱贸易有限公司				
企业地址	上海市宝山区牡丹江路 1508 号 2202－O 室（201900）				
投资总额	16 万 USD	电　话	66187800	传　真	
设立日期	2009-11-27	负 责 人	柴奕黎		
主营业务	从事日用杂品、日用百货、五金交电的批发。				

企业名称	日骋（上海）工程设备商贸有限公司				
企业地址	上海市虹口区凉城路 593 号 201A22 室（200434）				
投资总额	15 万 USD	电　话		传　真	
设立日期	2009-11-27	负 责 人	Johannes Jan Wouter Brons		
主营业务	内燃机、增压机及配件的批发，进出口，佣金代理（拍卖除外）。				

企业名称	上海清之光食品进出口贸易有限公司				
企业地址	上海市虹口区曲阳路 267 号 301 室（200092）				
投资总额	10 万 USD	电　话		传　真	
设立日期	2009-11-27	负 责 人	重光克昭		
主营业务	批发预包装食品（不含熟食卤味、冷冻冷藏）（限酒类），佣金代理。				

企业名称	源迹艺术品（上海）有限公司				
企业地址	上海市普陀区莫干山路 50 号 31 幢 108 室（200060）				
投资总额	15 万 USD	电　话	62273216	传　真	
设立日期	2009-11-26	负 责 人	WENDY YIWEN ZHANG		
主营业务	艺术品（文物除外）的批发、佣金代理（拍卖除外）。				

企业名称	上海泫庆国际贸易有限公司				
企业地址	上海市奉贤区南桥镇人民中路 169 弄 15 号（201400）				
投资总额	75 万 USD	电　话	57490923	传　真	
设立日期	2009-11-25	负 责 人	朱兵		
主营业务	酒类和机械配件的批发及进出口业务。				

企业名称	百德瑞思贸易（上海）有限公司				
企业地址	上海市金桥出口加工区新金桥路 1088 号 A 栋 2012 室（201206）				
投资总额	30 万 USD	电　话		传　真	
设立日期	2009-11-25	负 责 人	BHADRESH VASANTRAI MEHTA		
主营业务	家具、五金工具及配件、塑料管、日用百货的批发。				

企业名称	上海嘉奈芘服饰贸易有限公司				
企业地址	上海市浦东新区浦东大道 1476 号 705 室（200135）				
投资总额	30 万 USD	电　话		传　真	
设立日期	2009-11-25	负 责 人	安后宇		
主营业务	鞋帽、棉纺织品（棉花除外）、皮革制品、玩具的批发、佣金代理。				

企业名称	上海阿佐工业品贸易有限公司				
企业地址	上海市浦东新区康桥镇康桥东路 1159 弄 69 号 4 幢一层（201315）				
投资总额	18 万 USD	电　话	64289515	传　真	
设立日期	2009-11-25	负 责 人	WU LI		
主营业务	机电产品及配件、化工原料及产品（危险品除外）、仪器仪表的批发。				

企业名称	赛使（上海）商贸有限公司				
企业地址	上海市闵行区中春路 4999 号 1174 室（201100）				
投资总额	14 万 USD	电　话	63235155	传　真	
设立日期	2009-11-25	负 责 人	竹下宪生		
主营业务	日用百货、化妆品的批发、进出口、佣金代理（拍卖除外）。				

企业名称	金池国际贸易（上海）有限公司				
企业地址	上海市淮海西路 183 弄 3 号 1904 室（200030）				
投资总额	75 万 USD	电　话	62807780	传　真	
设立日期	2009-11-24	负 责 人	EGIDIO SAVEGNAGO		
主营业务	服装皮制品、装饰品、塑料及塑料元件、灯泡及 LED 灯泡的批发。				

企业名称	普硕商贸（上海）有限公司				
企业地址	上海市松江区南乐路 1276 弄 115 号 7 幢 602 室（201600）				
投资总额	15 万 USD	电　话	67755358	传　真	
设立日期	2009-11-24	负 责 人	Ian Stuart Mccreadie		
主营业务	五金交电、小五金及工具，仪器仪表的批发。				

企业名称	元齐商贸（上海）有限公司				
企业地址	上海市天钥桥路 909 号 2 号楼 117 室（200032）				
投资总额	15 万 USD	电　话	54888455	传　真	
设立日期	2009-11-24	负 责 人	何书维		
主营业务	从事办公家具及配件、办公文具的批发、进出口、佣金代理。				

企业名称	永泉贸易（上海）有限公司				
企业地址	上海市金山区枫泾镇兴坊路 565 号 3 幢 313 室（201502）				
投资总额	15 万 USD	电　话	54890731	传　真	
设立日期	2009-11-24	负 责 人	龚蕾		
主营业务	体育用品、玩具、电脑及配件的批发、进出口、佣金代理。				

企业名称	诗代贸易（上海）有限公司				
企业地址	上海市场中路 2250 号 4 幢 3 楼 321 室（200072）				
投资总额	14 万 USD	电　话	64052230	传　真	
设立日期	2009-11-24	负 责 人	LEE DONGKEUN		
主营业务	服装鞋帽、服装面辅料、化工产品（危险品除外）、日用百货的批发。				

企业名称	协迪贸易（上海）有限公司				
企业地址	上海市彭越浦路 908 号 2 幢 107 室（200072）				
投资总额	14 万 USD	电　话	64016308	传　真	
设立日期	2009-11-24	负 责 人	PARK SU JONG		
主营业务	厨房设备及用品、机电设备、电子产品、日用百货的批发。				

企业名称	甫鲜贸易（上海）有限公司				
企业地址	上海市灵石路709号44幢124室（200072）				
投资总额	8万USD	电　话	60830237	传　真	
设立日期	2009-11-24	负责人	CHO YOUNG SIN		
主营业务	箱包、电子产品、婴儿用品、日用百货的批发、进出口、佣金代理。				

企业名称	博格林涂料贸易（上海）有限公司				
企业地址	上海市静安区陕西北路66号2706室（200041）				
投资总额	38万USD	电　话	68868335	传　真	
设立日期	2009-11-23	负责人	CARSTEN ZIEGLER		
主营业务	涂料及其辅料（限危险化学品经营许可证核定的许可范围）的批发。				

企业名称	锴利（上海）贸易有限公司				
企业地址	上海市长宁区仙霞路369号1号楼2602室（200336）				
投资总额	25万USD	电　话	58786993	传　真	
设立日期	2009-11-23	负责人	FFION AYKROYD		
主营业务	服装、鞋帽、袜子、饰品、箱包及纺织品的批发。				

企业名称	禾偕克贸易（上海）有限公司				
企业地址	上海市黄浦区汉口路300号2410室（200001）				
投资总额	15万USD	电　话		传　真	
设立日期	2009-11-23	负责人	许超群		
主营业务	化工品（除危险品）、机械设备、木制品、成品纸的批发。				

企业名称	味意商贸（上海）有限公司				
企业地址	上海市黄浦区人民路885号1106室（200011）				
投资总额	15万USD	电　话	51506060	传　真	
设立日期	2009-11-23	负责人	OBERT ALBERTO		
主营业务	酒、咖啡、咖啡豆、咖啡粉、矿泉水、咖啡机、滤纸的批发。				

企业名称	上海康资贸易有限公司				
企业地址	上海市卢湾区淮海中路622弄8号406室（200020）				
投资总额	14万USD	电　话		传　真	
设立日期	2009-11-23	负责人	LOW KEAN JIN		
主营业务	预包装食品、饮料、化妆品、服饰的进出口、批发。				

企业名称	阳玛贸易（上海）有限公司				
企业地址	上海市嘉定区安亭镇于塘路885号103室（201803）				
投资总额	10万USD	电　话		传　真	
设立日期	2009-11-23	负责人	YANG FRANK IEN KWONG		
主营业务	从事金属制品（钢材、贵金属、稀有金属除外）、汽车零配件的批发。				

企业名称	艾扉尔（上海）贸易有限公司				
企业地址	上海市黄浦区人民大道100号地下一层S-4铺位室（200001）				
投资总额	7万USD	电　话	64394114	传　真	
设立日期	2009-11-23	负责人	崔庆安		
主营业务	玩具、日用百货、服装鞋帽、服装服饰和装饰品的零售、进出口和批发。				

企业名称	思奥（上海）商业有限公司				
企业地址	上海市静安区巨鹿路832号（200040）				
投资总额	20万USD	电　话	62480739	传　真	
设立日期	2009-11-20	负责人	潘世亨		
主营业务	服装、服饰、玩具、工艺蜡烛、饰品（毛钻裸钻除外）的批发。				

企业名称	摩根大通（中国）商贸有限公司				
企业地址	上海市静安区南京西路1601号越洋广场42楼4207A室（200040）				
投资总额	3000万USD	电　话	61270871	传　真	
设立日期	2009-11-19	负责人	OUYANG XIUZHANG		
主营业务	金属材料（贵金属除外）、化工原料（危险品除外）及燃料油的批发。				

企业名称	佐芙（上海）商贸有限公司				
企业地址	上海市长宁区仙霞路299号B栋205室（200051）				
投资总额	111万USD	电　话	62351290	传　真	64078585
设立日期	2009-11-19	负责人	上野刚史（UENO TAKESHI）		
主营业务	眼镜、太阳镜、护理用品和配件、服装服饰、日用杂品、玩具的零售。				

企业名称	统一（上海）保健品商贸有限公司				
企业地址	上海市长宁区金钟路658弄7号甲、7号乙6层613室（200335）				
投资总额	105万USD	电　话	51158220	传　真	
设立日期	2009-11-19	负责人	林苍生		
主营业务	保健食品、预包装食品（不含熟食卤味、冷冻冷藏）的批发。				

企业名称	上海希满贸易有限公司				
企业地址	上海市奉贤区青村镇南奉公路3081号3幢102室（201414）				
投资总额	60万USD	电　话		传　真	
设立日期	2009-11-19	负责人	PARK KWAN JONG		
主营业务	服装服饰、日用百货、饰品（裸钻、毛钻除外）、电子产品的批发。				

企业名称	迅励医疗器械贸易（上海）有限公司				
企业地址	上海市长宁区延安西路1358号10B室（200052）				
投资总额	30万USD	电　话	62614184	传　真	
设立日期	2009-11-19	负责人	马志辉		
主营业务	从事一类医疗器械、消毒用品、日用百货、化工产品的批发。				

企业名称	敦能贸易（上海）有限公司				
企业地址	上海市静安区巨鹿路889号23号楼3楼8310室（200040）				
投资总额	14万USD	电　话	62499936	传　真	
设立日期	2009-11-19	负责人	JAMES ALEXANDER CARMICHAEL		
主营业务	玻璃制品、家具、电机、电器设备、上述机器零件的批发。				

企业名称	三世贸易（上海）有限公司				
企业地址	上海市静安区巨鹿路889号23号楼3楼8306室（200040）				
投资总额	7万USD	电　话	62482446	传　真	
设立日期	2009-11-19	负责人	JEFFREY LADD DELKIN		
主营业务	竹木及其他天然及可再生资源家居用品的批发、进出口、佣金代理。				

企业名称	永和食品（中国）有限公司				
企业地址	上海市永和路253号1层（200072）				
投资总额	750万USD	电　话	51377589	传　真	
设立日期	2009-11-18	负责人	林建雄		
主营业务	食品设备、包装材料、餐具、茶具、器皿、饰品的批发，佣金代理。				

企业名称	小山堂贸易（上海）有限公司				
企业地址	上海市卢湾区泰康路25号103室（200023）				
投资总额	112万USD	电　话	64790238	传　真	
设立日期	2009-11-18	负责人	杨惠姗		
主营业务	珠宝首饰、玩具、箱包、服装服饰、鞋帽、电子电器、日用杂货的批发。				

企业名称	保志（上海）贸易有限公司				
企业地址	上海市闵行区宜山路1698号1505室（201103）				
投资总额	50万USD	电　话	34627633	传　真	
设立日期	2009-11-18	负责人	保志雅也		
主营业务	服装服饰、针纺织品、皮革制品、箱包、鞋、帽的批发、进出口业务。				

企业名称	欣展（上海）贸易有限公司				
企业地址	上海市斜土路2601号6号楼102室326部位（200030）				
投资总额	20万USD	电　话	27928788	传　真	
设立日期	2009-11-18	负责人	陈尚耀		
主营业务	数码产品及其辅助设备、集成电路、电子通讯产品的批发。				

企业名称	托佩克（上海）畜禽育种有限公司				
企业地址	上海市田林路487号20号房屋1208室（200233）				
投资总额	18万USD	电　话	64396829	传　真	
设立日期	2009-11-18	负责人	Janssen,Hendrikus Wilhelmus Johannes		
主营业务	与种畜禽育种（非转基因）有关的技术咨询服务。				

企业名称	爱丽心贸易（上海）有限公司				
企业地址	上海市武康路374号209室（200031）				
投资总额	15万USD	电　话	60904599	传　真	
设立日期	2009-11-18	负责人	Alison Mary Ching Yeung		
主营业务	鞋、包装、文具、服饰及上述商品配件及零部件的批发。				

企业名称	永冠体育用品（上海）有限公司				
企业地址	上海市虹口区海宁路137号7A756室（200080）				
投资总额	15万USD	电　话		传　真	
设立日期	2009-11-18	负责人	GRANT JULIEN HALVERSON		
主营业务	体育用品的批发，进出口，佣金代理（拍卖除外）。				

企业名称	碧儿迪贸易（上海）有限公司				
企业地址	上海市嘉定区马陆镇丰登路615弄5号第一层A区（201818）				
投资总额	11万USD	电　话	52102878	传　真	
设立日期	2009-11-18	负责人	越智泰		
主营业务	游艺设备（游戏机、游艺机除外）、日用百货、玩具的进出口、批发。				

批发和零售贸易业

企业名称	上海友昌婴儿用品有限公司				
企业地址	上海市外高桥保税区基隆路6号509室（200131）				
投资总额	439万USD	电　话	51622555	传　真	
设立日期	2009-11-17	负责人	陈玉忠		
主营业务	国际贸易、转口贸易、保税区企业间的贸易及贸易代理。				

企业名称	奥升德贸易（上海）有限公司				
企业地址	上海市黄浦区西藏中路268号3702室（200001）				
投资总额	56万USD	电　话	63403300	传　真	
设立日期	2009-11-17	负责人	JAMES TIMOTHY STREHL		
主营业务	化工产品、树脂产品、纤维材料产品（危险品除外）的批发。				

企业名称	威尔森船用设备贸易（上海）有限公司				
企业地址	上海市外高桥保税区基隆路55号6楼B01室（200131）				
投资总额	20万USD	电　话	61183000	传　真	
设立日期	2009-11-17	负责人	IVAN S LARSEN		
主营业务	船用电气设备，自动化设备及热风空调系统设备的批发。				

企业名称	上海理欧商贸有限公司				
企业地址	上海市金山区枫泾镇兴德路38号1幢103室（201502）				
投资总额	15万USD	电　话	64182550	传　真	
设立日期	2009-11-17	负责人	横山和幸		
主营业务	服装服饰及面辅料的批发、进出口、佣金代理（拍卖除外）。				

企业名称	武田（上海）贸易有限公司				
企业地址	上海市浦东新区浦建路145号13楼1301室（200127）				
投资总额	14万USD	电　话	50398995	传　真	
设立日期	2009-11-17	负责人	武田润也		
主营业务	园艺用品、橡塑制品、皮革制品、装潢装饰材料的批发。				

企业名称	上海尚曼时贸易有限公司				
企业地址	上海市长宁区虹梅路3721号570室（201103）				
投资总额	10万USD	电　话	52570177	传　真	
设立日期	2009-11-17	负责人	KIMURA MARIKO		
主营业务	玻璃器皿、家居用品、礼品（文物除外）、日用品的批发。				

企业名称	独而特门业（上海）有限公司				
企业地址	上海市浦东新区光明路718号835室（200137）				
投资总额	16万USD	电　话	58350314	传　真	
设立日期	2009-11-16	负责人	ALAN PAUL O’KEANE		
主营业务	门框、门窗及其相关配件、金属制品的批发、佣金代理。				

企业名称	艾驰电子检测设备技术（上海）有限公司				
企业地址	上海市黄浦区北京东路668号B区710室（200001）				
投资总额	73万USD	电　话	53081581	传　真	
设立日期	2009-11-13	负责人	何建立		
主营业务	设计、开发电子检测设备、电子产品，上述相关的设计咨询和技术服务。				

企业名称	旻华贸易（上海）有限公司				
企业地址	上海市外高桥保税区华申路180号综合大楼第二层202J部位(200131)				
投资总额	40万USD	电　话	62283072	传　真	
设立日期	2009-11-13	负责人	文　斯		
主营业务	电子产品、汽车零配件、金属制品、化工产品（除危险化学品）的批发。				

企业名称	鑫卡汝商贸（上海）有限公司				
企业地址	上海市闵行区光华路2118号第6幢1449室（201111）				
投资总额	15万USD	电　话	64131924	传　真	
设立日期	2009-11-13	负责人	JINLUAN TANG		
主营业务	工艺礼品（文物除外）、化妆品、五金交电的批发。				

企业名称	励盈商贸（上海）有限公司				
企业地址	上海市虹口区花园路16号2610室（200083）				
投资总额	15万USD	电　话	56718929	传　真	
设立日期	2009-11-13	负责人	蔡慷慨		
主营业务	眼镜盒及相关产品、首饰（除毛钻、裸钻）、服装及饰品的批发。				

企业名称	蒙泰费洛（上海）贸易有限公司				
企业地址	上海市长宁区中山西路999号1001室（200051）				
投资总额	15万USD	电　话	32515110	传　真	
设立日期	2009-11-13	负责人	GIANCARLO BESANA		
主营业务	从事电梯部件及电梯配套设备的商业批发、佣金代理（拍卖除外）。				

企业名称	工场网贸易（上海）有限公司				
企业地址	上海市长宁区天山路310号9楼D座（200335）				
投资总额	14万USD	电　话	52184395	传　真	
设立日期	2009-11-13	负责人	井上直树		
主营业务	电子电机、汽摩配件、机电设备、电动机及配件的批发、佣金代理。				

企业名称	碧仁轩食品贸易（上海）有限公司				
企业地址	上海市金山工业区亭卫公路6558号5幢252室（201506）				
投资总额	20万USD	电　话	52383567	传　真	57271388
设立日期	2009-11-12	负责人	吴海战		
主营业务	预包装食品（不含熟食卤味、含冷冻冷藏）、散装食品的批发。				

企业名称	蒙那莱荷（上海）贸易有限公司				
企业地址	上海市奉贤区远东路828号1幢216室（201400）				
投资总额	40万USD	电　话	59744755	传　真	
设立日期	2009-11-11	负责人	WU DE CHANG WEIMIN		
主营业务	香水及化妆品、体育用品的批发、佣金代理。				

企业名称	佐博（上海）贸易有限公司				
企业地址	上海市虹口区广粤路439弄3号505-3室（200434）				
投资总额	30万USD	电　话		传　真	
设立日期	2009-11-11	负责人	MASAHIRO SAKUMA		
主营业务	从事日用品、玩具、办公用品的批发，进出口，提供相关配套服务。				

企业名称	宜为客列车真空系统贸易（上海）有限公司				
企业地址	上海市卢湾区淮海中路918号久事复兴大厦24楼G座（200020）				
投资总额	17万USD	电　话	64155966	传　真	
设立日期	2009-11-11	负责人	HANS WORMCKE		
主营业务	列车真空系统及其零部件的批发、佣金代理（拍卖除外）。				

企业名称	达屹真空设备贸易（上海）有限公司				
企业地址	上海市黄浦区人民路885号519室（200010）				
投资总额	16万USD	电　话	63203896	传　真	
设立日期	2009-11-11	负责人	出向井洋		
主营业务	压铸机用真空设备、模具冷却设备及零部件，合金压铸制品的批发。				

企业名称	优蒙贸易（上海）有限公司				
企业地址	上海市浦东新区花园石桥路66号12层E室（200120）				
投资总额	30万USD	电　话	33830240	传　真	
设立日期	2009-11-10	负责人	IRENE CHUA MATIAS		
主营业务	面料和辅料、运动器材、建材（钢材、水泥除外）及相关产品的批发。				

企业名称	伟璞罗贸易（上海）有限公司				
企业地址	上海市闵行区颛兴路1421弄151号第1幢A座第一层A2室(201108)				
投资总额	15万USD	电　话		传　真	
设立日期	2009-11-10	负责人	黄伟群		
主营业务	橡塑制品、汽摩配件、化工原料及产品（除危险品）的批发。				

企业名称	博势商贸（上海）有限公司				
企业地址	上海市浦东新区昌里路335号202B室（200126）				
投资总额	16万USD	电　话	63177479	传　真	
设立日期	2009-11-9	负责人	MOEY KAR KHEE		
主营业务	五金工具、机电设备、检测用仪器及零配件的批发、佣金代理。				

企业名称	合易商贸（上海）有限公司				
企业地址	上海市浦东新区民生路1403号716室（200135）				
投资总额	16万USD	电　话	33926008	传　真	
设立日期	2009-11-9	负责人	LARS ZIMMERMANN		
主营业务	橡胶制品、模具、汽摩零配件、建筑材料（钢材、水泥除外）的批发。				

企业名称	上海韩赵贸易有限公司				
企业地址	上海市闵行区吴中路1369号3H层12单元（201103）				
投资总额	15万USD	电　话	64019161	传　真	
设立日期	2009-11-9	负责人	赵亨焘		
主营业务	服装、饰品、化妆品、鞋、箱包、办公用品、床上用品的批发。				

企业名称	北狄（上海）贸易有限公司				
企业地址	上海市长宁区延安西路895号22D2、22D3室（200050）				
投资总额	15万USD	电　话	52395111	传　真	
设立日期	2009-11-9	负责人	Xin Luo		
主营业务	垃圾压实机、家用电器、电子产品及上述商品零配件的批发。				

企业名称	爱姆吉斯（上海）贸易有限公司				
企业地址	上海市浦东新区杨高北路 528 号 14 幢 1B57 室（200137）				
投资总额	15 万 USD	电话		传真	
设立日期	2009-11-9	负责人	KAZUYA TATSUTOMI		
主营业务	服装及辅料、轻纺原料、五金制品、家具、灯具的批发。				

企业名称	上海卡彼塔贸易有限公司				
企业地址	上海市静安区新闸路 848 号 321 室（200040）				
投资总额	1 万 USD	电话	68738784	传真	
设立日期	2009-11-9	负责人	PAGANI GIULIO		
主营业务	机床用金属刀具的批发、进出口、佣金代理（拍卖除外）。				

企业名称	上海妙景皮革贸易有限公司				
企业地址	上海市青浦区华青南路 481-485 号 1802 室（201700）				
投资总额	400 万 USD	电话	51196868	传真	
设立日期	2009-11-6	负责人	周宇芬		
主营业务	皮革制品、箱包的批发、进出口、佣金代理（拍卖除外）及配套服务。				

企业名称	上海妙极服饰销售有限公司				
企业地址	上海市青浦区华青南路 481-485 号 1803 室（201700）				
投资总额	300 万 USD	电话	51196868	传真	
设立日期	2009-11-6	负责人	周宇芬		
主营业务	服装、服饰、针纺织品、鞋帽的批发、进出口、佣金代理。				

企业名称	隆大（上海）贸易有限公司				
企业地址	上海市闵行区江川路 1511 号第二幢 1109 室（201111）				
投资总额	129 万 USD	电话	64139655	传真	
设立日期	2009-11-6	负责人	邱跃忠		
主营业务	从事食品、金属材料（钢材、贵金属除外）、汽车配件、工艺品的批发。				

企业名称	熊谷（上海）纺织品有限公司				
企业地址	上海市松江区九亭镇九新公路 339 号 1 幢二层-410（201615）				
投资总额	20 万 USD	电话		传真	
设立日期	2009-11-6	负责人	张志光		
主营业务	从事针纺织品、棉纺织品、服装、服装辅料及同类商品的批发。				

企业名称	京徽（上海）商贸有限公司				
企业地址	上海市杨浦区翔殷路 165 号 A 区 306 室（200433）				
投资总额	15 万 USD	电话	52731989	传真	
设立日期	2009-11-6	负责人	张小建		
主营业务	建筑装潢材料（水泥、钢铁除外），工艺礼品（文物除外）的批发。				

企业名称	信岳贸易（上海）有限公司				
企业地址	上海市奉贤区南桥镇沪杭公路 899 号 6 幢 228 室（201400）				
投资总额	14 万 USD	电话	61909021	传真	
设立日期	2009-11-6	负责人	吴国盛		
主营业务	家具、大理石建材、工艺品（文物除外）的批发及进出口业务。				

企业名称	鑫纳贸易（上海）有限公司				
企业地址	上海市黄浦区陆家浜路 413 弄 5 号 1403 室（200011）				
投资总额	11 万 USD	电话	63773893	传真	
设立日期	2009-11-6	负责人	朱华雄		
主营业务	日用百货、纺织品、服装、芯片、灯具、办公设备及用品的批发。				

企业名称	翔进贸易（上海）有限公司				
企业地址	上海市松江区车墩镇联营路 333 号 3 号楼底层（201611）				
投资总额	10 万 USD	电话	57749000	传真	
设立日期	2009-11-6	负责人	北田和幸		
主营业务	包装装潢用纸制品、礼品、数码电子产品零配件的批发、进出口业务。				

企业名称	上海铃贵贸易有限公司				
企业地址	上海市黄浦区福建中路 205 号 904 室（200001）				
投资总额	8 万 USD	电话		传真	
设立日期	2009-11-6	负责人	MASAMI SUZUKI		
主营业务	眼镜及其相关用品、伞、饰品的批发、佣金代理（拍卖除外）。				

企业名称	瑞丹福贸易（上海）有限公司				
企业地址	上海市浦东新区浦东南路 1088 号 1208 室（200120）				
投资总额	14 万 USD	电话	68888021	传真	
设立日期	2009-11-5	负责人	EPHREM BUSQUE		
主营业务	运动服饰，玩具礼品，汽车零配件，五金配件，铝合金门窗的批发。				

企业名称	客欣（上海）贸易有限公司				
企业地址	上海市中山北路 900 号 4 幢 2003 室（200070）				
投资总额	7 万 USD	电话	62701257	传真	
设立日期	2009-11-5	负责人	CHOI KYUNG SOON		
主营业务	化工原料（危险品除外）、服装服饰、鞋帽的批发。				

企业名称	鼓动商贸（上海）有限公司				
企业地址	上海市闵行区虹梅路 3211 号第三层 310、311、312 室（201103）				
投资总额	70 万 USD	电话		传真	
设立日期	2009-11-4	负责人	刘叔康		
主营业务	音乐器材、音乐教具及相关配套设备的批发、零售、佣金代理。				

企业名称	上海黛彼贸易有限公司				
企业地址	上海市浦东新区枣庄路 667 号 510 室（200135）				
投资总额	50 万 USD	电话	53027991	传真	
设立日期	2009-11-4	负责人	CHUNG，KWOK PAN		
主营业务	建筑装潢材料（钢材、水泥除外）、橡塑制品及相关配件的批发。				

企业名称	上海亚沛希商贸有限公司				
企业地址	上海市黄浦区九江路 399 号 1010 室（200002）				
投资总额	30 万 USD	电话	63181212	传真	
设立日期	2009-11-4	负责人	黄宣铭		
主营业务	日用品、化妆品、体育用品、电子电器用品的批发、佣金代理。				

企业名称	上海友森进出口贸易有限公司				
企业地址	上海市闵行区七莘路 3599 弄 10 号 505 室（201101）				
投资总额	25 万 USD	电话		传真	
设立日期	2009-11-4	负责人	黄维义		
主营业务	电子产品、宠物用品、各种纤维产品及其原料的批发。				

企业名称	希仕代仪器贸易（上海）有限公司				
企业地址	上海市虹口区曲阳路 900 弄 3 号 519 室（200437）				
投资总额	20 万 USD	电话	68868335	传真	
设立日期	2009-11-4	负责人	BRYAN CUMMINGS		
主营业务	仪器的批发，进出口，佣金代理（拍卖除外），及其它相关配套业务。				

企业名称	上海佶川贸易有限公司				
企业地址	上海市长宁区中山西路 933 号 1413-1414 室（200051）				
投资总额	16 万 USD	电话	62953895	传真	
设立日期	2009-11-4	负责人	吉川晃司		
主营业务	丝网印刷产品、数字印刷产品、及油墨的批发。				

企业名称	理研计器商贸（上海）有限公司				
企业地址	上海市虹口区临平北路 55 号 808 室（200086）				
投资总额	16 万 USD	电话	65756700	传真	
设立日期	2009-11-4	负责人	安达真一		
主营业务	仪器仪表的批发，进出口，佣金代理（拍卖除外），及相关配套服务。				

企业名称	芝欧贸易（上海）有限公司				
企业地址	上海市黄浦区人民路 757 号 303 室（200010）				
投资总额	15 万 USD	电话		传真	
设立日期	2009-11-4	负责人	SAFIA CHEN		
主营业务	婚庆用品、箱包、手表、文具用品、日用杂货及其附件的批发。				

企业名称	庆辉（上海）贸易有限公司				
企业地址	上海市黄浦区制造局路 437 号 44 室（200011）				
投资总额	15 万 USD	电话	63848301	传真	
设立日期	2009-11-4	负责人	黄家伟		
主营业务	日用百货、工艺品（文物除外）、玩具、钟表眼镜的批发。				

企业名称	多沛贸易（上海）有限公司				
企业地址	上海市闵行区程家桥支路 201-211（单）号 2 楼 226 室（201112）				
投资总额	15 万 USD	电话		传真	
设立日期	2009-11-4	负责人	钟秀枝		
主营业务	电器、机械设备及相关零配件的批发、进出口、佣金代理。				

企业名称	上海秀八西贸易有限公司				
企业地址	上海市虹口区海宁路 137 号 7A724 室（200080）				
投资总额	8 万 USD	电话	60830798	传真	
设立日期	2009-11-4	负责人	ANTONIO JOAO BARNEWITZ FREIRE		
主营业务	从事日用百货、工艺美术品（文物除外）、家具、针纺织品的批发。				

企业名称	汉茵汉商贸（上海）有限公司				
企业地址	上海市闵行区莲花南路182A号（200237）				
投资总额	4万USD	电 话	51097809	传 真	
设立日期	2009-11-4	负 责 人	JENS FRUELUND CHRISTENSEN		
主营业务	电动自行车、包装材料、化妆品、日用百货、电子产品、玩具的零售。				

企业名称	丰艺电子（上海）有限公司				
企业地址	上海市嘉定区江桥镇金沙江西路1555弄393号1层126室（201803）				
投资总额	100万USD	电 话	52988800	传 真	
设立日期	2009-11-3	负 责 人	林景南		
主营业务	电子元器件、LCD屏、发光二极管、计算机软硬件的批发。				

企业名称	依秘丽奥普兹（上海）商贸有限公司				
企业地址	上海市南京西路1168号中信泰富广场第一层115-116单元（200040）				
投资总额	86万USD	电 话	29686835	传 真	
设立日期	2009-11-3	负 责 人	DIDIER BRUNO DROUET		
主营业务	家具，文具用品，工艺品（除文物）和上述产品的零部件的批发。				

企业名称	上海那华运动服饰有限公司				
企业地址	上海市漕溪北路88号13层1310、1311室（200030）				
投资总额	50万USD	电 话	64698061	传 真	
设立日期	2009-11-3	负 责 人	张青峰		
主营业务	从事服装鞋帽的批发、佣金代理（拍卖除外）。				

企业名称	上海歌歌喂时装商贸有限公司				
企业地址	上海市金山区亭林镇南亭公路5505号科研楼202室（201505）				
投资总额	25万USD	电 话	67230000	传 真	
设立日期	2009-11-3	负 责 人	何爱勤		
主营业务	各类服装、纺织制品、日用品、工艺品（文物除外）、五金制品的批发。				

企业名称	黛伯（上海）国际贸易有限公司				
企业地址	上海市普陀区真北路915号617室（200333）				
投资总额	20万USD	电 话		传 真	
设立日期	2009-11-3	负 责 人	LIN-MUSSON SHEN XIA		
主营业务	首饰、眼镜（隐形眼睛、隐形眼睛护理产品除外）、陶瓷用品的批发。				

企业名称	贺玛洋森酒类贸易（上海）有限公司				
企业地址	上海市外高桥保税区新灵路118号1218室（200131）				
投资总额	15万USD	电 话	50460496	传 真	
设立日期	2009-11-3	负 责 人	HENRICUS THEODORUS		
主营业务	酒类产品和香精的批发、进出口、佣金代理（拍卖除外）。				

企业名称	上海瑞承商贸有限公司				
企业地址	上海市浦东新区东方路1988号702-12室（200125）				
投资总额	14万USD	电 话	64127391	传 真	
设立日期	2009-11-3	负 责 人	蔡桂兰		
主营业务	汽车配件、机械电气设备及其零部件产品的批发、佣金代理。				

企业名称	上海艾国商贸有限公司				
企业地址	上海市浦东新区昌里路335号203B室（200126）				
投资总额	10万USD	电 话	50592219	传 真	
设立日期	2009-11-3	负 责 人	曾俊峰		
主营业务	自行车、电动车、摩托车及其零配件的批发、佣金代理。				

企业名称	美酬贸易（上海）有限公司				
企业地址	上海市金山区亭林镇亭卫公路9299弄67号（201505）				
投资总额	20万USD	电 话	67232818	传 真	
设立日期	2009-11-2	负 责 人	KEVIN WONG		
主营业务	各种旅游用品的批发、进出口、佣金代理（拍卖除外）。				

企业名称	阿兹姆霍普斯（上海）贸易有限公司				
企业地址	上海市浦东新区光明路718号840室（200137）				
投资总额	16万USD	电 话	58886343	传 真	
设立日期	2009-11-2	负 责 人	MUHAMMAD NADEEM QURESHI		
主营业务	化工原材料及产品（危险品除外）、家用电器、礼品饰品的佣金代理。				

企业名称	龙资杰贸易（上海）有限公司				
企业地址	上海市杨浦区许昌路492号2号楼311室（200082）				
投资总额	15万USD	电 话		传 真	
设立日期	2009-11-2	负 责 人	UENO YUTAKA		
主营业务	照相器材、办公用品及设备、玩具、望远镜（军用除外）的批发。				

企业名称	上海鹄鹏贸易有限公司				
企业地址	上海市浦东新区万祥镇宏祥北路83弄39号306室（201300）				
投资总额	7万USD	电 话	67157655	传 真	
设立日期	2009-11-2	负 责 人	连志瀚		
主营业务	五金工具及配件、眼镜及配件、日用百货、家居用品、宠物用品的批发。				

企业名称	泛北贸易（上海）有限公司				
企业地址	上海市长宁区新泾二村53号16幢207室（200335）				
投资总额	258万USD	电 话	62429827	传 真	
设立日期	2009-10-30	负 责 人	张家坤		
主营业务	机械设备及其相关配件、五金交电、日用百货的批发。				

企业名称	上海首辉食品贸易有限公司				
企业地址	上海市静安区愚园路172号1703A室（200040）				
投资总额	35万USD	电 话	61411090	传 真	
设立日期	2009-10-30	负 责 人	黄世雄		
主营业务	预包装食品、水果、蔬菜的批发、进出口，佣金代理（拍卖除外）。				

企业名称	上海嗡王蜂业贸易有限公司				
企业地址	上海市老沪太路211号4幢303室（200072）				
投资总额	20万USD	电 话		传 真	
设立日期	2009-10-30	负 责 人	黄毓之		
主营业务	蜂蜜制品、花粉及花粉制品、食品、农副产品（粮食除外）的批发。				

企业名称	华凤贸易（上海）有限公司				
企业地址	上海市金山区漕泾镇致富路7号9幢166室（201507）				
投资总额	20万USD	电 话	57253150	传 真	
设立日期	2009-10-30	负 责 人	LOW KIM GEIK		
主营业务	胶粘剂、水性涂料、合成乳胶、化工原料及产品（除危险品外）的批发。				

企业名称	沛弗埃（上海）贸易有限公司				
企业地址	上海市外高桥保税区基隆路1号塔楼14层1411室（200131）				
投资总额	15万USD	电 话	61623628	传 真	
设立日期	2009-10-30	负 责 人	JOHN PHILIP CALI		
主营业务	机械设备、化工产品（除危险品）、金属制品、包装材料的批发。				

企业名称	达式（上海）贸易有限公司				
企业地址	上海市卢湾区瑞金南路1号28楼D室（200025）				
投资总额	15万USD	电 话	51087083	传 真	
设立日期	2009-10-30	负 责 人	胡少芬		
主营业务	皮革制品、工艺品（文物除外）、日用百货、家用电器的批发。				

企业名称	拜舍（上海）商贸有限公司				
企业地址	上海市浦东新区光明路718号838室（200137）				
投资总额	15万USD	电 话		传 真	
设立日期	2009-10-30	负 责 人	MAHMOUD MASOUDSINAKI		
主营业务	家用电器、金属制品、工艺品（文物除外）、机械设备及零部件的批发。				

企业名称	大灏机械设备（上海）有限公司				
企业地址	上海市嘉定工业区叶城路1288号1幢10158室（201821）				
投资总额	14万USD	电 话		传 真	
设立日期	2009-10-30	负 责 人	Jang Sang Ho		
主营业务	从事各种泵、机械设备、仪器仪表及上述产品相关配件的进出口、批发。				

企业名称	和热地暖设备（上海）有限公司				
企业地址	上海市闵行区光华路2118号第6幢1448室（201111）				
投资总额	14万USD	电 话	53010813	传 真	
设立日期	2009-10-30	负 责 人	大塚惠介		
主营业务	从事地暖设备、装潢材料（钢材、水泥除外）、污泥凝固剂的批发.				

企业名称	露芽（上海）贸易有限公司				
企业地址	上海市闵行区虹许路560号23幢603室（201103）				
投资总额	14万USD	电 话	64064266	传 真	
设立日期	2009-10-30	负 责 人	马秀琴		
主营业务	从事服装服饰、鞋帽、箱包及相关饰件、办公家具、文化用品的批发。				

企业名称	盛邦泰德（上海）实业有限公司				
企业地址	上海市浦东新区张杨路828号华都大厦15G室（200122）				
投资总额	14万USD	电 话	50588612	传 真	
设立日期	2009-10-30	负 责 人	田村秀雄		
主营业务	劳防用品、医疗器械（一类）、食品、饮料的批发。				

企业名称	上海迺腾商贸有限公司				
企业地址	上海市黄浦区九江路 399 号 1508 室（200002）				
投资总额	11 万 USD	电　　话	64078585	传　　真	
设立日期	2009-10-30	负 责 人	松本清一（MATSUMOTO SEIICHI）		
主营业务	轴承、空压油压件、变速机减速机、电子元件、机械工具的批发。				

企业名称	筑衡贸易（上海）有限公司				
企业地址	上海市闵行区集心路 168 号第 1 幢 116 室（200237）				
投资总额	5 万 USD	电　　话	54389078	传　　真	
设立日期	2009-10-30	负 责 人	竺定歆		
主营业务	从事汽车配件、电动工具、照明器材、婴儿用品、化妆品的批发。				

企业名称	上海重生贸易有限公司				
企业地址	上海市浦东新区三林路 907 弄 1-2 号 201 室（200124）				
投资总额	154 万 USD	电　　话		传　　真	
设立日期	2009-10-29	负 责 人	马　亮		
主营业务	机械设备及零配件、办公用品、化妆品、工艺品（文物除外）的批发。				

企业名称	靓霖贸易（上海）有限公司				
企业地址	上海市奉贤区南奉公路 4558 号 6 幢 301 室（201400）				
投资总额	105 万 USD	电　　话	57471176	传　　真	
设立日期	2009-10-29	负 责 人	裴　红		
主营业务	机械设备的批发和进出口业务。				

企业名称	上海天御贸易有限公司				
企业地址	上海市奉贤区南桥镇南桥路 839 号 5 幢 101 室（201400）				
投资总额	20 万 USD	电　　话		传　　真	
设立日期	2009-10-28	负 责 人	陈扬中		
主营业务	厨房用品、化妆用具、化妆品和家居用品的批发及进口业务。				

企业名称	美易利箱包（上海）有限公司				
企业地址	上海市静安区南京西路 1515 号北楼 2938 室（200041）				
投资总额	6 万 USD	电　　话	51078287	传　　真	
设立日期	2009-10-28	负 责 人	LOIS ZAPRZALKA SHERR		
主营业务	行李箱、袋，计算机，商用袋及上述产品配件的批发。				

企业名称	拉米（上海）贸易有限公司				
企业地址	上海市长乐路 801 号 306 室（200031）				
投资总额	15 万 USD	电　　话	54034751	传　　真	
设立日期	2009-10-27	负 责 人	ALBERTO LLOVET CASTEL		
主营业务	化工原料及相关产品（危险品除外）、包装材料的批发。				

企业名称	显琳商贸（上海）有限公司				
企业地址	上海市黄浦区南京东路 353 号 127 室（200003）				
投资总额	7 万 USD	电　　话		传　　真	
设立日期	2009-10-27	负 责 人	梁显华		
主营业务	服装鞋帽、皮革制品及工艺礼品（文物除外）的批发、佣金代理。				

企业名称	如壹（上海）商贸有限公司				
企业地址	上海市黄浦区九江路 399 号 26 楼 08 室 H 座（200002）				
投资总额	22 万 USD	电　　话		传　　真	
设立日期	2009-10-26	负 责 人	LOW MING YEE		
主营业务	服装、茶叶（除精制茶、边销茶及掺兑各种药物的茶和茶饮料）的批发。				

企业名称	特尔福运爱特贸易（上海）有限公司				
企业地址	上海市浦东新区杨高北路 528 号 14 幢 1B20 室（200137）				
投资总额	20 万 USD	电　　话	61652273	传　　真	
设立日期	2009-10-26	负 责 人	MARINA KIM		
主营业务	金属制品、电脑及配件的批发、佣金代理。				

企业名称	特芮兰贸易（上海）有限公司				
企业地址	上海市浦东新区商城路 738 号胜康廖氏大厦 1101 室（200135）				
投资总额	15 万 USD	电　　话	68766071	传　　真	
设立日期	2009-10-26	负 责 人	BALAZS VIZI		
主营业务	机电产品、建材、金属制品、橡胶塑料制品、日用品的批发、佣金代理。				

企业名称	澳励晶贸易（上海）有限公司				
企业地址	上海市杨浦区控江路 1555 号 A 座 704 室（200092）				
投资总额	15 万 USD	电　　话	62090500	传　　真	
设立日期	2009-10-26	负 责 人	徐　放		
主营业务	手术室、急救室、诊疗室设备及器具，实验室设备及耗材的批发。				

企业名称	每绿活（上海）日用品贸易有限公司				
企业地址	上海市静安区北京西路 511 号 301 室（200041）				
投资总额	15 万 USD	电　　话		传　　真	
设立日期	2009-10-26	负 责 人	叶美秀		
主营业务	化妆品，化妆品原料，日用品，美容工具，服装的批发。				

企业名称	奇率贸易（上海）有限公司				
企业地址	上海市天潼路 768 号 1802-04 室（200070）				
投资总额	50 万 USD	电　　话	63805309	传　　真	
设立日期	2009-10-23	负 责 人	张耀仁		
主营业务	计算机软件和硬件、数码产品、办公设备、办公用品的批发。				

企业名称	上海嘉值贸易有限公司				
企业地址	上海市青浦区金泽镇金溪路 119 号 1 幢 835 室（201700）				
投资总额	20 万 USD	电　　话		传　　真	
设立日期	2009-10-23	负 责 人	林天龙		
主营业务	装饰材料、铺地制品、布艺制品、园艺制品、家具的批发。				

企业名称	上海开得兴贸易有限公司				
企业地址	上海市长宁区仙霞路 369 号 1 号楼 2301 室（200336）				
投资总额	18 万 USD	电　　话	51556608	传　　真	
设立日期	2009-10-23	负 责 人	小出刚		
主营业务	化工产品（危险品除外）、仪器仪表、家用电器、日用杂货的批发。				

企业名称	睿舒柯贸易（上海）有限公司				
企业地址	上海市长宁区中山西路 179 号 4 楼 P 室（200051）				
投资总额	15 万 USD	电　　话	52729008	传　　真	
设立日期	2009-10-23	负 责 人	SEBASTIAN CALVO		
主营业务	化工产品（除危险品）、纺织品、服装、日用品、机电产品的批发。				

企业名称	雅实贸易（上海）有限公司				
企业地址	上海市普陀区谈家渡路 28-1 号二层 2003 室（200060）				
投资总额	14 万 USD	电　　话	32550632	传　　真	
设立日期	2009-10-23	负 责 人	FELIX GRAU		
主营业务	家具、厨房设备、建筑材料（钢材、水泥除外）、五金工具的批发。				

企业名称	美柱贸易（上海）有限公司				
企业地址	上海市延长中路 765 号三楼 303-2 室（200072）				
投资总额	14 万 USD	电　　话	54221937	传　　真	
设立日期	2009-10-23	负 责 人	LEE MYUNGJOO		
主营业务	塑料制品、化工产品及原料（除危险品）、日用百货的批发。				

企业名称	裕创贸易（上海）有限公司				
企业地址	上海市延长中路 765 号三楼 303-1 室（200072）				
投资总额	10 万 USD	电　　话		传　　真	
设立日期	2009-10-23	负 责 人	SHIN SUNG SIG		
主营业务	化工产品及原料（除危险品）、电子产品、家用电器、日用百货的批发。				

企业名称	盛班机械贸易（上海）有限公司				
企业地址	上海市长宁区汇川路 99 号 2809 室（200005）				
投资总额	8 万 USD	电　　话		传　　真	
设立日期	2009-10-23	负 责 人	ONG SWEE BOON		
主营业务	液压机械产品的批发、进出口、佣金代理（拍卖除外）。				

企业名称	爱督贸易（上海）有限公司				
企业地址	上海市外高桥保税区奥纳路 79 号 1#楼二层 2044 室（200131）				
投资总额	15 万 USD	电　　话	62785206	传　　真	
设立日期	2009-10-22	负 责 人	浅野敏行		
主营业务	服装、服饰、家居用品、包装饰品、针纺织品的批发。				

企业名称	妃梵（上海）商贸有限公司				
企业地址	上海市青浦区华新镇凤星路 1346 号底层（201700）				
投资总额	117 万 USD	电　　话		传　　真	
设立日期	2009-10-21	负 责 人	郭俊君		
主营业务	针纺织品、皮革制品、工艺品（文物除外）、化妆品、箱包的批发。				

企业名称	上海卉和贸易有限公司				
企业地址	上海市浦东新区周浦镇沪南公路 3736 弄 8 号 6 幢 102 室（201318）				
投资总额	30 万 USD	电　　话	68189898	传　　真	
设立日期	2009-10-21	负 责 人	陈志朋		
主营业务	从事化学品（危险品除外）、塑料制品及原材料的批发、佣金代理。				

批发和零售贸易业

企业名称	提技贸易（上海）有限公司				
企业地址	上海市浦东新区金桥路 939 号 1612 室（200136）				
投资总额	20 万 USD	电　话	62125803	传　真	
设立日期	2009-10-21	负 责 人	渡边启介（WATANABE KEISUKE）		
主营业务	化工产品（危险品除外）、包装材料、化产品、日用百货的批发。				

企业名称	蔓莎（上海）贸易有限公司				
企业地址	上海市虹口区海宁路 137 号 7 楼 7A758 室（200081）				
投资总额	20 万 USD	电　话	62838740	传　真	
设立日期	2009-10-21	负 责 人	CHAN WAI CHOI		
主营业务	家居装饰装潢用品的批发，进出口，佣金代理（拍卖除外）。				

企业名称	上海庞迪商贸有限公司				
企业地址	上海市黄浦区北京东路 666 号 B 区四层 43A5 室（200003）				
投资总额	20 万 USD	电　话	62505855	传　真	
设立日期	2009-10-21	负 责 人	陈明颢		
主营业务	工艺礼品（文物除外）、日用品、文具用品、包装材料的批发。				

企业名称	佰珈圣（上海）贸易有限公司				
企业地址	上海市浦东新区金海路 2588 号 1 幢 452 室（201209）				
投资总额	15 万 USD	电　话	64041573	传　真	
设立日期	2009-10-21	负 责 人	PHILIP ANTHONY ELLIS		
主营业务	文具用品、日用品、金属货架、木制品、橡胶制品、塑料制品的批发。				

企业名称	上海润汉机械设备贸易有限公司				
企业地址	上海市嘉定工业区叶城路 505 弄 11 号（201821）				
投资总额	15 万 USD	电　话	69526087	传　真	
设立日期	2009-10-21	负 责 人	卢子弘		
主营业务	焊接切断设备及其零部件、机电设备及配件、五金工具的批发。				

企业名称	上海见铭贸易有限公司				
企业地址	上海市嘉定区江桥镇金沙江西路 1555 弄 393 号第一层 125 室(201803)				
投资总额	50 万 USD	电　话	64793920	传　真	
设立日期	2009-10-20	负 责 人	林庆裕		
主营业务	从事五金工具、包装材料、金属线材、电焊丝、机械零部件的批发。				

企业名称	圣贸贸易（上海）有限公司				
企业地址	上海市静安区新闸路 831 号 23 层 H 室（200041）				
投资总额	15 万 USD	电　话		传　真	
设立日期	2009-10-20	负 责 人	FURKAN ATILGAN		
主营业务	建筑材料（钢材、水泥除外），办公用品，装饰品的批发。				

企业名称	艾室坦贸易（上海）有限公司				
企业地址	上海市外高桥保税区富特北路 207 号第一层 G19（200131）				
投资总额	15 万 USD	电　话		传　真	
设立日期	2009-10-20	负 责 人	梁振强		
主营业务	建筑材料（钢材、水泥除外）、家具、五金、灯饰、电子产品的批发。				

企业名称	上海礼氏商贸有限公司				
企业地址	上海市浦东新区光明路 718 号 748 室（200137）				
投资总额	211 万 USD	电　话	67686030	传　真	
设立日期	2009-10-19	负 责 人	李树峰		
主营业务	家具、家居用品、针纺织品、建筑材料（钢材、水泥除外）的批发。				

企业名称	安格金属贸易（上海）有限公司				
企业地址	上海市浦东新区江心沙路 300 号行政楼 607 室（200137）				
投资总额	210 万 USD	电　话	61091819	传　真	
设立日期	2009-10-19	负 责 人	吕英傑		
主营业务	从事铂族贵金属（钯、铑、铂、铱、钌、锇）、有色金属的批发。				

企业名称	上海恩披电子贸易有限公司				
企业地址	上海市沪太路 799 号 4 幢 201-3 室（200072）				
投资总额	75 万 USD	电　话		传　真	
设立日期	2009-10-19	负 责 人	许崇源		
主营业务	电子零部件、汽车配件、低压电器、塑料制品及包装材料的批发。				

企业名称	彼通西（上海）商贸有限公司				
企业地址	上海市外高桥保税区加枫路 24 号银行楼二层 215 室（200131）				
投资总额	25 万 USD	电　话	61002500	传　真	50483019
设立日期	2009-10-19	负 责 人	ULF JOHANSSON		
主营业务	国际贸易、转口贸易、保税区内企业间的贸易及贸易代理。				

企业名称	特必艾富贸易（上海）有限公司				
企业地址	上海市浦东新区光明路 718 号 841 室（200137）				
投资总额	15 万 USD	电　话	58369652	传　真	
设立日期	2009-10-19	负 责 人	KIM HOE OOI		
主营业务	汽车零部件及配件、日用百货、化工产品（危险品除外）的批发。				

企业名称	金砂源贸易（上海）有限公司				
企业地址	上海市浦东新区东靖路 1831 号 404-6 室（200120）				
投资总额	14 万 USD	电　话	58407023	传　真	
设立日期	2009-10-19	负 责 人	HUANG HE		
主营业务	耐火材料、仪器仪表、包装材料、塑料制品、橡胶制品的批发。				

企业名称	上海贝林贸易有限公司				
企业地址	上海市浦东新区金桥路 939 号 1614 室（200136）				
投资总额	14 万 USD	电　话	62125803	传　真	
设立日期	2009-10-19	负 责 人	范瑞兰		
主营业务	自行车及配件、服装服饰、五金工具、电子零配件的批发。				

企业名称	上海东梦服饰商贸有限公司				
企业地址	上海市永和路 318 弄 18 号 102 室（200072）				
投资总额	11 万 USD	电　话	66058733	传　真	
设立日期	2009-10-19	负 责 人	汪淑芬		
主营业务	体育用品、床上用品的零售与批发，上述商品的进口业务。				

企业名称	西斐（上海）工业控制有限公司				
企业地址	上海市龙吴路 1500 号 3 幢 A109 室（200235）				
投资总额	100 万 USD	电　话	54971800	传　真	
设立日期	2009-10-16	负 责 人	黄志高		
主营业务	计算机软件（音像制品除外）、计算机硬件的研究、设计。				

企业名称	史梅科（上海）商贸有限公司				
企业地址	上海市嘉定区马陆镇思义路 720 号第 3 幢 101 室（201801）				
投资总额	88 万 USD	电　话		传　真	
设立日期	2009-10-16	负 责 人	NESTOROVIC MILORAD		
主营业务	橡塑制品（天然橡胶除外）、工艺品（文物除外）的进出口、批发。				

企业名称	上海昕叶电子贸易有限公司				
企业地址	上海市闵行区航东路 775 弄 8 号 2 楼（201105）				
投资总额	30 万 USD	电　话	64216758	传　真	
设立日期	2009-10-16	负 责 人	叶春财		
主营业务	从事灯具、家用电器、电子产品的批发、进出口、佣金代理（拍卖除外）。				

企业名称	上海前川电机有限公司				
企业地址	上海市嘉定区南翔镇蕰北公路 1755 弄 25 号 351 室（201802）				
投资总额	30 万 USD	电　话	59170425	传　真	
设立日期	2009-10-16	负 责 人	董洁莹		
主营业务	电机及电机减速装置、低压开关、自动化控制设备的批发。				

企业名称	蓝梅商贸（上海）有限公司				
企业地址	上海市长宁区法华镇路 525 号 3 幢 513 室（200335）				
投资总额	15 万 USD	电　话	33537695	传　真	
设立日期	2009-10-16	负 责 人	KATHLEEN CHINE-YUNG KUO		
主营业务	纺织品、饰品（钻石除外）、工艺品（文物除外）、日用百货的批发。				

企业名称	喜康（上海）贸易有限公司				
企业地址	上海市闵行区合川路 3051 号 9 幢 406 室（201103）				
投资总额	15 万 USD	电　话	54223093	传　真	
设立日期	2009-10-16	负 责 人	IM KWANG BIN		
主营业务	从事电热床垫、座垫及相关零配件、五金交电、服饰及辅料的批发。				

企业名称	毅升（上海）商贸有限公司				
企业地址	上海市黄浦区制造局路 437 号 60 室（200010）				
投资总额	15 万 USD	电　话	63456661	传　真	
设立日期	2009-10-16	负 责 人	林得泉		
主营业务	皮革制品、服装服饰、鞋帽箱包、文具、日用品的批发、佣金代理。				

企业名称	安莉芳（上海）有限公司				
企业地址	上海市杨浦区鞍山路 5 号 813 室（200092）				
投资总额	3071 万 USD	电　话	63600333	传　真	
设立日期	2009-10-15	负 责 人	郑碧浩		
主营业务	工艺品（文物除外）、礼品、办公用品、日用百货、化妆品的批发。				

企业名称	角谷（上海）贸易有限公司				
企业地址	上海市肇嘉浜路 789 号 6F622 室（200030）				
投资总额	15 万 USD	电　话	61256822	传　真	
设立日期	2009-10-15	负责人	角谷直城		
主营业务	光触媒涂液、硅制手圈、电子手写笔、无纺布制品、陶制品的批发。				

企业名称	历历博贸易（上海）有限公司				
企业地址	上海市嘉定工业区洪德路 1365 号 6 幢 1285 室（201821）				
投资总额	15 万 USD	电　话	39968393	传　真	
设立日期	2009-10-15	负责人	ARUN JAIN		
主营业务	服装、服饰及相关配件、纺织品、鞋帽、箱包、日用百货的批发。				

企业名称	太格（上海）贸易有限公司				
企业地址	上海市长宁区万航渡路 2452 号 A 区 205 室（200051）				
投资总额	7 万 USD	电　话	51786734	传　真	
设立日期	2009-10-15	负责人	REBECCA ANN WHITE		
主营业务	皮革、服装、饰品（毛钻、裸钻除外）的批发、进出口、佣金代理。				

企业名称	历洋（上海）化妆品贸易有限公司				
企业地址	上海市长宁区古北路 678 号 1404 室（200336）				
投资总额	100 万 USD	电　话	64684077	传　真	
设立日期	2009-10-13	负责人	翁雅榆		
主营业务	化妆品、护肤品、香水、洗涤用品、美容工具的批发。				

企业名称	上海喜星磐石半导体照明有限公司				
企业地址	上海市龙吴路 2715 号 1 号楼 3 楼 A 区（200031）				
投资总额	100 万 USD	电　话		传　真	
设立日期	2009-10-13	负责人	JUNG HEE CHON		
主营业务	各类 LED 照明灯及有关设备的设计、研发、生产，销售自产产品。				

企业名称	华尔纳商业（上海）有限公司				
企业地址	上海市静安区安远路 555 号 1101-1105 室、1201-1204 室（200041）				
投资总额	77 万 USD	电　话	62322200	传　真	
设立日期	2009-10-13	负责人	许汉钊		
主营业务	香水，手表，仿首饰各类配件及护肤品的零售、批发。				

企业名称	上海馗腾科技有限公司				
企业地址	上海市闵行区联曹路 258 号 20 幢二楼 220 室（200241）				
投资总额	75 万 USD	电　话	64347667	传　真	
设立日期	2009-10-13	负责人	洪进国		
主营业务	从事化工产品（危险品除外）的批发、进出口、佣金代理（拍卖除外）。				

企业名称	长煜（上海）美发美容用品贸易有限公司				
企业地址	上海市长宁区仙霞路 369 号 1 号楼 705 室（200336）				
投资总额	30 万 USD	电　话	51556668	传　真	
设立日期	2009-10-13	负责人	TSUYOSHI KAN		
主营业务	化妆品、美发美容产品、护发产品及器材、发饰品、发束的批发。				

企业名称	索得曼贸易（上海）有限公司				
企业地址	上海市浦东新区商城路 660 号 2313 室（200120）				
投资总额	22 万 USD	电　话	51321800	传　真	51311800
设立日期	2009-10-13	负责人	FREDERIC MAXIME FRANCOIS		
主营业务	机械设备及其零部件、相关配套产品的批发、佣金代理（拍卖除外）。				

企业名称	希米主（上海）贸易有限公司				
企业地址	上海市漕宝路 80 号 1604 室（200235）				
投资总额	20 万 USD	电　话	68767600	传　真	
设立日期	2009-10-13	负责人	清水芳次		
主营业务	化学产品（危险品除外）、橡胶制品（天然橡胶除外）的批发。				

企业名称	铠泰镨赢贸易（上海）有限公司				
企业地址	上海市金桥出口加工区金港路 333 号 313 室（201206）				
投资总额	15 万 USD	电　话	51978325	传　真	
设立日期	2009-10-13	负责人	童振伦（TUNG,CHEN-LUN）		
主营业务	平板显示器、真空镀膜设备及配件、测量仪器、电子元器件的批发。				

企业名称	蔻丝服饰贸易（上海）有限公司				
企业地址	上海市浦东新区东方路 710 号 2206 室（200122）				
投资总额	15 万 USD	电　话	61652251	传　真	
设立日期	2009-10-13	负责人	FRANZ GEORG HILBURGER		
主营业务	服装服饰、鞋帽、家纺用品、箱包的批发。				

企业名称	卫世铂柯贸易（上海）有限公司				
企业地址	上海市黄浦区北京东路 666 号西楼 18C 座（200001）				
投资总额	14 万 USD	电　话	53085599	传　真	
设立日期	2009-10-13	负责人	GEORGE DARRELL THOMAS		
主营业务	机械设备、机械产品、机电设备、电子产品及相关产品的批发。				

企业名称	八口讯贸易（上海）有限公司				
企业地址	上海市襄阳南路 500 号 105 室（200031）				
投资总额	10 万 USD	电　话	65656922	传　真	62888682
设立日期	2009-10-13	负责人	PASCAL CHRISTIAN A.C.M.COPPENS		
主营业务	研究和开发计算机软件、计算机硬件、电子产品，转让自有技术成果。				

企业名称	斯堪蒂克商贸（上海）有限公司				
企业地址	上海市浦东新区东靖路 1831 号 603-16 室（200127）				
投资总额	1 万 USD	电　话	50752553	传　真	
设立日期	2009-10-13	负责人	郑　洋		
主营业务	木制品、文具、家电、服装、环保设备及零部件的批发、佣金代理。				

企业名称	极施贸易（上海）有限公司				
企业地址	上海市长宁区仙霞路 137 号 25A 室（200051）				
投资总额	150 万 USD	电　话	62098747	传　真	62191182
设立日期	2009-10-12	负责人	BRIAN NEWMAN HOLLIS		
主营业务	机械设备、电子产品、化学产品（危险品除外）的批发。				

企业名称	淞佳生物科技（上海）有限公司				
企业地址	上海市普陀区真南路 928 弄 2 号楼 310 室（200331）				
投资总额	15 万 USD	电　话	36361221	传　真	
设立日期	2009-10-12	负责人	杨　菁		
主营业务	食品、日用百货的批发、佣金代理（拍卖除外）。				

企业名称	中晶（上海）贸易有限公司				
企业地址	上海市浦东新区龙东大道 5680 号 3 号楼 109 室（201201）				
投资总额	146 万 USD	电　话		传　真	
设立日期	2009-10-10	负责人	陶军		
主营业务	食品（含熟食卤味、含冷冻冷藏）、饮料、酒的批发。				

企业名称	星澄（上海）国际贸易有限公司				
企业地址	上海市奉贤区目华北路 388 号 627 室（201424）				
投资总额	50 万 USD	电　话	61136300	传　真	
设立日期	2009-10-9	负责人	HSU YI HSIN		
主营业务	电子产品、机械设备、化工原料及产品（危险品除外）的进出口、批发。				

企业名称	乔治市白咖啡（上海）有限公司				
企业地址	上海市卢湾区淮海中路 283 号 2306 室（200020）				
投资总额	30 万 USD	电　话	63907333	传　真	
设立日期	2009-10-9	负责人	TANG YEAM SOON		
主营业务	咖啡、白咖啡的批发、佣金代理（拍卖除外）、进出口业务。				

企业名称	巴华贸易（上海）有限公司				
企业地址	上海市嘉定工业区霍城路 569 号西侧 2 幢 2423 室（201821）				
投资总额	20 万 USD	电　话	62125803	传　真	
设立日期	2009-9-30	负责人	KHAN AFREEN		
主营业务	化学产品（危险品除外）、电子产品、家用电器、纺织品的批发。				

企业名称	晁登食品（上海）有限公司				
企业地址	上海市松江区九亭镇盛富路 375 号 4 号楼底层（201615）				
投资总额	120 万 USD	电　话	67742487	传　真	
设立日期	2009-9-29	负责人	陈高堂		
主营业务	从事预包装食品（含冷冻冷藏，不含熟食卤味）的批发。				

企业名称	蔚特（上海）贸易有限公司				
企业地址	上海市长宁区定西路 1232 号 4 幢 505 室（200050）				
投资总额	44 万 USD	电　话	62518990	传　真	
设立日期	2009-9-29	负责人	YU HUNG-YEN STEPHEN		
主营业务	预包装食品、动植物肥料、化肥、饲料及添加剂的批发。				

企业名称	实文五金配件贸易（上海）有限公司				
企业地址	上海市闵行区宜山路 1698 号 606 单元（201103）				
投资总额	37 万 USD	电　话	34627706	传　真	
设立日期	2009-9-29	负责人	JENS CHRISTIAN SAALFELD		
主营业务	从事五金配件、机械设备的批发、进出口、佣金代理（拍卖除外）。				

企业名称	上海千登商贸有限公司				
企业地址	上海市虹口区曲阳路 851 弄 8 号 705 室（200437）				
投资总额	18 万 USD	电　话	55891588	传　真	
设立日期	2009-9-29	负责人	叶秉泓		
主营业务	从事预包装食品、服装鞋帽、箱包的批发，佣金代理（拍卖除外）。				

企业名称	暖梦贸易（上海）有限公司				
企业地址	上海市闵行区吴中路 1050 号 B 幢（6 幢）308 室（201103）				
投资总额	15 万 USD	电　话	64659828	传　真	
设立日期	2009-9-29	负责人	I GYEONG HO		
主营业务	从事日用百货、电热床垫、座垫及相关零配件的批发。				

企业名称	哈弩歌（上海）贸易有限公司				
企业地址	上海市浦东新区商城路 2000 号 401B 室（200135）				
投资总额	15 万 USD	电　话	51929324	传　真	
设立日期	2009-9-29	负责人	ALKA NARANG		
主营业务	纺织面料、纺织原料（棉花除外）、纺织品、玩具的批发。				

企业名称	上海沛绿康医疗器械贸易有限公司				
企业地址	上海市嘉定区马陆镇嘉戬公路 336 号第 2 幢 203 室（201801）				
投资总额	15 万 USD	电　话	59159163	传　真	
设立日期	2009-9-29	负责人	曾朝满		
主营业务	电子体温计、电子血压计、耳温计、额温计、家用血糖仪的批发。				

企业名称	明芝贸易（上海）有限公司				
企业地址	上海市延安西路 2299 号 11A31、11A33、11A35、11A37 室（200336）				
投资总额	14 万 USD	电　话	61042627	传　真	
设立日期	2009-9-29	负责人	JOHN RAYMOND KAZMER		
主营业务	从事各类家具、日用品、家用电热器具、厨具及零配件的批发。				

企业名称	丝尚贸易（上海）有限公司				
企业地址	上海市闵行区吴中路 1050 号 6 幢（B 幢）811 室（201103）				
投资总额	7 万 USD	电　话	64478631	传　真	
设立日期	2009-9-29	负责人	李美仙		
主营业务	从事服装、服饰、鞋帽、包袋、纺织品的批发。				

企业名称	子民贸易（上海）有限公司				
企业地址	上海市浦东新区光明路 718 号 837 室（200137）				
投资总额	200 万 USD	电　话	64416446	传　真	
设立日期	2009-9-28	负责人	WAYNE ROBIN GAN CO		
主营业务	工艺品（文物除外）、机械设备、日用品、电子产品、纺织品的批发。				

企业名称	燃科国际贸易（上海）有限公司				
企业地址	上海市外高桥保税区富特北路 18 号办公楼四层 419 室（200131）				
投资总额	30 万 USD	电　话	63548833	传　真	
设立日期	2009-9-28	负责人	胡　斌		
主营业务	电子元器件及其开发工具产品的批发、佣金代理（拍卖除外）。				

企业名称	香竹电子贸易（上海）有限公司				
企业地址	上海市外高桥保税区日京路 51 号 1425 室（200131）				
投资总额	26 万 USD	电　话	63522208	传　真	
设立日期	2009-9-28	负责人	竹山佳秀		
主营业务	国际贸易，转口贸易，保税区企业间的贸易及贸易代理。				

企业名称	博满钢管贸易（上海）有限公司				
企业地址	上海市虹桥路 1 号一座 3703 室（200030）				
投资总额	26 万 USD	电　话	64773300	传　真	
设立日期	2009-9-28	负责人	ROBERT-JAN STUSSEL		
主营业务	各类钢管及其配件的进出口和批发，上述产品的佣金代理。				

企业名称	怀尔贸易（上海）有限公司				
企业地址	上海市嘉定区南翔镇蕰北公路 1755 弄 25 号 3107 室（201802）				
投资总额	20 万 USD	电　话	62798037	传　真	
设立日期	2009-9-28	负责人	HENRIK FUTTRUP BYSKOV		
主营业务	消防设备及其零配件的批发、进出口、佣金代理（拍卖除外）。				

企业名称	坤哲贸易（上海）有限公司				
企业地址	上海市闵行区吴中路 1366 号第 5 幢 617 室（201103）				
投资总额	20 万 USD	电　话	51029894	传　真	
设立日期	2009-9-28	负责人	SHIN SEUNG BEOM		
主营业务	建筑装饰材料（钢材、水泥除外）、电子电器产品的批发。				

企业名称	马势得商贸（上海）有限公司				
企业地址	上海市长宁区凯旋路 166 号 8 幢三层 B 座（200050）				
投资总额	15 万 USD	电　话	52730038	传　真	
设立日期	2009-9-28	负责人	UTE ANNA MARIA SCHLINGE		
主营业务	从事纺织品、服装及以上商品相关配件的产品设计、批发、佣金代理。				

企业名称	摩数亚商贸（上海）有限公司				
企业地址	上海市浦东新区东方路 1988 号 705-11 室（200125）				
投资总额	14 万 USD	电　话	64127397	传　真	
设立日期	2009-9-28	负责人	黄明祐		
主营业务	电脑及零配件、影像及安全管理相关软件的批发、佣金代理。				

企业名称	千洋商贸（上海）有限公司				
企业地址	上海市金山区漕泾镇致富路 7 号 9 幢 145 室（201507）				
投资总额	11 万 USD	电　话	57253150	传　真	
设立日期	2009-9-28	负责人	陈美君		
主营业务	化工原料及产品（除危险品外）的批发。				

企业名称	上海彼迈机械贸易有限公司				
企业地址	上海市浦东新区金海路 2588 号 2 幢 418 室（201201）				
投资总额	7 万 USD	电　话	50817538	传　真	
设立日期	2009-9-28	负责人	MUSTAFA MOHAMMAD ABDUL QADIR		
主营业务	家具、建材（钢材、水泥除外）的批发、佣金代理（拍卖除外）。				

企业名称	芳苑贸易（上海）有限公司				
企业地址	上海市闵行区灯辉路 1129 号 1 幢（201108）				
投资总额	200 万 USD	电　话	64909992	传　真	
设立日期	2009-9-27	负责人	林姿岑		
主营业务	建筑材料（钢材、水泥除外）、包装材料的批发。				

企业名称	瑞密斯贸易（上海）有限公司				
企业地址	上海市外高桥保税区华申路 180 号综合大楼二层 202E 部位（200131）				
投资总额	100 万 USD	电　话	64172211	传　真	
设立日期	2009-9-27	负责人	SUN RENXIAO		
主营业务	化工产品（除危险品）、机电设备、化妆品的批发、佣金代理。				

企业名称	上海顺脉贸易有限公司				
企业地址	上海市闵行区金都路 4299 号 5 幢 217 室（201108）				
投资总额	100 万 USD	电　话		传　真	
设立日期	2009-9-27	负责人	朱　勤		
主营业务	建材（钢材、水泥除外）、日用百货、电子产品、文体用品的批发。				

企业名称	桦洁商贸（上海）有限公司				
企业地址	上海市黄浦区广东路 689 号 1511 室（200003）				
投资总额	50 万 USD	电　话	63410606	传　真	
设立日期	2009-9-27	负责人	WONG MUN HWA		
主营业务	从事服装、服饰、鞋类、箱包、家具、家用电器及上述商品的配件批发。				

企业名称	爱璞特（上海）自动化液压机模具贸易有限公司				
企业地址	上海市浦东新区张杨路 707 号 506 室（200120）				
投资总额	37 万 USD	电　话	58353799	传　真	
设立日期	2009-9-27	负责人	DEWAELE STEFAAN JULIEN ROGER		
主营业务	自动化机械设备、液压机、模具及其相关零部件的批发、佣金代理。				

企业名称	晶河贸易（上海）有限公司				
企业地址	上海市黄浦区南京西路 288 号 1216 室（200003）				
投资总额	35 万 USD	电　话		传　真	
设立日期	2009-9-27	负责人	ADAM SCOTT KASHA		
主营业务	装饰品的批发、佣金代理（拍卖除外）、进出口，提供相关配套服务。				

企业名称	上海裕宾贸易有限公司				
企业地址	上海市宝山区宝安公路 1957 号 1 幢（201907）				
投资总额	15 万 USD	电　话	56027767	传　真	
设立日期	2009-9-27	负责人	王海明		
主营业务	皮革服装、男女童装、家用纺织品、纺织原料、服装辅料的批发。				

企业名称	韩东贸易（上海）有限公司				
企业地址	上海市汶水路 301 号 G236 室（200072）				
投资总额	15 万 USD	电　话	59100832	传　真	59104027
设立日期	2009-9-27	负责人	承仁镐		
主营业务	机械设备、汽车配件、纺织品、电子产品的批发。				

企业名称	**鑫船贸易（上海）有限公司**				
企业地址	上海市延长中路765号三楼310室（200072）				
投资总额	14万USD	电　话	64016308	传　真	
设立日期	2009-9-27	负责人	JUNG HOIIN		
主营业务	船用设备及配件、工程设备及配件、五金、金属制品的批发。				

企业名称	**健绿雅食品贸易（上海）有限公司**				
企业地址	上海市嘉定区马陆镇丰登路1028弄8号613室（201801）				
投资总额	14万USD	电　话	59159509	传　真	
设立日期	2009-9-27	负责人	黄丰隆		
主营业务	预包装食品的批发、进出口、佣金代理（拍卖除外）。				

企业名称	**蒲德（上海）时装贸易有限公司**				
企业地址	上海市浦东新区金桥出口加工区黄杨路18号4幢3002室（201206）				
投资总额	155万USD	电　话	62483662	传　真	
设立日期	2009-9-25	负责人	罗少涓		
主营业务	服装服饰、鞋帽、纺织品及布料的批发、佣金代理（拍卖除外）。				

企业名称	**凯酬（上海）贸易有限公司**				
企业地址	上海市闵行区新骏环路188号1号楼101室（201112）				
投资总额	35万USD	电　话	33050089	传　真	
设立日期	2009-9-25	负责人	Mario Ferri		
主营业务	从事路桥收费系统相关设备及相关部件的批发、进出口、佣金代理。				

企业名称	**圣诗（上海）商贸有限公司**				
企业地址	上海市长宁区汇川路99号1407室（200050）				
投资总额	22万USD	电　话		传　真	
设立日期	2009-9-25	负责人	黄贵凤		
主营业务	美容美发产品及器材、化妆品、预包装食品的批发。				

企业名称	**艾刻颂（上海）贸易有限公司**				
企业地址	上海市外高桥保税区奥纳路79号二层2128室（200131）				
投资总额	15万USD	电　话	60937320	传　真	
设立日期	2009-9-25	负责人	Cevdet Ceyhan Tugrul		
主营业务	国际贸易、转口贸易、保税区内企业间贸易及贸易代理。				

企业名称	**亿能资（上海）贸易有限公司**				
企业地址	上海市浦东新区光明路718号839室（200137）				
投资总额	15万USD	电　话		传　真	
设立日期	2009-9-25	负责人	LOH SIEW CHOONG		
主营业务	塑料制品、电子产品、电气设备、电线电缆的批发和佣金代理。				

企业名称	**亘燃（上海）机械贸易有限公司**				
企业地址	上海市长宁区金钟路658弄10号503室（200335）				
投资总额	14万USD	电　话	33600323	传　真	
设立日期	2009-9-25	负责人	张善茹		
主营业务	金属材料（钢材、贵金属、稀有金属除外）、模具、纺织品的批发。				

企业名称	**意波贸易（上海）有限公司**				
企业地址	上海市黄浦区会稽路8号1708室（200002）				
投资总额	11万USD	电　话	63261371	传　真	
设立日期	2009-9-25	负责人	IBRAGIM BILAL		
主营业务	玻璃器皿、办公设备及用品、电子产品的批发。				

企业名称	**上海梵澜利贸易有限公司**				
企业地址	上海市黄浦区四川中路33号903室（200003）				
投资总额	7万USD	电　话	63217962	传　真	
设立日期	2009-9-25	负责人	周贝来		
主营业务	纺织用品、饰品、宠物用品、家具、建材（钢材水泥除外）的批发。				

企业名称	**上海双奥能源技术有限公司**				
企业地址	上海市闵行区恒西路87号3、4幢（201112）				
投资总额	300万USD	电　话		传　真	
设立日期	2009-9-24	负责人	吴群伟		
主营业务	研发、生产锂离子电池隔膜，销售自产产品；上述产品同类商品的批发。				

企业名称	**六度贸易（上海）有限公司**				
企业地址	上海市浦东新区川沙路500号213室（201200）				
投资总额	50万USD	电　话	68881812	传　真	
设立日期	2009-9-24	负责人	陈炳文		
主营业务	服装服饰、日用百货、电子产品的批发、佣金代理（拍卖除外）。				

企业名称	**鑫麟商贸（上海）有限公司**				
企业地址	上海市龙吴路1500号3幢A102室（200237）				
投资总额	30万USD	电　话	54036930	传　真	
设立日期	2009-9-24	负责人	卢如玲		
主营业务	服装及服装饰品、鞋靴及零配件、日用百货、办公用品的批发。				

企业名称	**衍茂焱（上海）商贸有限公司**				
企业地址	上海市普陀区真光路1730号（200333）				
投资总额	20万USD	电　话	52657235	传　真	
设立日期	2009-9-24	负责人	梁丽虹		
主营业务	文教体育用品、工艺品（文物除外）、计算机软硬件的批发。				

企业名称	**上海友澳贸易有限公司**				
企业地址	上海市卢湾区中山南一路500弄1号1903室（200023）				
投资总额	15万USD	电　话	53025872	传　真	
设立日期	2009-9-24	负责人	JOHN LAU		
主营业务	食品、酒类、日用品、纺织品服装、电子产品、五金制品的批发。				

企业名称	**德可纳利（上海）仪器有限公司**				
企业地址	上海市襄阳南路500号2509室（200031）				
投资总额	14万USD	电　话	64665918	传　真	
设立日期	2009-9-24	负责人	MENG-FANG LEE		
主营业务	通讯器材、橡塑制品、机电设备及配件、机械设备及配件的批发。				

企业名称	**埃卡狄娅（上海）贸易有限公司**				
企业地址	上海市田林十村37号464室（200031）				
投资总额	11万USD	电　话	58815522	传　真	
设立日期	2009-9-24	负责人	PASQUALE LICIO TONDI		
主营业务	服装、鞋袜、箱包和相关配件的批发，上述商品的进出口及配套服务。				

企业名称	**上海舒彤商贸有限公司**				
企业地址	上海市龙吴路777号11号楼208室（200335）				
投资总额	10万USD	电　话	54365011	传　真	
设立日期	2009-9-24	负责人	周世纶		
主营业务	工艺品（文物除外）、食品（食品非实物）的批发、进出口、佣金代理。				

企业名称	**上海舒彤生物科技贸易有限公司**				
企业地址	上海市龙吴路777号11号楼204室（200233）				
投资总额	10万USD	电　话	54365011	传　真	
设立日期	2009-9-24	负责人	周世纶		
主营业务	化妆品、美容用品、食品（食品非实物）的批发。				

企业名称	**拜尔威贸易（上海）有限公司**				
企业地址	上海市浦东新区杨高北路528号14幢1B26室（200137）				
投资总额	51万USD	电　话		传　真	
设立日期	2009-9-22	负责人	苏群兰		
主营业务	化工原料及化学试剂（危险品除外）、合成橡胶、仪表仪器的批。				

企业名称	**强韧贸易（上海）有限公司**				
企业地址	上海市普陀区中山北路2000号6楼615（200063）				
投资总额	26万USD	电　话	51875572	传　真	
设立日期	2009-9-22	负责人	黄锐林		
主营业务	从事各类服装、鞋帽、箱包、钟表、首饰的佣金代理。				

企业名称	**凌鸿（上海）商贸有限公司**				
企业地址	上海市长宁区仙霞路345号1705室（200336）				
投资总额	15万USD	电　话	62281783	传　真	
设立日期	2009-9-22	负责人	陈惠周		
主营业务	珠宝首饰（裸钻、毛钻除外）、工艺品（文物除外）、化妆品的批发。				

企业名称	**思敏油品化工贸易（上海）有限公司**				
企业地址	上海市浦东新区东方路1988号506室（200125）				
投资总额	15万USD	电　话	61096251	传　真	
设立日期	2009-9-22	负责人	欧阳志刚		
主营业务	润滑添加剂、润滑油、化工产品（危险品除外）及仪器仪表的批发。				

企业名称	**听视家商贸（上海）有限公司**				
企业地址	上海市金山区漕泾镇致富路7号9幢105室（201507）				
投资总额	51万USD	电　话	57253150	传　真	
设立日期	2009-9-21	负责人	LEE IN CHEOL		
主营业务	服装、化妆品、日用百货、电气电子产品的批发，进出口、佣金代理。				

企业名称	七山贸易（上海）有限公司				
企业地址	上海市静安区胶州路 757 号 1 号楼 228 室底层（200040）				
投资总额	20 万 USD	电　话	62321140	传　真	
设立日期	2009-9-21	负 责 人	王承民		
主营业务	化妆品、服装及饰件、户外运动用品、日用杂货品的进出口、批发。				

企业名称	上海宝乃丽贸易有限公司				
企业地址	上海市金山区漕泾镇致富路 7 号 5 幢 113 室（201507）				
投资总额	15 万 USD	电　话		传　真	
设立日期	2009-9-21	负 责 人	蔡崇梁		
主营业务	体育用品、陶瓷用品、化工原料及产品（除危险品）的批发。				

企业名称	罗乐食品贸易（上海）有限公司				
企业地址	上海市静安区南京西路 1168 号 35 层 3543 室、3545 室（200040）				
投资总额	100 万 USD	电　话	51196104	传　真	
设立日期	2009-9-18	负 责 人	STEWART A. RESNICK		
主营业务	其他销售（食品非实物销售）的批发、进出口，佣金代理（拍卖除外）。				

企业名称	季岭贸易（上海）有限公司				
企业地址	上海市延长中路 765 号三楼 309 室（200072）				
投资总额	14 万 USD	电　话	54354651	传　真	
设立日期	2009-9-18	负 责 人	KIM NYOUN HO		
主营业务	服装及其面辅料、建材（钢材、水泥除外）、五金、汽车配件的批发。				

企业名称	孟克莱（上海）商贸有限公司				
企业地址	上海市静安区南京西路 1266 号地下一层 B128 室（200040）				
投资总额	84 万 USD	电　话	62313797	传　真	
设立日期	2009-9-17	负 责 人	ANDREA TIEGHI		
主营业务	服装及其配件、鞋类、皮革制品的进出口、批发、零售和佣金代理。				

企业名称	昂雅贸易（上海）有限公司				
企业地址	上海市闻喜路 555 弄 49 号 A201 室（200435）				
投资总额	49 万 USD	电　话	55062229	传　真	
设立日期	2009-9-17	负 责 人	GUERIN STEPHAN MARIE JOSEPH		
主营业务	照明设备及器材、通讯设备及器材、机电设备、电子产品的批发。				

企业名称	敬高朗（上海）贸易有限公司				
企业地址	上海市静安区康定路 1147 号 9 栋 1016 室（200040）				
投资总额	30 万 USD	电　话	62713393	传　真	
设立日期	2009-9-17	负 责 人	堀 英幸		
主营业务	预包装食品、食用农产品（不含生猪产品）的批发。				

企业名称	丹幸服装贸易（上海）有限公司				
企业地址	上海市长宁区娄山关路 85 号 D 座 312 室（200051）				
投资总额	22 万 USD	电　话	62780331	传　真	62789311
设立日期	2009-9-17	负 责 人	松村阳明		
主营业务	服装、服饰、纺织品及原料（棉花除外）的批发和进出口，佣金代理。				

企业名称	上海阳元贸易有限公司				
企业地址	上海市松江区九亭镇九新公路 339 号 1 幢二层-336（201615）				
投资总额	15 万 USD	电　话	67845509	传　真	
设立日期	2009-9-17	负 责 人	LEE YANG WON		
主营业务	从事电梯配件、零部件、变频器、日用品的批发、佣金代理。				

企业名称	上海百高五金制品贸易有限公司				
企业地址	上海市静安区武定路 550 号 303 室（200040）				
投资总额	14 万 USD	电　话	52281122	传　真	
设立日期	2009-9-17	负 责 人	RUI RODRIGUES SAMPAIO E MELO		
主营业务	五金交电制品、机械设备、鞋帽、服装、眼镜的批发。				

企业名称	赫慕斯（上海）信息科技有限公司				
企业地址	上海市肇嘉浜路 201 弄 2 号 501 室 517 部分（200233）				
投资总额	7 万 USD	电　话		传　真	
设立日期	2009-9-17	负 责 人	Jan Erik Frithiof Bertling		
主营业务	计算机软件的设计、开发、制作，销售自产产品。				

企业名称	奏敦贸易（上海）有限公司				
企业地址	上海市浦东新区光明路 718 号 737 室（200137）				
投资总额	140 万 USD	电　话	58763186	传　真	
设立日期	2009-9-16	负 责 人	CHAN KHUANG CHAI VINCENCE		
主营业务	建筑装饰材料（钢材、水泥除外）、计算机系统集成控制软件的批发。				

企业名称	星孟贸易（上海）有限公司				
企业地址	上海市浦东新区东绣路 999 弄 8 号 506 室（200127）				
投资总额	15 万 USD	电　话	50596129	传　真	
设立日期	2009-9-16	负 责 人	PRADEEP SAIGAL		
主营业务	化工产品（危险品除外）、仪器仪表、纺织品的批发、佣金代理。				

企业名称	蔚源化工贸易（上海）有限公司				
企业地址	上海市光复路 1 号 5 层 515A 室（200072）				
投资总额	15 万 USD	电　话	63816908	传　真	
设立日期	2009-9-15	负 责 人	李达明		
主营业务	油脂化学产品和化工产品（危险品除外）的批发、进出口及佣金代理。				

企业名称	翔力商贸（上海）有限公司				
企业地址	上海市闵行区江川路 1511 号第 2 幢 1112 室（200240）				
投资总额	10 万 USD	电　话	58350314	传　真	
设立日期	2009-9-15	负 责 人	ZHIQING DAI		
主营业务	一类医疗器械、渔具的批发、进出口、佣金代理（拍卖除外）。				

企业名称	锦机钢铁贸易（上海）有限公司				
企业地址	上海市浦东新区光明路 718 号 831 室（200137）				
投资总额	29 万 USD	电　话	50817219	传　真	51078287
设立日期	2009-9-14	负 责 人	HONG THIAN HOCK		
主营业务	钢材、钢铁制品、金属材料、机电产品、五金制品、建筑材料的批发。				

企业名称	泰拉贸易（上海）有限公司				
企业地址	上海市卢湾区淮海中路 283 号 2602-23 室（200020）				
投资总额	25 万 USD	电　话	61035723	传　真	
设立日期	2009-9-14	负 责 人	韩金燕		
主营业务	家用修理工具、美容器具、电子产品、宠物用品的批发、佣金代理。				

企业名称	璞黎滋贸易（上海）有限公司				
企业地址	上海市静安区江宁路 495 号 905 室（200040）				
投资总额	15 万 USD	电　话	61373458	传　真	
设立日期	2009-9-14	负 责 人	GREGORY AARON BRAUSER		
主营业务	帽、伞、眼镜、照相机、钟表、家具、玩具、体育用品的批发。				

企业名称	庆玺商贸（上海）有限公司				
企业地址	上海市闵行区金都路 1128 号第三幢 2199 室（200237）				
投资总额	15 万 USD	电　话	54972476	传　真	
设立日期	2009-9-14	负 责 人	朱亦筑		
主营业务	建筑材料（钢材、水泥除外）、家用饰品的批发。				

企业名称	密其静电消除设备（上海）有限公司				
企业地址	上海市闵行区莲花路 1733 号 1 幢 205 室（201103）				
投资总额	14 万 USD	电　话		传　真	
设立日期	2009-9-14	负 责 人	CHRISTOPHER JOSEPH FRANCIS		
主营业务	表面清洁器、气动系统、风刀系统及上述商品的零部件、配套件的批发。				

企业名称	帝财商贸（上海）有限公司				
企业地址	上海市静安区江宁路 212 号 29 层 2901 室（200040）				
投资总额	200 万 USD	电　话	32274528	传　真	
设立日期	2009-9-11	负 责 人	EDWARD JAMES DUFFY		
主营业务	服装、服饰的批发、进出口，佣金代理（拍卖除外）。				

企业名称	上海杏一医疗用品贸易有限公司				
企业地址	上海市钦州北路 114 号一楼（200233）				
投资总额	110 万 USD	电　话	64519918	传　真	
设立日期	2009-9-11	负 责 人	蔡德忠		
主营业务	定型包装食品（不含熟食卤味，不含保健食品）的批发。				

企业名称	兆琪（上海）贸易有限公司				
企业地址	上海市襄阳南路 500 号 2112 室（200031）				
投资总额	100 万 USD	电　话		传　真	
设立日期	2009-9-11	负 责 人	陈宜靖		
主营业务	服装、服饰、鞋、包、皮箱、皮带、皮件制品及鞋类半成品的批发。				

企业名称	彩会商贸（上海）有限公司				
企业地址	上海市黄浦区制造局路 437 号 48 室（200010）				
投资总额	16 万 USD	电　话	31357966	传　真	
设立日期	2009-9-11	负 责 人	卞成台		
主营业务	日用百货、美容器材、包装材料的批发。				

企业名称	特可龙贸易（上海）有限公司				
企业地址	上海市延长中路 765 号三楼 308 室（200072）				
投资总额	12 万 USD	电话	51562535	传真	
设立日期	2009-9-11	负责人	SEO DONGCHEOL		
主营业务	金属制品、服装、化工产品及原料（危险品除外）、日用百货的批发。				

企业名称	尔阁贸易（上海）有限公司				
企业地址	上海市长宁区延安西路 2299 号 2 楼 218 室（200336）				
投资总额	7 万 USD	电话	22119660	传真	63588686
设立日期	2009-9-11	负责人	EUGENE GABRIEL CORA		
主营业务	从事展示架及零部件、包装材料、日用杂品、办公用品和纸制品批发。				

企业名称	杜马韦拉贸易（上海）有限公司				
企业地址	上海市静安区康定路 358 号 15 幢 172 室（200040）				
投资总额	1 万 USD	电话	52930863	传真	52289251
设立日期	2009-9-11	负责人	THOMAS J.A.B. VERRAES		
主营业务	饰品、工艺品（文物除外）、服装及其配饰的批发。				

企业名称	上海舞音国际贸易有限公司				
企业地址	上海市斜土路 2526 号 316 室（200030）				
投资总额	3 万 USD	电话	54257152	传真	
设立日期	2009-9-11	负责人	WATANABE TETSUZO		
主营业务	服装、家庭用品、日用百货的批发、进出口及相关配套服务。				

企业名称	拓萌电子科技（上海）有限公司				
企业地址	上海市闵行区顾戴路 3009 号 5 层 511 室（201100）				
投资总额	44 万 USD	电话	3801967803	传真	
设立日期	2009-9-10	负责人	NAKAYAMA AKIHITO		
主营业务	开发生产家用视听设备、数码电子产品、计算机软硬件。				

企业名称	旗翔贸易（上海）有限公司				
企业地址	上海市浦东新区杨高北路 528 号 14 幢 1B29 室（200137）				
投资总额	15 万 USD	电话	63181212	传真	63500821
设立日期	2009-9-10	负责人	朱育德		
主营业务	电子电器、五金工具及零配件、机械设备及零配件的批发。				

企业名称	题玛贸易（上海）有限公司				
企业地址	上海市张江高科技园区张衡路 1000 弄 58-59 号（201203）				
投资总额	125 万 USD	电话	51531301	传真	51531321
设立日期	2009-9-9	负责人	MEHMET YETMEZ		
主营业务	纺织品，皮革制品，鞋、帽及附件，服装及配饰，百货的批发。				

企业名称	先康贸易（上海）有限公司				
企业地址	上海市闵行区光华路 2118 号 6 幢 1380 室（201111）				
投资总额	20 万 USD	电话	61450616	传真	
设立日期	2009-9-9	负责人	吉井清敏		
主营业务	日用百货、服装、工艺品（文物除外）的批发。				

企业名称	特速商贸（上海）有限公司				
企业地址	上海市静安区乌鲁木齐北路 100 号 1110 室（200041）				
投资总额	15 万 USD	电话	62488306	传真	
设立日期	2009-9-9	负责人	SERGIO PASTOR COLLDEFORNS		
主营业务	工艺品（文物除外）、模型、体育用品、自行车的零售、批发。				

企业名称	佳络仕（上海）商贸有限公司				
企业地址	上海市浦东新区航津路 658 号 845 室（200137）				
投资总额	15 万 USD	电话	64126990	传真	
设立日期	2009-9-8	负责人	许哲昇		
主营业务	洗涤用品、化妆品、电子产品、玩具、日用百货的批发。				

企业名称	瑞迈宏健贸易（上海）有限公司				
企业地址	上海市浦东新区金桥出口加工区东陆路 1952 号 2 层（201206）				
投资总额	15 万 USD	电话	50135443	传真	
设立日期	2009-9-8	负责人	STEPHEN PAUL ASTLEY		
主营业务	家具、纺织品、服装、医疗器械（限一类商品）及其零配件的批发。				

企业名称	客睿士贸易（上海）有限公司				
企业地址	上海市虹口区物华路 288 号 1 号楼 311 室（200086）				
投资总额	14 万 USD	电话	54653756	传真	
设立日期	2009-9-8	负责人	Peter Robert Lundgren		
主营业务	从事机电产品及设备、柴油机维修设备及零部件、附件的批发。				

企业名称	绯黛（上海）化妆品贸易有限公司				
企业地址	上海市嘉定工业区嘉唐路 1155 号第 7 幢 1531 室（201800）				
投资总额	7 万 USD	电话	63537455	传真	
设立日期	2009-9-8	负责人	Jacques Vernay		
主营业务	化妆品及其包装制品、首饰（金、银、钻石除外）、服装、鞋帽的批发。				

企业名称	旭朋建筑模板贸易（上海）有限公司				
企业地址	上海市临港新城万祥镇宏祥北路 83 弄 20 号（201300）				
投资总额	7 万 USD	电话	63615222	传真	38015660
设立日期	2009-9-8	负责人	刘锋		
主营业务	建筑模板、建筑机械设备及零配件的批发和进出口业务。				

企业名称	仓纺贸易（上海）有限公司				
企业地址	上海市长宁区红宝石路 500 号 1 号楼 901 室（201103）				
投资总额	216 万 USD	电话	32096080	传真	
设立日期	2009-9-7	负责人	薮雅次		
主营业务	预包装食品（不含熟食卤味、冷冻冷藏）、食品添加剂的批发。				

企业名称	飒派贸易（上海）有限公司				
企业地址	上海市嘉定工业区嘉唐路 1155 号 7 幢 1637 室（201807）				
投资总额	28 万 USD	电话	62880073	传真	
设立日期	2009-9-7	负责人	Giannino Zanichelli		
主营业务	电子设备、电机设备及其零部件的批发、进出口、佣金代理。				

企业名称	诚钜商贸（上海）有限公司				
企业地址	上海市长宁区平武路 38 号 504 室（200052）				
投资总额	15 万 USD	电话	32201501	传真	
设立日期	2009-9-7	负责人	范文颖		
主营业务	计算机产品及零部件、通讯设备及零部件、机电产品、办公用品的批发。				

企业名称	布启仪器设备贸易（上海）有限公司				
企业地址	上海市闵行区宜山路 1618 号 E 厂房 859 室（201103）				
投资总额	14 万 USD	电话	64466806	传真	
设立日期	2009-9-7	负责人	黄利鹏		
主营业务	化学仪器、化工设备及配件的批发、进出口、佣金代理（拍卖除外）。				

企业名称	上海三林大润发商贸有限公司				
企业地址	上海市浦东新区长清路 1200 弄 1 号（200124）				
投资总额	210 万 USD	电话	68520001	传真	
设立日期	2009-9-4	负责人	黄明端		
主营业务	日用百货、服装鞋帽、针纺织品、化妆品、洗涤用品、照相器材的批发。				

企业名称	英皇商贸（上海）有限公司				
企业地址	上海市大木桥路 451 号 302-2 室（200032）				
投资总额	103 万 USD	电话	52895522	传真	
设立日期	2009-9-4	负责人	范敏婧		
主营业务	装饰装潢材料、家具、电脑、智能用品器材、灯饰及相关产品的批发。				

企业名称	利彼拉贸易（上海）有限公司				
企业地址	上海市浦东新区杨高北路 528 号 14 幢 1A37 室（201208）				
投资总额	15 万 USD	电话	64282075	传真	
设立日期	2009-9-4	负责人	张丽璞		
主营业务	文具、日用百货、首饰（毛钻、裸钻除外）、家居用品的批发。				

企业名称	兆涟（上海）贸易有限公司				
企业地址	上海市浦东新区杨高北路 528 号 14 幢 1B12 室（200137）				
投资总额	15 万 USD	电话	60962650	传真	
设立日期	2009-9-4	负责人	陈添进		
主营业务	塑料制品、塑胶制品、机械设备、纸制品、木材制品的批发。				

企业名称	御禧门木材贸易（上海）有限公司				
企业地址	上海市普陀区陕西北路 1392 弄 8 号 313 室（200060）				
投资总额	14 万 USD	电话	62279122	传真	
设立日期	2009-9-4	负责人	IGOR ROLAND GRUNEBERG		
主营业务	木制品及其零配件的批发、佣金代理（拍卖除外）。				

企业名称	上海弥诺哈那贸易有限公司				
企业地址	上海市长宁区镇宁路 525 号 1303 室（200050）				
投资总额	11 万 USD	电话		传真	
设立日期	2009-9-4	负责人	水沼惠子（MIZUNUMA KEIKO）		
主营业务	化妆品、化工产品（危险品除外）、服装、工艺品（文物除外）的批发。				

批发和零售贸易业

企业名称	正旭广灿（上海）贸易有限公司				
企业地址	上海市浦东新区浦东大道 2330 号 4（1）幢 805B 室（200135）				
投资总额	11 万 USD	电 话	58854003	传 真	
设立日期	2009-9-4	负 责 人	大内正之		
主营业务	光学产品、机械设备及产品的零配件、化学品（危险品除外）的批发。				

企业名称	乐金时装贸易（上海）有限公司				
企业地址	上海市长宁区协和路 1158 号 5 层 506 室（200335）				
投资总额	400 万 USD	电 话	64019161	传 真	
设立日期	2009-9-3	负 责 人	JEE SUNG EUN		
主营业务	服装面料及辅料、鞋帽袜、皮件、皮具、箱包、饰物及相关配件的批发。				

企业名称	斯恩特伸贵商贸（上海）有限公司				
企业地址	上海市虹口区高阳路 246 号 620 室（200080）				
投资总额	300 万 USD	电 话		传 真	
设立日期	2009-9-3	负 责 人	葛志平		
主营业务	数码相机，五金工具，黄金饰品，铂金饰品的批发。				

企业名称	弼久包装材料（上海）有限公司				
企业地址	上海市松江区三浜路 508 号 1 幢厂房（201600）				
投资总额	205 万 USD	电 话	67740368	传 真	
设立日期	2009-9-3	负 责 人	Colin Geoffrey Young		
主营业务	从事包装材料的批发、佣金代理（拍卖除外）、进出口业务。				

企业名称	帝凯陆（上海）招牌制作有限公司				
企业地址	上海市闵行区纪翟路 1409 弄 78 号 8 幢 101 室（201106）				
投资总额	54 万 USD	电 话	58305899	传 真	
设立日期	2009-9-3	负 责 人	尾岛刚		
主营业务	制作标牌、铭牌、标签，销售自产产品。				

企业名称	汉家环商贸（上海）有限公司				
企业地址	上海市广中西路 757 号 203 室（200072）				
投资总额	14 万 USD	电 话		传 真	
设立日期	2009-9-3	负 责 人	CHAE HAN		
主营业务	玩具、工艺品（文物除外）的批发.				

企业名称	意徕诗（上海）贸易有限公司				
企业地址	上海市光复路 1 号 416、417 室（200070）				
投资总额	14 万 USD	电 话	63809578	传 真	
设立日期	2009-9-3	负 责 人	Gianmaria Delfino		
主营业务	家用电器、室内装饰产品、工艺品（文物除外）及五金产品的批发。				

企业名称	保罗拉尔夫劳伦贸易（上海）有限公司				
企业地址	上海市黄浦区河南南路 16 号 3021 室（200002）				
投资总额	600 万 USD	电 话	63361808	传 真	
设立日期	2009-9-2	负 责 人	GEORGE JAMES HRDINA JR		
主营业务	珠宝首饰（毛钻、裸钻除外）、香水和家居用品的进出口、批发。				

企业名称	财翰（上海）贸易有限公司				
企业地址	上海市漕溪北路 398 号 1602 室（200030）				
投资总额	50 万 USD	电 话	33688588	传 真	
设立日期	2009-9-2	负 责 人	陈力榆		
主营业务	人参制品、日用品、化妆品、服装鞋帽、服饰的批发。				

企业名称	佩羲美仪器（上海）有限公司				
企业地址	上海市龙吴路 777 号 11 号楼 108 室（200235）				
投资总额	19 万 USD	电 话	61196006	传 真	
设立日期	2009-9-2	负 责 人	John Carlo P Gallucci		
主营业务	烟尘监测仪、环保仪器及过程控制仪表的生产，销售自产产品。				

企业名称	丽质梦（上海）时装贸易有限公司				
企业地址	上海市闵行区灯辉路 1118 号 2 号楼 2 楼（201108）				
投资总额	15 万 USD	电 话	54461086	传 真	
设立日期	2009-9-2	负 责 人	村田文人		
主营业务	饰品、钟表、箱包、玩具、厨房洗涤用品、日用百货、针纺织的批发。				

企业名称	捷仕起重机械贸易（上海）有限公司				
企业地址	上海市闵行区光华路 2118 号第 6 幢 1378 室（201111）				
投资总额	14 万 USD	电 话	36331806	传 真	
设立日期	2009-9-2	负 责 人	范文珍		
主营业务	从事机械设备、建筑材料（钢材、水泥除外）、电子产品的批发。				

企业名称	上海捷姆世商贸有限公司				
企业地址	上海市闵行区光华路 2118 号第 6 幢 1371 室（201111）				
投资总额	13 万 USD	电 话	62722787	传 真	
设立日期	2009-9-2	负 责 人	陈建富		
主营业务	从事服装服饰、运动用品、日用百货、食品（非实物）的批发。				

企业名称	上海施狄贸易有限公司				
企业地址	上海市浦东新区凌河路 212 号 232 室（200120）				
投资总额	73 万 USD	电 话	51758217	传 真	
设立日期	2009-9-1	负 责 人	HAMADA YUJI		
主营业务	农畜产品、肉类、水产品、蔬菜、水果、乳制品、加工食品的批发。				

企业名称	诺士达盛特贸易（上海）有限公司				
企业地址	上海市外高桥保税区华京路 2 号 7 层 717 室（200131）				
投资总额	16 万 USD	电 话	58997610	传 真	
设立日期	2009-9-1	负 责 人	Hans-Eric liden		
主营业务	国际贸易、转口贸易、保税区企业间的贸易及区内贸易代理。				

企业名称	诺士达盛特贸易（上海）有限公司				
企业地址	上海市外高桥保税区华京路 2 号 7 层 717 室（200131）				
投资总额	16 万 USD	电 话	58997610	传 真	
设立日期	2009-9-1	负 责 人	Hans-Eric liden		
主营业务	国际贸易、转口贸易、保税区企业间的贸易及区内贸易代理。				

企业名称	尚尚（上海）贸易有限公司				
企业地址	上海市外高桥保税区富特西一路 473 号 454 室（200131）				
投资总额	15 万 USD	电 话	58666839	传 真	
设立日期	2009-9-1	负 责 人	李 鹏		
主营业务	国际贸易、转口贸易、保税区内企业间贸易及贸易代理。				

企业名称	苏卡卫化工贸易（上海）有限公司				
企业地址	上海市长宁区遵义路 100 号 B 座 18 楼 04 单元（200051）				
投资总额	15 万 USD	电 话	62370203	传 真	
设立日期	2009-9-1	负 责 人	ARMAN ASTABATSYAN		
主营业务	化工产品（危险品除外）、机械设备的批发、进出口、佣金代理。				

企业名称	坚森贸易（上海）有限公司				
企业地址	上海市嘉定区马陆镇浏翔路 1668 号 2 幢 201 室（201801）				
投资总额	14 万 USD	电 话	64810717	传 真	
设立日期	2009-9-1	负 责 人	姚源康		
主营业务	从事纺织品及服装面料的进出口、批发、佣金代理。				

企业名称	歌帝梵（上海）食品商贸有限公司				
企业地址	上海市卢湾区淮海中路 283 号 2622 房间（200021）				
投资总额	250 万 USD	电 话	61035763	传 真	
设立日期	2009-8-31	负 责 人	JOHN PATRICK HOLMBERG		
主营业务	食品、饮料、酒的批发、零售（零售限分支机构经营），进出口业务。				

企业名称	适进（上海）贸易有限公司				
企业地址	上海市肇嘉浜路 1033 号 1201 室 E（200030）				
投资总额	73 万 USD	电 话	58359013	传 真	
设立日期	2009-8-31	负 责 人	Hendrikus van Westendorp		
主营业务	研究、检测饲料；饲料及饲料原料的批发、进出口、佣金代理。				

企业名称	巍拉贸易（上海）有限公司				
企业地址	上海市桃江路 1 号 1 幢一楼、二楼（200031）				
投资总额	25 万 USD	电 话	64669322	传 真	
设立日期	2009-8-31	负 责 人	Sara Maria Villarreal		
主营业务	高级服装、服装配件和纺织品的进出口、批发。				

企业名称	威磊高（上海）机械贸易有限公司				
企业地址	上海市金山区枫泾镇兴坊路 565 号 3 幢 138 室（201502）				
投资总额	20 万 USD	电 话	64682438	传 真	64697869
设立日期	2009-8-31	负 责 人	HITOSHI WASHIO		
主营业务	机械设备及零部件的批发、进出口，佣金代理（拍卖除外）。				

企业名称	荣筑贸易（上海）有限公司				
企业地址	上海市海宁路 1399 号 1201 室（200070）				
投资总额	20 万 USD	电 话		传 真	
设立日期	2009-8-31	负 责 人	江世泽		
主营业务	食品机械、模具的批发及进出口、并提供相关的售后服务。				

企业名称	芬辉（上海）国际贸易有限公司				
企业地址	上海外高桥保税区富特北路 458 号 469 室（200131）				
投资总额	17 万 USD	电　话	54225405	传　真	
设立日期	2009-8-31	负 责 人	HEIKKI TAPIO, WEIJO		
主营业务	包装设备及相关包装材料的批发、佣金代理（拍卖除外）。				

企业名称	众太贸易（上海）有限公司				
企业地址	上海市汾西路 650 弄 3 号 2 幢 1 层 108 室（200435）				
投资总额	14 万 USD	电　话	63535928	传　真	
设立日期	2009-8-31	负 责 人	唐立峣		
主营业务	酒类、食品的批发、进出口（食品非实物销售）。				

企业名称	上海中均内深贸易有限公司				
企业地址	上海市张江高科技园区伽利略路 338 号 6 幢 6303 室（201203）				
投资总额	14 万 UCD	电　话	61620730	传　真	
设立日期	2009-8-31	负 责 人	徐石峰		
主营业务	半导体设备零配件、温度调控设备、电子产品及其零配件的批发。				

企业名称	旺鸿国际贸易（上海）有限公司				
企业地址	上海市襄阳南路 500 号 1015 室（200031）				
投资总额	10 万 USD	电　话		传　真	
设立日期	2009-8-31	负 责 人	张璟柡		
主营业务	化妆品、文具用品、机械设备、机械设备之配件的进出口、批发。				

企业名称	安徒生（中国）商贸有限公司				
企业地址	上海市杨浦区国和路 465 号 235 室（200433）				
投资总额	732 万 USD	电　话		传　真	
设立日期	2009-8-28	负 责 人	李昌发		
主营业务	建筑材料（钢材、水泥除外）、五金交电、电子产品、日用品的批发。				

企业名称	艾敏斯帝（上海）贸易有限公司				
企业地址	上海市淮海中路 1010 号 2505 室（200031）				
投资总额	42 万 USD	电　话	50580235	传　真	
设立日期	2009-8-28	负 责 人	VAN DER SLIKKE		
主营业务	橡胶及其制品（天然橡胶除外）及日用品的批发。				

企业名称	上海威宪电子科技有限公司				
企业地址	上海市静安区康定路 1147 号 9 幢 1020 室（200040）				
投资总额	20 万 USD	电　话	62307145	传　真	
设立日期	2009-8-28	负 责 人	蔡顺明		
主营业务	电热器具、家电产品、灯具、自动调节控制仪器，电子元器件的批发。				

企业名称	澳丁瀚贸易发展（上海）有限公司				
企业地址	上海市长宁区天山路 600 弄 2 号 4 楼 D3 座（200051）				
投资总额	15 万 USD	电　话	52068989	传　真	
设立日期	2009-8-28	负 责 人	薛顺康		
主营业务	建筑装潢材料（钢材、水泥除外）、灯具、五金、家电的批发。				

企业名称	上海耀鹰商贸有限公司				
企业地址	上海市嘉定区安亭镇曹安路 4400 号第 3 幢 103 室（201804）				
投资总额	20 万 USD	电　话	59595272	传　真	
设立日期	2009-8-27	负 责 人	张惠琴		
主营业务	从事家用电器、计算机及配件、通讯器材、机电设备、办公用品的批发。				

企业名称	泰堃贸易（上海）有限公司				
企业地址	上海市闵行区光华路 2118 号第 6 幢 1375 室（201111）				
投资总额	15 万 USD	电　话	31268211	传　真	
设立日期	2009-8-27	负 责 人	STEPHEN YEE		
主营业务	汽摩配件、服装、日用百货、机械零部件的批发。				

企业名称	葆美（上海）贸易有限公司				
企业地址	上海市喜泰路 239 号 6 号楼二层（200232）				
投资总额	15 万 USD	电　话	64398496	传　真	
设立日期	2009-8-27	负 责 人	王相华		
主营业务	机械设备及附件、配件的批发、佣金代理（拍卖除外）。				

企业名称	上海穆标贸易有限公司				
企业地址	上海市闵行区光华路 2118 号第 6 幢 1377 室（201101）				
投资总额	15 万 USD	电　话	54179308	传　真	
设立日期	2009-8-27	负 责 人	Arne Norgaard Christiansen		
主营业务	家具的批发、进出口、佣金代理（拍卖除外）。				

企业名称	巩固钻石（上海）有限公司				
企业地址	上海市世纪大道 1701 号中国钻石交易中心大厦北塔 A910b 室（200120）				
投资总额	20 万 USD	电　话	50158333	传　真	
设立日期	2009-8-26	负 责 人	MOTY SPECTOR		
主营业务	在上海钻石交易所开展钻石（不含金银）的交易。				

企业名称	冠铂贸易（上海）有限公司				
企业地址	上海市漕宝路 70 号 2103 室（200035）				
投资总额	20 万 USD	电　话	64325127	传　真	
设立日期	2009-8-26	负 责 人	李建业		
主营业务	润滑油、模具、塑料制品及上述商品的生产设备的批发。				

企业名称	库跃克贸易（上海）有限公司				
企业地址	上海市浦东新区光明路 718 号 750 室（200137）				
投资总额	15 万 USD	电　话	58829048	传　真	
设立日期	2009-8-26	负 责 人	LAUKKANEN HANNU ILMARI		
主营业务	机械设备及其零部件、家具、灯具、陶瓷、玻璃的批发。				

企业名称	上海易可替金属贸易有限公司				
企业地址	上海市古羊路 158 号 4 楼 4D 室（200233）				
投资总额	14 万 USD	电　话	51001602	传　真	
设立日期	2009-8-26	负 责 人	BYEON JAE WON		
主营业务	钢材、不锈钢制品、装潢装饰材料、门窗、电梯扶梯及配件的批发。				

企业名称	上海昕达船舶动力设备有限公司				
企业地址	上海市黄浦区国货路 10、12 号六层 F 区（200011）				
投资总额	10 万 USD	电　话	63167098	传　真	
设立日期	2009-8-26	负 责 人	HONG GUOFU,JAMES（洪国富）		
主营业务	船舶动力设备、机械设备、电子设备及零配件的批发、佣金代理。				

企业名称	爱偌博（上海）贸易有限公司				
企业地址	上海市浦东新区金海路 2588 号 1 幢 361 室（201209）				
投资总额	10 万 USD	电　话		传　真	
设立日期	2009-8-26	负 责 人	MOHAMMAD ASHRAF		
主营业务	户外用品、办公用品、卫生洁具、机械设备的批发。				

企业名称	上海冶平长记进出口有限公司				
企业地址	上海市闵行区中春路 4999 号 1202 室（201100）				
投资总额	15 万 USD	电　话	54172365	传　真	
设立日期	2009-8-25	负 责 人	JOERN MELZER		
主营业务	金属材料，废钢，建筑材料，化工产品及原料（除危险品）的批发。				

企业名称	铭信贸易（上海）有限公司				
企业地址	上海市嘉定工业区嘉唐路 1155 号 7 幢 1571 室（201807）				
投资总额	7 万 USD	电　话		传　真	
设立日期	2009-8-25	负 责 人	夏　天		
主营业务	塑胶原料、塑胶产品、化工产品（危险品除外）、电子产品的批发。				

企业名称	安堡罗医疗器材（上海）有限公司				
企业地址	上海市闵行区宜山路 1618 号 A 厂房 2 楼东侧（201100）				
投资总额	60 万 USD	电　话	61267308	传　真	
设立日期	2009-8-24	负 责 人	SUNNY JIAN YANG WONG		
主营业务	从事医疗器材（二类：手术室、急救室、诊疗室设备及器具）的批发。				

企业名称	帕高葡萄酒贸易（上海）有限公司				
企业地址	上海市嘉定区黄渡镇春浓路 199 号第 2 幢 101 室（201804）				
投资总额	14 万 USD	电　话	69591119	传　真	
设立日期	2009-8-24	负 责 人	FELIX SOLIS YANEZ		
主营业务	工艺品（文物除外）、服装鞋帽、箱包、化妆品的批发。				

企业名称	艾宝进出口（上海）有限公司				
企业地址	上海市田州路 159 号 7 单元 201 室（200233）				
投资总额	7 万 USD	电　话	61273200	传　真	
设立日期	2009-8-24	负 责 人	余淑芳		
主营业务	家用五金、厨卫五金、橱柜、装饰板材的进出口、批发。				

企业名称	赛开泰国际贸易（上海）有限公司				
企业地址	上海市华京路 2 号（F 区 FC17-1 地块）办公楼六层 615 室（200131）				
投资总额	28 万 USD	电　话	58950031	传　真	
设立日期	2009-8-21	负 责 人	DENIS PRADON		
主营业务	保税区内国际贸易、转口贸易，保税区内商业性简单加工及商品展示。				

批发和零售贸易业

企业名称	爱跨备斯贸易（上海）有限公司				
企业地址	上海市外高桥保税区华申路 180 号综合大楼第六层 602J 部位(200131)				
投资总额	15 万 USD	电　话	56121838	传　真	
设立日期	2009-8-21	负 责 人	ALLEN YEH		
主营业务	食品、日用品、机电产品的批发、佣金代理（拍卖除外）。				

企业名称	浦委尔液压设备贸易（上海）有限公司				
企业地址	上海市外高桥保税区希雅路 55 号 12 号楼第三层 B 部位（200131）				
投资总额	15 万 USD	电　话	33608139	传　真	
设立日期	2009-8-21	负 责 人	DMYTRO MAKSYMENKO		
主营业务	液压设备及其零部件的批发、佣金代理（拍卖除外）。				

企业名称	锗锭伽夫无损检测设备（上海）有限公司				
企业地址	上海市奉贤区青村镇南奉公路 3081 号 2 幢 205 室（201400）				
投资总额	11 万 USD	电　话	58541058	传　真	
设立日期	2009-8-21	负 责 人	Youwang song		
主营业务	超声波无损探伤设备及其配件的进出口、批发。				

企业名称	上海雷都捷特扶梯销售有限公司				
企业地址	上海市青浦区徐泾镇京华路 187 弄 1 号 103 室（200000）				
投资总额	40 万 USD	电　话	59760812	传　真	
设立日期	2009-8-20	负 责 人	HAROLD RAY WING		
主营业务	从事各类铝合金扶梯的批发和进出口业务及其他相关配套服务。				

企业名称	上海卡丝不锈钢制品有限公司				
企业地址	上海市长宁区仙霞路 345 号 15 楼 D1 座（200336）				
投资总额	25 万 USD	电　话	62291337	传　真	
设立日期	2009-8-20	负 责 人	姜庚远（KANG KYOUNG WOEN）		
主营业务	从事不锈钢丝、钢丝绳、扁钢丝和碳素钢产品的进出口、批发。				

企业名称	杜客餐饮设备贸易（上海）有限公司				
企业地址	上海市长宁区金钟路 658 弄 17 号乙 1 楼 101 室（200335）				
投资总额	15 万 USD	电　话	68769272	传　真	
设立日期	2009-8-20	负 责 人	侯军丽		
主营业务	纺织品、建筑材料（钢材、水泥除外）、家具、电子产品的批发。				

企业名称	上海港泳贸易有限公司				
企业地址	上海市静安区南京西路 881 号 1311 室 A（200040）				
投资总额	15 万 USD	电　话	62870088	传　真	
设立日期	2009-8-20	负 责 人	冯兆明		
主营业务	水上、户外运动用品及器材、健身器材、运动服装、鞋帽的批发。				

企业名称	美瑞茨（上海）香料贸易有限公司				
企业地址	上海市静安区陕西北路 457 号 9 幢 228 室（200040）				
投资总额	15 万 USD	电　话	61418479	传　真	
设立日期	2009-8-20	负 责 人	ANTHONY GEORGE BATCUP		
主营业务	香料、香精的批发、进出口，佣金代理（拍卖除外）。				

企业名称	申丸栗贸易（上海）有限公司				
企业地址	上海市广中西路 757 号 701 室（200072）				
投资总额	146 万 USD	电　话		传　真	
设立日期	2009-8-19	负 责 人	SHIN HWAN-RYUL		
主营业务	电子产品、计算机软硬件、通讯设备的批发。				

企业名称	博聚（上海）生态科技有限公司				
企业地址	上海市宜山路 829 号 6 幢 501 室（200233）				
投资总额	100 万 USD	电　话		传　真	
设立日期	2009-8-19	负 责 人	蔡军毅		
主营业务	生态高分子材料、化工材料（危险品除外）、生态纺织材料的研发。				

企业名称	茵泰丝珠宝首饰贸易（上海）有限公司				
企业地址	上海市浦东新区金桥出口加工区黄杨路 18 号 4 幢 3007 室（201206）				
投资总额	30 万 USD	电　话	34250221	传　真	
设立日期	2009-8-19	负 责 人	SANJAY NAVRATTAN KOTHARI		
主营业务	珠宝首饰（毛钻、裸钻除外）、黄金饰品的批发、进出口、佣金代理。				

企业名称	上海伽意迪贸易有限公司				
企业地址	上海市宜山路 829 号 6 幢 5 楼 520 室（200233）				
投资总额	29 万 USD	电　话	63410619	传　真	
设立日期	2009-8-19	负 责 人	骆树球		
主营业务	轴承、液压配件、五金交电、日用百货的进出口、批发。				

企业名称	固旺斯（上海）商贸有限公司				
企业地址	上海市静安区新闸路 1098 弄 1 号 2101 室（200040）				
投资总额	15 万 USD	电　话	62152380	传　真	
设立日期	2009-8-19	负 责 人	GEORGE JOHN WAUGH		
主营业务	紧固件、冲压件、汽车零配件及小五金的批发、进出口、佣金代理。				

企业名称	伟知恩（上海）贸易有限公司				
企业地址	上海市浦东新区金桥出口加工区黄杨路 18 号 4 幢 4005 室（200122）				
投资总额	10 万 USD	电　话	50316785	传　真	
设立日期	2009-8-19	负 责 人	WIMAN		
主营业务	玩具、机电设备、汽车配件、办公用品的批发、佣金代理。				

企业名称	一艾（上海）商贸有限公司				
企业地址	上海市长宁区仙霞路 317 号 2906 室（200051）				
投资总额	73 万 USD	电　话	62351225	传　真	
设立日期	2009-8-18	负 责 人	二宫章		
主营业务	化学产品的批发、进出口、佣金代理（拍卖除外）。				

企业名称	日革商贸（上海）有限公司				
企业地址	上海市长宁区延安西路 2299 号 5B11 室（200336）				
投资总额	20 万 USD	电　话	25653286	传　真	
设立日期	2009-8-18	负 责 人	渡边敏之		
主营业务	床上用品、服饰及辅料、捕虫器、日化产品（危险品除外）的批发。				

企业名称	上海食智商贸有限公司				
企业地址	上海市长宁区武夷路 174 号 5 幢底层（200050）				
投资总额	20 万 USD	电　话	52399089	传　真	
设立日期	2009-8-18	负 责 人	陈文光		
主营业务	食品、包装食品、食品添加剂、调味品以及日用品的批发。				

企业名称	奕联（上海）食品贸易有限公司				
企业地址	上海市长宁区金钟路 658 弄 10 号 620 室（200335）				
投资总额	20 万 USD	电　话		传　真	
设立日期	2009-8-18	负 责 人	吕文钦		
主营业务	电子产品、纺织品、纺织原料（棉花除外）、面料、辅料的批发。				

企业名称	亘吉贸易（上海）有限公司				
企业地址	上海市长宁区汇川路 99 号 913 室（200050）				
投资总额	15 万 USD	电　话	52730310	传　真	
设立日期	2009-8-18	负 责 人	DAIKICHI MORITA		
主营业务	汽摩配件的批发、佣金代理（拍卖除外）、进出口业务。				

企业名称	艾莫（上海）贸易有限公司				
企业地址	上海市长宁区镇宁路 525 号 810 室（200050）				
投资总额	15 万 USD	电　话	52388919	传　真	
设立日期	2009-8-18	负 责 人	CHO WON BOK		
主营业务	电子电器产品、照明器材及零部件的批发。				

企业名称	上海利乐奇微电子有限公司				
企业地址	上海市闵行区新骏环路 189 号 C118 室（201112）				
投资总额	190 万 USD	电　话	54325791	传　真	
设立日期	2009-8-17	负 责 人	肖永吉		
主营业务	计算机软件（游戏软件除外）、分立器件、电子专用设备的批发。				

企业名称	上海灿裕贸易有限公司				
企业地址	上海市松江区小昆山镇广富林路 4855 弄 99 号、100 号（201616）				
投资总额	150 万 USD	电　话	64433298	传　真	
设立日期	2009-8-17	负 责 人	黄玉慧		
主营业务	塑胶制品、机电配件、汽车配件、紧固件、五金工具、日用百货的批发。				

企业名称	上海中嘉丰昌粮油贸易有限公司				
企业地址	上海市浦东新区上南路 3855 号 3619—3 室（200124）				
投资总额	73 万 USD	电　话	58529975	传　真	
设立日期	2009-8-17	负 责 人	卢　刚		
主营业务	植物油、豆粕、菜籽、菜粕、亚麻籽、红花籽、食品、饲料的批发。				

企业名称	美快缝贸易（上海）有限公司				
企业地址	上海市闵行区景联路 189 号 26 幢一层 C1 室（200237）				
投资总额	30 万 USD	电　话	54283777	传　真	
设立日期	2009-8-17	负 责 人	DANIEL DEAN BECKER		
主营业务	五金制品、日用百货、电子产品及相关配套零配件的批发。				

企业名称	波克夏钻石（上海）有限公司				
企业地址	上海市世纪大道1701号中国钻石交易中心大厦A705a室（200122）				
投资总额	20万USD	电　话	58684618	传　真	
设立日期	2009-8-17	负责人	ALEXANDER PAYLAN		
主营业务	在上海钻石交易所开展钻石（不含金银）的交易。				

企业名称	尚迈（上海）贸易有限公司				
企业地址	上海市闵行区光华路18号7幢第三层A-8、A-9座（201108）				
投资总额	20万USD	电　话		传　真	
设立日期	2009-8-17	负责人	胡文耀		
主营业务	奶制品（非实物）的批发、进出口、佣金代理（拍卖除外）。				

企业名称	保长贸易（上海）有限公司				
企业地址	上海市浦东新区杨高北路528号14幢1B1室（200137）				
投资总额	16万USD	电　话	63181212	传　真	
设立日期	2009-8-17	负责人	张嘉宏		
主营业务	包装装潢材料、橡胶制品、化工原料及产品（危险品除外）的批发。				

企业名称	洁埃饰商贸（上海）有限公司				
企业地址	上海市黄浦区西藏南路889号310室B座（200010）				
投资总额	15万USD	电　话	63461300	传　真	
设立日期	2009-8-17	负责人	KOJI SUGIZAKI		
主营业务	汽车配件、机电设备、仪器仪表、五金、服装的批发、佣金代理。				

企业名称	瑞礼邦服饰设计（上海）有限公司				
企业地址	上海市闵行区春申路2329弄38号201、202、203、205室（200237）				
投资总额	15万USD	电　话		传　真	
设立日期	2009-8-17	负责人	Robert Rand Isen		
主营业务	箱包、皮件皮具、工艺礼品（除文物）、珠宝、包装展示用品的设计。				

企业名称	冶特（上海）机械设备贸易有限公司				
企业地址	上海市浦东新区川沙路500号207室（201209）				
投资总额	15万USD	电　话	58350314	传　真	
设立日期	2009-8-17	负责人	吴云健		
主营业务	金属材料（钢材、贵金属、稀有金属除外）、电子设备的批发。				

企业名称	上海富西亚食品贸易有限公司				
企业地址	上海市浦东新区光明路718号703室（200122）				
投资总额	10万USD	电　话	50817219	传　真	
设立日期	2009-8-17	负责人	杨嘉家		
主营业务	食品的批发、佣金代理（拍卖除外）、进出口及相关的配套服务。				

企业名称	上海逸咖食品贸易有限公司				
企业地址	上海市黄浦区普育东路227号四幢底楼109室（200010）				
投资总额	5万USD	电　话	33663288	传　真	
设立日期	2009-8-17	负责人	XIONG SHENG-HUI		
主营业务	咖啡豆、酒、皮革制品、服装服饰、鞋帽箱包、玩具、日用品的批发。				

企业名称	称丰（上海）贸易有限公司				
企业地址	上海市闵行区中春路7001号第12幢136室（201101）				
投资总额	1万USD	电　话	62347073	传　真	
设立日期	2009-8-17	负责人	LIU ROBERT GEIN HAIN（刘晋汉）		
主营业务	塑料制品、电子产品的批发、进出口、佣金代理（拍卖除外）。				

企业名称	施比雅克贸易（上海）有限公司				
企业地址	上海市张江高科技园区伽利略路338号6幢6401室（201203）				
投资总额	21万USD	电　话	61631930	传　真	
设立日期	2009-8-14	负责人	张玉斌		
主营业务	通讯设备、电子产品、仪器仪表及其配件的批发、佣金代理。				

企业名称	上海上谊贸易有限公司				
企业地址	上海市长宁区延安西路1600号17幢611室（200052）				
投资总额	439万USD	电　话	62944271	传　真	
设立日期	2009-8-13	负责人	张杏如		
主营业务	国内版（不包括港、澳、台版）图书、报纸、期刊、电子出版物的批发。				

企业名称	费比贸易（上海）有限公司				
企业地址	上海市虹梅路1905号807、808室（200233）				
投资总额	42万USD	电　话	54453322	传　真	
设立日期	2009-8-13	负责人	Karsten Schuessler-Bilstein		
主营业务	汽车零部件的批发、佣金代理（拍卖除外），进出口及提供配套服务。				

企业名称	饰而杰（上海）贸易有限公司				
企业地址	上海市东安路8号6楼605室（200032）				
投资总额	15万USD	电　话	64437627	传　真	64437112
设立日期	2009-8-13	负责人	Jeffrey A. Knight		
主营业务	模具及夹具、汽车玻璃、浮法玻璃及建材产品的批发。				

企业名称	雅仕的（上海）贸易有限公司				
企业地址	上海市裕德路168号1805室（200030）				
投资总额	15万USD	电　话	33634618	传　真	
设立日期	2009-8-13	负责人	陈嘉超		
主营业务	珠宝首饰（毛钻、裸钻除外）、日用百货、皮革制品的批发。				

企业名称	黑矶贸易（上海）有限公司				
企业地址	上海市奉贤区奉城镇南奉公路1478号2号综合楼3033室（201411）				
投资总额	14万USD	电　话	33634618	传　真	
设立日期	2009-8-13	负责人	KIMIYAMA SHIGEO		
主营业务	工艺品（文物除外）、服装及面料、日用百货的批发。				

企业名称	享天然贸易（上海）有限公司				
企业地址	上海市松江区新桥镇新茸路168号3号楼一楼（201612）				
投资总额	14万USD	电　话	67687032	传　真	
设立日期	2009-8-13	负责人	林　立		
主营业务	机电设备、日用百货、化妆品、体育用品、卫浴用品的批发。				

企业名称	康可俪尼（上海）贸易有限公司				
企业地址	上海市黄浦区延安东路175号1103室（200002）				
投资总额	7万USD	电　话	63262550	传　真	63262557
设立日期	2009-8-13	负责人	GIANCARLO CANCLINI		
主营业务	纺织品和服装的批发、佣金代理（拍卖除外）。				

企业名称	睿克贸易（上海）有限公司				
企业地址	上海市长宁区遵义南路88号20楼（200336）				
投资总额	30万USD	电　话	62193208	传　真	
设立日期	2009-8-12	负责人	孙伊骊		
主营业务	纺织品、服装服饰、鞋帽的批发、进出口、佣金代理。				

企业名称	星翼贸易（上海）有限公司				
企业地址	上海市虹口区高阳路246号617室（200086）				
投资总额	7万USD	电　话	62198951	传　真	
设立日期	2009-8-12	负责人	LASRY SHALOM		
主营业务	食品销售管理（非实物方式）、服装鞋帽、箱包的批发。				

企业名称	电诺国际贸易（上海）有限公司				
企业地址	上海市外高桥保税区富特北路207号第三层D19（200131）				
投资总额	58万USD	电　话	50814339	传　真	
设立日期	2009-8-11	负责人	美安达子		
主营业务	国际贸易、转口贸易、保税区内企业间的贸易及贸易代理。				

企业名称	坤勇贸易（上海）有限公司				
企业地址	上海市闵行区虹梅南路1507号1幢206室（200237）				
投资总额	30万USD	电　话	54808362	传　真	
设立日期	2009-8-11	负责人	萧安胜		
主营业务	金属材料（贵金属、稀有金属除外）、制冷设备的批发、佣金代理。				

企业名称	康思立达（上海）贸易有限公司				
企业地址	上海市浦东新区金桥出口加工区新金桥路18号1913室（201206）				
投资总额	29万USD	电　话	50306660	传　真	
设立日期	2009-8-11	负责人	WILHELMUS J.L.RIJNHOLT		
主营业务	汽车零部件的批发、佣金代理（拍卖除外）、进出口业务。				

企业名称	保威绿（上海）食品贸易有限公司				
企业地址	上海市浦东新区浦东南路2192弄39号606室（200135）				
投资总额	14万USD	电　话	68532852	传　真	
设立日期	2009-8-11	负责人	施传宝（SEE THUAN PO）		
主营业务	咖啡、饮料、食品的批发、进出口，提供相关配套服务。				

企业名称	林荃贸易（上海）有限公司				
企业地址	上海市嘉定区马陆镇沪宜公路1800号2幢102室（201801）				
投资总额	14万USD	电　话	39527009	传　真	
设立日期	2009-8-11	负责人	林佳宏		
主营业务	从事化妆品的进出口、批发、佣金代理（拍卖除外）。				

企业名称	万恩贸易（上海）有限公司				
企业地址	上海市虹口区杨树浦路 248 号 1007 室（200080）				
投资总额	73 万 USD	电　话	65455100	传　真	
设立日期	2009-8-10	负责人	程显增		
主营业务	汽摩配件、电子产品、化工原料（除危险品）的批发。				

企业名称	东京西川（上海）商贸有限公司				
企业地址	上海市松江区永丰街道玉树路 269 号 5 号楼 3265 室（201600）				
投资总额	50 万 USD	电　话	62756162	传　真	
设立日期	2009-8-10	负责人	村田迪夫		
主营业务	皮革制品、纺织机械及零配件、家用电器、仪器仪表的批发。				

企业名称	纽申澳贸易（上海）有限公司				
企业地址	上海市松江区永丰街道玉树路 269 号 5 号楼 3265 室（201600）				
投资总额	35 万 USD	电　话	57685099	传　真	
设立日期	2009-8-10	负责人	李以昌		
主营业务	生活日用品、杂项制品的批发及进出口，佣金代理。				

企业名称	上海制和贸易有限公司				
企业地址	上海市长宁区仙霞路 317 号 B 栋 910-911 室（200051）				
投资总额	30 万 USD	电　话	52574158	传　真	
设立日期	2009-8-10	负责人	山口丰隆		
主营业务	从事电子显示系统、LED 产品、照明器材、五金交电、电子产品的批发。				

企业名称	乔莫贸易（上海）有限公司				
企业地址	上海市卢湾区徐家汇路 560 号华仑大厦 901-906 室（200023）				
投资总额	22 万 USD	电　话		传　真	
设立日期	2009-8-10	负责人	Andre Henry John van der Wolde		
主营业务	服装服饰、针纺织品、鞋帽、皮革制品的批发。				

企业名称	佰钦贸易（上海）有限公司				
企业地址	上海市闵行区莲花路 2080 弄 50 号 17 幢 608 室（201103）				
投资总额	12 万 USD	电　话		传　真	
设立日期	2009-8-10	负责人	高显耀		
主营业务	水暖器材、五金交电、纯软水设备、节能环保器材及设备的批发。				

企业名称	上海贝莫敦贸易有限公司				
企业地址	上海市金山区张堰镇松金公路 2758 号 1 幢 182 室（201514）				
投资总额	10 万 USD	电　话	57213102	传　真	
设立日期	2009-8-10	负责人	梁月媚		
主营业务	服装，服装面料、辅料，针纺织品，箱包，工艺品，五金制品的批发。				

企业名称	庆霖贸易（上海）有限公司				
企业地址	上海市松江区小昆山镇广富林路 4855 弄 86 号（201616）				
投资总额	35 万 USD	电　话	67754088	传　真	
设立日期	2009-8-7	负责人	杨彦硕		
主营业务	家庭用具，汽车、机车零配件（不含发动机）的批发。				

企业名称	上海今势山工贸有限公司				
企业地址	上海市肇嘉浜路 789 号 610 室（200032）				
投资总额	21 万 USD	电　话	61256810	传　真	
设立日期	2009-8-7	负责人	今井尚史		
主营业务	金属制品、电子设备及其零部件的批发。				

企业名称	上海顶越贸易有限公司				
企业地址	上海市宜山路 508 号 9A（200235）				
投资总额	15 万 USD	电　话	64279799	传　真	
设立日期	2009-8-7	负责人	卫世安		
主营业务	园艺用品、五金制品与工具、计算机外设设备、箱包、化妆品的批发。				

企业名称	格然道（上海）贸易有限公司				
企业地址	上海市宝山区绥化路 66 号-7（200942）				
投资总额	15 万 USD	电　话	61810651	传　真	
设立日期	2009-8-7	负责人	陈中岳		
主营业务	通讯设备、焊接材料、保温隔热材料、高炉水渣的批发。				

企业名称	上海闽衡商贸有限公司				
企业地址	上海市虹口区四川北路 2002 弄 17 号 316 室、317 室（200081）				
投资总额	15 万 USD	电　话		传　真	
设立日期	2009-8-7	负责人	巫闽江		
主营业务	电子产品、家具、化工产品（危险品除外）的批发。				

企业名称	上海高培贸易有限公司				
企业地址	上海市闵行区吴中路 1369 号 6 幢 910B 室（201103）				
投资总额	14 万 USD	电　话	34314503	传　真	
设立日期	2009-8-7	负责人	KWON HYEKSIN		
主营业务	液压机器、电子产品、汽车零配件的批发、进出口、佣金代理。				

企业名称	上海澳竞镁业有限公司				
企业地址	上海市嘉定区菊园新区永靖路 1288 号第 2 幢 101 室（201800）				
投资总额	7 万 USD	电　话	33632990	传　真	
设立日期	2009-8-7	负责人	John David Talbot		
主营业务	化工原料及产品（危险化学品除外）的批发、佣金代理。				

企业名称	丰拓（上海）贸易有限公司				
企业地址	上海市天钥桥路 909 号 2 号楼 110 室（200032）				
投资总额	7 万 USD	电　话	63728172	传　真	
设立日期	2009-8-7	负责人	张　斌		
主营业务	建筑装潢材料（钢材、水泥除外）、家具的批发、佣金代理。				

企业名称	一泽医疗器械贸易（上海）有限公司				
企业地址	上海市长宁区娄山关路 555 号 2606-2607 室（200051）				
投资总额	50 万 USD	电　话	62410066	传　真	62413066
设立日期	2009-8-6	负责人	刘宗轩		
主营业务	高分子原料及纺织品成衣的批发，佣金代理（拍卖除外）。				

企业名称	皓世贸易（上海）有限公司				
企业地址	上海市闵行区光华路 2118 号第 6 幢 1374 室（201111）				
投资总额	32 万 USD	电　话	54424150	传　真	
设立日期	2009-8-6	负责人	Pekka Juhani Räbinä		
主营业务	管道系统及其零部件、管道安装机器及其相关附件的批发。				

企业名称	上海新多连喜贸易有限公司				
企业地址	上海市长宁区延安西路 1228 弄 2 号 8 楼 F 室（200052）				
投资总额	30 万 USD	电　话	52541062	传　真	52541061
设立日期	2009-8-6	负责人	高田慎也		
主营业务	塑料制品、日用百货、电子产品的批发、佣金代理。				

企业名称	上海斯黛拉医疗器械贸易有限公司				
企业地址	上海市长宁区遵义路 227 号 2419 室（200051）				
投资总额	29 万 USD	电　话	32502858	传　真	
设立日期	2009-8-6	负责人	STEWART PING LEE		
主营业务	一类医疗器械、消毒用品的批发、佣金代理（拍卖除外）和进出口业务。				

企业名称	替替威阀门贸易（上海）有限公司				
企业地址	上海市龙华路 2577 号 3 幢 208 室（200232）				
投资总额	22 万 USD	电　话	51767193	传　真	
设立日期	2009-8-6	负责人	陈忠仪		
主营业务	阀门及控制系统、管道零件的批发、进出口、佣金代理（拍卖除外）。				

企业名称	上海片岗贸易有限公司				
企业地址	上海市长宁区娄山关路 85 号 C 座 905 室（200336）				
投资总额	20 万 USD	电　话	62084200	传　真	
设立日期	2009-8-6	负责人	片冈范生		
主营业务	各种产业机械、各种制动系统设备及相关零部件的批发，佣金代理。				

企业名称	明弈贸易（上海）有限公司				
企业地址	上海市浦东新区金桥出口加工区新金桥路 255 号 415 室（201206）				
投资总额	15 万 USD	电　话	31260175	传　真	
设立日期	2009-8-6	负责人	ZAHID HABIB		
主营业务	化妆品、食品、饮料、食用香料、食品添加剂的批发、佣金代理。				

企业名称	梵鲁顿贸易（上海）有限公司				
企业地址	上海市浦东新区杨高北路 528 号 14 幢 1A13 室（200137）				
投资总额	15 万 USD	电　话	63181212	传　真	
设立日期	2009-8-6	负责人	KEVIN FELIX SHERWOOD		
主营业务	酒、食品（不含熟食及卤制品）及食品添加剂、饮料、水果的批发。				

企业名称	孚沛吉贸易（上海）有限公司				
企业地址	上海市闵行区中春路 4999 号 1564 室（201100）				
投资总额	15 万 USD	电　话	63028866	传　真	
设立日期	2009-8-6	负责人	郑苑蕙		
主营业务	包装材料、化工产品（危险品除外）、食品（非实物）的批发。				

企业名称	上海康森国际贸易有限公司				
企业地址	上海市漕溪路 121 号 2 幢 201 室（200233）				
投资总额	15 万 USD	电　　话	64315833	传　　真	
设立日期	2009-8-6	负 责 人	CHARLES COLLOT		
主营业务	包装材料的批发、进出口、佣金代理（拍卖除外）。				

企业名称	啊递（上海）贸易有限公司				
企业地址	上海市闵行区红松东路 1000 号 408 室（201103）				
投资总额	14 万 USD	电　　话	54223093	传　　真	
设立日期	2009-8-6	负 责 人	LYU SE BOK（柳世福）		
主营业务	服装、服饰及辅料、珠宝首饰（毛钻、裸钻除外）、鞋帽的批发。				

企业名称	伟希贸易（上海）有限公司				
企业地址	上海市普陀区绥德路 2 弄 29 号 2 楼东侧（200000）				
投资总额	14 万 USD	电　　话	66081969	传　　真	
设立日期	2009-8-6	负 责 人	廣瀬正彦		
主营业务	清洁用品、床上用品、酒类、食品、日用杂货的批发、佣金代理。				

企业名称	鸿皋食品贸易（上海）有限公司				
企业地址	上海市闵行区程家桥支路 201 号 503 室（201103）				
投资总额	14 万 USD	电　　话	52351852	传　　真	
设立日期	2009-8-6	负 责 人	林才瀛		
主营业务	食品（非实物）、礼品盒、展示柜、电子产品、日用品的批发。				

企业名称	金比歌工艺品贸易（上海）有限公司				
企业地址	上海市嘉定区江桥镇金园一路 555 号第 1 幢第 2 层 B2160 室（201803）				
投资总额	10 万 USD	电　　话		传　　真	
设立日期	2009-8-6	负 责 人	陈宏远		
主营业务	从事工艺品（文物除外）、礼品、纺织品的批发。				

企业名称	上海东邑化工贸易有限公司				
企业地址	上海市浦东新区世纪大道 1777 号 1507 室（200132）				
投资总额	7 万 USD	电　　话	68768757	传　　真	
设立日期	2009-8-6	负 责 人	张轮大		
主营业务	化工产品的批发、佣金代理（拍卖除外）。				

企业名称	上海耿真汽车零部件贸易有限公司				
企业地址	上海市龙华路 2577 号 3 幢 206 室（200232）				
投资总额	15 万 USD	电　　话	51695013	传　　真	
设立日期	2009-8-5	负 责 人	永塚政义		
主营业务	塑料及橡胶制品（不含化学危险品）、小家电的批发、佣金代理。				

企业名称	巨瀚国际贸易（上海）有限公司				
企业地址	上海市外高桥保税区马吉路 2 号 7 楼 715 室（200131）				
投资总额	15 万 USD	电　　话	58692881	传　　真	58692756
设立日期	2009-8-5	负 责 人	黄莉莉		
主营业务	国际贸易、转口贸易、保税区内企业间的贸易及贸易代理。				

企业名称	旭予腾贸易（上海）有限公司				
企业地址	上海市浦东新区东方路 1988 号 702-4 室（200125）				
投资总额	20 万 USD	电　　话	52415169	传　　真	
设立日期	2009-8-4	负 责 人	陈建维		
主营业务	电子产品、通信器材、机械设备的批发、佣金代理（拍卖除外）。				

企业名称	奥大科斯（上海）商贸有限公司				
企业地址	上海市静安区延安中路 1111 号延安饭店主楼 208 室（200040）				
投资总额	18 万 USD	电　　话	62495126	传　　真	
设立日期	2009-8-4	负 责 人	富田周敬		
主营业务	电子元器件、五金制品、塑胶制品、模具的批发、进出口，佣金代理。				

企业名称	雄喜汽车配件贸易（上海）有限公司				
企业地址	上海市浦东新区上南路 3855 号 10 幢 201A 室（200123）				
投资总额	16 万 USD	电　　话	61935699	传　　真	
设立日期	2009-8-4	负 责 人	木全伊作（KIMATA ISAKU）		
主营业务	汽车零配件、建筑机械零配件、电机、车用通信器材的批发。				

企业名称	迪哥（上海）贸易有限公司				
企业地址	上海市奉贤区目华北路 388 号 644 室（201424）				
投资总额	14 万 USD	电　　话	51087230	传　　真	
设立日期	2009-8-4	负 责 人	王晨阳		
主营业务	化工产品、化工原料（特定商品除外）、电子产品的批发。				

企业名称	百力儿营养品贸易（上海）有限公司				
企业地址	上海市黄浦区福佑路 427 号 1 层 289 室（200010）				
投资总额	10 万 USD	电　　话	62308539	传　　真	
设立日期	2009-8-4	负 责 人	周朝谦		
主营业务	营养食品的批发、进出口业务。				

企业名称	名概商贸（上海）有限公司				
企业地址	上海市黄浦区中山东一路 18 号二层 H2 单元（200003）				
投资总额	9 万 USD	电　　话	62999899	传　　真	
设立日期	2009-8-4	负 责 人	吴云芬		
主营业务	从事书写工具、皮革制品、手表、首饰、饰品、打火机的批发。				

企业名称	傲富（上海）贸易有限公司				
企业地址	上海市共和新路 2449 号 916 室（200072）				
投资总额	15 万 USD	电　　话	56651608	传　　真	
设立日期	2009-8-3	负 责 人	MAURICIO MENDES DUTRA		
主营业务	家具、纺织品、服装、皮革制品、机电产品的批发。				

企业名称	昭和电工科学仪器（上海）有限公司				
企业地址	上海市静安区石门一路 211 号 18 楼 1802-A 室（200040）				
投资总额	50 万 USD	电　　话	62175111	传　　真	62175000
设立日期	2009-7-31	负 责 人	田越宏孝		
主营业务	分析仪器及相关零部件、化学品的批发。				

企业名称	音柯（上海）机械设备销售有限公司				
企业地址	上海市普陀区交通路 2741 号底层（200000）				
投资总额	50 万 USD	电　　话	52952635	传　　真	
设立日期	2009-7-31	负 责 人	SADIYA		
主营业务	包装机械设备及配件、家用电器及配件、模具、电线电缆的批发。				

企业名称	上海和兴飞特贸易有限公司				
企业地址	上海市漕溪路 222 号 3 幢 6 楼 05、06 室（200235）				
投资总额	30 万 USD	电　　话	64082465	传　　真	64086785
设立日期	2009-7-31	负 责 人	村上洋一		
主营业务	包装材料、服装鞋帽、劳防用品的批发。				

企业名称	上海诚乾机电设备有限公司				
企业地址	上海市奉贤区南奉公路 1478 号 2 号综合楼 3037 室（201411）				
投资总额	21 万 USD	电　　话	52567966	传　　真	
设立日期	2009-7-31	负 责 人	蒋了谦		
主营业务	机电产品、机械设备、五金交电、建筑材料（钢材、水泥除外）的批发。				

企业名称	上海耀环贸易有限公司				
企业地址	上海市虹桥路 808 号 41 幢 A-8522 室（200030）				
投资总额	15 万 USD	电　　话	64475564	传　　真	
设立日期	2009-7-31	负 责 人	山本信行		
主营业务	皮革毛皮制品、纺织品、塑料制品、五金制品、日用百货的批发。				

企业名称	发多路贸易（上海）有限公司				
企业地址	上海市浦东新区牡丹路 60 号 1504A 室（201204）				
投资总额	15 万 USD	电　　话	62682861	传　　真	
设立日期	2009-7-31	负 责 人	LIU HU WEIGUANG		
主营业务	工艺礼品（文物除外）、电子产品、食品、酒、饮料的批发。				

企业名称	帝位奈特国际贸易（上海）有限公司				
企业地址	上海市松江区新松江路 1234 号 701C 室（201620）				
投资总额	14 万 USD	电　　话		传　　真	
设立日期	2009-7-31	负 责 人	铃木伸隆		
主营业务	金属材料（贵金属除外）、办公用品的进出口、批发。				

企业名称	好品贸易（上海）有限公司				
企业地址	上海市嘉定工业区霍城路 569 号西侧 2 幢 2301 室（201803）				
投资总额	14 万 USD	电　　话	62125803	传　　真	
设立日期	2009-7-31	负 责 人	AHMED SYED RAHEEL		
主营业务	铁合金、铜母合金、焦炭、化学产品（危险品除外）的批发。				

企业名称	格睿贸易（上海）有限公司				
企业地址	上海市常熟路 158 号 5 楼 502 室（200031）				
投资总额	14 万 USD	电　　话	54670199	传　　真	
设立日期	2009-7-31	负 责 人	TERESA ANCORA		
主营业务	维修保养器材，五金工具，包装材料，电子元器件的批发。				

企业名称	翔钰贸易（上海）有限公司				
企业地址	上海市浦东新区临港新城万祥镇宏祥北路 83 弄 20 号 B 区（201300）				
投资总额	7 万 USD	电　话	55600098	传　真	
设立日期	2009-7-31	负 责 人	周明雄		
主营业务	工艺品（文物除外）、电子产品、日用百货、纺织品、机电设备的批发。				

企业名称	上海宽堂国际贸易有限公司				
企业地址	上海市虹桥路 808 号 41 幢 A 栋 A-8317 室（200030）				
投资总额	80 万 USD	电　话	64396829	传　真	64393319
设立日期	2009-7-30	负 责 人	奥田幸雄（OKUDA YUKIO）		
主营业务	箱包、家具、塑料制品、陶瓷制品和电子产品的批发。				

企业名称	万禧（上海）紧固件贸易有限公司				
企业地址	上海市张江高科技园区张东路 1387 号 9 幢 102 室 3A 部位（201203）				
投资总额	35 万 USD	电　话	38499566	传　真	
设立日期	2009-7-30	负 责 人	WERNER RAU		
主营业务	紧固件与装配产品的批发、佣金代理（拍卖除外）、进出口业务。				

企业名称	上海蔼廉贸易有限公司				
企业地址	上海市斜土路 2601 号 6 号楼 101 室 255 部分（200030）				
投资总额	16 万 USD	电　话	24193006	传　真	
设立日期	2009-7-30	负 责 人	中岛弘树		
主营业务	文具、装饰材料（钢材水泥除外）、机械设备的批发。				

企业名称	第威贸易（上海）有限公司				
企业地址	上海市嘉定工业区霍城路 569 号西侧 2 幢 2421 室（201821）				
投资总额	15 万 USD	电　话	62125803	传　真	
设立日期	2009-7-30	负 责 人	GIRARD VIATEUR		
主营业务	纺织品、办公用品、五金工具的批发。				

企业名称	道承复合材料贸易（上海）有限公司				
企业地址	上海市长华路 452 号 109 室（200131）				
投资总额	7 万 USD	电　话	60909721	传　真	61026847
设立日期	2009-7-30	负 责 人	杨智杰		
主营业务	化工原料及产品（危险品除外）、消防器材、日用百货的进出口、批发。				

企业名称	博禄贸易（上海）有限公司				
企业地址	上海市静安区南京西路 1266 号 2 幢 40 层 4003-4007 室（200040）				
投资总额	180 万 USD	电　话	61376888	传　真	
设立日期	2009-7-29	负 责 人	胡伟		
主营业务	塑料制品及其他化工产品（危险品除外）的批发。				

企业名称	花之洋（上海）国际贸易有限公司				
企业地址	上海市奉贤区目华北路 388 号 594 室（201424）				
投资总额	32 万 USD	电　话	60821010	传　真	
设立日期	2009-7-29	负 责 人	高桥秀信		
主营业务	服装鞋帽、工艺礼品（文物除外）、日用百货、劳防用品的批发。				

企业名称	上海淼森国际贸易有限公司				
企业地址	上海市普陀区柳园路 588 号 9 幢 3 室（200000）				
投资总额	30 万 USD	电　话		传　真	
设立日期	2009-7-29	负 责 人	PHOA BUDIMAN（潘锭钊）		
主营业务	原木（出口除外）、木材、人造板材、木制品的批发。				

企业名称	司联机电设备贸易（上海）有限公司				
企业地址	上海市普陀区交通路 2743 号底层（200000）				
投资总额	20 万 USD	电　话	36365191	传　真	
设立日期	2009-7-29	负 责 人	SHAUKAT GHANI		
主营业务	包装机械设备及配件、家用电器及配件、模具、电线电缆的批发。				

企业名称	迈提（上海）贸易有限公司				
企业地址	上海市共和新路 1209 号 8 幢 317 室（200070）				
投资总额	14 万 USD	电　话	51003136	传　真	
设立日期	2009-7-29	负 责 人	OZANO DJOE		
主营业务	日用百货、建材（钢材、水泥除外）、五金家电的批发。				

企业名称	硕纺（上海）贸易有限公司				
企业地址	上海市奉贤区金汇镇工业路 1766 号 13 幢 236 室（201404）				
投资总额	14 万 USD	电　话	64280132	传　真	
设立日期	2009-7-29	负 责 人	谢焕廷		
主营业务	针织、梭织、男女装、童装及配件、纺织品，上述产品的进出口贸易。				

企业名称	莎欧贸易（上海）有限公司				
企业地址	上海市浦东新区金桥出口加工区新金桥路 255 号 445 室（201206）				
投资总额	7 万 USD	电　话	51025278	传　真	
设立日期	2009-7-29	负 责 人	JUKKA AARNE OLAVI TOIVONEN		
主营业务	家具、空调及其零部件、纺织品、日用百货的批发、进出口业务。				

企业名称	天笠鞋业（上海）有限公司				
企业地址	上海市普陀区陕西北路 1438 号 1422 室（200000）				
投资总额	30 万 USD	电　话	33530986	传　真	
设立日期	2009-7-28	负 责 人	天笠悦藏		
主营业务	鞋的批发、佣金代理（拍卖除外）、进出口业务。				

企业名称	霞博（上海）贸易有限公司				
企业地址	上海市浦东新区龚路公路 701 号 1 幢二楼 B 部位（201206）				
投资总额	15 万 USD	电　话	50599240	传　真	
设立日期	2009-7-28	负 责 人	张芳瑜		
主营业务	食品、酒类及附属用具、饮料、茶叶、化妆品的批发。				

企业名称	上海东煜化工贸易有限公司				
企业地址	上海市浦东新区世纪大道 1777 号 1509 室（200122）				
投资总额	15 万 USD	电　话	68768757	传　真	
设立日期	2009-7-28	负 责 人	张轮大		
主营业务	化工产品（危险品除外）的批发，投资管理咨询。				

企业名称	上海利信有机食品有限公司				
企业地址	上海市闵行区红松路 518 号 3056 室（201105）				
投资总额	13 万 USD	电　话		传　真	
设立日期	2009-7-28	负 责 人	朱琦		
主营业务	预包装食品的批发、进出口、佣金代理（拍卖除外）。				

企业名称	韩声（上海）贸易有限公司				
企业地址	上海市宝山区东太路 259 弄 21 号 201 室（201907）				
投资总额	10 万 USD	电　话	66795551	传　真	
设立日期	2009-7-28	负 责 人	朴贞子		
主营业务	声学材料、化纤原料、床上用品的批发、进出口、佣金代理。				

企业名称	法肯贸易（上海）有限公司				
企业地址	上海市金山区漕泾镇致富路 7 号 2 幢 107 室（201507）				
投资总额	8 万 USD	电　话	64867612	传　真	
设立日期	2009-7-28	负 责 人	AFTAB AHMED		
主营业务	五金配件、日用杂货及服装的批发。				

企业名称	泰思肯贸易（上海）有限公司				
企业地址	上海市中山西路 2025 号 826 室（200233）				
投资总额	100 万 USD	电　话	50988686	传　真	
设立日期	2009-7-27	负 责 人	Jaroslav Klima		
主营业务	各类电子仪器及设备的批发、进出口、佣金代理（拍卖除外）。				

企业名称	上海井野屋贸易有限公司				
企业地址	上海市肇嘉浜路 789 号 6 楼 604 室（200032）				
投资总额	38 万 USD	电　话	61256804	传　真	
设立日期	2009-7-27	负 责 人	井上和夫		
主营业务	箱包、皮具、服饰、日用百货的批发、进出口、佣金代理。				

企业名称	浦幸贸易（上海）有限公司				
企业地址	上海市浦东新区福山路 519 号 206 室（200122）				
投资总额	15 万 USD	电　话	50581366	传　真	
设立日期	2009-7-27	负 责 人	KARL ROWE		
主营业务	服装、服饰、纺织品、饰品和日用百货的批发、佣金代理。				

企业名称	都恩国际贸易（上海）有限公司				
企业地址	上海市漕溪路 123 弄 15 号乙 420 室（200235）				
投资总额	7 万 USD	电　话	60904711	传　真	
设立日期	2009-7-27	负 责 人	JAMES PATRICK FEDERSPIEL		
主营业务	灯具、针纺织品、办公用品、服装鞋帽的批发。				

企业名称	巴流阿德商贸（上海）有限公司				
企业地址	上海市浦东新区张杨路 228 号 1810 室（200122）				
投资总额	1 万 USD	电　话	62260557	传　真	
设立日期	2009-7-27	负 责 人	植田史郎		
主营业务	服装服饰、针纺织品、家居用品、日用百货、玩具、饰品的批发。				

企业名称	君泰涂料贸易（上海）有限公司				
企业地址	上海市汶水路301号F-206室（200072）				
投资总额	100万USD	电话	66083506	传真	
设立日期	2009-7-24	负责人	成云龙		
主营业务	涂料及配套工具的批发、进出口、佣金代理（拍卖除外）。				

企业名称	上海安亚贸易有限公司				
企业地址	上海市浦东新区峨山路91弄98号104E室（200127）				
投资总额	33万USD	电话	61206688	传真	
设立日期	2009-7-24	负责人	黄达志		
主营业务	电线电缆、电脑周边设备、通讯产品及上述产品相关零配件的批发。				

企业名称	梦芙施（上海）商贸有限公司				
企业地址	上海市闵行区金都路1128号4号楼4002室（201108）				
投资总额	20万USD	电话	54409782	传真	
设立日期	2009-7-24	负责人	古诗玄		
主营业务	从事服装服饰、鞋帽、服装配饰、箱包、针纺织品、电子产品的批发。				

企业名称	戴兰诗（上海）贸易有限公司				
企业地址	上海市闵行区沪松公路565弄72号（201101）				
投资总额	20万USD	电话	64207606	传真	
设立日期	2009-7-24	负责人	古诗玄		
主营业务	金银饰品的批发、零售、进出口，提供相关配套服务。				

企业名称	上海晋宜商贸有限公司				
企业地址	上海市静安区胶州路397号5号楼337室（200040）				
投资总额	16万USD	电话	62291682	传真	
设立日期	2009-7-24	负责人	LOW YEE TEIK		
主营业务	食品销售管理（含酒类、非实物方式）、超市用工具、货架的批发。				

企业名称	上海养妆贸易有限公司				
企业地址	上海市闵行区中春路7001号第12幢118室（201101）				
投资总额	15万USD	电话	54472488	传真	
设立日期	2009-7-24	负责人	赵亿生		
主营业务	化妆品、日用百货、食品（非实物）的批发、进出口业务。				

企业名称	正官庄六年根商业（上海）有限公司				
企业地址	上海市长宁区遵义路100号A栋903室（200051）				
投资总额	150万USD	电话	62372315	传真	
设立日期	2009-7-23	负责人	KOUMYONG HWANG		
主营业务	从事高丽参及其系列产品、保健品、食品饮料、日用品、化妆品的批发。				

企业名称	钰冠（上海）商贸有限公司				
企业地址	上海市长宁区延安西路726号24B室（200050）				
投资总额	25万USD	电话	52172807	传真	
设立日期	2009-7-23	负责人	苏柏彰		
主营业务	化妆品、工艺品（文物除外）、服装服饰的批发、进出口、佣金代理。				

企业名称	上海尔拉灯绘画艺术有限公司				
企业地址	上海市长宁区淮海西路570号第68幢B区204单元（200052）				
投资总额	20万USD	电话	61252137	传真	
设立日期	2009-7-23	负责人	BAE JONG SOON		
主营业务	工艺品（文物除外）、文化用品、服装服饰、鞋帽、玩具的批发。				

企业名称	吉扬伟士贸易（上海）有限公司				
企业地址	上海市浦东新区光明路718号735室（200137）				
投资总额	20万USD	电话	52062821	传真	
设立日期	2009-7-23	负责人	MOUSSALATI M.RATEB M.JALAL		
主营业务	电子产品、工艺礼品、家具、建筑材料（钢材、水泥除外）的批发。				

企业名称	麒框贸易（上海）有限公司				
企业地址	上海市杨浦区扬州路464号3号楼二层04-06室（200082）				
投资总额	25万USD	电话	52911461	传真	
设立日期	2009-7-22	负责人	刘显胜		
主营业务	工艺品（文物除外）、木线条的批发、佣金代理（拍卖除外）。				

企业名称	三鑫（上海）贸易有限公司				
企业地址	上海市闵行区双柏路888号37幢一楼（200237）				
投资总额	17万USD	电话		传真	
设立日期	2009-7-22	负责人	游昱喆		
主营业务	从事机械设备及其零部件、电子产品的批发、进出口、佣金代理。				

企业名称	合澄（上海）商贸有限公司				
企业地址	上海市闵行区虹许路408号601室（201103）				
投资总额	15万USD	电话	54222815	传真	
设立日期	2009-7-22	负责人	朱延涛		
主营业务	纺织服装、五金产品、塑胶产品、机械配件、电子产品的批发。				

企业名称	桑诺照明设备贸易（上海）有限公司				
企业地址	上海市漕溪路121号1幢210室（200235）				
投资总额	14万USD	电话	62616733	传真	
设立日期	2009-7-22	负责人	MORDECHAI KOHN		
主营业务	金属制品、建筑材料（钢材、水泥除外）、机电设备的批发。				

企业名称	日静贸易（上海）有限公司				
企业地址	上海市静安区北京西路1701号2209室（200040）				
投资总额	14万USD	电话	51082790	传真	
设立日期	2009-7-22	负责人	海野宽		
主营业务	机电产品、减速机、减速马达、齿轮产品及上述产品配件的批发。				

企业名称	岦海餐饮管理（上海）有限公司				
企业地址	上海市陕西南路238号301室（200031）				
投资总额	29万USD	电话	54033464	传真	
设立日期	2009-7-21	负责人	BERGMAN PAUL ITAN		
主营业务	餐饮管理，企业管理咨询，食品、食品的设备及食品加工原料的批发。				

企业名称	渴望杰智电子科技（上海）有限公司				
企业地址	上海市普陀区陕西北路1392弄8号1316室（200000）				
投资总额	20万USD	电话	35588554	传真	
设立日期	2009-7-21	负责人	张丰堂		
主营业务	导管、配管、消防喷偷、冷凝设备及配件、溶剂回收设备及配件的批发。				

企业名称	上海衣尚仓储有限公司				
企业地址	上海市恒丰路218号1406室（200070）				
投资总额	19万USD	电话	51801781	传真	
设立日期	2009-7-21	负责人	RAFAEL TORRES BRINKMANN		
主营业务	纺织品、服装、服饰、鞋帽、箱包、皮革制品、钟表及其零件的批发。				

企业名称	韦逊泰娜贸易（上海）有限公司				
企业地址	上海市浦东新区浦东大道2123号1604室（200135）				
投资总额	7万USD	电话	58215157	传真	
设立日期	2009-7-21	负责人	吴剑北		
主营业务	金属表面防腐系统设备和预防海洋生物腐蚀系统设备及配件的批发。				

企业名称	多梦奈一商贸（上海）有限公司				
企业地址	上海市长宁区仙霞路317号706室（200051）				
投资总额	20万USD	电话		传真	
设立日期	2009-7-20	负责人	谷尻真治		
主营业务	食品添加剂、调味品、有机化学品（危险品除外）、包装材料的批发。				

企业名称	上海展荣贸易有限公司				
企业地址	上海市浦东新区杨高北路528号14幢1A49室（200137）				
投资总额	20万USD	电话	63181212	传真	
设立日期	2009-7-20	负责人	何宜香		
主营业务	电子电器、仪器仪表、塑胶原料及其制品、服饰品的批发。				

企业名称	康维德贸易（上海）有限公司				
企业地址	上海市卢湾区西藏南路218号1201C室（200021）				
投资总额	20万USD	电话	23218100	传真	
设立日期	2009-7-20	负责人	MEHRAN MEHRTASH		
主营业务	三类医用卫生材料及敷料、二类医用高分子材料及制品的批发。				

企业名称	奥高（上海）贸易有限公司				
企业地址	上海市长宁区延安西路726号6C室（200050）				
投资总额	20万USD	电话	64458370	传真	
设立日期	2009-7-20	负责人	鞠宏文		
主营业务	服装、机械设备、家用电器的批发、佣金代理（拍卖除外）。				

企业名称	上海耐苛贸易有限公司				
企业地址	上海市卢湾区瑞金南路1号7C室（200025）				
投资总额	15万USD	电话	64180601	传真	
设立日期	2009-7-20	负责人	中川浩次		
主营业务	电子产品及其零部件、电子元器件、电子测试设备的批发。				

批发和零售贸易业

企业名称	星集贸易（上海）有限公司				
企业地址	上海市浦东新区光明路 718 号 714 室（200137）				
投资总额	15 万 USD	电　话		传　真	
设立日期	2009-7-20	负责人	HABEEB RAHMATHULLA		
主营业务	木制品、建材（钢材、水泥除外）、塑料制品、日用百货的批发。				

企业名称	上海汇旺贸易有限公司				
企业地址	上海市嘉定区嘉定镇街道城中路 25 号 1003 室（201800）				
投资总额	15 万 USD	电　话	59921037	传　真	
设立日期	2009-7-17	负责人	洪境聪		
主营业务	工艺品（文物除外）、办公用品、五金电动工具、家用电器的批发。				

企业名称	上海隆基宏贸易发展有限公司				
企业地址	上海市南汇区祝桥镇川南奉公路 4938 号 158 室（201314）				
投资总额	2009-7-17	电　话	58101619	传　真	
设立日期	2009-7-16	负责人	桂龙德		
主营业务	制药设备（国家许可范围内）、电子产品及其附件、日用百货的批发。				

企业名称	大阳日酸申威（上海）医用气体有限公司				
企业地址	上海市虹漕路 421 号 67 幢 915 室（200233）				
投资总额	200 万 USD	电　话	62788951	传　真	
设立日期	2009-7-16	负责人	江头淳一		
主营业务	医用气体的研发，医用气体、医疗器械（一类）的批发。				

企业名称	松风齿科器材贸易（上海）有限公司				
企业地址	上海市松江区佘山工业区吉业路 645 号 1 幢 3 层（201602）				
投资总额	108 万 USD	电　话	57796980	传　真	
设立日期	2009-7-16	负责人	关敏明		
主营业务	口腔科设备及器具、III 类口腔材料的批发。				

企业名称	普兰德（上海）贸易有限公司				
企业地址	上海市肇嘉浜路 789 号 12F1 室（200032）				
投资总额	35 万 USD	电　话	64396829	传　真	
设立日期	2009-7-16	负责人	CHRISTOPH WALTER HELMUT		
主营业务	测量仪器和调控装置及其组件、零件的批发。				

企业名称	欧蒽吉（上海）贸易有限公司				
企业地址	上海市张江高科技园区哈雷路 1043 号 302 室（201203）				
投资总额	20 万 USD	电　话	51320675	传　真	
设立日期	2009-7-16	负责人	邱晓刚		
主营业务	有机化学品的批发、进出口、佣金代理（拍卖除外）。				

企业名称	上海高远骄子测量仪器商贸有限公司				
企业地址	上海市浦东新区福山路 33 号 21 楼 B 座（200120）				
投资总额	20 万 USD	电　话	51306337	传　真	
设立日期	2009-7-16	负责人	蔡耀邦		
主营业务	测量仪器、电子设备的批发、佣金代理（拍卖除外）。				

企业名称	创环贸易（上海）有限公司				
企业地址	上海市静安区南京西路 1266 号 2 幢 15 层 1501 室（200040）				
投资总额	15 万 USD	电　话	61376150	传　真	
设立日期	2009-7-16	负责人	JAC ARLAN CRAWFORD		
主营业务	金属制品（贵金属除外）、玻璃和有机玻璃制品、木制品的批发。				

企业名称	允雅贸易（上海）有限公司				
企业地址	上海市闵行区顾戴路 3039 号一幢 2 层 201 室（201100）				
投资总额	60 万 USD	电　话	54172365	传　真	
设立日期	2009-7-15	负责人	郭恒章		
主营业务	鞋子、箱包、服饰、帽子、眼镜、围巾、化妆品的批发、佣金代理。				

企业名称	绝配贸易（上海）有限公司				
企业地址	上海市浦东新区环林东路 799 弄 1 号 1023 室（200124）				
投资总额	15 万 USD	电　话		传　真	
设立日期	2009-7-15	负责人	萧东生		
主营业务	纺织品、文化体育用品、工艺品（文物除外）、日用百货、玩具的批发。				

企业名称	上海帝好贸易有限公司				
企业地址	上海市松江区泖港镇中民路 599 弄 1 号 1 幢 101 室（201607）				
投资总额	15 万 USD	电　话	33632032	传　真	
设立日期	2009-7-15	负责人	李晓兰		
主营业务	新型仪表元器件、通讯器材、家用电器、日用百货、化妆品的批发。				

企业名称	禹翔贸易（上海）有限公司				
企业地址	上海市天钥桥路 325 号 3310 室（200030）				
投资总额	14 万 USD	电　话	33632911	传　真	
设立日期	2009-7-15	负责人	Xiaojing LIN		
主营业务	日用百货、五金交电、橡塑制品、办公家具、家具用品的批发。				

企业名称	伊大咖贸易（上海）有限公司				
企业地址	上海市卢湾区斜土路 768 号 1807 室（200023）				
投资总额	15 万 USD	电　话	51088535	传　真	
设立日期	2009-7-14	负责人	ANNA DAMATO		
主营业务	汽车零配件、电子产品、建筑材料（水泥、钢材除外）的批发。				

企业名称	有添（上海）贸易有限公司				
企业地址	上海市嘉定区安亭镇安晓路 128 号第 2 幢 101 室（201805）				
投资总额	15 万 USD	电　话	59506696	传　真	
设立日期	2009-7-14	负责人			
主营业务	机电设备、五金工具的进出口、批发。				

企业名称	上海裳蝶贸易有限公司				
企业地址	上海市闵行区虹许路 731 号 3 号楼五层 D501 室（201103）				
投资总额	15 万 USD	电　话	53012061	传　真	
设立日期	2009-7-14	负责人	Jesper Herold Halle		
主营业务	服装、家居用品、床上用品、包装材料的批发、进出口、佣金代理。				

企业名称	弘稳贸易（上海）有限公司				
企业地址	上海市嘉定区嘉定镇花园弄 67 号 352 室（201800）				
投资总额	10 万 USD	电　话	34227511	传　真	
设立日期	2009-7-14	负责人	邓　红		
主营业务	电梯及附件、停车设备及附件、自动化控制设备、电子产品的批发。				

企业名称	蓝尚商贸（上海）有限公司				
企业地址	上海市长宁区宣化路 300 号北塔 2003 室（200050）				
投资总额	60 万 USD	电　话	32528110	传　真	
设立日期	2009-7-13	负责人	HU LING FEI		
主营业务	包装制品、五金交电、家用电器的批发。				

企业名称	逸通贸易（上海）有限公司				
企业地址	上海市富民路 291 号 708 室（200031）				
投资总额	35 万 USD	电　话	61360388	传　真	
设立日期	2009-7-13	负责人	小松弘幸		
主营业务	医疗器械（第一类）及耗材、电子半导体设备、通信和 IT 设备的批发。				

企业名称	德恺玛工艺设备贸易（上海）有限公司				
企业地址	上海市闵行区光华路 2118 号第六幢 1368 室（201111）				
投资总额	15 万 USD	电　话	68885595	传　真	
设立日期	2009-7-13	负责人	Rüdiger vieten		
主营业务	从事机械设备、机电产品、工业自动化设备及零部件的批发。				

企业名称	居事佳（上海）商贸有限公司				
企业地址	上海市杨浦区国伟路 135 号 5 幢 203 室（200438）				
投资总额	300 万 USD	电　话	50819858	传　真	
设立日期	2009-7-10	负责人	JAN BOGH		
主营业务	从事纺织品、皮具、家用电器、五金器具、家具、照明设备的批发。				

企业名称	赞雅商贸（上海）有限公司				
企业地址	上海市静安区南京西路 819 号 1310 室（200040）				
投资总额	145 万 USD	电　话	62490383	传　真	
设立日期	2009-7-10	负责人	MATSUZAWA KEIJI		
主营业务	服装、鞋帽、皮革制品、箱包、相关配饰件的批发、零售、佣金代理。				

企业名称	上海百脑汇在线信息科技有限公司				
企业地址	上海市肇嘉浜路 1111 号 3 楼 IT3F-X307 室（200030）				
投资总额	100 万 USD	电　话	61135528	传　真	
设立日期	2009-7-10	负责人	蔡明贤		
主营业务	家用电器、计算机及配件、通讯器材、机电设备、办公用品的批发。				

企业名称	佑尚贸易（上海）有限公司				
企业地址	上海市静安区新闸路 831 号 20 层 I 室（200040）				
投资总额	44 万 USD	电　话	51087230	传　真	
设立日期	2009-7-10	负责人	余璧如		
主营业务	二类医疗器械（Ⅱ类：口腔科材料）、化工产品、日用杂货的批发。				

企业名称	阿里亚斯达矿产品贸易（上海）有限公司				
企业地址	上海市浦东新区浦东南路 1088 号 1011B 室（200122）				
投资总额	20 万 USD	电　　话	64519302	传　　真	
设立日期	2009-7-10	负 责 人	OWAIS USMANI		
主营业务	从事矿产品（铁矿石除外）的批发、佣金代理（拍卖除外）。				

企业名称	佳营电子贸易（上海）有限公司				
企业地址	上海市浦东新区浦东南路 1111 号 11 楼 D 室（200120）				
投资总额	20 万 USD	电　　话	58365838	传　　真	
设立日期	2009-7-10	负 责 人	郑国正		
主营业务	电子产品及其零部件和相关软件的批发、佣金代理（拍卖除外）。				

企业名称	上海升创贸易有限公司				
企业地址	上海市闵行区延安西路 3062 弄 18 号 8 楼（201103）				
投资总额	20 万 USD	电　　话	64064846	传　　真	
设立日期	2009-7-10	负 责 人	蔡卡达		
主营业务	针纺织品、台布、纺织服饰用品、床上用品、毛巾、日用百货的批发。				

企业名称	欧思贸易（上海）有限公司				
企业地址	上海市闵行区光华路 2118 号第 3 幢 220 室（201111）				
投资总额	11 万 USD	电　　话	64399326	传　　真	
设立日期	2009-7-10	负 责 人	ANTHONY IFEME OPPAH		
主营业务	从事电脑及其配件、家具、办公用品、模具、汽车零部件的批发。				

企业名称	珍熙服饰贸易（上海）有限公司				
企业地址	上海市闵行区剑川路 951 号 5 幢 5 层 5023 室（200240）				
投资总额	10 万 USD	电　　话		传　　真	
设立日期	2009-7-10	负 责 人	Kwon Sun Young		
主营业务	服装服饰、鞋帽、箱包、饰品（毛钻、裸钻除外）的批发。				

企业名称	上海裕寓巧克力商贸有限公司				
企业地址	上海市静安区南京西路 1376 号 117 室（200040）				
投资总额	7 万 USD	电　　话	62898014	传　　真	
设立日期	2009-7-10	负 责 人	MICHEL JOSEPH GUILHOT		
主营业务	预包装食品（不含熟食卤味和冷冻冷藏食品）的零售、批发。				

企业名称	卡鹏（上海）贸易有限公司				
企业地址	上海市汉中路 158 号 1609 室（200070）				
投资总额	81 万 USD	电　　话	63810275	传　　真	
设立日期	2009-7-9	负 责 人	彭京启		
主营业务	液压阀门、泵、汽缸、电子和液压零部件的批发、进出口、佣金代理。				

企业名称	升邦（上海）纺织品有限公司				
企业地址	上海市肇嘉浜路 789 号 11A 室（200032）				
投资总额	50 万 USD	电　　话	51155711	传　　真	51155737
设立日期	2009-7-9	负 责 人	益关寿		
主营业务	纺织面料、针纺织品及原料、仿首饰、工艺品（文物除外）的批发。				

企业名称	爱珐时（上海）商贸有限公司				
企业地址	上海市浦东新区环林东路 799 弄 3 号 1021 室（200123）				
投资总额	15 万 USD	电　　话	50891720	传　　真	
设立日期	2009-7-9	负 责 人	庄焕华		
主营业务	珠宝首饰（毛钻、裸钻除外）、工艺品、办公用品、日用百货的批发。				

企业名称	得睿升（上海）商贸有限公司				
企业地址	上海市浦东新区三林路 123 号第 4 幢 3F（302、303、304 室）（200124）				
投资总额	14 万 USD	电　　话		传　　真	
设立日期	2009-7-9	负 责 人	张尚礼		
主营业务	半导体设备、电子元器件、五金制品、机械设备、计算机软硬件的批发。				

企业名称	上海优裕商贸有限公司				
企业地址	上海市共和新路 951 号 30 幢 218 室（200070）				
投资总额	7 万 USD	电　　话	63537018	传　　真	
设立日期	2009-7-9	负 责 人	WATANABE MASAKO		
主营业务	服装服饰、服装面辅料、鞋类、箱包、日用品、化妆品、文具的批发。				

企业名称	泷定大阪商贸（上海）有限公司				
企业地址	上海市长宁区兴义路 8 号 911 室（200336）				
投资总额	100 万 USD	电　　话	52080261	传　　真	
设立日期	2009-7-8	负 责 人	泷 隆太（TAKI RYUTA）		
主营业务	服饰品、床上用品以及纺织原材料（棉花除外），纺织器材的批发。				

企业名称	上海彦丰商贸有限公司				
企业地址	上海市奉贤区远东路 828 号 2 幢 307 室（201400）				
投资总额	50 万 USD	电　　话	33655130	传　　真	
设立日期	2009-7-8	负 责 人	EDWARD PRUC		
主营业务	机械设备及其零配件（除特种设备）、工业用铸钢制品的批发。				

企业名称	极致（上海）贸易有限公司				
企业地址	上海市长宁区金钟路 658 弄 10 号楼 401 室（200335）				
投资总额	15 万 USD	电　　话	51507773	传　　真	
设立日期	2009-7-8	负 责 人	KIM SEKWON		
主营业务	从事纺织品、照明器材、电子元器件、化工产品（危险品除外）的批发。				

企业名称	丹睿贸易（上海）有限公司				
企业地址	上海市浦东新区江东路 701 号 502 室（200137）				
投资总额	7 万 USD	电　　话	64394114	传　　真	
设立日期	2009-7-8	负 责 人	NESS LAKDAWALA		
主营业务	空气调节设备、气体净化装置、空气过虑设备和干燥设备的批发。				

企业名称	耀上贸易（上海）有限公司				
企业地址	上海市外高桥保税区华申路 180 号五楼 501N 部位（200131）				
投资总额	15 万 USD	电　　话	69755088	传　　真	
设立日期	2009-7-7	负 责 人	王献莹		
主营业务	汽车摩托车零配件、机电设备及零配件、化工产品（除危险品）的批发。				

企业名称	楷洲贸易（上海）有限公司				
企业地址	上海市松江区九亭镇沪松公路 1519 弄 18 号 1512 室（201615）				
投资总额	15 万 USD	电　　话	57638005	传　　真	
设立日期	2009-7-7	负 责 人	王信量		
主营业务	电子零配件、机械模具、通用零配件、电子产品、不锈钢制品的批发。				

企业名称	上海顺频贸易有限公司				
企业地址	上海市闵行区程家桥路 299 弄 3 幢（201103）				
投资总额	20 万 USD	电　　话	64651140	传　　真	
设立日期	2009-7-6	负 责 人	何育纶		
主营业务	汽车配件、五金制品、化工原料（特定商品及危险品除外）的批发。				

企业名称	建跃机械（上海）有限公司				
企业地址	上海市天目中路 267 号 5A 室（200070）				
投资总额	14 万 USD	电　　话		传　　真	
设立日期	2009-7-6	负 责 人	LIM LIAT MENG		
主营业务	轴承、机械配件、密封件、机电产品的批发、进出口、佣金代理。				

企业名称	凯比特安全设备（上海）有限公司				
企业地址	上海市静安区南京西路 819 号 1406 室（200040）				
投资总额	14 万 USD	电　　话	62539050	传　　真	
设立日期	2009-7-6	负 责 人	BRADLEY DAVID GATES		
主营业务	高空作业安全设备的批发、进出口，佣金代理（拍卖除外）。				

企业名称	躯诺态比贸易（上海）有限公司				
企业地址	上海市闵行区龙茗路 2913、2915 号（201101）				
投资总额	75 万 USD	电　　话	54789331	传　　真	
设立日期	2009-7-3	负 责 人	AN IN TEA		
主营业务	服装、鞋帽、箱包、饰品、日用百货的批发、零售、佣金代理。				

企业名称	上海奈伊茜商贸有限公司				
企业地址	上海市卢湾区瑞金南路 1 号 19 楼 C 座（200023）				
投资总额	42 万 USD	电　　话		传　　真	
设立日期	2009-7-3	负 责 人	OTA　TOSHINOBU		
主营业务	珠宝首饰（毛钻、裸钻除外）、眼镜（隐形眼镜除外）的批发。				

企业名称	萨科贸易（上海）有限公司				
企业地址	上海市嘉定区黄渡镇春锦路 253 号 1 幢底层 A 区（201804）				
投资总额	30 万 USD	电　　话		传　　真	
设立日期	2009-7-3	负 责 人	KJELL TOMAS KARLSSON		
主营业务	塑料、金属制紧固件及其零配件和相关工具的批发、进出口、佣金代理。				

企业名称	富盈寰宇商贸（上海）有限公司				
企业地址	上海市黄浦区九江路 399 号 3 楼西部（200003）				
投资总额	25 万 USD	电　　话	63225000	传　　真	
设立日期	2009-7-3	负 责 人	林　劲		
主营业务	文仪用品、家居用品、玩具、园艺工具、化妆品、化妆工具的批发。				

批发和零售贸易业

企业名称	通洁（上海）贸易有限公司				
企业地址	上海市长宁区天山路 1825 号 4 号楼 230 室（200051）				
投资总额	18 万 USD	电　话	63165883	传　真	
设立日期	2009-7-3	负责人	Thierry ZEITOUN		
主营业务	卫生洁具、日用杂货、家电电器及其配件的批发，佣金代理。				

企业名称	浩御贸易（上海）有限公司				
企业地址	上海市闵行区光华路 2118 号第 6 幢 1359 室（201111）				
投资总额	15 万 USD	电　话	63321833	传　真	
设立日期	2009-7-3	负责人	林浩霆		
主营业务	工艺礼品（不含金银首饰及文物）、日用百货、皮革制品的批发。				

企业名称	上海铠佑贸易有限公司				
企业地址	上海市漕溪北路 398 号 2104 室（200030）				
投资总额	15 万 USD	电　话	64696089	传　真	
设立日期	2009-7-3	负责人	程宏勋		
主营业务	日用百货、办公用品、机电产品、工艺品（文物除外）、酒的批发。				

企业名称	方针（上海）商贸有限公司				
企业地址	上海市静安区威海路 511 号 1907 室（200040）				
投资总额	297 万 USD	电　话	61372435	传　真	
设立日期	2009-7-2	负责人	ENDO YOICHI		
主营业务	装饰品、化妆品、日用杂货、雨具、眼镜、耳机、腰带、皮制品的批发。				

企业名称	富士申业（上海）机电设备有限公司				
企业地址	上海市南汇区祝桥镇祝潘公路 136 号（201325）				
投资总额	200 万 USD	电　话	58401128	传　真	
设立日期	2009-7-2	负责人	汪振永		
主营业务	电梯、机电产品、电子电器及相关产品的批发。				

企业名称	诺缌达国际贸易（上海）有限公司				
企业地址	上海市长宁区宣化路 300 号南塔 1702A 室（200050）				
投资总额	60 万 USD	电　话	51093100	传　真	
设立日期	2009-7-2	负责人	于　兵		
主营业务	金属制品、建材（钢材、水泥除外）、化工原料（危险品除外）的批发。				

企业名称	上海弘澎贸易有限公司				
企业地址	上海市长宁区长宁路 855 号 22A 室（200050）				
投资总额	50 万 USD	电　话	52394071	传　真	
设立日期	2009-7-2	负责人	吴英祥		
主营业务	从事日用百货、机电产品、五金交电、电气电子产品及其零配件的批发。				

企业名称	上海华度服饰有限公司				
企业地址	上海市浦东新区金沪路 1222 号 2 幢 502 室（201206）				
投资总额	44 万 USD	电　话	58999756	传　真	
设立日期	2009-7-2	负责人	倪海		
主营业务	塑料制品、办公用品、玩具、日用百货、工艺礼品（文物除外）的批发。				

企业名称	八贯（上海）贸易有限公司				
企业地址	上海市长宁区遵义路 227 号 812 室（200051）				
投资总额	15 万 USD	电　话	62511999	传　真	
设立日期	2009-7-2	负责人	八木和男		
主营业务	家居用品、工艺礼品（文物除外）、皮革制品、箱包、鞋帽的批发。				

企业名称	冠齐贸易（上海）有限公司				
企业地址	上海市普陀区中山北路 1715 号 1807 室（200000）				
投资总额	15 万 USD	电　话	61392700	传　真	
设立日期	2009-7-2	负责人	ZHANG JIN YU		
主营业务	家具、厨卫用品、家居用品、办公用品、艺术品（文物除外）的批发。				

企业名称	芬芮（上海）贸易有限公司				
企业地址	上海市闵行区新骏环路 189 号 C 区 306、308 室（201112）				
投资总额	14 万 USD	电　话	34637500	传　真	
设立日期	2009-7-2	负责人	JUAN CARLOS ANDEREZ		
主营业务	工艺礼品（文物除外）、橡塑制品、五金交电、办公用品、鞋帽的批发。				

企业名称	德撒贸易（上海）有限公司				
企业地址	上海市闵行区莘建东路 58 弄 2 号楼 313 室（201100）				
投资总额	17 万 USD	电　话	61294632	传　真	
设立日期	2009-7-1	负责人	TJARK LIERSE		
主营业务	汽车及摩托车零配件、模具、刀具、磨料、磨具、五金交电的批发。				

企业名称	特艾助剂贸易（上海）有限公司				
企业地址	上海市临港新城万祥镇宏祥北路 83 弄 21 号（201111）				
投资总额	17 万 USD	电　话	63176754	传　真	
设立日期	2009-7-1	负责人	LIM YAK HONG		
主营业务	化工助剂、化工产品（危险品除外）的批发、佣金代理（拍卖除外）。				

企业名称	皮克中（上海）机械设备贸易有限公司				
企业地址	上海市崇明县庙镇宏海公路 263 号 1 幢 247 室（202153）				
投资总额	15 万 USD	电　话	64826372	传　真	
设立日期	2009-7-1	负责人	ABBAS ABBOUD ESSA AL-MAJIDI		
主营业务	机械设备的批发、佣金代理（拍卖除外）和进出口，提供相关配套服务。				

企业名称	桥微（上海）贸易有限公司				
企业地址	上海市嘉定工业区霍城路 569 号西侧 2 幢 2420 室（201821）				
投资总额	14 万 USD	电　话	62125803	传　真	
设立日期	2009-7-1	负责人	BOTTE JACQUES MICHEL MARIE		
主营业务	电子产品及电子测试产品的批发、进出口，提供相关配套服务。				

企业名称	上海鸿氏贸易有限公司				
企业地址	上海市浦东新区张杨路 188 号 2005 室（200122）				
投资总额	15 万 USD	电　话	58766668	传　真	
设立日期	2009-6-30	负责人	JOHANNES CHRISTIAN HONKE		
主营业务	木材（原木出口除外）、竹制品、化工产品（危险品除外）的批发。				

企业名称	眺立士博（上海）贸易有限公司				
企业地址	上海市虹口区花园路 66 弄 1 号 2006 室（200083）				
投资总额	15 万 USD	电　话	33050089	传　真	
设立日期	2009-6-30	负责人	ALBERTO MEDINA ALMAZAN		
主营业务	机械设备及配件、摩托车、助动车的进出口及批发。				

企业名称	艾宜西贸易（上海）有限公司				
企业地址	上海市虹口区天宝路 578 号 819 室（200086）				
投资总额	15 万 USD	电　话	33776668	传　真	
设立日期	2009-6-29	负责人			
主营业务	电子产品、机械设备及配件、化工产品（危险品除外）、家具的批发。				

企业名称	彼恰商贸（上海）有限公司				
企业地址	上海市长宁区定西路 759 号 2 号楼 1B 室（200052）				
投资总额	15 万 USD	电　话	61248768	传　真	2009-6-29
设立日期	2009-6-29	负责人	ERICH PAUL HEILEMANN		
主营业务	五金制品、玻璃制品、陶瓷作品、木材（原木除外）及木制品的批发。				

企业名称	攀耐科贸易（上海）有限公司				
企业地址	上海市普陀区武威路 288 号 2 号楼底楼东侧 101 室（200000）				
投资总额	14 万 USD	电　话	61450641	传　真	
设立日期	2009-6-29	负责人	GEERT D. SMIT		
主营业务	机电产品、五金工具、家用电器、办公用品、电子产品、服装的批发。				

企业名称	恩禾贸易（上海）有限公司				
企业地址	上海市浦东新区环林东路 799 弄 2 号 1007 室（200123）				
投资总额	100 万 USD	电　话		传　真	
设立日期	2009-6-26	负责人	姜　彬		
主营业务	有机肥料、食品（熟食和卤制品除外）（筹建）、服装的批发。				

企业名称	芳恩贸易（上海）有限公司				
企业地址	上海市长宁区金钟路 658 弄 8 号甲 3 层（200335）				
投资总额	35 万 USD	电　话		传　真	
设立日期	2009-6-26	负责人	KIM TONY TONG-UN		
主营业务	纺织品、服饰、服装辅料、鞋帽、首饰（毛钻、裸钻除外）的批发。				

企业名称	上海百瑞复医疗科技有限公司				
企业地址	上海市普陀区中江路 879 弄 28 号楼 405 室（200000）				
投资总额	20 万 USD	电　话		传　真	
设立日期	2009-6-26	负责人	郑秉辉		
主营业务	二类三类医疗器械（具体项目见许可证）的批发。				

企业名称	荷泓（上海）太阳能设备商贸有限公司				
企业地址	上海市漕溪北路 88 号 709 室（200030）				
投资总额	16 万 USD	电　话	31200395	传　真	
设立日期	2009-6-26	负责人	PAULUS ADRIANUS BREDDELS		
主营业务	各类太阳能光电池生产设备及相关零部件材料产品的批发。				

企业名称	上海力事高商贸有限公司				
企业地址	上海市虹梅路 1905 号 903 室（200233）				
投资总额	3 万 USD	电　　话	61457023	传　　真	
设立日期	2009-6-26	负 责 人	ABOTOMEY DARRYL GREGOR		
主营业务	汽车零配件的佣金代理（拍卖除外），并提供相关配套服务。				

企业名称	吉模卡莱姆贸易（上海）有限公司				
企业地址	上海市闵行区剑川路 951 号 5 幢 6 层 6116 室（200240）				
投资总额	3 万 USD	电　　话	34020668	传　　真	34020168
设立日期	2009-6-26	负 责 人	刘树栢		
主营业务	自动化机械设备的批发、进出口、佣金代理（拍卖除外）。				

企业名称	纽薇地珠宝贸易（上海）有限公司				
企业地址	上海市浦东新区东昌路 498 弄 15 号 1 幢 3 楼 3011 室（200120）				
投资总额	20 万 USD	电　　话	60810001	传　　真	
设立日期	2009-6-25	负 责 人	WILLIAM K.KUNG		
主营业务	珠宝首饰（毛钻、裸钻除外）的研发设计、批发、进出口及贸易咨询。				

企业名称	埃释特（上海）贸易有限公司				
企业地址	上海市浦东新区枣庄路 667 号 321 室（200135）				
投资总额	210 万 USD	电　　话	68883337	传　　真	
设立日期	2009-6-24	负 责 人	何　莹		
主营业务	家具、电子元件、环保产品、日用品的批发。				

企业名称	沁月珠宝贸易（上海）有限公司				
企业地址	上海市嘉定区南翔镇真南路 3930 号第 3 幢 209 室（201802）				
投资总额	88 万 USD	电　　话	62477293	传　　真	
设立日期	2009-6-24	负 责 人	印菲菲		
主营业务	皮革制品、眼镜（隐形眼镜除外）、香水及化妆品、体育用品的批发。				

企业名称	迈实涂料贸易（上海）有限公司				
企业地址	上海市金山区漕泾镇平业路 33 号（201507）				
投资总额	15 万 USD	电　　话		传　　真	
设立日期	2009-6-24	负 责 人	朱理遒		
主营业务	水性涂料、粉末涂料、化工原料及产品、船用钢结构的批发。				

企业名称	上海宜富贸易有限公司				
企业地址	上海市松江区茸梅路 215 号 502 室 A 区（201613）				
投资总额	376 万 USD	电　　话	37621196	传　　真	
设立日期	2009-6-23	负 责 人	蔡淑嫣		
主营业务	家具的进出口业务、批发业务、佣金代理（拍卖除外）。				

企业名称	礼易通（上海）商贸有限公司				
企业地址	上海市虹口区物华路 73 号 1 号楼 5 层 8503 室（200085）				
投资总额	15 万 USD	电　　话	34250223	传　　真	
设立日期	2009-6-23	负 责 人	姚　宏		
主营业务	工艺美术品（文物除外）、家用电器、纺织品、体育用品的批发。				

企业名称	瑞杉贸易（上海）有限公司				
企业地址	上海市普陀区丹巴路 28 弄 31 号 210 室（200000）				
投资总额	14 万 USD	电　　话	62235698	传　　真	
设立日期	2009-6-23	负 责 人	CHAN WEE KIANG		
主营业务	纺织品、面料、服装服饰、家居用品、纺织缝纫机器设备的批发。				

企业名称	上海喜星半导体照明设备贸易有限公司				
企业地址	上海市中山西路 1420 弄 16 号 2 幢 5D 室（200233）				
投资总额	15 万 USD	电　　话	61135300	传　　真	
设立日期	2009-6-22	负 责 人	JUNG HEE CHON		
主营业务	半导体照明材料及产品的批发、进出口和佣金代理（拍卖除外）。				

企业名称	汇灵登（上海）贸易有限公司				
企业地址	上海市南汇区康桥镇康意路 499 号 A 座 4214 室（201315）				
投资总额	15 万 USD	电　　话	51115163	传　　真	
设立日期	2009-6-22	负 责 人	XIA PING WU		
主营业务	服装服饰、皮革制品、鞋帽、文化用品、工艺礼品（文物除外）的批发。				

企业名称	上海扬航商贸有限公司				
企业地址	上海市东安路 8 号 5 楼 525 室（200023）				
投资总额	15 万 USD	电　　话	64435521	传　　真	
设立日期	2009-6-22	负 责 人	藤重治夫		
主营业务	各种产业用机器人及零部件的批发，佣金代理（拍卖除外）。				

企业名称	歆昀（上海）贸易有限公司				
企业地址	上海市共和新路 2449 号 706 室（200072）				
投资总额	14 万 USD	电　　话	66310473	传　　真	
设立日期	2009-6-22	负 责 人	GLADYS WILSON BAKKAR		
主营业务	电子产品的批发、进出口、佣金代理（拍卖除外）。				

企业名称	富棉（上海）橡胶制品贸易有限公司				
企业地址	上海市黄浦区人民路 885 号 516 室（200002）				
投资总额	14 万 USD	电　　话	64735635	传　　真	
设立日期	2009-6-22	负 责 人	Dalmas Philippe		
主营业务	橡胶泡棉、其他橡胶制品及其原材料的批发、佣金代理（拍卖除外）。				

企业名称	上海仲文智能系统工程有限公司				
企业地址	上海市罗秀路 42 号 208 室（200231）				
投资总额	14 万 USD	电　　话	31059568	传　　真	
设立日期	2009-6-22	负 责 人	梁以文		
主营业务	公共安全防范技术工程的施工及相关设备的安装、维修。				

企业名称	安洋（上海）食品有限公司				
企业地址	上海市静安区海防路 391 弄 80 号 505 室（200040）				
投资总额	10 万 USD	电　　话		传　　真	
设立日期	2009-6-22	负 责 人	DANILOV ANTON		
主营业务	食品销售管理（非实物方式）。（涉及行政许可的，凭许可证经营）。				

企业名称	茶山贸易（上海）有限公司				
企业地址	上海市延长中路 765 号三楼 302 室（200041）				
投资总额	8 万 USD	电　　话	54815782	传　　真	
设立日期	2009-6-22	负 责 人	LEE SANG WON		
主营业务	服装鞋帽、服装面辅料、日用百货的批发、进出口、佣金代理。				

企业名称	春岭贸易（上海）有限公司				
企业地址	上海市浦东新区民生路 1403 号信息大厦 916 室（200135）				
投资总额	35 万 USD	电　　话	33926649	传　　真	
设立日期	2009-6-19	负 责 人	MARK ALAN FLEGM		
主营业务	从事肉类、水产品、食品、饲料的批发、佣金代理（拍卖除外）。				

企业名称	上海旭田商贸有限公司				
企业地址	上海市浦东新区川沙路 6999 号 28 幢 251 室（201200）				
投资总额	15 万 USD	电　　话		传　　真	
设立日期	2009-6-19	负 责 人	黑田俊英		
主营业务	纺织原料及产品（棉花除外）、化工原料及产品，皮革制品的批发。				

企业名称	白勇（上海）海洋设备贸易有限公司				
企业地址	上海市浦东新区杨园南路 116 号 2 幢 232 室（201204）				
投资总额	15 万 USD	电　　话	58819321	传　　真	
设立日期	2009-6-19	负 责 人	YONG BAI		
主营业务	金属材料（贵金属、稀有金属除外）、橡塑制品、电子产品的批发。				

企业名称	琨脉雅（上海）贸易有限公司				
企业地址	上海市闵行区吴中路 1065 号第一幢 1106A 室（201103）				
投资总额	20 万 USD	电　　话		传　　真	
设立日期	2009-6-18	负 责 人	WAN QING		
主营业务	石英产品、太阳能及半导体机械设备、金属材料（贵金属除外）的批发。				

企业名称	水为裳（上海）商贸有限公司				
企业地址	上海市闵行区申南路 185 号（201108）				
投资总额	20 万 USD	电　　话	64892228	传　　真	
设立日期	2009-6-18	负 责 人	马韩恩淑		
主营业务	服饰、鞋帽、皮革制品、纺织面料的零售（限于分支机构）、批发。				

企业名称	琳笪国际贸易（上海）有限公司				
企业地址	上海市长宁区中山西路 933 号 1608 室（200051）				
投资总额	18 万 USD	电　　话		传　　真	
设立日期	2009-6-18	负 责 人	本多秀夫		
主营业务	纺织品、工艺品（文物除外）、日用百货的批发。				

企业名称	春至（上海）家具贸易有限公司				
企业地址	上海市闵行区黎安路 1187 号 2 幢 103 室（201100）				
投资总额	15 万 USD	电　　话	64388711	传　　真	
设立日期	2009-6-18	负 责 人	江柏明		
主营业务	陶瓷制品、文化办公用品、日用百货、饰品（毛钻、裸钻除外）的批发。				

批发和零售贸易业

企业名称	柏域（上海）贸易有限公司				
企业地址	上海市长宁区仙霞路335号1号楼605-607室（200336）				
投资总额	7万USD	电　话	62335257	传　真	62332883
设立日期	2009-6-18	负责人	JEAN-PIERRE LACHAUD		
主营业务	服装鞋帽、日用品、电子产品及配套器件、五金制品的批发。				

企业名称	上海诺亦诺贸易有限公司				
企业地址	上海市闵行区浦江镇塘浦路1070号1层101室（201114）				
投资总额	20万USD	电　话	64141709	传　真	
设立日期	2009-6-17	负责人	泽田俊一		
主营业务	各类服饰、饰品、鞋帽、日用百货、工艺礼品（文物除外）的批发。				

企业名称	联旭贸易（上海）有限公司				
企业地址	上海市闵行区莘建东路58弄2号1814室（201100）				
投资总额	15万USD	电　话	54172368	传　真	
设立日期	2009-6-17	负责人	张又伟		
主营业务	环保设备、酒店用品、化工原料及产品（危险品除外）的批发。				

企业名称	家创（上海）贸易有限公司				
企业地址	上海市闵行区中春路4999号1473室（201100）				
投资总额	2万USD	电　话	54172365	传　真	
设立日期	2009-6-17	负责人	周妙珠		
主营业务	化妆品的批发[食品销售管理（非实物方式）]、佣金代理（拍卖除外）。				

企业名称	上海日村商贸有限公司				
企业地址	上海市外高桥保税区富特北路215号第一层G08（200131）				
投资总额	20万USD	电　话	58681571	传　真	
设立日期	2009-6-16	负责人	苏春田		
主营业务	电器、电子产品及相关配套设备和水处理化学试剂的批发。				

企业名称	星德技贸易（上海）有限公司				
企业地址	上海市外高桥保税区富特西一路139号1005室（200131）				
投资总额	15万USD	电　话	64147260	传　真	
设立日期	2009-6-16	负责人	赖君章		
主营业务	国际贸易、转口贸易、保税区内企业间的贸易。				

企业名称	起山（上海）贸易有限公司				
企业地址	上海市黄浦区广东路429号707室（200003）				
投资总额	14万USD	电　话	62451977	传　真	
设立日期	2009-6-16	负责人	YOON BYEONG SEOK		
主营业务	床上用品、工艺礼品（文物除外）、家具、厨卫用具、电子产品的批发。				

企业名称	高锡电子贸易（上海）有限公司				
企业地址	上海市长华路452号104室（200000）				
投资总额	14万USD	电　话	56961351	传　真	
设立日期	2009-6-16	负责人	LEE GWANG HYEON		
主营业务	电子产品、家用电器、家具、办公用品、日用百货、包装材料的批发。				

企业名称	爱狄彪贸易（上海）有限公司				
企业地址	上海市浦东新区东方路985号7楼G座（200120）				
投资总额	13万USD	电　话	50585638	传　真	
设立日期	2009-6-16	负责人	MICHAEL MAYR		
主营业务	电子产品、玩具、运动用品、家具、广告品、金属制品、服装的批发。				

企业名称	上海泰鹤贸易有限公司				
企业地址	上海市闵行区莲花路1559号4楼66室（200237）				
投资总额	10万USD	电　话		传　真	
设立日期	2009-6-16	负责人	崔宪钟		
主营业务	厨房用品、清洁用品、日用品、工艺品（文物除外）的批发、佣金代理。				

企业名称	美幸兴电子检测系统贸易（上海）有限公司				
企业地址	上海市浦东新区张江高科技园区卡园二路108号8号楼209室（201203）				
投资总额	7万USD	电　话	51025278	传　真	
设立日期	2009-6-16	负责人	GREGORY NEIL POPP		
主营业务	电子检测系统及其零部件的批发、佣金代理（拍卖除外）。				

企业名称	锐益轲汽车贸易（上海）有限公司				
企业地址	上海市青浦区沪青平公路1915号A座（201702）				
投资总额	105万USD	电　话	62499068	传　真	
设立日期	2009-6-15	负责人	赵　辉		
主营业务	从事RADICAL（锐迪可）赛车及其相关汽车装饰件、礼品的批发。				

企业名称	尼的曼国际贸易（上海）有限公司				
企业地址	上海市外高桥保税区泰谷路88号560室（200131）				
投资总额	50万USD	电　话	69225502	传　真	69225503
设立日期	2009-6-15	负责人	ANDERS STEFAN AGERING		
主营业务	国际贸易、转口贸易、保税区企业间的贸易。				

企业名称	罗敦司得眼镜贸易（上海）有限公司				
企业地址	上海市长宁区江苏路369号14E室（200050）				
投资总额	49万USD	电　话	52400555	传　真	
设立日期	2009-6-15	负责人	潘志海		
主营业务	眼镜、镜片、镜架及相关零部件的批发、进出口以及佣金代理。				

企业名称	琅铂（上海）贸易有限公司				
企业地址	上海市张江高科技园区科苑路88号2幢601部分601-057（201203）				
投资总额	16万USD	电　话	28986102	传　真	
设立日期	2009-6-15	负责人	洪征宙		
主营业务	日用品、家具、家居用品、家用电器、办公设备的批发、佣金代理。				

企业名称	东化贸易（上海）有限公司				
企业地址	上海市延长路765号三楼307室（200070）				
投资总额	14万USD	电　话	56712323	传　真	
设立日期	2009-6-15	负责人	CHUNG CHUL		
主营业务	皮革材料及制品、服装及其面辅料、化工产品（除危险品）的批发。				

企业名称	鸿桥贸易（上海）有限公司				
企业地址	上海市闵行区金都路4289号6幢2楼164室（201108）				
投资总额	13万USD	电　话	64126524	传　真	
设立日期	2009-6-15	负责人	游秉宪		
主营业务	日用百货、建材（钢材、水泥除外）、五金交电、机械设备的批发。				

企业名称	荣晴国际贸易（上海）有限公司				
企业地址	上海市青浦区徐泾镇盈港东路1556号二楼C座（201701）				
投资总额	11万USD	电　话	59887800	传　真	59887801
设立日期	2009-6-15	负责人	黄教议		
主营业务	化工原料及产品（危险品、易制毒化学品除外）的批发。				

企业名称	点传网络科技（上海）有限公司				
企业地址	上海市虹桥路333号1幢122室（200030）				
投资总额	10万USD	电　话	62133676	传　真	
设立日期	2009-6-15	负责人	周　强		
主营业务	计算机软件、硬件的设计、开发、制作，销售自产产品。				

企业名称	韵普贸易（上海）有限公司				
企业地址	上海市奉贤区青村镇金钱公路3492号105室（201400）				
投资总额	105万USD	电　话	57471176	传　真	
设立日期	2009-6-12	负责人	黄秀明		
主营业务	家具及相关配件的批发和进出口业务				

企业名称	千晶（上海）照明有限公司				
企业地址	上海市肇嘉浜路680号1号楼912室（200031）				
投资总额	25万USD	电　话	64665358	传　真	
设立日期	2009-6-12	负责人	庄治正		
主营业务	灯具、灯饰、半导体照明材料及产品的批发及进出口和佣金代理。				

企业名称	芝睿艺术品贸易（上海）有限公司				
企业地址	上海市杨浦区国顺东路800号126室（200433）				
投资总额	15万USD	电　话	61483428	传　真	
设立日期	2009-6-12	负责人	刘芝兰		
主营业务	工艺品、美术品（文物除外）的批发（进出口除外）、佣金代理。				

企业名称	仲源汇隆贸易（上海）有限公司				
企业地址	上海市万航渡路829弄1号1903室E座（200040）				
投资总额	14万USD	电　话	61033455	传　真	
设立日期	2009-6-12	负责人	PETER SKIBDAL MOMME		
主营业务	钢铁材料、各类贱金属制品、工艺品和饰品（文物除外）的批发。				

企业名称	鼎宁贸易（上海）有限公司				
企业地址	上海市长宁区长宁路691号203室（200050）				
投资总额	10万USD	电　话	62120110	传　真	
设立日期	2009-6-11	负责人	丘国强		
主营业务	电子产品、电器产品的批发、佣金代理（拍卖除外）。				

企业名称	上海钜贸贸易有限公司				
企业地址	上海市闵行区中春路4755弄98号第二幢A－10室（201100）				
投资总额	100万USD	电话	54157666	传真	
设立日期	2009-6-10	负责人	余　晏		
主营业务	箱包鞋帽、电子产品、文体用品、办公设备、日用百货的批发。				

企业名称	诺豪贸易（上海）有限公司				
企业地址	上海市浦东新区杨高北路528号14幢1A51室（200137）				
投资总额	18万USD	电话	62942227	传真	
设立日期	2009-6-10	负责人	项旭东（HONG, YUK TUNG）		
主营业务	汽车配件、日用百货、纺织品、服装、工艺品（文物除外）的批发。				

企业名称	上海钛集贸易有限公司				
企业地址	上海市浦东新区杨高北路528号14幢1A20室（200137）				
投资总额	14万USD	电话	63170919	传真	
设立日期	2009-6-10	负责人	蔡　赤		
主营业务	音响设备及配件、皮革制品、家具的批发、佣金代理。				

企业名称	兆享化妆品贸易（上海）有限公司				
企业地址	上海市襄阳南路500号2409室（200000）				
投资总额	20万USD	电话	34250221	传真	
设立日期	2009-6-9	负责人	陈春湖		
主营业务	化妆品、厨卫用具及其配件、装饰用品的批发，佣金代理（拍卖除外）。				

企业名称	巨义（上海）商贸有限公司				
企业地址	上海市浦东新区归昌路258号435室（201206）				
投资总额	18万USD	电话	61822808	传真	
设立日期	2009-6-9	负责人	林和勇		
主营业务	化工原料及产品（危险品除外）的批发、佣金代理。				

企业名称	安倍医疗器械贸易（上海）有限公司				
企业地址	上海市长宁区延安西路1160号505室（200052）				
投资总额	15万USD	电话	62815005	传真	
设立日期	2009-6-9	负责人	CHEN ZHIJIE		
主营业务	一类医疗器械和体外诊断试剂的进出口、批发、佣金代理。				

企业名称	龙谦贸易（上海）有限公司				
企业地址	上海市虹口区大连西路49号102室（200092）				
投资总额	14万USD	电话	63069359	传真	
设立日期	2009-6-9	负责人	GENTIL GUIMARAES FERREIRA		
主营业务	建材（钢材、水泥除外）、塑料、机电设备的批发，佣金代理。				

企业名称	区林塔卡贸易（上海）有限公司				
企业地址	上海市静安区南京西路993号14层B23室（200040）				
投资总额	80万USD	电话	58362609	传真	
设立日期	2009-6-8	负责人	VALERY BLAZE		
主营业务	汽车零部件的进出口、佣金代理（拍卖除外），并提供相关贸易咨询。				

企业名称	金创贸易（上海）有限公司				
企业地址	上海市松江区文诚路358弄0号905室（201620）				
投资总额	50万USD	电话	54776639	传真	
设立日期	2009-6-8	负责人	KIM YOUNG HYO		
主营业务	从事胶乳、塑胶产品、化工产品（危险品除外）的批发、佣金代理。				

企业名称	信兴贸易（上海）有限公司				
企业地址	上海市卢湾区淮海中路138号上海广场1803室（200021）				
投资总额	15万USD	电话	63756051	传真	
设立日期	2009-6-8	负责人	蒙民伟		
主营业务	酒柜、健身器材、电子产品、计算机及通讯器材的批发。				

企业名称	上海御牧贸易有限公司				
企业地址	上海市田林路140号16单元西101室（200235）				
投资总额	332万USD	电话	51581679	传真	
设立日期	2009-6-5	负责人	池田明		
主营业务	纤维产品、塑料产品、金属产品的批发。				

企业名称	托茂易（上海）商贸有限公司				
企业地址	上海市襄阳南路500号2101室（200031）				
投资总额	20万USD	电话	68411008	传真	
设立日期	2009-6-5	负责人	柳濑伸宏		
主营业务	运输机器零件、机械零件、农业机械、汽车零件、工业产品的批发。				

企业名称	超牛高分子材料贸易（上海）有限公司				
企业地址	上海市浦东新区东靖路1831号603-12室（200127）				
投资总额	15万USD	电话	58392717	传真	
设立日期	2009-6-5	负责人	杨佳苗		
主营业务	化工原料（危险品、易制毒产品和特种化学产品除外）的批发。				

企业名称	莎丹商贸（上海）有限公司				
企业地址	上海市永嘉路689弄3号2层（200031）				
投资总额	15万USD	电话	64370909	传真	
设立日期	2009-6-5	负责人	林素娥		
主营业务	电子电器产品、日用杂货的批发、进出口、佣金代理（拍卖除外）。				

企业名称	柳屋贸易（上海）有限公司				
企业地址	上海市宜山路515号2号楼9D室（200233）				
投资总额	7万USD	电话	64874003	传真	
设立日期	2009-6-5	负责人	沈超明		
主营业务	办公用品、鞋帽、针纺织品、皮革制品、日用百货的批发。				

企业名称	丝蓝化妆品销售（上海）有限公司				
企业地址	上海市奉贤区青村镇南奉公路3081号1幢203室（201414）				
投资总额	100万USD	电话	34319190	传真	
设立日期	2009-6-4	负责人	李凤爱		
主营业务	化妆品、日用清洁洗涤用品、服装服饰、工艺饰品、包装材料的批发。				

企业名称	上海乐卫建材贸易有限公司				
企业地址	上海市杨浦区国定支路24号3117室（200433）				
投资总额	27万USD	电话	55062799	传真	
设立日期	2009-6-4	负责人	戴光宇		
主营业务	仪器仪表、五金交电、机电设备、机械设备及其配件的批发、佣金代理。				

企业名称	瑞赐贸易（上海）有限公司				
企业地址	上海市外高桥保税区富特东一路418号3层314室（200131）				
投资总额	15万USD	电话	56836417	传真	55055957
设立日期	2009-6-4	负责人	SEYED KAMAL MOUSAVI		
主营业务	机械产品及零部件、电子产品及零部件、电气产品及零部件的批发。				

企业名称	威道贸易（上海）有限公司				
企业地址	上海市浦东新区商城路738号806室（200120）				
投资总额	15万USD	电话	58360741	传真	58794537
设立日期	2009-6-4	负责人	IVAN SOBARZO		
主营业务	机电设备、家具日用品、箱包、体育用品、服装服饰，汽摩配件的批发。				

企业名称	上海闵行百安居装饰建材超市有限公司				
企业地址	上海市都市路5001号仲盛商业中心地下一层及地上一层（201100）				
投资总额	300万USD	电话	50591193	传真	
设立日期	2009-6-3	负责人	Loic Paul Marie Dubois		
主营业务	各类商品的批发和零售业务（包括代销、寄销）：墙地材料、卫浴厨具。				

企业名称	宝可梦贸易（上海）有限公司				
企业地址	上海市黄浦区黄陂北路227号2007-2008室（200001）				
投资总额	55万USD	电话	50591193	传真	
设立日期	2009-6-3	负责人	TETSURO YAMASAKA（山坂哲郎）		
主营业务	机电设备、仪器仪表、日用家电、五金配件、服装服饰、食品的批发。				

企业名称	路明克斯贸易（上海）有限公司				
企业地址	上海市张江高科技园区伽利略路338号6幢6405室和6407室(201203)				
投资总额	46万USD	电话		传真	
设立日期	2009-6-3	负责人	HARRISS THORNTON CURRIE		
主营业务	生物分析和检测仪器、试剂及耗材的批发、佣金代理（拍卖除外）。				

企业名称	道伯（上海）贸易有限公司				
企业地址	上海市闵行区虹泉路1000号2幢511室（201103）				
投资总额	30万USD	电话	61042627	传真	
设立日期	2009-6-3	负责人	Martin John Simpson		
主营业务	包装材料、防腐蚀制剂以及接着剂的批发、进出口、佣金代理。				

企业名称	胜霖贸易（上海）有限公司				
企业地址	上海市闵行区光华路2118号第6幢1248室（201111）				
投资总额	14万USD	电话		传真	
设立日期	2009-6-3	负责人	尹永锡		
主营业务	真空设备、理化学设备、供应控制系统设备及配件、电线电缆的批发。				

批发和零售贸易业

企业名称	博伊默（上海）机械贸易有限公司				
企业地址	上海市浦东新区张杨北路 5509 号 504N 室（200137）				
投资总额	13 万 USD	电　话	50581746	传　真	
设立日期	2009-6-3	负 责 人	HARALD KARL ERICH KULLMANN		
主营业务	机床及相关零配件的批发、佣金代理（拍卖除外）。				

企业名称	上海衣地图商贸有限公司				
企业地址	上海市张江高科技园区碧波路 912 弄 18 号 103 室（201203）				
投资总额	10 万 USD	电　话	61051308	传　真	
设立日期	2009-6-3	负 责 人	励　寅		
主营业务	服饰辅料、家用纺织品、化妆品、玩具、工艺品（文物除外）的批发。				

企业名称	伟集地板贸易（上海）有限公司				
企业地址	上海市宜山路 407 号南楼 508 室（200030）				
投资总额	100 万 USD	电　话	33630005	传　真	
设立日期	2009-6-2	负 责 人	Kwong Chow Cheung		
主营业务	家具、建筑木材，家居装饰及建筑装潢材料、设备的进出口、批发。				

企业名称	上海绮姿馆贸易有限公司				
企业地址	上海市卢湾区淮海中路 918 号久事复兴大厦 23 楼 E1 座（200020）				
投资总额	50 万 USD	电　话	64156371	传　真	
设立日期	2009-6-2	负 责 人	森荣夫		
主营业务	宠物服装、洗涤用品、厨房用品、床上用品、日用杂货、纺织品的批发。				

企业名称	罗轫泵（上海）有限公司				
企业地址	上海市杨浦区淞沪路 290 号 401L 室（200433）				
投资总额	15 万 USD	电　话	31001832	传　真	
设立日期	2009-6-1	负 责 人	PAUL DOUGLAS REDDICK		
主营业务	特殊离心泵及其零配件的设计、批发并提供相关配套服务。				

企业名称	罗瓦楼宇国际贸易（上海）有限公司				
企业地址	上海市虹口区花园路 66 弄 1 号 812 室（200083）				
投资总额	14 万 USD	电　话	56903000	传　真	
设立日期	2009-6-1	负 责 人	WATSON ROBERT KILLGORE		
主营业务	从事绿色生态建材（钢材、水泥除外）的批发，佣金代理。				

企业名称	巍澜商贸（上海）有限公司				
企业地址	上海市浦东新区恒大路 62 号 6 幢 204 室（200124）				
投资总额	15 万 USD	电　话		传　真	
设立日期	2009-5-31	负 责 人	RICARDO MASSARELLA		
主营业务	建筑材料（钢材、水泥除外）、电子产品、工艺礼品、日用百货的批发。				

企业名称	上海尼登服饰贸易有限公司				
企业地址	上海市闵行区程家桥支路 201-211 号 5 楼 510 室（201103）				
投资总额	14 万 USD	电　话	64269245	传　真	64653381
设立日期	2009-5-31	负 责 人	堤康治		
主营业务	从事服装服饰、床上用品、针织品、日用品的批发。				

企业名称	宜路欣贸易（上海）有限公司				
企业地址	上海市江场三路 228 号 814 室（200043）				
投资总额	14 万 USD	电　话	51001796	传　真	
设立日期	2009-5-31	负 责 人	Murray John Vivian		
主营业务	体育用品及相关配件、服装服饰及配件、纺织产品及辅料、鞋的批发。				

企业名称	贺美达克贸易（上海）有限公司				
企业地址	上海市浦东新区黄杨路 18 号 4 幢 3004 室（201206）				
投资总额	7 万 USD	电　话	61652802	传　真	
设立日期	2009-5-31	负 责 人	WONDALE YIMAM EMRU		
主营业务	建筑材料（钢材、水泥除外）、仪器仪表、日用百货、纸制品的批发。				

企业名称	帝斯曼三聚氰胺贸易（上海）有限公司				
企业地址	上海市零陵路 899 号 17N 室（200030）				
投资总额	265 万 USD	电　话	64415439	传　真	64415441
设立日期	2009-5-27	负 责 人	Hubertus Joseph Catharina Steinbusch		
主营业务	三聚氰胺制品的批发、佣金代理（拍卖除外）、并提供相关配套业务。				

企业名称	汀普莱斯（上海）电器有限公司				
企业地址	上海市宜山路 515 号 2 号楼 26E 室（200023）				
投资总额	73 万 USD	电　话	61058989	传　真	
设立日期	2009-5-27	负 责 人	Sean O'Driscoll		
主营业务	电热器、电炉、煤气炉和家电产品的批发、佣金代理（拍卖除外）。				

企业名称	安底特（上海）贸易有限公司				
企业地址	上海市天钥桥路 333 号 2605H 室（200030）				
投资总额	27 万 USD	电　话	64264679	传　真	
设立日期	2009-5-27	负 责 人	FERRER MIQUEL MARIA SALUD		
主营业务	服装、服装相关的各种辅料及包装盒的设计、批发、进出口。				

企业名称	上海法欣贸易有限公司				
企业地址	上海市汶水支路 1 号 3 幢 108 室（200074）				
投资总额	13 万 USD	电　话	66540617	传　真	
设立日期	2009-5-27	负 责 人	Emmanuel FEREZ		
主营业务	服装服饰及服装原辅料，工艺礼品（文物除外）的批发。				

企业名称	上海元虹食品贸易有限公司				
企业地址	上海市青浦区赵巷镇沪青平公路 3609 弄 4 幢 5 号楼 107 室（201703）				
投资总额	50 万 USD	电　话	59755678	传　真	
设立日期	2009-5-26	负 责 人	张秀琬		
主营业务	冷饮、饮料、速冻食品、休闲食品、水果、酒、花蓝、茶叶的批发。				

企业名称	贝雅依珊（上海）商贸有限公司				
企业地址	上海市静安区南京西路 1168 号 3529 室（200040）				
投资总额	25 万 USD	电　话	51178926	传　真	51178902
设立日期	2009-5-26	负 责 人	MYLES BREEN MC CORMICK		
主营业务	化妆品、护肤品、美容用品、香水及相关工具、包装材料的批发。				

企业名称	贸第康贸易（上海）有限公司				
企业地址	上海市浦东新区张杨路 620 号 1501 室 B（200122）				
投资总额	15 万 USD	电　话	58351189	传　真	
设立日期	2009-5-26	负 责 人	BALAZS KASSAI		
主营业务	文具用品、陶瓷制品、电子产品、玩具、灯具及配件、日用百货的批发。				

企业名称	诺扎德贸易（上海）有限公司				
企业地址	上海市静安区康定路 358 号 15 幢 163 室（200040）				
投资总额	15 万 USD	电　话	61039558	传　真	
设立日期	2009-5-26	负 责 人	EYU WEI CHONG		
主营业务	家具、健身器材、化妆品、食品销售管理（非实物方式）的批发。				

企业名称	布织康帝纳（上海）纺织品贸易有限公司				
企业地址	上海市静安区南京西路 1266 号 1 号幢 39 层 3927 室（200040）				
投资总额	13 万 USD	电　话	61038549	传　真	
设立日期	2009-5-26	负 责 人	CARLOS PUIG RUIZ		
主营业务	纺织面料、辅料和服装的批发、进出口；纺织面料、辅料的设计。				

企业名称	闵世贸易（上海）有限公司				
企业地址	上海市浦东新区北张家浜路 128 号 702-10 室（200122）				
投资总额	10 万 USD	电　话	63260250	传　真	
设立日期	2009-5-26	负 责 人	闵卫星		
主营业务	厨卫用品、陶瓷制品、建筑材料（钢材、水泥除外）的批发。				

企业名称	上海育源环保科技有限公司				
企业地址	上海市虹口区四川北路 2261、2263 号名义 2502 室（200080）				
投资总额	60 万 USD	电　话	56661575	传　真	
设立日期	2009-5-25	负 责 人	齐家珊		
主营业务	环保工程技术、环保设备及材料的研究、开发。				

企业名称	上海家达家居用品贸易有限公司				
企业地址	上海市嘉定区马陆镇嘉新公路 698 号 1 幢 2007 室（201801）				
投资总额	30 万 USD	电　话	59517598	传　真	
设立日期	2009-5-25	负 责 人	陈苹苹		
主营业务	从事金属制品、文具用品、纺织品、地毯、家具及其配件的批发。				

企业名称	芬汉贸易（上海）有限公司				
企业地址	上海市嘉定区菊园新区永靖路 1288 号第 3 幢 102 室（201800）				
投资总额	16 万 USD	电　话	39198270	传　真	
设立日期	2009-5-25	负 责 人	Hiltunen Ilkka Kustaa		
主营业务	日用百货、办公用品、玩具、家具、家用电器、卫浴用品的批发。				

企业名称	馥奇国际贸易（上海）有限公司				
企业地址	上海市漕宝路 440 号 1 幢 433 室（200235）				
投资总额	15 万 USD	电　话	64415863	传　真	
设立日期	2009-5-25	负 责 人	王松谷		
主营业务	保健品、服装服饰、鞋、包、帽、纺机配件、针纺织品的批发。				

企业名称	玛亘塔贸易（上海）有限公司				
企业地址	上海市虹口区霍山路 170 号 3 幢 103 室（200086）				
投资总额	15 万 USD	电　话	65379502	传　真	
设立日期	2009-5-25	负 责 人	ABBASI SAED		
主营业务	工艺品（文物除外）、聚合板、家具、化妆品、纺织品的批发。				

企业名称	佳衡（上海）贸易有限公司				
企业地址	上海市杨浦区通北路 540 号 1 幢 2098 室（200082）				
投资总额	7 万 USD	电　话	64394114	传　真	
设立日期	2009-5-25	负 责 人	ALI FARZAMI		
主营业务	电子产品、电气设备、汽车零部件的批发、佣金代理（拍卖除外）。				

企业名称	乐珀（上海）贸易有限公司				
企业地址	上海市青浦区华青南路 481-485 号 1704A 室（201700）				
投资总额	2000 万 USD	电　话	62281786	传　真	
设立日期	2009-5-22	负 责 人	张文杰		
主营业务	珠宝首饰（裸钻、毛钻除外）、花卉、工艺品（文物除外）的批发。				

企业名称	上海锦尔贸易有限公司				
企业地址	上海市黄浦区中华路 629 号 13 层 F 室（200011）				
投资总额	20 万 USD	电　话	58362609	传　真	
设立日期	2009-5-22	负 责 人	沈建华		
主营业务	硼酸、硼砂和硼矿物的进出口、批发、佣金代理（拍卖除外）。				

企业名称	湾商（上海）贸易有限公司				
企业地址	上海市闵行区吴中路 1100 号 3 号楼 300A 室（201103）				
投资总额	15 万 USD	电　话	54225735	传　真	
设立日期	2009-5-22	负 责 人	朴浚成（PARK JUN SUNG）		
主营业务	建材（钢材、水泥除外）、混凝土泵、挖掘机零配件的批发。				

企业名称	上海上弘贸易有限公司				
企业地址	上海市闵行区景联路 398 号 6 幢底楼东侧（200237）				
投资总额	15 万 USD	电　话	64974880	传　真	
设立日期	2009-5-22	负 责 人	孙俊彦		
主营业务	高低压软管总成、液压气动设备、润滑设备及其相关零配件的批发。				

企业名称	铂康电子科技（上海）有限公司				
企业地址	上海市龙华西路 585 号 B 座 7B5 室（200000）				
投资总额	28 万 USD	电　话	61121598	传　真	61121598
设立日期	2009-5-22	负 责 人	郑皓文		
主营业务	设计、开发计算机软件、硬件，转让自有技术成果。				

企业名称	空雨贸易（上海）有限公司				
企业地址	上海市闵行区春申路 1985 弄 69 号 2269 室（200237）				
投资总额	11 万 USD	电　话	51068155	传　真	
设立日期	2009-5-22	负 责 人	ALAA AL AASAM		
主营业务	家用电器、家居用品、建筑材料（钢材、水泥除外）的批发。				

企业名称	上海卉青服饰有限公司				
企业地址	上海市黄浦区中华路 980 号 502 室（200011）				
投资总额	11 万 USD	电　话		传　真	
设立日期	2009-5-22	负 责 人	黄楷文		
主营业务	设计、生产（限分支机构）各类服装、服饰、箱包、鞋类、床上用品。				

企业名称	腾戈商贸（上海）有限公司				
企业地址	上海市浦东新区恒大路 62 号 6 幢 103 室（200135）				
投资总额	10 万 USD	电　话	58794537	传　真	
设立日期	2009-5-22	负 责 人	何高尔		
主营业务	太阳能设备、精密仪器设备、贱金属制品、化妆品、玻璃制品的批发。				

企业名称	劳夏复合材料（上海）有限公司				
企业地址	上海市虹口区中山北二路 1515 号 D 段 9 层 3906 室（200437）				
投资总额	7 万 USD	电　话	55884969	传　真	
设立日期	2009-5-22	负 责 人	LIGON RICHARD		
主营业务	玻璃纤维及制品、金属纤维及制品、耐火材料、汽摩配件的批发。				

企业名称	宏合（上海）贸易有限公司				
企业地址	上海市浦东新区浦东南路 2161 号 1 层（200127）				
投资总额	120 万 USD	电　话	50908803	传　真	
设立日期	2009-5-22	负 责 人			
主营业务	家用纺织品、纺织面料、家具、工艺品的零售、批发及进出口业务。				

企业名称	新电元（上海）电器有限公司				
企业地址	上海市闵行区宜山路 1698 号 704 单元（201103）				
投资总额	500 万 USD	电　话	59170397	传　真	
设立日期	2009-5-21	负 责 人	小笠原政教		
主营业务	从事各类电源设备、监控设备、户外一体化通信机柜、低压配电柜批发。				

企业名称	世领商贸（上海）有限公司				
企业地址	上海市闵行区双柏路 1391 号 1 幢 301-302 室（200237）				
投资总额	150 万 USD	电　话	64684077	传　真	
设立日期	2009-5-21	负 责 人	王恒芬		
主营业务	珠宝首饰（除黄金、毛钻、裸钻）、家居用品、日用百货、眼镜的批发。				

企业名称	创愿（上海）信息技术有限公司				
企业地址	上海市静安区康定路 1147 号 9 幢 1005 室（200040）				
投资总额	50 万 USD	电　话	32513885	传　真	
设立日期	2009-5-21	负 责 人	章政文		
主营业务	智能卡及相关部件的开发、制作，销售自产产品。				

企业名称	上海盈腾贸易有限公司				
企业地址	上海市闵行区金汇南路 193 号中一、二层（201103）				
投资总额	25 万 USD	电　话	34310166	传　真	
设立日期	2009-5-21	负 责 人	CHUNG HAN GI（郑汉基）		
主营业务	健身器材、预包装食品、散装食品（不含散装熟食卤味）的批发。				

企业名称	德麦贸易（上海）有限公司				
企业地址	上海市闵行区申旺路 18 号第 1 幢一楼 A 室（201100）				
投资总额	80 万 USD	电　话	62702486	传　真	
设立日期	2009-5-20	负 责 人	吴曜宗		
主营业务	食品添加剂、包装材料、烘焙器具、玻璃制品、陶瓷制品的批发。				

企业名称	岂蔼居（上海）起重设备有限公司				
企业地址	上海市普陀区江宁路 1165 号 406 室（200060）				
投资总额	15 万 USD	电　话		传　真	
设立日期	2009-5-20	负 责 人	Samuel Sevillano		
主营业务	起重机械设备及其配件的批发、佣金代理（拍卖除外）。				

企业名称	华林富软件贸易（上海）有限公司				
企业地址	上海市浦东新区世纪大道 88 号金茂大厦 3146 室（200121）				
投资总额	5 万 USD	电　话	23220553	传　真	
设立日期	2009-5-20	负 责 人	JOHN ROBERT ORMSTON		
主营业务	供水、污水收集、水利工程、洪水预测及警报、环保等软件的批发。				

企业名称	宜开吉（上海）电气贸易有限公司				
企业地址	上海市闵行区颛兴东路 1277 弄 42 号（201108）				
投资总额	20 万 USD	电　话		传　真	
设立日期	2009-5-19	负 责 人	高铭安		
主营业务	专用电气设备、仪器仪表、工业自动化器材及其零配件的批发。				

企业名称	费勒（上海）贸易有限公司				
企业地址	上海市外高桥保税区华申路综合大楼 180 号 6 层 602G 部位（200131）				
投资总额	15 万 USD	电　话		传　真	
设立日期	2009-5-19	负 责 人	STEFAN JOSEF MATHIS		
主营业务	阀门、管道配件、机电设备、仪器仪表、金属制品的批发、佣金代理。				

企业名称	上海勤纺贸易有限公司				
企业地址	上海市闵行区春申路 2329 弄 38 号 216 室（200237）				
投资总额	80 万 USD	电　话	64109010	传　真	
设立日期	2009-5-18	负 责 人	任志翰		
主营业务	从事纺织品、窗帘饰品、五金配件的批发、进出口、佣金代理。				

企业名称	巴罗克（上海）贸易有限公司				
企业地址	上海市静安区南京西路 1266 号 36 层 3609、3610 室（200040）				
投资总额	34 万 USD	电　话		传　真	
设立日期	2009-5-18	负 责 人	MURAI HIROYUKI		
主营业务	服装、文具、日用杂货、化妆品、家具的批发、进出口，佣金代理。				

企业名称	赫优信（上海）自动化系统贸易有限公司				
企业地址	上海市黄浦区人民路 885 号 2208 室（200011）				
投资总额	16 万 USD	电　话	63555161	传　真	
设立日期	2009-5-18	负 责 人	杨宏庆		
主营业务	工业自动化数据传输设备及其软件、辅助工具的进出口、批发。				

企业名称	圣伽露贸易（上海）有限公司				
企业地址	上海市汶水支路1号2幢214室（200072）				
投资总额	7万USD	电　　话	66521730	传　　真	
设立日期	2009-5-18	负 责 人	Cortes Ruben Cruz		
主营业务	家用电器、机电设备的批发、进出口、佣金代理（拍卖除外）。				

企业名称	上海完美珠宝商贸有限公司				
企业地址	上海市静安区北京西路1701号1206室（200040）				
投资总额	430万USD	电　　话	62886573	传　　真	
设立日期	2009-5-15	负 责 人	吴汉德		
主营业务	工艺品（文物除外）、礼品及其上述商品的配套用品的批发。				

企业名称	上海江晟纺织商贸有限公司				
企业地址	上海市静安区江宁路445号20层A室（200040）				
投资总额	219万USD	电　　话	53085929	传　　真	
设立日期	2009-5-15	负 责 人	MARCEL T.GOTLIB		
主营业务	服装及配饰、箱包鞋帽、纺织品、皮革皮具的批发。				

企业名称	默科（上海）贸易有限公司				
企业地址	上海市外高桥保税区台中南路2号新贸楼第三层335室（200131）				
投资总额	30万USD	电　　话	38734480	传　　真	
设立日期	2009-5-15	负 责 人	DAVID JOHN BUTLER		
主营业务	国际贸易、转口贸易、保税区企业间贸易及区内贸易代理。				

企业名称	上海伟山贸易有限公司				
企业地址	上海市浦东新区龙东大道5680号2号楼109室（201201）				
投资总额	20万USD	电　　话	51352665	传　　真	
设立日期	2009-5-15	负 责 人	梁永燊		
主营业务	鞋类、服装、服饰、箱包和运动用品的批发、零售和进出口业务。				

企业名称	瑷宇贸易（上海）有限公司				
企业地址	上海市长宁区中山西路1291号4幢305室（200051）				
投资总额	15万USD	电　　话		传　　真	
设立日期	2009-5-15	负 责 人	朴宇锡		
主营业务	卫浴设备、沐浴用品、化妆品、家用电器、玩具、食品的批发。				

企业名称	技加贸易（上海）有限公司				
企业地址	上海市长宁区昭化路118号503室（200050）				
投资总额	15万USD	电　　话	52782495	传　　真	
设立日期	2009-5-15	负 责 人	张丽峰		
主营业务	电子产品、集成电路、电子元器件的批发、进出口、佣金代理。				

企业名称	庆寰贸易（上海）有限公司				
企业地址	上海市闵行区光华路2118号第6幢1270室（201111）				
投资总额	30万USD	电　　话		传　　真	
设立日期	2009-5-14	负 责 人	洪谊静		
主营业务	家纺、家饰制品、建筑材料（钢材、水泥除外）、五金制品的批发。				

企业名称	埃铝可（上海）贸易有限公司				
企业地址	上海市卢湾区太仓路233号12-03U室（200021）				
投资总额	15万USD	电　　话		传　　真	
设立日期	2009-5-14	负 责 人	WILLY SIANG WEE FOO		
主营业务	铝制品、办公用品、五金配件、家居建材的批发、佣金代理（拍卖除外）。				

企业名称	玲力珠宝贸易（上海）有限公司				
企业地址	上海市外高桥保税区美盛路56号101室（200131）				
投资总额	15万USD	电　　话	54240063	传　　真	
设立日期	2009-5-14	负 责 人	KENT WILLIAM LAUX		
主营业务	国际贸易、转口贸易、保税区企业间的贸易及贸易代理。				

企业名称	上海真威商贸有限公司				
企业地址	上海市青浦区金泽镇金溪路119号609室（201700）				
投资总额	15万USD	电　　话		传　　真	
设立日期	2009-5-14	负 责 人	李汉昭		
主营业务	服装服饰、纺织品、日用百货、鞋帽的批发、进出口、佣金代理				

企业名称	上海福华贸易有限公司				
企业地址	上海市浦东新区景雅路135号3幢101室（201201）				
投资总额	10万USD	电　　话		传　　真	
设立日期	2009-5-14	负 责 人	BETTY LIU		
主营业务	通讯设备、家电、圣诞用品、体育用品、护发品、化妆品的批发。				

企业名称	欣钜贸易（上海）有限公司				
企业地址	上海市卢湾区黄陂南路700号B210-A室（200021）				
投资总额	7万USD	电　　话	63868286	传　　真	
设立日期	2009-5-14	负 责 人	SING LIN		
主营业务	酒类、食品的批发、进出口、佣金代理（拍卖除外）。				

企业名称	天暠欧瑞康（上海）贸易有限公司				
企业地址	上海市浦东新区金桥出口加工区新金桥路255号427室（201206）				
投资总额	50万USD	电　　话	50485925	传　　真	
设立日期	2009-5-13	负 责 人	王　军		
主营业务	太阳能生产设备、镀膜设备及零配件的批发、佣金代理（拍卖除外）。				

企业名称	亮科贸易（上海）有限公司				
企业地址	上海市普陀区中山北路3323号604室（200000）				
投资总额	14万USD	电　　话		传　　真	
设立日期	2009-5-13	负 责 人	SEE KOK ENG		
主营业务	食品、化妆品、日用杂货、五金交电的批发。				

企业名称	上海彩颜贸易有限公司				
企业地址	上海市肇嘉浜路1065甲号1604J室（200032）				
投资总额	30万USD	电　　话	33687512	传　　真	
设立日期	2009-5-12	负 责 人	谢攸升		
主营业务	化妆品的批发、进出口、佣金代理（拍卖除外）及相关配套业务。				

企业名称	睿保乐（上海）贸易有限公司				
企业地址	上海市浦东新区银城中路68号22楼2290室（200120）				
投资总额	20万USD	电　　话	63294556	传　　真	
设立日期	2009-5-12	负 责 人	HENNY DINAND KRANENBERG		
主营业务	计算机软件、计算机硬件、机械设备、家用电器、数码产品的批发。				

企业名称	沙克（上海）贸易有限公司				
企业地址	上海市海宁路717号1908室（200070）				
投资总额	14万USD	电　　话	56712323	传　　真	
设立日期	2009-5-12	负 责 人	孙　健		
主营业务	纺织原料及产品（棉花除外）、日用百货、化妆品的批发。				

企业名称	鑫约福（上海）贸易有限公司				
企业地址	上海市青浦区外青松公路5589号底楼105室（201700）				
投资总额	150万USD	电　　话	59736554	传　　真	
设立日期	2009-5-11	负 责 人	邓尚伟		
主营业务	电子产品、仪器仪表、电子元器件、通讯器材、通讯设备的批发。				

企业名称	丽固国际贸易（上海）有限公司				
企业地址	上海市外高桥保税区华京路8号办公楼六层610室（200131）				
投资总额	100万USD	电　　话	62702472	传　　真	
设立日期	2009-5-11	负 责 人	青木光男		
主营业务	国际贸易，转口贸易，保税区企业间的贸易及贸易代理。				

企业名称	上海优伊商贸有限公司				
企业地址	上海市静安区南京西路1601号3806D室（200040）				
投资总额	70万USD	电　　话	62373260	传　　真	
设立日期	2009-5-11	负 责 人	松田泰治		
主营业务	箱包、服装及饰品、鞋帽、钟表、文具、日用杂货、纺织品的批发。				

企业名称	思浦芮贸易（上海）有限公司				
企业地址	上海市静安区江宁路188号亚盛大厦601、606室（200040）				
投资总额	70万USD	电　　话	61411090	传　　真	
设立日期	2009-5-11	负 责 人	DERICK SPRINGSTEEN CLOSE		
主营业务	饰品、箱包、鞋类、帽子、胶水及上述商品的配套商品的批发。				

企业名称	亚隆贸易（上海）有限公司				
企业地址	上海市静安区南京西路1376号303B室（200040）				
投资总额	21万USD	电　　话	63191260	传　　真	
设立日期	2009-5-11	负 责 人	ALEXANDER KOPKOV		
主营业务	机械设备以及配件的进出口业务；上述产品的批发、佣金代理。				

企业名称	上海颜专塑料贸易有限公司				
企业地址	上海市青浦区外青松公路5589号底楼104室（201700）				
投资总额	20万USD	电　　话	59736554	传　　真	
设立日期	2009-5-11	负 责 人	廖秀丽		
主营业务	色粒、色母产品、塑料助剂（危险品除外）和塑料辅机的批发。				

企业名称	英饰都家具贸易（上海）有限公司				
企业地址	上海市浦东新区惠南镇园中路533号12幢厂房（201300）				
投资总额	17万USD	电话	62709169	传真	
设立日期	2009-5-11	负责人	Joachim Link		
主营业务	家具、纺织品、家居用品、办公用品及相关配套件、零部件的批发。				

企业名称	亚化美（上海）贸易有限公司				
企业地址	上海市长宁区延安西路2299号11P22室（200336）				
投资总额	14万USD	电话	62363318	传真	
设立日期	2009-5-6	负责人	TING AARON WEI		
主营业务	仪器仪表、五金交电、机电设备、机械设备及其配件的批发。				

企业名称	家昕商贸（上海）有限公司				
企业地址	上海市金山区漕泾镇阮巷村2162号1幢（201507）				
投资总额	14万USD	电话	57253150	传真	
设立日期	2009-5-11	负责人	LEE SANG HO		
主营业务	日用百货、电气电子产品（不涉及国营贸易管理商品）的批发。				

企业名称	上海艾品贸易有限公司				
企业地址	上海市宜山路508号12C室（200233）				
投资总额	14万USD	电话	64415569	传真	
设立日期	2009-5-6	负责人	许峰彰		
主营业务	从事服装服饰、体育用品、家居用品的批发、进出口、佣金代理。				

企业名称	雷茨贸易（上海）有限公司				
企业地址	上海市静安区康定路358号15幢157室（200041）				
投资总额	5万USD	电话	62702222	传真	62896363
设立日期	2009-5-11	负责人	MARKUS NORBERT SCHARWITZL		
主营业务	家居清洁用品及其相关配件的批发、进出口，佣金代理。				

企业名称	易高（上海）贸易有限公司				
企业地址	上海市天钥桥路329号213室（200030）				
投资总额	13万USD	电话	51088779	传真	
设立日期	2009-5-6	负责人	伍伟达		
主营业务	日用品、办公用品、服饰、箱包和电子产品的批发、佣金代理。				

企业名称	诺博贸易（上海）有限公司				
企业地址	上海市闵行区吴中路1067-1087号第三幢710室（201103）				
投资总额	56万USD	电话	62785532	传真	
设立日期	2009-5-8	负责人	KIM SEUNG HEE		
主营业务	服装、服饰及其辅料、鞋帽、针纺织品的批发、进出口、佣金代理。				

企业名称	欧迪玛贸易（上海）有限公司				
企业地址	上海市江场三路228号815室（200436）				
投资总额	70万USD	电话	63202906	传真	
设立日期	2009-5-5	负责人	PISMENNYY ALEXANDER		
主营业务	农业机械及零配件、服装、电子产品、通信产品、计算机软件的批发。				

企业名称	凯特龙工业控制设备贸易（上海）有限公司				
企业地址	上海市黄浦区南京西路389号4楼406室A416部位（200001）				
投资总额	15万USD	电话	23081128	传真	
设立日期	2009-5-8	负责人	JOHN FRANCIS PAUL		
主营业务	机电产品、通信和网络设备（发射设备除外）及相关配件的批发。				

企业名称	斯丽贸易（上海）有限公司				
企业地址	上海市静安区北京西路1701号906室（200040）				
投资总额	16万USD	电话	61718561	传真	
设立日期	2009-5-5	负责人	DJALAL SEPAHI HASSANABADI		
主营业务	多媒体电子设备及其配件的批发、进出口、佣金代理（拍卖除外）。				

企业名称	丹保特贸易（上海）有限公司				
企业地址	上海市漕溪路123弄15号乙412室（200235）				
投资总额	14万USD	电话	60904711	传真	
设立日期	2009-5-8	负责人	LAUBER ARON		
主营业务	服装鞋帽、工艺品（文物除外）、电子产品、玩具的批发。				

企业名称	上海绿邦贸易有限公司				
企业地址	上海市嘉定区江桥镇华江路668弄17号第1幢202室（201803）				
投资总额	10万USD	电话		传真	
设立日期	2009-5-5	负责人	洪添贵		
主营业务	电动自行车及其零部件、汽车零配件、纺织品、办公用品的批发。				

企业名称	美吾发化妆品（上海）有限公司				
企业地址	上海市淮海中路1010号27楼2766室（200031）				
投资总额	500万USD	电话	50988686	传真	
设立日期	2009-5-7	负责人	赖育儒		
主营业务	化妆品的研发、生产（限分支机构），化妆品及原料的批发。				

企业名称	逸峰贸易（上海）有限公司				
企业地址	上海市虹口区霍山路201号3幢102室（200086）				
投资总额	500万USD	电话	63547882	传真	
设立日期	2009-5-4	负责人	沈耀章		
主营业务	橡胶制品、机电设备及配件、家用电器、塑料制品、家具的批发。				

企业名称	依麦尔（上海）贸易有限公司				
企业地址	上海市张江高科技园区科苑路88号2幢701-027单元（201203）				
投资总额	66万USD	电话	53563400	传真	
设立日期	2009-5-7	负责人	CHIANG PETER CHENG-HSIN		
主营业务	灰浆搅拌机、装配式钢制框架、液压系统以及上述设备零部件的批发。				

企业名称	上海台元贸易有限公司				
企业地址	上海市松江区高新技术园区永航路990号5幢厂房（201600）				
投资总额	20万USD	电话	67725799	传真	67723082
设立日期	2009-5-4	负责人	戚维功		
主营业务	纺织原料、面料、辅料、服装、服饰、纺织机电产品的进出口、批发。				

企业名称	上海米立其机电贸易有限公司				
企业地址	上海市嘉定区马陆镇双丁路557号第0幢102室（201801）				
投资总额	30万USD	电话	59158718	传真	
设立日期	2009-5-7	负责人	蔡日升		
主营业务	从事机电设备、电子设备、通讯器材的进出口、批发、佣金代理。				

企业名称	上海永絮贸易有限公司				
企业地址	上海市闵行区吴宝路255号202室（201101）				
投资总额	15万USD	电话	60906571	传真	
设立日期	2009-5-4	负责人	叶森霖		
主营业务	从事纺织品、纺织材料（棉花除外）、纺织机械的批发。				

企业名称	艾然贸易（上海）有限公司				
企业地址	上海市浦东新区浦东大道2123号711室（200135）				
投资总额	15万USD	电话	68551008	传真	
设立日期	2009-5-7	负责人	PETR TRIFONOV		
主营业务	纺织品、服装及其配饰、缝纫机及其零部件、染料、货柜橱柜的批发。				

企业名称	上海慧满贸易有限公司				
企业地址	上海市喜泰路239号8号4层08室（200232）				
投资总额	15万USD	电话	51712174	传真	
设立日期	2009-5-4	负责人	FRANK GREGORY PANICCIA		
主营业务	园艺饰品、家居饰品、五金工具、机电设备以及上述产品零部件的批发。				

企业名称	上海威师特商贸有限公司				
企业地址	上海市浦东新区东方路1988号601-6室（200125）				
投资总额	15万USD	电话	52981199	传真	
设立日期	2009-5-7	负责人	黄立权（WONG, LAP KUEN ALAN）		
主营业务	工艺礼品（文物除外）、家用电器的批发、佣金代理（拍卖除外）。				

企业名称	宏砖（上海）建材贸易有限公司				
企业地址	上海市金山区漕泾镇平业路30号（201507）				
投资总额	13万USD	电话	67256677	传真	
设立日期	2009-5-4	负责人	蔡志宏		
主营业务	砖、瓦、瓷砖、人造石、玻璃砖瓦、马赛克及装饰建材的批发。				

企业名称	麦占尼（上海）贸易有限公司				
企业地址	上海市宜山路439号526室（200233）				
投资总额	73万USD	电话	64470077	传真	
设立日期	2009-5-6	负责人	CHING CHI YING		
主营业务	服饰、鞋帽及配件和辅料、家具、装璜用品（钢材、水泥除外）的批发。				

企业名称	上海清滔贸易有限公司				
企业地址	上海市闵行区银都路2688弄27号213室（201108）				
投资总额	2万USD	电话	64126524	传真	
设立日期	2009-5-4	负责人	潘海涛		
主营业务	日用品、针棉制品的批发、佣金代理（拍卖除外）。				

企业名称	上海亭满德贸易有限公司				
企业地址	上海市卢湾区淮海中路 918 号 23G 室（200020）				
投资总额	200 万 USD	电　话	64155857	传　真	
设立日期	2009-4-30	负 责 人	YUNXI PAN		
主营业务	化妆品、日化用品及工艺品（文物除外）的批发。				

企业名称	华俄贸易（上海）有限公司				
企业地址	上海市浦东新区耀华路 215 号 2 幢 107 室（200126）				
投资总额	15 万 USD	电　话	68544816	传　真	
设立日期	2009-4-30	负 责 人	杨春蕾		
主营业务	户外休闲用品、包装材料、服装鞋帽、皮革制品的批发。				

企业名称	泰阁贸易（上海）有限公司				
企业地址	上海市浦东新区商城路 738 号 1303A 室（200135）				
投资总额	15 万 USD	电　话	58354523	传　真	
设立日期	2009-4-30	负 责 人	PETER TRAFFORD MICHAEL CORKE		
主营业务	工艺礼品、服装服饰、纺织品、橡塑制品、办公用品、包装材料的批发。				

企业名称	栢桦纺织品（上海）有限公司				
企业地址	上海市浦东新区耀华路 215 号 2 幢 504B 室（200126）				
投资总额	15 万 USD	电　话	58201387	传　真	
设立日期	2009-4-30	负 责 人	洪丽珠		
主营业务	纺织品、服装、电子产品、机械设备、玩具、工艺品、文具的批发。				

企业名称	奇协锦（上海）贸易有限公司				
企业地址	上海市嘉定区黄渡镇翔江公路 2168 号第 1 幢 101 室（201804）				
投资总额	8 万 USD	电　话	69136689	传　真	
设立日期	2009-4-30	负 责 人	袁静慧		
主营业务	有线电视零部件、电源及其零部件、五金制品的批发。				

企业名称	集东贸易（上海）有限公司				
企业地址	上海市奉贤区目华北路 388 号 605 室（201424）				
投资总额	20 万 USD	电　话	51087230	传　真	
设立日期	2009-4-29	负 责 人	黄东日		
主营业务	化工产品、化工原料（特定商品除外）、电子产品的批发。				

企业名称	璧昂桥（上海）商贸有限公司				
企业地址	上海市虹口区四平路 421 弄 107 号 D97 室（200092）				
投资总额	15 万 USD	电　话	62125803	传　真	
设立日期	2009-4-29	负 责 人	乔红霞		
主营业务	塑料及玻璃制品、化工原料（危险品除外）、工程电器机械产品的批发。				

企业名称	上海蜜笑贸易有限公司				
企业地址	上海市奉贤区远东路 828 号 2 幢 308 室（201400）				
投资总额	15 万 USD	电　话		传　真	
设立日期	2009-4-29	负 责 人	LEE YONG SUK		
主营业务	婴幼儿用品、玩具、日用百货的批发与进出口业务。				

企业名称	上海与仪贸易有限公司				
企业地址	上海市金山工业区亭卫公路 6558 号 9 幢 161 室（201506）				
投资总额	11 万 USD	电　话	57271388	传　真	
设立日期	2009-4-29	负 责 人	与儀实良		
主营业务	家具、家居用品、箱包、手表、体育用品的批发、佣金代理。				

企业名称	蓝威斯顿（上海）商贸有限公司				
企业地址	上海市长宁区宋园路 38 号二层 210 室（200051）				
投资总额	70 万 USD	电　话	62798568	传　真	
设立日期	2009-4-28	负 责 人	DANIEL MATHEW DIONAS		
主营业务	食品、水产品的批发、进出口、佣金代理（拍卖除外）。				

企业名称	三普贸易（上海）有限公司				
企业地址	上海市闵行区黎安路 1187 号 2 幢 102 室（201100）				
投资总额	45 万 USD	电　话	54883262	传　真	
设立日期	2009-4-28	负 责 人	段津华		
主营业务	家用电器、服装及日用品、化工产品（危险品除外）、计算机的批发。				

企业名称	展御（上海）商贸有限公司				
企业地址	上海市金山工业区亭卫公路 6558 号 9 幢 134 室（201506）				
投资总额	30 万 USD	电　话	57273526	传　真	
设立日期	2009-4-28	负 责 人	连续红		
主营业务	服装服饰，鞋帽，手套，皮具，围巾，玩具，家居用品，化妆品的批发。				

企业名称	必伴久衡（上海）商贸有限公司				
企业地址	上海市浦东新区恒大路 62 号 6 幢 101 室（200126）				
投资总额	29 万 USD	电　话	64188908	传　真	
设立日期	2009-4-28	负 责 人	BEN CHEN		
主营业务	机电设备、机械设备、汽车配件、通讯器材及其配件的批发。				

企业名称	露琪（上海）电子科技有限公司				
企业地址	上海市长宁区愚园路 1258 号 1207 室（200050）				
投资总额	24 万 USD	电　话	52389115	传　真	52388797
设立日期	2009-4-28	负 责 人	福山司		
主营业务	计算机软硬件及电子科技领域内的技术开发、转让自研成果。				

企业名称	上海库西内提轴承贸易有限公司				
企业地址	上海市青浦区徐泾镇广虹二村 26 号 105 室（200000）				
投资总额	20 万 USD	电　话	59898128	传　真	59897086
设立日期	2009-4-28	负 责 人	MOLINARI CARLO MARIA		
主营业务	轴承及其配套机械零件的批发、进出口、佣金代理（拍卖除外）。				

企业名称	灿恩贸易（上海）有限公司				
企业地址	上海市嘉定区马陆镇沪宜公路 1800 号第 1 幢 301 室（201801）				
投资总额	20 万 USD	电　话	66053661	传　真	
设立日期	2009-4-28	负 责 人	ALEJANDRO PIRKER		
主营业务	从事轴承及其相关零部件、配件的进出口、批发和佣金代理。				

企业名称	埃安纯景化工贸易（上海）有限公司				
企业地址	上海市襄阳南路 500 号 820 室（200031）				
投资总额	14 万 USD	电　话	64666015	传　真	
设立日期	2009-4-28	负 责 人	MUHAMMED ALI CHANDNA		
主营业务	日用百货、包装材料、建筑材料（水泥、钢材除外）及配件的批发。				

企业名称	丽魅飞商贸（上海）有限公司				
企业地址	上海市浦东新区商城路 800 号 1421A 室（200135）				
投资总额	180 万 USD	电　话	61604700	传　真	
设立日期	2009-4-27	负 责 人	中 博史		
主营业务	服装、鞋帽、皮革制品、纺织品、箱包及相关配饰件的批发。				

企业名称	珥梵（上海）贸易有限公司				
企业地址	上海市卢湾区泰康路 200 号 3 号楼 505 室（200020）				
投资总额	30 万 USD	电　话	64737508	传　真	
设立日期	2009-4-27	负 责 人	福井伸和		
主营业务	服饰、纺织品、箱包、鞋帽、工艺品（文物除外）、日用百货的批发。				

企业名称	上海豪全贸易有限公司				
企业地址	上海市闵行区中谊路 1215 号第 3 层 A-9 座（201101）				
投资总额	21 万 USD	电　话	54094530	传　真	
设立日期	2009-4-27	负 责 人	林启铭		
主营业务	电子产品、鞋类、布匹的批发、佣金代理（拍卖除外）。				

企业名称	上海甫喜商贸有限公司				
企业地址	上海市闵行区吴中路 1109 号第 3 幢 535 室（201103）				
投资总额	15 万 USD	电　话	64064741	传　真	
设立日期	2009-4-27	负 责 人	NOH BYUNG GAN		
主营业务	服饰、服装面料、工艺品（文物除外）、皮革制品、日用百货的批发。				

企业名称	重佳工程机械贸易（上海）有限公司				
企业地址	上海市浦东新区康桥镇康意路 499 号 2 幢 A 座 4210 室（201315）				
投资总额	15 万 USD	电　话	58388099	传　真	
设立日期	2009-4-27	负 责 人	陈 捷		
主营业务	化工产品（危险化学品除外）的批发。				

企业名称	吉宝商贸（上海）有限公司				
企业地址	上海市浦东新区杨高北路 528 号 14 幢 1A30 室（201208）				
投资总额	14 万 USD	电　话	50280891	传　真	
设立日期	2009-4-27	负 责 人	TENG KIAH HEONG		
主营业务	电线电缆、环保材料及产品、汽车船舶配件的批发。				

企业名称	斗镂贸易（上海）有限公司				
企业地址	上海市龙吴路 1500 号 2 幢 A218 室（200050）				
投资总额	14 万 USD	电　话		传　真	
设立日期	2009-4-27	负 责 人	CHAN KIM		
主营业务	电器产品、电子产品、软件（音像出版物除外）以及相关配件的批发。				

企业名称	意沃贸易（上海）有限公司				
企业地址	上海市浦东新区莲溪路 1280 号 8 幢 1 楼（201204）				
投资总额	14 万 USD	电　话	50912021	传　真	
设立日期	2009-4-27	负 责 人	ROBERTO PETROMILLI		
主营业务	机械设备、仪器仪表、机电产品、家用电器、电子元器件的批发。				

企业名称	传丰食品贸易（上海）有限公司				
企业地址	上海市浦东新区金桥路 939 号 1613 室（201206）				
投资总额	8 万 USD	电　话	68868005	传　真	
设立日期	2009-4-27	负 责 人	PRASERT CHITTASIRINUVAT		
主营业务	调味品及相关原材料、食品、饮料的批发、佣金代理（拍卖除外）。				

企业名称	骏盈（上海）贸易有限公司				
企业地址	上海市静安区南京西路 844-858 号（双）（200040）				
投资总额	100 万 USD	电　话	61173265	传　真	
设立日期	2009-4-24	负 责 人	管宏春		
主营业务	眼镜、钟表、化妆品、香水、床上用品、洗浴用品的进出口、批发。				

企业名称	裕禧贸易（上海）有限公司				
企业地址	上海市外高桥保税区奥纳路 79 号 1 号楼二层 2084 室（200131）				
投资总额	15 万 USD	电　话	63738978	传　真	
设立日期	2009-4-24	负 责 人	刘明娟		
主营业务	保税区内国际贸易、转口贸易；保税区企业间贸易及保税区内贸易代理。				

企业名称	迈趣克斯富芮钼（上海）贸易有限公司				
企业地址	上海市宝山区股高西路 101 号 803 室（200439）				
投资总额	10 万 USD	电　话	56827157	传　真	
设立日期	2009-4-24	负 责 人	Andreas Henri Gerardus		
主营业务	广告材料、工艺礼品（文物除外）、针纺织品的批发、佣金代理。				

企业名称	上海爱铃可机电贸易有限公司				
企业地址	上海市闵行区友东路 355 号厂房第一幢 201 室（201100）				
投资总额	20 万 USD	电　话	64381551	传　真	
设立日期	2009-4-23	负 责 人	SUZUKI YOSHIHITO（铃木义人）		
主营业务	化工产品（危险品除外）、办公用品、五金制品、针纺织品的批发。				

企业名称	肯莱尼德商贸（上海）有限公司				
企业地址	上海市普陀区中山北路 1715 号 1104 室（200000）				
投资总额	20 万 USD	电　话	61398772	传　真	61398773
设立日期	2009-4-23	负 责 人	J.SAMUEL		
主营业务	建筑五金、厨房用品、灯具、玻璃制品、陶瓷制品的批发。				

企业名称	翰煦（上海）贸易有限公司				
企业地址	上海市浦东新区东靖路 1831 号 603-9 室（201208）				
投资总额	15 万 USD	电　话	50905493	传　真	
设立日期	2009-4-23	负 责 人	庄一弘		
主营业务	一类医疗器械、贱金属制品、电动工具、电气设备及、纺织品的批发。				

企业名称	上海东洋钢钣商贸有限公司				
企业地址	上海市长宁区仙霞路 137 号 2701 室（200051）				
投资总额	150 万 USD	电　话	62091708	传　真	
设立日期	2009-4-22	负 责 人	宫地正文		
主营业务	机械设备及其零部件、电气仪表、测量仪器及其零部件的进出口、批发。				

企业名称	上海奥薇化妆品商贸有限公司				
企业地址	上海市外高桥保税区奥纳路 79 号 2045 室（200131）				
投资总额	140 万 USD	电　话	68883283	传　真	
设立日期	2009-4-22	负 责 人	余丽丝		
主营业务	护肤品、护发品、美容和其他化妆品、箱包、美容器材的批发。				

企业名称	露思珈兰首饰贸易（上海）有限公司				
企业地址	上海市长宁区淮海西路 570 号第 3 幢红坊 D 楼 203 单元（200050）				
投资总额	65 万 USD	电　话	54892857	传　真	
设立日期	2009-4-22	负 责 人	李文俊		
主营业务	首饰（毛钻、裸钻除外）、钟表及配件的进出口，批发。				

企业名称	帝乃艾商贸（上海）有限公司				
企业地址	上海市长宁区宣化路 300 号 1302 室（200050）				
投资总额	53 万 USD	电　话	32528091	传　真	
设立日期	2009-4-22	负 责 人	山崎洋		
主营业务	容器的相关制造设备、灌装设备及其零部件的批发、佣金代理。				

企业名称	安思爱（上海）贸易有限公司				
企业地址	上海市长宁区仙霞路 317 号 1804-1807 室（200051）				
投资总额	35 万 USD	电　话		传　真	
设立日期	2009-4-22	负 责 人	深田恭史		
主营业务	箱包、日用杂品、纺织品及针织品、服装及配饰、鞋帽、眼镜的批发。				

企业名称	楷创（上海）商贸有限公司				
企业地址	上海市黄浦区福建中路 188 号 907 室（200001）				
投资总额	25 万 USD	电　话		传　真	
设立日期	2009-4-22	负 责 人	KEVIN CARL BOWEN		
主营业务	气动输送设备、工程原料处理系统及相关操作设备的批发、佣金代理。				

企业名称	巴科（上海）贸易有限公司				
企业地址	上海市黄浦区西藏中路 268 号 43 楼 4301 室 19 单元（200001）				
投资总额	15 万 USD	电　话		传　真	
设立日期	2009-4-22	负 责 人	JACK HO CHIN YONG		
主营业务	软塑料、纸制品等包装品和包装设备的批发；进出口业务。				

企业名称	博心（上海）贸易有限公司				
企业地址	上海市嘉定区黄渡镇联西路 15 号第 7 幢 A 区（201804）				
投资总额	15 万 USD	电　话	59750652	传　真	
设立日期	2009-4-22	负 责 人	刘雪华		
主营业务	石材、机械设备、工业除尘设备及其零部件的批发、进出口、佣金代理。				

企业名称	得鼎（上海）纺织品贸易有限公司				
企业地址	上海市黄浦区浙江中路 400 号 1012 室（200001）				
投资总额	15 万 USD	电　话	64401751	传　真	
设立日期	2009-4-22	负 责 人	THOMAS MICHAEL ZWICKY		
主营业务	纺织品的批发，进出口，佣金代理（拍卖除外）。				

企业名称	沃恩贸易（上海）有限公司				
企业地址	上海市静安区愚园路 172 号 1107 室（200040）				
投资总额	50 万 USD	电　话	62491066	传　真	
设立日期	2009-4-21	负 责 人	西山和兴		
主营业务	塑料制品，塑料零部件，通用机械零部件的批发，进出口，佣金代理。				

企业名称	伟资行商贸（上海）有限公司				
企业地址	上海市襄阳南路 218 号 18 层顶层（200233）				
投资总额	150 万 USD	电　话		传　真	
设立日期	2009-4-20	负 责 人	Lo,Sandy Poa Min		
主营业务	纺织品、化妆品、玩具、家具、工艺品（文物除外）的批发和零售。				

企业名称	嘉浦食品贸易（上海）有限公司				
企业地址	上海市卢湾区丽园路 700 号 105 室（200023）				
投资总额	15 万 USD	电　话	63033526	传　真	
设立日期	2009-4-20	负 责 人	BOIX MARCET JORGE		
主营业务	食品（不含熟食）、酒类（不含散装酒）的批发、进出口、佣金代理。				

企业名称	波驷贸易（上海）有限公司				
企业地址	上海市外高桥保税区富特东一路 418 号 3 层 305 室（200131）				
投资总额	663 万 USD	电　话	55055957	传　真	
设立日期	2009-4-17	负 责 人	ARAB NIA SAR MANOUCHEHR		
主营业务	化学产品（除危险化学品），汽车零部件及铬矿和锰矿的批发。				

企业名称	威士顿（上海）商贸有限公司				
企业地址	上海市静安区南京西路 1266 号 322 室（200041）				
投资总额	232 万 USD	电　话	62708988	传　真	
设立日期	2009-4-17	负 责 人	JEAN CHRISTOPHER DESCOURS		
主营业务	卫浴用品，旅游商品，办公用品，礼品，日用杂货的批发、零售。				

企业名称	奈奈花艺（上海）有限公司				
企业地址	上海市长宁区江苏北路 125 号 E003 室（200050）				
投资总额	20 万 USD	电　话	63566616	传　真	
设立日期	2009-4-17	负 责 人	寺田晶子		
主营业务	鲜花、干花、人造花、工艺品（文物除外）、花瓶、化妆品的批发。				

企业名称	优港（上海）贸易有限公司				
企业地址	上海市嘉定工业区霍城路 569 号西侧第 2 幢 2203 室（201821）				
投资总额	20 万 USD	电　话	62125803	传　真	
设立日期	2009-4-17	负 责 人	张虎军		
主营业务	化工产品（危险品除外）、机电产品、包装材料、五金工具的批发。				

企业名称	上海富田贸易有限公司				
企业地址	上海市浦东新区金桥出口加工区金湘路 333 号 707 室（201206）				
投资总额	15 万 USD	电　话	51385356	传　真	
设立日期	2009-4-17	负 责 人	杨惠芳		
主营业务	食品、文具、化妆品、电子产品、纺织品、日用百货、机械设备的批发。				

企业名称	发迪科时装检测（上海）有限公司				
企业地址	上海市闵行区浦江镇立跃路 1768 弄 88 号 4 幢 3F（201112）				
投资总额	10 万 USD	电　话		传　真	
设立日期	2009-4-17	负 责 人	渡边喜雄		
主营业务	各类服装、服饰及面料的检测（涉及行政许可的，凭许可证经营）。				

企业名称	上海沛绮商贸有限公司				
企业地址	上海市闵行区宜山路 1618 号综合楼 882 室（201103）				
投资总额	6 万 USD	电　话		传　真	
设立日期	2009-4-17	负 责 人	蓝珮绮		
主营业务	从事食品、化妆品、服装、眼镜的批发、佣金代理（拍卖除外）。				

企业名称	上海新西亚家居饰品贸易有限公司				
企业地址	上海市浦东新区上丰西路 55 号 1 幢 105 室（201203）				
投资总额	50 万 USD	电　话	58936600	传　真	
设立日期	2009-4-16	负 责 人	刘晓虹		
主营业务	玻璃制品、金属制品、工艺礼品（文物除外）、家居饰品和玩具的批发。				

企业名称	创馨化工贸易（上海）有限公司				
企业地址	上海市杨浦区昆明路 596 号 6 栋 204A 室（200092）				
投资总额	20 万 USD	电　话	60959235	传　真	
设立日期	2009-4-16	负 责 人	孙 进		
主营业务	木制品、蜡油、润滑油、润滑油基础油、重油的批发。				

企业名称	瑞丽洋贸易（上海）有限公司				
企业地址	上海市外高桥保税区泰谷路 88 号 5 层 570 室（200131）				
投资总额	15 万 USD	电　话	50458067	传　真	
设立日期	2009-4-16	负 责 人	傅祖夏		
主营业务	国际贸易、转口贸易、保税区企业间的贸易及区内贸易代理。				

企业名称	天隽（上海）贸易有限公司				
企业地址	上海市嘉定工业区福海路 1055 号第 1 幢 2120 室（201800）				
投资总额	10 万 USD	电　话	64571055	传　真	
设立日期	2009-4-16	负 责 人	林 巧		
主营业务	办公用品、家居用品的批发、进出口、佣金代理（拍卖除外）。				

企业名称	晋御精密设备贸易（上海）有限公司				
企业地址	上海市杨浦区翔殷路 128 号 11 号楼 B117 室（200433）				
投资总额	7 万 USD	电　话	51274666	传　真	
设立日期	2009-4-16	负 责 人	周金汉		
主营业务	印刷电路板生产设备、检测设备的批发、佣金代理（拍卖除外）。				

企业名称	上海新芽商贸有限公司				
企业地址	上海市卢湾区局门路 427 号 5 号楼 204 室（200023）				
投资总额	105 万 USD	电　话	63055232	传　真	
设立日期	2009-4-15	负 责 人	廖志坚		
主营业务	家用电器、日用百货、办公用品批发、佣金代理（拍卖除外）。				

企业名称	克达克过滤器商业（上海）有限公司				
企业地址	上海市长宁区遵义路 100 号 A 座 1213、1214 室（200051）				
投资总额	75 万 USD	电　话	62371387	传　真	
设立日期	2009-4-15	负 责 人	NORMAN ERIC JOHNSON		
主营业务	过滤和净化产品、设备及其零部件和相关产品的批发。				

企业名称	明绪贸易（上海）有限公司				
企业地址	上海市长宁区娄山关路 85 号 C 座 802 室（200336）				
投资总额	33 万 USD	电　话	62787771	传　真	
设立日期	2009-4-15	负 责 人	佃英征		
主营业务	印刷用油墨、化工产品（危险品除外）、劳防用品的批发。				

企业名称	加林贸易（上海）有限公司				
企业地址	上海市长宁区虹桥路 2272 号 C 段 7 楼 H 室（200336）				
投资总额	20 万 USD	电　话	62376548	传　真	
设立日期	2009-4-15	负 责 人	MAYCO TSO SHENG LOU		
主营业务	家具、纸制品、包装材料和劳防用品的进出口（原木出口除外）及批发。				

企业名称	泷泽商贸（上海）有限公司				
企业地址	上海市长宁区仙霞路 317 号 1312 室（200051）				
投资总额	16 万 USD	电　话	62350938	传　真	
设立日期	2009-4-15	负 责 人	若江茂秀		
主营业务	机床及其零部件的批发、佣金代理（拍卖除外）、进出口业务。				

企业名称	来嘉乐（上海）商贸有限公司				
企业地址	上海市天钥桥路 325 号 2218 室（200030）				
投资总额	15 万 USD	电　话	54846028	传　真	
设立日期	2009-4-15	负 责 人	小久保好章		
主营业务	日用化学品（危险品除外）、包装材料及上述同类商品的批发。				

企业名称	埃姆斯贸易（上海）有限公司				
企业地址	上海市闵行区金都路 4289 号 6 幢 2 楼 137 室（201108）				
投资总额	9 万 USD	电　话	67681018	传　真	
设立日期	2009-4-15	负 责 人	LASZLO LAJKO		
主营业务	内溃镜零件、光学仪器及配件、电子产品的批发、佣金代理。				

企业名称	赛饰贸易（上海）有限公司				
企业地址	上海市静安区南京西路 1486 号 1 号楼西二层 202 室（200040）				
投资总额	210 万 USD	电　话	62793111	传　真	
设立日期	2009-4-14	负 责 人	RENAUD PHILIPPE MICHEL LITRE		
主营业务	金银饰品、珠宝、手表及其他各类饰品配件的批发。				

企业名称	维依家流体控制系统（上海）有限公司				
企业地址	上海市虹口区北宝兴路 355 号 2 幢 305 室（200081）				
投资总额	50 万 USD	电　话	56386977	传　真	
设立日期	2009-4-14	负 责 人	武树利		
主营业务	供水系统及配件、暖通系统及配件、楼宇智能控制系统及配件的批发。				

企业名称	藤汶建筑建材贸易（上海）有限公司				
企业地址	上海市天钥桥南路 1128 号 8 幢 305 室（200232）				
投资总额	40 万 USD	电　话	51087230	传　真	
设立日期	2009-4-14	负 责 人	FUJIOKA KEIJI		
主营业务	建筑材料、化工产品（危险品除外）、五金交电的批发、佣金代理。				

企业名称	上海史派森贸易有限公司				
企业地址	上海市闵行区莲花南路 1500 弄 8-9 号 525A 室（200237）				
投资总额	29 万 USD	电　话	33582209	传　真	33582210
设立日期	2009-4-14	负 责 人	ASAD MUAZZAM		
主营业务	化工产品（危险品除外）、纺织品、日用百货的批发。				

企业名称	研威贸易（上海）有限公司				
企业地址	上海市黄浦区延安东路 175 号 1904 室（200001）				
投资总额	25 万 USD	电　话	63263589	传　真	
设立日期	2009-4-14	负 责 人	李建兴		
主营业务	电子产品、机械设备、数码产品、上述产品的相关耗材的批发。				

企业名称	日磁蕾贸易（上海）有限公司				
企业地址	上海市肇嘉浜路 789 号 634 室（200032）				
投资总额	20 万 USD	电　话	61256834	传　真	
设立日期	2009-4-14	负 责 人	前桥义幸		
主营业务	电子元器件、日用杂货、涂料（危险品除外）以及室内装修材料的批发。				

企业名称	名酒坊（上海）贸易有限公司				
企业地址	上海市普陀区真光路 1258 号 7 层 702 室 C 座（200000）				
投资总额	20 万 USD	电　话	52807397	传　真	
设立日期	2009-4-14	负 责 人	俞益兵		
主营业务	散装食品【不含熟食卤味、不含冷冻（藏）食品】的零售。				

企业名称	傲嘉（上海）贸易有限公司				
企业地址	上海市黄浦区成都北路 500 号 602 室（200003）				
投资总额	20 万 USD	电　话	63277999	传　真	
设立日期	2009-4-14	负 责 人	CHANDAN SHARMA		
主营业务	农艺园艺专用设备和用具，电子产品及辅助设备的批发。				

企业名称	上海乐伊居贸易有限公司				
企业地址	上海市黄浦区西藏中路 168 号 17 楼 02 室（200001）				
投资总额	18 万 USD	电　话	61936208	传　真	
设立日期	2009-4-14	负 责 人	NORMAND DUMONT		
主营业务	照明设备、建材（钢材和水泥除外）、厨卫设备及家具的批发。				

企业名称	凯埃奇（上海）贸易有限公司				
企业地址	上海市虹口区东长治路1008号2幢210室（200082）				
投资总额	14万USD	电　　话	65357348	传　　真	
设立日期	2009-4-14	负 责 人	YAMADA KIKUO		
主营业务	服装、服饰、鞋类、箱包的批发，佣金代理（拍卖除外）。				

企业名称	佳坚贸易（上海）有限公司				
企业地址	上海市闵行区合川路3071号1幢408室（201103）				
投资总额	10万USD	电　　话	54223316	传　　真	
设立日期	2009-4-14	负 责 人	Jacobus Henri Antonius de Ruiter		
主营业务	从事纺织品、人造皮革制品的批发、进出口、佣金代理（拍卖除外）。				

企业名称	德拿贸易（上海）有限公司				
企业地址	上海市普陀区中山北路3856弄2号2409室（200000）				
投资总额	7万USD	电　　话	22817050	传　　真	
设立日期	2009-4-14	负 责 人	谢百川		
主营业务	服装、配饰、玩具、日用杂货、五金交电、家用电器及其配件的批发。				

企业名称	福斯蒂亚实业（上海）有限公司				
企业地址	上海市闵行区虹梅南路3509弄88号2幢2室（200237）				
投资总额	100万USD	电　　话	54198018	传　　真	
设立日期	2009-4-10	负 责 人	董莉萍		
主营业务	化工产品（危险品除外）、塑料制品、纺织品、汽车零配件的批发。				

企业名称	上海威东化妆品贸易有限公司				
企业地址	上海市嘉定工业区福海路1055号第1幢2117室（201800）				
投资总额	14万USD	电　　话	54253202	传　　真	
设立日期	2009-4-10	负 责 人	周根川		
主营业务	从事化妆品的批发、进出口、佣金代理（拍卖除外）。				

企业名称	保益（上海）贸易有限公司				
企业地址	上海市江场三路238号721室（200070）				
投资总额	14万USD	电　　话	56712323	传　　真	
设立日期	2009-4-9	负 责 人	HUNTER ROBERT KEITH		
主营业务	医用电子仪器设备（范围见医疗器械许可证）的批发、佣金代理。				

企业名称	依装服装贸易（上海）有限公司				
企业地址	上海市浦东新区上南路3855号11幢3641-1室（200124）				
投资总额	5万USD	电　　话	62792837	传　　真	
设立日期	2009-4-9	负 责 人	BOURGOIS JEROME GEORGES		
主营业务	服装、服饰、纺织品（棉花除外），鞋帽、面料及辅料的批发。				

企业名称	漫富图商贸（上海）有限公司				
企业地址	上海市长宁区延安西路2299号2910、2911室（200336）				
投资总额	105万USD	电　　话	62580675	传　　真	
设立日期	2009-4-8	负 责 人	PAUL ANTHONY WILD		
主营业务	摄影摄像器材、照明器材、音响器材及上述商品的零配件、箱包的批发。				

企业名称	三星道达尔化工贸易（上海）有限公司				
企业地址	上海市长宁区仙霞路333号5楼A1室（200336）				
投资总额	50万USD	电　　话	64019162	传　　真	
设立日期	2009-4-8	负 责 人	JAMES SCOTT MC EWEN		
主营业务	化工产品（危险化工品除外）的进出口、佣金代理（拍卖除外）。				

企业名称	静祥建材贸易（上海）有限公司				
企业地址	上海市田林路140号16号楼B、C单元（200233）				
投资总额	38万USD	电　　话	22819811	传　　真	
设立日期	2009-4-8	负 责 人	Lamberto Romani		
主营业务	建筑装潢材料、建筑化工材料（危险品除外）的批发、佣金代理。				

企业名称	上海久称贸易有限公司				
企业地址	上海市青浦区徐泾镇京华路187弄8号125室（201103）				
投资总额	30万USD	电　　话	34312919	传　　真	
设立日期	2009-4-8	负 责 人	MOLINARI CARLO MARIA		
主营业务	化工原料及产品（特定商品及危险品除外）的批发、进出口，佣金代理。				

企业名称	上海喆联贸易有限公司				
企业地址	上海市长宁区娄山关路83号2101室（200336）				
投资总额	20万USD	电　　话	62076690	传　　真	
设立日期	2009-4-8	负 责 人	吴妮娜		
主营业务	旅游用品、塑料制品、工艺品（文物除外）的进出口业务、批发。				

企业名称	奥倩贸易（上海）有限公司				
企业地址	上海市闵行区漕宝路1467弄6区37号412室（201101）				
投资总额	20万USD	电　　话	68552192	传　　真	
设立日期	2009-4-8	负 责 人	MATSUI SADANORI		
主营业务	从事电解水装置及相关零配件、阀门及相关零配件、塑胶产品的批发。				

企业名称	可锐管业贸易（上海）有限公司				
企业地址	上海市虹桥路808号41幢A-8122室（200030）				
投资总额	15万USD	电　　话	64471967	传　　真	
设立日期	2009-4-8	负 责 人	STEVE ROMANELLI		
主营业务	从事管道产品及其零部件的批发、佣金代理（拍卖除外）。				

企业名称	上海盈培科贸易有限公司				
企业地址	上海市闵行区东川路555号已号楼1层04室E座（200241）				
投资总额	15万USD	电　　话	34293979	传　　真	
设立日期	2009-4-8	负 责 人	TIMOTHY DAVID REED		
主营业务	从事塑料容器、储藏容器、工业材料的运输装置、密封材料的批发。				

企业名称	皇河贸易（上海）有限公司				
企业地址	上海市奉贤区目华北路388号647室（201424）				
投资总额	15万USD	电　　话	57448056	传　　真	
设立日期	2009-4-7	负 责 人	许子松		
主营业务	五金机电、化工原料的进出口和批发（危险化学品除外）。				

企业名称	霍尔利（上海）散热器贸易有限公司				
企业地址	上海市金桥出口加工区金新路58号(银桥大厦)17楼1712室(201206)				
投资总额	14万USD	电　　话		传　　真	
设立日期	2009-4-7	负 责 人	连振南		
主营业务	散热器及零部件的批发、佣金代理（拍卖除外）和进出口业务。				

企业名称	艾季纺织品贸易（上海）有限公司				
企业地址	上海市光复路1号五楼503室（200070）				
投资总额	7万USD	电　　话	63801629	传　　真	
设立日期	2009-4-7	负 责 人	JACQUELINE QUEMSLEY		
主营业务	纺织品、面料的批发、进出口、佣金代理（拍卖除外）。				

企业名称	玛伟贸易（上海）有限公司				
企业地址	上海市虹漕路461号59幢1层（200233）				
投资总额	15万USD	电　　话	54265959	传　　真	
设立日期	2009-4-3	负 责 人	MORDECHAI GUINDI		
主营业务	服装、服装辅料、纺织制品的批发、佣金代理（拍卖除外）。				

企业名称	上海友柏贸易有限公司				
企业地址	上海市肇嘉浜路288号2号楼206A室（200032）				
投资总额	15万USD	电　　话	64373799	传　　真	
设立日期	2009-4-3	负 责 人	EDWARD SUN		
主营业务	日用百货、化妆品、保养品及以上产品的辅料、配料的批发。				

企业名称	上海新知点贸易有限公司				
企业地址	上海市静安区康定路1147号8幢1022室（200040）				
投资总额	15万USD	电　　话		传　　真	
设立日期	2009-4-3	负 责 人	李国杰		
主营业务	电脑配件、电脑软件（音像制品除外）的批发，进出口，佣金代理。				

企业名称	上海艾舒礼安商贸有限公司				
企业地址	上海市龙华路2577号11幢106室（200233）				
投资总额	15万USD	电　　话	34250221	传　　真	
设立日期	2009-4-3	负 责 人	RAGAZZINI MAURIZIO		
主营业务	体育用品、机械设备、五金交电、建材（钢材、水泥除外）的批发。				

企业名称	秦门国际贸易（上海）有限公司				
企业地址	上海市外高桥保税区基隆路6号11层1101室（200131）				
投资总额	14万USD	电　　话	51025278	传　　真	
设立日期	2009-4-3	负 责 人	SEYED KAMRAN KHOSHI		
主营业务	国际贸易、转口贸易、保税区企业间的贸易及区内贸易代理。				

企业名称	布林克曼酒业贸易（上海）有限公司				
企业地址	上海市静安区昌平路68号3幢502室（200040）				
投资总额	14万USD	电　　话	51025278	传　　真	
设立日期	2009-4-3	负 责 人	JEREMY FREDERICK TOETTCHER		
主营业务	食品销售管理（酒类、食品、饮料非实物方式）的批发，进出口业务。				

企业名称	技荣半导体科技（上海）有限公司				
企业地址	上海市宜山路900号A1507室（200030）				
投资总额	10万USD	电话	54234768	传真	54235808
设立日期	2009-4-3	负责人	仲田健二		
主营业务	电子产品，设计；半导体设备、LCD设备、半导体机械设备的批发。				

企业名称	吴羽（上海）化工材料贸易有限公司				
企业地址	上海市黄浦区延安东路700号五层B2室（200001）				
投资总额	100万USD	电话	63527036	传真	
设立日期	2009-4-2	负责人	HAGINO KOJI		
主营业务	化工材料（危险品除外）的批发、佣金代理（拍卖除外）。				

企业名称	东帝士东熙（上海）地毯贸易有限公司				
企业地址	上海市长宁区仙霞路137号25E室（200051）				
投资总额	75万USD	电话	62333488	传真	
设立日期	2009-4-2	负责人	韩英才		
主营业务	地毯及相关的纤维织物，地毯用胶水，建筑装潢材料的批发。				

企业名称	上海北川铁社贸易有限公司				
企业地址	上海市长宁区仙霞路317号1314室（200051）				
投资总额	22万USD	电话	62955772	传真	
设立日期	2009-4-2	负责人	北川祐治		
主营业务	机械零部件、工业机械及其零件、电气设备及其零件、环保设备的批发。				

企业名称	驽码艾特贸易（上海）有限公司				
企业地址	上海市浦东新区黄杨路18号4幢3005室（201206）				
投资总额	20万USD	电话	61652780	传真	
设立日期	2009-4-2	负责人	GOSTA KARLSSON		
主营业务	从事港口机械及其零配件的批发、佣金代理（拍卖除外）。				

企业名称	萨埃诗缇（上海）贸易有限公司				
企业地址	上海市喜泰路239号2号楼（200232）				
投资总额	15万USD	电话	51560236	传真	
设立日期	2009-4-2	负责人	Mansourian Serge		
主营业务	工业设备及相关零配件、奢侈品包装物及展示道具的批发、佣金代理。				

企业名称	维睿商贸（上海）有限公司				
企业地址	上海市外高桥保税区加枫路24号银行楼二层211室（200131）				
投资总额	15万USD	电话	50482700	传真	
设立日期	2009-4-2	负责人	DOUGLAS GEORGE MOUL		
主营业务	国际贸易，转口贸易，保税区内企业间的贸易及贸易代理。				

企业名称	力领精密机械进出口（上海）有限公司				
企业地址	上海市虹梅路1905号503室（200000）				
投资总额	15万USD	电话		传真	
设立日期	2009-4-2	负责人	柳龙		
主营业务	汽车配件、阀门、仪器仪表、电子产品、金属材料、计算机软件的批发。				

企业名称	枢杰（上海）贸易有限公司				
企业地址	上海市松江区车墩镇新飞路1199号3幢B区（201611）				
投资总额	13万USD	电话	67602422	传真	
设立日期	2009-4-2	负责人	王胜枢		
主营业务	装饰材料、五金建材、机电产品、卫浴配件的进出口、批发。				

企业名称	白思麦（上海）商贸有限公司				
企业地址	上海市静安区南京西路1486号3号楼321室（200040）				
投资总额	8万USD	电话		传真	
设立日期	2009-4-2	负责人	侯化政		
主营业务	化妆品，护理用品，服装鞋帽，家用电器的批发。				

企业名称	悦昕商贸（上海）有限公司				
企业地址	上海市浦东新区商城路738号2004室（200120）				
投资总额	8万USD	电话	58362965	传真	
设立日期	2009-4-2	负责人	罗永章		
主营业务	化工产品（危险品除外）的批发、佣金代理（拍卖除外）。				

企业名称	上海颢扬商贸有限公司				
企业地址	上海市闵行区光华路18号第7幢第2层第B-9室（201108）				
投资总额	7万USD	电话	33507526	传真	33507822
设立日期	2009-4-2	负责人	钟静岚		
主营业务	汽车零配件、通讯器材、家电产品、办公用品、服装及饰品的批发。				

企业名称	科珥（上海）医疗器械贸易有限公司				
企业地址	上海市外高桥保税区希雅路33号17#楼第二层D部位（200131）				
投资总额	3万USD	电话	50461569	传真	
设立日期	2009-4-2	负责人	WILLIAM J CUDE III		
主营业务	医疗器械产品（详见许可证）的批发、进出口、佣金代理。				

企业名称	美赏美电子贸易（上海）有限公司				
企业地址	上海市长宁区娄山关路85号C座1106室（200336）				
投资总额	40万USD	电话	62787643	传真	6278764
设立日期	2009-3-31	负责人	广濑康雄		
主营业务	电子产品及配件的批发、进出口、佣金代理（拍卖除外）。				

企业名称	波和思贸易（上海）有限公司				
企业地址	上海市外高桥保税区奥纳路79号1号楼二层2132室（200127）				
投资总额	15万USD	电话	50896500	传真	
设立日期	2009-3-31	负责人	KIM TAE UK		
主营业务	国际贸易、转口贸易，保税区内企业之间的贸易。				

企业名称	高易商贸（上海）有限公司				
企业地址	上海市闵行区中春路7198号1栋7层10号（201101）				
投资总额	15万USD	电话	54094530	传真	
设立日期	2009-3-31	负责人	洪文志		
主营业务	化妆品、日用百货、服装、文体用品、橡塑制品、玻璃制品的批发。				

企业名称	猎人谷凯灵达酒业贸易（上海）有限公司				
企业地址	上海市长宁区茅台路592号（200336）				
投资总额	15万USD	电话	33538711	传真	
设立日期	2009-3-31	负责人	石信保		
主营业务	各类酒、包装食品、办公用品、建筑材料（水泥、钢材除外）的批发。				

企业名称	满洹昌贸易（上海）有限公司				
企业地址	上海市闵行区中辉路60号15幢第二层（201111）				
投资总额	14万USD	电话	32201447	传真	
设立日期	2009-3-31	负责人	徐心怡		
主营业务	从事阀门及配件、金属制品（贵金属除外）、家具的批发。				

企业名称	劳铒贸易（上海）有限公司				
企业地址	上海市黄浦区中山南路1088号314室（200011）				
投资总额	22万USD	电话	63671567	传真	
设立日期	2009-3-30	负责人	HANS GUNTER LAUER		
主营业务	体外循环及血液处理设备、附件及其相关配件的批发。				

企业名称	法和玛（上海）贸易有限公司				
企业地址	上海市南丹东路109号4幢112室（200030）				
投资总额	15万USD	电话	52721536	传真	
设立日期	2009-3-30	负责人	高绚		
主营业务	化工原料（危险品除外）、工艺品（文物除外）、化妆品的批发。				

企业名称	洁客（上海）商贸有限公司				
企业地址	上海市静安区西康路588弄36号2幢403室（200041）				
投资总额	15万USD	电话	62831008	传真	
设立日期	2009-3-30	负责人	陈建业		
主营业务	食品销售管理（非实物方式）、钟表、箱包、灯具、包装材料的批发。				

企业名称	沃代贸易（上海）有限公司				
企业地址	上海市浦东新区金桥出口加工区新金桥路255号922室（201206）				
投资总额	15万USD	电话	51352523	传真	
设立日期	2009-3-30	负责人	ONG WEI MING		
主营业务	五金制品、机电设备及其零部件、塑料制品、橡胶制品的批发。				

企业名称	上海都会西太贸易有限公司				
企业地址	上海市静安区华山路328号一层05号铺（200040）				
投资总额	15万USD	电话	51569076	传真	
设立日期	2009-3-30	负责人	曾玉琳		
主营业务	家具、装饰用工艺品的批发、零售、佣金代理（拍卖除外）。				

企业名称	亚撒伽贸易（上海）有限公司				
企业地址	上海市卢湾区中山南一路500弄1号801室（200023）				
投资总额	14万USD	电话	62125803	传真	
设立日期	2009-3-30	负责人	志邑宣彦		
主营业务	电子产品、机械产品及零部件的批发、佣金代理（拍卖除外）。				

企业名称	卡丁诺商场设备贸易（上海）有限公司				
企业地址	上海市静安区南京西路 920 号南泰大厦 16A 楼 11 室（200040）				
投资总额	14 万 USD	电　话	60904711	传　真	
设立日期	2009-3-30	负 责 人	PAUL DAVID BENJAMIN CONSIDINE		
主营业务	家具、货柜架、收银台、电器设备的批发。				

企业名称	光谱特种气体贸易（上海）有限公司				
企业地址	上海市汶水路 301 号 B230 室（200072）				
投资总额	10 万 USD	电　话	56456895	传　真	
设立日期	2009-3-30	负 责 人	MARK ZHI XUAN YANG		
主营业务	化工产品、机械设备及配件、仪器仪表的批发。				

企业名称	上海功藤贸易有限公司				
企业地址	上海市卢湾区巨鹿路 149 号 205-07 室（200020）				
投资总额	7 万 USD	电　话	63841363	传　真	
设立日期	2009-3-30	负 责 人	足达义弘		
主营业务	电子元件、电线电缆、金属制品、汽摩配件、机械设备及配件的批发。				

企业名称	新应材贸易（上海）有限公司				
企业地址	上海市漕宝路 80 号 2503 室（200235）				
投资总额	25 万 USD	电　话	64327712	传　真	
设立日期	2009-3-27	负 责 人	张原彰		
主营业务	化工产品（详见许可证内容经营）、橡胶塑料制品、金属制品的批发。				

企业名称	耀强商务咨询（上海）有限公司				
企业地址	上海市外高桥保税区华京路 8 号 825 室（200131）				
投资总额	3 万 USD	电　话	61136399	传　真	
设立日期	2009-3-27	负 责 人	EE SOON KIONG		
主营业务	商务咨询服务；国际贸易、转口贸易、保税区企业间的贸易及贸易代理。				

企业名称	尚迪钻石（上海）有限公司				
企业地址	上海市世纪大道 1701 号中国钻石交易中心大厦北塔 A318 室（200120）				
投资总额	20 万 USD	电　话		传　真	
设立日期	2009-3-26	负 责 人	AJITKUMAR RASIKLAL SHETH		
主营业务	在上海钻石交易所开展钻石（不含金银）的交易和钻石的进出口业务。				

企业名称	上海美润贸易有限公司				
企业地址	上海市静安区康定路 1147 号 8 幢 1010 室（200042）				
投资总额	500 万 USD	电　话	53751977	传　真	
设立日期	2009-3-25	负 责 人	DAVID WANG		
主营业务	家居用品、生活用品、商务礼品、纺织品、日用品，家具的批发。				

企业名称	酷甫乐司商贸（上海）有限公司				
企业地址	上海市闵行区虹梅南路 3888 号 11 幢 39 区 9 室（200237）				
投资总额	14 万 USD	电　话	34317485	传　真	
设立日期	2009-3-25	负 责 人	OH HYUNKOO		
主营业务	橡胶制品（天然橡胶除外）、汽车摩托车配件、工业皮带的批发。				

企业名称	亚历山卓贸易（上海）有限公司				
企业地址	上海市青浦区赵巷镇嘉松中路 5399 号 2 幢 B4-102 号（201702）				
投资总额	14 万 USD	电　话	69755996	传　真	
设立日期	2009-3-25	负 责 人	萧金聪		
主营业务	从事家具、灯具、家居用品、家居饰品及配件的零售、批发。				

企业名称	伊助贸易（上海）有限公司				
企业地址	上海市延长中路 765 号 3 楼 301 室（200070）				
投资总额	8 万 USD	电　话	5689789	传　真	
设立日期	2009-3-25	负 责 人	PARK NOH IL		
主营业务	服装及其面辅料、日用百货的批发、进出口，佣金代理。				

企业名称	霍夫曼工具贸易（上海）有限公司				
企业地址	上海市闵行区朱建路 333 弄 5 号（201106）				
投资总额	345 万 USD	电　话	64873618	传　真	
设立日期	2009-3-24	负 责 人	BERT BLEICHER		
主营业务	工业工具的批发、佣金代理（拍卖除外）、进出口，提供相关技术咨询。				

企业名称	上海梵蔻化妆品贸易有限公司				
企业地址	上海市闵行区虹泉路 1000 号 2 幢 807 室（201103）				
投资总额	70 万 USD	电　话	64059811	传　真	
设立日期	2009-3-24	负 责 人	KIM CHANG SOO（金昌秀）		
主营业务	从事化妆品、日用品、化妆品包装材料的批发、进出口、佣金代理。				

企业名称	瑞其米诺富钻石（上海）有限公司				
企业地址	上海市世纪大道 1701 号中国钻石交易中心大厦 A907a 室（200122）				
投资总额	20 万 USD	电　话	61600906	传　真	
设立日期	2009-3-24	负 责 人	ODED SHATAN		
主营业务	在上海钻石交易所开展钻石（不含金银）的交易和钻石的进出口业务。				

企业名称	圆征（上海）贸易有限公司				
企业地址	上海市漕溪北路 398 号 1503 室（200030）				
投资总额	14 万 USD	电　话	33688878	传　真	
设立日期	2009-3-24	负 责 人	JEONG JINWOOK		
主营业务	五金产品、机电产品、涡轮鼓风机、涡轮压缩机、涡轮增压器批发。				

企业名称	上海台富国际贸易有限公司				
企业地址	上海市外高桥保税区华申路 180 号综合大楼二层 203 室（200131）				
投资总额	11 万 USD	电　话	52911461	传　真	
设立日期	2009-3-24	负 责 人	吴博奕		
主营业务	国际贸易、转口贸易、保税区企业间贸易及贸易代理。				

企业名称	鼎楷贸易（上海）有限公司				
企业地址	上海市浦东新区港城路 2222 号厂房 1-301 室（200137）				
投资总额	150 万 USD	电　话	68662877	传　真	
设立日期	2009-3-23	负 责 人	缪祥生		
主营业务	珠宝首饰（毛钻、裸钻除外），化妆品及其用具的批发。				

企业名称	胜夯贸易（上海）有限公司				
企业地址	上海市浦东新区港城路 2222 号厂房 1-302 室（200137）				
投资总额	150 万 USD	电　话	66862502	传　真	
设立日期	2009-3-23	负 责 人	缪祥生		
主营业务	珠宝首饰（毛钻，裸钻除外），化妆品及其用具的批发。				

企业名称	史帝瑞（上海）贸易有限公司				
企业地址	上海市卢湾区淮海中路 300 号 1504B 室（200021）				
投资总额	140 万 USD	电　话	61371166	传　真	
设立日期	2009-3-23	负 责 人			
主营业务	灭菌设备及零部件，手术、急救、诊疗室设备及零部件、耗材的批发。				

企业名称	斯崴贸易（上海）有限公司				
企业地址	上海市斜土路 2669 号 2001 室（200030）				
投资总额	28 万 USD	电　话	64399823	传　真	
设立日期	2009-3-23	负 责 人	Gregory Seth Thomases		
主营业务	纺织品批发、佣金代理（拍卖除外）、进出口。				

企业名称	大卫世诺珠宝（上海）有限公司				
企业地址	上海市富民路 291 号 1 楼 4B-2 室（200031）				
投资总额	20 万 USD	电　话	68889208	传　真	
设立日期	2009-3-23	负 责 人	ALEXANDER PAYLAN		
主营业务	钻石饰品（毛钻、裸钻除外）、钟表、工艺品（文物除外）的批发。				

企业名称	钻缘坊（上海）钻石有限公司				
企业地址	上海市浦东新区世纪大道 88 号金茂大厦 4 楼 G030（200135）				
投资总额	20 万 USD	电　话	50470197	传　真	
设立日期	2009-3-23	负 责 人	熊　刚		
主营业务	在上海钻石交易所开展钻石（不含金银）的交易和钻石的进出口业务。				

企业名称	风义德酒业商贸（上海）有限公司				
企业地址	上海市茶陵北路 20 号 1 号楼 601 室（200232）				
投资总额	20 万 USD	电　话		传　真	
设立日期	2009-3-20	负 责 人	CYNTHIA APRIL WONG		
主营业务	酒类批发、佣金代理（拍卖除外），酒类商品进出口业务。				

企业名称	爱品盟果业贸易（上海）有限公司				
企业地址	上海市天钥桥路 325 号 3217 室（200030）				
投资总额	15 万 USD	电　话	64343062	传　真	
设立日期	2009-3-20	负 责 人	清水正之		
主营业务	水果、蔬菜的批发、进出口、佣金代理（拍卖除外）。				

企业名称	奥礼时装商贸（上海）有限公司				
企业地址	上海市卢湾区复兴中路 1 号 301、302 室（200021）				
投资总额	15 万 USD	电　话	53060066	传　真	
设立日期	2009-3-20	负 责 人	Maureen Pamela Josef		
主营业务	服装的批发、佣金代理（拍卖除外）及上述商品的进出口和配套服务。				

批发和零售贸易业

企业名称	上海韵朵饮料贸易有限公司				
企业地址	上海市静安区南京西路 699 号 18 楼 1824 室（200041）				
投资总额	99 万 USD	电话	61413854	传真	
设立日期	2009-3-19	负责人	BRENDAN HYNES		
主营业务	饮料和饮料原料的批发、进出口、佣金代理（拍卖除外）。				

企业名称	上海裳默诗服装有限公司				
企业地址	上海市漕溪路 165 号 1505 室（200235）				
投资总额	76 万 USD	电话	64693531	传真	
设立日期	2009-3-19	负责人	中岛哲郎		
主营业务	服装服饰品、鞋帽、包的进出口、批发以及提供相关的配套服务。				

企业名称	舒特机床销售（上海）有限公司				
企业地址	上海市长宁区中山西路 1277 号 4 幢 319 室（200051）				
投资总额	40 万 USD	电话	51767021	传真	51767051
设立日期	2009-3-19	负责人	CARL MARTIN WELCKER		
主营业务	机床、机床刀具及相关零配件、相关自动化软件的批发。				

企业名称	阿普罗贸易（上海）有限公司				
企业地址	上海市浦东新区张杨路 228 号 1202 室（200120）				
投资总额	14 万 USD	电话	33608139	传真	
设立日期	2009-3-19	负责人	YEVGEN BURIK		
主营业务	建筑材料（钢材、水泥除外）、化工原料（危险品除外）的批发。				

企业名称	上海达复贸易有限公司				
企业地址	上海市嘉定区菊园新区棋盘路 707 号第 2 幢 215 室（201800）				
投资总额	7 万 USD	电话	64365512	传真	
设立日期	2009-3-19	负责人	李英俊（LEE YOUNGJOON）		
主营业务	玻璃制品、塑料制品、陶瓷制品的批发。				

企业名称	烨贸钢材贸易（上海）有限公司				
企业地址	上海市浦东新区上南路 4975 号 409 室（200123）				
投资总额	300 万 USD	电话	51083606	传真	
设立日期	2009-3-18	负责人	王庆国		
主营业务	从事钢材、金属材料（贵金属、稀有金属除外）、金属制品的批发。				

企业名称	天钰（上海）化妆品贸易有限公司				
企业地址	上海市静安区延安中路 1440 号 20 幢 2G02 室（200040）				
投资总额	31 万 USD	电话	54509588	传真	
设立日期	2009-3-18	负责人	I JU WU		
主营业务	护肤品、化妆品的批发、进出口、佣金代理（拍卖除外）。				

企业名称	速科贸易（上海）有限公司				
企业地址	上海市浦东新区惠南镇人民东路 2883 号 806 室（201300）				
投资总额	26 万 USD	电话	58131133	传真	
设立日期	2009-3-18	负责人	Frederic LESCURE		
主营业务	一般化学品（除危险品）的批发、佣金代理（拍卖除外）。				

企业名称	欧考商贸（上海）有限公司				
企业地址	上海市奉贤区目华北路 388 号 648 室（201424）				
投资总额	10 万 USD	电话	54663988	传真	
设立日期	2009-3-18	负责人	Gabrielle C.M. Sentilhes		
主营业务	包装材料、眼镜、钟表、珠宝首饰、电子产品、化妆品的零售、批发。				

企业名称	格罗茨贝克（上海）贸易有限公司				
企业地址	上海市长宁区红宝石路 500 号 B 栋 803 单元（201103）				
投资总额	73 万 USD	电话	62754465	传真	
设立日期	2009-3-17	负责人	SCHOLLER ERIC ERNST		
主营业务	纺织机械设备及相关零配件的批发、进出口、佣金代理。				

企业名称	汉斯昆腾（上海）贸易有限公司				
企业地址	上海市张江高科技园区科苑路 88 号 2 幢 701 室 701-036 单元(201203)				
投资总额	38 万 USD	电话	61055970	传真	
设立日期	2009-3-17	负责人	FRANZ ANTON JAEGER		
主营业务	热交换器、冷藏设备及其零部件的批发、佣金代理（拍卖除外）。				

企业名称	谛恩（上海）贸易有限公司				
企业地址	上海市长宁区中山西路 179 号 12C 室（200051）				
投资总额	15 万 USD	电话	52738151	传真	
设立日期	2009-3-17	负责人	ZAGLUMOV YURY		
主营业务	服装、服饰、鞋帽、箱包、皮革制品及相关辅料的批发、进出口业务。				

企业名称	纪同商贸（上海）有限公司				
企业地址	上海市静安区胶州路 397 号 5 号楼 331 室（200042）				
投资总额	14 万 USD	电话	52282226	传真	
设立日期	2009-3-17	负责人	林志隆		
主营业务	服装、服饰及配件、鞋帽、饰品、箱包、手表的批发、佣金代理。				

企业名称	康登贸易（上海）有限公司				
企业地址	上海市松江区莘砖公路 518 号 3 号厂房第 5 层 C 区（201612）				
投资总额	20 万 USD	电话	61678301	传真	
设立日期	2009-3-16	负责人	李千鹤		
主营业务	塑料制品、电子产品、家用电器及其零部件、工艺品的进出口、批发。				

企业名称	爱帕斯博服饰贸易（上海）有限公司				
企业地址	上海市卢湾区思南路 107 号 1022 室（200025）				
投资总额	16 万 USD	电话	64453827	传真	
设立日期	2009-3-16	负责人	彭溶		
主营业务	服装及原辅料、鞋帽、袜子、皮革制品、服装配饰件的批发。				

企业名称	瑠久（上海）贸易有限公司				
企业地址	上海市静安区安远路 555 号 3 楼 307 室（200040）				
投资总额	150 万 USD	电话	62880331	传真	
设立日期	2009-3-13	负责人	FERNANDINO FORNACIARI		
主营业务	眼镜、钟表、化妆品、香水、床上用品、洗浴用品的进出口、批发。				

企业名称	应太特（上海）贸易有限公司				
企业地址	上海市南丹东路 109 号 4 幢 110 室（200030）				
投资总额	105 万 USD	电话	54429698	传真	
设立日期	2009-3-13	负责人	林宗祺		
主营业务	日用百货、建筑材料（钢材、水泥除外）、化工仪器设备的批发。				

企业名称	上海岳凤服饰贸易有限公司				
企业地址	上海市普陀区中山北路 2911 号 2005 室（200000）				
投资总额	37 万 USD	电话	62223636	传真	
设立日期	2009-3-13	负责人	孙易兰		
主营业务	服饰、服饰辅料的批发、佣金代理（拍卖除外）、提供相关配套服务。				

企业名称	东楷贸易（上海）有限公司				
企业地址	上海市外高桥保税区奥纳路 79 号 2106 室（200137）				
投资总额	16 万 USD	电话	63181212	传真	
设立日期	2009-3-13	负责人	丹羽雄二		
主营业务	日用品、化工产品（危险品、特种化学品及易制毒化学品除外）的批发。				

企业名称	纽蔼迪贸易（上海）有限公司				
企业地址	上海市黄浦区人民路 885 号 1906 室（200010）				
投资总额	15 万 USD	电话		传真	
设立日期	2009-3-13	负责人	JOHAN DE SCHEPPER		
主营业务	动物饲料原料和动物饲料添加剂的批发、进出口及其相关配套服务。				

企业名称	奥太恩贸易（上海）有限公司				
企业地址	上海市闵行区金都路 4289 号 6 幢 2 楼 121 室（201108）				
投资总额	14 万 USD	电话	51068155	传真	
设立日期	2009-3-13	负责人	TATARI OMID		
主营业务	机械产品、纺织品、服装、日用品、家用电器、汽车零配件的批发。				

企业名称	德栎贸易（上海）有限公司				
企业地址	上海市金山区漕泾镇致富路 8 号 5 幢 122 室（201507）				
投资总额	13 万 USD	电话	51097809	传真	
设立日期	2009-3-13	负责人	JOCHEN WIESCHERMANN		
主营业务	家具、装饰材料及其配件、电子产品、机械配件、服装鞋帽的批发。				

企业名称	上海乔尔丝服饰贸易有限公司				
企业地址	上海市静安区华山路 620 号奥力孚大厦 7 楼 A 座 B 座（200040）				
投资总额	35 万 USD	电话	52392255	传真	
设立日期	2009-3-12	负责人	SOH（CHING） GEIBUN		
主营业务	服装服饰的批发、进出口、佣金代理（拍卖除外）。				

企业名称	诺我传感器贸易（上海）有限公司				
企业地址	上海市金桥出口加工区金海路 1000 号 7 幢第 2 层 204 室（200125）				
投资总额	31 万 USD	电话	62125803	传真	
设立日期	2009-3-12	负责人	HORST SIEDLE		
主营业务	传感器、可变电阻器、连接器及其相关零配件的批发。				

企业名称	上海鲁兹贸易有限公司				
企业地址	上海市浦东新区钱仓路1号6D室（200120）				
投资总额	20万USD	电　　话	58409663	传　　真	
设立日期	2009-3-12	负 责 人	魏大年		
主营业务	金工机械用刀及刀片、汽车零部件、精密仪器的批发。				

企业名称	上海润昌贸易有限公司				
企业地址	上海市闵行区黎安路1298号2幢302室（201100）				
投资总额	20万USD	电　　话	54889866	传　　真	
设立日期	2009-3-11	负 责 人	丝润祥		
主营业务	缎带（涤纶、棉纶带）、木制酒桶、酒瓶、人造花、假花的批发。				

企业名称	玄武环保设备贸易（上海）有限公司				
企业地址	上海市浦东新区御桥路292号203室（200120）				
投资总额	15万USD	电　　话	58319373	传　　真	
设立日期	2009-3-11	负 责 人	GARNIER THOMAS JOSEPH		
主营业务	电子产品及其零部件、化工产品（危险化学品除外）的批发。				

企业名称	巴巴派乐餐饮管理（上海）有限公司				
企业地址	上海市闵行区立跃路2708号2幢412室（201112）				
投资总额	14万USD	电　　话	64647155	传　　真	
设立日期	2009-3-11	负 责 人	马治青		
主营业务	专营匹萨产业的餐饮管理（涉及行政许可的，凭许可证经营）。				

企业名称	瑞龙食品（上海）有限公司				
企业地址	上海市冠生园路227号7幢210室（200235）				
投资总额	88万USD	电　　话	64510496	传　　真	
设立日期	2009-3-10	负 责 人	王伟民		
主营业务	食品[限食品销售管理（非实物方式）]的批发。				

企业名称	竑维贸易（上海）有限公司				
企业地址	上海市长宁区长顺路11号4楼406B座（200051）				
投资总额	44万USD	电　　话	62083556	传　　真	
设立日期	2009-3-10	负 责 人	孙竹娟		
主营业务	纸张及其原材料和制品的批发；佣金代理（拍卖除外）。				

企业名称	上海清心玄浩贸易有限公司				
企业地址	上海市建国西路285号502室（200031）				
投资总额	16万USD	电　　话	64862300	传　　真	
设立日期	2009-3-10	负 责 人	植田玄彦（UEDA HARUHIKO）		
主营业务	食品【食品销售管理（非实物方式）】、日用百货的批发。				

企业名称	迪斯派奇（上海）工业产品贸易有限公司				
企业地址	上海市长宁区延安西路2299号2601室（200336）				
投资总额	15万USD	电　　话	22119648	传　　真	
设立日期	2009-3-10	负 责 人	KEVIN SCOTT ROWEKAMP		
主营业务	用于热处理及环境模拟的设备和零部件的进出口、批发和佣金代理。				

企业名称	益海嘉里食品营销有限公司				
企业地址	上海市浦东新区光明路718号715室（200121）				
投资总额	995万USD	电　　话	61006006	传　　真	
设立日期	2009-3-9	负 责 人	LEE HOCK KUAN（李福官）		
主营业务	调味品、饮料、饮用水（食品销售管理限非实物方式）的进出口、批发。				

企业名称	住矿润滑剂贸易（上海）有限公司				
企业地址	上海市长宁区仙霞路317号B栋506-507室（200051）				
投资总额	30万USD	电　　话	64438218	传　　真	
设立日期	2009-3-9	负 责 人	户部健次		
主营业务	矿灰、涂料、气雾剂、化工产品（危险品除外）、有机化学品的批发。				

企业名称	诺孚国际贸易（上海）有限公司				
企业地址	上海市虹口区四平路710号718-C室（200092）				
投资总额	30万USD	电　　话	63049160	传　　真	
设立日期	2009-3-9	负 责 人	Huang Luoyi		
主营业务	日用品、工艺品（文物除外）、体育用品、办公用品、纺织品的批发。				

企业名称	上海翱鼎机械设备贸易有限公司				
企业地址	上海市长宁区番禺路390号10A室（200052）				
投资总额	15万USD	电　　话	52307897	传　　真	
设立日期	2009-3-9	负 责 人	KURT PAPST		
主营业务	机械成套设备和零配件的进出口、批发和佣金代理（拍卖除外）。				

企业名称	媛碧知商贸（上海）有限公司				
企业地址	上海市静安区南京西路1266号2幢3201室（200040）				
投资总额	328万USD	电　　话	62886777	传　　真	
设立日期	2009-3-6	负 责 人	YAMADA KUNIO		
主营业务	化妆品、香水、洗发露、美容设备、美容用品的批发、佣金代理。				

企业名称	艺毓思（上海）商业有限公司				
企业地址	上海市嘉定区江桥镇华江路138号1幢3层332室（201803）				
投资总额	14万USD	电　　话	51699773	传　　真	
设立日期	2009-3-6	负 责 人	温志毅		
主营业务	服装、服饰、箱包、鞋帽的批发、零售、佣金代理（拍卖除外）。				

企业名称	赫摩布化工工程（上海）有限公司				
企业地址	上海市浦东新区商城路800号斯米克大厦602室（200135）				
投资总额	73万USD	电　　话	58359199	传　　真	
设立日期	2009-3-5	负 责 人	ZDENEK HRDLICKA		
主营业务	环境保护设备、新能源生产设备、啤酒生产设备、家具的批发。				

企业名称	速的奥（上海）贸易有限公司				
企业地址	上海市长宁区仙霞路319号1311室（200051）				
投资总额	22万USD	电　　话	62351394	传　　真	
设立日期	2009-3-5	负 责 人	EDUARD L.J.VLOEBERGHEN		
主营业务	化工产品（除危险品、特种化学品及易制毒品）、工具的批发。				

企业名称	尤尼曼（上海）贸易有限公司				
企业地址	上海市普陀区中江路879弄1号176室（200000）				
投资总额	20万USD	电　　话	64224506	传　　真	
设立日期	2009-3-5	负 责 人	SHEN YANG		
主营业务	实验耗材的批发、佣金代理（拍卖除外）。				

企业名称	纽卜特贸易（上海）有限公司				
企业地址	上海市张江高科技园区伽利略路338号6号楼6505、6507室（201203）				
投资总额	15万USD	电　　话	58361851	传　　真	
设立日期	2009-3-5	负 责 人	RAJESH KUMAR PATEL		
主营业务	化工产品（危险品除外）、机电产品、金属制品、仪器仪表的批发。				

企业名称	雷国豪（上海）贸易有限公司				
企业地址	上海市普陀区顺义路18号2609室（200000）				
投资总额	14万USD	电　　话	32270070	传　　真	
设立日期	2009-3-5	负 责 人	David Regojo Zapata		
主营业务	箱包、手推车及配件、厨房用品、饰品、耳机的批发、佣金代理。				

企业名称	京美化妆品（上海）有限公司				
企业地址	上海市青浦区华新镇新凤中路333号E区7幢203室（201700）				
投资总额	306万USD	电　　话		传　　真	
设立日期	2009-3-4	负 责 人	钟方盛		
主营业务	化妆品、预包装食品（不含熟食卤味、冷冻冷藏、植物油）的批发。				

企业名称	上海敦鸿商贸有限公司				
企业地址	上海市闵行区金都路538号11幢203室（200237）				
投资总额	30万USD	电　　话	64975566	传　　真	
设立日期	2009-3-4	负 责 人	蔡宪德		
主营业务	机械设备及零配件的批发、佣金代理。				

企业名称	上海爹林贸易有限公司				
企业地址	上海市闵行区吴中路1369号6层03A室（201103）				
投资总额	20万USD	电　　话	51173284	传　　真	51173285
设立日期	2009-3-4	负 责 人	KWON OH JIN		
主营业务	电子产品、装潢材料（钢材、水泥除外）的进出口、批发。				

企业名称	迪朗建贸易（上海）有限公司				
企业地址	上海市闵行区虹许路408号808室（201103）				
投资总额	20万USD	电　　话	62490302	传　　真	
设立日期	2009-3-4	负 责 人	LEE CHING FUN		
主营业务	太阳能产品及零部件、通讯产品（卫星接收器材除外）的批发。				

企业名称	悦德商贸（上海）有限公司				
企业地址	上海市闵行区吴中路1100号5幢炫润国际大厦609室（201103）				
投资总额	15万USD	电　　话	61289288	传　　真	
设立日期	2009-3-4	负 责 人	DEREK JOHN WALLIS		
主营业务	从事陈列展示道具、纸及印刷油墨、包装袋、日用百货、灯具的批发。				

企业名称	诺得卡（上海）电子贸易有限公司				
企业地址	上海市闵行区浦星路 789 号 322 室（201112）				
投资总额	15 万 USD	电　话	64315968	传　真	
设立日期	2009-3-4	负 责 人	杜方方		
主营业务	电子产品、机械设备、建筑材料（钢材、水泥除外）、金属制品批发。				

企业名称	旭映光电科技（上海）有限公司				
企业地址	上海市龙吴路 2648 号 2 号楼（200231）				
投资总额	300 万 USD	电　话	54651010	传　真	
设立日期	2009-3-3	负 责 人	吴惠美		
主营业务	半导体照明工具的研发、设计，转让相关自有技术成果。				

企业名称	科琅淳（上海）医疗器械贸易有限公司				
企业地址	上海市黄浦区会稽路 8 号 1703 室（200010）				
投资总额	22 万 USD	电　话	51087230	传　真	
设立日期	2009-3-3	负 责 人	JUNICHI KONO		
主营业务	医疗器械（限一类）、日用百货、服装的批发。				

企业名称	东客（上海）贸易有限公司				
企业地址	上海市南汇区航头镇航南公路 880 号 9 号楼（201316）				
投资总额	15 万 USD	电　话	68220990	传　真	
设立日期	2009-3-3	负 责 人	THOMAS MICHAEL CONWAY		
主营业务	从事展览展示设施及其零部件、模具的进出口业务。				

企业名称	发赛尔贸易（上海）有限公司				
企业地址	上海市浦东新区金桥出口加工区浙桥路 277 号 2 幢 212 室（201206）				
投资总额	14 万 USD	电　话		传　真	
设立日期	2009-3-3	负 责 人	LIM KHOON SUANG, LUKE		
主营业务	机械设备、建筑材料（钢材、水泥除外）、塑料制品的批发。				

企业名称	殷兴电子贸易（上海）有限公司				
企业地址	上海市黄浦区淮海东路 99 号 1706 室（200011）				
投资总额	14 万 USD	电　话	23413351	传　真	
设立日期	2009-3-3	负 责 人	张伟豪		
主营业务	电子计算机软硬件及外围设备、电子元器件、计算机系统集成的批发。				

企业名称	赟丰（上海）贸易有限公司				
企业地址	上海市青浦区夏阳街道公园路 348 号欧洲街 36 号 3 层（201700）				
投资总额	7 万 USD	电　话	33863489	传　真	51718878
设立日期	2009-3-3	负 责 人	梁赐雄		
主营业务	家用电器、机械设备、橱柜、卫生洁具的批发、佣金代理。				

企业名称	黑黛生物科技（上海）有限公司				
企业地址	上海市浦东新区商城路 800 号斯米克大厦 106 室（200120）				
投资总额	1 万 USD	电　话	58364898	传　真	
设立日期	2009-3-3	负 责 人	罗林川		
主营业务	人发制品应用的技术咨询，人发制品的批发。				

企业名称	腾辐贸易（上海）有限公司				
企业地址	上海市临港新城芦潮港镇芦潮港路 1758 号 B 楼 603 室（201300）				
投资总额	100 万 USD	电　话	63620326	传　真	
设立日期	2009-3-2	负 责 人	CHEREMUSHKINA ANASTASIA		
主营业务	皮革皮具、纺织品、服装及日用杂货的批发、进出口、佣金代理。				

企业名称	艾奎雅特贸易（上海）有限公司				
企业地址	上海市静安区陕西北路 66 号科恩国际中心大厦 1706 室（200040）				
投资总额	42 万 USD	电　话	61411122	传　真	
设立日期	2009-3-2	负 责 人	DMITRY PETROV		
主营业务	建筑及装饰用品（水泥、钢材除外）、家居用品、家用电器的批发。				

企业名称	上海井川贸易有限公司				
企业地址	上海市闵行区吴宝路 255 号力国大楼 709 室（201101）				
投资总额	4 万 USD	电　话	54852863	传　真	
设立日期	2009-3-2	负 责 人	前川宽		
主营业务	建筑装潢材料（钢材、水泥除外）、五金交电、汽车配件的批发。				

企业名称	上海振田贸易有限公司				
企业地址	上海市普陀区长寿路 1118 号 B 幢 7 层 H 室（200062）				
投资总额	14 万 USD	电　话	52372895	传　真	
设立日期	2009-2-27	负 责 人	CHUNG HSU CHENG TIEN		
主营业务	服装、鞋帽、家用电器、汽车零部件、纺织品、化妆品、家具的批发。				

企业名称	美悉商贸（上海）有限公司				
企业地址	上海市卢湾区茂名南路 205 号 1119、1105 室（200021）				
投资总额	218 万 USD	电　话	68813831	传　真	
设立日期	2009-2-26	负 责 人	田中启次		
主营业务	电子及电器产品、钟表、家具的批发。				

企业名称	上海全超汽配贸易有限公司				
企业地址	上海市闵行区古美路 457 号 1208 室（201102）				
投资总额	50 万 USD	电　话	54143061	传　真	
设立日期	2009-2-26	负 责 人	庄隆雄		
主营业务	汽车零配件、汽车装潢用品的批发、佣金代理（拍卖除外）。				

企业名称	影塔莎贸易（上海）有限公司				
企业地址	上海市嘉定区徐行镇前曹公路 166 弄 1-3 号第 5 幢（201808）				
投资总额	50 万 USD	电　话	59945905	传　真	
设立日期	2009-2-26	负 责 人	YODMING LERTRUENGPANYA		
主营业务	从事服装、服饰、纺织品、服装辅料的进出口、批发、佣金代理。				

企业名称	欧环贸易（上海）有限公司				
企业地址	上海市外高桥保税区华申路 180 号综合大楼第七层 718 室（200131）				
投资总额	28 万 USD	电　话	58681089	传　真	
设立日期	2009-2-26	负 责 人	ALEXANDER DOUGLAS RICHARDS		
主营业务	清淤船舶、清淤设备和其他环保设备及其配件的进出口、批发。				

企业名称	唯酷服饰贸易（上海）有限公司				
企业地址	上海市闵行区莘建东路 58 弄 2 号 608 室（201100）				
投资总额	25 万 USD	电　话	54172365	传　真	
设立日期	2009-2-26	负 责 人	林志民		
主营业务	皮革制品、箱包、日用百货、电子产品、体育用品的批发、佣金代理。				

企业名称	风唐英雅贸易（上海）有限公司				
企业地址	上海市闵行区虹梅南路 3509 弄 298 号 1 幢 103 室（201108）				
投资总额	14 万 USD	电　话	54306680	传　真	
设立日期	2009-2-26	负 责 人	林弓勋		
主营业务	服装、服饰、鞋帽、服饰辅料、纤维线的进出口、批发、佣金代理。				

企业名称	上海美顿镁碳砖贸易有限公司				
企业地址	上海市外高桥保税区富特东一路 418 号裕安英展大楼 701 室（200131）				
投资总额	100 万 USD	电　话	62757299	传　真	
设立日期	2009-2-25	负 责 人	DIETER BECKMANN		
主营业务	镁碳耐火砖及其它耐火材料的批发、佣金代理（拍卖除外）。				

企业名称	拓雅三桃（上海）贸易有限公司				
企业地址	上海市长宁区仙霞路 369 号 1 号楼 802 室（200336）				
投资总额	55 万 USD	电　话		传　真	
设立日期	2009-2-25	负 责 人	广井正臣		
主营业务	服饰、日用品、五金交电产品、电子产品的批发、进出口、佣金代理。				

企业名称	豪玫欧商贸（上海）有限公司				
企业地址	上海市静安区南京西路 818 号 9 楼 12 室（200040）				
投资总额	54 万 USD	电　话	62794665	传　真	
设立日期	2009-2-25	负 责 人	KOHEI ISHIZAKI		
主营业务	服装及服饰、面料及辅料、箱包、鞋类、日用杂货、家用电器的批发。				

企业名称	上海柏耀建材贸易有限公司				
企业地址	上海市普陀区志丹路 186 号 510 室（200000）				
投资总额	51 万 USD	电　话	56050530	传　真	
设立日期	2009-2-25	负 责 人	ANDY KWANG		
主营业务	石料石材、石料加工设备的批发、佣金代理（拍卖除外）。				

企业名称	统雷（上海）商贸有限公司				
企业地址	上海市普陀区真北路 915 号 712、715 室（200333）				
投资总额	20 万 USD	电　话		传　真	
设立日期	2009-2-25	负 责 人	SHMUEL RUBIN		
主营业务	光学平台及其配套产品（涉及前置许可的项目除外）的批发。				

企业名称	明冠贸易（上海）有限公司				
企业地址	上海市松江区茸梅路 518 号 1 幢 506 室（201613）				
投资总额	20 万 USD	电　话	37628611	传　真	
设立日期	2009-2-25	负 责 人	陈信隆		
主营业务	从事服装、服饰、鞋帽、皮革制品、饰品、纺织面料的批发。				

企业名称	瑟米莱伯贸易（上海）有限公司				
企业地址	上海市外高桥保税区奥纳路 55 号 2 号楼第一层 K 部位（200131）				
投资总额	15 万 USD	电　话	58362889	传　真	58794537
设立日期	2009-2-25	负 责 人	黄　黎		
主营业务	保税区内以仪器仪表、半导体材料为主的仓储（除危险品）分拨业务。				

企业名称	上海高岛屋百货有限公司				
企业地址	上海市长宁区银珠路 166 号（201103）				
投资总额	1610 万 USD	电　话	62700961	传　真	62700962
设立日期	2009-2-24	负 责 人	HAGIWARA SHINICHI		
主营业务	零售（包括自营、代销及寄售）及批发、进出口、佣金代理（不含拍卖）。				

企业名称	酷萨（上海）体育用品商贸有限公司				
企业地址	上海市浦东新区银霄路 393 号二层北侧（200135）				
投资总额	73 万 USD	电　话	50456604	传　真	
设立日期	2009-2-24	负 责 人	SONY CHI		
主营业务	下列商品的批发和零售：体育用品、体育用品器材、休闲用品。				

企业名称	音泰木材贸易（上海）有限公司				
企业地址	上海市浦东新区商城路 800 号 1410C 室（200120）				
投资总额	21 万 USD	电　话	58356668	传　真	
设立日期	2009-2-24	负 责 人	ROLAND BERNSHAUS		
主营业务	各类木材（原木的出口除外）、木材制品、家具及其配件的批发。				

企业名称	闰棵（上海）国际贸易有限公司				
企业地址	上海市漕溪北路 88 号 2610A 室（200030）				
投资总额	15 万 USD	电　话		传　真	
设立日期	2009-2-24	负 责 人	李占虹		
主营业务	家用电器、电子产品、机械设备、针纺织品、文化办公用品的批发。				

企业名称	聚翱贸易（上海）有限公司				
企业地址	上海市汶水支路 1 号 3 幢 104 室（200072）				
投资总额	13 万 USD	电　话	61452768	传　真	
设立日期	2009-2-24	负 责 人	CHUA BOON HUAN		
主营业务	从事集成电路原材料及制造设备、半导体电子产品的批发。				

企业名称	住化电子贸易（上海）有限公司				
企业地址	上海市外高桥保税区希雅路 69 号 15 号楼一层 C 部位（200131）				
投资总额	100 万 USD	电　话	50462296	传　真	
设立日期	2009-2-19	负 责 人	宫竹贤一		
主营业务	照相仪器、设备及其零部件、精密仪器、设备及其零部件的批发。				

企业名称	内凯施设（上海）商贸有限公司				
企业地址	上海市静安区南京西路 819 号 904 室（200040）				
投资总额	55 万 USD	电　话	50541677	传　真	
设立日期	2009-2-19	负 责 人	林克昌		
主营业务	空调设备及其零部件、金属制品（钢材除外）的批发、佣金代理。				

企业名称	主合贸易（上海）有限公司				
企业地址	上海市闵行区虹中路 335 弄 48 号第 1 幢 4 楼 406、408 室（201103）				
投资总额	50 万 USD	电　话	60909408	传　真	
设立日期	2009-2-19	负 责 人	AHN HYUK		
主营业务	从事服装、服饰、针纺织品及其制品的批发、佣金代理。				

企业名称	加储（上海）贸易有限公司				
企业地址	上海市长宁区延安西路 1303 号第 6 层 C 室（200050）				
投资总额	15 万 USD	电　话	62511611	传　真	
设立日期	2009-2-19	负 责 人	陈建中		
主营业务	办公设备及用品、包装材料、服装鞋帽及日用百货的批发、佣金代理。				

企业名称	比芙斯贸易（上海）有限公司				
企业地址	上海市静安区西康路 588 弄 36 号 2 幢 108 室 A 座（200040）				
投资总额	14 万 USD	电　话	51025279	传　真	
设立日期	2009-2-19	负 责 人	YURI EDUARDO GOMEZ MUNGUIA		
主营业务	服装、纺织品、鞋帽、头盔、电子产品、冷却系统设备的批发。				

企业名称	上海杰昕贸易有限公司				
企业地址	上海市闵行区莲花南路 1388 弄 6 号 66 室（200237）				
投资总额	3 万 USD	电　话	54795551	传　真	51284425
设立日期	2009-2-19	负 责 人	范世昌		
主营业务	服装服饰及辅料、卫生洁具、建材（钢材、水泥除外）、家具的批发。				

企业名称	上海矢崎机械贸易有限公司				
企业地址	上海市外高桥保税区华申路 180 号综合大楼五层 502I 部位（200131）				
投资总额	21 万 USD	电　话	61263832	传　真	
设立日期	2009-2-18	负 责 人	河野靖司		
主营业务	电子产品、建材（钢材、水泥除外）、金属制品、塑料橡胶制品的批发。				

企业名称	上海乾兆金属贸易有限公司				
企业地址	上海市闵行区虹梅路 3215 弄 201 号 210 室（201103）				
投资总额	20 万 USD	电　话	64018989	传　真	
设立日期	2009-2-18	负 责 人	袁　冀		
主营业务	通讯设备、五金交电、建筑材料（钢材、水泥除外）的批发、佣金代理。				

企业名称	淡水河谷矿产品（中国）有限公司				
企业地址	上海市外高桥保税区日京路 51 号发展大厦 1401 室（200131）				
投资总额	750 万 USD	电　话	58696015	传　真	
设立日期	2009-2-17	负 责 人	朱　凯		
主营业务	受母公司及所投资企业的委托向母公司和关联公司提供经营决策服务。				

企业名称	艾欧史密斯（上海）水处理产品有限公司				
企业地址	上海市闵行区纪翟路 1418 号（201107）				
投资总额	410 万 USD	电　话	54135075	传　真	
设立日期	2009-2-17	负 责 人	Wilfridus Maria Brouwer		
主营业务	生产水处理产品，销售自产产品；上述产品同类商品的批发、佣金代理。				

企业名称	上海易备齐贸易有限公司				
企业地址	上海市黄浦区西藏中路 268 号 1803A 室（200003）				
投资总额	220 万 USD	电　话	61323850	传　真	
设立日期	2009-2-17	负 责 人	JACK R SKYDEL		
主营业务	针纺织品、日用百货、工艺礼品（文物除外）、办公设备的批发。				

企业名称	三造柴油机工程技术服务（上海）有限公司				
企业地址	上海市浦东新区东方路 877 号 2106 室（200122）				
投资总额	52 万 USD	电　话	50541677	传　真	
设立日期	2009-2-17	负 责 人	清田隆道		
主营业务	船舶设备的安装并提供相关的技术咨询。				

企业名称	丞玺商贸（上海）有限公司				
企业地址	上海市中山南二路 777 弄 1 号 301-18 室（200032）				
投资总额	20 万 USD	电　话	2009-2-17	传　真	
设立日期	2009-2-17	负 责 人	郑永华		
主营业务	化妆品、美容用具、发饰品、珠宝饰品（毛钻、裸钻除外）的批发。				

企业名称	上海雪登塑料制品商贸有限公司				
企业地址	上海市闵行区漕宝路 1467 弄 6 区 37 号 502 室（201101）				
投资总额	7 万 USD	电　话		传　真	
设立日期	2009-2-17	负 责 人	TAN KHE HUWA		
主营业务	从事塑料制品、日用百货、塑料型材模具、五金制品的批发。				

企业名称	炉盛（上海）商贸有限公司				
企业地址	上海市长宁区娄山关路 85 号 C 座 1401 室（200051）				
投资总额	104 万 USD	电　话	50541677	传　真	
设立日期	2009-2-16	负 责 人	小林太郎		
主营业务	工业炉设备、工业炉零部件、耐火物、耐火物原材料的批发。				

企业名称	艾同贸易（上海）有限公司				
企业地址	上海市长宁区兴义路 8 号 704 室（200336）				
投资总额	50 万 USD	电　话	52080238	传　真	
设立日期	2009-2-16	负 责 人	LIN WEN-CHEN		
主营业务	无纺布、塑料、纺织品、纸类医用制品的进出口及批发。				

企业名称	家柱贸易（上海）有限公司				
企业地址	上海市金山区漕泾镇致富路 8 号 5 幢 154 室（201507）				
投资总额	20 万 USD	电　话	60905121	传　真	
设立日期	2009-2-16	负 责 人	金成柱		
主营业务	生活用品，床上用品，运动器材，珠宝，婴儿用品，化妆品的批发。				

企业名称	元晋亨贸易（上海）有限公司				
企业地址	上海市浦东新区耀华路 215 号 2 幢 410A 室（200126）				
投资总额	15 万 USD	电　话	58315207	传　真	
设立日期	2009-2-16	负 责 人	赵九皋		
主营业务	家具、日用杂货、机电设备和纺织品的批发、佣金代理。				

企业名称	瑞蕊贸易（上海）有限公司				
企业地址	上海市长宁区茅台路 1068 号 502 室（200335）				
投资总额	15 万 USD	电　话	53265274	传　真	
设立日期	2009-2-16	负 责 人	LINDA MAGDALENA MORK		
主营业务	工艺礼品（文物除外）、服饰、电子产品、机械设备、纺织品的批发。				

企业名称	格陆普贸易（上海）有限公司				
企业地址	上海市黄浦区会稽路 8 号 1807 室（200010）				
投资总额	15 万 USD	电　话	63360088	传　真	
设立日期	2009-2-16	负 责 人	ZARMAIR SARKO KESHISHIAN		
主营业务	食品、酒类、饮料（不含酒精）、纺织品、调味品和茶叶的批发。				

企业名称	纳腊利（上海）钢铁贸易有限公司				
企业地址	上海市黄浦区人民路 885 号 1402 室（200010）				
投资总额	14 万 USD	电　话	38870532	传　真	
设立日期	2009-2-16	负 责 人	IQBAL HUSSAIN JAFARALI HEMANI		
主营业务	从事钢材批发及进出口业务，并提供相关配套服务。				

企业名称	e（上海）贸易有限公司				
企业地址	上海市虹口区沙泾路 10 号 447 幢 01-110，01-110A 室（200092）				
投资总额	8 万 USD	电　话		传　真	
设立日期	2009-2-16	负 责 人	GRACE KUO CHIN LEE		
主营业务	瓷器、日用品、工艺品（文物除外）的批发及零售。				

企业名称	品克（上海）贸易有限公司				
企业地址	上海市江场三路 26、28 号 9 层 903 室（200436）				
投资总额	100 万 USD	电　话	66313982	传　真	
设立日期	2009-2-13	负 责 人	SHAHYAD NASSIMIAN		
主营业务	服装、服饰、鞋帽的批发、进出口、佣金代理（拍卖除外）。				

企业名称	上海普行贸易有限公司				
企业地址	上海市外高桥保税区富特西一路 289 号国贸广场 A411 室（200131）				
投资总额	88 万 USD	电　话	52656171	传　真	
设立日期	2009-2-13	负 责 人	赖秀英		
主营业务	光电元器件、印刷机器及其辅助设备、计量仪器及其零配件的批发。				

企业名称	帝尉龙贸易（上海）有限公司				
企业地址	上海市嘉定工业区福海路 1055 号第 1 幢 2173、2175、2176 室（201821）				
投资总额	19 万 USD	电　话	62490302	传　真	
设立日期	2009-2-13	负 责 人	Jean-Francois TIVOLY		
主营业务	五金工具及其配件、塑料制品及相关模具、汽车配件、玩具的批发。				

企业名称	上海尖镁耐艺术家具有限公司				
企业地址	上海市静安区康定路 1147 号 8 幢 1017 室（200040）				
投资总额	7 万 USD	电　话	62511166	传　真	
设立日期	2009-2-13	负 责 人	陈荣锦		
主营业务	家具、家具装饰用品的生产（限分支机构），销售自产产品。				

企业名称	百郦嘉贸易（上海）有限公司				
企业地址	上海市静安区南京西路 1266 号地下一层 B126 单元（200041）				
投资总额	150 万 USD	电　话	61042627	传　真	
设立日期	2009-2-12	负 责 人	ISABELLE GUICHOT		
主营业务	服装、配饰的批发、零售、进出口贸易、佣金代理（拍卖除外）。				

企业名称	博侃电气（上海）有限公司				
企业地址	上海市钦州路 100 号 1 幢 809 室（200235）				
投资总额	150 万 USD	电　话	62171669	传　真	
设立日期	2009-2-12	负 责 人	张　明		
主营业务	测温电缆、热电偶、电气控制箱及其相关的电气元件，销售自产产品。				

企业名称	公则贸易（上海）有限公司				
企业地址	上海市肇嘉浜路 1033 号 12 楼 D 座（200030）				
投资总额	20 万 USD	电　话	54259177	传　真	
设立日期	2009-2-12	负 责 人	佐山公则		
主营业务	家居用品、电子产品的批发。				

企业名称	和卫（上海）软件科技有限公司				
企业地址	上海市龙华西路 545 号 3 楼 A 区（200233）				
投资总额	20 万 USD	电　话		传　真	
设立日期	2009-2-12	负 责 人	JING-MEI MAY HU		
主营业务	计算机软件的设计、开发、制作，销售自产产品。				

企业名称	德格（上海）商贸有限公司				
企业地址	上海市静安区陕西北路 66 号 2703 室（200040）				
投资总额	20 万 USD	电　话	51168457	传　真	
设立日期	2009-2-12	负 责 人	王　军		
主营业务	厨房设备和零部件的批发、进出口、佣金代理（拍卖除外）。				

企业名称	乔贸贸易（上海）有限公司				
企业地址	上海市浦东南路 360 号新上海国际大厦 34 楼 01-02 室（200120）				
投资总额	20 万 USD	电　话	68863428	传　真	
设立日期	2009-2-12	负 责 人	洪淑蒸		
主营业务	机电设备及其零部件、五金工具、塑料制品和橡胶制品的批发。				

企业名称	漪德贸易（上海）有限公司				
企业地址	上海市宝山区长江西路 685 号四号楼三楼（200435）				
投资总额	20 万 USD	电　话	66187300	传　真	
设立日期	2009-2-12	负 责 人	范家麒		
主营业务	集装箱吊机等港机集装箱搬运设备、物流设备及其零配件的批发。				

企业名称	运必送软件贸易（上海）有限公司				
企业地址	上海市天钥桥路 333 号北幢 2605G 室（200030）				
投资总额	15 万 USD	电　话	64262102	传　真	
设立日期	2009-2-12	负 责 人	Leonard Richard Kennedy		
主营业务	软件产品的批发、佣金代理（拍卖除外），进出口及其他相关配套业务。				

企业名称	山铭（上海）机电贸易有限公司				
企业地址	上海市天钥桥路 325 号 3005 室（200030）				
投资总额	14 万 USD	电　话	33633066	传　真	
设立日期	2009-2-12	负 责 人	山内康行		
主营业务	油压泵及其他泵机、金属制品、机械器具、塑料制品的批发。				

企业名称	纽淳食品贸易（上海）有限公司				
企业地址	上海市浦东新区环林东路 799 弄 1 号 1012 室（200126）				
投资总额	293 万 USD	电　话	31338260	传　真	
设立日期	2009-2-10	负 责 人	ZHANG MING		
主营业务	孕妇配方奶粉、儿童健康食品、牛初乳及液态奶、食品、饮料的批发。				

企业名称	崇远大卫服饰（上海）有限公司				
企业地址	上海市青浦区徐泾镇盈港东路 1556 号二楼 B 座（201701）				
投资总额	250 万 USD	电　话	59769666	传　真	
设立日期	2009-2-10	负 责 人	翁建新		
主营业务	从事各类服装、服饰及面辅料、鞋帽、针纺织品、皮革制品的批发。				

企业名称	齐敦（上海）贸易有限公司				
企业地址	上海市中山西路 1800 号 25E1 室（200233）				
投资总额	100 万 USD	电　话	58691292	传　真	
设立日期	2009-2-10	负 责 人	林　宏		
主营业务	时装、服饰、化妆品、日化用品的批发、零售、进出口、佣金代理。				

企业名称	上海凯伟商贸有限公司				
企业地址	上海市外高桥保税区富特西一路 473 号 415 室（200131）				
投资总额	15 万 USD	电　话	54186384	传　真	
设立日期	2009-2-10	负 责 人	MOHAMMAD HOSSEIN POUR		
主营业务	纺织品、服装、汽车零配件、机电产品、日用品的批发、佣金代理。				

企业名称	宽业国际贸易（上海）有限公司				
企业地址	上海市宛平南路 521 号 B 幢 403 室（200032）				
投资总额	15 万 USD	电　话	51154868	传　真	
设立日期	2009-2-10	负 责 人	李金晋		
主营业务	体育用品、化工原料及产品（危险品除外）、办公用品的批发。				

企业名称	江森自控船舶设备贸易（上海）有限公司				
企业地址	上海市浦东新区张杨路 838 号华都大厦 23 楼 A 座（200120）				
投资总额	15 万 USD	电　话	68670309	传　真	
设立日期	2009-2-6	负 责 人	高　岑		
主营业务	船舶冷冻和空调设备及相关配套产品、船舶机电设备及零配件的批发。				

企业名称	伊翠露化妆品商贸（上海）有限公司				
企业地址	上海市外高桥保税区奥纳路 79 号二层 2043 室（200131）				
投资总额	50 万 USD	电　话	68889283	传　真	
设立日期	2009-2-5	负 责 人	余丽丝		
主营业务	护体及护发产品等化妆品、化妆用包及其配套产品的进出口、批发。				

企业名称	伊亮诺化妆品商贸（上海）有限公司				
企业地址	上海市外高桥保税区奥纳路 79 号二层 2037 室（200131）				
投资总额	50 万 USD	电　话	68889283	传　真	
设立日期	2009-2-5	负责人	余丽丝		
主营业务	化妆用包及其配套产品的进出口、批发和佣金代理（拍卖除外）。				

企业名称	伊蒲雪化妆品商贸（上海）有限公司				
企业地址	上海市外高桥保税区奥纳路 79 号二层 2035 室（200131）				
投资总额	50 万 USD	电　话	68889283	传　真	
设立日期	2009-2-5	负责人	余丽丝		
主营业务	化妆用包及其配套产品的进出口、批发和佣金代理。				

企业名称	西材贸易（上海）有限公司				
企业地址	上海市浦东新区商城路 618 号良友大厦 1218 室（200120）				
投资总额	20 万 USD	电　话		传　真	
设立日期	2009-2-5	负责人	FRIEDRICH WILHELM HERMANN		
主营业务	铝材及其制品的批发、佣金代理（拍卖除外）和进出口及其配套业务。				

企业名称	栩麒商贸（上海）有限公司				
企业地址	上海市嘉定区马陆镇宝安公路 2966 号第 2 幢 103 室（201801）				
投资总额	15 万 USD	电　话	59158728	传　真	
设立日期	2009-2-5	负责人	AISSANI ZOUBEIR		
主营业务	建筑机械及其零配件、装饰装潢材料、纺织品、运动器械的批发。				

企业名称	优开化工贸易（上海）有限公司				
企业地址	上海市天目西路 547 号 3 号楼 B 幢 1804 室（200070）				
投资总额	13 万 USD	电　话	63173629	传　真	
设立日期	2009-2-5	负责人	ANDREA MICHELE BRACCHI		
主营业务	金属制品、机电产品、办公用品、玻璃制品、塑料制品的批发。				

企业名称	三菱汽车销售（中国）有限公司				
企业地址	上海市浦东新区世纪大道 1588 号 3 层（200122）				
投资总额	3131 万 USD	电　话	68543030	传　真	
设立日期	2009-2-4	负责人	小西正秀		
主营业务	各种汽车用添加剂（以上均不含危险化学品）的国内批发。				

企业名称	鼎蓬商贸（上海）有限公司				
企业地址	上海市奉贤区青村镇人民路 48 号 2 幢 106 室（201414）				
投资总额	50 万 USD	电　话	67102029	传　真	
设立日期	2009-2-4	负责人	Wang Ding Sen		
主营业务	日用百货、礼品的批发，佣金代理（拍卖除外）。				

企业名称	欧翠贸易（上海）有限公司				
企业地址	上海市松江区泗泾镇九干路 318、328 号 3 幢底层（201601）				
投资总额	30 万 USD	电　话	57617868	传　真	
设立日期	2009-2-4	负责人	JAN VON DOETINCHEM		
主营业务	机电，机械设备及其配件，建筑装潢材料，金属制品，灯具的批发。				

企业名称	微浩（上海）贸易有限公司				
企业地址	上海市闵行区黎安路 1187 号 2 幢 201 室（201100）				
投资总额	15 万 USD	电　话	54883262	传　真	
设立日期	2009-2-4	负责人	黄奕祥		
主营业务	家用电器、服装、日用品、化工产品（危险品除外）、计算机的批发。				

企业名称	统一超商（上海）便利有限公司				
企业地址	上海市卢湾区蒙自路 45-47 号（200051）				
投资总额	1464 万 USD	电　话	62375711	传　真	
设立日期	2009-2-3	负责人	林苍生		
主营业务	零售：食品、饮料、酒类、米、面、杂粮、食用油、蔬菜、水果、禽蛋。				

企业名称	飞生（上海）电子贸易有限公司				
企业地址	上海市秣陵路 80 号 2 幢 603D 室（200070）				
投资总额	293 万 USD	电　话	24115001	传　真	
设立日期	2009-2-3	负责人	陈明照		
主营业务	显示器、电视机、个人电脑及其他电子产品的批发。				

企业名称	上海钧胜贸易有限公司				
企业地址	上海市外高桥保税区华申路 180 号 204 室（200131）				
投资总额	30 万 USD	电　话	62702486	传　真	
设立日期	2009-2-1	负责人	陈蔚辰		
主营业务	食品添加剂、化妆品的批发、佣金代理（拍卖除外）。				

企业名称	上海谊乐特风贸易有限公司				
企业地址	上海市闵行区申南路 59 弄 1 号楼 301 室（201108）				
投资总额	15 万 USD	电　话	63843925	传　真	
设立日期	2009-2-1	负责人	ILYAS KURU		
主营业务	机械设备、机电设备、电讯设备、电器设备和电子设备产品的批发。				

企业名称	环技贸易（上海）有限公司				
企业地址	上海市闵行区虹中路 395 号 7 楼 702 室（201103）				
投资总额	14 万 USD	电　话	61276782	传　真	
设立日期	2009-2-1	负责人	SONG JIN HO		
主营业务	环保设备及其配套零部件、化工原料及产品（危险品除外）的批发。				

企业名称	戛蒂尔（上海）商贸有限公司				
企业地址	上海市长宁区金钟路 658 弄 17 号 4 楼（200335）				
投资总额	38 万 USD	电　话		传　真	
设立日期	2009-1-24	负责人	SUSANNE THELEN		
主营业务	服装服饰、箱包、纺织品、日用品、工艺礼品（文物除外）的批发。				

企业名称	商先创太阳能光伏科技（上海）有限公司				
企业地址	上海市黄浦区北京东路 666 号 B 区 704 室（200001）				
投资总额	138 万 USD	电　话	51580040	传　真	
设立日期	2009-1-23	负责人	OLIVER MICHAEL ALBRECHT		
主营业务	为太阳能产品、设备以及相关产品提供设计研发、技术服务。				

企业名称	上海永晨高乐商贸有限公司				
企业地址	上海市黄浦区南京西路 288 号 19 楼 03A 室（200001）				
投资总额	73 万 USD	电　话		传　真	
设立日期	2009-1-23	负责人	KIM HAE YOUNG		
主营业务	从事各类电子用品包装的设计、批发、佣金代理（拍卖除外）。				

企业名称	速捷贸易（上海）有限公司				
企业地址	上海市宜山路 1289 号 2 幢一楼 118 室（200233）				
投资总额	25 万 USD	电　话		传　真	
设立日期	2009-1-23	负责人	Roberto Zecchi		
主营业务	塑料原材料及制品、金属材料及制品，以及相关的零件、备件的批发。				

企业名称	星中田（上海）贸易有限公司				
企业地址	上海市卢湾区巨鹿路 149 号 201-1 室（200021）				
投资总额	20 万 USD	电　话	54258770	传　真	
设立日期	2009-1-23	负责人	叶庄华		
主营业务	保健品、化工原料、包装材料、机械设备、储存产品的批发。				

企业名称	麻利奥贸易（上海）有限公司				
企业地址	上海市卢湾区打浦路 398 弄 4 号 4 层 407A 室（200023）				
投资总额	15 万 USD	电　话	63031805	传　真	
设立日期	2009-1-23	负责人	福村勝		
主营业务	化工产品（危险品除外）、电子产品、机电设备的批发。				

企业名称	乐机压缩机贸易（上海）有限公司				
企业地址	上海市闵行区莲花南路 1500 弄 19 号 402 室（200237）				
投资总额	60 万 USD	电　话	33581191	传　真	
设立日期	2009-1-22	负责人	SIDDHARTH SHRIVASTAV		
主营业务	空压机后处理设备（空气干燥机、过滤器、储器罐）的批发。				

企业名称	上海思柔贸易有限公司				
企业地址	上海市闵行区莲花路 1555 号 818 室（200237）				
投资总额	50 万 USD	电　话	64804471	传　真	
设立日期	2009-1-22	负责人	黄吴素真		
主营业务	洗涤用品、化妆品、无纺布产品、卫生用品、日用百货的批发。				

企业名称	芬昙娜紧固件贸易（上海）有限公司				
企业地址	上海市外高桥保税区马吉路 2 号 3304 室（200131）				
投资总额	25 万 USD	电　话	58698662	传　真	58692881
设立日期	2009-1-22	负责人	ENIO FONTANA		
主营业务	螺丝和螺母等紧固件产品的批发及进出口、佣金代理。				

企业名称	日声（上海）贸易有限公司				
企业地址	上海市金山区枫泾镇新兴路 879 号 3 幢 118 室（201502）				
投资总额	20 万 USD	电　话	63375969	传　真	
设立日期	2009-1-22	负责人	陈连发		
主营业务	船舶通讯导航器材、有色金属（贵金属、稀有金属除外）的批发。				

企业名称	御将海国际贸易（上海）有限公司				
企业地址	上海市外高桥保税区富特西一路 289 号四层 B402 室（200131）				
投资总额	20 万 USD	电　话	61633889	传　真	
设立日期	2009-1-22	负责人	王泉兴		
主营业务	国际贸易、转口贸易、保税区企业间的贸易及区内贸易代理。				

企业名称	上海御全家具贸易有限公司				
企业地址	上海市闵行区吴宝路 255 号（力国大楼）8 楼 807 室（201101）				
投资总额	18 万 USD	电　话	54478569	传　真	
设立日期	2009-1-22	负责人	周守仁		
主营业务	文具用品、建筑装潢材料（钢材、水泥除外）的进出口及批发。				

企业名称	尚誉（上海）贸易有限公司				
企业地址	上海市闵行区宜山路 1888 号 1601A 室（201103）				
投资总额	14 万 USD	电　话	64393491	传　真	
设立日期	2009-1-22	负责人	蔡德和		
主营业务	文体用品、办公用品、包装材料、工艺礼品（文物除外）、玩具的批发。				

企业名称	概誉二手车经营（上海）有限公司				
企业地址	上海市嘉定区安亭镇墨玉南路 1000 号 10 号楼 203 室（201805）				
投资总额	157 万 USD	电　话	32092255	传　真	
设立日期	2009-1-21	负责人	村田育生		
主营业务	国内二手车的经销；汽车用品的批发、零售、进出口、佣金代理。				

企业名称	诚家贸易（上海）有限公司				
企业地址	上海市浦东新区张杨路 158 号月亮幢 909 室（200122）				
投资总额	70 万 USD	电　话	62272912	传　真	
设立日期	2009-1-21	负责人	林育进		
主营业务	计算机硬件、仪器仪表、家用电器、数码产品和电子产品的批发。				

企业名称	上海梁维贸易有限公司				
企业地址	上海市中山南二路 506 号 403 室（200032）				
投资总额	50 万 USD	电　话	62822240	传　真	
设立日期	2009-1-21	负责人	陈荣丰		
主营业务	化工原料（危险化学品除外）、化妆品的批发。				

企业名称	水福来净化设备贸易（上海）有限公司				
企业地址	上海市虹口区四平路 710 号 20 楼 A 区、B 区（200092）				
投资总额	48 万 USD	电　话		传　真	
设立日期	2009-1-21	负责人	JONATHAN KRUGER NEWTON		
主营业务	从事净水设备、空气净化设备及零部件的批发，佣金代理。				

企业名称	内村贸易（上海）有限公司				
企业地址	上海市普陀区西康路 1018 号 1709 室（200060）				
投资总额	29 万 USD	电　话	52522858	传　真	52510876
设立日期	2009-1-21	负责人	MASAAKI UCHIMURA（内村雅昭）		
主营业务	陶瓷制品、五金工具、纺织品、化工原料及产品（危险品除外）的批发。				

企业名称	日世（上海）商贸有限公司				
企业地址	上海市长宁区兴义路 8 号 1510 室（200336）				
投资总额	23 万 USD	电　话	32201447	传　真	
设立日期	2009-1-21	负责人	冈山宏		
主营业务	厨房设备、化学品（危险品除外）、包装材料、纺织品、食品的批发。				

企业名称	全晔钛（上海）电子贸易有限公司				
企业地址	上海市普陀区顺义路 18 号 2007 室（200000）				
投资总额	20 万 USD	电　话		传　真	
设立日期	2009-1-21	负责人	鄂以伦		
主营业务	电线电缆、通讯电子产品、集成电路产品、电子元器件的批发。				

企业名称	赛默（上海）贸易有限公司				
企业地址	上海市金山区漕泾镇致富路 8 号 4 幢 174 室（201507）				
投资总额	14 万 USD	电　话	57253150	传　真	
设立日期	2009-1-20	负责人	吴斐文		
主营业务	自控阀门、自控仪表盘柜、太阳能风力照明设备的批发。				

企业名称	益海嘉里（上海）饲用油脂贸易有限公司				
企业地址	上海市浦东新区光明路 718 号 712 室（200137）				
投资总额	100 万 USD	电　话	61600606	传　真	
设立日期	2009-1-19	负责人	KUOK KHOON HONG（郭孔丰）		
主营业务	饲料调和油的批发、佣金代理（拍卖除外）、进出口，并提供售后服务。				

企业名称	福星宝贸易（上海）有限公司				
企业地址	上海市静安区西康路 300 号 1807、1808 室（200040）				
投资总额	100 万 USD	电　话	62889388	传　真	
设立日期	2009-1-19	负责人	陈　贵		
主营业务	电子产品、汽车配件的批发、进出口、佣金代理（拍卖除外）。				

企业名称	元薪贸易（上海）有限公司				
企业地址	上海市杨浦区国和路 465 号 224 室（200433）				
投资总额	50 万 USD	电　话	50720121	传　真	
设立日期	2009-1-19	负责人	李雪琴		
主营业务	包装纸及相关材料的批发、佣金代理（拍卖除外）、提供相关配套业务。				

企业名称	时新（上海）产品设计有限公司				
企业地址	上海市浦东新区浦建路 145 号强生大厦 23 楼 08 室（200127）				
投资总额	35 万 USD	电　话	51863883	传　真	
设立日期	2009-1-19	负责人	TAN TOR HOWE		
主营业务	家用电器、小家电、电子产品和日用产品的设计，提供技术咨询服务。				

企业名称	雪骋（上海）贸易有限公司				
企业地址	上海市长宁区新华路 365 弄 6 号 7 幢 201 室（200052）				
投资总额	29 万 USD	电　话	45036001	传　真	
设立日期	2009-1-19	负责人	DAN ROGER SJOSTRAND		
主营业务	办公家具及用品、机械设备、运动器材及其附件的进出口、批发。				

企业名称	昌孚（上海）贸易有限公司				
企业地址	上海市长宁区娄山关路 85 号 B 座 704 室（200336）				
投资总额	20 万 USD	电　话		传　真	
设立日期	2009-1-19	负责人	潘厚孚		
主营业务	宠物用品、玩具、日用百货、文体用品、电子产品和橡塑产品的批发。				

企业名称	上海该登商贸有限公司				
企业地址	上海市虹口区四平路 188 号名义 602 室（200085）				
投资总额	14 万 USD	电　话	54972476	传　真	
设立日期	2009-1-19	负责人	郭鸿瑞		
主营业务	化妆品及其护肤用品、汽车零配件、机械设备及其零部件的批发。				

企业名称	创捷商业（上海）有限公司				
企业地址	上海市黄浦区西藏中路 336 号 202 室（200003）				
投资总额	180 万 USD	电　话	62700068	传　真	
设立日期	2009-1-16	负责人	沈文峰		
主营业务	皮革制品、体育用品、化妆品的零售（零售限分公司经营）、批发。				

企业名称	上海水生活贸易有限公司				
企业地址	上海市卢湾区茂名南路 205 号 1305 室（200020）				
投资总额	21 万 USD	电　话	54669595	传　真	
设立日期	2009-1-16	负责人	TOHRU HAYAKAWA		
主营业务	家用阀门、净水器及相关配件和卫浴配件的批发、佣金代理。				

企业名称	卢得（上海）电子贸易有限公司				
企业地址	上海市浦东新区金桥出口加工区金沪路 1118 号 1 号楼第二层（201206）				
投资总额	19 万 USD	电　话	50315180	传　真	
设立日期	2009-1-16	负责人	陈静克		
主营业务	机电和电子零配件的批发、佣金代理（拍卖除外）。				

企业名称	欧颐贸易（上海）有限公司				
企业地址	上海市黄浦区人民路 885 号 1117 室（200010）				
投资总额	14 万 USD	电　话	33070588	传　真	
设立日期	2009-1-16	负责人	FREDRIK SIMONSSON		
主营业务	工业用机械、机电、电子和塑料产品及相关设备、零配件和附件的批发。				

企业名称	雅雯特贸易（上海）有限公司				
企业地址	上海市卢湾区局门路 427 号 5 号楼 209 室（200023）				
投资总额	5 万 USD	电　话	61032618	传　真	61410008
设立日期	2009-1-16	负责人	MORRIS ALEX NELSON		
主营业务	咖啡豆、咖啡机设备的批发、佣金代理（拍卖除外）。				

企业名称	庆翌贸易（上海）有限公司				
企业地址	上海市外高桥保税区日京路 35 号凯兴大楼 1212 室（200131）				
投资总额	51 万 USD	电　话	54856890	传　真	
设立日期	2009-1-15	负责人	何瑞盛		
主营业务	通讯设备（卫星地面接收设施除外）及零部件、汽车零部件的批发				

企业名称	杰帝贝柯化工产品贸易（上海）有限公司				
企业地址	上海市浦东新区浦东南路 999 号 14 层 A 单元（200120）				
投资总额	44 万 USD	电　　话	58777253	传　　真	
设立日期	2009-1-15	负 责 人	TAN SENG WEE		
主营业务	化工产品的批发、佣金代理（拍卖除外）。				

企业名称	法布芮（上海）食品贸易有限公司				
企业地址	上海市闵行区宜山路 1618 号 E 厂房 860 室（201103）				
投资总额	22 万 USD	电　　话	58777253	传　　真	
设立日期	2009-1-15	负 责 人	FABBRI NICOLA		
主营业务	食品饮料、食品添加剂的批发、佣金代理（拍卖除外）。				

企业名称	尼刻思商贸（上海）有限公司				
企业地址	上海市长宁区娄山关路 85 号 A 座 902 室（200336）				
投资总额	21 万 USD	电　　话	58696021	传　　真	
设立日期	2009-1-15	负 责 人	西泽正浩		
主营业务	机械设备及其零配件、木制品、皮革制品、玻璃制品、纸制品的批发。				

企业名称	进极贸易（上海）有限公司				
企业地址	上海市静安区北京西路 1701 号静安中华大厦 1602 室（200040）				
投资总额	15 万 USD	电　　话	62883457	传　　真	
设立日期	2009-1-15	负 责 人	JUNG WOO SUK		
主营业务	集装箱及其零配件、化工产品（危险品除外）、橡胶塑料制品的批发。				

企业名称	连科环保设备（上海）贸易有限公司				
企业地址	上海市静安区南京西路 1600 号第八层 802 室（200040）				
投资总额	52 万 USD	电　　话	68411008	传　　真	
设立日期	2009-1-14	负 责 人	保木口洋平		
主营业务	产业废弃物处理装置、水处理装置、半导体制造装置的批发。				

企业名称	上海植山贸易有限公司				
企业地址	上海市闵行区光华路 2118 号第 6 幢 1444 室（201111）				
投资总额	50 万 USD	电　　话	64604692	传　　真	
设立日期	2009-1-14	负 责 人	植山和树（Kazuki Ueyama）		
主营业务	合成纤维、纺织用染料、包装材料、纺织设备及零部件的批发。				

企业名称	史诺（上海）商贸有限公司				
企业地址	上海市天钥桥路 325 号 2611 室（200030）				
投资总额	20 万 USD	电　　话	33632386	传　　真	
设立日期	2009-1-14	负 责 人	Andy Haunholter		
主营业务	车件与冲压配件与弹簧钢板、线圈、轧环以及金属线的批发。				

企业名称	机泉（上海）贸易有限公司				
企业地址	上海市浦东新区环林东路 799 弄 1 号 1 层 1005 室（200123）				
投资总额	15 万 USD	电　　话	68733486	传　　真	
设立日期	2009-1-14	负 责 人	何维维		
主营业务	饮料、食品、化妆品、服装及佩饰的批发、佣金代理（拍卖除外 ）。				

企业名称	三岩（上海）贸易有限公司				
企业地址	上海市罗秀路 108 号 407 室（200237）				
投资总额	15 万 USD	电　　话	54896565	传　　真	
设立日期	2009-1-14	负 责 人	HIRAKAWA OSAMU		
主营业务	从事电子产品、计算机硬件及软件（音像出版物除外）的批发。				

企业名称	范希珂贸易（上海）有限公司				
企业地址	上海市肇嘉浜路 746 号 1201-A 室（200030）				
投资总额	15 万 USD	电　　话	54248858	传　　真	
设立日期	2009-1-14	负 责 人	Nicolas TCHIDEMIAN		
主营业务	服装、纺织品、家装饰品、家具及上述产品配件的批发、佣金代理。				

企业名称	晶微贸易（上海）有限公司				
企业地址	上海市杨浦区国宾路 36 号 1204 室（200433）				
投资总额	14 万 USD	电　　话	33620151	传　　真	
设立日期	2009-1-14	负 责 人	王靖育		
主营业务	半导体检测设备、电子封装设备、表面贴装设备及相关耗材的批发。				

企业名称	语立商贸（上海）有限公司				
企业地址	上海市闵行区七莘路 2941 号 407 室 B 区（201101）				
投资总额	6 万 USD	电　　话	64616990	传　　真	
设立日期	2009-1-14	负 责 人	NAI-TAO LIANG（梁乃韬）		
主营业务	金属制品、塑料制品、日用百货、工艺品（文物除外）的进出口、批发。				

企业名称	埃梯梯（上海）贸易有限公司				
企业地址	上海市遵义路 100 号虹桥上海城 A 座 30 楼 3011-3014 室（200051）				
投资总额	75 万 USD	电　　话	22082888	传　　真	
设立日期	2009-1-13	负 责 人	MICHAEL LEE KUCHENBROD		
主营业务	船用马桶及其零配件的批发，佣金处理（拍卖除外）。				

企业名称	上海丽厨贸易有限公司				
企业地址	上海市长宁区延安西路 2299 号 10B28、10B30（200336）				
投资总额	37 万 USD	电　　话	62363358	传　　真	
设立日期	2009-1-13	负 责 人	苏柏嘉		
主营业务	厨房用具、家具、家庭用品、室内照明用具及其零配件的批发。				

企业名称	万彩贸易（上海）有限公司				
企业地址	上海市浦东新区世纪大道 100 号 B105（200122）				
投资总额	25 万 USD	电　　话	68868335	传　　真	
设立日期	2009-1-13	负 责 人	伊达重成		
主营业务	床上用品、运动用品、箱包、小家电、婴儿用品、食品、酒类的批发。				

企业名称	智华贸易（上海）有限公司				
企业地址	上海市浦东新区世纪大道 1500 号东方大厦 10 层 1002A（200122）				
投资总额	20 万 USD	电　　话		传　　真	
设立日期	2009-1-13	负 责 人	邱奕石		
主营业务	针纺织品、包装材料、工艺品（文物除外）、机械设备的批发。				

企业名称	上海中克金属贸易有限公司				
企业地址	上海市浦东新区东方路 69 号 1605E 室（200122）				
投资总额	15 万 USD	电　　话	61061408	传　　真	
设立日期	2009-1-13	负 责 人	MATTHEW MARICH BRANDENBURG		
主营业务	合金材料、机械设备及配件、汽车配件、五金交电、电子产品的批发。				

企业名称	宇凌（上海）服装贸易有限公司				
企业地址	上海市闵行区东川路 555 号甲楼 2040 室（200241）				
投资总额	15 万 USD	电　　话	61212288	传　　真	
设立日期	2009-1-13	负 责 人	何洪柱		
主营业务	服装、内衣、鞋帽、眼镜、手表、箱包、饰品的批发。				

企业名称	优信邦泰（上海）化学品贸易有限公司				
企业地址	上海市浦东新区张杨北路 5509 号 504D 室（200137）				
投资总额	210 万 USD	电　　话	50472500	传　　真	
设立日期	2009-1-12	负 责 人	FERNANDO RAMIREZ BARRANTES		
主营业务	化学品（危险化学品除外）的批发、佣金代理（拍卖除外）。				

企业名称	上海麒薇轩贸易有限公司				
企业地址	上海市浦东新区杨高北路 528 号 14 幢 6A16 室（200137）				
投资总额	100 万 USD	电　　话	63181212	传　　真	
设立日期	2009-1-12	负 责 人	胡振光		
主营业务	化妆品、服饰用品、日用百货、电子产品、机械设备的批发。				

企业名称	纽豹智能识别技术（上海）有限公司				
企业地址	上海市张江高科技园区张东路 1387 号 33 号楼 102 室 02 层（201203）				
投资总额	66 万 USD	电　　话	68794608	传　　真	
设立日期	2009-1-12	负 责 人	THOMAS BETZ		
主营业务	无线射频产品的技术研发、中试生产，提供相关技术咨询服务。				

企业名称	克亚贸易（上海）有限公司				
企业地址	上海市浦东新区金桥出口加工区新金桥路 255 号 911 室（201206）				
投资总额	45 万 USD	电　　话	50319127	传　　真	
设立日期	2009-1-12	负 责 人	KIM SUNG YUL		
主营业务	汽车配件、电子电器产品及元器件、机械设备及零配件的批发。				

企业名称	艾尔莎雅贸易（上海）有限公司				
企业地址	上海市浦东新区耀华路 215 号 2 幢 405A 室（200126）				
投资总额	20 万 USD	电　　话	57939023	传　　真	
设立日期	2009-1-12	负 责 人	SEYED KAZEM DASHTI		
主营业务	工艺品（文物除外）的批发、佣金代理。				

企业名称	奇廉贸易（上海）有限公司				
企业地址	上海市浦东新区东绣路 999 弄 8 号 308 室（200127）				
投资总额	20 万 USD	电　　话	50596429	传　　真	
设立日期	2009-1-12	负 责 人	蒋含斌		
主营业务	酒类、饮料、食品的批发、佣金代理（拍卖除外）。				

批发和零售贸易业

企业名称	普思玛等离子处理设备贸易（上海）有限公司				
企业地址	上海市张江高科技园区伽利略路 338 号 6 幢 6501、6503 室（201203）				
投资总额	19 万 USD	电话	61940100	传真	
设立日期	2009-1-12	负责人	陈一东		
主营业务	金属及塑料用表面处理设备及其辅助材料、工业机器人系统集成的批发。				

企业名称	上海三星机电设备贸易有限公司				
企业地址	上海市宜山路 900 号 A1101 室（200233）				
投资总额	200 万 USD	电话	54235050	传真	
设立日期	2009-1-9	负责人	LEE JEONG HUN		
主营业务	空压机、表面贴装设备、印刷机、焊线机及相关配套设备和配件的批发。				

企业名称	法欧卓轩机电商贸（上海）有限公司				
企业地址	上海市静安区愚园路 172 号 803 室（200040）				
投资总额	29 万 USD	电话	62708988	传真	
设立日期	2009-1-9	负责人	GU LIJUN		
主营业务	管道工具、铺装设备、防护工具及相关附件的批发。				

企业名称	悠浩贸易（上海）有限公司				
企业地址	上海市黄浦区宁海东路 200 号 1901 室（200002）				
投资总额	15 万 USD	电话	63732561	传真	
设立日期	2009-1-9	负责人	中岛浩二		
主营业务	工业用检测装置、铸造机、光学类电子设备及其零部件的批发。				

企业名称	上海中渔贸易有限公司				
企业地址	上海市闵行区虹梅南路 4999 弄 25 号 327 室（200241）				
投资总额	15 万 USD	电话	64343012	传真	
设立日期	2009-1-9	负责人	黄裕桂（NG JOO KWEE）		
主营业务	饲料及饲料添加剂的批发、进出口、佣金代理。				

企业名称	朝御（上海）贸易有限公司				
企业地址	上海市灵石路 709 号 49 幢 209 室（200072）				
投资总额	15 万 USD	电话	51086788	传真	
设立日期	2009-1-9	负责人	梁诏雄		
主营业务	酒类、饮料【食品销售管理（非实物方式）】的批发。				

企业名称	陆联精密机械贸易（上海）有限公司				
企业地址	上海市闵行区合川路 3089 号第 4 幢 9 楼 107 室（201103）				
投资总额	15 万 USD	电话	54971105	传真	
设立日期	2009-1-9	负责人	陈士端		
主营业务	电子产品及其零配件、五金交电、精密模具、汽车零配件的批发。				

企业名称	帕威贸易（上海）有限公司				
企业地址	上海市中山西路 2025 号 1322 室（200233）				
投资总额	14 万 USD	电话		传真	
设立日期	2009-1-9	负责人	傅少林		
主营业务	家具，电子工具，化工原料（危险品除外）的批发、进出口、佣金代理。				

企业名称	江户川商贸（上海）有限公司				
企业地址	上海市南丹东路 109 号 4 幢 104 室（200030）				
投资总额	10 万 USD	电话	52134900	传真	
设立日期	2009-1-9	负责人	朝仓英太郎		
主营业务	皮塑制品、服装、生活百货、旅游用品、办公用品的批发。				

企业名称	白绿红商贸（上海）有限公司				
企业地址	上海市虹口区东江湾路 188 号 F7 栋底层（200081）				
投资总额	8 万 USD	电话	62481617	传真	
设立日期	2009-1-9	负责人	VALENTINA FRANCESCA		
主营业务	服装鞋帽、工艺礼品（文物除外）、纺织品、日用百货及家具的批发。				

企业名称	蒂艾诗（上海）商贸有限公司				
企业地址	上海市虹口区奎照路 859-861 号底层（200434）				
投资总额	38 万 USD	电话		传真	
设立日期	2009-1-8	负责人	菅原茂世		
主营业务	化妆品、化妆品容器、化妆品用具、文具、办公用品的批发。				

企业名称	珏博（上海）贸易有限公司				
企业地址	上海市闵行区罗阳路 168 号 D 幢三楼（200237）				
投资总额	15 万 USD	电话	54389078	传真	
设立日期	2009-1-8	负责人	ANDREW COLE		
主营业务	从事五金交电、电子产品及日用品的批发、进出口、佣金代理。				

企业名称	上海虹润贸易有限公司				
企业地址	上海市长宁区仙霞路 80 号 4C 室（200336）				
投资总额	73 万 USD	电话	62958666	传真	
设立日期	2009-1-7	负责人	龚照		
主营业务	纺织品、纺织原辅料、建筑材料（钢材、水泥除外）的批发。				

企业名称	年达（上海）贸易有限公司				
企业地址	上海市长宁区金钟路 658 弄 10 号 406、407 室（200335）				
投资总额	20 万 USD	电话		传真	
设立日期	2009-1-7	负责人	FRANK JOSEPH SZENDREY		
主营业务	金属材料（钢材、贵金属、稀有金属除外），机械设备及其配件的批发。				

企业名称	绣嘉贸易（上海）有限公司				
企业地址	上海市普陀区江宁路 1165 号 511 室（200000）				
投资总额	15 万 USD	电话	23077058	传真	
设立日期	2009-1-7	负责人	Carol Chyau		
主营业务	服装服饰及其配件、纺织品、保温产品、寝具、家具、玩具的批发。				

企业名称	新谷（上海）贸易有限公司				
企业地址	上海市浦东新区浦东南路 360 号新上海国际大厦 6K 室（200120）				
投资总额	200 万 USD	电话	61716555	传真	
设立日期	2009-1-6	负责人	BRIAN SCHOUVIELLER		
主营业务	麦芽、淀粉、菊粉、面筋的进出口、批发。				

企业名称	锐浩贸易（上海）有限公司				
企业地址	上海市金山区枫泾镇建定路 68 号 1 幢-1（201502）				
投资总额	20 万 USD	电话	67360075	传真	
设立日期	2009-1-6	负责人	黄念基		
主营业务	服装辅料、服装包装、包装装潢印刷品的批发、进出口、佣金代理。				

企业名称	世邗贸易（上海）有限公司				
企业地址	上海市闵行区合川路 3089 号 4 幢（A 座）5 楼 E 室（201103）				
投资总额	15 万 USD	电话	64461013	传真	
设立日期	2009-1-6	负责人	HYUN JONG CHEAL		
主营业务	从事日用百货、针纺织品、服装、鞋帽、服装面料及辅料的批发。				

企业名称	股硕（上海）商贸有限公司				
企业地址	上海市浦东新区光明路 718 号 848 室（200137）				
投资总额	14 万 USD	电话	29759016	传真	
设立日期	2009-1-6	负责人	高丽娟		
主营业务	日用百货、服装、食品、水果、计算机软硬件的批发、佣金代理。				

企业名称	上下贸易（上海）有限公司				
企业地址	上海市卢湾区巨鹿路 137 号 6F-1 室（200020）				
投资总额	581 万 USD	电话	51553388	传真	
设立日期	2009-1-5	负责人	PATRICK THOMAS		
主营业务	皮革制品、家具、家居制品、茶具、餐具、文娱用品及电子产品的批发。				

企业名称	莫和克贸易（上海）有限公司				
企业地址	上海市长宁区娄山关路 85 号 B 座 401 室（200336）				
投资总额	73 万 USD	电话	61202755	传真	
设立日期	2009-1-5	负责人	MICHEL VERMETTE		
主营业务	工艺品（文物除外）和日用百货的批发、进出口、佣金代理。				

企业名称	威纮机械设备贸易（上海）有限公司				
企业地址	上海市长宁区延安西路 1303 号 8 层 C 室（200052）				
投资总额	30 万 USD	电话		传真	
设立日期	2009-1-5	负责人	林桂芝		
主营业务	电动工具、刀具、机电设备、能源设备、环保设备的进出口、批发。				

企业名称	铠博（上海）贸易有限公司				
企业地址	上海市长宁区延安西路 2299 号 11C60 室（200336）				
投资总额	22 万 USD	电话		传真	
设立日期	2009-1-5	负责人	黄雅芳		
主营业务	印刷电路板收集架及上述商品的配套零配件的批发。				

企业名称	银展电子贸易（上海）有限公司				
企业地址	上海市宜山路 888 号 706B 室（200233）				
投资总额	20 万 USD	电话	62822240	传真	
设立日期	2009-1-5	负责人	林既贵		
主营业务	集成电路、计算机软件、电子产品的批发、进出口及佣金代理。				

企业名称	派购贸易（上海）有限公司				
企业地址	上海市浦东新区商城路 1900 号 507 室（200135）				
投资总额	18 万 USD	电 话	63503790	传 真	
设立日期	2009-1-5	负 责 人	DIRK EDMUND BOLMERG		
主营业务	厨卫用品、家用电器、办公用品、运动用品、纺织品的批发。				

企业名称	上海吉兰地贸易有限公司				
企业地址	上海市凯旋路 3131 号 1003 室（200030）				
投资总额	14 万 USD	电 话	54071706	传 真	
设立日期	2009-1-5	负 责 人	HONG SEOG CHEOL		
主营业务	纺织品、服装鞋帽、服饰、服饰辅料的批发、进出口、佣金代理。				

企业名称	集氏电子贸易（上海）有限公司				
企业地址	上海市外高桥保税区杨高北路 2001 号二层 2625 室（200131）				
投资总额	14 万 USD	电 话	62125803	传 真	
设立日期	2009-1-5	负 责 人	LIM TUAN LEE		
主营业务	电子产品、仪器仪表的批发，进出口，佣金代理（拍卖除外）。				

企业名称	魅熠贸易（上海）有限公司				
企业地址	上海市长宁区延安西路 2299 号 5A01 室（200336）				
投资总额	14 万 USD	电 话		传 真	
设立日期	2009-1-5	负 责 人	张明华		
主营业务	服装的批发及进出口，提供相关配套服务。				

企业名称	诺忠贸易（上海）有限公司				
企业地址	上海市虹口区天宝路 545 号 605 室（200092）				
投资总额	10 万 USD	电 话	63064070	传 真	
设立日期	2009-1-5	负 责 人	Nitin Bharal		
主营业务	电子产品、陶瓷制品、汽车配件、摩托车配件的批发、佣金代理。				

企业名称	迈咔达复合材料贸易（上海）有限公司				
企业地址	上海松江工业区东部新区茜浦路 275 弄 7 号（201600）				
投资总额	8 万 USD	电 话	51096910	传 真	
设立日期	2009-1-5	负 责 人	Dustin D.Davis		
主营业务	复合绝缘材料，复合绝缘产品，复合、绝缘材料生产所需原材料的批发。				

企业名称	上海铠唏尔医疗器械贸易有限公司				
企业地址	上海市浦东新区银城中路 68 号 3308 室（200120）				
投资总额	30 万 USD	电 话	50106988	传 真	
设立日期	2009-1-4	负 责 人	TROY BAILEY		
主营业务	仪器仪表、电子产品的批发、佣金代理（拍卖除外）。				

企业名称	翰威荷德商贸（上海）有限公司				
企业地址	上海市闵行区紫东路 688 号综合楼 4 楼 401 室（201111）				
投资总额	20 万 USD	电 话	24161600	传 真	
设立日期	2009-1-4	负 责 人	Johannes Wilhelmus Vreeburg		
主营业务	食用杂碎以及相关包装用制品和器具的批发。				

企业名称	晶为友立（上海）贸易有限公司				
企业地址	上海市浦东新区金桥路 939 号 1703、1704 室（200136）				
投资总额	15 万 USD	电 话	50315927	传 真	
设立日期	2009-1-4	负 责 人	李 梅		
主营业务	光电仪器、电子零配件、电子专用设备、化工产品的批发。				

企业名称	绿宜（上海）贸易有限公司				
企业地址	上海市长宁区延安西路 2299 号 3B55 室（200336）				
投资总额	15 万 USD	电 话	62366100	传 真	
设立日期	2009-1-4	负 责 人	BRIAN CHARLES PATRIDGE		
主营业务	从事各种塑料及橡胶产品、包装袋、木制品、日用杂品的批发。				

企业名称	上海名殿贸易有限公司				
企业地址	上海市外高桥保税区基隆路 6 号 0601 室（200131）				
投资总额	15 万 USD	电 话	58691825	传 真	
设立日期	2009-1-4	负 责 人	伊东万樹也		
主营业务	保税区内国际贸易、转口贸易、保税区内企业间的贸易及贸易代理。				

企业名称	兼松纤维制品贸易（上海）有限公司				
企业地址	上海市闵行区宜山路 2000 号 20 幢 10 楼 1003 室（201103）				
投资总额	15 万 USD	电 话	34627233	传 真	
设立日期	2009-1-4	负 责 人	CHUEN LAI LAM（林传礼）		
主营业务	工艺饰品（文物除外）、家用纺织品、日用百货的批发、佣金代理。				

企业名称	上海蜜浓雅商贸有限公司				
企业地址	上海市浦东新区锦延路 328-330 号一层（627809）				
投资总额	14 万 USD	电 话	200127	传 真	
设立日期	2009-1-4	负 责 人	酒向淳		
主营业务	饰品（金银饰品除外）、办公用品、文体用品、工艺礼品的零售、批发。				

企业名称	模德服饰（上海）有限公司				
企业地址	上海市灵石路 709 号 26 幢 108 室（200072）				
投资总额	10 万 USD	电 话		传 真	
设立日期	2009-1-4	负 责 人	CHUNG WON MO		
主营业务	服装鞋帽、服装面辅料、日用百货的批发、进出口、佣金代理。				

企业名称	伊康贸易（上海）有限公司				
企业地址	上海市浦东新区光明路 718 号 723 室（200137）				
投资总额	10 万 USD	电 话	33199322	传 真	
设立日期	2009-1-4	负 责 人	OFER GLEZER		
主营业务	无线遥控设备、开关控制设备的批发、佣金代理（拍卖除外）。				

企业名称	萨海国际贸易（上海）有限公司				
企业地址	上海市杨浦区军工路 2855 号 3 区 59 号（200438）				
投资总额	4.5 万 USD	电 话	33816015	传 真	
设立日期	2008-12-31	负 责 人	SAMI MOHAMMED FADHL AL-AWDI		
主营业务	水产品的批发、佣金代理（拍卖除外）、进出口，提供相关配套业务。				

企业名称	上海上怡贸易有限公司				
企业地址	上海市静安区陕西北路 66 号 2103 室（200040）				
投资总额	146 万 USD	电 话	62183635	传 真	62179976
设立日期	2008-12-30	负 责 人	郁炜晴		
主营业务	服装、服饰、针纺织品、鞋帽、皮具、袜子、手提袋的批发、佣金代理。				

企业名称	蓝浦国际贸易（上海）有限公司				
企业地址	上海市虹口区物华路 73 号一号楼四层 8913 室（200080）				
投资总额	50 万 USD	电 话	63061154	传 真	63645266
设立日期	2008-12-30	负 责 人	吉岡三子		
主营业务	家具、服装鞋帽、日用百货和工艺礼品（文物除外）的批发，佣金代理。				

企业名称	爱德士缅因生物制品贸易（上海）有限公司				
企业地址	上海市嘉定区黄渡镇新黄路 17 号 408 室（201804）				
投资总额	50 万 USD	电 话	61279528	传 真	61279526
设立日期	2008-12-30	负 责 人	颜伟强		
主营业务	动物、首医、环境及食品的检测产品、检验设备的进出口、批发。				

企业名称	玉川雅泰（上海）贸易有限公司				
企业地址	上海市徐汇区漕溪路 252 号 401 室（200235）				
投资总额	20 万 USD	电 话	64828020	传 真	51087230
设立日期	2008-12-30	负 责 人	TAMAGAWA YUKIHIKO		
主营业务	医疗器械（限一类）以及相关卫生材料、化妆品、日用百货的批发。				

企业名称	上海胜狮国际贸易有限公司				
企业地址	上海市闵行区景联路 439 号 2 幢厂房二楼 2-2-E 室（200237）				
投资总额	14.5 万 USD	电 话	33592519	传 真	64345968
设立日期	2008-12-30	负 责 人	周家发		
主营业务	酒类和食品的批发、进出口、佣金代理（拍卖除外）。				

企业名称	昆特香氛香精香料贸易（上海）有限公司				
企业地址	上海市闵行区虹中路 335 弄 48 号 501 室（201103）				
投资总额	100 万 USD	电 话	61151062	传 真	61151062
设立日期	2008-12-29	负 责 人	章敏悦		
主营业务	香精、香料的批发、佣金代理（拍卖除外）、进出口，提供配套服务。				

企业名称	索芯商贸（上海）有限公司				
企业地址	上海市长宁区长宁路 1027 号 3701-9、3701-11 室（200050）				
投资总额	14 万 USD	电 话	52418118	传 真	
设立日期	2008-12-29	负 责 人	福家贵		
主营业务	家用电器、通讯器材、工艺品、日用百货、食品（非实物方式）的批发。				

企业名称	泰莉格（上海）商贸有限公司				
企业地址	上海市卢湾区淮海中路 333 号 1211—B09 室（200021）				
投资总额	117 万 USD	电 话	23238504	传 真	58362608
设立日期	2008-12-26	负 责 人	CORRADO COLLI		
主营业务	从事领带、男女服装、袜子、围巾、手套及其他服装配饰的批发、零售。				

批发和零售贸易业

企业名称	老虎实业（上海）有限公司				
企业地址	上海市奉贤区远东路 828 号 1 幢 515 室（201400）				
投资总额	100 万 USD	电　话	67102019	传　真	68759735
设立日期	2008-12-26	负 责 人	苏　敏		
主营业务	机械设备、机电设备及相关产品的批发、进出口、佣金代理（拍卖除外）。				

企业名称	库尔斯卡贸易（上海）有限公司				
企业地址	上海市浦东新区张杨路 707 号 1206A 室（200120）				
投资总额	100 万 USD	电　话	58362609	传　真	58362608
设立日期	2008-12-26	负 责 人	VITALY MALTSEV		
主营业务	集装箱、五金交电、塑料和橡胶制品的批发、佣金代理（拍卖除外）。				

企业名称	动泰通讯科技（上海）有限公司				
企业地址	上海市徐汇区漕宝路 70 号 1206 室（200235）				
投资总额	21 万 USD	电　话	64325180	传　真	64325180
设立日期	2008-12-26	负 责 人	张龙荪		
主营业务	通讯产品以及软件的研发、设计、制作；计算机硬件及其零部件的批发。				

企业名称	上海友正电子商贸有限公司				
企业地址	上海市杨浦区黄兴路 1 号 19L 室（200090）				
投资总额	20 万 USD	电　话	55807098	传　真	55807098
设立日期	2008-12-26	负 责 人	庄苍渊		
主营业务	电子绝缘材料、单双面胶膜胶带、光学膜、电子连接器件的批发。				

企业名称	皓盛环保科技（上海）有限公司				
企业地址	上海市黄浦区九江路 399 号 26 楼 09 室 B 座（200001）				
投资总额	43 万 USD	电　话	50568206	传　真	
设立日期	2008-12-25	负 责 人	简基渊		
主营业务	环境保护、空气净化领域内的技术开发，车辆自动化清洗设备专业技术的开发。				

企业名称	美商运安化工贸易（上海）有限公司				
企业地址	上海市浦东新区花园石桥路 33 号 1506B 室（200120）				
投资总额	20 万 USD	电　话	68872100	传　真	68876511
设立日期	2008-12-25	负 责 人	ASHOK KUMAR KISHORE		
主营业务	化工产品（危险品除外）的批发、佣金代理（拍卖除外）、进出口业务。				

企业名称	必惠商贸（上海）有限公司				
企业地址	上海市外高桥保税区华申路 180 号 206 室（200131）				
投资总额	15 万 USD	电　话	51083336	传　真	64159389
设立日期	2008-12-25	负 责 人	刘瑞记		
主营业务	食品、饮料、酒类的批发、佣金代理（拍卖除外），进出口及配套业务。				

企业名称	科奈信息科技（上海）有限公司				
企业地址	上海市静安区延安中路 1440 号 20 幢 2G06 室（200040）				
投资总额	7 万 USD	电　话	64394114	传　真	
设立日期	2008-12-25	负 责 人	赵善匡		
主营业务	电脑软件（音像制品除外）及硬件的批发、提供网络及电脑设备的维修。				

企业名称	科佑商务咨询（上海）有限公司				
企业地址	上海市外高桥保税区华京路 2 号办公楼六层 612 室（200131）				
投资总额	4.3 万 USD	电　话		传　真	
设立日期	2008-12-25	负 责 人	FARIBORZ KAYYOD		
主营业务	企业管理咨询，商务咨询；国际贸易、保税区企业间的贸易及贸易代理。				

企业名称	上海特伯斯电线电缆贸易有限公司				
企业地址	上海市徐汇区中山西路 2025 号 601－602 室（200233）				
投资总额	14 万 USD	电　话	64391028	传　真	64390348
设立日期	2008-12-24	负 责 人	汪伟育		
主营业务	电线电缆及相关产品的批发、出口。				

企业名称	罗克迪门窗贸易（上海）有限公司				
企业地址	上海市长宁区北翟路 163 弄 1 号 28 幢 409 室（200335）				
投资总额	14 万 USD	电　话	54854394	传　真	54854304
设立日期	2008-12-24	负 责 人	江裕生		
主营业务	各类门窗、幕墙及其配件、机械设备、金属材料的批发、进出口业务。				

企业名称	创机（上海）商贸有限公司				
企业地址	上海市普陀区常德路 1211 号 1209 室（200060）				
投资总额	90 万 USD	电　话	32210007	传　真	
设立日期	2008-12-23	负 责 人	杨以正		
主营业务	护肤美容用品，衣服，帽子，电子玩具，公文包的批发，进出口业务。				

企业名称	小浅（上海）贸易有限公司				
企业地址	上海市静安区北京西路 1701 号中华大厦 2001 室（200040）				
投资总额	50 万 USD	电　话	51572231	传　真	62125803
设立日期	2008-12-23	负 责 人	白羽清		
主营业务	食品销售管理，食品包装机器、紫菜养殖加工器材的批发，进出口业务。				

企业名称	朗适科贸（上海）有限公司				
企业地址	上海市普陀区曹杨路 510 号南半幢十三层 1309 室（200060）				
投资总额	50 万 USD	电　话	52501421	传　真	
设立日期	2008-12-23	负 责 人	翁卓光		
主营业务	煤矿机械设备、纺织机械设备、电机、再生橡胶及其加工设备的批发。				

企业名称	上海璟谊电子贸易有限公司				
企业地址	上海市静安区康定路 1147 号 8 幢 1012 室（200040）				
投资总额	32 万 USD	电　话	62307145	传　真	
设立日期	2008-12-23	负 责 人	卢奎阁		
主营业务	电子元器件、散热器材、散热耗材及配件的批发、进出口，佣金代理。				

企业名称	上海伯络商贸有限公司				
企业地址	上海市静安区西康路 928 号 1103 室（200040）				
投资总额	12 万 USD	电　话	62763362	传　真	62769553
设立日期	2008-12-23	负 责 人	PIERRE LEVEQUE DE VILMORIN		
主营业务	服装、针纺织品、配饰、鞋类、日用杂货的批发，进出口，佣金代理。				

企业名称	恩毕威体育用品商贸（上海）有限公司				
企业地址	上海市静安区南京西路 699 号东方众鑫大厦 18 楼 1818B 室（200040）				
投资总额	73 万 USD	电　话	61413888	传　真	
设立日期	2008-12-22	负 责 人	TIMOTHY YUNG-CHENG CHEN		
主营业务	服装、鞋帽、配饰、健身器材、体育用品的批发，进出口，佣金代理。				

企业名称	傲发（上海）贸易有限公司				
企业地址	上海市卢湾区太仓路 233 号 1203L 室（200021）				
投资总额	14 万 USD	电　话	57687126	传　真	57680828
设立日期	2008-12-22	负 责 人	NIR GADOT		
主营业务	各类喷雾器及相关配件、塑料制品的批发、进出口、佣金代理。				

企业名称	英玳丰（上海）贸易有限公司				
企业地址	上海市长宁区娄山关路 85 号 B503 室（200336）				
投资总额	10 万 USD	电　话	62780175	传　真	62780176
设立日期	2008-12-22	负 责 人	HAWKES FREDERICK GERAINT		
主营业务	建筑材料、装修、装饰材料、家具、家纺、服装的批发、佣金代理。				

企业名称	葡道商贸（上海）有限公司				
企业地址	上海市黄浦区延安东路 58 号 402 室（200002）				
投资总额	20 万 USD	电　话		传　真	
设立日期	2008-12-19	负 责 人	IAN ANDERSON FORD		
主营业务	饮料、酒类、糕点的零售（零售限门店经营）、批发、进出口业务。				

企业名称	蓬华纬生贸易（上海）有限公司				
企业地址	上海市黄浦区人民路 885 号 1105 室（200010）				
投资总额	13 万 USD	电　话	63202516	传　真	63202516
设立日期	2008-12-19	负 责 人	FABRICE CLAUDE DANIEL CAHIERC		
主营业务	香水、化妆品、个人清洁护理用品的批发、进出口、佣金代理。				

企业名称	玫瑞埃缇（上海）贸易有限公司				
企业地址	上海市浦东新区潍坊五村 546 号 214 室（200122）				
投资总额	21 万 USD	电　话	52985060	传　真	52985061·
设立日期	2008-12-18	负 责 人	DAVIDE BERTO		
主营业务	服装服饰、鞋类、箱包、小饰品、家居用品、礼品的批发、佣金代理。				

企业名称	榕誉商贸（上海）有限公司				
企业地址	上海市浦东新区浦东大道 2123 号龙珠广场 1510 室（200135）				
投资总额	15 万 USD	电　话	58217849	传　真	
设立日期	2008-12-18	负 责 人	LI LI		
主营业务	塑料制品、橡胶制品、玻璃制品、展示展览用品、日用百货的批发。				

企业名称	祁仪唐（上海）贸易有限公司				
企业地址	上海市虹口区武进路 456 号西楼第一幢 9 层 9021 单元（200080）				
投资总额	14 万 USD	电　话	63809856	传　真	63806091
设立日期	2008-12-18	负 责 人	DAVID LEWIS CASELLI		
主营业务	装饰装修材料、食品加工设备、建材加工设备的批发、佣金代理。				

企业名称	维舍尼亚商贸（上海）有限公司				
企业地址	上海市闵行区光华路 2118 号第 3 幢 479 室（201111）				
投资总额	14 万 USD	电　话	63176754	传　真	62990365
设立日期	2008-12-18	负 责 人	周建军		
主营业务	从事服装及服装辅料、针纺织品、钟表和眼镜及其配件的批发。				

企业名称	娜露密雅商贸（上海）有限公司				
企业地址	上海市静安区南京西路 818 号 9 楼 13 室（200040）				
投资总额	51 万 USD	电　话	68411008	传　真	50663589
设立日期	2008-12-17	负 责 人	上田 千秋		
主营业务	服装、鞋帽、箱包、日用杂货的批发、进出口，佣金代理（拍卖除外）。				

企业名称	杰姆士（上海）酒业贸易有限公司				
企业地址	上海市普陀区同普路 1362 号 101 室（200333）				
投资总额	50 万 USD	电　话	52567781	传　真	52567781
设立日期	2008-12-17	负 责 人	YU LING KUI		
主营业务	各类酒、酒精饮品的批发、佣金代理（拍卖除外）、进出口业务。				

企业名称	上海嵩达光电贸易有限公司				
企业地址	上海市浦东新区东三里桥路 555 号 201 室（201203）				
投资总额	20 万 USD	电　话	58703259	传　真	58703032
设立日期	2008-12-17	负 责 人	方光辉		
主营业务	电器设备及配套零部件、五金制品、机电设备、仪器仪表的批发。				

企业名称	艾珥泰贸易（上海）有限公司				
企业地址	上海市普陀区长寿路 1118 号 B 楼 9 层 F（200060）				
投资总额	15 万 USD	电　话	62113130	传　真	62113120
设立日期	2008-12-17	负 责 人	张　骞		
主营业务	服装、鞋帽及配件配饰、电子产品、办公用品、玩具的批发、佣金代理。				

企业名称	东洋克斯贸易（上海）有限公司				
企业地址	上海市长宁区茅台路 553 号 402-403 室（200336）				
投资总额	20 万 USD	电　话	51531610	传　真	51531613
设立日期	2008-12-16	负 责 人	宫村正司		
主营业务	塑料制品、橡胶制品、金属制品、建筑材料（钢材、水泥除外）的批发。				

企业名称	马步海贸易（上海）有限公司				
企业地址	上海市长宁区延安西路 1160 号 1203 室（200052）				
投资总额	10 万 USD	电　话	61152008	传　真	
设立日期	2008-12-16	负 责 人	UY EMILY TAN（黄锦芳）		
主营业务	电子产品、家具、帽子的批发，佣金代理（拍卖除外）、进出口业务。				

企业名称	锐港商业（上海）有限公司				
企业地址	上海市黄浦区南京东路 233 号 7 层 723-725 室（200001）				
投资总额	292 万 USD	电　话	63522233	传　真	63226691
设立日期	2008-12-15	负 责 人	叶国坚		
主营业务	办公设备、工艺品（除文物）、珠宝首饰、钟表的批发、佣金代理。				

企业名称	百塔工业品贸易（上海）有限公司				
企业地址	上海市闵行区新骏环路 189 号 A201 室（201112）				
投资总额	212 万 USD	电　话	60859188	传　真	60859100
设立日期	2008-12-15	负 责 人	ALBERTO BRIOSCHI		
主营业务	从事手用工具、气动工具、安全鞋、工作服及产品的批发、佣金代理。				

企业名称	柏朗贸易（上海）有限公司				
企业地址	上海市青浦区徐泾镇盈港东路 2202-2204 号（201701）				
投资总额	81 万 USD	电　话	59884898	传　真	59883977
设立日期	2008-12-15	负 责 人	BERNHARD BERRANG		
主营业务	紧固件、弹簧及相关组件、配件和零部件的批发、进出口、佣金代理。				

企业名称	康延（上海）商贸有限公司				
企业地址	上海市南丹东路 109 号 4 幢 103 室（200030）				
投资总额	51 万 USD	电　话	51712229	传　真	51712262
设立日期	2008-12-15	负 责 人	WONG LIANG FATT		
主营业务	服装及其配件、装饰品、家居用品、工艺品（文物除外）、伞的批发。				

企业名称	欧曲岚贸易（上海）有限公司				
企业地址	上海市杨浦区淞沪路 290 号创智天地 10 号楼 401E 室（200433）				
投资总额	35 万 USD	电　话	33810122	传　真	33810082
设立日期	2008-12-15	负 责 人	TED OWEN MC MILLIN		
主营业务	机动车辆等运输设备的零件、附件的批发、佣金代理（拍卖除外）。				

企业名称	朗时嘉（上海）贸易有限公司				
企业地址	上海市静安区南京西路 1168 号中信泰富广场 418 室（200040）				
投资总额	20 万 USD	电　话	53064228	传　真	
设立日期	2008-12-15	负 责 人	欧仲铭		
主营业务	办公用品、工艺礼品（文物除外）、皮革制品、香水的零售、批发。				

企业名称	哥顿逸贸易（上海）有限公司				
企业地址	上海市闸北区新疆路 500 号 23A17 室（200070）				
投资总额	14 万 USD	电　话	51025278	传　真	
设立日期	2008-12-15	负 责 人	WAQAR ALI KHAN		
主营业务	汽车零部件、建筑材料（钢材、水泥除外）、家具的批发、进出口业务。				

企业名称	福妙服饰贸易（上海）有限公司				
企业地址	上海市嘉定区江桥镇金沙江西路 1555 弄 377 号 1 层、地下 1 层(201824)				
投资总额	14 万 USD	电　话	64238015	传　真	64238015
设立日期	2008-12-15	负 责 人	王大诚		
主营业务	服装服饰、纺织品、鞋帽、箱包、服装辅料的批发、进出口业务。				

企业名称	华美瑰宝（上海）化妆品商贸有限公司				
企业地址	上海市长宁区延安西路 1303 号第 10 层 H 室（200050）				
投资总额	12 万 USD	电　话	62528062	传　真	62528062
设立日期	2008-12-15	负 责 人	陈　晶		
主营业务	化妆品及美容美甲用具的批发、进出口、佣金代理（拍卖除外）。				

企业名称	真高（上海）商贸有限公司				
企业地址	上海市闵行区中春路 4999 号二楼 1232 室（201100）				
投资总额	7.3 万 USD	电　话	54940818	传　真	54940818
设立日期	2008-12-15	负 责 人	市川浩		
主营业务	家居用品、纺织品、塑料制品、建材（钢材、水泥除外）、箱包的批发。				

企业名称	雅鲁藏布贸易（上海）有限公司				
企业地址	上海市宝山区呼玛路 547 号 307 室（200441）				
投资总额	75 万 USD	电　话	56746009	传　真	54133628
设立日期	2008-12-12	负 责 人	MANO VIKRANT SINGH		
主营业务	从事农产品、化工产品（易燃、易爆、危险品除外）的批发。				

企业名称	玫琳凯贸易（上海）有限公司				
企业地址	上海市外高桥保税区华京路 2 号办公楼七层 706 室（200131）				
投资总额	75 万 USD	电　话	61609006	传　真	
设立日期	2008-12-12	负 责 人	DENNIS MICHAEL GREANEY		
主营业务	化妆品及个人护理用品、包装容器及相关材料、日用品及工艺品的批发。				

企业名称	烁势商贸（上海）有限公司				
企业地址	上海市长宁区仙霞路 80 号 502 室（200050）				
投资总额	30 万 USD	电　话	62111588	传　真	
设立日期	2008-12-12	负 责 人	TONNEY KENG		
主营业务	纺织品、日用百货、服装、机电设备、仪器仪表的批发、佣金代理。				

企业名称	柏氏贸易（上海）有限公司				
企业地址	上海市卢湾区建国中路 1 号 409-410 室（200025）				
投资总额	15 万 USD	电　话	64735325	传　真	
设立日期	2008-12-11	负 责 人	DAVID BENNETT		
主营业务	电气设备及零件、塑料及其制品、橡胶制品、纺织品、运动用品的批发。				

企业名称	上海惠辅贸易有限公司				
企业地址	上海市浦东新区张杨北路 5509 号 1104B 室（200127）				
投资总额	14 万 USD	电　话	50904488	传　真	58709777
设立日期	2008-12-11	负 责 人	周海庆		
主营业务	橡胶及其制品、金属制品的批发、佣金代理（拍卖除外）、进出口业务。				

企业名称	玉苏浦（上海）贸易有限公司				
企业地址	上海市闵行区中春路 4999 号 1269 室（201100）				
投资总额	14 万 USD	电　话	62309084	传　真	62313399
设立日期	2008-12-11	负 责 人	MASHUNBO YUSSUP		
主营业务	机械设备、服装服饰、橡塑制品、工艺品（文物除外）的批发。				

企业名称	民理达软件（上海）有限公司				
企业地址	上海市徐汇区田林路 398 号 2 幢 4B 室（200030）				
投资总额	15 万 USD	电　话	54902266	传　真	54902644
设立日期	2008-12-10	负 责 人	郑刚		
主营业务	电子产品、集成电路的设计，计算机软件、电子产品、集成电路的批发。				

企业名称	创诣（上海）贸易有限公司				
企业地址	上海市徐汇区襄阳南路 500 号 1209 室（200120）				
投资总额	14 万 USD	电　　话	63230440	传　　真	
设立日期	2008-12-10	负 责 人	ELYUTIN KONSTANTIN		
主营业务	装饰画、工艺品（文物除外）的批发、佣金代理（拍卖除外）。				

企业名称	亿威贸易（上海）有限公司				
企业地址	上海市闵行区中春路 4999 号 1241 室（201100）				
投资总额	12 万 USD	电　　话	64325668	传　　真	64327256
设立日期	2008-12-10	负 责 人	CHAY CHI SIN		
主营业务	陶瓷制品、石材、卫生洁具、化工产品（危险品除外）的批发。				

企业名称	梦图丝葡萄酒贸易（上海）有限公司				
企业地址	上海市外高桥保税区奥纳路 185 号 7 层 701 部位（200131）				
投资总额	8 万 USD	电　　话	58681082	传　　真	
设立日期	2008-12-10	负 责 人	CARL CROOK		
主营业务	酒类及其配套产品的批发、进出口、佣金代理。				

企业名称	香泽贸易（上海）有限公司				
企业地址	上海市浦东金海路 2588 号 1 幢 209 室（201209）				
投资总额	200 万 USD	电　　话		传　　真	
设立日期	2008-12-9	负 责 人	李家明		
主营业务	化工产品（危险品除外）、家具、家用饰品、厨具、卫生洁具的批发。				

企业名称	浩福贸易（上海）有限公司				
企业地址	上海市嘉定区南翔镇真南路 3930 号第 9 幢 203 室（201802）				
投资总额	14 万 USD	电　　话	56954783	传　　真	56954783
设立日期	2008-12-9	负 责 人	张锦田		
主营业务	从事日用百货、户外运动休闲用品、自行车及配件的批发、进出口业务。				

企业名称	杰薄斯贸易（上海）有限公司				
企业地址	上海市长宁区天山路 183 号 304 室（200336）				
投资总额	11 万 USD	电　　话	62911698	传　　真	
设立日期	2008-12-9	负 责 人	LEE JUN SEO		
主营业务	面料辅料、饰品（裸钻、毛钻除外）、鞋帽箱包及配件的批发及进出口。				

企业名称	上海泗泾大润发商贸有限公司				
企业地址	上海市松江区泗泾镇横港路 18 弄 63 号（201601）				
投资总额	210 万 USD	电　　话	56657857	传　　真	57826949
设立日期	2008-12-8	负 责 人	黄明端		
主营业务	批发、零售：日用百货、服装鞋帽、针纺织品、化妆品、洗涤用品。				

企业名称	上海埃雷米人头马贸易有限公司				
企业地址	上海市浦东新区东方路 836-838 号 11 楼 1106 室（200122）				
投资总额	100 万 USD	电　　话	64486111	传　　真	64486111
设立日期	2008-12-8	负 责 人	DAMIEN LAFAURIE		
主营业务	酒类及配套产品的批发、佣金代理（拍卖除外）和进出口，简单包装。				

企业名称	瑞雅生物科技（上海）有限公司				
企业地址	上海市浦东新区张江路 665 号 3 楼 304-3 室（200203）				
投资总额	29 万 USD	电　　话	58591199	传　　真	58591331
设立日期	2008-12-8	负 责 人	王　波		
主营业务	高科技生物产品、医药产品的研发，自有技术成果转让及技术咨询。				

企业名称	说都贸易（上海）有限公司				
企业地址	上海市奉贤区目华北路 388 号 640 室（201424）				
投资总额	20 万 USD	电　　话	54224941	传　　真	
设立日期	2008-12-8	负 责 人	LEE SEUL DU		
主营业务	机电设备及零配件、五金交电、塑料制品、润滑油的批发和进出口业务。				

企业名称	合保商贸（上海）有限公司				
企业地址	上海市浦东新区长柳路 56-62（双）号 8-9（02）室（200135）				
投资总额	15 万 USD	电　　话	33926552	传　　真	33926551
设立日期	2008-12-8	负 责 人	WAYNE A CABLE		
主营业务	电气和电力系统产品及其零部件的批发、佣金代理（拍卖除外）。				

企业名称	泰养贸易（上海）有限公司				
企业地址	上海市闸北区灵石路 709 号 26 幢 104 室（200072）				
投资总额	10 万 USD	电　　话	64010729	传　　真	64010759
设立日期	2008-12-8	负 责 人	MIN JEOM KI		
主营业务	化工产品、服装鞋帽、日用百货的批发、进出口、佣金代理。				

企业名称	黛媞（上海）化妆品有限公司				
企业地址	上海市普陀区陕西北路 1438 号 1807 室（200060）				
投资总额	300 万 USD	电　　话	61484998	传　　真	61484988
设立日期	2008-12-5	负 责 人	林调会		
主营业务	日用化学品、化妆品及化妆品配件、化妆品包装容器及包装附件的批发。				

企业名称	莎莎贸易（上海）有限公司、				
企业地址	上海市卢湾区巨鹿路 417 号 604 室（200020）				
投资总额	129 万 USD	电　　话	62673377	传　　真	62717546
设立日期	2008-12-5	负 责 人	郭少强		
主营业务	化妆品的批发、佣金代理（拍卖除外）、进出口并提供相关配套服务。				

企业名称	冈兴（上海）贸易有限公司				
企业地址	上海市徐汇区虹桥路 808 号 D543 室（200030）				
投资总额	40 万 USD	电　　话	64480768	传　　真	64480355
设立日期	2008-12-5	负 责 人	岡畑典裕		
主营业务	检测设备、建筑材料（钢材水泥除外）的批发、进出口、佣金代理。				

企业名称	万贸贸易（上海）有限公司				
企业地址	上海市金桥出口加工区金藏路 351 号 29 幢 4 楼（西侧）A 区（201206）				
投资总额	29 万 USD	电　　话	50322228	传　　真	50322229
设立日期	2008-12-5	负 责 人	刘桑泽（LOW SONG TAKE）		
主营业务	从事电子产品、通讯产品、计算机、打印机及其零配件的批发。				

企业名称	陶丝（上海）国际贸易有限公司				
企业地址	上海市徐汇区天钥桥路 325 号 2001、2002 室（200030）				
投资总额	14 万 USD	电　　话	33632756	传　　真	33632030
设立日期	2008-12-5	负 责 人	熊　峻		
主营业务	美容美发产品的批发，佣金代理（拍卖除外），进出口业务。				

企业名称	斗山贸易（上海）有限公司				
企业地址	上海市长宁区红宝石路 500 号东银中心 B 栋 2102 室（201103）				
投资总额	250 万 USD	电　　话	62372485	传　　真	62372487
设立日期	2008-12-4	负 责 人	CHO BONG HO		
主营业务	工程机械、矿山机械、道路施工机械、机电设备的批发、佣金代理。				

企业名称	裕东（上海）贸易有限公司				
企业地址	上海市闵行区新骏环路 188 号 8 栋 302-1 室（201112）				
投资总额	200 万 USD	电　　话	66060300	传　　真	
设立日期	2008-12-4	负 责 人	曹　巍		
主营业务	五金交电、日用百货、机械设备、汽摩配件的批发、进出口、佣金代理。				

企业名称	威聚（上海）贸易有限公司				
企业地址	上海市徐汇区宜山路 889 号 4 号楼 8 层 E 座（200233）				
投资总额	75 万 USD	电　　话	64851620	传　　真	64857216
设立日期	2008-12-4	负 责 人	寿扶伦		
主营业务	日用百货、针纺织品、橡塑制品、纺织原料的批发及佣金代理。				

企业名称	帝斯曼弹性体贸易（上海）有限公司				
企业地址	上海市外高桥保税区基隆路 1 号塔楼 11 层 1103 室（200131）				
投资总额	20 万 USD	电　　话	61716165	传　　真	61716265
设立日期	2008-12-4	负 责 人	CHRISTIAN WIDDERSHOVEN		
主营业务	塑料、橡胶制品的批发、佣金代理（拍卖除外）、进出口及配套业务。				

企业名称	蕊丰贸易（上海）有限公司				
企业地址	上海市徐汇区天钥桥路 325 号 3211 室（200030）				
投资总额	15 万 USD	电　　话	33632366	传　　真	33632344
设立日期	2008-12-4	负 责 人	PAVLOV PHILIPP		
主营业务	从事建筑材料（钢材水泥除外）、仪器仪表、制冷设备的批发。				

企业名称	上海本商商贸有限公司				
企业地址	上海市闵行区虹泉路 1000 号 2 幢 725 室（201103）				
投资总额	14 万 USD	电　　话	34323033	传　　真	34323032
设立日期	2008-12-4	负 责 人	KOO KI HWAN（具起焕）		
主营业务	服装、鞋、包、家用电器、建筑装饰材料（钢材、水泥除外）的批发。				

企业名称	上海三一商贸有限公司				
企业地址	上海市闵行区吴中路 1100 号 5 幢 801 室（201103）				
投资总额	14 万 USD	电　　话	64068601	传　　真	
设立日期	2008-12-4	负 责 人	KIM HYEONG SIK（金亨植）		
主营业务	化工原料（危险品除外）、染料及助剂、纺织品、服装的进出口、批发。				

企业名称	首美安全系统设备商贸（上海）有限公司				
企业地址	上海市闵行区颛兴东路1528号12幢3楼（201108）				
投资总额	10万USD	电　话	60901300	传　真	60901301
设立日期	2008-12-4	负 责 人	RODERICK VERSCHUT		
主营业务	从事用于安全和强度测试设备及其零部件和相关软件的批发、佣金代理。				

企业名称	欧弈贸易（上海）有限公司				
企业地址	上海市闸北区恒丰北路100号2309室（200070）				
投资总额	7.5万USD	电　话	61094791	传　真	61094791
设立日期	2008-12-4	负 责 人	SHAUN ANTHONY INGRAM		
主营业务	仓储设备、汽车零配件、家具、五金制品、塑料制品的批发、进出口。				

企业名称	上海弘邦化工贸易有限公司				
企业地址	上海市浦东新区光明路718号719室（200126）				
投资总额	425万USD	电　话	51086763	传　真	51086763
设立日期	2008-12-3	负 责 人	江　崖		
主营业务	化工原料及产品（除危险品）的批发、佣金代理（拍卖除外）和进出口。				

企业名称	宝高船舶配套技术（上海）有限公司				
企业地址	上海市浦东新区龙阳路2277号1205室（201204）				
投资总额	20万USD	电　话	68868061	传　真	50101211
设立日期	2008-12-3	负 责 人	陈毅懿		
主营业务	船舶配套工程方案的设计和技术服务；船用设备、机电设备的批发。				

企业名称	罗熙贸易（上海）有限公司				
企业地址	上海市长宁区延安西路2299号8G33-35室（200051）				
投资总额	15万USD	电　话	58852177	传　真	
设立日期	2008-12-3	负 责 人	FRANCISCO MARIN PUIG		
主营业务	咖啡、咖啡机的批发及进出口、佣金代理（拍卖除外），提供配套业务。				

企业名称	多睿商贸（上海）有限公司				
企业地址	上海市黄浦区九江路399号26楼07室A座（200001）				
投资总额	702万USD	电　话	68063669	传　真	68630117
设立日期	2008-12-2	负 责 人	郑应南		
主营业务	鞋帽、皮革制品、箱包制品、人造首饰和护肤品的批发、佣金代理。				

企业名称	薇语贸易（上海）有限公司				
企业地址	上海市杨浦区营口路578号703室（200433）				
投资总额	200万USD	电　话	65585821	传　真	65037411
设立日期	2008-12-2	负 责 人	CANNOCK TODD IAN		
主营业务	从事服装、服饰、手提包的批发、设计、研发，佣金代理（拍卖除外）。				

企业名称	上海康怡园林绿化工程有限公司				
企业地址	上海市长宁区华山路1336号9楼I座（200052）				
投资总额	29万USD	电　话	63726666	传　真	63240874
设立日期	2008-12-2	负 责 人	李耀荣		
主营业务	园林工具、植物及材料、艺术雕塑、运动及游艺器材的批发和进出口。				

企业名称	嘉旺红虎（上海）贸易有限公司				
企业地址	上海市闸北区汉中路158号东楼1221室（200070）				
投资总额	20万USD	电　话	63542253	传　真	63548793
设立日期	2008-12-2	负 责 人	CONDON GAVIN JOHN		
主营业务	集装箱、集装罐零配件和安全加固工具的批发及进出口、佣金代理。				

企业名称	意萨电子科技（上海）有限公司				
企业地址	上海市徐汇区宜山路889号第4幢第6层D1单元（200233）				
投资总额	20万USD	电　话	60907250	传　真	60907258
设立日期	2008-12-2	负 责 人	MASAKI GYOTO		
主营业务	组装自动化电子控制器件，销售自产产品并提供技术咨询及技术服务。				

企业名称	起永（上海）贸易有限公司				
企业地址	上海市长宁区金钟路658弄10号4层405室（200335）				
投资总额	18万USD	电　话	52190930	传　真	52190926
设立日期	2008-12-2	负 责 人	CHO KWANG HYUN		
主营业务	从事纺织机械、塑料制品、电子元器件、服装鞋帽、针纺制品的批发。				

企业名称	娜娜彩（上海）商贸有限公司				
企业地址	上海市卢湾区鲁班路600号808室（200023）				
投资总额	17万USD	电　话	53021792	传　真	53021797
设立日期	2008-12-2	负 责 人	马场克己		
主营业务	服装人体模型及配件、展览装饰用品、工艺品（文物除外）的批发。				

企业名称	晴康医疗器械贸易（上海）有限公司				
企业地址	上海市徐汇区漕宝路65号乙（200235）				
投资总额	17万USD	电　话	62495070	传　真	62495070
设立日期	2008-12-2	负 责 人	傅明月		
主营业务	医疗器械、电子产品、保健品、化妆品的批发、零售、佣金代理。				

企业名称	恳铂（上海）商贸有限公司				
企业地址	上海市黄浦区河南南路665号603室（200010）				
投资总额	7万USD	电　话	51580140	传　真	51580351
设立日期	2008-12-2	负 责 人	KLEIJWEGT CORNELIS JACOBUS		
主营业务	轮船零配件、机械产品、电子产品、日用百货的批发、佣金代理。				

企业名称	永定润悦贸易（上海）有限公司				
企业地址	上海市浦东新区浦东南路1877号607室（200122）				
投资总额	210万USD	电　话	50811124	传　真	58735166
设立日期	2008-12-1	负 责 人	TANG YING JIE		
主营业务	天然橡胶、合成橡胶、轮胎及橡胶制品、化学品（危险品除外）的批发。				

企业名称	依朴卡贸易（上海）有限公司				
企业地址	上海市闸北区中华新路469号11楼1101-10室（200072）				
投资总额	25万USD	电　话	60954728	传　真	60954729
设立日期	2008-12-1	负 责 人	MANOJ KUMAR JAIN		
主营业务	精细化学品（危险品除外）的批发、进出口和佣金代理（拍卖除外）。				

企业名称	景绘和（上海）贸易有限公司				
企业地址	上海市卢湾区巨鹿路149号201室（200020）				
投资总额	14万USD	电　话	61025450	传　真	61025450
设立日期	2008-12-1	负 责 人	高桥弘德		
主营业务	工艺品（文物除外）、化妆品、日用百货、家具、电子产品的批发。				

企业名称	万村棋（上海）商贸有限公司				
企业地址	上海市闵行区曹建路251弄1号101、102室（200237）				
投资总额	12万USD	电　话	64979358	传　真	54498186
设立日期	2008-12-1	负 责 人	詹村雄		
主营业务	从事建筑材料、服装、工艺礼品、日用百货、体育用品的批发。				

企业名称	歆星贸易（上海）有限公司				
企业地址	上海市闵行区吴中路1369号6幢415室（201103）				
投资总额	30万USD	电　话	34320824	传　真	
设立日期	2008-11-28	负 责 人	PARK SANG BOK		
主营业务	汽车零配件、电子、电气产品及零配件、塑料制品、木制品的批发。				

企业名称	振图商贸（上海）有限公司				
企业地址	上海市徐汇区漕溪北路398号25楼05室（200030）				
投资总额	15万USD	电　话	60901081	传　真	60901087
设立日期	2008-11-28	负 责 人	伍锦城		
主营业务	卫浴产品、纺织品、机械设备、建筑材料、电子产品的批发。				

企业名称	上海亚声贸易有限公司				
企业地址	上海市闵行区吴宝路255号610室（201101）				
投资总额	14万USD	电　话	54495191	传　真	54495193
设立日期	2008-11-28	负 责 人	廖启宏（LIAO CHI-HUNG）		
主营业务	从事音响器材、灯光器材、声音报警系统、办公电器设备的进出口业务。				

企业名称	鼓步贸易（上海）有限公司				
企业地址	上海市奉贤区青村镇人民路48号2幢107室（201414）				
投资总额	14万USD	电　话	51087230	传　真	
设立日期	2008-11-28	负 责 人	邱以文		
主营业务	服装、鞋帽及皮革制品的批发、进出口和相关配套业务。				

企业名称	西翔商贸（上海）有限公司				
企业地址	上海市徐汇区文定路204号D1-1、2室（200030）				
投资总额	83万USD	电　话	54242775	传　真	54242775
设立日期	2008-11-27	负 责 人	SERGIO SAPORITI		
主营业务	从事家具、沙发及配件、床垫、地毯、灯具、玻璃及玻璃制品的批发。				

企业名称	弘懋光电科技（上海）有限公司				
企业地址	上海市金桥出口加工区新金桥路201号现代通信大厦7楼711室（201206）				
投资总额	50万USD	电　话	50312831	传　真	
设立日期	2008-11-27	负 责 人	詹印丰		
主营业务	半导体光电工程技术产品及相关零部件和软件的系统集成、安装、调试。				

企业名称	盖力（上海）贸易有限公司				
企业地址	上海市浦东新区金桥出口加工区浙桥路 277 号 3 幢 2715 室（201206）				
投资总额	19 万 USD	电话	51923167	传真	51920743
设立日期	2008-11-27	负责人	LLORENC GALI TRULLENQUE		
主营业务	机械设备及零配件、电子产品、汽车零配件的批发、佣金代理。				

企业名称	柯孛尔贸易（上海）有限公司				
企业地址	上海市徐汇区中山南二路 1007 号 806 室（200030）				
投资总额	14 万 USD	电话	68868335	传真	68868021
设立日期	2008-11-27	负责人	周 硕		
主营业务	金属陶瓷及其制品、金属家具、机器设备及其零件、汽车零部件的批发。				

企业名称	奥爱斯影音器材商贸（上海）有限公司				
企业地址	上海市徐汇区龙华西路 585 号 A 幢 7A4 室（200232）				
投资总额	10 万 USD	电话		传真	
设立日期	2008-11-27	负责人	河南义夫		
主营业务	从事影音器材及其应用软件（音像制品除外），仪器仪表的批发。				

企业名称	艾隽商贸（上海）有限公司				
企业地址	上海市徐汇区建国西路 283 号 5 号楼 104 单元（200031）				
投资总额	7.7 万 USD	电话	54660715	传真	54660713
设立日期	2008-11-27	负责人	ARADHANA SANGWAN		
主营业务	日用百货、纺织品、服装及配件的零售和批发、相关产品的进出口贸易。				

企业名称	三菱丽阳（上海）管理有限公司				
企业地址	上海市外高桥保税区华京路 8 号 840 室（200137）				
投资总额	300 万 USD	电话	62375868	传真	62375832
设立日期	2008-11-26	负责人	小林浩一		
主营业务	受母公司及其所投资企业的委托，提供投资经营决策和管理咨询服务。				

企业名称	爱马仕（上海）钟表商贸有限公司				
企业地址	上海市静安区南京西路 1038 号梅龙镇广场 2609 室（200041）				
投资总额	210 万 USD	电话	61710855	传真	62176965
设立日期	2008-11-26	负责人	GUILLAUME ROGER DE SEYNES		
主营业务	钟表、表带、钟表零配件、珠宝首饰（毛钻、裸钻除外）的批发。				

企业名称	日下部商贸（上海）有限公司				
企业地址	上海市长宁区娄山关路 85 号 A 座 701 室（200051）				
投资总额	20 万 USD	电话	62196715	传真	62197075
设立日期	2008-11-25	负责人	篁原宽秀		
主营业务	陶瓷制品、贱金属制品、机械设备及其零配件的批发、佣金代理。				

企业名称	英福莱诺运动控制技术（上海）有限公司				
企业地址	上海市徐汇区虹漕路 448 号 601、603 室（200233）				
投资总额	20 万 USD	电话	61455455	传真	61455457
设立日期	2008-11-25	负责人	MARTIN BOELSTERLI		
主营业务	运动控制技术的研发和设计，提供相关的技术支持和咨询。				

企业名称	首亚商贸（上海）有限公司				
企业地址	上海市闸北区北宝兴路 600 号 1 幢 202 室（200071）				
投资总额	20 万 USD	电话	51083800	传真	63165950
设立日期	2008-11-25	负责人	GRONBAEK KIM JOHNNY		
主营业务	日用百货、五金交电、电子产品、建筑材料（钢材、水泥除外）的批发。				

企业名称	培鑫（上海）国际贸易有限公司				
企业地址	上海市外高桥保税区富特北路 207 号第三层 C16（200131）				
投资总额	20 万 USD	电话	52281998	传真	
设立日期	2008-11-25	负责人	THOMAS LEE		
主营业务	国际贸易、转口贸易、保税区内企业间的贸易及贸易代理。				

企业名称	凌美贸易（上海）有限公司				
企业地址	上海市外高桥保税区富特北路 207 号第四层 A18 部位（200131）				
投资总额	15 万 USD	电话	58680500	传真	
设立日期	2008-11-25	负责人	JOHN CHUNG-CHIH CHEN		
主营业务	国际贸易、转口贸易、保税区企业间的贸易及区内贸易代理。				

企业名称	三菱瓦斯化学商贸（上海）有限公司				
企业地址	上海市外高桥保税区新灵路 118 号 1908B 室（200131）				
投资总额	150 万 USD	电话	52280585	传真	62184769
设立日期	2008-11-24	负责人	川上邦彰		
主营业务	检验仪器及设备及其零件、附件、纸、纸板及其制品的批发。				

企业名称	诗讯半导体贸易（上海）有限公司				
企业地址	上海市长宁区兴义路 8 号 4306 室（200336）				
投资总额	40 万 USD	电话	52081918	传真	52081916
设立日期	2008-11-24	负责人	WANG GUANG WEI		
主营业务	半导体的批发、进出口和佣金代理（拍卖除外）。				

企业名称	励渊仪器（上海）有限公司				
企业地址	上海市徐汇区漕宝路 80 号 2304 室（200235）				
投资总额	30 万 USD	电话	64325730	传真	64325738
设立日期	2008-11-24	负责人	沈钦硕		
主营业务	医疗器械、实验室仪器、建筑材料、五金交电、化工产品的批发。				

企业名称	爱菠利国际贸易（上海）有限公司				
企业地址	上海市虹口区临平北路 55 号 801 室（200086）				
投资总额	20 万 USD	电话	55152120	传真	
设立日期	2008-11-24	负责人	藤雅夫		
主营业务	橱窗展示用的道具，陈列用的时装模特道具和工艺礼品的批发。				

企业名称	上海省代贸易有限公司				
企业地址	上海市嘉定区徐行镇前曹公路 166 弄 1-3 号 9 幢 1150 室（201805）				
投资总额	15 万 USD	电话	59908492	传真	
设立日期	2008-11-24	负责人	陈映夙		
主营业务	空调专用冷冻机油、金属制品、塑料制品、电气设备及配件的批发。				

企业名称	衡璐贸易（上海）有限公司				
企业地址	上海市静安区南京西路 580 号主楼 3404 室（200041）				
投资总额	14 万 USD	电话	62677650	传真	
设立日期	2008-11-24	负责人	范峻涛		
主营业务	化妆品、护肤护发产品、个人护理用品、美容美发设备的批发。				

企业名称	薇黛商贸（上海）有限公司				
企业地址	上海市徐汇区肇嘉浜路 789 号 23 楼 B3（200032）				
投资总额	14 万 USD	电话	51171889	传真	51171831
设立日期	2008-11-24	负责人	田惠仪		
主营业务	化妆品、美容器材、服饰、日用百货的批发、进出口、佣金代理。				

企业名称	圆洋贸易（上海）有限公司				
企业地址	上海市徐汇区中山西路 1919 号 2 幢 707 室（200235）				
投资总额	14 万 USD	电话	61159200	传真	33537752
设立日期	2008-11-24	负责人	金丽花		
主营业务	建筑装饰材料（钢材、水泥除外）、塑料制品、机械设备的批发。				

企业名称	脉缔贸易（上海）有限公司				
企业地址	上海市普陀区长寿路 1076 号 1102 室（200063）				
投资总额	14 万 USD	电话	62408081	传真	
设立日期	2008-11-24	负责人	EMELIYANOV VITALIY KONSTANTINOV		
主营业务	电动工具、文具用品、鞋帽的批发、佣金代理（拍卖除外）、进出口。				

企业名称	大昌三昶（上海）商贸有限公司				
企业地址	上海市静安区南京西路 1168 号 811 室（200041）				
投资总额	296 万 USD	电话	62152380	传真	52524628
设立日期	2008-11-20	负责人	严梦英		
主营业务	针纺织品、工艺品（文物除外）、日用杂货的批发、进出口。				

企业名称	美太芭比（上海）贸易有限公司				
企业地址	上海市徐汇区天钥桥路 333 号 2201、2207 室（200030）				
投资总额	250 万 USD	电话	61213737	传真	
设立日期	2008-11-20	负责人	王峻枫		
主营业务	手表、眼镜、雨具、化妆品、日用品、香水、护肤品、运动用品的批发。				

企业名称	悠栈（上海）日用品贸易有限公司				
企业地址	上海市松江镇江峰路 189 号 3 幢 104 室（201620）				
投资总额	50 万 USD	电话	37621194	传真	
设立日期	2008-11-20	负责人	温雄京		
主营业务	塑胶制品、木制品、五金制品的进出口、批发。				

企业名称	越幸贸易（上海）有限公司				
企业地址	上海市浦东新区商城路 660 号乐凯大厦 1106 室（200120）				
投资总额	30 万 USD	电话	68875228	传真	51321705
设立日期	2008-11-20	负责人	阿部俊幸		
主营业务	食品添加剂、食品保存剂、动物饲料、包装材料、机械设备的批发。				

企业名称	美错机械贸易（上海）有限公司				
企业地址	上海市浦东新区浦东大道 138 号 7 楼 C-02 室（200120）				
投资总额	25 万 USD	电　话	58823410	传　真	58823420
设立日期	2008-11-20	负责人	过　伟		
主营业务	塑料加工机械设备及配件的批发、佣金代理（拍卖除外）、进出口业务。				

企业名称	杜梦堂贸易（上海）有限公司				
企业地址	上海市卢湾区局门路 153 号 8 号楼 102 室（200023）				
投资总额	21 万 USD	电　话	64692267	传　真	64684080
设立日期	2008-11-20	负责人	PIERRE MICHEL AUGUSTE LUCIEN		
主营业务	美术品（文物除外）、家具、工艺礼品的批发、佣金代理（拍卖除外）。				

企业名称	奇悦贸易（上海）有限公司				
企业地址	上海市杨浦区长阳路 1080 号 72 幢 4A 层 05-06 室（200082）				
投资总额	20 万 USD	电　话	55218126	传　真	55218139
设立日期	2008-11-20	负责人	MASSOUD SABOORIAN		
主营业务	机电设备、电气设备、仪器仪表、塑料制品的批发、佣金代理。				

企业名称	上海瑞仪商贸有限公司				
企业地址	上海市长宁区中山西路 1279 弄 3 号 1 幢 2 层（200051）				
投资总额	15 万 USD	电　话	32090766	传　真	32090768
设立日期	2008-11-20	负责人	郭伟民		
主营业务	三类医用缝合材料及粘合剂的批发、佣金代理（拍卖除外）。				

企业名称	如瑞（上海）贸易有限公司				
企业地址	上海市浦东新区耀华路 215 号 2 幢 601B 室（200127）				
投资总额	14 万 USD	电　话	62421311	传　真	63743103
设立日期	2008-11-20	负责人	JIM LEIF JOAKIM ANDERSSON		
主营业务	工艺品（文物除外）、五金交电、电子产品、装潢材料的批发。				

企业名称	上海宝戛贸易有限公司				
企业地址	上海市浦东新区银城中路 200 号 4106 室（200120）				
投资总额	14.6 万 USD	电　话	50372190	传　真	50372526
设立日期	2008-11-20	负责人	JEAN-LUC, PIERRE, ALAIN DURAND		
主营业务	建筑施工设备、金属制品、橡胶制品、塑料制品和电气设备的批发。				

企业名称	上海唐勤贸易有限公司				
企业地址	上海市奉贤区远东路 828 号 1 栋 506 室（201400）				
投资总额	14 万 USD	电　话	59885540	传　真	39812474
设立日期	2008-11-20	负责人	张毓琦		
主营业务	从事印刷相关机械设备及零部件、印刷加工用配件的批发及进出口业务。				

企业名称	上海优询贸易有限公司				
企业地址	上海市闵行区宜山路 1618 号综合楼 876 室（201103）				
投资总额	7.3 万 USD	电　话	31268211	传　真	62684774
设立日期	2008-11-20	负责人	RIZZI ROBERTO		
主营业务	从事机械设备及配件、服装及日用品的批发、进出口、佣金代理。				

企业名称	递优（上海）贸易有限公司				
企业地址	上海市浦东新区洪山路 1104 号 1 层（200126）				
投资总额	7 万 USD	电　话	32210537	传　真	62529901
设立日期	2008-11-20	负责人	CRAIG MACKENZIE		
主营业务	电子产品、汽摩配件、珠宝首饰（毛钻、裸钻除外）的批发、佣金代理。				

企业名称	上海凯茂生物医药有限公司				
企业地址	上海市徐汇区宜山路 1289 号 1 幢（200233）				
投资总额	1535 万 USD	电　话	64856008	传　真	64954325
设立日期	2008-11-19	负责人	李显林		
主营业务	人干扰素 r、人促红素、链激酶等生物制品，化学药品的研发、生产。				

企业名称	纽匹格贸易（上海）有限公司				
企业地址	上海市静安区延安中路 1440 号 20 幢 620 室（200041）				
投资总额	35 万 USD	电　话	61223812	传　真	68868335
设立日期	2008-11-19	负责人	BERNARD EDWARD STAPELFELD		
主营业务	修补剂、抹布、非吸收性聚氨酯产品、漏斗及各式橱柜的批发。				

企业名称	倩婕服饰贸易（上海）有限公司				
企业地址	上海市长宁区金钟路 658 弄 2 号乙 601 室（200335）				
投资总额	30 万 USD	电　话	33600209	传　真	33060209
设立日期	2008-11-19	负责人	CLAUS WALTHER JENSEN		
主营业务	皮革制品、体育用品、纸制品及床上用品的批发、佣金代理。				

企业名称	将隆（上海）商贸有限公司				
企业地址	上海市长宁区中山西路 933 号 1209-1210 室（200051）				
投资总额	20 万 USD	电　话	32509038	传　真	32509036
设立日期	2008-11-19	负责人	新井康司		
主营业务	皮革制品、箱包、日用百货、陶瓷制品、文体用品、机械配件的批发。				

企业名称	迭奇匹（上海）贸易有限公司				
企业地址	上海市闵行区吴中路 1050 号 6 幢 910 室（201103）				
投资总额	20 万 USD	电　话	64014223	传　真	64014225
设立日期	2008-11-19	负责人	吴京奎（OH KYONGKUE）		
主营业务	船用热交换器、造水机的批发、佣金代理（拍卖除外）、进出口业务。				

企业名称	翊扬贸易（上海）有限公司				
企业地址	上海市长宁区中山西路 179 号 1A 室（200051）				
投资总额	14 万 USD	电　话	52550888	传　真	52722020
设立日期	2008-11-19	负责人	谢庆荣		
主营业务	纺织品、服装及辅料、家居装饰用品的批发、佣金代理（拍卖除外）。				

企业名称	上海博馥贸易有限公司				
企业地址	上海市闵行区罗阳路 168 号 B 幢 103 室（200237）				
投资总额	12 万 USD	电　话	54389078	传　真	
设立日期	2008-11-19	负责人	CHEN MEI CHUANG		
主营业务	从事食品、运动用品、工艺品（文物除外）的批发、进出口、佣金代理。				

企业名称	全洲超市（上海）有限公司				
企业地址	上海市卢湾区马当路 222 弄 1-6 号地下一层（200020）				
投资总额	550 万 USD	电　话	33020258	传　真	
设立日期	2008-11-18	负责人	丸谷克己		
主营业务	日用百货的零售、批发、佣金代理（拍卖除外）、进出口业务。				

企业名称	福默诗贸易（上海）有限公司				
企业地址	上海市黄浦区广东路 689 号第 30 层 3004-3005 室（200002）				
投资总额	50 万 USD	电　话	63410909	传　真	63410828
设立日期	2008-11-18	负责人	GEOFFREY LYLE FLURY		
主营业务	石油开采设备、传送系统设备、能源系统设备和相关产品及配件的批发。				

企业名称	优力福莱克斯贸易（上海）有限公司				
企业地址	上海市浦东新区金桥出口加工区新金桥路 1122 号 1902 室（201206）				
投资总额	21 万 USD	电　话	50237022	传　真	50327021
设立日期	2008-11-18	负责人	FRIEDRICH FREIHERR WAITZ VON ESCHEN		
主营业务	软管和硬管总成生产设备及配件、零部件的批发、进出口、佣金代理。				

企业名称	上海爱艾贸易有限公司				
企业地址	上海市普陀区千阳路 271 弄 15 号 1 楼东区（200333）				
投资总额	15 万 USD	电　话	52696727	传　真	52709789
设立日期	2008-11-18	负责人	石川义昭		
主营业务	手链、项链、饰链、服饰、纺织品的批发、佣金代理（拍卖除外）。				

企业名称	上海乔准贸易有限公司				
企业地址	上海市闵行区剑川路 888 号 3 幢 306 室（200240）				
投资总额	15 万 USD	电　话	54713222	传　真	
设立日期	2008-11-18	负责人	黄金田		
主营业务	工业机械设备、汽车配件、电子产品、金属制品、化工原料的批发。				

企业名称	克士墨贸易（上海）有限公司				
企业地址	上海市长宁区天山路 600 弄 1 号 1404 室（200051）				
投资总额	40 万 USD	电　话	61457480	传　真	63265522
设立日期	2008-11-17	负责人	ITO HARUKI		
主营业务	地暖、涂料、木制品、建材（钢材、水泥除外）、装潢材料的批发。				

企业名称	东邦化贸易（上海）有限公司				
企业地址	上海市长宁区兴义路 8 号 708 室（200336）				
投资总额	31 万 USD	电　话	52082311	传　真	52082322
设立日期	2008-11-17	负责人	小原郭靖		
主营业务	纺织品、汽车配件、电子产品及零件、日用百货的批发。				

企业名称	海士软件（上海）有限公司				
企业地址	上海市浦东新区世纪大道 1600 号浦项商务广场 15 楼 14-15 室（200122）				
投资总额	25 万 USD	电　话	38505200	传　真	68760552
设立日期	2008-11-17	负责人	MANASH CHAKRABORTY		
主营业务	从事企业制造执行与质量管理系统及其相关软件的开发、设计、制作。				

批发和零售贸易业

企业名称	麦迪康医疗用品贸易（上海）有限公司				
企业地址	上海市长宁区汇川路 99 号 2701 室（200050）				
投资总额	20 万 USD	电　话	52739363	传　真	57775908
设立日期	2008-11-17	负 责 人	黄志恒		
主营业务	医疗器械及配件（仅限《医疗器械经营企业许可证》规定产品）的批发。				

企业名称	杰丹（上海）贸易有限公司				
企业地址	上海市长宁区兴义路 8 号 2709-2710 室（200336）				
投资总额	20 万 USD	电　话	52082233	传　真	50988686
设立日期	2008-11-17	负 责 人	MICHAEL ROBERT HOFFMAN		
主营业务	纺织品、服装、服饰及其附件、鞋帽、绣品及其辅料的批发，佣金代理。				

企业名称	恩湛（上海）贸易有限公司				
企业地址	上海市浦东新区张杨北路 5509 号 503W 室（200137）				
投资总额	20 万 USD	电　话	63520733	传　真	63722199
设立日期	2008-11-17	负 责 人	蒋宏隆		
主营业务	纺织品及原料（棉花除外）、家居用品、化工产品的批发、佣金代理。				

企业名称	羽得贸易（上海）有限公司				
企业地址	上海市浦东新区金高路 1296 弄 27 号（201206）				
投资总额	18 万 USD	电　话	51025278	传　真	68732901
设立日期	2008-11-17	负 责 人	AHMET ARIYURDU		
主营业务	装饰材料、汽车零部件、化工产品、印刷设备和办公设备的批发。				

企业名称	上海船胜贸易有限公司				
企业地址	上海市浦东新区民生路 1403 号上海信息大厦 1807 室（200135）				
投资总额	17 万 USD	电　话	68754663	传　真	68754664
设立日期	2008-11-17	负 责 人	张　尧		
主营业务	导航仪器及装置、导航用雷达设备、无线电导航设备的批发、佣金代理。				

企业名称	上海朝恩贸易有限公司				
企业地址	上海市长宁区虹梅路 3721 号 688 室（200336）				
投资总额	15 万 USD	电　话	54222338	传　真	
设立日期	2008-11-17	负 责 人	LEE SU KWAN		
主营业务	建筑材料（水泥及钢材除外）、化工产品、机械设备及电子产品的批发。				

企业名称	合新化工设备贸易（上海）有限公司				
企业地址	上海市浦东新区耀华路 215 号 2 幢 605B 室（200126）				
投资总额	15 万 USD	电　话	58402186	传　真	58402186
设立日期	2008-11-17	负 责 人	李卫国		
主营业务	化工设备、机械设备、热交换设备及相关金属材料的批发。				

企业名称	蓝爱诗贸易（上海）有限公司				
企业地址	上海市长宁区中山西路 1277 号 4 幢 2 层 216 室（200051）				
投资总额	14 万 USD	电　话		传　真	
设立日期	2008-11-17	负 责 人	乾　勤		
主营业务	工艺礼品（文物除外）、纺织品、日用百货、服装的批发、佣金代理。				

企业名称	上海安速贸易有限公司				
企业地址	上海市南汇区芦潮港镇征海村 168 号 11 幢（201308）				
投资总额	14 万 USD	电　话	50805408	传　真	58286154
设立日期	2008-11-17	负 责 人	SCHLUTIUS STEFAN HAIMO KARL		
主营业务	从事电气配件的批发、佣金代理，上述商品的进出口及其他配套服务。				

企业名称	世沛（上海）商贸有限公司				
企业地址	上海市普陀区东新路 248 号 5 楼 508 室 B（200063）				
投资总额	14 万 USD	电　话	58366587	传　真	58357006
设立日期	2008-11-17	负 责 人	林靖哲		
主营业务	日用化学品（有毒及危险品除外）、化妆品及护肤品、橡塑制品的批发。				

企业名称	翰星贸易（上海）有限公司				
企业地址	上海市长宁区仙霞路 137 号 8E 室（200051）				
投资总额	30 万 USD	电　话	52066801	传　真	
设立日期	2008-11-14	负 责 人	DING LI		
主营业务	橡胶及其制品、化工产品（危险品除外）、纺织品、金属制品的批发。				

企业名称	阿迈逊（上海）贸易有限公司				
企业地址	上海市徐汇区龙华西路 585 号 B 座 16B1 室（200235）				
投资总额	14 万 USD	电　话	34241249	传　真	64683486
设立日期	2008-11-14	负 责 人	ULF DYMKE		
主营业务	金属制品、五金配件、健身器材、旅游用品、文化体育用品的批发。				

企业名称	上海奈美麒贸易有限公司				
企业地址	上海市杨浦区国定路 335 号 802 室（200433）				
投资总额	25 万 USD	电　话	65107280	传　真	65650621
设立日期	2008-11-13	负 责 人	野中信吾(SHINGO NONAKA)		
主营业务	化学品（危险品除外）和卫生用品原料的批发、佣金代理（拍卖除外）。				

企业名称	协胜贸易（上海）有限公司				
企业地址	上海市徐汇区罗秀路 108 号 509 室（200231）				
投资总额	20 万 USD	电　话	61202379	传　真	54094881
设立日期	2008-11-13	负 责 人	朱康元		
主营业务	服装、鞋帽、纺织品、纺织辅料、日用百货、工艺品的批发、佣金代理。				

企业名称	仁博信息技术（上海）有限公司				
企业地址	上海市徐汇区虹桥路 550 号 212 室（200030）				
投资总额	16 万 USD	电　话	64078785	传　真	64078785
设立日期	2008-11-13	负 责 人	陈力行		
主营业务	数位影像软件、视讯监控软件、网络服务系统软件、计算机软件的开发。				

企业名称	希诺沃福流体技术贸易（上海）有限公司				
企业地址	上海市张江高科技园区科苑路 88 号 2 幢 701 室部分 701-025 单元（201203）				
投资总额	14 万 USD	电　话	28986006	传　真	28986765
设立日期	2008-11-13	负 责 人	GERDA WELLNITZ		
主营业务	管件、阀门、液体开关及零配件的批发、佣金代理（拍卖除外）。				

企业名称	上海依娑美贸易有限公司				
企业地址	上海市静安区南京西路 555 号 516 室（200040）				
投资总额	10 万 USD	电　话	62257533	传　真	62257533
设立日期	2008-11-13	负 责 人	日高朝美		
主营业务	服装服饰、鞋帽、装饰品、工艺品（文物除外）、日用杂货的批发。				

企业名称	行辕商贸（上海）有限公司				
企业地址	上海市闵行区双柏路 888 号 40 幢 3 楼东侧 316 室（200237）				
投资总额	150 万 USD	电　话	54406975	传　真	54406979
设立日期	2008-11-12	负 责 人	CHARLIE CAI		
主营业务	装饰材料、家具、工艺品、建筑材料（钢材、水泥除外）的批发。				

企业名称	特变（上海）船用电缆销售有限公司				
企业地址	上海市杨浦区波阳路 16 号 8 号楼 1305 室（200090）				
投资总额	100 万 USD	电　话	62885021	传　真	
设立日期	2008-11-12	负 责 人	张永松		
主营业务	电机设备及其零件、橡胶制品（天然橡胶除外）、精密仪器的批发。				

企业名称	柏斯托（上海）化工产品贸易有限公司				
企业地址	上海市卢湾区淮海中路 93 号 1904 室（200020）				
投资总额	73 万 USD	电　话	63910531	传　真	63910533
设立日期	2008-11-12	负 责 人	PER　WESTBERG		
主营业务	化工设备和化工产品（国家专项审批除外）的批发、佣金代理。				

企业名称	安美微电子（上海）有限公司				
企业地址	上海市徐汇区桂平路 418 号 606 室（200233）				
投资总额	55 万 USD	电　话	62986561	传　真	
设立日期	2008-11-12	负 责 人	NING SAN CHANG		
主营业务	开发、设计、生产和测试半导体、电子元器件、集成电路和相关软件。				

企业名称	杜冈（上海）商贸有限公司				
企业地址	上海市闵行区金都路 1128 号 3 幢 5067 室（200231）				
投资总额	30 万 USD	电　话	61274999	传　真	61152719
设立日期	2008-11-12	负 责 人	西尾伯明		
主营业务	汽车零配件、五金交电、日用百货、机械设备、服装服饰的批发。				

企业名称	优尼锐驰化学贸易（上海）有限公司				
企业地址	上海市徐汇区零陵路 583 号 1118-A 室（200030）				
投资总额	20 万 USD	电　话	54249140	传　真	64877686
设立日期	2008-11-12	负 责 人	王瑞兴		
主营业务	润滑油、润滑脂，润滑油基础油，润滑油添加剂，包装材料的批发。				

企业名称	玮曜贸易（上海）有限公司				
企业地址	上海市闵行区吴中路 1100 号 5 幢 818 室（201103）				
投资总额	20 万 USD	电　话	64519302	传　真	
设立日期	2008-11-12	负 责 人	林金雁		
主营业务	从事饲料和饲料添加剂、食品、针纺织品、日用百货、化妆品的批发。				

企业名称	极纺（上海）贸易有限公司				
企业地址	上海市外高桥保税区加太路39号第五层27部位（200131）				
投资总额	15万USD	电　话	50818633	传　真	50818691
设立日期	2008-11-12	负责人	SHANNON MARLOW WHITE		
主营业务	纺织品、化工产品、塑料制品、海绵的批发、佣金代理。				

企业名称	上海安谢非贸易有限公司				
企业地址	上海市嘉定工业区人民街81号第8幢172室（201807）				
投资总额	14万USD	电　话	62451977	传　真	62451972
设立日期	2008-11-12	负责人	SYLLA CHEICKINA		
主营业务	服装服饰、鞋帽箱包、纺织品、家用电器、工艺品（文物除外）的批发。				

企业名称	威劲（上海）商贸有限公司				
企业地址	上海市青浦区白鹤镇白石路2751号（201700）				
投资总额	13万USD	电　话	64144465	传　真	
设立日期	2008-11-12	负责人	黄彦博		
主营业务	自动化测试系统、电子零件、电子测试仪器、测试软件的批发。				

企业名称	誉汶贸易（上海）有限公司				
企业地址	上海市虹口区华昌路9号509室（200085）				
投资总额	11万USD	电　话	63165883	传　真	63166685
设立日期	2008-11-12	负责人	张韻嫦		
主营业务	化妆品的批发、佣金代理（拍卖除外），进出口，提供相关配套服务。				

企业名称	双奇体育用品（上海）有限公司				
企业地址	上海市闵行区金都路4289号6幢2楼133室（201108）				
投资总额	10万USD	电　话	64136366	传　真	
设立日期	2008-11-12	负责人	许惠贞		
主营业务	服装鞋帽、箱包、五金建材、电子产品、音响设备、健身器材的批发。				

企业名称	上海铨欣贸易有限公司				
企业地址	上海市闵行区虹梅南路3509弄298号第1幢102室（200237）				
投资总额	10万USD	电　话	34628259	传　真	34628745
设立日期	2008-11-12	负责人	郑咏铨		
主营业务	从事服装、鞋帽、服装辅料、纤维线的批发、佣金代理（拍卖除外）。				

企业名称	翱鸥义贸易（上海）有限公司				
企业地址	上海市徐汇区肇嘉浜路789号619室（200032）				
投资总额	3万USD	电　话	61256819	传　真	61256899
设立日期	2008-11-12	负责人	矢崎司朗		
主营业务	机械设备及配件，电脑及配件，电脑周边设备，电子元器件的批发，				

企业名称	中江能源回收（上海）有限公司				
企业地址	上海市张江高科技园区张东路1387号20幢101室（201203）				
投资总额	500万USD	电　话	55560020	传　真	
设立日期	2008-11-11	负责人	吴清寰		
主营业务	节能环保技术、余热回收技术的研究，余热回收系统和装备的设计。				

企业名称	礼佳自动化贸易（上海）有限公司				
企业地址	上海市闸北区共和新路2449号1405室（200072）				
投资总额	20万USD	电　话	53510051	传　真	59890148
设立日期	2008-11-11	负责人	KATSUTOSHI YAMAGUCHI		
主营业务	五金工具、装潢材料（钢材、水泥除外）、汽车配件、服装服饰的批发。				

企业名称	爱勤贸易（上海）有限公司				
企业地址	上海市卢湾区建国中路1号511室（200025）				
投资总额	15万USD	电　话	53023579	传　真	53026329
设立日期	2008-11-11	负责人	张　蕊		
主营业务	装潢材料、卫浴产品、金属制品、机电产品、服装服饰、家具的批发。				

企业名称	重富环保产品贸易（上海）有限公司				
企业地址	上海市普陀区中山北路1958号1914室（200062）				
投资总额	14万USD	电　话	32035338	传　真	32030338
设立日期	2008-11-11	负责人	林重富		
主营业务	环保产品及设备的批发、进出口，提供相关配套服务。				

企业名称	迪尔迈测试仪器贸易（上海）有限公司				
企业地址	上海市静安区万航渡路888号16层S室（200040）				
投资总额	3.6万USD	电　话	51181128	传　真	
设立日期	2008-11-11	负责人	JOHN LOUIS SULLIVAN		
主营业务	测试仪器、测试设备及其相关零配件的批发、佣金代理（拍卖除外）。				

企业名称	路易达孚（上海）贸易有限公司				
企业地址	上海市浦东新区张杨路620号2402室（200120）				
投资总额	500万USD	电　话	61058860	传　真	58352626
设立日期	2008-11-6	负责人	DAMIEN CHUNG-YIN		
主营业务	金属材料（贵金属、钢材、稀有金属除外）的批发、进出口、佣金代理。				

企业名称	日铁住金钢板贸易（上海）有限公司				
企业地址	上海市外高桥保税区富特西一路473号411室（200131）				
投资总额	70万USD	电　话	68877786	传　真	62472718
设立日期	2008-11-6	负责人	矢木 宽（YAGI HIROSHI）		
主营业务	钢板制品、夹芯板、橡胶制品及零部件的批发、进出口和佣金代理。				

企业名称	裕幸贸易（上海）有限公司				
企业地址	上海市闵行区碧泉路36弄金宵大厦1201室（201100）				
投资总额	29万USD	电　话	64127994	传　真	54131370
设立日期	2008-11-6	负责人	田裕幸　（HIROYUKI TAKITA）		
主营业务	家居用品、建材（钢材、水泥除外）、酒类产品的批发、佣金代理。				

企业名称	旺宇国际贸易（上海）有限公司				
企业地址	上海市外高桥保税区富特东一路418号裕安英展大楼三层303室（200131）				
投资总额	15万USD	电　话	54869402	传　真	52683352
设立日期	2008-11-6	负责人	PAUL SUNGIL AHN		
主营业务	国际贸易、转口贸易、保税区内企业间的贸易及区内贸易代理。				

企业名称	亮岩贸易（上海）有限公司				
企业地址	上海市长宁区汇川路99号2805室（200050）				
投资总额	14万USD	电　话	52729337	传　真	52729337
设立日期	2008-11-6	负责人	廖志祥		
主营业务	通讯设备及其零配件、电子计算机及其零配件、打印机、复印机的批发。				

企业名称	炬光贸易（上海）有限公司				
企业地址	上海市静安区北京西路1465号1102-1103室（200040）				
投资总额	14万USD	电　话	52120588	传　真	51097809
设立日期	2008-11-6	负责人	CHEN JING		
主营业务	五金制品、塑料制品、机械设备及零配件、服装及日用杂货的批发。				

企业名称	上海盛蒙创贸易有限公司				
企业地址	上海市浦东新区张杨北路5509号503P室（200122）				
投资总额	14万USD	电　话	50909625	传　真	
设立日期	2008-11-6	负责人	RIAZ DANISH		
主营业务	电气设备、办公设备、监控设备、计算机软硬件及外围设备的批发。				

企业名称	志港贸易（上海）有限公司				
企业地址	上海市闵行区吴中路1238号3幢1层（201103）				
投资总额	7.3万USD	电　话	64051098	传　真	54220109
设立日期	2008-11-6	负责人	杨　凯		
主营业务	家具、家居用品、家用电器、服装鞋帽、工艺礼品（文物除外）的批发。				

企业名称	合钩（上海）贸易有限公司				
企业地址	上海市长宁区万航渡路2452号B201室（200051）				
投资总额	200万USD	电　话	51786781	传　真	51786781
设立日期	2008-11-5	负责人	黄文章		
主营业务	服装鞋帽、工艺品（文物除外）、皮革制品、钟表、日用品的批发。				

企业名称	瑞声达听力设备贸易（上海）有限公司				
企业地址	上海市长宁区淮海西路570号第8幢G楼4层401-403单元（200052）				
投资总额	100万USD	电　话	22113333	传　真	22113336
设立日期	2008-11-5	负责人	JOHN GOLTERMANN LASSEN		
主营业务	各型助听器及零部件，听力测试仪的批发、进出口、佣金代理。				

企业名称	悠活贸易（上海）有限公司				
企业地址	上海市闵行区光华路2118号第3幢366室（201111）				
投资总额	65万USD	电　话	52701188	传　真	59761314
设立日期	2008-11-5	负责人	王增荣		
主营业务	电子产品、日用品、化妆品、服装服饰、汽车用品的进出口、批发。				

企业名称	上海宇菱通贸易有限公司				
企业地址	上海市长宁区江苏路369号4G室（200050）				
投资总额	48万USD	电　话	50372624	传　真	50372401
设立日期	2008-11-5	负责人	渡边史信		
主营业务	橡胶及产品、塑料生产用机械及部件、化学纤维制品的批发。				

企业名称	卡彭特（上海）贸易有限公司				
企业地址	上海市徐汇区淮海中路1010号3004单元（200031）				
投资总额	35万USD	电　话	61032761	传　真	
设立日期	2008-11-5	负责人	JAIME VASQUEZ		
主营业务	不锈钢、特种合金、钛、工具钢、及其他工程材料的进出口和批发。				

企业名称	比安客奶酪贸易（上海）有限公司				
企业地址	上海市普陀区武宁路955弄1号2206室（200063）				
投资总额	25万USD	电　话	61474251	传　真	33606211
设立日期	2008-11-5	负责人	闫建国		
主营业务	奶酪、西餐配料、调味品、肉制品、糕点饼干、休闲食品、酒类的批发。				

企业名称	胜奈德（上海）商贸有限公司				
企业地址	上海市闸北区共和新路1988号10楼1006室（200072）				
投资总额	25万USD	电　话	61176127	传　真	68868021
设立日期	2008-11-5	负责人	MICHAEL NICK		
主营业务	汽车装饰品、电脑配件及软件、钟表、眼镜、小家电的批发、佣金代理。				

企业名称	翰默（上海）贸易有限责任公司				
企业地址	上海市闵行区莘朱路779号313室（201100）				
投资总额	20万USD	电　话	64606756	传　真	64606756
设立日期	2008-11-5	负责人	黄嘉兴		
主营业务	刀具、模具、仪表、仪器及其附件的批发、进出口、佣金代理。				

企业名称	鸿音贸易（上海）有限公司				
企业地址	上海市闸北区灵石路709号49幢310室（200071）				
投资总额	15万USD	电　话	58490009	传　真	58491042
设立日期	2008-11-5	负责人	LEE YONG DUK		
主营业务	五金配件、传动设备及配件、轴承、直线导轨的批发、进出口。				

企业名称	上海微亨贸易有限公司				
企业地址	上海市静安区淮安路681号4楼403室（200041）				
投资总额	15万USD	电　话	32271250	传　真	62770735
设立日期	2008-11-5	负责人	陈立仁		
主营业务	机电设备及配件、电子电器、仪器仪表、文教用品的批发、进出口业务。				

企业名称	泰饰（上海）服饰辅料贸易有限公司				
企业地址	上海市长宁区茅台路1068号519室（200335）				
投资总额	14万USD	电　话	32516907	传　真	32516855
设立日期	2008-11-5	负责人	GIOVANNI SETTI		
主营业务	从事服饰辅料、服饰的进出口、批发、佣金代理（拍卖除外）。				

企业名称	上海汇九商贸有限公司				
企业地址	上海市长宁区延安西路1303号7层M室（200050）				
投资总额	14万USD	电　话	52390409	传　真	52390409
设立日期	2008-11-5	负责人	LEE YOONGU		
主营业务	服饰、箱包、鞋帽、建筑材料（水泥、钢材除外）、塑料制品的批发。				

企业名称	雅当贸易（上海）有限公司				
企业地址	上海市长宁区天山路600弄4号22C室（200051）				
投资总额	14万USD	电　话	52896193	传　真	52896190
设立日期	2008-11-5	负责人	MANOJ ARJUN RAMCHANDANI		
主营业务	纺织品（棉花除外）、服装、电子产品、日用百货、家具的批发。				

企业名称	港禧商贸（上海）有限公司				
企业地址	上海市闵行区宜山路1618号综合楼875室（201103）				
投资总额	14万USD	电　话	58696698	传　真	
设立日期	2008-11-5	负责人	CHAN YAU HEI		
主营业务	纺织品、服装服饰及其辅料、皮革皮具制品、日用百货的批发。				

企业名称	迈递司（上海）贸易有限公司				
企业地址	上海市闸北区天目西路218号第二座3802室（200070）				
投资总额	10万USD	电　话	63537455	传　真	63535181
设立日期	2008-11-5	负责人	JACQUES VERNAY		
主营业务	紧固件、家具五金（钢铁制品）、塑料制品、玩具及体育用品的批发。				

企业名称	势科工业技术服务（上海）有限公司				
企业地址	上海市徐汇区中山南二路1007号1408室（200030）				
投资总额	6.3万USD	电　话	51087230	传　真	64575805
设立日期	2008-11-5	负责人	FRANCISCO JAVIER BORDA		
主营业务	工艺流程设计，企业管理咨询，工业应用类计算机软件开发、生产。				

企业名称	观宏自动化系统贸易（上海）有限公司				
企业地址	上海市徐汇区虹桥路808号41幢8301d室（200030）				
投资总额	20万USD	电　话	64482966	传　真	
设立日期	2008-11-4	负责人	CHEAH KAH CHUAN		
主营业务	从事照相机及零配件、电动机、检测软件的批发、佣金代理（拍卖除外）。				

企业名称	上海每家玛百货有限公司				
企业地址	上海市徐汇区中山西路2368号一层A区（200235）				
投资总额	600万USD	电　话	61260135	传　真	61260137
设立日期	2008-11-3	负责人	权国周		
主营业务	服装、皮革、洗化用品、床上用品、文体用品、家用电器零售及进出口。				

企业名称	艾萌卡（上海）电子科技有限公司				
企业地址	上海市浦东新区御桥路292号第101室（200122）				
投资总额	20万USD	电　话	65433395	传　真	65433170
设立日期	2008-11-3	负责人	张培林		
主营业务	电脑软、硬件及电子配件的批发、佣金代理（拍卖除外）、进出口业务。				

企业名称	诺里尔斯克镍业贸易（上海）有限公司				
企业地址	上海市黄浦区延安东路222号第36层第8单元（200002）				
投资总额	35万USD	电　话	61323821	传　真	61323885
设立日期	2008-10-31	负责人	ALEKSEEV KONSTANTIN		
主营业务	未锻造的镍、钴、铜金属产品及镍、钴、铜金属粉末和化学衍生品的进口业务。				

企业名称	倍可锐生物科技（上海）有限公司				
企业地址	上海市徐汇区龙吴路2715号2号楼320室（200231）				
投资总额	20万USD	电　话	34621803	传　真	34621803
设立日期	2008-10-31	负责人	MORO-VIDAL RICARDO JUAN		
主营业务	生物、医药专业领域内的技术开发，自有技术转让。				

企业名称	上海膜丽贴贴客贸易有限公司				
企业地址	上海市静安区武宁南路88弄7号101室（200042）				
投资总额	14万USD	电　话	62490177	传　真	
设立日期	2008-10-31	负责人	WARREN KOOPMANS		
主营业务	贴膜制品、汽车养护产品、电子产品、汽车零配件的批发、进出口业务。				

企业名称	雷易贸易（上海）有限公司				
企业地址	上海市静安区新闸路831号5层B室（200040）				
投资总额	7.3万USD	电　话	56969892	传　真	56969892
设立日期	2008-10-31	负责人	GIORGETTI FEDERICO MARIA PAOLO		
主营业务	饲料、化妆品、食品、残疾人用具用品的批发、佣金代理（拍卖除外）。				

企业名称	汉拿迈斯特（上海）贸易有限公司				
企业地址	上海市徐汇区田林路487号20号楼1103－1104室（200233）				
投资总额	50万USD	电　话	64696087	传　真	64401032
设立日期	2008-10-29	负责人	HEYOUNG GIRL PARK		
主营业务	电子产品、家用电器、服装服饰、建筑装潢材料的批发、佣金代理。				

企业名称	上海高颐贸易有限公司				
企业地址	上海市闵行区莘建东路58弄1号1215室（201100）				
投资总额	30万USD	电　话	54174246	传　真	
设立日期	2008-10-29	负责人	宋　越		
主营业务	从事玩具、相框、工艺品（文物除外）的批发、佣金代理（拍卖除外）。				

企业名称	阿飒旭贸易（上海）有限公司				
企业地址	上海市长宁区娄山关路85号C座1201室（200336）				
投资总额	20万USD	电　话	62787639	传　真	
设立日期	2008-10-29	负责人	笠原彬督（KASAHARA AKIYOSHI）		
主营业务	日用百货、服装、鞋、帽、针纺织品、皮革制品的批发。				

企业名称	友泽（上海）贸易有限公司				
企业地址	上海市闵行区虹许路560号602室（201103）				
投资总额	20万USD	电　话	54222130	传　真	54222130
设立日期	2008-10-29	负责人	顾芳莲		
主营业务	从事厨房用品、体育器材、家用电器的批发、进出口、佣金代理。				

企业名称	摩吨贸易（上海）有限公司				
企业地址	上海市闵行区吴中路686弄2号5幢7楼03室（200103）				
投资总额	14万USD	电　话	51759566	传　真	51026358
设立日期	2008-10-29	负责人	JANG YOUNG JIN		
主营业务	纺织品、服装服饰、装饰品、船舶备件、船舶用品、窗帘的批发。				

企业名称	泓健贸易（上海）有限公司				
企业地址	上海市长宁区延安西路 2299 号 06E09 室（200336）				
投资总额	14 万 USD	电　话	58761946	传　真	58761946
设立日期	2008-10-29	负 责 人	SOTO BEJARANO JOHN		
主营业务	服装服饰、面料辅料、玩具、汽车零部件、地板的批发、佣金代理。				

企业名称	福运（上海）贸易有限公司				
企业地址	上海市外高桥保税区华申路 180 号综合大楼四层 401 室（200131）				
投资总额	14 万 USD	电　话	28338338	传　真	
设立日期	2008-10-29	负 责 人	刘銮鸿		
主营业务	国际贸易、转口贸易、保税区企业间的贸易及贸易代理。				

企业名称	来舶（上海）贸易有限公司				
企业地址	上海市长宁区新华路 728 号 316 室（200052）				
投资总额	12 万 USD	电　话	51553668	传　真	51553663
设立日期	2008-10-29	负 责 人	KAI-UWE MEYER		
主营业务	从事五金工具、五金紧固件、电子元件、日用百货的进出口。				

企业名称	英杜（上海）贸易有限公司				
企业地址	上海市青浦区朱家角镇祥凝浜路 16 弄 22、23 号（201713）				
投资总额	8 万 USD	电　话	59241541	传　真	59241542
设立日期	2008-10-29	负 责 人	高野紘		
主营业务	橡胶制品（天然橡胶除外）、塑料制品、五金工具、日用杂货的批发。				

企业名称	鸟羽（上海）贸易有限公司				
企业地址	上海市徐汇区中山西路 2025 号 921 室（200235）				
投资总额	90 万 USD	电　话	64812233	传　真	64395255
设立日期	2008-10-28	负 责 人	三浦直行		
主营业务	油压机、检测装置、电子和机械设备、产业用机器人和机械手的批发。				

企业名称	戴维布朗齿轮系统贸易（上海）有限公司				
企业地址	上海市浦东新区光明路 718 号 725 室（200137）				
投资总额	73 万 USD	电　话	61606967	传　真	63343368
设立日期	2008-10-28	负 责 人	WILLIAM J.THOMSON		
主营业务	齿轮、齿轮箱、联轴器、泵和机械传动系统零部件的批发、佣金代理。				

企业名称	上海冠维贸易有限公司				
企业地址	上海市松江区九亭镇九新公路 76 号 1604 室（201615）				
投资总额	30 万 USD	电　话	57684270	传　真	
设立日期	2008-10-28	负 责 人	曾庆瑜		
主营业务	服装、服饰、汽车零部件的批发、进出口、佣金代理（拍卖除外）。				

企业名称	上海祥辰贸易有限公司				
企业地址	上海市闵行区沪青平公路 220 号 2 幢 206 室（201106）				
投资总额	15 万 USD	电　话	64202227	传　真	64202227
设立日期	2008-10-28	负 责 人	张一（CHANG YEE）		
主营业务	文教用品、工艺礼品（文物除外）、日用品、小家电的进出口、批发。				

企业名称	可睦电子（上海）商贸有限公司				
企业地址	上海市徐汇区漕溪路 222 号 4 幢 09 层 02 室（200233）				
投资总额	14 万 USD	电　话	54488867	传　真	34140599
设立日期	2008-10-28	负 责 人	陈庆鸿		
主营业务	仪器仪表、环保设备、电子产品的批发、进出口，佣金代理。				

企业名称	玛吕莎（上海）贸易有限公司				
企业地址	上海市浦东新区光明路 718 号 813 室（200126）				
投资总额	146 万 USD	电　话	63830337	传　真	63830531
设立日期	2008-10-27	负 责 人	徐　斌		
主营业务	汽车配件、五金交电、日用百货、电子产品的批发。				

企业名称	飞茨华勒贸易（上海）有限公司				
企业地址	上海市徐汇区田林路 487 号 20 号楼 1007 室（200233）				
投资总额	40 万 USD	电　话	60901092	传　真	60901091
设立日期	2008-10-27	负 责 人	GOTTFRIED HOFMANN		
主营业务	过程自动化工程设备及过程控制的相关配件及零部件的批发、佣金代理。				

企业名称	客罗博贸易（上海）有限公司				
企业地址	上海市浦东新区金桥出口加工区浙桥路 277 号 2 号楼 1706 室（201206）				
投资总额	17 万 USD	电　话	51923108	传　真	
设立日期	2008-10-27	负 责 人	GAN KOK SOO		
主营业务	汽车贴膜、汽车装饰材料的批发、佣金代理（拍卖除外）、进出口业务。				

企业名称	西亚特机械设备商贸（上海）有限公司				
企业地址	上海市浦东新区金桥出口加工区宁桥路 999 号 5 幢 412 室（201206）				
投资总额	14 万 USD	电　话	50550066	传　真	50318959
设立日期	2008-10-27	负 责 人	杨永东		
主营业务	机械设备及其零部件、机械工具、五金制品的批发、佣金代理。				

企业名称	申和正（上海）皮具贸易有限公司				
企业地址	上海市普陀区真北路 988 号 18 幢 3 号楼 2519、2520 室（200000）				
投资总额	26 万 USD	电　话	61313398	传　真	61313796
设立日期	2008-10-24	负 责 人	胡震宇		
主营业务	皮革制品、箱包、鞋帽、服装、服饰品的批发。				

企业名称	提珂贸易（上海）有限公司				
企业地址	上海市闵行区宜山路 1618 号综合楼 874 室（201103）				
投资总额	14 万 USD	电　话	61036713	传　真	61036715
设立日期	2008-10-24	负 责 人	SHKUTKO DENIS		
主营业务	纺织品、服装服饰及其辅料、日用百货、像塑制品、办公用品的批发。				

企业名称	宋菲容贸易（上海）有限公司				
企业地址	上海市闵行区宜山路 1618 号综合楼 873 室（201103）				
投资总额	14 万 USD	电　话	58695013	传　真	
设立日期	2008-10-24	负 责 人	CHOLAKOV IVAN YORDANOV		
主营业务	纺织品、服装服饰及其辅料、日用百货、像塑制品、办公用品的批发。				

企业名称	倍威格工程技术服务（上海）有限公司				
企业地址	上海市张江高科技园区科苑路 88 号 2 幢 601-030 单元（201203）				
投资总额	13 万 USD	电　话	28986368	传　真	28986158
设立日期	2008-10-24	负 责 人	ANDREAS LOTHAR DR. NOE		
主营业务	不锈钢、钢铁、有色金属行业用机械设备、生产线的研发与设计咨询。				

企业名称	上海鼎特适贸易有限公司				
企业地址	上海市嘉定区江桥镇金园三路 216 号第 3 幢第 3 层 A 区（201812）				
投资总额	200 万 USD	电　话	39557466	传　真	39557462
设立日期	2008-10-23	负 责 人	李淑惠		
主营业务	聚胺酯制品（除危险化学品）的批发、进出口及相关配套业务。				

企业名称	纳可禧玛（上海）贸易有限公司				
企业地址	上海市长宁区仙霞路 317 号 B 栋 1812、1813 室（200051）				
投资总额	30 万 USD	电　话	62350753	传　真	62350751
设立日期	2008-10-23	负 责 人	川西武统		
主营业务	烘干固化设备、贱金属工具、工作服、防尘网、汽车防尘罩的批发。				

企业名称	福久岛贸易（上海）有限公司				
企业地址	上海市静安区乌鲁木齐北路 199 号 1509 室（200040）				
投资总额	20 万 USD	电　话	62481512	传　真	
设立日期	2008-10-23	负 责 人	福岛裕		
主营业务	制冷设备及其零部件、搬运工具、室内装修材料、灯具的进出口业务。				

企业名称	琮竣贸易（上海）有限公司				
企业地址	上海市外高桥保税区泰谷路 18 号 1#楼 7 层 705A 室（200131）				
投资总额	15 万 USD	电　话	64918530	传　真	52656171
设立日期	2008-10-23	负 责 人	洪裕翔		
主营业务	电气设备、电气装置的批发、佣金代理（拍卖除外）、进出口业务。				

企业名称	联屹贸易（上海）有限公司				
企业地址	上海市外高桥保税区富特西一路 473 号 452 室（200131）				
投资总额	15 万 USD	电　话	62350988	传　真	62350010
设立日期	2008-10-23	负 责 人	薛　嵘		
主营业务	国际贸易、转口贸易、保税区企业间的贸易及贸易代理。				

企业名称	上海轲录戈贸易有限公司				
企业地址	上海市徐汇区天钥桥路 325 号 2109 室（200030）				
投资总额	10 万 USD	电　话	33632671	传　真	33632671
设立日期	2008-10-23	负 责 人	GEORGES RICHER		
主营业务	造纸用机械设备及相关辅件以及化学产品（危险品除外）的批发。				

企业名称	哈勃（上海）贸易有限公司				
企业地址	上海市徐汇区中山西路 1800 号 6H 室（200233）				
投资总额	21 万 USD	电　话	62759113	传　真	62703959
设立日期	2008-10-22	负 责 人	吴志明		
主营业务	电气装置、设备和辅配件的批发，佣金代理（拍卖除外），进出口业务。				

批发和零售贸易业

企业名称	爱构思贸易（上海）有限公司				
企业地址	上海市浦东新区张杨路 158 号 2210 室（200122）				
投资总额	20 万 USD	电　话	58880172	传　真	58770373
设立日期	2008-10-22	负 责 人	FABIO ATALIBA NOGUEIRA CIUCHINI		
主营业务	机械设备、配件和紧固件，汽车配件和零部件的批发、佣金代理。				

企业名称	亚曼贸易（上海）有限公司				
企业地址	上海市浦东新区张杨路 838 号华都大厦 19 楼 F 室（200135）				
投资总额	15 万 USD	电　话	58204484	传　真	58204486
设立日期	2008-10-22	负 责 人	JENS KLEIN		
主营业务	纺织品、服装、机械设备、电子产品、化工产品的批发。				

企业名称	上海圆城商贸有限公司				
企业地址	上海市长宁区汇川路 99 号 905 室（200042）				
投资总额	14 万 USD	电　话	52418118	传　真	
设立日期	2008-10-22	负 责 人	圆城寺利秋		
主营业务	服装服饰、化妆品、护肤用品、酒店设备、过滤净化机器及装置的批发。				

企业名称	巨吉贸易（上海）有限公司				
企业地址	上海市闸北区场中路 2276 号 101 室（200443）				
投资总额	14 万 USD	电　话	56431331	传　真	56432170
设立日期	2008-10-22	负 责 人	司马健		
主营业务	乐器及其配件的零售、批发、佣金代理（拍卖除外）、进出口业务。				

企业名称	凯柏立邦汽车涂料（上海）有限公司				
企业地址	上海市浦东新区东靖路 1831 号 402-2 室（201208）				
投资总额	292 万 USD	电　话	50101687	传　真	50101102
设立日期	2008-10-21	负 责 人	MURAKAMI RYOICHI（村上良一）		
主营业务	汽车涂料的研究、开发，自有成果的转让并提供技术咨询、技术服务。				

企业名称	嘉葆服饰贸易（上海）有限公司				
企业地址	上海市虹口区新港路 180 号 326 室（200086）				
投资总额	73 万 USD	电　话	59896960	传　真	59896961
设立日期	2008-10-21	负 责 人	黄志奇		
主营业务	从事服装、饰品（毛钻、裸钻除外）、手提包及鞋子的批发，佣金代理。				

企业名称	上海碧绿贸易有限公司				
企业地址	上海市闵行区吴中路 1366 号 5 幢 601 室（201100）				
投资总额	20 万 USD	电　话	34310606	传　真	34320605
设立日期	2008-10-21	负 责 人	林雅谙		
主营业务	化妆品、清洁剂、家用电器、家具、日用百货的批发、进出口业务。				

企业名称	瑞史博（上海）贸易有限公司				
企业地址	上海市虹口区四平路 188 号名义 1709 室（200080）				
投资总额	19 万 USD	电　话	65759945	传　真	65759947
设立日期	2008-10-21	负 责 人	ROBERTO GALBIATI		
主营业务	机器、机械器具、电气设备及其零件的批发及进出口，佣金代理。				

企业名称	翼岚（上海）商贸有限公司				
企业地址	上海市浦东新区张杨路 828 号 26D07 室（200122）				
投资总额	15 万 USD	电　话		传　真	
设立日期	2008-10-21	负 责 人	郝希晨		
主营业务	化工原料及产品（危险品除外）、金属材料（钢材除外）的批发。				

企业名称	汉爵克斯贸易（上海）有限公司				
企业地址	上海市普陀区金沙江路 1024 号 1 号楼第 4 层 B10-A 室（200062）				
投资总额	14 万 USD	电　话	32513651	传　真	32513650
设立日期	2008-10-21	负 责 人	MICHAEL THOMAS MARCEL HENDRIKX		
主营业务	仪器仪表、电子产品、通讯器材、温控设备及元件、五金制品的批发				

企业名称	憧联（上海）贸易有限公司				
企业地址	上海市金山区枫泾镇朱枫公路 588 号枫泾商城 4 号楼 4－74 号(201501)				
投资总额	7 万 USD	电　话	57351891	传　真	33581610
设立日期	2008-10-21	负 责 人	施秋影		
主营业务	文化办公用品，日用百货，针纺织品，化工原料及产品的批发。				

企业名称	玖玺贸易（上海）有限公司				
企业地址	上海市长宁区武夷路 351 号第 3 幢 302 室（200050）				
投资总额	150 万 USD	电　话	64377051	传　真	64713310
设立日期	2008-10-20	负 责 人	高晶		
主营业务	纺织品、服装服饰、鞋帽、箱包、电子产品的进出口、批发、佣金代理。				

企业名称	上海劳雷仪器系统有限公司				
企业地址	上海市徐汇区龙吴路 777 号 7 号楼 202 室（200235）				
投资总额	51 万 USD	电　话	61196200	传　真	61196210
设立日期	2008-10-20	负 责 人	赵世纲		
主营业务	水下工程专用设备、机电设备以及上述产品零部件的批发。				

企业名称	丞虹贸易（上海）有限公司				
企业地址	上海市金山区廊下镇景乐路 228 号 4 幢 305 室（201516）				
投资总额	20 万 USD	电　话	57392713	传　真	62911011
设立日期	2008-10-20	负 责 人	孙希鲁		
主营业务	化妆品，日用百货，纺织品，皮革制品，服装鞋帽的批发、进出口业务。				

企业名称	有理控（上海）液控设备贸易有限公司				
企业地址	上海市徐汇区中山西路 1800 号 9B 室（200233）				
投资总额	14 万 USD	电　话	64401511	传　真	64401512
设立日期	2008-10-20	负 责 人	森和夫		
主营业务	从事液体控制设备及与其相关联的装置与零部件、机械加工产品的批发。				

企业名称	上海道巧商贸有限公司				
企业地址	上海市长宁区定西路 1232 号第四幢 616 室（200050）				
投资总额	7 万 USD	电　话	51075985	传　真	63072229
设立日期	2008-10-20	负 责 人	杜军		
主营业务	食品、日用品、工艺品（文物除外）、建材、机电产品的进出口业务。				

企业名称	方科（上海）贸易有限公司				
企业地址	上海市浦东新区洪山路 1106 号 1 层（200124）				
投资总额	7 万 USD	电　话	32210537	传　真	
设立日期	2008-10-20	负 责 人	LUIS ALBERTO GANDARIAS ZABALA		
主营业务	服装服饰、针纺织品、日用百货、工艺品的批发、佣金代理。				

企业名称	喜利得（中国）商贸有限公司				
企业地址	上海市徐汇区田州路 159 号 15 单元 207 室（200233）				
投资总额	1500 万 USD	电　话	64853158	传　真	64850311
设立日期	2008-10-17	负 责 人	吴永豪		
主营业务	从事建筑施工有关的机械器具、钢铁制品、精密仪器、手工工具的批发。				

企业名称	丰鑫隆贸易（上海）有限公司				
企业地址	上海市浦东新区福山路 458 号同盛大厦 712 室（200122）				
投资总额	500 万 USD	电　话	50589970	传　真	68868335
设立日期	2008-10-17	负 责 人	PAUL COUGHLAN		
主营业务	有色金属（贵金属及稀有金属除外）的批发、佣金代理（拍卖除外）。				

企业名称	上海赛尔新罗生物试剂制品贸易有限责任公司				
企业地址	上海市浦东新区浦东南路 1101 号 514 室（200135）				
投资总额	56 万 USD	电　话	58356288	传　真	58356116
设立日期	2008-10-17	负 责 人	FENEL MARCUS ELOI		
主营业务	从事生物试剂及相关产品（药品除外）的批发、佣金代理（拍卖除外）。				

企业名称	美松利贸易（上海）有限公司				
企业地址	上海市静安区华山路 328 号 4 楼 02-04 室（200040）				
投资总额	14 万 USD	电　话	62495070	传　真	62708988
设立日期	2008-10-17	负 责 人	王松衡		
主营业务	厨房用品、家用电器、家具的批发及零售、佣金代理（拍卖除外）。				

企业名称	汉洋贸易（上海）有限公司				
企业地址	上海市嘉定工业区人民街 81 号第 8 幢 109 室（201807）				
投资总额	14 万 USD	电　话	62673991	传　真	62673992
设立日期	2008-10-17	负 责 人	MITCHELL ROBERT EUGENE		
主营业务	文教用品、家具、五金交电、首饰（贵金属、钻石除外）的批发。				

企业名称	洛卡诺贸易（上海）有限公司				
企业地址	上海市普陀区江宁路 1165 号 1107 室（200060）				
投资总额	14 万 USD	电　话	51820326	传　真	51820329
设立日期	2008-10-17	负 责 人	LIN LAN		
主营业务	旅行用品、手提包及箱包（野生动物毛皮制品除外）、纺织制品的批发。				

企业名称	圣福斯贸易（上海）有限公司				
企业地址	上海市张江高科技园区科苑路 151 号 2068 室（201203）				
投资总额	14 万 USD	电　话	50802811	传　真	50275162
设立日期	2008-10-17	负 责 人	彭贵明		
主营业务	半导体、电子产品、环保设备及其耗材的开发，自有技术的转让。				

企业名称	环丽贸易（上海）有限公司				
企业地址	上海市闸北区灵石路 709 号 49 幢 306 室（200072）				
投资总额	8 万 USD	电　　话	64055187	传　　真	64055186
设立日期	2008-10-17	负 责 人	KIM DONG SOO		
主营业务	服装、服装面料、服装辅料、日用百货的批发、进出口、佣金代理。				

企业名称	嘉马（上海）贸易有限公司				
企业地址	上海市嘉定工业区回城南路 1128 号 D522、D523（201821）				
投资总额	8 万 USD	电　　话		传　　真	
设立日期	2008-10-17	负 责 人	NG HONG GUAN		
主营业务	机械自动化设备及其零部件的批发、进出口、佣金代理（拍卖除外）。				

企业名称	纳图兹贸易（上海）有限公司				
企业地址	上海市长宁区古北路 666 号 703 室（200336）				
投资总额	150 万 USD	电　　话	62080101	传　　真	62085445
设立日期	2008-10-16	负 责 人	OLIVER HEIL		
主营业务	家具、木制品、塑料制品、电子产品的批发、佣金代理（拍卖除外）。				

企业名称	上海昂洋商贸有限公司				
企业地址	上海市闸北区汶水支路 1 号 2 幢 332 室（200072）				
投资总额	25 万 USD	电　　话	62720330	传　　真	
设立日期	2008-10-16	负 责 人	DUPONG PIERRE JEAN-PIERRE		
主营业务	服装、服饰及辅料、五金产品、照明器材及厨具的批发及进出口业务。				

企业名称	上海菱秀商贸有限公司				
企业地址	上海市卢湾区淮海中路 918 号 17 楼 G 室（200020）				
投资总额	20 万 USD	电　　话	64155232	传　　真	68813831
设立日期	2008-10-16	负 责 人	村田收		
主营业务	汽车及摩托车用电气装置及其零部件、工业用橡胶及树脂零部件的批发。				

企业名称	骏日商贸（上海）有限公司				
企业地址	上海市长宁区延安西路 2299 号 10D80 室（200336）				
投资总额	20 万 USD	电　　话	62360328	传　　真	62361797
设立日期	2008-10-16	负 责 人	许建忠		
主营业务	从事电子产品、仪器仪表、五金交电、照明电器、避震感知器的批发。				

企业名称	比德索耶贸易（上海）有限公司				
企业地址	上海市静安区康定路 358 号 16 幢 103 室（200040）				
投资总额	14 万 USD	电　　话	62559024	传　　真	62554541
设立日期	2008-10-16	负 责 人	NEIL CHAVKIN		
主营业务	一般化学品，危险化学品（仅限危险化学品经营许可证核定的范围）的批发。				

企业名称	奥鲁特柯贸易（上海）有限公司				
企业地址	上海市浦东新区浦东南路 1101 号 617 室（200120）				
投资总额	7 万 USD	电　　话	64399326	传　　真	64394414
设立日期	2008-10-16	负 责 人	THAMPI NARAYANAN		
主营业务	玻璃及其制品、铝及其制品的批发、佣金代理（拍卖除外）和进出口。				

企业名称	创朋贸易（上海）有限公司				
企业地址	上海市松江区茸阳路 69 号 4 幢第一层（201613）				
投资总额	250 万 USD	电　　话	57783333	传　　真	57783322
设立日期	2008-10-15	负 责 人	萧玲玲		
主营业务	建筑装潢材料、各类服饰、鞋、帽、箱包、皮革制品及配套产品的批发。				

企业名称	索伊欧瑞康（上海）贸易有限公司				
企业地址	上海市外高桥保税区台中南路 2 号新贸楼第三层 368 室（200131）				
投资总额	110 万 USD	电　　话	50574646	传　　真	50574647
设立日期	2008-10-15	负 责 人	ANDREAS WIDL		
主营业务	太阳能生产设备、半导体机电设备及其零配件的批发、佣金代理。				

企业名称	徐仕贸易（上海）有限公司				
企业地址	上海市浦东新区花木路 832 号 301 室（200137）				
投资总额	100 万 USD	电　　话	63757268	传　　真	
设立日期	2008-10-15	负 责 人	PAUL SHAW-CHEN HSU		
主营业务	建筑材料（钢材、水泥除外）、装饰材料、机电设备、日用品的批发。				

企业名称	日门（上海）贸易有限公司				
企业地址	上海市虹口区丰镇路 806 号 3 幢 316 室（200434）				
投资总额	20 万 USD	电　　话	64598754	传　　真	64593840
设立日期	2008-10-15	负 责 人	高桥荣二		
主营业务	从事建筑材料（钢材、水泥除外）、家具用品、装饰材料的批发。				

企业名称	好连金印刷器材贸易（上海）有限公司				
企业地址	上海市松江区九亭镇涞寅路 1881 号 6 幢 3 层（201615）				
投资总额	15 万 USD	电　　话	37633471	传　　真	37633706
设立日期	2008-10-15	负 责 人	余国强		
主营业务	印刷油墨、印刷贴纸、印刷纸、金属箔粉以及印刷材料的进出口、批发。				

企业名称	天家（上海）商贸有限公司				
企业地址	上海市杨浦区军工路 2855 号三栋 20 号（200438）				
投资总额	15 万 USD	电　　话		传　　真	
设立日期	2008-10-15	负 责 人	HIROSE YASUNORI(广濑靖则)		
主营业务	水产食品的批发、零售（零售业务限分支机构经营）。				

企业名称	西面爱贸易（上海）有限公司				
企业地址	上海市松江区文诚路 358 弄 6 号楼 1001 室（201620）				
投资总额	14 万 USD	电　　话	67752081	传　　真	37793340
设立日期	2008-10-15	负 责 人	JAGADISH AGARWALA		
主营业务	办公文具及其原材料的批发，佣金代理（拍卖除外）。				

企业名称	美玛贸易（上海）有限公司				
企业地址	上海市闵行区都市路 4418 号 501 室 D 座（201100）				
投资总额	75 万 USD	电　　话	64605011	传　　真	64605011
设立日期	2008-10-14	负 责 人	廖国正（LIAO KUO CHENG）		
主营业务	润滑油制品的批发、佣金代理（拍卖除外）、进出口及其他配套服务。				

企业名称	尚缇商贸（上海）有限公司				
企业地址	上海市长宁区延安西路 726 号 28B 室（200050）				
投资总额	73 万 USD	电　　话	62137679	传　　真	
设立日期	2008-10-14	负 责 人	刘伟杰		
主营业务	钟表、珠宝首饰（毛钻、裸钻除外）、眼镜、服装及相关配饰件的批发。				

企业名称	荣勃商贸（上海）有限公司				
企业地址	上海市浦东新区耀华路 215 号 2 幢 B305 室（200126）				
投资总额	35 万 USD	电　　话	61513989	传　　真	61513998
设立日期	2008-10-14	负 责 人	CHONG KA PAU		
主营业务	服装服饰、布料、洗涤用品、护肤用品、保健用品的批发。				

企业名称	睿恪斯（上海）贸易有限公司				
企业地址	上海市长宁区凯旋路 166 号 8 幢 D、E 座（200050）				
投资总额	30 万 USD	电　　话	52738662	传　　真	52738663
设立日期	2008-10-14	负 责 人	内川淳一郎		
主营业务	家用电器、计算机、软件（音像制品除外）及辅助设备的批发。				

企业名称	委拉极里奥贸易（上海）有限公司				
企业地址	上海市徐汇区襄阳南路 500 号 619 室（200031）				
投资总额	7 万 USD	电　　话	64678819	传　　真	
设立日期	2008-10-14	负 责 人	MARZIO VALENTINI		
主营业务	电子产品及纺织品的批发、佣金代理（拍卖除外）、进出口业务。				

企业名称	山崎电机贸易（上海）有限公司				
企业地址	上海市外高桥保税区奥纳路 79 号二层 2054 室（200131）				
投资总额	40 万 USD	电　　话	65181212	传　　真	63181212
设立日期	2008-10-13	负 责 人	山崎文义		
主营业务	机械设备、电子产品、贱金属制品的批发、佣金代理（拍卖除外）。				

企业名称	威尔森船舶产品贸易（上海）有限公司				
企业地址	上海市外高桥保税区荷丹路 320 号第一层 D 部位（200131）				
投资总额	20 万 USD	电　　话	58682019	传　　真	58681973
设立日期	2008-10-13	负 责 人	BJOERN TOENSBERG		
主营业务	船用设备、器材及其零部件，船用安全与救生设备及其零部件的批发。				

企业名称	科乃而贸易（上海）有限公司				
企业地址	上海市松江区车墩镇茜浦路 195 弄 13 号 19 号办公区二楼（201611）				
投资总额	14 万 USD	电　　话	67601870	传　　真	
设立日期	2008-10-13	负 责 人	KELLER,CHRISTOPHER SCHAEFER		
主营业务	塑料、橡胶加工设备、零配件及辅助系统的批发、进出口、佣金代理。				

企业名称	上海澳锰科贸有限公司				
企业地址	上海市宝山区长江西路 101 号 128 栋一楼 102 室（200439）				
投资总额	146 万 USD	电　　话	65879900	传　　真	65879398
设立日期	2008-10-10	负 责 人	郑元骅		
主营业务	冶金原料及炉料、矿产品（铁矿石除外）、机械设备及配件的批发。				

企业名称	莫霍科涂料贸易（上海）有限公司				
企业地址	上海市金山区金山卫镇金园路 111 号第 9 栋（201512）				
投资总额	130 万 USD	电话	64132968	传真	64131808
设立日期	2008-10-10	负责人	HARRIS WESLEY ALLEN		
主营业务	水性涂料、溶剂型涂料及表面处理剂和相关配套产品的批发。				

企业名称	阿什福（上海）贸易有限公司				
企业地址	上海市宝山区淞滨路 135 号 403 室（200940）				
投资总额	117 万 USD	电话	56848148	传真	
设立日期	2008-10-10	负责人	ASIF IQBAL		
主营业务	纸袋包装制品及其相关的纸制品的批发、佣金代理（拍卖除外）。				

企业名称	道步贸易（上海）有限公司				
企业地址	上海市浦东新区世纪大道 1568 号中建大厦 1806 室（200120）				
投资总额	28 万 USD	电话	50988686	传真	50491378
设立日期	2008-10-10	负责人	ROBIN GORDON MCDOWALL		
主营业务	服装服饰、运动服装、袜子的批发、佣金代理（拍卖除外）。				

企业名称	迪帆（上海）贸易有限公司				
企业地址	上海市卢湾区淮海中路 300 号 4702-17 室（200021）				
投资总额	15 万 USD	电话	58763186	传真	
设立日期	2008-10-10	负责人	ROMANS ANDREJEVS		
主营业务	电子产品、建筑装饰材料（钢材、水泥除外）的批发。				

企业名称	赛派贸易（上海）有限公司				
企业地址	上海市虹口区花园路 66 弄 1 号 1104 室（200083）				
投资总额	14 万 USD	电话	51025278	传真	60942058
设立日期	2008-10-10	负责人	MIKHAIL YUGAY		
主营业务	五金制品、玻璃制品、塑料原料、照明设备、电缆设备的批发。				

企业名称	天焕贸易（上海）有限公司				
企业地址	上海市奉贤区远东路 828 号 1 幢 513 室（201400）				
投资总额	14 万 USD	电话	54792603	传真	54792607
设立日期	2008-10-10	负责人	KWON SOON HWA		
主营业务	服装服饰、日用百货、礼品的批发、佣金代理（拍卖除外）。				

企业名称	伊诺逊智能终端（上海）有限公司				
企业地址	上海市徐汇区肇嘉浜路 789 号 19 楼 B2 室（200032）				
投资总额	14 万 USD	电话	64430055	传真	64435300
设立日期	2008-10-10	负责人	廖赟杰		
主营业务	计算机应用技术、家用电器、电子产品、五金塑料制品的研发、设计。				

企业名称	布鲁克斯仪器贸易（上海）有限公司				
企业地址	上海市浦东新区金海路 1000 号 6 号楼 2 层（200122）				
投资总额	100 万 USD	电话	28929298	传真	28929001
设立日期	2008-10-9	负责人	PAUL JOSEPH BAMATTER		
主营业务	液体流量、气体流量和压力测量仪器及其零配件的批发、佣金代理。				

企业名称	菊地物资贸易（上海）有限公司				
企业地址	上海市浦东新区金桥出口加工区金院路 389 号 108 室（201206）				
投资总额	15 万 USD	电话	58541309	传真	58541236
设立日期	2008-10-9	负责人	陆黎苹		
主营业务	从事工业用油泥，模型制作用工具、材料，工业设计用文具的批发。				

企业名称	形动智能科技（上海）有限公司				
企业地址	上海市徐汇区虹桥路 333 号 1 幢 204 室（200030）				
投资总额	14 万 USD	电话	51703096	传真	
设立日期	2008-10-9	负责人	金少康		
主营业务	软件开发、销售自产产品，以及从事相关电子产品、电脑配件的批发。				

企业名称	远驹（上海）商贸有限公司				
企业地址	上海市浦东新区莲溪路 1151 号 1 号厂房二层 C 座（200120）				
投资总额	14 万 USD	电话	33781442	传真	
设立日期	2008-10-9	负责人	黄契晴		
主营业务	机电设备、空调设备、安防监控设备的批发、佣金代理（拍卖除外）。				

企业名称	丝涟贸易（上海）有限公司				
企业地址	上海市卢湾区淮海中路 300 号 4703-31 室（200021）				
投资总额	140 万 USD	电话	51162845	传真	68412828
设立日期	2008-10-8	负责人	SIMON JOHN DYER		
主营业务	床垫、家具、床上用品的批发、佣金代理（拍卖除外）。				

企业名称	上海珍韩贸易有限公司				
企业地址	上海市静安区南京西路 555 号 212-213 室（200040）				
投资总额	30 万 USD	电话	54224941	传真	
设立日期	2008-10-8	负责人	PARK JOONSEOG		
主营业务	建筑材料（钢材、水泥除外）、金属制品、木制品、塑料制品的批发。				

企业名称	庆熙贸易（上海）有限公司				
企业地址	上海市闵行区吴中路 1100 号 3 号楼 300 室（201103）				
投资总额	20 万 USD	电话	64656878	传真	53085929
设立日期	2008-10-8	负责人	SHIM KYUNG SUB		
主营业务	从事汽摩配件、装饰材料、化工产品、工程机械零配件的进出口、批发。				

企业名称	万堂利商贸（上海）有限公司				
企业地址	上海市闵行区吴中路 1100 号 3 号楼 300 室（201103）				
投资总额	15 万 USD	电话	52681884	传真	61513989
设立日期	2008-10-8	负责人	LOW SOO KWANG		
主营业务	管道及配件、保温隔热防腐材料、五金工具、机电设备配件的批发。				

企业名称	纳威司达（上海）商贸有限公司				
企业地址	上海市黄浦区延安东路 222 号 1815 室（200002）				
投资总额	70 万 USD	电话	63916893	传真	63350811
设立日期	2008-10-7	负责人	DEEPAK TIGGHS KAPUR		
主营业务	柴油发动机及其零部件、商用车零部件的批发、进出口、佣金代理。				

企业名称	帝麦贸易（上海）有限公司				
企业地址	上海市南汇区康桥东路 1258 弄 2 号 201 室（201315）				
投资总额	15 万 USD	电话	68182668	传真	
设立日期	2008-10-7	负责人	MICHAEL ROBERT HOEHN		
主营业务	机械设备及其零部件、电子电气设备及其零部件的批发、佣金代理。				

企业名称	益温贸易（上海）有限公司				
企业地址	上海市徐汇区天钥桥南路 1128 号 8 幢 102 室（200232）				
投资总额	10 万 USD	电话	51151061	传真	51152367
设立日期	2008-10-7	负责人	金寅绍		
主营业务	从事电机、电气设备及其零件、电子及通信商品、文化用品的批发。				

企业名称	上海陆航贸易有限公司				
企业地址	上海市徐汇区中山西路 2006 号 805 室（200233）				
投资总额	10 万 USD	电话	64854290	传真	51532031
设立日期	2008-10-7	负责人	ONG LAY ANN		
主营业务	主要从事焊接设备、有色金属材料、电脑配件、仪器仪表、五金的批发。				

企业名称	罗斯福商业（上海）有限公司				
企业地址	上海市黄浦区中山东一路 27 号（200001）				
投资总额	600 万 USD	电话	63230260	传真	
设立日期	2008-10-6	负责人	TWEED ROOSEVELT		
主营业务	电信器材、工艺收藏品（文物除外）、办公用品的零售、批发。				

企业名称	上海费历尼艺术品贸易有限公司				
企业地址	上海市徐汇区襄阳南路 500 号 2515 室（200031）				
投资总额	45 万 USD	电话	54892855	传真	54047787
设立日期	2008-10-6	负责人	YOUNG YURI LEE		
主营业务	工艺美术品（文物除外）的批发、佣金代理（拍卖除外）和进出口。				

企业名称	佳司科（上海）贸易有限公司				
企业地址	上海市浦东新区浦东南路 855 号世界广场 10 楼 D 室（200120）				
投资总额	22 万 USD	电话	68887872	传真	68887871
设立日期	2008-10-6	负责人	渡边光男（WATANABE MITSUO）		
主营业务	试剂（危险化学品除外）、计算机及其零配件和软件、办公家具的批发。				

企业名称	伟时商贸（上海）有限公司				
企业地址	上海市浦东新区耀华路 215 号 2 幢 402B 室（200126）				
投资总额	20 万 USD	电话	52375509	传真	52378676
设立日期	2008-10-6	负责人	POON KING MAN		
主营业务	工艺品（文物除外）、皮革制品、箱包、服装和服饰的批发、佣金代理。				

企业名称	纳图瑞克斯商贸（上海）有限公司				
企业地址	上海市徐汇区襄阳南路 500 号 1213 室（200031）				
投资总额	14 万 USD	电话	22282237	传真	68412899
设立日期	2008-10-6	负责人	JACQUES DIKANSKY		
主营业务	食品及添加剂行业所用植物萃取物和配料产品的批发及进出口业务。				

企业名称	上海模达贸易有限公司				
企业地址	上海市徐汇区喜泰路 239 号 1 号楼东二层 05.06 室（200231）				
投资总额	14 万 USD	电话	54096316	传真	
设立日期	2008-10-6	负责人	刘景文		
主营业务	电机相关产品、厨房用品、园艺用品、小家电用品、五金配件的批发。				

企业名称	声振贸易（上海）有限公司				
企业地址	上海市徐汇区南丹东路 238 号 1807 室（200030）				
投资总额	14 万 USD	电话	64270698	传真	64270621
设立日期	2008-10-6	负责人	何德建		
主营业务	仪器仪表、电子产品、通讯产品、计算机软硬件、汽车设备的批发。				

企业名称	菱化贸易（上海）有限公司				
企业地址	上海市外高桥保税区富特北路 125 号第一层 B 部位（200131）				
投资总额	93 万 USD	电话	64158892	传真	64157768
设立日期	2008-9-28	负责人	山中 菊雄		
主营业务	国际贸易、转口贸易、保税区企业间的贸易及贸易代理。				

企业名称	利贝富（上海）商贸有限公司				
企业地址	上海市闵行区宜山路 1618 号综合楼 870 室（201103）				
投资总额	75 万 USD	电话	62991528	传真	62999128
设立日期	2008-9-28	负责人	谭宝珠		
主营业务	电子计算机及其外围设备和耗材及软件、家用电器、服装鞋帽的批发。				

企业名称	意料饮料贸易（上海）有限公司				
企业地址	上海市卢湾区陕西南路 25 弄 12 号 404-405 室（200020）				
投资总额	43 万 USD	电话	32515110	传真	32515109
设立日期	2008-9-28	负责人	SPITZY MAXIMILIAN		
主营业务	瓶装酒、饮料、酒具、小礼品的批发、佣金代理（拍卖除外）及进出口。				

企业名称	携乐（上海）贸易有限公司				
企业地址	上海市长宁区天山路 30 号甲 1011 室（200335）				
投资总额	20 万 USD	电话	62591755	传真	
设立日期	2008-9-28	负责人	木下武彦		
主营业务	服装服饰、鞋帽箱包、皮革制品、化妆品、饰品及配件的零售、批发。				

企业名称	四国凯密高商贸（上海）有限公司				
企业地址	上海市外高桥保税区奥纳路 160 号 1 楼第一层 A 部位（200131）				
投资总额	20 万 USD	电话	64483910	传真	64483912
设立日期	2008-9-28	负责人	林弘之		
主营业务	塑料，塑料制品和相关生产设备的批发、佣金代理（拍卖除外）。				

企业名称	晤利吾机械贸易（上海）有限公司				
企业地址	上海市长宁区中山西路 999 号 906 室（200051）				
投资总额	15 万 USD	电话	32515012	传真	32515013
设立日期	2008-9-28	负责人	PARK SUNG GAP		
主营业务	从事机械设备、数控装置及涉及的相应零配件、工具组的进出口、批发。				

企业名称	艾乐琪（上海）厨房设备贸易有限公司				
企业地址	上海市徐汇区襄阳南路 500 号 2615 室（200031）				
投资总额	14 万 USD	电话	51582066	传真	
设立日期	2008-9-28	负责人	GIANCARLO TRAVERSA		
主营业务	厨房设备的批发、进出口、佣金代理（拍卖除外）。				

企业名称	澳方有机（上海）商贸有限公司				
企业地址	上海市静安区康定路 1147 号 8 幢 1001 室（200042）				
投资总额	14 万 USD	电话	62676370	传真	62676370
设立日期	2008-9-28	负责人	杨玫玲		
主营业务	化妆品的批发、佣金代理（拍卖除外）、进出口，提供相关配套服务。				

企业名称	王力咖啡贸易（上海）有限公司				
企业地址	上海市浦东新区潍坊五村 546 号 228 室（200122）				
投资总额	14 万 USD	电话	33522299	传真	52281998
设立日期	2008-9-28	负责人	王朱岑		
主营业务	咖啡香料、优格乳、咖茶机、冰沙机、磨豆机、比利时壶的批发。				

企业名称	艾希雅腾篷房商贸（上海）有限公司				
企业地址	上海市浦东新区御桥路 304 号 202 室（200124）				
投资总额	14 万 USD	电话	64125078	传真	
设立日期	2008-9-28	负责人	TAN WAI HENG		
主营业务	篷房及其零部件、配件的批发、佣金代理（拍卖除外）、进出口业务。				

企业名称	现恩贸易（上海）有限公司				
企业地址	上海市闵行区合川路 3089 号 3 幢 4 楼 H 室（201103）				
投资总额	8 万 USD	电话	51533899	传真	51533899
设立日期	2008-9-28	负责人	LEE BONG KI		
主营业务	针纺织品原材料（棉花除外）、服装服饰、鞋帽箱包及配件的批发。				

企业名称	唯美坊贸易（上海）有限公司				
企业地址	上海市静安区康定路 1147 号 8 幢 1002 室（200042）				
投资总额	8 万 USD	电话	31268286	传真	64667994
设立日期	2008-9-28	负责人	黄陈维蕊		
主营业务	香水、化妆品、护发品、洗涤用品的批发、进出口、佣金代理。				

企业名称	上海莘庄百盛商业发展有限公司				
企业地址	上海市闵行区都市路 5001 号一至三层（201100）				
投资总额	293 万 USD	电话	54130998	传真	34633199
设立日期	2008-9-27	负责人	锺荣俊（CHENG YOONG CHOONG）		
主营业务	商业零售（包括代销、寄售）经营：宠物用品、针纺织品、服装、皮具。				

企业名称	特洛伊特种化学品贸易（上海）有限公司				
企业地址	上海市卢湾区淮海中路 93 号 26-09Y 室（200021）				
投资总额	30 万 USD	电话	61338910	传真	51177959
设立日期	2008-9-27	负责人	DONALD ALFRED SHAW JR		
主营业务	化工产品【包括危险化学品（详见许可证）】的批发、佣金代理。				

企业名称	商烁思液压科技（上海）有限公司				
企业地址	上海市徐汇区天钥桥路 325 号 2021 室（200030）				
投资总额	21 万 USD	电话	61202755	传真	64806651
设立日期	2008-9-27	负责人	JUSTIN MARK JACOBI		
主营业务	工业及行走机械用液压、气动、过滤产品、自动控制产品的技术服务。				

企业名称	薇尔妮丝贸易（上海）有限公司				
企业地址	上海市普陀区陕西北路 1392 弄 8 号 1414 室（200060）				
投资总额	14 万 USD	电话	61498281	传真	
设立日期	2008-9-27	负责人	SAMANTHA JANE FOSTER		
主营业务	家居用品、健身器材、蜡烛、服装服饰、鞋的批发、佣金代理。				

企业名称	朗伊达商贸（上海）有限公司				
企业地址	上海市卢湾区中山南一路 500 弄 1 号 3501 室（200023）				
投资总额	14 万 USD	电话	53018925	传真	51025278
设立日期	2008-9-27	负责人	ANG SOH KHENG JOANNA		
主营业务	家用电器、礼品、化妆品、办公用品、日用品、服装鞋帽的批发。				

企业名称	平意常商贸（上海）有限公司				
企业地址	上海市静安区武定路 550 号 205 室（200041）				
投资总额	14 万 USD	电话	62581729	传真	62666412
设立日期	2008-9-27	负责人	MA HAN YEAU		
主营业务	服装、服饰及配件、纺织制品及纺织品原料（棉花除外）的批发。				

企业名称	上海新颖百货有限公司				
企业地址	上海市宝山区真华路 888 号（200433）				
投资总额	1285 万 USD	电话	51613688	传真	51613899
设立日期	2008-9-26	负责人	张辉热		
主营业务	商业零售（包括代销、寄售）经营，包括：综合百货、家用电气。				

企业名称	唯漾风贸易（上海）有限公司				
企业地址	上海市长宁区金钟路 658 弄 5 号楼 4 层（200335）				
投资总额	500 万 USD	电话	52134910	传真	
设立日期	2008-9-26	负责人	黄襄标		
主营业务	服装配饰、工艺品（文物除外）、办公用品、玩具的批发、佣金代理。				

企业名称	富棨（上海）商贸有限公司				
企业地址	上海市浦东新区张杨路 500 号 26 层 C 单元（200122）				
投资总额	25 万 USD	电话	58368085	传真	58368089
设立日期	2008-9-26	负责人	前泽宽佳		
主营业务	服装、化妆品的批发、零售（限分支机构经营）、佣金代理。				

企业名称	恩丽国际贸易（上海）有限公司				
企业地址	上海市外高桥保税区泰谷路 18 号 1 号楼 1106B 室（200131）				
投资总额	15 万 USD	电话	51963623	传真	62722787
设立日期	2008-9-26	负责人	SOHN DAE UP		
主营业务	从事日用品，服装服饰，运动用品的批发、佣金代理（拍卖除外）。				

企业名称	欣韩贸易（上海）有限公司				
企业地址	上海市闵行区金汇路 461 号 5 楼 C2 室（201103）				
投资总额	15 万 USD	电　话	51173266	传　真	51173269
设立日期	2008-9-26	负 责 人	PARK SANG YEON		
主营业务	从事服装、纺织用品、鞋类、箱包及其原材料、小饰品的批发。				

企业名称	予利（上海）贸易有限公司				
企业地址	上海市闸北区江场三路 228 号 211 室（200436）				
投资总额	10 万 USD	电　话	63808800	传　真	63818300
设立日期	2008-9-26	负 责 人	OH SEUNG JOO		
主营业务	从事日用杂货、服装服饰、鞋帽、工艺品（文物除外）、眼镜的批发。				

企业名称	上海星球贸易有限公司				
企业地址	上海市闵行区虹井路 225 号 715 室（201103）				
投资总额	10 万 USD	电　话	34317323	传　真	
设立日期	2008-9-26	负 责 人	TSUJINO TAKASHI		
主营业务	体育用品、服装服饰、工艺礼品（文物除外）、日用品的进出口业务。				

企业名称	由西往东（上海）贸易有限公司				
企业地址	上海市长宁区新华路 664 号 202 室（200052）				
投资总额	18 万 USD	电　话	62824966	传　真	62824969
设立日期	2008-9-25	负 责 人	DUVAL EDOUARD,LOUIS,JEAN-CHARLES		
主营业务	酒、酒柜、酒具的进出口、批发，酒柜、酒具的佣金代理（拍卖除外）。				

企业名称	星尚商贸（上海）有限公司				
企业地址	上海市徐汇区小木桥路 251 号 1002 室（200032）				
投资总额	16 万 USD	电　话	64043273	传　真	64043373
设立日期	2008-9-25	负 责 人	戴永成		
主营业务	眼镜（隐形眼镜除外）、太阳眼镜、镜框、眼镜盒及相关产品的批发。				

企业名称	伟声贸易（上海）有限公司				
企业地址	上海市闵行区春东路 479 号 17 幢 101 室（201100）				
投资总额	15 万 USD	电　话	54428800	传　真	54831965
设立日期	2008-9-25	负 责 人	CUI RONG		
主营业务	电子设备、电子零部件、电子原材料、电子设备易耗品的批发。				

企业名称	上海希史木贸易有限公司				
企业地址	上海市徐汇区龙华西路 585 号 A 座 21A7（200232）				
投资总额	14 万 USD	电　话	64694205	传　真	64694204
设立日期	2008-9-25	负 责 人	赵泽宗		
主营业务	电子产品、大型网络设备、计算机硬件及其相关产品的批发、佣金代理。				

企业名称	柏业贸易（上海）有限公司				
企业地址	上海市闵行区金都路 4289 号 6 幢 2 楼 76 室（201100）				
投资总额	14 万 USD	电　话	50800969	传　真	50801620
设立日期	2008-9-25	负 责 人	YONG MOON		
主营业务	从事生物科学仪器、环保检测仪、科研试剂、塑料制品的批发。				

企业名称	席伯铝贸易（上海）有限公司				
企业地址	上海市浦东新区浦东南路 1101 号 1315、1316 室（200120）				
投资总额	14 万 USD	电　话	63230440	传　真	
设立日期	2008-9-25	负 责 人	PRITULYAK EKATERINA		
主营业务	建筑材料（钢材、水泥除外）、装饰用品的进出口、批发、佣金代理。				

企业名称	莫开依（上海）商贸有限公司				
企业地址	上海市闵行区吴中路 1059 号第十幢 403 室（201103）				
投资总额	13 万 USD	电　话	64460761	传　真	64460761
设立日期	2008-9-25	负 责 人	KIM DAI HYUN		
主营业务	纺织品、针织品及原料、服装及辅料、箱包、鞋帽的批发、进出口业务。				

企业名称	晋裕商贸（上海）有限公司				
企业地址	上海市静安区江宁路 212 号凯迪克大厦 14 楼 D202 室（200041）				
投资总额	12 万 USD	电　话	52895503	传　真	52895501
设立日期	2008-9-25	负 责 人	邱子茵		
主营业务	钟表、眼镜（验光和配镜服务）、珠宝、服装、饰品的零售和批发。				

企业名称	爱薇饰贸易（上海）有限公司				
企业地址	上海市长宁区延安西路 2299 号 10G08 室（200336）				
投资总额	14 万 USD	电　话	61411122	传　真	
设立日期	2008-9-24	负 责 人	BERT B.J. DE VOS		
主营业务	塑料铺地制品及塑料糊墙品的批发与进出口；佣金代理（拍卖除外）。				

企业名称	欧欣（上海）贸易有限公司				
企业地址	上海市长宁区延安西路 2299 号 05M12 室（200336）				
投资总额	14 万 USD	电　话	62360561	传　真	
设立日期	2008-9-24	负 责 人	VLEGHELS ADRIANUS PETRUS JACOBUS		
主营业务	服装服饰及配件、纺织原料（棉花除外）、纺织制品的批发、佣金代理。				

企业名称	德诗科（上海）贸易有限公司				
企业地址	上海市闸北区江场三路 228 号 215 室（200436）				
投资总额	14 万 USD	电　话	61136091	传　真	61136091
设立日期	2008-9-24	负 责 人	LEE KI WON		
主营业务	塑料及其制品，胶类产品（危险品除外）的批发，进出口及佣金代理。				

企业名称	美吉莱商贸（上海）有限公司				
企业地址	上海市静安区南京西路 1515 号北楼 1004 室（200040）				
投资总额	140 万 USD	电　话	52986350	传　真	61411122
设立日期	2008-9-23	负 责 人	FABRICE		
主营业务	手表及零配件、相关配套商品的批发、佣金代理（拍卖除外）。				

企业名称	瓦亚商贸（上海）有限公司				
企业地址	上海市闵行区莘建东路 58 弄 2 号 A 座 512 室（201100）				
投资总额	20 万 USD	电　话	64139017	传　真	58991730
设立日期	2008-9-23	负 责 人	SALOMON WAISBURD GRINBERG		
主营业务	从事阀门及零配件、小型机电设备、五金交电、电子产品的批发。				

企业名称	佳啤贸易（上海）有限公司				
企业地址	上海市浦东新区板泉路 2071 号 1 层（200125）				
投资总额	14 万 USD	电　话	64671001	传　真	64671002
设立日期	2008-9-23	负 责 人	LI FRANK JIAN		
主营业务	食品添加剂、酒类、饮料、纺织品、服装、皮革制品的批发。				

企业名称	纹帆盛软件技术（上海）有限公司				
企业地址	上海市浦东新区耀华路 215 号 2 幢 601A 室（201206）				
投资总额	14 万 USD	电　话	64024298	传　真	64024298
设立日期	2008-9-23	负 责 人	CHONG DANIEL IN-HON		
主营业务	计算机软件的研发、制作，销售自产产品；刻绘机、读图板的批发。				

企业名称	婉德贸易（上海）有限公司				
企业地址	上海市杨浦区国宾路 36 号 1806 室（200433）				
投资总额	14 万 USD	电　话	65901581	传　真	65908414
设立日期	2008-9-23	负 责 人	李伟武		
主营业务	塑料制品、办公用品、电子产品、木制品、皮具类商品的批发。				

企业名称	义鼎（上海）商贸有限公司				
企业地址	上海市闸北区大统路 988 号 B 座 402 室（200070）				
投资总额	14 万 USD	电　话	63818825	传　真	62260879
设立日期	2008-9-23	负 责 人	PIERRE MARTIN		
主营业务	酒类、食品的批发、进口、佣金代理（拍卖除外）。				

企业名称	服衣美商贸（上海）有限公司				
企业地址	上海市闵行区吴中路 1068 号 4 楼 P 室（201103）				
投资总额	10.1 万 USD	电　话	64019791	传　真	
设立日期	2008-9-23	负 责 人	KUN YOUNG OH		
主营业务	服装服饰及配件、手表、鞋帽、皮包、首饰（毛钻、裸钻除外）的批发。				

企业名称	亿福曼贸易（上海）有限公司				
企业地址	上海市浦东新区世纪大道 1600 号 1203 室（200120）				
投资总额	35 万 USD	电　话	58209255	传　真	50819316
设立日期	2008-9-22	负 责 人	JUAN CARLOS RIOS COBOS		
主营业务	木材、木制品、饲料、家居用品、纺织品的批发、佣金代理（拍卖除外）。				

企业名称	上海淳钰贸易有限公司				
企业地址	上海市嘉定区江桥镇曹安公路 2167 弄 37 号 101 室（201803）				
投资总额	30 万 USD	电　话	38870378	传　真	
设立日期	2008-9-22	负 责 人	黄良成		
主营业务	新型电子元器件、饰品的批发、进出口和佣金代理（拍卖除外）。				

企业名称	上海安捷表面处理有限公司				
企业地址	上海市外高桥保税区富特北路 231 号第三层 C11 部位（200131）				
投资总额	25 万 USD	电　话	62527000	传　真	62527700
设立日期	2008-9-22	负 责 人	张志平		
主营业务	国际贸易、转口贸易、保税区内企业间的贸易及区内贸易代理。				

企业名称	意柯贸易（上海）有限公司				
企业地址	上海市徐汇区中山西路 2025 号 510 室（200233）				
投资总额	15 万 USD	电　话	34250259	传　真	64397995
设立日期	2008-9-22	负责人	PAOLO MARINI		
主营业务	自动工业系统和机器设备以及上述相关产品零配件的批发、佣金代理。				

企业名称	诺拉可贸易（上海）有限公司				
企业地址	上海市浦东新区金桥出口加工区新金桥路 255 号 121 室（200122）				
投资总额	14 万 USD	电　话	58992779	传　真	
设立日期	2008-9-22	负责人	WILLIAM PHILIP STRELIOFF		
主营业务	电气设备、电子设备、机械设备、称重传感器及相关零部件的批发。				

企业名称	同翔国际贸易（上海）有限公司				
企业地址	上海市外高桥保税区希雅路 33 号 17#楼第二层 A 部位（200131）				
投资总额	14 万 USD	电　话	50461677	传　真	50460980
设立日期	2008-9-22	负责人	邓　方		
主营业务	国际贸易、转口贸易、保税区企业间的贸易及贸易代理。				

企业名称	北瀚（上海）商贸有限公司				
企业地址	上海市虹口区保定路 257 号 608 室（200081）				
投资总额	14 万 USD	电　话	61202790	传　真	61202793
设立日期	2008-9-22	负责人	丁伟俨		
主营业务	电子产品检测仪及零配件的批发，佣金代理（拍卖除外），进出口业务。				

企业名称	特霓商贸（上海）有限公司				
企业地址	上海市静安区江宁路 445 号 8 层 B 室（200040）				
投资总额	106 万 USD	电　话	62725970	传　真	62725907
设立日期	2008-9-19	负责人	BRIGITTE HELENE AVRIL EP.NOUVEL		
主营业务	服装及配饰、纺织品、塑料制品、皮革皮具、展示用品及家具的批发。				

企业名称	上海姿美森发制品有限公司				
企业地址	上海市徐汇区衡山路 4 号 11 单元（200030）				
投资总额	65 万 USD	电　话	64451881	传　真	63863787
设立日期	2008-9-19	负责人	儿玉圭司		
主营业务	发制品、工艺品（文物除外）、首饰、服饰、化妆品、日用百货的批发。				

企业名称	上海帝宝游艇有限公司				
企业地址	上海市奉贤区奉城镇新奉公路 6328 号精品大楼 A29（201411）				
投资总额	20 万 USD	电　话	57157168	传　真	57159473
设立日期	2008-9-19	负责人	陈佳青		
主营业务	各式游艇及相关配件的批发、进出口，并提供相关配套服务。				

企业名称	明爵（上海）商贸有限公司				
企业地址	上海市静安区胶州路 397 号 5 号楼 121 室（200041）				
投资总额	15 万 USD	电　话	62586877	传　真	
设立日期	2008-9-19	负责人	STEPHEN ROBERT NOTMAN		
主营业务	包装材料的批发、进出口，包装设计（涉及许可证凭许可证经营）。				

企业名称	上海仁恒贸易有限公司				
企业地址	上海市闵行区吴中路 1065 号 713 室（201103）				
投资总额	14 万 USD	电　话	51192802	传　真	
设立日期	2008-9-19	负责人	MA DONG GEUM		
主营业务	纺织品、服装服饰、服装面料及辅料、鞋帽箱包、床上用品的批发。				

企业名称	展流贸易（上海）有限公司				
企业地址	上海市长宁区中山西路 999 号 918 室（200051）				
投资总额	14 万 USD	电　话	32503660	传　真	32503667
设立日期	2008-9-19	负责人	郁美菁		
主营业务	服装服饰、针纺织品的批发（涉及行政许可的，凭许可证经营）。				

企业名称	众才贸易（上海）有限公司				
企业地址	上海市徐汇区漕溪北路 88 号 609 室（200030）				
投资总额	30 万 USD	电　话	54890066	传　真	54890667
设立日期	2008-9-18	负责人	许怀钦		
主营业务	电子设备及零部件、机械设备及零部件、环保设备及零部件的批发。				

企业名称	海凯贸易（上海）有限公司				
企业地址	上海市卢湾区斜土路 768 号 709 室（200023）				
投资总额	14 万 USD	电　话	61332335	传　真	61332336
设立日期	2008-9-18	负责人	ROTEM ALONY		
主营业务	五金、塑料和橡胶产品及部件、电子设备及部件的批发、进出口业务。				

企业名称	协磁（上海）商贸有限公司				
企业地址	上海市徐汇区襄阳南路 500 号 607 室（200032）				
投资总额	14 万 USD	电　话	64667338	传　真	64667338
设立日期	2008-9-18	负责人	岩本弘右		
主营业务	磁性材料及其制品、仪器仪表、制造设备的批发、佣金代理。				

企业名称	马轮固力（上海）贸易有限公司				
企业地址	上海市浦东新区陆家嘴东路 161 号招商局大厦 2104 室（200120）				
投资总额	29 万 USD	电　话	58825068	传　真	58825968
设立日期	2008-9-17	负责人	MARCELLO GAMBARINI		
主营业务	用于轮胎翻新、修补和回收利用的材料、机械设备及其零部件的批发。				

企业名称	蒂逢升（上海）商贸有限公司				
企业地址	上海市徐汇区宜山路 515 号 1 号楼 29B（200233）				
投资总额	12 万 USD	电　话	64700028	传　真	64087629
设立日期	2008-9-17	负责人	吴宪政		
主营业务	照明器材、电子产品、上述产品相关零件配件、塑料原料的批发。				

企业名称	上海深水社工业产品设计有限公司				
企业地址	上海市徐汇区建国西路 283 号 2 号楼 2304 室（200031）				
投资总额	9.5 万 USD	电　话	54658356	传　真	54658357
设立日期	2008-9-17	负责人	大泽弘子		
主营业务	从事家用电器、机械设备及相关产品的设计、批发、佣金代理。				

企业名称	飞特蒂亚微电子贸易（上海）有限公司				
企业地址	上海市长宁区仙霞路 317 号 408 室（200051）				
投资总额	120 万 USD	电　话	62351596	传　真	62351595
设立日期	2008-9-16	负责人	王慧玲		
主营业务	从事半导体、集成电路、电子测量仪器及配件、办公用品的批发。				

企业名称	阿普歇伦（上海）贸易有限公司				
企业地址	上海市虹口区水电路 393 弄 2 号 1901 室（200083）				
投资总额	50 万 USD	电　话	56602568	传　真	56622568
设立日期	2008-9-16	负责人	朱江涛		
主营业务	建材（钢材、水泥除外）、装潢材料、橡塑制品、五金工具的批发。				

企业名称	晟屹贸易（上海）有限公司				
企业地址	上海市浦东新区潍坊五村 546 号 238 室（200122）				
投资总额	25 万 USD	电　话	52163569	传　真	54070388
设立日期	2008-9-16	负责人	吴金树		
主营业务	金属切削机床、组合机床、锻压机床、磨料磨具、工具刃具的批发。				

企业名称	瑞霆贸易（上海）有限公司				
企业地址	上海市徐汇区龙吴路 1500 号 2 幢 106 室（200231）				
投资总额	14 万 USD	电　话	59883978	传　真	59883979
设立日期	2008-9-16	负责人	夏隆光		
主营业务	从事汽车配件、摩托车配件、轨道传动变速箱、五金材料的批发。				

企业名称	科陶石化贸易（上海）有限公司				
企业地址	上海市张江高科技园区爱迪生路 328 号 101-3 室（201203）				
投资总额	210 万 USD	电　话	38961600	传　真	51696006
设立日期	2008-9-12	负责人	JAMES DAVID MCILVENNY		
主营业务	化工产品（危险品除外）的批发、佣金代理（拍卖除外）。				

企业名称	上海博非半导体设备贸易有限公司				
企业地址	上海市张江高科技园区毕升路 299 弄 3 号 101B 室（201203）				
投资总额	20 万 USD	电　话	33932851	传　真	
设立日期	2008-9-12	负责人	王泳胜		
主营业务	半导体及液晶面板生产设备零部件、机电设备相关配件的批发、进出口。				

企业名称	上海宜成贸易有限公司				
企业地址	上海市徐汇区中山西路 1420 弄 16 号 2 幢 5B 室（200233）				
投资总额	15 万 USD	电　话	61135191	传　真	61135394
设立日期	2008-9-12	负责人	YANG SEONG HAK		
主营业务	贱金属制品、塑料制品、建筑装饰材料（钢材、水泥除外）的批发。				

企业名称	一洋韩中（上海）贸易有限公司				
企业地址	上海市闵行区莲花路 1733 号 707 室（201103）				
投资总额	15 万 USD	电　话	64069086	传　真	64069085
设立日期	2008-9-12	负责人	CHUNG DO OEN（郑度彦）		
主营业务	保健食品、饮料【限食品销售管理（非实物方式）】、电子产品的批发。				

企业名称	帝柯贸易（上海）有限公司				
企业地址	上海市徐汇区中山西路 2368 号 504 室（200233）				
投资总额	14 万 USD	电　话	31240960	传　真	34240961
设立日期	2008-9-12	负 责 人	SEBASTIAN MALING		
主营业务	建筑材料（钢材、水泥除外）、酒店用品、工艺品（文物除外）的批发。				

企业名称	仁齐（上海）贸易有限公司				
企业地址	上海市外高桥保税区英伦路 38 号五层 525 室（200131）				
投资总额	14 万 USD	电　话	54960971	传　真	54960972
设立日期	2008-9-12	负 责 人	高志铨		
主营业务	国际贸易、转口贸易；包装材料、塑胶制品的进出口、批发及佣金代理。				

企业名称	鹰展商贸（上海）有限公司				
企业地址	上海市浦东新区光明路 718 号 706 室（200137）				
投资总额	12 万 USD	电　话	61622719	传　真	68865308
设立日期	2008-9-12	负 责 人	莊维焜		
主营业务	从事食糖批发【限食品销售管理（非实物方式）】及相关配套业务。				

企业名称	上海强华贸易有限公司				
企业地址	上海市外高桥保税区奥纳路 79 号 1 号楼二层 210 室（200131）				
投资总额	292 万 USD	电　话	55380152	传　真	55380132
设立日期	2008-9-11	负 责 人	马耀明		
主营业务	金属制品、贱金属（除钢铁）、机电产品、化工产品的批发、佣金代理。				

企业名称	华利一品（上海）贸易有限公司				
企业地址	上海市奉贤区扶港路 999 号 4 号楼 201 室（201400）				
投资总额	64 万 USD	电　话	57158608	传　真	57157888
设立日期	2008-9-11	负 责 人	徐冬华		
主营业务	酒类批发及进出口（涉及行政许可的，凭许可证经营）。				

企业名称	博灵商贸（上海）有限公司				
企业地址	上海市徐汇区宜山路 407 号北楼一层 102 号（200233）				
投资总额	50 万 USD	电　话	33630180	传　真	33630182
设立日期	2008-9-11	负 责 人	NIS PETER LORENTZEN		
主营业务	家具及家居饰品的批发、零售、进出口、佣金代理（拍卖除外）.				

企业名称	帝纳斯酒业贸易（上海）有限公司				
企业地址	上海市静安区康定路 528 号 2 幢 222 室（200040）				
投资总额	29 万 USD	电　话	58587156	传　真	58587159
设立日期	2008-9-11	负 责 人	HUANG LIN-SHENG		
主营业务	食品销售管理（非实物方式）：酒类的批发、佣金代理（拍卖除外）。				

企业名称	商程（上海）贸易有限公司				
企业地址	上海市浦东新区民生路 1403 号 1106 室（200135）				
投资总额	18 万 USD	电　话	33926510	传　真	33926509
设立日期	2008-9-11	负 责 人	LEONID SOROKOUMOV		
主营业务	电子产品、电脑配件、服装鞋帽、箱包、五金器具的批发。				

企业名称	盛同贸易（上海）有限公司				
企业地址	上海市静安区万航渡路 888 号 13 层 F 室（200042）				
投资总额	14 万 USD	电　话	52399882	传　真	
设立日期	2008-9-11	负 责 人	JEAN JACQUES LAURENT		
主营业务	机械设备及其零部件的批发、佣金代理（拍卖除外）、进出口业务。				

企业名称	维客城贸易（上海）有限公司				
企业地址	上海市静安区北京西路 669 号 16 楼 E 座（200041）				
投资总额	14 万 USD	电　话	51291800	传　真	51291802
设立日期	2008-9-11	负 责 人	DAVID ANTHONY HEAP		
主营业务	鞋帽、箱包及配件、手表、珠宝（毛钻、裸钻除外）的批发、佣金代理。				

企业名称	上海艾姆西西商贸有限公司				
企业地址	上海市虹口区临平北路 55 号八层 805 室（200086）				
投资总额	14 万 USD	电　话	65590117	传　真	65072324
设立日期	2008-9-11	负 责 人	TOMOKO MORI		
主营业务	机械及配件、塑料橡胶制品及模具、电器产品、五金制品、箱包的批发。				

企业名称	道氏顿化工贸易（上海）有限公司				
企业地址	上海市松江区文诚路 358 弄 6 号 1312 室（201620）				
投资总额	14 万 USD	电　话	67752088	传　真	67752001
设立日期	2008-9-11	负 责 人	黄建洪		
主营业务	化工原料及其精细化学品（不含危险化学品）的批发。				

企业名称	沛恩（上海）商贸有限公司				
企业地址	上海市浦东新区光明路 718 号 716 室（200137）				
投资总额	100 万 USD	电　话	52522438	传　真	64480527
设立日期	2008-9-10	负 责 人	许承龙（HSU,CHENG-LONG）		
主营业务	文教用品、眼镜、钟表、珠宝首饰（裸钻除外）、化妆品及产品的批发。				

企业名称	烨熙贸易（上海）有限公司				
企业地址	上海市闵行区延安西路 3062 弄 18 号六楼 A 座（201103）				
投资总额	50 万 USD	电　话	64059909	传　真	64059929
设立日期	2008-9-10	负 责 人	KARL-HEINZ RUDOLF		
主营业务	贱金属及制品、矿产品、机械及其零部件的批发。				

企业名称	上海健多乐贸易有限公司				
企业地址	上海市闵行区华光路 296 号（201103）				
投资总额	15 万 USD	电　话	60910017	传　真	60910027
设立日期	2008-9-10	负 责 人	田村千夏		
主营业务	从事海水淡化设备、多功能电解还原设备、空气净化设备的批发。				

企业名称	上海科灵森贸易有限公司				
企业地址	上海市奉贤区庄行镇南亭公路 1180 号 2 幢 105 室（201417）				
投资总额	8 万 USD	电　话	63689375	传　真	63689375
设立日期	2008-9-10	负 责 人	KATHERINE YAW SEAH LENG		
主营业务	太阳能热水器及配件、服装、钢铁结构体（钢材除外）的批发。				

企业名称	金璞节能环保设备贸易（上海）有限公司				
企业地址	上海市浦东新区联星路 633 号 3 幢（201205）				
投资总额	25 万 USD	电　话	68910638	传　真	
设立日期	2008-9-9	负 责 人	陈小平		
主营业务	工业设备用和车船用燃料节能环保设备、水处理设备的研发。				

企业名称	上海康克仕商贸有限公司				
企业地址	上海市南汇区康桥工业区康意路 499 号 A 栋 501 室（201306）				
投资总额	20 万 USD	电　话	58125760	传　真	54090088
设立日期	2008-9-9	负 责 人	冯五裕		
主营业务	机电设备及零配件、真空设备及配件的批发。				

企业名称	光希贸易（上海）有限公司				
企业地址	上海市长宁区娄山关路 85 号 A 座 1703 室（200336）				
投资总额	19 万 USD	电　话	62192610	传　真	62192611
设立日期	2008-9-9	负 责 人	小川信哉		
主营业务	电子设备及相关零部件、光学器材、高分子制品及测定器、薄膜的批发。				

企业名称	野菜村贸易（上海）有限公司				
企业地址	上海市闵行区漕宝路 1467 弄 6 区 37 号 711 室（201101）				
投资总额	14 万 USD	电　话	31265128	传　真	
设立日期	2008-9-9	负 责 人	邓宇伦		
主营业务	日用品、化妆品、服装服饰、工艺品（文物除外）的批发、佣金代理。				

企业名称	妃丝嘉化妆品商贸（上海）有限公司				
企业地址	上海市闵行区宜山路 2016 号 1 号楼 6I 室（201103）				
投资总额	10 万 USD	电　话	64651880	传　真	64651870
设立日期	2008-9-9	负 责 人	YOON CHAN JUN		
主营业务	从事化妆品的批发、佣金代理（拍卖除外）、进出口并提供配套服务。				

企业名称	佩缂贸易（上海）有限公司				
企业地址	上海市长宁区天山西路 120 号 802 室（200335）				
投资总额	7.3 万 USD	电　话	52161664	传　真	52161664
设立日期	2008-9-9	负 责 人	GRIFFIN PHILIP JOHN		
主营业务	服装、服饰、纺织品、面料及辅料的批发、佣金代理（拍卖除外）。				

企业名称	中部富士（上海）国际贸易有限公司				
企业地址	上海市外高桥保税区基隆路 6 号 503 室（200131）				
投资总额	20 万 USD	电　话	64041271	传　真	64041275
设立日期	2008-9-8	负 责 人	角田邦雄		
主营业务	半导体产品、电机、电气设备及其零部件的批发、进出口、佣金代理。				

企业名称	萃联（上海）贸易有限公司				
企业地址	上海市浦东新区耀华路 215 号 2 幢 A603 室（200126）				
投资总额	15 万 USD	电　话	52360116	传　真	52360587
设立日期	2008-9-8	负 责 人	张海燕		
主营业务	消防设备及配件、消防车、消防器材的批发、佣金代理（拍卖除外）。				

企业名称	兰花岛（上海）花卉贸易有限公司				
企业地址	上海市闵行区合川路 3051 号 9 幢 405 室（201103）				
投资总额	500 万 USD	电　　话	64655500	传　　真	
设立日期	2008-9-5	负 责 人	ALEXANDER DE ZWAGER		
主营业务	花卉、盆景、园林工具的批发、佣金代理（拍卖除外）、进出口业务。				

企业名称	德熙（上海）贸易有限公司				
企业地址	上海市卢湾区淮海中路 222 号 2501-2503 室（200021）				
投资总额	250 万 USD	电　　话	53966655	传　　真	51167157
设立日期	2008-9-5	负 责 人	PAK MYUNG HO		
主营业务	光伏、太阳能产品及其配件，化学产品（危险品除外）的批发。				

企业名称	迈涛（上海）仪器设备商贸有限公司				
企业地址	上海市普陀区长寿路 1118 号 B 楼 19 层 K 室（200060）				
投资总额	20 万 USD	电　　话	62300544	传　　真	62451972
设立日期	2008-9-5	负 责 人	IP MICHAEL		
主营业务	仪器仪表、机电设备、机械电子材料、电子产品的批发、佣金代理。				

企业名称	宗庆（上海）贸易有限公司				
企业地址	上海市长宁区新华路 728 号 808-809 室（200052）				
投资总额	15 万 USD	电　　话	52306589	传　　真	
设立日期	2008-9-5	负 责 人	TOSHIMUNE INOUE(井上敏宗)		
主营业务	化工产品（危险品除外），纺织品，化妆品的批发。				

企业名称	普申贸易（上海）有限公司				
企业地址	上海市浦东新区金桥出口加工区新金桥路 1295 号 3 幢 2 层（201206）				
投资总额	14 万 USD	电　　话	61629250	传　　真	61629251
设立日期	2008-9-5	负 责 人	MARK KRÜMKE		
主营业务	小礼品、服饰、文具及箱包的批发，进出口，佣金代理（拍卖除外）。				

企业名称	慈永斯贸易（上海）有限公司				
企业地址	上海市长宁区遵义路 227 号 704 室（200051）				
投资总额	14 万 USD	电　　话	32502006	传　　真	32502006
设立日期	2008-9-5	负 责 人	TSUKAMOTO ATSUSHI		
主营业务	针纺织品及配件，日用百货，体育用品，玩具的批发及进出口业务。				

企业名称	天限贸易（上海）有限公司				
企业地址	上海市浦东新区东靖路 1831 号 403-25 室（201206）				
投资总额	51 万 USD	电　　话	50323270	传　　真	
设立日期	2008-9-4	负 责 人	吴佩		
主营业务	计量仪器、精密仪器、机械器具、电器设备及零件、车辆零配件的批发。				

企业名称	采驿贸易（上海）有限公司				
企业地址	上海市徐汇区天钥桥南路 1128 号 7 幢 203 室（200233）				
投资总额	20 万 USD	电　　话	64682928	传　　真	64418877
设立日期	2008-9-4	负 责 人	SHUAI-LUN CHEN		
主营业务	箱包、家用电器、眼镜（除隐形眼镜以外）、纺织品、健身器材的批发。				

企业名称	上海昌雨贸易有限公司				
企业地址	上海市南汇区康桥东路 1 号 8 号楼 3 层（201319）				
投资总额	16 万 USD	电　　话	68881814	传　　真	
设立日期	2008-9-4	负 责 人	LIM WOO DO		
主营业务	气雾用品及其零部件的批发和进出口，提供相关配套服务及技术服务。				

企业名称	诺戈（上海）贸易有限公司				
企业地址	上海市闵行区莘建东路 58 弄 2 号 208 室（201100）				
投资总额	15 万 USD	电　　话	54178175	传　　真	64122998
设立日期	2008-9-4	负 责 人	WOLF EHRENBERG		
主营业务	压力容器、化工产品（危险品除外）、五金刀具、机床零部件的批发。				

企业名称	上海沛可贸易有限公司				
企业地址	上海市闵行区双柏路 888 号 40 幢 3 楼东侧 324 室（200237）				
投资总额	3 万 USD	电　　话	51284426	传　　真	
设立日期	2008-9-4	负 责 人	郑瑞麟		
主营业务	从事工艺品（文物除外）、运动用品、运动服饰、鞋、包的批发。				

企业名称	希杰佳购商贸（上海）有限公司				
企业地址	上海市卢湾区淮海中路 918 号 13 楼 F 座（200020）				
投资总额	1000 万 USD	电　　话	64158163	传　　真	51088301
设立日期	2008-9-3	负 责 人	KIM，　SUNG IL		
主营业务	化妆品、食品销售管理（非实物方式）、保健用品、车用装饰品的批发。				

企业名称	澳实（上海）贸易有限公司				
企业地址	上海市嘉定区南翔镇真南路 3930 号第 9 幢 201 室（201801）				
投资总额	70 万 USD	电　　话	63807566	传　　真	61483160
设立日期	2008-9-3	负 责 人	杜玉娟（TOR GEOK KUAN）		
主营业务	从事化妆品的批发、佣金代理（拍卖除外）并提供相关配套服务。				

企业名称	凯蒙（上海）贸易有限公司				
企业地址	上海市闵行区联友路 369 号 3020 座（201106）				
投资总额	70 万 USD	电　　话	53068899	传　　真	
设立日期	2008-9-3	负 责 人	ALEXIS PICARD		
主营业务	纺织品的批发、进出口、佣金代理（拍卖除外），提供相关配套服务。				

企业名称	银达尔西雅（上海）贸易有限公司				
企业地址	上海市徐汇区古羊路 158 号 1 幢 1 楼 A、B 室（200233）				
投资总额	35 万 USD	电　　话	61135208	传　　真	61135209
设立日期	2008-9-3	负 责 人	KIM　YUNYOUNG		
主营业务	皮革制品、饰品、化妆品、洗涤用品、清洁除味剂、日用百货的批发。				

企业名称	弗络肯机械科技（上海）有限公司				
企业地址	上海市浦东新区钱仓路 1 号 23F 室（200120）				
投资总额	21 万 USD	电　　话	68881884	传　　真	68880884
设立日期	2008-9-3	负 责 人	HUIMIN JIANG		
主营业务	金属制品、机械设备零件、五金制品的设计、开发，自有成果转让。				

企业名称	鼎恳化工技术（上海）有限公司				
企业地址	上海市静安区石门二路 333 弄 3 号 12 层 A 室（200041）				
投资总额	20 万 USD	电　　话	62554550	传　　真	62588760
设立日期	2008-9-3	负 责 人	潘希洵		
主营业务	润滑油、润滑脂的批发、进出口、佣金代理（拍卖除外）。				

企业名称	雅宝贸易（上海）有限公司				
企业地址	上海市嘉定区真新街道曹安公路 1833 号 1057 室（201823）				
投资总额	20 万 USD	电　　话	64368169	传　　真	33518291
设立日期	2008-9-3	负 责 人	郑吕秀莲		
主营业务	箱包、皮带、皮手套、运动鞋、服饰、饰品、玩具的批发、进出口业务。				

企业名称	泰励希贸易（上海）有限公司				
企业地址	上海市外高桥保税区加太路 39 号菀熠楼第四层 10 部位（200131）				
投资总额	15 万 USD	电　　话	61258451	传　　真	61258452
设立日期	2008-9-3	负 责 人	TAKASHI OZAWA		
主营业务	金属制品、橡胶塑料制品、家用电器、机电产品的批发、佣金代理。				

企业名称	煜昇贸易（上海）有限公司				
企业地址	上海市徐汇区南丹东路 188 号 402 室（200030）				
投资总额	15 万 USD	电　　话	51581245	传　　真	
设立日期	2008-9-3	负 责 人	郭子仲		
主营业务	服装服饰及其配件、纸制品、鞋、手表、皮包、帽子、手套的批发。				

企业名称	珂雅思亚贸易（上海）有限公司				
企业地址	上海市静安区陕西北路 457 号 9 幢 216 室（200040）				
投资总额	14 万 USD	电　　话	61418446	传　　真	61418447
设立日期	2008-9-3	负 责 人	ANDREA OSCHETTI		
主营业务	鞋帽箱包、玩具、文教用品、珠宝首饰（毛钻、裸钻除外）的批发。				

企业名称	宣李贸易（上海）有限公司				
企业地址	上海市闵行区万源路 2163 号 21 幢 703 室（201103）				
投资总额	14 万 USD	电　　话	54220670	传　　真	
设立日期	2008-9-3	负 责 人	SUNG YANG SOOK		
主营业务	服装服饰及其辅料的批发、佣金代理，进出口及提供相关配套服务。				

企业名称	上海太洋荣光商业有限公司				
企业地址	上海市长宁区愚园路 1258 号 712 室（200050）				
投资总额	300 万 USD	电　　话	62529176	传　　真	62529177
设立日期	2008-9-2	负 责 人	齐藤信彦		
主营业务	从事机械设备及零部件、汽车配件、汽车发动机、化工产品的批发。				

企业名称	上海环球摩尔商业有限公司				
企业地址	上海市卢湾区淮海中路 283 号 2303 室（200021）				
投资总额	150 万 USD	电　　话	63191260	传　　真	63906878
设立日期	2008-9-2	负 责 人	TANG YEAM SOON		
主营业务	日用百货、五金交电产品、贱金属材料、电子产品的批发。				

企业名称	帕式克商贸（上海）有限公司				
企业地址	上海市闵行区纪翟路1199弄3号1楼（201106）				
投资总额	100万USD	电话	52634122	传真	62962882
设立日期	2008-9-2	负责人	北浦一郎		
主营业务	油压控制装置、气压弹簧及零部件，锻件及铸件（钢材除外）的批发。				

企业名称	上海育冠商贸有限公司				
企业地址	上海市长宁区遵义路227号607室（200051）				
投资总额	50万USD	电话	52732351	传真	61136436
设立日期	2008-9-2	负责人	林来顺		
主营业务	工艺品（文物除外）、包装材料，五金工具、家用电器的批发。				

企业名称	菲艾世贸易（上海）有限公司				
企业地址	上海市普陀区中山北路2911号2506室（200063）				
投资总额	14万USD	电话	37820436	传真	37820436
设立日期	2008-9-2	负责人	PHILIPPE BERNARD ROGER		
主营业务	五金制品、机械设备及其零部件、餐具、文化用品、服装的批发。				

企业名称	上海珂客恩贸易有限公司				
企业地址	上海市卢湾区打浦路1号1002室（200023）				
投资总额	14万USD	电话	53960112	传真	53960155
设立日期	2008-9-2	负责人	NICOLAS SEGUY		
主营业务	工业维护设备、电线电缆及电气设备、空气和水处理设备的批发。				

企业名称	杰矽商贸（上海）有限公司				
企业地址	上海市黄浦区北京东路666号B区701-B室（200001）				
投资总额	10.5万USD	电话	63782293	传真	53089363
设立日期	2008-9-2	负责人	JESSE LU		
主营业务	探针台设备、机电设备、仪器仪表、日用家电、服装服饰的批发。				

企业名称	上海先穆商贸有限公司				
企业地址	上海市闵行区先锋街25号9层A单元（201103）				
投资总额	10万USD	电话	60900210	传真	60900216
设立日期	2008-9-2	负责人	李善睦（LEE SUN MOK）		
主营业务	机床及零部件的批发、进出口、佣金代理（拍卖除外），并提供服务。				

企业名称	特遴贸易（上海）有限公司				
企业地址	上海市闵行区民仙路86号第二幢109室（201111）				
投资总额	10万USD	电话	64611619	传真	64615519
设立日期	2008-9-2	负责人	KIM JONG CHIL		
主营业务	服装、面料、服装辅料、纺织品、床上用品的批发，佣金代理。				

企业名称	宜视贸易（上海）有限公司				
企业地址	上海市闸北区灵石路709号49幢204室（200070）				
投资总额	7.3万USD	电话	64016308	传真	
设立日期	2008-9-2	负责人	LEE YONG SOUNG		
主营业务	光学镜片、太阳镜、镜架及生产镜片用原料、模具、设备的批发。				

企业名称	雅善贸易（上海）有限公司				
企业地址	上海市浦东新区商城路800号410室（200120）				
投资总额	16万USD	电话	58359587	传真	64659011
设立日期	2008-9-1	负责人	LIM JUNG MO		
主营业务	计算机及配套应用软件、计算机零配件、日用百货的批发、佣金代理。				

企业名称	皞天贸易（上海）有限公司				
企业地址	上海市普陀区白兰路137弄2号1510-1512室（200060）				
投资总额	960万USD	电话	62230011	传真	
设立日期	2008-8-29	负责人	DON XIANGDONG HO		
主营业务	空气调节净化设备、环保设备及其配套安装、维修工具和设备的批发。				

企业名称	康高（上海）贸易有限公司				
企业地址	上海市徐汇区零陵路899号飞洲国际广场19A（200030）				
投资总额	151万USD	电话	54890909	传真	54891589
设立日期	2008-8-29	负责人	CLAUDE RETY		
主营业务	从事服装、服饰、箱包、家具、首饰饰品（毛钻、裸钻除外）的批发。				

企业名称	赛诗丽商贸（上海）有限公司				
企业地址	上海市静安区南京西路1038号2206-2208室（200040）				
投资总额	91万USD	电话	62187111	传真	62187717
设立日期	2008-8-29	负责人	UEDA MASATAKA		
主营业务	美容器具、日用品、儿童用品、家具、家电、日用杂货的批发。				

企业名称	力令涛（上海）商贸有限公司				
企业地址	上海市浦东新区上丰西路55号1幢102室（201201）				
投资总额	15万USD	电话	33927168	传真	33927111
设立日期	2008-8-29	负责人	王豪源		
主营业务	焊接设备及配件、建筑材料（水泥、钢材除外）、五金交电的批发。				

企业名称	维英贸易（上海）有限公司				
企业地址	上海市静安区武定路1131号2D室商场（200041）				
投资总额	14万USD	电话	52286231	传真	52288539
设立日期	2008-8-29	负责人	DAVID ANTHONY HEAP		
主营业务	办公家具设备、珠宝（毛钻、裸钻除外）、手表的批发。				

企业名称	上海安洹机电设备贸易有限公司				
企业地址	上海市静安区万航渡路731号1号楼310室（200040）				
投资总额	14万USD	电话	51099683	传真	51010830
设立日期	2008-8-29	负责人	JOHN P SANTA CROCE		
主营业务	机电设备及其零部件的批发、进出口、佣金代理（拍卖除外）。				

企业名称	思佳恩贸易（上海）有限公司				
企业地址	上海市静安区延平路128号3幢301室（200042）				
投资总额	14万USD	电话	62566124	传真	62125803
设立日期	2008-8-29	负责人	STEFAN SCOTT CHRISTOPHER		
主营业务	服装鞋帽、文体用品、五金交电、皮具制品、橡塑制品的批发。				

企业名称	上海波司登商贸发展有限公司				
企业地址	上海市杨浦区淞沪路98号1705-2室（200433）				
投资总额	1000万USD	电话	63375822	传真	
设立日期	2008-8-28	负责人	高德康		
主营业务	羽绒制品、服装、服饰、鞋帽、箱包、针纺织品及体育用品的批发。				

企业名称	图凯贸易（上海）有限公司				
企业地址	上海市浦东新区合庆镇庆达路315号1号厂房（201201）				
投资总额	72万USD	电话	68917188	传真	68917288
设立日期	2008-8-28	负责人	GIANNI CANDIO		
主营业务	制冷压缩机、光敏半导体器件和工具及配套零部件的进出口、批发。				

企业名称	津津过滤器材贸易（上海）有限公司				
企业地址	上海市黄浦区黄陂北路227号1209室（200003）				
投资总额	73万USD	电话	63758936	传真	64394114
设立日期	2008-8-27	负责人	YOK C CHI		
主营业务	过滤器、过滤器材、过滤媒体、口罩及相关零部件的批发、佣金代理。				

企业名称	奇目医疗器械贸易（上海）有限公司				
企业地址	上海市长宁区娄山关路83号2506、2507室（200336）				
投资总额	45万USD	电话	62369903	传真	62369916
设立日期	2008-8-27	负责人	PETER P.WIEST		
主营业务	医用激光仪器设备；医用X射线设备；手术室、诊疗室设备的批发。				

企业名称	起家贸易（上海）有限公司				
企业地址	上海市闵行区莘建东路58弄1号317室（201100）				
投资总额	15万USD	电话	54178335	传真	54178336
设立日期	2008-8-27	负责人	SEONG CHANG RYEOL		
主营业务	日用百货、汽摩配件、服装鞋帽、建筑材料（钢材、水泥除外）的批发。				

企业名称	科途贸易（上海）有限公司				
企业地址	上海市浦东新区张杨北路5509号1203B室（200130）				
投资总额	15万USD	电话	68670910	传真	
设立日期	2008-8-27	负责人	ABDULLAH MOHAMMED ALI		
主营业务	机电设备及配件、塑料制品、皮革制品、服装及服饰、金属制品的批发。				

企业名称	奥知商贸（上海）有限公司				
企业地址	上海市普陀区曹杨路450号1004室（200063）				
投资总额	15万USD	电话	60956766	传真	60956755
设立日期	2008-8-27	负责人	CORDES JEFFREY DALE		
主营业务	灯具、五金制品、办公设备、皮革制品、家居饰品、日用百货的批发。				

企业名称	谢菲娅贸易（上海）有限公司				
企业地址	上海市浦东新区板泉路2085号1层（200120）				
投资总额	15万USD	电话	62316817	传真	51078287
设立日期	2008-8-27	负责人	SOMXAY CHIA		
主营业务	护肤品、精油香膏、美发护发用品、电子电器、家具的批发、佣金代理。				

企业名称	安辐（上海）仪表贸易有限公司				
企业地址	上海市闵行区莘庄镇中春路4999号1240室（201100）				
投资总额	3.6万USD	电　话	64606200	传　真	64606278
设立日期	2008-8-27	负责人	LAURSEN SUSANNA		
主营业务	辐射测量仪表的批发、佣金代理（拍卖除外）及进出口业务。				

企业名称	睿才贸易（上海）有限公司				
企业地址	上海市外高桥保税区奥纳路79号1#楼五层501室（200131）				
投资总额	20万USD	电　话	64480707	传　真	64072243
设立日期	2008-8-26	负责人	陈宗杰		
主营业务	阀门、输油管道配件、电子设备的进出口、批发和佣金代理（拍卖除外）。				

企业名称	上海珂兰商贸有限公司				
企业地址	上海市青浦区华新镇新凤中路555号D区3幢108室（201708）				
投资总额	120万USD	电　话	51518888	传　真	51518883
设立日期	2008-8-25	负责人	郭　峰		
主营业务	从事珠宝首饰（毛钻、裸钻除外）、黄金饰品、钟表、日用百货的批发。				

企业名称	西赢贸易（上海）有限公司				
企业地址	上海市静安区南京西路580号2604室（200041）				
投资总额	26万USD	电　话	58350503	传　真	
设立日期	2008-8-25	负责人	FELIX QUINTANA ORTEGA		
主营业务	食品、食用橄榄油、家用日化产品、机械产品、电子电气产品的批发。				

企业名称	威本（上海）商贸有限公司				
企业地址	上海市闸北区天目西路547号B幢2111室（200070）				
投资总额	20万USD	电　话	63540315	传　真	63540317
设立日期	2008-8-25	负责人	CHO EUN HEE		
主营业务	从事日用百货、五金配件、针纺织品、钟表、眼镜、工艺品的批发。				

企业名称	上海阿多泰珂贸易有限公司				
企业地址	上海市浦东新区浦东南路1101号821室（200120）				
投资总额	14万USD	电　话	58359381	传　真	50940952
设立日期	2008-8-25	负责人	SEIJI NAKAMURA(中村圣二)		
主营业务	卫生洁具、厨房器具、家具、日用杂品、搅拌设备和器具及部件的批发。				

企业名称	越克贸易（上海）有限公司				
企业地址	上海市浦东新区张杨路228号1810室（200122）				
投资总额	14万USD	电　话	68323030	传　真	68880360
设立日期	2008-8-25	负责人	ELIE GHANEM		
主营业务	机电设备、五金制品、工艺品（文物除外）、皮革制品的批发。				

企业名称	宇达电通贸易（中国）有限公司				
企业地址	上海市闸北区江场三路211号501室（200436）				
投资总额	750万USD	电　话	61431188	传　真	61431195
设立日期	2008-8-22	负责人	何继武		
主营业务	电子元器件和模具生产设备、办公用品及其零配件的批发、佣金代理。				

企业名称	上海千一眼镜商贸有限公司				
企业地址	上海市闵行区虹泉路1101弄36甲一楼、二楼（201103）				
投资总额	50万USD	电　话	34311190	传　真	34313230
设立日期	2008-8-22	负责人	KWON CHUL OH		
主营业务	眼镜及零配件、日用品的零售、批发，佣金代理（拍卖除外）。				

企业名称	法格蔼德兰（上海）汽车配件贸易有限公司				
企业地址	上海市黄浦区方浜中路199弄14号401室（200010）				
投资总额	47万USD	电　话	63411075	传　真	51580140
设立日期	2008-8-22	负责人	JAVIER MARTINEZ INCHAUSTI		
主营业务	汽车零配件的批发、佣金代理（拍卖除外）、进出口，提供配套服务。				

企业名称	荣市威（上海）贸易有限公司				
企业地址	上海市闸北区共和新路1988号1001室（200070）				
投资总额	40万USD	电　话	33870043	传　真	33870778
设立日期	2008-8-22	负责人	GUSTAV TOMAS SVENSSON		
主营业务	日用百货、电线电缆、灯具、工艺礼品（文物除外）、钟表的批发。				

企业名称	星昊贸易（上海）有限公司				
企业地址	上海市静安区西康路928号202室（200041）				
投资总额	30万USD	电　话	34173639	传　真	34173639
设立日期	2008-8-22	负责人	KARL JIE ZOU		
主营业务	塑料制品、清洁用品、家居用品、礼品玩具的批发、进出口业务。				

企业名称	骊戈（上海）贸易有限公司				
企业地址	上海市宝山城市工业园区丰翔路1000号B幢201室（200436）				
投资总额	20万USD	电　话	51695656	传　真	
设立日期	2008-8-22	负责人	JEFFREY TODD HOLYOAK		
主营业务	厨房用品、玩具、工艺品（文物除外）的批发、进出口业务。				

企业名称	高裳（上海）贸易有限公司				
企业地址	上海市闵行区虹泉路1000号井亭大厦东楼810室（201103）				
投资总额	20万USD	电　话	34322025	传　真	34321701
设立日期	2008-8-22	负责人	崔公那（CHOI KONG NA）		
主营业务	从事服装、服饰、鞋帽、皮革制品、饰品、纺织面料的零售、批发。				

企业名称	格伦韦帛（上海）服饰商贸有限公司				
企业地址	上海市长宁区中山西路930号404室（200052）				
投资总额	20万USD	电　话	51088780	传　真	62957330
设立日期	2008-8-22	负责人	GERHARD WEBER		
主营业务	护肤产品、包装、鞋帽、眼镜（除隐形眼镜）的批发、佣金代理。				

企业名称	上海皆战达贸易有限公司				
企业地址	上海市普陀区真南路1051弄2号404室（200331）				
投资总额	20万USD	电　话	56358494	传　真	65616052
设立日期	2008-8-22	负责人	刘达文		
主营业务	酒、饮料、海鲜、纸制品、纸浆、机电设备、环保设备、玩具的批发。				

企业名称	日贸石化设备贸易（上海）有限公司				
企业地址	上海市外高桥保税区加太路39号菀熠楼第五层55部位（200131）				
投资总额	20万USD	电　话	32513185	传　真	62782725
设立日期	2008-8-22	负责人	TAKESHI SATO		
主营业务	石化设备及其零配件、机电设备及配件、化工产品、金属制品的批发。				

企业名称	上海拜客贸易有限公司				
企业地址	上海市徐汇区中山西路1919号2幢1201室（200233）				
投资总额	18万USD	电　话	61131368	传　真	61131309
设立日期	2008-8-22	负责人	KIM SANG YUN		
主营业务	建筑材料（钢材，水泥除外）、日用百货、针纺织品、机电设备的批发。				

企业名称	上海明洞贸易有限公司				
企业地址	上海市徐汇区中山西路2025号1401、1402室（200233）				
投资总额	16万USD	电　话	34240513	传　真	34240513
设立日期	2008-8-22	负责人	KIM YOUNG WAN		
主营业务	电脑、工艺品（文物除外）、通讯器材、针纺织品、机电设备的批发。				

企业名称	伊祥雅商贸（上海）有限公司				
企业地址	上海市黄浦区南京东路353号4层466A室（200001）				
投资总额	15万USD	电　话	53011320	传　真	
设立日期	2008-8-22	负责人	伊势利子		
主营业务	皮塑皮革制品、纺织品、床上用品、家居用品、布艺、日用百货的零售。				

企业名称	斯德央（上海）贸易有限公司				
企业地址	上海市徐汇区天钥桥南路1128号7幢208室（200232）				
投资总额	15万USD	电　话	64170236	传　真	64189328
设立日期	2008-8-22	负责人	钟逸文		
主营业务	箱包、钟表、眼镜（除角膜接触镜及护理液）、饰品、礼品的批发。				

企业名称	晟翊贸易（上海）有限公司				
企业地址	上海市徐汇区天钥桥路325号2220室（200030）				
投资总额	14万USD	电　话	33632477	传　真	33632476
设立日期	2008-8-22	负责人	JE　SUNG		
主营业务	服装、照明器具、映像器材、家具、化工产品（危险品除外）的批发。				

企业名称	索哈布贸易（上海）有限公司				
企业地址	上海市长宁区延安西路2299号4P18室（200336）				
投资总额	14万USD	电　话	62367998	传　真	
设立日期	2008-8-22	负责人	RAMESH JETHANAND JETHNANI		
主营业务	纺织品、服装、电子产品、日用百货、家具的批发、佣金代理。				

企业名称	西尔伍德机械贸易（上海）有限公司				
企业地址	上海市徐汇区东安路8号619室（200032）				
投资总额	14万USD	电　话	54961756	传　真	54960279
设立日期	2008-8-22	负责人	HENRIK　LEFVERT		
主营业务	从事机械、电子产品和设备及其部件、零配件和相关附件的批发。				

企业名称	吉赛贸易（上海）有限公司				
企业地址	上海市静安区新闸路 831 号 10 楼 C 室（200041）				
投资总额	7.3 万 USD	电　话	62171713	传　真	62711886
设立日期	2008-8-22	负 责 人	DI MAURO GIUSEPPE		
主营业务	家具、机械设备及其零部件、建筑材料（钢材、水泥除外）的批发。				

企业名称	世转贸易（上海）有限公司				
企业地址	上海市长宁区延安西路 2299 号 10G27 室（200336）				
投资总额	4.5 万 USD	电　话	62366650	传　真	
设立日期	2008-8-22	负 责 人	SUNG WEARYUN		
主营业务	美容器械、机械设备、五金交电及其配件、电子产品及其配件的批发。				

企业名称	上海灏塑塑胶贸易有限公司				
企业地址	上海市外高桥保税区华申路 180 号综合大楼二层 201 室（200131）				
投资总额	14.6 万 USD	电　话	58352335	传　真	
设立日期	2008-8-21	负 责 人	李志成		
主营业务	以塑胶原料为主的国际贸易、转口贸易；保税企业间的贸易及贸易代理。				

企业名称	拉格代尔商业（上海）有限公司				
企业地址	上海市长宁区虹桥路 2550 号（200335）				
投资总额	117 万 USD	电　话	62682839	传　真	
设立日期	2008-8-20	负 责 人	SCOTT RANDALL RAISIN		
主营业务	国内版图书、报刊、期刊和电子出版物的零售。				

企业名称	尤康恩（上海）贸易有限公司				
企业地址	上海市浦东新区浦东南路 1101 号 1010 室（200120）				
投资总额	20 万 USD	电　话	58360738	传　真	58360735
设立日期	2008-8-20	负 责 人	WILLIAM ARTHUR JONES		
主营业务	乳品加工设备、工业除尘设备、机电设备及配套零部件的批发。				

企业名称	吕慧贸易（上海）有限公司				
企业地址	上海市静安区北京西路 605 弄 57 号 8 层 D 室（200041）				
投资总额	15 万 USD	电　话	64326676	传　真	
设立日期	2008-8-20	负 责 人	HAI CHANG LU		
主营业务	纺织品、服装、鞋帽、皮革制品、及相关配饰件的批发、进出口业务。				

企业名称	品客布噜（上海）贸易有限公司				
企业地址	上海市长宁区延安西路 2299 号 05B61（200336）				
投资总额	14 万 USD	电　话	62365231	传　真	
设立日期	2008-8-20	负 责 人	KIM KONG		
主营业务	服装、服饰、鞋帽及其辅料配件、智力玩具的批发、佣金代理。				

企业名称	山奕电子贸易（上海）有限公司				
企业地址	上海市长宁区延安西路 1590 号第 5 层 O、P 室（200052）				
投资总额	14 万 USD	电　话	52583146	传　真	
设立日期	2008-8-19	负 责 人	雷士杰		
主营业务	光导纤维、光导纤维束及光缆用的连接器，上述产品零部件的批发。				

企业名称	上海宝坦贸易有限公司				
企业地址	上海市闵行区莘庄镇莘建东路 58 弄 2 号 2312 室（201100）				
投资总额	14 万 USD	电　话	53179300	传　真	53179300
设立日期	2008-8-19	负 责 人	李春雷		
主营业务	家具、游艇设备及配件、模具、室内装饰产品的批发，佣金代理。				

企业名称	华道书报刊发行（上海）有限公司				
企业地址	上海市卢湾区淮海中路 300 号香港新世界大厦 2704 室（200021）				
投资总额	439 万 USD	电　话	61042627	传　真	
设立日期	2008-8-14	负 责 人	PIERRE VICTOR VISOT		
主营业务	国内出版的图书、报纸及期刊和电子出版物的批发、零售业务。				

企业名称	福原圆机（上海）贸易有限公司				
企业地址	上海市长宁区延安西路 2067 号 1902 室（200336）				
投资总额	47 万 USD	电　话	62789656	传　真	62789661
设立日期	2008-8-14	负 责 人	植村聪		
主营业务	编织机及其零部件的批发、进出口、佣金代理（拍卖除外）。				

企业名称	克斯莫石化贸易（上海）有限公司				
企业地址	上海市外高桥保税区奥纳路 79 号 1#楼二层 2125 室（200131）				
投资总额	30 万 USD	电　话	63500821	传　真	63500825
设立日期	2008-8-14	负 责 人	秋本 仁		
主营业务	汽车零配件、服装、日用品、生物制品（药品除外）的批发。				

企业名称	婀碧姆（上海）贸易有限公司				
企业地址	上海市虹口区四平路 775 弄 1 号 1104 室（200092）				
投资总额	28 万 USD	电　话	62125803	传　真	65215847
设立日期	2008-8-14	负 责 人	久我道恭		
主营业务	分析仪器、汽车配件、机械设备、电子配件、服装鞋帽的批发。				

企业名称	上海嵩星贸易有限公司				
企业地址	上海市松江区茸兴路 123 号 6 幢 2 楼（201613）				
投资总额	20 万 USD	电　话	57780739	传　真	57780149
设立日期	2008-8-14	负 责 人	SIRI CHOMCHAN(陈利强)		
主营业务	灯具、塑料制品、橡胶制品、木制品、金属制品、各类包装袋的批发。				

企业名称	倍嘉贸易（上海）有限公司				
企业地址	上海市长宁区仙霞路 317 号 1015 室（200051）				
投资总额	15 万 USD	电　话	32091062	传　真	32091062
设立日期	2008-8-14	负 责 人	蒋颂华		
主营业务	食品销售管理（非实物方式）；家具、家电、食品、服装服饰的批发。				

企业名称	欧季亚化工贸易（上海）有限公司				
企业地址	上海市外高桥保税区加太路 39 号菀熠楼第五层 33 部位（200131）				
投资总额	15 万 USD	电　话	54510681	传　真	54510682
设立日期	2008-8-14	负 责 人	MIGUEL MANTAS		
主营业务	塑料橡胶制品、机电产品、金属制品的批发、佣金代理（拍卖除外）。				

企业名称	阿尔法飞力贸易（上海）有限公司				
企业地址	上海市静安区大田路 129 弄 1 号 21 层 A 室（200041）				
投资总额	14.6 万 USD	电　话		传　真	
设立日期	2008-8-14	负 责 人	佐佐木顺子		
主营业务	陶瓷节能器的进出口、提供售后服务及节能与环保技术的咨询服务。				

企业名称	恩盛（上海）贸易有限公司				
企业地址	上海市松江区南期昌路 751 号 805 室（201620）				
投资总额	14 万 USD	电　话	37621189	传　真	37621190
设立日期	2008-8-14	负 责 人	TAY TZE HWEE		
主营业务	电子产品、马达、感应器的批发及上述产品的进出口，佣金代理。				

企业名称	上海培饰都贸易有限公司				
企业地址	上海市外高桥保税区富特北路 18 号联安大厦 322 室（200131）				
投资总额	14 万 USD	电　话	58683061	传　真	
设立日期	2008-8-14	负 责 人	樱井哲夫		
主营业务	服装配饰、服装辅料、塑料制品、木制品、纸制品、杂项制品的批发。				

企业名称	泓里装饰材料贸易（上海）有限公司				
企业地址	上海市静安区江宁路 418 号 24 层 01 室（200041）				
投资总额	12.8 万 USD	电　话	62675665	传　真	62673989
设立日期	2008-8-14	负 责 人	俞乾生		
主营业务	木材及木业制品（原木除外）、化工涂料及油漆的批发、进出口业务。				

企业名称	百帛贸易（上海）有限公司				
企业地址	上海市长宁区仙霞路 335 号 1 号楼 201－202 室（200336）				
投资总额	7.3 万 USD	电　话	58773951	传　真	58773951
设立日期	2008-8-14	负 责 人	GUDRUN VIBEKE BOOST		
主营业务	服装、服装辅料、饰品（裸钻和毛钻除外）、箱包、皮具、鞋帽的批发。				

企业名称	上海媚婷峰贸易有限公司				
企业地址	上海市闵行区吴中路 1050 号第 6 幢 408、409 室（201103）				
投资总额	500 万 USD	电　话	54224047	传　真	
设立日期	2008-8-13	负 责 人	赵柏昌		
主营业务	工艺品（文物除外）、服装服饰、面料、鞋帽的批发、佣金代理。				

企业名称	艾雷特（上海）贸易有限公司				
企业地址	上海市浦东新区花园石桥路 33 号 802 室、808 部分（200120）				
投资总额	250 万 USD	电　话	58768600	传　真	61050256
设立日期	2008-8-13	负 责 人	SYED HUSSAIN AMEEN SAHIB		
主营业务	建筑材料、金属制品、机电产品、电子产品的进出口、批发。				

企业名称	驿桥（上海）商贸有限公司				
企业地址	上海市闸北区江场三路 228 号 2 层 202 室（200436）				
投资总额	210 万 USD	电　话	61173500	传　真	
设立日期	2008-8-13	负 责 人	FANG SEE LEONG		
主营业务	从事传动产品的批发、进出口、佣金代理（拍卖除外）。				

企业名称	镇万商贸（上海）有限公司				
企业地址	上海市闵行区吴中路 1067－1087 号第三幢 312、316 室（201103）				
投资总额	40 万 USD	电　话	64053601	传　真	
设立日期	2008-8-13	负 责 人	PARK JIN MAN		
主营业务	文体用品、机械设备、汽车配件、电脑周边设备、小家电的进出口业务。				

企业名称	科跋凌（上海）贸易有限公司				
企业地址	上海市外高桥保税区奥纳路 79 号 2112 室（200131）				
投资总额	35 万 USD	电　话	61059163	传　真	61059100
设立日期	2008-8-13	负 责 人	松永一雄		
主营业务	国际贸易、转口贸易、保税区企业间的贸易及区内贸易代理。				

企业名称	世多乐（上海）农业科技有限公司				
企业地址	上海市浦东新区浦东南路 379 号 25F（200120）				
投资总额	20 万 USD	电　话	68869130	传　真	68869131
设立日期	2008-8-13	负 责 人	JERRY H. STOLLER		
主营业务	植物营养产品、化工品的开发和研制，销售自产产品。				

企业名称	上海义振贸易有限公司				
企业地址	上海市闵行区中春路 7228 号第三幢 9 层 8 号（201101）				
投资总额	20 万 USD	电　话	51562506	传　真	34520729
设立日期	2008-8-13	负 责 人	陈淑芬		
主营业务	纺织品及原料、服装、服装面料及辅料、饰品的批发，进出口业务。				

企业名称	鸣乐（上海）贸易有限公司				
企业地址	上海市卢湾区瑞金南路 1 号 17H 室（200025）				
投资总额	20 万 USD	电　话	64181025	传　真	64181056
设立日期	2008-8-13	负 责 人	HERMANN-MULLER-MENRAD		
主营业务	光学眼镜框和太阳镜的批发、佣金代理（拍卖除外）和进出口业务。				

企业名称	上海芬萨贸易有限公司				
企业地址	上海市浦东新区御桥路 290 号 1－2 层（200124）				
投资总额	15 万 USD	电　话	50932852	传　真	50932853
设立日期	2008-8-13	负 责 人	FRANCISCO JAVIER TRILLA FOLCH		
主营业务	通讯器材、日用百货、化工产品（危险品除外）、家具的批发。				

企业名称	上海武嘉模具商贸有限公司				
企业地址	上海市浦东新区金海路 2588 号 1 幢 322 室（200063）				
投资总额	15 万 USD	电　话	52351021	传　真	52351201
设立日期	2008-8-13	负 责 人	小林功三		
主营业务	模具及其配件、塑料制品的批发、佣金代理（拍卖除外）、进出口业务。				

企业名称	杰柏贸易（上海）有限公司				
企业地址	上海市卢湾区淮海中路 1 号 1208 室（200021）				
投资总额	14 万 USD	电　话	53820805	传　真	53820908
设立日期	2008-8-13	负 责 人	ROBERT JONATHAN WALL		
主营业务	办公家具、建筑装潢材料（水泥、钢材除外）的批发，佣金代理。				

企业名称	上海和智商贸有限公司				
企业地址	上海市闸北区天目中路 353 号 405 室（200070）				
投资总额	14.6 万 USD	电　话	51826090	传　真	51826091
设立日期	2008-8-13	负 责 人	张　微		
主营业务	纸张、包装材料的批发，提供相关配套业务及相关贸易信息咨询。				

企业名称	新沣时尚服饰贸易（上海）有限公司				
企业地址	上海市长宁区中山西路 933 号 1103 室（200051）				
投资总额	500 万 USD	电　话	51113535	传　真	
设立日期	2008-8-12	负 责 人	颜世珏		
主营业务	从事服装服饰、皮革制品、鞋类及相关配套产品的批发、零售。				

企业名称	德贝文商贸（上海）有限公司				
企业地址	上海市徐汇区宜山路 407 号南楼 504、505 室（200233）				
投资总额	500 万 USD	电　话	31200876	传　真	33630125
设立日期	2008-8-12	负 责 人	江　隽		
主营业务	日用百货、床上用品、针纺织品、文教办公用品、橡胶制品的批发。				

企业名称	双羽电线贸易（上海）有限公司				
企业地址	上海市徐汇区中山西路 1800 号 8C 室（200233）				
投资总额	18.8 万 USD	电　话	64401085	传　真	64401086
设立日期	2008-8-12	负 责 人	今村匡宏		
主营业务	电线电缆、机电产品、电子产品、五金交电、橡塑制品的批发。				

企业名称	盛简荣国际贸易（上海）有限公司				
企业地址	上海市外高桥保税区华申路 180 号综合大楼 719 室（200131）				
投资总额	14 万 USD	电　话	53021255	传　真	53022522
设立日期	2008-8-12	负 责 人	CLAUDIO TRASATTI		
主营业务	国际贸易、转口贸易、保税区企业间贸易及贸易代理。				

企业名称	峻亿（上海）贸易有限公司				
企业地址	上海市浦东新区张杨北路 5509 号 501C 室（200137）				
投资总额	204 万 USD	电　话	62944380	传　真	62944391
设立日期	2008-8-11	负 责 人	黄永照		
主营业务	化工产品（危险品除外），汽车零配件、五金工具的批发、佣金代理。				

企业名称	沃尔沃汽车销售（上海）有限公司				
企业地址	上海市外高桥保税区基隆路 6 号 11 楼 1102、1103 室（200131）				
投资总额	200 万 USD	电　话	28916421	传　真	28916681
设立日期	2008-8-11	负 责 人	ALEXANDER KLOSE		
主营业务	作为沃尔沃品牌汽车的授权总经销商，从事沃尔沃品牌汽车的进口业务。				

企业名称	哲观商贸（上海）有限公司				
企业地址	上海市青浦区沪青平公路 3908－103 号（201700）				
投资总额	146 万 USD	电　话	39752468	传　真	
设立日期	2008-8-11	负 责 人	陈英杰		
主营业务	鞋帽、皮包及其他皮件、皮革制品、日用杂货及家具、电子产品的批发。				

企业名称	益观商贸（上海）有限公司				
企业地址	上海市青浦区沪青平公路 3908－102 号（201700）				
投资总额	146.5 万 USD	电　话		传　真	
设立日期	2008-8-11	负 责 人	陈英杰		
主营业务	皮包及其他皮件、皮革制品、日用杂货及家具、电子产品的批发。				

企业名称	初晨商贸（上海）有限公司				
企业地址	上海市黄浦区中山南路 268 号 1 号楼 5 层 03 单元（200011）				
投资总额	94 万 USD	电　话	63325596	传　真	63325592
设立日期	2008-8-11	负 责 人	马卫平		
主营业务	皮革制品、服装服饰、鞋帽箱包、日用品的批发、佣金代理。				

企业名称	上海特斯虹贸易有限公司				
企业地址	上海市长宁区仙霞路 80 号第三层 04－08 室（200336）				
投资总额	94 万 USD	电　话	62958569	传　真	62958787
设立日期	2008-8-11	负 责 人	马卫平		
主营业务	皮革制品、服装服饰、鞋帽箱包、日用品的批发、佣金代理。				

企业名称	上海特斯虹贸易有限公司				
企业地址	上海市长宁区仙霞路 80 号第三层 04－08 室（200336）				
投资总额	50 万 USD	电　话	62958666	传　真	62958787
设立日期	2008-8-11	负 责 人	潘燕秋		
主营业务	建筑材料（钢材、水泥除外）、机电设备的批发、佣金代理。				

企业名称	特梭贸易（上海）有限公司				
企业地址	上海市外高桥保税区日京路 51 号 1419 室（200131）				
投资总额	29 万 USD	电　话	62884036	传　真	62884046
设立日期	2008-8-11	负 责 人	JAN ERIK MANSSON		
主营业务	国际贸易、保税区内的商品展示；保税区企业间的贸易及贸易代理。				

企业名称	普伶贸易（上海）有限公司				
企业地址	上海市闵行区合川路 3089 号 3 幢 4 楼 C、D、E 室（201103）				
投资总额	20 万 USD	电　话		传　真	
设立日期	2008-8-11	负 责 人	KIM SEUNG HYUN		
主营业务	针纺织品原材料及辅料（棉花除外）、服装服饰、鞋帽箱包的批发。				

企业名称	美尚生化环境技术（上海）有限公司				
企业地址	上海市长宁区延安西路 2299 号 10 楼 J33 室（200336）				
投资总额	20 万 USD	电　话	62362387	传　真	628934497
设立日期	2008-8-11	负 责 人	LEE GEORGE JAW FANG		
主营业务	环保处理设备和控制设备及零部件、耗材的批发、进出口业务。				

企业名称	醇通（上海）商贸有限公司				
企业地址	上海市闵行区虹井路 185 号 10 幢 401 室（201103）				
投资总额	16 万 USD	电　话	32098888	传　真	62260557
设立日期	2008-8-11	负 责 人	林晓峰		
主营业务	酒类［食品销售管理（非实物方式）］、日用百货的进出口、批发业务。				

批发和零售贸易业

企业名称	睿马化工贸易（上海）有限公司					
企业地址	上海市闵行区光华路 2118 号第 7 幢 152 室（201111）					
投资总额	14 万 USD	电　话	68596699	传　真	68596689	
设立日期	2008-8-11	负责人	RANDOLPH JACK ROSENFELD			
主营业务	化工原料及产品（除危险品）的批发、佣金代理（拍卖除外）。					

企业名称	雅郡国际贸易（上海）有限公司					
企业地址	上海市虹口区武进路 456 号 1 幢八层 8A（200080）					
投资总额	14 万 USD	电　话	34318108	传　真	34317275	
设立日期	2008-8-11	负责人	HSIA NELSON HEDDY			
主营业务	化妆品和护肤品的批发，进出口，佣金代理（拍卖除外）。					

企业名称	迈瑞斯（上海）贸易有限公司					
企业地址	上海市徐汇区建国西路 283 号 5 号楼 5211 单元（200031）					
投资总额	7.3 万 USD	电　话	52580821	传　真	52308128	
设立日期	2008-8-11	负责人	FRANCK PATRICK PICARD			
主营业务	纸及纸制品、服装的进出口、批发、佣金代理（拍卖除外）。					

企业名称	上海桂恒建材贸易有限公司					
企业地址	上海市闵行区光华路 2118 号第 6 幢 1126 室（201111）					
投资总额	7.3 万 USD	电　话	61452716	传　真	64434670	
设立日期	2008-8-11	负责人	TAN TECK YEE			
主营业务	从事建材（钢材、水泥除外）、涂料、家具的批发、佣金代理。					

企业名称	沃尔沃遍达（上海）贸易有限公司					
企业地址	上海市南汇区洋山保税港区同顺大道 333 号 1 号楼 05 室（201308）					
投资总额	386 万 USD	电　话	62370008	传　真	62370200	
设立日期	2008-8-8	负责人	谢松			
主营业务	从事国际贸易、转口贸易、保税区企业间的贸易及区内贸易代理。					

企业名称	上海汉虹东纲贸易有限公司					
企业地址	上海市宝山城市工业园区园新路 125 号 2 幢（200436）					
投资总额	188 万 USD	电　话	36161810	传　真		
设立日期	2008-8-8	负责人	TAKEHIRO TABATA			
主营业务	从事用于太阳能电池及半导体制造的装置及其相关产品的进出口业务。					

企业名称	陆逊梯卡（上海）商贸有限公司					
企业地址	上海市徐汇区虹桥路 3 号 30 楼 04－05 室（200030）					
投资总额	159 万 USD	电　话	24113838	传　真	24113939	
设立日期	2008-8-8	负责人	叶宁			
主营业务	眼镜、太阳镜、眼镜产品和配件（除角膜接触镜及护理液）的批发。					

企业名称	上海朵莲朵贸易有限公司					
企业地址	上海市黄浦区陆家浜路 1139 号 5 层 C 室（200011）					
投资总额	30 万 USD	电　话	63125678	传　真	53079539	
设立日期	2008-8-8	负责人	陈威铭			
主营业务	酒店用品、化妆品、日用百货、灯具的批发及进出口业务。					

企业名称	明速汽车配件贸易（上海）有限公司					
企业地址	上海市松江区新桥镇新界路 18 号 3 号楼（201612）					
投资总额	15 万 USD	电　话	64183027	传　真	57640686	
设立日期	2008-8-8	负责人	HIN FAN TSANG			
主营业务	汽车配件的批发及进出口业务，提供相关技术服务。					

企业名称	恒柯商贸（上海）有限公司					
企业地址	上海市徐汇区沪闵路 8075 号 613 室（200237）					
投资总额	15 万 USD	电　话	54184811	传　真	54186113	
设立日期	2008-8-8	负责人	张文蓓			
主营业务	金属制品、日用品、工艺品（文物除外）的批发、佣金代理。					

企业名称	柯罗夫贸易（上海）有限公司					
企业地址	上海市长宁区兴义路 8 号 3108 室（200051）					
投资总额	20 万 USD	电　话	52080257	传　真	52080699	
设立日期	2008-8-7	负责人	MARIIA BUZHOR			
主营业务	照相器材、工艺品（文物除外）、玻璃器皿、餐具的批发、佣金代理。					

企业名称	怡蝶贸易（上海）有限公司					
企业地址	上海市闵行区江川路 1511 号第 2 幢 1103 室（201111）					
投资总额	15 万 USD	电　话		传　真		
设立日期	2008-8-7	负责人	JOHNSON CHIEN			
主营业务	针纺织品的批发、佣金代理（拍卖除外）、进出口，并提供配套服务。					

企业名称	匡威体育用品（中国）有限公司					
企业地址	上海市静安区南京西路 1266 号 10 层 1012 室（200040）					
投资总额	732 万 USD	电　话	52882288	传　真	52882569	
设立日期	2008-8-6	负责人	JAMES MICHAEL PRINCE			
主营业务	服装、鞋帽、配饰、健身器材、体育用品的零售（限分支机构经营）。					

企业名称	同沣德（上海）贸易有限公司					
企业地址	上海市长宁区天山路 600 弄 1 号同达创业大厦 1204 室（200051）					
投资总额	300 万 USD	电　话	61457125	传　真	61457127	
设立日期	2008-8-6	负责人	WILSON HASAN WIDJAJA			
主营业务	合成橡胶、轮胎、橡胶制品和化工原料批发、佣金代理。					

企业名称	丸井商贸（上海）有限公司					
企业地址	上海市静安区北京西路 1701 号 1507 室（200040）					
投资总额	282 万 USD	电　话	61604700	传　真	62885311	
设立日期	2008-8-6	负责人	佐藤元彦			
主营业务	室内装饰品、家具、家用电器、化妆品、日用杂货、文具的批发。					

企业名称	芙嘉（上海）商贸有限公司					
企业地址	上海市静安区延安中路 1440 号 20 幢 329 室（200040）					
投资总额	94 万 USD	电　话	50372668	传　真	61031689	
设立日期	2008-8-6	负责人	木村保			
主营业务	洗涤用品、皮革制品、编织品、服装、纺织品、鞋帽、箱包的批发。					

企业名称	上海普盈贸易有限公司					
企业地址	上海市徐汇区中山西路 2006 号 1 幢 913 室（200233）					
投资总额	21 万 USD	电　话	64314905	传　真	64333105	
设立日期	2008-8-6	负责人	万肇祥			
主营业务	砂轮、机电产品及其功能部件，各种检测仪器、仪表及其零配件的批发。					

企业名称	义吉贸易（上海）有限公司					
企业地址	上海市静安区康定路 528 号 2 幢 118C 室（200041）					
投资总额	20 万 USD	电　话	62099572	传　真	32120327	
设立日期	2008-8-6	负责人	刘菁雯			
主营业务	自行车及零配件、童车及零配件、玩具、户外家具的批发、佣金代理。					

企业名称	艾萍特（上海）贸易有限公司					
企业地址	上海市黄浦区北京东路 666 号 F 幢 8I 室（200001）					
投资总额	15 万 USD	电　话		传　真		
设立日期	2008-8-6	负责人	曾丽卿			
主营业务	食品、饮料和农产品（粮食除外）的批发，佣金代理（除拍卖）。					

企业名称	薇赛（上海）商贸有限公司					
企业地址	上海市闵行区万源路 2163 号 21 幢 802A 室（201103）					
投资总额	14 万 USD	电　话	51088633	传　真	64059850	
设立日期	2008-8-6	负责人	巫侑航			
主营业务	电工产品、五金交电、工业控制用计算机软硬件、阀门的批发。					

企业名称	上海雅曼餐饮有限公司					
企业地址	上海市静安区吴江路 169 号四季坊商场一层 114 号单元（200040）					
投资总额	14 万 USD	电　话		传　真		
设立日期	2008-8-6	负责人	潘麒如			
主营业务	现制现售：面包、咖啡；销售：预包装食品。					

企业名称	芬海贸易（上海）有限公司					
企业地址	上海市张江高科技园区碧波路 690 号 2 号楼 401－15 室（201203）					
投资总额	12 万 USD	电　话	61042205	传　真	61042200	
设立日期	2008-8-6	负责人	MATTI JUHANI KAARTINEN			
主营业务	纸浆的相关配料、清洁剂、家具、装饰材料、化妆品、日化用品的批发。					

企业名称	贝朗爱敦（上海）贸易有限公司					
企业地址	上海市外高桥保税区新灵路 118 号 1901 室（200131）					
投资总额	32 万 USD	电　话	53083399	传　真	53080115	
设立日期	2008-8-5	负责人	GOH TECK HOCK			
主营业务	高分子材料、水处理设备、仪器仪表、机电产品以及零部件的进出口。					

企业名称	上海商富商贸有限公司					
企业地址	上海市普陀区志丹路 186 号 502 室（200333）					
投资总额	66 万 USD	电　话		传　真		
设立日期	2008-8-4	负责人	王显昌			
主营业务	从事日用百货、服装鞋帽、皮具的零售、批发、佣金代理（拍卖除外）。					

企业名称	上海六商商贸有限公司				
企业地址	上海市浦东新区张杨路 228 号 1419 室（200120）				
投资总额	29 万 USD	电　话	58889603	传　真	58880856
设立日期	2008-8-4	负 责 人	张冬梅		
主营业务	包装材料、塑料制品、运动用品、鞋子、服装服饰的批发。				

企业名称	上海爱得旺商贸有限公司				
企业地址	上海市静安区南京西路 993 号 16 层 C 室（200040）				
投资总额	28 万 USD	电　话	62678772	传　真	
设立日期	2008-8-4	负 责 人	山形雅之助		
主营业务	家用壁炉及烟囱、空气调节器及换气装置、皮革制品的批发。				

企业名称	乔碧贸易（上海）有限公司				
企业地址	上海市普陀区古浪路 521 号 116 室（200333）				
投资总额	20 万 USD	电　话	52351206	传　真	52351770
设立日期	2008-8-4	负 责 人	LAO TIAK-BEN LIM		
主营业务	食品的批发、佣金代理（拍卖除外）、进出口，提供相关配套服务。				

企业名称	今方贸易（上海）有限公司				
企业地址	上海市浦东新区金海路 2588 号 1 幢 327 室（201209）				
投资总额	14 万 USD	电　话	51321679	传　真	51321606
设立日期	2008-8-4	负 责 人	曾立元		
主营业务	各类轴承及其零配件的批发、佣金代理（拍卖除外）、进出口业务。				

企业名称	凌生（上海）商贸有限公司				
企业地址	上海市长宁区仙霞路 345 号 8E 室（200336）				
投资总额	14.6 万 USD	电　话	62281786	传　真	61611117
设立日期	2008-8-4	负 责 人	陈惠周		
主营业务	服装服饰、珠宝首饰（裸钻、毛钻除外）、工艺品（文物除外）的批发。				

企业名称	合勒（上海）液压机械贸易有限公司				
企业地址	上海市奉贤区奉城镇新奉公路 6328 号 428 栋 3 单元 301 室（201411）				
投资总额	50 万 USD	电　话	69524380	传　真	69524382
设立日期	2008-8-1	负 责 人	ERCEVIK MITHAT		
主营业务	油泵、马达、多路阀、液压导向器等液压配件的批发、佣金代理。				

企业名称	伊喀拓（上海）商贸有限公司				
企业地址	上海市闸北区桂平路 418 号 2702 室（200233）				
投资总额	39 万 USD	电　话	64952966	传　真	64856183
设立日期	2008-8-1	负 责 人	DR WATZELT CHRISTIAN		
主营业务	机械、电气设备及其附件的批发、进出口、佣金代理（拍卖除外）。				

企业名称	斯泽塔塞眼镜商贸（上海）有限公司				
企业地址	上海市徐汇区虹桥路 3 号二座 7 楼 04－06 室（200030）				
投资总额	37.5 万 USD	电　话	24113819	传　真	24113814
设立日期	2008-8-1	负 责 人	GEORGE MINAKAKIS		
主营业务	眼镜、太阳镜、护理用品和配件的批发、零售（限分支机构经营）。				

企业名称	上海尹态贸易有限公司				
企业地址	上海市闵行区吴中路 1065 号 1 幢 705 室（201103）				
投资总额	25 万 USD	电　话	51503452	传　真	
设立日期	2008-8-1	负 责 人	KIM SUNG SOO		
主营业务	服装服饰及辅料、布料、日用百货、鞋帽、电子产品、五金交电的批发。				

企业名称	上海尊鸿贸易有限公司				
企业地址	上海市闵行区七莘路 1696 号 1－2 层、1698 号 1－3 层（201100）				
投资总额	20 万 USD	电　话	54168906	传　真	
设立日期	2008-8-1	负 责 人	陈彦亦		
主营业务	汽车钢圈及汽车零配件、汽车饰品的零售、批发，佣金代理。				

企业名称	百玛威（上海）机械设备商贸有限公司				
企业地址	上海市浦东新区花木路 916 弄 4 号 306 室（200122）				
投资总额	19 万 USD	电　话	50462299	传　真	50462302
设立日期	2008-8-1	负 责 人	蔡翰霆		
主营业务	建筑机械设备、环保机械设备、机电设备、化工产品、电子产品的批发。				

企业名称	浩淳（上海）贸易有限公司				
企业地址	上海市徐汇区龙吴路 1502 号 1 号楼 111 室（200237）				
投资总额	15 万 USD	电　话	54361211	传　真	54361211
设立日期	2008-8-1	负 责 人	莫淑仪		
主营业务	工艺品（文物除外）、食品销售管理（非实物方式）、电子产品的批发。				

企业名称	上海宏坂贸易有限公司				
企业地址	上海市闵行区吴中路 1068 号 5 楼 E 室（201103）				
投资总额	15 万 USD	电　话	64051952	传　真	
设立日期	2008-8-1	负 责 人	洪世章		
主营业务	从事电子专用设备、精密仪器、机械设备零部件的批发及进出口业务。				

企业名称	沃佳（上海）贸易有限公司				
企业地址	上海市徐汇区襄阳南路 500 号 2518 室（200031）				
投资总额	14 万 USD	电　话	54661612	传　真	
设立日期	2008-8-1	负 责 人	ARNAUD JEAN RAYMOND CASTEL		
主营业务	家饰装潢产品、家具家居用品、化妆品的批发、进出口业务。				

企业名称	亿萨佧贸易（上海）有限公司				
企业地址	上海市浦东新区浦建路 145 号 08 楼 03 室（200127）				
投资总额	14 万 USD	电　话	50425566	传　真	
设立日期	2008-8-1	负 责 人	CHENG EE CHEW		
主营业务	机电产品、电子产品、金属制品、橡塑制品、五金交电的批发。				

企业名称	信乃通贸易（上海）有限公司				
企业地址	上海市张江高科技园区祖冲之路 2288 弄 3 号楼 934 室（201203）				
投资总额	7 万 USD	电　话	68798700	传　真	66540517
设立日期	2008-8-1	负 责 人	HAN QING XIE（谢寒清）		
主营业务	生物试剂（实验室用）、仪器仪表的批发、佣金代理（拍卖除外）。				

企业名称	安策（上海）贸易有限公司				
企业地址	上海市闵行区双柏路 869 号 2 幢 101 室（200237）				
投资总额	20 万 USD	电　话	34080400	传　真	68406651
设立日期	2008-7-31	负 责 人	倪宁军		
主营业务	从事阀门及零配件的批发、进出口、佣金代理（拍卖除外）。				

企业名称	颖通（上海）贸易有限公司				
企业地址	上海市外高桥保税区泰谷路 88 号五楼 572 室（200131）				
投资总额	64 万 USD	电　话	63859176	传　真	
设立日期	2008-7-30	负 责 人	刘钜荣		
主营业务	化妆品、眼镜及配件、日用百货的批发、进出口、佣金代理。				

企业名称	上海清贵园贸易有限公司				
企业地址	上海市青浦区盈港路 453 号港隆国际大厦 807 室（201700）				
投资总额	10 万 USD	电　话		传　真	
设立日期	2008-7-30	负 责 人	伊丹富贵雄		
主营业务	观赏植物、观赏鱼、营养土（化肥除外）的批发、佣金代理（拍卖除外）。				

企业名称	上海永绪贸易有限公司				
企业地址	上海市徐汇区肇嘉浜路 789 号 7C2 室（200032）				
投资总额	280 万 USD	电　话	63858288	传　真	63858286
设立日期	2008-7-29	负 责 人	朱吉申		
主营业务	户外家具及用品、纺织品、机电、机器设备及其零配件的批发。				

企业名称	帝盾贸易（上海）有限公司				
企业地址	上海市奉贤区奉城镇新奉公路 6328 号精品大楼 A25（201411）				
投资总额	14 万 USD	电　话		传　真	
设立日期	2008-7-29	负 责 人	YUN WEI PEI		
主营业务	电脑软硬件、五金交电、日用百货的批发，并提供产品的售后服务。				

企业名称	上海运扬贸易有限公司				
企业地址	上海市闸北区天目西路 99 号 705－708 室（200070）				
投资总额	14 万 USD	电　话	63805599	传　真	63813260
设立日期	2008-7-29	负 责 人	黄士雅		
主营业务	化工原料及产品（危险品除外）、布艺、日用百货的批发。				

企业名称	上海哈乃珈商贸有限公司				
企业地址	上海市长宁区定西路 710 弄 16 号 5D 室（200052）				
投资总额	13 万 USD	电　话	58335573	传　真	61637025
设立日期	2008-7-29	负 责 人	XIAO FENG QI		
主营业务	面料、辅料、鞋帽、手表、眼镜、箱包、饰品、日用百货的零售、批发。				

企业名称	大金麦克维尔中央空调有限公司				
企业地址	上海市闸北区共和新路 1868 号 906 室（200072）				
投资总额	732 万 USD	电　话	33870088	传　真	33870218
设立日期	2008-7-28	负 责 人	HO NYUK CHOY		
主营业务	中央空调产品、空调产品及配套产品的研究开发。				

批发和零售贸易业

企业名称	亚忒宝（上海）商贸有限公司				
企业地址	上海市黄浦区延安东路 175 号 808 室（200001）				
投资总额	40 万 USD	电　话	63365772	传　真	63365755
设立日期	2008-7-28	负 责 人	JOHN AAMODT		
主营业务	金属制品、日用品、精细化工产品（危险品除外）和运动器材的批发。				

企业名称	誓诚电子贸易（上海）有限公司				
企业地址	上海市黄浦区北京东路 666 号西幢 19B 室（200001）				
投资总额	15 万 USD	电　话	63058855	传　真	63058833
设立日期	2008-7-28	负 责 人	陈伟强		
主营业务	电子元器件、电子产品、电器产品的批发、进出口、佣金代理。				

企业名称	艾瀚贸易（上海）有限公司				
企业地址	上海市黄浦区浙江中路 400 号 8 楼 800 室（200001）				
投资总额	14 万 USD	电　话	51697590	传　真	
设立日期	2008-7-28	负 责 人	JARI VEPSALAINEN		
主营业务	户外运动用品、服装、鞋子的批发，佣金代理，进出口及相关配套服务。				

企业名称	同心石（上海）贸易有限公司				
企业地址	上海市浦东新区金桥出口加工区黄杨路 18 号 4 幢 2016 室（201206）				
投资总额	14 万 USD	电　话	50319372	传　真	50319370
设立日期	2008-7-28	负 责 人	高省如		
主营业务	自行车零配件、服装服饰、厨房用品、钓具及其零配件批发、佣金代理。				

企业名称	崇山贸易（上海）有限公司				
企业地址	上海市长宁区延安西路 2299 号 6G07 室（200051）				
投资总额	10 万 USD	电　话	62362079	传　真	62362059
设立日期	2008-7-28	负 责 人	王燕参		
主营业务	纺织品、针织品及原料（棉花除外）、服装及辅料的批发、进出口业务。				

企业名称	上海亿扬贸易有限公司				
企业地址	上海市闵行区春申路 2328 号第 3 幢 221 室（200237）				
投资总额	10 万 USD	电　话	64147189	传　真	64147189
设立日期	2008-7-28	负 责 人	陈启圣		
主营业务	工艺品（文物除外）、机械设备、装潢材料、家居用品的批发。				

企业名称	上海川吉贸易有限公司				
企业地址	上海市外高桥保税区富特西一路 473 号 426 室（200131）				
投资总额	200 万 USD	电　话	58660242	传　真	
设立日期	2008-7-25	负 责 人	林淑珍		
主营业务	从事导轨、滑轨、五金制品、金属制品、塑料树脂制品及零配件的批发。				

企业名称	爱尔伯乳品贸易（上海）有限公司				
企业地址	上海市徐汇区中山西路 1800 号兆丰环球大厦 17 楼 F 座（200232）				
投资总额	101 万 USD	电　话	64400718	传　真	64400720
设立日期	2008-7-25	负 责 人	王建坤		
主营业务	食品销售管理、佣金代理（拍卖除外），进出口业务。				

企业名称	上海爱奋贸易有限公司				
企业地址	上海市奉贤区沪杭公路 755 号 2 幢 201 室（201400）				
投资总额	100 万 USD	电　话	51354365	传　真	51354370
设立日期	2008-7-25	负 责 人	小野行由		
主营业务	服装、服饰的批发和进出口（涉及行政许可的，凭许可证经营）。				

企业名称	拜斯倍斯医疗器械贸易（上海）有限公司				
企业地址	上海市卢湾区瑞金南路 1 号 26A 室（200023）				
投资总额	30 万 USD	电　话	64439705	传　真	64439706
设立日期	2008-7-25	负 责 人	CHA KI CHUL		
主营业务	五金交电及其配件、美容美发用品和仪器设备、健身器材的批发。				

企业名称	白依兰（上海）商贸有限公司				
企业地址	上海市静安区康定路 1033 号 436 室（200041）				
投资总额	14 万 USD	电　话	62177608	传　真	62177600
设立日期	2008-7-25	负 责 人	KAZUHIKO BABA		
主营业务	企业员工制服及其标饰件、鞋帽、皮带、保洁用品、日用杂货的进出口。				

企业名称	麦悠（上海）贸易有限公司				
企业地址	上海市浦东新区浦东南路 1101 号 919－920 室（200120）				
投资总额	20 万 USD	电　话	58352852	传　真	58353291
设立日期	2008-7-24	负 责 人	DAVID DIAZ DOMINGUEZ		
主营业务	纺织原料（棉花除外）、纺织制品、鞋、眼镜、钟表、日用品的批发。				

企业名称	莎斯特（上海）贸易有限公司				
企业地址	上海市浦东新区昌邑路 588 弄 1 号 2109 室（200120）				
投资总额	18 万 USD	电　话	38870795	传　真	38875795
设立日期	2008-7-24	负 责 人	GERHARD DEBUS		
主营业务	实验室用的器械和耗材的批发、进出口、佣金代理（拍卖除外）。				

企业名称	迈楷信（上海）贸易有限公司				
企业地址	上海市浦东新区浦东南路 500 号 7D 室（200120）				
投资总额	15 万 USD	电　话	58882820	传　真	62708988
设立日期	2008-7-24	负 责 人	安德鲁・波肯(ANDREW K. BIRKEN)		
主营业务	一类医疗器械产品的批发、佣金代理（拍卖除外）、进出口及配套业务。				

企业名称	贝姿（上海）贸易有限公司				
企业地址	上海市浦东新区长青路 92 号 1 幢三楼 A101（200126）				
投资总额	14 万 USD	电　话	58015207	传　真	68526376
设立日期	2008-7-24	负 责 人	周克华		
主营业务	电子产品、纺织品、机械设备、化妆品及日化用品的批发、佣金代理。				

企业名称	笙普贸易（上海）有限公司				
企业地址	上海市奉贤区青村镇南奉公路 2315 号 13 幢 202 室（201414）				
投资总额	14 万 USD	电　话	31268211	传　真	60956801
设立日期	2008-7-22	负 责 人	庄永龙		
主营业务	一类医疗器械、保健品、包装食品的批发、佣金代理（拍卖除外）。				

企业名称	奥尔帝光学贸易（上海）有限公司				
企业地址	上海市徐汇区漕溪路 250 号 A910 室（200233）				
投资总额	7.3 万 USD	电　话	37639966	传　真	37639969
设立日期	2008-7-22	负 责 人	BOH TUAN SIANG		
主营业务	眼镜镜片、光学仪器产品及其相关用品、零部件、配套件的批发。				

企业名称	上海名齐商贸有限公司				
企业地址	上海市徐汇区汾阳路 77 号底层东部（200031）				
投资总额	7 万 USD	电　话	54650063	传　真	64274809
设立日期	2008-7-22	负 责 人	卫　琳		
主营业务	日用杂货、文体用品、工艺礼品（文物除外）、服饰鞋帽、玩具的批发。				

企业名称	三悠商贸（上海）有限公司				
企业地址	上海市外高桥保税区华京路 461 号 39 号楼 A1 部位（200131）				
投资总额	20 万 USD	电　话	50464680	传　真	50460828
设立日期	2008-7-21	负 责 人	田村雅昭		
主营业务	服装及衣着附件、机器和机械器具及其零件的批发。				

企业名称	以旺贸易（上海）有限公司				
企业地址	上海市静安区海防路 391 弄 80 号 402—D 室（200041）				
投资总额	20 万 USD	电　话	62401596	传　真	62401852
设立日期	2008-7-21	负 责 人	冯湘风		
主营业务	日用杂货、家具、玩具、宠物用品、玻璃制品、陶瓷制品的批发。				

企业名称	上海易尔拓贸易有限公司				
企业地址	上海市浦东康桥工业区康桥东路 1365 弄 28 号（201315）				
投资总额	50 万 USD	电　话	68182950	传　真	
设立日期	2008-7-18	负 责 人	JAN SZMIDT		
主营业务	各类工具、机械设备的批发、佣金代理（拍卖除外）。				

企业名称	上海均承贸易有限公司				
企业地址	上海市闵行区闵北路 88 弄 18－30 号 2 幢 134 室（201107）				
投资总额	22 万 USD	电　话	32140085	传　真	32145085
设立日期	2008-7-18	负 责 人	蒋睿洋		
主营业务	五金制品、塑料制品、化工产品、汽车轮胎及其汽车配件产品的批发。				

企业名称	爱祺服饰贸易（上海）有限公司				
企业地址	上海市长宁区天山西路 789 号 1 幢 208 室（200335）				
投资总额	20 万 USD	电　话		传　真	
设立日期	2008-7-18	负 责 人	WANG PING		
主营业务	服装服饰、皮革皮具、鞋帽箱包、纺织品及原辅材料的批发。				

企业名称	敦洋（上海）商贸有限公司				
企业地址	上海市徐汇区零陵路 899 号 609 室（200030）				
投资总额	20 万 USD	电　话	51506043	传　真	51506043
设立日期	2008-7-18	负 责 人	廖　洋		
主营业务	家用电器，卫生洁具、陶瓷制品、工艺品（文物除外）、玩具的批发。				

企业名称	多益得贸易（上海）有限公司				
企业地址	上海市徐汇区宜山路 889 号 3 幢 5 层 A 座（200233）				
投资总额	20 万 USD	电　　话	61219922	传　　真	61219924
设立日期	2008-7-18	负 责 人	吴芸言		
主营业务	建筑材料（钢材、水泥除外）、五金交电、厨卫用品的进出口、批发。				

企业名称	信盈贸易（上海）有限公司				
企业地址	上海市徐汇区龙华西路 585 号 A 座 6A4（200232）				
投资总额	15 万 USD	电　　话	25115603	传　　真	64685586
设立日期	2008-7-18	负 责 人	谢志钦		
主营业务	机电设备及配件、仪器仪表、电子产品、模具的批发、佣金代理。				

企业名称	上海智阳进出口贸易有限公司				
企业地址	上海市徐汇区中山西路 2006 号甲 402 室（200233）				
投资总额	14 万 USD	电　　话	61152749	传　　真	60901379
设立日期	2008-7-18	负 责 人	欧进城		
主营业务	服饰、珠宝、饰品（毛钻、裸钻除外）的批发、佣金代理。				

企业名称	弗实贸易（上海）有限公司				
企业地址	上海市长宁区淮海西路 432 号 18 楼 10 室（200052）				
投资总额	14 万 USD	电　　话	62825308	传　　真	53039000
设立日期	2008-7-18	负 责 人	LEIF-GORAN BERTIL FORS		
主营业务	农林机械及零部件的批发、佣金代理（拍卖除外）、进出口业务。				

企业名称	新够贸易（上海）有限公司				
企业地址	上海市长宁区延安西路 1033 号 2303 室（200050）				
投资总额	10 万 USD	电　　话	65223211	传　　真	65223500
设立日期	2008-7-18	负 责 人	WONG KIA TOON		
主营业务	化妆品、家具、机械设备、计算机软硬件（音像制品除外）的批发。				

企业名称	仲利国际贸易（上海）有限公司				
企业地址	上海市长宁区兴义路 8 号 51 楼（200051）				
投资总额	500 万 USD	电　　话	52080101	传　　真	52081838
设立日期	2008-7-17	负 责 人	陈凤龙		
主营业务	化学原料及其制品（危险品除外）、机械器具、汽车零配件的批发。				

企业名称	上海育承贸易有限公司				
企业地址	上海市普陀区武宁路 501 号 1203 室（200063）				
投资总额	20 万 USD	电　　话	62863741	传　　真	62865904
设立日期	2008-7-17	负 责 人	朱育材		
主营业务	锅炉配件及其辅助产品的批发、佣金代理（拍卖除外）、进出口业务。				

企业名称	环奥新贸易（上海）有限公司				
企业地址	上海市外高桥保税区富特西一路 333 号 6 层 6016 室（200131）				
投资总额	18 万 USD	电　　话	58683991	传　　真	58683992
设立日期	2008-7-17	负 责 人	SEETOH KOK CHOI WATSON		
主营业务	机电设备、印刷设备及零部件、包装设备及零部件的批发、佣金代理。				

企业名称	然中应贸易（上海）有限公司				
企业地址	上海市闵行区灯辉路 1128 号第 4 幢 209 室（201108）				
投资总额	15 万 USD	电　　话	64216695	传　　真	
设立日期	2008-7-17	负 责 人	郑栋昇（JEONG DONG SEUNG）		
主营业务	汽车配件、小家电、日用品、文教用品的进出口，批发，佣金代理。				

企业名称	亚莓水果商贸（上海）有限公司				
企业地址	上海市浦东新区张杨路 500 号华润时代广场 17 楼 12－02C 室(200135)				
投资总额	15 万 USD	电　　话	62679773	传　　真	
设立日期	2008-7-17	负 责 人	MUNOZ IBANEZ RODRIGO ALEJANDRO		
主营业务	食品（含水果），草莓、木莓、黑莓、蓝莓的幼苗，包装材料的批发。				

企业名称	贤婷（上海）化妆品贸易有限公司				
企业地址	上海市闵行区吴中路 1217 号 1 幢 407 室（201103）				
投资总额	10 万 USD	电　　话	64460825	传　　真	64467220
设立日期	2008-7-17	负 责 人	朴慧映（PARK HYEYOUNG）		
主营业务	化妆品、化妆品容器、化妆品原料、包装盒、洗涤用品、美容器械批发。				

企业名称	上海凯代可贸易有限公司				
企业地址	上海市闵行区吴中路 1189 号第二幢第八层 K 座（201103）				
投资总额	10 万 USD	电　　话	64055662	传　　真	
设立日期	2008-7-17	负 责 人	金相勋（KIM SANG HUN）		
主营业务	纺织品，纱线，家具用品，服装服饰，装饰材料，家纺成品的批发。				

企业名称	典辉商贸（上海）有限公司				
企业地址	上海市闵行区双柏路 888 号 40 幢 3 楼东侧 323 室（200237）				
投资总额	10 万 USD	电　　话	50403511	传　　真	34520363
设立日期	2008-7-17	负 责 人	郑泰山		
主营业务	工业清洗剂、化学添加剂（特定商品除外）、电子零配件的批发。				

企业名称	上海宝拿商贸有限公司				
企业地址	上海市闸北区共和新路 966 号 2402 室（200070）				
投资总额	43 万 USD	电　　话	66613826	传　　真	36173296
设立日期	2008-7-16	负 责 人	陈月明		
主营业务	包装材料，印刷机械、五金交电、金属制品（贵金属除外）的批发。				

企业名称	大悟（上海）商贸有限公司				
企业地址	上海市徐汇区中山西路 1538 号 1 幢 802 室（200233）				
投资总额	28 万 USD	电　　话	64276750	传　　真	64276752
设立日期	2008-7-16	负 责 人	佐藤刚		
主营业务	汽车配件、电子产品及零部件、日用百货的批发、进出口业务。				

企业名称	富卓汽车内饰商贸（上海）有限公司				
企业地址	上海市普陀区陕西北路 1392 弄 8 号 405 室（200060）				
投资总额	20 万 USD	电　　话	68868335	传　　真	61498171
设立日期	2008-7-16	负 责 人	CARL WILLIAM DE KONING		
主营业务	汽车零部件及配件、内饰零部件的批发、佣金代理（拍卖除外）。				

企业名称	晟开机电设备贸易（上海）有限公司				
企业地址	上海市静安区康定路 528 号 2 幢 1 楼 116B 室（200041）				
投资总额	20 万 USD	电　　话	50988686	传　　真	50491378
设立日期	2008-7-16	负 责 人	周建福		
主营业务	机电设备的批发、进出口、佣金代理（拍卖除外），提供相关配套业务。				

企业名称	玉太贸易（上海）有限公司				
企业地址	上海市长宁区天山路 641 号 21 幢 211 室（200336）				
投资总额	15 万 USD	电　　话	62289392	传　　真	52063615
设立日期	2008-7-16	负 责 人	JUNG HOWALYUNG		
主营业务	建筑装饰材料（钢材、水泥除外）、家具、卫浴产品、机械设备的批发。				

企业名称	瑞珊商贸（上海）有限公司				
企业地址	上海市闵行区宜山路 1618 号综合楼 863 室（201103）				
投资总额	14 万 USD	电　　话		传　　真	
设立日期	2008-7-16	负 责 人	SONG WAN SEOK		
主营业务	服装面料、纺织品、卫浴设备、沐浴用品、化妆品、家用电器的批发。				

企业名称	超品贸易（上海）有限公司				
企业地址	上海市黄浦区威海路 48 号 10 楼 C 座（200001）				
投资总额	14 万 USD	电　　话	61601999	传　　真	
设立日期	2008-7-16	负 责 人	STEPHEN ROYCE TEWKESBURY		
主营业务	电子电器产品、旅游休闲用品、服装鞋类箱包、自行车及零配件的批发。				

企业名称	日制钢机械商贸（上海）有限公司				
企业地址	上海市长宁区仙霞路 369 号 1 号楼 3003 室（200336）				
投资总额	47 万 USD	电　　话	61921022	传　　真	61921023
设立日期	2008-7-15	负 责 人	MATSUO HIROHISA		
主营业务	塑料加工机械设备及零部件、机械专用润滑剂（危险化学品除外）的批发。				

企业名称	晶光电器商贸（上海）有限公司				
企业地址	上海市浦东新区东昌路 498 弄 15 号 1 幢三楼 3002 室（200120）				
投资总额	20 万 USD	电　　话	58769970	传　　真	58875650
设立日期	2008-7-15	负 责 人	王文明		
主营业务	灯具、家用按摩器、电器产品及零配件的批发、进出口、佣金代理。				

企业名称	富祺仕贸易（上海）有限公司				
企业地址	上海市长宁区天山路 30 号甲幢 1010 室（200335）				
投资总额	20 万 USD	电　　话	62593900	传　　真	62592900
设立日期	2008-7-15	负 责 人	李炯璋		
主营业务	食品销售管理（非实物方式）及食品的批发、进出口佣金代理。				

企业名称	诃德贸易（上海）有限公司				
企业地址	上海市长宁区延安西路 2299 号 5C56、5C58 室（200336）				
投资总额	20 万 USD	电　　话	62363293	传　　真	62363253
设立日期	2008-7-15	负 责 人	ISHIMOTO HIDEKI		
主营业务	五金交电、家具、体育用品、包装材料、日用百货的进出口业务。				

企业名称	迪韦（上海）贸易有限公司				
企业地址	上海市长宁区中山西路 1265 弄 18 号 17A 室（200051）				
投资总额	15 万 USD	电话	32091320	传真	32091321
设立日期	2008-7-15	负责人	LEVY OZ		
主营业务	从事体育用品、玩具、家具、日用百货、电子产品、办公用品的批发。				

企业名称	玫尔莎贸易（上海）有限公司				
企业地址	上海市卢湾区合肥路 215 号三层 C 区（200025）				
投资总额	14 万 USD	电话	68598060	传真	68598070
设立日期	2008-7-15	负责人	JULIEN SAADA		
主营业务	日用百货，与上述产品相关的包装材料的批发。				

企业名称	源国贸易（上海）有限公司				
企业地址	上海市长宁区哈密路 102 号 C－408 室（200335）				
投资总额	14 万 USD	电话	62335689	传真	62290629
设立日期	2008-7-15	负责人	潘正伦		
主营业务	工艺礼品（文物除外）、服装、鞋帽、办公文化用品的批发。				

企业名称	图坦谱机械贸易（上海）有限公司				
企业地址	上海市浦东新区浦东大道 138 号 7 楼 C－01 室（200137）				
投资总额	25 万 USD	电话	58824050	传真	58823740
设立日期	2008-7-14	负责人	过 伟		
主营业务	塑料加工机械设备及配件的批发、佣金代理（拍卖除外）、进出口业务。				

企业名称	维图菲（上海）滤清器贸易有限公司				
企业地址	上海市徐汇区零陵路 583 号 11 层 1118 室（200030）				
投资总额	20 万 USD	电话	61454717	传真	61454716
设立日期	2008-7-14	负责人	王瑞兴		
主营业务	空气压缩机，包装材料、化工原料（危险品除外）的批发、佣金代理。				

企业名称	鸿汇贸易（上海）有限公司				
企业地址	上海市普陀区中江路 879 弄 12 号楼 D 座 2 楼（200333）				
投资总额	14 万 USD	电话	52652880	传真	52652881
设立日期	2008-7-14	负责人	ASHER DORON		
主营业务	服装、鞋帽及其配件、配饰、衣架、电子产品的批发、佣金代理。				

企业名称	上海伟技贸易有限公司				
企业地址	上海市长宁区定西路 1016 号 1505 室（200050）				
投资总额	100 万 USD	电话	52381287	传真	52381292
设立日期	2008-7-11	负责人	刘欣达		
主营业务	化工产品（危险品除外）、服装、电子产品、半导体产品的批发。				

企业名称	纬晶光电科技（上海）有限公司				
企业地址	上海市长宁区长宁路 1027 号 1203 室（200050）				
投资总额	100 万 USD	电话	52415713	传真	52415723
设立日期	2008-7-11	负责人	吴思本		
主营业务	电子产品及零部件的批发、佣金代理（拍卖除外）、进出口业务。				

企业名称	铧熠贸易（上海）有限公司				
企业地址	上海市闸北区秣陵路 50 号 5102 室（200070）				
投资总额	100 万 USD	电话	32528115	传真	32528115
设立日期	2008-7-11	负责人	胡慕中		
主营业务	建材（钢材、水泥除外）的批发。				

企业名称	上海艾斯希吉贸易有限公司				
企业地址	上海市浦东新区商城路 738 号胜康廖氏大厦 1908B 室（200120）				
投资总额	64 万 USD	电话	58353822	传真	58360179
设立日期	2008-7-11	负责人	陈钜富		
主营业务	塑料原料及制品、化工原料（危险品除外）、机电设备及配件的批发。				

企业名称	永锐贸易（上海）有限公司				
企业地址	上海市闵行区光华路 2118 号第 3 幢 634 室（201111）				
投资总额	14 万 USD	电话	62056951	传真	
设立日期	2008-7-11	负责人	李 喆		
主营业务	金属材料（钢材、贵金属、稀有金属除外）的批发及进出口业务。				

企业名称	福胜（上海）商贸有限公司				
企业地址	上海市虹口区保定路 257 号 7 楼 712 室（200082）				
投资总额	14 万 USD	电话	50938009	传真	52376727
设立日期	2008-7-11	负责人	赖昱廷		
主营业务	计算机及零配件、数码产品及零配件的批发，佣金代理（除拍卖外）。				

企业名称	明幸贸易（上海）有限公司				
企业地址	上海市南汇区万祥镇宏祥北路 83 弄 15 号（201313）				
投资总额	12 万 USD	电话	64044408	传真	64043379
设立日期	2008-7-11	负责人	孙田英平（EIHEI MAGOTA）		
主营业务	建筑材料（钢材、水泥除外）、服装服饰及纺织品的批发。				

企业名称	万妍贸易（上海）有限公司				
企业地址	上海市虹口区华昌路 9 号 1815 室（200085）				
投资总额	11 万 USD	电话	62360298	传真	62495116
设立日期	2008-7-10	负责人	黄恢政		
主营业务	从事服饰、珠宝首饰（毛钻、裸钻除外）、电子产品、皮革产品的批发				

企业名称	都琪（上海）贸易有限公司				
企业地址	上海市黄浦区新码头街 55 号 3 号楼 201、202、203、205 室（200010）				
投资总额	10 万 USD	电话	61526150	传真	
设立日期	2008-7-10	负责人	HEIKAL GANI		
主营业务	服装服饰及其配件的批发、佣金代理（除拍卖），进出口业务。				

企业名称	亚以士贸易（上海）有限公司				
企业地址	上海市闵行区吴宝路 255 号 8 楼 801 室（201101）				
投资总额	150 万 USD	电话	64201418	传真	64201419
设立日期	2008-7-9	负责人	张圣时		
主营业务	锂离子电池及其相关材料的进出口、批发、佣金代理（拍卖除外）。				

企业名称	喜田（上海）贸易有限公司				
企业地址	上海市闸北区江场西路 522 号 701 室（200072）				
投资总额	72 万 USD	电话	61173939	传真	61173911
设立日期	2008-7-9	负责人	周 菁		
主营业务	五金机电、工业自动化设备及机械手的批发、进出口、佣金代理。				

企业名称	上海佑展贸易有限公司				
企业地址	上海市闵行区吴宝路 255 号 5 楼 509 室（201101）				
投资总额	20 万 USD	电话	54850188	传真	54850288
设立日期	2008-7-9	负责人	吕灿森		
主营业务	建筑装潢材料（钢材、水泥、原木除外）、化工材料及产品的批发。				

企业名称	睿津贸易（上海）有限公司				
企业地址	上海市闵行区吴中路 1068 号四楼 G 室（201103）				
投资总额	15 万 USD	电话	61260188	传真	61260177
设立日期	2008-7-9	负责人	张龙津		
主营业务	木材（原木出口除外）、机械设备及其零部件、轻工产品的批发。				

企业名称	朵晶贸易（上海）有限公司				
企业地址	上海市长宁区定西路 1281 号 1204 室（200050）				
投资总额	12 万 USD	电话	62405098	传真	32201447
设立日期	2008-7-9	负责人	沈怡吟		
主营业务	从事家用电器、日用百货、工艺礼品（文物除外）、服装、鞋帽的批发。				

企业名称	上海米路其威贸易发展有限公司				
企业地址	上海市闵行区光华路 2118 号第 3 幢 315 室（201111）				
投资总额	7 万 USD	电话	65799751	传真	65799701
设立日期	2008-7-9	负责人	YUYA TAKEDA		
主营业务	鞋帽、纺织品、洁具护套、缝纫制品的批发、佣金代理。				

企业名称	安念慈艺术品商业（上海）有限公司				
企业地址	上海市静安区乌鲁木齐北路 199 号 1015 室（200040）				
投资总额	6.5 万 USD	电话	52282912	传真	52281998
设立日期	2008-7-9	负责人	ANA MARIA GONZALEZ		
主营业务	从事美术品（文物除外）、工艺品（文物除外）、文教用品的零售。				

企业名称	蔻驰贸易（上海）有限公司				
企业地址	上海市静安区南京西路 1168 号 1901 室（200040）				
投资总额	696 万 USD	电话	61376062	传真	62175068
设立日期	2008-7-8	负责人	THIBAULT VILLET		
主营业务	服装及其饰品、鞋帽、饰物、家居用品、文具及化妆品、香水的批发。				

企业名称	上海乔雅国际贸易有限公司				
企业地址	上海市外高桥保税区华京路 8 号三联大厦 741 室（200131）				
投资总额	38 万 USD	电话		传真	
设立日期	2008-7-8	负责人	章 革		
主营业务	国际贸易、转口贸易、保税区企业间贸易及区内贸易代理。				

企业名称	东骐模型贸易（上海）有限公司				
企业地址	上海市徐汇区肇嘉浜路 1033 号 201 室 C 座（200030）				
投资总额	20 万 USD	电　话	34160776	传　真	62618810
设立日期	2008-7-8	负 责 人	毛克东		
主营业务	模型玩具及其配件的批发、佣金代理（拍卖除外）、进出口及配套服务。				

企业名称	诚泛（上海）贸易有限公司				
企业地址	上海市浦东新区峨山路 91 弄 98 号 102D 室（200127）				
投资总额	20 万 USD	电　话	58208274	传　真	58202773
设立日期	2008-7-8	负 责 人	WONG YAU KUEN		
主营业务	家具、服装、日用品、化妆品的批发，市场营销策划（不含广告）。				

企业名称	舒克（上海）管道设备服务有限公司				
企业地址	上海市虹口区车站南路 39 号名义 1913 室（200434）				
投资总额	16 万 USD	电　话		传　真	
设立日期	2008-7-8	负 责 人	HE WANG		
主营业务	输送气、油、水和区域供热的阀门和管道设备的批发、进出口业务。				

企业名称	艾二斯贸易（上海）有限公司				
企业地址	上海市静安区延安中路 1440 号 20 幢 511 室（200040）				
投资总额	14 万 USD	电　话	62484269	传　真	62678411
设立日期	2008-7-8	负 责 人	EDMUND THOMAS SMITH JR		
主营业务	机械设备、电子产品、仪器仪表、上述产品零部件的批发、佣金代理。				

企业名称	荣尧泰（上海）贸易有限公司				
企业地址	上海市浦东新区东方路 738 号 805 室（200122）				
投资总额	14 万 USD	电　话	50581397	传　真	50589368
设立日期	2008-7-8	负 责 人	张荣达		
主营业务	汽车配件、橡塑制品、日用百货和化工原料（危险品除外）的批发。				

企业名称	狄玛齐利（上海）贸易有限公司				
企业地址	上海市静安区康定路 528 号 2 幢 1 楼 115A 室（200041）				
投资总额	4 万 USD	电　话	61112946	传　真	62897188
设立日期	2008-7-8	负 责 人	DECOCINIS,MARGARET BRIDGET		
主营业务	服装的批发、进出口、佣金代理（拍卖除外），其他相关配套服务。				

企业名称	鑫峦贸易（上海）有限公司				
企业地址	上海市普陀区中江路 879 弄 27 号楼 311 室（200333）				
投资总额	76 万 USD	电　话	62576825	传　真	
设立日期	2008-7-7	负 责 人	戴素妹		
主营业务	金属材料（钢材、贵金属、稀有金属除外）、化工产品的批发。				

企业名称	黛堡嘉来（上海）贸易有限公司				
企业地址	上海市静安区华山路 328 号 2 层 08 号商铺（200040）				
投资总额	31 万 USD	电　话	62251990	传　真	62129609
设立日期	2008-7-7	负 责 人	BERNARD POUSSIN		
主营业务	从事食品、散装食品、饮品（含茶类和酒类）、餐具、礼品的批发。				

企业名称	上海燎世贸易有限公司				
企业地址	上海市闵行区吴中路 1068 号 5 楼 C 座（201103）				
投资总额	25 万 USD	电　话	54223562	传　真	64060530
设立日期	2008-7-7	负 责 人	KIM SUK HUN		
主营业务	建材（钢材、水泥除外）、机械设备及零配件的批发。				

企业名称	上海宏志贸易有限公司				
企业地址	上海市卢湾区蒙自路 169 号 7 号楼 201、202 室（200023）				
投资总额	20 万 USD	电　话	64316319	传　真	
设立日期	2008-7-7	负 责 人	王世均		
主营业务	日用百货、工艺品、通信产品、数码产品和办公设备的批发。				

企业名称	阿希尔赛博特贸易（上海）有限公司				
企业地址	上海市闵行区澄建路 351 号第 11 幢（200237）				
投资总额	19 万 USD	电　话	64345972	传　真	64345973
设立日期	2008-7-7	负 责 人	TIMO SCHOLLE		
主营业务	从事紧固件、五金制品的批发、佣金代理（拍卖除外）、进出口业务。				

企业名称	零点涂料贸易（上海）有限公司				
企业地址	上海市长宁区延安西路 2299 号 10A23 室（200336）				
投资总额	15 万 USD	电　话	62363771	传　真	62363773
设立日期	2008-7-7	负 责 人	MARCUS FISCHERBOCK		
主营业务	从事涂料、化工原料及产品的批发、佣金代理（拍卖除外）。				

企业名称	上海玉和贸易有限公司				
企业地址	上海市徐汇区漕溪北路 41 号 2701 室（200030）				
投资总额	14 万 USD	电　话	54240114	传　真	34240409
设立日期	2008-7-7	负 责 人	LIM HAN CHIONG		
主营业务	从事化工产品、机械设备、压力容器、低温设备、五金交电的批发。				

企业名称	盛生园艺贸易（上海）有限公司				
企业地址	上海市浦东新区陆家嘴东路 161 号 1908 室（200201）				
投资总额	12 万 USD	电　话	58790300	传　真	58572136
设立日期	2008-7-7	负 责 人	许积仁		
主营业务	树苗、花卉苗、果蔬苗的种植栽培，销售自产产品。				

企业名称	育屹贸易（上海）有限公司				
企业地址	上海市嘉定区南翔镇嘉好路 800 号第 3 幢第 1 层（201802）				
投资总额	14 万 USD	电　话	69171630	传　真	69173585
设立日期	2008-7-5	负 责 人	DUANE B. POLLARD（段纳德）		
主营业务	包装材料，纸制品，纺织品，办公用品，工艺品（文物除外）的进出口。				

企业名称	派瓦首斯（上海）商贸有限公司				
企业地址	上海市闵行区梅陇镇景联路 188 弄 1 幢 103 室（200237）				
投资总额	88 万 USD	电　话	34622900	传　真	64348887
设立日期	2008-7-4	负 责 人	SHO JI ANDO（安东正志）		
主营业务	健身器械、汽车配件、办公用品，工艺品（文物除外）、化妆品的批发。				

企业名称	上海振力工程机械贸易有限公司				
企业地址	上海市闸北区江场三路 228 号 214 室（200436）				
投资总额	50 万 USD	电　话	56771221	传　真	
设立日期	2008-7-4	负 责 人	LAWRENCE P.HUGHES		
主营业务	从事各种建筑机械及其相关元件、零部件、配件、工具的批发。				

企业名称	威伦（上海）服饰有限公司				
企业地址	上海市普陀区兰溪路 145 号 908 室（200333）				
投资总额	16 万 USD	电　话	62662311	传　真	62662311
设立日期	2008-7-4	负 责 人	GANG LI		
主营业务	服装及辅料、配件、皮革制品、针纺织品、鞋类的批发、佣金代理。				

企业名称	上海圻鑫国际贸易有限公司				
企业地址	上海市徐汇区龙华西路 585 号 A 幢 8A7（200232）				
投资总额	14 万 USD	电　话	64699481	传　真	64699805
设立日期	2008-7-4	负 责 人	李彭良仪		
主营业务	不锈钢制品、陶瓷制品、食品机械、家用电器、日用杂货的批发。				

企业名称	新湃贸易（上海）有限公司				
企业地址	上海市静安区江宁路 861 号 10 幢 402 室（200041）				
投资总额	14 万 USD	电　话	61370025	传　真	61370027
设立日期	2008-7-4	负 责 人	DAVID ALEXANDRE PATRICK ATAMIAN		
主营业务	家居用品、浴室家具、淋浴房及卫生器具的批发、佣金代理，				

企业名称	百绫贸易（上海）有限公司				
企业地址	上海市长宁区中山西路 999 号华闻国际大厦 1302 室（200051）				
投资总额	50 万 USD	电　话	63181212	传　真	
设立日期	2008-7-3	负 责 人	冯志忠		
主营业务	纺织原料（棉花除外）、服装、纺织面料染整助剂的批发、佣金代理。				

企业名称	微士贸易（上海）有限公司				
企业地址	上海市浦东新区东方路 710 号 22 楼 2231 室（200122）				
投资总额	50 万 USD	电　话	61652286	传　真	61652231
设立日期	2008-7-3	负 责 人	HAMED HASSAN EL-ABD		
主营业务	半导体、太阳能电池及平面显示面板的生产设备、检测设备的批发。				

企业名称	天慕贸易（上海）有限公司				
企业地址	上海市徐汇区建国西路 283 号 2 号楼 2303 单元（200031）				
投资总额	15 万 USD	电　话	64335377	传　真	64335376
设立日期	2008-7-3	负 责 人	PELED OMRI		
主营业务	家居用品、日用百货、饰品（毛钻裸钻除外）、礼品的批发。				

企业名称	威氏亚（上海）户外用品商贸有限公司				
企业地址	上海市浦东新区张杨路 655 号 901 室（200120）				
投资总额	15 万 USD	电　话	58366601	传　真	58366339
设立日期	2008-7-3	负 责 人	LARRY CHENG PING TSUI		
主营业务	纺织品、服装及其饰品、鞋帽、箱包的批发、佣金代理（拍卖除外）。				

企业名称	阀耐商贸（上海）有限公司				
企业地址	上海市闵行区吴中路1059号10幢412室（201103）				
投资总额	14万USD	电　话	64051650	传　真	64051659
设立日期	2008-7-3	负责人	CARL WAYNE DIEM		
主营业务	精密橡胶流体控制部件及密封产品，精密组装单向阀及相关部件的批发。				

企业名称	迪杰皮革贸易（上海）有限公司				
企业地址	上海市卢湾区合肥路315号402-1室（200025）				
投资总额	14万USD	电　话	58352335	传　真	53963002
设立日期	2008-7-3	负责人	陈焕新		
主营业务	日用百货、文教用品、五金交电、工艺品（文物除外）、家具的批发。				

企业名称	积宇商贸（上海）有限公司				
企业地址	上海市闵行区双柏路888号40幢3楼东侧321室（200237）				
投资总额	12.5万USD	电　话	52351021	传　真	52351021
设立日期	2008-7-3	负责人	WILLIAMS ZACHARY OLIVER		
主营业务	电子产品、机械设备、日用百货、帐篷、绷带的批发及进出口业务。				

企业名称	上海良启照明设备贸易有限公司				
企业地址	上海市闸北区共和新路2449号811室（200072）				
投资总额	7.2万USD	电　话	66301782	传　真	66308719
设立日期	2008-7-3	负责人	刘重言		
主营业务	各类灯饰及照明产品、家居饰品的批发、进出口，佣金代理。				

企业名称	上海恩法贸易有限公司				
企业地址	上海市闸北区天目西路218号第一座1907室（200070）				
投资总额	600万USD	电　话	22052222	传　真	22052106
设立日期	2008-7-2	负责人	ALAIN PIERRE JOSE DUTHEIL		
主营业务	无线技术软件、半导体产品、电子元件配件和其他电子产品的批发。				

企业名称	塔丽唯尔（上海）商业有限公司				
企业地址	上海市卢湾区打浦路1号金玉兰广场1109室（200023）				
投资总额	87万USD	电　话	53019638	传　真	34061082
设立日期	2008-7-2	负责人	DIANE LAM		
主营业务	服装及相关饰物的批发、零售（限分支机构经营）、佣金代理。				

企业名称	上海骏衡贸易有限公司				
企业地址	上海市闵行区黎安路1289号第1幢（201100）				
投资总额	20万USD	电　话	51197600	传　真	51197611
设立日期	2008-7-2	负责人	梁骏图		
主营业务	纺织面料、纺机配件、工艺品（文物除外）的进出口、批发。				

企业名称	纪仕逸（上海）贸易有限公司				
企业地址	上海市卢湾区淮海中路93号26楼2610I室（200021）				
投资总额	14万USD	电　话	51176311	传　真	63018937
设立日期	2008-7-2	负责人	STEFANO MARIA PROFETI		
主营业务	车辆用和建筑用塑料及金属零部件、模具的批发、进出口、佣金代理。				

企业名称	化龙（上海）贸易有限公司				
企业地址	上海市闵行区莘庄镇庙泾路66号1254室（201100）				
投资总额	7.2万USD	电　话	54999885	传　真	54999885
设立日期	2008-7-2	负责人	汪麟飞		
主营业务	挤奶机及其配套产品、五金、塑料制品、电子产品的批发、佣金代理。				

企业名称	上海大德多林克商贸有限公司				
企业地址	上海市长宁区遵义路107号708室（200051）				
投资总额	548万USD	电　话	62375650	传　真	63235155
设立日期	2008-7-1	负责人	高松富博		
主营业务	食品、日用品、自动售货机及零部件（包括相关搬运设备）的批发。				

企业名称	三井物产机床贸易（上海）有限公司				
企业地址	上海市长宁区仙霞路317号B座1208室（200051）				
投资总额	74万USD	电　话	62350101	传　真	
设立日期	2008-7-1	负责人	永野淳司		
主营业务	机械设备及其配套设备、上述商品零部件的批发、进出口、佣金代理。				

企业名称	琦模贸易（上海）有限公司				
企业地址	上海市长宁区中山西路933号702-703室（200051）				
投资总额	46万USD	电　话	64394114	传　真	64394414
设立日期	2008-7-1	负责人	ALBERTO MUCELLI		
主营业务	机械设备及其零配件的进出口、批发、佣金代理（拍卖除外）。				

企业名称	上海文宪商贸有限公司				
企业地址	上海市长宁区娄山关路85号C座1103室（200336）				
投资总额	21万USD	电　话	62783666	传　真	58305899
设立日期	2008-7-1	负责人	加藤顺造		
主营业务	文具、办公用品、日用杂货及箱包的进出口、批发、佣金代理。				

企业名称	安德里兹（上海）贸易有限公司				
企业地址	上海市嘉定区马陆镇双丁路221号第2幢205室（201801）				
投资总额	15万USD	电　话	64693917	传　真	64693602
设立日期	2008-7-1	负责人	BRIAN HU		
主营业务	纺织机械、造纸机械及其零部件的批发、进出口、佣金代理。				

企业名称	美硼贸易（上海）有限公司				
企业地址	上海市卢湾区绍兴路4号（200020）				
投资总额	15万USD	电　话	61033607	传　真	61033609
设立日期	2008-7-1	负责人	VINCENT HION KOU		
主营业务	硼砂、硼酸、滑石的批发、进出口，佣金代理（拍卖除外）。				

企业名称	海德瑞恩（上海）贸易有限公司				
企业地址	上海市静安区常熟路88号309室（200040）				
投资总额	15万USD	电　话	62483850	传　真	62488763
设立日期	2008-7-1	负责人	JAMES DONALD PETERS		
主营业务	金属办公家具、建筑装饰零配件、金属及非金属材质隔断及配件的批发。				

企业名称	晋利盛（上海）贸易有限公司				
企业地址	上海市静安区江宁路212号9层A室（200041）				
投资总额	14万USD	电　话	52895286	传　真	52985559
设立日期	2008-7-1	负责人	DAVID DENNYS CHITAYAT		
主营业务	陶瓷及塑料制品、机械零部件、健身器材的批发、进出口、佣金代理。				

企业名称	欣特峡商贸（上海）有限公司				
企业地址	上海市虹口区花园路66弄1号1411室（200092）				
投资总额	100万USD	电　话	61813448	传　真	61813445
设立日期	2008-6-30	负责人	梁琛明		
主营业务	化工产品和化学品（危险品除外）、办公用品、体育用品的批发。				

企业名称	宇拓司贸易（上海）有限公司				
企业地址	上海市徐汇区天钥桥路325号1幢2721室（200030）				
投资总额	21万USD	电　话	33632163	传　真	33632165
设立日期	2008-6-30	负责人	糸永康平		
主营业务	电子产品及其零部件、金属制品、纸制品、塑料制品及日用百货的批发。				

企业名称	贝克尔船舶系统（上海）有限公司				
企业地址	上海市卢湾区鲁班路600号江南造船大厦27层02-03室（200023）				
投资总额	14万USD	电　话	53019911	传　真	53015339
设立日期	2008-6-30	负责人	HENNING KUHLMANN		
主营业务	船舵系统、通信系统、物料输送体系的工程设计，海事导航系统的研发。				

企业名称	花臣香料贸易（上海）有限公司				
企业地址	上海市徐汇区漕溪路250号B区604、605室（200032）				
投资总额	14万USD	电　话	64178051	传　真	60905090
设立日期	2008-6-30	负责人	JONATHAN GLICKMAN		
主营业务	香料、香精的批发、进出口、佣金代理（拍卖除外）及相关配套业务。				

企业名称	盛本商贸（上海）有限公司				
企业地址	上海市闵行区光华路2118号第5幢121室（201111）				
投资总额	77万USD	电　话	64152026	传　真	
设立日期	2008-6-27	负责人	冈本要		
主营业务	半导体制品、电子产品、家电、机械设备以及其相关配件的批发。				

企业名称	上海勤鸿贸易有限公司				
企业地址	上海市闵行区颛兴东路999弄38号1幢1层（201108）				
投资总额	60万USD	电　话	34305001	传　真	34305051
设立日期	2008-6-27	负责人	欧力春		
主营业务	服装服饰、鞋帽、纺织品、体育用品、日用百货、展览器材的批发。				

企业名称	玛林斯（上海）贸易有限公司				
企业地址	上海市浦东新区金桥出口加工区新金桥路1122号903室（200135）				
投资总额	10万USD	电　话	61462255	传　真	
设立日期	2008-6-27	负责人	钮心璐		
主营业务	纺织机械及配件、文化用品、电子产品、汽车配件的批发。				

企业名称	傅振（上海）贸易有限公司				
企业地址	上海市闵行区吴中路 1189 号第二幢第六层 631 室（201103）				
投资总额	7.2 万 USD	电话		传真	
设立日期	2008-6-27	负责人	金 七（KIM CHIL）		
主营业务	从事服装、布料、服饰配件、鞋帽、日用品的批发、进出口业务。				

企业名称	柏蒂·温妮达（中国）贸易有限公司				
企业地址	上海市静安区南京西路 1366 号恒隆广场办公楼二号楼 7 层 705 室（200040）				
投资总额	775 万 USD	电话	62882000	传真	62883006
设立日期	2008-6-26	负责人	JEROME LUK-TIM CHEUNG（张禄添）		
主营业务	空气喷雾、家具、灯饰、家具摆设、瓷器和银器的零售。				

企业名称	孩之宝商贸（中国）有限公司				
企业地址	上海市卢湾区太仓路 233 号 12 楼 12－02P 室（200021）				
投资总额	700 万 USD	电话	51785093	传真	60908606
设立日期	2008-6-26	负责人	HARLAND CHUN		
主营业务	从事玩具、文具、婴儿用品、游戏机的批发、佣金代理。				

企业名称	旭增（上海）商贸有限公司				
企业地址	上海市金山区朱泾镇临仓街 600 号 8 幢 202 室（201500）				
投资总额	54 万 USD	电话	50756365	传真	50756365
设立日期	2008-6-26	负责人	龙柏翰		
主营业务	气体机械设备、低温机械设备及零部件的批发、佣金代理（拍卖除外）。				

企业名称	安添庭（上海）商贸有限公司				
企业地址	上海市长宁区华山路 1336 号 12 楼 A1A2 座（200052）				
投资总额	15 万 USD	电话	52383562	传真	52383565
设立日期	2008-6-26	负责人	CHOI IMSAENG		
主营业务	贱金属及制品（钢铁除外）、化工产品（危险品除外）、木制品的批发。				

企业名称	坚弗商贸（上海）有限公司				
企业地址	上海市外高桥保税区华京路 2 号 610 室（200131）				
投资总额	15 万 USD	电话	51651818	传真	
设立日期	2008-6-26	负责人	WONG KEE LEONG		
主营业务	国际贸易、转口贸易、保税区企业间的贸易及代理。				

企业名称	新蛋贸易（中国）有限公司				
企业地址	上海市嘉定工业区回城南路 1128 号 B217 室（201821）				
投资总额	800 万 USD	电话	51530888	传真	52382153
设立日期	2008-6-25	负责人	FRED FACHING CHANG		
主营业务	针纺织品、五金制品、花卉、电话卡及电话冲值卡、刀具刃具的批发。				

企业名称	米拉克龙化学（上海）有限公司				
企业地址	上海市浦东新区高东工业园高翔路 1028 号 4 号楼、5 号楼和 6 号楼（200135）				
投资总额	150 万 USD	电话	58341588	传真	58998011
设立日期	2008-6-25	负责人	陈成文		
主营业务	研发和生产金属加工液、润滑剂、清洗剂和防锈剂，销售自产产品。				

企业名称	上海星缘商贸有限公司				
企业地址	上海市静安区石门一路 213 号－1（200041）				
投资总额	72 万 USD	电话		传真	
设立日期	2008-6-25	负责人	BERNARD TSAI		
主营业务	工艺品（文物除外）的批发、进出口、佣金代理（拍卖除外）。				

企业名称	上海标美香精贸易有限公司				
企业地址	上海市徐汇区肇嘉浜路 446 弄 1 号 1006、1007、1008A 室（200032）				
投资总额	30 万 USD	电话	62639962	传真	
设立日期	2008-6-25	负责人	THEODORE KESTEN		
主营业务	日用香精用品（危险化学品除外）及空气清新系统的批发。				

企业名称	上海跑思汽车零件贸易有限公司				
企业地址	上海市普陀区真北路 988 号 6 幢 1 层 117 室（200333）				
投资总额	29 万 USD	电话	62516467	传真	
设立日期	2008-6-25	负责人	张 晋		
主营业务	汽摩配件、电子产品、日用品、办公用品、电脑及配件的批发。				

企业名称	博识贸易（上海）有限公司				
企业地址	上海市闵行区光华路 2118 号第 3 幢 123 室（201111）				
投资总额	20 万 USD	电话	68878999	传真	64264711
设立日期	2008-6-25	负责人	JOOST REINOUT VAN DER KLOOSTER		
主营业务	封装设备、薄膜或纸张包封设备和报刊包装分拣设备及相关产品的批发。				

企业名称	朗豪贸易（上海）有限公司				
企业地址	上海市静安区南京西路 1515 号 2926 室（200041）				
投资总额	15 万 USD	电话	61037053	传真	23010476
设立日期	2008-6-25	负责人	陈昌德		
主营业务	LED 大屏幕显示器、LCD 液晶显示器、CRT 显示器的批发、佣金代理。				

企业名称	乐孜贸易（上海）有限公司				
企业地址	上海市浦东新区龙阳路 2277 号 1604 室（201204）				
投资总额	30 万 USD	电话	50101028	传真	50101007
设立日期	2008-6-24	负责人	崎谷文雄		
主营业务	半导体制造设备及零部件的批发、佣金代理（拍卖除外）和进出口业务。				

企业名称	威豪国际贸易（上海）有限公司				
企业地址	上海市外高桥保税区富特北路 225 号第二层 F08 部位（200131）				
投资总额	20 万 USD	电话	52289980	传真	52289980
设立日期	2008-6-24	负责人	苏敏莹		
主营业务	国际贸易、转口贸易、保税区内企业间的贸易和贸易代理。				

企业名称	品工商贸（上海）有限公司				
企业地址	上海市嘉定区马陆镇嘉新公路 1109 号第 2 幢 306 室（201801）				
投资总额	15 万 USD	电话	38726278	传真	38726277
设立日期	2008-6-24	负责人	ROBERTO BENETIC GIMENA		
主营业务	建筑机械及其配件，装饰装潢材料，厨房用品，电子产品的进出口业务。				

企业名称	勤事商贸（上海）有限公司				
企业地址	上海市金山区枫泾镇新兴路 879 号 4 幢 201 室（201502）				
投资总额	14 万 USD	电话	62703525	传真	62703523
设立日期	2008-6-24	负责人	PARK SOO GEUN		
主营业务	化工产品（除危险品）、塑料制品、包装制品、电子产品的批发。				

企业名称	隆好贸易（上海）有限公司				
企业地址	上海市青浦区徐泾镇明珠路 242 号（201702）				
投资总额	10 万 USD	电话	59883978	传真	53018627
设立日期	2008-6-24	负责人	承运德		
主营业务	车用润滑油、车用添加剂、工业用润滑油、工业用清洁剂的批发。				

企业名称	晟碟贸易（上海）有限公司				
企业地址	上海市闵行区东川路 555 号乙楼 2034 室（200241）				
投资总额	150 万 USD	电话	62195569	传真	62196910
设立日期	2008-6-23	负责人	ROBERT WESTIN HIRT		
主营业务	电子产品的批发、佣金代理（拍卖除外）、进出口及其他相关配套服务。				

企业名称	桂料（上海）贸易有限公司				
企业地址	上海市长宁区天山西路 165 号 511 室（200335）				
投资总额	70 万 USD	电话	34318302	传真	
设立日期	2008-6-23	负责人	OH MOO HYOUNG		
主营业务	半导体材料的进出口、批发、佣金代理（拍卖除外）、并提供配套业务。				

企业名称	凯世（上海）贸易有限公司				
企业地址	上海市长宁区天山路 8 号 705 室（200336）				
投资总额	30 万 USD	电话	32504999	传真	62756665
设立日期	2008-6-23	负责人	增田 章三		
主营业务	化工原料（危险品除外）、防尘防静电橡胶及塑料制品的批发。				

企业名称	上海絜晖贸易有限公司				
企业地址	上海市长宁区茅台路 1068 号 520、525、526、5025、5026 室（200336）				
投资总额	20 万 USD	电话	50988686	传真	
设立日期	2008-6-23	负责人	郭冠勋		
主营业务	纺织品、电子产品、机械设备、计算机硬件、体育用品的批发。				

企业名称	季腾（上海）贸易有限公司				
企业地址	上海市长宁区中山西路 1291 号 4 幢 208 室（200051）				
投资总额	20 万 USD	电话	33602077	传真	33602077
设立日期	2008-6-23	负责人	ALEXANDER CARL ENGEL		
主营业务	电子产品、纺织品、皮革制品、工艺品（文物除外）、家具的批发。				

企业名称	炜瀛（上海）商贸有限公司				
企业地址	上海市长宁区延安西路 1228 弄 2 号 35F 室（200052）				
投资总额	15 万 USD	电话	52589105	传真	52589106
设立日期	2008-6-23	负责人	张锋		
主营业务	机电产品、化工产品（危险品除外）、塑料制品、食品、酒的批发。				

批发和零售贸易业

企业名称	冠颉贸易（上海）有限公司				
企业地址	上海市黄浦区淮海东路 68 号 904 室（200001）				
投资总额	14 万 USD	电　　话	61092585	传　　真	61092595
设立日期	2008-6-23	负 责 人	王绣琪		
主营业务	家用电器、纺织品、服装服饰、玩具、日用百货、办公用品的批发。				

企业名称	欧道折商贸（上海）有限公司				
企业地址	上海市南汇区惠南镇人民东路 2523 弄 70 号第 2 至 3 层（201300）				
投资总额	210 万 USD	电　　话	31200876	传　　真	60910890
设立日期	2008-6-20	负 责 人	江　隽		
主营业务	服装、皮革制品、鞋帽、钟表眼镜、箱包、家具、床上用品的批发。				

企业名称	沙郎斯基轻工机械技术（上海）有限公司				
企业地址	上海市浦东新区浦东南路 379 号金穗大厦 24 楼 M 座（200120）				
投资总额	20 万 USD	电　　话	68869013	传　　真	68869113
设立日期	2008-6-20	负 责 人	萧海平		
主营业务	轻工机械技术的研发、设计和转让，提供相关技术支持、技术咨询。				

企业名称	婷婻（上海）商贸有限公司				
企业地址	上海市闸北区洛川中路 1150 号 8 幢 108 室（200072）				
投资总额	15 万 USD	电　　话	56530662	传　　真	
设立日期	2008-6-20	负 责 人	高仁相		
主营业务	化妆品、办公用品、日用百货及其相关配件的批发。				

企业名称	平港（上海）贸易有限公司				
企业地址	上海市南汇区惠南镇双店村 520 号 318 室（201300）				
投资总额	715 万 USD	电　　话	31330595	传　　真	31330599
设立日期	2008-6-19	负 责 人	陆　波		
主营业务	机电设备及零件、钢铁及钢铁制品、建筑材料的批发。				

企业名称	盖维斯贸易（上海）有限公司				
企业地址	上海市长宁区延安西路 726 号 26I、26J 室（200050）				
投资总额	79 万 USD	电　　话	62523535	传　　真	62106867
设立日期	2008-6-19	负 责 人	FABIO BOSATELLI		
主营业务	理化分析仪器、电量测量检验仪器、钢铁制品和铝制品的进出口、批发。				

企业名称	上海必悠胜商贸有限公司				
企业地址	上海市嘉定区马陆镇希望路 277 号第 1 幢 101 室（201801）				
投资总额	20 万 USD	电　　话	69158077	传　　真	
设立日期	2008-6-19	负 责 人	NELSON MARK ARTHUR ROGERS		
主营业务	空气净化产品及零配件、小家电的批发、佣金代理（拍卖除外）。				

企业名称	璞凯包装贸易（上海）有限公司				
企业地址	上海市静安区康定路 528 号 2 幢 114B 室（200041）				
投资总额	20 万 USD	电　　话	62155658	传　　真	62153100
设立日期	2008-6-19	负 责 人	HAKAN HAZNECI		
主营业务	工业包装产品的批发、进出口业务（涉及行政许可的，凭许可证经营）。				

企业名称	鸿彦服饰贸易（上海）有限公司				
企业地址	上海市长宁区茅台路 1068 号 221、223 室（200335）				
投资总额	20 万 USD	电　　话	52184395	传　　真	33608763
设立日期	2008-6-19	负 责 人	洪秀女		
主营业务	服装服饰、皮鞋、皮具、箱包、纺织品及原辅材料（棉花除外）的批发。				

企业名称	络法贸易（上海）有限公司				
企业地址	上海市浦东新区浦电路 438 号 1302 室（200122）				
投资总额	20 万 USD	电　　话	61057311	传　　真	
设立日期	2008-6-19	负 责 人	BREISTROFF，THOMAS YVAN ANDRE		
主营业务	服装服饰、纺织品、日用百货、箱包的批发、佣金代理（拍卖除外）。				

企业名称	上海震远布艺贸易有限公司				
企业地址	上海市浦东新区东方路 710 号 2F／A 室（200122）				
投资总额	15 万 USD	电　　话	50584936	传　　真	50583646
设立日期	2008-6-19	负 责 人	徐　枫（HSU FENG）		
主营业务	布艺品、纺织品、服装、工艺品（文物除外）的零售（限分支机构经营）。				

企业名称	丸兼商贸（上海）有限公司				
企业地址	上海市静安区大田路 129 弄 1 号 2 层 E 室（200041）				
投资总额	14 万 USD	电　　话	62712321	传　　真	62712322
设立日期	2008-6-19	负 责 人	陈宇峰		
主营业务	家具、文化办公用品、五金交电、包装材料、塑料制品的批发。				

企业名称	智富达（上海）钟表贸易有限公司				
企业地址	上海市静安区北京西路 1465 号 1107 室（200040）				
投资总额	10 万 USD	电　　话	52121991	传　　真	52121990
设立日期	2008-6-19	负 责 人	陈志光		
主营业务	钟表、金银铂金类饰品、服装、手袋、皮鞋、香水的批发、进出口业务。				

企业名称	上海泰圣化工贸易有限公司				
企业地址	上海市浦东新区绿科路 90 号 1 幢 407 室（201204）				
投资总额	500 万 USD	电　　话	58879999	传　　真	58871111
设立日期	2008-6-18	负 责 人	朱　军		
主营业务	硫磺的批发、佣金代理（拍卖除外）和进出口及其相关配套业务。				

企业名称	勇鑫贸易（上海）有限公司				
企业地址	上海市徐汇区斜土路 1223 号 402 室（200032）				
投资总额	15 万 USD	电　　话		传　　真	
设立日期	2008-6-18	负 责 人	陈哲斌		
主营业务	食品销售管理（限水果），树苗的批发、佣金代理（拍卖除外）。				

企业名称	三陆贸易（上海）有限公司				
企业地址	上海市徐汇区肇嘉浜路 1065 甲号 1808 室（200030）				
投资总额	10 万 USD	电　　话	33680606	传　　真	58690673
设立日期	2008-6-18	负 责 人	JOSHUA DARIN ROEMMICH		
主营业务	家具及配件、五金、工艺品（文物除外）、陶瓷制品、日用百货的批发。				

企业名称	上海华烽贸易有限公司				
企业地址	上海市普陀区古浪路 1570 弄 5 号楼 119 室（200331）				
投资总额	280 万 USD	电　　话	52911461	传　　真	52911463
设立日期	2008-6-17	负 责 人	钱一匡		
主营业务	电子零部件、五金制品、塑胶制品、艺术品（文物除外）的批发。				

企业名称	易宝贸易（上海）有限公司				
企业地址	上海市普陀区长寿路 587 号 2202 室（200060）				
投资总额	50 万 USD	电　　话	62125803	传　　真	
设立日期	2008-6-17	负 责 人	YUAN FRANK SHIH CHI		
主营业务	纺织品、日用杂货、服装服饰的批发、进出口，提供相关配套服务。				

企业名称	上海宫吉贸易有限公司				
企业地址	上海市卢湾区茂名南路 205 号瑞金大厦 1306 室（200020）				
投资总额	20 万 USD	电　　话	54669595	传　　真	54669595
设立日期	2008-6-17	负 责 人	立木彰一		
主营业务	商用家具、照明灯具及上述商品的附属加工设备、工具的批发。				

企业名称	索沃纳迈泰贸易（上海）有限公司				
企业地址	上海市外高桥保税区美盛路 56 号 102 室（200131）				
投资总额	12 万 USD	电　　话	68768231	传　　真	68766198
设立日期	2008-6-17	负 责 人	JORG RIEMANN		
主营业务	国际贸易、转口贸易、保税区企业间的贸易和贸易代理。				

企业名称	大洋志布志贸易（上海）有限公司				
企业地址	上海市长宁区仙霞路 1231 号（200336）				
投资总额	10 万 USD	电　　话	33537655	传　　真	33537656
设立日期	2008-6-17	负 责 人	祖母谷务		
主营业务	食品【预包装食品（不含熟食卤味、不含冷冻（藏）食品）】的零售。				

企业名称	研硕仪器贸易（上海）有限公司				
企业地址	上海市闵行区都市路 431 号 207 室（201108）				
投资总额	7 万 USD	电　　话		传　　真	
设立日期	2008-6-17	负 责 人	刘博济		
主营业务	从事仪器仪表的批发，佣金代理（拍卖除外），进出口及其他配套业务。				

企业名称	上海必领贸易有限公司				
企业地址	上海市闵行区宝城路 158 弄 48 号 1B（201100）				
投资总额	4 万 USD	电　　话		传　　真	
设立日期	2008-6-17	负 责 人	NANCY NG SIEW KUEN		
主营业务	文具玩具、日用百货、服装鞋帽、皮革制品、电子产品的批发。				

企业名称	权坤（上海）贸易有限公司				
企业地址	上海市虹口区汉阳路 53 号 1 层（200080）				
投资总额	256 万 USD	电　　话	52286780	传　　真	52286785
设立日期	2008-6-16	负 责 人	柯权峯		
主营业务	服装、服饰、服饰辅料的批发与零售，佣金代理（拍卖除外）。				

企业名称	南致商贸（上海）有限公司				
企业地址	上海市浦东新区高科西路 1862 号 405 室（200123）				
投资总额	110 万 USD	电　话	50902323	传　真	50398906
设立日期	2008-6-16	负 责 人	黄燊棋		
主营业务	纺织原料（棉花除外）、家用装饰品、工艺礼品、日用百货的批发。				

企业名称	摩逊传动工业产品贸易（上海）有限公司				
企业地址	上海市徐汇区南丹东路 238 号 2706 室（200030）				
投资总额	85 万 USD	电　话	64686262	传　真	64682307
设立日期	2008-6-16	负 责 人	周　刚		
主营业务	自动化控制设备配件、机械传动设备零部件、自动化成套系统的批发。				

企业名称	世界精密仪器商贸（上海）有限公司				
企业地址	上海市浦东新区钱仓路 1 号 20A 室（200120）				
投资总额	30 万 USD	电　话	68885517	传　真	68885537
设立日期	2008-6-16	负 责 人	BREDENBERG CLIFFORD CARL		
主营业务	仪器仪表及配件、实验室用电子电器产品的批发、佣金代理（拍卖除外）。				

企业名称	富儿华贸易（上海）有限公司				
企业地址	上海市外高桥保税区韩城路 17 号 71 号楼（200131）				
投资总额	30 万 USD	电　话	50464926	传　真	50464997
设立日期	2008-6-16	负 责 人	JIN SOOK CHANG		
主营业务	各类服装、服饰、塑料人体模特、塑料制品、木制品和杂项制品的批发。				

企业名称	喜倍喜贸易（上海）有限公司				
企业地址	上海市长宁区延安西路 1590 号六楼 U1 室（200052）				
投资总额	20 万 USD	电　话	52306603	传　真	64066225
设立日期	2008-6-16	负 责 人	SOHN KI IK		
主营业务	化妆品、美容器械、日用百货、服装服饰、电子产品的批发、佣金代理。				

企业名称	上海隆原叉车商贸有限公司				
企业地址	上海市闵行区虹泉路 1000 号 2 幢 808 室（201103）				
投资总额	20 万 USD	电　话	64506522	传　真	64508362
设立日期	2008-6-16	负 责 人	韩先求		
主营业务	叉车及叉车配件、发电机组的进出口、批发、佣金代理（拍卖除外）。				

企业名称	上海花梦音商贸有限公司				
企业地址	上海市长宁区遵义路 100 号 B 栋 1803 室（200051）				
投资总额	20 万 USD	电　话	62372863	传　真	53757188
设立日期	2008-6-16	负 责 人	塚本利弘		
主营业务	服装服饰、装饰品、玩具、办公用品、陶瓷制品、橡塑制品的批发。				

企业名称	远采贸易（上海）有限公司				
企业地址	上海市长宁区延安西路 1600 号 407 室（200052）				
投资总额	20 万 USD	电　话	52307136	传　真	52307139
设立日期	2008-6-16	负 责 人	蔡松燕		
主营业务	纺织品、建筑装饰材料（钢材、水泥除外）、家具的进出口、批发。				

企业名称	上海诺隆电子科技有限公司				
企业地址	上海市闵行区宜山路 2016 号 703 室（201103）				
投资总额	20 万 USD	电　话	61255595	传　真	61255595
设立日期	2008-6-16	负 责 人	吕超汉		
主营业务	从事发光二极体设备、自动控制设备、监控设备系统的批发。				

企业名称	礼购贸易（上海）有限公司				
企业地址	上海市长宁区昭化路 51 号 1 幢 321 室（200050）				
投资总额	20 万 USD	电　话	51180320	传　真	51180877
设立日期	2008-6-16	负 责 人	杨瑞和		
主营业务	工艺礼品（文物除外）、文化用品、家电用品、玩具的批发、佣金代理。				

企业名称	世巍（上海）商贸有限公司				
企业地址	上海市长宁区延安西路 1303 号第 3 层 F 室（200050）				
投资总额	20 万 USD	电　话	52378636	传　真	52378690
设立日期	2008-6-16	负 责 人	林美惠		
主营业务	纺织品、玩具、服装及其辅料、塑料制品、日用百货的批发。				

企业名称	戴科化学贸易（上海）有限公司				
企业地址	上海市徐汇区漕溪北路 398 号 2603 室（200030）				
投资总额	15 万 USD	电　话	33688009	传　真	33688709
设立日期	2008-6-16	负 责 人	ROBERT PETER ELEFANTE		
主营业务	化工产品（含易燃液体：高闪点液体）的批发、进出口、佣金代理。				

企业名称	可恩姿（上海）贸易有限公司				
企业地址	上海市徐汇区蒲汇塘路 11 号 1601 室（200030）				
投资总额	14 万 USD	电　话	68523323	传　真	68523323
设立日期	2008-6-16	负 责 人	TAN CHEE KIANG		
主营业务	皮革制品、鞋帽箱包、化妆品、钟表、文体用品的批发。				

企业名称	真源贸易（上海）有限公司				
企业地址	上海市闵行区合川路 3089 号 4 号楼 4 楼 G 室（201103）				
投资总额	14 万 USD	电　话	51539924	传　真	
设立日期	2008-6-16	负 责 人	CHUNG HYE YEON		
主营业务	从事纺织机械配件、服装面料、办公用品、包装材料、五金交电的批发。				

企业名称	吉拇恩机械主轴贸易（上海）有限公司				
企业地址	上海市浦东新区莲溪路 1280 号第 9 号厂房一层（201204）				
投资总额	96 万 USD	电　话	68926178	传　真	
设立日期	2008-6-13	负 责 人	MICHAEL LOESCH		
主营业务	机械主轴及其配件的批发、进出口、及佣金代理（拍卖除外）。				

企业名称	上海玄如贸易有限公司				
企业地址	上海市普陀区同普路 1343 弄 6 号 3 楼（200333）				
投资总额	50 万 USD	电　话		传　真	
设立日期	2008-6-13	负 责 人	邱清如		
主营业务	艺术品（文物除外）、箱包、塑料制品、日用品、文具的批发、进出口。				

企业名称	上海海宫贸易有限公司				
企业地址	上海市外高桥保税区加太路 39 号第三层 52 部位（200131）				
投资总额	20 万 USD	电　话	26648633	传　真	
设立日期	2008-6-13	负 责 人	BAMBANG NIAGA TJIPUTRA		
主营业务	建材（钢材、水泥除外）、机电设备、金属制品、食品的批发。				

企业名称	熙瑞包装材料贸易（上海）有限公司				
企业地址	上海市浦东新区张杨北路 5509 号 1107A 座（200137）				
投资总额	15 万 USD	电　话	68504147	传　真	
设立日期	2008-6-13	负 责 人	MERCE CUNYAT LLOBET		
主营业务	建筑材料（除钢材、水泥）、化工原料及产品（除危险品）的批发。				

企业名称	福罗德曼动力测试技术（上海）有限公司				
企业地址	上海市张江高科技园区毕升路 289 弄 6 号 602 室（201203）				
投资总额	14 万 USD	电　话	33932230	传　真	33932231
设立日期	2008-6-13	负 责 人	GRAHAM PAUL WOOD		
主营业务	测功机、线终检测设备，及相关配套产品的批发，进出口业务。				

企业名称	加石润滑油贸易（上海）有限公司				
企业地址	上海市黄浦区广东路 500 号 19 层 08 室（200002）				
投资总额	100 万 USD	电　话	63528872	传　真	61356060
设立日期	2008-6-12	负 责 人	BRIAN RONALD BANCROFT		
主营业务	从事润滑油批发、佣金代理（拍卖除外）、进出口业务，以及售后服务。				

企业名称	串业商贸（上海）有限公司				
企业地址	上海市闵行区光华路 2118 号第 3 幢 430 室（201111）				
投资总额	20 万 USD	电　话	61356032	传　真	64289013
设立日期	2008-6-12	负 责 人	MAH CHIN CHIANG		
主营业务	从事纺织品、服装服饰及辅料、日用百货、橡塑制品、办公用品的批发。				

企业名称	劼诺贸易（上海）有限公司				
企业地址	上海市长宁区延安西路 2299 号 04P10、04P12、04P14（200336）				
投资总额	14 万 USD	电　话	62360707	传　真	32288210
设立日期	2008-6-12	负 责 人	HIKITA KATSUHISA		
主营业务	服装服饰、面料及辅料、针纺织品、皮革制品的进出口、批发。				

企业名称	乾信商贸（上海）有限公司				
企业地址	上海市浦东新区福山路 33 号建工大厦 21 楼 C 座－1（200120）				
投资总额	50 万 USD	电　话	68875099	传　真	
设立日期	2008-6-11	负 责 人	吴开恕		
主营业务	日用百货、工艺品（文物除外）、箱包、建筑装潢材料的批发。				

企业名称	朗翡洛（上海）贸易有限公司				
企业地址	上海市浦东新区张杨路 1254 号 407 室（200120）				
投资总额	15 万 USD	电　话	62451977	传　真	62451436
设立日期	2008-6-11	负 责 人	孙鸿英		
主营业务	酒类及造酒原料、酒具、酒窖设备、食品的批发、佣金代理（拍卖除外）。				

批发和零售贸易业

企业名称	南燕行（上海）贸易有限公司				
企业地址	上海市闵行区莘庄镇庙泾路 66 号 1343 室（201100）				
投资总额	14 万 USD	电　话	54854627	传　真	
设立日期	2008-6-11	负责人	钟　菊		
主营业务	包装食品、燕窝、干货、海味的批发，佣金代理（拍卖除外）。				

企业名称	世选贸易（上海）有限公司				
企业地址	上海市长宁区延安西路 1319 号 1602 室（200050）				
投资总额	14 万 USD	电　话	64264611	传　真	64264911
设立日期	2008-6-11	负责人	YEO WEI TIEN TIMOTHY		
主营业务	食品销售管理（非实物方式）；酒类、饮料的批发、进出口及相关业务。				

企业名称	可玲莱（上海）贸易有限公司				
企业地址	上海市徐汇区田林十村 37 号 435 室（200233）				
投资总额	2 万 USD	电　话		传　真	
设立日期	2008-6-11	负责人	大野诚治		
主营业务	日用品、塑料制品、照相器材、箱包、玩具、钟表的批发。				

企业名称	苏司兰风能设备贸易（上海）有限公司				
企业地址	上海市卢湾区淮海中路 2 号－8 号 17 楼 07－09 室（200021）				
投资总额	222 万 USD	电　话	65695688	传　真	63190909
设立日期	2008-6-10	负责人	TULSI T. TANTI		
主营业务	风能发电设备机组及零部件（包括涡轮塔架）的批发，进出口业务。				

企业名称	上海建鸿贸易有限公司				
企业地址	上海市徐汇区南丹东路 109 号 4 幢 108 室（200030）				
投资总额	85 万 USD	电　话	64667136	传　真	64667136
设立日期	2008-6-10	负责人	陈冠领		
主营业务	机电设备及零件、精密仪器的批发、佣金代理（拍卖除外）。				

企业名称	上海昆花贸易有限公司				
企业地址	上海市徐汇区漕宝路 401 号 2 号楼 5 楼（200233）				
投资总额	50 万 USD	电　话	64836968	传　真	64832098
设立日期	2008-6-10	负责人	刘汉君		
主营业务	园艺产品、水果、蔬菜、茶叶、咖啡、食品、日用品、化妆品的批发。				

企业名称	拾乐哈丁贸易（上海）有限公司				
企业地址	上海市浦东新区张杨路 601 号 8N 室（200120）				
投资总额	14 万 USD	电　话	62033708	传　真	62030146
设立日期	2008-6-10	负责人	YOONG SIN FONG		
主营业务	家具、家居用品、装饰用品、服装服饰、工艺品（文物除外）的批发。				

企业名称	雅格罗神象（上海）贸易有限公司				
企业地址	上海市徐汇区华泾路 1000 弄 120 号 103 室（200231）				
投资总额	14 万 USD	电　话	64262124	传　真	64262134
设立日期	2008-6-10	负责人	KAPOOR VIRENDER		
主营业务	从事机械产品，机械设备及相关配套产品的批发、进出口、佣金代理。				

企业名称	上海致鼎贸易有限公司				
企业地址	上海市浦东新区张杨北路 5509 号 1211 室（200137）				
投资总额	14 万 USD	电　话	58502956	传　真	58502965
设立日期	2008-6-10	负责人	徐国勋		
主营业务	电缆电线、五金交电、塑胶制品、计算机及相关配件的批发。				

企业名称	菲儿贸易（上海）有限公司				
企业地址	上海市闵行区吴中路 1050 号 6 幢 601－605 室（201103）				
投资总额	6 万 USD	电　话	60907601	传　真	54424945
设立日期	2008-6-10	负责人	MOON HYUN HEE		
主营业务	服装、服饰及配件的批发及进出口，佣金代理（拍卖除外）。				

企业名称	上海倍赐得化工贸易有限公司				
企业地址	上海市徐汇区中山西路 1919 号 2 幢 402 室（200233）				
投资总额	5 万 USD	电　话	61159268	传　真	61159266
设立日期	2008-6-10	负责人	杨文义		
主营业务	化工原料及产品（除危险品）的批发、进出口及相关配套业务。				

企业名称	上海英逸特时尚贸易有限公司				
企业地址	上海市宝山区牡丹江路 1508 号 207 室（201901）				
投资总额	15 万 USD	电　话	54248592	传　真	34241862
设立日期	2008-6-6	负责人	顾为民		
主营业务	批发经营服装、纺织品、鞋帽箱包、工艺饰品（文物除外）。				

企业名称	西蕊奈商贸（上海）有限公司				
企业地址	上海市虹口区霍山路 201 号 3 幢 215 室（200085）				
投资总额	15 万 USD	电　话	54865195	传　真	
设立日期	2008-6-6	负责人	MERMAN EVGENY		
主营业务	服装、服饰的批发，进出口，佣金代理（拍卖除外），并提供配套服务。				

企业名称	姿诺贸易（上海）有限公司				
企业地址	上海市虹口区四平路 775 弄 2 号 511 室（200092）				
投资总额	14 万 USD	电　话	65759172	传　真	65080602
设立日期	2008-6-6	负责人	VICTOR QUEVAL		
主营业务	眼镜及其相关零配件、宾馆用品的批发，佣金代理（拍卖除外）。				

企业名称	上海麦海贸易有限公司				
企业地址	上海市闸北区长安路 1138 号 2105（E）室（200070）				
投资总额	14 万 USD	电　话		传　真	
设立日期	2008-6-6	负责人	苏昱瑄		
主营业务	纸制品、机械设备、办公用品、包装材料、电子产品的批发。				

企业名称	都竺商贸（上海）有限公司				
企业地址	上海市静安区南京西路 580 号 2701B 室（200041）				
投资总额	50 万 USD	电　话	62673159	传　真	62673156
设立日期	2008-6-5	负责人	HIRABAYASHI TSUKASA		
主营业务	合成纤维、纺织用染料、包装材料、纺织设备及零部件的批发。				

企业名称	杰成电子贸易（上海）有限公司				
企业地址	上海市徐汇区漕溪路 165 号 1210 室（200235）				
投资总额	15 万 USD	电　话	64326966	传　真	64325684
设立日期	2008-6-5	负责人	张恩杰		
主营业务	电子产品、计算机软件（音像出版物除外）、电脑零配件的进出口。				

企业名称	瑷吉毅贸易（上海）有限公司				
企业地址	上海市长宁区延安西路 2299 号 11P06 室（200336）				
投资总额	15 万 USD	电　话	62361806	传　真	62360816
设立日期	2008-6-5	负责人	CHUNG IN HYUN		
主营业务	纺织制品、饲料、建筑装潢材料、纸和纸制品、日用百货的批发。				

企业名称	上海冰鸟贸易有限公司				
企业地址	上海市静安区昌平路 363 号 1 幢 607 室（200041）				
投资总额	11 万 USD	电　话	62878566	传　真	
设立日期	2008-6-5	负责人	PHILIPP GRAU		
主营业务	工艺品、装潢装饰材料及零部件（钢材、水泥除外）的批发。				

企业名称	加怡兴包装材料贸易（上海）有限公司				
企业地址	上海市浦东新区东方路 69 号 2205 室（200120）				
投资总额	100 万 USD	电　话	58880838	传　真	52289995
设立日期	2008-6-4	负责人	TAKASHI SUGIYAMA（杉山孝志）		
主营业务	纸浆、纸、纸制品、其他包装材料及副产品、包装设备及零配件的批发。				

企业名称	上海优加餐饮管理有限公司				
企业地址	上海市黄浦区九江路 399 号 26 楼 05 室 B 座（200002）				
投资总额	80 万 USD	电　话	61038415	传　真	52925209
设立日期	2008-6-4	负责人	汪　欣		
主营业务	食品销售管理（非实物方式），餐饮设备的批发，进出口业务。				

企业名称	金沙江贸易（上海）有限公司				
企业地址	上海市闵行区吴中路 1369 号 6 幢 517 室（201103）				
投资总额	60 万 USD	电　话	34323396	传　真	34323620
设立日期	2008-6-4	负责人	华清仁		
主营业务	从事室内装饰品、家具、服装、卫浴设备、厨房洁具及配件的批发。				

企业名称	利麒礼（上海）商贸有限公司				
企业地址	上海市静安区陕西北路 66 号 17 层 1722 室（200040）				
投资总额	48 万 USD	电　话	51531338	传　真	51531333
设立日期	2008-6-4	负责人	渡边信树		
主营业务	宠物用品、日用杂货、餐具及其相关配件的批发。				

企业名称	应能环保设备贸易（上海）有限公司				
企业地址	上海市外高桥保税区马吉路 2 号 32 层 3203 室（200131）				
投资总额	15 万 USD	电　话	62256462	传　真	
设立日期	2008-6-4	负责人	LARRY HOMER HUNT		
主营业务	国际贸易、转口贸易、保税区内企业间的贸易及贸易代理。				

企业名称	环筑贸易（上海）有限公司				
企业地址	上海市徐汇区蒲汇塘路 11 号 804、805 室（200030）				
投资总额	14 万 USD	电　　话	54251702	传　　真	54259101
设立日期	2008-6-4	负 责 人	KRZYSZTOF　WILK		
主营业务	家具，室内装饰材料及相关设备、室内设计软件的进出口、佣金代理。				

企业名称	万镒（上海）国际贸易有限公司				
企业地址	上海市外高桥保税区基隆路 1 号塔楼 8 层 815－1 室（200131）				
投资总额	14 万 USD	电　　话		传　　真	
设立日期	2008-6-4	负 责 人	许胜炎		
主营业务	国际贸易、转口贸易、保税区内企业间的贸易及贸易代理。				

企业名称	飆飒商贸（上海）有限公司				
企业地址	上海市浦东新区东方路 710 号 1212、1213、1214 室（200120）				
投资总额	12 万 USD	电　　话	62175819	传　　真	58310879
设立日期	2008-6-4	负 责 人	郑达辉		
主营业务	办公设备、纺织品、服装服饰、皮革制品、小家电、日用百货的批发。				

企业名称	上海皇新佳贸易有限公司				
企业地址	上海市奉贤区金汇镇航塘公路 1458 号 1 号楼（201404）				
投资总额	70 万 USD	电　　话	57589450	传　　真	57589452
设立日期	2008-6-3	负 责 人	王阿三		
主营业务	各种电池、电池零配件、塑料制品、机械设备及设备零配件的批发。				

企业名称	技特（上海）贸易有限公司				
企业地址	上海市闵行区吴中路 1100 号 5 幢 804 室（201103）				
投资总额	30 万 USD	电　　话	64052125	传　　真	64053233
设立日期	2008-6-3	负 责 人	村上宏昌（HIROMASA MURAKAMI）		
主营业务	照明设备、节能产品、集成电路元器件、电子产品、机械设备的批发。				

企业名称	崴礼（上海）商贸有限公司				
企业地址	上海市闸北区永和路 390 号 11 幢 1016 室（200070）				
投资总额	28 万 USD	电　　话	61072008	传　　真	61072005
设立日期	2008-6-3	负 责 人	宋锡元		
主营业务	录音机及放音机，自行车，杂项制品，工艺品（文物除外）的批发。				

企业名称	内湛贸易（上海）有限公司				
企业地址	上海市闵行区莘建东路 58 弄 2 号 1504 室（201100）				
投资总额	15 万 USD	电　　话	64138311	传　　真	64138361
设立日期	2008-6-3	负 责 人	LIM SEOC HYEOC		
主营业务	化工产品（除危险品）、电子电器、机械设备、计算机软硬件的批发。				

企业名称	鑫畅兆贸易（上海）有限公司				
企业地址	上海市徐汇区斜土路 2526 号 201－8 室（200030）				
投资总额	15 万 USD	电　　话	54258692	传　　真	54258691
设立日期	2008-6-3	负 责 人	陈云仙		
主营业务	建筑材料（钢材、水泥除外）、电动工具、机械设备、电子产品的批发。				

企业名称	星灏（上海）商贸有限公司				
企业地址	上海市外高桥保税区富特北路 225 号第四层 B19 部位（200131）				
投资总额	15 万 USD	电　　话	65759650	传　　真	
设立日期	2008-6-3	负 责 人	林常青		
主营业务	化妆品、纺织品、包装材料、机械设备及零部件的批发、佣金代理。				

企业名称	上海凯啦贸易有限公司				
企业地址	上海市静安区南京西路 1376 号 720 室（200040）				
投资总额	14 万 USD	电　　话	62125803	传　　真	33518529
设立日期	2008-6-3	负 责 人	SEONG SOOYEON		
主营业务	服装和服饰的批发、佣金代理（拍卖除外）、进出口业务。				

企业名称	泓智贸易（上海）有限公司				
企业地址	上海市卢湾区淮海中路 527 号 A1108 室（200023）				
投资总额	14 万 USD	电　　话	51068155	传　　真	
设立日期	2008-6-3	负 责 人	傅永强		
主营业务	医药化工原料、辅料（除危险品），药品包装材料的批发，进出口业务。				

企业名称	爱鲤帆（上海）商贸有限公司				
企业地址	上海市黄浦区西藏中路 18 号 10 层 1209 室（200002）				
投资总额	14 万 USD	电　　话	63618686	传　　真	63551378
设立日期	2008-6-3	负 责 人	彭　克		
主营业务	各类体育用品及其配件，家用电器，工艺礼品（文物除外）的批发。				

企业名称	喀姆伯（上海）商贸有限公司				
企业地址	上海市徐汇区中山西路 2366 弄 1 号 203 室（200333）				
投资总额	51 万 USD	电　　话	28901412	传　　真	28901413
设立日期	2008-6-2	负 责 人	FAHAD SHABBIR KAZMI		
主营业务	棉纱、针纺织品、化工产品（危险品除外）的批发及进出口业务。				

企业名称	婴典贸易（上海）有限公司				
企业地址	上海市徐汇区建国西路 283 号 5 号楼 5304 室（200031）				
投资总额	38 万 USD	电　　话	68759735	传　　真	68759735
设立日期	2008-6-2	负 责 人	郭超英		
主营业务	婴童服装、鞋帽、尿布、床、玩具、日用百货、手推车、电动车的批发。				

企业名称	众嘉达贸易（上海）有限公司				
企业地址	上海市闸北区沪太路 1895 弄 51 号 10 幢 312 室（200070）				
投资总额	20 万 USD	电　　话		传　　真	
设立日期	2008-6-2	负 责 人	LU，KEVIN TZU－EN		
主营业务	机电设备及其零件、化工产品及原料（危险品除外）的批发。				

企业名称	百世福贸易（上海）有限公司				
企业地址	上海市徐汇区宜山路 889 号 1 幢 7 层（200233）				
投资总额	20 万 USD	电　　话	64855500	传　　真	64852377
设立日期	2008-6-2	负 责 人	彭程远		
主营业务	电子元器件，塑胶制品，木材及其制品，纸板及其制品的批发。				

企业名称	上海丰侨贸易有限公司				
企业地址	上海市闵行区宜山路 1618 号综合楼 851 室（201103）				
投资总额	14 万 USD	电　　话	34240630	传　　真	64685507
设立日期	2008-6-2	负 责 人	郑媄方		
主营业务	服饰鞋帽、卫浴设备、沐浴用品、化妆品、家用电器的批发、佣金代理。				

企业名称	上海泰莎陶贸易有限公司				
企业地址	上海市卢湾区局门路 427 号 5 号楼 208 室（200025）				
投资总额	10 万 USD	电　　话	53025171	传　　真	53025170
设立日期	2008-6-2	负 责 人	MARC SCHIEFELBUSCH		
主营业务	服装、服装的原辅料、服饰、皮革制品、鞋帽的批发及佣金代理。				

企业名称	上海艺思影像艺术品贸易有限公司				
企业地址	上海市闸北区汶水支路 1 号 2 幢 3 楼 301 室（200070）				
投资总额	7 万 USD	电　　话	62661597	传　　真	62661597
设立日期	2008-6-2	负 责 人	STEVEN JEFFREY HARRIS		
主营业务	工艺品（文物除外）的批发、佣金代理（拍卖除外）、进出口业务。				

企业名称	均灏（上海）贸易有限公司				
企业地址	上海市卢湾区巨鹿路 417 号 3A05－3A06 室（200021）				
投资总额	29 万 USD	电　　话	37747798	传　　真	
设立日期	2008-5-30	负 责 人	刘丽娟		
主营业务	服装、服饰、纺织品的批发、零售及进出口，上述商品的相关配套服务。				

企业名称	上海月涧堂商贸有限公司				
企业地址	上海市普陀区绥德路 2 弄 32 号第四层（200333）				
投资总额	13 万 USD	电　　话	64669813	传　　真	64664430
设立日期	2008-5-30	负 责 人	罗逸康		
主营业务	餐具、日用百货、针纺织品、化妆品、办公用品的批发、佣金代理。				

企业名称	上海晋昌贸易有限公司				
企业地址	上海市外高桥保税区富特西一路 289 号国贸广场 A424 室（200131）				
投资总额	60 万 USD	电　　话	52656171	传　　真	52656172
设立日期	2008-5-29	负 责 人	黄光灿		
主营业务	国际贸易、转口贸易、保税区企业间的贸易及区内贸易代理。				

企业名称	正喜热能设备贸易（上海）有限公司				
企业地址	上海市长宁区娄山关路 85 号 A 座 1805 室（200336）				
投资总额	30 万 USD	电　　话	62198016	传　　真	62198018
设立日期	2008-5-29	负 责 人	辻敏之		
主营业务	工业炉窑、燃烧器、热处理设备、环保设备、燃气供给装置的批发。				

企业名称	夜视丽反光材料贸易（上海）有限公司				
企业地址	上海市闵行区虹井路 185 号 8 楼 801 室（201103）				
投资总额	20 万 USD	电　　话	34308280	传　　真	
设立日期	2008-5-29	负 责 人	李德仁		
主营业务	五金电子产品、服装服饰、纸制品、工业薄膜、胶粘产品的批发。				

企业名称	上海吉彼皑贸易有限公司				
企业地址	上海市静安区南京西路580号2901室（200041）				
投资总额	15万USD	电话	52289571	传真	52289572
设立日期	2008-5-29	负责人	NELSON MEYER LARSON		
主营业务	电子产品、服饰面料及零配件的批发。				

企业名称	仙粉黛葡萄酒贸易（上海）有限公司				
企业地址	上海市金山区石化街道卫清西路1335号第33幢109室（200540）				
投资总额	10万USD	电话	67960726	传真	
设立日期	2008-5-29	负责人	KEVIN FELIX SHERWOOD		
主营业务	从事葡萄酒及酒瓶、瓶塞等耗材的批发、佣金代理（拍卖除外）。				

企业名称	西乐贸易（上海）有限公司				
企业地址	上海市徐汇区襄阳南路500号606室（200031）				
投资总额	7.5万USD	电话	54657759	传真	54657760
设立日期	2008-5-29	负责人	ELY CHEIKH EL KHAIL N'TEHAH		
主营业务	机电设备及其零配件、洗涤用品、包装材料、日用百货的批发。				

企业名称	赫拉体育用品商贸（上海）有限公司				
企业地址	上海市虹口区花园路66弄1号1511室（200083）				
投资总额	4000万USD	电话	58827669	传真	61000608
设立日期	2008-5-28	负责人	陈义红		
主营业务	体育用品、运动器械、运动服装、背包、眼镜、手表及配件的批发。				

企业名称	弦波贸易（上海）有限公司				
企业地址	上海市嘉定区菊园新区环城路2222号1505室（201800）				
投资总额	51万USD	电话	39527175	传真	39527178
设立日期	2008-5-28	负责人	刘文成		
主营业务	电子元器件、计算机零部件及周边设备的进出口、批发、佣金代理。				

企业名称	弥荣贸易（上海）有限公司				
企业地址	上海市奉贤区新奉公路6328号A17－A18（201411）				
投资总额	30万USD	电话	62125803	传真	62125803
设立日期	2008-5-28	负责人	ZHANG XIN HONG		
主营业务	计算机软硬件、电子产品、建材（钢材、水泥除外）的批发。				

企业名称	上海爱秀贸易有限公司				
企业地址	上海市长宁区江苏路369号8楼A座（200050）				
投资总额	14万USD	电话	53081220	传真	
设立日期	2008-5-28	负责人	SIMON EDWARD ARCHER-PERKINS		
主营业务	玩具、室内装饰品、家居用品、化妆品、工艺品（文物除外）的批发。				

企业名称	荃维（上海）贸易有限公司				
企业地址	上海市奉贤区远东路828号1幢501室（201400）				
投资总额	245万USD	电话	64596443	传真	64594722
设立日期	2008-5-27	负责人	尹镇满		
主营业务	日用百货、家电、手机、电脑、服装、化妆品批发，市场营销策划。				

企业名称	堤艾比贸易（上海）有限公司				
企业地址	上海市闵行区光华路2118号第3幢524室（201111）				
投资总额	65万USD	电话		传真	
设立日期	2008-5-27	负责人	黄东日		
主营业务	从事化工产品（危险品除外）、化工原料（特定商品除外）的批发。				

企业名称	今壹贸易（上海）有限公司				
企业地址	上海市长宁区天山西路120号704室（200051）				
投资总额	50万USD	电话	32201447	传真	
设立日期	2008-5-27	负责人	洪进成		
主营业务	工艺礼品（文物除外）、服装、鞋帽、办公文化用品、办公家具的批发。				

企业名称	磨卡贸易（上海）有限公司				
企业地址	上海市卢湾区复兴中路1号1007B室（200021）				
投资总额	42万USD	电话	63900018	传真	63900008
设立日期	2008-5-27	负责人	ILPO MESKANEN		
主营业务	研磨产品、研磨材料、研磨吸尘设备、研磨五金工具及其配件的批发。				

企业名称	达希士投资管理咨询（上海）有限公司				
企业地址	上海市浦东新区张杨路228号2219室（200120）				
投资总额	38万USD	电话	58405436	传真	58405436
设立日期	2008-5-27	负责人	PETER MUN SUN CHAN		
主营业务	投资管理咨询、贸易信息咨询、经济信息咨询、企业管理咨询。				

企业名称	仲美贸易（上海）有限公司				
企业地址	上海市徐汇区沪闵路8075号531室（200237）				
投资总额	25万USD	电话	61453761	传真	61453748
设立日期	2008-5-27	负责人	叶凯风		
主营业务	工业用五金件、自动化控制机械设备及零配件的批发、佣金代理。				

企业名称	享家贸易（上海）有限公司				
企业地址	上海市浦东新区张杨北路5509号1102E座（200137）				
投资总额	25万USD	电话	61381212	传真	63500825
设立日期	2008-5-27	负责人	林安鸿		
主营业务	酒店用品，厨房用品，家居用品，卫浴五金用品，电子产品的批发。				

企业名称	家立迪贸易（上海）有限公司				
企业地址	上海市长宁区中山西路1277号4幢2层219室（200051）				
投资总额	25万USD	电话	50988686	传真	33602090
设立日期	2008-5-27	负责人	GWIJDE KAREL C VERSELE		
主营业务	各类宠物用品的批发、佣金代理（拍卖除外）上述产品的进出口。				

企业名称	长裕（上海）贸易有限公司				
企业地址	上海市浦东新区张家浜路37弄3号701C室（200122）				
投资总额	20万USD	电话	50588881	传真	50588883
设立日期	2008-5-27	负责人	卓训裕		
主营业务	化工产品（危险化学品除外）的批发、佣金代理（拍卖除外）。				

企业名称	倍丝（上海）工业产品贸易有限公司				
企业地址	上海市静安区威海路511号17楼1706A室（200041）				
投资总额	19万USD	电话	62721547	传真	62717821
设立日期	2008-5-27	负责人	HELMUT RUTTERSCHMIDT		
主营业务	半导体设备、太阳能发电设备及相关零部件的批发、进出口和佣金代理。				

企业名称	纱心鹏商贸（上海）有限公司				
企业地址	上海市闵行区中春路4999号1326室（201100）				
投资总额	15万USD	电话		传真	
设立日期	2008-5-27	负责人	LEE SUK FAN（李淑芬）		
主营业务	珠宝首饰（毛钻、裸钻除外）、服饰、工艺品（文物除外）的进出口。				

企业名称	玺吉贸易（上海）有限公司				
企业地址	上海市闸北区共和新路2449号1413室（200070）				
投资总额	14万USD	电话	51806158	传真	51806159
设立日期	2008-5-27	负责人	AKBARALI NOMAN SURA		
主营业务	化工产品（危险品、特种化学品及易制毒产品除外）、日用品的批发。				

企业名称	法奥迪（上海）抗磨损材料贸易有限公司				
企业地址	上海市徐汇区漕溪路250号A区1011室（200235）				
投资总额	14万USD	电话	64824366	传真	64511335
设立日期	2008-5-27	负责人	胡跃军		
主营业务	抗磨损制品、抗磨损金属材料的批发、佣金代理（拍卖除外）。				

企业名称	丽拓贸易（上海）有限公司				
企业地址	上海市浦东新区金桥出口加工区浙桥路289号A1805室（200122）				
投资总额	14万USD	电话	58549970	传真	
设立日期	2008-5-27	负责人	叶天荣		
主营业务	工艺礼品、厨房用品、家用电器、皮革制品和办公用品的批发。				

企业名称	格罗孛帕特（上海）贸易有限公司				
企业地址	上海市浦东新区浦东南路1101号1409室（200126）				
投资总额	14万USD	电话	58351606	传真	58351606
设立日期	2008-5-27	负责人	ANDRES RENDON TRUJILLO		
主营业务	化工原料和化学制剂（危险品除外）、油墨、饲料的批发。				

企业名称	艾镁瑞（上海）贸易有限公司				
企业地址	上海市普陀区长寿路1118号A幢24层E室（200063）				
投资总额	15万USD	电话	62515599	传真	52378255
设立日期	2008-5-26	负责人	MARIA THEODORA VAN ALPHEN		
主营业务	服装、服装附属品和皮货的批发、佣金代理（拍卖除外）。				

企业名称	上海华懋兴仪器贸易有限公司				
企业地址	上海市徐汇区日晖六村33号403室（200032）				
投资总额	14万USD	电话	54782731	传真	54782731
设立日期	2008-5-26	负责人	郑惠君		
主营业务	仪器仪表、日用百货、机电产品、五金制品的批发、进出口、佣金代理。				

企业名称	智涛贸易（上海）有限公司				
企业地址	上海市长宁区虹梅路 3721 号 853 室（201103）				
投资总额	14 万 USD	电　　话	61612197	传　　真	61612196
设立日期	2008-5-26	负 责 人	黎天翔		
主营业务	电脑软硬件（音像制品除外）、工艺礼品、日用百货的批发。				

企业名称	盛雪（上海）化工贸易有限公司				
企业地址	上海市崇明县城桥镇酱园弄 4 号 3 幢（202150）				
投资总额	5 万 USD	电　　话	61035706	传　　真	
设立日期	2008-5-26	负 责 人	ALEX E NAZARI		
主营业务	电子产品、办公用品和地毯、工艺品（文物除外）、室内装饰品的批发。				

企业名称	果图贸易（上海）有限公司				
企业地址	上海市崇明县城桥镇酱园弄 4 号 2 幢（202150）				
投资总额	5 万 USD	电　　话	63858402	传　　真	63868366
设立日期	2008-5-26	负 责 人	陈庆凤		
主营业务	家具、室内装饰品、瓷砖、纺织品、地毯、服装、墙纸的批发。				

企业名称	世统（上海）商贸有限公司				
企业地址	上海市浦东新区张杨路 560 号 2005 室（200122）				
投资总额	200 万 USD	电　　话	61604800	传　　真	61609003
设立日期	2008-5-23	负 责 人	崔弼俊		
主营业务	钢材、建材、船舶引擎、造船器材的批发、佣金代理（拍卖除外）。				

企业名称	攀柔莎（上海）贸易有限公司				
企业地址	上海市宝山区城银路 318 号 308 室（200436）				
投资总额	51 万 USD	电　　话	51920585	传　　真	51920525
设立日期	2008-5-23	负 责 人	PETER CHENGJIAN PAN		
主营业务	化妆品、日用百货、家具用品、服装、卫生洁具、塑料制品的批发。				

企业名称	益盛包装材料贸易（上海）有限公司				
企业地址	上海市徐汇区漕溪北路 398 号 2103 室（200030）				
投资总额	13 万 USD	电　　话	60905322	传　　真	60905330
设立日期	2008-5-23	负 责 人	杨　庆		
主营业务	散装货物包装材料及附件、五金工具的批发、进出口、佣金代理。				

企业名称	漫丹（中国）化妆品销售有限公司				
企业地址	上海市静安区南京西路 699 号 808 室（200041）				
投资总额	715 万 USD	电　　话	52288880	传　　真	
设立日期	2008-5-22	负 责 人	有地达也		
主营业务	服装、日用杂货、美容用品及其相关产品和技术的进出口、批发。				

企业名称	遨盛（上海）贸易有限公司				
企业地址	上海市共和新路 1868 号 1006－1008 室（200072）				
投资总额	150 万 USD	电　　话	33870055	传　　真	
设立日期	2008-5-22	负 责 人	KLAS BALKOW		
主营业务	办公设备、电线电缆、灯具、工艺礼品（文物除外）、钟表的批发。				

企业名称	诺路斯（上海）贸易有限公司				
企业地址	上海市闵行区昆阳路 1600 号第 8 幢 176 室（201111）				
投资总额	50 万 USD	电　　话	64604395	传　　真	64604396
设立日期	2008-5-22	负 责 人	曾国彰		
主营业务	从事纺织品、服装、日用百货、体育用品及工艺品（文物除外）的批发。				

企业名称	钧麦柯世贸易（上海）有限公司				
企业地址	上海市闵行区庙泾路 66 号 1529 室（201100）				
投资总额	35 万 USD	电　　话		传　　真	
设立日期	2008-5-22	负 责 人	黄事俊		
主营业务	空分设备、气动及电动工具、空压系统设备及相关产品的辅机的批发。				

企业名称	上海埃艾富比贸易有限公司				
企业地址	上海市卢湾区打浦路 1 号 1205 室（200023）				
投资总额	20 万 USD	电　　话	53960680	传　　真	
设立日期	2008-5-22	负 责 人	SHEN　JIAMIN		
主营业务	服装、服饰、化妆品、箱包、鞋袜及家用织品的批发、进出口业务。				

企业名称	上海新聚磁电子贸易有限公司				
企业地址	上海市浦东新区张杨北路 5509 号 1202 室 N 座（200137）				
投资总额	15 万 USD	电　　话	58362418	传　　真	58362628
设立日期	2008-5-22	负 责 人	李栋民		
主营业务	电子元器件、低压电器和仪器仪表的批发、佣金代理（拍卖除外）。				

企业名称	奥益（上海）贸易有限公司				
企业地址	上海市浦东新区新金桥路 1122 号 601 室（201206）				
投资总额	14 万 USD	电　　话	61052028	传　　真	
设立日期	2008-5-22	负 责 人	LIM KYUNG HEE		
主营业务	服装及其面料、服饰及其面料、首饰（毛钻、裸钻除外）的批发、零售。				

企业名称	爱美姬贸易（上海）有限公司				
企业地址	上海市虹口区天宝路 545 号 315 室（200086）				
投资总额	76 万 USD	电　　话	62528999	传　　真	61116589
设立日期	2008-5-21	负 责 人	彭新达		
主营业务	洗浴用品、化妆品、美容用品、床上用品、按摩器材、家具的批发。				

企业名称	玖银贸易（上海）有限公司				
企业地址	上海市卢湾区徐家汇路 555 号广东发展银行大厦办公楼 7G 室（200025）				
投资总额	22 万 USD	电　　话	58691801	传　　真	
设立日期	2008-5-21	负 责 人	FABIENNE RATTE		
主营业务	贱金属制品（钢材除外）的批发、进出口和佣金代理（拍卖除外）。				

企业名称	豪锐贸易（上海）有限公司				
企业地址	上海市浦东新区浦东南路 1271－1289 号（单）1109 室（200122）				
投资总额	20 万 USD	电　　话	58878137	传　　真	58878145
设立日期	2008-5-21	负 责 人	侯立新		
主营业务	纸浆、纸制品、日用品、化妆品的批发、进出口业务。				

企业名称	士泰（上海）商贸有限公司				
企业地址	上海市闸北区天目西路 99 号 20 楼 A、E、F、G、H 室（200070）				
投资总额	20 万 USD	电　　话	63803673	传　　真	
设立日期	2008-5-21	负 责 人	RANA VIKRAM JITENDRA		
主营业务	从事文具、玩具及五金工具的批发及进出口，并提供相关的技术咨询。				

企业名称	晟玺贸易（上海）有限公司				
企业地址	上海市浦东新区东方路 69 号 2203 室（200122）				
投资总额	15 万 USD	电　　话	68877096	传　　真	68877097
设立日期	2008-5-21	负 责 人	朱正义		
主营业务	服装鞋帽、五金制品、日用百货、电子产品的批发、佣金代理。				

企业名称	伊兹德贸易（上海）有限公司				
企业地址	上海市浦东新区金桥出口加工区新金桥路 255 号 548 室（200135）				
投资总额	14.5 万 USD	电　　话	51972610	传　　真	51352597
设立日期	2008-5-21	负 责 人	陈　民		
主营业务	机电设备、五金制品、电子产品、仪器仪表的批发、佣金代理。				

企业名称	上海浩发贸易有限公司				
企业地址	上海市浦东新区金桥出口加工区新金桥路 255 号 628 室（201206）				
投资总额	14 万 USD	电　　话	51352660	传　　真	51352660
设立日期	2008-5-21	负 责 人	CECILIA BUISEDERA		
主营业务	工艺品（文物除外）、钟表眼镜、办公用品、摩托车及其零配件的批发。				

企业名称	马司得迅贸易（上海）有限公司				
企业地址	上海市浦东新区花园石桥路 33 号 23 楼 2366 室（200120）				
投资总额	14 万 USD	电　　话	61415359	传　　真	61010307
设立日期	2008-5-21	负 责 人	BELTRAME JAMES MICHAEL		
主营业务	汽车零配件、包装材料、化工原料（危险品除外）、日用百货的批发。				

企业名称	吉能国际贸易（上海）有限公司				
企业地址	上海市外高桥保税区基隆路 1 号塔楼 19 层 1917 室（200131）				
投资总额	1000 万 USD	电　　话		传　　真	
设立日期	2008-5-20	负 责 人	宋　杰		
主营业务	国际贸易、转口贸易、保税区企业间的贸易及贸易代理。				

企业名称	上海和乾物流设备贸易有限公司				
企业地址	上海市松江区新桥镇曹农路 515 号（201612）				
投资总额	440 万 USD	电　　话	57686660	传　　真	57687351
设立日期	2008-5-20	负 责 人	刘庆堂		
主营业务	叉车及配件的批发，佣金代理（不含拍卖），进出口及相关配套业务。				

企业名称	杰氏音响商贸（上海）有限公司				
企业地址	上海市长宁区镇宁路 9 号 1 幢 13 楼 B 室（200050）				
投资总额	130 万 USD	电　　话	62136655	传　　真	62250971
设立日期	2008-5-20	负 责 人	MICHAEL FREDRICK KLIPSCH		
主营业务	从事音响设备及其配件的进出口、批发并提供相关的技术咨询。				

企业名称	泽耀电子贸易（上海）有限公司				
企业地址	上海市外高桥保税区希雅路 69 号 2 号楼第五层 A1 部位（200131）				
投资总额	100 万 USD	电话	52989498	传真	52989499
设立日期	2008-5-20	负责人	洪育才		
主营业务	电子元器件及其相关配套的零配件的批发、佣金代理（拍卖除外）。				

企业名称	锦耀（上海）国际贸易有限公司				
企业地址	上海市外高桥保税区泰谷路 88 号五层 578 室（200131）				
投资总额	50 万 USD	电话	58953345	传真	58954097
设立日期	2008-5-20	负责人	黄正哲		
主营业务	从事轿车为主的国际贸易、转口贸易、保税区企业间的贸易及贸易代理。				

企业名称	笔言补贸易（上海）有限公司				
企业地址	上海市闵行区虹泉路 1000 号 4 幢 729 室（201103）				
投资总额	20 万 USD	电话	51671319	传真	51671319
设立日期	2008-5-20	负责人	JO YUN SEON		
主营业务	机械设备及其配件、计算机的配件、导航设备及其零配件的批发。				

企业名称	立宜迪贸易（上海）有限公司				
企业地址	上海市闵行区红松路 518 号 120 室（201105）				
投资总额	20 万 USD	电话	34228623	传真	34228627
设立日期	2008-5-20	负责人	毛巧英		
主营业务	日用品、化妆品、服装服饰、工艺品（文物除外）的批发、佣金代理。				

企业名称	共享未来贸易（上海）有限公司				
企业地址	上海市奉贤区青村镇人民路 48 号 8 幢 201 室（201414）				
投资总额	10 万 USD	电话	54224941	传真	54224945
设立日期	2008-5-20	负责人	RHEE JONG SUK		
主营业务	化工原料及产品（危险品除外）、电子产品的批发及进出口、佣金代理。				

企业名称	上海喜瑞商贸有限公司				
企业地址	上海市闵行区虹梅南路 2599 号第 3 幢三楼整层（200237）				
投资总额	3 万 USD	电话		传真	
设立日期	2008-5-20	负责人	詹芳兰		
主营业务	五金制品、厨房用品、卫生洁具及日用百货的进出口、批发。				

企业名称	创绿贸易（上海）有限公司				
企业地址	上海市长宁区仙霞路 369 号 1 号楼 3002 室（200336）				
投资总额	200 万 USD	电话	51559908	传真	52410362
设立日期	2008-5-19	负责人	WU CINDY CHING		
主营业务	电脑硬件、电脑软件（音像制品除外）、原木、家具、木制品的批发。				

企业名称	上海彩盛贸易有限公司				
企业地址	上海市长宁区仙霞路 318－322 号 1203 室（200336）				
投资总额	71 万 USD	电话	54225637	传真	54225327
设立日期	2008-5-19	负责人	顾惠兴		
主营业务	塑料制品、家具、工艺品（文物除外）、电子产品、电机产品的批发。				

企业名称	忻录拓（上海）贸易有限公司				
企业地址	上海市浦东新区瑞庆路 590 号 5 幢 302 室 A 区（201202）				
投资总额	64 万 USD	电话	65533026	传真	
设立日期	2008-5-19	负责人	汤泉庆子		
主营业务	机电设备的批发、佣金代理（拍卖除外）和进出口及相关配套业务。				

企业名称	莫迪维克（上海）贸易有限公司				
企业地址	上海市张江高科技园区科苑路 88 号 2 幢 701 部分（201203）				
投资总额	32 万 USD	电话	28986847	传真	28986745
设立日期	2008-5-19	负责人	HANS JOACHIM BOEKSTEGERS		
主营业务	工业包装产品、包装设备及配件的批发、佣金代理（拍卖除外）。				

企业名称	锦湖石油化学贸易（上海）有限公司				
企业地址	上海市长宁区遵义路 100 号 A 栋 1214 室（200051）				
投资总额	30 万 USD	电话	62371836	传真	62371838
设立日期	2008-5-19	负责人	OCK KEE		
主营业务	橡塑材料及其制品、化学原料及化学产品（危险品除外）的批发。				

企业名称	伟籽贸易（上海）有限公司				
企业地址	上海市闵行区吴中路 1189 号第二幢第六层 621 号（201103）				
投资总额	25 万 USD	电话	64016088	传真	64018058
设立日期	2008-5-19	负责人	CHOI YIN SEOP（崔仁燮）		
主营业务	机电设备、机械设备、实验室设备、金属制品和日用百货的批发。				

企业名称	大贤贸易（上海）有限公司				
企业地址	上海市闵行区合川路 3071 号 1 幢 531 室（201103）				
投资总额	20 万 USD	电话	64063103	传真	64063103
设立日期	2008-5-19	负责人	PARK JOON KEE		
主营业务	服装和服装面、辅料的批发、进出口、佣金代理（拍卖除外）。				

企业名称	点园（上海）园艺有限公司				
企业地址	上海市浦东新区金沪路 1151 号 202K 室（200126）				
投资总额	20 万 USD	电话	63231388	传真	63231388
设立日期	2008-5-19	负责人	汤震		
主营业务	园林、庭院绿化环境设计和技术咨询；树苗、花卉苗的批发、佣金代理。				

企业名称	名端电子产品贸易（上海）有限公司				
企业地址	上海市长宁区新华路 728 号 315 室（200052）				
投资总额	15 万 USD	电话	63802573	传真	51553663
设立日期	2008-5-19	负责人	GÜNTHER REINHOLD		
主营业务	从事电子产品及其零配件的进出口、批发、佣金代理（拍卖除外）。				

企业名称	博树贸易（上海）有限公司				
企业地址	上海市卢湾区肇嘉浜路 96 号 716A 室（200023）				
投资总额	14 万 USD	电话	64152699	传真	54132370
设立日期	2008-5-19	负责人	ZHU RAY LI		
主营业务	从事电光源、灯具、照明设备及其配件的进出口，批发，佣金代理。				

企业名称	沃佩孚贸易（上海）有限公司				
企业地址	上海市徐汇区虹桥路 808 号 41 幢 A 栋 8209 室（200030）				
投资总额	14 万 USD	电话	64478672	传真	64478783
设立日期	2008-5-19	负责人	程剑		
主营业务	机械设备、建材（钢材、水泥除外）、工艺品（文物除外）的批发。				

企业名称	红诱坊贸易（上海）有限公司				
企业地址	上海市卢湾区黄陂南路 700 号 B403 室（200025）				
投资总额	14 万 USD	电话	51115563	传真	51115503
设立日期	2008-5-19	负责人	孙黛		
主营业务	酒类（散装酒除外）、厨房用具、餐具、工艺品（文物除外）的批发。				

企业名称	荷士贸易（上海）有限公司				
企业地址	上海市长宁区仙霞路 369 号 1 号楼 1506 室（200336）				
投资总额	12 万 USD	电话	51559942	传真	51559943
设立日期	2008-5-19	负责人	HOUSTON RAY MORRIS		
主营业务	服装服饰及辅料的批发、进出口、佣金代理（拍卖除外）。				

企业名称	尚容贸易（上海）有限公司				
企业地址	上海市虹口区东江湾路 444 号 2 楼平台 207 室甲（200081）				
投资总额	50 万 USD	电话	53931318	传真	2008-5-16
设立日期	2008-5-19	负责人	SHANG CHEN SHEN		
主营业务	食品销售管理（非实物方式）、食品生产设备、工艺品的批发。				

企业名称	六员环商贸（上海）有限公司				
企业地址	上海市嘉定区南翔镇沪宜公路 401 号 201 室（201802）				
投资总额	50 万 USD	电话	54254678	传真	64866539
设立日期	2008-5-16	负责人	叶冰如		
主营业务	化妆品、饰品、服饰、钟表、箱包的批发、进出口、佣金代理。				

企业名称	蓝意创贸易（上海）有限公司				
企业地址	上海市浦东新区浦东南路 1341 弄 2 号 6 幢 409 室（200122）				
投资总额	14 万 USD	电话	53080888	传真	53081888
设立日期	2008-5-16	负责人	犬饲正义		
主营业务	食品机械、家居装饰品、家具的批发、进出口及相关配套业务。				

企业名称	亿康科技信息（上海）有限公司				
企业地址	上海市外高桥保税区杨高北路 2001 号（200131）				
投资总额	200 万 USD	电话	50460282	传真	50460282
设立日期	2008-5-15	负责人	麦卓		
主营业务	国际贸易、科技咨询服务；以承接服务外包方式从事系统应用管理。				

企业名称	凌机（上海）贸易有限公司				
企业地址	上海市闸北区天目中路 383 号 1504 室（200070）				
投资总额	30 万 USD	电话	63170462	传真	
设立日期	2008-5-15	负责人	黄永昌		
主营业务	音响，电子产品，通信及广播电视设备及其零配件的批发、佣金代理。				

企业名称	上海连意申贸易有限公司				
企业地址	上海市嘉定区真新街道曹安公路1855号628室（201824）				
投资总额	19万USD	电　话	33518120	传　真	62644973
设立日期	2008-5-15	负责人	张　磊		
主营业务	纺织品、服装辅料、箱包、五金产品、工艺品（文物除外）的批发。				

企业名称	源资信息科技（上海）有限公司				
企业地址	上海市长宁区天山路641号20幢611室（200051）				
投资总额	14万USD	电　话	32504385	传　真	32504351
设立日期	2008-5-15	负责人	李昊熹		
主营业务	计算机软件开发、设计、制作、销售自产产品。				

企业名称	志宏贸易（上海）有限公司				
企业地址	上海市徐汇区凯旋路1671号五层508室（200030）				
投资总额	7万USD	电　话	51186358	传　真	51186359
设立日期	2008-5-15	负责人	朱国志		
主营业务	纸品、包装用品、玩具、机械设备、木制品的批发、佣金代理。				

企业名称	伊敖嘉贸易（上海）有限公司				
企业地址	上海市虹口区新市路228号106室（200083）				
投资总额	14万USD	电　话	52288282	传　真	
设立日期	2008-5-14	负责人	陈美双		
主营业务	服装、鞋帽、旅行用品、体育用品、饰物、日用品、电器的批发。				

企业名称	上海勇盈贸易有限公司				
企业地址	上海市闵行区七宝镇宝隆新村2号102室（201101）				
投资总额	52万USD	电　话	54868350	传　真	54868335
设立日期	2008-5-13	负责人	HUANG WEN TING		
主营业务	食品、饮料、玩具、日用百货、五金交电的批发，佣金代理（拍卖除外）。				

企业名称	爱诚贸易（上海）有限公司				
企业地址	上海市长宁区天山路650号106幢217室（200051）				
投资总额	15万USD	电　话	62332964	传　真	52066285
设立日期	2008-5-13	负责人	张文		
主营业务	工艺品（文物除外）、家居用品、办公用品、计算机软硬件的批发。				

企业名称	上海璟玲廊国际贸易有限公司				
企业地址	上海市外高桥保税区基隆路1号塔楼15层1510－3室（200131）				
投资总额	25万USD	电　话	54660825	传　真	
设立日期	2008-5-12	负责人	ARTHUR GRAHAM SOLWAY		
主营业务	国际贸易、转口贸易、保税区企业间的贸易及区内贸易代理。				

企业名称	百接吉电子贸易（上海）有限公司				
企业地址	上海市普陀区曹杨路450号905室（200000）				
投资总额	20万USD	电　话	51280696	传　真	51280696
设立日期	2008-5-12	负责人	屠常青		
主营业务	电子电器产品、五金交电、电线电缆、照相器材、日用百货的批发。				

企业名称	上海麦朵贸易有限公司				
企业地址	上海市长宁区黄金城道538号1－2层及地下一层（200051）				
投资总额	15万USD	电　话	51117616	传　真	
设立日期	2008-5-12	负责人	陈纪莹		
主营业务	工艺品（文物除外）、服饰、珠宝首饰（裸钻、毛钻除外）的批发。				

企业名称	宪辰贸易（上海）有限公司				
企业地址	上海市闵行区宜山路1618号综合楼848室（201103）				
投资总额	14万USD	电　话	34240630	传　真	64685507
设立日期	2008-5-12	负责人	卢国宪		
主营业务	服饰鞋帽、卫浴设备、沐浴用品、化妆品、家用电器的批发。				

企业名称	珮梓贸易（上海）有限公司				
企业地址	上海市闵行区宜山路1618号综合楼849室（201103）				
投资总额	14万USD	电　话	34240630	传　真	34240630
设立日期	2008-5-12	负责人	陈灯贤		
主营业务	橡胶轮胎、服饰鞋帽、卫浴设备、沐浴用品、化妆品的批发，佣金代理。				

企业名称	捷豹路虎汽车贸易（上海）有限公司				
企业地址	上海市外高桥保税区基隆路6号(C1区001地块)7楼713室(200131)				
投资总额	100万USD	电　话	58692179	传　真	58692179
设立日期	2008-5-9	负责人	CHRISTOPHER BROWN		
主营业务	国际贸易、转口贸易、保税区内企业间的贸易及区内贸易代理。				

企业名称	乌斯坦船舶系统商贸（上海）有限公司				
企业地址	上海市徐汇区零陵路899号19楼G座（200030）				
投资总额	71万USD	电　话	54893691	传　真	54893695
设立日期	2008-5-9	负责人	TORE ULSTEIN		
主营业务	船舶、船舶机械设备、电气设备以及其零部件的批发、进出口业务。				

企业名称	荷华泰伦斯（上海）美术用品贸易有限公司				
企业地址	上海市松江区新桥镇申港路265号1幢第二层（201612）				
投资总额	57万USD	电　话	67648672	传　真	
设立日期	2008-5-9	负责人	CHARLES MICHIEL VAN ROSSEM		
主营业务	制图、绘画、美术用品的进出口、批发、佣金代理（拍卖除外）。				

企业名称	娇灵贸易（上海）有限公司				
企业地址	上海市静安区南京西路1168号LG15－16室（200041）				
投资总额	14万USD	电　话	52925633	传　真	52984051
设立日期	2008-5-9	负责人	黄　平		
主营业务	服装、服饰及配件、鞋帽、化妆品、箱包、音响设备的进出口、批发。				

企业名称	圣申得卡贸易（上海）有限公司				
企业地址	上海市徐汇区南丹东路188号2104室（200030）				
投资总额	14万USD	电　话	64642157	传　真	64642077
设立日期	2008-5-9	负责人	SEDOV ALEXANDER		
主营业务	金属、木工加工机床的批发、佣金代理（拍卖除外）及进出口业务。				

企业名称	珈发贸易（上海）有限公司				
企业地址	上海市闵行区光华路2118号第3幢652室（201100）				
投资总额	14万USD	电　话		传　真	
设立日期	2008-5-9	负责人	LUISA HARDI BEH		
主营业务	陶瓷制品、橡塑制品、化妆品、服装鞋帽、日用百货的批发。				

企业名称	昊睿贸易（上海）有限公司				
企业地址	上海市嘉定区马陆镇嘉新公路1109号第2幢203室（201800）				
投资总额	14万USD	电　话	60908688	传　真	60908668
设立日期	2008-5-9	负责人	ZHANG BIAO		
主营业务	玩具、家具、包装材料、汽车配件、五金工具、电子产品的批发。				

企业名称	盖可（上海）贸易有限公司				
企业地址	上海市闵行区吴中路1068号3楼A、B室（201103）				
投资总额	14万USD	电　话	64060581	传　真	64600581
设立日期	2008-5-9	负责人	EDWARD EFFINGER WEST III		
主营业务	金属加工机械、附件和控制系统、机械和电气零部件及备品备件批发。				

企业名称	士一贸易（上海）有限公司				
企业地址	上海市闵行区吴中路1375－1377号4幢101室（201103）				
投资总额	14万USD	电　话	23431570	传　真	
设立日期	2008-5-9	负责人	朱少君		
主营业务	文体用品、五金交电、橡胶制品（除天然橡胶）、日用百货的批发。				

企业名称	赛元贸易（上海）有限公司				
企业地址	上海市闵行区光华路2118号第3幢361室（201111）				
投资总额	14万USD	电　话	62982679	传　真	62981404
设立日期	2008-5-9	负责人	吴志炫		
主营业务	天然及合成香料系列产品、植物提取物、农副产品的批发。				

企业名称	速新电子贸易（上海）有限公司				
企业地址	上海市徐汇区漕溪路250号A幢813室（200030）				
投资总额	10万USD	电　话	64827127	传　真	64823806
设立日期	2008-5-9	负责人	TEO JOON HSIONG		
主营业务	机械设备、电子设备及相关配套附件的批发、佣金代理（拍卖除外）。				

企业名称	尚友贸易（上海）有限公司				
企业地址	上海市徐汇区宛平南路521号B幢406室（200032）				
投资总额	10万USD	电　话	64410391	传　真	65916653
设立日期	2008-5-9	负责人	李升周		
主营业务	家具、健身器材、化妆品的佣金代理（拍卖除外）、商品进出口业务。				

企业名称	梯奥贸易（上海）有限公司				
企业地址	上海市闵行区光华路2118号第3幢664室（201111）				
投资总额	7万USD	电　话	64855811	传　真	
设立日期	2008-5-9	负责人	KARINA GEVORGYAN		
主营业务	从事化工原料及化工产品（除危险品）、家具的批发、佣金代理。				

批发和零售贸易业

企业名称	纽卫贸易（上海）有限公司				
企业地址	上海市长宁区淮海西路 570 号第 3 幢 D 楼三楼 302 单元（200052）				
投资总额	30 万 USD	电话	62825656	传真	52303517
设立日期	2008-5-8	负责人	ROBERT ALAN WEINGARTZ		
主营业务	从事手工工具、电动工具、机电设备、五金制品、厨房用品的批发。				

企业名称	约夏贸易（上海）有限公司				
企业地址	上海市黄浦区陆家浜路 1378 号 1507 室（200011）				
投资总额	15 万 USD	电话	68868335	传真	68868021
设立日期	2008-5-8	负责人	卢嘉明		
主营业务	日用杂货、家具、礼品、箱包、服装的批发，佣金代理（拍卖除外）。				

企业名称	吉勃尔贸易（上海）有限公司				
企业地址	上海市浦东新区金桥出口加工区新金桥路 255 号 814 室（201206）				
投资总额	14 万 USD	电话	64131924	传真	
设立日期	2008-5-8	负责人	ANTELO ESPER BERNARDINO		
主营业务	铝材及其制品，纸、纸板及其制品的批发、佣金代理（拍卖除外）。				

企业名称	照盈贸易（上海）有限公司				
企业地址	上海市外高桥保税区加太路 39 号菀熠楼第三层 27 部位（200131）				
投资总额	14 万 USD	电话	62558966	传真	58952569
设立日期	2008-5-8	负责人	李国辉		
主营业务	电子产品、机械设备、化工产品、橡胶塑料制品、金属制品的批发。				

企业名称	恩能（上海）国际贸易有限公司				
企业地址	上海市外高桥保税区富特北路 225 号第四层 B15 部位（200131）				
投资总额	12 万 USD	电话		传真	
设立日期	2008-5-8	负责人	HAMID POURKARIMI		
主营业务	国际贸易、转口贸易，保税区内企业间的贸易及区内贸易代理。				

企业名称	峣瀚贸易（上海）有限公司				
企业地址	上海市长宁区中山西路 933 号 402 室（200051）				
投资总额	10 万 USD	电话	51113056	传真	55381081
设立日期	2008-5-8	负责人	KIM YOUNG MO		
主营业务	精密集成电路元器件、电动工具、服装服饰、服装面辅料的批发。				

企业名称	霞菲诺眼镜商贸（上海）有限公司				
企业地址	上海市黄浦区南京东路 353 号一层 114 室（200001）				
投资总额	210 万 USD	电话	61031787	传真	61410929
设立日期	2008-5-7	负责人	MARIO PIETRIBIASI		
主营业务	眼镜、隐形眼镜及其他相关产品的进出口、批发、零售。				

企业名称	登美（上海）商贸有限公司				
企业地址	上海市卢湾区淮海中路 99 号 1－3 层 L113－114 室（200021）				
投资总额	128 万 USD	电话	63918299	传真	63910933
设立日期	2008-5-7	负责人	郑伟雄		
主营业务	化妆品、日用百货、工艺品（除文物）的零售、批发。				

企业名称	铁北仪（上海）商贸有限公司				
企业地址	上海市普陀区顺义路 18 号 1708 室（200063）				
投资总额	14 万 USD	电话	52355112	传真	52355112
设立日期	2008-5-7	负责人	何书毓		
主营业务	百货、五金零配件、通讯器材、环保设备、机电设备及元器件的批发。				

企业名称	宜家易买仕商贸（上海）有限公司				
企业地址	上海市徐汇区漕溪路 128 号 5 楼（200233）				
投资总额	210 万 USD	电话	33955767	传真	33955607
设立日期	2008-5-6	负责人	KARL KUSCHNIG		
主营业务	从事建造及运营宜家商场和物流配送中心所需的家具及玩具的批发。				

企业名称	上海爱加好贸易有限公司				
企业地址	上海市闵行区春申路 2328 号 5 幢 201 室（200237）				
投资总额	100 万 USD	电话	61196880	传真	64978632
设立日期	2008-5-6	负责人	林由加子		
主营业务	工艺礼品（文物除外）、服饰、珠宝首饰（毛钻、裸钻除外）的批发。				

企业名称	上海灿郁贸易有限公司				
企业地址	上海市闵行区鲁南路 78 弄 38 号第二幢（201112）				
投资总额	24 万 USD	电话	63356307	传真	63340540
设立日期	2008-5-6	负责人	矢野郁子		
主营业务	鞋帽箱包、礼品玩具、电脑及配件、家用电器、家具及家居用品的批发。				

企业名称	颖联（上海）贸易有限公司				
企业地址	上海市徐汇区龙华西路 585 号 B 幢 12B1 室（200232）				
投资总额	20 万 USD	电话	34240189	传真	64381961
设立日期	2008-5-6	负责人	江业龙		
主营业务	化妆品原料、饲料添加剂的批发、佣金代理（拍卖除外）。				

企业名称	山特维克矿山工程机械贸易（上海）有限公司				
企业地址	上海市嘉定工业区宝塔路 986 号第 4 幢第 2 层（201821）				
投资总额	300 万 USD	电话	69166050	传真	65155011
设立日期	2008-5-5	负责人	TORE SVANTE LINDHOLM		
主营业务	矿山、工程和建筑机械及其零部件和同类商品的批发、进出口业务。				

企业名称	万印医疗器械（上海）有限公司				
企业地址	上海市南汇区周浦镇周祝公路 337 号 9 幢 102 室（201306）				
投资总额	36 万 USD	电话		传真	
设立日期	2008-5-5	负责人	刘桑泽		
主营业务	医用敷料包的生产和组装，医用卫生材料及敷料的批发，佣金代理。				

企业名称	诺渥商贸（上海）有限公司				
企业地址	上海市黄浦区陆家浜路 1378 号 1407 室（200010）				
投资总额	22 万 USD	电话	31268211	传真	63040807
设立日期	2008-5-5	负责人	DAVIDE PROCIDA		
主营业务	农副产品、包装食品、纺织品、机电产品及化工产品的批发。				

企业名称	海磐贸易（上海）有限公司				
企业地址	上海市长宁区延安西路 728 号 11J 室（200050）				
投资总额	20 万 USD	电话	52370666	传真	52376866
设立日期	2008-5-5	负责人	徐鸥		
主营业务	机电设备及配件、机械设备及配件、汽摩配件的批发、佣金代理。				

企业名称	翔意（上海）贸易有限公司				
企业地址	上海市闵行区莲花南路 1500 弄 8－9 号 710 室（200237）				
投资总额	14 万 USD	电话	55310266	传真	33580809
设立日期	2008-5-5	负责人	FOONG MUN WAH		
主营业务	从事机电设备、五金交电、橡胶制品、汽车摩托车配件的批发。				

企业名称	上海达颐国际贸易有限公司				
企业地址	上海市嘉定区真新街道金沙江路 2890 弄 1 号 707 室（201824）				
投资总额	14 万 USD	电话	69195053	传真	69195063
设立日期	2008-5-5	负责人	邓珀铿		
主营业务	钢铁制品（钢材除外）、装潢材料（水泥除外）、纺织原料的批发。				

企业名称	美柏（上海）贸易有限公司				
企业地址	上海市浦东新区枣庄路 667 号 207 室（201206）				
投资总额	14 万 USD	电话		传真	
设立日期	2008-5-5	负责人	夏昌权		
主营业务	陶瓷制品、厨卫设备、五金工具、家用电器、家具、日用百货的批发。				

企业名称	植菁贸易（上海）有限公司				
企业地址	上海市浦东新区浦明路 198 号 1 层 B 室（200122）				
投资总额	150 万 USD	电话	68885889	传真	58826997
设立日期	2008-5-4	负责人	黎焕鑫		
主营业务	食品、饮料、洗涤用品、美容美发产品的批发、佣金代理。				

企业名称	富蒙电子贸易（上海）有限公司				
企业地址	上海市静安区南京西路 1515 号嘉里中心北楼 2937 室（200040）				
投资总额	20 万 USD	电话	61037064	传真	23220000
设立日期	2008-5-4	负责人	HENRY IRVIN FEIR		
主营业务	半导体测试设备及零件的批发、进出口、佣金代理（拍卖除外）。				

企业名称	麦贺兰贸易（上海）有限公司				
企业地址	上海市浦东新区商城路 800 号 14 楼 1423A 室（200120）				
投资总额	20 万 USD	电话	58352278	传真	
设立日期	2008-5-4	负责人	RADOSLAW DOMAGALSKI-LABEDZKI		
主营业务	合成橡胶和乳胶的原材料、玻璃纤维、五金制品的批发、佣金代理。				

企业名称	比雅斯贸易（上海）有限公司				
企业地址	上海市松江区洞泾镇洞业路 205 号 10 幢（201601）				
投资总额	14 万 USD	电话	57670387	传真	57670391
设立日期	2008-5-4	负责人	STEFANO TURRIANI		
主营业务	机械设备及其零配件的批发、进出口、佣金代理（拍卖除外）。				

企业名称	奥英特（上海）贸易有限公司				
企业地址	上海市徐汇区长乐路 989 号 1867 室（200031）				
投资总额	14 万 USD	电　话	51175460	传　真	51175819
设立日期	2008-5-4	负 责 人	张小敏		
主营业务	架空地板、方块地毯、灵活间隔墙、地下布线系统产品的进出口贸易。				

企业名称	银娜塔贸易（上海）有限公司				
企业地址	上海市奉贤区青村镇人民路 48 号 8 幢 202 室（201414）				
投资总额	14 万 USD	电　话	54223556	传　真	64051030
设立日期	2008-5-4	负 责 人	KIM YONG SUCK		
主营业务	纺织品原材料、面料辅料、服装服饰、帽子箱包及配件的批发。				

企业名称	比克泰尔（上海）无线通信产品有限公司				
企业地址	上海市浦东新区世纪大道 88 号金茂大厦 3164 室（200120）				
投资总额	14 万 USD	电　话	61058318	传　真	61058957
设立日期	2008-5-4	负 责 人	JEFFREY　ALLEN MILLER		
主营业务	无线通信产品及零部件、计算机硬件及软件的设计、开发。				

企业名称	东民（上海）商贸有限公司				
企业地址	上海市虹口区武进路 289 号 1322 室（200082）				
投资总额	14 万 USD	电　话	61481536	传　真	61481539
设立日期	2008-5-4	负 责 人	林哲民		
主营业务	机电设备及零配件、日用百货的批发、佣金代理（拍卖除外）。				

企业名称	易赛迪汽车零配件贸易（上海）有限公司				
企业地址	上海市静安区南京西路 1038 号 1503B－04 室（200041）				
投资总额	7 万 USD	电　话	62878989	传　真	62878969
设立日期	2008-5-4	负 责 人	GEORG WOLF		
主营业务	车用泵和压缩机及相关零配件的批发、进出口、佣金代理（拍卖除外）。				

企业名称	欧叶贸易（上海）有限公司				
企业地址	上海市闵行区梅陇西路 413 号 311 单元（200237）				
投资总额	102 万 USD	电　话	54390124	传　真	54306552
设立日期	2008-4-30	负 责 人	钟建万		
主营业务	纺织品、鞋帽、围巾、床上用品、工艺品、皮革制品的进出口、批发。				

企业名称	全洲贸易（上海）有限公司				
企业地址	上海市黄浦区中山南路 28 号 23 楼 F 座（200011）				
投资总额	70 万 USD	电　话	63500821	传　真	63306993
设立日期	2008-4-30	负 责 人	AOYAMA HOMIN		
主营业务	建筑材料（水泥除外）、照明器具、电子电气产品、机械器具的批发。				

企业名称	上海荣立贸易有限公司				
企业地址	上海市徐汇区裕德路 168 号 606 室（200030）				
投资总额	30 万 USD	电　话	64575038	传　真	58396497
设立日期	2008-4-30	负 责 人	萧国华		
主营业务	化工原料（危险品除外）、电子产品、液晶显示器用液晶的批发。				

企业名称	上海伟帝希商贸有限公司				
企业地址	上海市静安区成都北路 333 号南楼 1602D 室（200040）				
投资总额	29 万 USD	电　话	52980960	传　真	52980956
设立日期	2008-4-30	负 责 人	SHINJI SHIRAKO		
主营业务	染料、颜料、涂料、油墨、树脂制品、上述产品的助剂和添加剂的批发。				

企业名称	阿克斯轧辊贸易（上海）有限公司				
企业地址	上海市静安区南京西路 580 号主楼 3515、3516 室（200041）				
投资总额	22 万 USD	电　话	62893139	传　真	62671416
设立日期	2008-4-30	负 责 人	BENGT GUSTAF NILSSON		
主营业务	轧辊及相关零部件的批发、进出口、佣金代理（拍卖除外）。				

企业名称	上海加澳商贸有限公司				
企业地址	上海市静安区康定路 1033 号 334 室（200042）				
投资总额	20 万 USD	电　话	52285718.	传　真	52285718
设立日期	2008-4-30	负 责 人	YANG MICHELLE		
主营业务	车用 PVC 塑料地板、汽车电子配件的批发、进出口，提供相关配套服务。				

企业名称	红宝石（上海）商贸有限公司				
企业地址	上海市静安区康定路 1147 号 2 栋 313 室（200042）				
投资总额	15 万 USD	电　话	52286213	传　真	52286213
设立日期	2008-4-30	负 责 人	WERNER SCHULZ		
主营业务	珠宝及饰品、钟表、皮具、纸制品、办公用品、化妆品的批发。				

企业名称	宜益果贸易（上海）有限公司				
企业地址	上海市徐汇区东安路 8 号 7 楼 706 室（200032）				
投资总额	14 万 USD	电　话	64184044	传　真	64184001
设立日期	2008-4-30	负 责 人	OMER　IYIGOR		
主营业务	玩具及体育用品，珠宝（毛钻、裸钻除外），陶瓷、玻璃及制品的批发。				

企业名称	钢龙机械贸易（上海）有限公司				
企业地址	上海市静安区延平路 340 弄 3－4 号 402 室（200042）				
投资总额	14 万 USD	电　话	64665330	传　真	64665330
设立日期	2008-4-30	负 责 人	魏福钦		
主营业务	机械设备、电气设备及配件、工具、量具、焊接材料的批发。				

企业名称	信取贸易（上海）有限公司				
企业地址	上海市闵行区光华路 2118 号第 7 幢 117 室（201111）				
投资总额	14 万 USD	电　话		传　真	
设立日期	2008-4-30	负 责 人	NAUMAN KHAN		
主营业务	从事化工原料及产品（危险品除外）、摩托车配件及引擎、焊条的批发。				

企业名称	海御贸易（上海）有限公司				
企业地址	上海市黄浦区人民路 885 号 519 室（200010）				
投资总额	10 万 USD	电　话	63555075	传　真	63555075
设立日期	2008-4-30	负 责 人	REX EDWARD MICHAU		
主营业务	集装箱、塑料制品、钢铁制品、木制品、船舶设备批发、进出口业务。				

企业名称	上海润歆贸易有限公司				
企业地址	上海市闵行区闵北路 88 弄 18－30 号 1 幢 117 室（201107）				
投资总额	300 万 USD	电　话	62961199	传　真	62967603
设立日期	2008-4-29	负 责 人	高勤建		
主营业务	化妆品、日用百货、服装、鞋帽、工艺品（文物除外）的批发。				

企业名称	广玺贸易（上海）有限公司				
企业地址	上海市长宁区哈密路 1233 号 2 号楼 202 室（200335）				
投资总额	100 万 USD	电　话	52199991	传　真	52199990
设立日期	2008-4-29	负 责 人	苏建勋		
主营业务	家居用品、办公用品、电子产品、橡塑产品的批发、进出口业务。				

企业名称	励明（上海）贸易有限公司				
企业地址	上海市长宁区仙霞路 137 号 9B 室（200051）				
投资总额	51 万 USD	电　话	62290292	传　真	32091729
设立日期	2008-4-29	负 责 人	张经平		
主营业务	纺织品、金属材料（钢材、贵金属、稀有金属除外）的进出口业务。				

企业名称	上海吉馨德酒业贸易有限公司				
企业地址	上海市静安区南京西路 1366 号恒隆广场二号楼 3902B 室（200040）				
投资总额	20 万 USD	电　话	61382000	传　真	
设立日期	2008-4-29	负 责 人	KENNETH MACPHERSON		
主营业务	食品销售管理（酒类及酒精性饮料的批发）（非实物方式）。				

企业名称	优歌饰（上海）贸易有限公司				
企业地址	上海市长宁区延安西路 2299 号 5K11 室（200336）				
投资总额	20 万 USD	电　话	64400148	传　真	64400276
设立日期	2008-4-29	负 责 人	吉田 勤		
主营业务	服装服饰及其面辅料、塑料制品、首饰（裸钻、毛钻除外）的批发。				

企业名称	洁创贸易（上海）有限公司				
企业地址	上海市闵行区纪翟路 1199 弄 9 号 1F（201106）				
投资总额	17 万 USD	电　话	52968185	传　真	52968186
设立日期	2008-4-29	负 责 人	RALPH G. HOECKLE		
主营业务	精密清洗用化学制品、精密清洗设备及零件和表面分析器的批发。				

企业名称	大建阿美昵体（上海）商贸有限公司				
企业地址	上海市卢湾区茂名南路 205 号瑞金大厦 2302 室（200020）				
投资总额	15 万 USD	电　话	64731201	传　真	64730463
设立日期	2008-4-29	负 责 人	MASAHIRO OKUNO		
主营业务	建筑材料（钢材、水泥除外）和装饰材料的批发、佣金代理。				

企业名称	上海董荣贸易有限公司				
企业地址	上海市徐汇区古羊路 158 号 1 幢 3 楼 C 室（200233）				
投资总额	14 万 USD	电　话	61135226	传　真	61135229
设立日期	2008-4-29	负 责 人	OH HYEONG GEUN		
主营业务	化工原料（危险品除外）、电子产品、机械配件、服装服饰的批发。				

企业名称	上海胜晖医疗器械有限公司				
企业地址	上海市杨浦区黄兴路1号22D室（200090）				
投资总额	14万USD	电　话	55809590	传　真	62702489
设立日期	2008-4-29	负责人	张家明		
主营业务	医疗器械Ⅱ类：口腔科设备及器具的批发、佣金代理（拍卖除外）。				

企业名称	赛班斯低温热交换器贸易（上海）有限公司				
企业地址	上海市浦东新区南码头路101号1702室（200125）				
投资总额	14万USD	电　话	68406582	传　真	68406582
设立日期	2008-4-29	负责人	ROBERT EDWARD BERNERT		
主营业务	换热器和汽化器及其零配件的批发、佣金代理（拍卖除外）。				

企业名称	上海河清海晏商贸有限公司				
企业地址	上海市浦东新区浦东大道2123号2204室（200135）				
投资总额	12万USD	电　话	68557578	传　真	68559725
设立日期	2008-4-29	负责人	潘丽华		
主营业务	汽车装饰用品、建筑材料（钢材、水泥除外）、服装鞋帽的批发。				

企业名称	达能乳品销售（上海）有限公司				
企业地址	上海市奉贤区金汇镇工业路889号（201404）				
投资总额	286万USD	电　话	62893377	传　真	52986800
设立日期	2008-4-28	负责人	ISABELLE DOMERCQ		
主营业务	乳制品（包括含乳饮料）和相关原材料和设备的批发、佣金代理。				

企业名称	上海叶信商贸有限公司				
企业地址	上海市卢湾区淮海中路688号（200020）				
投资总额	200万USD	电　话	33080686	传　真	33080226
设立日期	2008-4-28	负责人	PAK SANG TON		
主营业务	纺织品、针织品及原料、服装及辅料、鞋帽、箱包、饰品的零售、批发。				

企业名称	波洱化工贸易（上海）有限公司				
企业地址	上海市浦东新区张杨路800号长航大厦801室（200122）				
投资总额	15万USD	电　话	58366216	传　真	58366213
设立日期	2008-4-28	负责人	RENE JORDI		
主营业务	化学清洁制品（危险化学品除外）及相关技术的批发、佣金代理。				

企业名称	阿丹贸易（上海）有限公司				
企业地址	上海市徐汇区中山西路2006号1幢802室（200233）				
投资总额	15万USD	电　话	54890021	传　真	54891833
设立日期	2008-4-28	负责人	王国麟		
主营业务	电子产品、电子元器件、计算机软硬件的批发、佣金代理（拍卖除外）。				

企业名称	圆嘉装饰材料贸易（上海）有限公司				
企业地址	上海市嘉定区江桥镇金沙江西路1555弄392号6层（200256）				
投资总额	14万USD	电　话	69116818	传　真	
设立日期	2008-4-28	负责人	范正仁		
主营业务	建筑装潢材料（除钢材、水泥）、PVC胶带、离型纸的进出口业务。				

企业名称	上海昂芒贸易有限公司				
企业地址	上海市浦东新区张杨路228号612室（200122）				
投资总额	6.4万USD	电　话	63451476	传　真	
设立日期	2008-4-28	负责人	AUMONT CYRILLE，FRANCK		
主营业务	服装、服饰及相关配饰、纺织面料、皮革制品的设计、打样及成果转让。				

企业名称	上海达巴贸易有限公司				
企业地址	上海市徐汇区漕宝路80号2205室（200232）				
投资总额	7.1万USD	电　话	64325826	传　真	64325062
设立日期	2008-4-25	负责人	JASDEEP SINGH KOHLI		
主营业务	汽车零部件的批发、进出口业务及佣金代理（拍卖除外）。				

企业名称	中业贸易（上海）有限公司				
企业地址	上海市闵行区合川路3089号第4幢10楼105室（201103）				
投资总额	105万USD	电　话		传　真	
设立日期	2008-4-24	负责人	胡伟豪		
主营业务	服装服饰、服装面辅料、手套、床上用品、鞋帽、皮革制品的批发。				

企业名称	上海财融世通信息技术有限公司				
企业地址	上海市张江高科技园区龙东大道2500号E楼104室（201203）				
投资总额	64万USD	电　话	68883919	传　真	68882879
设立日期	2008-4-24	负责人	KELVIN FU SZETO		
主营业务	计算机软件（不含游戏软件产品）的开发、设计、制作，销售自产产品。				

企业名称	毅名氏化工贸易（上海）有限公司				
企业地址	上海市闵行区光华路2118号第3幢403室（201111）				
投资总额	14万USD	电　话	31268211	传　真	
设立日期	2008-4-24	负责人	OH JEONG HOON		
主营业务	化工原料（除危险品）的批发及进出口，提供相关配套服务。				

企业名称	上海明照贸易有限公司				
企业地址	上海市闵行区吴宝路255号206室（201101）				
投资总额	12万USD	电　话	54498186	传　真	54498196
设立日期	2008-4-24	负责人	黄兆祥		
主营业务	化学原料、化工产品（危险品除外）、塑胶产品、纺织产品的进出口。				

企业名称	栗铁（上海）贸易有限公司				
企业地址	上海市长宁区遵义路107号安泰大楼707室（200051）				
投资总额	100万USD	电　话	62375849	传　真	62375842
设立日期	2008-4-23	负责人	森田次夫		
主营业务	建筑材料、橡胶及其制品、摩擦材料及其制品的批发、佣金代理。				

企业名称	上海圆宝商贸有限公司				
企业地址	上海市浦东新区张杨北路5509号1222室（200137）				
投资总额	50万USD	电　话	53757188	传　真	63181212
设立日期	2008-4-23	负责人	吴淑慎		
主营业务	食品的批发、佣金代理（拍卖除外）、进出口并提供相关配套业务。				

企业名称	蔓时哲贸易（上海）有限公司				
企业地址	上海市虹口区天宝路545号310室（200086）				
投资总额	20万USD	电　话	50583270	传　真	50583270
设立日期	2008-4-23	负责人	郑志豪		
主营业务	化妆品、护肤品、美容用品的批发，佣金代理（拍卖除外）。				

企业名称	上海广上贸易有限公司				
企业地址	上海市闵行区莘松路225弄26号603室（201100）				
投资总额	15万USD	电　话	63500821	传　真	64921394
设立日期	2008-4-23	负责人	黄正尚		
主营业务	机电设备、仪器仪表、电子材料、电子产品的批发、佣金代理。				

企业名称	宫田（上海）贸易有限公司				
企业地址	上海市闵行区光华路2118号第3幢413室（201111）				
投资总额	15万USD	电　话	64573230	传　真	50876151
设立日期	2008-4-23	负责人	宫田芳明		
主营业务	鞋帽、健身器材、服装及辅料、服装饰品的批发，进出口，佣金代理。				

企业名称	优萨斯环境工程（上海）有限公司				
企业地址	上海市浦东新区新金桥路58号银东大厦6E室（201206）				
投资总额	14万USD	电　话	50303658	传　真	50303685
设立日期	2008-4-23	负责人	何　林		
主营业务	滤清器和消声器及其零部件的批发、佣金代理（拍卖除外）。				

企业名称	上海创价贸易有限公司				
企业地址	上海市嘉定区马陆镇丰年路88弄9号（201801）				
投资总额	14万USD	电　话	39109182	传　真	39109183
设立日期	2008-4-23	负责人	柯炳旭		
主营业务	从事木材加工机械、金属加工机械、食品加工机械及零部件的批发。				

企业名称	九诺酒类贸易（上海）有限公司				
企业地址	上海市长宁区中山西路933号2201室（200051）				
投资总额	12万USD	电　话	51095199	传　真	51113431
设立日期	2008-4-23	负责人	蔡剑虹		
主营业务	食品销售管理（酒类）的批发、佣金代理（拍卖除外）、进出口业务。				

企业名称	星魁（上海）商贸有限公司				
企业地址	上海市黄浦区会稽路8号1009室（200011）				
投资总额	11万USD	电　话	33070117	传　真	33075117
设立日期	2008-4-23	负责人	铃木穰		
主营业务	电焊机、电焊条、切割机、电解研磨机、充电器和电动工具的批发。				

企业名称	上海旺普贸易有限公司				
企业地址	上海市闵行区虹许路558号38幢3楼305室（201106）				
投资总额	10万USD	电　话	61151111	传　真	61151777
设立日期	2008-4-23	负责人	林镇世		
主营业务	食品，饮料，消毒产品及其设备（含配件），乳制品及原料的批发。				

企业名称	住化塑料化工贸易（上海）有限公司				
企业地址	上海市外高桥保税区华京路8号三联大厦8层820室（200131）				
投资总额	70万USD	电话	64482255	传真	64077365
设立日期	2008-4-22	负责人	石川浩通		
主营业务	塑料及其制品、化工制品的批发、佣金代理（拍卖除外）。				

企业名称	京彩贸易（上海）有限公司				
企业地址	上海市长宁区延安西路2299号11A15室（200051）				
投资总额	70万USD	电话	62096286	传真	62090900
设立日期	2008-4-22	负责人	蔡锦祥		
主营业务	服装及纺织品、体育用品、办公用品的批发、佣金代理。				

企业名称	华菩贸易（上海）有限公司				
企业地址	上海市浦东新区绿科路90号1幢4层402室C座（200124）				
投资总额	50万USD	电话	53960119	传真	63053631
设立日期	2008-4-22	负责人	陆志荣		
主营业务	钢铁、有色金属及其制品、机械器具、电气设备及零件、矿产品的批发。				

企业名称	上海画唐贸易有限公司				
企业地址	上海市闵行区老沪闵路1231弄99号1幢102室（200237）				
投资总额	38万USD	电话	57688036	传真	57688035
设立日期	2008-4-22	负责人	LUCY LAN CHEN		
主营业务	化妆品的批发、零售、佣金代理（拍卖除外）、进出口，提供配套服务。				

企业名称	上海欧音华商贸有限公司				
企业地址	上海市静安区万航渡路888号8楼09室（200042）				
投资总额	30万USD	电话	63726677	传真	63727766
设立日期	2008-4-22	负责人	郭淑卿		
主营业务	计算机及其零配件、音响及其零配件的批发、进出口、佣金代理。				

企业名称	上海晋瑞目塑化贸易有限公司				
企业地址	上海市黄浦区会稽路8号710室（200010）				
投资总额	25万USD	电话	53966124	传真	53966100
设立日期	2008-4-22	负责人	SWATANTRA VIJAY JAIN		
主营业务	塑料、塑胶和化工产品及原料（危险品除外）的批发、进出口业务。				

企业名称	斐卡斯贸易（上海）有限公司				
企业地址	上海市浦东新区东方路971号6F室（200120）				
投资总额	20万USD	电话	68670707	传真	50588647
设立日期	2008-4-22	负责人	林剑明		
主营业务	服装服饰、鞋帽箱包、饰品、日用百货、家居用品、文具用品的批发。				

企业名称	上海扎乐贸易有限公司				
企业地址	上海市宝山区呼玛路547号306室（200441）				
投资总额	14万USD	电话	64438679	传真	64044892
设立日期	2008-4-22	负责人	HONG CHEN HELFREY		
主营业务	塑料制品、木材及木材制品（原木出口除外）、玻璃制品及布料的批发。				

企业名称	高狮（上海）商贸有限公司				
企业地址	上海市静安区延安中路1440号阿波罗大厦610室（200040）				
投资总额	14万USD	电话	61031608	传真	
设立日期	2008-4-22	负责人	MARK ROSSITER IVORY		
主营业务	文具用品、钟表、皮革制品、箱包、袖扣、眼镜、日用品的批发。				

企业名称	上海新赛博百货商业有限公司				
企业地址	上海市卢湾区淮海中路1号柳林大厦1－3层（200020）				
投资总额	230万USD	电话	64726565	传真	64726565
设立日期	2008-4-21	负责人	张瑞麟		
主营业务	电讯器材、通讯设备、家用电器、五金交电、日用杂货商品的零售。				

企业名称	水阳能源科技（上海）有限公司				
企业地址	上海市静安区武定路881号8幢412室（200041）				
投资总额	50万USD	电话	37773209	传真	
设立日期	2008-4-21	负责人	CHEN XIANGQUN		
主营业务	太阳能产品的技术开发、技术服务；太阳能电池、原材料的批发。				

企业名称	篠崎屋贸易（上海）有限公司				
企业地址	上海市虹口区武进路289号433室（200080）				
投资总额	30万USD	电话	54223090	传真	54220103
设立日期	2008-4-21	负责人	樽见茂		
主营业务	食品机械及配件、包装材料的批发及进出口，其他相关配套服务。				

企业名称	约斯特商贸（上海）有限公司				
企业地址	上海市南汇区康桥镇康桥东路1159弄83号（201315）				
投资总额	14万USD	电话	61513999	传真	61513998
设立日期	2008-4-21	负责人	LARS BRORSEN		
主营业务	电子机械、汽车配件、五金、塑料制品的批发、佣金代理（拍卖除外）.				

企业名称	桃丽芬奇贸易（上海）有限公司				
企业地址	上海市静安区华山路439号411室（200040）				
投资总额	700万USD	电话	64371230	传真	
设立日期	2008-4-18	负责人	PHUA SIEW HUA		
主营业务	家具、床上用品、照明电器、卫浴设备及其配件、家居用品的批发.				

企业名称	旭动（上海）贸易有限公司				
企业地址	上海市普陀区白兰路137弄2号1503-1508室（200062）				
投资总额	100万USD	电话	52713259	传真	32528222
设立日期	2008-4-18	负责人	DON XIANGDONG HO		
主营业务	化妆品、工艺品（文物除外）、制衣设备、熨烫设备的批发。				

企业名称	和成行贸易（上海）有限公司				
企业地址	上海市长宁区兴义路48号一夹层东1室A（200336）				
投资总额	100万USD	电话	62709835	传真	62705278
设立日期	2008-4-18	负责人	邱元逸		
主营业务	从事卫浴设备、卫生洁具及配件、陶瓷器具及厨房用具的批发。				

企业名称	派忒能贸易（上海）有限公司				
企业地址	上海市松江区九亭镇九新公路76号806室（201615）				
投资总额	100万USD	电话	67696699	传真	67696224
设立日期	2008-4-18	负责人	周钒		
主营业务	自动识别系统、计算机系统及网络相关设备、办公室自动仪设备的批发。				

企业名称	诺保科商贸（上海）有限公司				
企业地址	上海市长宁区仙霞路137号8A室（200051）				
投资总额	70万USD	电话	52066655	传真	52060774
设立日期	2008-4-18	负责人	THOMAS MICHAEL OLSEN		
主营业务	口腔种植体和修复配件的进出口、批发、佣金代理（拍卖除外）。				

企业名称	上海倚孚染料贸易有限公司				
企业地址	上海市松江区松卫北路665号210室（201613）				
投资总额	50万USD	电话	57745252	传真	57746233
设立日期	2008-4-18	负责人	洪正成		
主营业务	纺织染料、化工助剂的进出口业务、批发业务、佣金代理（拍卖除外）。				

企业名称	艾舶贸易（上海）有限公司				
企业地址	上海市长宁区仙霞路317号716室（200051）				
投资总额	32万USD	电话	62350200	传真	62351835
设立日期	2008-4-18	负责人	JAEYOON JUNG		
主营业务	五金交电、电子产品、仪器仪表、通信通讯设备（除卫星天线）的批发。				

企业名称	韵美化妆品贸易（上海）有限公司				
企业地址	上海市长宁区延安西路2067号1907室（200051）				
投资总额	25万USD	电话	64684078	传真	64684080
设立日期	2008-4-18	负责人	李文澍		
主营业务	化妆品、护肤品、香水、洗浴用品、美发美容用品的批发、进出口业务。				

企业名称	太普（上海）氟化工贸易有限公司				
企业地址	上海市长宁区延安西路726号10F室（200051）				
投资总额	25万USD	电话	52380861	传真	52380859
设立日期	2008-4-18	负责人	陈介宏		
主营业务	干燥剂、助剂、传热剂、塑料制品、化工原材料（危险品除外）的批发。				

企业名称	洁得电子塑胶贸易（上海）有限公司				
企业地址	上海市外高桥保税区基隆路6号12层1204室（200131）				
投资总额	24万USD	电话	62750555	传真	62753331
设立日期	2008-4-18	负责人	梶谷幸生		
主营业务	以电子塑胶产品为主的国际贸易、转口贸易、保税区内企业间的贸易。				

企业名称	珮柯贸易（上海）有限公司				
企业地址	上海市静安区新闸路831号11层C室（200041）				
投资总额	15万USD	电话	58362605	传真	58362608
设立日期	2008-4-18	负责人	PETRUS J. M. EMMANUEL HOLTEN		
主营业务	纺织品、包装袋及相关原材料的批发、进出口、佣金代理（拍卖除外）。				

企业名称	蕾蓬（上海）贸易有限公司				
企业地址	上海市长宁区天山路 600 弄 2 号 7E 室（200051）				
投资总额	14.4 万 USD	电　话	52062931	传　真	
设立日期	2008-4-18	负责人	赵社喜		
主营业务	从事纺织品、服装、服饰及配件的批发、佣金代理（拍卖除外）。				

企业名称	龙舞贸易（上海）有限公司				
企业地址	上海市徐汇区襄阳南路 500 号 1904 室（200031）				
投资总额	14 万 USD	电　话	54652907	传　真	
设立日期	2008-4-18	负责人	ALNAZIR ABDULLA SOMANI		
主营业务	电子产品、服装服饰、鞋帽、灯具及工艺品（不含文物）的进出口。				

企业名称	欧机商贸（上海）有限公司				
企业地址	上海市长宁区天山路 1718 号 5 号楼 2 楼（200051）				
投资总额	14 万 USD	电　话	62348996	传　真	63170425
设立日期	2008-4-18	负责人	徐光辉		
主营业务	纺织机械配件、工艺品（文物除外）、服饰、家居用品、家具的批发。				

企业名称	制科明泰商贸（上海）有限公司				
企业地址	上海市浦东新区高科西路 551 号上电实业大厦 2221 室（200126）				
投资总额	14 万 USD	电　话	58706695	传　真	58707831
设立日期	2008-4-18	负责人	JOHN ELDER		
主营业务	汽车配件、金属制品的批发、佣金代理（拍卖除外）。				

企业名称	上海鑫茵商贸有限公司				
企业地址	上海市闸北区天目中路 428 号 21 楼 G 座（200070）				
投资总额	10 万 USD	电　话	63172994	传　真	63544483
设立日期	2008-4-18	负责人	尚延喜		
主营业务	木材及木制品的批发、进口，木制品的出口，并提供维修、技术咨询。				

企业名称	膳府（上海）商贸有限公司				
企业地址	上海市长宁区古北路 678 号 1303 室（200336）				
投资总额	283 万 USD	电　话	61252350	传　真	61252352
设立日期	2008-4-17	负责人	OH CHOONG YUL		
主营业务	调味品、蜂制品、食品添加剂（食品销售管理，非实物方式）的批发。				

企业名称	自信活力（上海）贸易有限公司				
企业地址	上海市长宁区延安西路 2633 号 A 幢 204 室（200336）				
投资总额	55 万 USD	电　话	61524291	传　真	62192609
设立日期	2008-4-17	负责人	TAN AH GIT		
主营业务	家用电器、电子元器件、日用百货、家具、金属制品的批发、进出口。				

企业名称	强实贸易（上海）有限公司				
企业地址	上海市浦东新区东靖路 1831 号 603－3 室（200137）				
投资总额	30 万 USD	电　话	32140085	传　真	32145085
设立日期	2008-4-17	负责人	陈进兴		
主营业务	耐酸性染色试剂、多功能采集痰盒、自粘式识别带、集尿器的批发。				

企业名称	胁梦商贸（上海）有限公司				
企业地址	上海市闵行区光华路 2118 号第 3 幢 404 室（201111）				
投资总额	25 万 USD	电　话	62612617	传　真	64059548
设立日期	2008-4-17	负责人	脇田一夫		
主营业务	纺织品、服装鞋帽及其辅料、皮革皮具制品、日用百货的批发。				

企业名称	意康贸易（上海）有限公司				
企业地址	上海市浦东新区金桥出口加工区金新路 58 号 1005 室（201206）				
投资总额	15 万 USD	电　话	58990695	传　真	51330179
设立日期	2008-4-17	负责人	ALESSIO FERRARI		
主营业务	各类电缆、导线、电线及相关配件、辅料的批发、佣金代理。				

企业名称	龙衍贸易（上海）有限公司				
企业地址	上海市闵行区吴中路 1079 号 704 室（201103）				
投资总额	14 万 USD	电　话	54222752	传　真	54222752
设立日期	2008-4-17	负责人	CHOI EUN KYUNG		
主营业务	化妆品、美容美发用品的批发、佣金代理（拍卖除外）及进出口业务。				

企业名称	红影贸易（上海）有限公司				
企业地址	上海市闵行区光华路 2118 号第 3 幢 661 室（201111）				
投资总额	14 万 USD	电　话	63455287	传　真	
设立日期	2008-4-17	负责人	PYAN SCOTT ERWIN		
主营业务	数码摄影机、照相机和投影仪及其相关配件、通讯器材的批发。				

企业名称	尼鼎（上海）贸易有限公司				
企业地址	上海市闵行区光华路 2118 号第 3 幢 540 室（201111）				
投资总额	14 万 USD	电　话	64064248	传　真	64462117
设立日期	2008-4-17	负责人	袁蕙华		
主营业务	从事服装之面料辅料、服装服饰、鞋帽、日用品、箱包及配件的批发。				

企业名称	上海诚树服饰贸易有限公司				
企业地址	上海市浦东新区浦电路 489 号 722 室（200135）				
投资总额	12 万 USD	电　话	61648529	传　真	64283161
设立日期	2008-4-17	负责人	寺内德树（TERAUCHI TOKUJI）		
主营业务	帽子、围巾、手套、包、服饰的批发、进出口，提供相关配套服务。				

企业名称	考伊斯体育用品商贸（上海）有限公司				
企业地址	上海市嘉定区马陆镇嘉新公路 698 号第一幢 4001－4003 室（201801）				
投资总额	5000 万 USD	电　话	62759055	传　真	67856996
设立日期	2008-4-16	负责人	陈义红		
主营业务	体育用品、运动器械、运动服装、背包、眼镜、手表及配件的批发。				

企业名称	华美敦贸易（上海）有限公司				
企业地址	上海市普陀区真北路 915 号 7 层 812 室（200333）				
投资总额	707 万 USD	电　话	51756877	传　真	51756878
设立日期	2008-4-16	负责人	钟少坚		
主营业务	手表、珠宝首饰（毛钻、裸钻除外）、化妆品、服装配饰的批发。				

企业名称	波倪雅（上海）商业有限公司				
企业地址	上海市卢湾区淮海中路 398 号 20 层 B2、C1 室（200021）				
投资总额	124 万 USD	电　话	63852008	传　真	63852007
设立日期	2008-4-16	负责人	CHIANG HENG KIENG		
主营业务	手袋、皮革制品、鞋子、服装、服饰、手表和眼镜的批发，佣金代理。				

企业名称	丹玛镨汛（上海）商贸有限公司				
企业地址	上海市浦东新区杨高南路 1998 号 4 号房底楼西部南面（200125）				
投资总额	70 万 USD	电　话	50891720	传　真	68888900
设立日期	2008-4-16	负责人	庄焕华		
主营业务	钟表眼镜、电子产品、服装、鞋帽、礼品、饰品的进出口、批发。				

企业名称	阳城（上海）贸易有限公司				
企业地址	上海市黄浦区北京东路 666 号西座 23D－1、D－2 室（200001）				
投资总额	70 万 USD	电　话	53085577	传　真	63535292
设立日期	2008-4-16	负责人	植向阳		
主营业务	纸制品，手工艺品，家居用品，文具礼品、服装、纺织品的批发。				

企业名称	稳圣贸易（上海）有限公司				
企业地址	上海市闵行区中春路 7001 号 11 幢 207 室（201101）				
投资总额	20 万 USD	电　话	34240630	传　真	51756659
设立日期	2008-4-16	负责人	CHAN-WEI LIN		
主营业务	纺织品、鞋帽制品、箱包、工艺品（文物除外）、电子产品的批发。				

企业名称	上海禹钢国际贸易有限公司				
企业地址	上海市外高桥保税区泰谷路 88 号五层 559 室（200131）				
投资总额	15 万 USD	电　话	51533850	传　真	51533885
设立日期	2008-4-16	负责人	WOO JE CHAN		
主营业务	国际贸易、转口贸易、保税区企业间贸易及区内贸易代理。				

企业名称	上海奇路氏贸易有限公司				
企业地址	上海市普陀区曹杨路 450 号 906 室（200063）				
投资总额	15 万 USD	电　话	32516788	传　真	32516799
设立日期	2008-4-16	负责人	高远		
主营业务	食品的批发、进出口（食品销售管理（非实物方式）），提供配套服务				

企业名称	寰商化学贸易（上海）有限公司				
企业地址	上海市黄浦区陆家浜路 1378 号 1009（200011）				
投资总额	14 万 USD	电　话	61229905	传　真	
设立日期	2008-4-16	负责人	TAN HOOI PHENG		
主营业务	食品及食品添加剂[食品限食品销售管理(非实物方式)]和日用品的批发。				

企业名称	狮凯贸易（上海）有限公司				
企业地址	上海市浦东新区金桥出口加工区新金桥路 201 号 5221 室（201206）				
投资总额	14 万 USD	电　话	64661077	传　真	54770938
设立日期	2008-4-16	负责人	KNUD HOUGAARD BRUND		
主营业务	厨具及其配件的批发、佣金代理（拍卖除外）、进出口业务。				

企业名称	易视贸易（上海）有限公司				
企业地址	上海市浦东新区浦东大道 2123 号 1803 室（200135）				
投资总额	14 万 USD	电　话	68558895	传　真	68558895
设立日期	2008-4-15	负责人	LIM CHONG KEOW		
主营业务	机械设备及零配件、五金制品、塑料制品、电子产品、办公用品的批发。				

企业名称	挪视光学显示技术贸易（上海）有限公司				
企业地址	上海市浦东新区东方路 800 号宝安大厦 2006 室（200120）				
投资总额	14 万 USD	电　话	61636438/9	传　真	61636436
设立日期	2008-4-15	负责人	ROY ALMEDAL		
主营业务	投影设备、电子电路、光学装置产品的开发、设计，销售自产产品。				

企业名称	佑宇贸易（上海）有限公司				
企业地址	上海市虹口区四平路 188 号 1801 室（200435）				
投资总额	14 万 USD	电　话	65750546	传　真	61159220
设立日期	2008-4-15	负责人	林溪水		
主营业务	化工产品（危险品除外）、塑胶产品的批发，佣金代理（拍卖除外）。				

企业名称	欧隆商贸（上海）有限公司				
企业地址	上海市浦东新区商城路 738 号 2101 室（200120）				
投资总额	14 万 USD	电　话	58360595	传　真	66355937
设立日期	2008-4-15	负责人	赵沛宇		
主营业务	五金交电、电子产品、床上用品、服装、家具、日用百货的批发。				

企业名称	上海龙相玲贸易有限公司				
企业地址	上海市闸北区秣陵路 80 号 2 幢 602A 室（200072）				
投资总额	10 万 USD	电　话	61058733	传　真	
设立日期	2008-4-15	负责人	LEE SANG WOO		
主营业务	家用电器、工艺装饰品（文物除外）、纺织用纱、线、布料的批发。				

企业名称	精璟贸易（上海）有限公司				
企业地址	上海市闸北区闻喜路 555 弄 49 号 318 室（200435）				
投资总额	7.5 万 USD	电　话	63817288	传　真	63817288
设立日期	2008-4-15	负责人	吕仲鸣		
主营业务	服装、服饰、玩具、电脑及配件的批发、进口，并提供技术咨询服务。				

企业名称	上海尊毅贸易有限公司				
企业地址	上海市青浦工业园区崧泽大道 9364 号 201 室（201700）				
投资总额	50 万 USD	电　话	69758212	传　真	
设立日期	2008-4-14	负责人	陈炜坚		
主营业务	箱包、工艺饰品（文物、毛钻、裸钻除外）、钟表、休闲眼镜的批发。				

企业名称	理宝商贸（上海）有限公司				
企业地址	上海市闸北区沪太路 315 弄 2 号 8E 室（200072）				
投资总额	23 万 USD	电　话	56558285	传　真	55150411
设立日期	2008-4-14	负责人	姚建龙		
主营业务	纺织实验室测试设备、光电子设备、非标测试设备、仪器仪表设备批发。				

企业名称	上海三轮贸易有限公司				
企业地址	上海市长宁区仙霞路 317 号 2013 室（200051）				
投资总额	20 万 USD	电　话	62351552	传　真	64276752
设立日期	2008-4-14	负责人	田畑清光		
主营业务	机械设备、器具、电气产品及零部件、汽车配件、贱金属制品的批发。				

企业名称	希朗（上海）商贸有限公司				
企业地址	上海市徐汇区建国西路 283 号 1 号楼 6 楼 1612 室（200031）				
投资总额	15 万 USD	电　话	64663636	传　真	
设立日期	2008-4-14	负责人	JEAN-PIERRE PAUGAM		
主营业务	计算机软件（音像制品除外）的批发及进出口、佣金代理。				

企业名称	上海乔和琳化妆品贸易有限公司				
企业地址	上海市金山区山阳镇东方村 7 组第 2 幢 101 室（201508）				
投资总额	15 万 USD	电　话	58885770	传　真	
设立日期	2008-4-14	负责人	张琳		
主营业务	化妆品和美容专用器具的批发、佣金代理（拍卖除外）。				

企业名称	庆仁贸易（上海）有限公司				
企业地址	上海市浦东新区金桥出口加工区浙桥路 277 号 3 号楼 3003 室(201206)				
投资总额	14 万 USD	电　话	51920785	传　真	
设立日期	2008-4-14	负责人	CHAN PENG KHENG		
主营业务	建材（钢材、水泥除外），汽车和摩托车配件的批发。				

企业名称	泰都贸易（上海）有限公司				
企业地址	上海市长宁区仙霞路 317 号 813 室（200051）				
投资总额	14 万 USD	电　话	62351708	传　真	63516559
设立日期	2008-4-14	负责人	佐藤英司		
主营业务	易燃液体：高闪点液体；易燃固体、自燃物品和遇湿易燃物品的批发。				

企业名称	明浓贸易（上海）有限公司				
企业地址	上海市浦东新区高科西路 1862 号 203 室（201203）				
投资总额	14 万 USD	电　话	58819810	传　真	51962805
设立日期	2008-4-14	负责人	SHINICHI NAGASE（永瀬 真一）		
主营业务	机械设备、金属制品、电子产品、化工产品的批发、佣金代理。				

企业名称	枫嘉（上海）贸易有限公司				
企业地址	上海市长宁区延安西路 726 号 14G 室（200051）				
投资总额	14 万 USD	电　话	52371670	传　真	52371675
设立日期	2008-4-14	负责人	CATHERINE FERGUSON		
主营业务	纺织品、皮革制品、卫浴用品、五金交电、灯具、工艺品的批发。				

企业名称	艾简申贸易（上海）有限公司				
企业地址	上海市长宁区仙霞路 369 号 1 号楼 705 室（200336）				
投资总额	25 万 USD	电　话	62614184	传　真	
设立日期	2008-4-11	负责人	KIM KRULL JORGENSEN		
主营业务	实用艺术品（文物除外）、礼品、园艺和户外用品及家具和家纺的批发。				

企业名称	高尔德贝贸易（上海）有限公司				
企业地址	上海市长宁区延安西路 2299 号 08C32 室（200051）				
投资总额	15 万 USD	电　话	62366603	传　真	62366605
设立日期	2008-4-11	负责人	SEO SEOK HO		
主营业务	厨房用品、家居用品的批发、进出口、佣金代理（拍卖除外）。				

企业名称	赫雅贸易（上海）有限公司				
企业地址	上海市浦东新区商城路 1225 号 2 幢 417 室（200127）				
投资总额	14 万 USD	电　话	31265188	传　真	68622506
设立日期	2008-4-11	负责人	林世雅		
主营业务	机械器具、电器设备及其零件、光学仪器、铜制品、塑料制品的批发。				

企业名称	慕绮贸易（上海）有限公司				
企业地址	上海市闵行区吴中路 1068 号三楼 M、N、P 室（201103）				
投资总额	14 万 USD	电　话	64019752	传　真	64019762
设立日期	2008-4-11	负责人	RACHEL AUDREY OHANA		
主营业务	服装、鞋帽、服装辅料的批发，佣金代理（拍卖除外）。				

企业名称	韩玺（上海）贸易有限公司				
企业地址	上海市闵行区吴中路 1079 号 718 室（201103）				
投资总额	12 万 USD	电　话		传　真	
设立日期	2008-4-11	负责人	KIM DEA YEOB		
主营业务	从事建筑装饰材料、针纺织品、窗帘布艺、服装面辅料的批发。				

企业名称	乐拍（上海）商业有限公司				
企业地址	上海市长宁区天山路 1825 号 4 幢 311A 室（200051）				
投资总额	980 万 USD	电　话	61611111	传　真	61611161
设立日期	2008-4-10	负责人	张文杰		
主营业务	通讯器材及相关产品、办公设备、办公家具、文体用品、眼镜的批发。				

企业名称	上海思高缇服饰商贸有限公司				
企业地址	上海市徐汇区漕溪路 258 弄 26 号 2 号楼 313 室（200235）				
投资总额	100 万 USD	电　话	25459988	传　真	
设立日期	2008-4-10	负责人	刘文侃		
主营业务	各类服饰、皮件、手提包、箱包、鞋类及饰品的批发及进出口业务。				

企业名称	雅妈吉（上海）商贸有限公司				
企业地址	上海市金山区龙胜西路 58 号 425B（200540）				
投资总额	20 万 USD	电　话	57242188	传　真	57243266
设立日期	2008-4-10	负责人	城户善浩		
主营业务	食品加工器械及食品包装器械、包装材料的进出口、批发、佣金代理。				

企业名称	艺福贸易（上海）有限公司				
企业地址	上海市徐汇区虹桥路 808 号 41 幢 A8202 室（200030）				
投资总额	15 万 USD	电　话	64481572	传　真	64481592
设立日期	2008-4-10	负责人	MARCUS SPERBER		
主营业务	玩具礼品、电子产品、户外运动用品和箱包产品的批发。				

企业名称	泰实（上海）服饰辅料贸易有限公司				
企业地址	上海市普陀区中江路 879 弄 1 号楼 155 室（200063）				
投资总额	14 万 USD	电　话		传　真	
设立日期	2008-4-10	负责人	GIOVANNI SETTI		
主营业务	服饰辅料、服装服饰的批发、佣金代理（拍卖除外）。				

企业名称	奥耶诚（上海）商贸有限公司				
企业地址	上海市闵行区光华路 2118 号第 3 幢 318 室（201111）				
投资总额	14 万 USD	电　话	64132968	传　真	64842849
设立日期	2008-4-10	负责人	OBETA INNOCENT		
主营业务	从事纺织品、服装服饰、日用百货、橡塑制品、办公用品的批发。				

企业名称	帝肯（上海）贸易有限公司				
企业地址	上海市张江高科技园区科苑路 88 号（201203）				
投资总额	50 万 USD	电　话	28986333	传　真	28986844
设立日期	2008-4-9	负责人	JUERG DUEBENDORFER		
主营业务	生命科学仪器（医疗器械详见许可证）及其相关零配件的批发。				

企业名称	迪爱士汽车配件贸易（上海）有限公司				
企业地址	上海市松江区新桥镇新格路 393 号 2 号楼 204－205 室（201612）				
投资总额	23 万 USD	电　话	57686126	传　真	68868021
设立日期	2008-4-9	负责人	WILHELM WIRTH		
主营业务	从事汽车零部件和配件及相关生产设备的批发贸易。				

企业名称	键诺（上海）贸易有限公司				
企业地址	上海市长宁区新华路 569 弄 68 号 302 室（200052）				
投资总额	20 万 USD	电　话	62081716	传　真	62136647
设立日期	2008-4-9	负责人	高惠杰		
主营业务	厨房卫浴设备、橡胶和塑料制品、纸制品及包装材料、机械设备的批发。				

企业名称	上海芝特贸易有限公司				
企业地址	上海市闵行区春申路 1985 弄 69 号 1037 室（200237）				
投资总额	15 万 USD	电　话	34323747	传　真	
设立日期	2008-4-9	负责人	SANG CHUN LEE		
主营业务	机电设备及零部件、仪器仪表、纺织品、工艺礼品（文物除外）的批发。				

企业名称	上海澄丰商贸有限公司				
企业地址	上海市长宁区古北路 678 号 1504 室（200336）				
投资总额	15 万 USD	电　话	62700762	传　真	62700763
设立日期	2008-4-9	负责人	KIM JONG GWAN		
主营业务	鞋帽、箱包、日用百货、金银首饰（裸钻、毛钻除外）、钟表的批发。				

企业名称	丰新国际贸易（上海）有限公司				
企业地址	上海市外高桥保税区日京路 35 号凯兴大楼 1027 室（200131）				
投资总额	14 万 USD	电　话	58792583	传　真	58405436
设立日期	2008-4-9	负责人	陈慧樱		
主营业务	国际贸易、转口贸易，保税区企业间的贸易及区内贸易代理。				

企业名称	耀百贸易（上海）有限公司				
企业地址	上海市浦东新区东方路 800 号宝安大厦 1405 室（200122）				
投资总额	14 万 USD	电　话	50584770	传　真	68406100
设立日期	2008-4-9	负责人	DOUGLAS MICHAEL MILLER		
主营业务	包装材料、机械设备、家具及家居用品、金属制品的批发、佣金代理。				

企业名称	上海泛景贸易有限公司				
企业地址	上海市闵行区吴中路 1059 号第 10 幢 910－B 室（201103）				
投资总额	14 万 USD	电　话	51695775	传　真	
设立日期	2008-4-9	负责人	DOV JOSEPH CHREKY		
主营业务	服装鞋帽、日用杂货、家具、机械零配件及小型电动手动工具的进出口。				

企业名称	创改电子贸易（上海）有限公司				
企业地址	上海市松江区宝益路 151 号 5 幢 403 室（201600）				
投资总额	13 万 USD	电　话	57778122	传　真	57778122
设立日期	2008-4-9	负责人	山枡慎二		
主营业务	车用电子产品、建筑及农业机械零部件的进出口业务、批发业务。				

企业名称	胜彼商贸（上海）有限公司				
企业地址	上海市松江区车墩镇香亭路 333 号 1 幢（201611）				
投资总额	71 万 USD	电　话	57775012	传　真	57775012
设立日期	2008-4-8	负责人	EDWARD EARL MOSS		
主营业务	电动工具、五金工具、焊接工具和木工机械，及相关零配件的批发。				

企业名称	安士能（上海）机电商贸有限公司				
企业地址	上海市松江区松汇东路 323 号 4 幢（东半幢 3 楼）302 室（201600）				
投资总额	20 万 USD	电　话	57747090	传　真	57747599
设立日期	2008-4-8	负责人	KAI SCHOLL		
主营业务	新型电子元器件、新型仪表元器件（光电开关、接近开关）的批发。				

企业名称	欧妮泰医疗器材贸易（上海）有限公司				
企业地址	上海市徐汇区桂平路 96 号 201－78 室（200235）				
投资总额	20 万 USD	电　话	54186187	传　真	54193750
设立日期	2008-4-8	负责人	沈永祥		
主营业务	从事 III 类：口腔科材料的批发、进出口、佣金代理（拍卖除外）。				

企业名称	司百诺（上海）贸易有限公司				
企业地址	上海市闵行区颛兴东路 1528 号第 12 幢二楼东（201108）				
投资总额	15 万 USD	电　话	61278188	传　真	61278189
设立日期	2008-4-8	负责人	CHARLES EDWARD STUMBIII		
主营业务	从事紧固件、五金工具、小五金的批发，佣金代理（拍卖除外）。				

企业名称	智思达（上海）贸易有限公司				
企业地址	上海市徐汇区南丹东路 109 号 4 幢 106 室（200030）				
投资总额	14 万 USD	电　话	64470077	传　真	64478586
设立日期	2008-4-8	负责人	CHI YING CHING		
主营业务	从事服装、服饰、鞋帽及配件和辅料、家具、装潢用品的批发。				

企业名称	劳达贸易（上海）有限公司				
企业地址	上海市徐汇区中山西路 1800 号 17C 室（200235）				
投资总额	14 万 USD	电　话	64401098	传　真	64400683
设立日期	2008-4-8	负责人	GUNTHER RUDOLF WOBSER		
主营业务	电子技术设备、精密机械设备及其零部件的批发、进出口、佣金代理。				

企业名称	上海银宝贸易有限公司				
企业地址	上海市徐汇区漕溪路 190 号 402 室（200233）				
投资总额	833 万 USD	电　话	51534757	传　真	51534757
设立日期	2008-4-7	负责人	张　雄		
主营业务	钟表、珠宝首饰、金银饰品的批发、维修、设计。				

企业名称	上海向胜机电商贸有限公司				
企业地址	上海市徐汇区肇嘉浜路 288 号 2 号楼 5 层 504 室（200031）				
投资总额	70 万 USD	电　话	54510164	传　真	
设立日期	2008-4-7	负责人	袁世民		
主营业务	机电机械设备、冷冻冷藏设备、电子产品、通讯器材的批发、佣金代理。				

企业名称	时卡昕贸易（上海）有限公司				
企业地址	上海市闵行区吴中路 1050 号 6 幢第三层 318 室（201103）				
投资总额	15 万 USD	电　话	64657318	传　真	64657318
设立日期	2008-4-7	负责人	LING JAMES JIAMING（凌加明）		
主营业务	电子电器、建筑材料（钢材、水泥除外）、塑料制品的进出口、批发。				

企业名称	篙东（上海）贸易有限公司				
企业地址	上海市普陀区莫干山路 50 号 4 号楼 A108 室（200063）				
投资总额	14 万 USD	电　话	55600098	传　真	52522910
设立日期	2008-4-7	负责人	谭行健		
主营业务	工艺品、纺织品、服装服饰、建筑材料（钢材、水泥除外）的批发。				

企业名称	格若博贸易（上海）有限公司				
企业地址	上海市闸北区天目西路 218 号 2 座 2006 室（200070）				
投资总额	7 万 USD	电　话	51603534	传　真	63177213
设立日期	2008-4-7	负责人	GRACE KING		
主营业务	塑胶及其制品、机械设备、纸制品、玻璃及其制品、箱包的批发。				

企业名称	沃尔林贸易（上海）有限公司				
企业地址	上海市浦东新区龙东大道 3000 号 1 幢 A 楼 504 室 H 部分（201203）				
投资总额	20 万 USD	电　话	68795371	传　真	68795370
设立日期	2008-4-3	负责人	BJOERN WOLLIN		
主营业务	喷涂设备、喷涂工具、涂装设备、机电设备及相关配件和技术的批发。				

企业名称	锋线机电贸易（上海）有限公司				
企业地址	上海市浦东新区东方路 69 号 710 室（200120）				
投资总额	14 万 USD	电　话	58872586	传　真	58403032
设立日期	2008-4-3	负责人	许　充		
主营业务	机电产品、汽车零部件的批发、佣金代理（拍卖除外）。				

企业名称	瑛氏商贸（上海）有限公司				
企业地址	上海市闸北区共和新路 2449 号 1105 室（200070）				
投资总额	14 万 USD	电　　话	56774090	传　　真	
设立日期	2008-4-3	负 责 人	RICHARDS IAN		
主营业务	酒类、家具、太阳能板以及节能照明器材的批发和进出口业务。				

企业名称	孔博贸易（上海）有限公司				
企业地址	上海市黄浦区六合路 158 号 15 楼 1515 室（200001）				
投资总额	14 万 USD	电　　话	51197321	传　　真	51197321
设立日期	2008-4-3	负 责 人	MARTIN MATTHIAS HACKL		
主营业务	电子产品、家具、营养品（不含食品）、日用百货、纺织品的批发。				

企业名称	上海雅设商贸有限公司				
企业地址	上海市浦东新区耀华路 215 号 2 幢 A510 室（200126）				
投资总额	7.2 万 USD	电　　话	61513987	传　　真	61513986
设立日期	2008-4-3	负 责 人	KWAN CHOY WAN		
主营业务	沐浴用品、护肤品、化妆品、护发用品、洗涤用品、办公用品的批发。				

企业名称	托纳斯贸易（上海）有限公司				
企业地址	上海市徐汇区喜泰路 239 号 6 号楼 1 层（200232）				
投资总额	50 万 USD	电　　话	62351235	传　　真	62351938
设立日期	2008-4-2	负 责 人	DANIEL MARTIN HESS		
主营业务	从事机械设备、车床机及相关配件、零部件的批发、佣金代理。				

企业名称	上海宏效品商贸有限公司				
企业地址	上海市闸北区沪太路 453 弄 65 号第 3 幢 209 室（200070）				
投资总额	50 万 USD	电　　话		传　　真	
设立日期	2008-4-2	负 责 人	王金其		
主营业务	装潢材料、办公用品、汽车配件、家用电器、劳防用品的批发。				

企业名称	汶石（上海）贸易有限公司				
企业地址	上海市浦东新区民生路 1403 号上海信息大厦 506 室（200135）				
投资总额	50 万 USD	电　　话	50587867	传　　真	33926171
设立日期	2008-4-2	负 责 人	张晓风		
主营业务	集装箱及其配件，发电机及配件、电器柜及其配件、发动机配件的批发。				

企业名称	富劲纳（上海）商贸有限公司				
企业地址	上海市长宁区延安西路 1228 弄 2 号 30F 室（200052）				
投资总额	36 万 USD	电　　话	62822895	传　　真	62170556
设立日期	2008-4-2	负 责 人	廖少宇		
主营业务	机电设备及配件、电子仪器仪表、制冷通风设备、阀门、光缆的批发。				

企业名称	迈卓斯（上海）贸易有限公司				
企业地址	上海市徐汇区虹桥路 808 号 27 幢一层 A6118－6120 室（200030）				
投资总额	15 万 USD	电　　话	64481061	传　　真	64481056
设立日期	2008-4-2	负 责 人	ROBERT ANDREW CUMMING		
主营业务	度量衡测量系统设备及相关零部件、计算机软件的批发。				

企业名称	吉鑫（上海）商贸有限公司				
企业地址	上海市嘉定区外冈镇宝钱公路 5000 弄 158 号（201806）				
投资总额	14 万 USD	电　　话	69577512	传　　真	69577512
设立日期	2008-4-2	负 责 人	金才元（KIM JAE WON）		
主营业务	化工产品（除危险品），塑料制品，服装服饰、健身器材的批发。				

企业名称	胜蕾贸易（上海）有限公司				
企业地址	上海市松江区九亭镇伴亭东路 288 号 2 号楼 3 楼（201615）				
投资总额	14 万 USD	电　　话	57630097	传　　真	57635711
设立日期	2008-4-2	负 责 人	庄慧丽		
主营业务	纺织品及相关机械设备、服装服饰及其面料、辅料、日用百货的批发。				

企业名称	上海歌利娅商贸有限公司				
企业地址	上海市静安区江宁路 418 号 903 室（200041）				
投资总额	1.4 万 USD	电　　话	52705511	传　　真	52693986
设立日期	2008-4-2	负 责 人	程小星		
主营业务	纺织品原料（除棉花外）、针织品、工艺品（文物除外）的批发。				

企业名称	俐哲商贸（上海）有限公司				
企业地址	上海市静安区陕西北路 66 号科恩国际中心大厦 1704 室（200041）				
投资总额	231 万 USD	电　　话	22081120	传　　真	62882450
设立日期	2008-4-1	负 责 人	丘家辉		
主营业务	服装、服饰、皮制品及有关配件、鞋类、钟表、饰品的进出口及批发。				

企业名称	卡特彼勒（上海）贸易有限公司				
企业地址	上海市外高桥保税区加枫路 24 号新发展银行楼二层 209 室（200131）				
投资总额	100 万 USD	电　　话	32204628	传　　真	
设立日期	2008-4-1	负 责 人	PATRICE GROISILLER		
主营业务	工程机械设备及其零部件和相关软件、化工产品、润滑油的批发。				

企业名称	得李贸易（上海）有限公司				
企业地址	上海市杨浦区许昌路 492 号 2 号楼 102 室（200082）				
投资总额	20 万 USD	电　　话	65472034	传　　真	64282076
设立日期	2008-4-1	负 责 人	李芳德		
主营业务	环保设备、建筑材料（钢材、水泥除外）、远红外加热及烘干设备批发。				

企业名称	大金阿科玛制冷剂贸易（上海）有限公司				
企业地址	上海市静安区南京西路 555 号 702 室（200040）				
投资总额	80 万 USD	电　　话	52135599	传　　真	52136380
设立日期	2008-3-31	负 责 人	福家重规		
主营业务	氟化工品、制冷剂、制冷剂设备的批发、佣金代理（拍卖除外）。				

企业名称	上海世永化工产品贸易有限公司				
企业地址	上海市闵行区吴中路 1100 号 5 幢 706 室（201003）				
投资总额	15 万 USD	电　　话	64066790	传　　真	
设立日期	2008-3-31	负 责 人	KIM JONG HAK		
主营业务	化工产品及化学原料（危险品除外）、金属材料、纸的批发、佣金代理。				

企业名称	上海精篆贸易有限公司				
企业地址	上海市徐汇区龙华西路 585 号 B 幢 7B3（200235）				
投资总额	14 万 USD	电　　话	64389330	传　　真	64410247
设立日期	2008-3-31	负 责 人	徐佑铭		
主营业务	金属制品、机电产品、机械配件、刀具、包装材料、五金交电的批发。				

企业名称	康之宝（上海）商贸有限公司				
企业地址	上海市闵行区光华路 2118 号第 3 幢 362 室（201111）				
投资总额	14 万 USD	电　　话	50901677	传　　真	50901677
设立日期	2008-3-31	负 责 人	康硕夫		
主营业务	纺织品、服装服饰、皮革制品、装饰品、日用百货的批发，佣金代理。				

企业名称	西蒙威网络工程产品贸易（上海）有限公司				
企业地址	上海市黄浦区延安东路 700 号 24 层 C 室 07、08 部位（200002）				
投资总额	10 万 USD	电　　话	58586012	传　　真	
设立日期	2008-3-31	负 责 人	CARL NEILL SIEMON		
主营业务	通信布线产品、网络产品、建筑物自动化产品和软件产品的批发。				

企业名称	永捷国际贸易（上海）有限公司				
企业地址	上海市外高桥保税区马吉路 2 号第六层 601 室（200131）				
投资总额	7.5 万 USD	电　　话	58692628	传　　真	
设立日期	2008-3-31	负 责 人	MEI JUAN NI		
主营业务	国际贸易、转口贸易、保税区内企业间的贸易及贸易代理。				

企业名称	帝泰凯贸易（上海）有限公司				
企业地址	上海市外高桥保税区希雅路 69 号 16 号楼第二层 C 部位（200131）				
投资总额	20 万 USD	电　　话	50461038	传　　真	50461038
设立日期	2008-3-28	负 责 人	JOHN MOLTKE KRISTENSEN		
主营业务	船舶设备及其零配件的批发、佣金代理（拍卖除外），进出口业务。				

企业名称	上海尧乾贸易有限公司				
企业地址	上海市闵行区吴中路 1128 号第 3 幢 303 室（201103）				
投资总额	20 万 USD	电　　话		传　　真	
设立日期	2008-3-28	负 责 人	李美慧		
主营业务	从事服装、服饰、服装面料、辅料、饰品、工艺品（文物除外）的批发。				

企业名称	赛为（上海）贸易有限公司				
企业地址	上海市徐汇区中山西路 2025 号 1921 室（200233）				
投资总额	15 万 USD	电　　话	64399041	传　　真	
设立日期	2008-3-28	负 责 人	PETER SEITZ		
主营业务	铝制结构体及其部件，橡胶及其制品，化工产品及计算机软件的批发。				

企业名称	绅智商贸（上海）有限公司				
企业地址	上海市长宁区遵义南路 88 号 2101 室（200051）				
投资总额	14 万 USD	电　　话	61203292	传　　真	62824954
设立日期	2008-3-28	负 责 人	李筱屏		
主营业务	布料和辅料、服装服饰、化妆品及原料、箱包、鞋帽、床上用品的批发。				

企业名称	戈乐西（上海）贸易有限公司				
企业地址	上海市长宁区延安西路 2299 号 03G09 室（200051）				
投资总额	10 万 USD	电　话	62365897	传　真	32365896
设立日期	2008-3-28	负 责 人	SMOLIKHIN ANDREY		
主营业务	从事服装、服饰、纺织品及其配套产品、面辅料的批发、佣金代理。				

企业名称	山硝（上海）商贸有限公司				
企业地址	上海市长宁区兴义路 8 号 2609 室（200051）				
投资总额	10 万 USD	电　话	52081259	传　真	52081258
设立日期	2008-3-28	负 责 人	山村幸治		
主营业务	玻璃制品、玻璃粉、玻璃容器、塑料容器及其配套产品、零部件的批发。				

企业名称	上海宇之和商贸有限公司				
企业地址	上海市闵行区光华路 2118 号第 3 幢 639 室（201111）				
投资总额	80 万 USD	电　话	64883891	传　真	64886009
设立日期	2008-3-27	负 责 人	黄定宇		
主营业务	服装服饰、床上用品、服装面料及辅料的批发、进出口、佣金代理。				

企业名称	上海相润贸易有限公司				
企业地址	上海市闵行区吴中路 1189 号第 2 幢 733 室（201103）				
投资总额	20 万 USD	电　话	64055100	传　真	64055102
设立日期	2008-3-27	负 责 人	PARK SANG YUN		
主营业务	床上用品、日用百货、建筑材料（除钢材、水泥）、化工产品的批发。				

企业名称	上海隆圭贸易有限公司				
企业地址	上海市外高桥保税区富特西一路 473 号 405 室（200131）				
投资总额	20 万 USD	电　话	62952200	传　真	62752908
设立日期	2008-3-27	负 责 人	内田隆之		
主营业务	保税区内国际贸易、转口贸易、保税品展示、保税区企业间的贸易。				

企业名称	三维流动贸易（上海）有限公司				
企业地址	上海市浦东新区浦东大道 138 号永华大厦 15G 室（200122）				
投资总额	14 万 USD	电　话	58829217	传　真	
设立日期	2008-3-27	负 责 人	THOMAS STEPHEN JENSEN		
主营业务	计算机软件产品的批发、进出口，提供相关配套服务。				

企业名称	三爱企业发展（上海）有限公司				
企业地址	上海市长宁区延安西路 1023 号 3302 室（200050）				
投资总额	13.5 万 USD	电　话	62528860	传　真	62528819
设立日期	2008-3-27	负 责 人	许德宏		
主营业务	从事汽车用品和配件的批发、进出口、佣金代理（拍卖除外）。				

企业名称	苹和医疗器械贸易（上海）有限公司				
企业地址	上海市静安区新闸路 831 号 10 层 A 座（200041）				
投资总额	7 万 USD	电　话	62183967	传　真	51682263
设立日期	2008-3-27	负 责 人	下濃智明		
主营业务	医疗器械的批发、进出口、佣金代理（拍卖除外），并提供配套业务。				

企业名称	潘科商贸（上海）有限公司				
企业地址	上海市闵行区申富路 128 号 18 幢 109－110 室（201100）				
投资总额	4.7 万 USD	电　话	51760281	传　真	51760281
设立日期	2008-3-27	负 责 人	MICHAEL DAMM		
主营业务	电机设备控制系统的批发，佣金代理服务（拍卖除外），进出口业务。				

企业名称	都泰贸易（上海）有限公司				
企业地址	上海市卢湾区斜土路 106、108 号 224 室（200023）				
投资总额	51 万 USD	电　话	63017929	传　真	63015694
设立日期	2008-3-26	负 责 人	翁文蔚		
主营业务	鞋帽、床上用品、工艺品（文物除外）、皮革制品、文教用品的批发。				

企业名称	商维勒慕贸易（上海）有限公司				
企业地址	上海市长宁区武夷路 697 号 7 楼 777 单元（200051）				
投资总额	20 万 USD	电　话	62701110	传　真	62755339
设立日期	2008-3-26	负 责 人	SUNIL LACHHMANDAS CHHUGANI		
主营业务	陶瓷产品、家具、装饰品和珠宝饰品（毛钻、裸钻除外）的批发。				

企业名称	鸢尾花贸易（上海）有限公司				
企业地址	上海市卢湾区淮海中路 527 号 611B 室（200020）				
投资总额	14 万 USD	电　话	63841597	传　真	51083336
设立日期	2008-3-26	负 责 人	ANTUF JEW JULIA		
主营业务	服装、服饰、鞋子的批发、进出口业务及相关的售后服务。				

企业名称	劼洋贸易（上海）有限公司				
企业地址	上海市长宁区剑河路 668 号 405 室（200335）				
投资总额	14 万 USD	电　话		传　真	
设立日期	2008-3-26	负 责 人	SHI WEN YI		
主营业务	木制品、针纺织品、化工产品（危险品除外），橡塑制品的批发。				

企业名称	美司奇（上海）贸易有限公司				
企业地址	上海市长宁区仙霞路 317 号 1716 室（200051）				
投资总额	14 万 USD	电　话	62351061	传　真	62351329
设立日期	2008-3-26	负 责 人	CLIFFORD DANIEL NASTAS		
主营业务	化学产品（危险品除外）、塑料制品、汽车零部件的批发。				

企业名称	上海江藤贸易有限公司				
企业地址	上海市长宁区汇川路 99 号 1612 室（200050）				
投资总额	10 万 USD	电　话	52303021	传　真	52303022
设立日期	2008-3-26	负 责 人	江藤伸一		
主营业务	工业用机械及部件、电气机械及部件、精密仪器、化学纤维制品的批发。				

企业名称	凯特威商贸（上海）有限公司				
企业地址	上海市嘉定区小东街 220 号 2 幢（201807）				
投资总额	7 万 USD	电　话	64811186	传　真	64811189
设立日期	2008-3-26	负 责 人	ROBERT KING		
主营业务	家用电器、水暖器材、五金配件的批发、佣金代理（拍卖除外）。				

企业名称	日发（上海）贸易有限公司				
企业地址	上海市长宁区西诸安浜路 501 号 303 室（200050）				
投资总额	100 万 USD	电　话	62131072	传　真	51698539
设立日期	2008-3-25	负 责 人	林雍顺		
主营业务	化妆品及原料、美容用品、洗涤用品、厨房用品、卫浴设备的批发。				

企业名称	蒲利美（上海）贸易有限公司				
企业地址	上海市徐汇区漕宝路 221 号 6 号楼 2 层 201 室（200233）				
投资总额	24.5 万 USD	电　话	61263929	传　真	61263929
设立日期	2008-3-25	负 责 人	杨步刻		
主营业务	工业空气净化产品、工业空气过滤产品、通风产品、及其零部件的批发。				

企业名称	澳裴丝狄（上海）贸易有限公司				
企业地址	上海市浦东新区金桥出口加工区金藏路 258 号 5 幢 3 楼 305 室(201206)				
投资总额	15 万 USD	电　话	61645778	传　真	61645779
设立日期	2008-3-25	负 责 人	TSAO，ERIC CHEN-KUO		
主营业务	服装、服饰的批发、佣金代理（拍卖除外）、进出口，并提供配套服务。				

企业名称	悠童玩具（上海）有限公司				
企业地址	上海市嘉定工业区北区新甸路 220 号第 5 幢（201821）				
投资总额	14 万 USD	电　话	39963173	传　真	39963172
设立日期	2008-3-25	负 责 人	STEPHEN CHRISTENSON		
主营业务	开发、生产和加工玩具、服装、家纺用品以及与其相关的配件。				

企业名称	上海奥利特商贸发展有限公司				
企业地址	上海市浦东新区东方路 836－838 号齐鲁大厦 1105 室（200135）				
投资总额	769 万 USD	电　话	66524108	传　真	
设立日期	2008-3-24	负 责 人	洪天恩		
主营业务	时装、服饰、化妆品、日化用品的批发及进出口、佣金代理。				

企业名称	玛琅泰克家用智能系统贸易（上海）有限公司				
企业地址	上海市张江高科技园区科苑路 88 号（201203）				
投资总额	64 万 USD	电　话	28986218	传　真	28986219
设立日期	2008-3-24	负 责 人	KLAUS GOLDSTEIN		
主营业务	自动门开门器系统及配件、门控以及相关产品的批发、佣金代理。				

企业名称	天将新能源设备贸易（上海）有限公司				
企业地址	上海市徐汇区虹桥路 3 号 4107 室（200030）				
投资总额	50 万 USD	电　话	64481929	传　真	61255670
设立日期	2008-3-24	负 责 人	张文珠		
主营业务	风力发电机组件、原材料及配套设备的批发、进出口，提供配套服务。				

企业名称	意露（上海）冷藏物流有限公司				
企业地址	上海市闵行区联友路 369 号 1620 室（201106）				
投资总额	49 万 USD	电　话	52968333	传　真	52968308
设立日期	2008-3-24	负 责 人	ONG CHIN YET		
主营业务	冷冻食品和冷藏食品的批发、佣金代理（拍卖除外），进出口业务。				

企业名称	科毅商贸（上海）有限公司				
企业地址	上海市外高桥保税区华申路 180 号综合大楼 4 层 402 室（200131）				
投资总额	20 万 USD	电　　话	54961177	传　　真	61256857
设立日期	2008-3-24	负 责 人	西堀舆四郎		
主营业务	办公用品，家具，电子产品，测量仪器，电气、电机设备的批发。				

企业名称	尚木克（上海）光电贸易有限公司				
企业地址	上海市徐汇区天钥桥路 333 号 805 室（200030）				
投资总额	15 万 USD	电　　话		传　　真	
设立日期	2008-3-24	负 责 人	小岛功男		
主营业务	各类光电产品及其零部件的批发、佣金代理（拍卖除外）。				

企业名称	乔福机械贸易（上海）有限公司				
企业地址	上海市徐汇区百色路 218 号 2 楼 2005 室（200237）				
投资总额	15 万 USD	电　　话	51581258	传　　真	51522281
设立日期	2008-3-24	负 责 人	陈宜況		
主营业务	数控机床、机电设备、机械刀具及配件、电脑控制系统及附件的批发。				

企业名称	奥尼康贸易（上海）有限公司				
企业地址	上海市卢湾区斜土路 768 号 2204、2205 室（200023）				
投资总额	14 万 USD	电　　话	53023980	传　　真	
设立日期	2008-3-24	负 责 人	THORSTEN WALTER A. BIALLAS		
主营业务	氧化铁系颜料、化工产品（危险品除外）的批发、佣金代理（拍卖除外）。				

企业名称	映诺商贸（上海）有限公司				
企业地址	上海市虹口区武进路 289 号 1723 室（200080）				
投资总额	14 万 USD	电　　话	63093998	传　　真	63077208
设立日期	2008-3-24	负 责 人	LIM ENG PENG		
主营业务	五金工具、建筑材料（钢材、水泥除外）、塑料制品、染料的批发。				

企业名称	爱魅翼（上海）贸易有限公司				
企业地址	上海市嘉定区南翔镇德华路 725 号 301 室（201802）				
投资总额	12 万 USD	电　　话	64059768	传　　真	63135067
设立日期	2008-3-24	负 责 人	中嶋敬一郎		
主营业务	汽车零部件的批发、佣金代理（拍卖除外）、进出口，并提供配套服务。				

企业名称	荷港（上海）贸易有限公司				
企业地址	上海市虹桥机场迎宾一路 588 号 608 室（200335）				
投资总额	7 万 USD	电　　话	62785119	传　　真	61136546
设立日期	2008-3-24	负 责 人	ERIC JANSEN		
主营业务	从事家居用品、工艺品、电器、珠宝（裸钻、毛钻除外）的批发。				

企业名称	上海闵行华漕大润发商贸有限公司				
企业地址	上海市闵行区繁兴路 399 弄 2 号（201106）				
投资总额	210 万 USD	电　　话	56659867	传　　真	56659867
设立日期	2008-3-21	负 责 人	黄明端		
主营业务	大润发超市项目（涉及行政许可的凭许可证经营）。				

企业名称	上海史奇贸易有限公司				
企业地址	上海市奉贤区南桥镇五星路 855 号 102 室（201400）				
投资总额	15 万 USD	电　　话	37520721	传　　真	37520725
设立日期	2008-3-21	负 责 人	酒井忠		
主营业务	清洗设备及配件、输送设备及配件、工装夹具的批发和进出口业务。				

企业名称	克里普顿贸易（上海）有限公司				
企业地址	上海市浦东新区栖山路 129 号 517A 室（200135）				
投资总额	13.5 万 USD	电　　话	54070893	传　　真	50939020
设立日期	2008-3-21	负 责 人	NOAM AHARON		
主营业务	日用百货、家用电器、汽车配件、机械设备的批发。				

企业名称	美诺（上海）贸易有限公司				
企业地址	上海市静安区南京西路 1266 号恒隆广场 41 层 4105－4106 室(200040)				
投资总额	276 万 USD	电　　话	62884200	传　　真	62884100
设立日期	2008-3-20	负 责 人	CARSTEN DIETER NITTKE		
主营业务	电器器具、厨房设备及其相关耗材、零件和配件的零售、批发。				

企业名称	年丰瑞启商贸（上海）有限公司				
企业地址	上海市闵行区吴中路 1065 号 1 幢 802 室（201113）				
投资总额	70 万 USD	电　　话	52380780	传　　真	52380780
设立日期	2008-3-20	负 责 人	曹克文		
主营业务	酒类、日用百货、办公用品、电子产品的批发、进出口，佣金代理。				

企业名称	威冶商贸（上海）有限公司				
企业地址	上海市浦东新区东靖路 1831 号 403－18 室（200137）				
投资总额	55 万 USD	电　　话	62087417	传　　真	
设立日期	2008-3-20	负 责 人	WILDMANN BERNARD		
主营业务	建材、钢材的批发和进出口（涉及行政许可的凭许可证经营）。				

企业名称	日矿商贸（上海）有限公司				
企业地址	上海市卢湾区茂名南路 205 号瑞金大厦 2304 室（200020）				
投资总额	28 万 USD	电　　话	54659258	传　　真	54668198
设立日期	2008-3-20	负 责 人	外池廉太郎		
主营业务	贱金属制品、电器机械产品，光学原件产品及其零部件的批发。				

企业名称	宗沪贸易（上海）有限公司				
企业地址	上海市徐汇区钦州北路 1066 号 70#7 楼 B 座（200233）				
投资总额	20 万 USD	电　　话	64955989	传　　真	64955695
设立日期	2008-3-20	负 责 人	徐文鑫		
主营业务	服装服饰及其配件、手表、鞋帽、皮包、手套、纸制品的批发。				

企业名称	隆铭商贸（上海）有限公司				
企业地址	上海市闵行区虹泉路 1000 号 4 幢 817 室（201103）				
投资总额	15 万 USD	电　　话	34320722	传　　真	34320722
设立日期	2008-3-20	负 责 人	KIM BYOUNG YOUNG（金炳荣）		
主营业务	化妆品、美容美发用品的批发、佣金代理（拍卖除外）。				

企业名称	晓昌（上海）贸易有限公司				
企业地址	上海市长宁区仙霞路 317 号 613 室（200051）				
投资总额	15 万 USD	电　　话	62350700	传　　真	62350611
设立日期	2008-3-20	负 责 人	TAE WON JIN		
主营业务	机械产品及零部件、童车及配件、日用百货的批发。				

企业名称	岱能贸易（上海）有限公司				
企业地址	上海市徐汇区零陵路 899 号 11 楼 D 室（200030）				
投资总额	14 万 USD	电　　话	64278792	传　　真	54257581
设立日期	2008-3-20	负 责 人	PATRICK JAMES TELL		
主营业务	食品销售管理（限茶叶）、建材（钢材、水泥除外）及服饰配件的批发。				

企业名称	滢骊贸易（上海）有限公司				
企业地址	上海市闸北区灵石路 709 号 49 幢 202 室（200070）				
投资总额	14 万 USD	电　　话		传　　真	
设立日期	2008-3-20	负 责 人	MEANG SO YOUN		
主营业务	服装、服装面辅料的批发，进出口，佣金代理（拍卖除外）。				

企业名称	道道贸易（上海）有限公司				
企业地址	上海市闸北区闻喜路 555 弄 49 号 407 室（200070）				
投资总额	7 万 USD	电　　话	51566180	传　　真	51566182
设立日期	2008-3-20	负 责 人	赵善华		
主营业务	化妆品、化妆品包装材料的批发、进出口、佣金代理（拍卖除外）。				

企业名称	海怡达志贸易（上海）有限公司				
企业地址	上海市浦东新区浦东南路 379 号金穗大厦 24K 室（200120）				
投资总额	20 万 USD	电　　话	68869536	传　　真	
设立日期	2008-3-19	负 责 人	MIKIO KANEDA		
主营业务	船用设备及其零配件的批发、佣金代理（拍卖除外）。				

企业名称	恩力（上海）贸易有限公司				
企业地址	上海市松江区锦昔路 180 弄 2 号（201613）				
投资总额	20 万 USD	电　　话	33528258	传　　真	33528268
设立日期	2008-3-19	负 责 人	李銶宏		
主营业务	皮革制品、钟表、眼镜、日用品、床上用品的批发。				

企业名称	联马机械贸易（上海）有限公司				
企业地址	上海市南汇区康桥镇康士路 1 弄 3 号楼 301 室（201319）				
投资总额	15 万 USD	电　　话	68060119	传　　真	68192187
设立日期	2008-3-19	负 责 人	林金源（LIM KIM GUAN）		
主营业务	从事液压、气压动力机械设备及零配件、阀门、仪器仪表的批发。				

企业名称	循铜（上海）贸易有限公司				
企业地址	上海市浦东新区东靖路 1831 号 424 室（200137）				
投资总额	15 万 USD	电　　话	33681319	传　　真	33681319
设立日期	2008-3-19	负 责 人	翁　萍		
主营业务	金属制品、日用杂货、纺织品、工艺品（文物除外）的批发、佣金代理。				

批发和零售贸易业

企业名称	明河化工贸易（上海）有限公司				
企业地址	上海市长宁区番禺路 390 号 19C 室（200052）				
投资总额	14 万 USD	电　话	52305670	传　真	62702275
设立日期	2008-3-19	负 责 人	TIMOTHY LLOYD SCARBROUGH		
主营业务	化工产品（危险品除外）的进出口、批发、佣金代理（拍卖除外）。				

企业名称	唯有美化妆品商贸（上海）有限公司				
企业地址	上海市浦东新区商城路 618 号良友大厦 1415 室（200120）				
投资总额	14 万 USD	电　话	62959405	传　真	64052838
设立日期	2008-3-19	负 责 人	MOON KYUNGCHAN		
主营业务	化妆品、建筑装饰材料的批发、佣金代理（拍卖除外）。				

企业名称	鹏纳第（上海）商贸有限公司				
企业地址	上海市普陀区陕西北路 1438 号 1809 室（200060）				
投资总额	14 万 USD	电　话	61484990	传　真	61484988
设立日期	2008-3-19	负 责 人	林调会		
主营业务	日用百货、塑胶加工设备及配件、贱金属器具及配件、皮革制品的批发。				

企业名称	美勤黛思商贸（上海）有限公司				
企业地址	上海市浦东新区陆家嘴银城中路 168 号 1007 室（200120）				
投资总额	12 万 USD	电　话	61236675	传　真	63350621
设立日期	2008-3-19	负 责 人	MICHEL R.M.BRACKE		
主营业务	手机塑料插件、手机零部件及附件、商品陈列架、柜台和家具的批发。				

企业名称	钨马商贸（上海）有限公司				
企业地址	上海市浦东新区东方路 1988 号华南大厦 512 室（200125）				
投资总额	12 万 USD	电　话	61096216	传　真	23010401
设立日期	2008-3-19	负 责 人	王坚		
主营业务	金属切削工具、刀具预调仪、砂轮及相关零配件的批发、佣金代理。				

企业名称	协为贸易（上海）有限公司				
企业地址	上海市浦东新区南码头路 101 号 2003 室（200125）				
投资总额	7 万 USD	电　话	64570806	传　真	
设立日期	2008-3-19	负 责 人	宜野座繁树（GINOZA TOSHIKI）		
主营业务	建筑材料（钢材、水泥除外）、服装、家具、日用杂货的佣金代理。				

企业名称	狄强标贸易（上海）有限公司				
企业地址	上海市静安区康定路 1147 号 6 幢 411 室（200042）				
投资总额	196 万 USD	电　话	61320980	传　真	61325005
设立日期	2008-3-18	负 责 人	JOHN FREDERICK DIENER		
主营业务	食品：糖果、食品、面包、软饮料及辅料销售管理（非实物方式）批发。				

企业名称	可基商贸（上海）有限公司				
企业地址	上海市静安区西康路 300 号 1905－1906 单元（200041）				
投资总额	32 万 USD	电　话	62889312	传　真	63410699
设立日期	2008-3-18	负 责 人	FEDERICO BAUDONE		
主营业务	箱包，饰品，手表眼镜，伞具以及相关零配件的进出口、批发。				

企业名称	挪曼尔特（上海）贸易有限公司				
企业地址	上海市浦东新区张杨路 838 号 17E 室（200120）				
投资总额	25 万 USD	电　话	68769501	传　真	68769503
设立日期	2008-3-18	负 责 人	TOM MELBYE		
主营业务	工程机械、电子设备及其零配件、部件的批发、佣金代理（拍卖除外）。				

企业名称	伊合电子贸易（上海）有限公司				
企业地址	上海市长宁区天山路 600 弄 2 号 18E 室（200051）				
投资总额	14 万 USD	电　话	62414653	传　真	62416342
设立日期	2008-3-18	负 责 人	潘振中		
主营业务	电子电气及相关配件、建筑材料（钢材、水泥除外）产品的批发。				

企业名称	海热贸易（上海）有限公司				
企业地址	上海市浦东新区浦东南路 1101 号 1603 室（200120）				
投资总额	14 万 USD	电　话	58362609	传　真	58362608
设立日期	2008-3-18	负 责 人	IGOR ESAULOV		
主营业务	燃气设备、热能系统产品及相关配件的批发、进出口，佣金代理。				

企业名称	驰加（上海）汽车用品贸易有限公司				
企业地址	上海市长宁区长宁路 1018 号 16 楼 1601 室（200050）				
投资总额	100 万 USD	电　话	32204500	传　真	58208306
设立日期	2008-3-17	负 责 人	YVES CHAPOT		
主营业务	轮胎、汽车用品、配件的批发、零售、进出口、佣金代理（拍卖除外）。				

企业名称	霍赫劳（上海）贸易有限公司				
企业地址	上海市闵行区吴宝路 235、255 号力国大楼 4 楼 407 室（201101）				
投资总额	76 万 USD	电　话	64215298	传　真	58396497
设立日期	2008-3-17	负 责 人	THOMAS HENGST		
主营业务	太阳能设备以及相关备品备件的批发、进出口，并提供产品的维修服务。				

企业名称	朗福国际贸易（上海）有限公司				
企业地址	上海市外高桥保税区日京路 35 号凯兴大楼十二层 1247 室（200131）				
投资总额	25 万 USD	电　话	50640353	传　真	58662100
设立日期	2008-3-17	负 责 人	JENS CHRISTIAN LANGHOFF		
主营业务	国际贸易、转口贸易，保税区企业间的贸易及区内贸易代理。				

企业名称	科德宝（上海）贸易有限公司				
企业地址	上海市长宁区仙霞路 317 号 1212－1213 室（200051）				
投资总额	20 万 USD	电　话	62351969	传　真	62350378
设立日期	2008-3-17	负 责 人	林国明		
主营业务	无纺布、纺织品及其原材料（棉花除外）的批发、上述产品的进出口。				

企业名称	马瑟尔贸易（上海）有限公司				
企业地址	上海市外高桥保税区加太路 39 号第四层 B5 部位（200131）				
投资总额	14 万 USD	电　话	22815339	传　真	
设立日期	2008-3-17	负 责 人	MARCELO TERRA GARBELLOTTO		
主营业务	机电产品、金属制品、汽车零配件、电子产品的批发、佣金代理。				

企业名称	康顿酒业贸易（上海）有限公司				
企业地址	上海市闵行区庙泾路 66 号 1250 室（201100）				
投资总额	14 万 USD	电　话	54990915	传　真	54991507
设立日期	2008-3-17	负 责 人	LAI SOO GEOK，WILLY		
主营业务	从事酒类商品的批发及进出口、佣金代理（拍卖除外）。				

企业名称	宜博商贸（上海）有限公司				
企业地址	上海市徐汇区淮海中路 1375 号 1 号楼 5 楼 A 座（200031）				
投资总额	14 万 USD	电　话	51688971	传　真	64317266
设立日期	2008-3-17	负 责 人	ALINE CLAIRE CONUS		
主营业务	从事酒类、饮料、食品、服装、饰品及工艺品（文物除外）的进出口。				

企业名称	磐石贸易（上海）有限公司				
企业地址	上海市外高桥保税区加太路 39 号第一层 7 部位（200131）				
投资总额	14 万 USD	电　话	61457151	传　真	61457152
设立日期	2008-3-17	负 责 人	WHOANGBO CHAN		
主营业务	金属制品、贱金属（除钢材、水泥）、机电产品、化工产品的批发。				

企业名称	谷喜商贸（上海）有限公司				
企业地址	上海市张江高科技园区龙东大道 3000 号 1 幢 A 楼 1006 室（201203）				
投资总额	500 万 USD	电　话	68797877	传　真	
设立日期	2008-3-14	负 责 人	袁建达		
主营业务	电子产品、汽车零配件、文体用品、服装服饰以及化妆品的批发。				

企业名称	梅施发动机贸易（上海）有限公司				
企业地址	上海市外高桥保税区富特东二路 500 号（200131）				
投资总额	154 万 USD	电　话	50464956	传　真	50461928
设立日期	2008-3-14	负 责 人	HANSJOERG ROELLE		
主营业务	汽车零部件和相关产品的批发、进出口业务和佣金代理（拍卖除外）。				

企业名称	盈万贸易（上海）有限公司				
企业地址	上海市静安区康定路 1147 号 2 栋 209N 室（200041）				
投资总额	100 万 USD	电　话	51531356	传　真	51531357
设立日期	2008-3-14	负 责 人	丁晓明		
主营业务	从事时装、皮具、纺织品、玻璃制品及配件的批发、零售、佣金代理。				

企业名称	堡盟（上海）贸易有限公司				
企业地址	上海市外高桥保税区富特西一路 473 号 4 层 424 室（200131）				
投资总额	20 万 USD	电　话	67687095	传　真	67687098
设立日期	2008-3-14	负 责 人	RUEDIGER FOERSTER		
主营业务	影像加工处理设备、粘胶设备以及上述产品配套零附件的批发。				

企业名称	上海康晨国际贸易有限公司				
企业地址	上海市外高桥保税区奥纳路 79 号 1#楼三层 311 室（200131）				
投资总额	20 万 USD	电　话	55181760	传　真	
设立日期	2008-3-14	负 责 人	沈锦坤		
主营业务	国际贸易，转口贸易，保税区企业间的贸易及贸易代理。				

企业名称	上海麒麟食科商贸有限公司				
企业地址	上海市徐汇区漕溪北路 18 号 20 楼 F 室（200030）				
投资总额	43 万 USD	电话	64279081	传真	64862116
设立日期	2008-3-13	负责人	荻原义晶		
主营业务	饲料添加剂、酒类添加剂、食品制造加工助剂的批发、佣金代理。				

企业名称	马尔商贸（上海）有限公司				
企业地址	上海市浦东新区黄杨路 18 号 4 幢 2005 单元（201200）				
投资总额	30 万 USD	电话	52385353	传真	52386012
设立日期	2008-3-13	负责人	RALF SEIBITZ		
主营业务	纤维泵、上述商品相关用品、零部件、配套件的进出口。				

企业名称	浩笙（上海）电脑贸易有限公司				
企业地址	上海市静安区延安中路 819 号二层 A 室（200040）				
投资总额	25 万 USD	电话	62792466	传真	62791509
设立日期	2008-3-13	负责人	黄俊民		
主营业务	计算机、计算机相关附属设备及配件的设计、批发、佣金代理。				

企业名称	上海祐德贸易有限公司				
企业地址	上海市闵行区吴中路 1189 号第二幢第七层 729 号（201103）				
投资总额	15 万 USD	电话	64058706	传真	64058709
设立日期	2008-3-13	负责人	JUNG HEE SI		
主营业务	纺织品、针织品及原料、服装服饰及辅料、鞋帽、日用百货的批发。				

企业名称	京泰贸易（上海）有限公司				
企业地址	上海市嘉定区马陆镇嘉新公路 698 号第 1 幢 3001 室（201801）				
投资总额	15 万 USD	电话	39153260	传真	39153261
设立日期	2008-3-13	负责人	李旺相		
主营业务	半导体材料，纺织染料、助剂（危险品除外），润滑油添加剂的进出口。				

企业名称	谢高山贸易（上海）有限公司				
企业地址	上海市奉贤区工业综合开发区环城东路 399 号 1 幢 201 室（201400）				
投资总额	14 万 USD	电话	63511195	传真	
设立日期	2008-3-13	负责人	HORST HAROLD HOHBERGER		
主营业务	酒类的批发、佣金代理（拍卖除外）、进出口，提供相关配套服务。				

企业名称	圆力贸易（上海）有限公司				
企业地址	上海市长宁区玉屏南路 113 弄 18 号 5 层（200051）				
投资总额	14 万 USD	电话	62282266	传真	52066586
设立日期	2008-3-13	负责人	SHIRAZE AKAY		
主营业务	从事服装服饰、纺织品、工艺品（文物除外）、电子产品的批发。				

企业名称	上海颖智贸易有限公司				
企业地址	上海市静安区康定路 1147 号 2 幢 315B 室（200042）				
投资总额	13 万 USD	电话	54590221	传真	58352998
设立日期	2008-3-13	负责人	CHU YU KWAN		
主营业务	屏幕保护膜、电子产品保护外壳、电子产品周边配件的批发。				

企业名称	上海昶凌贸易有限公司				
企业地址	上海市徐汇区漕宝路 400 号 2101 室（200235）				
投资总额	13 万 USD	电话	64822829	传真	64822005
设立日期	2008-3-13	负责人	王启勋		
主营业务	电气配件、仪器仪表、卫浴用品、化工原料及产品的批发。				

企业名称	日产国际贸易（上海）有限公司				
企业地址	上海市外高桥保税区富特西一路 473 号（200131）				
投资总额	7 万 USD	电话	58318169	传真	
设立日期	2008-3-13	负责人	桥本泰昭（YASUAKI HASHIMOTO）		
主营业务	国际贸易、转口贸易、保税区内企业间的贸易及贸易代理。				

企业名称	意奢（上海）贸易有限公司				
企业地址	上海市徐汇区文定路 204 号 16 幢一层 A 单元（200030）				
投资总额	100 万 USD	电话	64872277	传真	64871133
设立日期	2008-3-12	负责人	TEO SUNG MIA		
主营业务	从事家具、服装服饰、鞋帽、箱包、日用百货、办公用品的零售、批发。				

企业名称	墨翟贸易（上海）有限公司				
企业地址	上海市闵行区华济路 168 号 4 幢 1 室（200237）				
投资总额	60 万 USD	电话	64966556	传真	
设立日期	2008-3-12	负责人	林秀銮		
主营业务	五金工具、气动工具、电动工具、汽车维修设备及零配件的批发。				

企业名称	上海魄瑞贸易有限公司				
企业地址	上海市徐汇区漕溪路 121 号 301 室（200235）				
投资总额	20 万 USD	电话	65012895	传真	65621293
设立日期	2008-3-12	负责人	FARIDOON QASI		
主营业务	钢材、铜矿砂及化工产品（危险化学品除外）的批发、佣金代理。				

企业名称	上海俊仙商贸有限公司				
企业地址	上海市闵行区吴中路 1189 号第二幢 723 室（201103）				
投资总额	14 万 USD	电话		传真	
设立日期	2008-3-12	负责人	RA SUN HEE（罗仙姬）		
主营业务	从事化工产品（危险品除外）、船舶配件、船舶零部件的批发。				

企业名称	菲仕佛（上海）贸易有限公司				
企业地址	上海市黄浦区淮海东路 99 号 702 室（200011）				
投资总额	13 万 USD	电话	53063870	传真	53069465
设立日期	2008-3-12	负责人	ANTONIO CORDISCHI		
主营业务	纺织品及原材料（棉花除外），日用百货，服装鞋帽的批发。				

企业名称	库尔兹电子贸易（上海）有限公司				
企业地址	上海市张江高科技园区科苑路 88 号（201210）				
投资总额	13 万 USD	电话	28986131	传真	28986133
设立日期	2008-3-12	负责人	张荣生		
主营业务	电子产品、电动仪器及电子控制装置和设备的批发、佣金代理。				

企业名称	伯尔克（上海）底盘贸易有限公司				
企业地址	上海市南汇区洋山保税港区港茂路 122 号 4 幢 101 室（201308）				
投资总额	203 万 USD	电话	38784700	传真	
设立日期	2008-3-11	负责人	WOLFHART SCHMITZ-MEIMBRESSE		
主营业务	底盘产品及其零部件的批发、佣金代理（拍卖除外）、进出口业务。				

企业名称	马勒工业过滤器（上海）有限公司				
企业地址	上海市浦东新区川沙经济园区川大路 699 号 2 幢（201200）				
投资总额	202 万 USD	电话	68393909	传真	51969773
设立日期	2008-3-11	负责人	ULRICH EICH		
主营业务	船用含油舱底污水处理系统、压舱水处理系统等环保技术产品的开发。				

企业名称	蓝馨贸易（上海）有限公司				
企业地址	上海市长宁区江苏路 369 号 8B 室（200050）				
投资总额	50 万 USD	电话	52400789	传真	52400699
设立日期	2008-3-11	负责人	周明仁		
主营业务	食品销售管理（非实物方式）、化妆品的批发、进出口业务。				

企业名称	昶隆（上海）商贸有限公司				
企业地址	上海市闵行区吴中路 1197 号第一幢第七层 705 室（201103）				
投资总额	11 万 USD	电话	64067858	传真	
设立日期	2008-3-11	负责人	MOON BYUNG CHAN		
主营业务	从事建筑装潢材料、工艺品（文物除外）、化妆品、电子产品的批发。				

企业名称	莱浦电气贸易（上海）有限公司				
企业地址	上海市卢湾区斜土路 768 号 706 室（200023）				
投资总额	6 万 USD	电话	65562754	传真	63033527
设立日期	2008-3-11	负责人	BOIX MARCET JORGE		
主营业务	电气、照明类产品及其配件的批发、佣金代理（拍卖除外）。				

企业名称	上海益茂商贸有限公司				
企业地址	上海市静安区康定路 1147 号 2 栋 316C 室（200042）				
投资总额	640 万 USD	电话	63735558	传真	63556880
设立日期	2008-3-10	负责人	饶新平		
主营业务	电动汽车部件、电池、电机、电池管理系统及相关零配件的批发。				

企业名称	上海奥技贸易有限公司				
企业地址	上海市长宁区娄山关路 83 号 805 室（200336）				
投资总额	100 万 USD	电话	62368088	传真	62368655
设立日期	2008-3-10	负责人	大内康平		
主营业务	化学辅助试剂、木炭、机械设备和分析器械的批发、进出口业务。				

企业名称	上海御兴贸易有限公司				
企业地址	上海市闵行区吴宝路 255 号 1 幢（力国大楼）8 楼 809 室（201101）				
投资总额	100 万 USD	电话	54478338	传真	
设立日期	2008-3-10	负责人	李仲武		
主营业务	机械设备、模具、电子产品、日用百货、纺织品的批发。				

企业名称	品畅（上海）贸易有限公司				
企业地址	上海市金山区山阳镇东方村7组第二幢102室（201508）				
投资总额	91万USD	电　话	57242939	传　真	63809527
设立日期	2008-3-10	负责人	邓学中		
主营业务	日用品、家用产品、装饰品、文具、家具、计算机软硬件的进出口业务。				

企业名称	华津思贸易（上海）有限公司				
企业地址	上海市静安区万航渡路888号21楼O室（200042）				
投资总额	14万USD	电　话	52385590	传　真	52385590
设立日期	2008-3-10	负责人	MA BODAN		
主营业务	精细化工产品、化工助剂、建筑用纤维板、日用杂货、玩具的批发。				

企业名称	上海弘廷贸易有限公司				
企业地址	上海市闵行区华漕镇纪鹤路505弄13幢（201106）				
投资总额	14万USD	电　话	37693603	传　真	37693603
设立日期	2008-3-10	负责人	黄玉芬		
主营业务	化工产品（危险品除外）、日用百货、五金制品、办公用品的批发。				

企业名称	感极（上海）贸易有限公司				
企业地址	上海市长宁区延安西路1303号第2层A室（200050）				
投资总额	13万USD	电　话	51196918	传　真	
设立日期	2008-3-10	负责人	WILLIAM KIM		
主营业务	服装服饰、日用百货、针纺织品、电子产品、五金交电的批发。				

企业名称	博拉瑟勒贸易（上海）有限公司				
企业地址	上海市静安区南京西路580号2312室（200041）				
投资总额	7万USD	电　话	52340096	传　真	52340097
设立日期	2008-3-10	负责人	KLAUS RUBESAMEN		
主营业务	一类医疗器械的批发、进出口、佣金代理（拍卖除外），提供售后服务。				

企业名称	上海万象眼镜饰品贸易有限公司				
企业地址	上海市普陀区大渡河路1718号A区203室（200333）				
投资总额	60万USD	电　话	64653898	传　真	54221850
设立日期	2008-3-7	负责人	王智民		
主营业务	珠宝首饰（毛钻、裸钻除外）的批发、佣金代理（拍卖除外）。				

企业名称	阿岗昆（上海）商贸有限公司				
企业地址	上海市普陀区北石路500弄30号底层A38单元（200062）				
投资总额	10.1万USD	电　话	62125803	传　真	59889542
设立日期	2008-3-7	负责人	LI HUIMING		
主营业务	食品、服装服饰、办公用品的批发、零售、进出口。				

企业名称	帝客服饰商贸（上海）有限公司				
企业地址	上海市徐汇区建国西路283号3幢604－609室（200031）				
投资总额	800万USD	电　话	24192222	传　真	54666992
设立日期	2008-3-6	负责人	WALTER JAMES CARUBA		
主营业务	服装、鞋袜、箱包和相关服饰配件的批发、零售（限分支机构）。				

企业名称	沛科（上海）贸易有限公司				
企业地址	上海市浦东新区玉兰路8号1201室（201204）				
投资总额	30万USD	电　话	50424747	传　真	50598800
设立日期	2008-3-6	负责人	钟士毅		
主营业务	管道、阀门、机械零部件的批发、进出口，提供相关配套服务。				

企业名称	凯毅德（上海）贸易有限公司				
企业地址	上海市浦东新区张杨路707号3107、06A室（200120）				
投资总额	30万USD	电　话	58366512	传　真	
设立日期	2008-3-6	负责人	DR KRAUSE KARL-FRIEDRICH HELMU		
主营业务	汽车配件、电子产品、机电设备的批发、佣金代理（拍卖除外）。				

企业名称	麦迪森厨房设备（上海）有限公司				
企业地址	上海市黄浦区南京西路288号二层201单元（200003）				
投资总额	29万USD	电　话	33663433	传　真	33663435
设立日期	2008-3-6	负责人	姚广琪		
主营业务	厨房用具、家用电器、橱柜设备、五金交电的批发、佣金代理。				

企业名称	界面商贸（上海）有限公司				
企业地址	上海市卢湾区永嘉路31号裙房四层B405室（200020）				
投资总额	20万USD	电　话	64728688	传　真	64733564
设立日期	2008-3-6	负责人	韩孝清		
主营业务	保健品、乳制品、饲料添加剂的批发，上述商品的进出口业务。				

企业名称	恩泉贸易（上海）有限公司				
企业地址	上海市普陀区柳园路58号1幢403室（200000）				
投资总额	14万USD	电　话	66951231	传　真	36333286
设立日期	2008-3-6	负责人	LIU FONG KUANG（刘凤光）		
主营业务	仪器仪表、装潢材料、建筑材料（钢材、水泥除外）的批发。				

企业名称	守荣贸易（上海）有限公司				
企业地址	上海市浦东新区东方路135号10楼1002室（200120）				
投资总额	14万USD	电　话	51243928	传　真	51343929
设立日期	2008-3-6	负责人	宫崎守		
主营业务	鞋、皮包、服装、纺织品及其辅料的批发、佣金代理（拍卖除外）。				

企业名称	上海维京贸易有限公司				
企业地址	上海市虹口区天宝路545号319室（200086）				
投资总额	14万USD	电　话	63191260	传　真	63908002
设立日期	2008-3-6	负责人	陈则好		
主营业务	纺织品、轻工产品、日用百货的批发，佣金代理（拍卖除外）。				

企业名称	怡捷贸易（上海）有限公司				
企业地址	上海市浦东新区浦建路76号15楼07单元（200127）				
投资总额	14万USD	电　话	61659100	传　真	58734330
设立日期	2008-3-6	负责人	AARON BRENT LANDIS		
主营业务	办公用品、包装材料、展示货架、标牌、促销小礼品的批发、佣金代理。				

企业名称	鑫闻（上海）环保科技有限公司				
企业地址	上海市黄浦区北京东路666号C区710室（200003）				
投资总额	13万USD	电　话	54040137	传　真	54039716
设立日期	2008-3-6	负责人	LEE CHWAN－CHANG		
主营业务	环保材料、环保电子产品的设计、开发、批发、佣金代理（拍卖除外）。				

企业名称	百盈商贸有限公司				
企业地址	上海市黄浦区成都北路500号3701室（200003）				
投资总额	694万USD	电　话	51533366	传　真	59752468
设立日期	2008-3-5	负责人	陈英杰		
主营业务	皮包及其他皮件、皮革制品、日用杂货及家具、电器周边产品的批发。				

企业名称	鑫活贸易（上海）有限公司				
企业地址	上海市浦东新区光明路718号816室（200137）				
投资总额	80万USD	电　话	58886343	传　真	63660838
设立日期	2008-3-5	负责人	TSENG BAMBOO		
主营业务	五金交电、化工原料（危险品除外）、玻璃器皿、皮革制品的批发。				

企业名称	擎鼎工业车辆贸易（上海）有限公司				
企业地址	上海市浦东新区金桥出口加工区金新路58号银桥大厦909室（201206）				
投资总额	70万USD	电　话	63656636	传　真	
设立日期	2008-3-5	负责人	CHUA GEOK ENG		
主营业务	叉车（限场内）、工程机械设备及配件、机电产品的批发、佣金代理。				

企业名称	堤仑贸易（上海）有限公司				
企业地址	上海市闵行区合川路3071号1幢522室（201103）				
投资总额	35万USD	电　话	64063103	传　真	31263868
设立日期	2008-3-5	负责人	郭大磐		
主营业务	各类家具、灯具、床上用品、布艺品、工艺品（文物除外）的批发。				

企业名称	德旁亭（上海）贸易有限公司				
企业地址	上海市卢湾区淮海中路918号久事复兴大厦14层F1座（200020）				
投资总额	29万USD	电　话	64156771	传　真	64159756
设立日期	2008-3-5	负责人	THOMAS MEYER		
主营业务	木材工业、印刷业、矿业和金属加工业相关的机械设备与零备件的批发。				

企业名称	澳人坊（上海）商贸有限公司				
企业地址	上海市闵行区光华路2118号第六幢1438室（201111）				
投资总额	14万USD	电　话	52390852	·	52390852
设立日期	2008-3-5	负责人	胡源和		
主营业务	预包装食品、散装食品、肉制品、糖果糕点、茶叶、饮料、酒类的零售。				

企业名称	昆蒂贸易（上海）有限公司				
企业地址	上海市闵行区庙泾路66号1329室（201100）				
投资总额	14万USD	电　话	54496105	传　真	54956946
设立日期	2008-3-5	负责人	周振芳		
主营业务	纺织品布匹、纱线、成衣以及服饰配件的批发及进出口、佣金代理。				

企业名称	博纳凯米贸易（上海）有限公司				
企业地址	上海市长宁区延安西路 2299 号 10A－66 室（200051）				
投资总额	50 万 USD	电　　话	62361540	传　　真	62360388
设立日期	2008-3-4	负 责 人	LARS OLLE LENNART ANDERSSON		
主营业务	胶粘剂、维护保养产品；打磨、抛光机器、工具及其零配件的批发。				

企业名称	艺斯高（上海）贸易有限公司				
企业地址	上海市虹口区花园路 66 弄 1 号 1311 室（200086）				
投资总额	50 万 USD	电　　话	60951955	传　　真	60951948
设立日期	2008-3-4	负 责 人	LIM LAY YEW		
主营业务	实验室设备、空气洁净装置、洁净间、办公用品，实验室家具的批发。				

企业名称	安田亚司达（上海）机床贸易有限公司				
企业地址	上海市长宁区娄山关路 85 号 C 座 1001 室（200051）				
投资总额	37 万 USD	电　　话	62700955	传　　真	62700970
设立日期	2008-3-4	负 责 人	安田拓人		
主营业务	精密机器设备及零部件的批发、佣金代理（拍卖除外）及售后配套服务。				

企业名称	上海若洋电子贸易有限公司				
企业地址	上海市长宁区定西路 1016 号 1401 室（200050）				
投资总额	30 万 USD	电　　话	62510821	传　　真	62510820
设立日期	2008-3-4	负 责 人	KATHERINE HEEJIN LIM		
主营业务	办公设备、办公家具、电子产品及商品的配套商品的批发、佣金代理。				

企业名称	红羽内外电机设计（上海）有限公司				
企业地址	上海市长宁区仙霞路 317 号 509 室（200051）				
投资总额	20 万 USD	电　　话	52733327	传　　真	62350182
设立日期	2008-3-4	负 责 人	丹羽一郎		
主营业务	电机设计、电力设备产品的软件、硬件及外围设备的研究、开发。				

企业名称	吉萨（上海）贸易有限公司				
企业地址	上海市杨浦区中山北二路 1121 号 4 楼 D10 室（200092）				
投资总额	14 万 USD	电　　话	65988561	传　　真	65989075
设立日期	2008-3-4	负 责 人	叶政		
主营业务	化工原料及产品（除危险品）、健身器材、纸制品、木制品的批发。				

企业名称	思亲肤化妆品贸易（上海）有限公司				
企业地址	上海市长宁区仙霞路 317 号 2113－2115 室（200051）				
投资总额	150 万 USD	电　　话	62351863	传　　真	62350045
设立日期	2008-3-3	负 责 人	CHOI SUNG RAI		
主营业务	化妆品、日用品及化妆用具的批发及进出口业务，上述产品的研发。				

企业名称	晶慧（上海）贸易有限公司				
企业地址	上海市徐汇区龙水南路 201 号交易区 C 区 6 幢 26 号（200232）				
投资总额	100 万 USD	电　　话	54095511	传　　真	54094800
设立日期	2008-3-3	负 责 人	范天华		
主营业务	汽车零配件及汽车检修设备的进出口、批发、佣金代理（拍卖除外）。				

企业名称	宝盈利（上海）贸易有限公司				
企业地址	上海市徐汇区漕溪路 250 号 A604 室（200233）				
投资总额	25 万 USD	电　　话	64833604	传　　真	64823507
设立日期	2008-3-3	负 责 人	黄伟豪		
主营业务	工艺礼品、计算机软硬件、通讯器材、文化办公用品、机电设备的批发。				

企业名称	吾诺（上海）贸易有限公司				
企业地址	上海市闵行区光华路 2118 号第 7 幢 135 室（201111）				
投资总额	14 万 USD	电　　话		传　　真	
设立日期	2008-3-3	负 责 人	DUBICKI PIOTRLESZEK		
主营业务	玩具、包装材料、工艺品（文物除外）、日用品、咖啡机模具的批发。				

企业名称	精品摩仕电子贸易（上海）有限公司				
企业地址	上海市徐汇区漕溪北路 398 号 1504 室（200030）				
投资总额	14 万 USD	电　　话	33688525	传　　真	33688522
设立日期	2008-3-3	负 责 人	黄正恕		
主营业务	计算机辅助设备、零部件、电脑耗材及电子产品保护周边产品的批发。				

企业名称	上海欧松贸易有限公司				
企业地址	上海市金山区朱泾镇临仓街 600 号 8 幢 312 室（201500）				
投资总额	14 万 USD	电　　话	64260030	传　　真	64261120
设立日期	2008-3-3	负 责 人	羽野浩一		
主营业务	制冷设备、压缩机及配件、化妆品、护扶用品的批发、佣金代理。				

企业名称	美牛电器贸易（上海）有限公司				
企业地址	上海市徐汇区华泾路 1000 弄 120 号 102 室（200231）				
投资总额	13 万 USD	电　　话	57878419	传　　真	57878418
设立日期	2008-3-3	负 责 人	黄廷国		
主营业务	太阳能设备、厨房用设备、计算机硬件、软件（音像出版物除外）批发。				

企业名称	迅纬贸易（上海）有限公司				
企业地址	上海市长宁区平武路 38 号 405 室（200052）				
投资总额	13 万 USD	电　　话	52386276	传　　真	52551281
设立日期	2008-3-3	负 责 人	江清波		
主营业务	化学品、机械设备、金属材料（钢材、贵金属、稀有金属除外）的批发。				

企业名称	兼松纤维贸易（上海）有限公司				
企业地址	上海市闵行区宜山路 2000 号 20 幢十楼 1002 室（201103）				
投资总额	35 万 USD	电　　话	63403456	传　　真	68404290
设立日期	2008-2-29	负 责 人	林传礼（CHUEN LAI LAM）		
主营业务	鞋帽、箱包、玩具、礼品、工艺饰品、家用纺织品、日用百货的批发。				

企业名称	上海东行自动化设备商贸有限公司				
企业地址	上海市闵行区合川路 3089 号 5 幢 406 室（201103）				
投资总额	30 万 USD	电　　话	64360808	传　　真	64363516
设立日期	2008-2-29	负 责 人	林步东（LIM PO TUNG）		
主营业务	变频器、低压电器产品、伺服驱动控制器、工控数控产品的批发。				

企业名称	芳玫商贸（上海）有限公司				
企业地址	上海市闵行区光华路 2118 号第 3 幢 653 室（201111）				
投资总额	22 万 USD	电　　话	64573230	传　　真	
设立日期	2008-2-29	负 责 人	GIUGE JULIEN,LUDOVIC,ANSELME		
主营业务	从事花卉、日用百货的批发及进出口、佣金代理（拍卖除外）。				

企业名称	上海纤裳商贸有限公司				
企业地址	上海市闵行区虹中路 649 号 2 幢 3 楼 308 室（201103）				
投资总额	20 万 USD	电　　话	54222770	传　　真	54222770
设立日期	2008-2-29	负 责 人	周少雄		
主营业务	针纺织品，饰品（毛钻、裸钻除外），日用百货、体育用品的批发。				

企业名称	普源迅贸易（上海）有限公司				
企业地址	上海市卢湾区黄陂南路 700 号 7 幢 B404 室（200021）				
投资总额	20 万 USD	电　　话	64660997	传　　真	64660997
设立日期	2008-2-29	负 责 人	DIANE MARIE WOELM		
主营业务	塑料制品、电子元器件、木制品、汽车零配件、办公用品的批发。				

企业名称	耶利赫根（上海）贸易有限公司				
企业地址	上海市浦东新区耀华路 215 号 2 号楼 4 楼 401 室（200126）				
投资总额	15 万 USD	电　　话	54060052	传　　真	64696910
设立日期	2008-2-29	负 责 人	KENNETH ARTHUR HEGGEM		
主营业务	日用百货、服装鞋帽、针纺织品、化妆品、工艺饰品、汽摩配件的批发。				

企业名称	上海安服贸易有限公司				
企业地址	上海市嘉定工业区富蕴路 248 号 109 室（201821）				
投资总额	14 万 USD	电　　话	62880073	传　　真	62880072
设立日期	2008-2-29	负 责 人	LEOPOLDO SACCHI		
主营业务	服装服饰，面料辅料和配饰的批发、佣金代理（拍卖除外）。				

企业名称	玖麟（上海）商贸有限公司				
企业地址	上海市虹口区天宝路 545 号 418 室（200080）				
投资总额	14 万 USD	电　　话	63191260	传　　真	64151122
设立日期	2008-2-29	负 责 人	陈英杰		
主营业务	纺织品、轻工产品、日用百货的批发，佣金代理（拍卖除外）。				

企业名称	烈锐贸易（上海）有限公司				
企业地址	上海市张江高科技园区毕升路 289 弄 5 号 301、302 室（201203）				
投资总额	14 万 USD	电　　话	61652230	传　　真	68868021
设立日期	2008-2-29	负 责 人	AUDREY JANE PLATT		
主营业务	焊接设备、电动工具、园林工具、汽车维修工具及相关配件的批发。				

企业名称	安致贸易（上海）有限公司				
企业地址	上海市浦东新区新金桥路 1122 号 1802 室（201206）				
投资总额	14 万 USD	电　　话	64223835	传　　真	64223869
设立日期	2008-2-29	负 责 人	陈照安		
主营业务	电子产品、五金制品、日用百货、化工原料（危险品除外）的批发。				

批发和零售贸易业

企业名称	谱达商贸（上海）有限公司				
企业地址	上海市闵行区吴中路 1238 号第 3 幢七楼 G 座（201103）				
投资总额	13 万 USD	电　话	64465153	传　真	64465331
设立日期	2008-2-29	负责人	廖仲康		
主营业务	从事服装服饰、鞋帽、箱包、皮具及其相关配件、纺织面料的批发。				

企业名称	佳闻商贸（上海）有限公司				
企业地址	上海市浦东新区商城路 800 号斯米克大厦 14 楼 1420B（200120）				
投资总额	12 万 USD	电　话		传　真	
设立日期	2008-2-29	负责人	PETER CHRISTIAN SALAMON		
主营业务	手机塑料插件、手机零部件及其附件、商品陈列架、柜台和家具的批发。				

企业名称	尼虹光电贸易（上海）有限公司				
企业地址	上海市奉贤区环城北路 567 号（201400）				
投资总额	125 万 USD	电　话	62709819	传　真	62709769
设立日期	2008-2-28	负责人	上平田利文		
主营业务	医用电子仪器设备（植入类医疗器械除外）、软件及其关联产品的批发。				

企业名称	星夏（上海）商贸有限公司				
企业地址	上海市嘉定区定边路 35 号 32 幢 207 室（201824）				
投资总额	41 万 USD	电　话	69192196	传　真	39101247
设立日期	2008-2-28	负责人	魏群哲		
主营业务	五金工具、汽车用品、汽车零配件及摩托车零配件的批发、零售。				

企业名称	上海闸北南区大润发商贸有限公司				
企业地址	上海市闸北区平型关路 489 号 301－3 室（200072）				
投资总额	210 万 USD	电　话	66522314	传　真	66301750
设立日期	2008-2-27	负责人	黄明端		
主营业务	批发：日用百货、服装鞋帽、针纺织品、化妆品、洗涤用品、照相器材。				

企业名称	玛思凯商贸（上海）有限公司				
企业地址	上海市长宁区江苏北路 125 号 A－119 室（200050）				
投资总额	100 万 USD	电　话	51696006	传　真	
设立日期	2008-2-27	负责人	ANTHONY RHODES JOWETT		
主营业务	床上用品、卫浴用品、家居用品、婴儿用品、玩具礼品、日用品的批发。				

企业名称	再能商贸（上海）有限公司				
企业地址	上海市闵行区光华路 2118 号第 3 幢 656 室（201111）				
投资总额	100 万 USD	电　话		传　真	
设立日期	2008-2-27	负责人	许达仁		
主营业务	节能设备的批发、进出口业务，佣金代理（拍卖除外），提供配套服务。				

企业名称	东醇（上海）商贸有限公司				
企业地址	上海市长宁区遵义路 100 号 B 栋 2214 室（200051）				
投资总额	42 万 USD	电　话	62371806	传　真	62371807
设立日期	2008-2-27	负责人	森裕行		
主营业务	食品销售管理，食品原辅料、食品添加剂、配合饲料的进出口、批发。				

企业名称	义裕（上海）贸易有限公司				
企业地址	上海市卢湾区建国西路 91 弄 5 号 1406 室（200025）				
投资总额	30 万 USD	电　话	51532000	传　真	51532056
设立日期	2008-2-27	负责人	谢孟璋		
主营业务	日用杂货、五金交电、食品的批发及进出口和相关配套业务。				

企业名称	嵘鼎贸易（上海）有限公司				
企业地址	上海市长宁区延安西路 2633 号 A－308 室（200336）				
投资总额	20 万 USD	电　话	62097730	传　真	62707833
设立日期	2008-2-27	负责人	VANISHA ISHWAR CHANDIRAMANI		
主营业务	橡胶制品、日用品、纸制品、家用设备及其配件的批发。				

企业名称	悦韩（上海）贸易有限公司				
企业地址	上海市长宁区娄山关路 85 号 A 座 1305 室（200336）				
投资总额	14 万 USD	电　话	62709027	传　真	62709026
设立日期	2008-2-27	负责人	金泓文（KIM HONG MUN）		
主营业务	太阳能设备及其配件，界面活性剂（以上两项危险品除外）的批发。				

企业名称	中采贸易（上海）有限公司				
企业地址	上海市长宁区延安西路 1599 号 20 幢 9 层 09－10 室（200050）				
投资总额	14 万 USD	电　话	51086720	传　真	52588887
设立日期	2008-2-27	负责人	刘捷		
主营业务	金属制品（黄金、钢材除外）、五金工具、包装材料的批发、佣金代理。				

企业名称	浦定贸易（上海）有限公司				
企业地址	上海市闵行区光华路 2118 号第 3 幢 659 室（201111）				
投资总额	14 万 USD	电　话		传　真	
设立日期	2008-2-27	负责人	严棣华		
主营业务	服装服饰、纺织品、文体用品、珠宝首饰（裸钻、毛钻除外）的批发。				

企业名称	上海成鼎贸易有限公司				
企业地址	上海市嘉定区马陆镇敬学路 158 号第 1 幢 1 楼 B 区（201801）				
投资总额	14 万 USD	电　话	62196256	传　真	69156605
设立日期	2008-2-27	负责人	陈定远		
主营业务	机械设备、电气设备及其零配件的批发，佣金代理（拍卖除外）。				

企业名称	钧扬贸易（上海）有限公司				
企业地址	上海市长宁区凯旋路 1415 号 518 室（200052）				
投资总额	20 万 USD	电　话	52582878	传　真	52582877
设立日期	2008-2-26	负责人	张景云		
主营业务	酒类、酒器具、机电产品、建材（钢材、水泥除外）的批发、佣金代理。				

企业名称	朋义贸易（上海）有限公司				
企业地址	上海市松江区九新公路 90 弄 3 号 610 室（201615）				
投资总额	15 万 USD	电　话		传　真	
设立日期	2008-2-26	负责人	沈大鹏		
主营业务	服装、手袋、皮件制品、日用百货、玩具、食品的批发。				

企业名称	上海云谷文具贸易有限公司				
企业地址	上海市普陀区中山北路 2130 号 1302 室（200063）				
投资总额	15 万 USD	电　话	52909603	传　真	62451678
设立日期	2008-2-26	负责人	JING WANG		
主营业务	文具和办公用品、投影仪的批发、佣金代理（拍卖除外）。				

企业名称	上鸿隆贸易（上海）有限公司				
企业地址	上海市徐汇区龙华路 2577 号 11 幢 200 室（200233）				
投资总额	13 万 USD	电　话	61242169	传　真	61242170
设立日期	2008-2-26	负责人	顾清		
主营业务	纤维制品、纺织制品、服装服饰、机电产品及设备、五金交电的批发。				

企业名称	泛格工业紧固件贸易（上海）有限公司				
企业地址	上海市外高桥保税区新灵路 118 号 19 层 1907B 室（200131）				
投资总额	7 万 USD	电　话	56611812	传　真	56611956
设立日期	2008-2-26	负责人	FRIEDHELM NOLL		
主营业务	国际贸易、转口贸易、保税区企业间的贸易及区内贸易代理。				

企业名称	优利德电子（上海）有限公司				
企业地址	上海市浦东新区陆家嘴东路 161 号 1114 室（200120）				
投资总额	102 万 USD	电　话	587838888	传　真	58787888
设立日期	2008-2-25	负责人	洪佳宁		
主营业务	电子仪器和电子仪表的设计，上述同类商品的批发、佣金代理。				

企业名称	本泽商贸（上海）有限公司				
企业地址	上海市浦东新区商城路 738 号 2008 室（200120）				
投资总额	100 万 USD	电　话	58362539	传　真	58362028
设立日期	2008-2-25	负责人	DANIEL J. LETT		
主营业务	箱包、纺织品、化学品（危险化学品除外）的批发。				

企业名称	吉荣轮胎贸易（上海）有限公司				
企业地址	上海市浦东新区桃林路 18 号 A 座 1101 室（200122）				
投资总额	30 万 USD	电　话	68534189	传　真	58213451
设立日期	2008-2-25	负责人	TEH JIT CHYN		
主营业务	轮胎、橡胶制品及其相关配件、机械设备、汽车配件及相关产品的批发。				

企业名称	捷唯（上海）商贸有限公司				
企业地址	上海市长宁区仙霞路 317 号 2610 室（200051）				
投资总额	20 万 USD	电　话	62351730	传　真	
设立日期	2008-2-25	负责人	JOHN WILLIAM KING		
主营业务	计算机及相关零配件的批发、佣金代理（拍卖除外）、进出口业务。				

企业名称	立峰（上海）商贸有限公司				
企业地址	上海市漕河泾新兴技术开发区宜山路 889 号 4 幢 5 楼 D2 室（200233）				
投资总额	20 万 USD	电　话	64851772	传　真	
设立日期	2008-2-25	负责人	林黄美云		
主营业务	汽车皮带及农机皮带，传动机器、传动机械器具、电气设备的批发。				

企业名称	爱荣机械贸易（上海）有限公司				
企业地址	上海市闵行区浦星公路 789 号海关、管委会大楼 307 室（201112）				
投资总额	14 万 USD	电　　话	34637177	传　　真	34637179
设立日期	2008-2-25	负 责 人	GI CHANG KIM		
主营业务	从事机械设备的批发、进出口，提供相关配套业务。				

企业名称	优领（上海）商贸有限公司				
企业地址	上海市黄浦区陆家浜路 1378 号 2108 室（200011）				
投资总额	6.9 万 USD	电　　话	61354070	传　　真	61355070
设立日期	2008-2-25	负 责 人	SEOW HUI CHUAN STEVEN		
主营业务	家具，办公用品，日用品，化工原料（除危险品），五金交电的批发。				

企业名称	丸十贸易（上海）有限公司				
企业地址	上海市浦东新区东方路 286 号 5 楼 510 室（200120）				
投资总额	5 万 USD	电　　话	62702215	传　　真	62702275
设立日期	2008-2-25	负 责 人	NG TI KOON		
主营业务	从事半导体芯片生产机械设备所需各种零部件的批发、佣金代理。				

企业名称	涵合纺（上海）贸易有限公司				
企业地址	上海市长宁区江苏路 369 号 3B 座（200051）				
投资总额	75 万 USD	电　　话	52400582	传　　真	52400708
设立日期	2008-2-22	负 责 人	BROR AKE TOMMY SVENSSON		
主营业务	纺织品、家居用品的批发、佣金代理（拍卖除外）、进出口业务。				

企业名称	上伟贸易（上海）有限公司				
企业地址	上海市浦东新区张杨北路 5509 号 1202H 室（200137）				
投资总额	50 万 USD	电　　话	63500821	传　　真	53757188
设立日期	2008-2-22	负 责 人	吴尚清		
主营业务	汽车及摩托车配件、机电设备、仪器仪表、电子产品的批发、佣金代理。				

企业名称	德博摩氏卡（上海）商贸有限公司				
企业地址	上海市长宁区延安西路 1599 号 20 幢 5 层 12－13 单元（200050）				
投资总额	20 万 USD	电　　话	52388860	传　　真	52386260
设立日期	2008-2-22	负 责 人	MATSUKAWA YOICHI		
主营业务	捆扎机及其零配件的批发、佣金代理（拍卖除外）、进出口业务。				

企业名称	万煌贸易（上海）有限公司				
企业地址	上海市闸北区闻喜路 555 弄 49 号 306 室（200070）				
投资总额	20 万 USD	电　　话	63532718	传　　真	63532720
设立日期	2008-2-22	负 责 人	CHAN RAYMOND SI-HO		
主营业务	机电设备及零配件、五金、仪器仪表的批发、进出口业务。				

企业名称	飞路贸易（上海）有限公司				
企业地址	上海市长宁区定西路 655 号 3 楼 F1 座（200052）				
投资总额	14 万 USD	电　　话	62820012	传　　真	
设立日期	2008-2-22	负 责 人	MARCO BALESTRA		
主营业务	礼品、厨房用品、家居用品的进出口、佣金代理（拍卖除外）。				

企业名称	商胜机械零件贸易（上海）有限公司				
企业地址	上海市浦东新区金桥出口加工区金湘路 333 号 706 室（201206）				
投资总额	14 万 USD	电　　话	58682579	传　　真	51976330
设立日期	2008-2-22	负 责 人	饶小青		
主营业务	加工件、紧固件、液压部件、汽车零部件、塑胶配件及机床的批发。				

企业名称	海记（上海）贸易有限公司				
企业地址	上海市浦东新区张杨北路 5509 号 1223 室（200137）				
投资总额	14 万 USD	电　　话	33816381	传　　真	33816381
设立日期	2008-2-22	负 责 人	KANG CHEW SWEE		
主营业务	水产品、日用百货、食品（非实物方式）的批发、进出口业务。				

企业名称	麦拓美迪贸易（上海）有限公司				
企业地址	上海市浦东新区商城路 738 号胜康廖氏大厦 1504 室（200120）				
投资总额	14 万 USD	电　　话	58363306	传　　真	58363305
设立日期	2008-2-22	负 责 人	KIM SUNG KYU		
主营业务	油漆点喷式喷绘制品、油墨喷绘制品、喷绘用白画布、塑料制展架批发。				

企业名称	晟峰洪叶（上海）贸易有限公司				
企业地址	上海市长宁区哈密路 431 号 4 幢 202 室（200335）				
投资总额	14 万 USD	电　　话	32082113	传　　真	32120327
设立日期	2008-2-22	负 责 人	洪瑜韩		
主营业务	从事玻璃制品、工艺品（文物除外）、饰品（毛钻、裸钻除外）的批发。				

企业名称	恩企贸易（上海）有限公司				
企业地址	上海市长宁区定西路 1016 号 903 室（200050）				
投资总额	14 万 USD	电　　话	61139515	传　　真	61136375
设立日期	2008-2-22	负 责 人	ROBERT C SORENSEN		
主营业务	机电设备及配件、家具、电子电器产品的进出口、批发。				

企业名称	祖迪贸易（上海）有限公司				
企业地址	上海市静安区康定路 1033 号 535 室（200042）				
投资总额	13 万 USD	电　　话	64973912	传　　真	
设立日期	2008-2-22	负 责 人	许琼玲		
主营业务	服装、饰品、鞋帽、皮具、化妆品、护肤品及日用杂货的批发。				

企业名称	信辉贸易发展（上海）有限公司				
企业地址	上海市浦东新区玉泉街 57 号 2 幢 103 室（200125）				
投资总额	256 万 USD	电　　话	58608471	传　　真	58423383
设立日期	2008-2-21	负 责 人	何祖朝		
主营业务	化工产品（危险品除外）、汽摩配件、工艺品（文物除外）的批发。				

企业名称	民德行贸易（上海）有限公司				
企业地址	上海市虹口区天宝路 578 号 1316 室（200092）				
投资总额	30 万 USD	电　　话	55571818	传　　真	55961808
设立日期	2008-2-21	负 责 人	VOSPER RICHARD JOHN		
主营业务	厨房设备、酒店用品、五金交电、装饰材料、包装材料的批发。				

企业名称	西悠都（上海）商贸有限公司				
企业地址	上海市黄浦区方浜中路 168－180 号（200010）				
投资总额	28 万 USD	电　　话	61601991	传　　真	63356880
设立日期	2008-2-21	负 责 人	中村美由纪		
主营业务	日用品、服装、装饰品、照相器具、照相机（电影摄像机除外）的批发。				

企业名称	泉边商业（上海）有限公司				
企业地址	上海市普陀区莫干山路 95 号（200060）				
投资总额	10 万 USD	电　　话	62125803	传　　真	62125863
设立日期	2008-2-21	负 责 人	严重釦		
主营业务	工艺品（文物除外）的零售、进出口，相关售后配套技术服务咨询。				

企业名称	南州商贸（上海）有限公司				
企业地址	上海市徐汇区沪闵路 8075 号 5 层 509 室（200237）				
投资总额	10 万 USD	电　　话	54510164	传　　真	
设立日期	2008-2-21	负 责 人	周明正		
主营业务	食品销售管理（营养品、保健品、水果、蔬菜）、化妆品的批发。				

企业名称	侨盾（上海）贸易有限公司				
企业地址	上海市徐汇区漕溪北路 398 号 505 室（200030）				
投资总额	10 万 USD	电　　话	50988686	传　　真	50491378
设立日期	2008-2-21	负 责 人	邢乔奇		
主营业务	各类服装、服饰及其附件、鞋帽、绣品及其辅料的批发、佣金代理。				

企业名称	小安贸易（上海）有限公司				
企业地址	上海市长宁区仙霞路 317 号 710 室（200051）				
投资总额	65 万 USD	电　　话	52574105	传　　真	52574106
设立日期	2008-2-19	负 责 人	加藤军二		
主营业务	玻璃制品、金属材料、金属制品、纸张及原料的批发、佣金代理。				

企业名称	马摩石（上海）贸易有限公司				
企业地址	上海市长宁区延安西路 1319 号 1701 室（200050）				
投资总额	58 万 USD	电　　话	62113171	传　　真	62113172
设立日期	2008-2-19	负 责 人	THOMAS KARL RAPP		
主营业务	建材（钢材和水泥除外）的批发、进出口、佣金代理（拍卖除外）。				

企业名称	丸山（上海）贸易有限公司				
企业地址	上海市长宁区新华路 664 号 307 室（200052）				
投资总额	50 万 USD	电　　话	62824526	传　　真	62825553
设立日期	2008-2-19	负 责 人	镰田荣治		
主营业务	环境卫生机械和洗净机械包括工业用泵产品类、消防用品的批发。				

企业名称	龙缤（上海）贸易有限公司				
企业地址	上海市长宁区延安西路 2201 号 1709 室（200336）				
投资总额	46 万 USD	电　　话	62950266	传　　真	62084121
设立日期	2008-2-19	负 责 人	林田 清		
主营业务	服装服饰及配饰件、面料、日用纺织产品、日用百货、鞋帽的批发。				

批发和零售贸易业

企业名称	圆普贸易（上海）有限公司				
企业地址	上海市静安区南京西路 1515 号 29 层 2918 室（200041）				
投资总额	45 万 USD	电　话	61313588	传　真	
设立日期	2008-2-19	负责人	CRAIG FORBES STEWART		
主营业务	公司宣传促销用品、包装物、文具、企业标识物、服装的批发。				

企业名称	傲桀贸易（上海）有限公司				
企业地址	上海市闸北区江场三路 86、88 号 101 室（200436）				
投资总额	50 万 USD	电　话	60940188	传　真	60940288
设立日期	2008-2-15	负责人	CRISTIAN FERRARESE		
主营业务	酒店设备、日用品、厨具的批发、佣金代理（拍卖除外）。				

企业名称	上海群浔数码科技有限公司				
企业地址	上海市徐汇区华山路 1954 号 701-713 室（200030）				
投资总额	30 万 USD	电　话	62816600	传　真	62820809
设立日期	2008-2-19	负责人	林世卿		
主营业务	数码产品、网络产品、通讯设备、计算机软硬件的技术开发、技术咨询。				

企业名称	相川贸易（上海）有限公司				
企业地址	上海市闸北区共和新路 3388 号 1009 室（200436）				
投资总额	42 万 USD	电　话	56778322	传　真	56776598
设立日期	2008-2-15	负责人	相川亮		
主营业务	室内装潢材料、店铺用金属货架、器皿、洗车设备、洗车用品的批发。				

企业名称	万达龙贸易（上海）有限公司				
企业地址	上海市黄浦区福佑路 8 号 8 楼 F 座（200010）				
投资总额	20 万 USD	电　话	63333600	传　真	
设立日期	2008-2-19	负责人	马佐治		
主营业务	鞋帽、围巾、室内装饰品、家具、工艺品（文物除外）的进出口、批发。				

企业名称	马帆特（上海）贸易有限公司				
企业地址	上海市黄浦区九江路 399 号 7 楼 10 室 F 室（200001）				
投资总额	27 万 USD	电　话	61413398	传　真	63732680
设立日期	2008-2-15	负责人	吴静刚		
主营业务	服装鞋帽、针织用品、日用百货、汽车配件和摩托车配件的进出口业务。				

企业名称	熙格电子商贸（上海）有限公司				
企业地址	上海市静安区西康路 223 号 M1 室（200041）				
投资总额	20 万 USD	电　话	62895600	传　真	62792899
设立日期	2008-2-19	负责人	CHRIS MINGYI CHEN		
主营业务	开关电源装置、应急照明装置、镇流器及电子产品的批发、佣金代理。				

企业名称	上海家视听商贸有限公司				
企业地址	上海市闵行区合川路 3089 号第 3 幢 3 楼（201103）				
投资总额	15 万 USD	电　话	64014370	传　真	64659011
设立日期	2008-2-15	负责人	LEE SANG HO		
主营业务	服装、化妆品、日用百货、电气电子产品的批发、进出口、佣金代理。				

企业名称	基恒（上海）贸易有限公司				
企业地址	上海市闵行区吴中路 1238 号 7 楼 D 座（201103）				
投资总额	20 万 USD	电　话	64059308	传　真	64465361
设立日期	2008-2-19	负责人	PAEK SEONG KEE		
主营业务	百货、化妆品、橡塑制品、皮革制品、纺织品、厨房用品的批发。				

企业名称	上海尚尼司电子科技有限公司				
企业地址	上海市徐汇区漕溪北路 18 号 1806 室（200030）				
投资总额	15 万 USD	电　话	64691670	传　真	64688346
设立日期	2008-2-15	负责人	杨敏妮		
主营业务	五金产品、电子产品、包装装潢材料、工艺品（文物除外）的批发。				

企业名称	帝思帕（上海）贸易有限公司				
企业地址	上海市卢湾区淮海中路 333 号瑞安广场 1212－A23 室（200020）				
投资总额	14 万 USD	电　话	64394114	传　真	64394414
设立日期	2008-2-19	负责人	MICHAEL ANTHONY RICHMOND		
主营业务	有色金属（贵金属除外）的批发，佣金代理（拍卖除外），进出口业务。				

企业名称	上海飞玥贸易有限公司				
企业地址	上海市闵行区吴中路 1059 号第十幢 706 室（201103）				
投资总额	14 万 USD	电　话	64657621	传　真	64657620
设立日期	2008-2-15	负责人	洪春月		
主营业务	皮革制品、服装鞋帽、日用百货、纺织面料、工艺品的批发。				

企业名称	薇亭贸易（上海）有限公司				
企业地址	上海市闵行区颛兴东路 745 号 2 幢 1 楼 C 室（200237）				
投资总额	14 万 USD	电　话	34625085	传　真	64890802
设立日期	2008-2-19	负责人	张景芳		
主营业务	茶叶、果汁、饮具、香料、精油的批发、佣金代理（拍卖除外）。				

企业名称	纽威商贸（上海）有限公司				
企业地址	上海市闵行区宜山路 1618 号 E 厂房 5 楼东和 4 楼（201103）				
投资总额	300 万 USD	电　话	61458828	传　真	64017456
设立日期	2008-2-14	负责人	HARSTEDT GORAN		
主营业务	家具、化妆品及护肤品、文具、玩具和电器、礼品的批发。				

企业名称	邑维国际贸易（上海）有限公司				
企业地址	上海市外高桥保税区日京路 35 号凯兴大楼 1104 室（200131）				
投资总额	14 万 USD	电　话	62567757	传　真	
设立日期	2008-2-19	负责人	杨云彦		
主营业务	国际贸易、转口贸易，保税区企业间的贸易及区内贸易代理。				

企业名称	威特波尔多（上海）贸易有限公司				
企业地址	上海市闵行区华友路 284 号（200240）				
投资总额	50 万 USD	电　话	64789859	传　真	54889895
设立日期	2008-2-14	负责人	张雪梅		
主营业务	化妆品、牛羊毛皮、服饰、首饰（不含毛钻、裸钻）的进出口、批发。				

企业名称	好服贸易（上海）有限公司				
企业地址	上海市闵行区光华路 188 号 9 幢 2 楼 202、203 室（201111）				
投资总额	14 万 USD	电　话	51025278	传　真	34079100
设立日期	2008-2-19	负责人	MARTIN FRIEDRICH WIMMER		
主营业务	便携式发电机、水泵、高压清洗机、化工产品（危险品除外）的批发。				

企业名称	欧明（上海）照明电器贸易有限公司				
企业地址	上海市闵行区吴中路 1100 号 5 幢 817 室（201103）				
投资总额	14.5 万 USD	电　话	64057115	传　真	
设立日期	2008-2-14	负责人	KIM KISEOK		
主营业务	照明灯、照明器具及材料、照明测试仪器、玻璃管、电子产品的批发。				

企业名称	赢联贸易（上海）有限公司				
企业地址	上海市虹口区四平路 188 号 1004 室（200090）				
投资总额	10 万 USD	电　话	65759229	传　真	65087543
设立日期	2008-2-18	负责人	黄振芝		
主营业务	电器设备、照明设备、装潢装饰材料、五金配件的批发，佣金代理。				

企业名称	实飞黎雅贸易（上海）有限公司				
企业地址	上海市嘉定工业区嘉唐路 1155 号第 5 幢 2162 室（201807）				
投资总额	30 万 USD	电　话	33217736	传　真	
设立日期	2008-2-13	负责人	林德诚		
主营业务	金属制品、装潢材料、建筑材料（钢材、水泥除外）和汽车配件的批发。				

企业名称	上海儒博贸易有限公司				
企业地址	上海市杨浦区大连路 970 号 1609 室（200090）				
投资总额	60 万 USD	电　话	64479708	传　真	64480929
设立日期	2008-2-15	负责人	DAVID BRANT LINER		
主营业务	精密仪器及零部件，计算机及应用系统的进出口和批发业务，佣金代理。				

企业名称	柯诗潘（上海）化工贸易有限公司				
企业地址	上海市外高桥保税区加枫路 24 号 207 室（200131）				
投资总额	25 万 USD	电　话	56885384	传　真	56836417
设立日期	2008-2-13	负责人	邝世雄		
主营业务	精细化工产品（易制毒产品、特种化学品除外）、危险化学品的批发。				

企业名称	冈部（上海）商贸有限公司				
企业地址	上海市徐汇区肇嘉浜路 789 号 20F2（200032）				
投资总额	55 万 USD	电　话	62955123	传　真	54961622
设立日期	2008-2-15	负责人	宫岛秋夫		
主营业务	建筑材料（水泥、钢材除外）、建筑设备、防尘剂、耐火材料的批发。				

企业名称	霍达尼贸易（上海）有限公司				
企业地址	上海市外高桥保税区奥纳路 79 号 2041 室（200131）				
投资总额	24 万 USD	电　话	63500821	传　真	58366672
设立日期	2008-2-13	负责人	穗谷彰彦（HOTANI AKIHIKO）		
主营业务	机械设备及其配件、电子产品、仪器仪表的批发、佣金代理（拍卖除外）。				

企业名称	恩坦华（上海）商务咨询有限公司				
企业地址	上海市外高桥保税区奥纳路 79 号 2032 室（200131）				
投资总额	15 万 USD	电 话	50814339	传 真	50751589
设立日期	2008-2-13	负 责 人	STEVEN GALLE		
主营业务	商务咨询、投资咨询、企业管理咨询服务。				

企业名称	尼昂卡斯坦森（上海）贸易有限公司				
企业地址	上海市徐汇区零陵路 583 号 518 室（200030）				
投资总额	10 万 USD	电 话	58761946	传 真	58764326
设立日期	2008-2-13	负 责 人	王昊		
主营业务	化工原料及产品（危险品除外）、建筑材料（钢材、水泥除外）的批发。				

企业名称	同其盈商贸（上海）有限公司				
企业地址	上海市长宁区临虹路 280 弄 6 号产业楼 103 室（200335）				
投资总额	200 万 USD	电 话	33720132	传 真	33720133
设立日期	2008-2-5	负 责 人	YA CAI		
主营业务	食品销售管理（非实物方式）、饮料、化妆品及上述商品的原料的批发。				

企业名称	那珀（上海）商贸有限公司				
企业地址	上海市黄浦区延安东路 588 号 1F－2（A 区）室（200001）				
投资总额	14 万 USD	电 话	52589628	传 真	52586008
设立日期	2008-2-5	负 责 人	DAVID DUCKHORN（邓大威）		
主营业务	酒类产品的零售、批发、进出口、佣金代理（拍卖除外）。				

企业名称	忠辉机械（上海）有限公司				
企业地址	上海市外高桥保税区富特北路 225 号第二层 E11 部位（200131）				
投资总额	400 万 USD	电 话	53080108	传 真	53083835
设立日期	2008-2-4	负 责 人	高法华		
主营业务	机床及部件的组装，并提供产品的售后服务及技术支持，销售自产产品。				

企业名称	港泰建材贸易（上海）有限公司				
企业地址	上海市徐汇区零陵路 899 号 22J 室（200030）				
投资总额	51 万 USD	电 话	62451997	传 真	62451992
设立日期	2008-2-4	负 责 人	何能		
主营业务	建筑材料（钢材、水泥除外）、室内装潢建材的批发、佣金代理。				

企业名称	爱莫喜化学贸易（上海）有限公司				
企业地址	上海市外高桥保税区杨高北路 2001 号市场商务楼 2639 室（200131）				
投资总额	35 万 USD	电 话	50936668	传 真	50937018
设立日期	2008-2-4	负 责 人	井上秀逸		
主营业务	以化工产品、化工机械设备为主的国际贸易、转口贸易。				

企业名称	益进商贸（上海）有限公司				
企业地址	上海市普陀区长寿路 1118 号 A 幢 12D 室（200060）				
投资总额	30 万 USD	电 话	62112982	传 真	62112983
设立日期	2008-2-4	负 责 人	蔡燕章		
主营业务	汽车零配件，机车零配件，电子产品、五金产品的批发、佣金代理。				

企业名称	荣枋（上海）贸易有限公司				
企业地址	上海市虹口区四川北路 2071 号 401 室（200080）				
投资总额	14 万 USD	电 话	65559272	传 真	65850480
设立日期	2008-2-4	负 责 人	吴作宾		
主营业务	纺织用纱线、纺织品、服装、鞋帽、箱包、皮革及其制品的批发。				

企业名称	上海立竹贸易有限公司				
企业地址	上海市徐汇区天钥桥路 380 弄 26 号 302 室（200030）				
投资总额	14 万 USD	电 话	54220177	传 真	
设立日期	2008-2-4	负 责 人	林世丰		
主营业务	从事塑料制品、汽车配件、机械设备、五金工具的批发、佣金代理。				

企业名称	瑞麦（上海）商贸有限公司				
企业地址	上海市静安区南京西路 1266 号恒隆广场地下一层 B107 号铺（200040）				
投资总额	12 万 USD	电 话	61238389	传 真	
设立日期	2008-2-4	负 责 人	綦建虹		
主营业务	手表的零售，批发及进出口；信息咨询；技术咨询；技术服务。				

企业名称	卓尔健贸易（上海）有限公司				
企业地址	上海市卢湾区淮海中路 887 号 8009 室（200020）				
投资总额	105 万 USD	电 话	62336698	传 真	
设立日期	2008-2-3	负 责 人	叶新菊		
主营业务	食品及其添加剂、保健品、化妆品、饮料、茶叶的批发、佣金代理。				

企业名称	汉群贸易（上海）有限公司				
企业地址	上海市浦东新区张杨北路 5509 号 1204 室（200137）				
投资总额	100 万 USD	电 话	63181212	传 真	53757188
设立日期	2008-2-3	负 责 人	温永宏		
主营业务	机电设备及配件、仪器仪表、橡塑五金及管件、电子电器产品的批发。				

企业名称	昌驰（上海）贸易有限公司				
企业地址	上海市徐汇区肇嘉浜路 807 号 1901 室（200032）				
投资总额	40 万 USD	电 话	31338239	传 真	31338223
设立日期	2008-2-3	负 责 人	黄接枝		
主营业务	手袋、箱包等各种皮具制品的批发、进出口、佣金代理（拍卖除外）。				

企业名称	上海富格贸易有限公司				
企业地址	上海市徐汇区古美路 1515 号 19 幢 1104 室（200233）				
投资总额	20 万 USD	电 话	54451646	传 真	54451648
设立日期	2008-2-3	负 责 人	郑基荣		
主营业务	水处理设备、金属材料、五金配件、家用电器、印刷打印设备的批发。				

企业名称	拿撒勒（上海）光学仪器贸易有限公司				
企业地址	上海市徐汇区蒲汇塘路 11 号 16 楼 1605 室（200030）				
投资总额	14 万 USD	电 话	64696090	传 真	64696090
设立日期	2008-2-3	负 责 人	朱心华		
主营业务	光学、计量、检验仪器及设备、精密仪器及设备、电子元器件的批发。				

企业名称	坎玛贸易（上海）有限公司				
企业地址	上海市静安区新闸路 831 号 21 层 J 室（200041）				
投资总额	13 万 USD	电 话	52286498	传 真	
设立日期	2008-2-3	负 责 人	JOHN ANDREW RILEY		
主营业务	包装物、印刷品、塑料制品、产品标识物的批发、佣金代理。				

企业名称	汾沃大华医疗科技（上海）有限公司				
企业地址	上海市长宁区定西路 657 号 1 幢 4 层（200052）				
投资总额	434 万 USD	电 话	62889777	传 真	62824954
设立日期	2008-2-2	负 责 人	RONALD KEITH LABRUM		
主营业务	医疗器械及其零配件的设计、研发，研发成果、技术转让。				

企业名称	沪必达商贸（上海）有限公司				
企业地址	上海市静安区南京西路 1266 号恒隆广场 210 号铺位（200040）				
投资总额	233 万 USD	电 话	62888575	传 真	63402588
设立日期	2008-2-2	负 责 人	徐耀祥		
主营业务	银饰品、白金饰品、钻石饰品、化妆品、护肤品、香氛的批发。				

企业名称	上海欧迩赛服饰贸易有限公司				
企业地址	上海市徐汇区零陵路 899 号 9I 室（200031）				
投资总额	75 万 USD	电 话	51506950	传 真	61506924
设立日期	2008-2-2	负 责 人	JEAN-MARC WILLER		
主营业务	从事服装和饰品的批发、零售、进出口、佣金代理（拍卖除外）。				

企业名称	埃优诺特种润滑剂贸易（上海）有限公司				
企业地址	上海市徐汇区零陵路 583 号 1108 室（200030）				
投资总额	20 万 USD	电 话	54249140	传 真	64877686
设立日期	2008-2-2	负 责 人	王瑞兴		
主营业务	润滑油基础油、润滑油添加剂、润滑油过滤器、包装材料的批发。				

企业名称	轩南贸易（上海）有限公司				
企业地址	上海市长宁区金钟路 658 弄 10 号 2 层 204 室（200335）				
投资总额	20 万 USD	电 话	51171785	传 真	61453781
设立日期	2008-2-2	负 责 人	陈明友		
主营业务	从事服装服饰、针纺织品、纺织原料（棉花除外）的批发及进出口业务。				

企业名称	酷科贸易（上海）有限公司				
企业地址	上海市长宁区延安西路 2299 号 03G05 室（200051）				
投资总额	14 万 USD	电 话	62360387	传 真	62362716
设立日期	2008-2-2	负 责 人	CHEN LI		
主营业务	日用百货、化妆品、玩具、体育用品、工艺品（文物除外）的批发。				

企业名称	上海清锐检测仪器贸易有限公司				
企业地址	上海市杨浦区眉州路 381 号 1112 室（200090）				
投资总额	14 万 USD	电 话	65201012	传 真	65201013
设立日期	2008-2-2	负 责 人	陈万清		
主营业务	检测仪器的批发、佣金代理（拍卖除外）进出口，提供相关性配套服务。				

企业名称	席世玛生物化工产品贸易（上海）有限公司				
企业地址	上海市浦东新区浦东南路 256 号华夏银行大厦 902 室（200120）				
投资总额	150 万 USD	电　　话	58359181	传　　真	58359180
设立日期	2008-2-1	负 责 人	GERARDUS JACOBUS HOETMER		
主营业务	乳酸、乳酸盐、葡萄糖酸盐和其他食品配料、烘焙配料的佣金代理。				

企业名称	上海恒扬贸易有限公司				
企业地址	上海市浦东新区高科西路 551 号上电实业大厦二楼 2220 室（200126）				
投资总额	102 万 USD	电　　话	64382333	传　　真	64877952
设立日期	2008-2-1	负 责 人	刘寿培		
主营业务	整体橱柜及配件、家居用品、家用电器、家具、卫生洁具的批发。				

企业名称	绣姿服饰贸易（上海）有限公司				
企业地址	上海市徐汇区中山南二路 1007 号中煌大厦 223 室（200030）				
投资总额	65 万 USD	电　　话	64572571	传　　真	64570621
设立日期	2008-2-1	负 责 人	程晓萍		
主营业务	服装及辅料的批发及进出口；服装设计，并提供相关咨询服务。				

企业名称	上海竹谦贸易有限公司				
企业地址	上海市浦东新区东方路 738 号 2007 室（200122）				
投资总额	64 万 USD	电　　话	57740348	传　　真	57743563
设立日期	2008-2-1	负 责 人	CHARLES GREGORY MCCLATCHY		
主营业务	化学原料、化工产品及配套产品（危险品除外）的批发、佣金代理。				

企业名称	砂狮热工设备（上海）贸易有限公司				
企业地址	上海市黄浦区延安东路 222 号 1810 室（200001）				
投资总额	60 万 USD	电　　话	61323899	传　　真	61326871
设立日期	2008-2-1	负 责 人	SCOTT　P.　CRAFTON		
主营业务	热处理设备及相关配件、零部件的进出口、批发、佣金代理（拍卖除外）。				

企业名称	柯睿诗特葡萄酒贸易（上海）有限公司				
企业地址	上海市长宁区虹桥路 1919 号 K8 座（200336）				
投资总额	52 万 USD	电　　话	62709932	传　　真	62709953
设立日期	2008-2-1	负 责 人	ONG TZE PECK		
主营业务	酒类、饮料、食品销售管理（非实物方式）的批发、进出口、佣金代理。				

企业名称	俄泰（上海）贸易有限公司				
企业地址	上海市黄浦区南京西路 338 号 1405 室（200001）				
投资总额	29 万 USD	电　　话	63279595	传　　真	63278085
设立日期	2008-2-1	负 责 人	ENRICO　TOTI		
主营业务	测量仪器以及光学仪器、玩具、运动用品以及上述商品的零配件的批发。				

企业名称	万保商贸（上海）有限公司				
企业地址	上海市外高桥保税区华申路 180 号综合大楼第六层 602E 部位(200131)				
投资总额	20 万 USD	电　　话	51280828	传　　真	51280838
设立日期	2008-2-1	负 责 人	朱丽军		
主营业务	可循环塑料衣架的批发、佣金代理（拍卖除外）、进出口及配套业务。				

企业名称	瀚渊电子产品贸易（上海）有限公司				
企业地址	上海市外高桥保税区杨高北路 2001 号市场商务楼 2502 室（200131）				
投资总额	16 万 USD	电　　话	51119742	传　　真	
设立日期	2008-2-1	负 责 人	杨建源		
主营业务	电子产品的批发、佣金代理（拍卖除外）、进出口及其他相关配套业务。				

企业名称	挪亚（上海）美容美发有限公司				
企业地址	上海市浦东新区梅花路 999 弄 42 号 1－2 层（201204）				
投资总额	14 万 USD	电　　话	50265472	传　　真	50265472
设立日期	2008-2-1	负 责 人	NO WOO JEONG		
主营业务	美容美发（不含按摩），化妆品、美容美发用品的批发、佣金代理。				

企业名称	学雅商务咨询（上海）有限公司				
企业地址	上海市浦东新区龙东大道 5385 号 1201 室（201201）				
投资总额	14 万 USD	电　　话	33828934	传　　真	61304648
设立日期	2008-2-1	负 责 人	WAN SHUANG LIAN		
主营业务	纸制品、陶瓷制品和建筑材料（钢材除外）的批发、佣金代理。				

企业名称	倍信机械设备贸易（上海）有限公司				
企业地址	上海市闵行区陪昆路 206 号 6 栋（201111）				
投资总额	14 万 USD	电　　话	64092389	传　　真	64099960
设立日期	2008-2-1	负 责 人	CHONG KOK HOONG		
主营业务	从事各类机械、零部件、五金工具、塑料制品的进出口、批发。				

企业名称	罗拔（上海）贸易有限公司				
企业地址	上海市浦东新区浙桥路 289 号建银大厦 A 座 1706 室（200121）				
投资总额	14 万 USD	电　　话	50323689	传　　真	50329286
设立日期	2008-2-1	负 责 人	辜一峯		
主营业务	家用电器、智能型机器人、电子产品零部件的批发、进出口业务。				

企业名称	威可楷爱普（上海）门窗系统有限公司				
企业地址	上海市浦东新区陆家嘴环路 1000 号 7 楼（200120）				
投资总额	100 万 USD	电　　话	33686622	传　　真	33686008
设立日期	2008-1-31	负 责 人	YOSHIZAKI HIDEO		
主营业务	建材制品、精密机械和装置、模具及相关软件的批发。				

企业名称	泰波姿（上海）商贸有限公司				
企业地址	上海市徐汇区肇嘉浜路 777 号 1017 室（200032）				
投资总额	77 万 USD	电　　话	63235155	传　　真	64185909
设立日期	2008-1-31	负 责 人	木村谦一		
主营业务	服装、鞋帽、箱包、太阳镜、厨房用具、日用百货、办公用品的批发。				

企业名称	上海颐汇商贸有限公司				
企业地址	上海市黄浦区南京东路 409 号－459 号 1314 室（200001）				
投资总额	41 万 USD	电　　话	68758334	传　　真	62156465
设立日期	2008-1-31	负 责 人	蔡承义		
主营业务	服装、工艺品（文物除外）、日用百货、健身器材、体育用品的批发。				

企业名称	思维酒业贸易（上海）有限公司				
企业地址	上海市虹口区通州路 69 号 126 室（200082）				
投资总额	30 万 USD	电　　话	65413360	传　　真	65412380
设立日期	2008-1-31	负 责 人	ROBERT ALEXANDER HALLS		
主营业务	从事酒类产品的批发、进出口，佣金代理（拍卖除外），提供配套服务。				

企业名称	宏纤贸易（上海）有限公司				
企业地址	上海市闵行区东川路 555 号乙楼 5056 室（200241）				
投资总额	20 万 USD	电　　话	51197660	传　　真	51197660
设立日期	2008-1-31	负 责 人	俞国富		
主营业务	针、梭纺织品，服装，服装辅料的批发及进出口、佣金代理（拍卖除外）。				

企业名称	联石安防科技（上海）有限公司				
企业地址	上海市浦东新区浦电路 489 号 3 楼 315 室（200122）				
投资总额	150 万 USD	电　　话	51313626	传　　真	51313637
设立日期	2008-1-30	负 责 人	晋胜国		
主营业务	安防产品及相关软件的开发、设计、生产，销售自产产品。				

企业名称	凯腾莱（上海）贸易有限公司				
企业地址	上海市静安区新闸路 1250 号 221 室（200041）				
投资总额	24.5 万 USD	电　　话	62887107	传　　真	
设立日期	2008-1-30	负 责 人	ERIC E BLOOM		
主营业务	工业包装材料、清洁卫生用品、包装设备、纸张及办公用品的批发。				

企业名称	幸伸贸易（上海）有限公司				
企业地址	上海市长宁区中山西路 933 号 1310 室（200051）				
投资总额	14 万 USD	电　　话	51113679	传　　真	62394775
设立日期	2008-1-30	负 责 人	石原延泰		
主营业务	橡胶制品、金属制品、机电产品、办公设备和用品的批发、佣金代理。				

企业名称	当纳利（上海）贸易有限公司				
企业地址	上海市卢湾区湖滨路 222 号 1 号楼 1019－1020 室（200021）				
投资总额	500 万 USD	电　　话	23211888	传　　真	
设立日期	2008-1-29	负 责 人	JAMES TOMPKINS MAUCK		
主营业务	办公设备及相关用品；计算机软硬件、电子产品及其配件的批发。				

企业名称	上海迈益喀佤贸易有限公司				
企业地址	上海市奉贤区锦墩路 59 号（201404）				
投资总额	59 万 USD	电　　话	57577177	传　　真	57577277
设立日期	2008-1-29	负 责 人	前川哲也		
主营业务	塑料零部件、橡胶零部件及相关模具的批发、进出口、佣金代理。				

企业名称	上海基化贸易有限公司				
企业地址	上海市外高桥保税区杨高北路 2001 号 F 区 2 层 207A 室（200131）				
投资总额	50 万 USD	电　　话	62370251	传　　真	62370250
设立日期	2008-1-29	负 责 人	李在贤　(JAE HYUN LEE)		
主营业务	国际贸易、转口贸易，保税区企业间的贸易及贸易代理。				

企业名称	金好贸易（上海）有限公司				
企业地址	上海市徐汇区中山南二路 1007 号 1309 室（200032）				
投资总额	16 万 USD	电　话	64568968	传　真	64568893
设立日期	2008-1-29	负责人	陈朝福		
主营业务	金属材料（钢材、稀有金属、贵金属除外）的批发、佣金代理。				

企业名称	玛饰家（上海）商贸有限公司				
企业地址	上海市徐汇区中山南二路 1007 号 1710 室（200032）				
投资总额	14 万 USD	电　话	54109992	传　真	34255302
设立日期	2008-1-29	负责人	LEE CHANG HYEON		
主营业务	眼镜（除角膜接触镜及护理液）、饰品、玩具、工艺品、化妆品的批发。				

企业名称	鸿邦（上海）贸易有限公司				
企业地址	上海市闵行区莘庄镇庙泾路 58 号 1227 室（201101）				
投资总额	14 万 USD	电　话	62836969	传　真	62839696
设立日期	2008-1-29	负责人	蔡新吾		
主营业务	从事五金交电、工艺礼品（文物除外）、服装服饰、日用百货的批发。				

企业名称	信携特贸易（上海）有限公司				
企业地址	上海市青浦区朱家角镇祥凝浜路 38 弄 24 号 201 室（201713）				
投资总额	14 万 USD	电　话	59856973	传　真	59859832
设立日期	2008-1-29	负责人	大里秀明		
主营业务	包装材料、家用纺织品、日用品的进出口、批发、佣金代理。				

企业名称	因代克斯贸易（上海）有限公司				
企业地址	上海市闵行区古方路 18 号 1004 室（200237）				
投资总额	103 万 USD	电　话	54176630	传　真	54176696
设立日期	2008-1-28	负责人	UWE PAUL HINDERER		
主营业务	从事机床及其附件、零部件的批发、进出口、佣金代理（拍卖除外）。				

企业名称	伊津政电线电缆（上海）有限公司				
企业地址	上海市青浦区华新镇华徐公路 3029 弄 58 号 6 幢（201708）				
投资总额	50 万 USD	电　话	39873170	传　真	39873106
设立日期	2008-1-28	负责人	伊津政美		
主营业务	电线、电缆的生产、加工，销售公司自产产品。				

企业名称	勃浪珂贸易（上海）有限公司				
企业地址	上海市闵行区吴中路 1068 号五楼 K 室（201103）				
投资总额	30 万 USD	电　话	64051167	传　真	54224945
设立日期	2008-1-28	负责人	YI SANG HO		
主营业务	食品饮料、计算机软硬件、包装材料、日用百货、电子产品的批发。				

企业名称	奥珐贸易（上海）有限公司				
企业地址	上海市闵行区澄建路 351 号 19 幢（西）（200237）				
投资总额	14 万 USD	电　话	64348177	传　真	64348176
设立日期	2008-1-28	负责人	BJOERN KOHLER		
主营业务	玩具、运动用品及其零件附件、工艺品（文物除外）的批发。				

企业名称	乔易（上海）贸易有限公司				
企业地址	上海市闵行区官山路 2016 号 6 楼 N 座（201103）				
投资总额	14 万 USD	电　话	34228710	传　真	
设立日期	2008-1-28	负责人	黄俊钦		
主营业务	机电设备、电子产品、五金交电、仪器仪表、金属制品的批发。				

企业名称	上海帝康光学产品商贸有限公司				
企业地址	上海市闵行区庙泾路 58 号 1226 室（201108）				
投资总额	180 万 USD	电　话	54223879	传　真	64145250
设立日期	2008-1-25	负责人	陈敏屏		
主营业务	角膜接触镜相关材料及成品、眼镜及配件、角膜接触镜护理用品的批发。				

企业名称	卡因拓（上海）机械设备贸易有限公司				
企业地址	上海市奉贤区远东路 828 号 1 幢 406 室（201400）				
投资总额	20 万 USD	电　话	64460568	传　真	64645311
设立日期	2008-1-25	负责人	罗完益		
主营业务	空气压缩机、空气净化干燥机、压缩空气过滤器的批发、佣金代理。				

企业名称	炜晶（上海）贸易有限公司				
企业地址	上海市黄浦区北京东路 666 号 A4F6 室（200001）				
投资总额	15 万 USD	电　话	54224941	传　真	51571713
设立日期	2008-1-25	负责人	权炯铉		
主营业务	切削工具、手工工具及其他工具的批发；上述产品的进出口及配套业务。				

企业名称	钱德勒贸易（上海）有限公司				
企业地址	上海市静安区康定路 358 号 15 幢 109 室（200041）				
投资总额	14 万 USD	电　话	68863428	传　真	68863488
设立日期	2008-1-25	负责人	CLYDE WILLIAM JOHNSON		
主营业务	机械设备及其零部件、五金制品、塑料制品的批发、佣金代理。				

企业名称	爱思卡达商贸（上海）有限公司				
企业地址	上海市静安区江宁路 212 号凯迪克大厦 410 室（200041）				
投资总额	367 万 USD	电　话	61238544	传　真	52895115
设立日期	2008-1-24	负责人	BRUNO SALZER		
主营业务	服装、服饰及配件、皮革制品、美容用品的批发、零售。				

企业名称	瀚海商贸（上海）有限公司				
企业地址	上海市徐汇区肇嘉浜路 798 号 901 室（200030）				
投资总额	68 万 USD	电　话	52656171	传　真	52656172
设立日期	2008-1-24	负责人	林子坚		
主营业务	体育用品、医疗器械（第一类）、日用品、纺织品针织品及原料批发。				

企业名称	唐龙钟表商贸（上海）有限公司				
企业地址	上海市徐汇区天钥桥路 30 号美罗大厦 1110 室（200030）				
投资总额	63 万 USD	电　话	64267347	传　真	64267346
设立日期	2008-1-24	负责人	高　琳		
主营业务	文具、礼品、眼镜、服装及相关配饰件、皮革制品的批发、零售。				

企业名称	得人贸易（上海）有限公司				
企业地址	上海市浦东新区张杨北路 5509 号 1218 室（200137）				
投资总额	50 万 USD	电　话	64282072	传　真	64282076
设立日期	2008-1-24	负责人	陈稻松		
主营业务	从事有机肥料、生物肥料、生物制剂、植物生长剂、饲料添加剂的批发。				

企业名称	安宄（上海）医疗设备贸易有限公司				
企业地址	上海市长宁区娄山关路 555 号 701 室（200051）				
投资总额	35 万 USD	电　话	62288812	传　真	62288806
设立日期	2008-1-24	负责人	CARL ANDERS HAGERT		
主营业务	医疗器械及其零配件的批发、佣金代理（拍卖除外）。				

企业名称	芯茂（上海）贸易有限公司				
企业地址	上海市徐汇区田州路 159 号莲花大楼 303 室（200233）				
投资总额	20 万 USD	电　话	54453015	传　真	52307397
设立日期	2008-1-24	负责人	郭俊廷		
主营业务	集成电路、电子产品及其零部件的批发、进出口及佣金代理（拍卖除外）。				

企业名称	珂蔚蔻贸易（上海）有限公司				
企业地址	上海市徐汇区东安路 8 号 7 楼 727、729 室（200032）				
投资总额	20 万 USD	电　话	64431028	传　真	64435377
设立日期	2008-1-24	负责人	LAURA CALISSONI		
主营业务	针织品的批发、进出口、佣金代理（拍卖除外）以及提供相关配套服务。				

企业名称	爱色丽（上海）色彩仪器商贸有限公司				
企业地址	上海市徐汇区漕宝路 103 号 47 幢 2 层 5211 室（200233）				
投资总额	20 万 USD	电　话	64481155	传　真	64482468
设立日期	2008-1-24	负责人	THOMAS JOSEPH VACCHIANO JR.		
主营业务	颜色显示仪器、颜色数字呈像仪器以及相关配件及软件产品的批发。				

企业名称	恒汎机电贸易（上海）有限公司				
企业地址	上海市闵行区东兰路 208 号 2 幢 203 室（200237）				
投资总额	15 万 USD	电　话	54452810	传　真	54452600
设立日期	2008-1-24	负责人	张传仁		
主营业务	机械设备、电子产品、五金交电的批发，佣金代理（拍卖除外）。				

企业名称	攀时（上海）商贸有限公司				
企业地址	上海市普陀区陕西北路 1438 号 2112 室（200060）				
投资总额	15 万 USD	电　话	62770610	传　真	23010908
设立日期	2008-1-24	负责人	张彦明		
主营业务	高性能材料产品（钢材及稀有金属除外）、电子产品及其零配件的批发。				

企业名称	上海庆已贸易有限公司				
企业地址	上海市浦东新区张杨路 707 号 1107 室（200122）				
投资总额	14 万 USD	电　话	58363770	传　真	58363750
设立日期	2008-1-24	负责人	矢野 崇志		
主营业务	塑料制品、建筑材料（钢材、水泥除外）和金属工具的批发。				

批发和零售贸易业

企业名称	上海宇胜贸易有限公司				
企业地址	上海市徐汇区龙华路 2577 号 37 幢楼（200233）				
投资总额	14 万 USD	电　话	61242196	传　真	61242199
设立日期	2008-1-24	负 责 人	邱清祥		
主营业务	护肤品（药品除外）、护发用品、鞋、包、服装服饰产品的批发。				

企业名称	洛塔起精密工具贸易（上海）有限公司				
企业地址	上海市长宁区延安西路 1088 号 830 室（200052）				
投资总额	14 万 USD	电　话	32033708	传　真	32038708
设立日期	2008-1-24	负 责 人	野田道典		
主营业务	精密机械器具、模具、电气设备以及上述产品零件的批发、佣金代理。				

企业名称	咏仲贸易（上海）有限公司				
企业地址	上海市闵行区吴中路 1235 号九楼 G 座（201103）				
投资总额	14 万 USD	电　话	64057960	传　真	54224945
设立日期	2008-1-24	负 责 人	JANG JUNG KI（张重基）		
主营业务	服装、服饰、鞋帽、针纺织品的批发、佣金代理（拍卖除外）。				

企业名称	亥嶝贸易（上海）有限公司				
企业地址	上海市浦东新区商城路 660 号乐凯大厦 25F 室（200120）				
投资总额	14 万 USD	电　话	58362609	传　真	58362608
设立日期	2008-1-24	负 责 人	MANVELYAN GRACHIYA		
主营业务	起重机、吊车、特种卡车等建筑工程大型机械设备的佣金代理。				

企业名称	君典贸易（上海）有限公司				
企业地址	上海市徐汇区文定路 218 号 558 室（200030）				
投资总额	14 万 USD	电　话	51097098	传　真	64284438
设立日期	2008-1-24	负 责 人	张瑞昌		
主营业务	纺织品面料、电子产品、化工产品（危险品除外）、工艺品的批发。				

企业名称	劲峰贸易（上海）有限公司				
企业地址	上海市青浦区白鹤镇大盈新桥路南侧 1203 弄 1 号 2101 室（201711）				
投资总额	14 万 USD	电　话	59774653	传　真	59774663
设立日期	2008-1-24	负 责 人	郑凯橙		
主营业务	五金金属件（钢材、贵金属、稀有金属除外）、日用品、文教用品批发。				

企业名称	晟澄贸易（上海）有限公司				
企业地址	上海市闵行区光华路 2118 号 7 幢 320 室（201111）				
投资总额	14 万 USD	电　话	37829706	传　真	37829705
设立日期	2008-1-24	负 责 人	朱维华		
主营业务	建筑材料（钢材水泥除外）、电子元器件、家用百货、纺织品的批发。				

企业名称	上海实华商储贸易有限公司				
企业地址	上海市金山区山阳镇东方村 7 组第 1 幢（201508）				
投资总额	650 万 USD	电　话	57948082	传　真	
设立日期	2008-1-23	负 责 人	王金昌		
主营业务	沥青、化工原料与产品（危险品除外）的批发、佣金代理（拍卖除外）。				

企业名称	瀚登贸易（上海）有限公司				
企业地址	上海市虹口区横浜路 123 弄 1 号 214 室（200086）				
投资总额	200 万 USD	电　话	65013277	传　真	
设立日期	2008-1-23	负 责 人	陈滋纲		
主营业务	服装鞋帽、服饰、纺织品、日用百货、皮革制品的批发、佣金代理。				

企业名称	泓众（上海）贸易有限公司				
企业地址	上海市松江区车墩镇三浜路 470 号 1 幢 3 层（201611）				
投资总额	27 万 USD	电　话	57609777	传　真	57609682
设立日期	2008-1-23	负 责 人	郑东和		
主营业务	汽车配件、机电设备、五金交电、针纺织品的批发、佣金代理。				

企业名称	派翠贸易（上海）有限公司				
企业地址	上海市闸北区中山北路 588 号 2 号楼 4 层 404 室（200070）				
投资总额	20 万 USD	电　话	66691110	传　真	56475368
设立日期	2008-1-23	负 责 人	KE YI MIN		
主营业务	机械设备、仪器仪表、汽车零件、摩托车零件的进出口及批发业务。				

企业名称	维麟圣优利（上海）商贸有限公司				
企业地址	上海市浦东新区浦东南路 256 号华夏银行大厦 1903 室（200120）				
投资总额	15 万 USD	电　话	68866901	传　真	
设立日期	2008-1-23	负 责 人	彭富美		
主营业务	家用电器、塑料制品、计算机硬件及配件、办公家具、服装鞋帽的批发。				

企业名称	上海阿斯顿马丁贸易有限公司				
企业地址	上海市卢湾区马当路 222 弄 1－6 号 C，D 单元（200021）				
投资总额	150 万 USD	电　话	63876007	传　真	63873007
设立日期	2008-1-22	负 责 人	JEN-TE CHEN		
主营业务	汽车检修及维修设备、五金交电和装饰材料、汽车装具、精品的批发。				

企业名称	捷堡贸易（上海）有限公司				
企业地址	上海市外高桥保税区加太路 39 号第二层八部位（200131）				
投资总额	102 万 USD	电　话	39502351	传　真	39502352
设立日期	2008-1-22	负 责 人	刘安国		
主营业务	塑胶制品、机电产品及零配件、化学原料、汽车零部件的批发。				

企业名称	上海源杨贸易有限公司				
企业地址	上海市浦东新区浦东南路 999 号 20 层 E 室（200120）				
投资总额	64 万 USD	电　话	63352222	传　真	63133516
设立日期	2008-1-22	负 责 人	黄杰胜		
主营业务	包装用品、纸制品、印刷用品的批发、佣金代理（拍卖除外）。				

企业名称	星亨（上海）贸易有限公司				
企业地址	上海市浦东新区张杨北路 5509 号 1220 室（200137）				
投资总额	40 万 USD	电　话	63500822	传　真	63181212
设立日期	2008-1-22	负 责 人	卢雪馨		
主营业务	纺织品（棉花除外）、塑胶五金、玩具、皮革制品、陶瓷用品的批发。				

企业名称	佛睿适（上海）贸易有限公司				
企业地址	上海市卢湾区巨鹿路 272 弄 3 号底层厢房（200020）				
投资总额	30 万 USD	电　话	53067243	传　真	63587853
设立日期	2008-1-22	负 责 人	NILS GORAN PATRIK DAHLBERG		
主营业务	从事住宅通风系统及其配件、附件的批发、佣金代理（拍卖除外）。				

企业名称	阅肤贸易（上海）有限公司				
企业地址	上海市奉贤区远东路 828 号 2 幢 204 室（201400）				
投资总额	20 万 USD	电　话	64573230	传　真	64573230
设立日期	2008-1-22	负 责 人	CHENG SHOONG TAT		
主营业务	化妆品、护肤品以及相关产品、器材的批发，上述产品的进出口业务。				

企业名称	瀚斯亚贸易（上海）有限公司				
企业地址	上海市闸北区天目西路 511 号 710 室（200070）				
投资总额	20 万 USD	电　话	63541356	传　真	63544890
设立日期	2008-1-22	负 责 人	MARK ALEXANDER GRANT		
主营业务	机电设备及相关软件、零部件、机械设备及配套模具的批发。				

企业名称	美舒医疗器械贸易（上海）有限公司				
企业地址	上海市长宁区茅台路 1068 号 7 楼（200336）				
投资总额	100 万 USD	电　话	33608800	传　真	33608811
设立日期	2008-1-21	负 责 人	RICHARD YA LEE		
主营业务	一类医疗器械及其零配件的批发、进出口、佣金代理（拍卖除外）。				

企业名称	培东（上海）商贸有限公司				
企业地址	上海市黄浦区人民路 885 号 1012 室（200010）				
投资总额	50 万 USD	电　话	63362233	传　真	63362234
设立日期	2008-1-21	负 责 人	ALFRED MAURICE FASS		
主营业务	调味品、香辛料，食品添加剂及其他农副产品的批发、进出口业务。				

企业名称	星和贸易（上海）有限公司				
企业地址	上海市普陀区古浪路 1570 弄 4 号楼 301 室（200333）				
投资总额	20 万 USD	电　话	32052258	传　真	32052259
设立日期	2008-1-21	负 责 人	弓长可人		
主营业务	酒类、食品添加剂、食品加工机械的批发、佣金代理。				

企业名称	荷电通信设备贸易（上海）有限公司				
企业地址	上海市张江高科技园区毕升路 299 弄 15 号 101 室（201203）				
投资总额	15 万 USD	电　话	50270700	传　真	50270703
设立日期	2008-1-21	负 责 人	DAVID ADOLF SLAGER		
主营业务	船舶通信导航设备和配件的批发、佣金代理（拍卖除外）和进出口业务。				

企业名称	汤姆斯贸易（上海）有限公司				
企业地址	上海市卢湾区淮海中路 918 号 19 楼 B 座（200041）				
投资总额	14 万 USD	电　话	64450088	传　真	64158166
设立日期	2008-1-21	负 责 人	李维新		
主营业务	无纺材料，机械配件，汽车配件，摩托车配件和通讯设备的批发				

企业名称	质达贸易（上海）有限公司				
企业地址	上海市外高桥保税区加太路 39 号第一层 2 部位（200131）				
投资总额	12 万 USD	电　话	62499568	传　真	62488734
设立日期	2008-1-21	负 责 人	津田靖久		
主营业务	电子产品、机电设备、户外运动用品、橡塑制品以及零部件的批发。				

企业名称	上海爱线地贸易有限公司				
企业地址	上海市闸北区沪太路 453 弄 65 号第 3 幢 211 室（200070）				
投资总额	10.5 万 USD	电　话	51793900	传　真	51793901
设立日期	2008-1-21	负 责 人	YUN EUI HWAN		
主营业务	办公用品、家用电器、工艺装饰品、纺织用纱、线、布料的批发。				

企业名称	新望国际贸易（上海）有限公司				
企业地址	上海市外高桥保税区华申路 180 号综合大楼八层 827 室（200131）				
投资总额	300 万 USD	电　话	62949951	传　真	
设立日期	2008-1-18	负 责 人	陆海安		
主营业务	国际贸易、转口贸易、保税区内企业间的贸易及贸易代理。				

企业名称	海高无限（上海）贸易有限公司				
企业地址	上海市静安区南京西路 1468 号 3606 室（200041）				
投资总额	70 万 USD	电　话	62896565	传　真	62896560
设立日期	2008-1-18	负 责 人	EMILY HEISLEY STOECKEL		
主营业务	特种设备、服装、办公设备、电子设备，及上述产品的零部件的批发。				

企业名称	因泰聚合物贸易（上海）有限公司				
企业地址	上海市徐汇区喜泰路 237 号 2 幢 2 楼 201 室（200232）				
投资总额	44 万 USD	电　话	62823636	传　真	62832277
设立日期	2008-1-18	负 责 人	郑柏存		
主营业务	助剂、表面活性剂及相关化学品的批发（危险品除外）、佣金代理。				

企业名称	上海白瑞涞商贸有限公司				
企业地址	上海市闵行区吴中路 1068 号第 1 幢 4 楼 c 室（201103）				
投资总额	41 万 USD	电　话	64050750	传　真	64010788
设立日期	2008-1-18	负 责 人	闵锡基		
主营业务	工艺品（文物除外）、化工产品（除危险品）、日用百货的批发。				

企业名称	佳贸（上海）贸易有限公司				
企业地址	上海市闵行区双柏路 869 号 3 幢 B#（200237）				
投资总额	30 万 USD	电　话	64102153	传　真	64102163
设立日期	2008-1-18	负 责 人	吴清标		
主营业务	热处理设备、五金制品、电子产品、检测检验仪器的批发及进出口业务。				

企业名称	新气（上海）贸易有限公司				
企业地址	上海市徐汇区襄阳南路 500 号 2611 室（200031）				
投资总额	20 万 USD	电　话	54253302	传　真	54253301
设立日期	2008-1-18	负 责 人	刘立平		
主营业务	玻璃、陶瓷、木器及其辅料、包装材料、五金日用品、日用百货的批发.				

企业名称	敦江贸易（上海）有限公司				
企业地址	上海市奉贤区远东路 828 号 1 幢 404 室（201400）				
投资总额	20 万 USD	电　话	61130710	传　真	54224941
设立日期	2008-1-18	负 责 人	KIM YOUNG DON		
主营业务	玩具、节日礼品、厨房用具及日用小百货的批发、进出口业务.				

企业名称	天有光贸易（上海）有限公司				
企业地址	上海市闵行区吴中路 1100 号 5 幢 803 室（201103）				
投资总额	15 万 USD	电　话	64052877	传　真	64052886
设立日期	2008-1-18	负 责 人	JANG SUNG SOON		
主营业务	服装服饰、布料、电子电气配件、半导体设备配件、电动工具的批发。				

企业名称	钻能贸易（上海）有限公司				
企业地址	上海市徐汇区中山西路 1919 号 1 幢 718 室（200233）				
投资总额	15 万 USD	电　话	51089380	传　真	62123658
设立日期	2008-1-18	负 责 人	黄文亮		
主营业务	太阳能光电、太阳能光热、风力发电设备、五金交电、装饰材料的批发。				

企业名称	爱厦贸易（上海）有限公司				
企业地址	上海市闵行区光华路 2118 号第 7 幢 238 室（201111）				
投资总额	14 万 USD	电　话	61285458	传　真	
设立日期	2008-1-18	负 责 人	殷作柱		
主营业务	装饰材料、建筑材料（原木出口、钢材、水泥除外）、金属制品的批发。				

企业名称	甜梦商贸（上海）有限公司				
企业地址	上海市闵行区虹梅路 3333 号一楼 A 室（201103）				
投资总额	14 万 USD	电　话	64016323	传　真	64016320
设立日期	2008-1-18	负 责 人	李露明		
主营业务	工艺礼品（文物除外）、日用百货、玩具、纸制品、花卉苗木的批发。				

企业名称	迪塞可（上海）商贸有限公司				
企业地址	上海市长宁区延安西路 2299 号 10B26 室（200336）				
投资总额	100 万 USD	电　话	60942090	传　真	60942092
设立日期	2008-1-17	负 责 人	KHANNA AKASH		
主营业务	办公用品、建筑材料、装潢材料、机电设备，汽车零配件的批发。				

企业名称	巴麓梦（上海）服饰贸易有限公司				
企业地址	上海市长宁区娄山关路 85 号 B 座 402 室（200336）				
投资总额	87 万 USD	电　话	61604700	传　真	61604707
设立日期	2008-1-17	负 责 人	中本敏幸		
主营业务	服装、鞋帽、袜子、皮革制品、纺织品及相关配饰件的零售的批发。				

企业名称	尧溢国际贸易（上海）有限公司				
企业地址	上海市外高桥保税区新灵路 118 号十六层 1601A 室（200131）				
投资总额	16 万 USD	电　话	50464148	传　真	
设立日期	2008-1-17	负 责 人	TAN LIAN AIK		
主营业务	国际贸易、转口贸易、保税区企业间的贸易及区内贸易代理。				

企业名称	爱真贸易（上海）有限公司				
企业地址	上海市闵行区虹中路 361 号一幢 304 室（201103）				
投资总额	15 万 USD	电　话	54223100	传　真	54223103
设立日期	2008-1-17	负 责 人	俞炳基（YOO BYUNG KI）		
主营业务	从事冲洗器、座便器及相关配件的批发，佣金代理（拍卖除外）。				

企业名称	路通贸易（上海）有限公司				
企业地址	上海市徐汇区百色路 218 号 2 楼 2019 室（200231）				
投资总额	14 万 USD	电　话	38870532	传　真	58765911
设立日期	2008-1-17	负 责 人	HERNANDEZ ANTONIO		
主营业务	从事金属制品、印刷用品、电子零件、家具、服装、日用百货的批发。				

企业名称	艾里逊变速箱（上海）有限公司				
企业地址	上海市外高桥保税区日滨路 88 号（200131）				
投资总额	1200 万 USD	电　话	28987788	传　真	28987755
设立日期	2008-1-16	负 责 人	JAMES MICHAEL COLEMAN		
主营业务	保税区内以艾里逊变速箱产品及配件为主的仓储分拨业务。				

企业名称	领克贸易（上海）有限公司				
企业地址	上海市卢湾区瑞金南路 1 号 17B 室（200023）				
投资总额	14 万 USD	电　话	54961191	传　真	54961190
设立日期	2008-1-16	负 责 人	JAMES MICHAEL COLEMAN		
主营业务	保税区内以艾里逊变速箱产品及配件为主的仓储分拨业务。				

企业名称	允相商贸（上海）有限公司				
企业地址	上海市普陀区大渡河路 648 号 507 室（200063）				
投资总额	14 万 USD	电　话	50421586	传　真	50421586
设立日期	2008-1-16	负 责 人	KIM SANGWOOK		
主营业务	半导体器件、电子产品、仪器仪表、机电设备的批发、佣金代理。				

企业名称	宽品服饰（上海）有限公司				
企业地址	上海市外高桥保税区华申路 180 号综合楼第 3 层 301A 部位（200131）				
投资总额	14 万 USD	电　话	51083336	传　真	
设立日期	2008-1-16	负 责 人	ALENIN ANTON		
主营业务	国际贸易，转口贸易，保税区内企业间的贸易及贸易代理。				

企业名称	贺必乐商贸（上海）有限公司				
企业地址	上海外高桥保税区加太路 39 号三层 16 部位（200131）				
投资总额	56 万 USD	电　话	62726100	传　真	62726110
设立日期	2008-1-15	负 责 人	ARTEM ISAKOV		
主营业务	酒类及非酒类饮料的批发，佣金代理（拍卖除外）。				

企业名称	富果得贸易（上海）有限公司				
企业地址	上海市长宁区茅台路 1068 号 510、512 室（200335）				
投资总额	20 万 USD	电　话	33608535	传　真	33608538
设立日期	2008-1-15	负 责 人	陈栢祥		
主营业务	从事食品、化妆品、日用百货、五金交电、塑胶原料的进出口、批发。				

企业名称	上海优辉商贸有限公司				
企业地址	上海市工业综合开发区公谊路 6 号（201400）				
投资总额	10 万 USD	电 话	67104025	传 真	67106064
设立日期	2008-1-15	负 责 人	川村辉夫		
主营业务	精密模具标准件及相关零部件的批发、进出口业务、佣金代理。				

企业名称	西凡尼亚（上海）贸易有限公司				
企业地址	上海市浦东新区浦建路 76 号 1707 室（200120）				
投资总额	179 万 USD	电 话	61068000	传 真	68731472
设立日期	2008-1-14	负 责 人	ANIL SHARMA		
主营业务	灯具和光源商品的批发、佣金代理（拍卖除外）、进出口业务。				

企业名称	拓凯碳素贸易（上海）有限公司				
企业地址	上海市静安区北京西路 1465 号 513 室（200041）				
投资总额	68 万 USD	电 话	62181010	传 真	
设立日期	2008-1-14	负 责 人	MORI TAKESHI		
主营业务	摩擦材料及其制品、陶瓷制品、工业炉、电机电气设备及零配件的批发。				

企业名称	慕迪贸易（上海）有限公司				
企业地址	上海市卢湾区黄陂南路 700 号 B310－312 室（200025）				
投资总额	27 万 USD	电 话	61057333	传 真	61057330
设立日期	2008-1-14	负 责 人	LI,YAT TUNG DENNIS		
主营业务	各类服装、配饰、箱包、鞋帽、卫浴、寝具的批发、零售及配套服务。				

企业名称	布雪贸易（上海）有限公司				
企业地址	上海市浦东新区浦东南路 1101 号 1313 室（200122）				
投资总额	20 万 USD	电 话	58366790	传 真	58820994
设立日期	2008-1-14	负 责 人	梁色棉		
主营业务	鞋帽、箱包、服装及饰品、床上用品的批发、零售（限分支机构经营）。				

企业名称	品修（上海）贸易有限公司				
企业地址	上海市徐汇区宛平南路 521 号 B 幢 1005 室（200031）				
投资总额	15 万 USD	电 话	54251761	传 真	54253256
设立日期	2008-1-14	负 责 人	陈冠青		
主营业务	涂料、化工产品及原料（危险品除外）、电子产品、电池原材料的批发。				

企业名称	爱丽舍贸易（上海）有限公司				
企业地址	上海市浦东新区南码头路 101 号 305 室（200125）				
投资总额	14 万 USD	电 话	61009156	传 真	
设立日期	2008-1-14	负 责 人	HECTOR EDGARDO FLORES GUILLEN		
主营业务	建筑材料（钢材、水泥除外）、装饰材料、工程机械设备及配件的批发。				

企业名称	上海克拿铁贸易有限公司				
企业地址	上海市外高桥保税区富特北路 215 号第一层 G19 部位（200131）				
投资总额	14 万 USD	电 话	58682471	传 真	
设立日期	2008-1-14	负 责 人	JOONG SUN KIM		
主营业务	机械设备及其零部件、电子电气产品、化工原料、耐火材料的批发。				

企业名称	上海益茂生物科技有限公司				
企业地址	上海市徐汇区漕溪路 251 弄 5 号 23 楼 B 座（200235）				
投资总额	100 万 USD	电 话	54482647	传 真	64080226
设立日期	2008-1-11	负 责 人	李茂盛		
主营业务	生物科学技术的开发、咨询、转让（涉及许可经营的凭许可证经营）。				

企业名称	哈特贝尔（上海）贸易有限公司				
企业地址	上海市徐汇区肇嘉浜路 789 号 7C1－1 室（200032）				
投资总额	27 万 USD	电 话	64178428	传 真	64178422
设立日期	2008-1-11	负 责 人	URS TSCHUDIN		
主营业务	高科技冷成型及热成型设备的批发、佣金代理（拍卖除外）。				

企业名称	奥斯瓦尔德（上海）贸易有限公司				
企业地址	上海市徐汇区肇嘉浜路 789 号 7C1－2 室（200032）				
投资总额	27 万 USD	电 话	64178426	传 真	64178422
设立日期	2008-1-11	负 责 人	ROLF GRAF		
主营业务	高科技粉末压制设备的批发、进出口、佣金代理（拍卖除外）。				

企业名称	技硕贸易（上海）有限公司				
企业地址	上海市闸北区共和新路 3155 号 3 楼 E 座（200072）				
投资总额	21 万 USD	电 话	66312554	传 真	66312534
设立日期	2008-1-11	负 责 人	LAI KIAN PHAY		
主营业务	化工产品，塑料及其制品，五金工具，机电、机械设备及其零件的批发。				

企业名称	乎罗里西贸易（上海）有限公司				
企业地址	上海市闵行区中春路 7319 号四楼 F 室（201101）				
投资总额	14 万 USD	电 话	60901080	传 真	60901033
设立日期	2008-1-11	负 责 人	JOSEF FROEHLICH		
主营业务	机电设备、自动化检测设备、自动化装配设备及其零配件的批发。				

企业名称	施理康辛商贸（上海）有限公司				
企业地址	上海市浦东新区高科西路 551 号（201206）				
投资总额	14 万 USD	电 话	51504002	传 真	51504001
设立日期	2008-1-11	负 责 人	林纵宇		
主营业务	日用百货、婴幼儿用品、电子产品的批发、佣金代理（拍卖除外）。				

企业名称	宽景贸易（上海）有限公司				
企业地址	上海市黄浦区延安东路 588 号 21B 室（200001）				
投资总额	14 万 USD	电 话	63528377	传 真	63527255
设立日期	2008-1-11	负 责 人	许陵陵		
主营业务	健身器材、家用电器、日用杂货、电子产品、通讯器材的批发。				

企业名称	御康（上海）贸易有限公司				
企业地址	上海市普陀区江宁路 1165 号 507 室（200000）				
投资总额	14 万 USD	电 话	62666507	传 真	
设立日期	2008-1-11	负 责 人	蔡庆煌		
主营业务	家居用品、按摩器具、家庭装饰用品、办公用品、日用百货的批发。				

企业名称	酒贝坊（上海）商贸有限公司				
企业地址	上海市卢湾区建国中路 29 号 6－6 夹层 106B 室（200025）				
投资总额	20 万 USD	电 话	54659036	传 真	62495778
设立日期	2008-1-10	负 责 人	SERGE PATRICE ALLEGRE		
主营业务	从事酒类、食品、服装鞋帽、家具和装潢材料的批发、佣金代理。				

企业名称	恩结雅（上海）贸易有限公司				
企业地址	上海市外高桥保税区富特西一路 473 号 427 室（200131）				
投资总额	20 万 USD	电 话	58202567	传 真	
设立日期	2008-1-10	负 责 人	平田一雄		
主营业务	在保税区内从事国际贸易、保税区企业间的贸易及贸易代理业务。				

企业名称	和佰佳居（上海）贸易有限公司				
企业地址	上海市闵行区莲花南路 1500 弄 4 号 201－210 室（201108）				
投资总额	15 万 USD	电 话	50908803	传 真	50907650
设立日期	2008-1-10	负 责 人	EDMUND JIN		
主营业务	家用纺织品、服装、纺织面料、家具、工艺品（文物除外）的零售。				

企业名称	莱因泰可贸易（上海）有限公司				
企业地址	上海市浦东新区金桥出口加工区新金桥路 255 号 308 室（200135）				
投资总额	14 万 USD	电 话	51352514	传 真	51352614
设立日期	2008-1-10	负 责 人	BAE JEONGYI		
主营业务	机电设备及零配件、仪器仪表、五金交电的批发、进出口业务。				

企业名称	绫卓贸易（上海）有限公司				
企业地址	上海市徐汇区漕宝路 400 号 1801 室（200235）				
投资总额	14 万 USD	电 话	63231280	传 真	63231097
设立日期	2008-1-10	负 责 人	ADAM CHRISTIAN DANTZER		
主营业务	文化用品、电子产品、塑料制品、金属制品、建筑装饰材料的批发。				

企业名称	科炉光贸易（上海）有限公司				
企业地址	上海市浦东新区张江路 665 号 407 室（201210）				
投资总额	12 万 USD	电 话	50793877	传 真	50793879
设立日期	2008-1-10	负 责 人	CHOI CHIWON		
主营业务	半导体设备及零配件、电子零配件、光源器具的批发、佣金代理。				

企业名称	上海顶汇商贸有限公司				
企业地址	上海市嘉定区黄渡镇黄沈村绿苑路 581 号第 1 幢（201804）				
投资总额	300 万 USD	电 话	69596076	传 真	69591877
设立日期	2008-1-9	负 责 人	魏应行		
主营业务	从事食品、饮料、酒（以上为非实物方式）、日用生活百货的批发。				

企业名称	上海艾萝莎贸易有限公司				
企业地址	上海市闵行区吴中路 1059 号 10 幢 911 室（201103）				
投资总额	75 万 USD	电 话	57794182	传 真	57793689
设立日期	2008-1-9	负 责 人	张信昆		
主营业务	纺织制品、纺织面料、床上用品、服装、日用百货的批发、零售。				

企业名称	舒乐阿卡（上海）贸易有限公司				
企业地址	上海市卢湾区徐家汇路 555 号 5A 室（200023）				
投资总额	45 万 USD	电　话	63901261	传　真	63901263
设立日期	2008-1-9	负 责 人	ANDRIES　DAAN　BOLDING		
主营业务	可回收塑料包装产品及其配件的批发、佣金代理（拍卖除外）。				

企业名称	瑞珈禧窗饰商贸（上海）有限公司				
企业地址	上海市静安区康定路 358 号 15 幢 105 室（200040）				
投资总额	20 万 USD	电　话	52956707	传　真	52955667
设立日期	2008-1-9	负 责 人	XU　EDWARD		
主营业务	窗饰材料及其零配件的批发、进出口、佣金代理（拍卖除外）。				

企业名称	康普伟特机械贸易（上海）有限公司				
企业地址	上海市徐汇区田州路 99 号 13 号楼 709 室（200232）				
投资总额	14 万 USD	电　话	54452441	传　真	54452441
设立日期	2008-1-9	负 责 人	陈　峻		
主营业务	齿轮，金属材料（钢材、贵金属、稀有金属除外）及制品的批发。				

企业名称	旭森（上海）商贸有限公司				
企业地址	上海市静安区昌平路 785 号一层（200041）				
投资总额	14 万 USD	电　话	61359288	传　真	61359288
设立日期	2008-1-9	负 责 人	蔡尚旻		
主营业务	陶瓷制品、陶瓷烧结窑炉及其成型设备、陶瓷及玻璃原材料的批发。				

企业名称	倍姿俪商贸（上海）有限公司				
企业地址	上海市长宁区天山西路 789 号 1 幢 207 室（200335）				
投资总额	150 万 USD	电　话	52192600	传　真	52192601
设立日期	2008-1-8	负 责 人	蔡国田		
主营业务	化妆品原料、日用百货、矿泉水、不含酒精类饮料、保健食品的批发。				

企业名称	久保田发动机（上海）有限公司				
企业地址	上海市外高桥保税区富特西一路 473 号 4 层 425 室（200131）				
投资总额	100 万 USD	电　话	62360606	传　真	62361596
设立日期	2008-1-8	负 责 人	田畑芳彦（TABATA Y.）		
主营业务	国际贸易、转口贸易，保税区内企业间贸易及贸易代理。				

企业名称	克列茨国际贸易（上海）有限公司				
企业地址	上海市外高桥保税区华申路 180 号综合大楼 5 层 504 室（200131）				
投资总额	40 万 USD	电　话	63218899	传　真	63392868
设立日期	2008-1-8	负 责 人	PANG YIH MEAN		
主营业务	测量仪器、计算机软硬件（游戏软件除外）及周边设备的批发。				

企业名称	高保（上海）贸易有限公司				
企业地址	上海市奉贤区远东路 828 号 2 幢 401 室（201400）				
投资总额	38 万 USD	电　话	63913050	传　真	
设立日期	2008-1-8	负 责 人	陶骏华		
主营业务	劳防用品、服装服饰的批发、佣金代理（拍卖除外）。				

企业名称	嫚君（上海）贸易有限公司				
企业地址	上海市静安区西康路 300 号 1907、1908 室（200041）				
投资总额	30 万 USD	电　话	62884488	传　真	
设立日期	2008-1-8	负 责 人	CARL GORAN BARSBY		
主营业务	灯具、家用电器、建筑材料（水泥、钢材除外）、包装物的进出口业务。				

企业名称	上海嵩阳贸易有限公司				
企业地址	上海市闵行区双柏路 869 号 3 幢 A 号（200237）				
投资总额	30 万 USD	电　话	64760638	传　真	64760992
设立日期	2008-1-8	负 责 人	杨登元		
主营业务	从事滚珠螺杆支撑座、滚珠螺杆线性滑轨、机械传动件的批发。				

企业名称	上海精萃贸易有限公司				
企业地址	上海市静安区西康路 300 号 1208 室（200040）				
投资总额	28 万 USD	电　话	62889181	传　真	62889798
设立日期	2008-1-8	负 责 人	ROBERTO　TOGNOLI		
主营业务	围巾、手套、皮带、成衣、时装和配饰的批发。				

企业名称	正铁贸易（上海）有限公司				
企业地址	上海市闸北区共和新路 3388 号 907 室（200435）				
投资总额	20 万 USD	电　话	66301516	传　真	66302202
设立日期	2008-1-8	负 责 人	冯士贞		
主营业务	阀门及其零部件、汽车零部件、工程机械零部件、五金零部件的批发。				

企业名称	联辉（上海）贸易有限公司				
企业地址	上海市闵行区莲花路 2080 弄 50 号 17 幢 202 室（201103）				
投资总额	20 万 USD	电　话	64018912	传　真	63503790
设立日期	2008-1-8	负 责 人	王广毅		
主营业务	服装、鞋类、箱包、帽子、家居纺织品及其原、辅材料的批发。				

企业名称	万岁汽车设备商贸（上海）有限公司				
企业地址	上海市徐汇区零陵路 899 号 20 层 B 室（200030）				
投资总额	19 万 USD	电　话	54890707	传　真	54892660
设立日期	2008-1-8	负 责 人	关谷　徹		
主营业务	机械设备、专用工具、环保设备及其零部件，汽车用品的批发。				

企业名称	熙诺（上海）商贸有限公司				
企业地址	上海市闵行区春光路 730 号 101 室 F 座（201100）				
投资总额	14 万 USD	电　话	33508500	传　真	33508501
设立日期	2008-1-8	负 责 人	JORG HELMUT HEMMERS		
主营业务	纺织品、纺织辅料、服装的批发，进出口、佣金代理（拍卖除外）。				

企业名称	上海浪腾保投资咨询有限公司				
企业地址	上海市外高桥保税区基隆路 1 号 2012 室（200131）				
投资总额	14 万 USD	电　话	62407916	传　真	62524891
设立日期	2008-1-8	负 责 人	林印月		
主营业务	商务咨询、会计政策咨询、企业管理咨询、国际经济信息咨询。				

企业名称	东炫贸易（上海）有限公司				
企业地址	上海市闵行区延安西路 3062 弄 18 号 8 层 802 室（201103）				
投资总额	14 万 USD	电　话		传　真	
设立日期	2008-1-8	负 责 人	LEE SUNGWOO		
主营业务	针纺织品、日用百货、文体用品、工艺礼品（文物除外）的批发。				

企业名称	松蔚商贸（上海）有限公司				
企业地址	上海市徐汇区东安路 8 号 609 室（200032）				
投资总额	14 万 USD	电　话	64035696	传　真	64038517
设立日期	2008-1-8	负 责 人	叶郑华		
主营业务	机器设备及零部件、半导体、电子元器件及零部件的批发。				

企业名称	欧图镁达化妆品商贸（上海）有限公司				
企业地址	上海市长宁区中山西路 750 号 2 幢 2207 室（200051）				
投资总额	14 万 USD	电　话	62611282	传　真	62610813
设立日期	2008-1-8	负 责 人	李青翎		
主营业务	化妆品、工艺品、珠宝首饰（裸钻、毛钻除外）、箱包、日用品的批发。				

企业名称	乔凡尼卜赛特（上海）化工商贸有限公司				
企业地址	上海市外高桥保税区新灵路 118 号十六层 1610A 室（200131）				
投资总额	14 万 USD	电　话	54450605	传　真	54450617
设立日期	2008-1-8	负 责 人	HANS-PETER SCHWEDERSKI		
主营业务	塑料及其制品、橡胶制品的批发、进出口、佣金代理（拍卖除外）。				

企业名称	彪盛贸易（上海）有限公司				
企业地址	上海市长宁区延安西路 726 号 15J 室（200050）				
投资总额	65 万 USD	电　话	52395677	传　真	52391585
设立日期	2008-1-7	负 责 人	江邦卿		
主营业务	保健用品、医疗器械、文体用品、日用百货的批发、佣金代理。				

企业名称	上海展琦贸易有限公司				
企业地址	上海市长宁区中山西路 930 号 904 室（200051）				
投资总额	50 万 USD	电　话	62786969	传　真	62782449
设立日期	2008-1-7	负 责 人	余　波		
主营业务	建筑装潢材料（钢材、水泥除外）、金银饰品、人造饰品的批发。				

企业名称	车达贸易（上海）有限公司				
企业地址	上海市普陀区中江路 889 号 8 层 811 室（200333）				
投资总额	14 万 USD	电　话	51623505	传　真	51623509
设立日期	2008-1-7	负 责 人	黄家彦		
主营业务	电动车的批发、进出口，提供相关配套服务。				

企业名称	蔻飞商贸（上海）有限公司				
企业地址	上海市外高桥保税区华京路 8 号 832 室（200131）				
投资总额	12 万 USD	电　话	50460888	传　真	50464723
设立日期	2008-1-7	负 责 人	陈　林		
主营业务	精油及香膏，化妆品及护肤、护发品，育婴用品，清洁用品的批发。				

企业名称	巴顿菲尔注塑机械贸易（上海）有限公司				
企业地址	上海市徐汇区蒲汇塘路 11 号 802 室（200030）				
投资总额	43 万 USD	电　话	54892121	传　真	54893239
设立日期	2008-1-4	负责人	GEORG EMANUEL TINSCHERT		
主营业务	注塑机械及其零部件的批发、进出口、佣金代理（拍卖除外）。				

企业名称	艾泰斯商贸（上海）有限公司				
企业地址	上海市漕河泾新兴技术开发区钦江路 88 号西楼 502 室（200235）				
投资总额	27 万 USD	电　话	24113006	传　真	24113007
设立日期	2008-1-4	负责人	格桑旺杰（WANGJIE GESANG）		
主营业务	空调产品及其零配件，汽车零部件及机电设备的批发、佣金代理。				

企业名称	嘉芳（上海）贸易有限公司				
企业地址	上海市金山区漕泾镇中一东路 432 号 1 幢 116 室（201508）				
投资总额	25 万 USD	电　话	62155325	传　真	52283702
设立日期	2008-1-4	负责人	颜瑶梅		
主营业务	食品原料、食品添加剂，日用化工原料，清洁剂原料的批发、佣金代理。				

企业名称	才威（上海）贸易有限公司				
企业地址	上海市闵行区合川路 3089 号 4 幢（A 座）1 楼（201103）				
投资总额	20 万 USD	电　话	51087871	传　真	64059899
设立日期	2008-1-4	负责人	NEHMAN ASSI		
主营业务	从事箱包、手袋、皮具及其配件的批发、佣金代理（拍卖除外）。				

企业名称	考博贸易（上海）有限公司				
企业地址	上海市闵行区吴中路 1067－1087 号第 3 幢第 7 层 715 室（201103）				
投资总额	20 万 USD	电　话	64657633	传　真	64657699
设立日期	2008-1-4	负责人	PARK MINBONG（朴敏峰）		
主营业务	从事仪器仪表、实验室耗材、化学试剂（危险品除外）的进出口、批发。				

企业名称	克玲花能（上海）服饰贸易有限公司				
企业地址	上海市闵行区碧泉路 102 号（201100）				
投资总额	17 万 USD	电　话	64127073	传　真	54889125
设立日期	2008-1-4	负责人	泉富士子		
主营业务	服装、服饰、家纺产品、纺织机械、纺织面料的批发、零售、佣金代理。				

企业名称	上海兆联贸易有限公司				
企业地址	上海市普陀区中山北路 1715 号 1904 室（200061）				
投资总额	13 万 USD	电　话	60958919	传　真	52911463
设立日期	2008-1-4	负责人	吴凤琳		
主营业务	纯水制造设备、废水处理设备及相关耗材的批发、佣金代理（拍卖除外）。				

企业名称	特易购采购服务（上海）有限公司				
企业地址	上海市普陀区中江路 889 号 707、708 室（200331）				
投资总额	600 万 USD	电　话	52500866	传　真	52500010
设立日期	2008-1-3	负责人	MARK ALLAN MURPHY		
主营业务	电子产品、野营器材、五金工具、电池、电脑配件、汽车配件的批发。				

企业名称	瑞瑾国际贸易（上海）有限公司				
企业地址	上海市外高桥保税区泰谷路 88 号五层 581 室（200131）				
投资总额	153 万 USD	电　话	50570099	传　真	
设立日期	2008-1-3	负责人	HSU TZU LI		
主营业务	国际贸易、转口贸易、保税区企业间的贸易及区内贸易代理。				

企业名称	嘉百理（上海）贸易有限公司				
企业地址	上海市浦东新区东方路 1510 号 404 室（200120）				
投资总额	70 万 USD	电　话	61491519	传　真	61494515
设立日期	2008-1-3	负责人	沈　愉		
主营业务	电子产品、化妆品、橡塑制品、五金交电、办公设备、食品的批发。				

企业名称	上海睿冠贸易有限公司				
企业地址	上海市卢湾区淮海中路 333 号 2104 室（200021）				
投资总额	51 万 USD	电　话	53869888	传　真	
设立日期	2008-1-3	负责人	茅桐颐		
主营业务	日用百货、家具、办公用品、文化用品、家居用品的零售、批发。				

企业名称	巴渊商贸（上海）有限公司				
企业地址	上海市外高桥保税区富特西一路 139 号 930 室（200131）				
投资总额	25 万 USD	电　话	62285012	传　真	51685880
设立日期	2008-1-3	负责人	吴基胜		
主营业务	电子产品、机械设备及其零配件的批发、进出口、佣金代理（拍卖除外）。				

企业名称	史帝飞健身器材贸易（上海）有限公司				
企业地址	上海市黄浦区成都北路 500 号 2102 室（200003）				
投资总额	20 万 USD	电　话	63514782	传　真	63514795
设立日期	2008-1-3	负责人	洪宇志		
主营业务	健身器材、体育器材、体育用品及相关部件、配件的批发业务。				

企业名称	凯勃（上海）商贸有限公司				
企业地址	上海市普陀区顺义路 18 号 706 室（200062）				
投资总额	13 万 USD	电　话	51293877	传　真	51293876
设立日期	2008-1-3	负责人	SHENRONG JIANG		
主营业务	服装鞋帽、灯具、玩具、通讯器材、五金机电及零部件的佣金代理。				

企业名称	出光精密化学贸易（上海）有限公司				
企业地址	上海市徐汇区襄阳南路 175 号 3 幢 312 室（200031）				
投资总额	63 万 USD	电　话	54660066	传　真	54660063
设立日期	2008-1-2	负责人	樋上元伸		
主营业务	日用品、精细化工产品（危险化学品除外）、环保设备及零部件的批发。				

企业名称	致扬生物科技（上海）有限公司				
企业地址	上海市卢湾区中山南一路 500 弄 1 号 2305 室（200025）				
投资总额	51 万 USD	电　话	63052118	传　真	63052229
设立日期	2008-1-2	负责人	黄刘惠敏		
主营业务	医用缝合材料及粘合剂，饮用水净水设备、化妆品、日用杂货的批发。				

企业名称	泡普商贸（上海）有限公司				
企业地址	上海市浦东新区外高桥保税区泰谷路 88 号 513 室（200128）				
投资总额	30 万 USD	电　话	64415835	传　真	64415837
设立日期	2008-1-2	负责人	NIELS PETER HOLST		
主营业务	家居用品、家电、五金、工艺礼品和上述产品的原材料和零部件的批发。				

企业名称	上海基德儿童用品贸易有限公司				
企业地址	上海市浦东新区顾徐路 17 号 10 幢一层（200120）				
投资总额	21 万 USD	电　话	58638155	传　真	58631902
设立日期	2008-1-2	负责人	JAN STEFAN WURSTL		
主营业务	儿童汽车安全座椅、儿童推车及相关儿童用品的批发。				

企业名称	上海渡会贸易有限公司				
企业地址	上海市嘉定区嘉唐路 1155 号 5 幢 1003 室（201807）				
投资总额	14 万 USD	电　话	65338117	传　真	
设立日期	2007-12-31	负责人	渡会克二		
主营业务	从事日用百货、电子产品、家用电器及配件、机械设备及配件的批发。				

企业名称	力司百灵弹簧贸易（上海）有限公司				
企业地址	上海市静安区南京西路 699 号 1822 室（200041）				
投资总额	25 万 USD	电　话	61413822	传　真	61413701
设立日期	2007-12-28	负责人	RALPH MASCOLO		
主营业务	弹簧、弹簧制品及线材成型零件的批发、进出口、佣金代理（拍卖除外）。				

企业名称	励登商贸（上海）有限公司				
企业地址	上海市外高桥保税区富特西一路 473 号 4 层 450 室（200131）				
投资总额	20 万 USD	电　话	58682437	传　真	
设立日期	2007-12-27	负责人	LEE CHEE FATT		
主营业务	焊接设备和材料的批发及进出口、佣金代理（拍卖除外）及配套服务。				

企业名称	杜纳提（上海）贸易有限公司				
企业地址	上海市奉贤区环城东路 399 号 702 室（201400）				
投资总额	15 万 USD	电　话	37182399	传　真	57435586
设立日期	2007-12-27	负责人	GUIDO ANDRE UHLE		
主营业务	起重机械及零部件的批发、进出口，并提供相关的咨询服务。				

企业名称	内田洋行家具贸易（上海）有限公司				
企业地址	上海市普陀区顺义路 18 号 1804 室（200062）				
投资总额	1 亿日元	电　话	52352366	传　真	52352500
设立日期	2007-12-27	负责人	柏原孝		
主营业务	家具、办公设备、办公用品、灯具、计算机及计算机软件的批发。				

企业名称	华保贸易（上海）有限公司				
企业地址	上海市静安区成都北路 333 号北楼 1607 室（200041）				
投资总额	200 万 USD	电　话	52980633	传　真	
设立日期	2007-12-26	负责人	马瀚荣		
主营业务	汽车用防爆膜、车型相配套的皮制座套、车载音响的批发、进出口业务。				

企业名称	上海奥友五金贸易有限公司				
企业地址	上海市虹口区中山北一路1200号1号楼432室（200437）				
投资总额	20万USD	电话	51607386	传真	
设立日期	2007-12-26	负责人	唐卫东		
主营业务	金属制品（钢材除外）、塑料制品、橡胶制品的批发，佣金代理。				

企业名称	东范电（上海）贸易有限公司				
企业地址	上海市外高桥保税区美桂北路317号5楼J部位（200131）				
投资总额	20万USD	电话	64400148	传真	64400276
设立日期	2007-12-26	负责人	荒川范男		
主营业务	电子设备及其零配件，机械设备及其配件，塑料制品，钢铁制品的批发。				

企业名称	嵋高商贸（上海）有限公司				
企业地址	上海市普陀区长寿路1076号1002室（200060）				
投资总额	20万USD	电话	61513985	传真	61513998
设立日期	2007-12-26	负责人	TOCK KIAN（TOH YEW TECK）		
主营业务	建筑材料（钢材、水泥除外）、五金工具、塑料制品的批发、佣金代理。				

企业名称	晶室贸易（上海）有限公司				
企业地址	上海市闵行区虹梅路3211号泰豪大厦第三层304室（201103）				
投资总额	13万USD	电话	64060553	传真	64060553
设立日期	2007-12-25	负责人	尹承烈 YOON SEUNG YOUL		
主营业务	从事拼布、布料、针线、剪刀、拼布辅助材料的批发、佣金代理。				

企业名称	上海澜天珠宝贸易有限公司				
企业地址	上海市浦东新区绿科路90号1幢5层506室B座（201204）				
投资总额	210万USD	电话	56909050	传真	56909835
设立日期	2007-12-24	负责人	徐 潇		
主营业务	珠宝饰品、金银饰品、工艺礼品（文物除外）的加工、批发、零售。				

企业名称	上海伟雷商贸有限公司				
企业地址	上海市静安区新闸路831号6楼I室（200041）				
投资总额	20万USD	电话	54045250	传真	54044010
设立日期	2007-12-24	负责人	许贤滔		
主营业务	服装鞋帽、服饰、箱包、皮塑制品、玩具、工艺品的零售、批发。				

企业名称	芭比（上海）商业有限公司				
企业地址	上海市卢湾区淮海中路550号三至六楼（200020）				
投资总额	900万USD	电话	61213736	传真	
设立日期	2007-12-24	负责人	VENKATRAMANI VEMBU		
主营业务	从事玩具、服装、箱包、鞋（靴）袜、帽、纪念品和文具的零售。				

企业名称	九钻维琴察珠宝商贸（上海）有限公司				
企业地址	上海市虹桥路333号1幢420室（200030）				
投资总额	400万USD	电话	54252233	传真	54252233
设立日期	2007-12-24	负责人	何伯权		
主营业务	工艺品（文物除外）、钻石饰品（毛钻、裸钻除外）、宝石饰品的批发。				

企业名称	莉当贸易（上海）有限公司				
企业地址	上海市青浦区白鹤镇大盈新桥路南侧1203弄1号2102室（201712）				
投资总额	14万USD	电话	39711010	传真	39711015
设立日期	2007-12-24	负责人	A. KELLOGG		
主营业务	从事宠物用品、五金金属件、日用品、文教用品的进出口、批发。				

企业名称	中作（上海）商贸有限公司				
企业地址	上海市宝山区牡丹江路1813号2425（201900）				
投资总额	1.2亿日元	电话	66785181	传真	66785181
设立日期	2007-12-24	负责人	中作佳正		
主营业务	产业用机械及关联装置、零部件的进出口、批发、佣金代理。				

企业名称	希可娜贸易（上海）有限公司				
企业地址	上海市化学工业区奉贤分区胡滨路8号264室（201424）				
投资总额	20万USD	电话	51707801	传真	51707801
设立日期	2007-12-21	负责人	HWANG JEONGRYE		
主营业务	化妆品、化工原料及产品（危险品除外）、包装材料的批发、进出口。				

企业名称	沙迪克新贸易（上海）有限公司				
企业地址	上海市闵行区七莘路2817号、2841号409室（201101）				
投资总额	14万USD	电话	54793115	传真	
设立日期	2007-12-21	负责人	TAN SIK CHYE		
主营业务	数控机床设备及其配件、模具的批发、进出口，提供相关配套服务。				

企业名称	贤淳贸易（上海）有限公司				
企业地址	上海市闵行区吴中路1238号第3幢5楼F室（201103）				
投资总额	10万USD	电话	64462705	传真	64462095
设立日期	2007-12-21	负责人	KYONG SUK KO		
主营业务	服装、服装面料、辅料的批发、进出口及佣金代理。				

企业名称	上海谊骏商贸有限公司				
企业地址	上海市恒通路360号B1903室（200070）				
投资总额	15万USD	电话	64550866	传真	54308997
设立日期	2007-12-21	负责人	郑仲哲		
主营业务	服装、服饰、鞋类、箱包、日用百货的批发、进口及佣金代理。				

企业名称	展径贸易（上海）有限公司				
企业地址	上海市长宁区茅台路1068号518室（200336）				
投资总额	20万USD	电话	33608729	传真	33608727
设立日期	2007-12-20	负责人	钟添旭		
主营业务	五金交电、消防器材、机电设备、电子产品的批发、进出口、佣金代理。				

企业名称	卡默（上海）贸易有限公司				
企业地址	上海市浦东新区浦东南路2240号407B室（200120）				
投资总额	20万USD	电话	32220742	传真	62894497
设立日期	2007-12-20	负责人	MAGNE HYSTAD		
主营业务	船用设备及附件的批发、佣金代理（拍卖除外）、进出口。				

企业名称	铠禄（上海）贸易有限公司				
企业地址	上海市普陀区绥德路175弄5号南二楼（200060）				
投资总额	300万USD	电话	66082726	传真	66082730
设立日期	2007-12-20	负责人	晏台华		
主营业务	家用电器、电子产品、五金制品、家具、钟表的批发、佣金代理。				

企业名称	上海达肯国际贸易有限公司				
企业地址	上海市杨高北路2001号F区市场商务楼一层107-109室（200136）				
投资总额	13万USD	电话	52911462	传真	52911462
设立日期	2007-12-20	负责人	殷帝伟		
主营业务	国际贸易、转口贸易；保税区企业间的贸易及贸易代理，技术进出口。				

企业名称	南哲（上海）商贸有限公司				
企业地址	上海市浦东新区金海路1000号3号2楼201室（201206）				
投资总额	14万USD	电话	52911702	传真	52911702
设立日期	2007-12-20	负责人	WONG WENG KEE		
主营业务	从事半导体设备、液晶显示器制造设备及相关零部件的批发、佣金代理。				

企业名称	富新贸易（上海）有限公司				
企业地址	上海市徐汇区襄阳南路228号底层（200031）				
投资总额	15万USD	电话	64334525	传真	
设立日期	2007-12-20	负责人	HORI YUICHIRO		
主营业务	家具及其配件、建筑材料、家居装饰用品、电器产品的批发、零售。				

企业名称	安璞莱（上海）商贸有限公司				
企业地址	上海市浦东新区商城路618号良友大厦1704室（200120）				
投资总额	20万USD	电话	58881393	传真	50581452
设立日期	2007-12-19	负责人	黑川仁信		
主营业务	从事日用百货、服装、家用电器、电子产品的批发、佣金代理。				

企业名称	上海盈星贸易有限公司				
企业地址	上海市外高桥保税区基隆路6号14层1411室（200131）				
投资总额	20万USD	电话	58690612	传真	
设立日期	2007-12-19	负责人	黄雄俊		
主营业务	纺织机械的批发及进出口、佣金代理（拍卖除外）及其他相关配套服务。				

企业名称	文马贸易（上海）有限公司				
企业地址	上海市闵行区吴中路1217号1幢（A楼）504室（201103）				
投资总额	30万USD	电话	64012971	传真	64012972
设立日期	2007-12-19	负责人	CHOI KYUNGHAN		
主营业务	化工产品及原料、化妆品、包装材料、日用百货的批发和进出口。				

企业名称	上海耀江游艇贸易有限公司				
企业地址	上海市青浦区朱家角镇油车浜路81号（201713）				
投资总额	50万USD	电话	59233405	传真	59233403
设立日期	2007-12-19	负责人	邓少强		
主营业务	游艇的批发、佣金代理（拍卖除外）、进出口，提供相关配套服务。				

批发和零售贸易业

企业名称	安域商贸（上海）有限公司				
企业地址	上海市宝山区月罗路 310 号 F3 西-A2 室（200942）				
投资总额	14 万 USD	电话	56936663	传真	56935399
设立日期	2007-12-19	负责人	铃木光芳		
主营业务	电子、电器及其元器件；弹簧、拉簧；塑料制品；五金件的批发。				

企业名称	上海隆晹贸易有限公司				
企业地址	上海市外高桥保税区奥纳路 79 号 1 号楼 2121 室（200131）				
投资总额	14 万 USD	电话	63181212	传真	
设立日期	2007-12-19	负责人	张宪忠		
主营业务	电子产品、化工产品、五金制品的批发、佣金代理（拍卖除外）。				

企业名称	晶泓食品贸易（上海）有限公司				
企业地址	上海市浦东新区耀华路 215 号 2 幢一楼 A112 室（200126）				
投资总额	15 万 USD	电话	58797015	传真	58798361
设立日期	2007-12-19	负责人	THELEEN JENNY HSUI		
主营业务	酒类、食品的批发及进出口贸易，佣金代理（拍卖除外）。				

企业名称	弘珑食品贸易（上海）有限公司				
企业地址	上海市浦东新区杨高北路 528 号 14 幢 3077 室（200131）				
投资总额	15 万 USD	电话	63232255	传真	
设立日期	2007-12-19	负责人	THELEEN JENNY HSUI		
主营业务	酒类、食品的批发及进出口贸易，佣金代理（拍卖除外）。				

企业名称	好帝贸易（上海）有限公司				
企业地址	上海市外高桥保税区富特北路 215 号三层 D18 部位（200131）				
投资总额	15 万 USD	电话	51078287	传真	
设立日期	2007-12-19	负责人	HASSANEIN SAFIEDDINE		
主营业务	五金工具、机械设备及其零部件、电子电气产品的批发、佣金代理。				

企业名称	上田商工（上海）服饰商贸有限公司				
企业地址	上海市漕宝路 70 号 2802 室（200235）				
投资总额	100 万 RMB	电话	64325164	传真	
设立日期	2007-12-19	负责人	上田利昭		
主营业务	纺织制品及原料、服装配饰、鞋帽、日用百货、化妆品的进出口、批发。				

企业名称	培恒思钻石（上海）有限公司				
企业地址	上海世纪大道 88 号金茂大厦 6 楼 608 室（200120）				
投资总额	20 万 USD	电话	50470197	传真	50470197
设立日期	2007-12-18	负责人	CHRISTOPHER BULL		
主营业务	在上海钻石交易所开展钻石（不含金银）的交易和钻石的进出口业务。				

企业名称	冠岑（上海）贸易有限公司				
企业地址	上海市闵行区莲花路 1555 号 1301-07 室（200237）				
投资总额	20 万 USD	电话	61198268	传真	61198266
设立日期	2007-12-18	负责人	林美足		
主营业务	针纺织品及辅料、鞋帽、箱包、工艺品（文物除外）的批发及进出口。				

企业名称	上海优茂贸易有限公司				
企业地址	上海市闵行区景联路 398 号 A 栋底楼（200237）				
投资总额	20 万 USD	电话	64978488	传真	64978909
设立日期	2007-12-18	负责人	林正宗		
主营业务	液压气动设备、润滑设备及其相关的各种配套配件的进出口、批发。				

企业名称	摩比益（上海）贸易有限公司				
企业地址	上海市长宁区广顺路 33 号 8 幢 208 室（200335）				
投资总额	70 万 USD	电话	62383191	传真	62384206
设立日期	2007-12-18	负责人	朱煜		
主营业务	汽车零配件、电子产品、五金产品、塑料产品的批发、佣金代理。				

企业名称	伟奘贸易（上海）有限公司				
企业地址	上海市闵行区光华路 2118 号 4 幢 112 室（201111）				
投资总额	40 万 USD	电话	54436001	传真	
设立日期	2007-12-18	负责人	陈麒安		
主营业务	流体自动控制设备、控制仪表、控制阀及零配件的进出口、批发。				

企业名称	德蒙奇（上海）芳香剂贸易有限公司				
企业地址	上海市静安区延安中路 841 号 1603 室（200041）				
投资总额	15 万 USD	电话	61037040	传真	61037070
设立日期	2007-12-18	负责人	HENRY RICHARD GILL		
主营业务	精油、香精香料（不含危险品）、化学分析仪器的批发、进出口。				

企业名称	好时商业（上海）有限公司				
企业地址	上海市西藏中路 290 号和平影都一楼、二楼（200001）				
投资总额	245 万 USD	电话	61656210	传真	
设立日期	2007-12-17	负责人	JOHN PAUL BILBREY		
主营业务	巧克力食品、休闲食品、甜品及好时品牌的其他商品的零售、批发。				

企业名称	金延（上海）商贸有限公司				
企业地址	上海市南丹东路 109 号 4 幢 110 室（200030）				
投资总额	200 万 USD	电话	64476363	传真	64478787
设立日期	2007-12-17	负责人	MICHELL WONG SHEYA		
主营业务	皮具、纺织产品、服装及其配件、饰品、手表、首饰的批发、佣金代理。				

企业名称	汉盟贸易（上海）有限公司				
企业地址	上海市长宁区虹桥路 2222 弄 37 号 A01 室（201103）				
投资总额	14 万 USD	电话	64023820	传真	54762278
设立日期	2007-12-17	负责人	陈国丰		
主营业务	化妆品、美容器材、服装服饰、日用百货的批发、进出口、佣金代理。				

企业名称	海茂申贸易（上海）有限公司				
企业地址	上海市静安区延平路 98-2 号 4 楼（200041）				
投资总额	14 万 USD	电话	62729448	传真	
设立日期	2007-12-17	负责人	NOH HAE KYUNG		
主营业务	服装、服饰及配件、箱包、皮具的批发、佣金代理（拍卖除外）。				

企业名称	日滔贸易（上海）有限公司				
企业地址	上海市静安区延安中路 841 号 1502 室（200040）				
投资总额	14 万 USD	电话	33927168	传真	33927111
设立日期	2007-12-17	负责人	王豪源		
主营业务	制冷设备、机电产品、建筑及装潢材料、建筑物屋面金属制品的批发。				

企业名称	奔探科商贸（上海）有限公司				
企业地址	上海市虹口区通州路 69 号 217 室（200080）				
投资总额	20 万 USD	电话	52985060	传真	52985061
设立日期	2007-12-15	负责人	ANDREA BIASCI		
主营业务	膨润土、活性天然矿产品（铁矿石除外）的批发、佣金代理（拍卖除外）。				

企业名称	艾克里诺克斯贸易（上海）有限公司				
企业地址	上海市外高桥保税区台中南路 2 号新贸楼三层 331 室（200131）				
投资总额	940 万 USD	电话	50485026	传真	50484269
设立日期	2007-12-14	负责人	LUIS DIAZ DE ARGOTE		
主营业务	不锈钢制品的批发、佣金代理（拍卖除外）；商品的进出口及配套业务。				

企业名称	上海思百创商业有限公司				
企业地址	上海市浦东新区唐镇上丰西路 55 号 11 幢 301 室 S 座（201206）				
投资总额	2000 万 RMB	电话	64312992	传真	64376516
设立日期	2007-12-14	负责人	张国伦		
主营业务	体育用品的零售、批发、进出口及相关的咨询和售后配套服务。				

企业名称	希格森德仕贸易（上海）有限公司				
企业地址	上海市龙华路 2577 号 21 幢（200232）				
投资总额	20 万 USD	电话	61242050	传真	
设立日期	61242050	负责人	郭芳好		
主营业务	服装以及服装原料、布料、辅料的批发及佣金代理（拍卖除外）。				

企业名称	义诺贸易（上海）有限公司				
企业地址	上海市浦东新区张杨北路 5509 号 1201 室（200131）				
投资总额	35 万 USD	电话	54256561	传真	
设立日期	2007-12-13	负责人	WU HUEY SHEN		
主营业务	针纺织品及面料、环保产品及配套设备的批发、佣金代理（拍卖除外）。				

企业名称	橡果贸易（上海）有限公司				
企业地址	上海市青浦区华新镇新凤中路 333 号 E 区 7 幢 103 室（201700）				
投资总额	1000 万 USD	电话	54500703	传真	54500703
设立日期	2007-12-13	负责人	杨东杰		
主营业务	从事日用百货、电子产品、健身保健器材、化妆品、服装鞋帽的批发。				

企业名称	沪万励香料贸易（上海）有限公司				
企业地址	上海市静安区康定路 1147 号 2 栋 209P 室（200041）				
投资总额	14 万 USD	电话	62042080	传真	
设立日期	2007-12-13	负责人	许英然		
主营业务	食品销售管理，化工原料（危险品除外），日用杂货，五金交电的批发。				

企业名称	茂常（上海）贸易有限公司				
企业地址	上海市闵行区虹中路375号4幢201室（201103）				
投资总额	10.1万USD	电话	64122688	传真	64122688
设立日期	2007-12-13	负责人	LEE MIN JAI（李敏宰）		
主营业务	从事电、气动工具，机械设备、五金制品、纺织品的批发、佣金代理。				

企业名称	上海恒首商贸有限公司				
企业地址	上海市浦东新区玉兰路8号1144室（201204）				
投资总额	10万USD	电话	63591166	传真	63593955
设立日期	2007-12-13	负责人	中台和雄		
主营业务	眼镜、隐形眼镜、仪器仪表、机械设备、照明器具的批发、进出口。				

企业名称	上海魔线贸易有限公司				
企业地址	上海市黄浦区西藏南路889号312室（200011）				
投资总额	10万USD	电话	63458416	传真	
设立日期	2007-12-13	负责人	蔡宜茵		
主营业务	电线电缆、电子产品、通讯器材、音响器材设备、装潢材料的批发。				

企业名称	上海橘果子贸易有限公司				
企业地址	上海市普陀区陕西北路1438号627室（200060）				
投资总额	15万USD	电话	62990105	传真	62990107
设立日期	2007-12-13	负责人	周武六		
主营业务	食品、食品原料、饮料、茶的批发、佣金代理（拍卖除外）、进出口。				

企业名称	裕宗建材贸易（上海）有限公司				
企业地址	上海市松江区新松江路1234号701A室（201620）				
投资总额	15万USD	电话	56633862	传真	56633862
设立日期	2007-12-13	负责人	梁顾宗		
主营业务	千思板、铝板、水泥建筑板、保温材料、饰面砂浆的进出口、批发。				

企业名称	上海坦微思电子贸易有限公司				
企业地址	上海市浦东新区杨高北路528号14幢4062室（200131）				
投资总额	27万USD	电话	53757188	传真	63722199
设立日期	2007-12-12	负责人	杨显媛		
主营业务	计算机产品、电子电器产品、科教器具、仪器仪表、机电设备的批发。				

企业名称	高德柯（上海）贸易有限公司				
企业地址	上海市静安区西康路300号1605-1606室（200041）				
投资总额	20万USD	电话	62882525	传真	
设立日期	2007-12-12	负责人	JAMES JOEL QUADRACCI		
主营业务	印刷控制系统、零部件和材料的批发、进出口和佣金代理（拍卖除外）。				

企业名称	峨星（上海）贸易有限公司				
企业地址	上海市外高桥保税区华申路180号综合大楼506室（200131）				
投资总额	20万USD	电话	61453276	传真	61453209
设立日期	2007-12-12	负责人	权五常		
主营业务	各类滤波器、隔离器、电路组件、热敏电阻器、新型电子元器件的批发。				

企业名称	莹圃贸易（上海）有限公司				
企业地址	上海市卢湾区瑞金南路1号8D室（200025）				
投资总额	30万USD	电话	54962111	传真	
设立日期	2007-12-12	负责人	PONGPAISARN TECHOCHAROEN		
主营业务	食品、保健品、日用百货、纺织品、电子乐器、家具、五金产品的批发。				

企业名称	佩克元（上海）贸易有限公司				
企业地址	上海市浦东新区杨高北路528号14幢5084室（200131）				
投资总额	14万USD	电话	61469622	传真	61469622
设立日期	2007-12-12	负责人	KIM SEUNG MAN		
主营业务	化妆品、日用品、厨房用品、休闲旅游用品、电子产品、服装的批发。				

企业名称	恒农（上海）精细化工贸易有限公司				
企业地址	上海市闵行区宜山路1618号综合楼834室（201103）				
投资总额	14万USD	电话	61393495	传真	61393497
设立日期	2007-12-12	负责人	陈振辉		
主营业务	精细化工原料及精细化工产品（危险品除外）的批发、进出口。				

企业名称	真富贸易（上海）有限公司				
企业地址	上海市嘉定区南翔镇北公路1755弄39号626室（201802）				
投资总额	14万USD	电话	23010278	传真	23010278
设立日期	2007-12-12	负责人	林明		
主营业务	从事橡胶制品、轮胎、车轮、五金制品、机电产品的批发、进出口。				

企业名称	华彼伦启骏酒店用品贸易（上海）有限公司				
企业地址	上海市浦东新区王桥路1019号地下1、1-3层03（201201）				
投资总额	100万RMB	电话	58382617	传真	
设立日期	2007-12-12	负责人	沈兰		
主营业务	厨房器具、日用杂货、文具用品、建筑装饰材料的批发、佣金代理。				

企业名称	美得龙（上海）贸易有限公司				
企业地址	上海市静安区愚园路172号2703室（200041）				
投资总额	100万RMB	电话	58784996	传真	58784996
设立日期	2007-12-12	负责人	MATSUHASHI TAKUJI		
主营业务	机械设备、机电设备、电子设备、电线电缆、包装材料的批发、进出口。				

企业名称	日触商贸（上海）有限公司				
企业地址	上海市外高桥保税区富特西一路473号414室（200131）				
投资总额	5000万日元	电话	54075959	传真	
设立日期	2007-12-12	负责人	高岸寿男（TAKAGISHI HISAO）		
主营业务	在保税区内从事国际贸易、转口贸易、保税区企业间的贸易及代理业务。				

企业名称	万宁日用品商业（上海）有限公司				
企业地址	上海市卢湾区打浦路88号海丽大厦12楼E室（200023）				
投资总额	2500万港币	电话	63351688	传真	63352828
设立日期	2007-12-11	负责人	李佳惠		
主营业务	化妆品、婴儿用品、日用百货及有关便利产品，保健食品的进出口。				

企业名称	冠悦贸易（上海）有限公司				
企业地址	上海市浦东新区张杨路707号2005室（200120）				
投资总额	65万港币	电话	58355330	传真	
设立日期	2007-12-11	负责人	梁志昌		
主营业务	会展器材、装饰材料、家具、五金建材、化妆品的批发及佣金代理。				

企业名称	上海安斯娜服饰贸易有限公司				
企业地址	上海市浦东新区杨高北路528号14幢4066室（200131）				
投资总额	20万USD	电话	58682242	传真	58682242
设立日期	2007-12-11	负责人	周小平		
主营业务	服装及面料、服饰的批发及进出口。				

企业名称	上海沛宏商贸有限公司				
企业地址	上海市闵行区友东路81号3楼3-3室（201100）				
投资总额	25万USD	电话	51087386	传真	64921394
设立日期	2007-12-11	负责人	苏鸿猷		
主营业务	纺织品、服装服饰、床上用品、鞋帽的进出口、批发、佣金代理。				

企业名称	竹润（上海）贸易有限公司				
企业地址	上海市普陀区江宁路1165号404室（200060）				
投资总额	14万USD	电话	62779130	传真	62779313
设立日期	2007-12-11	负责人	曾思凯		
主营业务	包装制品、百货用品及服装的批发、佣金代理（拍卖除外）。				

企业名称	上海永津贸易有限公司				
企业地址	上海市浦东新区耀华路215号2幢A508室（200126）				
投资总额	15万USD	电话	58817896	传真	58398629
设立日期	2007-12-11	负责人	黄廷恺		
主营业务	建筑材料（钢材、水泥除外）、装潢材料的批发、佣金代理（拍卖除外）。				

企业名称	博柏利（上海）贸易有限公司				
企业地址	上海市南京西路1038号梅龙镇广场9113室（200041）				
投资总额	400万RMB	电话	62182238	传真	62883060
设立日期	2007-12-11	负责人	PETER THEWLIS		
主营业务	箱包等皮革制品、服装及其饰品、鞋帽、钟表、太阳镜、珠宝的进出口。				

企业名称	一测（上海）精密测量仪器贸易有限公司				
企业地址	上海市虹桥路808号4幢D-225室（200030）				
投资总额	20万USD	电话	64479495	传真	64478496
设立日期	2007-12-10	负责人	木村敬知		
主营业务	各种精密测量仪器、机械设备及零部件的批发、佣金代理（拍卖除外）。				

企业名称	善在香贸易（上海）有限公司				
企业地址	上海市古羊路158号4E（200336）				
投资总额	14万USD	电话	61135263	传真	61135264
设立日期	2007-12-10	负责人	宋桂香		
主营业务	服装服饰及配件、鞋帽、玩具、日用百货、包装材料的批发、进出口。				

企业名称	上海西戈贸易有限公司				
企业地址	上海市普陀区长寿路 30 号 405 室（200060）				
投资总额	14 万 USD	电　话	62662884	传　真	62663466
设立日期	2007-12-10	负责人	PUN YEUNG LAW		
主营业务	日用化学品及化工产品（除危险品）的批发、进出口。				

企业名称	捷门（上海）贸易有限公司				
企业地址	上海市闵行区虹梅南路 1755 号第 2 幢 1 楼（200237）				
投资总额	50 万欧元	电　话	62626258	传　真	62628818
设立日期	2007-12-10	负责人	MENUZZO ANDREA		
主营业务	各类自动控制门、道闸、停车场系统及零配件的进出口、批发。				

企业名称	伯赛贸易（上海）有限责任公司				
企业地址	上海市张江高科技园区张衡路 180 弄 1 号楼 3 层 E 室（201203）				
投资总额	200 万 RMB	电　话	33932262	传　真	33932263
设立日期	2007-12-10	负责人	ALFRED ANTHONY PEASE		
主营业务	仪器仪表、计量器具、普通机械和电子计算机软件的批发、佣金代理。				

企业名称	前视红外热像系统贸易（上海）有限公司				
企业地址	上海市浦东新区张杨路 838 号 22C 室（200122）				
投资总额	200 万 RMB	电　话	51697628	传　真	54660289
设立日期	2007-12-10	负责人	NILS ARNE ALMERFORS		
主营业务	红外热像系统及其零部件的批发、佣金代理（拍卖除外）、进出口。				

企业名称	甲仁（上海）贸易有限公司				
企业地址	上海市闵行区吴中路 1068 号 8 楼 A 室（201103）				
投资总额	200 万 RMB	电　话	62125803	传　真	64019093
设立日期	2007-12-10	负责人	KIM KYUNGWON		
主营业务	汽车配件、机械设备、电子产品的批发、进出口及与其相关的配套服务。				

企业名称	确信乐思化学贸易（上海）有限公司				
企业地址	上海市奉贤区目华北路 388 号 201 室（201424）				
投资总额	500 万 RMB	电　话	63900600	传　真	50912810
设立日期	2007-12-10	负责人	方　晟		
主营业务	批发各类金属及非金属表面处理化学助剂、电子产品专用化学助剂。				

企业名称	邦睿贸易（上海）有限公司				
企业地址	上海市襄阳南路 500 号 1404 室（200031）				
投资总额	50 万 RMB	电　话	64666640	传　真	
设立日期	2007-12-10	负责人	ALEXANDRE MISSERI		
主营业务	珠宝、化妆品、体育用品、玩具、电子产品的批发、佣金代理。				

企业名称	尼丽富（上海）贸易有限公司				
企业地址	上海市静安区成都北路 333 号南楼 1601A 室（200041）				
投资总额	100 万 RMB	电　话	64261957	传　真	54590386
设立日期	2007-12-10	负责人	SHIOTA HIDEAKI		
主营业务	文化办公用品、包装材料、标志指示牌、用于广告宣传用印刷品的批发。				

企业名称	伊丝黛儿（上海）服装贸易有限公司				
企业地址	上海市浦东新区东方路 1988 号 201B、201C 室（200125）				
投资总额	20 万 USD	电　话	54960971	传　真	
设立日期	2007-12-8	负责人	刘国柱		
主营业务	皮具及皮制品、针纺织品、玩具、日用品的零售、批发和进出口。				

企业名称	上海沃夫岡商贸有限公司				
企业地址	上海市松江区新松江路 1000 号 512 室（201620）				
投资总额	20 万 USD	电　话	67824919	传　真	67824919
设立日期	2007-12-7	负责人	杨瑞健		
主营业务	化妆品和护肤用品的批发、佣金代理（拍卖除外）、进出口。				

企业名称	恬爱（上海）纺织品贸易有限公司				
企业地址	上海市共和新路 2750 号 2 幢 703 室（200070）				
投资总额	15 万 USD	电　话	66311700	传　真	66311722
设立日期	2007-12-7	负责人	NAYAN DALAL		
主营业务	纺织品、服装、家具及家居用品、文具、工艺品（文物除外）的批发。				

企业名称	石翼贸易（上海）有限公司				
企业地址	上海市卢湾区陕西南路 25 弄 12 号 204、205 室（200020）				
投资总额	12 万欧元	电　话	62568743	传　真	
设立日期	2007-12-7	负责人	JOHANN ADALBERT KOTTULINSKY		
主营业务	食品饮料、调味品、酒类、木及木制品、鞋类制品的批发、佣金代理。				

企业名称	春李（上海）贸易有限公司				
企业地址	上海市虹桥路 808 号 41 幢 A8415 室（200030）				
投资总额	20 万 USD	电　话	64471967	传　真	64478841
设立日期	2007-12-6	负责人	春日井明德		
主营业务	管道产品及配件、金属制品、塑料制品、电子元器件及产品的批发。				

企业名称	青丘（上海）贸易有限公司				
企业地址	上海市中山南二路 1007 号 1802 室（200030）				
投资总额	20 万 USD	电　话	64560255	传　真	64571713
设立日期	2007-12-6	负责人	LEE GYUWON		
主营业务	纺织制品、木制品、家具、机电设备及其零配件、日用杂货的批发。				

企业名称	柏凌埃迩（上海）贸易有限公司				
企业地址	上海市普陀区武宁路 19 号 2102 室（200063）				
投资总额	21 万 USD	电　话	51558190	传　真	51558189
设立日期	2007-12-6	负责人	MURAT KILICARSLAN		
主营业务	纺织印染颜料、针纺织品、皮件制品的批发、佣金代理。				

企业名称	统庆贸易（上海）有限公司				
企业地址	上海市张江高科技园区毕升路 289 弄 1 号 502 室（201203）				
投资总额	300 万 USD	电　话	33933323	传　真	33933328
设立日期	2007-12-6	负责人	秦　雯		
主营业务	电子电器产品、通讯设备及配件、日用百货、化妆品、水果的批发。				

企业名称	形创（上海）贸易有限公司				
企业地址	上海市漕溪北路 398 号 605 室（200030）				
投资总额	18 万 USD	电　话	60905288	传　真	60905286
设立日期	2007-12-6	负责人	ANDRÉ COUTURE		
主营业务	三维扫描及数据处理设备、计算机辅助设计设备、辅助制造设备的批发。				

企业名称	圳晟贸易（上海）有限公司				
企业地址	上海市外高桥保税区奥纳路 55 号 2 号楼第一层 E 部位（200131）				
投资总额	12.7 万 USD	电　话	61139776	传　真	61139783
设立日期	2007-12-6	负责人	曾素秋		
主营业务	国际贸易、转口贸易、保税区内企业间的贸易及贸易代理。				

企业名称	拓马仕化学贸易（上海）有限公司				
企业地址	上海市卢湾区淮海中路 93 号 1704B 室（200021）				
投资总额	14 万 USD	电　话	61415230	传　真	61415227
设立日期	2007-12-6	负责人	HARRY MACKLYN SWAN		
主营业务	精细化学品和应用化学品（危险化学品除外）、仪器仪表的批发。				

企业名称	史笛埃（上海）贸易有限公司				
企业地址	上海市外高桥保税区华申路 180 号综合大楼四层 405 室（200131）				
投资总额	14 万 USD	电　话	61513986	传　真	
设立日期	2007-12-6	负责人	LIN ERBIN		
主营业务	国际贸易、转口贸易、保税区内企业间的贸易及区内贸易代理。				

企业名称	源中贸易（上海）有限公司				
企业地址	上海市襄阳南路 500 号 2909 室（200031）				
投资总额	14 万 USD	电　话	64672290	传　真	64661490
设立日期	2007-12-6	负责人	PETER RICHARD TOMS		
主营业务	水泵、电焊机、空气压缩机、建筑材料（钢材、水泥除外）的批发。				

企业名称	硬通金属贸易（上海）有限公司				
企业地址	上海市蒲汇塘路 50 号 1 幢 328 室（200030）				
投资总额	14 万 USD	电　话	61393495	传　真	61393497
设立日期	2007-12-6	负责人	SEOW EE CHEONG		
主营业务	金属制品、金属配件、焊接材料的批发、佣金代理（拍卖除外）。				

企业名称	爱旦尼（上海）贸易有限公司				
企业地址	上海市肇嘉浜路 446 弄 1 号楼第 9 层 08 室 A（200031）				
投资总额	11 万 USD	电　话	64737362	传　真	64737361
设立日期	2007-12-6	负责人	日野捷吉郎		
主营业务	音频、视频设备及其检测设备和相关零部件的批发、佣金代理。				

企业名称	禾琦商贸（上海）有限公司				
企业地址	上海市长宁区延安西路 1160 号 13 楼 1605 室（200052）				
投资总额	210 万 USD	电　话	51087875	传　真	52588350
设立日期	2007-12-5	负责人	申时匀		
主营业务	从事机电设备、音像设备、光学仪器、计量检测仪器、零配件的批发。				

企业名称	维马贸易（上海）有限公司				
企业地址	上海市长宁区虹梅路 3721 号 905 室（200051）				
投资总额	20 万 USD	电话	51696006	传真	68868335
设立日期	20 万 USD	负责人	JOHN LEUNG		
主营业务	家具、家居用品的批发、进出口、佣金代理（拍卖除外）。				

企业名称	里翔商贸（上海）有限公司				
企业地址	上海市虹口区高阳路 246 号 320 室（200080）				
投资总额	20 万 USD	电话	50395260	传真	
设立日期	2007-12-5	负责人	LEONARDUS G.M. NIPSHAGEN		
主营业务	皮革制品、家具、家用纺织品及家居用品的批发、佣金代理。				

企业名称	上海韬荣贸易有限公司				
企业地址	上海市闵行区龙茗路 1915 号三层 3051 室（201101）				
投资总额	20 万 USD	电话	64958416	传真	54809961
设立日期	2007-12-5	负责人	倪宗雄		
主营业务	印刷器材及材料、五金交电、电脑及配件、机电设备、日用百货的批发。				

企业名称	玫景纺织品贸易（上海）有限公司				
企业地址	上海市长宁区天山路 600 弄 2 号楼 30A 座（200051）				
投资总额	20 万 USD	电话	62893139	传真	
设立日期	2007-12-5	负责人	MAISSAN M. C. E		
主营业务	纺织品、服饰、服装辅料、玩具、鞋帽、皮革制品的批发、进出口贸易。				

企业名称	上海殊益贸易有限公司				
企业地址	上海市长宁区延安西路 1590 号 10 楼 M 室（200052）				
投资总额	21 万 USD	电话	62805491	传真	
设立日期	2007-12-5	负责人	金仁植		
主营业务	化工原料（危险品除外）、染料及相关助剂、纺织品的进出口、批发。				

企业名称	韩沃贸易（上海）有限公司				
企业地址	上海市闵行区吴中路 1065 号 1 幢 608B 室（201103）				
投资总额	6.5 万 USD	电话	51192790	传真	51192793
设立日期	2007-12-5	负责人	CHA JOON WG		
主营业务	纺织品及辅料、橡胶制品、塑料产品、电子产品、玩具的批发及进出口。				

企业名称	上海雅和清贸易有限公司				
企业地址	上海市长宁区仙霞路 345 号 1807 室（200336）				
投资总额	30 万 USD	电话	62745511	传真	62745522
设立日期	2007-12-5	负责人	清川重政		
主营业务	办公用品、化学制品（危险品除外）、家用电器的批发、佣金代理。				

企业名称	洋宏照明贸易（上海）有限公司				
企业地址	上海市漕河泾新兴技术开发区古美路 1515 号 17 号楼 2 楼（200233）				
投资总额	14 万 USD	电话	61276218	传真	61276227
设立日期	2007-12-5	负责人	林中民		
主营业务	照明产品、电子产品的批发、佣金代理（拍卖除外）、进出口。				

企业名称	美天旎生物技术贸易（上海）有限公司				
企业地址	上海市外高桥保税区富特北路 358 号管理楼第 4 层 407 部位（200131）				
投资总额	14 万 USD	电话	62351005	传真	
设立日期	2007-12-5	负责人	STEFAN GYORGY OTTO MILTENYI		
主营业务	生物技术产品及相关消耗品、诊断产品、医疗器械及相关零件的批发。				

企业名称	凯普拉格斯（上海）贸易有限公司				
企业地址	上海市长宁区仙霞路 319 号 338A 室（200051）				
投资总额	14 万 USD	电话	62702222	传真	
设立日期	2007-12-5	负责人	JOHN BYRNE		
主营业务	保护盖帽、插塞、边角保护、垫圈、包装扎带、喷涂遮盖片的批发。				

企业名称	上海宰范体育用品贸易有限公司				
企业地址	上海市闵行区吴中路 1050 号 6 幢 111 室，112B 室（201103）				
投资总额	10 万 USD	电话	54220190	传真	64060530
设立日期	2007-12-5	负责人	KIM JAE BUM		
主营业务	体育用品的维修，体育用品及零配件的批发与进出口，佣金代理。				

企业名称	明一贸易（上海）有限公司				
企业地址	上海市长宁区中山西路 1277 号 4 幢 517 室（200051）				
投资总额	15 万 USD	电话	33602037	传真	33602038
设立日期	2007-12-5	负责人	KIM KAP WON		
主营业务	化工产品及原料（危险品除外）的批发、佣金代理（拍卖除外）。				

企业名称	溯美化妆品贸易（上海）有限公司				
企业地址	上海市中山西路 1800 号 23G 室（200235）				
投资总额	500 万 RMB	电话	64400806	传真	
设立日期	2007-12-5	负责人	DIDION CHRISTOPHE PATRICK		
主营业务	化妆品、护肤品、洗涤用品、美发用品、美容工具的批发、进出口。				

企业名称	将鹏商贸（上海）有限公司				
企业地址	上海市浦东新区耀华路 215 号 2 幢一层 A111 室（201208）				
投资总额	14 万 USD	电话	64394501	传真	64814120
设立日期	2007-12-4	负责人	CHEN TIM CHII-SHYONG		
主营业务	文具、五金装饰件、体育运动器材的批发、佣金代理（拍卖除外）。				

企业名称	峻哲（上海）贸易有限公司				
企业地址	上海市长宁区定西路 788 号 806 室（200050）				
投资总额	15 万 USD	电话	61169399	传真	61169556
设立日期	2007-12-4	负责人	梁卓峰		
主营业务	建筑装潢材料（钢材、水泥除外）、地毯的批发、佣金代理（拍卖除外）。				

企业名称	艾狄士食品商贸（上海）有限公司				
企业地址	上海市浦东新区金桥出口加工区金皖路 55 号第 9 幢（201206）				
投资总额	20 万 USD	电话	38720368	传真	38720358
设立日期	2007-12-3	负责人	TIM LEVINY		
主营业务	肉类、葡萄酒、啤酒、水产品、羊毛、农产品的批发、佣金代理。				

企业名称	霖杉商贸（上海）有限公司				
企业地址	上海市长宁区定西路 788 号 606 室（200052）				
投资总额	20 万 USD	电话	61169377	传真	61169332
设立日期	2007-12-3	负责人	KAO STEVEN KAI SHING		
主营业务	金属材料（钢材、贵金属、稀有金属除外）、金属制品的进出口、批发。				

企业名称	绿盟贸易（上海）有限公司				
企业地址	上海市浦东新区商城路 800 号 503 室（200120）				
投资总额	21 万 USD	电话	58358551	传真	
设立日期	2007-12-3	负责人	廖国棠		
主营业务	食品、饮料、乳制品、食品添加剂的批发、佣金代理（拍卖除外）。				

企业名称	关西涂料贸易（上海）有限公司				
企业地址	上海市浦东新区杨高北路 528 号 14 幢 4067 室（200126）				
投资总额	100 万 USD	电话	50581746	传真	54132370
设立日期	2007-12-3	负责人	石野博（ISHINO HIROSHI）		
主营业务	涂料（危险品除外）及相关产品的批发、佣金代理（拍卖除外）。				

企业名称	坤炬贸易（上海）有限公司				
企业地址	上海市浦东新区东靖路 1831 号 403-19 室（201208）				
投资总额	14 万 USD	电话	50461650	传真	50461654
设立日期	2007-12-3	负责人	徐国馨		
主营业务	机械、电气设备及其零件，灯具、照明及发光装置的批发。				

企业名称	金熙（上海）贸易有限公司				
企业地址	上海市虹口区广灵二路 122 号 440 室（200083）				
投资总额	14 万 USD	电话	59743862	传真	59743010
设立日期	2007-12-3	负责人	周权忠		
主营业务	预包装食品的批发。				

企业名称	澳岚建筑材料贸易（上海）有限公司				
企业地址	上海市浦东新区潍坊五村 546 号 304 室（200122）				
投资总额	15 万 USD	电话	64702998	传真	61152703
设立日期	2007-12-3	负责人	蒋松华		
主营业务	建筑材料（钢材、水泥除外）的批发、进出口并提供相关配套业务。				

企业名称	元美国际贸易（上海）有限公司				
企业地址	上海市外高桥保税区泰谷路 88 号丰谷大楼七层 734A 室（200131）				
投资总额	15 万 USD	电话	58660825	传真	
设立日期	2007-12-3	负责人	LEE JIN WON		
主营业务	国际贸易、转口贸易、保税区企业间贸易及区内贸易代理。				

企业名称	河林（上海）贸易有限公司				
企业地址	上海市海宁路 1399 号 2210 室（200070）				
投资总额	300 万 RMB	电话	63818825	传真	63807487
设立日期	2007-12-3	负责人	林子扬		
主营业务	鞋帽、皮革制品、针纺织品、日用百货、机械配件的批发、进出口。				

企业名称	提凯贸易（上海）有限公司				
企业地址	上海市外高桥保税区基隆路 6 号外高桥大厦 505 室（200131）				
投资总额	100 万 RMB	电话	62351703	传真	
设立日期	2007-12-3	负责人	市川阳三		
主营业务	国际贸易、转口贸易、保税区企业间的贸易及贸易代理。				

企业名称	上海众勃汇贸易有限公司				
企业地址	上海市长宁区宣化路 311 号 508 室（200050）				
投资总额	100 万 RMB	电话	62252323	传真	62106149
设立日期	2007-12-3	负责人	HASHIMOTO YUKIO		
主营业务	食品、调味品、化妆品、健身器材、日用百货、家用电器、服装的批发。				

企业名称	上海霖卓贸易有限公司				
企业地址	上海市肇嘉浜路 789 号 19E1 室（200031）				
投资总额	100 万 RMB	电话	64189347	传真	34248393
设立日期	2007-12-3	负责人	潘子强		
主营业务	机械设备及配件、电子产品、仪器仪表、五金制品、量具的批发。				

企业名称	闵真（上海）贸易有限公司				
企业地址	上海市闵行区莲花路 2080 弄 50 号 17 幢 4 楼 F 室（201103）				
投资总额	20 万 USD	电话	64015711	传真	
设立日期	2007-11-29	负责人	MIN DONG IL		
主营业务	纺织品、针织品及原料、服装及辅料的批发、进出口、佣金代理。				

企业名称	恩冕贸易（上海）有限公司				
企业地址	上海市普陀区陕西北路 1438 号 1316 室（200060）				
投资总额	500 万 USD	电话	62983355	传真	62983355
设立日期	2007-11-29	负责人	刘达荣		
主营业务	日用百货、服装服饰、饰品、鞋帽、箱包、家用电器的批发、佣金代理。				

企业名称	禾港贸易（上海）有限公司				
企业地址	上海市普陀区陕西北路 1283 弄 9 号 1305 室（200060）				
投资总额	14 万 USD	电话	62772930	传真	62772937
设立日期	2007-11-29	负责人	王怡雯		
主营业务	纺织品及其制品、日用杂货的进出口，提供相关配套服务。				

企业名称	埃思迪优（上海）服饰贸易有限公司				
企业地址	上海市闵行区吴中路 1050 号 6 幢 910 室（201103）				
投资总额	15 万 USD	电话	64051038	传真	64051036
设立日期	2007-11-29	负责人	LEE KWANG BAEK		
主营业务	服装服饰、鞋帽、箱包、饰品的批发、进出口、佣金代理（拍卖除外）。				

企业名称	秀冯特商贸（上海）有限公司				
企业地址	上海市恒丰路 218 号 612 室（200070）				
投资总额	100 万 RMB	电话	51381038	传真	50381078
设立日期	2007-11-29	负责人	STERHEN PATRICK DIGGLE		
主营业务	各类展示器材与配件的批发、佣金代理（拍卖除外）、进出口。				

企业名称	杰进商贸（上海）有限公司				
企业地址	上海市静安区江宁路 212 号凯迪克大厦 14 楼 D201 室（200041）				
投资总额	200 万港币	电话	62882470	传真	62880100
设立日期	2007-11-28	负责人	邱子茵		
主营业务	钟表、眼镜（验光和配镜服务）、珠宝、服装、饰品的零售和批发。				

企业名称	杰润（中国）商贸有限公司				
企业地址	上海市徐汇区长乐路 989 号世纪商贸广场 4301 室（200031）				
投资总额	3300 万 USD	电话	24118000	传真	24018811
设立日期	2007-11-28	负责人	ALLAN MARSON		
主营业务	贱金属（钢和铁除外）及相关产品的进出口和批发、其他相关配套服务。				

企业名称	上海史卫珂霓商贸有限公司				
企业地址	上海市黄浦区西藏中路 268 号 4605 室（200001）				
投资总额	35 万 USD	电话	61289288	传真	61289298
设立日期	2007-11-28	负责人	CHRISTOPHER FINLEY		
主营业务	化妆品及护肤品、家居用品、纺织品、服装服饰、皮革制品的批发。				

企业名称	景燃贸易（上海）有限公司				
企业地址	上海市静安区万航渡路 888 号 7 楼 B-11 室（200040）				
投资总额	14 万 USD	电话	62953575	传真	62957572
设立日期	2007-11-28	负责人	莫安德		
主营业务	音响设备、家用电气、通讯设备及相关零配件的零售和批发，佣金代理。				

企业名称	加金贸易（上海）有限公司				
企业地址	上海市浦东新区商城路 800 号斯米克大厦 04 楼 412 室（200120）				
投资总额	10 万 USD	电话	58359956	传真	
设立日期	2007-11-28	负责人	GORDON S. IVERSON		
主营业务	机械、电气和仪表设备及零部件的批发、进出口及相关配套业务。				

企业名称	上海广良兴食品贸易有限公司				
企业地址	上海市浦东新区杨高北路 528 号 14 幢 3006 室（200131）				
投资总额	200 万 RMB	电话	51352665	传真	51352667
设立日期	2007-11-28	负责人	华琼		
主营业务	巧克力、糖果、糕点、休闲食品的批发及进出口业务。				

企业名称	库克（中国）医疗贸易有限公司				
企业地址	上海市外高桥保税区美盛路 56 号 4 号楼 1 层 106 室（200131）				
投资总额	5000 万 RMB	电话	52068989	传真	
设立日期	2007-11-28	负责人	LIM KING SIONG MICHAEL		
主营业务	医疗器械的批发、进出口。				

企业名称	白面川商贸（上海）有限公司				
企业地址	上海市长宁区茅台路 868 号 1010 室（200336）				
投资总额	2500 万日元	电话	62703107	传真	
设立日期	2007-11-28	负责人	MASAKAZU SHIRAKAWA		
主营业务	服装及服装辅料、缝纫机设备及配件、日用百货的批发、佣金代理。				

企业名称	罗威特隧道机械贸易（上海）有限公司				
企业地址	上海市静安区康定路 358 号 11 幢 104 室（200041）				
投资总额	50 万加元	电话	53757123	传真	53757121
设立日期	2007-11-27	负责人	RICKY P. LOVAT		
主营业务	城市地铁暗挖设备、机械设备、电气设备及其零部件的批发、佣金代理。				

企业名称	坚式服饰辅料贸易（上海）有限公司				
企业地址	上海市虹口区四平路 198 号 1510 室（200086）				
投资总额	25 万 USD	电话	52370960	传真	52370960
设立日期	2007-11-27	负责人	萧培鸿		
主营业务	金属、树脂材料钮扣、拉链、PVC 拉片、衣架、撞钉的批发，佣金代理。				

企业名称	康膜圣科（上海）玻璃膜贸易有限公司				
企业地址	上海市嘉定区安亭镇众百路 339 号第 1 幢（201805）				
投资总额	31.1 万 USD	电话	59509687	传真	59509689
设立日期	2007-11-27	负责人	STEPHEN NORBERT PHILLIPS		
主营业务	玻璃膜、贴膜设备、工具及辅助用具的批发、进出口、佣金代理。				

企业名称	马莎商业（上海）有限公司				
企业地址	上海市黄浦区南京西路 819 号 5-6 楼（200041）				
投资总额	1200 万 USD	电话	62185183	传真	
设立日期	2007-11-27	负责人	RICHARD SWEET		
主营业务	服装、女士内衣、家用饰品、化妆品及用品、护肤产品的批发和零售。				

企业名称	宇劲贸易（上海）有限公司				
企业地址	上海市静安区南京西路 580 号 3105 室（200041）				
投资总额	14 万 USD	电话	52289760	传真	
设立日期	2007-11-27	负责人	EDWARD ALAN BENJAMIN		
主营业务	汽车与摩托车零配件及相关配件、机械设备、模具、电子产品的批发。				

企业名称	上海白佳菲贸易有限公司				
企业地址	上海市松江区新桥镇陈春路 58 号 2 幢北侧（201612）				
投资总额	10 万 USD	电话	67649792	传真	67649793
设立日期	2007-11-27	负责人	许永昌		
主营业务	从事食品饮料、咖啡豆、茶叶、茶叶制品、奶制品、速溶咖啡的批发。				

企业名称	信鹤国际贸易（上海）有限公司				
企业地址	上海市外高桥保税区华申路 180 号综合大楼五层 501 室（200131）				
投资总额	15 万 USD	电话	50462986	传真	
设立日期	2007-11-27	负责人	TAN LAY LING		
主营业务	国际贸易、转口贸易、保税区内企业间的贸易及贸易代理。				

企业名称	富积坦商贸（上海）有限公司				
企业地址	上海市松江区新松江路 1000 号 511 室（201620）				
投资总额	100 万 RMB	电话	67824830	传真	67824831
设立日期	2007-11-27	负责人	藤本丰		
主营业务	特殊气体供应系统及其零部件、配套件的批发、佣金代理（拍卖除外）。				

企业名称	里翁商贸（上海）有限公司				
企业地址	上海市浦东新区金桥出口加工区新金桥路 255 号 538 室（201206）				
投资总额	14 万 USD	电　话	51384376	传　真	
设立日期	2007-11-26	负责人	潘　波		
主营业务	建材（钢材、水泥除外）、塑料制品、礼品、玩具、体育用品的批发。				

企业名称	艾赫德贸易（上海）有限公司				
企业地址	上海市浦东新区金桥出口加工区新金桥路 255 号 712 室（201206）				
投资总额	14 万 USD	电　话	51352569	传　真	
设立日期	2007-11-26	负责人	YASER AHMED HUSSEIN AL-HADHA		
主营业务	食品、机械设备及零部件、化工产品及原料（危险化学品除外）的批发。				

企业名称	国玺（上海）商贸有限公司				
企业地址	上海市普陀区中山北路 1715 号 2308 室（200060）				
投资总额	14 万 USD	电　话	51087886	传　真	60958976
设立日期	2007-11-26	负责人	喻国玺		
主营业务	服装及配饰件、化工产品（危险品除外）、电子产品、橡塑制品的批发。				

企业名称	蒂希耳贸易（上海）有限公司				
企业地址	上海市闵行区吴中路 1050 号 5 幢 610 室（201103）				
投资总额	14 万 USD	电　话	64061074	传　真	64061074
设立日期	2007-11-26	负责人	KIM HO YOUNG		
主营业务	机电设备及零配件、仪器仪表、五金交电的批发和进出口，提供服务。				

企业名称	荞禾建材贸易（上海）有限公司				
企业地址	上海市长宁区天山西路 125 号 623 室（200335）				
投资总额	100 万 RMB	电　话	62366818	传　真	62366818
设立日期	2007-11-26	负责人	谭雪芬		
主营业务	从事建筑材料（钢材、水泥除外）、装潢材料、卫生洁具的批发。				

企业名称	巴丽（上海）商业有限公司				
企业地址	上海市徐汇区汾阳路 138 号轻科大厦 901A 室（200031）				
投资总额	600 万港币	电　话	54655793	传　真	64732332
设立日期	2007-11-23	负责人	郑伟雄		
主营业务	服装、服饰、箱包、皮具、鞋帽、眼镜、毛皮制品的进出口、批发。				

企业名称	鸿塑贸易（上海）有限公司				
企业地址	上海市南丹东路 238 号 2205 室（200030）				
投资总额	20 万 USD	电　话	61524456	传　真	64388623
设立日期	2007-11-23	负责人	洪哲彦		
主营业务	塑料产品、塑料粉碎片、塑胶产品、建筑材料、五金交电的批发。				

企业名称	爱可伦贸易（上海）有限公司				
企业地址	上海市浦东新区陆家嘴东路 161 号 2103 室（200120）				
投资总额	900 万 USD	电　话	68592100	传　真	
设立日期	2007-11-23	负责人	PANAGIOTIS MITROULIAS		
主营业务	船舶及浮动结构体、船舶配件、建筑材料、机电设备的批发和进出口。				

企业名称	海克王纳贸易（上海）有限公司				
企业地址	上海市肇嘉浜路 790 号 1803 室（200031）				
投资总额	40.8 万 USD	电　话	54660237	传　真	54660237
设立日期	2007-11-23	负责人	CHERYL DIUGUID		
主营业务	造纸机织物、造纸机设备及其零配件、润滑剂的批发；进出口。				

企业名称	富社（上海）商贸有限公司				
企业地址	上海市东安路 8 号 7 楼 717 室（200032）				
投资总额	100 万 USD	电　话	64031249	传　真	64031249
设立日期	2007-11-23	负责人	伊藤裕郎		
主营业务	电子机械、液晶关联设备、精密仪器、机械设备及相关零部件的批发。				

企业名称	华湃（上海）贸易有限公司				
企业地址	上海市长宁区仙霞路 319 号 315A 室（200051）				
投资总额	100 万 RMB	电　话	62351668	传　真	62351690
设立日期	2007-11-23	负责人	ADRIAN JING XU		
主营业务	汽车零配件、日用百货、服装、文具、玩具的批发、佣金代理。				

企业名称	恒威家善美建材贸易（上海）有限公司				
企业地址	上海市外高桥保税区华申路 180 号综合大楼六层 606 室（200131）				
投资总额	20 万 USD	电　话	63303300	传　真	63303900
设立日期	2007-11-22	负责人	古沅琳		
主营业务	国际贸易、转口贸易，保税区企业间的贸易及贸易代理。				

企业名称	托德斯（上海）商贸有限公司				
企业地址	上海市静安区陕西北路 457 号 1 号楼 205、206 室（200040）				
投资总额	900 万 USD	电　话	61238331	传　真	
设立日期	2007-11-22	负责人	STEFANO SINCINI		
主营业务	从事包、皮带、皮夹、钥匙包、伞具、皮手镯、封皮、布制品的批发。				

企业名称	昆施伯贸易（上海）有限公司				
企业地址	上海市长宁区延安西路 2299 号 07F20 室（200336）				
投资总额	30 万 USD	电　话	62362131	传　真	62362132
设立日期	2007-11-22	负责人	李永宏		
主营业务	从事化工产品（危险品除外），纺织品、太阳眼镜、玩具、家具的批发。				

企业名称	上海美筠化妆品贸易有限公司				
企业地址	上海市浦东新区张杨路 601 号 8E 室（201206）				
投资总额	12 万 USD	电　话	50807833	传　真	50807833
设立日期	2007-11-22	负责人	简　筠		
主营业务	化妆品、护肤品的批发、佣金代理（拍卖除外），进出口。				

企业名称	哈夫曼（上海）机电贸易有限公司				
企业地址	上海市浦东新区杨高北路 528 号 14 幢 4065 室（200123）				
投资总额	14 万 USD	电　话	51357357	传　真	51357391
设立日期	2007-11-22	负责人	DR. FAN XIAOHUA		
主营业务	精密仪器、电器产品、金属制品、五金制品、塑料橡胶制品的批发。				

企业名称	马持大贸易（上海）有限公司				
企业地址	上海市长宁区新华路 728 号 705-706 室（200052）				
投资总额	2100 万日元	电　话	58691577	传　真	
设立日期	2007-11-22	负责人	大熊和夫		
主营业务	工厂自动化设备，上述机械设备的零部件，贱金属制品的批发、进出口。				

企业名称	科陆电子贸易（上海）有限公司				
企业地址	上海市外高桥保税区基隆路 6 号外高桥大厦 727 室（200131）				
投资总额	3000 万日元	电　话	58690769	传　真	64400053
设立日期	2007-11-22	负责人	高桥和良		
主营业务	保税区内国际贸易、转口贸易、保税区内企业间的贸易及区内贸易代理。				

企业名称	意培络珠宝首饰贸易（上海）有限公司				
企业地址	上海市浦东新区浦东南路 1101 号 1108 室（200120）				
投资总额	20 万 USD	电　话	64477512	传　真	
设立日期	2007-11-21	负责人	PETR FEDOROV		
主营业务	珠宝首饰（毛钻，裸钻除外），黄金饰品的批发、零售，商品的进出口。				

企业名称	鸿力贸易（上海）有限公司				
企业地址	上海市闵行区莘浜路 89 号三层 3001 室（201100）				
投资总额	30 万 USD	电　话	64129590	传　真	64129839
设立日期	2007-11-21	负责人	林宏量		
主营业务	从事车载及便携式导航定位仪及其配件、通讯测量仪及其配件的批发。				

企业名称	寿腾（上海）贸易有限公司				
企业地址	上海市卢湾区淮海中路 1 号 1102 室（200021）				
投资总额	30 万 USD	电　话	62893139	传　真	62894497
设立日期	2007-11-21	负责人	三岛寿胜		
主营业务	从事建筑涂料、化工原料及产品（危险品除外）、电子产品的批发。				

企业名称	特牢尼贸易（上海）有限公司				
企业地址	上海市外高桥保税区富特西一路 473 号 4 层 441 室（200131）				
投资总额	15 万 USD	电　话	63758811	传　真	
设立日期	2007-11-21	负责人	WILLIAM MARK BAILEY		
主营业务	机器、机械器具及其零部件，电机、电气产品及零部件的批发及进出口。				

企业名称	贝芸贸易（上海）有限公司				
企业地址	上海市浦东新区高科西路 551 号上电实业大厦 2227 室（201203）				
投资总额	10.5 万欧元	电　话	64862767	传　真	64861841
设立日期	2007-11-21	负责人	PEYLO YUONNE YUN		
主营业务	防伪标签、无线射频识别（RFID）商品、服装的批发、佣金代理。				

企业名称	逸氏贸易（上海）有限公司				
企业地址	上海市卢湾区中山南一路 500 弄 1 号 703 室（200023）				
投资总额	10 万欧元	电　话	63027276	传　真	
设立日期	2007-11-21	负责人	JIE ZHANG		
主营业务	从事化妆品、日用百货、工艺礼品、玩具的批发、进出口。				

企业名称	英能贸易（上海）有限公司				
企业地址	上海市卢湾区淮海中路 300 号 3902A 室（200020）				
投资总额	200 万 RMB	电　话	63353235	传　真	63353217
设立日期	2007-11-21	负责人	FRANCO ARIEL FOLGADO		
主营业务	危险化学品（限危险化学品经营许可证范围，其他化学品除外）的批发。				

企业名称	上海优极兴贸易有限公司				
企业地址	上海市闵行区吴中路 1050 号 6 幢 811-812 室（201103）				
投资总额	120 万 RMB	电　话	60907668	传　真	60907668
设立日期	2007-11-21	负责人	KENNETH DALE EISENBRAUN		
主营业务	货、建筑材料、工艺美术品（文物除外）、铸锻件通用零配件的批发。				

企业名称	帕兰诺瓦贸易（上海）有限公司				
企业地址	上海市浦东新区浦东南路 1088 号 1505 室（200120）				
投资总额	100 万 RMB	电　话	68885803	传　真	68885801
设立日期	2007-11-21	负责人	MOTREN REINHARD SOEEGAARD		
主营业务	商品展示用设备及家具的批发、佣金代理（拍卖除外）、进出口。				

企业名称	普拿仕（上海）贸易有限公司				
企业地址	上海市奉贤区环城东路 399 号 1 幢 707 室（201400）				
投资总额	20 万 USD	电　话	62419806	传　真	62414596
设立日期	2007-11-20	负责人	秦永恒		
主营业务	纺织品、食品、化妆品、化工产品及化工原料及相关包装品的批发。				

企业名称	上海双捷商贸有限公司				
企业地址	上海市浦东新区陆家嘴东路 161 号 2115 室（200120）				
投资总额	25 万 USD	电　话	68877987	传　真	68877993
设立日期	2007-11-20	负责人	许完宁（HER WAN NYOUNG）		
主营业务	石油化工产品的批发、佣金代理（拍卖除外）。				

企业名称	亿瓦益电气商贸（上海）有限公司				
企业地址	上海市长宁区仙霞路 317 号 B 栋 2412 室（200051）				
投资总额	21 万 USD	电　话	62351352	传　真	62351653
设立日期	2007-11-20	负责人	根本幸男		
主营业务	从事特种照明的电气产品、零部件、机械装置的批发、佣金代理。				

企业名称	戴思环保设备贸易（上海）有限公司				
企业地址	上海市张江高科技园区张江路 91 号 6 幢 331 室（201203）				
投资总额	14 万 USD	电　话	50806321	传　真	50806324
设立日期	2007-11-20	负责人	RENE REICHARDT		
主营业务	环保设备零部件产品的批发、佣金代理（拍卖除外）、进出口。				

企业名称	高斗玉贸易（上海）有限公司				
企业地址	上海市浦东新区浦东南路 1101 号 1111 室（200131）				
投资总额	15 万 USD	电　话	58365952	传　真	58365953
设立日期	2007-11-20	负责人	KO HAN CHEON		
主营业务	测量仪器、测量用品、仪器仪表的批发、佣金代理（拍卖除外）。				

企业名称	全逸贸易(上海)有限公司				
企业地址	上海市浦东新区耀华路 215 号 2 幢 B110 室（200136）				
投资总额	23 万欧元	电　话	58361115	传　真	58361117
设立日期	2007-11-20	负责人	高树勋		
主营业务	仪器仪表、机械设备、电子元器件及相关零件、化学检测设备的批发。				

企业名称	品厨商业（上海）有限公司				
企业地址	上海市徐汇区桃江路 1 号 1 幢 1 楼 3 号门面房（200031）				
投资总额	70 万 RMB	电　话	64669099	传　真	64669099
设立日期	2007-11-20	负责人	ELIZABETH ANNE WILSON		
主营业务	餐桌用品、厨房用品、小型衡器、手电筒、温度计的批发、零售。				

企业名称	发祎丝特贸易（上海）有限公司				
企业地址	上海市长宁区延安西路 1228 弄 2 号 31GH 室（200052）				
投资总额	100 万 RMB	电　话	52300524	传　真	
设立日期	2007-11-20	负责人	AHN DONG JIN（安东珍）		
主营业务	纺织品、针织品及原料（棉花除外）、服装及辅料的批发、进出口。				

企业名称	黛瑞儿服装贸易（上海）有限公司				
企业地址	上海市静安区新闸路 831 号 20 层 C 室（200041）				
投资总额	25 万 USD	电　话	62187151	传　真	62187152
设立日期	2007-11-19	负责人	陈宗欣		
主营业务	服装、鞋、皮革制品、饰品、手表、伞、日用杂货的批发、佣金代理。				

企业名称	水维莎（上海）贸易有限公司				
企业地址	上海市静安区乌鲁木齐北路 457 号 310 室（200040）				
投资总额	12.66 万 USD	电　话	62493305	传　真	
设立日期	2007-11-19	负责人	THOMAS WINDHAGER		
主营业务	从事水晶玻璃制品、文化用品、体育用品、日用杂货的批发、进出口。				

企业名称	俊翘（上海）贸易有限公司				
企业地址	上海市漕溪北路 398 号 3003 室（200030）				
投资总额	15 万 USD	电　话	31001603	传　真	
设立日期	2007-11-16	负责人	胡惠康		
主营业务	从事户外游泳运动用品、日用百货、纺织面料、辅料、服装的批发。				

企业名称	阿讷西时装贸易（上海）有限公司				
企业地址	上海市黄浦区人民路 885 号 2606 室（200010）				
投资总额	20 万欧元	电　话	63369801	传　真	63369805
设立日期	2007-11-16	负责人	范　莉		
主营业务	服装、服饰的批发、零售、进出口业务，提供相关的售后服务。				

企业名称	高威（上海）化工贸易有限公司				
企业地址	上海市外高桥保税区泰谷路 18 号 1 号楼第二层 201 部位（200131）				
投资总额	20 万 USD	电　话	51353235	传　真	
设立日期	2007-11-15	负责人	HARNISH DHARAMDAS JUTHANI		
主营业务	保税区内以化学品、化工机械设备为主的仓储、分拨业务。				

企业名称	弘醍（上海）食品贸易有限公司				
企业地址	上海市浦东新区浦东南路 1101 号 701、702 室（200120）				
投资总额	30 万 USD	电　话	58366971	传　真	58366973
设立日期	2007-11-15	负责人	黄焕宗		
主营业务	食品、饮料、乳制品、豆制品的批发，佣金代理（拍卖除外）和进出口。				

企业名称	上海繁葵医疗器械贸易有限公司				
企业地址	上海市长宁区仙霞路 369 号 1 号楼 2203 室（200336）				
投资总额	100 万 USD	电　话	51559161	传　真	51559162
设立日期	2007-11-15	负责人	刘清繁		
主营业务	手摇式病床、普通病床、充气防褥疮床垫、血糖试纸的批发、佣金代理。				

企业名称	上海康得美医疗器械贸易有限公司				
企业地址	上海市长宁区仙霞路 369 号 1 号楼 2203 室（200336）				
投资总额	100 万 USD	电　话	51559161	传　真	
设立日期	2007-11-15	负责人	刘清繁		
主营业务	手摇式病床、普通病床、充气防褥疮床垫、血糖试纸的批发、佣金代理。				

企业名称	上海河润贸易有限公司				
企业地址	上海市闵行区中春路 7319 号二楼 B-2（201101）				
投资总额	20 万 USD	电　话	54860191	传　真	54866583
设立日期	2007-11-14	负责人	刘建茂		
主营业务	防护衣、呼吸防护系统、手部防护、脚部防护、头部防护的批发。				

企业名称	寰贸贸易（上海）有限公司				
企业地址	上海市闵行区吴中路 686 弄 2 号 5 幢 509 室（201103）				
投资总额	6.5 万 USD	电　话	51759528	传　真	51759528
设立日期	2007-11-14	负责人	MAURICIO CERVANTES ZEPEDA		
主营业务	机电设备的批发、进出口及相关的配套服务。				

企业名称	浦绿倍（上海）贸易有限公司				
企业地址	上海市浦东新区杨高北路 528 号 14 幢 6088 室（200131）				
投资总额	39 万 USD	电　话	64273096	传　真	64272373
设立日期	2007-11-14	负责人	UEDA ERI		
主营业务	机械刀具、机电设备、电子产品、化工产品的批发、佣金代理。				

企业名称	英视眼镜贸易（上海）有限公司				
企业地址	上海市杨浦区许昌路 492 号 2 号楼 201 室（200082）				
投资总额	14 万 USD	电　话	64282072	传　真	64282076
设立日期	2007-11-14	负责人	CHIN SEE KEAT（陈师吉）		
主营业务	从事眼镜及配件的批发和进出口，并提供相关配套服务，验光，配镜。				

企业名称	瑛达迈（上海）贸易有限公司				
企业地址	上海市虹桥路 808 号 41 幢 A-8223 室（200030）				
投资总额	10 万 USD	电　话	64480906	传　真	64480906
设立日期	2007-11-14	负责人	ANDER ZOZAYA GUISASOLA		
主营业务	风力发电设备及配件；汽车、火车配件；五金配件的批发、佣金代理。				

企业名称	**泉亿食品机械贸易（上海）有限公司**				
企业地址	上海市浦东新区川沙路 6999 号 B 区 5 号楼 137 室（201200）				
投资总额	35 万 USD	电　话	62400592	传　真	62400595
设立日期	2007-11-13	负责人	陈国泉		
主营业务	烘烤设备、制冷设备、餐饮设备、食品机械设备、烘焙模具的批发。				

企业名称	**永能拓食品机械贸易（上海）有限公司**				
企业地址	上海市浦东新区川沙路 6999 号 B 区 5 号楼 137 室（201200）				
投资总额	35 万 USD	电　话	62400595	传　真	62400855
设立日期	2007-11-13	负责人	陈国泉		
主营业务	烘烤设备、制冷设备、餐饮设备、食品机械设备、烘焙模具的批发。				

企业名称	**祺骆希（上海）商贸有限公司**				
企业地址	上海市浦东新区商城路 738 号 2404 室（200317）				
投资总额	45 万 USD	电　话	58363832	传　真	58363827
设立日期	2007-11-13	负责人	小松光孝		
主营业务	鞋帽、轻纺制品、橡胶制品、纤维制品、皮革制品、工艺品的批发。				

企业名称	**比司特血液技术产品贸易（上海）有限公司**				
企业地址	上海市外高桥保税区基隆路 6 号外高桥大厦 816 室（200131）				
投资总额	14 万 USD	电　话	58691292	传　真	58692179
设立日期	2007-11-13	负责人	WILLIAM MERCER		
主营业务	国际贸易、贸易咨询服务；保税区企业间的贸易及区内贸易代理业务。				

企业名称	**佰福达贸易（上海）有限公司**				
企业地址	上海市浦东新区浦东南路 1088 号 1011 室部分（200120）				
投资总额	14 万 USD	电　话	68881387	传　真	
设立日期	2007-11-13	负责人	PAULO BARRIGA		
主营业务	工业安全防护产品、机电产品、纺织品的批发、佣金代理。				

企业名称	**嘉达赛诺贸易（上海）有限公司**				
企业地址	上海市乐山路 33 号 3 幢 713 室（200030）				
投资总额	14 万 USD	电　话	64403336	传　真	64403328
设立日期	2007-11-13	负责人	杨晓明		
主营业务	服装、纺织品、饰品、化妆品、电子产品、日用百货的批发，佣金代理。				

企业名称	**金太客研磨科技（上海）有限公司**				
企业地址	上海市龙华路 2862 号 208 室（200232）				
投资总额	14 万 USD	电　话	58776836	传　真	58776839
设立日期	2007-11-13	负责人	王一峰		
主营业务	从事研磨科技领域内的技术开发、转让自有技术成果、提供技术咨询。				

企业名称	**上海丰菱贸易有限公司**				
企业地址	上海市浦东新区杨高北路 528 号 14 幢 4061 室（200131）				
投资总额	15 万 USD	电　话	63500821	传　真	
设立日期	2007-11-13	负责人	张启宗		
主营业务	通讯材料、化工材料（不含化学危险品）、机电产品的批发、佣金代理。				

企业名称	**豪润（上海）贸易有限公司**				
企业地址	上海市浦东新区新金桥路 201 号 618 室（201206）				
投资总额	100 万 RMB	电　话	50323308	传　真	50323313
设立日期	2007-11-13	负责人	李承哲		
主营业务	模具及配件、电子产品、仪器仪表、电线电缆、热流道系统设备的批发。				

企业名称	**丽熙商贸（上海）有限公司**				
企业地址	上海市漕溪路 250 号 B 区 504 室（200235）				
投资总额	100 万 RMB	电　话	54484532	传　真	54484533
设立日期	2007-11-13	负责人	KOH CHEE BENG		
主营业务	纸、纸浆及纸制品、包装材料、金属材料（钢材和贵金属除外）的批发。				

企业名称	**辉玛（上海）商贸有限公司**				
企业地址	上海市长宁区天山路 600 弄 3 号 17A 室（200051）				
投资总额	20 万 USD	电　话	62748728	传　真	
设立日期	2007-11-12	负责人	林佩乐		
主营业务	家具及配件、五金交电、建筑材料（钢材、水泥除外）、灯具的批发。				

企业名称	**露妮商贸（上海）有限公司**				
企业地址	上海市闵行区光华路 2118 号 6 幢 1126 室（201111）				
投资总额	20 万 USD	电　话	61242908	传　真	61242909
设立日期	2007-11-12	负责人	张　勤		
主营业务	服装服饰及其辅料、皮革皮具制品、鞋帽、饰品、日用百货的批发。				

企业名称	**瑷恩洁（上海）贸易有限公司**				
企业地址	上海市长宁区延安西路 2299 号 07F31、07F33 室（200336）				
投资总额	5 万 USD	电　话	62361903	传　真	62362152
设立日期	2007-11-12	负责人	SONG SUNG KWAN		
主营业务	服装服饰、床上用品、纺织原料（棉花除外）的批发、佣金代理。				

企业名称	**潮适商贸（上海）有限公司**				
企业地址	上海市长宁区中山西路 1277 号 4 幢 3 层 308 室（200051）				
投资总额	14.6 万 USD	电　话	51767078	传　真	51767080
设立日期	2007-11-12	负责人	刘　军		
主营业务	从事电子元器件、化妆品，工艺品（文物除外）的批发、佣金代理。				

企业名称	**景汉贸易（上海）有限公司**				
企业地址	上海市闵行区光华路 2118 号第 3 幢 541 室（201108）				
投资总额	14 万 USD	电　话	64458608	传　真	
设立日期	2007-11-12	负责人	何　敏		
主营业务	从事动态不断电电源设备、柴油发电机组设备、沼气发电机设备的批发。				

企业名称	**今右卫门贸易（上海）有限公司**				
企业地址	上海市长宁区天山路 600 弄 4 号 4 楼 A 室（200051）				
投资总额	14 万 USD	电　话	64180433	传　真	64171918
设立日期	2007-11-12	负责人	大桥孝		
主营业务	竹木制品、装潢材料、日用百货、家用电器及零配件的批发。				

企业名称	**上海民艺贸易有限公司**				
企业地址	上海市嘉定区曹安路 4135 号 3 幢 304 室（201900）				
投资总额	14 万 USD	电　话	54155099	传　真	
设立日期	2007-11-12	负责人	LEE JAE WON		
主营业务	从事石材、服装、服饰、布料、日用百货、电子产品的进出口与批发。				

企业名称	**源港（上海）贸易有限公司**				
企业地址	上海市闵行区光华路 2118 号第 3 幢 440 室（201108）				
投资总额	14 万 USD	电　话	58365105	传　真	58365109
设立日期	2007-11-12	负责人	LOJEK		
主营业务	糖果、咖啡、茶叶、饮料、五金交电、日用百货、建筑材料的批发。				

企业名称	**水阳（上海）贸易有限公司**				
企业地址	上海市奉贤区环城西路 3111 号 8 号厂房（201400）				
投资总额	14 万 USD	电　话	33655205	传　真	33655205
设立日期	2007-11-12	负责人	柳　浩		
主营业务	精密机械设备及配件、金属模具的批发、佣金代理（拍卖除外）。				

企业名称	**上海肯盟杰贸易有限公司**				
企业地址	上海市长宁区仙霞路 137 号 25A 室（200051）				
投资总额	200 万 RMB	电　话	52068939	传　真	52068939
设立日期	2007-11-12	负责人	甲斐元虎		
主营业务	印刷机械、照相器材、数码电子产品、计算机的批发、佣金代理。				

企业名称	**德希坊服饰商贸（上海）有限公司**				
企业地址	上海市静安区南京西路 1038 号 1502 室（200041）				
投资总额	540 万 RMB	电　话	62713868	传　真	62713771
设立日期	2007-11-12	负责人	何倩杏		
主营业务	服装、配饰、鞋类、皮革制品的批发、佣金代理（拍卖除外）。				

企业名称	**上海禾宜商贸有限公司**				
企业地址	上海市宝山区牡丹江路 1288 号 102 室（200940）				
投资总额	150 万 RMB	电　话	28403369	传　真	
设立日期	2007-11-12	负责人	黄泰盛		
主营业务	电子元器件、塑料制品、五金制品、电子产品的批发、佣金代理。				

企业名称	**迪葡索（上海）贸易有限公司**				
企业地址	上海市长宁区娄山关路 85 号 A 座 1201 室（200336）				
投资总额	5000 万日元	电　话	62750646	传　真	62085554
设立日期	2007-11-12	负责人	五十岚幸子		
主营业务	各种金属表面处理用品、电镀用品、化学品仪器设备的批发、佣金代理。				

企业名称	**特拉徙柯商贸（上海）有限公司**				
企业地址	上海市静安区南京西路 580 号 3107 室（200040）				
投资总额	240 万 RMB	电　话	52288680	传　真	52288680
设立日期	2007-11-9	负责人	CHOI HYUNG SUK		
主营业务	服装服饰、纺织品、家居用品、皮革皮具、工艺品的批发、零售。				

批发和零售贸易业

企业名称	衡羿（上海）商贸有限公司				
企业地址	上海市浦东新区杨高北路528号14幢5067室（200136）				
投资总额	50万USD	电　话	64573230	传　真	
设立日期	2007-11-8	负责人	许路佳		
主营业务	通讯产品、电子产品、日用百货的批发、进出口，并提供配套服务。				

企业名称	科纺化纤贸易（上海）有限公司				
企业地址	上海市长宁区水城南路37号901室（200336）				
投资总额	14万USD	电　话	62950151	传　真	62955377
设立日期	2007-11-8	负责人	LEE MYOUNG PIL		
主营业务	化学纤维、纺织原料（棉花除外）、化工原料及产品皮件制品的批发。				

企业名称	兴意贸易（上海）有限公司				
企业地址	上海市闵行区都市路4418号201A室（201100）				
投资总额	15万USD	电　话	64830819	传　真	64830820
设立日期	2007-11-8	负责人	许德滨		
主营业务	微电脑控制器、机电设备、电子产品、厨房设备的批发、佣金代理。				

企业名称	汇捷（上海）化妆品贸易有限公司				
企业地址	上海市浦东新区长岛路823弄71-72号一层（201206）				
投资总额	200万港币	电　话	51086886	传　真	51086896
设立日期	2007-11-7	负责人	李执峰		
主营业务	化妆品的批发、佣金代理（拍卖除外）、进出口及其他相关配套业务。				

企业名称	鼎寰（上海）商贸有限公司				
企业地址	上海市闵行区莲花路1555号1201-05室（200237）				
投资总额	20万USD	电　话	61198226	传　真	61198228
设立日期	2007-11-7	负责人	蔡国雄		
主营业务	激光机及相关机械零部件、五金零件及耗材设备的批发、佣金代理。				

企业名称	磐时电子商贸（上海）有限公司				
企业地址	上海市浦东新区商城路800号1708室（200122）				
投资总额	20万USD	电　话	58350076	传　真	58362930
设立日期	2007-11-7	负责人	王嘉煌		
主营业务	电子产品及其零部件的批发、佣金代理（拍卖除外）、进出口业务。				

企业名称	歆隆贸易（上海）有限公司				
企业地址	上海市外高桥保税区华申路180号综合大楼8层807室（200131）				
投资总额	20万USD	电　话	53087430	传　真	53089336
设立日期	2007-11-7	负责人	钱　隆		
主营业务	国际贸易、转口贸易、保税区内企业间的贸易及区内贸易代理。				

企业名称	秘珠贸易（上海）有限公司				
企业地址	上海市静安区江宁路445号23B室（200041）				
投资总额	20万USD	电　话	62673380	传　真	
设立日期	2007-11-7	负责人	LEE WON JAE		
主营业务	服装、服饰、鞋帽、饰品、化妆品的批发、进出口、佣金代理。				

企业名称	味而思食品贸易（上海）有限公司				
企业地址	上海市闵行区莲花南路1388弄8号401室（200237）				
投资总额	20万USD	电　话	61274038	传　真	61274039
设立日期	2007-11-7	负责人	HATA　NORIO		
主营业务	预包装食品、加工设备的进出口。				

企业名称	阿姆斯壮热水设备贸易（上海）有限公司				
企业地址	上海市浦东新区杨高北路528号14幢4069室（200131）				
投资总额	20万USD	电　话	64400739	传　真	
设立日期	2007-11-7	负责人	DAVID AEMSTRONG		
主营业务	热水器、水温控制设备和系统、水龙站及上述产品的零配件的批发。				

企业名称	格瑞丝（上海）贸易有限公司				
企业地址	上海市卢湾区雁荡路109号512室（200020）				
投资总额	25万USD	电　话	53061902	传　真	53061903
设立日期	2007-11-7	负责人	土井博之		
主营业务	美容、美发产品及设备的批发、佣金代理（拍卖除外）、进出口业务。				

企业名称	科蒂商贸（上海）有限公司				
企业地址	上海市黄浦区福州路666号8楼C室（200001）				
投资总额	70万USD	电　话	63917979	传　真	53513939
设立日期	2007-11-7	负责人	YAN KUI PETER IP		
主营业务	皮肤护理产品、香水、化妆品、美发护发产品和洗浴产品的批发。				

企业名称	缙丞（上海）贸易有限公司				
企业地址	上海市普陀区延长西路172号C楼105室（200060）				
投资总额	10万USD	电　话	52951380	传　真	52951380
设立日期	2007-11-7	负责人	萧榕冠		
主营业务	工艺品或美术品（文物除外）、珠宝首饰（毛钻、裸钻除外）的批发。				

企业名称	祺舟贸易（上海）有限公司				
企业地址	上海市长宁区虹梅路3721号655室（200336）				
投资总额	2.9万欧元	电　话	50931375	传　真	50931375
设立日期	2007-11-7	负责人	LILI HAMEDER GEB. XU		
主营业务	工业陶瓷及制陶设备、家具、日用百货的批发、佣金代理（拍卖除外）。				

企业名称	惠和贸易（上海）有限公司				
企业地址	上海市静安区万航渡路888号7层B-5室（200041）				
投资总额	600万RMB	电　话	62173322	传　真	62175176
设立日期	2007-11-7	负责人	神户敏夫		
主营业务	化工原料及产品（危险品除外）、塑胶制品、劳保用品的批发和进出口。				

企业名称	华轩贸易（上海）有限公司				
企业地址	上海市卢湾区建国西路91弄5号810室（200025）				
投资总额	30万USD	电　话	53028819	传　真	
设立日期	2007-11-6	负责人	张文斌		
主营业务	日用杂货、五金交电、介入器材（植入类医疗器械除外）的批发。				

企业名称	上海壹澳叁商业有限公司				
企业地址	上海市闵行区虹许路731号1号楼甲（201103）				
投资总额	50万USD	电　话	64019757	传　真	51687570
设立日期	2007-11-6	负责人	FREDA FENG		
主营业务	日用百货、饰品包袋、包装食品、化妆品、保健品、酒、礼品的零售。				

企业名称	智胤商贸（上海）有限公司				
企业地址	上海市漕溪北路398号2705室（200030）				
投资总额	14万USD	电　话	60904589	传　真	60904679
设立日期	2007-11-6	负责人	王竞平		
主营业务	电池及电池组、避孕套、精密集成电路元器件及零部件的批发。				

企业名称	安体百克（上海）商贸有限公司				
企业地址	上海市蒲汇塘路11号15楼1501室（200030）				
投资总额	10万USD	电　话	56773556	传　真	66313869
设立日期	2007-11-6	负责人	苏祖耀		
主营业务	空气净化器及相关清洁、除味、杀菌、消毒用品及工具的进出口。				

企业名称	上海梁华贸易有限公司				
企业地址	上海市外高桥保税区加太路39号第四层37部位（200131）				
投资总额	20万USD	电　话	61265942	传　真	61265945
设立日期	2007-11-5	负责人	杜伟平		
主营业务	塑胶制品、办公设备及其耗材、电子产品的批发、进出口。				

企业名称	百芙润贸易（上海）有限公司				
企业地址	上海市外高桥保税区富特西一路439号01号楼第3层314室(200131)				
投资总额	100万USD	电　话	62880088	传　真	62882222
设立日期	2007-11-5	负责人	肖耿民		
主营业务	化妆品、食品，卫生用品的进出口、批发和佣金代理。				

企业名称	滔润贸易（上海）有限公司				
企业地址	上海市长宁区天山路600弄4号20D室（200051）				
投资总额	14万USD	电　话	64483311	传　真	64482455
设立日期	2007-11-5	负责人	柏代华		
主营业务	鞋帽箱包、工艺品、电子产品、日用百货、文具用品的批发。				

企业名称	进工贸易（上海）有限公司				
企业地址	上海市外高桥保税区华京路8号三联大厦422室（200131）				
投资总额	14万USD	电　话	50464991	传　真	
设立日期	2007-11-5	负责人	今泉卓祉		
主营业务	从事电机、电气设备及其零件的批发、佣金代理（拍卖除外）。				

企业名称	鹿特（上海）贸易有限公司				
企业地址	上海市南汇区工业园区宣中路399号17幢（201300）				
投资总额	14万USD	电　话	58186330	传　真	58186322
设立日期	2007-11-5	负责人	PETRI UOLEVI STRENGELL		
主营业务	木材，木材加工机械及零部件商品的批发，佣金代理（拍卖除外）。				

企业名称	飞梵贸易（上海）有限公司				
企业地址	上海市长宁区镇宁路 9 号 8 层 D 单元（200050）				
投资总额	10 万 USD	电话	52397930	传真	52397918
设立日期	2007-11-5	负责人	ESTHER LOH QUEK LAN		
主营业务	从事床上用品、家居用品、日用百货、饰品（钻石除外）、礼品的批发。				

企业名称	心荣电子商贸（上海）有限公司				
企业地址	上海市外高桥保税区泰谷路 88 号丰谷大厦 728A 室（200131）				
投资总额	200 万 RMB	电话	52589969	传真	
设立日期	2007-11-5	负责人	染谷英雄		
主营业务	国际贸易、转口贸易，保税区企业间的贸易、区内贸易代理。				

企业名称	上海瑞亨琪钟表商业有限公司				
企业地址	上海市天钥桥路 30 号美罗大厦 509 室（200030）				
投资总额	3000 万 RMB	电话	24125299	传真	64268113
设立日期	2007-11-4	负责人	KEVIN.R.ROLLENHAGEN		
主营业务	钟表及其零部件、品牌相关纪念品、饰品、文具、化妆品的零售和批发。				

企业名称	广焰（上海）贸易有限公司				
企业地址	上海市闵行区光华路 2118 号第 4 幢 217 室（201111）				
投资总额	14 万 USD	电话	68553315	传真	58603755
设立日期	2007-11-2	负责人	TZOUMAS NIKOLAOS		
主营业务	船舶设备及配件、机械设备及配件、五金交电、电子产品的批发。				

企业名称	美映（上海）贸易有限公司				
企业地址	上海市闵行区吴中路 1366 号第 5 幢 701 室（201103）				
投资总额	50 万 RMB	电话	50282694	传真	
设立日期	2007-11-2	负责人	YOONG KOK KEN		
主营业务	水晶、玉石（毛钻、裸钻除外）、玻璃制品、太阳能聚热板的批发。				

企业名称	致弘贸易（上海）有限公司				
企业地址	上海市肇嘉浜路 1065 甲号 1308 室（200030）				
投资总额	20 万 USD	电话	52380933	传真	52380826
设立日期	2007-11-1	负责人	唐建诚		
主营业务	纺织品、服饰及辅料、工艺美术品（文物除外）的批发、佣金代理。				

企业名称	慧思普智（上海）儿童文化用品贸易有限公司				
企业地址	上海市卢湾区马当路 119 号 1 楼 104 单元及地下（200020）				
投资总额	25 万 USD	电话	53825231	传真	53825231
设立日期	2007-11-1	负责人	卫丽容		
主营业务	杂项制品、文体用品、工艺品、服装服饰、办公用品的零售。				

企业名称	衣念（上海）时装贸易有限公司				
企业地址	上海市闵行区虹梅南路 4999 弄 21 号（200241）				
投资总额	300 万 USD	电话	54481004	传真	64824122
设立日期	2007-11-1	负责人	吴基学		
主营业务	服装、服饰、服装面料、辅料、箱包、床上用品、厨房用品的批发。				

企业名称	熊本贸易（上海）有限公司				
企业地址	上海市长宁区延安西路 1228 弄 2 号 12L 室（200052）				
投资总额	40 万 USD	电话	62789222	传真	62789222
设立日期	2007-11-1	负责人	朱兆林		
主营业务	从事服装、服饰、纺织品及其配套产品、面辅料的批发、佣金代理。				

企业名称	釉阳（上海）贸易有限公司				
企业地址	上海市奉贤区南桥镇运河北路 616 号 2 幢 217 室（201400）				
投资总额	14 万 USD	电话	54862401	传真	
设立日期	2007-11-1	负责人	RO DONG OH		
主营业务	服装服饰、纺织品（棉花除外）的批发、佣金代理（拍卖除外）。				

企业名称	惟原（上海）贸易有限公司				
企业地址	上海市漕宝路 103 号 1 幢第四层 1411 室（200233）				
投资总额	10 万 USD	电话	64847458	传真	64847457
设立日期	2007-11-1	负责人	李永浩		
主营业务	仪器仪表、五金交电、机电设备、防火材料、计算机软件的批发。				

企业名称	上海瑞文商贸有限公司				
企业地址	上海市卢湾区淮海中路 138 号 2002（B）室（200021）				
投资总额	14 万 USD	电话	63756530	传真	63756537
设立日期	2007-10-31	负责人	刘美兰		
主营业务	皮革制品、文教制品、电子产品、包装材料的批发、进出口。				

企业名称	欣恒上品时装贸易（上海）有限公司				
企业地址	上海市虹口区高阳路 246 号 310 室（200080）				
投资总额	200 万 USD	电话	52371199	传真	52377227
设立日期	2007-10-30	负责人	邓惠霞		
主营业务	服装、鞋帽、皮革制品、纺织品及相关配饰件的批发、零售。				

企业名称	上海卡法锐那国际贸易有限公司				
企业地址	上海市外高桥保税区基隆路 6 号 9 层 0905 室（200131）				
投资总额	14 万 USD	电话	62699896	传真	62685271
设立日期	2007-10-30	负责人	VICTORIA MARIA IZURIETA LIN		
主营业务	纺织品、包装材料和服饰配件及日用品的批发、佣金代理（拍卖除外）。				

企业名称	泰斯摩得服装贸易（上海）有限公司				
企业地址	上海市长宁区延安西路 2299 号 4A63-4A65 室（200336）				
投资总额	14 万 USD	电话	62363412	传真	62363430
设立日期	2007-10-30	负责人	ALBERT KOHN		
主营业务	服装和纺织品的批发、佣金代理（拍卖除外）、进出口。				

企业名称	君士坦工业贸易（上海）有限公司				
企业地址	上海市漕溪路 123 弄 15 号乙 501 室（200235）				
投资总额	14 万 USD	电话	54812899	传真	54812859
设立日期	2007-10-30	负责人	DR XIE HUI		
主营业务	机电设备、机械零部件的进出口、批发、佣金代理（拍卖除外）。				

企业名称	上海斯炫爱贸易有限公司				
企业地址	上海市浦东新区东方路 818 号众城大厦 14B 室（200130）				
投资总额	15 万 USD	电话	50582150	传真	52351021
设立日期	2007-10-30	负责人	金鍾填		
主营业务	安全设备、仪器仪表设备及配件的批发、佣金代理（拍卖除外）。				

企业名称	莱晟贸易（上海）有限公司				
企业地址	上海市张江高科技产业东区瑞庆路 528 号 6 幢 501 室（201203）				
投资总额	20 万 USD	电话	32212251	传真	32212256
设立日期	2007-10-29	负责人	刘洪伦		
主营业务	医用高分子材料及制品、医用控压调流蠕动泵的批发、佣金代理。				

企业名称	质朋仪器贸易（上海）有限公司				
企业地址	上海市金山区亭林镇中山街 192 号（201505）				
投资总额	20 万 USD	电话	67826471	传真	67826472
设立日期	2007-10-29	负责人	汪修毅		
主营业务	精密仪器设备及其耗材的批发，佣金代理（拍卖除外）。				

企业名称	固凯（上海）贸易有限公司				
企业地址	上海市江场三路 165 号 101B 室（200436）				
投资总额	112 万 USD	电话	52391836	传真	52392597
设立日期	2007-10-29	负责人	张珈尹		
主营业务	五金零配件、汽车零配件、光学产品及相关零配件的批发。				

企业名称	铃茂贸易（上海）有限公司				
企业地址	上海市闵行区吴中路 1100 号 5 幢 901 室（201103）				
投资总额	14 万 USD	电话	64468884	传真	64463334
设立日期	2007-10-29	负责人	宇野大作		
主营业务	化工产品（危险品除外）、机械设备、电子产品、服装百货的批发。				

企业名称	龟光贸易（上海）有限公司				
企业地址	上海市浦东新区张杨路 228 号 517 室（200120）				
投资总额	15 万 USD	电话	53019012	传真	
设立日期	2007-10-29	负责人	龟田光宏		
主营业务	服装、布料、皮具、工艺品（文物除外）、化妆品、日用杂货的批发。				

企业名称	思笔乐（上海）商贸有限公司				
企业地址	上海市静安区延安中路 1440 号第 20 幢阿波罗大厦 319 室（200041）				
投资总额	31.5 万欧元	电话	61331825	传真	61331829
设立日期	2007-10-29	负责人	JURGEN BAUML		
主营业务	文具产品的批发、进出口和佣金代理（拍卖除外）。				

企业名称	普腾达贸易（上海）有限公司				
企业地址	上海市卢湾区斜土路 768 号 1912、1913 室（200023）				
投资总额	100 万 RMB	电话	50862992	传真	
设立日期	2007-10-29	负责人	何启华		
主营业务	服装辅料的批发、进出口，提供相关配套服务。				

批发和零售贸易业

企业名称	范堤商贸（上海）有限公司				
企业地址	上海市中华新路 496 号 5 幢 212 室（200070）				
投资总额	101 万 USD	电话	66315471	传真	66315471
设立日期	2007-10-26	负责人	刘俊德		
主营业务	电气设备及其零部件、机械设备、电气与机械设备集成产品的批发。				

企业名称	凡特鲁斯（上海）贸易有限公司				
企业地址	上海市浦东新区浦东南路 588 号 23 层 J 单元（200120）				
投资总额	100 万 USD	电话	68597960	传真	68597961
设立日期	2007-10-26	负责人	JOHN CLEMENT CRAUN		
主营业务	化学产品及相关半成品、原料的批发。				

企业名称	上海华贞贸易有限公司				
企业地址	上海市浦东新区牡丹路 60 号 527 室（201204）				
投资总额	16 万 USD	电话	54580627	传真	
设立日期	2007-10-26	负责人	叶富美		
主营业务	纺织品及原料（棉花除外）、服装的批发、佣金代理（拍卖除外）。				

企业名称	上海正鹤贸易有限公司				
企业地址	上海市长宁区延安西路 691 弄 4 号 4 幢 302 室（200052）				
投资总额	13 万 USD	电话	62610550	传真	62610510
设立日期	2007-10-26	负责人	廖宜镫		
主营业务	宠物用品、日用百货的批发、佣金代理（拍卖除外）、进出口。				

企业名称	伊石（上海）贸易有限公司				
企业地址	上海市黄浦区会稽路 8 号 808 室（200011）				
投资总额	14 万 USD	电话	63200198	传真	63201149
设立日期	2007-10-26	负责人	HAMIDREZA ZABIHI		
主营业务	电子产品、家电、五金交电、服装服饰、室内装饰品的批发。				

企业名称	零到七贸易（上海）有限公司				
企业地址	上海市闵行区虹莘路 3065 号 8 楼 817 室（201101）				
投资总额	14 万 USD	电话	51793134	传真	51793134
设立日期	2007-10-26	负责人	洪钟一		
主营业务	从事服装之面料辅料、服装、服饰、鞋帽、日用品、箱包及配件的批发。				

企业名称	上海旺旺商贸有限公司				
企业地址	上海市闵行区虹许路 558 号 38 幢 303-304 室（201103）				
投资总额	14 万 USD	电话	61151059	传真	61151777
设立日期	2007-10-26	负责人	李玉生		
主营业务	食品、饮料、食品机械及配件、食品包装物品、干燥剂类商品的批发。				

企业名称	上海爱毕爱示贸易有限公司				
企业地址	上海市浦东新区东方路 135 号 10 楼 1003 室（200120）				
投资总额	10 万 USD	电话	51386970	传真	51386971
设立日期	2007-10-26	负责人	青木伸树		
主营业务	液压、气动设备及零配件的批发、佣金代理（拍卖除外）、进出口。				

企业名称	麦氏卡里莱啤酒贸易（上海）有限公司				
企业地址	上海市浦东新区东方路 800 号 21 楼 2105 室（200122）				
投资总额	2500 万 RMB	电话	68751888	传真	
设立日期	2007-10-26	负责人	ALFONS A. F. J.		
主营业务	啤酒、饮料、茶叶及麦芽、啤酒花、酵母等啤酒原辅料的批发。				

企业名称	福名太（上海）贸易有限公司				
企业地址	上海市浦东新区钱仓路 1 号 16E 室（200120）				
投资总额	100 万 RMB	电话	58825001	传真	58825002
设立日期	2007-10-25	负责人	林顺兴		
主营业务	玻璃及其制品、家具、家居用品的的批发、佣金代理。				

企业名称	尼西达贸易（上海）有限公司				
企业地址	上海市漕宝路 70 号 1301 室（200235）				
投资总额	20 万 USD	电话	64329138	传真	
设立日期	2007-10-24	负责人	RYOHEI NISHIDA		
主营业务	纺织品、塑料制品、机械设备、电气设备及零件的批发、佣金代理。				

企业名称	一志商贸（上海）有限公司				
企业地址	上海市闵行区吴中路 1068 号 7 楼 F、G 室（201103）				
投资总额	20 万 USD	电话	64019711	传真	
设立日期	2007-10-24	负责人	金原利根里		
主营业务	家具、厨具、家用电器、日用杂货、圣诞礼品、体育用品的批发。				

企业名称	凯灵达贸易（上海）有限公司				
企业地址	上海市外高桥保税区加太路 39 号 5 层 25 部位（200131）				
投资总额	14 万 USD	电话	52388567	传真	
设立日期	2007-10-24	负责人	VINCENT SHEK		
主营业务	食品、酒类（详见许可证，有效期至 2011 年 3 月 7 日）的批发。				

企业名称	辰钛贸易（上海）有限公司				
企业地址	上海市闵行区虹梅路 3205 号 105 室（201103）				
投资总额	14 万 USD	电话	50323752	传真	50323853
设立日期	2007-10-24	负责人	王明庆		
主营业务	半导体设备、光电设备、电子设备和材料及相关零配件的批发。				

企业名称	邑琉环保设备贸易（上海）有限公司				
企业地址	上海市长宁区仙霞路 345 号 1907 室（200336）				
投资总额	14 万 USD	电话	62286619	传真	62286685
设立日期	2007-10-24	负责人	冯志敏		
主营业务	从事环保设备及其配套产品、零配件的批发、佣金代理。				

企业名称	威懋（上海）纺织品贸易有限公司				
企业地址	上海市闵行区吴中路 1238 号 3 幢八楼 E 座（201103）				
投资总额	14 万 USD	电话	64121532	传真	64121532
设立日期	2007-10-24	负责人	何筱菁		
主营业务	针织品、纺织品、服装服饰、箱包鞋帽、日用百货的批发、进出口。				

企业名称	格嘉贸易（上海）有限公司				
企业地址	上海市外高桥保税区加太路 39 号菀熠楼第一层 31 部位（200131）				
投资总额	20 万欧元	电话	50937132	传真	50937133
设立日期	2007-10-24	负责人	LI DU		
主营业务	机械设备、电子产品、照明设备及上述产品的相关零配件的批发。				

企业名称	活惠商贸（上海）有限公司				
企业地址	上海市共和新路 340 号 109 室（200070）				
投资总额	190 万港币	电话	63910616	传真	
设立日期	2007-10-23	负责人	CHRISTINA CHAN POON		
主营业务	床上用品、家居用品、日用百货、布料的进出口及批发，佣金代理。				

企业名称	上海明蓁贸易有限公司				
企业地址	上海市浦东新区光明路 718 号 705 室（200137）				
投资总额	50 万 USD	电话	37793407	传真	37793409
设立日期	2007-10-23	负责人	陈进明		
主营业务	紧固件及相关零配件、机械设备、自控阀门、空（油）压管的批发。				

企业名称	泛太贸易（上海）有限公司				
企业地址	上海市浦东新区张杨路 158 号 1907 室（200120）				
投资总额	14 万 USD	电话	58403736	传真	58403739
设立日期	2007-10-23	负责人	ALLAN LINGSHENG CHU		
主营业务	电子设备及其零部件、电子材料、电子电气产品的批发、佣金代理。				

企业名称	鸿叶（上海）贸易有限公司				
企业地址	上海市普陀区怒江北路 449 弄 9 号 4 幢一层西侧（200063）				
投资总额	300 万港币	电话	62828671	传真	62830792
设立日期	2007-10-22	负责人	许兆霆		
主营业务	食品、食品销售管理、食品加工设备的批发。				

企业名称	上海尔士商贸有限公司				
企业地址	上海市零陵路 899 号 8 楼 B 室（200030）				
投资总额	20 万 USD	电话	51506013	传真	51506817
设立日期	2007-10-22	负责人	ROBERT， DIDIER MC GAW		
主营业务	从事鞋类及相关产品、箱包、皮具、服装、配饰的批发、进出口。				

企业名称	上海雅斯珈化妆品贸易有限公司				
企业地址	上海市闵行区宜山路 2016 号 1 幢 4 层 B、C 室（201103）				
投资总额	20 万 USD	电话	64570031	传真	
设立日期	2007-10-22	负责人	KIM HAK（金学）		
主营业务	化妆品、日化用品及相关原料（危险品除外）的批发、进出口。				

企业名称	深园贸易（上海）有限公司				
企业地址	上海市闵行区吴中路 1235 号 6 幢 5 楼 B 座（201103）				
投资总额	30 万 USD	电话	64050826	传真	54222632
设立日期	2007-10-22	负责人	LEE KANG SUP		
主营业务	汽车配件、模具的批发、进出口、佣金代理（拍卖除外）。				

企业名称	元映贸易（上海）有限公司				
企业地址	上海市松江区九亭镇沧泾路 398 号 5 幢 101 室（201619）				
投资总额	15 万 USD	电　话	67696470	传　真	67696034
设立日期	2007-10-22	负 责 人	KIM SANG DON		
主营业务	机械设备及配件、汽车配件、密封件、电子产品、日用百货的批发。				

企业名称	全信商贸（上海）有限公司				
企业地址	上海市卢湾区淮海中路 602 号底层（200023）				
投资总额	300 万 RMB	电　话	51533366	传　真	
设立日期	2007-10-22	负 责 人	陈英杰		
主营业务	面料、饰品、鞋帽、皮革制品、电子产品、日用百货及家具的批发。				

企业名称	百思福食品贸易（上海）有限公司				
企业地址	上海市长宁区延安西路 2299 号 2102 室（200336）				
投资总额	100 万 RMB	电　话	62360417	传　真	62361122
设立日期	2007-10-22	负 责 人	太田百美		
主营业务	食品销售管理（非实物方式）、佣金代理（拍卖除外）、进出口。				

企业名称	优攀商贸（上海）有限公司				
企业地址	上海市长宁区延安西路 728 号 5C 室（200050）				
投资总额	20 万 USD	电　话	64477512	传　真	64477513
设立日期	2007-10-19	负 责 人	刘楚麟		
主营业务	润滑油脂、抗氧剂、润滑油添加剂、输油管道、五金产品的批发。				

企业名称	上海天曦健康产品贸易有限公司				
企业地址	上海市浦东新区金桥出口加工区新金桥路 255 号 840 室（201206）				
投资总额	50 万 USD	电　话	63610055	传　真	
设立日期	2007-10-19	负 责 人	BRYANT JEFFERY YATES		
主营业务	保健食品、精油（护肤用）、化妆品的批发、佣金代理（拍卖除外）。				

企业名称	菲珍（上海）商贸有限公司				
企业地址	上海市莘庄工业区华宁路 4018 弄 58 号 13 号厂房（201108）				
投资总额	50 万 USD	电　话	51591864	传　真	51591864
设立日期	2007-10-19	负 责 人	徐晖锡		
主营业务	从事服装、服饰、鞋帽、皮革制品、饰品、工艺品（文物除外）的零售。				

企业名称	海禄客商贸（上海）有限公司				
企业地址	上海市长宁区延安西路 691 弄 4 号 4 幢 301 室（200050）				
投资总额	55 万 USD	电　话	61313533	传　真	61313599
设立日期	2007-10-19	负 责 人	邵轶嘉		
主营业务	通讯设备、电器设备及零配件、塑料、橡胶（天然橡胶除外）的批发。				

企业名称	赞新贸易（上海）有限公司				
企业地址	上海市浦东新区梅花路 281 号 D325 室（201204）				
投资总额	14 万 USD	电　话	51083336	传　真	64159389
设立日期	2007-10-19	负 责 人	李仓期		
主营业务	电线电缆、连接线、插头、转接器、锌合金压铸外壳的批发、进出口。				

企业名称	傲丽圣（上海）贸易有限公司				
企业地址	上海市普陀区曹杨路 1040 弄 1 号 4 层 406 室（200062）				
投资总额	15 万 USD	电　话	52830229	传　真	52501472
设立日期	2007-10-19	负 责 人	石剑波		
主营业务	汽车零部件、汽车维修保养设备、塑料制品、五金加工件的批发。				

企业名称	上海元弼贸易有限公司				
企业地址	上海市大渡河路 1718 号 B 区 802、804、806、808、810、812 (200333)				
投资总额	14 万 USD	电　话	52656101	传　真	
设立日期	2007-10-19	负 责 人	杨志雄		
主营业务	日用百货、工艺礼品、文化用品、家居用品、纺织品的批发。				

企业名称	上海百易达贸易有限公司				
企业地址	上海市宝山区川路 1800-6 号 317 室（201901）				
投资总额	20 万 USD	电　话	56807101	传　真	56803723
设立日期	2007-10-18	负 责 人	王娴俞		
主营业务	咖啡豆、可可豆的批发；木制品、咖啡豆、可可豆的进出口业务。				

企业名称	奇莱电子贸易（上海）有限公司				
企业地址	上海市徐汇区虹漕路 421 号虹漕大楼 1101 室（200233）				
投资总额	60 万 USD	电　话	54278822	传　真	
设立日期	2007-10-18	负 责 人	邹嘉骏		
主营业务	电子检测设备及相关零配件的批发、佣金代理（拍卖除外）。				

企业名称	上海统凌贸易有限公司				
企业地址	上海市闵行区虹中路 69 号 10 幢 2 楼（201103）				
投资总额	65 万 USD	电　话	64466810	传　真	64061163
设立日期	2007-10-18	负 责 人	许复进		
主营业务	婴童用品、日用杂货、纺织品、服装、寝具、鞋类、玩具的批发、零售。				

企业名称	雷舸（上海）贸易有限公司				
企业地址	上海市外高桥保税区希雅路 69 号 15 号楼 4 层 D 部位（200131）				
投资总额	35 万 USD	电　话	50462012	传　真	
设立日期	2007-10-18	负 责 人	MING JIN		
主营业务	阀门产品和零配件的批发、佣金代理（拍卖除外）、进出口。				

企业名称	上海三济贸易有限公司				
企业地址	上海市闵行区光华路 2118 号第 3 幢 232 室（201111）				
投资总额	14 万 USD	电　话	52360359	传　真	52360359
设立日期	2007-10-18	负 责 人	CHOI DUK SOON		
主营业务	塑料制品、五金制品、工艺礼品、文化用品、纺织品的批发、进出口。				

企业名称	卡比詹尼（上海）商贸有限公司				
企业地址	上海市浦东新区南码头路 101 号海博大厦 816 室（200070）				
投资总额	10 万 USD	电　话	63816212	传　真	63816216
设立日期	2007-10-18	负 责 人	GINO COCCHI		
主营业务	加温保暖饮料机、低温展示陈列柜、冰柜及其他柜式冷冻箱的批发。				

企业名称	爱妥（上海）贸易有限公司				
企业地址	上海市长宁区延安西路 2299 号 09G26、09G28 室（200336）				
投资总额	6 万欧元	电　话	62362120	传　真	
设立日期	2007-10-18	负 责 人	PRIMOZ PUNGARTNIK		
主营业务	食品销售管理（非实物方式）及调味品、食品添加剂、塑料制品的批发。				

企业名称	鑫颂贸易（上海）有限公司				
企业地址	上海市张江高科技园区碧波路 15 号（201203）				
投资总额	150 万 RMB	电　话	64697508	传　真	
设立日期	2007-10-18	负 责 人	李立新		
主营业务	机电设备、计算机应用软件、日用百货的批发、佣金代理（拍卖除外）。				

企业名称	百建（上海）贸易有限公司				
企业地址	上海市长宁区金钟路 658 弄 3 号甲二层（200335）				
投资总额	200 万港币	电　话	33600023	传　真	33600021
设立日期	2007-10-17	负 责 人	马培聪		
主营业务	从事服装服饰，针纺织品，鞋帽，服装辅料，礼品，日用百货的批发。				

企业名称	历能（上海）贸易有限公司				
企业地址	上海市外高桥保税区美桂北路 317 号 5 楼 K 部位（200131）				
投资总额	20 万 USD	电　话	64856614	传　真	64859686
设立日期	2007-10-17	负 责 人	关根照能		
主营业务	电子零配件，电子机器及其配套软件，检验装置设备的批发、佣金代理。				

企业名称	九绅（上海）贸易有限公司				
企业地址	上海市静安区华山路 439 号 406B 室（200041）				
投资总额	20 万 USD	电　话	32140085	传　真	32145085
设立日期	2007-10-17	负 责 人	洪丞孺		
主营业务	电子产品、机械、机电设备及配件、五金交电、饮料的批发，佣金代理。				

企业名称	上海呈展贸易有限公司				
企业地址	上海市浦东新区绿科路 90 号 1 幢 5 层 501 室 F 座（201204）				
投资总额	30 万 USD	电　话	63726666	传　真	
设立日期	2007-10-17	负 责 人	CHEW CHEE CHOONG		
主营业务	机电设备、机电材料、家用电器、装饰装潢材料及其配件的批发。				

企业名称	盟凯贸易（上海）有限公司				
企业地址	上海市浦东新区龙东大道 5177 号 5 幢 105 室（201203）				
投资总额	14 万 USD	电　话	50270030	传　真	50804049
设立日期	2007-10-17	负 责 人	TIONG KHENG HUA		
主营业务	电子产品、机电产品、仪器仪表、计算机硬件的批发、佣金代理。				

企业名称	上海格化贸易有限公司				
企业地址	上海市静安区康定路 358 号 11 幢 107 室（200041）				
投资总额	14 万 USD	电　话		传　真	
设立日期	2007-10-17	负 责 人	RAMESHWAR DASS BANSAL		
主营业务	日用杂货、机械设备及其零部件、电子电气产品的批发、佣金代理。				

企业名称	德驰连接器贸易（上海）有限公司				
企业地址	上海市卢湾区淮海中路 381 号 1032 室（200021）				
投资总额	45 万 USD	电　话	63915902	传　真	
设立日期	2007-10-16	负 责 人	JEAN MARIE JACQUES PAINVIN		
主营业务	从事电气连接装置和继电器及其零配件以及安装工具的批发、佣金代理。				

企业名称	上海视康贸易有限公司				
企业地址	上海市长乐路 989 号 1807B-1808A 室（200031）				
投资总额	1200 万 USD	电　话	54035050	传　真	54049987
设立日期	2007-10-16	负 责 人	ZHENFU LI（李振福）		
主营业务	医用光学器具，仪器及内窥镜设备（限角膜接触镜及护理液）的进出口。				

企业名称	上海润齐贸易有限公司				
企业地址	上海市闵行区光华路 2118 号第 7 幢 109 室（201108）				
投资总额	18 万 USD	电　话	64091860	传　真	64091860
设立日期	2007-10-16	负 责 人	LEE CHANG HOON		
主营业务	电子元件、仪器仪表、工业自动化设备、环保设备的批发、进出口。				

企业名称	别思商贸（上海）有限公司				
企业地址	上海市浦东新区浦东南路 379 号金穗大厦 25L 室（200124）				
投资总额	14 万 USD	电　话	68869556	传　真	
设立日期	2007-10-16	负 责 人	董忠军		
主营业务	机械产品、建筑材料（钢材、水泥除外）、电子产品、电讯器材的批发。				

企业名称	上万上顺贸易（上海）有限公司				
企业地址	上海市小木桥路 251 号 1401 室（200032）				
投资总额	160 万港币	电　话	64433768	传　真	64433768
设立日期	2007-10-15	负 责 人	林静雯		
主营业务	鞋帽、纺织品原材料（棉花除外）、纺织机械及相关零配件的批发。				

企业名称	摄阳自动化贸易（上海）有限公司				
企业地址	上海市长宁区广顺路 33 号 3 幢 1 层南间 101 室（200335）				
投资总额	210 万 USD	电　话	31331700	传　真	31331703
设立日期	2007-10-15	负 责 人	URAGUCHI TOMOO		
主营业务	自动化设备、电子设备及其零部件、软件的批发、进出口。				

企业名称	尚睿（上海）贸易有限公司				
企业地址	上海市浦东新区浦东大道 2123 号 3C-1011 室（200135）				
投资总额	20 万 USD	电　话	50452963	传　真	62066909
设立日期	2007-10-15	负 责 人	LIN PENG		
主营业务	家居用品、日用杂货、工艺品（文物除外）、纸浆、纸及纸制品的批发。				

企业名称	膜康（上海）贸易有限公司				
企业地址	上海市浦东新区浦东大道 555 号 1203 室（200120）				
投资总额	40 万 USD	电　话	51380578	传　真	
设立日期	2007-10-15	负 责 人	DOUGLAS JOHN LINDEMANN		
主营业务	检验仪器及其零配件的进出口、批发、佣金代理（拍卖除外）。				

企业名称	上海美与科聚酯原料贸易有限公司				
企业地址	上海市浦东新区世纪大道 88 号 31 楼 3138 室（200120）				
投资总额	50 万 USD	电　话	28909661	传　真	
设立日期	2007-10-15	负 责 人	RINGO LEUNG		
主营业务	从事化工产品（危险品除外）的批发、佣金代理（拍卖除外）、进出口。				

企业名称	建达蓝德计算机国际贸易（上海）有限公司				
企业地址	上海市外高桥保税区美盛路 111 号 5 层 D 部位（200131）				
投资总额	101 万 USD	电　话	61002828	传　真	61006188
设立日期	2007-10-15	负 责 人	高英聪		
主营业务	计算机硬件、打印机、投影仪的批发、佣金代理（拍卖除外）、进出口。				

企业名称	欧士机商贸（上海）有限公司				
企业地址	上海市外高桥保税区希雅路 69 号 15 号楼第 5 层 E 部位（200131）				
投资总额	100 万 USD	电　话	50464855	传　真	50462626
设立日期	2007-10-15	负 责 人	远藤徹		
主营业务	机器、机械器具及其零件，计量仪器和设备以及零件、附件商品的批发。				

企业名称	韩坤（上海）贸易有限公司				
企业地址	上海市浦东新区张杨路 228 号 1715 室（200120）				
投资总额	14 万 USD	电　话	58763421	传　真	
设立日期	2007-10-15	负 责 人	LEE BYOUNG GON		
主营业务	汽车零部件及配件、电子产品、塑料产品、日用百货的批发、佣金代理。				

企业名称	世脉德贸易（上海）有限公司				
企业地址	上海市卢湾区斜土路 780 号 605-21 室（200020）				
投资总额	14 万 USD	电　话	64063004	传　真	
设立日期	2007-10-15	负 责 人	AHN BYOUNG YOUNG（安秉英）		
主营业务	电子、电机、电器设备及配件、电子元器件、通讯设备及配件的批发。				

企业名称	安萨贸易（上海）有限公司				
企业地址	上海市浦东新区张杨路 228 号 1009 室（200120）				
投资总额	14 万 USD	电　话	58776980	传　真	58776950
设立日期	2007-10-15	负 责 人	SEDAT ARIG		
主营业务	纤维制品、纺织产品、电子电器产品、化学品（危险品除外）的批发。				

企业名称	欣创贸易（上海）有限公司				
企业地址	上海市浦东新区花山路 1199 号 18 层 D 室（200131）				
投资总额	14 万 USD	电　话	58678571	传　真	
设立日期	2007-10-15	负 责 人	SERGE TUMEO		
主营业务	厨具设备及配件的批发、佣金代理（拍卖除外）、进出口。				

企业名称	禄仕（上海）贸易有限公司				
企业地址	上海市浦东新区东方路 899 号 1205 室（200032）				
投资总额	14 万 USD	电　话	68763218	传　真	
设立日期	2007-10-15	负 责 人	陆　明		
主营业务	化工产品和化学品（危险品除外）、轻纺织品、电子产品零部件的批发。				

企业名称	维霍尔特设备贸易（上海）有限公司				
企业地址	上海市浦东新区向城路 58 号 20 楼 F 座（200122）				
投资总额	14 万 USD	电　话	68406101	传　真	68406103
设立日期	2007-10-15	负 责 人	JONATHAN JAY HOLTZ		
主营业务	餐饮和食品服务设备、不锈钢制品、工商业用锁、收银器材的批发。				

企业名称	燕饴行食品贸易（上海）有限公司				
企业地址	上海市虹口区四川北路 2071 号 715 室（200080）				
投资总额	50 万 RMB	电　话	56714111	传　真	56719111
设立日期	2007-10-15	负 责 人	陈　刚		
主营业务	食品销售管理（非实物方式）的批发和进出口。				

企业名称	安际联（上海）贸易有限公司				
企业地址	上海市松江区松卫北路 665 号 306、308 室（201613）				
投资总额	8 万 USD	电　话	37745102	传　真	37745110
设立日期	2007-10-12	负 责 人	TONNY DAM MADSEN		
主营业务	工艺品（文物除外）、金属制品、家具的进出口业务、批发业务。				

企业名称	上海元茂纺织品贸易有限公司				
企业地址	上海市闵行区庙泾路 58 号 1206 室（201100）				
投资总额	20 万 USD	电　话	62626215	传　真	62626216
设立日期	2007-10-12	负 责 人	邱胜坤		
主营业务	毛纱的批发及进出口、佣金代理（拍卖除外），提供相关配套业务。				

企业名称	宏亚商贸（上海）有限公司				
企业地址	上海市龙华路 2577 号 29 幢 102 室（200232）				
投资总额	20 万 USD	电　话	61242089	传　真	61242081
设立日期	2007-10-12	负 责 人	蔡财源		
主营业务	日用百货、工艺品（文物除外）、玩具、家具、家用电器的批发。				

企业名称	上海耀明眼镜饰品商贸有限公司				
企业地址	上海市黄浦区南京西路 2 号 13 楼 D 室（200003）				
投资总额	30 万 USD	电　话	64653899	传　真	54221857
设立日期	2007-10-12	负 责 人	王智民		
主营业务	眼镜、工艺美术品（文物除外）、仪器、钟表及其配件的零售、批发。				

企业名称	西努沃（上海）家电贸易有限公司				
企业地址	上海市浦东新区张杨路 828 号华都大厦 7J 室（200122）				
投资总额	14 万 USD	电　话	50819071	传　真	50819073
设立日期	2007-10-12	负 责 人	SAEID AFSHARZAD		
主营业务	家电及其零件、电子产品、五金交电、纺织制品、塑料制品及配件批发。				

企业名称	光河化工产品贸易（上海）有限公司				
企业地址	上海市长宁区延安西路 2299 号 10A52 室（200336）				
投资总额	14 万 USD	电　话	62362370	传　真	62366009
设立日期	2007-10-12	负 责 人	河田良人		
主营业务	化工产品（除危险品、特种化学品及易制毒产品）、防水材料的批发。				

企业名称	上海玛理贸易有限公司				
企业地址	上海市长宁区仙霞路 317 号 907 室（200051）				
投资总额	10 万 USD	电　话	62351707	传　真	
设立日期	2007-10-12	负 责 人	冈崎雅夫		
主营业务	装饰品、照明器具的批发、进出口、佣金代理（拍卖除外）。				

企业名称	倍晟电子贸易（上海）有限公司				
企业地址	上海市外高桥保税区加太路 39 号第三层 32 部位（200131）				
投资总额	20 万 USD	电　话	58680511	传　真	
设立日期	2007-10-11	负 责 人	戴湘源		
主营业务	电子产品、机械设备、通讯设备、上述产品的零配件的批发、佣金代理。				

企业名称	上海长远忻科贸易有限公司				
企业地址	上海市外高桥保税区台中南路 2 号新贸楼 346 室（200131）				
投资总额	900 万 USD	电　话	33040380	传　真	53085437
设立日期	2007-10-11	负 责 人	刘小鹰		
主营业务	国际贸易，转口贸易，保税区企业间的贸易及区内贸易代理。				

企业名称	潘苏德贸易（上海）有限公司				
企业地址	上海市外高桥保税区富特西一路 473 号 6 号楼 431 室（200131）				
投资总额	13.5 万 USD	电　话	51321820	传　真	51321821
设立日期	2007-10-11	负 责 人	杨　艨		
主营业务	纺织品、塑料制品、精细化工产品（危险品除外）、纸制品的批发。				

企业名称	雅智捷（上海）商贸有限公司				
企业地址	上海市静安区武定路 881 号 8 幢 314 室（200041）				
投资总额	95 万欧元	电　话	63604799	传　真	63610113
设立日期	2007-10-11	负 责 人	KORAY OZBAY		
主营业务	数码产品、家用电器、体育用品、化妆品、汽车配件、饰品的批发。				

企业名称	卡福连商贸（上海）有限公司				
企业地址	上海市浦东新区商城路 660 号 26 楼 A-B 室（200120）				
投资总额	100 万欧元	电　话	61633300	传　真	
设立日期	2007-10-11	负 责 人	OLAF VOGEE		
主营业务	汽车配件、消费电子产品、服装服饰、鞋包的批发、佣金代理。				

企业名称	上海德心贸易有限公司				
企业地址	上海市静安区北京西路 1068 号银发大厦 1901 室（200041）				
投资总额	100 万 RMB	电　话	52610159	传　真	52610122
设立日期	2007-10-11	负 责 人	余恩照		
主营业务	分析仪器、测试仪器、仪器仪表、电子产品、机械设备及配件的批发。				

企业名称	上海鑫丞贸易有限公司				
企业地址	上海市闵行区虹梅路 3205 号 103 室（201103）				
投资总额	20 万 USD	电　话	57784363	传　真	
设立日期	2007-10-10	负 责 人	叶光中		
主营业务	纺织品、针织品及原料（棉花除外）、服装、鞋帽、日用品的批发。				

企业名称	福伴贸易（上海）有限公司				
企业地址	上海市闵行区虹中路 361 号 1 幢 502 室（201103）				
投资总额	20 万 USD	电　话	64013650	传　真	64013630
设立日期	2007-10-10	负 责 人	倪茜茜		
主营业务	服装、电子产品、汽车配件、工艺礼品、床上用品的批发、进出口。				

企业名称	科德宝宝利德（上海）贸易有限公司				
企业地址	上海市浦东新区花园石桥路 33 号花旗集团大厦 23 楼 05 室（200120）				
投资总额	20 万 USD	电　话	50366805	传　真	50366802
设立日期	2007-10-10	负 责 人	RICCARDO SOLLINI		
主营业务	无纺布产品、建筑材料的批发、佣金代理（拍卖除外）、进出口。				

企业名称	帝伯奇贸易（上海）有限公司				
企业地址	上海市嘉定区马陆镇澄浏中路 1533 号 1 号厂房 2 楼（201818）				
投资总额	50 万 USD	电　话	59902868	传　真	59902658
设立日期	2007-10-10	负 责 人	金　亨		
主营业务	玻璃制品、陶瓷制品、纺织品、缝纫机、五金配件的批发。				

企业名称	优视科（上海）商贸有限公司				
企业地址	上海市长宁区虹桥路 2272 号 C 段 3 楼 S 座（200336）				
投资总额	2000 万日元	电　话	52574298	传　真	52574299
设立日期	2007-10-10	负 责 人	平田喜六		
主营业务	检验检测设备、电子设备、机械设备及其零部件的批发、佣金代理。				

企业名称	上海旺雷贸易有限公司				
企业地址	上海市闵行区吴中路 1221 号 3 楼（201103）				
投资总额	20 万 USD	电　话	54253302	传　真	
设立日期	2007-10-9	负 责 人	杨淑秋		
主营业务	针织品及其面料、包装材料、服装服饰、日用百货的批发、佣金代理。				

企业名称	印天国际贸易（上海）有限公司				
企业地址	上海市外高桥保税区杨高北路 2001 号商务楼一层 633 室（200131）				
投资总额	6.5 万 USD	电　话	62125803	传　真	
设立日期	2007-10-8	负 责 人	AMIT SIRPAUL		
主营业务	国际贸易、转口贸易、保税区企业间的贸易及贸易代理。				

企业名称	凤卿贸易（上海）有限公司				
企业地址	上海市海宁路 1399 号 826 室（200070）				
投资总额	100 万 USD	电　话	64875818	传　真	
设立日期	2007-10-8	负 责 人	李玄全		
主营业务	针织品、手工艺品（文物除外）、休闲鞋、帽、袜、皮具、饰品的批发。				

企业名称	杰季克贸易（上海）有限公司				
企业地址	上海市外高桥保税区加太路 39 号第三层 31 部位（200131）				
投资总额	14 万 USD	电　话	33735161	传　真	
设立日期	2007-10-8	负 责 人	廖玉莲		
主营业务	日用品、工艺品（文物除外）、皮革制品（濒危动物毛皮除外）的批发。				

企业名称	杜博拉瓦工业设备贸易（上海）有限公司				
企业地址	上海市浦东新区东方路 710 号 1705 室（200122）				
投资总额	10 万欧元	电　话	50816456	传　真	50816951
设立日期	2007-10-8	负 责 人	FRIEDRICH PESENDORFER		
主营业务	从事建材的搅拌设备、输送设备和辅助设备及其零部件的批发。				

企业名称	上海裕迅钟表珠宝贸易有限公司				
企业地址	上海市瑞金南路 438 号 204 室（200032）				
投资总额	800 万港币	电　话	52895522	传　真	
设立日期	2007-9-30	负 责 人	陈源芳		
主营业务	各类珠宝饰品、钟表、金银饰品、钻石饰品，铂金饰品的批发。				

企业名称	键运国际贸易（上海）有限公司				
企业地址	上海市外高桥保税区日京路 51 号发展大厦 2217 室（200131）				
投资总额	1500 万港币	电　话	62370689	传　真	62370689
设立日期	2007-9-30	负 责 人	町井佳龙		
主营业务	国际贸易、转口贸易；保税区企业间的贸易及贸易代理。				

企业名称	上海尚沪贸易有限公司				
企业地址	上海市普陀区古浪路 415 弄 11 号三楼（200063）				
投资总额	20 万 USD	电　话	65022517	传　真	65022517
设立日期	2007-9-30	负 责 人	俞德生		
主营业务	纺织品、轻工产品、建筑材料（钢材、水泥除外）、办公用品的批发。				

企业名称	上海试安贸易有限公司				
企业地址	上海市闵行区吴中路 1050 号 6 幢 701 室（201103）				
投资总额	20 万 USD	电　话	64060530	传　真	64060530
设立日期	2007-9-30	负 责 人	KIM MIN SOO（金洙）		
主营业务	服装服饰及配件、面料、辅料的批发和进出口，提供相关配套服务。				

企业名称	上海捷格贸易有限公司				
企业地址	上海市新桥镇陈春路 12 号 3 幢（201612）				
投资总额	20 万 USD	电　话	67648392	传　真	67648399
设立日期	2007-9-30	负 责 人	詹王秀琴		
主营业务	皮塑皮革制品、洗涤用品、针纺织品、家具、体育用品、灯具的批发。				

企业名称	上海古比雪夫氮贸易有限公司				
企业地址	上海市外高桥保税区新灵路 118 号国贸楼 3 层 302A 室（200131）				
投资总额	50 万 USD	电　话	65211783	传　真	
设立日期	2007-9-30	负 责 人	雷布金		
主营业务	从事货物及技术的进出口业务。				

企业名称	赋信（上海）贸易有限公司				
企业地址	上海市普陀区陕西北路 1392 弄 8 号 1517 室（200060）				
投资总额	160 万 USD	电　话	61498082	传　真	
设立日期	2007-9-30	负 责 人	李宝璋		
主营业务	电子产品及其配件、音箱、手机配件的批发、佣金代理（拍卖除外）。				

批发和零售贸易业

企业名称	柯林特丝商用地毯商贸（上海）有限公司				
企业地址	上海市长宁区延安西路 1088 号 612 室（200052）				
投资总额	12 万 USD	电　话	62076668	传　真	62076667
设立日期	2007-9-30	负 责 人	福原章		
主营业务	铺地制品、卫生用品、电子设备、观赏性无花植物、纺织品的批发。				

企业名称	上海明展贸易有限公司				
企业地址	上海市浦东新区杨高北路 528 号 14 幢 3078 室（200131）				
投资总额	14 万 USD	电　话	63500821	传　真	63500825
设立日期	2007-9-30	负 责 人	王文雯		
主营业务	机电设备、电气设备、电子产品、建筑材料（钢材、水泥除外）的批发。				

企业名称	龙涎香（上海）贸易有限公司				
企业地址	上海市浦东新区杨高北路 528 号 14 幢 3079 室（200136）				
投资总额	14 万 USD	电　话	63181212	传　真	63500825
设立日期	2007-9-30	负 责 人	张耕维		
主营业务	酒的批发、佣金代理（拍卖除外）、进出口及其它相关配套业务。				

企业名称	世兴通商（上海）贸易有限公司				
企业地址	上海市闵行区吴中路 1065 号第 1 幢 503 室（201103）				
投资总额	14 万 USD	电　话	51192743	传　真	51192744
设立日期	2007-9-30	负 责 人	CHOI KI CHEOL		
主营业务	服装服饰、纺织面料、服装辅料、鞋帽、箱包的批发、佣金代理。				

企业名称	康玺（上海）环保设备贸易有限公司				
企业地址	上海市浦东新区光明路 718 号 810 室（200131）				
投资总额	15 万 USD	电　话	68416036	传　真	68407086
设立日期	2007-9-30	负 责 人	陈少雄（CHAN SHIU HUNG）		
主营业务	电气元件、电气和自控系统、控制柜设备及其配件的批发、佣金代理。				

企业名称	上海上徽贸易有限公司				
企业地址	上海市浦东新区浦东南路 1862 弄 20 号 9D 室（200122）				
投资总额	15 万 USD	电　话	58316873	传　真	58316893
设立日期	2007-9-30	负 责 人	袁芳阳		
主营业务	通讯和电视设备及配件、家用电器的批发、佣金代理（拍卖除外）。				

企业名称	楷孚贸易（上海）有限公司				
企业地址	上海市浦东新区浦东大道 138 号永华大厦 7A-02 室（200120）				
投资总额	20 万欧元	电　话	68596566	传　真	68596568
设立日期	2007-9-30	负 责 人	HARTMUT PETER LAMPARTER		
主营业务	压缩机、电动机、真空系统及其相关组件、零配件的批发、佣金代理。				

企业名称	亚迩波轨道设备贸易（上海）有限公司				
企业地址	上海市黄浦区宁海东路 200 号 2206 室（200021）				
投资总额	10 万欧元	电　话	63282366	传　真	63280758
设立日期	2007-9-30	负 责 人	NICOLAS FUSTER JUNQUERA		
主营业务	用于轨道车载设备及其零配件的批发、佣金代理（拍卖除外）。				

企业名称	杰富意商事塑料贸易（上海）有限公司				
企业地址	上海市外高桥保税区基隆路 6 号 509 室（200131）				
投资总额	20 万 USD	电　话	63917766	传　真	63917898
设立日期	2007-9-29	负 责 人	原田正树		
主营业务	国际贸易、转口贸易、保税区企业间的贸易及贸易代理。				

企业名称	百互润贸易（上海）有限公司				
企业地址	上海市外高桥保税区基隆路 1 号塔楼 14 层 1424-3 室（200131）				
投资总额	100 万 USD	电　话	62880088	传　真	
设立日期	2007-9-29	负 责 人	PAVLOS KONTOMICHALOS		
主营业务	化妆品、卫生用品的批发、佣金代理（拍卖除外）、进出口业务。				

企业名称	福井化成贸易（上海）有限公司				
企业地址	上海市奉贤区南桥镇运河北路 616 号 7 幢 102 室（201400）				
投资总额	14 万 USD	电　话	67106701	传　真	67106705
设立日期	2007-9-29	负 责 人	福井保夫		
主营业务	机电配件、木制品（原木出口除外）及相关产品的生产用模具的批发。				

企业名称	艺腾贸易（上海）有限公司				
企业地址	上海市静安区延安西路 65 号 502-504 室（200040）				
投资总额	27 万 USD	电　话	62492233	传　真	
设立日期	2007-9-28	负 责 人	PATRICK JOSEPH MC CULLAGH		
主营业务	家用纺织品以及其他家庭装饰产品的批发、进出口、佣金代理。				

企业名称	上海兴洋商贸有限公司				
企业地址	上海市长宁区延安西路 1590 号 9 层 B 室（200052）				
投资总额	20 万 USD	电　话	60958947	传　真	60958948
设立日期	2007-9-28	负 责 人	神谷洋文		
主营业务	服装面料、辅料及配件、纱线的批发、佣金代理（拍卖除外）、进出口。				

企业名称	群环贸易（上海）有限公司				
企业地址	上海市长宁区广顺路 33 号 3 幢 308 室（200335）				
投资总额	70 万 USD	电　话	61209988	传　真	
设立日期	2007-9-28	负 责 人	刘建中		
主营业务	从事计算机软硬件及相关辅助设备、家用电器、通讯设备的批发。				

企业名称	宇旭贸易（上海）有限公司				
企业地址	上海市浦东新区耀华路 215 号 2 幢 1 楼 B104 室（200122）				
投资总额	50 万 USD	电　话	54481004	传　真	
设立日期	2007-9-28	负 责 人	RIM DONG MYEONG		
主营业务	鞋帽、箱包、厨房用品、皮革用品、手表、工艺品（文物除外）的批发。				

企业名称	葩特罗贸易（上海）有限公司				
企业地址	上海市浦东新区桃林路 18 号 A 楼 706 室（200135）				
投资总额	15 万欧元	电　话	58605925	传　真	58525023
设立日期	2007-9-28	负 责 人	ROVERANI PAOLO		
主营业务	各类电机、电泵、水泵及其相关机械、零部件的批发、佣金代理。				

企业名称	上海哥仑步思贸易有限公司				
企业地址	上海市长宁区延安西路 2299 号 09G17、09G19 室（200336）				
投资总额	300 万 RMB	电　话	62360103	传　真	62360179
设立日期	2007-9-28	负 责 人	服部 洌		
主营业务	鞋油、鞋用品、皮革用上光剂和上光用具的批发、佣金代理。				

企业名称	上海玛岱贸易有限公司				
企业地址	上海市外高桥保税区富特西一路 473 号 6 号楼 4477 室（200131）				
投资总额	20 万 USD	电　话	62350099	传　真	62351232
设立日期	2007-9-27	负 责 人	菅原久夫		
主营业务	在保税区内从事国际贸易、转口贸易、保税区企业间的贸易及代理业务。				

企业名称	菁钻（上海）贸易有限公司				
企业地址	上海市襄阳南路 500 号 819 室（200031）				
投资总额	20 万 USD	电　话	64672378	传　真	
设立日期	2007-9-27	负 责 人	李倩文		
主营业务	珠宝首饰（毛钻、裸钻除外）、水晶饰品、工艺品（文物除外）的批发。				

企业名称	上海星裕贸易有限公司				
企业地址	上海市共和新路 1301 号 10 幢 506 室（200070）				
投资总额	20 万 USD	电　话	51713157	传　真	66050990
设立日期	2007-9-27	负 责 人	JEFF CY FAN		
主营业务	钟表及其零部件、塑料制品、陶瓷日用品的批发、进出口、佣金代理。				

企业名称	洋藤机电贸易（上海）有限公司				
企业地址	上海市嘉定区澄浏中路 88 号第 4 幢第二层（201801）				
投资总额	6.5 万 USD	电　话	39907027	传　真	39907001
设立日期	2007-9-27	负 责 人	藤田保洋		
主营业务	机电设备、机电配件的批发、佣金代理（拍卖除外）、进出口。				

企业名称	恩基客（上海）商贸有限公司				
企业地址	上海市外高桥保税区日京路 51 号 1422 室（200131）				
投资总额	1000 万 USD	电　话	62084488	传　真	62087700
设立日期	2007-9-27	负 责 人	小泽靖		
主营业务	电力用设备、器材、高压送变电用陶瓷及材料的批发、进出口。				

企业名称	添时（上海）贸易有限公司				
企业地址	上海市茶陵北路 20 号 5 幢 3 层 5301 室（200032）				
投资总额	14 万 USD	电　话	64187733	传　真	
设立日期	2007-9-27	负 责 人	JORG REINER KORNBLUM		
主营业务	服装设计，服装的批发、佣金代理（拍卖除外）、进出口。				

企业名称	上海大雍艺术品贸易有限公司				
企业地址	上海市静安区康定路 358 号 11 幢 103 室（200041）				
投资总额	14 万 USD	电　话	55058429	传　真	55058439
设立日期	2007-9-27	负 责 人	黄瑞芳		
主营业务	从事艺术品（文物除外）、礼品、办公用品的批发、佣金代理				

企业名称	雷风恒（上海）电气贸易有限公司				
企业地址	上海市黄浦区人民路 885 号 1316 室（200010）				
投资总额	14 万 USD	电　　话	63361078	传　　真	63361079
设立日期	2007-9-27	负 责 人	吕　虎		
主营业务	防雷接地产品的进出口、批发、佣金代理（拍卖除外）。				

企业名称	三井纤维物资贸易（中国）有限公司				
企业地址	上海市静安区南京西路 1515 号 3102-3106 室（200041）				
投资总额	3600 万 RMB	电　　话	52985220	传　　真	
设立日期	2007-9-27	负 责 人	塘邦夫		
主营业务	纺织原料、纺织制品以及其他物资类产品的批发业务、佣金代理。				

企业名称	龙森贸易（上海）有限公司				
企业地址	上海市卢湾区茂名南路 205 号瑞金大厦 2317 室（200020）				
投资总额	2100 万日元	电　　话	58692027	传　　真	
设立日期	2007-9-27	负 责 人	朝比奈政行		
主营业务	电气设备及其零部件、塑料及其制品的批发、佣金代理。				

企业名称	格瑞夫（上海）商贸有限公司				
企业地址	上海市化学工业区奉贤分区苍工路 718 号 201 室（201424）				
投资总额	200 万 USD	电　　话	53965505	传　　真	53965595
设立日期	2007-9-26	负 责 人	EUGENE XIAOGANG WU		
主营业务	涂料、纸制品、塑料粒子及其他制造包装容器的配套产品的批发。				

企业名称	品懋商贸（上海）有限公司				
企业地址	上海市普陀区长寿路 1118 号 B 幢 24J 室（200063）				
投资总额	50 万 USD	电　　话	62525036	传　　真	62124574
设立日期	2007-9-26	负 责 人	石孟年		
主营业务	从事卫浴洁具、五金配件、塑料制品、机械零件、日用百货的批发。				

企业名称	爱安德技研贸易（上海）有限公司				
企业地址	上海市张江高科技园区毕升路 289 弄 1 号 101 室（201203）				
投资总额	14 万 USD	电　　话	33932340	传　　真	33932347
设立日期	2007-9-26	负 责 人	HIKARU FURUKAWA		
主营业务	测试设备、仪器仪表及其零配件的批发、佣金代理（拍卖除外）。				

企业名称	威汉贸易（上海）有限公司				
企业地址	上海市闵行区吴中路 1238 号第 3 幢六楼 G 座（201103）				
投资总额	14 万 USD	电　　话	64659030	传　　真	64659031
设立日期	2007-9-26	负 责 人	张有银		
主营业务	汽车装载电子用品、汽车安全产品、汽车配件及零部件的批发。				

企业名称	上海甫慧贸易有限公司				
企业地址	上海市闵行区吴中路 686 弄 2 号 5 幢 505 室（201103）				
投资总额	15 万 USD	电　　话		传　　真	
设立日期	2007-9-26	负 责 人	徐宽锡（SUH KWAN SEOK）		
主营业务	从事服饰辅料、服装、服饰配件的批发，佣金代理（除拍卖），进出口。				

企业名称	蓝圆点家具贸易（上海）有限公司				
企业地址	上海市长宁区万航渡路 2453 号 9 幢（200051）				
投资总额	15 万 USD	电　　话	52737715	传　　真	62702275
设立日期	2007-9-26	负 责 人	BENJAMIN DAVID BAKER		
主营业务	家具及配件、家居用品的批发，进出口，佣金代理（拍卖除外）。				

企业名称	上海小林制药商贸有限公司				
企业地址	上海市宝庆路 21 号 18 号楼 4 楼 C 室（200031）				
投资总额	2.5 亿日元	电　　话	34230086	传　　真	
设立日期	2007-9-26	负 责 人	樽木利夫		
主营业务	食品销售管理（非实物方式）、化妆品和工艺品（不包括文物）进出口。				

企业名称	冠亚名表城（上海）贸易有限公司				
企业地址	上海市静安区南京西路 993 号 10 层 1001 室（200041）				
投资总额	3500 万港币	电　　话	62707213	传　　真	62172265
设立日期	2007-9-25	负 责 人	陈　靖		
主营业务	钟表及其零配件的批发、佣金代理、自营商品的进出口业务。				

企业名称	钜勋贸易（上海）有限公司				
企业地址	上海市普陀区真南路 822 弄 455 支弄 68 号甲（200063）				
投资总额	60 万 USD	电　　话	62843915	传　　真	52846814
设立日期	2007-9-25	负 责 人	PABLO PEREZ DE LAZARRAGA VILLA		
主营业务	室内、室外运动器材、健身器材，健康按摩器材的批发、佣金代理。				

企业名称	名港商贸（上海）有限公司				
企业地址	上海市黄浦区河南南路 33 号 20 层 22H 室（200001）				
投资总额	50 万 USD	电　　话	51082911	传　　真	
设立日期	2007-9-25	负 责 人	荻原茂		
主营业务	电池制造零部件及原料、叉车零部件、纺织机械零部件的进出口。				

企业名称	鹏兴贸易（上海）有限公司				
企业地址	上海市徐汇区宛平南路 221 号（200030）				
投资总额	14 万 USD	电　　话	64871181	传　　真	64871181
设立日期	2007-9-25	负 责 人	李云鹏		
主营业务	从事服装服饰、鞋帽、日用百货、电子产品、办公用品的零售、批发。				

企业名称	伟地石贸易（上海）有限公司				
企业地址	上海市长宁区仙霞路 137 号 9F 室（200051）				
投资总额	15 万 USD	电　　话	62599090	传　　真	62599080
设立日期	2007-9-25	负 责 人	HARLAN MORGAN STONE		
主营业务	瓷砖、木制地板、花岗岩制品、大理石制品、厨卫家具的批发。				

企业名称	格兰布朗（上海）商贸有限公司				
企业地址	上海市黄浦区黄陂北路 227 号 602 室（200002）				
投资总额	300 万 RMB	电　　话	63758111	传　　真	53759375
设立日期	2007-9-25	负 责 人	ANDREW HAROLD GRAHAM		
主营业务	建材（钢材除外）、家居装饰产品、家具的批发、进出口、佣金代理。				

企业名称	上海安得列郎晴食品贸易有限公司				
企业地址	上海市虹口区广粤路 439 弄 3 号 505-4 室（200434）				
投资总额	1000 万 RMB	电　　话	64364712	传　　真	64752287
设立日期	2007-9-25	负 责 人	周　倩		
主营业务	食品（非实物方式）的进出口，批发，佣金代理（拍卖除外）。				

企业名称	魁钢国际贸易（上海）有限公司				
企业地址	上海市浦东新区外高桥保税区华申路 180 号 808 室（200131）				
投资总额	20 万 USD	电　　话	32100567	传　　真	62711430
设立日期	2007-9-24	负 责 人	胡定徽		
主营业务	在保税区内从事国际贸易、转口贸易、保税区企业间的贸易及贸易代理。				

企业名称	上海秀昭泷源贸易有限公司				
企业地址	上海市静安区北京西路 1701 号 404 室（200040）				
投资总额	40 万 USD	电　　话	62884001	传　　真	62889855
设立日期	2007-9-24	负 责 人	TAKIMOTO HIDEAKI		
主营业务	从事工业五金的批发，工业五金模具的设计和批发。				

企业名称	科斯娜白特兰（上海）贸易有限公司				
企业地址	上海市静安区北京西路 1701 号 2902 室 A（200040）				
投资总额	14 万 USD	电　　话	51501983	传　　真	
设立日期	2007-9-24	负 责 人	CRISTINA BERTRAND		
主营业务	香水及化妆品、各类首饰、时尚饰物、文化办公用品、文具商品的批发。				

企业名称	大敬（上海）纺织品贸易有限公司				
企业地址	上海市浦东新区世纪大道 1500 号 1401B 室（200122）				
投资总额	14 万 USD	电　　话	68407727	传　　真	
设立日期	2007-9-24	负 责 人	YOSHIOKA KEISUKE		
主营业务	服装服饰、针纺织品的批发、佣金代理（拍卖除外）、进出口。				

企业名称	上海扬禹电子贸易有限公司				
企业地址	上海市中山西路 2025 号 1322 室（200233）				
投资总额	150 万港币	电　　话	64813955	传　　真	64813968
设立日期	2007-9-21	负 责 人	张伟华		
主营业务	电子产品、电子元器件、计算机软硬件的批发、佣金代理（拍卖除外）。				

企业名称	马拉齐贸易（上海）有限公司				
企业地址	上海市长宁区遵义路 107 号 2101 室（200051）				
投资总额	360 万 USD	电　　话	51757957	传　　真	
设立日期	2007-9-21	负 责 人	FRANCESCO G.VALENTE		
主营业务	陶瓷砖、卫生洁具，其他装饰材料（钢材、水泥除外）的批发、进出口。				

企业名称	上海磐卡史杰商贸有限公司				
企业地址	上海市浦东新区光明路 718 号 825 室（200131）				
投资总额	40 万 USD	电　　话	69760141	传　　真	
设立日期	2007-9-21	负 责 人	陈意忠		
主营业务	机械设备及其零配件、自动化控制设备及其零配件的批发、佣金代理。				

企业名称	拔萃贸易（上海）有限公司				
企业地址	上海市浦东新区杨高北路528号14幢4042室（200131）				
投资总额	14万USD	电话	63816833	传真	63818884
设立日期	2007-9-21	负责人	ROBERT CHARLES MURRAY		
主营业务	服装、鞋帽饰品及时装包袋的批发、佣金代理（拍卖除外）、进出口。				

企业名称	创彤贸易（上海）有限公司				
企业地址	上海市浦东新区杨高北路528号14幢4043室（200131）				
投资总额	14万USD	电话	63816833	传真	
设立日期	2007-9-21	负责人	ROBERT CHARLES MURRAY		
主营业务	各类服装饰品的批发、佣金代理（拍卖除外），进出口，提供配套服务。				

企业名称	稀易（上海）贸易有限公司				
企业地址	上海市灵石路851号4幢101室（200070）				
投资总额	14万USD	电话	56321713	传真	
设立日期	2007-9-21	负责人	KRISTIAN GEORG WYROBEK		
主营业务	打印机零配件的批发及进出口，并提供相关的技术咨询、技术服务。				

企业名称	上海玺明化工贸易有限公司				
企业地址	上海市普陀区华池路58弄1号1917室（200063）				
投资总额	14万USD	电话	56077569	传真	
设立日期	2007-9-21	负责人	尹国明（WAN KWOK MING）		
主营业务	化工原料、化工产品（危险品除外）、纺织原料（棉花除外）的批发。				

企业名称	禧满（上海）化妆品贸易有限公司				
企业地址	上海市闵行区吴中路1050号第6幢310室（201103）				
投资总额	14万USD	电话	61263565	传真	61263562
设立日期	2007-9-21	负责人	李昌根（LEE CHANG KUN）		
主营业务	化妆品、化妆品容器、化妆品原料、包装盒、美容器械的批发。				

企业名称	上海韩庆贸易有限公司				
企业地址	上海市闵行区吴中路1050号6幢515室（201103）				
投资总额	14万USD	电话	61265420	传真	61265422
设立日期	2007-9-21	负责人	MA YOUNG HEUN		
主营业务	化工原料（危险品除外）、建材、机械设备及配件的批发。				

企业名称	上海瑞尽贸易有限公司				
企业地址	上海市闵行区吴中路1065号1幢501室（201103）				
投资总额	14万USD	电话	61245480	传真	61245479
设立日期	2007-9-21	负责人	YOO WON HYUK		
主营业务	塑料制品、玻璃制品、机械设备及配件的批发、佣金代理。				

企业名称	普卢福贸易（上海）有限公司				
企业地址	上海市浦东新区商城路800号斯米克大厦720室（200120）				
投资总额	50万欧元	电话	58359145	传真	58356143
设立日期	2007-9-21	负责人	JOSEF GREVENSTEIN		
主营业务	精密仪器设备及零配件的批发、佣金代理（拍卖除外）、进出口。				

企业名称	码禄满（上海）贸易有限公司				
企业地址	上海市闵行区梅陇西路2056号（201100）				
投资总额	100万RMB	电话	34123506	传真	
设立日期	2007-9-21	负责人	SUZUKI TOSHIO（铃木俊雄）		
主营业务	办公设备和用品、精密仪器和设备及其零部件的进出口。				

企业名称	喜佰富贸易（上海）有限公司				
企业地址	上海市虹口区四川北路1666号1305-B室（200080）				
投资总额	500万RMB	电话	65758025	传真	65758025
设立日期	2007-9-20	负责人	袁萍		
主营业务	从事服装、服饰、工艺品、办公用品、皮具、针纺织品的进出口，批发。				

企业名称	塞提曼（上海）贸易有限公司				
企业地址	上海市黄浦区威海路128号1层101、102、103室（200001）				
投资总额	100万RMB	电话	63180056	传真	53751677
设立日期	2007-9-20	负责人	FRANCOIS FOURRIER		
主营业务	酒类产品、工艺品（文物除外）的批发、进出口、佣金代理（拍卖除外）。				

企业名称	世顶服饰贸易（上海）有限公司				
企业地址	上海市外高桥保税区加太路39号菀熠楼第五层36部位（200131）				
投资总额	1800万日元	电话	62499568	传真	
设立日期	2007-9-20	负责人	前田哲博		
主营业务	纺织品、皮革毛皮制品（濒危动物毛皮除外）以及产品配饰件的批发。				

企业名称	上海雅化贸易有限公司				
企业地址	上海市浦东新区浦电路438号1306室（200122）				
投资总额	20万USD	电话	61050769	传真	
设立日期	2007-9-19	负责人	叶美香		
主营业务	日用百货、茶叶、饮料、文教用品、工艺礼品（文物除外）的批发。				

企业名称	诺思罗普格鲁曼斯伯利航海贸易（上海）有限公司				
企业地址	上海市浦东新区张杨路620号中融恒瑞国际大厦802室（200120）				
投资总额	20万USD	电话	58355885	传真	58355358
设立日期	2007-9-19	负责人	JOSE NOLASCO DA CUNHA		
主营业务	航海导航设备、船载辅助设备、记录仪器以及相关耗材的批发。				

企业名称	正亿贸易（上海）有限公司				
企业地址	上海市浦东新区耀华路215号2号楼B205室（200126）				
投资总额	95万USD	电话	52120598	传真	
设立日期	2007-9-19	负责人	周淑铃		
主营业务	印刷辅助设备、印前设备、印后设备、印刷油墨、印刷配套软件的批发。				

企业名称	基进贸易（上海）有限公司				
企业地址	上海市浦东新区杨高北路528号14幢4056室（200131）				
投资总额	14万USD	电话	33835756	传真	33834446
设立日期	2007-9-19	负责人	金财宝		
主营业务	信箱、医药箱、钱箱、保险箱的批发、进出口。				

企业名称	哥帝贸易（上海）有限公司				
企业地址	上海市静安区新闸路831号7层C室（200041）				
投资总额	14万USD	电话	52287705	传真	52287707
设立日期	2007-9-19	负责人	JOSE ANTONIO BUSTAMANTE GARZON		
主营业务	建筑材料（钢材、水泥除外）、家用电器、厨卫用品、玩具的批发。				

企业名称	七立得仓储贸易（上海）有限公司				
企业地址	上海市外高桥保税区富特西一路473号6号楼第三层A部位（200131）				
投资总额	20万USD	电话	50383872	传真	50383152
设立日期	2007-9-18	负责人	李启乐		
主营业务	保税区内以切削工具、机械配件、硬质合金圆棒为主的仓储、分拨业务。				

企业名称	蒙钛福（上海）贸易有限公司				
企业地址	上海市浦东新区浦东南路1271号-1289号1312室（200122）				
投资总额	20万USD	电话	58875760	传真	58875790
设立日期	2007-9-18	负责人	EDWIN J. MONTALVO		
主营业务	纠偏控制系统，相关夹盘、辊轴、切刀等配套设备的进出口、批发。				

企业名称	上海全鸿贸易有限公司				
企业地址	上海市嘉定区菊园新区棋盘路1198号202室（201800）				
投资总额	14万USD	电话	59511355	传真	59511355
设立日期	2007-9-18	负责人	王丽娜		
主营业务	照照灯具支架及灯罩、塑料异型材、塑料密封件和塑料原料的零售。				

企业名称	世农蔬果花卉贸易（上海）有限公司				
企业地址	上海市长宁区泉口路44号底层（200051）				
投资总额	15万USD	电话	64317183	传真	53835779
设立日期	2007-9-18	负责人	何超		
主营业务	蔬菜、水果、罐头、饮料、花卉的批发、零售、进出口及佣金代理。				

企业名称	永奈贸易（上海）有限公司				
企业地址	上海市闵行区宝城路158弄38号505室（201100）				
投资总额	100万RMB	电话	54177755	传真	54177722
设立日期	2007-9-18	负责人	林焕镛		
主营业务	五金工具、建筑材料（特定商品除外）、化妆品、日用杂货的进出口。				

企业名称	纽嘉贸易（上海）有限公司				
企业地址	上海市长宁区古北路555弄8号901室B座（200051）				
投资总额	20万USD	电话	62286665	传真	62281211
设立日期	2007-9-17	负责人	黄泰霖		
主营业务	家具、珠宝工艺品（毛钻、裸钻、文物除外）的批发、佣金代理。				

企业名称	毅展贸易（上海）有限公司				
企业地址	上海市普陀区长寿路1118号B幢11楼F室（200063）				
投资总额	20万USD	电话	52389893	传真	52389893
设立日期	2007-9-17	负责人	吴有财		
主营业务	从事纺织原料、针纺织品，纺织机械，机电产品，办公用品的批发。				

企业名称	万汽（上海）贸易有限公司				
企业地址	上海市长宁区兴义路 8 号 2302-2304、2306 室（200336）				
投资总额	64 万 USD	电话	52081880	传真	52081160
设立日期	2007-9-17	负责人	YOON TAE HO		
主营业务	金属材料及制品（贵稀金属除外）、电子产品、汽车零部件的批发。				

企业名称	上海鹿得医疗器械贸易有限公司				
企业地址	上海市卢湾区斜土路 768 号 1904 室（200025）				
投资总额	50 万 USD	电话	63059200	传真	63743360
设立日期	2007-9-17	负责人	项友亮		
主营业务	从事一类医疗器械、水银血压计、电子血压计、电子体温计的批发。				

企业名称	晋达（上海）贸易有限公司				
企业地址	上海市浦东新区张杨路 228 号 2016 室（200120）				
投资总额	51 万 USD	电话	52382356	传真	
设立日期	2007-9-17	负责人	徐文彦		
主营业务	各类镀锌、镀铝锌、彩涂等钢材，碳钢钢坯，冷热轧钢材的批发。				

企业名称	钜盛贸易（上海）有限公司				
企业地址	上海市虹口区华昌路 9 号 1908 室（200083）				
投资总额	13 万 USD	电话	56626187	传真	
设立日期	2007-9-17	负责人	徐荣鸿		
主营业务	金属材料（钢材、贵金属、稀有金属除外），电子产品及零配件的批发。				

企业名称	沃赀建材贸易（上海）有限公司				
企业地址	上海市浦东新区张杨路 188 号 2503 室（200120）				
投资总额	14 万 USD	电话	58770235	传真	68880280
设立日期	2007-9-17	负责人	JOE NASH MORGAN		
主营业务	各类建材（钢材、水泥除外）的批发、佣金代理（拍卖除外）。				

企业名称	扬升（上海）贸易有限公司				
企业地址	上海市浦东新区杨新路 87 号底层 114 室（200126）				
投资总额	14 万 USD	电话	61393497	传真	61393497
设立日期	2007-9-17	负责人	陈建吉		
主营业务	鞋帽、体育用品及器材、家用电器、工艺品、办公用品及耗材的批发。				

企业名称	申奉宝贸易（上海）有限公司				
企业地址	上海市浦东新区东塘路 240 号 19 幢 201 室（201208）				
投资总额	14 万 USD	电话	67646186	传真	
设立日期	2007-9-17	负责人	张庭		
主营业务	玻璃及其制品、电气设备及其零件的批发、佣金代理。				

企业名称	施家商贸（上海）有限公司				
企业地址	上海市静安区华山路 439 号 406 室（200040）				
投资总额	14 万 USD	电话	62288539	传真	62285904
设立日期	2007-9-17	负责人	沃晓永		
主营业务	纺织品、日用品、户外用品、益智玩具的批发，佣金代理（拍卖除外）。				

企业名称	丸鹏电子贸易（上海）有限公司				
企业地址	上海市天钥桥路 333 号 2603B 室（200030）				
投资总额	20 万 USD	电话	64264782	传真	
设立日期	2007-9-14	负责人	ZAMA YOSHIAKI（座间佳明）		
主营业务	半导体产品、电子产品、计算机软件、机器机械设备及其零部件的批发。				

企业名称	茂森富庄家纺贸易（上海）有限公司				
企业地址	上海市卢湾区淮海中路 138 号 2704 室（200020）				
投资总额	70 万 USD	电话	63756229	传真	
设立日期	2007-9-14	负责人	HOU SHERRY YINGSHUANG		
主营业务	纺织品、服装服饰、工艺品（文物除外）、日用品的批发、佣金代理。				

企业名称	斯墩达可（上海）贸易有限公司				
企业地址	上海市长宁区北翟路 1178 号 1 号楼南幢 505 室（200335）				
投资总额	14 万 USD	电话	52164388	传真	52164387
设立日期	2007-9-13	负责人	SEO SEONG GUK		
主营业务	建筑材料（钢材、水泥除外）、灯具、服装的批发、佣金代理。				

企业名称	陆记轴承贸易（上海）有限公司				
企业地址	上海市江场三路 217 号 101 室（200070）				
投资总额	15 万 USD	电话	56770735	传真	56777210
设立日期	2007-9-13	负责人	陆轩青		
主营业务	机械设备及其零部件、电气设备及其零部件的批发、进出口、佣金代理。				

企业名称	后山茶叶贸易（上海）有限公司				
企业地址	上海市长宁区天山路 30 号甲 1110 室（200336）				
投资总额	15 万 USD	电话	54111186	传真	
设立日期	2007-9-13	负责人	林柏成		
主营业务	食品销售管理（非实物方式）及茶叶，茶具，礼品的批发。				

企业名称	德咏贸易（上海）有限公司				
企业地址	上海市龙华西路 585 号 17A6 室（200232）				
投资总额	200 万港币	电话	64692830	传真	64695693
设立日期	2007-9-12	负责人	霍友诚		
主营业务	饰品、办公用品、高尔夫器材的批发、进出口、佣金代理。				

企业名称	上海首胜贸易有限公司				
企业地址	上海市闵行区宜山路 1618 号综合楼 836 室（201103）				
投资总额	20 万 USD	电话	61280355	传真	
设立日期	2007-9-12	负责人	JAMES C.HOLCOMB,JR		
主营业务	电动工具、气动工具、汽修工具、建筑工具以及汽车零件和配件的批发。				

企业名称	泛博商贸（上海）有限公司				
企业地址	上海市浦东新区牡丹路 60 号 521 室（201204）				
投资总额	70 万 USD	电话	57638069	传真	61276711
设立日期	2007-9-12	负责人	WILLIAMS GEORGE EDWIN		
主营业务	运动器材、钟表、家居用品、工艺品（文物除外）、婴儿用品的批发。				

企业名称	大佑巴仕（上海）贸易有限公司				
企业地址	上海市松江区车墩镇书海路 999 号 6 幢（201611）				
投资总额	30 万 USD	电话	67602042	传真	67602045
设立日期	2007-9-12	负责人	PARK JAE HONG		
主营业务	从事汽车配件，模具、工装夹具、原辅材料，汽车生产设备的进出口。				

企业名称	上海玄信贸易有限公司				
企业地址	上海市浦东新区新金桥路 255 号 123 室（201206）				
投资总额	50 万 USD	电话	50595114	传真	50595114
设立日期	2007-9-12	负责人	白南旭（BECK NAM WOOK）		
主营业务	计算机软件的设计、开发、制作、销售自产产品并提供售后技术支持。				

企业名称	三洋化成（上海）贸易有限公司				
企业地址	上海市外高桥保税区日京路 51 号 A 幢 1421 室（200131）				
投资总额	180 万 USD	电话	54667676	传真	54662886
设立日期	2007-9-12	负责人	安藤孝夫		
主营业务	塑料及其制品、贱金属制品、矿产品（铁矿石除外）的批发、进出口。				

企业名称	歆康（上海）贸易有限公司				
企业地址	上海市外高桥保税区华申路 180 号 726 室（200131）				
投资总额	14 万 USD	电话	50946899	传真	50946898
设立日期	2007-9-12	负责人	刘廷祖		
主营业务	国际贸易、转口贸易、保税区企业间的贸易及贸易代理。				

企业名称	振记商贸（上海）有限公司				
企业地址	上海市杨浦区军工路 300 号 8 号楼 206 室（200090）				
投资总额	14 万 USD	电话	33816216	传真	
设立日期	2007-9-12	负责人	陈振昆		
主营业务	水产品的零售（限分支机构）、批发、进出口、佣金代理。				

企业名称	上海久满多服装商贸有限公司				
企业地址	上海市沪闵路 8075 号 747、749 室（200237）				
投资总额	14 万 USD	电话	61285410	传真	61285415
设立日期	2007-9-12	负责人	矢代银之助		
主营业务	服装、面料及辅料的批发、佣金代理（拍卖除外）。				

企业名称	速鹏贸易（上海）有限公司				
企业地址	上海市浦东新区张杨路 158 号 612 室（200122）				
投资总额	14 万 USD	电话	58764188	传真	58768066
设立日期	2007-9-12	负责人	苏佳煌		
主营业务	阀门产品，管路配件，仪器仪表，机械设备的批发、佣金代理。				

企业名称	盛瑞贸易（上海）有限公司				
企业地址	上海市卢湾区建国西路 91 弄 5 号 806 室（200020）				
投资总额	14 万 USD	电话	51532025	传真	
设立日期	2007-9-12	负责人	ALEX E NAZARI		
主营业务	计算机软硬件，仪器仪表，日用杂货的批发、进出口业务。				

批发和零售贸易业

企业名称	上海太伯贸易有限公司				
企业地址	上海市长宁区芙蓉江路276弄1号208室（200336）				
投资总额	14万USD	电　话	52069651	传　真	64019165
设立日期	2007-9-12	负责人	HWANG DONG JIN		
主营业务	通用设备配件、模具、汽车驾驶记录器的批发、佣金代理。				

企业名称	礼兰（上海）工贸有限公司				
企业地址	上海市莘庄工业区春东路479号14幢D2一楼（201100）				
投资总额	14万USD	电　话	54428424	传　真	54428474
设立日期	2007-9-12	负责人	ILAN RAHAMIM MAIMON		
主营业务	生产咖啡磨豆机、磨豆机、咖啡机，销售自产产品，提供售后服务。				

企业名称	翰立贸易（上海）有限公司				
企业地址	上海市浦东新区浦东南路1289号华融大厦1802-1803室（200120）				
投资总额	15万USD	电　话	58820767	传　真	58821766
设立日期	2007-9-12	负责人	SVETLANA SHUKUROVA		
主营业务	塑料制品、建材（钢材、水泥除外）、电子电气产品的批发、佣金代理。				

企业名称	上海踏克贸易有限公司				
企业地址	上海市中山西路1420弄16号2幢1楼C座（200233）				
投资总额	15万USD	电　话	64619537	传　真	61953646
设立日期	2007-9-12	负责人	HONG JUNG TACK		
主营业务	服装、日用装饰品、化妆品、美容美发用品的批发。				

企业名称	予硕贸易（上海）有限公司				
企业地址	上海市浦东新区张杨路828号-838号（双）26B05室（200122）				
投资总额	15万USD	电　话	50945657	传　真	
设立日期	2007-9-12	负责人	阎发奎		
主营业务	纺织品及原料（棉花除外）、橡胶制品（天然橡胶除外）、玩具的批发。				

企业名称	拓扩（上海）贸易有限公司				
企业地址	上海市静安区南京西路1515号1801A室（200041）				
投资总额	100万USD	电　话	52985008	传　真	
设立日期	2007-9-11	负责人	山田忠男		
主营业务	从事能源行业用机械设备、管道和管道配件、备品备件的批发。				

企业名称	彬可贸易（上海）有限公司				
企业地址	上海市浦东新区世纪大道1500号东方大厦1102C-5室（200122）				
投资总额	14万USD	电　话	68534492	传　真	50583780
设立日期	2007-9-11	负责人	杨万水		
主营业务	五金制品、电线电缆、机械设备及其零部件、电子电气产品的批发。				

企业名称	御玛贸易（上海）有限公司				
企业地址	上海市浦东新区浦东南路1101号1003室（200120）				
投资总额	14万USD	电　话	58362307	传　真	58362308
设立日期	2007-9-11	负责人	JIMING ZHOU		
主营业务	汽车零部件、服装、电子产品的批发、佣金代理。				

企业名称	轩兰贸易（上海）有限公司				
企业地址	上海市桃江路1号1幢502、505室（200031）				
投资总额	20万USD	电　话	64665581	传　真	64667981
设立日期	2007-9-10	负责人	SURYATY TANOTO		
主营业务	饰品及配件、灯具、室内装饰品、家具、工艺品的进出口、批发。				

企业名称	喜佳国际贸易（上海）有限公司				
企业地址	上海市外高桥保税区冰克路500号综合楼六层611室（200131）				
投资总额	130万USD	电　话	51192868	传　真	54223631
设立日期	2007-9-10	负责人	童中平		
主营业务	国际贸易，转口贸易，保税区企业间的贸易及区内贸易代理。				

企业名称	科特莱思科（上海）商贸有限公司				
企业地址	上海市静安区江宁路445号15层B室（200041）				
投资总额	14万USD	电　话	62181240	传　真	62181267
设立日期	2007-9-10	负责人	WEI YING		
主营业务	从事真空设备、真空设备零部件、真空运用材料及其配件的批发。				

企业名称	艾鸿贸易（上海）有限公司				
企业地址	上海市长宁区天山路600弄2号29D室（200051）				
投资总额	14万USD	电　话	52063975	传　真	
设立日期	2007-9-10	负责人	徐双鸿		
主营业务	服装服饰、面料及辅料、建筑装潢材料（钢材、水泥除外）的批发。				

企业名称	尤思艾汽车零件贸易（上海）有限公司				
企业地址	上海市浦东新区东方路69号2208室（200120）				
投资总额	14万USD	电　话	51692606	传　真	68877610
设立日期	2007-9-10	负责人	WILLIAM THOMAS BLACKERBY JR		
主营业务	汽车零部件及相关模具的批发、佣金代理（拍卖除外）、进出口。				

企业名称	杰司贸易（上海）有限公司				
企业地址	上海市共和新路3201号16楼1620室（200070）				
投资总额	10万USD	电　话	62214461	传　真	52260067
设立日期	2007-9-10	负责人	NICOLASBOUYGUES		
主营业务	机电产品、五金制品、塑料制品、包装制品、电子零配件的批发。				

企业名称	睿迈贸易（上海）有限公司				
企业地址	上海市黄浦区人民路885号2703室（200010）				
投资总额	15万USD	电　话	63368383	传　真	
设立日期	2007-9-10	负责人	HANS PETER BOUVARD		
主营业务	电讯网络布线产品的批发、进出口，提供贸易信息咨询。				

企业名称	益拿晓（上海）机电商贸有限公司				
企业地址	上海市南汇区康桥镇康士路23号237室（201315）				
投资总额	100万RMB	电　话	51192561	传　真	51192562
设立日期	2007-9-10	负责人	JANG HO MOON		
主营业务	机电、环保、化工系统设备及配套的相关材料批发、佣金代理。				

企业名称	美可食（上海）食品贸易有限公司				
企业地址	上海市静安区华山路439号408B室（200041）				
投资总额	2000万日元	电　话	62180321	传　真	62177637
设立日期	2007-9-10	负责人	KURE TSUYOSHI		
主营业务	包装礼盒、日用品、家用产品、针纺织品、装饰品的批发，佣金代理。				

企业名称	眼力健（上海）医疗器械贸易有限公司				
企业地址	上海市静安区南京西路1038号3202室（200041）				
投资总额	220万USD	电　话	23077666	传　真	
设立日期	2007-9-7	负责人	RICHARD ANDREW MEIER		
主营业务	三类医疗器械（范围详见许可证）及其零配件的批发、佣金代理。				

企业名称	上海示阳贸易有限公司				
企业地址	上海市闵行区吴中路1238号3幢八楼D座（201103）				
投资总额	7万USD	电　话	64013809	传　真	64013800
设立日期	2007-9-7	负责人	林志龙		
主营业务	针纺织品、工艺品（文物除外）、机械机电产品的进出口、批发业务。				

企业名称	三隆木盛（上海）传动机械贸易有限公司				
企业地址	上海市静安区愚园路172号2401室（200040）				
投资总额	30万USD	电　话	62496161	传　真	
设立日期	2007-9-7	负责人	三木康治（MIKI KOJI）		
主营业务	传动机电设备及元器件的批发，进出口，佣金代理（拍卖除外）。				

企业名称	丸梅商贸（上海）有限公司				
企业地址	上海市长宁区延安西路1088号623室（200052）				
投资总额	30万USD	电　话	62127617	传　真	
设立日期	2007-9-7	负责人	山本德治郎		
主营业务	日用品及日用杂货、厨房用具、机械设备及其零配件的批发、进出口。				

企业名称	伟健贸易（上海）有限公司				
企业地址	上海市黄浦区四川南路26号610室（200001）				
投资总额	16万USD	电　话	63734916	传　真	63553219
设立日期	2007-9-7	负责人	CHAU TAK VUI		
主营业务	五金交电、工艺礼品（文物除外）、计算机软硬件的进出口、批发。				

企业名称	凯实贸易（上海）有限公司				
企业地址	上海市闵行区光华路2118号第6幢1316室（201111）				
投资总额	14万USD	电　话	51113401	传　真	51113403
设立日期	2007-9-7	负责人	HU BENJAMIN		
主营业务	五金工具、测量仪器仪表、汽车配件的批发、佣金代理（拍卖除外）。				

企业名称	上海凯丁门贸易有限公司				
企业地址	上海市闵行区吴中路1067-1087号第3幢612室（201103）				
投资总额	14万USD	电　话	64064807	传　真	
设立日期	2007-9-7	负责人	OH SE JONG		
主营业务	针织品及原料、服装服饰及辅料、体育用品、日用百货的批发、进出口。				

企业名称	尤内雀（上海）贸易有限公司				
企业地址	上海市静安区武定路 881 号 8 幢 305 室（200041）				
投资总额	14 万 USD	电　话	52135605	传　真	
设立日期	2007-9-7	负 责 人	杨作梁		
主营业务	日用品、宠物用品、服装的批发、食品销售管理。				

企业名称	菲锐西（上海）贸易有限公司				
企业地址	上海市青浦区青赵公路 63 号 4 层（201700）				
投资总额	50 万欧元	电　话	63906015	传　真	63722199
设立日期	2007-9-7	负 责 人	PHILIPPE TREMEAU		
主营业务	密封件和紧固件、橡胶制品、机电设备、仪器仪表及其零部件的批发。				

企业名称	佰莉姿（上海）商贸有限公司				
企业地址	上海市闵行区莘庄镇庙泾路 58 号 1205 室（201100）				
投资总额	1000 万日元	电　话	64092475	传　真	64092475
设立日期	2007-9-7	负 责 人	安达耕一		
主营业务	从事服装、服饰、面料、鞋帽、家居用品的批发、佣金代理（拍卖除外）。				

企业名称	赛科斯蒂贸易（上海）有限公司				
企业地址	上海市浦东新区东方路 877 号 1404 室（200122）				
投资总额	60 万 USD	电　话	61457022	传　真	61457030
设立日期	2007-9-6	负 责 人	SHAUKAT ALI CHOHAN		
主营业务	钢材及其制品以及相关产品的批发、佣金代理（拍卖除外）、进出口。				

企业名称	可电贸易（上海）有限公司				
企业地址	上海市外高桥保税区日京路 51 号 2218 室（200131）				
投资总额	30 万 USD	电　话	52377612	传　真	52377623
设立日期	2007-9-6	负 责 人	田中节生		
主营业务	国际贸易，转口贸易，保税区企业间的贸易及贸易代理。				

企业名称	卓赫贸易（上海）有限公司				
企业地址	上海市长宁区仙霞路 369 号 1 号楼 703 室（200336）				
投资总额	50 万 USD	电　话	51559917	传　真	
设立日期	2007-9-6	负 责 人	陈如		
主营业务	皮革制品、家用电器、饰品（钻石除外）、工艺品（文物除外）的批发。				

企业名称	狄纳乔衡器贸易（上海）有限公司				
企业地址	上海市江场一路 18 号 724 室（200070）				
投资总额	14 万 USD	电　话	66540617	传　真	66540517
设立日期	2007-9-6	负 责 人	MARCO BERTONI		
主营业务	衡器设备及其配件的批发，上述商品及相关技术的进出口。				

企业名称	阿美特克商贸（上海）有限公司				
企业地址	上海市外高桥保税区富特北路 460 号第 1 层 A 部位（200131）				
投资总额	15 万 USD	电　话	57632408	传　真	57632410
设立日期	2007-9-6	负 责 人	LIM MENG KEE		
主营业务	电机、仪器仪表及产品零部件的进出口、批发、佣金代理（拍卖除外）。				

企业名称	高艺时装贸易（上海）有限公司				
企业地址	上海市长宁区延安西路 2299 号 04K15 室（200336）				
投资总额	300 万 RMB	电　话	62366918	传　真	62366989
设立日期	2007-9-6	负 责 人	陈瑶璇		
主营业务	床上用品、针纺织品及原料（棉花除外）、化妆品、玩具、箱包的批发。				

企业名称	上海艾居岩商贸有限公司				
企业地址	上海市建国西路 283 号 3 号楼 7 楼 15 单元（200031）				
投资总额	500 万 RMB	电　话	64713353	传　真	64713553
设立日期	2007-9-6	负 责 人	WONG CHING HAN（黄静娴）		
主营业务	建筑材料（钢筋、水泥除外）、机电设备、机电材料、家用电器的批发。				

企业名称	禧隆贸易（上海）有限公司				
企业地址	上海市长宁区仙霞路 80 号 4D 室（200336）				
投资总额	100 万港币	电　话	62081312	传　真	
设立日期	2007-9-5	负 责 人	水上真一		
主营业务	服装材料和辅料（棉花除外）、手工艺品（文物除外）的进出口。				

企业名称	发速钢业商贸（上海）有限公司				
企业地址	上海市长宁区天山西路 120 号 1116 室（200335）				
投资总额	22 万 USD	电　话	52197608	传　真	52191738
设立日期	2007-9-5	负 责 人	松田良明		
主营业务	钢材等金属材料、金属制品的进出口、批发、佣金代理（拍卖除外）。				

企业名称	派世贸易（上海）有限公司				
企业地址	上海市普陀区常和路 288 号 7 号楼 103 室（200331）				
投资总额	20 万 USD	电　话	52386090	传　真	52386091
设立日期	2007-9-5	负 责 人	符炳然		
主营业务	食品的批发、进出口业务（食品销售管理，非实物方式）及配套业务。				

企业名称	荣福贸易（上海）有限公司				
企业地址	上海市宝山区川路 1800-6 号 218 室（201901）				
投资总额	100 万 RMB	电　话	61289288	传　真	61289298
设立日期	2007-9-5	负 责 人	CHEAH CHAN YAU		
主营业务	家具、五金、卫浴用品、陶瓷、地砖、家纺产品、电子产品的批发。				

企业名称	上海顶志贸易有限公司				
企业地址	上海市外高桥保税区新灵路 118 号 4 层 415B 室（200131）				
投资总额	20 万 USD	电　话	54866211	传　真	54866212
设立日期	2007-9-4	负 责 人	彭美缘		
主营业务	塑胶制品、化工产品（除危险化学品、特种化学品及易制毒产品）批发。				

企业名称	上海佐商贸易有限公司				
企业地址	上海市黄浦区福州路 666 号 8 楼 B 室（200001）				
投资总额	20 万 USD	电　话	63917575	传　真	
设立日期	2007-9-4	负 责 人	中村顺一		
主营业务	杂货、贵金属制品、首饰品（毛钻、裸钻除外）、建筑材料的批发。				

企业名称	斯高特巴德（上海）贸易有限公司				
企业地址	上海市静安区武宁南路 488 号 1609 室（200042）				
投资总额	50 万 USD	电　话	52987778	传　真	52988889
设立日期	2007-9-4	负 责 人	吴士庆		
主营业务	化工产品（危险化学品除外）以及建筑材料（钢材、水泥除外）的批发。				

企业名称	上海朋彦贸易有限公司				
企业地址	上海市嘉定区真新街道祁连山南路 2199 号 720 室（201824）				
投资总额	14 万 USD	电　话	51879710	传　真	69107334
设立日期	2007-9-4	负 责 人	周彦良		
主营业务	从事五金产品的批发、进出口业务，提供产品的维修及技术咨询服务。				

企业名称	恩里科贸易（上海）有限公司				
企业地址	上海市浦东新区张杨路 655 号 711 座（200122）				
投资总额	14 万 USD	电　话	51379801	传　真	51379802
设立日期	2007-9-4	负 责 人	GOGGI ENRICO		
主营业务	建筑金属脚手架以及附件、人造夹板、建筑装饰用附件和工具的批发。				

企业名称	亚玛芬体育用品贸易（上海）有限公司				
企业地址	上海市浦东新区花园石桥路 33 号花旗银行大厦 23 楼 2343 室（200120）				
投资总额	250 万 USD	电　话	61010095	传　真	
设立日期	2007-9-3	负 责 人	MATTHEW JONATHAN GOLD		
主营业务	体育器材及配件、运动服装及鞋帽的批发、佣金代理（拍卖除外）。				

企业名称	奥丝毕（上海）贸易有限公司				
企业地址	上海市中山西路 1800 号 11 楼 I 室（200235）				
投资总额	20 万 USD	电　话	54960048	传　真	
设立日期	2007-9-3	负 责 人	胡琴妹		
主营业务	纺织品、服装、服饰、鞋帽、面辅料的批发、佣金代理（拍卖除外）。				

企业名称	盛向（上海）贸易有限公司				
企业地址	上海市漕宝路 80 号 1106 室（200235）				
投资总额	20 万 USD	电　话	64327927	传　真	64327928
设立日期	2007-9-3	负 责 人	TEO TIAN SENG（张天成）		
主营业务	自动数据处理设备、工件电极基准系统和附件的批发、佣金代理。				

企业名称	地瀛仪器贸易（上海）有限公司				
企业地址	上海市闵行区光华路 2118 号第 6 幢 1517 室（201111）				
投资总额	20 万 USD	电　话	54970635	传　真	54970091
设立日期	2007-9-3	负 责 人	谢凤平		
主营业务	从事仪器、仪表、计算机软硬件及配件的批发、佣金代理（拍卖除外）。				

企业名称	益布智（上海）贸易有限公司				
企业地址	上海市闵行区龙茗路 2880、2884、2886 号（201103）				
投资总额	35 万 USD	电　话	54788683	传　真	54785929
设立日期	2007-9-3	负 责 人	KO CHOON DO		
主营业务	纺织品、针织品及原料、日用百货、服饰的批发、零售、佣金代理。				

批发和零售贸易业

企业名称	长义贸易（上海）有限公司				
企业地址	上海市中山西路 2006 号 905 室（200235）				
投资总额	14 万 USD	电话	64391623	传真	
设立日期	2007-9-3	负责人	巫义霞		
主营业务	家具及其零配件、纺织品、皮革制品、卫浴用品、工艺品的批发。				

企业名称	金轻轮贸易（上海）有限公司				
企业地址	上海市长宁区延安西路 2299 号 10G09（200336）				
投资总额	10 万 USD	电话	62360602	传真	62360603
设立日期	2007-9-3	负责人	铃木昌敏		
主营业务	脚轮、塑料原料及其制品、五金制品及冲压模具、橡塑模具的批发。				

企业名称	沙勒机械设备贸易（上海）有限公司				
企业地址	上海市长宁区新华路 728 号 316 室（200052）				
投资总额	33 万欧元	电话	62943525	传真	
设立日期	2007-9-3	负责人	STEPHAN SCHALLER		
主营业务	从事用于机械设备的安全控制系统及产品的进出口、批发及配套服务。				

企业名称	上海赫诺商贸有限公司				
企业地址	上海市浦东新区川沙路 458 号 311 室（201209）				
投资总额	10 万欧元	电话	65697654	传真	65803133
设立日期	2007-9-3	负责人	彭学广		
主营业务	制冷设备及关联零部件的批发、进出口、佣金代理（拍卖除外）。				

企业名称	嘉哲（上海）商贸有限公司				
企业地址	上海市乌鲁木齐中路 247 号 2 楼 201 室（200031）				
投资总额	500 万 RMB	电话	64372486	传真	64372712
设立日期	2007-9-3	负责人	姜 丰		
主营业务	针纺织品、工艺美术品（金银饰品、文物除外）、装饰用品的批发。				

企业名称	友汇贸易（上海）有限公司				
企业地址	上海市外高桥保税区新灵路 118 号九层 915A 室（200131）				
投资总额	50 万 USD	电话	64079689	传真	64079569
设立日期	2007-8-31	负责人	邓祖汉		
主营业务	从事紧固件、工业用五金件、五金工具、塑料制品、机械设备的批发。				

企业名称	意莎雷（上海）化学贸易有限公司				
企业地址	上海市黄浦区金陵西路 28 号 1040 室（200002）				
投资总额	13.5 万 USD	电话	54656300	传真	
设立日期	2007-8-31	负责人	P.S. LAHIRY		
主营业务	农用化学品及产品（危险化学品除外）的批发、佣金代理（拍卖除外）。				

企业名称	上海倍答利贸易有限公司				
企业地址	上海市普陀区陕西北路 1438 号 303 室（200333）				
投资总额	14 万 USD	电话	51623035	传真	51623036
设立日期	2007-8-31	负责人	PETRINI PALMIRO		
主营业务	酒类、食品的批发、进出口（食品销售管理）（非实物方式）。				

企业名称	巨英贸易（上海）有限公司				
企业地址	上海市浦东新区金桥路 1389 号主楼 305 室（201206）				
投资总额	14 万 USD	电话	54315789	传真	54315793
设立日期	2007-8-31	负责人	RENZO CASTELLI		
主营业务	从事热敏打印机、打印设备机芯及零配件与耗材的批发、佣金代理。				

企业名称	楷图（上海）商贸有限公司				
企业地址	上海市外高桥保税区荷丹路 240 号第二层 E209 部位（200131）				
投资总额	15 万 USD	电话	63410098	传真	
设立日期	2007-8-31	负责人	陈忠义		
主营业务	注射穿刺器械，体外循环及血液处理设备的批发。				

企业名称	海恩斯莫里斯（上海）贸易有限公司				
企业地址	上海市静安区万航渡路 888 号 7E 室（200041）				
投资总额	500 万 RMB	电话	63759191	传真	63758359
设立日期	2007-8-31	负责人	ROLF ERIKSEN		
主营业务	集团下属店铺装潢装饰、陈列用品及其商品的批发（钢材、水泥除外）。				

企业名称	上海榛叶国际贸易有限公司				
企业地址	上海市外高桥保税区日京路 2 号 208 室（200131）				
投资总额	850 万日元	电话	58682676	传真	62818300
设立日期	2007-8-31	负责人	榛叶明夫		
主营业务	国际贸易，转口贸易，保税区企业间的贸易及贸易代理。				

企业名称	泰奇贸易（上海）有限公司				
企业地址	上海市奉贤区环城东路 399 号 1 幢 5507 室（201400）				
投资总额	20 万 USD	电话	64051971	传真	
设立日期	2007-8-30	负责人	KWON CHI HYUN		
主营业务	服装服饰及其配件、服装面料（棉花除外）、辅料的批发及进出口。				

企业名称	婉孚（上海）商贸有限公司				
企业地址	上海市静安区石门一路 82 号一层（200041）				
投资总额	30 万 USD	电话	64664189	传真	64663812
设立日期	2007-8-30	负责人	ANDREA MAMO		
主营业务	意大利面、醋、咖啡、冰激凌、油浸食品、果酱及听/瓶装酱料的批发。				

企业名称	塔美国际贸易（上海）有限公司				
企业地址	上海市外高桥保税区日京路 35 号凯兴大楼十二层 1234 室（200131）				
投资总额	13.8 万 USD	电话	62699836	传真	
设立日期	2007-8-30	负责人	LEE YOUNG KU		
主营业务	厨房用品、五金产品的批发、佣金代理（拍卖除外）、进出口。				

企业名称	派若梦贸易（上海）有限公司				
企业地址	上海市外高桥保税区加太路 39 号 3 楼 37 部位（200131）				
投资总额	14 万 USD	电话	62489920	传真	58695010
设立日期	2007-8-30	负责人	OANA CRISTIANA CALISTRU		
主营业务	袜子、皮革制品（濒危动物毛皮除外）、纺织品及相关配饰件的批发。				

企业名称	台众贸易（上海）有限公司				
企业地址	上海市虹口区高阳路 246 号 229 室（200082）				
投资总额	14 万 USD	电话	55963581	传真	
设立日期	2007-8-30	负责人	孔广宸		
主营业务	从事化工原料及石油添加剂产品（危险化学品除外）的批发。				

企业名称	顺普（上海）贸易有限公司				
企业地址	上海市浦东新区金桥路 2446 号 6 楼 D 座 1 室（201206）				
投资总额	14 万 USD	电话	68869316	传真	
设立日期	2007-8-30	负责人	ROBERT L. CURRIER JR.		
主营业务	机动车辆零件、机械器具及其零件、电气设备及其零件的批发。				

企业名称	美铁可贸易（上海）有限公司				
企业地址	上海市奉贤区环城东路 399 号 1 幢 5506 室（201400）				
投资总额	14 万 USD	电话	64658608	传真	64658607
设立日期	2007-8-30	负责人	CHO YOUNG RAN		
主营业务	不锈钢制品、木制品（原木出口除外）、纸制品、石材的批发及进出口。				

企业名称	锐派电脑贸易（上海）有限公司				
企业地址	上海市虹口区天宝路 80 号 201 室（200086）				
投资总额	200 万 USD	电话	52392353	传真	
设立日期	2007-8-29	负责人	苏彦文		
主营业务	电脑硬软件、电脑配件、电脑周边产品、电子产品的批发、进出口。				

企业名称	高密集（上海）贸易有限公司				
企业地址	上海市普陀区武宁路 955 弄 1 号 2401A 室（200063）				
投资总额	20 万 USD	电话	52565588	传真	52668728
设立日期	2007-8-29	负责人	林庆聪		
主营业务	节能环保材料、金属制品、金属配件的批发、进出口及其相关配套业务。				

企业名称	活曼特贸易（上海）有限公司				
企业地址	上海市龙吴路 105 号 17 幢 105 室（200235）				
投资总额	20 万 USD	电话	54975875	传真	54975892
设立日期	2007-8-29	负责人	谢继红		
主营业务	食品销售管理（非实物方式）、佣金代理（拍卖除外）及进出口业务。				

企业名称	万曼（上海）医疗器械贸易有限公司				
企业地址	上海市长宁区延安西路 1538 号附楼 1 楼 1 室（200052）				
投资总额	50 万 USD	电话	3226269	传真	52589227
设立日期	2007-8-29	负责人	KARSTEN DECKERT		
主营业务	手术室、急救室、诊疗室设备及器具，一类医疗器械的批发、进出口。				

企业名称	宽鸿贸易（上海）有限公司				
企业地址	上海市喜泰路 239 号 8 号楼 206 室（200232）				
投资总额	13 万 USD	电话	51712189	传真	51712176
设立日期	2007-8-29	负责人	尤向荣		
主营业务	办公家具、文化办公用品、礼品等商品的进出口、批发、佣金代理。				

企业名称	上海马露贸易有限公司				
企业地址	上海市闵行区龙茗路 1905 号二层 2042 室（201102）				
投资总额	14 万 USD	电　话	64028045	传　真	64023493
设立日期	2007-8-29	负 责 人	崔基元		
主营业务	服装的批发、进出口及配套业务。				

企业名称	帝呱克紧固件贸易（上海）有限公司				
企业地址	上海市虹口区天宝路 80 号 216 室（200086）				
投资总额	250 万 RMB	电　话	61159219	传　真	52351021
设立日期	2007-8-29	负 责 人	SANJEEV KALRA		
主营业务	螺母、螺钉、垫圈、紧固件、机械产品及其零部件的批发、佣金代理。				

企业名称	斯田（上海）贸易有限公司				
企业地址	上海市长宁区幸福路 296 号（200052）				
投资总额	20 万 RMB	电　话	62003504	传　真	
设立日期	2007-8-29	负 责 人	SEBASTIEN M. A. LATHUILE		
主营业务	花卉、花束、花卉工艺品及相关配套商品的批发、佣金代理（拍卖除外）。				

企业名称	上海本田贸易有限公司				
企业地址	上海市静安区南京西路 1468 号中欣大厦 3105 室（200040）				
投资总额	395 万 RMB	电　话	62897755	传　真	
设立日期	2007-8-29	负 责 人	渡边伸夫		
主营业务	树脂原材料及着色料（国家禁止类除外）的进出口及批发。				

企业名称	天冲行（上海）贸易有限公司				
企业地址	上海市浦东新区海徐路 939 号 5 幢 328 室（200131）				
投资总额	200 万 USD	电　话	52360010	传　真	52360702
设立日期	2007-8-28	负 责 人	张丽华		
主营业务	服装、鞋帽、工艺品、玩具、日化用品、文具、数码电子产品的批发。				

企业名称	翱文狄贸易（上海）有限公司				
企业地址	上海市松江区新桥镇九新路 51 号（201612）				
投资总额	20 万 USD	电　话	57858811	传　真	57858815
设立日期	2007-8-28	负 责 人	SOREN MIDTGAARD		
主营业务	风力发电设备，塔架附件，攀爬升降设备以及上述设备的零部件的批发。				

企业名称	屏通自动化设备贸易（上海）有限公司				
企业地址	上海市长宁区天山路 600 弄 2 号 28 楼 C 室（200051）				
投资总额	52 万 USD	电　话	51758590	传　真	51758589
设立日期	2007-8-28	负 责 人	CHIANG SHIH-CHIAN CHRIS		
主营业务	工业用联网电子器材以及图控、监视、数据采集、组态软件的批发。				

企业名称	上海立缅贸易有限公司				
企业地址	上海市浦东新区浦东大道 2123 号 3196 室（200135）				
投资总额	100 万 USD	电　话	62758436	传　真	62757825
设立日期	2007-8-28	负 责 人	胡宏敏		
主营业务	化纤制品及原料、纺织制品及原料（棉花除外）、聚酯粒的批发。				

企业名称	东阪雷克斯（上海）贸易有限公司				
企业地址	上海市长宁区延安西路 728 号 11 楼 D 室（200050）				
投资总额	16 万 USD	电　话	52382835	传　真	52382836
设立日期	2007-8-28	负 责 人	石桥政男		
主营业务	医疗器械的批发。				

企业名称	莱易非（上海）贸易有限公司				
企业地址	上海市浦东新区东方路 738 号 2211 室（200135）				
投资总额	13 万 USD	电　话	58316721	传　真	
设立日期	2007-8-28	负 责 人	YOO DAN SU		
主营业务	五金交电、日用百货、家用电器、汽车零配件的批发、佣金代理。				

企业名称	上海佳克贸易有限公司				
企业地址	上海市浦东新区浦东南路 360 号 11 层 G 座（200120）				
投资总额	14 万 USD	电　话	68862388	传　真	68862366
设立日期	2007-8-28	负 责 人	PARK MIN SUB		
主营业务	美容器械、五金交电、日用百货、化妆品的批发、佣金代理（拍卖除外）。				

企业名称	萨蓝依贸易（上海）有限公司				
企业地址	上海市浦东新区张杨路 828-838 号 26F010 室（200122）				
投资总额	14 万 USD	电　话	58877197	传　真	58877197
设立日期	2007-8-28	负 责 人	YAN BEREZIN		
主营业务	建筑材料（钢铁、水泥除外）、化工产品（危险化学品除外）的批发。				

企业名称	上海佑联贸易有限公司				
企业地址	上海市浦东新区杨高北路 528 号 14 幢 3035 室（200136）				
投资总额	14 万 USD	电　话	54405351	传　真	54405357
设立日期	2007-8-28	负 责 人	黄碧云		
主营业务	动物食品、动物饲料、动物饲料添加剂及相关用品的批发、佣金代理。				

企业名称	苏纽（上海）贸易有限公司				
企业地址	上海市卢湾区茂名南路 58 号 6 幢 312 室（200020）				
投资总额	100 万 USD	电　话	64453719	传　真	64450127
设立日期	2007-8-27	负 责 人	PATRIC DOUGAN		
主营业务	饮料生产设备、食品用化学品（危险品除外）、日用百货的批发。				

企业名称	鼎石贸易（上海）有限公司				
企业地址	上海市闵行区吴中路 1238 号 3 幢 3 楼 B 座（201103）				
投资总额	20 万 USD	电　话	54224620	传　真	54224617
设立日期	2007-8-27	负 责 人	张立言		
主营业务	化妆品及其原材料、护肤护发用品、精油、香水及包装材料的批发。				

企业名称	幽蒂薇（上海）香水化妆品贸易有限公司				
企业地址	上海市宛平南路 521 号 B 座 505 室（200032）				
投资总额	20 万欧元	电　话	54891808	传　真	64282321
设立日期	2007-8-27	负 责 人	PATRICE MICHEL		
主营业务	香水、化妆品、护肤产品及包装材料的批发、佣金代理（拍卖除外）。				

企业名称	法雷奥汽车零部件贸易（上海）有限公司				
企业地址	上海市黄浦区北京东路 666 号 H 区 29D 室 1 部位（200001）				
投资总额	100 万欧元	电　话	51713515	传　真	
设立日期	2007-8-27	负 责 人	ROBERT DE LA SERVE		
主营业务	汽车零部件和相关部件的进出口业务及上述产品的批发和佣金代理。				

企业名称	如彼贸易（上海）有限公司				
企业地址	上海市黄浦区成都北路 500 号 3701 室 16 部位（200003）				
投资总额	100 万 RMB	电　话	63343190	传　真	
设立日期	2007-8-27	负 责 人	ANDREA ARRIGONI		
主营业务	建筑材料（钢材、水泥除外）、运动器材、家具、服装、箱包的批发。				

企业名称	上海瑞艺机械工具贸易有限公司				
企业地址	上海市浦东新区新金桥路 255 号 613 室（201206）				
投资总额	14 万 USD	电　话	51352788	传　真	
设立日期	2007-8-24	负 责 人	SEUNG KYOO LEE		
主营业务	机械设备、汽车零部件、化工产品（危险化学品除外）的批发。				

企业名称	卡飞罗贸易（上海）有限公司				
企业地址	上海市黄浦区南京东路 800 号 20 楼 H 室（200001）				
投资总额	10 万欧元	电　话	63222616	传　真	63221652
设立日期	2007-8-24	负 责 人	ALDO CAFIERO		
主营业务	各式箱包、盒套、袋夹及类似容器和辅件的批发、佣金代理（拍卖除外）。				

企业名称	湖兰（上海）商贸有限公司				
企业地址	上海市长宁区天山路 600 弄 1 号 1207 室（200051）				
投资总额	80 万 RMB	电　话	61136380	传　真	
设立日期	2007-8-24	负 责 人	ESTILAF ABOLFAZL		
主营业务	人造革、日用品、机械设备和建筑材料（水泥、钢材除外）的进出口。				

企业名称	连卡佛载思商贸（上海）有限公司				
企业地址	上海市静安区南京西路 1266 号恒隆广场 1209-1211 室（200040）				
投资总额	1680 万 RMB	电　话	62888575	传　真	
设立日期	2007-8-24	负 责 人	徐耀祥（TSUI YIU CHEUNG）		
主营业务	银饰品、钻石饰品（毛钻、裸钻除外）、化妆品、护肤品的批发。				

企业名称	特时（上海）贸易有限公司				
企业地址	上海市闵行区合川路 3089 号 4 幢（A 座）5 楼 F 室（201103）				
投资总额	20 万 USD	电　话	64659070	传　真	64659066
设立日期	2007-8-23	负 责 人	MIN SUNG YONG		
主营业务	纺织品原材料（棉花除外）、辅助材料、服装、服饰的批发、进出口。				

企业名称	吉比富贸易（上海）有限公司				
企业地址	上海市浦东新区浦东南路 1101 号 1101 室（200120）				
投资总额	14 万 USD	电　话	63028866	传　真	
设立日期	2007-8-23	负 责 人	刘力珍		
主营业务	工艺礼品（文物除外）、建材（钢材和水泥除外）、体育用品的进出口。				

批发和零售贸易业

企业名称	上海那沛电子贸易有限公司				
企业地址	上海市张江高科技园区张江路91号6幢307室（201203）				
投资总额	14万USD	电话	50803918	传真	50802613
设立日期	2007-8-23	负责人	古立文		
主营业务	电子元器件、仪器仪表、机电产品的批发，上述产品及技术的进出口。				

企业名称	上海蒙恬贸易有限公司				
企业地址	上海市长宁区长宁路855号14楼A室（200050）				
投资总额	14万USD	电话	52388555	传真	52381280
设立日期	2007-8-23	负责人	林唐淑娇		
主营业务	礼品、工艺品（文物除外）、文教用品、电子产品的批发、佣金代理。				

企业名称	全甲商贸（上海）有限公司				
企业地址	上海市闵行区东川路2312弄52号21室（201100）				
投资总额	14万USD	电话	34020268	传真	34025268
设立日期	2007-8-23	负责人	魏昊晋		
主营业务	机械设备、仪器仪表、劳防用品批发、佣金代理（拍卖除外）、进出口。				

企业名称	好莱世贸易（上海）有限公司				
企业地址	上海市中山南二路1007号1202室（200030）				
投资总额	10万USD	电话	51115599	传真	
设立日期	2007-8-23	负责人	ALEXANDRU VILCU		
主营业务	建筑材料（钢材、水泥除外）、装饰材料、服装服饰、针纺织品的批发。				

企业名称	世现贸易（上海）有限公司				
企业地址	上海市长宁区延安西路2299号10G25、10G27（200336）				
投资总额	15万USD	电话	62366650	传真	62366651
设立日期	2007-8-23	负责人	SUNG WEA RYUN		
主营业务	美容器械、机械设备及其配件、五金交电及其配件、电子产品的批发。				

企业名称	义利均宜贸易（上海）有限公司				
企业地址	上海市松江科技园区崇南路3号7幢2号房（201616）				
投资总额	20万USD	电话	57659894	传真	57659894
设立日期	2007-8-22	负责人	刘锦雄		
主营业务	金属表面处理设备，纺织及漂染材料，塑料，有机化合物产品的批发。				

企业名称	安玛驰贸易（上海）有限公司				
企业地址	上海市浦东新区新金桥路1122号2006室（201206）				
投资总额	30万USD	电话	58773268	传真	58773268
设立日期	2007-8-22	负责人	周明明		
主营业务	各种车辆的齿轮箱，液压元件、机电一体化系统及配套设备的批发。				

企业名称	帝圣纺织品贸易（上海）有限公司				
企业地址	上海市浦东新区东方路971号14C室（200122）				
投资总额	30万USD	电话	50817133	传真	50582165
设立日期	2007-8-22	负责人	NIELS LAURITS THYGESEN		
主营业务	纺织面料、服装、袜子及内衣的批发、佣金代理（拍卖除外）。				

企业名称	玛哈攀贸易（上海）有限公司				
企业地址	上海市浦东新区张杨路828-838号26D01室（200122）				
投资总额	14万USD	电话	50943336	传真	50941110
设立日期	2007-8-22	负责人	ONG-ARCH TAECHAMAHAPHANT		
主营业务	化工产品（危险品、特种化学品及易制毒产品除外）、机电设备的批发。				

企业名称	阿提埃莫勒环保设备贸易（上海）有限公司				
企业地址	上海市黄浦区九江路399号2楼C23室（200003）				
投资总额	14万USD	电话	52682570	传真	
设立日期	2007-8-22	负责人	PHILIPPE CHARLES BERCHON		
主营业务	环保设备及其配件的批发、佣金代理（拍卖除外）、进出口及配套服务。				

企业名称	永纯（上海）贸易有限公司				
企业地址	上海市长宁区金钟路658弄10号307室（200335）				
投资总额	15万USD	电话	33600081	传真	33583509
设立日期	2007-8-22	负责人	廖信盛		
主营业务	文教用品、日用品的零售，工艺礼品（文物除外）、服装服饰的批发。				

企业名称	思克贸易（上海）有限公司				
企业地址	上海市虹口区广灵四路110号-120号1幢307室（200096）				
投资总额	90万港币	电话	62360298	传真	62362348
设立日期	2007-8-21	负责人	李振业		
主营业务	家电、日用百货、电子产品、皮革制品、家具、玩具的批发。				

企业名称	恩欧匹油泵商贸（上海）有限公司				
企业地址	上海市龙华西路585号B座17B4（200232）				
投资总额	30万USD	电话	64697942	传真	64696676
设立日期	2007-8-21	负责人	UCHIDA KENZO（内田宪三）		
主营业务	泵及其附属装置、零部件、服装、帽子的批发、佣金代理（拍卖除外）。				

企业名称	富晋（上海）贸易有限公司				
企业地址	上海市肇嘉浜路658号（200031）				
投资总额	50万USD	电话	34010180	传真	64312431
设立日期	2007-8-21	负责人	叶知定		
主营业务	从事工艺品（文物除外）、家居用品、装饰用品、日用品、家具的批发。				

企业名称	兰玛秀（上海）商贸有限公司				
企业地址	上海市浦东新区东方路69号15层1705室（200120）				
投资总额	250万USD	电话	68599263	传真	
设立日期	2007-8-20	负责人	MUKESH WADHUMAL JAGTIANI		
主营业务	小家电、眼镜、钟表、婴儿用品、光学仪器、灯具、日用杂品的批发。				

企业名称	千鸥达商贸（上海）有限公司				
企业地址	上海市静安区南京西路580号4013室（200041）				
投资总额	28万USD	电话	62182200	传真	62185398
设立日期	2007-8-20	负责人	小泉周一		
主营业务	树脂及橡胶制品、化学助剂（危险化学品除外）、包装材料的批发。				

企业名称	镇学（上海）贸易有限公司				
企业地址	上海市长宁区武夷路174号13幢3楼（200050）				
投资总额	6.5万USD	电话	52382980	传真	
设立日期	2007-8-20	负责人	何镇荣		
主营业务	服装、纺织品及辅料、原料（棉花除外）的批发、佣金代理（拍卖除外）。				

企业名称	裳怡化妆品贸易（上海）有限公司				
企业地址	上海市长宁区延安西路1566号上海龙峰大厦18层C、D室（200052）				
投资总额	70万USD	电话	51758788	传真	51758377
设立日期	2007-8-20	负责人	JOSEPH EDMUND ATENCIO		
主营业务	香水、护肤护发及洗浴用品、化妆品、家用产品和相关包装部件的批发。				

企业名称	百尔罗赫（上海）贸易有限公司				
企业地址	上海市长宁区娄山关路85号B座704室（200336）				
投资总额	32万USD	电话	62192821	传真	62193889
设立日期	2007-8-20	负责人	CHENG MALPASO KEUNG YING		
主营业务	化工原料、化工产品（危险化学品除外）的批发、佣金代理（拍卖除外）。				

企业名称	富堡体育用品贸易（上海）有限公司				
企业地址	上海市嘉定工业区嘉唐公路1155号第12幢（201800）				
投资总额	500万USD	电话	62278384	传真	62771904
设立日期	2007-8-20	负责人	林钦华		
主营业务	从事运动休闲服饰、体育用品的批发及进出口业务、佣金代理。				

企业名称	好沃康贸易（上海）有限公司				
企业地址	上海市浦东新区杨高北路528号14幢4033室（200131）				
投资总额	14万USD	电话	69118044	传真	69118044
设立日期	2007-8-20	负责人	陈建台		
主营业务	从事鞋帽、服饰及配饰，皮革制品，首饰品（毛钻、钻除外）的批发。				

企业名称	品塑（上海）贸易有限公司				
企业地址	上海市黄浦区宁波路425-427号（200001）				
投资总额	14万USD	电话	63513810	传真	
设立日期	2007-8-20	负责人	CHO SANG JOE HO		
主营业务	电子零件、工艺品（文物除外）、母婴用品（食品除外）的批发。				

企业名称	艺奇经贸（上海）有限公司				
企业地址	上海市卢湾区淮海中路300号3楼东侧（200021）				
投资总额	14万USD	电话	63353658	传真	63353988
设立日期	2007-8-20	负责人	郭羿承		
主营业务	家具及家居用品、家用电器、办公用品、文化用品、服装服饰的批发。				

企业名称	望道贸易（上海）有限公司				
企业地址	上海市静安区南苏州路1455号2号楼2307室（200041）				
投资总额	10万USD	电话	52131019	传真	52131019
设立日期	2007-8-20	负责人	ZHOU JIAN		
主营业务	皮革、鞋帽、箱包、机械设备及化工产品（化学危险品除外）的批发。				

企业名称	优形贸易（上海）有限公司				
企业地址	上海市长宁区仙霞路 335 号 1 号楼 302 室（200336）				
投资总额	10 万 USD	电话	62741369	传真	62595382
设立日期	2007-8-20	负责人	SUN HUA		
主营业务	食品销售管理（非实物方式），运动营养品批发、佣金代理（拍卖除外）。				

企业名称	泛罗贸易（上海）有限公司				
企业地址	上海市卢湾区淮海中路 93 号 1009 室（200021）				
投资总额	500 万 RMB	电话	63910698	传真	63910180
设立日期	2007-8-20	负责人	THOMAS BOETTCHER		
主营业务	金属材料（贵金属、钢材、稀有金属除外）的批发、佣金代理。				

企业名称	倍乐生商贸（中国）有限公司				
企业地址	上海市徐汇区嘉善路 118 号 A402、A403、A404 室（200031）				
投资总额	5000 万 RMB	电话	61281288	传真	61281255
设立日期	2007-8-20	负责人	松平隆		
主营业务	国内版（不包括港、澳、台版）图书、报纸、期刊、玩具的批发、零售。				

企业名称	弘柏商贸（上海）有限公司				
企业地址	上海市肇嘉浜路 798 号 506 室（200030）				
投资总额	20 万 USD	电话	64453190	传真	64453172
设立日期	2007-8-17	负责人	ZVI SHALGO		
主营业务	机电设备、计算机软硬件、建筑材料（钢材、水泥除外）的批发。				

企业名称	愈愈商贸（上海）有限公司				
企业地址	上海市闵行区吴中路 1100 号 5 幢 615 室（201103）				
投资总额	20 万 USD	电话	64058227	传真	
设立日期	2007-8-17	负责人	KIM SE JUNG （金世中）		
主营业务	日用杂货、文具及玩具、家居用品、工艺礼品、皮革制品的批发。				

企业名称	创鸢（上海）进出口贸易有限公司				
企业地址	上海市闵行区合川路 3051 号 2 幢 217 室（201103）				
投资总额	20 万 USD	电话	64060058	传真	
设立日期	2007-8-17	负责人	MICHAEL JENG YUH LEE		
主营业务	从事服饰辅料、服装、鞋帽、玩具、工艺礼品、床上用品的批发。				

企业名称	希杰（上海）商贸有限公司				
企业地址	上海市长宁区兴义路 8 号 610 室（200336）				
投资总额	60 万 USD	电话	52080293	传真	52080290
设立日期	2007-8-17	负责人	KIM JANG HOON		
主营业务	食品饮料、化学工业品（危险品除外）、纸及纸制品的批发、进出口。				

企业名称	艾力高商贸（上海）有限公司				
企业地址	上海市闵行区金都路 3688 号莘庄工业园区 1 号楼 212 室（201100）				
投资总额	36.89 万 USD	电话	34073964	传真	34073904
设立日期	2007-8-17	负责人	WILLIAM HENRY ROJ		
主营业务	金属制品、化工产品、电机、电气设备及其零部件的批发。				

企业名称	萃霸电子贸易（上海）有限公司				
企业地址	上海市黄浦区福州路 666 号 13 楼 C 室（200001）				
投资总额	30 万 USD	电话	63917111	传真	63917616
设立日期	2007-8-17	负责人	吕浩强		
主营业务	电子元器件，电子设备，电器设备、通讯设备及其零部件的批发。				

企业名称	德美和能源设备商贸（上海）有限公司				
企业地址	上海市杨浦区营口路 578 号 303 室（200433）				
投资总额	30 万 USD	电话	55230932	传真	55230937
设立日期	2007-8-17	负责人	黄美霞		
主营业务	柴油发动机、发电机组及零部件的批发、佣金代理（拍卖除外）。				

企业名称	上帛贸易（上海）有限公司				
企业地址	上海市中山南二路 1007 号 1304 室（200032）				
投资总额	50 万 USD	电话	63618686	传真	
设立日期	2007-8-17	负责人	孙玲玲		
主营业务	各种工业用油封、机械设备的零配件的批发、佣金代理（拍卖除外）。				

企业名称	上海兴泽贸易有限公司				
企业地址	上海市长宁区仙霞路 345 号 1806 室（200336）				
投资总额	50 万 USD	电话	62745511	传真	62745522
设立日期	2007-8-17	负责人	清川重政		
主营业务	金属制品、机电设备、五金交电、电线电缆、家用电器的批发、进出口。				

企业名称	上海芳山贸易有限公司				
企业地址	上海市长宁区番禺路 5 号 1 号楼 503 室（200052）				
投资总额	13 万 USD	电话	52897052	传真	32267182
设立日期	2007-8-17	负责人	KIM SANG YOUNG		
主营业务	化工产品及原料（危险品除外）、建筑材料（钢材、水泥除外）的批发。				

企业名称	莫佰自动化系统贸易（上海）有限公司				
企业地址	上海市宛平南路 521 号 B 幢 1103 室（200032）				
投资总额	14 万 USD	电话	54248830	传真	
设立日期	2007-8-17	负责人	汪立业		
主营业务	条码打印机、条码阅读机、自动辨识系统、无线传输设备的批发。				

企业名称	上海吉瑟盟贸易有限公司				
企业地址	上海市闵行区吴中路 1059 号 10 幢 502-510 室（201103）				
投资总额	14 万 USD	电话	64656165	传真	64656160
设立日期	2007-8-17	负责人	DOV JOSEPH CHREKY		
主营业务	日用杂货、家具、玩具、眼镜、机械零配件及小型电动手动工具的批发。				

企业名称	美嘉伊（上海）商贸有限公司				
企业地址	上海市杨浦区控江路 2063 号 1803 室（200092）				
投资总额	10 万 USD	电话	62702215	传真	62702215
设立日期	2007-8-17	负责人	CHUA KOK HONG		
主营业务	从事化妆品、护肤品、护发品的批发及进出口业务。				

企业名称	梦特娇商贸（上海）有限公司				
企业地址	上海市淮海中路 1045 号第 42 层 01 单元（200030）				
投资总额	15 万 USD	电话	64454126	传真	
设立日期	2007-8-17	负责人	PIERRE JOSEPH GEORGES MARIE GR		
主营业务	服装、皮具、饰物及相关产品的批发、进出口及相关配套业务。				

企业名称	滨特尔贸易（上海）有限公司				
企业地址	上海市外高桥保税区华京路 8 号 4 层 149 室（200131）				
投资总额	32114588	电话	50460593	传真	50461256
设立日期	2007-8-16	负责人	JOHN CHANGZHENG MA		
主营业务	国际贸易、转口贸易、保税区企业间的贸易及贸易代理。				

企业名称	九龙山游艇国际贸易（上海）有限公司				
企业地址	上海市外高桥保税区泰谷路 18 号 712A 室（200131）				
投资总额	100 万 USD	电话	64675252	传真	54658773
设立日期	2007-8-16	负责人	刘频		
主营业务	以游艇为主的国际贸易、转口贸易、保税区企业间贸易及区内贸易代理。				

企业名称	鹰荧商贸（上海）有限公司				
企业地址	上海市浦东新区杨高北路 528 号 14 幢 5034 室（200131）				
投资总额	150 万 USD	电话	53757188	传真	
设立日期	2007-8-16	负责人	CHAN-MIN-KAI MICHAEL		
主营业务	文化用品、工艺品（文物除外）、服饰、化妆品及电子产品的批发。				

企业名称	星语贸易（上海）有限公司				
企业地址	上海市外高桥保税区富特北路 215 号第四层 A13 部位（200131）				
投资总额	13 万 USD	电话	59592818	传真	
设立日期	2007-8-16	负责人	邓维新		
主营业务	建筑材料（钢材、水泥除外）、灯具、家具的批发、佣金代理。				

企业名称	锐拉贸易（上海）有限公司				
企业地址	上海市浦东新区金桥出口加工区新金桥路 255 号 826 室（201206）				
投资总额	14 万 USD	电话	51963730	传真	
设立日期	2007-8-16	负责人	JON ARTHUR VOSS		
主营业务	五金产品及零配件、塑料建材产品、踏板摩托车的批发、进出口。				

企业名称	沙华多利卡雷琦贸易（上海）有限公司				
企业地址	上海市外高桥保税区加太路 39 号第三层 60 部位（200131）				
投资总额	14 万 USD	电话	62626907	传真	62622708
设立日期	2007-8-16	负责人	CARECCI SALVATORE		
主营业务	食品、酒类、食品加工设备的批发。				

企业名称	莎艾美忆（上海）商贸有限公司				
企业地址	上海市静安区新闸路 831 号 5 层 F 室（200041）				
投资总额	19 万欧元	电话	62171376	传真	62170276
设立日期	2007-8-16	负责人	VICENTE SAEZ MERINO GARCIA		
主营业务	服装、服装配件、鞋帽、箱包、首饰、眼镜及文具的批发，进出口。				

企业名称	瀛申（上海）贸易有限公司				
企业地址	上海市外高桥保税区富特北路18号联安大厦316室（200131）				
投资总额	900万日元	电话	62585362	传真	62152423
设立日期	2007-8-16	负责人	坂敦雄		
主营业务	国际贸易、转口贸易、保税区企业间的贸易及区内贸易代理。				

企业名称	昌通（上海）贸易有限公司				
企业地址	上海市浦东新区杨高北路528号14幢5012室（200136）				
投资总额	200万USD	电话	63617932	传真	
设立日期	2007-8-15	负责人	江百松		
主营业务	食品、电子产品、照明器具、机械设备的批发、佣金代理（拍卖除外）。				

企业名称	上海太信贸易有限公司				
企业地址	上海市闵行区吴中路1050号6幢（B幢）503室（201103）				
投资总额	20万USD	电话	61265481	传真	61265482
设立日期	2007-8-15	负责人	KIM EUN JUNG		
主营业务	电子产品及零部件、工艺礼品（文物除外）、玩具、厨房用品的批发。				

企业名称	派兰贸易（上海）有限公司				
企业地址	上海市闵行区吴中路1050号6幢501室（201103）				
投资总额	13万USD	电话	61265430	传真	61265460
设立日期	2007-8-15	负责人	HONG YOUNG KI		
主营业务	玩具、鞋帽、皮革制品、纤维制品、丝、包装盒、日用百货的批发。				

企业名称	新珞缦（上海）贸易有限公司				
企业地址	上海市黄浦区瞿溪路510号C107室（200011）				
投资总额	100万RMB	电话	51580140	传真	51580140
设立日期	2007-8-15	负责人	GUOMIN WU		
主营业务	服装的批发、佣金代理（拍卖除外）、进出口，提供相关配套服务。				

企业名称	科斯莫（上海）商贸有限公司				
企业地址	上海市虹口区四平路257号A幢19E（200080）				
投资总额	25万USD	电话	65756880	传真	65756869
设立日期	2007-8-14	负责人	何应强		
主营业务	从事测试仪器，测试设备，机电设备，电子产品，商品的零部件的批发。				

企业名称	上海瞬跃贸易有限公司				
企业地址	上海市灵石路851号4102室（200072）				
投资总额	50万USD	电话	66513925	传真	66513925
设立日期	2007-8-14	负责人	JEFFERY KENT BERG		
主营业务	转换器、交换机、网络接口卡、收发器、模块的批发及进出口。				

企业名称	比荣电子元件贸易（上海）有限公司				
企业地址	上海市浦东新区浦东南路1101号1011室（200135）				
投资总额	13万USD	电话	58363290	传真	58363291
设立日期	2007-8-14	负责人	徐涛		
主营业务	机械设备、金属制品、化工制品（危险品除外）、橡塑制品的批发。				

企业名称	乐羽驰（上海）贸易有限公司				
企业地址	上海市黄浦区延安东路58号9楼04、05室（200001）				
投资总额	14万USD	电话	63218489	传真	
设立日期	2007-8-14	负责人	LOS KEVIN		
主营业务	服装、玩具、箱包、鞋、床上用品、家居用品、家用电器的批发。				

企业名称	上海真喜贸易有限公司				
企业地址	上海市中山南二路1007号1606室（200032）				
投资总额	14万USD	电话	54610157	传真	54615157
设立日期	2007-8-14	负责人	李璇		
主营业务	纺织品、服装服饰、鞋帽箱包、日用杂货的批发、佣金代理（拍卖除外）。				

企业名称	上海聚热贸易有限公司				
企业地址	上海市中山西路2025号1218室（200235）				
投资总额	14万USD	电话	32201447	传真	56419428
设立日期	2007-8-14	负责人	叶俊廷		
主营业务	包装材料、铝合金制品、机电产品、日用百货、工艺礼品、玩具的批发。				

企业名称	泰创贸易（上海）有限公司				
企业地址	上海市东安路8号10楼1007室（200032）				
投资总额	14万USD	电话	64171900	传真	64170300
设立日期	2007-8-14	负责人	RALPH THOMAS PERNIZSAK		
主营业务	印刷机械设备、印刷机制冷设备、温控设备、印刷油墨系统的批发。				

企业名称	惠采士贸易（上海）有限公司				
企业地址	上海市汶水路40号35幢（200072）				
投资总额	14万USD	电话	36030829	传真	36035815
设立日期	2007-8-14	负责人	陈良辉		
主营业务	食品（食品销售管理非实物方式）、服装服饰、日用百货的批发。				

企业名称	松河贸易（上海）有限公司				
企业地址	上海市浦东新区浦东南路1862弄20号八层（200120）				
投资总额	14万USD	电话	58359076	传真	58359077
设立日期	2007-8-14	负责人	CHOI JAE YOUNG （崔宰荣）		
主营业务	汽车铸造树脂、汽车制造用辅材料、贱金属（钢材除外）及制品的批发。				

企业名称	舒振贸易（上海）有限公司				
企业地址	上海市浦东新区金桥出口加工区新金桥路1122号2001室（201206）				
投资总额	15万USD	电话	61462151	传真	
设立日期	2007-8-14	负责人	CHO EUNYOUNG		
主营业务	机械设备及零配件的批发、佣金代理（拍卖除外），上述商品的进出口。				

企业名称	世泰科化工贸易（上海）有限公司				
企业地址	上海市漕溪北路398号302室（200030）				
投资总额	50万欧元	电话	60905255	传真	60905256
设立日期	2007-8-14	负责人	HEINZ HEUMUELLER		
主营业务	无机和有机化工产品、陶瓷零部件及化工和冶金加工设备的批发。				

企业名称	奥奔麦贸易（上海）有限公司				
企业地址	上海市浦东新区商城路660号1507室（200120）				
投资总额	10万欧元	电话	58876572	传真	58876573
设立日期	2007-8-14	负责人	CHIA BOON HUAT		
主营业务	计算机软件、硬件及配件的批发、进出口、佣金代理（拍卖除外）。				

企业名称	盈亨（上海）贸易有限公司				
企业地址	上海市静安区康定路358号11幢102室（200041）				
投资总额	200万RMB	电话	51780249	传真	51780249
设立日期	2007-8-14	负责人	吴逸峰		
主营业务	服装、服饰及配件、鞋帽、皮具、日用杂货的批发，佣金代理。				

企业名称	盛克盟（上海）水果贸易有限公司				
企业地址	上海市闵行区都会路2385号4幢201室（201108）				
投资总额	26万USD	电话	64898052	传真	
设立日期	2007-8-13	负责人	LUIS CHADWICK VERGARA		
主营业务	水果、水果加工品的批发、佣金代理（拍卖除外）、进出口。				

企业名称	康明斯滤清系统贸易（上海）有限公司				
企业地址	上海市浦东新区物流大道268号1幢2层（201202）				
投资总额	20万USD	电话	58936060	传真	68781478
设立日期	2007-8-13	负责人	BENJAMIN AU-YEUNG		
主营业务	排气系统的产品及相关零部件、冷却系统相关的冷却液和添加剂的批发。				

企业名称	稀本商贸（上海）有限公司				
企业地址	上海市外高桥保税区泰谷路88号七层753A室（200131）				
投资总额	20万USD	电话	64276262	传真	64276273
设立日期	2007-8-13	负责人	武田诏一		
主营业务	国际贸易、转口贸易、保税区企业间的贸易及区内贸易代理。				

企业名称	崇季木业贸易（上海）有限公司				
企业地址	上海市宝山区沪太路2695号福人林产品批发市场2N1008-1048号（200436）				
投资总额	20万USD	电话	66504627	传真	66760361
设立日期	2007-8-13	负责人	张建国		
主营业务	木皮、装饰材料、板材、木地板、木材的批发。				

企业名称	因达晖（上海）贸易有限公司				
企业地址	上海市长宁区愚园路1258号绿地商务大厦1701室（200050）				
投资总额	35万USD	电话	52385650	传真	52385661
设立日期	2007-8-13	负责人	THOMAS MICHAEL TYMON		
主营业务	垫片、密封材料、绝缘材料的批发、佣金代理（拍卖除外）、进出口。				

企业名称	德三（上海）贸易有限公司				
企业地址	上海市闵行区虹莘路3065号1幢1-3楼（201101）				
投资总额	100万USD	电话	51796234	传真	51796226
设立日期	2007-8-13	负责人	崔春锡		
主营业务	从事服饰辅料、服装、鞋帽、箱包及配件的批发、佣金代理（拍卖除外）。				

企业名称	欣外贸易（上海）有限公司				
企业地址	上海市浦东新区金高路 1296 弄 101 号 1-2 层（201206）				
投资总额	14 万 USD	电　　话	50313395	传　　真	50313395
设立日期	2007-8-13	负 责 人	ROMBOUTS JOHANNUS ANTONIUS		
主营业务	家具、建筑材料（钢铁、水泥除外）、纺织品面料、三合板的批发。				

企业名称	上海大珍商贸有限公司				
企业地址	上海市闵行区吴中路 1235 号 6C（201103）				
投资总额	14 万 USD	电　　话	53018627	传　　真	53018627
设立日期	2007-8-13	负 责 人	朴兴烈		
主营业务	化妆品、珠宝首饰（毛钻、裸钻除外）、计算机软件及辅助设备的批发。				

企业名称	卡赛欧（上海）商贸有限公司				
企业地址	上海市静安区泰兴路 428 号底层（200041）				
投资总额	31.25 万欧元	电　　话	52133811	传　　真	52133812
设立日期	2007-8-13	负 责 人	PHILIPPE BREL		
主营业务	酒类产品及其他附属产品的批发、零售，上述产品的进出口及配套服务。				

企业名称	楷能洁（上海）贸易有限公司				
企业地址	上海市静安区南京西路 1366 号恒隆广场二期 32 楼 3201B（200041）				
投资总额	10 万欧元	电　　话	61367604	传　　真	61361178
设立日期	2007-8-13	负 责 人	VEDAT IBRAHIM GÜRGELI		
主营业务	可再生能源设备和相关配件部件及旺材料的批发、进出口、佣金代理。				

企业名称	美滋贸易（上海）有限公司				
企业地址	上海市青浦区徐泾镇高泾路 622-624 号（201702）				
投资总额	6.5 万 USD	电　　话	51191266	传　　真	
设立日期	2007-8-12	负 责 人	MAY Z·ERNST		
主营业务	食品及加工食品、酒类、饮料、咖啡的批发、零售、进出口和佣金代理。				

企业名称	上海祥茂国际贸易有限公司				
企业地址	上海市外高桥保税区奥纳路 55 号二号楼第一层 G 部位（200131）				
投资总额	20 万 USD	电　　话	63121498	传　　真	63121498
设立日期	2007-8-10	负 责 人	徐　蓉		
主营业务	国际贸易、保税区企业间的贸易、区内贸易代理、贸易咨询。				

企业名称	捷欧迪拓姆（上海）贸易有限公司				
企业地址	上海市外高桥保税区日京路 51 号 A 幢 1420 室（200131）				
投资总额	20 万 USD	电　　话	58692179	传　　真	58692179
设立日期	2007-8-10	负 责 人	蓑岛善幸		
主营业务	国际贸易、转口贸易、保税区企业间的贸易及贸易代理。				

企业名称	益材（上海）贸易有限公司				
企业地址	上海市浦东新区杨高北路 528 号 14 幢 4038 室（200136）				
投资总额	65 万 USD	电　　话	53757188	传　　真	
设立日期	2007-8-10	负 责 人	陈焕然		
主营业务	橡塑五金、化工产品（危险品除外）、电子产品、机电设备的批发。				

企业名称	万顺昌瑞尔盛国际贸易（上海）有限公司				
企业地址	上海市外高桥保税区富特北路 458 号 2 号楼 478 室（200131）				
投资总额	70 万 USD	电　　话	62325666	传　　真	32212350
设立日期	2007-8-10	负 责 人	姚祖辉		
主营业务	国际贸易、转口贸易、保税区内企业间的贸易及贸易代理。				

企业名称	上海利凡诺贸易有限公司				
企业地址	上海市闵行区吴中路 1238 号 3 幢八楼 A 座（201103）				
投资总额	7 万 USD	电　　话	64013805	传　　真	64013800
设立日期	2007-8-10	负 责 人	DELFINO GIANMARIA		
主营业务	家居用品、装潢装饰用品、工艺品、五金用品的进出口、批发业务。				

企业名称	通飞贸易（上海）有限公司				
企业地址	上海市浦东新区玉兰路 8 号盛第大厦 612 室（201204）				
投资总额	14 万 USD	电　　话	51908526	传　　真	58317686
设立日期	2007-8-10	负 责 人	XIANGYONG WANG		
主营业务	木制品、装潢材料、酒、服装、纺织品、五金交电、日用杂货的批发。				

企业名称	朝迪贸易（上海）有限公司				
企业地址	上海市浦东新区杨高北路 528 号 14 幢 3058 室（200136）				
投资总额	14 万 USD	电　　话	63500821	传　　真	
设立日期	2007-8-10	负 责 人	BRUCE KENNETH HALL		
主营业务	机械设备的批发、佣金代理（拍卖除外）、进出口，并提供配套服务。				

企业名称	乐隆贸易（上海）有限公司				
企业地址	上海市外高桥保税区华申路 180 号综合大楼八层 826 室（200131）				
投资总额	14 万 USD	电　　话	61652224	传　　真	61652256
设立日期	2007-8-10	负 责 人	JAMES J.KRONENTHAL		
主营业务	化学工业产品及原材料（危险品除外）的批发、佣金代理、进出口。				

企业名称	能帝贸易（上海）有限公司				
企业地址	上海市浦东新区新金桥路 255 号 520 室（201206）				
投资总额	14 万 USD	电　　话	51963720	传　　真	51963721
设立日期	2007-8-10	负 责 人	DALIA AHMED EL METWALLI EL MOG		
主营业务	电子电气产品、塑料橡胶制品、木材及木制品（原木出口除外）的批发。				

企业名称	上海科械世贸易有限公司				
企业地址	上海市闵行区吴中路 1050 号 6 幢 510 室（201103）				
投资总额	100 万 RMB	电　　话	61265415	传　　真	
设立日期	2007-8-10	负 责 人	SONG KEUN WAN		
主营业务	机械设备、电子产品的批发，佣金代理（拍卖除外），进出口业务。				

企业名称	恩存贸易（上海）有限公司				
企业地址	上海市浦东新区东方路 1822 号 2 层（200127）				
投资总额	20 万 USD	电　　话	58816689	传　　真	58816689
设立日期	2007-8-9	负 责 人	游文光		
主营业务	车用电子产品的批发、进出口，提供相关的配套服务。				

企业名称	泰姿服饰贸易（上海）有限公司				
企业地址	上海市浦东新区光明路 718 号 708 室（200137）				
投资总额	65 万 USD	电　　话	63566616	传　　真	63566636
设立日期	2007-8-9	负 责 人	胡　军		
主营业务	服装及辅料的批发及进出口，服装设计并提供相关咨询服务。				

企业名称	托伽米机电贸易（上海）有限公司				
企业地址	上海市浦东新区张杨路 828-838 号 19 楼 E 座（200122）				
投资总额	58 万 USD	电　　话	58209903	传　　真	
设立日期	2007-8-9	负 责 人	阿南正义		
主营业务	机电产品及其零部件、水处理装置的批发、佣金代理（拍卖除外）。				

企业名称	澳尔越汽车配件贸易（上海）有限公司				
企业地址	上海市浦东新区张杨路 158 号 1118 室（200120）				
投资总额	14 万 USD	电　　话	58763882	传　　真	
设立日期	2007-8-9	负 责 人	ROSS ANDREW STEEL		
主营业务	电子电气产品、金属制品、塑料橡胶制品、门控装置及组件的批发。				

企业名称	塞维斯贸易（上海）有限公司				
企业地址	上海市长宁区淮海西路 570 号 C3-201 室（200052）				
投资总额	80 万 USD	电　　话	61248158	传　　真	61248186
设立日期	2007-8-8	负 责 人	ENRICO BASSO		
主营业务	玻璃砖产品以及相关原材料和零配件的批发；商品的进出口、佣金代理。				

企业名称	迈考（上海）商业展示设施有限公司				
企业地址	上海市奉贤区奉城镇大叶公路 8255 号（201411）				
投资总额	20 万 USD	电　　话	58316823	传　　真	58318341
设立日期	2007-8-8	负 责 人	DARRELL LEE COOPER		
主营业务	设计、制造各类展示家具，销售公司自产产品并提供相关的咨询服务。				

企业名称	德昌捷达贸易（上海）有限公司				
企业地址	上海市外高桥保税区奥纳路 79 号 320 室（200131）				
投资总额	25 万 USD	电　　话	63906883	传　　真	63906284
设立日期	2007-8-8	负 责 人	朱建华		
主营业务	从事电机、电器设备及其零部件、摩托车零部件和汽车零部件的批发。				

企业名称	上海百必百商贸有限公司				
企业地址	上海市长宁区定西路 988 号 1804A 室（200050）				
投资总额	42 万 USD	电　　话	32120366	传　　真	62110717
设立日期	2007-8-8	负 责 人	宣城峻松		
主营业务	服装鞋帽、化妆品、家具、家用电器、床上用品、饰品、钟表的批发。				

企业名称	上海极斯派贸易有限公司				
企业地址	上海市浦东新区浦东南路 1101 号 1006 室（200120）				
投资总额	14 万 USD	电　　话	58366510	传　　真	
设立日期	2007-8-8	负 责 人	郑善旭		
主营业务	印刷设备、包装材料、家居用品、服饰鞋帽、厨卫电器设备的批发。				

批发和零售贸易业

企业名称	**玛茨雅商贸（上海）有限公司**				
企业地址	上海市长宁区仙霞路369号1号楼1301室（200336）				
投资总额	14万USD	电　话	58691577	传　真	
设立日期	2007-8-8	负责人	后藤秀隆		
主营业务	缝纫机、激光切割机、工厂自动化设备、网络照相机的批发、进出口。				

企业名称	**互宏（上海）贸易有限公司**				
企业地址	上海市松江区三新北路900弄1074号（201600）				
投资总额	14万USD	电　话	64607731	传　真	64607730
设立日期	2007-8-8	负责人	朱　正		
主营业务	五金塑胶制品及配件、汽车零配件、纺织品、办公用品的批发。				

企业名称	**乐活成超市（上海）有限公司**				
企业地址	上海市浦东新区红枫路326号1-3层（200131）				
投资总额	40万USD	电　话	62198129	传　真	
设立日期	2007-8-7	负责人	余崇正		
主营业务	工艺饰品（不含文物）、珠宝（不含毛钻、裸钻）、通讯器材的零售。				

企业名称	**上海凯飞胜贸易有限公司**				
企业地址	上海市虹口区物华路58号304室（200082）				
投资总额	40万USD	电　话	51879868	传　真	65371104
设立日期	2007-8-7	负责人	曾艳丽		
主营业务	化工产品（危险品除外）、纺织品、五金交电、机电的批发。				

企业名称	**易伟贸易（上海）有限公司**				
企业地址	上海市淮海西路55号23楼E、F室（200030）				
投资总额	100万USD	电　话	61264648	传　真	61264649
设立日期	2007-8-7	负责人	CARSTEN HOLM		
主营业务	五金交电产品、贱金属材料、建材（钢材、水泥除外）的批发。				

企业名称	**上海斯迪博瑞贸易有限公司**				
企业地址	上海市中山南二路1007号506室（200030）				
投资总额	12万USD	电　话	64272503	传　真	64272503
设立日期	2007-8-7	负责人	王　英		
主营业务	包装材料、机械机电设备及零配件、苗木及日用百货的进出口、批发。				

企业名称	**阳艺贸易（上海）有限公司**				
企业地址	上海市外高桥保税区华京路8号303室（200131）				
投资总额	15万USD	电　话	62363600	传　真	62363800
设立日期	2007-8-7	负责人	鹫野耕三		
主营业务	保税区内国际贸易、转口贸易、保税区内企业间的贸易及贸易代理。				

企业名称	**艾璞尔（上海）商贸有限公司**				
企业地址	上海市浦东新区世纪大道88号3143室（200120）				
投资总额	20万USD	电　话	28909637	传　真	
设立日期	2007-8-6	负责人	福留克己		
主营业务	照明器具、照明用封入材料、照明用封入材料的加工设备的进出口。				

企业名称	**冠麟机械设备贸易（上海）有限公司**				
企业地址	上海市长宁区北翟路1178号1号楼407-409室（200335）				
投资总额	12万USD	电　话	32201447	传　真	
设立日期	2007-8-6	负责人	郭建旭		
主营业务	数控机械和零配件、测量仪器的批发、进出口、佣金代理（拍卖除外）。				

企业名称	**富阖贸易（上海）有限公司**				
企业地址	上海市浦东新区浦建路145号2005室（200122）				
投资总额	14万USD	电　话	50946900	传　真	50946898
设立日期	2007-8-6	负责人	林瑞原		
主营业务	服装及日用品、钟表、皮革制品、珠宝首饰（毛钻、裸钻除外）的批发。				

企业名称	**爱多礼贸易（上海）有限公司**				
企业地址	上海市浦东新区龙东大道5179号1幢301室（201201）				
投资总额	14万USD	电　话	55540033	传　真	
设立日期	2007-8-6	负责人	MICHAEL FISCHER		
主营业务	工艺礼品、日用品、体育用品的批发、进出口及售后服务。				

企业名称	**科模肯贸易（上海）有限公司**				
企业地址	上海市浦东新区浙桥路289号A1105室（201203）				
投资总额	14万USD	电　话	51691299	传　真	
设立日期	2007-8-6	负责人	张贤贞（CHANG HYUN JEONG）		
主营业务	汽车零部件、医疗器械产品、保健按摩器材、塑料、橡胶制品的批发。				

企业名称	**永康（上海）进出口有限公司**				
企业地址	上海市浦东新区兰村路60弄5号307室（200127）				
投资总额	10万USD	电　话	58397009	传　真	68756726
设立日期	2007-8-6	负责人	JAMES CHENG		
主营业务	食品、五金交电、建筑材料（钢材、水泥除外）、卫浴用品的批发。				

企业名称	**翼宏商贸（上海）有限公司**				
企业地址	上海市浦东新区张杨路828-838号26H07室（200122）				
投资总额	15万USD	电　话	50945657	传　真	50595458
设立日期	2007-8-6	负责人	许楷诗		
主营业务	从事包装材料、标签标贴、电脑及其耗材、纸制品、清洁剂的批发。				

企业名称	**升佳贸易（上海）有限公司**				
企业地址	上海市长宁区天山路600弄1号607室（200051）				
投资总额	15万USD	电　话	61457108	传　真	
设立日期	2007-8-6	负责人	王崇庠		
主营业务	从事粘胶制品、塑料薄膜、机电产品、办公用品、针纺织品的批发。				

企业名称	**娜纷歌商贸（上海）有限公司**				
企业地址	上海市卢湾区淮海中路333号瑞安广场1210室B05（200021）				
投资总额	150万RMB	电　话	63856777	传　真	63353357
设立日期	2007-8-6	负责人	吴定国		
主营业务	箱包、皮革制品、墨镜、鞋帽、服装服饰的批发、零售、进出口。				

企业名称	**如适（上海）贸易有限公司**				
企业地址	上海市闵行区吴中路1059号第10幢第九层902-903室（201103）				
投资总额	20万USD	电　话	51697557	传　真	
设立日期	2007-8-3	负责人	MARC MARDOCHE MOYAL		
主营业务	从事服装服饰、纺织品、日用杂货、电子产品、家具及自行车的批发。				

企业名称	**泰而勒食品机械贸易（上海）有限公司**				
企业地址	上海市闵行区沪闵路3988号43幢（201108）				
投资总额	300万USD	电　话	54429898	传　真	54833301
设立日期	2007-8-3	负责人	何　良（RICHARD HE）		
主营业务	食品机械及其零部件的批发、佣金代理（拍卖除外）及进出口业务。				

企业名称	**品酒汇（上海）商贸有限公司**				
企业地址	上海市长宁区延安西路726号6C室（200050）				
投资总额	1000万港币	电　话	62269096	传　真	62260879
设立日期	2007-8-2	负责人	MARTIN PIERRE MARIE MARCEL		
主营业务	酒的进出口、佣金代理（拍卖除外）与批发，酒柜、酒具的佣金代理。				

企业名称	**上海吉俐英贸易有限公司**				
企业地址	上海市小木桥路251号1101室（200032）				
投资总额	20万USD	电　话	64049178	传　真	64035078
设立日期	2007-8-2	负责人	古秀英		
主营业务	百货、服装鞋帽、针纺织品及辅料、水晶及玻璃制品、装饰品的批发。				

企业名称	**伊葵司（上海）贸易有限公司**				
企业地址	上海市肇嘉浜路333号304室（200032）				
投资总额	20万USD	电　话	64228369	传　真	64224394
设立日期	2007-8-2	负责人	廖怡股		
主营业务	从事普通机械设备、自动化设备、洁净设备、电子产品及零部件的批发。				

企业名称	**埃莎贸易（上海）有限公司**				
企业地址	上海市虹口区曲阳路789号1幢407、409室（200437）				
投资总额	20万USD	电　话	62350209	传　真	
设立日期	2007-8-2	负责人	CHOI YEONGSU		
主营业务	机电设备及配件，五金交电，仪器仪表，通信通讯设备的批发。				

企业名称	**钦河商贸（上海）有限公司**				
企业地址	上海市虹口区四平路775弄2号613室（200080）				
投资总额	20万USD	电　话	65750895	传　真	65753253
设立日期	2007-8-2	负责人	高志波		
主营业务	五金工具、机电产品及电子产品的批发、进出口及相关配套业务。				

企业名称	**兑洸贸易（上海）有限公司**				
企业地址	上海市闵行区吴中路1059号第10幢405室（201103）				
投资总额	21万USD	电　话	64069649	传　真	64069731
设立日期	2007-8-2	负责人	KIM HYUN TAE		
主营业务	家用电器、机电设备、工程机械、汽车零配件的批发、进出口				

企业名称	元臻贸易（上海）有限公司				
企业地址	上海市普陀区西康路 1018 号 1704 室（200060）				
投资总额	39 万 USD	电　　话	62670216	传　　真	50597147
设立日期	2007-8-2	负 责 人	陈聪发		
主营业务	汽车零件、摩托车零件、五金配件的批发和进出口。				

企业名称	维柯意立（上海）贸易有限公司				
企业地址	上海市普陀区银杏路 659 号 10 幢（200331）				
投资总额	35 万 USD	电　　话	51095898	传　　真	51901970
设立日期	2007-8-2	负 责 人	JONATHAN EDMUND PENN		
主营业务	工业用密封件和紧固件、轮胎制造设备、机电设备、电动器具的批发。				

企业名称	永善商贸（上海）有限公司				
企业地址	上海市长宁区定西路 788 号 306 室（200050）				
投资总额	13 万 USD	电　　话	61169210	传　　真	61169215
设立日期	2007-8-2	负 责 人	毛俊杰		
主营业务	各种数控机床、自动化制造数控系统、模具的批发和进出口业务。				

企业名称	上海普鲁赛尼机械贸易有限公司				
企业地址	上海市虹口区四平路 775 弄 1 号 1114 室（200080）				
投资总额	14 万 USD	电　　话	65224448	传　　真	65224448
设立日期	2007-8-2	负 责 人	袁　蕾		
主营业务	机械设备及零部件、石材、玻璃的批发、进出口、佣金代理。				

企业名称	上海倚力贸易有限公司				
企业地址	上海市虹口区四平路 421 弄 107 号 C65 室（200080）				
投资总额	14 万 USD	电　　话	65215891	传　　真	65215891
设立日期	2007-8-2	负 责 人	ROSA MARIA RODRIGUEZ		
主营业务	建筑材料（钢材、水泥除外）、家具、机电产品、纺织品的批发。				

企业名称	上海富拿贸易有限公司				
企业地址	上海市奉贤区环城东路 399 号 1 幢 5501 室（201400）				
投资总额	14 万 USD	电　　话	54224941	传　　真	54224945
设立日期	2007-8-2	负 责 人	KIM IL HWAN		
主营业务	通用设备、仪器仪表、液压元件、五金交电、自动化控制设备的批发。				

企业名称	上海碧萝贸易有限公司				
企业地址	上海市长宁区延安西路 1590 号 707 室（200052）				
投资总额	10 万 USD	电　　话	62801388	传　　真	62800998
设立日期	2007-8-2	负 责 人	冯舒宇华		
主营业务	纺织面料、家用饰品、装饰品的批发、进出口。				

企业名称	上海积晟电子贸易有限公司				
企业地址	上海市漕溪路 258 弄 26 号 4 幢（200235）				
投资总额	100 万 RMB	电　　话	54975817	传　　真	54975958
设立日期	2007-8-2	负 责 人	陈　思		
主营业务	电气设备、仪器仪表、化工原料及产品（危险品除外）的批发。				

企业名称	淘然（上海）贸易有限公司				
企业地址	上海市卢湾区建国中路 25 号 9 号楼 302、303、304 室（200020）				
投资总额	100 万港币	电　　话	61379223	传　　真	61379233
设立日期	2007-8-1	负 责 人	还　霜		
主营业务	箱包、珠宝首饰（毛钻、裸钻除外）、工艺品（文物除外）的批发。				

企业名称	伯科舍国际贸易（上海）有限公司				
企业地址	上海市外高桥保税区华申路 180 号八层 829 室（200131）				
投资总额	20 万 USD	电　　话	64400779	传　　真	64400380
设立日期	2007-8-1	负 责 人	MIN BYUNG SUNG		
主营业务	国际贸易、转口贸易、保税区内企业间的贸易及贸易代理。				

企业名称	上海西林登地毯商贸有限公司				
企业地址	上海市黄浦区浙江南路 88 号 320 室（200001）				
投资总额	14 万 USD	电　　话	63112933	传　　真	63112938
设立日期	2007-8-1	负 责 人	吴才铭		
主营业务	塑料制品、橡胶制品、五金电器、居家清洁保洁用品的批发、进出口。				

企业名称	塑科贸易（上海）有限公司				
企业地址	上海市静安区陕西北路 66 号 1603 室（200041）				
投资总额	100 万 RMB	电　　话	52289256	传　　真	52289292
设立日期	2007-8-1	负 责 人	柳　林		
主营业务	矿物油及其蒸馏产品（成品油除外）、电子产品、机电设备的批发。				

企业名称	贝博商贸（上海）有限公司				
企业地址	上海市宛平南路 521 号 B 幢 804 室（200032）				
投资总额	14 万 USD	电　　话	54241972	传　　真	
设立日期	2007-7-31	负 责 人	EDWIN G. MARTINEZ		
主营业务	食品销售管理（非实物方式）、化工产品（危险品除外）的批发。				

企业名称	碧科（上海）贸易有限公司				
企业地址	上海市浦东新区张杨路 707 号 704 室（200000）				
投资总额	21 万 USD	电　　话	61048035	传　　真	61048029
设立日期	2007-7-30	负 责 人	RICHARD PINCHUK		
主营业务	家居用品（包括寝室、厨房及浴室用品）、睡袋及其他野营用品的批发。				

企业名称	上海岁般贸易有限公司				
企业地址	上海市闵行区吴中路 1067-1087 号 3 幢 605 室（201103）				
投资总额	30 万 USD	电　　话	54225922	传　　真	
设立日期	2007-7-30	负 责 人	CHOI JONG SEOK		
主营业务	服装服饰、布料、鞋帽、箱包、日用百货的批发、进出口和佣金代理。				

企业名称	汉燃贸易（上海）有限公司				
企业地址	上海市黄浦区西藏中路 656 号-666 号 610 室（200001）				
投资总额	51 万 USD	电　　话	63523885	传　　真	63523885
设立日期	2007-7-30	负 责 人	玉田英夫		
主营业务	叉车、物流设备及零配件的批发和进出口，上述产品的售后服务。				

企业名称	科佩（上海）商贸有限公司				
企业地址	上海市卢湾区复兴中路 1 号 705 室（200025）				
投资总额	184 万 USD	电　　话	51029796	传　　真	63919497
设立日期	2007-7-30	负 责 人	SIMON MARTIN FUCHS		
主营业务	塑料薄膜、包装材料及其原材料（国家有专项规定的除外）的批发。				

企业名称	犹埃施天然食品贸易（上海）有限公司				
企业地址	上海市黄浦区制造局路 893 号 203 室（200011）				
投资总额	13 万 USD	电　　话	63453569	传　　真	
设立日期	2007-7-30	负 责 人	SUN YANG FEN		
主营业务	食品、水产品、家禽产品及畜产品的批发、进出口及相关配套服务。				

企业名称	达太可贸易（上海）有限公司				
企业地址	上海市浦东新区东方路 800 号 1404 室（200122）				
投资总额	14 万 USD	电　　话	51328310	传　　真	51328310
设立日期	2007-7-30	负 责 人	DANIEL MIGUEL		
主营业务	包装材料、汽车零部件、机电设备、五金工具的批发、进出口。				

企业名称	萨洛迷（上海）贸易有限公司				
企业地址	上海市长宁区天山路 30 号甲 502 室（200336）				
投资总额	11 万 USD	电　　话	52068510	传　　真	52068513
设立日期	2007-7-30	负 责 人	AN YOUNG CHUL		
主营业务	皮革制品、日用百货、箱包、玩具、家具、发饰、服装配饰的批发。				

企业名称	颐萃贸易（上海）有限公司				
企业地址	上海市黄浦区北京东路 668 号 7 楼 H1 室（200001）				
投资总额	500 万 RMB	电　　话	53080883	传　　真	53081364
设立日期	2007-7-30	负 责 人	陈　斌		
主营业务	日用品、化工原料（除危险品）、五金交电的批发。				

企业名称	新北（上海）贸易有限公司				
企业地址	上海市外高桥保税区基隆路 6 号外高桥大厦 316 室（200131）				
投资总额	100 万 RMB	电　　话	58692179	传　　真	58692179
设立日期	2007-7-30	负 责 人	CHAN ENG TIONG CARL		
主营业务	国际贸易、转口贸易，保税区企业间的贸易及贸易代理。				

企业名称	上海嘉定大润发商贸有限公司				
企业地址	上海市嘉定区新郁路 807 号（201824）				
投资总额	210 万 USD	电　　话	69106786	传　　真	69106786
设立日期	2007-7-27	负 责 人	黄明端		
主营业务	批发、零售：各类食品、饮料、日用百货、服装鞋帽、洗涤用品。				

企业名称	上海起雅贸易有限公司				
企业地址	上海市闵行区吴中路 1065 号 1 幢 708 室（201103）				
投资总额	14 万 USD	电　　话	51192350	传　　真	
设立日期	2007-7-27	负 责 人	HONG SI BONG		
主营业务	服装服饰、面料、鞋帽、箱包、饰品、导航设备及零部件批发、进出口。				

企业名称	韦富希商贸（上海）有限公司				
企业地址	上海市奉贤区南桥镇育秀路734号（201400）				
投资总额	20万USD	电 话	54468870	传 真	
设立日期	2007-7-26	负 责 人	铃木日出男		
主营业务	汽车零部件、机电产品零部件、工业用紧固件的批发、佣金代理。				

企业名称	林联贸易（上海）有限公司				
企业地址	上海市外高桥保税区富特西一路473号6号楼403室（200131）				
投资总额	50万USD	电 话	58683055	传 真	
设立日期	2007-7-26	负 责 人	姚瑞林		
主营业务	国际贸易、转口贸易、保税区内企业间的贸易及贸易代理。				

企业名称	胶聚贸易（上海）有限公司				
企业地址	上海市外高桥保税区新灵路118号1907A室（200131）				
投资总额	100万USD	电 话	54259398	传 真	
设立日期	2007-7-26	负 责 人	LUCKCHAI KITTIPOL		
主营业务	塑料制品、化工产品（危险品除外）、电子产品、日用品的批发。				

企业名称	生恩（上海）贸易有限公司				
企业地址	上海市静安区延平路121号19D室（200042）				
投资总额	14万USD	电 话	62462808	传 真	62462809
设立日期	2007-7-26	负 责 人	ZILBER YARDEN DAVID		
主营业务	电子产品、纸制品、塑料制品、包装材料的批发、进出口。				

企业名称	懿诺贸易（上海）有限公司				
企业地址	上海市长宁区延安西路1566号龙峰大厦19层A室（200052）				
投资总额	14万USD	电 话	52589515	传 真	52589525
设立日期	2007-7-26	负 责 人	张奕晓		
主营业务	电子产品和配件、计算机软硬件、通信设备和配件的批发、佣金代理。				

企业名称	元源（上海）贸易有限公司				
企业地址	上海市长宁区仙霞路369号1号楼1701室（200336）				
投资总额	14万USD	电 话	62397778	传 真	62397776
设立日期	2007-7-26	负 责 人	元广哲也		
主营业务	纺织品、服装服饰、工艺品（文物除外）、纺织机械及零部件的进出口。				

企业名称	固铂亚太轮胎贸易（上海）有限公司				
企业地址	上海市外高桥保税区华京路8号311室（200131）				
投资总额	10万USD	电 话	61273340	传 真	
设立日期	2007-7-26	负 责 人	GENE HAROLD ARNOLD		
主营业务	以轮胎产品为主的国际贸易、转口贸易、保税区企业间的贸易及代理。				

企业名称	恒墉贸易（上海）有限公司				
企业地址	上海市普陀区常德路1211号1306室（200060）				
投资总额	15万USD	电 话	32210068	传 真	54070612
设立日期	2007-7-26	负 责 人	戴琼玉		
主营业务	服装、鞋帽、服装配饰、织布机、染整染料及染料助剂产品的批发。				

企业名称	迎阳花贸易（上海）有限公司				
企业地址	上海市外高桥保税区泰谷路88号丰谷大楼645A室（200131）				
投资总额	25万欧元	电 话	62885871	传 真	62885871
设立日期	2007-7-26	负 责 人	PIO FERRETTI		
主营业务	纺织品、纺织面料、纱线、服装、服装面料的批发、佣金代理。				

企业名称	沃赫托造纸设备贸易（上海）有限公司				
企业地址	上海市长宁区仙霞路369号现代广场1号楼1703室（200336）				
投资总额	15万欧元	电 话	51559151	传 真	
设立日期	2007-7-26	负 责 人	ANTTI TAPANI VAAHTO		
主营业务	造纸及其他各类机械设备的批发、进出口、佣金代理（拍卖除外）。				

企业名称	上海呈霸贸易有限公司				
企业地址	上海市静安区南京西路1266号3936室（200041）				
投资总额	500万RMB	电 话	62883288	传 真	
设立日期	2007-7-26	负 责 人	BAHA ASLANOBA		
主营业务	化学品（危险化学品除外）、纺织品、化妆品和食品的批发、佣金代理。				

企业名称	维和斯服饰商贸（上海）有限公司				
企业地址	上海市外高桥保税区加太路39号第三层17部位（200131）				
投资总额	100万RMB	电 话	58695010	传 真	58695010
设立日期	2007-7-26	负 责 人	上堀胜也		
主营业务	服装、鞋帽、袜子、皮革制品、纺织品及相关配饰件的批发、佣金代理。				

企业名称	美库乐贸易（上海）有限公司				
企业地址	上海市静安区康定路358号16幢109室（200041）				
投资总额	100万RMB	电 话	52985060	传 真	
设立日期	2007-7-26	负 责 人	LUCA GUERINI ROCCO		
主营业务	从事电气设备和装置及其零配件的批发、佣金代理（拍卖除外）。				

企业名称	宏脉贸易（上海）有限公司				
企业地址	上海市静安区万航渡路888号7楼B12室（200041）				
投资总额	235万USD	电 话	62878767	传 真	53511589
设立日期	2007-7-25	负 责 人	黄锦明		
主营业务	建筑材料（水泥、钢材除外）、室内装饰品、服装及相关零配件的批发。				

企业名称	上海鑫艳贸易有限公司				
企业地址	上海市闵行区沪青平公路277号5楼90室（201105）				
投资总额	20万USD	电 话	54498963	传 真	54498995
设立日期	2007-7-25	负 责 人	周睿怡		
主营业务	从事各类服装、服饰、帽子、手提包的批发、进出口。				

企业名称	由纪（上海）贸易有限公司				
企业地址	上海市卢湾区南塘浜路103号106室C座（200023）				
投资总额	14万USD	电 话	64723305	传 真	61204160
设立日期	2007-7-25	负 责 人	牧野由纪		
主营业务	丝绸、针纺织品、皮革制品、箱包、鞋帽、陶瓷品的批发。				

企业名称	集银吉商贸（上海）有限公司				
企业地址	上海市闵行区吴中路1050号6幢615室（201103）				
投资总额	14万USD	电 话	64656491	传 真	
设立日期	2007-7-25	负 责 人	RO JUNG TAE		
主营业务	服装、服饰、鞋帽、纺织面料、工艺品（文物除外）、日用百货的批发。				

企业名称	腾皇商贸（上海）有限公司				
企业地址	上海市静安区万航渡路888号13K室（200042）				
投资总额	12万欧元	电 话	62118986	传 真	62118996
设立日期	2007-7-25	负 责 人	JEAN PHILIPPE BENNOIT		
主营业务	日化产品、工艺礼品及包装产品、日用杂货、纺织品、办公用品的批发。				

企业名称	上海帛奈服饰商贸有限公司				
企业地址	上海市卢湾区淮海中路222号力宝广场2109-2111室（200020）				
投资总额	2000万RMB	电 话	53965757	传 真	
设立日期	2007-7-25	负 责 人	ANDREW VARLEY		
主营业务	各类服装、配套饰品、家具和家居饰品的批发、零售、进口。				

企业名称	威美涂料贸易（上海）有限公司				
企业地址	上海市南汇区康桥镇康桥路1098号1号楼204室（201315）				
投资总额	100万RMB	电 话	58291881	传 真	58291881
设立日期	2007-7-25	负 责 人	NG CHUAN LIM		
主营业务	涂料（危险化学品除外）的批发、佣金代理（拍卖除外）。				

企业名称	岛精荣荣（上海）贸易有限公司				
企业地址	上海市普陀区云岭西路488号3楼（200333）				
投资总额	210万USD	电 话	52700011	传 真	52707913
设立日期	2007-7-24	负 责 人	梅田郁人		
主营业务	纺织机械、电脑控制设备、印染机械及上述产品零配件的批发。				

企业名称	阿隆视贸易（上海）有限公司				
企业地址	上海市长宁区哈密路1221号8幢218室（200335）				
投资总额	6.5万USD	电 话	52192367	传 真	52194875
设立日期	2007-7-24	负 责 人	EDWARD FRANK KACHNIC		
主营业务	数字输入输出模块、电线电缆、近红外线灯及附件的进出口。				

企业名称	碧游（上海）食品贸易有限公司				
企业地址	上海市黄浦区会稽路8号804室（200011）				
投资总额	18万USD	电 话	63261486	传 真	63261455
设立日期	2007-7-24	负 责 人	FLEMMING BENNO NIELSEN		
主营业务	食品的批发、进出口，并提供相关配套业务及贸易咨询。				

企业名称	上海瑞治贸易有限公司				
企业地址	上海市浦东新区南码头路101号1010室（200125）				
投资总额	14万USD	电 话	54488667	传 真	
设立日期	2007-7-24	负 责 人	胡博雄		
主营业务	软性材料加工所需的设备及其周边配件的批发、进出口及售后服务。				

企业名称	洁朗（上海）贸易有限公司				
企业地址	上海市普陀区中山北路 2900 号 5 幢 2 号楼 5 层 516 室 D、I 座（200060）				
投资总额	14 万 USD	电　话	51272774	传　真	
设立日期	2007-7-24	负责人	冼伟杰		
主营业务	从事各类化妆品进出口、批发、佣金代理（拍卖除外），提供配套服务。				

企业名称	多闻贸易（上海）有限公司				
企业地址	上海市浦东新区浦东大道 2056 号 707 室（200135）				
投资总额	14 万 USD	电　话	58859785	传　真	58859909
设立日期	2007-7-24	负责人	MATSUO BUNSEI（松尾文晴）		
主营业务	玻璃纤维制品、高级研磨材料、机电产品及设备、五金交电的进出口。				

企业名称	力派克贸易（上海）有限公司				
企业地址	上海市虹口区东长治路 777 号 3 号楼 507 室（200080）				
投资总额	50 万 RMB	电　话	65417033	传　真	65849082
设立日期	2007-7-24	负责人	陈德明		
主营业务	香料的批发、进出口，提供配套服务。				

企业名称	爱罗西商贸（上海）有限公司				
企业地址	上海市浦东新区浦东南路 1101 号 1415 室（200122）				
投资总额	50 万 RMB	电　话	58361505	传　真	58361505
设立日期	2007-7-24	负责人	ANTONIO RODRIGUEZ ARAGON		
主营业务	电子产品、覆铜箔板及其零配件的批发、进出口、佣金代理。				

企业名称	意企信贸易（上海）有限公司				
企业地址	上海市虹口区物华路 58 号 232 室（200081）				
投资总额	100 万 RMB	电　话	65750756	传　真	65750761
设立日期	2007-7-24	负责人	MARIO GIRELLI		
主营业务	起重设备、行车及其他物料输送设备、相关电控系统及零配件的批发。				

企业名称	八兑八商贸（上海）有限公司				
企业地址	上海市南丹东路 300 弄 9 号 6 层 04 室（200030）				
投资总额	14 万 USD	电　话	51197168	传　真	51197268
设立日期	2007-7-23	负责人	林岱右		
主营业务	电子产品及电子零部件的批发、佣金代理（拍卖除外）、进出口。				

企业名称	优柏纳斯贸易（上海）有限公司				
企业地址	上海市漕溪北路 41 号 1006 室（200030）				
投资总额	15 万 USD	电　话	64688453	传　真	64396629
设立日期	2007-7-23	负责人	林逸淑		
主营业务	家用电器、家居用品、箱包、装饰品及文具的批发、佣金代理。				

企业名称	西卓贸易（上海）有限公司				
企业地址	上海市外高桥保税区华申路 180 号综合大楼 814 室（200131）				
投资总额	14 万 USD	电　话	64715169	传　真	
设立日期	2007-7-20	负责人	JOSE ANTONIO BRIZ SANCHEZ		
主营业务	食品、葡萄酒的批发、佣金代理（拍卖除外）及进出口业务。				

企业名称	福燃贸易（上海）有限公司				
企业地址	上海市长宁区仙霞路 319 号 2402 室（200051）				
投资总额	15 万 USD	电　话	62785550	传　真	62783280
设立日期	2007-7-20	负责人	谢式铭		
主营业务	从事纺织品、轮胎帘子布、输送带帘布、服装、伞槽骨、伞成品的批发。				

企业名称	约克（中国）商贸有限公司				
企业地址	上海市普陀区长寿路 1118 号 B 幢 25 层 E（200060）				
投资总额	950 万 USD	电　话	62766509	传　真	62661104
设立日期	2007-7-18	负责人	BRIAN GENE PANKOW		
主营业务	从事大楼自控系统、智慧型消防系统自控设备、空调及冷冻设备的批发。				

企业名称	宇宙扬贸易（上海）有限公司				
企业地址	上海市长宁区天山路 641 号 9 幢 A 室（200336）				
投资总额	63 万 USD	电　话	62298199	传　真	62779277
设立日期	2007-7-18	负责人	严伟明		
主营业务	各式马达、发动机、照明设备、工业自动控制机件及相关零配件的批发。				

企业名称	上海喜诺杰摩化学品贸易有限公司				
企业地址	上海市卢湾区永嘉路 35 号 17 楼北 A 室（200020）				
投资总额	14 万 USD	电　话	54153583	传　真	
设立日期	2007-7-18	负责人	RUDOLF MAERZ		
主营业务	化学品（危险品及国家有专项规定的除外）的批发、进出口、佣金代理。				

企业名称	拌和化工机械贸易（上海）有限公司				
企业地址	上海市长宁区延安西路 1590 号第八层第 V1 间（200052）				
投资总额	14 万 USD	电　话	52303521	传　真	52303529
设立日期	2007-7-18	负责人	町井秀年		
主营业务	机械设备及配件、仪器仪表的批发、进出口。				

企业名称	恺田泰桓（上海）贸易有限公司				
企业地址	上海市浦东新区莲溪路 1151 号 3 号厂房第三层 B-2 室（200120）				
投资总额	10 万 USD	电　话	58881622	传　真	58881626
设立日期	2007-7-18	负责人	张　敏		
主营业务	电子产品及配件、机械设备及配件，半导体原材料、劳防用品的批发。				

企业名称	捷劳亚（上海）国际贸易有限公司				
企业地址	上海市外高桥保税区泰谷路 18 号 1 号楼 16 层 1604B 室（200131）				
投资总额	20 万 USD	电　话	62272849	传　真	62665234
设立日期	2007-7-17	负责人	RUSSELL ANDREW VROOM		
主营业务	国际贸易、转口贸易，保税区企业间的贸易及贸易代理。				

企业名称	日景贸易（上海）有限公司				
企业地址	上海市漕宝路 80 号 904 室（200235）				
投资总额	20 万 USD	电　话	64329169	传　真	64329159
设立日期	2007-7-17	负责人	ANDY CHO		
主营业务	从事电子通讯产品、机械设备、五金产品、游艇模具及配件的批发。				

企业名称	爱彼时计（上海）贸易有限公司				
企业地址	上海市黄浦区南京西路 388 号 3604B 室（200001）				
投资总额	64.7 万 USD	电　话	63345050	传　真	63345950
设立日期	2007-7-17	负责人	G.H. MEYLAN		
主营业务	从事钟表、珠宝首饰（钻石除外）、饰物、皮革制品、书写用品的批发。				

企业名称	冰得仪器仪表贸易（上海）有限公司				
企业地址	上海市漕河泾开发区桂平路 418 号兴园科技广场 1 楼 106A 室（200233）				
投资总额	35 万欧元	电　话	64958611	传　真	64958618
设立日期	2007-7-17	负责人	ROBERT BINDER		
主营业务	气体流量测量仪器、仪表和控制器及相关零配件的批发、佣金代理。				

企业名称	孚乐率传输设备贸易（上海）有限公司				
企业地址	上海市松江区锦昔路松开Ⅱ-200 号地块 C-7 号厂房（201600）				
投资总额	45 万 USD	电　话	33528388	传　真	33528058
设立日期	2007-7-16	负责人	IAN HILARY MATTHEWS		
主营业务	机械传送带、传送带清洗器、滑轮套、传送带滚动设备的批发。				

企业名称	上海杰煦贸易有限公司				
企业地址	上海市奉贤区奉浦工业区运河路 111 号 1 幢 208 室（201400）				
投资总额	11 万 USD	电　话	54999898	传　真	54999595
设立日期	2007-7-16	负责人	拱祥耕		
主营业务	服装面料及辅料的批发、进出口业务。				

企业名称	羽西之家家饰商贸（上海）有限公司				
企业地址	上海市黄浦区北京西路 15-21 号（200001）				
投资总额	500 万 USD	电　话	63813377	传　真	63810210
设立日期	2007-7-13	负责人	靳羽西		
主营业务	家居家饰用品及日用百货的批发、零售；食品、酒的零售；商品进出口。				

企业名称	上海嘉惠医疗器械贸易有限公司				
企业地址	上海市杨浦区四平路 2500 号 1402-F 室（200433）				
投资总额	105 万 USD	电　话	62090999	传　真	62705386
设立日期	2007-7-13	负责人	魏勇志		
主营业务	医疗器械及其相关辅助治疗仪器的批发、进出口。				

企业名称	澳斯顿贸易（上海）有限公司				
企业地址	上海市中山西路 1800 号 8 楼 I 座（200235）				
投资总额	14 万 USD	电　话	64400636	传　真	64400636
设立日期	2007-7-13	负责人	ZHU XUANWEI（朱绚伟）		
主营业务	建筑装饰材料（钢材、水泥除外）的批发、佣金代理（拍卖除外）。				

企业名称	好盟堡贸易（上海）有限公司				
企业地址	上海市襄阳南路 500 号 1115 室（200031）				
投资总额	15 万 USD	电　话	62708988	传　真	62194740
设立日期	2007-7-13	负责人	LEWIS GOULD		
主营业务	电动工具及其辅助配件、管道工具、铺装设备、防护工具及附件的批发。				

批发和零售贸易业

企业名称	立润贸易（上海）有限公司				
企业地址	上海市普陀区长寿路 295 弄 1 号 1304 室（200063）				
投资总额	15 万 USD	电　话	62769979	传　真	62773871
设立日期	2007-7-13	负 责 人	吴启源		
主营业务	发动机引擎润滑油、润滑油添加剂、汽车维修配件、汽车维护用品批发。				

企业名称	上海艾惟太科贸易有限公司				
企业地址	上海市长宁区中山西路 933 号 2610 室（200051）				
投资总额	24 万 USD	电　话	51113032	传　真	52383732
设立日期	2007-7-12	负 责 人	TIM TRI PHUOC HUYNH		
主营业务	计算机软件（音像制品除外）、计算机硬件及其零部件的批发。				

企业名称	纬瀚居家用品贸易（上海）有限公司				
企业地址	上海市襄阳南路 500 号 306 室（200031）				
投资总额	20 万 USD	电　话	64477512	传　真	64477513
设立日期	2007-7-12	负 责 人	余蓓枝		
主营业务	厨卫用具及其配件、装饰用品、化妆品的批发和进出口。				

企业名称	上海天彦祥商贸有限公司				
企业地址	上海市天目中路 585 号 12 楼 F 室（200072）				
投资总额	20 万 USD	电　话	63812875	传　真	63812877
设立日期	2007-7-12	负 责 人	木通口友夫		
主营业务	建筑机械零配件、小型机械零配件、机用刀具、五金工具的批发。				

企业名称	泰利福医疗器械商贸（上海）有限公司				
企业地址	上海市浦东新区浦东南路 256 号 1801 室（200120）				
投资总额	50 万 USD	电　话	68866358	传　真	
设立日期	2007-7-12	负 责 人	JOHN WILLIAM WEHRENBERG		
主营业务	医疗器械（限《医疗器械经营许可证》中核定的产品及一类医疗器械）的批发。				

企业名称	埃琪（上海）贸易有限公司				
企业地址	上海市闵行区吴中路 686 弄 E 座 12 楼 1201 室（201103）				
投资总额	14 万 USD	电　话	64012305	传　真	
设立日期	2007-7-12	负 责 人	JONG WON LEE		
主营业务	包装材料、金属材料（贵金属、钢材除外）及其制品的批发。				

企业名称	上海友松染料贸易有限公司				
企业地址	上海市宝山区罗泾镇新川沙路 400 号 3 幢（200949）				
投资总额	14 万 USD	电　话	56873915	传　真	56873916
设立日期	2007-7-12	负 责 人	CHUN DONG SUP		
主营业务	化工原料及产品（危险品除外）、建筑装潢材料、机械设备的批发。				

企业名称	华翊欣业贸易（上海）有限公司				
企业地址	上海市长宁区仙霞路 317 号 512 室（200051）				
投资总额	15 万 USD	电　话	62351393	传　真	62350034
设立日期	2007-7-12	负 责 人	杨明振		
主营业务	钢材、废旧钢材、各种金属材料及废旧金属的批发和进出口。				

企业名称	克帝克（上海）电子贸易有限公司				
企业地址	上海市外高桥保税区华申路 180 号综合大楼五层 501L 室（200131）				
投资总额	100 万 RMB	电　话	64271711	传　真	64270163
设立日期	2007-7-12	负 责 人	佐藤隆典		
主营业务	电子产品的批发、佣金代理（拍卖除外）、进出口及其他相关配套业务。				

企业名称	上海鸿犨贸易有限公司				
企业地址	上海市浦东新区钱仓路 1 号 6C 室（201206）				
投资总额	6.58 万 USD	电　话	58408291	传　真	
设立日期	2007-7-11	负 责 人	CHOO KENG LENG		
主营业务	电子通讯设备和零部件、电子通信保洁产品的批发、佣金代理。				

企业名称	庞托贸易（上海）有限公司				
企业地址	上海市浦东新区浦东南路 379 号 241 室（200120）				
投资总额	14 万 USD	电　话	64694608	传　真	
设立日期	2007-7-11	负 责 人	杨　静		
主营业务	皮革制品、工艺品（文物除外），体育健身器材用品的批发。				

企业名称	琮昱贸易（上海）有限公司				
企业地址	上海市浦东新区张杨路 828 号-838 号 26F01 室（200122）				
投资总额	15 万 USD	电　话	50812307	传　真	50812307
设立日期	2007-7-11	负 责 人	廖权衡		
主营业务	从事电子元器件及其原材料、光电及触摸屏组件、机器设备的批发。				

企业名称	佛利莱（上海）商贸有限公司				
企业地址	上海市静安区南京西路 555 号 505 室（200041）				
投资总额	20 万 USD	电　话	62559809	传　真	
设立日期	2007-7-10	负 责 人	TODD ALLEN DUNN		
主营业务	重型卡车零部件和挂车零部件的批发、佣金代理（拍卖除外）。				

企业名称	晴思贸易（上海）有限公司				
企业地址	上海市外高桥保税区加太路 39 号第三层 33 部位（200131）				
投资总额	14 万 USD	电　话	68190098	传　真	68190008
设立日期	2007-7-10	负 责 人	何伟亮		
主营业务	程控设备、机电设备、仪器仪表、机械设备、电子产品配件的批发。				

企业名称	科沃斯管道贸易（上海）有限公司				
企业地址	上海市外高桥保税区加太路 39 号第一层 32 部位（200131）				
投资总额	15 万 USD	电　话	62816955	传　真	62817320
设立日期	2007-7-10	负 责 人	陈红卫		
主营业务	管道管件及相关配套设备、机械设备、电气产品、金属制品的的批发。				

企业名称	恒嘉医疗器械贸易（上海）有限公司				
企业地址	上海市闵行区吴中路 686 弄 2 号 601 室（201103）				
投资总额	15 万 USD	电　话	64659321	传　真	64659321
设立日期	2007-7-10	负 责 人	王　磊		
主营业务	医用激光胶片的批发、商品进出口、佣金代理（拍卖除外）.				

企业名称	上海雷拓商贸有限公司				
企业地址	上海市天目西路 218 号 36 楼 3601/3602/3604 室（200070）				
投资总额	20 万 USD	电　话	63531353	传　真	63549559
设立日期	2007-7-9	负 责 人	EUGENE YUE-JEN CHEN		
主营业务	医用激光仪器设备、医用高频仪器设备、眼科手术器械的批发。				

企业名称	上海优昵恩贸易有限公司				
企业地址	上海市工业综合开发区环城东路 399 号 1 幢 306 室（201400）				
投资总额	14 万 USD	电　话	59156636	传　真	59156532
设立日期	2007-7-9	负 责 人	洪淳宝		
主营业务	胶带、胶粘剂的批发、进出口。				

企业名称	壹商贸（上海）有限公司				
企业地址	上海市浦东新区东靖路 1831 号 401-7 室（200131）				
投资总额	14 万 USD	电　话		传　真	
设立日期	2007-7-9	负 责 人	訾国祥		
主营业务	日用杂货、工艺礼品（文物除外）、环保产品、针纺织品的批发。				

企业名称	西得码贸易（上海）有限公司				
企业地址	上海市松江区江学路 555 弄 53 号一层（201600）				
投资总额	10.5 万欧元	电　话	65127790	传　真	
设立日期	2007-7-9	负 责 人	PIETRO PIZZARDI		
主营业务	从事小型船舶、浮动结构体和浮船坞、金属制品、纤维玻璃的批发。				

企业名称	杜蒙（上海）贸易有限公司				
企业地址	上海市静安区南京西路 1366 号 2 号楼 206-207A 室（200041）				
投资总额	1000 万港币	电　话	61135893	传　真	61135899
设立日期	2007-7-6	负 责 人	沈晓红		
主营业务	从事纺织、服装、鞋帽、家纺产品的批发和进出口业务。				

企业名称	上海模库模库时装贸易有限公司				
企业地址	上海市黄浦区人民路 885 号 1015 室（200010）				
投资总额	20 万 USD	电　话	63410575	传　真	63558268
设立日期	2007-7-6	负 责 人	TAKEMIKA YOSHITSUGU		
主营业务	饰品（毛钻、裸钻除外）、纺织品及纺织面料、钟表的进出口、批发。				

企业名称	朗贝斯（上海）贸易有限公司				
企业地址	上海市普陀区中山北路 2911 号 802 室（200063）				
投资总额	30 万 USD	电　话	63527163	传　真	63527163
设立日期	2007-7-6	负 责 人	姜　宁		
主营业务	食品（按许可证）、日用化妆品的批发、进出口，并提供售后咨询服务。				

企业名称	德秀（上海）服装贸易有限公司				
企业地址	上海市古羊路 158 号 6H 室（200336）				
投资总额	30 万 USD	电　话	61135220	传　真	61135224
设立日期	2007-7-6	负 责 人	KWON SUNG JAE		
主营业务	服装、服饰、鞋帽、皮革制品、饰品的批发、进出口。				

企业名称	仁藤电子贸易（上海）有限公司				
企业地址	上海市长宁区延安西路 2633 号 A211 室（200336）				
投资总额	45 万 USD	电　话	62096603	传　真	62093637
设立日期	2007-7-6	负 责 人	茂木孝雄		
主营业务	电子产品及其零部件、机电产品及其零部件、模具的进出口、佣金代理。				

企业名称	银内通尚贸易（上海）有限公司				
企业地址	上海市闵行区龙茗路 2888 号（201103）				
投资总额	13 万 USD	电　话	54788275	传　真	
设立日期	2007-7-6	负 责 人	PYO SOON OK		
主营业务	鞋帽、日用百货、体育用品、纺针品、工艺礼品、灯饰的批发、零售。				

企业名称	上海森气贸易有限公司				
企业地址	上海市浦东新区杨高北路 528 号 14 幢 5011 室（200135）				
投资总额	65 万 USD	电　话	53757188	传　真	63722199
设立日期	2007-7-5	负 责 人	周贝芬		
主营业务	从事珠宝首饰（毛钻、裸钻除外）、化妆品、工艺品（文物除外）批发。				

企业名称	上海艾丝碧西贸易有限公司				
企业地址	上海市闸北区共和新路街道北宝兴路 10 弄 36 号（200072）				
投资总额	65 万 USD	电　话	54406095	传　真	
设立日期	2007-7-5	负 责 人	许英和		
主营业务	食品机械设备，家具及其配件，工艺品（文物除外），皮革品的批发。				

企业名称	靓宣贸易（上海）有限公司				
企业地址	上海市闵行区吴中路 1199 号第一幢第七层 707 房屋（201103）				
投资总额	30 万 USD	电　话	64019330	传　真	64019332
设立日期	2007-7-5	负 责 人	YOON GWONG CHAN		
主营业务	化工原料及产品（危险品除外）、化妆品、包装材料、日用杂货的批发。				

企业名称	耕美（上海）贸易有限公司				
企业地址	上海市卢湾区南塘浜路 103 号 112 室 C 座（200023）				
投资总额	40 万 USD	电　话	64723305	传　真	61204160
设立日期	2007-7-5	负 责 人	高岩延年		
主营业务	丝绸制品、服装鞋帽、皮革制品、箱包、百货的批发、佣金代理。				

企业名称	慧擎贸易（上海）有限公司				
企业地址	上海市浦东新区杨高北路 528 号 14 幢 6050 室（200131）				
投资总额	50 万 USD	电　话	63617182	传　真	
设立日期	2007-7-5	负 责 人	李美惠		
主营业务	汽车零配件、机电设备、模具、计算机软硬件（音像制品除外）的批发。				

企业名称	台凯崴（上海）贸易有限公司				
企业地址	上海市浦东新区浦东南路 1085 号华申大厦 7 楼 710 室（200122）				
投资总额	14 万 USD	电　话	51877659	传　真	61005002
设立日期	2007-7-5	负 责 人	于　洪		
主营业务	五金交电、日用杂货、汽摩配件、工艺品（文物除外）的批发、佣金代理。				

企业名称	乔艾尼贸易（上海）有限公司				
企业地址	上海市浦东新区浦东南路 1101 号 519 室（200122）				
投资总额	14 万 USD	电　话	58365731	传　真	58365730
设立日期	2007-7-5	负 责 人	JHONY KARAM HARRAKA BARDAKJI		
主营业务	摩托车及其零部件、汽车用品及塑料橡胶制品的批发。				

企业名称	钛一（上海）贸易有限公司				
企业地址	上海市浦东新区杨高北路 528 号 14 幢 3034 室（200131）				
投资总额	15 万 USD	电　话	53757188	传　真	
设立日期	2007-7-5	负 责 人	潘文贵		
主营业务	贱金属、电子产品、汽车零配件的批发、佣金代理（拍卖除外）。				

企业名称	爱醇贸易（上海）有限公司				
企业地址	上海市静安区北京西路 1399 号 12 层 C2 室（200041）				
投资总额	12 万欧元	电　话	62477107	传　真	62477110
设立日期	2007-7-4	负 责 人	ROBERTO ROSSI		
主营业务	批发、进出口酒类、咖啡和巧克力产品。				

企业名称	凡之屋木业贸易（上海）有限公司				
企业地址	上海市普陀区兰溪路 223、225 号 2 楼东 1 部分（200060）				
投资总额	20 万 USD	电　话	54763411	传　真	54763411
设立日期	2007-7-3	负 责 人	姜静红		
主营业务	木制品的批发，进出口，提供相关配套服务。				

企业名称	久啦食品贸易（上海）有限公司				
企业地址	上海市中山西路 2025 号 515 室（200235）				
投资总额	20 万 USD	电　话	64396385	传　真	64397564
设立日期	2007-7-3	负 责 人	海南真太郎		
主营业务	食品销售管理（非实物方式）(限包装糖果、包装饼干、包装饮料的批发)。				

企业名称	昀宏（上海）贸易有限公司				
企业地址	上海市浦东新区东方路 69 号 1709 室（201202）				
投资总额	20 万 USD	电　话	61139782	传　真	
设立日期	2007-7-3	负 责 人	沈诗钦		
主营业务	电子产品及原材料的批发、佣金代理（拍卖除外）、进出口。				

企业名称	名阑商业（上海）有限公司				
企业地址	上海市浦东新区梅花路 1031、1033、1035 号（201204）				
投资总额	20 万 USD	电　话	58682007	传　真	
设立日期	2007-7-3	负 责 人	OLIVER KRAHMER		
主营业务	食品，含酒精类饮料，非酒精类饮料，肉类的零售，自营商品的进口。				

企业名称	高地国际贸易（上海）有限公司				
企业地址	上海市外高桥保税区冰克路 500 号 B 区 B3 地块综合楼 1128 室(200131)				
投资总额	25 万 USD	电　话	51506660	传　真	
设立日期	2007-7-3	负 责 人	高地健		
主营业务	国际贸易、转口贸易、保税区内企业间的贸易及区内贸易代理。				

企业名称	赛磊那（上海）贸易有限公司				
企业地址	上海市长宁区延安西路 2299 号 10A19 室、10A21 室（200336）				
投资总额	30 万 USD	电　话	62365191	传　真	62365193
设立日期	2007-7-3	负 责 人	ANDRZEJ ZAWADZKI LIANG		
主营业务	建筑材料（钢材、水泥除外）、建筑化工材料（危险品除外）的批发。				

企业名称	晟洪商贸（上海）有限公司				
企业地址	上海市闵行区剑川路 951 号 4 幢 205 室（201111）				
投资总额	13 万 USD	电　话	54762905	传　真	
设立日期	2007-7-3	负 责 人	CHOI YOUNG KYEW		
主营业务	工业五金配件、化学原料产品（危险品除外）的批发、佣金代理。				

企业名称	莱砀思贸易（上海）有限公司				
企业地址	上海市外高桥保税区加太路 39 号第五层 21 部位（200131）				
投资总额	14 万 USD	电　话	62649051	传　真	52653770
设立日期	2007-7-3	负 责 人	YUE JUN LI		
主营业务	机电设备、电子产品、上述商品的零配件、陶瓷制品、金属制品的批发。				

企业名称	盖雅（上海）贸易有限公司				
企业地址	上海市外高桥保税区加太路 39 号第四层 52 部位（200131）				
投资总额	14 万 USD	电　话	58680046	传　真	50582205
设立日期	2007-7-3	负 责 人	ROGER LENNART KARLSSON		
主营业务	机械设备、机电产品、上述产品零配件的批发、佣金代理（拍卖除外）。				

企业名称	远流贸易（上海）有限公司				
企业地址	上海市静安区万航渡路 525 号 10 幢（200041）				
投资总额	90 万欧元	电　话	62488498	传　真	62481246
设立日期	2007-7-3	负 责 人	JEAN MARC GIRARDEAU		
主营业务	酒类的批发、佣金代理（拍卖除外）、进出口，并提供相关配套服务。				

企业名称	小纹贸易（上海）有限公司				
企业地址	上海市长宁区延安西路 2299 号 05B24（200336）				
投资总额	3000 万日元	电　话	62360616	传　真	62537312
设立日期	2007-7-3	负 责 人	宇仁 龙一		
主营业务	纺织面料及辅料的进出口、批发、佣金代理（拍卖除外）。				

企业名称	益克贸易（上海）有限公司				
企业地址	上海市浦东新区浦电路 489 号三楼 302-303 室（200127）				
投资总额	26.6 万 USD	电　话	51721317	传　真	
设立日期	2007-7-2	负 责 人	SAREET MAJUMDAR		
主营业务	计算机电脑配件及网络设备的批发、佣金代理（拍卖除外）。				

企业名称	世易贸易（上海）有限公司				
企业地址	上海市静安区北京西路 1465 号 1201 室（200041）				
投资总额	20 万 USD	电　话	52121210	传　真	52121210
设立日期	2007-7-2	负 责 人	DAVID L KASSEL		
主营业务	从事螺柱、微电子组件、乐器零件、小型超声波清洗机的批发。				

批发和零售贸易业

企业名称	阿切卡服装贸易（上海）有限公司				
企业地址	上海市恒通路 360 号 C1009 室（200070）				
投资总额	20 万 USD	电　话	63800747	传　真	
设立日期	2007-7-2	负 责 人	ALESSIO CICIRELLI		
主营业务	服装及服装配饰的批发、佣金代理（拍卖除外），上述商品的进出口。				

企业名称	康递纳（上海）商贸有限公司				
企业地址	上海市张杨路 500 号华润时代广场办公楼 24 楼 E 单元（200122）				
投资总额	65 万 USD	电　话	58368028	传　真	58368578
设立日期	2007-7-2	负 责 人	GREGORY LYNN BAUMLI		
主营业务	医疗器械产品（仅限一类医疗器械）和相关原材料和零部件的批发。				

企业名称	莱诺特伍尔特（上海）贸易有限公司				
企业地址	上海市张江高科技园区张东路 1387 号 9 幢 101-3B 室（201203）				
投资总额	70 万 USD	电　话	58965322	传　真	58965302
设立日期	2007-7-2	负 责 人	UWE HOHLFELD		
主营业务	手工具及切割工具、电子电动产品及其零配件、家用产品的批发。				

企业名称	柏君商贸（上海）有限公司				
企业地址	上海市浦东新区金沪路 1151 号 202G 室（200126）				
投资总额	7 万 USD	电　话	58775568	传　真	
设立日期	2007-7-2	负 责 人	李丽君（LI LIJUN）		
主营业务	护肤、美容美发类日用化工品及其相关配料的商品批发、佣金代理。				

企业名称	添柏岚贸易（上海）有限公司				
企业地址	上海市卢湾区淮海中路 283 号香港广场 1605 室（200021）				
投资总额	43.43 万 USD	电　话	23217600	传　真	63906030
设立日期	2007-7-2	负 责 人	JEFFREY BENNETT SWARTZ		
主营业务	从事服装、鞋类、配饰、皮革制品、行李包、钟表、眼镜及零部件批发。				

企业名称	东竹贸易（上海）有限公司				
企业地址	上海市金山区亭卫公路 6505 号 2 号楼 111、112 室（201505）				
投资总额	13 万 USD	电　话	57276991	传　真	57276992
设立日期	2007-7-2	负 责 人	UHM JAE YUN		
主营业务	电子产品、机械设备及配件、汽车配件、日用百货的批发。				

企业名称	上海优利贸易有限公司				
企业地址	上海市浦东新区浦东大道 2123 号 908 室（201201）				
投资总额	14 万 USD	电　话	68556121	传　真	68556122
设立日期	2007-7-2	负 责 人	SERGEY AVRAMENKO		
主营业务	家具、建材（钢材、水泥除外）、灯饰、服装、游泳池设备的进出口。				

企业名称	德尉达（上海）贸易有限公司				
企业地址	上海市江场三路 303 号 401 室（200436）				
投资总额	40 万欧元	电　话	52660046	传　真	52667078
设立日期	2007-7-2	负 责 人	李 伶		
主营业务	建筑材料（钢材、水泥除外）、机械产品的批发、进出口。				

企业名称	敬宸贸易（上海）有限公司				
企业地址	上海市长宁区遵义路 100 号上海城 B 栋 2002 室（200051）				
投资总额	20 万 USD	电　话	54070026	传　真	54070162
设立日期	2007-6-29	负 责 人	黄世彬		
主营业务	从事厨卫用品、装潢材料、家用纺织品、家用电器、五金交电的批发。				

企业名称	潽黎莱贸易（上海）有限公司				
企业地址	上海市闵行区吴中路 1100 号 5 幢 511 室（201103）				
投资总额	14 万 USD	电　话	64656080	传　真	
设立日期	2007-6-29	负 责 人	BAE MOON SOO		
主营业务	化妆品、电子产品、家用电器、建材（钢材除外）、五金交电的批发。				

企业名称	艾创特电子贸易（上海）有限公司				
企业地址	上海市南丹东路 238 号 1804 室（200030）				
投资总额	15 万 USD	电　话	64871925	传　真	64871926
设立日期	2007-6-29	负 责 人	王兆麒		
主营业务	半导体集成电路及电子元器件的批发、进出口、技术咨询及售后服务。				

企业名称	上海百讯商贸有限公司				
企业地址	上海市浦东新区浦东大道 1200 号 1801 室（200135）				
投资总额	5000 万 RMB	电　话	54452860	传　真	54452855
设立日期	2007-6-29	负 责 人	翟先锋		
主营业务	照相器材、办公设备、照明器材、文化及体育用品和器材的零售、批发。				

企业名称	百利高贸易（上海）有限公司				
企业地址	上海市外高桥保税区美盛路 56 号 4 号楼 403 室（200131）				
投资总额	65 万 USD	电　话	61031777	传　真	
设立日期	2007-6-28	负 责 人	RONALD JANISH		
主营业务	食品和保健品产品的进出口、批发和佣金代理（拍卖除外）。				

企业名称	岛津技迩（上海）商贸有限公司				
企业地址	上海市卢湾区淮海中路 755 号东楼 8 层 A 室（200021）				
投资总额	160 万 USD	电　话	64453601	传　真	64734792
设立日期	2007-6-28	负 责 人	古泽宏二		
主营业务	精密仪器仪表设备及其零部件与附属品、机器机械设备及零部件的批发。				

企业名称	瑾伦贸易（上海）有限公司				
企业地址	上海市闵行区合川路 3089 号 4 幢（A 座）8 楼 A 室（201103）				
投资总额	11 万 USD	电　话	51539925	传　真	
设立日期	2007-6-28	负 责 人	詹丽玲		
主营业务	从事服装、工艺品（文物除外）、玻璃制品、金属制品及配件的批发。				

企业名称	艾普利玛（上海）贸易有限公司				
企业地址	上海市肇嘉浜路 1065 号甲号 1203 室（200030）				
投资总额	10 万欧元	电　话	33680327	传　真	33680328
设立日期	2007-6-28	负 责 人	俞关林		
主营业务	门、窗、门窗自动控制设备及其零部件的批发、佣金代理（拍卖除外）。				

企业名称	望东艺集（上海）贸易有限公司				
企业地址	上海市静安区新闸路 1051 号茂盛商务中心 B 楼 5 层 A 区（200041）				
投资总额	30 万 RMB	电　话	54647788	传　真	
设立日期	2007-6-28	负 责 人	罗国贵		
主营业务	珠宝首饰（毛钻、裸钻除外），工艺品（文物除外）及相关配件的批发。				

企业名称	世丹（上海）商贸有限公司				
企业地址	上海市静安区成都北路 333 号招商局广场南楼 1602A 室（200041）				
投资总额	153 万港币	电　话	52930850	传　真	52930851
设立日期	2007-6-27	负 责 人	罗可欣		
主营业务	鞋材、箱包、箱包辅料、日用品、办公用品、乐器、五金制品的批发。				

企业名称	彩盈商贸（上海）有限公司				
企业地址	上海市成都北路 500 号 3702-2 室（200003）				
投资总额	200 万 USD	电　话	64264711	传　真	64264911
设立日期	2007-6-27	负 责 人	余丽虹		
主营业务	服装、服饰、鞋、包、手青、太阳眼镜的批发、零售、佣金代理。				

企业名称	禾采赞贸易（上海）有限公司				
企业地址	上海市黄浦区成都北路 500 号 302 室（200002）				
投资总额	30 万 USD	电　话	63618686	传　真	63551378
设立日期	2007-6-27	负 责 人	叶福彰		
主营业务	玩具模型、体育用品、办公用品及其相关零件、附件的批发。				

企业名称	上海冠扬贸易有限公司				
企业地址	上海市浦东新区浦东大道 2123 号 3126 室（200136）				
投资总额	50 万 USD	电　话	54242147	传　真	54243098
设立日期	2007-6-27	负 责 人	连武彦		
主营业务	自动化设备、仪器仪表、机电设备配套件的批发。				

企业名称	岚岸商业（上海）有限公司				
企业地址	上海市延安西路 1088 号 3201、3209 室（200052）				
投资总额	14 万 USD	电　话	62076999	传　真	52388156
设立日期	2007-6-27	负 责 人	方仁杰		
主营业务	针纺织品、床上用品、化妆品、皮革制品、工艺品（文物除外）的零售。				

企业名称	日脉贸易（上海）有限公司				
企业地址	上海市浦东新区浦东大道 555 号 1702 室（200120）				
投资总额	300 万 RMB	电　话	68592628	传　真	68592623
设立日期	2007-6-27	负 责 人	桥立弘纪（HIROKI HASHIDATE）		
主营业务	控制器、电子零件、自动化节能机器及相关装置、系统的批发。				

企业名称	上海熙丝黎商贸有限公司				
企业地址	上海市卢湾区巨鹿路 137 号 5G 丙室（200020）				
投资总额	1000 万 RMB	电　话	63403903	传　真	62882013
设立日期	2007-6-27	负 责 人	DIEGO MENARIN		
主营业务	服装、鞋帽、皮革制品及相关配饰件的批发、零售、佣金代理。				

企业名称	饰季（上海）服饰商贸有限公司				
企业地址	上海市静安区北京西路 1399 号建京大厦 13D 座（200336）				
投资总额	20 万 USD	电话	62896160	传真	62896500
设立日期	2007-6-26	负责人	丁瑜		
主营业务	工艺礼品（文物除外）、床上用品、皮革制品、办公用品的批发、零售。				

企业名称	上海信衍徇贸易有限公司				
企业地址	上海市闵行区吴中路 1339 号 1 幢 303 室（201103）				
投资总额	13 万 USD	电话	34322851	传真	54221450
设立日期	2007-6-26	负责人	KWON JOUNG NAM		
主营业务	服装服饰、鞋帽、箱包、日用百货、工艺品（文物除外）的批发。				

企业名称	白井电子商贸（上海）有限公司				
企业地址	上海市肇嘉浜路 789 号 18 楼 B3 室（200031）				
投资总额	20 万 USD	电话	64177722	传真	
设立日期	2007-6-25	负责人	MURAKAMI JUNICHI（村上纯一）		
主营业务	线路板及其测量仪器、覆铜板及印刷线路板用铜箔及其制品的批发。				

企业名称	怡振贸易（上海）有限公司				
企业地址	上海市浦东新区浦电路 489 号 1010 室（200122）				
投资总额	20 万 USD	电话	68757172	传真	68758788
设立日期	2007-6-25	负责人	陈怡静		
主营业务	自动化控制机械设备、橡胶制品、化工产品（危险品除外）的批发。				

企业名称	上海圣路加商贸有限公司				
企业地址	上海市浦东新区民生路 1518 号、含笑路 80 号 A 楼 603B 室（200135）				
投资总额	70 万 USD	电话	61042840	传真	
设立日期	2007-6-25	负责人	JEONG JAESUNG		
主营业务	服装服饰的批发、佣金代理（拍卖除外）、进出口及其他相关配套业务。				

企业名称	姿如雅（上海）高尔夫商贸有限公司				
企业地址	上海市长宁区虹桥路 1921 号 53 栋 A-01，A-02，A-03，A-04（200336）				
投资总额	50 万 USD	电话	62709125	传真	62707352
设立日期	2007-6-25	负责人	西村真介		
主营业务	高尔夫用品、衣料、保健用具的零售、批发、佣金代理（拍卖除外）。				

企业名称	南洋兄弟（上海）商业有限公司				
企业地址	上海市黄浦区延安东路 618 号 6 楼 A 座（200002）				
投资总额	100 万 USD	电话	53060016	传真	
设立日期	2007-6-25	负责人	成琦勇		
主营业务	吸烟附属用品、酒和茶叶（非实物方式）、日用杂品、家用电器的批发。				

企业名称	大创（上海）贸易有限公司				
企业地址	上海市外高桥保税区物流园区申非路 41 号二层（200131）				
投资总额	1700 万 USD	电话	38750500	传真	38750506
设立日期	2007-6-25	负责人	香取周次		
主营业务	保税区内以日用百货为主的仓储、物流分拨业务及商业性简单加工。				

企业名称	查泰汽车配件贸易（上海）有限公司				
企业地址	上海市中山南二路 1007 号 209 室（200030）				
投资总额	13 万 USD	电话	54107177	传真	54106997
设立日期	2007-6-25	负责人	GERHARD ROBELLER		
主营业务	汽车零部件、配件产品的进出口、批发及相关配套服务。				

企业名称	喜如特汽车配件贸易（上海）有限公司				
企业地址	上海市襄阳南路 500 号 2902 室（200031）				
投资总额	13 万 USD	电话	62833322	传真	62833321
设立日期	2007-6-25	负责人	GERHARD ROBELLER		
主营业务	法国零部件、配件产品的进出口、批发及相关配套服务。				

企业名称	上海爱绮凯贸易有限公司				
企业地址	上海市长宁区遵义路 107 号 706 室（200051）				
投资总额	13 万 USD	电话	62375419	传真	
设立日期	2007-6-25	负责人	LEE KYUNG DEUK		
主营业务	机械设备、五金交电及电子产品、建筑装潢材料、日用杂货的批发。				

企业名称	保荣闪光灯贸易（上海）有限公司				
企业地址	上海市浦东新区浦东南路 1341 弄 2 号 6 幢 316 室（200122）				
投资总额	14 万 USD	电话	51389340	传真	51389342
设立日期	2007-6-25	负责人	李璐		
主营业务	摄影用灯光设备及附件设备的批发、佣金代理（拍卖除外）、进出口。				

企业名称	上海澄果贸易有限公司				
企业地址	上海市老沪太路 211 号 7 幢 306 室（200070）				
投资总额	14 万 USD	电话	64284536	传真	64685507
设立日期	2007-6-25	负责人	邱汉忠		
主营业务	化妆品、护肤品、保洁品、服饰、电子产品的批发、佣金代理。				

企业名称	玳仕（上海）贸易有限公司				
企业地址	上海市天钥桥路 333 号 2602A 室（200030）				
投资总额	15 万 USD	电话	52283212	传真	
设立日期	2007-6-25	负责人	AGUSTI DALMAU LLITJOS		
主营业务	从事服装、服装辅料、面料、箱包辅料、自行车、太阳能产品的批发。				

企业名称	观衡贸易（上海）有限公司				
企业地址	上海市浦东新区杨高北路 528 号 14 幢 5022 室（200131）				
投资总额	35 万 USD	电话	63361627	传真	63840254
设立日期	2007-6-22	负责人	梁妙琼		
主营业务	化工产品（危险品除外）、建筑材料（钢材、水泥除外）的批发。				

企业名称	钮瑞西商贸（上海）有限公司				
企业地址	上海市张江高科技园区郭守敬路 498 号 6 幢 15303 室（201203）				
投资总额	480 万 USD	电话	63217803	传真	
设立日期	2007-6-22	负责人	李建民		
主营业务	净水领域内的技术开发、技术咨询、自有技术转让。				

企业名称	晶致贸易（上海）有限公司				
企业地址	上海市浦东新区杨高北路 528 号 14 幢 5033 室（200131）				
投资总额	14 万 USD	电话	63500521	传真	
设立日期	2007-6-22	负责人	川村玉枝		
主营业务	珠宝首饰（毛钻、裸钻除外）、服装服饰、皮包皮具、鞋帽的批发。				

企业名称	友威（上海）商贸有限公司				
企业地址	上海市普陀区宁夏路 366 弄 4 号 604 室（200060）				
投资总额	14 万 USD	电话	52351422	传真	60911009
设立日期	2007-6-22	负责人	林承毅		
主营业务	化学产品(危险品除外)的批发、佣金代理(拍卖除外)、进出口。				

企业名称	海博通电子交易系统贸易（上海）有限公司				
企业地址	上海市长宁区江苏路 369 号兆丰世贸大厦 3 楼 1 座（200050）				
投资总额	37.5 万 USD	电话	52401001	传真	52401003
设立日期	2007-6-21	负责人	张大麟		
主营业务	金融支付终端设备、相关网络设备、相关软硬件、零部件的批发。				

企业名称	欧枚凯机械贸易（上海）有限公司				
企业地址	上海市闵行区光华路 2118 号第 3 幢 609 室（201108）				
投资总额	100 万 USD	电话	64937323	传真	
设立日期	2007-6-21	负责人	RANA MUHAMMAD TAHAR CHAUDHRY		
主营业务	大型工程机械和相关产品的批发、佣金代理（拍卖除外）。				

企业名称	法窖酒业商贸（上海）有限公司				
企业地址	上海市静安区陕西北路 415 号（200040）				
投资总额	14 万 USD	电话	51500925	传真	51500925
设立日期	2007-6-21	负责人	ROMAIN JUAN HUANG		
主营业务	批发预包装食品：酒（不含熟食卤味、含冷冻（藏）食品）、佣金代理。				

企业名称	兢意商贸（上海）有限公司				
企业地址	上海市浦东新区张杨路 228 号 1418 室（200120）				
投资总额	15 万 USD	电话	58405436	传真	58799802
设立日期	2007-6-21	负责人	黄志勇		
主营业务	从事服装、服饰、鞋、帽、家具洁具、五金灯具、办公家具的进出口。				

企业名称	沪盈（上海）商贸有限公司				
企业地址	上海市静安区华山路 439 号 4003A 室（200040）				
投资总额	20 万 USD	电话	52610191	传真	
设立日期	2007-6-20	负责人	吕培安		
主营业务	纺织制品及纺织品原料、纺织设备及配件、服装的批发。				

企业名称	黎金贸易（上海）有限公司				
企业地址	上海市普陀区江宁路 1165 号 1307 室（200060）				
投资总额	13 万 USD	电话	62980500	传真	62779187
设立日期	2007-6-20	负责人	MOUSTAFA NABIL CHAABANI		
主营业务	从事五金工具、机械及部件、食品(食品销售管理，非实物方式)的批发。				

企业名称	上海杯莫停葡萄酒贸易有限公司				
企业地址	上海市浦东新区高桥镇南村姚家宅1号2幢1楼（200131）				
投资总额	15万USD	电　话	52260680	传　真	52260680
设立日期	2007-6-20	负责人	陈徐满珍		
主营业务	葡萄酒的批发、佣金代理（拍卖除外）、进出口及其他相关配套业务。				

企业名称	迪砂贸易（上海）有限公司				
企业地址	上海市长宁区仙霞路319号902、903室（200051）				
投资总额	100万RMB	电　话	61131790	传　真	61131788
设立日期	2007-6-20	负责人	JAN ARNOLD JOHANSEN		
主营业务	铸造设备和表面处理系统产品的批发、佣金代理（拍卖除外）、进出口。				

企业名称	上海旭东丽纺织品贸易有限公司				
企业地址	上海市虹口区东大名路815号第10幢三楼C座（200082）				
投资总额	100万RMB	电　话	65951148	传　真	65951149
设立日期	2007-6-20	负责人	张六乐		
主营业务	从事针纺织品、服装服饰制品的批发、佣金代理（拍卖除外）。				

企业名称	上海食财商贸有限公司				
企业地址	上海市杨浦区军工路2855号106室（200438）				
投资总额	20万USD	电　话	25653286	传　真	
设立日期	2007-6-19	负责人	FUMIO MIKI		
主营业务	水产品的批发、佣金代理（拍卖除外），进出口及其他相关配套业务。				

企业名称	熠辉贸易（上海）有限公司				
企业地址	上海市浦东新区王桥路1017号地下1、1-2层03（201201）				
投资总额	350万USD	电　话	68625522	传　真	68555671
设立日期	2007-6-19	负责人	牛凤仪		
主营业务	塑胶制品、五金制品、机电产品、灯箱、装饰材料及相关产品的批发。				

企业名称	乐利国际贸易（上海）有限公司				
企业地址	上海市外高桥保税区富特西一路139号901室（200131）				
投资总额	14万USD	电　话	58669840	传　真	58666896
设立日期	2007-6-19	负责人	CHAN JOSEPH TIT MING		
主营业务	国际贸易、转口贸易、保税区企业间的贸易及区内贸易代理。				

企业名称	莱珀妮商贸（上海）有限公司				
企业地址	上海市静安区南京西路1366号恒隆广场二号楼15层15E（200041）				
投资总额	500万RMB	电　话	61376127	传　真	61376129
设立日期	2007-6-19	负责人	DIRK TRAPPMANN		
主营业务	从事皮肤保养和护理类产品、化妆品、护发产品和香水的批发。				

企业名称	上海云天芳泉化妆品贸易有限公司				
企业地址	上海市浦东新区张杨路500号华润时代广场508-509室（200122）				
投资总额	100万RMB	电　话	51171831	传　真	58367699
设立日期	2007-6-19	负责人	田惠仪		
主营业务	化妆品、美容器材、饰品、服饰、日用百货的零售、批发、进出口。				

企业名称	斯堪迪（上海）商贸有限公司				
企业地址	上海市徐汇区龙华路2577号63号楼（200232）				
投资总额	40万USD	电　话	64288973	传　真	64288973
设立日期	2007-6-18	负责人	GANG NI		
主营业务	橡胶制品、金属制品、精细化工产品（危险品除外）和运动器材的批发。				

企业名称	斯凯奇贸易（上海）有限公司				
企业地址	上海市卢湾区陕西南路35号三楼（200021）				
投资总额	210万USD	电　话	62555082	传　真	62555083
设立日期	2007-6-17	负责人	DAVID WEINBERG		
主营业务	鞋类、服装、帽子、箱包、手表、饰品及上述商品的配套商品的批发。				

企业名称	上海哈琨贸易有限公司				
企业地址	上海市闵行区马桥镇民仙路86号1幢301室（201108）				
投资总额	20万USD	电　话	64981662	传　真	64275486
设立日期	2007-6-15	负责人	榛泽美伟		
主营业务	文具用品、日用百货的批发、进出口和相关配套服务。				

企业名称	纽富威光电仪器商贸（上海）有限公司				
企业地址	上海市浦东新区东方路877号嘉兴大厦1101室（200122）				
投资总额	15万USD	电　话	50587785	传　真	50587786
设立日期	2007-6-15	负责人	KIA SIM LOO		
主营业务	激光微加工机及激光微修理系统及自动化光电设备及零部件的批发。				

企业名称	上海丸力贸易有限公司				
企业地址	上海市嘉定区复华高新技术园区申裕路446号（201818）				
投资总额	3000万日元	电　话	39519111	传　真	39519111
设立日期	2007-6-15	负责人	林　力		
主营业务	纺织品及其辅料、服装、箱包、鞋、装饰品、文具、儿童玩具的零售。				

企业名称	金超霸照明贸易（上海）有限公司				
企业地址	上海市天目中路585号5楼H座（200070）				
投资总额	20万USD	电　话	63809673	传　真	63808353
设立日期	2007-6-14	负责人	周国伟		
主营业务	照明产品的批发、佣金代理（拍卖除外）、进出口，并提供配套服务。				

企业名称	威丹士（上海）商贸有限公司				
企业地址	上海市浦东新区钱仓路1号6E室（200126）				
投资总额	14万USD	电　话	58826981	传　真	
设立日期	2007-6-14	负责人	陈木百鑫		
主营业务	酒类批发、进出口、佣金代理（拍卖除外），提供相关商务咨询。				

企业名称	业凯贸易（上海）有限公司				
企业地址	上海市浦东新区浦东大道2123号3110室（200125）				
投资总额	15万USD	电　话	37793407	传　真	
设立日期	2007-6-14	负责人	陈进明		
主营业务	紧固件及相关零配件、机械设备、自控阀门、空(油)压管及接头配件批发。				

企业名称	鞋柜商贸有限公司				
企业地址	上海市青浦区沪青平公路3908号（201700）				
投资总额	2.5亿RMB	电　话	51533366	传　真	69750183
设立日期	2007-6-14	负责人	陈英杰		
主营业务	服装、鞋帽、家具用品、皮包皮件、电子产品批发、零售、佣金代理。				

企业名称	波路梦（上海）商贸有限公司				
企业地址	上海市静安区南京西路555号1107室（200041）				
投资总额	1.5亿日元	电　话	62566861	传　真	
设立日期	2007-6-14	负责人	星野幸夫（HOSHINO YUKIO）		
主营业务	文化用品、日用杂货、工艺品（文物除外）、食品包装材料的批发。				

企业名称	奕升贸易（上海）有限公司				
企业地址	上海市外高桥保税区冰克路500号323室（200131）				
投资总额	20万USD	电　话	51727988	传　真	
设立日期	2007-6-13	负责人	莫湛雄		
主营业务	国际贸易、转口贸易，保税区内企业间的贸易及区内贸易代理。				

企业名称	百登（上海）贸易有限公司				
企业地址	上海市外高桥保税区泰谷路18号1号楼15层1501A室（200131）				
投资总额	20万USD	电　话	51353249	传　真	51175118
设立日期	2007-6-13	负责人	胡常萍		
主营业务	从事工艺品（文物除外）、家居用品、装饰用品、日用品、家具的批发。				

企业名称	上海宜珂国际贸易有限公司				
企业地址	上海市普陀区江宁路1165号704室（200060）				
投资总额	25万USD	电　话	52522434	传　真	
设立日期	2007-6-13	负责人	SAADALLAH ABIAD		
主营业务	农用机械及其发动机及零部件的批发、进出口，并提供相关配套服务。				

企业名称	上海量达贸易有限公司				
企业地址	上海市长宁区天山西路120号907室（200335）				
投资总额	14万USD	电　话	52161728	传　真	52161725
设立日期	2007-6-13	负责人	胡心怡		
主营业务	机械设备及其零部件的批发、佣金代理（拍卖除外）、进出口。				

企业名称	席康商贸（上海）有限公司				
企业地址	上海市静安区延安中路1440号20幢318室（200041）				
投资总额	14万USD	电　话	54972486	传　真	54972486
设立日期	2007-6-13	负责人	胡淑惠		
主营业务	机器设备及配件、汽车零配件、运动器材及日用杂货、家具产品的批发。				

企业名称	拓纳贸易（上海）有限公司				
企业地址	上海市闵行区吴中路1099号3幢701-704室（201103）				
投资总额	14万USD	电　话	61206200	传　真	61202900
设立日期	2007-6-13	负责人	TAN PHUAY CHENG		
主营业务	化工产品（危险品除外）的批发、佣金代理（拍卖除外）及进出口。				

企业名称	酷儿森贸易（上海）有限公司				
企业地址	上海市闵行区合川路 3089 号 4 幢 4 层 A 室（201103）				
投资总额	15 万 USD	电　话	64465063	传　真	64465037
设立日期	2007-6-13	负责人	JANG SUNG JIN		
主营业务	针纺织品、布料、箱包、鞋帽、玩具、皮革制品、纱、日用杂货的批发。				

企业名称	世号特贸易（上海）有限公司				
企业地址	上海市闵行区吴中路 1377 号 4 幢 2 楼 D 座（201103）				
投资总额	100 万 RMB	电　话	34316551	传　真	34319532
设立日期	2007-6-13	负责人	李昌熙（LEE CHANG HEE）		
主营业务	针纺织品、卫生洁具、化妆品、灯具、玩具、家具的批发。				

企业名称	优配汽车零件贸易（上海）有限公司				
企业地址	上海市浦东新区牡丹路 60 号东辰大厦 503 室（200124）				
投资总额	100 万 USD	电　话	61629618	传　真	61629619
设立日期	2007-6-12	负责人	胡　雄		
主营业务	汽车零部件、汽车用品、汽车服务用设备与工具的批发、零售。				

企业名称	永璨（上海）贸易有限公司				
企业地址	上海市闵行区莲花路 1555 号 1401 室 01 号（200237）				
投资总额	15 万 USD	电　话	64768225	传　真	64107685
设立日期	2007-6-12	负责人	周庆和		
主营业务	厨卫用品、汽车零配件及修护用具、建筑材料（钢材除外）的批发。				

企业名称	上海柳盛贸易有限公司				
企业地址	上海市闵行区吴中路 1065 号第 1 幢 605 室（201103）				
投资总额	20 万 USD	电　话	51192383	传　真	51192380
设立日期	2007-6-11	负责人	柳承辰		
主营业务	工艺品（金银制品、文物除外）、洁具、休闲用品、健身器材的批发。				

企业名称	优间（上海）贸易有限公司				
企业地址	上海市斜土路 1223 号 1403 室（200032）				
投资总额	5 万 USD	电　话	51712332	传　真	51712332
设立日期	2007-6-11	负责人	周　鸣		
主营业务	服装、服装面料及纺织品辅料的批发。				

企业名称	苏扎尔（上海）商贸有限公司				
企业地址	上海市卢湾区泰康路 190 弄 1 号 102A 室（200023）				
投资总额	14 万 USD	电　话	33766669	传　真	33766689
设立日期	2007-6-11	负责人	SUSAN JANE HEFFERNAN		
主营业务	工艺品（文物除外）、五金交电、办公家具、室内装饰品的批发。				

企业名称	赫紫迈缔贸易（上海）有限公司				
企业地址	上海市恒丰北路 100 号林顿大厦 912 室（200070）				
投资总额	50 万 RMB	电　话	51616498	传　真	
设立日期	2007-6-11	负责人	CORNELIS PETRUS HEIJWEGEN		
主营业务	机械配件、紧固件、建筑五金材料及化工材料（危险品除外）的批发。				

企业名称	旭禹商贸（上海）有限公司				
企业地址	上海市中山西路 2006 号甲 410 室（200235）				
投资总额	100 万 RMB	电　话	54972486	传　真	54972486
设立日期	2007-6-11	负责人	吴宗学		
主营业务	空气净化机械设备及零部件，周边设备的批发、进出口及技术服务咨询。				

企业名称	爱西亚（上海）贸易有限公司				
企业地址	上海市长宁区仙霞路 137 号 10F 室（200051）				
投资总额	20 万 USD	电　话	62333300	传　真	62740668
设立日期	2007-6-8	负责人	ROBERTO CABANA DEL VALLE		
主营业务	木材制品、船舶设备、医疗器械（仅限一类医疗器械）的批发。				

企业名称	集碧（上海）商贸有限公司				
企业地址	上海市长宁区延安西路 2299 号 11A58 室（200336）				
投资总额	20 万 USD	电　话	62362605	传　真	62362675
设立日期	2007-6-8	负责人	光利久		
主营业务	包装材料、办公用品、家具、皮革制品、橡胶制品的批发。				

企业名称	灵骐棉花贸易（上海）有限公司				
企业地址	上海市闵行区光华路 2118 号第 3 幢 605 室（201111）				
投资总额	20 万 USD	电　话	64403350	传　真	64403284
设立日期	2007-6-8	负责人	李美云		
主营业务	棉布、棉短线、羊毛化纤、针纺织品、纺织辅料、纺织机械配件的批发。				

企业名称	欧欧帝（上海）贸易有限公司				
企业地址	上海市黄浦区浙江中路 400 号 1206 室（200003）				
投资总额	6.25 万 USD	电　话	63523916	传　真	63523913
设立日期	2007-6-8	负责人	JUAN JAIME RIFFO FAJARDO		
主营业务	运动器材及配件、光学仪器、纺织品、日用杂货、家具的批发。				

企业名称	逵迈贸易（上海）有限公司				
企业地址	上海市浦东新区张杨路 655 号 1208 室（200122）				
投资总额	30 万 USD	电　话	58355319	传　真	58353719
设立日期	2007-6-8	负责人	杨文虎		
主营业务	染整颜料、染料、服装服饰、机械设备、五金交电、家用电器批发。				

企业名称	上海小田贸易有限公司				
企业地址	上海市长宁区天山西路 120 号 912 室（200335）				
投资总额	14 万 USD	电　话	52180290	传　真	
设立日期	2007-6-8	负责人	小田秀作		
主营业务	橡塑制品、机械设备、金属制品、日用杂货的批发、佣金代理。				

企业名称	盛索贸易（上海）有限公司				
企业地址	上海市张江高科技园区科苑路 88 号 2 幢 701 区 753A 单元（201203）				
投资总额	14 万 USD	电　话	50800718	传　真	50800718
设立日期	2007-6-8	负责人	ERICHWOLFGANG DR MERKLE		
主营业务	太阳能应用产品、玻璃制品、计算机硬件、机电产品的批发、佣金代理。				

企业名称	卡扭尼贸易（上海）有限公司				
企业地址	上海市浦东新区兰村路 60 弄 5 号 102 室（200127）				
投资总额	10.5 万欧元	电　话	58754464	传　真	
设立日期	2007-6-8	负责人	IGNAZIO SORCI		
主营业务	从事乐器及其零件和附件、电动机、发电机和发电机组的零件的批发。				

企业名称	冯塔那安德贸易（上海）有限公司				
企业地址	上海市卢湾区建国中路 25 号 9 号楼 501C 室（200025）				
投资总额	11 万欧元	电　话	52985060	传　真	
设立日期	2007-6-8	负责人	CARLO SALVATORE GUGLIELMI		
主营业务	从事灯具及其相关产品的批发、佣金代理（拍卖除外）、进出口。				

企业名称	上海莎可服饰贸易有限公司				
企业地址	上海市普陀区中山北路 1777 号 2101 室（200061）				
投资总额	2000 万 RMB	电　话	52906608	传　真	52908658
设立日期	2007-6-8	负责人	刘小珍		
主营业务	“LITTLEKISS”商标的内衣、睡衣和泳衣及女装产品的批发和进口。				

企业名称	嘉乐佰贸易（上海）有限公司				
企业地址	上海市浦东新区张杨路 828-838 号 26B010 室（200122）				
投资总额	100 万 RMB	电　话	58799232	传　真	58799231
设立日期	2007-6-8	负责人	TEJAS PAREKH		
主营业务	化学品（危险品除外）、汽车配件、建筑材料（钢材除外）的批发。				

企业名称	优也耐贸易（上海）有限公司				
企业地址	上海市浦东新区商城路 738 号 1706 室（200135）				
投资总额	14 万 USD	电　话	58361011	传　真	58363850
设立日期	2007-6-7	负责人	林子峰		
主营业务	服装、鞋帽、皮革制品、纺织品及相关配饰的进出口、批发、佣金代理。				

企业名称	迈菱贸易（上海）有限公司				
企业地址	上海市长宁区天山路 600 弄 3 号楼 18 楼 D 室（200051）				
投资总额	20 万 USD	电　话	62333459	传　真	62333420
设立日期	2007-6-6	负责人	ROBERT JAMES OAKLEY		
主营业务	精密仪器的批发及相关的配套服务。				

企业名称	拉迪思动物保健品贸易（上海）有限公司				
企业地址	上海市浦东新区杨高北路 528 号 14 幢 5021 室（200129）				
投资总额	20 万 USD	电　话	50335725	传　真	
设立日期	2007-6-6	负责人	王崇文		
主营业务	家禽家畜水产类及宠物的饲料、饲料添加剂、清毒用品的批发。				

企业名称	汇库商贸（上海）有限公司				
企业地址	上海市宝庆路 21 号 18 号楼 3 楼 E 室（200031）				
投资总额	30 万 USD	电　话	64264711	传　真	64264911
设立日期	2007-6-6	负责人	余丽虹		
主营业务	服装、服饰、鞋、包、手表、太阳眼镜、香水和玩具的进出口、批发。				

企业名称	威鸿骏田（上海）商贸有限公司				
企业地址	上海市虹口区中山北一路 186 号 108 室（200086）				
投资总额	100 万 USD	电　话	68459723	传　真	
设立日期	2007-6-6	负 责 人	徐明海		
主营业务	眼镜及其相关零配件的批发、佣金代理（拍卖除外）、进出口。				

企业名称	李姜贸易（上海）有限公司				
企业地址	上海市浦东新区东方路 818 号 20A 室（200120）				
投资总额	13 万 USD	电　话	58314302	传　真	
设立日期	2007-6-6	负 责 人	KANG JUNG HWA		
主营业务	体育用品、休闲用品、服装服饰、鞋帽、箱包、日用百货、化妆品批发。				

企业名称	上海正晃商贸有限公司				
企业地址	上海市零陵路 899 号 11 楼 J 室（200030）				
投资总额	5000 万日元	电　话	64276752	传　真	64273657
设立日期	2007-6-6	负 责 人	FUCHIGAMI MIKIO		
主营业务	临床检验分析仪器、化学试剂、分析仪器及器材、计算机软件的批发。				

企业名称	上海希瑞恺萨国际贸易有限公司				
企业地址	上海市卢湾区马当路 349 号 301A 室（200020）				
投资总额	66 万 USD	电　话	52929618	传　真	52929616
设立日期	2007-6-5	负 责 人	CHEN ZHENG		
主营业务	人造石英石板材、厨用设备、卫生洁具、纸制品、服饰的批发。				

企业名称	弥迦（上海）商贸有限公司				
企业地址	上海市浦东新区德州路 270 号 303-2 室（200126）				
投资总额	14 万 USD	电　话	58359971	传　真	58359973
设立日期	2007-6-5	负 责 人	邓自干		
主营业务	五金、化工产品（成品油、危险品除外）、纺织品、建筑材料的批发。				

企业名称	上海健富贸易有限公司				
企业地址	上海市闵行区光华路 2118 号 3 幢 512 室（201111）				
投资总额	14 万 USD	电　话	69798847	传　真	
设立日期	2007-6-5	负 责 人	KENJI MITANI		
主营业务	皮具制品、鞋、装饰品、家具、瓷器、轻石、缝纫机的批发。				

企业名称	丽视（上海）贸易有限公司				
企业地址	上海市外高桥保税区加枫路 24 号银行楼三层 318 室（200131）				
投资总额	15 万 USD	电　话	62111133	传　真	62959991
设立日期	2007-6-5	负 责 人	任 其		
主营业务	国际贸易、转口贸易、保税区内企业间的贸易及区内贸易代理。				

企业名称	誉才贸易（上海）有限公司				
企业地址	上海市浦东新区张杨路 828-838 号 26H09 室（200120）				
投资总额	100 万 RMB	电　话	61358501	传　真	
设立日期	2007-6-5	负 责 人	PALMINO BIANCHETTA		
主营业务	纯银制品、旅行用品、箱包、玩具、玻璃及其制品的批发。				

企业名称	汉扬（上海）环保设备贸易有限公司				
企业地址	上海市江场西路 532 号 5 楼 501 室（200436）				
投资总额	20 万 USD	电　话	61484066	传　真	61484066
设立日期	2007-6-4	负 责 人	张希圣		
主营业务	暖通空调排风设备、机电、仪器仪表、管道设备及配件的批发及进出口。				

企业名称	瑞碧思贸易（上海）有限公司				
企业地址	上海市外高桥保税区奥纳路 79 号 2036 室（200131）				
投资总额	20 万 USD	电　话	62595600	传　真	62595601
设立日期	2007-6-4	负 责 人	金木斗植（KIM DOO SIK）		
主营业务	服装（濒危动物毛皮除外）、装饰品的批发、佣金代理。				

企业名称	伯创尼克贸易（上海）有限公司				
企业地址	上海市浦东新区民生路 1518 号 A 楼 803A 室（200125）				
投资总额	20 万 USD	电　话	61042821	传　真	61042822
设立日期	2007-6-4	负 责 人	DAVID ROBERT PERCY		
主营业务	火灾报警设备和相关产品的批发、佣金代理（拍卖除外）、进出口。				

企业名称	福慧贸易（上海）有限公司				
企业地址	上海市张江高科技园区蔡伦路 333 号 2 号楼 105 室（201203）				
投资总额	20 万 USD	电　话	50802226	传　真	50802231
设立日期	2007-6-4	负 责 人	洪明元		
主营业务	纺织制品、光学仪器设备、计量及检测仪器的批发、佣金代理。				

企业名称	上海捷盟贸易有限公司				
企业地址	上海市宝山区富联路 745 号 101 室（201907）				
投资总额	20 万 USD	电　话	36040162	传　真	36042511
设立日期	2007-6-4	负 责 人	黄英源		
主营业务	儿童用品、日用品、老人用电动助步车的批发、进出口。				

企业名称	科特（上海）贸易有限公司				
企业地址	上海市杨浦区四平路 999 号致远楼 301、302 室（200090）				
投资总额	140 万 USD	电　话	52985488	传　真	
设立日期	2007-6-4	负 责 人	WYNN WILLARD		
主营业务	非酒精饮料以及相关原料和浓缩液的批发、佣金代理。				

企业名称	瓦挪尼贸易（上海）有限公司				
企业地址	上海市静安区康定路 358 号 15 幢 102 室（200040）				
投资总额	11 万 USD	电　话	52985060	传　真	52985060
设立日期	2007-6-4	负 责 人	VITTORIO COSCIA VANONI		
主营业务	从事织物、花边、刺绣制品、礼品、皮革制品、旅游用品、箱包的批发。				

企业名称	丰罗贸易（上海）有限公司				
企业地址	上海市外高桥保税区富特北路 458 号 2 号楼 470 室（200131）				
投资总额	100 万 RMB	电　话	51752679	传　真	51752666
设立日期	2007-6-4	负 责 人	顾琪伟		
主营业务	绝缘材料及绝缘制品的批发、佣金代理（拍卖除外）、进出口。				

企业名称	佳佛基贸易（上海）有限公司				
企业地址	上海市长宁区天山路 789 号 1 号楼 1701 室（200051）				
投资总额	8 万 USD	电　话	62557206	传　真	62557795
设立日期	2007-6-1	负 责 人	GULZAR JAFFERJEE		
主营业务	木材（原木除外）、纺织品、陶瓷器皿、不锈钢餐具和文具的批发。				

企业名称	普斯米（上海）贸易有限公司				
企业地址	上海市浦东新区浦东南路 1101 号远东大厦 908 室（200120）				
投资总额	20 万 USD	电　话	58362650	传　真	58362651
设立日期	2007-6-1	负 责 人	ENRICO BENDINELLI		
主营业务	用于工业及电信领域的计算机、测试及自动控制设备、零部件的批发。				

企业名称	大信贸易（上海）有限公司				
企业地址	上海市闵行区吴中路 1100 号三号楼 201 室（201103）				
投资总额	14 万 USD	电　话	62125803	传　真	62125803
设立日期	2007-6-1	负 责 人	PARK SANG HWAN		
主营业务	计算机及配件、工艺美术品（文物除外）、文化体育用品的批发。				

企业名称	康魄商贸（上海）有限公司				
企业地址	上海市浦东新区商城路 800 号 1421A 室（200120）				
投资总额	15 万 USD	电　话	33191122	传　真	33191133
设立日期	2007-6-1	负 责 人	吕 楠		
主营业务	日用百货、家具、小家电、化妆品、纺织品、电子产品的批发。				

企业名称	瑞蓬合金阀门贸易（上海）有限公司				
企业地址	上海市浦东新区浦东大道 1476 号 713 室（200122）				
投资总额	10 万欧元	电　话	61096125	传　真	
设立日期	2007-6-1	负 责 人	LUCAS ADRIANA HENRICUS CORNELIA		
主营业务	合金阀门、管件、法兰及其零部件的批发、佣金代理（拍卖除外）。				

企业名称	德联金属资源贸易有限公司				
企业地址	上海市浦东新区洪山路 1615 号 201 室（200126）				
投资总额	5000 万 RMB	电　话	52371155	传　真	52400303
设立日期	2007-6-1	负 责 人	钟仁宏		
主营业务	从事五金产品、机电产品的批发及进出口，商务咨询。				

企业名称	上海百利富商贸有限公司				
企业地址	上海市普陀区西康路 1396 号 3 层（200060）				
投资总额	21 万 USD	电　话	52840930	传　真	62663029
设立日期	2007-5-31	负 责 人	MIN CHENG		
主营业务	厨房用品、日用杂货、清洁用品、小家电、纺织用品的批发、进出口。				

企业名称	苏柯贸易（上海）有限公司				
企业地址	上海市长宁区延安西路 726 号 14 层 C 室（200050）				
投资总额	14 万 USD	电　话	62259315	传　真	62259072
设立日期	2007-5-31	负 责 人	GOTTFRIED KÜCHLER		
主营业务	五金制品、手工工具及建筑小五金的进出口、批发及佣金代理。				

企业名称	**雅玛信过滤器商贸（上海）有限公司**				
企业地址	上海市长宁区新华路 728 号 110 室（200052）				
投资总额	70 万 RMB	电　话	52580610	传　真	52580626
设立日期	2007-5-31	负 责 人	乾　纯（INUI JUN）		
主营业务	过滤器、净化装置及其零部件的进出口、批发、佣金代理。				

企业名称	**米恺力（上海）商贸有限公司**				
企业地址	上海市外高桥保税区富特北路 458 号 2 号楼 440 室（200131）				
投资总额	100 万 RMB	电　话	53530928	传　真	
设立日期	2007-5-31	负 责 人	钟易民		
主营业务	眼镜及其零件、服装服饰及手袋、饰物的批发、佣金代理（拍卖除外）。				

企业名称	**上海丸嘉贸易有限公司**				
企业地址	上海市肇嘉浜路 789 号 10E2 室（200032）				
投资总额	5000 万日元	电　话	54960022	传　真	54960527
设立日期	2007-5-31	负 责 人	釜江信次		
主营业务	机械设备及零部件的批发、佣金代理（拍卖除外）。				

企业名称	**上海世兆贸易有限公司**				
企业地址	上海市黄浦区金陵东路 2 号 23 楼 B 区（200003）				
投资总额	200 万 USD	电　话	69156062	传　真	69156078
设立日期	2007-5-30	负 责 人	宋学孟		
主营业务	花卉制品的进出口、批发、佣金代理（拍卖除外），及相关配套服务。				

企业名称	**泰莱贸易（上海）有限公司**				
企业地址	上海市漕河泾技术开发区桂平路 418 号兴园科技广场 22 层（200233）				
投资总额	300 万 USD	电　话	54951277	传　真	54500209
设立日期	2007-5-30	负 责 人	ROBERT AVERY GIBBER		
主营业务	从事食品配料及食品添加剂批发、佣金代理（拍卖除外）、进出口业务。				

企业名称	**上海儿恋商贸有限公司**				
企业地址	上海市黄浦区福佑路 8 号 3 楼 K 座（200001）				
投资总额	30 万 USD	电　话	63304918	传　真	63304889
设立日期	2007-5-30	负 责 人	MOON IL WOO		
主营业务	各类服装服饰、鞋帽、箱包、玩具、面料的批发，上述商品的进出口。				

企业名称	**康浦萨贸易（上海）有限公司**				
企业地址	上海市长宁区仙霞路 322 号 1402 室（200336）				
投资总额	150 万 USD	电　话	62096029	传　真	62702275
设立日期	2007-5-30	负 责 人	LEON JOHN GAROUFALIS		
主营业务	复合材料行业用模具、工具、检测仪器、设备和零部件的批发。				

企业名称	**颠峰户外（上海）贸易有限公司**				
企业地址	上海市浦东新区东方路 985 号 11K 室（200122）				
投资总额	13 万 USD	电　话	50817838	传　真	50817872
设立日期	2007-5-30	负 责 人	NICOLAS MONTAGGIONI		
主营业务	从事海上运动产品的进出口、批发。				

企业名称	**艾思艾贸易（上海）有限公司**				
企业地址	上海市黄浦区中山南路 1088 号 601 室（200011）				
投资总额	14 万 USD	电　话	63667965	传　真	63667975
设立日期	2007-5-30	负 责 人	NG SHIN YIN ANNA		
主营业务	半导体产品的批发及相关售后服务。				

企业名称	**蝶缀（上海）商贸有限公司**				
企业地址	上海市浦东新区商城路 738 号 705 室（200120）				
投资总额	14 万 USD	电　话	58360855	传　真	58362119
设立日期	2007-5-30	负 责 人	DONG SIK KIM		
主营业务	服饰、工艺品、饰品（毛钻、裸钻除外）、日用杂货的批发、零售。				

企业名称	**颖茂贸易（上海）有限公司**				
企业地址	上海市长宁区天山路 600 弄 2 号 27C 室（200051）				
投资总额	14 万 USD	电　话	52066831	传　真	52066837
设立日期	2007-5-30	负 责 人	史丽娟		
主营业务	各类鞋子、鞋套、袜子、袜套、帽子、手套、围巾的批发、进出口。				

企业名称	**培德蒙（上海）贸易有限公司**				
企业地址	上海市浦东新区金桥出口加工区新金桥路 255 号 240 室（201206）				
投资总额	14 万 USD	电　话	51908183	传　真	
设立日期	2007-5-30	负 责 人	郑丽芬		
主营业务	酒店用品、厨卫用品、床上用品、餐具、建筑材料的批发、佣金代理。				

企业名称	**蓓俪雅（上海）商贸有限公司**				
企业地址	上海市外高桥保税区富特西一路 333 号长城大厦 6 层 C6-6 座（200131）				
投资总额	120 万 RMB	电　话	51288161	传　真	51288160
设立日期	2007-5-30	负 责 人	PHILIPPE EDMOND HENNESSY		
主营业务	从事化妆品、美容化妆工具的批发、进出口业务及售后服务。				

企业名称	**产京贸易（上海）有限公司**				
企业地址	上海市外高桥保税区富特北路 458 号 2 号楼 4 层 428 室（200131）				
投资总额	7000 万日元	电　话	58680007	传　真	62351383
设立日期	2007-5-30	负 责 人	高垣弘男		
主营业务	在保税区内从事国际贸易、转口贸易、保税区企业间的贸易及代理业务。				

企业名称	**丹萨热能设备商贸（上海）有限公司**				
企业地址	上海市恒丰路 218 号 614 室（200070）				
投资总额	14 万 USD	电　话	51801892	传　真	51801893
设立日期	2007-5-29	负 责 人	曹　骏		
主营业务	热能设备、温度调节设备及相关器具、部件的进出口、批发、佣金代理。				

企业名称	**上海龙贯贸易有限公司**				
企业地址	上海市喜泰路 239 号 1 号楼东二层 03 室（200030）				
投资总额	14 万 USD	电　话	64689669	传　真	64283485
设立日期	2007-5-29	负 责 人	小柳贵宣		
主营业务	机械产品、建筑材料（钢材除外）、针纺织品、服装、日用杂货的批发。				

企业名称	**上海勤信贸易有限公司**				
企业地址	上海市浦东新区东方路 971 号 10 楼 F、G 室（200122）				
投资总额	14 万 USD	电　话	58208377	传　真	50818770
设立日期	2007-5-29	负 责 人	吴正道		
主营业务	铸铁加工制成品、机械设备、汽车零配件、火车轨道零配件的进出口。				

企业名称	**一正贸易（上海）有限公司**				
企业地址	上海市张江高科技园区张江路 665 号 3A11 室（201203）				
投资总额	14 万 USD	电　话	38953798	传　真	51314226
设立日期	2007-5-29	负 责 人	松本正二郎		
主营业务	塑料及其制品、机械器具及其零件、电器设备及其零件的批发。				

企业名称	**始幸贸易（上海）有限公司**				
企业地址	上海市奉贤区环城东路 399 号 1 幢 311 室（201400）				
投资总额	20 万 USD	电　话	61265401	传　真	61265400
设立日期	2007-5-28	负 责 人	高木敏雄		
主营业务	日用百货、五金交电、化妆品的批发及进出口。				

企业名称	**元硕碳晶商贸（上海）有限公司**				
企业地址	上海市肇嘉浜路 1065 甲号 1109 室（200030）				
投资总额	20 万 USD	电　话	50720266	传　真	50720267
设立日期	2007-5-28	负 责 人	潘钦陵		
主营业务	碳晶和碳晶制品的批发、佣金代理（拍卖除外）、进出口。				

企业名称	**江森自控汽车内饰贸易（中国）有限公司**				
企业地址	上海市长宁区仙霞路 319 号远东国际广场 A 幢 1601-1606 室（200051）				
投资总额	950 万 USD	电　话	23070089	传　真	
设立日期	2007-5-28	负 责 人	ERIC STUART MITCHELL		
主营业务	汽车内饰件、汽车零部件的批发、佣金代理（拍卖除外）、进出口。				

企业名称	**济森（上海）木材贸易有限公司**				
企业地址	上海市松江区文诚路 358 弄 6 号 713 室（201620）				
投资总额	65 万 USD	电　话	62496713	传　真	62268092
设立日期	2007-5-28	负 责 人	OREN DAVID		
主营业务	木材及木制品的进口、批发、佣金代理（拍卖除外）及相关配套业务。				

企业名称	**华晶（上海）贸易有限公司**				
企业地址	上海市南汇区周浦镇繁荣路 325 号（201318）				
投资总额	100 万 USD	电　话	68115717	传　真	58115789
设立日期	2007-5-28	负 责 人	吴　渝		
主营业务	各类金属罐、桶等包装容器及其制造设备、零部件、原材料的批发。				

企业名称	**盛宇贸易（上海）有限公司**				
企业地址	上海市浦东新区浦东南路 2192 弄 39 号 603 室（200125）				
投资总额	100 万 USD	电　话	64270518	传　真	64270519
设立日期	2007-5-28	负 责 人	VISHAMKAR TIKAMDAS ADNANI		
主营业务	纸张、饲料添加剂、化妆品添加剂、日用百货、小家电、纺织品的批发。				

企业名称	礼顿艾尔蒂（上海）贸易有限公司				
企业地址	上海市徐汇区小木桥路 251 号天亿大厦 1403 室（200032）				
投资总额	200 万 RMB	电话	54960440	传真	54960441
设立日期	2007-5-28	负责人	陈幼仙		
主营业务	香水、手袋、时装、皮件制品、工艺美术品（文物除外）的批发。				

企业名称	李锦记（上海）销售有限公司				
企业地址	上海市浦东新区浦东南路 379 号 25J 室（200120）				
投资总额	60 万港币	电话	60906752	传真	60904228
设立日期	2007-5-25	负责人	苏盈福		
主营业务	各种调味品的进出口、批发、佣金代理（拍卖除外）以及相关配套业务。				

企业名称	上海格栋皆研贸易有限公司				
企业地址	上海市奉贤区环城东路 399 号 1 幢 308 室（201400）				
投资总额	20 万 USD	电话	61459628	传真	
设立日期	2007-5-25	负责人	GONG SIK JEONG		
主营业务	化工产品（危险化学品除外）、机械电气设备及零部件、汽车配件批发。				

企业名称	长盈国际贸易（上海）有限公司				
企业地址	上海市外高桥保税区华京路 8 号 826 室（200131）				
投资总额	13 万 USD	电话		传真	
设立日期	2007-5-25	负责人	MADRID OLMO FRANCISCO		
主营业务	国际贸易、转口贸易、保税区企业间的贸易及区内贸易代理。				

企业名称	玉井（上海）贸易有限公司				
企业地址	上海市中山西路 2006 号 1 幢 412 室（200235）				
投资总额	30 万 USD	电话	57686475	传真	
设立日期	2007-5-24	负责人	玉井敬祐		
主营业务	从事纺织品、服饰、护膝、护腿及帽子的批发、佣金代理（拍卖除外）。				

企业名称	卉泉（上海）洋酒贸易有限公司				
企业地址	上海市虹口区华昌路 9 号 1616 室（200086）				
投资总额	100 万 USD	电话	64261901	传真	64260237
设立日期	2007-5-24	负责人	方振文		
主营业务	饮料、食品的批发、佣金代理（拍卖除外）、进出口，提供配套服务。				

企业名称	钢穗贸易（上海）有限公司				
企业地址	上海市长宁区凯旋路 1415 号 316 室（200052）				
投资总额	12.8 万 USD	电话	32262785	传真	32262795
设立日期	2007-5-24	负责人	MATSUI IWAMI（松井岩水）		
主营业务	从事家具、建筑材料（钢材、水泥除外）的批发、佣金代理（拍卖除外）。				

企业名称	上海连盈贸易有限公司				
企业地址	上海市浦东新区杨高北路 528 号 14 幢 5004 室（200131）				
投资总额	13 万 USD	电话	53757188	传真	63722199
设立日期	2007-5-24	负责人	杨养		
主营业务	机械设备、仪器仪表、电子产品的批发、佣金代理（拍卖除外）。				

企业名称	上海叁炅贸易有限公司				
企业地址	上海市奉贤区环城东路 399 号 1 幢 310 室（201400）				
投资总额	14 万 USD	电话	64656628	传真	
设立日期	2007-5-24	负责人	千京三		
主营业务	化妆品、日用杂货、洗涤用品、服装服饰、皮革制品、鞋帽的批发。				

企业名称	浩苑（上海）贸易有限公司				
企业地址	上海市闵行区吴中路 1100 号第 5 幢 518 室（201103）				
投资总额	14 万 USD	电话	64051551	传真	
设立日期	2007-5-24	负责人	CHOI JIWON		
主营业务	从事电气制冷设备、车辆零部件、服装、灯具、家具的批发、佣金代理。				

企业名称	上海协有兴商贸有限公司				
企业地址	上海市浦东新区浦东南路 1101 号远东大厦 1216 室（200120）				
投资总额	15 万 USD	电话	58365197	传真	58365196
设立日期	2007-5-24	负责人	张富美		
主营业务	表面活性剂、润滑油脂添加剂、防冻液、刹车液、棕榈蜡及制品的批发。				

企业名称	万柏（上海）家具贸易有限公司				
企业地址	上海市闵行区虹井路 225 号 6 楼 601、602 室（201103）				
投资总额	14 万欧元	电话	61451088	传真	61451089
设立日期	2007-5-24	负责人	EMMANUEL TOBELEM		
主营业务	从事家具、灯具及其附件以及室内建筑装饰产品的批发、进出口。				

企业名称	山业（上海）商贸有限公司				
企业地址	上海市闵行区吴中路 686 弄 2 号 E 座 6 楼 08 室（201103）				
投资总额	50 万 USD	电话	54225928	传真	64011230
设立日期	2007-5-23	负责人	山田祐三		
主营业务	计算机及其周边设备、文具、日用杂货的批发、佣金代理（拍卖除外）。				

企业名称	惠比寿贸易（上海）有限公司				
企业地址	上海市外高桥保税区加太路 39 号 5 楼 51 部位（200131）				
投资总额	14 万 USD	电话	58660790	传真	
设立日期	2007-5-23	负责人	吉田哲朗		
主营业务	机械设备及零部件、电子产品、贱金属（钢材除外）、金属制品的批发。				

企业名称	吉博力（上海）贸易有限公司				
企业地址	上海市嘉定区南翔镇浏翔路 738 号 3 号楼（201802）				
投资总额	500 万 RMB	电话	69178266	传真	69178235
设立日期	2007-5-23	负责人	ALBERT M.BAEHNY		
主营业务	高密度聚苯乙烯管道制品、电子感应式卫浴产品及其零部件的批发。				

企业名称	弘翊（上海）贸易有限公司				
企业地址	上海市杨高北路 2001 号 F 区市场商务楼 2 层 1-203 室（200131）				
投资总额	21 万 USD	电话	54358197	传真	54360405
设立日期	2007-5-22	负责人	郑添富		
主营业务	保税区内国际贸易、转口贸易、保税区企业间的贸易及区内贸易代理。				

企业名称	森之水（上海）贸易有限公司				
企业地址	上海市普陀区澳门路 356 号 1402 室（200060）				
投资总额	6.5 万 USD	电话	62402805	传真	62403815
设立日期	2007-5-22	负责人	依藤雅裕		
主营业务	服装服饰、饰品、纺织品的进出口、批发，提供其他相关配套服务。				

企业名称	宜希贸易（上海）有限公司				
企业地址	上海市普陀区莫干山路 50 号 6 号楼 1 层 102 室（200060）				
投资总额	14 万 USD	电话	62986842	传真	62989648
设立日期	2007-5-22	负责人	NOA LIVNE		
主营业务	灯具器材和配件的批发、进出口，并提供相关的配套服务。				

企业名称	麒尚商贸（上海）有限公司				
企业地址	上海市外高桥保税区杨高北路 2001 号商务楼 2 层 1-211 室（200131）				
投资总额	14 万 USD	电话	63936025	传真	63933019
设立日期	2007-5-22	负责人	ZHOU YI JIA		
主营业务	保税区内国际贸易、转口贸易、保税区企业间贸易及贸易代理。				

企业名称	酷柏光学产品贸易（上海）有限公司				
企业地址	上海市静安区新闸路 1508 号 5A02-5A04 室（200040）				
投资总额	20 万 USD	电话	62568882	传真	62568218
设立日期	2007-5-21	负责人	MICHAEL EDWARD KOTOW		
主营业务	隐形眼镜、隐形眼镜防护保存液及相关产品的批发（范围见许可证）。				

企业名称	礼立贸易（上海）有限公司				
企业地址	上海市漕宝路 80 号 505 室（200233）				
投资总额	20 万 USD	电话	54643489	传真	64325028
设立日期	2007-5-21	负责人	蔡宗华		
主营业务	机械设备、五金交电、电子产品及相关零配件的批发、佣金代理。				

企业名称	莫仕商贸（上海）有限公司				
企业地址	上海市外高桥保税区台中南路 2 号新贸楼 343 室（200131）				
投资总额	210 万 USD	电话	50480889	传真	50480011
设立日期	2007-5-17	负责人	苏逸贤		
主营业务	保税区内国际贸易、转口贸易、保税区企业间的贸易及区内贸易代理。				

企业名称	艾福迈汽车系统贸易（上海）有限公司				
企业地址	上海市浦东新区东方路 818 号众城大厦 2406 室至 2408 室（200122）				
投资总额	20 万 USD	电话	58201026	传真	58201027
设立日期	2007-5-17	负责人	MARKUS GEBHARDT		
主营业务	汽车零部件以及生产汽车零部件所需的模具和设备的批发、佣金代理。				

企业名称	博芃贸易（上海）有限公司				
企业地址	上海市长宁区天山西路 789 号 1 幢 223 室（200335）				
投资总额	300 万 USD	电话	61470311	传真	61470310
设立日期	2007-5-17	负责人	周文斌		
主营业务	办公用品、电子产品、电器、金银铂金类饰品（毛钻、裸钻除外）批发。				

企业名称	现威（上海）机械贸易有限公司				
企业地址	上海市浦东新区浦东南路 1101 号 703 室（200112）				
投资总额	14 万 USD	电　　话	58362676	传　　真	
设立日期	2007-5-17	负 责 人	KIM DONG WOOK		
主营业务	机械产品（包括注塑机）电子产品的批发、佣金代理（拍卖除外）。				

企业名称	上海晨莆贸易有限公司				
企业地址	上海市长宁区延安西路 1590 号第十层第 D 间（200052）				
投资总额	14 万 USD	电　　话	52589335	传　　真	52589331
设立日期	2007-5-17	负 责 人	陈玺安		
主营业务	家具、珠宝工艺品（毛钻、裸钻除外）的批发、佣金代理（拍卖除外）。				

企业名称	培图商贸（上海）有限公司				
企业地址	上海市黄浦区新闸路 249 号 607 室（200003）				
投资总额	15 万 USD	电　　话	54046289	传　　真	54046253
设立日期	2007-5-17	负 责 人	WILLEM MATHIEU VESTERS		
主营业务	室内装饰材料、家具、灯具的批发、佣金代理（拍卖除外）、进出口。				

企业名称	智贸贸易（上海）有限公司				
企业地址	上海市浦东新区杨高北路 528 号 14 幢 4012 室（200131）				
投资总额	15 万 USD	电　　话	58365906	传　　真	58360387
设立日期	2007-5-17	负 责 人	张金芳		
主营业务	服装、鞋帽、五金交电及配件、防尘室设备及耗材、日用百货的批发。				

企业名称	埃如拓（上海）贸易有限公司				
企业地址	上海市黄浦区延安东路 175 号 1301-1303 室（200002）				
投资总额	21 万欧元	电　　话	63365706	传　　真	63365311
设立日期	2007-5-17	负 责 人	ALLAN JOERGENSER		
主营业务	干燥和蒸发设备的批发、佣金代理（拍卖除外）和进出口。				

企业名称	埃海德诺贸易（上海）有限公司				
企业地址	上海市黄浦区延安东路 175 号 1301-1303 室（200002）				
投资总额	55 万欧元	电　　话	63365322	传　　真	63365311
设立日期	2007-5-17	负 责 人	ALLAN JOERGENSEN		
主营业务	干燥和蒸发设备及系统、配套设备及零配件的批发、佣金代理。				

企业名称	上海伊璞姮时装贸易有限公司				
企业地址	上海市黄浦区人民路 885 号 809 室（200001）				
投资总额	200 万 RMB	电　　话	63558278	传　　真	63558268
设立日期	2007-5-17	负 责 人	群马国郎		
主营业务	纺织品、服装鞋帽、箱包、服装面料、工艺品、饰品、化妆品的批发。				

企业名称	先铭贸易（上海）有限公司				
企业地址	上海市闵行区吴中路 1067-1087 号第三幢灿虹大厦八层西座（201103）				
投资总额	65 万 USD	电　　话	51097661	传　　真	
设立日期	2007-5-16	负 责 人	PARK CHUL HO		
主营业务	纺织品、针织品、服装及辅料、鞋帽、箱包的批发、进出口。				

企业名称	先明贸易（上海）有限公司				
企业地址	上海市闵行区吴中路 1067-1087 号第三幢灿虹大厦八层西座（201103）				
投资总额	65 万 USD	电　　话	51097661	传　　真	
设立日期	2007-5-16	负 责 人	PARK CHUL HO		
主营业务	纺织品、针织品、服装及辅料、鞋帽、箱包的批发、进出口。				

企业名称	欧烁国际贸易（上海）有限公司				
企业地址	上海市外高桥保税区富特西一路 473 号 422 室（200131）				
投资总额	14 万 USD	电　　话	68406552	传　　真	68406550
设立日期	2007-5-15	负 责 人	BRETT MORSE ALLSOP		
主营业务	从事计算机硬件、机箱托架、支架、电子产品及配套、塑料制盒的批发。				

企业名称	迅斐利电工材料贸易（上海）有限公司				
企业地址	上海市张江高科技园区科苑路 88 号 2 幢 303 室(301 区部分)(201203)				
投资总额	25 万欧元	电　　话	28986112	传　　真	289863200
设立日期	2007-5-15	负 责 人	STEFAN KARSCH		
主营业务	电工、电气材料、化学品（危险化学品除外）的批发、佣金代理。				

企业名称	摩瑞亚（上海）贸易有限公司				
企业地址	上海市浦东新区浦东南路 1101 号 1107 室（200120）				
投资总额	100 万 RMB	电　　话	58353786	传　　真	58113791
设立日期	2007-5-15	负 责 人	UNG SOO KIM		
主营业务	纺织品、服装、服饰的批发、佣金代理（拍卖除外）、进出口。				

企业名称	上海晶鸟贸易有限公司				
企业地址	上海市黄浦区浙江中路 400 号 10 楼 1012 室（200003）				
投资总额	30 万 RMB	电　　话	62708988	传　　真	
设立日期	2007-5-14	负 责 人	TIBOR ALMASY		
主营业务	电子产品的批发、佣金代理（拍卖除外），上述商品的进出口。				

企业名称	纽卓贸易（上海）有限公司				
企业地址	上海市浦东新区浦东大道 2123 号 3109 室（200135）				
投资总额	14 万 USD	电　　话	63285909	传　　真	63285806
设立日期	2007-5-11	负 责 人	LIM MENG TENG		
主营业务	化妆品、护肤品及其他相关产品的批发、佣金代理（拍卖除外）。				

企业名称	博隆福斯船舶设备贸易（上海）有限公司				
企业地址	上海市闵行区华宁路 2888 弄 318 号 3 号楼 301 室（201108）				
投资总额	14 万 USD	电　　话	64422211	传　　真	
设立日期	2007-5-11	负 责 人	THOMAS MEYER-STOCK GEB.MEYER		
主营业务	空气压缩设备、空气流通设备、电动机及其他相关船舶设备的批发。				

企业名称	上海勇光贸易有限公司				
企业地址	上海市浦东新区张杨路 228 号 905 室（200122）				
投资总额	6.5 万 USD	电　　话	58763263	传　　真	68880906
设立日期	2007-5-10	负 责 人	齐藤勉（SAITO TSUTOMU）		
主营业务	粘合剂的批发、佣金代理（拍卖除外）、进出口，其他相关配套业务。				

企业名称	艾勃佳贸易（上海）有限公司				
企业地址	上海市闵行区吴中路 1100 号 3 幢 309 室（201103）				
投资总额	14 万 USD	电　　话	64656878	传　　真	
设立日期	2007-5-9	负 责 人	OH JAE YOUNG		
主营业务	工程机械设备及配件、建材（钢材、水泥除外）、汽摩配件的批发。				

企业名称	诺基亚商贸（上海）有限公司				
企业地址	上海市黄浦区南京东路 546 号（200001）				
投资总额	225 万欧元	电　　话	63350500	传　　真	63350002
设立日期	2007-5-9	负 责 人	乐嘉明		
主营业务	通信产品、电子产品及配件的零售、批发、佣金代理（拍卖除外）。				

企业名称	米雅钻石饰品贸易（上海）有限公司				
企业地址	上海市宝山区罗芬路 555 弄 21-22 室（201908）				
投资总额	20 万 USD	电　　话	56590196	传　　真	56590199
设立日期	2007-5-8	负 责 人	沈　轶		
主营业务	珠宝首饰（毛钻、裸钻除外）的批发、零售以及珠宝首饰的镶嵌和加工。				

企业名称	荻原（上海）商贸有限公司				
企业地址	上海市卢湾区打浦路 88 号 9A 室（200023）				
投资总额	62.5 万 USD	电　　话	56657382	传　　真	56779503
设立日期	2007-5-8	负 责 人	渡边弘明		
主营业务	模具、夹具及零部件、计量检测用仪器及设备、车身及汽车零部件批发。				

企业名称	好沃山酒业贸易（上海）有限公司				
企业地址	上海市浦东新区高科西路 551 号 220 室（200126）				
投资总额	50 万 USD	电　　话	63400418	传　　真	63400408
设立日期	2007-5-8	负 责 人	周德清		
主营业务	酒类的批发、零售、佣金代理（拍卖除外）、进出口、并提供配套服务。				

企业名称	汇强服装辅料贸易（上海）有限公司				
企业地址	上海市肇嘉浜路 1065 甲号 2707 室（200030）				
投资总额	13 万 USD	电　　话	33680999	传　　真	33680366
设立日期	2007-5-8	负 责 人	甄荣亮		
主营业务	服装辅料的批发、进出口及相关咨询服务。				

企业名称	上海合延贸易有限公司				
企业地址	上海市闵行区吴中路 1067-1087 号第 3 幢 702 室（201103）				
投资总额	13 万 USD	电　　话	64053788	传　　真	
设立日期	2007-5-8	负 责 人	YOON JUNG HO		
主营业务	服装服饰、鞋帽、箱包、日用百货、工艺品（文物除外）的批发。				

企业名称	万钱贸易（上海）有限公司				
企业地址	上海市浦东新区德州路 279 号 2-305 室（200126）				
投资总额	14 万 USD	电　　话	54663339	传　　真	54663358
设立日期	2007-5-8	负 责 人	陈奕志		
主营业务	酒类、饮料、食品的批发、进出口。				

企业名称	宇泽网具贸易（上海）有限公司				
企业地址	上海市长宁区延安西路 2299 弄 11A66 室（200336）				
投资总额	14 万 USD	电　话	62365201	传　真	62365202
设立日期	2007-5-8	负 责 人	QUEK CHER PING		
主营业务	网具、渔具、农业用具、工业用具、运动用具、五金机械的批发。				

企业名称	泰川（上海）贸易有限公司				
企业地址	上海市南丹东路 109 号 4 幢 801 室（200030）				
投资总额	500 万港币	电　话	54893060	传　真	54893097
设立日期	2007-4-30	负 责 人	韩金元		
主营业务	从事服装鞋帽、体育用品、橡胶塑料制品、工艺品（文物除外）的批发。				

企业名称	渤洱康贸易（上海）有限公司				
企业地址	上海市松江区文诚路 358 弄 6 号 505 室（201620）				
投资总额	20 万 USD	电　话	67687277	传　真	67687276
设立日期	2007-4-30	负 责 人	金炳鲁（KIM BYEONG RHO）		
主营业务	计算机软硬件、焊接自动化设备、电子产品的进出口、批发。				

企业名称	微京商贸（上海）有限公司				
企业地址	上海市肇嘉浜路 1065 甲号 1509 室（200030）				
投资总额	300 万 USD	电　话	33680318	传　真	
设立日期	2007-4-30	负 责 人	邬龙萍（LARRY WU）		
主营业务	从事电脑产品、电子产品、通讯与网络设备（发射设备除外）的批发。				

企业名称	上海麒铃贸易有限公司				
企业地址	上海市长宁区愚园路 1258 号 807 室（200050）				
投资总额	10 万 USD	电　话	52389660	传　真	52389669
设立日期	2007-4-30	负 责 人	铃木英二		
主营业务	各类包装制品及相关配套附件的批发、佣金代理（拍卖除外）、进出口。				

企业名称	可路普史（上海）贸易有限公司				
企业地址	上海市松江区富园路 18 号第六期标准厂房 1 号第 17 幢厂（201609）				
投资总额	26 万欧元	电　话	57808106	传　真	57808105
设立日期	2007-4-30	负 责 人	FRANCO DONATI		
主营业务	化工产品（危险化学品除外）、五金交电、仪表电子产品的进出口。				

企业名称	友奈帝德（上海）洋酒贸易有限公司				
企业地址	上海市外高桥保税区加枫路 8 号新兴楼 215 室（200131）				
投资总额	500 万 RMB	电　话	64277837	传　真	
设立日期	2007-4-30	负 责 人	RAJIV SURI		
主营业务	洋酒的批发、佣金代理（拍卖除外）、进出口及其他相关配套业务。				

企业名称	汇帝服装贸易（上海）有限公司				
企业地址	上海市长宁区中山西路 930 号 1004 室（200336）				
投资总额	20 万 USD	电　话	62951535	传　真	62682690
设立日期	2007-4-29	负 责 人	SIMRAT SINGH SAHI		
主营业务	服装、服饰、纺织品、面料及辅料、日用杂货的批发、零售。				

企业名称	格屋贸易（上海）有限公司				
企业地址	上海市浦东新区外高桥保税区新灵路 118 号 911A 室（200131）				
投资总额	25 万 USD	电　话	51875000	传　真	50399566
设立日期	2007-4-29	负 责 人	JULIUS EDLER VON RESCH		
主营业务	塑料制品，自动门机，微电机及相关零配件的进出口、批发、佣金代理。				

企业名称	冶联特种金属材料贸易（上海）有限公司				
企业地址	上海市浦东新区张杨路 838 号华都大厦 21E（200122）				
投资总额	30 万 USD	电　话	50815268	传　真	50815278
设立日期	2007-4-29	负 责 人	RICHARD J. HARSHMAN		
主营业务	特种金属材料的进出口和批发，并提供相关的技术服务。				

企业名称	斯贝特商贸（上海）有限公司				
企业地址	上海市浦东新区碧云路 1188 号二层（200030）				
投资总额	100 万 USD	电　话	33821660	传　真	33821661
设立日期	2007-4-29	负 责 人	MICHAEL SINYARD		
主营业务	鞍座、眼镜以及专门用于自行车组装的其他部件的批发。				

企业名称	卡特（上海）纺织器材贸易有限公司				
企业地址	上海市浦东新区浙桥路 289 号建银大厦 A2101 室（201206）				
投资总额	18 万 USD	电　话	58998790	传　真	
设立日期	2007-4-29	负 责 人	黄道雄		
主营业务	纺织器材的进出口、批发，并提供相关配套的咨询服务。				

企业名称	卢臣泰陶瓷贸易（上海）有限公司				
企业地址	上海市张江高科技园区科苑路 88 号 2 幢 301 区部分 322 室（201203）				
投资总额	14 万欧元	电　话	28986419	传　真	
设立日期	2007-4-29	负 责 人	OTTMAR C. KUESEL		
主营业务	家具用品，工艺礼品及相关配件的批发；佣金代理（拍卖除外）。				

企业名称	酷彩法厨商贸（上海）有限公司				
企业地址	上海市黄浦区西藏中路 585 号 3 楼 302 室 E（200003）				
投资总额	110 万 RMB	电　话	63720505	传　真	
设立日期	2007-4-29	负 责 人	MONICA MARQUES PINTO		
主营业务	厨房用品、酒具的批发、佣金代理（拍卖除外）、进出口。				

企业名称	菱格贸易（上海）有限公司				
企业地址	上海市肇嘉浜路 1065 甲号 707 室（200030）				
投资总额	20 万 USD	电　话	33680500	传　真	54251259
设立日期	2007-4-28	负 责 人	黄睿民		
主营业务	计算机配件、电子产品及配件、机械设备配件的批发、佣金代理。				

企业名称	龙嘉贸易（上海）有限公司				
企业地址	上海市浦东新区花园石桥路 33 号花旗大厦 23 楼 2302 室（200120）				
投资总额	20 万 USD	电　话	61010175	传　真	61010110
设立日期	2007-4-28	负 责 人	JON DARIN LONG		
主营业务	电子产品、五金及塑料配件、日用杂货、化工产品的批发。				

企业名称	碧桥（上海）商贸有限公司				
企业地址	上海市卢湾区瞿溪路 694 号 4524 室（200023）				
投资总额	20 万 USD	电　话	64274045	传　真	
设立日期	2007-4-28	负 责 人	JONATHAN MUIRHEAD		
主营业务	皮革、与皮革相关的机械产品、化工产品和汽车皮革零配件的批发。				

企业名称	微远（上海）贸易有限公司				
企业地址	上海市浦东新区张杨路 228 号 2202 室（200120）				
投资总额	500 万 RMB	电　话	51168611	传　真	51168622
设立日期	2007-4-28	负 责 人	陈鹤文		
主营业务	过滤器材、首饰（钻石除外），计算机软硬件及辅助设备的批发。				

企业名称	麦凯尼德（上海）服饰贸易有限公司				
企业地址	上海市卢湾区淮海中路 200 号 22 楼（200021）				
投资总额	20 万 USD	电　话	53860678	传　真	53860678
设立日期	2007-4-27	负 责 人	尹经哲		
主营业务	日用杂货、服装服饰、纺织品的批发，并提供相关配套服务。				

企业名称	欧立恩拓电机商贸（上海）有限公司				
企业地址	上海市长宁区古北路 666 号 1102 室（200336）				
投资总额	50 万 USD	电　话	62375440	传　真	62375433
设立日期	2007-4-26	负 责 人	山中美隆（YAMANAKA YOSHITAKA）		
主营业务	电机、机械设备及其零部件的批发、佣金代理（拍卖除外）。				

企业名称	都阔（上海）商贸有限公司				
企业地址	上海市外高桥保税区泰谷路 88 号 620A 室（200131）				
投资总额	100 万 USD	电　话	62782270	传　真	
设立日期	2007-4-26	负 责 人	MATSUDA TOSHIHIRO		
主营业务	服装、服装辅料及纺织面料的批发、佣金代理（拍卖除外）、进出口。				

企业名称	上海葛罗丽商贸有限公司				
企业地址	上海市浦东新区南码头路 101 号 501 室（201203）				
投资总额	14 万 USD	电　话	54488667	传　真	
设立日期	2007-4-26	负 责 人	HIRANANDANI DALU VASU		
主营业务	布料、服装、电脑及电脑周边的配件的批发、进出口及售后服务。				

企业名称	上海汇志国际贸易有限公司				
企业地址	上海市外高桥保税区奥纳路 79 号 1 号楼二层 2120 室（200131）				
投资总额	14 万 USD	电　话	50398919	传　真	
设立日期	2007-4-26	负 责 人	USHIO HIRAO		
主营业务	橡胶制品、树脂制品、五金交电、金属制品（钢材除外）的批发。				

企业名称	挪宝电气贸易（上海）有限公司				
企业地址	上海市杨浦区周家嘴路 3206 号（200093）				
投资总额	300 万 RMB	电　话	65676630	传　真	55120811
设立日期	2007-4-26	负 责 人	陈联军		
主营业务	空调及相关零配件的批发、上述商品的进出口，技术咨询。				

企业名称	上海诺依薇雅商贸有限公司				
企业地址	上海市肇嘉浜路 1065 甲号 2206 室（200030）				
投资总额	500 万 RMB	电　话	33680075	传　真	33680078
设立日期	2007-4-26	负 责 人	李国定		
主营业务	化妆品、服饰、日用杂货的进出口、批发、佣金代理（拍卖除外）。				

企业名称	上海高凯贸易有限公司				
企业地址	上海市浦东新区张杨路 500 号 22 楼 G 室（200122）				
投资总额	1000 万 RMB	电　话	54112375	传　真	58368676
设立日期	2007-4-26	负 责 人	顾伟伦		
主营业务	饮料、酒类商品、包装食品、办公用品、日用杂货、家具、洁具的零售。				

企业名称	伸盛贸易（上海）有限公司				
企业地址	上海市闵行区吴中路 1050 号 6 幢 313 室（201103）				
投资总额	20 万 USD	电　话	61265488	传　真	61265489
设立日期	2007-4-25	负 责 人	SHIN DONG WOO		
主营业务	石材、日用杂货、健身器材及配件的批发、佣金代理（拍卖除外）。				

企业名称	合配贸易（上海）有限公司				
企业地址	上海市浦东新区牡丹路 60 号东辰大厦 501 室（201204）				
投资总额	500 万 USD	电　话	61629619	传　真	
设立日期	2007-4-25	负 责 人	何照华		
主营业务	汽车零部件、汽车用品、汽车服务用设备与工具的批发、佣金代理。				

企业名称	乔丽（上海）贸易有限公司				
企业地址	上海市黄浦区河南南路 33 号 13 层 15E 室（200003）				
投资总额	500 万 RMB	电　话	63201568	传　真	63201568
设立日期	2007-4-25	负 责 人	刘经章		
主营业务	化妆品、工艺礼品（文物除外）、家具的批发、佣金代理（拍卖除外）.				

企业名称	兆量（上海）贸易有限公司				
企业地址	上海市浦东新区东方路 971 号钱江大厦 25B 室（200122）				
投资总额	40 万 USD	电　话	68768938	传　真	
设立日期	2007-4-24	负 责 人	陈光洲		
主营业务	仪器仪表、机械设备、电子产品的批发、佣金代理（拍卖除外）。				

企业名称	将宏（上海）贸易有限公司				
企业地址	上海市静安区南京西路 858 号（200040）				
投资总额	40 万 USD	电　话	64113969	传　真	64111222
设立日期	2007-4-23	负 责 人	冯仕明		
主营业务	箱包及配件、服饰及配件、眼镜（隐形眼镜除外）、化妆品的零售。				

企业名称	仓华贸易（上海）有限公司				
企业地址	上海市静安区南京西路 858 号（200040）				
投资总额	40 万 USD	电　话	64118888	传　真	
设立日期	2007-4-23	负 责 人	彭勇超（CHRIS PENG）		
主营业务	箱包及配件、鞋靴、眼镜（隐形眼镜除外）、手表、化妆品的零售。				

企业名称	嘉农国际贸易（上海）有限公司				
企业地址	上海市外高桥保税区富特西一路 139 号物资大厦 1026 室（200131）				
投资总额	140 万 USD	电　话	58696015	传　真	
设立日期	2007-4-23	负 责 人	许维哲		
主营业务	国际贸易、转口贸易、保税区企业间的贸易及贸易代理。				

企业名称	史璐珂（上海）贸易有限公司				
企业地址	上海市漕溪路 169 号 405 室（200235）				
投资总额	14 万 USD	电　话	54657331	传　真	
设立日期	2007-4-23	负 责 人	YANG JAE YOUNG		
主营业务	家用电器、摩托车及其零配件、轮胎、链条、链轮、五金的批发。				

企业名称	瑞狮贸易（上海）有限公司				
企业地址	上海市静安区胶州路 397 号 14 号楼 316 室（200041）				
投资总额	200 万 USD	电　话	62702633	传　真	62702485
设立日期	2007-4-20	负 责 人	JEAN VICTOR MEYER		
主营业务	厨房及卫浴用品、工艺品（文物除外）、日用杂货、文具、玩具的批发。				

企业名称	际赛轮贸易（上海）有限公司				
企业地址	上海市静安区新闸路 831 号 8 层 B 室（200041）				
投资总额	14 万 USD	电　话	32170006	传　真	32170225
设立日期	2007-4-20	负 责 人	川岛羲之		
主营业务	从事建材、日用杂货、服装、家用电器、电子产品批发、佣金代理。				

企业名称	融哲商贸（上海）有限公司				
企业地址	上海市浦东新区东靖路 1831 号 403-2 室（200131）				
投资总额	20 万 USD	电　话	64606912	传　真	64606314
设立日期	2007-4-18	负 责 人	魏志桦		
主营业务	塑料制品、金属制品、汽摩配件、工艺礼品（文物除外）的批发。				

企业名称	系统风（上海）贸易有限公司				
企业地址	上海市浦东新区新金桥路 201 号现代通信大厦 702 室（201206）				
投资总额	20 万 USD	电　话	62569900	传　真	62554747
设立日期	2007-4-18	负 责 人	FOLKE ANDERS RINGDAHL		
主营业务	通风供暖、制冷空调、自动门、给排水、船用设备及附件的批发。				

企业名称	魔声贸易（上海）有限公司				
企业地址	上海市浦东新区世纪大道 88 号 31 楼 39 室（200120）				
投资总额	20 万 USD	电　话	61238888	传　真	
设立日期	2007-4-18	负 责 人	NOEL MEI SHEN LEE		
主营业务	从事电子音像设备及其附件，手机附件的批发、佣金代理（拍卖除外）。				

企业名称	捷采贸易（上海）有限公司				
企业地址	上海市张江高科技园区哈雷路 965 号 101 室（201203）				
投资总额	100 万 USD	电　话	51371388	传　真	
设立日期	2007-4-18	负 责 人	严晏清		
主营业务	化工原料及产品、低压电器、电子产品、办公产品的批发。				

企业名称	雅系亚贸易（上海）有限公司				
企业地址	上海市外高桥保税区加太路 39 号第五层 11 部位（200131）				
投资总额	15 万 USD	电　话	53022265	传　真	
设立日期	2007-4-18	负 责 人	SATO MASAHIKO		
主营业务	电子产品、家用电器、仪器仪表、产品的零部件、防静电产品的批发。				

企业名称	上海美澳华明医疗器械贸易有限公司				
企业地址	上海市长宁区天山路 780 号 119 幢 108 室（200051）				
投资总额	15 万 USD	电　话	52061541	传　真	52061540
设立日期	2007-4-18	负 责 人	刘惠雁		
主营业务	手术室、急救室、诊疗室设备及器具，医用卫生材料及敷料的批发。				

企业名称	艾瑞阀门贸易（上海）有限公司				
企业地址	上海市张江高科技园区科苑路 88 号 2 幢 701 区 729 单元（201203）				
投资总额	40 万欧元	电　话	28986538	传　真	28986516
设立日期	2007-4-18	负 责 人	HEINRICH BRECHMANN		
主营业务	阀门以及零配件的批发、佣金代理（拍卖除外）、进出口。				

企业名称	古野（上海）贸易有限公司				
企业地址	上海市外高桥保税区华京路 8 号三联大厦 725 室（200131）				
投资总额	4000 万日元	电　话	33933260	传　真	50461256
设立日期	2007-4-18	负 责 人	和田丰		
主营业务	国际贸易、转口贸易、保税区企业间的贸易及贸易代理。				

企业名称	上海筑地商贸有限公司				
企业地址	上海市长宁区遵义路 100 号 A 栋 1706 室（200051）				
投资总额	1000 万日元	电　话	62372627	传　真	62372628
设立日期	2007-4-18	负 责 人	宫泽大辅		
主营业务	食品销售管理及批发、进出口、佣金代理（拍卖除外），相关配套业务。				

企业名称	迈图（上海）贸易有限公司				
企业地址	上海市浦东新区曹路镇秦家港路 1723 号 10 幢 1 层（201201）				
投资总额	80 万 USD	电　话	62881088	传　真	
设立日期	2007-4-17	负 责 人	段小缨		
主营业务	有机硅、石英和陶瓷及相关产品的批发、佣金代理（拍卖除外）。				

企业名称	上海逻雷思商贸有限公司				
企业地址	上海市浦东新区川沙镇川沙路 5278 号 5 幢 202B-8 室（201205）				
投资总额	20 万 USD	电　话	52309877	传　真	52309887
设立日期	2007-4-17	负 责 人	黄振进		
主营业务	汽摩配件及内装材料，生物科技产品及原料的批发。				

企业名称	上海陆国贸易有限公司				
企业地址	上海市闵行区延安西路 3062 弄 18 号 2 幢 201 室（201103）				
投资总额	20 万 USD	电　话	64064784	传　真	64064730
设立日期	2007-4-17	负 责 人	陈丽卿		
主营业务	化工原料（危险品除外）、电子产品、服装、食品、文化用品进出口。				

批发和零售贸易业

企业名称	英力士贸易（上海）有限公司				
企业地址	上海市外高桥保税区富特北路 458 号 2 号楼 439 室（200131）				
投资总额	65 万 USD	电　话	61035999	传　真	54049910
设立日期	2007-4-17	负 责 人	王　雷		
主营业务	化工产品（危险品除外）的批发、佣金代理（拍卖除外）、进出口。				

企业名称	上海罗省国际贸易有限公司				
企业地址	上海市虹口区临平北路 55 号 4 楼 N 室（200086）				
投资总额	100 万 USD	电　话		传　真	
设立日期	2007-4-17	负 责 人	宋连跃		
主营业务	皮革制品、电子产品、化妆品、包装材料、纺织材料、床上用品的批发。				

企业名称	艺宝（上海）贸易有限公司				
企业地址	上海市闵行区沪青平公路 277 号 5 楼 68 室（201105）				
投资总额	100 万 USD	电　话	62793088	传　真	62792598
设立日期	2007-4-17	负 责 人	WEI CHENG MATTHEW KUAN		
主营业务	家居用品、建材（钢材除外）及纺织品的批发、佣金代理（拍卖除外）。				

企业名称	我豪家商贸（上海）有限公司				
企业地址	上海市浦东新区德州路 270 号 304-2 室（200126）				
投资总额	14 万 USD	电　话	61513917	传　真	2007-4-17 作
设立日期	2007-4-17	负 责 人	LOE ZEE KOON		
主营业务	建筑材料（钢材除外）、木竹制品及原料（原木除外）的批发。				

企业名称	上海茂宏贸易有限公司				
企业地址	上海市外高桥保税区加太路 39 号第五层 23 部位（200131）				
投资总额	14 万 USD	电　话	64377951	传　真	
设立日期	2007-4-17	负 责 人	林宏仁		
主营业务	机械设备、过滤器、橡胶制品（天然橡胶除外）、电器产品的批发。				

企业名称	泰洪贸易（上海）有限公司				
企业地址	上海市闵行区江川路 621 号 2 号楼 2 楼（201111）				
投资总额	14 万 USD	电　话	64303080	传　真	64302795
设立日期	2007-4-17	负 责 人	SHIN YONG TAE		
主营业务	服装、服饰、皮革制品、纺织原料（棉花除外）、日用杂货的批发。				

企业名称	湖岩贸易（上海）有限公司				
企业地址	上海市闵行区合川路 3071 号 4 幢 102 室（201103）				
投资总额	14 万 USD	电　话	61265909	传　真	61265910
设立日期	2007-4-17	负 责 人	金钟秀		
主营业务	化工产品（危险品除外）、焊接器材、电子元件、五金制品的批发。				

企业名称	群翊贸易（上海）有限公司				
企业地址	上海市浦东新区兰村路 60 弄 5 号 105 室（200135）				
投资总额	15 万 USD	电　话	68731236	传　真	68731536
设立日期	2007-4-17	负 责 人	谭秀娟		
主营业务	电子产品、机电设备、橡塑胶制品（危险品除外）及放火阻燃材料的批发。				

企业名称	富兰科（上海）贸易有限公司				
企业地址	上海市浦东新区川沙六陈路 68 号 1 幢 2 楼（201201）				
投资总额	10 万欧元	电　话	63297598	传　真	63299318
设立日期	2007-4-17	负 责 人	CARDELLA AURELIO		
主营业务	机动车零部件、发电机零部件、机械零部件的批发、佣金代理。				

企业名称	罗思泰太贸易（上海）有限公司				
企业地址	上海市商城路 618 号良友大厦第二层商用房 1 号 212 室（200120）				
投资总额	3000 万日元	电　话	33083457	传　真	
设立日期	2007-4-17	负 责 人	庄司芳树		
主营业务	服装、服饰、玩具、箱包、鞋、床上用品的批发、佣金代理（拍卖除外）。				

企业名称	欧时商贸（上海）有限公司				
企业地址	上海市浦东新区福山路 33 号建工大厦 20 楼（200122）				
投资总额	200 万 USD	电　话	58779511	传　真	58873257
设立日期	2007-4-16	负 责 人	HENRIK THORUP THEILBJORN		
主营业务	服装、服饰及配件、鞋帽、辅料、化妆品、家具及装潢用品的批发。				

企业名称	韩金（上海）贸易有限公司				
企业地址	上海市浦东新区德州路 270 号 2 幢 306-1 室（200126）				
投资总额	20 万 USD	电　话		传　真	
设立日期	2007-4-16	负 责 人	金俊镐		
主营业务	有色金属（稀有金属、贵金属除外）及其制品的批发、进出口。				

企业名称	滨波纺织品贸易（上海）有限公司				
企业地址	上海市长宁区延安西路 726 号 4K 室（200050）				
投资总额	20 万 USD	电　话	52382010	传　真	52382026
设立日期	2007-4-16	负 责 人	AHN PAN KWON		
主营业务	从事纺织品、服装服饰的批发、佣金代理（拍卖除外）、进出口。				

企业名称	建阳贸易（上海）有限公司				
企业地址	上海市闵行区七莘路 146 号 4 楼（201100）				
投资总额	20 万 USD	电　话	64989958	传　真	64889968
设立日期	2007-4-16	负 责 人	李大熙		
主营业务	建筑装饰材料、家居饰品、工艺品（文物除外）、日用杂货的批发。				

企业名称	佳品金属贸易（上海）有限公司				
企业地址	上海市静安区乌鲁木齐北路 199 号 1803 室（200040）				
投资总额	30 万 USD	电　话	65445744	传　真	
设立日期	2007-4-16	负 责 人	CHEN SHERRY ZHAO		
主营业务	从事机电产品、金属材料（钢材除外）、金属制品的批发、佣金代理。				

企业名称	丸善贸易（上海）有限公司				
企业地址	上海市外高桥保税区基隆路 6 号外高桥大厦 704 室（200131）				
投资总额	150 万 USD	电　话	64720221	传　真	
设立日期	2007-4-16	负 责 人	日暮彰文		
主营业务	保税区内国际贸易、转口贸易，保税区企业间的贸易及贸易代理。				

企业名称	印帅数控机械贸易（上海）有限公司				
企业地址	上海市特西一路 473 号 34 号楼第一层东 B 部位（200131）				
投资总额	13 万 USD	电　话	58665031	传　真	58665033
设立日期	2007-4-16	负 责 人	SRINIVAS G. SHIRGURKAR		
主营业务	以数控机械产品为主的国际贸易、转口贸易、保税区内企业间的贸易。				

企业名称	上海台颐商贸有限公司				
企业地址	上海市宾阳路 38 号二层（200041）				
投资总额	14 万 USD	电　话	64820901	传　真	64829655
设立日期	2007-4-16	负 责 人	严明华		
主营业务	文具、修正液、修正带及其零配件的批发、佣金代理（拍卖除外）。				

企业名称	埃威迪贸易（上海）有限公司				
企业地址	上海市长宁区中山西路 933 号 601 室（200051）				
投资总额	14 万 USD	电　话	51709170	传　真	51113532
设立日期	2007-4-16	负 责 人	赵　军		
主营业务	折弯机、剪板机、激光切割机、柔性加工系统及相关配件和软件的批发。				

企业名称	上海动极贸易有限公司				
企业地址	上海市静安区陕西北路 66 号文锦大厦 7 层 703 室（200041）				
投资总额	15 万 USD	电　话	53757188	传　真	63722199
设立日期	2007-4-16	负 责 人	AARON OW		
主营业务	工艺品（文物除外）、文具、饰品、展览装饰品的批发。				

企业名称	皆喜贸易（上海）有限公司				
企业地址	上海市嘉定区新城路街道博乐南路 158 号 506 室（201822）				
投资总额	20 万 USD	电　话	69527871	传　真	
设立日期	2007-4-13	负 责 人	河原势朗		
主营业务	鞋类及其辅料、日用品的批发、佣金代理（拍卖除外）、进出口。				

企业名称	来石贸易（上海）有限公司				
企业地址	上海市青浦区新达路 1218 号 6 号厂房（201700）				
投资总额	15.2 万欧元	电　话	69214566	传　真	69214568
设立日期	2007-4-13	负 责 人	MICHAEL FRANZ WENZEL		
主营业务	工业用机器人及外围设备、试模压力机的进出口、批发、佣金代理。				

企业名称	肯耐（上海）服装贸易有限公司				
企业地址	上海市长宁区延安西路 2299 号 06M26 室（200336）				
投资总额	200 万 USD	电　话	62362751	传　真	62362752
设立日期	2007-4-12	负 责 人	KENNETH HSIAO		
主营业务	服装和纺织品的进出口、批发、佣金代理（拍卖除外）。				

企业名称	上海美沪商贸有限公司				
企业地址	上海市虹口区临平北路 55 号 6M 室（200086）				
投资总额	300 万 USD	电　话	65071077	传　真	65071077
设立日期	2007-4-12	负 责 人	WANG　JIN　LIN		
主营业务	文化办公用品、酒店用品、家具、厨卫用品、体育用品的批发。				

企业名称	上海津川贸易有限公司				
企业地址	上海市普陀区中山北路2668号联合大厦主楼五层501室（200063）				
投资总额	210万USD	电　话	52906738	传　真	、
设立日期	2007-4-11	负责人	PRISCAH MUPFUMIRA		
主营业务	矿产品及相关产品的批发及上述产品的进出口贸易业务。				

企业名称	古德贸久（上海）贸易有限公司				
企业地址	上海市长宁区天山路600弄2号14G室（200051）				
投资总额	20万USD	电　话	52069680	传　真	52069682
设立日期	2007-4-11	负责人	黄又晖		
主营业务	包装材料、喷印材料、机械设备、日用百货的批发、佣金代理。				

企业名称	世界时兴（上海）贸易有限公司				
企业地址	上海市长宁区延安西路2299号05B32、05B34、05B36、05B38、05B40(200336)				
投资总额	300万USD	电　话	54081551	传　真	54083121
设立日期	2007-4-11	负责人	栗山 文宏		
主营业务	钟表、家具、床上用品、运动用品、日用杂货、玩具的进出口，批发。				

企业名称	韩仁贸易（上海）有限公司				
企业地址	上海市长宁区延安西路2299号11C26（200336）				
投资总额	14万USD	电　话	62361831	传　真	62361832
设立日期	2007-4-11	负责人	KONG YONG UK		
主营业务	合成橡胶、塑料、电脑软件、服装服饰、化学纤维的进出口。				

企业名称	穗高贸易（上海）有限公司				
企业地址	上海市长宁区天山路641号19栋305室（200336）				
投资总额	2000万日元	电　话	52068971	传　真	52068973
设立日期	2007-4-11	负责人	野村章		
主营业务	商用交直流电源装置、专用防护服和工具以及相关零部件的批发。				

企业名称	上海小寺电子贸易有限公司				
企业地址	上海市长宁区仙霞路137号3D室（200051）				
投资总额	6000万日元	电　话	52067971	传　真	52067972
设立日期	2007-4-11	负责人	小寺博治		
主营业务	电子加工机械及电子零部件的批发、进出口，技术咨询及售后服务。				

企业名称	杜唯（上海）贸易有限公司				
企业地址	上海市浦东新区张家浜路37弄3号701D室（200122）				
投资总额	20万USD	电　话	64851615	传　真	
设立日期	2007-4-10	负责人	MICHAEL DELUCA		
主营业务	从事五金工具、起重工具、电动工具、气动工具、办公用品的批发。				

企业名称	仁扬贸易（上海）有限公司				
企业地址	上海市浦东新区浦东南路1101号818室（200120）				
投资总额	30万USD	电　话	58362131	传　真	
设立日期	2007-4-10	负责人	林士茵		
主营业务	计算机及其零配件、软件、自动数据处理设备及其部件的批发。				

企业名称	优珍贸易（上海）有限公司				
企业地址	上海市闵行区吴中路1238号3幢5E室（201103）				
投资总额	30万USD	电　话	64658816	传　真	64658810
设立日期	2007-4-10	负责人	BAE YU SHIK		
主营业务	电脑零部件、日用百货、体育用品、建筑装材料的批发。				

企业名称	优罗艾沙国际贸易（上海）有限公司				
企业地址	上海市浦东新区东方路286号5楼517室（200131）				
投资总额	14万USD	电　话	51691106	传　真	50905160
设立日期	2007-4-10	负责人	奥斯卡·恰克尔（OZCUR GAKIR）		
主营业务	纺织品、机械设备及其配件、纸制品、日用杂质的批发。				

企业名称	德励胜国际贸易（上海）有限公司				
企业地址	上海市外高桥保税区基隆路6号1101室（200131）				
投资总额	14万USD	电　话	58690769	传　真	58692179
设立日期	2007-4-10	负责人	LEE SCHRAM		
主营业务	国际贸易、转口贸易、保税区企业间贸易及贸易代理。				

企业名称	上海泰意国际贸易有限公司				
企业地址	上海市外高桥保税区加枫路24号新发展银行楼3层316室（200131）				
投资总额	15万USD	电　话	62497528	传　真	
设立日期	2007-4-10	负责人	TCHEN WEI KIEN MASSIMO		
主营业务	国际贸易、转口贸易、保税区企业间的贸易代理。				

企业名称	正东音像制品贸易（上海）有限公司				
企业地址	上海市卢湾区淮海中路283号香港广场南座10层1007A单元(200021)				
投资总额	300万RMB	电　话	63906169	传　真	
设立日期	2007-4-10	负责人	洪　廸		
主营业务	音像制品的批发及提供相关咨询服务（涉及许可经营的凭许可证经营）。				

企业名称	扇谷（上海）商贸有限公司				
企业地址	上海市长宁区遵义路107号安泰大楼603室（200051）				
投资总额	3000万日元	电　话	62735571	传　真	62375575
设立日期	2007-4-10	负责人	扇谷迪宏		
主营业务	清洁剂（危险化学品除外）、机械设备、纸制品的批发。				

企业名称	祥禾贸易（上海）有限公司				
企业地址	上海市浦东新区陆家嘴东路166号2005C室（200120）				
投资总额	65万USD	电　话	68419180	传　真	
设立日期	2007-4-9	负责人	何海基（HO， HOI KI）		
主营业务	建筑设备、装潢材料、空调、电梯及相关配套设备的批发。				

企业名称	日置（上海）商贸有限公司				
企业地址	上海市卢湾区淮海中路93号大时代广场19楼04室（200021）				
投资总额	180万USD	电　话	63910090	传　真	63910360
设立日期	2007-4-9	负责人	田口公明		
主营业务	电子测量仪器的批发、佣金代理（拍卖除外）、商品及相关技术进出口。				

企业名称	瀚瑞森悬架贸易（上海）有限责任公司				
企业地址	上海市浦东新区陆家嘴东路161号11楼1116室（200120）				
投资总额	100万USD	电　话	58762512	传　真	58761577
设立日期	2007-4-9	负责人	STEPHEN ROSS JAMES		
主营业务	卡车、公交客车和拖车的悬挂装置、驱动轴产品及其零部件的批发。				

企业名称	永洲贸易（上海）有限公司				
企业地址	上海市外高桥保税区加枫路24号312室（200131）				
投资总额	13.5万USD	电　话	64064116	传　真	64065884
设立日期	2007-4-9	负责人	MAMHOON KIM		
主营业务	国际贸易、转口贸易、保税区企业间的贸易及区内贸易代理。				

企业名称	韩秀（上海）贸易有限公司				
企业地址	上海市松江区九亭镇九亭大街153号（201615）				
投资总额	13万USD	电　话	67620371	传　真	67620372
设立日期	2007-4-9	负责人	KIM HYUN JOO（金贤珠）		
主营业务	服装服饰、箱包、鞋帽、日用百货、纺织品的批发、佣金代理。				

企业名称	苏必略国际贸易（上海）有限公司				
企业地址	上海市普陀区中山北路2911号403室（200060）				
投资总额	14万USD	电　话	58785751	传　真	
设立日期	2007-4-9	负责人	WEN SHIOU CHEN		
主营业务	集装箱零配件、轮胎、拖挂车零部件、木材（原木除外）批发、进出口。				

企业名称	尼波尼亚贸易（上海）有限公司				
企业地址	上海市虹口区广纪路173号1004室（200437）				
投资总额	14万USD	电　话	65362291	传　真	
设立日期	2007-4-9	负责人	ANDREAS GORGOLIS		
主营业务	电动自行车及配件、家用电器、工艺礼品（文物除外）、服装服饰批发。				

企业名称	开志商贸（上海）有限公司				
企业地址	上海市虹口区高阳路246号306室（200080）				
投资总额	3000万日元	电　话	62460977	传　真	
设立日期	2007-4-9	负责人	野太志郎		
主营业务	建材（钢材除外）、空调零部件、半导体生产设备零部件的批发。				

企业名称	金矾贸易（上海）有限公司				
企业地址	上海市浦东新区杨高北路528号14幢4018室（200131）				
投资总额	50万USD	电　话	64283346	传　真	64282076
设立日期	2007-4-6	负责人	杨逸里		
主营业务	机械、机电设备及其零部件、数控软件及理化仪器的批发。				

企业名称	福利斯特森林电气设备贸易（上海）有限公司				
企业地址	上海市长宁区仙霞路345号6D座（200336）				
投资总额	2000万日元	电　话	62745511	传　真	62745522
设立日期	2007-4-6	负责人	清川重政		
主营业务	通信设备、金属制品、电线电缆、建筑材料（钢材除外）的批发。				

企业名称	冠西化学贸易（上海）有限公司				
企业地址	上海市外高桥保税区基隆路 6 号外高桥大厦 820 室（200131）				
投资总额	70 万 USD	电话	62350998	传真	
设立日期	2007-4-5	负责人	志野一弥（SHINO KAZUYA）		
主营业务	在保税区内从事国际贸易、转口贸易、保税区企业间的贸易及贸易代理。				

企业名称	凯起贸易（上海）有限公司				
企业地址	上海市长宁区中山西路 1279 弄 6、8 号 S715A-725 室（200051）				
投资总额	13 万 USD	电话	32095580	传真	32093339
设立日期	2007-4-5	负责人	JUNG EUL YUN		
主营业务	服装纽扣、饰品、花边、拉链、布料、服装、箱包、鞋帽的批发。				

企业名称	金轮锦商贸易（上海）有限公司				
企业地址	上海市黄浦区延安东路 500 号 1302-1304 室（200003）				
投资总额	14 万 USD	电话	63509537	传真	53016891
设立日期	2007-4-5	负责人	ONG KHIM KIAT		
主营业务	文化用品、日用杂品、服装鞋帽、钟表眼镜的批发。				

企业名称	津上特机（上海）机械贸易有限公司				
企业地址	上海市外高桥保税区奥纳路 160 号 1 楼第 1 层 F3 部位（200131）				
投资总额	20 万 USD	电话	58771608	传真	58778508
设立日期	2007-4-4	负责人	津上健一		
主营业务	保税区内以工业机床、空气泵及附属设备产品为主的仓储、分拨、展示。				

企业名称	上海新易百货有限公司				
企业地址	上海市宝山区长江西路 2211 号（200437）				
投资总额	700 万 USD	电话	61431838	传真	61178690
设立日期	2007-4-4	负责人	郑珉虎		
主营业务	商品零售，国内农副产品收购，自营商品进出口业务。				

企业名称	康盟商贸（上海）有限公司				
企业地址	上海市共和新路 1968 号大宁国际商业广场 8 层 03 单元（200072）				
投资总额	13 万 USD	电话	61176268	传真	
设立日期	2007-4-4	负责人	江　虹		
主营业务	发光二极管、芯片、车载卫星导航系统、计算机、家用电器的批发。				

企业名称	采佳贸易（上海）有限公司				
企业地址	上海市长乐路 801 号 506 室（200031）				
投资总额	14 万 USD	电话	51696608	传真	54031119
设立日期	2007-4-4	负责人	许　晶		
主营业务	车辆零配件、办公用品、纸制品、包装制品、日用杂货的进出口、批发。				

企业名称	佰星珠宝贸易（上海）有限公司				
企业地址	上海市黄浦区复兴东路 1117 号 106 室（200021）				
投资总额	10 万 USD	电话	54474891	传真	54474892
设立日期	2007-4-4	负责人	翁家涓		
主营业务	首饰（毛钻、裸钻除外）的批发、零售、进出口。				

企业名称	乐购特易购商业（上海）有限公司				
企业地址	上海市普陀区真南路 708 号 201-208 室（200061）				
投资总额	1000 万 USD	电话		传真	
设立日期	2007-4-3	负责人	KENNETH TOWLE		
主营业务	商品零售、批发；综合百货、家用电器、五金交电、针纺织品。				

企业名称	上海真曜贸易有限公司				
企业地址	上海市浦东新区福山路 33 号建工大厦 23 楼 E 座（200120）				
投资总额	14 万 USD	电话	50541230	传真	50541239
设立日期	2007-4-3	负责人	冈本和彦		
主营业务	平面显示器材料及其制品、结晶材料及制品、机械设备及零部件的批发。				

企业名称	阿尔泰克（上海）商贸有限公司				
企业地址	上海市浦东新区花园石桥路 33 号花旗集团大厦 23 楼 23 室（200120）				
投资总额	24.5 万 USD	电话	61010225	传真	61010225
设立日期	2007-4-2	负责人	JOE DONALD WILLIAMS		
主营业务	从事各类特种车辆设备、总成及其零部件及专用作业车的进出口、批发。				

企业名称	上海瑞湾钟表商业有限公司				
企业地址	上海市卢湾区淮海中路 839 号 1-2 楼商铺（200020）				
投资总额	50 万 USD	电话	24125283	传真	64268113
设立日期	2007-4-2	负责人	陈素贞		
主营业务	珠宝首饰（毛钻、裸钻除外）、箱包、服装、鞋帽及品牌纪念品的零售。				

企业名称	罗尼厦贸易（上海）有限公司				
企业地址	上海市虹口区物华路 58 号三层 316 室（200086）				
投资总额	14 万 USD	电话	66324331	传真	
设立日期	2007-4-2	负责人	SEYED HASHEM AZIZI		
主营业务	塑料和化工产品（危险品除外）的批发、佣金代理（拍卖除外）。				

企业名称	亚速旺（上海）商贸有限公司				
企业地址	上海市卢湾区五里桥路 210 弄 1 号 102 室（200023）				
投资总额	5 亿日元	电话	54033266	传真	54036091
设立日期	2007-4-2	负责人	井内卓嗣		
主营业务	从事机电仪器设备、家用电器、五金工具、服装和清洁用品的批发。				

企业名称	联中商贸（上海）有限公司				
企业地址	上海市浦东新区唐陆路 1200 号 1 幢 101 室（201206）				
投资总额	20 万 USD	电话	50311794	传真	61659292
设立日期	2007-3-30	负责人	SILVIA MARIA STRAZZARINO		
主营业务	包装盒、包装袋的批发、佣金代理（拍卖除外）、进出口。				

企业名称	上海伟旗贸易有限公司				
企业地址	上海市外高桥保税区富特北路 18 号第三层 306 室（200131）				
投资总额	20 万 USD	电话	54225133	传真	
设立日期	2007-3-30	负责人	尾崎良太郎		
主营业务	国际贸易、转口贸易、保税区企业间的贸易及区内贸易代理。				

企业名称	凯师机电贸易（上海）有限公司				
企业地址	上海市外高桥保税区基隆路 6 号外高桥大厦 721 室（200131）				
投资总额	30 万 USD	电话	64401113	传真	64401223
设立日期	2007-3-30	负责人	岩井正义		
主营业务	保税区内国际贸易、转口贸易，保税区企业间的贸易及贸易代理。				

企业名称	新概念溢华（上海）贸易有限公司				
企业地址	上海市杨浦区四平路 2500 号 2219A-24 室（200433）				
投资总额	200 万 USD	电话	53822743	传真	63841183
设立日期	2007-3-29	负责人	陈振华		
主营业务	针纺织品、服装、服饰的批发、进出口，提供相关配套服务。				

企业名称	时世贸易（上海）有限公司				
企业地址	上海市静安区延安中路 1440 号阿波罗大厦 421 室（200041）				
投资总额	20 万 USD	电话	62882272	传真	32183222
设立日期	2007-3-29	负责人	卢耀森		
主营业务	首饰（钻石除外）、纯银制品、手表及表带、服装、皮革制品的批发。				

企业名称	瑞诗（上海）贸易有限公司				
企业地址	上海市浦东新区东方路 985 号 23B 部分（200122）				
投资总额	62 万 USD	电话	52841660	传真	62702489
设立日期	2007-3-29	负责人	陈进泉		
主营业务	灯具、饰品、家具及其零配件的批发、佣金代理（拍卖除外）。				

企业名称	康炜贸易（上海）有限公司				
企业地址	上海市张杨路 620 号中融恒瑞国际大厦 1002 室（200122）				
投资总额	189 万 USD	电话	58365728	传真	58365343
设立日期	2007-3-29	负责人	JEFFREY H. MEI		
主营业务	餐具、烹饪用具和厨房器具的进出口、批发、佣金代理（拍卖除外）。				

企业名称	上海升钧科贸有限公司				
企业地址	上海市奉贤区奉浦工业区韩村路 662 号（201400）				
投资总额	14 万 USD	电话	37775181	传真	37775180
设立日期	2007-3-29	负责人	朱铭堂		
主营业务	五金交电、仪器仪表、机电设备、气动液压元器件、日用百货的批发。				

企业名称	上海悦洋贸易有限公司				
企业地址	上海市浦东新区东方路 800 号 2305 室（201203）				
投资总额	500 万 RMB	电话	51028778	传真	58305408
设立日期	2007-3-29	负责人	颜以福		
主营业务	汽车零部件的进出口、批发、佣金代理（拍卖除外）及相关的配套业务。				

企业名称	数位河商贸（上海）有限公司				
企业地址	上海市浦东新区红枫路 232 号 1 层、2 层（200203）				
投资总额	210 万 USD	电话	22018000	传真	
设立日期	2007-3-28	负责人	KEVIN L. CRUDDEN		
主营业务	计算机软硬件及零部件、电子产品、办公设备的批发、零售、佣金代理。				

企业名称	艾威国际贸易（上海）有限公司				
企业地址	上海市外高桥保税区奥纳路 79 号 2030 室（200131）				
投资总额	20 万 USD	电　话	58314580	传　真	58310170
设立日期	2007-3-28	负 责 人	HOSSEIN NEJAD SAFARI		
主营业务	国际贸易、转口贸易、保税区内企业间的贸易及贸易代理。				

企业名称	丸岡贸易（上海）有限公司				
企业地址	上海市浦东新区东方路 69 号 1711 室（200120）				
投资总额	25 万 USD	电　话	68878868	传　真	68878860
设立日期	2007-3-28	负 责 人	丸岡敦生		
主营业务	电气产品、绝缘及隔热材料、包装材料、塑料制品及橡胶制品的批发。				

企业名称	普利司通（上海）商贸有限公司				
企业地址	上海市卢湾区淮海中路 300 号 4901C 室（200021）				
投资总额	38.4 万 USD	电　话	51311888	传　真	50270188
设立日期	2007-3-28	负 责 人	竹内雄二		
主营业务	汽车配件、汽车用品、机油、润滑油及纪念品的进出口、批发。				

企业名称	上海百超汽配贸易有限公司				
企业地址	上海市浦东新区杨高北路 528 号 14 幢 4016 室（200131）				
投资总额	38 万 USD	电　话	53757188	传　真	63722199
设立日期	2007-3-28	负 责 人	BERNIE HON-MIN LIN		
主营业务	汽车零配件、汽车装潢用品的批发、佣金代理（拍卖除外）。				

企业名称	达裕贸易（上海）有限公司				
企业地址	上海市浦东新区光明路 718 号 806 室（200137）				
投资总额	30 万 USD	电　话	34240630	传　真	64685507
设立日期	2007-3-28	负 责 人	蔡佳勋		
主营业务	活性剂及电子用水处理剂、印刷电路板相关设备及零配件的批发。				

企业名称	富必基贸易（上海）有限公司				
企业地址	上海市漕宝路 80 号 503 室（200235）				
投资总额	30 万 USD	电　话	64329105	传　真	64329106
设立日期	2007-3-28	负 责 人	JING WU		
主营业务	食品温控设备及其器材和配件的批发、自营商品的进出口。				

企业名称	狮城电子贸易（上海）有限公司				
企业地址	上海市沪闵路 8075 号 743 室（200233）				
投资总额	13 万 USD	电　话	61453844	传　真	45654333
设立日期	2007-3-28	负 责 人	NG BOON TIAN		
主营业务	电子产品的批发、佣金代理（拍卖除外）、进出口及相关配套服务。				

企业名称	上海杨朵商贸有限公司				
企业地址	上海市宝山区呼玛路 547 号 401 室（200435）				
投资总额	14 万 USD	电　话	52527271	传　真	52522846
设立日期	2007-3-28	负 责 人	杨仁贵		
主营业务	床上用品、纺织品、汽车用品、工艺品（文物除外）、农副产品的批发。				

企业名称	迈领（上海）贸易有限公司				
企业地址	上海市浦东新区枣庄路 665 号 425 室（200136）				
投资总额	50 万欧元	电　话	50308389	传　真	50308279
设立日期	2007-3-28	负 责 人	JI SHENG YE ZHANG		
主营业务	化工原料及产品（危险品除外）、电子产品的批发。				

企业名称	法格贸易（上海）有限公司				
企业地址	上海市黄浦区江西中路 209 号 602 室（200003）				
投资总额	20 万 USD	电　话	53854339	传　真	53560908
设立日期	2007-3-27	负 责 人	MARIA BELEN		
主营业务	厨房家电、厨房用具、燃气器具、卫浴器具及相关五金配件的批发。				

企业名称	环智（上海）贸易有限公司				
企业地址	上海市黄浦区延安东路 550 号 1602 室（200001）				
投资总额	20 万 USD	电　话	63226161	传　真	
设立日期	2007-3-27	负 责 人	CHRISTOPHER WHITE		
主营业务	食品销售管理（非实物方式）；包装材料、玩具、服装、体育用品批发。				

企业名称	远百贸易（上海）有限公司				
企业地址	上海市浦东新区杨高北路 528 号 14 幢 4028 室（200131）				
投资总额	14 万 USD	电　话	61825654	传　真	
设立日期	2007-3-27	负 责 人	刘燕玲		
主营业务	丝印器材、制版化工原料（危险品除外）、电子产品的批发、佣金代理。				

企业名称	索铌格贸易（上海）有限公司				
企业地址	上海市外高桥保税区加太路 78 号底楼第一层 D3-1 部位（200131）				
投资总额	20 万 USD	电　话	62526677	传　真	62408655
设立日期	2007-3-26	负 责 人	ALAN TAN SZE WEE		
主营业务	机械设备、电子产品、精密仪器及上述产品零配件的批发、佣金代理。				

企业名称	毕瑞贸易（上海）有限公司				
企业地址	上海市卢湾区淮海中路 300 号 4109 室（200020）				
投资总额	99 万 USD	电　话	53510622	传　真	53515508
设立日期	2007-3-26	负 责 人	PER LINDBERG		
主营业务	从事纸制品、纸浆、造纸用化学品（危险品除外）的批发、佣金代理。				

企业名称	金玮珠宝贸易（上海）有限公司				
企业地址	上海市卢湾区复兴中路 553 弄 2 号底层（200020）				
投资总额	40 万 USD	电　话	54010712	传　真	54010712
设立日期	2007-3-26	负 责 人	张宜龙		
主营业务	化妆品、日用品、玻璃制品、家具、陶瓷制美术品（文物除外）的批发。				

企业名称	卡驰涂料贸易（上海）有限公司				
企业地址	上海市浦东新区浦东大道 1 号船舶大厦 1206 室（200120）				
投资总额	40 万 USD	电　话	68860191	传　真	
设立日期	2007-3-26	负 责 人	LOTFY HASSAN ELBADRAWY		
主营业务	汽车涂料及化工产品（危险品除外）的批发、佣金代理（拍卖除外）。				

企业名称	韩华国际贸易（上海）有限公司				
企业地址	上海市外高桥保税区华申路 55 号 1 楼第一层 B 部位（200131）				
投资总额	50 万 USD	电　话	62080099	传　真	62788583
设立日期	2007-3-26	负 责 人	SEO DONG NGUE		
主营业务	保税区内国际贸易、转口贸易、保税区企业间贸易及贸易代理。				

企业名称	大北欧通讯设备贸易（上海）有限公司				
企业地址	上海市浦东新区张杨路 620 号中融恒瑞国际大厦 2403 室（200120）				
投资总额	200 万 USD	电　话	58363670	传　真	58363671
设立日期	2007-3-23	负 责 人	CHRISTIAN RENE TANG-JESPERSEN		
主营业务	从事通讯设备、音频设备、蓝牙设备、耳机及其附属配套产品的批发。				

企业名称	卡飒克（上海）贸易有限公司				
企业地址	上海市长宁区仙霞路 318-322 号鑫达大厦 9 楼 B903 室（200336）				
投资总额	62.5 万 USD	电　话	62094740	传　真	
设立日期	2007-3-23	负 责 人	VINCENT COURCOL		
主营业务	学习用品、办公用品、玩具、仿真首饰、化妆品、手表及乐器的批发。				

企业名称	慧欧贸易（上海）有限公司				
企业地址	上海市奉贤区环城东路 399 号 3301 室（201400）				
投资总额	30 万 USD	电　话	64058998	传　真	
设立日期	2007-3-23	负 责 人	李权燮		
主营业务	卫生洁具、陶瓷制品、装潢材料、日用百货、五金交电的批发及进出口。				

企业名称	斯帝夫金（上海）贸易有限公司				
企业地址	上海市静安区延安中路 1440 号阿波罗大厦 3 楼 329 室（200040）				
投资总额	14 万 USD	电　话	62672677	传　真	52287752
设立日期	2007-3-23	负 责 人	MICHAEL FRANK GOLDEN		
主营业务	包装材料和印刷材料的批发、佣金代理（拍卖除外）和进出口。				

企业名称	卡特和史宾塞（上海）贸易有限公司				
企业地址	上海市浦东新区花园石桥路 33 号 23 楼 2346 室（200120）				
投资总额	10 万 USD	电　话	61010133	传　真	61010134
设立日期	2007-3-23	负 责 人	CRAIG GEORGE SPENCER		
主营业务	水果、蔬菜、农副产品、冷冻食品的进出口、批发、佣金代理。				

企业名称	天马仕贸易（上海）有限公司				
企业地址	上海市卢湾区淮海中路 755 号东楼 11 楼 D、H 室（200020）				
投资总额	550 万 RMB	电　话	64735000	传　真	64451683
设立日期	2007-3-23	负 责 人	黄伟明		
主营业务	家用电器、玩具、文具、箱包、日用百货、节日装饰用品的进出口。				

企业名称	三铃工机（上海）贸易有限公司				
企业地址	上海市浦东新区张杨路 707 号 1605 室（200120）				
投资总额	20 万 USD	电　话	58363280	传　真	58366281
设立日期	2007-3-22	负 责 人	打田诚		
主营业务	店铺食品设备，运输、建设成套设备及其附属设备的批发、进出口。				

企业名称	合山（上海）贸易有限公司				
企业地址	上海市黄浦区浙江中路400号11层1113室（200001）				
投资总额	20万USD	电话	59750777	传真	59750652
设立日期	2007-3-22	负责人	林有智		
主营业务	石材、化工产品及原料（危险品除外）阀门及集尘设备控制器的批发。				

企业名称	爱芙逸迪贸易（上海）有限公司				
企业地址	上海市卢湾区陕西南路85号辅楼201、204室（200021）				
投资总额	20万USD	电话	64159571	传真	
设立日期	2007-3-22	负责人	石井知靖		
主营业务	服装服饰、鞋帽箱包、皮革制品、饰品及配件的批发、佣金代理。				

企业名称	上海木德尚贸易有限公司				
企业地址	上海市闵行区虹许路731号5号楼二楼（201103）				
投资总额	38万USD	电话	64067851	传真	64067851
设立日期	2007-3-22	负责人	杨立辉		
主营业务	从事家具、家具用品、日用百货、装潢材料、石材、木制品的进出口。				

企业名称	森梅贸易（上海）有限公司				
企业地址	上海市卢湾区济南路9号二层部分（200021）				
投资总额	14万USD	电话	61411205	传真	63350003
设立日期	2007-3-22	负责人	JOACHIM ULRICH ROHN		
主营业务	从事家居纺织品、灯具、装潢材料、厨房卫浴设备、电子产品的批发。				

企业名称	生原化妆品贸易（上海）有限公司				
企业地址	上海市虹口区柳营路8号6楼601室（200083）				
投资总额	14万USD	电话	53965533	传真	53966178
设立日期	2007-3-22	负责人	钟宜立		
主营业务	化妆品、护肤品的批发、佣金代理（拍卖除外）、进出口及配套服务。				

企业名称	鼎典国际贸易（上海）有限公司				
企业地址	上海市外高桥保税区华申路180号综合大楼815室（200131）				
投资总额	15万USD	电话	62702486	传真	62702487
设立日期	2007-3-22	负责人	郑克熙		
主营业务	国际贸易、转口贸易、保税区内企业间的贸易及贸易代理。				

企业名称	韩一勃腾（上海）贸易有限公司				
企业地址	上海市漕溪路250号A区210室（200233）				
投资总额	20万USD	电话	64831061	传真	
设立日期	2007-3-21	负责人	宋敬根		
主营业务	化工原料及产品（危险品除外）、工艺品（文物除外）及日用百货批发。				

企业名称	派赛菲特（上海）商贸有限公司				
企业地址	上海市淮海中路1045号1602室（200031）				
投资总额	70万USD	电话	64722260	传真	64722260
设立日期	2007-3-21	负责人	LI ZHANG		
主营业务	家居用品、工艺礼品（文物除外）、日用杂货的批发、佣金代理。				

企业名称	上海沃立达贸易有限公司				
企业地址	上海市浦东新区浦东南路1085号702室（200120）				
投资总额	30万USD	电话	58353088	传真	58353098
设立日期	2007-3-21	负责人	林育如		
主营业务	化肥、化肥添加剂、农用设备、农副产品，含氨基酸的有机肥的批发。				

企业名称	粲捷贸易（上海）有限公司				
企业地址	上海市浦东新区浦东南路1101号1501室（200134）				
投资总额	14万USD	电话	58363900	传真	
设立日期	2007-3-21	负责人	赵安琴		
主营业务	塑料制品、五金产品的批发、进出口，商务信息咨询。				

企业名称	言亿雅商贸（上海）有限公司				
企业地址	上海市浦东新区张杨路228号918室（200120）				
投资总额	14万USD	电话	58776951	传真	58776952
设立日期	2007-3-21	负责人	许学雄		
主营业务	工艺品（文物除外）、首饰（毛钻、裸钻除外）、日用百货的批发。				

企业名称	侍迈地贸易（上海）有限公司				
企业地址	上海市汶水路301号G229室（200072）				
投资总额	14万USD	电话	56657952	传真	66314618
设立日期	2007-3-21	负责人	PANG YUAN JIAN KENNETH		
主营业务	化工产品（危险品除外）的批发、进出口及相关业务的配套服务。				

企业名称	暖泽贸易（上海）有限公司				
企业地址	上海市长宁区延安西路1228弄2号201室（200052）				
投资总额	20万USD	电话	62812608	传真	62812601
设立日期	2007-3-20	负责人	ANDREW ONG CHEE CHOON		
主营业务	显示器、汽车零配件、轮胎、家用电器、电脑零配件、针纺织品的批发。				

企业名称	宏有（上海）贸易有限公司				
企业地址	上海市静安区延安西路358号23A室（200040）				
投资总额	14万USD	电话	62896298	传真	62895258
设立日期	2007-3-20	负责人	RICHARD EDWIN SMITH		
主营业务	针纺织品及原料（棉花除外）、服装、工艺装饰品、纺织机械的批发。				

企业名称	台杏贸易（上海）有限公司				
企业地址	上海市浦东新区杨高北路528号14幢6005室（200131）				
投资总额	14万USD	电话	52061782	传真	52896351
设立日期	2007-3-20	负责人	杨佩正		
主营业务	从事机械、电子、化工设备及零配件，化学原料（危险品除外）的批发。				

企业名称	克润（上海）商贸有限公司				
企业地址	上海市闵行区吴中路1199号一幢7楼716室（201103）				
投资总额	15万USD	电话	62287276	传真	62287276
设立日期	2007-3-20	负责人	SEO IN KI		
主营业务	家用水处理设备及配件、环保电器设备及配件、地砖、面砖的零售。				

企业名称	润西贸易（上海）有限公司				
企业地址	上海市襄阳南路500号1601室（200030）				
投资总额	50万欧元	电话	61267620	传真	64666431
设立日期	2007-3-20	负责人	RAMON BESCANSA		
主营业务	机器设备、电机、电器、通信设备及上述商品的零件及附件的批发。				

企业名称	上海陆驱商贸有限公司				
企业地址	上海市黄浦区西藏中路728号607、608室（200001）				
投资总额	2000万日元	电话	53085820	传真	53085826
设立日期	2007-3-20	负责人	会泽祥弘		
主营业务	建材（钢材除外）建筑五金和建筑五金的制造机械等相关商品的批发。				

企业名称	普是昒（上海）贸易有限公司				
企业地址	上海市广元西路301-309号101、201室（200030）				
投资总额	20万USD	电话	64483401	传真	64483405
设立日期	2007-3-19	负责人	张咏霈		
主营业务	日用百货、家居用品、皮鞋、工艺品（文物除外）、手提包的批发。				

企业名称	雷技贸易（上海）有限公司				
企业地址	上海市浦东新区张杨路560号1103室（200122）				
投资总额	40万USD	电话	58365578	传真	58365579
设立日期	2007-3-19	负责人	蔡 中		
主营业务	纸制品、纺织制品、机电设备及配件、家具及电子电器产品的进出口。				

企业名称	布大人（上海）贸易有限公司				
企业地址	上海市浦东新区杨高北路528号14幢6021室（200131）				
投资总额	14万USD	电话	68549189	传真	
设立日期	2007-3-19	负责人	郭丽霞		
主营业务	服装服饰、纺织品、日用百货、机械设备及零配件的批发、佣金代理。				

企业名称	联邑贸易（上海）有限公司				
企业地址	上海市长宁区延安西路726号15楼G-3室（200050）				
投资总额	14万USD	电话	52385033	传真	64260916
设立日期	2007-3-19	负责人	CECCHINI MANARA GIOVANNI		
主营业务	从事机电设备、仪器仪表、机械配件、塑料制品的批发、佣金代理。				

企业名称	达利奥（上海）贸易有限公司				
企业地址	上海市长宁区延安西路2299号11N15室（200336）				
投资总额	20万欧元	电话	62363869	传真	62662142
设立日期	2007-3-19	负责人	TALLIA PIETRO		
主营业务	纺织品、服装、服饰的批发、佣金代理（拍卖除外）。				

企业名称	上海瀚科国际贸易有限公司				
企业地址	上海市外高桥保税区奥纳路79号2050室（200131）				
投资总额	13.5万USD	电话	68765776	传真	68765775
设立日期	2007-3-16	负责人	王秀凤		
主营业务	电子产品、电子元器件、办公设备、耗材及其配件的批发、佣金代理。				

企业名称	腾丽时尚商贸（上海）有限公司				
企业地址	上海市青浦区新海路 5 号 109 室（201700）				
投资总额	20 万 USD	电话	62532555	传真	62565007
设立日期	2007-3-15	负责人	阮励豪		
主营业务	服装服饰、鞋帽箱包、皮革制品、化妆品、饰品及配件的零售、批发。				

企业名称	上海慈馨国际贸易有限公司				
企业地址	上海市武康路 374 号 112 室（200031）				
投资总额	14 万 USD	电话	61267618	传真	61267618
设立日期	2007-3-15	负责人	赵慈馨		
主营业务	陶瓷制品、工艺美术品（文物除外）、计量衡器具、照明器具的批发。				

企业名称	利滋勒（上海）国际贸易有限公司				
企业地址	上海市宛平南路 521 号 B 幢 404 室（200032）				
投资总额	14 万 USD	电话	54249130	传真	54249131
设立日期	2007-3-15	负责人	WILLIAM JAMES		
主营业务	用于工业织物的浸染、涂层和饱和的连续处理设备的批发、佣金代理。				

企业名称	督威贸易（上海）有限公司				
企业地址	上海市新闸路 1508 号 5A01 室（200042）				
投资总额	17.5 万欧元	电话	62557919	传真	62557920
设立日期	2007-3-15	负责人	VINCENT SMETS		
主营业务	各类啤酒的批发、佣金代理。				

企业名称	山海贸易（上海）有限公司				
企业地址	上海市漕溪北路 18 号 31 楼 A 室（200030）				
投资总额	22 万 RMB	电话	64275463	传真	64275463
设立日期	2007-3-15	负责人	THANA POCHANATWONG（黄克钢）		
主营业务	从事纺织品、服装、服装辅料、编织物的进出口、批发，佣金代理。				

企业名称	美富锐（上海）贸易有限公司				
企业地址	上海市静安区武定西路 1189 号静安律德大厦 520 室（200040）				
投资总额	27.5 万 USD	电话	62493185	传真	62496921
设立日期	2007-3-14	负责人	WILLIAM CENTA		
主营业务	金属碎料处理系统、机械设备及其零部件的进出口、批发、佣金代理。				

企业名称	壮生贸易（上海）有限公司				
企业地址	上海市外高桥保税区富特北路 18 号办公楼 3 层 318 室（200131）				
投资总额	20 万 USD	电话	58662008	传真	
设立日期	2007-3-14	负责人	龚应丰		
主营业务	食品、保健食品、日用杂品、化妆品、保养品的批发、佣金代理。				

企业名称	斯贝利压缩机贸易（上海）有限公司				
企业地址	上海市虹口区四平路 257 号 16E 室（200080）				
投资总额	25 万 USD	电话	65070436	传真	
设立日期	2007-3-14	负责人	ELDAR JOHAN BJORGE		
主营业务	热交换装置及其零部件，文具，办公用品，小件摆设和装饰品的批发。				

企业名称	锽佳时装贸易（上海）有限公司				
企业地址	上海市浦东新区德州路 270 号 2 幢 302-2 室（200126）				
投资总额	13 万 USD	电话	61320836	传真	
设立日期	2007-3-14	负责人	曾 京		
主营业务	时装及其辅料、配件、饰品的批发、佣金代理（拍卖除外）。				

企业名称	泛技贸易（上海）有限公司				
企业地址	上海市外高桥保税区英伦路 38 号衡山国际商务楼五层 517 室(200131)				
投资总额	14 万 USD	电话	54245141	传真	54245174
设立日期	2007-3-14	负责人	JUDITH LYNN ELLIS		
主营业务	在保税区内从事国际贸易、转口贸易、保税区内企业间的贸易。				

企业名称	殊琳贸易（上海）有限公司				
企业地址	上海市闵行区吴中路 1100 号第 5 幢 921 室（201103）				
投资总额	15 万 USD	电话	64059855	传真	64059857
设立日期	2007-3-14	负责人	JUNG JAE HAK（郑载学）		
主营业务	密封件、液压和气压动力机械及元件的批发、佣金代理。				

企业名称	上海艺淘国际贸易有限公司				
企业地址	上海市浦东新区上南路 1318 号 301-3 室（200126）				
投资总额	20 万 USD	电话	61271952	传真	61271953
设立日期	2007-3-13	负责人	LOUIS ，SERGE KOPINSKI		
主营业务	化工原料及产品（危险品除外）、运动用品、纺织品的进出口、批发。				

企业名称	易姆斯测量设备贸易（上海）有限公司				
企业地址	上海市张江高科技园区科苑路 88 号 2 幢 701 区 721 室（201203）				
投资总额	14 万 USD	电话	28986532	传真	28986531
设立日期	2007-3-13	负责人	HENRIK SCHULTES		
主营业务	用于钢铁工业、铝制品工业和有色金属工业用的 IMS 测量设备的批发。				

企业名称	逸盈国际贸易（上海）有限公司				
企业地址	上海市外高桥保税区基隆路 1 号 1124-2 室（200131）				
投资总额	14 万 USD	电话	58690453	传真	63620818
设立日期	2007-3-13	负责人	洪文艺		
主营业务	服装、鞋类、手袋、饰品（毛钻、裸钻除外）的批发、佣金代理。				

企业名称	北维机电设备贸易（上海）有限公司				
企业地址	上海市浦东新区新金桥路 201 号 801 室（201206）				
投资总额	5 万欧元	电话	50325200	传真	50325202
设立日期	2007-3-13	负责人	ROLF PER PAUL PERSSON		
主营业务	变频器、传动装置、发电机、变压器和其他机电设备及其零部件的批发。				

企业名称	和展制冷设备贸易（上海）有限公司				
企业地址	上海市长宁区中山西路 179 号 12C 室（200051）				
投资总额	30 万 USD	电话	52390913	传真	62134209
设立日期	2007-3-12	负责人	黄荣福		
主营业务	采暖制冷设备、净化设备、节能设备及其零部件的批发、佣金代理。				

企业名称	多勿（上海）商贸有限公司				
企业地址	上海市浦东新区民生路 1518 号、含笑路 80 号 B 楼 404A 室（200135）				
投资总额	55 万 USD	电话	61042893	传真	
设立日期	2007-3-12	负责人	高仁相		
主营业务	日用百货、仪器仪表、建筑装潢材料、汽车配件、橡胶制品的批发。				

企业名称	上海丰群商贸有限公司				
企业地址	上海市闵行区沪青平公路 395 号 1 幢 202 室（201100）				
投资总额	51 万 USD	电话	62701505	传真	62701506
设立日期	2007-3-12	负责人	范陈桂莺		
主营业务	服装服饰、床上用品、服装面料及辅料的进出口、批发、佣金代理。				

企业名称	三和商工（上海）贸易有限公司				
企业地址	上海市肇嘉浜路 798 号 1206 室（200031）				
投资总额	17 万 USD 元	电话	64455897	传真	
设立日期	2007-3-12	负责人	泊英昭		
主营业务	树脂成型机器的电线电缆、模具的进出口（原木出口除外）、批发。				

企业名称	上海信轮贸易有限公司				
企业地址	上海市中山西路 1800 号 21A 室（200233）				
投资总额	14 万 USD	电话	64401667	传真	64401693
设立日期	2007-3-12	负责人	李松南		
主营业务	健身器材、橡胶制品、塑料制品、日用杂货的批发、进出口。				

企业名称	娜扬（上海）商贸有限公司				
企业地址	上海市大钥桥路 333 号北幢 2605I 室（200030）				
投资总额	100 万 RMB	电话	54225928	传真	64011230
设立日期	2007-3-12	负责人	TAMEHIRO AKIO（为广晓雄）		
主营业务	电脑软硬件、电脑耗材、数码产品、办公家具的批发。				

企业名称	迪芙钻石（上海）有限公司				
企业地址	上海市浦东新区福山路 458 号同盛大厦 1107-06 室（200122）				
投资总额	20 万 USD	电话		传真	
设立日期	2007-3-9	负责人	PARTH DINESHCHANDRA SHAH		
主营业务	在上海钻石交易所开展钻石（不含金银）的交易。				

企业名称	翰欣（上海）贸易有限公司				
企业地址	上海市闵行区吴中路 1059 号第 6 幢（201103）				
投资总额	60 万 USD	电话	64015008	传真	64015008
设立日期	2007-3-9	负责人	陈琲玲		
主营业务	从事服装、服装面辅料、服装配饰的批发、佣金代理（拍卖除外）。				

企业名称	易便世（上海）贸易有限公司				
企业地址	上海市外高桥保税区基隆路 6 号外高桥大厦 514 室（200131）				
投资总额	13 万 USD	电话	62371601	传真	62371602
设立日期	2007-3-9	负责人	JOO JAEYOON		
主营业务	在保税区内从事国际贸易、转口贸易、保税区企业之间贸易及贸易代理。				

企业名称	韩波贸易（上海）有限公司				
企业地址	上海市闵行区吴中路1100号5幢807室（201103）				
投资总额	13万USD	电　话	58333035	传　真	
设立日期	2007-3-9	负责人	LEE KI JIN		
主营业务	汽车配件及零部件、机械配件、电子产品、家用电器的批发、佣金代理。				

企业名称	丽成九泰（上海）商贸有限公司				
企业地址	上海市静安区长乐路672弄33号5幢103室（200041）				
投资总额	15万USD	电　话	54036632	传　真	
设立日期	2007-3-9	负责人	JASON LINSEN XU		
主营业务	酒、服装及饰品、化妆品的批发、自营商品的进出口业务。				

企业名称	日新光通信设备贸易（上海）有限公司				
企业地址	上海市浦东新区浦东南路1101号1217室（200122）				
投资总额	14万USD	电　话	58360950	传　真	58360951
设立日期	2007-3-7	负责人	CHANSOUL PARK		
主营业务	精密仪器及设备，通信元器件，通信仪器仪表，光电产品的批发。				

企业名称	优爱际贸易（上海）有限公司				
企业地址	上海市黄浦区中华路989号401甲室（200010）				
投资总额	8万USD	电　话	64073582	传　真	64073582
设立日期	2007-3-7	负责人	田中英姬		
主营业务	化妆品、护肤品、工艺品（文物除外）、服装服饰、日用百货的批发。				

企业名称	缔特卡（上海）贸易有限公司				
企业地址	上海市浦东新区浦东南路360号新上海国际大厦17层B座（200120）				
投资总额	35万USD	电　话	54279090	传　真	54264142
设立日期	2007-3-7	负责人	ANGUS JAMES MCDOUGALL		
主营业务	信息安全证卡，信息安全证卡生产加工设备及配套软件、耗材的进出口。				

企业名称	翡杰乐国际贸易（上海）有限公司				
企业地址	上海市外高桥保税区加枫路24号新发展银行楼2层309室（200131）				
投资总额	25万USD	电　话	50480473	传　真	62491655
设立日期	2007-3-6	负责人	GENOVESI ALBERTO		
主营业务	国际贸易、转口贸易、保税区企业间贸易代理，货物及技术进出口。				

企业名称	艾瑞迪贸易（上海）有限公司				
企业地址	上海市黄浦区延安东路222号第43层第8单元（200002）				
投资总额	36万USD	电　话	63350462	传　真	63350461
设立日期	2007-3-6	负责人	VERNON J NAGEL		
主营业务	照明设备成品、半成品、零部件、模具的批发、佣金代理（拍卖除外）。				

企业名称	佐丹奴（上海）商贸有限公司				
企业地址	上海市普陀区武威路789号616、617室（200331）				
投资总额	500万港币	电　话	62507852	传　真	63614151
设立日期	2007-3-5	负责人	马灼安		
主营业务	服装、饰物、箱包、鞋帽、皮革制品及其保养品的批发、零售、进出口。				

企业名称	史莱诺吉（上海）钻石有限公司				
企业地址	上海市浦东新区世纪大道88号金茂大厦437室（200120）				
投资总额	20万USD	电　话	50470197	传　真	50470197
设立日期	2007-3-5	负责人	DIPAN JAGDISH PATEL		
主营业务	在上海钻石交易所开展钻石（不含金银）的交易。				

企业名称	上海开展贸易有限公司				
企业地址	上海市浦东新区利津路691、693号（200129）				
投资总额	65万USD	电　话	50257317	传　真	50263514
设立日期	2007-3-5	负责人	孙石珍		
主营业务	食品、餐饮器械的批发、零售、佣金代理（拍卖除外）、进出口。				

企业名称	美信富客（上海）商贸有限公司				
企业地址	上海市惠南镇人民东路22弄9幢2楼（201300）				
投资总额	20万USD	电　话	68245000	传　真	68008051
设立日期	2007-3-2	负责人	江　晟		
主营业务	服装、鞋帽、包及日用品的批发及进出口、佣金代理（拍卖除外）。				

企业名称	耐驰科学仪器商贸（上海）有限公司				
企业地址	上海市外高桥保税区希雅路33号17号楼2层D部位（200131）				
投资总额	55万USD	电　话	63532705	传　真	63532704
设立日期	2007-3-2	负责人	杨大中		
主营业务	耐火材料测试设备、研磨机、泵、贱金属制品和相关实验设备的批发。				

企业名称	诺凡麦医药贸易（上海）有限公司				
企业地址	上海市外高桥保税区富特西一路439号3层310室（200131）				
投资总额	100万USD	电　话	63345666	传　真	63346218
设立日期	2007-3-2	负责人	MARK GAVIN LOTTER		
主营业务	以医药产品为主的国际贸易、转口贸易、保税区贸易及区内贸易代理。				

企业名称	馥泰贸易（上海）有限公司				
企业地址	上海市外高桥保税区加太路39号5楼26部位（200131）				
投资总额	13万USD	电　话	64262951	传　真	64262952
设立日期	2007-3-2	负责人	ANTONIO MARIA SABLAN LIMPO		
主营业务	电子产品、机械设备、精密仪器、通讯器材、计算机软硬件的批发。				

企业名称	前海国际贸易（上海）有限公司				
企业地址	上海市杨高北路2001号市场商务楼二层1-207室（200131）				
投资总额	11万USD	电　话	68750075	传　真	50814358
设立日期	2007-3-2	负责人	贺风君		
主营业务	国际贸易、转口贸易、保税区企业间的贸易及区内贸易代理。				

企业名称	上海永代贸易有限公司				
企业地址	上海市浦东新区浦东南路2240号永业商务楼401室（200127）				
投资总额	20万USD	电　话	68736989	传　真	68736066
设立日期	2007-3-1	负责人	吉岡源裕		
主营业务	服装、饰品、针纺织品及其辅料、箱包、鞋帽的批发、佣金代理。				

企业名称	上海皮拉贸易有限公司				
企业地址	上海市长宁区仙霞路319号1111室（200051）				
投资总额	25万USD	电　话	62087711	传　真	62350501
设立日期	2007-3-1	负责人	鹫田尚毅		
主营业务	专用机械设备及配套装置、支承、五金产品及树脂产品的进出口、批发。				

企业名称	丸屋化学贸易（上海）有限公司				
企业地址	上海市浦东新区浦东南路588号浦发大厦11层D单元（200120）				
投资总额	500万RMB	电　话	68591855	传　真	
设立日期	2007-3-1	负责人	森田民雄		
主营业务	食品添加剂、塑料制品、玻璃制品以及化学品度量控制设备的批发。				

企业名称	领骋贸易（上海）有限公司				
企业地址	上海市浦东新区张江路665号3楼A09室（201203）				
投资总额	100万USD	电　话	62957972	传　真	62957980
设立日期	2007-2-26	负责人	陈银燕		
主营业务	从事各类鞋、箱包、服饰、家具产品的零售、批发、佣金代理。				

企业名称	上海东著贸易有限公司				
企业地址	上海市闵行区春申路2703-2705室（201100）				
投资总额	14万USD	电　话	54999547	传　真	54999548
设立日期	2007-2-26	负责人	金哲范		
主营业务	汽车配件、汽车音响设备、五金交电（电动自行车）的批发、零售。				

企业名称	阿纳泽沃德国际贸易（上海）有限公司				
企业地址	上海市外高桥保税区冰克路500号B2K-3仓库A12部位（200131）				
投资总额	14万USD	电　话	64383300	传　真	64418128
设立日期	2007-2-26	负责人	MICHAEL WEISSENRIEDER		
主营业务	国际贸易，转口贸易，保税区内企业间的贸易及贸易代理。				

企业名称	大蜂（上海）贸易有限公司				
企业地址	上海市外高桥保税区冰克路500号综合楼207室（200131）				
投资总额	14万USD	电　话	54437897	传　真	64582725
设立日期	2007-2-26	负责人	BYUNGSANG PARK		
主营业务	国际贸易、转口贸易，保税区企业间的贸易及区内贸易代理。				

企业名称	上海祝霸商贸有限公司				
企业地址	上海市外高桥保税区泰谷路88号丰谷大厦741A室（200131）				
投资总额	20万USD	电　话	58660573	传　真	50462599
设立日期	2007-2-25	负责人	MOHAMED ABDI HAJI FARAH		
主营业务	鞋帽产品及其配件、铝制品、塑料制品、玻璃制品及办公用品的批发。				

企业名称	大京贸易（上海）有限公司				
企业地址	上海市闸北区共和新路3201号1618室（200435）				
投资总额	50万USD	电　话	51113840	传　真	51113844
设立日期	2007-2-25	负责人	YOO KWAN JONG		
主营业务	钢材的批发、佣金代理（拍卖除外）、进出口。				

企业名称	上海粉蝶花贸易有限公司				
企业地址	上海市浦东新区川沙路 458 号 305 室（210209）				
投资总额	1000 万 RMB	电　话	51943707	传　真	58632975
设立日期	2007-2-25	负责人	余菊红		
主营业务	服装、服饰、鞋帽、箱包的批发、佣金代理（拍卖除外）、进出口。				

企业名称	山田蜂业商贸（上海）有限公司				
企业地址	上海市卢湾区瑞金二路 99 号一、二层（200020）				
投资总额	45 万 USD	电　话	53068983	传　真	53010910
设立日期	2007-2-17	负责人	山田英生		
主营业务	化妆品、食品、饮料及日化用品的批发、零售、佣金代理（拍卖除外）。				

企业名称	凯夫曼（上海）贸易有限公司				
企业地址	上海市外高桥保税区富特西一路 139 号 907 室（200131）				
投资总额	14 万 USD	电　话	61176030	传　真	61176031
设立日期	2007-2-17	负责人	RONALD HUGH KAUFMANN		
主营业务	针纺织品、家具、日用品、工艺品、纺织原材料（棉花除外）的批发。				

企业名称	真湛商贸（上海）有限公司				
企业地址	上海市浦东新区上南路 1318 号 302-2 室（201206）				
投资总额	30 万 USD	电　话	68937406	传　真	68937410
设立日期	2007-2-16	负责人	廖宜洲		
主营业务	水处理设备、泵零件、轻纺织品、服装服饰、化妆品、日用百货的批发。				

企业名称	阿玛诺天野酶制剂商贸（上海）有限公司				
企业地址	上海市静安区延安中路 1440 号阿波罗大厦 301 室（200041）				
投资总额	10 万 USD	电　话	62490810	传　真	62487026
设立日期	2007-2-16	负责人	天野源之		
主营业务	食品添加剂、医药添加剂（药品除外）、农药添加剂（农药除外）批发。				

企业名称	阿乐滨度（上海）贸易有限公司				
企业地址	上海市长宁区兴义路 8 号 3304 室（200336）				
投资总额	500 万 RMB	电　话	52080981	传　真	52080381
设立日期	2007-2-16	负责人	ARVIND KUMAR CHANDAK		
主营业务	精细化工产品、药品原料与中间体（药品、危险品除外）的批发。				

企业名称	依技（上海）商贸有限公司				
企业地址	上海市静安区南京西路 993 号 14 楼 21 室（200041）				
投资总额	100 万 RMB	电　话	32100193	传　真	62723425
设立日期	2007-2-16	负责人	KARL JOHAN ALANDER		
主营业务	工业、汽车及消费领域的电子产品及配件的批发、佣金代理（拍卖除外）。				

企业名称	机时商贸（上海）有限公司				
企业地址	上海市浦东新区商城路 800 号斯米克大厦 1418C（200120）				
投资总额	250 万 USD	电　话	61359466	传　真	61359467
设立日期	2007-2-15	负责人	李司徒曼慧		
主营业务	眼镜、皮具及皮制品、箱包、配饰、珠宝（裸钻、毛钻除外）的批发。				

企业名称	明桥贸易（上海）有限公司				
企业地址	上海市长宁区定西路 1016 号 5 楼 A 座（200050）				
投资总额	25 万 USD	电　话	51696155	传　真	52391532
设立日期	2007-2-15	负责人	MINGHUA LU		
主营业务	化工产品及化工原料的批发。				

企业名称	周生生钻石（上海）有限公司				
企业地址	上海市浦东新区福山路 458 号同盛大厦 1107-08 室（200122）				
投资总额	30 万 USD	电　话	64717177	传　真	
设立日期	2007-2-15	负责人	周永成		
主营业务	在上海钻石交易所开展钻石（不含金银）的交易。				

企业名称	上海天荣商贸有限公司				
企业地址	上海市静安区威海路 567 号晶彩世纪大厦 13 楼 A、B、C、D 室(200041)				
投资总额	150 万 USD	电　话	62888936	传　真	
设立日期	2007-2-15	负责人	郑应南		
主营业务	眼镜、鞋帽、服装、皮革制品、箱包制品、人造首饰和护肤品的批发。				

企业名称	上海典岸贸易有限公司				
企业地址	上海市静安区大沽路 372 号 1 层（200041）				
投资总额	12.5 万 USD	电　话	63401590	传　真	63537455
设立日期	2007-2-15	负责人	JACQUES VERNAY		
主营业务	酒类、饮料、奶制品、食品及日用品进出口、批发、零售、佣金代理。				

企业名称	富龙贸易（上海）有限公司				
企业地址	上海市浦东新区芳华路 916 弄 97 号 101 室（201204）				
投资总额	12 万 USD	电　话		传　真	
设立日期	2007-2-15	负责人	ACHARD DIDIER		
主营业务	五金产品、纺织制品及工艺礼品的批发、进出口、佣金代理（拍卖除外）。				

企业名称	洁海（上海）汽配贸易有限公司				
企业地址	上海市浦东新区华夏三路 201 弄 2 号（201200）				
投资总额	13.5 万 USD	电　话	53757188	传　真	
设立日期	2007-2-15	负责人	TUAN GEANG THEEN		
主营业务	汽车零配件、汽车用品的批发、佣金代理（拍卖除外）、进出口。				

企业名称	普门斯（上海）贸易有限公司				
企业地址	上海市长宁区宣化路 311 号 509 室（200050）				
投资总额	14 万 USD	电　话	62405076	传　真	62408202
设立日期	2007-2-15	负责人	谭祖伟		
主营业务	化学制剂（危险品除外）、工艺礼品、汽车配件及有色金属材料的批发。				

企业名称	星德蓝玛商贸（上海）有限公司				
企业地址	上海市浦东新区陆家嘴东路 161 号 2406 室（200121）				
投资总额	11 万欧元	电　话	52985060	传　真	
设立日期	2007-2-15	负责人	PAOLO PIANA		
主营业务	从事纺织原料（棉花除外）及纺织制品的批发、佣金代理（拍卖除外）。				

企业名称	莎哈利本贸易（上海）有限公司				
企业地址	上海市长宁区虹桥路 2272 号 C 段 4 楼 S 座（201103）				
投资总额	300 万 RMB	电　话	52081320	传　真	52081322
设立日期	2007-2-15	负责人	WOLF-DIETER DR GRIEBLER		
主营业务	陶瓷产品、玻璃及其制品，机器、机械器具、电气设备及其零件的批发。				

企业名称	艾曼斯（上海）化学贸易有限公司				
企业地址	上海市长宁区仙霞路 319 号 1908-1911 室（200051）				
投资总额	80 万瑞士法郎	电　话	62957186	传　真	62957870
设立日期	2007-2-15	负责人	HANS-WERNER GREIF		
主营业务	化工产品及化工原料（危险化学品除外）的批发、佣金代理（拍卖除外）。				

企业名称	安兰诺（上海）国际贸易有限公司				
企业地址	上海市外高桥保税区杨高北路 2001 号 F 区 2 层 206A 室（200131）				
投资总额	20 万 USD	电　话	68537981	传　真	53027727
设立日期	2007-2-14	负责人	VISONE GIANFRANCO		
主营业务	礼品、玩具、家电、休闲用品、办公用品、日用品、五金、洁具的批发。				

企业名称	阿非力克（上海）钻石贸易有限公司				
企业地址	上海市浦东新区福山路 458 号同盛大厦 1107-07 室（200122）				
投资总额	75 万 USD	电　话	51523787	传　真	5152378
设立日期	2007-2-14	负责人	喻　宁		
主营业务	在上海钻石交易所开展钻石（不含金银）的交易。				

企业名称	泰固国际贸易（上海）有限公司				
企业地址	上海市外高桥保税区奥纳路 79 号 2116 室（200131）				
投资总额	13 万 USD	电　话	62365958	传　真	62365957
设立日期	2007-2-14	负责人	FERNAN JESUS LUQUE GONZALEZ		
主营业务	在保税区内从事国际贸易、转口贸易、保税区企业间贸易及贸易代理。				

企业名称	帕斯嘉（上海）贸易有限公司				
企业地址	上海市外高桥保税区基隆路 1 号汤臣国际贸易大厦 2022 室（200131）				
投资总额	12.5 万 USD	电　话	58692901	传　真	58692902
设立日期	2007-2-13	负责人	JAKOB THOISEN		
主营业务	国际贸易、转口贸易、保税区内企业间的贸易及贸易代理。				

企业名称	英得艾斯贸易（上海）有限公司				
企业地址	上海市外高桥保税区泰谷路 18 号 909 室（200131）				
投资总额	13 万 USD	电　话	58366336	传　真	58607006
设立日期	2007-2-13	负责人	余红升		
主营业务	国际贸易、转口贸易、保税区内企业间的贸易及贸易代理。				

企业名称	班萨建材贸易（上海）有限公司				
企业地址	上海市恒通路 360 号 A1303 室（200070）				
投资总额	14 万 USD	电　话	63802463	传　真	
设立日期	2007-2-13	负责人	GERARD CASAMIQUELA ALLEPUZ		
主营业务	建材、五金制品及化工产品（危险化学品除外）的批发、佣金代理。				

批发和零售贸易业

企业名称	泛埃富国际贸易（上海）有限公司				
企业地址	上海市外高桥保税区奥纳路 79 号一号楼二层 2068 室（200131）				
投资总额	15 万 USD	电话	62950119	传真	62519796
设立日期	2007-2-13	负责人	RICHARD KOH CHYE HENG		
主营业务	国际贸易、转口贸易、保税区企业间的贸易及贸易代理。				

企业名称	梓道嘉（上海）商贸有限公司				
企业地址	上海市陕西北路 66 号 1401 室（200041）				
投资总额	50 万欧元	电话	52289090	传真	52289090
设立日期	2007-2-13	负责人	赵令勇		
主营业务	纸张、用于广告宣传用的印刷品和包装品的批发。				

企业名称	上海天有晴贸易有限公司				
企业地址	上海市长宁区汇川路 99 号 1423、1424 室（200050）				
投资总额	100 万 RMB	电话	52724276	传真	52724299
设立日期	2007-2-13	负责人	江川文平		
主营业务	从事服装服饰及其原材料（棉花除外）、箱包及日用小百货的批发。				

企业名称	阿优钻石（上海）有限公司				
企业地址	上海市浦东新区福山路 458 号同盛大厦 1107-04 室（200122）				
投资总额	65 万 USD	电话	50811258	传真	
设立日期	2007-2-12	负责人	JENISH HASMUKHKUMAK SHAH		
主营业务	在上海钻石交易所开展（不含金银）的交易。				

企业名称	林美国际贸易（上海）有限公司				
企业地址	上海市外高桥保税区富特西一路 139 号 1020 室（200131）				
投资总额	3 万 USD	电话	58669840	传真	58666896
设立日期	2007-2-12	负责人	王红培		
主营业务	国际贸易、转口贸易、保税区企业间的贸易及区内贸易代理。				

企业名称	麦帝贸易（上海）有限公司				
企业地址	上海市浦东新区福山路 458 号 1211 室（200122）				
投资总额	50 万 USD	电话	62756690	传真	62755842
设立日期	2007-2-12	负责人	吕联宗		
主营业务	卫生用品、体育用品和日用百货的进出口、批发、佣金代理（拍卖除外）。				

企业名称	格楠国际贸易（上海）有限公司				
企业地址	上海市长宁区仙霞路 317 号 2001 室（200051）				
投资总额	14 万 USD	电话	62350190	传真	62350533
设立日期	2007-2-12	负责人	THANG CHEONG NAM		
主营业务	厨卫洁具、灯具、空调、地毯、锁具、门、家具、工艺品的批发。				

企业名称	天博华贸易（上海）有限公司				
企业地址	上海市光复路 1 号上海四行仓库科技创意园区 623 室（200070）				
投资总额	11 万欧元	电话	52985060	传真	63816507
设立日期	2007-2-12	负责人	FONTANA GARY		
主营业务	水暖器材及配件、五金材料及配件、塑料制品、健身器材、模具的批发。				

企业名称	福士电（上海）贸易有限公司				
企业地址	上海市漕溪北路 41 号 1804 室（200030）				
投资总额	100 万港币	电话	54900548	传真	54904406
设立日期	2007-2-9	负责人	古川丰		
主营业务	从事电子元器件、电子产品的批发以及进出口业务。				

企业名称	斯达拉格海科特（上海）商贸有限公司				
企业地址	上海市张江高科技园区科苑路 88 号德国中心 2 幢 705 室（201203）				
投资总额	20 万 USD	电话	28986299	传真	28986298
设立日期	2007-2-9	负责人	DR. FRANK BRINKEN		
主营业务	机械设备产品及其零部件的批发、进出口、佣金代理（拍卖除外）。				

企业名称	柯而茂服饰贸易（上海）有限公司				
企业地址	上海市长宁区娄山关路 85 号 A 座 702 室（200336）				
投资总额	35 万 USD	电话	62785300	传真	62886702
设立日期	2007-2-8	负责人	MARIO FRANCESCO COLOMBO		
主营业务	各类服装、服装配饰、运动装备、鞋帽、箱包、服装辅料的批发。				

企业名称	进兴贸易（上海）有限公司				
企业地址	上海市外高桥保税区加枫路 24 号三楼 307 室（200131）				
投资总额	14 万 USD	电话	58301538	传真	
设立日期	2007-2-8	负责人	BYUNG HO PARK		
主营业务	国际贸易、转口贸易、保税区企业间的贸易及区内贸易代理。				

企业名称	优彼得流体输送设备贸易（上海）有限公司				
企业地址	上海市浦东新区福山路 450 号 25B 室部分（200122）				
投资总额	14 万 USD	电话	58307975	传真	58307535
设立日期	2007-2-8	负责人	JOHN FREEMON ANDERSON		
主营业务	从事流体装卸设备及零配件、液位测量元件和仪表控制系统的批发。				

企业名称	太洋贸易（上海）有限公司				
企业地址	上海市湖南路 281 号三楼（200031）				
投资总额	200 万 RMB	电话	54655092	传真	54655091
设立日期	2007-2-8	负责人	孙鹏璐		
主营业务	从事化工产品（危险化学品、成品油、农药、化肥除外）的批发。				

企业名称	爱克利斯商贸（上海）有限公司				
企业地址	上海市静安区南京西路 1266 号恒隆广场 2308 室（200040）				
投资总额	3000 万日元	电话	62675725	传真	62713025
设立日期	2007-2-8	负责人	上柳正直		
主营业务	美容、美发、理容机器及配件，家具，照明灯具的批发、佣金代理。				

企业名称	宝德温印刷设备贸易（上海）有限公司				
企业地址	上海市浦东新区商城路 800 号 311 室（200120）				
投资总额	25 万 USD	电话	58358308	传真	58358300
设立日期	2007-2-7	负责人	今福一英		
主营业务	印刷用辅助机器及备品部件的进出口、批发业务、佣金代理（拍卖除外）。				

企业名称	葡中（上海）贸易有限公司				
企业地址	上海市浦东新区海徐路 939 弄 5 号 227 室（200137）				
投资总额	30 万 USD	电话	52132895	传真	
设立日期	2007-2-7	负责人	ZHAN YONG QIAO		
主营业务	建筑材料（钢材除外）、纺织品、电子产品、机电设备批发、佣金代理。				

企业名称	新政星（上海）贸易有限公司				
企业地址	上海市浦东新区金桥路 255 号 508 室（201206）				
投资总额	101 万 USD	电话	54450886	传真	54450885
设立日期	2007-2-7	负责人	陈秀卿		
主营业务	化工产品（危险化学品除外）、塑料用品的批发、进出口、佣金代理。				

企业名称	瑞仙贸易（上海）有限公司				
企业地址	上海市肇嘉浜路 798 号 1509 室（200031）				
投资总额	22 万欧元	电话	54656336	传真	54562210
设立日期	2007-2-7	负责人	SIMON SEYMER		
主营业务	商用厨房烹饪设备及其零部件和附件的批发，佣金代理（拍卖除外）。				

企业名称	欧凯特雷德贸易（上海）有限公司				
企业地址	上海市浦东新区东方路 971 号 7F 室（200120）				
投资总额	20 万欧元	电话	51336216	传真	51336219
设立日期	2007-2-7	负责人	GERHARD HAAS		
主营业务	撞击测试器材的进出口、批发，提供其他相关服务。				

企业名称	上海和工贸易有限公司				
企业地址	上海市外高桥保税区华京路 8 号 618 室（200131）				
投资总额	310 万 RMB	电话	62888612	传真	62888605
设立日期	2007-2-7	负责人	彭向阳		
主营业务	国际贸易，转口贸易，保税区内企业间的贸易及贸易代理。				

企业名称	日写（上海）科技贸易有限公司				
企业地址	上海市静安区南京西路 1266 号 1212 室（200041）				
投资总额	87 万 USD	电话	62887222	传真	62887233
设立日期	2007-2-6	负责人	铃木顺也		
主营业务	塑料树脂制品及原料、机械电子装置及零部件、模具、触摸屏的批发。				

企业名称	泰艺思节能产品商贸（上海）有限公司				
企业地址	上海市淮海西路 55 号 21 层 D 座（200030）				
投资总额	35 万 USD	电话	61513919	传真	61513998
设立日期	2007-2-6	负责人	WYNNE GORDON JAMES HENDERSON		
主营业务	电动机、电子照明装置、热泵、自动调节及控制装置及零配件的进出口。				

企业名称	上海嘉尔特贸易有限公司				
企业地址	上海市桂平路 418 号 21 楼（200233）				
投资总额	50 万 USD	电话	51599946	传真	
设立日期	2007-2-6	负责人	高光荣		
主营业务	日用百货、化妆品、玩具、电子电器产品的批发、佣金代理（拍卖除外）。				

企业名称	蔚视科贸易（上海）有限公司				
企业地址	上海市长宁区凯旋路 1010 号 7 幢 102 室（200052）				
投资总额	126 万 USD	电　话	61619368	传　真	61619370
设立日期	2007-2-5	负责人	VOLKER WILHELM PAPE		
主营业务	成套光学和 X 光技术检测设备（组合型）以及相关配件的批发。				

企业名称	养志园贸易（上海）有限公司				
企业地址	上海市虹口区吴淞路 218 号宝矿国际大厦 1003 室（200080）				
投资总额	14 万 USD	电　话	63831661	传　真	63831771
设立日期	2007-2-5	负责人	王佩红		
主营业务	从事切削工具及相关产品、数控机床、五金工具、机床设备的批发。				

企业名称	俯峰（上海）机械贸易有限公司				
企业地址	上海市长宁区金钟路 658 弄 10 号 416 室（200335）				
投资总额	15 万 USD	电　话	51507197	传　真	51507196
设立日期	2007-2-5	负责人	江金鸿		
主营业务	机械设备的零配件、五金工具、橡胶制品、节能电力设备的批发。				

企业名称	箭上（上海）贸易有限公司				
企业地址	上海市松江区九亭镇九亭大街 245 号 1 楼（201615）				
投资总额	14 万 USD	电　话	67695275	传　真	67695275
设立日期	2007-2-2	负责人	朴真秀（PARK JIN SOO）		
主营业务	机械设备及配件、电子产品、电子器件及元件、仪器仪表的进出口。				

企业名称	上海新运旺商贸有限公司				
企业地址	上海市文定路 218 号 5 楼 508 室（200030）				
投资总额	14 万 USD	电　话	54254542	传　真	54254542
设立日期	2007-2-2	负责人	胡馨月		
主营业务	工艺礼品（文物除外）、电器产品、办公用品的批发及进出口。				

企业名称	和儿司贸易（上海）有限公司				
企业地址	上海市浦东新区张杨路 158 号 C703 室（200120）				
投资总额	15 万 USD	电　话	58794537	传　真	58792583
设立日期	2007-2-2	负责人	李宝信		
主营业务	农副产品、休闲食品、饮料、咖啡、厨房用品的批发及进出口业务。				

企业名称	飞雅贸易（上海）有限公司				
企业地址	上海市浦东新区浦东南路 1101 号远东大厦 1413 室（200120）				
投资总额	20 万 USD	电　话	50278805	传　真	50278209
设立日期	2007-2-1	负责人	EMILE JAMES POUQUETTE		
主营业务	电子显微镜的批发、进出口和佣金代理（拍卖除外），并提供配套业务。				

企业名称	倍思雅（上海）贸易有限公司				
企业地址	上海市外高桥保税区英伦路 38 号衡山国际商务楼五层 520 室（200131）				
投资总额	20 万 USD	电　话	61025298	传　真	63539951
设立日期	2007-2-1	负责人	张文豪		
主营业务	各类服装、服饰、面料、辅料及相关配套产品的批发、佣金代理。				

企业名称	源流贸易（上海）有限公司				
企业地址	上海市卢湾区黄陂南路 700 号 D 幢 306 室（200020）				
投资总额	20 万 USD	电　话	63852879	传　真	63755566
设立日期	2007-2-1	负责人	ALEX LUCAS SMAYDA		
主营业务	日用百货、厨房用品、餐具、塑料粒子的批发、佣金代理（拍卖除外）。				

企业名称	得菲贸易（上海）有限公司				
企业地址	上海市长宁区娄山关路 83 号 2301 室（200336）				
投资总额	25 万 USD	电　话	62190185	传　真	62190157
设立日期	2007-2-1	负责人	AN IL CHAN		
主营业务	刀剪类工具及相关零部件、附属品的批发，进出口以及相关的配套服务。				

企业名称	枫村商贸（上海）有限公司				
企业地址	上海市浦东新区杨高北路 528 号 14 幢 6020 室（200136）				
投资总额	14 万 USD	电　话	62589169	传　真	62584456
设立日期	2007-2-1	负责人	林孟麟		
主营业务	电子产品及其配件和原材料、集成电路、晶振、五金交电的批发。				

企业名称	孩礼斯贸易（上海）有限公司				
企业地址	上海市闵行区吴中路 1100 号第 5 幢 519 室（201103）				
投资总额	14 万 USD	电　话	54223251	传　真	54223426
设立日期	2007-2-1	负责人	CHO KANG HYUN		
主营业务	服装、玩具、日用百货的批发、佣金代理（拍卖除外），商品的进出口。				

企业名称	汇浜贸易（上海）有限公司				
企业地址	上海市长宁区定西路 1232 号第 4 幢 1 号楼 608A 室（200050）				
投资总额	14 万 USD	电　话	66312407	传　真	66314407
设立日期	2007-2-1	负责人	周　林		
主营业务	工艺品（文物除外）、办公用品、塑料制品、玻璃制品的进出口。				

企业名称	满福国际贸易（上海）有限公司				
企业地址	上海市外高桥保税区杨高北路 2001 号市场商务楼 1-208 室（200131）				
投资总额	20 万 USD	电　话	50460646	传　真	51699967
设立日期	2007-1-31	负责人	杨恒生		
主营业务	在保税区内从事国际贸易、转口贸易，保税区企业间的贸易及贸易代理。				

企业名称	积家悦纺织国际贸易（上海）有限公司				
企业地址	上海市外高桥保税区泰谷路 18 号 1 号楼 7 层 712B 室（200131）				
投资总额	13 万 USD	电　话	52060652	传　真	
设立日期	2007-1-31	负责人	马金华		
主营业务	以纺织品贸易为主的国际贸易、转口贸易、保税区内企业间的贸易。				

企业名称	曦缀商贸（上海）有限公司				
企业地址	上海市长宁区延安西路 2299 号 10A85（200336）				
投资总额	14 万 USD	电　话	62362218	传　真	
设立日期	2007-1-30	负责人	MYUNG SOO SEO		
主营业务	电器、电气设备及零件、防腐设备、环保设备的批发、进出口。				

企业名称	睿达（上海）贸易有限公司				
企业地址	上海市长宁区延安西路 1118 号 1603 室（200052）				
投资总额	10 万欧元	电　话	61159653	传　真	62782429
设立日期	2007-1-30	负责人	ERCOLE BOTTO POALA		
主营业务	纺织品、服装服饰、纺织原料（棉花除外）、鞋帽的进出口、批发。				

企业名称	上海近兄贸易有限公司				
企业地址	上海市南丹东路 300 弄 9 号 1305 室（200030）				
投资总额	150 万 RMB	电　话	64871883	传　真	64871553
设立日期	2007-1-30	负责人	石进康三		
主营业务	化妆品、日化用品、工艺品（文物除外）的批发、佣金代理（拍卖除外）。				

企业名称	武正机械贸易（上海）有限公司				
企业地址	上海市浦东新区东方路 738 号裕安大厦主楼 1506 号房部分（200122）				
投资总额	88 万 USD	电　话	50581316	传　真	
设立日期	2007-1-29	负责人	天满正		
主营业务	各式工业用新型自动化高科技设备及其零配件和相关工具的批发。				

企业名称	富瑞德散装液体包装物贸易（上海）有限公司				
企业地址	上海市宜山路 888 号 1402 室（200233）				
投资总额	20 万 USD	电　话	64856283	传　真	64856282
设立日期	2007-1-29	负责人	姜　轶		
主营业务	各类集装袋设备及其配件、塑料制品、五金制品、各类塑料粒子的批发。				

企业名称	可兹食品贸易（上海）有限公司				
企业地址	上海市闵行区古方路 18 号 701 室（200237）				
投资总额	150 万 USD	电　话	51875678	传　真	54170218
设立日期	2007-1-29	负责人	斯培德		
主营业务	食品的进出口、批发、佣金代理（拍卖除外）及相关的配套业务。				

企业名称	杉科（上海）商贸有限公司				
企业地址	上海市淮海中路 1010 号 2704G（200031）				
投资总额	14 万 USD	电　话	61659089	传　真	61659089
设立日期	2007-1-29	负责人	MICHAEL OLIVER IBACH		
主营业务	软件产品的批发；软件产品的进出口、佣金代理（拍卖除外）。				

企业名称	寰秀贸易（上海）有限公司				
企业地址	上海市静安区南京西路 1038 号 1809 室（200041）				
投资总额	10 万 USD	电　话	62672755	传　真	62675570
设立日期	2007-1-29	负责人	GARY LEONG CHENG FAI		
主营业务	服装、服饰、鞋帽、箱包的零售，商品的进口，采购国内商品出口。				

企业名称	兰特克（上海）贸易有限公司				
企业地址	上海市浦东新区商城路 800 号 705 室（200120）				
投资总额	10 万 USD	电　话	58360766	传　真	58362259
设立日期	2007-1-29	负责人	MARTINEZ LOPEZ ALBERTO		
主营业务	软件产品的批发、进出口、佣金代理（拍卖除外），提供相关技术咨询。				

企业名称	雄迈电子科技贸易（上海）有限公司				
企业地址	上海市浦东新区成山路220号1205C室（200126）				
投资总额	15万USD	电　话	64326520	传　真	64325907
设立日期	2007-1-29	负责人	胡拯民		
主营业务	仪器仪表、电子元件、电脑及配件，橡胶制品的批发、佣金代理。				

企业名称	艾巴克贸易（上海）有限公司				
企业地址	上海市青浦区新团路200号16号厂房二层（201700）				
投资总额	20万欧元	电　话	63296198	传　真	63299318
设立日期	2007-1-29	负责人	ALAIN BODIVIT		
主营业务	家具、家居用品、家用电器和卫生洁具的批发、佣金代理（拍卖除外）。				

企业名称	深谷服饰贸易（上海）有限公司				
企业地址	上海市虹桥路808号A栋8223室（200030）				
投资总额	23万RMB	电　话	64480338	传　真	64481298
设立日期	2007-1-29	负责人	深谷勇人		
主营业务	服装辅料、日用杂货的批发、佣金代理（拍卖除外），商品的进出口。				

企业名称	维赛仪器贸易（上海）有限公司				
企业地址	上海市中山南二路1007号604室（200032）				
投资总额	100万RMB	电　话	64693325	传　真	64695775
设立日期	2007-1-29	负责人	曹建宗		
主营业务	测量仪器、测量设备、监测仪器、监测设备的进出口、批发、佣金代理。				

企业名称	斯高迪（上海）贸易有限公司				
企业地址	上海市卢湾区泰康路25号301A室（200025）				
投资总额	20万USD	电　话	51115906	传　真	51115907
设立日期	2007-1-26	负责人	PER ARTHUR LINDEN		
主营业务	从事贱金属制品、工具和各种机械部件、塑料制品、木制品的批发。				

企业名称	冠瑞贸易（上海）有限公司				
企业地址	上海市漕溪北路18号2403室（200030）				
投资总额	20万USD	电　话	64272426	传　真	64275816
设立日期	2007-1-26	负责人	DAVID YING CHI HONG		
主营业务	充气床、烧烤炉、花园修葺工具、家用壁炉、暖炉产品的批发。				

企业名称	上海百丰纺织品贸易有限公司				
企业地址	上海市田州路159号3单元101、201、301（200233）				
投资总额	50万USD	电　话	54452235	传　真	
设立日期	2007-1-26	负责人	洪锦波		
主营业务	纺织面料、服装辅料、服装及服饰制品的批发、佣金代理（拍卖除外）。				

企业名称	港捷（上海）贸易有限公司				
企业地址	上海市静安区大田路129弄1号19E室（200041）				
投资总额	14万USD	电　话	52283637	传　真	
设立日期	2007-1-26	负责人	杨人添		
主营业务	酒店用品、食品原料（粮食、植物油、食糖除外）的批发、佣金代理。				

企业名称	联轮贸易（上海）有限公司				
企业地址	上海市浦东新区浦东大道2123号1208、1209室（200122）				
投资总额	15万USD	电　话	68559750	传　真	68559753
设立日期	2007-1-26	负责人	姜焕维		
主营业务	汽车零配件的进出口、批发、佣金代理（拍卖除外）。				

企业名称	索普瑞玛（上海）建材贸易有限公司				
企业地址	上海市长宁区延安西路726号4K室（200050）				
投资总额	500万RMB	电　话	51790670	传　真	51790671
设立日期	2007-1-26	负责人	WEI YI JIA		
主营业务	建筑材料（钢材除外）及相关配套设备的进出口、批发、佣金代理。				

企业名称	理祥（上海）贸易有限公司				
企业地址	上海市长宁区延安西路726号21A室（200051）				
投资总额	65万USD	电　话	52370090	传　真	52370080
设立日期	2007-1-25	负责人	熊宏海		
主营业务	从事拉链的进出口、批发、佣金代理（拍卖除外），提供产品售后服务。				

企业名称	森麟贸易（上海）有限公司				
企业地址	上海市浦东新区浦东南路1101号619室（200122）				
投资总额	100万USD	电　话	58360265	传　真	50817393
设立日期	2007-1-25	负责人	萧　侃		
主营业务	家用纺织品、服装钟表及眼镜（不含隐形眼镜）、鞋帽及箱包的进出口。				

企业名称	全贸贸易（上海）有限公司				
企业地址	上海市外高桥保税区加太路39号5楼28部位（200131）				
投资总额	13万USD	电　话	57560520	传　真	
设立日期	2007-1-25	负责人	林光阳		
主营业务	机电设备、电子产品、金属制品的进出口、批发、佣金代理（拍卖除外）。				

企业名称	斯特曼机械自动化贸易（上海）有限公司				
企业地址	上海市张江高科技园区科苑路88号2幢301区311室（201203）				
投资总额	14万USD	电　话	28986176	传　真	28986177
设立日期	2007-1-25	负责人	冯文胜		
主营业务	冲压自动化设备、焊装自动化设备及自动传送系统以及控制设备的批发。				

企业名称	兰芳阁贸易（上海）有限公司				
企业地址	上海市瑞金南路438号402室A座（200031）				
投资总额	14万USD	电　话	63610006	传　真	63610001
设立日期	2007-1-25	负责人	MICHEL COLIN		
主营业务	服装、服饰、皮革制品的批发业务（涉及行政许可的凭许可证经营）。				

企业名称	法翘贸易（上海）有限公司				
企业地址	上海市秣陵路50号5304室（200070）				
投资总额	100万港币	电　话	33718829	传　真	33718819
设立日期	2007-1-24	负责人	WÜRTZ ULYSSE,JEAN,ROBERT		
主营业务	轨道交通自动门系统、轨道交通设备及其组件、零配件的进出口。				

企业名称	丰明商贸（上海）有限公司				
企业地址	上海市卢湾区瞿溪路694号1号楼4528室（200023）				
投资总额	20万USD	电　话	56499591	传　真	56499591
设立日期	2007-1-24	负责人	陈志淙		
主营业务	木材及木制品的批发，自营商品的进出口业务（原木出口除外）。				

企业名称	瑞势贸易（上海）有限公司				
企业地址	上海市康桥镇康桥东路1369号201室（201315）				
投资总额	20万USD	电　话	63902258	传　真	
设立日期	2007-1-24	负责人	VINCENT NOURRISSON		
主营业务	机械设备和工具的批发、进出口以及佣金代理（拍卖除外）。				

企业名称	美瑞（上海）贸易有限公司				
企业地址	上海市外高桥保税区泰谷路88号六楼694A室（200131）				
投资总额	12.5万USD	电　话	58680107	传　真	
设立日期	2007-1-24	负责人	KIRSTEN CHRISTIANSEN		
主营业务	电子产品、建材（钢材除外）及家具的批发，佣金代理（拍卖除外）。				

企业名称	上海汽福汽车检修设备商贸有限公司				
企业地址	上海市外高桥保税区基隆路1号汤臣国际贸易大楼12A17室（200131）				
投资总额	14万USD	电　话	58690876	传　真	
设立日期	2007-1-24	负责人	RANDY LAYNE GARD		
主营业务	汽车检修设备及零部件的进出口、批发、佣金代理（拍卖除外）。				

企业名称	上海碧珍贸易有限公司				
企业地址	上海市长宁区天山支路168号811室（200051）				
投资总额	14万USD	电　话	52062906	传　真	52062906
设立日期	2007-1-24	负责人	李基哲		
主营业务	装饰材料、电子产品、五金交电、汽摩配件的批发。				

企业名称	上海戈瑞贸易有限公司				
企业地址	上海市长宁区娄山关路83号3208室（200336）				
投资总额	10万USD	电　话	62368155	传　真	62190690
设立日期	2007-1-24	负责人	SHERRYL SELWOOD		
主营业务	家具、饰品、计算机及配件、光学仪器、文体用品、工艺礼品的批发。				

企业名称	惠艾高科管件贸易（上海）有限公司				
企业地址	上海市长宁区延安西路2299号10C24（200336）				
投资总额	5000万日元	电　话	62360668	传　真	62360676
设立日期	2007-1-24	负责人	永井贤治		
主营业务	管件、阀门、管道及相关配件的批发、佣金代理（拍卖除外）。				

企业名称	艾卫艾商贸（上海）有限公司				
企业地址	上海市虹桥路808号41幢（A栋）8404室（200030）				
投资总额	20万USD	电　话	64484753	传　真	64483992
设立日期	2007-1-23	负责人	平冈正则		
主营业务	电动气缸、产业机器人及配套装置和零部件的进出口、批发、佣金代理。				

企业名称	上海日比谷花坛贸易有限公司				
企业地址	上海市淮海西路55号1C座（200030）				
投资总额	30万USD	电　话	64741189	传　真	63516559
设立日期	2007-1-23	负责人	宫岛浩彰		
主营业务	鲜花、干花、花盆及其装饰附属品、包装材料的批发、佣金代理。				

企业名称	上海旭电子贸易有限公司				
企业地址	上海市外高桥保税区英伦路38号102室（200131）				
投资总额	16万USD	电　话	64531688	传　真	
设立日期	2007-1-23	负责人	周致平		
主营业务	电子元器件及配件的批发、进出口以及相关配套服务.。				

企业名称	易打通（上海）贸易有限公司				
企业地址	上海市襄阳南路500号807室（200031）				
投资总额	14万USD	电　话	34060356	传　真	34060357
设立日期	2007-1-23	负责人	韦文凤		
主营业务	打印机及其配件、耗材的批发，佣金代理（拍卖除外），商品的进出口。				

企业名称	俄制贸易（上海）有限公司				
企业地址	上海市浦东新区金高路1296弄89号（201206）				
投资总额	14万USD	电　话	50322870	传　真	50312870
设立日期	2007-1-22	负责人	PANKO MIKHAIL		
主营业务	牛奶、红肠、酒、纯净水、自动售货机的批发、佣金代理（拍卖除外）。				

企业名称	上海宇越贸易有限公司				
企业地址	上海市静安区延安中路1440号6705室（200041）				
投资总额	100万RMB	电　话	61031737	传　真	
设立日期	2007-1-22	负责人	宇野 俊雄		
主营业务	建筑装潢材料（钢材除外）、日用杂货、仪表仪器、橡胶制品的批发。				

企业名称	上海奉贤大润发商贸有限公司				
企业地址	上海市奉贤区南桥镇南亭公路5幢399号一层（201400）				
投资总额	250万USD	电　话	67195888	传　真	67195858
设立日期	2007-1-19	负责人	黄明端		
主营业务	批发、零售：各类食品、日用百货、针纺织品、化妆品、洗涤用品。				

企业名称	威达优尔贸易（上海）有限公司				
企业地址	上海市浦东新区外高桥保税区富特西一路139号1002室（200131）				
投资总额	210万USD	电　话	63906989	传　真	63906295
设立日期	2007-1-19	负责人	JEROLD SCOTT HOLT		
主营业务	保税区内国际贸易、转口贸易、保税区企业间的贸易及区内贸易代理。				

企业名称	日光化学贸易（上海）有限公司				
企业地址	上海市外高桥保税区泰谷路88号丰谷大厦682A室（200131）				
投资总额	25万USD	电　话	62884109	传　真	62884129
设立日期	2007-1-19	负责人	根正悟		
主营业务	在保税区内从事国际贸易、转口贸易、保税区内企业间贸易及贸易代理。				

企业名称	海格曼商贸（上海）有限公司				
企业地址	上海市浦东新区金沪路1143号513室（201206）				
投资总额	55万USD	电　话	61002500	传　真	61002522
设立日期	2007-1-19	负责人	ULF ANDERS GUNDEMARK		
主营业务	电工安装材料、安全及个人保护产品、测试仪器、修理产品的批发。				

企业名称	锦新贸易（上海）有限公司				
企业地址	上海市浦东新区光明路718号707室（200131）				
投资总额	51万USD	电　话	65627548	传　真	54892703
设立日期	2007-1-19	负责人	李锦新		
主营业务	塑料制品、电子产品、化工原料及产品（危险化学品除外）的批发。				

企业名称	威历芙织艺贸易（上海）有限公司				
企业地址	上海市浦东新区向城路58号18E室（200122）				
投资总额	12.5万USD	电　话	63260726	传　真	63260729
设立日期	2007-1-19	负责人	J MICHAEL DOBIN		
主营业务	纺织品、窗帘、窗饰用品、皮革制品、家具及床上用品的进出口。				

企业名称	东荣国际贸易（上海）有限公司				
企业地址	上海市外高桥保税区富特西一路333号6楼6049室（200131）				
投资总额	13万USD	电　话	64391236	传　真	
设立日期	2007-1-19	负责人	林举明		
主营业务	国际贸易、转口贸易、保税区企业间的贸易及区内贸易代理。				

企业名称	仨迩（上海）贸易有限公司				
企业地址	上海市卢湾区茂名南路59号13幢5332室（200020）				
投资总额	14万USD	电　话	54660681	传　真	
设立日期	2007-1-19	负责人	CELALEDDIN SARAR		
主营业务	纺织品原料（棉花除外）及珠宝饰品（毛钻、裸钻除外）的批发。				

企业名称	上海昌林纺织品商贸有限公司				
企业地址	上海市闵行区万源路2163号22幢603室（201103）				
投资总额	300万RMB	电　话	54223385	传　真	54223390
设立日期	2007-1-19	负责人	张刚		
主营业务	纺织品、服饰及其配件、工艺礼品、灯具灯饰、家居用品的进出口。				

企业名称	雅玛达（上海）泵业贸易有限公司				
企业地址	上海市浦东新区张杨路620号1004室（200122）				
投资总额	4000万日元	电　话	61604788	传　真	61604787
设立日期	2007-1-19	负责人	山田昌太郎		
主营业务	各类泵产品、加油注脂机器及相关零部件的批发、佣金代理（拍卖除外）。				

企业名称	金尚商贸（上海）有限公司				
企业地址	上海市卢湾区茂名南路205号1512A室（200020）				
投资总额	5000万日元	电　话	64729198	传　真	64720871
设立日期	2007-1-19	负责人	松原尚人		
主营业务	铸压、压延制品、铜制品、热交换器的批发、进出口、佣金代理。				

企业名称	惠基行（上海）化工国际贸易有限公司				
企业地址	上海市外高桥保税区冰克路500号825室（200131）				
投资总额	20万USD	电　话	64400876	传　真	64401855
设立日期	2007-1-18	负责人	叶耀渠		
主营业务	国际贸易，转口贸易，保税区内企业间的贸易及贸易代理。				

企业名称	上海伊东电机设备贸易有限公司				
企业地址	上海市黄浦区广东路689号1812室（200001）				
投资总额	21万USD	电　话	63410181	传　真	63410180
设立日期	2007-1-18	负责人	伊东一夫		
主营业务	滚轮电机、电动广告宣传装置、园艺设备及产品关联零配件的进出口。				

企业名称	上海美曼服装贸易有限公司				
企业地址	上海市闵行区古方路18号703、704室（200237）				
投资总额	30万USD	电　话	54135025	传　真	
设立日期	2007-1-18	负责人	NIRMAL KUMAR BANTHIA		
主营业务	从事服装的批发、佣金代理（拍卖除外）及上述商品的进出口业务。				

企业名称	上海东京时装商贸有限公司				
企业地址	上海市静安区威海路511号2308室（200041）				
投资总额	50万USD	电　话	62584984	传　真	62151062
设立日期	2007-1-18	负责人	伊崎范隆		
主营业务	服饰、鞋帽、箱包及相关配饰的批发、零售、佣金代理。				

企业名称	捷伟英贸易（上海）有限公司				
企业地址	上海市共和新路3201号1001室（200072）				
投资总额	50万USD	电　话	61023124	传　真	61485241
设立日期	2007-1-18	负责人	江学伟		
主营业务	服装、服饰、鞋帽的批发、佣金代理（拍卖除外），进出口及配套服务。				

企业名称	亿兴国际贸易（上海）有限公司				
企业地址	上海市外高桥保税区日京路35号凯兴大楼1026室（200131）				
投资总额	13万USD	电　话	50931780	传　真	
设立日期	2007-1-18	负责人	MASAYUKI KUBO		
主营业务	农副产品、水产品、饮料、鲜肉类包装品、健康食品、调味品的批发。				

企业名称	罗兰索家具贸易（上海）有限公司				
企业地址	上海市共和新路3201号1614室（200072）				
投资总额	14万USD	电　话	69755676	传　真	69755676
设立日期	2007-1-18	负责人	GOH AH LEE		
主营业务	家具及家具配件的批发及进出口、佣金代理（拍卖除外）。				

企业名称	上海亿南贸易有限公司				
企业地址	上海市奉贤区南桥镇立新北路42号（201400）				
投资总额	200万RMB	电　话	57151668	传　真	37526050
设立日期	2007-1-18	负责人	CHAN CUAN		
主营业务	机械设备、建筑材料（钢材除外）、家具、家用电器的进出口、批发。				

企业名称	威率贸易（上海）有限公司				
企业地址	上海市浦东新区新金桥路 28 号新金桥大厦 20F05 室（201206）				
投资总额	200 万 USD	电　话	50301864	传　真	50301860
设立日期	2007-1-17	负 责 人	KENNETH RAY VINES		
主营业务	从事电源、整流器、控制器、机架的批发、佣金代理（拍卖除外）。				

企业名称	邦美（上海）商贸有限公司				
企业地址	上海市浦东新区东方路 989 号 401B 室（200122）				
投资总额	50 万 USD	电　话	63620055	传　真	63621996
设立日期	2007-1-17	负 责 人	THOMAS ROBERT ALLEN		
主营业务	医疗器械（见许可证）的批发，佣金代理（拍卖除外）及进出口业务。				

企业名称	申广益贸易（上海）有限公司				
企业地址	上海市浦东新区东方路 1820 号 3 层（200122）				
投资总额	14 万 USD	电　话	63593777	传　真	63595777
设立日期	2007-1-17	负 责 人	翁　铃		
主营业务	香精、香料、食品添加剂的批发及进出口。				

企业名称	上亚贸易（上海）有限公司				
企业地址	上海市闵行区顾戴路 3355 号 7 幢 1-2 层（201101）				
投资总额	14 万 USD	电　话	54159114	传　真	64600455
设立日期	2007-1-17	负 责 人	CHOI HYE KEONG		
主营业务	服装服饰、布料、鞋帽、箱包、饰品批发、佣金代理（拍卖除外）。				

企业名称	辰诚贸易（上海）有限公司				
企业地址	上海市长宁区虹桥路 2298 号 3 号楼 406 室（200336）				
投资总额	14 万 USD	电　话	62900232	传　真	62903652
设立日期	2007-1-17	负 责 人	CHOI JUNG HOON		
主营业务	从事机械设备、仪器仪表、家用电器、电子元器件和照明装置的进出口。				

企业名称	桑洋机械商贸（上海）有限公司				
企业地址	上海市虹口区物华路 58 号 228 室（200082）				
投资总额	14 万 USD	电　话	61205258	传　真	61205196
设立日期	2007-1-17	负 责 人	KUWASHIMA FUMIHIRO		
主营业务	机械设备及零部件、电器产品及零部件、清洁剂、润滑剂的批发。				

企业名称	帝辰钟表商贸（上海）有限公司				
企业地址	上海市闵行区山花路 518 号 1 幢 102 室（201101）				
投资总额	125 万 USD	电　话	63211271	传　真	63211271
设立日期	2007-1-16	负 责 人	ANG LAM POAH		
主营业务	各类钟表、饰品、工艺品（文物除外）的批发、佣金代理（拍卖除外）。				

企业名称	征泰贸易（上海）有限公司				
企业地址	上海市外高桥保税区加太路 39 号 1 幢第五层 18 部位（200131）				
投资总额	13 万 USD	电　话	64789066	传　真	54852841
设立日期	2007-1-16	负 责 人	江淑香		
主营业务	电子产品、纺织品、日用百货、金属制品的批发、佣金代理（拍卖除外）。				

企业名称	盛启国际贸易（上海）有限公司				
企业地址	上海市外高桥保税区泰谷路 88 号 706A 室（200131）				
投资总额	14 万 USD	电　话	50484291	传　真	50484269
设立日期	2007-1-16	负 责 人	王娟		
主营业务	从事血液成分分离和制备设备、医用一次性高分子耗材和滤纸的批发。				

企业名称	上海加海贸易发展有限公司				
企业地址	上海市浦东新区峨山路 613 号 2 幢（200127）				
投资总额	20 万 USD	电　话	51015879	传　真	51015928
设立日期	2007-1-15	负 责 人	LIM SOPHANY		
主营业务	化工产品（危险化学品除外）、机电产品的批发、进出口、佣金代理。				

企业名称	宇顺贸易（上海）有限公司				
企业地址	上海市浦东新区张杨路 228 号 901 室（200122）				
投资总额	70 万 USD	电　话	33933323	传　真	33933328
设立日期	2007-1-15	负 责 人	徐庆光		
主营业务	服装、鞋帽、箱包、护肤品、保健食品、糖果、饮料的批发。				

企业名称	上海通卓贸易有限公司				
企业地址	上海市长宁区天山西路 120 号 905 室（200335）				
投资总额	300 万 USD	电　话	52308575	传　真	
设立日期	2007-1-15	负 责 人	LOH NEE PENG		
主营业务	汽车零配件的进出口、批发、佣金代理（拍卖除外）。				

企业名称	枫怡（上海）贸易有限公司				
企业地址	上海市静安区延安中路 596 弄 21 号 2258 室（200041）				
投资总额	19 万 USD	电　话	64327556	传　真	64327550
设立日期	2007-1-15	负 责 人	LAURENCE LI-CHUNG FONG		
主营业务	纺织品及原料（除棉花）、服装服饰及辅料的批发、佣金代理。				

企业名称	凯宁敦（上海）贸易有限公司				
企业地址	上海市浦东新区丰和路 1 号 2 幢 3218 室（200120）				
投资总额	14 万 USD	电　话	51154641	传　真	51154640
设立日期	2007-1-15	负 责 人	瞿杭燕		
主营业务	化妆品的批发，自营商品的进出口，并提供相关的配套服务。				

企业名称	元昱商贸（上海）有限公司				
企业地址	上海市闵行区黎安路 1588 号 3 幢 202 室（201100）				
投资总额	10 万 USD	电　话	54083552	传　真	54083722
设立日期	2007-1-15	负 责 人	STUART WEIYUAN JIN		
主营业务	乳制品、调味品、饮料的进出口、批发。				

企业名称	澳宏高佳泽（上海）贸易有限公司				
企业地址	上海市浦东新区浦东南路 1085 号 1106A 室（200120）				
投资总额	200 万 RMB	电　话	58354012	传　真	58353432
设立日期	2007-1-15	负 责 人	柳明伦		
主营业务	铜制管子及附件、空气调节器及附件、机器、机械器具及零件的批发。				

企业名称	迪梦柯贸易（上海）有限公司				
企业地址	上海市南汇区航头镇航南公路 999 号 2 幢（201300）				
投资总额	1600 万日元	电　话	582238726	传　真	58223876
设立日期	2007-1-15	负 责 人	多贺哲夫（TETSUO TAGA）		
主营业务	机械设备及零部件、研磨材的批发、佣金代理（拍卖除外）。				

企业名称	迪梦柯机械（上海）有限公司				
企业地址	上海市南汇区航头镇航南公路 999 号 2 幢（201300）				
投资总额	1600 万日元	电　话	58223872	传　真	58223876
设立日期	2007-1-15	负 责 人	权明勇		
主营业务	机械设备及零部件、研磨材的批发、佣金代理（拍卖除外）。				

企业名称	布临客服饰贸易（上海）有限公司				
企业地址	上海市零陵路 899 号 6 楼 20 室（200030）				
投资总额	20 万 USD	电　话	63618686	传　真	63551378
设立日期	2007-1-12	负 责 人	G.A.M. VAN DEN BRINK		
主营业务	服装服饰、鞋帽、绣品的批发，进出口，佣金代理（拍卖除外）。				

企业名称	上海建专贸易有限公司				
企业地址	上海市小木桥路 251 号 701 室（200032）				
投资总额	30 万 USD	电　话	64439787	传　真	64439771
设立日期	2007-1-12	负 责 人	PALU DAVID PAFFETT		
主营业务	建筑材料（钢材除外）的进出口、批发、佣金代理（拍卖除外）。				

企业名称	妮馥露（上海）贸易有限公司				
企业地址	上海市静安区石门一路 88 号一层（200041）				
投资总额	12.8 万 USD	电　话	63401109	传　真	33113208
设立日期	2007-1-12	负 责 人	上寿也		
主营业务	服饰、家用纺织品和日用杂货的进出口、批发、零售、佣金代理。				

企业名称	玛斯特锁贸易（上海）有限公司				
企业地址	上海市浦东新区花园石桥路 33 号 2315 室（200120）				
投资总额	17.5 万 USD	电　话	61010370	传　真	61010372
设立日期	2007-1-12	负 责 人	RICHARD KOLACZEWSKI		
主营业务	从事各类锁产品、储物箱及其零部件、耗材、包装物的批发、进出口。				

企业名称	丝达弼荣商贸（上海）有限公司				
企业地址	上海市浦东新区光明路 718 号 709 室（200131）				
投资总额	14 万 USD	电　话	54653679	传　真	
设立日期	2007-1-12	负 责 人	松村纪孝		
主营业务	减摇水槽装置、减摇鳍装置、船用舾装件及上述产品零配件的批发。				

企业名称	中唐（上海）贸易有限公司				
企业地址	上海市漕溪北路 88 号 1811 室（200030）				
投资总额	10 万欧元	电　话	64693918	传　真	64693617
设立日期	2007-1-12	负 责 人	DIETER TOMCZAK		
主营业务	电气设备及零部件、塑料及其制品、纸及纸制品、文教体育用品的批发。				

企业名称	盟普电子贸易（上海）有限公司				
企业地址	上海市浦东新区东方路 818 号众城大厦 22 层 D、E 室（200122）				
投资总额	16 万 USD	电　话	50817037	传　真	50817039
设立日期	2007-1-11	负责人	MUSTAFA ABDUL ALJAFF		
主营业务	电子、电脑产品、芯片及相关硬件和软件的批发、进出口和佣金代理。				

企业名称	世汪贸易（上海）有限公司				
企业地址	上海市浦东新区杨高北路 528 号 14 幢 3027 室（200131）				
投资总额	14 万 USD	电　话	64320400	传　真	64320402
设立日期	2007-1-11	负责人	SUH MYUNG SOO		
主营业务	玻璃制品、服装、工艺品（文物除外）、服饰、生皮及皮革制品的批发。				

企业名称	上海丽汉贸易有限公司				
企业地址	上海市卢湾区淮海中路 366 号（200020）				
投资总额	500 万 RMB	电　话	64193780	传　真	64784470
设立日期	2007-1-11	负责人	李　彦		
主营业务	童装、婴童用品、玩具、皮包、服装、床上用品的批发。				

企业名称	长科国际贸易（上海）有限公司				
企业地址	上海市外高桥保税区新灵路 118 号 1006B 室（200131）				
投资总额	20 万 USD	电　话	52396381	传　真	52396380
设立日期	2007-1-10	负责人	陈振良		
主营业务	国际贸易、转口贸易、保税区企业间的贸易及区内贸易代理。				

企业名称	东洋铝爱科国际贸易（上海）有限公司				
企业地址	上海市外高桥保税区华京路 8 号三联大厦 8 层 827 室（200131）				
投资总额	30 万 USD	电　话	52574116	传　真	
设立日期	2007-1-10	负责人	桑内信明		
主营业务	国际贸易、转口贸易、保税区企业间的贸易及贸易代理。				

企业名称	感动（上海）商业有限公司				
企业地址	上海市静安区陕西北路 66 号 1723 室（200041）				
投资总额	150 万 USD	电　话	68413368	传　真	68413378
设立日期	2007-1-10	负责人	小杉山则男		
主营业务	玩具、灯具、光学产品、日用杂货的进出口、零售。				

企业名称	上海恩达斯商贸有限公司				
企业地址	上海市共和新路 3201 号 1 楼 A、B、C、F 室（200072）				
投资总额	6000 万日元	电　话	66521212	传　真	66312048
设立日期	2007-1-10	负责人	野尻淳一		
主营业务	防锈涂料、精细化工产品（危险化学品除外）的批发、进出口。				

企业名称	基米国际贸易（上海）有限公司				
企业地址	上海市外高桥保税区新灵路 118 号国贸大厦 1207 室（200131）				
投资总额	25 万 USD	电　话	54249590	传　真	54249589
设立日期	2007-1-9	负责人	YU KENT ZHUO JIAN		
主营业务	国际贸易、转口贸易、保税区企业间的贸易及贸易代理。				

企业名称	今中（上海）贸易有限公司				
企业地址	上海市长宁区延安西路 2299 号 11D87 室（200336）				
投资总额	50 万 USD	电　话	62362252	传　真	62362253
设立日期	2007-1-9	负责人	今中俊平（IMANAKA SHUMPEI）		
主营业务	机械设备及其零配件、电子部件、建材（钢材除外）的进出口、批发。				

企业名称	广隆（上海）国际贸易有限公司				
企业地址	上海市外高桥保税区富特北路 18 号 601 室（200131）				
投资总额	51 万 USD	电　话	62197759	传　真	62197750
设立日期	2007-1-9	负责人	白璨荣		
主营业务	国际贸易、转口贸易、保税区企业间的贸易及区内贸易代理。				

企业名称	费列罗贸易（上海）有限公司				
企业地址	上海市浦东新区福山路 500 号 1206 室（200122）				
投资总额	150 万 USD	电　话	68756266	传　真	58308621
设立日期	2007-1-9	负责人	GIUSEPPE CAMMARERI		
主营业务	从事糖果、巧克力、焙烤食品、糕品点心、冰激淋产品、饮料的批发。				

企业名称	添爱斯贸易（上海）有限公司				
企业地址	上海市闵行区吴中路 1128 号 13 幢（201103）				
投资总额	14 万 USD	电　话	54223123	传　真	
设立日期	2007-1-9	负责人	JUN YOUNG HWAN		
主营业务	服装、服饰、鞋帽、箱包、床上用品、纺织用品的批发、佣金代理。				

企业名称	上海友利行商贸有限公司				
企业地址	上海市长宁区遵义路 100 号 B 幢 3307-3308 室（200051）				
投资总额	500 万 RMB	电　话	62370635	传　真	62370637
设立日期	2007-1-9	负责人	PHILIPPE MASLIAH		
主营业务	室内装潢装修产品及饰品、小五金类产品及商品的相关配套附件的批发。				

企业名称	莱城贸易（上海）有限公司				
企业地址	上海市浦东新区福山路 500 号 1703-1705 室（200122）				
投资总额	150 万 USD	电　话	50819311	传　真	50819211
设立日期	2007-1-8	负责人	郑军		
主营业务	贱金属（除钢铁）及其制品的批发，佣金代理（拍卖除外），进出口。				

企业名称	雅蒂斯（上海）商贸有限公司				
企业地址	上海市浦东新区钱仓路 1 号 26G 室（200120）				
投资总额	13 万 USD	电　话	58793716	传　真	61096108
设立日期	2007-1-8	负责人	赖金设		
主营业务	美术画笔、美甲及化妆用具及其配件的批发、佣金代理（拍卖除外）。				

企业名称	哥罗托服饰贸易（上海）有限公司				
企业地址	上海市静安区北京西路 1701 号 607 室（200041）				
投资总额	25 万 USD	电　话	62888836	传　真	62888837
设立日期	2007-1-5	负责人	CLAUDIO GROTTO		
主营业务	服装、服饰、鞋类、珠宝首饰（钻石除外）、香水的批发、佣金代理。				

企业名称	永稳贸易（上海）有限公司				
企业地址	上海市闵行区沪青平公路 395 号 1 幢 201 室（201105）				
投资总额	105 万 USD	电　话	64209700	传　真	54498100
设立日期	2007-1-5	负责人	范芳宜		
主营业务	各类门锁、门、五金制品、建筑装饰用品、厨卫用品及商品零配件批发。				

企业名称	瑞翼（上海）贸易有限公司				
企业地址	上海市静安区延安中路 1440 号 20 幢 408 室（200041）				
投资总额	100 万 USD	电　话	62492255	传　真	62499182
设立日期	2007-1-5	负责人	GARRICK WANG		
主营业务	体育用品、日用百货、服装鞋帽、工艺礼品的批发、佣金代理。				

企业名称	毕玛时（上海）贸易有限公司				
企业地址	上海市浦东新区福山路 500 号 6 层 04-05 单元（200131）				
投资总额	14 万 USD	电　话	50589370	传　真	50589375
设立日期	2007-1-5	负责人	LIM BEE LEONG		
主营业务	软包装材料、压敏材料及相关耗材的进出口、批发、佣金代理。				

企业名称	北尔电子贸易（上海）有限公司				
企业地址	上海市闵行区宜山路 1618 号 B 栋 201 室（201103）				
投资总额	70 万 USD	电　话	61450400	传　真	61450499
设立日期	2007-1-4	负责人	CONNY PERSSON		
主营业务	电子产品、计算机硬件和软件、自动化控制产品、通讯产品的批发。				

企业名称	西思科尔（上海）贸易有限公司				
企业地址	上海市浦东新区福山路 450 号 14B 室（200122）				
投资总额	15 万 USD	电　话	58303719	传　真	58303664
设立日期	2007-1-4	负责人	黄梅雨		
主营业务	工业应用软件以及相关硬件的进出口、批发和佣金代理（拍卖除外）。				

企业名称	美咖莎服饰贸易（上海）有限公司				
企业地址	上海市松江科技园区崇南路 3 号 7 幢 1 号房（201616）				
投资总额	20 万 USD	电　话	62707848	传　真	62708021
设立日期	2006-12-31	负责人	甘利茂伸		
主营业务	服装、服装辅料及配件的进出口、批发业务。				

企业名称	爱速客乐（上海）贸易有限公司				
企业地址	上海市襄阳南路 175 号 3 幢一楼 103 室（200031）				
投资总额	210 万 USD	电　话	54035778	传　真	54038075
设立日期	2006-12-30	负责人	千代亨		
主营业务	食品销售管理（非实物方式）、办公用品、办公设备的进出口和批发。				

企业名称	奥福尼斯（上海）贸易有限公司				
企业地址	上海市浦东新区金港路 501 号 E 幢 4 楼 401 室（200131）				
投资总额	100 万港币	电　话	61637148	传　真	61637146
设立日期	2006-12-29	负责人	苏炎雄		
主营业务	从事各种焊机、切割机、数控加工设备、焊接材料的批发、佣金代理。				

企业名称	美德维实伟克贸易（上海）有限公司				
企业地址	上海市徐汇区虹桥路 1 号港汇中心一座 21 楼 02-03 室（200030）				
投资总额	175 万 USD	电　话	61155109	传　真	61130555
设立日期	2006-12-29	负 责 人	BENJAMIN FRANKLIN WARD		
主营业务	纸浆、纸箱、纸盒、包装盒、纸、纸板、塑料的批发和佣金代理。				

企业名称	欧莫福贸易（上海）有限公司				
企业地址	上海市浦东新区浦电路 57 号 302 室（200127）				
投资总额	14 万 USD	电　话	50323061	传　真	50323061
设立日期	2006-12-28	负 责 人	TOYLAN RAMAZAN OZAN		
主营业务	建筑机械零部件、各种发电机及其零部件的批发、佣金代理。				

企业名称	上海瀚江贸易有限公司				
企业地址	上海市长宁区延安西路 2299 号 08B59 室（200051）				
投资总额	30 万 USD	电　话	62363577	传　真	62363578
设立日期	2006-12-28	负 责 人	王娟娟		
主营业务	文化体育用品、皮革制品、箱包、计算机软硬件的批发和进出口。				

企业名称	新百伦贸易（中国）有限公司				
企业地址	上海市长宁区长宁路 890 号玫瑰坊商场 1F08，1F09（200051）				
投资总额	650 万 USD	电　话	63913131	传　真	63912885
设立日期	2006-12-27	负 责 人	MICHAEL WELLMAN		
主营业务	从事各类鞋、服装、包及其他运动相关产品的进出口、批发。				

企业名称	斯腾爽健贸易（上海）有限公司				
企业地址	上海市浦东新区东方路 710 号 1611 室（200122）				
投资总额	4 万 USD	电　话	68762189	传　真	68760389
设立日期	2006-12-26	负 责 人	MARK RICHARD LUSCOMBE		
主营业务	从事避孕套、验孕试纸、鞋类、足部护理产品的批发及佣金代理。				

企业名称	科凝油脂化学贸易（上海）有限公司				
企业地址	上海市浦东新区浦东南路 1085 号 708 室（200120）				
投资总额	14 万 USD	电　话	62335956	传　真	58319373
设立日期	2006-12-26	负 责 人	MOHD AZUDDIN BIN ABDUL RAHMAN		
主营业务	油脂化学产品的批发、佣金代理（拍卖除外），上述商品进出口业务。				

企业名称	彩趣贸易（上海）有限公司				
企业地址	上海市龙华西路 585 号 A 幢 18A3 室（200235）				
投资总额	20 万 USD	电　话	63610232	传　真	64698968
设立日期	2006-12-26	负 责 人	黄美仪		
主营业务	玩具、木制品、纺织品、婴童用品、工艺品的批发，进出口。				

企业名称	富茂（上海）包装器材贸易有限公司				
企业地址	上海市南汇区万祥镇三三公路 2379 号 165 室（201313）				
投资总额	14 万 USD	电　话	62365211	传　真	62365213
设立日期	2006-12-26	负 责 人	高建国		
主营业务	包装设备及其配套包装材料的批发。				

企业名称	佰展（上海）贸易有限公司				
企业地址	上海市黄浦区人民路 885 号 1117 室（200011）				
投资总额	15 万 USD	电　话	51158706	传　真	51158761
设立日期	2006-12-26	负 责 人	余子展		
主营业务	温度控制系统设备及其零部件的批发、佣金代理（拍卖除外）、进出口。				

企业名称	永育贸易（上海）有限公司				
企业地址	上海市黄浦区成都北路 500 号 908 室（200003）				
投资总额	25 万 USD	电　话	53753608	传　真	53753607
设立日期	2006-12-26	负 责 人	陈羿如		
主营业务	五金交电、电子元件、照明电器、照相摄影器材的批发业务，佣金代理。				

企业名称	丰毅（上海）贸易有限公司				
企业地址	上海市虹口区柳营路 8 号 6 号楼 621 室（200083）				
投资总额	125 万 USD	电　话	64340910	传　真	64340362
设立日期	2006-12-26	负 责 人	WEE HWEE SHYA		
主营业务	纺织品、建筑材料、消费电子产品、外接件的批发、佣金代理。				

企业名称	诺基亚西门子通信贸易（上海）有限公司				
企业地址	上海市浦东新区金沪路 1155 号 2FB 室（200120）				
投资总额	1000 万 RMB	电　话	58817700	传　真	58818903
设立日期	2006-12-25	负 责 人	CHARLES SCHANEN		
主营业务	电子、通信产品、通信系统集成产品的批发、进出口、佣金代理。				

企业名称	奥迩熙施贸易（上海）有限公司				
企业地址	上海市外高桥保税区泰谷路 18 号 1504B 室（200131）				
投资总额	12.5 万欧元	电　话	63739910	传　真	63739917
设立日期	2006-12-25	负 责 人	MARCO GALLARDI		
主营业务	国际贸易、转口贸易、保税区企业间的贸易及区内贸易代理。				

企业名称	莫尔贸易（上海）有限公司				
企业地址	上海市外高桥保税区华京路 8 号三联大厦 4 层 402 室（200131）				
投资总额	20 万 USD	电　话	13917233839	传　真	64401062
设立日期	2006-12-25	负 责 人	DANIEL CHANG		
主营业务	国际贸易、转口贸易、保税区企业间的贸易及贸易代理。				

企业名称	信友（上海）贸易有限公司				
企业地址	上海市浦东新区牡丹路 60 号 801 室（201204）				
投资总额	40 万 USD	电　话	68925466	传　真	68925440
设立日期	2006-12-25	负 责 人	LEE HYUN TAE		
主营业务	不锈钢、工具钢、碳素合金钢、特殊合金钢的批发、佣金代理。				

企业名称	京澳富商（上海）贸易有限公司				
企业地址	上海市乌鲁木齐中路 328 号三楼 302 室（200030）				
投资总额	25 万 USD	电　话	64854018	传　真	64852959
设立日期	2006-12-25	负 责 人	ERIC HSU		
主营业务	从事食品销售管理、汽摩配件、家具、工艺品的批发、佣金代理。				

企业名称	科朗叉车商贸（上海）有限公司				
企业地址	上海市浦东新区世纪大道 1600 号浦项商务广场 1204-1205 室（200122）				
投资总额	210 万 USD	电　话	38972678	传　真	58588671
设立日期	2006-12-22	负 责 人	JOE RITTER		
主营业务	叉车等仓储搬运设备及其相关零部件等仓储用产品的批发、佣金代理。				

企业名称	盛嵩贸易（上海）有限公司				
企业地址	上海市浦东新区民生路 1399 号 1609 室（200135）				
投资总额	30 万 USD	电　话	61002816	传　真	62492315
设立日期	2006-12-21	负 责 人	林启嵩		
主营业务	纺织原料及纺织制品、机械器具及其零件、建筑材料的批发、佣金代理。				

企业名称	迅销（中国）商贸有限公司				
企业地址	上海市徐汇区零陵路 899 号 15 层 1 座（200030）				
投资总额	625 万 USD	电　话	33686161	传　真	33686360
设立日期	2006-12-21	负 责 人	潘　宁		
主营业务	服装及其配件、装饰品、眼镜的零售、批发、进出口及佣金代理业务。				

企业名称	御木本珠宝商贸（上海）有限公司				
企业地址	上海市静安区南京西路 1266 号恒隆广场 117B 室（200040）				
投资总额	800 万 RMB	电　话	62883135	传　真	62883136
设立日期	2006-12-21	负 责 人	KUMAI TOSHIYUKI		
主营业务	珠宝饰品（毛钻、裸钻除外）、木制品及文具的零售、批发、佣金代理。				

企业名称	佑康贸易（上海）有限公司				
企业地址	上海市浦东新区浦东大道 2188 号 305 室（200135）				
投资总额	100 万 USD	电　话	50819618	传　真	50819638
设立日期	2006-12-19	负 责 人	李玲津		
主营业务	药用中间体、化妆品、保健食品及日用品的批发、佣金代理（拍卖除外）。				

企业名称	菲提贸易（上海）有限公司				
企业地址	上海市浦东新区东方路 738 号 510 室（200122）				
投资总额	14 万 USD	电　话	68758768	传　真	58209917
设立日期	2006-12-19	负 责 人	陈建文		
主营业务	各类电器、仪器、自动化设备、机电设备及耗材的进出口、佣金代理。				

企业名称	荣外贸易（上海）有限公司				
企业地址	上海市长宁区仙霞路 317 号远东国际广场 B 栋 1801 室（200051）				
投资总额	14 万 USD	电　话	62350456	传　真	62350301
设立日期	2006-12-19	负 责 人	松木和宏		
主营业务	工业炉、机电产品、机械设备及相关零配件的批发、佣金代理。				

企业名称	陆福贸易（上海）有限公司				
企业地址	上海市外高桥保税区华申路 180 号 7 层 723 室（200131）				
投资总额	12.8 万 USD	电　话	64374429	传　真	64450811
设立日期	2006-12-18	负 责 人	洪自力		
主营业务	国际贸易、转口贸易、保税区内企业间的贸易及区内贸易代理。				

企业名称	上海缋鑫电子贸易有限公司				
企业地址	上海市外高桥保税区加太路 29 号一号楼三楼 C 部位（200131）				
投资总额	20 万 USD	电　话	58682110	传　真	32250235
设立日期	2006-12-18	负 责 人	HAMID SHOROOGHI		
主营业务	保税区内以电子产品为主的仓储、分拨业务及保税区内售后服务。				

企业名称	碧易机械商贸（上海）有限公司				
企业地址	上海市外高桥保税区加枫路 24 号新发展银川楼二层 205 室（200131）				
投资总额	12.5 万 USD	电　话	52355272	传　真	52355691
设立日期	2006-12-18	负 责 人	闫硕智		
主营业务	国际贸易、转口贸易、保税区内企业间的贸易及其贸易代理。				

企业名称	三广贸易（上海）有限公司				
企业地址	上海市外高桥保税区美桂北路 317 号森历大厦第二层 P 部位（200131）				
投资总额	1600 万日元	电　话	62781199	传　真	62351090
设立日期	2006-12-18	负 责 人	松本清德		
主营业务	保税区内以化工产品、纺织品、贱金属制品为主的仓储、分拨业务。				

企业名称	楠本化成（上海）商贸有限公司				
企业地址	上海市长宁区遵义路 100 号 A 栋 907 单元（200051）				
投资总额	30 万 USD	电　话	62370380	传　真	62370779
设立日期	2006-12-18	负 责 人	楠本庆太		
主营业务	化工产品及原料、合成树脂、化学助剂、机器设备的批发、佣金代理。				

企业名称	悸动贸易（上海）有限公司				
企业地址	上海市钦州路 770-772 号 3 层 308 室（200233）				
投资总额	15 万 USD	电　话	51079187	传　真	34240870
设立日期	2006-12-18	负 责 人	卢天驹		
主营业务	电子产品、茶叶包、服饰、玻璃器具、手机的批发、佣金代理。				

企业名称	和汉（上海）商贸有限公司				
企业地址	上海市浦东新区南码头路 101 号 1001 室（200127）				
投资总额	30 万 USD	电　话	61009351	传　真	61009352
设立日期	2006-12-15	负 责 人	金永盛		
主营业务	纺织品及原料，金属制品，铸造件的批发及进出口贸易，佣金代理。				

企业名称	罗托克贸易（上海）有限公司				
企业地址	上海市黄浦区浙江中路 400 号-1177 号（200001）				
投资总额	20 万 USD	电　话	54889015	传　真	54886035
设立日期	2006-12-15	负 责 人	李秉杰		
主营业务	执行器、齿轮箱、自动控制设备及相关配件的批发、佣金代理。				

企业名称	爱比斯（上海）贸易有限公司				
企业地址	上海市浦东新区张杨路 228 号 501 室（200122）				
投资总额	15 万 USD	电　话	54656278	传　真	54656276
设立日期	2006-12-14	负 责 人	RAVINDRA NARAYAN MENON		
主营业务	化工产品及设备、木制品及工艺礼品的批发、佣金代理。				

企业名称	上海聚富达商贸有限公司				
企业地址	上海市浦东新区德州路 270 号 2 幢 207 室（200127）				
投资总额	20 万 USD	电　话	58793700	传　真	58798361
设立日期	2006-12-14	负 责 人	廖淑君		
主营业务	环保设备、化学制剂、化妆品的批发及进出口贸易，佣金代理。.				

企业名称	承松国际贸易（上海）有限公司				
企业地址	上海市外高桥保税区杨高北路 2001 号市场商务楼 1-218 室（200131）				
投资总额	13 万 USD	电　话	58307301	传　真	58302171
设立日期	2006-12-14	负 责 人	庄育麟		
主营业务	国际贸易、转口贸易、保税区企业间的贸易及贸易代理。				

企业名称	上海韩梦商贸有限公司				
企业地址	上海市闵行区吴中路 1100 号第 5 幢 520 室（201103）				
投资总额	13 万 USD	电　话	64010391	传　真	64010397
设立日期	2006-12-14	负 责 人	KIM YOUNG JIN		
主营业务	美容美发用品、化妆品、服装服饰、手工艺品的批发、佣金代理。				

企业名称	洋德凯林（上海）商贸有限公司				
企业地址	上海市浦东新区张杨路 655 号福兴大厦 1217 室（200120）				
投资总额	100 万 USD	电　话	53029977	传　真	53018322
设立日期	2006-12-13	负 责 人	PAULL CHEN		
主营业务	家具及配件、电热器具、塑料制品及木制品的进出口、批发、佣金代理。				

企业名称	瑞妮思食品商贸（上海）有限公司				
企业地址	上海市闵行区水清路 1460 弄 1 号 103 室（201101）				
投资总额	15 万 USD	电　话	34172124	传　真	34172124
设立日期	2006-12-13	负 责 人	XIA HONG WEI		
主营业务	食品及配料（粮食、植物油、食糖除外）的零售、批发、佣金代理。				

企业名称	在苑国际贸易（上海）有限公司				
企业地址	上海市外高桥保税区日京路 35 号凯兴大楼十层 1015 室（200131）				
投资总额	14 万 USD	电　话	62700066	传　真	52063238
设立日期	2006-12-13	负 责 人	LEE JU HEE		
主营业务	国际贸易、转口贸易、保税区内企业间的贸易及区内贸易代理。				

企业名称	上海桑村商贸有限公司				
企业地址	上海市长宁区延安西路 2299 号 05B13，05B15，05B17（200051）				
投资总额	80 万 USD	电　话	62360777	传　真	62366303
设立日期	2006-12-13	负 责 人	松原悟		
主营业务	纺织品的批发，佣金代理，上述商品及相关技术的进出口业务。				

企业名称	上海部乐世通贸易有限公司				
企业地址	上海市长宁区延安西路 2299 号 05G04 室（200051）				
投资总额	30 万 USD	电　话	62365010	传　真	62365011
设立日期	2006-12-13	负 责 人	山本嘉夫		
主营业务	纺织品、针织品及原料、服装、鞋帽、日用杂品的批发、佣金代理。				

企业名称	唯网（上海）贸易有限公司				
企业地址	上海市东湖路 20 号 402 室（200031）				
投资总额	20 万 USD	电　话	54043867	传　真	54043897
设立日期	2006-12-13	负 责 人	孙毓媛		
主营业务	纺织品、日用百货、家具的批发，佣金代理（拍卖除外）。				

企业名称	维讯高科商贸（上海）有限公司				
企业地址	上海市漕溪北路 18 号 20 楼 E 座（200030）				
投资总额	100 万 USD	电　话	64275585	传　真	64271180
设立日期	2006-12-13	负 责 人	LIM KOK KHOON		
主营业务	从事通讯器材、音响器材、电脑以及零部件的批发和佣金代理。				

企业名称	朴鲸贸易（上海）有限公司				
企业地址	上海市浦东新区杨高北路 528 号 14 幢 4004 室（200120）				
投资总额	13 万 USD	电　话	53757188	传　真	63862199
设立日期	2006-12-12	负 责 人	沈镇国		
主营业务	电子产品的批发、佣金代理，上述商品进出口及其他相关配套业务。				

企业名称	凯迈克神商商贸（上海）有限公司				
企业地址	上海市卢湾区淮海中路 222 号 1011 室（200021）				
投资总额	32 万 USD	电　话	53965927	传　真	53965928
设立日期	2006-12-12	负 责 人	中岛正典		
主营业务	紧固件及其检测仪器、五金电器产品的批发、进出口、佣金代理。				

企业名称	上海皑希优商业有限公司				
企业地址	上海市卢湾区长乐路 139 号 15 室（200020）				
投资总额	10 万 USD	电　话	33080888	传　真	63846548
设立日期	2006-12-11	负 责 人	钟俊腱		
主营业务	服装、鞋帽、包袋、饰品、工艺品的零售、批发。				

企业名称	携翔贸易（上海）有限公司				
企业地址	上海市闵行区庙泾路 58 号 F 室（201100）				
投资总额	250 万 USD	电　话	63598715	传　真	63598711
设立日期	2006-12-11	负 责 人	田中照久		
主营业务	从事手机、电子产品及其相关配件的批发、佣金代理（拍卖除外）。				

企业名称	上海协精贸易有限公司				
企业地址	上海市外高桥保税区基隆路 6 号外高桥大厦 901 室（200131）				
投资总额	800 万日元	电　话	58691292	传　真	52060643
设立日期	2006-12-8	负 责 人	武藤猛		
主营业务	国际贸易、转口贸易、保税区企业间的贸易及贸易代理。				

企业名称	时晋商贸（上海）有限公司				
企业地址	上海市闵行区名都路 36 弄 20 号 1-D 室（201100）				
投资总额	12 万 USD	电　话	54156331	传　真	54156392
设立日期	2006-12-8	负 责 人	KUEK NGUANG HUA		
主营业务	食品、饮料、咖啡产品及咖啡设备的批发、零售、佣金代理。				

企业名称	吉田号贸易（上海）有限公司				
企业地址	上海市卢湾区淮海中路 887 号 9010A 室（200021）				
投资总额	30 万 USD	电话	64736398	传真	64438213
设立日期	2006-12-8	负责人	吉田三郎		
主营业务	船舶机械设备、食品机械、一般机械、食品的批发、进出口及配套业务。				

企业名称	澳尢威（上海）贸易有限公司				
企业地址	上海市闵行区七莘路 2299 弄 31 号（201101）				
投资总额	70 万 USD	电话	54248631	传真	64870456
设立日期	2006-12-8	负责人	FREDA FENG		
主营业务	服装服饰、床上用品、化妆品、纺织原料（棉花除外）的进口，批发。				

企业名称	喜德贸易（上海）有限公司				
企业地址	上海市浦东新区浦东南路 1101 号 1703 室（200122）				
投资总额	14 万 USD	电话	58362981	传真	58362982
设立日期	2006-12-7	负责人	涂文昌		
主营业务	半导体设备零件产品的批发、佣金代理，进出口及其他相关配套业务。				

企业名称	上海兆翔船舶设备贸易有限公司				
企业地址	上海市外高桥保税区杨高北路 2001 号 F 区管理楼 310C 室（200131）				
投资总额	210 万 RMB	电话	68406226	传真	68406129
设立日期	2006-12-7	负责人	李志峰		
主营业务	从事钢铁制品、铜制品、电机、机械器具及其零件的批发、佣金代理。				

企业名称	希而达汽车零部件商贸（上海）有限公司				
企业地址	上海市浦东新区浦东南路 588 号 21 楼 G 室（200120）				
投资总额	14 万 USD	电话	68591838	传真	68591878
设立日期	2006-12-7	负责人	YUAN LI		
主营业务	汽车零部件的进出口、批发、佣金代理，提供相关配套服务及咨询服务。				

企业名称	上海阿童木建材商贸有限公司				
企业地址	上海市浦东新区浦东南路 1101 号远东大厦 1611-1612 室（200120）				
投资总额	1000 万日元	电话	58362711	传真	62110177
设立日期	2006-12-7	负责人	神原诚		
主营业务	建筑装饰材料（钢材除外）及五金件的进出口、商品批发、佣金代理。				

企业名称	沃华夫（上海）商贸有限公司				
企业地址	上海市浦东新区东方路 710 号 1303 室（200122）				
投资总额	20 万 USD	电话	50589580	传真	50589581
设立日期	2006-12-6	负责人	THOMAS GEORGE BELOT		
主营业务	餐饮用品、器具、设备的进出口、批发和佣金代理（拍卖除外）。				

企业名称	纳诺半导体设备贸易（上海）有限公司				
企业地址	上海市浦东新区新金桥路 28 号 507 室（201203）				
投资总额	15 万 USD	电话	63058855	传真	63058833
设立日期	2006-12-6	负责人	JOHN DAVIS HEATON		
主营业务	半导体制造设备及其元配件、光学仪器设备的进出口业务，配套业务。				

企业名称	杰洛通用线缆商贸（上海）有限公司				
企业地址	上海市浦东新区世纪大道 88 号金茂大厦 31 层 3109 室（200120）				
投资总额	14 万 USD	电话	28909737	传真	28909137
设立日期	2006-12-6	负责人	XIA XU BING（夏旭兵）		
主营业务	电缆线缆及其零配件和其他相关产品的进出口、批发、佣金代理。				

企业名称	上海光丽贸易有限公司				
企业地址	上海市奉贤区奉浦大道 111 号 1111 室（201400）				
投资总额	30 万 USD	电话	57747663	传真	57747580
设立日期	2006-12-6	负责人	余瑞光		
主营业务	滚珠、滚柱、滚针、电动工具、零部件的批发、进出口、佣金代理。				

企业名称	中沪国际纸业贸易（上海）有限公司				
企业地址	上海市浦东新区张杨路 620 号中融恒瑞国际广场东楼 21 层（200122）				
投资总额	12.8 万 USD	电话	61628000	传真	61628001
设立日期	2006-12-5	负责人	WERN LIRN WANG		
主营业务	纸制品、包装产品、林业产品、日用百货的进出口、批发、佣金代理。				

企业名称	基诺悦福山纳贸易（上海）有限公司				
企业地址	上海市浦东新区南码头路 101 号海博大厦 1606 室（200127）				
投资总额	14 万 USD	电话	64436810	传真	64436811
设立日期	2006-12-5	负责人	ALAIN TRICOLET		
主营业务	管道及其配件的批发、进出口、佣金代理（拍卖除外）及相关配套业务。				

企业名称	恩咏贸易（上海）有限公司				
企业地址	上海市杨浦区宁国路 472 号 107 室（200090）				
投资总额	14 万 USD	电话	64282072	传真	64282076
设立日期	2006-12-5	负责人	刘智兴		
主营业务	染料、颜料、涂料、油墨的批发；上述商品的进出口；提供配套业务。				

企业名称	雾的池内（上海）贸易有限公司				
企业地址	上海市大统路 988 号 A 座 13 楼 11 室（200070）				
投资总额	3000 万日元	电话	61409731	传真	61234239
设立日期	2006-12-5	负责人	松井精朗		
主营业务	喷嘴、喷雾系统、加湿器及加湿系统的进出口、批发、佣金代理。				

企业名称	斯美伊戈（上海）化学贸易有限公司				
企业地址	上海市长宁区延安西路 2299 号 11A76 室（200051）				
投资总额	20 万 USD	电话	62190706	传真	62190752
设立日期	2006-12-5	负责人	黄志祥		
主营业务	化工产品、日用百货、建筑材料、包装材料的批发，食品销售管理。				

企业名称	博瑞杰（上海）贸易有限公司				
企业地址	上海市浦东康桥工业区康桥东路 1159 弄 101 号 1 号厂房（201315）				
投资总额	30 万 USD	电话	68182760	传真	68182761
设立日期	2006-12-5	负责人	PAOLO TETTAMANTI		
主营业务	纺织品以及纺织品包装材料的批发、进出口和佣金代理。				

企业名称	翔森化工贸易（上海）有限公司				
企业地址	上海市静安区万航渡路 888 号 7 楼 A-12 室（200041）				
投资总额	20 万 USD	电话	51388366	传真	58351269
设立日期	2006-12-5	负责人	SYCHYKAU EDUARD		
主营业务	从事化工原料及其制品、轮胎的批发、佣金代理。				

企业名称	帛瑞国际贸易（上海）有限公司				
企业地址	上海市外高桥保税区富特西一路 139 号 1031 室（200131）				
投资总额	20 万 USD	电话	58680979	传真	54223303
设立日期	2006-12-4	负责人	SHIN SU HOAN		
主营业务	国际贸易、转口贸易、保税区企业间的贸易及保税区内贸易代理。				

企业名称	洋于国际贸易（上海）有限公司				
企业地址	上海市外高桥保税区日京路 51 号 B 楼四层 2414 室（200131）				
投资总额	150 万 USD	电话	68800666	传真	65413207
设立日期	2006-12-4	负责人	李权哲		
主营业务	国际贸易、转口贸易、保税区内企业间的贸易及贸易代理。				

企业名称	洋星国际贸易（上海）有限公司				
企业地址	上海市外高桥保税区日京路 51 号 B 楼四层 2423 室（200131）				
投资总额	150 万 USD	电话	58060690	传真	65413207
设立日期	2006-12-4	负责人	李权哲		
主营业务	国际贸易、转口贸易、保税区内企业间的贸易及贸易代理。				

企业名称	百扬国际贸易（上海）有限公司				
企业地址	上海市外高桥保税区加太路 108 号第三层 E 部位（200131）				
投资总额	20 万 USD	电话	51308797	传真	51308790
设立日期	2006-12-4	负责人	葛峄		
主营业务	电子设备和测试软件的批发、佣金代理、进出口及其他相关配套业务。				

企业名称	富力电子贸易（上海）有限公司				
企业地址	上海市长宁区镇宁路 545 弄 15 号 103 室（200050）				
投资总额	25 万 USD	电话	62127772	传真	62127966
设立日期	2006-12-4	负责人	姜惠德		
主营业务	电子零部件、机器设备、化学品材料、电子产品的批发及佣金代理。				

企业名称	上海港陆商贸有限公司				
企业地址	上海市南京西路 1856 号 1 幢 422 室（200040）				
投资总额	500 万 RMB	电话	63501368	传真	63502368
设立日期	2006-12-4	负责人	罗晓音		
主营业务	服装、鞋帽、服饰、首饰、箱包的批发；自营商品的进出口业务。				

企业名称	温馨鸟（上海）贸易有限公司				
企业地址	上海市浦东新区浦东南路 1088 号 1402 室（200122）				
投资总额	15 万 USD	电话	61001528	传真	61001551
设立日期	2006-12-1	负责人	魏方		
主营业务	服装、服饰、鞋、包、办公用品的批发及进出口，佣金代理（拍卖除外）。				

企业名称	钛旭（上海）不锈钢制品贸易有限公司				
企业地址	上海市嘉定区安亭镇墨玉路155号505室（201805）				
投资总额	25万欧元	电话	59567880	传真	59567882
设立日期	2006-12-1	负责人	GUOBIN SHEN		
主营业务	从事不锈钢制品的批发、佣金代理（拍卖除外）；商品的进出口业务。				

企业名称	韩荣诺思（上海）商贸有限公司				
企业地址	上海市浦东新区桃林路18号A座504室（200122）				
投资总额	14万USD	电话	50930290	传真	50930293
设立日期	2006-11-30	负责人	韩荣洙（HAN YOUNG SOO）		
主营业务	电气、电子产品的批发及上述产品的进出口、佣金代理（拍卖除外）。				

企业名称	富斯宏贸易（上海）有限公司				
企业地址	上海市浦东新区高科西路551号213室（200122）				
投资总额	18万USD	电话	64276427	传真	64810186
设立日期	2006-11-30	负责人	林淑洁		
主营业务	工业仪器仪表、五金机械设备及其零配件的批发及进出口业务。				

企业名称	迈拿钟表商贸（上海）有限公司				
企业地址	上海市卢湾区淮海中路138号上海广场2501室（200021）				
投资总额	70万USD	电话	63756205	传真	63756209
设立日期	2006-11-30	负责人	周锦光		
主营业务	钟表、珠宝、首饰、工艺礼品的批发、零售、佣金代理。				

企业名称	石松生科贸易（上海）有限公司				
企业地址	上海市上中路462号12幢（号）403室（200231）				
投资总额	30万USD	电话	62087781	传真	62087773
设立日期	2006-11-30	负责人	KIM YUN EUL		
主营业务	化妆品、洗涤用品、清洁用品、净化剂、清毒剂、水质改善剂的批发。				

企业名称	悠瑞（上海）贸易有限公司				
企业地址	上海市浦东新区杨高北路528号14幢4005室（200122）				
投资总额	50万USD	电话	63181212	传真	63500825
设立日期	2006-11-29	负责人	潘启泰		
主营业务	服装及辅料、布匹、日用百货的批发、进出口及其他相关配套业务。				

企业名称	沂大商业管理咨询（上海）有限公司				
企业地址	上海市浦东新区商城路660号八楼1室（200122）				
投资总额	10万USD	电话	68889000	传真	68880988
设立日期	2006-11-29	负责人	黄振骐		
主营业务	商业管理咨询、市场推广咨询、企业营销策划咨询、企业管理咨询。				

企业名称	帝得贸易（上海）有限公司				
企业地址	上海市浦东新区唐镇上丰西路55号11幢401室（200135）				
投资总额	30万USD	电话	54249586	传真	54248083
设立日期	2006-11-29	负责人	TAN PANG KEE		
主营业务	从事纺织品和化工产品（危险品除外）的批发及进出口，佣金代理。				

企业名称	家哲贸易（上海）有限公司				
企业地址	上海市浦东新区张家浜路37弄3号903室（200131）				
投资总额	13万USD	电话	50816165	传真	50815970
设立日期	2006-11-29	负责人	张家哲		
主营业务	电子产品及机电设备的批发、佣金代理，商品进出口及相关配套服务。				

企业名称	威恩德商贸（上海）有限公司				
企业地址	上海市浦东新区杨高南路2875号600A室（200122）				
投资总额	12.5万USD	电话	50896952	传真	68868021
设立日期	2006-11-29	负责人	RONALD C.WIAND		
主营业务	金刚石砂轮及其零配件、光学仪器及其制剂的批发、佣金代理。				

企业名称	诺之萌贸易（上海）有限公司				
企业地址	上海市外高桥保税区加太路39号第四层35部位（200131）				
投资总额	20万USD	电话	64434630	传真	64434634
设立日期	2006-11-28	负责人	H. M. ANDREE WILTENS		
主营业务	化工产品（危险化学品除外）、纺织品、五金制品的批发、佣金代理。				

企业名称	上海酉泉贸易有限公司				
企业地址	上海市黄浦区陆家浜路1011号813室（200011）				
投资总额	10万USD	电话	54149980	传真	54149981
设立日期	2006-11-28	负责人	叶百礼		
主营业务	从事小家电及其零部件、沐浴用品的进出口、批发和佣金代理。				

企业名称	威思顿半导体贸易（上海）有限公司				
企业地址	上海市闵行区吴中路1100号5幢601室（201103）				
投资总额	6.3万USD	电话	64326250	传真	64326628
设立日期	2006-11-28	负责人	SHIM SANG NAM		
主营业务	电气、电子产品及配件的批发，上述产品的进出口、佣金代理。				

企业名称	锐智商贸（上海）有限公司				
企业地址	上海市浦东新区张杨路188号汤臣中心301室（200122）				
投资总额	87.5万USD	电话	50581906	传真	50581906
设立日期	2006-11-27	负责人	MICHAEL DEAN FUSS		
主营业务	从事缝纫品、编织品、纺织产品的批发、佣金代理（拍卖除外）。				

企业名称	励昌（上海）贸易有限公司				
企业地址	上海市外高桥保税区加枫路24号新发展银行楼二层201室（200131）				
投资总额	20万USD	电话	54246321	传真	54246322
设立日期	2006-11-27	负责人	CHNG HUNG HWEE		
主营业务	国际贸易，转口贸易，保税区内企业间的贸易及贸易代理。				

企业名称	式卡（上海）贸易有限公司				
企业地址	上海市外高桥保税区日京路35号凯兴大楼1231室（200131）				
投资总额	13万USD	电话	52379603	传真	52379601
设立日期	2006-11-27	负责人	JEAN-LOUIS BAUDHUIN		
主营业务	国际贸易、转口贸易、保税区企业间贸易及区内的贸易代理。				

企业名称	上海富美成钻头贸易有限公司				
企业地址	上海市长宁区延安西路2299号11楼D86室（200051）				
投资总额	50万RMB	电话	62362550	传真	62360860
设立日期	2006-11-27	负责人	VAN DER STEEN LUC M.M.M.		
主营业务	五金工具、各种钻头、机电设备的进出口、批发、佣金代理（拍卖除外）。				

企业名称	佩雷罗贸易（上海）有限公司				
企业地址	上海市长宁区虹桥路2298号8幢219室（200336）				
投资总额	50万USD	电话	22819888	传真	64473339
设立日期	2006-11-27	负责人	林康宁		
主营业务	从事各类体育用品、文化用品、服装饰品的进出口、批发、佣金代理。				

企业名称	乔莱恩贸易（上海）有限公司				
企业地址	上海市长宁区番禺路390号12H室（200052）				
投资总额	15万USD	电话	52586008	传真	52586006
设立日期	2006-11-27	负责人	HUA QIAO		
主营业务	电脑电子设备及零部件、酒类、服装的批发、进出口及相关配套服务。				

企业名称	上海均硕商贸有限公司				
企业地址	上海市浦东新区钱仓路1号21D室（200120）				
投资总额	14万USD	电话	68597119	传真	68597118
设立日期	2006-11-24	负责人	叶胜发		
主营业务	机械设备、电子产品、仪器仪表、计算机及配件的批发、佣金代理。				

企业名称	并木商贸（上海）有限公司				
企业地址	上海市浦东新区杨高北路528号14幢4006室（200122）				
投资总额	20万USD	电话	58162486	传真	58166868
设立日期	2006-11-24	负责人	陈国华		
主营业务	纺织品、鞋帽、箱包、家居用品的批发、佣金代理（拍卖除外）。				

企业名称	威巴克（上海）贸易有限公司				
企业地址	上海市长宁区娄山关路85号D座506室（200051）				
投资总额	65万USD	电话	62957813	传真	62957817
设立日期	2006-11-24	负责人	SCHÜTZ		
主营业务	汽车防震产品、半成品部件、产品原材料及相关生产设备的批发。				

企业名称	任曜贸易（上海）有限公司				
企业地址	上海市徐汇区虹漕路421号虹漕大楼910-911室（200233）				
投资总额	35万USD	电话	64856757	传真	64856003
设立日期	2006-11-24	负责人	苏明达		
主营业务	从事汽车用零配件、机械用五金、数码式门禁管理系统的批发。				

企业名称	上海迦得贸易有限公司				
企业地址	上海市卢湾区五里桥路210弄2号101室（200023）				
投资总额	60万USD	电话	61190229	传真	61190233
设立日期	2006-11-24	负责人	张秋吉		
主营业务	服装及其配饰、珠宝饰品、化妆品眼镜的零售、批发、佣金代理。				

企业名称	申丰盛服饰贸易（上海）有限公司				
企业地址	上海市黄浦区会稽路8号15楼1507室（200001）				
投资总额	14万USD	电　话	63266678	传　真	63266680
设立日期	2006-11-24	负责人	庄仲明（执行董事）		
主营业务	服装及配件的专业设计，服装、服饰及其相关产品的批发及进出口业务。				

企业名称	爱生雅贸易（上海）有限公司				
企业地址	上海市共和新路3201号1601室（200072）				
投资总额	14万USD	电　话	54335200	传　真	54333916
设立日期	2006-11-24	负责人	INGOLF ARDESCHIR BRAUN		
主营业务	卫生产品（医用产品除外）的批发、佣金代理（拍卖除外）。				

企业名称	和定纺织贸易（上海）有限公司				
企业地址	上海市长宁区安顺路89弄11号1608室（200052）				
投资总额	50万USD	电　话	52582586	传　真	52586986
设立日期	2006-11-24	负责人	林铭崇		
主营业务	纺织原料（棉花除外）、纺织制品、纺织机械设备及零部件的批发。				

企业名称	康博丽贸易（上海）有限公司				
企业地址	上海市闵行区宝城路158弄38号1607室（201100）				
投资总额	20万USD	电　话	54154929	传　真	54157548
设立日期	2006-11-24	负责人	王大光		
主营业务	眼镜及仪器、化妆品、箱包、饰品、服装的批发、佣金代理（拍卖除外）。				

企业名称	上海台诚家具贸易有限公司				
企业地址	上海市浦东新区东靖路1831号403部位416室（200122）				
投资总额	150万USD	电　话	62702486	传　真	62702489
设立日期	2006-11-23	负责人	郭山辉		
主营业务	从事家具、寝具、卫生洁具、皮革制品、体育用品的批发、佣金代理。				

企业名称	德久思国际贸易（上海）有限公司				
企业地址	上海市外高桥保税区加枫路24号新发展银行楼2层214室（200131）				
投资总额	13万USD	电　话	64904977	传　真	64905211
设立日期	2006-11-23	负责人	DE GIULI ROBERTA		
主营业务	国际贸易、转口贸易、保税区企业间贸易及贸易代理。				

企业名称	亚科贸易（上海）有限公司				
企业地址	上海市肇嘉浜路680号一号楼407、409房间（200031）				
投资总额	35万欧元	电　话	61635293	传　真	64158022
设立日期	2006-11-23	负责人	MARTIN BEHR		
主营业务	排水系统和水处理系统的设备和零部件的进出口业务、批发、佣金代理。				

企业名称	迅飞虎商贸（上海）有限公司				
企业地址	上海市襄阳南路500号1020室（200031）				
投资总额	12.5万USD	电　话	64666390	传　真	64666392
设立日期	2006-11-23	负责人	CLEMENS PETRUS COLSEN		
主营业务	服装及衣着附件、鞋、帽、玩具、运动用品及其附件的批发、佣金代理。				

企业名称	宜通科技贸易（上海）有限公司				
企业地址	上海市浦东新区浦东大道2000号6层B室（200135）				
投资总额	10万USD	电　话	62729985	传　真	62675497
设立日期	2006-11-22	负责人	YEONG KIN FAI		
主营业务	油漆、油灰等化工产品、橡胶制品、照明装置及其零件的进出口、批发。				

企业名称	艺特国际贸易（上海）有限公司				
企业地址	上海市外高桥保税区加太路39号4楼26部位（200131）				
投资总额	13万USD	电　话	63736605	传　真	63736669
设立日期	2006-11-21	负责人	石景中		
主营业务	机电产品及其零部件、化工产品、纺织品及服装的批发、佣金代理。				

企业名称	秀欣服装贸易（上海）有限公司				
企业地址	上海市卢湾区鲁班路600号802室（200023）				
投资总额	14万USD	电　话	53028855	传　真	53016772
设立日期	2006-11-21	负责人	PETER MARKSON		
主营业务	服装及相关产品的进出口、批发、佣金代理（拍卖除外）。				

企业名称	尾悠崎（上海）贸易有限公司				
企业地址	上海市长宁区延安西路2201号1110室（200051）				
投资总额	21万USD	电　话	64276752	传　真	64273657
设立日期	2006-11-21	负责人	户嶋壮夫		
主营业务	从事各种纺织制品、服饰、配饰、表以及运动用品的批发、佣金代理。				

企业名称	上海柯腾贸易有限公司				
企业地址	上海市长宁区江苏路369号兆丰大厦7D室（200050）				
投资总额	14万USD	电　话	52400515	传　真	52400516
设立日期	2006-11-21	负责人	ANDREAS KETTENBACH		
主营业务	袜子、无缝内衣、毛毯、浴垫、靠枕、被套及辅料的批发、佣金代理。				

企业名称	上海琵帝贸易有限公司				
企业地址	上海市浦东新区成山路220号1204A室（200125）				
投资总额	20万USD	电　话	64195321	传　真	64198461
设立日期	2006-11-20	负责人	KANG JUNG CHUL		
主营业务	服装服饰、鞋帽、箱包、针纺制品、电子产品、通讯设备的批发。				

企业名称	爱幸（上海）贸易有限公司				
企业地址	上海市浦东新区浦东南路588号浦发大厦32层H单元（200122）				
投资总额	25万USD	电　话	68591604	传　真	58769112
设立日期	2006-11-20	负责人	吴嫦娥		
主营业务	金属制品、五金制品、电器设备、机械设备、皮革、纸制品的批发。				

企业名称	极特太阳能设备贸易（上海）有限公司				
企业地址	上海市浦东新区外高桥保税区基隆路6号外高桥大厦524室（200131）				
投资总额	30万USD	电　话	62887272	传　真	62887660
设立日期	2006-11-20	负责人	JEFFREY JOHN FORD		
主营业务	太阳能产品及设备、工具、零部件的进出口、佣金代理（拍卖除外）。				

企业名称	科艾印刷控制设备贸易（上海）有限公司				
企业地址	上海市外高桥保税区奥纳路79号1号楼2层2088室（200131）				
投资总额	20万USD	电　话	64480771	传　真	64481002
设立日期	2006-11-20	负责人	俞普		
主营业务	以印刷控制设备为主的国际贸易、保税区企业间的贸易及贸易代理。				

企业名称	上海鸿纪商贸有限公司				
企业地址	上海市黄浦区陆家浜路1011号1206室（200001）				
投资总额	50万USD	电　话	63520037	传　真	63520039
设立日期	2006-11-20	负责人	纪冠敏		
主营业务	纺织品、服装、日用百货、护肤美容品、装饰材料的批发、佣金代理。				

企业名称	博萨尔（上海）汽车零配件贸易有限公司				
企业地址	上海市长宁区延安西路2299号11A65室（200051）				
投资总额	10万USD	电　话	62360298	传　真	62362348
设立日期	2006-11-20	负责人	BOS KAREL		
主营业务	汽车零配件的批发，佣金代理（拍卖除外）及上述产品的进出口业务。				

企业名称	上海爱睿商贸有限公司				
企业地址	上海市长宁区虹桥路2298号8幢213室（200335）				
投资总额	100万RMB	电　话	52300771	传　真	52300772
设立日期	2006-11-20	负责人	王健彬		
主营业务	成衣、面料、家纺及其他纺织品、电子周边产品的批发、佣金代理。				

企业名称	上海百佳超级市场有限公司				
企业地址	上海市沪闵路9333号五号楼三楼（200000）				
投资总额	4000万港币	电　话	65066521	传　真	65067076
设立日期	2006-11-20	负责人	冯砚祖		
主营业务	日用百货、针纺织品、服装、鞋帽、通讯器材的批发、零售、佣金代理。				

企业名称	上海美临商贸有限公司				
企业地址	上海市长宁区长宁路1277弄7号（200051）				
投资总额	50万USD	电　话	61457188	传　真	61457181
设立日期	2006-11-19	负责人	彭文清		
主营业务	饰品（金银饰品除外）、钟表、文体用品、工艺礼品的零售、批发。				

企业名称	米罗利奥（上海）商贸有限公司				
企业地址	上海市徐汇区虹桥路三号港汇中心二座29楼05室（200030）				
投资总额	300万欧元	电　话	64485310	传　真	
设立日期	2006-11-17	负责人	WALTER LUMINO		
主营业务	服装、鞋类、眼镜、箱包、饰品以及时装的批发、零售和进出口。				

企业名称	上海泓滔贸易有限公司				
企业地址	上海市闵行区莘庄镇庙泾路58号E室（201100）				
投资总额	300万USD	电　话	62961199	传　真	62967601
设立日期	2006-11-17	负责人	HUDSON NG		
主营业务	从事日用百货、办公用品、电讯器材、花卉、食品的进出口、批发。				

企业名称	建滔贸易（上海）有限公司				
企业地址	上海市外高桥保税区冰克路500号805室（200131）				
投资总额	20万USD	电　　话	51727996	传　　真	51727995
设立日期	2006-11-16	负 责 人	张国强		
主营业务	国际贸易、转口贸易、保税区内企业间的贸易及区内贸易代理。				

企业名称	飞思德晶华贸易（上海）有限公司				
企业地址	上海市长宁区天山路600弄1号405室（200051）				
投资总额	14万USD	电　　话	61457130	传　　真	61457131
设立日期	2006-11-16	负 责 人	QUEK GEOK HENG		
主营业务	从事工业机械设备，电子产品的批发、佣金代理（拍卖除外）。				

企业名称	东洋伊士特贸易（上海）有限公司				
企业地址	上海市长宁区古北路678号904B室（200336）				
投资总额	20万USD	电　　话	62959791	传　　真	62959795
设立日期	2006-11-16	负 责 人	李 越		
主营业务	从事塑料原料及制品、纸制品、印刷机械、铜金属相关产品的批发。				

企业名称	北美枫情（上海）商贸有限公司				
企业地址	上海市长宁区仙霞路318-322号1805室（200336）				
投资总额	200万USD	电　　话	62955488	传　　真	62786249
设立日期	2006-11-16	负 责 人	赵伟茂		
主营业务	木材、木制品及其配件、建筑材料、装饰材料、家具的批发、进出口。				

企业名称	码恳（上海）商贸有限公司				
企业地址	上海市长宁区遵义路107号安泰大楼601室（200051）				
投资总额	10万USD	电　　话	62375887	传　　真	62375877
设立日期	2006-11-16	负 责 人	RAYMOND M.CARTADE		
主营业务	工业标识与打码设备以及相关产品的批发，进出口，提供售后服务。				

企业名称	上海靓人商贸有限公司				
企业地址	上海市中山西路2025号23层12、13、14室（201103）				
投资总额	64万USD	电　　话	64016179	传　　真	64016166
设立日期	2006-11-15	负 责 人	JOO BYONG JIN		
主营业务	服装、鞋帽、针织品、皮具、工艺品、包装材料、纸制品的批发。				

企业名称	赛弗莱电子贸易（上海）有限公司				
企业地址	上海市中山西路2025号1604室（200051）				
投资总额	65万USD	电　　话	64810994	传　　真	33680286
设立日期	2006-11-15	负 责 人	谭振赛		
主营业务	从事电子产品的批发、佣金代理、进出口及其他相关配套业务。				

企业名称	奥弗西斯商贸（上海）有限公司				
企业地址	上海市虬江路1442号101、201室（200071）				
投资总额	100万港币	电　　话	56326336	传　　真	56326338
设立日期	2006-11-15	负 责 人	潘大平		
主营业务	化妆品、活性炭、手表、电子产品、日用百货的进出口贸易、批发。				

企业名称	竣瑚贸易（上海）有限公司				
企业地址	上海市闵行区吴中路1100号5幢1G室（201103）				
投资总额	13万USD	电　　话	54225573	传　　真	54225575
设立日期	2006-11-15	负 责 人	HAM YOUNG CHUL		
主营业务	纺织品、日用百货、汽车美容用品、精密测量仪器的进出口、批发。				

企业名称	上海马特洪贸易有限公司				
企业地址	上海市浦东新区高东光明路718号817室（200122）				
投资总额	100万USD	电　　话	57794088	传　　真	57794085
设立日期	2006-11-14	负 责 人	林昭围		
主营业务	紧固件、家具、电子产品及其零件、计算机软硬件的进出口、批发。				

企业名称	信进平贸易（上海）有限公司				
企业地址	上海市浦东新区浦东南路1101号716室（200122）				
投资总额	30万USD	电　　话	58365528	传　　真	58365529
设立日期	2006-11-14	负 责 人	ROGER LEONG KUN HONG		
主营业务	饮料、酒及相关产品、塑料产品、木制品、文具的批发，进出口。				

企业名称	上海永基贸易有限公司				
企业地址	上海市长乐路989号4002室（200031）				
投资总额	50万USD	电　　话	54076388	传　　真	54076100
设立日期	2006-11-14	负 责 人	陈武刚		
主营业务	食品销售管理、美容器材、清洁用产品的进出口、批发、佣金代理。				

企业名称	岚柏斯（上海）贸易有限公司				
企业地址	上海市浦东新区杨高北路528号14幢4003室（200122）				
投资总额	20万USD	电　　话	63181212	传　　真	63722199
设立日期	2006-11-13	负 责 人	吕瑞文		
主营业务	服饰、鞋帽、箱包的批发、佣金代理，进出口及其他相关配套业务。				

企业名称	统洋精机贸易（上海）有限公司				
企业地址	上海市浦东新区潍坊路5号29幢511室（200120）				
投资总额	20万USD	电　　话	58361767	传　　真	58352797
设立日期	2006-11-13	负 责 人	阿濑正治		
主营业务	汽车轮胎维修、调校和拆装设备以及汽车维修设备的批发、佣金代理。				

企业名称	蓝普（上海）商贸有限公司				
企业地址	上海市张江高科技园区毕升路299弄11号102室（201203）				
投资总额	50万USD	电　　话	50273656	传　　真	50273899
设立日期	2006-11-13	负 责 人	YIMIN JIANG		
主营业务	电子元器件、电子设备和相关零配件的进出口、批发、佣金代理。				

企业名称	上海中美福茂贸易有限公司				
企业地址	上海市浦东新区金藏路258号4幢206室（201206）				
投资总额	20万USD	电　　话	61623541	传　　真	61623540
设立日期	2006-11-13	负 责 人	林清辉		
主营业务	各类染料、颜料、界面活性剂、涂料、餐具、化妆品的批发和进出口。				

企业名称	协祥（上海）贸易有限公司				
企业地址	上海市浦东新区川沙路389弄85号（201204）				
投资总额	100万港币	电　　话	64482352	传　　真	64078957
设立日期	2006-11-10	负 责 人	莫渊策		
主营业务	从事服装、玩具、工艺礼品、日用百货的进出口、批发、佣金代理。				

企业名称	东河贸易（上海）有限公司				
企业地址	上海市长宁区长宁路347号305室（200050）				
投资总额	20万USD	电　　话	64453511	传　　真	62524084
设立日期	2006-11-10	负 责 人	江俊甫		
主营业务	从事电动工具、建筑机械及配件、建筑材料的批发、佣金代理。				

企业名称	奥时裳（上海）服装贸易有限公司				
企业地址	上海市长宁区延安西路726号A、B室（200050）				
投资总额	150万USD	电　　话	63618686	传　　真	63551378
设立日期	2006-11-10	负 责 人	朱俊华		
主营业务	各类服装、服饰及其附件，鞋帽，绣品及辅料的批发，佣金代理。				

企业名称	达生商贸（上海）有限公司				
企业地址	上海市北京西路1701号2609室（200040）				
投资总额	12.5万USD	电　　话	62886670	传　　真	62886690
设立日期	2006-11-10	负 责 人	LUCAS LAURENS NICOLAAS NIJMAN		
主营业务	电机及电气设备、灯具及照明设备、服装、鞋帽的批发、佣金代理。				

企业名称	代雄贸易（上海）有限公司				
企业地址	上海市闵行区吴中路1100号5幢811室（201103）				
投资总额	14万USD	电　　话	64055633	传　　真	64055632
设立日期	2006-11-9	负 责 人	OH YOUNG CHEUL（吴宁哲）		
主营业务	地暖产品及配件、建筑材料、日用百货、服装服饰批发、佣金代理。				

企业名称	克殿贸易（上海）有限公司				
企业地址	上海市漕溪北路41号2604室（200032）				
投资总额	13万USD	电　　话	64319771	传　　真	64319770
设立日期	2006-11-9	负 责 人	CHOI KWANG HO		
主营业务	计算机产品、电子产品、家用电器、日用百货批发、佣金代理。				

企业名称	海铂科贸易（上海）有限公司				
企业地址	上海市凯旋路3131号2410室（200030）				
投资总额	14万USD	电　　话	54071402	传　　真	54071058
设立日期	2006-11-9	负 责 人	TAKASHI HAYAKAWA		
主营业务	机电产品、工业用胶带、电子产品及相关材料的批发、佣金代理。				

企业名称	上海禾康不锈钢贸易有限公司				
企业地址	上海市奉贤区奉浦工业区韩村路708号215室（201400）				
投资总额	20万USD	电　　话	13701961184	传　　真	64647478
设立日期	2006-11-9	负 责 人	成元庆		
主营业务	不锈钢制品的批发，上述产品的进出口。				

企业名称	仪利特（上海）贸易有限公司				
企业地址	上海市奉贤区工业综合开发区奉浦大道 111 号 704 室（201400）				
投资总额	14 万 USD	电　话	62885814	传　真	62885834
设立日期	2006-11-7	负 责 人	ULRICH LAMBERT DE GROOT		
主营业务	家具、木制品、五金制品、油漆、居家饰品批发、佣金代理。				

企业名称	上海和仁特贸易有限公司				
企业地址	上海市闵行区吴中路 1100 号 5 幢 817 室（201103）				
投资总额	15 万 USD	电　话	64655371	传　真	64655373
设立日期	2006-11-6	负 责 人	LEE HYUN SOOK		
主营业务	化工化学原料（危险品除外），电子产品的进出口、批发、佣金代理。				

企业名称	彼斯梯通讯设备贸易（上海）有限公司				
企业地址	上海市长宁区延安西路 2299 号 1401 室（200051）				
投资总额	20 万 USD	电　话	62363791	传　真	62363003
设立日期	2006-11-6	负 责 人	WEI YING		
主营业务	从事电子产品、通讯产品、宽带网络产品以及制造与加工设备的批发。				

企业名称	仕高特高尔夫贸易（上海）有限公司				
企业地址	上海市浦东新区成山路 220 号 1205B 室（200120）				
投资总额	100 万 RMB	电　话	61155480	传　真	61155468
设立日期	2006-11-3	负 责 人	山口丰光		
主营业务	服装、鞋帽、箱包、高尔夫系列用品的批发、商品和相关技术的进出口。				

企业名称	藜马（上海）贸易有限公司				
企业地址	上海市浦东新区张杨路 707 号 2701 室（200120）				
投资总额	35 万 USD	电　话	58359201	传　真	58358521
设立日期	2006-11-3	负 责 人	MARK JEFFERY KEELEY		
主营业务	焊接和切割机械、设备、食品，管道产品和消防用品的批发、进出口。				

企业名称	欣乔煌国际贸易（上海）有限公司				
企业地址	上海市外高桥保税区华京路 8 号办公楼 6 层 601 室（200131）				
投资总额	18 万 USD	电　话	54108800	传　真	54108800
设立日期	2006-11-3	负 责 人	杨建源		
主营业务	网络安全设备、网络存储设备、网络设备软件的批发、佣金代理。				

企业名称	太邦商贸（上海）有限公司				
企业地址	上海市浦东新区张江路 665 号 1 层部分 101A 室（201203）				
投资总额	50 万 USD	电　话	50392635	传　真	50392635
设立日期	2006-11-3	负 责 人	林乐宇		
主营业务	食品、厨卫用品、五金批发；上述产品进出口和其他相关配套业务。				

企业名称	山中（上海）贸易有限公司				
企业地址	上海市外高桥保税区基隆路 6 号外高桥大厦 1023 室（200131）				
投资总额	30 万 USD	电　话	58960769	传　真	58693073
设立日期	2006-11-3	负 责 人	山中理民		
主营业务	保税区内国际贸易、转口贸易、保税区内企业间的贸易及区内贸易代理。				

企业名称	亚龙（上海）商贸有限公司				
企业地址	上海市浦东新区川沙路 1215 号 8 幢 2 楼 217 室（200120）				
投资总额	188 万 USD	电　话	13306260865	传　真	50681516
设立日期	2006-11-3	负 责 人	黄志源		
主营业务	文具、办公耗材、办公设备、电脑用品、礼品的批发和进出口业务。				

企业名称	上海技准贸易有限公司				
企业地址	上海市青浦区白鹤镇鹤祥路 1 号 305 室（201709）				
投资总额	14 万 USD	电　话	69212698	传　真	69210266
设立日期	2006-11-3	负 责 人	蔡国仁		
主营业务	从事光学仪器、机械设备、五金交电、电子产品的批发、进出口。				

企业名称	皮埃尔勒贸易（上海）有限公司				
企业地址	上海市松江区民益路 201 号 12 号厂房 102 室 B 区（201613）				
投资总额	20 万 USD	电　话	51523082	传　真	51523087
设立日期	2006-11-3	负 责 人	RODNEY HAMMOND		
主营业务	化工产品（危险化学品除外）的批发、佣金代理（拍卖除外）。				

企业名称	安恒利（上海）贸易有限公司				
企业地址	上海市浦东新区商城路 738 号 2402 室（200120）				
投资总额	800 万 RMB	电　话	50815696	传　真	58310447
设立日期	2006-11-2	负 责 人	CHUI KAI LUN		
主营业务	音响及扩音器材、电子音频功率放大器、舞台灯等音视产品的批发。				

企业名称	蓝实贸易（上海）有限公司				
企业地址	上海市杨高北路 2001 号 F 区市场商务楼二层 206B 室（200131）				
投资总额	14 万 USD	电　话	54661103	传　真	54661103
设立日期	2006-11-2	负 责 人	角南功治		
主营业务	在保税区内从事国际贸易、转口贸易、企业间的贸易及区内贸易代理。				

企业名称	仰德贸易（上海）有限公司				
企业地址	上海市外高桥保税区泰谷路 18 号 1 号楼 9 层 911A 室（200131）				
投资总额	75 万 USD	电　话	58680933	传　真	
设立日期	2006-11-2	负 责 人	蔡锦祥		
主营业务	国际贸易、转口贸易、保税区企业间的贸易及区内贸易代理。				

企业名称	世得福食品贸易（上海）有限公司				
企业地址	上海市外高桥保税区奥纳路 79 号 1 号楼 2 层 2132 室（200131）				
投资总额	50 万 USD	电　话	52282830	传　真	62178799
设立日期	2006-11-2	负 责 人	MICHAEL EDWARD UPCHURCH		
主营业务	食品、保健食品、饮料、保健饮料、保健固体饮料的批发、佣金代理。				

企业名称	顺锐（上海）五金贸易有限公司				
企业地址	上海市卢湾区打浦路 88 号 21A 室部分（200023）				
投资总额	20 万 USD	电　话	53023511	传　真	53964580
设立日期	2006-11-2	负 责 人	ZAHER A S ABUKMEIL		
主营业务	五金建材的批发、佣金代理、上述商品的进出口，其他相关配套服务。				

企业名称	大昌华嘉商业（中国）有限公司				
企业地址	上海市东方路 710 号汤臣国际金融大厦 2001-2008 室（200120）				
投资总额	660 万 USD	电　话	50585684	传　真	58300519
设立日期	2006-11-2	负 责 人	ERIC BADEN		
主营业务	有关商品的批发、进出口、佣金代理（拍卖除外）及相关配套业务。				

企业名称	琦富贸易（上海）有限公司				
企业地址	上海市长宁区古北路 678 号 503 室（200336）				
投资总额	1000 万港币	电　话	62951696	传　真	62951700
设立日期	2006-11-2	负 责 人	洪清传		
主营业务	纺织品、服装鞋帽及其配件、小家电的批发、佣金代理、进出口业务。				

企业名称	瑞祥发商贸（上海）有限公司				
企业地址	上海市浦东新区杨高南路 2875 号 317A 室（200120）				
投资总额	50 万 RMB	电　话	51696006	传　真	68868021
设立日期	2006-11-1	负 责 人	FRANCK LECRAS		
主营业务	炉具及其配件、五金器具、厨具、酒类商品的批发、进出口、佣金代理。				

企业名称	觅龙贸易（上海）有限公司				
企业地址	上海市浦东新区新金桥路 1122 号方正大厦 1901 室（201206）				
投资总额	15 万 USD	电　话	61052000	传　真	61052132
设立日期	2006-11-1	负 责 人	鞠红梅		
主营业务	纺织轻工机械及其器材和配件的批发，自营商品的进出口业务。				

企业名称	上海仙瑟商贸有限公司				
企业地址	上海市蒲汇塘路 11 号 1307 室（200030）				
投资总额	25 万 USD	电　话	64289502	传　真	64289503
设立日期	2006-11-1	负 责 人	周俊亨		
主营业务	化妆品、化妆品原料的批发、进出口，佣金代理（拍卖除外）。				

企业名称	地威（上海）商贸有限公司				
企业地址	上海市奉贤区奉浦大道 111 号 1105 室（201400）				
投资总额	30 万 USD	电　话	57521736	传　真	57521710
设立日期	2006-11-1	负 责 人	GEORGE HEIZO TORIYAMA		
主营业务	从事用于公路、建筑、工程、施工用机械设备、工具的批发、佣金代理。				

企业名称	东通国际贸易（上海）有限公司				
企业地址	上海市外高桥保税区泰谷路 18 号 1 号楼 901A 室（200131）				
投资总额	20 万 USD	电　话	68552192	传　真	68552191
设立日期	2006-10-31	负 责 人	DAVID ITZKOVITZ		
主营业务	在保税区内从事国际贸易、转口贸易、企业间的贸易及贸易代理。				

企业名称	晟中阳国际贸易（上海）有限公司				
企业地址	上海市外高桥保税区杨高北路 2001 号市场商务楼 1-118 室（200131）				
投资总额	15 万 USD	电　话	32205289	传　真	62135044
设立日期	2006-10-31	负 责 人	周　滨		
主营业务	国际贸易、转口贸易、保税区企业间的贸易及区内贸易代理。				

企业名称	法蓝瓷（上海）艺术品贸易有限公司				
企业地址	上海市黄浦区河南南路33号6层L室（200020）				
投资总额	60万USD	电话	63375166	传真	63730174
设立日期	2006-10-31	负责人	陈立恒		
主营业务	从事工艺品、日用百货、化妆品、家具的批发、零售、佣金代理。				

企业名称	上海若原商贸有限公司				
企业地址	上海市长宁区金钟路658弄9号乙3层（200335）				
投资总额	15万USD	电话	52160535	传真	52160539
设立日期	2006-10-31	负责人	若原孝德		
主营业务	从事服装、服饰及相关产品、原料的批发、佣金代理。				

企业名称	上海新表现汽车商业有限公司				
企业地址	上海市黄浦区河南中路88号上海威斯汀大饭店第一层1单元（200002）				
投资总额	1000万港币	电话	63350438	传真	63350439
设立日期	2006-10-30	负责人	李昭福		
主营业务	作为宝马的授权经销商从事劳斯莱斯品牌进口汽车的零售。				

企业名称	柏希菲克贸易（上海）有限公司				
企业地址	上海市中山西路2368号203室（200030）				
投资总额	16万USD	电话	54241776	传真	52524614
设立日期	2006-10-30	负责人	王秀明		
主营业务	宠物食品、宠物饰品、宠物玩具及相关宠物产品的批发、佣金代理。				

企业名称	友泓贸易（上海）有限公司				
企业地址	上海市浦东新区杨高南路1801号4号楼601室（200127）				
投资总额	13万USD	电话	58569852	传真	58561200
设立日期	2006-10-27	负责人	林庄城		
主营业务	奶粉制品、化学品、食品原料（粮食、食糖除外）的批发、佣金代理。				

企业名称	中淼贸易（上海）有限公司				
企业地址	上海市浦东新区钱仓路1号15E室（200120）				
投资总额	15万USD	电话	68880986	传真	68882289
设立日期	2006-10-27	负责人	苏正义		
主营业务	从事精细化工、日用化工产品及原料、保健食品的批发、佣金代理。				

企业名称	斯巴利（上海）贸易有限公司				
企业地址	上海市浦东新区浦东南路1101号远东大厦1109-1111室（200122）				
投资总额	20万USD	电话	50620103	传真	50620056
设立日期	2006-10-27	负责人	MELPAKKAM VENKATARAMAN		
主营业务	纺织品的批发、佣金代理，上述商品进出口及其他相关配套服务。				

企业名称	极通商贸（上海）有限公司				
企业地址	上海市浦东新区张杨路620号中融恒瑞东楼1705室（200120）				
投资总额	14万USD	电话	61609172	传真	61609081
设立日期	2006-10-27	负责人	串田顺彦		
主营业务	化工产品（危险化学品除外），机械零配件、汽车零配件的批发。				

企业名称	新旋贸易（上海）有限公司				
企业地址	上海市浦东新区张杨路228号1607室（200122）				
投资总额	13万USD	电话	68880901	传真	68880902
设立日期	2006-10-27	负责人	林永康		
主营业务	服装及各类纺织品的批发、佣金代理，商品的进出口及相关配套服务。				

企业名称	泛时荣国际贸易（上海）有限公司				
企业地址	上海市外高桥保税区富特北路458号2号楼456室（200131）				
投资总额	20万USD	电话	58660519	传真	61070321
设立日期	2006-10-27	负责人	VEDAT OZDDMIR		
主营业务	国际贸易、转口贸易、保税区企业间的贸易及区内贸易代理。				

企业名称	上海日锦升国际贸易有限公司				
企业地址	上海市外高桥保税区基隆路1号汤臣国贸大厦塔楼718室（200131）				
投资总额	20万USD	电话	64061667	传真	54570006
设立日期	2006-10-27	负责人	辛敏琦		
主营业务	在保税区内从事国际贸易、转口贸易、企业间的贸易及贸易代理。				

企业名称	都本（上海）时装商贸有限公司				
企业地址	上海市闵行区宜山路2000号1号楼4楼402室（200233）				
投资总额	300万RMB	电话	62882495	传真	
设立日期	2006-10-27	负责人	林健屏		
主营业务	从事服装、饰品及相关配件的零售、批发，佣金代理（拍卖除外）。				

企业名称	利邦（上海）服装贸易有限公司				
企业地址	上海市闵行区宜山路2000号1号楼4楼401室（200233）				
投资总额	300万RMB	电话	69755400	传真	
设立日期	2006-10-27	负责人	林健屏		
主营业务	从事服装、饰品及相关配件的零售、批发，佣金代理（拍卖除外）。				

企业名称	利越（上海）服装商贸有限公司				
企业地址	上海市闵行区宜山路2000号1号楼1楼101室（200233）				
投资总额	300万RMB	电话	24165888	传真	
设立日期	2006-10-27	负责人	张中志		
主营业务	从事服装、饰品的零售、批发，佣金代理，商品的进出口及配套业务。				

企业名称	艾斯特奔马（上海）贸易有限公司				
企业地址	上海市徐汇区虹漕路461号软件大厦3楼A/B座（200233）				
投资总额	14万USD	电话	54275151	传真	61115658
设立日期	2006-10-27	负责人	JOHANN ANTON STAHL		
主营业务	从事裁床、铺布机、软件及其零配件的进出口、批发、佣金代理。				

企业名称	维医医疗器械商贸（上海）有限公司				
企业地址	上海市长宁区延安西路1882号6幢1层101-102室（200052）				
投资总额	45万USD	电话	51699033	传真	62789519
设立日期	2006-10-27	负责人	林文武		
主营业务	医疗器械、物理治疗及康复设备、护理用品、保健食品的批发、零售。				

企业名称	伟艺家具贸易（上海）有限公司				
企业地址	上海市浦东新区浙桥路289号B座2406室（201209）				
投资总额	210万USD	电话	58292929	传真	58295930
设立日期	2006-10-26	负责人	莫仲沛		
主营业务	家具及其零配件，皮革制品、工艺美术品及配套用品的进出口、零售。				

企业名称	帝亚吉欧洋酒贸易（上海）有限公司				
企业地址	上海市静安区南京西路1515号嘉里中心18楼04、05室（200041）				
投资总额	210万USD	电话	52986969	传真	52985399
设立日期	2006-10-26	负责人	PHILIP ANTHONY WALLACE		
主营业务	酒类产品的批发，佣金代理，上述商品的进出口，其他相关配套服务。				

企业名称	上海通饰宁豪斯时装贸易有限公司				
企业地址	上海市闵行区桂林路929号广飞大楼4楼B座（201103）				
投资总额	50万USD	电话	51196900	传真	51026001
设立日期	2006-10-26	负责人	汤志强		
主营业务	服装、配饰及织物的批发、进出口、佣金代理，提供相关配套服务。				

企业名称	上海清博贸易有限公司				
企业地址	上海市长宁区古北路678号1704室（200336）				
投资总额	2000万日元	电话	62758316	传真	62758392
设立日期	2006-10-26	负责人	杂贺清治郎		
主营业务	工艺品（文物除外）、日用百货、包装材料、文具的批发、佣金代理。				

企业名称	汇纳贸易（上海）有限公司				
企业地址	上海市长宁区北翟路1178号1号楼402室（200335）				
投资总额	15万USD	电话	52162218	传真	52161221
设立日期	2006-10-26	负责人	张晓铃		
主营业务	非金属矿石及其超微细粉、塑料填充料、色母粒的批发、佣金代理。				

企业名称	上海展和贸易有限公司				
企业地址	上海市浦东新区张杨路228号1616室（200122）				
投资总额	30万USD	电话	58400551	传真	58400551
设立日期	2006-10-25	负责人	胡希伟		
主营业务	各种自动控制仪器、工业用分析仪器、五金零配件、电缆、电线的批发。				

企业名称	冰克（上海）贸易有限公司				
企业地址	上海市浦东新区胜利路188号8幢（D区第一栋）（200120）				
投资总额	40万USD	电话	61052029	传真	61052035
设立日期	2006-10-25	负责人	AGUST MAR ARMANN		
主营业务	家具、纺织品、五金制品、玩具、日用百货、钟表的批发、佣金代理。				

企业名称	爱电精（上海）商贸有限公司				
企业地址	上海市中山西路1800号3楼G室（200233）				
投资总额	40万USD	电话	64400935	传真	64400939
设立日期	2006-10-25	负责人	百濑弘康		
主营业务	自动控制机械设备、成套机械设备、显示操作盘的批发、佣金代理。				

企业名称	上海八峰商贸有限公司				
企业地址	上海市南山路 107 号 401 室（200071）				
投资总额	15 万 USD	电　　话	61409778	传　　真	61409781
设立日期	2006-10-25	负 责 人	YASUO NODA（野田八州男）		
主营业务	服装、服饰及配件、服装面料及辅料、纺织品、床上用品的批发。				

企业名称	富上金属贸易（上海）有限公司				
企业地址	上海市浦东新区张杨路 228 号 1702 室（200122）				
投资总额	300 万港币	电　　话	68872117	传　　真	58799172
设立日期	2006-10-24	负 责 人	WANG JIN YU		
主营业务	有色金属（钢铁、贵金属除外）、金属制品、建材的批发、佣金代理。				

企业名称	傲卓纸业贸易（上海）有限公司				
企业地址	上海市浦东新区浦电路 438 号 1502、1503 室（200127）				
投资总额	500 万 USD	电　　话	61057429	传　　真	61050789
设立日期	2006-10-24	负 责 人	MICHEL MAXIME MAURICE DURAND		
主营业务	纸及纸制品、玻璃纤维和造纸业相关机器设备的批发、佣金代理。				

企业名称	爱丽丝（上海）商贸有限公司				
企业地址	上海市浦东新区张杨路 707 号 1305 室（200122）				
投资总额	100 万 USD	电　　话	58353468	传　　真	26862237
设立日期	2006-10-24	负 责 人	佐佐木充行		
主营业务	服装及衣着附件、伞类、玩具类、皮革制品的批发、佣金代理。				

企业名称	理光打印系统设备商贸（上海）有限公司				
企业地址	上海市浦东新区浦东南路 588 号 27G 室（200122）				
投资总额	112 万 USD	电　　话	68889945	传　　真	68889943
设立日期	2006-10-24	负 责 人	菅井秀明		
主营业务	办公室自动化机器及其零部件、消耗品的批发、进出口，提供售后维修。				

企业名称	卡莱森泰（上海）商贸有限公司				
企业地址	上海市浦东新区浦东大道 138 号永华大厦九楼 EF 室（200122）				
投资总额	30 万 USD	电　　话	61005235	传　　真	61005221
设立日期	2006-10-24	负 责 人	KEVIN G. FORSTER		
主营业务	橡胶、灯光设备，食品器皿及炊具等清洁工具的批发、佣金代理。				

企业名称	芙乐克西商贸（上海）有限公司				
企业地址	上海市浦东新区新金桥路 201 号现代通信大厦 802 室（201203）				
投资总额	14 万 USD	电　　话	50320816	传　　真	50320817
设立日期	2006-10-24	负 责 人	朱梅香		
主营业务	家具、建材（钢材除外）、照明灯具的批发、佣金代理。				

企业名称	东喜贸易（上海）有限公司				
企业地址	上海市浦东新区东绣路 999 弄 8 号 1606 室（201203）				
投资总额	30 万 USD	电　　话	50454005	传　　真	50459134
设立日期	2006-10-24	负 责 人	越恒美		
主营业务	食品机械设备、农副产品、水产品、家居用品的批发及进出口业务。				

企业名称	威柯贸易（上海）有限公司				
企业地址	上海市浦东新区浦东南路 1101 号 1508 室（200122）				
投资总额	100 万 RMB	电　　话	33114600	传　　真	68868021
设立日期	2006-10-24	负 责 人	ROBERT ZAGORSKI		
主营业务	中央空调及其零部件、服装及配件、工艺礼品的批发、佣金代理。				

企业名称	先灵葆雅（上海）贸易有限公司				
企业地址	上海市外高桥保税区巴圣路 275 号西 39 栋（200131）				
投资总额	125 万 USD	电　　话	68868335	传　　真	63411148
设立日期	2006-10-23	负 责 人	廖克明		
主营业务	兽药（不含疫苗）的批发、佣金代理（拍卖除外）。				

企业名称	索洛普国际贸易（上海）有限公司				
企业地址	上海市外高桥保税区日京路 35 号凯兴大楼 1103 室（200131）				
投资总额	10 万欧元	电　　话	58812856	传　　真	58813216
设立日期	2006-10-23	负 责 人	FREDERIC PIERRE		
主营业务	内窥镜清洗消毒机及其配件和耗材的进出口、批发、佣金代理。				

企业名称	富维贸易（上海）有限公司				
企业地址	上海市外高桥保税区富特西一路 289 号 B 楼 420 室（200131）				
投资总额	13 万 USD	电　　话	58663060	传　　真	58663060
设立日期	2006-10-23	负 责 人	SHIN HARK SOO		
主营业务	电子产品及配件、机械设备及配件的进出口、批发、佣金代理。				

企业名称	休纺贸易（上海）有限公司				
企业地址	上海市浦东新区浦东南路 1101 号 1405、1406 室（200122）				
投资总额	15 万 USD	电　　话	51696006	传　　真	68868021
设立日期	2006-10-23	负 责 人	WON HEE LEE		
主营业务	纺织品、服装、家居用品的进出口、批发、佣金代理。				

企业名称	山贵（上海）贸易有限公司				
企业地址	上海市卢湾区南塘浜路 103 号 1 幢 203 室（200023）				
投资总额	14 万 USD	电　　话	51158541	传　　真	51158541
设立日期	2006-10-23	负 责 人	山口嘉一		
主营业务	机器、机械配件、精密仪器及设备、电气设备的进出口、批发。				

企业名称	宝莉美诗（上海）贸易有限公司				
企业地址	上海市浦东新区峨山路 77 号乙 1101-1103 室（200127）				
投资总额	14 万 USD	电　　话	50909977	传　　真	50903639
设立日期	2006-10-23	负 责 人	ULRICH JOSEF MADER		
主营业务	从事服装服饰、玩具、日用百货、电子产品、工艺品进出口业务及批发。				

企业名称	东芝开利空调销售（上海）有限公司				
企业地址	上海市黄浦区九江路 333 号 402 室（200003）				
投资总额	550 万 USD	电　　话	23087011	传　　真	23087006
设立日期	2006-10-23	负 责 人	PIERRE-YVES ROLLET		
主营业务	从事空调及其零部件和维修工具的批发、进出口和佣金代理。				

企业名称	普力克贸易（上海）有限公司				
企业地址	上海市长宁区延安西路 726 号 16 楼 F 座（200051）				
投资总额	14 万 USD	电　　话	52376280	传　　真	52376285
设立日期	2006-10-23	负 责 人	ROBERT BRENT FERGUSON		
主营业务	手工具、电动工具、五金件、电工电料及设备、汽车零部件的进出口。				

企业名称	益赛（上海）商贸有限公司				
企业地址	上海市静安区新闸路 831 号 16F 室（200041）				
投资总额	20 万 USD	电　　话	62183976	传　　真	62183970
设立日期	2006-10-20	负 责 人	纲泽正泰		
主营业务	家具、办公文教用品、化妆品、服装服饰及皮革制品的批发、佣金代理。				

企业名称	艾福龙（上海）贸易有限公司				
企业地址	上海市静安区昌平路 68 号 303 室（200041）				
投资总额	20 万 USD	电　　话	52287766	传　　真	62714649
设立日期	2006-10-20	负 责 人	ANTHONY KAMERER BENSON		
主营业务	文具用品、办公用品的进出口、批发、佣金代理（拍卖除外）。				

企业名称	惠步得贸易（上海）有限公司				
企业地址	上海市嘉定区叶城路 1288 号 3 号楼 120 室（201821）				
投资总额	20 万 USD	电　　话	53010814	传　　真	53010814
设立日期	2006-10-20	负 责 人	中岛隆		
主营业务	家具、建筑装饰品、室内装饰纺织材料、照明器具的进出口、批发。				

企业名称	栽思（上海）商贸有限公司				
企业地址	上海市静安区南京西路 1468 号中欣大厦 3302-3303 室（200040）				
投资总额	2000 万 RMB	电　　话	62892323	传　　真	62472590
设立日期	2006-10-19	负 责 人	马美仪（MA，ADRIENNE MARIE）		
主营业务	服装、服饰及配件、鞋帽、护肤品、香薰用品、办公用品的批发、零售。				

企业名称	都隆贸易（上海）有限公司				
企业地址	上海市闵行区吴中路 1199 号第 7 层 712 室（201101）				
投资总额	13 万 USD	电　　话	64655385	传　　真	64655385
设立日期	2006-10-19	负 责 人	CHO HYUNG SUB		
主营业务	服装辅料、服装及布料、皮革、针纺织品的批发、佣金代理。				

企业名称	上海景致眼镜贸易有限公司				
企业地址	上海市宝昌路 706 号 2 楼 76-77 号商铺（200071）				
投资总额	7 万 USD	电　　话	56325656	传　　真	56325755
设立日期	2006-10-19	负 责 人	崔南景		
主营业务	眼镜、镜片、镜架及相关配件的批发，上述商品的进出口。				

企业名称	普罗米休斯商贸（上海）有限公司				
企业地址	上海市虹梅路 1698 号 3 号楼（200233）				
投资总额	15 万 USD	电　　话	64958003	传　　真	64953336
设立日期	2006-10-19	负 责 人	FRANK CANNON JR		
主营业务	日用百货、五金制品、化学品（危险化学品除外）的批发、佣金代理。				

企业名称	冠网糖尿病用品商业（上海）有限公司				
企业地址	上海市浦东新区东方路 710 号 312、315 室（200120）				
投资总额	30 万 USD	电　　话	50812554	传　　真	50812684
设立日期	2006-10-19	负 责 人	山田修司		
主营业务	各种家庭用血糖测定器及附属配件、血糖测试试纸、食品的零售。				

企业名称	上海新哪拉国际贸易有限公司				
企业地址	上海市外高桥保税区富特西一路 289 号 B 楼四层 B410 室（200131）				
投资总额	13 万 USD	电　　话	61459671	传　　真	61459673
设立日期	2006-10-18	负 责 人	LEE KYUNG NAM		
主营业务	国际贸易、转口贸易、保税区企业间贸易及区内贸易代理。				

企业名称	上海邓肯勃贸易有限公司				
企业地址	上海市浦东新区浦建路 145 号强生大厦 2110 室（200122）				
投资总额	12.5 万 USD	电　　话	33850038	传　　真	33850032
设立日期	2006-10-18	负 责 人	WILLIAM MICHAEL GOERTZEN		
主营业务	机电设备、五金、工具、汽车零部件类产品的批发、进出口。				

企业名称	西禄贸易（上海）有限公司				
企业地址	上海市外高桥保税区日京路 51 号 2215 室（200131）				
投资总额	14 万 USD	电　　话	63522208	传　　真	63512108
设立日期	2006-10-18	负 责 人	中尾明		
主营业务	国际贸易、转口贸易、保税区企业间的贸易及贸易代理。				

企业名称	上海桑尼尔贸易有限公司				
企业地址	上海市黄浦区宁海东路 200 号 1011、1012 室（200003）				
投资总额	22 万 USD	电　　话	63741937	传　　真	63748468
设立日期	2006-10-18	负 责 人	杨正祥		
主营业务	集成电路、电子组件、智能卡及半成品（金融卡除外）的批发。				

企业名称	塞纳珠贸易（上海）有限公司				
企业地址	上海市黄浦区九江路 399 号 2703 室（200003）				
投资总额	200 万 RMB	电　　话	13764226485	传　　真	52372883
设立日期	2006-10-18	负 责 人	卞景台		
主营业务	从事化妆品、香水、化妆工具、化妆品包装材料的进出口业务、批发。				

企业名称	赛由迪克贸易（上海）有限公司				
企业地址	上海市卢湾区淮海中路 98 号 22H 室（200021）				
投资总额	40 万 USD	电　　话	53859071	传　　真	63241014
设立日期	2006-10-18	负 责 人	MOTOJIMA TOKUJI		
主营业务	从事服装、鞋类、室内装饰品、电子产品的批发、佣金代理。				

企业名称	爱尔卡奈贸易（上海）有限公司				
企业地址	上海市卢湾区茂名南路 59 号 13 幢 2344/2361 室（200025）				
投资总额	12 万欧元	电　　话	54665551	传　　真	54665552
设立日期	2006-10-17	负 责 人	DESCOTTES HERVÉ B.Y.		
主营业务	服装、服饰、鞋帽、箱包、伞杖、办公用品、化妆品及手表的批发。				

企业名称	泰懋贸易（上海）有限公司				
企业地址	上海市闵行区吴中路 1081 号第三幢 506 室（201103）				
投资总额	14 万 USD	电　　话	51698909	传　　真	54220899
设立日期	2006-10-17	负 责 人	胡亨吉		
主营业务	服装、服装面料及辅料、服饰、工艺品、鞋帽的设计、批发、佣金代理。				

企业名称	上海统新贸易有限公司				
企业地址	上海市浦东新区浦电路 438 号 901、902 室（200122）				
投资总额	150 万 USD	电　　话	63223618	传　　真	63222757
设立日期	2006-10-16	负 责 人	吴文钟		
主营业务	电子产品、电脑及其附件和配件，日用百货，布料的批发、进出口。				

企业名称	达优建材商贸（上海）有限公司				
企业地址	上海市浦东新区东方路 710 号汤臣金融大厦 7 楼/0 室（200120）				
投资总额	35 万 USD	电　　话	50817201	传　　真	50817203
设立日期	2006-10-16	负 责 人	中西弘光		
主营业务	环保建材的批发、佣金代理（拍卖除外）、进出口及相关配套业务。				

企业名称	康迈尔（上海）贸易有限公司				
企业地址	上海市长宁区延安西路 889 号 1807、1809 室（200050）				
投资总额	100 万 USD	电　　话	52402181	传　　真	62119459
设立日期	2006-10-16	负 责 人	SEMEGHINI CLAUDIO		
主营业务	动力传动装置方面的电子零部件、液压零部件及机械零部件的进出口。				

企业名称	德华商贸（上海）有限公司				
企业地址	上海市嘉定工业区叶城路 925 号 B3 幢（201120）				
投资总额	20 万 USD	电　　话	59167580	传　　真	59161566
设立日期	2006-10-14	负 责 人	NG NAI PING		
主营业务	电脑软件、硬件、零配件的进出口、批发、佣金代理（拍卖除外）。				

企业名称	一星（上海）贸易有限公司				
企业地址	上海市松江区茸梅路 288 弄 51 号第二层（201600）				
投资总额	5 万 USD	电　　话	67734877	传　　真	67734877
设立日期	2006-10-14	负 责 人	福岛博文		
主营业务	涂料、颜料及其他涂装用品，涂装设备及涂装机器配件的进出口、批发。				

企业名称	上海颐荣国际贸易有限公司				
企业地址	上海市外高桥保税区杨高北路 2001 号市场商务楼二层 1-108 室（200131）				
投资总额	50 万 USD	电　　话	51119742	传　　真	50462665
设立日期	2006-10-13	负 责 人	杨菁漪		
主营业务	国际贸易、转口贸易、保税区内企业间的贸易及贸易代理。				

企业名称	服猛（上海）商贸有限公司				
企业地址	上海市卢湾区雁荡路 29 号 301 室 02、03 和 05 单元（200020）				
投资总额	20 万 USD	电　　话	61356275	传　　真	61356276
设立日期	2006-10-13	负 责 人	山本英一		
主营业务	汽车内饰材料，包装材料，皮塑皮革制品，橡塑制品的批发、佣金代理。				

企业名称	罗意威商贸（上海）有限公司				
企业地址	上海市静安区南京西路 1266 号恒隆广场 40 层 4011B 室（200040）				
投资总额	210 万 USD	电　　话	61332630	传　　真	61332625
设立日期	2006-10-13	负 责 人	SAN YAN		
主营业务	服装和服饰、家居用品、鞋类、眼镜、婴儿车的批发、零售、佣金代理。				

企业名称	巴罗世界（上海）涂料贸易有限公司				
企业地址	上海市闵行区申富路 879 号 4 幢（201108）				
投资总额	20 万 USD	电　　话	54420432	传　　真	54425679
设立日期	2006-10-13	负 责 人	GARTH LOUIS SMART		
主营业务	涂料、着色剂、涂料辅料及工具的进出口、批发、佣金代理。				

企业名称	赫思（上海）贸易有限公司				
企业地址	上海市南汇区康桥工业区康士路 23 号 120 室（201300）				
投资总额	20 万 USD	电　　话	61357208	传　　真	61357100
设立日期	2006-10-13	负 责 人	TERRENCE COLIN KEARNEY		
主营业务	从事消毒洗手液、消毒纸巾及其他有关消毒用品和个人卫生用品的批发。				

企业名称	上海彩姿百货有限公司				
企业地址	上海市闵行区七莘路 3755 号（201100）				
投资总额	800 万 RMB	电　　话	51590488	传　　真	51590183
设立日期	2006-10-12	负 责 人	郑家纯		
主营业务	商业零售经营，包括综合百货，化妆品、家用电器，五金交电等。				

企业名称	意铝国际贸易（上海）有限公司				
企业地址	上海外高桥保税区希雅路 350 号 5 号楼 4 层 C2 部位（200131）				
投资总额	100 万港币	电　　话	64393606	传　　真	64390887
设立日期	2006-10-11	负 责 人	黄根成		
主营业务	国际贸易、转口贸易，保税区企业间的贸易及贸易代理。				

企业名称	上海宝友针织服装贸易有限公司				
企业地址	上海市黄浦区瞿溪路 510 号 119 室（200011）				
投资总额	100 万 RMB	电　　话	64051223	传　　真	64051209
设立日期	2006-10-11	负 责 人	LEE JUNG WOOK		
主营业务	从事服装及衣着附件、纱线、工艺品（文物除外）的批发、佣金代理。				

企业名称	艾斯杰纺织品贸易（上海）有限公司				
企业地址	上海市闵行区沪青平公路 261 号-277 号（201105）				
投资总额	100 万 RMB	电　　话	34312730	传　　真	34312921
设立日期	2006-10-11	负 责 人	CHO CHANG HOON		
主营业务	针纺织品、皮革制品、服装、服饰、服装辅料的批发和进出口。				

企业名称	赵阳贸易（上海）有限公司				
企业地址	上海市闵行区华翔路 2828 号 201 室（201106）				
投资总额	13 万 USD	电　　话	62214311	传　　真	62211199
设立日期	2006-10-11	负 责 人	CHO YUN SEOK		
主营业务	光学设备及配件、光学镜片及加工耗材、儿童玩具的批发、进出口。				

批发和零售贸易业

企业名称	群顶商贸（上海）有限公司				
企业地址	上海市长宁区延安西路 2299 号 05K07（200336）				
投资总额	50 万 RMB	电　话	62367975	传　真	62366613
设立日期	2006-10-10	负责人	村田和美		
主营业务	服装服饰、皮件制品、皮塑皮革制品、针纺织品的批发、佣金代理。				

企业名称	依诺田珑贸易（上海）有限公司				
企业地址	上海市虹口区南浔路 260 号 708 室（200080）				
投资总额	25 万 USD	电　话	62327382	传　真	62323979
设立日期	2006-10-10	负责人	PIERRE MONIE		
主营业务	酒类、咖啡、饮料（外国牌号碳酸饮料除外）的批发、佣金代理。				

企业名称	英富商贸（上海）有限公司				
企业地址	上海市闵行区虹梅路 3203 号 301-302 室（201100）				
投资总额	80 万 USD	电　话	64659566	传　真	64659566
设立日期	2006-10-10	负责人	杨智勋		
主营业务	从事服装服饰、日用品、包装品、皮具、文教用品、汽车配件的批发。				

企业名称	咏祥商贸（上海）有限公司				
企业地址	上海市徐汇区零陵路 583 号 708-709 室（200030）				
投资总额	51 万 USD	电　话	64872876	传　真	64872873
设立日期	2006-10-10	负责人	WU CHING SHU-CHEN SUSAN		
主营业务	从事汽车配件、家具、箱包、皮革制品、服装、服饰的批发、佣金代理。				

企业名称	雅时美鉴（上海）酒业商贸有限公司				
企业地址	上海市南京西路 1038 号 1608B 室（200041）				
投资总额	30 万 USD	电　话	68182216	传　真	62182220
设立日期	2006-10-10	负责人	叶秀英		
主营业务	各类酒的批发，自营商品进出口及其他相关配套业务。				

企业名称	伽瑞国际贸易（上海）有限公司				
企业地址	上海市外高桥保税区富特北路 18 号联安大厦 310 室（200131）				
投资总额	200 万 USD	电　话	58667319	传　真	58667319
设立日期	2006-10-9	负责人	罗永斌		
主营业务	国际贸易、转口贸易、保税区企业间的贸易及区内贸易代理。				

企业名称	上海本丸和商贸有限公司				
企业地址	上海市闵行区梅富路 38 号 3 幢（200237）				
投资总额	30 万 USD	电　话	54370599	传　真	54388516
设立日期	2006-10-9	负责人	酒井宣昭		
主营业务	纺织品、皮革制品、服装、工艺品、眼镜、电子产品的批发、佣金代理。				

企业名称	上海神明贸易有限公司				
企业地址	上海市外高桥保税区华京路 8 号三联大厦 642 室（200131）				
投资总额	20 万 USD	电　话	50464316	传　真	50464319
设立日期	2006-10-8	负责人	松村清继		
主营业务	国际贸易、转口贸易，保税区企业间的贸易及贸易代理。				

企业名称	上海正官庄高丽参商业有限公司				
企业地址	上海市闸北区海宁路 1409 号一层（200071）				
投资总额	14 万 USD	电　话	63804236	传　真	63804235
设立日期	2006-10-8	负责人	赵亨通		
主营业务	从事高丽参的进口、零售、佣金代理，并提供相关的配套服务。				

企业名称	恺迪斯（上海）商贸有限公司				
企业地址	上海市长宁区虹桥路 2298 号 8 幢 210 室（200053）				
投资总额	20 万 USD	电　话	61357408	传　真	61357422
设立日期	2006-10-8	负责人	TOWFIK ISSA ISSA		
主营业务	纺织品、建材、家具、化工原料和产品的进出口、批发、佣金代理。				

企业名称	上海波尔化工贸易有限公司				
企业地址	上海市浦东新区张杨路 620 号中融恒瑞大厦东 2005 室（200120）				
投资总额	13 万 USD	电　话	61609095	传　真	61609095
设立日期	2006-10-8	负责人	陈绿茵		
主营业务	润滑油脂、基础油、蜡及其制品、棕榈蜡及其制品的批发、佣金代理。				

企业名称	沙伯基础（上海）商贸有限公司				
企业地址	上海市世纪大道 88 号金茂大厦办公楼 3 区 21 层 05、06、07 单元（200121）				
投资总额	1500 万 RMB	电　话	38617225	传　真	50472588
设立日期	2006-10-8	负责人	ALI MOEID A AL SHAMRANI		
主营业务	从事化工产品及其原材料（不含危险化学品）的批发、佣金代理。				

企业名称	三谷电子材料贸易（上海）有限公司				
企业地址	上海市长宁区天山路 600 弄 2 号 12C 室（200050）				
投资总额	20 万 USD	电　话	52063630	传　真	52063631
设立日期	2006-10-8	负责人	三谷圭一		
主营业务	电子材料、非铁金属材料、橡胶制品及树脂的批发、佣金代理。				

企业名称	蓝聪商贸（上海）有限公司				
企业地址	上海市徐汇区淮海中路 1325 号百富勤广场 2105-2106 室（200031）				
投资总额	48 万 USD	电　话	64379191	传　真	
设立日期	2006-10-8	负责人	ERIC PIERRE JEAN DOUILHET		
主营业务	从事服装、服饰、皮具箱包、日用百货、文化办公用品的零售和批发。				

企业名称	爱福贸易（上海）有限公司				
企业地址	上海市浦东新区世纪大道 211 号上海信息大楼 34 层 8 单元（200122）				
投资总额	200 万 RMB	电　话	58889139	传　真	58886833
设立日期	2006-10-8	负责人	小野行由		
主营业务	服装、服饰、鞋帽产品的批发，上述产品的佣金代理。				

企业名称	罗泽通贸易（上海）有限公司				
企业地址	上海市外高桥保税区加太路 39 号菀熠 1 号楼 5 楼 15 部位（200131）				
投资总额	13 万 USD	电　话	62491561	传　真	62491561
设立日期	2006-10-8	负责人	ROLF SCHMIDT		
主营业务	汽车零配件、金属制品、机电产品、橡胶塑胶制品的批发、佣金代理。				

企业名称	诺舸（上海）贸易有限公司				
企业地址	上海市浦东新区成山路 220 号 1205D 室（200135）				
投资总额	14 万 USD	电　话	68544911	传　真	68544910
设立日期	2006-10-8	负责人	金　明（JIN MING）		
主营业务	环保设备、食品机械、眼镜、仪器仪表的批发及进出口、佣金代理。				

企业名称	喷克（上海）商贸有限公司				
企业地址	上海市浦东新区杨高北路 528 号 14 幢 3025 室（200131）				
投资总额	14 万 USD	电　话	50393212	传　真	50393212
设立日期	2006-10-8	负责人	DENIS PIERRE LOUIS PICQUENOT		
主营业务	机械设备、电子产品的批发和进出口贸易、佣金代理。				

企业名称	永骊贸易（上海）有限公司				
企业地址	上海市静安区万航渡路 1 号环球世界大厦 B 座 601 室（200040）				
投资总额	14 万 USD	电　话	62481569	传　真	62481569
设立日期	2006-10-8	负责人	胡瑞珍		
主营业务	服装、服饰、纺织面辅料、床上用品、鞋帽、休闲礼品的进出口、批发。				

企业名称	桥本环境设备商贸（上海）有限公司				
企业地址	上海市浦东新区商城路 738 号胜康廖氏大厦 1501 室（200120）				
投资总额	100 万 RMB	电　话	58362710	传　真	58362712
设立日期	2006-10-8	负责人	田边智		
主营业务	给排水设备、水处理设备装置及零部件的进出口、批发。				

企业名称	优购贸易（上海）有限公司				
企业地址	上海市浦东新区商城路 738 号 1901 室（200122）				
投资总额	100 万 RMB	电　话	13311682696	传　真	51175031
设立日期	2006-10-8	负责人	MOHD AMIN MANDHAI		
主营业务	汽车清洁及维护产品、五金制品及配件、纺织机械及其配件的批发。				

企业名称	上海首源贸易有限公司				
企业地址	上海市浦东新区金丰路 358 号 4 号楼三楼（201201）				
投资总额	25 万 USD	电　话	58581175	传　真	58581176
设立日期	2006-10-8	负责人	J.W.DAVIDSON		
主营业务	电动残疾福利车、代步车、轮椅产品、手工艺品的批发、佣金代理。				

企业名称	上海内河富贸易有限公司				
企业地址	上海市闸北区新疆路 500 号 1202 室（200070）				
投资总额	13 万 USD	电　话	63808281	传　真	63808224
设立日期	2006-10-8	负责人	UKATU-AMAH NICHOLAS OKECHUKWU		
主营业务	纺织品和服装、机电产品、家用电器、建材、皮革及皮革制品的批发。				

企业名称	当代（上海）商贸有限公司				
企业地址	上海市黄浦区九江路 333 号金融广场 1206 室（200001）				
投资总额	20 万欧元	电　话	63606930	传　真	63614155
设立日期	2006-9-30	负责人	HARALD MICHAEL JUNG		
主营业务	从事卫浴用品、厨具用品的批发、佣金代理（拍卖除外）。				

企业名称	通用磨坊贸易（上海）有限公司				
企业地址	上海市浦东新区懿德路 399 号（200120）				
投资总额	200 万 USD	电话	34234517	传真	34234519
设立日期	2006-9-29	负责人	朱玺（GARY CHU）		
主营业务	食品、乳制品、冷冻食品、中式风味的米面食产品的批发、进出口。				

企业名称	馨怀贸易（上海）有限公司				
企业地址	上海市虹口区西江湾路 170 号-174 号 102 室（200080）				
投资总额	18.75 万 USD	电话	61325010	传真	61325006
设立日期	2006-9-29	负责人	张渭		
主营业务	针纺织品、妇婴用品、皮革制品、护肤品类商品的批发；佣金代理。				

企业名称	简缔珠宝贸易（上海）有限公司				
企业地址	上海市浦东新区福山路 458 号 1106 室（200122）				
投资总额	20 万 USD	电话	50819091	传真	50819591
设立日期	2006-9-29	负责人	CHETAN CHINUBHAI CHOKSI		
主营业务	从事钻石珠宝（毛钻、裸钻除外）的批发、零售、自营商品进口。				

企业名称	上海埃利铭贸易有限公司				
企业地址	上海市闵行区金汇路 406 号 301 室（201103）				
投资总额	40 万 USD	电话	64139108	传真	64139058
设立日期	2006-9-28	负责人	GOMAA MOHAMED ALY ABOU ZEID		
主营业务	各类手动工具、电动工具及五金件的批发，佣金代理。				

企业名称	京倪商贸（上海）有限公司				
企业地址	上海市浦东新区耀华路 251 号 1 号楼东侧 417 室（200126）				
投资总额	14 万 USD	电话	58400729	传真	68547476
设立日期	2006-9-28	负责人	黄思齐		
主营业务	化工原料及产品、五金交电、磁性材料、蓄电池的批发、佣金代理。				

企业名称	艾罗德贸易（上海）有限公司				
企业地址	上海市浦东新区东方路 877 号嘉兴大厦 15 楼 03 室（200122）				
投资总额	15 万欧元	电话	61005160	传真	61005166
设立日期	2006-9-28	负责人	JUAN JOSE JAEN RODRIGUEZ		
主营业务	家居用品、餐具、厨房用具、家具、信号装置的批发、佣金代理。				

企业名称	上海三宇商贸有限公司				
企业地址	上海市浦东新区浦东南路 2054 弄 6 号 504 室（200127）				
投资总额	11 万 USD	电话	54863535	传真	54856804
设立日期	2006-9-28	负责人	HAN YONG CHONG （丁汉荣）		
主营业务	涂料、木材、金属材料和建筑装潢材料的批发、佣金代理。				

企业名称	上海晶缇化妆品贸易有限公司				
企业地址	上海市徐汇区宾阳路 30-40 号 1 幢 1 层（201100）				
投资总额	51 万 USD	电话	54975500	传真	64759597
设立日期	2006-9-28	负责人	彭仕邦		
主营业务	化妆品、日用化学品、日用百货的批发及进出口业务。				

企业名称	上海聚亿贸易有限公司				
企业地址	上海市长宁区延安西路 1228 弄 2 号 20H 座（200052）				
投资总额	14 万 USD	电话	62829545	传真	62826478
设立日期	2006-9-28	负责人	施明良		
主营业务	经营合成橡胶原料、水性环保涂层树脂、汽机车工业橡胶产品的批发。				

企业名称	锦建贸易（上海）有限公司				
企业地址	上海市浦东新区陆家嘴东路 161 号招商局大厦 3001 室（200120）				
投资总额	20 万 USD	电话	61040999	传真	61040919
设立日期	2006-9-28	负责人	LEE，JENNIFER（李鸿慧）		
主营业务	从事服装、布料及服装配件的批发、上述商品的进出口、佣金代理。				

企业名称	高誉贸易（上海）有限公司				
企业地址	上海市浦东新区浦东南路 855 号世界广场 27H 室（200120）				
投资总额	30 万 USD	电话	68873010	传真	68873015
设立日期	2006-9-27	负责人	JUNG HO LEE		
主营业务	日用百货、机电产品、仪器仪表、计算机及配件的批发，佣金代理。				

企业名称	昂思菲特贸易（上海）有限公司				
企业地址	上海市浦东新区张杨路 560 号中融恒瑞国际大厦 1402 室（200120）				
投资总额	15 万 USD	电话	51695005	传真	58358618
设立日期	2006-9-27	负责人	CHRISTOF DOMEISEN		
主营业务	从事工业用塑胶产品、密封产品、固定产品的批发、佣金代理。				

企业名称	上海林鱼贸易有限公司				
企业地址	上海市浦东新区浦东南路 1101 号 1719、1720 室（200120）				
投资总额	14 万 USD	电话	58361690	传真	58361689
设立日期	2006-9-27	负责人	NAYDENOV VLADIMIR		
主营业务	通用机械设备及配件、水产品及其制品的批发及进出口。				

企业名称	三神贸易（上海）有限公司				
企业地址	上海市闸北区共和新路 3201 号 1611 室（200072）				
投资总额	3000 万日元	电话	51523808	传真	51523807
设立日期	2006-9-27	负责人	神野国庆		
主营业务	家用电器、精密机械、给排水机器和净水处理装置的进出口、批发。				

企业名称	上海戈毅斯贸易有限公司				
企业地址	上海市浦东新区新金桥路 28 号新金桥大厦 26F09 室（200131）				
投资总额	17.5 万 USD	电话	50313737	传真	50315252
设立日期	2006-9-27	负责人	WOON LEE CHONG		
主营业务	经营光学、计量、附件，计算机软件，各种微电子组件的批发。				

企业名称	上海兆通贸易有限公司				
企业地址	上海市闵行区华漕镇纪鹤路 2 号 6 幢（201100）				
投资总额	30 万 USD	电话	62962288	传真	62962928
设立日期	2006-9-27	负责人	黄博正		
主营业务	机械设备及配件、电子设备及配件、电子产品、金属制品的批发。				

企业名称	合利友商贸（上海）有限公司				
企业地址	上海市虹口区四川北路 1688 号 1801 室（200080）				
投资总额	100 万港币	电话	33777241	传真	33777242
设立日期	2006-9-27	负责人	SEAN MARTINEZ		
主营业务	钢材等金属原材料及其制品，塑料、壁炉及家用电器的批发、佣金代理。				

企业名称	维昌机电设备贸易（上海）有限公司				
企业地址	上海市浦东新区归昌路 258 号 433 室（201200）				
投资总额	50 万 RMB	电话	63615222	传真	63615122
设立日期	2006-9-27	负责人	陈大枝		
主营业务	机电设备及零配件的批发和进出口，提供相关配套服务。				

企业名称	巴开吉商贸（上海）有限公司				
企业地址	上海市徐汇区淮海西路 55 号 17 层 A 座（200030）				
投资总额	25 万 USD	电话	64400031	传真	52308009
设立日期	2006-9-26	负责人	KATO ISAO		
主营业务	单板层积材、包装材料、安装工具、玩具的进出口及批发、佣金代理。				

企业名称	上海旭晶贸易有限公司				
企业地址	上海市徐汇区东安路 8 号青松城 11 楼 1118 室（200032）				
投资总额	100 万 USD	电话	64436269	传真	64436273
设立日期	2006-9-26	负责人	林鼎贵		
主营业务	从事化工原料及制品（危险品除外）的批发、佣金代理。				

企业名称	阿陆幄法（上海）贸易有限公司				
企业地址	上海市浦东新区东靖路 1831 号 415 室（200120）				
投资总额	50 万 USD	电话	68546290	传真	68540587
设立日期	2006-9-26	负责人	SALEM ABOBAKR GUNAID BAWAZIR		
主营业务	汽车摩托车配件及其模具、工艺品、家具用品的批发、佣金代理。				

企业名称	祥思贸易（上海）有限公司				
企业地址	上海市闸北区江场西路 395 号 311 室（200436）				
投资总额	200 万港币	电话	64270502	传真	64271788
设立日期	2006-9-26	负责人	DONALD WAI KEE CHAN		
主营业务	纺织产品和纺织纱线产品的批发、进口，佣金代理。				

企业名称	三菱化学（中国）商贸有限公司				
企业地址	上海市徐汇区长乐路 989 号世纪商贸广场 4201B（200030）				
投资总额	625 万 USD	电话	54076000	传真	54076038
设立日期	2006-9-25	负责人	内藤健雄（NAITO TAKEO）		
主营业务	有机及无机化工产品（危险化学品除外）、包装材料的批发、佣金代理。				

企业名称	上海璐岛贸易有限公司				
企业地址	上海市徐汇区襄阳南路 500 号 2516 室（200031）				
投资总额	14 万 USD	电话	54654011	传真	54654013
设立日期	2006-9-25	负责人	福岛邦彦		
主营业务	从事机械设备、日用百货、服装服饰、电子产品的进出口、批发。				

企业名称	神钢商贸（上海）有限公司				
企业地址	上海市卢湾区淮海中路 222 号力宝广场 1008 室（200021）				
投资总额	300 万 USD	电话	53966464	传真	53965990
设立日期	2006-9-25	负责人	永井庸晴		
主营业务	钢铁、有色金属及其半成品、成品、焊接、机械的批发、佣金代理。				

企业名称	上海亚埃达克贸易有限公司				
企业地址	上海市浦东新金桥路 255 号 523 室（201206）				
投资总额	14 万 USD	电话	64692267	传真	64684080
设立日期	2006-9-25	负责人	DAVID J. HAVEN		
主营业务	汽车零部件的佣金代理、批发，并提供售后服务和技术指导。				

企业名称	潘泰克医疗器械商贸（上海）有限公司				
企业地址	上海市外高桥保税区富特北路 127 号 D 区 D5-15 地块 3 层 C2 部位（200131）				
投资总额	37 万 USD	电话	64392387	传真	64642188
设立日期	2006-9-25	负责人	HSIAO LI PAN		
主营业务	医疗器械的进出口、批发、佣金代理。				

企业名称	恩悌（上海）商贸有限公司				
企业地址	上海市静安区南京西路 1600 号 307、318 室（200040）				
投资总额	450 万 RMB	电话	62491558	传真	62491665
设立日期	2006-9-25	负责人	立石 和郎		
主营业务	以钨和钼为主的贱金属的加工制品、陶瓷制品的批发、进出口。				

企业名称	上森贸易（上海）有限公司				
企业地址	上海市浦东新区玉兰路 8 号 512 室（200122）				
投资总额	14 万 USD	电话	50596767	传真	50596769
设立日期	2006-9-25	负责人	SPENCER TSAI		
主营业务	电子产品及其配件和原材料、化工产品的批发，佣金代理。				

企业名称	澜柯（上海）贸易有限公司				
企业地址	上海市外高桥保税区泰谷路 88 号 750 室（200131）				
投资总额	20 万 USD	电话	64137945	传真	54177641
设立日期	2006-9-25	负责人	PAOLO PUSTERLI		
主营业务	国际贸易、转口贸易、保税区内企业间的贸易及贸易代理。				

企业名称	古鹰电子贸易（上海）有限公司				
企业地址	上海市外高桥保税区泰谷路 88 号 680 室（200131）				
投资总额	13 万 USD	电话	62786838	传真	62786837
设立日期	2006-9-25	负责人	山崎弘一		
主营业务	国际贸易、转口贸易、保税区企业间的贸易及区内贸易代理。				

企业名称	奥连威（上海）贸易有限公司				
企业地址	上海市外高桥保税区泰谷路 88 号 701 室（200131）				
投资总额	20 万 USD	电话	64137945	传真	54177641
设立日期	2006-9-25	负责人	SALVATORE FARINA		
主营业务	国际贸易、转口贸易、保税区企业间的贸易及贸易代理。				

企业名称	上海永同贸易有限公司				
企业地址	上海市静安区武宁南路 488 号 1105 室（200011）				
投资总额	6.5 万 USD	电话	51182366	传真	51182367
设立日期	2006-9-22	负责人	SON KWANG SOO		
主营业务	五金工具、电子产品及配件、日用百货的批发、进出口、佣金代理。				

企业名称	上海祺恒安贸易有限公司				
企业地址	上海市闵行区联达路 363 号 A1 号二楼（201112）				
投资总额	50 万 USD	电话	54314899	传真	54314966
设立日期	2006-9-22	负责人	陈惠玲		
主营业务	各种马具、五金、礼品、电子产品、灯具及运动用品的批发。				

企业名称	依诺得餐饮设备商贸（上海）有限公司				
企业地址	上海市嘉定区庆阳路 55 号 3 号楼（201821）				
投资总额	100 万 USD	电话	61526100	传真	61526020
设立日期	2006-9-21	负责人	JAN CHRISTIAN KARSSIENS		
主营业务	从事各种厨房用具、电器及相关零部件的批发、佣金代理。				

企业名称	芬林木业商贸（上海）有限公司				
企业地址	上海市长宁区仙霞路 317 号远东国际广场 B 幢 716 室（200051）				
投资总额	11.8 万欧元	电话	61039005	传真	61039198
设立日期	2006-9-21	负责人	吕 涛		
主营业务	从事木制品和配件的批发和佣金代理（拍卖除外），上述产品的进出口。				

企业名称	创歆贸易（上海）有限公司				
企业地址	上海市长宁区凯旋路 1010 号 4 楼 403 室（200052）				
投资总额	50 万 USD	电话	61619388	传真	61619303
设立日期	2006-9-21	负责人	颜明吉		
主营业务	扩充内存模块、外接式储存装置及相关存储类设备及其零部件的批发。				

企业名称	雨果博斯（上海）商贸有限公司				
企业地址	上海市黄浦区中山东一路 3 号底楼西侧（200002）				
投资总额	300 万欧元	电话	51692320	传真	62888509
设立日期	2006-9-21	负责人	LARS PETER LARSEN		
主营业务	服装、鞋、饰品、皮革产品、珠宝、化妆品的批发、零售、进出口。				

企业名称	百士林商贸（上海）有限公司				
企业地址	上海市长宁区金钟路 658 弄 18 号 205 室（200051）				
投资总额	100 万 RMB	电话	52162669	传真	52162670
设立日期	2006-9-21	负责人	HAYASHI MAKOTO		
主营业务	服装、服饰、纺织品、鞋帽、箱包、化妆品和日用百货的批发及进出口。				

企业名称	悦舍贸易（上海）有限公司				
企业地址	上海市青浦区徐泾镇京华路 569 号（201700）				
投资总额	14 万 USD	电话	64659318	传真	64659320
设立日期	2006-9-21	负责人	张菁琪		
主营业务	从事服装、纺织品、工艺品（文物除外）及其相关产品、配件的批发。				

企业名称	伊丽诺工业用品贸易（上海）有限公司				
企业地址	上海市虹口区四平路 188 号 1905 室（200086）				
投资总额	62.5 万 USD	电话	54261212	传真	54260919
设立日期	2006-9-20	负责人	SOK GEK TAN		
主营业务	工业与电子业特种化学用品及维修保养工具的批发和佣金代理。				

企业名称	精进（上海）贸易有限公司				
企业地址	上海市外高桥保税区富特西一路 289 号 A 楼三层 A326 室（200131）				
投资总额	6.5 万 USD	电话	64413008	传真	64413009
设立日期	2006-9-20	负责人	李国良		
主营业务	国际贸易、转口贸易、保税区企业间的贸易及贸易代理。				

企业名称	实耐格（上海）贸易有限公司				
企业地址	上海市浦东新区东方路 971 号钱江大厦 16A 室（200122）				
投资总额	6 万 USD	电话	50583223	传真	50583225
设立日期	2006-9-20	负责人	黄梓敏（WONG CHI MUN）		
主营业务	纸制品、包装产品及制造设备、原材料、零配件及备件的批发、进出口。				

企业名称	上海新得澳商贸有限公司				
企业地址	上海市普陀区中山北路 3856 弄 2 号 711 室（200063）				
投资总额	100 万 USD	电话	62600150	传真	62609869
设立日期	2006-9-19	负责人	VAN HELLENBERG HUBAR ALESSANDR		
主营业务	塑料及其制品、纺织原料（棉花除外）及制品、贱金属及其制品的批发。				

企业名称	派优特贸易（上海）有限公司				
企业地址	上海市浦东新区杨高南路 1801 号四号楼 401 室（201204）				
投资总额	35 万 USD	电话	53757188	传真	63862199
设立日期	2006-9-19	负责人	川口喜八郎		
主营业务	从事服装、线的批发、佣金代理（拍卖除外）。				

企业名称	菲尼普商贸（上海）有限公司				
企业地址	上海市浦东新区浦东南路 1289 号华融大厦 13 层 1308 室（200120）				
投资总额	15 万 USD	电话	58879959	传真	58878159
设立日期	2006-9-19	负责人	李 星		
主营业务	化工原料、机械设备及其零部件、仪器仪表的批发、佣金代理。				

企业名称	波芒得（上海）服饰商业有限公司				
企业地址	上海市静安区南京西路 1131、1133 号底层（200041）				
投资总额	500 万 USD	电话	32100659	传真	62171133
设立日期	2006-9-19	负责人	FRANCIS CHARLES POLLET		
主营业务	从事服饰、鞋帽、包袋、皮革制品、仿真饰品及配饰零售，自营进口。				

企业名称	施顿贸易（上海）有限公司				
企业地址	上海市长宁区虹桥路 2298 号 8 幢 225 室（200336）				
投资总额	18 万 USD	电话	51171266	传真	51171266
设立日期	2006-9-19	负责人	CHIEN YU MEI		
主营业务	机械设备及配件、金属制品、橡塑制品、工艺品的批发、佣金代理。				

企业名称	佳威合贸易（上海）有限公司				
企业地址	上海市外高桥保税区加太路 39 号菀熠 1 号楼第四层 17 部位（200131）				
投资总额	15 万 USD	电　　话	50580225	传　　真	50580230
设立日期	2006-9-18	负 责 人	SAMI FOURATI		
主营业务	机电产品、摩托车及其零配件、五金制品、化工产品的批发、佣金代理。				

企业名称	琦坊贸易（上海）有限公司				
企业地址	上海市卢湾区黄陂南路 333 号 3 号楼 1A&1C 室（200020）				
投资总额	50 万 USD	电　　话	63406113	传　　真	63114841
设立日期	2006-9-18	负 责 人	朱雯琦		
主营业务	家具、珠宝（钻石除外）、陶瓷制品、工艺美术品及配件的零售、批发。				

企业名称	斯茹林贸易（上海）有限公司				
企业地址	上海市长宁区愚园路 1258 号绿地商务大厦 2011-2012 单元（200050）				
投资总额	15 万英镑	电　　话	61253288	传　　真	63842262
设立日期	2006-9-18	负 责 人	DUNCAN EDWARD TYLER		
主营业务	包装设备、烟草制造设备及质量控制设备、零部件的批发、佣金代理。				

企业名称	食味添（上海）贸易有限公司				
企业地址	上海市徐汇区中山南二路 1007 号 1204 室（200030）				
投资总额	13 万 USD	电　　话	64573415	传　　真	
设立日期	2006-9-18	负 责 人	钟旭东		
主营业务	食品及食品添加剂、机电产品及零部件、纺织品的批发、佣金代理。				

企业名称	比安汽车零件商贸（上海）有限公司				
企业地址	上海市徐汇区长乐路 989 号世纪商贸广场 2043 室（200031）				
投资总额	10 万 USD	电　　话	51175842	传　　真	
设立日期	2006-9-18	负 责 人	BENJAMIN JAMES HIGGINS		
主营业务	汽车零配件、塑料制品、金属制品、橡胶制品的批发、进出口。				

企业名称	希迪唛商贸（上海）有限公司				
企业地址	上海市徐汇区襄阳南路 500 号 601 室（200031）				
投资总额	19 万 USD	电　　话	64674580	传　　真	63607967
设立日期	2006-9-15	负 责 人	QUEK CHIN GUAN		
主营业务	从事钟表、文具及其配件的批发和佣金代理（拍卖除外）。				

企业名称	康帝雅（上海）贸易有限公司				
企业地址	上海市普陀区中山北路 2020 号中星经贸大厦 15 层 15D 室（200061）				
投资总额	4.55 万 USD	电　　话	52919535	传　　真	52919689
设立日期	2006-9-15	负 责 人	TUYTENS PATRIC I.P.H.		
主营业务	纺织品以及相关原材料（棉花除外）的批发、佣金代理（拍卖除外）。				

企业名称	全滢（上海）贸易有限公司				
企业地址	上海市浦东新区杨高南路 1801 号四号楼 402 室（200120）				
投资总额	15 万 USD	电　　话	63181212	传　　真	63500825
设立日期	2006-9-15	负 责 人	范心影		
主营业务	服装及辅料、布匹、日用百货的批发、佣金代理。				

企业名称	乐途（上海）商贸有限公司				
企业地址	上海市外高桥保税区加太路 39 号菀熠 1 号楼 4 楼 32 部位（200131）				
投资总额	14 万 USD	电　　话	52371199	传　　真	52377227
设立日期	2006-9-14	负 责 人	岳欣禹		
主营业务	服装、鞋帽、皮革制品、纺织品及相关配饰件的批发、零售、佣金代理。				

企业名称	上海金蛙鼎贸易有限公司				
企业地址	上海市闵行区漕宝路 1555 号 14 区 11 号 106 室（201101）				
投资总额	100 万 RMB	电　　话	64195159	传　　真	64618021
设立日期	2006-9-14	负 责 人	JANG TAE GYU		
主营业务	日用品、化工原料（危险化学品除外）、机械设备的进出口、批发。				

企业名称	广合（上海）贸易有限公司				
企业地址	上海市浦东新区浦东南路 1101 号 1215 室（200120）				
投资总额	30 万 USD	电　　话	32283389	传　　真	62361661
设立日期	2006-9-14	负 责 人	罗东湖		
主营业务	纺织原料（棉花除外）、纺织制品及化工产品（危险化学品除外）批发。				

企业名称	霍兰德家纺贸易（上海）有限公司				
企业地址	上海市长宁区延安西路 2299 号上海世贸商城 9A05，9A07（200336）				
投资总额	50 万 USD	电　　话	62360910	传　　真	62361186
设立日期	2006-9-14	负 责 人	杰夫·霍兰德（JEFF HOLLANDER）		
主营业务	家纺产品和其他纺织品的进出口、批发、佣金代理（拍卖除外）。				

企业名称	恩贝倍工控设备贸易（上海）有限公司				
企业地址	上海市黄浦区人民路 885 号 518 室（200010）				
投资总额	13 万 USD	电　　话	51105528	传　　真	51105528
设立日期	2006-9-14	负 责 人	刘 东		
主营业务	工控设备、机械设备、自动化仪器仪表、电子产品的批发、佣金代理。				

企业名称	上海哈罗德贸易有限公司				
企业地址	上海市奉贤区金汇镇金钱公路 1448 号第 8 栋 201-208（201405）				
投资总额	11 万 USD	电　　话	57575390	传　　真	57576506
设立日期	2006-9-14	负 责 人	田中美智子		
主营业务	各类纸制品、纸张、造纸原料、建材、服装、橡塑制品的批发。				

企业名称	上海根华服饰贸易有限公司				
企业地址	上海市静安区陕西北路 66 号文锦大厦 2701 室（200040）				
投资总额	30 万 USD	电　　话	51174881	传　　真	51174887
设立日期	2006-9-14	负 责 人	表淳虎		
主营业务	服装、鞋、包、工艺品（文物除外）的批发以及上述产品的进出口。				

企业名称	倍通贸易（上海）有限公司				
企业地址	上海市嘉定区黄渡镇联西村联西路 83 号第 2 幢（201804）				
投资总额	70 万 USD	电　　话	69590023	传　　真	69590027
设立日期	2006-9-13	负 责 人	黄国修		
主营业务	模具零配件、机械零配件、五金制品的进出口、批发、佣金代理。				

企业名称	上海艾仕国际贸易有限公司				
企业地址	上海市外高桥保税区奥纳路 79 号 2113 室（200131）				
投资总额	13 万 USD	电　　话	64856467	传　　真	64856467
设立日期	2006-9-13	负 责 人	董红强		
主营业务	在保税区内从事国际贸易、转口贸易、企业间贸易及区内贸易代理。				

企业名称	炬德半导体贸易（上海）有限公司				
企业地址	上海市外高桥保税区加太路 39 号第四层 12 部位（200131）				
投资总额	13 万 USD	电　　话	58354971	传　　真	58354973
设立日期	2006-9-13	负 责 人	CHIN CHIN LOONG		
主营业务	机电产品及零部件、陶瓷及玻璃制品、橡胶塑料制品的批发、佣金代理。				

企业名称	吉太新贸易（上海）有限公司				
企业地址	上海市浦东新区光明路 718 号 811 室（200131）				
投资总额	14 万 USD	电　　话	68116884	传　　真	68116884
设立日期	2006-9-13	负 责 人	TAN TZE-MING JESON		
主营业务	食品，化妆品，日用品，机电产品，家具批发，佣金代理。				

企业名称	上海韩赕贸易有限公司				
企业地址	上海市闵行区古方路 18 号 607 室（201100）				
投资总额	13 万 USD	电　　话	54131539	传　　真	54131536
设立日期	2006-9-13	负 责 人	PARK CHAN YONG		
主营业务	服装及其辅料、服饰、箱包、包装盒、伞、毛皮的批发、佣金代理。				

企业名称	旭贵（上海）贸易有限公司				
企业地址	上海市黄浦区陆家浜路 1295 号 807 室 B（200011）				
投资总额	4500 万日元	电　　话	63452722	传　　真	63453650
设立日期	2006-9-13	负 责 人	山本康二		
主营业务	橡塑制品、五金、金属制品、木制产品、建筑机械的批发及进出口。				

企业名称	裕佳贸易（上海）有限公司				
企业地址	上海市虹口区四川北路 2261 号、2263 号 1902 室（200081）				
投资总额	30 万 USD	电　　话	56665980	传　　真	56714524
设立日期	2006-9-13	负 责 人	齐家珊		
主营业务	各类服装、服饰、鞋帽、绣品及其辅料、箱包的批发，产品的进出口。				

企业名称	傅而星贸易（上海）有限公司				
企业地址	上海市浦东新区新金桥路 1295 号金桥仪表工业小区 3#厂房（200135）				
投资总额	30 万 USD	电　　话	58692179	传　　真	58692179
设立日期	2006-9-12	负 责 人	WOLFGANG HEINRICH		
主营业务	车用密封材料、车用手动器材及电动器材的批发、佣金代理。				

企业名称	堅信怡美（上海）贸易有限公司				
企业地址	上海市浦东新区浦东南路 360 号新上海国际大厦 2401 室（200120）				
投资总额	50 万 RMB	电　　话	68863298	传　　真	68862272
设立日期	2006-9-12	负 责 人	周礼信		
主营业务	酒店用品、办公用品、通讯设备和调味品的批发、佣金代理。				

企业名称	厚鹏国际贸易（上海）有限公司				
企业地址	上海市外高桥保税区奥纳路 79 号 2104 室（200131）				
投资总额	14 万 USD	电　话	32174838	传　真	62882812
设立日期	2006-9-12	负责人	刘　鸿		
主营业务	国际贸易、转口贸易、保税区内企业间的贸易及贸易代理。				

企业名称	金田豪迈（上海）贸易有限公司				
企业地址	上海市浦东新区川沙路 389 弄 84 号（201202）				
投资总额	20 万 USD	电　话	64278196	传　真	64270536
设立日期	2006-9-12	负责人	何淑宜（HO，SHUK YEE SANDY）		
主营业务	从事机械设备及有关配件的进出口、批发和佣金代理（拍卖除外）。				

企业名称	齐傲商贸（上海）有限公司				
企业地址	上海市浦东新区张杨路 228 号 812 室（200122）				
投资总额	150 万 USD	电　话	54670233	传　真	54047901
设立日期	2006-9-12	负责人	STEVEN HOWARD GRAPSTEIN		
主营业务	从事服装服饰、皮制品及相关配件、附属礼品、鞋类的进出口以及零售。				

企业名称	杰迪士电子商贸（上海）有限公司				
企业地址	上海市浦东新区民生路 600 号 15 幢 109-110 室（200135）				
投资总额	20 万 USD	电　话	68558219	传　真	68558210
设立日期	2006-9-12	负责人	陈东兴		
主营业务	从事电子生产设备及相关配件的批发、佣金代理（拍卖除外）。				

企业名称	博格曼贸易（上海）有限公司				
企业地址	上海市浦东新区商城路 800 号斯米克大厦 206A 室（200120）				
投资总额	20 万欧元	电　话	58353711	传　真	58354838
设立日期	2006-9-12	负责人	郭锡明		
主营业务	从事各种密封装置及配套设备、连轴器及零件和工具的批发、佣金代理。				

企业名称	思琳商贸（上海）有限公司				
企业地址	上海市静安区南京西路 1266 号恒隆广场办公楼 40 层 4011A 室（200040）				
投资总额	235 万 USD	电　话	62898787	传　真	62898787
设立日期	2006-9-12	负责人	SERGE FRANCOIS BRUNSCHWIG		
主营业务	服装、服饰、鞋帽袜、皮革制品、珠宝的批发、零售、佣金代理。				

企业名称	班尼阁商贸（上海）有限公司				
企业地址	上海市浦东新区张杨路 1822 号 1 层（200120）				
投资总额	14 万 USD	电　话	58851080	传　真	58851080
设立日期	2006-9-11	负责人	JIAN WEI LIU		
主营业务	家具、建材（除钢材外）、家饰品、布艺、日用品的批发及进出口。				

企业名称	客乐思普勒斯（上海）时装贸易有限公司				
企业地址	上海市长宁区仙霞路 317 号远东国际广场 B-307 号室（200335）				
投资总额	45 万 USD	电　话	50483019	传　真	50484269
设立日期	2006-9-11	负责人	森文夫		
主营业务	从事服装及衣着附属制品、包及纺织制品的批发、佣金代理。				

企业名称	上海达伊医智商贸有限公司				
企业地址	上海市黄浦区延安东路 550 号 901 室（200001）				
投资总额	300 万 RMB	电　话	63506622	传　真	
设立日期	2006-9-11	负责人	今哲昭		
主营业务	医疗器械检验试剂、临床检验分析器械、研究用试剂的批发、进出口。				

企业名称	健良（上海）贸易有限公司				
企业地址	上海市浦东新区向城路 58 号 6A 至 6E 座（200122）				
投资总额	700 万 USD	电　话	68406655	传　真	68868021
设立日期	2006-9-11	负责人	王世忠		
主营业务	工控元件、气动元件、液压元件、低压电器、手工具的批发、佣金代理。				

企业名称	尚珀贸易（上海）有限公司				
企业地址	上海市浦东新区东方路 877 号 1407 室（200122）				
投资总额	25 万 USD	电　话	50583798	传　真	50583798
设立日期	2006-9-11	负责人	屠宇宁		
主营业务	服装、服饰、手表、化妆品、香水、电子产品的批发、佣金代理。				

企业名称	韩经（上海）贸易有限公司				
企业地址	上海市长宁区中山西路 1277 号 1 号楼 4 楼 400 室（200051）				
投资总额	11 万 USD	电　话	62701846	传　真	62701846
设立日期	2006-9-11	负责人	金春秀		
主营业务	电子元器件的批发，自营商品进出口，佣金代理（拍卖除外）。				

企业名称	翱顺玻璃贸易（上海）有限公司				
企业地址	上海市静安区万航渡路 83 号 1904 室（200040）				
投资总额	15 万 USD	电　话	61359505	传　真	61359506
设立日期	2006-9-11	负责人	CHANTANA SRISAMARNMITRE		
主营业务	玻璃器皿、瓷器、金属、塑料纸质及木制日用器具的批发。				

企业名称	上海奇芙拉玛叶丽服装商贸有限公司				
企业地址	上海市长宁区仙霞路 319 号 1401 室（200050）				
投资总额	20 万 USD	电　话	62510022	传　真	
设立日期	2006-9-8	负责人	郑　晨		
主营业务	各类针织品原料、服装、鞋帽、日用百货的进出口贸易、批发。				

企业名称	纪登贸易（上海）有限公司				
企业地址	上海市长宁区延安西路 1030 弄 12 号 704 室（200050）				
投资总额	30 万 USD	电　话	62524339	传　真	62524665
设立日期	2006-9-8	负责人	谢振安		
主营业务	纺织原料（棉花除外）及纺织制品的批发，上述商品进出口。				

企业名称	联和层析贸易（上海）有限公司				
企业地址	上海市徐汇区虹桥路 808 号 41 幢 A8221 室（200030）				
投资总额	14 万 USD	电　话	64479550	传　真	64479665
设立日期	2006-9-8	负责人	李再旺		
主营业务	从事理化仪器的批发，上述商品的进出口，并提供相关配套服务。				

企业名称	安惟盛（上海）贸易有限公司				
企业地址	上海市外高桥保税区加太路 39 号第四层 11 部位（200131）				
投资总额	20 万 USD	电　话	58660385	传　真	58660385
设立日期	2006-9-8	负责人	ULF JONNY PETER KLEMMING		
主营业务	保税区内以休闲用品、家具为主的仓储、分拨业务及产品的售后服务。				

企业名称	福卡斯依斯特贸易（上海）有限公司				
企业地址	上海市长宁区延安西路 2299 号 10A58 室（200336）				
投资总额	21 万 USD	电　话	62365035	传　真	62365035
设立日期	2006-9-8	负责人	DAVINDER BHASIN		
主营业务	从事建筑材料（钢材除外）、脚手架及其零配件、汽车零配件的进出口。				

企业名称	格威斯特电子贸易（上海）有限公司				
企业地址	上海市浦东新区成山路 163 号 10404 室（200126）				
投资总额	14 万 USD	电　话	50597219	传　真	50597149
设立日期	2006-9-8	负责人	杨　筠		
主营业务	电子仪器零件、电脑配件、电器材料、五金工具的批发及进出口。				

企业名称	上海养乐多贸易有限公司				
企业地址	上海市浦东新区浦东大道 138 号永华大厦 15 楼 C 室（200120）				
投资总额	350 万 USD	电　话	62412121	传　真	
设立日期	2006-9-8	负责人	安斋春树		
主营业务	乳制品、乳酸菌饮料、其他饮料及产品的进出口贸易、批发、佣金代理。				

企业名称	韩洲商贸（上海）有限公司				
企业地址	上海市浦东新区张杨路 828-838 号 23 楼 E 座（200120）				
投资总额	15 万 USD	电　话	50588691	传　真	50588693
设立日期	2006-9-7	负责人	HUH JAEHO		
主营业务	建筑材料（钢材除外）、装饰材料及辅料、智能门的批发，佣金代理。				

企业名称	格塔贸易（上海）有限公司				
企业地址	上海市闸北区新疆路 500 号 1312 室（200080）				
投资总额	6.6 万 USD	电　话	63803317	传　真	63803317
设立日期	2006-9-7	负责人	JAMES GUO		
主营业务	汽车用品及工艺礼品的批发；佣金代理（拍卖除外），上述商品进出口。				

企业名称	冠协商贸（上海）有限公司				
企业地址	上海市闵行区虹桥镇伊犁南路 111 号 2 楼 201 室（201100）				
投资总额	51 万 USD	电　话	34240630	传　真	64685507
设立日期	2006-9-7	负责人	杜文博		
主营业务	从事保健食品的批发、佣金代理（拍卖除外），上述商品的进出口业务。				

企业名称	上海施普林格图书报刊贸易有限公司				
企业地址	上海市浦东峨山路 77 号金牛大厦南座 2 层（200127）				
投资总额	3000 万 RMB	电　话	32174688	传　真	32174680
设立日期	2006-9-7	负责人	CAREL JAN PIETER LIMBURG		
主营业务	国内版（不包括港、澳、台版）图书、报纸、期刊的批发兼零售业务。				

企业名称	上海人头马贸易有限公司				
企业地址	上海市外高桥保税区基隆路1号汤臣国际贸易大厦712室（200131）				
投资总额	100万RMB	电　话	68868335	传　真	68868359
设立日期	2006-9-7	负责人	DAMIEN LAFAURIE		
主营业务	在保税区内从事以酒类为主的国际贸易、转口贸易、企业间的贸易。				

企业名称	上海晟沃特贸易有限公司				
企业地址	上海市奉贤区南桥镇南桥路262号310室（201400）				
投资总额	14万USD	电　话	64174301	传　真	64173950
设立日期	2006-9-7	负责人	俞乃奋		
主营业务	保健食品（非实物方式）、一类医疗器械的批发、进出口。				

企业名称	超溢化工贸易（上海）有限公司				
企业地址	上海市浦东新区张杨北路5509号501室（200122）				
投资总额	14万USD	电　话	50814049	传　真	50813249
设立日期	2006-9-7	负责人	李枝安		
主营业务	从事合成橡胶及制品、健身及康复器械（医疗器械除外）的批发。				

企业名称	瑞昕（上海）贸易有限公司				
企业地址	上海市长宁区延安西路2299号上海世贸商城10C86和10C88室（200335）				
投资总额	65万USD	电　话	62197603	传　真	62362704
设立日期	2006-9-6	负责人	VIJAY CHATURVEDI		
主营业务	农产品（粮食和棉花除外）、木材及木制品、纺织品的批发、佣金代理。				

企业名称	松德（上海）纺织贸易有限公司				
企业地址	上海市长宁区广顺路33号D北一楼（200335）				
投资总额	14万USD	电　话	62391038	传　真	62383895
设立日期	2006-9-6	负责人	周德松		
主营业务	纺织品和服装的批发及进出口贸易，佣金代理（拍卖除外）。				

企业名称	富石（上海）贸易有限公司				
企业地址	上海市长宁区延安西路2299号上海世贸商城10P08室（200336）				
投资总额	3000万日元	电　话	64736398	传　真	64457895
设立日期	2006-9-6	负责人	富森正		
主营业务	从事农产品、矿产品、建筑材料（钢材除外）的批发。				

企业名称	思华贸易（上海）有限公司				
企业地址	上海市外高桥保税区杨高北路2001号二层204D室（200131）				
投资总额	14万USD	电　话	53014012	传　真	53014312
设立日期	2006-9-6	负责人	卓绍德		
主营业务	国际贸易、转口贸易、保税区内企业间的贸易及区内贸易代理。				

企业名称	华正（上海）贸易有限公司				
企业地址	上海市长宁区中山西路933号1013-1014室（200050）				
投资总额	20万USD	电　话	51113878	传　真	51113880
设立日期	2006-9-5	负责人	奥田武彦		
主营业务	从事纤维材料、纤维制品、服装服饰、日用百货的进出口、批发。				

企业名称	丹奈电子贸易（上海）有限公司				
企业地址	上海市浦东新区浦东南路360号新上海国际大厦14层E座（200120）				
投资总额	20万USD	电　话	51094080	传　真	68862758
设立日期	2006-9-5	负责人	DAVID HACCOUN		
主营业务	存储器、相关电子产品的批发、进出口、佣金代理（拍卖除外）。				

企业名称	葛兰富贸易（上海）有限公司				
企业地址	上海市长宁区新华路569弄68号711室（200050）				
投资总额	20万USD	电　话	52300541	传　真	62812700
设立日期	2006-9-5	负责人	张　芷		
主营业务	化妆品、保健食品（非实物方式）的批发及进出口业务。				

企业名称	艺华（上海）贸易有限公司				
企业地址	上海市黄浦区南车站路403号全幢（200011）				
投资总额	35万USD	电　话	852-24254844	传　真	852-24805341
设立日期	2006-9-5	负责人	董士龙		
主营业务	人造植物、节日礼品的进出口业务、批发、佣金代理（拍卖除外）。				

企业名称	菱东贸易（上海）有限公司				
企业地址	上海市长宁区仙霞路319号远东国际广场319A室（200051）				
投资总额	40万USD	电　话	62702222	传　真	62351067
设立日期	2006-9-5	负责人	平野章		
主营业务	各种机械及电子类设备、仪器、装置以及相关配件的批发、佣金代理。				

企业名称	领高商贸（上海）有限公司				
企业地址	上海市闵行区东兰路208号2幢（200030）				
投资总额	100万USD	电　话	64865609	传　真	64866249
设立日期	2006-9-5	负责人	张宗琪		
主营业务	从事服装鞋帽、饰品、针织品、家具、皮具、箱包的批发、零售。				

企业名称	上海晟洁电子商贸有限公司				
企业地址	上海市虹口区汶水东路51号303室（200434）				
投资总额	20万USD	电　话	54031440	传　真	54032622
设立日期	2006-9-5	负责人	西　隆		
主营业务	卫浴产品及相关零配件的批发、佣金代理（拍卖除外）。				

企业名称	高孝贸易（上海）有限公司				
企业地址	上海市浦东新区杨高南路1801号四号楼403室（200135）				
投资总额	13万USD	电　话	63500821	传　真	63500825
设立日期	2006-9-5	负责人	高桥香		
主营业务	从事日用品、家用电器的批发、佣金代理（拍卖除外）。				

企业名称	[illegible]华电子贸易（上海）有限公司				
企业地址	上海市浦东新区东方路818号14H室（200120）				
投资总额	20万USD	电　话	58306147	传　真	58308502
设立日期	2006-9-5	负责人	庄文章		
主营业务	各类电源供应器、电子零件及相关产品的批发、佣金代理（拍卖除外）。				

企业名称	上海中耀汉芳贸易有限公司				
企业地址	上海市浦东新区杨高北路1801号4幢404室（201204）				
投资总额	13万USD	电　话	58547885	传　真	58547676
设立日期	2006-9-5	负责人	戚贵明		
主营业务	卫生用品、净水材料、电子产品、化妆品的批发、佣金代理（拍卖除外）。				

企业名称	上海太子行商业有限公司				
企业地址	上海市浦东新区张江高科技园区爱迪生路330号2楼202A室（201203）				
投资总额	15万USD	电　话	58552783	传　真	58552793
设立日期	2006-9-5	负责人	杨应瑞		
主营业务	食品零售，自营产品进口，采购国内产品出口，提供零售产品售后服务。				

企业名称	吉明天商业（上海）有限公司				
企业地址	上海市黄浦区中山东一路18号E2单元（200002）				
投资总额	20万USD	电　话	63528848	传　真	63513138
设立日期	2006-9-5	负责人	PETER KUHLMANN-LEHMKUHLE		
主营业务	钟表及其零部件，饰品，工艺礼品的零售，前述产品的进出口。				

企业名称	上海菲姐贸易有限公司				
企业地址	上海市外高桥保税区加枫路24号24幢-1二层204室（200131）				
投资总额	20万USD	电　话	50480888	传　真	50484269
设立日期	2006-9-5	负责人	甘玉惠		
主营业务	在保税区内从事国际贸易、转口贸易、企业间的贸易及贸易代理。				

企业名称	吉热（上海）商贸有限公司				
企业地址	上海市浦东新区毕升路299弄11号202室（201204）				
投资总额	15万USD	电　话	50277681	传　真	50277684
设立日期	2006-9-4	负责人	ROBERTO VAGLIO		
主营业务	自行车及其零配件、包袋、运动服装及饰品、鞋帽的批发。				

企业名称	马尔计量设备贸易（上海）有限公司				
企业地址	上海市长宁区武夷路11号6幢（200050）				
投资总额	50万USD	电　话	52385353	传　真	52386012
设立日期	2006-9-4	负责人	周金汉		
主营业务	计量与测量设备及仪器、测量及评定的计算机的进出口、佣金代理。				

企业名称	上海科诺德商贸有限公司				
企业地址	上海市浦东新区外高桥保税区加太路39号苑熠楼第一层2部位（200131）				
投资总额	14万USD	电　话	58681880	传　真	58681880
设立日期	2006-9-4	负责人	施清才（SEE CHENG CHAI）		
主营业务	环保木地板、办公用品、礼品、建材及木制品的批发、佣金代理。				

企业名称	泰斯福（上海）贸易有限公司				
企业地址	上海市浦东新区上南路1318号304室（201200）				
投资总额	10万USD	电　话	51113405	传　真	51113747
设立日期	2006-9-4	负责人	金庆泰（KIMK YONG TAE）		
主营业务	纤维制品、纺织品、服装、辅料、鞋帽、工艺品（文物除外）的批发。				

企业名称	上海远昌裕贸易有限公司				
企业地址	上海市康桥镇康桥东路 1365 弄 1 号 2121 室（201206）				
投资总额	100 万 USD	电　话	58249378	传　真	58249376
设立日期	2006-9-4	负 责 人	蔡明学		
主营业务	纺织原料、纺织制品，纺织机械设备及零部件的批发。				

企业名称	科耐欧贸易（上海）有限公司				
企业地址	上海市闵行区钦州北路 1122 号 90 幢第 7 层（200233）				
投资总额	100 万 USD	电　话	54265617	传　真	54265600
设立日期	2006-9-4	负 责 人	THEODORE L. ELIOT III		
主营业务	材料（危险化学品除外）及日用品的批发、佣金代理。				

企业名称	纲绍（上海）贸易有限公司				
企业地址	上海市静安区万航渡路 1 号 B 座 506 室（200040）				
投资总额	15 万 USD	电　话	62493710	传　真	62728290
设立日期	2006-9-4	负 责 人	张国清		
主营业务	纺织品、服装及辅料的批发、进出口、佣金代理。				

企业名称	上海工投梵博贸易有限公司				
企业地址	上海市浦东新区海徐路 939 号 5 幢 202 室（200131）				
投资总额	1000 万 RMB	电　话	68880180	传　真	68880661
设立日期	2006-9-1	负 责 人	冯祖新		
主营业务	家居用品、礼品、饰品、文具用品的进出口、批发、佣金代理。				

企业名称	贝克欧（上海）国际贸易有限公司				
企业地址	上海市港澳路 239 号 GF 区 10-1 地块北楼第 5 层 D 部位（200131）				
投资总额	14 万欧元	电　话	68868335	传　真	68868021
设立日期	2006-9-1	负 责 人	BERTHOLD KOCH		
主营业务	空气压缩和气体压缩系统成套设备及上述产品的零部件的进出口、批发。				

企业名称	上海开成商贸有限公司				
企业地址	上海市浦东新区浦东南路 855 号世界广场 33 楼 G 座（200120）				
投资总额	30 万 USD	电　话	58822131	传　真	58369070
设立日期	2006-9-1	负 责 人	高大任		
主营业务	化妆品、护肤品、保健食品、服装、鞋类、工艺礼品的批发、佣金代理。				

企业名称	索佳精密系统贸易（上海）有限公司				
企业地址	上海市莘庄工业区银都路 3828 弄 56 号 301 室 G 座（201108）				
投资总额	1000 万日元	电　话	33030360	传　真	63541844
设立日期	2006-9-1	负 责 人	真下海春		
主营业务	测量仪器、电子制品、工作机械及其元器件、服装的批发、进出口。				

企业名称	欧莱芭贸易（上海）有限公司				
企业地址	上海市黄浦区延安东路 222 号金光外滩金融中心 1104 室（200002）				
投资总额	50 万 USD	电　话	62984786	传　真	63350218
设立日期	2006-9-1	负 责 人	TAI YU WONG		
主营业务	从事化妆品、护肤品、个人护理用品、美容仪器、水疗仪器的批发。				

企业名称	恩希英（上海）国际贸易有限公司				
企业地址	上海市外高桥保税区富特北路 201 号华铁商务楼 201 室（200131）				
投资总额	16 万 USD	电　话		传　真	
设立日期	2006-9-1	负 责 人	NIKOLAOS COTZIAS		
主营业务	国际贸易、转口贸易、保税区企业间的贸易及贸易代理。				

企业名称	和仪盛贸易（上海）有限公司				
企业地址	上海市外高桥保税区日京路 35 号凯兴大楼 1239 室（200131）				
投资总额	20 万美元	电　话	58667950	传　真	62113940
设立日期	2006-9-1	负 责 人	洪耀骅		
主营业务	国际贸易、转口贸易、保税区内企业间的贸易及区内贸易代理。				

企业名称	荣邦贸易（上海）有限公司				
企业地址	上海市卢湾区中山南一路 500 弄 1 号 2102 室（200023）				
投资总额	20 万 USD	电　话	63029599	传　真	63021115
设立日期	2006-8-31	负 责 人	吴志鸿		
主营业务	化学原料及化学制品（不含危险化学品）、文化用品的进出口、批发。				

企业名称	万富德（上海）贸易有限公司				
企业地址	上海市卢湾区打浦路 1 号金玉兰广场 D2 楼 708 室（200023）				
投资总额	30 万 USD	电　话	53961177	传　真	53961177
设立日期	2006-8-31	负 责 人	胡学锋		
主营业务	化工产品（危险化学品除外）、化学纤维的批发及上述产品的进出口。				

企业名称	双威贸易（上海）有限公司				
企业地址	上海市南汇区周浦镇建韵路 588 号第 4 幢（201318）				
投资总额	60 万 USD	电　话	68066662	传　真	68066981
设立日期	2006-8-31	负 责 人	QUAH KOK HENG		
主营业务	工业管道、工业机械履带及相关零部件的批发、佣金代理。				

企业名称	上海马拉宝商贸有限公司				
企业地址	上海市浦东新区钱仓路 1 号良丰大厦 5H 室（200120）				
投资总额	51 万 USD	电　话	59881660	传　真	59881483
设立日期	2006-8-31	负 责 人	PARMAR KALPESH UMESHCHANDRA		
主营业务	纸尿裤、卫生巾等相关生活和卫生用纸产品的批发、佣金代理。				

企业名称	欧利多商贸（上海）有限公司				
企业地址	上海市长宁区愚园路 1258 号 15A02 室（200050）				
投资总额	40 万 USD	电　话	62409160	传　真	62409278
设立日期	2006-8-30	负 责 人	高野国光		
主营业务	服装及服装原料、辅料（棉花除外）等制品的进出口、批发、佣金代理。				

企业名称	凯巨贸易（上海）有限公司				
企业地址	上海市徐汇区肇嘉浜路 1111 号 2 楼 A205-A207 室（200030）				
投资总额	30 万 USD	电　话	61135528	传　真	61132258
设立日期	2006-8-30	负 责 人	蔡明贤		
主营业务	家电用品、计算机及配件、通讯器材、办公用品及配套商品的批发。				

企业名称	汉非行贸易（上海）有限公司				
企业地址	上海市崇明县新河镇新申路 921 弄 2 号 B 区 224 室（202156）				
投资总额	15 万 USD	电　话	65956588	传　真	65956898
设立日期	2006-8-30	负 责 人	徐至毅		
主营业务	干电池、味精、装潢材料、卫生洁具、家用电器的批发、佣金代理。				

企业名称	美怡德（上海）贸易有限公司				
企业地址	上海市莘庄工业区申旺路 518 号 103 室（201108）				
投资总额	2400 万日元	电　话	51515225	传　真	51515227
设立日期	2006-8-30	负 责 人	成田茂之		
主营业务	机械电气设备及其零部件、汽车零部件、五金工具、橡塑制品的批发。				

企业名称	艺康化工商贸（上海）有限公司				
企业地址	上海市浦东新区五莲路 602 号 105 室（200129）				
投资总额	50 万 USD	电　话		传　真	
设立日期	2006-8-30	负 责 人	许桂然		
主营业务	用于清洁、洗涤、消毒、卫生杀虫、润滑等用途的化学品的批发。				

企业名称	精工表贸易（上海）有限公司				
企业地址	上海市静安区南京西路 1468 号中欣大厦 3601 室（200040）				
投资总额	200 万 USD	电　话	62891333	传　真	62896880
设立日期	2006-8-29	负 责 人	明石宏幸		
主营业务	钟表计时系统、零部件及配套商品的批发、进出口。				

企业名称	乔治阿玛尼（上海）商业有限公司				
企业地址	上海市黄浦区延安东路 222 号外滩中心 41 楼 6A 单元（200001）				
投资总额	210 万 USD	电　话	63351188	传　真	63350068
设立日期	2006-8-29	负 责 人	HOOKS JOHN ANTHONY		
主营业务	服装、饰品、鞋类及其手袋的零售；自营商品进口；采购国内产品出口。				

企业名称	明治乳业贸易（上海）有限公司				
企业地址	上海卢湾区淮海中路 918 号久事复兴大厦 22 楼 F 座（200020）				
投资总额	130 万 USD	电　话	64157411	传　真	64157423
设立日期	2006-8-29	负 责 人	福岛重郎		
主营业务	从事乳品、乳制品、蔬菜、水果、饮料、日用品、食品包装材料的批发。				

企业名称	亚特玛商贸（上海）有限公司				
企业地址	上海市长宁区幸福路 88 号 304 室（200050）				
投资总额	6.5 万 USD	电　话	62803177	传　真	62800232
设立日期	2006-8-29	负 责 人	林毓峰		
主营业务	阀门及配件、金属制品（贵金属除外）、家具的批发、进出口。				

企业名称	有信精机商贸（上海）有限公司				
企业地址	上海市徐汇区中山南二路 1007 号 608 室（200032）				
投资总额	20 万 USD	电　话	64401586	传　真	64401806
设立日期	2006-8-29	负 责 人	小谷真由美		
主营业务	机械产品及设备的批发、进出口和佣金代理（拍卖除外）。				

企业名称	钟光（上海）钢材贸易有限公司				
企业地址	上海市外高桥保税区华京路8号三联大厦828室（200131）				
投资总额	2100万日元	电话	58317215	传真	58312678
设立日期	2006-8-29	负责人	藤本惠一		
主营业务	以钢材为主的国际贸易、转口贸易、保税区企业间的贸易及贸易代理。				

企业名称	美奥正畸（上海）贸易有限公司				
企业地址	上海市虹口区广纪路173号1002室（200083）				
投资总额	25万USD	电话	65608148	传真	
设立日期	2006-8-29	负责人	RICHARD P.IVERSON		
主营业务	从事牙科正畸器材的进出口、批发和佣金代理。				

企业名称	上海联琦金属商贸有限公司				
企业地址	上海市虹口区中山北一路1200号1号楼427室（200083）				
投资总额	14万USD	电话	56664705	传真	56711211
设立日期	2006-8-29	负责人	王秀美		
主营业务	塑料制品的批发和进出口业务。				

企业名称	汉姆沃斯（上海）燃烧设备贸易有限公司				
企业地址	上海市浦东新区川南奉公路3797号1幢204室（201202）				
投资总额	20万USD	电话	50589507	传真	50589505
设立日期	2006-8-28	负责人	王兰珠		
主营业务	燃烧设备及配件、控制部件、耐火材料、相关包装材料的批发、进出口。				

企业名称	斯伊利商贸（上海）有限公司				
企业地址	上海市外高桥保税区希雅路33号17号楼6层H1部位（200131）				
投资总额	30万USD	电话	64851272	传真	64850051
设立日期	2006-8-28	负责人	ANDRE PIEDAVENT		
主营业务	塑料制品、橡胶制品、贱金属及其制品、机器、计量检验仪器的进出口。				

企业名称	速拓乐包装贸易（上海）有限公司				
企业地址	上海市嘉定区马陆镇双单路208号第二幢（201800）				
投资总额	31万USD	电话	69527618	传真	69527615
设立日期	2006-8-25	负责人	下岛敏男		
主营业务	从事包装机械及其相关配件、包装材料、测试设备的批发及进出口业务。				

企业名称	卓合国际贸易（上海）有限公司				
企业地址	上海市外高桥保税区台中南路2号新贸楼三层339室（200131）				
投资总额	6.5万USD	电话	50480020	传真	755-83454394
设立日期	2006-8-25	负责人	陈志忠		
主营业务	国际贸易、转口贸易、保税区企业间的贸易及贸易代理。				

企业名称	伟得士贸易（上海）有限公司				
企业地址	上海市长宁区仙霞路317号913室（200336）				
投资总额	13万USD	电话	62701830	传真	62701832
设立日期	2006-8-25	负责人	YUN DAE SEONG		
主营业务	服装服饰、布料、鞋帽、箱包、饰品批发及上述产品的进出口。				

企业名称	义忠福贸易（上海）有限公司				
企业地址	上海市奉浦工业区韩村路708号216室（201400）				
投资总额	20万USD	电话	32220742	传真	62894497
设立日期	2006-8-24	负责人	KIM YONG SOON		
主营业务	从事有色金属铜、铝、锌及制品和相关机电加工设备的批发、佣金代理。				

企业名称	布路曼特贸易（上海）有限公司				
企业地址	上海市静安区常德路281弄2号303室（200041）				
投资总额	14万USD	电话	51179479	传真	51179480
设立日期	2006-8-24	负责人	CHOI JAE HYOUNG		
主营业务	电子产品、电子材料、PVC材料、家具、鞋帽类、服装、纺织品的批发。				

企业名称	威尔曼珠宝贸易（上海）有限公司				
企业地址	上海市卢湾区茂名南路59号锦江饭店西路5342室（200121）				
投资总额	20万USD	电话	62582582	传真	64152036
设立日期	2006-8-24	负责人	LAURENT BARUKH		
主营业务	从事珠宝饰品、钻石饰品（毛钻、裸钻除外）、工艺品的批发。				

企业名称	德锋赛卡商贸（上海）有限公司				
企业地址	上海市浦东新区浦东南路1101号921室（200122）				
投资总额	50万欧元	电话	52985060	传真	52985061
设立日期	2006-8-24	负责人	CARMELINA MAGNANO		
主营业务	从事鞋袜、婴儿服装及衣着附件、手套、伞具、箱包及其配件的批发。				

企业名称	上海锐泰贸易有限公司				
企业地址	上海市外高桥保税区富特西一路139号911室（200131）				
投资总额	12.5万USD	电话	59126956	传真	59126959
设立日期	2006-8-24	负责人	陈莉莉		
主营业务	国际贸易、转口贸易、保税区企业间的贸易及贸易代理。				

企业名称	叠利食品贸易（上海）有限公司				
企业地址	上海市静安区北京西路1701号1006室（200040）				
投资总额	35万USD	电话	61324266	传真	61324266
设立日期	2006-8-24	负责人	GORDON ALEXANDER BUCHANAN		
主营业务	饼干、糖果、饮品及其他类食品（非实物方式）的批发，自营商品进口。				

企业名称	续优贸易（上海）有限公司				
企业地址	上海市浦东新区东方路710号汤臣金融大厦703室（200122）				
投资总额	20万USD	电话	68765015	传真	68765093
设立日期	2006-8-24	负责人	ANGELES RIVERASATO		
主营业务	日用品、文具用品、塑料制品、皮革制品和纺织品的批发、佣金代理。				

企业名称	恩都丽斯（上海）贸易有限公司				
企业地址	上海市普陀区顺义路18号1404室（200063）				
投资总额	25万USD	电话	52362182	传真	52362181
设立日期	2006-8-24	负责人	小林义正		
主营业务	纺织品、工艺品、服饰服装、床上用品、皮包皮具、鞋帽、文具的批发。				

企业名称	欧特尚商贸（上海）有限公司				
企业地址	上海市闵行区水清路1550弄28号1-2层（201100）				
投资总额	40万USD	电话	64158778	传真	64158778
设立日期	2006-8-23	负责人	TAY YIAN HOE（郑添和）		
主营业务	汽车配件、汽车用品的批发及零售，佣金代理（拍卖除外）。				

企业名称	糖人贸易（上海）有限公司				
企业地址	上海市工业综合区奉浦大道111号911室（201400）				
投资总额	35万USD	电话	61457100	传真	61457180
设立日期	2006-8-22	负责人	ERNESTO OTON LANGELAAR		
主营业务	糖及糖食、咖啡及咖啡豆、可可及可可制品、配制的动物饲料的批发。				

企业名称	上海嘉美贸易有限公司				
企业地址	上海市嘉定区马陆镇浏翔公路2158号第1幢（201800）				
投资总额	20万USD	电话	69156259	传真	69153865
设立日期	2006-8-22	负责人	陈丰裕		
主营业务	木材（原木出口除外）、贱金属制品、建筑五金的批发，进出口。				

企业名称	杨漾全人贸易（上海）有限公司				
企业地址	上海市长宁区虹桥路2298号8号楼222室（200336）				
投资总额	14万USD	电话	52063711	传真	52063926
设立日期	52063926	负责人	杨名衡		
主营业务	化妆品、食品、饮料的批发（非实物方式）、佣金代理（拍卖除外）。				

企业名称	上海商伟贸易有限公司				
企业地址	上海市闵行区金汇路382号（201100）				
投资总额	66万USD	电话	34312568	传真	34319566
设立日期	2006-8-22	负责人	朱荣达		
主营业务	五金件、紧固件、紧固件生产设备及零件、相关模具的批发，佣金代理。				

企业名称	爱服提恩贸易（上海）有限公司				
企业地址	上海市长宁区中山西路1279弄6号738室（200052）				
投资总额	20万USD	电话	32220742	传真	62894497
设立日期	2006-8-22	负责人	IN KWOUN LEE		
主营业务	服装成衣、服饰资材和服装面料的设计；纺织品的批发。				

企业名称	龙天燚岭贸易（上海）有限公司				
企业地址	上海市虹口区广中路44号乙317室（200433）				
投资总额	14万USD	电话	53965533	传真	53965533
设立日期	2006-8-21	负责人	梁桂泉		
主营业务	从事酒类（非实物方式）、饮料、化妆品的批发、佣金代理。				

企业名称	迪叻富商贸（上海）有限公司				
企业地址	上海市外高桥保税区加太路39号4楼15部位（200131）				
投资总额	13万USD	电话	58681330	传真	
设立日期	2006-8-21	负责人	TANKAH CHOUN		
主营业务	建材、木制品、塑料制品、橡胶制品、化工产品的批发、佣金代理。				

批发和零售贸易业

企业名称	哈森商贸（中国）有限公司				
企业地址	上海市浦东新区张杨路601号6B室（200120）				
投资总额	625万USD	电话	52378689	传真	57604123
设立日期	2006-8-21	负责人	陈玉珍		
主营业务	鞋、包、服装服饰及皮革制品的批发、佣金代理。				

企业名称	上海易利卡乐贸易有限公司				
企业地址	上海市嘉定区嘉戬公路341号3幢（201800）				
投资总额	14万USD	电话	39152501	传真	59152197
设立日期	2006-8-21	负责人	陈全平		
主营业务	纸制品（不含印刷品）、电脑耗材及电脑软硬件的批发和进出口贸易。				

企业名称	上海星甫贸易有限公司				
企业地址	上海市奉贤区庄行镇南亭公路3061号（201415）				
投资总额	14万USD	电话	51582118	传真	
设立日期	2006-8-21	负责人	暨棉辉		
主营业务	卫生洁具及配件、建材（钢材除外）、家具的批发、进出口和佣金代理。				

企业名称	新镁乐工程塑料贸易（上海）有限公司				
企业地址	上海市静安区大田路129弄1号19层C室（200040）				
投资总额	40万欧元	电话	64862200	传真	
设立日期	2006-8-21	负责人	潘敬文		
主营业务	塑料半成品、塑料板材、管件等相关工程塑料材料与设备的批发。				

企业名称	伽尔玛（上海）贸易有限公司				
企业地址	上海市静安区南京西路1486号3号楼1012室（200040）				
投资总额	100万RMB	电话	62794816	传真	62794983
设立日期	2006-8-21	负责人	ROBERT MARCINIAK		
主营业务	防雷接地产品、过电压保护设备、防雷接地产品热融焊接模具的批发。				

企业名称	迈网贸易（上海）有限公司				
企业地址	上海市浦东新区商城路738号胜康廖氏大厦2307室（200120）				
投资总额	14万USD	电话	50581162	传真	50581176
设立日期	2006-8-17	负责人	HARRI MATTI HENRIK MAKELA		
主营业务	酒店信息化产品、电子产品及相关零部件、配件的批发、佣金代理。				

企业名称	南亚科（上海）科技贸易有限公司				
企业地址	上海市长宁区延安西路1118号1003、1005室（200050）				
投资总额	62.5万USD	电话	52586005	传真	52586020
设立日期	2006-8-17	负责人	连日昌		
主营业务	电子零部件、半导体相关设备、硅片、芯片、内存条的批发、佣金代理。				

企业名称	白利金贸易（上海）有限公司				
企业地址	上海市闵行区吴中路1100号炫润国际大厦501室（201103）				
投资总额	100万RMB	电话	64655375	传真	64655375
设立日期	2006-8-17	负责人	LOO SEOW BENG		
主营业务	文具、办公用品、打印耗材及零配件的批发、进出口贸易。				

企业名称	中岛硝子（上海）贸易有限公司				
企业地址	上海市嘉定区墨玉南路888号1204室（201805）				
投资总额	21万USD	电话	69502638	传真	69502738
设立日期	2006-8-17	负责人	勇木健		
主营业务	玻璃制品及相关材料、太阳能发电产品及其加工设备的批发、佣金代理。				

企业名称	利童反斗城（上海）商贸有限公司				
企业地址	上海市闵行区宜山路2000号1号楼一楼A室（201100）				
投资总额	200万USD	电话	64053338	传真	64053338
设立日期	2006-8-16	负责人	PIETER LODEWIJK SCHATS		
主营业务	从事玩具、文具、软件、婴儿用品、游戏机、服装的零售、批发。				

企业名称	爱特普斯商贸（上海）有限公司				
企业地址	上海市徐汇区襄阳南路500号3003室（200031）				
投资总额	100万RMB	电话	64169304	传真	64163560
设立日期	2006-8-16	负责人	梁锦超		
主营业务	酒类产品的进出口、批发（非实物方式）、佣金代理（拍卖除外）。				

企业名称	雅特佳食品贸易（上海）有限公司				
企业地址	上海市长宁区幸福路137号富宁大厦6楼E座（200052）				
投资总额	20万USD	电话	62822299	传真	52301830
设立日期	2006-8-16	负责人	王智春		
主营业务	食品和饮料的批发（非实物方式）及进出口贸易。				

企业名称	华双贸易（上海）有限公司				
企业地址	上海市长宁区古北路678号同诠大厦1702B室（200336）				
投资总额	30万USD	电话	62707858	传真	62707885
设立日期	2006-8-16	负责人	萧冠华		
主营业务	化妆品的批发、佣金代理（拍卖除外）、进出口业务及相关的配套业务。				

企业名称	明孚蓝海（上海）贸易有限公司				
企业地址	上海市浦东新区浦东南路588号浦发大厦24楼C室（200120）				
投资总额	40万USD	电话	68880585	传真	68880535
设立日期	2006-8-16	负责人	SUH SUK YOUN		
主营业务	电信电子产品、数据通信产品及相关消费产品的批发、佣金代理。				

企业名称	征东国际贸易（上海）有限公司				
企业地址	上海市外高桥保税区杨高北路2001号二层207C室（200131）				
投资总额	7.5万USD	电话	58768669	传真	58768669
设立日期	2006-8-15	负责人	PARK HYOO MUN		
主营业务	国际贸易、转口贸易、保税区企业间的贸易及贸易代理。				

企业名称	博西莫贸易（上海）有限公司				
企业地址	上海市长宁区延安西路2299号上海世贸商城10A19和10A21室（200336）				
投资总额	54.5万欧元	电话	62362521	传真	62362428
设立日期	2006-8-15	负责人	EMMANUEL P GROS		
主营业务	泵、泵系统及其零配件和电子的批发、佣金代理。				

企业名称	壹己空间（上海）商业有限公司				
企业地址	上海市卢湾区陕西南路233号102、202、301、302室（200020）				
投资总额	20万USD	电话	54660222	传真	64314412
设立日期	2006-8-15	负责人	MARIA BEATRIZ PATZNER		
主营业务	家具家居用品、家居饰品的零售、批发和进出口以及上述产品售后服务。				

企业名称	罗泽布利特（上海）贸易有限公司				
企业地址	上海市徐汇区襄阳南路500号1006室（200030）				
投资总额	62.5万USD	电话	54656576	传真	54656580
设立日期	2006-8-15	负责人	MICHEL COZZOUNO		
主营业务	家居用品的批发、佣金代理（拍卖除外），上述商品的进出口。				

企业名称	伊尔姆真空设备贸易（上海）有限公司				
企业地址	上海市浦东新区浦建路145号强生大厦22层06室（200120）				
投资总额	14万USD	电话	50396223	传真	68868359
设立日期	2006-8-15	负责人	ROSWITHA HERGENHAN		
主营业务	各类真空和实验室设备及配件的进出口、批发、佣金代理。				

企业名称	爱克树脂贸易（上海）有限公司				
企业地址	上海市卢湾区茂名南路58号花园饭店锦泰樱204室（200020）				
投资总额	70万USD	电话	54666133	传真	64155145
设立日期	2006-8-15	负责人	MIYOSHI HIDEAKI		
主营业务	纸制品、塑料制品、压模、各类装饰板、化学树脂产品的批发。				

企业名称	希点家纺商贸（上海）有限公司				
企业地址	上海市静安区威海路567号晶采世纪大厦18D室（200040）				
投资总额	150万USD	电话	62886969	传真	62885832
设立日期	2006-8-14	负责人	WILLIAM THOMAS WALKER		
主营业务	床上用品、浴室用品、寝具、毛巾、毛毯、地毯、原料、配件的进出口。				

企业名称	费博瑞贸易（上海）有限公司				
企业地址	上海市嘉定区嘉唐公路1125号103室（201807）				
投资总额	80万RMB	电话	69155868	传真	69157528
设立日期	2006-8-14	负责人	VAND ERA AA LPHONSUS HENDRICUS		
主营业务	从事标准件、工具以及相关配件与化工产品的批发、进出口业务。				

企业名称	上海阿派克贸易有限公司				
企业地址	上海市浦东新区张杨路228号1716室（200122）				
投资总额	13万USD	电话	58400221	传真	58400229
设立日期	2006-8-14	负责人	KIM WOONG SOO		
主营业务	机械设备零部件、消声器、减振器、锅炉及零部件、塑料制品的进出口。				

企业名称	卡拉威高尔夫贸易（上海）有限公司				
企业地址	上海市静安区南京西路555号555大厦402-403室（200040）				
投资总额	105万USD	电话	63588686	传真	63588686
设立日期	2006-8-14	负责人	STEVEN CARL MCCRACKEN		
主营业务	从事高尔夫球杆、高尔夫球、高尔夫包袋、高尔夫鞋的批发，进出口。				

企业名称	上海永鼎贸易有限公司				
企业地址	上海市嘉定区嘉戬公路 341 号 2 幢（201700）				
投资总额	14 万 USD	电　　话	39152474	传　　真	39152479
设立日期	2006-8-14	负 责 人	陈瑞文		
主营业务	家具、玩具、教具及游乐设备的批发、佣金代理（拍卖除外）。				

企业名称	伟灏贸易（上海）有限公司				
企业地址	上海市徐汇区建国中路 10 号 7 号楼 7602 室（200025）				
投资总额	25 万 USD	电　　话	54651642	传　　真	
设立日期	2006-8-14	负 责 人	OLAF ALFONS MENSCHEL		
主营业务	从事办公家具及其零配件的批发、进出口、佣金代理（拍卖除外）。				

企业名称	上海吴羽贸易有限公司				
企业地址	上海市静安区江宁路 212 号 306 室（200040）				
投资总额	2 亿日元	电　　话	32180357	传　　真	32185358
设立日期	2006-8-14	负 责 人	佐川正		
主营业务	保鲜膜、保鲜膜原材料、保鲜膜成品附属品的批发、佣金代理。				

企业名称	日阪（上海）商贸有限公司				
企业地址	上海市静安区南京西路 699 号东方众鑫大厦 10 层 1007 室（200040）				
投资总额	6000 万日元	电　　话	52110701	传　　真	52110720
设立日期	2006-8-11	负 责 人	林正一		
主营业务	热交换器和机械设备及上述商品相关的零部件、附属品的批发、进出口。				

企业名称	安大贸易（上海）有限公司				
企业地址	上海市静安区江宁路 495 号 801 室（200040）				
投资总额	27 万 USD	电　　话	63275533	传　　真	63275006
设立日期	2006-8-11	负 责 人	CHRISTOPHER J DOYLE		
主营业务	从事纺织品、成衣、包、帽子及其附属产品的批发、佣金代理。				

企业名称	上海花儿西施贸易有限公司				
企业地址	上海市闵行区吴中路 1065 号永腾大厦 908B 室（201103）				
投资总额	12.5 万 USD	电　　话	51503696	传　　真	51503695
设立日期	2006-8-11	负 责 人	金　波		
主营业务	化妆品、化妆品半成品、美容仪器（不包括医疗仪器），日用品的批发。				

企业名称	上海绿十字贸易有限公司				
企业地址	上海市黄浦区会稽路 8 号 1910 室（200021）				
投资总额	105 万 RMB	电　　话	63265522	传　　真	63262166
设立日期	2006-8-11	负 责 人	青山明		
主营业务	建筑施工器材及交通安全用品的批发及配套服务，产品的进出口业务。				

企业名称	亚睦思（上海）商贸有限公司				
企业地址	上海市松江区洞泾镇洞业路 228 号 2 号楼（201619）				
投资总额	20 万 USD	电　　话	64418815	传　　真	64418819
设立日期	2006-8-10	负 责 人	须广雅昭		
主营业务	服装面料、服饰辅料的批发、佣金代理（拍卖除外）。				

企业名称	傲创贸易（上海）有限公司				
企业地址	上海市徐汇区汾阳路 138 号上海轻科大厦 04 楼 04 单元（200031）				
投资总额	56 万欧元	电　　话	64677919	传　　真	64677919
设立日期	2006-8-10	负 责 人	SIRI-LILL STENSBY		
主营业务	从事用于宾馆服务行业的互动电视系统、网络系统及软件的批发。				

企业名称	芙稳电子贸易（上海）有限公司				
企业地址	上海市外高桥保税区奥纳路 79 号 2106 室（200131）				
投资总额	6.5 万 USD	电　　话	54653565	传　　真	64573230
设立日期	2006-8-10	负 责 人	MASATOSHI ABE		
主营业务	国际贸易、转口贸易、保税区企业间的贸易及贸易代理。				

企业名称	中聚贸易（上海）有限公司				
企业地址	上海市外高桥保税区奥纳路 79 号 1 号楼 2 层 2117 室（200131）				
投资总额	13 万 USD	电　　话	63530545	传　　真	63530545
设立日期	2006-8-10	负 责 人	MOHAMMED ALIA ALSAGIER		
主营业务	国际贸易、转口贸易、保税区内企业间的贸易及贸易代理。				

企业名称	嘉保贸易（上海）有限公司				
企业地址	上海市黄浦区福州路 567 号 4 层 4111B 室（200001）				
投资总额	20 万 USD	电　　话	63527867	传　　真	63527867
设立日期	2006-8-10	负 责 人	罗勤章		
主营业务	汽车配件、化妆品、服装的批发、佣金代理（拍卖除外）。				

企业名称	意尊酒业贸易（上海）有限公司				
企业地址	上海市外高桥保税区泰谷路 88 号丰谷大厦 7 层 724 室（200135）				
投资总额	20 万 USD	电　　话	58682686	传　　真	68868359
设立日期	2006-8-10	负 责 人	PHILIP DOMINIC CALDERONE		
主营业务	在保税区内从事国际贸易、转口贸易、保税区企业间的贸易及贸易代理。				

企业名称	泛丰（上海）贸易有限公司				
企业地址	上海市闵行区伊犁南路 111 号 1601 室 D 座（201100）				
投资总额	25 万 USD	电　　话	62418106	传　　真	62418029
设立日期	2006-8-10	负 责 人	詹寿全		
主营业务	从事摄影器材、美容产品、日用百货的批发，佣金代理（拍卖除外）。				

企业名称	帝威衡贸易（上海）有限公司				
企业地址	上海市徐汇区龙华路 2842 号（200032）				
投资总额	30 万 USD	电　　话	63373270	传　　真	63373279
设立日期	2006-8-10	负 责 人	PASCAL VANHALST		
主营业务	叉车、搬运设备、推土设备、清扫设备，以及设备的配套装置的批发。				

企业名称	强生视力健商贸（上海）有限公司				
企业地址	上海市闵行经济技术开发区文井路 247 号（201101）				
投资总额	100 万 USD	电　　话	64300699	传　　真	64303730
设立日期	2006-8-10	负 责 人	ANGELO GIARDINI		
主营业务	从事隐形眼镜及其保养产品的批发、进出口及佣金代理（拍卖除外）。				

企业名称	众勤通信设备贸易（上海）有限公司				
企业地址	上海市长宁区仙霞路 137 号盛高国际大厦 9F 室（200051）				
投资总额	250 万 USD	电　　话	61199055	传　　真	52069033
设立日期	2006-8-9	负 责 人	黄哲煌		
主营业务	路由器、网络卡、集线器等网络设备及相关硬件产品的批发、佣金代理。				

企业名称	嘉美德（上海）商贸有限公司				
企业地址	上海市长宁区仙霞路 317 号 306 室（200050）				
投资总额	100 万 RMB	电　　话	62350519	传　　真	62350527
设立日期	2006-8-9	负 责 人	ANDREW CHEE KONG CHEW		
主营业务	健康食品和化妆品的批发、佣金代理（拍卖除外）、进出口。				

企业名称	新乐行商贸（上海）有限公司				
企业地址	上海市徐汇区漕宝路 509 号 1709 室（200233）				
投资总额	20 万 USD	电　　话	64959363	传　　真	64959360
设立日期	2006-8-9	负 责 人	TODOR EMILIANOV SASLEKOV		
主营业务	从事汽摩配件、建材、电子及电气产品、服装服饰的批发，佣金代理。				

企业名称	英桥无线电子贸易（上海）有限公司				
企业地址	上海市卢湾区太仓路 233 号白金大厦 22 楼 1-5 单元（200020）				
投资总额	30 万 USD	电　　话	61352100	传　　真	61352199
设立日期	2006-8-8	负 责 人	PAUL GOODRIDGE		
主营业务	从事电子元件、软件和无线通讯产品的批发，佣金代理（拍卖除外）。				

企业名称	琳赛璞赀贸易（上海）有限公司				
企业地址	上海市南汇区康桥工业区康桥东路 1300 弄 5 号西半幢（201319）				
投资总额	126 万 USD	电　　话	51088508	传　　真	68182823
设立日期	2006-8-8	负 责 人	TIMOTHY SHANG CHANG		
主营业务	从事工业和汽车行业用各类手工、电动五金工具，劳防用品的批发。				

企业名称	喜尔玛贸易（上海）有限公司				
企业地址	上海市浦东新区浦东大道 2000 号 16C 室（200120）				
投资总额	7 万 USD	电　　话	51351347	传　　真	51351348
设立日期	2006-8-8	负 责 人	IAN BOURHILL		
主营业务	汽车配件、港口机械零部件及其他机械设备和零部件的批发、进出口。				

企业名称	上海伟森贸易有限公司				
企业地址	上海市浦东新区杨高北路 528 号 16 幢 182 室（201216）				
投资总额	100 万 USD	电　　话	61132399	传　　真	61132398
设立日期	2006-8-8	负 责 人	ALLEN MARK SIMON		
主营业务	咖啡、可可、可可制品、油菜籽、高粱、蚕豆及羊毛的批发及进出口。				

企业名称	明宝工程塑料商贸（上海）有限公司				
企业地址	上海市浦东新区陆家嘴环路 1000 号汇丰大厦 6 楼 131 室（200120）				
投资总额	50 万 USD	电　　话	68411025	传　　真	68411040
设立日期	2006-8-8	负 责 人	三井祥正		
主营业务	工程塑料、工程塑料用添加剂和强化剂的批发、进出口。				

批发和零售贸易业

企业名称	上海禾峻商贸有限公司				
企业地址	上海市浦东新区商城路 800 号 411 室（200120）				
投资总额	15 万 USD	电　话	34240630	传　真	64685507
设立日期	2006-8-8	负 责 人	陈和顺		
主营业务	糖果、饮料、化妆品、食品、保健食品的批发、佣金代理（拍卖除外）。				

企业名称	上海伟胜贸易有限公司				
企业地址	上海市浦东新区光明路 718 号 805 室（200131）				
投资总额	15 万 USD	电　话	38860081	传　真	38860066
设立日期	2006-8-8	负 责 人	尤伟智		
主营业务	化工原料、合成树脂、纺织品、植毛绒皮、离型纸的批发，佣金代理。				

企业名称	库珀亚太轮胎商贸（上海）有限公司.				
企业地址	上海市长宁区兴义路 8 号上海万都中心 43 层 02-04 单元（200336）				
投资总额	35 万 USD	电　话	32084588	传　真	52080013
设立日期	2006-8-8	负 责 人	GENE HAROLD ARNOLD		
主营业务	轮胎、轮毂及相关汽车零部件的批发、佣金代理（拍卖除外）。				

企业名称	诺牙贸易（上海）有限公司				
企业地址	上海市外高桥保税区美盛路 56 号 405 室（200131）				
投资总额	37 万 USD	电　话	58682656	传　真	58682060
设立日期	2006-8-8	负 责 人	章　皓		
主营业务	国际贸易、转口贸易、保税区企业间的贸易及贸易代理。				

企业名称	颐娜维日化用品贸易（上海）有限公司				
企业地址	上海市静安区北京西路 1701 号 2602 室（200040）				
投资总额	28 万 USD	电　话	32290150	传　真	51025277
设立日期	2006-8-7	负 责 人	WETHERELL THOMAS JAMES		
主营业务	日化用品、日化用品包装材料和日化用品原材料的批发、佣金代理。				

企业名称	德百（上海）包装贸易有限公司				
企业地址	上海市宝山区沪太路 5008 弄 118 号 2 幢（200940）				
投资总额	30 万 USD	电　话	56027238	传　真	56027236
设立日期	2006-8-7	负 责 人	RODNEY FRANK DETMOLD		
主营业务	从事包装和印刷产品及原料、纸制品、包装和印刷机械设备的进出口。				

企业名称	尼世国际贸易（上海）有限公司				
企业地址	上海市外高桥保税区富特西一路 289 号 B 楼四层 B422 室（200131）				
投资总额	20 万 USD	电　话	62940890	传　真	62940898
设立日期	2006-8-7	负 责 人	清水宏纪		
主营业务	国际贸易、转口贸易、保税区企业间的贸易及区内贸易代理。				

企业名称	兼松开吉开商贸（上海）有限公司				
企业地址	上海市奉贤区工业综合开发区奉浦大道 111 号 915 室（201400）				
投资总额	70 万 USD	电　话	63403456	传　真	63404290
设立日期	2006-8-7	负 责 人	山田丰		
主营业务	机械设备、测量仪器、钢铁制品的批发、佣金代理（拍卖除外）。				

企业名称	上海京瓷商贸有限公司				
企业地址	上海市泰谷路 18 号上海鲁能大厦 1 号楼 12 层 1212A 室　（200131）				
投资总额	65 万 USD	电　话	58775366	传　真	58885082
设立日期	2006-8-7	负 责 人	久木寿男		
主营业务	电子产品、办公用品、太阳能产品的批发、进出口业务和佣金代理。				

企业名称	上海吉邦电子贸易有限公司				
企业地址	上海市闸北区恒通路 360 号 A1103-~A1105 室（200070）				
投资总额	20 万 USD	电　话	63812001	传　真	63812012
设立日期	2006-8-7	负 责 人	王崇彦		
主营业务	电子元器件、电子产品、导热材料的批发及进出口业务。				

企业名称	互腾贸易（上海）有限公司				
企业地址	上海市浦东新区世纪大道 88 号金茂大厦 1204A-3 室（200120）				
投资总额	100 万 USD	电　话	50477788	传　真	50471829
设立日期	2006-8-7	负 责 人	宫崎勉		
主营业务	化纤原料（化学危险品除外）的批发、佣金代理（拍卖除外）。				

企业名称	津风国际贸易（上海）有限公司				
企业地址	上海市外高桥保税区英伦路 38 号 629 室（200131）				
投资总额	15 万 USD	电　话	58401331	传　真	58401331
设立日期	2006-8-7	负 责 人	JEOUNG NAN YOUNG（丁兰英）		
主营业务	国际贸易、转口贸易、保税区企业间的贸易及贸易代理。				

企业名称	集龙冠联（上海）贸易有限公司				
企业地址	上海市长宁区遵义路 107 号安泰大厦 1804A 室（200336）				
投资总额	15 万 USD	电　话	62375558	传　真	62375308
设立日期	2006-8-4	负 责 人	HATA NARIYOSHI		
主营业务	有关食品（非实物方式）、美容美发用品、汽车用品的商品批发。				

企业名称	迪斯美巴拉斯特（上海）贸易有限公司				
企业地址	上海市浦东新区商城路 800 号胜康斯米克大厦 211 室（200120）				
投资总额	300 万 RMB	电　话	58354751	传　真	58357775
设立日期	2006-8-3	负 责 人	MARC D'UDEKEM D'ACOZ		
主营业务	油脂工程机械设备、自动控制设备、配套辅助设备及其零部件的批发。				

企业名称	意美家（上海）商贸有限公司				
企业地址	上海市静安区华山路 2 号中华企业大厦 8 楼 08 室（200040）				
投资总额	400 万 USD	电　话	62721988	传　真	62670735
设立日期	2006-8-3	负 责 人	PAOLO GASPARRINI		
主营业务	化妆品和香氛产品、以及与前述商品有关的服饰用品等促销品的批发。				

企业名称	上海星视商贸有限公司				
企业地址	上海市静安区新闸路 831 号 11 层 F 室（200040）				
投资总额	14 万 USD	电　话	52281720	传　真	52281720
设立日期	2006-8-3	负 责 人	东晓美		
主营业务	眼镜（隐形眼镜除外）及其配件、化工原料及日用百货的批发。				

企业名称	东相贸易（上海）有限公司				
企业地址	上海市闵行区金汇南路 193 号一、二层（201103）				
投资总额	40 万 USD	电　话	34321004	传　真	34310085
设立日期	2006-8-3	负 责 人	SHIN SUNG GY00		
主营业务	日用百货、电子产品、手机、工艺饰品、副食品的批发、零售。				

企业名称	诚扬国际贸易（上海）有限公司				
企业地址	上海市外高桥保税区奥纳路 79 号 1 号楼 2099 室（200135）				
投资总额	20 万 USD	电　话	51053030	传　真	51053500
设立日期	2006-8-3	负 责 人	罗立权		
主营业务	国际贸易、转口贸易、保税区企业间贸易及区内贸易代理。				

企业名称	上海爱美喜食品商贸有限公司				
企业地址	上海市奉浦工业区韩村路 708 号 210 室（201400）				
投资总额	20 万 USD	电　话	33773381	传　真	33773380
设立日期	2006-8-1	负 责 人	徐在凤		
主营业务	食品、食品添加剂的批发（非实物方式）、上述产品的进出口。				

企业名称	傲隆国际贸易（上海）有限公司				
企业地址	上海市外高桥保税区奥纳路 79 号 1 号楼二层 2094 室（200131）				
投资总额	100 万 USD	电　话	58690615	传　真	58690617
设立日期	2006-8-1	负 责 人	HESHAM AL-MUAALEMI		
主营业务	国际贸易、转口贸易、保税区内企业间的贸易及贸易代理。				

企业名称	凯裕贸易（上海）有限公司				
企业地址	上海市闵行区虹梅路 3203 号 601 室（201103）				
投资总额	35 万 USD	电　话	59868000	传　真	59868100
设立日期	2006-7-31	负 责 人	李嗣沅		
主营业务	各类家具、寝具、眼镜（隐形眼镜除外）、电子材料、自行车的批发。				

企业名称	上海科力泰贸易有限公司				
企业地址	上海市徐汇区番禺路 1028 号 103 室（200030）				
投资总额	25 万 USD	电　话	51557072	传　真	51557072
设立日期	2006-7-31	负 责 人	李　波		
主营业务	装配工业用设备、消耗品及其原材料（不含钢材）、零部件的批发。				

企业名称	四国化成欧艾姆（上海）贸易有限公司				
企业地址	上海市徐汇区凯旋路 3131 号 2208 室（200030）				
投资总额	3000 万日元	电　话	54071533	传　真	54071533
设立日期	2006-7-31	负 责 人	田中直人		
主营业务	建筑材料及其原材料（钢铁除外）、装饰材料及其原材料的批发。				

企业名称	耀琳贸易（上海）有限公司				
企业地址	上海市闵行区吴中路 1081 号 2 幢 302 室（201103）				
投资总额	15 万 USD	电　话	64061120	传　真	64061108
设立日期	2006-7-31	负 责 人	MYUNG CHANG ROK		
主营业务	电子产品、日用百货、服装服饰、鞋帽、厨房用具的批发及进出口。				

企业名称	埃易文（上海）电子贸易有限公司				
企业地址	上海市长宁区延安西路 2299 号世贸商城 11A86 室（200336）				
投资总额	20 万 USD	电　话	62365180	传　真	62365280
设立日期	2006-7-31	负 责 人	KIMNAM JUNG		
主营业务	电子词典、电脑配件、办公用品的进出口、批发、佣金代理。				

企业名称	法都市贸易（上海）有限公司				
企业地址	上海市浦东新区成山路 220 号 1204D 室（200126）				
投资总额	21 万欧元	电　话	65666322	传　真	65663699
设立日期	2006-7-31	负 责 人	程玉英		
主营业务	纺织品和服装、针织品、内衣、服饰用品、棉制品、鞋帽的批发。				

企业名称	上海家购商贸有限公司				
企业地址	上海市浦东新区浦东大道 2000 号 20 楼 D 室（200135）				
投资总额	200 万 USD	电　话	58147326	传　真	58147326
设立日期	2006-7-31	负 责 人	施　琼		
主营业务	从事母婴产品包括服装、配饰、玩具、家居用品、小家电的批发。				

企业名称	欧立美克（上海）贸易有限公司				
企业地址	上海市天目西路 547 号恒基不夜城广场联通国际大厦 2513-14 室（200070）				
投资总额	70 万 USD	电　话	62263647	传　真	64483830
设立日期	2006-7-31	负 责 人	TATEBE FUMIO		
主营业务	机械设备以及零部件的批发，进出口业务，佣金代理（拍卖除外）。				

企业名称	上海台巨贸易有限公司				
企业地址	上海市外高桥保税区泰谷路 18 号 1 号楼 1612A 室（200131）				
投资总额	30 万 USD	电　话	62351003	传　真	62351776
设立日期	2006-7-31	负 责 人	林锦茂（LIN CHIN MAO）		
主营业务	国际贸易、转口贸易、保税区企业间的贸易及区内贸易代理。				

企业名称	精越（上海）贸易有限公司				
企业地址	上海市徐汇区襄阳南路 500 号 1101 室（200030）				
投资总额	20 万 USD	电　话	54652334	传　真	54652334
设立日期	2006-7-28	负 责 人	胡祖川		
主营业务	从事卫星导航器、电脑监控设备、蓝牙耳机、化妆品的批发及进出口。				

企业名称	阁乐葡酒业贸易（上海）有限公司				
企业地址	上海市徐汇区襄阳南路 500 号 1005 室（200031）				
投资总额	15 万 USD	电　话	54652774	传　真	54652784
设立日期	2006-7-28	负 责 人	ALEXEY POZNYAKOV		
主营业务	酒类商品、酒器具及礼品的批发；佣金代理（拍卖除外）。				

企业名称	伊藤食品商贸（上海）有限公司				
企业地址	上海市浦东新区陆家嘴东路 166 号 2806 单元（200120）				
投资总额	50 万 USD	电　话	58825791	传　真	58825792
设立日期	2006-7-28	负 责 人	山田信一		
主营业务	食品添加剂，调味品，葡萄酒、饮料、食品包装材料的批发、佣金代理。				

企业名称	碧洛德葡萄酒贸易（上海）有限公司				
企业地址	上海市徐汇区斜土路 1223 号之俊大厦主楼 404 室（200032）				
投资总额	21 万欧元	电　话	51702150	传　真	51702150
设立日期	2006-7-27	负 责 人	JUHANNES PIEROTH		
主营业务	葡萄酒、其他酒精饮料、非酒精饮料、工艺礼品和食品的零售与批发。				

企业名称	新仪仪器贸易（上海）有限公司				
企业地址	上海市徐汇区中山西路 1800 号兆丰环球大厦 14 楼 F2 室（200233）				
投资总额	20 万 USD	电　话	64403140	传　真	64400663
设立日期	2006-7-27	负 责 人	谭铭濂		
主营业务	医疗器械、环保检测仪器的批发、进出口及相关的配套服务。				

企业名称	金德瑞贸易（上海）有限公司				
企业地址	上海市浦东新区光明路 718 号 815 室（200131）				
投资总额	30 万 USD	电　话	57643333	传　真	57640033
设立日期	2006-7-27	负 责 人	何锦芳		
主营业务	艺术品、家具、厨房用品、皮革及其制品、照相器材的批发，佣金代理。				

企业名称	信励商贸（上海）有限公司				
企业地址	上海市工业综合开发区奉浦大道 111 号 912 室（201419）				
投资总额	28 万 USD	电　话	57248036	传　真	54036052
设立日期	2006-7-26	负 责 人	柴田成俊		
主营业务	雨具、日用百货、毛皮制品的进出口、批发及零售、佣金代理。				

企业名称	品帝纺织品贸易（上海）有限公司				
企业地址	上海市长宁区中山西路 930 号 1001-1002 室（200051）				
投资总额	14 万 USD	电　话	62950488	传　真	62950488
设立日期	2006-7-26	负 责 人	CHARLES JOSEPH SADOSKY JR		
主营业务	纺织品、服装、面料及辅料的批发、佣金代理（拍卖除外）。				

企业名称	超霸电池商贸（上海）有限公司				
企业地址	上海市闸北区北宝兴路 158 号 512 室（200072）				
投资总额	100 万港币	电　话	33872038	传　真	33871979
设立日期	2006-7-26	负 责 人	顾玉兴		
主营业务	各类电池产品、配件、家用电器、电子产品的批发，上述产品的进出口。				

企业名称	山木贸易（上海）有限公司				
企业地址	上海市黄浦区延安东路 175 号 1307、1308 室（200001）				
投资总额	38 万 USD	电　话	63699626	传　真	63699626
设立日期	2006-7-26	负 责 人	纪幼兰		
主营业务	服装、服饰、纺织面辅料、床上用品、箱包、鞋帽、休闲礼品的批发。				

企业名称	上海安迅士网络通讯设备贸易有限公司				
企业地址	上海市卢湾区淮海中路 887 号永新大厦 6 层 6001 室（200020）				
投资总额	12 万 USD	电　话	64311690	传　真	64311627
设立日期	2006-7-25	负 责 人	BODIL SONESSON GALLON		
主营业务	网络外围设备、网络通讯设备及应用软件的进出口和批发。				

企业名称	上海丝媛国际贸易有限公司				
企业地址	上海市杨高北路 2001 号 F 区市场商务楼二层 205C 室（200131）				
投资总额	6.5 万 USD	电　话	50912906	传　真	50912550
设立日期	2006-7-25	负 责 人	HWANG CHANG SOON		
主营业务	在保税区内从事国际贸易、转口贸易、商业性简单加工。				

企业名称	峻领德高商业发展（上海）有限公司				
企业地址	上海市普陀区长寿路 155 号（200060）				
投资总额	2500 万 USD	电　话	62660077	传　真	62983929
设立日期	2006-7-25	负 责 人	袁靖波		
主营业务	自有房屋出租、物业管理、附设商场。				

企业名称	恩德乐思贸易（上海）有限公司				
企业地址	上海市外高桥保税区奥纳路 79 号 2105 室（200131）				
投资总额	18 万 USD	电　话	63184495	传　真	63500825
设立日期	2006-7-25	负 责 人	ETO NOBORU		
主营业务	车床配件、锻造轴心、螺丝弹簧、塑胶配件的批发、佣金代理。				

企业名称	上海唐睿贸易有限公司				
企业地址	上海市静安区南京西路 1038 号梅龙镇广场 1907-A 室（200041）				
投资总额	10 万 USD	电　话	32175130	传　真	32175127
设立日期	2006-7-25	负 责 人	JUAN CASANOVAS VILA		
主营业务	纺织品、服装、面料及辅料的批发、佣金代理（拍卖除外）。				

企业名称	西特（上海）贸易有限公司				
企业地址	上海市嘉定区马陆镇希望城陈安公路 147 号 1 幢 201 室（201801）				
投资总额	10 万欧元	电　话	59100563	传　真	59100129
设立日期	2006-7-25	负 责 人	FEDERICO DE STEFANI		
主营业务	燃气器具、电子产品、燃气阀门、汽车用燃料转换装置及零部件进出口。				

企业名称	三卫国际贸易（上海）有限公司				
企业地址	上海市杨高北路 2001 号市场商务楼二四层 205B 室（200131）				
投资总额	100 万 USD	电　话	512-57753885	传　真	512-57753872
设立日期	2006-7-25	负 责 人	杨建国		
主营业务	国际贸易，转口贸易，保税区企业间的贸易及贸易代理。				

企业名称	韵吉世商贸（上海）有限公司				
企业地址	上海市闸北区恒丰路 218 号 2002 室（200080）				
投资总额	20 万 USD	电　话	51699976	传　真	51801933
设立日期	2006-7-25	负 责 人	TONI SUPRIY ADI		
主营业务	从事葡萄酒的批发、佣金代理（拍卖除外），自营商品的进出口业务。				

企业名称	直方商贸（上海）有限公司				
企业地址	上海市长宁区延安西路 726 号 25 楼 F 室（200050）				
投资总额	3000 万日元	电　话	52382311	传　真	52382311
设立日期	2006-7-24	负 责 人	杷野二三		
主营业务	从事化工原料及产品（危险品除外）、纸浆及产品、建筑材料的批发。				

企业名称	上海碧琪贸易有限公司				
企业地址	上海市松江工业区东兴路5号厂房二楼（201613）				
投资总额	50万RMB	电　话	57743576	传　真	57743576
设立日期	2006-7-24	负责人	ARMIN ULRICH		
主营业务	从事淀粉、食品添加剂、调味品、糖果、巧克力、转印纸的批发业务。				

企业名称	苗升发贸易（上海）有限公司				
企业地址	上海市长宁区天山西路789号1幢356室（200335）				
投资总额	20万USD	电　话	54889913	传　真	54889913
设立日期	2006-7-24	负责人	林先福		
主营业务	食品、食品添加剂、食品原料、饮料、蔬菜汁、食品包装材料的批发。				

企业名称	上海宇灿国际贸易有限公司				
企业地址	上海市外高桥保税区奥纳路79号1楼2114室（200131）				
投资总额	14万USD	电　话	63163211	传　真	68453590
设立日期	2006-7-24	负责人	黄柏斐		
主营业务	国际贸易、转口贸易、保税区企业间的贸易及贸易代理。				

企业名称	上海翡翠缘玉器贸易有限公司				
企业地址	上海市卢湾区淮海中路688号一层L111、L112室（200020）				
投资总额	14万USD	电　话	63322355	传　真	63322155
设立日期	2006-7-24	负责人	钟贵开		
主营业务	从事珠宝（钻石除外）、玉器、工艺品、首饰的零售、批发和佣金代理。				

企业名称	上海巴泰克医疗器械商贸有限公司				
企业地址	上海市闵行区宜山路1618号综合楼782室（200233）				
投资总额	30万USD	电　话	61450399	传　真	61450381
设立日期	2006-7-21	负责人	山本忠之		
主营业务	医疗器械的批发（限医用X射线设备、口腔科设备及器具）、进出口。				

企业名称	上海闵行大润发商贸有限公司				
企业地址	上海市闵行区水清路1390号101、102、103、201室（201100）				
投资总额	250万USD	电　话	54165518	传　真	
设立日期	2006-7-20	负责人	黄明瑞		
主营业务	日用百货，服装鞋帽，针纺织品，化妆品，洗涤用品的批发。				

企业名称	爱普拜斯应用生物系统贸易（上海）有限公司				
企业地址	上海市徐汇区肇嘉浜路798号坤阳国际商务广场608室（200030）				
投资总额	210万USD	电　话	64736366	传　真	64736368
设立日期	2006-7-20	负责人	张瑞年		
主营业务	生命科学设备、仪器及其零部件，相关消耗晶的批发，佣金代理。				

企业名称	上海华熙贸易有限公司				
企业地址	上海市外高桥保税区华京路8号办公楼6层629室（200135）				
投资总额	300万RMB	电　话	51192609	传　真	51192609
设立日期	2006-7-20	负责人	SAVITCH VASSILI		
主营业务	从事汽车零配件、轮胎、化工原料、机械设备、家居用品的批发。				

企业名称	德信行（上海）香料贸易有限公司				
企业地址	上海市普陀区江宁路1306弄7号1301-2室（200060）				
投资总额	1000万港币	电　话	62774410	传　真	62777173
设立日期	2006-7-20	负责人	张立新		
主营业务	香精香料的批发，佣金代理（拍卖除外）和进出口。				

企业名称	上海武迪贸易有限公司				
企业地址	上海市闵行区纪翟路1199弄1-5号第9幢（201107）				
投资总额	77万USD	电　话	62964040	传　真	52960140
设立日期	2006-7-20	负责人	GEOFFREY JOHN HOLDSWORTH		
主营业务	多用途润滑剂、家用及工业清洁产品、除臭产品的批发、进出口。				

企业名称	上海盼佳商贸有限公司				
企业地址	上海市黄浦区瞿溪路510号118室（200011）				
投资总额	13万USD	电　话	51696212	传　真	54256127
设立日期	2006-7-20	负责人	本间一正		
主营业务	食品机械设备及相关配套设备的批发、零售、佣金代理。				

企业名称	上海虎部国际贸易有限公司				
企业地址	上海市外高桥保税区杨高北路2001号二楼204B室（200131）				
投资总额	13万USD	电　话	512-52877783	传　真	512-52888598
设立日期	2006-7-19	负责人	贺部哲		
主营业务	国际贸易、转口贸易、保税区企业间的贸易及贸易代理。				

企业名称	上海发那科国际贸易有限公司				
企业地址	上海市外高桥保税区泰谷路88号505室（200131）				
投资总额	20万USD	电　话	50326884	传　真	50327711
设立日期	2006-7-19	负责人	稻叶善治		
主营业务	国际贸易、转口贸易、保税区企业间的贸易及区内贸易代理。				

企业名称	上海乐怡国际贸易有限公司				
企业地址	上海市外高桥保税区奥纳路79号1号楼二层2115室（200131）				
投资总额	30万USD	电　话	63851126	传　真	63846655
设立日期	2006-7-19	负责人	余崇正		
主营业务	国际贸易、转口贸易、保税区企业间的贸易及区内贸易代理。				

企业名称	玛格丽格（上海）商贸有限公司				
企业地址	上海市长宁区中山西路1281号海螺大厦2号楼201-203室（200051）				
投资总额	210万USD	电　话	68813831	传　真	68690204
设立日期	2006-7-19	负责人	堀澄文		
主营业务	纤维产品、纺织产品、服装、鞋帽、箱包、首饰、服饰杂货的批发。				

企业名称	舒博美贸易（上海）有限公司				
企业地址	上海市浦东新区杨新路87号106室（200124）				
投资总额	20万USD	电　话	61139265	传　真	61139273
设立日期	2006-7-19	负责人	黄国魂		
主营业务	化妆品、保健食品、护肤保养品、食品、汽车保养品的进出口及批发。				

企业名称	科聚亚（上海）贸易有限公司				
企业地址	上海市世纪大道1600号浦项广场19楼1901-1908室（200122）				
投资总额	100万USD	电　话	38666688	传　真	68760772
设立日期	2006-7-19	负责人	蔡志荣		
主营业务	精细化工产品的批发、佣金代理（拍卖除外）、进出口。				

企业名称	谊程（上海）国际贸易有限公司				
企业地址	上海市外高桥保税区台中南路2号新贸楼一层138室（200131）				
投资总额	7万USD	电　话	64171337	传　真	64183077
设立日期	2006-7-18	负责人	陈培恩		
主营业务	国际贸易、转口贸易、保税区企业间的贸易及贸易代理。				

企业名称	意提富国际贸易（上海）有限公司				
企业地址	上海市外高桥保税区泰谷路18号1#楼12层1215A室（200131）				
投资总额	13万USD	电　话	62494088	传　真	62494081
设立日期	2006-7-18	负责人	URSINO VINCENZO		
主营业务	国际贸易、转口贸易、保税区企业间贸易及贸易代理。				

企业名称	上海尚杰数码打印设备商贸有限公司				
企业地址	上海市虹口区车站北路34号（200434）				
投资总额	500万RMB	电　话	55398855	传　真	55390336
设立日期	2006-7-18	负责人	王宝刚		
主营业务	大幅面打印机及相关耗材、计算机打印耗材的批发和进出口。				

企业名称	上海倍加福工业自动化贸易有限公司				
企业地址	上海市闸北区江场三路223号401室（200436）				
投资总额	200万欧元	电　话	56523336	传　真	66300883
设立日期	2006-7-18	负责人	GUNKEL MATTHIAS		
主营业务	自动化元件和系统领域内传感器、编码器等产品的批发、佣金代理。				

企业名称	舍弗勒贸易（上海）有限公司				
企业地址	上海市嘉定区安亭镇安驰路557号塔楼2楼（201800）				
投资总额	1000万欧元	电　话	69502728	传　真	69502729
设立日期	2006-7-17	负责人	勾建辉		
主营业务	滚动轴承、轴颈轴承、辅助装置及其他元件、部件和零部件的批发。				

企业名称	软友贸易（上海）有限公司				
企业地址	上海市闵行区吴中路1100号702室（201103）				
投资总额	20万USD	电　话	64460400	传　真	64460447
设立日期	2006-7-17	负责人	JANG SA UN		
主营业务	办公用品、办公设备及耗材、耐热材料、厨卫用具及用品的批发。				

企业名称	百奥克商贸（上海）有限公司				
企业地址	上海市浦东新区钱仓路1号27H室（200120）				
投资总额	120万RMB	电　话	68868335	传　真	68868021
设立日期	2006-7-17	负责人	XI ZHAO-WILSON		
主营业务	保健食品的批发、佣金代理（拍卖除外）。				

企业名称	**亿蓝商贸（上海）有限公司**				
企业地址	上海市浦东新区新金桥路 255 号金桥酒店公寓 810 室（201206）				
投资总额	14 万 USD	电话	52406261	传真	52406261
设立日期	2006-7-16	负责人	郭怡芳		
主营业务	从事家饰面料、地毯、装饰配件、灯具的进出口、批发和佣金代理。				

企业名称	**上海友宝商贸有限公司**				
企业地址	上海市徐汇区天钥桥路 333 号腾飞大厦 2625 室（200030）				
投资总额	2000 万日元	电话	64261223	传真	61213669
设立日期	2006-7-16	负责人	山地太		
主营业务	冷冻冷藏机械、压铸件、压缩机、金属加工产品及附属品的批发。				

企业名称	**上海山佳贸易有限公司**				
企业地址	上海市浦东新区金桥路 255 号 345 室（200131）				
投资总额	70 万 USD	电话	51352792	传真	51352792
设立日期	2006-7-16	负责人	郑俊明		
主营业务	电子焊接设备、空油压设备、自动化控制设备、去油剂的批发。				

企业名称	**萨塔（上海）计算机贸易有限公司**				
企业地址	上海市长宁区虹桥路 2298 号 8 楼 203 室（200050）				
投资总额	14 万 USD	电话	50843789	传真	50843846
设立日期	2006-7-12	负责人	TARIQ JAVED		
主营业务	计算机及其配件的批发，提供相关技术服务。				

企业名称	**普扬（上海）电子设备贸易有限公司**				
企业地址	上海市外高桥保税区加太路 39 号第四层 8 部位（200131）				
投资总额	15 万 USD	电话	58352905	传真	58356980
设立日期	2006-7-12	负责人	彭宏虎		
主营业务	电子设备、机械设备、仪器仪表、金属制品、塑料制品的批发。				

企业名称	**富嘉商贸（上海）有限公司**				
企业地址	上海市虹口区中州路 133 弄 1 号 1006 室（200081）				
投资总额	20 万 USD	电话	64670405	传真	64452604
设立日期	2006-7-12	负责人	于训民		
主营业务	化工原材料、化学品（危险品除外）、化纤、塑料原料的批发、进出口。				

企业名称	**逸骏（上海）商贸有限公司**				
企业地址	上海市长宁区武夷路 11 号 8 幢（200050）				
投资总额	100 万 USD	电话	52386146	传真	52386152
设立日期	2006-7-12	负责人	曹佳慧		
主营业务	建材、机电产品、工艺品、玻璃制品的批发。				

企业名称	**上海南柏旺贸易有限公司**				
企业地址	上海市嘉定区曹安路 4639 号第一幢（201804）				
投资总额	20 万 USD	电话	69588810	传真	
设立日期	2006-7-11	负责人	陈丽珍		
主营业务	气动工具、电动工具、手动工具、五金配件、各种材质模具的批发。				

企业名称	**上海宝明光学贸易有限公司**				
企业地址	上海市闸北区恒丰北路 100 号 2302 室（200070）				
投资总额	15 万 USD	电话	66583012	传真	66583019
设立日期	2006-7-11	负责人	JUN BO HWON		
主营业务	眼镜镜片（不含隐形眼镜）、镜架、眼镜盒、太阳眼镜的进出口，批发。				

企业名称	**爱励（上海）贸易有限公司**				
企业地址	上海市陕西北路 457 号 1 号楼利仕达何氏别墅商务中心 207 单元（200040）				
投资总额	49 万 USD	电话	61418628	传真	61418428
设立日期	2006-7-11	负责人	MICHAEL DOUGLAS FRIDAY		
主营业务	氧化锌、锌粉、锌金属、铝板带产品、特殊铝合金和镁及产品的批发。				

企业名称	**天美时（上海）贸易有限公司**				
企业地址	上海市长宁区仙霞路 317 号远东国际广场 2005 室（200336）				
投资总额	350 万 USD	电话	62351671	传真	62351611
设立日期	2006-7-10	负责人	KAPIL KAPOOR		
主营业务	钟表和有关部件的批发、佣金代理（拍卖除外）。				

企业名称	**伊势丹时装贸易（上海）有限公司**				
企业地址	上海市卢湾区淮海中路 527 号 B1006 室（200021）				
投资总额	125 万 USD	电话	68411008	传真	50663589
设立日期	2006-7-10	负责人	中川俊明		
主营业务	服装服饰、鞋类及日用百货的批发，上述商品的进出口。				

企业名称	**鹰莱贸易（上海）有限公司**				
企业地址	上海市长宁区长宁路 1158 号 109 室（200051）				
投资总额	20 万 USD	电话	52411357	传真	52411357
设立日期	2006-7-10	负责人	MICHAEL V.LEE		
主营业务	从事食品、保健食品、日化用品的进出口，批发、零售和佣金代理。				

企业名称	**盟庆信添加剂贸易（上海）有限公司**				
企业地址	上海市徐汇区零陵路 899 号 16J（200030）				
投资总额	6 万 USD	电话	54893680	传真	548936831
设立日期	2006-7-10	负责人	JEANPAUL SCHAEFLE		
主营业务	化学制品（危险化学品除外）的批发、进出口。				

企业名称	**爱发科商贸（上海）有限公司**				
企业地址	上海市闵行区七莘路 889 号 2 号楼 1 楼（201100）				
投资总额	200 万 USD	电话	64721186	传真	64723562
设立日期	2006-7-10	负责人	諏访秀则		
主营业务	液晶显示器生产设备、刻蚀设备、真空蒸发设备、真空炉的批发。				

企业名称	**伟仕宏宇国际贸易（上海）有限公司**				
企业地址	上海市外高桥保税区基隆路 1 号 1121 室（200131）				
投资总额	100 万 USD	电话	64327722	传真	58695028
设立日期	2006-7-10	负责人	李佳林		
主营业务	国际贸易、转口贸易、保税区企业间的贸易及贸易代理。				

企业名称	**伟服国际贸易（上海）有限公司**				
企业地址	上海市外高桥保税区日京路 35 号凯兴大楼 10 层 1003 室（200131）				
投资总额	14 万 USD	电话	68868539	传真	68868539
设立日期	2006-7-10	负责人	NAND NARAINDAS AMARNANI		
主营业务	国际贸易、转口贸易、保税区企业间的贸易代理。				

企业名称	**上海埃利沃特贸易有限公司**				
企业地址	上海市虹口区四平路 775 弄 2 号 1212 室（200080）				
投资总额	250 万 RMB	电话	65750687	传真	65750687
设立日期	2006-7-7	负责人	萧敏雄		
主营业务	机电设备、压缩机及相关辅机、零部件的批发、佣金代理（拍卖除外）。				

企业名称	**荷发电子商贸（上海）有限公司**				
企业地址	上海市浦东新区春晓路 289 号 1402 室（200180）				
投资总额	100 万 USD	电话	50271133	传真	50275776
设立日期	2006-7-6	负责人	郭传炯		
主营业务	网络接入设备的批发，进出口，佣金代理（不含拍卖）。				

企业名称	**广声贸易（上海）有限公司**				
企业地址	上海市浦东新区钱仓路 1 号 25B 室（200121）				
投资总额	25 万 USD	电话	58889871	传真	58885802
设立日期	2006-7-6	负责人	JOHN WARD EGAN		
主营业务	从事服装、陶瓷制品、家居用品、家具、家用电器的批发、进出口。				

企业名称	**路多萨（上海）贸易有限公司**				
企业地址	上海市浦东新区东方路 877 号 2007 室（200122）				
投资总额	20 万 USD	电话	58300066	传真	58300055
设立日期	2006-7-6	负责人	ZHAO ZHEN ZHOU		
主营业务	加工食品和食品原料、食品添加剂、调味品、饮料的批发、佣金代理。				

企业名称	**上海浩毅电子贸易有限公司**				
企业地址	上海市浦东新区浦东南路 1085 号 1605 室（200122）				
投资总额	15 万 USD	电话	59101583	传真	59101661
设立日期	2006-7-5	负责人	温志浩		
主营业务	灯具、电子产品、消防设备、安全导引系统、监控，设备的批发。				

企业名称	**含笑儿（上海）商贸有限公司**				
企业地址	上海市浦东新区张杨路 707 号生命人寿大厦 706 室（200120）				
投资总额	14 万 USD	电话	58352228	传真	58352228
设立日期	2006-7-5	负责人	崔赫镛		
主营业务	从事化妆品原料、制药机械设备、医疗器械、美容仪器的进出口。				

企业名称	**峻领德高商业发展（上海）有限公司**				
企业地址	上海市普陀区长寿路 155 号（200060）				
投资总额	2500 万 USD	电话	62660077	传真	62983929
设立日期	2006-7-25	负责人	袁靖波		
主营业务	自有房屋出租、物业管理、附设商场。				

企业名称	森台国际贸易（上海）有限公司				
企业地址	上海市外高桥保税区富特西一路 139 号 1013 室（200131）				
投资总额	12.5 万 USD	电　话	52911461	传　真	52911463
设立日期	2006-7-3	负 责 人	李陈月娥		
主营业务	国际贸易、转口贸易、保税区企业间的贸易及贸易代理。				

企业名称	上海康彼特贸易有限公司				
企业地址	上海市黄浦区斜土东路 155 号 5 幢 201 室（200011）				
投资总额	10 万 USD	电　话	51695213	传　真	51695213
设立日期	2006-7-3	负 责 人	白现钟		
主营业务	工艺品、化妆品、文化用品、日用百货、花卉和计算机软硬件的批发。				

企业名称	可耐福贸易（上海）有限公司				
企业地址	上海市徐汇区漕溪北路 18 号实业大厦 18 楼 C 座（200030）				
投资总额	50 万 RMB	电　话	64270056	传　真	64282466
设立日期	2006-7-3	负 责 人	FREDERICK KNAUF		
主营业务	从事装饰建材产品，含原材料、添加剂及相关设备的批发、进出口。				

企业名称	西诺德牙科设备商贸（上海）有限公司				
企业地址	上海市静安区南京西路 1486 号 3 号楼 2A 室（200040）				
投资总额	580 万人民币	电　话	61352789	传　真	61352799
设立日期	2006-7-1	负 责 人	JORG VOGEL		
主营业务	从事医疗器具及相关产品的批发、佣金代理（拍卖除外）及进出口业务。				

企业名称	合富达贸易（上海）有限公司				
企业地址	上海市浦东新区东靖路 1831 号 403 部分 417 室（200126）				
投资总额	150 万 USD	电　话	68402206	传　真	68402202
设立日期	2006-7-1	负 责 人	张文强		
主营业务	贱金属及其制品（钢铁除外）、塑料及其制品、电气及其零件的批发。				

企业名称	永三商贸（上海）有限公司				
企业地址	上海市卢湾区淮海中路 222 号 809-811 室（200020）				
投资总额	300 万 USD	电　话	53966388	传　真	
设立日期	2006-7-1	负 责 人	叶步泉		
主营业务	服装服饰、鞋帽、皮革制品、箱包、日用百货的零售、批发、佣金代理。				

企业名称	侨富达贸易（上海）有限公司				
企业地址	上海市浦东新区杨新路 87 号 107 室（200126）				
投资总额	20 万 USD	电　话	54799928	传　真	
设立日期	2006-7-1	负 责 人	杨子仪		
主营业务	从事数控机床、金属切削机床、组合机床、锻压机床、磨料磨具的批发。				

企业名称	爱德兰丝（上海）贸易有限公司				
企业地址	上海市徐汇区南丹东路 300 弄 9 号 1404 室（200030）				
投资总额	350 万 RMB	电　话	51197233	传　真	51197298
设立日期	2006-7-1	负 责 人	冈本孝善		
主营业务	假发及其类似商品、头发用品、美容用品及相关用品的批发、佣金代理。				

企业名称	大阪机工（上海）商贸有限公司				
企业地址	上海市长宁区遵义路 100 号虹桥上海城 B 栋 19 楼 1916 单元（200052）				
投资总额	25 万 USD	电　话	62700930	传　真	62700931
设立日期	2006-7-1	负 责 人	土井隆雄		
主营业务	机械加工设备以及零部件的批发、进出口、佣金代理（拍卖除外）。				

企业名称	上海世克奥贸易有限公司				
企业地址	上海市外高桥保税区奥纳路 79 号 2101 室（200136）				
投资总额	13 万 USD	电　话	58359193	传　真	58359195
设立日期	2006-7-1	负 责 人	VAQUER GELABERT MIGUEL		
主营业务	国际贸易、转口贸易、保税区企业间的贸易及贸易代理。				

企业名称	艾德邦（上海）贸易有限公司				
企业地址	上海市闵行区吴中路 1339 号 415 室（201130）				
投资总额	30 万 USD	电　话	51182684	传　真	51182685
设立日期	2006-6-30	负 责 人	黄聪正		
主营业务	电子、机械产品及零配件、纺织品及服装、五金等产品的进出口。				

企业名称	上海铵耐威贸易有限公司				
企业地址	上海市长宁区延安西路 1590 号增泽世贸大楼 10 楼 B 座（200050）				
投资总额	50 万 USD	电　话	62813851	传　真	62815985
设立日期	2006-6-30	负 责 人	CHRISTOPHE CHUN XIE		
主营业务	五金配件，电动工具，工具刀具，塑料制品，家具及木制产品的批发。				

企业名称	上海闻达开创元器件贸易有限公司				
企业地址	上海市徐汇区宜山路 829 号南四楼 B 座（200233）				
投资总额	63 万 USD	电　话	64959046	传　真	64959046
设立日期	2006-6-30	负 责 人	黄励腾		
主营业务	电子及半导体元器件产品的批发、佣金代理（拍卖除外）。				

企业名称	典森贸易（上海）有限公司				
企业地址	上海市长宁区虹桥路 2298 号 8 号楼 221 室（200336）				
投资总额	14 万 USD	电　话	64870138	传　真	64870142
设立日期	2006-6-30	负 责 人	张和宗		
主营业务	电子元器件及相关产品、五金交电、农副产品及通讯产品的批发。				

企业名称	米尔斯（上海）贸易有限公司				
企业地址	上海市浦东新区浦东大道 1 号 1702 室（200120）				
投资总额	108 万 USD	电　话	68860212	传　真	68860212
设立日期	2006-6-30	负 责 人	周经纬		
主营业务	家庭或厨房用具及容器、餐具饮水用具及家居装饰品的批发，佣金代理。				

企业名称	莎益博设计系统商贸（上海）有限公司				
企业地址	上海市徐汇区肇嘉浜路 777 号青松城大酒店 618、620 室（200032）				
投资总额	70 万 USD	电　话	64171656	传　真	64173408
设立日期	2006-6-30	负 责 人	吉永弘希		
主营业务	从事软件的批发、进出口、佣金代理（拍卖除外）。				

企业名称	理禾（上海）贸易有限公司				
企业地址	上海市松江区东兴路 79 号（201600）				
投资总额	20 万 USD	电　话	51083677	传　真	57746577
设立日期	2006-6-29	负 责 人	CHO KYOO WAN		
主营业务	染料、染料中间体、有机无机化合物的批发、进出口。				

企业名称	步高贸易（上海）有限公司				
企业地址	上海市浦东新区浦东南路 1101 号远东大厦 807 室（200120）				
投资总额	13 万 USD	电　话	58361758	传　真	58361757
设立日期	2006-6-29	负 责 人	卫观清		
主营业务	服装及各类纺织品、服装辅料及服饰、建筑材料的批发、佣金代理。				

企业名称	熙可宝逸国际贸易（上海）有限公司				
企业地址	上海市外高桥保税区富特西一路 139 号 1010 室（200131）				
投资总额	15 万 USD	电　话	53850085	传　真	53850327
设立日期	2006-6-29	负 责 人	朱演铭		
主营业务	国际贸易、转口贸易、保税区内企业间的贸易及贸易代理。				

企业名称	富名溢贸易（上海）有限公司				
企业地址	上海市静安区新闸路 1098 弄 1 号 2105 室（200041）				
投资总额	14 万 USD	电　话	52930113	传　真	52930234
设立日期	2006-6-29	负 责 人	VENNY HARYANTI		
主营业务	服装、办公用品、食品（非实物方式）、玩具、食品机械设备的批发。				

企业名称	雅希马商贸（上海）有限公司				
企业地址	上海市长宁区娄山关路 85 号东方国际大厦 A 座 2106 室（200336）				
投资总额	20 万 USD	电　话	62702877	传　真	62702879
设立日期	2006-6-29	负 责 人	武政茂明		
主营业务	橡胶制品及原料（天然橡胶除外）、树脂产品、及产品的零配件的批发。				

企业名称	赫曼米勒（上海）商贸有限公司				
企业地址	上海市黄浦区西藏中路 168 号 1701 室（200001）				
投资总额	30 万 USD	电　话	61417066	传　真	61417016
设立日期	2006-6-29	负 责 人	JOHN P.PORTLOCK		
主营业务	从事有关家具及零件的批发、进出口业务；并提供相关的售后服务。				

企业名称	生活经艳（上海）商贸有限公司				
企业地址	上海市共和新路 1968 号大宁广场 8（E2）幢 1 层 10，2 层 201-206（200070）				
投资总额	500 万港币	电　话	32279838	传　真	32212679
设立日期	2006-6-29	负 责 人	刘伟良		
主营业务	家具及其配件、家居用品、装饰品、香熏制品的零售、批发。				

企业名称	环瑞国际贸易（上海）有限公司				
企业地址	上海市外高桥保税区基隆路 1 号汤臣国际贸易大厦 1412 室（200131）				
投资总额	25 万 USD	电　话	54102211	传　真	54104791
设立日期	2006-6-28	负 责 人	魏镇炎		
主营业务	国际贸易、转口贸易、保税区企业间的贸易及保税区内贸易代理。				

企业名称	恩信格国际贸易（上海）有限公司				
企业地址	上海市外高桥保税区泰谷路 88 号 749 室（200131）				
投资总额	30 万 USD	电　　话	52285111	传　　真	52285222
设立日期	2006-6-28	负 责 人	KLAUS PETER ENSINGER		
主营业务	国际贸易、转口贸易、保税区企业间的贸易及区内贸易代理。				

企业名称	其铭国际贸易（上海）有限公司				
企业地址	上海市外高桥保税区杨高北路 2001 号 203A 室（200131）				
投资总额	6.5 万 USD	电　　话	63069099	传　　真	63074628
设立日期	2006-6-28	负 责 人	廖志崑		
主营业务	通过国内有进出口经营权的企业代理与非保税区企业从事贸易业务。				

企业名称	航鹏航空器材贸易（上海）有限公司				
企业地址	上海市外高桥保税区日京路 150 号第二层 B1 部位（200135）				
投资总额	20 万 USD	电　　话	58668660	传　　真	58638366
设立日期	2006-6-28	负 责 人	AARON PHILIP HOLLANDER		
主营业务	航空器材的批发，上述产品的进出口，佣金代理（拍卖除外）。				

企业名称	裕港商贸（上海）有限公司				
企业地址	上海市长宁区中山西路 933 号 511-512 室（200051）				
投资总额	100 万 RMB	电　　话	51113200	传　　真	51504197
设立日期	2006-6-28	负 责 人	TUNG YU KONG（董儒康）		
主营业务	从事食品（非实物方式）、饲料、食品加工设备及零件的进出口、批发。				

企业名称	上海繁幸商贸有限公司				
企业地址	上海市徐汇区虹桥路 808 号 41 幢 38662 室（200030）				
投资总额	2000 万日元	电　　话	64481761	传　　真	64481761
设立日期	2006-6-28	负 责 人	YUASA NOBUYUKI		
主营业务	水产品的批发及进出口贸易，佣金代理（拍卖除外）。				

企业名称	永恒力叉车贸易（上海）有限公司				
企业地址	上海市普陀区金沙江路 1340 弄 172 支弄 14 号 16 号楼第 1-2 层(200333)				
投资总额	215 万 USD	电　　话	52836898	传　　真	52833700
设立日期	2006-6-28	负 责 人	FRANK ULBRICHT		
主营业务	叉车和相关产品、物流输送设备的批发。				

企业名称	威光精机商贸（上海）有限公司				
企业地址	上海市长宁区新华路 728 号 11 楼 1108-1110 室（200052）				
投资总额	70 万 USD	电　　话	52581122	传　　真	69170707
设立日期	2006-6-27	负 责 人	陈伯洋		
主营业务	批发各种数控机床、自动化制造数控系统及其电脑软件、模具。				

企业名称	迪肤适（上海）化妆品商贸有限公司				
企业地址	上海市卢湾区建国中路 10 号 7 号楼 7601B 室（200020）				
投资总额	20 万 USD	电　　话	64159681	传　　真	64159680
设立日期	2006-6-26	负 责 人	张志刚		
主营业务	化妆品及美容美甲用具的批发、进出口、佣金代理（拍卖除外）。				

企业名称	传盛化工贸易（上海）有限公司				
企业地址	上海市长宁区天山支路 158 号 203 室（200051）				
投资总额	16 万 USD	电　　话	50352147	传　　真	50352148
设立日期	2006-6-26	负 责 人	庄立宇		
主营业务	从事化工原料及产品、塑胶制品的进出口、批发。				

企业名称	恩乃普电子商贸（上海）有限公司				
企业地址	上海市长宁区虹梅路 3721 号 171 室（200336）				
投资总额	14 万 USD	电　　话	52382338	传　　真	64156576
设立日期	2006-6-26	负 责 人	高桥常夫		
主营业务	从事机电设备及配件、电池、家用电器、摄影器材的进出口、批发。				

企业名称	健怡坊（上海）贸易有限公司				
企业地址	上海市黄浦区延安东路 700 号港泰广场 1101B 室（200001）				
投资总额	60 万 USD	电　　话	53850633	传　　真	53850661
设立日期	2006-6-26	负 责 人	王世涛		
主营业务	保健食品、化妆品、保健器械、建筑材料、装饰用品的批发。				

企业名称	上海纽发利商贸有限公司				
企业地址	上海市浦东新区浦东南路 1088 号 1307 室（200120）				
投资总额	10 万 USD	电　　话	58796127	传　　真	58796125
设立日期	2006-6-22	负 责 人	金钟八		
主营业务	电子、电器、半导体及其他信息电子产品的批发、佣金代理（拍卖除外）。				

企业名称	卢亚化妆品贸易（上海）有限公司				
企业地址	上海市浦东新区浦东大道 2056 号仁和大厦 7016 室（200122）				
投资总额	50 万 RMB	电　　话	68599931	传　　真	68599932
设立日期	2006-6-22	负 责 人	钟福成		
主营业务	香水、化妆品、护肤品和美容产品的进口、批发、佣金代理（拍卖除外）。				

企业名称	优尼士贸易（上海）有限公司				
企业地址	上海市长宁区仙霞路 317 号远东国际广场 B 座 2801 室（200336）				
投资总额	30 万 USD	电　　话	62958211	传　　真	62959636
设立日期	2006-6-22	负 责 人	SURESH KUMAR CHAUHAN		
主营业务	纺织品原料、面料及其制品、金属及其制品、文具用品、食品的批发。				

企业名称	达世高（上海）贸易有限公司				
企业地址	上海市黄浦区南京西路 388 号仙乐斯广场 3604A 室（200003）				
投资总额	497 万港币	电　　话	63345151	传　　真	852-23695483
设立日期	2006-6-22	负 责 人	孟宪庭		
主营业务	从事钟表、珠宝首饰（钻石除外）、礼品、书写用品的批发、佣金代理。				

企业名称	为希电子贸易（上海）有限公司				
企业地址	上海市长宁区仙霞路 137 号盛高国际大厦 5 层 6D 室（200336）				
投资总额	20 万 USD	电　　话	755-33639488	传　　真	52063570
设立日期	2006-6-22	负 责 人	吴一峰		
主营业务	从事电子集成板、日用百货、五金机械、纺织品的批发、佣金代理。				

企业名称	上慧原贸易（上海）有限公司				
企业地址	上海市卢湾区淮海中路 775 号新华联大厦西楼 9 层 D 室（200020）				
投资总额	30 万 USD	电　　话	64722925	传　　真	64710327
设立日期	2006-6-22	负 责 人	上原洋一		
主营业务	汽车零件、机器和机械器具零件、电子产品零件的批发、佣金代理。				

企业名称	新恒记光学贸易（上海）有限公司				
企业地址	上海市浦东新区德州路 270 号 1 幢 202 室（200126）				
投资总额	18 万 USD	电　　话	52120598	传　　真	52120858
设立日期	2006-6-22	负 责 人	陈汉豪		
主营业务	文化器材设备、办公器材设备、印刷器材设备的批发及进出口。				

企业名称	亚祁贸易（上海）有限公司				
企业地址	上海市浦东新区浦东大道 138 号永华大厦七楼 B-03 室（200124）				
投资总额	20 万 USD	电　　话	63618686	传　　真	63551378
设立日期	2006-6-22	负 责 人	王永生		
主营业务	各类汽车配件、工具与设备的批发，佣金代理（拍卖除外）。				

企业名称	上海亓富爱国际贸易有限公司				
企业地址	上海市外高桥保税区泰谷路 18 号 12 层 1210A 室（200131）				
投资总额	20 万 USD	电　　话	65798770	传　　真	65138366
设立日期	2006-6-22	负 责 人	濮　剑		
主营业务	国际贸易、转口贸易、保税区企业间的贸易及贸易代理。				

企业名称	上海林正焕贸易有限公司				
企业地址	上海市松江科技园区崇南路 3 号 6 幢 1 号房（201616）				
投资总额	20 万 USD	电　　话	66507631	传　　真	66507631
设立日期	2006-6-21	负 责 人	林正焕		
主营业务	从事五金材料、机械配件的批发及上述商品的进出口业务。				

企业名称	汤尼宝丽商业（上海）有限公司				
企业地址	上海市静安区南京西路 1856 号 3 栋 618 室（200040）				
投资总额	30 万欧元	电　　话	62763666	传　　真	62765279
设立日期	2006-6-21	负 责 人	XU JIN HAIFENG		
主营业务	服装、饰品、珠宝首饰、鞋帽、箱包、钟表、眼镜、化妆品等商业零售。				

企业名称	上海百认盛贸易有限公司				
企业地址	上海市浦东新区新金桥路 1295 号 3 号楼 2 层（201206）				
投资总额	50 万 USD	电　　话	50318187	传　　真	50318267
设立日期	2006-6-21	负 责 人	张龙云		
主营业务	文具、玩具和其它小商品的批发及上述产品的进出口，相关咨询。				

企业名称	浩路（上海）商贸有限公司				
企业地址	上海市静安区南京西路 1856 号 4 楼 421 室（200040）				
投资总额	15 万 USD	电　　话	62179005	传　　真	62179089
设立日期	2006-6-21	负 责 人	大岛一浩		
主营业务	服装、服饰及配件、服装面料及辅料的批发；自营商品的进出口业务。				

企业名称	上海沪捷佳号商贸有限公司				
企业地址	上海市虹口区中山北一路 1230 号 A2402 室（200437）				
投资总额	14 万 USD	电　话	65445458	传　真	65163874
设立日期	2006-6-21	负责人	关少辉		
主营业务	电机、电器设备及其零件、电子元配件、旅游及休闲用品、乐器的批发。				

企业名称	上海斯美乐包装贸易有限公司				
企业地址	上海市黄浦区浙江中路 400 号春申江大厦 902B 室（200001）				
投资总额	2000 万日元	电　话	33041028	传　真	33040758
设立日期	2006-6-21	负责人	八木义幸		
主营业务	包装材料、商品标签、日用百货、食品的批发。				

企业名称	纽纯源（上海）贸易有限公司				
企业地址	上海市浦东新区张杨路 707 号 2406-2407 室（200122）				
投资总额	35 万 USD	电　话	58361462	传　真	58361458
设立日期	2006-6-21	负责人	FRANK WILLIAM GAY Ⅱ		
主营业务	营养补充品和健康食品以及原料和相关成品的批发。				

企业名称	科柏拉斯贸易（上海）有限公司				
企业地址	上海市静安区愚园路 172 号环球世界大厦 1901、1908 室（200041）				
投资总额	150 万 RMB	电　话	62489595	传　真	62481388
设立日期	2006-6-21	负责人	ROLF TRIPPLER		
主营业务	吹塑机械和配套设备相关的零配件的批发；上述产品的进出口。				

企业名称	吉多瑞工具贸易（上海）有限公司				
企业地址	上海市莘庄工业区金都路 3688 号 1 幢 306 室（201100）				
投资总额	20 万欧元	电　话	64892228	传　真	51591858
设立日期	2006-6-21	负责人	KAREN DOWIDAT		
主营业务	工具以及相关配套产品的批发、进出口，提供相关配套服务。				

企业名称	安尔比（上海）贸易有限公司				
企业地址	上海市外高桥保税区奥纳路 79 号 1#楼 2 层 2102 室（200131）				
投资总额	20 万 USD	电　话	52110071	传　真	52110069
设立日期	2006-6-21	负责人	陶国光		
主营业务	国际贸易、转口贸易、保税区内企业间贸易及贸易代理。				

企业名称	梵勋国际贸易（上海）有限公司				
企业地址	上海市外高桥保税区杨高北路 2001 号 201B 室（200131）				
投资总额	13 万 USD	电　话	51119742	传　真	51119742
设立日期	2006-6-20	负责人	张亚莉		
主营业务	国际贸易、转口贸易、保税区内企业间的贸易及贸易代理。				

企业名称	上海巨丞国际贸易有限公司				
企业地址	上海市外高桥保税区华申路 180 号 703 室（200131）				
投资总额	2000 万 USD	电　话	58682884	传　真	58682884
设立日期	2006-6-19	负责人	李建良		
主营业务	国际贸易、转口贸易；保税区企业间的贸易及区内贸易代理。				

企业名称	上海米令国际贸易有限公司				
企业地址	上海市外高桥保税区华申路 180 号 710 室（200131）				
投资总额	2000 万 USD	电　话	58662664	传　真	58662664
设立日期	2006-6-19	负责人	潘　健		
主营业务	国际贸易、转口贸易、保税区企业间的贸易及区内贸易代理。				

企业名称	泰弘商贸（上海）有限公司				
企业地址	上海市闵行区吴中路 1100 号 512,516 室（200233）				
投资总额	20 万 USD	电　话	64658150	传　真	64658639
设立日期	2006-6-19	负责人	PARK SUNG WON		
主营业务	服饰、纺织品的批发、进出口、佣金代理（拍卖除外）、相关配套业务。				

企业名称	韩祥贸易（上海）有限公司				
企业地址	上海市长宁区延安西路 2201 号 2808 室（200050）				
投资总额	14 万 USD	电　话	62785123	传　真	62788979
设立日期	2006-6-17	负责人	LEE JONG SIK		
主营业务	纺织品及纺织原料（棉花除外），金属制品，家用品的批发。				

企业名称	菲拉格慕时尚商业（上海）有限公司				
企业地址	上海市静安区南京西路 1376 号上海商场 734 室（200040）				
投资总额	140 万 USD	电　话	62798983	传　真	62798823
设立日期	2006-6-17	负责人	WAI HUNG CHENG		
主营业务	鞋、包、毛皮制品、皮带、领带、丝巾、服装、手表等高档商品零售。				

企业名称	上海钜泰工具商贸有限公司				
企业地址	上海市浦东新区张江集电港龙东大道 3000 号 5 号楼 601 室（201203）				
投资总额	28 万 USD	电　话	58786166	传　真	58786166
设立日期	2006-6-17	负责人	王建国		
主营业务	从事五金工具、电动工具、风动工具、机电产品的进出口、批发。				

企业名称	上海司佳纱贸易有限公司				
企业地址	上海市娄山关路 85 号东方国际大厦 C 座 1102 室（200336）				
投资总额	5000 万日元	电　话	62786378	传　真	62786376
设立日期	2006-6-17	负责人	新井康元		
主营业务	合成纤维产品、树脂产品、薄膜产品（农膜除外）和加工机器的批发。				

企业名称	奥艺（上海）贸易有限公司				
企业地址	上海市静安区延安中路 841 号东方海外大厦 1609 室（200040）				
投资总额	400 万港币	电　话	62898882	传　真	62896226
设立日期	2006-6-17	负责人	梁文奇		
主营业务	礼品及工艺品的批发，上述产品的进出口、佣金代理。				

企业名称	上海都工艺家具贸易有限公司				
企业地址	上海市徐汇区虹桥路 808 号 41 幢 A5107/5108/5109 室（200030）				
投资总额	1000 万日元	电　话	64072111	传　真	64472905
设立日期	2006-6-13	负责人	TEIJI ONO		
主营业务	家具及其零部件、照明器具及其零部件、涂料、清漆、瓷砖的批发。				

企业名称	麦伟贸易（上海）有限公司				
企业地址	上海市浦东新区浦东南路 2054 弄 6-7 号 503 室（200127）				
投资总额	15 万 USD	电　话	53013042	传　真	53013041
设立日期	2006-6-13	负责人	吴伟光		
主营业务	塑料及其制品、纺织原料（棉花除外）及其制品、电气设备的批发。				

企业名称	上海世客国际贸易有限公司				
企业地址	上海市外高桥保税区加枫路 18 号 208 室（200131）				
投资总额	1500 万日元	电　话	64018154	传　真	64061608
设立日期	2006-6-12	负责人	平松丰		
主营业务	国际贸易、转口贸易、保税区企业间的贸易及区内贸易代理。				

企业名称	石塚电子贸易（上海）有限公司				
企业地址	上海市黄浦区北京东路 666 号 B502 室（200001）				
投资总额	50 万 USD	电　话	53086000	传　真	33040188
设立日期	2006-6-12	负责人	JIRO ISHIZUKA		
主营业务	电子元器件、电子产品及半成品、电子专用设备的进出口、批发。				

企业名称	康思麦特商贸（上海）有限公司				
企业地址	上海市黄浦区西藏中路 268 号 4908-07、4906-39 室（200001）				
投资总额	15 万 USD	电　话	64477878	传　真	64473772
设立日期	2006-6-12	负责人	JOHN EDWARD PENCE		
主营业务	半导体测试和测量设备及其相关用品、零部件、配套件的批发。				

企业名称	上海亿士特商贸有限公司				
企业地址	上海市浦东新区南码头路 101 号 605 室（200130）				
投资总额	14 万 USD	电　话	54488667	传　真	64364933
设立日期	2006-6-12	负责人	柳履德		
主营业务	印刷油墨、干膜的批发、进出口及售后服务。				

企业名称	福冠贸易（上海）有限公司				
企业地址	上海市长宁区延安西路 728 号 14E 室（200050）				
投资总额	45 万 USD	电　话	52382288	传　真	52398006
设立日期	2006-6-12	负责人	云财福		
主营业务	家具、办公用品、电子产品及其零件、塑胶制品、计算机软硬件的批发。				

企业名称	松屋国际贸易（上海）有限公司				
企业地址	上海市外高桥保税区杨高北路 2001 号一层 106D 室（200131）				
投资总额	14 万 USD	电　话	64824090	传　真	64823150
设立日期	2006-6-12	负责人	KIM SUN OK		
主营业务	国际贸易、转口贸易、保税区企业间的贸易及贸易代理。				

企业名称	贝各福（上海）商业有限公司				
企业地址	上海市静安区南京西路 993 号 406 室（200041）				
投资总额	30 万欧元	电　话	62404617	传　真	62404643
设立日期	2006-6-12	负责人	CUNAUD CHRISTIAN		
主营业务	婴儿及儿童服装、配饰、鞋袜、日用品、文化用品、卧室用品等的零售。				

企业名称	史克马贸易（上海）有限公司				
企业地址	上海市长宁区仙霞路 137 号 15B 室（200051）				
投资总额	30 万 USD	电话	62893139	传真	62894497
设立日期	2006-6-11	负责人	林司		
主营业务	从事与减速机有关的器具、部件和工具的批发、进出口，佣金代理。				

企业名称	捷伊欧半导体贸易（上海）有限公司				
企业地址	上海市浦东新区浦东南路 855 号世界广场第 34 层 A 座（200120）				
投资总额	20 万 USD	电话	68880770	传真	68880770
设立日期	2006-6-11	负责人	品川宽（HIROSHI SHINAGAWA）		
主营业务	机械设备、半导体测量设备及商品的相关用品、零配件、软件的批发。				

企业名称	泰科医疗器材商贸（上海）有限公司				
企业地址	上海市徐汇区漕河泾开发区田州路 99 号 14 号楼二楼（200233）				
投资总额	12.33 万 USD	电话	24010200	传真	24010220
设立日期	2006-6-11	负责人	WALTER TARCA		
主营业务	外科器材和设备的批发、佣金代理（拍卖除外）。				

企业名称	中信慎昌（上海）洋酒贸易有限公司				
企业地址	上海市静安区南京西路 1168 号中信泰富广场 8 楼 803 室（200041）				
投资总额	210 万 USD	电话	52524622	传真	52984256
设立日期	2006-6-10	负责人	朱汉辉		
主营业务	酒类产品的进出口、批发（非实物方式）、佣金代理。				

企业名称	康力斯（上海）商贸有限公司				
企业地址	上海市黄浦区浙江中路 400 号春申江大厦 1011 室（200002）				
投资总额	62 万 USD	电话	64720505	传真	54051616
设立日期	2006-6-8	负责人	马展云		
主营业务	从事钢铁、铝材、建筑材料及其他相关产品的批发、佣金代理。				

企业名称	代福贸易（上海）有限公司				
企业地址	上海市卢湾区斜土路 768 号致远大厦 2108 室（200023）				
投资总额	12 万欧元	电话	63050710	传真	63050715
设立日期	2006-6-8	负责人	PHILIPPE LECUYER		
主营业务	火灾自动报警设备、紧急出口管理设备、门禁系统设备、零件的批发。				

企业名称	上海安东尼奥石材贸易有限公司				
企业地址	上海市青浦区华新镇纪鹤路 1385 弄 70 号（201708）				
投资总额	50 万 USD	电话	59795259	传真	59797651
设立日期	2006-6-8	负责人	ANTONIO ORTEGA PEREZ		
主营业务	天然大理石、花岗石、陶瓷制品、建筑装潢材料、日用百货的批发。				

企业名称	富曼实（上海）商贸有限公司				
企业地址	上海市浦东新区陆家嘴花园石桥路 33 号花旗大楼 23 层（200120）				
投资总额	85 万 USD	电话	62351838	传真	62351833
设立日期	2006-6-8	负责人	MICHAEL PATRICK SMITH		
主营业务	从事用于农业、工业、食品业和制药业的化学品的进出口、批发。				

企业名称	德益达贸易（上海）有限公司				
企业地址	上海市徐汇区番禺路 1150 号 215 室（200033）				
投资总额	30 万 USD	电话	64271946	传真	64271945
设立日期	2006-6-8	负责人	OLIVER HASCHER		
主营业务	电脑箱包及电脑配件的进出口、批发、佣金代理（拍卖除外）。				

企业名称	艾迈柯思贸易（上海）有限公司				
企业地址	上海市浦东新区航津路 658 号 882 室（200131）				
投资总额	15 万 USD	电话	68406102	传真	68406008
设立日期	2006-6-8	负责人	FREDERICK ARTHUR CROSETTO		
主营业务	纺织品及服装、汽车配件、劳防用品、日用百货、包装材料的批发。				

企业名称	上海洛斯克商贸有限公司				
企业地址	上海市闵行区虹梅路 3203 号力玮科技大楼 508 室（201103）				
投资总额	7 万 USD	电话	64658031	传真	64658030
设立日期	2006-6-7	负责人	RICHIE LEE HARRAL		
主营业务	供家庭、花园、草坪使用的装饰品、园艺品以及配套的工具设备的批发。				

企业名称	爱尔玲贸易（上海）有限公司				
企业地址	上海市卢湾区茂名南路 59 号 58551 室（200020）				
投资总额	200 万港币	电话	63542619	传真	63542619
设立日期	2006-6-7	负责人	许孙赕		
主营业务	从事包装薄膜（农膜除外）的批发、佣金代理（拍卖除外）。				

企业名称	金土果业（上海）商贸有限公司				
企业地址	上海市松江区车墩镇高桥村 500 号（4）幢（201600）				
投资总额	100 万 USD	电话	57609719	传真	57609630
设立日期	2006-6-7	负责人	赵永强		
主营业务	水果、蔬菜、农副产品的批发及进出口贸易并提供相关技术服务。				

企业名称	上海素美贸易有限公司				
企业地址	上海市宝山区共康路 140 号 201 室（200431）				
投资总额	14 万 USD	电话	50459314	传真	50594668
设立日期	2006-6-7	负责人	KIM SU MI		
主营业务	厨卫用品、毛纺类产品、皮革类产品、电子产品的批发。				

企业名称	蒂芙尼（上海）商业有限公司				
企业地址	上海市静安区南京西路 1266 号 105 室（200040）				
投资总额	1240 万 USD	电话	62490700	传真	68868021
设立日期	2006-6-6	负责人	JAMES E.QUINN		
主营业务	珠宝首饰、钟表、纯银制品、礼品、瓷器、水晶、装饰配件等的零售。				

企业名称	上海意托酒业贸易有限公司				
企业地址	上海市外高桥保税区新灵路 118 号 1704B（200131）				
投资总额	20 万 USD	电话	62837456	传真	62837456
设立日期	2006-6-6	负责人	LAU BOON LENG（刘文玲）		
主营业务	以酒类为主的国际贸易、转口贸易，保税区企业间贸易及区内贸易代理。				

企业名称	阁皇商贸（上海）有限公司				
企业地址	上海市长宁区延安西路 2299 号上海世贸商城 08B50 室（200035）				
投资总额	14 万 USD	电话	62367800	传真	62367900
设立日期	2006-6-6	负责人	祁学智		
主营业务	从事服装、日用百货、办公用品、工艺品、五金交电的进出口、批发。				

企业名称	永立祥商贸（上海）有限公司				
企业地址	上海市虹口区四川北路 1666 号 907 室（200080）				
投资总额	20 万 USD	电话	63606918	传真	63221919
设立日期	2006-6-6	负责人	黄永进		
主营业务	五金工具、交电、汽车零配件、摩托车零配件的批发。				

企业名称	元祯化工贸易（上海）有限公司				
企业地址	上海市徐汇区漕溪北路 18 号 12A 室（200030）				
投资总额	100 万 USD	电话	54248050	传真	54248055
设立日期	2006-6-6	负责人	陈国龙		
主营业务	化工原料、化学品、染整助剂、工业用清洁剂、油墨等的批发。				

企业名称	宝能商贸（上海）有限公司				
企业地址	上海市浦东新区海徐路 939 弄 5 号 109 室（200131）				
投资总额	70 万 USD	电话	62368791	传真	62756488
设立日期	2006-6-6	负责人	高桥徹		
主营业务	环保节能产品及系统、电子产品、制冷设备、程控交换装置的批发。				

企业名称	向扬得全商贸（上海）有限公司				
企业地址	上海市浦东新区光明路 718 号 803 室（200131）				
投资总额	20 万 USD	电话	65685396	传真	65674728
设立日期	2006-6-6	负责人	曹永		
主营业务	空压气体设备及其零件的批发、佣金代理（拍卖除外）、进出口。				

企业名称	上海锦泽诚国际贸易有限公司				
企业地址	上海市外高桥保税区台中南路 2 号新贸楼一层 125 室（200131）				
投资总额	37.5 万 USD	电话	57673333	传真	57675559
设立日期	2006-6-5	负责人	张矢超		
主营业务	国际贸易、转口贸易、保税区内企业间的贸易及其代理。				

企业名称	台盛商贸（上海）有限公司				
企业地址	上海市新金桥路 255 号 234 室（201200）				
投资总额	20 万 USD	电话	50596578	传真	
设立日期	2006-6-4	负责人	林正皓		
主营业务	从事工业机电设备、电脑监控设备、洁净室设备、花卉苗木产品批发。				

企业名称	福仪会商贸易（上海）有限公司				
企业地址	上海市外高桥保税区加太路 39 号 1 号楼 4 楼 9 部位（20013）				
投资总额	13 万 USD	电话	58204484	传真	58204212
设立日期	2006-6-4	负责人	KLAUS VIRUS RUHDORFER		
主营业务	机械设备及电子产品、塑料橡胶制品、金属制品、纺织品及服装的批发。				

企业名称	爱信来（上海）贸易有限公司				
企业地址	上海市浦东新区商城路 341 号 2406 室（200120）				
投资总额	20 万 USD	电　　话	58797015	传　　真	58797015
设立日期	2006-6-4	负 责 人	PERTH VUORINEN		
主营业务	防焊油墨、覆铜板、树脂片、铜箔等电路板印刷材料的批发、佣金代理。				

企业名称	丽百服装贸易（上海）有限公司				
企业地址	上海市闵行区吴中路 1238 号 6F 室（201103）				
投资总额	20 万 USD	电　　话	64059306	传　　真	64059311
设立日期	2006-6-4	负 责 人	LIMSEUNGCHEOL		
主营业务	服装服饰、皮革、布料、鞋帽、箱包、饰品的批发、佣金代理。				

企业名称	三福明（上海）贸易有限公司				
企业地址	上海市卢湾区淮海中路 138 号上海广场 1601 室（200021）				
投资总额	65 万 USD	电　　话	32120825	传　　真	52389711
设立日期	2006-6-4	负 责 人	巫信弘		
主营业务	各类化学品及危险化学品的批发、进出口业务、佣金代理。				

企业名称	巍冠（上海）贸易有限公司				
企业地址	上海市外高桥保税区泰谷路 18 号 1 号楼 10 层 1006B 室（200131）				
投资总额	11 万欧元	电　　话	62351988	传　　真	62351899
设立日期	2006-6-4	负 责 人	王学进		
主营业务	电气、自动化控制、机械领域内相关产品及电子元件、电子产品的批发。				

企业名称	飞蛋商贸（上海）有限公司				
企业地址	上海市外高桥保税区日樱北路 499 号 1 楼第一层 7J 部位（200131）				
投资总额	100 万 RMB	电　　话	52985060	传　　真	52985061
设立日期	2006-6-4	负 责 人	FEDERICO PERDOMINI		
主营业务	保税区内以食品、纺织品、服饰、五金交电为主的仓储、分拨业务。				

企业名称	迪杰斯（上海）贸易有限公司				
企业地址	上海市闵行区吴中路 1100 号炫润国际大厦 602 室（201103）				
投资总额	6.5 万 USD	电　　话	64469123	传　　真	
设立日期	2006-6-2	负 责 人	孙秉震		
主营业务	LCD 和 PDP 等显示屏及相关电子产品的批发及进出口业务。				

企业名称	艾影（上海）商贸有限公司				
企业地址	上海市肇嘉浜路 1033 号 1201D 室（200233）				
投资总额	50 万 USD	电　　话		传　　真	
设立日期	2006-6-2	负 责 人	HIROSHI KONDO		
主营业务	从事文具、玩具、服装、鞋帽、文体用品、日用品的零售、批发。				

企业名称	建达加伟商贸（上海）有限公司				
企业地址	上海市浦东新区商城路 518 号内外联大厦 2201 室（200135）				
投资总额	43 万 USD	电　　话	61002828	传　　真	61006188
设立日期	2006-6-2	负 责 人	高英聪		
主营业务	显示器、硬盘、芯片、打印机、投影仪等电子产品的批发、佣金代理。				

企业名称	杰根斯（上海）贸易有限公司				
企业地址	上海市浦东新区商城路 738 号胜康廖氏大厦 1205 室（200120）				
投资总额	12.5 万 USD	电　　话	58356226	传　　真	58353696
设立日期	2006-6-1	负 责 人	JACKHARRISON SCHRON JR		
主营业务	工装夹具及部件、紧固件、夹持元件、螺纹加固及修补产品的批发。				

企业名称	意纸来国际贸易（上海）有限公司				
企业地址	上海市外高桥保税区奥纳路 79 号 1 号楼 2098 室（200131）				
投资总额	30 万 USD	电　　话	50393707	传　　真	50391696
设立日期	2006-5-31	负 责 人	PUCCETTI MARIO		
主营业务	国际贸易、转口贸易、保税区企业间的贸易及区内贸易代理。				

企业名称	油机贸易（上海）有限公司				
企业地址	上海市浦东新区浦东南路 379 号（金穗大厦）12 楼 C2（200120）				
投资总额	1974 万日元	电　　话	58775831	传　　真	58763882
设立日期	2006-5-31	负 责 人	今田义夫		
主营业务	油压机器、集中润滑供油装置及上述商品的配套设备的批发。				

企业名称	法兰克蒙（上海）贸易有限公司				
企业地址	上海市闵行区双柏路 1333 弄 19 号第一幢（201108）				
投资总额	210 万 USD	电　　话	64438845	传　　真	64438846
设立日期	2006-5-31	负 责 人	TROND MOHN		
主营业务	各种船舶设备、海洋工程设备与近海油田设备的批发、进出口。				

企业名称	诺保科贸易（上海）有限公司				
企业地址	上海市外高桥保税区日京路 51 号 B 楼四层 2406 室（200131）				
投资总额	14 万 USD	电　　话	52066655	传　　真	52060774
设立日期	2006-5-30	负 责 人	THOMAS MICHAEL OLSEN		
主营业务	从事口腔种植和修复配件的国际贸易、转口贸易、保税区企业间的贸易。				

企业名称	茜芙尔（上海）贸易有限公司				
企业地址	上海市长宁区曹家堰路 173 号 2 幢 102 室（200050）				
投资总额	20 万 USD	电　　话	62262106	传　　真	
设立日期	2006-5-30	负 责 人	VIRGINIA SUNG		
主营业务	化妆品、日用百货、服装鞋帽、五金材料、包装材料的批发、进出口。				

企业名称	雅博士（上海）商贸有限公司				
企业地址	上海市闵行区古方路 18 号 808 室（201102）				
投资总额	15 万 USD	电　　话	64129078	传　　真	
设立日期	2006-5-30	负 责 人	李泰兴		
主营业务	宠物用品、饲料添加剂、消毒剂（（不含危险化学品）的批发。				

企业名称	怡和机器商贸（上海）有限公司				
企业地址	上海市徐汇区零陵路 899 号飞洲国际广场 17 层 IJ 单元（200030）				
投资总额	300 万 RMB	电　　话	62183888	传　　真	63603928
设立日期	2006-5-30	负 责 人	胡少豪		
主营业务	机电产品及设备、环保工程设备、空调系统及配件、卫生洁具的批发。				

企业名称	上海恩费氏电子元器件贸易有限公司				
企业地址	上海市黄浦区黄陂北路 227 号中区广场 1005 室（200001）				
投资总额	20 万 USD	电　　话	63758787	传　　真	50470030
设立日期	2006-5-30	负 责 人	CHOON WON BYUN		
主营业务	电子及计算机零部件的批发；上述产品的进出口、佣金代理。				

企业名称	昱辰（上海）贸易有限公司				
企业地址	上海市浦东新区浦东南路 1101 号 1021 室（200120）				
投资总额	14 万 USD	电　　话	58360931	传　　真	58360932
设立日期	2006-5-30	负 责 人	TATSUAKI FUKUZAWA		
主营业务	建筑材料（钢材除外）、装饰装潢材料、木材、感应器材的批发。				

企业名称	安钿贸易（上海）有限公司				
企业地址	上海市浦东新区浦东南路 999 号联合广场 17 层 A 室（200120）				
投资总额	15 万 USD	电　　话	51341860	传　　真	
设立日期	2006-5-30	负 责 人	ARNE ENGEL		
主营业务	电子锁具、保险箱、建筑物管理智能系统以及船舶用品的批发。				

企业名称	新达贸易（上海）有限公司				
企业地址	上海市嘉定区曹安路 2650 号（201812）				
投资总额	100 万 RMB	电　　话	69138500	传　　真	69138501
设立日期	2006-5-30	负 责 人	陈奕豪		
主营业务	汽车配件、市政和建筑工程机械配件、五金工具、建筑材料的零售批发。				

企业名称	鑫越鑫（上海）商贸有限公司				
企业地址	上海市静安区南京西路 1728 号百乐门大酒店 623 室（200040）				
投资总额	15 万 USD	电　　话	62483254	传　　真	62483254
设立日期	2006-5-30	负 责 人	耿　明		
主营业务	灯具产品的批发。				

企业名称	耐凯国际贸易（上海）有限公司				
企业地址	上海市外高桥保税区泰谷路 88 号 634 室（200131）				
投资总额	12.6 万 USD	电　　话	58692198	传　　真	58692198
设立日期	2006-5-29	负 责 人	董逸敏		
主营业务	国际贸易、转口贸易、保税区内企业间的贸易及区内贸易代理。				

企业名称	天安诚国际贸易（上海）有限公司				
企业地址	上海市外高桥保税区泰谷路 18 号 1 号 15 层 1501B　(200131)				
投资总额	14 万 USD	电　　话	58775525	传　　真	58775525
设立日期	2006-5-29	负 责 人	安锺秀		
主营业务	国际贸易、转口贸易、保税区企业间的贸易及保税区内贸易代理。				

企业名称	德欧仕咖啡商贸（上海）有限公司				
企业地址	上海市奉贤区工业综合开发区奉浦大道 111 号 1008 室（200336）				
投资总额	20 万 USD	电　　话	52378135	传　　真	
设立日期	2006-5-29	负 责 人	大久保真一		
主营业务	咖啡及相关产品的批发、佣金代理（拍卖除外）、进出口及配套服务。				

企业名称	山特维克贸易（上海）有限公司				
企业地址	上海市莘庄工业区银都路 4599 号（201108）				
投资总额	200 万 USD	电　话	58698969	传　真	58696155
设立日期	2006-5-27	负 责 人	TORE SVANTE LINDHOLM		
主营业务	刀具、钢材、钢产品、硬质合金，特种陶瓷制品的批发、进出口。				

企业名称	摄福食品贸易（上海）有限公司				
企业地址	上海市浦东新区张杨路 228 号星星栋 608 室（200122）				
投资总额	6.5 万 USD	电　话	58793782	传　真	58793783
设立日期	2006-5-27	负 责 人	CONRADO BECKERMAN		
主营业务	牛肉、羊肉、牛肉杂碎、鱼、水果、乳制品以及生皮革产品的批发。				

企业名称	韩鑫机电贸易（上海）有限公司				
企业地址	上海市闵行区吴中路 1100 号 5 幢 709 室（201103）				
投资总额	14 万 USD	电　话	64658701	传　真	64658703
设立日期	2006-5-27	负 责 人	HAN SEUNG HO		
主营业务	电气、电子产品的批发及上述产品的进出口、佣金代理（拍卖除外）。				

企业名称	爱睦国华商贸（上海）有限公司				
企业地址	上海市长宁区仙霞路 88 号太阳广场 W2FA6 室（200336）				
投资总额	60 万 USD	电　话	68411008	传　真	50663589
设立日期	2006-5-27	负 责 人	水谷胜		
主营业务	从事纤维材料、纤维制品、服装、服饰、相关日用百货的进出口、批发。				

企业名称	海陶（上海）贸易有限公司				
企业地址	上海市浦东新区东方路 738 号裕安大厦 2205-2206 室（200122）				
投资总额	30 万 USD	电　话	58201668	传　真	58201037
设立日期	2006-5-27	负 责 人	LEE CHUL WOO		
主营业务	瓷器、陶器、玻璃制品、日用品、饰品（除金、银外）的批发、进出口。				

企业名称	优森（上海）贸易有限公司				
企业地址	上海市浦东新区光明路 718 号 807 室（200131）				
投资总额	14 万 USD	电　话	34320471	传　真	34320473
设立日期	2006-5-27	负 责 人	杨文森		
主营业务	电气设备及零件、塑料制品、办公用品、纺织品、计算机软硬件的批发。				

企业名称	安祺乐（上海）商贸有限公司				
企业地址	上海市长宁区天山西路 789 号 1 幢 108 室（200235）				
投资总额	15 万 USD	电　话	64041227	传　真	64431349
设立日期	2006-5-27	负 责 人	谷野豪		
主营业务	从事服装、服饰、鞋帽、皮革制品、服装辅料、针棉织品的零售、批发。				

企业名称	年年有余贸易（上海）有限公司				
企业地址	上海市浦东新区金新路 58 号 1414 室（200135）				
投资总额	20 万 USD	电　话	50316042	传　真	50316043
设立日期	2006-5-26	负 责 人	DAVID HONG YEH		
主营业务	机电产品、五金制品、塑料制品及其原料和零部件的批发，进出口。				

企业名称	上海三阳时装商贸有限公司				
企业地址	上海市静安区南京西路 1515 号嘉里中心 2703 室（200040）				
投资总额	100 万 USD	电　话	52985150	传　真	52985159
设立日期	2006-5-26	负 责 人	KOYAMA FUMITAKA		
主营业务	从事服装、服饰及其相关产品、原料等的批发、佣金代理（拍卖除外）。				

企业名称	上海钜景贸易有限公司				
企业地址	上海市长宁区仙霞路 137 号盛高国际大厦 2302 室（200336）				
投资总额	14 万 USD	电　话	32110288	传　真	32110355
设立日期	2006-5-26	负 责 人	苏咏雯		
主营业务	从事办公用品、通讯设备、计算机及计算机耗材的批发、佣金代理。				

企业名称	富思商贸（上海）有限公司				
企业地址	上海市浦东新区外高桥保税区泰谷路 88 号丰谷大厦 708 室（200122）				
投资总额	50 万 USD	电　话	64486333	传　真	64481887
设立日期	2006-5-26	负 责 人	CHAN YIM LAN（陈艳兰）		
主营业务	时装手表和配饰、皮革制品、皮带、珠宝和服装的批发、佣金代理。				

企业名称	上海美都星贸易有限公司				
企业地址	上海市浦东新区外高桥基隆路 1 号汤臣国贸大厦 1222 室（200131）				
投资总额	20 万 USD	电　话	58690626	传　真	58690626
设立日期	2006-5-25	负 责 人	MULIONO HALIM		
主营业务	纺织品、化工产品（危险化学品除外）、木材、石材的批发。				

企业名称	威讯通贸易（上海）有限公司				
企业地址	上海市浦东新区杨高北路 528 号 14 栋 203 室（200120）				
投资总额	50 万 RMB	电　话	64400535	传　真	64400536
设立日期	2006-5-25	负 责 人	LIM HAN KIONG		
主营业务	建材，金属材料，电脑软硬件，耗材，通讯器材，酒店设备的批发。				

企业名称	上海优雅智休闲用品贸易有限公司				
企业地址	上海市浦东新区栖山路 465 弄 16 号 504、506 室（200120）				
投资总额	65 万 USD	电　话	68556100	传　真	68558922
设立日期	2006-5-25	负 责 人	LEE SEUNG YORL		
主营业务	旅游冰箱、烧烤架、飞碟、风筝、野餐垫等休闲用品的进出口。				

企业名称	中晔阳贸易（上海）有限公司				
企业地址	上海市浦东新区世纪大道 211 号信息大楼 2906 室（200120）				
投资总额	8 万 USD	电　话	58608687	传　真	58605022
设立日期	2006-5-24	负 责 人	松波广圣		
主营业务	标牌、金属装饰品、工艺礼品、办公用品的批发、佣金代理。				

企业名称	德尔福贸易（上海）有限公司				
企业地址	上海市浦东新区世纪大道 1600 号浦项商务广场 1315 室（200122）				
投资总额	62.5 万 USD	电　话	28965323	传　真	50463517
设立日期	2006-5-24	负 责 人	DOMINIC SETO		
主营业务	车辆系统和零部件及其维修备件、车辆检测设备、电子产品的进出口。				

企业名称	包米勒（上海）自动化设备贸易有限公司				
企业地址	上海市浦东新区张江高科技园区蔡伦路 88 号 2 楼东面（201203）				
投资总额	100 万欧元	电　话	58551533	传　真	58559487
设立日期	2006-5-24	负 责 人	PETER KREISFELD		
主营业务	电动产品和电子自动化设备的批发以及进出口、佣金代理。				

企业名称	雷明威尔（上海）国际贸易有限公司				
企业地址	上海市外高桥保税区日京路 35 号凯兴大楼 10 层 1042 室（200131）				
投资总额	20 万 USD	电　话	58660075	传　真	58663039
设立日期	2006-5-22	负 责 人	王　蕾		
主营业务	国际贸易、转口贸易、保税区企业间的贸易及区内贸易代理。				

企业名称	凯技（上海）贸易有限公司				
企业地址	上海市外高桥保税区泰谷路 88 号丰谷大厦一层 G 部（200131）				
投资总额	100 万 USD	电　话	58683169	传　真	58683165
设立日期	2006-5-22	负 责 人	罗纳德 W·伯吉斯		
主营业务	从事产品加工处理自动化系统、零部件、配件工具以及原材料的批发。				

企业名称	伊藤喜商贸（上海）有限公司				
企业地址	上海市奉贤区工业综合开发区奉浦大道 111 号 1018 室（201400）				
投资总额	3 亿日元	电　话	62705555	传　真	62705555
设立日期	2006-5-22	负 责 人	森山惠		
主营业务	家具、办公用品、贱金属制品，机器、机械器具、电气设备的批发。				

企业名称	进世贸易（上海）有限公司				
企业地址	上海市浦东新区浦东南路 855 号 9 层 F 座单元（200120）				
投资总额	30 万 USD	电　话	58110545	传　真	58774588
设立日期	2006-5-22	负 责 人	JEON MYONG SOO		
主营业务	船舶零部件、柴油发动机零部件、钢铁制品、船舶物料及配件批发。				

企业名称	上海露香统括商贸有限公司				
企业地址	上海市长宁区延安西路 2067 号 1901 室（200336）				
投资总额	5000 万日元	电　话	62957922	传　真	62952552
设立日期	2006-5-22	负 责 人	井冈昭英		
主营业务	纤维制品、纺织品、服装、鞋帽、皮革及其制品、钟表、家具的批发。				

企业名称	爱笛普（上海）贸易有限公司				
企业地址	上海市奉贤区金汇镇齐贤工业区内（201405）				
投资总额	20 万欧元	电　话	57570146	传　真	57570144
设立日期	2006-5-22	负 责 人	LAURO BUORO		
主营业务	电气设备、电子产品、机械设备、停车场系统及相关产品的批发。				

企业名称	现洋贸易（上海）有限公司				
企业地址	上海市外高桥保税区富特北路 131 号 3 楼 B 室（200131）				
投资总额	15 万 USD	电　话	58666500	传　真	58666501
设立日期	2006-5-22	负 责 人	PARK JAE CHULL		
主营业务	保税区内以汽车配件为主的仓储分拨业务；国际贸易、转口贸易。				

企业名称	莱埃特贸易（上海）有限公司				
企业地址	上海市浦东新区杨高北路 528 号 16 幢 165 室（200131）				
投资总额	6 万欧元	电　话	50476996	传　真	50476058
设立日期	2006-5-22	负 责 人	PIETRO CARENZA		
主营业务	灯饰灯具、灯饰配件、玻璃制品、电子产品、电脑及配件的批发。				

企业名称	上海呐喇贸易有限公司				
企业地址	上海市普陀区长寿路 587 号 902 室（200060）				
投资总额	20 万 USD	电　话	52856862	传　真	52859397
设立日期	2006-5-22	负 责 人	卞相道		
主营业务	从事电子电器元件、塑料制品的批发及进出口贸易。				

企业名称	杰尼亚（中国）商业有限公司				
企业地址	上海市黄浦区中山东一路 18 号外滩 18 号 3 楼 B 单元（200002）				
投资总额	5000 万 RMB	电　话	62472826	传　真	63392292
设立日期	2006-5-22	负 责 人	KENNETH ROBERT KRESS		
主营业务	从事服装、鞋类、首饰、化妆品、手表和眼镜的零售、批发、佣金代理。				

企业名称	双手贸易（上海）有限公司				
企业地址	上海市徐汇区肇嘉浜路 288 号 408 室（200030）				
投资总额	20 万 USD	电　话	64319779	传　真	64319577
设立日期	2006-5-22	负 责 人	LEE SU YONG		
主营业务	打印机及耗材、碳带、各种标签、电子电器产品及配件的进出口。				

企业名称	进鑫贸易（上海）有限公司				
企业地址	上海市闵行区吴中路 1100 号 5 幢 918 室（201103）				
投资总额	30 万 USD	电　话	64655371	传　真	64655379
设立日期	2006-5-22	负 责 人	YANG NAM SOO		
主营业务	服装服饰、布料、鞋帽、箱包、日用百货、体育用品的批发，进出口。				

企业名称	杰衣茜服饰贸易（上海）有限公司				
企业地址	上海市闵行区吴中路 1100 号 5 幢 816 室（201103）				
投资总额	20 万 USD	电　话	54832095	传　真	
设立日期	2006-5-22	负 责 人	NAM SANG SEUNG		
主营业务	服装服饰、布料、鞋帽、箱包、饰品的批发、佣金代理。				

企业名称	达国商贸（上海）有限公司				
企业地址	上海市徐汇区宜山北路 40 号 2 室（200030）				
投资总额	14 万 USD	电　话	54070696	传　真	54070696
设立日期	2006-5-22	负 责 人	GOH SI EE		
主营业务	从事电子产品，礼品，金、银、铂金类饰品，化妆品、香水的批发。				

企业名称	上海如德利贸易有限公司				
企业地址	上海市卢湾区茂名南路 165 号乙室（200020）				
投资总额	4500 万日元	电　话	64372000	传　真	
设立日期	2006-5-22	负 责 人	山本忠之		
主营业务	各种画、壁毯、雕刻和雕塑品、瓷器的批发、零售、佣金代理。				

企业名称	上海帕迪亚食品贸易有限公司				
企业地址	上海市徐汇区中山南二路 1015 号（200032）				
投资总额	1000 万 RMB	电　话	64563759	传　真	64563759
设立日期	2006-5-22	负 责 人	王保刚		
主营业务	食品（非实物方式）、酒类（非实物方式）、日用百货、玻璃器皿批发。				

企业名称	艾博特服饰贸易（上海）有限公司				
企业地址	上海市静安区康定路 1011 号 102 室（200040）				
投资总额	1000 万港币	电　话	52377708	传　真	62186760
设立日期	2006-5-22	负 责 人	钟悦贤		
主营业务	服装、服饰、日用百货、鞋帽、皮具的批发、零售、佣金代理。				

企业名称	霈熙服装商贸（上海）有限公司				
企业地址	上海市静安区康定路 1011 号 103 室　(200040）				
投资总额	1000 万港币	电　话	62177433	传　真	52280952
设立日期	2006-5-22	负 责 人	梁　鄂		
主营业务	服装、服饰、日用百货、鞋帽、皮具的批发、零售、佣金代理。				

企业名称	上海立成石油化学贸易有限公司				
企业地址	上海市浦东新区东靖路 1831 号 431 室（201208）				
投资总额	60 万 USD	电　话	64326550	传　真	64326551
设立日期	2006-5-22	负 责 人	朱洪素云		
主营业务	化工原料及产品、机电产品及设备、建材、汽车配件、五金交电批发。				

企业名称	怡诚商贸（上海）有限公司				
企业地址	上海市徐汇区中山西路 1800 号 21 楼 G，H 座（200235）				
投资总额	65 万 USD	电　话	64713372	传　真	64336167
设立日期	2006-5-22	负 责 人	CHANG TA-PENG		
主营业务	服装、纺织产品、文化用品、电子产品、建筑材料的批发。				

企业名称	盛嘉林机电贸易（上海）有限公司				
企业地址	上海市浦东新区张杨路 158 号 1516 室（200122）				
投资总额	25 万 USD	电　话	38870869	传　真	58401361
设立日期	2006-5-22	负 责 人	林伯年		
主营业务	机电设备、电子产品、仪器仪表、工业专用设备配件的批发。				

企业名称	纹彩商贸（上海）有限公司				
企业地址	上海市浦东新区罗山路 1700 弄 16 号 205 室（201203）				
投资总额	20 万 USD	电　话	53757188	传　真	63722199
设立日期	2006-5-22	负 责 人	LU YUAN SHENG		
主营业务	化妆品的批发、零售、佣金代理（拍卖除外）。				

企业名称	莎梵蒂珠宝贸易（上海）有限公司				
企业地址	上海市浦东新区罗山路 1700 弄 16 号 246 室（201203）				
投资总额	14 万 USD	电　话	63500821	传　真	63500825
设立日期	2006-5-22	负 责 人	王志明		
主营业务	从事金、银、铂金、珠宝饰品及礼品的批发、零售、佣金代理。				

企业名称	安东帕（上海）商贸有限公司				
企业地址	上海市静安区昌平路 710 号 713 室（200042）				
投资总额	30 万欧元	电　话	62887878	传　真	62887878
设立日期	2006-5-22	负 责 人	FRIEDRICH SANTNER		
主营业务	测量和分析仪器、设备、电子产品及其零配件的批发。				

企业名称	动力维珍商贸（上海）有限公司				
企业地址	上海市黄浦区福州路 518 号（200001）				
投资总额	500 万 USD	电　话		传　真	
设立日期	2006-5-22	负 责 人	ROBERT WALTER SAMUELSON		
主营业务	从事通讯器材、储值卡、移动电话配件及其装饰品的零售、批发。				

企业名称	慧炬贸易（上海）有限公司				
企业地址	上海市静安区昌平路 710 号 625 室（200041）				
投资总额	30 万 USD	电　话	64368638	传　真	64368638
设立日期	2006-5-22	负 责 人	陈健生		
主营业务	日用化妆品相关的化工原料（不含危险化学品）的批发及进出口业务。				

企业名称	上海栩峰贸易有限公司				
企业地址	上海市闵行区联明路 210 号 305 室（200451）				
投资总额	14 万 USD	电　话	64614324	传　真	64614314
设立日期	2006-5-19	负 责 人	江新发		
主营业务	纺织品及纺织原料（棉花除外）、金属制品、竹碳纤维居家用品的批发。				

企业名称	索斯科贸易（上海）有限公司				
企业地址	上海市闵行区莘庄工业园区金都路 3688 号 1 号楼 123 室（201103）				
投资总额	21 万 USD	电　话	64425890	传　真	64425770
设立日期	2006-5-19	负 责 人	THOMAS RUDOLF MEHLER		
主营业务	从事锁定系统产品、五金工具及其原材料、耗材、零部件的商品批发。				

企业名称	新翔国华商贸（上海）有限公司				
企业地址	上海市长宁区仙霞路 88 号太阳广场东 506A 室（200336）				
投资总额	100 万 RMB	电　话	62700348	传　真	62700340
设立日期	2006-5-18	负 责 人	森田喜雄		
主营业务	服装鞋帽、饰品、纺织品、日用百货的批发、佣金代理（拍卖除外）。				

企业名称	开德贸易（上海）有限公司				
企业地址	上海市浦东新区浦东南路 360 号 4 层 E 座（200120）				
投资总额	50 万欧元	电　话	61634588	传　真	61634582
设立日期	2006-5-18	负 责 人	MICHAEL ROHDE		
主营业务	电动及电子产品、配件、零件的批发、佣金代理（拍卖除外）。				

企业名称	指月狮子起（上海）贸易有限公司				
企业地址	上海市长宁区兴义路 8 号万都中心 3403 室（200336）				
投资总额	25 万 USD	电　话	52081618	传　真	52081658
设立日期	2006-5-18	负 责 人	木尾川泰彦		
主营业务	工业及民用电容器、显示操作盘及其零部件的批发；相关的佣金代理。				

企业名称	绍特拉斯（上海）贸易有限公司				
企业地址	上海市闵行区莘松路 850 弄 208 号（201100）				
投资总额	20 万欧元	电　话	64938611	传　真	64938611
设立日期	2006-5-18	负责人	OCCHETTI ALBERTO		
主营业务	工业机器设备及零部件的批发、佣金代理（拍卖除外）。				

企业名称	朗盛（上海）贸易有限公司				
企业地址	上海市张江高科技园区祖冲之路 899 号 8 号楼 401 室（201203）				
投资总额	300 万 USD	电　话	33184888	传　真	33184888
设立日期	2006-5-18	负责人	王永利		
主营业务	化工产品（不含危险化学品）及化学加工设备的商品批发、进出口。				

企业名称	爱洛富（上海）贸易有限公司				
企业地址	上海市徐汇区吴兴路 248 号乙（200030）				
投资总额	12.5 万 USD	电　话	53081888	传　真	53081888
设立日期	2006-5-18	负责人	LEONG YOON SIANGLEONG YOON SIANG		
主营业务	瓷器品、玻璃品、纺织品的零售与批发，上述商品的进出口及配套业务。				

企业名称	上海信元商贸有限公司				
企业地址	上海市长宁区延安西路 1590 号增泽世贸大厦 5 层 C 座（200072）				
投资总额	80 万 USD	电　话	62839172	传　真	62839176
设立日期	2006-5-18	负责人	HUR HONG SUNG		
主营业务	箱包、服装、鞋帽、服饰、纺织品、辅料、皮革制品、化妆品的批发。				

企业名称	将门商贸（上海）有限公司				
企业地址	上海市闸北区恒丰路 218 号 1105 室（200072）				
投资总额	500 万 RMB	电　话	52633331	传　真	62991767
设立日期	2006-5-18	负责人	王明沧		
主营业务	水晶琉璃制品材料、工艺礼品、装潢材料、日用百货、金属制品的批发。				

企业名称	百思买商业（上海）有限公司				
企业地址	上海市徐汇区肇嘉浜路 1077 号江山大厦 3-6 层（200030）				
投资总额	2231 万 USD	电　话	68873998	传　真	68877998
设立日期	2006-5-17	负责人	WEIMIN LU		
主营业务	电子电器产品，家居用品、计算机硬件和软件及相关配件的零售、批发。				

企业名称	日上无机过滤器贸易（上海）有限公司				
企业地址	上海市外高桥保税区奥纳路 79 号 1 号楼第二层 10 部位（200131）				
投资总额	50 万 USD	电　话	63500821	传　真	63500825
设立日期	2006-5-16	负责人	广东道博		
主营业务	超高性能过滤器、化学过滤器、无尘房设备、无机应用品的批发。				

企业名称	上海益海商贸有限公司				
企业地址	上海市浦东新区海徐路 939 号 5 幢 310 室（201200）				
投资总额	800 万 USD	电　话	61006006	传　真	68865308
设立日期	2006-5-16	负责人	郭孔丰		
主营业务	从事粮食（大米、水稻、小麦等）、食用和工业用动植物油料的批发。				

企业名称	布逸商贸（上海）有限公司				
企业地址	上海市徐汇区中山南二路 1007 号 805 室（200030）				
投资总额	20 万 USD	电　话	54590586	传　真	54590148
设立日期	2006-5-16	负责人	张　波		
主营业务	工艺品（文物除外）、箱包、鞋帽、纺织品的批发、佣金代理。				

企业名称	伟创力贸易（上海）有限公司				
企业地址	上海市嘉定区马陆镇永盛路 77 号—2（201801）				
投资总额	123 万 USD	电　话	39158000	传　真	59156743
设立日期	2006-5-16	负责人	MANNY MARIMUTHU		
主营业务	从事电子产品的批发、佣金代理（拍卖除外），上述商品的进出口业务。				

企业名称	新天时（上海）食品商贸有限公司				
企业地址	上海市徐汇区漕溪北路 18 号上实大厦 4G2 室（200030）				
投资总额	37 万 USD	电　话	62899996	传　真	62899996
设立日期	2006-5-15	负责人	冯　骏		
主营业务	经营调味品、保健食品、休闲食品、菌菇食品等食品的进出口和批发。				

企业名称	墨华国际贸易（上海）有限公司				
企业地址	上海市外高桥保税区泰谷路 88 号第五层 504 室（200131）				
投资总额	20 万 USD	电　话	64713062	传　真	64713016
设立日期	2006-5-15	负责人	VILLARROEL DE CASCOS JULIAN		
主营业务	国际贸易，转口贸易，保税区企业间的贸易及贸易代理。				

企业名称	法玛林珂国际贸易（上海）有限公司				
企业地址	上海市外高桥保税区富特西一路 333 号 6042 室（200131）				
投资总额	20 万 USD	电　话	53060001	传　真	63517323
设立日期	2006-5-15	负责人	RENAAT J.JANSSEN		
主营业务	国际贸易、转口贸易、保税区企业间的贸易及区内贸易代理。				

企业名称	高电社（上海）商贸有限公司				
企业地址	上海市徐汇区东安路 8 号 715 室（200032）				
投资总额	17 万 USD	电　话	64438600	传　真	64439138
设立日期	2006-5-15	负责人	CHO HENG IL		
主营业务	计算机软硬件、电子产品、办公用品、工艺礼品、家用电器的批发。				

企业名称	马波斯（上海）商贸有限公司				
企业地址	上海市徐汇区宜山路 900 号科技大厦 2 幢 18 楼（200233）				
投资总额	25.2 万 USD	电　话	54234999	传　真	54234997
设立日期	2006-5-15	负责人	MARIO D'ANTONIO		
主营业务	测量设备和仪器、用作测试测量仪的设备及其相关产品的进出口、批发。				

企业名称	都乐（上海）水果蔬菜贸易有限公司				
企业地址	上海市浦东新区川银路 176 号（201200）				
投资总额	25 万 USD	电　话	58485411	传　真	58485411
设立日期	2006-5-15	负责人	KENNETH ALLEN ROGERS JR		
主营业务	从事各种新鲜水果蔬菜产品及其制成产品和饮料的进出口、批发。				

企业名称	上海毅塑兴塑胶原料商贸有限公司				
企业地址	上海市浦东新区杨高北路 528 号 18 幢 101 室（200131）				
投资总额	40 万 USD	电　话	64400658	传　真	64400373
设立日期	2006-5-15	负责人	廖秀丽		
主营业务	塑胶原料、色粉、色母料助剂及塑料成形加工辅助设备的批发。				

企业名称	埃赫曼康密劳（上海）贸易有限公司				
企业地址	上海市浦东新区银城中路 200 号 2612 室（200120）				
投资总额	1000 万 RMB	电　话	61006161	传　真	61006160
设立日期	2006-5-12	负责人	常　识		
主营业务	锰矿、有色金属原料及制成品、铁合金、仪器仪表、劳保用品的批发。				

企业名称	海吉亚莱（上海）国际贸易有限公司				
企业地址	上海市外高桥保税区杨高北路 2001 号市场商务楼 1 层 106C 室（200131）				
投资总额	20 万 USD	电　话	50270366	传　真	50270366
设立日期	2006-5-11	负责人	JIMMY WANG		
主营业务	国际贸易，转口贸易，保税区内企业间的贸易及区内贸易代理。				

企业名称	上海上晓商贸有限公司				
企业地址	上海市长宁区金钟路 658 弄四号楼 501 室（200335）				
投资总额	15 万 USD	电　话	59778288	传　真	59778316
设立日期	2006-5-11	负责人	黄　河		
主营业务	服装、服饰、服装面料及辅料、床上用品、日用百货的批发。				

企业名称	唯宝贸易（上海）有限公司				
企业地址	上海市长宁区延安西路 2299 号世贸商城 10A28、10A30（200336）				
投资总额	14 万欧元	电　话	61169588	传　真	61169599
设立日期	2006-5-10	负责人	FRANK GORING		
主营业务	瓷砖、卫生洁具、康体设备、家居和陶瓷用品的批发、进出口。				

企业名称	科律表面处理（上海）有限公司				
企业地址	上海市外高桥保税区富特东一路 168 号 B1 部位（200131）				
投资总额	20 万 USD	电　话	58691292	传　真	58692179
设立日期	2006-5-10	负责人	KAUKO TULINIEMI		
主营业务	保税区内提供电镀、抛光、抗磨涂层为主的表面处理加工，产品的销售。				

企业名称	起领商贸（上海）有限公司				
企业地址	上海市徐汇区漕宝路 80 号 D 座 1403 室（200235）				
投资总额	10 万 USD	电　话	64325350	传　真	64326650
设立日期	2006-5-10	负责人	CHOI SEONG WOOK		
主营业务	家电、电子产品、电子元件及其他配件、建筑材料、装饰材料的批发。				

企业名称	翌阳国际贸易（上海）有限公司				
企业地址	上海市外高桥保税区奥纳路 79 号第二层 2086 室（200135）				
投资总额	13 万 USD	电　话	28719000	传　真	58695010
设立日期	2006-5-10	负责人	寺下保		
主营业务	国际贸易、转口贸易、保税区企业间贸易及区内贸易代理。				

企业名称	法远建商贸（上海）有限公司				
企业地址	上海市静安区愚园路 172 号环球大厦 8 层 801 室（200040）				
投资总额	25 万 USD	电话	62486322	传真	62491238
设立日期	2006-5-10	负责人	邓晓文		
主营业务	从事家具组件、儿童服装、调制解调器、文化办公用品及设备的批发。				

企业名称	上海正禹贸易有限公司				
企业地址	上海市长宁区中山西路 1277 号海螺大厦 1 号楼 617 室 （200051）				
投资总额	13 万 USD	电话	62096086	传真	62092338
设立日期	2006-5-10	负责人	DONG HYUK		
主营业务	货架及配件、商品标价牌及配件、商品陈列用具及配件的批发、进出口。				

企业名称	爱斯英特而贸易（上海）有限公司				
企业地址	上海市长宁区延安西路 726 号华敏翰尊国际 19 楼 F 座（200050）				
投资总额	20 万 USD	电话	52381881	传真	52380603
设立日期	2006-5-10	负责人	张淳子		
主营业务	机电设备及零配件、仪器仪表、电子材料及零部件、橡塑产品的批发。				

企业名称	卡尔迪克（上海）贸易有限公司				
企业地址	上海市浦东新区福山路 458 号 1403 室 （200122）				
投资总额	10 万欧元	电话	50816833	传真	50817933
设立日期	2006-5-10	负责人	赵家喜		
主营业务	从事工业化学原料、化学试剂及生物化学制品、家居产品的批发。				

企业名称	利安德（上海）商贸有限公司				
企业地址	上海市浦东新区浦东南路 588 号 18 楼 B 至 I 室（200120）				
投资总额	35 万 USD	电话	58798820	传真	58798837
设立日期	2006-5-10	负责人	杨成诚（CHARLES CHEN CHEN YANG）		
主营业务	从事化工产品（不含危险化学品）的进出口、批发、佣金代理。				

企业名称	恒益隆贸易（上海）有限公司				
企业地址	上海市外高桥保税区奥纳路 79 号 1 号楼四层 401 室（200131）				
投资总额	20 万 USD	电话	59563388	传真	59563169
设立日期	2006-5-10	负责人	游仲华		
主营业务	化学原料、高分子材料、化学工业产品的国际贸易、转口贸易。				

企业名称	施芙姆三成卡秀（上海）汽车涂料贸易有限公司				
企业地址	上海市浦东新区浦东南路 588 浦发大厦 24 楼 J 室（200121）				
投资总额	20 万 USD	电话		传真	
设立日期	2006-5-10	负责人	DONG SEOK		
主营业务	汽车涂料产品及相关产品的批发、佣金代理（拍卖除外）。				

企业名称	星朋商贸（上海）有限公司				
企业地址	上海市长宁区愚园路 1240 号绿地大厦 1512 室（200050）				
投资总额	20 万 USD	电话	52372778	传真	52372780
设立日期	2006-5-10	负责人	大桥孝夫		
主营业务	纺织品、针织品及原料、服装、鞋帽、日用杂货、体育用品的批发。				

企业名称	宝沪国际贸易（上海）有限公司				
企业地址	上海市外高桥保税区基隆路 1 号塔楼 22 层 2213-2215 室（200131）				
投资总额	70 万 USD	电话	58692018	传真	58692016
设立日期	2006-5-9	负责人	伍仕钧		
主营业务	国际贸易、转口贸易、保税区内企业间的贸易及区内贸易代理。				

企业名称	威逊贸易（上海）有限公司				
企业地址	上海市外高桥保税区冰克路 500 号 305 室（200131）				
投资总额	15 万 USD	电话	58301538	传真	50381647
设立日期	2006-5-9	负责人	DANIEL PATRICK WRIGHT		
主营业务	国际贸易、转口贸易、保税区企业间的贸易及贸易代理。				

企业名称	可纬化工贸易（上海）有限公司				
企业地址	上海市外高桥保税区新灵路 118 号 1011B 室（200131）				
投资总额	10 万 USD	电话	64665011	传真	64665950
设立日期	2006-5-9	负责人	LIM SWEE MENG		
主营业务	货物及技术进出口（不含分销及国家禁止项目）；国际贸易、转口贸易。				

企业名称	世富贸易（上海）有限公司				
企业地址	上海市浦东南路 1088 号 1407 室（200120）				
投资总额	20 万 USD	电话	68193386	传真	68193396
设立日期	2006-5-9	负责人	CHOON-HEANG LIEW		
主营业务	食品添加剂、调味品、茶叶及咖啡的批发。				

企业名称	上海相茶贸易有限公司				
企业地址	上海市浦东新区浦东南路 1271-1289 号（200122）				
投资总额	15 万 USD	电话	58609335	传真	58523551
设立日期	2006-5-9	负责人	荒俣赤日		
主营业务	从事服饰、针织衫、纺织品、床上用品、箱包的批发、佣金代理。				

企业名称	卫利净化产品（上海）有限公司				
企业地址	上海市外高桥保税区泰谷路 88 号丰谷大厦 4 楼 A1 部位（200131）				
投资总额	100 万港币	电话	58680156	传真	58663026
设立日期	2006-5-9	负责人	杨家齐		
主营业务	保税区内生产及制造无尘净化系列产品、防静电产品，销售自产产品。				

企业名称	幸行国际贸易（上海）有限公司				
企业地址	上海市外高桥保税区日京路 35 号 9 楼 9002 室（200131）				
投资总额	20 万 USD	电话	62375480	传真	62375481
设立日期	2006-5-9	负责人	小玉裕		
主营业务	国际贸易、转口贸易、保税区内企业间贸易及区内贸易代理。				

企业名称	新约盛（上海）国际贸易有限公司				
企业地址	上海市外高桥保税区新灵路 118 号国际商贸大厦 1616 室（200131）				
投资总额	12.8 万 USD	电话	64699150	传真	64699150
设立日期	2006-5-9	负责人	廖申		
主营业务	国际贸易、转口贸易、保税区企业间的贸易及区内贸易代理。				

企业名称	弘人国际贸易（上海）有限公司				
企业地址	上海市外高桥保税区泰谷路 18 号 1 号楼 1615A 室（200131）				
投资总额	13 万 USD	电话	64663047	传真	64663047
设立日期	2006-5-9	负责人	山口弘人		
主营业务	国际贸易、转口贸易、保税区企业间的贸易及区内贸易代理。				

企业名称	上海中墨樽妮龙舌兰商贸有限公司				
企业地址	上海市浦东新区成山路 220 号 1604 室（200129）				
投资总额	100 万 USD	电话	50560409	传真	50560409
设立日期	2006-5-8	负责人	濮勇		
主营业务	酒类批发及进出口贸易（非实物方式）；佣金代理（拍卖除外）。				

企业名称	爱蒲聚氨酯化工贸易（上海）有限公司				
企业地址	上海市奉贤区工业综合开发区奉浦大道 111 号 A002 室 （201120）				
投资总额	20 万 USD	电话	62878801	传真	62878802
设立日期	2006-5-8	负责人	陈勇铭		
主营业务	从事化工原料、化工产品及其他相关包装容器、包装材料的批发。				

企业名称	勒毕捷贸易（上海）有限公司				
企业地址	上海市虹口区物华路 58 号 506 室（200020）				
投资总额	50 万 USD	电话	64734062	传真	64734143
设立日期	2006-5-8	负责人	王守鸿		
主营业务	户内及户外运动器材、五金交电的批发、佣金代理（拍卖除外）。				

企业名称	宝龙油墨贸易（上海）有限公司				
企业地址	上海市浦东新区张江高科技园区爱迪生路 330 号 101 室（201203）				
投资总额	15 万欧元	电话	68868335	传真	68868021
设立日期	2006-5-8	负责人	WERNER PORT		
主营业务	丝印油墨和移印油墨的进出口及批发、佣金代理（拍卖除外）。				

企业名称	诺凯化工贸易（上海）有限公司				
企业地址	上海市黄浦区人民路 885 号淮海中华大厦 1804 室（200010）				
投资总额	20 万 USD	电话	63915951	传真	63915951
设立日期	2006-5-8	负责人	ALAN NICHOLSON		
主营业务	化学品及其原材料（危险化学品除外）的批发、进出口、佣金代理。				

企业名称	上海三都贸易有限公司				
企业地址	上海市长宁区中山西路 1279 弄 6、8 号 539 室（200051）				
投资总额	17 万 USD	电话	62085522	传真	62085522
设立日期	2006-5-8	负责人	李创国		
主营业务	从事电子电器产品、金属制品、日用百货、点钞机的批发、佣金代理。				

企业名称	古特曼商贸（上海）有限公司				
企业地址	上海市浦东新区科苑路 88 号上海德国中心 657 单元（201203）				
投资总额	13.5 万 USD	电话	65199429	传真	35121634
设立日期	2006-5-8	负责人	CLEMENS R.P.GUTERMANN		
主营业务	从事缝纫线、饰品、手工自制品及其辅助日用品的进出口、批发。				

企业名称	英和双合仪器商贸（上海）有限公司				
企业地址	上海市长宁区娄山关路83号新虹桥中心大厦2805室（200336）				
投资总额	1亿日元	电　　话	62369321	传　　真	62369129
设立日期	2006-5-8	负 责 人	阿部健治		
主营业务	控制仪器、各种泵和压缩机、计测量仪器、搬运机器和附属品的批发。				

企业名称	上海丰宝贸易有限公司				
企业地址	上海市青浦区胜利路588号（201700）				
投资总额	100万USD	电　　话	54220299	传　　真	54221255
设立日期	2006-4-27	负 责 人	朱玉峰		
主营业务	从事电子元器件、模块的批发、佣金代理（拍卖除外）。				

企业名称	上海翼力贸易有限公司				
企业地址	上海市浦东新区浦东大道2056号7017室（200135）				
投资总额	15万USD	电　　话	64411897	传　　真	64411897
设立日期	2006-5-8	负 责 人	常中坚		
主营业务	制冷设备、陶瓷洁具、液晶显示器及周边设备和零件、服饰鞋帽的批发。				

企业名称	盛腾菲商贸（上海）有限公司				
企业地址	上海市长宁区哈密路104号2楼5单元（200335）				
投资总额	20万USD	电　　话	58342818	传　　真	58342838
设立日期	2006-4-27	负 责 人	尤文极		
主营业务	金属材料、电子产品、日用百货、五金交电、汽摩配件的批发。				

企业名称	湖石化学贸易（上海）有限公司				
企业地址	上海市浦东新区浦东南路588号22层F单元（200036）				
投资总额	65万USD	电　　话	58796116	传　　真	58796736
设立日期	2006-5-8	负 责 人	洪起亨		
主营业务	化工原料的批发和进出口（不含危险化学品）。				

企业名称	富士通将军东方国际商贸（上海）有限公司				
企业地址	上海市浦东新区浦东南路999号11楼B座（200120）				
投资总额	250万USD	电　　话	69521666	传　　真	68820992
设立日期	2006-4-27	负 责 人	广崎久树		
主营业务	空调、影像显示器及其零部件、附属部件及相关产品的批发、佣金代理。				

企业名称	迪杰特威（上海）商贸有限公司				
企业地址	上海市浦东新区张杨路838号华都大厦23楼E座　（200122）				
投资总额	21万USD	电　　话	50391451	传　　真	50391436
设立日期	2006-5-8	负 责 人	郭炯旭		
主营业务	数码音乐播放器、数码电子影像储存器及软件批发、佣金代理。				

企业名称	上海三丰杉荣商贸有限公司				
企业地址	上海市天目西路547号恒基不夜城广场联通国际大厦1810室(200070)				
投资总额	20万USD	电　　话	63536941	传　　真	63536943
设立日期	2006-4-27	负 责 人	黄孟荣		
主营业务	树脂及合成橡胶制品、模具、汽车零部件、机械零部件的进出口。				

企业名称	上海凯德消防产品贸易有限公司				
企业地址	上海市浦东新区唐镇唐安路998号一号楼二楼B室（201203）				
投资总额	450万USD	电　　话	58963468	传　　真	58964304
设立日期	2006-5-8	负 责 人	DEREK JAMES ADDISON		
主营业务	从事燃烧控制装置、喷水灭火装置、气体灭火装置、防爆装置的批发。				

企业名称	上海斯凯达生活用品商贸有限公司				
企业地址	上海市浦东新区佳林路655号408室（201206）				
投资总额	20万USD	电　　话	58542441	传　　真	64281399
设立日期	2006-4-27	负 责 人	鸿池良一		
主营业务	从事各类生活用品、文化用品、餐具厨具、小装饰品的进出口和批发。				

企业名称	太兴贸易（上海）有限公司				
企业地址	上海市浦东新区张杨路228号2412室（200120）				
投资总额	14万USD	电　　话	58407656	传　　真	58408486
设立日期	2006-5-8	负 责 人	LEE TAE HAN		
主营业务	小型机械设备及其配件；电子及电子元器件、化妆品的进出口、批发。				

企业名称	上海大纺国际贸易有限公司				
企业地址	上海市外高桥保税区泰谷路88号511室（200131）				
投资总额	14万USD	电　　话	62702489	传　　真	62702489
设立日期	2006-4-26	负 责 人	陈正刚		
主营业务	国际贸易、转口贸易、保税区内企业间的贸易及贸易代理。				

企业名称	上海泛韩贸易有限公司				
企业地址	上海市长宁区荣华东道96号507室（201103）				
投资总额	14万USD	电　　话	62095934	传　　真	61104521
设立日期	2006-5-8	负 责 人	PARK CHANG WON		
主营业务	染料、染色化学药品、染料中间体等产品的进出口，批发。				

企业名称	优尚麒国际贸易（上海）有限公司				
企业地址	上海市外高桥保税区冰克路500号1029室（200131）				
投资总额	6.5万USD	电　　话	58693005	传　　真	63264069
设立日期	2006-4-26	负 责 人	由良秀明		
主营业务	国际贸易、转口贸易、保税区企业间贸易及贸易代理。				

企业名称	上海涛曼斯商贸有限公司				
企业地址	上海市浦东新区杨高北路528号16幢190室　（200131）				
投资总额	100万RMB	电　　话	54997912	传　　真	54997910
设立日期	2006-4-30	负 责 人	YOO JAE HYUN		
主营业务	服装及辅料、五金制品、玩具、文体用品、礼品、日用百货的批发。				

企业名称	保格国际贸易（上海）有限公司				
企业地址	上海市外高桥保税区富特西一路459号B座楼三层314室（200131）				
投资总额	6.3万USD	电　　话	63865900	传　　真	63867258
设立日期	2006-4-26	负 责 人	谭晓燕		
主营业务	货物及技术进出口（不含分销及国家禁止项目）；国际贸易、转口贸易。				

企业名称	泰嵩商贸（上海）有限公司				
企业地址	上海市浦东新区商城路738号902室　（200120）				
投资总额	15万USD	电　　话	58358285	传　　真	58358567
设立日期	2006-4-28	负 责 人	SIEW QUEN THONG		
主营业务	木浆纤维、无纺布、金属制鞋材料的批发、佣金代理（拍卖除外）。				

企业名称	宏记国际贸易（上海）有限公司				
企业地址	上海市外高桥保税区泰谷路18号1号楼11层1115A室（200131）				
投资总额	20万USD	电　　话	57784292	传　　真	57784207
设立日期	2006-4-25	负 责 人	胡为群		
主营业务	国际贸易、转口贸易、保税区企业间贸易及区内贸易代理。				

企业名称	润辉贸易（上海）有限公司				
企业地址	上海市长宁区虹桥路996弄45号3楼303室（200051）				
投资总额	100万USD	电　　话	32098318	传　　真	32093845
设立日期	2006-4-28	负 责 人	刘福洲		
主营业务	服装、服饰、皮制品及相关配件和礼品的零售和批发。				

企业名称	上海时汇商贸有限公司				
企业地址	上海市徐汇区零陵路899号飞洲国际广场11K室（200030）				
投资总额	150万港币	电　　话	64459955	传　　真	64339389
设立日期	2006-4-25	负 责 人	杨文展		
主营业务	钟表、金银珠宝首饰、打火机、文具及零部件的零售。				

企业名称	欧文斯伊利诺斯贸易（上海）有限公司				
企业地址	上海市长宁区天山西路789号342室（200335）				
投资总额	65万USD	电　　话	64762045	传　　真	64531513
设立日期	2006-4-28	负 责 人	李　青		
主营业务	从事玻璃及其相关材料、设备的批发和佣金代理。				

企业名称	好俪姿（上海）服饰商贸有限公司				
企业地址	上海市杨浦区杨树浦路2310号305室（200090）				
投资总额	40万USD	电　　话	62150662	传　　真	52130899
设立日期	2006-4-25	负 责 人	江尻义久		
主营业务	服饰制品、针纺织品的批发，自营商品的进出口业务。				

企业名称	罗洛皮雅纳（上海）商贸有限公司				
企业地址	上海市浦东新区峨山路613号第6幢442室（200127）				
投资总额	30万欧元	电　　话	63217951	传　　真	63219544
设立日期	2006-4-27	负 责 人	BALDANZA PAOLO		
主营业务	从事羊毛羊绒、精细毛绒、纱线、布料、服装及其配件的批发、零售。				

企业名称	赛谱敦（上海）贸易有限公司				
企业地址	上海市长宁区延安西路1228弄2号10楼L室（200052）				
投资总额	20万USD	电　　话	62827154	传　　真	62830254
设立日期	2006-4-25	负 责 人	HENRI SCHILLER		
主营业务	牙科医疗器械及相关配件的批发、上述商品进出口、佣金代理。				

企业名称	丝鸟贸易（上海）有限公司				
企业地址	上海市黄浦区延安东路 45 号工商联大厦 1511-1512 室（200002）				
投资总额	30 万 USD	电　话	63373692	传　真	63373694
设立日期	2006-4-25	负 责 人	中岛宽毅		
主营业务	服装、布料、皮毛制品及相关产品的进出口、批发、佣金代理。				

企业名称	伊升机电贸易（上海）有限公司				
企业地址	上海市长宁区仙霞路 317 号远东国际广场 B 幢 1815 室（200051）				
投资总额	2000 万日元	电　话	62350279	传　真	62351769
设立日期	2006-4-25	负 责 人	伊东隆		
主营业务	机电设备及相关产品的进出口、批发；佣金代理（拍卖除外）。				

企业名称	赛普（上海）电缆贸易有限公司				
企业地址	上海市浦东新区商城路 800 号 403 室（200122）				
投资总额	150 万 RMB	电　话	68868335	传　真	68868021
设立日期	2006-4-25	负 责 人	PETER RICHARD BROCKSKES		
主营业务	电缆及其相关零部件的批发、佣金代理（拍卖除外）。				

企业名称	大仓商贸（上海）有限公司				
企业地址	上海市卢湾区南塘滨路 103 号 225 室 B 座（200020）				
投资总额	240 万 USD	电　话	62700643	传　真	62700645
设立日期	2006-4-25	负 责 人	米田民雄		
主营业务	各种纸张、板纸、特殊纸制品、制纸原料、塑料、电子部件的批发。				

企业名称	伊友商贸（上海）有限公司				
企业地址	上海市卢湾区瑞金南路 1 号海兴广场 19 楼 E 座（200023）				
投资总额	20 万 USD	电　话	64188001	传　真	64183009
设立日期	2006-4-25	负 责 人	佐尾修		
主营业务	衣料、服饰及其配件的批发、进出口、佣金代理（拍卖除外）。				

企业名称	东研（上海）电子贸易有限公司				
企业地址	上海市长宁区中山西路 555 号绿洲大厦 1018 室（200051）				
投资总额	100 万 RMB	电　话	62414845	传　真	62417746
设立日期	2006-4-25	负 责 人	小平学		
主营业务	从事条形码扫描设备、打印设备、软 X 射线显微检测设备的批发。				

企业名称	八益（上海）国际贸易有限公司				
企业地址	上海市外高桥保税区台中南路 2 号新贸楼 256 室（200131）				
投资总额	20 万 USD	电　话	62350296	传　真	62350585
设立日期	2006-4-25	负 责 人	金庆仁		
主营业务	国际贸易、转口贸易、保税区企业间的贸易及贸易代理。				

企业名称	贝喜得国际贸易（上海）有限公司				
企业地址	上海市外高桥保税区日京路 35 号凯兴大楼 1019 室（200131）				
投资总额	14 万 USD	电　话	61506059	传　真	64041996
设立日期	2006-4-24	负 责 人	WANG YU BEI QING		
主营业务	国际贸易、转口贸易、保税区内企业间的贸易及贸易代理。				

企业名称	派索国际贸易（上海）有限公司				
企业地址	上海市外高桥保税区基隆路 1 号汤臣国贸大厦 1413 室（200131）				
投资总额	12.5 万 USD	电　话	58692915	传　真	58692916
设立日期	2006-4-24	负 责 人	PEDRAM SOLTANI		
主营业务	国际贸易、转口贸易、保税区企业间的贸易及贸易代理。				

企业名称	日松贸易（上海）有限公司				
企业地址	上海市普陀区顺义路 18 号 1907 室（200063）				
投资总额	3800 万日元	电　话	52362702	传　真	52362703
设立日期	2006-4-24	负 责 人	杉本隆		
主营业务	化工产品及设备、电子产品、五金制品、化妆品、服装服饰的批发。				

企业名称	赛克包装贸易（上海）有限公司				
企业地址	上海市卢湾区徐家汇路 430 号上海电力大楼 3 楼 304 室　（200025）				
投资总额	7 万 USD	电　话	51523838	传　真	51523839
设立日期	2006-4-21	负 责 人	敖子超		
主营业务	从事包装工具、设备及材料的批发、佣金代理（拍卖除外）、进出口。				

企业名称	顺禹翰宏贸易（上海）有限公司				
企业地址	上海市浦东新区德州路 270 号 405 室　（200122）				
投资总额	35 万 USD	电　话	50366636	传　真	50366255
设立日期	2006-4-21	负 责 人	陈福妹		
主营业务	各类人参制品、日用品、化妆品、服装鞋帽、服饰的批发。				

企业名称	荣彬商贸（上海）有限公司				
企业地址	上海市徐汇区中山西路 1800 号 221 室（200235）				
投资总额	15 万 USD	电　话	64401681	传　真	64401682
设立日期	2006-4-21	负 责 人	陆蔚莲		
主营业务	服装、面料的批发、佣金代理（拍卖除外）和上述商品的进出口业务。				

企业名称	英潍捷基（上海）贸易有限公司				
企业地址	上海市徐汇区虹桥路 1 号港汇中心一座 4010 室（200030）				
投资总额	300 万 USD	电　话	61452000	传　真	64482583
设立日期	2006-4-21	负 责 人	Ben Chung-Bin Hwang		
主营业务	配套的、应用于生物科技与生物医疗研究和相关配套测试设备的批发。				

企业名称	上海创美凯威奇涂料商贸有限公司				
企业地址	上海市长宁区延安西路 2067 号仲盛金融中心 901 室（200335）				
投资总额	42 万欧元	电　话	62097839	传　真	62957577
设立日期	2006-4-21	负 责 人	LARSOWE　BUSCHING		
主营业务	从事涂料产品及相关原料和设备的批发、佣金代理（拍卖除外）。				

企业名称	杜威维亚商业（上海）有限公司				
企业地址	上海市静安区南京西路 1266 号恒隆广场 430 室（200040）				
投资总额	15 万 USD	电　话	62881186	传　真	51062368
设立日期	2006-4-21	负 责 人	LE FLOCH CEDRIC		
主营业务	家具、沙发、灯具灯饰、工艺美术品、家用电器、厨房设备及用具零售。				

企业名称	迪埃尔维（上海）流体控制商贸有限公司				
企业地址	上海市徐汇区漕宝路 103 号自动化仪表城 1201 室（200030）				
投资总额	20 万 USD	电　话	64828622	传　真	64828623
设立日期	2006-4-21	负 责 人	NGAI YUE TAN		
主营业务	从事流体控制设备及其零配件的批发、佣金代理（拍卖除外）。				

企业名称	精工眼镜商贸（上海）有限公司				
企业地址	上海市静安区陕西北路 66 号 2001 室（200041）				
投资总额	43 万 USD	电　话	52287676	传　真	52288602
设立日期	2006-4-21	负 责 人	寺田均		
主营业务	镜片、镜框、太阳眼镜、眼镜加工机器、计算机和软件的批发。				

企业名称	上海慧乐商贸有限公司				
企业地址	上海市浦东南路 855 号 33 楼 B 座　（200120）				
投资总额	30 万 USD	电　话	58822131	传　真	58369070
设立日期	2006-4-20	负 责 人	孙建和		
主营业务	化妆品、护肤品、家用电器、玩具、运动器械、日用百货、鞋类的批发。				

企业名称	康派克（上海）贸易有限公司				
企业地址	上海市徐汇区虹漕路 461 号 56 幢 7 层部分（200233）				
投资总额	14 万 USD	电　话	54263480	传　真	54263481
设立日期	2006-4-20	负 责 人	RALF MANGER		
主营业务	仓储及物流承载用品的批发、佣金代理（拍卖除外）。				

企业名称	传恩（上海）贸易有限公司				
企业地址	上海市浦东新区商城路 800 号 14 楼 1402A 室（200120）				
投资总额	20 万 USD	电　话	64262378	传　真	64262368
设立日期	2006-4-20	负 责 人	HSU SHENG CHIANG（许盛强）		
主营业务	从事食品、保健品、家用电器的进出口、批发、佣金代理（拍卖除外）。				

企业名称	上海宝莱多贸易有限公司				
企业地址	上海市闵行区虹梅南路 1755 弄 C 区 10 号　（200237）				
投资总额	100 万 RMB	电　话	57960584	传　真	57960584
设立日期	2006-4-19	负 责 人	BRINKMANN HANS JOACHIM		
主营业务	表面处理产品以及相关产品的批发和进出口。				

企业名称	上海登洛普贸易有限公司				
企业地址	上海市闵行区虹梅路 3211 号泰豪大厦 5A-1（201103）				
投资总额	30 万 USD	电　话	64050196	传　真	64050176
设立日期	2006-4-19	负 责 人	JOSEPH MICHAEL LAND		
主营业务	从事缝纫机及其相关设备、零部件和维护清洁用品的批发、佣金代理。				

企业名称	捷灏鼎国际贸易（上海）有限公司				
企业地址	上海市外高桥保税区泰谷路 169 号 A 座 303 室（200131）				
投资总额	13 万 USD	电　话	32083397	传　真	52729789
设立日期	2006-4-18	负 责 人	TEO WEE LING（张伟霖）		
主营业务	国际贸易、转口贸易、保税区内企业间的贸易及贸易代理。				

企业名称	普隆国际贸易（上海）有限公司				
企业地址	上海市外高桥保税区泰谷路 18 号 1 号楼 11 层 1101B 室（200131）				
投资总额	14 万 USD	电　　话	55381507	传　　真	55381507
设立日期	2006-4-18	负 责 人	ANDERSEN CLAUS		
主营业务	国际贸易、转口贸易、保税区企业间的贸易及贸易代理。				

企业名称	搏力谋（上海）商贸有限公司				
企业地址	上海市长宁区延安西路 719 号 1102-E 室　（200050）				
投资总额	50 万 USD	电　　话	54450601	传　　真	54450602
设立日期	2006-4-18	负 责 人	MATTHIAS HAAS		
主营业务	风应用执行器、水应用执行器、阀及其原材料和零部件的批发。				

企业名称	迈帝（上海）化工贸易有限公司				
企业地址	上海市浦东新区花园石桥路 33 号花旗集团大厦 803 室　（200120）				
投资总额	800 万 USD	电　　话	58825658	传　　真	58826865
设立日期	2006-4-18	负 责 人	张绍文		
主营业务	从事化工品及化工原料（不含危险化学品）、塑料、陶瓷产品的批发。				

企业名称	爱贝贝（上海）时装商业有限公司				
企业地址	上海市浦东新区世纪大道 88 号金茂大厦 31 楼 3136 室（200121）				
投资总额	10 万欧元	电　　话	28909630	传　　真	28909999
设立日期	2006-4-18	负 责 人	GIANMARCO GABRIELI		
主营业务	从事儿童服装、鞋类、配饰及其他儿童用品的零售、进出口和配套服务。				

企业名称	上海款款国际贸易有限公司				
企业地址	上海市外高桥保税区富特西一路 333 号长城大厦六层 6025 室(200131)				
投资总额	12.5 万 USD	电　　话	54275858	传　　真	64959161
设立日期	2006-4-17	负 责 人	陈昭诚		
主营业务	国际贸易、转口贸易、保税区企业间的贸易及区内贸易代理。				

企业名称	艾弗缇贸易（上海）有限公司				
企业地址	上海市徐汇区漕溪路 251 弄 6 号　（200030）				
投资总额	65 万 USD	电　　话	64513277	传　　真	64513278
设立日期	2006-4-17	负 责 人	张国昌		
主营业务	从事厨卫产品、水龙头、电器、五金器材、家具、陶瓷玻璃器皿的批发。				

企业名称	杰研贸易（上海）有限公司				
企业地址	上海市浦东新区商城路 800 号 723 室（200120）				
投资总额	14 万 USD	电　　话	58356975	传　　真	58356976
设立日期	2006-4-17	负 责 人	江一卿		
主营业务	绝缘材料、橡胶塑胶、温控器、温感器、机器设备、五金化工的批发。				

企业名称	小永光学商贸（上海）有限公司				
企业地址	上海市静安区江宁路 495 号 1006 室（200041）				
投资总额	1500 万日元	电　　话	51156725	传　　真	51156711
设立日期	2006-4-17	负 责 人	小永纯一		
主营业务	眼镜（不包含隐形眼镜）、眼镜制品和眼镜相关用品的批发、佣金代理。				

企业名称	上海一吉商贸有限公司				
企业地址	上海市浦东新区陆家嘴路 66 号 2410 室（200120）				
投资总额	20 万 USD	电　　话	58827399	传　　真	58827397
设立日期	2006-4-17	负 责 人	片寄猛		
主营业务	化妆品、卫浴用品、日用品、家具及上述相关商品的批发、进出口。				

企业名称	欧智卡信息系统商贸（上海）有限公司				
企业地址	上海市长宁区延安西路 2299 号上海世贸商城 1504 室（200336）				
投资总额	100 万 USD	电　　话	62363299	传　　真	62363272
设立日期	2006-4-17	负 责 人	鹤见裕信		
主营业务	计算机硬件及周边设备、通信设备、办公设备、软件的批发、进出口。				

企业名称	上鼎（上海）贸易有限公司				
企业地址	上海市徐汇区中山西路 1800 号兆丰环球大厦 27D、E1、E2、F1(200233)				
投资总额	100 万 USD	电　　话	64401881	传　　真	64401880
设立日期	2006-4-17	负 责 人	杨金钱		
主营业务	从事各类窗帘、门帘和装饰杆及相关零配件、家饰用纺织品的批发。				

企业名称	依博贸易（上海）有限公司				
企业地址	上海市长宁区中山西路 555 号绿洲大厦 1001、1016 室（200051）				
投资总额	20 万 USD	电　　话	62860831	传　　真	62860832
设立日期	2006-4-17	负 责 人	JOSEF HILMER		
主营业务	汽车配件产品及相关产品的批发、佣金代理（拍卖除外）。				

企业名称	伟尔格罗普贸易（上海）有限公司				
企业地址	上海市长宁区虹梅路 3721 号 850 室（201103）				
投资总额	62 万 USD	电　　话	62375660	传　　真	62375661
设立日期	2006-4-17	负 责 人	PHILIP JOHN CLIFTON		
主营业务	从事工业阀门设备产品、泵设备产品及其原材料、耗材和零部件的批发。				

企业名称	微芯商贸（上海）有限公司				
企业地址	上海市徐汇区长乐路 989 号 21 层 07 室（200031）				
投资总额	25 万 USD	电　　话	54075533	传　　真	54075066
设立日期	2006-4-17	负 责 人	GORDON WATTERS PARNELL		
主营业务	从事集成电路、半导体及其他微电子电路产品的批发及佣金代理。				

企业名称	上海沃玛锦贸易有限公司				
企业地址	上海市浦东新区浦电路 438 号 701C 座　（200120）				
投资总额	30 万 USD	电　　话	53022527	传　　真	53027727
设立日期	2006-4-13	负 责 人	AHMAD ALAMEDDINE		
主营业务	服装设计、裘皮大衣、皮革与仿皮服饰及制品、纺织品、皮革的批发。				

企业名称	意杰商贸（上海）有限公司				
企业地址	上海市静安区万航渡路 83 号 1202 室（200040）				
投资总额	30 万欧元	电　　话	62880991	传　　真	62880992
设立日期	2006-4-13	负 责 人	RAIMONDO ANDREA GISSARA		
主营业务	食品加工设备、化妆品、日用品、家具用品、灯具的批发。				

企业名称	上海盛松水产贸易有限公司				
企业地址	上海市长宁区遵义路 100 号 B 栋 1883 室（200051）				
投资总额	30 万 USD	电　　话	62371133	传　　真	62370608
设立日期	2006-4-13	负 责 人	森松敏		
主营业务	水产品、水产加工食品、冷冻食品及餐厅用调味料、厨房用品的批发。				

企业名称	瑞中金属贸易（上海）有限公司				
企业地址	上海市浦东新区福山路 519 号 209 室（200120）				
投资总额	20 万 USD	电　　话	58203533	传　　真	50581792
设立日期	2006-4-13	负 责 人	中山喜德		
主营业务	金属材料、金属制品以及相关产品的进出口、批发、佣金代理。				

企业名称	爱系思建筑材料贸易（上海）有限公司				
企业地址	上海市浦东新区浦东南路 1950 号 268 室（200030）				
投资总额	50 万 USD	电　　话	54256402	传　　真	54256401
设立日期	2006-4-13	负 责 人	TAN NINA		
主营业务	建筑材料（钢材、水泥除外）的批发、佣金代理（拍卖除外）。				

企业名称	廉胜国际贸易（上海）有限公司				
企业地址	上海市外高桥保税区泰谷路 18 号 1012A 室　（200131）				
投资总额	13 万 USD	电　　话	64262880	传　　真	64262885
设立日期	2006-4-12	负 责 人	賴秀惠		
主营业务	国际贸易、转口贸易、保税区企业间的贸易及区内贸易代理。				

企业名称	索尼（中国）商业有限公司				
企业地址	上海市卢湾区湖滨路 222 号企业天地 1 号 8 楼 801-802A（200021）				
投资总额	3000 万 USD	电　　话	61216121	传　　真	61217376
设立日期	2006-4-12	负 责 人	川崎成一		
主营业务	从事有关商品的进出口、批发、佣金代理、零售及维修服务、售后服务。				

企业名称	上海希堤克贸易有限公司				
企业地址	上海市虹口区四平路 775 弄 2 号 2112 室　（200092）				
投资总额	20 万 USD	电　　话	56131064	传　　真	56135536
设立日期	2006-4-12	负 责 人	MARTIN OTTO ALBERTKISTNER		
主营业务	从事通信设备、电气设备及其零配件的批发，佣金代理（拍卖除外）。				

企业名称	宏佳机电贸易（上海）有限公司				
企业地址	上海市外高桥保税区杨高北路 2001 号市场商务楼 S7 室（200131）				
投资总额	5000 万日元	电　　话	62953534	传　　真	62954110
设立日期	2006-4-12	负 责 人	山本邦雄		
主营业务	国际贸易、转口贸易、保税区内企业间的贸易及区内贸易代理。				

企业名称	雷铛纳国际贸易（上海）有限公司				
企业地址	上海市外高桥保税区日京路 35 号 1029 室（200131）				
投资总额	13 万 USD	电　　话	51176377	传　　真	51177969
设立日期	2006-4-11	负 责 人	YOUNG JU LEE		
主营业务	国际贸易、转口贸易、保税区企业间的贸易及区内贸易代理。				

企业名称	杜克普爱华贸易（上海）有限公司				
企业地址	上海市浦东世纪大道 1500 号 11 楼 1101A-1101D 室 （200120）				
投资总额	150 万 USD	电　话	52900558	传　真	52900668
设立日期	2006-4-11	负 责 人	张　敏		
主营业务	从事缝纫机械设备、制衣机械设备、传送系统设备、其他设备的批发。				

企业名称	易乐普贸易（上海）有限公司				
企业地址	上海市静安区江宁路 777 号 20 楼 B、C 室 （200040）				
投资总额	40 万 USD	电　话	52522041	传　真	52522040
设立日期	2006-4-11	负 责 人	LIM TUN HING JIMMY		
主营业务	户外体育用品、休闲箱包、服装、鞋帽的批发、佣金代理（拍卖除外）。				

企业名称	大陆马牌轮胎贸易（上海）有限公司				
企业地址	上海市南京西路 338 号天安中心大厦 23 楼 2301、02、03 室（200121）				
投资总额	250 万欧元	电　话	61418301	传　真	61418293
设立日期	2006-4-11	负 责 人	TOR ODDMUND DAHLE		
主营业务	批发、进口和出口各类轮胎，农用车轮胎、工程车轮胎、摩托车轮胎。				

企业名称	三星恺美科材料贸易（上海）有限公司				
企业地址	上海市浦东新区昌里路 335 号 309B 室（200126）				
投资总额	200 万 USD	电　话	62704168	传　真	62788884
设立日期	2006-4-11	负 责 人	LEE SANG SUN		
主营业务	合成树脂、人造石、电子化工材料的批发、佣金代理（拍卖除外）。				

企业名称	上海百中草本商贸有限公司				
企业地址	上海市闵行区莘庄镇庙泾路 58 号（201100）				
投资总额	40 万 USD	电　话	64377675	传　真	64712875
设立日期	2006-4-10	负 责 人	KO SOON HOW		
主营业务	护肤品、化妆品、洗护染发用品、美容用品、保健品的批发、零售。				

企业名称	上海爱纳克商贸有限公司				
企业地址	上海市徐汇区建国西路 285 号科技大厦 12 楼 A 座（200030）				
投资总额	14 万 USD	电　话	64059116	传　真	64059117
设立日期	2006-4-10	负 责 人	田中伊佐男		
主营业务	从事自动化检测验设备及供设备检测用的药品药剂的批发。				

企业名称	赐威运动用品贸易（上海）有限公司				
企业地址	上海市虹口区物华路 58 号 801 室（200086）				
投资总额	400 万 USD	电　话	62889000	传　真	62886131
设立日期	2006-4-10	负 责 人	陈永隆		
主营业务	各种体育用品、服饰、配件及礼品的批发、佣金代理（拍卖除外）。				

企业名称	万松油墨贸易（上海）有限公司				
企业地址	上海市浦东新区浦东南路 1271-1289 号 10 楼 1013 室（200120）				
投资总额	20 万 USD	电　话	61047390	传　真	61047391
设立日期	2006-4-10	负 责 人	BROUWER PAULUS MARIA		
主营业务	各类油墨及相关产品、原材料的批发，上述商品的进出口。				

企业名称	爱菲尔特克贸易（上海）有限公司				
企业地址	上海市闵行区黎安路 1298 号 A 幢 301 室（201100）				
投资总额	20 万 USD	电　话	54883302	传　真	54883250
设立日期	2006-4-10	负 责 人	KIM JU HO		
主营业务	光电产品、机电产品、电子产品、自动化机械设备、电动工具的批发。				

企业名称	艾彼吉贸易（上海）有限公司				
企业地址	上海市徐汇区淮海西路 55 号申通信息广场 27 层 GH 座（200030）				
投资总额	25 万 USD	电　话	68868335	传　真	68868021
设立日期	2006-4-10	负 责 人	NORBERT THUMFART		
主营业务	各类工具及配件、紧固件、劳保用品、建筑小五金、模具配件的进出口。				

企业名称	唯尚家具贸易（上海）有限公司				
企业地址	上海市黄浦区南京西路 338 号天安中心大厦 803- 804 室（200002）				
投资总额	30 万欧元	电　话	68868335	传　真	68868021
设立日期	2006-4-10	负 责 人	PATRICK GUNTZBURGER		
主营业务	家具、家具部件及其附属配件的进出口、批发、佣金代理（拍卖除外）。				

企业名称	雅水康（上海）贸易有限公司				
企业地址	上海市闵行区曙光路 1315 号 4 幢（201100）				
投资总额	20 万 USD	电　话	64693546	传　真	64699250
设立日期	2006-4-10	负 责 人	JAUME CAROL		
主营业务	游泳池设备、配件及相关零部件的进出口、批发、佣金代理（拍卖除外）。				

企业名称	上海大造商贸有限公司				
企业地址	上海市黄浦区北京东路 666 号上海外滩京城西座 10 楼 I 室（200131）				
投资总额	5000 万日元	电　话	53088120	传　真	53085485
设立日期	2006-4-7	负 责 人	土田修		
主营业务	汽车和船舶用维护设备、工具、空调制冷剂、清洁保养用品的批发。				

企业名称	百利达（上海）商贸有限公司				
企业地址	上海市卢湾区淮海中路 887 号 8005A 室（200025）				
投资总额	500 万 RMB	电　话	64746803	传　真	64747901
设立日期	2006-4-7	负 责 人	谷田大辅		
主营业务	健康器材、医疗器械（二类:普通诊察器械）的批发、佣金代理。				

企业名称	乐飞叶贸易（上海）有限公司				
企业地址	上海市浦东新区浦东南路 999 号 12 层 E 室（200120）				
投资总额	500 万 RMB	电　话	64456015	传　真	64674606
设立日期	2006-4-7	负 责 人	YANHING CHOW		
主营业务	服装、鞋、背包、手提包、旅行箱、睡袋、桌椅和伞等户外用品的批发。				

企业名称	坦博国际贸易（上海）有限公司				
企业地址	上海市外高桥保税区奥纳路 79 号 1 号楼 2082 室（200131）				
投资总额	1500 万日元	电　话	55238869	传　真	55238869
设立日期	2006-4-6	负 责 人	于 龙		
主营业务	国际贸易、转口贸易、保税区企业间的贸易及区内贸易代理。				

企业名称	伊俪特（上海）国际贸易有限公司				
企业地址	上海市外高桥保税区泰谷路 18 号 1 号楼 1201A 室（200131）				
投资总额	20 万 USD	电　话	51353294	传　真	52730912
设立日期	2006-4-6	负 责 人	GONZALEZ RICHARD SALGADO		
主营业务	国际贸易、转口贸易、保税区内企业间的贸易及贸易代理。				

企业名称	上海泛荣国际贸易有限公司				
企业地址	上海市外高桥保税区奥纳路 79 号 1#楼二层 2090 室（200131）				
投资总额	14 万 USD	电　话	64470882	传　真	64470292
设立日期	2006-4-6	负 责 人	HENDRIK JACOBUS VOS		
主营业务	国际贸易、转口贸易、保税区内企业间的贸易及贸易代理。				

企业名称	上海高端建材有限公司				
企业地址	上海市外高桥保税区富特西一路 115 号 2 号楼 8 楼 G 部位（200131）				
投资总额	12.8 万 USD	电　话	63268877	传　真	63263318
设立日期	2006-4-6	负 责 人	张大明		
主营业务	以建材为主的保税区内仓储、分拨、展示、培训、售后服务。				

企业名称	捷泰国际贸易（上海）有限公司				
企业地址	上海市外高桥保税区富特北路 458 号 2 号楼三层 381 室（200131）				
投资总额	12.5 万 USD	电　话	63303021	传　真	
设立日期	2006-4-6	负 责 人	SONOBE YUI		
主营业务	国际贸易、转口贸易、保税区内企业间的贸易及贸易代理。				

企业名称	法兰丝（上海）贸易有限公司				
企业地址	上海市外高桥保税区奥纳路 79 号 1 号楼二层 2012 室（200131）				
投资总额	70 万 USD	电　话	64125009	传　真	58695010
设立日期	2006-4-6	负 责 人	黄安中		
主营业务	国际贸易、转口贸易、保税区企业间贸易及区内贸易代理。				

企业名称	科尔摩根（上海）控制系统贸易有限公司				
企业地址	上海市浦东新区浦东南路 588 号 21 层 H 单元 （200120）				
投资总额	12 万欧元	电　话	58889937	传　真	58888776
设立日期	2006-4-6	负 责 人	BJORN KARL KOLLMORGEN		
主营业务	电梯控制设备系统、显示模块以及相关辅助模块、部件、零配件的批发。				

企业名称	永威（上海）国际贸易有限公司				
企业地址	上海市外高桥保税区泰谷路 88 号 506 室（200131）				
投资总额	12.6 万 USD	电　话	62370657	传　真	62370625
设立日期	2006-4-6	负 责 人	HO JING LUH		
主营业务	国际贸易、转口贸易、保税区内企业间的贸易及贸易代理。				

企业名称	三弦电子国际贸易（上海）有限公司				
企业地址	上海市外高桥保税区泰谷路 169 号 A 座 305 室（200131）				
投资总额	6.25 万 USD	电　话	52372201	传　真	52372205
设立日期	2006-4-6	负 责 人	KAI CHORNG		
主营业务	以电子产品为主的国际贸易、转口贸易、保税区企业间的贸易及代理。				

企业名称	齐欧来（上海）国际贸易有限公司					
企业地址	上海市外高桥保税区泰谷路 88 号 507 室（200131）					
投资总额	20 万 USD	电　　话	62472187	传　　真	62890435	
设立日期	2006-4-6	负 责 人	YAMADA SUSUMU			
主营业务	国际贸易、转口贸易、保税区内企业间的贸易及贸易代理。					

企业名称	特奈建材（上海）有限公司					
企业地址	上海市外高桥保税区冰克路 500 号 B2K-3 仓库 A24 部位（200131）					
投资总额	20 万 USD	电　　话	64434626	传　　真		
设立日期	2006-4-6	负 责 人	MICHAEL JAMES STEPHEN			
主营业务	保税区以窗饰材料、建筑装饰材料、配套工具为主的仓储、分拨业务。					

企业名称	上海蝶蒙贸易有限公司					
企业地址	上海市宝山区长江西路 222 号（200439）					
投资总额	30 万 USD	电　　话	66148211	传　　真	66148175	
设立日期	2006-4-6	负 责 人	缪祥生			
主营业务	化妆品、珠宝首饰（钻石除外）的零售、批发、佣金代理。					

企业名称	纽科国际贸易（上海）有限公司					
企业地址	上海市外高桥保税区加枫路 28 号新康 2 号楼 2609 室（200131）					
投资总额	12.5 万 USD	电　　话	61049569	传　　真	61049579	
设立日期	2006-4-6	负 责 人	IONEL VASILE NECHITI			
主营业务	国际贸易，转口贸易，保税区企业间贸易及区内贸易代理。					

企业名称	上海雅玛头贸易有限公司					
企业地址	上海市延安西路 2299 号上海世贸商城 05G17 室（200051）					
投资总额	20 万 USD	电　　话	62362772	传　　真	62362776	
设立日期	2006-4-6	负 责 人	长谷川丰			
主营业务	粘合制品、研磨制品、劳防用品及其他产品的进出口、批发。					

企业名称	丽舍生活贸易（上海）有限公司					
企业地址	上海市武定路 979 号 1 层 A 座（200126）					
投资总额	40 万 USD	电　　话	63553267	传　　真	63553217	
设立日期	2006-4-6	负 责 人	周世尊			
主营业务	厨卫产品、室内装修材料的批发、佣金代理（拍卖除外）。					

企业名称	迪胜士商贸（上海）有限公司					
企业地址	上海市徐汇区漕溪北路 18 号上海实业大厦 28 楼 G 座　（200030）					
投资总额	25 万 USD	电　　话	64272889	传　　真	64277683	
设立日期	2006-4-6	负 责 人	TAN SIONG SING			
主营业务	汽车零部件的批发和佣金代理（拍卖除外），上述商品的进出口。					

企业名称	思多倍利（上海）贸易有限公司					
企业地址	上海市外高桥保税区日京路 51 号发展大厦 B 栋四层 2424 室（200131）					
投资总额	12.5 万 USD	电　　话	61031711	传　　真	61031771	
设立日期	2006-4-6	负 责 人	大泉雅裕			
主营业务	国际贸易、转口贸易、保税区企业间的贸易及贸易代理。					

企业名称	安台新（上海）国际贸易有限公司					
企业地址	上海市外高桥保税区泰谷路 18 号 1111A 室（200131）					
投资总额	20 万 USD	电　　话	62191878	传　　真		
设立日期	2006-4-5	负 责 人	刘秀珠			
主营业务	国际贸易、转口贸易、保税区企业间的贸易及区内贸易代理。					

企业名称	堡辉科技贸易（上海）有限公司					
企业地址	上海市外高桥保税区泰谷路 18 号 1109A 室（200131）					
投资总额	20 万 USD	电　　话	54090088	传　　真	54300405	
设立日期	2006-4-5	负 责 人	游克强			
主营业务	以半导体高科技产品为主的国际贸易、转口贸易、保税区企业间的贸易。					

企业名称	上海新誉贸易有限公司					
企业地址	上海市外高桥保税区泰谷路 18 号 1110A 室（200131）					
投资总额	20 万 USD	电　　话	54090088	传　　真	54300405	
设立日期	2006-4-5	负 责 人	梁建业			
主营业务	国际贸易、转口贸易、保税区企业间的贸易及区内贸易代理。					

企业名称	加通（上海）贸易有限公司					
企业地址	上海市浦东新区浦东南路 588 号 22 楼 D 室　（200120）					
投资总额	190 万 USD	电　　话	68885960	传　　真	68881632	
设立日期	2006-4-5	负 责 人	JAN CHAPLIN			
主营业务	汽车内部软饰件和工业塑料薄膜的进出口和批发。					

企业名称	昌贸威国际贸易（上海）有限公司					
企业地址	上海市浦东新区外高桥保税区新灵路 118 号 1815 室（200131）					
投资总额	12.5 万 USD	电　　话	33030813	传　　真	63534907	
设立日期	2006-4-5	负 责 人	黎满强			
主营业务	国际贸易、转口贸易、保税区企业间的贸易及区内贸易代理。					

企业名称	法娜俪（上海）商贸有限公司					
企业地址	上海市长宁区天山西路 789 号 106A 室（200230）					
投资总额	20 万 USD	电　　话	62261703	传　　真	62261703	
设立日期	2006-4-5	负 责 人	谢瑞贞			
主营业务	从事美容保养品及其美容相关产品的零售、批发、佣金代理。					

企业名称	卡睦德贸易（上海）有限公司					
企业地址	上海市松江区荣乐东路 81 号 201 室（201613）					
投资总额	21 万 USD	电　　话	67601505	传　　真	67601207	
设立日期	2006-4-5	负 责 人	JAKUB LADA			
主营业务	从事家具及家具配件，建筑装饰材料，手工具，电动工具的进出口业务。					

企业名称	上海兰惠服饰贸易有限公司					
企业地址	上海市长宁区延安西路 1590 号增泽世贸大楼 5-G（200052）					
投资总额	20 万 USD	电　　话	62833860	传　　真	62832032	
设立日期	2006-4-5	负 责 人	北浦修三			
主营业务	从事各种纺织制品、服饰品及其相关原材料的佣金代理。					

企业名称	拓丽自动化商贸（上海）有限公司					
企业地址	上海市徐汇区肇嘉浜路 789 号均瑶国际广场 10 层 C3 室（200032）					
投资总额	5000 万日元	电　　话	64165441	传　　真	64162035	
设立日期	2006-4-5	负 责 人	池田茂			
主营业务	自动化设备、控制系统、计测装置、工具及相关软件、零部件的进出口。					

企业名称	华和互惠（上海）贸易有限公司					
企业地址	上海市虹口区北海宁路 58 弄 22 号 108 室（200080）					
投资总额	2500 万日元	电　　话	65071027	传　　真	65218059	
设立日期	2006-4-3	负 责 人	熊谷哲源			
主营业务	从事加工机械、环保节能产品、日用品、应用软件的批发。					

企业名称	菱三商贸（上海）有限公司					
企业地址	上海市长宁区仙霞路 88 号太阳广场 W402A 室（200336）					
投资总额	30 万 USD	电　　话	62950958	传　　真	62094245	
设立日期	2006-4-3	负 责 人	林　敬			
主营业务	水泥、高岭土，精细陶瓷，有机无机化学工业品的进出口、批发。					

企业名称	益满颖贸易（上海）有限公司					
企业地址	上海市静安区万航渡路 1 号环球世界大厦 B 座 5 层 503A 室（200040）					
投资总额	50 万 USD	电　　话	62495330	传　　真	62493358	
设立日期	2006-3-31	负 责 人	吴堉文			
主营业务	微电子组件、光电组件、集成电路的批发。					

企业名称	欧历胜贸易（上海）有限公司					
企业地址	上海市闵行区莘庄工业区颛兴路 1688 号 1-A 幢（201108）					
投资总额	55 万欧元	电　　话	62888228	传　　真	62885665	
设立日期	2006-3-31	负 责 人	ALEXANDRE SAUBOT			
主营业务	升降设备、升降工作台、多功能挖掘装载机、自行式遥控型吊臂车批发。					

企业名称	上海拓勤贸易有限公司					
企业地址	上海市浦东新区北张家浜路 68 号 6 幢 528 室（200122）					
投资总额	20 万 USD	电　　话	58439386	传　　真	58439316	
设立日期	2006-3-30	负 责 人	时善炜			
主营业务	各种光、声控电子玩具及礼品、日用百货、电器产品、包装食品的批发。					

企业名称	上海艾而法表面技术有限公司					
企业地址	上海市外高桥保税区希雅路 55 号 12#楼 5 层 B 部位（200131）					
投资总额	99 万 USD	电　　话	64344450	传　　真	50460305	
设立日期	2006-3-29	负 责 人	DEAN R.BLESSING			
主营业务	保税区内以金属和非金属表面技术处理为主的生产加工业务。					

企业名称	海弘贸易（上海）有限公司					
企业地址	上海市外高桥保税区杨高北路 2001 号市场商务楼 103D 室（200131）					
投资总额	60 万 USD	电　　话	54972239	传　　真	54973099	
设立日期	2006-3-29	负 责 人	周满雄			
主营业务	国际贸易、转口贸易、保税区内企业间的贸易及区内贸易代理。					

批发和零售贸易业

企业名称	**塔桑勒贸易（上海）有限公司**				
企业地址	上海市外高桥保税区杨高北路 2001 号 F 区管理楼三层 310A 室（200131）				
投资总额	50 万 USD	电　话	54292408	传　真	64554169
设立日期	2006-3-29	负责人	DAVID POYNTON		
主营业务	从事动物产品、配制的动物饲料、塑料及制品的批发、佣金代理。				

企业名称	**清佑贸易（上海）有限公司**				
企业地址	上海市浦东新区商城路 660 号乐凯大厦 25 楼 D 室（200120）				
投资总额	2000 万日元	电　话	51321755	传　真	51321756
设立日期	2006-3-29	负责人	TSUJI MASAKI		
主营业务	精密陶瓷配件、流体阀门配件、四氟乙烯塑料制品的批发。				

企业名称	**天医和真眼镜商贸（上海）有限公司**				
企业地址	上海市黄浦区六合路 98 号港陆黄浦中心 210 室（200001）				
投资总额	4000 万日元	电　话	63607775	传　真	63607776
设立日期	2006-3-29	负责人	野尻茂		
主营业务	眼镜、光学仪器、光学制品及相关产品的进出口。				

企业名称	**德莱博格科恩贸易（上海）有限公司**				
企业地址	上海市静安区南京西路 993 号锦江向阳大厦 14 楼 02 座（200040）				
投资总额	44 万 USD	电　话	51175031	传　真	51175000
设立日期	2006-3-29	负责人	JAN FREDERIK HAGELUND		
主营业务	时尚配件、手表和领带的批发、佣金代理（拍卖除外）。				

企业名称	**至上商贸（上海）有限公司**				
企业地址	上海市浦东新区峨山路 613 号 6 幢 439 室　（200120）				
投资总额	25 万 USD	电　话	68853766	传　真	68853766
设立日期	2006-3-28	负责人	DAVE LIANG		
主营业务	酒类的批发及进出口，佣金代理（拍卖除外），其他相关配套业务。				

企业名称	**履丰贸易（上海）有限公司**				
企业地址	上海市徐汇区凯旋路 2288 弄 1 号 1 楼（200030）				
投资总额	20 万 USD	电　话	64868312	传　真	64864668
设立日期	2006-3-28	负责人	JAMES KUO		
主营业务	从事保健品的零售、批发、佣金代理，上述商品的进出口业务。				

企业名称	**上海物化商贸有限公司**				
企业地址	上海市浦东新区上南路 3886 号 403 室（200125）				
投资总额	15 万 USD	电　话	58490206	传　真	58490206
设立日期	2006-3-28	负责人	赖　文		
主营业务	从事体育用品、旅游用品、办公用品、包装材料、服饰的批发。				

企业名称	**清瑞（上海）贸易有限公司**				
企业地址	上海市浦东新区东方路 738 号裕安大厦 907 室（200122）				
投资总额	20.93 万欧元	电　话	58316650	传　真	58318133
设立日期	2006-3-28	负责人	KENNETH SHUE		
主营业务	从事特种过滤器和丝网印刷产品及原材料和零配件的批发、佣金代理。				

企业名称	**上海鸿绮贸易有限公司**				
企业地址	上海市宝山区呼玛路 547 号 603 甲（200940）				
投资总额	16 万 USD	电　话	56174475	传　真	56922999
设立日期	2006-3-28	负责人	汪大成		
主营业务	农副产品及水果，电子元器件，五金配件的批发。				

企业名称	**伊丽莎白雅顿贸易（上海）有限公司**				
企业地址	上海市浦东新区花园石桥路 33 号花旗集团大厦 2359 室（200120）				
投资总额	210 万 USD	电　话	51175459	传　真	51175475
设立日期	2006-3-27	负责人	JACOBUS A.J.STEFFENS		
主营业务	从事化妆品、香水、护肤品、美发用品、个人护理用品和眼镜的批发。				

企业名称	**格雷斯贸易（上海）有限公司**				
企业地址	上海市徐汇区淮海中路 1010 号嘉华中心 1903 室（200031）				
投资总额	200 万 USD	电　话	54674678	传　真	54051500
设立日期	2006-3-27	负责人	HEALY JAMES JOHN		
主营业务	从事化工产品、机电产品、建材产品、生化用分析仪器、零部件的批发。				

企业名称	**特百嘉包装品贸易（上海）有限公司**				
企业地址	上海市静安区延安西路 129 号华侨大厦 2008B（200040）				
投资总额	50 万 USD	电　话	62953534	传　真	62954110
设立日期	2006-3-27	负责人	生驹国雄		
主营业务	从事纸袋、塑料带、印刷纸盒、瓦楞箱、制造与加工设备的批发。				

企业名称	**星悦精细化工商贸（上海）有限公司**				
企业地址	上海市静安区南京西路 758 号博爱大厦 25 楼 F 座（200041）				
投资总额	450 万 USD	电　话	52283211	传　真	62187200
设立日期	2006-3-27	负责人	菊池修		
主营业务	造纸用化学品、表面活性剂、水处理剂、树脂的进出口。				

企业名称	**明电舍统括（上海）商贸有限公司**				
企业地址	上海市黄浦区淮海东路 99 号 1506 室　（200021）				
投资总额	5000 万日元	电　话	53063194	传　真	63860058
设立日期	2006-3-27	负责人	後藤显頁之辅		
主营业务	中小规模发电装置、变配电与电力变换专用装置、软件、零部件的批发。				

企业名称	**国纱祎纸浆纸张商贸（上海）有限公司**				
企业地址	上海市娄山关路 83 号新虹桥中心大厦第 28 层 2801、2802 室（200336）				
投资总额	100 万 USD	电　话	62758111	传　真	62758799
设立日期	2006-3-27	负责人	MADKOA TANABE（田边丹）		
主营业务	纸浆、纸、纸张、感热纸、合成树脂、包装材料的批发、佣金代理。				

企业名称	**京瓷电子元件贸易（上海）有限公司**				
企业地址	上海市外高桥保税区新灵路 118 号九层 907B 室（200131）				
投资总额	20 万 USD	电　话	62171201	传　真	62171002
设立日期	2006-3-24	负责人	JOHN STERLING GILBERTSON		
主营业务	以电子元件为主的国际贸易、转口贸易、保税区企业间的贸易。				

企业名称	**上海可珠服饰贸易有限公司**				
企业地址	上海市长宁区遵义路 100 号（虹桥上海城）A 栋 2504 室（200051）				
投资总额	21 万 USD	电　话	62372121	传　真	62371211
设立日期	2006-3-24	负责人	佐佐木一荣		
主营业务	从事各种纺织面料、纺织制品、服饰及配饰、缝纫机的批发、佣金代理。				

企业名称	**加舟莱农产品贸易（上海）有限公司**				
企业地址	上海市闵行区光华路 2118 号 10 幢（201111）				
投资总额	20 万 USD	电　话	62884249	传　真	62884246
设立日期	2006-3-23	负责人	王钟琦		
主营业务	水果、蔬菜、食品调料的批发、佣金代理（拍卖除外）。				

企业名称	**迪斯泰克（上海）贸易有限公司**				
企业地址	上海市漕河泾新兴技术开发区宜山路 900 号 A 区 1106 室（200233）				
投资总额	30 万 USD	电　话	54234435	传　真	54234321
设立日期	2006-3-23	负责人	DOUGLAS JAMES HELLYAR		
主营业务	从事工业自动化端拾器系统，物料输送系统，液压缸的批发。				

企业名称	**是魄力塑胶制品贸易（上海）有限公司**				
企业地址	上海市南京西路 338 号 1801-02 室（200001）				
投资总额	20 万 USD	电　话	61034600	传　真	61034601
设立日期	2006-3-23	负责人	MAURICE RAYMOND NICHOLSON		
主营业务	塑胶挂架及其相关销售产品、原材料、零部件的批发，佣金代理。				

企业名称	**西都商贸（上海）有限公司**				
企业地址	上海市徐汇区漕溪路 258 弄 27 号 1 号楼 309、310 室（200233）				
投资总额	20 万 USD	电　话	51522287	传　真	51522289
设立日期	2006-3-23	负责人	HAN JAE KWON		
主营业务	饰品的批发、佣金代理（拍卖除外），上述商品的进出口。				

企业名称	**伊顿商业（上海）有限公司**				
企业地址	上海市浦东新区芳华路 139 号（201204）				
投资总额	150 万 USD	电　话	63879988	传　真	63353916
设立日期	2006-3-23	负责人	VICTOR GAO		
主营业务	从事汽车零部件、卡车零部件、液压控制系统产品等的批发、佣金代理。				

企业名称	**伯利休斯（上海）贸易有限公司**				
企业地址	上海市浦东新区陆家嘴东路 161 号招商局大厦 2014 室（200122）				
投资总额	50 万欧元	电　话	38784700	传　真	58409705
设立日期	2006-3-23	负责人	JURGEN BAUER		
主营业务	水泥和矿业行业机械设备和零部件产品的批发、佣金代理。				

企业名称	**业腾贸易（上海）有限公司**				
企业地址	上海市浦东新区浦三路 518 号 A304 室（200120）				
投资总额	6.5 万 USD	电　话	68868335	传　真	68868021
设立日期	2006-3-23	负责人	HEE KIM FAH		
主营业务	电子产品、计算机硬件、计算机软件的批发、佣金代理。				

企业名称	**瑞登梅尔（上海）纤维贸易有限公司**				
企业地址	上海市嘉定区马陆镇樱花路 116 弄 91 号 201 室（201501）				
投资总额	20 万 USD	电　话	62673005	传　真	62673005
设立日期	2006-3-23	负 责 人	STEFAN LANDER		
主营业务	从事纤维素、木材纤维、果类纤维、谷类纤维的进出口、批发。				

企业名称	**上海盈汇服装贸易有限公司**				
企业地址	上海市浦东新区金明路 1000 号 4 幢 306 室（201206）				
投资总额	300 万港币	电　话	64473929	传　真	64078957
设立日期	2006-3-23	负 责 人	梁志明		
主营业务	从事服装及饰物、相关原料的进出口、批发和佣金代理（拍卖除外）。				

企业名称	**石一商贸（上海）有限公司**				
企业地址	上海市浦东新区杨高北路 528 号 16 幢 181 室（200131）				
投资总额	100 万 USD	电　话	62706268	传　真	68889698
设立日期	2006-3-23	负 责 人	WANG RUEY HUEI		
主营业务	木材、化工产品、工业用电器基材、塑胶产品、纺织原料的批发。				

企业名称	**上海冠鸿光电产品国际贸易有限公司**				
企业地址	上海市外高桥保税区富特北路 201 号华铁商务楼三层 310 室（200131）				
投资总额	20 万 USD	电　话	64832885	传　真	64835626
设立日期	2006-3-22	负 责 人	陈其忠		
主营业务	以光电产品为主的国际贸易、转口贸易、保税区企业间贸易。				

企业名称	**达钔贸易（上海）有限公司**				
企业地址	上海市外高桥保税区富特北路 458 号 2 号楼 320 室（200131）				
投资总额	14 万 USD	电　话	53757188	传　真	53757188
设立日期	2006-3-22	负 责 人	H.P.F. VOORNEVELD		
主营业务	国际贸易、转口贸易、保税区企业间的贸易及区内贸易代理。				

企业名称	**国誉家具商贸（上海）有限公司**				
企业地址	上海市奉贤区奉浦大道 111 号 1001 室（201400）				
投资总额	125 万 USD	电　话	61413070	传　真	61413070
设立日期	2006-3-22	负 责 人	贯名英一		
主营业务	家具，办公家具及附属品、办公室装潢材料的批发、佣金代理。				

企业名称	**意普熙荣（上海）商贸有限公司**				
企业地址	上海市长宁区虹梅路 3721 号 175M 室（200050）				
投资总额	6.5 万 USD	电　话	6213909	传　真	6210960
设立日期	2006-3-22	负 责 人	吉本一郎		
主营业务	服装服饰、饰品、鞋包、室内装饰品的批发；自营商品进出口业务。				

企业名称	**上海千趣商贸有限公司**				
企业地址	上海市浦东新区陆家嘴环路 1000 号汇丰大厦 7 楼（200120）				
投资总额	5390 万 RMB	电　话	58403167	传　真	50270823
设立日期	2006-3-22	负 责 人	星野裕幸		
主营业务	从事纤维制品、服装、钟表、化妆品及卫浴用品、家具的零售、批发。				

企业名称	**必昂国际贸易（上海）有限公司**				
企业地址	上海市外高桥保税区奥纳路 79 号 1#楼二层 2081 室（200131）				
投资总额	20 万 USD	电　话	63277716	传　真	63727786
设立日期	2006-3-20	负 责 人	林宥甫		
主营业务	国际贸易、转口贸易、保税区企业间的贸易及区内贸易代理。				

企业名称	**芳美（上海）贸易有限公司**				
企业地址	上海市外高桥保税区泰谷路 18 号 1 号楼第 5 层 502 部位（200131）				
投资总额	20 万 USD	电　话	54962221	传　真	54962221
设立日期	2006-3-20	负 责 人	JOSE ARMANDO RODRIGUES COELHO		
主营业务	保税区内以家用电器为主的仓储、分拨业务。				

企业名称	**派家霈国际贸易（上海）有限公司**				
企业地址	上海市外高桥保税区泰谷路 88 号 543 室（200131）				
投资总额	13 万 USD	电　话	64673149	传　真	64673261
设立日期	2006-3-20	负 责 人	MARTIN JAMES COLIN GRAHAM		
主营业务	国际贸易、转口贸易、保税区内企业间的贸易及贸易代理。				

企业名称	**赛成船用设备贸易（上海）有限公司**				
企业地址	上海市外高桥保税区奥纳路 79 号 1 号楼第二层 2087 室（200131）				
投资总额	20 万 USD	电　话	69169536	传　真	69169234
设立日期	2006-3-20	负 责 人	HOLGER ELIES		
主营业务	保税区内以船用设备为主的国际贸易、转口贸易、保税区企业间的贸易。				

企业名称	**凯翔国际贸易（上海）有限公司**				
企业地址	上海市外高桥保税区富特北路 201 号 103 室（200131）				
投资总额	15 万 USD	电　话	52377722	传　真	62260978
设立日期	2006-3-20	负 责 人	庄朝凯		
主营业务	国际贸易、转口贸易、保税区企业间的贸易及区内贸易代理。				

企业名称	**菊水贸易（上海）有限公司**				
企业地址	上海市浦东大道 138 号永华大厦 11 楼 D01 室（200120）				
投资总额	50 万 USD	电　话	58879067	传　真	58879069
设立日期	2006-3-20	负 责 人	TAKAMOTO KAZUHIKO（高本和彦）		
主营业务	各种高精度电子计测器、商用交直流稳定电源装置的批发进出口。				

企业名称	**升康力（上海）商贸有限公司**				
企业地址	上海市徐汇区零陵路 899 号飞洲国际广场 31 楼 B、C 室（200030）				
投资总额	4 亿日元	电　话	62488986	传　真	62488986
设立日期	2006-3-20	负 责 人	中山哲明		
主营业务	食品、保健食品、饮料、化妆品、日用品及上述相关商品的零售。				

企业名称	**中阪贸易（上海）有限公司**				
企业地址	上海市虹口区霍山路 170 号 1113 室（200082）				
投资总额	500 万 RMB	电　话	62746683	传　真	62747828
设立日期	2006-3-20	负 责 人	YANAGAWA SHIGEMASA		
主营业务	切削工具、模具、机械设备、通讯光缆的批发，上述商品的进出口。				

企业名称	**上海拍得丽商贸有限公司**				
企业地址	上海市卢湾区巨鹿路 137 号 6 楼 C 座　（200020）				
投资总额	50 万 USD	电　话	53829116	传　真	53823153
设立日期	2006-3-20	负 责 人	刘明识		
主营业务	从事照相机、照相器材，数码冲印设备，影音产品的批发，零售。				

企业名称	**贝斯德贸易（上海）有限公司**				
企业地址	上海市黄浦区西藏中路 18 号 1006B 室（200001）				
投资总额	100 万 RMB	电　话	68868335	传　真	68868021
设立日期	2006-3-17	负 责 人	STEFAN ECKHOFF		
主营业务	化学品（危险化学品除外）、塑料的批发、佣金代理（拍卖除外）。				

企业名称	**郡是（上海）商贸有限公司**				
企业地址	上海市卢湾区淮海中路 918 号久事复兴大厦 21 楼 C1 座（200020）				
投资总额	73 万 USD	电　话	64159786	传　真	64159786
设立日期	2006-3-17	负 责 人	柳义宜		
主营业务	从事纤维制品及相关制品、塑料制品、医疗器具及医疗检测仪器的批发。				

企业名称	**安思尔（上海）商贸有限公司**				
企业地址	上海市外高桥保税区泰谷路 18 号上海鲁能大厦 1 号楼 1606A 室（200131）				
投资总额	62 万 USD	电　话	50484291	传　真	50484269
设立日期	2006-3-17	负 责 人	DAVID MALCOLM GRAHAM		
主营业务	国际贸易、转口贸易、保税区企业之间的贸易及贸易代理。				

企业名称	**宜玛贸易（上海）有限公司**				
企业地址	上海市虹口区中山北一路 1200 号 3 号楼 603 室（200080）				
投资总额	10 万 USD	电　话	50581307	传　真	50581308
设立日期	2006-3-17	负 责 人	GERARD P.LABEEUW		
主营业务	木材和木材相关产品的批发、佣金代理（拍卖除外）。				

企业名称	**上海英利生贸易有限公司**				
企业地址	上海市虹口区长阳路 235 号申茂大厦 5 楼 03 室（200080）				
投资总额	210 万 USD	电　话	65375829	传　真	65462874
设立日期	2006-3-17	负 责 人	梁志豪		
主营业务	服装、配饰、包袋、鞋靴及相关商品的批发、佣金代理（拍卖除外）。				

企业名称	**达能食品贸易（中国）有限公司**				
企业地址	上海市徐汇区漕宝路 440 号（200233）				
投资总额	5000 万 RMB	电　话	34144588	传　真	64854093
设立日期	2006-3-17	负 责 人	秦　鹏		
主营业务	从事食品、饮料、乳制品和相关原材料的批发。				

企业名称	**瑞琪（上海）贸易有限公司**				
企业地址	上海市浦东新区商城路 800 号斯米克大厦 215 室（200121）				
投资总额	500 万 RMB	电　话	54259555	传　真	54890730
设立日期	2006-3-17	负 责 人	JAMES S.RICHMAN		
主营业务	纺织原料、纺织制品的批发，佣金代理（拍卖除外）。				

企业名称	铨兴发化工贸易（上海）有限公司				
企业地址	上海市徐汇区中山南二路1007号1812室（200030）				
投资总额	14万USD	电　话	64570569	传　真	
设立日期	2006-3-17	负 责 人	钟小萍		
主营业务	化工原材料、化工产品（危险品除外）的批发；上述商品的进出口。				

企业名称	上海全量国际贸易有限公司				
企业地址	上海市外高桥保税区杨高北路2001号市场商务楼二层S3室（200131）				
投资总额	20万USD	电　话	62708296	传　真	62708996
设立日期	2006-3-16	负 责 人	杨阳诚		
主营业务	国际贸易、转口贸易、保税区企业间的贸易及贸易代理。				

企业名称	科医国际贸易（上海）有限公司				
企业地址	上海市外高桥保税区基隆路1号汤臣国际贸易大楼2017室（200131）				
投资总额	60万USD	电　话	58696788	传　真	58696788
设立日期	2006-3-16	负 责 人	AAGERUP BENGT HJALMAR		
主营业务	通过与具备进出口权的企业签订代理合同与非保税区企业进行贸易。				

企业名称	佳浦国际贸易（上海）有限公司				
企业地址	上海市外高桥保税区富特西一路139号1006室（200131）				
投资总额	13万USD	电　话	68401337	传　真	68401335
设立日期	2006-3-16	负 责 人	林 冬		
主营业务	国际贸易、转口贸易、保税区企业间的贸易及贸易代理。				

企业名称	焰星商贸（上海）有限公司				
企业地址	上海市长宁区中山西路933号虹桥银城27楼11-12室（200051）				
投资总额	100万USD	电　话	51113493	传　真	51113498
设立日期	2006-3-16	负 责 人	石黒裕		
主营业务	纺织纤维、面料、缝制品、无纺布、人工皮革制品的进出口、批发。				

企业名称	西门其电机贸易（上海）有限公司				
企业地址	上海市虹口区东体育会路100弄1号809B室（200082）				
投资总额	50万RMB	电　话		传　真	
设立日期	2006-3-16	负 责 人	RICHARD CHARLES BLANCK		
主营业务	从事电机、电机零部件和动力传送产品的批发、佣金代理。				

企业名称	索璃通贸易（上海）有限公司				
企业地址	上海市长宁区长顺路11号116B室（200051）				
投资总额	7万USD	电　话	52728418	传　真	52728428
设立日期	2006-3-16	负 责 人	陈 慧		
主营业务	日用百货、园艺品及相关产品的批发，佣金代理（拍卖除外）。				

企业名称	上海恒伦顿国际贸易有限公司				
企业地址	上海市外高桥保税区富特北路458号2号楼438室（200131）				
投资总额	30万USD	电　话	54246329	传　真	54246429
设立日期	2006-3-15	负 责 人	黄一峰		
主营业务	通过国内有进出口经营权的企业代理与非保税区企业间的贸易。				

企业名称	碧彩两合（上海）贸易有限公司				
企业地址	上海市外高桥保税区新灵路118号国际商贸大厦7楼705A室(200131)				
投资总额	30万USD	电　话	58776670	传　真	50588226
设立日期	2006-3-15	负 责 人	MATTHIAS HARSCH		
主营业务	国际贸易、转口贸易、保税区企业间的贸易及贸易代理。				

企业名称	三笠翔吉贸易（上海）有限公司				
企业地址	上海市外高桥保税区泰谷路88号5层503室（200131）				
投资总额	20万USD	电　话	62475581	传　真	62475591
设立日期	2006-3-15	负 责 人	村濑正和		
主营业务	国际贸易、转口贸易、保税区企业间的贸易及区内贸易代理。				

企业名称	上海冠利国际贸易有限公司				
企业地址	上海市外高桥保税区泰谷路18号1#楼9层909A室（200131）				
投资总额	14万USD	电　话	64605375	传　真	51169008
设立日期	2006-3-14	负 责 人	黄文龙		
主营业务	国际贸易、转口贸易，保税区内企业间的贸易及区内贸易代理。				

企业名称	和增（上海）时装商贸有限公司				
企业地址	上海市浦东大道2330号一号楼六层B5-1室（200120）				
投资总额	100万USD	电　话	54169089	传　真	54169603
设立日期	2006-3-14	负 责 人	张 逊		
主营业务	服装、内衣、鞋帽及相关产品的批发、零售、佣金代理（拍卖除外）。				

企业名称	映泰贸易（上海）有限公司				
企业地址	上海市闵行区虹梅路3211号六楼6A-2室（201103）				
投资总额	20万USD	电　话	64067268	传　真	64065680
设立日期	2006-3-14	负 责 人	邓陈铭		
主营业务	涂料及其添加剂、塑料及其添加剂的原材料和五金零配件的批发。				

企业名称	夏蒙眼镜贸易（上海）有限公司				
企业地址	上海市闸北区会文路50号1701室（200071）				
投资总额	1000万RMB	电　话	52587711	传　真	52588510
设立日期	2006-3-14	负 责 人	渡部刚		
主营业务	眼镜、镜框、镜架及相关产品的批发；自营商品的进出口。				

企业名称	世希国际贸易（上海）有限公司				
企业地址	上海市外高桥保税区日京路51号B楼2429室（200131）				
投资总额	680万USD	电　话	23073364	传　真	23073203
设立日期	2006-3-13	负 责 人	PAUL EDGERLEY		
主营业务	国际贸易，转口贸易，保税区企业间的贸易及贸易代理。				

企业名称	聚华（上海）贸易有限公司				
企业地址	上海市延安西路1358号6B室（200052）				
投资总额	250万USD	电　话	52581258	传　真	52583258
设立日期	2006-3-13	负 责 人	张继中（CHANG, CHIECHUN JERRY）		
主营业务	化工产品（危险品除外）及其设备、橡塑制品、办公用品的批发。				

企业名称	曹达日化商贸（上海）有限公司				
企业地址	上海市长宁区仙霞路317号2310室（200336）				
投资总额	1.5亿日元	电　话	62351901	传　真	62351902
设立日期	2006-3-13	负 责 人	中野正树		
主营业务	无机化学品、有机化学品、精密化学品、合成树脂原料及产品的进出口。				

企业名称	博瑞达泛太（上海）贸易有限公司				
企业地址	上海市奉贤区工业综合开发区奉浦大道111号B018座（201400）				
投资总额	65万USD	电　话	58366166	传　真	58366566
设立日期	2006-3-10	负 责 人	GORDON CHRISTOPHER BELL		
主营业务	橡胶、塑胶及相关化工原料、制品，牧草、饮料及相关产品的批发。				

企业名称	圆阶贸易（上海）有限公司				
企业地址	上海市徐汇区天钥桥路438号503室（200030）				
投资总额	20万USD	电　话	54892736	传　真	54892751
设立日期	2006-3-9	负 责 人	WU MIMG-PO（吴铭波）		
主营业务	建筑装潢材料、PVC材料、PC材料、帆布材料、家具的批发及进出口。				

企业名称	奥泉（上海）商贸有限公司				
企业地址	上海市浦东南路999号新梅广场16楼E座（200120）				
投资总额	20万USD	电　话	68883283	传　真	68880110
设立日期	2006-3-9	负 责 人	余丽丝		
主营业务	护肤品、护发品、美容和其他化妆品、箱包的进出口、批发、零售。				

企业名称	丸金商贸（上海）有限公司				
企业地址	上海市延安西路728号华敏翰尊西楼7楼F室（200050）				
投资总额	53万USD	电　话	52371950	传　真	52371951
设立日期	2006-3-9	负 责 人	清水庆太郎		
主营业务	服装及相关产品的进出口、批发、佣金代理（拍卖除外）。				

企业名称	顶宏贸易（上海）有限公司				
企业地址	上海市长宁区天山西路120号911室（200335）				
投资总额	14万USD	电　话	52160757	传　真	52160759
设立日期	2006-3-8	负 责 人	钟秀贞		
主营业务	建筑材料、木制品、纺织品、办公用品、婴儿用品及服装饰品的批发。				

企业名称	翔屋贸易（上海）有限公司				
企业地址	上海市浦东新区杨高北路528号14幢110室（201200）				
投资总额	100万USD	电　话	68547631	传　真	
设立日期	2006-3-8	负 责 人	山田晴美		
主营业务	八音盒、钟表、玩具、乐器及工艺礼品、服装的批发、佣金代理。				

企业名称	东朋国际贸易（上海）有限公司				
企业地址	上海市外高桥保税区泰谷路18号1203B室（200131）				
投资总额	15万USD	电　话	61076206	传　真	61076210
设立日期	2006-3-8	负 责 人	赖重坚		
主营业务	国际贸易、转口贸易、保税区企业间的贸易及区内贸易代理。				

企业名称	立全国际贸易（上海）有限公司				
企业地址	上海市外高桥保税区泰谷路18号910A室（200131）				
投资总额	15万USD	电话	62665504	传真	62986033
设立日期	2006-3-8	负责人	赖重坚		
主营业务	保税区企业间的贸易及区内贸易代理；货物及技术进出口。				

企业名称	上海莱逻仕国际贸易有限公司				
企业地址	上海市外高桥保税区杨高北路2001号市场商务楼二层2613室（200131）				
投资总额	6.5万USD	电话	51336677	传真	51336667
设立日期	2006-3-8	负责人	PHUA KOK HEAN		
主营业务	国际贸易、转口贸易、保税区内企业的贸易及贸易代理。				

企业名称	诺锐工业软管（上海）有限公司				
企业地址	上海市外高桥保税区加太路39号第4层3部位（200131）				
投资总额	14万USD	电话	50550011	传真	58991339
设立日期	2006-3-8	负责人	BURKHARD MOLLEN		
主营业务	区内以工业软管为主的仓储分拨业务，及提供相关产品的售后服务。				

企业名称	上海集趣贸易有限公司				
企业地址	上海市普陀区武宁路19号2003室（200070）				
投资总额	30万USD	电话	62311729	传真	62311730
设立日期	2006-3-8	负责人	松田泰治		
主营业务	箱包及家居杂货的批发、进出口业务、佣金代理（拍卖除外）。				

企业名称	日慎国际贸易（上海）有限公司				
企业地址	上海市外高桥保税区泰谷路88号520室（200131）				
投资总额	13万USD	电话	54094530	传真	54360405
设立日期	2006-3-8	负责人	林松田		
主营业务	国际贸易、转口贸易、保税区企业间的贸易及区内贸易代理。				

企业名称	兴律贸易（上海）有限公司				
企业地址	上海市外高桥保税区泰谷路88号517室（200131）				
投资总额	20万USD	电话	62490708	传真	62492106
设立日期	2006-3-8	负责人	余风兴		
主营业务	国际贸易、转口贸易、保税区企业间的贸易及区内贸易代理。				

企业名称	西哲罗伯特工业产品贸易（上海）有限公司				
企业地址	上海市外高桥保税区德林路368号A楼三楼B部位（200131）				
投资总额	12.7万USD	电话	64437193	传真	64437260
设立日期	2006-3-8	负责人	WILLIAM ROBERT HENNIG		
主营业务	从事保税区内以汽车零部件、电子元器件为主的仓储、分拨业务。				

企业名称	古驰（中国）贸易有限公司				
企业地址	上海市南京西路1038号梅龙镇广场办公楼3201及3209-3211室（200041）				
投资总额	640万USD	电话	52130170	传真	52130307
设立日期	2006-3-8	负责人	邓婉颖		
主营业务	箱包等皮革制品、服装及其饰品、鞋帽、钟表、太阳镜、家具的零售。				

企业名称	上海健贸国际贸易有限公司				
企业地址	上海市外高桥保税区泰谷路88号502室（200131）				
投资总额	21万USD	电话	62702486	传真	62702489
设立日期	2006-3-7	负责人	周世能		
主营业务	国际贸易、转口贸易、保税区内企业间的贸易及贸易代理。				

企业名称	意利咖啡商贸（上海）有限公司				
企业地址	上海市浦东新区北张家浜路68号6幢642室（200122）				
投资总额	20万USD	电话	62791979	传真	62792905
设立日期	2006-3-7	负责人	GORDON CHANG		
主营业务	从事咖啡及相关产品、咖啡设备、食品及加工设备的批发、佣金代理。				

企业名称	维孚贸易（上海）有限公司				
企业地址	上海市外高桥保税区日京路51号1426室（200131）				
投资总额	25万欧元	电话	62888080	传真	
设立日期	2006-3-6	负责人	ULRICH TILLE		
主营业务	国际贸易、转口贸易、保税区内企业间贸易及区内贸易代理。				

企业名称	上海空间贸易有限公司				
企业地址	上海市闸北区天目中路428号凯旋门大厦17E（200070）				
投资总额	13万USD	电话	63537002	传真	63537001
设立日期	2006-3-6	负责人	LEE DOO SOON		
主营业务	货架及其配件、展示用品、展示器材、五金、室内装修材料的批发。				

企业名称	上海三正服装辅料贸易有限公司				
企业地址	上海市长宁区中山西路1277号海螺大厦320室（200051）				
投资总额	8万USD	电话	62780301	传真	62755530
设立日期	2006-3-6	负责人	PARK KWANG EUI		
主营业务	服装辅料、服装及布料的批发、佣金代理（拍卖除外）。				

企业名称	满心（上海）贸易有限公司				
企业地址	上海市闵行区七莘路3011号506室、507室、508室（201100）				
投资总额	210万USD	电话	64656891	传真	64656895
设立日期	2006-3-6	负责人	蔡士杰		
主营业务	从事各类服装、纺织品、针织品、手工艺品、饰品的批发、零售。				

企业名称	上海平安伸铜商贸有限公司				
企业地址	上海市长宁区娄山关路85号B301室（200336）				
投资总额	30万USD	电话	64078585	传真	64483830
设立日期	2006-3-6	负责人	笹井康雄		
主营业务	家居用品的批发、进出口、佣金代理，及其他相关配套业务。				

企业名称	虹霓贸易（上海）有限公司				
企业地址	上海市黄浦区金陵西路28号金陵大厦851室（200021）				
投资总额	20万USD	电话	68866618	传真	68866558
设立日期	2006-3-2	负责人	CLAUS G.STADTLER		
主营业务	从事与烟草加工及制作机器的零配件和有关附属品的批发、佣金代理。				

企业名称	吉德瑞达（上海）国际贸易有限公司				
企业地址	上海市外高桥保税区泰谷路18号1号楼1204B室（200131）				
投资总额	20万USD	电话	57793891	传真	57793893
设立日期	2006-3-2	负责人	ROLF NIEWOHNER		
主营业务	国际贸易，转口贸易，保税区企业间的贸易及贸易代理。				

企业名称	博格普迅推进器国际贸易（上海）有限公司				
企业地址	上海市外高桥保税区B区冰克路500号昶宏大厦729室（200131）				
投资总额	18万欧元	电话	53965885	传真	53965886
设立日期	2006-3-2	负责人	HENDRICKS ALOYSIUS GREGORY		
主营业务	保税区企业间贸易及区内贸易代理；货物及技术进出口。				

企业名称	上海惠佳贸易有限公司				
企业地址	上海市杨高北路2001号市场商务楼一层103-105室（200131）				
投资总额	13万USD	电话	52686020	传真	52686019
设立日期	2006-3-2	负责人	徐景财		
主营业务	国际贸易、转口贸易、保税区内企业间的贸易及贸易代理。				

企业名称	立山贸易（上海）有限公司				
企业地址	上海市虹口区物华路58号1005室（200086）				
投资总额	60万USD	电话	62590369	传真	62784553
设立日期	2006-2-28	负责人	纲谷英三		
主营业务	室内装潢材料、店铺用器皿、建筑材料及相关产品的进出口、批发业务。				

企业名称	普特奥斯（上海）贸易有限公司				
企业地址	上海市浦东新区北张家浜路68号6幢108室（200122）				
投资总额	62万USD	电话	62668142	传真	62668143
设立日期	2006-2-28	负责人	DE GRUYTER HANS		
主营业务	从事金属材料、五金交电、水暖器材、电子产品的批发、佣金代理。				

企业名称	竹菱（上海）电子贸易有限公司				
企业地址	上海市外高桥保税区日京路51号四层2402室（200131）				
投资总额	50万USD	电话	68756681	传真	58692179
设立日期	2006-2-27	负责人	昉本幸夫		
主营业务	以电子产品为主的国际贸易、转口贸易、保税区内企业间的贸易及代理。				

企业名称	吉尔马贸易（上海）有限公司				
企业地址	上海市外高桥保税区奥纳路79号1号楼2016室（200131）				
投资总额	14万USD	电话	64264611	传真	64264911
设立日期	2006-2-27	负责人	ANNIE KUO		
主营业务	国际贸易、转口贸易、保税区内企业间的贸易及代理。				

企业名称	上海春元行国际贸易有限公司				
企业地址	上海市外高桥保税区杨高北路2001号市场商务楼二层E4室（200131）				
投资总额	25万USD	电话	54581327	传真	54586001
设立日期	2006-2-27	负责人	高书理		
主营业务	保税区内企业间的贸易及贸易代理；货物及技术进出口。				

企业名称	**正曜国际贸易（上海）有限公司**				
企业地址	上海市外高桥保税区台中南路 2 号新贸楼 257 室（200131）				
投资总额	13 万 USD	电　话	54302160	传　真	54360405
设立日期	2006-2-27	负责人	单志宏		
主营业务	国际贸易、转口贸易、保税区企业间的贸易及区内贸易代理。				

企业名称	**上海玛士高商贸有限公司**				
企业地址	上海市徐汇区华山路 2088 号汇银大厦 903 室（200030）				
投资总额	100 万 USD	电　话	54072121	传　真	54072198
设立日期	2006-2-24	负责人	王惠娟		
主营业务	从事眼镜（隐形眼镜除外）、珠宝（毛钻和裸钻除外）、工艺品的零售。				

企业名称	**阿尔塔（上海）贸易有限公司**				
企业地址	上海市长乐路 801 号 701 室（200031）				
投资总额	20 万 USD	电　话	54030115	传　真	54030115
设立日期	2006-2-24	负责人	周　珣		
主营业务	各种玩具（游戏机除外）的批发、进出口业务、佣金代理。				

企业名称	**丸佐（上海）贸易有限公司**				
企业地址	上海市水城南路 37 号万科广场商务楼 1802 室（200336）				
投资总额	36 万 USD	电　话	62782326	传　真	62094310
设立日期	2006-2-24	负责人	村上完二		
主营业务	从事面料、纱、成衣及其辅料和装饰用品的进出口、批发、佣金代理。				

企业名称	**越田（上海）商贸有限公司**				
企业地址	上海市外高桥保税区 B 区冰克路 500 号 401 室（200131）				
投资总额	42 万 USD	电　话	62791087	传　真	62790606
设立日期	2006-2-24	负责人	田　守		
主营业务	半导体、汽车零部件、汽车用品、电子产品及 IT 商品的批发、佣金代理。				

企业名称	**多喜佳伴纳服饰商业（上海）有限公司**				
企业地址	上海市黄浦区中山东一路 6 号 01-00（200002）				
投资总额	500 万欧元	电　话	68868335	传　真	68868021
设立日期	2006-2-24	负责人	ALFONSO DOLCE		
主营业务	服装、服饰、箱包、鞋类、眼镜、香水及服饰配件的零售，自营进出口。				

企业名称	**帕克柏仙地毯商业（上海）有限公司**				
企业地址	上海市闵行区虹梅路 3721 号 205 室（201103）				
投资总额	6 万 USD	电　话	63853088	传　真	63852588
设立日期	2006-2-24	负责人	SOHAIL SHAHID		
主营业务	地毯及家纺商品的零售，自营商品进口及其他配套售后服务和咨询业务。				

企业名称	**哪吒网商贸（上海）有限公司**				
企业地址	上海市中山西路 933 号 1511 室（200051）				
投资总额	100 万 RMB	电　话	54250904	传　真	54250904
设立日期	2006-2-23	负责人	梁小铁		
主营业务	玩具及礼品的设计、批发、进出口。				

企业名称	**港星商贸（上海）有限公司**				
企业地址	上海市浦东新区商城路 800 号 320 室　（200120）				
投资总额	700 万 RMB	电　话	62323111	传　真	62308222
设立日期	2006-2-23	负责人	林光如		
主营业务	从事包装材料、标签、纸制品以及相关产品的进出口、批发、佣金代理。				

企业名称	**鹏安物流设备（上海）有限公司**				
企业地址	上海市外高桥保税区加太路 29 号 1 号楼五层 B3 部位（200131）				
投资总额	122 万 USD	电　话	68130880	传　真	58692179
设立日期	2006-2-22	负责人	ANTONIUS NOUWENS		
主营业务	保税区内以物流设备为主的仓储分拨、技术咨询以及售后服务。				

企业名称	**上海子盛商贸有限公司**				
企业地址	上海市长宁区北翟路 1178 号 1 号楼南幢 208C 座（200335）				
投资总额	50 万 USD	电　话	512-57372310	传　真	512-57373938
设立日期	2006-2-22	负责人	黄奕雄		
主营业务	化工原料、建筑材料、装潢材料、木材、家具、陶瓷制品的批发。				

企业名称	**萨威奥五金贸易（上海）有限责任公司**				
企业地址	上海市莘庄工业区金都路 3268 号 2 号楼底层（201108）				
投资总额	50 万欧元	电　话	62481561	传　真	62481569
设立日期	2006-2-22	负责人	ROMANO CROSETTI		
主营业务	从事窗、门和幕墙的五金器具及机械装置的批发、佣金代理。				

企业名称	**埃马（上海）商贸有限公司**				
企业地址	上海市浦东新区北张家浜路 68 号 6 幢 527 室（200122）				
投资总额	20 万欧元	电　话	63217803	传　真	63217951
设立日期	2006-2-22	负责人	ALESSANDRO MALAVOLTI		
主营业务	农业机械及配件、园艺机械及配件的批发、佣金代理（拍卖除外）。				

企业名称	**皮尔磁工业自动化贸易（上海）有限公司**				
企业地址	上海市外高桥保税区日京路 51 号发展大厦 B 幢 2425 室（200131）				
投资总额	11 万欧元	电　话	62494658	传　真	62491300
设立日期	2006-2-22	负责人	RENATE ILONA PILZ		
主营业务	以工业自动化设备以及零部件为主的国际贸易、转口贸易。				

企业名称	**艾斯艾姆开国际贸易（上海）有限公司**				
企业地址	上海市外高桥保税区富特北路 458 号 399 室（200131）				
投资总额	100 万港币	电　话	62755301	传　真	62785601
设立日期	2006-2-22	负责人	池田彰孝		
主营业务	国际贸易、转口贸易、保税区企业间的贸易及区内贸易代理。				

企业名称	**磐密帝时国际贸易（上海）有限公司**				
企业地址	上海市外高桥保税区奥纳路 79 号 1 号楼第二层 2083 室（200131）				
投资总额	13 万 USD	电　话	68763740	传　真	68763743
设立日期	2006-2-22	负责人	NICHOLAS WANG		
主营业务	国际贸易、转口贸易、保税区企业间的贸易及贸易代理。				

企业名称	**必恒设备动力系统贸易（上海）有限公司**				
企业地址	上海市外高桥保税区日京路 51 号 A 幢 1410 室（200131）				
投资总额	14 万 USD	电　话	68130880	传　真	68130890
设立日期	2006-2-22	负责人	ANTONIUS NOUWENS		
主营业务	国际贸易、转口贸易、保税区企业间的贸易及贸易代理。				

企业名称	**真珍斑马技术贸易（上海）有限公司**				
企业地址	上海市徐汇区淮海中路 1010 号嘉华中心 35 层 3505 室（200030）				
投资总额	140 万 USD	电　话	61206818	传　真	50478608
设立日期	2006-2-21	负责人	TODDRO BERT NAUGHTON		
主营业务	各类打印机、相关打印机用品、打印机零部件批发、进出口、佣金代理。				

企业名称	**翰斯铵海（上海）贸易有限公司**				
企业地址	上海市浦东新区浦东大道 138 号永华大厦 8 楼 B-02 室（200120）				
投资总额	100 万 USD	电　话	24122890	传　真	54265675
设立日期	2006-2-21	负责人	ANDREAS KROISS		
主营业务	电动工具和五金工具及零配件、园林工具和庭院工具及零配件的批发。				

企业名称	**上海东韩纺织品贸易有限公司**				
企业地址	上海市漕宝路 36 号和信商务大楼 7 层 702 室（201103）				
投资总额	15 万 USD	电　话	54973450	传　真	54973452
设立日期	2006-2-20	负责人	HWANG DONG YONG		
主营业务	服装服饰、布料、鞋帽、箱包、饰品的进出口、批发、佣金代理。				

企业名称	**艾尔斯商贸（上海）有限公司**				
企业地址	上海市长宁区延安西路 726 号华敏翰尊国际广场 12 楼 I 座（200050）				
投资总额	30 万 USD	电　话	52373399	传　真	52378996
设立日期	2006-2-20	负责人	具滋股		
主营业务	电线电缆及零部件、光纤光缆及零部件、建材、日用品、净水器的批发。				

企业名称	**蒂森克虏伯材料贸易（上海）有限公司**				
企业地址	上海市松江区新桥镇新南街 250 弄 85 号 1 层（201600）				
投资总额	2300 万 RMB	电　话	57686710	传　真	57687823
设立日期	2006-2-20	负责人	JOACHIM OTTO JACOB LIMBERG		
主营业务	塑料、有色金属和不锈钢产品的批发，上述商品的进出口，佣金代理。				

企业名称	**上海旭友贸易有限公司**				
企业地址	上海市长宁区延安西路 2201 号上海国际贸易中心 1516 室（200336）				
投资总额	400 万 RMB	电　话	62703311	传　真	62703300
设立日期	2006-2-20	负责人	儿玉干雄		
主营业务	金属加工品及金属材料、化工品、电子产品及软件的批发。				

企业名称	**冈谷化材（上海）贸易有限公司**				
企业地址	上海市外高桥保税区英伦路 38 号 510 室（200131）				
投资总额	800 万日元	电　话	64479030	传　真	64479028
设立日期	2006-2-17	负责人	SHIRATORI TSUYOSHI（白鸟刚）		
主营业务	以化学材料及化工产品（除危险品外）为主的国际贸易、转口贸易。				

企业名称	源贸国际贸易（上海）有限公司				
企业地址	上海市外高桥保税区泰谷路 18 号 1 号楼 1505B 室（200131）				
投资总额	800 万日元	电　话	64399598	传　真	64399597
设立日期	2006-2-17	负 责 人	HARIMOTO CHIEKO		
主营业务	国际贸易、转口贸易、保税区企业间的贸易及贸易代理。				

企业名称	域盛国际贸易（上海）有限公司				
企业地址	上海市外高桥保税区富特北路 458 号 2 号楼 303 室（200131）				
投资总额	14 万 USD	电　话	63539368	传　真	63544689
设立日期	2006-2-16	负 责 人	YAP TAI TEE		
主营业务	国际贸易、转口贸易、保税区企业间贸易及区内贸易代理。				

企业名称	柏冠国际贸易（上海）有限公司				
企业地址	上海市外高桥保税区杨高北路 2001 号二层 S1 室（200131）				
投资总额	20 万 USD	电　话	52656178	传　真	52656175
设立日期	2006-2-16	负 责 人	STEINMEIJER GERARDUS JOHANNES		
主营业务	国际贸易、转口贸易、保税区企业间的贸易及贸易代理。				

企业名称	倍科贸易（上海）有限公司				
企业地址	上海市静安区南京西路 580 号南证大厦 1502 室（200040）				
投资总额	20 万 USD	电　话	62670676	传　真	62670676
设立日期	2006-2-16	负 责 人	BULGURLU HAKAN HAMDI		
主营业务	从事家用电器、电脑等产品及其零配件的批发、佣金代理。				

企业名称	智蔼特贸易（上海）有限公司				
企业地址	上海市长宁区天山支路 168 号 914 室（200051）				
投资总额	14 万 USD	电　话	64479419	传　真	62332148
设立日期	2006-2-16	负 责 人	LEE KI CHEOL		
主营业务	小型机械设备及其配件、电子电器产品、五金配件的进出口、批发。				

企业名称	德马泰克国际贸易（上海）有限公司				
企业地址	上海市外高桥保税区泰谷路 18 号 1#楼 16 层 1615 室（200131）				
投资总额	100 万欧元	电　话	50486784	传　真	50486784
设立日期	2006-2-16	负 责 人	福马丁		
主营业务	国际贸易、转口贸易、保税区内企业间的贸易及贸易代理。				

企业名称	特玩国际贸易（上海）有限公司				
企业地址	上海市外高桥保税区杨高北路 2001 号 F 区市场商务楼二层 E1 室（200131）				
投资总额	20 万 USD	电　话	62837807	传　真	62837809
设立日期	2006-2-14	负 责 人	IDO KIEIN		
主营业务	国际贸易、转口贸易、保税区企业间的贸易及区内贸易代理。				

企业名称	科史曼贸易（上海）有限公司				
企业地址	上海市外高桥保税区杨高北路 2005 号新易楼 301A 单元（200131）				
投资总额	20 万 USD	电　话	62369700	传　真	62369702
设立日期	2006-2-14	负 责 人	KLAUS-GERD SCHRODER		
主营业务	保税区企业间贸易及贸易代理；货物及技术的进出口。				

企业名称	上海凯普瑞考恩国际贸易有限公司				
企业地址	上海市外高桥保税区基隆路 1 号汤臣国际贸易大楼塔楼 724-2 室（200131）				
投资总额	14 万 USD	电　话	64378373	传　真	64378369
设立日期	2006-2-13	负 责 人	CLIVE DAVID OGGIER		
主营业务	国际贸易、转口贸易、保税区内企业间的贸易及贸易代理。				

企业名称	上海肖瓦高分子商贸有限公司				
企业地址	上海市青浦工业园区外青松公路 5500 号 318 室（201700）				
投资总额	61 万 USD	电　话	64814598	传　真	69212129
设立日期	2006-2-13	负 责 人	角谷充弘		
主营业务	功能性树脂、树脂复合材料、中间体及树脂成形品的批发、佣金代理。				

企业名称	莱夫斯特（上海）日用保健品贸易有限公司				
企业地址	上海市浦东新区昌里路 335 号 203 室（200126）				
投资总额	20 万 USD	电　话	52067000	传　真	52068851
设立日期	2006-2-13	负 责 人	金　钟		
主营业务	化妆品、日用品的批发、佣金代理（拍卖除外）。				

企业名称	日塞环贸易（上海）有限公司				
企业地址	上海市黄浦区南京西路 338 号天安中心 606 室（200001）				
投资总额	65 万 USD	电　话	63726662	传　真	63726698
设立日期	2006-2-13	负 责 人	曾我善树		
主营业务	从事用于汽车、摩托车、气门座、气缸套、凸轮轴及零部件的批发。				

企业名称	洁事乐（上海）化学制品贸易有限公司				
企业地址	上海市延安西路 889 号太平洋企业中心 2003 室（200050）				
投资总额	15 万 USD	电　话	68868335	传　真	68868021
设立日期	2006-2-13	负 责 人	JOHN STEWART MELDRUM		
主营业务	从事化学清洁剂及相关器具、原料的批发和佣金代理（拍卖除外）。				

企业名称	英联贸易（上海）有限公司				
企业地址	上海市延安西路 889 号太平洋企业中心 2002 室（200050）				
投资总额	300 万 USD	电　话	52402110	传　真	52402177
设立日期	2006-2-13	负 责 人	ONG BEE LENG（王美玲）		
主营业务	从事动物饲料、饲料添加剂和原料的批发、佣金代理。				

企业名称	上海服良国际贸易有限公司				
企业地址	上海市外高桥保税区荷丹路 240 号二层 E-210 部位（200131）				
投资总额	1700 万日元	电　话	59705930	传　真	59701570
设立日期	2006-2-13	负 责 人	打越昌次		
主营业务	国际贸易、转口贸易、保税区内企业间的贸易及贸易代理。				

企业名称	葛俐贸易（上海）有限公司				
企业地址	上海市徐汇区中山西路 1800 号 12 楼 E2 座（200235）				
投资总额	62 万 USD	电　话	64400198	传　真	64400331
设立日期	2006-2-13	负 责 人	褚伟刚		
主营业务	纺织品、服装、服饰、鞋帽批发，佣金代理（拍卖除外）。				

企业名称	上海纳格西斯贸易有限公司				
企业地址	上海市外高桥保税区富特北路 458 号 405 室（200131）				
投资总额	6.3 万 USD	电　话	67726677	传　真	67726767
设立日期	2006-2-13	负 责 人	中村待朋		
主营业务	国际贸易、转口贸易、保税区内企业间的贸易及区内贸易代理。				

企业名称	齐鸣视听国际贸易（上海）有限公司				
企业地址	上海市外高桥保税区泰谷路 169 号 1105 室（200131）				
投资总额	12.5 万 USD	电　话	52372216	传　真	52372216
设立日期	2006-2-13	负 责 人	KAI CHORNG		
主营业务	以视听设备为主的国际贸易、转口贸易、保税区内企业间的贸易及代理。				

企业名称	极限之家体育运动用品贸易（上海）有限公司				
企业地址	上海市外高桥保税区泰谷路 169 号 A 座 607 室（200131）				
投资总额	12.5 万 USD	电　话	62152991	传　真	62553001
设立日期	2006-2-13	负 责 人	EBERLING JOSEPH JAMES		
主营业务	以体育用品为主的国际贸易、转口贸易、保税区内企业间的贸易及代理。				

企业名称	艾秸谛（上海）国际贸易有限公司				
企业地址	上海市外高桥保税区富特北路 458 号 2#楼第 4 层 425 室（200131）				
投资总额	35 万 USD	电　话	51320798	传　真	51320758
设立日期	2006-2-10	负 责 人	MURRAY F. ARMSTRONG		
主营业务	国际贸易、转口贸易、保税区企业间的贸易及区内贸易代理。				

企业名称	优时比贸易（上海）有限公司				
企业地址	上海市外高桥保税区富特西一路 439 号 317 室（200131）				
投资总额	100 万欧元	电　话	62470318	传　真	62894459
设立日期	2006-2-10	负 责 人	YEOH KEAT HIN		
主营业务	国际贸易、转口贸易、保税区企业间的贸易及贸易代理。				

企业名称	康雅国际贸易（上海）有限公司				
企业地址	上海市外高桥保税区台中南路 2 号新易楼一层 132 室（200131）				
投资总额	6.3 万 USD	电　话	51509048	传　真	51509049
设立日期	2006-2-10	负 责 人	金柄济		
主营业务	国际贸易、转口贸易、保税区企业间的贸易及贸易代理。				

企业名称	睿智（上海）贸易有限公司				
企业地址	上海市浦东新区杨高北路 528 号 14 幢 1 楼 170 室（200120）				
投资总额	2000 万日元	电　话	68812311	传　真	68810008
设立日期	2006-2-8	负 责 人	深江今朝夫		
主营业务	工艺品（文物除外）、日用品、保健器材的批发、佣金代理（拍卖除外）。				

企业名称	东京油墨贸易（上海）有限公司				
企业地址	上海市虹口区四川北路 525 号宇航大厦 2409 室（200080）				
投资总额	30 万 USD	电　话	63516088	传　真	63578868
设立日期	2006-2-8	负 责 人	大桥淳男		
主营业务	建材及包装材料、净水装置及器材的批发，及上述商品的进出口。				

企业名称	爱世克私（上海）商贸有限公司				
企业地址	上海市延安西路 2299 号世贸商城 11 楼 B55-62、B50、B64、B73 室（200336）				
投资总额	450 万 USD	电　话	62363000	传　真	62360107
设立日期	2006-2-8	负 责 人	OYAMA MOTOI		
主营业务	运动鞋、运动服、运动器材及配件饰品的批发、零售、佣金代理。				

企业名称	藤蓉贸易（上海）有限公司				
企业地址	上海市长宁区江苏路 369 号兆丰世贸大厦 2520 室（200050）				
投资总额	150 万港币	电　话	64276752	传　真	
设立日期	2006-2-7	负 责 人	坦波正彦		
主营业务	印刷机、印刷用油墨等印刷器材，搬运治具、器具及相关零部件的批发。				

企业名称	上海帛众化工国际贸易有限公司				
企业地址	上海市外高桥保税区美盛路 56 号 4 号楼三层 304 室（200131）				
投资总额	20 万 USD	电　话	52580275	传　真	52585126
设立日期	2006-2-7	负 责 人	贺剑贞		
主营业务	以化工产品（除危险品外）为主的国际贸易、转口贸易。				

企业名称	佑安国际贸易（上海）有限公司				
企业地址	上海市外高桥保税区泰谷路 18 号 1 号楼 16 层 1607B 室（200131）				
投资总额	20 万 USD	电　话	52897175	传　真	62825864
设立日期	2006-2-7	负 责 人	CHUNG-LIANG WANG		
主营业务	国际贸易、转口贸易、保税区企业间的贸易及区内贸易代理。				

企业名称	福之源贸易（上海）有限公司				
企业地址	上海市普陀区云岭西路 356 弄 6 号楼 4F（200333）				
投资总额	100 万 RMB	电　话	52702819	传　真	
设立日期	2006-2-7	负 责 人	蔡连鸿		
主营业务	成衣（服装）及其原、辅材料的进出口、批发、佣金代理（拍卖除外）。				

企业名称	艾克欧东晟商贸（上海）有限公司				
企业地址	上海市长宁区江苏路 369 号兆丰世贸大厦 23G 室（200050）				
投资总额	1.5 亿日元	电　话	52379100	传　真	52379095
设立日期	2006-2-7	负 责 人	山下皓		
主营业务	轴承、直线导轨、定位工作台、装置、零部件的批发、佣金代理。				

企业名称	礼恩派国际贸易（上海）有限公司				
企业地址	上海市外高桥保税区奥纳路 79 号 1 号楼 505 室（200131）				
投资总额	20 万 USD	电　话	59508600	传　真	59509957
设立日期	2006-2-7	负 责 人	KLAUS DOHRING		
主营业务	国际贸易、转口贸易、保税区企业间的贸易及保税区内贸易代理。				

企业名称	上海密太柯国际贸易有限公司				
企业地址	上海市外高桥保税区奥纳路 79 号 1 号楼二层 2007 室（200131）				
投资总额	13 万 USD	电　话	64460682	传　真	64460682
设立日期	2006-2-7	负 责 人	TAG JONG HAN		
主营业务	保税区企业间的贸易及区内贸易代理；货物及技术进出口。				

企业名称	赛生贸易（上海）有限公司				
企业地址	上海市外高桥保税区泰谷路 88 号 527 室（200131）				
投资总额	13 万 USD	电　话	54580505	传　真	64067691
设立日期	2006-2-7	负 责 人	SANDRA KIMIKO TOKUNAGA		
主营业务	国际贸易、转口贸易、保税区企业间贸易及保税区内贸易代理。				

企业名称	悠禧贸易（上海）有限公司				
企业地址	上海市外高桥保税区泰谷路 88 号 516 室（200131）				
投资总额	7000 万日元	电　话	62351212	传　真	62350736
设立日期	2006-2-7	负 责 人	中村克久		
主营业务	保税区内商业性简单加工；保税区内商务咨询服务。				

企业名称	可风可国际贸易（上海）有限公司				
企业地址	上海市外高桥保税区台中南路 2 号新贸楼 204 室（200131）				
投资总额	20 万 USD	电　话	64686460	传　真	64686460
设立日期	2006-2-7	负 责 人	ETTORE GIORGI		
主营业务	国际贸易、转口贸易、保税区企业间的贸易及贸易代理。				

企业名称	梦田服装商业（上海）有限公司				
企业地址	上海市卢湾区淮海中路 222 号 113 单元 A 座（200021）				
投资总额	70 万 USD	电　话	62882161	传　真	62882061
设立日期	2006-2-7	负 责 人	GUY LATOURRETTE		
主营业务	服装、饰品、鞋类、箱包和其他相关产品的零售，自营商品进口。				

企业名称	富仕达酒类贸易（上海）有限公司				
企业地址	上海市奉贤区奉浦大道 111 号 A004 室（201400）				
投资总额	100 万澳元	电　话	64262305	传　真	61213709
设立日期	2006-2-6	负 责 人	DUNCAN LOYNES		
主营业务	酒类产品及饮料的批发、进出口；佣金代理（拍卖除外）。				

企业名称	吉象（上海）贸易有限公司				
企业地址	上海市静安区吴江路 31 号上海东方众鑫大厦 902、908 室（200041）				
投资总额	95 万新元	电　话	52110909	传　真	52110008
设立日期	2006-2-6	负 责 人	马宝同（MA BAO TONG）		
主营业务	木材及木材制品、胶合板及人造板、家具、包装材料的批发、佣金代理。				

企业名称	登弘国际贸易（上海）有限公司				
企业地址	上海市外高桥保税区泰谷路 88 号 529 室（200131）				
投资总额	7 万 USD	电　话	62702486	传　真	62702489
设立日期	2006-2-5	负 责 人	徐丽星		
主营业务	保税区企业间的贸易及贸易代理；货物及技术进出口。				

企业名称	上海顶顺贸易有限公司				
企业地址	上海市外高桥保税区泰谷路 18 号 1507A 室（200131）				
投资总额	20 万 USD	电　话	573-4473893	传　真	573-4648817
设立日期	2006-2-5	负 责 人	李世华		
主营业务	国际贸易、转口贸易、保税区企业间贸易及贸易代理。				

企业名称	上海振乔国际贸易有限公司				
企业地址	上海市外高桥保税区泰谷路 88 号 5 层 531 室（200131）				
投资总额	50 万 USD	电　话	50499009	传　真	50499001
设立日期	2006-2-5	负 责 人	周志丰		
主营业务	保税区企业间的贸易及贸易代理；货物及技术进出口。				

企业名称	康耐（上海）国际贸易有限公司				
企业地址	上海市外高桥保税区台中南路 2 号新贸楼一层 127 室（200131）				
投资总额	20 万 USD	电　话	54451836	传　真	54451840
设立日期	2006-1-27	负 责 人	RAIMUND JOSEF CARL		
主营业务	国际贸易、转口贸易、保税区企业间的贸易及区内贸易代理。				

企业名称	现进贸易（上海）有限公司				
企业地址	上海市长宁区天山支路 168 号 912 室（200051）				
投资总额	15 万 USD	电　话	62415492	传　真	62595042
设立日期	2006-1-27	负 责 人	CHOI DUK KYU		
主营业务	服装、服饰、箱包、鞋帽、皮革、服装辅料、毛皮的批发、佣金代理。				

企业名称	上海明视里商贸有限公司				
企业地址	上海市共和新路 3050 号 11 幢 218 室（200070）				
投资总额	500 万港元	电　话	63841030	传　真	63854516
设立日期	2006-1-27	负 责 人	杨志伟		
主营业务	鞋帽、手袋、皮革制品、针纺织品和饰品（不含钻石）的批发。				

企业名称	浪冷贸易（上海）有限公司				
企业地址	上海市黄浦区南京东路 800 号 19 楼 G 室（200001）				
投资总额	5000 万日元	电　话	63224198	传　真	63224199
设立日期	2006-1-27	负 责 人	土屋八实		
主营业务	空调冷冻机械，建材，厨房设备及相关零部件的批发，佣金代理。				

企业名称	近绢（上海）商贸有限公司				
企业地址	上海市长宁区娄山关路 83 号新虹桥中心大厦 10 层 1003 室（200336）				
投资总额	5000 万日元	电　话	62368653	传　真	62368652
设立日期	2006-1-27	负 责 人	奥村忠司		
主营业务	纤维原料、纤维产品、纺织品、服饰品及相关商品的进出口、批发。				

企业名称	卡尔冬斯贸易（上海）有限公司				
企业地址	上海市复兴中路 1 号申能国际大厦 1104 室（200021）				
投资总额	45 万欧元	电　话	63919000	传　真	63919001
设立日期	2006-1-27	负 责 人	KARL DUNGS		
主营业务	开关装置，用于供热和空调设备的自动切断液、气电源的装置的批发。				

企业名称	上海三友汽配贸易有限公司				
企业地址	上海市长宁区中山西路 1277 号海螺大厦 1 号楼 213 室（200051）				
投资总额	13 万 USD	电　话	52063573	传　真	62702246
设立日期	2006-1-27	负 责 人	KIM SOO CHO		
主营业务	汽车配件、机械设备及配件、家具配件、金属制品、电子产品的批发。				

企业名称	历峰商业有限公司				
企业地址	上海市浦东新区陆家嘴东路 161 号招商局大厦 1510 室（200120）				
投资总额	8270 万 RMB	电　话	52929950	传　真	52984244
设立日期	2006-1-27	负责人	BERNARD FORNAS		
主营业务	从事高档次商品的批发、佣金代理（拍卖除外），商品进出口业务。				

企业名称	宝格丽商业（上海）有限公司				
企业地址	上海市南京西路 1168 号中信泰富广场 32 层 3210B-3211 室（200042）				
投资总额	500 万 USD	电　话	62708988	传　真	
设立日期	2006-1-26	负责人	MARIO EMPRIN GIALRDINI		
主营业务	从事珠宝首饰、金银饰品、手表、礼品、香水及化妆品、丝巾等的零售。				

企业名称	横滨轮胎销售（上海）有限公司				
企业地址	上海市遵义路 100 号 B 栋 3583-3586 室（200051）				
投资总额	300 万 USD	电　话	62371717	传　真	62372577
设立日期	2006-1-26	负责人	近藤一郎		
主营业务	汽车轮胎（包括轮圈）、汽车美容及相关商品的批发、佣金代理。				

企业名称	上海奈依尔贸易有限公司				
企业地址	上海市长宁区遵义路 100 号虹桥上海城 B 栋 2681 室（200051）				
投资总额	80 万 USD	电　话	62372232	传　真	62372351
设立日期	2006-1-26	负责人	IZUMI KIYOSHI		
主营业务	从事服装、服饰、纺织品及原材料、橡胶丝、汽车轮胎用橡胶的批发。				

企业名称	优易伴贸易（上海）有限公司				
企业地址	上海市共和新路 3201 号 1 楼 A 座 50 室（200070）				
投资总额	20 万 USD	电　话	51088333	传　真	63112806
设立日期	2006-1-26	负责人	ALESSIO MUGNAI		
主营业务	装订机及其附件的批发，自营商品的进出口。				

企业名称	图客喜贸易（上海）有限公司				
企业地址	上海市闸北区天目西路 547 号联通国际大厦 2703 室（200070）				
投资总额	20 万 USD	电　话	61427303	传　真	33030085
设立日期	2006-1-26	负责人	渡边大		
主营业务	服装、面料、辅料及相关产品的进出口、批发、佣金代理。				

企业名称	世嘉（上海）电子机械商贸有限公司				
企业地址	上海市淮海中路 1010 号嘉华中心 3703 单元（200031）				
投资总额	6.5 万 USD	电　话	61226622	传　真	61226621
设立日期	2006-1-26	负责人	井　亨		
主营业务	驾驶模拟器主板，教育器材，玩具，日用百货，衣料的进出口、批发。				

企业名称	蓓麦国际贸易（上海）有限公司				
企业地址	上海市外高桥保税区新灵路 118 号 301B 室（200131）				
投资总额	5.6 万欧元	电　话	52985060	传　真	
设立日期	2006-1-26	负责人	EDOARDO BRIANZI		
主营业务	国际贸易、转口贸易、保税区企业间的贸易及区内贸易代理。				

企业名称	上佰家贸易（上海）有限公司				
企业地址	上海市浦东大道 2188 号 620 室（200120）				
投资总额	100 万 USD	电　话	52273369	传　真	52273012
设立日期	2006-1-25	负责人	巫湘台		
主营业务	家具、五金配件、太阳伞、家庭用纺织品及其原材料的批发、佣金代理。				

企业名称	安佩思（上海）信息系统贸易有限公司				
企业地址	上海市浦东新区花园石桥路 33 号花旗集团大厦 23 楼（200120）				
投资总额	35 万 USD	电　话	61010415	传　真	
设立日期	2006-1-24	负责人	STEPHEN EDWIN PHILLIPS		
主营业务	电信和信息系统设备产品和配件的进出口、批发、佣金代理。				

企业名称	思富宁国际贸易（上海）有限公司				
企业地址	上海市外高桥保税区台中南路 2 号新贸楼二层 270 室（200131）				
投资总额	200 万 USD	电　话	58779909	传　真	58779979
设立日期	2006-1-24	负责人	KIM WON HONG		
主营业务	国际贸易、保税区企业间贸易及区内贸易代理；货物及技术进出口。				

企业名称	邦世锐盟贸易（上海）有限公司				
企业地址	上海市浦东新区浦东大道 1476 号山海大厦 1614 室（200120）				
投资总额	48.2 万 USD	电　话	58216990	传　真	58216919
设立日期	2006-1-24	负责人	TAN BOOH HOE		
主营业务	机械式弹簧、气弹簧、金属零件的批发，佣金代理。				

企业名称	网一系统贸易（上海）有限公司				
企业地址	上海市娄山关路 83 号新虹桥中心大厦 2811 室（200336）				
投资总额	90 万 USD	电　话	64078585	传　真	64483830
设立日期	2006-1-24	负责人	佐佐木昭美		
主营业务	计算机网络器材及软件的批发、进出口、佣金代理（拍卖除外）。				

企业名称	奥拓易贸易（上海）有限公司				
企业地址	上海市安亭镇园大路 155 号 3 幢（201805）				
投资总额	15 万 USD	电　话	63508775	传　真	63603452
设立日期	2006-1-24	负责人	刘志明		
主营业务	汽车零配件、轮胎、汽车音响系统及其原材料和零配件的进出口、批发。				

企业名称	布鲁克纳（上海）贸易有限公司				
企业地址	上海市嘉定区马陆镇樱花路 125 弄 23 号 202 室（201801）				
投资总额	50 万 USD	电　话	52981618	传　真	52981617
设立日期	2006-1-24	负责人	OMER AKYAZICI		
主营业务	从事塑料及纺织机械及其相关零部件、配件、衍生产品的进出口、批发。				

企业名称	俊思（上海）商业有限公司				
企业地址	上海市静安区南京西路 758 号 20 楼 E（200040）				
投资总额	1000 万 RMB	电　话	54655793	传　真	54655770
设立日期	2006-1-23	负责人	郑伟雄		
主营业务	服装、鞋类、饰物、皮件、香水及化妆品、钟表批发零售，自营进出口。				

企业名称	沃得卡夫特贸易（上海）有限公司				
企业地址	上海市浦东新区历城路 70 号甲 1004A 室（200126）				
投资总额	20 万 USD	电　话	64140289	传　真	64141819
设立日期	2006-1-23	负责人	林宽萌		
主营业务	家具、运动器材的批发及进出口。				

企业名称	星敦凰贸易（上海）有限公司				
企业地址	上海市徐汇区中山南二路 923 号（200030）				
投资总额	14 万 USD	电　话	32200868	传　真	32200899
设立日期	2006-1-23	负责人	张伦志		
主营业务	袜、橡胶制品、塑胶产品、电子产品及绝缘材料的批发和进出口业务。				

企业名称	上海甚轩国际贸易有限公司				
企业地址	上海市外高桥保税区台中南路 2 号新贸楼 259 室（200131）				
投资总额	13 万 USD	电　话	512-57762356	传　真	512-57762357
设立日期	2006-1-23	负责人	邢继纲		
主营业务	国际贸易、转口贸易、保税区企业间的贸易及区内贸易代理。				

企业名称	上海威帝启亚铜业贸易有限公司				
企业地址	上海市共和新路 3050 号 11 幢 338 室（200071）				
投资总额	3000 万 USD	电　话	62427938	传　真	62427938
设立日期	2006-1-23	负责人	金浚鹤		
主营业务	石油天然气管、铜产品、镍产品、铝产品、建筑材料、电子产品的批发。				

企业名称	世楷贸易（上海）有限公司				
企业地址	上海市浦东新区花园石桥路 33 号花旗集团大厦 23 楼 49 室（200121）				
投资总额	60 万 USD	电　话	53063355	传　真	53067667
设立日期	2006-1-23	负责人	ERNEST PARKER GREER		
主营业务	室内装修产品、电子产品、办公用品和地毯，及其相关零配件的批发。				

企业名称	兴记九兴贸易（上海）有限公司				
企业地址	上海市卢湾区淮海中路 858 号（200020）				
投资总额	300 万 USD	电　话	52199089	传　真	52198499
设立日期	2006-1-23	负责人	蒋至刚		
主营业务	各式鞋类、皮具、箱包、服饰及相关用品、零配件的商品批发、零售。				

企业名称	小时代（上海）商贸有限公司				
企业地址	上海市长宁区仙霞路 650 号 106 室（200335）				
投资总额	50 万 RMB	电　话	62361262	传　真	62362313
设立日期	2006-1-23	负责人	JEAN DE BARY		
主营业务	儿童服装、饰品、玩具、儿童用品的零售、批发、佣金代理。				

企业名称	智弘电子贸易（上海）有限公司				
企业地址	上海市浦东新区北张家浜路 68 号 6 幢 633 室（200120）				
投资总额	20 万 USD	电　话	58563480	传　真	58563480
设立日期	2006-1-23	负责人	谭至佛		
主营业务	液晶产品、高度集成电路板等电子产业材料与设备的批发、佣金代理。				

企业名称	**舟芊（上海）贸易有限公司**				
企业地址	上海市黄浦区西藏中路 728 号 18K 室（200001）				
投资总额	20 万 USD	电　话	63601242	传　真	63601245
设立日期	2006-1-20	负责人	叶涌训		
主营业务	纺织原料（除棉花外）、纺织配件、服装服饰、服装鞋帽、装饰品批发。				

企业名称	**上海宝原体育用品商贸有限公司**				
企业地址	上海市虹口区武进路 456 号 9022 室（200081）				
投资总额	1000 万 USD	电　话	63068600	传　真	63068600
设立日期	2006-1-20	负责人	张瑜洲		
主营业务	运动用品、运动器械、运动服装，包括运动鞋、服装、背包的零售。				

企业名称	**亿曾玺国际贸易（上海）有限公司**				
企业地址	上海市外高桥保税区泰谷路 18 号 1 号楼 1609 室（200131）				
投资总额	6.25 万 USD	电　话	63733588	传　真	63733766
设立日期	2006-1-19	负责人	HAMAD MANFRED SAMIR REINER		
主营业务	国际贸易、转口贸易、保税区内企业间的贸易及贸易代理。				

企业名称	**诺士清洁用品（上海）有限公司**				
企业地址	上海市外高桥保税区富特西一路 135 号第五层 504 部位（200131）				
投资总额	13 万 USD	电　话	65874701	传　真	65874707
设立日期	2006-1-19	负责人	THOMAS NICOLAISEN		
主营业务	保税区内以清洁用品为主的仓储分拨业务以及相关产品的售后服务。				

企业名称	**上海亚旺国际贸易有限公司**				
企业地址	上海市外高桥保税区杨高北路 2001 号市场商务楼二层 E3 室（200131）				
投资总额	16 万 USD	电　话	58386818	传　真	5838682
设立日期	2006-1-19	负责人	蔡晓云		
主营业务	国际贸易、转口贸易、保税区企业间的贸易及贸易代理。				

企业名称	**波菲格（上海）国际贸易有限公司**				
企业地址	上海市外高桥保税区奥纳路 79 号 2009 室（200131）				
投资总额	12.8 万 USD	电　话	62197619	传　真	62706315
设立日期	2006-1-18	负责人	JOE-WU TSENG		
主营业务	保税区内企业间的贸易及贸易代理；货物及技术进出口。				

企业名称	**英贸芙（上海）贸易有限公司**				
企业地址	上海市张杨路 228 号 1919 室（200122）				
投资总额	7 万 USD	电　话	64458230	传　真	64458516
设立日期	2006-1-18	负责人	叶树滋		
主营业务	文具、教学用品与设备、电子产品、办公用品的进出口、批发。				

企业名称	**下岛（上海）商贸有限公司**				
企业地址	上海市昌平路 710 号 B 座 1 楼 014 室（200042）				
投资总额	1 亿日元	电　话	62588181	传　真	62884607
设立日期	2006-1-18	负责人	TAASHI IMAI		
主营业务	包装用品、装饰用品、店铺用品、礼品、日用百货等促销用品的批发。				

企业名称	**都筑电产贸易（上海）有限公司**				
企业地址	上海市外高桥保税区泰谷路 88 号 530 室（200131）				
投资总额	26 万 USD	电　话	62486260	传　真	61031621
设立日期	2006-1-18	负责人	村田昌幸		
主营业务	国际贸易、转口贸易、保税区内企业间的贸易及区内贸易代理。				

企业名称	**根茂国际贸易（上海）有限公司**				
企业地址	上海市外高桥保税区英伦路 38 号衡山国际商务楼三层 317 室（200131）				
投资总额	20 万 USD	电　话	64262189	传　真	64261979
设立日期	2006-1-17	负责人	李柏亿		
主营业务	保税区企业间的贸易；货物及技术进出口。				

企业名称	**杜邦高性能弹性体贸易（上海）有限公司**				
企业地址	上海市张江高科技园区郭守敬路 351 号 2 号楼 602A-19 室（201203）				
投资总额	75 万 USD	电　话	63866366	传　真	63853904
设立日期	2006-1-17	负责人	植村一郎		
主营业务	从事化工产品的批发和进出口，上述产品委托加工，其他相关配套业务。				

企业名称	**丹控电器贸易（上海）有限公司**				
企业地址	上海市浦东新区张江高科技园区集电园 8 号楼 206 室（200131）				
投资总额	500 万 RMB	电　话	68796200	传　真	68796199
设立日期	2006-1-16	负责人	TOKE ALEXANDER FOSS		
主营业务	船用及陆用发动机、再生资源设备的控制和测量用电子产品的批发。				

企业名称	**希思黎（上海）化妆品商贸有限公司**				
企业地址	上海市静安区南京西路 1515 号上海嘉里中心 707-708 室（200040）				
投资总额	68 万 USD	电　话	52985860	传　真	52985861
设立日期	2006-1-16	负责人	PHILIPPE D'ORNANO		
主营业务	从事香水和化妆品的批发、佣金代理（拍卖除外），上述商品的进出口。				

企业名称	**上海泛而美商业有限公司**				
企业地址	上海市浦东新区芳华路 37 号 616 室（201204）				
投资总额	15 万 USD	电　话	63401038	传　真	63401015
设立日期	2006-1-16	负责人	魏莉婷		
主营业务	化妆品及美容器材零售、进出口及相关咨询业务、售后服务、美容咨询。				

企业名称	**夏芝陈商业（上海）有限公司**				
企业地址	上海市黄浦区中山东一路 9 号（200002）				
投资总额	100 万 USD	电　话	64109988	传　真	64106699
设立日期	2006-1-16	负责人	王子玮		
主营业务	服装及配件、纺织品、化妆品、珠宝首饰、家居用品、日用百货的零售。				

企业名称	**显滔（上海）贸易有限公司**				
企业地址	上海市浦东新区张杨路 500 号 18A 室（200120）				
投资总额	50 万 USD	电　话	61047567	传　真	61047568
设立日期	2006-1-16	负责人	KUTHOOR，SHANTYBERNARD		
主营业务	纺织品、纺织面料、服装、服饰及服饰配料的采购出口，其他配套业务。				

企业名称	**格洛瑞贸易（上海）有限公司**				
企业地址	上海市长宁区延安西路 1599 号怡翔大楼 1 号楼 401-405 室（200050）				
投资总额	70 万 USD	电　话	62515460	传　真	62516469
设立日期	2006-1-16	负责人	MEHMET SUAT PAKSOY		
主营业务	服装及服装原材料、服装装饰件、服装附件的批发，佣金代理。				

企业名称	**康策贸易（上海）有限公司**				
企业地址	上海市静安区江宁路 495 号 2405 室（200040）				
投资总额	62 万 USD	电　话	64277557	传　真	54258298
设立日期	2006-1-16	负责人	JAYA SHARMA		
主营业务	服装、玩具、纺织品、电子电器、装潢材料的批发，佣金代理。				

企业名称	**可饰特（上海）商贸有限公司**				
企业地址	上海市长宁区天山支路 154 号 407E 室（200051）				
投资总额	20 万 USD	电　话	54892878	传　真	54892868
设立日期	2006-1-16	负责人	林永淑（YIM YOUNG SOOK）		
主营业务	服装、服饰、服装面辅料、鞋帽、纺织品、工艺品批发、佣金代理。				

企业名称	**宏晋国际贸易（上海）有限公司**				
企业地址	上海市外高桥保税区泰谷路 18 号 1216 室（200131）				
投资总额	13 万 USD	电　话	56077618	传　真	56077619
设立日期	2006-1-13	负责人	王志鹏		
主营业务	国际贸易、转口贸易、保税区企业间的贸易及区内贸易代理。				

企业名称	**寰达国际贸易（上海）有限公司**				
企业地址	上海市外高桥保税区泰谷路 18 号 1 号楼 16 层 1612 室（200131）				
投资总额	13 万 USD	电　话	51353258	传　真	62954198
设立日期	2006-1-13	负责人	NG SENG KIAT（黄盛傑）		
主营业务	国际贸易、转口贸易、保税区企业间的贸易及贸易代理。				

企业名称	**青特商贸（上海）有限公司**				
企业地址	上海市浦东新区杨高北路 528 号 14 幢 146-150 室（200131）				
投资总额	50 万 USD	电　话	63733600	传　真	63201416
设立日期	2006-1-12	负责人	中村哲二		
主营业务	特殊钢、不锈钢、镍、铝、精密铸件、超硬度制品的批发、佣金代理。				

企业名称	**泰克尼尔密封件贸易（上海）有限公司**				
企业地址	上海市徐汇区肇嘉浜路 798 号 1706 室（200030）				
投资总额	50 万欧元	电　话	64738439	传　真	64738417
设立日期	2006-1-12	负责人	FONTAINES GEORGES		
主营业务	密封件及配件的批发、进出口、佣金代理（拍卖除外）、相关配套业务。				

企业名称	**世达乐（上海）贸易有限责任公司**				
企业地址	上海市长宁区中山西路 933 号 2110 室（200050）				
投资总额	30 万欧元	电　话	51504100	传　真	51504100
设立日期	2006-1-12	负责人	ARNALDO MESSORI		
主营业务	玻璃制造业所需的生产原料和生产设备及配件的批发、佣金代理。				

企业名称	上海荣王贸易有限公司					
企业地址	上海市长宁区兴义路 8 号万都中心大厦 2203 室（200336）					
投资总额	27 万 USD	电　话	52080211	传　真	52080311	
设立日期	2006-1-12	负责人	松久成享			
主营业务	服装、服装面料的批发、进出口业务，佣金代理（拍卖除外）。					

企业名称	维尔福斯特（上海）贸易有限公司					
企业地址	上海市闵行区虹莘路 3065 号 701 室（201103）					
投资总额	500 万 RMB	电　话		传　真		
设立日期	2006-1-12	负责人	李咏谦			
主营业务	家用电器、五金工具、电脑及其周边产品及相关配件的批发，佣金代理。					

企业名称	朋博湾商业（上海）有限公司					
企业地址	上海市静安区南京西路 1486 号 1 号楼 205 室（200040）					
投资总额	40 万 USD	电　话	53068899	传　真	54038846	
设立日期	2006-1-12	负责人	RICHARD ALIBERT			
主营业务	从事服装、饰品、鞋类、皮件、箱包、家用纺织品、婴儿用品等的零售。					

企业名称	上海美育商业有限公司					
企业地址	上海市静安区威海路 333 弄 30 号 102、202 室（200040）					
投资总额	30 万 USD	电　话	63401299	传　真	63400966	
设立日期	2006-1-11	负责人	山本裕			
主营业务	宠物、宠物用品及相关产品零售；自营宠物用品的进口，提供配套服务。					

企业名称	凌源控制技术（上海）有限公司					
企业地址	上海市外高桥保税区富特东一路 396 号第五层 521A 部位（200131）					
投资总额	13 万 USD	电　话	68063024	传　真	68063364	
设立日期	2006-1-11	负责人	宁素兰			
主营业务	区内以控制设备部件为主仓储、展示、维修及售后服务、支持和培训。					

企业名称	欧熙国际贸易（上海）有限公司					
企业地址	上海市外高桥保税区美桂北路 317 号第二层 E 部位（200131）					
投资总额	6.6 万 USD	电　话	63806810	传　真	63806812	
设立日期	2006-1-11	负责人	GARY FONTANA			
主营业务	国际贸易、转口贸易、保税区内企业间的贸易及保税区内贸易代理。					

企业名称	沃富润复合材料（上海）有限公司					
企业地址	上海市外高桥保税区富特北路 118 号底层东部位（200131）					
投资总额	13 万 USD	电　话	63598958	传　真	64158166	
设立日期	2006-1-11	负责人	ANDREW WAI SUN LEE			
主营业务	保税区内以高科技复合材料为主的仓储分拨业务，以及产品的售后服务。					

企业名称	莫迪恺（上海）贸易有限公司					
企业地址	上海市外高桥保税区奥纳路 79 号 1 号楼 2004 室（200131）					
投资总额	15 万 USD	电　话	63915695	传　真	63915696	
设立日期	2006-1-11	负责人	MURRAY GOLDING			
主营业务	国际贸易、转口贸易、保税区企业间的贸易及贸易代理。					

企业名称	六面体服装贸易（上海）有限公司					
企业地址	上海市卢湾区瞿溪路 754-774 号 3 号楼 491 室（200023）					
投资总额	25 万 USD	电　话	53018492	传　真	51088852	
设立日期	2006-1-11	负责人	石川均			
主营业务	纺织品、皮革制品、日用商品、化妆品及相关产品的进出口、批发业务。					

企业名称	凯搏贸易（上海）有限公司					
企业地址	上海市外高桥保税区芬辛路 20 号 2 号楼 401 室（200131）					
投资总额	14 万 USD	电　话	58767738	传　真	50587900	
设立日期	2006-1-11	负责人	RUPPRECHT HERBERT MARIA KEMPER			
主营业务	保税区内商业性简单加工及商务咨询服务。					

企业名称	亚控国际贸易（上海）有限公司					
企业地址	上海市外高桥保税区泰谷路 18 号 1 号楼 1610 室（200131）					
投资总额	6.2 万 USD	电　话	61413952	传　真	61413966	
设立日期	2006-1-10	负责人	OLIVIER GABRIEL LEVY			
主营业务	国际贸易、转口贸易、保税区企业间的贸易；区内贸易代理。					

企业名称	雅度夫服装贸易（上海）有限公司					
企业地址	上海市绍兴路 17 弄 3-4 号底室 06（200020）					
投资总额	124 万 USD	电　话	64151140	传　真	64151140	
设立日期	2006-1-10	负责人	ADOLFO DOMINGUEZ FERNANDEZ			
主营业务	时装及其饰品的批发、佣金代理（拍卖除外）；自营商品的进出口业务。					

企业名称	路易维娜美容品贸易（上海）有限公司					
企业地址	上海市青浦区白鹤镇鹤祥路 1 号（201700）					
投资总额	14 万 USD	电　话	51096666	传　真	64726711	
设立日期	2006-1-10	负责人	郑春颖			
主营业务	化妆品、美容护肤品、包装容器、包装材料、美容美发器材的批发。					

企业名称	上海友天下贸易有限公司					
企业地址	上海市外高桥保税区日京路 51 号发展大厦 2422 室（200131）					
投资总额	3000 万日元	电　话	62912027	传　真	62917581	
设立日期	2006-1-10	负责人	安井了介			
主营业务	国际贸易、转口贸易、保税区企业间的贸易及贸易代理。					

企业名称	上海一幸国际贸易有限公司					
企业地址	上海市外高桥保税区杨高北路 2001 号管理楼二层 201A 室（200131）					
投资总额	6.5 万 USD	电　话	62753191	传　真		
设立日期	2006-1-10	负责人	岩井一男			
主营业务	国际贸易、转口贸易、保税区企业间的贸易及区内贸易代理。					

企业名称	雅特明特商贸（上海）有限公司					
企业地址	上海市卢湾区湖滨路 202 号企业天地商业中心 2 号楼 1 楼 2 号商铺（200021）					
投资总额	36.5 万欧元	电　话	61223408	传　真	61223410	
设立日期	2006-1-10	负责人	ERNESTO GISMONDI			
主营业务	灯具、灯饰及其相关产品的进出口、零售、批发，佣金代理。					

企业名称	富立资和平贸易（上海）有限公司					
企业地址	上海市长宁区延安西路 2633 号美丽华花园 C-202 室（200336）					
投资总额	30 万 USD	电　话	62702192	传　真	62702192	
设立日期	2006-1-10	负责人	和平稔夫			
主营业务	厨房用品、电器烹调器具、其他家庭用品的进出口、批发、佣金代理。					

企业名称	沼田商贸（上海）有限公司					
企业地址	上海市浦东新区唐镇创新中路 601 号 7 幢 301 室（201807）					
投资总额	30 万 USD	电　话	54234611	传　真	54234611	
设立日期	2006-1-10	负责人	李金文			
主营业务	电子元器件，机械设备及其相关配件的批发，佣金代理（拍卖除外）。					

企业名称	上海帝亚德贸易有限公司					
企业地址	上海市宝山区丰翔路 1409 号（200436）					
投资总额	20 万 USD	电　话	64281220	传　真	64280797	
设立日期	2006-1-10	负责人	陈仪烜			
主营业务	批发经营建筑装潢、装饰材料、建筑五金，自营商品进出口、佣金代理。					

企业名称	上海朗虹国际贸易有限公司					
企业地址	上海市外高桥保税区加枫路 28 号新康商贸楼 214 室（200131）					
投资总额	15 万 USD	电　话	50461308	传　真	50461308	
设立日期	2006-1-9	负责人	韩金凤			
主营业务	国际贸易、转口贸易、保税区企业间的贸易及贸易代理。					

企业名称	上海润茂国际贸易有限公司					
企业地址	上海市外高桥保税区英伦路 38 号衡山商务楼 417 室（200131）					
投资总额	14 万 USD	电　话	50454067	传　真	50454365	
设立日期	2006-1-9	负责人	PORNCHAI JINDAUDOMSATE			
主营业务	保税区内商业性简单加工；保税区商务咨询服务。					

企业名称	由众国际贸易（上海）有限公司					
企业地址	上海市外高桥保税区富特西一路 139 号 1016 室（200131）					
投资总额	6.5 万 USD	电　话	50499009	传　真	50499001	
设立日期	2006-1-9	负责人	邹嘉骏			
主营业务	保税区企业间的贸易及区内贸易代理；货物及技术进出口。					

企业名称	荣昱国际贸易（上海）有限公司					
企业地址	上海市外高桥保税区泰谷路 18 号 1 号楼 1606B 室（200131）					
投资总额	100 万 USD	电　话	52989847	传　真	52989027	
设立日期	2006-1-9	负责人	许铭仁			
主营业务	国际贸易、转口贸易、保税区企业间的贸易及区内贸易代理。					

企业名称	帕飞克国际贸易（上海）有限公司					
企业地址	上海市外高桥保税区杨高北路 2001 号二层 S1-1 室（200131）					
投资总额	14 万 USD	电　话	62824522	传　真	62827330	
设立日期	2006-1-9	负责人	ALEX AKHAVAN FAR			
主营业务	国际贸易、转口贸易、保税区企业间的贸易及贸易代理。					

企业名称	康速商贸（上海）有限公司				
企业地址	上海市浦东新区罗山路 1700 弄 16 号 209 室（201204）				
投资总额	30 万 USD	电话	53852266	传真	63500825
设立日期	2006-1-9	负责人	ALEXANDER YIM LEUNG ING		
主营业务	化妆品的批发、零售，上述商品的进出口及相关的配套服务。				

企业名称	艾敦贸易（上海）有限公司				
企业地址	上海市闵行区银都路 588 号 65 幢一楼（201108）				
投资总额	35 万 USD	电话	62853333	传真	62855692
设立日期	2006-1-9	负责人	HANS HILDING PALSSON		
主营业务	从事工业传送设备、配件及相关软件的进出口、批发、佣金代理。				

企业名称	英格索兰（上海）贸易有限公司				
企业地址	上海市莘庄工业区银都路 4355 号（201108）				
投资总额	500 万 USD	电话	54529898	传真	54100118
设立日期	2006-1-9	负责人	宋振宁		
主营业务	各种机械、机械器具、电机电气设备及其零部件的批发，商品的进出口。				

企业名称	罗依天商贸（上海）有限公司				
企业地址	上海市长宁区天山西路 789 号 1628 室（200335）				
投资总额	200 万 USD	电话	52187918	传真	62393625
设立日期	2006-1-9	负责人	BRUCE JOHN MACDONALD		
主营业务	羊毛制品的进口、批发，服务、家用电器、电动自行车、工艺品的出口。				

企业名称	名辰国际贸易（上海）有限公司				
企业地址	上海市外高桥保税区杨高北路 2001 号市场商务楼 2 层 S2 室（200131）				
投资总额	6.5 万 USD	电话	63069099	传真	63074628
设立日期	2006-1-5	负责人	姚鉴聪		
主营业务	国际贸易、转口贸易、保税区企业间的贸易及贸易代理。				

企业名称	泰象（上海）食品贸易有限公司				
企业地址	上海市虹口区新市南路 515 弄 1 号 102 室（200434）				
投资总额	20 万 USD	电话	65601892	传真	65601892
设立日期	2006-1-5	负责人	陈春强（KEAT TANGSAMPANT）		
主营业务	加工食品、茉莉香米及米制品、水果、蔬菜的批发，上述商品的进出口。				

企业名称	优而康国际贸易（上海）有限公司				
企业地址	上海市外高桥保税区英伦路 38 号衡山国际商务楼七层 708 室（200131）				
投资总额	20 万 USD	电话	64658692	传真	64658693
设立日期	2006-1-5	负责人	PARK BYUNG IL		
主营业务	保税区企业间的贸易；货物及技术进出口。				

企业名称	坚堤那司国际贸易（上海）有限公司				
企业地址	上海市外高桥保税区英伦路 38 号衡山国际商务楼七层 716 室（200131）				
投资总额	20 万 USD	电话	63602662	传真	63602662
设立日期	2006-1-5	负责人	陈世文		
主营业务	保税区内商业性简单加工；货物及技术进出口。				

企业名称	迭诺奏利家纺贸易（上海）有限公司				
企业地址	上海市外高桥保税区新灵路 118 号 310A 室（200131）				
投资总额	11.5 万欧元	电话	572-8822808	传真	572-8822809
设立日期	2006-1-5	负责人	DINOZOLI		
主营业务	保税区内商业性简单加工及商品展示；贸易咨询服务。				

企业名称	上海路易维尔家丽家居用品贸易有限公司				
企业地址	上海市南汇区康桥东路 958 号（201315）				
投资总额	25 万 USD	电话	52280418	传真	52280416
设立日期	2006-1-5	负责人	STEPHEN ELIAS		
主营业务	床上用品、厨房装饰物、家用纺织物品的采购、批发及进出口。				

企业名称	上海菱宇贸易有限公司				
企业地址	上海市外高桥保税区富特北路 458 号 2 号楼 301 室（200131）				
投资总额	20 万 USD	电话	63220203	传真	63220203
设立日期	2006-1-5	负责人	藤森止也		
主营业务	国际贸易、转口贸易、保税区企业间的贸易及贸易代理。				

企业名称	东翔国际贸易（上海）有限公司				
企业地址	上海市外高桥保税区杨高北路 2001 号市场商务楼 2 层 S2 室（200131）				
投资总额	14 万 USD	电话	64281280	传真	64281610
设立日期	2006-1-5	负责人	YAMAMOTO RISAKO（山本理沙子）		
主营业务	保税区企业间的贸易及贸易代理；货物及技术进出口。				

企业名称	毅诺贸易（上海）有限公司				
企业地址	上海市外高桥保税区奥纳路 79 号 1 号楼 2 层 2020 室（200131）				
投资总额	15 万 USD	电话	61325168	传真	61325170
设立日期	2006-1-4	负责人	TOR PETERSEN		
主营业务	保税区内商业性简单加工；保税区内商务咨询服务。				

企业名称	塔拓国际贸易（上海）有限公司				
企业地址	上海市外高桥保税区基隆路 1 号 1404 室（200131）				
投资总额	12.38 万 USD	电话	64656767	传真	64018342
设立日期	2006-1-4	负责人	ELAN OVED		
主营业务	保税区内商业性简单加工；保税区内商品展示；保税区内贸易咨询服务。				

企业名称	力宝龙（上海）国际贸易有限公司				
企业地址	上海市外高桥保税区泰谷路 88 号第五层 532 室（200131）				
投资总额	15 万 USD	电话	62702486	传真	62702489
设立日期	2006-1-4	负责人	刘春显		
主营业务	转口贸易、保税区企业间的贸易及贸易代理；货物及技术进出口。				

企业名称	上海茵洛光学产品有限公司				
企业地址	上海市外高桥保税区冰克路 500 号 A 幢 A22 部位（200131）				
投资总额	12.5 万 USD	电话	66406301	传真	66406301
设立日期	2006-1-4	负责人	SI CHUL RHO		
主营业务	保税区以光学产品为主的仓储、分拨业务及产品的技术咨询、技术服务。				

企业名称	艾西斯国际贸易（上海）有限公司				
企业地址	上海市外高桥保税区杨高北路 2001 号 3 层 306 室（200131）				
投资总额	20 万 USD	电话	68977220	传真	68977223
设立日期	2006-1-4	负责人	FIS CHER MOU		
主营业务	国际贸易、转口贸易；保税区企业间的贸易及区内贸易代理。				

企业名称	枫丹白露（上海）贸易有限公司				
企业地址	上海市卢湾区绍兴路 17 弄 3-4 号底室 07 室（200020）				
投资总额	10 万欧元	电话	50395378	传真	50395378
设立日期	2005-12-30	负责人	MICHE XU		
主营业务	从事酒类、酒具、辅助产品、酒窖设备的进出口和批发业务。				

企业名称	圣步（上海）国际贸易有限公司				
企业地址	上海市外高桥保税区泰谷路 18 号 1 号楼 1512 室（200131）				
投资总额	15 万 USD	电话	68549726	传真	68549726
设立日期	2005-12-28	负责人	李在洪		
主营业务	国际贸易、转口贸易、保税区内企业间的贸易及贸易代理。				

企业名称	嘉岱尔（上海）商贸有限公司				
企业地址	上海市静安区北京西路 1277 号国旅大厦 1202、03 室（200040）				
投资总额	130 万 USD	电话	571-8613998	传真	
设立日期	2005-12-28	负责人	陈乃慈		
主营业务	美容产品、护肤品、化妆品、佩件、首饰、纺织品、保健用品的零售。				

企业名称	特力屋（上海）商贸有限公司				
企业地址	上海市长宁区遵义路 100 号虹桥上海城 B 栋 11 楼 D 室（200051）				
投资总额	650 万 USD	电话	24082800	传真	24082808
设立日期	2005-12-28	负责人	李丽秋		
主营业务	从事厨房用品、卫生洁具、五金交电、电子产品、文化用品、钟表。				

企业名称	韵利（上海）商业有限公司				
企业地址	上海市静安区新闸路 1250 号 A 座 038 室（200041）				
投资总额	400 万港币	电话	62531877	传真	62531763
设立日期	2005-12-28	负责人	陈朱韵琴		
主营业务	服装服饰、运动用品的批发，自营商品进出口及相关的配套业务。				

企业名称	利星行贸易（中国）有限公司				
企业地址	上海市闵行区沪青平公路 989 号 5 楼（201105）				
投资总额	620 万 USD	电话	64200000	传真	64202607
设立日期	2005-12-28	负责人	颜健生		
主营业务	从事木材产品的批发、进出口、佣金代理（拍卖除外）。				

企业名称	敷纺贸易（上海）有限公司				
企业地址	上海市卢湾区斜土路 768 号致远大厦 1307 室（200023）				
投资总额	50 万 USD	电话	53016192	传真	53012437
设立日期	2005-12-27	负责人	吉村安司		
主营业务	纺织品及相关商品的批发，佣金代理（拍卖除外）。				

企业名称	时间廊（上海）钟表商业有限公司				
企业地址	上海市淮海中路 364 号二楼亭子间（200020）				
投资总额	41 万 USD	电话	53838272	传真	53838823
设立日期	2005-12-27	负责人	朱继华		
主营业务	钟表零售、自营钟表的进出口业务及提供相关的配套、维修。				

企业名称	上海斯考奇曼罗贸易有限公司				
企业地址	上海市延安西路 728 号 11 楼 B 座（200050）				
投资总额	10 万欧元	电话	62121939	传真	62102787
设立日期	2005-12-27	负责人	张和德		
主营业务	饰品（毛钻、裸钻除外）、百货、包装及纺织机械设备的进出口。				

企业名称	思卡帕（上海）国际贸易有限公司				
企业地址	上海市外高桥保税区基隆路 6 号 1015 室（200131）				
投资总额	12.5 万 USD	电话	50690055	传真	
设立日期	2005-12-26	负责人	RAYMOND FUNNELL		
主营业务	国际贸易、转口贸易、保税区企业间的贸易及贸易咨询和贸易代理。				

企业名称	三益贝希斯坦贸易（上海）有限公司				
企业地址	上海市奉贤区柘林镇新寺社区新林路 801 号（201400）				
投资总额	25 万 USD	电话	53064184	传真	53064184
设立日期	2005-12-26	负责人	CHUNG MAENG GI		
主营业务	各类乐器及相关附属产品，专业音响的商品批发。				

企业名称	伯安克（上海）电子贸易有限公司				
企业地址	上海市松江区九亭镇高科技园区涞坊路 1650 号（201600）				
投资总额	20 万 USD	电话	62878881	传真	62878882
设立日期	2005-12-22	负责人	DIETMAR O.BOECKING		
主营业务	各类开关、插座、感应器及相关产品的批发。				

企业名称	成进贸易（上海）有限公司				
企业地址	上海市中山西路 1277 号海螺大厦 615 室（200051）				
投资总额	100 万 RMB	电话	64685218	传真	64685005
设立日期	2005-12-22	负责人	SEONG,DAE YONG		
主营业务	五金、安全监控、防盗、防火报警器材，家具及文具用品的批发。				

企业名称	新睦丰建材贸易（上海）有限公司				
企业地址	上海市徐汇区瑞金南路 500 号（200030）				
投资总额	88 万 USD	电话	64042847	传真	64161992
设立日期	2005-12-22	负责人	林文秀		
主营业务	各类建材、瓷砖、陶瓷、石材、室内外装修材料的批发、零售。				

企业名称	上海仓机商贸有限公司				
企业地址	上海市长宁区遵义路 100 号虹桥上海城 B 栋 1683 室（200051）				
投资总额	30 万 USD	电话	62370777	传真	62372787
设立日期	2005-12-22	负责人	植松寻		
主营业务	金属切削加工机械和产业机械及上述商品进出口、批发、佣金代理。				

企业名称	百路登（上海）贸易有限公司				
企业地址	上海市长宁区仙霞路 88 号 2007 室（200336）				
投资总额	300 万 RMB	电话	54760049	传真	54760049
设立日期	2005-12-22	负责人	张 毅		
主营业务	化妆品、服装、鞋、帽、首饰、小百货的批发和零售，佣金代理。				

企业名称	依凯澳因斯（上海）贸易有限公司				
企业地址	上海市浦东新区乳山路 227 号 347 室（200120）				
投资总额	12.5 万 USD	电话	54652455	传真	64677507
设立日期	2005-12-22	负责人	哈蒙特·霍夫曼（HARTMUT HOFMANN）		
主营业务	外墙清洗维护设备及建筑机械的批发、上述商品的进出口和安装。				

企业名称	益丰（上海）商贸有限公司				
企业地址	上海市浦东新区乳山路 227 号 337 室（200120）				
投资总额	100 万 USD	电话	32100517	传真	
设立日期	2005-12-22	负责人	陈淑玲		
主营业务	服装、服饰、鞋帽、皮革制品、钟表、百货、布料的商业批发、零售。				

企业名称	摩根士丹利商贸（中国）有限公司				
企业地址	上海市静安区南京西路 1376 号上海商城西峰 701 室（200040）				
投资总额	610 万 USD	电话	61232732	传真	61238800
设立日期	2005-12-21	负责人	詹明辉		
主营业务	从事有色金属和基本金属、贵金属、钢铁以及相关产品的进出口和批发。				

企业名称	上海本特勒贸易有限公司				
企业地址	上海市九江路 333 号金融广场 1207 室（200001）				
投资总额	25 万 USD	电话	63508866	传真	53531188
设立日期	2005-12-21	负责人	MR.GIORGIO FRIGERIO		
主营业务	从事钢铁管材、型材及板材的批发业务、佣金代理业务（拍卖除外）。				

企业名称	优良（上海）商贸有限公司				
企业地址	上海市南京西路 1856 号 918 室（200040）				
投资总额	20 万 USD	电话	62490900	传真	62490339
设立日期	2005-12-21	负责人	陈亮志		
主营业务	化妆品及化妆品原料的批发；自营商品的进出口业务。				

企业名称	上海瞻世贸易有限公司				
企业地址	上海市北京东路 668 号科技京城东楼 13 层 A 座（200001）				
投资总额	75 万 USD	电话	53081220	传真	53080636
设立日期	2005-12-21	负责人	邵仁琦		
主营业务	服装、纺织品、礼品、首饰、佩饰，装饰品、机械部件的批发与零售。				

企业名称	勉励龙塑胶贸易（上海）有限公司				
企业地址	上海市青浦区青浦工业园区久远路 239 号 3 幢（201700）				
投资总额	65 万 USD	电话	69225808	传真	69225813
设立日期	2005-12-21	负责人	陈香莲		
主营业务	塑胶、化纤、建筑原材料和上述产品成品的批发，佣金代理。				

企业名称	上海彼雅泊贸易有限公司				
企业地址	上海市外高桥保税区基隆路 1 号汤臣国际贸易大楼 1008 室（200131）				
投资总额	2400 万 RMB	电话	62477000	传真	62477000
设立日期	2005-12-20	负责人	SILVIO GALIMBERTI		
主营业务	国际贸易、转口贸易，保税区企业间的贸易。				

企业名称	上海艾极思国际贸易有限公司				
企业地址	上海市外高桥保税区奥纳路 79 号 1 号楼二层 2010 室（200131）				
投资总额	20 万 USD	电话	63862188	传真	63862199
设立日期	2005-12-20	负责人	洪家仁		
主营业务	国际贸易、转口贸易；保税区内企业间的贸易及贸易代理。				

企业名称	富曙（上海）国际贸易有限公司				
企业地址	上海市外高桥保税区新灵路 118 号国际商贸大厦 1108A 室（200131）				
投资总额	20 万 USD	电话	51119757	传真	51119757
设立日期	2005-12-20	负责人	吉田茂		
主营业务	国际贸易、转口贸易、保税区内企业间的贸易及区内贸易代理。				

企业名称	上海三昌服装贸易有限公司				
企业地址	上海市长宁区天山路 600 弄 4 号 18F、D 座（200051）				
投资总额	20 万 USD	电话	62596035	传真	62596035
设立日期	2005-12-19	负责人	李正浩		
主营业务	服装、鞋帽、文化用品、日用品、健身器材的批发、佣金代理。				

企业名称	上海三和盛商贸有限公司				
企业地址	上海市闵行区莘庄工业区银都路 3828 弄 56 号 316、317 室（201108）				
投资总额	50 万 USD	电话	54422259	传真	54424770
设立日期	2005-12-19	负责人	金石祥甫		
主营业务	注塑机械、空调机械、电器机械的批发和进出口业务，招牌的设计制作。				

企业名称	富捷康国际贸易（上海）有限公司				
企业地址	上海市外高桥保税区奥纳路 79 号 1 号楼 2027 室（200131）				
投资总额	13 万 USD	电话	58692853	传真	58690417
设立日期	2005-12-16	负责人	陈 伟		
主营业务	国际贸易、转口贸易，保税区内企业间的贸易及贸易代理。				

企业名称	上海资林商业有限公司				
企业地址	上海市虹口区溧阳路 1372 号（200080）				
投资总额	14 万 USD	电话	62291663	传真	62291663
设立日期	2005-12-16	负责人	蔡常民		
主营业务	从事日用百货、轻工产品的零售，自营商品的进出口及相关配套业务。				

企业名称	上海法雅时尚商业有限公司				
企业地址	上海市南京西路 860 弄 2 号（200041）				
投资总额	60 万 RMB	电话	62176671	传真	62176571
设立日期	2005-12-16	负责人	XAVIER CHARLES LOCARD		
主营业务	从事服饰、箱包、鞋子、钟表、礼品和配饰的零售、自营商品进口。				

批发和零售贸易业

企业名称	**克莱澳帕特拉（上海）贸易有限公司**				
企业地址	上海市浦东新区上南路 4194 号 118 室（201200）				
投资总额	200 万 USD	电　话	32221000	传　真	62897188
设立日期	2005-12-16	负 责 人	MOHAMED MOHAMED MOHAMED ABOU E		
主营业务	从事建材、针纺织品、机电、家具、电子、通信商品的进出口、批发。				

企业名称	**尚想商业（上海）有限公司**				
企业地址	上海市长宁区虹梅路 3721 号 139 室（200336）				
投资总额	14 万 USD	电　话	63403213	传　真	62682687
设立日期	2005-12-16	负 责 人	唐宇寰		
主营业务	服装鞋帽、服饰、包、钟表眼镜、针纺织品的零售及自营商品的进口。				

企业名称	**港陆腾辉（上海）商业有限公司**				
企业地址	上海市静安区南京西路 993 号第 1 层、第 2 层（200040）				
投资总额	200 万 USD	电　话	63501368	传　真	63502368
设立日期	2005-12-16	负 责 人	罗晓音		
主营业务	服装、鞋帽、服饰、办公用品、工艺品、家具的零售；佣金代理。				

企业名称	**环铕菱（上海）商贸有限公司**				
企业地址	上海市徐汇区零陵路 899 号 17F 室（200032）				
投资总额	35 万 USD	电　话	54070401	传　真	54250362
设立日期	2005-12-16	负 责 人	张世明		
主营业务	从事各类机械设备、汽车空调零部件、五金机电、橡胶制品的进出口。				

企业名称	**乐缇国际贸易（上海）有限公司**				
企业地址	上海市外高桥保税区新灵路 118 号 303B 室（200131）				
投资总额	11 万欧元	电　话	52985060	传　真	52985060
设立日期	2005-12-16	负 责 人	DONATELLA RATTI		
主营业务	国际贸易、转口贸易、保税区企业间的贸易及区内贸易代理。				

企业名称	**普百乐贸易（上海）有限公司**				
企业地址	上海市长宁区中山西路 1279 弄 6、8 号 401 室（200051）				
投资总额	70 万 USD	电　话	51082783	传　真	51196852
设立日期	2005-12-15	负 责 人	陈荣郎		
主营业务	从事仪器仪表及配件、计算机软硬件及配件的批发、佣金代理。				

企业名称	**大辛贸易（上海）有限公司**				
企业地址	上海市外高桥保税区奥纳路 79 号 1 号楼二层 2013 室（200131）				
投资总额	13 万 USD	电　话	58690721	传　真	57159699
设立日期	2005-12-14	负 责 人	YOUGANG XIAO		
主营业务	国际贸易、转口贸易；保税区企业间贸易及区内贸易代理。				

企业名称	**数安电子贸易（上海）有限公司**				
企业地址	上海市外高桥保税区泰谷路 88 号 548 室（200131）				
投资总额	25 万 USD	电　话	62756389	传　真	62708580
设立日期	2005-12-14	负 责 人	郑彦良		
主营业务	以电子产品为主的国际贸易、转口贸易、保税区企业间的贸易。				

企业名称	**雄美国际贸易（上海）有限公司**				
企业地址	上海市外高桥保税区奥纳路 79 号 2023 室（200131）				
投资总额	32 万 USD	电　话	51199706	传　真	64673103
设立日期	2005-12-14	负 责 人	江惠美		
主营业务	国际贸易、转口贸易、保税区企业间的贸易及区内贸易代理。				

企业名称	**上海石库门贸易有限公司**				
企业地址	上海市青浦区朱家角镇祥凝浜路 137 号（201713）				
投资总额	1000 万 RMB	电　话	64692788	传　真	64692788
设立日期	2005-12-14	负 责 人	汪建华		
主营业务	酒类产品、酒类原料、食品的批发、佣金代理（拍卖除外）。				

企业名称	**恒天然商贸（上海）有限公司**				
企业地址	上海市南京西路 1038 号梅龙镇广场 30 楼 08 至 09 室（200040）				
投资总额	400 万 RMB	电　话	61335911	传　真	63353977
设立日期	2005-12-13	负 责 人	JASON COLIN DALE		
主营业务	经营粉类、乳脂类、奶蛋白类、奶矿物盐等乳制品、乳品原料的批发。				

企业名称	**欧劳福林（上海）精细化工贸易有限公司**				
企业地址	上海市徐汇区嘉川路 245 号 1 号楼 601 室（200237）				
投资总额	12.5 万 USD	电　话	53530701	传　真	63224125
设立日期	2005-12-13	负 责 人	MICHAEL F.O'LAUGHLIN		
主营业务	从事香精、香料、添加剂等精细化工产品的批发、佣金代理。				

企业名称	**好瞳宝光学眼镜商业（上海）有限公司**				
企业地址	上海市卢湾区淮海中路 283 号 S150 室（200020）				
投资总额	92 万 USD	电　话	63906511	传　真	63906573
设立日期	2005-12-13	负 责 人	吉泽秀水		
主营业务	眼镜、隐形眼镜及相关产品的零售，验光配镜， 自营商品进口。				

企业名称	**上海港启泰商贸有限公司**				
企业地址	上海市长宁区虹桥路 1157 号 101D 室（200051）				
投资总额	20 万 USD	电　话	50310224	传　真	50310047
设立日期	2005-12-13	负 责 人	郑楚明		
主营业务	从事文化用品、日用百货、办公用品、纸制品及产品的批发、佣金代理。				

企业名称	**兼广（上海）贸易有限公司**				
企业地址	上海市外高桥保税区富特西一路 333 号 6028 室（200131）				
投资总额	14 万 USD	电　话	67742810	传　真	67742811
设立日期	2005-12-12	负 责 人	桥本广		
主营业务	国际贸易、转口贸易、保税区企业间的贸易及贸易代理。				

企业名称	**天励领潮商业（上海）有限公司**				
企业地址	上海市浦东新区富城路 33 号香格里拉大酒店二期 4 楼 401 室(200120)				
投资总额	150 万 RMB	电　话	61513920	传　真	61513998
设立日期	2005-12-12	负 责 人	廖耀基		
主营业务	从事西式婚纱、晚礼服、饰品及与婚礼相关的礼品的零售。				

企业名称	**丹标贸易（上海）有限公司**				
企业地址	上海市张江高科技园区龙东大道 3000 号 1 号楼 801B 室（200127）				
投资总额	8 万 USD	电　话	50319200	传　真	50318912
设立日期	2005-12-12	负 责 人	JAN JAKOBSEN		
主营业务	各类服装辅料的批发、进出口及佣金代理（拍卖除外）提供售后服务。				

企业名称	**上海丸岛服饰贸易有限公司**				
企业地址	上海市闵行区七莘路 3448 号（201101）				
投资总额	60 万 USD	电　话	51098128	传　真	64129385
设立日期	2005-12-12	负 责 人	彭　宪		
主营业务	服装服饰玩具的批发、佣金代理（拍卖除外）。				

企业名称	**上海东佳涂料贸易有限公司**				
企业地址	上海市浦东新区东方路 985 号 22 楼 J 座（200122）				
投资总额	20 万 USD	电　话	68768591	传　真	68768594
设立日期	2005-12-12	负 责 人	森安恒夫（MORIYASU TSUNEO）		
主营业务	涂料等化工产品及其原材料的批发，上述商品的进出口，相关配套业务。				

企业名称	**马勒贸易（上海）有限公司**				
企业地址	上海市奉贤区上海市工业综合开发区奉浦大道 111 号 2-201 室(201400)				
投资总额	150 万 USD	电　话	51360566	传　真	51360731
设立日期	2005-12-12	负 责 人	庆　岩		
主营业务	发动机零部件和滤清器的批发，进出口业务和佣金代理（拍卖除外）。				

企业名称	**上海太阳食研国际贸易有限公司**				
企业地址	上海市外高桥保税区富特北路 458 号 2 号楼 316 室（200131）				
投资总额	330 万 USD	电　话	68766828	传　真	68766830
设立日期	2005-12-9	负 责 人	山崎长德		
主营业务	国际贸易、转口贸易、保税区内企业间贸易及贸易代理，货物进出口。				

企业名称	**日航辉贸（上海）贸易有限公司**				
企业地址	上海市南京西路 1266 号恒隆广场 2801B 室（200040）				
投资总额	100 万 USD	电　话	34060663	传　真	54658552
设立日期	2005-12-8	负 责 人	小林秀民		
主营业务	食品、纺织品、机械设备、电气设备、日用杂货的批发、佣金代理。				

企业名称	**德加拉电子贸易（上海）有限公司**				
企业地址	上海市浦东新区浦电路 438 号 607B 室（200120）				
投资总额	500 万 USD	电　话	61418822	传　真	63608626
设立日期	2005-12-8	负 责 人	甘　樑		
主营业务	消费电子产品、办公自动化产品、通讯设备、家用电器、设备的批发。				

企业名称	**伊莉莎冈特贸易（上海）有限公司**				
企业地址	上海市浦东新区港城路 2 号 2321 室（200131）				
投资总额	20 万欧元	电　话	63058855	传　真	63058833
设立日期	2005-12-8	负 责 人	CARLO BERTANI		
主营业务	塑料、橡胶及其制品、金属及其制品、机电产品及设备和配件的批发。				

企业名称	威格斯高性能材料贸易（上海）有限公司				
企业地址	上海市闵行区莘庄工业区颛兴路 1688 号 G 栋 B（201108）				
投资总额	120 万 USD	电　话	61136905	传　真	61136998
设立日期	2005-12-8	负责人	RICHARD RAYMOND OKUPNIAK		
主营业务	聚醚酮及相关聚合物产品的批发、佣金代理（拍卖除外）。				

企业名称	上海仁晶贸易有限公司				
企业地址	上海市哈密路 102 号阳怡商务中心 C-409 室（200336）				
投资总额	150 万 USD	电　话	52377577	传　真	62524887
设立日期	2005-12-7	负责人	周荣正		
主营业务	数码相机、数码摄像机及相关配件和配套产品的批发、佣金代理。				

企业名称	山田尖端贸易（上海）有限公司				
企业地址	上海市浦东新区海徐路 939 号 5 幢 307 室（201200）				
投资总额	20 万 USD	电　话	32230687	传　真	62702488
设立日期	2005-12-7	负责人	野中正树		
主营业务	半导体产业用高端精密模具、引线框架、自动化设备的批发、佣金代理。				

企业名称	保点贸易（上海）有限公司				
企业地址	上海市西藏南路 218 号永银大厦 15 楼 1502 室（200021）				
投资总额	200 万 USD	电　话	63343111	传　真	63343277
设立日期	2005-12-7	负责人	JEFFREY MARSHALL ADAMS		
主营业务	识别系统、防盗设备仪器以及其他保安门禁产品的批发和佣金代理。				

企业名称	翔扬国际贸易（上海）有限公司				
企业地址	上海市外高桥保税区英伦路 38 号衡山商务楼 408 室（200131）				
投资总额	12.5 万 USD	电　话	52063261	传　真	52063255
设立日期	2005-12-6	负责人	丁吉良		
主营业务	国际贸易、转口贸易、保税区内企业间的贸易及区内贸易代理。				

企业名称	片山国际贸易（上海）有限公司				
企业地址	上海市外高桥保税区英伦路 38 号 710 室（200131）				
投资总额	800 万日元	电　话	66080098	传　真	66080128
设立日期	2005-12-6	负责人	片山伊势雄		
主营业务	国际贸易、转口贸易、保税区内企业间的贸易及贸易代理。				

企业名称	威凯国际贸易（上海）有限公司				
企业地址	上海市外高桥保税区奥纳路 79 号 1 号楼第二层 2024 室（200131）				
投资总额	20 万 USD	电　话	62370710	传　真	62370711
设立日期	2005-12-6	负责人	陈　昱		
主营业务	国际贸易、转口贸易、保税区企业间贸易及区内贸易代理。				

企业名称	五纽国际贸易（上海）有限公司				
企业地址	上海市外高桥保税区冰克路 500 号 1129 室（200131）				
投资总额	15 万 USD	电　话	62495056	传　真	62495056
设立日期	2005-12-5	负责人	PONTIGGIA PAOLO		
主营业务	国际贸易、转口贸易；保税区企业间的贸易及区内贸易代理。				

企业名称	十増贸易（上海）有限公司				
企业地址	上海市静安区北京西路 1701 号 305 室（200040）				
投资总额	3000 万日元	电　话	33770108	传　真	33770109
设立日期	2005-12-2	负责人	关口明正		
主营业务	美容工具、用品及日用品的批发和进出口。				

企业名称	旭有机材商贸（上海）有限公司				
企业地址	上海市长宁区娄山关路 85 号东方国际大厦 C 座 1305-1306 室(200051)				
投资总额	25 万 USD	电　话	62787862	传　真	62787862
设立日期	2005-12-2	负责人	岸本泰志		
主营业务	机械零件专用树脂材料、机械设备的配管用金属批发、佣金代理。				

企业名称	安内特国际贸易（上海）有限公司				
企业地址	上海市外高桥保税区泰谷路 88 号 541 室（200131）				
投资总额	13 万 USD	电　话	59597388	传　真	59597390
设立日期	2005-12-2	负责人	孙仁合		
主营业务	国际贸易、转口贸易、保税区企业间的贸易及贸易代理。				

企业名称	比彼西（上海）贸易有限公司				
企业地址	上海市外高桥保税区奥纳路 79 号 1 号楼第二层 2014 室（200131）				
投资总额	13 万 USD	电　话	64415228	传　真	64415226
设立日期	2005-12-2	负责人	JIALIN CHEN（陈家麟）		
主营业务	国际贸易、转口贸易；保税区企业间贸易及区内贸易代理。				

企业名称	罗爱德（上海）贸易有限公司				
企业地址	上海市长宁区遵义路 100 号虹桥城 B 栋 1282 室（200051）				
投资总额	30 万 USD	电　话	62370333	传　真	62370333
设立日期	2005-12-2	负责人	江原清		
主营业务	国际贸易、转口贸易；保税区企业间贸易及区内贸易代理。				

企业名称	怡倍锐紧固件贸易（上海）有限公司				
企业地址	上海市嘉定区马陆镇彭封路 108 号（丙）2 号房西侧（201801）				
投资总额	60 万欧元	电　话	59103086	传　真	59103611
设立日期	2005-12-1	负责人	CHRISTIANE SCHULZ		
主营业务	塑料、金属制紧固件产品及其零配件和相关工具的批发、佣金代理。				

企业名称	宽固胶粘剂贸易（上海）有限公司				
企业地址	上海市松江区八秀路 18 号 8 号厂房（200132）				
投资总额	60 万 USD	电　话	57734914	传　真	57734849
设立日期	2005-12-1	负责人	GROSSI ATTILIO		
主营业务	胶粘剂及相关化学品、设备、容器的批发，佣金代理（拍卖除外）。				

企业名称	特力生活家（上海）商业有限公司				
企业地址	上海市闵行区莘松路 855 号地上一层（201100）				
投资总额	300 万 USD	电　话	52191818	传　真	
设立日期	2005-12-1	负责人	李丽秋		
主营业务	厨房用品，卫生洁具，五金交电，电子产品的零售，自营商品进口，				

企业名称	金瑶（上海）商业有限公司				
企业地址	上海市黄浦区北京东路 666 号 C 区 4096 室（200001）				
投资总额	20 万 USD	电　话	64075377	传　真	64075377
设立日期	2005-12-1	负责人	卢润森		
主营业务	日用百货、文化用品、针纺织品、服装鞋帽及护肤用品。				

企业名称	实耐宝商贸（上海）有限公司				
企业地址	上海市成都北路 333 号北楼 1601 室（200041）				
投资总额	6.5 万 USD	电　话	63912388	传　真	63912327
设立日期	2005-11-29	负责人	季文光		
主营业务	手动、切割、电动工具、工具箱的批发；上述商品的进出口；佣金代理。				

企业名称	朗碧趣贸易（上海）有限公司				
企业地址	上海市浦东新区陆家嘴东路 161 号招商局大厦 801-805、809 室（200120）				
投资总额	100 万 USD	电　话	68887760	传　真	68888565
设立日期	2005-11-29	负责人	FENG WEI		
主营业务	服装、纺织品、辅料的批发，上述商品的进出口及相关配套业务。				

企业名称	优亚希佰利商贸（上海）有限公司				
企业地址	上海市嘉定区嘉戬公路 358 号（201818）				
投资总额	92 万 USD	电　话	59903377	传　真	59903094
设立日期	2005-11-29	负责人	JOHN UR GOKONGWEI		
主营业务	食品和饮料的批发、佣金代理。				

企业名称	马摩李蒂马革贸易（上海）有限公司				
企业地址	上海市长宁区延安西路 2299 号上海世茂商城 10F11 室（200336）				
投资总额	20 万欧元	电　话	53563400	传　真	53563420
设立日期	2005-11-29	负责人	李海帆		
主营业务	建筑材料、厨房设备及餐具的批发、佣金代理（拍卖除外）。				

企业名称	亿才商业（上海）有限公司				
企业地址	上海市长宁区虹梅路 3721 号 178D 室（200336）				
投资总额	100 万 USD	电　话	62701057	传　真	62089879
设立日期	2005-11-29	负责人	安幼颖		
主营业务	鞋帽及皮革制品、皮革制品的保养品、服装服饰产品的零售。				

企业名称	怀蒙柏菲国际贸易（上海）有限公司				
企业地址	上海市外高桥保税区日京路 51 号发展大厦 2427 室（200131）				
投资总额	5.5 万欧元	电　话	52985060	传　真	52985060
设立日期	2005-11-28	负责人	MARIA CATERINA COLOMBARA		
主营业务	国际贸易、转口贸易；保税区企业间的贸易及区内贸易代理。				

企业名称	上海京美国际贸易有限公司				
企业地址	上海市外高桥保税区基隆路 6 号外高桥大厦 13 楼 1305H 室（200131）				
投资总额	12.5 万 USD	电　话	50382904	传　真	50345919
设立日期	2005-11-28	负责人	黄冠俊		
主营业务	国际贸易、转口贸易、保税区内企业间的贸易及区内贸易代理。				

批发和零售贸易业

企业名称	汇隽国际贸易（上海）有限公司				
企业地址	上海市外高桥保税区基隆路6号外高桥大厦205室（200131）				
投资总额	70万USD	电话	64374429	传真	64450811
设立日期	2005-11-28	负责人	邓伟林		
主营业务	国际贸易、转口贸易；保税区企业间的贸易及贸易代理。				

企业名称	寿信电子贸易（上海）有限公司				
企业地址	上海市外高桥保税区日京路51号A楼4层1424室（200131）				
投资总额	20万USD	电话	68763505	传真	68763506
设立日期	2005-11-28	负责人	鎌形一树		
主营业务	以电子产品为主的国际贸易、转口贸易；保税区企业间贸易及咨询服务。				

企业名称	联强国际贸易（中国）有限公司				
企业地址	上海市长宁区广顺路33号B幢6层A（200335）				
投资总额	600万USD	电话	61209988	传真	52160106
设立日期	2005-11-25	负责人	王顺生		
主营业务	从事计算机硬件、软件、外部设备、网络产品的进出口、批发。				

企业名称	俏迪（上海）服饰贸易有限公司				
企业地址	上海市浦东新区乳山路227号342室（200120）				
投资总额	20万USD	电话	62669945	传真	
设立日期	2005-11-25	负责人	GURMEET SINGH		
主营业务	从事服饰、纺织品、泳装、鞋帽的批发、佣金代理（不含拍卖）。				

企业名称	新加芳菲商业（上海）有限公司				
企业地址	上海市长宁区天山支路154号405K室（200052）				
投资总额	14万USD	电话	50813490	传真	54314575
设立日期	2005-11-25	负责人	SNG AI NGOH		
主营业务	服装、服饰及配件的零售，自营商品的进口。				

企业名称	抛丸机械贸易（上海）有限公司				
企业地址	上海市外高桥保税区富特西一路459号B楼2层216室（200131）				
投资总额	20万USD	电话	54424290	传真	54425006
设立日期	2005-11-23	负责人	罗智		
主营业务	以机械产品为主的国际贸易、转口贸易；保税区内贸易及贸易代理。				

企业名称	丸永贸易（上海）有限公司				
企业地址	上海市闸北区永兴路258弄1号712室（200070）				
投资总额	25万USD	电话	56700185	传真	56703408
设立日期	2005-11-23	负责人	铃木万荣		
主营业务	化工原料（不含危险化学品）批发；上述商品的进出口及相关配套业务。				

企业名称	南赛拉贸易（上海）有限公司				
企业地址	上海市浦东新区唐镇创新中路601号7幢103室（201203）				
投资总额	91万USD	电话	62180077	传真	62171214
设立日期	2005-11-23	负责人	石渡隆政		
主营业务	各种贴片机及贴片机零部件的批发、佣金代理（拍卖除外）。				

企业名称	瀚斯宝丽商贸（上海）有限公司				
企业地址	上海市徐汇区肇嘉浜路1111号2-18（A）（200030）				
投资总额	120万USD	电话	39126999	传真	
设立日期	2005-11-23	负责人	张令德		
主营业务	计算机软硬件，通讯设备，电子产品及相关配套产品。				

企业名称	百益贸易（上海）有限公司				
企业地址	上海市闵行区吴中路1099号吴中商务大楼5层11室（201303）				
投资总额	13万USD	电话	62703931	传真	64016166
设立日期	2005-11-23	负责人	SHIN DONG WOO		
主营业务	建筑材料、装饰材料及辅料、装潢用品、工业用粘合剂、玩具的批发。				

企业名称	星阵（上海）商贸有限公司				
企业地址	上海市南京西路1266号恒隆广场203A室（200041）				
投资总额	100万港币	电话	62883133	传真	62882488
设立日期	2005-11-23	负责人	毕思凯		
主营业务	从事服装、童装的进出口、批发、零售、佣金代理（不含拍卖）。				

企业名称	兰衣坊（上海）商业有限公司				
企业地址	上海市长宁区遵义南路6号二楼服饰区南门（200336）				
投资总额	20万USD	电话	62750487	传真	62751001
设立日期	2005-11-23	负责人	陈敏政		
主营业务	名类服饰、皮件、皮鞋、配饰的零售，自营商品的进出口。				

企业名称	优多商贸（上海）有限公司				
企业地址	上海市浦东新区申波路9号109室（201204）				
投资总额	30万USD	电话	62957512	传真	62957512
设立日期	2005-11-23	负责人	李荣唐		
主营业务	从事洁净室设备及通风设备的批发、佣金代理（拍卖除外）。				

企业名称	乐金商事（上海）贸易有限公司				
企业地址	上海市长宁区兴义路8号万都大厦26楼2612室（200336）				
投资总额	500万USD	电话	52081118	传真	52082967
设立日期	2005-11-23	负责人	金守彦		
主营业务	化工产品及原材料、金属原材料及产品、机械类产品的批发、佣金代理。				

企业名称	上海萨浦汽车零部件贸易有限公司				
企业地址	上海市嘉定区安亭墨玉路18号2楼（201800）				
投资总额	14万USD	电话	69503100	传真	69503102
设立日期	2005-11-23	负责人	DETLEV GERHARD SEELIGER		
主营业务	汽车零部件的批发、佣金代理（拍卖除外）；上述商品的进出口。				

企业名称	沃维沥致贸易（上海）有限公司				
企业地址	上海市长宁区延安西路728号华敏世纪广场15层F1-F室（200050）				
投资总额	60万USD	电话	52286232	传真	52286230
设立日期	2005-11-23	负责人	DAVID ANTHONY HEAP		
主营业务	电子产品，光学产品，运动器械和设备，日用商品的进出口。				

企业名称	上海易初工业贸易有限公司				
企业地址	上海市浦东南路588号浦发大厦30楼H座（200120）				
投资总额	20万USD	电话	68875000	传真	68881630
设立日期	2005-11-23	负责人	李绍祝		
主营业务	汽车零部件、机车零部件、农用机械、建筑工程机械的批发、佣金代理。				

企业名称	罗敏（上海）贸易有限公司				
企业地址	上海市南汇区航头镇航闸公路188号（201316）				
投资总额	20万USD	电话	58226956	传真	
设立日期	2005-11-23	负责人	LOH PIE TEH（罗必得）		
主营业务	各类建材、机械（电子）设备的批发、佣金代理（拍卖除外）。				

企业名称	迪普马（上海）贸易有限公司				
企业地址	上海市闵行区莘庄镇顾戴路333弄58号L楼（200221）				
投资总额	20万USD	电话	51510778	传真	51510776
设立日期	2005-11-23	负责人	ANGELINO GIROLA		
主营业务	机床零部件、液压设备零部件及其他零部件的进出口、批发、佣金代理。				

企业名称	泰御燕国际贸易（上海）有限公司				
企业地址	上海市外高桥保税区泰谷路18号1509室（200131）				
投资总额	20万USD	电话	54253355	传真	
设立日期	2005-11-22	负责人	SUPAPORN KOHUAD		
主营业务	国际贸易、转口贸易、保税区企业间的贸易及区内贸易代理。				

企业名称	雅柯社斯（上海）贸易有限公司				
企业地址	上海市浦东新区外高桥保税区富特西一路333号6022室（200131）				
投资总额	13万USD	电话	62488007	传真	
设立日期	2005-11-22	负责人	矢尺健司		
主营业务	国际贸易、转口贸易、保税区企业间的贸易及贸易代理。				

企业名称	上海新进进和国际贸易有限公司				
企业地址	上海市外高桥保税区奥纳路79号1号楼2层2005室（200131）				
投资总额	35万USD	电话	61457450	传真	61457452
设立日期	2005-11-22	负责人	WATANABE MASANORI		
主营业务	国际贸易、转口贸易、保税区企业间的贸易及贸易代理。				

企业名称	天纳化工贸易（上海）有限公司				
企业地址	上海市外高桥保税区泰谷路18号L号楼16层1602B室（200131）				
投资总额	20万USD	电话	62312607	传真	62313801
设立日期	2005-11-22	负责人	秦旭东		
主营业务	保税区内以醇醚类及其醋酸酯溶剂等产品为主的国际贸易、转口贸易。				

企业名称	浦贸（上海）贸易有限公司				
企业地址	上海市外高桥保税区奥纳路79号1号楼二层2022室（200131）				
投资总额	30万USD	电话	64692789	传真	54250653
设立日期	2005-11-22	负责人	张复佳		
主营业务	国际贸易、转口贸易；保税区企业间的贸易及区内贸易代理。				

企业名称	上海威达信纺织品贸易有限公司				
企业地址	上海市外高桥保税区泰谷路 169 号 A 楼八层 803 室（200131）				
投资总额	20 万 USD	电话	58660134	传真	
设立日期	2005-11-21	负责人	刘锡俊		
主营业务	以纺织品为主的国际贸易、转口贸易；以及区内企业间贸易。				

企业名称	高得五世（上海）国际贸易有限公司				
企业地址	上海市外高桥保税区新灵路 118 号 11 层 1104B 室（200131）				
投资总额	20 万 USD	电话	52586078	传真	52586058
设立日期	2005-11-21	负责人	J1N BO		
主营业务	国际贸易、转口贸易、保税区企业间的贸易及贸易代理。				

企业名称	烨贸（上海）国际贸易有限公司				
企业地址	上海市外高桥保税区杨高北路 2001 号市场商务楼二层 S8 室（200131）				
投资总额	12.5 万 USD	电话	51083606	传真	58200941
设立日期	2005-11-17	负责人	王庆国		
主营业务	国际贸易、转口贸易、保税区企业间贸易及贸易代理。				

企业名称	大韩南阳（上海）贸易有限公司				
企业地址	上海市外高桥保税区杨高北路 2001 号管理楼一层 102B 室（200131）				
投资总额	12.8 万 USD	电话	64460080	传真	64460058
设立日期	2005-11-17	负责人	李容珪		
主营业务	国际贸易、转口贸易、保税区企业间的贸易及贸易代理。				

企业名称	上海新曜鼎国际贸易有限公司				
企业地址	上海市外高桥保税区泰谷路 18 号 1 号楼 15 层 1504A 室（200131）				
投资总额	20 万 USD	电话		传真	
设立日期	2005-11-16	负责人	杨兴武		
主营业务	国际贸易、转口贸易；保税区企业间的贸易及贸易代理。				

企业名称	展讯国际贸易（上海）有限公司				
企业地址	上海市外高桥保税区杨高北路 2005 号新兴楼 112 室（200131）				
投资总额	38 万 USD	电话	51320410	传真	27275080
设立日期	2005-11-16	负责人	PING WU		
主营业务	国际贸易、转口贸易、保税区企业间的贸易及区内贸易代理。				

企业名称	上海诺冉电子贸易有限公司				
企业地址	上海市外高桥保税区富特北路 258 号主楼六层 I 部位（200131）				
投资总额	6.3 万 USD	电话	50499009	传真	54220789
设立日期	2005-11-16	负责人	TANG CHENG LONG		
主营业务	国际贸易、转口贸易、保税区企业间的贸易及贸易代理，				

企业名称	崇威纺织贸易（上海）有限公司				
企业地址	上海市外高桥保税区泰谷路 18 号 1 号楼 15 层 1516 室（200131）				
投资总额	16 万 USD	电话	59900900	传真	59900900
设立日期	2005-11-16	负责人	林铭崇		
主营业务	以纺织品为主的国际贸易、转口贸易、保税区企业间的贸易及贸易代理。				

企业名称	瀚兴国际贸易（上海）有限公司				
企业地址	上海市外高桥保税区富特北路 458 号 2 号楼 313 室（200131）				
投资总额	13 万 USD	电话	62261197	传真	62122389
设立日期	2005-11-16	负责人	何文钦		
主营业务	国际贸易、转口贸易、保税区企业间的贸易及区内贸易代理。				

企业名称	三徕拓（上海）贸易有限公司				
企业地址	上海市外高桥保税区日京路 51 号 2403 室（200131）				
投资总额	2500 万日元	电话	58692864	传真	58692179
设立日期	2005-11-16	负责人	药师寺启子		
主营业务	国际贸易、转口贸易、保税区企业间的贸易及贸易代理。				

企业名称	家联美贸易（上海）有限公司				
企业地址	上海市徐汇区漕宝路 80 号 902 室（200235）				
投资总额	15 万 USD	电话	64325832	传真	64325832
设立日期	2005-11-16	负责人	张黄保		
主营业务	餐厨用具、寝具家饰用品、工艺礼品等日用百货产品的进出口、批发。				

企业名称	上海永谷园食品贸易有限公司				
企业地址	上海市长宁区仙霞路 318-322 号鑫达大厦 1206 室（200336）				
投资总额	200 万 USD	电话	62788230	传真	62782777
设立日期	2005-11-15	负责人	岛田晴司（SHIMADA SEIJI）		
主营业务	加工食品及加工食品原料的批发，佣金代理（拍卖除外）。				

企业名称	比兹芮斯国际贸易（上海）有限公司				
企业地址	上海市外高桥保税区泰谷路 18 号 1 号楼 9 层 905B 室（200131）				
投资总额	35 万 USD	电话	63550900	传真	63550700
设立日期	2005-11-15	负责人	MICHAEL BERNARD NARANG		
主营业务	货物及技术进出口（不含分销及国家禁止项目）；国际贸易、转口贸易。				

企业名称	上海联锻贸易有限公司				
企业地址	上海市外高桥保税区奥纳路 79 号 1 号楼二层 2002 室（200131）				
投资总额	15 万 USD	电话	68880037	传真	68880039
设立日期	2005-11-15	负责人	高谷信一		
主营业务	国际贸易、转口贸易、保税区企业间贸易及贸易代理。				

企业名称	上海马提立尔国际贸易有限公司				
企业地址	上海市外高桥保税区泰谷路 18 号 1 号楼 1508 室（200131）				
投资总额	20 万 USD	电话	54891837	传真	
设立日期	2005-11-15	负责人	王　丹		
主营业务	国际贸易、转口贸易、保税区企业间的贸易及贸易代理。				

企业名称	迦米贸易（上海）有限公司				
企业地址	上海市外高桥保税区冰克路 500 号 1122 室（200131）				
投资总额	20 万 USD	电话	63919397	传真	63919397
设立日期	2005-11-15	负责人	VAN ERP HENDRIKUS		
主营业务	国际贸易、转口贸易、保税区企业间的贸易及贸易代理。				

企业名称	摩意登国际贸易（上海）有限公司				
企业地址	上海市外高桥保税区日京路 51 号发展大厦 2430 室（200131）				
投资总额	12.5 万 USD	电话	64274526	传真	64699637
设立日期	2005-11-15	负责人	MICHELE GIUSEPPE SORRENTINO		
主营业务	国际贸易、转口贸易、保税区企业间的贸易及区内贸易代理。				

企业名称	托福（上海）农产品贸易有限公司				
企业地址	上海市浦东新区峨山路 613 号 6 幢 435-436 室（200135）				
投资总额	25 万 USD	电话	63219022	传真	63210488
设立日期	2005-11-15	负责人	苏锦成		
主营业务	从事饲料及相关产品、有机和无机物的进出口、批发、佣金代理。				

企业名称	上海德桦贸易有限公司				
企业地址	上海市延安西路 2067 号 1102 室（200336）				
投资总额	125 万 USD	电话	62196954	传真	62191276
设立日期	2005-11-15	负责人	黄旭昇		
主营业务	染料、特种化学制品、纺织化学品、电子化工产品及售后服务。				

企业名称	跨骏塑胶贸易（上海）有限公司				
企业地址	上海市浦东新区张杨路 707 号生命人寿大厦 1005 室（200120）				
投资总额	30 万 USD	电话	58358918	传真	58358133
设立日期	2005-11-15	负责人	HO WAI YING		
主营业务	塑料产品及其配件的批发、佣金代理（拍卖除外）。				

企业名称	广鸿贸易（上海）有限公司				
企业地址	上海市静安区北京西路 1701 号 2201 室（200040）				
投资总额	20 万 USD	电话	51029688	传真	51029699
设立日期	2005-11-15	负责人	DAVID YOUNG		
主营业务	箱包、工艺品、商务礼品的批发；上述商品的进出口及相关配套服务。				

企业名称	天喜神贸易（上海）有限公司				
企业地址	上海市浦东新区张杨路 158 号 618 室（200120）				
投资总额	62 万 USD	电话	63801166	传真	54070162
设立日期	2005-11-14	负责人	三山雅史		
主营业务	服装、内衣、鞋帽、饰物及相关服饰原料配件的进出口、批发、零售。				

企业名称	沣利贸易（上海）有限公司				
企业地址	上海市徐汇区石龙路 345 弄 7 号 7 幢（200237）				
投资总额	20 万 USD	电话	54084415	传真	54084412
设立日期	2005-11-11	负责人	简次雄		
主营业务	从事工业皮带及配件的批发、佣金代理（拍卖除外），商品的进出口。				

企业名称	上海来茂尔商业有限公司				
企业地址	上海市娄山关路 83 号新虹桥中心大厦 3306 室（200336）				
投资总额	2000 万日元	电话	62953882	传真	62953881
设立日期	2005-11-11	负责人	米田保伸		
主营业务	服装、鞋帽、纺织品、针织品、儿童玩具的进出口、批发、佣金代理。				

企业名称	田岛绿福防水材料贸易（上海）有限公司				
企业地址	上海市虹口区物华路58号1006室（200080）				
投资总额	70万USD	电　话	62351113	传　真	62788887
设立日期	2005-11-11	负责人	田岛国雄		
主营业务	各类防水卷材、防水涂料、沥青瓦、屋面材料的批发、佣金代理。				

企业名称	上海稳振广告耗材设备商业有限公司				
企业地址	上海市长宁区天山支路154号403B室（200050）				
投资总额	14万USD	电　话	66081691	传　真	66081690
设立日期	2005-11-11	负责人	彭　风		
主营业务	广告耗材设备的零售，自营商品的进口（涉及行政许可的凭许可证经营）。				

企业名称	爱步贸易（上海）有限公司				
企业地址	上海市浦东南路999号新梅联合广场12层A-C室（200120）				
投资总额	210万USD	电　话	51341100	传　真	51341922
设立日期	2005-11-11	负责人	穆存于		
主营业务	从事以鞋类、服装、包袋及其相关产品为主的批发、零售、进出口。				

企业名称	美商华尔纳商贸（上海）有限公司				
企业地址	上海市浦东新区商城路738号胜康廖氏大厦1308室（200120）				
投资总额	61万USD	电　话	58359606	传　真	58359606
设立日期	2005-11-11	负责人	CHAN KWAN SHING（陈君城）		
主营业务	内衣、泳衣及装备配件、休闲服、运动装、香水及护肤品的零售、批发。				

企业名称	美信达拉斯（上海）半导体贸易有限公司				
企业地址	上海市东方路899号浦东假日酒店801-802室（200120）				
投资总额	20万USD	电　话	68768201	传　真	68768201
设立日期	2005-11-10	负责人	CARL WIDNEY JASPER		
主营业务	线性和混合信号集成电路及原材料、零部件、元器件和相关产品的批发。				

企业名称	凯饰（上海）国际贸易有限公司				
企业地址	上海市外高桥保税区富特北路458号2号楼3层310室（200131）				
投资总额	12.5万USD	电　话	50463759	传　真	50463759
设立日期	2005-11-9	负责人	HUSSENE MAHOMEDALLY KESHAVJEE		
主营业务	国际贸易、转口贸易；保税区企业间的贸易及贸易代理。				

企业名称	浩辰国际贸易（上海）有限公司				
企业地址	上海市外高桥保税区杨高北路2001号市场商务楼二层N1室（200131）				
投资总额	20万USD	电　话	62370098	传　真	
设立日期	2005-11-9	负责人	SCOTT PATRICK HALL		
主营业务	国际贸易、转口贸易、保税区企业间的贸易及贸易代理。				

企业名称	爱易丝欧国际贸易（上海）有限公司				
企业地址	上海市外高桥保税区奥纳路79号1号楼2049室（200131）				
投资总额	6.5万USD	电　话	68881813	传　真	68881813
设立日期	2005-11-9	负责人	JOAN CUADRENCH MORE		
主营业务	国际贸易、转口贸易、保税区企业间的贸易及区内贸易代理。				

企业名称	林万（上海）国际贸易有限公司				
企业地址	上海市外高桥保税区富特西一路333号长城大厦6014室（200131）				
投资总额	65万USD	电　话	68939819	传　真	68939819
设立日期	2005-11-9	负责人	孙国祯		
主营业务	国际贸易、转口贸易、保税区企业间的贸易及区内贸易代理。				

企业名称	川康国际贸易（上海）有限公司				
企业地址	上海市外高桥保税区泰谷路18号1511室（200131）				
投资总额	14万USD	电　话	50484261	传　真	50480155
设立日期	2005-11-9	负责人	唐世翰		
主营业务	国际贸易、转口贸易、保税区企业间的贸易及区内贸易代理。				

企业名称	三波白国际贸易（上海）有限公司				
企业地址	上海市外高桥保税区泰谷路88号539室（200131）				
投资总额	14万USD	电　话	54640260	传　真	64841811
设立日期	2005-11-9	负责人	陈　祥		
主营业务	国际贸易、转口贸易、保税区企业间的贸易及区内贸易代理。				

企业名称	上海钰琪贸易有限公司				
企业地址	上海市外高桥保税区加枫路28号115室（200131）				
投资总额	20万USD	电　话	54816501	传　真	54813231
设立日期	2005-11-9	负责人	冯思民		
主营业务	国际贸易、转口贸易、保税区企业间的贸易及贸易代理。				

企业名称	科美尔贸易（上海）有限公司				
企业地址	上海市外高桥保税区富特北路458号2号楼3层312室（200131）				
投资总额	20万USD	电　话	52376485	传　真	52376489
设立日期	2005-11-9	负责人	朱继源		
主营业务	国际贸易、转口贸易、保税区企业间的贸易及代理；从事货物进出口。				

企业名称	东端国际贸易（上海）有限公司				
企业地址	上海市外高桥保税区英伦路38号衡山国际商务楼三层318室（200131）				
投资总额	80万USD	电　话	63862188	传　真	63862199
设立日期	2005-11-9	负责人	王裕煌		
主营业务	国际贸易、转口贸易、保税区企业间的贸易；货物及技术进出口。				

企业名称	凯服（上海）贸易有限公司				
企业地址	上海市外高桥保税区奥纳路79号2048室（200131）				
投资总额	65万USD	电　话	51696685	传　真	64955473
设立日期	2005-11-9	负责人	PAK SANG TON		
主营业务	国际贸易、转口贸易、保税区企业间的贸易及贸易代理。				

企业名称	翊维（上海）国际贸易有限公司				
企业地址	上海市外高桥保税区富特北路399号B区2楼（200131）				
投资总额	20万USD	电　话	58358392	传　真	58358392
设立日期	2005-11-9	负责人	HZYOARI JAFAOARI MAJ		
主营业务	国际贸易、转口贸易、保税区内企业间的贸易及贸易代理。				

企业名称	上海黎昂贸易有限公司				
企业地址	上海市外高桥保税区泰谷路88号5层534室（200131）				
投资总额	7.5万USD	电　话	62803690	传　真	62809818
设立日期	2005-11-8	负责人	KATSUHIKO SHIMA		
主营业务	国际贸易、转口贸易、保税区企业间的贸易及区内贸易代理。				

企业名称	威琅电气贸易（上海）有限公司				
企业地址	上海市黄浦区人民路885号淮海中华大厦2104室（200001）				
投资总额	50万USD	电　话	63607967	传　真	63607967
设立日期	2005-11-8	负责人	RUEDIGER FOERSTER		
主营业务	电子、电气配件和系统的批发，上述产品的进出口。				

企业名称	八光商贸（上海）有限公司				
企业地址	上海市长宁区淮海西路422弄83号903室（200050）				
投资总额	20万USD	电　话	52580225	传　真	52580235
设立日期	2005-11-8	负责人	北川四郎		
主营业务	医疗器械及工业用电加热产品的进出口业务，境内批发。				

企业名称	上时贸（上海）国际贸易有限公司				
企业地址	上海市外高桥保税区日京路51号二层2426室（200131）				
投资总额	6.2万USD	电　话	50499009	传　真	50499001
设立日期	2005-11-8	负责人	吴德原		
主营业务	国际贸易、转口贸易、保税区企业间的贸易及贸易代理。				

企业名称	优泰国际贸易（上海）有限公司				
企业地址	上海市外高桥保税区奥纳路79号1号楼第二层2003室（200131）				
投资总额	13万USD	电　话	66301989	传　真	66305575
设立日期	2005-11-8	负责人	ABDUL LATHEEF MEERA SAHIB		
主营业务	国际贸易、转口贸易；保税区企业间的贸易及区内贸易代理。				

企业名称	挪瓦玛翠斯国际贸易（上海）有限公司				
企业地址	上海市外高桥保税区奥纳路79号1号楼二层2031室（200131）				
投资总额	6.5万USD	电　话	54594545	传　真	62473799
设立日期	2005-11-8	负责人	SELVAM S/O ANGAMMAH SEVASAMY		
主营业务	国际贸易、转口贸易、保税区企业间的贸易及区内贸易代理。				

企业名称	上海索如信国际贸易有限公司				
企业地址	上海市外高桥保税区泰谷路18号1510室（200131）				
投资总额	7万USD	电　话	57366088	传　真	57003677
设立日期	2005-11-8	负责人	高启南		
主营业务	国际贸易、转口贸易、保税区内企业间的贸易及区内贸易代理。				

企业名称	上海龙钜国际贸易有限公司				
企业地址	上海市外高桥保税区杨高北路2001号市场商务楼E2室（200131）				
投资总额	14万USD	电　话	64684335	传　真	64688591
设立日期	2005-11-7	负责人	范育俊		
主营业务	国际贸易、转口贸易、保税区企业间的贸易及贸易代理；货物进出口。				

企业名称	育群国际贸易（上海）有限公司				
企业地址	上海市外高桥保税区泰谷路88号第五层533室（200131）				
投资总额	14万USD	电话	62702486	传真	62702486
设立日期	2005-11-7	负责人	杨志强		
主营业务	国际贸易、转口贸易、保税区企业间的贸易及区内贸易代理。				

企业名称	缨菱国际贸易（上海）有限公司				
企业地址	上海市外高桥保税区英伦路38号323室（200131）				
投资总额	730万日元	电话	64736398	传真	64736398
设立日期	2005-11-7	负责人	满越嘉雄		
主营业务	国际贸易、转口贸易、保税区企业间的贸易及贸易代理。				

企业名称	彼茜国际贸易（上海）有限公司				
企业地址	上海市外高桥保税区富特北路458号2号楼4层465室（200131）				
投资总额	15万USD	电话	58680132	传真	58698600
设立日期	2005-11-7	负责人	RAJESH KUMAR BAGRI		
主营业务	国际贸易、转口贸易、保税区企业间的贸易及贸易代理。				

企业名称	洛漳贸易（上海）有限公司				
企业地址	上海市虹梅路3203号（201103）				
投资总额	50万USD	电话	52277827	传真	52277819
设立日期	2005-11-4	负责人	李玉莲		
主营业务	服装及其饰品的批发、佣金代理（拍卖除外）。				

企业名称	饰界惠客（上海）贸易有限公司				
企业地址	上海市长宁区仙霞路650号105室（200336）				
投资总额	80万USD	电话	64651001	传真	64651004
设立日期	2005-11-4	负责人	金载道		
主营业务	服装、服饰、面料、皮革制品、服装辅料的零售、批发，佣金代理。				

企业名称	摩根热陶瓷国际贸易（上海）有限公司				
企业地址	上海市外高桥保税区富特西一路333号长城大厦六层6015室(200131)				
投资总额	20万USD	电话	68122200	传真	58122950
设立日期	2005-11-4	负责人	付晓东		
主营业务	保税区内以热陶瓷为主的国际贸易、转口贸易、保税区贸易及贸易代理。				

企业名称	长寿不老商业（上海）有限公司				
企业地址	上海市长宁区天山支路154号205C室（200336）				
投资总额	20万USD	电话	54225334	传真	54225329
设立日期	2005-11-2	负责人	崔有美（CHOI YU MI）		
主营业务	温控玉石床、石头床、床架、温控玉石床垫的零售，自营商品的进口。				

企业名称	瓦图提奥服饰贸易（上海）有限公司				
企业地址	上海市闸北区共和路169号7楼711（200070）				
投资总额	100万USD	电话	53563400	传真	53563420
设立日期	2005-11-2	负责人	VITTORIO TADEI		
主营业务	服装、服饰、鞋帽、皮革制品及服装的零售、批发，自营商品的进口。				

企业名称	优力萌国际贸易（上海）有限公司				
企业地址	上海市外高桥保税区泰谷路88号536室（200131）				
投资总额	38万USD	电话	62108989	传真	62262117
设立日期	2005-11-2	负责人	蔡富隆		
主营业务	国际贸易、转口贸易、保税区企业间的贸易及区内贸易代理。				

企业名称	卓道国际贸易（上海）有限公司				
企业地址	上海市外高桥保税区杨高北路2005号新易楼236室（200131）				
投资总额	12万USD	电话	63111131	传真	63111151
设立日期	2005-11-2	负责人	AU YUK MAN，HERMAN（区旭文）		
主营业务	国际贸易、转口贸易、保税区企业间的贸易及贸易代理。				

企业名称	宇轮（上海）国际贸易有限公司				
企业地址	上海市外高桥保税区泰谷路18号9层902B室（200131）				
投资总额	12.5万USD	电话	50640178	传真	50640172
设立日期	2005-11-2	负责人	张顺乔		
主营业务	国际贸易、转口贸易、保税区内企业间的贸易及贸易代理；货物进出口。				

企业名称	产兴国际贸易（上海）有限公司				
企业地址	上海市外高桥保税区日京路51号B楼4层2433室（200131）				
投资总额	1000万日元	电话	59513073	传真	59513073
设立日期	2005-11-2	负责人	大谷晃通		
主营业务	国际贸易、转口贸易、保税区企业间的贸易及贸易代理。				

企业名称	帕得杰汇国际贸易（上海）有限公司				
企业地址	上海市外高桥保税区泰谷路18号1号楼9层907B室（200131）				
投资总额	15万USD	电话	54483327	传真	54483327
设立日期	2005-11-1	负责人	BRUNO A.J. VAN DEN BOSCH		
主营业务	国际贸易、转口贸易、保税区企业间的贸易及区内贸易代理。				

企业名称	上海新大洋纺国际贸易有限公司				
企业地址	上海市外高桥保税区基隆路6号外高桥大厦1305P室（200131）				
投资总额	14万USD	电话	62193836	传真	62192328
设立日期	2005-11-1	负责人	KAPIYA KAZUHIRO		
主营业务	国际贸易、转口贸易、保税区企业间的贸易及贸易代理；货物进出口。				

企业名称	上海翔龙国际贸易有限公司				
企业地址	上海市外高桥保税区冰克路500号705室（200131）				
投资总额	15万USD	电话	64121512	传真	64121512
设立日期	2005-11-1	负责人	李忠民		
主营业务	国际贸易、转口贸易、保税区企业间的贸易及贸易代理。				

企业名称	礼来国际贸易（上海）有限公司				
企业地址	上海市外高桥保税区新灵路118号国际商贸大厦1903A室（200131）				
投资总额	1000万USD	电话	23021180	传真	23021480
设立日期	2005-11-1	负责人	ALFONSO ZULUETA		
主营业务	国际贸易、转口贸易、保税区企业间的贸易及区内贸易代理。				

企业名称	普拉达时装商业（上海）有限公司				
企业地址	上海市静安区南京西路1266号恒隆广场办公楼6201A室（200040）				
投资总额	20万USD	电话	62883711	传真	
设立日期	2005-10-31	负责人	SEBAS TIAN SUHL		
主营业务	服装、服饰、鞋类、箱包、皮具、旅行用品的零售，自营商品的进口。				

企业名称	鸥日驰（上海）商业有限公司				
企业地址	上海市闵行区剑川路468号（201100）				
投资总额	20万USD	电话	64263383	传真	64263801
设立日期	2005-10-31	负责人	黄伟杰		
主营业务	汽车配件、汽车用品的零售，自营商品的进口。				

企业名称	飒拉商业（上海）有限公司				
企业地址	上海市静安区南京西路1193号（200040）				
投资总额	600万USD	电话	62095418	传真	62289051
设立日期	2005-10-31	负责人	VICTOR HERRERO		
主营业务	男装、女装、童装、婴儿装、内衣、服饰的零售，自营商品的进口。				

企业名称	翱兰（上海）商贸有限公司				
企业地址	上海市浦东新区东方路985号22I室（200122）				
投资总额	100万USD	电话	33820982	传真	33820982
设立日期	2005-10-31	负责人	SHEKHAR ANANTHARAMAN		
主营业务	木材及木制品的进出口，相关配套服务。				

企业名称	骅荣商贸（上海）有限公司				
企业地址	上海市遵义南路88号协泰中心2218A室（200336）				
投资总额	20万USD	电话	62197131	传真	62197133
设立日期	2005-10-31	负责人	陆洪彬		
主营业务	电子类产品及计算机硬件和软件的批发、佣金代理（拍卖除外）。				

企业名称	客来贸易（上海）有限公司				
企业地址	上海市黄浦区中山东二路8号（200010）				
投资总额	50万RMB	电话	51089603	传真	32160360
设立日期	2005-10-31	负责人	ANDREAS KROLL		
主营业务	宾馆酒店及家居瓷器产品的批发，上述相关商品的进出口。				

企业名称	福马碧美斯（上海）贸易有限公司				
企业地址	上海市浦东新区东方路985号14Q室（200122）				
投资总额	70万USD	电话	62405859	传真	62405859
设立日期	2005-10-31	负责人	杜惠玫		
主营业务	从事各种卫浴洁具及其相关半成品、元件、零部件的进出口、批发。				

企业名称	上海椿本商贸有限公司				
企业地址	上海市长宁区遵义路107号505A室（200051）				
投资总额	5000万日元	电话	62375307	传真	62375688
设立日期	2005-10-27	负责人	梅泽博		
主营业务	传输装置、产业用设备、环境保护设备及关联装置的进出口、批发。				

企业名称	诺贸贸易（上海）有限公司				
企业地址	上海市浦东新区陆家嘴东路 161 号招商局大厦 2607 室（200120）				
投资总额	61 万 USD	电　话	68879888	传　真	68876818
设立日期	2005-10-27	负 责 人	RICHARD SAMUEL ELMAN		
主营业务	从事矿产品、金属材料、化工产品、农产品的批发、佣金代理。				

企业名称	十倍速（上海）贸易有限公司				
企业地址	上海市外高桥保税区奥纳路 79 号 1 号楼 2 层 205 室（200131）				
投资总额	20 万 USD	电　话	64480569	传　真	
设立日期	2005-10-27	负 责 人	岩岡诚也		
主营业务	国际贸易、转口贸易、保税区内企业间的贸易及贸易代理。				

企业名称	艾特士（上海）贸易有限公司				
企业地址	上海市外高桥保税区杨高北路 2001 号 F 区市场商务楼二层 W1 室（200131）				
投资总额	20 万 USD	电　话	68596008	传　真	68596006
设立日期	2005-10-27	负 责 人	比嘉道夫		
主营业务	国际贸易、转口贸易、保税区企业间的贸易及区内贸易代理。				

企业名称	上海客俪阿汽车配件贸易有限公司				
企业地址	上海市外高桥保税区奥纳路 79 号 1 号楼 2070 室（200131）				
投资总额	30 万 USD	电　话	51503391	传　真	51503390
设立日期	2005-10-27	负 责 人	PARK YOUNG GYU		
主营业务	以汽车配件为主的国际贸易、转口贸易、保税区企业间贸易及贸易代理。				

企业名称	大曹化工贸易（上海）有限公司				
企业地址	上海市外高桥保税区华京路 8 号 141 室（200131）				
投资总额	3000 万日元	电　话	62371998	传　真	62370009
设立日期	2005-10-26	负 责 人	田中利治		
主营业务	以化工产品（危险品除外）为主的国际贸易、转口贸易。				

企业名称	亘葵思（上海）贸易发展有限公司				
企业地址	上海市外高桥保税区日京路 51 号 2428 室（200131）				
投资总额	13 万 USD	电　话	52580525	传　真	62837692
设立日期	2005-10-26	负 责 人	上田晋也		
主营业务	国际贸易、转口贸易、保税区企业间的贸易及贸易代理。				

企业名称	伍尔特梵瑞国际贸易（上海）有限公司				
企业地址	上海市外高桥保税区冰克路 500 号 1124 室（200131）				
投资总额	105 万 USD	电　话	51209688	传　真	51209656
设立日期	2005-10-25	负 责 人	MARC STRANDQUIST		
主营业务	国际贸易、转口贸易、保税区企业间的贸易及贸易代理。				

企业名称	埃克太科国际贸易（上海）有限公司				
企业地址	上海市外高桥保税区冰克路 500 号 239 室（200131）				
投资总额	20 万 USD	电　话	51083579	传　真	51083580
设立日期	2005-10-25	负 责 人	孙文豪		
主营业务	国际贸易、转口贸易、保税区企业间的贸易及贸易代理。				

企业名称	捷兴商贸（上海）有限公司				
企业地址	上海市零陵路 899 号飞州国际广场 19 层 J 室（200030）				
投资总额	30 万 USD	电　话	51506455	传　真	51506458
设立日期	2005-10-25	负 责 人	水野上厚		
主营业务	空气输送装置、粉粒体设备、环保设备、动力装置、部件进出口、批发。				

企业名称	武藏统括涂料贸易（上海）有限公司				
企业地址	上海市浦东新区商城路 800 号斯米克大厦 1101 室（200120）				
投资总额	30 万 USD	电　话	58357028	传　真	58358958
设立日期	2005-10-21	负 责 人	福井修平		
主营业务	涂料、合成树脂、工业化工产品的批发（危险化学品除外）。				

企业名称	欧伯格商贸（上海）有限公司				
企业地址	上海市鲁班路 600 号江南大厦 2402 室（200023）				
投资总额	35 万 USD	电　话	63058855	传　真	63058833
设立日期	2005-10-21	负 责 人	JAN VESTERGAARD OLSEN		
主营业务	船用、海洋工程用及工业用的锅炉、燃烧器的批发、进出口，佣金代理。				

企业名称	上海溥浚国际贸易有限公司				
企业地址	上海市外高桥保税区菲拉路55号丰泽工贸中心综合楼第七层703部位(200131)				
投资总额	15 万 USD	电　话	52930094	传　真	52930054
设立日期	2005-10-20	负 责 人	邓柏申		
主营业务	国际贸易、转口贸易，保税区企业间的贸易及贸易代理。				

企业名称	尧奎国际贸易（上海）有限公司				
企业地址	上海市外高桥保税区富特北路 458 号 309 室（200131）				
投资总额	13 万 USD	电　话	68881813	传　真	68881813
设立日期	2005-10-19	负 责 人	林俊贤		
主营业务	国际贸易、转口贸易、保税区企业间的贸易及区内贸易代理。				

企业名称	瓷京贸易（上海）有限公司				
企业地址	上海市浦东新区北张家浜路 68 号 6 幢 433 室（200120）				
投资总额	50 万 USD	电　话	58403771	传　真	58403772
设立日期	2005-10-19	负 责 人	金哲		
主营业务	商品批发；上述商品的进出口。				

企业名称	鼎峰商贸（上海）有限公司				
企业地址	上海市卢湾区淮海中路 138 号上海广场 1502 室（200021）				
投资总额	30 万 USD	电　话	63756079	传　真	56437795
设立日期	2005-10-19	负 责 人	STEPHEN SZU TU		
主营业务	服装、纺织产品进出口、批发、佣金代理；相关技术进出口、咨询服务。				

企业名称	森浩商贸（上海）有限公司				
企业地址	上海市长宁区延安西路 719 号 705－C 室（200050）				
投资总额	30 万 USD	电　话	64671380	传　真	64671380
设立日期	2005-10-19	负 责 人	李达辉（LEE TAT FAI BRIAN）		
主营业务	包袋（含箱包）、服饰、饰品、百货的商业批发；自营商品进出口业务。				

企业名称	上海溥盈国际贸易有限公司				
企业地址	上海市外高桥保税区菲拉路55号丰泽工贸中心综合楼第七层701部位(200131)				
投资总额	15 万 USD	电　话	52930094	传　真	52930054
设立日期	2005-10-19	负 责 人	邓柏申		
主营业务	国际贸易、转口贸易、保税区企业间的贸易及贸易代理。				

企业名称	上海欧德乐建筑材料贸易有限公司				
企业地址	上海市延安西路 2299 号世贸商城 1508 室（200336）				
投资总额	21 万 USD	电　话	52920000	传　真	52921369
设立日期	2005-10-19	负 责 人	DAVE KILLORAN		
主营业务	各类玻璃、门窗、地板、家居用品、陶瓷等产品的采购、批发及进出口。				

企业名称	上海仙霸乐播商贸有限公司				
企业地址	上海市延安西路 728 号华敏世纪广场 15 层 F2－C 室（200050）				
投资总额	20 万 USD	电　话	62757090	传　真	62787549
设立日期	2005-10-19	负 责 人	袁　玲		
主营业务	智力玩具、电子数字玩具、童装等儿童用品的零售、批发。				

企业名称	玛努利（上海）贸易有限公司				
企业地址	上海市浦东新区金桥出口加工区金沪路 278 号 T4-2（201206）				
投资总额	125.6 万 USD	电　话	58665108	传　真	58664275
设立日期	2005-10-19	负 责 人	PAOLO SEGHI		
主营业务	液压和空调系统用软管、相关接头、过渡接头和软管总成的批发。				

企业名称	上海井上贸易有限公司				
企业地址	上海市外高桥保税区日京路 51 号 1220 室（200131）				
投资总额	20 万 USD	电　话	64400561	传　真	64401774
设立日期	2005-10-18	负 责 人	三轮健二郎		
主营业务	国际贸易、转口贸易、保税区企业间的贸易及贸易代理。				

企业名称	伸龙（上海）国际贸易有限公司				
企业地址	上海市外高桥保税区新灵路 118 号 405A 室（200131）				
投资总额	13 万 USD	电　话	61130315	传　真	61130317
设立日期	2005-10-18	负 责 人	铃木厚生		
主营业务	国际贸易、转口贸易、保税区企业间的贸易及贸易代理。				

企业名称	上海钛科逻技国际贸易有限公司				
企业地址	上海市外高桥保税区奥纳路 79 号 1#楼二层 2045 室（200131）				
投资总额	20 万 USD	电　话	63226789	传　真	63229898
设立日期	2005-10-18	负 责 人	TONY SHIUN YEH		
主营业务	国际贸易、转口贸易、保税区企业间的贸易及区内贸易代理。				

企业名称	芙露商业（上海）有限公司				
企业地址	上海市徐汇区东湖路 20 号 1 楼 B、2 楼 B（200030）				
投资总额	30 万 USD	电　话	54045220	传　真	54045123
设立日期	2005-10-17	负 责 人	KAJWARA FUMIO		
主营业务	服装、鞋帽、针棉制品、日用百货、家用电器、家具、化妆品零售。				

企业名称	统一（上海）商贸有限公司				
企业地址	上海市北翟路 1178 号 1 号楼南幢 207F 座（200335）				
投资总额	60 万 USD	电　话	51158220	传　真	61104956
设立日期	2005-10-17	负 责 人	林苍生		
主营业务	食品、饮料酒、乳品、蛋品、肉的零售、批发、进出口业务，佣金代理。				

企业名称	进国贸易（上海）有限公司				
企业地址	上海市中山西路 1420 弄 18 号 3 楼 F 座（200336）				
投资总额	50 万 USD	电　话	61135287	传　真	61135286
设立日期	2005-10-17	负 责 人	金东国		
主营业务	纸、针纺织品、日用百货、皮革制品的批发，进出口以及相关配套服务。				

企业名称	联全庆国际贸易（上海）有限公司				
企业地址	上海市外高桥保税区泰谷路 88 号五层 547 室（200131）				
投资总额	12.5 万 USD	电　话	52580909	传　真	52589901
设立日期	2005-10-12	负 责 人	黄河清		
主营业务	国际贸易、转口贸易、保税区企业间的贸易及贸易代理。				

企业名称	欧浦斯（上海）贸易有限公司				
企业地址	上海市浦东新区外高桥保税区富特西一路 333 号 6018 室（200131）				
投资总额	13 万 USD	电　话		传　真	
设立日期	2005-10-12	负 责 人	梁培强		
主营业务	国际贸易、转口贸易、保税区企业间的贸易及贸易代理。				

企业名称	百事佳（上海）商业有限公司				
企业地址	上海市黄浦区蓬莱路 285 弄 4 号 561 室（200010）				
投资总额	7 万 USD	电　话	51580140	传　真	51580351
设立日期	2005-10-11	负 责 人	许月丽		
主营业务	食品、礼品的进出口及零售（涉及行政许可的，凭许可证经营）。				

企业名称	港升贸易（上海）有限公司				
企业地址	上海市浦东新区川沙城南路 558 号（200120）				
投资总额	20 万 USD	电　话	51389389	传　真	51389386
设立日期	2005-10-11	负 责 人	汤日升		
主营业务	纺织品面料、服装和玩具的批发零售以及上述产品的进出口。				

企业名称	吉比斯（上海）商贸有限公司				
企业地址	上海市浦东南路 528 号上海证券大厦北幢 2402 室（200120）				
投资总额	37 万 USD	电　话	68824755	传　真	68824758
设立日期	2005-10-11	负 责 人	KOH KOK SWEE		
主营业务	机电设备、家用电器、仪器仪表、汽车零部件、工装模具的进出口。				

企业名称	合玺医疗科技贸易（上海）有限公司				
企业地址	上海市浦东新区浦电路 438 号 603B（200120）				
投资总额	20 万 USD	电　话	34144555	传　真	34144555
设立日期	2005-10-11	负 责 人	金　权		
主营业务	医疗器械、医疗设备及相关配件与试剂的批发、进出口业务。				

企业名称	领科商贸（上海）有限公司				
企业地址	上海市浦东新区张杨路 228 号 2512 室（200120）				
投资总额	100 万 USD	电　话	58759858	传　真	58756606
设立日期	2005-10-10	负 责 人	许雯婷		
主营业务	从事集成电路、电子零组件、通讯网路电子产品的进出口、批发。				

企业名称	有巢氏（上海）贸易有限公司				
企业地址	上海市虹口区东体育会路 653 号 2 层（200083）				
投资总额	250 万 USD	电　话	35010009	传　真	35010009
设立日期	2005-10-10	负 责 人	张金龙		
主营业务	服饰、箱包、家用纺织品、系统卫浴产品、家电用品的零售。				

企业名称	鸣海（上海）商贸有限公司				
企业地址	上海市江苏路 369 号兆丰世贸大厦 13 楼 D 室（200050）				
投资总额	5000 万日元	电　话	52375038	传　真	52375039
设立日期	2005-10-10	负 责 人	佐藤文男		
主营业务	各种餐具、厨房用具及其相关产品、耐热玻璃制品的进出口、批发业务。				

企业名称	皇加力（中国）商业有限公司				
企业地址	上海市徐汇区漕宝路 509 号新漕河泾大厦 211－212 单元（200233）				
投资总额	210 万 USD	电　话	64952666	传　真	64850270
设立日期	2005-10-10	负 责 人	陆峰		
主营业务	针对工业终端用户的零售和批发业务，包括仓库以及其他相关配套业务。				

企业名称	上海颂健贸易有限公司				
企业地址	上海市金山区亭卫公路 1398 号（201500）				
投资总额	14 万 USD	电　话	64059511	传　真	64059368
设立日期	2005-10-9	负 责 人	余龙根		
主营业务	轨道固定装置及建筑装饰材料、计算机软硬件的批发及进出口业务。				

企业名称	能意恒电子贸易（上海）有限公司				
企业地址	上海市外高桥保税区基隆路 6 号 537 室（200131）				
投资总额	13 万 USD	电　话	54893790	传　真	54893791
设立日期	2005-10-9	负 责 人	李活震		
主营业务	国际贸易、转口贸易、保税区内企业间的贸易及贸易代理。				

企业名称	丰世科技贸易（上海）有限公司				
企业地址	上海市外高桥保税区富特北路 458 号 2 号楼 4 层 416 室（200131）				
投资总额	12.5 万 USD	电　话	32120312	传　真	6210 0393
设立日期	2005-10-8	负 责 人	陈静音		
主营业务	以电子产品、半导体系统集成产品为主的国际贸易、转口贸易。				

企业名称	华谦商贸（上海）有限公司				
企业地址	上海市浦东康桥工业区沪南公路 2502 号 202 室（201300）				
投资总额	800 万 USD	电　话	54421616	传　真	34073268
设立日期	2005-10-8	负 责 人	柯　彬		
主营业务	电子计算机及其周边设备、相关零配件、视听产品和通讯产品的进出口。				

企业名称	服可利（上海）商贸有限公司				
企业地址	上海市浦东新区金桥镇佳林路 655 号 1216 室（200135）				
投资总额	60 万 USD	电　话	51511313	传　真	51511311
设立日期	2005-10-8	负 责 人	李晚中		
主营业务	从事服装、服饰、鞋帽、皮革制品、纺织品、饰品、工艺品的进出口。				

企业名称	弘伸（上海）商贸有限公司				
企业地址	上海市长宁区延安西路 2077 号 323 室（200051）				
投资总额	20 万 USD	电　话	62750471	传　真	62750471
设立日期	2005-10-8	负 责 人	平本弘志		
主营业务	纤维、纤维原料的批发、佣金代理（不包括拍卖），商品进出口。				

企业名称	菱华商业（上海）有限公司				
企业地址	上海市卢湾区淮海中路 918 号久事复兴大厦 20 楼 E 座（200020）				
投资总额	300 万 USD	电　话	64155960	传　真	64155201
设立日期	2005-10-8	负 责 人	MIZUNO YOICHI		
主营业务	商品批发、包装、送货、安装维修、商品促销、信息收集等业务。				

企业名称	三山（中国）商贸有限公司				
企业地址	上海市浦东新区张杨路 158 号 1806 室（200122）				
投资总额	5000 万日元	电　话	64400245	传　真	64400277
设立日期	2005-10-8	负 责 人	三山雅史		
主营业务	纺织品及其原料、针织品及其原料、服装、鞋帽、上述商品的进出口。				

企业名称	圣豚翔国际贸易（上海）有限公司				
企业地址	上海市外高桥保税区奥纳路 79 号 1 号楼 2034 室（200131）				
投资总额	6.5 万 USD	电　话	62493359	传　真	62493359
设立日期	2005-10-8	负 责 人	MARIA FINI		
主营业务	国际贸易、转口贸易、保税区内企业间贸易，货物及技术进出口。				

企业名称	菲尔普斯（上海）国际贸易有限公司				
企业地址	上海市外高桥保税区奥纳路 79 号 1 号楼 2 层 2033 室（200131）				
投资总额	20 万 USD	电　话	52582900	传　真	52582955
设立日期	2005-10-8	负 责 人	WA TAT CHANG		
主营业务	国际贸易、转口贸易、保税区企业间的贸易，货物及技术进出口。				

企业名称	娜歌亚国际贸易（上海）有限公司				
企业地址	上海市外高桥保税区富特北路 458 号 2 号楼 4 层 422 室（200131）				
投资总额	6.5 万 USD	电　话	58683352	传　真	58683351
设立日期	2005-9-29	负 责 人	SANJAY SHARMA		
主营业务	国际贸易、转口贸易、保税区企业间的贸易，货物及技术进出口。				

企业名称	福益旺国际贸易（上海）有限公司				
企业地址	上海市外高桥保税区基隆路 1 号 9 层 924-2 室（200131）				
投资总额	10.2 万 USD	电　话	64327215	传　真	64327216
设立日期	2005-9-29	负 责 人	吕旺森		
主营业务	国际贸易、转口贸易、保税区企业间的贸易代理，货物及技术进出口。				

批发和零售贸易业

企业名称	玛珂赉（上海）国际贸易有限公司				
企业地址	上海市杨高北路 2001 号市场商务楼一层 403 室（200131）				
投资总额	50 万 USD	电　话	52920000	传　真	52920000
设立日期	2005-9-29	负 责 人	THOMAS S. A DUPONT		
主营业务	国际贸易、转口贸易、保税区内企业间的贸易，货物及技术进出口。				

企业名称	上海三隆国际贸易有限公司				
企业地址	上海市外高桥保税区泰谷路 18 号 1 号楼 9 层 907A 室（200131）				
投资总额	14 万 USD	电　话	62496161	传　真	62499397
设立日期	2005-9-29	负 责 人	MIKI KOJI		
主营业务	国际贸易、转口贸易、保税区企业间贸易，货物及技术进出口。				

企业名称	美忆可国际贸易（上海）有限公司				
企业地址	上海市外高桥保税区泰谷路 18 号 1 号楼 1209 室（200131）				
投资总额	14 万 USD	电　话	64079525	传　真	64079528
设立日期	2005-9-29	负 责 人	LEE IN SHIK（李仁植）		
主营业务	国际贸易、转口贸易、保税区企业间的贸易及贸易代理。				

企业名称	上海哈彼亚国际贸易有限公司				
企业地址	上海市外高桥保税区杨高北路 2001 号市场商务楼二层 S4 室（200131）				
投资总额	14 万 USD	电　话	57687588	传　真	57687588
设立日期	2005-9-29	负 责 人	林乃灵		
主营业务	国际贸易、转口贸易、保税区内企业间的贸易，货物及技术进出口。				

企业名称	沃赐国际贸易（上海）有限公司				
企业地址	上海市外高桥保税区杨高北路 2005 号新易楼 122 室（200131）				
投资总额	20 万 USD	电　话	58354160	传　真	58354240
设立日期	2005-9-29	负 责 人	LEE SUNG WOO（李成雨）		
主营业务	国际贸易、转口贸易、保税区企业间的贸易及货物及技术进出口。				

企业名称	上海拓戴凯国际贸易有限公司				
企业地址	上海市外高桥保税区泰谷路 18 号 1 号楼 9 层 902A 室（200131）				
投资总额	14 万 USD	电　话	62956125	传　真	62956135
设立日期	2005-9-29	负 责 人	金源道		
主营业务	国际贸易、转口贸易、保税区企业间的贸易及区内贸易代理。				

企业名称	联星贸易（上海）有限公司				
企业地址	上海市外高桥保税区新灵路 118 号四层 410B 室（200131）				
投资总额	13 万 USD	电　话	62893139	传　真	
设立日期	2005-9-29	负 责 人	潘国河		
主营业务	国际贸易、转口贸易、保税区企业间的贸易及贸易代理，货物进出口。				

企业名称	紫轩国际贸易（上海）有限公司				
企业地址	上海市外高桥保税区奥纳路 79 号 1 楼二层 2035 室（200131）				
投资总额	13 万 USD	电　话	51187998	传　真	51187991
设立日期	2005-9-29	负 责 人	CHONG HOW SHENG		
主营业务	国际贸易、转口贸易、保税区企业间的贸易及区内贸易代理。				

企业名称	建声（上海）国际贸易有限公司				
企业地址	上海市外高桥保税区泰谷路 18 号 15 层 1506A 室（200131）				
投资总额	120 万 USD	电　话	51522263	传　真	51522263
设立日期	2005-9-28	负 责 人	王永建		
主营业务	国际贸易、转口贸易、保税区企业间的贸易代理；货物及技术进出口。				

企业名称	圣戈班高功能塑料国际贸易（上海）有限公司				
企业地址	上海市外高桥保税区杨高北路 2001 号市场商务楼 2 层 N5 室（200131）				
投资总额	15 万 USD	电　话	54721568	传　真	54725993
设立日期	2005-9-28	负 责 人	GERARD LAIGROZ		
主营业务	以高功能塑料产品为主的国际贸易、转口贸易、货物及技术进出口。				

企业名称	新捺咖化学贸易（上海）有限公司				
企业地址	上海市外高桥保税区泰谷路 88 号 609 室（200131）				
投资总额	20 万 USD	电　话	63809061	传　真	63809062
设立日期	2005-9-27	负 责 人	中村公彦		
主营业务	以粘合剂、各种树脂原料等化学品为主的国际贸易，货物及技术进出口。				

企业名称	易事通（上海）贸易有限公司				
企业地址	上海市外高桥保税区泰谷路 88 号 642 室（200131）				
投资总额	5000 万日元	电　话	52400066	传　真	52400102
设立日期	2005-9-27	负 责 人	本间伸昭		
主营业务	国际贸易、转口贸易、保税区企业间的贸易代理；货物及技术进出口。				

企业名称	杉斯特（上海）贸易有限公司				
企业地址	上海市外高桥保税区英伦路 38 号 5 楼 507 室（200131）				
投资总额	20 万 USD	电　话	64317945	传　真	54177641
设立日期	2005-9-27	负 责 人	PAOLO PUSTERLI		
主营业务	国际贸易、转口贸易、保税区企业间的贸易；货物及技术进出口。				

企业名称	上海印舵国际贸易有限公司				
企业地址	上海市外高桥保税区泰谷路 18 号 1 号楼 12 层 1211 室（200131）				
投资总额	20 万 USD	电　话	52355272	传　真	52355272
设立日期	2005-9-27	负 责 人	CHOI BYUNGSUN		
主营业务	国际贸易、转口贸易、保税区企业贸易及贸易代理；货物及技术进出口。				

企业名称	新宁草本贸易（上海）有限公司				
企业地址	上海市虹口区物华路 11 号 401 室（200080）				
投资总额	150 万港币	电　话	62360298	传　真	6236 2348
设立日期	2005-9-27	负 责 人	龚羽一		
主营业务	从事护肤品的商品批发、佣金代理；进出口及其他相关的配套业务。				

企业名称	豪雅护眼商贸（上海）有限公司				
企业地址	上海市卢湾区茂名南路 205 号瑞金大厦 503 室（200020）				
投资总额	185 万 USD	电　话	54666699	传　真	54661728
设立日期	2005-9-27	负 责 人	石井章		
主营业务	隐形眼镜、护眼用品及关联商品、测试仪器、上述商品的进出口。				

企业名称	上海弥通雅贸易有限公司				
企业地址	上海市闸北区天目西路 290 号东楼 9A 室（200070）				
投资总额	100 万 USD	电　话	62785509	传　真	62785309
设立日期	2005-9-27	负 责 人	中迁晶彦		
主营业务	从事服装、服饰、面料、家用纺织品及相关产品的进出口。				

企业名称	上海凯德客商贸有限公司				
企业地址	上海市万航渡路 888 号开开广场 25 楼 E 座（200042）				
投资总额	7 万 USD	电　话	63340024	传　真	63340024
设立日期	2005-9-27	负 责 人	约瑟夫·凯明斯基		
主营业务	纺织品及其清洗设备器械配件的批发、进出口、相关配套和技术服务。				

企业名称	易勤贸易（上海）有限公司				
企业地址	上海市浦东新区北张家浜路 68 号 6 幢 429 室（200120）				
投资总额	62.5 万 USD	电　话	573-82203125	传　真	573-82207588
设立日期	2005-9-27	负 责 人	蔡弘泉		
主营业务	标准紧固件和线材的批发，佣金代理，商品进出口及相关的配套服务。				

企业名称	中翔贸易（上海）有限公司				
企业地址	上海市黄浦区南苏州路 333 号华隆大厦 108－C 座（200002）				
投资总额	12.5 万 USD	电　话	64046109	传　真	64435225
设立日期	2005-9-27	负 责 人	高肇德		
主营业务	商品批发，包括：塑料、塑料添加剂、液体化工、化学溶剂等的出口。				

企业名称	纽迪希亚贸易（上海）有限公司				
企业地址	上海市淮海中路 300 号香港新世界大厦 2406A 室（20002L）				
投资总额	200 万 USD	电　话	63353780	传　真	63353380
设立日期	2005-9-27	负 责 人	潘裕曙		
主营业务	营养食品、医疗器械和相关产品的进出口、批发，提供相关的配套服务。				

企业名称	丰钜克国际贸易（上海）有限公司				
企业地址	上海市外高桥保税物流园区申亚路 1 号 B 幢 306 室（200131）				
投资总额	14 万 USD	电　话	54890022	传　真	61604116
设立日期	2005-9-27	负 责 人	王敏烈		
主营业务	国际贸易、转口贸易、保税区企业间贸易代理，货物及技术进出口。				

企业名称	攀士福安全防护用品（上海）有限公司				
企业地址	上海市外高桥保税区富特北路 18 号综合楼五层一部位（200131）				
投资总额	14 万 USD	电　话	68755909	传　真	68755906
设立日期	2005-9-27	负 责 人	JOHN DOUGLAS LEAVLTF		
主营业务	保税区内研发及生产安全防护用品，销售自产产品。				

企业名称	利居达国际贸易（上海）有限公司				
企业地址	上海市外高桥保税区日京路 51 号发展大厦 1427 室（200131）				
投资总额	14 万 USD	电　话	63503790	传　真	63502868
设立日期	2005-9-26	负 责 人	ANDREW THOMAS ALBERT		
主营业务	国际贸易、转口贸易、保税区企业间贸易及贸易代理。				

企业名称	**兆欣电子国际贸易（上海）有限公司**				
企业地址	上海市外高桥保税区富特北路458号2号楼454室（200131）				
投资总额	12.5万USD	电　话	68881813	传　真	58792583
设立日期	2005-9-26	负责人	王明发		
主营业务	国际贸易、转口贸易、保税区企业间的贸易代理；货物及技术进出口。				

企业名称	**道谱斯国际贸易（上海）有限公司**				
企业地址	上海市外高桥保税区基隆路6号7层721室（200131）				
投资总额	20万USD	电　话	58660882	传　真	55086686
设立日期	2005-9-26	负责人	杨昱		
主营业务	国际贸易、转口贸易、保税区企业间的贸易代理；货物及技术进出口。				

企业名称	**渡木贸易（上海）有限公司**				
企业地址	上海市外高桥保税区杨高北路2001号市场商务楼2层N2室（200131）				
投资总额	6.5万USD	电　话	62123532	传　真	62123532
设立日期	2005-9-26	负责人	渡边雅雄		
主营业务	国际贸易、转口贸易、保税区企业间的贸易代理；货物及技术进出口。				

企业名称	**纬屹丰国际贸易（上海）有限公司**				
企业地址	上海市外高桥保税区台中南路2号新贸楼225室（200131）				
投资总额	100万USD	电　话	64399864	传　真	64399904
设立日期	2005-9-26	负责人	纪　欣		
主营业务	国际贸易、转口贸易、保税区企业间贸易代理；货物及技术进出口。				

企业名称	**古湾商业（上海）有限公司**				
企业地址	上海市长宁区虹梅路3721号323室（200050）				
投资总额	14万USD	电　话	64051377	传　真	64051377
设立日期	2005-9-23	负责人	夏威德		
主营业务	从事家具、艺术品、茶具、服饰、自营商品进口，采购国内产品出口。				

企业名称	**万瀚深商贸（上海）有限公司**				
企业地址	上海市浦东新区三林路234号4号楼208室（200126）				
投资总额	50万USD	电　话	64099912	传　真	64099912
设立日期	2005-9-23	负责人	PAUL VAN HENSSEN		
主营业务	以肠衣为主及相关肠衣类副产品、动物产品、上述产品的进出口。				

企业名称	**葩佳葩服饰贸易（上海）有限公司**				
企业地址	上海市浦东新区芳甸路199弄6号　（201200）				
投资总额	20万USD	电　话	68545414	传　真	53822894
设立日期	2005-9-23	负责人	朴炳柱		
主营业务	服装服饰、鞋帽，箱包，工艺饰品的零售及批发;佣金代理;商品进出口。				

企业名称	**德玖山国际贸易（上海）有限公司**				
企业地址	上海市外高桥保税区美盛路56号4号楼401室（200131）				
投资总额	65万USD	电　话	33080775	传　真	
设立日期	2005-9-22	负责人	HIROAKI MASAKI（正木宏明）		
主营业务	国际贸易、转口贸易、保税区企业间的贸易代理；货物及技术进出口。				

企业名称	**晶安纺织品贸易（上海）有限公司**				
企业地址	上海市闵行区张虹路129号3A室（201100）				
投资总额	30万USD	电　话	64281202	传　真	64695062
设立日期	2005-9-22	负责人	陈裕光		
主营业务	纺织品、纱线、成衣的批发和进出口以及其他相关配套业务。				

企业名称	**友达光电商贸（上海）有限公司**				
企业地址	上海市长宁区广顺路33号B幢5层（200335）				
投资总额	100万USD	电　话		传　真	
设立日期	2005-9-22	负责人	彭双浪		
主营业务	从事液晶显示屏、液晶显示器等新型显示器件及光电周边产品的进出口。				

企业名称	**格兰父子洋酒贸易（上海）有限公司**				
企业地址	上海市浦东新区张杨路500号23层K、L单元（200122）				
投资总额	90万英镑	电　话	58367100	传　真	58367200
设立日期	2005-9-22	负责人	SIMON MACDONALD		
主营业务	洋酒的批发、进出口、佣金代理（不含拍卖）并提供其他相关配套服务。				

企业名称	**熙萃（上海）国际贸易有限公司**				
企业地址	上海市外高桥保税区泰谷路18号1号楼1003B室（200131）				
投资总额	13万USD	电　话	62494196	传　真	
设立日期	2005-9-21	负责人	TSAY WEN JIUNN		
主营业务	国际贸易、转口贸易、保税区内企业间的贸易代理；货物及技术进出口。				

企业名称	**佳药（上海）国际贸易有限公司**				
企业地址	上海市外高桥保税区日京路51号1430室（200131）				
投资总额	20000万日元	电　话	53966565	传　真	53965484
设立日期	2005-9-21	负责人	铃木修		
主营业务	国际贸易、转口贸易、保税区企业间的贸易代理；货物及技术进出口。				

企业名称	**贝客易国际贸易（上海）有限公司**				
企业地址	上海外高桥保税区新灵路118号第19层1905A室（200131）				
投资总额	37万USD	电　话	54996315	传　真	
设立日期	2005-9-21	负责人	方远成		
主营业务	国际贸易、转口贸易、保税区企业间的贸易代理；货物及技术进出口。				

企业名称	**依维柯（中国）发动机贸易有限公司**				
企业地址	上海市卢湾区淮海中路香港新世界大厦300号5701至5702室（200020）				
投资总额	30万USD	电　话		传　真	
设立日期	2005-9-20	负责人	LUIGI MARIA CARNINO		
主营业务	发动机以及相关部件、零配件的批发，佣金代理，商品进出口。				

企业名称	**舶士富贸易（上海）有限公司**				
企业地址	上海市静安区南京西路819号2207－2208室（200040）				
投资总额	30万USD	电　话		传　真	
设立日期	2005-9-20	负责人	杨健伦		
主营业务	化妆品、香料及其产品的批发、上述商品的进出口，相关的配套服务。				

企业名称	**薇丝衣（上海）国际贸易有限公司**				
企业地址	上海市外高桥保税区泰谷路88号6层613室（200131）				
投资总额	5万欧元	电　话	62794358	传　真	62794448
设立日期	2005-9-19	负责人	THOMAS MORLOT		
主营业务	国际贸易、转口贸易和保税区企业间贸易；货物及技术进出口。				

企业名称	**拓丽喜贸易（上海）有限公司**				
企业地址	上海市外高桥保税区日京路51号发展大厦A幢四层1422室（200131）				
投资总额	20万USD	电　话	58691292	传　真	
设立日期	2005-9-19	负责人	久保骏介		
主营业务	国际贸易、转口贸易、保税区企业间的贸易、贸易代理及贸易咨询业务。				

企业名称	**荒井组（上海）贸易有限公司**				
企业地址	上海外高桥保税区泰谷路18号1号楼10层1004A室（200131）				
投资总额	14万USD	电　话	58703034	传　真	61006600
设立日期	2005-9-19	负责人	荒井喜良		
主营业务	国际贸易、转口贸易、保税区企业间的贸易及代理；货物及技术进出口。				

企业名称	**钦钧贸易（上海）有限公司**				
企业地址	上海市外高桥保税区富特西一路333号长城大厦6012室（200131）				
投资总额	20万USD	电　话	62770911	传　真	62770911
设立日期	2005-9-19	负责人	王庆隆		
主营业务	国际贸易、转口贸易、保税区企业间的贸易代理；货物及技术进出口。				

企业名称	**首为国际贸易（上海）有限公司**				
企业地址	上海市外高桥保税区泰谷路18号1号楼第9层912室（200131）				
投资总额	20万USD	电　话	62742886	传　真	62742886
设立日期	2005-9-19	负责人	林建部		
主营业务	国际贸易、转口贸易、保税区企业间的贸易代理；货物及技术进出口。				

企业名称	**藤泽国际贸易（上海）有限公司**				
企业地址	上海市外高桥保税区奥纳路79号1号楼二层2040室（200131）				
投资总额	800万日元	电　话	57687859	传　真	57687784
设立日期	2005-9-19	负责人	岛谷恭平		
主营业务	国际贸易、转口贸易、保税区企业间的贸易代理；货物及技术进出口。				

企业名称	**埠礼国际贸易（上海）有限公司**				
企业地址	上海市外高桥保税区冰克路500号综合楼二层202室（200131）				
投资总额	6.2万USD	电　话	63058855	传　真	63058833
设立日期	2005-9-19	负责人	KRUHKE MARK		
主营业务	国际贸易、转口贸易、保税区企业间的贸易及贸易代理。				

企业名称	**优磊国际贸易（上海）有限公司**				
企业地址	上海市外高桥保税区杨高北路2001号市场商务楼二层N4室（200131）				
投资总额	6.5万USD	电　话	62819988	传　真	62801534
设立日期	2005-9-16	负责人	颜光雄		
主营业务	国际贸易、转口贸易、保税区企业间贸易代理；货物及技术进出口。				

批发和零售贸易业

企业名称	欧文斯科宁（上海）贸易有限公司				
企业地址	上海市浦东东方路710号汤臣国际金融大厦4层B&C座（200122）				
投资总额	150万USD	电　话	52130170	传　真	61019588
设立日期	2005-9-16	负责人	GARY ANDERSON NIEMAN		
主营业务	从事建筑材料、玻璃纤维、包含玻璃纤维的复合材料产品的佣金代理。				

企业名称	司拜祺贸易（上海）有限公司				
企业地址	上海市外高桥保税区泰谷路88号623室（200131）				
投资总额	20万USD	电　话	63295663	传　真	63217703
设立日期	2005-9-15	负责人	ALESSIO DAINELLI		
主营业务	国际贸易、转口贸易、保税区企业间贸易代理；货物及技术进出口。				

企业名称	特陞国际贸易（上海）有限公司				
企业地址	上海市外高桥保税区杨高北路2001号一层102A室（200131）				
投资总额	12.5万USD	电　话		传　真	
设立日期	2005-9-15	负责人	黄光洁		
主营业务	国际贸易、转口贸易、保税区企业间的贸易代理；货物及技术进出口。				

企业名称	上海古林彼兹国际贸易有限公司				
企业地址	上海市外高桥保税区泰谷路88号633室（200131）				
投资总额	7万USD	电　话	62702486	传　真	62702489
设立日期	2005-9-14	负责人	CHO HUNG KU		
主营业务	国际贸易、转口贸易、保税区企业间的贸易代理；货物及技术进出口。				

企业名称	阿勒法傲国际贸易（上海）有限公司				
企业地址	上海市外高桥保税区泰谷路18号1楼9层906B室（200131）				
投资总额	15万USD	电　话	51167888	传　真	68871425
设立日期	2005-9-14	负责人	MOHAMMED AHMED SAEED AL-HAJI		
主营业务	国际贸易、转口贸易、保税区企业间的贸易；货物及技术进出口。				

企业名称	勤航（上海）贸易有限公司				
企业地址	上海市长宁区延安西路719号703-C室（200051）				
投资总额	105万USD	电　话	52199988	传　真	
设立日期	2005-9-14	负责人	陈勤仁		
主营业务	纺织面料、服装、纺织品生产设备及零部件的批发，商品的进出口业务。				

企业名称	克拉姆（上海）化妆品商贸有限公司				
企业地址	上海市徐汇区肇嘉浜路777号青松城大酒店10楼1002A室（200030）				
投资总额	4000万日元	电　话	64434745	传　真	64438228
设立日期	2005-9-14	负责人	田川哲郎		
主营业务	化妆品及原料、香精香料、美容美发用测试仪器及附属品的批发。				

企业名称	上海瑞静钟表商业有限公司				
企业地址	上海市静安区南京西路1107号（200040）				
投资总额	50万USD	电　话	24125370	传　真	
设立日期	2005-9-14	负责人	KEVIN ROLLENHAGEN		
主营业务	钟表及其零配件、首饰、工艺品、箱包、服装、自营商品的进出口业务。				

企业名称	奥佳华雅（上海）保健器材商业有限公司				
企业地址	上海市浦东新区东方路1822号1楼A铺（200120）				
投资总额	20万USD	电　话	62262325	传　真	62268051
设立日期	2005-9-14	负责人	覃国鸿		
主营业务	从事按摩类保健器材等保健产品及其零部件的零售；自营商品的进出口。				

企业名称	上海比越喜贸易有限公司				
企业地址	上海市长宁区仙霞路317号远东国际广场1914室（200336）				
投资总额	100万USD	电　话	62083131	传　真	62083131
设立日期	2005-9-13	负责人	小川贵久		
主营业务	汽车用保险丝及相关零配件、材料的批发、佣金代理及进出口业务。				

企业名称	上海拓域贸易有限公司				
企业地址	上海市浦东新区南码头路101号海博大厦2015室（200120）				
投资总额	120万RMB	电　话	64430001	传　真	64430376
设立日期	2005-9-13	负责人	SVETLANA IVANOVA		
主营业务	餐饮设备、酒、茶的批发，筹建：食品、水产品、饮料、调味料的批发。				

企业名称	满富贸易（上海）有限公司				
企业地址	上海市奉贤区奉浦大道111号（201400）				
投资总额	60万USD	电　话	66594947	传　真	66594948
设立日期	2005-9-13	负责人	金尚范		
主营业务	钢铁及相关产品批发、佣金代理（拍卖除外）、进出口业务。				

企业名称	利宾（上海）商贸有限公司				
企业地址	上海市卢湾区思南路35号北楼423室（200020）				
投资总额	604万USD	电　话	61211000	传　真	
设立日期	2005-9-12	负责人	王希人		
主营业务	服装、鞋类及其保修用品、针纺织品，国内产品出口。				

企业名称	衢瑛贸易（上海）有限公司				
企业地址	上海市奉贤区工业综合开发区奉浦大道111号（201400）				
投资总额	65万USD	电　话	54940978	传　真	64880154
设立日期	2005-9-12	负责人	金成根		
主营业务	从事服装服饰、鞋帽、箱包、皮革制品和针纺织品及相关配饰的零售。				

企业名称	上海迪阿多纳国际贸易有限公司				
企业地址	上海市外高桥保税区英伦路38号112室（200131）				
投资总额	20万USD	电　话	62523131	传　真	52380919
设立日期	2005-9-12	负责人	孙玉萍		
主营业务	国际贸易、转口贸易、保税区企业间贸易；货物及技术进出口。				

企业名称	博帝（上海）贸易有限公司				
企业地址	上海市长宁区延安西路719号705－D室（200050）				
投资总额	100万USD	电　话	62296859	传　真	62734234
设立日期	2005-9-12	负责人	何文杰		
主营业务	从事化工产品的批发、佣金代理，上述商品的进出口以及配套业务。				

企业名称	旺茨拉格轴承贸易（上海）有限公司				
企业地址	上海市浦东新区张杨路188号汤臣中心B座2601室（200120）				
投资总额	50万USD	电　话	58408110	传　真	58408228
设立日期	2005-9-9	负责人	MICHAEL LOEFFLER SASCHA		
主营业务	轴承及其配件批发及进出口业务，提供相关技术咨询及技术服务。				

企业名称	施迈茨（上海）商贸有限公司				
企业地址	上海市浦东新区东园四村409号1楼（200120）				
投资总额	20万USD	电　话	51099933	传　真	50398882
设立日期	2005-9-9	负责人	NEO BAN CHONG		
主营业务	商品批发（包括真空部件系统、真空搬运系统），上述商品的进出口。				

企业名称	原真（上海）商贸有限公司				
企业地址	上海市中山西路555号绿洲大厦1103室（200051）				
投资总额	4000万日元	电　话	62412917	传　真	62412913
设立日期	2005-9-9	负责人	原真一/总经理：张学坤		
主营业务	商品批发，包括家用纺织品、包装材料、标签、上述商品的进出口。				

企业名称	克丽丝汀迪奥商业（上海）有限公司				
企业地址	上海市静安区南京西路1266号恒隆广场30楼3009单元（200040）				
投资总额	2400万RMB	电　话	61332609	传　真	62881435
设立日期	2005-9-9	负责人	SIDNEY TOLEDANO		
主营业务	从事克丽丝汀迪奥集团品牌的男装、女装、鞋及附件、自营商品的进口。				

企业名称	埃比西斯（上海）贸易有限公司				
企业地址	上海市长宁区延安西路2299号世贸商城10楼A12（200336）				
投资总额	25万USD	电　话	61254018	传　真	61254018
设立日期	2005-9-9	负责人	PAUL FREDERICK HEISS		
主营业务	机电设备及零配件、金属材料、汽摩配件的批发及上述产品进出口业务。				

企业名称	卜蜂金衣（上海）贸易有限公司				
企业地址	上海市仙霞路317号远东国际广场B座2408室（200335）				
投资总额	100万USD	电　话	51097553	传　真	62350267
设立日期	2005-9-9	负责人	PRAVAT PARICHARTTFANAKUL		
主营业务	商品批发，包括饲料添加剂、电子产品、机械设备等，商品进出口。				

企业名称	双日（上海）商业有限公司				
企业地址	上海市卢湾区茂名南路205号瑞金大厦2207室（200020）				
投资总额	100万USD	电　话	64722211	传　真	64739422
设立日期	2005-9-9	负责人	大田义实		
主营业务	计算机软件及电子产品批发、进出口、贸易经纪与代理。				

企业名称	法丝博德贸易（上海）有限公司				
企业地址	上海市外高桥保税区富特北路458号2号楼480室（200131）				
投资总额	7万USD	电　话	61635220	传　真	61635299
设立日期	2005-9-9	负责人	EKKEHARD BEERMANN		
主营业务	国际贸易、转口贸易、保税区企业间贸易；货物及技术进出口。				

企业名称	**晔中育肯国际贸易（上海）有限公司**				
企业地址	上海市外高桥保税区泰谷路 18 号 1109 室（200131）				
投资总额	13 万 USD	电　话	50484261	传　真	50480155
设立日期	2005-9-8	负责人	张琼文		
主营业务	国际贸易、转口贸易、保税区企业间的贸易；货物及技术进出口。				

企业名称	**国誉寿都亚商贸（上海）有限公司**				
企业地址	上海市工业综合开发区国际商贸园奉浦大道 111 号（201400）				
投资总额	63 万 USD	电　话	62199989	传　真	62197799
设立日期	2005-9-8	负责人	栉下利治		
主营业务	陈列货架及其部件、附属品、内装潢材料、家用小电器的商品批发。				

企业名称	**弗赛钜国际贸易（上海）有限公司**				
企业地址	上海市外高桥保税区富特北路 458 号 2 号楼 4 层 482 室（200131）				
投资总额	12.5 万 USD	电　话	52288833	传　真	52283611
设立日期	2005-9-8	负责人	刘瑞麒		
主营业务	国际贸易、转口贸易、保税区企业间的贸易及贸易代理。				

企业名称	**肯考帝亚农产品贸易（上海）有限公司**				
企业地址	上海市武进路 255 号 601-X 室（200086）				
投资总额	100 万 USD	电　话	58775077	传　真	58775055
设立日期	2005-9-7	负责人	CAI LI（蔡力）		
主营业务	从事农产品的批发，佣金代理，进出口业务，以及相关的配套业务。				

企业名称	**欣合信（上海）贸易有限公司**				
企业地址	上海市外高桥保税区泰谷路 18 号 1105B 室（200131）				
投资总额	13 万 USD	电　话	50483708	传　真	50480155
设立日期	2005-9-7	负责人	李文仁		
主营业务	国际贸易、转口贸易、保税区企业间的贸易；货物及技术进出口。				

企业名称	**富科柯（上海）贸易有限公司**				
企业地址	上海市南京西路 338 号天安中心大厦 1203 室（200040）				
投资总额	100 万 USD	电　话	63595511	传　真	63277199
设立日期	2005-9-7	负责人	河本荣一		
主营业务	工业用橡胶制品、金属制品、合成树脂制品的批发、进出口业务。				

企业名称	**亚智选（上海）贸易有限公司**				
企业地址	上海市东方路 971 号 21C 室（200120）				
投资总额	20 万 USD	电　话	51336040	传　真	51336040
设立日期	2005-9-7	负责人	FULVIO SOARDI		
主营业务	家具、旅游用品、家居用品、园艺用品、文具、玩具的进出口。				

企业名称	**秀相和贸易（上海）有限公司**				
企业地址	上海市外高桥保税区基隆路 1 号 1025 室（200131）				
投资总额	14 万 USD	电　话	50399620	传　真	58693008
设立日期	2005-9-7	负责人	畠山秀		
主营业务	国际贸易、转口贸易、保税区内企业间贸易；货物及技术进出口。				

企业名称	**上海小野商贸有限公司**				
企业地址	上海市延安中路 847 号锦延大厦 704 室（200040）				
投资总额	5000 万日元	电　话	62473789	传　真	62473787
设立日期	2005-9-6	负责人	小野久继		
主营业务	商品批发，包括：纤维、纺织品面料、服装、纺织品的进出口。				

企业名称	**意福盟（上海）贸易有限公司**				
企业地址	上海市宝山区山连路 111 号（200940）				
投资总额	20 万 USD	电　话	36162189	传　真	36162185
设立日期	2005-9-5	负责人	LUCA MARZARO		
主营业务	食品机械、餐饮设备及零配件的进出口贸易、批发、佣金代理。				

企业名称	**绿巨研科贸易（上海）有限公司**				
企业地址	上海市徐汇区虹桥路 808 号 A 栋 8606 室（200030）				
投资总额	10 万 USD	电　话	64481585	传　真	64481583
设立日期	2005-9-2	负责人	陈翼良		
主营业务	化学分析仪器、生物医药设备、实验室设备的进出口、批发、佣金代理。				

企业名称	**森久创意商贸（上海）有限公司**				
企业地址	上海市浦东新区唐镇创新中路 601 号 8 幢 203 室（201200）				
投资总额	20 万 USD	电　话	64825199	传　真	64825179
设立日期	2005-9-2	负责人	广濑忠雄		
主营业务	会展用品、礼品及其配套用品的批发、上述商品的进出口。				

企业名称	**家得宝（中国）建材装饰商业有限公司**				
企业地址	上海市浦东新区浦东大道 720 号国际航运大厦 14 楼 I 座（200120）				
投资总额	620 万 USD	电　话	61648006	传　真	
设立日期	2005-9-2	负责人	FRANK L FERNANDEZ		
主营业务	建材、装修材料、五金、家具、家庭园艺产品、零售和进出口。				

企业名称	**希洛梵（上海）贸易有限公司**				
企业地址	上海市陆家浜路 1295 号金田商务大厦 91 幢 802 室（200002）				
投资总额	20 万 USD	电　话	61009361	传　真	61009362
设立日期	2005-9-2	负责人	GIANLUCA RUZZINI		
主营业务	从事纺织品及其制品、手工艺品、玩具的批发，上述商品的进出口。				

企业名称	**捷昌汽车零配件贸易（上海）有限公司**				
企业地址	上海市虹口区物华路 58 号 10 楼 07 室（200082）				
投资总额	1000 万 RMB	电　话	63062266	传　真	63271256
设立日期	2005-9-2	负责人	卢毓信		
主营业务	汽车零配件、汽车装饰材料、汽车电子产品的批发，进出口业务。				

企业名称	**嘉德纳（上海）商贸有限公司**				
企业地址	上海市淮海中路 775 号新华联大厦西楼 14 层 E1 室（200020）				
投资总额	5000 万日元	电　话	62750471	传　真	
设立日期	2005-9-2	负责人	矢泽将之		
主营业务	商品批发，包括防尘、防静电等特种面料、服装、上述商品的进出口。				

企业名称	**爱维安贸易（上海）有限公司**				
企业地址	上海市浦东新区梅花路 281 号 C205 室（201204）				
投资总额	15 万 USD	电　话	61031641	传　真	61031642
设立日期	2005-9-2	负责人	CHEAH SIANG TEE		
主营业务	橡胶、合成橡胶、复合橡胶、橡胶制品、塑胶的批发及进出口业务。				

企业名称	**阿酷尔商贸（上海）有限公司**				
企业地址	上海市静安区昌平路 710 号 B 座 012 室（200042）				
投资总额	20 万 USD	电　话	62159337	传　真	
设立日期	2005-9-2	负责人	NORIYUKI YOSHIDA		
主营业务	净水器、净水沐浴头、洗涤用净水装置及配件的批发、零售。				

企业名称	**杰得思服装贸易（上海）有限公司**				
企业地址	上海市浦东新区浦东南路 588 号浦发大厦 16A 单元（200120）				
投资总额	300 万港币	电　话	61042772	传　真	61042773
设立日期	2005-9-2	负责人	SILVANO PUCOINI		
主营业务	以服装的批发和进出口，佣金代理（拍卖除外），及其他配套业务。				

企业名称	**希摩（上海）贸易有限公司**				
企业地址	上海市外高桥保税区日京路 51 号 2219 室（200131）				
投资总额	90 万 USD	电　话	63618686	传　真	63551378
设立日期	2005-9-1	负责人	梅田郁人		
主营业务	国际贸易、转口贸易、保税区内企业间的贸易；货物及技术进出口。				

企业名称	**上海奥柏希服装贸易有限公司**				
企业地址	上海市外高桥保税区台中南路 2 号新贸楼一层 170 室（200131）				
投资总额	61.7 万 USD	电　话	62565361	传　真	62565363
设立日期	2005-9-1	负责人	佐佐木英郎		
主营业务	服装、日用百货为主的国际贸易、保税区企业间的贸易及区内贸易代理。				

企业名称	**上海意科得国际贸易有限公司**				
企业地址	上海市外高桥保税区日京路 51 号发展大厦 B 栋 2423 室（200131）				
投资总额	6.25 万 USD	电　话	68736821	传　真	68736821
设立日期	2005-8-31	负责人	STAEPHAN HEY		
主营业务	国际贸易、保税区内企业间的贸易及区内贸易代理；区内商品展示。				

企业名称	**上海亨孚律国际贸易有限公司**				
企业地址	上海市外高桥保税区奥纳路 79 号 1 号楼 2028 室（200131）				
投资总额	20 万 USD	电　话	51307308	传　真	
设立日期	2005-8-30	负责人	JEFFREY OWEN SPIEGEL		
主营业务	国际贸易、转口贸易、保税区内企业间的贸易及贸易代理。				

企业名称	**波力自动化设备贸易（上海）有限公司**				
企业地址	上海市外高桥保税区基隆路 1 号汤臣国际贸易大楼 1208 室（200131）				
投资总额	20 万 USD	电　话	62478209	传　真	54072058
设立日期	2005-8-30	负责人	陈　青		
主营业务	保税区内以自动化设备为主的国际贸易、保税区企业间贸易及贸易代理。				

批发和零售贸易业

企业名称	确华国际贸易（上海）有限公司				
企业地址	上海市外高桥保税区富特北路 458 号 2'号楼 426 室（200131）				
投资总额	6.5 万 USD	电　话	58401556	传　真	58401559
设立日期	2005-8-30	负责人	PETER EDUARD SIEBER		
主营业务	国际贸易、转口贸易、保税区企业间的贸易；货物及技术进出口。				

企业名称	霓碧（上海）贸易有限公司				
企业地址	上海市外高桥保税区基隆路 1 号汤臣国际贸易大楼 1126 室（200131）				
投资总额	3300 万日元	电　话	62370631	传　真	62370766
设立日期	2005-8-30	负责人	山本诚		
主营业务	国际贸易、转口贸易、保税区企业间的贸易；货物及技术进出口。				

企业名称	上海宝玛泰克纺织机械商贸有限公司				
企业地址	上海市外高桥保税区希雅路 350 号 6 号厂房 4 层 B2 部位（200131）				
投资总额	50 万 USD	电　话	62787733	传　真	62193673
设立日期	2005-8-29	负责人	FRANCO CUTRUPIA		
主营业务	保税区内以纺织机械及其部件为主的仓储分拨业务；国际贸易。				

企业名称	上海吉服梯贸易有限公司				
企业地址	上海市外高桥保税区英伦路 38 号衡山商务楼 625 室（200131）				
投资总额	20 万 USD	电　话	62267611	传　真	52394019
设立日期	2005-8-29	负责人	高木佳人		
主营业务	国际贸易、转口贸易、保税区企业间的贸易；货物及技术进出口。				

企业名称	捷锐普国际贸易（上海）有限公司				
企业地址	上海市外高桥保税区冰克路 500 号综合楼 5 层 523 室（200131）				
投资总额	13 万 USD	电　话	51531370	传　真	51531350
设立日期	2005-8-29	负责人	ERIC NOYEI		
主营业务	美容用品、清洁用品和厨房用品、转口贸易、货物及技术进出口。				

企业名称	以装国际贸易（上海）有限公司				
企业地址	上海市外高桥保税区杨高北路 2001 号办公楼 1 层 102D 室（200131）				
投资总额	12.5 万 USD	电　话	53832277	传　真	53832279
设立日期	2005-8-29	负责人	HAREL LEIEZER WIESEL		
主营业务	国际贸易、转口贸易、保税区内企业间的贸易及区内贸易代理。				

企业名称	上海外高桥保税物流园区京留贸易有限公司				
企业地址	上海市外高桥保税区申亚路 1 号 B 幢楼 307 室（200131）				
投资总额	1500 万日元	电　话	38751013	传　真	38751226
设立日期	2005-8-29	负责人	丸山英之		
主营业务	国际贸易、转口贸易、保税区企业间的贸易及区内贸易代理。				

企业名称	圣邦贸易（上海）有限公司				
企业地址	上海市徐汇区肇嘉浜路 680 号金钟大厦 1 号楼 510 室（200031）				
投资总额	10 万 USD	电　话	64154170	传　真	64154167
设立日期	2005-8-29	负责人	陈盛旺		
主营业务	家庭电器、摄影器材，电子信息设备、通讯设备产品的批发、零售。				

企业名称	集荣炫电气贸易（上海）有限公司				
企业地址	上海市浦东新区昌里路 335 号一楼东侧（200120）				
投资总额	24.5 万 USD	电　话	50597149	传　真	50597149
设立日期	2005-8-29	负责人	GOH SEOW BOON		
主营业务	输配电及控制设备、电力设备、电力电子元件、光纤产品批发和进出口。				

企业名称	普罗旺斯欧舒丹贸易（上海）有限公司				
企业地址	上海市静安区南京西路 819 号 2209－2210 室（200040）				
投资总额	140 万 USD	电　话	62563881	传　真	62563771
设立日期	2005-8-26	负责人	ANDRE JOSEPH HOFFMANN		
主营业务	从事欧舒丹品牌的个人护理产品包括香皂、批发、零售、进出口。				

企业名称	庞美国际贸易（上海）有限公司				
企业地址	上海市外高桥保税区泰谷路 88 号 729 室（200131）				
投资总额	20 万 USD	电　话	68885115	传　真	68885225
设立日期	2005-8-25	负责人	CLARK MARTIN JOHNSON		
主营业务	国际贸易、转口贸易、保税区企业间的贸易；货物及技术进出口。				

企业名称	联得建筑材料（上海）有限公司				
企业地址	上海市外高桥保税区泰谷路 88 号 B1 层 A3 部位（200131）				
投资总额	12.8 万 USD	电　话	50462986	传　真	50462599
设立日期	2005-8-25	负责人	陈耀宗		
主营业务	保税区内以建筑材料产品为主的仓储、分拨、售后服务及技术支持。				

企业名称	亚卓商贸（上海）有限公司				
企业地址	上海市延安中路 841 号 2503 室（200040）				
投资总额	120 万 USD	电　话	54253390	传　真	54259583
设立日期	2005-8-25	负责人	王治武		
主营业务	化妆品、运动器材、日用百货的批发，上述商品的进出口。				

企业名称	普莱克斯（上海）商贸有限公司				
企业地址	上海市浦东新区世纪大道 1600 号浦项商务广场 7 楼 01 室（200120）				
投资总额	30 万 USD	电　话	28947201	传　真	68769970
设立日期	2005-8-25	负责人	周希龙		
主营业务	氧、氮、氩、氢、氦、二氧化碳、特种气体的进出口。				

企业名称	特力（中国）商贸有限公司				
企业地址	上海市遵义路 100 号虹桥上海城 B 栋 1681 室（200050）				
投资总额	500 万 USD	电　话	24082888	传　真	24082884
设立日期	2005-8-25	负责人	李丽秋		
主营业务	五金工具及配件、电器用品、厨房用品、卫浴产品进出口业务。				

企业名称	美加润（上海）贸易有限公司				
企业地址	上海市宛平南路 521 号恒昌花园 602 室（200030）				
投资总额	10 万 USD	电　话	54892146	传　真	54892147
设立日期	2005-8-24	负责人	DAVID JOHN LEE		
主营业务	金属润滑剂及其它化工产品、及其相关技术的进出口、批发。				

企业名称	海跃（上海）贸易有限公司				
企业地址	上海市浦东新区昌里路 335 号 520A 室（200120）				
投资总额	800 万 USD	电　话	64288761	传　真	
设立日期	2005-8-24	负责人	RICARDO S.PO		
主营业务	食品的批发和进出口，提供相关配套服务；相关的商务咨询服务。				

企业名称	兴罗贸易（上海）有限公司				
企业地址	上海市淮海中路 1010 号嘉华中心 506 室（200020）				
投资总额	50 万欧元	电　话	54039922	传　真	54036606
设立日期	2005-8-24	负责人	MARC ROQUETTE		
主营业务	食品配料、食品添加剂及其他精细化工产品的批发、佣金代理。				

企业名称	瀚贸商贸（上海）有限公司				
企业地址	上海市静安区南京西路 1038 号梅龙镇广场 1602B 室（200040）				
投资总额	200 万 USD	电　话	52895526	传　真	52895291
设立日期	2005-8-24	负责人	CHUNG HYUNG JIN		
主营业务	服装、服饰、鞋类的批发，上述商品的进出口及相关配套业务。				

企业名称	韩星商贸（上海）有限公司				
企业地址	上海市普陀区岚皋路 166 弄 1 号 102 室 2 座（200070）				
投资总额	20 万 USD	电　话	64834732	传　真	64834733
设立日期	2005-8-24	负责人	李寅锡		
主营业务	服装、纺织品、工艺品的批发（涉及行政许可的，凭许可证经营）。				

企业名称	汉民精密设备贸易（上海）有限公司				
企业地址	上海市浦东新区张杨路 707 号 39 层 01－02 室（200120）				
投资总额	50 万 USD	电　话	58358383	传　真	58358181
设立日期	2005-8-24	负责人	李志豪		
主营业务	半导体材料及维修零件的批发和相关配套服务，上述产品的进出口业务。				

企业名称	跃居（上海）国际贸易有限公司				
企业地址	上海市外高桥保税区泰谷路 18 号 1007A 室（200131）				
投资总额	20 万 USD	电　话	68407122	传　真	68407121
设立日期	2005-8-23	负责人	徐文彬		
主营业务	国际贸易、转口贸易、保税区企业间的贸易；货物及技术进出口。				

企业名称	欧服尔（上海）国际贸易有限公司				
企业地址	上海市外高桥保税区泰谷路 18 号 1005A 室（200131）				
投资总额	10 万 USD	电　话	52667668	传　真	52667668
设立日期	2005-8-23	负责人	DIEGO FORMATO		
主营业务	国际贸易、转口贸易、保税区企业间的贸易；货物及技术进出口。				

企业名称	宝威（上海）金属贸易有限公司				
企业地址	上海市外高桥保税区富特西一路 333 号长城大厦 6008 室（200131）				
投资总额	500 万港币	电　话	65556326	传　真	65525662
设立日期	2005-8-23	负责人	薛海东		
主营业务	以金属产品为主的国际贸易、转口贸易、货物及技术进出口。				

企业名称	雅棱罗（上海）国际贸易有限公司				
企业地址	上海市外高桥保税区杨高北路 2001 号 F 区市场商务楼一层 643 室（200131）				
投资总额	20 万 USD	电　话	61005620	传　真	61005677
设立日期	2005-8-23	负责人	JOHN W．MITCHELL		
主营业务	国际贸易、转口贸易、保税区企业间的贸易及区内贸易代理。				

企业名称	博劳贸易（上海）有限公司				
企业地址	上海市外高桥保税区新灵路 106 号一层 104G 室（200131）				
投资总额	25 万 USD	电　话	32263206	传　真	32091440
设立日期	2005-8-23	负责人	ANTON STELLMAG		
主营业务	颜料、涂料和墨水等产品的国际贸易、转口贸易、货物及技术进出口。				

企业名称	翱今贸易（上海）有限公司				
企业地址	上海市外高桥保税区华京路 8 号 441 室（200131）				
投资总额	13 万 USD	电　话	5133 1512	传　真	5133 1515
设立日期	2005-8-23	负责人	丹羽章人		
主营业务	国际贸易、转口贸易、保税区内企业间的贸易；货物及技术进出口。				

企业名称	翰塑贸易（上海）有限公司				
企业地址	上海市外高桥保税区新灵路 118 号 1514A 室（200131）				
投资总额	12.6 万 USD	电　话	50460876	传　真	
设立日期	2005-8-23	负责人	苏东源		
主营业务	国际贸易、转口贸易、保税区企业间贸易；货物及技术进出口。				

企业名称	纬视晶（上海）光电贸易有限公司				
企业地址	上海市外高桥保税区泰谷路 88 号 696 室（200131）				
投资总额	15 万 USD	电　话	52175413	传　真	52175423
设立日期	2005-8-22	负责人	吴思本		
主营业务	以光电产品为主的国际贸易、保税区企业间的贸易；货物及技术进出口。				

企业名称	高木国际贸易（上海）有限公司				
企业地址	上海市外高桥保税区富特北路 458 号 2 号楼 4 层 475 室（200131）				
投资总额	1200 万日元	电　话	64679600	传　真	64459006
设立日期	2005-8-22	负责人	高木绅一		
主营业务	国际贸易、转口贸易、保税区企业间的贸易及贸易代理。				

企业名称	达艾诗（上海）国际贸易有限公司				
企业地址	上海市外高桥保税区新灵路 118 号 1512A 室（200131）				
投资总额	20 万 USD	电　话	64038877	传　真	64030115
设立日期	2005-8-22	负责人	韩富映		
主营业务	国际贸易、转口贸易、保税区企业间的贸易及区内贸易代理。				

企业名称	末松九机贸易（上海）有限公司				
企业地址	上海市外高桥保税区富特北路 458 号 2 号楼 457 室（200131）				
投资总额	6000 万日元	电　话	63411178	传　真	
设立日期	2005-8-18	负责人	板口勝一		
主营业务	国际贸易、转口贸易、保税区企业间的贸易及区内贸易代理。				

企业名称	富来珐（上海）国际贸易有限公司				
企业地址	上海市外高桥保税区日京路 38 号 116 室（200131）				
投资总额	7 万 USD	电　话	58362680	传　真	58362681
设立日期	2005-8-18	负责人	岛田二郎		
主营业务	国际贸易、转口贸易、保税区内企业间的贸易；货物及技术进出口。				

企业名称	查尔斯帕森贸易（上海）有限公司				
企业地址	上海市徐汇区襄阳南路 175 号中环商厦 505－510 室（200031）				
投资总额	500 万 RMB	电　话	63216600	传　真	63219378
设立日期	2005-8-18	负责人	VICKI MARGARET PARSONS		
主营业务	纺织原料及制品、鞋帽、伞、家纺制品的批发；上述商品的进出口。				

企业名称	上海睿盈贸易有限公司				
企业地址	上海市卢湾区湖滨路 222 号企业天地 A 座 919 室（200021）				
投资总额	65 万 USD	电　话	53869888	传　真	53862288
设立日期	2005-8-18	负责人	茅桐颐		
主营业务	从事鞋类、服装、手提包、皮制物品、帽子，商品的进出口。				

企业名称	米义欧贸易（上海）有限公司				
企业地址	上海市闵行区吴中路 2001 号（201101）				
投资总额	20 万 USD	电　话	54283214	传　真	
设立日期	2005-8-18	负责人	郑振坤		
主营业务	瓷器、玻璃器皿、工艺礼品、装饰用品、玩具、日用百货的零售。				

企业名称	学乐先商业（上海）有限公司				
企业地址	上海市浦东新区张杨路 500 号华润时代广场 24 楼 E 室（200120）				
投资总额	500 万 RMB	电　话	58368196	传　真	58822927
设立日期	2005-8-17	负责人	林英贤		
主营业务	教学仪器的批发、佣金代理、商品进出口以及相关的配套业务。				

企业名称	海别得（上海）商贸有限公司				
企业地址	上海市淮海西路 432 号 13 楼 H，I 室（200052）				
投资总额	16.5 万 USD	电　话	64474005	传　真	64078957
设立日期	2005-8-17	负责人	RICHARD WAGGENER COU		
主营业务	高温金属切割制品及其零配件、控制装置的批发、进出口和佣金代理。				

企业名称	力丰机械贸易（中国）有限公司				
企业地址	上海市宁海东路 200 号申鑫大厦 1101 室（200021）				
投资总额	600 万 RMB	电　话	63742991	传　真	63743979
设立日期	2005-8-17	负责人	李益新		
主营业务	机械设备、刀具、工具、测量仪器、电子设备等的批发，商品进出口。				

企业名称	毅豪贸易（上海）有限公司				
企业地址	上海市黄浦区九江路 399 号华盛大厦 1608 室（200001）				
投资总额	200 万 RMB	电　话	67809077	传　真	67809091
设立日期	2005-8-17	负责人	庄碧杏		
主营业务	密封封条产品的批发、佣金代理，商品的进出口以及相关配套业务。				

企业名称	昂意舰国际贸易（上海）有限公司				
企业地址	上海市外高桥保税区日京路 51 号 2 楼 1221 室（200131）				
投资总额	10 万欧元	电　话	52985060	传　真	52985061
设立日期	2005-8-17	负责人	PASQUALE SICLARI		
主营业务	国际贸易、转口贸易、保税区企业间的贸易及区内贸易代理。				

企业名称	上海金凰贸易有限公司				
企业地址	上海市南京西路 580 号主楼 109 室（200040）				
投资总额	10 万 USD	电　话	63747991	传　真	63747993
设立日期	2005-8-17	负责人	陈思思		
主营业务	各类金银珠宝饰品、化妆品、服装及配饰、保健食品的零售、批发。				

企业名称	胜美达贸易（上海）有限公司				
企业地址	上海市浦东南路 588 号浦发大厦 21 楼 F 单元（200120）				
投资总额	100 万 USD	电　话	58363299	传　真	58363266
设立日期	2005-8-17	负责人	赵家骧		
主营业务	电子产品的批发、进出口、佣金代理（不含拍卖）及相关配套服务。				

企业名称	理昂西国际贸易（上海）有限公司				
企业地址	上海市外高桥保税区泰谷路 18 号 1111 室（200131）				
投资总额	10 万欧元	电　话	52660865	传　真	52660865
设立日期	2005-8-15	负责人	FAN BING		
主营业务	国际贸易、转口贸易、保税区企业间的贸易；货物及技术进出口。				

企业名称	上海卡路士贸易有限公司				
企业地址	上海市外高桥保税区奥纳路 79 号第二层 2039 室（200131）				
投资总额	12.5 万 USD	电　话	65311138	传　真	55380132
设立日期	2005-8-11	负责人	余永强		
主营业务	国际贸易、转口贸易、保税区企业间贸易；货物及技术进出口。				

企业名称	达宜拓（上海）贸易有限公司				
企业地址	上海市外高桥保税区日京路 51 号 1429 室（200131）				
投资总额	1500 万日元	电　话	64483296	传　真	64482027
设立日期	2005-8-11	负责人	山口信仁		
主营业务	国际贸易、转口贸易、保税区企业间的贸易；货物及技术进出口。				

企业名称	珊和铼国际贸易（上海）有限公司				
企业地址	上海市外高桥保税区新灵路 118 号 805B 室（200131）				
投资总额	13 万 USD	电　话	57418888	传　真	57426088
设立日期	2005-8-11	负责人	陈石祥		
主营业务	国际贸易、转口贸易、保税区内企业间贸易；货物及技术进出口。				

企业名称	佑琨国际贸易（上海）有限公司				
企业地址	上海市外高桥保税区奥纳路 158 号主楼 2 楼 A 部位（200131）				
投资总额	20 万 USD	电　话	51105569	传　真	
设立日期	2005-8-11	负责人	CHANG KOK YONG		
主营业务	国际贸易、转口贸易、保税区企业间的贸易、区内贸易代理。				

企业名称	上海易统食品贸易有限公司				
企业地址	上海市大木桥路620号3号楼第三层（200032）				
投资总额	1000万RMB	电　话	64436727	传　真	64040494
设立日期	2005-8-11	负责人	郭兰		
主营业务	食品、饮料工业原料及食品、饮料、百货商品的批发、上述商品进出口。				

企业名称	阿尔弗雷德登喜路（上海）贸易有限公司				
企业地址	上海市南京西路1168号中信泰富广场35楼3558A室（200041）				
投资总额	25万USD	电　话	51876900	传　真	
设立日期	2005-8-11	负责人	JOHN PATRICK DURNIN		
主营业务	服装、皮制品、旅行箱、鞋、手表、饰品、文具、上述商品的进出口。				

企业名称	依革思儿（上海）商贸有限公司				
企业地址	上海市普陀区曹阳一村184号206室（200070）				
投资总额	250万USD	电　话	5103 6668	传　真	64397121
设立日期	2005-8-11	负责人	金尚贤		
主营业务	服装、鞋类、皮件、饰物及相关配件的零售及批发，进出口业务。				

企业名称	新美诗国际贸易（上海）有限公司				
企业地址	上海市外高桥保税区奥纳路79号1号楼2层2059室（200131）				
投资总额	20万USD	电　话	62369558	传　真	62369668
设立日期	2005-8-10	负责人	田畑勇		
主营业务	国际贸易、转口贸易、保税区企业间的贸易，货物及技术进出口。				

企业名称	爱思开（上海）商贸有限公司				
企业地址	上海市遵义路100号虹桥上海城B栋1985室（200051）				
投资总额	80万USD	电　话	52061100	传　真	52069101
设立日期	2005-8-10	负责人	孙文国		
主营业务	服装、饰品、皮件、化妆品及相关配件的零售、批发，商品的进出口。				

企业名称	艾坚蒙国际贸易（上海）有限公司				
企业地址	上海市外高桥保税区新灵路118号1406B室（200131）				
投资总额	13万USD	电　话	52080997	传　真	52080930
设立日期	2005-8-10	负责人	JOHANNES MARTINUS SEBASTIANUS		
主营业务	国际贸易、转口贸易、保税区企业间的贸易；货物及技术进出口。				

企业名称	创妮科国际贸易（上海）有限公司				
企业地址	上海市外高桥保税区泰谷路18号1003A室（200131）				
投资总额	12.2万USD	电　话	63619325	传　真	63619305
设立日期	2005-8-10	负责人	施芳华		
主营业务	国际贸易、转口贸易、保税区企业间的贸易，货物及技术进出口。				

企业名称	上海阿柏龙国际贸易有限公司				
企业地址	上海市外高桥保税区新灵路118号1904A室（200131）				
投资总额	15万USD	电　话	62127618	传　真	62135044
设立日期	2005-8-8	负责人	山本昭久（YAMAMOTO AKIHISA）		
主营业务	国际贸易、转口贸易、保税区企业间的贸易；货物及技术进出口。				

企业名称	六机社贸易（上海）有限公司				
企业地址	上海市外高桥保税区富特北路458号436室（200131）				
投资总额	20万USD	电　话	62705510	传　真	62705530
设立日期	2005-8-8	负责人	藤山浩永		
主营业务	国际贸易、转口贸易、保税区企业间的贸易及区内贸易代理。				

企业名称	上海迪桑特商业有限公司				
企业地址	上海市浦东新区峨山路613号6幢201B室（200127）				
投资总额	450万USD	电　话	62473399	传　真	62472001
设立日期	2005-8-8	负责人	羽田仁		
主营业务	运动服及运动用品、休闲服装、游泳服的批发及上述商品的进出口。				

企业名称	东工物产贸易有限公司				
企业地址	上海市淮海中路755号新华联大厦东楼12层B座（200020）				
投资总额	600万USD	电　话	64725999	传　真	64713114
设立日期	2005-8-4	负责人	新井祐兴		
主营业务	化工产品，塑料及其制品；橡胶及其制品、上述产品的进出口。				

企业名称	朴洛纺织品贸易（上海）有限公司				
企业地址	上海市外高桥保税区日京路2号201室（200131）				
投资总额	7万USD	电　话	58696024	传　真	58692179
设立日期	2005-8-3	负责人	PETER DE SUTYER		
主营业务	以纺织品为主的国际贸易、保税区企业间的贸易，货物及技术进出口。				

企业名称	若奥国际贸易（上海）有限公司				
企业地址	上海市外高桥保税区冰克路500号306室（200131）				
投资总额	10万欧元	电　话	62419381	传　真	62418203
设立日期	2005-8-3	负责人	朱长武		
主营业务	国际贸易、转口贸易、保税区企业间的贸易；货物及技术进出口。				

企业名称	佑你康国际贸易（上海）有限公司				
企业地址	上海市外高桥保税区泰谷路18号1005B室（200131）				
投资总额	13万USD	电　话	64688326	传　真	64274066
设立日期	2005-8-3	负责人	康德发		
主营业务	国际贸易、转口贸易、保税区企业间的贸易；货物及技术进出口。				

企业名称	贸德国际贸易（上海）有限公司				
企业地址	上海市外高桥保税区富特西一路333号6楼6006室（200131）				
投资总额	12.5万USD	电　话	62180358	传　真	62180773
设立日期	2005-8-3	负责人	MINAWAER BAOERHAN		
主营业务	国际贸易、转口贸易、保税区企业间的贸易；货物及技术进出口。				

企业名称	上海孚佑国际贸易有限公司				
企业地址	上海市外高桥保税区泰谷路88号670室（200131）				
投资总额	14万USD	电　话	62702486	传　真	62702489
设立日期	2005-8-3	负责人	李汪溪		
主营业务	国际贸易、转口贸易、保税区企业间的贸易；货物及技术进出口。				

企业名称	普立万国际贸易（上海）有限公司				
企业地址	上海市外高桥保税区杨高北路2001号市场商务楼2504室（200131）				
投资总额	20万USD	电　话	50801188	传　真	50801199
设立日期	2005-8-3	负责人	LEE SAY ENG		
主营业务	国际贸易、转口贸易、保税区内企业间的贸易及贸易代理。				

企业名称	娜烽舍（上海）贸易有限公司				
企业地址	上海市外高桥保税区富特北路458号2号楼4层453室（200131）				
投资总额	120万港币	电　话	62097636	传　真	
设立日期	2005-8-3	负责人	邓国明		
主营业务	国际贸易、转口贸易、保税区企业间的贸易及区内贸易代理。				

企业名称	艾米可（上海）国际贸易有限公司				
企业地址	上海市外高桥保税区泰谷路18号1号楼906A室（200131）				
投资总额	25.55万USD	电　话	58817801	传　真	58895079
设立日期	2005-8-3	负责人	孙庆海		
主营业务	国际贸易、转口贸易、保税区企业间的贸易；货物及技术进出口。				

企业名称	英普罗国际贸易（上海）有限公司				
企业地址	上海市外高桥保税区富特西一路139号1406室（200131）				
投资总额	14万USD	电　话	68879696	传　真	62787826
设立日期	2005-8-2	负责人	JOHN RICHARD MAYO		
主营业务	国际贸易、转口贸易、保税区企业间的贸易；货物及技术进出口。				

企业名称	福满康（上海）商业有限公司				
企业地址	上海市黄浦区竹码头街10号349室（200010）				
投资总额	14万USD	电　话	51580140	传　真	51580351
设立日期	2005-8-1	负责人	渡边元茂		
主营业务	化妆品的进口、零售及相关咨询服务，筹建：食品。				

企业名称	恩斯克（中国）销售有限公司				
企业地址	上海市仙霞路319号远东国际广场A栋1001／1010－1012室(200335)				
投资总额	210万USD	电　话	62350198	传　真	
设立日期	2005-8-1	负责人	高桥伸一郎		
主营业务	轴承及其零部件、相关机械设备及其零部件等商品的批发，商品进出口。				

企业名称	毕思高（上海）商业有限公司				
企业地址	上海市浦东新区杨新路87号102、103室（200120）				
投资总额	150万USD	电　话	54048475	传　真	54032921
设立日期	2005-8-1	负责人	孟华维		
主营业务	服装服饰、箱包、鞋帽、休闲用品、体育用品；售后服务；简单加工。				

企业名称	卓斐国际贸易（上海）有限公司				
企业地址	上海市外高桥保税区基隆路1号1820室（200131）				
投资总额	20万USD	电　话	63390620	传　真	63390621
设立日期	2005-7-28	负责人	关屋宪		
主营业务	国际贸易、转口贸易、保税区企业间的贸易及贸易代理。				

企业名称	**特力和家商业（上海）有限公司**				
企业地址	上海市长宁区仙霞西路 88 号地下二层专柜 1 号铺位（200335）				
投资总额	14 万 USD	电　话	24082800	传　真	24082907
设立日期	2005-7-28	负 责 人	李丽秋		
主营业务	各类床及床上用品、家具家饰用品的零售；采购国内产品的出口。				

企业名称	**上海考斯慕贸易有限公司**				
企业地址	上海市浦东新区东方路 985 号 14 楼 A 室（200120）				
投资总额	2000 万日元	电　话	50588018	传　真	50588028
设立日期	2005-7-28	负 责 人	永井尚雄		
主营业务	印刷设备、器具及相关零部件的批发及上述商品的进出口。				

企业名称	**上海德润宝化学品贸易有限公司**				
企业地址	上海市浦东新区江东路 1726 弄 149 号（201200）				
投资总额	30 万欧元	电　话	58644983	传　真	58645075
设立日期	2005-7-28	负 责 人	赵新元		
主营业务	生产过程辅助添加剂、染料、工业用蜡、工业用煤，上述商品的进出口。				

企业名称	**恩美丝（上海）纱网贸易有限公司**				
企业地址	上海市长宁区北翟路 1178 号商务楼 1 号楼 203 室（200335）				
投资总额	73 万 USD	电　话	52161177	传　真	52161277
设立日期	2005-7-28	负 责 人	阿部仁		
主营业务	商品批发，包括：各种成型过滤纱网、上述商品的进出口业务。				

企业名称	**川潮国际贸易（上海）有限公司**				
企业地址	上海市外高桥保税区杨高北路 2001 号市场商务楼 2402 室（200131）				
投资总额	20 万 USD	电　话	51105226	传　真	50460257
设立日期	2005-7-28	负 责 人	黄纬玲		
主营业务	国际贸易、转口贸易、保税区企业间的贸易及贸易代理。				

企业名称	**玛丁雅菲（上海）国际贸易有限公司**				
企业地址	上海市外高桥保税区日京路 51 号发展大厦 A 栋 1433 室（200131）				
投资总额	15.86 万 USD	电　话	64672808	传　真	
设立日期	2005-7-28	负 责 人	LESLIE WHITWORTH		
主营业务	国际贸易、转口贸易、保税区企业间贸易；货物及技术进出口。				

企业名称	**上海汉福茂国际贸易有限公司**				
企业地址	上海市外高桥保税区杨高北路 2005 号新易楼 336 室（200131）				
投资总额	15 万 USD	电　话	64283359	传　真	
设立日期	2005-7-27	负 责 人	林壮恭		
主营业务	国际贸易、转口贸易、保税区企业间的贸易，货物及技术进出口。				

企业名称	**戴纳密克国际贸易（上海）有限公司**				
企业地址	上海市外高桥保税区奥纳路 76 号 2038 室（200125）				
投资总额	12.5 万 USD	电　话	50318431	传　真	50318430
设立日期	2005-7-27	负 责 人	CARLO ALBERTO MONTECCHI		
主营业务	国际贸易、转口贸易、保税区企业间的贸易；货物及技术进出口。				

企业名称	**京海商事（上海）贸易有限公司**				
企业地址	上海市兴义路 8 号万都中心 3109 室（200336）				
投资总额	25 万 USD	电　话	52081416	传　真	52081418
设立日期	2005-7-26	负 责 人	相川英浚		
主营业务	有色金属及其制品、日用百货、工业模具、工业陶瓷的进出口。				

企业名称	**白丽公主（上海）商业有限公司**				
企业地址	上海市长宁区仙霞西路 88 号百联西郊购物中心 3117 商铺（200053）				
投资总额	6 万 USD	电　话	64692267	传　真	
设立日期	2005-7-26	负 责 人	SYLVIA BRADDOM		
主营业务	从事儿童系列用品的零售，采购国内商品出口，及其他相关配套业务。				

企业名称	**上海故得惜贸易有限公司**				
企业地址	上海市卢湾区淮海中路 200 号淮海大厦 29－C 室（200020）				
投资总额	50 万 USD	电　话	63859930	传　真	63859950
设立日期	2005-7-26	负 责 人	BIRSOY AYDEMIR		
主营业务	首饰、钟表、皮制品、银制品、服饰及其配件的进出口。				

企业名称	**上海准威国际贸易有限公司**				
企业地址	上海市外高桥保税区加枫路 17 号新发展综合楼三层 308 室（200131）				
投资总额	6.1 万 USD	电　话	63263589	传　真	63262386
设立日期	2005-7-24	负 责 人	许泰源		
主营业务	国际贸易、转口贸易、保税区企业间的贸易；货物及技术进出口。				

企业名称	**昌洙国际贸易（上海）有限公司**				
企业地址	上海市外高桥保税区泰谷路 18 号 1 号楼 1002B 室（200131）				
投资总额	20 万 USD	电　话	62363596	传　真	62363598
设立日期	2005-7-24	负 责 人	李宗学		
主营业务	国际贸易、转口贸易、保税区企业间的贸易；货物及技术进出口。				

企业名称	**谊城商业（上海）有限公司**				
企业地址	上海市卢湾区绍兴路 17 弄 3－4 号底室 J9 单元（200020）				
投资总额	65 万 USD	电　话	63720003	传　真	63720003
设立日期	2005-7-20	负 责 人	RICHARD EUGENIUSZ ZINKIEWICZ		
主营业务	纪念章及纪念币、金银首饰、珠宝、手表、艺术品的进出口。				

企业名称	**派卓国际贸易（上海）有限公司**				
企业地址	上海市外高桥保税区泰谷路 18 号 1 号楼 1215 室（200131）				
投资总额	13 万 USD	电　话	68754315	传　真	68754341
设立日期	2005-7-19	负 责 人	RONALD AMBROSE PHILIP JENKINS		
主营业务	国际贸易、转口贸易、保税区企业间的贸易；货物及技术进出口。				

企业名称	**法兰摩菲国际贸易（上海）有限公司**				
企业地址	上海市外高桥保税区冰克路 500 号 910 室（200131）				
投资总额	20 万 USD	电　话	62372082	传　真	62372083
设立日期	2005-7-19	负 责 人	FRANK WILLI MURPHY		
主营业务	国际贸易、转口贸易、保税区企业间的贸易，货物及技术进出口。				

企业名称	**赛杰商业（上海）有限公司**				
企业地址	上海市浦东新区杜鹃路 263 号 101 室（201204）				
投资总额	65 万 USD	电　话	56773238	传　真	56773731
设立日期	2005-7-19	负 责 人	CHUNG FAI RICHARD ZEN		
主营业务	赛车运动服饰及相关纪念品和礼品、零售，上述商品的进出口。				

企业名称	**苏龙陵国际贸易（上海）有限公司**				
企业地址	上海市外高桥保税区富特北路 458 号 2 号楼 448 室（200131）				
投资总额	6.5 万 USD	电　话	68881813	传　真	68881813
设立日期	2005-7-19	负 责 人	MAURIZIA MARIA STRACCALI		
主营业务	国际贸易、转口贸易、保税区企业间的贸易，货物及技术进出口。				

企业名称	**上海柏联克科技贸易有限公司**				
企业地址	上海市外高桥保税区日京路 38 号 303 室（200131）				
投资总额	13 万 USD	电　话	62185597	传　真	62185597
设立日期	2005-7-19	负 责 人	游仲鑫		
主营业务	电子高科技软硬体产品和网络设备等的国际贸易、货物及技术进出口。				

企业名称	**岐阜蓓阿国际贸易（上海）有限公司**				
企业地址	上海市外高桥保税区加枫路 17 号 214 室（200131）				
投资总额	25 万 USD	电　话	52286266	传　真	52286267
设立日期	2005-7-19	负 责 人	福生雅利		
主营业务	国际贸易、转口贸易、保税区企业间的贸易；货物及技术进出口。				

企业名称	**莎芭贸易（上海）有限公司**				
企业地址	上海市外高桥保税区冰克路 500 号 206 室（200131）				
投资总额	14 万 USD	电　话	61226566	传　真	63518615
设立日期	2005-7-18	负 责 人	ANDREW CARRINGTON MICHAEL		
主营业务	国际贸易、转口贸易、保税区企业间贸易，货物及技术进出口。				

企业名称	**上海英富麦可思国际贸易有限公司**				
企业地址	上海市外高桥保税区泰谷路 18 号 1002A 室（200131）				
投资总额	20 万 USD	电　话	63910777	传　真	63910700
设立日期	2005-7-18	负 责 人	岛田一郎		
主营业务	国际贸易、转口贸易、保税区企业间的贸易；货物及技术进出口。				

企业名称	**卓煌国际贸易（上海）有限公司**				
企业地址	上海市外高桥保税区奥纳路 79 号 2057 室（200131）				
投资总额	20 万 USD	电　话	63862188	传　真	63862199
设立日期	2005-7-18	负 责 人	叶德坚		
主营业务	国际贸易、转口贸易、保税区企业间的贸易及贸易代理。				

企业名称	**诺应斯（上海）化学贸易有限公司**				
企业地址	上海市外高桥保税区日京路 51 号发展大厦 B 栋 2416 室（200131）				
投资总额	15 万 USD	电　话	62362193	传　真	
设立日期	2005-7-18	负 责 人	住吉义通		
主营业务	国际贸易、转口贸易、保税区企业间的贸易及贸易代理。				

批发和零售贸易业

企业名称	百得维（上海）国际贸易有限公司				
企业地址	上海市外高桥保税区日京路 38 号 234 室（200131）				
投资总额	20 万 USD	电话	54259529	传真	64380860
设立日期	2005-7-18	负责人	张祐康		
主营业务	国际贸易、转口贸易、保税区企业间的贸易；货物及技术进出口。				

企业名称	新利禾国际贸易（上海）有限公司				
企业地址	上海市外高桥保税区新灵路 118 号 102 室（200131）				
投资总额	6.5 万 USD	电话	64460373	传真	64460368
设立日期	2005-7-18	负责人	KIM JONG HOON		
主营业务	国际贸易、转口贸易、保税区企业间的贸易；货物及技术进出口。				

企业名称	国民油井华高国际贸易（上海）有限公司				
企业地址	上海市外高桥保税区泰谷路 88 号 738 室（200131）				
投资总额	20 万 USD	电话	59157168	传真	59156712
设立日期	2005-7-18	负责人	CARLOS P. KENDA		
主营业务	国际贸易、转口贸易、保税区企业间的贸易及区内贸易代理。				

企业名称	鼎赛龙（上海）商业有限公司				
企业地址	上海市静安区南京西路 1266 号恒隆广场 39 楼（200040）				
投资总额	210 万 USD	电话	61351068	传真	61351099
设立日期	2005-7-18	负责人	ROSARIO DIQUATTRO		
主营业务	服装、鞋子，首饰及相关配套商品的零售；自营商品的进口。				

企业名称	又进国际贸易（上海）有限公司				
企业地址	上海市外高桥保税区冰克路 500 号 101 室（200131）				
投资总额	12.5 万 USD	电话	52082376	传真	52082373
设立日期	2005-7-18	负责人	SHIN BYUNG SOON		
主营业务	国际贸易、转口贸易、保税区内企业间的贸易；货物及技术进出口。				

企业名称	上海凡恩凡服装贸易有限公司				
企业地址	上海市浦东新区张杨路 228 号 1702 室（200120）				
投资总额	110 万 USD	电话	64059811	传真	64799833
设立日期	2005-7-15	负责人	金昌秀		
主营业务	商品批发，包括服装、辅料、服饰、鞋帽、箱包，采购国内产品出口。				

企业名称	蝶理（中国）商业有限公司				
企业地址	上海市长宁区延安西路 2201 号上海国际贸易中心 1201 室（200336）				
投资总额	200USD	电话	62756678	传真	62756678
设立日期	2005-7-15	负责人	赤井训儿		
主营业务	纺织原料及制品、化工品、机械设备和化工制造设备的进出口贸易。				

企业名称	黛怡茜国际贸易（上海）有限公司				
企业地址	上海市外高桥保税区富特北路 520 号第 3 层 D1 部位（200131）				
投资总额	15 万 USD	电话	34241887	传真	64697353
设立日期	2005-7-15	负责人	中村兴司		
主营业务	国际贸易、转口贸易、保税区企业间的贸易，货物及技术进出口。				

企业名称	盈枫国际贸易（上海）有限公司				
企业地址	上海市外高桥保税区台中南路 2 号新贸楼 157 室（200131）				
投资总额	20 万 USD	电话	62371663	传真	62370196
设立日期	2005-7-14	负责人	濑户淑夫		
主营业务	国际贸易、转口贸易、保税区企业间的贸易及贸易代理。				

企业名称	建依瑛纺织品贸易（上海）有限公司				
企业地址	上海市外高桥保税区杨高北路 2005 号新易楼一层 123 室（200131）				
投资总额	7 万 USD	电话	64461750	传真	62185597
设立日期	2005-7-14	负责人	姜喆熙		
主营业务	国际贸易、转口贸易、保税区企业间的贸易及贸易代理。				

企业名称	晶雍顺国际贸易（上海）有限公司				
企业地址	上海市外高桥保税区富特西一路 289 号 232 室（200131）				
投资总额	14 万 USD	电话	50483019	传真	50484269
设立日期	2005-7-13	负责人	胡白莎		
主营业务	国际贸易、转口贸易、保税区企业间贸易及区内贸易代理。				

企业名称	优耐特捷能国际贸易（上海）有限公司				
企业地址	上海市外高桥保税区台中南路 2 号新贸楼 311 室（200131）				
投资总额	12.5 万 USD	电话	50931566	传真	50931567
设立日期	2005-7-13	负责人	边晓阳		
主营业务	国际贸易、转口贸易、保税区企业间的贸易；货物及技术进出口。				

企业名称	美商莎金氏宠物用品贸易（上海）有限公司				
企业地址	上海市外高桥保税区奥纳路 79 号 1 号楼 2071 室（200131）				
投资总额	6.2 万 USD	电话	61048100	传真	61048103
设立日期	2005-7-13	负责人	ALAN DWAIN BROWN		
主营业务	以宠物用品及宠物食品为主的国际贸易、货物及技术进出口。				

企业名称	上海丰鼎装饰材料有限公司				
企业地址	上海市外高桥保税区泰谷路 88 号 B1 层 A11 部位（200131）				
投资总额	12.5 万 USD	电话	54960451	传真	54960459
设立日期	2005-7-12	负责人	KUO YING-CHIEH		
主营业务	保税区内以装饰材料产品为主的仓储、分拨、货物及技术进出口。				

企业名称	阿尔贡国际贸易（上海）有限公司				
企业地址	上海市外高桥保税区冰克路 500 号昶宏大厦 618 室（200131）				
投资总额	25 万 USD	电话	61075356	传真	64137658
设立日期	2005-7-11	负责人	ATTILA KESIMGIL		
主营业务	国际贸易、转口贸易、保税区企业间的贸易；货物及技术进出口。				

企业名称	上海永壮贸易有限公司				
企业地址	上海市外高桥保税区奥纳路 79 号 2056 室（200131）				
投资总额	12.8 万 USD	电话	63862188	传真	63862199
设立日期	2005-7-11	负责人	黄建豪		
主营业务	国际贸易、转口贸易、保税区企业间的贸易，货物及技术进出口。				

企业名称	葛喜国际贸易（上海）有限公司				
企业地址	上海市外高桥保税区冰克路 500 号 418 室（200131）				
投资总额	20 万 USD	电话	58882824	传真	58775460
设立日期	2005-7-11	负责人	SEBASTIAN FRIEDRICH GERHARD LA		
主营业务	国际贸易、转口贸易、保税区企业间的贸易；货物及技术进出口。				

企业名称	必格贝禄国际贸易（上海）有限公司				
企业地址	上海市外高桥保税区泰谷路 88 号丰谷大厦 742 室（200131）				
投资总额	4500 万日元	电话	62362623	传真	62362349
设立日期	2005-7-11	负责人	生川雅一		
主营业务	国际贸易、转口贸易、保税区企业间的贸易；货物及技术进出口。				

企业名称	企鹅贸易（上海）有限公司				
企业地址	上海市外高桥保税区新灵路 118 号 915B 室（200131）				
投资总额	13.5 万 USD	电话	58306268	传真	58300055
设立日期	2005-7-11	负责人	ZHAO ZHENZHOU		
主营业务	国际贸易、转口贸易、保税区企业间的贸易；货物及技术进出口。				

企业名称	日奔纸张纸浆商贸（上海）有限公司				
企业地址	上海市延安西路 2201 号上海国际贸易中心 1116 室（200336）				
投资总额	200 万 USD	电话	62702325	传真	62702327
设立日期	2005-7-8	负责人	北桥一郎		
主营业务	商品批发：各种纸张、纸板、特殊纸制品，上述商品的进出口。				

企业名称	上海野木贸易有限公司				
企业地址	上海市浦东新区东方路 877 号 16 楼 1602 室（200120）				
投资总额	20 万 USD	电话	52540885	传真	52897211
设立日期	2005-7-8	负责人	野木芳宏		
主营业务	从事汽车零配件、饰品及五金制品的进出口、批发、佣金代理。				

企业名称	雷尼绍（上海）贸易有限公司				
企业地址	上海市闸北区天目西路 547 号联通国际大厦 510 室（200070）				
投资总额	61 万 USD	电话	63534897	传真	63534881
设立日期	2005-7-8	负责人	JEAN -MARC MEFFRE		
主营业务	用于计量、校准、位置反馈、数据采集和加工，上述商品的进出口。				

企业名称	上海博瑞恩商业有限公司				
企业地址	上海市黄浦区斜土东路 155 号 2 幢 102 室（200010）				
投资总额	15 万 USD	电话	66289317	传真	66289316
设立日期	2005-7-8	负责人	KIM WON KEY		
主营业务	电子产品、家用电器、计算机软硬件配件、通讯设备、玩具的零售。				

企业名称	上海晃和吉奥加筋土工程材料销售有限公司				
企业地址	上海市徐汇区中山西路 2368 号华鼎大厦 1005 室（200235）				
投资总额	23.6 万 USD	电话	64394923	传真	54591050
设立日期	2005-7-8	负责人	青岛光伸		
主营业务	商品批发、商品进出口及相关配套业务。				

企业名称	威肯亚纺织品国际贸易（上海）有限公司				
企业地址	上海市外高桥保税区日京路51号2410室（200131）				
投资总额	30万USD	电话	54510167	传真	64477513
设立日期	2005-7-6	负责人	RICARDO STEINBRUCH		
主营业务	以纺织品为主的国际贸易、保税区企业间的贸易；货物及技术进出口。				

企业名称	思莱仕（上海）商业有限公司				
企业地址	上海市黄浦区中山东一路3号6楼（200001）				
投资总额	60万USD	电话	63233355	传真	63290656
设立日期	2005-7-5	负责人	林美金		
主营业务	日用百货、食品、烟、酒的零售；餐饮、咖啡吧、酒吧。				

企业名称	德律泰电子贸易（上海）有限公司				
企业地址	上海市徐汇区桂平路481号18幢6楼西（200233）				
投资总额	75万USD	电话	54270101	传真	64957923
设立日期	2005-7-5	负责人	林江淮		
主营业务	半导体、组装电路板及影像光学测试仪器、设备的批发，商品的进出口。				

企业名称	锦钊国际贸易（上海）有限公司				
企业地址	上海市外高桥保税区富特西一路139号1308室（200131）				
投资总额	20万USD	电话	52382538	传真	52392539
设立日期	2005-7-5	负责人	沈莉敏		
主营业务	国际贸易、转口贸易、保税区企业间的贸易；货物及技术进出口。				

企业名称	澳美芝国际贸易（上海）有限公司				
企业地址	上海市外高桥保税区富特北路458号2号楼424室（200131）				
投资总额	12.5万USD	电话	68881813	传真	68881813
设立日期	2005-7-5	负责人	霍雯霞		
主营业务	国际贸易、转口贸易、保税区企业间的贸易；货物及技术进出口。				

企业名称	艾文泰（上海）商业有限公司				
企业地址	上海市浦东新区张杨路158号1610室（200120）				
投资总额	12.1万USD	电话	58764441	传真	58764441
设立日期	2005-7-5	负责人	ALAN SECOR		
主营业务	从事医疗器械的进出口，批发和佣金代理，以及其他相关配套业务。				

企业名称	傲拓卡（上海）贸易有限公司				
企业地址	上海市外高桥保税区泰谷路88号773室（200131）				
投资总额	12.5万USD	电话	62106361	传真	62106361
设立日期	2005-7-5	负责人	LAU LAY MEE		
主营业务	国际贸易、转口贸易、保税区企业间的贸易；货物及技术进出口。				

企业名称	希娜皓（上海）贸易有限公司				
企业地址	上海市外高桥保税区富特北路458号2号楼481室（200131）				
投资总额	20万USD	电话	63600099	传真	63516559
设立日期	2005-7-5	负责人	武藤广志		
主营业务	国际贸易、转口贸易、保税区企业间的贸易及贸易代理。				

企业名称	上海田川商业有限公司				
企业地址	上海市闵行区航宇路265号A3厂房第4层（201100）				
投资总额	20万USD	电话	62487032	传真	52275860
设立日期	2005-7-1	负责人	铃木岩雄		
主营业务	伞具雨具、伞用原材料零部件，各种伞用装饰品的批发，产品的进出口。				

企业名称	雅达（中国）服装辅料贸易有限公司				
企业地址	上海市浦东新区东方路877号507B室（200120）				
投资总额	300万USD	电话	51113602	传真	51113300
设立日期	2005-7-1	负责人	刘詠婷		
主营业务	服装辅料、标签、包装材料及相关产品的批发、进出口业务。				

企业名称	新道良质（上海）贸易有限公司				
企业地址	上海市娄山关路85号东方国际大厦C座第16层1606A室（200335）				
投资总额	100万港币	电话	62783898	传真	62783865
设立日期	2005-7-1	负责人	新道忠志/总经理：坂下浩一		
主营业务	成衣、服装、运动服及内衣的附件批发；商品进出口。				

企业名称	奈式杜特润贸易（上海）有限公司				
企业地址	上海市外高桥保税区富特北路458号2号楼4层474室（200131）				
投资总额	12.5万USD	电话	50396989	传真	50398002
设立日期	2005-6-30	负责人	陈雯腾		
主营业务	国际贸易、转口贸易、保税区企业间的贸易；货物及技术进出口。				

企业名称	大声（上海）国际贸易有限公司				
企业地址	上海市外高桥保税区杨高北路2005号新易楼三层322室（200131）				
投资总额	14万USD	电话	64105748	传真	64768704
设立日期	2005-6-28	负责人	崔然培		
主营业务	国际贸易、转口贸易、保税区企业间的贸易及贸易代理。				

企业名称	励德楷贸易（上海）有限公司				
企业地址	上海市外高桥保税区新灵路118号618室（200131）				
投资总额	13万USD	电话	58361431	传真	58361433
设立日期	2005-6-28	负责人	PARK JIN SEOK		
主营业务	国际贸易、转口贸易、保税区企业间的贸易；货物及技术进出口。				

企业名称	爱芳得国际贸易（上海）有限公司				
企业地址	上海市外高桥保税区日京路38号237室（200131）				
投资总额	14万USD	电话	67685248	传真	67685249
设立日期	2005-6-28	负责人	BAN SUI TIAUW		
主营业务	国际贸易、转口贸易、保税区内企业间的贸易及区内贸易代理。				

企业名称	爱西与缇西国际贸易（上海）有限公司				
企业地址	上海市外高桥保税区奥纳路79号1号楼2层2068室（200131）				
投资总额	6.5万USD	电话	58204444	传真	50583883
设立日期	2005-6-28	负责人	ARIEH COHEN		
主营业务	国际贸易、转口贸易、保税区企业间贸易；货物及技术进出口。				

企业名称	上海资装国际贸易有限公司				
企业地址	上海市外高桥保税区加枫路28号新康商贸楼318室（200131）				
投资总额	14万USD	电话	58358767	传真	58358767
设立日期	2005-6-27	负责人	太田富美夫		
主营业务	国际贸易、转口贸易、保税区企业间的贸易；货物及技术进出口。				

企业名称	上海松工国际贸易有限公司				
企业地址	上海市外高桥保税区日京路51号2412室（200131）				
投资总额	18万USD	电话	64401339	传真	64401337
设立日期	2005-6-27	负责人	松下行利		
主营业务	国际贸易、转口贸易、保税区企业间贸易；货物及技术进出口。				

企业名称	康戴里贸易（上海）有限公司				
企业地址	上海市浦东新区张杨路828－838号上海华都大厦13楼12室（200122）				
投资总额	120万USD	电话	68752836	传真	68752835
设立日期	2005-6-27	负责人	DANIEL CHUANG CHUNG		
主营业务	从事纸制品及相关产品的进出口、批发以及其他相关配套业务。				

企业名称	固安捷（中国）工业品销售有限责任公司				
企业地址	上海市浦东新区陆家嘴东路166号1108室（200120）				
投资总额	1000万USD	电话	24081079	传真	24081400
设立日期	2005-6-27	负责人	BONNIE J.MCINTYRE		
主营业务	电动机和传动系统、电气器材、照明器材的批发、及进出口业务。				

企业名称	意萨铂（上海）机械设备国际贸易有限公司				
企业地址	上海市外高桥保税区泰谷路88号752室（200131）				
投资总额	6.15万USD	电话	6859 2202	传真	6859 2201
设立日期	2005-6-27	负责人	DIEGO MANCINI		
主营业务	国际贸易、转口贸易、保税区内企业间的贸易；货物及技术进出口。				

企业名称	花纺国际贸易（上海）有限公司				
企业地址	上海市外高桥保税区日京路38号主楼二层233室（200131）				
投资总额	20万USD	电话	51192541	传真	51192540
设立日期	2005-6-27	负责人	KIM SUN CHE		
主营业务	国际贸易、转口贸易、保税区内企业间的贸易；货物及技术进出口。				

企业名称	浩获通贸易（上海）有限公司				
企业地址	上海市外高桥保税区日京路35号凯兴大楼1002室（200131）				
投资总额	6.2万USD	电话	64801548	传真	54934420
设立日期	2005-6-23	负责人	TAN PECK ENG ANNE		
主营业务	国际贸易、转口贸易、保税区企业间的贸易及区内贸易代理。				

企业名称	赛哎琦赛贸易（上海）有限公司				
企业地址	上海市外高桥保税区富特北路458号2号楼433室（200131）				
投资总额	12.5万USD	电话	62705336	传真	62700363
设立日期	2005-6-21	负责人	GIJSBERT JAN DE BRUIN		
主营业务	国际贸易、转口贸易、保税区企业间的贸易及区内贸易代理。				

企业名称	树尔国际贸易（上海）有限公司				
企业地址	上海市外高桥保税区日京路 35 号主楼二层 235 室（200131）				
投资总额	20 万 USD	电　话	64055022	传　真	64055022
设立日期	2005-6-21	负责人	SUNG SOOK CHANG		
主营业务	国际贸易、转口贸易、保税区企业间的贸易及贸易代理。				

企业名称	必泰克（上海）机械设备贸易有限公司				
企业地址	上海市外高桥保税区泰谷路 88 号 619 室（200131）				
投资总额	12.5 万 USD	电　话	62705316	传　真	62788360
设立日期	2005-6-20	负责人	垰田真		
主营业务	以机械设备为主的国际贸易、转口贸易、保税区企业间的贸易。				

企业名称	广派商业（上海）有限公司				
企业地址	上海市长宁区虹梅路 3721 号 122 室（200050）				
投资总额	370 万 USD	电　话	62474001	传　真	62474021
设立日期	2005-6-20	负责人	陈威武		
主营业务	服装、服饰、鞋、包的零售；自营商品的进口。				

企业名称	上海平木福客商业有限公司				
企业地址	上海市兴义路 8 号万都中心 2506 室（200336）				
投资总额	61 万 USD	电　话	52081768	传　真	52081766
设立日期	2005-6-20	负责人	丸山胜巳		
主营业务	鞋类的批发、进出口、佣金代理（拍卖除外），及其他相关配套业务。				

企业名称	上海八共根国际贸易有限公司				
企业地址	上海市外高桥保税区英伦路 38 号衡山商务楼 624 室（200131）				
投资总额	30 万 USD	电　话	50480608	传　真	50481456
设立日期	2005-6-17	负责人	朴雄根		
主营业务	国际贸易、转口贸易、保税区企业间的贸易及区内贸易代理。				

企业名称	上海丸红纸业销售有限公司				
企业地址	上海市闵行区莘庄镇宝城路 158 弄 38 号（201100）				
投资总额	4000 万 RMB	电　话	64678888	传　真	64676038
设立日期	2005-6-17	负责人	甘艸保之		
主营业务	纸张纸板的批发，佣金代理（拍卖除外），上述商品的进出口以及仓储。				

企业名称	上海星武国际贸易有限公司				
企业地址	上海市外高桥保税区泰谷路 18 号 1 号楼 1102A 室（200131）				
投资总额	13 万 USD	电　话	51522100	传　真	
设立日期	2005-6-17	负责人	陈维明		
主营业务	国际贸易、转口贸易、保税区企业间的贸易及区内贸易代理。				

企业名称	溶珉东国际贸易（上海）有限公司				
企业地址	上海市外高桥保税区富特北路 458 号 2 号楼 441 室（200131）				
投资总额	6.5 万 USD	电　话	68881812	传　真	68881812
设立日期	2005-6-15	负责人	YOUNG MIN JUN		
主营业务	国际贸易、转口贸易、保税区企业间的贸易及区内贸易代理。				

企业名称	上勤国际贸易（上海）有限公司				
企业地址	上海市外高桥保税区泰谷路 18 号 1 号楼 1104A 室（200131）				
投资总额	13 万 USD	电　话	62884369	传　真	62884371
设立日期	2005-6-14	负责人	程钟瑜		
主营业务	国际贸易、转口贸易、保税区企业间的贸易及区内贸易代理。				

企业名称	百昱罡（上海）国际贸易有限公司				
企业地址	上海市外高桥保税区泰谷路 88 号丰谷大厦 747 室（200131）				
投资总额	52 万 USD	电　话	51699069	传　真	62192834
设立日期	2005-6-14	负责人	赖敏聪		
主营业务	国际贸易、转口贸易、保税区企业间的贸易及区内贸易代理。				

企业名称	东方表行（中国）贸易有限公司				
企业地址	上海市卢湾区瞿溪路 766 号（200023）				
投资总额	2900 万 USD	电　话	63611598	传　真	60919538
设立日期	2005-6-14	负责人	杨衍杰		
主营业务	从事高档钟表、金、银、铂金类饰品，珠宝饰品及儿童服装的零售。				

企业名称	力馨（上海）商业有限公司				
企业地址	上海市长宁区仙霞西路 88 号地下二层（200335）				
投资总额	65 万 USD	电　话	24082800	传　真	24082907
设立日期	2005-6-14	负责人	李丽秋		
主营业务	日用百货、文化办公用品、针纺织品、工艺品的进出口。				

企业名称	乐漫家（上海）商贸有限公司				
企业地址	上海市卢湾区鲁班路 100 号 1 层 164 室（200020）				
投资总额	6.5 万英镑	电　话	51505052	传　真	51505052
设立日期	2005-6-14	负责人	张　健		
主营业务	葡萄酒等酒类的零售，自营商品的进口及提供相关配套服务。				

企业名称	芮而辰（上海）国际贸易有限公司				
企业地址	上海市外高桥保税区杨高北路 2005 号新易楼三层 331 室（200131）				
投资总额	6.5 万 USD	电　话	34315550	传　真	34315553
设立日期	2005-6-14	负责人	洪益杓		
主营业务	国际贸易、转口贸易、保税区企业间的贸易及贸易代理。				

企业名称	固格星紧固件贸易（上海）有限公司				
企业地址	上海市外高桥保税区泰谷路 88 号丰谷大厦 744 室（200131）				
投资总额	12.3 万 USD	电　话	64673149	传　真	64672684
设立日期	2005-6-14	负责人	HANS OTTO KESSLER		
主营业务	以紧固件为主的国际贸易、保税区企业间的贸易及区内贸易代理。				

企业名称	果爵（上海）国际贸易有限公司				
企业地址	上海市外高桥保税区泰谷路 18 号 1 号楼 1205A 室（200131）				
投资总额	7 万 USD	电　话	63770001	传　真	63770001
设立日期	2005-6-14	负责人	张德维		
主营业务	国际贸易、转口贸易、保税区企业间的贸易及贸易代理。				

企业名称	浦菲特国际贸易（上海）有限公司				
企业地址	上海市外高桥保税区台中南路 2 号新贸楼三层 302 室（200131）				
投资总额	12.2 万 USD	电　话	54158318	传　真	67689751
设立日期	2005-6-14	负责人	PHILIPPE ANGUELIDIS		
主营业务	国际贸易、转口贸易、保税区企业间的贸易及贸易代理。				

企业名称	全翰可国际贸易（上海）有限公司				
企业地址	上海市外高桥保税区泰谷路 18 号 1 号楼 1103B 室（200131）				
投资总额	14 万 USD	电　话	62708082	传　真	62708081
设立日期	2005-6-9	负责人	王庆裕		
主营业务	国际贸易、转口贸易、保税区企业间的贸易及区内贸易代理。				

企业名称	上海近藤薛氏贸易有限公司				
企业地址	上海市奉贤区奉浦大道 111 号（201400）				
投资总额	3000 万日元	电　话	62730400	传　真	62730335
设立日期	2005-6-9	负责人	宫崎新一		
主营业务	与煤气有关的器具、部件和工具的进口、批发及提供相关售后配套服务。				

企业名称	纳天柯国际贸易（上海）有限公司				
企业地址	上海市外高桥保税区日京路 38 号 230 室（200131）				
投资总额	12.5 万 USD	电　话	64692267	传　真	64684080
设立日期	2005-6-8	负责人	ESTEBAN EDUARDO ARSLANIAN		
主营业务	国际贸易、转口贸易、保税区企业间的贸易及贸易代理。				

企业名称	明首通国际贸易（上海）有限公司				
企业地址	上海市外高桥保税区日京路 38 号 232 室（200131）				
投资总额	12.5 万 USD	电　话	64688203	传　真	64383596
设立日期	2005-6-8	负责人	李志能		
主营业务	国际贸易、转口贸易、保税区企业间的贸易及贸易代理。				

企业名称	快恰国际贸易（上海）有限公司				
企业地址	上海市外高桥保税区新灵路 80 号 308 室（200131）				
投资总额	6.5 万 USD	电　话	51331518	传　真	50484267
设立日期	2005-6-8	负责人	DORA HARMADI		
主营业务	国际贸易、转口贸易、保税区企业间贸易及区内贸易代理。				

企业名称	也哥尔国际贸易（上海）有限公司				
企业地址	上海市外高桥保税区富特北路 458 号 2 号楼 410 室（200131）				
投资总额	20 万 USD	电　话	58666839	传　真	
设立日期	2005-6-8	负责人	欧柏宏		
主营业务	国际贸易、转口贸易、保税区企业间的贸易及贸易代理。				

企业名称	上海塑亚立国际贸易有限公司				
企业地址	上海市外高桥保税区加枫路 17 号 216 室（200131）				
投资总额	13 万 USD	电　话	51105226	传　真	51109525
设立日期	2005-6-8	负责人	张弘立		
主营业务	国际贸易、转口贸易、保税区企业间的贸易；货物及技术进出口。				

企业名称	丰星（上海）贸易有限公司				
企业地址	上海市黄浦区延安东路 45 号 805A 室（200001）				
投资总额	50 万 RMB	电话	62679208	传真	62679210
设立日期	2005-6-7	负责人	LAURA BUDLONG		
主营业务	商品批发（与酒类相关的礼品），商品进出口，其他相关配套服务。				

企业名称	樱丽城国际贸易（上海）有限公司				
企业地址	上海市外高桥保税区泰谷路 88 号 695 室（200131）				
投资总额	12.3 万 USD	电话	62884882	传真	62884889
设立日期	2005-6-7	负责人	城户敏		
主营业务	国际贸易、转口贸易、保税区企业间的贸易及区内贸易代理。				

企业名称	上海利微昕国际贸易有限公司				
企业地址	上海市外高桥保税区泰谷路 88 号 748 室（200131）				
投资总额	14 万 USD	电话	512-57753412	传真	512-57753422
设立日期	2005-6-7	负责人	吴明衍		
主营业务	国际贸易、转口贸易、保税区企业间的贸易及区内贸易代理。				

企业名称	西雅衣家（中国）商业有限公司				
企业地址	上海市延安西路 2299 号上海世贸商城 05P08、05P10、05P12（200336）				
投资总额	1900 万欧元	电话	52534666	传真	62366020
设立日期	2005-6-7	负责人	ALPHONSP.M .BRENNINKMEIJER		
主营业务	从事服装、鞋类、配饰、皮革制品、化妆护肤品、文具的零售和批发。				

企业名称	夏普商贸（中国）有限公司				
企业地址	上海市浦东新区新金桥路 28 号新金桥大厦 14 楼（201206）				
投资总额	10000 万 RMB	电话	61048888	传真	61066007
设立日期	2005-6-6	负责人	营野信行		
主营业务	从事电讯机器、电气机器、全套电子应用器械等产品的批发、佣金代理。				

企业名称	八木丽服贸易（上海）有限公司				
企业地址	上海市延安西路 2201 号国际贸易中心 2507A 室（200336）				
投资总额	100 万 USD	电话	51113126	传真	51113183
设立日期	2005-6-2	负责人	八木圭一朗		
主营业务	从事服装、服饰、面料及相关产品的佣金代理（拍卖除外）、批发。				

企业名称	丰田工业商贸（中国）有限公司				
企业地址	上海市闵行区金都路 3688 号（201108）				
投资总额	100 万 USD	电话	34304380	传真	34304286
设立日期	2005-6-2	负责人	白石和义		
主营业务	叉车整车，叉车用零配件、铸件、钢材加工件、套件及组装、维修。				

企业名称	绮年华国际贸易（上海）有限公司				
企业地址	上海市外高桥保税区日京路 38 号 231 室（200131）				
投资总额	20 万 USD	电话	64692267	传真	62670104
设立日期	2005-6-2	负责人	吴主义		
主营业务	国际贸易、转口贸易、保税区企业间的贸易及贸易代理。				

企业名称	名易堂商业（上海）有限公司				
企业地址	上海市浦东新区乳山路 227 号 201 室－24 座（200120）				
投资总额	14 万 USD	电话	64454479	传真	64454480
设立日期	2005-6-1	负责人	庄启刚		
主营业务	饰品、手表、文具、皮革制品、工艺品、服装的零售。				

企业名称	吉发得利（上海）贸易有限公司				
企业地址	上海市外高桥保税区富特北路 458 号 2 号楼 4 层 445 室（200131）				
投资总额	20 万 USD	电话	62787911	传真	62094632
设立日期	2005-5-31	负责人	梅村笃		
主营业务	国际贸易、转口贸易、保税区企业间的贸易及区内贸易代理。				

企业名称	坷莱怡国际贸易（上海）有限公司				
企业地址	上海市外高桥保税区泰谷路 18 号 1 号楼 1202A 室（200131）				
投资总额	6.3 万 USD	电话	68160660	传真	68160655
设立日期	2005-5-30	负责人	朴台铉		
主营业务	国际贸易、转口贸易、保税区企业间的贸易及贸易代理。				

企业名称	祥广国际贸易（上海）有限公司				
企业地址	上海市外高桥保税区泰谷路 88 号 7 层 746 室（200131）				
投资总额	13 万 USD	电话	54889750	传真	54889761
设立日期	2005-5-30	负责人	钟彦辉		
主营业务	国际贸易、转口贸易、保税区企业间的贸易及区内贸易代理。				

企业名称	埃斯帕亚国际贸易（上海）有限公司				
企业地址	上海市外高桥保税区奥纳路 79 号 1 号楼 2 层 2075 室（200131）				
投资总额	6.2 万 USD	电话	57774568	传真	57775322
设立日期	2005-5-30	负责人	MARIO INCHAUSTI		
主营业务	国际贸易、转口贸易、保税区企业间的贸易及贸易代理。				

企业名称	福上喜（上海）国际贸易有限公司				
企业地址	上海市外高桥保税区泰谷路 18 号 1 号楼 1207A 室（201103）				
投资总额	12.8 万 USD	电话	51021313	传真	51021315
设立日期	2005-5-30	负责人	庄景盛		
主营业务	国际贸易、转口贸易、保税区企业间的贸易及区内贸易代理。				

企业名称	阿碧祺国际贸易（上海）有限公司				
企业地址	上海市外高桥保税区华京路 8 号 627 室（200131）				
投资总额	10 万欧元	电话	54971099	传真	54971099
设立日期	2005-5-30	负责人	CINZIA CIAMPOLINI		
主营业务	国际贸易、转口贸易、保税区企业间的贸易及区内贸易代理。				

企业名称	木首国际贸易（上海）有限公司				
企业地址	上海市外高桥保税区奥纳路 79 号 1 号楼二层 2078 室（200131）				
投资总额	20 万 USD	电话	52400852	传真	52400855
设立日期	2005-5-30	负责人	细川美知子		
主营业务	国际贸易、转口贸易、保税区企业间贸易及区内贸易代理。				

企业名称	上海仪计国际贸易有限公司				
企业地址	上海市外高桥保税区冰克路 500 号 515 室（200131）				
投资总额	6.2 万 USD	电话	57633151	传真	57630203
设立日期	2005-5-30	负责人	TOKIO SUGI		
主营业务	国际贸易、转口贸易、保税区企业间的贸易及区内贸易代理。				

企业名称	胜心知（上海）国际贸易有限公司				
企业地址	上海市外高桥保税区新灵路 118 号 11 层 1109B 室（200131）				
投资总额	20 万 USD	电话	62489022	传真	62486909
设立日期	2005-5-30	负责人	本乡辰也		
主营业务	国际贸易、转口贸易、保税区企业间的贸易及区内贸易代理。				

企业名称	科志特国际贸易（上海）有限公司				
企业地址	上海市外高桥保税区富特北路 458 号 2 号楼 413 室（200131）				
投资总额	13 万 USD	电话	51041335	传真	51041331
设立日期	2005-5-30	负责人	东海林一二		
主营业务	国际贸易、转口贸易、保税区企业间的贸易及区内贸易代理。				

企业名称	卡澳贸易（上海）有限公司				
企业地址	上海市徐汇区淮海西路 55 号申通信息广场 22 层 B、C（200030）				
投资总额	450 万 RMB	电话	61513920	传真	61513998
设立日期	2005-5-27	负责人	PETER CHARLESCROW LEY		
主营业务	从事国内和自营进口卫生洁具、浴室用品、家用五金器件及家私批发。				

企业名称	日立高科技贸易（上海）有限公司				
企业地址	上海市浦东新区银城东路 101 号汇丰大厦 18 楼 041 室（200120）				
投资总额	210 万 USD	电话	61631229	传真	68415420
设立日期	2005-5-27	负责人	林充宏		
主营业务	商品批发：医用仪器及相关体外用试剂、电子电气产品制造设备等。				

企业名称	同锦商业（上海）有限公司				
企业地址	上海市长宁区仙霞路 335 号 1 号楼 110-20 室（200336）				
投资总额	14 万 USD	电话	52360072	传真	52360071
设立日期	2005-5-27	负责人	袁伯会		
主营业务	纺织品、礼品、日用品及食品的零售；自营商品的进口业务。				

企业名称	托尔国际贸易（上海）有限公司				
企业地址	上海市外高桥保税区新灵路 118 号国际商贸大厦 1108B 室（200231）				
投资总额	20 万 USD	电话	64969989	传真	64969979
设立日期	2005-5-26	负责人	MARK LAURENCE JAMIESON		
主营业务	国际贸易、转口贸易、保税区企业间的贸易及区内贸易代理。				

企业名称	美开杰国际贸易（上海）有限公司				
企业地址	上海市外高桥保税区富特北路 458 号 4 层 434 室（200131）				
投资总额	20 万 USD	电话	32230566	传真	62956382
设立日期	2005-5-26	负责人	西村治		
主营业务	国际贸易、转口贸易、保税区企业间的贸易及贸易代理。				

企业名称	上海培可芬可国际贸易有限公司				
企业地址	上海市外高桥保税区泰谷路 88 号 745 室（200131）				
投资总额	7 万 USD	电　话	62702486	传　真	62702486
设立日期	2005-5-24	负 责 人	TAN PENG KWEE		
主营业务	国际贸易、转口贸易、保税区企业间的贸易及区内贸易代理。				

企业名称	恒新香化国际贸易（上海）有限公司				
企业地址	上海市外高桥保税区日京路 38 号主楼二层 229 室（200131）				
投资总额	20 万 USD	电　话	32098137	传　真	
设立日期	2005-5-24	负 责 人	陈永富		
主营业务	国际贸易、转口贸易、保税区内企业间贸易及贸易代理。				

企业名称	恩太思国际贸易（上海）有限公司				
企业地址	上海市外高桥保税区奥纳路 79 号 1 号楼二层 2079 室（200131）				
投资总额	16 万欧元	电　话	52062769	传　真	62334655
设立日期	2005-5-24	负 责 人	杜琪钦		
主营业务	国际贸易、转口贸易、保税区企业间的贸易及保税区内贸易代理。				

企业名称	塔逻王（上海）贸易有限公司				
企业地址	上海市外高桥保税区富特北路 438 号 2 号楼 4 层 446 室（200131）				
投资总额	9.6 万 USD	电　话	33506950	传　真	33505260
设立日期	2005-5-24	负 责 人	DAVID ZODELAVA		
主营业务	国际贸易、转口贸易、保税区企业间贸易及区内贸易代理。				

企业名称	上海艾控国际贸易有限公司				
企业地址	上海市外高桥保税区富特西路 289 号 B 楼 3 层 B314 室（200131）				
投资总额	20 万 USD	电　话	51087058	传　真	51087058
设立日期	2005-5-24	负 责 人	郑运亨		
主营业务	国际贸易、转口贸易、保税区企业间的贸易及贸易代理。				

企业名称	上海迈可罗图像检测系统销售有限公司				
企业地址	上海市浦东新区浦东大道 1081-1089 号中信五牛城启泰阁 16H（200120）				
投资总额	25 万 USD	电　话	58520065	传　真	58602640
设立日期	2005-5-24	负 责 人	土屋武仁		
主营业务	印刷图像检测装置及相关设备、软件、零配件的进出口和批发。				

企业名称	宝理工程塑料贸易（上海）有限公司				
企业地址	上海市浦东新区银城东路 101 号汇丰大厦 29 层 031 室（200120）				
投资总额	60 万 USD	电　话	68411998	传　真	68410383
设立日期	2005-5-24	负 责 人	宫本宪好		
主营业务	从事工程塑料产品的批发及进出口、佣金代理以及售后服务、咨询。				

企业名称	克劳斯毛瑟国际贸易（上海）有限公司				
企业地址	上海市外高桥保税区泰谷路 88 号 7 层 741 室（200131）				
投资总额	25 万 USD	电　话	62487163	传　真	62492572
设立日期	2005-5-23	负 责 人	ROLAND FEICHTL		
主营业务	国际贸易、转口贸易、保税区企业间的贸易及贸易代理。				

企业名称	埃森兰万灵（上海）国际贸易有限公司				
企业地址	上海市外高桥保税区奥纳路 79 号 2072 室（200131）				
投资总额	60 万 USD	电　话	63592200	传　真	63592200
设立日期	2005-5-23	负 责 人	KEITH G PEDWELL		
主营业务	国际贸易、转口贸易、保税区企业间的贸易及区内贸易代理。				

企业名称	梯穆（上海）国际贸易有限公司				
企业地址	上海市外高桥保税区富特北路 458 号 2 号楼 4 层 435 室（200131）				
投资总额	20 万 USD	电　话	54407801	传　真	54407806
设立日期	2005-5-23	负 责 人	JOSE MARIA MUNOZ DRTUNO		
主营业务	国际贸易、转口贸易、保税区企业的贸易及区内贸易代理。				

企业名称	恩碧（上海）贸易有限公司				
企业地址	上海市外高桥保税区富特北路 458 号 2 号楼 443 室（200131）				
投资总额	27 万 USD	电　话	52987628	传　真	61408202
设立日期	2005-5-23	负 责 人	上野和夫		
主营业务	国际贸易、转口贸易、保税区企业间的贸易及区内贸易代理。				

企业名称	玛卓托国际贸易（上海）有限公司				
企业地址	上海市外高桥保税区新灵路 118 号国际商贸大厦 712B 室（200131）				
投资总额	12.1 万 USD	电　话	52985060	传　真	52985061
设立日期	2005-5-20	负 责 人	STEFANO SASSI		
主营业务	国际贸易、转口贸易、保税区企业间的贸易及区内贸易代理。				

企业名称	上海都茂爱贸易有限公司				
企业地址	上海市外高桥保税区杨高北路 2001 号市场商务楼 629 室（200131）				
投资总额	30 万 USD	电　话	69170500	传　真	69179700
设立日期	2005-5-18	负 责 人	田尼嘉孝		
主营业务	国际贸易、转口贸易、保税区企业间贸易及区内贸易代理。				

企业名称	高六贸易（上海）有限公司				
企业地址	上海市外高桥保税区加枫路 28 号新康 2 号楼 3 层 2308 室（200131）				
投资总额	12.5 万 USD	电　话	50648983	传　真	50643983
设立日期	2005-5-18	负 责 人	高桥玄策		
主营业务	国际贸易，转口贸易、保税区企业间贸易及贸易代理。				

企业名称	亿技佳国际贸易（上海）有限公司				
企业地址	上海市外高桥保税区泰谷路 88 号 751 室（200131）				
投资总额	20 万 USD	电　话	33522016	传　真	67691138
设立日期	2005-5-18	负 责 人	彭胜辉		
主营业务	国际贸易、转口贸易、保税区企业间贸易及区内贸易代理。				

企业名称	欧诺法功能化学品贸易（上海）有限公司				
企业地址	上海市外高桥保税区华京路 8 号 542 室（200131）				
投资总额	14 万 USD	电　话	62128822	传　真	62128822
设立日期	2005-5-18	负 责 人	JAMES J. HOHMAN		
主营业务	保税区内以功能化学品为主的国际贸易、转口贸易、保税区企业贸易。				

企业名称	上海福录威国际贸易有限公司				
企业地址	上海市外高桥保税区泰谷路 88 号丰谷大厦 702 室（200131）				
投资总额	13 万 USD	电　话	58402247	传　真	58402245
设立日期	2005-5-18	负 责 人	安东麟		
主营业务	国际贸易、转口贸易、保税区企业间的贸易及保税区内贸易代理。				

企业名称	布勒（上海）贸易有限公司				
企业地址	上海市外高桥保税区华京路 8 号 734 室（200131）				
投资总额	20 万 USD	电　话	510-85282888	传　真	
设立日期	2005-5-18	负 责 人	MARKUS PETER SCHW AB		
主营业务	国际贸易、转口贸易、保税区企业间贸易及贸易代理。				

企业名称	南申国际贸易（上海）有限公司				
企业地址	上海市外高桥保税区富特北路 458 号 2 号楼 442 室（200131）				
投资总额	20 万 USD	电　话	61135252	传　真	61135253
设立日期	2005-5-18	负 责 人	南肇一		
主营业务	国际贸易、转口贸易、保税区企业间的贸易及区内贸易代理。				

企业名称	上海爵旭贸易有限公司				
企业地址	上海市延安西路 2299 号世贸商城 11 楼 C56/58 室（200336）				
投资总额	20 万 USD	电　话	62360578	传　真	62361250
设立日期	2005-5-18	负 责 人	陈建勋		
主营业务	从事各类玩具、宠物用品、日用品、服装及配件的进出口、批发。				

企业名称	亚美隆贸易（上海）有限公司				
企业地址	上海市浦东新区银城中路 200 号中银大厦 4 楼 403 室（200121）				
投资总额	14 万 USD	电　话	56623142	传　真	56623143
设立日期	2005-5-18	负 责 人	JAMESS.MARLEN		
主营业务	玻璃纤维管及其原材料和零配件的商品批发、进出口；佣金代理。				

企业名称	无印良品（上海）商业有限公司				
企业地址	上海市静安区南京西路 863 号 2、3 楼（200041）				
投资总额	210 万 USD	电　话	62673837	传　真	62673807
设立日期	2005-5-18	负 责 人	古田正信		
主营业务	服装、服饰、鞋帽、日常生活用品、化妆品的零售；自营商品进口。				

企业名称	日立工机商业（中国）有限公司				
企业地址	上海市长宁区遵义路 100 号上海城 B 栋 26 楼 2686-2688 室（200051）				
投资总额	625 万 USD	电　话	62371736	传　真	62370950
设立日期	2005-5-18	负 责 人	野崎昭彦		
主营业务	电动工具、空气压缩机、无绳工具、机动工具、真空泵批发，佣金代理。				

企业名称	钮莱思（上海）国际贸易有限公司				
企业地址	上海市外高桥保税区富特北路 458 号 421 室（200131）				
投资总额	20 万 USD	电　话	58363772	传　真	58363771
设立日期	2005-5-L7	负 责 人	陈中平		
主营业务	国际贸易、转口贸易、保税区企业间贸易及区内贸易代理。				

企业名称	思多励贸易（上海）有限公司				
企业地址	上海市外高桥保税区泰谷路 18 号 1 号楼 1012 室（200131）				
投资总额	40 万 USD	电话	52287733	传真	62178501
设立日期	2005-5-L3	负责人	刘海涛		
主营业务	国际贸易、转口贸易、保税区企业间的贸易及贸易代理。				

企业名称	格洛瑞国际贸易（上海）有限公司				
企业地址	上海市外高桥保税区加枫路 17 号 307 室（200131）				
投资总额	61 万 USD	电话	62515496	传真	
设立日期	2005-5-17	负责人	MEHMET SUAT PAKSOY		
主营业务	国际贸易、转口贸易、保税区企业间贸易及贸易代理。				

企业名称	上海卡俄斯国际贸易有限公司				
企业地址	上海市外高桥保税区日京路 35 号凯兴大楼 1142 室（200131）				
投资总额	20 万 USD	电话	51113385	传真	51113385
设立日期	2005-5-17	负责人	KIM TAECK WOO		
主营业务	国际贸易、转口贸易、保税区企业间的贸易及贸易代理。				

企业名称	沃芬医疗设备国际贸易（上海）有限公司				
企业地址	上海市外高桥保税区华京路 8 号 538 室（200131）				
投资总额	6.1 万 USD	电话	50483019	传真	50484269
设立日期	2005-5-16	负责人	JOSE MARIA RUBIRALTA VILASECA		
主营业务	以医疗设备为主的国际贸易、转口贸易、保税区企业间贸易及贸易代理。				

企业名称	跨讯贸易（上海）有限公司				
企业地址	上海市外高桥保税区杨高北路 2005 号新兴楼三层 328 室（200131）				
投资总额	7.5 万 USD	电话	63351212	传真	63350378
设立日期	2005-5-16	负责人	李剑泉		
主营业务	国际贸易、转口贸易、保税区企业间贸易。				

企业名称	艾睿（中国）电子贸易有限公司				
企业地址	上海市张江高科技园区集成电路产业区龙东大道 3000 号 1 号楼（201203）				
投资总额	70 万 USD	电话	28932314	传真	28932315
设立日期	2005-5-16	负责人	KERYN HARRIET GREEN		
主营业务	从事电子零件产品的批发、佣金代理（拍卖除外）、进出口及配套业务。				

企业名称	昌尚国际贸易（上海）有限公司				
企业地址	上海市外高桥保税区加枫路 17 号 306 室（200131）				
投资总额	20 万 USD	电话	512-57695487	传真	512-57696869
设立日期	2005-5-10	负责人	WILLIAM SEHONAMIN		
主营业务	国际贸易、转口贸易、保税区企业间的贸易及区内贸易代理。				

企业名称	国茂霖国际贸易（上海）有限公司				
企业地址	上海市外高桥保税区泰谷路 18 号 1 号楼 1116 室（200131）				
投资总额	20 万 USD	电话	54510167	传真	64477513
设立日期	2005-5-10	负责人	曾金正		
主营业务	国际贸易、转口贸易、保税区企业间的贸易及区内贸易代理。				

企业名称	优能贸易（上海）有限公司				
企业地址	上海市外高桥保税区富特北路 458 号 2 号楼 471 室（200131）				
投资总额	7 万 USD	电话	63516230	传真	63516233
设立日期	2005-5-10	负责人	小林优		
主营业务	国际贸易、转口贸易、保税区企业间的贸易及区内贸易代理。				

企业名称	上海精电贸易有限公司				
企业地址	上海市外高桥保税区泰谷路 88 号 624 室（200131）				
投资总额	6.1 万 USD	电话	68411008	传真	50663589
设立日期	2005-5-10	负责人	吉田唯幸		
主营业务	国际贸易、转口贸易、保税区内企业间的贸易及区内贸易代理。				

企业名称	清轮国际贸易（上海）有限公司				
企业地址	上海市外高桥保税区冰克路 500 号 A 幢 B2K－3 仓库 A31 部位(200131)				
投资总额	6.2 万 USD	电话	65280327	传真	65280327
设立日期	2005-5-10	负责人	顾玮		
主营业务	保税区内以汽车零部件为主的仓储、分拨业务；国际贸易、转口贸易。				

企业名称	珊顿道光电仪器国际贸易（上海）有限公司				
企业地址	上海市外高桥保税区日京路 161 号 1 楼 1 层 A3、A2 部位（200131）				
投资总额	7 万 USD	电话	62360614	传真	62360614
设立日期	2005-5-10	负责人	TANG HUI JEN		
主营业务	保税区以光电仪器的原材料及其零部件为主仓储分拨业务及售后服务。				

企业名称	多通（上海）贸易有限公司				
企业地址	上海市外高桥保税区奥纳路 79 号 1 号楼二层 2076 室（200131）				
投资总额	65 万 USD	电话	64982289	传真	64982289
设立日期	2005-5-10	负责人	NICK NIEN-CHIH HSIEH		
主营业务	国际贸易、转口贸易、保税区企业间的贸易及贸易代理。				

企业名称	上海六藏贸易有限公司				
企业地址	上海市外高桥保税区富特北路 458 号 2 号楼 472 室（200131）				
投资总额	7 万 USD	电话	58665296	传真	58665298
设立日期	2005-5-10	负责人	岛津充宏		
主营业务	国际贸易、转口贸易、保税区企业间的贸易及区内贸易代理。				

企业名称	上海玫瑰人生商业有限公司				
企业地址	上海市浦东新区碧波路 635 号 1F28 室（200130）				
投资总额	10 万 USD	电话	50807855	传真	50807858
设立日期	2005-5-9	负责人	BEIBEIW ANG		
主营业务	纺织品、饰品、餐具、花束的零售；自营商品进口；采购国内产品出口。				

企业名称	伊丽莎白雅顿（上海）化妆品贸易有限公司				
企业地址	上海市外高桥保税区杨高北路 2001 号管理楼 301 室（200131）				
投资总额	225 万 USD	电话	62885111	传真	62885111
设立日期	2005-4-30	负责人	JACOBUS A.J.STEFFENS		
主营业务	以化妆品为主的国际贸易、转口贸易、保税区企业间的贸易及贸易代理。				

企业名称	维金救生设备贸易（上海）有限公司				
企业地址	上海市北京西路 1277 号国旅大厦 1206、07 室（200040）				
投资总额	61 万 USD	电话	6289 9922	传真	6289 3597
设立日期	2005-4-29	负责人	KJELD AMANN		
主营业务	商品批发，包括：海、陆、空消防和救生设备、上述商品的进出口。				

企业名称	上海达克斯娜贸易有限公司				
企业地址	上海市南京西路 1266 号恒隆广场 422 室（200040）				
投资总额	10 万 USD	电话	52280184	传真	52280164
设立日期	2005-4-29	负责人	孔涛		
主营业务	床、床垫及相关家居用品的零售；自营商品进口；采购国内产品出口。				

企业名称	迪蔼姆国际贸易（上海）有限公司				
企业地址	上海市外高桥保税区日京路 51 号 A 幢 1431 室（200131）				
投资总额	7 万欧元	电话	58697898	传真	58692179
设立日期	2005-4-28	负责人	MARKUS HALLAPURO		
主营业务	国际贸易、转口贸易、保税区企业间的贸易及区内贸易代理。				

企业名称	博晶国际贸易（上海）有限公司				
企业地址	上海市外高桥保税区富特西一路 459 号 B 楼三层 309 室（200131）				
投资总额	20 万 USD	电话	65757369	传真	65757359
设立日期	2005-4-28	负责人	BO YIXIAN		
主营业务	电子产品为主的国际贸易、转口贸易、保税区内企业间贸易及贸易代理。				

企业名称	拜耳材料科技贸易（上海）有限公司				
企业地址	上海市浦东金桥出口加工区秦桥路 33 号（201206）				
投资总额	300 万 USD	电话	61468272	传真	61468273
设立日期	2005-4-27	负责人	DR.DAHMER		
主营业务	与无机和有机化工产品和化学加工设备有关的商品批发，商品进出口。				

企业名称	意华斯国际贸易（上海）有限公司				
企业地址	上海市外高桥保税区冰克路 500 号综合楼 613 室（200131）				
投资总额	20 万 USD	电话	64327149	传真	64327148
设立日期	2005-4-26	负责人	ALDO EBENESTELLI		
主营业务	国际贸易、转口贸易、保税区企业间的贸易及区内贸易代理。				

企业名称	欧货易（上海）国际贸易有限公司				
企业地址	上海市外高桥保税区富特北路 458 号 2 号楼 4 层 455 室（200131）				
投资总额	5 万欧元	电话	58665300	传真	
设立日期	2005-4-26	负责人	PATRICK MICHARD		
主营业务	国际贸易、转口贸易和保税区企业间贸易；保税区内贸易代理。				

企业名称	上海可丝帝国际贸易有限公司				
企业地址	上海市外高桥保税区日京路 35 号 1212 室（200131）				
投资总额	13 万 USD	电话	51192889	传真	51192891
设立日期	2005-4	负责人	CHUNG DAE HUN		
主营业务	国际贸易、转口贸易、保税区企业间的贸易及贸易代理。				

批发和零售贸易业

企业名称	宫野机床贸易（上海）有限公司				
企业地址	上海市外高桥保税区英伦路 38 号 723 室（200336）				
投资总额	30 万 USD	电　　话	52063716	传　　真	52063715
设立日期	2005-4-26	负 责 人	TOSHIYUKI NAGASAW A		
主营业务	以自动机床、自动钻床等工作机械器具为主的国际贸易、转口贸易。				

企业名称	星源（上海）贸易有限公司				
企业地址	上海市浦东新区世纪大道 88 号金茂大厦 3115 室（200120）				
投资总额	100 万 USD	电　　话	24125983	传　　真	24125991
设立日期	2005-4-25	负 责 人	JINLONG WANG(王金龙)		
主营业务	从事咖啡饮料、咖啡豆、咖啡粉、咖啡加工器具进出口、批发。				

企业名称	上海博可庆贸易有限公司				
企业地址	上海市外高桥保税区泰谷路 88 号 767 室（200131）				
投资总额	14 万 USD	电　　话	62702486	传　　真	62702489
设立日期	2005-4-22	负 责 人	李国恩		
主营业务	国际贸易、转口贸易、保税区企业间的贸易及区内贸易代理。				

企业名称	迈恩新（上海）国际贸易有限公司				
企业地址	上海市外高桥保税区日京路 38 号 217 室（200131）				
投资总额	20 万 USD	电　　话	51156566	传　　真	51156567
设立日期	2005-4-22	负 责 人	李新宇		
主营业务	国际贸易、转口贸易、保税区内企业间贸易及区内贸易代理。				

企业名称	上海馥尼国际贸易有限公司				
企业地址	上海市外高桥保税区日京路 35 号 1047 室（201108）				
投资总额	13 万 USD	电　　话	54434104	传　　真	51562537
设立日期	2005-4-22	负 责 人	LEE KI BOK		
主营业务	国际贸易、转口贸易、保税区企业间的贸易及贸易代理。				

企业名称	伊太利屋（上海）商业有限公司				
企业地址	上海市北京西路 605 弄 57 号 8 层 A 室（200041）				
投资总额	21 万 USD	电　　话	62870768	传　　真	62870767
设立日期	2005-4-20	负 责 人	菊池和志		
主营业务	服装、鞋帽、首饰、钟表、服饰杂货的零售；商品进口；国内产品出口。				

企业名称	邑采和贸易（上海）有限公司				
企业地址	上海市外高桥保税区杨高北路 2001 号市场商务楼 627 室（200131）				
投资总额	20 万 USD	电　　话	52956575	传　　真	52956595
设立日期	2005-4-20	负 责 人	WINSTON LING		
主营业务	国际贸易、转口贸易，保税区内企业间的贸易及贸易代理。				

企业名称	维氏钢刀商业（中国）有限公司				
企业地址	上海市浦东新区归昌路 260 号 305 室（200120）				
投资总额	1000 万 RMB	电　　话	50366077	传　　真	50366177
设立日期	2005-4-20	负 责 人	苏振威		
主营业务	商品批发，包括刀具、箱包、手表、旅行用品等；佣金代理。				

企业名称	上海日成共益贸易有限公司				
企业地址	上海市外高桥保税区日京路 51 号 1408 室（200131）				
投资总额	100 万 USD	电　　话	58696024	传　　真	
设立日期	2005-4-19	负 责 人	熊谷和男		
主营业务	国际贸易、转口贸易、保税区企业间的贸易及贸易代理。				

企业名称	新色彩涂料贸易（上海）有限公司				
企业地址	上海市虹口区周家嘴路 1060 号底层（200082）				
投资总额	50 万 USD	电　　话	65411140	传　　真	65411140
设立日期	2005-4-19	负 责 人	谢振强		
主营业务	从事有关内外墙水性涂料产品的零售，自营商品进口。				

企业名称	上海光胜国际贸易有限公司				
企业地址	上海市外高桥保税区日京路 38 号 313 室（200131）				
投资总额	12.6 万 USD	电　　话	58694200	传　　真	58692830
设立日期	2005-4-19	负 责 人	黄进丰		
主营业务	国际贸易、转口贸易、保税区企业间的贸易及区内贸易代理。				

企业名称	烈卓（上海）贸易有限公司				
企业地址	上海市外高桥保税区杨高北路 2001 号市场商务楼 2635 室（200131）				
投资总额	10 万 USD	电　　话	64401392	传　　真	64401393
设立日期	2005-4-19	负 责 人	五十住猛		
主营业务	国际贸易、转口贸易、保税区企业间的贸易及贸易代理。				

企业名称	佑诺汽车配件贸易（上海）有限公司				
企业地址	上海市外高桥保税区富特西一路 155 号 2 号楼第 8 层 B 部位（200131）				
投资总额	10 万 USD	电　　话	64692267	传　　真	64684080
设立日期	2005-4-19	负 责 人	AHMED SAID CHOUIA		
主营业务	以汽车配件为主的国际贸易、转口贸易、保税区企业间贸易及贸易代理。				

企业名称	博勒得国际贸易（上海）有限公司				
企业地址	上海市外高桥保税区日京路 38 号 225 室（200131）				
投资总额	6.1 万 USD	电　　话	58760835	传　　真	58792325
设立日期	2005-4-13	负 责 人	申承勋		
主营业务	国际贸易、转口贸易、保税区内企业间的贸易及贸易代理。				

企业名称	上海雅买吉贸易有限公司				
企业地址	上海市外高桥保税区富特北路 458 号 2 号楼 404 室 200131）				
投资总额	20 万 USD	电　　话	62099056	传　　真	62099142
设立日期	2005-4-13	负 责 人	岛田诚久郎		
主营业务	国际贸易、转口贸易、保税区企业间的贸易及区内贸易代理。				

企业名称	广联国际贸易（上海）有限公司				
企业地址	上海市外高桥保税区泰谷路 88 号 769 室（200131）				
投资总额	20 万 USD	电　　话	58680601	传　　真	58680010
设立日期	2005-4-13	负 责 人	TOH KAL HUAT		
主营业务	国际贸易、转口贸易、保税区内企业间的贸易及贸易代理。				

企业名称	创博国际贸易（上海）有限公司				
企业地址	上海市外高桥保税区加枫路 17 号新发展综合楼 206 室（200131）				
投资总额	6.1USD	电　　话	64149807	传　　真	64149809
设立日期	2005-4-13	负 责 人	张延迪		
主营业务	国际贸易、转口贸易、保税区内企业间贸易及区内贸易代理。				

企业名称	蓝文国际贸易（上海）有限公司				
企业地址	上海市外高桥保税区泰谷路 88 号 776 室（200131）				
投资总额	35 万 USD	电　　话	53013273	传　　真	58692805
设立日期	2005-4-13	负 责 人	SOO YOUNG MOON		
主营业务	国际贸易、转口贸易、保税区内企业间贸易及区内贸易代理。				

企业名称	灏渝国际贸易（上海）有限公司				
企业地址	上海市外高桥保税区日京路 38 号 315 室（200131）				
投资总额	13 万 USD	电　　话	50484263	传　　真	
设立日期	2005-4-13	负 责 人	汪雪芳		
主营业务	国际贸易、转口贸易、保税区企业间的贸易及区内贸易代理。				

企业名称	伊塔玛国际贸易（上海）有限公司				
企业地址	上海市外高桥保税区华京路 8 号 540 室（200131）				
投资总额	6.1 万 USD	电　　话	513-87688316	传　　真	513-87688302
设立日期	2005-4-13	负 责 人	KOH TOH YONG		
主营业务	国际贸易、转口贸易、保税区企业间的贸易及区内贸易代理。				

企业名称	上海联亚商业有限公司				
企业地址	上海市浦东新区高东镇海徐路 939 号（200135）				
投资总额	2000 万 RMB	电　　话	63758335	传　　真	63759380
设立日期	2005-4-8	负 责 人	沈　军		
主营业务	服装鞋帽及配饰件、皮衣、内衣、内裤、及太阳眼镜的批发，佣金代理。				

企业名称	梅赛尼斯贸易（上海）有限公司				
企业地址	上海市外高桥保税区基隆路 6 号 714 室（200131）				
投资总额	12.2 万 USD	电　　话	58682472	传　　真	
设立日期	2005-4-7	负 责 人	MICHAEL JOHN HERZ		
主营业务	国际贸易、转口贸易、保税区企业间贸易及贸易代理。				

企业名称	精鸟金属制品贸易（上海）有限公司				
企业地址	上海市外高桥保税区泰谷路 88 号 649 室（200131）				
投资总额	50 万 USD	电　　话	65753405	传　　真	65217145
设立日期	2005-4-5	负 责 人	ULRICH MULLER		
主营业务	国际贸易、转口贸易、保税区内企业间的贸易及区内贸易代理。				

企业名称	旭义普国际贸易（上海）有限公司				
企业地址	上海市外高桥保税区日京路 38 号主楼二层 226 室（200131）				
投资总额	8.5 万 USD	电　　话	63222561	传　　真	63226772
设立日期	2005-4-5	负 责 人	LEE CHEE CHON		
主营业务	国际贸易、转口贸易、保税区企业间贸易及贸易代理。				

企业名称	上海元勋国际贸易有限公司				
企业地址	上海市外高桥保税区冰克路500号310室（200131）				
投资总额	20万USD	电　话	62983966	传　真	
设立日期	2005-4-5	负责人	林朝乾		
主营业务	国际贸易、转口贸易、保税区企业间贸易及区内贸易代理。				

企业名称	嵩进国际贸易（上海）有限公司				
企业地址	上海市外高桥保税区加枫路17号新发展综合楼二层213室（200131）				
投资总额	20万USD	电　话	50280655	传　真	50280658
设立日期	2005-4-5	负责人	林忆静		
主营业务	国际贸易、转口贸易、保税区企业间的贸易及区内贸易代理。				

企业名称	布其蒙国际贸易（上海）有限公司				
企业地址	上海市外高桥保税区杨高北路2001号市场商务楼642室（200131）				
投资总额	20万USD	电　话	624710725	传　真	62712521
设立日期	2005-4-5	负责人	JACQUES BUCHMANN		
主营业务	国际贸易、转口贸易、保税区企业间的贸易及区内贸易代理。				

企业名称	苾真靓地（上海）国际贸易有限公司				
企业地址	上海市外高桥保税区冰克路500号510室（200131）				
投资总额	20万USD	电　话	53854840	传　真	53855115
设立日期	2005-4-5	负责人	KI WAN KIM		
主营业务	国际贸易、转口贸易、保税区企业间的贸易及贸易代理。				

企业名称	民滔国际贸易（上海）有限公司				
企业地址	上海市外高桥保税区新灵路106号325室（200131）				
投资总额	20万USD	电　话	59153228	传　真	59153818
设立日期	2005-4-5	负责人	梁焕民		
主营业务	国际贸易、转口贸易、保税区企业间的贸易及区内贸易代理。				

企业名称	率钢国际贸易（上海）有限公司				
企业地址	上海市外高桥保税区富特北路458号2号楼420室（200131）				
投资总额	12.8万USD	电　话	61136571	传　真	61136572
设立日期	2005-4-5	负责人	LEE JONG WOONG（李钟雄）		
主营业务	国际贸易、转口贸易、保税区企业间贸易及区内贸易代理。				

企业名称	康廷宝（上海）贸易有限公司				
企业地址	上海市长宁区延安西路1088号长峰中心408室（200052）				
投资总额	350万RMB	电　话	61334888	传　真	61334800
设立日期	2005-4-5	负责人	曾　球		
主营业务	商品批发包括：服装、家纺、家具、家居饰品、家用电器、运动器械。				

企业名称	嘉健（上海）贸易有限公司				
企业地址	上海市外高桥保税区富特西一路139号1303室（201100）				
投资总额	20万USD	电　话	64147260	传　真	54178396
设立日期	2005-4-4	负责人	郑敦仁		
主营业务	国际贸易、转口贸易、保税区企业间的贸易及贸易代理。				

企业名称	艾斯艾姆开电子贸易（上海）有限公司				
企业地址	上海市娄山关路85号东方国际大厦C706A室（200336）				
投资总额	61万USD	电　话	62785600	传　真	62785601
设立日期	2005-4-1	负责人	池田彰孝		
主营业务	电子产品的批发，佣金代理（拍卖除外），进出口业务及相关配套服务。				

企业名称	耐思泰国际贸易（上海）有限公司				
企业地址	上海市外高桥保税区泰谷路88号765室（200127）				
投资总额	6.1万USD	电　话	50948990	传　真	50948992
设立日期	2005-3-30	负责人	JEREMY HOWARD SMITH		
主营业务	国际贸易、转口贸易、保税区企业间的贸易及贸易代理。				

企业名称	英丽永国际贸易（上海）有限公司				
企业地址	上海市外高桥保税区华京路8号527室（200131）				
投资总额	6.1万USD	电　话	52985060	传　真	52985061
设立日期	2005-3-29	负责人	RINA MARIA CARDA		
主营业务	国际贸易、转口贸易、保税区企业间的贸易及区内贸易代理。				

企业名称	星宏信国际贸易（上海）有限公司				
企业地址	上海市外高桥保税区富特北路458号2号楼4层460室（200131）				
投资总额	15万USD	电　话	58999789	传　真	50313915
设立日期	2005-3-29	负责人	ARMANDO TSCHANG		
主营业务	国际贸易、转口贸易、保税区企业间的贸易及贸易代理。				

企业名称	磐江国际贸易（上海）有限公司				
企业地址	上海市外高桥保税区泰谷路88号766室（200131）				
投资总额	12.5万USD	电　话	63592699	传　真	53758000
设立日期	2005-3-29	负责人	林永庆		
主营业务	国际贸易、转口贸易、保税区企业间的贸易及区内贸易代理。				

企业名称	上海鲤跃精密机械贸易有限公司				
企业地址	上海市外高桥保税区基隆路1号塔楼16层1611室（200131）				
投资总额	12.5万USD	电　话	62293453	传　真	62334730
设立日期	2005-3-29	负责人	谢炯辉		
主营业务	以精密机械为主的国际贸易、转口贸易、保税区企业间贸易及贸易代理。				

企业名称	利惠商业（上海）有限公司				
企业地址	上海市南京西路1468号中欣大厦1007室（200040）				
投资总额	20万USD	电　话	62478828	传　真	62478028
设立日期	2005-3-28	负责人	郑乃光		
主营业务	商品批发（包括：服装、鞋类、眼镜），上述商品的进出口，佣金代理。				

企业名称	国誉商业（上海）有限公司				
企业地址	上海市工业综合开发区国际商贸园奉浦大道111号（201400）				
投资总额	1000万USD	电　话	61416188	传　真	
设立日期	2005-3-28	负责人	大田丰		
主营业务	以办公用品为主的商品批发、佣金代理、进出口及相关的配套业务。				

企业名称	施华洛世奇（上海）贸易有限公司				
企业地址	上海市延安东路700号港泰广场2504室（200001）				
投资总额	500万港币	电　话	23069888	传　真	63727405
设立日期	2005-3-28	负责人	石　峥		
主营业务	商品零售、批发、（包括首饰、仿首饰、仿水晶小件）、商品进出口。				

企业名称	先施（上海）商业管理有限公司				
企业地址	上海市黄浦区宁波路595号411室（200050）				
投资总额	100万USD	电　话	62319015	传　真	62319062
设立日期	2005-3-28	负责人	马景煊（执行董事）		
主营业务	商业管理、商业营销策划、财务管理咨询、投资咨询、公共关系服务。				

企业名称	上海博柯宛国际贸易有限公司				
企业地址	上海市外高桥保税区杨高北路2005号新易楼309室（200131）				
投资总额	20万USD	电　话	62496507	传　真	62496509
设立日期	2005-3-25	负责人	JENS PETER BERGLIN		
主营业务	国际贸易、转口贸易、保税区企业间的贸易及区内贸易代理。				

企业名称	上海六正国际贸易有限公司				
企业地址	上海市外高桥保税区泰谷路88号6层685室（200131）				
投资总额	13万USD	电　话	64465299	传　真	64465266
设立日期	2005-3-25	负责人	陈　煅		
主营业务	国际贸易、转口贸易、保税区企业间的贸易及贸易代理。				

企业名称	木黄井国际贸易（上海）有限公司				
企业地址	上海市外高桥保税区泰谷路88号764室（200131）				
投资总额	14万USD	电　话	50483019	传　真	50484269
设立日期	2005-3-25	负责人	横井忠志		
主营业务	国际贸易、转口贸易、保税区企业间贸易及区内贸易代理。				

企业名称	劳拉国际贸易（上海）有限公司				
企业地址	上海市外高桥保税区富特北路458号2号楼427室（200131）				
投资总额	20万USD	电　话	58684277	传　真	58684311
设立日期	2005-3-25	负责人	BURGEL HAGEN MANFRED		
主营业务	国际贸易、转口贸易、保税区企业间的贸易及区内贸易代理。				

企业名称	铃木乐器贸易（上海）有限公司				
企业地址	上海市闵行区莘浜路85弄1号14楼1402室（201100）				
投资总额	160万RMB	电　话	54940478	传　真	54940962
设立日期	2005-3-24	负责人	铃木万司		
主营业务	乐器、教具、电脑及配件、电脑软件批发的进出口及相关配套业务。				

企业名称	兄弟（中国）商业有限公司				
企业地址	上海市遵义路100号虹桥上海城A座2303室（200051）				
投资总额	1000万USD	电　话	62371228	传　真	
设立日期	2005-3-23	负责人	成田正人		
主营业务	商品批发：包括缝纫机、办公设备、机械设备、电子信息设备。				

批发和零售贸易业

企业名称	上海班尼顿商业有限公司				
企业地址	上海市淮海中路一号柳林大厦1604室（200020）				
投资总额	30万USD	电　话	61418866	传　真	61418868
设立日期	2005-3-23	负 责 人	DIEGO MENARIN		
主营业务	商业零售（包括：服装、鞋子、手套、帽子等）；自营商品的进口业务。				

企业名称	国桀豪国际贸易（上海）有限公司				
企业地址	上海市外高桥保税区加枫路17号301室（200131）				
投资总额	6.2万USD	电　话	63913188	传　真	63912032
设立日期	2005-3-22	负 责 人	KRISTINA KOEHLER		
主营业务	国际贸易、转口贸易、保税区企业间的贸易及贸易代理。				

企业名称	迈泰封机械贸易（上海）有限公司				
企业地址	上海市外高桥保税区泰谷路18号1号楼12层1208室（200131）				
投资总额	12.5万USD	电　话	63643802	传　真	63645120
设立日期	2005-3-22	负 责 人	LAI NYU		
主营业务	以机械设备及配件为主的国际贸易、转口贸易、保税区企业间的贸易。				

企业名称	舒麦国际贸易（上海）有限公司				
企业地址	上海市外高桥保税区新灵路118号国际商贸大厦9层914B室（200131）				
投资总额	15万USD	电　话	58357372	传　真	58355292
设立日期	2005-3-22	负 责 人	曹传玉		
主营业务	国际贸易，转口贸易，保税区内企业间的贸易及贸易代理。				

企业名称	恩扬国际贸易（上海）有限公司				
企业地址	上海市外高桥保税区泰谷路18号1号楼10层1010室（200131）				
投资总额	20万USD	电　话	54510167	传　真	64477513
设立日期	2005-3-22	负 责 人	李新民		
主营业务	国际贸易、转口贸易、保税区企业间的贸易及区内贸易代理。				

企业名称	酷薇拉国际贸易（上海）有限公司				
企业地址	上海市外高桥保税区杨高北路2001号管理楼304B室（200131）				
投资总额	6.1万USD	电　话	52985060	传　真	52985061
设立日期	2005-3-22	负 责 人	MAURIZIO CARLINO		
主营业务	国际贸易、转口贸易、保税区企业间的贸易及区内贸易代理。				

企业名称	美丽多（上海）贸易有限公司				
企业地址	上海市外高桥保税区泰谷路88号7层754室（200131）				
投资总额	1400万日元	电　话	64400533	传　真	64400539
设立日期	2005-3-22	负 责 人	津野田正弘		
主营业务	国际贸易、转口贸易、保税区企业间的贸易及区内贸易代理。				

企业名称	上海福满家便利有限公司				
企业地址	上海市南京西路993号9楼（200041）				
投资总额	8200万人民币	电　话	62723187	传　真	62723916
设立日期	2004-3-22	负 责 人	魏应行		
主营业务	食品、加工食品、饮料、烟酒、百货、计划生育用品等的零售。				

企业名称	恩星国际贸易（上海）有限公司				
企业地址	上海市外高桥保税区新灵路118号国际商贸大厦11楼1114B室（200131）				
投资总额	20万USD	电　话	62893139	传　真	54221173
设立日期	2005-3-21	负 责 人	禹章杰		
主营业务	国际贸易、转口贸易、保税区企业间的贸易及贸易代理。				

企业名称	印港斯纺国际贸易（上海）有限公司				
企业地址	上海市外高桥保税区泰谷路88号758室（200131）				
投资总额	12.5万USD	电　话	51702129	传　真	51702129
设立日期	2005-3-21	负 责 人	王　牧		
主营业务	国际贸易、转口贸易、保税区内企业间的贸易及贸易代理。				

企业名称	技连通（上海）国际贸易有限公司				
企业地址	上海市外高桥保税区台中南路2号305室（200131）				
投资总额	30万USD	电　话	58355080	传　真	58355080
设立日期	2005-3-21	负 责 人	高桥信行		
主营业务	国际贸易、转口贸易、保税区企业间的贸易及区内贸易代理。				

企业名称	艾微美科材国际贸易（上海）有限公司				
企业地址	上海市外高桥保税区基隆路6号外高桥大厦13楼1301室（200131）				
投资总额	120万USD	电　话	68767670	传　真	68767670
设立日期	2005-3-17	负 责 人	DOUGLAS A. NEUGOLD		
主营业务	国际贸易、转口贸易、保税区企业间贸易及贸易代理。				

企业名称	相模商工国际贸易（上海）有限公司				
企业地址	上海市外高桥保税区基隆路1号塔楼12层1226室（200131）				
投资总额	10万USD	电　话	58693095	传　真	58696006
设立日期	2005-3-17	负 责 人	比田井勉		
主营业务	国际贸易、转口贸易、保税区企业间贸易及贸易代理。				

企业名称	利丰贸易服务（上海）有限公司				
企业地址	上海市闵行区宜山路2000号20幢1101室（201103）				
投资总额	1500万USD	电　话	24055626	传　真	24055646
设立日期	2005-3-17	负 责 人	陈浚霖		
主营业务	代理国内商品出口业务。				

企业名称	实密国际贸易（上海）有限公司				
企业地址	上海市外高桥保税区日京路35号凯兴大楼十层1006室（200131）				
投资总额	20万USD	电　话	64400266	传　真	64401699
设立日期	2005-3-17	负 责 人	吕盛贤		
主营业务	国际贸易、转口贸易、保税区企业间的贸易及区内贸易代理。				

企业名称	上海瑞拓国际贸易有限公司				
企业地址	上海市外高桥保税区基隆路1号塔楼1615-3室（200131）				
投资总额	6.1万USD	电　话	61033585	传　真	61033522
设立日期	2005-3-15	负 责 人	RALPH W ILLIAM PHILLIP LARBEY		
主营业务	国际贸易、转口贸易、保税区企业间的贸易及贸易代理。				

企业名称	恩福商业（上海）有限公司				
企业地址	上海市浦东新区浦东大道720号国际航运大厦14楼B、C、D、G、H室(200120)				
投资总额	250万USD	电　话	50366900	传　真	50366307
设立日期	2005-3-14	负 责 人	高岛良郎		
主营业务	油封、O型圈、防震橡胶及其他工业用橡胶产品等批发、佣金代理。				

企业名称	富技开弥国际贸易（上海）有限公司				
企业地址	上海市外高桥保税区日京路51号发展大厦A楼1210、1288、1229室(200131)				
投资总额	20万USD	电　话	62351029	传　真	62350870
设立日期	2005-3-14	负 责 人	八重守		
主营业务	保税区内以化学工业产品为主的仓储、分拨、售后服务及咨询服务。				

企业名称	大育胜国际贸易（上海）有限公司				
企业地址	上海市外高桥保税区泰谷路88号692室（200131）				
投资总额	6.5万USD	电　话	59212236	传　真	59212238
设立日期	2005-3-14	负 责 人	LIN FONG		
主营业务	国际贸易、转口贸易、保税区企业间的贸易及区内贸易代理。				

企业名称	安里约斯国际贸易（上海）有限公司				
企业地址	上海市外高桥保税区泰谷路88号693室（200131）				
投资总额	10万欧元	电　话	66510128	传　真	66510128
设立日期	2005-3-11	负 责 人	MICHEL DUFOUR		
主营业务	国际贸易、转口贸易、保税区企业间的贸易及区内贸易代理。				

企业名称	艾地盟（上海）贸易有限公司				
企业地址	上海市浦东银城东路139号华能联合大厦26层（200120）				
投资总额	210万RMB	电　话	62375531	传　真	62375539
设立日期	2005-3-10	负 责 人	于弘彦		
主营业务	农业产品及其加工衍生的产品的进出口、批发及佣金代理。				

企业名称	上海蓝斯客国际贸易有限公司				
企业地址	上海市外高桥保税区泰谷路88号644室（200131）				
投资总额	12.6万USD	电　话	65184110	传　真	
设立日期	2005-3-10	负 责 人	周海超		
主营业务	国际贸易、转口贸易、保税区企业间的贸易及区内贸易代理。				

企业名称	申骏亿国际贸易（上海）有限公司				
企业地址	上海市外高桥保税区富特西一路289号B楼三层B313室（200131）				
投资总额	7万USD	电　话	54258692	传　真	54258691
设立日期	2005-3-10	负 责 人	林惠康		
主营业务	国际贸易、转口贸易、保税区企业间的贸易及区内贸易代理。				

企业名称	伯乐蒂森（上海）贸易有限公司				
企业地址	上海市外高桥保税区华京路8号三联大厦办公楼514室（200131）				
投资总额	20万USD	电　话	62176111	传　真	62711199
设立日期	2005-3-9	负 责 人	GUNTER FUHRY		
主营业务	国际贸易、转口贸易、保税区内企业间贸易及贸易代理和咨询服务。				

企业名称	琪莱盛国际贸易（上海）有限公司				
企业地址	上海市外高桥保税区日京路35号凯兴大楼1041室（200131）				
投资总额	6.2万USD	电　话	58684868	传　真	58684868
设立日期	2005-3-9	负责人	涂　斌		
主营业务	国际贸易、转口贸易、保税区企业间的贸易及区内贸易代理。				

企业名称	上海范肯贸易有限公司				
企业地址	上海市外高桥保税区冰克路500号608室（200131）				
投资总额	20万USD	电　话	54829086	传　真	54829216
设立日期	2005-3-9	负责人	李瑞麟		
主营业务	国际贸易、转口贸易、保税区企业间的贸易及区内贸易代理。				

企业名称	德利信（上海）贸易有限公司				
企业地址	上海市外高桥保税区泰谷路88号760室（200131）				
投资总额	6.1万USD	电　话	51506050	传　真	51506052
设立日期	2005-3-7	负责人	夏本吉美		
主营业务	国际贸易、转口贸易、保税区企业间的贸易及区内贸易代理。				

企业名称	上海信顶贸易有限公司				
企业地址	上海市外高桥保税区基隆路6号1305G室（200131）				
投资总额	14万USD	电　话	62360202	传　真	62362917
设立日期	2005-3-7	负责人	守屋 昭治		
主营业务	国际贸易、转口贸易、保税区企业间贸易以及贸易代理；区内商品展示。				

企业名称	上海洪斗电子贸易有限公司				
企业地址	上海市闵行区吴中路1065号永腾大厦5层13室（201103）				
投资总额	14万USD	电　话	51192811	传　真	51192812
设立日期	2005-3-7	负责人	洪斗一		
主营业务	电子及电器零部件批发及上述产品的进出口、佣金代理。				

企业名称	百麦澳源贸易（上海）有限公司				
企业地址	上海市外高桥保税区富特西一路459号B座一层103室（200131）				
投资总额	20万USD	电　话	63741962	传　真	63740569
设立日期	2005-3-7	负责人	肖耿民		
主营业务	以医药、医疗器械为主的国际贸易、保税区企业间贸易及区内贸易代理。				

企业名称	格任特国际贸易（上海）有限公司				
企业地址	上海市外高桥保税区日京路161号1楼A4部位（200131）				
投资总额	6.2万USD	电　话	58584951	传　真	58584947
设立日期	2005-3-7	负责人	SCHMID ROLAND		
主营业务	保税区内以汽车零件、机床零件、发电机为主的仓储分拨业务。				

企业名称	爱保诺（上海）贸易有限公司				
企业地址	上海市外高桥保税区日京路51号发展大厦A楼二层1216室（200021）				
投资总额	20万USD	电　话	63900929	传　真	63900930
设立日期	2005-3-4	负责人	菊野真弘		
主营业务	国际贸易、转口贸易、保税区企业间的贸易及贸易代理。				

企业名称	赞电国际贸易（上海）有限公司				
企业地址	上海市外高桥保税区泰谷路18号一号楼910室（200131）				
投资总额	13万USD	电　话	64438209	传　真	64438207
设立日期	2005-3-2	负责人	甲田满洲雄		
主营业务	国际贸易、转口贸易，保税区企业间贸易及区内贸易代理。				

企业名称	匡锦国际贸易（上海）有限公司				
企业地址	上海市外高桥保税区杨高北路2001号管理楼305A室（200131）				
投资总额	6.1万USD	电　话	56942720	传　真	62330294
设立日期	2005-3-2	负责人	张建鹏		
主营业务	国际贸易、转口贸易、保税区企业间贸易及区内贸易代理。				

企业名称	堡尉尔国际贸易（上海）有限公司				
企业地址	上海市外高桥保税区日京路51号A楼二层1231室（200131）				
投资总额	50万港币	电　话	68752558	传　真	58206796
设立日期	2005-3-2	负责人	陈子威		
主营业务	国际贸易、转口贸易。				

企业名称	上海增见哲国际贸易有限公司				
企业地址	上海市外高桥保税区台中南路2号新贸楼306室（200131）				
投资总额	13万USD	电　话	62098864	传　真	62099460
设立日期	2005-3-2	负责人	增见诚三		
主营业务	国际贸易、转口贸易、保税区企业间的贸易及贸易代理。				

企业名称	帝彼翼（上海）贸易有限公司				
企业地址	上海市外高桥保税区富特北路458号2号楼479室（200131）				
投资总额	15万USD	电　话	68877786	传　真	50372230
设立日期	2005-3-2	负责人	仲尾康弘		
主营业务	国际贸易、转口贸易、保税区企业间的贸易及贸易代理。				

企业名称	上海肯高商贸有限公司				
企业地址	上海市襄阳南路218号现代大厦16楼D室（200031）				
投资总额	5000万日元	电　话	64724209	传　真	
设立日期	2005-2-28	负责人	山中 彻		
主营业务	商品批发，包括：光学镜头、望远镜、照相机、照相器材、显微镜。				

企业名称	罗拓国际贸易（上海）有限公司				
企业地址	上海市外高桥保税区泰谷路88号757室（200131）				
投资总额	20万USD	电　话	68183611	传　真	
设立日期	2005-2-24	负责人	WALTER BRINKMANN		
主营业务	国际贸易、转口贸易、保税区企业间的贸易及区内贸易代理。				

企业名称	模汉化工贸易（上海）有限公司				
企业地址	上海市外高桥保税区加太路108号浦原综合楼第三层A部位（200131）				
投资总额	6.2万USD	电　话	68314451	传　真	68314452
设立日期	2005-2-24	负责人	YOUNG SU LEE		
主营业务	保税区内以塑料产品为主的仓储、分拨业务；国际贸易、转口贸易。				

企业名称	大城业（上海）国际贸易有限公司				
企业地址	上海市外高桥保税区基隆路6号705室（200131）				
投资总额	100万USD	电　话	58354601	传　真	
设立日期	2005-2-24	负责人	CAI ZHUOYAN		
主营业务	国际贸易、转口贸易、保税区企业间的贸易及贸易代理。				

企业名称	上海金与姜贸易有限公司				
企业地址	上海市外高桥保税区基隆路1号汤臣国际贸易大楼1811室（200131）				
投资总额	15万USD	电　话	51503618	传　真	
设立日期	2005-2-24	负责人	金星显（KIM SUNG HYUN）		
主营业务	国际贸易、转口贸易、保税区企业间的贸易及贸易代理。				

企业名称	爱文思控制系统工程（上海）有限公司				
企业地址	上海市外高桥保税区泰谷路88号BL层D部位（200131）				
投资总额	6.5万USD	电　话	51150988	传　真	51150989
设立日期	2005-2-23	负责人	WONG KAR KING		
主营业务	保税区内以控制设备及其零配件为主的仓储分拨业务，以及售后服务。				

企业名称	普禾旺国际贸易（上海）有限公司				
企业地址	上海市外高桥保税区奥纳路79号1号楼320室（200131）				
投资总额	20万USD	电　话	58359513	传　真	
设立日期	2005-2-23	负责人	ANDREAS BUDIANTO		
主营业务	国际贸易、转口贸易、保税区企业间贸易及区内贸易代理。				

企业名称	上海韩塑化国际贸易有限公司				
企业地址	上海市外高桥保税区冰克路500号综合楼七层711室（200131）				
投资总额	20万USD	电　话	32092096	传　真	32092097
设立日期	2005-2-23	负责人	韩相祐（HAN SANG WOO）		
主营业务	国际贸易、转口贸易、保税区企业间贸易及区内贸易代理。				

企业名称	尼日特国际贸易（上海）有限公司				
企业地址	上海市外高桥保税区泰谷路88号755室（200131）				
投资总额	7.5万USD	电　话	58795838	传　真	51321707
设立日期	2005-2-23	负责人	MALCOLM DAVID FULLER		
主营业务	国际贸易、转口贸易、保税区企业间贸易及区内贸易代理。				

企业名称	马士特国际贸易（上海）有限公司				
企业地址	上海市外高桥保税区加枫路17号215室（200131）				
投资总额	20万USD	电　话	62350688	传　真	62351332
设立日期	2005-2-22	负责人	姜九龙		
主营业务	国际贸易、转口贸易、保税区企业间的贸易及贸易代理。				

企业名称	青山洋服商业（上海）有限公司				
企业地址	上海市中山西路1265弄18号16B室（200051）				
投资总额	500万RMB	电　话	32099386	传　真	
设立日期	2005-2-22	负责人	青山理		
主营业务	商品零售，包括服装、服饰、鞋帽、箱包、皮革制品、手表、金银制品。				

企业名称	迪协国际贸易（上海）有限公司				
企业地址	上海市外高桥保税区日京路 161 号 1 楼第 L 层 A5 部位（200131）				
投资总额	20 万 USD	电　话	68760621	传　真	
设立日期	2005-2-21	负责人	蔡志明		
主营业务	保税区内以健身器材等为主的仓储分拨业务以及相关产品的售后服务。				

企业名称	美味东贸易（上海）有限公司				
企业地址	上海市外高桥保税区华京路 8 号 336 室（200131）				
投资总额	10 万 USD	电　话	50314372	传　真	50314373
设立日期	2005-2-21	负责人	东俊顺		
主营业务	国际贸易、转口贸易、保税区企业间的贸易及区内贸易代理。				

企业名称	友藤电机贸易（上海）有限公司				
企业地址	上海市外高桥保税区华京路 8 号 536 室（200131）				
投资总额	70 万 USD	电　话	52380505	传　真	52380176
设立日期	2005-2-21	负责人	伊藤直树		
主营业务	以电机产品为主的国际贸易、转口贸易、保税区企业贸易及贸易代理。				

企业名称	河盛辰国际贸易（上海）有限公司				
企业地址	上海市外高桥保税区富特西一路 139 号 927 室（200131）				
投资总额	20 万 USD	电　话	54225615	传　真	
设立日期	2005-2-18	负责人	LEE WOO TAEK		
主营业务	国际贸易、转口贸易、保税区企业间贸易及区内贸易代理。				

企业名称	依阁隆（上海）贸易有限公司				
企业地址	上海市外高桥保税区新灵路 118 号 514B 室（200131）				
投资总额	20 万 USD	电　话	62360613	传　真	62360877
设立日期	2005-2-18	负责人	王嘉音		
主营业务	国际贸易、转口贸易、保税区企业间的贸易及贸易代理。				

企业名称	上海优具国际贸易有限公司				
企业地址	上海市外高桥保税区新灵路 118 号国贸楼 3 层 311A 室（200131）				
投资总额	6.1 万 USD	电　话	54402385	传　真	54407815
设立日期	2005-2-18	负责人	GINO POZZO		
主营业务	国际贸易、转口贸易、保税区企业间的贸易及区内贸易代理。				

企业名称	多宾国际贸易（上海）有限公司				
企业地址	上海市外高桥保税区日京路 35 号凯兴大楼十一层 1137 室（200131）				
投资总额	6.2 万 USD	电　话	64658166	传　真	64658166
设立日期	2005-2-18	负责人	金七勳（KIM CHIL HUN）		
主营业务	国际贸易、转口贸易、保税区企业间贸易及区内贸易代理。				

企业名称	麦稷桥国际贸易（上海）有限公司				
企业地址	上海市外高桥保税区华京路 8 号三联大厦 6 楼 622 室（200131）				
投资总额	10 万 USD	电　话	51331506	传　真	51331507
设立日期	2005-2-18	负责人	ANDERS BACH –SORENSEN		
主营业务	国际贸易、转口贸易、保税区企业间的贸易及区内贸易代理。				

企业名称	新闪国际贸易（上海）有限公司				
企业地址	上海市外高桥保税区新灵路 118 号 1502B 室（200131）				
投资总额	6.05 万 USD	电　话	50461564	传　真	50461564
设立日期	2005-2-18	负责人	OMAR REINERO		
主营业务	国际贸易、转口贸易、保税区企业间的贸易及贸易代理。				

企业名称	裕能益（上海）贸易有限公司				
企业地址	上海市外高桥保税区台中南路 2 号 107 室（200131）				
投资总额	25 万 USD	电　话	62350008	传　真	
设立日期	2005-2-18	负责人	奥谷哲夫		
主营业务	国际贸易、转口贸易、保税区企业间的贸易及区内贸易代理。				

企业名称	尚亚（上海）国际贸易有限公司				
企业地址	上海市外高桥保税区日京路 38 号 219 室（200131）				
投资总额	25 万 USD	电　话	54223166	传　真	
设立日期	2005-2-16	负责人	吴明都		
主营业务	国际贸易、转口贸易、保税区企业间的贸易及区内贸易代理。				

企业名称	上海新考国际贸易有限公司				
企业地址	上海市外高桥保税区 B 区冰克路 500 号 409 室（200131）				
投资总额	20 万 USD	电　话	62553565	传　真	62538141
设立日期	2005-2-7	负责人	长尾千秋		
主营业务	国际贸易、转口贸易、保税区企业间的贸易、区内贸易代理。				

企业名称	宝威（上海）国际贸易有限公司				
企业地址	上海市外高桥保税区日京路 35 号 1034 室（200131）				
投资总额	1000 万港币	电　话	33110158	传　真	33115016
设立日期	2005-2-7	负责人	吴文辉		
主营业务	国际贸易、转口贸易、保税区内企业间的贸易及贸易代理。				

企业名称	安芳迪（上海）服装贸易有限公司				
企业地址	上海市卢湾区湖滨路 222 号企业天地商业中心一号楼商铺单元二（200021）				
投资总额	22.7 万 USD	电　话	63406211	传　真	
设立日期	2005-2-6	负责人	AIR JOHN ZLOTKIN		
主营业务	服装零售，自营商品进口，采购国内商品出口，以及其它相关配套业务。				

企业名称	马奎斯贸易（上海）有限公司				
企业地址	上海市外高桥保税区日京路 35 号凯兴大楼十层 1033 室（200131）				
投资总额	50 万 USD	电　话	34314792	传　真	
设立日期	2005-2-5	负责人	吴栽秉		
主营业务	国际贸易、转口贸易、保税区内企业间的贸易及贸易代理。				

企业名称	三井金属贸易（上海）有限公司				
企业地址	上海市外高桥保税区富特西一路 139 号 1316 层（200131）				
投资总额	100 万 USD	电　话	62368836	传　真	62368837
设立日期	2005-2-5	负责人	尾本卫（EI OMOTO）		
主营业务	国际贸易、转口贸易、保税区内企业间的贸易及贸易代理。				

企业名称	世仰电子科技贸易（上海）有限公司				
企业地址	上海市外高桥保税区泰谷路 88 号丰谷大厦 689 室（200131）				
投资总额	12.3 万 USD	电　话	62708599	传　真	62708580
设立日期	2005-2-5	负责人	张超艇		
主营业务	国际贸易、转口贸易、保税区企业间的贸易及区内贸易代理。				

企业名称	欧应惠（上海）工业自动化系统贸易有限公司				
企业地址	上海市外高桥保税区新灵路 106 号 2 号楼办公楼一层 104A 室（200131）				
投资总额	20 万 USD	电　话	64326565	传　真	64325396
设立日期	2005-2-5	负责人	大江光正		
主营业务	以工业自动化系统产品为主的国际贸易、保税区企业间贸易及贸易代理。				

企业名称	鲜创国际贸易（上海）有限公司				
企业地址	上海市外高桥保税区泰谷路 88 号 756 室（200131）				
投资总额	20 万 USD	电　话	62702866	传　真	62702377
设立日期	2005-2-5	负责人	JONG SAN LEE（李钟山）		
主营业务	国际贸易、转口贸易、保税区企业间的贸易及区内贸易代理。				

企业名称	上海弩速克国际贸易有限公司				
企业地址	上海市外高桥保税区英伦路 38 号衡山商务楼 719 室（200131）				
投资总额	3000 万日元	电　话	64736398	传　真	
设立日期	2005-2-5	负责人	深田嘉男		
主营业务	国际贸易，转口贸易，保税区内企业间的贸易及贸易代理。				

企业名称	滋荣技研贸易（上海）有限公司				
企业地址	上海市外高桥保税区日京路 2 号 314 室（200131）				
投资总额	35 万 USD	电　话	62702222	传　真	62702222
设立日期	2005-2-5	负责人	木村方美		
主营业务	国际贸易、转口贸易、保税区企业间的贸易及贸易代理。				

企业名称	扩扩摩（上海）服饰贸易有限公司				
企业地址	上海市外高桥保税区日京路 35 号凯兴大楼 1237 室（200131）				
投资总额	7 万 USD	电　话	62400022	传　真	
设立日期	2005-2-5	负责人	张孝植		
主营业务	国际贸易、转口贸易、保税区企业间的贸易及贸易代理。				

企业名称	仁拓国际贸易（上海）有限公司				
企业地址	上海市外高桥保税区富特北路 458 号 2 号楼 467 室（200131）				
投资总额	7 万 USD	电　话	64736398	传　真	
设立日期	2005-2-4	负责人	川西一夫		
主营业务	国际贸易、转口贸易、保税区企业间的贸易及贸易代理。				

企业名称	太义广（上海）贸易有限公司				
企业地址	上海市外高桥保税区英伦路 38 号衡山商务楼 728 室（200131）				
投资总额	30 万 USD	电　话	54640176	传　真	64829710
设立日期	2005-1-31	负责人	太田义知		
主营业务	国际贸易、转口贸易、保税区内企业贸易及贸易代理；货物进出口。				

企业名称	愉泰喜（上海）国际贸易有限公司				
企业地址	上海市外高桥保税区冰克路 500 号综合楼 405 室（200131）				
投资总额	6.5 万 USD	电 话	68868335	传 真	68868021
设立日期	2005-1-31	负 责 人	松山太		
主营业务	国际贸易、转口贸易、保税区企业间的贸易、区内贸易代理。				

企业名称	美棱科仪贸易（上海）有限公司				
企业地址	上海市外高桥保税区泰谷路 18 号 1008 室（200131）				
投资总额	20 万 USD	电 话	54451235	传 真	54451238
设立日期	2005-1-31	负 责 人	WILLIAM ANTHONY MULROY		
主营业务	国际贸易、转口贸易、保税区内企业间的贸易及贸易代理。				

企业名称	乐贝尔雷依国际贸易（上海）有限公司				
企业地址	上海市外高桥保税区基隆路 1 号 1624-2 室（200131）				
投资总额	5 万欧元	电 话	68598060	传 真	68598070
设立日期	2005-1-31	负 责 人	PIERRE GENEVRIER		
主营业务	国际贸易、转口贸易、保税区企业间的贸易及区内贸易代理。				

企业名称	伟昵特国际贸易（上海）有限公司				
企业地址	上海市外高桥保税区奥纳路 79 号 1 号楼 312 室（200131）				
投资总额	25 万 USD	电 话	64470428	传 真	
设立日期	2005-1-28	负 责 人	DO HYUN WOOK		
主营业务	国际贸易、转口贸易、保税区企业间贸易及区内贸易代理。				

企业名称	美乔安国际贸易（上海） 有限公司				
企业地址	上海市外高桥保税区泰谷路 18 号 908 室（200131）				
投资总额	13 万 USD	电 话	54595459	传 真	
设立日期	2005-1-27	负 责 人	沈谢素春		
主营业务	货物及技术进出口（不含分销及国家禁止项目）；国际贸易、转口贸易。				

企业名称	欧姆龙电子部件贸易（上海）有限公司				
企业地址	上海市外高桥保税区华京路 8 号办公楼 721 室（200131）				
投资总额	350 万 USD	电 话	68595919	传 真	
设立日期	2005-1-27	负 责 人	浜崎神也		
主营业务	以电子部件为主的国际贸易、转口贸易、保税区企业间贸易及贸易代理。				

企业名称	宇棉国际贸易（上海）有限公司				
企业地址	上海市外高桥保税区奥纳路 79 号 1 号楼 303 室（200131）				
投资总额	20 万 USD	电 话	61136543	传 真	
设立日期	2005-1-27	负 责 人	柯丽香		
主营业务	国际贸易、转口贸易、保税区企业间的贸易及贸易代理。				

企业名称	吉业富国际贸易（上海）有限公司				
企业地址	上海市外高桥保税区泰谷路 88 号 6 层 681 室（200131）				
投资总额	20 万 USD	电 话	51083977	传 真	64050116
设立日期	2005-1-27	负 责 人	金建孝		
主营业务	国际贸易、转口贸易、保税区企业间的贸易及贸易代理。				

企业名称	发亿特国际贸易（上海）有限公司				
企业地址	上海市外高桥保税区日京路 35 号凯兴大楼 10 层 1042 室（200131）				
投资总额	20 万 USD	电 话	53960355	传 真	53960357
设立日期	2005-1-27	负 责 人	全炳雨		
主营业务	国际贸易、转口贸易、保税区企业间的贸易及贸易代理。				

企业名称	昭荣祥（上海）贸易有限公司				
企业地址	上海市外高桥保税区富特西一路 139 号 1419 室（200131）				
投资总额	35 万 USD	电 话	68754542	传 真	68754563
设立日期	2005-1-27	负 责 人	铁野磨辉男		
主营业务	国际贸易、转口贸易、保税区企业间的贸易及贸易代理。				

企业名称	比悦国际贸易（上海）有限公司				
企业地址	上海市外高桥保税区奥纳路 79 号 1 号楼 316 室（200131）				
投资总额	20 万 USD	电 话	62951208	传 真	
设立日期	2005-1-27	负 责 人	KOH EDDIE		
主营业务	国际贸易、转口贸易、保税区企业间的贸易及贸易代理。				

企业名称	芝普融祥（上海）贸易有限公司				
企业地址	上海市外高桥保税区日京路 38 号 2 层 216 室（200131）				
投资总额	36.5 万 USD	电 话	54256505	传 真	64189599
设立日期	2005-1-27	负 责 人	王建中		
主营业务	国际贸易、转口贸易、保税区内企业间的贸易及贸易代理。				

企业名称	哈娜珂国际贸易（上海）有限公司				
企业地址	上海市外高桥保税区加枫路 17 号新发展综合楼二层 210 室（200131）				
投资总额	6.2 万 USD	电 话	58384511	传 真	58384513
设立日期	2005-1-27	负 责 人	松下辉		
主营业务	国际贸易、转口贸易、保税区企业间的贸易及贸易代理。				

企业名称	久门国际贸易（上海）有限公司				
企业地址	上海市外高桥保税区日京路 38 号主楼一层 136 室（200131）				
投资总额	20 万 USD	电 话	51156595	传 真	51156576
设立日期	2005-1-27	负 责 人	吉田功		
主营业务	货物及技术进出口（不含分销及国家禁止项目）；国际贸易、转口贸易。				

企业名称	迪棱国际贸易（上海）有限公司				
企业地址	上海市外高桥保税区杨高北路 2005 号新兴楼四层 406 室（200131）				
投资总额	20 万 USD	电 话	64656835	传 真	64656837
设立日期	2005-1-27	负 责 人	SHINN KEVIN CHUL		
主营业务	国际贸易、转口贸易、保税区企业间的贸易及区内贸易代理。				

企业名称	丝凯布路国际贸易（上海）有限公司				
企业地址	上海市外高桥保税区泰谷路 88 号 636 室（200131）				
投资总额	20 万 USD	电 话	62651991	传 真	58681339
设立日期	2005-1-21	负 责 人	SUDHIB WADHWA		
主营业务	国际贸易、转口贸易、保税区内企业间的贸易及贸易代理。				

企业名称	亨邑德国际贸易（上海）有限公司				
企业地址	上海市外高桥保税区富特北路 458 号 2 号楼 4 层 406 室（200131）				
投资总额	20 万 USD	电 话	58660563	传 真	58660560
设立日期	2005-1-21	负 责 人	刘志荣		
主营业务	国际贸易、转口贸易、保税区内企业间的贸易及贸易代理。				

企业名称	迪文普国际贸易（上海）有限公司				
企业地址	上海市外高桥保税区台中南路 2 号 279 室（200131）				
投资总额	200 万 USD	电 话	62798511	传 真	
设立日期	2005-1-18	负 责 人	三轮恒明		
主营业务	国际贸易、转口贸易、保税区内企业间贸易及贸易代理。				

企业名称	跨鹏（上海）国际贸易有限公司				
企业地址	上海市外高桥保税区冰克路 500 号 614 室（200131）				
投资总额	20 万 USD	电 话	61415488	传 真	61415489
设立日期	2005-1-18	负 责 人	郭文利		
主营业务	国际贸易、转口贸易、保税区内企业间的贸易及贸易代理。				

企业名称	摩腾运动器材贸易（上海）有限公司				
企业地址	上海市外高桥保税区基隆路 L 号塔楼 12A 层 12A26 室（200131）				
投资总额	50 万 USD	电 话	54892200	传 真	
设立日期	2005-1-17	负 责 人	KIYOAKI NISHIHARA		
主营业务	以运动器材、体育用品为主的国际贸易、转口贸易。				

企业名称	大宗（上海）家居用品有限公司				
企业地址	上海市外高桥保税区荷丹路 240 号第二层 D—204 部位（200131）				
投资总额	24 万 USD	电 话	58166567	传 真	58166550
设立日期	2005-1-17	负 责 人	大西宪治		
主营业务	保税区内以家居用品、日用百货为主的仓储、分拨、展示及售后服务。				

企业名称	林伯士国际贸易（上海）有限公司				
企业地址	上海市外高桥保税区泰谷路 88 号 7 层 737 室（200131）				
投资总额	38 万 USD	电 话	58400766	传 真	58400958
设立日期	2005-1-17	负 责 人	洪有信		
主营业务	货物及技术进出口（不含分销及国家禁止项 目）；国际贸易、转口贸易。				

企业名称	法源创国际贸易（上海）有限公司				
企业地址	上海市外高桥保税区冰克路 500 号综合楼五层 508 室（200131）				
投资总额	60 万欧元	电 话	68886731	传 真	
设立日期	2005-1-17	负 责 人	姚秀兰		
主营业务	国际贸易、转口贸易、保税区企业间的贸易、区内贸易代理。				

企业名称	福始寅（上海）贸易有限公司				
企业地址	上海市外高桥保税区日京路 35 号凯兴大楼 1029 室（200131）				
投资总额	10 万 USD	电 话	63862188	传 真	63722199
设立日期	2005-1-14	负 责 人	PIA0 YOUNC PAK		
主营业务	国际贸易、转口贸易、保税区内企业间的贸易及贸易代理。				

批发和零售贸易业

企业名称	世平伟业国际贸易（上海）有限公司				
企业地址	上海市莘庄工业区金都路 3688 号（201100）				
投资总额	245 万 USD	电话	54263188	传真	
设立日期	2005-1-13	负责人	黄伟焕		
主营业务	主要经营中央处理器/微处理器组件、液晶屏、基础内存组件、集成电路。				

企业名称	莫民西斯商惠楷国际贸易（上海）有限公司				
企业地址	上海市外高桥保税区富特北路 201 号 403 室（200131）				
投资总额	7.28 万 USD	电话	51250535	传真	51250538
设立日期	2005-1-13	负责人	施尚文		
主营业务	国际贸易、转口贸易、保税区企业间的贸易及区内贸易代理。				

企业名称	丸市（上海）贸易有限公司				
企业地址	上海市外高桥保税区奥纳路 79 号 109 室（200131）				
投资总额	20 万 USD	电话	63862188	传真	63862199
设立日期	2005-1-13	负责人	TOML0KA HIRONOBU		
主营业务	国际贸易、转口贸易、保税区企业间的贸易及贸易代理。				

企业名称	达来福（上海）五金贸易有限公司				
企业地址	上海市外高桥保税区加枫路 28 号新康 2 号楼 3 层 2318 室（200131）				
投资总额	20 万 USD	电话	64899709	传真	64899709
设立日期	2005-1-13	负责人	李晓东		
主营业务	以五金产品为主的国际贸易、转口贸易，保税区企业间的贸易。				

企业名称	英挪达客电子贸易（上海）有限公司				
企业地址	上海市外高桥保税区日京路 35 号 1251 室（200131）				
投资总额	20 万 USD	电话	63918041	传真	63918042
设立日期	2005-1-12	负责人	澄田诚		
主营业务	货物及技术进出口（不含分销及国家禁止项目）；国际贸易、转口贸易。				

企业名称	宜纸佳造纸脱水器材贸易（上海）有限公司				
企业地址	上海市外高桥保税区日京路 38 号 218 室（200131）				
投资总额	30 万 USD	电话	52120109	传真	52120390
设立日期	2005-1-12	负责人	古泽孝之		
主营业务	国际贸易、转口贸易、保税区企业间的贸易及区内贸易代理。				

企业名称	恩福贸易（上海）有限公司				
企业地址	上海市外高桥保税区日京路 38 号 134 室（200131）				
投资总额	40 万 USD	电话	50366900	传真	50366307
设立日期	2005-1-12	负责人	高岛良郎		
主营业务	国际贸易、转口贸易、保税区企业间的贸易及区内贸易代理。				

企业名称	集一嘉国际贸易（上海）有限公司				
企业地址	上海市外高桥保税区日京路 38 号 137 室（200131）				
投资总额	120 万 USD	电话	52190181	传真	52190081
设立日期	2005-1-12	负责人	徐嘉伟		
主营业务	国际贸易、转口贸易、保税区企业间的贸易及贸易代理。				

企业名称	希控国际贸易（上海）有限公司				
企业地址	上海市外高桥保税区日京路 161 号 1 号楼 A6—A7 部位（200131）				
投资总额	10 万 USD	电话	62594745	传真	32110420
设立日期	2005-1-12	负责人	倪福春		
主营业务	保税区内以磁性传感器、磁性显示器、磁性编码器为主的仓储分拨业务。				

企业名称	富宜国际贸易（上海）有限公司				
企业地址	上海市外高桥保税区泰谷路 88 号 6 层 690 室（200131）				
投资总额	10 万 USD	电话	51192876	传真	51192875
设立日期	2005-1-12	负责人	和泉晴久		
主营业务	国际贸易、转口贸易、保税区企业间的贸易及区内贸易代理。				

企业名称	洪姆乐国际贸易（上海）有限公司				
企业地址	上海市外高桥保税区富特北路 458 号 4 层 401 室（200131）				
投资总额	6.2 万 USD	电话	63913188	传真	63912032
设立日期	2005-1-12	负责人	MATHIAS HEMMELRATH		
主营业务	国际贸易、转口贸易、保税区企业间的贸易及贸易代理。				

企业名称	高迪意国际贸易（上海）有限公司				
企业地址	上海市外高桥保税区日京路 35 号凯兴大楼十一层 1130 室（200131）				
投资总额	6.2 万 USD	电话	58682131	传真	58682132
设立日期	2005-1-12	负责人	MUN SANG CHUEL		
主营业务	国际贸易、转口贸易、保税区企业间的贸易及区内贸易代理。				

企业名称	格米国际贸易（上海）有限公司				
企业地址	上海市外高桥保税区泰谷路 88 号丰谷大厦第六层 688 室（200131）				
投资总额	20 万 USD	电话	54476001	传真	54476001
设立日期	2005-1-12	负责人	田政温		
主营业务	国际贸易、转口贸易、保税区企业间的贸易及区内贸易代理。				

企业名称	美音美国际贸易（上海）有限公司				
企业地址	上海市外高桥保税区冰克路 500 号 723 室（200131）				
投资总额	100 万 USD	电话	64375401	传真	64375403
设立日期	2005-1-11	负责人	森正春		
主营业务	国际贸易、转口贸易、保税区企业间的贸易及区内贸易代理。				

企业名称	制世（上海）国际贸易有限公司				
企业地址	上海市外高桥保税区日京路 35 号 1249 室（200131）				
投资总额	20 万 USD	电话	65952313	传真	65952313
设立日期	2005-1-10	负责人	CHUNC KYU BONG		
主营业务	国际贸易、转口贸易、保税区企业间的贸易及贸易代理。				

企业名称	斯瓦宾液压技术（上海）有限公司				
企业地址	上海市外高桥保税区富特东一路 396 号奥兰多纺织品大楼第二层（200131）				
投资总额	6.2 万 USD	电话	58761946	传真	
设立日期	2005-1-10	负责人	STEFAN PINKERT		
主营业务	保税区内液压技术的研究开发；保税区以液压设备及零配件为主的仓储业务。				

企业名称	上海鸿涛贸易有限公司				
企业地址	上海市外高桥保税区日京路 35 号 9012 室（200131）				
投资总额	20 万 USD	电话	65757791	传真	65211787
设立日期	2005-1-9	负责人	章松涛		
主营业务	国际贸易、转口贸易、保税区企业间的贸易及贸易代理。				

企业名称	贝石特山国际贸易（上海）有限公司				
企业地址	上海市外高桥保税区泰谷路 88 号 686 室（200131）				
投资总额	38 万 USD	电话	51511381	传真	51511386
设立日期	2005-1-7	负责人	简明照		
主营业务	货物及技术进出口（不含分销及国家禁止项目）；国际贸易、转口贸易。				

企业名称	司特尔（上海）国际贸易有限公司				
企业地址	上海市外高桥保税区泰谷路 44 号 2 楼 H3 区（200131）				
投资总额	30 万 USD	电话	52288811	传真	52288821
设立日期	2005-1-7	负责人	B0 SJOGREEN		
主营业务	国际贸易、转口贸易、保税区内贸易及贸易代理。				

企业名称	帕克环保设备贸易（上海）有限公司				
企业地址	上海市外高桥保税区日京路 38 号主楼一层 132 室（200131）				
投资总额	20 万 USD	电话	50800101	传真	50800221
设立日期	2005-1-7	负责人	J0HAN H.J. PAQUES		
主营业务	以环保设备为主的国际贸易、转口贸易、保税区企业间的贸易。				

企业名称	爱革特国际贸易（上海）有限公司				
企业地址	上海市外高桥保税区冰克路 500 号 228 室（200131）				
投资总额	6.2 万 USD	电话	62781615	传真	62781590
设立日期	2005-1-7	负责人	CATTABRIGA MATTE0		
主营业务	国际贸易、转口贸易、保税区企业间的贸易及贸易代理。				

企业名称	亚师美国际贸易（上海）有限公司				
企业地址	上海市外高桥保税区富特西一路 139 号 918 室（200131）				
投资总额	20 万 USD	电话	69170707	传真	69173009
设立日期	2005-1-7	负责人	陈伯侨		
主营业务	国际贸易、转口贸易、保税区企业间的贸易及贸易代理。				

企业名称	上海英提尔汽车系统贸易有限公司				
企业地址	上海市外高桥保税区奥纳路 79 号 L 号楼三层 314 室（200131）				
投资总额	20 万 USD	电话	512-57386838	传真	512-57386838
设立日期	2005-1-7	负责人	JOHN HUCH FARRELL		
主营业务	国际贸易、转口贸易、保税区企业间贸易及区内贸易代理。				

企业名称	司马特光电国际贸易（上海）有限公司				
企业地址	上海市外高桥保税区英伦路 38 号衡山商务楼 529 室（200131）				
投资总额	6.5 万 USD	电话	62717035	传真	
设立日期	2005-1-4	负责人	蔡乐清		
主营业务	以光电产品为主的国际贸易、转口贸易、保税区企业间的贸易。				

企业名称	发康国际贸易（上海）有限公司				
企业地址	上海市外高桥保税区富特中路 288 号 4 楼 2 层 E 部位（200131）				
投资总额	6.5 万 USD	电　话	58363705	传　真	58363715
设立日期	2005-1-4	负责人	DIETMAR LUDWIG GORCES		
主营业务	保税区内以卫生洁具产品为主的仓储、分拨业务；国际贸易、转口贸易。				

企业名称	国霖国际贸易（上海）有限公司				
企业地址	上海市外高桥保税区富特西一路 139 号 1424 室（200131）				
投资总额	24 万 USD	电　话		传　真	
设立日期	2005-1-4	负责人	李沛霖		
主营业务	国际贸易、转口贸易、保税区企业间的贸易及贸易代理。				

企业名称	隆美国际贸易（上海）有限公司				
企业地址	上海市外高桥保税区新灵路 118 号国际商贸大厦 1104A 室（200131）				
投资总额	1800 万日元	电　话	52726121	传　真	52726119
设立日期	2005-1-4	负责人	镝木勇		
主营业务	国际贸易、转口贸易、保税区企业间的贸易及区内贸易代理。				

企业名称	上海瑞鸿企业有限公司				
企业地址	上海市外高桥保税区荷丹路 288 号 A 楼第 8 层 B－1 部位（200131）				
投资总额	100 万 USD	电　话	51105322	传　真	58669222
设立日期	2004-12-28	负责人	王嗣杰		
主营业务	保税区内各类纱线的生产加工及销售自产产品；国际贸易。				

企业名称	乐法洛（上海）贸易有限公司				
企业地址	上海市外高桥保税区富特北路 458 号 417 室（200131）				
投资总额	20 万 USD	电　话	63862188	传　真	63862199
设立日期	2004-12-24	负责人	香山泰城		
主营业务	国际贸易、转口贸易、保税区企业间的贸易及贸易代理。				

企业名称	有井国际贸易（上海）有限公司				
企业地址	上海市外高桥保税区泰谷路 18 号 1 号楼 11 层 1115 室（200131）				
投资总额	20 万 USD	电　话	64338211	传　真	64312067
设立日期	2004-12-24	负责人	张明照		
主营业务	区内以科技自动化设备、电子部件为主的国际贸易、转口贸易。				

企业名称	端惠国际贸易（上海）有限公司				
企业地址	上海市外高桥保税区冰克路 500 号昶宏大厦 254 室（200131）				
投资总额	7 万 USD	电　话	54221691	传　真	
设立日期	2004-12-24	负责人	梁在淳		
主营业务	国际贸易、转口贸易、保税区企业间的贸易及区内贸易代理。				

企业名称	长橘国际贸易（上海）有限公司				
企业地址	上海市外高桥保税区加枫路 17 号新发展综合楼 205 室（200131）				
投资总额	8 万 USD	电　话	52574113	传　真	52579113
设立日期	2004-12-24	负责人	橘刚彦		
主营业务	国际贸易、转口贸易、保税区企业间的贸易及贸易代理。				

企业名称	奎克（上海）国际贸易有限公司				
企业地址	上海市外高桥保税区杨高北路 2005 号新兴楼 315 室（200131）				
投资总额	20 万 USD	电　话	50484290	传　真	50485290
设立日期	2004-12-24	负责人	JOSEPH W . BAUER		
主营业务	国际贸易、转口贸易、保税区企业间的贸易及贸易代理。				

企业名称	保婴康（上海）贸易有限公司				
企业地址	上海市外高桥保税区日京路 35 号 1048 室（200131）				
投资总额	12.048 万 USD	电　话	64398266	传　真	64396255
设立日期	2004-12-24	负责人	金亨镐		
主营业务	国际贸易、转口贸易、保税区企业间的贸易及贸易代理。				

企业名称	上海那卡咖佤贸易有限公司				
企业地址	上海市外高桥保税区新灵路 118 号 1106A 室（200131）				
投资总额	20 万 USD	电　话	62184713	传　真	62184715
设立日期	2004-12-24	负责人	中川阳一郎		
主营业务	国际贸易、转口贸易、保税区企业间的贸易及贸易代理。				

企业名称	天连布（上海）贸易有限公司				
企业地址	上海市外高桥保税区日京路 2 号 212 室（200131）				
投资总额	50 万 USD	电　话	62703728	传　真	62705360
设立日期	2004-12-23	负责人	伊藤岩		
主营业务	国际贸易、转口贸易、保税区企业间的贸易及贸易代理。				

企业名称	洁定贸易（上海）有限公司				
企业地址	上海市外高桥保税区美盛路 56 号 04 号楼二层 E 部位（200131）				
投资总额	100 万 USD	电　话	62372408	传　真	62372409
设立日期	2004-12-22	负责人	HARALD CASTLER		
主营业务	医疗器械产品（含相关使用软件）为主的保税区仓储、分拨、展示。				

企业名称	思路迅国际贸易（上海）有限公司				
企业地址	上海市外高桥保税区基隆路 6 号楼 3 层 313 室（200131）				
投资总额	6.4 万 USD	电　话	58692864	传　真	58692179
设立日期	2004-12-20	负责人	TOMYA MEISTER		
主营业务	国际贸易、转口贸易、保税区企业间贸易及贸易代理。				

企业名称	上海本廷国际贸易有限公司				
企业地址	上海市外高桥保税区泰谷路 88 号 683 室（200131）				
投资总额	10 万 USD	电　话	51105226	传　真	
设立日期	2004-12-20	负责人	史快乐		
主营业务	国际贸易、转口贸易、保税区企业间的贸易及区内贸易代理。				

企业名称	川崎重工产业机械贸易（上海）有限公司				
企业地址	上海市外高桥保税区华京路 8 号 3 层 332 室（200131）				
投资总额	20 万 USD	电　话	64722710	传　真	64721213
设立日期	2004-1-21	负责人	关和幸		
主营业务	国际贸易、转口贸易、保税区企业间的贸易及贸易代理。				

企业名称	富士模具贸易（上海）有限公司				
企业地址	上海市外高桥保税区英伦路 38 号衡山商务楼 631 室（200131）				
投资总额	40 万 USD	电　话	50581571	传　真	50581572
设立日期	2004-12-17	负责人	井上数政		
主营业务	以模具为主的国际贸易、转口贸易、保税区企业间的贸易及贸易代理。				

企业名称	亿默信国际贸易（上海）有限公司				
企业地址	上海市外高桥保税区冰克路 500 号综合楼 253 室（200131）				
投资总额	7 万 USD	电　话	58821561	传　真	
设立日期	2004-12-17	负责人	卢闻举		
主营业务	国际贸易、转口贸易、保税区企业间的贸易及贸易代理。				

企业名称	禧恩氏国际贸易（上海）有限公司				
企业地址	上海市外高桥保税区奥纳路 79 号 319 室　（200131）				
投资总额	10 万 USD	电　话	62703142	传　真	62703145
设立日期	2004-12-15	负责人	崔基秀		
主营业务	国际贸易、转口贸易、保税区内企业间的贸易及贸易代理。				

企业名称	庄信万丰（上海）化工贸易有限公司				
企业地址	上海市外高桥保税区新灵路 118 号 1615B 室（200131）				
投资总额	6.05 万 USD	电　话	57741234	传　真	57745821
设立日期	2004-12-15	负责人	ROBERT BULLEN-SMITH		
主营业务	国际贸易、转口贸易、保税区企业间的贸易及区内贸易代理。				

企业名称	艾岑国际贸易（上海）有限公司				
企业地址	上海市外高桥保税区奥纳路 79 号 315 室（200131）				
投资总额	20 万 USD	电　话	51097767	传　真	51097768
设立日期	2004-12-15	负责人	KLAUS HASSO HELLER		
主营业务	国际贸易、转口贸易、保税区企业间的贸易及贸易代理。				

企业名称	李承记国际贸易（上海）有限公司				
企业地址	上海市外高桥保税区奥纳路 79 号 105 室（200131）				
投资总额	10 万 USD	电　话	53083830	传　真	53084008
设立日期	2004-12-15	负责人	李承洲		
主营业务	国际贸易、转口贸易、保税区企业间的贸易及贸易代理。				

企业名称	卡伊莎国际贸易（上海）有限公司				
企业地址	上海市外高桥保税区富特西一路 459 号 A 座 101 室（200131）				
投资总额	20 万 USD	电　话	64716886	传　真	64716308
设立日期	2004-12-15	负责人	LAM PO CHIU PAUL		
主营业务	国际贸易、转口贸易、保税区企业间的贸易及区内贸易代理。				

企业名称	上海中再国际贸易有限公司				
企业地址	上海市外高桥保税区英伦路 38 号衡山商务楼 722 室（200131）				
投资总额	20 万 USD	电　话	63522208	传　真	52357831
设立日期	2004-12-15	负责人	渡边和良		
主营业务	国际贸易、转口贸易、保税区内企业间的贸易及贸易代理。				

企业名称	月拷国际贸易（上海）有限公司				
企业地址	上海市外高桥保税区杨高北路 2005 号新兴楼 320 室（200131）				
投资总额	20 万 USD	电　　话	51192392	传　　真	51192393
设立日期	2004-12-15	负 责 人	CHOI HO KYU		
主营业务	国际贸易、转口贸易、保税区企业间贸易及区内贸易代理。				

企业名称	则武（上海）贸易有限公司				
企业地址	上海市外高桥保税区富特西一路 139 号 1304 室（200131）				
投资总额	30 万 USD	电　　话	62375667	传　　真	62375790
设立日期	2004-12-10	负 责 人	UCHIDA HIROSHI（内田宏）		
主营业务	国际贸易、转口贸易、保税区企业间的贸易及贸易代理。				

企业名称	法逊贸易（上海）有限公司				
企业地址	上海市外高桥保税区泰谷路 88 号 679 室（200131）				
投资总额	7 万 USD	电　　话	52981363	传　　真	50461897
设立日期	2004-12-10	负 责 人	MICHAEL DENNIS CROTTY		
主营业务	国际贸易、转口贸易、保税区企业间的贸易及区内贸易代理。				

企业名称	纽呵特国际贸易（上海）有限公司				
企业地址	上海市外高桥保税区加枫路 17 号 201 室（200131）				
投资总额	20 万 USD	电　　话	64400610	传　　真	64403231
设立日期	2004-12-10	负 责 人	MIN BYUNG SUNG		
主营业务	国际贸易、转口贸易、保税区企业间的贸易及贸易代理。				

企业名称	欧食多国际贸易（上海）有限公司				
企业地址	上海市外高桥保税区泰谷路 88 号第一层 E 部位（200131）				
投资总额	25 万 USD	电　　话	64691721	传　　真	64394275
设立日期	2004-12-8	负 责 人	田月皎		
主营业务	国际贸易、转口贸易、保税区企业间的贸易及贸易代理。				

企业名称	虾王贸易（上海）有限公司				
企业地址	上海市外高桥保税区泰谷路 88 号 646 室（200131）				
投资总额	20 万 USD	电　　话	64726412	传　　真	64726925
设立日期	2004-12-8	负 责 人	TAKU HAYASHI（林　卓）		
主营业务	国际贸易、转口贸易、保税区企业间的贸易及区内贸易代理。				

企业名称	高活（上海）展览用品贸易有限公司				
企业地址	上海市外高桥保税区奥纳路 79 号 410 室（200131）				
投资总额	20 万 USD	电　　话	63410014	传　　真	63410014
设立日期	2004-12-8	负 责 人	王　敏		
主营业务	国际贸易、转口贸易、保税区企业间的贸易及贸易代理。				

企业名称	格耐使（上海）国际贸易有限公司				
企业地址	上海市外高桥保税区冰克路 500 号 231 室（200131）				
投资总额	35 万 USD	电　　话	62361141	传　　真	
设立日期	2004-12-7	负 责 人	朱松年		
主营业务	国际贸易、转口贸易、保税区企业间的贸易及贸易代理。				

企业名称	锐卡（上海）国际贸易有限公司				
企业地址	上海市外高桥保税区冰克路 500 号 224 室（200131）				
投资总额	105 万 USD	电　　话	54407566	传　　真	54633215
设立日期	2004-12-7	负 责 人	PETER SCHNEIDER		
主营业务	国际贸易、转口贸易、保税区企业间的贸易及区内贸易代理。				

企业名称	上海纽赛国际贸易有限公司				
企业地址	上海市外高桥保税区泰谷路 88 号 675 室（200131）				
投资总额	260 万 USD	电　　话	68865817	传　　真	
设立日期	2004-12-3	负 责 人	苗军		
主营业务	国际贸易、转口贸易、保税区企业间的贸易及区内贸易代理。				

企业名称	淀铁（上海）国际贸易有限公司				
企业地址	上海市外高桥保税区奥纳路 79 号 1 号楼 107 室（200131）				
投资总额	14 万 USD	电　　话	52724664	传　　真	52724669
设立日期	2004-12-3	负 责 人	北哲治		
主营业务	国际贸易、转口贸易、保税区企业间的贸易及贸易代理。				

企业名称	京士安全设备（上海）有限公司				
企业地址	上海市外高桥保税区华申路 180 号综合楼第 4 层 402A 部位（200131）				
投资总额	20 万 USD	电　　话	62702215	传　　真	62702275
设立日期	2004-12-3	负 责 人	TEO MUI KWANG（张美光）		
主营业务	保税区内以劳动防护用品为主的安全设备的仓储和分拨业务。				

企业名称	丰彰国际贸易（上海）有限公司				
企业地址	上海市外高桥保税区泰谷路 88 号 678 室（200131）				
投资总额	10 万 USD	电　　话	54258725	传　　真	64277929
设立日期	2004-12-3	负 责 人	颜见明		
主营业务	国际贸易、转口贸易、保税区企业间的贸易及区内贸易代理。				

企业名称	麦格思维特（上海）流体工程有限公司				
企业地址	上海市外高桥保税区富特北路 133 号四层 A 部位（200131）				
投资总额	20 万 USD	电　　话	58682266	传　　真	58683368
设立日期	2004-12-2	负 责 人	俞宏东		
主营业务	高压流体泵和增压器、各种流体系统试验台、各种流体泵组的国际贸易。				

企业名称	拜通园国际贸易（上海）有限公司				
企业地址	上海市外高桥保税区日京路 35 号凯兴大楼 1022 室（200131）				
投资总额	20 万 USD	电　　话	65550736	传　　真	
设立日期	2004-12-2	负 责 人	MEYER PIO GIUSEPPE		
主营业务	国际贸易、转口贸易、保税区企业间的贸易及贸易代理。				

企业名称	涅耳玛拉阿维（上海）贸易有限公司				
企业地址	上海市外高桥保税区日京路 35 号 607 室（200131）				
投资总额	7 万 USD	电　　话	54245419	传　　真	54241497
设立日期	2004-12-2	负 责 人	PRAKASH MOHANLAL PANJABI		
主营业务	国际贸易、转口贸易、保税区企业间的贸易及区内贸易代理。				

企业名称	保乐力加（中国）贸易有限公司				
企业地址	上海市湖滨路 222 号企业天地 1 号楼 2001 室（200021）				
投资总额	610 万 USD	电　　话	23011000	传　　真	23011122
设立日期	2004-11-30	负 责 人	PHILIPPE DREANO		
主营业务	从事酒类商品的进出口、批发和佣金代理以及其他相关配套服务。				

企业名称	埃法比国际贸易（上海）有限公司				
企业地址	上海市外高桥保税区冰克路 500 号 246 室（200131）				
投资总额	20 万 USD	电　　话	62351006	传　　真	62099094
设立日期	2004-11-30	负 责 人	JOHANN COOKE		
主营业务	国际贸易、转口贸易、保税区企业间的贸易及贸易代理。				

企业名称	震力世电子贸易（上海）有限公司				
企业地址	上海市外高桥保税区奥纳路 79 号 1 号楼 103 室（200131）				
投资总额	20 万 USD	电　　话	58667319	传　　真	
设立日期	2004-11-30	负 责 人	萧　狱		
主营业务	国际贸易、转口贸易、保税区企业间的贸易及贸易代理。				

企业名称	京势机（上海）国际贸易有限公司				
企业地址	上海市外高桥保税区冰克路 500 号 248 室（200131）				
投资总额	6.5 万 USD	电　　话	54038522	传　　真	54038525
设立日期	2004-11-2	负 责 人	土井善夫		
主营业务	国际贸易、转口贸易、保税区企业间的贸易及区内贸易代理。				

企业名称	上海泰丝龙国际贸易有限公司				
企业地址	上海市外高桥保税区泰谷路 88 号 660 室（200131）				
投资总额	7 万 USD	电　　话	62381177	传　　真	52162116
设立日期	2004-11-2	负 责 人	KIM YOUNG JIN		
主营业务	国际贸易、转口贸易、保税区企业间的贸易及区内贸易代理。				

企业名称	吉美艾国际贸易（上海）有限公司				
企业地址	上海市外高桥保税区冰克路 500 号 250 室（200131）				
投资总额	50 万 USD	电　　话	61031555	传　　真	61031588
设立日期	2004-11-23	负 责 人	MENASA NOEL		
主营业务	国际贸易、转口贸易、保税区内企业间的贸易及贸易代理。				

企业名称	北点国际贸易（上海）有限公司				
企业地址	上海市外高桥保税区奥纳路 79 号 108 室（200131）				
投资总额	20 万 USD	电　　话	63862188	传　　真	63862199
设立日期	2004-11-23	负 责 人	林伟勋		
主营业务	国际贸易、转口贸易、保税区内企业间的贸易及贸易代理。				

企业名称	杰希凯（上海）国际贸易有限公司				
企业地址	上海市外高桥保税区新灵路 118 号 802A 室（200131）				
投资总额	20 万 USD	电　　话	62581881	传　　真	62581995
设立日期	2004-11-23	负 责 人	斋藤青云		
主营业务	国际贸易、转口贸易、保税区内企业间的贸易及贸易代理。				

企业名称	星青国际贸易（上海）有限公司				
企业地址	上海市外高桥保税区加枫路 28 号新康 2 号楼 6 层 2630 室（200131）				
投资总额	6.5 万 USD	电　话	58400667	传　真	58799791
设立日期	2004-11-23	负 责 人	刘志武		
主营业务	国际贸易、转口贸易、保税区企业间的贸易及区内贸易代理。				

企业名称	五十铃汽车工程柴油机贸易（上海）有限公司				
企业地址	上海市外高桥保税区基隆路 6 号 1404 室（200131）				
投资总额	50 万 USD	电　话	62368395	传　真	62368392
设立日期	2004-11-19	负 责 人	德永俊一		
主营业务	从事柴油机及相关产品为主的国际贸易、转口贸易。				

企业名称	旭皓珠国际贸易（上海）有限公司				
企业地址	上海市外高桥保税区奥纳路 79 号 104 室（200131）				
投资总额	20 万 USD	电　话	58394166	传　真	
设立日期	2004-11-19	负 责 人	林正旭		
主营业务	国际贸易、转口贸易、保税区企业间的贸易及贸易代理。				

企业名称	明格鲁国际贸易（上海）有限公司				
企业地址	上海市外高桥保税区富特西一路 139 号 1410 室（200131）				
投资总额	7.21 万 USD	电　话	61009361	传　真	61009362
设立日期	2004-11-16	负 责 人	CHRISTIAN HIRT		
主营业务	国际贸易、转口贸易、保税区企业间的贸易及贸易代理。				

企业名称	速博光学设备国际贸易（上海）有限公司				
企业地址	上海市外高桥保税区泰谷路 88 号第 6 层 676 室（200131）				
投资总额	20 万 USD	电　话	63756777	传　真	63756959
设立日期	2004-11-16	负 责 人	KATHLEEN IVERSON		
主营业务	从事高科技光学检测设备、仪器及其软硬件研究、设计、开发。				

企业名称	佐野初精工贸易（上海）有限公司				
企业地址	上海市外高桥保税区日京路 38 号 129 室（200131）				
投资总额	20 万 USD	电　话	64156590	传　真	64156591
设立日期	2004-11-16	负 责 人	佐野初宏		
主营业务	国际贸易、转口贸易、保税区企业间的贸易及贸易代理。				

企业名称	嘉烨弘国际贸易（上海）有限公司				
企业地址	上海市外高桥保税区富特北路 458 号 2 号楼 402 室（200131）				
投资总额	10 万 USD	电　话	51095199	传　真	51113431
设立日期	2004-11-15	负 责 人	蔡剑虹		
主营业务	国际贸易、转口贸易、保税区企业间的贸易及贸易代理。				

企业名称	康普艾国际贸易（上海）有限公司				
企业地址	上海市外高桥保税区华京路 8 号 802 室（200131）				
投资总额	20 万 USD	电　话	67740505	传　真	67742347
设立日期	2004-11-15	负 责 人	DAVID FISHER		
主营业务	国际贸易、转口贸易、保税区企业间的贸易及贸易代理。				

企业名称	灿晔合成科技贸易（上海）有限公司				
企业地址	上海市外高桥保税区日京路 2 号 302 室（200131）				
投资总额	20 万 USD	电　话	62196135	传　真	62196157
设立日期	2004-11-12	负 责 人	黑田健宗		
主营业务	国际贸易、转口贸易、保税区企业间的贸易及贸易代理。				

企业名称	晶碧国际贸易（上海）有限公司				
企业地址	上海市外高桥保税区加枫路 28 号 2632 室（200131）				
投资总额	14 万 USD	电　话	62785726	传　真	62785827
设立日期	2004-11-12	负 责 人	黄春宝		
主营业务	国际贸易、转口贸易、保税区企业间的贸易及贸易代理。				

企业名称	佶相国际贸易（上海）有限公司				
企业地址	上海市外高桥保税区冰克路 500 号 244 室（200131）				
投资总额	20 万 USD	电　话	54407095	传　真	
设立日期	2004-11-10	负 责 人	LEE KIL SANG		
主营业务	国际贸易、转口贸易、保税区企业间的贸易及区内贸易代理。				

企业名称	马克西高帝贸易（上海）有限公司				
企业地址	上海市外高桥保税区日京路 2 号 313 室（200131）				
投资总额	6.2 万 USD	电　话	62313484	传　真	62313484
设立日期	2004-11-9	负 责 人	JENN JACANES GODET		
主营业务	国际贸易、转口贸易、保税区企业间的贸易、区内贸易代理。				

企业名称	西村高技贸易（上海）有限公司				
企业地址	上海市外高桥保税区日京路 2 号 305 室（200131）				
投资总额	2000 万日元	电　话	68411008	传　真	50663589
设立日期	2004-11-8	负 责 人	西村文一		
主营业务	国际贸易、转口贸易、保税区企业间的贸易及贸易代理。				

企业名称	硅新国际贸易（上海）有限公司				
企业地址	上海市外高桥保税区日京路 2 号 213 室（200131）				
投资总额	6.09 万 USD	电　话	51377338	传　真	51377339
设立日期	2004-11-8	负 责 人	KLAUS FILDMEIER		
主营业务	国际贸易、转口贸易、保税区企业间的贸易及贸易代理。				

企业名称	高仕印国际贸易（上海）有限公司				
企业地址	上海市外高桥保税区华京路 8 号 525 室（200131）				
投资总额	20 万 USD	电　话	52400520	传　真	62133676
设立日期	2004-11-8	负 责 人	JOCHEN DIETER MEISSNER		
主营业务	国际贸易、转口贸易、保税区企业间的贸易及贸易代理。				

企业名称	盛科电子国际贸易（上海）有限公司				
企业地址	上海市外高桥保税区日京路 35 号凯兴大楼 1020 室（200131）				
投资总额	20 万 USD	电　话	64320077	传　真	54261568
设立日期	2004-11-8	负 责 人	郑安德		
主营业务	国际贸易、转口贸易、保税区企业间的贸易及贸易代理。				

企业名称	凯迩必贸易（上海）有限公司				
企业地址	上海市外高桥保税区加枫路 28 号新康 2 号楼 2427 室（200131）				
投资总额	100 万 USD	电　话	62119299	传　真	52379001
设立日期	2004-11-4	负 责 人	小原克马		
主营业务	国际贸易、转口贸易、保税区企业间的贸易及贸易代理。				

企业名称	兆华光电国际贸易（上海）有限公司				
企业地址	上海市外高桥保税区日京路 35 号凯兴大厦 1011 室（200131）				
投资总额	20 万 USD	电　话	34319990	传　真	33580085
设立日期	2004-11-4	负 责 人	林纪良		
主营业务	国际贸易、转口贸易、保税区内企业间的贸易及区内贸易代理。				

企业名称	南袋国际贸易（上海）有限公司				
企业地址	上海市外高桥保税区新灵路 118 号 1712B 室（200131）				
投资总额	61 万 USD	电　话	65669651	传　真	65669651
设立日期	2004-11-4	负 责 人	LIM LENAWATI		
主营业务	国际贸易、转口贸易、保税区企业间的贸易；商业性简单加工；商务咨询服务。				

企业名称	宜烁科技贸易（上海）有限公司				
企业地址	上海市外高桥保税区华京路 8 号 530 室（200131）				
投资总额	6.3 万 USD	电　话	50581672	传　真	
设立日期	2004-11-4	负 责 人	王志红		
主营业务	保税区内以科技产品为主的国际贸易、转口贸易、企业间的贸易。				

企业名称	上海瑞表钟表贸易有限公司				
企业地址	上海市天钥桥路 30 号美罗大厦 508 单元（200030）				
投资总额	50 万 USD	电　话	64267968	传　真	64267969
设立日期	2004-11-3	负 责 人	陈素贞		
主营业务	钟表及其零配件、首饰（包括金、银、珠宝、钻石首饰）等的国际贸易。				

企业名称	大鲜一国际贸易（上海）有限公司				
企业地址	上海市外高桥保税区泰谷路 88 号丰谷大厦 677 室（200131）				
投资总额	30 万 USD	电　话	62702486	传　真	
设立日期	2004-11-3	负 责 人	LEE SANG KI		
主营业务	国际贸易、转口贸易、保税区企业间的贸易及区内贸易代理。				

企业名称	魅加威国际贸易（上海）有限公司				
企业地址	上海市外高桥保税区富特西一路 139 号 1301 室（200131）				
投资总额	7 万 USD	电　话	62042080	传　真	
设立日期	2004-10-29	负 责 人	MORDECHAI GUINDI		
主营业务	国际贸易、转口贸易、保税区企业间的贸易及区内贸易代理。				

企业名称	正江国际贸易（上海）有限公司				
企业地址	上海市外高桥保税区泰谷路 88 号 655 室（200131）				
投资总额	6.2 万 USD	电　话	59114110	传　真	69118044
设立日期	2004-10-29	负 责 人	蔡铭祥		
主营业务	国际贸易、转口贸易、保税区企业间的贸易及区内贸易代理。				

企业名称	丰馔国际贸易（上海）有限公司				
企业地址	上海市外高桥保税区台中南路2号119室（200131）				
投资总额	20万USD	电　话	52354105	传　真	52354025
设立日期	2004-10-28	负责人	林雨鑫		
主营业务	国际贸易、转口贸易、保税区内企业间的贸易及区内贸易代理。				

企业名称	上海康菱欧贸易有限公司				
企业地址	上海市外高桥保税区杨高北路2005号新易楼235室（200131）				
投资总额	25万USD	电　话	64731570	传　真	
设立日期	2004-10-28	负责人	JACQUES PIERRA VION		
主营业务	国际贸易、转口贸易、保税区企业间的贸易及区内贸易代理。				

企业名称	奥斯比利克国际贸易（上海）有限公司				
企业地址	上海市外高桥保税区富特西一路459号A座205室（200131）				
投资总额	200万USD	电　话	52402568	传　真	52402268
设立日期	2004-10-28	负责人	吴子良		
主营业务	国际贸易、转口贸易、保税区企业间的贸易及区内贸易代理。				

企业名称	艾森戈尔国际贸易（上海）有限公司				
企业地址	上海市外高桥保税区新灵路118号901B室（200131）				
投资总额	20万USD	电　话	32033747	传　真	32038747
设立日期	2004-10-28	负责人	CRAIG GORE		
主营业务	国际贸易、转口贸易、保税区企业间的贸易及区内贸易代理。				

企业名称	雅马哈发动机商贸（上海）有限公司				
企业地址	上海市闵行区紫竹科学园区剑川路468号（201109）				
投资总额	370万USD	电　话	61612900	传　真	61612971
设立日期	2004-10-27	负责人	柳弘之		
主营业务	进出口及批发雅马哈发动机。				

企业名称	上海率得国际贸易有限公司				
企业地址	上海市外高桥保税区杨高北路2005号新易楼222室（200131）				
投资总额	20万USD	电　话	62402080	传　真	
设立日期	2004-10-26	负责人	EBERHARD FRIEDRICH LEIDL		
主营业务	国际贸易、转口贸易、保税区企业间的贸易及贸易代理。				

企业名称	上海凯音国际贸易有限公司				
企业地址	上海市外高桥保税区日京路79号3层C部位（200131）				
投资总额	1亿日元	电　话	29568880	传　真	67158446
设立日期	2004-10-26	负责人	狩野靖夫		
主营业务	以化工产品为主的仓储、分拨业务；国际贸易、保税区内企业间的贸易。				

企业名称	史泰博商贸有限公司				
企业地址	上海市长宁区广顺路33号B南四楼（200335）				
投资总额	1700万USD	电　话	62783063	传　真	62783063
设立日期	2004-10-21	负责人	金卫国		
主营业务	通过电视、电话、邮购出售计算机硬件和软件、通讯设备、五金交电。				

企业名称	立安东化工国际贸易（上海）有限公司				
企业地址	上海市外高桥保税区日京路2号111室（200131）				
投资总额	16万USD	电　话	52066299	传　真	
设立日期	2004-10-21	负责人	林秀桤		
主营业务	以化工产品为主（不含危险品）的国际贸易、转口贸易。				

企业名称	统耐保（上海）国际贸易有限公司				
企业地址	上海市外高桥保税区冰克路500号232室（200131）				
投资总额	90万USD	电　话	62173001	传　真	
设立日期	2004-10-21	负责人	KARL HEINZ WINTER		
主营业务	国际贸易、外高桥保税区企业间的贸易、转口贸易和贸易代理。				

企业名称	康得克国际贸易（上海）有限公司				
企业地址	上海市外高桥保税区基隆路1号汤臣国际贸易大楼塔楼7层（200131）				
投资总额	20万USD	电　话	62744051	传　真	62744051
设立日期	2004-10-21	负责人	JOHN S. MC BRIDE JR		
主营业务	国际贸易、转口贸易、保税区企业间的贸易及保税区内贸易代理。				

企业名称	上海希艾特国际贸易有限公司				
企业地址	上海市外高桥保税区富特北路201号405室（200131）				
投资总额	40万USD	电　话	62576322	传　真	62577550
设立日期	2004-10-21	负责人	PATRICK PX LIU		
主营业务	国际贸易、转口贸易、保税区企业间的贸易及代理。				

企业名称	通轴国际贸易（上海）有限公司				
企业地址	上海市外高桥保税区加枫路28号新康2号楼5层2525室（200131）				
投资总额	20万USD	电　话	64264611	传　真	64264911
设立日期	2004-10-20	负责人	DAVID GUSSACK		
主营业务	国际贸易、转口贸易、保税区企业间的贸易及保税区内贸易代理。				

企业名称	德姆信国际贸易（上海）有限公司				
企业地址	上海市外高桥保税区泰谷路88号632室（200131）				
投资总额	20万USD	电　话	64480291	传　真	
设立日期	2004-10-15	负责人	CHRISTOPH THOMA		
主营业务	国际贸易、转口贸易、保税区内企业间的贸易及贸易代理。				

企业名称	茵康博智医材贸易（上海）有限公司				
企业地址	上海市外高桥保税区泰谷路88号六层635室（200131）				
投资总额	6.07万USD	电　话	68763740	传　真	68763743
设立日期	2004-10-15	负责人	NICHOLAS W ANG		
主营业务	以医疗器材为主的国际贸易、转口贸易、保税区企业间的贸易。				

企业名称	大洋兴产贸易（上海）有限公司				
企业地址	上海市外高桥保税区奥纳路79号508室（200131）				
投资总额	20万USD	电　话	63862188	传　真	63862199
设立日期	2004-10-15	负责人	佐藤耕平		
主营业务	国际贸易、转口贸易、保税区企业间的贸易及贸易代理。				

企业名称	斗瑞贸易（上海）有限公司				
企业地址	上海市外高桥保税区奥纳路79号1号楼324室（200131）				
投资总额	6.1万USD	电　话	68881813	传　真	58794537
设立日期	2004-10-15	负责人	赵光万		
主营业务	国际贸易、转口贸易、保税区内企业间的贸易及贸易代理。				

企业名称	丰锦国际贸易（上海）有限公司				
企业地址	上海市外高桥保税区杨高北路2005号新易楼128室（200131）				
投资总额	300万USD	电　话	61621199	传　真	68877558
设立日期	2004-10-15	负责人	林承恩		
主营业务	国际贸易、转口贸易、保税区企业间的贸易及区内贸易代理。				

企业名称	韩工塑料贸易（上海）有限公司				
企业地址	上海市外高桥保税区冰克路500号221室（200131）				
投资总额	35万USD	电　话	62371972	传　真	62371803
设立日期	2004-10-15	负责人	KANG JIN SOO		
主营业务	保税区内以塑料原料为主的国际贸易、转口贸易、保税区内企业间的贸易。				

企业名称	千泰国际贸易（上海）有限公司				
企业地址	上海市外高桥保税区泰谷路88号丰谷大厦653室（200131）				
投资总额	20万USD	电　话	68547107	传　真	68547607
设立日期	2004-10-15	负责人	刘又诚		
主营业务	国际贸易、转口贸易、保税区企业间贸易及贸易代理。				

企业名称	世坦通（上海）贸易有限公司				
企业地址	上海市外高桥保税区新灵路80号1号商务楼309室（200131）				
投资总额	6.2万USD	电　话	62128822	传　真	52392812
设立日期	2004-10-15	负责人	DAVID R. FROKER		
主营业务	国际贸易、转口贸易、保税区企业间的贸易及区内贸易代理。				

企业名称	仙弓国际贸易（上海）有限公司				
企业地址	上海市外高桥保税区杨高北路2005号新易楼233室（200131）				
投资总额	20万USD	电　话	52683187	传　真	52683187
设立日期	2004-10-15	负责人	三品信敏		
主营业务	国际贸易、转口贸易、保税区内企业间的贸易及贸易代理。				

企业名称	鸭都喇利贸易（上海）有限公司				
企业地址	上海市外高桥保税区奥纳路79号1号楼322室（200131）				
投资总额	20万USD	电　话	55238870	传　真	62119591
设立日期	2004-10-15	负责人	杨志荣		
主营业务	国际贸易、转口贸易、保税区企业间的贸易及贸易代理。				

企业名称	银奥涞国际贸易（上海）有限公司				
企业地址	上海市外高桥保税区泰谷路88号710室（200131）				
投资总额	6.2万USD	电　话	58681798	传　真	58681798
设立日期	2004-10-15	负责人	忻国昌		
主营业务	国际贸易、转口贸易、保税区企业间的贸易及区贸易代理。				

企业名称	麦珂尔油墨国际贸易（上海）有限公司				
企业地址	上海市外高桥保税区富特北路 458 号 2 号楼 419 室（200131）				
投资总额	100 万 USD	电话	64477878	传真	
设立日期	2004-10-15	负责人	CHETAN NAIK		
主营业务	以油墨产品为主的国际贸易、转口贸易、保税区企业间的贸易。				

企业名称	住友电工硬质合金贸易（上海）有限公司				
企业地址	上海市长宁区延安西路 2201 号 2001 室（200336）				
投资总额	36.27 万 USD	电话	52381199	传真	52381199
设立日期	2004-10-12	负责人	横泽和司		
主营业务	硬质合金类产品、立方氮化硼工具、金刚石工具为主的磨削及切削刀具。				

企业名称	惠尔丰贸易（上海）有限公司				
企业地址	上海市延安西路 726 号华敏翰尊国际大厦 24C 室（200050）				
投资总额	76 万 USD	电话	52375599	传真	52392525
设立日期	2004-10-11	负责人	JIMMY QUAKE		
主营业务	国际贸易、转口贸易、保税区企业间的贸易及贸易代理。				

企业名称	业睦国际贸易（上海）有限公司				
企业地址	上海市外高桥保税区冰克路 500 号 227 室（200131）				
投资总额	20 万 USD	电话	38950010	传真	58951160
设立日期	2004-10-11	负责人	LIM TOCK YEN		
主营业务	国际贸易、转口贸易、保税区企业间的贸易代理。				

企业名称	永田五光国际贸易（上海）有限公司				
企业地址	上海市外高桥保税区基隆路 1 号 727 室（200131）				
投资总额	20 万 USD	电话	63601527	传真	63601608
设立日期	2004-10-11	负责人	永田修平		
主营业务	国际贸易、转口贸易、保税区企业间的贸易及贸易代理。				

企业名称	帝艾（上海）国际贸易有限公司				
企业地址	上海市外高桥保税区泰谷路 88 号 651 室（200131）				
投资总额	20 万 USD	电话	55386932	传真	55386325
设立日期	2004-10-11	负责人	LIM KYONG JAE		
主营业务	国际贸易、转口贸易、保税区企业间贸易及区内贸易代理。				

企业名称	雅斯依国际贸易（上海）有限公司				
企业地址	上海市外高桥保税区加枫路 28 号新康 2 号楼 2518 室（200131）				
投资总额	10 万 USD	电话	63452969	传真	63452967
设立日期	2004-10-10	负责人	安井惰之		
主营业务	国际贸易、转口贸易、保税区企业间的贸易代理，保税区内商业性简单加工。				

企业名称	洛山赅周武国际贸易（上海）有限公司				
企业地址	上海市外高桥保税区日京路 35 号 608 室（200131）				
投资总额	126 万 USD	电话	63258787	传真	63641950
设立日期	2004-10-10	负责人	ZHU SAHNG JULIO		
主营业务	国际贸易、转口贸易、保税区企业间的贸易及区内贸易代理。				

企业名称	尼亚拉国际贸易（上海）有限公司				
企业地址	上海市外高桥保税区台中南路 2 号 132 室（200131）				
投资总额	20 万 USD	电话	64692267	传真	64684080
设立日期	2004-10-10	负责人	BASHIR SAMINU TURAKI		
主营业务	国际贸易、转口贸易、保税区企业间的贸易及贸易代理。				

企业名称	上海冰意念国际贸易有限公司				
企业地址	上海市外高桥保税区冰克路 500 号综合楼 247 室（200131）				
投资总额	6.5 万 USD	电话	34511412	传真	54730580
设立日期	2004-10-10	负责人	陆玲		
主营业务	国际贸易、转口贸易、保税区内企业间的贸易，区内商业性简单加工。				

企业名称	上海凯特希工具贸易有限公司				
企业地址	上海市外高桥保税区奥纳路 55 号 1 号楼 2 层 A 部位（200131）				
投资总额	20 万 USD	电话	62836005	传真	62945640
设立日期	2004-10-10	负责人	宇城邦英		
主营业务	保税区内以各类手动、电动、气动、汽车维修工具、飞机维修工具。				

企业名称	上海宝丽妍贸易有限公司				
企业地址	上海市外高桥保税区日京路 35 号凯兴大楼 1028 室（200131）				
投资总额	80 万 USD	电话	64671785	传真	
设立日期	2004-10-9	负责人	田代真		
主营业务	国际贸易、转口贸易、保税区企业间的贸易及贸易代理。				

企业名称	上海上广升贸易有限公司				
企业地址	上海市外高桥保税区泰谷路 169 号 A 座 1102 室（200131）				
投资总额	20 万 USD	电话	51501588	传真	51501566
设立日期	2004-10-9	负责人	吴玉成		
主营业务	国际贸易、转口贸易、保税区内企业间的贸易及贸易代理。				

企业名称	安埃鲁国际贸易（上海）有限公司				
企业地址	上海市外高桥保税区泰谷路 88 号 657 室（200131）				
投资总额	10 万 USD	电话	62661096	传真	62661095
设立日期	2004-10-9	负责人	ANDREW ZHIQIANG HU		
主营业务	国际贸易、转口贸易、保税区企业间贸易及区内贸易代理。				

企业名称	爱立许（上海）国际贸易有限公司				
企业地址	上海市外高桥保税区奥纳路 79 号 1 号楼 327 室（200131）				
投资总额	20 万 USD	电话	57686070	传真	57686428
设立日期	2004-10-8	负责人	PAUL EIBICH		
主营业务	国际贸易、转口贸易、保税区内企业间的贸易及贸易代理。				

企业名称	迈坤国际贸易（上海）有限公司				
企业地址	上海市外高桥保税区新灵路 118 号 512B 室（200131）				
投资总额	20 万 USD	电话	62472388	传真	62474064
设立日期	2004-10-8	负责人	茂木修		
主营业务	国际贸易、转口贸易、保税区企业间贸易及区内贸易代理。				

企业名称	耶源国际贸易（上海）有限公司				
企业地址	上海市外高桥保税区泰谷路 88 号 656 室（200131）				
投资总额	20 万 USD	电话	64692267	传真	64684080
设立日期	2004-10-8	负责人	WINARDI SETIAPUTRA（钟伟南）		
主营业务	国际贸易、转口贸易、保税区企业间贸易及区内贸易代理。				

企业名称	帕蒂钮国际贸易（上海）有限公司				
企业地址	上海市外高桥保税区杨高北路 2005 号新易楼 110 室（200131）				
投资总额	37 万 USD	电话	64400809	传真	64400785
设立日期	2004-9-29	负责人	陈士弘		
主营业务	国际贸易、转口贸易、保税区企业间的贸易及贸易代理。				

企业名称	鼎麒贸易（上海）有限公司				
企业地址	上海市外高桥保税区泰谷路 88 号 639 室（200131）				
投资总额	20 万 USD	电话	62783706	传真	62098327
设立日期	2004-9-28	负责人	黄素惠		
主营业务	国际贸易，转口贸易，保税区企业间的贸易及贸易代理。				

企业名称	伊罗奇国际贸易（上海）有限公司				
企业地址	上海市外高桥保税区英伦路 38 号衡山国际商务楼 3 层 314 室(200131)				
投资总额	20 万 USD	电话	64484800	传真	64484801
设立日期	2004-9-28	负责人	FLAMENT GUY MICHEL M		
主营业务	国际贸易、转口贸易、保税区内企业间的贸易及区内贸易代理。				

企业名称	拉督曼国际贸易（上海）有限公司				
企业地址	上海市外高桥保税区富特西一路 459 号 A204 室（200131）				
投资总额	20 万 USD	电话	63550900	传真	63550700
设立日期	2004-9-28	负责人	ABD RAHMAN BIN IBRAHIM		
主营业务	国际贸易、转口贸易、保税区企业间的贸易及贸易代理，区内贸易咨询服务。				

企业名称	高仓国际贸易（上海）有限公司				
企业地址	上海市外高桥保税区日京路 79 号 4 层 C 部位（200131）				
投资总额	50 万 USD	电话	64180625	传真	
设立日期	2004-9-28	负责人	高镇国		
主营业务	以化工产品为主的仓储、分拨业务；国际贸易、转口贸易、商务咨询服务。				

企业名称	极速骑板贸易（上海）有限公司				
企业地址	上海市外高桥保税区加枫路 28 号 2607 室（200131）				
投资总额	20 万 USD	电话	64372211	传真	64713306
设立日期	2004-9-27	负责人	刘克辉		
主营业务	国际贸易、转口贸易、保税区内企业间贸易及贸易代理，区内商务咨询服务。				

企业名称	上海宝舜鼎国际贸易有限公司				
企业地址	上海市外高桥保税区泰谷路 88 号 643 室（200131）				
投资总额	100 万 USD	电话	62108989	传真	62262117
设立日期	2004-9-24	负责人	卢博昭		
主营业务	国际贸易、转口贸易、保税区企业间的贸易及贸易代理；区内商务咨询服务。				

企业名称	西山贸易（上海）有限公司				
企业地址	上海市外高桥保税区泰谷路 88 号 627 室（200131）				
投资总额	50 万 USD	电　话	64737916	传　真	64738916
设立日期	2004-9-24	负 责 人	西山博务		
主营业务	国际贸易、转口贸易、保税区内企业间的贸易及贸易代理；区内商业性简单加工。				

企业名称	希勃伦国际贸易（上海）有限公司				
企业地址	上海市外高桥保税区新灵路 118 号 1505B 室（200131）				
投资总额	20 万 USD	电　话	58318418	传　真	58311366
设立日期	2004-9-24	负 责 人	MIEDEMA SIJBREN		
主营业务	国际贸易、转口贸易、保税区内企业间贸易及贸易代理；保税区内商务咨询服务。				

企业名称	上海小林勇国际贸易有限公司				
企业地址	上海市外高桥保税区奥纳路 79 号 1#楼 323 室（200131）				
投资总额	20 万 USD	电　话	52906840	传　真	52906842
设立日期	2004-9-23	负 责 人	小林洁		
主营业务	国际贸易、转口贸易、保税区企业间贸易及贸易代理；保税区内商业性简单加工。				

企业名称	尤尼吉可（上海）贸易有限公司				
企业地址	上海市外高桥保税区华京路 8 号 719 室（200131）				
投资总额	36 万 USD	电　话	61268585	传　真	61268989
设立日期	2004-9-22	负 责 人	丰田明生		
主营业务	国际贸易、转口贸易、保税区企业间的贸易及贸易代理；保税区内商务咨询服务。				

企业名称	鹤见（上海）贸易有限公司				
企业地址	上海市外高桥保税区富特西一路 139 号 1329 室（200131）				
投资总额	30 万 USD	电　话	64326010	传　真	64326013
设立日期	2004-9-21	负 责 人	OSAMU TSUJIMOTO		
主营业务	国际贸易、转口贸易、保税区企业间的贸易及保税区内贸易代理。				

企业名称	亨氏国际贸易（上海）有限公司				
企业地址	上海市外高桥保税区基隆路 1 号汤臣国际贸易大楼 1101-2 室（200131）				
投资总额	45 万 USD	电　话	68870202	传　真	68870202
设立日期	2004-9-21	负 责 人	GADSDEN DONALD REGIN		
主营业务	国际贸易、转口贸易、保税区企业间的贸易及区内贸易代理；区内商务咨询服务。				

企业名称	达伯埃国际贸易（上海）有限公司				
企业地址	上海市外高桥保税区日京路 38 号主楼 123 室（200131）				
投资总额	20 万 USD	电　话	63297325	传　真	63297387
设立日期	2004-9-21	负 责 人	徐崇真		
主营业务	国际贸易、转口贸易、保税区企业间的贸易及贸易代理；区内贸易咨询服务。				

企业名称	新世界百货（中国）有限公司				
企业地址	上海市四川北路 1688 号（200080）				
投资总额	5000 万人民币	电　话	63095178	传　真	63095177
设立日期	2004-9-21	负 责 人	郑家纯		
主营业务	商业零售（包括代销、寄售）经营，包括：综合百货，化妆品等。				

企业名称	上海松尾贸易有限公司				
企业地址	上海市外高桥保税区冰克路 500 号综合楼二层 209 室（200131）				
投资总额	20 万 USD	电　话	62491997	传　真	62493231
设立日期	2004-9-21	负 责 人	松尾俊彦		
主营业务	国际贸易、转口贸易、保税区企业间的贸易及贸易代理，保税区内贸易咨询。				

企业名称	上海希奥睿国际贸易有限公司				
企业地址	上海市外高桥保税区基隆路 1 号汤臣国贸大楼 418 室（200131）				
投资总额	20 万 USD	电　话	51018866	传　真	51018996
设立日期	2004-9-21	负 责 人	佐佐木力		
主营业务	国际贸易、转口贸易、保税区企业间的贸易及贸易代理；区内商务咨询服务。				

企业名称	嘉廷富贸易（上海）有限公司				
企业地址	上海市外高桥保税区泰谷路 88 号 641 室（200131）				
投资总额	20 万 USD	电　话	52987612	传　真	52987712
设立日期	2004-9-17	负 责 人	ANTHONY DAVID LEWIS		
主营业务	国际贸易、转口贸易、保税区企业间贸易及贸易代理，区内商务咨询服务。				

企业名称	冷研（上海）贸易有限公司				
企业地址	上海市外高桥保税区日京路 38 号主楼一层 126 室（200131）				
投资总额	20 万 USD	电　话	54428061	传　真	54426779
设立日期	2004-9-17	负 责 人	高损雅博		
主营业务	国际贸易、转口贸易、保税区企业间的贸易及贸易代理；区内商业性简单加工。				

企业名称	怡兹国际贸易（上海）有限公司				
企业地址	上海市外高桥保税区冰克路 500 号 226 室（200131）				
投资总额	20 万 USD	电　话	56960013	传　真	56962285
设立日期	2004-9-17	负 责 人	CHARLES OBIDIGBO EZUGHA		
主营业务	以纺织、日用品、服饰装饰用品为主的国际贸易、转口贸易、区内贸易咨询服务。				

企业名称	晟星威（上海）贸易有限公司				
企业地址	上海市外高桥保税区杨高北路 2001 号市场商务楼 406 室（200131）				
投资总额	20 万 USD	电　话	62492708	传　真	62492709
设立日期	2004-9-16	负 责 人	LEE TIAN HOCK		
主营业务	国际贸易、转口贸易、保税区企业间的贸易及贸易代理，保税区内商务咨询服务。				

企业名称	珠尼（上海）国际贸易有限公司				
企业地址	上海市外高桥保税区泰谷路 88 号 638 室（200131）				
投资总额	8 万 USD	电　话	50462599	传　真	50462599
设立日期	2004-9-16	负 责 人	KIM DEA SEB		
主营业务	国际贸易、转口贸易、保税区企业间的贸易及保税区内贸易代理。				

企业名称	上海瑞美调色设备有限责任公司				
企业地址	上海市外高桥保税区日京路 180 号 69 号厂房第二层 B 部位（200131）				
投资总额	21 万 USD	电　话	58662293	传　真	
设立日期	2004-9-9	负 责 人	VACCHIANO THOMAS JOSEPH		
主营业务	保税区内生产、组装和开发颜色测色、管理、控制、模拟、显示和数字成像产品。				

企业名称	其士科技贸易（上海）有限公司				
企业地址	上海市外高桥保税区泰谷路 88 号 706 室（200131）				
投资总额	20 万 USD	电　话	61196969	传　真	61196968
设立日期	2004-9-7	负 责 人	杨广亮		
主营业务	国际贸易、转口贸易、保税区企业间贸易及保税区内贸易代理。				

企业名称	多美玩具贸易（上海）有限公司				
企业地址	上海市外高桥保税区日京路 2 号 303 室（200131）				
投资总额	75 万 USD	电　话	62362441	传　真	62362429
设立日期	2004-9-6	负 责 人	高桥勇		
主营业务	国际贸易、转口贸易、保税区企业间的贸易及贸易代理，商务咨询服务。				

企业名称	库博（上海）轮胎贸易有限公司				
企业地址	上海市外高桥保税区美盛路 56 号 4#楼 207 室（200131）				
投资总额	20 万 USD	电　话	50581672	传　真	
设立日期	2004-9-6	负 责 人	HAROLD C.MILLER		
主营业务	国际贸易、转口贸易、保税区企业间的贸易及贸易代理，区内贸易咨询服务。				

企业名称	赛克汽车国际贸易（上海）有限公司				
企业地址	上海市外高桥保税区加枫路 28 号新康 2 号楼 2616 室（200131）				
投资总额	100 万 USD	电　话	58367384	传　真	58367008
设立日期	2004-9-6	负 责 人	陈伟兴		
主营业务	国际贸易、转口贸易、保税区企业间的贸易及贸易代理；区内商务咨询服务。				

企业名称	上海宜裕藤国际贸易有限公司				
企业地址	上海市外高桥保税区华京路 8 号 532 室（200131）				
投资总额	20 万 USD	电　话	52582255	传　真	62822318
设立日期	2004-9-6	负 责 人	伊藤吾郎		
主营业务	以植物油及其副产品为主的国际贸易、转口贸易、保税区企业间贸易。				

企业名称	寰太芯业国际贸易（上海）有限公司				
企业地址	上海市外高桥保税区日京路 35 号 9033 室（200131）				
投资总额	20 万 USD	电　话	54263512	传　真	54263512
设立日期	2004-9-2	负 责 人	吴雪莲		
主营业务	国际贸易、转口贸易、保税区企业间的贸易及区内贸易代理；区内商务咨询服务。				

企业名称	赤之城（上海）国际贸易有限公司				
企业地址	上海市外高桥保税区富特西一路 139 号 1324 室（200131）				
投资总额	20 万 USD	电　话	52082061	传　真	
设立日期	2004-9-2	负 责 人	SHIBUYA HIROAKI		
主营业务	国际贸易、转口贸易、保税区企业间的贸易及贸易代理，区内贸易咨询服务。				

企业名称	莎特士（上海）国际贸易有限公司				
企业地址	上海市外高桥保税区日京路 35 号 1017 室（200131）				
投资总额	20 万 USD	电　话	63521008	传　真	63522213
设立日期	2004-9-1	负 责 人	JURG BENZ		
主营业务	国际贸易、转口贸易、保税区企业间的贸易及贸易代理，区内商务咨询服务。				

企业名称	上海合愉国际贸易有限公司				
企业地址	上海市外高桥保税区冰克路 500 号 236 室（200131）				
投资总额	20 万 USD	电话	56489936	传真	56489909
设立日期	2004-9-1	负责人	姜卫华		
主营业务	国际贸易、转口贸易、保税区内企业间的贸易及贸易代理。				

企业名称	帕玛国际贸易（上海）有限公司				
企业地址	上海市外高桥保税区泰谷路 88 号 631 室（200131）				
投资总额	20 万 USD	电话	51192520	传真	51192524
设立日期	2004-8-31	负责人	LEE JIN WON		
主营业务	国际贸易、转口贸易、保税区企业间的贸易及区内贸易代理，区内贸易咨询服务。				

企业名称	新柯河贸易（上海）有限公司				
企业地址	上海市外高桥保税区基隆路 6 号 1810 室（200131）				
投资总额	35 万 USD	电话	63916161	传真	
设立日期	2004-8-2	负责人	新川文登		
主营业务	国际贸易、转口贸易、保税区内企业间的贸易、区内商业性简单加工及商务咨询。				

企业名称	法拉利玛莎拉蒂汽车国际贸易（上海）有限公司				
企业地址	上海市长宁区兴义路 8 号万都中心大厦 4702 室（200336）				
投资总额	300 万 USD	电话	58667319	传真	
设立日期	2004-8-27	负责人	李文辉		
主营业务	保税区内以汽车及其零部件为主的国际贸易、转口贸易、企业间的贸易。				

企业名称	盛墙国际贸易（上海）有限公司				
企业地址	上海市外高桥保税区杨高北路 2005 号新易楼 127 室（200131）				
投资总额	20 万 USD	电话	50483019	传真	
设立日期	2004-8-26	负责人	LE ROY THOMPSON JR		
主营业务	国际贸易、转口贸易、保税区内企业间的贸易及贸易代理，区内商务咨询服务。				

企业名称	奥年国际贸易（上海）有限公司				
企业地址	上海市外高桥保税区泰谷路 88 号 666 室（200131）				
投资总额	20 万 USD	电话	62492419	传真	
设立日期	2004-8-26	负责人	沈琴芳		
主营业务	国际贸易、转口贸易、保税区企业间的贸易及区内贸易代理，区内商务咨询服务				

企业名称	鸥日驰（上海）贸易有限公司				
企业地址	上海市外高桥保税区冰克路 500 号 234 室（200131）				
投资总额	20 万 USD	电话	64263383	传真	64263801
设立日期	2004-8-26	负责人	黄伟杰		
主营业务	国际贸易，转口贸易，保税区内企业间的贸易及贸易代理，保税区内商品展示。				

企业名称	上海埃莱夏科贸易有限公司				
企业地址	上海市外高桥保税区奥纳路 79 号 1#楼 506 室（200131）				
投资总额	20 万 USD	电话	63743195	传真	63743199
设立日期	2004-8-26	负责人	江见佳之		
主营业务	国际贸易、转口贸易、保税区企业间的贸易及贸易代理。				

企业名称	上海艾本德生物技术国际贸易有限公司				
企业地址	上海市外高桥保税区富特西一路 155 号 C 楼第三层西部位（200122）				
投资总额	20 万 USD	电话	68760880	传真	50815371
设立日期	2004-8-26	负责人	CLAUS RITFERS		
主营业务	保税区内从事以生物技术产品、医疗器械的国际贸易、转口贸易。				

企业名称	新谦德国际贸易（上海）有限公司				
企业地址	上海市外高桥保税区奥纳路 79 号 321 室（200131）				
投资总额	20 万 USD	电话	50805110	传真	50805761
设立日期	2004-8-26	负责人	杜喜涛 DU XITAO		
主营业务	国际贸易、转口贸易、保税区企业间的贸易及贸易代理，区内商业性简单加工。				

企业名称	汤保伊国际贸易（上海）有限公司				
企业地址	上海市外高桥保税区冰克路 500 号 240 室（200131）				
投资总额	50 万 USD	电话	54223901	传真	54223902
设立日期	2004-8-20	负责人	崔炯鲁		
主营业务	国际贸易、转口贸易、保税区企业间的贸易及贸易代理；保税区内商务咨询服务。				

企业名称	爱宕（上海）国际贸易有限公司				
企业地址	上海市外高桥保税区泰谷路 88 号 705 室（200131）				
投资总额	20 万 USD	电话	58660085	传真	
设立日期	2004-8-20	负责人	爱宕泰男		
主营业务	国际贸易、转口贸易、保税区企业间的贸易及区内贸易代理；区内商务咨询服务。				

企业名称	上海联活国际贸易有限公司				
企业地址	上海市外高桥保税区加枫路 28 号 2615 室（200131）				
投资总额	20 万 USD	电话	62102004	传真	52380497
设立日期	2004-8-20	负责人	权成基		
主营业务	国际贸易、转口贸易、保税区企业间的贸易及区内贸易代理；区内贸易咨询服务。				

企业名称	奈喜诺国际贸易（上海）有限公司				
企业地址	上海市外高桥保税区冰克路 500 号 256 室（200131）				
投资总额	50 万 USD	电话	63181212	传真	
设立日期	2004-8-18	负责人	肖逸华		
主营业务	国际贸易、转口贸易、保税区企业间的贸易及贸易代理；保税区内商品展示。				

企业名称	宏利门贸易（上海）有限公司				
企业地址	上海市外高桥保税区台中南路 2 号新贸楼 327 室（200131）				
投资总额	20 万 USD	电话	52416131	传真	52416130
设立日期	2004-8-13	负责人	西本孝		
主营业务	国际贸易、转口贸易、保税区企业间的贸易及贸易代理；区内商务咨询服务。				

企业名称	摩铎利国际贸易（上海）有限公司				
企业地址	上海市外高桥保税区新灵路 118 号 307A 室（200131）				
投资总额	20 万 USD	电话	52985060	传真	52985060
设立日期	2004-8-13	负责人	RAGUZZONI GIANLUCA		
主营业务	国际贸易、转口贸易、保税区企业间的贸易及区内贸易代理；区内贸易咨询服务。				

企业名称	威群国际贸易（上海）有限公司				
企业地址	上海市外高桥保税区泰谷路 88 号 609 室（200131）				
投资总额	20 万 USD	电话	64400878	传真	64401167
设立日期	2004-8-13	负责人	夏正林		
主营业务	国际贸易、转口贸易、保税区内企业间的贸易及贸易代理；区内商务咨询服务。				

企业名称	上海凯元富国际贸易有限公司				
企业地址	上海市外高桥保税区泰谷路 88 号 672 室（201203）				
投资总额	20 万 USD	电话	50271155	传真	52732677
设立日期	2004-8-13	负责人	刘国庆		
主营业务	国际贸易、转口贸易、保税区企业间的贸易及区内贸易代理；区内商务咨询服务。				

企业名称	上海物位帝国际贸易有限公司				
企业地址	上海市外高桥保税区日京路 2 号 203 室（200131）				
投资总额	20 万 USD	电话	64684193	传真	64696707
设立日期	2004-8-13	负责人	UWE NIEKRAWIETZ		
主营业务	国际贸易、转口贸易、保税区内企业间的贸易及贸易代理；区内商业性简单加工。				

企业名称	瑞穗机电（上海）贸易有限公司				
企业地址	上海市外高桥保税区富特西一路 289 号 A329-330 室（200131）				
投资总额	25 万 USD	电话	64158811	传真	64151211
设立日期	2004-8-10	负责人	日月雅昭		
主营业务	国际贸易、转口贸易、保税区企业间的贸易及区内贸易代理；区内商务咨询服务。				

企业名称	千味贸易（上海）有限公司				
企业地址	上海市外高桥保税区冰克路 500 号 238 室（200131）				
投资总额	20 万 USD	电话	58690812	传真	58690812
设立日期	2004-8-10	负责人	小泽让		
主营业务	国际贸易、转口贸易、保税区内企业间的贸易及贸易代理；区内商品展示。				

企业名称	高桥金属贸易（上海）有限公司				
企业地址	上海市外高桥保税区杨高北路 2001 号市场商务楼 648 室（200131）				
投资总额	20 万 USD	电话	66059456	传真	66059358
设立日期	2004-8-10	负责人	高桥政之		
主营业务	国际贸易、转口贸易、保税区企业间的贸易及贸易代理；区内贸易咨询。				

企业名称	必诺机械国际贸易（上海）有限公司				
企业地址	上海市外高桥保税区基隆路 6 号 1811 室（200131）				
投资总额	20 万 USD	电话	68880013	传真	68880031
设立日期	2004-8-9	负责人	JORG HERMANN GOTFLIEB		
主营业务	以机械产品为主的国际贸易、转口贸易、保税区企业间的贸易及区内贸易代理。				

企业名称	艾和碧（上海）贸易有限公司				
企业地址	上海市外高桥保税区富特西一路 139 号 930 室（200131）				
投资总额	20 万 USD	电话	63374075	传真	63374075
设立日期	2004-8-9	负责人	平沼弘		
主营业务	国际贸易、转口贸易、保税区企业间的贸易及区内贸易代理；保税区内商品展示。				

企业名称	高华仕洋酒贸易（上海）有限公司				
企业地址	上海市外高桥保税区台中南路2号新贸楼172室（200131）				
投资总额	20万USD	电　话	58782851	传　真	58782697
设立日期	2004-8-5	负责人	林永城		
主营业务	以洋酒为主的国际贸易、转口贸易、保税区内企业间的贸易及贸易代理。				

企业名称	思凯特国际贸易（上海）有限公司				
企业地址	上海市外高桥保税区台中南路2号新贸楼173室（200131）				
投资总额	20万USD	电　话	61049225	传　真	61049229
设立日期	2004-8-5	负责人	刘艳丽		
主营业务	国际贸易、转口贸易、保税区内企业间的贸易及贸易代理；区内商务咨询服务。				

企业名称	大昌瑞元铜合金贸易（上海）有限公司				
企业地址	上海市外高桥保税区杨高北路2001号市场商务楼502室（200131）				
投资总额	20万USD	电　话	51879677	传　真	36338050
设立日期	2004-8-5	负责人	CHO SI YOUNG		
主营业务	国际贸易、转口贸易、保税区内企业间的贸易及贸易代理；区内商业性简单加工。				

企业名称	史派洛工业固定器国际贸易（上海）有限公司				
企业地址	上海市外高桥保税区希雅路11号14#楼底层A部位（200131）				
投资总额	50万USD	电　话	50464151	传　真	50461540
设立日期	2004-8-5	负责人	DAVID A .LAFLEUR		
主营业务	以工业固定器等产品为主的保税区内仓储分拨业务及相关产品的售后服务。				

企业名称	矽擎国际贸易（上海）有限公司				
企业地址	上海市外高桥保税区冰克路500号237室（200131）				
投资总额	200万USD	电　话	62076901	传　真	62810790
设立日期	2004-8-5	负责人	李熙俊		
主营业务	国际贸易、转口贸易、保税区内企业间的贸易及贸易代理；区内商务咨询服务。				

企业名称	协立通商（上海）贸易有限公司				
企业地址	上海市外高桥保税区冰克路500号223室（200131）				
投资总额	20万USD	电　话	54662008	传　真	54662030
设立日期	2004-8-3	负责人	芦田健司		
主营业务	国际贸易、转口贸易、保税区企业间的贸易及区内贸易代理；区内贸易咨询服务。				

企业名称	璐彩特国际贸易（上海）有限公司				
企业地址	上海市外高桥保税区台中南路2号新贸楼168室（200131）				
投资总额	20万USD	电　话	53850456	传　真	64268860
设立日期	2004-8-3	负责人	郑徐海		
主营业务	国际贸易、转口贸易、保税区内企业间的贸易及贸易代理；区内商务咨询服务。				

企业名称	博田国际贸易（上海）有限公司				
企业地址	上海市外高桥保税区日京路35号602室（200131）				
投资总额	10万USD	电　话	50894396	传　真	58398158
设立日期	2004-8-3	负责人	田建新		
主营业务	国际贸易、转口贸易、保税区企业间的贸易及区内贸易代理；区内商务咨询服务。				

企业名称	斯咨电贸易（上海）有限公司				
企业地址	上海市外高桥保税区冰克路500号203室（200131）				
投资总额	80万USD	电　话	63917008	传　真	63917372
设立日期	2004-8-3	负责人	松崎总一郎		
主营业务	国际贸易、转口贸易、保税区企业间的贸易及区内贸易代理；区内贸易咨询服务。				

企业名称	赫誉国际贸易（上海）有限公司				
企业地址	上海市外高桥保税区日京路2号107室（200131）				
投资总额	20万USD	电　话	62818441	传　真	62818443
设立日期	2004-8-3	负责人	KARL JOSEF HOCHSTEIN		
主营业务	国际贸易、转口贸易、区内商业性简单加工。				

企业名称	雷莫贸易（上海）有限公司				
企业地址	上海市外高桥保税区日京路2号103室（200131）				
投资总额	40万瑞士法郎	电　话	50395366	传　真	50395266
设立日期	2004-7-26	负责人	ALEXANDRE PESCI		
主营业务	国际贸易、转口贸易、保税区内企业间的贸易及贸易代理；区内商务咨询服务。				

企业名称	上海久光百货有限公司				
企业地址	上海市南京西路1618号（200040）				
投资总额	620万USD	电　话	32174838	传　真	62882702
设立日期	2004-7-26	负责人	刘銮鸿		
主营业务	百货、商品零售（包括食品、副食品、粮油及制品、工艺饰品、金银饰品、建材）。				

企业名称	上海梅特鲁国际贸易有限公司				
企业地址	上海市外高桥保税区富特西一路139号1328室（200131）				
投资总额	20万USD	电　话	58667319	传　真	58667319
设立日期	2004-7-26	负责人	毛利裕		
主营业务	国际贸易、转口贸易、保税区内企业间的贸易及贸易代理；区内商务咨询服务。				

企业名称	维多家国际贸易（上海）有限公司				
企业地址	上海市外高桥保税区日京路38号116室（200131）				
投资总额	20万USD	电　话	51962822	传　真	51962823
设立日期	2004-7-23	负责人	CYNTHIA POA KHENG BEE		
主营业务	国际贸易、转口贸易、保税区内企业间的贸易及贸易代理；区内商业性简单加工。				

企业名称	国精工业（上海）贸易有限公司				
企业地址	上海市外高桥保税区美桂北路317号第四层A部位（200131）				
投资总额	20万USD	电　话	64400148	传　真	64400276
设立日期	2004-7-23	负责人	保各和平		
主营业务	保税区内以压缩机、工业机械、电机及零部件为主的仓储、分拨业务。				

企业名称	恒轮机床贸易（上海）有限公司				
企业地址	上海市外高桥保税区新灵路80号307室（200131）				
投资总额	25万USD	电　话	52080485	传　真	52080495
设立日期	2004-7-23	负责人	BERNDT HELLER		
主营业务	国际贸易、转口贸易、保税区内企业间的贸易及贸易代理；区内贸易咨询服务。				

企业名称	通英盛国际贸易（上海）有限公司				
企业地址	上海市外高桥保税区台中南路2号新贸楼174室（200131）				
投资总额	30万USD	电　话	62471930	传　真	62473623
设立日期	2004-7-23	负责人	吴地泉		
主营业务	国际贸易、转口贸易、保税区内企业间的贸易及贸易代理；区内商务咨询服务。				

企业名称	福集莱泰库斯（上海）贸易有限公司				
企业地址	上海市外高桥保税区泰谷路88号620室（200131）				
投资总额	30万USD	电　话	32201596	传　真	62123532
设立日期	2004-7-22	负责人	冈本良彦		
主营业务	国际贸易、转口贸易、保税区内企业间的贸易及贸易代理；区内商业性简单加工。				

企业名称	高沪（上海）贸易有限公司				
企业地址	上海市外高桥保税区台中南路2号新贸楼171室（200131）				
投资总额	20万USD	电　话	54491597	传　真	54477397
设立日期	2004-7-22	负责人	陈水哞		
主营业务	国际贸易、转口贸易、保税区内企业间的贸易及贸易代理；区内贸易咨询服务。				

企业名称	上海斯科茨贸易有限公司				
企业地址	上海市外高桥保税区泰谷路88号630室（200131）				
投资总额	20万USD	电　话	51268089818	传　真	51289186601
设立日期	2004-7-22	负责人	孟志俭		
主营业务	国际贸易、转口贸易、保税区内企业间的贸易及贸易代理；区内商务咨询服务。				

企业名称	福士吉贸易（上海）有限公司				
企业地址	上海市外高桥保税区基隆路6号216室（200131）				
投资总额	20万USD	电　话	62351555	传　真	62350393
设立日期	2004-7-22	负责人	王佩莲		
主营业务	国际贸易、转口贸易、保税区内企业间的贸易及贸易代理；区内贸易咨询服务。				

企业名称	泰而盟国际贸易（上海）有限公司				
企业地址	上海市外高桥保税区富特西一路333号9032室（200131）				
投资总额	20万USD	电　话	63258787	传　真	63641950
设立日期	2004-7-22	负责人	JOHN KUMAR		
主营业务	国际贸易、转口贸易、保税区内企业间的贸易及贸易代理，区内商务咨询服务。				

企业名称	富士能（上海）国际贸易有限公司				
企业地址	上海市外高桥保税区华京路8号522室（200131）				
投资总额	20万USD	电　话	52359951	传　真	52355272
设立日期	2004-7-22	负责人	通口武		
主营业务	国际贸易、转口贸易、保税区内企业间的贸易及贸易代理；区内商业性简单加工。				

企业名称	圣索仕（上海）国际贸易有限公司				
企业地址	上海市长宁区兴义路8号1903、1904室（200050）				
投资总额	50万USD	电　话	52416039	传　真	52416038
设立日期	2004-7-22	负责人	ANDREW TAYLOR MARTIN		
主营业务	五金制品及五金工具的出口贸易；塑胶制品及模具的出口贸易。				

企业名称	三荣源（上海）贸易有限公司				
企业地址	上海市外高桥保税区加枫路 28 号新康 2 号楼 2226 室（200131）				
投资总额	30 万 USD	电　话	53563373	传　真	53563362
设立日期	2004-7-21	负责人	高木大辅		
主营业务	国际贸易、转口贸易、保税区内企业间的贸易及贸易代理；区内商务咨询服务。				

企业名称	色光贸易（上海）有限公司				
企业地址	上海市外高桥保税区杨高北路 2005 号新兴楼 136 室（200131）				
投资总额	20 万 USD	电　话	61210960	传　真	61210963
设立日期	2004-7-21	负责人	林育田		
主营业务	国际贸易、转口贸易、保税区内企业间的贸易及贸易代理；区内商务咨询服务。				

企业名称	西铁城电子贸易（上海）有限公司				
企业地址	上海市外高桥保税区日京路 2 号 306 室（200131）				
投资总额	40 万 USD	电　话	62955510	传　真	62955570
设立日期	2004-7-21	负责人	渡辺高久		
主营业务	国际贸易、转口贸易、保税区内企业间的贸易及贸易代理；企业从事贸易业务。				

企业名称	安得利福斯贸易（上海）有限公司				
企业地址	上海市外高桥保税区泰谷路 88 号 733 室（200131）				
投资总额	20 万 USD	电　话	64517056	传　真	64517080
设立日期	2004-7-21	负责人	KANG BOON HEE		
主营业务	以冷冻食品为主的国际贸易、转口贸易、保税区内企业间的贸易及贸易代理。				

企业名称	交洋翔贸易（上海）有限公司				
企业地址	上海市外高桥保税区冰克路 500 号 201 室（200131）				
投资总额	20 万 USD	电　话	54560659	传　真	54661005
设立日期	2004-7-21	负责人	锦织友康		
主营业务	国际贸易、转口贸易、保税区内企业间的贸易及贸易代理；区内贸易咨询服务。				

企业名称	那智不二越（上海）贸易有限公司				
企业地址	上海市外高桥保税区富特西一路 289 号 A326 室（200131）				
投资总额	20 万 USD	电　话	69157200	传　真	69157669
设立日期	2004-7-21	负责人	杉浦俊男		
主营业务	国际贸易、转口贸易、保税区内企业间的贸易及贸易代理；区内商业性简单加工。				

企业名称	上海松谷国际贸易有限公司				
企业地址	上海市外高桥保税区基隆路 1 号 1006 室（200131）				
投资总额	26 万 USD	电　话	58692769	传　真	58692771
设立日期	2004-7-21	负责人	吉川义信		
主营业务	国际贸易、转口贸易、保税区内企业间的贸易及贸易代理；保税区内商品展示。				

企业名称	晟浦德（上海）贸易有限公司				
企业地址	上海市外高桥保税区华京路 8 号 713 室（200131）				
投资总额	50 万 USD	电　话	33927961	传　真	33927963
设立日期	2004-7-21	负责人	栾秋辉		
主营业务	国际贸易、转口贸易、保税区内企业间的贸易及贸易代理；保税区商务咨询服务。				

企业名称	杰埃伊国际贸易（上海）有限公司				
企业地址	上海市外高桥保税区冰克路 500 号 211 室（200131）				
投资总额	20 万 USD	电　话	58693095	传　真	58690926
设立日期	2004-7-21	负责人	WILLEM C.J.NUIS		
主营业务	以船用设备、电子产品和纺织品为主的国际贸易、转口贸易、区内企业间的贸易。				

企业名称	奥林巴斯（上海）映像销售有限公司				
企业地址	上海市天钥桥路 30 号美罗大厦 1111 室（200030）				
投资总额	3000 万 USD	电　话	51706325	传　真	51706366
设立日期	2004-7-1	负责人	横尾昭信		
主营业务	从事奥林巴斯在中国所投资企业产品及奥林巴斯专有品牌产品的销售售后服务。				

企业名称	菲仕乐贸易（上海）有限公司				
企业地址	上海市外高桥保税区基隆路 6 号 1203 室（200131）				
投资总额	20 万 USD	电　话	61213608	传　真	64264868
设立日期	2004-7-14	负责人	GEORG MARTIN THALLER		
主营业务	国际贸易、转口贸易、保税区内企业间贸易及贸易代理；保税区内商务咨询服务。				

企业名称	科昵西贸易（上海）有限公司				
企业地址	上海市外高桥保税区加枫路 28 号 2#楼 2404 室（200131）				
投资总额	40 万 USD	电　话	54894315	传　真	54243206
设立日期	2004-7-14	负责人	巽英太朗		
主营业务	国际贸易、转口贸易、保税区内企业间贸易及贸易代理；保税区内商务咨询服务。				

企业名称	爱卓迈精密工程（上海）有限公司				
企业地址	上海市外高桥保税区巴圣路 275 号 38 号厂房中东 B 部位（200131）				
投资总额	30 万 USD	电　话	50482666	传　真	50483777
设立日期	2004-7-14	负责人	朱国顺		
主营业务	保税区内设计制造成套模具及其配套的工装设备、精密机械部件，销售自产产品。				

企业名称	埃曼地尔国际贸易（上海）有限公司				
企业地址	上海市外高桥保税区英伦路 38 号 112 室（200131）				
投资总额	20 万 USD	电　话	68878380	传　真	68878385
设立日期	2004-7-14	负责人	SUMEER MAHAJAN		
主营业务	国际贸易、转口贸易、保税区内企业间的贸易及贸易代理；区内商务咨询服务。				

企业名称	恩拜尔汽车配件贸易（上海）有限公司				
企业地址	上海市外高桥保税区日京路 2 号 207 室（200131）				
投资总额	20 万 USD	电　话	64697839	传　真	64698557
设立日期	2004-7-14	负责人	田口滋		
主营业务	国际贸易、转口贸易、保税区内企业间的贸易及贸易代理；区内商业性简单加工。				

企业名称	圣成福轮胎贸易（上海）有限公司				
企业地址	上海市外高桥保税区冰克路 500 号 212 室（200131）				
投资总额	20 万 USD	电　话	64589516	传　真	64589385
设立日期	2004-7-14	负责人	KELVIN LAM MUN KONG		
主营业务	国际贸易、转口贸易、保税区内企业间的贸易及贸易代理；保税区贸易咨询服务。				

企业名称	鑫和电子国际贸易（上海）有限公司				
企业地址	上海市外高桥保税区冰克路 500 号 210 室（200131）				
投资总额	20 万 USD	电　话	53010011	传　真	
设立日期	2004-7-14	负责人	沈锦坤		
主营业务	国际贸易、转口贸易、保税区内企业间贸易及贸易代理；保税区内商务咨询服务。				

企业名称	伊立欧化学贸易（上海）有限公司				
企业地址	上海市外高桥保税区日京路 2 号 206 室（200131）				
投资总额	20 万 USD	电　话	53852277	传　真	53853788
设立日期	2004-7-8	负责人	JACQUES OLLONGE		
主营业务	国际贸易、转口贸易、保税区内企业间的贸易及贸易代理；区内商业性简单加工。				

企业名称	栋容晟国际贸易（上海）有限公司				
企业地址	上海市外高桥保税区马吉路 28 号 719 室（200131）				
投资总额	20 万 USD	电　话	53029530	传　真	53029500
设立日期	2004-7-8	负责人	HAODONG FANG		
主营业务	国际贸易、转口贸易、保税区内企业间的贸易及贸易代理；区内商务咨询服务。				

企业名称	赫盾国际贸易（上海）有限公司				
企业地址	上海市外高桥保税区泰谷路 88 号 667 室（200131）				
投资总额	20 万 USD	电　话	50491646	传　真	50497298
设立日期	2004-7-8	负责人	SANER CHAMSI-PASHA		
主营业务	国际贸易、转口贸易、保税区内企业间贸易及贸易代理；保税区内商务咨询服务。				

企业名称	维可利船用设备贸易（上海）有限公司				
企业地址	上海市外高桥保税区泰谷路 207 号 3 楼 L 部位（200131）				
投资总额	20 万 USD	电　话	58690596	传　真	
设立日期	2004-7-7	负责人	EVEN OLSEN		
主营业务	保税区内以船用设备为主的仓储、分拨业务及提供相关的技术咨询、售后服务。				

企业名称	全卓国际贸易（上海）有限公司				
企业地址	上海市外高桥保税区马吉路 28 号 1804 室（200131）				
投资总额	20 万 USD	电　话	68858490	传　真	68858491
设立日期	2004-7-7	负责人	陈炳坚		
主营业务	国际贸易、转口贸易、保税区内企业间贸易及贸易代理；区内商务咨询服务。				

企业名称	怡豪纺国际贸易（上海）有限公司				
企业地址	上海市外高桥保税区新灵路 118 号 1510A 室（200131）				
投资总额	20 万 USD	电　话	54159350	传　真	52683187
设立日期	2004-7-7	负责人	苏乾		
主营业务	国际贸易、转口贸易、保税区内企业间贸易及贸易代理；保税区内商务咨询服务。				

企业名称	有醇（上海）国际贸易有限公司				
企业地址	上海市外高桥保税区冰克路 500 号 1024 室（200131）				
投资总额	20 万 USD	电　话	64146921	传　真	64146923
设立日期	2004-7-7	负责人	刘文宗		
主营业务	国际贸易、转口贸易、保税区内企业间的贸易及贸易代理；区内商业性简单加工。				

企业名称	湛誉美模具科技贸易（上海）有限公司				
企业地址	上海市外高桥保税区华京路8号531室（200131）				
投资总额	20万USD	电话	62678603	传真	
设立日期	2004-7-7	负责人	JEAN CLAUDE PHILIPONA		
主营业务	国际贸易、转口贸易、保税区内企业间贸易及贸易代理；保税区内贸易咨询服务。				

企业名称	澳捷思国际贸易（上海）有限公司				
企业地址	上海市外高桥保税区冰克路500号830室（200131）				
投资总额	20万USD	电话	58953654	传真	58953654
设立日期	2004-6-23	负责人	ONG PANG KHENG		
主营业务	国际贸易、转口贸易、保税区内企业间贸易及区内贸易代理；区内商务咨询服务。				

企业名称	德利帝碧（上海）国际贸易有限公司				
企业地址	上海市外高桥保税区富特西一路333号长城大厦6005室（200131）				
投资总额	20万USD	电话	64851949	传真	64851949
设立日期	2004-7-7	负责人	PRITHVI RAJ PREM		
主营业务	国际贸易、转口贸易、保税区内企业间的贸易及贸易代理；保税区内商品展示。				

企业名称	莱艾国际贸易（上海）有限公司				
企业地址	上海市外高桥保税区泰谷路88号628室（200131）				
投资总额	20万USD	电话	51192727	传真	51192726
设立日期	2004-6-23	负责人	HYUK JAE LEE		
主营业务	国际贸易、转口贸易、保税区内企业间贸易及区内贸易代理；区内商务咨询服务。				

企业名称	拓扑思达（上海）国际贸易有限公司				
企业地址	上海市外高桥保税区新灵路118号318室（200131）				
投资总额	20万USD	电话	54075454	传真	54075240
设立日期	2004-7-7	负责人	GIOVANNI PAPANDREA		
主营业务	国际贸易、转口贸易、保税区内企业间的贸易及贸易代理；区内贸易咨询服务。				

企业名称	上海盟星国际贸易有限公司				
企业地址	上海市外高桥保税区日京路38号139室（200131）				
投资总额	20万USD	电话	50462599	传真	
设立日期	2004-6-23	负责人	半泽弘次		
主营业务	国际贸易、转口贸易、保税区内企业间贸易及贸易代理，区内商业性简单加工。				

企业名称	迪越行国际贸易（上海）有限公司				
企业地址	上海市外高桥保税区新灵路118号1107B室（200131）				
投资总额	20万USD	电话	64327149	传真	64327148
设立日期	2004-7-6	负责人	SABEH TAAYON MOHAMAD		
主营业务	国际贸易、转口贸易、保税区内企业间贸易及区内贸易代理；区内商务咨询服务。				

企业名称	上海玛帕贸易有限公司				
企业地址	上海市外高桥保税区台中南路2号新贸楼129室（200131）				
投资总额	20万USD	电话	54223177	传真	54223176
设立日期	2004-6-22	负责人	郭智成		
主营业务	国际贸易、转口贸易、保税区内企业间贸易及贸易代理，区内商业性简单加工。				

企业名称	克履仕国际贸易（上海）有限公司				
企业地址	上海市外高桥保税区泰谷路88号625室（200131）				
投资总额	20万USD	电话	51155919	传真	51155909
设立日期	2004-7-6	负责人	游栢健		
主营业务	国际贸易、转口贸易、保税区内企业间贸易及区内贸易代理；区内商务咨询服务。				

企业名称	雅马拓科技贸易（上海）有限公司				
企业地址	上海市外高桥保税区华京路8号508室（200131）				
投资总额	3500万日	电话	64435319	传真	54520268
设立日期	2004-6-22	负责人	齐藤文隆		
主营业务	国际贸易、转口贸易、保税区内企业间贸易及区内贸易代理，区内商务咨询服务。				

企业名称	上海夏高国际贸易有限公司				
企业地址	上海市外高桥保税区富特西一路459号A203室（200131）				
投资总额	20万USD	电话	61280136	传真	61280236
设立日期	2004-7-6	负责人	夏孟晞		
主营业务	国际贸易、转口贸易、保税区内企业间的贸易及贸易代理；区内商业性简单加工。				

企业名称	思培斯太空医疗仪器贸易（上海）有限公司				
企业地址	上海市外高桥保税区加枫路28号新康2号楼2522室（200131）				
投资总额	20万USD	电话	62351662	传真	62350759
设立日期	2004-6-22	负责人	WIRAT DECHWISISSKUL		
主营业务	保税区内以医疗仪器为主的国际贸易、转口贸易、保税区内企业间贸易。				

企业名称	达禄比国际贸易（上海）有限公司				
企业地址	上海市外高桥保税区日京路38号120室（200131）				
投资总额	20万USD	电话	58798912	传真	58798912
设立日期	2004-6-28	负责人	SAJAN RIZWAN ASKERALI		
主营业务	国际贸易、转口贸易、保税区内企业间贸易及区内贸易代理；区内贸易咨询服务。				

企业名称	上海藏龙玉贸易有限公司				
企业地址	上海市外高桥保税区新灵路118号1909B室（200131）				
投资总额	20万USD	电话	64078585	传真	
设立日期	2004-6-17	负责人	NAOFUMI NANJO		
主营业务	国际贸易、转口贸易、保税区内企业间的贸易及贸易代理，区内商业性简单加工。				

企业名称	科蒂国际贸易（上海）有限公司				
企业地址	上海市外高桥保税区华京路8号822室（200131）				
投资总额	20万USD	电话	65852939	传真	65852939
设立日期	2004-6-28	负责人	SIGRUN GRAEFF		
主营业务	国际贸易、转口贸易、保税区内企业间的贸易、保税区内的贸易代理。				

企业名称	椿本链条贸易（上海）有限公司				
企业地址	上海市外高桥保税区泰谷路88号604室（200131）				
投资总额	40万USD	电话	53966651	传真	53966628
设立日期	2004-6-17	负责人	HOSONO TOMU		
主营业务	国际贸易、转口贸易、保税区内企业间的贸易及贸易代理，区内商业性简单加工。				

企业名称	富际电子贸易（上海）有限公司				
企业地址	上海市外高桥保税区日京路38号118室（200131）				
投资总额	20万USD	电话	62375152	传真	62375153
设立日期	2004-6-28	负责人	息栖邦夫		
主营业务	国际贸易、转口贸易、保税区内企业间的贸易及贸易代理，区内贸易咨询服务。				

企业名称	上海微康国际贸易有限公司				
企业地址	上海市外高桥保税区富特西一路289号2号办公楼2层243室(200131)				
投资总额	30万USD	电话	64403336	传真	34240870
设立日期	2004-6-17	负责人	林世商		
主营业务	国际贸易、转口贸易、保税区内企业间的贸易及贸易代理，区内商业性简单加工。				

企业名称	宏鼎汇国际贸易（上海）有限公司				
企业地址	上海市外高桥保税区泰谷路88号612室（200131）				
投资总额	20万USD	电话	53010910	传真	
设立日期	2004-6-25	负责人	谢中台		
主营业务	国际贸易、转口贸易、保税区内企业间的贸易及贸易代理，区内商务咨询服务。				

企业名称	武藏涂料贸易（上海）有限公司				
企业地址	上海市外高桥保税区台中南路2号新贸楼253室（200131）				
投资总额	20万USD	电话	58357028	传真	58358958
设立日期	2004-6-17	负责人	福井修平		
主营业务	国际贸易、转口贸易、保税区内企业间的贸易及贸易代理，区内商业性简单加工。				

企业名称	海赟国际贸易（上海）有限公司				
企业地址	上海市外高桥保税区日京路38号140室（200131）				
投资总额	20万USD	电话	68530511	传真	58512743
设立日期	2004-6-24	负责人	陈耀明		
主营业务	国际贸易、转口贸易、保税区内企业间贸易及区内贸易代理；区内商务咨询服务。				

企业名称	巴比伦贸易（上海）有限公司				
企业地址	上海市外高桥保税区基隆路1号1814室（200131）				
投资总额	20万USD	电话	58362559	传真	
设立日期	2004-6-16	负责人	NAZI RWIL		
主营业务	国际贸易、转口贸易、保税区内企业间的贸易及贸易代理，区内商业性简单加工。				

企业名称	上海北关电子贸易有限公司				
企业地址	上海市外高桥保税区泰谷路88号第四层B部位（200131）				
投资总额	20万USD	电话	58682831	传真	58682831
设立日期	2004-6-23	负责人	杨铭昌		
主营业务	保税区内以电子零件及其组件为主的仓储、分拨业务；国际贸易、转口贸易。				

企业名称	概腾国际贸易（上海）有限公司				
企业地址	上海市外高桥保税区美盛路56号204室（200120）				
投资总额	20万USD	电话	68864928	传真	68864572
设立日期	2004-6-16	负责人	缪永生		
主营业务	国际贸易、转口贸易、保税区内企业间的贸易及贸易代理，区内商业性简单加工。				

企业名称	酒井宽国际贸易（上海）有限公司				
企业地址	上海市外高桥保税区杨高北路 2001 号市场商务楼 641 室（200131）				
投资总额	30 万 USD	电　　话	51113451	传　　真	51113455
设立日期	2004-6-16	负 责 人	酒井聪治		
主营业务	国际贸易、转口贸易、保税区内企业间的贸易及贸易代理，区内商务咨询服务。				

企业名称	上海禅泰贸易有限公司				
企业地址	上海市外高桥保税区日京山路 2 号 208 室（200131）				
投资总额	20 万 USD	电　　话	62783248	传　　真	62783251
设立日期	2004-6-16	负 责 人	常川公男		
主营业务	国际贸易、转口贸易、保税区内企业间贸易及贸易代理，区内商业性简单加工。				

企业名称	德塔米克斯国际贸易（上海）有限公司				
企业地址	上海市外高桥保税区冰克路 500 号 806 室（200131）				
投资总额	20 万 USD	电　　话	58310170	传　　真	58310170
设立日期	2004-6-16	负 责 人	HOSSEIN NEJAD SAFARI		
主营业务	国际贸易、转口贸易、保税区内企业间的贸易及贸易代理，区内贸易咨询服务。				

企业名称	上海丸辰贸易有限公司				
企业地址	上海市外高桥保税区泰谷路 88 号 615 室（200131）				
投资总额	20 万 USD	电　　话	62782266	传　　真	62787573
设立日期	2004-6-15	负 责 人	柴田重夫		
主营业务	国际贸易、转口贸易、保税区内企业间的贸易及贸易代理，区内贸易咨询服务。				

企业名称	业庆鑫国际贸易（上海 ）有限公司				
企业地址	上海市外高桥保税区泰谷路 88 号 607 室（200131）				
投资总额	20 万 USD	电　　话	52199826	传　　真	
设立日期	2004-6-15	负 责 人	林宗铨		
主营业务	国际贸易、转口贸易、保税区内企业间的贸易及贸易代理，区内商务咨询服务。				

企业名称	耀律国际贸易（上海）有限公司				
企业地址	上海市外高桥保税区基隆路 1 号 1605 室（200131）				
投资总额	20 万 USD	电　　话	52909231	传　　真	52909801
设立日期	2004-6-15	负 责 人	张咏津		
主营业务	国际贸易、转口贸易、保税区内企业间的贸易及贸易代理，区内贸易咨询服务。				

企业名称	东尖科贸易（上海）有限公司				
企业地址	上海市外高桥保税区冰克路 500 号 B2K-3 仓库 B2 部位（200131）				
投资总额	20 万 USD	电　　话	58305899	传　　真	58309346
设立日期	2004-6-14	负 责 人	西田哲俊 NISHIDA TETSUTOSHI		
主营业务	以机械电气设备及其相关零部件、卫生设备和仪器为主的仓储分拨业务。				

企业名称	阿姿谊（上海）国际贸易有限公司				
企业地址	上海市外高桥保税区泰谷路 88 号 602 室（200131）				
投资总额	20 万 USD	电　　话	62256997	传　　真	62262092
设立日期	2004-6-11	负 责 人	藤本义治		
主营业务	国际贸易、转口贸易、保税区内企业间的贸易及贸易代理，区内贸易咨询服务。				

企业名称	艾弗龙文具国际贸易（上海 ）有限公司				
企业地址	上海市外高桥保税区泰谷路 88 号 605 室（200131）				
投资总额	20 万 USD	电　　话	51580140	传　　真	51580351
设立日期	2004-6-11	负 责 人	GUY GALANTE		
主营业务	保税区内以文具用品为主的国际贸易、转口贸易、保税区企业间的贸易。				

企业名称	嘉纳泰尔国际贸易（上海）有限公司				
企业地址	上海市外高桥保税区基隆路 6 号 1802 室（200131）				
投资总额	20 万 USD	电　　话	63849988	传　　真	63849990
设立日期	2004-6-11	负 责 人	CHRISTINA YUK LIN LEUNG		
主营业务	国际贸易、转口贸易、保税区内企业间贸易及贸易代理；区内商业性简单加工。				

企业名称	百通电线电缆国际贸易（上海）有限公司				
企业地址	上海市外高桥保税区基隆路 6 号 213 室（200131）				
投资总额	20 万 USD	电　　话	63618686	传　　真	63551378
设立日期	2004-6-11	负 责 人	KEVIN BLOOMFIELD		
主营业务	国际贸易、转口贸易、保税区内企业间的贸易及贸易代理，区内贸易咨询服务。				

企业名称	汉赓国际贸易（上海 ）有限公司				
企业地址	上海市外高桥保税区杨高北路 2001 号市场商务楼 613 室（200131）				
投资总额	40 万 USD	电　　话	59898357	传　　真	59898347
设立日期	2004-6-11	负 责 人	张建明		
主营业务	国际贸易、转口贸易、保税区内企业间的贸易及贸易代理，区内商务咨询服务。				

企业名称	兼松开吉开贸易（上海）有限公司				
企业地址	上海市外高桥保税区英伦路 38 号 702 室（200131）				
投资总额	30 万 USD	电　　话	63403456	传　　真	63404290
设立日期	2004-6-9	负 责 人	山田丰		
主营业务	国际贸易、转口贸易、保税区企业间的贸易及区内贸易代理，区内商务咨询服务。				

企业名称	纽富威贸易（上海）有限公司				
企业地址	上海市外高桥保税区日京路 35 号 1112 室（200131）				
投资总额	20 万 USD	电　　话	50587785	传　　真	50587786
设立日期	2004-6-9	负 责 人	PEI HSIEN FANG		
主营业务	国际贸易、转口贸易、保税区内企业间的贸易及贸易代理；区内贸易咨询服务。				

企业名称	帝斯曼维生素贸易（上海）有限公司				
企业地址	上海市外高桥保税区泰谷路 88 号 698 室（200131）				
投资总额	20 万 USD	电　　话	33104988	传　　真	63528889
设立日期	2004-6-8	负 责 人	STEWART HARRIS		
主营业务	国际贸易、转口贸易、保税区内企业间贸易及区内贸易代理；区内商务咨询服务。				

企业名称	杉埃克国际贸易（上海 ）有限公司				
企业地址	上海市外高桥保税区日京路 35 号 1007 室（200131 ）				
投资总额	20 万 USD	电　　话	68196215	传　　真	68196215
设立日期	2004-6-8	负 责 人	陈永洲		
主营业务	国际贸易、转口贸易、保税区内企业间的贸易及贸易代理；区内贸易咨询服务。				

企业名称	杰贵斯国际贸易（上海）有限公司				
企业地址	上海市外高桥保税区泰谷路 88 号 613 室（200131）				
投资总额	20 万 USD	电　　话	63068036	传　　真	50484269
设立日期	2004-6-8	负 责 人	巫俊毅		
主营业务	国际贸易、转口贸易、保税区企业间的贸易及区内贸易代理；区内商务咨询服务。				

企业名称	上海淀川贸易有限公司				
企业地址	上海市外高桥保税区冰克路 500 号 217 室（200131）				
投资总额	20 万 USD	电　　话	64260480	传　　真	
设立日期	2004-6-8	负 责 人	KATSUMI OGAWA		
主营业务	国际贸易、转口贸易、保税区内企业间的贸易及贸易代理，区内贸易咨询服务。				

企业名称	日纸国际贸易（上海）有限公司				
企业地址	上海市外高桥保税区台中南路 2 号新贸楼 331 室（200131）				
投资总额	20 万 USD	电　　话	62093972	传　　真	
设立日期	2004-6-8	负 责 人	远口和伸		
主营业务	国际贸易、转口贸易、保税区企业间贸易及区内贸易代理；区内商业性简单加工。				

企业名称	豪费德贸易（上海）有限公司				
企业地址	上海市外高桥保税区华京路 8 号 526 室（200131）				
投资总额	20 万 USD	电　　话	52181992	传　　真	62393057
设立日期	2004-6-4	负 责 人	GERD HECKEL		
主营业务	以精密工具为主的国际贸易、转口贸易、保税区企业间的贸易及区内贸易代理。				

企业名称	韩徐国际贸易（上海）有限公司				
企业地址	上海市外高桥保税区富特西一路 139 号 1417 室（200131）				
投资总额	20 万 USD	电　　话	63604573	传　　真	63604574
设立日期	2004-6-4	负 责 人	SEO JONG HUN		
主营业务	国际贸易、转口贸易、保税区企业间的贸易及区内贸易代理，区内贸易咨询服务。				

企业名称	雨鸟贸易（上海）有限公司				
企业地址	上海市外高桥保税区英伦路 38 号 413 室（200131）				
投资总额	20 万 USD	电　　话	50483745	传　　真	
设立日期	2004-6-4	负 责 人	ANTHONY LA FETRA		
主营业务	国际贸易、转口贸易、保税区企业间的贸易及区内贸易代理；区内商务咨询服务。				

企业名称	优势统合洋酒国际贸易（上海）有限公司				
企业地址	上海市外高桥保税区泰谷路 88 号 697 室（200131）				
投资总额	20 万 USD	电　　话	64733353	传　　真	64731339
设立日期	2004-6-30	负 责 人	陆汉霖		
主营业务	国际贸易、转口贸易、保税区内企业间的贸易及贸易代理；区内商务咨询服务。				

企业名称	杰熙富奇国际贸易（上海）有限公司				
企业地址	上海市外高桥保税区泰谷路 88 号 670 室（200131）				
投资总额	20 万 USD	电　　话	63295545	传　　真	
设立日期	2004-6-30	负 责 人	陈欣康		
主营业务	国际贸易、转口贸易、保税区内企业间的易及区内贸易代理；区内商务咨询服务。				

企业名称	庚霖国际贸易（上海）有限公司				
企业地址	上海市外高桥保税区日京路 38 号 305 室（200131）				
投资总额	20 万 USD	电话	54481915	传真	54480980
设立日期	2004-6-2	负责人	林建兴		
主营业务	国际贸易、转口贸易、保税区企业间的贸易及区内贸易代理；区内商务咨询服务。				

企业名称	贝尔金贸易（上海）有限公司				
企业地址	上海市外高桥保税区新灵路 118 号 141B 室（200131）				
投资总额	20 万 USD	电话	61032051	传真	
设立日期	2004-5-31	负责人	ERIC LEE TONG		
主营业务	国际贸易、转口贸易、保税区企业间的贸易及贸易代理；区内商务咨询服务。				

企业名称	大南（上海）国际贸易有限公司				
企业地址	上海市外高桥保税区冰克路 500 号 220 室（200131）				
投资总额	20 万 USD	电话	68868335	传真	62760869
设立日期	2004-5-31	负责人	NGUYEN TUAN		
主营业务	国际贸易、转口贸易、保税区内企业间贸易及贸易代理；保税区内商务咨询服务。				

企业名称	翔展国际贸易（上海）有限公司				
企业地址	上海市外高桥保税区基隆路 1 号 1026 室（200131）				
投资总额	20 万 USD	电话	58692736	传真	
设立日期	2004-5-31	负责人	曾美媛		
主营业务	国际贸易、转口贸易、保税区内企业间的贸易及贸易代理；区内商务咨询服务。				

企业名称	四重奏国际贸易（上海）有限公司				
企业地址	上海市外高桥保税区日京路 35 号 1118 室（200131）				
投资总额	20 万 USD	电话	63820071	传真	63820070
设立日期	2004-5-31	负责人	王卫忠		
主营业务	国际贸易、转口贸易、保税区企业间的贸易及区内贸易代理；区内贸易咨询服务。				

企业名称	奥迪康国际贸易（上海）有限公司				
企业地址	上海市外高桥保税区基隆路 1 号 2026 室（200131）				
投资总额	20 万 USD	电话	51320796	传真	51320797
设立日期	2004-5-31	负责人	NIELS JAKOBSEN		
主营业务	国际贸易、转口贸易、保税区内企业间贸易及贸易代理；保税区内商务咨询服务。				

企业名称	艾欧北菱横山（上海）贸易有限公司				
企业地址	上海市外高桥保税区日京路 38 号 205 室（200131）				
投资总额	20 万 USD	电话	63410111	传真	
设立日期	2004-5-27	负责人	清水正行		
主营业务	国际贸易、转口贸易、保税区内企业间贸易及贸易代理；保税区内商务咨询服务。				

企业名称	逖斯贸易（上海）有限公司				
企业地址	上海市外高桥保税区美盛路 56 号 104 室（200131）				
投资总额	20 万 USD	电话	63220902	传真	
设立日期	2004-5-27	负责人	王小毅		
主营业务	国际贸易、转口贸易、保税区内企业间贸易及贸易代理；保税区内商务咨询服务。				

企业名称	积水化成品（上海）国际贸易有限公司				
企业地址	上海市外高桥保税区华京路 8 号 836 室（200131）				
投资总额	20 万 USD	电话	51105226	传真	50460257
设立日期	2004-5-27	负责人	中屋一德		
主营业务	国际贸易、转口贸易、保税区内企业间贸易及贸易代理；保税区内贸易咨询服务。				

企业名称	菱华电机贸易（上海）有限公司				
企业地址	上海市外高桥保税区德堡路 11 号 46 号楼东部位（200131）				
投资总额	50 万 USD	电话	62351861	传真	62953830
设立日期	2004-5-25	负责人	汤浅道治		
主营业务	区内以电子产品、电机、电脑、半导体、机械设备及零件为主的仓储、分拨业务。				

企业名称	美法拉瑞国际贸易（上海）有限公司				
企业地址	上海市外高桥保税区新灵路 118 号 1105A 室（200131）				
投资总额	20 万 USD	电话	62987722	传真	
设立日期	2004-5-25	负责人	赵建宁		
主营业务	国际贸易、转口贸易、保税区内企业间贸易及贸易代理；保税区内商务咨询服务。				

企业名称	妮傲丝翠国际贸易（上海）有限公司				
企业地址	上海市外高桥保税区泰谷路 88 号 611 室（200131）				
投资总额	20 万 USD	电话	51506399	传真	54070162
设立日期	2004-5-25	负责人	张裕彬		
主营业务	国际贸易、转口贸易、保税区内企业间贸易及贸易代理；保税区内商务咨询服务。				

企业名称	崴创（上海）国际贸易有限公司				
企业地址	上海市外高桥保税区基隆路 1 号 1621 室（200131）				
投资总额	20 万 USD	电话	54070388	传真	54070162
设立日期	2004-5-25	负责人	王祖鹏		
主营业务	国际贸易、转口贸易、保税区内企业间贸易及贸易代理；保税区内商务咨询服务。				

企业名称	大井泵业贸易（上海）有限公司				
企业地址	上海市外高桥保税区泰谷路 88 号 736 室（200131）				
投资总额	20 万 USD	电话	54796693	传真	54796695
设立日期	2004-5-25	负责人	黄景井		
主营业务	国际贸易、转口贸易、保税区内企业间贸易及贸易代理；保税区内商务咨询服务。				

企业名称	上海太子美雅贸易有限公司				
企业地址	上海市外高桥保税区基隆路 6 号 510 室（200131）				
投资总额	20 万 USD	电话	58696070	传真	58692619
设立日期	2004-5-24	负责人	青木乙彦		
主营业务	国际贸易、转口贸易、保税区内企业间贸易及贸易代理；保税区内贸易咨询服务。				

企业名称	双凯液压贸易（上海）有限公司				
企业地址	上海市外高桥保税区加枫路 28 号新康 2 号楼 2306 室（200131）				
投资总额	40 万 USD	电话	62351606	传真	62957080
设立日期	2004-5-24	负责人	山本悟		
主营业务	国际贸易、转口贸易、保税区内企业间贸易及贸易代理；保税区内商务咨询服务。				

企业名称	上海每特通贸易有限公司				
企业地址	上海市外高桥保税区基隆路 1 号 12A04 室（200131）				
投资总额	20 万 USD	电话	54662600	传真	54662001
设立日期	2004-5-24	负责人	赤岩修次		
主营业务	国际贸易、转口贸易、保税区内企业间贸易及贸易代理；保税区内商务咨询服务。				

企业名称	迪之凯国际贸易（上海）有限公司				
企业地址	上海市外高桥保税区英伦路 38 号 626 室（200131）				
投资总额	20 万 USD	电话	51105226	传真	
设立日期	2004-5-24	负责人	ANG HOCK GUAN		
主营业务	国际贸易、转口贸易、保税区内企业间贸易及贸易代理；保税区内贸易咨询服务。				

企业名称	上海田岛电子机械贸易有限公司				
企业地址	上海市外高桥保税区基隆路 1 号 928 室（200131）				
投资总额	20 万 USD	电话	58185858	传真	58183593
设立日期	2004-5-24	负责人	田岛仁志		
主营业务	国际贸易、转口贸易、保税区内企业间贸易及贸易代理；保税区内商务咨询服务。				

企业名称	福侣阁涂料贸易（上海）有限公司				
企业地址	上海市外高桥保税区基隆路 1 号 1806 室（200131）				
投资总额	20 万 USD	电话	54258630	传真	64876962
设立日期	2004-5-24	负责人	SOREN P.OLESEN		
主营业务	国际贸易、转口贸易、保税区内企业间贸易及贸易代理；保税区内商务咨询服务。				

企业名称	运年国际贸易（上海）有限公司				
企业地址	上海市外高桥保税区泰谷路 88 号 718 室（200131）				
投资总额	20 万 USD	电话	52280825	传真	52280827
设立日期	2004-5-24	负责人	刘展灏		
主营业务	国际贸易、转口贸易、保税区内企业间贸易及贸易代理；保税区内商务咨询服务。				

企业名称	彩贸（上海）贸易有限公司				
企业地址	上海市外高桥保税区基隆路 6 号 306 室（200131）				
投资总额	20 万 USD	电话	62368871	传真	
设立日期	2004-5-20	负责人	饭塚刚司		
主营业务	国际贸易、转口贸易、保税区内企业间贸易及贸易代理；保税区内商务咨询服务。				

企业名称	歌林国际贸易（上海）有限公司				
企业地址	上海市外高桥保税区台中南路 2 号新贸楼 304 室（200131）				
投资总额	50 万 USD	电话	64286975	传真	64286970
设立日期	2004-5-20	负责人	李敦仁		
主营业务	国际贸易、转口贸易、保税区内企业间贸易及贸易代理；保税区内商务咨询服务。				

企业名称	美谛嗣国际贸易（上海）有限公司				
企业地址	上海市外高桥保税区杨高北路 2001 号市场商务楼 638 室（200131）				
投资总额	20 万 USD	电话	51336338	传真	51336345
设立日期	2004-5-20	负责人	木下弘嗣		
主营业务	国际贸易、转口贸易、保税区内企业间贸易及贸易代理；保税区内商务咨询服务。				

企业名称	高诺斯贸易（上海）有限公司				
企业地址	上海市外高桥保税区泰谷路 88 号 740 室（200131）				
投资总额	20 万 USD	电　话	62490910	传　真	62490701
设立日期	2004-5-18	负 责 人	ALAIN FURIO		
主营业务	国际贸易、转口贸易、保税区内企业间贸易及贸易代理；保税区内商务咨询服务。				

企业名称	镰仓风机国际贸易（上海）有限公司				
企业地址	上海市外高桥保税区冰克路 500 号 920 室（200131）				
投资总额	20 万 USD	电　话	51506497	传　真	51506499
设立日期	2004-5-18	负 责 人	岫江威史		
主营业务	国际贸易、转口贸易、保税区内企业间贸易及贸易代理；保税区内贸易咨询服务。				

企业名称	上海东台鑫贸易有限公司				
企业地址	上海市外高桥保税区泰谷路 169 号 A 楼 308 室（200131）				
投资总额	20 万 USD	电　话	54421218	传　真	34073262
设立日期	2004-5-18	负 责 人	严瑞雄		
主营业务	国际贸易、转口贸易、保税区企业间的贸易及区内贸易代理；区内商务咨询服务。				

企业名称	瀚仪兴业国际贸易（上海）有限公司				
企业地址	上海市外高桥保税区新灵路 118 号 414A 室（200131）				
投资总额	20 万 USD	电　话	62475191	传　真	
设立日期	2004-5-18	负 责 人	蔡金泉		
主营业务	国际贸易、转口贸易、保税区内企业间贸易及贸易代理；保税区内商务咨询服务。				

企业名称	科腾聚合物贸易（上海）有限公司				
企业地址	上海市外高桥保税区杨高北路 2001 号 216 室（200131）				
投资总额	20 万 USD	电　话	62957531	传　真	62099258
设立日期	2004-5-17	负 责 人	JOSEPH J.WAITER		
主营业务	国际贸易、转口贸易、保税区内企业间贸易及贸易代理；保税区内贸易咨询服务。				

企业名称	威尔德国际贸易（上海）有限公司				
企业地址	上海市外高桥保税区基隆路 1 号 2021 室（200131）				
投资总额	20 万 USD	电　话	58690828	传　真	58690838
设立日期	2004-5-17	负 责 人	郎剑威		
主营业务	国际贸易、转口贸易、保税区内企业间贸易及贸易代理；保税区内商务咨询服务。				

企业名称	良率国际贸易（上海）有限公司				
企业地址	上海市外高桥保税区泰谷路 88 号 735 室（200131）				
投资总额	20 万 USD	电　话	62408688	传　真	
设立日期	2004-5-13	负 责 人	PAY SHIN　KING		
主营业务	国际贸易，转口贸易、保税区企业间的贸易及区内贸易代理；区内贸易咨询服务。				

企业名称	法利机械国际贸易（上海）有限公司				
企业地址	上海市外高桥保税区马吉路 28 号 1406 室（200131）				
投资总额	20 万 USD	电　话	58880080	传　真	58880303
设立日期	2004-5-11	负 责 人	XIAOYANG SHAN		
主营业务	以机械设备为主的国际贸易及相关产品的技术服务咨询，转口贸易。				

企业名称	上海纶怡桦国际贸易有限公司				
企业地址	上海市外高桥保税区日京路 35 号 9020 室（200131）				
投资总额	20 万 USD	电　话	50499009	传　真	50499008
设立日期	2004-5-11	负 责 人	郭龙斌		
主营业务	国际贸易、转口贸易、保税区企业间的贸易及贸易代理；保税区内商务咨询服务。				

企业名称	惠而浦家用电器国际贸易（上海）有限公司				
企业地址	上海市外高桥保税区泰谷路 205 号第四层 K 部位（200131）				
投资总额	20 万 USD	电　话	58995550	传　真	58994449
设立日期	2004-5-11	负 责 人	LEE IAN		
主营业务	保税区内以家用电器、家居用品、厨房及卫浴用品为主仓储业务。				

企业名称	上海优尼特斯国际贸易有限公司				
企业地址	上海市外高桥保税区新灵路 80 号 1 号楼 416 室（200131）				
投资总额	30 万 USD	电　话	50932380	传　真	50932389
设立日期	2004-5-9	负 责 人	金太年		
主营业务	国际贸易、转口贸易、保税区企业间的贸易及保税区内贸易代理。				

企业名称	上海佑勇国际贸易有限公司				
企业地址	上海市外高桥保税区新灵路 118 号 1102B 室（200131）				
投资总额	20 万 USD	电　话	65233978	传　真	65225068
设立日期	2004-5-9	负 责 人	廖昶文		
主营业务	国际贸易，转口贸易、保税区企业间的贸易及保税区内贸易代理。				

企业名称	倍莱葆（上海）国际贸易有限公司				
企业地址	上海市外高桥保税区台中南路 2 号新贸楼 303 室（200131）				
投资总额	20 万 USD	电　话	64692267	传　真	62781243
设立日期	2004-5-9	负 责 人	DAVID LEVY		
主营业务	国际贸易、转口贸易、保税区企业间的贸易及区内贸易代理；区内商务咨询服务。				

企业名称	吉圆顺国际贸易（上海）有限公司				
企业地址	上海市外高桥保税区富特北路 458 号 2 号楼 412 室（200131）				
投资总额	126 万 USD	电　话	64824650	传　真	64824649
设立日期	2004-5-9	负 责 人	许政伟		
主营业务	国际贸易、转口贸易、保税区企业间的贸易及区内贸易代理；区内商务咨询服务。				

企业名称	英腆国际贸易（上海）有限公司				
企业地址	上海市外高桥保税区冰克路 500 号 514 室（200131）				
投资总额	20 万 USD	电　话	64614737	传　真	64614738
设立日期	2004-5-9	负 责 人	刘卫国		
主营业务	国际贸易、转口贸易、保税区企业间的贸易及区内贸易代理；区内商务咨询服务。				

企业名称	高得运（上海）服装贸易有限公司				
企业地址	上海市外高桥保税区泰谷路 88 号 732 室（200131）				
投资总额	20 万 USD	电　话	62883989	传　真	62885884
设立日期	2004-4-29	负 责 人	西田明男		
主营业务	国际贸易、转口贸易、保税区企业间的贸易及贸易代理；保税区内商务咨询服务。				

企业名称	日曹达贸易（上海）有限公司				
企业地址	上海市外高桥保税区日京路 35 号 9005 室（200131）				
投资总额	20 万 USD	电　话	64731277	传　真	64731322
设立日期	2004-4-29	负 责 人	SUZUKIYOSHINORI		
主营业务	国际贸易、转口贸易、保税区企业间的贸易及贸易代理；保税区内商务咨询服务。				

企业名称	柔亚（上海）食品添加剂贸易有限公司				
企业地址	上海市外高桥保税区台中南路 2 号新贸楼 308 室（200131）				
投资总额	20 万 USD	电　话	55100206	传　真	55100207
设立日期	2004-4-29	负 责 人	ASHISH KABRA		
主营业务	国际贸易、转口贸易、保税区企业间的贸易及贸易代理；保税区内商务咨询服务。				

企业名称	柯岷国际贸易（上海）有限公司				
企业地址	上海市外高桥保税区新灵路 118 号 802B 室（200131）				
投资总额	20 万 USD	电　话	57317480	传　真	
设立日期	2004-4-28	负 责 人	韩泰山		
主营业务	国际贸易、转口贸易、保税区企业间的贸易及区内贸易代理；区内商务咨询服务，				

企业名称	亚西玛（上海）贸易有限公司				
企业地址	上海市外高桥保税区基隆路 6 号 315 室（200131）				
投资总额	20 万 USD	电　话	58660888	传　真	50810327
设立日期	2004-4-28	负 责 人	佐藤厚		
主营业务	国际贸易、转口贸易、保税区企业间的贸易及贸易代理；保税区内商务咨询服务。				

企业名称	建伦电子贸易（上海）有限公司				
企业地址	上海市外高桥保税区基隆路 1 号 1020 室（200131）				
投资总额	20 万 USD	电　话	65155456	传　真	65155453
设立日期	2004-4-28	负 责 人	邱信贤		
主营业务	国际贸易、转口贸易、保税区企业间贸易及保税区内贸易代理。				

企业名称	山峰电子国际贸易（上海）有限公司				
企业地址	上海市外高桥保税区基隆路 1 号 1015-1 室（200131）				
投资总额	20 万 USD	电　话	64180462	传　真	64183062
设立日期	2004-4-28	负 责 人	CHUA SENG CHAN		
主营业务	国际贸易、保税区企业间的贸易及区内贸易代理；区内贸易咨询服务。				

企业名称	仲贯国际贸易（上海）有限公司				
企业地址	上海市外高桥保税区杨高北路 2005 号新易楼 315 室（200131 ）				
投资总额	50 万 USD	电　话	50316092	传　真	58206421
设立日期	2004-4-28	负 责 人	黄皇文		
主营业务	国际贸易、转口贸易、保税区内企业间的贸易及贸易代理；区内商务咨询服务。				

企业名称	美宝深国际贸易（上海）有限公司				
企业地址	上海市外高桥保税区基隆路 1 号 707 室（200131）				
投资总额	20 万 USD	电　话	51085589	传　真	51336289
设立日期	2004-4-28	负 责 人	吴文正		
主营业务	国际贸易、转口贸易、保税区企业间的贸易及贸易代理；保税区商务咨询服务。				

企业名称	新达众国际贸易（上海）有限公司				
企业地址	上海市外高桥保税区冰克路 500 号 328 室（200131）				
投资总额	20 万 USD	电　话	54484566	传　真	54484578
设立日期	2004-4-28	负 责 人	TAN AH LEONG		
主营业务	国际贸易、转口贸易、保税区企业间的贸易及区内贸易代理。				

企业名称	法勒移动供电贸易（上海）有限公司				
企业地址	上海市外高桥保税区冰克路 500 号 327 室（200131）				
投资总额	20 万 USD	电　话	51198662	传　真	51198663
设立日期	2004-4-26	负 责 人	JOSET HOETTE		
主营业务	以机械设备、电气设备和移动供电设备为主的国际贸易、转口贸易。				

企业名称	萨基姆安全系统国际贸易（上海）有限公司				
企业地址	上海市外高桥保税区基隆路 6 号 1501 室（200131）				
投资总额	17 万欧元	电　话	58368226	传　真	58368266
设立日期	2004-4-23	负 责 人	JEAN-FRANCOIS LALLEMANT		
主营业务	国际贸易、转口贸易、与国内有进出口权企业代理与非保税区企业从事贸易业务。				

企业名称	阿图国际贸易（上海）有限公司				
企业地址	上海市外高桥保税区美盛路 56 号 211 室（200131）				
投资总额	20 万 USD	电　话	64753255	传　真	64753128
设立日期	2004-4-21	负 责 人	JAGDISH LALBHAI SHAH		
主营业务	国际贸易、转口贸易、保税区企业间的贸易及贸易代理；区内贸易咨询服务。				

企业名称	季科国际贸易（上海）有限公司				
企业地址	上海市外高桥保税区泰谷路 88 号 734 室（200131）				
投资总额	20 万 USD	电　话	52580909	传　真	52580909
设立日期	2004-4-21	负 责 人	黄大森		
主营业务	国际贸易、转口贸易、保税区企业间的贸易及贸易代理；保税区商务咨询服务。				

企业名称	泰客松国际贸易（上海）有限公司				
企业地址	上海市外高桥保税区日京路 38 号 301 室（200131）				
投资总额	20 万 USD	电　话	62365677	传　真	
设立日期	2004-4-21	负 责 人	洪小莉		
主营业务	国际贸易、转口贸易、保税区企业间的贸易及贸易代理；保税区商务咨询服务。				

企业名称	杰禾安国际贸易（上海）有限公司				
企业地址	上海市外高桥保税区奥纳路 79 号 408 室（200131）				
投资总额	20 万 USD	电　话	68769401	传　真	58366267
设立日期	2004-4-19	负 责 人	杨政璋		
主营业务	国际贸易、转口贸易、保税区企业间的贸易及贸易代理；保税区商务咨询服务。				

企业名称	百利得安全气囊国际贸易（上海）有限公司				
企业地址	上海市外高桥保税区新灵路 118 号 804A 室（200131）				
投资总额	20 万 USD	电　话	68062684	传　真	
设立日期	2004-4-19	负 责 人	BRIAN DAVID KAISER		
主营业务	国际贸易、转口贸易、保税区企业间的贸易及贸易代理；保税区内商务咨询服务。				

企业名称	勃肯国际贸易（上海）有限公司				
企业地址	上海市外高桥保税区基隆路 1 号 511 室（200131）				
投资总额	20 万 USD	电　话	62177646	传　真	
设立日期	2004-4-19	负 责 人	王俊贤		
主营业务	国际贸易、转口贸易、保税区企业间的贸易及贸易代理；保税区内贸易咨询服务。				

企业名称	儿童天地国际贸易（上海）有限公司				
企业地址	上海市外高桥保税区冰克路 500 号 824 室（200131）				
投资总额	20 万 USD	电　话	52110711	传　真	52110711
设立日期	2004-4-19	负 责 人	MIOHAEL LAWRENCE KUL		
主营业务	国际贸易、转口贸易、保税区企业间的贸易及贸易代理；保税区商务咨询服务。				

企业名称	京等机械贸易（上海）有限公司				
企业地址	上海市外高桥保税区英伦路 38 号 704 室（200131）				
投资总额	20 万 USD	电　话	64457895	传　真	62340151
设立日期	2004-4-19	负 责 人	日下部博昭		
主营业务	国际贸易、转口贸易、保税区企业间的贸易及贸易代理；保税区商务咨询服务。				

企业名称	肯氏威国际贸易（上海）有限公司				
企业地址	上海市外高桥保税区基隆路 6 号 311 室（200131）				
投资总额	20 万 USD	电　话		传　真	
设立日期	2004-4-19	负 责 人	TAY KIAN GUAN		
主营业务	国际贸易、转口贸易、保税区企业间的贸易及贸易代理；保税区商务咨询服务。				

企业名称	奥科特化（上海）国际贸易有限公司				
企业地址	上海市外高桥保税区基隆路 6 号 215 室（200131）				
投资总额	20 万 USD	电　话	52061418	传　真	
设立日期	2004-4-15	负 责 人	石剑明		
主营业务	国际贸易、转口贸易、保税区企业间的贸易及贸易代理；区内商业性简单加工。				

企业名称	东曹达（上海）贸易有限公司				
企业地址	上海市外高桥保税区台中南路 2 号新贸楼 164 室（200131）				
投资总额	20 万 USD	电　话	62702810	传　真	
设立日期	2004-4-15	负 责 人	宇田川宪一		
主营业务	国际贸易、转口贸易、保税区企业间的贸易及贸易代理；区内商业性简单加工。				

企业名称	上海东高机械贸易有限公司				
企业地址	上海市外高桥保税区富特北路 528 号综合楼第一、二层前部位（200131）				
投资总额	30 万 USD	电　话	58682938	传　真	58682939
设立日期	2004-4-15	负 责 人	林建伸		
主营业务	保税区内以数控机床齿轮加工机械、齿轮测量仪五金机械为主的仓储、分拨业务。				

企业名称	罗达莱国际贸易（上海）有限公司				
企业地址	上海市外高桥保税区泰谷路 88 号 720 室（200131）				
投资总额	20 万 USD	电　话	58004000	传　真	58003226
设立日期	2004-4-15	负 责 人	许新农		
主营业务	国际贸易、转口贸易、保税区企业间的贸易及贸易代理；保税区内商务咨询服务。				

企业名称	西铁城精机贸易（上海）有限公司				
企业地址	上海市外高桥保税区台中南路 2 号新贸楼 162 室（200131）				
投资总额	55 万 USD	电　话	63343290	传　真	63343289
设立日期	2004-4-15	负 责 人	笠原信助		
主营业务	各种精密机械为主国际贸易，保税区内相关产品的售后服务、技术咨询。				

企业名称	福岁国际贸易（上海）有限公司				
企业地址	上海市外高桥保税区台中南路 2 号新贸楼 156 室（200131）				
投资总额	20 万 USD	电　话	64659828	传　真	64659826
设立日期	2004-4-15	负 责 人	I GYEONG HO		
主营业务	国际贸易、转口贸易、保税区企业间的贸易及贸易代理；保税区内商务咨询服务。				

企业名称	新盟和（上海）贸易有限公司				
企业地址	上海市外高桥保税区冰克路 500 号 921 室（200131）				
投资总额	60 万 USD	电　话	52081375	传　真	52081379
设立日期	2004-4-13	负 责 人	菅野俊		
主营业务	国际贸易、转口贸易、保税区企业间的贸易及贸易代理；保税区内贸易咨询服务。				

企业名称	上海德利牧国际贸易有限公司				
企业地址	上海市外高桥保税区基隆路 6 号 316 室（200131）				
投资总额	20 万 USD	电　话	65876389	传　真	65876389
设立日期	2004-4-13	负 责 人	合田文男		
主营业务	国际贸易、转口贸易、保税区企业间的贸易及贸易代理；区内商业性简单加工。				

企业名称	伊维氏传动系统贸易（上海）有限公司				
企业地址	上海市外高桥保税区杨高北路 2005 号新兴楼 310 室（200131）				
投资总额	20 万 USD	电　话	28986341	传　真	28986390
设立日期	2004-4-12	负 责 人	GERD PREISSLER		
主营业务	国际贸易、转口贸易、保税区企业间的贸易及贸易代理；保税区内商务咨询服务。				

企业名称	洽特运国际贸易（上海）有限公司				
企业地址	上海市外高桥保税区泰谷路 88 号 753 室（200131）				
投资总额	20 万 USD	电　话	58998238	传　真	50819229
设立日期	2004-4-12	负 责 人	ASCHERI AUGUSTO		
主营业务	国际贸易、转口贸易、保税区企业间的贸易及贸易代理；保税区内商务咨询服务。				

企业名称	益世旺国际贸易（上海）有限公司				
企业地址	上海市外高桥保税区新灵路 118 号 1209A 室（200131）				
投资总额	20 万 USD	电　话	62562600	传　真	
设立日期	2004-4-12	负 责 人	LIKY		
主营业务	国际贸易、转口贸易、保税区企业间的贸易及贸易代理；区内商业性简单加工。				

企业名称	大昌上松贸易（上海）有限公司				
企业地址	上海市外高桥保税区新灵路 118 号 1409A 室（200131）				
投资总额	20 万 USD	电　话	63522208	传　真	62953896
设立日期	2004-4-8	负 责 人	久保田盛嗣		
主营业务	国际贸易、转口贸易、保税区企业间的贸易及贸易代理；区内商业性简单加工。				

企业名称	世奎通商（上海）国际贸易有限公司				
企业地址	上海市外高桥保税区杨高北路 2001 号 305C 室（200131）				
投资总额	20 万 USD	电话	51348008	传真	51348009
设立日期	2004-4-8	负责人	徐廷渊		
主营业务	国际贸易、转口贸易、保税区企业间的贸易及贸易代理；区内商业性简单加工。				

企业名称	富来西国际贸易（上海）有限公司				
企业地址	上海市外高桥保税区加枫路 28 号新康 2 号楼 2412 室（200131）				
投资总额	20 万 USD	电话	62585362	传真	62676154
设立日期	2004-4-8	负责人	山口直彦		
主营业务	国际贸易、转口贸易、保税区企业间的贸易及贸易代理；保税区内商务咨询服务。				

企业名称	迷你宝贝国际贸易（上海）有限公司				
企业地址	上海市外高桥保税区基隆路 1 号 402 室（200131）				
投资总额	20 万 USD	电话	54070161	传真	54070981
设立日期	2004-4-8	负责人	刘芳荣		
主营业务	国际贸易、转口贸易、保税区企业间的贸易及贸易代理；保税区商务咨询服务。				

企业名称	上海东宪高来望贸易有限公司				
企业地址	上海市外高桥保税区台中南路 2 号 158 室（200131）				
投资总额	20 万 USD	电话	69520417	传真	69523087
设立日期	2004-4-8	负责人	末松民宪		
主营业务	国际贸易、转口贸易、保税区企业间的贸易及贸易代理；区内商业性简单加工。				

企业名称	瑞司得（上海）国际贸易有限公司				
企业地址	上海市外高桥保税区美盛路 56 号 4 号楼 203 室（200131）				
投资总额	20 万 USD	电话	63058855	传真	63058833
设立日期	2004-4-7	负责人	朱铁忠		
主营业务	国际贸易、转口贸易、保税区企业间的贸易及贸易代理；区内商业性简单加工。				

企业名称	上海明宝工程塑料贸易有限公司				
企业地址	上海市外高桥保税区加枫路 28 号新康 2 号楼 2418 室（200131）				
投资总额	40 万 USD	电话	68411025	传真	68410577
设立日期	2004-4-7	负责人	三井祥正		
主营业务	国际贸易、转口贸易、保税区企业间的贸易及贸易代理；区内商业性简单加工。				

企业名称	松井机电贸易（上海）有限公司				
企业地址	上海市外高桥保税区日京路 35 号 1206 室（200131）				
投资总额	30 万 USD	电话	54427617	传真	54427607
设立日期	2004-4-7	负责人	松井宏信		
主营业务	国际贸易、转口贸易、保税区企业间的贸易及贸易代理；区内商业性简单加工。				

企业名称	上海惠补国际贸易有限公司				
企业地址	上海市外高桥保税区杨高北路 2005 号 313 室（200131）				
投资总额	20 万 USD	电话	54223097	传真	54223096
设立日期	2004-4-7	负责人	陈世文		
主营业务	国际贸易、转口贸易、保税区企业间的贸易及贸易代理；区内商业性简单加工。				

企业名称	上海皇泽电子国际贸易有限公司				
企业地址	上海市外高桥保税区富特西一路 139 号 1423 室（200131）				
投资总额	20 万 USD	电话	64287511	传真	64287511
设立日期	2004-4-7	负责人	刘兴义		
主营业务	国际贸易、转口贸易、保税区企业间的贸易及贸易代理；区内商业性简单加工。				

企业名称	太松国际贸易（上海）有限公司				
企业地址	上海市外高桥保税区荷香路 283 号一层（200131）				
投资总额	30 万 USD	电话	50462766	传真	50462677
设立日期	2004-4-7	负责人	吴政达		
主营业务	国际贸易、转口贸易、保税区企业间的贸易及贸易代理；区内贸易咨询服务。				

企业名称	智索国际贸易（上海）有限公司				
企业地址	上海市外高桥保税区英伦路 38 号 608 室（200131）				
投资总额	100 万 USD	电话	64457895	传真	
设立日期	2004-4-7	负责人	后藤泰行		
主营业务	国际贸易、转口贸易、保税区企业间的贸易及贸易代理；保税区内商务咨询服务。				

企业名称	艾狄士农产品贸易（上海）有限公司				
企业地址	上海市外高桥保税区日京路 169 号国泰大楼第三层 A 部位（200131）				
投资总额	20 万 USD	电话	50460580	传真	50460383
设立日期	2004-4-5	负责人	TIM LEVINY		
主营业务	保税区内以羊毛、食品、酒类及农产品为主的仓储、分拨业务及售后服务。				

企业名称	科视达（上海）国际贸易有限公司				
企业地址	上海市外高桥保税区台中南路 2 号新贸楼 153 室（200131）				
投资总额	20 万 USD	电话	65087716	传真	65220412
设立日期	2004-4-5	负责人	林群		
主营业务	保税区内以光学电子仪器及零部件为主的国际贸易、转口贸易。				

企业名称	北天星国际贸易（上海）有限公司				
企业地址	上海市外高桥保税区台中南路 2 号新贸楼 150 室（200131）				
投资总额	20 万 USD	电话	63548910	传真	63548843
设立日期	2004-4-5	负责人	方强		
主营业务	国际贸易、转口贸易、保税区企业间的贸易及贸易代理；区内商业性简单加工。				

企业名称	迈赫帝国际贸易（上海）有限公司				
企业地址	上海市外高桥保税区台中南路 2 号新贸楼 157 室（200131）				
投资总额	20 万 USD	电话	64403336	传真	34240870
设立日期	2004-4-5	负责人	NILS ERICHSEN		
主营业务	国际贸易、转口贸易、保税区企业间的贸易及贸易代理；保税区内商务咨询服务。				

企业名称	普洛菲斯国际贸易（上海）有限公司				
企业地址	上海市外高桥保税区新灵路 118 号 1508A 室（200131）				
投资总额	20 万 USD	电话	63615175	传真	63615179
设立日期	2004-4-2	负责人	清水正		
主营业务	国际贸易、转口贸易、保税区企业间的贸易及贸易代理；区内商业性简单加工。				

企业名称	思塔高诊断产品贸易（上海）有限公司				
企业地址	上海市外高桥保税区美盛路 56 号 206 室（200131）				
投资总额	20 万 USD	电话	50640021	传真	58356086
设立日期	2004-4-2	负责人	LIONEL VIRET		
主营业务	国际贸易、转口贸易、保税区企业间的贸易及贸易代理；保税区内商务咨询服务。				

企业名称	百富门酒类贸易（上海）有限公司				
企业地址	上海市外高保税区基隆路 6 号 310 室（200131）				
投资总额	20 万 USD	电话	64159380	传真	
设立日期	2004-4-1	负责人	STUART ALAN BECK		
主营业务	以酒类为主的国际贸易、转口贸易、保税区企业间的贸易及贸易代理。				

企业名称	上海葵珀贸易有限公司				
企业地址	上海市外高桥保税区英伦路 38 号 705 室（200131）				
投资总额	20 万 USD	电话	62350423	传真	62350453
设立日期	2004-4-1	负责人	冈田敏		
主营业务	以箱包产品为主的国际贸易、转口贸易、保税区企业间的贸易及贸易代理。				

企业名称	上海允新国际贸易有限公司				
企业地址	上海市外高桥保税区泰谷路 88 号 731 室（200131）				
投资总额	20 万 USD	电话	62365008	传真	62365009
设立日期	2004-4-1	负责人	张璧凤		
主营业务	国际贸易、转口贸易、保税区企业间的贸易及贸易代理；区内商业性简单加工。				

企业名称	尚领国际贸易（上海）有限公司				
企业地址	上海市外高桥保税区日京路 35 号 9020 室（200131）				
投资总额	20 万 USD	电话	54368576	传真	54368578
设立日期	2004-4-1	负责人	林进贵		
主营业务	国际贸易、转口贸易、保税区企业间的贸易及贸易代理；保税区内商务咨询服务。				

企业名称	宜丽客（上海）贸易有限公司				
企业地址	上海市外高桥保税区日京路 35 号 1224 室（200131）				
投资总额	20 万 USD	电话	64263322	传真	64263210
设立日期	2004-4-1	负责人	柴田幸生		
主营业务	国际贸易、转口贸易、保税区企业间的贸易及贸易代理；保税区商务咨询服务。				

企业名称	蝶翠诗国际贸易（上海）有限公司				
企业地址	上海市外高桥保税区泰谷路 88 号丰谷大厦 712 室（200131）				
投资总额	200 万 USD	电话	63360777	传真	63363777
设立日期	2004-3-31	负责人	吉田嘉明		
主营业务	国际贸易、转口贸易、保税区企业间的贸易及贸易代理；区内商业性简单加工。				

企业名称	八千代机电国际贸易（上海）有限公司				
企业地址	上海市外高桥保税区日京路 35 号 1240 室（200131）				
投资总额	20 万 USD	电话	62785502	传真	64319663
设立日期	2004-3-2	负责人	山本敏夫		
主营业务	国际贸易、转口贸易、保税区企业间的贸易及贸易代理；保税区内商务咨询服务、。				

企业名称	董利贸易（上海）有限公司				
企业地址	上海市外高桥保税区英伦路38号706室（200131）				
投资总额	20万USD	电　话	62536276	传　真	62536279
设立日期	2004-3-2	负责人	蒋卫忠		
主营业务	国际贸易、转口贸易、保税区企业间的贸易及贸易代理；保税区内商务咨询服务。				

企业名称	卡尼真（上海）贸易有限公司				
企业地址	上海市外高桥保税区新灵路80号1号楼406室（200131）				
投资总额	20万USD	电　话	51119757	传　真	
设立日期	2004-3-2	负责人	SHIGEO TANAKA		
主营业务	国际贸易、转口贸易、保税区企业间的贸易及贸易代理；保税区内商务咨询服务。				

企业名称	爱普泰克国际贸易（上海）有限公司				
企业地址	上海市外高桥保税区英伦路38号727室（200131）				
投资总额	20万USD	电　话	64268085	传　真	64268085
设立日期	2004-3-2	负责人	庄博渊		
主营业务	国际贸易、转口贸易、保税区企业间的贸易及贸易代理；区内商务咨询服务。				

企业名称	高化学（上海）国际贸易有限公司				
企业地址	上海市外高桥保税区日京路79号第六层D部位（200131）				
投资总额	20万USD	电　话	50936668	传　真	50937018
设立日期	2004-3-2	负责人	高佳子		
主营业务	以化工产品、化工设备机器零部件为主的仓储、分拨业务；国际贸易、转口贸易。				

企业名称	泰纳国际贸易咨询（上海）有限公司				
企业地址	上海市长宁区定西路650号8楼820室（200050）				
投资总额	14万USD	电　话	50585383	传　真	50585383
设立日期	2004-3-2	负责人	ROBERT MICHEL MASSEY		
主营业务	国际经济咨询、贸易咨询、商务咨询。				

企业名称	艾擎革国际贸易（上海）有限公司				
企业地址	上海市外高桥保税区日京路51号B幢2408室（200131）				
投资总额	16万欧元	电　话	33110166	传　真	63277166
设立日期	2004-3-2	负责人	DIETER HEIDE		
主营业务	国际贸易、转口贸易、保税区企业间的贸易及贸易代理；保税区内商务咨询服务。				

企业名称	福妮思国际贸易（上海）有限公司				
企业地址	上海市外高桥保税区日京路35号1128室（200131）				
投资总额	20万USD	电　话	59589707	传　真	59589707
设立日期	2004-3-2	负责人	崔乘勋		
主营业务	国际贸易、转口贸易、保税区企业间的贸易及贸易代理；保税区内商务咨询服务。				

企业名称	思渠国际贸易（上海）有限公司				
企业地址	上海市外高桥保税区富特北路201号104室（200131）				
投资总额	20万USD	电　话	53017340	传　真	63608715
设立日期	2004-3-29	负责人	吴锦原		
主营业务	国际贸易、转口贸易、保税区企业间的贸易及贸易代理；保税区内贸易咨询服务。				

企业名称	金台联国际贸易（上海）有限公司				
企业地址	上海市外高桥保税区杨高北路2005号307室（200131）				
投资总额	100万USD	电　话	64649056	传　真	64380315
设立日期	2004-3-29	负责人	李　正		
主营业务	国际贸易、转口贸易、保税区企业间的贸易及贸易代理；保税区内商务咨询服务。				

企业名称	卡科阳（上海）贸易有限公司				
企业地址	上海市外高桥保税区基隆路6号302室（200131）				
投资总额	20万USD	电　话	54259008	传　真	54252691
设立日期	2004-3-25	负责人	井泽文成		
主营业务	国际贸易、转口贸易、保税区企业间的贸易及贸易代理；区内商业性简单加工。				

企业名称	立邦漆贸易（上海）有限公司				
企业地址	上海市外高桥保税区基隆路6号312室（200131）				
投资总额	20万USD	电　话	58662293	传　真	58380476
设立日期	2004-3-25	负责人	黑田芳明		
主营业务	国际贸易、转口贸易、保税区企业间的贸易及贸易代理；保税区内商务咨询服务。				

企业名称	奥吉德（上海）国际贸易有限公司				
企业地址	上海市外高桥保税区基隆路1号1108室（200131）				
投资总额	20万USD	电　话	62752279	传　真	62752589
设立日期	2004-3-25	负责人	OZAKI TOSHIHIRO		
主营业务	国际贸易、转口贸易、保税区企业间的贸易及贸易代理；保税区内商品展示。				

企业名称	锲步国际贸易（上海）有限公司				
企业地址	上海市外高桥保税区日京路35号9003室（200131）				
投资总额	100万USD	电　话	58885515	传　真	58885515
设立日期	2004-3-24	负责人	PURUSHOTTAM D.PATEL		
主营业务	国际贸易、转口贸易、保税区企业间的贸易及贸易代理；保税区内商务咨询服务。				

企业名称	狮王日化贸易（上海）有限公司				
企业地址	上海市外高桥保税区英伦路389号50号厂房第一层东北部位（200131）				
投资总额	1亿日元	电　话	64735159	传　真	
设立日期	2004-3-24	负责人	可知光晴		
主营业务	保税区内以日化产品及其原材料为主的仓储分拨业务，国际贸易、转口贸易。				

企业名称	岛屋通商国际贸易（上海）有限公司				
企业地址	上海市外高桥保税区基隆路1号617室（200131）				
投资总额	20万USD	电　话	64344698	传　真	
设立日期	2004-3-19	负责人	西川茂树		
主营业务	国际贸易、转口贸易、保税区企业间的贸易及贸易代理；保税区内商务咨询服务。				

企业名称	一村（上海）贸易有限公司				
企业地址	上海市外高桥保税区基隆路1号603室（200131）				
投资总额	20万USD	电　话	62097575	传　真	
设立日期	2004-3-19	负责人	江尻英郎		
主营业务	国际贸易、转口贸易、保税区企业间的贸易及贸易代理；保税区内贸易咨询服务。				

企业名称	安配色（上海）贸易有限公司				
企业地址	上海市外高桥保税区泰谷路88号717室（200131）				
投资总额	20万USD	电　话	64277703	传　真	52392812
设立日期	2004-3-19	负责人	CHRISTIAN CARNEVALI		
主营业务	国际贸易、转口贸易、保税区企业间的贸易及贸易代理；保税区内商务咨询服务。				

企业名称	上海翔名庆国际贸易有限公司				
企业地址	上海市外高桥保税区奥纳路79号305室（200131）				
投资总额	20万USD	电　话	61057455	传　真	68760618
设立日期	2004-3-17	负责人	杨政宁		
主营业务	国际贸易、转口贸易、保税区企业间的贸易及贸易代理；保税区内贸易咨询服务。				

企业名称	可乐丽国际贸易（上海）有限公司				
企业地址	上海市外高桥保税区华京路8号803室（200131）				
投资总额	500万USD	电　话	64151146	传　真	64151148
设立日期	2004-3-16	负责人	泽田献三		
主营业务	国际贸易、转口贸易、保税区企业间的贸易及贸易代理；保税区内商务咨询服务。				

企业名称	意极德国际贸易（上海）有限公司				
企业地址	上海市外高桥保税区富特西一路439号318室（200131）				
投资总额	20万USD	电　话	58692885	传　真	64047466
设立日期	2004-3-16	负责人	周志刚		
主营业务	国际贸易、转口贸易、保税区企业间的贸易及贸易代理；贸易咨询服务。				

企业名称	上海日曹贸易有限公司				
企业地址	上海市外高桥保税区冰克路500号406室（200131）				
投资总额	20万USD	电　话	58875067	传　真	58875065
设立日期	2004-3-16	负责人	山崎捷行		
主营业务	国际贸易、转口贸易、保税区企业间的贸易及贸易代理；保税区内商务咨询服务。				

企业名称	丸真（上海）贸易有限公司				
企业地址	上海市外高桥保税区日京路38号211室（200131）				
投资总额	20万USD	电　话	63294158	传　真	63294158
设立日期	2004-3-16	负责人	真下健一		
主营业务	国际贸易、转口贸易、保税区企业间的贸易及贸易代理；保税区内商务咨询服务。				

企业名称	威士伯（上海）贸易有限公司				
企业地址	上海市外高桥保税区基隆路6号920室（200131）				
投资总额	20万USD	电　话	59901345	传　真	59901941
设立日期	2004-3-16	负责人	戴宁		
主营业务	国际贸易、转口贸易、保税区企业间的贸易及贸易代理；保税区内商务咨询服务。				

企业名称	爱赛克贸易（上海）有限公司				
企业地址	上海市外高桥保税区新灵路80号211室（200131）				
投资总额	20万USD	电　话	62952961	传　真	62952967
设立日期	2004-3-16	负责人	山本幸树		
主营业务	国际贸易、转口贸易、保税区企业间的贸易及贸易代理；保税区内商务咨询服务。				

企业名称	益基欧（上海）贸易有限公司				
企业地址	上海市外高桥保税区日京路35号1149室（200131）				
投资总额	20万USD	电话	59105718	传真	59103616
设立日期	2004-3-16	负责人	BENNO RUDOLF		
主营业务	国际贸易、转口贸易、保税区企业间的贸易及贸易代理；保税区内商务咨询服务。				

企业名称	拓联（上海）国际贸易有限公司				
企业地址	上海市外高桥保税区富特北路201号218室（200131）				
投资总额	20万USD	电话	54831322	传真	54831323
设立日期	2004-3-16	负责人	林文荣		
主营业务	国际贸易、转口贸易、保税区企业间的贸易及贸易代理；保税区内商务咨询服务。				

企业名称	无添加贸易（上海）有限公司				
企业地址	上海市外高桥保税区基隆路6号214室（200131）				
投资总额	20万USD	电话	63915688	传真	63915677
设立日期	2004-3-12	负责人	陈志明		
主营业务	国际贸易、转口贸易、保税区企业间的贸易及贸易代理；保税区内商务咨询服务。				

企业名称	威速得国际贸易（上海）有限公司				
企业地址	上海市外高桥保税区华京路8号424室（200131）				
投资总额	20万USD	电话	50496600	传真	
设立日期	2004-3-12	负责人	KENNETH DOWNEY		
主营业务	国际贸易、转口贸易、保税区企业间的贸易及贸易代理；保税区内商务咨询服务。				

企业名称	奥诗裳（上海）国际贸易有限公司				
企业地址	上海市外高桥保税区泰谷路88号715室（200131）				
投资总额	210万USD	电话	52377763	传真	52377783.
设立日期	2004-3-12	负责人	谭大彤		
主营业务	国际贸易、转口贸易、保税区企业间的贸易及贸易代理；保税区内商务咨询服务。				

企业名称	珀荣国际贸易（上海）有限公司				
企业地址	上海市外高桥保税区富特西一路139号928室（200131）				
投资总额	20万USD	电话	68769786	传真	68769789
设立日期	2004-3-12	负责人	徐宏德		
主营业务	国际贸易、转口贸易、保税区企业间的贸易及贸易代理；保税区内商务咨询服务。				

企业名称	上海菱晓贸易有限公司				
企业地址	上海市外高桥保税区新灵路118号904B室（200131）				
投资总额	20万USD	电话	52280585	传真	62184769
设立日期	2004-3-12	负责人	今井靖井		
主营业务	国际贸易、转口贸易、保税区企业间的贸易及贸易代理；保税区内商务咨询服务。				

企业名称	雅澜添纳国际贸易（上海）有限公司				
企业地址	上海市外高桥保税区新灵路118号701B室（200131）				
投资总额	20万USD	电话	64264611	传真	64264911
设立日期	2004-3-12	负责人	ALEXANDRE WOHLGEMUTH		
主营业务	国际贸易、转口贸易、保税区企业间的贸易及贸易代理；保税区内商务咨询服务。				

企业名称	日正井（上海）国际贸易有限公司				
企业地址	上海市外高桥保税区基隆路1号1610-2室（200131）				
投资总额	20万USD	电话	62368358	传真	62368260
设立日期	2004-3-10	负责人	SHOICHI KOBAYASHI		
主营业务	国际贸易、转口贸易、保税区企业间的贸易及贸易代理；区内商业性简单加工。				

企业名称	优色林（上海）国际贸易有限公司				
企业地址	上海市外高桥保税区台中南路2号新贸楼123室（200131）				
投资总额	20万USD	电话	59763604	传真	59769606
设立日期	2004-3-10	负责人	张鹏飞		
主营业务	国际贸易、转口贸易、保税区企业间的贸易及贸易代理；保税区内商务咨询服务。				

企业名称	日商有色贸易（上海）有限公司				
企业地址	上海市外高桥保税区冰克路6号1201室（200131）				
投资总额	20万USD	电话	54075708	传真	54075439
设立日期	2004-3-10	负责人	久世健一		
主营业务	国际贸易、转口贸易、保税区企业间的贸易及贸易代理；保税区内商务咨询服务。				

企业名称	富骏腾兴国际贸易（上海）有限公司				
企业地址	上海市外高桥保税区新灵路118号1014A室（200131）				
投资总额	20万USD	电话	63525588	传真	63525588
设立日期	2004-3-10	负责人	周明仕		
主营业务	国际贸易、转口贸易、保税区企业间的贸易及贸易代理；区内商业性简单加工。				

企业名称	齐臣凯国际贸易（上海）有限公司				
企业地址	上海市外高桥保税区日京路35号1134室（200131）				
投资总额	20万USD	电话	50817173	传真	50818452
设立日期	2004-3-10	负责人	NIKOLAUS DAVID KOLLMANN		
主营业务	国际贸易、转口贸易、保税区企业间的贸易及贸易代理；保税区内商务咨询服务。				

企业名称	上海永嘉国际贸易有限公司				
企业地址	上海市外高桥保税区新灵路118号1703A室（200131）				
投资总额	20万USD	电话	64780116	传真	64193216
设立日期	2004-3-9	负责人	林必贤		
主营业务	国际贸易、转口贸易、保税区企业间的贸易及贸易代理；保税区内贸易咨询服务。				

企业名称	协展（上海）国际贸易有限公司				
企业地址	上海市外高桥保税区罗纳路79号310室（200131）				
投资总额	20万USD	电话	61825054	传真	67825064
设立日期	2004-3-8	负责人	林承业		
主营业务	国际贸易、转口贸易、保税区企业间的贸易及贸易代理；保税区内商务咨询服务。				

企业名称	尤索贸易（上海）有限公司				
企业地址	上海市外高桥保税区日京路35号1126室（200131）				
投资总额	20万USD	电话	66297630	传真	66297639
设立日期	2004-3-8	负责人	PATRICK C.URSCHEL		
主营业务	国际贸易、转口贸易、保税区企业间的贸易及贸易代理；保税区内贸易咨询服务。				

企业名称	苏威（上海）有限公司				
企业地址	上海市外高桥保税区美盛路56号4号楼108室（200131）				
投资总额	40万USD	电话	63840099	传真	63840099
设立日期	2004-3-8	负责人	PHILIPPE R. DESCAMPS		
主营业务	国际贸易、转口贸易、保税区企业间的贸易及贸易代理；区内商业性简单加工。				

企业名称	唐伦国际贸易（上海）有限公司				
企业地址	上海市外高桥保税区新灵路118号1014B室（200131）				
投资总额	100万USD	电话	54148238	传真	54148248
设立日期	2004-3-8	负责人	詹智能		
主营业务	国际贸易、转口贸易、保税区企业间的贸易及贸易代理：区内商业性简单加工。				

企业名称	利英纬国际贸易（上海）有限公司				
企业地址	上海市外高桥保税区日京路38号310室（200131）				
投资总额	20万USD	电话	52359951	传真	
设立日期	2004-3-5	负责人	朱瑞华		
主营业务	国际贸易、转口贸易、保税区企业间的贸易及贸易代理；保税区内商务咨询服务。				

企业名称	爱益华国际贸易（上海）有限公司				
企业地址	上海市外高桥保税区日京路35号1004室（200131）				
投资总额	30万USD	电话	53080560	传真	53080456
设立日期	2004-3-5	负责人	POK TAM SOON		
主营业务	国际贸易、转口贸易、保税区企业间的贸易及贸易代理；保税区内商务咨询服务。				

企业名称	爱宇隆贸易（上海）有限公司				
企业地址	上海市外高桥保税区日京路38号112室（200131）				
投资总额	20万USD	电话	54660212	传真	64734525
设立日期	2004-3-5	负责人	成田英次		
主营业务	国际贸易、转口贸易、保税区企业间的贸易及贸易代理；保税区内商务咨询服务。				

企业名称	岐阜日塑贸易（上海）有限公司				
企业地址	上海市外高桥保税区新灵路118号412B室（200131）				
投资总额	20万USD	电话	62368077	传真	62368660
设立日期	2004-3-5	负责人	大松利幸		
主营业务	国际贸易、转口贸易、保税区企业间的贸易及贸易代理；区内商务咨询服务。				

企业名称	上海参清贸易有限公司				
企业地址	上海市外高桥保税区富特西一路289号A321室（200131）				
投资总额	20万USD	电话	58406665	传真	58406919
设立日期	2004-3-5	负责人	足立哲雄		
主营业务	国际贸易、转口贸易、保税区企业间的贸易及贸易代理；保税区内商务咨询服务。				

企业名称	智比（上海）玩具贸易有限公司				
企业地址	上海市外高桥保税区泰谷路88号714室（200131）				
投资总额	20万USD	电话	63618686	传真	52197780
设立日期	2004-3-4	负责人	SERGE GUY VOTA		
主营业务	国际贸易、转口贸易、保税区企业间的贸易及贸易代理；保税区内商务咨询服务。				

批发和零售贸易业

企业名称	皇硕国际贸易（上海）有限公司				
企业地址	上海市外高桥保税区日京路 35 号 1116 室（200131）				
投资总额	20 万 USD	电话	62402080	传真	
设立日期	2004-3-4	负责人	曾文俊		
主营业务	国际贸易、转口贸易、保税区企业间的贸易及贸易代理；保税区内商务咨询服务。				

企业名称	牧拉珈密（上海）贸易有限公司				
企业地址	上海市外高桥保税区冰克路 500 号 612 室（200131）				
投资总额	30 万 USD	电话	58352488	传真	58352529
设立日期	2004-3-4	负责人	村上博高		
主营业务	保税区内以丝网印刷及制版产品、原材料和设备为主的国际贸易、转口贸易。				

企业名称	思达尔国际贸易（上海）有限公司				
企业地址	上海市外高桥保税区富特北路 473 号 6 号楼 458 部位（200131）				
投资总额	20 万 USD	电话	58356689	传真	58340139
设立日期	2004-3-4	负责人	谢章财		
主营业务	国际贸易、转口贸易、保税区企业间的贸易及贸易代理；区内商务咨询服务。				

企业名称	硬壳国际贸易（上海）有限公司				
企业地址	上海市外高桥保税区基隆路 1 号 1203 室（200131）				
投资总额	20 万 USD	电话	58690491	传真	58690493
设立日期	2004-3-4	负责人	SERES ERIC JOHN		
主营业务	国际贸易、转口贸易、保税区企业间的贸易及贸易代理；保税区内商务咨询服务。				

企业名称	罗德里国际贸易（上海）有限公司				
企业地址	上海市外高桥保税区基隆路 1 号 827 室（200131）				
投资总额	20 万 USD	电话	58857975	传真	68532084
设立日期	2004-2-27	负责人	CHIA KIM PIOW		
主营业务	保税区内以建筑、工程材料和设备为主的国际贸易、转口贸易。				

企业名称	清隆群国际贸易（上海）有限公司				
企业地址	上海市外高桥保税区奥纳路 79 号 315 室（200131）				
投资总额	20 万 USD	电话	54248221	传真	64867344
设立日期	2004-2-27	负责人	陈正慈		
主营业务	国际贸易、转口贸易、保税区企业间的贸易及贸易代理；保税区内贸易咨询服务。				

企业名称	威百莱贸易（上海）有限公司				
企业地址	上海市外高桥保税区基隆路 6 号 218 室（200131）				
投资总额	20 万 USD	电话	62371822	传真	51010069
设立日期	2004-2-27	负责人	DARLENE RAVAN HEMPHILL		
主营业务	国际贸易、转口贸易、保税区企业间的贸易及贸易代理；保税区内商务咨询服务。				

企业名称	东芝电子元器件材料贸易（上海）有限公司				
企业地址	上海市外高桥保税区华京路 8 号 830 室（200131）				
投资总额	40 万 USD	电话	50460619	传真	
设立日期	2004-2-27	负责人	杉森文雄		
主营业务	电子产品、电子器件的国际贸易、转口贸易、保税区企业间的贸易及贸易代理。				

企业名称	敦临贸易（上海）有限公司				
企业地址	上海市外高桥保税区日京路 35 号 1140 室（200131）				
投资总额	20 万 USD	电话	50460506	传真	50460889
设立日期	2004-2-27	负责人	陈增荣		
主营业务	国际贸易、转口贸易、保税区企业间的贸易及贸易代理；区内贸易咨询服务。				

企业名称	沃特克斯寓进（上海）有限公司				
企业地址	上海市外高桥保税区杨高北路 2001 号市场商务楼 308 室（200131）				
投资总额	20 万 USD	电话	64017825	传真	64017996
设立日期	2004-2-27	负责人	李贞沃		
主营业务	国际贸易、转口贸易、保税区企业间的贸易及贸易代理；保税区内商务咨询服务。				

企业名称	礼坊国际贸易（上海）有限公司				
企业地址	上海市外高桥保税区英伦路 38 号 701 室（200131）				
投资总额	120 万 USD	电话	64162103	传真	
设立日期	2004-2-25	负责人	张逸峰		
主营业务	国际贸易、转口贸易、保税区企业间的贸易及贸易代理；保税区内商务咨询服务。				

企业名称	威利红国际贸易（上海）有限公司				
企业地址	上海市外高桥保税区新灵路 118 号 805B 室（200131）				
投资总额	20 万 USD	电话	62370585	传真	
设立日期	2004-2-25	负责人	余军威		
主营业务	国际贸易、转口贸易、保税区企业间的贸易及贸易代理；保税区内商务咨询服务。				

企业名称	毅方国际贸易（上海）有限公司				
企业地址	上海市外高桥保税区日京路 35 号 1225 室（200131）				
投资总额	20 万 USD	电话	62481441	传真	62496896
设立日期	2004-2-25	负责人	杨晓燕		
主营业务	国际贸易、转口贸易、保税区企业间的贸易及贸易代理，贸易咨询服务。				

企业名称	长连旭（上海）贸易有限公司				
企业地址	上海市外高桥保税区马吉路 28 号 701 室（200131）				
投资总额	50 万 USD	电话	64284412	传真	64284417
设立日期	2004-2-23	负责人	世良田博史		
主营业务	国际贸易转口贸易、保税区企业间贸易及区内贸易代理；保税区内商务咨询服务。				

企业名称	上海保斯道贸易有限公司				
企业地址	上海市外高桥保税区冰克路 500 号 428 室（200131）				
投资总额	20 万 USD	电话	64396530	传真	64396530
设立日期	2004-2-23	负责人	广濑德藏		
主营业务	国际贸易、转口贸易、保税区企业间的贸易及贸易代理；保税区内贸易咨询服务。				

企业名称	爱慕希国际贸易（上海）有限公司				
企业地址	上海市外高桥保税区美盛路 56 号 210 室（200131）				
投资总额	20 万 USD	电话	58609180	传真	58854418
设立日期	2004-2-20	负责人	山口康生		
主营业务	以机械为主的国际贸易、转口贸易、保税区企业间的贸易及贸易代理。				

企业名称	三发成（上海）国际贸易有限公司				
企业地址	上海市外高桥保税区基隆路 1 号 828 室（200131）				
投资总额	20 万 USD	电话	64436715	传真	
设立日期	2004-2-20	负责人	森田隆文		
主营业务	国际贸易、转口贸易、保税区企业间的贸易及区内贸易代理；区内商务咨询服务。				

企业名称	双龙原料国际贸易（上海）有限公司				
企业地址	上海市外高桥保税区冰克路 500 号 415 室（200131）				
投资总额	20 万 USD	电话	64400321	传真	64400334
设立日期	2004-2-20	负责人	KIM MYONC HWAN		
主营业务	国际贸易，转口贸易、保税区企业间的贸易及贸易代理；保税区内商务咨询服务。				

企业名称	耐克森（中国）线缆有限公司				
企业地址	上海市外高桥保税区富特中路 1 号（200131）				
投资总额	880 万欧元	电话	50462990	传真	50462980
设立日期	2004-2-19	负责人	DOUGLAS ANDERSON		
主营业务	保税区内开发、生产和加工各类电缆和电线，销售自产产品，提供相关售后服务。				

企业名称	植沛国际贸易（上海）有限公司				
企业地址	上海市外高桥保税区日京路 35 号 1235 室（200131）				
投资总额	55 万 USD	电话	68885889	传真	
设立日期	2004-2-19	负责人	黎焕鑫		
主营业务	国际贸易、转口贸易、保税区企业间的贸易及区内贸易代理；区内商务咨询服务。				

企业名称	日毛（上海）贸易有限公司				
企业地址	上海市外高桥保税区冰克路 500 号 922 室（200131）				
投资总额	20 万 USD	电话	62375838	传真	
设立日期	2004-2-18	负责人	KASHINE TETSUO		
主营业务	国际贸易、转口贸易、保税区企业间的贸易及贸易代理；区内商务咨询服务。				

企业名称	迪氏曼国际贸易（上海）有限公司				
企业地址	上海市外高桥保税区日京路 35 号 1146 室（200131）				
投资总额	20 万 USD	电话	58178797	传真	
设立日期	2004-2-17	负责人	JANMEJAY RAJNIKANT VYAS		
主营业务	以药品和化学品为主的国际贸易、转口贸易、保税区企业间的贸易及贸易代理。				

企业名称	科隆柏国际贸易（上海）有限公司				
企业地址	上海市外高桥保税区杨高北路 2005 号新易楼 316 室（200131）				
投资总额	20 万 USD	电话	50461048	传真	50461051
设立日期	2004-2-17	负责人	JEFFREY S.PONTIUS		
主营业务	国际贸易、转口贸易、保税区企业间的贸易及保税区内贸易代理。				

企业名称	黄帽子（中国）汽车用品商贸有限公司				
企业地址	上海市肇嘉浜路 798 号 503 室（200031）				
投资总额	2000 万 RMB	电话	51500188	传真	51500001
设立日期	2004-2-16	负责人	谷口直意		
主营业务	汽车零部件及用品、汽车零部件及用品的批发业务，佣金代理。				

企业名称	大赛璐塑料贸易（上海）有限公司				
企业地址	上海市外高桥保税区日京路35号凯兴大楼11层1155室（200131）				
投资总额	20万USD	电话	57619381	传真	57619381
设立日期	2004-2-16	负责人	海野胜弘		
主营业务	国际贸易、转口贸易、保税区企业间的贸易及区内贸易代理；区内商务咨询服务。				

企业名称	新慕明国际贸易（上海）有限公司				
企业地址	上海市外高桥保税区日京路35号1153室（200131）				
投资总额	20万USD	电话	61457398	传真	61457378
设立日期	2004-2-16	负责人	陈春生		
主营业务	国际贸易、转口贸易、保税区企业间的贸易及贸易代理；保税区内商务咨询服务。				

企业名称	巨唐科贸（上海）有限公司				
企业地址	上海市外高桥保税区冰克路500号506室（200131）				
投资总额	21万USD	电话	62264194	传真	62264192
设立日期	2004-2-16	负责人	高赵雪如		
主营业务	计算机硬件及相关产品、软件的设计、开发、制作，销售自产产品。				

企业名称	爱思洁爱姆洗碗机（上海）贸易有限公司				
企业地址	上海市外高桥保税区日京路35号1032室（200131）				
投资总额	20万USD	电话	62320104	传真	62320102
设立日期	2004-2-13	负责人	KIM CHANG RYUN		
主营业务	国际贸易、转口贸易、保税区企业间贸易及区内贸易代理；保税区商务咨询服务。				

企业名称	电气化学工业（上海）贸易有限公司				
企业地址	上海市外高桥保税区冰克路500号524室（200131）				
投资总额	20万USD	电话	62369090	传真	62368770
设立日期	2004-2-13	负责人	三神芳明		
主营业务	国际贸易、转口贸易、保税区企业间的贸易及贸易代理；保税区内商务咨询服务。				

企业名称	亚斯壮国际贸易（上海）有限公司				
企业地址	上海市外高桥保税区日京路35号1247室（200131）				
投资总额	20万USD	电话	58824056	传真	
设立日期	2004-2-13	负责人	林芷榆		
主营业务	国际贸易、转口贸易、保税区企业间的贸易及区内贸易代理。				

企业名称	纳西国际贸易（上海）有限公司				
企业地址	上海市外高桥保税区日京路38号309室（200131）				
投资总额	20万USD	电话	50807858	传真	
设立日期	2004-2-13	负责人	许清源		
主营业务	国际贸易、转口贸易、保税区企业间的贸易及区内贸易代理；区内商务咨询服务。				

企业名称	上海兆由江国际贸易有限公司				
企业地址	上海市外高桥保税区美盛路56号4号楼201室（200131）				
投资总额	20万USD	电话	62151260	传真	62151468
设立日期	2004-2-13	负责人	OMINE IWAO（大岭严）		
主营业务	国际贸易、转口贸易、保税区企业间的贸易及区内贸易代理。				

企业名称	圜达国际贸易（上海）有限公司				
企业地址	上海市外高桥保税区日京路35号1111室（200131）				
投资总额	20万USD	电话	63053034	传真	63901353
设立日期	2004-2-13	负责人	陈专德		
主营业务	国际贸易、转口贸易、保税区内企业间贸易及贸易代理；保税区内商务咨询服务。				

企业名称	汉沙纺织品贸易（上海）有限公司				
企业地址	上海市外高桥保税区杨高北路2005号214室（200131）				
投资总额	20万USD	电话	63555594	传真	62538574
设立日期	2004-2-13	负责人	WOLFGANG SCHULTE		
主营业务	国际贸易、转口贸易、保税区内企业间贸易及贸易代理；保税区内商务咨询服务。				

企业名称	唯斯能贸易（上海）有限公司				
企业地址	上海市外高桥保税区华京路8号334室（200131）				
投资总额	20万USD	电话	52081866	传真	52081887
设立日期	2004-2-12	负责人	DIETER WITTMANN		
主营业务	保税区内以造纸工业及其他工业领域的空气调节系统及设备为主的国际贸易。				

企业名称	杰斯比国际贸易（上海）有限公司				
企业地址	上海市外高桥保税区富特西一路139号921室（200131）				
投资总额	20万USD	电话	63404500	传真	63404501
设立日期	2004-2-12	负责人	臼井宏		
主营业务	国际贸易、转口贸易、保税区企业间的贸易及贸易代理；保税区内贸易咨询服务。				

企业名称	联沪欧（上海）贸易有限公司				
企业地址	上海市外高桥保税区马吉路28号1508室（200131）				
投资总额	20万USD	电话	58690329	传真	58690342
设立日期	2004-2-12	负责人	林荣植		
主营业务	国际贸易、转口贸易、保税区企业间的贸易及保税区贸易代理。				

企业名称	艾默雷肯机床贸易（上海）有限公司				
企业地址	上海市外高桥保税区富特北路458号36号楼一楼（200131）				
投资总额	40万USD	电话	58682809	传真	58682803
设立日期	2004-2-12	负责人	KNOX JOHNSTONE		
主营业务	国际贸易、转口贸易、保税区企业间的贸易及贸易代理；区内商务咨询服务。				

企业名称	倚天科技电子贸易（上海）有限公司				
企业地址	上海市外高桥保税区美盛路56号212室（200131）				
投资总额	20万USD	电话	50807276	传真	50807275
设立日期	2004-2-9	负责人	LAURENT DESCLOS		
主营业务	国际贸易、转口贸易、保税区企业间的贸易及贸易代理；保税区内商务咨询服务。				

企业名称	长佑（上海）国际贸易有限公司				
企业地址	上海市外高桥保税区基隆路1号1215—1室（200131）				
投资总额	20万USD	电话	57364677	传真	63500825
设立日期	2004-2-9	负责人	沈宗亿		
主营业务	国际贸易、转口贸易、保税区企业间的贸易及区内贸易代理。				

企业名称	坚纺国际贸易（上海）有限公司				
企业地址	上海市外高桥保税区日京路35号1105室（200131）				
投资总额	20万USD	电话	61136543	传真	
设立日期	2004-2-9	负责人	许元裕		
主营业务	国际贸易、转口贸易、保税区企业间的贸易及区内贸易代理；区内商务咨询服务。				

企业名称	普拉达贸易（上海）有限公司				
企业地址	上海市外高桥保税区杨高北路2005号207室（200131）				
投资总额	20万USD	电话	62883711	传真	62883718
设立日期	2004-2-9	负责人	MARCO SALOMONI		
主营业务	国际贸易、转口贸易、保税区企业间的贸易及贸易代理；保税区内商务咨询服务。				

企业名称	上海安桥国际贸易有限公司				
企业地址	上海市外高桥保税区日京路35号凯兴大楼十一层1132室（200131）				
投资总额	20万USD	电话	64395742	传真	64394162
设立日期	2004-2-9	负责人	廻户正昭		
主营业务	国际贸易、转口贸易、保税区企业间的贸易及保税区内贸易代理。				

企业名称	昱品国际贸易（上海）有限公司				
企业地址	上海市外高桥保税区富特西一路139号914室（200131）				
投资总额	30万USD	电话	62228902	传真	62228905
设立日期	2004-2-9	负责人	蔡文钦		
主营业务	国际贸易、转口贸易、保税区企业间的贸易及贸易代理；保税区内商务咨询服务。				

企业名称	达颖国际贸易（上海）有限公司				
企业地址	上海市外高桥保税区日京路35号1122室（200131）				
投资总额	20万USD	电话	51164777	传真	
设立日期	2004-2-9	负责人	CHIN CHIN 100NC		
主营业务	国际贸易、转口贸易、保税区企业间的贸易及区内贸易代理；区内贸易咨询服务。				

企业名称	欧立恩拓马达贸易（上海）有限公司				
企业地址	上海市外高桥保税区荷丹路242号48号厂房3层B部位（200131）				
投资总额	30万USD	电话	62375440	传真	
设立日期	2004-2-5	负责人	山中美隆		
主营业务	保税区内以马达产品为主的仓储、分拨业务及其相关产品的售后服务。				

企业名称	矩溢（上海）国际贸易有限公司				
企业地址	上海市外高桥保税区华京路8号610室（200131）				
投资总额	20万USD	电话	51331666	传真	
设立日期	2004-2-5	负责人	SAMUEL LEE		
主营业务	国际贸易、转口贸易、保税区企业间的贸易及贸易代理；保税区内商务咨询服务。				

企业名称	日电产理德（上海）国际贸易有限公司				
企业地址	上海市外高桥保税区加枫路28号2421室（200131）				
投资总额	20万USD	电话	62370303	传真	62370220
设立日期	2004-2-3	负责人	戒田理夫		
主营业务	国际贸易、转口贸易、保税区企业间的贸易及区内贸易代理；区内商务咨询服务。				

企业名称	豪利时国际贸易（上海）有限公司				
企业地址	上海市外高桥保税区富特西一路 139 号 927 室（200131）				
投资总额	20 万 USD	电话	64862087	传真	54590057
设立日期	2004-2-3	负责人	严民辉		
主营业务	国际贸易、转口贸易、保税区内企业间贸易及贸易代理；保税区内贸易咨询服务。				

企业名称	法如国际贸易（上海）有限公司				
企业地址	上海市外高桥保税区日京路 35 号凯兴大楼十一层 1154 室（200131）				
投资总额	20 万 USD	电话	64948660	传真	64948670
设立日期	2004-2-2	负责人	GREGORY ALLAN FRASER		
主营业务	国际贸易转口贸易、保税区企业间贸易及区内贸易代理；保税区内贸易咨询服务。				

企业名称	商宏国际贸易（上海）有限公司				
企业地址	上海市外高桥保税区日京路 35 号 1104 室（200131）				
投资总额	20 万 USD	电话	67619328	传真	
设立日期	2004-2-2	负责人	LIM LEE TIN		
主营业务	国际贸易、转口贸易、保税区企业间的贸易及区内贸易代理；区内商务咨询服务。				

企业名称	上海金泓格国际贸易有限公司				
企业地址	上海市外高桥保税区富特西一路 139 号 919 室（200131）				
投资总额	20 万 USD	电话	62471722	传真	62471725
设立日期	2004-2-2	负责人	叶乃迪		
主营业务	国际贸易、转口贸易、保税区企业间的贸易及贸易代理；保税区内商务咨询服务。				

企业名称	上海悦多国际贸易有限公司				
企业地址	上海市外高桥保税区日京路 35 号 1012 室（200131）				
投资总额	20 万 USD	电话	34240697	传真	64685507
设立日期	2004-1-20	负责人	陈宝珠		
主营业务	国际贸易、转口贸易、保税区企业间的贸易及区内贸易代理；区内贸易咨询服务。				

企业名称	迪比喜化学贸易（上海）有限公司				
企业地址	上海市外高桥保税区泰谷路 88 号 727 室（200131）				
投资总额	20 万 USD	电话	54450101	传真	54450700
设立日期	2004-1-20	负责人	刘建良		
主营业务	国际贸易转口贸易、保税区企业间贸易及保税区内贸易代理；区内商务咨询服务。				

企业名称	佳冰饮饮品国际贸易（上海）有限公司				
企业地址	上海市外高桥保税区新灵路 118 号 1103B 室（200131）				
投资总额	20 万 USD	电话	64673149	传真	64672684
设立日期	2004-11-9	负责人	JURGEN SCHNABEL		
主营业务	国际贸易转口贸易、保税区企业间贸易及区内贸易代理；保税区内贸易咨询服务。				

企业名称	浪速包装（上海）有限公司				
企业地址	上海市外高桥保税区日京路 35 号 1255 室（200131）				
投资总额	20 万 USD	电话	63743993	传真	63747978
设立日期	2004-1-19	负责人	池上宽		
主营业务	国际贸易、转口贸易、保税区企业间的贸易及区内贸易代理；区内贸易咨询服务。				

企业名称	美商华尔纳国际贸易（上海）有限公司				
企业地址	上海市外高桥保税区基隆路 6 号 801 室（200131）				
投资总额	20 万 USD	电话	58359606	传真	58359605
设立日期	2004-1-19	负责人	LAWRENCE RUSSELL RUTKOWSKI		
主营业务	国际贸易、转口贸易、保税区企业间的贸易及区内贸易代理；区内商务咨询服务。				

企业名称	汇德信普国际贸易（上海）有限公司				
企业地址	上海市外高桥保税区日京路 38 号 109 室（200120）				
投资总额	20 万 USD	电话	50309962	传真	50309960
设立日期	2004-1-18	负责人	刘 宁		
主营业务	国际贸易、转口贸易、保税区企业间的贸易及贸易代理；保税区内商务咨询服务。				

企业名称	品魅儿国际贸易（上海）有限公司				
企业地址	上海市外高桥保税区日京路 35 号 1108 室（200131）				
投资总额	20 万 USD	电话	62483334	传真	
设立日期	2004-1-17	负责人	JON A.MILLS		
主营业务	国际贸易、转口贸易、保税区企业间的贸易及区内贸易代理；保税区内贸易咨询服务。				

企业名称	元祯贸易（上海）有限公司				
企业地址	上海市外高桥保税区日京路 35 号 1152 室（200131）				
投资总额	30 万 USD	电话	54248051	传真	54248055
设立日期	2004-1-17	负责人	陈国龙		
主营业务	国际贸易、转口贸易、保税区企业间的贸易及贸易代理，保税区内商务咨询服务。				

企业名称	固安捷全球贸易（上海）有限公司				
企业地址	上海市外高桥保税区华京路 8 号 403 室（200131）				
投资总额	20 万 USD	电话	68419808	传真	
设立日期	2004-1-17	负责人	JOHN ANDREW SCHWEIG		
主营业务	国际贸易、转口贸易、保税区企业间的贸易及区内贸易代理，贸易咨询服务。				

企业名称	上海瓷丰牙科器材贸易有限公司				
企业地址	上海市外高桥保税区冰克路 500 号 621 室（200131）				
投资总额	20 万 USD	电话	63862188	传真	63862199
设立日期	2004-1-15	负责人	张振邦		
主营业务	以医疗器械和齿科产品为主的国际贸易、转口贸易、保税区内商业性简单加工。				

企业名称	磨根国际贸易（上海）有限公司				
企业地址	上海市外高桥保税区马吉路 28 号 1603 室（200131）				
投资总额	20 万 USD	电话	62493555	传真	62493552
设立日期	2004-1-15	负责人	MICHAEL JON GITFELSON		
主营业务	国际贸易、转口贸易、保税区企业间的贸易及区内贸易代理，区内商品展示。				

企业名称	欧洛泰国际贸易（上海）有限公司				
企业地址	上海市外高桥保税区英伦路 38 号 730 室（200131）				
投资总额	20 万 USD	电话	57339776	传真	57339770
设立日期	2004-1-15	负责人	张耀仁		
主营业务	国际贸易、转口贸易、保税区企业间的贸易及贸易代理，区内商务咨询服务。				

企业名称	上海泰和印梦国际贸易有限公司				
企业地址	上海市外高桥保税区基隆路 1 号 1220 室（200131）				
投资总额	20 万 USD	电话	59884427	传真	62095502
设立日期	2004-1-15	负责人	三浦照章		
主营业务	国际贸易、转口贸易、保税区企业间的贸易及贸易代理；保税区内贸易咨询服务。				

企业名称	贝克西弗（上海）国际贸易有限公司				
企业地址	上海市外高桥保税区富特北路 201 号 316 室（200131）				
投资总额	20 万 USD	电话	58776752	传真	58776753
设立日期	2004-1-14	负责人	张 勇		
主营业务	国际贸易、转口贸易、保税区内企业间贸易及贸易代理；保税区内商务咨询服务。				

企业名称	上海雅马哈建设摩托车销售有限公司				
企业地址	上海市闵行区剑川路 468 号（201109）				
投资总额	400 万 USD	电话	64578787	传真	64577758
设立日期	2004-1-14	负责人	沃成昌		
主营业务	销售雅马哈发动机株式会社在中国投资企业生产和委托加工生产的雅马哈产品。				

企业名称	百思买国际贸易（上海）有限公司				
企业地址	上海市外高桥保税区日京路 35 号 1217 室（200131）				
投资总额	20 万 USD	电话	68873998	传真	68877998
设立日期	2004-1-12	负责人	LU WEIMIN 吕维民		
主营业务	国际贸易、转口贸易、保税区内企业间的贸易及贸易代理；国际经济信息咨询。				

企业名称	上海泉秀国际贸易有限公司				
企业地址	上海市外高桥保税区日京路 35 号 1115 室（200131）				
投资总额	20 万 USD	电话	58660908	传真	57687781
设立日期	2004-1-9	负责人	西村元秀		
主营业务	国际贸易，转口贸易、保税区企业间的贸易及区内贸易代理，区内商务咨询服务。				

企业名称	五常国际贸易（上海）有限公司				
企业地址	上海市外高桥保税区英伦路 38 号 724 室（200131）				
投资总额	20 万 USD	电话	62957105	传真	62957109
设立日期	2004-1-9	负责人	DONG HYUN LEE		
主营业务	国际贸易、转口贸易、保税区企业间的贸易及贸易代理，保税区内商品展示。				

企业名称	桂冠（上海）贸易有限公司				
企业地址	上海市外高桥保税区日京路 35 号 1120 室（200131）				
投资总额	20 万 USD	电话	54422002	传真	54423478
设立日期	2004-1-9	负责人	王坤山		
主营业务	国际贸易、转口贸易、保税区企业间的贸易及贸易代理，保税区内商务咨询服务。				

企业名称	鸥软计算机系统贸易（上海）有限公司				
企业地址	上海市外高桥保税区基隆路 6 号 701 室（200131）				
投资总额	20 万 USD	电话	52376000	传真	
设立日期	2004-1-8	负责人	大藏政明		
主营业务	国际贸易、转口贸易、保税区企业间的贸易及区内贸易代理，区内商务咨询服务。				

企业名称	上海丹浦奇思国际贸易有限公司				
企业地址	上海市外高桥保税区英伦路 38 号衡山国际商务楼 729 室（200131）				
投资总额	20 万 USD	电　话	50581672	传　真	
设立日期	2004-1-8	负责人	FLEMMING NIELSEN		
主营业务	国际贸易、转口贸易、保税区企业间的贸易及区内贸易代理；区内商务咨询服务。				

企业名称	上海多罗国际贸易有限公司				
企业地址	上海市外高桥保税区富特西一路 139 号 905 室（200131）				
投资总额	20 万 USD	电　话	62365966	传　真	62365967
设立日期	2004-1-8	负责人	孙德萱		
主营业务	国际贸易、转口贸易。保税区内企业间贸易及贸易代理，保税区内商务咨询服务。				

企业名称	斯倍利亚贸易（上海）有限公司				
企业地址	上海市外高桥保税区英伦路 38 号 725 室（200131）				
投资总额	20 万 USD	电　话	64270039	传　真	64410554
设立日期	2004-1-8	负责人	西村哲郎		
主营业务	国际贸易、转口贸易、保税区企业间的贸易及贸易代理，区内商务咨询服务。				

企业名称	澳德巴克斯（上海）贸易有限公司				
企业地址	上海市外高桥保税区 B 区冰克路 500 号 626 室（200131）				
投资总额	100 万 USD	电　话	64276750	传　真	
设立日期	2004-1-8	负责人	越田亮三		
主营业务	国际贸易、转口贸易、保税区企业间的贸易及区内贸易代理；区内商务咨询服务。				

企业名称	伯力时（上海）国际贸易有限公司				
企业地址	上海市外高桥保税区基隆路 6 号 208 室（200131）				
投资总额	22.5 万 USD	电　话	64699936	传　真	64697678
设立日期	2004-1-7	负责人	ARTHUR ABRAM DEFEHR		
主营业务	国际贸易、转口贸易、保税区企业间的贸易及区内贸易代理；区内商务咨询服务。				

企业名称	帝开思（上海）国际贸易有限公司				
企业地址	上海市外高桥保税区日京路 35 号 1210 室（200131）				
投资总额	50 万 USD	电　话	62368080	传　真	62368700
设立日期	2004-1-7	负责人	重政治宽		
主营业务	国际贸易、转口贸易、保税区企业间的贸易及贸易代理；保税区内商务咨询服务。				

企业名称	杰品首饰（上海）有限公司				
企业地址	上海市黄浦区福佑路 331 号 1 楼（200011）				
投资总额	20 万 USD	电　话	63554058	传　真	63112397
设立日期	2004-1-6	负责人	中山孝明		
主营业务	设计、加工珠宝首饰，销售自产产品，并提供售后服务，技术咨询，技术服务。				

企业名称	碧博国际贸易（上海）有限公司				
企业地址	上海市外高桥保税区日京路 35 号 1232 室（200131）				
投资总额	20 万 USD	电　话	64335749	传　真	64310962
设立日期	2004-1-6	负责人	吴雅清		
主营业务	国际贸易、转口贸易、保税区企业间的贸易及区内贸易代理；区内商务咨询服务。				

企业名称	法力藤国际贸易（上海）有限公司				
企业地址	上每市外高桥保税区马吉路 28 号 1206B 室（200131）				
投资总额	20 万 USD	电　话	64072121	传　真	64483276
设立日期	2004-1-6	负责人	平田好宏		
主营业务	国际贸易、转口贸易、保税区内企业间贸易及贸易代理；保税区内贸易咨询服务。				

企业名称	曼透平贸易（上海）有限公司				
企业地址	上海市外高桥保税区杨高北路 2005 号新易楼 242 室（200131）				
投资总额	20 万 USD	电　话	50551311	传　真	50305940
设立日期	2004-1-6	负责人	DR. GERHARD REIFF		
主营业务	国际贸易、转口贸易、保税区内企业间贸易及贸易代理；保税区内商务咨询服务。				

企业名称	捷可星国际贸易（上海）有限公司				
企业地址	上海市外高桥保税区富特西一路 139 号 1330 室（200131）				
投资总额	20 万 USD	电　话	63618686	传　真	63551378
设立日期	2004-1-6	负责人	何志修		
主营业务	国际贸易、转口贸易、保税区企业间的贸易及区内贸易代理；区内商务咨询服务。				

企业名称	凯丽硕国际贸易（上海）有限公司				
企业地址	上海市外高桥保税区日京路 35 号凯兴大楼 1141 室（200131）				
投资总额	20 万 USD	电　话	64126366	传　真	64126373
设立日期	2004-1-6	负责人	杜唯秀		
主营业务	国际贸易、转口贸易、保税区企业间的贸易及区内贸易代理；区内商品展示。				

企业名称	艾慕化工国际贸易（上海）有限公司				
企业地址	上海市外高桥保税区冰克路 500 号 720 室（200131）				
投资总额	20 万 USD	电　话	62561438	传　真	62561450
设立日期	2004-1-5	负责人	郭珍植		
主营业务	国际贸易、转口贸易、保税区企业间的贸易及区内贸易代理；区内商务咨询服务。				

企业名称	安捷伦科技贸易（上海）有限公司				
企业地址	上海市外高桥保税区杨高北路 2005 号新易楼 332 室（200131）				
投资总额	20 万 USD	电　话	23017711	传　真	63403000
设立日期	2004-1-5	负责人	杨世毅		
主营业务	国际贸易、转口贸易、保税区内企业间贸易及贸易代理；保税区内商务咨询服务。				

企业名称	富力胶贸易（上海）有限公司				
企业地址	上海市外高桥保税区加枫路 28 号 2312 室（200131）				
投资总额	35 万 USD	电　话	64721990	传　真	64721987
设立日期	2004-1-5	负责人	CARL PIMENTEL		
主营业务	国际贸易，转口贸易、保税区企业间的贸易及贸易代理；保税区内商务咨询服务。				

企业名称	匡宝国际贸易（上海）有限公司				
企业地址	上海市外高桥保税区日京路 35 号 1230 室（200131）				
投资总额	20 万 USD	电　话	52400709	传　真	52400710
设立日期	2004-1-5	负责人	谭国权		
主营业务	国际贸易、转口贸易、保税区企业间的贸易及区内贸易代理；区内商务咨询服务。				

企业名称	松芳国际贸易（上海）有限公司				
企业地址	上海市外高桥保税区泰谷路 18 号 1 号楼 1107A 室（200131）				
投资总额	20 万 USD	电　话	62781634	传　真	62781734
设立日期	2004-1-5	负责人	平良义人		
主营业务	国际贸易、转口贸易、保税区企业间的贸易及区内贸易代理；区内商务咨询服务。				

企业名称	钧赞国际贸易（上海）有限公司				
企业地址	上海市外高桥保税区日京路 35 号 1110 室（200131）				
投资总额	20 万 USD	电　话	62367178	传　真	62367179
设立日期	2004-1-5	负责人	黄钧富		
主营业务	国际贸易，转口贸易、保税区企业间的贸易及贸易代理；保税区内商务咨询服务。				

企业名称	福伊特国际贸易（上海）有限公司				
企业地址	上海市外高桥保税区冰克路 500 号 712 室（200131）				
投资总额	30 万 USD	电　话	63058855	传　真	
设立日期	2004-1-5	负责人	HANS-PETER SOLLINGER		
主营业务	国际贸易、转口贸易、保税区企业间的贸易及贸易代理；保税区内商务咨询服务。				

企业名称	锴斯通国际贸易（上海）有限公司				
企业地址	上海市外高桥保税区日京路 35 号 1218 室（200131）				
投资总额	20 万 USD	电　话	51266623999	传　真	51266623998
设立日期	2004-1-5	负责人	鲁鹏宇		
主营业务	国际贸易、转口贸易、保税区企业间的贸易及区内贸易代理；区内商务咨询服务。				

企业名称	奇舶裕国际贸易（上海）有限公司				
企业地址	上海市外高桥保税区加枫路 28 号 2201 室（200131）				
投资总额	20 万 USD	电　话	61609168	传　真	61619110
设立日期	2004-1-5	负责人	SHWU-ENG HWANG		
主营业务	国际贸易、转口贸易、保税区企业间贸易及贸易代理；区内商务咨询服务。				

企业名称	日蓬（上海）贸易有限公司				
企业地址	上海市外高桥保税区日京路 35 号 1219 室（200131）				
投资总额	20 万 USD	电　话	62179090	传　真	62186802
设立日期	2004-1-5	负责人	KENICHI YAMAGUCHI		
主营业务	国际贸易、转口贸易、保税区企业间的贸易及区内贸易代理；区内商务咨询服务。				

企业名称	三贝斯特贸易（上海）有限公司				
企业地址	上海市外高桥保税区杨高北路 2005 号新易楼 229 室（200131）				
投资总额	20 万 USD	电　话	62171963	传　真	62713870
设立日期	2004-1-5	负责人	矢岛义弘		
主营业务	国际贸易、转口贸易、保税区企业间的贸易及区内贸易代理。				

企业名称	桑肽国际贸易（上海）有限公司				
企业地址	上海市外高桥保税区冰克路 500 号 725 室（200131）				
投资总额	9000 万港币	电　话	58692288	传　真	
设立日期	2004-1-5	负责人	崔　波		
主营业务	国际贸易、转口贸易、保税区企业间的贸易及区内贸易代理。				

企业名称	上海小金井国际贸易有限公司				
企业地址	上海市外高桥保税区基隆路1号1210-3室（200131）				
投资总额	20万USD	电　　话	61457313	传　　真	61457323
设立日期	2004-1-5	负 责 人	堤康司		
主营业务	国际贸易、转口贸易、保税区企业间的贸易及区内贸易代理。				

企业名称	致茂量科（上海）贸易有限公司				
企业地址	上海市外高桥保税区泰谷路18号1号楼1102B室（200131）				
投资总额	20万USD	电　　话	64959900	传　　真	64953654
设立日期	2004-1-5	负 责 人	黄钦明		
主营业务	国际贸易、转口贸易、保税区企业间的贸易及区内贸易代理。				

企业名称	利丰贸易（上海）有限公司				
企业地址	上海市伊梨南路111号1701室A座（200001）				
投资总额	600万USD	电　　话	24055626	传　　真	63606450
设立日期	2003-12-30	负 责 人	陈浚霖		
主营业务	（一）采购国内货品（二）进口原辅材料（三）进口采购出口所需的样品。				

企业名称	贝克啤酒贸易（上海）有限公司				
企业地址	上海市外高桥保税区基隆路6号外高桥大厦601室（200131）				
投资总额	20万USD	电　　话	53827878	传　　真	53829670
设立日期	2003-12-29	负 责 人	DIRK MOENS		
主营业务	国际贸易，转口贸易、保税区内企业间的贸易及贸易代理。				

企业名称	贺兰树瑞贸易（上海）有限公司				
企业地址	上海市外高桥保税区基隆路1号2222室（200131）				
投资总额	20万USD	电　　话	65083813	传　　真	65087885
设立日期	2003-12-25	负 责 人	俞炯平		
主营业务	国际贸易、转口贸易、保税区企业间的贸易及贸易代理；保税区内商务咨询服务。				

企业名称	上海尼慈欣国际贸易有限公司				
企业地址	上海市外高桥保税区日京路35号凯兴楼十二层1227室（200131）				
投资总额	20万USD	电　　话	54032299	传　　真	54075008
设立日期	2003-12-22	负 责 人	川村龙司		
主营业务	国际贸易、转口贸易、保税区企业间的贸易及贸易代理；保税区内商品展示。				

企业名称	百隆国际贸易（上海）有限公司				
企业地址	上海市外高桥保税区冰克路500号1115室（200131）				
投资总额	140万欧元	电　　话	53510245	传　　真	
设立日期	2003-12-12	负 责 人	GERHARD EUGEN MAG.BLUM		
主营业务	国际贸易、转口贸易、保税区企业间的贸易及贸易代理。				

企业名称	大川馨涂料贸易（上海）有限公司				
企业地址	上海市外高桥保税区冰克路500号703室（200131）				
投资总额	20万USD	电　　话	62350711	传　　真	62350717
设立日期	2003-12-22	负 责 人	大川馨		
主营业务	国际贸易、转口贸易、保税区企业间的贸易及贸易代理；保税区内商务咨询服务。				

企业名称	贵技贸易（上海）有限公司				
企业地址	上海市外高桥保税区泰谷路88号775室（200131）				
投资总额	20万USD	电　　话	58737834	传　　真	58737834
设立日期	2003-12-22	负 责 人	TAKEYUKI YAMAMATSU		
主营业务	国际贸易、转口贸易、保税区企业间的贸易及贸易代理；保税区内商务咨询服务。				

企业名称	联沛国际贸易（上海）有限公司				
企业地址	上海外高桥保税区杨高北路2005号新易楼三层333室（200131）				
投资总额	20万USD	电　　话	64660180	传　　真	64674350
设立日期	2003-12-22	负 责 人	陈灿森		
主营业务	国际贸易、转口贸易、保税区内企业间的贸易及贸易代理。				

企业名称	宛先陶业国际贸易（上海）有限公司				
企业地址	上海市外高桥保税区新灵路106号2号楼104E室（200131）				
投资总额	20万USD	电　　话	39907588	传　　真	39908942
设立日期	2003-12-18	负 责 人	BRENDON NORMAN LANCE		
主营业务	国际贸易、转口贸易、保税区企业间的贸易及贸易代理。				

企业名称	伍意国际贸易（上海）有限公司				
企业地址	上海市外高桥保税区新灵路118号702A室（200131）				
投资总额	20万USD	电　　话	63173752	传　　真	63174831
设立日期	2003-12-15	负 责 人	祖父江一郎		
主营业务	国际贸易、转口贸易、保税区企业间的贸易及贸易代理；保税区内商务咨询服务。				

企业名称	亚司艾国际贸易（上海）有限公司				
企业地址	上海市外高桥保税区富特西路139号909室（200131）				
投资总额	20万USD	电　　话	51086599	传　　真	33608868
设立日期	2003-12-12	负 责 人	邵朝嘉		
主营业务	国际贸易、转口贸易、保税区企业间贸易及贸易代理；保税区内商业性简单加工。				

企业名称	上海周德电子贸易有限公司				
企业地址	上海市外高桥保税区日京路35号1050室（200131）				
投资总额	20万USD	电　　话	68768981	传　　真	68769058
设立日期	2003-12-12	负 责 人	户田敏博		
主营业务	国际贸易、转口贸易、保税区内企业间的贸易及贸易代理。				

企业名称	洛佩诗（上海）国际贸易有限公司				
企业地址	上海市外高桥保税区英伦路38号721室（200131）				
投资总额	20万USD	电　　话	52985060	传　　真	52985061
设立日期	2003-12-11	负 责 人	MASSIMO SORDI		
主营业务	国际贸易、转口贸易、保税区企业间的贸易及贸易代理；保税区内贸易咨询服务。				

企业名称	上海邓禄普贸易有限公司				
企业地址	上海市外高桥保税区冰克路500号719室（200131）				
投资总额	20万USD	电　　话	52415533	传　　真	52415533
设立日期	2003-12-11	负 责 人	谷川光照		
主营业务	国际贸易、转口贸易、保税区企业间的贸易及贸易代理；保税区内商品展示。				

企业名称	法实特电热系统（上海）有限公司				
企业地址	上海市外高桥保税区港澳路239号北楼第三层A部位（200131）				
投资总额	20万USD	电　　话	50480070	传　　真	50480586
设立日期	2003-12-10	负 责 人	EFTHIMIOS JOHN STOJK		
主营业务	保税区内以热流道系统产品及相关注塑产品、零部件为主的仓储、分拨业务。				

企业名称	敦仁国际贸易（上海）有限公司				
企业地址	上海市外高桥保税区日京路35号凯兴大楼12层1243室（200131）				
投资总额	20万USD	电　　话	57609119	传　　真	34240630
设立日期	2003-12-10	负 责 人	章景勇		
主营业务	国际贸易、转口贸易、保税区企业间的贸易及贸易代理；区内商业性简单加工。				

企业名称	百力通（上海）国际贸易有限公司				
企业地址	上海市外高桥保税区马吉路28号2010B室（200131）				
投资总额	20万USD	电　　话	63181212	传　　真	
设立日期	2003-12-10	负 责 人	JEFFROY S ALBRIGHT		
主营业务	国际贸易、转口贸易、保税区企业间的贸易及贸易代理；区内商业性简单加工。				

企业名称	弘伟建利国际贸易（上海）有限公司				
企业地址	上海市外高桥保税区日京路35号1051室（200131）				
投资总额	20万USD	电　　话	54892703	传　　真	54892703
设立日期	2003-12-10	负 责 人	陈进添		
主营业务	国际贸易、转口贸易、保税区企业间的贸易及贸易代理；保税区内商务咨询服务。				

企业名称	奔马西雅那（上海）贸易有限公司				
企业地址	上海市静安区愚园路172号环球世界大厦2006室（200040）				
投资总额	20万USD	电　　话	52391666	传　　真	52393868
设立日期	2003-12-10	负 责 人	PAOLO CAMPINOTI		
主营业务	国际贸易、转口贸易、保税区企业间贸易及贸易代理；保税区内商业性简单加工。				

企业名称	中富利贸易（上海）有限公司				
企业地址	上海市外高桥保税区冰克路500号708室（200131）				
投资总额	20万USD	电　　话	54893311	传　　真	54893825
设立日期	2003-12-10	负 责 人	李世雄		
主营业务	国际贸易、转口贸易、保税区企业间的贸易及贸易代理。				

企业名称	爱思必（上海）国际贸易有限公司				
企业地址	上海市外高桥保税区加枫路28号2411室（200131）				
投资总额	20万USD	电　　话	57630461	传　　真	57630461
设立日期	2003-12-5	负 责 人	青木大一		
主营业务	国际贸易、转口贸易、保税区企业间的贸易及贸易代理。				

企业名称	西晔贸易（上海）有限公司				
企业地址	上海市外高桥保税区马吉路28号1614室（200131）				
投资总额	42.63万USD	电　　话	62350060	传　　真	62350061
设立日期	2003-12-5	负 责 人	大谷丰		
主营业务	国际贸易、转口贸易、保税区企业间的贸易及贸易代理。				

企业名称	上海乔棉国际贸易有限公司				
企业地址	上海市外高桥保税区华京路 8 号三联发展大厦 407 室（200131）				
投资总额	21 万 USD	电话	87242307	传真	87212230
设立日期	2003-12-5	负责人	STEPHEN SWALWELL		
主营业务	国际贸易、转口贸易、保税区企业间的贸易及贸易代理。				

企业名称	美格斯宾国际贸易（上海）有限公司				
企业地址	上海外高桥保税区冰克路 500 号综合楼 9 层 907 室（200131）				
投资总额	20 万 USD	电话	63862188	传真	63862199
设立日期	2003-12-4	负责人	KEN CHIEN CHUAN CHEN		
主营业务	国际贸易、转口贸易、保税区企业间的贸易及贸易代理。				

企业名称	金千箔国际贸易（上海）有限公司				
企业地址	上海市外高桥保税区华申路 201 号 506 室（200131）				
投资总额	20 万 USD	电话	83598306	传真	83598280
设立日期	2003-12-3	负责人	葛明辉		
主营业务	国际贸易、转口贸易、保税区企业间的贸易及贸易代理；区内商业性简单加工。				

企业名称	上海凯道贸易有限公司				
企业地址	上海市外高桥保税区美盛路 56 号 4 号楼 215 室（200131）				
投资总额	20 万 USD	电话	58691292	传真	58692179
设立日期	2003-12-2	负责人	野村博		
主营业务	国际贸易、转口贸易、保税区企业间的贸易及贸易代理；区内商业性简单加工。				

企业名称	阜广国际贸易（上海）有限公司				
企业地址	上海市外高桥保税区奥纳路 79 号 1 号楼 318 室（200131）				
投资总额	40 万 USD	电话	52364184	传真	
设立日期	2003-12-1	负责人	詹俊德		
主营业务	国际贸易、转口贸易、保税区企业间的贸易及贸易代理；区内贸易咨询服务。				

企业名称	奥卡索国际贸易（上海）有限公司				
企业地址	上海市外高桥保税区冰克路 500 号 1113 室（200131）				
投资总额	20 万 USD	电话	52288282	传真	63620818
设立日期	2003-11-28	负责人	洪文艺		
主营业务	国际贸易、转口贸易、保税区企业间的贸易及贸易代理。				

企业名称	上海意佛而国际贸易有限公司				
企业地址	上海市外高桥保税区富特西一路 439 号 1 号楼 313 室（200131）				
投资总额	20 万 USD	电话	68763370	传真	68763372
设立日期	2003-11-28	负责人	PALMIRO ANTONIO RADI		
主营业务	国际贸易、转口贸易、保税区企业间的贸易及贸易代理。				

企业名称	旭硝子化工贸易（上海）有限公司				
企业地址	上海市外高桥保税区基隆路 1 弄 606 室（200131）				
投资总额	150 万 USD	电话	63865373	传真	63865377
设立日期	2003-11-28	负责人	铃木英之		
主营业务	国际贸易、转口贸易、保税区企业间的贸易及区内贸易代理。				

企业名称	兰精纤维（上海）有限公司				
企业地址	上海市外高桥保税区巴圣路 275 号 41 号楼第一层 A 部位（200131）				
投资总额	20 万 USD	电话	63410030	传真	63410007
设立日期	2003-11-28	负责人	THOMAS FAHNEMANN		
主营业务	保税区内以纤维产品为主的仓储分拨业务，保税区内商务咨询服务。				

企业名称	欧萨斯国际贸易（上海）有限公司				
企业地址	上海市外高桥保税区日京路 35 号凯兴大楼 1102 室（200131）				
投资总额	17.86 万 USD	电话	51021957	传真	50817862
设立日期	2003-11-28	负责人	SROWIG NORBERT		
主营业务	国际贸易、转口贸易、保税区企业间的贸易贸易代理；区内商业性简单加工。				

企业名称	全威涛利贸易（上海）有限公司				
企业地址	上海市外高桥保税区日京路 35 号凯兴大楼 1237 室（200131）				
投资总额	20 万 USD	电话	53830155	传真	53062010
设立日期	2003-11-28	负责人	林瑞贤		
主营业务	国际贸易、转口贸易、保税区企业间的贸易及贸易代理；保税区内商品展示。				

企业名称	上海通世泰国际贸易有限公司				
企业地址	上海市外高桥保税区冰克路 500 弄 1205 室（200131）				
投资总额	50 万 USD	电话	52301828	传真	52300720
设立日期	2003-11-26	负责人	渡边昇		
主营业务	国际贸易、转口贸易、保税区企业间的贸易及区内贸易代理；区内商务咨询服务。				

企业名称	远拓化工国际贸易（上海）有限公司				
企业地址	上海市外高桥保税区日京路 35 号 1236 室（200131）				
投资总额	20 万 USD	电话	52681295	传真	52681935
设立日期	2003-11-25	负责人	CHEN JAY JAN HONG		
主营业务	国际贸易、转口贸易、保税区企业间的贸易及贸易代理；保税区内商务咨询服务。				

企业名称	祥铁国际贸易（上海）有限公司				
企业地址	上海市外高桥保税区基隆路 6 号 1304A 室（200131）				
投资总额	20 万 USD	电话	50643374	传真	62950088
设立日期	2003-11-25	负责人	CHANG MIN HYUN		
主营业务	国际贸易、转口贸易、保税区企业间的贸易及贸易代理；区内商务咨询服务。				

企业名称	扬崧国际贸易（上海）有限公司				
企业地址	上海市外高桥保税区基隆路 1 号 1615—1 室（200131）				
投资总额	20 万 USD	电话	54763442	传真	54763441
设立日期	2003-11-25	负责人	叶秀玲		
主营业务	国际贸易、转口贸易、保税区企业间的贸易及区内贸易代理；贸易咨询服务。				

企业名称	贯泓荣贸易（上海）有限公司				
企业地址	上海市外高桥保税区冰克路 500 弄 701 室（200131）				
投资总额	30 万 USD	电话	62083864	传真	62084749
设立日期	2003-11-25	负责人	樋桥贵彦		
主营业务	国际贸易、转口贸易、保税区企业间的贸易及区内贸易代理；区内商品展示。				

企业名称	捷矽恩国际贸易（上海）有限公司				
企业地址	上海市外高桥保税区杨高北路 2005 号 211 室（200131）				
投资总额	20 万 USD	电话	61268581	传真	61268580
设立日期	2003-11-24	负责人	岡博之		
主营业务	国际贸易、转口贸易、保税区企业间的贸易及贸易代理，区内商业性简单加工。				

企业名称	上海雅浩德贸易有限公司				
企业地址	上海市外高桥保税区美盛路 56 号 4 号楼 216 室（200131）				
投资总额	25 万 USD	电话	52305015	传真	
设立日期	2003-11-21	负责人	铃木建吾		
主营业务	国际贸易、转口贸易、保税区企业间的贸易及区内贸易代理；区内商务咨询服务。				

企业名称	倍满（上海）贸易有限公司				
企业地址	上海市外高桥保税区华京路 8 号 411 室（200131）				
投资总额	56 万 USD	电话	61615293	传真	
设立日期	2003-11-20	负责人	BELAKON ROMAN		
主营业务	国际贸易、转口贸易、保税区企业间的贸易及贸易代理；区内商品展示。				

企业名称	堀田（上海）贸易有限公司				
企业地址	上海市外高桥保税区基隆路 6 号 1309F 室（200131）				
投资总额	20 万 USD	电话	62192151	传真	62192162
设立日期	2003-11-19	负责人	太田功		
主营业务	国际贸易、转口贸易、保税区企业间的贸易及区内贸易代理；区内商务咨询服务。				

企业名称	法特尼（上海）国际贸易有限公司				
企业地址	上海市外高桥保税区富特西一路 289 号 B316 室（200131）				
投资总额	20 万 USD	电话	64403337	传真	64403338
设立日期	2003-11-19	负责人	黄宝宝		
主营业务	国际贸易、转口贸易、保税区企业间的贸易及区内贸易代理；区内商务咨询服务。				

企业名称	康时国际贸易（上海）有限公司				
企业地址	上海市外高桥保税区冰克路 500 号昶宏大厦 1114 室（200131）				
投资总额	20 万 USD	电话	62998693	传真	62992801
设立日期	2003-11-17	负责人	郑志瑜		
主营业务	国际贸易、转口贸易、保税区企业间的贸易及贸易代理；保税区内商务咨询服务。				

企业名称	信来雅越大（上海）漆业有限公司				
企业地址	上海市外高桥保税区日京路 35 号凯兴楼 1038 室（200131）				
投资总额	20 万 USD	电话	54994913	传真	
设立日期	2003-11-17	负责人	叶汉慈		
主营业务	国际贸易、转口贸易、保税区企业间的贸易及区内贸易代理；区内商务咨询服务。				

企业名称	友强国际贸易（上海）有限公司				
企业地址	上海市外高桥保税区新灵路 118 号 702B 室（200131）				
投资总额	20 万 USD	电话	57332780	传真	57332782
设立日期	2003-11-17	负责人	林威廷		
主营业务	国际贸易、转口贸易、保税区企业间的贸易及区内贸易代理；区内商务咨询服务。				

企业名称	广田富国际贸易（上海）有限公司				
企业地址	上海市外高桥保税区日京路 35 号 1254 室（200131）				
投资总额	20 万 USD	电　话	64850469	传　真	64850470
设立日期	2003-11-5	负责人	吴慎之		
主营业务	国际贸易、转口贸易、保税区企业间的贸易及贸易代理，区内商务咨询服务。				

企业名称	泰映（上海）国际贸易有限公司				
企业地址	上海市外高桥保税区基隆路 1 号 1001-1 室（200131）				
投资总额	20 万 USD	电　话	51171880	传　真	
设立日期	2003-11-11	负责人	林庚仁		
主营业务	国际贸易、转口贸易、保税区企业间的贸易及区内贸易代理，贸易咨询服务。				

企业名称	可乐丽贸易（上海）有限公司				
企业地址	上海市外高桥保税区加枫路 28 号 2612 室（200131）				
投资总额	14 万 USD	电　话	64155216	传　真	64157285
设立日期	2003-11-14	负责人	木村哲三		
主营业务	国际贸易、转口贸易、保税区企业间的贸易及贸易代理；保税区内商务咨询服务。				

企业名称	冈田极爱杰（上海）国际贸易有限公司				
企业地址	上海市外高桥保税区冰克路 500 号 1211 室（200131）				
投资总额	20 万 USD	电　话	62375208	传　真	62375253
设立日期	2003-11-7	负责人	冈田纯二		
主营业务	国际贸易、转口贸易、保税区企业间的贸易及贸易代理；保税区内商品展示。				

企业名称	久保田建机（上海）有限公司				
企业地址	上海市外高桥保税区加枫路 28 号新康 2 号楼 2622 室（200131）				
投资总额	100 万 USD	电　话	58794630	传　真	58794632
设立日期	2003-11-14	负责人	盐路伸世		
主营业务	保税区内以小型挖掘机及零部件、附件为主的国际贸易、转口贸易。				

企业名称	硕海国际贸易（上海）有限公司				
企业地址	上海市外高桥保税区加枫路 28 号 111 室（201103）				
投资总额	20 万 USD	电　话	67627111	传　真	67627901
设立日期	2003-11-7	负责人	傅林玉腾		
主营业务	国际贸易、转口贸易、保税区企业间的贸易及贸易代理；区内商业性简单加工。				

企业名称	日立空调系统（上海）有限公司				
企业地址	上海市外高桥保税区富特东一路 396 号四楼二部位（200131）				
投资总额	50 万 USD	电　话	54665252	传　真	54662558
设立日期	2003-11-14	负责人	西耕一		
主营业务	国际贸易、转口贸易、保税区企业间的贸易及区内贸易代理；区内商务咨询服务。				

企业名称	鑫衡广国际贸易（上海）有限公司				
企业地址	上海市外高桥保税区日京路 35 号 1208 室（200131）				
投资总额	20 万 USD	电　话	52585188	传　真	52585190
设立日期	2003-11-7	负责人	詹士汉		
主营业务	国际贸易、转口贸易、保税区企业间的贸易及区内贸易代理；区内商务咨询服务。				

企业名称	丽三（上海）国际贸易有限公司				
企业地址	上海市外高桥保税区台中南路 2 号 301 室（200131）				
投资总额	20 万 USD	电　话	51688820	传　真	54423396
设立日期	2003-11-14	负责人	刘美秀		
主营业务	国际贸易、转口贸易、保税区企业间的贸易及区内贸易代理；区内商务咨询服务。				

企业名称	杰格尔国际贸易（上海）有限公司				
企业地址	上海市外高桥保税区富特西一路 139 号 1302 室（200131）				
投资总额	20 万 USD	电　话	57360916	传　真	57360916
设立日期	2003-11-7	负责人	张丞延		
主营业务	国际贸易、转口贸易、保税区企业间的贸易及贸易代理。				

企业名称	玮纳国际贸易（上海）有限公司				
企业地址	上海市外高桥保税区英伦路 38 号 718 室（200131）				
投资总额	20 万 USD	电　话	64738807	传　真	51531889
设立日期	2003-11-14	负责人	张耀煌		
主营业务	国际贸易、转口贸易、保税区企业间的贸易及区内贸易代理；区内贸易咨询服务。				

企业名称	邦产（上海）国际贸易有限公司				
企业地址	上海市外高桥保税区冰克路 500 号 711 室（200131）				
投资总额	20 万 USD	电　话	62493395	传　真	
设立日期	2003-11-5	负责人	长田旬平		
主营业务	国际贸易、转口贸易、保税区企业间的贸易及区内贸易代理；区内商务咨询服务。				

企业名称	友瀚国际贸易（上海）有限公司				
企业地址	上海市外高桥保税区日京路 35 号 1209 室（200131）				
投资总额	24 万 USD	电　话	51097975	传　真	64012509
设立日期	2003-11-14	负责人	蔡政达		
主营业务	国际贸易、转口贸易、保税区企业间的贸易及贸易代理；保税区内商务咨询服务。				

企业名称	上海派拉斯托国际贸易有限公司				
企业地址	上海市外高桥保税区英伦路 38 号 707 室（200131）				
投资总额	20 万 USD	电　话	64327098	传　真	64327096
设立日期	2003-11-5	负责人	MOHAMMAD REZA PIRA		
主营业务	国际贸易、转口贸易、保税区企业间的贸易及贸易代理；保税区内商务咨询服务。				

企业名称	德维埃（上海）国际贸易有限公司				
企业地址	上海市外高桥保税区泰谷路 88 号 7 楼 762 室（200131）				
投资总额	20 万 USD	电　话	64386555	传　真	
设立日期	2003-11-13	负责人	MATTHIAS DAMM		
主营业务	国际贸易、转口贸易、保税区企业间的贸易及区内贸易代理；区内贸易咨询服务。				

企业名称	上海腾发国际贸易有限公司				
企业地址	上海市外高桥保税区华京路 8 号 633 室（200131）				
投资总额	20 万 USD	电　话	50463077	传　真	50462977
设立日期	2003-11-5	负责人	高木良树		
主营业务	国际贸易、转口贸易、保税区企业间的贸易及贸易代理；保税区内商品展示。				

企业名称	舒莱贸易（上海）有限公司				
企业地址	上海市外高桥保税区基隆路 6 号 904 室（200131）				
投资总额	20 万 USD	电　话	63866366	传　真	63866366
设立日期	2003-11-11	负责人	PETER JAMES THOMLINSON WEEKS		
主营业务	国际贸易、转口贸易、保税区企业间的贸易及贸易代理；区内商业性简单加工。				

企业名称	安秦科沪纳国际贸易（上海）有限公司				
企业地址	上海市外高桥保税区新灵路 118 号 1501B 室（200131）				
投资总额	20 万 USD	电　话	64325099	传　真	64325255
设立日期	2003-11-4	负责人	李裕光		
主营业务	商品市场的调研，国际经贸及技术咨询，教育器材的技术咨询。				

企业名称	标银国际贸易（上海）有限公司				
企业地址	上海市外高桥保税区基隆路 6 号 1307A 室（200131）				
投资总额	20 万 USD	电　话	68411938	传　真	
设立日期	2003-11-11	负责人	MALCOLM JAMES WILDE		
主营业务	国际贸易、转口贸易、保税区企业间的贸易及区内贸易代理；区内商务咨询服务。				

企业名称	上海菱美国际贸易有限公司				
企业地址	上海市外高桥保税区冰克路 500 号 1116 室（200131）				
投资总额	20 万 USD	电　话	62787606	传　真	62785603
设立日期	2003-11-3	负责人	南野藤男		
主营业务	国际贸易、转口贸易、保税区企业间的贸易及区内贸易代理；区内商务咨询服务。				

企业名称	欧迦比贸易（上海）有限公司				
企业地址	上海市外高桥保税区富特北路 201 号 313 室（200131）				
投资总额	20 万 USD	电　话	61239388	传　真	
设立日期	2003-11-11	负责人	徐汉勤		
主营业务	国际贸易、转口贸易、保税区内企业间贸易及贸易代理；保税区内商务咨询服务。				

企业名称	伟诺和贸易（上海）有限公司				
企业地址	上海市外高桥保税区基隆路 6 号 624 室（200131）				
投资总额	21 万 USD	电　话	64276750	传　真	
设立日期	2003-11-3	负责人	三宅正男		
主营业务	国际贸易、转口贸易、保税区内企业间的贸易及贸易代理。				

企业名称	绅赞国际贸易（上海）有限公司				
企业地址	上海市外高桥保税区基隆路 6 号 1311B 室（200131）				
投资总额	20 万 USD	电　话	62701447	传　真	62700029
设立日期	2003-11-11	负责人	林栋梁		
主营业务	国际贸易、转口贸易、保税区企业间的贸易及区内贸易代理。				

企业名称	席尔勒国际贸易（上海）有限公司				
企业地址	上海市外高桥保税区富特西一路 439 号 1 号楼 313 室（200131）				
投资总额	20 万 USD	电　话	62099627	传　真	62099623
设立日期	2003-11-3	负责人	NG CHEE LIANG		
主营业务	国际贸易、转口贸易、保税区内企业间的贸易及贸易代理。				

企业名称	恒业里卓国际贸易（上海）有限公司				
企业地址	上海市外高桥保税区冰克路 500 号 1012 室（200131）				
投资总额	20 万 USD	电话	62881932	传真	62881930
设立日期	2003-10-31	负责人	林健明		
主营业务	国际贸易、转口贸易、保税区企业间的贸易及区内贸易代理；区内商务咨询服务。				

企业名称	柯鲁斯化工贸易（上海）有限公司				
企业地址	上海市外高桥保税区白京路 35 号凯兴大楼 1037 室（200131）				
投资总额	80 万 USD	电话	68872073	传真	68872006
设立日期	2003-10-31	负责人	SUN NYUNG CHA		
主营业务	国际贸易、转口贸易、保税区企业间的贸易及区内贸易代理。				

企业名称	上海东优刃物国际贸易有限公司				
企业地址	上海市外高桥保税区加枫路 28 号新康 2 号楼 2601 室（200131）				
投资总额	20 万 USD	电话	50483387	传真	50483370
设立日期	2003-10-31	负责人	ONO SHIGEZO		
主营业务	国际贸易、转口贸易、保税区企业间的贸易及贸易代理；保税区内商务咨询服务。				

企业名称	维而斯电子（上海）有限公司				
企业地址	上海市外高桥保税区日京路 35 号凯兴大楼 1044 室（200131）				
投资总额	20 万 USD	电话	57237558	传真	57226923
设立日期	2003-10-31	负责人	吴瑞雄		
主营业务	国际贸易、转口贸易、保税区企业间的贸易及区内贸易代理，区内商务咨询服务。				

企业名称	爱沐德国际贸易（上海）有限公司				
企业地址	上海市外高桥保税区冰克路 500 号 1117 室（200131）				
投资总额	21 万 USD	电话	68869966	传真	68869599
设立日期	2003-10-31	负责人	李 丹		
主营业务	国际贸易、转口贸易、保税区企业间贸易及区内贸易代理；区内商务咨询服务。				

企业名称	宝爵（上海）国际贸易有限公司				
企业地址	上海市外高桥保税区日京路 35 号 1207 室（200131）				
投资总额	30 万 USD	电话	63802641	传真	63802642
设立日期	2003-10-31	负责人	潘兆旺		
主营业务	国际贸易、转口贸易、保税区企业间贸易及贸易代理，保税区内商业性简单加工。				

企业名称	桓成达国际贸易（上海）有限公司				
企业地址	上海市外高桥保税区基隆路 6 号 1309E 室（200131）				
投资总额	20 万 USD	电话	64065683	传真	64063776
设立日期	2003-10-31	负责人	LEE YONG SUNG		
主营业务	国际贸易、转口贸易、保税区企业间的贸易及贸易代理，保税区内商务咨询服务。				

企业名称	卡洛纳米贸易（上海）有限公司				
企业地址	上海市外高桥保税区新灵路 118 号 405B 室（200131）				
投资总额	20 万 USD	电话	62376726	传真	62376820
设立日期	2003-10-31	负责人	李如松		
主营业务	国际贸易、转口贸易、保税区企业间的贸易及贸易代理；保税区内商务咨询服务。				

企业名称	羽衣国际贸易（上海）有限公司				
企业地址	上海市外高桥保税区富特西一路 289 号 A327 室（200131）				
投资总额	20 万 USD	电话	68596869	传真	68596866
设立日期	2003-10-30	负责人	JUNICHI ITO 伊藤纯一		
主营业务	国际贸易、转口贸易、保税区企业间的贸易及贸易代理，保税内商业性简单加工。				

企业名称	帝伯环新国际贸易（上海）有限公司				
企业地址	上海市外高桥保税区富特西一路 459 号 B 座 204 室（200131）				
投资总额	60 万 USD	电话	62093641	传真	62092549
设立日期	2003-10-28	负责人	潘一新		
主营业务	国际贸易、转口贸易、保税区内企业间的贸易及贸易代理；区内贸易咨询服务。				

企业名称	振能（上海）国际贸易有限公司				
企业地址	上海市外高桥保税区日京路 35 号 1229 室（200131）				
投资总额	20 万 USD	电话	52681951	传真	52681951
设立日期	2003-10-28	负责人	WATER TANG		
主营业务	国际贸易、转口贸易、保税区企业间的贸易及贸易代理；保税区内商务咨询服务。				

企业名称	海伯力国际贸易（上海）有限公司				
企业地址	上海市外高桥保税区基隆路 6 号 1306B 室（200131）				
投资总额	20 万 USD	电话	52067070	传真	52067960
设立日期	2003-10-28	负责人	MASAHIRO YOSHIKAWA		
主营业务	国际贸易、转口贸易、保税区企业间的贸易及区内贸易代理，区内商务咨询服务。				

企业名称	琶丽国际贸易（上海）有限公司				
企业地址	上海市外高桥保税区基隆路 6 号 1307B 室（200131）				
投资总额	20 万 USD	电话	65151866	传真	
设立日期	2003-10-28	负责人	FUMIO KAMIYA		
主营业务	国际贸易、转口贸易、保税区企业间的贸易及区内贸易代理；区内商务咨询服务。				

企业名称	乔格（上海）国际贸易有限公司				
企业地址	上海市外高桥保税区基隆路 6 号 1308B 室（200131）				
投资总额	20 万 USD	电话	69988758	传真	69988731
设立日期	2003-10-28	负责人	颜黄雅美		
主营业务	国际贸易、转口贸易、保税区企业间的贸易及区内贸易代理；区内商务咨询服务。				

企业名称	德固赛国际贸易（上海）有限公司				
企业地址	上海市外高桥保税区富特东一路 396 号第二层三部位（200131）				
投资总额	20 万 USD	电话	61191000	传真	61194133
设立日期	2003-10-27	负责人	PETER HANS MEINSHAUSEN		
主营业务	保税区内化工及相关产品的仓储、分拨业务，区内商业性简单加工及商品展示。				

企业名称	费尼尔美卡诺元器件（上海）有限公司				
企业地址	上海市外高桥保税区泰谷路 205 号第四层 M1 部位（200131）				
投资总额	20 万 USD	电话	69171816	传真	69176532
设立日期	2003-10-27	负责人	JOACHIM METZGER		
主营业务	保税区内传动器、接线端子、编码开关、工业机箱的生产、装配及自产产品销售。				

企业名称	纽奥丽恩国际贸易（上海）有限公司				
企业地址	上海市外高桥保税区奥纳路 79 号一层 102 室（200131）				
投资总额	20 万 USD	电话	62950791	传真	62950751
设立日期	2003-10-24	负责人	KYUN HA LEE		
主营业务	国际贸易、转口贸易、保税区内企业间的贸易及贸易代理；区内商业性简单加工。				

企业名称	小泉长坂（上海）贸易有限公司				
企业地址	上海市外高桥保税区新灵路 118 号 408B 室（200131）				
投资总额	20 万 USD	电话	64823700	传真	64823700
设立日期	2003-10-24	负责人	长坂线司		
主营业务	国际贸易、转口贸易、保税区企业间的贸易及贸易代理；保税区内商务咨询服务。				

企业名称	明基仓储（上海外高桥保税区）有限公司				
企业地址	上海市外高桥保税区英伦路 389 号 50 号厂房第一层南部位（200131）				
投资总额	20 万 USD	电话	52188311	传真	52173227
设立日期	2003-10-24	负责人	李锡华		
主营业务	保税区内以计算机产品、电子产品及相关产品为主的仓储、分拨业务。				

企业名称	埃朗科技国际贸易（上海）有限公司				
企业地址	上海市外高桥保税区新灵路 118 号 411B 室（200131）				
投资总额	20 万 USD	电话	62076878	传真	62076920
设立日期	2003-10-24	负责人	千野英贤		
主营业务	国际贸易，转口贸易、保税区企业间的贸易及贸易代理。				

企业名称	技装（上海）国际贸易有限公司				
企业地址	上海市外高桥保税区新灵路 118 号 406B 室（200131）				
投资总额	20 万 USD	电话	52711979	传真	52711970
设立日期	2003-10-24	负责人	黄长益		
主营业务	国际贸易、转口贸易、保税区企业间的贸易及区内贸易代理；区内贸易咨询服务。				

企业名称	浩塑国际贸易（上海）有限公司				
企业地址	上海市外高桥保税区加枫路 28 号新康 2 号楼 2611 室（200131）				
投资总额	20 万 USD	电话	64177646	传真	62185597
设立日期	2003-10-23	负责人	许鹭雄		
主营业务	国际贸易、转口贸易、保税区企业间的贸易及贸易代理；保税区内商务咨询服务。				

企业名称	坤戈国际贸易（上海）有限公司				
企业地址	上海市外高桥保税区杨高北路 2005 号新兴楼 333 室（200131）				
投资总额	20 万 USD	电话	50550012	传真	50550102
设立日期	2003-10-23	负责人	HAMS –ULRICH KURT		
主营业务	国际贸易、转口贸易、保税区内企业的贸易及贸易代理；区内商业性简单加工。				

企业名称	兹普逊（上海）贸易有限公司				
企业地址	上海市外高桥保税区基隆路 6 号 806 室（200131）				
投资总额	30 万 USD	电话	58691292	传真	
设立日期	2003-10-23	负责人	高桥宏之		
主营业务	国际贸易、转口贸易、保税区企业间的贸易及区内贸易代理。				

批发和零售贸易业

企业名称	瑞韵达贸易（上海）有限公司				
企业地址	上海市外高桥保税区加枫路 28 号 2605 室（200131）				
投资总额	20 万 USD	电　话	24125141	传　真	64268113
设立日期	2003-10-21	负 责 人	G.N. HAYEK JUNIOR		
主营业务	国际贸易、转口贸易、保税区企业间的贸易及贸易代理。				

企业名称	上海时分秒贸易有限公司				
企业地址	上海市外高桥保税区基隆路 6 号 626 室（200131）				
投资总额	20 万 USD	电　话	63526152	传　真	
设立日期	2003-10-17	负 责 人	杨衍杰		
主营业务	国际贸易、转口贸易、保税区企业间的贸易及区内贸易代理；区内商务咨询服务。				

企业名称	富士通元器件（上海）贸易有限公司				
企业地址	上海市外高桥保税区日京路 35 号 1022 室（200131）				
投资总额	20 万 USD	电　话	63351959	传　真	63351083
设立日期	2003-10-17	负 责 人	山本实		
主营业务	国际贸易、转口贸易、保税区企业间的贸易及贸易代理。				

企业名称	新丰阳国际贸易（上海）有限公司				
企业地址	上海市外高桥保税区新灵路 118 号 415A 室（200131）				
投资总额	20 万 USD	电　话	64381900	传　真	64380938
设立日期	2003-10-17	负 责 人	LEE CHENG KEE		
主营业务	国际贸易、转口贸易、保税区内企业间的贸易及贸易代理；区内商业性简单加工。				

企业名称	上海博建国际会展有限公司				
企业地址	上海市外高桥保税区杨高北路 2001 号市场商务楼一层 644 部位（200131）				
投资总额	20 万 USD	电　话	64371178	传　真	64370982
设立日期	2003-10-16	负 责 人	PETER SUTTON		
主营业务	从事国际贸易、投资、市场和技术事物方面的咨询；从事会议展览咨询服务。				

企业名称	医亚国际贸易（上海）有限公司				
企业地址	上海市外高桥保税区冰克路 500 号 1212 室（200131）				
投资总额	100 万 USD	电　话	52373773	传　真	52373778
设立日期	2003-10-16	负 责 人	黄建荣		
主营业务	国际贸易、转口贸易、保税区企业间的贸易及区内贸易代理；区内贸易咨询服务。				

企业名称	港景（上海）国际贸易有限公司				
企业地址	上海市外高桥保税区富特西一路 289 号 B413 室（200131）				
投资总额	20 万 USD	电　话	62499590	传　真	62499589
设立日期	2003-10-16	负 责 人	张洁文		
主营业务	国际贸易、转口贸易、保税区企业间的贸易及贸易代理。				

企业名称	沃尔玛华东百货有限公司				
企业地址	上海市浦东新区临沂北路 252-262 号沃尔玛购物广场地上一层和二层（200135）				
投资总额	720 万 USD	电　话	50398062	传　真	50398069
设立日期	2003-10-15	负 责 人	JOSEPH PAUL HATFIELD		
主营业务	一、商业零售；二、在商店内经营配套服务；三、在商店内组织自营商品的展销。				

企业名称	上海海利奥斯国际贸易有限公司				
企业地址	上海市外高桥保税区冰克路 500 号 1127 室（200131）				
投资总额	20 万 USD	电　话	64484125	传　真	64484120
设立日期	2003-10-15	负 责 人	河原烟良伦		
主营业务	国际贸易、转口贸易、保税区企业间的贸易及贸易代理；保税区贸易咨询服务。				

企业名称	韩光精密技术（上海）有限公司				
企业地址	上海市外高桥保税区富特西一路 139 号 1309 室（200131）				
投资总额	20 万 USD	电　话	50541727	传　真	68889965
设立日期	2003-10-15	负 责 人	金哲		
主营业务	国际贸易、转口贸易、保税区企业间的贸易及贸易代理。				

企业名称	太益珠（上海）贸易有限公司				
企业地址	上海市外高桥保税区华京路 8 号 808 室（200131）				
投资总额	31 万 USD	电　话	63862188	传　真	
设立日期	2003-10-14	负 责 人	KAZUSHIGE TANIGUCHI		
主营业务	国际贸易、转口贸易、保税区企业间的贸易及贸易代理。				

企业名称	新固惠国际贸易（上海）有限公司				
企业地址	上海市外高桥保税区新灵路 118 号 1609A 室（200131）				
投资总额	20 万 USD	电　话	64325985	传　真	64696073
设立日期	2003-10-14	负 责 人	LOW BENG TIN		
主营业务	国际贸易、转口贸易、保税区内企业间的贸易及区内贸易代理。				

企业名称	盖茨优霓塔传动系统（上海）有限公司				
企业地址	上海市外高桥保税区华申路 233 号 A 部位（200131）				
投资总额	70 万 USD	电　话	58682602	传　真	58682609
设立日期	2003-10-14	负 责 人	蒋 毅		
主营业务	保税区内生产、加工汽车传动系统产品及工业传动系统产品，销售自产产品。				

企业名称	新连合国际贸易（上海）有限公司				
企业地址	上海市外高桥保税区富特北路 288 号 2 号楼第六层东部位（200131）				
投资总额	20 万 USD	电　话	62890761	传　真	62794758
设立日期	2003-10-14	负 责 人	SERGEI GREORIJ VIS		
主营业务	以工业用机械设备及日用品杂货为主保税区内仓储、分拨、展示、技术咨询业务。				

企业名称	阳国国际贸易（上海）有限公司				
企业地址	上海市外高桥保税区基隆路 6 号 1302 室（200131）				
投资总额	20 万 USD	电　话	53010910	传　真	
设立日期	2003-10-14	负 责 人	张良镇		
主营业务	国际贸易、转口贸易、保税区企业间的贸易及区内贸易代理。				

企业名称	小松叉车（上海）有限公司				
企业地址	上海市外高桥保税区日京路 38 号 101 室（200131）				
投资总额	40 万 USD	电　话	52271174	传　真	52271535
设立日期	2003-10-14	负 责 人	冈井良幸		
主营业务	以小松叉车产品、仓库自动化设备产品及零部件为主的国际贸易、转口贸易。				

企业名称	上海梯西埃姆叉车贸易有限公司				
企业地址	上海市外高桥保税区华申路 158 号 C 部位（200131）				
投资总额	120 万 USD	电　话	62350555	传　真	62703307
设立日期	2003-10-14	负 责 人	锅岛宽志		
主营业务	保税区内以各种叉车、物流用机械及其零部件为主的仓储、分拨业务。				

企业名称	上海井高山田国际贸易有限公司				
企业地址	上海市外高桥保税区日京路 35 号 1221 室（200131）				
投资总额	20 万 USD	电　话	62784822	传　真	62782380
设立日期	2003-10-9	负 责 人	北村泰三		
主营业务	国际贸易、转口贸易、保税区内企业间的贸易及区内贸易代理。				

企业名称	沟吕木国际贸易（上海）有限公司				
企业地址	上海市外高桥保税区新灵路 118 号 1007B 室（200131）				
投资总额	20 万 USD	电　话	62702482	传　真	92702483
设立日期	2003-9-30	负 责 人	沟吕木 孝之		
主营业务	国际贸易、转口贸易、保税区企业间的贸易及贸易代理。				

企业名称	祖俊国际贸易（上海）有限公司				
企业地址	上海市外高桥保税区加枫路 28 号新康 2 号楼 2316 室（200131）				
投资总额	20 万 USD	电　话	59898200	传　真	59898201
设立日期	2003-9-30	负 责 人	ROBERTO TANTUCO CO		
主营业务	国际贸易、转口贸易、保税区内企业间的贸易及贸易代理；区内商务咨询服务。				

企业名称	曼特罗东（上海）国际贸易有限公司				
企业地址	上海市外高桥保税区新灵路 118 号 712 室（200131）				
投资总额	20 万 USD	电　话	52985060	传　真	50985061
设立日期	2003-9-30	负 责 人	MAURIZIO MANTERO		
主营业务	国际贸易、转口贸易、保税区企业间的贸易及区内贸易代理；区内贸易咨询服务。				

企业名称	华海仲天国际贸易（上海）有限公司				
企业地址	上海市外高桥保税区冰克路 500 号 1118 室（200131）				
投资总额	20 万 USD	电　话	63319066	传　真	
设立日期	2003-9-30	负 责 人	李少杰		
主营业务	国际贸易、转口贸易、保税区内企业间的贸易及贸易代理；保税区内商品展示。				

企业名称	中芯商业（上海）有限公司				
企业地址	上海市浦东新区张江路 18 号（201203）				
投资总额	80 万 USD	电　话	50802000	传　真	
设立日期	2003-9-30	负 责 人	吴曼宁		
主营业务	服饰、日用品、家电的零售，自营商品的进出口，经营相关的配套业务。				

企业名称	爱得卡（上海）贸易有限公司				
企业地址	上海市外高桥保税区日京路 35 号 1220 室（200131）				
投资总额	20 万 USD	电　话	58796581	传　真	58796582
设立日期	2003-9-28	负 责 人	柳屋隆		
主营业务	国际贸易、转口贸易、保税区企业间的贸易及贸易代理；保税区内商务咨询服务。				

企业名称	优特联运物流（上海）有限公司				
企业地址	上海市外高桥保税区美桂南路 331 号 57 号楼第二层北部位（200131）				
投资总额	20 万 USD	电　　话	61329222	传　　真	61329222
设立日期	2003-9-28	负 责 人	郑琨觉		
主营业务	保税区内仓储物流业务；区内以电子产品、医疗设备及零部件为主的分拨业务。				

企业名称	庞巴迪轨道交通运输设备（上海）有限公司				
企业地址	上海市外高桥保税区希雅路 11 号 13#楼第三层 C 部位（200131）				
投资总额	20 万 USD	电　　话	50462839	传　　真	50462945
设立日期	2003-9-28	负 责 人	张剑炜		
主营业务	保税区内以轨道运输设备及其零部件为主的仓储、分拨、维修及技术咨询。				

企业名称	特友粉体设备（上海）贸易有限公司				
企业地址	上海市外高桥保税区日京路 35 号 1233 室（200131）				
投资总额	20 万 USD	电　　话	62350525	传　　真	52065520
设立日期	2003-9-28	负 责 人	三谷哲雄		
主营业务	国际贸易、转口贸易、保税区内企业间的贸易、贸易代理与贸易咨询服务。				

企业名称	欧比（上海）汽车技术有限公司				
企业地址	上海市外高桥保税区富特西一路 155 号 B 楼底层 D 部位（200131）				
投资总额	20 万 USD	电　　话	57778888	传　　真	57775000
设立日期	2003-9-27	负 责 人	王传福		
主营业务	保税区内汽车、电动汽车及其零配件的研发、展示；国际贸易、转口贸易。				

企业名称	恒威莲港建材（上海）有限公司				
企业地址	上海市外高桥保税区富特西一路 155 号 B 楼第五层 A 部位（200131）				
投资总额	20 万 USD	电　　话	54659955	传　　真	54655308
设立日期	2003-9-26	负 责 人	温朗标		
主营业务	保税区内以橱卫设备、水暖设备及其他建材为主的仓储分拨业务。				

企业名称	双威油压配件（上海）有限公司				
企业地址	上海市外高桥保税区富特西一路 155 号 B 楼底层 C 部位（200131）				
投资总额	20 万 USD	电　　话	68066662	传　　真	68066981
设立日期	2003-9-26	负 责 人	QUAH KOK HENG		
主营业务	保税区内工业管道及相关零部件的生产、组装，销售自产产品和商业性简单加工。				

企业名称	碧潭国际贸易（上海）有限公司				
企业地址	上海市外高桥保税区新灵路 118 号 1705B 室（200131）				
投资总额	20 万 USD	电　　话	51105226	传　　真	64732180
设立日期	2003-9-26	负 责 人	田坂良昭		
主营业务	国际贸易、转口贸易、保税区企业间的贸易及区内贸易代理；区内贸易咨询服务。				

企业名称	吉尔赛斯国际贸易（上海）有限公司				
企业地址	上海市外高桥保税区冰克路 500 号 1214 室（200131）				
投资总额	20 万 USD	电　　话	62757540	传　　真	62757540
设立日期	2003-9-26	负 责 人	RAJ BHAGCHAND CHAT		
主营业务	国际贸易、转口贸易、保税区企业间的贸易及贸易代理；保税区内商务咨询服务。				

企业名称	帝斯曼纤维中间体贸易（上海）有限公司				
企业地址	上海市外高桥保税区华京路 8 号 333 室（200131）				
投资总额	20 万 USD	电　　话	58641950	传　　真	58641990
设立日期	2003-9-24	负 责 人	VENDERBOS DIRK JOH		
主营业务	国际贸易、转口贸易、保税区企业间的贸易及区内贸易代理；区内贸易咨询服务。				

企业名称	昱跃国际贸易（上海）有限公司				
企业地址	上海市外高桥保税区日京路 35 号 1252 室（200131）				
投资总额	20 万 USD	电　　话	64383995	传　　真	64692924
设立日期	2003-9-24	负 责 人	许景升		
主营业务	国际贸易、转口贸易、保税区企业间的贸易及区内贸易代理；区内商务咨询服务。				

企业名称	泷定纺织品（上海）有限公司				
企业地址	上海市外高桥保税区新灵路 118 号 1905B 室（200131）				
投资总额	20 万 USD	电　　话	62755804	传　　真	
设立日期	2003-9-24	负 责 人	泷昌之		
主营业务	国际贸易、转口贸易、保税区内企业间的贸易及贸易代理。				

企业名称	明治乳业（上海）有限公司				
企业地址	上海市外高桥保税区日京路 35 号 1228 室（200131）				
投资总额	39.9 万 USD	电　　话	62375561	传　　真	64684080
设立日期	2003-9-24	负 责 人	冈本信之		
主营业务	以乳制品为主的国际贸易、转口贸易、区内企业间的贸易及商务咨询服务。				

企业名称	升升化工（上海）有限公司				
企业地址	上海市外高桥保税区基隆路 1 号 2004 室（200131）				
投资总额	20 万 USD	电　　话	58690490	传　　真	62185597
设立日期	2003-9-24	负 责 人	ZEMKA DMYTRO		
主营业务	国际贸易、转口贸易、保税区企业间的贸易及区内贸易代理；区内商务咨询服务。				

企业名称	天宝成（上海）国际贸易有限公司				
企业地址	上海市外高桥保税区新灵路 118 号 1501A 室（200131）				
投资总额	20 万 USD	电　　话	64398888	传　　真	64483717
设立日期	2003-9-24	负 责 人	钟敬仁		
主营业务	国际贸易、转口贸易、保税区企业间的贸易及贸易代理；保税区内商务咨询服务。				

企业名称	德莳隆贸易（上海）有限公司				
企业地址	上海市外高桥保税区基隆路 6 号 814 室（200131）				
投资总额	35 万 USD	电　　话	53966555	传　　真	53865687
设立日期	2003-9-22	负 责 人	EE SOON KIONG		
主营业务	国际贸易、转口贸易、保税区企业间的贸易及贸易代理；保税区内贸易咨询服务。				

企业名称	聚宝和国际贸易（上海）有限公司				
企业地址	上海市外高桥保税区基隆路 6 号 1305D 室（200131）				
投资总额	20 万 USD	电　　话	52299299	传　　真	57626643
设立日期	2003-9-22	负 责 人	杨国雄		
主营业务	国际贸易、转口贸易、保税区企业间的贸易及区内贸易代理；区内商务咨询服务。				

企业名称	星福德贸易（上海）有限公司				
企业地址	上海市外高桥保税区基隆路 6 号 1303A 室（200131）				
投资总额	20 万 USD	电　　话	63758938	传　　真	52271421
设立日期	2003-9-22	负 责 人	YAP TECK HUAT（叶德发）		
主营业务	国际贸易、转口贸易、保税区企业间的贸易及区内贸易代理；区内商务咨询服务。				

企业名称	澳海经典国际贸易（上海）有限公司				
企业地址	上海市外高桥保税区新灵路 118 号 404A 室（200131）				
投资总额	38 万 USD	电　　话	54893621	传　　真	54893620
设立日期	2003-9-22	负 责 人	胡一鸣		
主营业务	以酒类为主的国际贸易、转口贸易、保税区企业间的贸易及贸易代理。				

企业名称	利文曼国际贸易（上海）有限公司				
企业地址	上海市外高桥保税区华京路 8 号 335 室（200131）				
投资总额	20 万 USD	电　　话	52371338	传　　真	52371738
设立日期	2003-9-22	负 责 人	夏　翌		
主营业务	国际贸易、转口贸易、保税区企业间的贸易及贸易代理；保税区内商务咨询服务。				

企业名称	嘉汉枫情（上海）贸易有限公司				
企业地址	上海市外高桥保税区日京路 35 号 1023 室（200131）				
投资总额	20 万 USD	电　　话	62786249	传　　真	62786249
设立日期	2003-9-18	负 责 人	陈德源		
主营业务	国际贸易、转口贸易、保税区企业间的贸易及区内贸易代理；区内商务咨询服务。				

企业名称	绚贸（上海）工业设备贸易有限公司				
企业地址	上海市外高桥保税区冰克路 500 号 1129 室（200131）				
投资总额	20 万 USD	电　　话	50343925	传　　真	50343926
设立日期	2003-9-18	负 责 人	胡绚贸		
主营业务	以工业设备为主的国际贸易、转口贸易、保税区企业间的贸易及贸易代理。				

企业名称	飞达仕贸易（上海）有限公司				
企业地址	上海市外高桥保税区冰克路 500 号 1111 室（200131）				
投资总额	20 万 USD	电　　话	69222323	传　　真	69222283
设立日期	2003-9-18	负 责 人	THEN CHOON HOI		
主营业务	国际贸易、转口贸易、保税区企业间的贸易及贸易代理；保税区内商务咨询服务。				

企业名称	上海不二光学科技有限公司				
企业地址	上海市外高桥保税区英伦路 358 号 16 号厂房第一层全部位（200131）				
投资总额	250 万 USD	电　　话	50483280	传　　真	50484018
设立日期	2003-9-16	负 责 人	菊池隆夫		
主营业务	保税区内各种光学机能性薄膜的精密贴合加工，销售自产产品。				

企业名称	炫馥金属国际贸易（上海）有限公司				
企业地址	上海市外高桥保税区华京路 8 号 509 室（200131）				
投资总额	20 万 USD	电　　话	51331888	传　　真	51331505
设立日期	2003-9-15	负 责 人	中山喜德		
主营业务	国际贸易、转口贸易、保税区企业间的贸易及区内贸易代理；区内商业性简单加工。				

企业名称	力福汀钢绳（上海）有限公司				
企业地址	上海市外高桥保税区加枫路17号新发展综合楼207室（200131）				
投资总额	20万USD	电话	61116254	传真	61117910
设立日期	2003-9-15	负责人	TRAVIS BUCK		
主营业务	国际贸易、转口贸易、保税区企业间的贸易及区内贸易代理；区内商务咨询服务。				

企业名称	多悬升特国际贸易（上海）有限公司				
企业地址	上海市外高桥保税区新灵路118号408A室（200131）				
投资总额	20万USD	电话	63410400	传真	63410403
设立日期	2003-9-15	负责人	NG IET PEW		
主营业务	国际贸易、转口贸易、保税区内企业间的贸易及贸易代理。				

企业名称	百特诺（上海）科贸有限公司				
企业地址	上海市外高桥保税区日京路35号1238室（200131）				
投资总额	20万USD	电话	62788291	传真	62950363
设立日期	2003-9-15	负责人	铃木成彦		
主营业务	国际贸易、转口贸易、保税区企业间的贸易及贸易代理，区内商业性简单加工。				

企业名称	三垦电气（上海）有限公司				
企业地址	上海市外高桥保税区德堡路11号46#楼106室（200131）				
投资总额	50万USD	电话	52081177	传真	52081757
设立日期	2003-9-10	负责人	笠原正宏		
主营业务	保税区内以电气产品、电子产品及相关产品为主的仓储、分拨业务。				

企业名称	吉百利市场服务（上海）有限公司				
企业地址	上海市商城路738号1204室（200122）				
投资总额	100万USD	电话	58405588	传真	58405588
设立日期	2003-9-9	负责人	LIM LIM SE		
主营业务	销售和代理销售吉百利史威士集团在中国所投资企业生产的产品。				

企业名称	而至国际贸易（上海）有限公司				
企业地址	上海市外高桥保税区杨高北路889号1311A室（200131）				
投资总额	20万USD	电话	62090008	传真	62086748
设立日期	2003-9-9	负责人	铃木丰		
主营业务	国际贸易、转口贸易、保税区内企业间的贸易及区内贸易代理。				

企业名称	光荣国际贸易（上海）有限公司				
企业地址	上海市外高桥保税区富特西一路115号2号楼第六层D部位（200131）				
投资总额	20万USD	电话	64397921	传真	64394010
设立日期	2003-9-8	负责人	坂本宪昭		
主营业务	国际贸易、转口贸易、保税区内企业间的贸易及贸易代理。				

企业名称	宽达贸易（上海）有限公司				
企业地址	上海市外高桥保税区加枫路28号2号楼2636室（200131）				
投资总额	20万USD	电话	52712922	传真	52712921
设立日期	2003-9-8	负责人	黄韦诚		
主营业务	国际贸易、转口贸易、保税区内企业间贸易及贸易代理；保税区内贸易咨询服务。				

企业名称	南央国际贸易（上海）有限公司				
企业地址	上海市外高桥保税区华京路8号338室（200131）				
投资总额	20万USD	电话	68086052	传真	68086053
设立日期	2003-9-5	负责人	砂原统		
主营业务	国际贸易、转口贸易、保税区内企业间的贸易及区内贸易代理；区内贸易咨询服务。				

企业名称	摩奇达国际贸易（上海）有限公司				
企业地址	上海市外高桥保税区富特西一路139号1318室（200131）				
投资总额	20万USD	电话	52400650	传真	52400683
设立日期	2003-9-5	负责人	持田纮		
主营业务	国际贸易、转口贸易、保税区企业间的贸易及区内贸易代理；区内商务咨询服务。				

企业名称	那欧雅进和（上海）贸易有限公司				
企业地址	上海市外高桥保税区杨高北路2005号新易楼244室（200131）				
投资总额	20万USD	电话	64287284	传真	64287286
设立日期	2003-9-5	负责人	NAKAMURA MASAHIKO		
主营业务	国际贸易、转口贸易、保税区企业间的贸易及贸易代理；保税区内贸易咨询服务。				

企业名称	纽碧莱颜料国际贸易（上海）有限公司				
企业地址	上海市外高桥保税区富特北路201号421室（200131）				
投资总额	20万USD	电话	51692808	传真	51685198
设立日期	2003-9-5	负责人	RICARDO NUBIOLA		
主营业务	国际贸易、转口贸易、保税区企业间的贸易及贸易代理；保税区内商务咨询服务。				

企业名称	三洋物产贸易（上海）有限公司				
企业地址	上海市外高桥保税区新灵路118号406A室（200131）				
投资总额	20万USD	电话	64721945	传真	64722022
设立日期	2003-9-5	负责人	山田胜二		
主营业务	国际贸易、转口贸易、保税区内企业间的贸易及贸易代理。				

企业名称	主来国际贸易（上海）有限公司				
企业地址	上海市外高桥保税区基隆路6号1305A室（200131）				
投资总额	29万USD	电话	62362588	传真	62759328
设立日期	2003-9-5	负责人	ANDREW Q PARK		
主营业务	国际贸易、转口贸易、保税区企业间的贸易及贸易代理；保税区内商务咨询服务。				

企业名称	福喜玛克贸易（上海）有限公司				
企业地址	上海市外高桥保税区基隆路1号1501－1室（200131）				
投资总额	25万USD	电话	62496206	传真	62498020
设立日期	2003-9-4	负责人	熊谷俊范		
主营业务	国际贸易、转口贸易、保税区企业间的贸易及区内贸易代理；区内商务咨询服务。				

企业名称	先特科技国际贸易（上海）有限公司				
企业地址	上海市徐汇区中山西路1800号10E1（200235）				
投资总额	20万USD	电话	64401373	传真	64400166
设立日期	2003-9-4	负责人	陈子光		
主营业务	国际贸易、转口贸易、保税区企业间的贸易及贸易代理；区内商业性简单加工。				

企业名称	上海京谦贸易有限公司				
企业地址	上海市外高桥保税区基隆路1号601－1室（200131）				
投资总额	20万USD	电话	62405666	传真	62408988
设立日期	2003-9-4	负责人	施闵渊		
主营业务	国际贸易、转口贸易、保税区企业间的贸易及贸易代理；保税区内商务咨询服务。				

企业名称	维珐玛贸易（上海）有限公司				
企业地址	上海市外高桥保税区富特西一路139号物资大厦13层1323室(200131)				
投资总额	20万USD	电话	50347851	传真	50347852
设立日期	2003-9-4	负责人	林汉成（LIM HUN SENG）		
主营业务	国际贸易、转口贸易、保税区企业间的贸易及保税区内贸易代理；区内商务咨询。				

企业名称	宜事达国际贸易（上海）有限公司				
企业地址	上海市外高桥保税区冰克路500号1125室（200131）				
投资总额	20万USD	电话	64697095	传真	64697095
设立日期	2003-9-3	负责人	TONY T CHU		
主营业务	国际贸易、转口贸易、保税区企业间的贸易及保税区内贸易代理。				

企业名称	新昭国际贸易（上海）有限公司				
企业地址	上海市外高桥保税区新灵路118号409A室（200131）				
投资总额	20万USD	电话	56972947	传真	66288085
设立日期	2003-9-2	负责人	刘连生		
主营业务	国际贸易、转口贸易、保税区内企业间的贸易及贸易代理，区内贸易咨询服务。				

企业名称	艾逦尔得贸易（上海）有限公司				
企业地址	上海市外高桥保税区泰谷路88号658室（200131）				
投资总额	20万USD	电话	51192575	传真	51192576
设立日期	2003-9-2	负责人	JINHONG PARK		
主营业务	国际贸易、转口贸易、保税区企业间的贸易及区内贸易代理。				

企业名称	融通豪升（上海）国际贸易有限公司				
企业地址	上海市外高桥保税区马吉路28号901室（200131）				
投资总额	20万USD	电话	52110038	传真	
设立日期	2003-9-1	负责人	荣智丰		
主营业务	国际贸易、转口贸易、保税区内企业间的贸易及贸易代理；区内商业性简单加工。				

企业名称	普萨国际贸易（上海）有限公司				
企业地址	上海市外高桥保税区华京路8号337室（200131）				
投资总额	20万USD	电话	61607780	传真	
设立日期	2003-9-1	负责人	JAN KEMELING		
主营业务	国际贸易、转口贸易、保税区企业间的贸易及贸易代理；区内商业性简单加工。				

企业名称	富士通先端科技（上海）有限公司				
企业地址	上海市外高桥保税区荷丹路88号主楼4层02部位（200131）				
投资总额	1亿日元	电话	50811848	传真	50816289
设立日期	2003-9-1	负责人	浦尾页		
主营业务	保税区内设计开发、生产加工存折打印机及其零部件、自动取款机、电子收款机。				

企业名称	宝洁（上海）国际贸易有限公司				
企业地址	上海市外高桥保税区泰谷路207号第四层M部位（200131）				
投资总额	50万USD	电话	58498000	传真	50840681
设立日期	2003-8-27	负责人	李佳怡		
主营业务	保税区内从事宝洁集团企业产品及相关的化工产品、原材料和包装材料的仓储。				

企业名称	格林机床（上海）有限公司				
企业地址	上海市外高桥保税区富特东二路500号27号厂房第一层B1部位（200131）				
投资总额	40万USD	电话	50462270	传真	50462271
设立日期	2003-8-27	负责人	PETER K. LANG		
主营业务	保税区内生产、加工、组装机床及其配件和珩磨机、磨光机系统及表面处理。				

企业名称	博莱克威奇国际贸易（上海）有限公司				
企业地址	上海市外高桥保税区奥纳路185号644室（200131）				
投资总额	20万USD	电话	01058165939	传真	01058165889
设立日期	2003-8-27	负责人	STEPHEN E NILES		
主营业务	国际贸易、转口贸易、保税区企业间的贸易及区内贸易代理；区内商务咨询服务。				

企业名称	帝业技凯（上海）国际贸易有限公司				
企业地址	上海市外高桥保税区新灵路118号809B室（200131）				
投资总额	20万USD	电话	50484290	传真	
设立日期	2003-8-27	负责人	寺町彰博		
主营业务	国际贸易、转口贸易、保税区企业间的贸易及贸易代理；保税区内商务咨询服务。				

企业名称	富士通微电子（上海）有限公司				
企业地址	上海市外高桥保税区德堡路11号48#仓库第一层B部位（200131）				
投资总额	40万USD	电话	63351415	传真	63351615
设立日期	2003-8-27	负责人	石丰瑜		
主营业务	以电子产品（包括半导体）及相关产品为主的保税区内仓储、分拨业务。				

企业名称	奥喜埃（上海）国际贸易有限公司				
企业地址	上海市外高桥保税区冰克路500号1126室（200131）				
投资总额	20万USD	电话	58362277	传真	58362331
设立日期	2003-8-27	负责人	姜学志		
主营业务	国际贸易、转口贸易、保税区内企业间的贸易及区内贸易代理；区内商品展示。				

企业名称	开普天（上海）建筑设备贸易有限公司				
企业地址	上海市外高桥保税区日京路35号1003室（200131）				
投资总额	20万USD	电话	58306530	传真	
设立日期	2003-8-27	负责人	川濑圭司		
主营业务	区内以建筑设备、建材为主的国际贸易、转口贸易、保税区内商务咨询服务。				

企业名称	润旦福化工国际贸易（上海）有限公司				
企业地址	上海市外高桥保税区新灵路118号303室（200131）				
投资总额	20万USD	电话	64264611	传真	64264611
设立日期	2003-8-27	负责人	李太发		
主营业务	国际贸易、转口贸易、保税区企业间的贸易及区内贸易代理；区内商务咨询服务。				

企业名称	信越有机硅国际贸易（上海）有限公司				
企业地址	上海市外高桥保税区冰克路500号1123室（200131）				
投资总额	49万USD	电话	64435550	传真	64435868
设立日期	2003-8-26	负责人	新山保夫		
主营业务	国际贸易、转口贸易、保税区企业间的贸易及贸易代理；保税区内贸易咨询服务。				

企业名称	大昌行零件贸易（上海）有限公司				
企业地址	上海市外高桥保税区冰克路500号1020室（200131）				
投资总额	20万USD	电话	63273322	传真	
设立日期	2003-8-26	负责人	叶满堂		
主营业务	以汽车零配件为主的国际贸易、转口贸易、保税区企业间的贸易及贸易代理。				

企业名称	初田（上海）国际贸易有限公司				
企业地址	上海市外高桥保税区冰克路500号1029室（200131）				
投资总额	42万USD	电话	32140604	传真	62492536
设立日期	2003-8-25	负责人	初田和弘		
主营业务	国际贸易、转口贸易、保税区企业间的贸易及区内贸易代理；保税区内商品展示。				

企业名称	煌阳国际贸易（上海）有限公司				
企业地址	上海市外高桥保税区奥纳路79号312室（200131）				
投资总额	20万USD	电话	68862470	传真	68862469
设立日期	2003-8-25	负责人	谷口直毅		
主营业务	国际贸易、转口贸易、保税区企业间的贸易及区内贸易代理；区内商务咨询服务。				

企业名称	霓佳斯（上海）贸易有限公司				
企业地址	上海市外高桥保税区冰克路500号1104室（200131）				
投资总额	20万USD	电话	62361783	传真	62361781
设立日期	2003-8-25	负责人	石塚健		
主营业务	国际贸易、转口贸易、保税区内企业间的贸易及贸易代理；区内商务咨询服务。				

企业名称	上海讯优贸易有限公司				
企业地址	上海市外高桥保税区冰克路500号1122室（200131）				
投资总额	20万USD	电话	61601976	传真	61601976
设立日期	2003-8-25	负责人	铃木晴久		
主营业务	国际贸易、转口贸易、保税区内企业间的贸易及贸易代理；区内商务咨询服务。				

企业名称	喜天国际贸易（上海）有限公司				
企业地址	上海市外高桥保税区冰克路500号245室（200131）				
投资总额	121万USD	电话	62381155	传真	52161969
设立日期	2003-8-25	负责人	童中平		
主营业务	国际贸易、转口贸易、保税区企业间的贸易及区内贸易代理；区内贸易咨询服务。				

企业名称	上海川岛纺织品有限公司				
企业地址	上海市外高桥保税区泰谷路88号743室（200131）				
投资总额	20万USD	电话	64078585	传真	64483655
设立日期	2003-8-25	负责人	杉本一郎		
主营业务	国际贸易、转口贸易、保税区企业间的贸易及贸易代理；区内商业性简单加工。				

企业名称	欧宇生国际贸易（上海）有限公司				
企业地址	上海市外高桥保税区英伦路38号506室（200131）				
投资总额	20万USD	电话	51113081	传真	51113082
设立日期	2003-8-25	负责人	渡边正浩		
主营业务	国际贸易、转口贸易、保税区内企业间的贸易及贸易代理。				

企业名称	欧至爱国际贸易（上海）有限公司				
企业地址	上海市外高桥保税区奥纳路79号311室（200131）				
投资总额	20万USD	电话	54661515	传真	54660611
设立日期	2003-8-25	负责人	落合宏		
主营业务	国际贸易、转口贸易、保税区内企业间的贸易及贸易代理。				

企业名称	声威行国际贸易（上海）有限公司				
企业地址	上海市外高桥保税区冰克路500号1108室（200131）				
投资总额	20万USD	电话	64386555	传真	
设立日期	2003-8-25	负责人	LIM HONG CHING		
主营业务	国际贸易、转口贸易、保税区企业间的贸易及贸易代理；保税区内商品展示。				

企业名称	高岛电子（上海）贸易有限公司				
企业地址	上海市外高桥保税区马吉路28号1506室（200131）				
投资总额	20万USD	电话	62555051	传真	62555045
设立日期	2003-8-25	负责人	山田真		
主营业务	国际贸易、转口贸易、区内企业间的贸易、贸易代理及贸易咨询服务。				

企业名称	凯涟捷国际贸易（上海）有限公司				
企业地址	上海市外高桥保税区富特西一路139号1312室（200131）				
投资总额	20万USD	电话	50368648	传真	50367881
设立日期	2003-8-20	负责人	王红祥		
主营业务	国际贸易、转口贸易、保税区内企业间的贸易及区内贸易代理。				

企业名称	威可楷发斯宁辅料国际贸易（上海）有限公司				
企业地址	上海市外高桥保税区富特北路288号2号楼第六层西部位（200131）				
投资总额	30万USD	电话	62369292	传真	62369068
设立日期	2003-8-18	负责人	高桥纯一		
主营业务	保税区内以服装、箱包等辅料为主的仓储分拨业务及提供相关产品的技术服务。				

企业名称	劲永（上海）国际贸易有限公司				
企业地址	上海市外高桥保税区杨高北路2001号市场商务楼103－105室（200131）				
投资总额	50万USD	电话	64403280	传真	34240870
设立日期	2003-8-18	负责人	吕美月		
主营业务	国际贸易、转口贸易、保税区企业间贸易及区内贸易代理；区内商业性简单加工。				

企业名称	旭阳国际贸易（上海）有限公司				
企业地址	上海市外高桥保税区富特西一路289号A320室（200131）				
投资总额	30万USD	电话	64276750	传真	
设立日期	2003-8-18	负责人	藤田保		
主营业务	国际贸易，转口贸易、保税区内企业间贸易及贸易代理。				

企业名称	艺达思贸易（上海）有限公司				
企业地址	上海市外高桥保税区杨高北路 2005 号新易楼 246 室（200131）				
投资总额	20 万 USD	电　话	62726100	传　真	62726110
设立日期	2003-8-18	负责人	KIMBERLY KAASE BORS		
主营业务	国际贸易、转口贸易、保税区企业间的贸易及贸易代理；区内商业性简单加工。				

企业名称	裕嘉达国际贸易（上海）有限公司				
企业地址	上海市外高桥保税区冰克路 500 号 1107 室（200131）				
投资总额	70 万 USD	电　话	64374429	传　真	64374429
设立日期	2003-8-18	负责人	邓强林		
主营业务	国际贸易、转口贸易、保税区企业间的贸易及区内贸易代理；区内商务咨询服务。				

企业名称	敏锐电子贸易（上海）有限公司				
企业地址	上海市外高桥保税区加枫路 28 号新康 2 号楼 2520 室（200131）				
投资总额	20 万 USD	电　话	63607967	传　真	63607967
设立日期	2003-8-14	负责人	GEOFFREY IAN HILL		
主营业务	国际贸易、转口贸易、保税区内企业间的贸易及贸易代理；区内商业性简单加工。				

企业名称	上海娜可诗贸易有限公司				
企业地址	上海市外高桥保税区冰克路 500 号 1004 室（200131）				
投资总额	20 万 USD	电　话	68411008	传　真	50663589
设立日期	2003-8-14	负责人	小岛豪		
主营业务	国际贸易、转口贸易、保税区企业间的贸易及贸易代理；区内商业性简单加工。				

企业名称	英维思软件系统贸易（上海）有限公司				
企业地址	上海市外高桥保税区杨高北路 2005 号新易楼 312 室（200131）				
投资总额	20 万 USD	电　话	67158181	传　真	67159881
设立日期	2003-8-14	负责人	梁孝慈		
主营业务	以软件、工业自动化装备为主的国际贸易和仓储分拨业务。				

企业名称	迪六可家用品贸易（上海）有限公司				
企业地址	上海市外高桥保税区冰克路 500 号 1121 室（200131）				
投资总额	20 万 USD	电　话	54249831	传　真	64682238
设立日期	2003-8-14	负责人	陆兆宏		
主营业务	以家用产品为主的国际贸易、转口贸易、保税区企业间的贸易及贸易代理。				

企业名称	卡琦瑞国际贸易（上海）有限公司				
企业地址	上海市外高桥保税区杨高北路 2005 号新易楼 335 室（200131）				
投资总额	20 万 USD	电　话	53965999	传　真	53966799
设立日期	2003-8-14	负责人	BALAN RAMESH BABU		
主营业务	国际贸易、转口贸易、保税区企业间的贸易及区内贸易代理；区内商务咨询服务。				

企业名称	上海葳鼎国际贸易有限公司				
企业地址	上海市外高桥保税区新灵路 118 号 409B 室（200131）				
投资总额	20 万 USD	电　话	63862188	传　真	61002416
设立日期	2003-8-14	负责人	叶淑珠		
主营业务	国际贸易、转口贸易、保税区企业间的贸易及贸易代理，区内商业性简单加工。				

企业名称	久胜维亚国际贸易（上海）有限公司				
企业地址	上海市外高桥保税区冰克路 500 号 1101 室（200131）				
投资总额	20 万 USD	电　话	63511098	传　真	63221101
设立日期	2003-8-13	负责人	JOSEPH OLIVER HAWK		
主营业务	国际贸易、转口贸易、保税区内企业间的贸易及贸易代理；区内商务咨询服务。				

企业名称	白石钙（上海）国际贸易有限公司				
企业地址	上海市外高桥保税区富特北路 118 号底楼 C 部位（200131）				
投资总额	60 万 USD	电　话	63877456	传　真	63877475
设立日期	2003-8-12	负责人	西乖雄		
主营业务	区内以化学工业原料、纤维制品、食品添加剂、农药、饲料为主的仓储、分拨。				

企业名称	洁碧国际贸易（上海）有限公司				
企业地址	上海市外高桥保税区华京路 8 号 430 室（200131）				
投资总额	59.68 万 USD	电　话	64018462	传　真	64054691
设立日期	2003-8-8	负责人	田代徹夫		
主营业务	国际贸易、转口贸易、保税区内企业间的贸易及区内贸易代理。				

企业名称	瑞萨贸易（上海）有限公司				
企业地址	上海市外高桥保税区冰克路 500 号 617 室（200131）				
投资总额	50 万 USD	电　话	58662292	传　真	
设立日期	2003-8-7	负责人	宝田重夫		
主营业务	国际贸易、转口贸易、区内商业性简单加工；保税区内商务咨询服务。				

企业名称	启钥国际贸易（上海）有限公司				
企业地址	上海市外高桥保税区泰谷路 169 号 902 室（200131）				
投资总额	20 万 USD	电　话	61639755	传　真	61639756
设立日期	2003-8-6	负责人	吕志鹏		
主营业务	国际贸易、转口贸易、区内商业性简单加工及贸易咨询服务。				

企业名称	内山（上海）国际贸易有限公司				
企业地址	上海市外高桥保税区冰克路 500 号 1109 室（200131）				
投资总额	20 万 USD	电　话	62350463	传　真	62350467
设立日期	2003-8-6	负责人	渡边幸雄		
主营业务	国际贸易、转口贸易、保税区企业间的贸易及区内贸易代理；区内贸易咨询服务。				

企业名称	奥林匹亚国际贸易（上海）有限公司				
企业地址	上海市外高桥保税区新灵路 118 号 615B 室（200131）				
投资总额	20 万 USD	电　话	61052028	传　真	61052018
设立日期	2003-8-6	负责人	LIM KYUNG HEE		
主营业务	国际贸易、转口贸易、保税区企业间的贸易及区内贸易代理；区内商务咨询服务。				

企业名称	霹雳马国际贸易（上海）有限公司				
企业地址	上海市外高桥保税区基隆路 1 号 12A08 室（200131）				
投资总额	20 万 USD	电　话	65163833	传　真	65164053
设立日期	2003-8-6	负责人	刘春兴		
主营业务	国际贸易、转口贸易、保税区企业间的贸易及保税区内贸易代理。				

企业名称	上海纳星贸易有限公司				
企业地址	上海市外高桥保税区冰克路 500 号 630 室（200131）				
投资总额	20 万 USD	电　话	64050204	传　真	64011149
设立日期	2003-8-6	负责人	陈碧霞		
主营业务	国际贸易、转口贸易、区内商业性简单加工及商务咨询服务。				

企业名称	昭和兴产（上海）贸易有限公司				
企业地址	上海市外高桥保税区冰克路 500 号 912 室（200131）				
投资总额	20 万 USD	电　话	62351028	传　真	62351020
设立日期	2003-8-4	负责人	赤羽健生		
主营业务	国际贸易、转口贸易、区内商业性简单加工及商务咨询服务。				

企业名称	温特豪德贸易（上海）有限公司				
企业地址	上海市外高桥保税区华京路 8 号 331 室（200131）				
投资总额	20 万欧元	电　话	63805089	传　真	51511950
设立日期	2003-8-4	负责人	WOLFGANG HEMM		
主营业务	国际贸易、转口贸易、保税区企业间的贸易及贸易代理，区内商业性简单加工。				

企业名称	雅玛多（上海）物流有限公司				
企业地址	上海市外高桥保税区富特南路 311 号 53#楼底层东部位（200131）				
投资总额	170 万 USD	电　话	51083611	传　真	
设立日期	2003-8-4	负责人	TSUNODA JUN		
主营业务	保税区内高科技电子产品为主的仓储、物流及相关产品的技术服务。				

企业名称	上海信准国际贸易有限公司				
企业地址	上海市外高桥保税区泰谷路 169 号 A703 室（200131）				
投资总额	20 万 USD	电　话	69156188	传　真	69156669
设立日期	2003-8-4	负责人	杨丽芬		
主营业务	国际贸易、转口贸易、区内商业性简单加工；保税区内商务咨询服务。				

企业名称	昭和真空机械贸易（上海）有限公司				
企业地址	上海市外高桥保税区富特东一路 438 号一楼 B 部位（200131）				
投资总额	40 万 USD	电　话	59702577	传　真	59702671
设立日期	2003-8-1	负责人	小俣邦正		
主营业务	保税区内以各种光学电子、半导体微电子、电子元器件生产加工用真空设备。				

企业名称	可乐丽魔术粘扣带（上海）有限公司				
企业地址	上海市外高桥保税区华申路 180 号综合大楼第一层 B101 部位(200131)				
投资总额	60 万 USD	电　话	58682507	传　真	58682515
设立日期	2003-8-1	负责人	高冈 光彦		
主营业务	保税区内生产尼龙搭扣和相关零部件；销售自产产品；保税区内仓储业务。				

企业名称	东邦亚铅（上海）贸易有限公司				
企业地址	上海市外高桥保税区冰克路 500 号 1120 室（200131）				
投资总额	20 万 USD	电　话	63862188	传　真	63513769
设立日期	2003-8-1	负责人	今井克広		
主营业务	国际贸易、转口贸易、区内商业性简单加工，保税区内商务咨询服务。				

企业名称	泛美国际贸易咨询（上海）有限公司				
企业地址	上海市长宁区延安西路 1030 弄 12 号 403 室（200335）				
投资总额	14 万 USD	电话	62260617	传真	62260617
设立日期	2003-8-1	负责人	MARSHALL TANG		
主营业务	国际贸易咨询、会展服务咨询、科技咨询、企业管理咨询、投资咨询。				

企业名称	博尔豪夫国际贸易（上海）有限公司				
企业地址	上海市外高桥保税区富特西一路 289 号 A424 室（200131）				
投资总额	20 万 USD	电话	58691292	传真	58667319
设立日期	2003-7-30	负责人	WILHELM A. BOLLHOFF		
主营业务	国际贸易、转口贸易、区内商业性简单加工及商务咨询服务。				

企业名称	富士益爱希（上海）国际贸易有限公司				
企业地址	上海市外高桥保税区冰克路 500 号 510 室（200131）				
投资总额	50 万 USD	电话	63917711	传真	63917818
设立日期	2003-7-30	负责人	勝地光夫		
主营业务	国际贸易、转口贸易、区内商业性简单加工，保税区内商务咨询服务。				

企业名称	戈德曼医疗器械国际贸易（上海）有限公司				
企业地址	上海市外高桥保税区冰克路 500 号 1105 室（200131）				
投资总额	20 万 USD	电话	53858901	传真	58358905
设立日期	2003-7-30	负责人	吕林海		
主营业务	以医疗器械为主的国际贸易、转口贸易、区内商业性简单加工。				

企业名称	上海富伺国际贸易有限公司				
企业地址	上海市外高桥保税区冰克路 500 号 928 室（200131）				
投资总额	30 万 USD	电话	53085566	传真	53080205
设立日期	2003-7-30	负责人	冈善信		
主营业务	国际贸易、转口贸易、区内商业性简单加工，保税区内贸易咨询服务。				

企业名称	洛科精密机械（上海）有限公司				
企业地址	上海市外高桥保税区冰克路 500 号 F1 部位（200131）				
投资总额	20 万 USD	电话	68752439	传真	68752436
设立日期	2003-7-30	负责人	岩永淳一		
主营业务	保税区内各种精密器械为主仓储、分拨业务；相关机械设备维修及技术培训服务。				

企业名称	宗肯（上海）国际贸易有限公司				
企业地址	上海市外高桥保税区冰克路 500 号 1103 室（200131）				
投资总额	20 万 USD	电话	54072076	传真	54072079
设立日期	2003-7-28	负责人	MIN CHUAN EN		
主营业务	国际贸易、转口贸易、保税区企业间的贸易及贸易代理；区内商业性简单加工。				

企业名称	村上（上海）贸易有限公司				
企业地址	上海市外高桥保税区冰克路 500 号 927 室（200131）				
投资总额	20 万 USD	电话	62351587	传真	62351583
设立日期	2003-7-28	负责人	森实荣		
主营业务	国际贸易、转口贸易、保税区企业间的贸易及贸易代理；区内商业性简单加工。				

企业名称	上海秀爱国际贸易有限公司				
企业地址	上海市外高桥保税区冰克路 500 号 916 室（200131）				
投资总额	20 万 USD	电话	64480705	传真	64480425
设立日期	2003-7-28	负责人	本多秀光		
主营业务	国际贸易、转口贸易、保税区企业间的贸易及贸易代理；区内商业性简单加工。				

企业名称	威斯捷电子贸易（上海）有限公司				
企业地址	上海市外高桥保税区泰谷路 18 号 1 号楼 1006 室（200131）				
投资总额	20 万 USD	电话	62882352	传真	62882693
设立日期	2003-7-25	负责人	郑文杰		
主营业务	国际贸易、转口贸易、保税区企业间的贸易及贸易代理；区内商业性简单加工。				

企业名称	百福乐日新国际贸易（上海）有限公司				
企业地址	上海市外高桥保税区冰克路 500 号 1021 室（200131）				
投资总额	20 万 USD	电话	52066872	传真	52066876
设立日期	2003-7-25	负责人	萧东欣		
主营业务	国际贸易、转口贸易、保税区企业间的贸易及贸易代理；区内商业性简单加工。				

企业名称	互努珉（上海）国际贸易有限公司				
企业地址	上海市外高桥保税区基隆路 1 号 2107 室（200131）				
投资总额	20 万 USD	电话	61453217	传真	
设立日期	2003-7-25	负责人	SHIM YOUNG IN		
主营业务	国际贸易、转口贸易、保税区企业间的贸易及贸易代理；区内商业性简单加工。				

企业名称	洛德斯克罗科兰（上海）贸易有限公司				
企业地址	上海市外高桥保税区杨高北路 2001 号市场商务楼 615 室（200131）				
投资总额	20 万 USD	电话	62706036	传真	62706031
设立日期	2003-7-23	负责人	MAURIZIO DECIO		
主营业务	国际贸易、转口贸易、保税区企业间的贸易及贸易代理；区内商业性简单加工。				

企业名称	上海普林客国际贸易有限公司				
企业地址	上海市外高桥保税区新灵路 118 号 807B 室（200131）				
投资总额	25.58 万 USD	电话	36160975	传真	36160876
设立日期	2003-7-23	负责人	贺贤汉		
主营业务	国际贸易、转口贸易、保税区企业间的贸易及贸易代理；区内商业性简单加工。				

企业名称	大阪希琳阁印刷贸易（上海）有限公司				
企业地址	上海市外高桥保税区台中南路 2 号新贸楼 340 室（200131）				
投资总额	20 万 USD	电话	63351717	传真	63350285
设立日期	2003-7-22	负责人	松口正		
主营业务	以不干胶、标签、原材料纸等印刷品及制作、使用不干胶的机器为主的国际贸易。				

企业名称	沪升瑞通（上海）国际贸易有限公司				
企业地址	上海市外高桥保税区新灵路 118 号 410A 室（200131）				
投资总额	50 万 USD	电话	62702486	传真	
设立日期	2003-7-22	负责人	李怡佩		
主营业务	国际贸易、转口贸易、保税区企业间的贸易及贸易代理；区内商业性简单加工。				

企业名称	纳伊吉国际贸易（上海）有限公司				
企业地址	上海市外高桥保税区新灵路 118 号 407 室（200131）				
投资总额	21 万 USD	电话	68868289	传真	
设立日期	2003-7-22	负责人	SAYED FAZLOLLAH NA		
主营业务	国际贸易、转口贸易、保税区企业间的贸易及贸易代理；区内商业性简单加工。				

企业名称	上海阁丽珀国际贸易有限公司				
企业地址	上海市外高桥保税区冰克路 500 号 915 室（200131）				
投资总额	24 万 USD	电话	62832136	传真	
设立日期	2003-7-22	负责人	原田大助		
主营业务	国际贸易、转口贸易、保税区企业间的贸易及贸易代理；区内商业性简单加工。				

企业名称	杏泰国际贸易（上海）有限公司				
企业地址	上海市外高桥保税区泰谷路 18 号 911 室（200131）				
投资总额	24 万 USD	电话	54510167	传真	64477513
设立日期	2003-7-22	负责人	萧惠芬		
主营业务	国际贸易、转口贸易、保税区企业间的贸易及贸易代理；区内商业性简单加工。				

企业名称	上海齐盟国际贸易有限公司				
企业地址	上海市外高桥保税区富特西一路 139 号 1403 室（200131）				
投资总额	20 万 USD	电话	51018928	传真	51019240
设立日期	2003-7-22	负责人	孙瑞文		
主营业务	国际贸易、转口贸易、保税区企业间的贸易及贸易代理；区内商业性简单加工。				

企业名称	法柯（上海）门自动系统贸易有限公司				
企业地址	上海市外高桥保税区富特北路 118 号第一层 B 部位（200131）				
投资总额	20 万 USD	电话	68182973	传真	68182968
设立日期	2003-7-22	负责人	FABIO IRRERA		
主营业务	区内以门自动化控制系统产品、停泊系统产品为主的仓储、分拨业务。				

企业名称	马士贝罗孚贸易（上海）有限公司				
企业地址	上海市外高桥保税区加枫路 28 号新康 2 号楼 2504 室（200131）				
投资总额	20 万 USD	电话	58340723	传真	58340723
设立日期	2003-7-22	负责人	ARNOLD B SIEMER		
主营业务	国际贸易、转口贸易、保税区企业间的贸易及贸易代理；区内商业性简单加工。				

企业名称	寺美贸易（上海）有限公司				
企业地址	上海市浦东新区孙桥镇孙桥路 19 号三楼（201203）				
投资总额	40 万 USD	电话	58576424	传真	58316417
设立日期	2003-7-18	负责人	沃尔特·艾格林（WALTER EGLIN）		
主营业务	文化及体育用品、设备及零配件出口（涉及许可经营的凭许可证经营）。				

企业名称	崇宁国际贸易（上海）有限公司				
企业地址	上海市外高桥保税区泰谷路 169 号 A403 室（200131）				
投资总额	20 万 USD	电话	68625522	传真	
设立日期	2003-7-17	负责人	牛川海		
主营业务	国际贸易、转口贸易、保税区企业间的贸易及贸易代理；区内商业性简单加工。				

企业名称	佳耐美国际贸易（上海）有限公司				
企业地址	上海市外高桥保税区冰克路 500 号 1014 室（200131）				
投资总额	20 万 USD	电　话	63849687	传　真	63855800
设立日期	2003-7-17	负 责 人	内海二雄 TSUGIO UTSUMI		
主营业务	国际贸易、转口贸易、保税区企业间的贸易及贸易代理；区内商业性简单加工。				

企业名称	帝凡黎国际贸易（上海）有限公司				
企业地址	上海市外高桥保税区华申路 80 号 1#楼第一层 C 部位（200131）				
投资总额	20 万 USD	电　话	58664727	传　真	58661259
设立日期	2003-7-17	负 责 人	GUY LATOURRETTE		
主营业务	保税区内以服装及其产品为主的仓储、分拨业务，国际贸易、转口贸易。				

企业名称	梓宜国际贸易（上海）有限公司				
企业地址	上海市外高桥保税区日京路 38 号 111 室（200131）				
投资总额	20 万 USD	电　话	58369345	传　真	58369348
设立日期	2003-7-17	负 责 人	宋朝钦		
主营业务	国际贸易、转口贸易、保税区企业间的贸易及贸易代理；区内商业性简单加工。				

企业名称	萤日国际贸易（上海）有限公司				
企业地址	上海市外高桥保税区基隆路 1 号 815-3 室（200131）				
投资总额	20 万 USD	电　话	64403303	传　真	64403302
设立日期	2003-7-17	负 责 人	岛山良一		
主营业务	国际贸易、转口贸易、保税区企业间的贸易及贸易代理；保税区内贸易咨询服务。				

企业名称	凡美社（上海）国际贸易有限公司				
企业地址	上海市外高桥保税区基隆路 6 号 1108 室（200131）				
投资总额	20 万 USD	电　话	52551527	传　真	62261705
设立日期	2003-7-17	负 责 人	山本裕		
主营业务	国际贸易、转口贸易、保税区企业间的贸易及贸易代理；保税区内商务咨询服务。				

企业名称	上海尖能国际贸易有限公司				
企业地址	上海市外高桥保税区基隆路 6 号 1204 室（200131）				
投资总额	30 万 USD	电　话	64738010	传　真	64738010
设立日期	2003-7-15	负 责 人	寺岛光夫		
主营业务	国际贸易、转口贸易、保税区企业间的贸易及贸易代理；保税区内贸易咨询服务。				

企业名称	旭日极速贸易（上海）有限公司				
企业地址	上海市外高桥保税区加枫路 28 号新康 2 号楼 2516 室（200131）				
投资总额	20 万 USD	电　话	54667878	传　真	54656381
设立日期	2003-7-15	负 责 人	杨振鑫		
主营业务	国际贸易、转口贸易、保税区企业间的贸易及贸易代理；保税区内商业咨询服务。				

企业名称	雅吉国际贸易（上海）有限公司				
企业地址	上海市外高桥保税区华京路 8 号办公楼 609 室（200131）				
投资总额	20 万 USD	电　话	68419936	传　真	68419926
设立日期	2003-7-15	负 责 人	SANDANA DASS		
主营业务	国际贸易、转口贸易、保税区企业间的贸易及贸易代理；保税区内商务咨询服务。				

企业名称	赞高精密（上海）贸易有限公司				
企业地址	上海市外高桥保税区冰克路 500 号 1028 室（200131）				
投资总额	20 万 USD	电　话	58662292	传　真	
设立日期	2003-7-15	负 责 人	狩山宏一		
主营业务	国际贸易、转口贸易、保税区企业间的贸易及贸易代理；保税区内商务咨询服务。				

企业名称	范格（上海）国际贸易有限公司				
企业地址	上海市外高桥保税区冰克路 500 号 1022 室（200131）				
投资总额	20 万 USD	电　话	62702215	传　真	62702275
设立日期	2003-7-15	负 责 人	ONG KOK THAI		
主营业务	国际贸易、转口贸易、保税区企业间的贸易及贸易代理；保税区内商务咨询服务。				

企业名称	志绪发国际贸易（上海）有限公司				
企业地址	上海市外高桥保税区马吉路 28 号 2205 室（200131）				
投资总额	20 万 USD	电　话	64957480	传　真	64957479
设立日期	2003-7-15	负 责 人	贾芳凯		
主营业务	国际贸易、转口贸易、保税区企业间的贸易及贸易代理；保税区内贸易咨询服务。				

企业名称	秉祥国际贸易（上海）有限公司				
企业地址	上海市外高桥保税区奥纳路 79 号 307 室（200131）				
投资总额	20 万 USD	电　话	57773693	传　真	57793043
设立日期	2003-7-10	负 责 人	郭添富		
主营业务	国际贸易、转口贸易、保税区企业间的贸易及贸易代理；保税区内商务咨询服务。				

企业名称	上海崇诚国际贸易有限公司				
企业地址	上海市外高桥保税区基隆路 1 号 1907 室（200131）				
投资总额	100 万 USD	电　话	64225880	传　真	64225811
设立日期	2003-7-10	负 责 人	郭智辉		
主营业务	国际贸易、转口贸易、保税区企业间的贸易及贸易代理；区内商业性简单加工。				

企业名称	祥功（上海）国际贸易有限公司				
企业地址	上海市外高桥保税区基隆路 1 号 1515 室（200131）				
投资总额	20 万 USD	电　话	58692881	传　真	58692882
设立日期	2003-7-10	负 责 人	杨江堡		
主营业务	国际贸易、转口贸易、保税区企业间的贸易及保税区内贸易代理。				

企业名称	安得国际贸易（上海）有限公司				
企业地址	上海市外高桥保税区英伦路 38 号 423 室（200131）				
投资总额	20 万 USD	电　话	50484212	传　真	
设立日期	2003-7-9	负 责 人	张斌礼		
主营业务	国际贸易、转口贸易、保税区企业间的贸易及贸易代理；保税区内贸易咨询服务。				

企业名称	耐毕斯工业元件国际贸易（上海）有限公司				
企业地址	上海市外高桥保税区泰谷路 207 号第三层丁部位（200131）				
投资总额	20 万 USD	电　话	51085164	传　真	58885661
设立日期	2003-7-9	负 责 人	SAMUEL LAUFER		
主营业务	保税区内工业五金及元件产品仓储、分拨业务及相关产品售后服务及技术咨询。				

企业名称	依芙乐国际贸易（上海）有限公司				
企业地址	上海市外高桥保税区泰谷路 169 号 1206 室（200131）				
投资总额	100 万 USD	电　话	63258787	传　真	63641950
设立日期	2003-7-9	负 责 人	钮嘉虹		
主营业务	国际贸易、转口贸易、保税区企业间的贸易及贸易代理；保税区内商务咨询服务。				

企业名称	哈斯自动数控机械（上海）有限公司				
企业地址	上海市外高桥保税区富特东二路 500 号 26#楼第一层 A 部位（200131）				
投资总额	100 万 USD	电　话	38616666	传　真	38616799
设立日期	2003-7-9	负 责 人	GENE F.HAAS		
主营业务	保税区内以自动数控机械及其零部件为主的仓储、分拨业务及其产品技术服务。				

企业名称	圣诺普科（上海）贸易有限公司				
企业地址	上海市外高桥保税区基隆路 6 号 815 室（200131）				
投资总额	20 万 USD	电　话	64662391	传　真	64662393
设立日期	2003-7-9	负 责 人	加藤荣次		
主营业务	国际贸易、转口贸易、保税区企业间的贸易及贸易代理；保税区内商务咨询服务。				

企业名称	宏衢（上海）贸易有限公司				
企业地址	上海市外高桥保税区加枫路 28 号 2517 室（200131）				
投资总额	20 万 USD	电　话	62076661	传　真	62076762
设立日期	2003-7-9	负 责 人	童旭晟		
主营业务	国际贸易、转口贸易、保税区企业间的贸易及贸易代理；保税区内商务咨询服务。				

企业名称	荏原优吉莱特（上海）贸易有限公司				
企业地址	上海市外高桥保税区基隆路 6 号 621 室（200131）				
投资总额	20 万 USD	电　话	50893280	传　真	50893282
设立日期	2003-7-9	负 责 人	粕谷佳允		
主营业务	国际贸易、转口贸易、保税区企业间的贸易及贸易代理；保税区内商务咨询服务。				

企业名称	泰格斯（上海）电脑配件有限公司				
企业地址	上海市外高桥保税区奥纳路 79 号 1#楼 306 室（200131）				
投资总额	20 万 USD	电　话	62679211	传　真	62678990
设立日期	2003-7-9	负 责 人	丁俊发 TENG CHIN FATT		
主营业务	以电脑配件为主的国际贸易、转口贸易、保税区企业间的贸易及贸易代理。				

企业名称	伊卡姆贸易（上海）有限公司				
企业地址	上海市外高桥保税区基隆路 1 号 1201-1 室（200131）				
投资总额	20 万 USD	电　话	54580505	传　真	64067691
设立日期	2003-7-4	负 责 人	FELIPE ESTEVE RECOLONS		
主营业务	国际贸易、保税区企业间的贸易及贸易代理；保税区内商品展示。				

企业名称	埃迈贸易（上海）有限公司				
企业地址	上海市外高桥保税区杨高北路 2005 号新易楼 230 室（200131）				
投资总额	20 万 USD	电　话	51583734	传　真	51583729
设立日期	2003-7-3	负 责 人	ROBIN VOLLERT		
主营业务	国际贸易、转口贸易、保税区企业间的贸易及贸易代理；区内商业性简单加工。				

企业名称	欧文斯科宁（上海）国际贸易有限公司				
企业地址	上海市外高桥保税区冰克路500号1008室（200122）				
投资总额	20万USD	电话	52130170	传真	61019588
设立日期	2003-7-3	负责人	TIMOTHY PIERCE		
主营业务	国际贸易、转口贸易、保税区企业间的贸易及贸易代理；区内商务咨询服务。				

企业名称	蒙高（上海）国际贸易有限公司				
企业地址	上海市外高桥保税区富特西一路289号A418室（200131）				
投资总额	20万USD	电话	50640075	传真	
设立日期	2003-7-3	负责人	徐武骧		
主营业务	以酒类为主的国际贸易、转口贸易、保税区企业间的贸易及贸易代理。				

企业名称	上海纽迪法玛国际贸易有限公司				
企业地址	上海市外高桥保税区冰克路500号611室（200131）				
投资总额	20万USD	电话	62890939	传真	62890435
设立日期	2003-7-3	负责人	DANIEL LIFTON		
主营业务	国际贸易、转口贸易、保税区企业间的贸易及贸易代理；区内商业性简单加工。				

企业名称	奥尔特国际贸易（上海）有限公司				
企业地址	上海市外高桥保税区华京路8号427室（200131）				
投资总额	20万USD	电话	64856231	传真	64857433
设立日期	2003-7-1	负责人	王晓东		
主营业务	国际贸易、转口贸易、保税区企业间的贸易及贸易代理；区内商业性简单加工。				

企业名称	百德应用薄膜贸易（上海）有限公司				
企业地址	上海市外高桥保税区新灵路80号210室（200131）				
投资总额	20万USD	电话	58958985	传真	58958901
设立日期	2003-6-30	负责人	THOMAS T.EDMAN		
主营业务	国际贸易、转口贸易、保税区企业间的贸易及贸易代理；区内商品展示。				

企业名称	尧讯国际贸易（上海）有限公司				
企业地址	上海市外高桥保税区杨高北路2005号新易楼308室（200131）				
投资总额	145万USD	电话	58360088	传真	58360099
设立日期	2003-6-30	负责人	靳应生		
主营业务	国际贸易、转口贸易、保税区企业间的贸易及贸易代理；区内商业性简单加工。				

企业名称	万发国际贸易（上海）有限公司				
企业地址	上海市外高桥保税区新灵路118号311B室（200131）				
投资总额	20万USD	电话	0510-8167910	传真	0510-2407753
设立日期	2003-6-30	负责人	陈浩成		
主营业务	国际贸易、转口贸易、保税区企业间的贸易及贸易代理；区内商业性简单加工。				

企业名称	隆安瑞凡国际贸易（上海）有限公司				
企业地址	上海市外高桥保税区冰克路500号1001室（200131）				
投资总额	20万USD	电话	53500208	传真	63350642
设立日期	2003-6-30	负责人	VOLODYMYR TOMAOH		
主营业务	国际贸易、转口贸易、保税区企业间的贸易及贸易代理；区内贸易咨询服务。				

企业名称	大柯国际贸易（上海）有限公司				
企业地址	上海市外高桥保税区新灵路118号709B室（200131）				
投资总额	20万USD	电话	63289089	传真	63733707
设立日期	2003-6-30	负责人	YEW LEONG CHUAN		
主营业务	国际贸易、转口贸易、保税区企业间的贸易、区内贸易代理；区内贸易咨询服务。				

企业名称	竞前国际贸易（上海）有限公司				
企业地址	上海市外高桥保税区富特西一路289号B419室（200131）				
投资总额	20万USD	电话	50499009	传真	50499001
设立日期	2003-6-30	负责人	张简珍		
主营业务	国际贸易、转口贸易、保税区内企业间的贸易及贸易代理；区内商业性简单加工。				

企业名称	古河电工（上海）有限公司				
企业地址	上海市外高桥保税区日京路38号108室（200131）				
投资总额	41万USD	电话	64483257	传真	64483257
设立日期	2003-6-30	负责人	塚田正敏		
主营业务	国际贸易、转口贸易、区内企业间贸易、贸易代理及贸易咨询服务。				

企业名称	上海凡允贸易有限公司				
企业地址	上海市外高桥保税区冰克路500号1023室（200131）				
投资总额	20万USD	电话	68279928	传真	68273499
设立日期	2003-6-27	负责人	韩瑛婉		
主营业务	国际贸易、转口贸易、保税区企业间的贸易及贸易代理；区内商业性简单加工。				

企业名称	日立数据系统（上海）有限公司				
企业地址	上海市外高桥保税区泰谷路207号四楼N部位（200131）				
投资总额	20万USD	电话	63058855	传真	63058833
设立日期	2003-6-27	负责人	柯愈强		
主营业务	保税区内以数据存储系统为主的仓储和分拨业务及相关产品的售后服务。				

企业名称	兴和（上海）贸易有限公司				
企业地址	上海市外高桥保税区基隆路1号1027室（200131）				
投资总额	200万USD	电话	63403802	传真	63403805
设立日期	2003-6-27	负责人	堀江武司		
主营业务	国际贸易、保税区企业间的贸易、转口贸易及贸易代理；区内商务咨询服务。				

企业名称	巴鲁夫（上海）贸易有限公司				
企业地址	上海市外高桥保税区杨高北路2005号新兴楼337室（200131）				
投资总额	20万USD	电话	50899970	传真	50899975
设立日期	2003-6-26	负责人	ROLF HERWLE		
主营业务	国际贸易、转口贸易、保税区企业间的贸易及贸易代理；区内贸易咨询服务。				

企业名称	罗杰斯（上海）国际贸易有限公司				
企业地址	上海市外高桥保税区新灵路118号711A室（200131）				
投资总额	20万USD	电话	63916088	传真	63915060
设立日期	2003-6-25	负责人	ROBERT D. WACHOB		
主营业务	国际贸易、转口贸易、保税区企业间的贸易及贸易代理；区内商业性简单加工。				

企业名称	针知运国际贸易（上海）有限公司				
企业地址	上海市外高桥保税区英伦路38号329室（200131）				
投资总额	20万USD	电话	64656597	传真	64656597
设立日期	2003-6-25	负责人	郭健康		
主营业务	国际贸易、转口贸易、保税区企业间的贸易及区内贸易代理；区内商务咨询服务。				

企业名称	科艾司仪器（上海）有限公司				
企业地址	上海市外高桥保税区富特北路288号3号楼底层A部位（200131）				
投资总额	20万USD	电话	64453185	传真	34060190
设立日期	2003-6-24	负责人	梁国强		
主营业务	以石油设备、液压产品、仪器仪表、阀门、密封件以及相关零配件为主的仓储。				

企业名称	航空电子（上海）国际贸易有限公司				
企业地址	上海市外高桥保税区基隆路6号827室（200131）				
投资总额	50万USD	电话	62360322	传真	62361292
设立日期	2003-6-23	负责人	野吕濑昇		
主营业务	国际贸易、保税区企业间的贸易、转口贸易及贸易代理；保税区内商务咨询服务。				

企业名称	碧川化成贸易（上海）有限公司				
企业地址	上海市外高桥保税区冰克路500号801室（200131）				
投资总额	20万USD	电话	52066381	传真	52066385
设立日期	2003-6-23	负责人	绿川忠男		
主营业务	国际贸易、转口贸易、保税区企业间的贸易及贸易代理；保税区内贸易咨询服务。				

企业名称	新太富贸易（上海）有限公司				
企业地址	上海市外高桥保税区冰克路500号1026室（200131）				
投资总额	10万USD	电话	52521481	传真	52521482
设立日期	2003-6-23	负责人	施萍野		
主营业务	国际贸易、转口贸易、保税区企业间的贸易及贸易代理；保税区内商务咨询服务。				

企业名称	东曜机械贸易（上海）有限公司				
企业地址	上海市外高桥保税区冰克路500号913室（200131）				
投资总额	20万USD	电话	63862188	传真	63862199
设立日期	2003-6-20	负责人	伊东哲也		
主营业务	国际贸易、转口贸易、保税区企业间的贸易及贸易代理；区内商务咨询服务。				

企业名称	上海兴商国际贸易有限公司				
企业地址	上海市外高桥保税区冰克路500号1002室（200131）				
投资总额	20万USD	电话	63817800	传真	63804087
设立日期	2003-6-19	负责人	邱筱诚		
主营业务	国际贸易、转口贸易、保税区企业间的贸易及贸易代理；区内商务咨询服务。				

企业名称	施坦威钢琴（上海）有限公司				
企业地址	上海市外高桥保税区富特北路201号第一层A部位（200131）				
投资总额	20万USD	电话	58663578	传真	58663279
设立日期	2003-6-19	负责人	WERNER HUSMANN		
主营业务	保税区内以钢琴及其配件为主的仓储分拨业务；国际贸易、转口贸易。				

企业名称	艾司科贸易（上海）有限公司				
企业地址	上海市外高桥保税区杨高北路 2005 号新兴楼 325 室（200131）				
投资总额	20 万 USD	电　话	63277799	传　真	63537989
设立日期	2003-6-19	负责人	CARSTEN NYGAARD KNUDSEN		
主营业务	国际贸易、转口贸易、保税区企业间的贸易及贸易代理；保税区内商品展示。				

企业名称	安万国际贸易（上海）有限公司				
企业地址	上海市外高桥保税区马吉路 28 号 1802 室（200131）				
投资总额	20 万 USD	电　话	58690506	传　真	58690503
设立日期	2003-6-19	负责人	SANTOSA WIRADJAJA		
主营业务	国际贸易、转口贸易、保税区企业间的贸易及贸易代理；区内商业性简单加工。				

企业名称	上海广电三井物贸有限公司				
企业地址	上海市金都路 3800 号（201108）				
投资总额	2000 万 USD	电　话	63621166	传　真	63620261
设立日期	2003-6-18	负责人	蒋松涛		
主营业务	与上海广电（集团）有限公司产品相关的进出口业务（国内外贸易）。				

企业名称	可美技（上海）贸易有限公司				
企业地址	上海市外高桥保税区华京路 8 号 816 室（200131）				
投资总额	20 万 USD	电　话	62370700	传　真	62370699
设立日期	2003-6-17	负责人	濑尾忠志 TADASHI SEO		
主营业务	国际贸易、转口贸易、保税区企业间的贸易及贸易代理；区内商务咨询服务。				

企业名称	日泉国际贸易（上海）有限公司				
企业地址	上海市外高桥保税区奥纳路 79 号 409 室（200131）				
投资总额	20 万 USD	电　话	62809960	传　真	62826382
设立日期	2003-6-17	负责人	佐村信哉		
主营业务	国际贸易、转口贸易、保税区企业间的贸易及贸易代理；保税区内商务咨询服务。				

企业名称	上海卡菱贸易有限公司				
企业地址	上海市外高桥保税区冰克路 500 号 914 室（200131）				
投资总额	50 万 USD	电　话	62365818	传　真	62366252
设立日期	2003-6-17	负责人	北一辉 KAZUTERU KITA		
主营业务	国际贸易、转口贸易、保税区企业间的贸易及贸易代理；区内商务咨询服务。				

企业名称	迈波斯精密研磨材料（上海）有限公司				
企业地址	上海市娄山关路 83 号新虹桥中心大厦 2308 室（200336）				
投资总额	20 万 USD	电　话	62368217	传　真	62368210
设立日期	2003-6-17	负责人	原昌司		
主营业务	国际贸易、转口贸易、保税区企业间的贸易及贸易代理；区内商务咨询服务。				

企业名称	藤仓贸易（上海）有限公司				
企业地址	上海市外高桥保税区华京路 8 号 510 室（200131）				
投资总额	100 万 USD	电　话	68413636	传　真	68412070
设立日期	2003-6-17	负责人	青木勉		
主营业务	国际贸易、转口贸易、保税区企业间的贸易及贸易代理；区内商品展示。				

企业名称	上海三玉电材有限公司				
企业地址	上海市外高桥保税区富特北路 131 号底楼 1B 部位（200131）				
投资总额	42 万 USD	电　话	58682328	传　真	58682789
设立日期	2003-6-17	负责人	田村雅昭		
主营业务	保税区内生产各类电器的塑料配件，销售自产产品，区内商务咨询服务。				

企业名称	蒂麟国际贸易（上海）有限公司				
企业地址	上海市外高桥保税区泰谷路 169 号 704 室（200131）				
投资总额	20 万 USD	电　话	34230333	传　真	34230103
设立日期	2003-6-16	负责人	林碧珠		
主营业务	国际贸易、转口贸易、保税区企业间的贸易及贸易代理；保税区内贸易咨询服务。				

企业名称	圣马利诺贸易（上海）有限公司				
企业地址	上海市外高桥保税区基隆路 1 号 1921 室（200131）				
投资总额	20 万 USD	电　话	62376226	传　真	62376220
设立日期	2003-6-16	负责人	贞尔明彦 AKIHIKO SAKANAGA		
主营业务	国际贸易、转口贸易、保税区企业间的贸易及区内贸易代理；区内贸易咨询服务。				

企业名称	菱商（上海）贸易有限公司				
企业地址	上海市外高桥保税区加枫路 28 号 312 室（200131）				
投资总额	60 万 USD	电　话	63513030	传　真	63607730
设立日期	2003-6-12	负责人	上田良树		
主营业务	国际贸易、转口贸易、保税区企业间的贸易及贸易代理；区内商务咨询服务。				

企业名称	贝杰尔国际贸易（上海）有限公司				
企业地址	上海市外高桥保税区冰克路 500 号 613 室（200122）				
投资总额	20 万 USD	电　话	65376969	传　真	
设立日期	2003-6-12	负责人	MOH TAI SIANG		
主营业务	国际贸易、转口贸易、保税区企业间的贸易及贸易代理；区内贸易咨询服务。				

企业名称	迈考国际贸易（上海）有限公司				
企业地址	上海市外高桥保税区富特北路 458 号 2#楼 4 层 464 室（200131）				
投资总额	20 万 USD	电　话	54663988	传　真	
设立日期	2003-6-12	负责人	COOPER DARRELL LEE		
主营业务	国际贸易、转口贸易、保税区企业间的贸易及区内贸易代理。				

企业名称	领时（上海）国际贸易有限公司				
企业地址	上海市外高桥保税区富特北路 402 号 D7－03#仓库一层（200131）				
投资总额	20 万 USD	电　话	61627018	传　真	63589899
设立日期	2003-6-12	负责人	NAMI KAMDAR AMIRMO		
主营业务	国际贸易、转口贸易、保税区企业间的贸易及区内贸易代理；区内商务咨询服务。				

企业名称	可都吉（上海）国际贸易有限公司				
企业地址	上海市外高桥保税区台中南路 2 号 2 层 250 室（200131）				
投资总额	30 万 USD	电　话	62099570	传　真	62099570
设立日期	2003-6-12	负责人	加藤浩一		
主营业务	国际贸易、转口贸易、保税区企业间的贸易及贸易代理；区内商务咨询服务。				

企业名称	通用电气工业供应（上海）有限公司				
企业地址	上海市外高桥保税区冰克路 500 号 6 号楼第三层 G 部位（200131）				
投资总额	20 万 USD	电　话	61283803	传　真	62361178
设立日期	2003-6-12	负责人	JOHN GERBER		
主营业务	保税区内以机电设备、工业材料及其零部件为主的工业产品的仓储、分拨、展示。				

企业名称	电音数码音响贸易（上海）有限公司				
企业地址	上海市外高桥保税区华京路 8 号 521 室（200131）				
投资总额	50 万 USD	电　话	64372299	传　真	64372299
设立日期	2003-6-11	负责人	市古铁郎		
主营业务	国际贸易、转口贸易、保税区企业间的贸易及贸易代理；区内商务咨询服务。				

企业名称	睦连通讯贸易（上海）有限公司				
企业地址	上海市外高桥保税区富特西一路 289 号 A329-330 室（200131）				
投资总额	20 万 USD	电　话	64656780	传　真	54222254
设立日期	2003-6-9	负责人	胡毓麟		
主营业务	国际贸易、转口贸易、保税区企业间的贸易及贸易代理；区内贸易咨询服务。				

企业名称	丸尾（上海）贸易有限公司				
企业地址	上海市外高桥保税区华京路 8 号 327 室（200131）				
投资总额	20 万 USD	电　话	62789872	传　真	62789857
设立日期	2003-6-9	负责人	源吉嗣郎		
主营业务	国际贸易、转口贸易、保税区企业间的贸易及贸易代理；区内商务咨询服务。				

企业名称	永莹辉贸易（上海）有限公司				
企业地址	上海市外高桥保税区新灵路 118 号 1511B 室（200131）				
投资总额	250 万 USD	电　话	62166666	传　真	62166753
设立日期	2003-6-9	负责人	徐志松		
主营业务	国际贸易、转口贸易、保税区企业间的贸易为贸易代理；区内商业性简单加工。				

企业名称	睿固国际贸易（上海）有限公司				
企业地址	上海市外高桥保税区杨高北路 2005 号新易楼 324 室（200122）				
投资总额	20 万 USD	电　话	58353278	传　真	58359796
设立日期	2003-6-9	负责人	FREDRICK IAN STREIC		
主营业务	国际贸易、转口贸易、保税区企业间的贸易及贸易代理区内商务咨询服务。				

企业名称	米其林（上海）贸易有限公司				
企业地址	上海市外高桥保税区冰克路 500 号 5 号楼第四层 B1 部位（200131）				
投资总额	20 万 USD	电　话	32204500	传　真	58208321
设立日期	2003-6-6	负责人	YVES CHAPOT		
主营业务	保税区内以轮胎、相关原材料及轮胎制造研发设备为主的仓储和分拨业务。				

企业名称	日电产新宝（上海）国际贸易有限公司				
企业地址	上海市外高桥保税区新灵路 118 号 505B 室（200131）				
投资总额	20 万 USD	电　话	52895101	传　真	52895105
设立日期	2003-6-5	负责人	假屋晃生		
主营业务	国际贸易、转口贸易、保税区企业间的贸易及贸易代理；区内商务咨询服务。				

企业名称	泛纳尼克元件（上海）有限公司				
企业地址	上海市外高桥保税区荷丹路 88 号第十二层（200131）				
投资总额	120 万 USD	电　　话	62493311	传　　真	62493311
设立日期	2003-6-5	负 责 人	HARRIET GREEN		
主营业务	保税区内以电子、电气及机械部件等工业品为主的仓储分拨业务、相关技术咨询。				

企业名称	上海提姆贸易有限公司				
企业地址	上海市外高桥保税区新灵路 118 号 1712A 室（200131）				
投资总额	20 万 USD	电　　话	62182155	传　　真	62876166
设立日期	2003-6-5	负 责 人	姜海斌		
主营业务	国际贸易、转口贸易、保税区企业间的贸易及区内贸易代理。				

企业名称	柯马（上海）国际贸易有限公司				
企业地址	上海市外高桥保税区杨高北路 2005 号新易楼 306 室（200131）				
投资总额	20 万 USD	电　　话	68139900	传　　真	68139622
设立日期	2003-6-5	负 责 人	ENRICO BEMPORAD		
主营业务	国际贸易、转口贸易、保税区企业间的贸易及贸易代理；区内贸易咨询服务。				

企业名称	宇进国际贸易（上海）有限公司				
企业地址	上海市外高桥保税区新灵路 118 号 1714A 室（200131）				
投资总额	20 万 USD	电　　话	62211182	传　　真	34240870
设立日期	2003-6-5	负 责 人	KYUNG HEE LEE		
主营业务	国际贸易、转口贸易、保税区企业间的贸易及保税区内贸易代理；区内贸易咨询。				

企业名称	展东国际贸易（上海）有限公司				
企业地址	上海市外高桥保税区冰克路 500 号 1005 室（200131）				
投资总额	20 万 USD	电　　话	64394342	传　　真	64401797
设立日期	2003-6-5	负 责 人	陈计虔		
主营业务	国际贸易、转口贸易、保税区企业间的贸易及贸易代理；区内商务咨询服务。				

企业名称	尼普洛贸易（上海）有限公司				
企业地址	上海市外高桥保税区冰克路 500 号 1006 室（200131）				
投资总额	20 万 USD	电　　话	62369191	传　　真	62370186
设立日期	2003-5-30	负 责 人	田岛严 IWAO TAJIMA		
主营业务	国际贸易、转口贸易、保税区企业间的贸易及贸易代理；区内商业性简单加工。				

企业名称	汉吉亚国际贸易（上海）有限公司				
企业地址	上海市外高桥保税区冰克路 500 号 1018 室（200131）				
投资总额	20 万 USD	电　　话	52060222	传　　真	52060555
设立日期	2003-5-30	负 责 人	HUANG JANG YOUC		
主营业务	国际贸易、转口贸易、保税区企业间的贸易及贸易代理，区内商品展示。				

企业名称	三千贸易（上海）有限公司				
企业地址	上海市外高桥保税区泰谷路 169 号 804 室（200131）				
投资总额	20 万 USD	电　　话	51083336	传　　真	64159389
设立日期	2003-5-29	负 责 人	姚信字		
主营业务	国际贸易、转口贸易、保税区企业间的贸易及贸易代理；区内商业性简单加工。				

企业名称	乐伽（上海）国际贸易有限公司				
企业地址	上海市外高桥保税区泰谷路 88 号丰谷大厦六层 621 室（200131）				
投资总额	20 万 USD	电　　话	63521116	传　　真	63225029
设立日期	2003-5-29	负 责 人	POGLAJEN　MARTIN		
主营业务	国际贸易、转口贸易、保税区企业间的贸易及贸易代理；区内商业性简单加工。				

企业名称	创恩国际贸易（上海）有限公司				
企业地址	上海市外高桥保税区冰克路 500 号 808 室（200131）				
投资总额	20 万 USD	电　　话	61112241	传　　真	62863389
设立日期	2003-5-28	负 责 人	周宏元		
主营业务	国际贸易、转口贸易、保税区企业间的贸易及贸易代理；区内商业性简单加工。				

企业名称	有信国际贸易（上海）有限公司				
企业地址	上海市外高桥保税区日京路 38 号 213 室（200131）				
投资总额	21 万 USD	电　　话	64150960	传　　真	64150961
设立日期	2003-5-28	负 责 人	竹辺　圭祐		
主营业务	国际贸易、转口贸易、保税区企业间的贸易及贸易代理；区内商业性简单加工。				

企业名称	超群（上海）贸易有限公司				
企业地址	上海市外高桥保税区冰克路 500 号 917 室（200131）				
投资总额	20 万 USD	电　　话	68863807	传　　真	68862768
设立日期	2003-5-27	负 责 人	BRIAN P.BALUT		
主营业务	国际贸易、转口贸易、保税区企业间的贸易及贸易代理；区内商业性简单加工。				

企业名称	曜马（上海）国际贸易有限公司				
企业地址	上海市外高桥保税区冰克路 500 号 222 室（200131）				
投资总额	20 万 USD	电　　话	62393366	传　　真	50481655
设立日期	2003-5-27	负 责 人	赖仁勇		
主营业务	国际贸易、转口贸易、保税区企业间的贸易及贸易代理；区内商业性简单加工。				

企业名称	法宝克精密金属部件（上海）有限公司				
企业地址	上海市外高桥保税区富特中路 299 号 46#楼第三层 B 部位（200131）				
投资总额	20 万 USD	电　　话	50461958	传　　真	50461959
设立日期	2003-5-27	负 责 人	ROBERT WILLIAM ROO		
主营业务	国际贸易、转口贸易、保税区企业间的贸易及贸易代理；区内商业性简单加工。				

企业名称	世韩第合贸易（上海）有限公司				
企业地址	上海市外高桥保税区冰克路 500 号 1025 室（200131）				
投资总额	20 万 USD	电　　话	62190119	传　　真	62190116
设立日期	2003-5-27	负 责 人	LEE YEOB WOO（李烨雨）		
主营业务	国际贸易、转口贸易、保税区企业间的贸易及贸易代理；区内商业性简单加工。				

企业名称	上海昂峻贸易有限公司				
企业地址	上海市外高桥保税区新灵路 118 号 306 室（200131）				
投资总额	20 万 USD	电　　话	50460483	传　　真	50643639
设立日期	2003-5-27	负 责 人	欧展荣		
主营业务	国际贸易、转口贸易、保税区企业间的贸易及贸易代理；区内商业性简单加工。				

企业名称	史丹利五金工具（上海）有限公司				
企业地址	上海市外高桥保税区芬辛路 20 号 1 号楼 A1 层 D-K 部位（200131）				
投资总额	20 万 USD	电　　话	61621858	传　　真	
设立日期	2003-5-26	负 责 人	CISSY YU CUI		
主营业务	保税区内以五金工具和相关产品以及其零部件为主的仓储、分拨、展示业务。				

企业名称	必和必拓国际贸易（上海）有限公司				
企业地址	上海市外高桥保税区台中南路 2 号新贸楼 244 室（200131）				
投资总额	210 万 USD	电　　话	61227119	传　　真	61227119
设立日期	2003-5-26	负 责 人	CLINTON JAMES DINE		
主营业务	国际贸易、保税区企业间的贸易及区内贸易代理；保税区内商业性简单加工。				

企业名称	丸文半导体贸易（上海）有限公司				
企业地址	上海市外高桥保税区基隆路 6 号 726 室（200131）				
投资总额	28.5 万 USD	电　　话	62088537	传　　真	62089623
设立日期	2003-5-26	负 责 人	岛田一宪		
主营业务	以半导体为主的国际贸易、转口贸易、保税区企业间贸易及贸易代理。				

企业名称	十全国际贸易（上海）有限公司				
企业地址	上海市外高桥保税区华申路 186 号 603 室（200131）				
投资总额	40 万 USD	电　　话	63538342	传　　真	63172276
设立日期	2003-5-26	负 责 人	南丰瀛		
主营业务	国际贸易、转口贸易、保税区企业间的贸易及贸易代理；区内商业性简单加工。				

企业名称	星络物流（上海）有限公司				
企业地址	上海市外高桥保税区富特东一路 446 号全部位（200131）				
投资总额	55 万 USD	电　　话	58666988	传　　真	58666966
设立日期	2003-5-26	负 责 人	陈焕新		
主营业务	保税区内物流、仓储业务，保税区内以电子计算机为主的国际贸易。				

企业名称	亲话机械国际贸易（上海）有限公司				
企业地址	上海市外高桥保税区冰克路 500 号 911 室（200131）				
投资总额	20 万 USD	电　　话	63846048	传　　真	53061062
设立日期	2003-5-22	负 责 人	影山源三郎		
主营业务	以食品包装机械及相关零部件为主的国际贸易、转口贸易、区内商业性简单加工。				

企业名称	长荣物产（上海）贸易有限公司				
企业地址	上海市外高桥保税区华京路 8 号 330 室（200131）				
投资总额	20 万 USD	电　　话	68813831	传　　真	68812550
设立日期	2003-5-22	负 责 人	野村和兴		
主营业务	国际贸易、转口贸易、保税区企业间的贸易及贸易代理；区内商业性简单加工。				

企业名称	持驰国际贸易（上海）有限公司				
企业地址	上海市外高桥保税区冰克路 500 号 820 室（200131）				
投资总额	20 万 USD	电　　话	54653015	传　　真	64456399
设立日期	2003-5-21	负 责 人	孙　欣		
主营业务	国际贸易、转口贸易、保税区企业间的贸易及贸易代理；区内商业性简单加工。				

批发和零售贸易业

企业名称	贵宜（上海）国际贸易有限公司				
企业地址	上海市外高桥保税区冰克路 500 号 909 室（200131）				
投资总额	20 万 USD	电　话	54402762	传　真	54402763
设立日期	2003-5-21	负责人	大竹良介		
主营业务	国际贸易、转口贸易、保税区企业间的贸易及贸易代理；区内商业性简单加工。				

企业名称	劢强国际贸易（上海）有限公司				
企业地址	上海市外高桥保税区富特中路 299 号 B416 室（200131）				
投资总额	20 万 USD	电　话	52600005	传　真	52161825
设立日期	2003-5-21	负责人	GERHARD ING SCHONS		
主营业务	国际贸易、转口贸易、保税区企业间的贸易及贸易代理；区内商品展示。				

企业名称	品展国际贸易（上海）有限公司				
企业地址	上海市外高桥保税区冰克路 500 号 924 室（200131）				
投资总额	20 万 USD	电　话	68086023	传　真	68086025
设立日期	2003-5-21	负责人	吴天进		
主营业务	国际贸易、转口贸易、保税区企业间的贸易及贸易代理；区内商业性简单加工。				

企业名称	麦普威国际贸易（上海）有限公司				
企业地址	上海市外高桥保税区新灵路 118 号 1105B 室（200131）				
投资总额	30 万 USD	电　话	62473889	传　真	62473956
设立日期	2003-5-20	负责人	徐和真		
主营业务	国际贸易、转口贸易、保税区企业间的贸易及贸易代理；区内商业性简单加工。				

企业名称	三贯国际贸易（上海）有限公司				
企业地址	上海市外高桥保税区杨高北路 2005 号新易楼 410 室（200131）				
投资总额	20 万 USD	电　话	63346244	传　真	63345361
设立日期	2003-5-20	负责人	青木羲治		
主营业务	国际贸易、转口贸易、保税区企业间的贸易及贸易代理；区内商业性简单加工。				

企业名称	艾利和（上海）贸易有限公司				
企业地址	上海市外高桥保税区马吉路 28 号 1608 室（200131）				
投资总额	20 万 USD	电　话	63065563	传　真	63062953
设立日期	2003-5-16	负责人	陈敏华		
主营业务	国际贸易、转口贸易、保税区企业间的贸易及贸易代理；区内商业性简单加工。				

企业名称	上海康比恩国际贸易有限公司				
企业地址	上海市外高桥保税区基隆路 1 号 1008 室（200122）				
投资总额	30 万 USD	电　话	58874435	传　真	58874438
设立日期	2003-5-16	负责人	叶弗盖尼。周		
主营业务	国际贸易、转口贸易、保税区企业间的贸易及贸易代理；区内商业性简单加工。				

企业名称	琦井贸易（上海）有限公司				
企业地址	上海市外高桥保税区基隆路 6 号 925 室（200131）				
投资总额	60 万 USD	电　话	62898088	传　真	
设立日期	2003-5-15	负责人	PAUL SHI－QI JIANG		
主营业务	国际贸易、转口贸易、保税区企业间的贸易及贸易代理；区内商业性简单加工。				

企业名称	藤辉贸易（上海）有限公司				
企业地址	上海市外高桥保税区冰克路 500 号 811 室（200131）				
投资总额	20 万 USD	电　话	62362647	传　真	62362647
设立日期	2003-5-15	负责人	程振邦		
主营业务	国际贸易、转口贸易、保税区企业间的贸易及贸易代理；区内商业性简单加工。				

企业名称	纽菲圣国际贸易（上海）有限公司				
企业地址	上海市外高桥保税区冰克路 500 号 919 室（200131）				
投资总额	20 万 USD	电　话	58881083	传　真	58881260
设立日期	2003-5-13	负责人	冯家祥		
主营业务	国际贸易、转口贸易、保税区企业间的贸易及贸易代理；区内商业性简单加工。				

企业名称	光洋热处理设备贸易（上海）有限公司				
企业地址	上海市外高桥保税区基隆路 6 号 1225 室（200131）				
投资总额	20 万 USD	电　话	64276750	传　真	63845760
设立日期	2003-5-9	负责人	池田一夫		
主营业务	国际贸易、转口贸易、区内企业间的贸易及贸易代理；保税区内商业性简单加工；。				

企业名称	纽威国际贸易（上海）有限公司				
企业地址	上海市外高桥保税区加枫路 28 号新康商贸楼 106 室（200131）				
投资总额	20 万 USD	电　话	61458828	传　真	64017925
设立日期	2003-5-9	负责人	TORSTEN JANSSON		
主营业务	国际贸易、转口贸易、保税区企业间的贸易及贸易代理；区内商业性简单加工。				

企业名称	颖能五金（上海）贸易有限公司				
企业地址	上海市外高桥保税区基隆路 6 号 812 室（200120）				
投资总额	20 万 USD	电　话	50372177	传　真	50372428
设立日期	2003-5-9	负责人	夏本博行		
主营业务	国际贸易、保税区企业间的贸易、转口贸易及贸易代理；区内商业性简单加工。				

企业名称	上海瑞德超薄吸湿材料有限公司				
企业地址	上海市外高桥保税区意威路 428 号（200131）				
投资总额	500 万 USD	电　话	50463382	传　真	58355215
设立日期	2003-5-9	负责人	崔守礼		
主营业务	生产和销售日用卫生用品；保税区内仓储、分拨业务；国际贸易、转口贸易。				

企业名称	上海大真空国际贸易有限公司				
企业地址	上海市外高桥保税区奥纳路 79 号 201 室（200131）				
投资总额	20 万 USD	电　话	62368701	传　真	62368707
设立日期	2003-5-9	负责人	SHINJI INOUE		
主营业务	国际贸易、转口贸易、保税区企业间的贸易及区内贸易代理；区内商务咨询服务。				

企业名称	百赛国际贸易（上海）有限公司				
企业地址	上海市外高桥保税区冰克路 500 号 830 室（200131）				
投资总额	20 万 USD	电　话	63805827	传　真	63805827
设立日期	2003-5-9	负责人	JOHN STEPHEEN BRAT		
主营业务	国际贸易、转口贸易、保税区企业间的贸易及贸易代理；区内商业性简单加工。				

企业名称	达讯（上海）国际贸易有限公司				
企业地址	上海市外高桥保税区日京路 38 号 302 室（200131）				
投资总额	20 万 USD	电　话	51157486	传　真	51157487
设立日期	2003-5-9	负责人	陈世哲		
主营业务	国际贸易、转口贸易、保税区企业间贸易及区内贸易代理；区内商业性简单加工。				

企业名称	汉铂国际贸易（上海）有限公司				
企业地址	上海市外高桥保税区冰克路 500 号 908 室（200131）				
投资总额	20 万 USD	电　话	53530422	传　真	63619133
设立日期	2003-5-9	负责人	DAVID TIEN WING KOU		
主营业务	国际贸易、转口贸易、保税区企业间的贸易及贸易代理；区内商业性简单加工。				

企业名称	积水（上海）国际贸易有限公司				
企业地址	上海市外高桥保税区基隆路 6 号 622 室（200131）				
投资总额	20 万 USD	电　话	51105226	传　真	
设立日期	2003-5-9	负责人	江夏雄二		
主营业务	国际贸易、转口贸易、保税区企业间的贸易及贸易代理；区内商业性简单加工。				

企业名称	志旭光电贸易（上海）有限公司				
企业地址	上海市外高桥保税区冰克路 500 号 325 室（200131）				
投资总额	20 万 USD	电　话	65713998	传　真	
设立日期	2003-5-9	负责人	陈曜芳		
主营业务	国际贸易、转口贸易、保税区企业间的贸易及区内贸易代理。				

企业名称	美达王（上海）有限公司				
企业地址	上海市外高桥保税区泰谷路 88 号 663 室（200131）				
投资总额	400 万 USD	电　话	58360934	传　真	68540934
设立日期	2003-5-8	负责人	坂口直己		
主营业务	国际贸易、转口贸易、保税区企业间的贸易及贸易代理；区内商业性简单加工。				

企业名称	桥伟电子贸易（上海）有限公司				
企业地址	上海市外高桥保税区基隆路 1 号 1119 室（200131）				
投资总额	50 万 USD	电　话	52081780	传　真	52081781
设立日期	2003-5-7	负责人	水谷广司		
主营业务	国际贸易、转口贸易、保税区企业间的贸易及贸易代理；区内商业性简单加工。				

企业名称	芯中奇国际贸易（上海）有限公司				
企业地址	上海市外高桥保税区基隆路 1 号 2120 室（200131）				
投资总额	20 万 USD	电　话	54640377	传　真	54640526
设立日期	2003-5-7	负责人	樊有宁		
主营业务	国际贸易、转口贸易、保税区企业间的贸易及贸易代理；区内商务咨询服务。				

企业名称	上海森村贸易有限公司				
企业地址	上海市外高桥保税区基隆路 1 号 2125 室（200131）				
投资总额	20 万 USD	电　话	58662293	传　真	62784886
设立日期	2003-4-30	负责人	长谷川隆久		
主营业务	国际贸易、转口贸易、保税区企业间的贸易及贸易代理，保税区内贸易咨询服务。				

企业名称	宽腾国际贸易（上海）有限公司				
企业地址	上海市外高桥保税区冰克路 500 号 829 室（200131）				
投资总额	20 万 USD	电　话	53010910	传　真	
设立日期	2003-4-29	负责人	谭秀芳		
主营业务	国际贸易、转口贸易、保税区企业间的贸易及贸易代理；区内商务咨询服务。				

企业名称	洛迪斯贸易（上海）有限公司				
企业地址	上海市外高桥保税区日京路 38 号 212 室（200131）				
投资总额	20 万 USD	电　话	51505061	传　真	51505062
设立日期	2003-4-29	负责人	卢迪华		
主营业务	国际贸易、转口贸易、保税区企业间的贸易及贸易代理；区内商业性简单加工。				

企业名称	雅尚国际贸易（上海）有限公司				
企业地址	上海市外高桥保税区华京路 8 号 733 室（200131）				
投资总额	25 万 USD	电　话	69210358	传　真	69210579
设立日期	2003-4-29	负责人	ROBERT G. CULP III		
主营业务	国际贸易、转口贸易、保税区企业间的贸易及贸易代理；保税区内商品展示。				

企业名称	伊藤未来设备贸易（上海）有限公司				
企业地址	上海市外高桥保税区冰克路 500 号 827 室（200131）				
投资总额	20 万 USD	电　话	64423470	传　真	64423475
设立日期	2003-4-29	负责人	内海二郎		
主营业务	以煤气供应设备为主的国际贸易、保税区企业间的贸易及区内贸易代理。				

企业名称	安琪罗森贸易（上海）有限公司				
企业地址	上海市外高桥保税区新灵路 118 号 812 室（200131）				
投资总额	20 万 USD	电　话	55953308	传　真	
设立日期	2003-4-28	负责人	TUSIANI RAMESH JHA		
主营业务	国际贸易、转口贸易、保税区企业间的贸易及贸易代理；区内商务咨询服务。				

企业名称	杜克普爱华国际贸易（上海）有限公司				
企业地址	上海市外高桥保税区基隆路 6 号 923 室（200131）				
投资总额	20 万 USD	电　话	63938822	传　真	63078413
设立日期	2003-4-28	负责人	WERNER HEER		
主营业务	国际贸易、转口贸易、保税区企业间贸易及区内贸易代理；区内商业性简单加工。				

企业名称	智群国际贸易（上海）有限公司				
企业地址	上海市外高桥保税区奥纳路 79 号 202 室（200131）				
投资总额	20 万 USD	电　话	59106886	传　真	59106767
设立日期	2003-4-28	负责人	王正中		
主营业务	国际贸易、转口贸易、保税区企业间的贸易及区内贸易代理；区内商务咨询服务。				

企业名称	瓦克化学贸易（上海）有限公司				
企业地址	上海市外高桥保税区富特北路 201 号 416 室（200131）				
投资总额	142.85 万 USD	电　话	61003421	传　真	61003544
设立日期	2003-4-28	负责人	JEAM-LIONEL GROS		
主营业务	国际贸易、转口贸易、保税区企业间的贸易及贸易代理；区内商业性简单加工。				

企业名称	日电产百王马达（上海）国际贸易有限公司				
企业地址	上海市外高桥保税区基隆路 6 号 819 室（200131）				
投资总额	20 万 USD	电　话	64285865	传　真	64285820
设立日期	2003-4-25	负责人	吉田信敏		
主营业务	国际贸易、转口贸易、保税区企业间的贸易及区内贸易代理；区内商务咨询服务。				

企业名称	塑皇国际贸易（上海）有限公司				
企业地址	上海市外高桥保税区冰克路 500 号 831 室（200131）				
投资总额	20 万 USD	电　话	62782390	传　真	62702565
设立日期	2003-4-25	负责人	井上幸彦		
主营业务	各种注塑机及周边机械为主国际贸易及保税区相关产品的售后服务、技术咨询。				

企业名称	福斯华电器贸易（上海）有限公司				
企业地址	上海市外高桥保税区基隆路 1 号 2005 室（200131）				
投资总额	20 万 USD	电　话	64326410	传　真	64326790
设立日期	2003-4-25	负责人	MARK VERHEYEN		
主营业务	国际贸易、转口贸易、保税区企业间的贸易及区内贸易代理；区内商务咨询服务。				

企业名称	柯思摩国际贸易（上海）有限公司				
企业地址	上海市外高桥保税区富特西一路 439 号 305 室（200131）				
投资总额	20 万 USD	电　话	62534706	传　真	62533744
设立日期	2003-4-25	负责人	江建澄		
主营业务	国际贸易、转口贸易、保税区企业间的贸易及区内贸易代理；区内贸易咨询服务。				

企业名称	世跑国际贸易（上海）有限公司				
企业地址	上海市外高桥保税区杨高北路 2001 号市场商务楼 606 室（200131）				
投资总额	20 万 USD	电　话	63913131	传　真	63912885
设立日期	2003-4-25	负责人	VANESSA PEI PING		
主营业务	国际贸易、转口贸易、保税区企业间的贸易及区内贸易代理；区内贸易咨询服务。				

企业名称	凯迪纳医材贸易（上海）有限公司				
企业地址	上海市外高桥保税区英伦路 38 号 313 室（200122）				
投资总额	20 万 USD	电　话	58368028	传　真	58368578
设立日期	2003-4-23	负责人	KOO SIAW SIEN		
主营业务	国际贸易、转口贸易、保税区企业间的贸易及区内贸易代理；保税区内商品展示。				

企业名称	来化国际贸易（上海）有限公司				
企业地址	上海市外高桥保税区泰谷路 169 号 A 楼 801 室（200131）				
投资总额	20 万 USD	电　话	64834937	传　真	64397990
设立日期	2003-4-23	负责人	JIN OK CHOI		
主营业务	国际贸易、转口贸易、保税区企业间的贸易及区内贸易代理；区内商务咨询服务。				

企业名称	牛尾贸易（上海）有限公司				
企业地址	上海市外高桥保税区冰克路 500 号 825 室（200120）				
投资总额	20 万 USD	电　话	50484291	传　真	50484296
设立日期	2003-4-23	负责人	広江勉		
主营业务	国际贸易、转口贸易、保税区企业间的贸易及区内贸易代理；区内贸易咨询服务。				

企业名称	元镇国际贸易（上海）有限公司				
企业地址	上海市外高桥保税区奥纳路 79 号 408 室（200131）				
投资总额	20 万 USD	电　话	57637106	传　真	57637100
设立日期	2003-4-23	负责人	吴中辉		
主营业务	国际贸易、转口贸易、保税区企业间的贸易及区内贸易代理；区内商务咨询服务。				

企业名称	电广联家居用品（上海）有限公司				
企业地址	上海市外高桥保税区英伦路 38 号衡山商务楼 3 层 316 室（200131）				
投资总额	22 万 USD	电　话	61431898	传　真	
设立日期	2003-4-23	负责人	RAYMOND NOBU CHANG		
主营业务	区内以家居用品为主的仓储、分拨业务，提供相关产品的售后服务、技术支持。				

企业名称	日传国际贸易（上海）有限公司				
企业地址	上海市外高桥保税区英伦路 38 号 526 室（200131）				
投资总额	20 万 USD	电　话	54894108	传　真	54894105
设立日期	2003-4-23	负责人	奥谷隼一		
主营业务	国际贸易、转口贸易、保税区企业间的贸易及区内贸易代理；区内商务咨询服务。				

企业名称	亚万钢国际贸易（上海）有限公司				
企业地址	上海市外高桥保税区日京路 38 号 209 室（200131）				
投资总额	20 万 USD	电　话	52402988	传　真	52402338
设立日期	2003-4-23	负责人	姚祖辉		
主营业务	国际贸易、转口贸易、保税区企业间的贸易及区内贸易代理；区内商品展示。				

企业名称	郑祎贸易（上海）有限公司				
企业地址	上海市外高桥保税区杨高北路 2001 号市场商务楼 504 室（200131）				
投资总额	20 万 USD	电　话	64450901	传　真	64450937
设立日期	2003-4-23	负责人	郑　祎		
主营业务	国际贸易、转口贸易、保税区企业间的贸易及区内贸易代理；区内商务咨询服务。				

企业名称	威斯莱克国际贸易（上海）有限公司				
企业地址	上海市外高桥保税区冰克路 500 号 525 室（200131）				
投资总额	20 万 USD	电　话	62185597	传　真	
设立日期	2003-4-22	负责人	张惠中		
主营业务	国际贸易、转口贸易、保税区企业间的贸易及区内贸易代理；区内商务咨询服务。				

企业名称	澳普兰国际贸易（上海）有限公司				
企业地址	上海市外高桥保税区新灵路 118 号 709A 室（200131）				
投资总额	20 万 USD	电　话	68767810	传　真	68767860
设立日期	2003-4-21	负责人	陈　勇		
主营业务	国际贸易、转口贸易、保税区企业间的贸易及区内贸易代理；区内商务咨询服务。				

企业名称	松下国际商事（上海）有限公司				
企业地址	上海市外高桥保税区台中南路 2 号新贸楼 310 室（200131）				
投资总额	20 万 USD	电　话	68412589	传　真	68412030
设立日期	2003-4-21	负责人	公山丈夫		
主营业务	国际贸易、转口贸易、保税区企业间的贸易及区内贸易代理；区内商务咨询服务。				

企业名称	韩华贺化贸易（上海）有限公司				
企业地址	上海市外高桥保税区冰克路 500 号 326 室（200131）				
投资总额	20 万 USD	电话	62785556	传真	62788728
设立日期	2003-4-21	负责人	金永敏		
主营业务	国际贸易、转口贸易、保税区企业间的贸易及区内贸易代理；区内商品展示。				

企业名称	劲山（上海）贸易有限公司				
企业地址	上海市外高桥保税区基隆路 6 号 625 室（200131）				
投资总额	20 万 USD	电话	63910352	传真	33080244
设立日期	2003-4-21	负责人	TEVFIK ATES KUT		
主营业务	国际贸易、转口贸易、保税区企业间的贸易及区内贸易代理；区内商务咨询服务。				

企业名称	上海妙德空霸睦贸易有限公司				
企业地址	上海市外高桥保税区华京路 8 号 608 室（200131）				
投资总额	20 万 USD	电话	52712251	传真	52712073
设立日期	2003-4-17	负责人	中森俊雄		
主营业务	国际贸易、转口贸易、保税区企业间的贸易及区内贸易代理；区内商务咨询服务。				

企业名称	晔欣国际贸易（上海）有限公司				
企业地址	上海市外高桥保税区冰克路 500 号 828 室（200131）				
投资总额	75 万 USD	电话	62106048	传真	62106049
设立日期	2003-4-17	负责人	廖铭泽		
主营业务	国际贸易、转口贸易、保税区企业间的贸易及贸易代理；区内商务咨询服务。				

企业名称	鹤田电子（上海）贸易有限公司				
企业地址	上海市外高桥保税区基隆路 1 号 2003 室（200131）				
投资总额	20 万 USD	电话	62351212	传真	62351769
设立日期	2003-4-17	负责人	鹤田哲司		
主营业务	国际贸易、转口贸易、保税区企业间的贸易及区内贸易代理；区内商务咨询服务。				

企业名称	上海富士権廷贸易有限公司				
企业地址	上海市外高桥保税区日京路 2 号 102 室（200135）				
投资总额	25 万 USD	电话	68538813	传真	38820489
设立日期	2003-4-15	负责人	佐藤芳信		
主营业务	以船舶物品、设备以配件为主的保税区内仓储、分拨业务及产品的售后服务。				

企业名称	丰田合成光电贸易（上海）有限公司				
企业地址	上海市外高桥保税区华京路 8 号 302 室（200131）				
投资总额	40 万 USD	电话	32238281	传真	52081251
设立日期	2003-4-15	负责人	齐藤雄三		
主营业务	国际贸易、转口贸易、保税区企业间的贸易及区内贸易代理；区内商品展示。				

企业名称	阿利戴卫士贸易（上海）有限公司				
企业地址	上海市外高桥保税区基隆路 6 号 533 室（200131）				
投资总额	20 万 USD	电话	58690482	传真	58690483
设立日期	2003-4-14	负责人	ALIREZA SEDIGHI		
主营业务	国际贸易、转口贸易、保税区企业间的贸易及区内贸易代理；区内商务咨询服务。				

企业名称	东芝电器贸易（上海）有限公司				
企业地址	上海市外高桥保税区希雅路 11 号 14 号楼第二层 C 部位（200131）				
投资总额	30 万 USD	电话	62789535	传真	62789538
设立日期	2003-4-14	负责人	原口八郎		
主营业务	保税区内以照明产品和家电产品为主的仓储、分拨业务；国际贸易、转口贸易。				

企业名称	宝帝流体控制系统（上海）有限公司				
企业地址	上海市外高桥保税区泰谷路 207 号第三层 J1 部位（200131）				
投资总额	90 万 USD	电话	58682119	传真	58682120
设立日期	2003-4-14	负责人	KHIANG WEE SIN		
主营业务	保税区内以种类阀门产品为主的仓储、分拨及相关产品的技术咨询和售后服务。				

企业名称	高拓国际贸易（上海）有限公司				
企业地址	上海市外高桥保税区冰克路 500 号 826 室（200131）				
投资总额	28 万 USD	电话	51096065	传真	62261433
设立日期	2003-4-14	负责人	虞 江		
主营业务	国际贸易、转口贸易、保税区企业间的贸易及区内贸易代理；区内商务咨询服务。				

企业名称	神钢建机（上海）工程机械有限公司				
企业地址	上海市外高桥保税区希雅路 12 号楼 F 部位（200131）				
投资总额	66 万 USD	电话	67742620	传真	67742630
设立日期	2003-4-14	负责人	山下和则		
主营业务	保税区内以工程机械、设备为主的仓储、分拨业务及相关产品的技术咨询服务。				

企业名称	景卓贸易（上海）有限公司				
企业地址	上海市外高桥保税区加枫路 28 号新康 2 号楼 2303 室（200131）				
投资总额	20 万 USD	电话	64264611	传真	64264911
设立日期	2003-4-14	负责人	沈秀娴		
主营业务	国际贸易、转口贸易、保税区企业间的贸易及区内贸易代理；保税区内商品展示。				

企业名称	利尚派国际贸易（上海）有限公司				
企业地址	上海市外高桥保税区日京路 38 号 206 室（200131）				
投资总额	20 万 USD	电话	52402988	传真	52402062
设立日期	2003-4-14	负责人	姚祖辉		
主营业务	国际贸易、转口贸易、保税区企业间的贸易及区内贸易代理；区内商务咨询服务。				

企业名称	麻阿都（上海）贸易有限公司				
企业地址	上海市外高桥保税区新灵路 118 号 1018 室（200131）				
投资总额	20 万 USD	电话	64450568	传真	64450570
设立日期	2003-4-10	负责人	高山理		
主营业务	国际贸易、转口贸易、保税区企业间的贸易及区内贸易代理。				

企业名称	得逻辑（上海）无线技术有限公司				
企业地址	上海市外高桥保税区奥纳路 185 号综合楼第二层 A1 部（200131）				
投资总额	20 万 USD	电话	52735188	传真	52735828
设立日期	2003-4-10	负责人	DOMINIQUE BINCKLY		
主营业务	保税区内以无线网络电子产品及零配件为主的仓储、分拨、展示及售后服务。				

企业名称	确信爱法金属（上海）贸易有限公司				
企业地址	上海市外高桥保税区基隆路 6 号 924 室（200131）				
投资总额	20 万 USD	电话	63900600	传真	
设立日期	2003-4-8	负责人	何瑞昌（HO，SUI CHONG ERNEST）		
主营业务	国际贸易、转口贸易、保税区企业间的贸易及区内贸易代理；区内商务咨询服务。				

企业名称	绿碧狮贸易（上海）有限公司				
企业地址	上海市外高桥保税区新灵路 80 号 205 室（200131）				
投资总额	20 万 USD	电话	64392845	传真	64392865
设立日期	2003-4-8	负责人	金井贤悟		
主营业务	国际贸易、转口贸易、保税区企业间的贸易及区内贸易代理；区内商务咨询服务。				

企业名称	夏拉波（上海）国际贸易有限公司				
企业地址	上海市外高桥保税区泰谷路 88 号 716 室（200131）				
投资总额	40 万 USD	电话	62898258	传真	62898255
设立日期	2003-4-8	负责人	MARC THELOTTE		
主营业务	国际贸易、转口贸易、保税区企业间的贸易及区内贸易代理；区内贸易咨询服务。				

企业名称	可天士（上海）国际贸易有限公司				
企业地址	上海市外高桥保税区富特西一路 289 号 B421 室（200131）				
投资总额	20 万 USD	电话	53080207	传真	53531173
设立日期	2003-4-8	负责人	KUNIO NAKAJIMA（中嶋国雄）		
主营业务	国际贸易、转口贸易、保税区企业间的贸易、区内贸易代理。				

企业名称	博韦尔（上海）国际贸易有限公司				
企业地址	上海市外高桥保税区杨高北路 2005 号新易楼 120 室（200131）				
投资总额	20 万 USD	电话	62881418	传真	62881636
设立日期	2003-4-8	负责人	MARK LITTLEWOOD		
主营业务	国际贸易、转口贸易、保税区企业间的贸易及区内贸易代理；区内贸易咨询服务。				

企业名称	顿肯贸易（上海）有限公司				
企业地址	上海市外高桥保税区华京路 8 号 708 室（200122）				
投资总额	20 万 USD	电话	62785333	传真	62955933
设立日期	2003-4-8	负责人	黎德正		
主营业务	国际贸易、转口贸易、保税区企业间的贸易及区内贸易代理；区内商务咨询服务。				

企业名称	上海烁晔国际贸易有限公司				
企业地址	上海市外高桥保税区新灵路 118 号 1511A 室（200131）				
投资总额	20 万 USD	电话	63503097	传真	63501844
设立日期	2003-4-8	负责人	田星一		
主营业务	国际贸易、转口贸易、保税区企业间的贸易及区内贸易代理；区内商务咨询服务。				

企业名称	信合友国际贸易（上海）有限公司				
企业地址	上海市外高桥保税区冰克路 500 号 304 室（200131）				
投资总额	20 万 USD	电话	53113010	传真	53119855
设立日期	2003-4-8	负责人	侯韶哲		
主营业务	国际贸易、转口贸易、保税区企业间的贸易及区内贸易代理；区内商务咨询服务。				

企业名称	丰田产业车辆（上海）有限公司				
企业地址	上海市外高桥保税区华京路8号301室（200131）				
投资总额	100万USD	电　话	62351561	传　真	62350438
设立日期	2003-4-7	负责人	松浦达郎		
主营业务	国际贸易、转口贸易、保税区企业间的贸易及区内贸易代理；保税区内商品展示。				

企业名称	埃士霏国际贸易（上海）有限公司				
企业地址	上海市外高桥保税区富特西一路289号B326室（200131）				
投资总额	20万USD	电　话	62918503	传　真	
设立日期	2003-4-4	负责人	LOCK SWEE PENG		
主营业务	国际贸易、转口贸易、保税区企业间的贸易及区内贸易代理；区内商务咨询服务。				

企业名称	上海纯宝海国际贸易有限公司				
企业地址	上海市外高桥保税区冰克路500号817室（200131）				
投资总额	20万USD	电　话	62785739	传　真	62785740
设立日期	2003-4-4	负责人	林偎丽		
主营业务	国际贸易、转口贸易、保税区内企业间的贸易及贸易代理。				

企业名称	泰科消防保安系统国际贸易（上海）有限公司				
企业地址	上海市外高桥保税区荷丹路136号第四层A部位（200131）				
投资总额	100万USD	电　话	61135588	传　真	61135588
设立日期	2003-4-4	负责人	江剑华		
主营业务	保税区内以消防、保安、安全产品为主的仓储、分拨业务及相关产品的技术培训。				

企业名称	兰蒂奇化工（上海）贸易有限公司				
企业地址	上海市外高桥保税区杨高北路2005号新易楼318室（200131）				
投资总额	25万USD	电　话	64389210	传　真	64389960
设立日期	2003-4-4	负责人	MAURIZIO RADICI		
主营业务	国际贸易、转口贸易、保税区企业间的贸易及区内贸易代理。				

企业名称	亚神贸易（上海）有限公司				
企业地址	上海市外高桥保税区基隆路1号2108室（200135）				
投资总额	20万USD	电　话	58662280	传　真	58662280
设立日期	2003-4-4	负责人	後藤升		
主营业务	国际贸易、转口贸易、保税区企业间的贸易及区内贸易代理。				

企业名称	尤霓芾国际贸易（上海）有限公司				
企业地址	上海市外高桥保税区冰克路500号803室（200131）				
投资总额	20万USD	电　话	62957868	传　真	62083908
设立日期	2003-4-4	负责人	金隆吉		
主营业务	国际贸易、转口贸易、保税区企业间的贸易及贸易代理；区内商务咨询服务。				

企业名称	纽珀水暖配件（上海）有限公司				
企业地址	上海市外高桥保税区富特北路333号第二层（200131）				
投资总额	20万USD	电　话	63343190	传　真	63343191
设立日期	2003-4-3	负责人	MARKUS HUEGI		
主营业务	设计、开发、生产及加工水暖产品及相关的配件产品，销售自产产品。				

企业名称	上海欣朵朵贸易有限公司				
企业地址	上海市外高桥保税区日京路38号202室（200131）				
投资总额	20万USD	电　话	52382228	传　真	52380997
设立日期	2003-4-3	负责人	廖正乾		
主营业务	国际贸易、转口贸易、保税区企业间贸易及区内贸易代理；区内商业性简单加工。				

企业名称	旭力大国际贸易（上海）有限公司				
企业地址	上海市外高桥保税区杨高北路2005号新易楼345室（200131）				
投资总额	20万USD	电　话	62833155	传　真	52581430
设立日期	2003-3-31	负责人	陈秋明		
主营业务	国际贸易、转口贸易、保税区企业间贸易及区内贸易代理；区内商业性简单加工。				

企业名称	捷锐康计算机产品（上海）有限公司				
企业地址	上海市外高桥保税区英伦路300号高安三期仓库西部位（200131）				
投资总额	20万USD	电　话	63618686	传　真	63551378
设立日期	2003-3-31	负责人	HERMANN OBERLEHNER		
主营业务	保税区内以电子、通讯产品为主的仓储、分拨、展示及售后服务。				

企业名称	杰尚贸易（上海）有限公司				
企业地址	上海市外高桥保税区基隆路6号921室（200131）				
投资总额	20万USD	电　话	62761128	传　真	62996578
设立日期	2003-3-31	负责人	ANDRE BRULHART		
主营业务	国际贸易、转口贸易、保税区企业间的贸易及区内贸易代理；区内商务咨询服务。				

企业名称	富采丰国际贸易（上海）有限公司				
企业地址	上海市外高桥保税区奥纳路185号702室（200131）				
投资总额	20万USD	电　话	54774568	传　真	54774489
设立日期	2003-3-31	负责人	吴启南		
主营业务	国际贸易、转口贸易、保税区企业间的贸易及区内贸易代理。				

企业名称	上海洋威国际贸易有限公司				
企业地址	上海市外高桥保税区富特西一路355号高翔大楼901－902（200131）				
投资总额	20万USD	电　话	58202950	传　真	50814243
设立日期	2003-3-31	负责人	吴锦江 NGO GIM KANG		
主营业务	以橡塑制品及无毒PVC原料为主的国际贸易、转口贸易、区内商业性简单加工。				

企业名称	洵游堂国际贸易（上海）有限公司				
企业地址	上海市外高桥保税区冰克路500号802室（200131）				
投资总额	20万USD	电　话	64451099	传　真	64453098
设立日期	2003-3-31	负责人	江幼娟		
主营业务	国际贸易、转口贸易、保税区企业间的贸易及区内贸易代理。				

企业名称	爱必思（上海）国际贸易有限公司				
企业地址	上海市外高桥保税区日京路38号138室（200131）				
投资总额	20万USD	电　话	62718083	传　真	63601437
设立日期	2003-3-31	负责人	EUN JOO LEE		
主营业务	国际贸易、转口贸易、保税区企业间的贸易及区内贸易代理。				

企业名称	芬欧（上海）贸易有限公司				
企业地址	上海市外高桥保税区杨高北路2005号新易楼342室（200131）				
投资总额	20万USD	电　话	62881919	传　真	62881919
设立日期	2003-3-31	负责人	邵震中		
主营业务	国际贸易、转口贸易、保税区企业间的贸易及区内贸易代理。				

企业名称	万士祺国际贸易（上海）有限公司				
企业地址	上海市外高桥保税区马吉路28号715室（200131）				
投资总额	20万USD	电　话	64724232	传　真	64724117
设立日期	2003-3-31	负责人	NOGUCHI TOSHIO		
主营业务	国际贸易、转口贸易、保税区企业间的贸易及区内贸易代理。				

企业名称	葛芮蒂国际贸易（上海）有限公司				
企业地址	上海市外高桥保税区冰克路500号129室（200131）				
投资总额	20万USD	电　话	57293911	传　真	57293915
设立日期	2003-3-26	负责人	郑永光		
主营业务	国际贸易、转口贸易、保税区企业间的贸易及区内贸易代理。				

企业名称	上海纤络马口铁板材有限公司				
企业地址	上海市外高桥保税区日京路35号第四层4A部位（200131）				
投资总额	20万USD	电　话	55888611	传　真	65538600
设立日期	2003-3-26	负责人	严崇建		
主营业务	保税区内以马口铁为主的仓储分拨业务，国际贸易、转口贸易。				

企业名称	博濑电机贸易（上海）有限公司				
企业地址	上海市外高桥保税区富特西一路139号1405室（200131）				
投资总额	20万USD	电　话	63913355	传　真	63913335
设立日期	2003-3-26	负责人	米林国雄		
主营业务	保税区内以电机为主的国际贸易、转口贸易、保税区企业间的贸易。				

企业名称	上海玉卫贸易有限公司				
企业地址	上海市外高桥保税区英伦路38号414室（200131）				
投资总额	20万USD	电　话	52986278	传　真	52986324
设立日期	2003-3-24	负责人	HIROSHI TAMAGAWA 玉川博		
主营业务	国际贸易、转口贸易、保税区内企业间贸易、贸易代理及贸易咨询业务。				

企业名称	山洋电气（上海）贸易有限公司				
企业地址	上海市外高桥保税区冰克路500号105室（200131）				
投资总额	20万USD	电　话	62351107	传　真	62788289
设立日期	2003-3-24	负责人	山本茂生		
主营业务	国际贸易、转口贸易、保税区企业间的贸易及贸易代理；区内贸易咨询。				

企业名称	上海东博机电设备贸易有限公司				
企业地址	上海市外高桥保税区基隆路1号1003室（200131）				
投资总额	30万USD	电　话	64399138	传　真	64399138
设立日期	2003-3-24	负责人	黎钜尧		
主营业务	国际贸易、转口贸易、保税区企业间的贸易及贸易代理。				

企业名称	援客国际贸易（上海）有限公司				
企业地址	上海市外高桥保税区新灵路 118 号 1701B 室（200131）				
投资总额	20 万 USD	电　话	64400022	传　真	64400857
设立日期	2003-3-24	负 责 人	HAMABE TAKASHI		
主营业务	国际贸易、转口贸易、保税区企业间贸易及区内贸易代理；区内贸易咨询服务。				

企业名称	泰珂洛超硬工具（上海）有限公司				
企业地址	上海市外高桥保税区华京路 8 号第四层 429-431 室（200131）				
投资总额	20 万 USD	电　话	51119757	传　真	51119757
设立日期	2003-3-24	负 责 人	日比和雄		
主营业务	保税区内工业用各类工具的仓储、分拨业务及相关产品的技术服务。				

企业名称	海密斯国际贸易（上海）有限公司				
企业地址	上海市外高桥保税区奥纳路 79 号 1 号楼 2 层 2029 室（200131）				
投资总额	20 万 USD	电　话	53014321	传　真	53015700
设立日期	2003-3-21	负 责 人	ROGER CHANG LIANG HU		
主营业务	国际贸易、转口贸易、保税区企业间的贸易及贸易代理；保税区内商品展示。				

企业名称	快扣（上海）贸易有限公司				
企业地址	上海市外高桥保税区基隆路 6 号 1009 室（200131）				
投资总额	20 万 USD	电　话	51096812	传　真	61139166
设立日期	2003-3-21	负 责 人	MICHAEL SCOTT CARP		
主营业务	国际贸易、转口贸易、保税区企业间的贸易及区内贸易代理。				

企业名称	三与（上海）贸易有限公司				
企业地址	上海市外高桥保税区新灵路 80 号 401 室（200131）				
投资总额	35 万 USD	电　话	62350070	传　真	62350119
设立日期	2003-3-20	负 责 人	MIDORI MIKI 三木绿		
主营业务	国际贸易、转口贸易、保税区企业间的贸易及贸易代理，保税区内商务咨询服务。				

企业名称	三井塑料贸易（上海）有限公司				
企业地址	上海市外高桥保税区杨高北路 2001 号市场商务楼 621 室（200131）				
投资总额	30 万 USD	电　话	62793355	传　真	62895115
设立日期	2003-3-20	负 责 人	下宫尚己		
主营业务	国际贸易、转口贸易、保税区企业间贸易及保税区内企业贸易代理。				

企业名称	上海赛来国际贸易有限公司				
企业地址	上海市外高桥保税区基隆路 1 号 405 室（200131）				
投资总额	20 万 USD	电　话	53081220	传　真	53080636
设立日期	2003-3-20	负 责 人	理查德·阿齐-培肯斯		
主营业务	保税区内以人造饰品、纺织品、婴儿用品、工艺品为主的国际贸易、转口贸易。				

企业名称	晳洋国际贸易（上海）有限公司				
企业地址	上海市外高桥保税区日京路 35 号 9002 室（200131）				
投资总额	20 万 USD	电　话	54510167	传　真	64477513
设立日期	2003-3-20	负 责 人	张资雅		
主营业务	国际贸易、转口贸易、保税区企业间的贸易及区内贸易代理，区内商务咨询服务。				

企业名称	爱科来国际贸易（上海）有限公司				
企业地址	上海市外高桥保税区新灵路 118 号 1002B 室（200122）				
投资总额	20 万 USD	电　话	50812554	传　真	50812684
设立日期	2003-3-20	负 责 人	野野坦正义		
主营业务	以医疗产品为主的国际贸易、保税区企业间的贸易及区内贸易代理。				

企业名称	亚网钢国际贸易（上海）有限公司				
企业地址	上海市外高桥保税区杨高北路 2001 号市场商务楼 505 室				
投资总额	20 万 USD	电　话	52402988	传　真	52402062
设立日期	2003-3-20	负 责 人	姚祖辉		
主营业务	国际贸易、转口贸易、保税区企业间的贸易及贸易代理，保税区内商务咨询服务。				

企业名称	埠士国际贸易（上海）有限公司				
企业地址	上海市外高桥保税区华京路 8 号 741 室（200131）				
投资总额	20 万 USD	电　话	52560977	传　真	62314010
设立日期	2003-3-19	负 责 人	高须雄一郎		
主营业务	国际贸易、转口贸易、保税区企业间的贸易及贸易代理，保税区内商务咨询服务。				

企业名称	丸和（上海）贸易有限公司				
企业地址	上海市外高桥保税区冰克路 500 号 122 室（200131）				
投资总额	20 万 USD	电　话	61453245	传　真	
设立日期	2003-3-19	负 责 人	神户诚		
主营业务	国际贸易、转口贸易、保税区企业间的贸易及贸易代理，区内商务咨询服务。				

企业名称	桑和（上海）国际贸易有限公司				
企业地址	上海市外高桥保税区杨高北路 2005 号新易楼 238 室（200131）				
投资总额	20 万 USD	电　话	62526041	传　真	62131554
设立日期	2003-3-19	负 责 人	竹内基二		
主营业务	国际贸易、转口贸易；保税区企业间的贸易及贸易代理，保税区内商务咨询服务。				

企业名称	安久国际贸易（上海）有限公司				
企业地址	上海市外高桥保税区基隆路 1 号 822 室（200131）				
投资总额	20 万 USD	电　话	58692648	传　真	58692649
设立日期	2003-3-18	负 责 人	欧阳晶		
主营业务	国际贸易、转口贸易、保税区企业间贸易及保税区内贸易代理。				

企业名称	开成兴业（上海）国际贸易有限公司				
企业地址	上海市外高桥保税区加枫路 28 号新康 2 号楼 2203 室（200131）				
投资总额	20 万 USD	电　话	58825010	传　真	58825025
设立日期	2003-3-18	负 责 人	高文茂		
主营业务	国际贸易、转口贸易、保税区企业间的贸易及贸易代理，区内商务咨询服务。				

企业名称	上海仓部贸易有限公司				
企业地址	上海市外高桥保税区冰克路 500 号 424 室（200131）				
投资总额	40 万 USD	电　话	69169091	传　真	69169973
设立日期	2003-3-18	负 责 人	金泽岳信		
主营业务	国际贸易、转口贸易、保税区企业间的贸易及贸易代理，区内商务咨询服务。				

企业名称	新瀚天国际贸易（上海）有限公司				
企业地址	上海市外高桥保税区富特西一路 459 号 310 室（200131）				
投资总额	20 万 USD	电　话	57332355	传　真	
设立日期	2003-3-18	负 责 人	李弘硕		
主营业务	国际贸易、转口贸易、保税区企业间的贸易及区内贸易代理，区内贸易咨询服务。				

企业名称	瑞顾斯贸易（上海）有限公司				
企业地址	上海市外高桥保税区基隆路 1 号 1922 室（200131）				
投资总额	20 万 USD	电　话	54681666	传　真	
设立日期	2003-3-17	负 责 人	安井龙之助		
主营业务	国际贸易、转口贸易、保税区企业间的贸易及贸易代理，区内贸易咨询服务。				

企业名称	精工时计贸易（上海）有限公司				
企业地址	上海市外高桥保税区新灵路 80 号 407 室（200131）				
投资总额	50 万 USD	电　话	62891333	传　真	62896880
设立日期	2003-3-14	负 责 人	明石宏幸		
主营业务	保税区内以钟表为主国际贸易、转口贸易、保税区企业间的贸易及贸易代理。				

企业名称	维他坊（上海）国际贸易有限公司				
企业地址	上海市外高桥保税区基隆路 1 号 2117 室（200131）				
投资总额	20 万 USD	电　话	50570188	传　真	50570188
设立日期	2003-3-14	负 责 人	周　晟		
主营业务	国际贸易、转口贸易、保税区企业间的贸易及区内贸易代理。				

企业名称	环捷国际贸易（上海）有限公司				
企业地址	上海市外高桥保税区基隆路 1 号 1512 室（200131）				
投资总额	20 万 USD	电　话	64862626	传　真	64878102
设立日期	2003-3-14	负 责 人	KWONG HON LIU		
主营业务	国际贸易、转口贸易、保税区企业间的贸易及区内贸易代理；区内商务咨询服务。				

企业名称	美正国际贸易（上海）有限公司				
企业地址	上海市外高桥保税区日京路 35 号凯兴楼 1242 室（200131）				
投资总额	20 万 USD	电　话	64064227	传　真	64064243
设立日期	2003-3-14	负 责 人	翟所强		
主营业务	国际贸易、转口贸易、保税区企业间的贸易及区内贸易代理，区内商务咨询服务。				

企业名称	鲍利葛国际贸易（上海）有限公司				
企业地址	上海市外高桥保税区杨高北路 2005 号新易楼 234 室（200131）				
投资总额	20 万 USD	电　话	62181190	传　真	62183731
设立日期	2003-3-13	负 责 人	PETER GRAVERSEN		
主营业务	国际贸易、转口贸易、保税区企业间的贸易及贸易代理；区内商务咨询服务。				

企业名称	全统国际贸易（上海）有限公司				
企业地址	上海市外高桥保税区富特北路 201 号 317 室（200131）				
投资总额	20 万 USD	电　话	53010910	传　真	63041012
设立日期	2003-3-13	负 责 人	宋同庆		
主营业务	国际贸易、转口贸易、保税区内企业间的贸易及贸易代理；区内商业性简单加工。				

企业名称	达壹起国际贸易（上海）有限公司				
企业地址	上海市外高桥保税区基隆路1号1214室（200131）				
投资总额	20万USD	电话	63523555	传真	63520333
设立日期	2003-3-13	负责人	秋山悦郎		
主营业务	国际贸易、转口贸易、保税区企业间的贸易及贸易代理；区内商务咨询服务。				

企业名称	凯环国际贸易（上海）有限公司				
企业地址	上海市外高桥保税区泰谷路169号1006室（200131）				
投资总额	20万USD	电话	50311707	传真	50310952
设立日期	2003-3-13	负责人	程雅凤		
主营业务	国际贸易、转口贸易、保税区企业间的贸易及贸易代理；区内贸易咨询服务。				

企业名称	乐兰（上海）贸易有限公司				
企业地址	上海市外高桥保税区基隆路1号2105室（200131）				
投资总额	50万USD	电话	62497766	传真	62490110
设立日期	2003-3-13	负责人	AOSHIMA TAKEHIDE		
主营业务	国际贸易、转口贸易、区内企业间的贸易及贸易代理；区内商品展示。				

企业名称	奥麒国际贸易（上海）有限公司				
企业地址	上海市外高桥保税区基隆路1号2027室（200131）				
投资总额	20万USD	电话	52370811	传真	
设立日期	2003-3-10	负责人	LI XIAOHU		
主营业务	国际贸易、转口贸易、保税区企业间的贸易及贸易代理；区内商务咨询服务。				

企业名称	优迪西电子贸易（上海）有限公司				
企业地址	上海市外高桥保税区基隆路6号1113室（200131）				
投资总额	30万USD	电话	53860900	传真	53064929
设立日期	2003-3-10	负责人	乡桂一郎		
主营业务	国际贸易、转口贸易、保税区企业间的贸易及贸易代理，区内商业性简单加工。				

企业名称	倍律国际贸易（上海）有限公司				
企业地址	上海市外高桥保税区基隆路1号1205室（200131）				
投资总额	20万USD	电话	67642975	传真	67642982
设立日期	2003-3-10	负责人	张清云		
主营业务	国际贸易、转口贸易、保税区内企业间贸易及保税区内贸易代理；区内商务咨询。				

企业名称	冉德国际贸易（上海）有限公司				
企业地址	上海市外高桥保税区基隆路1号428室（200131）				
投资总额	20万USD	电话	67685080	传真	67685081
设立日期	2003-3-10	负责人	郑泰兴		
主营业务	国际贸易、转口贸易、保税区企业间的贸易及保税区内贸易代理，区内商务咨询。				

企业名称	强晶化学贸易（上海）有限公司				
企业地址	上海市外高桥保税区基隆路6号1006室（200131）				
投资总额	20万USD	电话	58692800	传真	58692622
设立日期	2003-3-10	负责人	PHILIP A CHIN		
主营业务	国际贸易、转口贸易、保税区企业间的贸易及区内贸易代理；区内商务咨询。				

企业名称	讯程国际贸易（上海）有限公司				
企业地址	上海市外高桥保税区泰谷路169号A座904室（200120）				
投资总额	20万USD	电话	58821316	传真	58821312
设立日期	2003-3-7	负责人	蔡振鸿		
主营业务	国际贸易、转口贸易、保税区企业间的贸易及区内贸易代理；区内贸易咨询服务。				

企业名称	亦普（上海）包装技术有限公司				
企业地址	上海市外高桥保税区冰克路500号518室（200131）				
投资总额	20万USD	电话	62834675	传真	62834676
设立日期	2003-3-7	负责人	斎藤光资		
主营业务	以包装材料、包装设备为主的国际贸易、转口贸易、保税区企业间的贸易。				

企业名称	宝万国际贸易（上海）有限公司				
企业地址	上海市外高桥保税区新灵路118号708B室（200131）				
投资总额	20万USD	电话	64403193	传真	64403479
设立日期	2003-3-7	负责人	许永雄		
主营业务	国际贸易、转口贸易、保税区企业间的贸易及贸易代理；区内商务咨询服务。				

企业名称	伯堅益岚国际贸易（上海）有限公司				
企业地址	上海市外高桥保税区基隆路1号517室（200131）				
投资总额	20万USD	电话	54235808	传真	54235029
设立日期	2003-3-7	负责人	蔡雅怡		
主营业务	国际贸易、转口贸易、保税区企业间的贸易及区内贸易代理；区内商务咨询服务。				

企业名称	玛茹哈电机贸易（上海）有限公司				
企业地址	上海市外高桥保税区基隆路6号918室（200131）				
投资总额	20万USD	电话	54666161	传真	54662077
设立日期	2003-3-7	负责人	棚村良博		
主营业务	国际贸易、转口贸易、保税区内企业间的贸易、贸易代理及贸易咨询服务。				

企业名称	西铁城（上海）贸易有限公司				
企业地址	上海市外高桥保税区加枫路28号2402室（200131）				
投资总额	20万USD	电话	63343293	传真	63343298
设立日期	2003-3-7	负责人	YAGASAKI TAKAO		
主营业务	国际贸易、转口贸易、保税区内企业间的贸易及贸易代理；区内商务咨询服务。				

企业名称	展基国际贸易（上海）有限公司				
企业地址	上海市外高桥保税区英伦路38号312室（200131）				
投资总额	149万USD	电话	52895533	传真	52895335
设立日期	2003-3-5	负责人	刘学欣		
主营业务	国际贸易、转口贸易、保税区企业间贸易及贸易代理，区内贸易咨询服务。				

企业名称	维易科精密仪器国际贸易（上海）有限公司				
企业地址	上海市外高桥保税区华申路180号综合楼第4层401B部位（201206）				
投资总额	20万USD	电话	68866186	传真	68866186
设立日期	2003-3-5	负责人	EDWARD HOWARD BRAU		
主营业务	保税区内精密仪器为主的测量和加工设备及其相关产品的仓储、分拨业务。				

企业名称	西希埃（上海）阀门有限公司				
企业地址	上海市外高桥保税区泰谷路205号第三层K1部位（200131）				
投资总额	20万USD	电话	61636550	传真	61636510
设立日期	2003-3-5	负责人	JOHN STEELE		
主营业务	保税区内以阀门、阀门驱动装置及控制系统为主的仓储、展示业务。				

企业名称	敦利贸易（上海）有限公司				
企业地址	上海市外高桥保税区泰谷路169号A702室（200131）				
投资总额	20万USD	电话	51756820	传真	32120680
设立日期	2003-3-4	负责人	伍仲贤		
主营业务	国际贸易、转口贸易、保税区企业间的贸易及区内贸易代理；区内贸易咨询服务。				

企业名称	林与黄仪器国际贸易（上海）有限公司				
企业地址	上海市外高桥保税区杨高北路2005号新易楼224室（200131）				
投资总额	20万USD	电话	50588726	传真	50588727
设立日期	2003-3-4	负责人	林建立		
主营业务	国际贸易、转口贸易、保税区企业间的贸易及贸易代理；区内商业性简单加工。				

企业名称	捷成汽车国际贸易（上海）有限公司				
企业地址	上海市外高桥保税区富特西一路459号B305室（200131）				
投资总额	80万USD	电话	63608856	传真	
设立日期	2003-3-4	负责人	LARS PETERSEN		
主营业务	国际贸易、转口贸易、保税区内企业间的贸易及贸易代理				

企业名称	圣戈班伟伯国际贸易（上海）有限公司				
企业地址	上海市外高桥保税区台中南路2号新贸楼118室（200131）				
投资总额	20万USD	电话	63618039	传真	
设立日期	2003-3-4	负责人	BALAZS BOKOR		
主营业务	国际贸易、转口贸易、保税区内贸易及贸易代理；保税区内贸易咨询服务。				

企业名称	协祐（上海）国际贸易有限公司				
企业地址	上海市外高桥保税区新灵路118号1805室（200131）				
投资总额	20万USD	电话	50460982	传真	50461942
设立日期	2003-3-4	负责人	陈瑞融		
主营业务	国际贸易、转口贸易、保税区内企业间的贸易及贸易代理；区内贸易咨询服务。				

企业名称	纪伊国国际贸易（上海）有限公司				
企业地址	上海市外高桥保税区奥纳路55号1号楼7层B部位（200131）				
投资总额	20万USD	电话	33051801	传真	63774876
设立日期	2003-3-4	负责人	陈基山		
主营业务	国际贸易、转口贸易、保税区企业间的贸易及贸易代理；保税区内商务咨询服务。				

企业名称	普乐材料贸易（上海）有限公司				
企业地址	上海市外高桥保税区英伦路38号105室（200131）				
投资总额	50万USD	电话	52588606	传真	52588590
设立日期	2003-3-4	负责人	塩見俊章		
主营业务	国际贸易、转口贸易、保税区企业间的贸易及区内贸易代理；区内商务咨询服务。				

企业名称	幸登贸易（上海）有限公司				
企业地址	上海市外高桥保税区冰克路500号307室（200131）				
投资总额	20万USD	电　话	68605118	传　真	58353934
设立日期	2003-3-4	负责人	许敬灯		
主营业务	国际贸易、转口贸易、保税区企业间的贸易及贸易代理；保税区内商务咨询服务。				

企业名称	网屏印刷器材（上海）有限公司				
企业地址	上海市外高桥保税区富特西一路155号B楼第五层B部位（200131）				
投资总额	20万USD	电　话	64664501	传　真	
设立日期	2003-3-4	负责人	奥西哲也		
主营业务	保税区内以媒体高科技印刷系统产品及零配件为主的仓储、分拨业务。				

企业名称	八怡山国际贸易（上海）有限公司				
企业地址	上海市外高桥富特西一路439号01号楼303室（200131）				
投资总额	200万USD	电　话	54484035	传　真	54484031
设立日期	2003-3-4	负责人	金成龙		
主营业务	国际贸易、转口贸易、保税区企业间的贸易及贸易代理；区内商业性简单加工。				

企业名称	上海昭和化学品有限公司				
企业地址	上海市外高桥保税区基隆路1号1120室（200122）				
投资总额	30万USD	电　话	68419709	传　真	50814393
设立日期	2003-3-4	负责人	田中耕太郎		
主营业务	国际贸易、转口贸易、区内企业间的贸易及贸易代理；区内商业性简单加工。				

企业名称	创库国际贸易（上海）有限公司				
企业地址	上海市外高桥保税区基隆路6号1025室（200131）				
投资总额	20万USD	电　话	64374429	传　真	64450811
设立日期	2003-3-4	负责人	邓伟林		
主营业务	国际贸易、转口贸易、保税区内企业间的贸易及区内贸易代理。				

企业名称	宝文长野（上海）贸易有限公司				
企业地址	上海市外高桥保税区基隆路6号1128室（200131）				
投资总额	20万USD	电　话	64893491	传　真	64890385
设立日期	2003-2-28	负责人	HASEGAWA MASAMI		
主营业务	国际贸易、转口贸易、保税区企业间的贸易及贸易代理；区内商业性简单加工。				

企业名称	上海世宗贸易有限公司				
企业地址	上海市外高桥保税区基隆路1号910-1室（200131）				
投资总额	20万USD	电　话	68761453	传　真	68549095
设立日期	2003-2-28	负责人	KUN PARK		
主营业务	国际贸易、转口贸易、保税区企业间的贸易及保税区内贸易代理。				

企业名称	颖出国际贸易（上海）有限公司				
企业地址	上海市外高桥保税区华京路8号313室（200131）				
投资总额	100万USD	电　话	52137827	传　真	52137800
设立日期	2003-2-28	负责人	金盛钧		
主营业务	国际贸易、转口贸易、保税区企业间的贸易及区内贸易代理；区内贸易咨询服务。				

企业名称	达维国际贸易（上海）有限公司				
企业地址	上海市外高桥保税区新灵路118号911室（200131）				
投资总额	30万USD	电　话	50460820	传　真	50461783
设立日期	2003-2-28	负责人	王秀瑜		
主营业务	国际贸易、转口贸易、保税区企业间的贸易及贸易代理，保税区内商务咨询服务。				

企业名称	吉明美国际贸易（上海）有限公司				
企业地址	上海市外高桥保税区富特西一路289号A429-430室（200131）				
投资总额	20万USD	电　话	33505807	传　真	33504827
设立日期	2003-2-28	负责人	黄南国		
主营业务	国际贸易、转口贸易、保税区企业间的贸易及贸易代理；保税区商务咨询服务。				

企业名称	上海开滋国际贸易有限公司				
企业地址	上海市漕溪北路1200号华亭宾馆5004室（200030）				
投资总额	20万USD	电　话	64391249	传　真	64391257
设立日期	2003-2-28	负责人	内藤和广		
主营业务	国际贸易、转口贸易、保税区企业间的贸易及贸易代理；区内贸易咨询服务。				

企业名称	玮尔信国际贸易（上海）有限公司				
企业地址	上海市外高桥保税区基隆路1号1110-2室（200131）				
投资总额	20万USD	电　话	68769031	传　真	
设立日期	2003-2-28	负责人	杨天源		
主营业务	国际贸易、转口贸易、保税区企业间的贸易及贸易代理，区内商业性简单加工。				

企业名称	积美时国际贸易（上海）有限公司				
企业地址	上海市外高桥保税区基隆路6号523室（200131）				
投资总额	20万USD	电　话	65353558	传　真	65125343
设立日期	2003-2-28	负责人	KWOK JIMMY NGOK WING		
主营业务	国际贸易、转口贸易、保税区企业间贸易及区内贸易代理。				

企业名称	日电产（上海）国际贸易有限公司				
企业地址	上海市外高桥保税区新灵路118号312B室（200131）				
投资总额	20万USD	电　话	64690077	传　真	64410878
设立日期	2003-2-26	负责人	服部诚一		
主营业务	国际贸易、转口贸易、保税区企业间的贸易及保税区内贸易代理。				

企业名称	上海沪嘉讯网络技术有限公司				
企业地址	上海市外高桥保税区泰谷路169号312室（200131）				
投资总额	20万USD	电　话	51538691	传　真	51538666
设立日期	2003-2-26	负责人	詹璧嘉		
主营业务	开发、制作通信系统、办公自动化软件、音视工程软件、电话交换机软件。				

企业名称	金宝汤贸易（上海）有限公司				
企业地址	上海市外高桥保税区基隆路6号608室（200131）				
投资总额	20万USD	电　话	58662293	传　真	58662293
设立日期	2003-2-26	负责人	IAN DAVID SMITH		
主营业务	国际贸易、转口贸易、保税区企业间的贸易及区内贸易代理。				

企业名称	艾狄西物流（上海）有限公司				
企业地址	上海市外高桥保税区巴圣路360号22#厂房第一层柱部位（200131）				
投资总额	20万USD	电　话	61132000	传　真	61133199
设立日期	2003-2-26	负责人	ROBERT M. BARTLETT		
主营业务	保税区内物流仓储业务及机械、五金、电子产品为主的分拨业务。				

企业名称	上海博力导国际贸易有限公司				
企业地址	上海市外高桥保税区新灵路118号703B室（200131）				
投资总额	37.98万USD	电　话	36160975	传　真	36160876
设立日期	2003-2-21	负责人	贺贤汉		
主营业务	国际贸易、转口贸易、保税区内企业间的贸易及贸易代理。				

企业名称	来能国际贸易（上海）有限公司				
企业地址	上海市外高桥保税区基隆路6号922室（200131）				
投资总额	20万USD	电　话	68879888	传　真	58825338
设立日期	2003-2-21	负责人	BANGA HARINDARPAL		
主营业务	国际贸易、转口贸易、保税区内企业间的贸易及区内贸易代理。				

企业名称	浜井电子贸易（上海）有限公司				
企业地址	上海市外高桥保税区冰克路500号428室（200131）				
投资总额	20万USD	电　话	63613703	传　真	63613704
设立日期	2003-2-21	负责人	浜井佑之		
主营业务	国际贸易、转口贸易、保税区企业间的贸易及区内贸易代理；区内商品展示。				

企业名称	菱庆材料（上海）贸易有限公司				
企业地址	上海市外高桥保税区富特西一路289号B309室（200131）				
投资总额	30万USD	电　话	62472951	传　真	62472945
设立日期	2003-2-20	负责人	上原伸一		
主营业务	国际贸易、转口贸易、保税区企业间的贸易及贸易代理。				

企业名称	昂协国际贸易（上海）有限公司				
企业地址	上海市外高桥保税区英伦路38号408室（200131）				
投资总额	20万USD	电　话	63668560	传　真	
设立日期	2003-2-20	负责人	ONG KAH HUI		
主营业务	国际贸易、转口贸易、保税区企业间的贸易及贸易代理；区内商业性简单加工。				

企业名称	科理达国际贸易（上海）有限公司				
企业地址	上海市外高桥保税区新灵路118号603B室（200131）				
投资总额	20万USD	电　话	50461100	传　真	50461450
设立日期	2003-2-20	负责人	陈丽萍		
主营业务	国际贸易、转口贸易、保税区内企业间的贸易及区内贸易代理。				

企业名称	卡西欧（上海）贸易有限公司				
企业地址	上海市外高桥保税区泰谷路88号711室（200131）				
投资总额	100万USD	电　话	32174898	传　真	32174890
设立日期	2003-2-20	负责人	深濑治则		
主营业务	保税区内以电子计算器、电子文具、电子笔记本、液晶电视为主的国际贸易。				

企业名称	富士丽佳医疗器（上海）贸易有限公司				
企业地址	上海市外高桥保税区加枫路17号新发展综合楼2层219室（200122）				
投资总额	20万USD	电　　话	58368089	传　　真	58368083
设立日期	2003-2-19	负责人	藤本信一郎		
主营业务	保税区内以按摩椅、体汗机、气压床垫等保健健康器械为主的仓储业务。				

企业名称	广炫行国际贸易（上海）有限公司				
企业地址	上海市外高桥保税区冰克路500号609室（200131）				
投资总额	20万USD	电　　话	64263338	传　　真	64262113
设立日期	2003-2-18	负责人	卢伟民		
主营业务	国际贸易、转口贸易、保税区企业间的贸易及区内贸易代理。				

企业名称	曼京国际贸易（上海）有限公司				
企业地址	上海市外高桥保税区冰克路500号302室（200131）				
投资总额	20万USD	电　　话	52080136	传　　真	52080138
设立日期	2003-2-18	负责人	小林弘		
主营业务	国际贸易、转口贸易、保税区企业间的贸易及贸易代理。				

企业名称	蔼科颂（上海）化工产品有限公司				
企业地址	上海市外高桥保税区基隆路1号724-1室（200131）				
投资总额	20万USD	电　　话	58683035	传　　真	58682601
设立日期	2003-2-14	负责人	LIONEL JEAN PUGET		
主营业务	国际贸易、转口贸易、保税区企业间贸易及保税区内贸易代理。				

企业名称	上海明腾贸易有限公司				
企业地址	上海市浦东新区外高桥保税区冰克路500号426室（200131）				
投资总额	20万USD	电　　话	54792100	传　　真	54792100
设立日期	2003-2-14	负责人	陈世荣		
主营业务	国际贸易、转口贸易、保税区企业间的贸易及贸易代理；区内商业性简单加工。				

企业名称	德利多富信息系统（上海）有限公司				
企业地址	上海市外高桥保税区富特中路299号45#楼底层A部位（200131）				
投资总额	210万USD	电　　话	38719689	传　　真	50461625
设立日期	2003-2-12	负责人	ECKARD HEIDLOFF		
主营业务	研究、设计、开发和制造零售业及银行系统信息技术相关的设备。				

企业名称	川荣（上海）国际贸易有限公司				
企业地址	上海市外高桥保税区新灵路118号1715A室（200131）				
投资总额	20万USD	电　　话	53960278	传　　真	
设立日期	2003-2-12	负责人	刘子钦		
主营业务	国际贸易、转口贸易、保税区企业间的贸易及贸易代理；保税区内商务咨询服务。				

企业名称	英斯特朗（上海）试验设备贸易有限公司				
企业地址	上海市外高桥保税区华京路8号315室（200131）				
投资总额	20万USD	电　　话	62158568	传　　真	62150261
设立日期	2003-2-12	负责人	NORMAN L. A. SMITH		
主营业务	国际贸易、转口贸易、保税区企业间的贸易及区内贸易代理。				

企业名称	鼎瞻国际贸易（上海）有限公司				
企业地址	上海市外高桥保税区英伦路38号308室（200131）				
投资总额	20万USD	电　　话	50484267	传　　真	58698600
设立日期	2003-2-11	负责人	郭承和		
主营业务	国际贸易、转口贸易、保税区企业间的贸易及区内贸易代理；区内贸易咨询服务。				

企业名称	上海扬雅国际贸易有限公司				
企业地址	上海市外高桥保税区加枫路28号306室（200131）				
投资总额	30万USD	电　　话	62550056	传　　真	62587187
设立日期	2003-2-11	负责人	杨世沛		
主营业务	国际贸易、转口贸易、保税区企业间的贸易及贸易代理；区内商业性简单加工。				

企业名称	霍克国际贸易（上海）有限公司				
企业地址	上海市外高桥保税区英伦路38号531室（200131）				
投资总额	20万USD	电　　话	50484267	传　　真	50484267
设立日期	2003-2-11	负责人	JEFFREY H BERLIN		
主营业务	国际贸易、转口贸易、保税区企业间的贸易，保税区商务咨询。				

企业名称	尼科信息技术（上海）有限公司				
企业地址	上海市外高桥保税区基隆路1号1622室（200131）				
投资总额	20万USD	电　　话	58824738	传　　真	58824738
设立日期	2003-2-11	负责人	丘智台		
主营业务	研究、设计开发、制作计算机及智能控制系统软件，提供计算机系统集成的设计。				

企业名称	科倍隆国际贸易（上海）有限公司				
企业地址	上海市外高桥保税区基隆路1号1122室（200131）				
投资总额	20万USD	电　　话	57637859	传　　真	57637862
设立日期	2003-2-10	负责人	HOFSTETTER ALFRED		
主营业务	国际贸易、转口贸易、保税区企业间的贸易及贸易代理；区内商业性简单加工。				

企业名称	蒙耐尔国际贸易（上海）有限公司				
企业地址	上海市外高桥保税区台中南路2号新贸楼101室（200131）				
投资总额	20万USD	电　　话	50484371	传　　真	50484269
设立日期	2003-2-10	负责人	吴戈文		
主营业务	国际贸易、转口贸易、保税区企业间的贸易及贸易代理。				

企业名称	六发（上海）国际贸易有限公司				
企业地址	上海市外高桥保税区新灵路118号312室（200131）				
投资总额	20万USD	电　　话	65650830	传　　真	
设立日期	2003-2-8	负责人	颜宇河		
主营业务	国际贸易、转口贸易、保税区企业间的贸易及贸易代理；区内商业性简单加工。				

企业名称	赛利亚（上海）国际贸易有限公司				
企业地址	上海市外高桥保税区华京路8号317室（200131）				
投资总额	28万USD	电　　话	62370133	传　　真	62370135
设立日期	2003-2-8	负责人	河合规雄		
主营业务	国际贸易、转口贸易、保税区企业间的贸易及贸易代理；区内商业性简单加工。				

企业名称	环能动力设备（上海）贸易有限公司				
企业地址	上海市外高桥保税区加太路29号1号楼第二层A部位（200131）				
投资总额	20万USD	电　　话	62524566	传　　真	62524566
设立日期	2003-1-30	负责人	苏倬峰		
主营业务	国际贸易、转口贸易、保税区企业间的贸易及贸易代理；区内商业性简单加工。				

企业名称	上海河拓克贸易有限公司				
企业地址	上海市外高桥保税区马吉路28号东华金融大厦2108室（200131）				
投资总额	20万USD	电　　话	58403761	传　　真	58403762
设立日期	2003-1-29	负责人	今村阳一		
主营业务	国际贸易、转口贸易、区内企业间的贸易及贸易代理。				

企业名称	益登（上海）国际贸易有限公司				
企业地址	上海市外高桥保税区冰克路500号219室（200131）				
投资总额	100万USD	电　　话	62372233	传　　真	62372467
设立日期	2003-1-29	负责人	詹丽燕		
主营业务	国际贸易、转口贸易、保税区企业间的贸易及贸易代理；区内商业性简单加工。				

企业名称	恩益禧印刷制品贸易（上海）有限公司				
企业地址	上海市外高桥保税区基隆路1号1506室（200131）				
投资总额	45万USD	电　　话	63350283	传　　真	63350253
设立日期	2003-1-29	负责人	深泽徹		
主营业务	国际贸易、转口贸易、保税区企业间的贸易及贸易咨询和贸易代理。				

企业名称	上海共荣泓明仓储服务有限公司				
企业地址	上海市外高桥保税区富特西一路99号一号楼东楼1-6层（200131）				
投资总额	40万USD	电　　话	58682355	传　　真	58682167
设立日期	2003-1-28	负责人	石原幸造		
主营业务	保税区内仓储、物流业务及纺织品分拨业务和售后服务；国际贸易、转口贸易。				

企业名称	吉钧国际贸易（上海）有限公司				
企业地址	上海市外高桥保税区美盛路56号4号楼214室（200131）				
投资总额	20万USD	电　　话	54085469	传　　真	54110562
设立日期	2003-12-8	负责人	叶清昌		
主营业务	国际贸易、转口贸易、保税区企业间的贸易及贸易代理；区内贸易咨询服务。				

企业名称	三丽鸥（上海）国际贸易有限公司				
企业地址	上海市外高桥保税区英伦路38号530室（200131）				
投资总额	20万USD	电　　话	62553355	传　　真	52131778
设立日期	2003-1-28	负责人	辻邦彦		
主营业务	国际贸易、转口贸易、保税区企业间的贸易及贸易代理；保税区内商务咨询服务。				

企业名称	上海厚冠国际贸易有限公司				
企业地址	上海市外高桥保税区日京路35号凯兴大楼1035室（200131）				
投资总额	20万USD	电　　话	58360011	传　　真	58360022
设立日期	2003-12-8	负责人	陈郑月娇		
主营业务	国际贸易、转口贸易、保税区企业间的贸易及贸易代理；区内商务咨询服务。				

批发和零售贸易业

企业名称	艾丽思谭伟事达国际贸易（上海）有限公司				
企业地址	上海市外高桥保税区英伦路 38 号 310 室（200131）				
投资总额	30 万 USD	电　话	64825227	传　真	64081460
设立日期	2003-1-28	负责人	谭慕颜		
主营业务	国际贸易、转口贸易、保税区企业间的贸易及贸易代理；保税区内商务咨询服务。				

企业名称	金米勒电气贸易（上海）有限公司				
企业地址	上海市外高桥保税区新灵路 118 号 1711 室（200131）				
投资总额	20 万 USD	电　话	50461330	传　真	50463159
设立日期	2003-1-28	负责人	伯恩哈德·米勒		
主营业务	以电气产品为主的国际贸易、转口贸易、保税区企业间的贸易及贸易代理。				

企业名称	科丝发国际贸易（上海）有限公司				
企业地址	上海市外高桥保税区新灵路 118 号 909 室（200131）				
投资总额	30 万 USD	电　话	64454284	传　真	64456407
设立日期	2003-1-28	负责人	岩濑健治		
主营业务	国际贸易、转口贸易、保税区企业间的贸易及贸易代理；保税区内商务咨询服务。				

企业名称	礼汇国际贸易（上海）有限公司				
企业地址	上海市外高桥保税区富特西一路 139 号 1426 室（200131）				
投资总额	20 万 USD	电　话	64437722	传　真	
设立日期	2003-1-28	负责人	GERARDUS VAN DER WERFF		
主营业务	国际贸易、转口贸易、保税区企业间的贸易及区内贸易代理；保税区内商品展示。				

企业名称	美拓国际贸易（上海）有限公司				
企业地址	上海市外高桥保税区冰克路 500 号 618 室（200131）				
投资总额	20 万 USD	电　话	60860680	传　真	34240870
设立日期	2003-1-28	负责人	詹志伟		
主营业务	国际贸易、转口贸易、保税区企业间的贸易及贸易代理；保税区内贸易咨询服务。				

企业名称	波西国际贸易（上海）有限公司				
企业地址	上海市外高桥保税区富特西一路 139 号 926 室（200131）				
投资总额	20 万 USD	电　话	65757369	传　真	65757359
设立日期	2003-1-24	负责人	DR BO YIXIAN		
主营业务	国际贸易、转口贸易、保税区企业间的贸易及区内贸易代理；区内贸易咨询服务。				

企业名称	上海光雄国际贸易有限公司				
企业地址	上海市外高桥保税区英伦路 38 号 632 室（200131）				
投资总额	20 万 USD	电　话	64277910	传　真	54247470
设立日期	2003-1-24	负责人	郭秀敏		
主营业务	国际贸易、转口贸易、保税区企业间的贸易及贸易代理；保税区内商务咨询服务。				

企业名称	上海秀懋国际贸易有限公司				
企业地址	上海市外高桥保税区华京路 8 号 309 室（200131）				
投资总额	20 万 USD	电　话	57668376	传　真	57668389
设立日期	2003-1-24	负责人	郭　博		
主营业务	国际贸易、转口贸易、保税区企业间的贸易及贸易代理；区内商业性简单加工。				

企业名称	佐川印刷（上海）贸易有限公司				
企业地址	上海市外高桥保税区杨高北路 2005 号新兴楼三层 334 室（200131）				
投资总额	20 万 USD	电　话	62786381	传　真	62786383
设立日期	2003-1-24	负责人	木下宗昭		
主营业务	国际贸易、转口贸易、保税区企业间贸易及区内贸易代理；区内贸易咨询服务。				

企业名称	元艺坊国际贸易（上海）有限公司				
企业地址	上海市外高桥保税区基隆路 1 号 1603 室（200131）				
投资总额	20 万 USD	电　话	63910333	传　真	
设立日期	2003-1-23	负责人	刘伟杰		
主营业务	国际贸易、转口贸易、保税区企业间的贸易及贸易代理，保税区内商务咨询服务。				

企业名称	日制钢塑料机贸易（上海）有限公司				
企业地址	上海市外高桥保税区华京路 8 号 617 室（200131）				
投资总额	30 万 USD	电　话	52067031	传　真	52067033
设立日期	2003-1-22	负责人	川内健		
主营业务	国际贸易、转口贸易、保税区企业间的贸易及贸易代理；保税区内商务咨询服务。				

企业名称	安森美半导体贸易（上海）有限公司				
企业地址	上海市外高桥保税区英伦路 38 号 422 室（200131）				
投资总额	35 万 USD	电　话	51317168	传　真	51317128
设立日期	2003-1-22	负责人	张　帆		
主营业务	国际贸易、转口贸易、保税区企业间的贸易及区内贸易代理；区内商务咨询服务。				

企业名称	上海霆鸿国际贸易有限公司				
企业地址	上海市外高桥保税区日京路 35 号 1241 室（200131）				
投资总额	20 万 USD	电　话	59108729	传　真	50484269
设立日期	2003-1-22	负责人	蔡智慧		
主营业务	国际贸易、转口贸易、保税区企业间的贸易及贸易代理；区内商业性简单加工。				

企业名称	威刚电子（上海）贸易有限公司				
企业地址	上海市外高桥保税区新灵路 118 号 1706B 室（200131）				
投资总额	40 万 USD	电　话	62196716	传　真	62196904
设立日期	2003-1-22	负责人	陈玲娟		
主营业务	国际贸易、转口贸易、保税区企业间的贸易及贸易代理；区内商务咨询服务。				

企业名称	奔迈（上海）国际贸易有限公司				
企业地址	上海市外高桥保税区基隆路 6 号 915 室（200131）				
投资总额	20 万 USD	电　话	50366350	传　真	68765028
设立日期	2003-1-21	负责人	HARRIS JR ROBERT		
主营业务	国际贸易、转口贸易、保税区企业间的贸易及区内贸易代理。				

企业名称	黑崎播磨（上海）国际贸易有限公司				
企业地址	上海市外高桥保税区冰克路 500 号 422 室（200131）				
投资总额	20 万 USD	电　话	51017598	传　真	51017568
设立日期	2003-1-21	负责人	余仲达		
主营业务	向黑崎播磨集团企业和其他企业提供有关中国业务的管理，区内商务咨询服务。				

企业名称	吉迩特（上海）国际贸易有限公司				
企业地址	上海市外高桥保税区华京路 8 号 806 室（200131）				
投资总额	80 万 USD	电　话	64156780	传　真	64156385
设立日期	2003-1-21	负责人	久保田则比古		
主营业务	国际贸易、转口贸易、保税区企业间的贸易及贸易代理；区内商务咨询服务。				

企业名称	赞英国际贸易（上海）有限公司				
企业地址	上海市外高桥保税区新灵路 106 号 2 号楼 114 室（200131）				
投资总额	20 万 USD	电　话	62112121	传　真	62112220
设立日期	2003-1-21	负责人	山本和人		
主营业务	国际贸易、转口贸易、保税区企业间的贸易及区内贸易代理；区内商务咨询服务。				

企业名称	凯明斯德（上海）科技贸易有限公司				
企业地址	上海市外高桥保税区冰克路 500 号 102 室（200120）				
投资总额	20 万 USD	电　话	64177646	传　真	
设立日期	2003-1-21	负责人	PAUL CHAO－BOU CHO		
主营业务	国际贸易、转口贸易、保税区企业间的贸易及贸易代理；区内商业性简单加工。				

企业名称	上海金卓国际贸易有限公司				
企业地址	上海市外高桥保税区日京路 35 号凯兴大楼 1125 室（200131）				
投资总额	20 万 USD	电　话	64985218	传　真	64927050
设立日期	2003-1-21	负责人	韩梦君		
主营业务	国际贸易、转口贸易、保税区企业间的贸易及贸易代理；区内商务咨询服务。				

企业名称	艾维贝国际贸易（上海）有限公司				
企业地址	上海市外高桥保税区新灵路 118 号 811B 室（200131）				
投资总额	20 万 USD	电　话	54225317	传　真	
设立日期	2003-1-20	负责人	STEVEN　J　SPALDING		
主营业务	国际贸易、转口贸易、保税区企业间的贸易及贸易代理；区内贸易咨询服务。				

企业名称	承席贸易（上海）有限公司				
企业地址	上海市外高桥保税区冰克路 500 号 412 室（200131）				
投资总额	20 万 USD	电　话	51759000	传　真	51759090
设立日期	2003-1-16	负责人	郑天泰		
主营业务	国际贸易、转口贸易、保税区企业间贸易及贸易代理；保税区内商务咨询服务。				

企业名称	激声博韵（上海）乐器贸易有限公司				
企业地址	上海市外高桥保税区台中南路 2 号新贸楼 130 室（200131）				
投资总额	20 万 USD	电　话	51168490	传　真	51168499
设立日期	2003-1-16	负责人	HENRY E. JUSZKIEWICZ		
主营业务	国际贸易、转口贸易、保税区内企业间的贸易及贸易代理；区内商务咨询服务。				

企业名称	上海欧美大地国际贸易有限公司				
企业地址	上海市外高桥保税区日京路 35 号 1124 室（200131）				
投资总额	20 万 USD	电　话	58219850	传　真	58211778
设立日期	2003-1-16	负责人	高　峰		
主营业务	国际贸易、转口贸易、保税区企业间的贸易及区内贸易代理；区内商务咨询服务。				

企业名称	乐金飞利浦液晶显示贸易（上海）有限公司				
企业地址	上海市外高桥保税区马吉路 28 号 2110B 室（200131）				
投资总额	50 万 USD	电　话	52416633	传　真	52417366
设立日期	2003-1-16	负 责 人	BYUNG SOO KIM		
主营业务	国际贸易、转口贸易、保税区企业间的贸易及贸易代理；保税区内商务咨询服务。				

企业名称	华冠手表（上海）有限公司				
企业地址	上海市外高桥保税区基隆路 6 号 1405 室（200131）				
投资总额	250 万 USD	电　话	53965777	传　真	53966887
设立日期	2003-1-16	负 责 人	ARMIN ANTON DIETHELM		
主营业务	保税区内以钟表及相关的附件和零部件为主的仓储、分拨业务。				

企业名称	舒茨国际贸易（上海）有限公司				
企业地址	上海市外高桥保税区英伦路 38 号 501 室（200131）				
投资总额	20 万欧元	电　话	67120777	传　真	67121220
设立日期	2003-1-15	负 责 人	UDO SCHUETZ		
主营业务	国际贸易、转口贸易、保税区内企业间的贸易及贸易代理；区内商务咨询服务。				

企业名称	阿姆斯克（上海）贸易有限公司				
企业地址	上海市外高桥保税区英伦路 38 号 630 室（200131）				
投资总额	20 万 USD	电　话	52681951	传　真	
设立日期	2003-1-15	负 责 人	栗原章嘉		
主营业务	国际贸易、转口贸易；保税区内企业间的贸易、贸易代理及贸易咨询服务。				

企业名称	肯沃（上海）国际贸易有限公司				
企业地址	上海市外高桥保税区基隆路 6 号 1215 室（200131）				
投资总额	20 万 USD	电　话	58667319	传　真	
设立日期	2003-1-15	负 责 人	CARL JESPER ROMELL		
主营业务	国际贸易、转口贸易、保税区企业间的贸易及区内贸易代理；区内商务咨询。				

企业名称	上海伊都锦国际贸易有限公司				
企业地址	上海市外高桥保税区富特北路 201 号 102 室（200131）				
投资总额	20 万 USD	电　话	57608118	传　真	57608308
设立日期	2003-1-15	负 责 人	后藤满		
主营业务	国际贸易、转口贸易、保税区内企业间的贸易及贸易代理；区内贸易咨询服务。				

企业名称	港塑塑料贸易（上海）有限公司				
企业地址	上海市外高桥保税区新灵路 118 号 1707B 室（200131）				
投资总额	20 万 USD	电　话	63538612	传　真	63170344
设立日期	2003-1-15	负 责 人	廖锦兴		
主营业务	国际贸易、转口贸易、保税区企业间的贸易及区内贸易代理；区内商务咨询服务。				

企业名称	上海豪世盟国际贸易有限公司				
企业地址	上海市外高桥保税区马吉路 28 号 1206A 室（200131）				
投资总额	20 万 USD	电　话	68887292	传　真	68887136
设立日期	2003-1-14	负 责 人	冯伟		
主营业务	国际贸易、转口贸易、保税区内企业间的贸易及贸易代理；区内商务咨询服务。				

企业名称	山宗国际贸易（上海）有限公司				
企业地址	上海市外高桥保税区基隆路 6 号 522 室（200131）				
投资总额	20 万 USD	电　话	62368680	传　真	62368682
设立日期	2003-1-14	负 责 人	增田英辅		
主营业务	国际贸易、转口贸易、保税区企业间的贸易及贸易代理；区内贸易咨询服务。				

企业名称	第日油压机械贸易（上海）有限公司				
企业地址	上海市外高桥保税区基隆路 1 号 810-2 室（200131）				
投资总额	20 万 USD	电　话	67697381	传　真	67697384
设立日期	2003-1-14	负 责 人	李昌镐		
主营业务	国际贸易、转口贸易、保税区企业间的贸易及贸易代理；区内商业性简单加工。				

企业名称	赛乐国际贸易（上海）有限公司				
企业地址	上海市外高桥保税区基隆路 1 号 1424-1 室（200131）				
投资总额	20 万 USD	电　话	63907222	传　真	63906200
设立日期	2003-1-14	负 责 人	BORIS OSTROBROD		
主营业务	国际贸易、转口贸易、保税区企业间的贸易及贸易代理；区内商业性简单加工。				

企业名称	进代国际贸易（上海）有限公司				
企业地址	上海市外高桥保税区基隆路 1 号 919 室（200131）				
投资总额	20 万 USD	电　话	58692659	传　真	58692658
设立日期	2003-1-14	负 责 人	CHEAH KIM THYE		
主营业务	国际贸易、转口贸易、保税区企业间的贸易及贸易代理；区内商业性简单加工。				

企业名称	圣大诺象国际贸易（上海）有限公司				
企业地址	上海市外高桥保税区冰克路 500 号 109 室（200131）				
投资总额	20 万 USD	电　话	52681951	传　真	
设立日期	2003-1-14	负 责 人	CHRISTOPHER ROBERT		
主营业务	国际贸易、转口贸易、保税区企业间的贸易及区内贸易代理。				

企业名称	鹏能国际贸易（上海）有限公司				
企业地址	上海市外高桥保税区新灵路 106 号 225 室（200131）				
投资总额	20 万 USD	电　话	62350387	传　真	62351572
设立日期	2003-1-10	负 责 人	大嶋明夫		
主营业务	国际贸易、转口贸易、保税区企业间的贸易及贸易代理；区内商业性简单加工。				

企业名称	上海立驰高化工有限公司				
企业地址	上海市外高桥保税区加太路 108 号第三层 B 部位（200131）				
投资总额	2500 万日元	电　话	62953340	传　真	62953345
设立日期	2003-1-10	负 责 人	竹中正和		
主营业务	保税区内以化工原料、机械、金属制品为主的仓储、分拨业务。				

企业名称	洋马发动机（上海）有限公司				
企业地址	上海市外高桥保税区泰谷路 213 号第四层 B2 部位（200131）				
投资总额	40 万 USD	电　话	58795090	传　真	
设立日期	2003-1-10	负 责 人	志贺哲夫		
主营业务	以船用、陆用发动机及其零部件为主的保税区仓储、展示、培训、售后服务。				

企业名称	店设宜（上海）贸易有限公司				
企业地址	上海市外高桥保税区基隆路 1 号 1124－3 室（200131）				
投资总额	14 万 USD	电　话	68547036	传　真	68545737
设立日期	2003-1-10	负 责 人	JOSEPH FANG DAO Y		
主营业务	国际贸易、转口贸易、保税区企业间的贸易及贸易代理。				

企业名称	蒂雅克（上海）贸易有限公司				
企业地址	上海市外高桥保税区日京路 38 号 214 室（200131）				
投资总额	25 万 USD	电　话	62372838	传　真	62372732
设立日期	2003-1-8	负 责 人	及川哲夫		
主营业务	国际贸易、转口贸易、保税区企业间的贸易及贸易代理；区内商业性简单加工。				

企业名称	阿尔木斯国际贸易（上海）有限公司				
企业地址	上海市外高桥保税区冰克路 500 号 814 室（200131）				
投资总额	20 万 USD	电　话	63355556	传　真	63355559
设立日期	2003-1-8	负 责 人	TYRONE FARBER		
主营业务	国际贸易、转口贸易、保税区企业间的贸易及贸易代理；区内商业性简单加工。				

企业名称	上海古口国际贸易有限公司				
企业地址	上海市外高桥保税区新灵路 118 号国际商贸大厦 1614 室（200131）				
投资总额	20 万 USD	电　话	50460341	传　真	50463554
设立日期	2003-1-8	负 责 人	张丛余		
主营业务	国际贸易、转口贸易、保税区企业间的贸易及区内贸易代理。				

企业名称	上海申子胜国际贸易有限公司				
企业地址	上海市外高桥保税区基隆路 1 号 1408 室（200131）				
投资总额	20 万 USD	电　话	64058800	传　真	64058068
设立日期	2003-1-8	负 责 人	郭泽煌		
主营业务	国际贸易、转口贸易、保税区企业间的贸易及贸易代理；区内商业性简单加工。				

企业名称	上海佑记国际贸易有限公司				
企业地址	上海市外高桥保税区日京路 2 号一市场商务楼 102 室（200131）				
投资总额	20 万 USD	电　话	63542315	传　真	63542311
设立日期	2003-1-8	负 责 人	张世甫		
主营业务	国际贸易、转口贸易、保税区企业间贸易及区内贸易代理；区内商业性简单加工。				

企业名称	十拿国际贸易（上海）有限公司				
企业地址	上海市外高桥保税区富特北路 18 号第四层（200131）				
投资总额	30 万 USD	电　话	64451848	传　真	64455931
设立日期	2003-1-8	负 责 人	WALLACE A GRAHAM		
主营业务	以电子绝缘、工业涂料和聚合物树脂产品为主及其相关产品区内仓储分拨业务。				

企业名称	上海鼎胤国际贸易有限公司				
企业地址	上海市外高桥保税区英伦路 38 号 315 室（200131）				
投资总额	20 万 USD	电　话	64824734	传　真	64941497
设立日期	2003-1-7	负 责 人	邱英士		
主营业务	国际贸易、转口贸易、保税区企业间的贸易及贸易代理；区内商业性简单加工。				

企业名称	珀金埃尔默仪器（上海）有限公司				
企业地址	上海市外高桥保税区希雅路33号17号楼第四层C部位（200131）				
投资总额	50万USD	电　　话	50460228	传　　真	50461922
设立日期	2003-1-7	负 责 人	HEATH MITTS		
主营业务	保税区内以分析仪器和系统、生命科学及光电仪器和系统为主的国际贸易。				

企业名称	钢林（上海）贸易有限公司				
企业地址	上海外高桥保税区基隆路1号2019号（200131）				
投资总额	70万USD	电　　话	50570003	传　　真	58690059
设立日期	2002-12-27	负 责 人	藏井和义		
主营业务	国际贸易、转口贸易、保税区企业间的贸易及贸易代理；区内商业性简单加工。				

企业名称	胜祥国际贸易（上海）有限公司				
企业地址	上海市外高桥保税区基隆路1号1115-1室（200131）				
投资总额	20万USD	电　　话	58318834	传　　真	58310839
设立日期	2003-1-7	负 责 人	黄清川		
主营业务	国际贸易、转口贸易、保税区企业间的贸易及贸易代理；区内商业性简单加工。				

企业名称	富见雄国际贸易（上海）有限公司				
企业地址	上海市外高桥保税区泰谷路88号713室（200131）				
投资总额	28万USD	电　　话	62964815	传　　真	52961002
设立日期	2002-12-27	负 责 人	裴龄莉		
主营业务	国际贸易、转口贸易、保税区企业间的贸易及贸易代理等。				

企业名称	三洋杰士国际贸易（上海）有限公司				
企业地址	上海市外高桥保税区新灵路118号604B室（200131）				
投资总额	20万USD	电　　话	58996181	传　　真	58996184
设立日期	2003-1-7	负 责 人	上田正朗		
主营业务	国际贸易、转口贸易、保税区企业间的贸易及贸易代理；区内商业性简单加工。				

企业名称	艾多（上海）国际贸易有限公司				
企业地址	上海市外高桥保税区富特西一路289号B327室（200131）				
投资总额	20万USD	电　　话	64738068	传　　真	64732003
设立日期	2002-12-26	负 责 人	HASPESLAGH JAN JOZEF		
主营业务	以农产品和食品为主的国际贸易，转口贸易、保税区内企业间的贸易及贸易代理。				

企业名称	特玛苏国际贸易（上海）有限公司				
企业地址	上海市外高桥保税区英伦路38号615室（200131）				
投资总额	45万USD	电　　话	63346253	传　　真	63346356
设立日期	2003-1-7	负 责 人	大杉国夫		
主营业务	以体育用品为主的国际贸易、转口贸易、保税区企业间的贸易及区内贸易代理。				

企业名称	阿洛卡国际贸易（上海）有限公司				
企业地址	上海外高桥保税区台中南路2号新贸楼285号（200131）				
投资总额	20万USD	电　　话	50484291	传　　真	
设立日期	2002-12-26	负 责 人	永原庸一		
主营业务	保税区内从事以医疗仪器为主的国际贸易、转口贸易、保税区内企业间的贸易。				

企业名称	尚威国际贸易（上海）有限公司				
企业地址	上海市外高桥保税区富特西一路139号912室（200131）				
投资总额	20万USD	电　　话		传　　真	
设立日期	2003-1-6	负 责 人	陈圣初		
主营业务	国际贸易、转口贸易、保税区企业间贸易及区内贸易代理。				

企业名称	韦成国际贸易（上海）有限公司				
企业地址	外高桥保税区英伦路38号330室（200131）				
投资总额	42万USD	电　　话	63367999	传　　真	63269009
设立日期	2002-12-25	负 责 人	翁瑞隆		
主营业务	国际贸易、转口贸易、保税区企业间的贸易与贸易代理；区内商业性简单加工。				

企业名称	上海明惠亚富国际贸易有限公司				
企业地址	上海市外高桥保税区新灵路106号2号楼227室（200131）				
投资总额	20万USD	电　　话	64287729	传　　真	64693540
设立日期	2003-1-6	负 责 人	宫内清治		
主营业务	国际贸易、转口贸易、保税区企业间的贸易及区内贸易代理；区内贸易咨询服务。				

企业名称	上海量华国际贸易有限公司				
企业地址	上海外高桥保税区加枫路28号2219室（200131）				
投资总额	188万USD	电　　话	63620333	传　　真	63620555
设立日期	2002-12-24	负 责 人	WILLIAM SUN		
主营业务	国际贸易、转口贸易及贸易咨询服务、保税区企业间的贸易及区内贸易代理。				

企业名称	允汇国际贸易（上海）有限公司				
企业地址	上海市外高桥保税区富特西一路139号912室（200131）				
投资总额	20万USD	电　　话	58668944	传　　真	67620653
设立日期	2003-1-6	负 责 人	陈总明		
主营业务	国际贸易、转口贸易、保税区企业间的贸易及区内贸易代理。				

企业名称	百安居（中国）家居有限公司				
企业地址	上海市浦东新区东方路3698号118室（200120）				
投资总额	6000万欧元	电　　话	50590088	传　　真	50590051
设立日期	2002-12-23	负 责 人	STEPHEN GILMAN		
主营业务	建筑材料、装饰装修材料、五金工具、家用电器经营。				

企业名称	特固克刀具贸易（上海）有限公司				
企业地址	上海市外高桥保税区荷丹路88号主楼第十层01部位（200131）				
投资总额	20万USD	电　　话	58680970	传　　真	58680973
设立日期	2003-1-2	负 责 人	JACOB HARPAZ		
主营业务	以金属刀具为主的保税区仓储分拨、展示业务及相关产品的技术服务。				

企业名称	科望国际贸易（上海）有限公司				
企业地址	上海市外高桥保税区新灵路118号1707A室（200131）				
投资总额	20万USD	电　　话	63747951	传　　真	63746497
设立日期	2002-12-20	负 责 人	胡业博		
主营业务	国际贸易、转口贸易、保税区企业间的贸易及区内贸易代理。				

企业名称	美辛普劳国际贸易（上海）有限公司				
企业地址	上海市外高桥保税区新灵路80号1号楼314室（200131）				
投资总额	20万USD	电　　话	61131878	传　　真	62086401
设立日期	2003-1-2	负 责 人	TEH-HAN CHOW		
主营业务	国际贸易、转口贸易、保税区企业间的贸易及贸易代理；区内贸易咨询服务。				

企业名称	科尼希鲍尔印刷机械（上海）有限公司				
企业地址	上海市外高桥保税区港澳路389号5号厂房第五层（200131）				
投资总额	23万USD	电　　话	52980069	传　　真	52980840
设立日期	2002-12-20	负 责 人	ANDREAS MOBNER		
主营业务	保税区内以印刷机械和零配件为主的仓储、分拨及相关产品售后服务，技术服务。				

企业名称	珍钢（上海）阀业贸易有限公司				
企业地址	上海外高保税区杨高北路2005号新兴楼302室（200131）				
投资总额	20万USD	电　　话	64695232	传　　真	64694143
设立日期	2002-12-31	负 责 人	石　杰		
主营业务	国际贸易、转口贸易、保税区企业间的贸易与贸易代理；区内商业性简单加工。				

企业名称	新克亮（上海）照明设备有限公司				
企业地址	上海外高桥保税区基隆路1号1201-3室（200131）				
投资总额	20万USD	电　　话	63269922	传　　真	63613302
设立日期	2002-12-20	负 责 人	张正心		
主营业务	国际贸易、转口贸易、保税区企业间的贸易与贸易代理；区内商业性简单加工。				

企业名称	韦斯伐利亚（上海）牧业设备有限公司				
企业地址	上海市外高桥保税区华京路461号39号楼A部位（200131）				
投资总额	110万USD	电　　话	50643651	传　　真	50463163
设立日期	2002-12-30	负 责 人	MICHAEL BRINKMANN		
主营业务	国际贸易，转口贸易、保税区内企业间的贸易及贸易代理。				

企业名称	星喜国际贸易（上海）有限公司				
企业地址	上海市外高桥保税区英伦路38号622室（200131）				
投资总额	28万USD	电　　话	64089176	传　　真	64089173
设立日期	2002-12-20	负 责 人	林春玉		
主营业务	国际贸易，转口贸易、保税区企业间的贸易及贸易代理。				

企业名称	坤申电子贸易（上海）有限公司				
企业地址	上海外高桥保税区新灵路118号1703B室（200131）				
投资总额	28万USD	电　　话	64326917	传　　真	64326920
设立日期	2002-12-28	负 责 人	赵蓬轩		
主营业务	国际贸易，转口贸易，保税区企业间的贸易与贸易代理；区内商业性简单加工。				

企业名称	映达国际贸易（上海）有限公司				
企业地址	上海外高桥保税区新灵路118号711B室（200131）				
投资总额	20万USD	电　　话	57425577	传　　真	54070162
设立日期	2002-12-20	负 责 人	赖俊佑		
主营业务	国际贸易，转口贸易，保税区企业间的贸易及贸易代理。				

企业名称	住商医药（上海）有限公司				
企业地址	上海市外高桥保税区基隆路 6 号 823 室（200120）				
投资总额	200 万 USD	电　话	58662293	传　真	5465662
设立日期	2002-12-18	负 责 人	木村荣		
主营业务	国际贸易、转口贸易、保税区企业间的贸易与贸易代理；区内商业性简单加工。				

企业名称	上海数智宏田国际贸易有限公司				
企业地址	上海市外高桥保税区富特北路 201 号 301 室（200131）				
投资总额	10 万 USD	电　话	51097717	传　真	51097711
设立日期	2002-12-13	负 责 人	许明元		
主营业务	国际贸易、转口贸易、保税区企业间的贸易及区内贸易代理。				

企业名称	培特国际贸易（上海）有限公司				
企业地址	上海市外高桥保税区基隆路 1 号 1219 室（200131）				
投资总额	21 万 USD	电　话	58527718	传　真	38821772
设立日期	2002-12-13	负 责 人	刘春田		
主营业务	国际贸易、转口贸易、保税区企业间的贸易及区内贸易代理。				

企业名称	上海住商信息电子材料有限公司				
企业地址	上海市外高桥保税区基隆路 6 号 822 室（200131）				
投资总额	140 万 USD	电　话	58662293	传　真	58662293
设立日期	2002-12-13	负 责 人	佐佐木新一		
主营业务	国际贸易、转口贸易、保税区企业间的贸易与贸易代理；保税区内贸易咨询服务。				

企业名称	得彩（上海）贸易有限公司				
企业地址	上海市外高桥保税区基隆路 6 号 1223 室（200131）				
投资总额	80 万 USD	电　话	59703963	传　真	59705871
设立日期	2002-12-13	负 责 人	崔光均		
主营业务	国际贸易、转口贸易、保税区企业间的贸易与贸易代理；保税区内贸易咨询服务。				

企业名称	上海迪桑特贸易有限公司				
企业地址	上海市外高桥保税区基隆路 6 号 1222 室（200131）				
投资总额	200 万 USD	电　话	62473399	传　真	62472001
设立日期	2002-12-13	负 责 人	羽田仁		
主营业务	国际贸易及转口贸易、区内企业间的贸易、贸易代理及贸易咨询服务。				

企业名称	公旭贸易（上海）有限公司				
企业地址	上海市外高桥保税区新灵路 118 号 1715B 室（200131）				
投资总额	20 万 USD	电　话	54510167	传　真	64477513
设立日期	2002-12-12	负 责 人	HUNG SHOU-NIEN FRANK		
主营业务	国际贸易、转口贸易、保税区企业间的贸易及区内贸易代理。				

企业名称	科达士（上海）消防电子贸易有限公司				
企业地址	上海市外高桥保税区加枫路 28 号 201 室（200131）				
投资总额	20 万 USD	电　话	54510167	传　真	64477513
设立日期	2002-12-11	负 责 人	高辉荣		
主营业务	国际贸易、转口贸易、保税区企业间的贸易与贸易代理；保税区内贸易咨询服务。				

企业名称	爱梯匹信息技术（上海）有限公司				
企业地址	上海市外高桥保税区华京路 8 号 308 室（200131）				
投资总额	30 万 USD	电　话	53826237	传　真	53826239
设立日期	2002-12-11	负 责 人	阿部乙彦		
主营业务	平面、网络媒体用的软件的研究、开发、制造及销售自产产品。				

企业名称	雅保化工（上海）有限公司				
企业地址	上海市外高桥保税区富特北路 200 号 2 号仓库底楼 C 部位（200131）				
投资总额	28 万 USD	电　话	53061360	传　真	53061360
设立日期	2002-12-10	负 责 人	SCOTT M. SUTTON		
主营业务	国际贸易、转口贸易、保税区企业间的贸易与贸易代理。				

企业名称	特新电子科技（上海）有限公司				
企业地址	上海市外高桥保税区杨高北路 2005 号新兴楼 301 室（200131）				
投资总额	28 万 USD	电　话	63520763	传　真	63500825
设立日期	2002-12-10	负 责 人	冯志威		
主营业务	国际贸易、转口贸易、保税区企业间的贸易与贸易代理；保税区内贸易咨询服务。				

企业名称	小西机电（上海）国际贸易有限公司				
企业地址	上海市外高桥保税区新灵路 106 号 2 号楼 123 室（200131）				
投资总额	28 万 USD	电　话	62351184	传　真	62350140
设立日期	2002-12-10	负 责 人	小西真治		
主营业务	国际贸易，转口贸易、保税区企业间的贸易及贸易代理等。				

企业名称	菲拉格慕时装贸易（上海）有限公司				
企业地址	上海市外高桥保税区基隆路 6 号 813 室（200131）				
投资总额	20 万 USD	电　话	62798983	传　真	62798993
设立日期	2002-12-10	负 责 人	郑伟雄		
主营业务	国际贸易、转口贸易、保税区企业间的贸易与贸易代理；保税区内贸易咨询服务。				

企业名称	普达柯国际贸易（上海）有限公司				
企业地址	上海市外高桥保税区冰克路 500 号 322 室（200131）				
投资总额	28 万 USD	电　话	63550881	传　真	63550891
设立日期	2002-12-9	负 责 人	黄惠玉		
主营业务	国际贸易、转口贸易、保税区企业间的贸易及保税区贸易代理等。				

企业名称	上海世韩明珠贸易有限公司				
企业地址	上海市浦东新区新灵路 80 号 1 号楼 414 室（200131）				
投资总额	20 万 USD	电　话	64958253	传　真	64850579
设立日期	2002-12-9	负 责 人	吴炳官		
主营业务	国际贸易、转口贸易、区内贸易代理及贸易咨询服务、区内商业性简单加工				

企业名称	电素（上海）贸易有限公司				
企业地址	上海市外高桥保税区英伦路 38 号 431 室（200131）				
投资总额	20 万 USD	电　话	58829425	传　真	58829623
设立日期	2002-12-9	负 责 人	川端幸雄		
主营业务	国际贸易、转口贸易、保税区企业间的贸易与贸易代理；保税区内贸易咨询服务。				

企业名称	福口国际贸易（上海）有限公司				
企业地址	上海市外高桥保税区基隆路 6 号 911 室（200131）				
投资总额	28 万 USD	电　话	51021868	传　真	53085856
设立日期	2002-12-6	负 责 人	PETER VOSS		
主营业务	国际贸易、转口贸易、保税区企业间的贸易与贸易代理；保税区内贸易咨询服务。				

企业名称	东芝光磁科技（上海）有限公司				
企业地址	上海市外高桥保税区巴圣路 360 号 22 号厂房中西侧 B 部位（200131）				
投资总额	68 万 USD	电　话	50484290	传　真	50484290
设立日期	2002-12-6	负 责 人	木下敏一		
主营业务	保税区内计算机、计算机硬盘、光碟装置、影像设备等产品的仓储、分拨业务。				

企业名称	正大百事安国际贸易（上海）有限公司				
企业地址	上海市外高桥保税区新灵路 118 号 1607B 室（200131）				
投资总额	20 万 USD	电　话	58303471	传　真	58303244
设立日期	2002-12-6	负 责 人	MONTRI CONGTRAKULTI		
主营业务	国际贸易，转口贸易，保税区企业间的贸易与贸易代理，保税区内贸易咨询服务。				

企业名称	宜台国际贸易（上海）有限公司				
企业地址	上海市外高桥保税区新灵路 118 号 1706A 室（200131）				
投资总额	28 万 USD	电　话	58693269	传　真	
设立日期	2002-12-6	负 责 人	陈昆玉		
主营业务	国际贸易、转口贸易、保税区企业间的贸易及区内贸易代理，。				

企业名称	上海高纤丸高制纽有限公司				
企业地址	上海市外高桥保税区富特北路 288 号 2 号楼第 3 层东部位（200131）				
投资总额	70 万 USD	电　话	58680728	传　真	58680729
设立日期	2002-12-4	负 责 人	秋原修		
主营业务	生产加工工业用线带及服饰辅料，销售自产产品，提供相关产品的技术咨询。				

企业名称	益诺伟信息技术（上海）有限公司				
企业地址	上海市张江科技园区郭守敬路 498 号浦东软件园 12501－12（201203）				
投资总额	1 万 USD	电　话	51314170	传　真	51314137
设立日期	2002-12-4	负 责 人	岡田正幸		
主营业务	计算机软件、网络工程的开发、设计、企业管理咨询及相关技术咨询。				

企业名称	泛亚乳品（上海）有限公司				
企业地址	上海市外高桥保税区荷丹路 242 好第四层 A1 部位（200131）				
投资总额	20 万 USD	电　话	51150218	传　真	50672133
设立日期	2002-12-3	负 责 人	YPMA JAN WILLEM MAURITS		
主营业务	保税区内以乳制品为主的仓储和分拨业务，提供相关技术咨询、培训、售后服务。				

企业名称	洁溢健业国际贸易（上海）有限公司				
企业地址	上海市外高桥保税区富特西一路 139 号 910 室（200131）				
投资总额	20 万 USD	电　话	58316819	传　真	58316819
设立日期	2002-12-3	负 责 人	林　殊		
主营业务	国际贸易、转口贸易、保税区企业间的贸易及区内贸易代理。				

企业名称	优迈达工业贸易（上海）有限公司				
企业地址	上海市外高桥保税区杨高北路2001号市场商务楼617室（200131）				
投资总额	50万USD	电　话	63862188	传　真	
设立日期	2002-12-3	负责人	AMDUL HALIM BINH		
主营业务	国际贸易、转口贸易、保税区企业间的贸易与贸易代理；保税区内贸易咨询服务。				

企业名称	易利康国际贸易（上海）有限公司				
企业地址	上海市外高桥保税区杨高北路2001号市场商务楼607室（200131）				
投资总额	20万USD	电　话	64151199	传　真	64155895
设立日期	2002-12-3	负责人	简金珍		
主营业务	国际贸易、转口贸易、保税区内企业间的贸易及区内贸易代理。				

企业名称	永务（上海）电子加工有限公司				
企业地址	上海市外高桥保税区富特北路288号2号楼第一层（200131）				
投资总额	52万USD	电　话	58680720	传　真	58680833
设立日期	2002-12-2	负责人	蓝场正幸		
主营业务	生产加工电子零部件，销售自产产品；国际贸易、转口贸易、保税区企业间贸易。				

企业名称	上海浦东国际机场航空油料有限责任公司				
企业地址	上海市浦东新区浦东国际机场内机场大道1号（201202）				
投资总额	2988万USD	电　话	68843626	传　真	68843618
设立日期	2002-12-2	负责人	曹慧芳		
主营业务	建设与经营浦东国际机场供油设施及相关项目，航空油料的购销与储运。				

企业名称	佰安表面处理（上海）有限公司				
企业地址	上海市外高桥保税区富特北路201号综合楼第三层B部位（200131）				
投资总额	28万USD	电　话	63178833	传　真	63179231
设立日期	2002-12-2	负责人	EDMUND LIM WEE CHONG		
主营业务	保税区内以表面处理设备，配件及磨料产品为主的仓储，分拨业务。				

企业名称	苏斯贸易（上海）有限公司				
企业地址	上海市外高桥保税区华京路8号432室（200131）				
投资总额	20万USD	电　话	52340432	传　真	52340430
设立日期	2002-12-2	负责人	SCHNEIDEWIND STEFAN		
主营业务	国际贸易，区内贸易及区内贸易代理，保健营养品贸易代理，商业性简单加工。				

企业名称	禾立视听国际贸易（上海）有限公司				
企业地址	上海市外高桥保税区英伦路38号105室（200131）				
投资总额	20万USD	电　话	58788420	传　真	58788419
设立日期	2002-12-1	负责人	李永骏		
主营业务	国际贸易、转口贸易、保税区企业间的贸易及贸易代理。				

企业名称	康湃机械贸易（上海）有限公司				
企业地址	上海市外高桥保税区冰克路500号718室（200131）				
投资总额	20万USD	电　话	59762915	传　真	59762920
设立日期	2002-11-29	负责人	许宏宗		
主营业务	国际贸易、转口贸易、保税区企业间的贸易与贸易代理；保税区内贸易咨询服务。				

企业名称	贸邦建材国际贸易（上海）有限公司				
企业地址	上海市外高桥保税区杨高北路2005号新兴楼326室（200131）				
投资总额	20万USD	电　话	62785066	传　真	62785071
设立日期	2002-11-29	负责人	黎嘉得		
主营业务	国际贸易、转口贸易、保税区企业间的贸易及贸易代理等。				

企业名称	烨彬（上海）国际贸易有限公司				
企业地址	上海市外高桥保税区基隆路1号1115-2室（200131）				
投资总额	20万USD	电　话	64059880	传　真	64059916
设立日期	2002-11-29	负责人	HAK JIN LEE		
主营业务	国际贸易、转口贸易、保税区企业间贸易及保税区内贸易代理。				

企业名称	好仁然国际贸易（上海）有限公司				
企业地址	上海市外高桥保税区新灵路80号318室（200131）				
投资总额	20万USD	电　话	64160656	传　真	64160656
设立日期	2002-11-28	负责人	城户清孝		
主营业务	国际贸易、转口贸易、保税区企业间的贸易及区内贸易代理。				

企业名称	优松国际贸易（上海）有限公司				
企业地址	上海市外高桥保税区英伦路38号607室（200131）				
投资总额	28万USD	电　话	64736398	传　真	
设立日期	2002-11-28	负责人	行田常一		
主营业务	国际贸易、转口贸易、保税区企业间的贸易及贸易代理。				

企业名称	喜一工具（上海）有限公司				
企业地址	上海市外高桥保税区英伦路38号406室（200131）				
投资总额	20万USD	电　话	51099177	传　真	52080506
设立日期	2002-11-28	负责人	田中康造		
主营业务	国际贸易、转口贸易、保税区企业间的贸易及贸易代理等。				

企业名称	全台国际贸易（上海）有限公司				
企业地址	上海市外高桥保税区基隆路1号1024-3室（200131）				
投资总额	20万USD	电　话	62371649	传　真	62371647
设立日期	2002-11-26	负责人	曾瑞铭		
主营业务	国际贸易、转口贸易、保税区企业间的贸易及贸易代理。				

企业名称	新日石（上海）贸易有限公司				
企业地址	上海市外高桥保税区新灵路80号206室（200131）				
投资总额	120万USD	电　话	68412008	传　真	68412010
设立日期	2002-11-26	负责人	棚桥信之		
主营业务	以石油产品、石油化学产品、汽车零部件以及汽车用品为主各类产品的国际贸易。				

企业名称	缔艺精机（上海）有限公司				
企业地址	上海市徐汇区虹梅路2008号108室（200237）				
投资总额	20万USD	电　话	57633636	传　真	57635343
设立日期	2002-11-26	负责人	程宇超		
主营业务	国际贸易、转口贸易、保税区企业间的贸易及贸易代理。				

企业名称	章和机械（上海）有限公司				
企业地址	上海市外高桥保税区新灵路118号1012室（200131）				
投资总额	28万USD	电　话	57376950	传　真	57376223
设立日期	2002-11-26	负责人	李正霖		
主营业务	国际贸易、转口贸易、保税区企业间的贸易及贸易代理；区内商业性简单加工。				

企业名称	古欧朗国际贸易（上海）有限公司				
企业地址	上海市外高桥保税区奥纳路185号716室（200131）				
投资总额	25万USD	电　话	64063818	传　真	64056426
设立日期	2002-11-26	负责人	张哲伟		
主营业务	国际贸易、转口贸易、保税区企业间的贸易及贸易代理。				

企业名称	优尼威国际贸易（上海）有限公司				
企业地址	上海市外高桥保税区新灵路118号1710B室（200131）				
投资总额	28万USD	电　话	51099616	传　真	54234715
设立日期	2002-11-21	负责人	张　哲		
主营业务	国际贸易、转口贸易、保税区内企业间的贸易及贸易代理；区内商业性简单加工。				

企业名称	德司达（上海）贸易有限公司				
企业地址	上海市外高桥保税区新灵路118号815B室（200131）				
投资总额	200万USD	电　话	61159070	传　真	61159007
设立日期	2002-11-21	负责人	IAN MICHAEL STUART		
主营业务	国际贸易，保税区内企业间的贸易及贸易代理，保健营养品贸易代理。				

企业名称	优碧雅（上海）国际贸易有限公司				
企业地址	上海市外高桥保税区马吉路28号1901A室（200131）				
投资总额	28万USD	电　话	64692267	传　真	64684080
设立日期	2002-11-21	负责人	小坂常夫		
主营业务	国际贸易、转口贸易、保税区企业间的贸易及贸易代理。				

企业名称	科索（上海）电子有限公司				
企业地址	上海市外高桥保税区华京路8号307室（200131）				
投资总额	20万USD	电　话	64400381	传　真	64400380
设立日期	2002-11-20	负责人	按田义雄		
主营业务	国际贸易、转口贸易，保税区内企业间的贸易及贸易代理，区内商务咨询服务。				

企业名称	精亚（上海）信息科技有限公司				
企业地址	上海市张江科技园区郭守敬路498号浦东新区19501（201203）				
投资总额	60万USD	电　话	50805500	传　真	50800915
设立日期	2002-11-20	负责人	张勤政		
主营业务	信用卡软件的开发、设计、制作；计算机系统集成的设计、调整、维护。				

企业名称	罗技电子贸易（上海）有限公司				
企业地址	上海市外高桥保税区富特西一路155号7楼701A部位（200131）				
投资总额	20万USD	电　话	64711188	传　真	64310831
设立日期	2002-11-20	负责人	吴家荣		
主营业务	保税区内以办公设备为主的仓储、分拨、展示及售后服务；国际贸易、转口贸易。				

企业名称	凯驰（上海）清洁系统有限公司				
企业地址	上海市外高桥保税区爱都路 390 号 30#楼 B 部位（200131）				
投资总额	53 万 USD	电　　话	50768022	传　　真	
设立日期	2002-11-19	负 责 人	KLAUS F.H.PUHMEYER		
主营业务	保税区内清洁系统及相关配件为主的国际贸易。				

企业名称	海嵋科机电（上海）有限公司				
企业地址	上海市外高桥保税区新灵路 118 号 1704A 室（200131）				
投资总额	20 万 USD	电　　话	62705843	传　　真	62708247
设立日期	2002-11-19	负 责 人	吉安好弘		
主营业务	国际贸易、转口贸易、保税区企业间的贸易及区内贸易代理。				

企业名称	帕柯工业设备（上海）有限公司				
企业地址	上海市延安西路 2633 号 B211 室（200336）				
投资总额	20 万 USD	电　　话	62703711	传　　真	62703780
设立日期	2002-11-18	负 责 人	井手笃雄		
主营业务	国际贸易、转口贸易、保税区内企业间的贸易及贸易代理。				

企业名称	钦凯国际贸易（上海）有限公司				
企业地址	上海市外高桥保税区基隆路 1 号 516 室（200131）				
投资总额	1500 万 USD	电　　话	62514919	传　　真	
设立日期	2002-11-18	负 责 人	李建良		
主营业务	国际贸易、转口贸易、保税区企业间的贸易及贸易代理；区内商业性简单加工。				

企业名称	上海思多励国际贸易有限公司				
企业地址	上海市外高桥保税区富特西一路 439 号 307 室（200131）				
投资总额	28 万 USD	电　　话	52340060	传　　真	62178501
设立日期	2002-11-15	负 责 人	刘海涛		
主营业务	国际贸易、转口贸易、保税区企业间贸易及区内贸易代理；区内商业性简单加工。				

企业名称	东洋轮胎（上海）贸易有限公司				
企业地址	上海市外高桥保税区马吉路 28 号 1501 室（200120）				
投资总额	100 万 USD	电　　话	58820880	传　　真	58878846
设立日期	2002-11-15	负 责 人	觉野卓也		
主营业务	国际贸易、转口贸易、保税区企业间的贸易与贸易代理；区内贸易咨询服务。				

企业名称	上海茂盛国际贸易有限公司				
企业地址	上海市外高桥保税区基隆路 1 号 506 室（200131）				
投资总额	1183 万 USD	电　　话	62151001	传　　真	62151009
设立日期	2002-11-15	负 责 人	夏银龙		
主营业务	国际贸易、转口贸易、保税区企业间的贸易与贸易代理；区内贸易咨询服务。				

企业名称	福泰通国际贸易（上海）有限公司				
企业地址	上海市外高桥保税区加枫路 28 号新康商贸楼 102 室（200122）				
投资总额	28 万 USD	电　　话	61057431	传　　真	61057430
设立日期	2002-11-15	负 责 人	ARNE WINK		
主营业务	国际贸易、转口贸易、保税区企业间的贸易及贸易代理、区内商业性简单加工。				

企业名称	莎斯艾菲利克钻石（上海）有限公司				
企业地址	上海市世纪大道 88 号金茂大厦 6 楼 641 室（200120）				
投资总额	20 万 USD	电　　话	50472634	传　　真	50472642
设立日期	2002-11-14	负 责 人	EVAL BAFRI		
主营业务	通过上海钻石交易所海关开展钻石进出口的业务（包括转口贸易、加工贸易）。				

企业名称	堃昶国际贸易（上海）有限公司				
企业地址	上海市徐汇区零陵路 899 号飞洲国际大厦 18 楼 G、H 座（200030）				
投资总额	20 万 USD	电　　话	54890840	传　　真	54890925
设立日期	2002-11-14	负 责 人	张政文		
主营业务	国际贸易、转口贸易、保税区内企业间的贸易及贸易代理。				

企业名称	东诘机械（上海）有限公司				
企业地址	上海市外高桥保税区日京路 35 号 9028 室（200131）				
投资总额	20 万 USD	电　　话	54853972	传　　真	64193559
设立日期	2002-11-14	负 责 人	林裕国		
主营业务	国际贸易、转口贸易、保税区企业间的贸易与贸易代理；区内贸易咨询服务。				

企业名称	凯胜豪升国际贸易（上海）有限公司				
企业地址	上海市外高桥保税区富特西一路 289 号 B 楼三层 B318 室（200131）				
投资总额	20 万 USD	电　　话	64078999	传　　真	64071979
设立日期	2002-11-14	负 责 人	王　菲		
主营业务	国际贸易、转口贸易，保税区企业间的贸易及贸易代理。				

企业名称	大迈仪器（上海）有限公司				
企业地址	上海市外高桥保税区日京路 35 号 1033 室（200131）				
投资总额	20 万 USD	电　　话	63549265	传　　真	63546840
设立日期	2002-11-14	负 责 人	林金源		
主营业务	国际贸易、转口贸易、保税区企业间的贸易与贸易代理；区内贸易咨询服务。				

企业名称	上海司派美朋贸易有限公司				
企业地址	上海市外高桥保税区基隆路 6 号 914 室（200131）				
投资总额	20 万 USD	电　　话	62472152	传　　真	62897811
设立日期	2002-11-14	负 责 人	山下定良		
主营业务	国际贸易、转口贸易、保税区企业间的贸易与贸易代理；区内贸易咨询服务。				

企业名称	提讴艾（上海）贸易有限公司				
企业地址	上海市外高桥保税区英伦路 38 号衡山国际商务楼 332 室（200131）				
投资总额	28 万 USD	电　　话	62725284	传　　真	62176579
设立日期	2002-11-14	负 责 人	崛田昌人		
主营业务	国际贸易、转口贸易、保税区内企业间的贸易及贸易代理。				

企业名称	赛天使国际贸易（上海）有限公司				
企业地址	上海市外高桥保税区新灵路 118 号 1716 室（200131）				
投资总额	20 万 USD	电　　话	63758482	传　　真	63598006
设立日期	2002-11-14	负 责 人	孙振耀		
主营业务	国际贸易、转口贸易、保税区企业间的贸易及保税区内贸易代理。				

企业名称	凯纳尔国际贸易（上海）有限公司				
企业地址	上海市外高桥保税区基隆路 1 号 1115-3 室（200131）				
投资总额	100 万 USD	电　　话	52277300	传　　真	52277306
设立日期	2002-11-14	负 责 人	温筱鸿		
主营业务	国际贸易、转口贸易、保税区企业间的贸易与贸易代理；保税区内贸易咨询服务。				

企业名称	卡恩捷特工具（上海）有限公司				
企业地址	上海市外高桥保税区泰谷路 169 号 C 楼第五层 B 部位（200131）				
投资总额	20 万 USD	电　　话	53083115	传　　真	53082684
设立日期	2002-11-12	负 责 人	温　昊		
主营业务	保税区内以五金、工具产品为主的分拨业务及相关产品的售后服务。				

企业名称	建懋电子科技（上海）有限公司				
企业地址	上海市外高桥保税区杨高北路 2005 号新兴楼三层 303 室（200131）				
投资总额	28 万 USD	电　　话	68840126	传　　真	58840127
设立日期	2002-11-12	负 责 人	许宏杰		
主营业务	国际贸易、转口贸易，保税区内企业间的贸易及贸易代理，区内商务咨询服务。				

企业名称	格拉菲贸易（上海）有限公司				
企业地址	上海市外高桥保税区富特西一路 139 号 1402 室（200131）				
投资总额	29 万 USD	电　　话	62370411	传　　真	62370415
设立日期	2002-11-11	负 责 人	WALTER　BENELLI		
主营业务	国际贸易、转口贸易，保税区企业间的贸易及贸易代理。				

企业名称	和稳制冷设备（上海）贸易有限公司				
企业地址	上海市外高桥保税区基隆路 1 号 1928 室（200131）				
投资总额	28 万 USD	电　　话	52390913	传　　真	54070612
设立日期	2002-11-9	负 责 人	苏室安		
主营业务	国际贸易、转口贸易，保税区内企业间的贸易及贸易代理；区内商务咨询服务。				

企业名称	上海美宝生命科技有限公司				
企业地址	上海市张江高科技园区牛顿路 200 号 1 号楼 401 室（201203）				
投资总额	170 万 USD	电　　话	50806226	传　　真	50806227
设立日期	2002-11-8	负 责 人	商庆新		
主营业务	生物医学材料及制品的研究开发、生产和销售产品。				

企业名称	穆格动力控制（上海）有限公司				
企业地址	上海市外高桥保税区希雅路 69 号 15 号楼第五层 C 部位（200131）				
投资总额	30 万 USD	电　　话	28931671	传　　真	50461350
设立日期	2002-11-8	负 责 人	SEAN GARTLAND		
主营业务	保税区内机械运动及动力控制元件，系统设备及相关配件的仓储、分拨业务。				

企业名称	上海胜联国际物流有限公司				
企业地址	上海市外高桥保税区富特西一路 333 号长城大厦四层 B4－4 部位（200131）				
投资总额	20 万 USD	电　　话	58822608	传　　真	58822726
设立日期	2002-11-7	负 责 人	MICHAEL CHEN		
主营业务	保税区的物流业务，国际贸易、转口贸易，保税区企业间的贸易及贸易代理				

企业名称	英威达纺织品经营服务（上海）有限公司				
企业地址	上海市淮海中路 300 号 17 楼（200021）				
投资总额	140 万 USD	电话	63876666	传真	63353890
设立日期	2002-11-7	负责人	陈荫楠		
主营业务	销售英威达企业和其他企业生产的英威达定牌产品。				

企业名称	维德路特油站设备（上海）有限公司				
企业地址	上海市外高桥保税区港澳路 389 号 5 号厂房第一层中西部位（200131）				
投资总额	20 万 USD	电话	50644360	传真	50480081
设立日期	2002-11-6	负责人	BRIAN BURNETT		
主营业务	保税区内以油罐液位监测系统产品，油站设备为主的国际贸易和仓储。				

企业名称	派克罗斯国际贸易（上海）有限公司				
企业地址	上海市外高桥保税区泰谷路 88 号 606 室（200131）				
投资总额	20 万 USD	电话	62184192	传真	
设立日期	2002-11-6	负责人	LUIS HLBERTO AKEL		
主营业务	国际贸易、转口贸易、保税区企业间的贸易与贸易代理；区内贸易咨询服务。				

企业名称	灿日泉（上海）贸易有限公司				
企业地址	上海市外高桥保税区新灵路 106 号 322 室（200131）				
投资总额	36 万 USD	电话	62363618	传真	62363628
设立日期	2002-11-6	负责人	今泉信昭		
主营业务	国际贸易、转口贸易、保税区企业间的贸易及贸易代理；区内商业性简单加工。				

企业名称	日立商务贸易（上海）有限公司				
企业地址	上海市茂名南路 205 号瑞金大厦 1910 室（200131）				
投资总额	30 万 USD	电话	54662266	传真	64724073
设立日期	2002-11-6	负责人	安福肇		
主营业务	国际贸易，保税区企业间的贸易，转口贸易及贸易代理等。				

企业名称	保特罗玻璃机械（上海）有限公司				
企业地址	上海市外高桥保税区泰谷路 205 号第一层 A1 部位（200131）				
投资总额	20 万 USD	电话	58682401	传真	64274000
设立日期	2002-11-4	负责人	FACCENDO ALDO		
主营业务	保税区内以玻璃生产设备和加工机械为主仓储和分拨业务；国际贸易，转口贸易。				

企业名称	斐成（上海）贸易有限公司				
企业地址	上海市外高桥保税区杨高北路 2005 号新兴楼 234 室（200131）				
投资总额	20 万 USD	电话	64261855	传真	64262799
设立日期	2002-11-4	负责人	钟明道		
主营业务	国际贸易、转口贸易、保税区内企业间的贸易及贸易代理；区内商务咨询服务。				

企业名称	振禄电子（上海）有限公司				
企业地址	上海市外高桥保税区基隆路 6 号 1309D 室（200131）				
投资总额	20 万 USD	电话	62897891	传真	62897855
设立日期	2002-11-4	负责人	CHEN XIANG MING		
主营业务	国际贸易、转口贸易、保税区企业间的贸易及区内贸易代理；区内商务咨询服务。				

企业名称	富士通多媒体部品贸易（上海）有限公司				
企业地址	上海市外高桥保税区加枫路 28 号新康商贸楼 110 室（200131）				
投资总额	28 万 USD	电话	63234542	传真	63234510
设立日期	2002-11-4	负责人	田中泉		
主营业务	国际贸易、转口贸易、保税区企业间的贸易及区内贸易代理。				

企业名称	广优信息科技（上海）有限公司				
企业地址	上海市张江高科技园区郭守敬路 498 号浦东软件园 8 号楼 8202 座（201203）				
投资总额	20 万 USD	电话	50806686	传真	50271201
设立日期	2002-11-4	负责人	CHANG MING TAI		
主营业务	计算机软件、网络软件的研发、制作、销售自产产品，并提供相关的技术咨询。				

企业名称	盈磐国际贸易（上海）有限公司				
企业地址	上海市外高桥保税区泰谷路 88 号六层 622 室（200131）				
投资总额	20 万 USD	电话	51075715	传真	51075751
设立日期	2002-11-2	负责人	莫建宇		
主营业务	保税区内以汽油润滑油，汽车配件及汽车美容品为主的仓储、分拨业务。				

企业名称	赛力特（上海）国际贸易有限公司				
企业地址	上海市外高桥保税区英伦路 38 号衡山国际商务楼 409 室（200131）				
投资总额	20 万 USD	电话	50482050	传真	50482051
设立日期	2002-11-1	负责人	J BERNARD PUGEAT		
主营业务	国际贸易，转口贸易，保税区内企业间的贸易及贸易代理。				

企业名称	伍尔特（上海）五金工具有限公司				
企业地址	上海市外高桥保税区冰克路 500 号 311 室（200131）				
投资总额	150 万 USD	电话	66762813	传真	
设立日期	2002-11-1	负责人	KARL HEIN WINTER		
主营业务	国际贸易、转口贸易、保税区企业间的贸易及贸易代理；区内贸易咨询服务。				

企业名称	高彰贸易（上海）有限公司				
企业地址	上海市外高桥保税区基隆路 1 号 1827 室（200131）				
投资总额	20 万 USD	电话	58692628	传真	58692629
设立日期	2002-10-31	负责人	JAY H.YIN		
主营业务	国际贸易、转口贸易、保税区企业间的贸易及贸易代理。				

企业名称	上海富电国际贸易有限公司				
企业地址	上海市外高桥保税区基隆路 6 号 1206 室（200131）				
投资总额	30 万 USD	电话	50599065	传真	50346194
设立日期	2002-10-30	负责人	LEE KECK KEONG		
主营业务	国际贸易、转口贸易，保税区企业间贸易及区内贸易代理，区内商业性简单加工				

企业名称	上海叠星达国际贸易有限公司				
企业地址	上海市外高桥保税区富特西一路 459 号 B 座 104 室（200131）				
投资总额	30 万 USD	电话	32160360	传真	32160360
设立日期	2002-10-30	负责人	WIRA KHARMA BIN		
主营业务	国际贸易、转口贸易、保税区企业间的贸易与贸易代理；保税区内贸易咨询服务。				

企业名称	谱洛革时（上海）贸易有限公司				
企业地址	上海市外高桥保税区基隆路 6 号 610 室（200131）				
投资总额	50 万 USD	电话	52393485	传真	52393240
设立日期	2002-10-30	负责人	朝野幸博		
主营业务	国际贸易、转口贸易、保税区企业间贸易及贸易代理；保税区内商业性简单加工。				

企业名称	富创硕国际贸易（上海）有限公司				
企业地址	上海市外高桥保税区杨高北路 2005 号新兴楼 203 室（200131）				
投资总额	40 万 USD	电话	62219733	传真	62219755
设立日期	2002-10-30	负责人	JACKSON CHUNG －TI		
主营业务	国际贸易、转口贸易，保税区企业间的贸易及贸易代理。				

企业名称	资腾国际贸易（上海）有限公司				
企业地址	上海市外高桥保税区新灵路 118 号 806B 室（200131）				
投资总额	28 万 USD	电话	61201980	传真	61201986
设立日期	2002-10-29	负责人	林万益		
主营业务	国际贸易、转口贸易、保税区企业间的贸易及贸易代理；区内商务咨询服务。				

企业名称	上海进懋贸易有限公司				
企业地址	上海市外高桥保税区冰克路 500 号 303 室（200131）				
投资总额	20 万 USD	电话	54243792	传真	54240631
设立日期	2002-10-29	负责人	陈坤滨		
主营业务	国际贸易、转口贸易、保税区企业间贸易及区内贸易代理；区内商业性简单加工。				

企业名称	建信启记机械国际贸易（上海）有限公司				
企业地址	上海市外高桥保税区奥纳路 185 号第五层 A2 部位（200131）				
投资总额	20 万 USD	电话	58680735	传真	58680736
设立日期	2002-10-29	负责人	梁世明		
主营业务	以机械设备及轴承为主的仓储、分拨业务；国际贸易、转口贸易。				

企业名称	上海悠尼琪贸易有限公司				
企业地址	上海市外高桥保税区华京路 8 号 314 室（200131）				
投资总额	20 万 USD	电话	62495343	传真	62497600
设立日期	2002-10-24	负责人	石本澄男		
主营业务	国际贸易、转口贸易，保税区企业间的贸易及贸易代理。				

企业名称	鑫玛力贸易（上海）有限公司				
企业地址	上海市外高桥保税区华京路 8 号 329 室（200131）				
投资总额	20 万 USD	电话	58822899	传真	58829272
设立日期	2002-10-24	负责人	TEYMOUR ZAMANI FOROS		
主营业务	保税区内商业性简单加工以商品展示；国际贸易、转口贸易；区内贸易咨询服务				

企业名称	上海桑升国际贸易有限公司				
企业地址	上海市外高桥保税区新灵路 118 号 1402A 室（200127）				
投资总额	20 万 USD	电话	50894313	传真	50907809
设立日期	2002-10-24	负责人	EZIO MARIA TIXI		
主营业务	国际贸易、转口贸易，保税区企业间的贸易及贸易代理。				

企业名称	上海立贝罗包装整理服务有限公司				
企业地址	上海市浦东新区三林镇三林路 738 号（200124）				
投资总额	28 万 USD	电　话	68303005	传　真	68303009
设立日期	2002-10-22	负 责 人	川畑和义		
主营业务	提供服装、服饰、床上用品、汽车保险带等纺织类产品的包装整理服务。				

企业名称	上海全润电子国际贸易有限公司				
企业地址	上海市外高桥保税区日京路 35 号凯兴大楼 11 层 1135 室（200131）				
投资总额	20 万 USD	电　话	64159866	传　真	64158591
设立日期	2002-10-21	负 责 人	陈广财		
主营业务	国际贸易、转口贸易、保税区企业间的贸易及贸易代理。				

企业名称	艾特织国际贸易（上海）有限公司				
企业地址	上海市外高桥保税区华京路 8 号 624 室（200131）				
投资总额	20 万 USD	电　话	50463330	传　真	50462650
设立日期	2002-10-21	负 责 人	CARY L.SMITH		
主营业务	国际贸易、转口贸易、保税区企业间的贸易及区内贸易代理。				

企业名称	联奇（上海）国际贸易有限公司				
企业地址	上海市外高桥保税区基隆路 6 号 1305 室（200131）				
投资总额	20 万 USD	电　话	64812768	传　真	64812767
设立日期	2002-10-21	负 责 人	石寿峰		
主营业务	国际贸易、转口贸易、保税区企业间的贸易及贸易代理。				

企业名称	河合贸易（上海）有限公司				
企业地址	上海市外高桥保税区新灵路 80 号 315 室（200131）				
投资总额	40 万 USD	电　话	68593338	传　真	68593339
设立日期	2002-10-21	负 责 人	小仓克夫		
主营业务	国际贸易、转口贸易、保税区企业间的贸易及保税区内贸易代理。				

企业名称	三晔国际贸易（上海）有限公司				
企业地址	上海市外高桥保税区新灵路 118 号 1210A 室（200131）				
投资总额	20 万 USD	电　话	50671925	传　真	50672133
设立日期	2002-10-21	负 责 人	中西正治		
主营业务	国际贸易、转口贸易、保税区企业间的贸易及贸易代理。				

企业名称	上海帕斯医疗器材贸易有限公司				
企业地址	上海市浦东新区日京路 79 号第七层 A 部位（200131）				
投资总额	20 万 USD	电　话	62172706	传　真	
设立日期	2002-10-18	负 责 人	邓炳辉		
主营业务	保税区内以服装、服饰产品为主的仓储分拨业务，国际贸易、转口贸易。				

企业名称	乾景国际物流（上海）有限公司				
企业地址	上海市外高桥保税区富特北路 318 号（200131）				
投资总额	105 万 USD	电　话	58683868	传　真	50640177
设立日期	2002-10-17	负 责 人	萩村奈奈绪		
主营业务	保税区内仓储、物流业务，保税区内自有房产的经营业务，国际贸易、转口贸易。				

企业名称	万斯特姆斯科技国际贸易（上海）有限公司				
企业地址	上海市外高桥保税区新灵路 118 号 1608B 室（200131）				
投资总额	20 万 USD	电　话	69179383	传　真	69179369
设立日期	2002-10-17	负 责 人	邓顺林		
主营业务	国际贸易、转口贸易，保税区企业间的贸易及贸易代理等。				

企业名称	达尔乐国际贸易（上海）有限公司				
企业地址	上海市南京西路 555 号五五五大厦 906 室（200041）				
投资总额	30 万 USD	电　话	62885151	传　真	62885170
设立日期	2002-10-17	负 责 人	林　斌		
主营业务	国际贸易、转口贸易、保税区企业间的贸易与贸易代理；区内商业性简单加工				

企业名称	宇帛国际贸易（上海）有限公司				
企业地址	上海市外高桥保税区新灵路 80 号 1#楼 319 室（200131）				
投资总额	20 万 USD	电　话	51168370	传　真	51168371
设立日期	2002-10-17	负 责 人	李洪雨		
主营业务	国际贸易，转口贸易，保税区企业间的贸易及贸易代理等。				

企业名称	捷联创业国际贸易（上海）有限公司				
企业地址	上海市外高桥保税区新灵路 118 号国际商茂大厦 1211A（200131）				
投资总额	50 万 USD	电　话	57505797	传　真	57505797
设立日期	2002-10-16	负 责 人	严伟立		
主营业务	国际贸易、转口贸易、保税区企业间的贸易及贸易代理；区内商业性简单加工。				

企业名称	展胜国际贸易（上海）有限公司				
企业地址	上海市外高桥保税区奥纳路 79 号 209 室（200131）				
投资总额	20 万 USD	电　话	54812605	传　真	54812604
设立日期	2002-10-15	负 责 人	郭海瑞		
主营业务	国际贸易、转口贸易、保税区企业间的贸易及贸易代理；区内商业性简单加工。				

企业名称	擎昊国际贸易（上海）有限公司				
企业地址	上海市外高桥保税区新灵路 80 号 1#楼 301 室（200131）				
投资总额	20 万 USD	电　话	50588638	传　真	50588638
设立日期	2002-10-14	负 责 人	赖振皓		
主营业务	国际贸易、转口贸易、保税区企业间的贸易及区内贸易代理。				

企业名称	赫克力士贸易（上海）有限公司				
企业地址	上海市外高桥保税区富特北路 333 号第三层东部位（200131）				
投资总额	175 万 USD	电　话	58662292	传　真	58662292
设立日期	2002-10-14	负 责 人	C. VAN DER SMEEDE		
主营业务	保税区内主要用于造纸业及与水基系统相关的工业的专业化学品的仓储、分拨。				

企业名称	欧西亚贸易（上海）有限公司				
企业地址	上海外高桥保税区新灵路 118 号 1208B 室（200131）				
投资总额	20 万 USD	电　话	63507072	传　真	63507074
设立日期	2002-10-11	负 责 人	马秀兴		
主营业务	国际贸易、转口贸易、保税区内企业间的贸易，贸易代理及咨询业务。				

企业名称	积准国际贸易（上海）有限公司				
企业地址	上海市外高桥保税区富特西一路 139 号 903 室（200131）				
投资总额	20 万 USD	电　话	58668816	传　真	58669456
设立日期	2002-10-11	负 责 人	洪美景		
主营业务	国际贸易、转口贸易、保税区内企业间的贸易，贸易代理及咨询业务。				

企业名称	津特机械贸易（上海）有限公司				
企业地址	上海市外高桥保税区基隆路 6 号 811 室（200131）				
投资总额	20 万 USD	电　话	64697540	传　真	34241183
设立日期	2002-10-9	负 责 人	丹山胜		
主营业务	国际贸易、转口贸易、保税区内企业间的贸易，贸易代理及咨询业务。				

企业名称	仓和（上海）国际贸易有限公司				
企业地址	上海市外高桥保税区基隆路 1 号汤臣国际贸易大楼 1101－3 室（200131）				
投资总额	20 万 USD	电　话	65992296	传　真	65992291
设立日期	2002-10-9	负 责 人	蔡富得		
主营业务	国际贸易、转口贸易、保税区企业间的贸易及代理等。				

企业名称	上海锐登国际贸易有限公司				
企业地址	上海市外高桥保税区基隆路 1 号 12A26 室（200131）				
投资总额	20 万 USD	电　话	58683557	传　真	58683556
设立日期	2002-10-9	负 责 人	邱威康		
主营业务	国际贸易、转口贸易、保税区企业间的贸易及贸易代理等。				

企业名称	上海新觉仕贸易有限公司				
企业地址	上海外高桥保税区基隆路 1 号汤臣国际贸易大楼 1110-3 室（200131）				
投资总额	20 万 USD	电　话	56665980	传　真	65872506
设立日期	2002-10-9	负 责 人	郭鑑泉		
主营业务	国际贸易、转口贸易、保税区企业间的贸易及区内贸易代理；保税区内商务咨询。				

企业名称	沟吕木国际贸易（上海）有限公司				
企业地址	上海外高桥保税区新灵路 118 号 1007B 室（200131）				
投资总额	20 万 USD	电　话	62702482	传　真	62702483
设立日期	2002-9-29	负 责 人	沟吕木孝之		
主营业务	国际贸易、转口贸易、保税区企业间的的贸易及贸易代理；区内商业性简单加工。				

企业名称	特美国际贸易（上海）有限公司				
企业地址	上海市外高桥保税区新灵路 118 号 403B 室（200131）				
投资总额	20 万 USD	电　话	54860206	传　真	54860207
设立日期	2002-9-28	负 责 人	THIRAYUTH CHAISAWANG		
主营业务	国际贸易及贸易咨询；保税区企业间的贸易及区内贸易代理。				

企业名称	圣划国际贸易（上海）有限公司				
企业地址	上海市外高桥保税区新灵路 118 号 1809 室（200131）				
投资总额	20 万 USD	电　话	50463161	传　真	50463261
设立日期	2002-9-28	负 责 人	蒋　斌		
主营业务	国际贸易、转口贸易、保税区内企业间的贸易及贸易代理。				

企业名称	立花机电贸易（上海）有限公司				
企业地址	上海市外高桥保税区富特西一路 289 号 A 楼 419 室（200131）				
投资总额	28 万 USD	电话	34160817	传真	64048809
设立日期	2002-9-27	负责人	布山尚伸		
主营业务	国际贸易、转口贸易、保税区企业间的贸易及贸易代理等。				

企业名称	北陆（上海）国际贸易有限公司				
企业地址	上海市外高桥冰克路 500 号 724 室（200131）				
投资总额	28 万 USD	电话	64286448	传真	64694498
设立日期	2002-9-27	负责人	津田信治		
主营业务	国际贸易、转口贸易、保税区企业间的贸易与贸易代理；区内贸易咨询服务。				

企业名称	巧晋国际贸易（上海）有限公司				
企业地址	上海市外高桥保税区新灵路 106 号 223 室（200131）				
投资总额	43 万 USD	电话	64458016	传真	64456728
设立日期	2002-9-27	负责人	ROBERT ERICH JR		
主营业务	国际贸易、转口贸易、区内商业性简单加工。				

企业名称	长屹国际贸易（上海）有限公司				
企业地址	上海市外高桥保税区日京路 35 号 1201 室（200131）				
投资总额	20 万 USD	电话	58352905	传真	58356980
设立日期	2002-9-27	负责人	彭宏虎		
主营业务	国际贸易、转口贸易、保税区企业间的贸易及贸易代理等。				

企业名称	吉越贸易（上海）有限公司				
企业地址	上海市外高桥保税区冰克路 500 号 408 室（200131）				
投资总额	28 万 USD	电话	64610898	传真	64610899
设立日期	2002-9-27	负责人	陈邦屏		
主营业务	国际贸易、区内贸易及区内贸易代理；商业性简单加工。				

企业名称	亿良国际贸易（上海）有限公司				
企业地址	上海市外高桥保税区富特西一路 139 号 1327 室（200131）				
投资总额	20 万 USD	电话	64768476	传真	64733971
设立日期	2002-9-27	负责人	叶武炎		
主营业务	国际贸易、转口贸易、保税区企业间贸易及区内贸易代理。				

企业名称	上海综贸国际贸易有限公司				
企业地址	上海市外高桥保税区加枫路 28 号 2206A 室（200131）				
投资总额	85 万 USD	电话	62896898	传真	62896678
设立日期	2002-9-26	负责人	陈坤木		
主营业务	国际贸易、转口贸易、保税区企业间贸易及保税区内贸易代理。				

企业名称	德图仪器国际贸易（上海）有限公司				
企业地址	上海市外高桥保税区杨高北路 2005 号新易楼 221 室（200131）				
投资总额	20 万 USD	电话	64708866	传真	64828108
设立日期	2002-9-26	负责人	HINRICHS. HEIKO HINR		
主营业务	国际贸易、转口贸易、保税区内企业间的贸易及贸易代理；商业性简单加工。				

企业名称	珮芙玛国际贸易（上海）有限公司				
企业地址	上海市黄浦区河南南路 33 号 20 楼 J 室（200002）				
投资总额	20 万 USD	电话	52930218	传真	
设立日期	2002-9-26	负责人	高山宏企		
主营业务	国际贸易、转口贸易、保税区企业间的贸易及贸易代理。				

企业名称	吉尔赛斯国际贸易（上海）有限公司				
企业地址	上海市外高桥保税区冰克路 500 号 1214 室（200131）				
投资总额	20 万 USD	电话	62757540	传真	62757540
设立日期	2002-9-26	负责人	RAJ BHAGCHAND CHAT		
主营业务	国际贸易、转口贸易、保税区企业间的贸易及贸易代理。				

企业名称	上海兆羚国际贸易有限公司				
企业地址	上海外高桥保税区杨高北路 2001 号市场商务楼二层 2616 室（200131）				
投资总额	20 万 USD	电话	52060352	传真	32115522
设立日期	2002-9-25	负责人	叶文铃		
主营业务	国际贸易、转口贸易、保税区企业间的贸易及区内贸易代理；商业性简单加工。				

企业名称	安振国际贸易（上海）有限公司				
企业地址	上海外高桥保税区日京路 35 号 1202 室（200131）				
投资总额	20 万 USD	电话	58880578	传真	58881810
设立日期	2002-9-25	负责人	阮业立		
主营业务	国际贸易、转口贸易、保税区企业间的贸易及贸易代理。				

企业名称	吟飞电子（上海）贸易有限公司				
企业地址	上海市外高桥保税区新灵路 118 号 2001 室（200131）				
投资总额	28 万 USD	电话	50460708	传真	50460392
设立日期	2002-9-24	负责人	娄伟明		
主营业务	国际贸易、转口贸易，保税区企业间的贸易及保税区内贸易代理等。				

企业名称	阿文美驰商用车辆系统（上海）有限公司				
企业地址	上海市外高桥保税区泰谷路 48 号第一层 B 部位（200131）				
投资总额	25 万 USD	电话	58662293	传真	58685108
设立日期	2002-9-23	负责人	LARRY DOWERS		
主营业务	国际贸易、转口贸易、保税区企业间的贸易与贸易代理；区内贸易咨询服务。				

企业名称	汇颖国际贸易（上海）有限公司				
企业地址	上海市外高桥保税区基隆路 1 号 1905 室（200131）				
投资总额	28 万 USD	电话	64282885	传真	54070162
设立日期	2002-9-23	负责人	王达生		
主营业务	国际贸易、转口贸易、保税区内企业间的贸易及保税区内贸易代理。				

企业名称	重华半导体科技贸易（上海）有限公司				
企业地址	上海市外高桥保税区杨高北路 2001 号市场商务楼 2624 室（200131）				
投资总额	20 万 USD	电话	68407106	传真	
设立日期	2002-9-23	负责人	刘鸿钧		
主营业务	国际贸易、转口贸易、保税区企业间的贸易及贸易代理；区内商业性简单加工。				

企业名称	同洋成套设备贸易（上海）有限公司				
企业地址	上海市外高桥保税区新灵路 118 号国际商贸大厦 1116 室（200131）				
投资总额	20 万 USD	电话	58889935	传真	58888176
设立日期	2002-9-23	负责人	总山诚		
主营业务	国际贸易、转口贸易、保税区企业间的贸易及贸易代理。				

企业名称	安东尼澳国际贸易（上海）有限公司				
企业地址	上海市外高桥保税区基隆路 6 号 1205 室（200131）				
投资总额	28 万 USD	电话	53068222	传真	53068222
设立日期	2002-9-20	负责人	黄永耀		
主营业务	国际贸易、转口贸易、保税区企业间的贸易与贸易代理；区内商业性简单加工。				

企业名称	迪恩士电子（上海）有限公司				
企业地址	上海市外高桥保税区奥纳路 185 号综合大楼第三层 B2 部位（200131）				
投资总额	50 万 USD	电话	54805480	传真	50805480
设立日期	2002-9-19	负责人	末武隆成		
主营业务	保税区内以电子产品为主的仓储分拨业务及其相关产品的售后服务。				

企业名称	华尔卡（上海）贸易有限公司				
企业地址	上海市外高桥保税区华京路 8 号 318 室（200131）				
投资总额	20 万 USD	电话	53082468	传真	53082478
设立日期	2002-9-19	负责人	龙泽利晃		
主营业务	国际贸易、转口贸易、保税区企业间贸易及区内贸易代理；区内商业性简单加工。				

企业名称	迪尔艾爱提（上海）贸易有限公司				
企业地址	上海市外高桥保税区基隆路 6 号 818 室（200131）				
投资总额	28 万 USD	电话	62888080	传真	62887879
设立日期	2002-9-18	负责人	BRIAN KEITH DUPELL		
主营业务	国际贸易、转口贸易、保税区企业间的贸易与贸易代理；区内商业性简单加工。				

企业名称	上海鸿河国际贸易有限公司				
企业地址	上海市外高桥保税区冰克路 500 号 1#综合楼 511 室（200131）				
投资总额	20 万 USD	电话	62836068	传真	
设立日期	2002-9-18	负责人	简昭瑛		
主营业务	国际贸易、转口贸易、保税区企业间的贸易与贸易代理；区内商业性简单加工。				

企业名称	劳士领国际贸易（上海）有限公司				
企业地址	上海市外高桥保税区杨高北路 2005 号新易楼 252 室（200131）				
投资总额	20 万 USD	电话	51176363	传真	51177963
设立日期	2002-9-17	负责人	WONG YUEN KWANG		
主营业务	国际贸易、转口贸易、保税区企业间的贸易与贸易代理；区内商业性简单加工。				

企业名称	康能普视国际贸易（上海）有限公司				
企业地址	上海市外高桥保税区新灵路 80 号 1 号楼 309 室（200131）				
投资总额	20 万 USD	电话	50460879	传真	50460679
设立日期	2002-9-16	负责人	NG CHER LONG		
主营业务	国际贸易、转口贸易、保税区企业间的贸易与贸易代理；区内商业性简单加工。				

企业名称	贸电国际贸易（上海）有限公司				
企业地址	上海市外高桥保税区马吉路28号2005B室（200131）				
投资总额	20万USD	电　　话	58405511	传　　真	58528527
设立日期	2002-9-13	负 责 人	薛民康		
主营业务	国际贸易、转口贸易、保税区企业间的贸易及贸易代理，区内商业性简单加工。				

企业名称	增你强（上海）国际贸易有限公司				
企业地址	上海市外高桥保税区基隆路6号1309A室（200131）				
投资总额	50万USD	电　　话	62516299	传　　真	62076762
设立日期	2002-9-13	负 责 人	周李美贞		
主营业务	国际贸易、转口贸易、保税区企业间的贸易及贸易代理。				

企业名称	泰耀（上海）贸易有限公司				
企业地址	上海市外高桥保税区新灵路118号1416（200131）				
投资总额	20万USD	电　　话	62787707	传　　真	62787717
设立日期	2002-9-13	负 责 人	平井裕晃		
主营业务	国际贸易、转口贸易、保税区企业间的贸易及贸易代理；区内商业性简单加工。				

企业名称	汉得克工具贸易（上海）有限公司				
企业地址	上海市外高桥保税区基隆路6号712室（200131）				
投资总额	28万USD	电　　话	64689842	传　　真	64276056
设立日期	2002-9-13	负 责 人	OTSUKA HISATOSHI		
主营业务	国际贸易、保税区企业间的贸易、转口贸易及贸易代理；区内商业性简单加工。				

企业名称	巨路国际贸易（上海）有限公司				
企业地址	上海市外高桥保税区加枫路28号新康2号楼4层2424室（200131）				
投资总额	20万USD	电　　话	64481062	传　　真	64481060
设立日期	2002-9-11	负 责 人	陈士弘		
主营业务	国际贸易，转口贸易，保税区企业间的贸易及区内贸易代理。				

企业名称	亚畅国际贸易（上海）有限公司				
企业地址	上海市外高桥保税区新灵路118号608A室（200131）				
投资总额	20万USD	电　　话	54259905	传　　真	54259907
设立日期	2002-9-11	负 责 人	ROBERTS GREGORY MAR		
主营业务	国际贸易、转口贸易、保税区企业间的贸易及贸易代理；区内商业性简单加工。				

企业名称	爱德克电气贸易（上海）有限公司				
企业地址	上海市外高桥保税区冰克路500号627室（200120）				
投资总额	42万USD	电　　话	53531000	传　　真	53531263
设立日期	2002-9-10	负 责 人	船木千雄		
主营业务	国际贸易，转口贸易，保税区企业间的贸易及保税区内贸易代理。				

企业名称	上海辉濠国际贸易有限公司				
企业地址	上海市保税区台中南路2号249室（200131）				
投资总额	40万USD	电　　话	62474237	传　　真	62474236
设立日期	2002-9-10	负 责 人	宗嘉仁		
主营业务	以纸张为主的国际贸易、转口贸易、保税区企业间的贸易及贸易代理。				

企业名称	佳宜国际贸易（上海）有限公司				
企业地址	上海市外高桥保税区新灵路118号304室（200131）				
投资总额	20万USD	电　　话	54173311	传　　真	54173322
设立日期	2002-9-10	负 责 人	张永斗		
主营业务	国际贸易、转口贸易、保税区企业间的贸易及贸易代理。				

企业名称	美蓓亚贸易（上海）有限公司				
企业地址	上海市外高桥保税区基隆路6号1120室（200131）				
投资总额	71万USD	电　　话	54050707	传　　真	54047007
设立日期	2002-9-10	负 责 人	清水征夫		
主营业务	国际贸易，转口贸易，保税区企业间的贸易及贸易代理。				

企业名称	名骏汽车（上海）有限公司				
企业地址	上海市外高桥保税区富特西一路459号B座楼316室（200131）				
投资总额	30万USD	电　　话	64215164	传　　真	54475506
设立日期	2002-9-10	负 责 人	孔德胜		
主营业务	国际贸易、转口贸易、保税区企业间的贸易与贸易代理；区内商业性简单加工。				

企业名称	日电波水晶（上海）贸易有限公司				
企业地址	上海市外高桥保税区新灵路118号816室（200131）				
投资总额	20万USD	电　　话	62785115	传　　真	62785117
设立日期	2002-9-9	负 责 人	TSUNEKAZU ANDO		
主营业务	国际贸易，转口贸易，保税区企业间的贸易及贸易代理。				

企业名称	上海慧友沅骅贸易有限公司				
企业地址	上海市浦东新区峨山路613号6幢235室（200127）				
投资总额	120万USD	电　　话	52981128	传　　真	
设立日期	2002-9-9	负 责 人	黄政凯		
主营业务	数码摄像、摄影产品、计算机软、硬件产品的进出口，批发、零售。				

企业名称	涩泽物流（上海）有限公司				
企业地址	上海市外高桥保税区荷丹路320号第一层C部位（200131）				
投资总额	70万USD	电　　话	58682955	传　　真	58682956
设立日期	2002-9-9	负 责 人	水越启藏		
主营业务	保税区内以电气、机械产品及相关零部件为主的仓储、物流。				

企业名称	上海科雷国际贸易有限公司				
企业地址	上海市外高桥保税区泰谷路88号652室（200131）				
投资总额	20万USD	电　　话	64646150	传　　真	64279490
设立日期	2002-9-9	负 责 人	马中恒		
主营业务	国际贸易、转口贸易、保税区企业间的贸易及贸易代理，区内仓储。				

企业名称	鼎佳国际贸易（上海）有限公司				
企业地址	上海市外高桥保税区日京路35号1001室（200131）				
投资总额	20万USD	电　　话	62494300	传　　真	62480122
设立日期	2002-9-9	负 责 人	CLEMENT DE GIVRY		
主营业务	国际贸易、转口贸易、保税区企业间的贸易与贸易代理；区内商业性简单加工。				

企业名称	丸文艾睿国际贸易（上海）有限公司				
企业地址	上海市外高桥保税区加枫路28号2204室（200131）				
投资总额	28万USD	电　　话	61328200	传　　真	61328288
设立日期	2002-9-9	负 责 人	藤野聪		
主营业务	国际贸易、转口贸易、保税区内企业间的贸易及贸易代理；区内商业性简单加工。				

企业名称	圣隆电镀（上海）有限公司				
企业地址	上海市化学工业区奉贤分区朱家村（201400）				
投资总额	65万USD	电　　话	57447985	传　　真	57447980
设立日期	2002-9-6	负 责 人	范福祥		
主营业务	生产各类证章徽章、锌合金礼品、五金制品、金属饰品和各类金属电镀。				

企业名称	徕卡显微系统（上海）贸易有限公司				
企业地址	上海市外高桥保税区富特北路127号3楼C部位（200131）				
投资总额	20万USD	电　　话	63876606	传　　真	63876698
设立日期	2002-9-5	负 责 人	DR.WOLF OTTO REUTER		
主营业务	以显微镜、显微镜样本组织的制备仪器，图像分析系统为主的仓储和国际贸易。				

企业名称	日侨电子器材（上海）有限公司				
企业地址	上海市外高桥保税区富特西一路139号1317室（200131）				
投资总额	28万USD	电　　话	62368352	传　　真	62368350
设立日期	2002-9-5	负 责 人	相泽孝		
主营业务	国际贸易、转口贸易、保税区企业间的贸易与贸易代理；区内商业性简单加工。				

企业名称	先颖国际贸易（上海）有限公司				
企业地址	上海市外高桥保税区基隆路6号13F1305室（200131）				
投资总额	58万USD	电　　话	64401845	传　　真	64401847
设立日期	2002-9-4	负 责 人	叶家英		
主营业务	国际贸易、转口贸易、保税区企业间的贸易及贸易代理。				

企业名称	上海景年医疗器械有限公司				
企业地址	上海市外高桥保税区冰克路500号715室（200131）				
投资总额	100万USD	电　　话	62090999	传　　真	
设立日期	2002-9-4	负 责 人	章亮华		
主营业务	国际贸易、转口贸易、保税区内企业间的贸易及贸易代理。				

企业名称	太意成（上海）贸易有限公司				
企业地址	上海市外高桥保税区杨高北路2005号新易楼302室（200131）				
投资总额	20万USD	电　　话	57527006	传　　真	37551355
设立日期	2002-9-4	负 责 人	柴田津代之		
主营业务	国际贸易、转口贸易、保税区企业间的贸易及贸易代理等。				

企业名称	芳庆贸易（上海）有限公司				
企业地址	上海市外高桥保税区新灵路118号716室（200131）				
投资总额	20万USD	电　　话	54248051	传　　真	54248055
设立日期	2002-9-3	负 责 人	陈国龙		
主营业务	国际贸易、转口贸易、保税区企业间的贸易及区内贸易代理；区内贸易咨询服务				

企业名称	可隆（上海）贸易有限公司				
企业地址	上海市外高桥保税区新灵路 118 号 201A 室（200131）				
投资总额	100 万 USD	电　　话	54223522	传　　真	54222405
设立日期	2002-9-2	负 责 人	DUK HYUN BAIK		
主营业务	国际贸易、转口贸易、保税区企业间的贸易及保税区内贸易代理。				

企业名称	饭山（上海）贸易有限公司				
企业地址	上海市外高桥保税区华京路 8 号 835 室（200131）				
投资总额	25 万 USD	电　　话	63810016	传　　真	63810026
设立日期	2002-9-2	负 责 人	胜山和郎		
主营业务	国际贸易、转口贸易、保税区企业间的贸易及区内贸易代理。				

企业名称	阿斯麦（上海）国际贸易有限公司				
企业地址	上海市外高桥保税区基隆路 6 号 1018 室（200131）				
投资总额	20 万 USD	电　　话	50275705	传　　真	50270697
设立日期	2002-9-1	负 责 人	徐　杰		
主营业务	国际贸易、转口贸易、保税区企业间贸易及区内贸易代理；区内商业性简单加工。				

企业名称	钛格贸易（上海）有限公司				
企业地址	上海市外高桥保税区加枫路 28 号 2419 室（200131）				
投资总额	20 万 USD	电　　话	64290660	传　　真	64290620
设立日期	2002-8-30	负 责 人	林裕原		
主营业务	国际贸易、转口贸易、保税区内企业间的贸易及贸易代理。				

企业名称	上海太欧马绝缘材料有限公司				
企业地址	上海市外高桥保税区冰克路 500 号 717 室（200131）				
投资总额	20 万 USD	电　　话	52708392	传　　真	52708395
设立日期	2002-8-29	负 责 人	吴建刚		
主营业务	国际贸易、转口贸易、保税区内企业间贸易及贸易代理。				

企业名称	佑仓国际贸易（上海）有限公司				
企业地址	上海市外高桥保税区杨高北路 2005 号 117 室（200131）				
投资总额	20 万 USD	电　　话	64878448	传　　真	64878440
设立日期	2002-8-28	负 责 人	CHEN BENJAMIN K		
主营业务	国际贸易、转口贸易、保税区企业间的贸易与贸易代理；区内商业性简单加工。				

企业名称	山善（上海）贸易有限公司				
企业地址	上海外高桥保税区华京路 8 号 436 室（200131）				
投资总额	50 万 USD	电　　话	64276750	传　　真	
设立日期	2002-8-27	负 责 人	山本政美		
主营业务	国际贸易、转口贸易、保税区企业间的贸易与贸易代理；保税区内贸易咨询服务。				

企业名称	上海仁协国际贸易有限公司				
企业地址	上海市外高桥保税区杨高北路 2001 号市场商务楼 304 室（200131）				
投资总额	20 万 USD	电　　话	68750368	传　　真	
设立日期	2002-8-26	负 责 人	黄　钢		
主营业务	国际贸易、转口贸易、保税区企业间的贸易及区内贸易代理；区内商务咨询。				

企业名称	纬迪科电子贸易（上海）有限公司				
企业地址	上海市外高桥保税区日京路 51 号 A 楼二层 1208 室（200131）				
投资总额	71 万 USD	电　　话	62372226	传　　真	62372225
设立日期	2002-8-26	负 责 人	大野幸雄		
主营业务	国际贸易、转口贸易、保税区内企业间的贸易及贸易代理；区内商业性简单加工。				

企业名称	日三环太铜业（上海）有限公司				
企业地址	上海外高桥保税区新灵路 80 号 311 室（200131）				
投资总额	140 万 USD	电　　话	54659218	传　　真	54659238
设立日期	2002-8-26	负 责 人	西山佳宏		
主营业务	国际贸易、转口贸易、保税区企业间的贸易及贸易代理；区内商业性简单加工。				

企业名称	公耀国际贸易（上海）有限公司				
企业地址	上海外高桥保税区冰克路 500 号 728 室（200131）				
投资总额	20 万 USD	电　　话	54510167	传　　真	64477513
设立日期	2002-8-23	负 责 人	谢明志		
主营业务	国际贸易、转口贸易、保税区企业间的贸易及区内贸易代理。				

企业名称	崇远国际贸易（上海）有限公司				
企业地址	上海市外高桥保税区加枫路 28 号 2 号楼 2603 室（200131）				
投资总额	28 万 USD	电　　话	64011398	传　　真	64011396
设立日期	2002-8-23	负 责 人	张翠兰		
主营业务	国际贸易、转口贸易、保税区企业间的贸易及区内贸易代理。				

企业名称	上海永准贸易有限公司				
企业地址	上海外高桥保税区加枫路 28 号 2510 室（200131）				
投资总额	20 万 USD	电　　话	68416880	传　　真	68416800
设立日期	2002-8-22	负 责 人	黄建雯		
主营业务	国际贸易、转口贸易、保税区内企业间的贸易及贸易代理。				

企业名称	达妮克国际贸易（上海）有限公司				
企业地址	上海市外高桥保税区华京路 8 号 819 室（200131）				
投资总额	29 万 USD	电　　话	52581177	传　　真	
设立日期	2002-8-22	负 责 人	山下隆司		
主营业务	国际贸易、转口贸易，保税区企业间贸易及贸易代理业务。				

企业名称	恩益禧东金电子（上海）有限公司				
企业地址	上海市外高桥保税区基隆路 6 号 1013 室（200131）				
投资总额	28 万 USD	电　　话	58668560	传　　真	
设立日期	2002-8-20	负 责 人	千叶修		
主营业务	国际贸易、转口贸易、保税区企业间的贸易及贸易代理。				

企业名称	兆智国际贸易（上海）有限公司				
企业地址	上海外高桥保说区日京路 35 号 1203 室（200131）				
投资总额	50 万 USD	电　　话	58884268	传　　真	58884265
设立日期	2002-8-20	负 责 人	李永祥		
主营业务	国际贸易、转口贸易、保税区内企业间的贸易及区内贸易代理。				

企业名称	启贸国际贸易（上海）有限公司				
企业地址	上海外高桥保税区奥纳路 185 号 634 室（200131）				
投资总额	20 万 USD	电　　话	63618686	传　　真	63392305
设立日期	2002-8-19	负 责 人	卢家强		
主营业务	国际贸易、转口贸易、保税区企业间的贸易及贸易代理；区内商业性简单加工。				

企业名称	河村电器国际贸易（上海）有限公司				
企业地址	上海市浦东新区新灵路 118 号 1404A 室（200131）				
投资总额	57 万 USD	电　　话	62862500	传　　真	52716095
设立日期	2002-8-15	负 责 人	河村幸俊		
主营业务	国际贸易、转口贸易、保税区企业间的贸易与贸易代理；保税区内贸易咨询服务。				

企业名称	瓯尚盈特诺（上海）国际贸易有限公司				
企业地址	上海外高桥保税区基隆路 1 号 1225 室（200131）				
投资总额	600 万 USD	电　　话	58662293	传　　真	58662293
设立日期	2002-8-15	负 责 人	HENRY MATHIAS		
主营业务	国际贸易、保税区企业间贸易、保税区内贸易代理；区内贸易咨询服务。				

企业名称	沃盛（上海）有限公司				
企业地址	上海市外高桥保税区基隆路 6 号外高桥大厦 616 室（200131）				
投资总额	70 万 USD	电　　话	62361680	传　　真	62361680
设立日期	2002-8-15	负 责 人	KENNETH EATON		
主营业务	国际贸易、转口贸易、保税区企业间的贸易与贸易代理，保税区内贸易咨询服务。				

企业名称	索伦帝奴（上海）国际贸易有限公司				
企业地址	上海市外高桥保税区富特西一路 135 号 A 幢 415 室（200131）				
投资总额	30 万 USD	电　　话	58418345	传　　真	58418345
设立日期	2002-8-15	负 责 人	钱　磊		
主营业务	国际贸易、转口贸易、保税区内企业间的贸易及贸易代理。				

企业名称	弘豫电子科技（上海）有限公司				
企业地址	上海外高桥保税区富特东三路 76 号 32 号厂房第二层西部位（200131）				
投资总额	50 万 USD	电　　话	50482099	传　　真	50481699
设立日期	2002-8-15	负 责 人	赖淑惠		
主营业务	保税区内生产、研发设计液晶显示器、液晶面板、数字液晶电视机等。				

企业名称	禾科国际贸易（上海）有限公司				
企业地址	上海外高桥保税区基隆路 1 号 1913 室（200131）				
投资总额	28 万 USD	电　　话	34240631	传　　真	
设立日期	2002-8-15	负 责 人	吕登复		
主营业务	国际贸易、转口贸易、保税区企业间的贸易与贸易代理；区内商业性简单加工。				

企业名称	乐金化学贸易（上海）有限公司				
企业地址	上海市外高桥保税区巴圣路 275 号 38 号厂房第 1 层东部位（200131）				
投资总额	300 万 USD	电　　话	52416600	传　　真	
设立日期	2002-8-15	负 责 人	崔在荣		
主营业务	国际贸易及贸易咨询；保税区企业间的贸易及区内贸易代理。				

企业名称	颂泰贸易（上海）有限公司				
企业地址	上海市外高桥保税区基隆路 6 号 607 室（200131）				
投资总额	28 万 USD	电话	52717377	传真	52717077
设立日期	2002-8-15	负责人	庄孟颖		
主营业务	国际贸易、转口贸易，保税区企业间的贸易及贸易代理。				

企业名称	大西洋饮料（上海）有限公司				
企业地址	上海外高桥保税区新灵路 118 号 1418 室（200131）				
投资总额	20 万 USD	电话	51532355	传真	62918477
设立日期	2002-8-15	负责人	江国贵		
主营业务	国际贸易、转口贸易、保税区企业间的贸易及保税区内贸易代理。				

企业名称	上海大珠大景辅料贸易有限公司				
企业地址	上海市外高桥保税区富特北路 129 号 4 层 D 部位（200131）				
投资总额	23 万 USD	电话	58665757	传真	58680328
设立日期	2002-8-14	负责人	植田健一		
主营业务	保税区内以服装辅料为主的仓储、分拨、展示，技术开发售后服务。				

企业名称	卫利国际科贸（上海）有限公司				
企业地址	上海市外高桥保税区新灵路 80 号 203 室（200131）				
投资总额	20 万 USD	电话	51695388	传真	58958475
设立日期	2002-8-13	负责人	杨家齐		
主营业务	国际贸易、转口贸易、保税区企业间的贸易与贸易代理；区内商业性简单加工。				

企业名称	上海凯海贸易有限公司				
企业地址	上海外高桥保税区基隆路 6 号 810 室（200131）				
投资总额	20 万 USD	电话	64458000	传真	64455171
设立日期	2002-8-12	负责人	吉江谦二		
主营业务	国际贸易、转口贸易、保税区内企业间的贸易及贸易代理。				

企业名称	汤美希绯格时装（上海）有限公司				
企业地址	上海市外高桥保税区新灵路 118 号 201C 室（200131）				
投资总额	30 万 USD	电话	50460506	传真	50460889
设立日期	2002-8-12	负责人	陈增荣		
主营业务	国际贸易、转口贸易、保税区企业间的贸易及保税区内贸易代理。				

企业名称	美商得升贸易（上海）有限公司				
企业地址	上海市外高桥保税区加枫路 28 号 2305 室（200131）				
投资总额	29 万 USD	电话	52681951	传真	52681951
设立日期	2002-8-9	负责人	LUDGER H.VIEFHUES		
主营业务	国际贸易、转口贸易、保税区内企业间的贸易及贸易代理；区内商业性简单加工。				

企业名称	奥加诺（上海）水处理有限公司				
企业地址	上海外高桥保税区爱都路 390 号 30 号楼第一层 E 部位（200131）				
投资总额	70 万 USD	电话	62836676	传真	
设立日期	2002-8-9	负责人	中川健		
主营业务	国际贸易、转口贸易、保税区企业间的贸易与贸易代理；区内商业性简单加工。				

企业名称	腾潮塑料国际贸易（上海）有限公司				
企业地址	上海市外高桥保税区基隆路 1 号 821 室（200131）				
投资总额	20 万 USD	电话	58690486	传真	58690487
设立日期	2002-8-8	负责人	MULJAMTO TJANDRA		
主营业务	国际贸易、转口贸易、保税区内企业间的贸易及贸易代理；区内商业性简单加工。				

企业名称	大同利美特贸易（上海）有限公司				
企业地址	上海市外高桥保税区英伦路 38 号 514 室（200131）				
投资总额	600 万 USD	电话	57740088	传真	57741660
设立日期	2002-8-8	负责人	安江惠		
主营业务	国际贸易、转口贸易、保税区企业间的贸易及贸易代理。				

企业名称	上海亨晟电子贸易有限公司				
企业地址	上海外高桥保税区冰克路 500 号 721 室（200131）				
投资总额	45 万 USD	电话	63459295	传真	63456286
设立日期	2002-8-8	负责人	张建伟		
主营业务	国际贸易、转口贸易、保税区企业间的贸易及贸易代理。				

企业名称	上海嘉娜宝化妆品贸易有限公司				
企业地址	上海市外高桥保税区华京路 8 号 405 室（200131）				
投资总额	50 万 USD	电话	52285050	传真	51531348
设立日期	2002-8-8	负责人	岩间孝夫		
主营业务	国际贸易、保税区企业间的贸易及贸易代理业务。				

企业名称	艺利磁铁（上海）有限公司				
企业地址	上海外高桥保税区爱都路 390 号 31 好楼 A+部位（200131）				
投资总额	25 万 USD	电话	50462123	传真	50460977
设立日期	2002-8-7	负责人	TIMOTHY G. SHUTTLEWO		
主营业务	开发、制造、加工磁选设备，销售自产产品及其产品的维修和售后服务。				

企业名称	上海丞乐国际贸易有限公司				
企业地址	上海外高桥保税区加枫路 28 号 310 室（200131）				
投资总额	20 万 USD	电话	62416889	传真	62418271
设立日期	2002-8-7	负责人	林本忠		
主营业务	国际贸易、转口贸易、保税区企业间的贸易及贸易代理；区内商业性简单加工。				

企业名称	特立劳格帝亚钻石（上海）有限公司				
企业地址	上海市浦东新区世纪大道 88 号金茂大厦 4 楼 427 室（200120）				
投资总额	20 万 USD	电话	54510167	传真	64477513
设立日期	2002-8-6	负责人	SUDIPKUMAR DAHYALAL		
主营业务	通过上海钻石交易所海关开展钻石进出口的业务（包括转口贸易、加工贸易）。				

企业名称	传富国际贸易（上海）有限公司				
企业地址	上海外高桥保税区基隆路 1 号 728 室（200131）				
投资总额	270 万 USD	电话	63917066	传真	63917639
设立日期	2002-8-5	负责人	许富传		
主营业务	国际贸易、转口贸易、保税区企业间贸易及保税区内贸易代理。				

企业名称	良松国际贸易（上海）有限公司				
企业地址	上海外高桥保税区基隆路 1 号 1613 室（200131）				
投资总额	20 万 USD	电话	68671168	传真	68762911
设立日期	2002-8-5	负责人	陈锦洋		
主营业务	国际贸易、转口贸易、保税区企业间的贸易、区内贸易代理。				

企业名称	大阳日酸特殊气体（上海）有限公司				
企业地址	上海市外高桥保税区日京路 51 号 D 区 D3 地块 A 楼四层 1402 部位（200131）				
投资总额	237 万 USD	电话	58358700	传真	58358778
设立日期	2002-8-5	负责人	原文雄		
主营业务	国际贸易、转口贸易、保税区内企业间的贸易及贸易代理；区内商业性简单加工。				

企业名称	艾唯数码办公设备（上海）贸易有限公司				
企业地址	上海市外高桥保税区芬辛路 20 号第 6 层 A－D 部位（200131）				
投资总额	20 万 USD	电话	64413568	传真	64413566
设立日期	2002-8-2	负责人	盛少澜		
主营业务	保税区内以数码办公设备及相关零部件为主仓储分拨业务，相关产品技术服务。				

企业名称	住商电子（上海）有限公司				
企业地址	上海市外高桥保税区德堡路 11 号 46 号楼第二层 205 部位（200131）				
投资总额	60 万 USD	电话	62375716	传真	52375719
设立日期	2002-8-2	负责人	高木裕		
主营业务	以电子产品及其相关生产设备为主的保税区内仓储业务、分拨、展示、培训。				

企业名称	奥维科雅阀门（上海）有限公司				
企业地址	上海外高桥保税区华京路 8 号 428 室（200131）				
投资总额	20 万 USD	电话	53087733	传真	53089989
设立日期	2002-8-2	负责人	NIELS AAGE KJAER		
主营业务	国际贸易、转口贸易、保税区企业间的贸易与贸易代理；区内贸易咨询服务。				

企业名称	极东特装车贸易（上海）有限公司				
企业地址	上海外高桥保税区美盛路 225 号第一层 B 部位（200131）				
投资总额	80 万 USD	电话	58682572	传真	58666066
设立日期	2002-8-2	负责人	植山友儿		
主营业务	保税区内从事特种车辆、环境保护机械、立体停车场设备及相关的零部件的贸易。				

企业名称	路碧康贸易（上海）有限公司				
企业地址	上海市外高桥保税区基隆路 1 号 1604 室（200131）				
投资总额	20 万 USD	电话	62369786	传真	62368266
设立日期	2002-8-1	负责人	登内英夫		
主营业务	国际贸易、转口贸易、保税区企业间的贸易及保税区内贸易代理.				

企业名称	上海合普集晟电子贸易有限公司				
企业地址	上海市外高桥保税区奥纳路 158 号第六层 A 部位（200131）				
投资总额	436 万 USD	电话	64162909	传真	
设立日期	2002-7-31	负责人	黄石安（HUANG SHIH AN）		
主营业务	保税区以电子产品为主的仓储、分拨业务；国际贸易、转口贸易。				

企业名称	百图曼印刷器材（上海）有限公司				
企业地址	上海市外高桥保税区富特西一路 289 号 A 楼四层 A412 室（200131）				
投资总额	20 万 USD	电　话	64381595	传　真	64270207
设立日期	2002-7-30	负 责 人	程忠豪		
主营业务	以各类印刷物料、印刷机械及设备、零件为主的国际贸易、转口贸易。				

企业名称	龙佳钻石（上海）有限公司				
企业地址	上海市浦东新区世纪大道 88 号金茂大厦 605 室（200120）				
投资总额	25 万 USD	电　话	50471320	传　真	50471298
设立日期	2002-7-29	负 责 人	ANUJ JASANI		
主营业务	通过上海钻石交易所海关开展钻石进出口的业务（包括转口贸易、加工贸易）。				

企业名称	上海东贩国际贸易有限公司				
企业地址	上海市外高桥保税区富特西一路 139 号 920 室（200131）				
投资总额	20 万 USD	电　话	51097755	传　真	58776030
设立日期	2002-7-29	负 责 人	左右田捻		
主营业务	国际贸易、转口贸易、保税区企业间的贸易及贸易代理。				

企业名称	适履意贸易（上海）有限公司				
企业地址	上海市外高桥保税区基隆路 1 号 713 室（200131）				
投资总额	20 万 USD	电　话	64878520	传　真	
设立日期	2002-7-29	负 责 人	徐兆雄		
主营业务	国际贸易、转口贸易、保税区企业间的贸易及贸易代理等。				

企业名称	联致冷气机械（上海）有限公司				
企业地址	上海外高桥保税区基隆路 1 号 1101-1 室（200131）				
投资总额	20 万 USD	电　话	64131838	传　真	64131822
设立日期	2002-7-29	负 责 人	张金清		
主营业务	国际贸易、转口贸易、保税区企业间的贸易与贸易代理；区内商业性简单加工。				

企业名称	化普科国际贸易（上海）有限公司				
企业地址	上海市外高桥保税区冰克路 500 号 726 室（200131）				
投资总额	20 万 USD	电　话	52651731	传　真	52651733
设立日期	2002-7-29	负 责 人	SAM KWAI HOONG		
主营业务	国际贸易、转口贸易、保税区企业间的贸易与贸易代理；区内商业性简单加工。				

企业名称	密科理（上海）微电子贸易有限公司				
企业地址	上海外高桥保税区希雅路 11 号 13 号楼第三层 B 部位（200131）				
投资总额	20 万 USD	电　话	28986710	传　真	50805598
设立日期	2002-7-29	负 责 人	JEAN MARR-PANDRAWD		
主营业务	保税区内以微电子产品为主的仓储、分拨业务及相关产品的维修、技术服务。				

企业名称	科赛思通讯设备（上海）有限公司				
企业地址	上海市延安东路 550 号海洋大厦 810－813 室（200001）				
投资总额	170 万 USD	电　话	63506699	传　真	63510880
设立日期	2002-7-26	负 责 人	JEONG YULL HA		
主营业务	国际贸易，转口贸易，保税区企业间的贸易及贸易代理。				

企业名称	卡活机械（上海）有限公司				
企业地址	上海外高桥保税区泰谷路 169 号 A 楼 1002 室（200131）				
投资总额	20 万 USD	电　话	52917121	传　真	32031011
设立日期	2002-7-26	负 责 人	苏北股		
主营业务	国际贸易、转口贸易、保税区企业间的贸易及贸易代理，商业性简单加工。				

企业名称	上海侨模国际贸易有限公司				
企业地址	上海市徐家汇路 560 号华仑大厦 901 室（200025）				
投资总额	20 万 USD	电　话	64155995	传　真	64157255
设立日期	2002-7-26	负 责 人	A.H.J V.D. WOLDE		
主营业务	国际贸易、转口贸易、保税区企业间的贸易及贸易代理。				

企业名称	海冠物流（上海）有限公司				
企业地址	上海市外高桥保税区富特西一路 115 号 2 号楼第 7 层 A 部位（200131）				
投资总额	20 万 USD	电　话	53930505	传　真	
设立日期	2002-7-25	负 责 人	李洪基		
主营业务	保税区仓储物流业务，国际贸易，转口贸易，保税区企业间的贸易及贸易代理。				

企业名称	建生裕科（上海）贸易有限公司				
企业地址	上海市静安区威海路 511 号绅士大厦 1508 室（200041）				
投资总额	20 万 USD	电　话	52133398	传　真	52133308
设立日期	2002-7-25	负 责 人	洪 岩		
主营业务	国际贸易及贸易咨询，保税区企业间的贸易及区内贸易代理，区内仓储。				

企业名称	司普斯国际贸易（上海）有限公司				
企业地址	上海外高桥保税区新灵路 118 号 304B 室（200131）				
投资总额	30 万 USD	电　话	54591400	传　真	54892585
设立日期	2002-7-24	负 责 人	MARK DOEGAN		
主营业务	国际贸易、转口贸易、保税区企业间的贸易与贸易代理；保税区内贸易咨询服务。				

企业名称	世群国际贸易（上海）有限公司				
企业地址	上海市外高桥保税区基隆路 6 号 1305I 室（200131）				
投资总额	28 万 USD	电　话	64697565	传　真	64696232
设立日期	2002-7-24	负 责 人	陈文捷		
主营业务	国际贸易、转口贸易、保税区企业间的贸易与贸易代理；保税区内贸易咨询服务。				

企业名称	上海瀚久衣料有限公司				
企业地址	上海外高桥保税区富特西一路 333 号 C7-1 座（200131）				
投资总额	60 万 USD	电　话	58666086	传　真	58680858
设立日期	2002-7-23	负 责 人	桂久美子		
主营业务	保税区内纺织品的服饰加工及销售、国际贸易、转口贸易、保税区企业间的贸易。				

企业名称	起扬电机（上海）有限公司				
企业地址	上海市外高桥保税区基隆路 1 号 12A10－3 室（200131）				
投资总额	20 万 USD	电　话	65613321	传　真	65610862
设立日期	2002-7-23	负 责 人	卓武相		
主营业务	国际贸易、转口贸易、保税区企业间贸易及区内贸易代理；区内商业性简单加工。				

企业名称	导科国际贸易（上海）有限公司				
企业地址	上海市外高桥保税区基隆路 1 号 1010－3 室（200131）				
投资总额	40 万 USD	电　话	62471900	传　真	62471902
设立日期	2002-7-23	负 责 人	冨永敏夫		
主营业务	以半导体产品为主的国际贸易、转口贸易、保税区企业间的贸易及区内贸易代理。				

企业名称	万机仪器（上海）有限公司				
企业地址	上海市外高桥保税区新灵路 118 号 1204 室（200131）				
投资总额	70 万 USD	电　话	58347914	传　真	58347794
设立日期	2002-7-22	负 责 人	MARK MOORE		
主营业务	国际贸易、转口贸易、保税区企业间的贸易与贸易代理；保税区内贸易咨询服务。				

企业名称	瑞瑜国际贸易（上海）有限公司				
企业地址	上海市外高桥保税区冰克路 500 号综合楼 730 室（200131）				
投资总额	20 万 USD	电　话	50810049	传　真	50812023
设立日期	2002-7-19	负 责 人	张建安		
主营业务	国际贸易、转口贸易、保税区企业间的贸易及贸易代理等。				

企业名称	明尼苏达矿业制造光学系统（上海）有限公司				
企业地址	上海市外高桥保税区日樱南路 151 号一楼第一层北部位（200131）				
投资总额	30 万 USD	电　话	50483535	传　真	50480459
设立日期	2002-7-18	负 责 人	余俊雄		
主营业务	国际贸易、转口贸易、保税区企业间的贸易与贸易代理；保税区内贸易咨询服务。				

企业名称	上海昱颉国际贸易有限公司				
企业地址	上海市黄河路 355 号雅州商务中心 2 号楼 509 室（200001）				
投资总额	20 万 USD	电　话	62793877	传　真	62793877
设立日期	2002-7-18	负 责 人	WEI-CHENG LIN		
主营业务	国际贸易、转口贸易、保税区内企业间的贸易及贸易代理；区内商业性简单加工。				

企业名称	帝人化成复合塑料（上海）有限公司				
企业地址	上海市外高桥保税区华京路 310 号（200131）				
投资总额	1000 万 USD	电　话	50460560	传　真	50461089
设立日期	2002-7-17	负 责 人	佐野喜八郎		
主营业务	保税区内树脂和树脂制品及化学品生产加工和销售，相关产品的技术咨询服务。				

企业名称	陆得斯（上海）贸易有限公司				
企业地址	上海市外高桥保税区基隆路 1 号 1407 室（200131）				
投资总额	20 万 USD	电　话	50303770	传　真	50307937
设立日期	2002-7-17	负 责 人	STEVEN R.ROTH		
主营业务	国际贸易、转口贸易、保税区企业间贸易及保税区内贸易代理。				

企业名称	美至益（上海）贸易有限公司				
企业地址	上海市外高桥保税区杨高北路 2001 号市场商务楼二层 2641 室（201206）				
投资总额	20 万 USD	电　话	58996160	传　真	58996601
设立日期	2002-7-17	负 责 人	藤嶋省二		
主营业务	国际贸易、转口贸易、保税区内企业间的贸易及贸易代理。				

企业名称	亮致贸易（上海）有限公司				
企业地址	上海市外高桥保税区基隆路 1 号 1620 室（200131）				
投资总额	28 万 USD	电　话	57728387	传　真	57728387
设立日期	2002-7-17	负 责 人	郑胜芳		
主营业务	国际贸易、转口贸易、保税区企业间的贸易与贸易代理；区内贸易咨询服务。				

企业名称	希必思色浆贸易（上海）有限公司				
企业地址	上海市外高桥保税区华京路 8 号三联大厦 723 室（200131）				
投资总额	28.5 万 USD	电　话	54403010	传　真	54420685
设立日期	2002-7-17	负 责 人	JYRKI PERLLUNEN		
主营业务	国际贸易、转口贸易、保税区企业间的贸易与贸易代理；保税区内贸易咨询服务。				

企业名称	合阳智能系统（上海）有限公司				
企业地址	上海市外高桥保税区基隆路 1 号 1626 室（200131）				
投资总额	28 万 USD	电　话	58351544	传　真	58351544
设立日期	2002-7-17	负 责 人	赵伟民		
主营业务	国际贸易、转口贸易、保税区企业间的贸易与贸易代理；保税区内贸易咨询服务				

企业名称	缔展国际贸易（上海）有限公司				
企业地址	上海外高桥保税区基隆路 1 号 1617 室（200131）				
投资总额	42 万 USD	电　话	62493256	传　真	62493253
设立日期	2002-7-17	负 责 人	蔡淑美		
主营业务	国际贸易、转口贸易、保税区企业间的贸易及区内贸易代理。				

企业名称	匡达国际贸易（上海）有限公司				
企业地址	上海市外高桥保税区希雅路 55 号 12 号楼三层 C 部位（200131）				
投资总额	20 万 USD	电　话	63309911	传　真	68763221
设立日期	2002-7-16	负 责 人	杨志成		
主营业务	国际贸易、转口贸易、保税区企业间的贸易与贸易代理；保税区内贸易咨询服务。				

企业名称	昂得存储网络设备贸易（上海）有限公司				
企业地址	上海市漕溪北路 18 号 34 楼 E 座（200030）				
投资总额	20 万 USD	电　话	66520808	传　真	66520505
设立日期	2002-7-16	负 责 人	苏亦蒨		
主营业务	国际贸易、转口贸易、保税区企业的贸易及贸易代理；保税区内商务咨询服务。				

企业名称	远瞻（上海）智能控制设备贸易有限公司				
企业地址	上海市外高桥保税区冰克路 500 号六层 630 室（200131）				
投资总额	20 万 USD	电　话	50423976	传　真	50423980
设立日期	2002-7-16	负 责 人	李冠军		
主营业务	国际贸易、转口贸易、保税区企业间的贸易与贸易代理；保税区内贸易咨询服务。				

企业名称	致聪国际贸易（上海）有限公司				
企业地址	上海市外高桥保税区泰谷路 169 号 A 楼 907 室（200131）				
投资总额	29 万 USD	电　话	54641826	传　真	64820665
设立日期	2002-7-12	负 责 人	冯敏英		
主营业务	国际贸易、转口贸易、保税区企业间的贸易及贸易代理。				

企业名称	东和国际贸易（上海）有限公司				
企业地址	上海市延安西路 2201 号国贸中心 1103 室（200336）				
投资总额	25 万 USD	电　话	62091848	传　真	62091853
设立日期	2002-7-12	负 责 人	藤峰武一		
主营业务	国际贸易、转口贸易、保税区企业间贸易及区内贸易代理；区内商业性简单加工。				

企业名称	爱而泰可贸易（上海）有限公司				
企业地址	上海外高桥保税区奥纳路 185 号 609 室（200131）				
投资总额	20 万 USD	电　话	52400183	传　真	52400383
设立日期	2002-7-12	负 责 人	龙川贤一		
主营业务	国际贸易、转口贸易、保税区企业间的贸易及贸易代理。				

企业名称	日立金属（上海）有限公司				
企业地址	上海市浦东新区外高桥保税区英伦路 38 号 429 室（200131）				
投资总额	20 万 USD	电　话	63586360	传　真	63586327
设立日期	2002-7-12	负 责 人	田中启一		
主营业务	国际贸易、转口贸易、保税区企业间的贸易及贸易代理；区内商业性简单加工。				

企业名称	那亚信息产品（上海）国际贸易有限公司				
企业地址	上海市外高桥保税区港澳路 271 号 1 号厂房第三层中东部位（201206）				
投资总额	20 万 USD	电　话	50310100	传　真	58991704
设立日期	2002-7-12	负 责 人	王远征		
主营业务	以网络产品，通讯产品为主的保税区内仓储，分拨业务及相关产品的售后服务。				

企业名称	欧冠国际贸易（上海）有限公司				
企业地址	上海市外高桥保税区富特西一路 289 号 A 楼 A401－402 室（200131）				
投资总额	20 万 USD	电　话	64747800	传　真	64339012
设立日期	2002-7-11	负 责 人	尹树棠		
主营业务	国际贸易、转口贸易、保税区企业间的贸易与贸易代理；保税区内贸易咨询服务。				

企业名称	伟尚国际贸易（上海）有限公司				
企业地址	上海外高桥保税区基隆路 1 号 1618 室（200131）				
投资总额	28 万 USD	电　话	62350618	传　真	54070162
设立日期	2002-7-11	负 责 人	潘进峰		
主营业务	国际贸易、转口贸易、保税区企业间贸易及区内贸易代理；区内商业性简单加工。				

企业名称	铃五贸易（上海）有限公司				
企业地址	上海市外高桥保税区冰克路 500 号 702 室（200131）				
投资总额	91 万 USD	电　话	64276750	传　真	
设立日期	2002-7-11	负 责 人	铃木基弘		
主营业务	国际贸易、转口贸易、保税区企业间的贸易与贸易代理；保税区内贸易咨询服务。				

企业名称	艾而莎国际贸易（上海）有限公司				
企业地址	上海市外高桥保税区基隆路 1 号塔楼 16 层 1607 室（200131）				
投资总额	28 万 USD	电　话	64177646	传　真	62185597
设立日期	2002-7-11	负 责 人	游炘铭		
主营业务	国际贸易、转口贸易、保税区企业间的贸易与贸易代理；保税区内贸易咨询服务。				

企业名称	明炎国际贸易（上海）有限公司				
企业地址	上海市外高桥保税区马吉路 28 号 707 室（200131）				
投资总额	28 万 USD	电　话	63017617	传　真	63017617
设立日期	2002-7-10	负 责 人	林忠炎		
主营业务	国际贸易、转口贸易、保税区企业间的贸易及贸易代理。				

企业名称	艾能科技贸易（上海）有限公司				
企业地址	上海市外高桥保税区基隆路 1 号 1001－3 室（200131）				
投资总额	20 万 USD	电　话	51016638	传　真	51015699
设立日期	2002-7-10	负 责 人	苏苗能		
主营业务	保税区内以电子产品、通讯产品及其零部件为主的国际贸易。				

企业名称	爱陆电子贸易（上海）有限公司				
企业地址	上海市外高桥保税区基隆路 6 号外高桥大厦 1213 室（200131）				
投资总额	20 万 USD	电　话	64452269	传　真	64452271
设立日期	2002-7-8	负 责 人	宫道博夫		
主营业务	国际贸易、转口贸易、保税区内企业间的贸易及贸易代理；区内商业性简单加工。				

企业名称	速配鼎国际商贸（上海）有限公司				
企业地址	上海市外高桥保税区冰克路 500 号 706 室（200131）				
投资总额	120 万 USD	电　话	50946900	传　真	50946898
设立日期	2002-7-8	负 责 人	俞继勋		
主营业务	国际贸易、转口贸易，保税区企业间贸易及区内贸易代理，区内商业性简单加工。				

企业名称	西斯尔建筑材料贸易（上海）有限公司				
企业地址	上海市外高桥保税区基隆路 1 号 1410-3 室（200131）				
投资总额	27 万 USD	电　话	62116725	传　真	62113479
设立日期	2002-7-8	负 责 人	JEFFREY BRAIN WILCOX		
主营业务	国际贸易、保税区企业间的贸易及区内贸易代理；保税区内商业性简单加工。				

企业名称	大喜贸易（上海）有限公司				
企业地址	上海市外高桥保税区新灵路 118 号 1503 室（200131）				
投资总额	20 万 USD	电　话	68889833	传　真	58821807
设立日期	2002-7-5	负 责 人	山本昌博		
主营业务	国际贸易、转口贸易、保税区企业间的贸易及贸易代理，区内商业性简单加工。				

企业名称	科汇国际贸易（上海）有限公司				
企业地址	上海市外高桥保税区马吉路 28 号 711 室（200131）				
投资总额	20 万 USD	电　话	66080292	传　真	66080290
设立日期	2002-7-3	负 责 人	孔祥伦		
主营业务	国际贸易、转口贸易、保税区企业间的贸易及贸易代理；区内商业性简单加工。				

企业名称	建橡贸易（上海）有限公司				
企业地址	上海市延安西路 2067 号 2401 室（200336）				
投资总额	30 万 USD	电　话	62095243	传　真	62095245
设立日期	2002-7-2	负 责 人	稻木三四郎		
主营业务	国际贸易、转口贸易、保税区企业间贸易及区内贸易代理；区内商业性简单加工。				

企业名称	恒茂国际贸易（上海）有限公司				
企业地址	上海市外高桥保税区基隆路1号1628室（200131）				
投资总额	42万USD	电话	62284787	传真	54070162
设立日期	2002-7-1	负责人	CHEN JAY JAN HONG		
主营业务	国际贸易、转口贸易、保税区企业间的贸易与贸易代理；保税区内贸易咨询服务。				

企业名称	上海吉微亚电子有限公司				
企业地址	上海市外高桥保税区奥纳路79号502室（200131）				
投资总额	28万USD	电话	65798709	传真	65017221
设立日期	2002-6-21	负责人	GADDAM VEERA REDDY		
主营业务	国际贸易、转口贸易、保税区企业间的贸易与贸易代理；保税区内贸易咨询服务。				

企业名称	三昭国际贸易（上海）有限公司				
企业地址	上海市外高桥保税区基隆路6号外高桥大厦1003室（200131）				
投资总额	20万USD	电话	50483019	传真	50484269
设立日期	2002-7-1	负责人	冈崎纯夫		
主营业务	国际贸易、转口贸易、保税区企业间的贸易及贸易代理；区内商业性简单加工。				

企业名称	台和元器件（上海）有限公司				
企业地址	上海市外高桥保税区杨高北路2005号新易楼一层109室（200131）				
投资总额	28万USD	电话	58343477	传真	58343433
设立日期	2002-6-21	负责人	麦汉佳		
主营业务	集成电路设计，家庭应用电子产品开发，以电子产品为主的国际贸易。				

企业名称	柯达保丽光印艺（上海）有限公司				
企业地址	上海市外高桥保税区法赛路556号42号厂房南部位（200131）				
投资总额	20万USD	电话	58841476	传真	58841750
设立日期	2002-6-28	负责人	唐华生		
主营业务	保税区内以柯达印艺术系列产品为主的仓储、分拨业务及其产品的技术培训。				

企业名称	威谊国际贸易（上海）有限公司				
企业地址	上海市外高桥保税区基隆路1号1226部位（200131）				
投资总额	20万USD	电话	59106867	传真	59150179
设立日期	2002-6-20	负责人	王正中		
主营业务	保税区内以酒类为主的国际贸易、转口贸易、保税区企业间贸易及贸易代理。				

企业名称	津和国际贸易（上海）有限公司				
企业地址	上海市外高桥保税区新灵路118号715A室（200131）				
投资总额	20万USD	电话	34060238	传真	34060238
设立日期	2002-6-28	负责人	津田秀子		
主营业务	国际贸易、转口贸易、保税区企业间的贸易及贸易代理。				

企业名称	全骏（上海）贸易有限公司				
企业地址	上海市外高桥保税区新灵路118号718室（200131）				
投资总额	20万USD	电话	52380302	传真	52380316
设立日期	2002-6-20	负责人	彭琬婷		
主营业务	国际贸易、转口贸易，保税区企业内的贸易及区内贸易代理；区内商务咨询服务				

企业名称	爱礼国际贸易（上海）有限公司				
企业地址	上海市外高桥保税区奥纳路79号1号楼316室（200131）				
投资总额	20万USD	电话	65410538	传真	
设立日期	2002-6-28	负责人	张威利		
主营业务	国际贸易、转口贸易、保税区企业间的贸易与贸易代理；保税区内贸易咨询服务。				

企业名称	波阿斯国际贸易（上海）有限公司				
企业地址	上海市外高桥保税区基隆路1号1608室（200131）				
投资总额	20万USD	电话	64411318	传真	
设立日期	2002-6-20	负责人	罗敏慧		
主营业务	国际贸易、转口贸易、保税区企业间的贸易与贸易代理；保税区内贸易咨询服务。				

企业名称	上海陇瑞源国际贸易有限公司				
企业地址	上海市外高桥保税区马吉路28号2109A室（200131）				
投资总额	50万USD	电话	52371155	传真	52375818
设立日期	2002-6-27	负责人	钟仁宏		
主营业务	国际贸易、转口贸易、保税区内贸易代理；区内商业性简单加工及商务咨询服务。				

企业名称	双喜龙（上海）贸易有限公司				
企业地址	上海市外高桥保税区冰克路500号619室（200131）				
投资总额	20万USD	电话	62369987	传真	62369082
设立日期	2002-6-20	负责人	高木贞夫		
主营业务	国际贸易、转口贸易、保税区内企业间的贸易及贸易代理；区内商业性简单加工。				

企业名称	宇策国际贸易（上海）有限公司				
企业地址	上海市外高桥保税区加枫路28号新康2号楼2507室（200131）				
投资总额	20万USD	电话	51699666	传真	50328311
设立日期	2002-6-27	负责人	李新廷		
主营业务	国际贸易、转口贸易、保税区企业间的贸易及区内贸易代理。				

企业名称	罗地亚（上海）国际贸易有限公司				
企业地址	上海市外高桥保税区新灵路118号1216室（200131）				
投资总额	20万USD	电话	54422630	传真	54421096
设立日期	2002-6-18	负责人	朱铭岳		
主营业务	国际贸易、转口贸易、保税区企业间的贸易与贸易代理；保税区内贸易咨询服务。				

企业名称	上海华系服装贸易有限公司				
企业地址	上海市外高桥保税区基隆路1号12A10－1室（200131）				
投资总额	20万USD	电话	53930210	传真	53931106
设立日期	2002-6-27	负责人	翟小平		
主营业务	以服装、服饰为主的国际贸易、转口贸易、保税区内商业性简单加工。				

企业名称	田洼服饰贸易（上海）有限公司				
企业地址	上海市外高桥保税区奥纳路160号一楼第一层（200131）				
投资总额	28万USD	电话	64276750	传真	
设立日期	2002-6-18	负责人	田窪仁		
主营业务	保税区内以纺织品为主的仓储，分拨业务；国际贸易、转口贸易，区内贸易咨询。				

企业名称	上海凯瑟金贸易有限公司				
企业地址	上海市外高桥保税区奥纳路79号305室（200131）				
投资总额	20万USD	电话	64194789	传真	64617291
设立日期	2002-6-27	负责人	金京喆		
主营业务	国际贸易、转口贸易、保税区企业间的贸易及区内贸易代理。				

企业名称	友士电子（上海）有限公司				
企业地址	上海市浦东新区基隆路1号2127室（200131）				
投资总额	48万USD	电话	54890205	传真	54890208
设立日期	2002-6-18	负责人	加藤惇一		
主营业务	国际贸易、转口贸易、保税区企业间的贸易与贸易代理；保税区内贸易咨询服务。				

企业名称	菱电国际（上海）有限公司				
企业地址	上海市外高桥保税区富特西一路289号B409室（200131）				
投资总额	30万USD	电话	63272228	传真	63274918
设立日期	2002-6-26	负责人	洪庆丰		
主营业务	保税区内以自动化设备为主的仓储分拨，产品技术开发，展示；商业性简单加工。				

企业名称	上海高泰国际贸易有限公司				
企业地址	上海市外高桥保税区英伦路38号629室（200131）				
投资总额	55万USD	电话	64691152	传真	34240712
设立日期	2002-6-18	负责人	HENRY YU HAU		
主营业务	国际贸易、转口贸易、保税区企业间的贸易与贸易代理；保税区内贸易咨询服务。				

企业名称	荣复国际贸易（上海）有限公司				
企业地址	上海市外高桥保税区冰克路500号628室（200131）				
投资总额	28万USD	电话	61204510	传真	54655738
设立日期	2002-6-26	负责人	崔敬福		
主营业务	国际贸易、转口贸易、保税区内企业间的贸易及贸易代理；区内商业性简单加工。				

企业名称	爱博偌德（上海）贸易有限公司				
企业地址	上海市外高桥保税区杨高北路2005号新兴楼124室（200131）				
投资总额	20万USD	电话	68456129	传真	
设立日期	2002-6-18	负责人	KOO YOUNG KON		
主营业务	国际贸易、转口贸易、保税区内企业间的贸易及贸易代理；区内商务咨询服务。				

企业名称	构想国际贸易（上海）有限公司				
企业地址	上海市外高桥保税区基隆路6号524室（200131）				
投资总额	128万USD	电话	62899888	传真	62793793
设立日期	2002-6-24	负责人	池田慎一郎		
主营业务	国际贸易、转口贸易，保税区内企业间贸易及贸易代理。				

企业名称	光洋精工（上海）国际贸易有限公司				
企业地址	上海市外高桥保税区基隆路6号外高桥大厦913室（200131）				
投资总额	28万USD	电话	62375280	传真	62375280
设立日期	2002-6-18	负责人	尾原和郎		
主营业务	国际贸易、转口贸易、保税区内商业性简单加工、保税区企业间的贸易。				

企业名称	科来丽数码产品国际贸易（上海）有限公司				
企业地址	上海市外高桥保税区冰克路 500 号 604 室（200131）				
投资总额	28 万 USD	电　话	64326797	传　真	64326798
设立日期	2002-6-18	负 责 人	萧芳		
主营业务	国际贸易、转口贸易、保税区企业间的贸易与贸易代理。				

企业名称	东测机器（上海）有限公司				
企业地址	上海市外高桥保税区华京路 8 号 801 室（200131）				
投资总额	28 万 USD	电　话	64727708	传　真	64721050
设立日期	2002-6-17	负 责 人	竹松和男		
主营业务	国际贸易、转口贸易、保税区企业间的贸易及贸易代理。				

企业名称	爱沛电子国际贸易（上海）有限公司				
企业地址	上海市外高桥保税区基隆路 1 号 1507 室（200131）				
投资总额	28 万 USD	电　话	54070388	传　真	54070162
设立日期	2002-6-12	负 责 人	冯志航		
主营业务	国际贸易、转口贸易、保税区企业间的贸易及保税区内贸易代理。				

企业名称	博策（上海）国际贸易有限公司				
企业地址	上海市外高桥保税区新灵路 118 号 1118 室（200131）				
投资总额	20 万 USD	电　话	51502875	传　真	51502878
设立日期	2002-6-12	负 责 人	陈怡利		
主营业务	国际贸易、转口贸易、保税区企业间的贸易与贸易代理、保税区内贸易咨询服务。				

企业名称	马格尼达钢铁国际贸易（上海）有限公司				
企业地址	上海市外高桥保税区新灵路 118 号 318 室（200131）				
投资总额	20 万 USD	电　话	32100567	传　真	62711430
设立日期	2002-6-12	负 责 人	BELAN STANISLAV		
主营业务	国际贸易、转口贸易、保税区企业间的贸易及贸易代理。				

企业名称	上海共星机带国际贸易有限公司				
企业地址	上海市外高桥保税区华京路 8 号三联大厦 417 室（200131）				
投资总额	42 万 USD	电　话	52067009	传　真	52067011
设立日期	2002-6-12	负 责 人	野泽信太		
主营业务	国际贸易、转口贸易、保税区企业间的贸易及贸易代理。				

企业名称	世诺临床诊断制品（上海）贸易有限公司				
企业地址	上海市外高桥保税区马吉路 28 号东华大楼 20 层 03 室（200131）				
投资总额	28 万 USD	电　话	54654500	传　真	54654396
设立日期	2002-6-12	负 责 人	许文喆		
主营业务	以医疗器械为主的国际贸易，转口贸易，保税区企业间的贸易及留易代理。				

企业名称	三能国际贸易（上海）有限公司				
企业地址	上海市外高桥保税区富特西一路 139 号 1408 室（200131）				
投资总额	20 万 USD	电　话	51119757	传　真	54255305
设立日期	2002-6-12	负 责 人	杨淑艳		
主营业务	国际贸易、转口贸易、保税区企业间的贸易及贸易代理等。				

企业名称	集晟国际贸易（上海）有限公司				
企业地址	上海市外高桥保税区新灵路 118 号 502A 室（200131）				
投资总额	20 万 USD	电　话	64162909	传　真	64167138
设立日期	2002-6-11	负 责 人	翁永雄		
主营业务	国际贸易、转口贸易、保税区企业间的贸易及贸易代理等。				

企业名称	爱施开国际贸易（上海）有限公司				
企业地址	上海市外高桥保税区基隆路 6 号 512 室（200131）				
投资总额	38 万 USD	电　话	52080909	传　真	52080706
设立日期	2002-6-11	负 责 人	崔官燮		
主营业务	国际贸易、转口贸易、保税区内企业间的贸易及贸易代理。				

企业名称	新进电子贸易（上海）有限公司				
企业地址	上海市外高桥保税区德堡路 11 号 46 号楼第一层 106 部位（200131）				
投资总额	31 万 USD	电　话	64959228	传　真	64858004
设立日期	2002-6-10	负 责 人	北田和幸		
主营业务	保税区内以电子产品为主的仓储、分拨业务、国际贸易、转口贸易。				

企业名称	上海远嘉国际贸易有限公司				
企业地址	上海市外高桥保税区台中南路 2 号新贸楼 139 室（200131）				
投资总额	500 万 USD	电　话	53080430	传　真	
设立日期	2002-6-10	负 责 人	萧　蕾		
主营业务	国际贸易、转口贸易、保税区企业间贸易及区内贸易代理，区内商业性简单加工。				

企业名称	藤野商事贸易（上海）有限公司				
企业地址	上海市外高桥富特北路新灵 118 号 808B 室（200131）				
投资总额	57 万 USD	电　话	53838862	传　真	53838863
设立日期	2002-6-10	负 责 人	藤野孝		
主营业务	国际贸易、转口贸易、保税区企业间贸易及贸易代理。				

企业名称	科拿电国际贸易（上海）有限公司				
企业地址	上海市外高桥保税区杨高北路 2005 号新兴楼三层 309 室（200131）				
投资总额	50 万 USD	电　话	63843222	传　真	63840262
设立日期	2002-6-10	负 责 人	加藤悟己		
主营业务	国际贸易、转口贸易、保税区企业间的贸易及贸易代理。				

企业名称	上海东棉半导体有限公司				
企业地址	上海市外高桥保税区台中南路 2 号新贸楼 271 室（200122）				
投资总额	30 万 USD	电　话	58209986	传　真	58207813
设立日期	2002-6-10	负 责 人	石川静香		
主营业务	国际贸易、转口贸易、保税区企业间的贸易与贸易代理；保税区内贸易咨询服务。				

企业名称	迪联物流工程设备贸易（上海）有限公司				
企业地址	上海市外高桥保税区基隆路 6 号 1305C 室（200131）				
投资总额	28 万 USD	电　话	58382988	传　真	58382989
设立日期	2002-6-10	负 责 人	陈福成		
主营业务	以物流设备为主的国际贸易、转口贸易、保税区内企业间的贸易及贸易代理。				

企业名称	纽般克国际贸易（上海）有限公司				
企业地址	上海市外高桥保税区新灵路 118 号 1005A 室（201203）				
投资总额	20 万 USD	电　话	58967745	传　真	58967742
设立日期	2002-6-7	负 责 人	ROGER M.BENZAKEN		
主营业务	国际贸易、转口贸易、保税区企业间的贸易与贸易代理；保税区内贸易咨询服务。				

企业名称	爱芬食品（上海）有限公司				
企业地址	上海市外高桥保税区华京路 8 号 513 室（200131）				
投资总额	100 万 USD	电　话	63915998	传　真	
设立日期	2002-6-7	负 责 人	杨凯勋		
主营业务	国际贸易、转口贸易、保税区企业间的贸易及贸易代理。				

企业名称	柯尼卡美能达医疗印刷器材（上海）有限公司				
企业地址	上海市肇嘉浜路 789 号上海均瑶国际广场 12 层 E02、E03、F01 单元（200032）				
投资总额	50 万 USD	电　话	64222626	传　真	54960966
设立日期	2002-6-7	负 责 人	中尾和博		
主营业务	保税区内以办公设备为主的仓储、分拨，展示及售后服务，国际贸易、转口贸易。				

企业名称	肖特（上海）精密材料和设备国际贸易有限公司				
企业地址	上海市外高桥保税区菲拉路 55 号三楼第 B 层二部位（200131）				
投资总额	20 万 USD	电　话	50484291	传　真	63913300
设立日期	2002-6-7	负 责 人	MICHAEL HERMANN BUEN		
主营业务	保税区内以精密材料和设备等为主的仓储、分拨业务，以及相关产品的技术服务。				

企业名称	达夫国际贸易（上海）有限公司				
企业地址	上海市外高桥保税区加枫路 28 号新康商贸楼 302 室（200131）				
投资总额	20 万 USD	电　话	64851156	传　真	
设立日期	2002-6-5	负 责 人	吴顺正		
主营业务	国际贸易、转口贸易、保税区企业间的贸易与贸易代理；保税区内贸易咨询服务。				

企业名称	上海上运国际贸易有限公司				
企业地址	上海市外高桥保税区泰谷路 88 号 771 室（200131）				
投资总额	20 万 USD	电　话	52560105	传　真	
设立日期	2002-6-5	负 责 人	罗锐生		
主营业务	国际贸易、转口贸易、保税区企业间的贸易及贸易代理；区内商业性简单加工。				

企业名称	路斯迪兄弟钻石（上海）有限公司				
企业地址	上海市世纪大道 88 号金茂大厦 4 楼 416 室（200120）				
投资总额	20 万 USD	电　话	50472621	传　真	50472623
设立日期	2002-6-5	负 责 人	CARMEL LUSTIG		
主营业务	通过上海钻石交易所海关开展钻石进出口的业务（包括转口贸易、加工贸易）。				

企业名称	科南国际贸易（上海）有限公司				
企业地址	上海市外高桥保税区富特西一路 459 号 B 座 311 室（200131）				
投资总额	20 万 USD	电　话	62828055	传　真	62839901
设立日期	2002-6-5	负 责 人	JOHN LIU		
主营业务	国际贸易、转口贸易，保税区企业间的贸易及贸易代理。				

批发和零售贸易业

企业名称	乐飞叶国际贸易（上海）有限公司				
企业地址	上海市外高桥保税区英伦路 38 号 426 室（200131）				
投资总额	20 万 USD	电　话	51341080	传　真	51341081
设立日期	2002-6-5	负 责 人	PHILIPPE JOFFARD		
主营业务	国际贸易、转口贸易、保税区企业间的贸易与贸易代理；保税区内贸易咨询服务。				

企业名称	艾依玫希国际贸易（上海）有限公司				
企业地址	上海市外高桥保税区富特西一路 289 号 A 楼 416 室（200131）				
投资总额	20 万 USD	电　话	62212331	传　真	
设立日期	2002-6-4	负 责 人	林锡倍		
主营业务	以纺织类产品为主的国际贸易，转口贸易，保税区企业间的贸易及贸易代理。				

企业名称	大船国际贸易（上海）有限公司				
企业地址	上海市外高桥保税区基隆路 1 号 1227 室（200131）				
投资总额	20 万 USD	电　话	59898111	传　真	59898127
设立日期	2002-6-3	负 责 人	萧传翔		
主营业务	国际贸易、转口贸易、保税区企业间的贸易与贸易代理；保税区内贸易咨询服务。				

企业名称	恩狄比（上海）贸易有限公司				
企业地址	上海市外高桥保税区富特西一路 289 号 A 楼三层 314 室（200131）				
投资总额	20 万 USD	电　话	53017061	传　真	53017063
设立日期	2002-6-3	负 责 人	黄仁虎		
主营业务	国际贸易、转口贸易、保税区企业间的贸易及区内贸易代理。				

企业名称	多克米（上海）国际贸易有限公司				
企业地址	上海市外高桥保税区泰谷路 18 号 1 号楼 1015 室（200131）				
投资总额	20 万 USD	电　话	62195571	传　真	62195572
设立日期	2002-6-3	负 责 人	山本雅则		
主营业务	国际贸易、转口贸易、保税区企业间的贸易与贸易代理；保税区内贸易咨询服务。				

企业名称	尼吉康电子贸易（上海）有限公司				
企业地址	上海市外高桥保税区德堡路 11 号 46 号厂房 103 部位（200131）				
投资总额	50 万 USD	电　话	50484267	传　真	50484267
设立日期	2002-5-29	负 责 人	汤川良树		
主营业务	保税区内尼吉康及尼吉康英联公的电子产品及相关产品为主的仓储，分拨业务。				

企业名称	菲德勒国际商贸（上海）有限公司				
企业地址	上海市外高桥保税区富特西一路 139 号 1320 室（200131）				
投资总额	20 万 USD	电　话	52358336	传　真	52563396
设立日期	2002-5-29	负 责 人	KOH KIAN KIONG		
主营业务	国际贸易、转口贸易、保税区企业间的贸易与贸易代理；保税区内贸易咨询服务。				

企业名称	诺伟司国际贸易（上海）有限公司				
企业地址	上海市外高桥保税区华京路 8 号三联大厦 730 室（200131）				
投资总额	20 万 USD	电　话	50460955	传　真	50462725
设立日期	2002-5-29	负 责 人	THAD W. SIMONS		
主营业务	国际贸易、转口贸易、保税区企业间的贸易与贸易代理；保税区内贸易咨询服务。				

企业名称	霓菲国际贸易（上海）有限公司				
企业地址	上海市外高桥保税区基隆路 1 号 1013 室（200131）				
投资总额	100 万 USD	电　话	54385881	传　真	54385881
设立日期	2002-5-28	负 责 人	杨华勇		
主营业务	国际贸易、转口贸易、保税区内企业间的贸易及贸易代理。				

企业名称	日冲电子贸易（上海）有限公司				
企业地址	上海市外高桥保税区冰克路 500 号 607 室（200131）				
投资总额	50 万 USD	电　话	68411400	传　真	68411401
设立日期	2002-5-28	负 责 人	森丘正彦		
主营业务	国际贸易、转口贸易、保税区企业间的贸易及保税区内贸易代理。				

企业名称	宏慧国际贸易（上海）有限公司				
企业地址	上海市外高桥保税区英伦路 38 号 602 室（200131）				
投资总额	150 万 USD	电　话	52895366	传　真	52895335
设立日期	2002-5-28	负 责 人	林佳璋		
主营业务	国际贸易、转口贸易、保税区企业间的贸易与贸易代理；保税区内贸易咨询服务。				

企业名称	加铝（上海）国际贸易有限公司				
企业地址	上海市外高桥保税区 B 区冰克路 500 号 606 室（200131）				
投资总额	20 万 USD	电　话	64268948	传　真	64268952
设立日期	2002-5-24	负 责 人	郑大伟		
主营业务	国际贸易、转口贸易、保税区企业间的贸易及贸易代理；区内商业性简单加工。				

企业名称	曼恩比维增压器制造（上海）有限公司				
企业地址	上海市外高桥保税区奥纳路 151 号（200131）				
投资总额	23 万 USD	电　话	58662108	传　真	68430118
设立日期	2002-5-24	负 责 人	STEPHAN TIMMERHANN		
主营业务	加工、组装、运行、测试、调节涡轮增压器及其零部件，销售自产产品。				

企业名称	捷尼克贸易（上海）有限公司				
企业地址	上海市外高桥保税区加枫路 28 号新康商贸楼 207 室（200131）				
投资总额	20 万 USD	电　话	62783638	传　真	62783622
设立日期	2002-5-24	负 责 人	山本佳则		
主营业务	国际贸易、转口贸易、保税区企业间的贸易与贸易代理；区内贸易咨询服务。				

企业名称	和柔电缆国际贸易（上海）有限公司				
企业地址	上海市外高桥保税区马吉路 28 号 709 室（200131）				
投资总额	20 万 USD	电　话	58694110	传　真	58693666
设立日期	2002-5-24	负 责 人	HELMUT LUKSCH		
主营业务	国际贸易、转口贸易、保税区企业间的贸易及贸易代理。				

企业名称	快特电波国际贸易（上海）有限公司				
企业地址	上海市外高桥保税区富特西一路 289 号 A 楼 A312 室（200131）				
投资总额	31 万 USD	电　话	52373550	传　真	52373552
设立日期	2002-5-24	负 责 人	张高圳		
主营业务	国际贸易、转口贸易、保税区企业间的贸易及贸易代理等。				

企业名称	博磊国际贸易（上海）有限公司				
企业地址	上海市外高桥保税区新灵路 118 号 1518 室（200131）				
投资总额	20 万 USD	电　话	62573079	传　真	62573308
设立日期	2002-5-24	负 责 人	李笃诚		
主营业务	国际贸易、转口贸易、保税区企业间的贸易与贸易代理；区内贸易咨询服务。				

企业名称	阿泰克国际贸易（上海）有限公司				
企业地址	上海市外高桥保税区华京路 8 号 410 室（200131）				
投资总额	20 万 USD	电　话	50462110	传　真	50461037
设立日期	2002-5-23	负 责 人	AKEF		
主营业务	国际贸易、转口贸易、保税区企业间的贸易及贸易代理。				

企业名称	星巨国际贸易（上海）有限公司				
企业地址	上海市徐汇区南丹路 169 号 3011 室（200030）				
投资总额	30 万 USD	电　话	54960790	传　真	54960805
设立日期	2002-5-22	负 责 人	林彦男		
主营业务	国际贸易、转口贸易、保税区企业间贸易及区内贸易代理；区内商业性简单加工。				

企业名称	三信国际贸易（上海）有限公司				
企业地址	上海市外高桥保税区基隆路 6 号 916 室（200131）				
投资总额	28 万 USD	电　话	62752334	传　真	62758416
设立日期	2002-5-22	负 责 人	北村文秀		
主营业务	国际贸易、转口贸易、保税区企业间的贸易及贸易代理。				

企业名称	樱华国际贸易（上海）有限公司				
企业地址	上海市外高桥保税区英伦路 38 号 623 室（200131）				
投资总额	25 万 USD	电　话	64882765	传　真	64882747
设立日期	2002-5-20	负 责 人	西村贞一		
主营业务	国际贸易、转口贸易、保税区企业间的贸易及贸易代理等。				

企业名称	友齐科国际贸易（上海）有限公司				
企业地址	上海外高桥保税区基隆路 1 号 1005 室（200131）				
投资总额	20 万 USD	电　话	64400129	传　真	64400583
设立日期	2002-5-20	负 责 人	陈鼎坤		
主营业务	国际贸易、转口贸易、保税区企业间的贸易与贸易代理；区内贸易咨询服务。				

企业名称	阪东（上海）塑胶制品有限公司				
企业地址	上海市外高桥保税区日樱北路 199 号 56 号楼第一层 B 部位（200131）				
投资总额	30 万 USD	电　话	50460161	传　真	50460649
设立日期	2002-5-16	负 责 人	野中敬三		
主营业务	国际贸易、转口贸易、保税区企业间的贸易与贸易代理、区内贸易咨询服务。				

企业名称	上海飞焓合金国际贸易有限公司				
企业地址	上海市外高桥保税区冰克路 500 号 603 室（200131）				
投资总额	20 万 USD	电　话	51321755	传　真	51321756
设立日期	2002-5-15	负 责 人	鲍有达		
主营业务	国际贸易、转口贸易、保税区企业间的贸易及保税区内贸易代理。				

企业名称	菱和超净科技用品（上海）有限公司				
企业地址	上海市外高桥保税区加枫路 28 号新康 2 号楼 2206 室（200131）				
投资总额	20 万 USD	电　话	62896326	传　真	62896558
设立日期	2002-5-15	负 责 人	桥本雅广		
主营业务	国际贸易、转口贸易、保税区企业间的贸易与贸易代理；区内贸易咨询服务。				

企业名称	威健国际贸易（上海）有限公司				
企业地址	上海市外高桥保税区新灵路 118 号 1618 室（200131）				
投资总额	300 万 USD	电　话	64568989	传　真	54129800
设立日期	2002-5-13	负 责 人	张锦豪		
主营业务	国际贸易、转口贸易、保税区企业间的贸易及保税区内贸易代理等。				

企业名称	西宫亚克（上海）国际贸易有限公司				
企业地址	上海市外高桥保税区新灵路 106 号 2 号楼 327 室（200131）				
投资总额	20 万 USD	电　话	32091811	传　真	32092900
设立日期	2002-5-13	负 责 人	青木信树		
主营业务	国际贸易、转口贸易、保税区企业间贸易及贸易代理。				

企业名称	易数国际贸易（上海）有限公司				
企业地址	上海市外高桥保税区英伦路 38 号 508 室（200131）				
投资总额	20 万 USD	电　话	54263347	传　真	64859913
设立日期	2002-5-13	负 责 人	彭建勋		
主营业务	国际贸易、转口贸易、保税区企业间的贸易与贸易代理；区内贸易咨询服务。				

企业名称	嘉麟名坊国际贸易（上海）有限公司				
企业地址	上海市外高桥保税区冰克路 500 号 421 室（200131）				
投资总额	50 万 USD	电　话	63114840	传　真	
设立日期	2002-5-13	负 责 人	王德舫		
主营业务	国际贸易、转口贸易、保税区企业间的贸易与贸易代理；区内贸易咨询服务。				

企业名称	上海西凯国际贸易有限公司				
企业地址	上海市外高桥保税区 B 区冰克路 500 号 602 室（200131）				
投资总额	28 万 USD	电　话	64327371	传　真	64327370
设立日期	2002-5-13	负 责 人	水岛大介		
主营业务	国际贸易、转口贸易、保税区企业间的贸易及贸易代理等。				

企业名称	威丰电子（上海）有限公司				
企业地址	上海市外高桥保税区基隆路 1 号 1415-3 室（200131）				
投资总额	20 万 USD	电　话	52988800	传　真	52988859
设立日期	2002-5-9	负 责 人	陈澄芳		
主营业务	国际贸易，转口贸易，保税区企业间的贸易与贸易代理；保税区内贸易咨询服务。				

企业名称	上海萧傲贸易有限公司				
企业地址	上海市外高桥保税区日京路 35 号凯兴大楼 1001 室（200131）				
投资总额	20 万 USD	电　话	51021868	传　真	53825066
设立日期	2002-5-9	负 责 人	ALI SOYLU		
主营业务	国际贸易、转口贸易、保悦区企业间的贸易；货物及技术进出口。				

企业名称	益比斯抛光系统国际贸易（上海）有限公司				
企业地址	上海市外高桥保税区富特西二路 289 号二层 235 室（200131）				
投资总额	30 万 USD	电　话	52530211	传　真	
设立日期	2002-5-8	负 责 人	萧东欣		
主营业务	国际贸易、转口贸易、保税区内企业间贸易及贸易代理。				

企业名称	喜力贸易（上海）有限公司				
企业地址	上海市外高桥保税区富特北路 129 号四楼 C 部位（200131）				
投资总额	1500 万 USD	电　话	54584680	传　真	64103503
设立日期	2002-5-8	负 责 人	KOH POH TIONG		
主营业务	保税区内以喜力集团的产品及相关促销物品为主的仓储、分拨及提供售后服务。				

企业名称	上海侨瀛国际贸易有限公司				
企业地址	上海市外高桥保税区基隆路 6 号 1304 室（200131）				
投资总额	10 万 USD	电　话	63936840	传　真	63936842
设立日期	2002-5-1	负 责 人	孙云芳		
主营业务	国际贸易、转口贸易，保税区企业间的贸易及贸易代理等。				

企业名称	上海稳璨国际贸易有限公司				
企业地址	上海市外高桥保税区冰克路 500 号 605 室（200131）				
投资总额	20 万 USD	电　话	54376300	传　真	
设立日期	2002-4-29	负 责 人	林珉琦		
主营业务	国际贸易、转口贸易、保税区内企业间的贸易及贸易代理；区内商业性简单加工。				

企业名称	三星法绅贸易（上海）有限公司				
企业地址	上海市外高桥保税区杨高北路 2001 号管理楼 305D 室（200131）				
投资总额	20 万 USD	电　话	63308500	传　真	63308897
设立日期	2002-4-29	负 责 人	元泰渊		
主营业务	国际贸易、转口贸易、保税区内企业间贸易及贸易代理；区内商业性简单加工。				

企业名称	施普林家居用品（上海）有限公司				
企业地址	上海市虹口区辽宁路 244 号 504 室（200233）				
投资总额	80 万 USD	电　话	61020180	传　真	61020160
设立日期	2002-4-28	负 责 人	吉村佳彦		
主营业务	生产床单、毛巾、浴帘及相关的床上家纺用品，销售自产产品。				

企业名称	上海上茂国际贸易有限公司				
企业地址	上海市外高桥保税区日京路 38 号 210 室（200131）				
投资总额	20 万 USD	电　话	62487002	传　真	62495758
设立日期	2002-4-28	负 责 人	洪海堂		
主营业务	国际贸易、转口贸易、保税区企业间的贸易及贸易代理等。				

企业名称	豪斯威尔国际贸易（上海）有限公司				
企业地址	上海市外高桥保税区日京路 35 号凯兴大楼第二层 2E 部位（200131）				
投资总额	20 万 USD	电　话	61430366	传　真	61431443
设立日期	2002-4-28	负 责 人	刘礼渊		
主营业务	国际贸易、转口贸易、保税区企业间的贸易与贸易代理；保税区内贸易咨询服务。				

企业名称	奥特林豪斯国际贸易（上海）有限公司				
企业地址	上海市外高桥保税区加枫路 28 号 2307 室（200131）				
投资总额	20 万 USD	电　话	50550099	传　真	50550666
设立日期	2002-4-28	负 责 人	DR RAINER BIERLICH		
主营业务	国际贸易、转口贸易、保税区企业间的贸易与贸易代理；保税区内贸易咨询服务。				

企业名称	爱色丽（上海）国际贸易有限公司				
企业地址	上海市外高桥保税区新灵路 118 号国际商贸大厦 316 室（200131）				
投资总额	20 万 USD	电　话	50484267	传　真	50484267
设立日期	2002-4-27	负 责 人	林佛中		
主营业务	国际贸易、转口贸易、保税区企业间的贸易及保税区内贸易代理。				

企业名称	柏宗国际贸易（上海）有限公司				
企业地址	上海市外高桥保税区新灵路 118 号国际商贸大厦 1214 室（200131）				
投资总额	28 万 USD	电　话	54070388	传　真	54070162
设立日期	2002-4-27	负 责 人	叶　柏		
主营业务	国际贸易、转口贸易、保税区企业间的贸易及保税区内贸易代理。				

企业名称	冠赫国际贸易（上海）有限公司				
企业地址	上海市外高桥保税区新灵路 118 好 306B 室（200131）				
投资总额	30 万 USD	电　话	54592275	传　真	64648520
设立日期	2002-4-27	负 责 人	黄顺良		
主营业务	国际贸易、转口贸易、保税区企业间的贸易及贸易代理、区内商业性简单加工。				

企业名称	稻木贸易（上海）有限公司				
企业地址	上海市外高桥保税区基隆路 1 号 1007 室（200131）				
投资总额	50 万 USD	电　话	64456850	传　真	62183367
设立日期	2002-4-27	负 责 人	杉浦克明		
主营业务	国际贸易、转口贸易、保税区企业间的贸易及贸易代理、保税区内贸易咨询。				

企业名称	盖茨橡胶（上海）有限公司				
企业地址	上海市外高桥保税区富特北路 127 号二层 A 部位（200131）				
投资总额	20 万 USD	电　话	58683557	传　真	58683556
设立日期	2002-4-24	负 责 人	MICHAEL TABER		
主营业务	保税区内以液压与汽车器件为主的仓储、转口贸易，保税区内贸易及贸易代理。				

企业名称	盛势达国际贸易（上海）有限公司				
企业地址	上海市外高桥保税区杨高北路 2001 号市场商务楼 302 室（200131）				
投资总额	20 万 USD	电　话	64453177	传　真	64453231
设立日期	2002-4-24	负 责 人	本田真		
主营业务	国际贸易、转口贸易、保税区企业间的贸易及贸易代理。				

企业名称	洛德国际贸易（上海）有限公司				
企业地址	上海市外高桥保税区华京路 8 号 625 室（200131）				
投资总额	20 万 USD	电　话	50461178	传　真	50461175
设立日期	2002-4-24	负 责 人	DAVID LEWIS		
主营业务	国际贸易，转口贸易，保税区企业间的贸易及区内贸易代理。				

企业名称	时安国际贸易（上海）有限公司				
企业地址	上海市外高桥保税区基隆路 6 号外高桥大厦 1602 室（200131）				
投资总额	20 万 USD	电话	62063003	传真	62063003
设立日期	2002-4-23	负责人	MR SEAN HUANG		
主营业务	国际贸易、转口贸易、保税区企业间的贸易与贸易代理；保税区内贸易咨询服务。				

企业名称	驰九国际贸易（上海）有限公司				
企业地址	上海市外高桥保税区杨高北路 2001 号市场商务楼一层 630 室(200131)				
投资总额	20 万 USD	电话	62520638	传真	62524809
设立日期	2002-4-23	负责人	马庆祥		
主营业务	国际贸易、转口贸易、保税区企业间的贸易与贸易代理；保税区内贸易咨询服务。				

企业名称	飞熠国际贸易（上海）有限公司				
企业地址	上海市外高桥保税区加枫路 28 号新康 2 号楼 2 层 2218 室（200131）				
投资总额	20 万 USD	电话	64045711	传真	64045711
设立日期	2002-4-23	负责人	江 涛		
主营业务	国际贸易、转口贸易、保税区企业间贸易及区内贸易代理；商业性简单加工。				

企业名称	上海浦东美商生物高科技环保有限公司				
企业地址	上海市浦东新区龚路镇黎明盛朱村（201209）				
投资总额	874 万 USD	电话	58569438	传真	58569314
设立日期	2002-4-19	负责人	郭荣宗		
主营业务	回收处理城市生活垃圾、微生物扩培、生产环保设备、有机肥，销售自产产品。				

企业名称	钰门国际贸易（上海）有限公司				
企业地址	上海市外高桥保税区新灵路 118 号 307B 室（200131）				
投资总额	20 万 USD	电话	58781256	传真	58781256
设立日期	2002-4-18	负责人	高升辉		
主营业务	国际贸易，转口贸易，保税区企业间的贸易及贸易代理；保税区内商务咨询服务。				

企业名称	六棱国际贸易（上海）有限公司				
企业地址	上海市外高桥保税区基隆路 1 号 12A06 室（200131）				
投资总额	20 万 USD	电话	63219733	传真	54245330
设立日期	2002-4-17	负责人	KAGEYAMA YOSHIYA		
主营业务	国际贸易、转口贸易、保税区企业间的贸易及保税区内贸易代理。				

企业名称	上海巨科国际贸易有限公司				
企业地址	上海市外高桥保税区基隆路 6 号 1026 室（200131）				
投资总额	20 万 USD	电话	59767878	传真	59733008
设立日期	2002-4-16	负责人	陈树德		
主营业务	国际贸易、转口贸易、保税区企业间的贸易及贸易代理。				

企业名称	上海泰科源贸易有限公司				
企业地址	上海市外高桥保税区冰克路 500 号 503 室（200131）				
投资总额	20 万 USD	电话	68598500	传真	68887136
设立日期	2002-4-16	负责人	冯 伟		
主营业务	国际贸易、转口贸易、保税区企业间贸易及贸易代理；保税区内商业性简单加工。				

企业名称	上海狮煌国际贸易有限公司				
企业地址	上海市外高桥保税区奥纳路 158 号 401 室（200131）				
投资总额	60 万 USD	电话	58660665	传真	58680653
设立日期	2002-4-16	负责人	丁建平		
主营业务	国际贸易、转口贸易、区内贸易及代理，商业性简单加工，区内商务咨询服务。				

企业名称	宽福国际贸易（上海）有限公司				
企业地址	上海市外高桥保税区富特西一路 459 号 B 楼 315 室（200131）				
投资总额	20 万 USD	电话	58681929	传真	58681939
设立日期	2002-4-16	负责人	MORGAN CHEN		
主营业务	国际贸易、转口贸易、保税区内企业间贸易及贸易代理；保税区内贸易咨询服务。				

企业名称	上海威洋科技有限公司				
企业地址	上海市浦东新区张杨路 655 号 1003 室（200120）				
投资总额	28 万 USD	电话	58202950	传真	50814243
设立日期	2002-4-15	负责人	吴锦江		
主营业务	设计、生产、加工橡塑接插件，密封件建材结构附件，销售自产产品。				

企业名称	鸿领国际贸易（上海）有限公司				
企业地址	上海市外高桥保税区新灵路 118 号 507B 室（200131）				
投资总额	20 万 USD	电话	64326897	传真	64326499
设立日期	2002-4-15	负责人	钟俊益		
主营业务	国际贸易、转口贸易、保税区企业间的贸易与贸易代理、保税区内贸易咨询服务。				

企业名称	上海守谷国际贸易有限公司				
企业地址	上海市外高桥保税区富特北路 201 号 206 室（200131）				
投资总额	60 万 USD	电话	63292866	传真	63294068
设立日期	2002-4-13	负责人	守谷正平		
主营业务	国际贸易、转口贸易、保税区企业间贸易及区内贸易代理；区内商业性简单加工。				

企业名称	会田工程技术（上海）有限公司				
企业地址	上海市外高桥保税区华京路 9 号（200131）				
投资总额	950 万 USD	电话	50462066	传真	50463872
设立日期	2002-4-12	负责人	中西直義		
主营业务	保税区内压力机及其配套装置、模具等的设计、加工、组装、销售及售后服务。				

企业名称	日幸贸易（上海）有限公司				
企业地址	上海市外高桥保税区新灵路 118 号国际商贸大厦 808A（200131）				
投资总额	50 万 USD	电话	52285577	传真	62178778
设立日期	2002-4-12	负责人	新村俊则		
主营业务	国际贸易、转口贸易、保税区企业间贸易及区内贸易代理；区内商业性简单加工。				

企业名称	卓尔能机电设备（上海）有限公司				
企业地址	上海市外高桥保税区富特北路 399 号仓储楼第五层 A 部位（200131）				
投资总额	20 万 USD	电话	52588855	传真	52588918
设立日期	2002-4-12	负责人	OWENS ROGER DERMOT		
主营业务	保税区内以各类机电设备零部件为主的仓储、分拨业务，国际贸易，转口贸易。				

企业名称	上海爱美钻石有限公司				
企业地址	上海市浦东新区世纪大道 88 号金茂大厦 440 室（200120）				
投资总额	20 万 USD	电话	50470955	传真	50471387
设立日期	2002-4-11	负责人	SHAH GIRISH KUMAR		
主营业务	通过上海钻石交易所海关开展钻石进出口的业务（包括转口贸易、加工贸易）。				

企业名称	奥林格洛国际贸易（上海）有限公司				
企业地址	上海市外高桥保税区基隆路 6 号外高桥大厦 1016 室（200131）				
投资总额	28 万 USD	电话	62278997	传真	62768753
设立日期	2002-4-11	负责人	陶华忠		
主营业务	国际贸易、转口贸易、保税区企业间的贸易与贸易代理；保税区内贸易咨询服务。				

企业名称	富科克橡塑（上海）有限公司				
企业地址	上海市外高桥保税区泰谷路 233 号第一层全部位（200131）				
投资总额	488 万 USD	电话	58680465	传真	58682908
设立日期	2002-4-11	负责人	河本荣一		
主营业务	国际贸易、转口贸易、保税区企业间的贸易与贸易代理；保税区内贸易咨询服务。				

企业名称	力步国际贸易（上海）有限公司				
企业地址	上海市外高桥保税区基隆路 6 号外高桥大厦 804 室（200131）				
投资总额	20 万 USD	电话	58662292	传真	58662292
设立日期	2002-4-10	负责人	JAMES FRANCIS MAGUIRE		
主营业务	国际贸易、转口贸易、保税区企业间的贸易与贸易代理；保税区内贸易咨询服务。				

企业名称	上海润赞国际贸易有限公司				
企业地址	上海市外高桥保税区富特西一路 289 号 B310 室（200131）				
投资总额	100 万 USD	电话	51060567	传真	
设立日期	2002-4-9	负责人	王绮帆		
主营业务	国际贸易、转口贸易、保税区企业间的贸易与贸易代理；保税区内贸易咨询服务。				

企业名称	容丰电气（上海）有限公司				
企业地址	上海市外高桥保税区冰克路 500 号综合楼 509 室（200131）				
投资总额	20 万 USD	电话	63740747	传真	63740730
设立日期	2002-4-9	负责人	JONG MAN BEK		
主营业务	国际贸易、转口贸易、保税区企业间的贸易与贸易代理；保税区内贸易咨询服务。				

企业名称	统来国际贸易（上海）有限公司				
企业地址	上海市外高桥保税区新灵路 118 号 504B 室（200131）				
投资总额	20 万 USD	电话	50643766	传真	50463108
设立日期	2002-4-8	负责人	林如彦		
主营业务	国际贸易、转口贸易、保税区企业间的贸易与贸易代理；保税区内贸易咨询服务。				

企业名称	雄腾（上海）贸易有限公司				
企业地址	上海市外高桥保税区基隆路 6 号外高桥大厦 1402 室（200131）				
投资总额	142 万 USD	电话	53838272	传真	53838823
设立日期	2002-4-8	负责人	朱继华		
主营业务	国际贸易、转口贸易、保税区企业间贸易及区内贸易代理；区内商业性简单加工。				

企业名称	赫备国际贸易（上海）有限公司				
企业地址	上海市外高桥保税区基隆路1号汤臣国际贸易大厦1014室（200131）				
投资总额	20万USD	电　话	58526062	传　真	58523251
设立日期	2002-4-8	负责人	KUBIK ZDENEK		
主营业务	国际贸易、转口贸易、保税区企业间的贸易及贸易代理。				

企业名称	赛拉尼斯（上海）国际贸易有限公司				
企业地址	上海市外高桥保税区台中南路2号新贸楼239室（200131）				
投资总额	50万USD	电　话	68875800	传　真	68876035
设立日期	2002-4-4	负责人	程嘉树		
主营业务	国际贸易、转口贸易、保税区企业间的贸易及贸易代理。				

企业名称	上海时新印刷器材有限公司				
企业地址	上海市外高桥保税区日京路35号凯兴大楼第六层6C部位（200131）				
投资总额	20万USD	电　话	58681789	传　真	50640327
设立日期	2002-4-4	负责人	司徒习		
主营业务	保税区内以印刷器材为主仓储业务及相关产品的售后服务、国际贸易、转口贸易。				

企业名称	上海高豪国际贸易有限公司				
企业地址	上海市外高桥保税区基隆路6号外高桥大厦1126室（200131）				
投资总额	113万USD	电　话	58662293	传　真	61093012
设立日期	2002-4-4	负责人	梁俊峰		
主营业务	国际贸易、转口贸易、保税区企业间的贸易与贸易代理；保税区内贸易咨询服务。				

企业名称	上海三义电器有限公司				
企业地址	上海市外高桥保税区日京路88号第4层A部位（200131）				
投资总额	20万USD	电　话	58970723	传　真	58970723
设立日期	2002-4-4	负责人	三尾义彦		
主营业务	电子线路板加工，电子电器产品及零部件制造，销售自产产品。				

企业名称	卓衡国际贸易（上海）有限公司				
企业地址	上海市外高桥保税区基隆路1号C区001地块塔楼6层601－3室（200131）				
投资总额	100万USD	电　话	62470922	传　真	62470919
设立日期	2002-4-2	负责人	庄涤萍		
主营业务	国际贸易、转口贸易、保税区企业间的贸易及贸易代理等。				

企业名称	际达国际贸易（上海）有限公司				
企业地址	上海市外高桥保税区新灵路118号305B室（200131）				
投资总额	60万USD	电　话	622227705	传　真	64274571
设立日期	2002-4-2	负责人	黄诏振		
主营业务	国际贸易、转口贸易、保税区企业间的贸易及贸易代理等。				

企业名称	上海宝酒造贸易有限公司				
企业地址	上海市外高桥保税区基隆路1号塔楼11层1113室（200131）				
投资总额	28万USD	电　话	63746652	传　真	63746656
设立日期	2002-4-2	负责人	黑川 卫		
主营业务	国际贸易、转口贸易、保税区企业间的贸易及贸易代理。				

企业名称	奥哈拉化工贸易（上海）有限公司				
企业地址	上海市外高桥保税区新灵路80号1#办公楼408室（200131）				
投资总额	20万USD	电　话	64479455	传　真	64480165
设立日期	2002-4-2	负责人	大规乔		
主营业务	国际贸易、转口贸易、保税区企业间贸易及区内贸易代理；区内商业性简单加工。				

企业名称	尼纳斯石油（上海）有限公司				
企业地址	上海市外高桥保税区马吉路28号718室（200131）				
投资总额	20万USD	电　话	63903163	传　真	
设立日期	2002-4-2	负责人	WALLIN BERNT TOMAS		
主营业务	国际贸易、转口贸易、保税区企业间的贸易及贸易代理；区内商业性简单加工。				

企业名称	勤友国际贸易（上海）有限公司				
企业地址	上海市外高桥保税区冰克路500号综合楼301室（200131）				
投资总额	20万USD	电　话	62677789	传　真	62174869
设立日期	2002-4-2	负责人	王位三		
主营业务	国际贸易、转口贸易、保税区企业间的贸易代理；区内商业性简单加工。				

企业名称	欧泽行（上海）国际贸易有限公司				
企业地址	上海市蒲东新区新灵路118号1218室（200131）				
投资总额	40万USD	电　话	64619080	传　真	54862805
设立日期	2002-4-2	负责人	周先一		
主营业务	国际贸易、转口贸易、保税区企业间的贸易代理；区内商业性简单加工。				

企业名称	上海陆泰软件国际贸易有限公司				
企业地址	上海市外高桥保税区泰谷路169号A楼三层305室（200131）				
投资总额	60万USD	电　话	50484263	传　真	
设立日期	2002-4-1	负责人	巫秉达		
主营业务	国际贸易、转口贸易、保税区企业间的贸易与贸易代理；保税区内贸易咨询服务。				

企业名称	田中贵金属（上海）有限公司				
企业地址	上海市外高桥保税区新灵路80号1号办公楼410室（200131）				
投资总额	20万USD	电　话	64485233	传　真	6445230
设立日期	2002-4-1	负责人	田苗明		
主营业务	国际贸易、转口贸易、保税区企业间的贸易与贸易代理；保税区内贸易咨询服务。				

企业名称	共硝国际贸易（上海）有限公司				
企业地址	上海市外高桥保税区基隆路1号汤臣国贸大厦715－3室（200131）				
投资总额	20万USD	电　话	54910223	传　真	64563136
设立日期	2002-4-1	负责人	山本昌弘		
主营业务	国际贸易、转口贸易、保税区企业间的贸易及贸易代理。				

企业名称	品颉（上海）工贸有限公司				
企业地址	上海市西康路1068号B幢12楼A座（200061）				
投资总额	20万USD	电　话	62665061	传　真	62665061
设立日期	2002-4-1	负责人	夏华祥		
主营业务	国际贸易，转口贸易，保税区企业间的贸易及贸易代理。				

企业名称	住电国际贸易（上海）有限公司				
企业地址	上海市外高桥保税区杨高北路2005号新易楼251室（200131）				
投资总额	20万USD	电　话	62491100	传　真	62491398
设立日期	2002-3-29	负责人	高山美智雄		
主营业务	国际贸易、转口贸易、保税区企业间的贸易及贸易代理。				

企业名称	熙可国际贸易（上海）有限公司				
企业地址	上海市外高桥保税区富特西一路139号1319室（200131）				
投资总额	230万USD	电　话	53850101	传　真	
设立日期	2002-3-28	负责人	朱演铭		
主营业务	国际贸易、转口贸易、保税区内企业间的贸易及贸易代理；商业性简单加工。				

企业名称	普利赛斯国际贸易（上海）有限公司				
企业地址	上海市外高桥保税区冰克路500号综合楼525室（200131）				
投资总额	28万USD	电　话	51119757	传　真	51119757
设立日期	2002-3-26	负责人	郭中和		
主营业务	国际贸易、转口贸易、保税区企业间的贸易与贸易代理；保税区内贸易咨询服务。				

企业名称	上海东空国际贸易有限公司				
企业地址	上海市外高桥保税区基隆路1号1019室（200131）				
投资总额	20万USD	电　话	36043172	传　真	
设立日期	2002-3-26	负责人	柘植一慶		
主营业务	国际贸易、转口贸易、保税区企业间的贸易及贸易代理；保税区内贸易咨询服务。				

企业名称	上海京之梦贸易有限公司				
企业地址	上海市外高桥保税区基隆路6号外高桥大厦505室（200131）				
投资总额	20万USD	电　话	62281708	传　真	61199007
设立日期	2002-3-26	负责人	岡本淳		
主营业务	国际贸易、转口贸易、保税区企业间的贸易与贸易代理；保税区内贸易咨询服务。				

企业名称	日钩钢铁（上海）有限公司				
企业地址	上海市外高桥保税区新灵路106号222室（200131）				
投资总额	20万USD	电　话	62369015	传　真	
设立日期	2002-3-26	负责人	福田觉		
主营业务	国际贸易、转口贸易、保税区企业间的贸易及贸易代理。				

企业名称	广域电子国际贸易（上海）有限公司				
企业地址	上海市外高桥保税区菲拉路55号，生产楼第四层A－2部位（200131）				
投资总额	20万USD	电　话	57796058	传　真	57796056
设立日期	2002-3-26	负责人	小泽圭辅		
主营业务	保税区内以电子产品为主的仓储、分拨业务及其相关产品的售后服务。				

企业名称	国钦国际贸易（上海）有限公司				
企业地址	上海市外高桥保税区冰克路500号综合楼321室（200131）				
投资总额	2000万USD	电　话	65629999	传　真	65025816
设立日期	2002-3-21	负责人	孔志舰		
主营业务	国际贸易、转口贸易、保税区企业间的贸易及区内贸易代理；				

企业名称	阿泽雷斯国际贸易（上海）有限公司				
企业地址	上海市外高桥保税区富特北路 201 号 302 室（200131）				
投资总额	20 万 USD	电　话	68559779	传　真	68559889
设立日期	2002-3-21	负 责 人	FRANCISCO AGUILERA ARMENGOL		
主营业务	国际贸易、转口贸易、保税区企业间的贸易、货物及技术进出口。				

企业名称	易力圣（上海）国际贸易有限公司				
企业地址	上海市外高桥保税区冰克路 500 号 501 室（200131）				
投资总额	20 万 USD	电　话	50270969	传　真	50270968
设立日期	2002-3-21	负 责 人	ONG PUAYHAN		
主营业务	国际贸易、转口贸易、保税区企业间的贸易与贸易代理；保税区内贸易咨询服务。				

企业名称	柏洹国际贸易（上海）有限公司				
企业地址	上海市长宁路 396 弄 9 号 11 楼 B 座（200042）				
投资总额	20 万 USD	电　话	32201156	传　真	62527830
设立日期	2002-3-20	负 责 人	李德桢		
主营业务	以医疗器械为主的国际贸易、转口贸易、保税区企业间的贸易及区内贸易代理。				

企业名称	权峰机电国际贸易（上海）有限公司				
企业地址	上海市外高桥保税区菲拉路 55 号综合楼第四层 B 部位（200131）				
投资总额	20 万 USD	电　话	54451363	传　真	54452600
设立日期	2002-3-20	负 责 人	康彰琪		
主营业务	保税区内以机电产品为主的仓储、分拨业务及其相关产品的售后服务。				

企业名称	进电贸易（上海）有限公司				
企业地址	上海市外高桥保税区基隆路 1 号 1927 室（200131）				
投资总额	28 万 USD	电　话	50570076	传　真	58690184
设立日期	2002-3-19	负 责 人	高冈史郎		
主营业务	国际贸易及贸易咨询，保税区企业间的贸易及区内贸易代理，区内仓储。				

企业名称	佐藤自动识别系统国际贸易（上海）有限公司				
企业地址	上海市外高桥保税区希雅路 33 号 17 号通用厂房第 6 层 A2 部位（200131）				
投资总额	85 万 USD	电　话	63068899	传　真	63091318
设立日期	2002-3-19	负 责 人	WAKI TOSHIHIRO		
主营业务	保税区内以自动识别设备及其相关产品为主的仓储、分拨业务、技术咨询。				

企业名称	下田贸易（上海）有限公司				
企业地址	上海市外高桥保税区基隆路 1 号 422 室（200131）				
投资总额	40 万 USD	电　话	61159788	传　真	61159787
设立日期	2002-3-18	负 责 人	荒木敏豪		
主营业务	国际贸易、转口贸易、保税区企业间的贸易与贸易代理；保税区内贸易咨询服务。				

企业名称	三幸贸易（上海）有限公司				
企业地址	上海市外高桥保税区基隆路 6 号 531 室（200131）				
投资总额	56 万 USD	电　话	58691292	传　真	62368244
设立日期	2002-3-18	负 责 人	竹内孝男		
主营业务	国际贸易、转口贸易、保税区企业间的贸易及贸易代理。				

企业名称	黛菲尔化妆品国际贸易（上海）有限公司				
企业地址	上海市外高桥保税区冰克路 500 号综合楼 524 室（200131）				
投资总额	20 万 USD	电　话	52273631	传　真	52273630
设立日期	2002-3-18	负 责 人	王明辉		
主营业务	国际贸易、转口贸易、保税区企业间的贸易及贸易代理；保税区内商务咨询服务。				

企业名称	日喜贸易（上海）有限公司				
企业地址	上海市外高桥保税区杨高北路 2001 号市场商务楼二层 2630 室（200131）				
投资总额	60 万 USD	电　话	62883080	传　真	68407150
设立日期	2002-3-14	负 责 人	李　群		
主营业务	国际贸易、转口贸易、保税区企业间的贸易及贸易代理。				

企业名称	科扬国际贸易（上海）有限公司				
企业地址	上海市外高桥保税区基隆路1号汤臣国际贸易大楼12A10-2室(200131)				
投资总额	28 万 USD	电　话	63179929	传　真	63175958
设立日期	2002-3-14	负 责 人	杨逸文		
主营业务	国际贸易、转口贸易、保税区企业间的贸易与贸易代理；保税区内贸易咨询服务。				

企业名称	多连喜（上海）国际贸易有限公司				
企业地址	上海市外高桥保税区基隆路 6 号 1803 室（200131）				
投资总额	20 万 USD	电　话	52541062	传　真	52541061
设立日期	2002-3-14	负 责 人	TAKATA　SHINYA		
主营业务	国际贸易、转口贸易，保税企业间的贸易及保税区内贸易代理。				

企业名称	杰拉德金属（上海）有限公司				
企业地址	上海市外高桥保税区基隆路 6 号 518 室（200131）				
投资总额	25 万 USD	电　话	52928989	传　真	52928786
设立日期	2002-3-14	负 责 人	JEAN BAUDOIS		
主营业务	国际贸易、转口贸易、保税区企业间的贸易及贸易代理。				

企业名称	易安毕国际贸易（上海）有限公司				
企业地址	上海市外高桥保税区加枫路 28 号 2215 室（200131）				
投资总额	20 万 USD	电　话	50894400	传　真	50894466
设立日期	2002-3-14	负 责 人	MICHAEL DENNIS TABER		
主营业务	国际贸易、转口贸易、保税区企业间的贸易及贸易代理保税区内商业性简单加工。				

企业名称	美顿耐火材料（上海）有限公司				
企业地址	上海外高桥保税区台中南路 2 号新贸楼 141 室（200131）				
投资总额	100 万 USD	电　话	62375115	传　真	62375875
设立日期	2002-3-14	负 责 人	DIETER BECKMANN		
主营业务	国际贸易、保税区企业间的贸易及贸易代理；区内仓储，运输；贸易咨询服务。				

企业名称	上海爵司德国际贸易有限公司				
企业地址	上海市外高桥保税区基隆路 1 号塔楼 10F 层 1022 室（200131）				
投资总额	20 万 USD	电　话	68886052	传　真	68885053
设立日期	2002-3-12	负 责 人	增田信彦		
主营业务	国际贸易、转口贸易、保税区内企业间的贸易及贸易代理。				

企业名称	派格聚合物贸易（上海）有限公司				
企业地址	上海市外高桥保税区新灵路 106 号 2 号楼 121 室（200131）				
投资总额	20 万 USD	电　话	62702215	传　真	
设立日期	2002-3-9	负 责 人	WILLIAM　MARKUS		
主营业务	国际贸易、转口贸易、保税区企业间的贸易与贸易代理；保税区内贸易咨询服务。				

企业名称	迈耶西针织圆纬机（上海）有限公司				
企业地址	上海市外高桥保税区台中南路 116 号新 1#厂房第一层东部位(200131)				
投资总额	20 万 USD	电　话	50644235	传　真	58201218
设立日期	2002-3-7	负 责 人	RAINER KURT MAYER		
主营业务	国际贸易、转口贸易、保税区企业间的贸易与贸易代理；保税区内贸易咨询服务。				

企业名称	爱克斯爱尔国际贸易（上海）有限公司				
企业地址	上海市外高桥保税区新灵路 118 号 1401B 室（200131）				
投资总额	20 万 USD	电　话	58357440	传　真	58357814
设立日期	2002-3-7	负 责 人	HEINZ RUEEGG		
主营业务	国际贸易、转口贸易、保税区企业间的贸易及区内贸易代理。				

企业名称	日产叉车（上海）有限公司				
企业地址	上海市外高桥保税区德堡路 11 号 101 部位（200131）				
投资总额	37 万 USD	电　话	68406432	传　真	68405388
设立日期	2002-3-7	负 责 人	平田员裕		
主营业务	保税区内以产业机械及相关产品为主的仓储、分拨、展示及售后服务和技术培训。				

企业名称	太阳诱电（上海）电子贸易有限公司				
企业地址	上海市浦东新区德堡路 11 号第一层 A 部位（200131）				
投资总额	28 万 USD	电　话	62368999	传　真	62368628
设立日期	2002-3-7	负 责 人	森田泰弘		
主营业务	国际贸易、转口贸易、保税区企业间的贸易与贸易代理；保税区内贸易咨询服务。				

企业名称	卡博特化学国际贸易（上海）有限公司				
企业地址	上海市外高桥保税区华京路 8 号 611 室（200131）				
投资总额	28 万 USD	电　话	51758917	传　真	
设立日期	2002-3-7	负 责 人	XINGSHENG ZHANG		
主营业务	国际贸易、转口贸易、保税区企业间的贸易与贸易代理；保税区内贸易咨询服务。				

企业名称	上海极光国际贸易有限公司				
企业地址	上海市外高桥保税区富特西一路 289 号 B317 室（200131）				
投资总额	20 万 USD	电　话	52986278	传　真	52986324
设立日期	2002-3-6	负 责 人	若林康雄		
主营业务	国际贸易、转口贸易、保税区企业间的贸易及贸易代理。				

企业名称	瑞耘半导体设备（上海）有限公司				
企业地址	上海市外高桥保税区富特北路 358 号 8 层 804 部位（200131）				
投资总额	20 万 USD	电　话	58342948	传　真	58343001
设立日期	2002-3-5	负 责 人	吕学恒		
主营业务	国际贸易、转口贸易、保税区企业间的贸易与贸易代理；保税区内贸易咨询服务。				

企业名称	上海柯佳影像器材有限公司				
企业地址	上海市外高桥保税区基隆路6号外高桥大厦1007室（200131）				
投资总额	144万USD	电话	53859097	传真	53858001
设立日期	2002-3-5	负责人	俞祖懋		
主营业务	国际贸易、转口贸易、区内企业间的贸易及贸易代理等。				

企业名称	京和金银丝（上海）有限公司				
企业地址	上海市外高桥保税区基隆路1号汤臣国际贸易大楼1028室（200131）				
投资总额	20万USD	电话	62780241	传真	62780204
设立日期	2002-3-5	负责人	深尾茂树		
主营业务	国际贸易、转口贸易、保税区企业间的贸易及贸易代理；区内商业性简单加工。				

企业名称	巴富仕国际贸易（上海）有限公司				
企业地址	上海市浦东新区富特西一路459号111室（200131）				
投资总额	20万USD	电话	51096080	传真	
设立日期	2002-3-4	负责人	李　清		
主营业务	国际贸易、转口贸易、保税区企业间的贸易与贸易代理；保税区内贸易咨询服务。				

企业名称	汤浅商事（上海）有限公司				
企业地址	上海市外高桥保税区基隆路6号外高桥大厦909室（200131）				
投资总额	120万USD	电话	62375477	传真	62375499
设立日期	2002-3-4	负责人	SASAKI SOICHI		
主营业务	国际贸易、转口贸易、保税区企业间的贸易及贸易代理。				

企业名称	美意贸易（上海）有限公司				
企业地址	上海市外高桥保税区台中南路2号新贸楼263室（200131）				
投资总额	20万USD	电话	62827273	传真	52541582
设立日期	2002-3-1	负责人	PEPE ANGELO AMEDED		
主营业务	国际贸易、转口贸易、保税区企业间的贸易及贸易代理。				

企业名称	施华洛世奇（上海）装饰品贸易有限公司				
企业地址	上海外高桥保税区富特北路399号第四层A部位（200131）				
投资总额	64万USD	电话	23069930	传真	
设立日期	2002-3-1	负责人	ROBERT　DELL		
主营业务	保税区内以装饰品为主的仓储、分拨业务，国际贸易、转口贸易。				

企业名称	统懋国际贸易（上海）有限公司				
企业地址	上海市外高桥保税区泰谷路169号A楼3层302室（200131）				
投资总额	20万USD	电话	64260708	传真	
设立日期	2002-3-1	负责人	陈朝福		
主营业务	国际贸易、转口贸易、保税区企业间的贸易与贸易代理；保税区内贸易咨询服务。				

企业名称	技兴机电（上海）国际贸易有限公司				
企业地址	上海市外高桥保税区新灵路118号310B室（200131）				
投资总额	100万USD	电话	54262313	传真	54262310
设立日期	2002-3-1	负责人	江义福		
主营业务	国际贸易、转口贸易、保税区企业间的贸易及区内贸易代理。				

企业名称	飞兆半导体（上海）有限公司				
企业地址	上海市外高桥保税区台中南路2号338室（200131）				
投资总额	250万USD	电话	52986262	传真	52985118
设立日期	2002-2-25	负责人	陈坤和		
主营业务	国际贸易、转口贸易、保税区企业间的贸易与贸易代理；区内贸易咨询服务。				

企业名称	森六（上海）贸易有限公司				
企业地址	上海市外高桥保税区华京路8号709室（200131）				
投资总额	30万USD	电话	64660487	传真	64660485
设立日期	2002-2-25	负责人	立田俊博		
主营业务	国际贸易、转口贸易、保税区企业间的贸易与贸易代理；保税区内贸易咨询服务。				

企业名称	翔砻艺术品贸易（上海）有限公司				
企业地址	上海市外高桥保税区基隆路1号1125室（200131）				
投资总额	20万USD	电话	34223713	传真	34223715
设立日期	2002-2-25	负责人	郑瑶婷		
主营业务	国际贸易、转口贸易、保税区企业间的贸易及贸易代理。				

企业名称	威埃姆输送机械国际贸易（上海）有限公司				
企业地址	上海市外高桥保税区新灵路258号2楼211室A部位（200131）				
投资总额	20万USD	电话	68966888	传真	68780466
设立日期	2002-2-25	负责人	GIANFRANCO SABATINI		
主营业务	国际贸易、转口贸易、保税区企业间的贸易与贸易代理、区内贸易咨询服务。				

企业名称	上海日立电线贸易有限公司				
企业地址	上海市浦东新区新灵路258号211室（200131）				
投资总额	50万USD	电话	62787756	传真	62787756
设立日期	2002-2-25	负责人	龟尾保彦		
主营业务	国际贸易、转口贸易、保税区企业间的贸易与贸易代理、区内贸易咨询服务。				

企业名称	旭化成塑料（上海）有限公司				
企业地址	上海市外高桥保税区基隆路6号外高桥大厦525室（200131）				
投资总额	314万USD	电话	63915252	传真	
设立日期	2002-2-22	负责人	森幸博		
主营业务	国际贸易、保税区企业间的贸易、转口贸易及贸易代理。				

企业名称	尼西则瓦（上海）贸易有限公司				
企业地址	上海市外高桥保税区基隆路6号外高桥大厦1012室（200131）				
投资总额	27万USD	电话	33130266	传真	63201107
设立日期	2002-2-19	负责人	富江文雄		
主营业务	国际贸易，转口贸易，保税区企业间贸易及贸易代理。				

企业名称	宇诠国际贸易（上海）有限公司				
企业地址	上海市外高桥保税区英伦路38号衡山商务楼407室（200131）				
投资总额	20万USD	电话	63013150	传真	63013150
设立日期	2002-2-19	负责人	李森田		
主营业务	国际贸易、转口贸易、保税区企业间的贸易与贸易代理；保税区内贸易咨询服务。				

企业名称	康恩莎（上海）贸易有限公司				
企业地址	上海市外高桥保税区巴圣路275号41号楼1层C部位（200131）				
投资总额	20万USD	电话	65212893	传真	65212859
设立日期	2002-2-19	负责人	JOSE SILVIO PEY		
主营业务	国际贸易、转口贸易、保税区企业间的贸易与贸易代理；保税区内贸易咨询服务。				

企业名称	菱技树脂产品（上海）有限公司				
企业地址	上海市外高桥保税区富特西一路439号1号楼第1、2、3层B部位（200131）				
投资总额	150万USD	电话	50640335	传真	50640336
设立日期	2002-2-9	负责人	本乡雅文		
主营业务	保税区内生产、加工各种树脂产品，销售自产产品，树脂产品的设计、开发。				

企业名称	永得宁国际贸易（上海）有限公司				
企业地址	上海市外高桥保税区新灵路118号国际商贸大厦1709B室（200131）				
投资总额	20万USD	电话	62838207	传真	629480470
设立日期	2002-2-9	负责人	ROQUES JEAN－LOUIS		
主营业务	国际贸易，转口贸易，保税区企业间的贸易及贸易代理。				

企业名称	斗山（上海）化工材料有限公司				
企业地址	上海市外高桥保税区基隆路1号汤臣国际贸易大楼1103室（200131）				
投资总额	20万USD	电话	62754429	传真	62759974
设立日期	2002-2-9	负责人	CHANG KEE CHOI		
主营业务	国际贸易、转口贸易、保税区企业间贸易及区内贸易代理。				

企业名称	弘进（上海）国际贸易有限公司				
企业地址	上海外高桥保税区基隆路1号汤臣国际贸易大厦1127号（200131）				
投资总额	20万USD	电话	52160509	传真	52160509
设立日期	2002-2-8	负责人	EUM DOO HO		
主营业务	国际贸易、转口贸易、保税区企业间贸易及区内贸易代理；区内商业性简单加工。				

企业名称	富士胶片（上海）贸易有限公司				
企业地址	上海市外高桥保税区基隆路6号702室（200131）				
投资总额	200万USD	电话	33024655	传真	63847700
设立日期	2002-2-8	负责人	横田孝二		
主营业务	国际贸易、转口贸易、保税区企业间的贸易与贸易代理；保税区内贸易咨询服务。				

企业名称	上海塔斯澳国际贸易有限公司				
企业地址	上海市外高桥保税区富特北路201号408室（200131）				
投资总额	20万USD	电话	34230217	传真	64737466
设立日期	2002-2-8	负责人	上野山英二		
主营业务	国际贸易、转口贸易、保税区企业间的贸易与贸易代理；保税区内贸易咨询服务。				

企业名称	耐世隆机电贸易（上海）有限公司				
企业地址	上海市外高桥保税区富特东一路438号天马大楼第5层C部位（200131）				
投资总额	20万USD	电话	64898866	传真	64427776
设立日期	2002-2-8	负责人	毛兴旺		
主营业务	保税区内以制造光纤、光缆设备为主的仓储、分拨和展览以及产品技术培训。				

企业名称	岱美仪器技术服务（上海）有限公司				
企业地址	上海市外高桥保税区富特东一路 396 号第五层五部位（200131）				
投资总额	20 万 USD	电　话	62405859	传　真	
设立日期	2002-2-7	负 责 人	黄志强		
主营业务	保税区内以磁记录、半导体、光通讯生产及测试仪器为主的分拨业务。				

企业名称	弘忆（上海）国际贸易有限公司				
企业地址	上海市徐汇区吴兴路 277 号锦都大厦 1101 室（200031）				
投资总额	20 万 USD	电　话	64458446	传　真	64742021
设立日期	2002-2-7	负 责 人	盧志德		
主营业务	国际贸易、转口贸易、保税区企业间的贸易与贸易代理；保税区内贸易咨询服务。				

企业名称	昭和电线电缆（上海）有限公司				
企业地址	上海市外高桥保税区基隆路 6 号外高大厦 725 室（200131）				
投资总额	20 万 USD	电　话	62419661	传　真	62416507
设立日期	2002-2-5	负 责 人	平本清		
主营业务	国际贸易，转口贸易，保税区企业间的贸易及贸易代理。				

企业名称	长洛精仪国际贸易（上海）有限公司				
企业地址	上海市外高桥保税区日京路 35 号 1016 室（200131）				
投资总额	55 万 USD	电　话	65637000	传　真	65638188
设立日期	2002-2-5	负 责 人	葛长林		
主营业务	国际贸易，转口贸易，保税区企业间的贸易及贸易代理等。				

企业名称	戴瑞米克（上海）有限公司				
企业地址	上海市外高桥保税区泰谷路 207 号三层 L1 部位（200131）				
投资总额	20 万 USD	电　话	50671925	传　真	50672190
设立日期	2002-2-4	负 责 人	FRANK NASISI		
主营业务	国际贸易、转口贸易、保税区企业间的贸易与贸易代理；保税区内贸易咨询服务。				

企业名称	欧陆之星钻石（上海）有限公司				
企业地址	上海市浦东新区世纪大道 88 号金茂大厦 6 楼 626 室（200120）				
投资总额	200 万 USD	电　话	50476777	传　真	50475999
设立日期	2002-2-4	负 责 人	FONG WAH KAI		
主营业务	通过上海钻石交易所海关开展钻石进出口的业务（包括转口贸易、加工贸易）。				

企业名称	多乐美（上海）钻石有限公司				
企业地址	上海市浦东新区世纪大道 88 号金茂大厦 4 楼 439 室（200120）				
投资总额	20 万 USD	电　话	50470059	传　真	50470922
设立日期	2002-2-4	负 责 人	ITZCHAKI JACOV		
主营业务	通过上海钻石交易所海关开展钻石进出口的业务（包括转口贸易、加工贸易）。				

企业名称	克瑞配料贸易（上海）有限公司				
企业地址	上海市外高桥保税区台中南路 2 号新贸楼 248 室（200131）				
投资总额	20 万 USD	电　话	63540191	传　真	63540191
设立日期	2002-2-4	负 责 人	RICHARD CHUTE		
主营业务	国际贸易、转口贸易、保税区企业间的贸易及贸易代理等。				

企业名称	日通国际物流（上海）有限公司				
企业地址	上海市外高桥保税区德堡路 11 号第一层（200131）				
投资总额	81 万 USD	电　话	50483301	传　真	50482434
设立日期	2002-2-4	负 责 人	早川强		
主营业务	区内仓储物流，货物运输及相关业务；国际贸易；商业性简单加工。				

企业名称	上海橡硕国际贸易有限公司				
企业地址	上海外高桥保税区加枫路 28 号新康 2 号楼 2322 室（200131）				
投资总额	20 万 USD	电　话	62116540	传　真	54261710
设立日期	2002-2-4	负 责 人	高瑞隆		
主营业务	国际贸易、转口贸易、保税区企业间的贸易与贸易代理；保税区内贸易咨询服务。				

企业名称	瑞志国际贸易（上海）有限公司				
企业地址	上海市外高桥保税区杨高北路 2005 号新易楼 327 室（200131）				
投资总额	20 万 USD	电　话	64326550	传　真	64326558
设立日期	2002-1-29	负 责 人	许立贤		
主营业务	国际贸易及贸易咨询；保税区企业间贸易及贸易代理。				

企业名称	建达蓝德电脑国际贸易（上海）有限公司				
企业地址	上海市外高桥保税区美盛路 111 号五楼第五层 B 部位（200131）				
投资总额	120 万 USD	电　话	61002828	传　真	61006188
设立日期	2002-1-29	负 责 人	高英聪		
主营业务	以硬盘、芯片等电脑产品为主的保税区内仓储、分拨业务及相关产品的售后服务。				

企业名称	上海增德国际贸易有限公司				
企业地址	上海外高桥保税区英伦路 38 号衡山商务楼 528 室（200131）				
投资总额	20 万 USD	电　话	54900188	传　真	64640045
设立日期	2002-1-29	负 责 人	石永金		
主营业务	国际贸易、转口贸易、保税区企业间的贸易及贸易代理。				

企业名称	开益禧半导体（上海）有限公司				
企业地址	上海外高桥保税区英伦路 300 号西北部位（200131）				
投资总额	30 万 USD	电　话	64812255	传　真	64399102
设立日期	2002-1-25	负 责 人	YOO BYEONG LEEM		
主营业务	保税区内以半导体产品为主的仓储、分拨业务及相关产品的售后服务。				

企业名称	新耕（上海）贸易有限公司				
企业地址	上海市外高桥保税区基隆路 1 号 813 室（200131）				
投资总额	20 万 USD	电　话	58200880	传　真	58200368
设立日期	2002-1-25	负 责 人	许明棋		
主营业务	国际贸易、转口贸易、保税区企业间的贸易与贸易代理；保税区内贸易咨询服务。				

企业名称	优邦国际贸易（上海）有限公司				
企业地址	上海市外高桥保税区泰谷路 169 号 A 楼 304 室（200131）				
投资总额	20 万 USD	电　话	58536065	传　真	58536071
设立日期	2002-1-25	负 责 人	丰川义范		
主营业务	国际贸易、转口贸易、保税区企业间的贸易及贸易代理等。				

企业名称	岛精贸易（上海）有限公司				
企业地址	上海市外高桥保税区新灵路 118 号 1802 室（200131）				
投资总额	30 万 USD	电　话	52709898	传　真	52709797
设立日期	2002-1-25	负 责 人	林金川		
主营业务	国际贸易及贸易咨询，保税区企业间的贸易及区内贸易代理。				

企业名称	帕林克斯（上海）贸易有限公司				
企业地址	上海市外高桥保税区富特西一路 289 号 A403 室（200131）				
投资总额	20 万 USD	电　话	62690335	传　真	62690332
设立日期	2002-1-23	负 责 人	刘汉萍		
主营业务	国际贸易、转口贸易，保税区内企业间的贸易及区内贸易代理。				

企业名称	保泰国际贸易（上海）有限公司				
企业地址	上海市外高桥保税区富特西一路 289 号 B401 室（200131）				
投资总额	20 万 USD	电　话	68882701	传　真	68885701
设立日期	2002-1-23	负 责 人	林澄茂		
主营业务	国际贸易、转口贸易、保税区企业间的贸易与贸易代理；保税区内贸易咨询服务。				

企业名称	上海建开国际贸易有限公司				
企业地址	上海市外高桥保税区富特西一路 289 号国贸广场 A317 室（200131）				
投资总额	141 万 USD	电　话	68864212	传　真	
设立日期	2002-1-23	负 责 人	孙大睿		
主营业务	国际贸易、转口贸易、保税区企业间的贸易与贸易代理；保税区内贸易咨询服务。				

企业名称	上海太发国际贸易有限公司				
企业地址	上海市外高桥保税区富特北路 201 号 410 室（200131）				
投资总额	28 万 USD	电　话	62759800	传　真	62759669
设立日期	2002-1-23	负 责 人	林士坤		
主营业务	国际贸易、转口贸易、保税区企业间的贸易与贸易代理；保税区内贸易咨询服务。				

企业名称	上海米瑞机械工具国际贸易有限公司				
企业地址	上海市外高桥保税区富特北路 258 号主楼第五层 B 部位（200131）				
投资总额	20 万 USD	电　话	58680962	传　真	58680922
设立日期	2002-1-21	负 责 人	李承奎		
主营业务	国际贸易、转口贸易、保税区企业间的贸易与贸易代理；保税区内贸易咨询服务。				

企业名称	三井信息电子（上海）有限公司				
企业地址	上海市外高桥保税区富特北路 520 号第三层 A 部位（200131）				
投资总额	57 万 USD	电　话	68761330	传　真	68761331
设立日期	2002-1-21	负 责 人	小川真二郎		
主营业务	保税区内液晶、半导体、计算机、移动通讯设备等电子产品的国际贸易。				

企业名称	中颖物流（上海）有限公司				
企业地址	上海市外高桥保税区德堡路 376 号 28 号厂房（200131）				
投资总额	20 万 USD	电　话	62701759	传　真	
设立日期	2002-1-21	负 责 人	叶志坚		
主营业务	保税区内仓储物流业务；国际贸易、转口贸易、保税区企业间的贸易与贸易代理。				

企业名称	李维贸易（上海）有限公司				
企业地址	上海市外高桥保税区台中南路2号227室（200131）				
投资总额	20万USD	电话	62478828	传真	62478028
设立日期	2002-1-21	负责人	郑乃光		
主营业务	国际贸易、转口贸易、保税区企业间的贸易及保税区内贸易代理。				

企业名称	钧龙贸易（上海）有限公司				
企业地址	上海外高桥保税区台中南路2号新贸楼284室（200131）				
投资总额	20万USD	电话	64045711	传真	64045711
设立日期	2002-1-20	负责人	臧文瑞		
主营业务	国际贸易、转口贸易、保税区企业间的贸易及贸易代理。				

企业名称	浩丽（上海）国际贸易有限公司				
企业地址	上海市外高桥保税区新灵路118号1814室（200131）				
投资总额	20万USD	电话	50812269	传真	58207169
设立日期	2002-1-16	负责人	马燕兴		
主营业务	国际贸易、转口贸易、保税区企业间的贸易与贸易代理；保税区内贸易咨询服务。				

企业名称	福翰国际贸易（上海）有限公司				
企业地址	上海外高桥保税区马吉路28号东华金融大厦2004室（200131）				
投资总额	20万USD	电话	58692596	传真	58692598
设立日期	2002-1-16	负责人	杨荣桓		
主营业务	国际贸易、转口贸易、保税区企业间的贸易及贸易代理；区内商业性简单加工。				

企业名称	万瀚深国际贸易（上海）有限公司				
企业地址	上海市外高桥保税区华京路8号815室（200131）				
投资总额	20万USD	电话	64091160	传真	64099912
设立日期	2002-1-16	负责人	PAUL VAN HESSEN		
主营业务	国际贸易、转口贸易、保税区企业间的贸易与贸易代理。				

企业名称	上海卢森国际贸易有限公司				
企业地址	上海市外高桥保税区奥纳路79号1号楼407室（200131）				
投资总额	20万USD	电话	62751673	传真	62083664
设立日期	2002-1-16	负责人	JAIME IGLESIAS		
主营业务	国际贸易、转口贸易、保税区内企业间的贸易及贸易代理。				

企业名称	托福国际贸易（上海）有限公司				
企业地址	上海外高桥保税区基隆路1号汤臣国际贸易大楼1117室（200131）				
投资总额	20万USD	电话	63219022	传真	63210488
设立日期	2002-1-14	负责人	苏锦成		
主营业务	国际贸易、转口贸易、保税区企业间的贸易及贸易代理。				

企业名称	恺毅国际贸易（上海）有限公司				
企业地址	上海市外高桥保税区华京路8号304室（200131）				
投资总额	20万USD	电话	52375177	传真	52375178
设立日期	2002-1-14	负责人	林靖哲		
主营业务	国际贸易、转口贸易、保税区企业间的贸易及区内贸易代理。				

企业名称	上海红瓦厝纺织贸易有限公司				
企业地址	上海市外高桥保税区英伦路38号616室（200131）				
投资总额	20万USD	电话	61136543	传真	
设立日期	2002-1-14	负责人	王茂林		
主营业务	国际贸易、转口贸易、保税区企业间的贸易及贸易代理。				

企业名称	上海浦罗贸易有限公司				
企业地址	上海市外高桥保税区台中南路2号新贸楼273室（200131）				
投资总额	100万USD	电话	50483019	传真	69211137
设立日期	2002-1-14	负责人	中谷恒平		
主营业务	国际贸易、转口贸易、保税区企业间的贸易及区内贸易代理。				

企业名称	帕太国际贸易（上海）有限公司				
企业地址	上海外高桥保税区杨高北路2005号新兴楼411室（200131）				
投资总额	20万USD	电话	52400852	传真	52400855
设立日期	2002-1-12	负责人	赵燕萍		
主营业务	国际贸易、转口贸易、保税区企业间的贸易及贸易代理。				

企业名称	桥梓国际贸易（上海）有限公司				
企业地址	上海市外高桥保税区基隆路1号2104室（200131）				
投资总额	20万USD	电话	63456873	传真	63456578
设立日期	2002-1-12	负责人	BOONTHAMRONGKIT		
主营业务	国际贸易，转口贸易，保税区企业间的贸易及贸易代理等。				

企业名称	上海硕景国际贸易有限公司				
企业地址	上海市外高桥保税区新灵路118号国际商贸大厦912室（200131）				
投资总额	20万USD	电话	53850877	传真	53850873
设立日期	2002-1-11	负责人	朱鸿章		
主营业务	国际贸易、转口贸易、保税区企业间的贸易及保税区内贸易代理。				

企业名称	上海福尔康不锈钢丸有限公司				
企业地址	上海市外高桥保税区马吉路28号713室（200131）				
投资总额	20万USD	电话	62772908	传真	
设立日期	2002-1-11	负责人	查奕文		
主营业务	国际贸易、转口贸易、保税区企业间的贸易及贸易代理。				

企业名称	安施（上海）国际贸易有限公司				
企业地址	上海市外高桥保税区富特北路358号802部位（200131）				
投资总额	20万USD	电话	62155588	传真	62155580
设立日期	2002-1-11	负责人	JOHN GILBERTSON		
主营业务	国际贸易、转口贸易、保税区企业间的贸易及贸易代理；保税区内商务咨询服务。				

企业名称	森傅（上海）贸易有限公司				
企业地址	上海市外高桥保税区新灵路118号1114室（200131）				
投资总额	25万USD	电话	68768586	传真	68768589
设立日期	2002-1-10	负责人	MORITA KENICHI		
主营业务	国际贸易、转口贸易、保税区企业间的贸易及区内贸易代理。				

企业名称	上海古产国际贸易有限公司				
企业地址	上海市外高桥保税区新灵路118号1708－B室（200131）				
投资总额	28万USD	电话	64156394	传真	64156492
设立日期	2002-1-10	负责人	馆野恒雄		
主营业务	国际贸易、转口贸易、保税区企业间的贸易与贸易代理。				

企业名称	川崎三兴化成（上海）国际贸易有限公司				
企业地址	上海市外高桥保税区荷丹路320号12#仓库第一层B部位（200131）				
投资总额	20万USD	电话	58680678	传真	58680716
设立日期	2002-1-10	负责人	浅井雅夫		
主营业务	保税区仓储物流业务，国际贸易，转口贸易、保税区企业间贸易及贸易代理。				

企业名称	贝尔利钻石（上海）有限公司				
企业地址	上海市浦东新区世纪大道88号金茂大厦457室（200120）				
投资总额	28万USD	电话	50471103	传真	62277658
设立日期	2002-1-9	负责人	李玲娴		
主营业务	通过上海钻石交易所海关开展钻石进出口的业务（包括转口贸易、加工贸易）。				

企业名称	理宝科学器材（上海）有限公司				
企业地址	上海市外高桥保税区富特北路358号管理楼第6层602、604、606部位(200131)				
投资总额	30万USD	电话	56558285	传真	56557752
设立日期	2002-1-8	负责人	姚建龙		
主营业务	纺织实验室测试设备、光电子设备的加工、组装，销售自产产品。				

企业名称	贺强国际贸易（上海）有限公司				
企业地址	上海市外高桥保税区英伦路38号405室（200131）				
投资总额	20万USD	电话	67728325	传真	67728326
设立日期	2002-1-8	负责人	陈 辰		
主营业务	国际贸易、转口贸易、保税区企业间的贸易及贸易代理。				

企业名称	腾蒙国际贸易（上海）有限公司				
企业地址	上海市外高桥保税区基隆路1号1118室（200131）				
投资总额	20万USD	电话	54108800	传真	54107287
设立日期	2002-1-7	负责人	卢翊存		
主营业务	国际贸易、转口贸易、保税区企业间的贸易及贸易代理。				

餐饮业

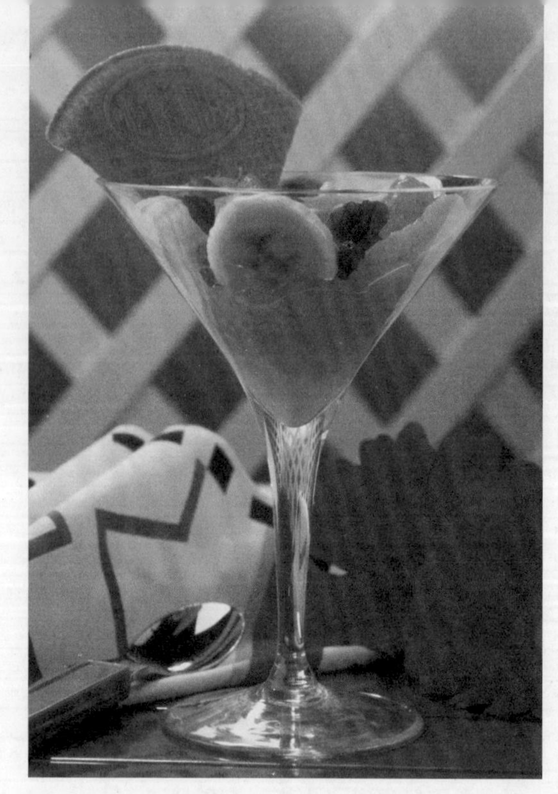

企业名称	上海族旺餐饮管理有限公司					
企业地址	上海市闵行区虹许路 558 号 38 幢 311 室（201103）					
投资总额	300 万 USD	电话	62173988	传真	62173988	
设立日期	2009-12-28	负责人	蔡绍云			
主营业务	餐饮管理。					

企业名称	择鲜餐饮（上海）有限公司					
企业地址	上海市虹口区海宁路 137 号 7A754 室（200080）					
投资总额	20 万 USD	电话	51872261	传真		
设立日期	2009-12-24	负责人	WIENER GUY JEROME			
主营业务	餐饮管理。					

企业名称	多膳客（上海）餐饮管理有限公司					
企业地址	上海市肇嘉浜路 789 号 6 楼 613 室（200030）					
投资总额	111 万 USD	电话	64220755	传真	64229015	
设立日期	2009-12-21	负责人	YOSHIDA YASUMASA			
主营业务	餐饮管理（不含正餐服务）、企业管理咨询、市场营销策划。					

企业名称	凤照餐饮管理（上海）有限公司					
企业地址	上海市龙华西路 585 号 16-A4（200232）					
投资总额	210 万 USD	电话	64698083	传真		
设立日期	2009-12-18	负责人	黄小华			
主营业务	餐饮管理。					

企业名称	天威餐饮管理（上海）有限公司					
企业地址	上海市黄浦区九江路 399 号 26 楼 05 室 E 座（200001）					
投资总额	29 万 USD	电话	63230260	传真		
设立日期	2009-12-15	负责人	JOHN LOW BOON BING			
主营业务	餐饮管理。					

企业名称	上海爱曲餐饮管理有限公司					
企业地址	上海市长宁区中山西路 750 号一幢楼 426 室（200051）					
投资总额	15 万 USD	电话	64051677	传真		
设立日期	2009-12-11	负责人	HOWSON CHANG			
主营业务	餐饮管理。					

企业名称	大智若余餐饮管理（上海）有限公司					
企业地址	上海市浦东新区环林东路 799 弄 7 号 1 层 1008 室（200124）					
投资总额	20 万 USD	电话	54943120	传真	64609414	
设立日期	2009-12-10	负责人	余瑞璘			
主营业务	餐饮管理，市场营销策划。					

企业名称	杰尔卡餐饮管理（上海）有限公司					
企业地址	上海市浦东新区金海路 3288 号 4 幢 T314 室（201209）					
投资总额	15 万 USD	电话	53865159	传真	53865160	
设立日期	2009-12-10	负责人	HUMPHREY CARL DEMETRIUS			
主营业务	餐饮管理。					

企业名称	上海乐加尔松音餐饮有限公司					
企业地址	上海市衡山路 4 号二楼（1-27）（200031）					
投资总额	1 万 USD	电话	54665070	传真	64158277	
设立日期	2009-12-9	负责人	MIYANAKA TAKASHI			
主营业务	小型饭店（详见许可证），酒堂饮、餐饮企业管理。					

企业名称	柯菲雪（上海）餐饮管理有限公司					
企业地址	上海市普陀区华池路 58 弄 1 号 825 室（200061）					
投资总额	15 万 USD	电话	34661599	传真		
设立日期	2009-12-9	负责人	SHAN JIAQIAN			
主营业务	餐饮管理（不含餐饮经营）、企业管理咨询、贸易信息咨询。					

企业名称	珀茉朵（上海）餐饮管理有限公司					
企业地址	上海市静安区康定路 1023 号 1 层商铺 4 室（200042）					
投资总额	11 万 USD	电话	62183798	传真		
设立日期	2009-12-7	负责人	孙芳			
主营业务	小型饭店（西式餐饮，不含熟食卤味）。					

企业名称	上海博庆餐饮管理有限公司					
企业地址	上海市浦东新区东方路 1988 号 703-11 室（200126）					
投资总额	30 万 USD	电话	50399630	传真		
设立日期	2009-12-1	负责人	HENG KENG SENG，SIMON			
主营业务	餐饮管理，餐饮器具的批发。					

企业名称	媚滋诺（上海）餐饮管理有限公司					
企业地址	上海市浦东新区博山路 222 号 B 区一层（200135）					
投资总额	15 万 USD	电话	50938101	传真	38970100	
设立日期	2009-11-27	负责人	ROY JOSEPH MUSCARELLA			
主营业务	餐饮管理及咨询。					

企业名称	大竹餐饮管理（上海）有限公司					
企业地址	上海市黄浦区白渡路 256 号 212 室（200011）					
投资总额	10 万 USD	电话	63459153	传真		
设立日期	2009-11-26	负责人	JAMES BRYSON JENNER			
主营业务	餐饮企业管理。					

企业名称	上海家乐缘餐饮管理有限公司					
企业地址	上海市天钥桥路 909 号 3 号楼 106 室（200032）					
投资总额	66 万 USD	电话	28339918	传真		
设立日期	2009-11-17	负责人	蔡胜贤			
主营业务	餐饮企业管理。					

企业名称	恩典餐饮（上海）有限公司					
企业地址	上海市卢湾区泰康路 200 号 1 号楼 101-110 室（200023）					
投资总额	20 万 USD	电话	53521168	传真		
设立日期	2009-11-11	负责人	仇为一			
主营业务	餐饮。					

企业名称	吉佑士（上海）餐饮管理有限公司					
企业地址	上海市杨浦区鞍山路 5 号 1305-7 室（200092）					
投资总额	15 万 USD	电话	53822217	传真		
设立日期	2009-11-11	负责人	王劍			
主营业务	餐饮管理。					

企业名称	绿馆餐饮（上海）有限公司					
企业地址	上海市闵行区都市路 5001 号 4F33 号商铺（201100）					
投资总额	88 万 USD	电话	33538700	传真		
设立日期	2009-11-4	负责人	川濑雅克			
主营业务	中型饭店。					

企业名称	上海啊哪吧哪哪餐饮有限公司					
企业地址	上海市黄浦区河南中路 88 号 101 室（200002）					
投资总额	6 万 USD	电话	63352662	传真	63292662	
设立日期	2009-11-4	负责人	JOSHUA WIJAYA			
主营业务	餐饮。					

企业名称	上海汉狮餐饮管理有限公司					
企业地址	上海市静安区安远路 555 号 3 楼 313 室（200040）					
投资总额	103 万 USD	电话	62308650	传真	62306730	
设立日期	2009-10-23	负责人	程韶伦			
主营业务	餐饮企业管理。					

企业名称	龙皇餐饮管理（上海）有限公司					
企业地址	上海市黄浦区白渡路 256 号 209 室（200011）					
投资总额	103 万 USD	电话	63456661	传真		
设立日期	2009-10-13	负责人	黄永幟			
主营业务	餐饮企业管理（不含食品生产和经营）。					

企业名称	米力恩餐饮管理（上海）有限公司					
企业地址	上海市浦东新区光明路 718 号 832 室（200120）					
投资总额	30 万 USD	电话	52985156	传真		
设立日期	2009-9-28	负责人	谢念华			
主营业务	餐饮管理。					

企业名称	欧丹亚（上海）餐饮有限公司					
企业地址	上海市浦东新区碧云路 178 号 1-2 层（200135）					
投资总额	14 万 USD	电话	33781590	传真		
设立日期	2009-9-27	负责人	HENRIK ROLSKOV HUEBSCHMANN			
主营业务	餐饮（含酒），餐饮管理。					

企业名称	百晖餐饮管理（上海）有限公司					
企业地址	上海市闵行区江川路 1511 号第 2 幢 1111 室（201111）					
投资总额	5.00 万 USD	电话	64139655	传真		
设立日期	2009-9-25	负责人	MORIZIO JR DOMINICK			
主营业务	餐饮管理。					

企业名称	上海善麟餐饮管理有限公司				
企业地址	上海市闵行区中春路 4999 号 1273 室（201100）				
投资总额	14 万 USD	电话	54172365	传真	
设立日期	2009-9-11	负责人	SUNKYOO KIM		
主营业务	餐饮管理。				

企业名称	上海尔苑咖啡厅有限公司				
企业地址	上海市桃江路 3 号（200031）				
投资总额	2 万 USD	电话	64334602	传真	
设立日期	2009-9-11	负责人	小池田和子		
主营业务	咖啡馆，酒类（堂吃）。				

企业名称	上海小川屋餐饮管理有限公司				
企业地址	上海市浦东新区东方路 1988 号 703—12 室（200126）				
投资总额	32 万 USD	电话	32201523	传真	
设立日期	2009-9-11	负责人	SEIJI OGAWA		
主营业务	餐饮管理。				

企业名称	板长寿司餐饮管理（上海）有限公司				
企业地址	上海市静安区万航渡路 888 号 8 楼 21 室（200040）				
投资总额	90 万 USD	电话	22123331	传真	
设立日期	2009-9-8	负责人	郑威涛		
主营业务	餐饮企业管理。				

企业名称	安胜餐饮管理（上海）有限公司				
企业地址	上海市奉贤区目华北路 388 号 631 室（201424）				
投资总额	3.00 万 USD	电话	62888821	传真	
设立日期	2009-9-8	负责人	RICHARDS GARY DALE		
主营业务	餐饮管理（不含实物形式）、餐饮。				

企业名称	渝晏（上海）餐饮管理有限公司				
企业地址	上海市杨浦区鞍山路 5 号 811 室（200092）				
投资总额	14 万 USD	电话	65021996	传真	
设立日期	2009-9-7	负责人	陈卓明		
主营业务	餐饮管理，餐饮。				

企业名称	上海宏升餐饮管理有限公司				
企业地址	上海市金山区张堰镇东大街 18 号 A 01 室（201514）				
投资总额	14 万 USD	电话	57210075	传真	
设立日期	2009-9-2	负责人	HONG WEI TANG KWAN HOI		
主营业务	餐饮管理。				

企业名称	盛百诺餐饮管理（上海）有限公司				
企业地址	上海市卢湾区马当路 349 号 501A 室（200025）				
投资总额	100 万 USD	电话	33820681	传真	
设立日期	2009-8-27	负责人	曾光甫		
主营业务	快餐、餐饮。				

企业名称	上海戎参餐饮管理有限公司				
企业地址	上海市浦东新区浦东南路 1877 号 1 幢 508 室（200122）				
投资总额	14 万 USD	电话	68767817	传真	
设立日期	2009-8-26	负责人	中川徹也		
主营业务	餐饮管理。				

企业名称	泰群餐饮管理（上海）有限公司				
企业地址	上海市长华路 460 号 106 室（200237）				
投资总额	14 万 USD	电话	64289755	传真	
设立日期	2009-8-21	负责人	詹皓钧		
主营业务	餐饮企业管理。				

企业名称	艾舒餐饮管理（上海）有限公司				
企业地址	上海市杨浦区通北路 540 号 1 幢 225 室（200092）				
投资总额	7.32 万 USD	电话	55055957	传真	
设立日期	2009-8-21	负责人	王晓文		
主营业务	餐饮企业管理。				

企业名称	溥将餐饮管理（上海）有限公司				
企业地址	上海市浦东新区枣庄路 729 号 401 室（200136）				
投资总额	60 万 USD	电话	63028866	传真	
设立日期	2009-8-17	负责人	YU CHUAN LIANG		
主营业务	餐饮管理。				

企业名称	斟酌餐饮（上海）有限公司				
企业地址	上海市黄浦区复兴东路 1117 号 101 室（200010）				
投资总额	26 万 USD	电话		传真	
设立日期	2009-8-4	负责人	何昱人		
主营业务	餐饮企业管理。				

企业名称	茶米风（上海）餐饮管理有限公司				
企业地址	上海市闵行区黎安路 1187 号 2 幢 115 室（201100）				
投资总额	20 万 USD	电话	54884629	传真	
设立日期	2009-8-3	负责人	蒋孝慧		
主营业务	餐饮管理。				

企业名称	上海青丘李李安餐饮管理有限公司				
企业地址	上海市浦东新区陆家嘴环路 166 号 201 室（200120）				
投资总额	14 万 USD	电话	61526580	传真	
设立日期	2009-7-28	负责人	LEE JIN TAE		
主营业务	中西餐饮，餐饮管理，商务信息咨询。				

企业名称	食之街港浦（上海）餐饮管理有限公司				
企业地址	上海市浦东新区张杨北路 801 号四层南侧（200129）				
投资总额	13 万 USD	电话	58509973	传真	
设立日期	2009-7-27	负责人	曹健		
主营业务	简餐、点心、小吃、烧烤、冷热饮、鲜果制品制售。				

企业名称	上海三宝食语餐饮管理有限公司				
企业地址	上海市静安区康定路 528 号 3 幢 1 楼 118 室（200040）				
投资总额	150 万 USD	电话	54666565	传真	
设立日期	2009-7-20	负责人	陈国华		
主营业务	餐饮企业管理。				

企业名称	浦阪博味餐饮管理（上海）有限公司				
企业地址	上海市浦东新区牡丹路 60 号 511 室（201204）				
投资总额	30 万 USD	电话	58817700	传真	
设立日期	2009-7-16	负责人	浦 义博		
主营业务	餐饮管理。				

企业名称	发瀛餐饮管理（上海）有限公司				
企业地址	上海市汾西路 650 弄 3 号 2 幢 2 层 206 室（200070）				
投资总额	75 万 USD	电话	61498881	传真	
设立日期	2009-7-9	负责人	今田浩畅		
主营业务	餐饮企业管理。				

企业名称	上海松屋餐饮管理有限公司				
企业地址	上海市长宁区仙霞路 319 号 1310 室（200051）				
投资总额	210 万 USD	电话	62787249	传真	
设立日期	2009-7-2	负责人	瓦葺利夫		
主营业务	餐饮管理及相关咨询。				

企业名称	上海安禧餐饮管理有限公司				
企业地址	上海市衡山路 922 号 21 楼 D 座（200030）				
投资总额	13 万 USD	电话	52065671	传真	
设立日期	2009-6-29	负责人	徐倍强		
主营业务	餐饮管理；厨房用品批发、进出口及佣金代理。				

企业名称	新东阳华悦（上海）酒店管理有限公司				
企业地址	上海市闵行区吴中路 1389 号 4 幢 9 楼东区 906 室（201103）				
投资总额	8.00 万 USD	电话	34323535	传真	
设立日期	2009-6-23	负责人	姚特		
主营业务	酒店管理。				

企业名称	窝士餐饮管理（上海）有限公司				
企业地址	上海市虹口区霍山路 201 号 3 幢 110 室（200086）				
投资总额	13 万 USD	电话	62259577	传真	
设立日期	2009-6-22	负责人	沈庆菲		
主营业务	餐饮管理，提供相关的技术咨询和技术服务。				

企业名称	上海六甲饮品有限公司				
企业地址	上海市肇嘉浜路 1111 号第一层 A 区 1-6(A)、1-6(A)UP 单元(200030)				
投资总额	30 万 USD	电话	62782900	传真	
设立日期	2009-6-11	负责人	寺前胜荣		
主营业务	饮品店、附设外卖、餐饮管理。				

企业名称	优厨餐饮管理（上海）有限公司				
企业地址	上海市静安区南京西路 881 号 13 楼 1303A 室（200040）				
投资总额	7 万 USD	电　话	63616488	传　真	
设立日期	2009-6-9	负责人	ALEXANDRE FRANCK MOLINA		
主营业务	餐饮管理（非实物方式）。				

企业名称	茶太屋餐饮管理（上海）有限公司				
企业地址	上海市虹口区物华路 73 号 6 号楼 1 层 101 室（200086）				
投资总额	14 万 USD	电　话	53025359	传　真	
设立日期	2009-5-22	负责人	王丽玉		
主营业务	餐饮管理。				

企业名称	上海壹凯西餐饮管理有限公司				
企业地址	上海市浦东新区环林东路 799 弄 3 号 1008 室（200126）				
投资总额	133 万 USD	电　话	64450110	传　真	
设立日期	2009-5-21	负责人	FRANK ENNIS		
主营业务	餐饮管理，餐饮器具的进出口、批发。				

企业名称	上朋（上海）餐饮管理有限公司				
企业地址	上海市闵行区中春路 4755 弄 98 号第二幢 A-07 室（201100）				
投资总额	20 万 USD	电　话	54157666	传　真	
设立日期	2009-5-18	负责人	庄富凯		
主营业务	餐饮管理。				

企业名称	上海美格咖啡有限公司				
企业地址	上海市武康路 374 号 110 室（200031）				
投资总额	3 万 USD	电　话	64646476	传　真	
设立日期	2009-4-28	负责人	JORCHEL ERHARD ERWIN HUGO		
主营业务	咖啡厅。				

企业名称	上海采华餐饮管理有限公司				
企业地址	上海市富民路 291 号 102 室（200031）				
投资总额	15 万 USD	电　话	67101301	传　真	
设立日期	2009-4-27	负责人	黄福开		
主营业务	餐饮。				

企业名称	欧立威（上海）餐饮有限公司				
企业地址	上海市卢湾区西藏南路 228 号 6 楼会所餐厅 2（200021）				
投资总额	14 万 USD	电　话	63343288	传　真	
设立日期	2009-4-27	负责人	ALEX E NAZARI		
主营业务	餐饮。				

企业名称	宏居酒店管理（上海）有限公司				
企业地址	上海市天钥桥路 909 号 5 幢 101 室（200030）				
投资总额	600 万 USD	电　话	51196997	传　真	
设立日期	2009-4-23	负责人	沈飞宇		
主营业务	酒店经营和管理，提供配套餐饮服务。				

企业名称	多绮（上海）餐饮有限公司				
企业地址	上海市浦东新区锦延路 312 号 1-2 层（200233）				
投资总额	150 万 USD	电　话	50596381	传　真	50596382
设立日期	2009-4-21	负责人	ORLANDO SAVERIO		
主营业务	中西餐饮。				

企业名称	百宜餐饮管理（上海）有限公司				
企业地址	上海市金山区张堰镇松金公路 2758 号 3 幢 109 室（201514）				
投资总额	10 万 USD	电　话	63262757	传　真	63201970
设立日期	2009-4-16	负责人	朱敏琪		
主营业务	餐饮管理。				

企业名称	上海瑟露娜餐饮有限公司				
企业地址	上海市静安区康定路 1147 号 2 栋 105 室（200040）				
投资总额	30 万 USD	电　话	63588005	传　真	
设立日期	2009-4-15	负责人	SERENA BARBIERI		
主营业务	中型饭店。				

企业名称	熙茶餐饮管理（上海）有限公司				
企业地址	上海市静安区北京西路 1701 号 305 室（200040）				
投资总额	80 万 USD	电　话	64132968	传　真	
设立日期	2009-4-3	负责人	沈琦炜		
主营业务	餐饮管理。				

企业名称	意工场（上海）餐饮有限公司				
企业地址	上海市虹口区沙泾路 29 号 8-9 幢 4-103A 室（200085）				
投资总额	44 万 USD	电　话	64455610	传　真	
设立日期	2009-4-2	负责人	DARYL JAMES ARNOLD		
主营业务	中西餐饮。				

企业名称	哈果乐餐饮管理（上海）有限公司				
企业地址	上海市黄浦区九江路 399 号 26 楼 08 室 B 座（200002）				
投资总额	100 万 USD	电　话	63230260	传　真	
设立日期	2009-3-24	负责人	DAVID CHARLES KEIR		
主营业务	餐饮管理。				

企业名称	华澳永谊（上海）餐饮有限公司				
企业地址	上海市斜土路 2701 号 101 室（200030）				
投资总额	10 万 USD	电　话	61107600	传　真	
设立日期	2009-3-10	负责人	HERMAWAN MANDALENA		
主营业务	中西餐。				

企业名称	上海龙辉餐饮管理有限公司				
企业地址	上海市浦东新区龙东大道 5680 号 1 号楼 107 室（201201）				
投资总额	15 万 USD	电　话	50937718	传　真	
设立日期	2009-3-3	负责人	洪瑞泽		
主营业务	餐饮管理、酒店管理、商务信息咨询。				

企业名称	骑士酒店投资管理（上海）有限公司				
企业地址	上海市田林路 140 号 8 幢 3 层（200000）				
投资总额	100 万 USD	电　话	62772032	传　真	62772061
设立日期	2009-3-3	负责人	张忆农		
主营业务	酒店管理、物业管理、投资咨询。				

企业名称	朗廷酒店管理（上海）有限公司				
企业地址	上海市黄浦区人民路 885 号 512 室（200010）				
投资总额	35 万 USD	电　话	6279 8696	传　真	6279 8677
设立日期	2009-2-17	负责人	王香龙		
主营业务	酒店管理、酒店管理咨询及相关的服务。				

企业名称	上海诺客餐饮管理有限公司				
企业地址	上海市虹口区吴淞路 457 号（200080）				
投资总额	5 万 USD	电　话	62192912	传　真	
设立日期	2009-2-13	负责人	赵吉裕		
主营业务	咖啡厅。				

企业名称	上海小熊屋餐饮有限公司				
企业地址	上海市卢湾区成都南路 105-117 号 1-3 层（200020）				
投资总额	30 万 USD	电　话	64674202	传　真	64674202
设立日期	2009-2-4	负责人	吴军		
主营业务	中型饭店。				

企业名称	上海雅科餐饮管理有限公司				
企业地址	上海市黄浦区南京西路 226 号四楼（200001）				
投资总额	29 万 USD	电　话	63525601	传　真	
设立日期	2009-1-23	负责人	沈松伟		
主营业务	餐饮。				

企业名称	贝依餐饮管理（上海）有限公司				
企业地址	上海市长宁区天山西路 789 号 1 幢 251 室（200335）				
投资总额	100 万 USD	电　话	55278319	传　真	
设立日期	2009-1-23	负责人	梁贝依		
主营业务	餐饮管理并提供相关的咨询服务。				

企业名称	达仕咖啡（上海）有限公司				
企业地址	上海市建国西路 283 号 2 号楼 2326 单元（200021）				
投资总额	150 万 USD	电　话	64377768	传　真	
设立日期	2009-1-21	负责人	DAVID CHARLES KEIR		
主营业务	餐饮管理。				

企业名称	喜比特餐饮（上海）有限公司				
企业地址	上海市浦东新区梅花路 999 弄 14 号 1-2 层（200135）				
投资总额	10 万 USD	电　话	50451737	传　真	
设立日期	2009-1-19	负责人	CHAE HAE SEONG		
主营业务	餐饮。				

餐饮业

企业名称	上海夏乐餐饮有限公司				
企业地址	上海市富民路 291 号 1 楼 4A 室（200031）				
投资总额	3 万 USD	电　话	64660361	传　真	
设立日期	2009-1-16	负 责 人	JOERCHEL ERHARD ERWIN HUGO		
主营业务	咖啡厅。				

企业名称	堡鲁酒店管理咨询（上海）有限公司				
企业地址	上海市襄阳南路 500 号 1713 室（200031）				
投资总额	4.39 万 USD	电　话	51025279	传　真	
设立日期	2009-1-14	负 责 人	QUEK ANNA HWEE SIANG		
主营业务	酒店管理咨询、企业管理咨询、投资咨询。				

企业名称	凯诗德（上海）餐饮有限公司				
企业地址	上海市卢湾区太仓路 181 弄 17 号 01B 室（200020）				
投资总额	213 万 USD	电　话	62278402	传　真	
设立日期	2009-1-12	负 责 人	HAROLD VICTOR LEVILLAIR		
主营业务	西餐、西式点心、酒吧及餐饮管理咨询。				

企业名称	上海甜圣餐饮有限公司				
企业地址	上海市奉贤区金汇镇百曲村 886 号（201404）				
投资总额	50 万 USD	电　话	57577999	传　真	
设立日期	2009-1-12	负 责 人	司徒国华		
主营业务	餐饮。				

企业名称	乐天可芮滋（上海）餐饮管理有限公司				
企业地址	上海市长宁区遵义路 100 号 B 座 1902 室（200051）				
投资总额	500 万 USD	电　话	62371661	传　真	62371661
设立日期	2009-1-5	负 责 人	韩亨奎		
主营业务	餐饮管理。				

企业名称	金萌斗香园（上海）餐饮管理有限公司				
企业地址	上海市外高桥保税区富特中路 85 号 A 楼三层 A 部位（200131）				
投资总额	15 万 USD	电　话	64661111	传　真	64725555
设立日期	2008-12-25	负 责 人	刘裕俊		
主营业务	为集团所属餐饮企业提供餐饮管理和技术指导服务。				

企业名称	上海合点寿司餐饮管理有限公司				
企业地址	上海市浦东新区东方路 796 号 173、240、241、242 室（200120）				
投资总额	100 万 USD	电　话	61590287	传　真	61590286
设立日期	2008-12-17	负 责 人	大岛敏		
主营业务	餐饮（含酒，不含熟食卤味），餐饮管理，酒店管理咨询。				

企业名称	金木川（上海）日本料理有限公司				
企业地址	上海市卢湾区淮海中路 688 号 4 层 L407 单元（200020）				
投资总额	50 万 USD	电　话	53069732	传　真	53069832
设立日期	2008-12-12	负 责 人	叶兴伟		
主营业务	餐饮项目；餐饮管理咨询。				

企业名称	仕全餐饮管理（上海）有限公司				
企业地址	上海市闵行区金都路 1128 号 3 幢 5089 室（200237）				
投资总额	10 万 USD	电　话	54131393	传　真	54131393
设立日期	2008-12-10	负 责 人	YAP MENG HUI		
主营业务	餐饮管理。				

企业名称	上海维华唐宫餐饮有限公司				
企业地址	上海市卢湾区长乐路 400 号 313-317、418 室（200020）				
投资总额	15 万 USD	电　话	64649541	传　真	54669277
设立日期	2008-12-9	负 责 人	叶树松		
主营业务	大型饭店（含熟食卤味），酒类（不含散装酒）。				

企业名称	统一午茶风光（上海）餐饮有限公司				
企业地址	上海市卢湾区兴业路 123 弄 6 号楼 3 楼 327-6 单元（200021）				
投资总额	500 万 USD	电　话	62375711	传　真	62375286
设立日期	2008-12-2	负 责 人	徐重仁		
主营业务	餐饮。				

企业名称	田品工坊（上海）饮品有限公司				
企业地址	上海市普陀区梅川路 1327 号一层（200062）				
投资总额	50 万 USD	电　话	37632867	传　真	37632863
设立日期	2008-12-2	负 责 人	林永芳		
主营业务	饮品店。				

企业名称	紫御餐饮管理（上海）有限公司				
企业地址	上海市卢湾区马当路 159 号 401-19 室（200021）				
投资总额	6.5 万 USD	电　话	61357205	传　真	
设立日期	2008-12-1	负 责 人	SEOW LIANG CHEAK		
主营业务	投资咨询、酒店信息咨询。				

企业名称	芬泰兰（上海）餐饮管理有限公司				
企业地址	上海市闵行区吴中路 1050 号 5 幢 103 室（201103）				
投资总额	10 万 USD	电　话	64058090	传　真	
设立日期	2008-11-25	负 责 人	SOMPOES CHINAKANON		
主营业务	餐饮(小型饭店)、餐饮管理。				

企业名称	上海鲜纤餐饮管理有限公司				
企业地址	上海市闸北区汶水支路 1 号 2 幢 331 室（200072）				
投资总额	5.11 万 USD	电　话	62720330	传　真	
设立日期	2008-11-21	负 责 人	VEZIER USAGE VEZIER-DELEUZE		
主营业务	餐饮管理。				

企业名称	欧圣（上海）餐饮管理有限公司				
企业地址	上海市黄浦区会稽路 8 号 1706 室（200010）				
投资总额	66.6 万 USD	电　话	62197177	传　真	61702772
设立日期	2008-11-20	负 责 人	于德华		
主营业务	餐饮管理。				

企业名称	上海德恩餐饮管理有限公司				
企业地址	上海市浦东新区浦东南路 999 号 123 室（200122）				
投资总额	10 万 USD	电　话	51388381	传　真	51388382
设立日期	2008-11-20	负 责 人	瞿毓敏		
主营业务	餐饮（不含熟食卤味）。				

企业名称	柯柯乐（上海）餐饮管理有限公司				
企业地址	上海市徐汇区襄阳南路 500 号 2406 室（200023）				
投资总额	14 万 USD	电　话	52725153	传　真	52725153
设立日期	2008-11-19	负 责 人	藤田一宏		
主营业务	餐饮管理。				

企业名称	晶匙餐饮管理（上海）有限公司				
企业地址	上海市浦东新区浦东南路 2054 弄 6 号 303 室（200122）				
投资总额	17.5 万 USD	电　话	64684077	传　真	54361733
设立日期	2008-11-17	负 责 人	LOH TIAN HUAT		
主营业务	餐饮管理、企业管理咨询。				

企业名称	天行健餐饮（上海）有限公司				
企业地址	上海市静安区愚园路 1 号 1 楼（200040）				
投资总额	38.6 万 USD	电　话	53510780	传　真	32145085
设立日期	2008-11-12	负 责 人	黄可任		
主营业务	中型饭店（不含熟食卤味）。				

企业名称	上海保罗贝香食品有限公司				
企业地址	上海市卢湾区淮海中路 843 号底层（200020）				
投资总额	25.5 万 USD	电　话	62278402	传　真	
设立日期	2008-11-12	负 责 人	HAROLD VICTOR LEVILLAIR		
主营业务	现制现售：面包、中西糕点。				

企业名称	吉兰朵餐饮管理（上海）有限公司				
企业地址	上海市浦东新区牡丹路 60 号 510 室（201204）				
投资总额	23 万 USD	电　话	23225033	传　真	23225118
设立日期	2008-11-10	负 责 人	ANTONELLA LORENZINI		
主营业务	餐饮（限分支机构经营）。				

企业名称	上海振发餐饮管理有限公司				
企业地址	上海市闵行区龙茗路 1025 号 820 单元（200237）				
投资总额	14 万 USD	电　话	54142259	传　真	
设立日期	2008-10-29	负 责 人	TAN TJIN HOAT		
主营业务	餐饮管理（非实物方式），小型饭店。				

企业名称	上海钱辉餐饮有限公司				
企业地址	上海市黄浦区宁海东路 200 号 4 楼 4C－4H（200001）				
投资总额	14 万 USD	电　话	51206666	传　真	51206666
设立日期	2008-10-28	负 责 人	谢宏格		
主营业务	餐饮（酒限堂饮）、中西点心、快餐。				

企业名称	**上海天母红餐饮管理有限公司**				
企业地址	上海市浦东新区浦东南路 1138 号 217 室（200126）				
投资总额	10 万 USD	电话	58401009	传真	58401008
设立日期	2008-10-27	负责人	何振声		
主营业务	餐饮（含熟食卤味）。				

企业名称	**明日餐饮（上海）有限公司**				
企业地址	上海市卢湾区淮海中路 138 号 B002A 室（200020）				
投资总额	10 万 USD	电话	53548457	传真	63756887
设立日期	2008-10-27	负责人	曾瑞程		
主营业务	餐饮。				

企业名称	**阡佑餐饮管理（上海）有限公司**				
企业地址	上海市虹口区物华路 73 号一号楼四层 8713 室（200086）				
投资总额	14 万 USD	电话	29372577	传真	
设立日期	2008-10-23	负责人	CONNIE PAN SO		
主营业务	餐饮管理，提供相关咨询服务。				

企业名称	**上海加迪特咖啡有限公司**				
企业地址	上海市卢湾区淮海中路 188 号 101－8 室（200020）				
投资总额	16 万 USD	电话	53068959	传真	53068783
设立日期	2008-10-20	负责人	WEI WEI ZHOU		
主营业务	咖啡、西点。				

企业名称	**上海萨啦饼餐饮有限公司**				
企业地址	上海市杨浦区国权路 580 弄 48 号（200433）				
投资总额	4.3 万 USD	电话	55647898	传真	55647898
设立日期	2008-10-17	负责人	袁建伟		
主营业务	中型饭店（不含熟食卤味）。				

企业名称	**雅忆咖啡馆（上海）有限公司**				
企业地址	上海市长宁区黄金城道 555 弄 2 号 103 室（200051）				
投资总额	14 万 USD	电话	62082032	传真	62082032
设立日期	2008-10-14	负责人	BRUCE JAMES CROMPTON		
主营业务	咖啡厅（不含熟食卤味），供应酒。				

企业名称	**上海意炉餐饮管理有限公司**				
企业地址	上海市浦东新区浦城路 398 号 B02 室（200135）				
投资总额	10 万 USD	电话	58401009	传真	58401008
设立日期	2008-10-8	负责人	何振声		
主营业务	中型饭店（不含熟食卤味）。				

企业名称	**度曼波（上海）餐饮有限公司**				
企业地址	上海市卢湾区太仓路 181 弄 15 号单元 1（200025）				
投资总额	100 万 USD	电话	62351909	传真	
设立日期	2008-9-27	负责人	庄起鸣		
主营业务	餐饮（含酒类）、音乐餐厅。				

企业名称	**和三昧（上海）餐饮管理有限公司**				
企业地址	上海市静安区南京西路 1618 号 9 楼 S909 室（200040）				
投资总额	14 万 USD	电话	64264611	传真	64264911
设立日期	2008-9-26	负责人	刘銮鸿		
主营业务	餐饮管理（非实物方式），日式餐饮。				

企业名称	**上海蟹匠餐饮管理有限公司**				
企业地址	上海市长宁区虹桥路 1665 号 D2-1 单元（200336）				
投资总额	14 万 USD	电话	52732596	传真	52732590
设立日期	2008-9-24	负责人	伊藤秀儿		
主营业务	餐饮管理（非实物方式）；小型饭店。				

企业名称	**南方米斯特比萨餐饮管理（上海）有限公司**				
企业地址	上海市浦东新区东方路 838 号 101-03 室（200120）				
投资总额	438 万 USD	电话	58731447	传真	58731447
设立日期	2008-9-22	负责人	李宗相		
主营业务	餐饮管理。				

企业名称	**红唐（上海）餐饮管理咨询有限公司**				
企业地址	上海市卢湾区黄陂南路 700 号 D506 室（200025）				
投资总额	70 万 USD	电话	51068155	传真	51068156
设立日期	2008-9-9	负责人	庄起鸣		
主营业务	餐饮管理咨询、贸易信息咨询、投资咨询、营销策划咨询。				

企业名称	**福尧名肴会（上海）餐饮有限公司**				
企业地址	上海市外高桥保税区新兰路 18 号 1 幢（200131）				
投资总额	768 万 USD	电话	58691706	传真	58692179
设立日期	2008-9-8	负责人	王卫东		
主营业务	餐饮、餐饮管理。				

企业名称	**长旺（上海）餐饮管理有限公司**				
企业地址	上海市徐汇区龙华路 2577 号 11 幢 307 室（200232）				
投资总额	7.31 万 USD	电话	62673777	传真	
设立日期	2008-9-3	负责人	陈伟棠		
主营业务	餐饮管理（非实物方式）、餐饮管理咨询。				

企业名称	**上海久保田餐饮管理有限公司**				
企业地址	上海市静安区南京西路 1600 号 3 楼 325 室（200040）				
投资总额	14 万 USD	电话	62496941	传真	62496947
设立日期	2008-8-29	负责人	久保田刚司		
主营业务	餐饮管理（非实物方式）；日式餐饮。				

企业名称	**上海童木餐饮管理有限公司**				
企业地址	上海市浦东新区光明路 718 号 828 室（200120）				
投资总额	102 万 USD	电话	63878777	传真	63874777
设立日期	2008-8-28	负责人	王海波		
主营业务	餐饮管理，餐饮。				

企业名称	**和夏（上海）餐饮管理有限公司**				
企业地址	上海市黄浦区福州路 567 号一楼（200001）				
投资总额	20 万 USD	电话	63028866	传真	62822930
设立日期	2008-8-28	负责人	王建尧		
主营业务	餐饮管理。				

企业名称	**逸浩餐饮管理（上海）有限公司**				
企业地址	上海市黄浦区河南南路 655 号 604 室（200010）				
投资总额	300 万 USD	电话	63286700	传真	65049587
设立日期	2008-8-25	负责人	周逸艳		
主营业务	餐饮管理。				

企业名称	**上海星界晖餐饮管理有限公司**				
企业地址	上海市徐汇区漕溪路 165 号 1301 室（200235）				
投资总额	75 万 USD	电话	33632488	传真	
设立日期	2008-8-15	负责人	FRANKIE QUEK SWEE HENG		
主营业务	餐饮管理。				

企业名称	**阿一鲍鱼（上海）餐饮有限公司**				
企业地址	上海市长宁区遵义南路 88 号二层（200051）				
投资总额	20 万 USD	电话	62192777	传真	62197177
设立日期	2008-8-14	负责人	吴光丰		
主营业务	中型饭店。				

企业名称	**丰弼（上海）餐饮管理有限公司**				
企业地址	上海市虹口区新市路 228 号 105 室（200083）				
投资总额	64 万 USD	电话	53865882	传真	53865881
设立日期	2008-8-12	负责人	徐嘉鸿		
主营业务	餐饮管理。				

企业名称	**小薯餐饮管理（上海）有限公司**				
企业地址	上海市浦东新区浦东大道 545 号 214、215 室（200120）				
投资总额	30 万 USD	电话		传真	
设立日期	2008-8-6	负责人	叶心薇		
主营业务	餐饮管理、酒吧、健身咨询。				

企业名称	**吉粟全餐饮管理（上海）有限公司**				
企业地址	上海市奉贤区青村镇南奉公路 2315 号 13 幢 203 室（201414）				
投资总额	15 万 USD	电话	64573230	传真	61356060
设立日期	2008-7-25	负责人	ANTHONY PETER LAURENSON		
主营业务	餐饮管理。				

企业名称	**锅德餐饮管理（上海）有限公司**				
企业地址	上海市卢湾区兴业路 123 弄 6 号楼 1 楼 114 单元（200021）				
投资总额	50 万 USD	电话		传真	
设立日期	2008-7-22	负责人	卓圣斌		
主营业务	餐饮。				

餐饮业

企业名称	碧安咔餐饮（上海）有限公司				
企业地址	上海市闵行区古羊路 429 号（201103）				
投资总额	47 万 USD	电话		传真	51558790
设立日期	2008-7-17	负责人	北野友之		
主营业务	小型饭店。				

企业名称	上海梦奇园餐饮管理有限公司				
企业地址	上海市浦东新区曹路镇民春路 273 号 1 层（201209）				
投资总额	128 万 USD	电话	58635206	传真	58762579
设立日期	2008-7-14	负责人	沈海波		
主营业务	餐饮管理；面包房及餐饮。				

企业名称	上海汉图餐饮管理有限公司				
企业地址	上海市闸北区共和新路 1988 号 905 室（200072）				
投资总额	103 万 USD	电话	33870099	传真	33870523
设立日期	2008-7-14	负责人	郭洪有		
主营业务	中西餐饮管理。				

企业名称	上海钱茂餐饮有限公司				
企业地址	上海市静安区乌鲁木齐北路 459 号 3 幢 2 楼（200041）				
投资总额	14 万 USD	电话	51721899	传真	51721899
设立日期	2008-7-11	负责人	谢宏格		
主营业务	中型饭店。				

企业名称	优悠餐饮管理（上海）有限公司				
企业地址	上海市浦东新区御桥路 272 号（201204）				
投资总额	11 万 USD	电话	63165950	传真	63165950
设立日期	2008-7-11	负责人	MARK GEORGE KEYSER		
主营业务	餐饮管理，商务咨询，企业管理咨询。				

企业名称	上海富发餐饮有限公司				
企业地址	上海市闵行区金汇路 382 号（201103）				
投资总额	1.45 万 USD	电话		传真	54419928
设立日期	2008-7-10	负责人	陈思亮		
主营业务	餐饮。				

企业名称	克比餐饮（上海）有限公司				
企业地址	上海市黄浦区外马路 454 号 14 号东部（200011）				
投资总额	14 万 USD	电话	51879097	传真	
设立日期	2008-7-3	负责人	SANDEEP VINOD ABICHANDANI		
主营业务	中西餐。				

企业名称	澳深餐饮管理（上海）有限公司				
企业地址	上海市虹口区四川北路 888 号 1206 室（200080）				
投资总额	15 万 USD	电话	36338125	传真	36338123
设立日期	2008-6-30	负责人	STEVE MENG-JU HSEIH		
主营业务	餐饮管理。				

企业名称	铭特餐饮管理（上海）有限公司				
企业地址	上海市黄浦区福州路 318 号楼 310 室（200001）				
投资总额	450 万 USD	电话	63913191	传真	63913161
设立日期	2008-6-23	负责人	ALISTAIR ROBERT GRAEME PATON		
主营业务	餐饮管理。				

企业名称	上海信润餐饮有限公司				
企业地址	上海市黄浦区金陵东路 500 号 1F－101 室（200001）				
投资总额	30 万 USD	电话	63353188	传真	
设立日期	2008-6-23	负责人	陈宗达		
主营业务	餐饮，酒、饮料。				

企业名称	胜鲜餐饮（上海）有限公司				
企业地址	上海市奉贤区金汇镇江艇路 288 号 7 号楼（201404）				
投资总额	29 万 USD	电话	37561833	传真	37561833
设立日期	2008-6-16	负责人	LEONG CHENG JUAN		
主营业务	餐饮管理。				

企业名称	富天小厨（上海）餐饮有限公司				
企业地址	上海市静安区吴江路 169 号四季坊商场二层（200041）				
投资总额	14 万 USD	电话	62675928	传真	62675512
设立日期	2008-6-12	负责人	龙志涛		
主营业务	中型饭店。				

企业名称	本娜吉雅餐饮（上海）有限公司				
企业地址	上海市长宁区天山路 919 号 4F408 商铺（200051）				
投资总额	15 万 USD	电话	62286580	传真	64016180
设立日期	2008-6-3	负责人	KIM YOUNG CHUN		
主营业务	中西餐。				

企业名称	上海泰佶旅馆管理有限公司				
企业地址	上海市浦东新区浦星公路 182 号 3 幢（200124）				
投资总额	5 万 USD	电话	62472389	传真	50336986
设立日期	2008-5-29	负责人	王苗		
主营业务	酒店管理、酒店管理咨询。				

企业名称	赛亿味餐饮管理（上海）有限公司				
企业地址	上海市静安区康定路 528 号 2 幢 113C 室（200041）				
投资总额	65 万 USD	电话	64374730	传真	64371113
设立日期	2008-5-22	负责人	DAVID CHARLES KEIR		
主营业务	餐饮管理。				

企业名称	上海青丘李安餐饮管理有限公司				
企业地址	上海市黄浦区外马路 454 号 1 号楼 101 室、2 层楼（200011）				
投资总额	14 万 USD	电话	61526588	传真	61526581
设立日期	2008-5-22	负责人	JONG TAE LEE		
主营业务	餐饮管理。				

企业名称	上海豫园商城创造餐饮管理有限公司				
企业地址	上海市黄浦区文昌路 10 号二楼 1 室（200010）				
投资总额	71 万 USD	电话	63187871	传真	63187871
设立日期	2008-5-21	负责人	张耀他		
主营业务	中西餐饮。				

企业名称	日日盈（上海）餐饮管理有限公司				
企业地址	上海市徐汇区沪闵路 9818 号 1 幢 201 室（200235）				
投资总额	14 万 USD	电话	54482610	传真	64482900
设立日期	2008-5-20	负责人	曾一中		
主营业务	餐饮管理。				

企业名称	上海肥仔猪骨煲餐饮管理有限公司				
企业地址	上海市浦东新区金桥出口加工区川桥路 400 号 1 幢 4F（201206）				
投资总额	64 万 USD	电话	50321111	传真	50328211
设立日期	2008-5-19	负责人	林家荣		
主营业务	餐饮管理，餐饮经营。				

企业名称	上海上丽餐饮管理有限公司				
企业地址	上海市崇明县建设公路 1358 号 223 室（上海建设经济小区）（202155）				
投资总额	14 万 USD	电话	62370363	传真	62370449
设立日期	2008-5-7	负责人	郭粤萍		
主营业务	餐饮管理。				

企业名称	上海纳摩餐饮管理有限公司				
企业地址	上海市徐汇区建国西路 283 号 1 号楼 1107－1108 单元（200031）				
投资总额	14 万 USD	电话	64666283	传真	
设立日期	2008-4-30	负责人	WALTER CHRISTIAN ZAHNER		
主营业务	小型饭店。				

企业名称	上海钱博餐饮有限公司				
企业地址	上海市浦东新区浦城路 398 号地下一层 01 区 B 区（200120）				
投资总额	210 万 USD	电话	51721899	传真	51206611
设立日期	2008-4-29	负责人	谢宏格		
主营业务	餐饮。				

企业名称	卡啡仕食品（上海）有限公司				
企业地址	上海市卢湾区斜土路 106－108 号 230 室（200023）				
投资总额	250 万 USD	电话	53017381	传真	53022607
设立日期	2008-4-10	负责人	温介清		
主营业务	咖啡茶座。				

企业名称	优果优（上海）餐饮管理有限公司				
企业地址	上海市南汇区康桥镇康士路 25 号 1124 室（201315）				
投资总额	100 万 USD	电话	33686602	传真	33686601
设立日期	2008-4-7	负责人	陈　煜		
主营业务	餐饮管理。				

企业名称	翰辉酒店管理（上海）有限公司				
企业地址	上海市浦东新区台儿庄路 551 号 2 楼（201206）				
投资总额	21 万 USD	电　话	63287115	传　真	63736657
设立日期	2008-4-2	负 责 人	TANG YONG KIAT,RICKIE		
主营业务	酒店管理。				

企业名称	嘉登道大饭店（上海）有限公司				
企业地址	上海市徐汇区老沪闵路 689 号（200237）				
投资总额	102 万 USD	电　话	34084888	传　真	64236136
设立日期	2008-3-27	负 责 人	庄德森		
主营业务	住宿、酒吧、健身。				

企业名称	哲廷餐饮管理（上海）有限公司				
企业地址	上海市浦东新区浦东南路 1101 号 1606 室（200120）				
投资总额	14.万 USD	电　话	58351166	传　真	58351199
设立日期	2008-3-27	负 责 人	陈炳昆		
主营业务	餐饮。				

企业名称	好事糖纳姿餐饮管理（上海）有限公司				
企业地址	上海市黄浦区昼锦路 59－63 号第一层第 1003 单元（200010）				
投资总额	51 万 USD	电　话	50471488	传　真	64279781
设立日期	2008-3-26	负 责 人	JIMMY SANTO		
主营业务	现制现售烘烤食品、面包、中西糕点。				

企业名称	上海乐多餐饮管理有限公司				
企业地址	上海市普陀区金沙江路 1340 弄 172 支弄 14 号 13 幢 1 楼 A 座(200333)				
投资总额	14 万 USD	电　话		传　真	52351021
设立日期	2008-3-17	负 责 人	LONGONI LUDOVICO GIOVANNI ILAR		
主营业务	餐饮管理。				

企业名称	意曼多餐饮管理（上海）有限公司				
企业地址	上海市长宁区哈密路 1369 号 1 幢（200336）				
投资总额	280 万 USD	电　话	62626838	传　真	
设立日期	2008-3-10	负 责 人	韩家宇		
主营业务	餐饮管理及提供相关咨询。				

企业名称	肯舍餐饮（上海）有限公司				
企业地址	上海市杨浦区国顺东路 800 号 120 室（200433）				
投资总额	15 万 USD	电　话	63855366	传　真	63855958
设立日期	2008-3-6	负 责 人	周铁龙		
主营业务	中型饭店。				

企业名称	迈博餐饮管理（上海）有限公司				
企业地址	上海市静安区北京西路 1277 号 1209 室（200041）				
投资总额	14 万 USD	电　话	62473569	传　真	62473569
设立日期	2008-2-29	负 责 人	YEE FOOK KHONG		
主营业务	餐饮管理。				

企业名称	好友咖啡（上海）有限公司				
企业地址	上海市静安区海防路 537 号 8 号楼全幢（200040）				
投资总额	14 万 USD	电　话	52135130	传　真	52135130
设立日期	2008-2-28	负 责 人	WONG HUEY FANG		
主营业务	咖啡厅。				

企业名称	全厨福（上海）餐饮管理有限公司				
企业地址	上海市徐汇区陕西南路 390 号（200031）				
投资总额	93 万 USD	电　话	51719540	传　真	51719541
设立日期	2008-2-26	负 责 人	神里隆		
主营业务	中型饭店。				

企业名称	上海京雅酒吧有限公司				
企业地址	上海市长宁区古北路 555 弄 6 号 102 室（200051）				
投资总额	9 万 USD	电　话	54038522	传　真	
设立日期	2008-2-22	负 责 人	井上和亨		
主营业务	酒吧（不含熟食卤味）。				

企业名称	奥希安餐饮（上海）有限公司				
企业地址	上海市闵行区吴中路 1068 号二楼 B 室（201103）				
投资总额	20 万 USD	电　话		传　真	64060530
设立日期	2008-2-21	负 责 人	吴德成		
主营业务	中型饭店。				

企业名称	带路餐饮（上海）有限公司				
企业地址	上海市长宁区天山西路 155 号 201 室（200335）				
投资总额	30 万 USD	电　话	52198076	传　真	52190386
设立日期	2008-2-19	负 责 人	二宫正辉		
主营业务	中型饭店。				

企业名称	上海潮江汤餐饮有限公司				
企业地址	上海市普陀区西康路 1038 号一层（200060）				
投资总额	12 万 USD	电　话	62261329	传　真	62269765
设立日期	2008-2-19	负 责 人	郑全旭		
主营业务	中西餐饮服务。				

企业名称	墨鹰（上海）餐饮有限公司				
企业地址	上海市杨浦区邯郸路 100 号临街 60 库房一楼 10 号商铺（200433）				
投资总额	3 万 USD	电　话	51670383	传　真	
设立日期	3 万 USD	负 责 人	包臻靖		
主营业务	快餐店。				

企业名称	上海莎都餐饮管理有限公司				
企业地址	上海市长宁区天山路 789 号 5 楼 506 室（200051）				
投资总额	93 万 USD	电　话	63235155	传　真	
设立日期	2008-2-2	负 责 人	青木利雄		
主营业务	中型饭店（含熟食卤味）。				

企业名称	上海虹口唐宫海鲜舫有限公司				
企业地址	上海市虹口区大连路 555 号（200082）				
投资总额	187 万 USD	电　话	65418332	传　真	65417178
设立日期	2008-2-1	负 责 人	叶树松		
主营业务	大型饭店。				

企业名称	库汇餐饮管理（上海）有限公司				
企业地址	上海市黄浦区成都北路 500 号 3702 室 15 部位（200003）				
投资总额	14 万 USD	电　话	64264611	传　真	64264911
设立日期	2008-1-31	负 责 人	沈秀娴		
主营业务	餐饮（限分支机构），餐饮管理。				

企业名称	乐客餐饮娱乐（上海）有限公司				
企业地址	上海市卢湾区兴业路 123 弄 7 号 07 单元（200025）				
投资总额	108 万 USD	电　话	53521168	传　真	53029278
设立日期	2008-1-30	负 责 人	MIN YOO		
主营业务	酒吧、桌球。				

企业名称	大八海餐饮（上海）有限公司				
企业地址	上海市长宁区虹许路 951 号 4 楼（200336）				
投资总额	25 万 USD	电　话	62627123	传　真	62629123
设立日期	2008-1-30	负 责 人	金本诚一		
主营业务	大型饭店（不含熟食卤味），提供酒。				

企业名称	宏康（上海）餐饮有限公司				
企业地址	上海市静安区巨鹿路 568 弄 10 号二楼（200040）				
投资总额	14 万 USD	电　话	51532025	传　真	51532031
设立日期	2008-1-22	负 责 人	ALEX E NAZARI		
主营业务	中型饭店（含熟食卤味）。				

企业名称	上海代官山餐饮管理有限公司				
企业地址	上海市长宁区长宁路 1018 号 B2 层 B2005A（200050）				
投资总额	14 万 USD	电　话	64869752	传　真	64869752
设立日期	2008-1-18	负 责 人	郑　云		
主营业务	餐饮管理。				

企业名称	上海麦科餐饮管理有限公司				
企业地址	上海市徐汇区龙华路 2577 号 79 幢 101 室（200232）				
投资总额	228 万 USD	电　话	64417799	传　真	64417720
设立日期	2008-1-16	负 责 人	麦德铨		
主营业务	咖啡厅。				

企业名称	荣龙餐饮（上海）有限公司				
企业地址	上海市长宁区虹梅路 3717 弄 10 号 109 室（201103）				
投资总额	25 万 USD	电　话	62683150	传　真	
设立日期	2008-1-15	负 责 人	梶原龙太		
主营业务	小型饭店。				

企业名称	上海胜铭餐饮有限公司				
企业地址	上海市静安区大沽路 376 号（200041）				
投资总额	10 万 USD	电　话	62119591	传　真	62119591
设立日期	2008-1-14	负责人	HSU，STEVEN K.		
主营业务	快餐店（不含熟食卤味）。				

企业名称	上海巧艺府餐饮有限公司				
企业地址	上海市黄浦区延安东路 175 号 1508 室（200001）				
投资总额	270 万 USD	电　话	54653220	传　真	
设立日期	2008-1-11	负责人	山本利明		
主营业务	餐饮（含酒、饮料）。				

企业名称	汉弥尔敦餐饮管理（上海）有限公司				
企业地址	上海市黄浦区江西中路 170 号底层东北部（200001）				
投资总额	51 万 USD	电　话	63210586	传　真	63210579
设立日期	2008-1-11	负责人	HALL RICHARD GRAEME		
主营业务	中西式餐饮。				

企业名称	纽顿餐饮管理（上海）有限公司				
企业地址	上海市浦东新区滨江大道 2727 号广场地下一层（200120）				
投资总额	15 万 USD	电　话	50376301	传　真	50370301
设立日期	2008-1-9	负责人	MUHAMMAD ASIF MUHAMMAD ALAM		
主营业务	酒吧。				

企业名称	校村（上海）餐饮管理有限公司				
企业地址	上海市闵行区吴中路 1050 号 6 幢 606 室（201103）				
投资总额	200 万 USD	电　话		传　真	56633862
设立日期	2008-1-8	负责人	SONG MINGYU		
主营业务	餐饮管理。				

企业名称	上海富家餐饮有限公司				
企业地址	上海市闵行区虹桥镇虹莘路 3988 号第 2 幢一层 A 室（201103）				
投资总额	13 万 USD	电　话		传　真	51578906
设立日期	2008-1-4	负责人	金子源		
主营业务	中型饭店。				

企业名称	泛澳领际餐饮管理（上海）有限公司				
企业地址	上海市黄浦区金陵东路 507 号 5-7 楼（200003）				
投资总额	50 万 USD	电　话	62557373	传　真	62557575
设立日期	2007-12-20	负责人	梁家珞		
主营业务	中餐、西餐，酒（堂饮），冷热饮料。				

企业名称	上海炫蝶餐饮有限公司				
企业地址	上海市天钥桥路 131 号地下一层 11 室（200030）				
投资总额	14 万 USD	电　话	64151083	传　真	53963012
设立日期	2007-12-17	负责人	梁廷斌		
主营业务	中型饭店（不含熟食卤味），酒堂饮、餐饮管理。				

企业名称	斐利极（上海）餐饮有限公司				
企业地址	上海市长宁区张虹路 94-110 号（双）、古羊路 316-318 号（双）（200051）				
投资总额	60 万 USD	电　话	62198859	传　真	
设立日期	2007-12-13	负责人	MURAO SHINICHIRO		
主营业务	中西餐（含熟食卤味），提供酒和非酒精饮料。				

企业名称	上海盈富餐饮有限公司				
企业地址	上海市卢湾区兴业路 123 弄 5 号 101 单元及 201 单元部分（200021）				
投资总额	120 万 RMB	电　话	53066003	传　真	63512618
设立日期	2007-12-13	负责人	袁康成		
主营业务	餐饮、点心，餐饮管理咨询。				

企业名称	上海保成餐饮有限公司				
企业地址	上海市闵行区伊犁南路 111 号 101 室（201103）				
投资总额	10 万 USD	电　话	64264711	传　真	64264711
设立日期	2007-12-6	负责人	LEE BO HYUNG		
主营业务	小型饭店（不含熟食卤味）。				

企业名称	安恒（上海）餐饮管理有限公司				
企业地址	上海市浦东新区潍坊五村 546 号 331 室（200122）				
投资总额	90 万港币	电　话	63058833	传　真	63058833
设立日期	2007-11-28	负责人	刘　迅		
主营业务	餐饮（限分支机构经营）、餐饮管理及餐饮管理相关的咨询与服务。				

企业名称	丰利餐饮（上海）有限公司				
企业地址	上海市长宁区长宁路 1018 号 6 层（200050）				
投资总额	20 万 USD	电　话	33727100	传　真	33727101
设立日期	2007-11-28	负责人	TAN JINGWEN		
主营业务	中型饭店。				

企业名称	上海世咖餐饮管理有限公司				
企业地址	上海市虹口区霍山路 201 号 3 幢 304 室（200082）				
投资总额	60 万 USD	电　话	52410801	传　真	52416675
设立日期	2007-11-20	负责人	MAAYAN KAHN		
主营业务	餐饮管理。				

企业名称	启新餐饮管理（上海）有限公司				
企业地址	上海市普陀区中山北路 1715 号 1402 室（200061）				
投资总额	26 万 USD	电　话	61477824	传　真	61477824
设立日期	2007-11-8	负责人	ALBERT PICHER HUERTAS		
主营业务	餐饮管理。				

企业名称	保柏莱餐饮管理（上海）有限公司				
企业地址	上海市静安区万航渡路 888 号 805 室（200041）				
投资总额	150 万欧元	电　话	64715787	传　真	64715776
设立日期	2007-11-1	负责人	HAROLD VICTOR LEVILLAIR		
主营业务	餐饮管理（非实物方式）；咖啡馆，现制现售面包，中西糕点。				

企业名称	隆燃联强（上海）餐饮管理有限公司				
企业地址	上海市浦东新区金海路 2588 号 1 幢 312 室（201206）				
投资总额	20 万 USD	电　话	51753987	传　真	51753987
设立日期	2007-10-26	负责人	CHUNG，SHEN-MAO		
主营业务	餐饮管理。				

企业名称	莉可餐饮管理（上海）有限公司				
企业地址	上海市静安区成都北路 333 号招商局广场南楼 1605D 室（200041）				
投资总额	25 万 USD	电　话	54590221	传　真	54590221
设立日期	2007-10-11	负责人	CHANGHUNG ERIC WU		
主营业务	餐饮管理（非实物方式），并提供相关配套服务。				

企业名称	拉姆拉餐饮（上海）有限公司				
企业地址	上海市长宁区长宁路 1018 号 8145-8157（单号）、9003 室（200050）				
投资总额	77 万 USD	电　话	62760833	传　真	62777299
设立日期	2007-10-10	负责人	村川明		
主营业务	餐饮。				

企业名称	金汇廷（上海）餐饮有限公司				
企业地址	上海市静安区万航渡路 818 号 2-3 楼（200041）				
投资总额	500 万 RMB	电　话	62521333	传　真	62529777
设立日期	2007-9-28	负责人	李　瑛		
主营业务	大型饭店。				

企业名称	焕铨（上海）餐饮有限公司				
企业地址	上海市卢湾区雁荡路 103 号一楼（200021）				
投资总额	38 万 USD	电　话	51696833	传　真	51570155
设立日期	2007-9-27	负责人	鲍国章		
主营业务	餐饮。				

企业名称	卡芭餐饮管理（上海）有限公司				
企业地址	上海市虹口区高阳路 246 号 312 室（200082）				
投资总额	850 万 USD	电　话	54659232	传　真	
设立日期	2007-9-26	负责人	MARC JASON HELMAN		
主营业务	餐饮。				

企业名称	上海威安餐饮有限公司				
企业地址	上海市卢湾区太仓路 181 弄 22、23 号 1 楼 03 单元（200021）				
投资总额	30 万 USD	电　话	63361331	传　真	63361331
设立日期	2007-9-25	负责人	黄兴国		
主营业务	餐饮。				

企业名称	高力申餐饮（上海）有限公司				
企业地址	上海市卢湾区太仓路 181 弄 2、3、5 号 02 单元（200021）				
投资总额	14 万 USD	电　话	54667990	传　真	64730284
设立日期	2007-9-24	负责人	OLADIPO OLAKUNLE DELANO		
主营业务	酒吧、中西餐饮。				

企业名称	津味（上海）餐饮管理有限公司				
企业地址	上海市静安区威海路 598 号 604 室（200041）				
投资总额	50 万 USD	电　　话	62187623	传　　真	62187603
设立日期	2007-9-12	负 责 人	吴政学		
主营业务	餐饮。				

企业名称	上海枫富餐饮管理有限公司				
企业地址	上海市浦东新区金海路 2588 号 1 幢 311 室（200041）				
投资总额	15 万 USD	电　　话	28949999	传　　真	28949999
设立日期	2007-9-12	负 责 人	黄特光		
主营业务	餐饮。				

企业名称	上海炉边盛谈餐饮有限公司				
企业地址	上海市浦东新区芳甸路 199 弄 53A 号（200135）				
投资总额	15 万 USD	电　　话	64658166	传　　真	64658166
设立日期	2007-9-11	负 责 人	KIM SEONG EUN		
主营业务	餐饮。				

企业名称	上海墨客餐饮有限公司				
企业地址	上海市黄浦区南京西路 231 号 3 楼（200003）				
投资总额	14 万 USD	电　　话	63279900	传　　真	63271257
设立日期	2007-9-5	负 责 人	龚明光		
主营业务	中西餐饮、中西点心、咖啡。				

企业名称	恒威餐饮管理（上海）有限公司				
企业地址	上海市武康路 374 号 105 室（200031）				
投资总额	14 万 USD	电　　话	64049915	传　　真	64049915
设立日期	2007-8-31	负 责 人	FRANCK PECOL		
主营业务	餐饮管理（非实物方式）、咖啡厅、酒堂饮。				

企业名称	虹堡（上海）餐饮有限公司				
企业地址	上海市静安区北京西路 621 号（200041）				
投资总额	14 万 USD	电　　话	62096209	传　　真	63406226
设立日期	2007-8-30	负 责 人	JOCHEN CONSTANTIN TROMMER		
主营业务	小吃店。				

企业名称	上海光和餐饮有限公司				
企业地址	上海市长宁区宋园路 77、79、81 号（200051）				
投资总额	14 万 USD	电　　话	64270520	传　　真	64270520
设立日期	2007-8-24	负 责 人	金元三		
主营业务	小型饭店（不含熟食卤味），供应酒及非酒精饮料。				

企业名称	上海爱莱特餐饮有限公司				
企业地址	上海市卢湾区淮海中路 527 号 A1509 室（200020）				
投资总额	100 万 USD	电　　话	63297598	传　　真	63299318
设立日期	2007-8-21	负 责 人	FABIO DURANTE		
主营业务	餐饮管理及酒店管理咨询。				

企业名称	上海新海龙餐饮管理有限公司				
企业地址	上海市浦东新区东昌路 1 号（200120）				
投资总额	5000 万 RMB	电　　话	58889123	传　　真	58889123
设立日期	2007-8-17	负 责 人	邹万隆		
主营业务	餐饮管理，中、西餐饮，酒吧。				

企业名称	美丽澳餐饮管理（上海）有限公司				
企业地址	上海市浦东新区杨高北路 528 号 14 幢 4037 室（200126）				
投资总额	9 万 USD	电　　话	63181212	传　　真	6500825
设立日期	2007-8-6	负 责 人	PARK YOUNG HYUN		
主营业务	餐饮管理；中西餐饮、饮料、点心。				

企业名称	健升（上海）餐饮有限公司				
企业地址	上海市长宁区长宁路 1018 号 7025、7027、7029、7031 室（200051）				
投资总额	1566 万日元	电　　话	64468445	传　　真	
设立日期	2007-8-2	负 责 人	出口昇		
主营业务	中型饭店。				

企业名称	上海传味餐饮管理有限公司				
企业地址	上海市闵行区龙茗路 1915 号三层 3054 室（201102）				
投资总额	14 万 USD	电　　话	64958416	传　　真	64958877
设立日期	2007-7-31	负 责 人	陈家升		
主营业务	餐饮管理、企业管理咨询、商务咨询。				

企业名称	上海云瑞餐饮有限公司				
企业地址	上海市静安区江宁路街道余姚路 34 号 101、201 室（200042）				
投资总额	14 万 USD	电　　话	62586679	传　　真	62586639
设立日期	2007-7-26	负 责 人	KARL NUSSMULLER		
主营业务	小型饭店（不含熟食卤味）。				

企业名称	璀德斯柯餐饮管理（上海）有限公司				
企业地址	上海市浦东新区浦东南路 2054 弄 6 号 603 室（200122）				
投资总额	14 万 USD	电　　话	64684078	传　　真	64684080
设立日期	2007-7-16	负 责 人	WAYNE GARFIELD CUMMINGS		
主营业务	餐饮管理、企业管理咨询。				

企业名称	上海喜运来餐饮管理有限公司				
企业地址	上海市龙吴路 2715 号 1 幢 112 室（200235）				
投资总额	14 万 USD	电　　话	54245638	传　　真	54245638
设立日期	2007-7-12	负 责 人	马玉玲		
主营业务	餐饮管理。				

企业名称	上海天赋罗餐饮管理有限公司				
企业地址	上海市杨浦区邯郸路 551 号甲一层（200433）				
投资总额	15 万 USD	电　　话	55805898	传　　真	63073657
设立日期	2007-7-9	负 责 人	黄亚南		
主营业务	餐饮经营管理及咨询。				

企业名称	上海巴贝拉意舟餐饮管理有限公司				
企业地址	上海市浦东新区张杨路 828-838 号 26D011 室（200122）				
投资总额	480 万 USD	电　　话	62228655	传　　真	62228685
设立日期	2007-7-4	负 责 人	XING WEI CHEN		
主营业务	餐饮管理。				

企业名称	王石平餐饮（上海）有限公司				
企业地址	上海市普陀区曹杨路 540 号底层（200063）				
投资总额	80 万 USD	电　　话	62441088	传　　真	62441088
设立日期	2007-7-3	负 责 人	石淑平		
主营业务	中西餐饮服务,自制饮料、糕点。				

企业名称	文兴餐饮（上海）有限公司				
企业地址	上海市普陀区常德路 1219 号 1-2 层（200060）				
投资总额	160 万港币	电　　话	32211198	传　　真	32211878
设立日期	2007-6-19	负 责 人	龙学千		
主营业务	餐饮及餐饮管理。				

企业名称	福记名肴会（上海）餐饮有限公司				
企业地址	上海市嘉定区安亭镇墨玉南路 888 号 2-3 楼（201805）				
投资总额	1500 万港币	电　　话	69503333	传　　真	59577833
设立日期	2007-6-14	负 责 人	房　刚		
主营业务	会务服务，餐饮、餐饮管理。				

企业名称	喜佳宜餐饮管理（上海）有限公司				
企业地址	上海市卢湾区淮海中路 138 号 B002A 室（200021）				
投资总额	20 万 USD	电　　话	61379217	传　　真	61379217
设立日期	2007-6-12	负 责 人	施姚联		
主营业务	餐饮管理咨询。				

企业名称	狮诚馆（上海）餐饮有限公司				
企业地址	上海市静安区乌鲁木齐中路 5 号 1 幢（200040）				
投资总额	2000 万日元	电　　话	62532893	传　　真	62532893
设立日期	2007-6-6	负 责 人	安达孝一		
主营业务	中型饭店。				

企业名称	哈亚餐饮（上海）有限公司				
企业地址	上海市闵行区虹梅路 3219 号南轴 1/2 楼（201103）				
投资总额	4 万 USD	电　　话	54778677	传　　真	54223022
设立日期	2007-6-4	负 责 人	赛贺（TZACHI PONEN）		
主营业务	快餐店（不含熟食卤味），餐用配料和食品的批发及进出口业务。				

企业名称	兰花阁餐饮（上海）有限公司				
企业地址	上海市共和新路 1978 号 9（E1）幢 4 层 401C 室（200072）				
投资总额	14 万 USD	电　　话	33870104	传　　真	33870258
设立日期	2007-5-29	负 责 人	杨泰杰		
主营业务	餐饮。				

企业名称	上海钱莱餐饮有限公司				
企业地址	上海市天钥桥路 580 号一层 15 室（200030）				
投资总额	168 万 USD	电　话	51206666	传　真	51206699
设立日期	2007-5-29	负 责 人	谢宏格		
主营业务	餐饮管理。				

企业名称	千爵轩餐饮（上海）有限公司				
企业地址	上海市长宁区天山路 600 弄 1 号 101 室（200051）				
投资总额	200 万港币	电　话	61139188	传　真	61136262
设立日期	2007-5-28	负 责 人	徐国强		
主营业务	大型饭店。				

企业名称	上海禾苑旺餐饮管理有限公司				
企业地址	上海市松江区九亭金吴村盛富路 188 号 2 号厂房（201615）				
投资总额	109 万港币	电　话	57630769	传　真	57630769
设立日期	2007-5-28	负 责 人	张　骐		
主营业务	提供餐饮管理咨询服务。				

企业名称	毕克升餐饮管理（上海）有限公司				
企业地址	上海市浦东新区峨山路 613 号 B 幢 243 室（200127）				
投资总额	14 万 USD	电　话	63745212	传　真	63745212
设立日期	2007-5-25	负 责 人	TAN AI HOCK		
主营业务	餐饮管理（涉及行政许可的凭许可证经营）。				

企业名称	挪帝餐饮管理（上海）有限公司				
企业地址	上海市浦东新区峨山路 613 号 B 幢 242 室（200127）				
投资总额	14 万 USD	电　话	37525077	传　真	56068887
设立日期	2007-5-25	负 责 人	TAN SWEE HOCK		
主营业务	餐饮管理。				

企业名称	艾斯匹西（上海）餐饮管理有限公司				
企业地址	上海市浦东新区金明路 1000 号第四幢 108 室（201206）				
投资总额	25 万 USD	电　话	33665357	传　真	33665198
设立日期	2007-5-24	负 责 人	LEE CHANG HUN		
主营业务	餐饮管理。				

企业名称	沃特餐饮管理（上海）有限公司				
企业地址	上海市浦东新区浦东南路 1101 号 1418 室（200120）				
投资总额	14 万 USD	电　话	63618686	传　真	63551378
设立日期	2007-5-22	负 责 人	WATT PAUL EDWARD		
主营业务	餐饮管理。				

企业名称	澳嘉餐饮管理（上海）有限公司				
企业地址	上海市嘉定区安亭镇新源路 222 号、224 号（201805）				
投资总额	14 万 USD	电　话	69571457	传　真	69571457
设立日期	2007-5-10	负 责 人	苏逸君		
主营业务	中、西式餐饮。				

企业名称	进富（上海）餐饮有限公司				
企业地址	上海市杨浦区邯郸路 600 号一楼 A-002 室（200433）				
投资总额	14 万 USD	电　话	63848631	传　真	
设立日期	2007-4-20	负 责 人	陈卓明		
主营业务	中西餐饮。				

企业名称	如山餐饮管理（上海）有限公司				
企业地址	上海市虹口区横浜路 123 弄 1 号 219 室（200081）				
投资总额	140 万 RMB	电　话	64733537	传　真	64730062
设立日期	2007-4-12	负 责 人	方振强		
主营业务	餐饮管理及相关咨询服务。				

企业名称	上海颐杰餐饮管理有限公司				
企业地址	上海市共和新路 2008 号 12（W1）幢 5 层 510-516 室（200072）				
投资总额	51 万 USD	电　话	33870679	传　真	33870678
设立日期	2007-4-6	负 责 人	张美子		
主营业务	餐饮管理。				

企业名称	赛万味餐饮管理（上海）有限公司				
企业地址	上海市虹口区新广路 124 号 1 层（200080）				
投资总额	125 万 USD	电　话	64377989	传　真	64370178
设立日期	2007-4-2	负 责 人	KEIR DAVID CHARLES		
主营业务	餐饮管理。				

企业名称	莱尔翰奇餐饮（上海）有限公司				
企业地址	上海市闵行区古方路 18 号一楼大堂（200237）				
投资总额	3 万 USD	电　话	54156331	传　真	54133968
设立日期	2007-3-29	负 责 人	KUEK NGUANG HUA		
主营业务	咖啡厅。				

企业名称	上海红不让餐饮管理有限公司				
企业地址	上海市康健路 139 号 A 座 706 室（200235）				
投资总额	14 万 USD	电　话	64362255	传　真	64362255
设立日期	2007-3-28	负 责 人	林隆渊		
主营业务	餐饮管理。				

企业名称	上海纽斯黛莉餐饮管理有限公司				
企业地址	上海市浦东新区金明路 1000 号第 4 幢 107 室（201206）				
投资总额	500 万 RMB	电　话	61359288	传　真	61359290
设立日期	2007-3-28	负 责 人	简铭钦		
主营业务	餐饮管理、商务咨询、投资咨询。				

企业名称	上海穴吹餐饮管理有限公司				
企业地址	上海市浦东新区峨山路 91 弄 98 号 113-120 室（200127）				
投资总额	4000 万日元	电　话	50580384	传　真	50583840
设立日期	2007-3-23	负 责 人	穴吹友次		
主营业务	餐饮管理及餐饮管理信息咨询。				

企业名称	阑梦（上海）餐饮管理有限公司				
企业地址	上海市浦东新区芳甸路 199 弄 33 号 2 层 06/07 室（200135）				
投资总额	14 万 USD	电　话	51088569	传　真	58301538
设立日期	2007-3-19	负 责 人	ROBIN RUPIN HUANG		
主营业务	小吃店。				

企业名称	凯怡餐饮管理（上海）有限公司				
企业地址	上海市浦东新区浦东大道 2244 号 3 幢 310 室（200135）				
投资总额	14 万 USD	电　话	63620567	传　真	63620568
设立日期	2007-3-13	负 责 人	KELLEY MING		
主营业务	餐饮管理及相关咨询。				

企业名称	上海师唯餐饮管理有限公司				
企业地址	上海市茶陵北路 20 号 3 幢 2 层 201 室（200032）				
投资总额	12 万 USD	电　话	51702398	传　真	51702398
设立日期	2007-2-28	负 责 人	叶耿昌		
主营业务	餐饮管理。				

企业名称	上海金莎餐饮有限公司				
企业地址	上海市闵行区虹泉路 1101 弄 58 号一楼（201101）				
投资总额	15 万 USD	电　话	63049403	传　真	51182778
设立日期	2007-2-14	负 责 人	金明玉		
主营业务	中型饭店。				

企业名称	马多乃（上海）餐饮管理有限公司				
企业地址	上海市虹漕路 30 号 5 号楼 310 室（200233）				
投资总额	25 万 USD	电　话	64279781	传　真	64279781
设立日期	2007-2-12	负 责 人	NONVIE SUMANLI LIE		
主营业务	餐饮管理。				

企业名称	特美时餐饮（上海）有限公司				
企业地址	上海市余姚路 74 号 2 幢 2 层、3 层（200042）				
投资总额	50 万 USD	电　话	52135183	传　真	62170739
设立日期	2007-2-12	负 责 人	MICHAEL HUI TANG SUN		
主营业务	小型饭店。				

企业名称	白色大街（上海）餐饮有限公司				
企业地址	上海市杨浦区宁武路 286-2 号（200090）				
投资总额	10 万 USD	电　话	65196300	传　真	65196300
设立日期	2007-2-8	负 责 人	刘　萌		
主营业务	简餐（含酒、饮料）、西点、咖啡。				

企业名称	怡峯餐饮（上海）有限公司				
企业地址	上海市卢湾区普安路 185 号 25 楼 B3 单元（200021）				
投资总额	45 万 USD	电　话	53062901	传　真	53063022
设立日期	2007-2-7	负 责 人	王家尧		
主营业务	快餐，中西餐饮。				

企业名称	上海蒂菲餐饮有限公司				
企业地址	上海市闵行区龙茗路974号413单元（201102）				
投资总额	14万USD	电　话	54162511	传　真	54160781
设立日期	2007-2-7	负责人	KING AN WONG		
主营业务	中型饭店。				

企业名称	雅泰迪餐饮（上海）有限公司				
企业地址	上海市长宁区延安西路2996号137室（200336）				
投资总额	14万USD	电　话	64069013	传　真	64069063
设立日期	2007-2-6	负责人	CHIOU EDDIE YUNG TANG		
主营业务	中型饭店。				

企业名称	上海提拿餐饮管理有限公司				
企业地址	上海市虹口区物华路58号224室（200096）				
投资总额	50万USD	电　话	64067250	传　真	64067250
设立日期	2007-2-1	负责人	谢丽萍		
主营业务	食品管理（非实物方式），商务咨询服务。				

企业名称	上海甜入心餐饮有限公司				
企业地址	上海市卢湾区淮海中路300号B108-109室（200020）				
投资总额	14万USD	电　话	63869985	传　真	63354297
设立日期	2007-1-29	负责人	李茂青		
主营业务	餐饮。				

企业名称	意滋餐饮（上海）有限公司				
企业地址	上海市青浦区沪青平公路2888号第一层B146甲（201703）				
投资总额	14万USD	电　话	69755506	传　真	63933019
设立日期	2007-1-29	负责人	KING JUE		
主营业务	饮品店、快餐店。				

企业名称	吉世（上海）餐饮有限公司				
企业地址	上海市青浦区沪青平公路2888号第2层C218号（201703）				
投资总额	50万欧元	电　话	59755158	传　真	59756778
设立日期	2007-1-16	负责人	GIAN MARCO INNOCENTI		
主营业务	提供西餐、中餐、快餐、咖啡、饮料。				

企业名称	上海泽安餐饮有限公司				
企业地址	上海市浦东新区陆家嘴西路168号4F30-31（200120）				
投资总额	35万USD	电　话	50479779	传　真	50471617
设立日期	2007-1-11	负责人	薛月英		
主营业务	餐饮。				

企业名称	堡仕康餐饮（上海）有限公司				
企业地址	上海市静安区陕西北路455号底层（200041）				
投资总额	14万USD	电　话	63275966	传　真	63276985
设立日期	2007-1-11	负责人	华　薇		
主营业务	快餐店。				

企业名称	上海派安模餐饮娱乐有限公司				
企业地址	上海市卢湾区雁荡路99号101室（200021）				
投资总额	30万USD	电　话	61416301	传　真	61416301
设立日期	2006-12-18	负责人	邝杰生		
主营业务	音乐酒吧（含酒类、饮料）（涉及行政许可的凭许可证经营）。				

企业名称	雅馔餐饮（上海）有限公司				
企业地址	上海市松江区方松街道三新北路900弄668号（201620）				
投资总额	14万USD	电　话	37662222	传　真	37662137
设立日期	2006-12-18	负责人	何荣隆		
主营业务	大型饭店（含熟食卤味）（涉及行政许可的凭许可证经营）。				

企业名称	金堡餐饮（上海）有限公司				
企业地址	上海市卢湾区黄陂南路373号（200020）				
投资总额	60万USD	电　话	53836060	传　真	53836060
设立日期	2006-12-15	负责人	JUSTIN QUEK BOON SIEW		
主营业务	中西餐饮（含酒、饮料），餐饮管理咨询。				

企业名称	盼意诺餐饮（上海）有限公司				
企业地址	上海市浦东新区陆家嘴环路1386号（200120）				
投资总额	14万USD	电　话	63058855	传　真	63058833
设立日期	2006-12-14	负责人	EMANUELE VENDER		
主营业务	西式快餐（预包装食品、散装食品、饮品店）。				

企业名称	上海鑫钻餐饮有限公司				
企业地址	上海市卢湾区打浦路15号地下一层（200023）				
投资总额	65万USD	电　话	63057989	传　真	63057989
设立日期	2006-12-6	负责人	萧妙绅		
主营业务	餐饮（含酒）；涉及餐饮行业的投资咨询、商务咨询、企业管理咨询。				

企业名称	泰极餐饮（上海）有限公司				
企业地址	上海市卢湾区淮海中路138号303室（200021）				
投资总额	21万USD	电　话	63285548	传　真	63285548
设立日期	2006-12-4	负责人	杨泰杰		
主营业务	餐饮（含饮料、酒类）（凭许可证内容登记经营范围后方可经营）。				

企业名称	爱奇多餐饮管理（上海）有限公司				
企业地址	上海市黄浦区中山东二路15号11层（200003）				
投资总额	20万USD	电　话	63733588	传　真	63733766
设立日期	2006-12-4	负责人	MANFRED SAMIR REINER HAMAD		
主营业务	中西式餐饮（酒限堂饮）、糕点、茶、咖啡、附设外卖。				

企业名称	上海凌泷阁餐饮有限公司				
企业地址	上海市长宁区虹许路951号二楼（200336）				
投资总额	14万USD	电　话	32071188	传　真	32071188
设立日期	2006-11-30	负责人	朱成元		
主营业务	饭店（涉及行政许可的凭许可证经营）。				

企业名称	水源餐饮管理（上海）有限公司				
企业地址	上海市长宁区虹桥路1980号43幢303室（200336）				
投资总额	14万USD	电　话	63303676	传　真	63303707
设立日期	2006-11-24	负责人	HOWARD HONSHUEN CHAO		
主营业务	餐饮管理、会务服务、酒店管理咨询、企业咨询、商务咨询、营销策划。				

企业名称	百赛（上海）餐饮管理有限公司				
企业地址	上海市四川北路1688号2612室（200081）				
投资总额	140万USD	电　话	63618686	传　真	63551378
设立日期	2006-11-24	负责人	CAROLINE SARDA GINIINI		
主营业务	餐饮管理（非实物方式），餐饮管理咨询。				

企业名称	上海米家莎餐饮有限公司				
企业地址	上海市长宁区虹梅路3911号4号楼（201103）				
投资总额	14万USD	电　话	62428869	传　真	62622553
设立日期	2006-11-7	负责人	DAVID JOSEPH GWYNNE		
主营业务	小型饭店（不含熟食卤味），酒类商品（不含散装酒）。				

企业名称	颐康（上海）餐饮管理有限公司				
企业地址	上海市蒲汇塘路50号5号楼101/1室（200030）				
投资总额	14万USD	电　话	62103259	传　真	62109596
设立日期	2006-10-30	负责人	LIM POH CHOO		
主营业务	餐饮管理咨询服务（涉及行政许可的凭许可证经营）。				

企业名称	上海咖啡之翼餐饮有限公司				
企业地址	上海市共和新路1978号大宁国际商业广场9（E1）幢109B（200072）				
投资总额	25万USD	电　话	66525984	传　真	66525984
设立日期	2006-10-27	负责人	尹峰		
主营业务	中、西餐，咖啡及不含酒精的饮料。				

企业名称	加州棕榈餐饮管理（上海）有限公司				
企业地址	上海市长宁区中山西路741号1幢208室（200051）				
投资总额	14万USD	电　话	52385174	传　真	52385175
设立日期	2006-10-26	负责人	YEH CHUO		
主营业务	餐饮管理（非实物方式）、商务咨询、投资咨询、企业管理咨询。				

企业名称	思态乐餐饮管理（上海）有限公司				
企业地址	上海市黄浦区中山东一路6号4楼（200003）				
投资总额	1.68亿日元	电　话	52399776	传　真	52399776
设立日期	2006-10-18	负责人	吉村隆		
主营业务	餐饮管理、餐、饮、酒吧；餐饮管理咨询。				

企业名称	上海珍馔餐饮管理有限公司				
企业地址	上海市浦东新区东方路286号5楼511室（200120）				
投资总额	14万USD	电　话	51189238	传　真	51189238
设立日期	2006-10-16	负责人	戴靖雯		
主营业务	餐饮管理、附设分支机构餐饮经营。				

餐饮业

企业名称	皇悦餐饮管理（上海）有限公司				
企业地址	上海市恒丰路 218 号 1807 室（200070）				
投资总额	50 万 USD	电话	51276765	传真	51276795
设立日期	2006-9-30	负责人	CHAN WING-WAH WINSTON		
主营业务	餐饮管理（凭许可证登记经营范围后方可经营）。餐饮（限各门店）。				

企业名称	上海希琴餐饮管理有限公司				
企业地址	上海市冠生园路 227 号 3 号楼 402 室（200235）				
投资总额	6 万 USD	电话	54039301	传真	54039301
设立日期	2006-9-18	负责人	邵旭斐		
主营业务	餐饮管理（非实物方式），婚庆服务（涉及行政许可的凭许可证经营）。				

企业名称	双橡园餐饮管理（上海）有限公司				
企业地址	上海市闵行区虹桥镇合川路 3051 号第 4 幢二楼 289 室（201103）				
投资总额	10 万 USD	电话	64132357	传真	64121538
设立日期	2006-9-14	负责人	陈锡冠		
主营业务	餐饮管理，企业管理咨询及策划咨询（涉及行政许可的凭许可证经营）。				

企业名称	上海海裕餐饮有限公司				
企业地址	上海市浦东新区花园石桥路 33 号 02 室 3 楼（200120）				
投资总额	50 万 USD	电话	53822358	传真	53822368
设立日期	2006-9-13	负责人	徐保禄（HSU PAUL）		
主营业务	餐饮（含酒、饮料）、酒吧、点心。				

企业名称	荀醉餐饮管理（上海）有限公司				
企业地址	上海市黄浦区中山南路 1117 号 5 楼 522 室（200001）				
投资总额	14 万 USD	电话	33113205	传真	33113209
设立日期	2006-9-13	负责人	JONATHAN LI（执行董事）		
主营业务	餐饮管理（非实物方式），餐饮管理咨询。				

企业名称	上海派乐仕餐饮有限公司				
企业地址	上海市静安区南京西路 2066 号 01DE 座（200040）				
投资总额	100 万 USD	电话	53853868	传真	53853808
设立日期	2006-9-13	负责人	ORJAN FREDRIKSEN		
主营业务	中型饭店（含熟食卤味）（涉及行政许可的凭许可证经营）。				

企业名称	上海壹品家餐饮管理有限公司				
企业地址	上海市杨浦区锦嘉路 7 幢 86-92 号（200433）				
投资总额	105 万 USD	电话	63861818	传真	63368887
设立日期	2006-9-6	负责人	王广强		
主营业务	餐饮管理及咨询；快餐、中西餐饮（含饮料、酒类）、酒吧、糕点。				

企业名称	波斯品思（上海）餐饮有限公司				
企业地址	上海市浦东新区浦东南路 855 号世界广场地下 B1 层大堂吧（200122）				
投资总额	14 万 USD	电话	68871030	传真	68870071
设立日期	2006-8-23	负责人	HOSSEIN ESFAHANIAN		
主营业务	中型饭店（含熟食卤味）（涉及行政许可的凭许可证经营）。				

企业名称	上海玛尔露餐饮管理有限公司				
企业地址	上海市黄浦路 99 号 104 室（200000）				
投资总额	10 万 USD	电话	63072071	传真	63072071
设立日期	2006-8-23	负责人	莲井博美		
主营业务	餐饮管理（非实物方式）（涉及行政许可的凭许可证经营）。				

企业名称	上海莎莱娜餐饮管理有限公司				
企业地址	上海市共和新路 1978 号大宁国际商业广场 9（E1）幢 301A 室（200072）				
投资总额	20 万欧元	电话	51069761	传真	51069763
设立日期	2006-8-22	负责人	沈美娟		
主营业务	餐饮管理、餐饮，西式快餐、咖啡、堂饮酒、饮料，点心。				

企业名称	贝可津餐饮管理（上海）有限公司				
企业地址	上海市浦东新区浦东南路 1085 号 1401 室（200120）				
投资总额	700 万 RMB	电话	58359315	传真	58359317
设立日期	2006-8-14	负责人	DANIEL TAY TECK ENG		
主营业务	餐饮管理；中西餐饮，餐厅内酒类零售，食品、餐具、礼品的零售。				

企业名称	湾达酒吧（上海）有限公司				
企业地址	上海市杨浦区飞虹路 568 弄 48 号（200092）				
投资总额	7 万 USD	电话	33773373	传真	33773373
设立日期	2006-8-14	负责人	FRANCIS XAVIER VAUGHAN		
主营业务	酒吧、餐饮、茶点及台球娱乐（凭许可证内容登记经营范围后方可经营）。				

企业名称	上海呼根餐饮管理有限公司				
企业地址	上海市静安区威海路 289 弄 4 号 1 楼左侧办公室（200041）				
投资总额	15 万欧元	电话	52980503	传真	52980502
设立日期	2006-8-7	负责人	HU XI DI		
主营业务	餐饮管理（非实物方式）（涉及行政许可的凭许可证经营）。				

企业名称	哈吉餐饮（上海）有限公司				
企业地址	上海市嘉定区马陆镇希望路 461 号 101 室（201801）				
投资总额	14 万 USD	电话	64452026	传真	64333105
设立日期	2006-7-31	负责人	林国忠		
主营业务	中西式餐饮、酒吧（限分支机构经营）。				

企业名称	远见餐饮管理（上海）有限公司				
企业地址	上海市长宁区华山路 1688 号（200052）				
投资总额	20 万 USD	电话	52389307	传真	
设立日期	2006-7-27	负责人	钟晨亮		
主营业务	餐饮管理，会务服务，企业形象策划，企业管理咨询，企业投资咨询。				

企业名称	上海欧特福餐饮管理有限公司				
企业地址	上海市浦东新区金海路 3288 号 4 幢 302 室（200131）				
投资总额	53 万 USD	电话	64788827	传真	64315918
设立日期	2006-7-21	负责人	WON HOON JAE		
主营业务	餐饮管理、餐饮管理咨询；中西餐饮（含酒类）。				

企业名称	上海杯斯位餐饮有限公司				
企业地址	上海市闵行区虹桥镇伊犁南路 69、73 号（201103）				
投资总额	10 万 USD	电话	54774824	传真	
设立日期	2006-7-20	负责人	长谷川厚志		
主营业务	小型饭店（不含熟食卤味）（涉及行政许可的凭许可证经营）。				

企业名称	上海爱奴兰餐饮有限公司				
企业地址	上海市永嘉路 698 号 1 层部分及地下 1 层（200031）				
投资总额	16 万 USD	电话	64672887	传真	64672787
设立日期	2006-7-18	负责人	立花聪		
主营业务	餐饮管理（非实物方式）和相关咨询（涉及行政许可的凭许可证经营）。				

企业名称	上海浦东唐宫海鲜舫有限公司				
企业地址	上海市浦东新区陆家嘴西路 168 号 6F11-13 室（200120）				
投资总额	15 万 USD	电话	50472057	传真	50472056
设立日期	2006-7-10	负责人	叶树松		
主营业务	餐饮（含熟食卤味、酒）（凭许可证内容登记经营范围后方可经营）。				

企业名称	法美滋餐饮管理（上海）有限公司				
企业地址	上海市静安区大沽路 374 号底楼店铺（200040）				
投资总额	10 万 USD	电话	63400901	传真	63286020
设立日期	2006-7-10	负责人	FRANTZ LALLEMENT		
主营业务	餐饮管理（非实物方式），小型饭店（不含熟食卤味）。				

企业名称	上海钱运餐饮有限公司				
企业地址	上海市四川北路 1661 号裙楼 3 区 3 楼（200000）				
投资总额	147 万 USD	电话	51206666	传真	51288300
设立日期	2006-7-6	负责人	谢宏格		
主营业务	餐饮（含酒、饮料）、中西点心、快餐（涉及行政许可，凭许可证经营）。				

企业名称	上海枫雅日式餐饮有限公司				
企业地址	上海市浦东新区浦东大道 981 号 303 室（200131）				
投资总额	100 万 USD	电话	58353137	传真	58353437
设立日期	2006-7-5	负责人	藤岡保		
主营业务	餐饮、餐饮管理，酒店管理咨询（涉及行政许可的凭许可证经营）。				

企业名称	东远吞拿餐饮（上海）有限公司				
企业地址	上海市长宁区水城路 12-20 号 1-3 单元（200336）				
投资总额	15 万 USD	电话	62195364	传真	62195344
设立日期	2006-7-4	负责人	郑汉基		
主营业务	餐饮（中西餐）、点心、饮料、酒。（涉及行政许可的凭许可证经营）。				

企业名称	上海美音美餐饮娱乐有限公司				
企业地址	上海市共和新路 1968 号 8（E2）幢 4 层（200072）				
投资总额	100 万 USD	电话	62180077	传真	62170401
设立日期	2006-6-26	负责人	森正春		
主营业务	卡拉 OK，KTV 包房，附餐饮及提供相关咨询服务。				

企业名称	上海世汉餐饮有限公司				
企业地址	上海市长宁区延安西路 2000 号一楼（200051）				
投资总额	14 万 USD	电　话	62753388	传　真	62198892
设立日期	2006-6-22	负 责 人	周立业		
主营业务	韩式料理、酒、饮料及点心。（涉及行政许可的凭许可证经营）。				

企业名称	达奇贝鲁特（上海）餐饮有限公司				
企业地址	上海市黄浦区汉口路 647、649 号底层（200002）				
投资总额	14 万 USD	电　话	63522590	传　真	63522591
设立日期	2006-6-19	负 责 人	M.MUHIEDDINE EL TANNIR		
主营业务	餐饮、餐饮管理（以上经营范围涉及行政许可的凭许可证件经营）。				

企业名称	金锦餐饮管理顾问（上海）有限公司				
企业地址	上海市浦东新区唐镇上丰西路 55 号 11 幢 401 室 J 座（201206）				
投资总额	25 万 USD	电　话	63265319	传　真	63265319
设立日期	2006-6-13	负 责 人	罗维伦		
主营业务	餐饮管理，餐饮，企业管理咨询，投资咨询，国际经济信息咨询。				

企业名称	客丽佳餐饮管理（上海）有限公司				
企业地址	上海市浦东新区归昌路 260 号 113 室（200122）				
投资总额	25 万 USD	电　话	64042289	传　真	64042289
设立日期	2006-6-9	负 责 人	YEO WEI KWONG		
主营业务	餐饮管理、企业管理咨询、商务咨询、投资咨询、餐饮。				

企业名称	上海金蒜头餐饮有限公司				
企业地址	上海市浦东新区陆家嘴西路 168 号 7F01-02 室（200120）				
投资总额	14 万 USD	电　话	50476895	传　真	50476896
设立日期	2006-6-8	负 责 人	关奕声		
主营业务	餐饮，投资咨询，商务咨询，企业管理咨询，市场营销策划，会务咨询。				

企业名称	威艾姆餐饮管理（上海）有限公司				
企业地址	上海市黄浦区金陵东路 2 号 24 层 2408 室（200003）				
投资总额	1700 万日元	电　话	63239227	传　真	63239228
设立日期	2006-5-26	负 责 人	HAN JUNG HEE		
主营业务	餐饮管理及餐饮咨询服务（以上经营范围涉及行政许可凭许可证经营）。				

企业名称	马上诺餐饮（上海）有限公司				
企业地址	上海市卢湾区兴业路 123 弄 5 号楼 108、208 室（200021）				
投资总额	30 万 USD	电　话	63621556	传　真	63621556
设立日期	2006-5-24	负 责 人	ELLUL ADRIEN		
主营业务	餐饮、小吃店（不含熟食卤味），酒类（不含散装酒）零售。				

企业名称	新元素餐饮管理（上海）有限公司				
企业地址	上海市黄浦区西藏中路 168 号 2F02 室（200001）				
投资总额	35 万 USD	电　话	51096857	传　真	64370070
设立日期	2006-5-22	负 责 人	FRANK RASCHE		
主营业务	餐饮、餐饮管理以及相关咨询服务，附设分支机构。				

企业名称	雅博餐饮管理（上海）有限公司				
企业地址	上海市黄浦区中山东一路 500 号 A 室（200003）				
投资总额	150 万 USD	电　话	63236886	传　真	63236860
设立日期	2006-4-30	负 责 人	王晓东		
主营业务	中西式餐饮（含酒，限堂用）[中型饭店（含熟食卤味）]，附小卖部。				

企业名称	上海来富餐饮管理有限公司				
企业地址	上海市黄浦区人民路 885 号 2706 室（200001）				
投资总额	50 万 USD	电　话	63555710	传　真	63555715
设立日期	2006-4-28	负 责 人	徐永茂		
主营业务	餐饮管理，餐饮管理咨询，中西餐饮、点心。				

企业名称	恒勇餐饮管理（上海）有限公司				
企业地址	上海市浦东新区莱阳路 2819 号 401 室（200131）				
投资总额	14 万 USD	电　话	64062139	传　真	64062119
设立日期	2006-4-27	负 责 人	张豫俊		
主营业务	餐饮管理，企业管理咨询，商务咨询，投资咨询。				

企业名称	莱塞尔（上海）餐饮管理有限公司				
企业地址	上海市黄浦区南京东路 387 号 7 楼（200003）				
投资总额	14 万 USD	电　话	63511316	传　真	63511318
设立日期	2006-4-27	负 责 人	金钟权		
主营业务	大型饭店（含熟食卤味）。				

企业名称	鸿邦餐饮管理（上海）有限公司				
企业地址	上海市黄浦区延安东路 222 号 25 层第二单元（200003）				
投资总额	30 万 USD	电　话	62119939	传　真	62119939
设立日期	2006-4-18	负 责 人	谢　军		
主营业务	餐饮管理，餐饮，中西点心。				

企业名称	上海冠新餐饮管理有限公司				
企业地址	上海市黄浦区人民路 333 号一楼、二楼（200001）				
投资总额	15 万 USD	电　话	63366216	传　真	63366216
设立日期	2006-4-18	负 责 人	TONG YUET（执行董事）		
主营业务	西餐、点心、咖啡、饮料、酒吧、餐饮管理，附设小卖部。				

企业名称	希杰餐饮管理（上海）有限公司				
企业地址	上海市长宁区天山西路 789 号 340 室（200335）				
投资总额	25 万 RMB	电　话	52081915	传　真	52080290
设立日期	2006-4-17	负 责 人	金　泽		
主营业务	餐饮管理及其相关咨询服务（涉及许可经营的凭许可证经营）。				

企业名称	上海冰室龙餐饮管理有限公司				
企业地址	上海市黄浦区中山南路 100 弄 10 号 112 室 E 座（200011）				
投资总额	20 万 USD	电　话	52069855	传　真	52069866
设立日期	2006-4-17	负 责 人	蔡伟棠		
主营业务	餐饮管理，中西餐饮，点心，餐饮管理咨询；附设非独立核算分支机构。				

企业名称	上海红苹蜜餐饮管理有限公司				
企业地址	上海市浦东新区浦东大道 2056 号 1306 室（200131）				
投资总额	100 万 USD	电　话	52930870	传　真	62716602
设立日期	2006-4-11	负 责 人	ROHAN ST.GEORGE		
主营业务	餐饮管理、餐饮管理咨询、投资咨询（涉及行政许可的凭许可证经营）。				

企业名称	上海小恬心餐饮有限公司				
企业地址	上海市长宁区水城南路 268 号 29-30 商铺（201103）				
投资总额	21 万 USD	电　话	62487002	传　真	62495758
设立日期	2006-3-31	负 责 人	FRÉDÉRIC TANIERE		
主营业务	餐饮（涉及行政许可的凭许可证经营）。				

企业名称	佐励餐饮管理（上海）有限公司				
企业地址	上海市共和新路 3201 号 1606 室（200072）				
投资总额	40 万 RMB	电　话	54580505	传　真	64067691
设立日期	2006-3-27	负 责 人	TIM WIERINGA		
主营业务	咖啡店的管理。咖啡店（提供咖啡，饮料及中西糕点的零售）。				

企业名称	上海达记餐饮管理有限公司				
企业地址	上海市浦东新区上丰西路 288 号 3 幢 101 室（200131）				
投资总额	100 万 USD	电　话	58582288	传　真	58585299
设立日期	2006-3-23	负 责 人	纪立达		
主营业务	餐饮管理及提供相关咨询（涉及行政许可的凭许可证经营）。				

企业名称	上海叻哥餐饮有限公司				
企业地址	上海市浦东新区张杨路 579 号一楼 A02 室、二楼 B02 室（200122）				
投资总额	25 万 USD	电　话	58355886	传　真	58301279
设立日期	2006-3-13	负 责 人	BOUNLEUA PAUL		
主营业务	餐饮管理，餐饮（含酒、饮料及点心）。				

企业名称	欧若亚（上海）餐饮有限公司				
企业地址	上海市浦东新区浦电路 438 号 601-2 室（200131）				
投资总额	20 万欧元	电　话	54869701	传　真	64191259
设立日期	2006-3-8	负 责 人	CHEN，TSAN-YAO（陈灿曜）		
主营业务	餐饮（冰激凌、咖啡、果汁、茶品、甜点）。				

企业名称	芙露餐饮管理（上海）有限公司				
企业地址	上海市东湖路 20 号 1 楼 A、2 楼 A（200031）				
投资总额	40 万 USD	电　话	54045220	传　真	54045123
设立日期	2006-3-6	负 责 人	梶原文生		
主营业务	餐饮管理、餐饮、酒吧、茶座、餐饮外送服务。				

企业名称	上海河村餐饮有限公司				
企业地址	上海市长宁区芙蓉江路 36 号 201 室（200336）				
投资总额	25 万 USD	电　话	62198728	传　真	62198728
设立日期	2006-3-6	负 责 人	河村研二		
主营业务	饮店（涉及行政许可的凭许可证经营）。				

企业名称	乐奕餐饮（上海）有限公司				
企业地址	上海市淮海中路1028号4楼（200031）				
投资总额	40万USD	电话	51189263	传真	51189269
设立日期	2006-2-20	负责人	FRANK RASCHE		
主营业务	饮食，饭菜（不含外送），酒、饮料，附设外卖。				

企业名称	飞狐餐饮（上海）有限公司				
企业地址	上海市浦东新区红枫路225号（200127）				
投资总额	14万USD	电话	50309817	传真	50309817
设立日期	2006-2-15	负责人	GRAEME HARLOCK ALLEN		
主营业务	餐饮（凭许可证内容登记经营范围后方可经营）。				

企业名称	上海金科力餐饮管理有限公司				
企业地址	上海市凤阳路592、596、598号一、二层（200041）				
投资总额	150万USD	电话	62672333	传真	62181423
设立日期	2006-2-10	负责人	戴珺		
主营业务	中西餐饮（含酒、饮料）、及相关的餐饮管理。				

企业名称	上海大牛头餐饮有限公司				
企业地址	上海市铜仁路142号（200040）				
投资总额	14万USD	电话	54039687	传真	54039687
设立日期	2006-2-10	负责人	郑玉丞（CHENG CHEE YAN）		
主营业务	餐饮（含酒、饮料）、酒吧、咖啡室（涉及行政许可的凭许可证经营）。				

企业名称	上海爱利丝餐饮管理有限公司				
企业地址	上海市康健路135号A座457室（200235）				
投资总额	15万USD	电话	62827126	传真	62836102
设立日期	2006-2-9	负责人	卢慧琳		
主营业务	西点、咖啡饮料（限其分支机构经营），餐饮管理。				

企业名称	吉弗德（上海）餐饮有限公司				
企业地址	上海市长宁区延安西路2000号虹桥宾馆辅楼底层（200051）				
投资总额	22万USD	电话	62085678	传真	62085678
设立日期	2006-1-27	负责人	王慧媛		
主营业务	饭店（涉及行政许可的凭许可证经营）。				

企业名称	上海展圆餐饮管理有限公司				
企业地址	上海市长宁区中山西路750号1号楼401室（200051）				
投资总额	150万USD	电话	64869752	传真	64413103
设立日期	2006-1-27	负责人	张宝邻		
主营业务	餐饮管理（涉及行政许可的凭许可证经营）。				

企业名称	上海万东道乐餐饮管理有限公司				
企业地址	上海市浦东新区陆家嘴西路168号5F24-25室（200120）				
投资总额	14万USD	电话	64692267	传真	64684080
设立日期	2006-1-24	负责人	李舜南		
主营业务	小型饭店（不含熟食）、餐饮管理、企业管理咨询、商务及投资咨询。				

企业名称	上海小仓三大莹餐饮管理有限公司				
企业地址	上海市静安区余姚路66号第3幢2号楼401室（200041）				
投资总额	25万USD	电话	51272569	传真	52135227
设立日期	2006-1-20	负责人	川崎厚志		
主营业务	餐饮管理，中西餐饮（含酒、饮料），点心，酒吧，茶座。				

企业名称	巧品餐饮管理（上海）有限公司				
企业地址	上海市灵石路721号二层201室（200435）				
投资总额	14万美元	电话	63346367	传真	63346368
设立日期	2006-1-16	负责人	CHI KWAN YAM		
主营业务	餐饮、咖啡吧，餐饮咨询服务、礼仪服务，餐饮管理。				

企业名称	上海锦江同乐餐饮管理有限公司				
企业地址	上海市浦东新区金桥路999号207室（201206）				
投资总额	1000万RMB	电话	54662197	传真	54662270
设立日期	2006-1-12	负责人	孙平		
主营业务	餐饮管理，中西餐饮（含酒类，附设分支机构经营），及相关技术咨询。				

企业名称	布卡拉餐饮（上海）有限公司				
企业地址	上海市长宁区虹梅路3729号101室（200335）				
投资总额	14万USD	电话	51879097	传真	63375722
设立日期	2006-1-11	负责人	DHAIVAT PRAKASH DESAI		
主营业务	中西餐、供应点心、酒及非酒精饮料。				

企业名称	福金（上海）餐饮管理有限公司				
企业地址	上海市康定路699号601室（200040）				
投资总额	50万USD	电话	62486990	传真	62486990
设立日期	2006-1-9	负责人	YU DI		
主营业务	餐饮管理，餐饮、酒吧（仅限分支机构经营）。				

企业名称	星远朋餐饮（上海）有限公司				
企业地址	上海市静安区南京西路1486号1号楼202室（200040）				
投资总额	14万USD	电话	54253454	传真	54253474
设立日期	2005-12-30	负责人	符标雄		
主营业务	餐饮（含酒、饮料）、附带外卖。				

企业名称	唯丽居餐饮管理（上海）有限公司				
企业地址	上海市长宁区武定西路1317弄10、12号（200050）				
投资总额	14万USD	电话	52389533	传真	52388533
设立日期	2005-12-23	负责人	MARZIANO PALLI		
主营业务	饭店（涉及行政许可的凭许可证经营）。				

企业名称	圣海（上海）餐饮管理有限公司				
企业地址	上海市卢湾区绍兴路17弄3号-4号T座06室（200020）				
投资总额	14万USD	电话	62702046	传真	62702160
设立日期	2005-12-20	负责人	掘田圣		
主营业务	餐饮管理咨询（涉及行政许可的凭许可证经营）。				

企业名称	上海鸟安餐饮有限公司				
企业地址	上海市长宁区水城路18-20号107单元（200336）				
投资总额	14万USD	电话	65759123	传真	65759133
设立日期	2005-12-7	负责人	柳青		
主营业务	供应日式小吃及日式串烤食品（涉及行政许可的凭许可证经营）。				

企业名称	上海徐汇金钱豹国际美食有限公司				
企业地址	上海市肇嘉浜路1000号八楼（200030）				
投资总额	100万USD	电话	52925586	传真	52925585
设立日期	2005-11-21	负责人	袁昶平		
主营业务	餐饮。				

企业名称	上海和侨餐饮有限公司				
企业地址	上海市长宁区虹桥路1476号（200335）				
投资总额	14万USD	电话	62332254	传真	62332254
设立日期	2005-11-4	负责人	森本祐介		
主营业务	中西餐、供应酒、饮料及点心，餐饮管理并提供相关技术咨询服务。				

企业名称	意亚立餐饮设备（上海）有限公司				
企业地址	上海市外高桥保税区希雅路55号12号楼第6层M部位（200131）				
投资总额	11万欧元	电话	51098033	传真	52985061
设立日期	2005-11-2	负责人	ANTONIO MASSIMO GIUSSANI		
主营业务	保税区内以餐饮设备产品为主的仓储、分拨业务。				

企业名称	卓锦餐饮（上海）有限公司				
企业地址	上海市肇嘉浜路1111号第三层A区3-1单元（200030）				
投资总额	14万USD	电话	64805528	传真	64268918
设立日期	2005-10-18	负责人	郑国宇		
主营业务	中西式餐饮（含酒、饮料）、糕点、茶、咖啡、附设外卖。				

企业名称	上海井膳餐饮有限公司				
企业地址	上海市浦东新区迎春路805号（201204）				
投资总额	14万USD	电话	58572322	传真	50201395
设立日期	2005-10-9	负责人	曾鸿析		
主营业务	中、西餐饮（含酒、饮料）。				

企业名称	上海迅食餐饮管理有限公司				
企业地址	上海市长宁区虹桥路2545弄8号1号楼（200335）				
投资总额	27.8万USD	电话	62748902	传真	62731647
设立日期	2005-9-30	负责人	韩家宸		
主营业务	餐饮管理及提供相关咨询、商务咨询、投资咨询。				

企业名称	其士餐饮管理（上海）有限公司				
企业地址	上海市浦东新区乳山路227号301室P座（200120）				
投资总额	14万USD	电话	61196962	传真	61196968
设立日期	2005-9-29	负责人	张云龙		
主营业务	餐饮管理、餐饮（限分支机构经营）。				

企业名称	上海适达餐饮管理有限公司				
企业地址	上海市工业综合开发区奉浦大道 111 号 Z-183（201400）				
投资总额	200 万 USD	电　话	52988966	传　真	52988938
设立日期	2005-9-29	负 责 人	LEE CHIA CHYE		
主营业务	餐饮管理，餐饮（限其分支机构经营）。				

企业名称	上海蝶翩翩餐饮有限公司				
企业地址	上海市西藏中路 268 号 04-11.12 室（200001）				
投资总额	14 万 USD	电　话	64151036	传　真	53963012
设立日期	2005-9-26	负 责 人	梁廷斌		
主营业务	中西餐饮、饮料、酒（堂吃），餐饮管理。				

企业名称	原乐餐饮管理（上海）有限公司				
企业地址	上海市番禺路 1150 号 2 楼（200030）				
投资总额	14 万 USD	电　话	64483486	传　真	64482978
设立日期	2005-9-26	负 责 人	LAISOO GEOK WILLY		
主营业务	餐饮管理，餐饮（含酒、饮料）（限其分支机构经营），投资管理咨询。				

企业名称	上海申港餐饮管理有限公司				
企业地址	上海市黄浦区南京东路 80 号 805 室（200001）				
投资总额	20 万 USD	电　话	63219066	传　真	63215830
设立日期	2005-9-23	负 责 人	李少杰		
主营业务	中西餐饮、点心、咖啡、酒吧，餐饮管理，提供相关餐饮咨询服务。				

企业名称	三商餐饮管理（上海）有限公司				
企业地址	上海市浦东新区峨山路 488 号 1 号楼 116 室（200127）				
投资总额	70 万 USD	电　话	65401798	传　真	65404197
设立日期	2005-9-22	负 责 人	陈翔立		
主营业务	餐饮管理、企业管理咨询、商务咨询、投资咨询。				

企业名称	上海彤高餐饮管理有限公司				
企业地址	上海市长宁区天山西路 94 号甲（200335）				
投资总额	20 万 USD	电　话	54476088	传　真	54475968
设立日期	2005-9-22	负 责 人	朱瑞华		
主营业务	餐饮管理。				

企业名称	翔屋餐饮（上海）有限公司				
企业地址	上海市浦东新区丁香路 425 号（201204）				
投资总额	100 万 USD	电　话	68547630	传　真	68547637
设立日期	2005-9-17	负 责 人	山田晴美		
主营业务	中西餐饮（含酒、饮料零售），餐饮管理，婚庆服务。				

企业名称	上海蓝之艇餐饮有限公司				
企业地址	上海市闵行区龙茗路 924 号（200237）				
投资总额	15 万 USD	电　话	34171857	传　真	57661424
设立日期	2005-9-8	负 责 人	赵明英		
主营业务	中、西餐饮。				

企业名称	优优餐饮食品（上海）有限公司				
企业地址	上海市松江区九亭镇九新公路 519 号 2 幢和 3 幢（201615）				
投资总额	14 万 USD	电　话	67698201	传　真	67698216
设立日期	2005-9-1	负 责 人	王勇雷		
主营业务	加工生产各类食品（调理熟制畜禽制品、净菜系列、米面制品）。				

企业名称	上海柏华餐饮有限公司				
企业地址	上海市卢湾区浏河口路 88 号 227 室 C 座（200021）				
投资总额	15 万 USD	电　话	64460226	传　真	64460121
设立日期	2005-8-23	负 责 人	CHARLOTTE GREER		
主营业务	中西餐饮（含酒、饮料）、酒吧、咖啡。				

企业名称	御晶香餐饮管理（上海）有限公司				
企业地址	上海市浦东新区北张家浜路 68 号 6 幢 539 室（200120）				
投资总额	14 万 USD	电　话	58104420	传　真	58104420
设立日期	2005-8-19	负 责 人	郑俊明		
主营业务	餐饮管理、餐饮（限分支机构经营）。				

企业名称	上海本家餐饮有限公司				
企业地址	上海市闵行区吴中路 1339 号（201103）				
投资总额	20 万 USD	电　话	51182780	传　真	51182778
设立日期	2005-8-19	负 责 人	白种元		
主营业务	餐饮管理咨询、企业管理咨询。				

企业名称	笑辉餐饮（上海）有限公司				
企业地址	上海市长宁区仙霞路 88 号太阳广场 1D-3 室（200051）				
投资总额	180 万 USD	电　话	62958455	传　真	62958499
设立日期	2005-8-18	负 责 人	富山卓也		
主营业务	饭店。				

企业名称	上海诗多丽餐饮有限公司				
企业地址	上海市张江高科技园区青桐路 199 弄 15 号 109 室（201203）				
投资总额	14 万 USD	电　话	62894488	传　真	32221109
设立日期	2005-8-15	负 责 人	张竣杰		
主营业务	餐饮，餐饮管理。				

企业名称	头啖汤餐饮管理（上海）有限公司				
企业地址	上海市长宁区天山支路 154 号 405C 室（200051）				
投资总额	14 万 USD	电　话	52412752	传　真	52412753
设立日期	2005-8-15	负 责 人	吴冠宇		
主营业务	餐饮管理。				

企业名称	上海翡翠餐饮有限公司				
企业地址	上海市南京西路 1038 号 719 室（200041）				
投资总额	50 万 USD	电　话	53963260	传　真	53963277
设立日期	2005-8-12	负 责 人	叶耀东		
主营业务	中西餐饮（含酒、饮料）；餐饮管理咨询。				

企业名称	三得利餐饮管理（上海）有限公司				
企业地址	上海市黄浦区外滩街道中山东一路 6 号二楼（200001）				
投资总额	300 万 USD	电　话	63392770	传　真	63392707
设立日期	2005-8-9	负 责 人	工藤浩成		
主营业务	中西餐饮，日本料理，饮料、酒（堂饮）、餐饮管理。				

企业名称	轩圣餐饮管理（上海）有限公司				
企业地址	上海市肇嘉浜路 1111 号第三层 A 区 3-17 单元（200030）				
投资总额	14 万 USD	电　话	64802968	传　真	64341278
设立日期	2005-8-9	负 责 人	吕立毓		
主营业务	餐饮管理，中西式餐饮。				

企业名称	上海申歌音乐餐饮有限公司				
企业地址	上海市杨浦区淞沪路 151 号 3 楼（200433）				
投资总额	42 万 USD	电　话	65109700	传　真	
设立日期	2005-8-3	负 责 人	高桥宏明		
主营业务	KTV 包房，餐饮，相关技术咨询（除经纪），附设卖品部。				

企业名称	和伊授桌餐饮管理（上海）有限公司				
企业地址	上海市浦东新区施新路 955 号 4 幢 1－E 室（201201）				
投资总额	500 万港币	电　话	50540765	传　真	50541465
设立日期	2005-7-25	负 责 人	金山精三郎		
主营业务	餐饮管理（涉及行政许可的凭许可证经营）。				

企业名称	上海华越楼餐饮管理有限公司				
企业地址	上海市浦东新区碧云路 633 号碧云体育休闲中心 1D5 和 1B1（200131）				
投资总额	15 万 USD	电　话	50307571	传　真	50307571
设立日期	2005-7-5	负 责 人	ANN H LIU		
主营业务	餐饮管理及咨询。				

企业名称	上海珍好餐饮有限公司				
企业地址	上海市杨浦区国定路 365 号一至三层（200433）				
投资总额	100 万 USD	电　话	65650173	传　真	65650183
设立日期	2005-7-4	负 责 人	李政吉		
主营业务	中西餐饮、茶吧（含烟、酒、饮料）。				

企业名称	上海比佛利餐饮有限公司				
企业地址	上海市奉贤区奉城镇川南奉公路 9878 号（201411）				
投资总额	15 万 USD	电　话	54371206	传　真	54370827
设立日期	2005-6-27	负 责 人	陈耀东		
主营业务	从事餐饮管理服务。				

企业名称	上海天厨菜馆有限公司				
企业地址	上海市长宁区虹桥路 1665 号 3 楼 D3-1 单元（200335）				
投资总额	14 万 USD	电　话	62957373	传　真	62088133
设立日期	2005-6-24	负 责 人	吴伟德		
主营业务	餐饮服务（涉及行政许可的凭许可证经营）。				

企业名称	上海星山餐饮管理有限公司				
企业地址	上海市金山区亭枫公路 4575 号（201500）				
投资总额	29 万 USD	电　话	62339449	传　真	62339449
设立日期	2005-6-23	负 责 人	星山二郎		
主营业务	餐饮，酒（限堂饮）。				

企业名称	上海申翠餐饮有限公司				
企业地址	上海市卢湾区淮海中路 300 号 B110 室（200021）				
投资总额	50 万 USD	电　话	53963260	传　真	53963277
设立日期	2005-6-20	负 责 人	叶耀东		
主营业务	餐饮管理咨询；中西餐饮（含酒、饮料）。				

企业名称	上海夏朵餐饮有限公司				
企业地址	上海市华山路 855 号（200031）				
投资总额	14.45 万 USD	电　话	62128086	传　真	62514466
设立日期	2005-6-17	负 责 人	赖理生		
主营业务	餐饮（含酒、饮料）（涉及行政许可的凭许可证经营）。				

企业名称	上海泰谷来茶馆有限公司				
企业地址	上海市浦东新区羽山路 969、971、973 号（200135）				
投资总额	14 万 USD	电　话	50937188	传　真	50936588
设立日期	2005-6-17	负 责 人	BOONTIEM VINYUNANTAKUL（李文添）		
主营业务	茶、饮料、干湿点心。				

企业名称	上海曜颖餐饮用品有限公司				
企业地址	上海市松江区车墩镇香亭路 459 号（201611）				
投资总额	80 万 USD	电　话	57774302	传　真	57774739
设立日期	2005-6-13	负 责 人	石川忠彦		
主营业务	生产纸、塑料以及环保材料为原料的食品容器、餐桌用品。				

企业名称	上海喜安便利有限公司				
企业地址	上海市闸北区江场三路 301 号 502 室（200436）				
投资总额	3000 万 USD	电　话	51060018	传　真	51060036
设立日期	2005-6-7	负 责 人	简沧圳		
主营业务	日用百货、五金交电、家用电器、灯具、通讯器材、电话卡、机油。				

企业名称	提密得餐饮管理（上海）有限公司				
企业地址	上海市浦东新区港城路 2 号 2 幢 306 室（200137）				
投资总额	14 万 USD	电　话	61406327	传　真	61406327
设立日期	2005-6-6	负 责 人	WINSTON CHEN		
主营业务	餐饮管理，企业形象策划（不含广告）、投资管理咨询。				

企业名称	斯堪的那维亚餐饮管理（上海）有限公司				
企业地址	上海市长宁区凯旋路 456 号底层（200050）				
投资总额	35 万 USD	电　话	51553668	传　真	51553663
设立日期	2005-6-6	负 责 人	TOMMY STENBECK		
主营业务	餐饮服务、酒吧，餐饮管理并提供相关技术咨询服务。				

企业名称	上海春律餐饮有限公司				
企业地址	上海市嘉定区马陆镇宝安公路 3601 号 1 幢 102 室（201801）				
投资总额	50 万 USD	电　话	52581666	传　真	52989050
设立日期	2005-6-2	负 责 人	TONY TAN CAKTIONG		
主营业务	餐饮（限其分支机构经营）（涉及行政许可的凭许可证经营）。				

企业名称	上海心月堂餐饮管理有限公司				
企业地址	上海市浦东新区迎春路 1089 号（200135）				
投资总额	14 万 USD	电　话	50427663	传　真	50610365
设立日期	2005-6-1	负 责 人	刘敏儒		
主营业务	餐饮管理及咨询、餐饮（含熟食卤味零售）。				

企业名称	上海啦瓦莎餐饮管理有限公司				
企业地址	上海市中山南路 28 号底层室（200011）				
投资总额	14 万 USD	电　话	54794075	传　真	54794075
设立日期	2005-5-20	负 责 人	严友邦		
主营业务	餐饮、咖啡、中西点心、饮料（烟、酒堂用），餐饮咨询。				

企业名称	糖楼（上海）餐饮管理有限公司				
企业地址	上海市张江高科技园区碧波路 635 号 102－1F27 室（201203）				
投资总额	14 万 USD	电　话	54794075	传　真	64191949
设立日期	2005-5-18	负 责 人	严友邦		
主营业务	餐饮管理，餐饮。				

企业名称	上海津轻餐饮有限公司				
企业地址	上海市长宁区兴义路 8 号万都中心 S206、207、208 室（200336）				
投资总额	14 万 USD	电　话	52082332	传　真	
设立日期	2005-5-16	负 责 人	葛西孝		
主营业务	餐饮服务（涉及行政许可的凭许可证经营）。				

企业名称	上海可茂尔餐饮管理有限公司				
企业地址	上海市黄浦区福州路 546 号（200001）				
投资总额	14 万 USD	电　话	51580140	传　真	51580351
设立日期	2005-5-13	负 责 人	YOO KYUNG MI		
主营业务	餐饮经营、管理及相关咨询服务。				

企业名称	啡加乐餐饮（上海）有限公司				
企业地址	上海市卢湾区兴业路 160 号（200021）				
投资总额	14 万 USD	电　话	63847242	传　真	63847242
设立日期	2005-5-12	负 责 人	PACITA U .JUAN		
主营业务	咖啡（含酒、饮料），配套西点。				

企业名称	上海代之门餐饮经营管理有限公司				
企业地址	上海市长宁区武夷路 491 弄 15 号 B 楼 210 室（200050）				
投资总额	14 万 USD	电　话	62919335	传　真	62900714
设立日期	2005-5-11	负 责 人	李秀华		
主营业务	餐饮经营管理及相关咨询服务。				

企业名称	上海炫歌餐饮娱乐有限公司				
企业地址	上海市卢湾区肇嘉浜路 100 号二层南间（200023）				
投资总额	15 万 USD	电　话	54650329	传　真	54650329
设立日期	2005-4-22	负 责 人	游　康		
主营业务	卡拉 OK、包房（KTV），餐饮（含烟、酒、饮料）。				

企业名称	上海恒宇餐饮有限公司				
企业地址	上海市静安区南京西路 1376 号 109 室（200040）				
投资总额	14 万 USD	电　话	62797129	传　真	62797131
设立日期	2005-4-11	负 责 人	CHOI WENG KEE		
主营业务	餐饮、附设卖品部（凡涉及行政许可的凭许可证经营）。				

企业名称	印味尚餐饮（上海）有限公司				
企业地址	上海市建国西路 550 号一楼（200031）				
投资总额	14 万 USD	电　话	63377519	传　真	63375722
设立日期	2005-3-30	负 责 人	ANOOP SINGH SANGWAN		
主营业务	餐厅、酒吧（含酒、饮料）（涉及行政许可的凭许可证经营）。				

企业名称	莳芭餐饮（上海）有限公司				
企业地址	上海市黄浦区中山东一路 18 号一层 C2 单元（200003）				
投资总额	15 万欧元	电　话	63237066	传　真	63237060
设立日期	2005-3-24	负 责 人	ANGELO GINO MORATTI		
主营业务	饮食，饮料，烟，酒，附设卖品部，餐饮咨询。				

企业名称	上海利之休餐饮有限公司				
企业地址	上海市长宁区虹桥路 1665 号洛城广场 2 号楼 D2（201）单元（200335）				
投资总额	40 万 USD	电　话	61498881	传　真	56550615
设立日期	2005-3-23	负 责 人	田中真琴		
主营业务	餐饮服务（涉及行政许可的凭许可证经营）。				

企业名称	上海兴邦餐饮服务有限公司				
企业地址	上海市浦东新区东方路 800 号一层（200120）				
投资总额	10000 万港币	电　话	68762179	传　真	58202595
设立日期	2005-3-23	负 责 人	赵　宇		
主营业务	餐饮管理，饭菜（含外送），干点，湿点，饮料，酒零售。				

企业名称	上海红番林餐饮管理有限公司				
企业地址	上海市黄浦区竹行码头街 10 号 126 室（200011）				
投资总额	25 万 USD	电　话	63587077	传　真	63273915
设立日期	2005-3-21	负 责 人	史伟民		
主营业务	餐饮管理。				

企业名称	上海展翊餐饮有限公司				
企业地址	上海市张江高科技园区碧波路 635 号 102-1F15 室（201203）				
投资总额	14 万 USD	电　话	64679900	传　真	64158178
设立日期	2005-3-18	负 责 人	萧红玉		
主营业务	餐饮服务，餐饮。				

企业名称	**上海梦曼特餐饮管理有限公司**				
企业地址	上海市闵行区虹梅路3911号11号楼底层北部（201103）				
投资总额	14万USD	电　话	62618089	传　真	
设立日期	2005-3-18	负责人	王妙乐		
主营业务	西式快餐、咖啡、堂饮酒、饮料、饭、菜、点心；餐饮管理。				

企业名称	**上海星歌音乐餐饮有限公司**				
企业地址	上海市长宁区仙霞路602号2－3楼（200336）				
投资总额	42万USD	电　话	64748108	传　真	
设立日期	2005-3-18	负责人	高橋宏明		
主营业务	音乐餐厅（涉及行政许可的凭许可证经营）。				

企业名称	**上海新天地湖庭餐饮有限公司**				
企业地址	上海市卢湾区黄陂南路383号（200021）				
投资总额	175万USD	电　话	53896060	传　真	53896060
设立日期	2005-3-14	负责人	HUNG KAM BIU		
主营业务	中西式餐饮（含饮料、烟、酒），糕点。				

企业名称	**基富餐饮（上海）有限公司**				
企业地址	上海市黄浦区南京西路338号1层108单元（200003）				
投资总额	14万USD	电　话	55111111	传　真	55111111
设立日期	2005-3-11	负责人	PACITA U JUAN		
主营业务	饮食，饮料。				

企业名称	**汉堡王（上海）餐饮有限公司**				
企业地址	上海市黄浦区南京西路2号地下一层03室（200003）				
投资总额	140万USD	电　话	61324105	传　真	63520409
设立日期	2005-2-28	负责人	萧德威		
主营业务	餐、饮、酒（限堂饮），并提供相关的餐饮管理咨询服务。				

企业名称	**纽约客（上海）餐饮管理有限公司**				
企业地址	上海市静安区石门一路239号3A6室（200041）				
投资总额	50万USD	电　话	54940994	传　真	54940994
设立日期	2005-2-7	负责人	JAMES ANTHONY MARKHAM		
主营业务	餐饮管理，餐饮经营限各门店（含烟、酒、饮料）。				

企业名称	**上海金恒餐饮有限公司**				
企业地址	上海市静安区南京西路1376号上海商城西峰107室（200040）				
投资总额	14万USD	电　话	62797129	传　真	62797131
设立日期	2005-2-6	负责人	CHOI WENG KEE		
主营业务	餐饮、附设卖品部。				

企业名称	**上海万裕餐饮管理有限公司**				
企业地址	上海市番禺路1150号（200030）				
投资总额	14万USD	电　话	64478860	传　真	64073350
设立日期	2005-1-21	负责人	李雪晶		
主营业务	餐饮管理、市场营销策划咨询（涉及行政许可的，凭许可证经营）。				

企业名称	**可口食餐饮管理（上海）有限公司**				
企业地址	上海市长宁区天山路600弄2号3D3室（200051）				
投资总额	130万USD	电　话	59895352	传　真	59895168
设立日期	2005-1-19	负责人	小川贤太郎		
主营业务	餐饮管理及提供相关咨询。				

企业名称	**思杰餐饮管理（上海）有限公司**				
企业地址	上海市长宁区延安西路1289弄10号703室（200050）				
投资总额	14万USD	电　话	61136543	传　真	61136546
设立日期	2005-1-19	负责人	李　瑛		
主营业务	餐饮管理及相关咨询服务（涉及行政许可的凭许可证经营）。				

企业名称	**上海泰盛餐饮管理有限公司**				
企业地址	上海市黄浦区宁波路595号409室B（200003）				
投资总额	100万USD	电　话	64309292	传　真	64306456
设立日期	2005-1-18	负责人	吴文泰（执行董事）		
主营业务	餐饮（限其分支机构经营），餐饮咨询。				

企业名称	**方凯（上海）餐饮有限公司**				
企业地址	上海市浦东新区张江镇华夏中路1799号10幢202—B（201203）				
投资总额	14万USD	电　话	50808586	传　真	50808586
设立日期	2005-1-11	负责人	徐　枫		
主营业务	餐饮管理；餐饮、酒吧。				

企业名称	**湫之实餐饮（上海）有限公司**				
企业地址	上海市张江高科技园区碧波路635号105—1F02室（201203）				
投资总额	14万USD	电　话	50806230	传　真	50803103
设立日期	2005-1-10	负责人	TAN BENG TAI		
主营业务	餐饮管理咨询服务；中西餐饮，中西点心，酒、饮料零售。				

企业名称	**上海泰海香美食有限公司**				
企业地址	上海市闵行区保乐路664号（201107）				
投资总额	500万USD	电　话	65341906	传　真	65341906
设立日期	2004-12-22	负责人	ABULKHAIR KAW SER		
主营业务	经营各式亚洲和西式餐饮，供应冷热饮料、烟酒及配套小礼品。				

企业名称	**上海三吉餐饮管理有限公司**				
企业地址	上海市浦东新区张杨路800号长航大厦1112室（200122）				
投资总额	14万USD	电　话	58775769	传　真	58776267
设立日期	2004-12-22	负责人	中岛义兼		
主营业务	餐饮管理，酒店管理咨询（涉及行政许可的凭许可证经营）。				

企业名称	**阿纳多卢餐饮（上海）有限公司**				
企业地址	上海市嘉定区马陆镇希望路255号201室（201801）				
投资总额	14万USD	电　话	66053661	传　真	66053662
设立日期	2004-12-20	负责人	METIN YEKTAS		
主营业务	中、西式餐饮，酒吧（限其分支机构经营）。				

企业名称	**上海捷进餐饮有限公司**				
企业地址	上海市零陵路800号（200030）				
投资总额	14万USD	电　话	54245530	传　真	54245530
设立日期	2004-12-11	负责人	IWANAGA YOSHIRO		
主营业务	餐饮（含酒、饮料）（涉及行政许可的凭许可证经营）。				

企业名称	**侑圆餐饮管理（上海）有限公司**				
企业地址	上海市浦东新区桂桥路60号一幢第二层201室（201206）				
投资总额	20万USD	电　话	63054907	传　真	63054744
设立日期	2004-12-8	负责人	吴四宝		
主营业务	餐饮管理（涉及行政许可的凭许可证经营）。				

企业名称	**上海红珊瑚餐饮管理有限公司**				
企业地址	上海市黄浦区南京东路720号3楼（200001）				
投资总额	47万USD	电　话	63610957	传　真	63610867
设立日期	2004-11-29	负责人	羽田米一		
主营业务	中西餐饮（筹建）烟，酒，餐饮管理。				

企业名称	**上海睦炯餐饮有限公司**				
企业地址	上海市闵行区吴中路1389号（201103）				
投资总额	14万USD	电　话	51182778	传　真	51182780
设立日期	2004-11-5	负责人	申东睦		
主营业务	酒店管理咨询、餐饮管理咨询、投资咨询。				

企业名称	**上海吉欧餐饮管理有限公司**				
企业地址	上海市静安区石门二路483号901－20室（200041）				
投资总额	14万USD	电　话	54651397	传　真	54051397
设立日期	2004-10-18	负责人	TSENG WILSON CHIN-PING		
主营业务	餐饮管理、餐饮经营限各门店（涉及行政许可的凭许可证经营）。				

企业名称	**上海台之珍餐饮管理有限公司**				
企业地址	上海市闵行区虹桥镇吴中路1389号（201103）				
投资总额	208万USD	电　话	62478113	传　真	62477921
设立日期	2004-10-12	负责人	周文保		
主营业务	投资咨询、商务咨询、餐饮管理咨询，企业管理咨询。				

企业名称	**上海炼瓦家餐饮管理有限公司**				
企业地址	上海市长宁区虹桥路1157号L—3楼（200051）				
投资总额	14万USD	电　话	62702761	传　真	62702931
设立日期	2004-9-29	负责人	今泉敦子		
主营业务	餐饮管理，经营日式烧烤，供应酒、饮料及点心。				

企业名称	**上海沐洁餐饮管理有限公司**				
企业地址	上海市闵行区虹中路527号1楼101—104室（201103）				
投资总额	101万USD	电　话	34121071	传　真	54132370
设立日期	2004-9-17	负责人	关则荼		
主营业务	提供餐饮经营管理咨询（涉及行政许可的凭许可证经营）。				

企业名称	上海盈粹餐饮管理有限公司				
企业地址	上海市长宁区定西路 650 号 876 室（200052）				
投资总额	25 万 USD	电　　话	62707176	传　　真	62389299
设立日期	2004-9-13	负 责 人	任　辉		
主营业务	餐饮管理（涉及行政许可的凭许可证经营）。				

企业名称	上海福伦园餐饮有限公司				
企业地址	上海市浦东新区世纪大道 1600 号浦项商务广场裙房 4 楼（200120）				
投资总额	14 万 USD	电　　话	68763361	传　　真	68763362
设立日期	2004-9-6	负 责 人	YOON HYUN KIL（尹铉吉）		
主营业务	饭菜（不含外送）、各类点心和饮料（涉及行政许可的凭许可证经营）。				

企业名称	若泉（上海）餐饮用品有限公司				
企业地址	上海市松江区科技园区港兴路、港业路厂房（201616）				
投资总额	21 万 USD	电　　话	64365526	传　　真	64365525
设立日期	2004-9-2	负 责 人	若泉繁则		
主营业务	加工、生产餐饮用品，销售公司自产产品。				

企业名称	九桂居餐饮（上海）有限公司				
企业地址	上海市南京西路 1618 号九百城市广场 8 楼 806－807 室（200040）				
投资总额	14 万 USD	电　　话	62885173	传　　真	62885173
设立日期	2004-8-10	负 责 人	区宗源		
主营业务	中西餐饮（含酒），点心，附设外卖（涉及许可经营的凭许可证经营）。				

企业名称	鹿港（上海）餐饮管理有限公司				
企业地址	上海市闵行区虹许路 538 号（201103）				
投资总额	14 万 USD	电　　话	54791892	传　　真	64194426
设立日期	2004-8-6	负 责 人	袁蕙华		
主营业务	餐饮管理、中央厨房管理、餐饮咨询并提供相关服务。				

企业名称	上海高旭餐饮管理有限公司				
企业地址	上海市淮海中路 99 号大上海时代广场地下一层 A 号商铺（200021）				
投资总额	14 万 USD	电　　话	63918107	传　　真	63918107
设立日期	2004-8-5	负 责 人	FOO LEE NG		
主营业务	餐饮（含酒类、饮料）（涉及许可经营的凭许可证经营）。				

企业名称	上海世伦餐饮有限公司				
企业地址	上海市浦东新区梅花路 281 号 B248 室（200135）				
投资总额	14 万 USD	电　　话	34323259	传　　真	34323258
设立日期	2004-8-2	负 责 人	朴在永（PARK JAE YOUNG）		
主营业务	餐饮管理（涉及许可经营的凭许可证经营）。				

企业名称	太地餐饮管理（上海）有限公司				
企业地址	上海市乌鲁木齐中路 328 号 3 楼 303 室（200040）				
投资总额	14 万 USD	电　　话	64712197	传　　真	64740051
设立日期	2004-7-28	负 责 人	太地淳		
主营业务	餐饮管理、投资咨询及中介、商务咨询、企业管理咨询。				

企业名称	亿特安餐饮管理（上海）有限公司				
企业地址	上海市浦东新区张杨路 579 号一、二楼（200129）				
投资总额	5800 万日元	电　　话	58353811	传　　真	58353889
设立日期	2004-7-26	负 责 人	HISASHI FUJIOKA（藤冈久士）		
主营业务	餐饮管理（涉及许可经营的凭许可证经营）。				

企业名称	上海圣帝维诺餐饮管理有限公司				
企业地址	上海市浦东新区浦东南路 379 号 26H 室（200120）				
投资总额	14 万 USD	电　　话	51551311	传　　真	51551322
设立日期	2004-7-22	负 责 人	EDUARDO MARTIN VARGA		
主营业务	餐饮管理、餐饮管理培训咨询（涉及许可经营的凭许可证经营）。				

企业名称	上海玫瑰夫人餐饮经营管理有限公司				
企业地址	上海市长宁区长宁路 641 号 3 楼（200050）				
投资总额	14 万 USD	电　　话	62133727	传　　真	52392591
设立日期	2004-7-14	负 责 人	吴丽敏		
主营业务	餐饮经营管理以及相关咨询服务（涉及许可经营的凭许可证经营）。				

企业名称	上海世纪香港城西部餐饮娱乐有限公司				
企业地址	上海市松江区莘松路 1080 号第三、四层（201612）				
投资总额	100 万 USD	电　　话	57688299	传　　真	57688277
设立日期	2004-7-5	负 责 人	张　知		
主营业务	沐浴、桑拿、按摩、儿童游艺、餐饮（含酒吧、茶座）。				

企业名称	上海好侍咖喱客客壹番屋餐厅有限公司				
企业地址	上海市长宁区遵义路 107 号 2003A 室（200051）				
投资总额	180 万 USD	电　　话	62789525	传　　真	62375422
设立日期	2004-6-29	负 责 人	野村孝志		
主营业务	经营以咖喱食品为主的餐厅（含饮料、酒）（分支机构经营）。				

企业名称	千登世饮食发展（上海）有限公司				
企业地址	上海市南京西路 1618 号 8 层 S804 室（200040）				
投资总额	14 万 USD	电　　话	62883160	传　　真	62883161
设立日期	2004-6-28	负 责 人	川上清三		
主营业务	日本料理、中西餐饮（含酒、饮料）（涉及许可经营的凭许可证经营）。				

企业名称	武鑫（上海）餐饮管理有限公司				
企业地址	上海市闵行区宜山路 1618 号综合楼 711 室（200233）				
投资总额	14 万 USD	电　　话	54510167	传　　真	64477513
设立日期	2004-6-23	负 责 人	张止戈		
主营业务	餐饮管理及相关咨询服务（涉及许可经营的凭许可证经营）。				

企业名称	上海新欧尚超市有限公司				
企业地址	上海市杨浦区长阳路 1750 号（200090）				
投资总额	5000 万人民币	电　　话	65432211	传　　真	55804509
设立日期	2004-6-15	负 责 人	CHRISTIAN CLERC-BATUT		
主营业务	商品零售（包括代销、寄售、百货、化妆品、服装、针纺织品）。				

企业名称	上海漾乐餐饮有限公司				
企业地址	上海市黄浦区延安东路 523 号四楼（200021）				
投资总额	20 万 USD	电　　话	64159905	传　　真	
设立日期	2004-6-14	负 责 人	赵何琍琍		
主营业务	餐饮、中西餐、熟食、点心、饮料（含酒）、水果等。				

企业名称	逸君餐饮管理（上海）有限公司				
企业地址	上海市黄浦区保屯路 221 号 320 室（200011）				
投资总额	14 万 USD	电　　话	68861708	传　　真	68860025
设立日期	2004-6-14	负 责 人	WEI LIANG MAO		
主营业务	餐饮管理，提供相关餐饮方面的咨询服务。				

企业名称	雅德餐饮（上海）有限公司				
企业地址	上海市黄浦区中山东一路 18 号 6、7 层（200002）				
投资总额	180 万 USD	电　　话	63236886	传　　真	63236860
设立日期	2004-5-26	负 责 人	王晓东		
主营业务	餐饮、干点、湿点、中西点心、饮料、烟、酒零售，餐饮管理等。				

企业名称	上海百根裕餐饮有限公司				
企业地址	上海市闵行区沪闵路 7388 号友谊南方商城一楼西侧 1－2#区（201102）				
投资总额	14 万 USD	电　　话	64806722	传　　真	64806722
设立日期	2004-5-25	负 责 人	王美兰		
主营业务	中西餐饮（含外卖）（涉及许可经营的凭许可证经营）。				

企业名称	滩外楼餐饮（上海）有限公司				
企业地址	上海市四川中路 410 号 4 楼（200002）				
投资总额	180 万 USD	电　　话	63236886	传　　真	63236860
设立日期	2004-5-12	负 责 人	王晓东		
主营业务	餐饮、干点、湿点、中西点心、饮料，烟、酒零售，餐饮管理等。				

企业名称	上海观月餐饮有限公司				
企业地址	上海市长宁区中山西路 888 号裙房二层（200051）				
投资总额	14 万 USD	电　　话	64403336	传　　真	34240870
设立日期	2004-5-11	负 责 人	大藏启科		
主营业务	中西餐、点心、供应酒、饮料（涉及许可经营的凭许可证经营）。				

企业名称	埃力生阿一鲍鱼酒家（上海）有限公司				
企业地址	上海市黄浦区福佑路 8 号埃力生国际大厦 5 楼（200010）				
投资总额	20 万 USD	电　　话	63337988	传　　真	63336088
设立日期	2004-4-27	负 责 人	张承志		
主营业务	餐饮、点心、堂饮酒（涉及许可经营的凭许可证经营）。				

企业名称	上海依您餐饮有限公司				
企业地址	上海市闵行区平阳路 258 号(201102)				
投资总额	20 万 USD	电　　话	32271168	传　　真	52527545
设立日期	2004-4-22	负 责 人	吴德辉		
主营业务	经营咖啡吧，酒吧（涉及许可经营的凭许可证经营）。				

企业名称	美地夜（上海）餐饮管理咨询有限公司				
企业地址	上海市长宁区遵义路 100 号 B 栋 2683 室（200051）				
投资总额	14 万 USD	电　　话	63216234	传　　真	62368090
设立日期	2004-4-21	负 责 人	前田高宏		
主营业务	餐饮企业管理咨询（涉及许可经营的凭许可证经营）。				

企业名称	味淋餐饮管理（上海）有限公司				
企业地址	上海市零陵路 899 号 5 层 D 室（200032）				
投资总额	42 万 USD	电　　话	54891787	传　　真	54891786
设立日期	2004-4-19	负 责 人	石川总彦		
主营业务	中西餐饮（含酒、饮料），餐饮管理咨询服务。				

企业名称	上海恒乐餐饮有限公司				
企业地址	上海市长宁区遵义路 100 号外围街 B1 单元（200051）				
投资总额	100 万 USD	电　　话	62372201	传　　真	62372202
设立日期	2004-4-19	负 责 人	李　骏		
主营业务	中西餐饮（含酒、饮料）、快餐（涉及许可经营的凭许可证经营）。				

企业名称	上海东平西餐有限公司				
企业地址	上海市东平路 11 号（200031）				
投资总额	20 万 USD	电　　话	64330548	传　　真	64664055
设立日期	2004-4-15	负 责 人	JAMES CUMMING		
主营业务	中西餐饮（含酒类、饮料）、音乐酒吧和桌球。				

企业名称	上海茂鑫餐饮管理有限公司				
企业地址	上海市浦东新区北张家浜路 68 号 1 幢 516 室（200120）				
投资总额	49 万 USD	电　　话	50475859	传　　真	50470745
设立日期	2004-4-8	负 责 人	蔡充		
主营业务	餐饮管理（涉及许可经营的凭许可证经营）。				

企业名称	芭芭露莎餐饮（上海）有限公司				
企业地址	上海市南京西路 231 号（200003）				
投资总额	14 万 USD	电　　话	63180217	传　　真	63180219
设立日期	2004-4-8	负 责 人	黄卓霖（执行董事）		
主营业务	餐饮、饮料、堂饮酒（涉及许可经营的凭许可证经营）。				

企业名称	远朋餐饮（上海）有限公司				
企业地址	上海市南京西路 1486 号东海广场六-A 室（200042）				
投资总额	14 万 USD	电　　话	54031815	传　　真	54039272
设立日期	2004-4-7	负 责 人	DOUGLAS FOO PEOW YONG		
主营业务	餐饮（含饮料）、附带外卖（涉及许可经营的凭许可证经营）。				

企业名称	上海必爱歌音乐餐饮有限公司				
企业地址	上海市黄浦区南京东路 673 号-699 号（200040）				
投资总额	60 万 USD	电　　话	64748108	传　　真	64333389
设立日期	2004-4-6	负 责 人	高桥宏明		
主营业务	KTV 包房，餐饮（含酒类、饮料），相关领域内的技术咨询。				

企业名称	上海福满家便利有限公司				
企业地址	上海市南京西路 993 号 9 楼（200041）				
投资总额	8200 万人民币	电　　话	62723187	传　　真	62723916
设立日期	2004-3-22	负 责 人	魏应行		
主营业务	食品、加工食品、饮料、烟酒、百货、计划生育用品等的零售。				

企业名称	上海华景沙田餐饮管理有限公司				
企业地址	上海市襄阳南路 102 号 1 楼（200031）				
投资总额	14 万 USD	电　　话	64459270	传　　真	62745902
设立日期	2004-3-11	负 责 人	赵宏顺		
主营业务	中西餐饮、酒吧（含酒类、饮料）（涉及许可经营的凭许可证经营）。				

企业名称	健康煮（上海）餐饮管理有限公司				
企业地址	上海市浦东新区北张家浜路 68 号 6 幢 619 室（200122）				
投资总额	14 万 USD	电　　话	62499689	传　　真	62499679
设立日期	2004-3-9	负 责 人	刘尔金		
主营业务	餐饮管理（涉及许可经营的凭许可证经营）。				

企业名称	上海铭源酒店餐饮管理有限公司				
企业地址	上海市漕溪北路 555 号（200030）				
投资总额	38 万 USD	电　　话	51098770	传　　真	64697985
设立日期	2004-3-8	负 责 人	方麒麟		
主营业务	餐饮管理、餐饮（限分支机构）（涉及许可经营的凭许可证经营）。				

企业名称	威创餐饮（上海）有限公司				
企业地址	上海市长宁区遵义路 100 号 5－2（C）（200051）				
投资总额	14 万 USD	电　　话	62372414	传　　真	62372414
设立日期	2004-2-24	负 责 人	伊藤贵宏		
主营业务	中西餐、点心，供应酒及非酒精饮料（涉及许可经营的凭许可证经营）。				

企业名称	耶宝餐饮管理（上海）有限公司				
企业地址	上海市黄浦区福州路 524 号－530 号 1－2 楼（200001）				
投资总额	50 万 USD	电　　话	63509221	传　　真	63509652
设立日期	2004-2-11	负 责 人	JEFFREY KOES WONSONO		
主营业务	餐饮（含酒.饮料），餐饮管理（涉及许可经营的凭许可证经营）。				

企业名称	美汉餐饮管理顾问（上海）有限公司				
企业地址	上海市长宁区天山西路 789 号 2125 室（200335）				
投资总额	14 万 USD	电　　话	32201447	传　　真	32201447
设立日期	2004-2-11	负 责 人	张国骏		
主营业务	餐饮管理顾问、投资咨询、贸易信息咨询、国际经济咨询等。				

企业名称	上海钱格餐饮管理有限公司				
企业地址	上海市卢湾区雁荡路 109 号复兴广场内（200020）				
投资总额	28 万 USD	电　　话	51206666	传　　真	
设立日期	2004-1-30	负 责 人	谢宏格		
主营业务	餐饮（含酒、饮料），快餐（涉及许可经营的凭许可证经营）。				

企业名称	要素餐饮（上海）有限公司				
企业地址	上海市南京西路 1376 号 112 室（200042）				
投资总额	14 万 USD	电　　话	51169263	传　　真	51189269
设立日期	2004-1-7	负 责 人	SCOTT RICHARD MINOIE		
主营业务	餐饮（含酒、饮料），附设外卖（涉及许可经营的凭许可证经营）。				

企业名称	大森（上海）餐饮有限公司				
企业地址	上海市杨浦区学府路 96 号（200434）				
投资总额	14 万 USD	电　　话	64395817	传　　真	
设立日期	2004-1-7	负 责 人	HENRY YOON		
主营业务	餐饮服务、餐饮咨询（以上经营范围涉及许可经营的凭许可证经营）。				

企业名称	上海水莲天餐饮管理有限公司				
企业地址	上海市闵行区虹井路 225 号（201103）				
投资总额	40 万 USD	电　　话	64017840	传　　真	64017840
设立日期	2004-1-5	负 责 人	张笑山		
主营业务	饭、菜、酒、干点、湿点、饮料及餐饮管理。				

企业名称	上海欣宁餐饮有限公司				
企业地址	上海市长宁区长宁路 890 号 1F／27（200050）				
投资总额	25 万 USD	电　　话	52411212	传　　真	52411212
设立日期	2003-12-29	负 责 人	谭伊丽		
主营业务	中西餐、点心、酒及非酒精饮料（涉及许可经营的凭许可证经营）。				

企业名称	上海名轩楼餐饮管理有限公司				
企业地址	上海市北京东路 666 号 B 区 43142 室（200001）				
投资总额	20 万 USD	电　　话	62505855	传　　真	62505852
设立日期	2003-12-22	负 责 人	王汉镇		
主营业务	餐饮管理、提供相关餐饮方面的咨询服务，附设非独立核算分支机构。				

企业名称	上海八番餐饮有限公司				
企业地址	上海市青浦区赵屯镇香大路 213 号（201713）				
投资总额	80 万 USD	电　　话	59222217	传　　真	59221088
设立日期	2003-12-12	负 责 人	廖锡麟（KAMPOL SRETHBHAKDI）		
主营业务	面条及其他面制品的加工、制作，自营面馆。				

企业名称	上海金钱豹宴会餐饮管理有限公司				
企业地址	上海市虹中路 735 号（201103）				
投资总额	800 万 USD	电　　话	52925596	传　　真	62749110
设立日期	2003-12-9	负 责 人	CHONG-PING YUAN		
主营业务	中西餐饮（含堂供烟、酒、饮料、冷饮），附设外卖，婚庆服务。				

企业名称	上海司凡度餐饮有限公司				
企业地址	上海市淡水路 66 弄 2-6 号（200020）				
投资总额	70 万 USD	电　　话	53822358	传　　真	53822368
设立日期	2003-12-3	负 责 人	HSU PAUL（徐保禄）		
主营业务	餐饮（含酒、饮料），酒吧，点心。				

餐饮业

企业名称	**上海汇雪餐饮管理有限公司**				
企业地址	上海市闵行区虹梅路 3338 弄 19 号（201101）				
投资总额	15 万 USD	电话	64659339	传真	64659339
设立日期	2003-11-28	负责人	龚伟怡		
主营业务	制作、加工面制品、销售自产产品，中、西餐包、饮料、酒。				

企业名称	**上海永田餐饮管理有限公司**				
企业地址	上海市闵行区吴中路 638 号（201103）				
投资总额	500 万 USD	电话	62730838	传真	62290007
设立日期	2003-11-27	负责人	永田秀夫		
主营业务	餐饮、生产中式、日式干湿点心，销售自产产品。				

企业名称	**意纳多咖啡（上海）有限公司**				
企业地址	上海市闵行区宜山路 1888 号 3 楼东侧（200235）				
投资总额	50 万 USD	电话	64461667	传真	64491885
设立日期	2003-11-13	负责人	王玉璋		
主营业务	咖啡、饮料、点心、冰淇淋和西餐（涉及许可经营的凭许可证经营）。				

企业名称	**上海宫展餐饮有限公司**				
企业地址	上海市闵行区虹井路 225 号 2 楼 201 室（201103）				
投资总额	14 万 USD	电话	34318945	传真	34318945
设立日期	2003-11-11	负责人	金永信		
主营业务	餐饮（附设小卖部），半成品、成品配送。				

企业名称	**上海金超餐饮有限公司**				
企业地址	上海市普陀区常和路 100 号（200331）				
投资总额	14 万 USD	电话	52041027	传真	52041022
设立日期	2003-11-11	负责人	黄建铭		
主营业务	餐饮咨询，茶室，餐厅，火锅，咖啡厅。				

企业名称	**上海新素代餐饮有限公司**				
企业地址	上海市浦东新区陆家嘴西路 168 号正大广场 5F20A/B 室（200120）				
投资总额	14 万 USD	电话	50471908	传真	50471908
设立日期	2003-11-10	负责人	陈林凤菊		
主营业务	以素食品为主的餐饮服务（涉及许可经营的凭许可证经营）。				

企业名称	**上海瑞珍餐饮有限公司**				
企业地址	上海市卢湾区淮海中路 333 号瑞安广场 26 楼 G 室（200021）				
投资总额	210 万 USD	电话	53838817	传真	63368887
设立日期	2003-11-7	负责人	梁延斌		
主营业务	快餐，中西餐饮（含饮料、酒类），糕点，咖啡厅，音乐酒吧。				

企业名称	**玛利澳士餐饮（上海）有限公司**				
企业地址	上海市西藏中路 268 号来福士广场商场 02-12 室（200001）				
投资总额	20 万 USD	电话	63856326	传真	63856326
设立日期	2003-11-7	负责人	FOO LEE NG		
主营业务	中西餐饮、酒吧、饮料吧、酒类销售。				

企业名称	**上海蓝与白餐饮有限公司**				
企业地址	上海市闵行区吴中路 1389 号（201103）				
投资总额	150 万 USD	电话	34318075	传真	64068068
设立日期	2003-10-27	负责人	张慈蓉		
主营业务	餐饮、干、湿点心、饮料、提供餐饮管理咨询服务。				

企业名称	**上海恩泽餐饮有限公司**				
企业地址	上海市长宁区水城南路 89 号（201103）				
投资总额	15 万 USD	电话	62957117	传真	62957117
设立日期	2003-10-23	负责人	邓日焱		
主营业务	中西餐、点心、供应酒、饮料，餐饮管理并提供相关咨询服务。				

企业名称	**上海金龙船餐饮有限公司**				
企业地址	上海市溧阳路 1111 号新元大三楼（200081）				
投资总额	50 万 USD	电话	65217279	传真	65217279
设立日期	2003-10-17	负责人	严爱娟		
主营业务	餐饮（含酒类）、糕点、饮料及餐饮管理。				

企业名称	**上海星日寿司餐饮有限公司**				
企业地址	上海市肇嘉浜路 1111 号 1 层 1–28 单元（200030）				
投资总额	14 万 USD	电话	64267431	传真	64267130
设立日期	2003-10-9	负责人	王俊尧		
主营业务	餐饮（含酒和饮料）（涉及许可经营的凭许可证经营）。				

企业名称	**上海美亦佳餐饮服务有限公司**				
企业地址	上海市胶州路 343 号 2 号楼 B 室（200040）				
投资总额	14 万 USD	电话	64958899	传真	64856464
设立日期	2003-9-11	负责人	裘国英		
主营业务	中西餐饮（含酒）、饮料、冷饮、咖啡室、面包、糕饼、休闲食品。				

企业名称	**上海圣伦兰餐饮管理有限公司**				
企业地址	上海市闵行区金汇路 85 号（201103）				
投资总额	300 万 USD	电话	54220534	传真	54220534
设立日期	2003-9-4	负责人	杨苹		
主营业务	餐饮并提供餐饮经营管理咨询（涉及许可经营的凭许可证经营）。				

企业名称	**上海沃歌斯餐饮有限公司**				
企业地址	上海市南京西路 1168 号中信泰富广场 LG12A（200040）				
投资总额	14 万 USD	电话	52283600	传真	52283601
设立日期	2003-9-4	负责人	JOHN FOHLMANN CHRIST		
主营业务	餐饮（含酒、饮料）（涉及许可经营的凭许可证经营）。				

企业名称	**上海天九鱼[illegible]餐饮有限公司**				
企业地址	上海市工业综合开发区（201400）				
投资总额	60.41 万 USD	电话	67100345	传真	67100460
设立日期	2003-8-21	负责人	王喜登		
主营业务	从事中西餐饮服务，酒类零售（限本酒店内销售）。				

企业名称	**上海哈贝餐饮有限公司**				
企业地址	上海市普陀区中山北路 2150 号 416 室（200063）				
投资总额	483 万 USD	电话	62505855	传真	62505805
设立日期	2003-8-11	负责人	王汉镇（WONG KEVIN HON CHUN）		
主营业务	中西餐饮服务、中西快餐服务，销售自制促销小礼品饮料冷饮食品。				

企业名称	**上海秀水粮仓餐饮有限公司**				
企业地址	上海市徐家汇地铁商城 3010-3014（200030）				
投资总额	14 万 USD	电话	57639027	传真	57639027
设立日期	2003-7-17	负责人	江仁宏		
主营业务	中西餐饮（含酒、饮料）（涉及许可经营的凭许可证经营）。				

企业名称	**上海罗素餐饮管理有限公司**				
企业地址	上海市卢湾区淮海中路 651 号 4 楼、1 楼 101 室（200020）				
投资总额	50 万 USD	电话	53826908	传真	53826909
设立日期	2003-7-8	负责人	蔡充		
主营业务	餐饮（含酒、饮料），点心的堂吃服务（涉及许可经营的凭许可证经营）。				

企业名称	**上海西提餐饮管理有限公司**				
企业地址	上海市长宁区仙霞路 80 号 1 楼 1A、2 楼 2A（200335）				
投资总额	50 万 USD	电话	54246360	传真	64645265
设立日期	2003-7-4	负责人	陈正辉		
主营业务	餐饮、点心、酒及非酒精饮料，餐饮管理及相关咨询。				

企业名称	**波波啦妈妈餐饮管理（上海）有限公司**				
企业地址	上海市闵行区龙柏街道虹光村北沈巷（201100）				
投资总额	40 万 USD	电话	62196412	传真	62191175
设立日期	2003-6-25	负责人	安家美津志		
主营业务	制作新鲜意大利"波波啦妈妈"面点，销售自产产品，西餐、饮料。				

企业名称	**上海萨莉亚餐饮有限公司**				
企业地址	上海市天钥桥路 319 号 1 楼（200030）				
投资总额	280 万 USD	电话	62587712	传真	62587750
设立日期	2003-6-25	负责人	田井野俊树		
主营业务	意大利餐点（含烟酒、饮料）及销售相关促销小礼品（限分支机构经营）。				

企业名称	**上海魅莎餐饮有限公司**				
企业地址	上海市巨鹿路 758 号第一幢东 1–2 楼（200040）				
投资总额	20 万 USD	电话	62899108	传真	62899138
设立日期	2003-6-25	负责人	CHARLES ARAOLD CABEL		
主营业务	餐饮（含饮料、酒类）、酒吧、点心（涉及许可经营的凭许可证经营）。				

企业名称	**上海领先餐饮管理有限公司**				
企业地址	上海市浦东新区陆家嘴西路 168 号正大广场 5F14A-B 室（200120）				
投资总额	21 万 USD	电话	51696855	传真	63111751
设立日期	2003-6-24	负责人	潘慰		
主营业务	餐饮、快餐（含饮料、酒）、副食品配制。				

企业名称	上海富邻咖啡食品有限公司				
企业地址	上海市青浦区徐泾镇徐泾中路 876 号（201700）				
投资总额	20 万 USD	电话	54429833	传真	54429711
设立日期	2003-6-24	负责人	ARNOLD TIANCHENG		
主营业务	经营咖啡、餐饮、酒吧。				

企业名称	上海翰林轩餐饮有限公司				
企业地址	上海市淮海中路 99 号大上海时代广场 L509-L511 室（200021）				
投资总额	15 万 USD	电话	63201850	传真	63856776
设立日期	2003-6-24	负责人	巫超粦		
主营业务	餐饮（含酒类）、点心（涉及许可经营的凭许可证经营）。				

企业名称	上海赛玛餐饮有限公司				
企业地址	上海市黄浦区南京西路 325 号 5 楼（200003）				
投资总额	21 万 USD	电话	63274446	传真	63270004
设立日期	2003-6-19	负责人	刘其新		
主营业务	餐饮（含酒类、饮料）、酒吧、点心、对外送餐服务。				

企业名称	上海捷荣咖啡有限公司				
企业地址	上海市浦东新区陆家嘴西路 168 号 GF04、2F51（200120）				
投资总额	30 万 USD	电话	68764657	传真	68758490
设立日期	2003-6-6	负责人	黄达堂		
主营业务	咖啡厅、音乐餐厅（涉及许可经营的凭许可证经营）。				

企业名称	上海弥亚乎咖啡馆有限公司				
企业地址	上海市长宁区新华路 722 号-1 底层（200052）				
投资总额	15 万 USD	电话	62942586	传真	62942620
设立日期	2003-4-22	负责人	山本新一		
主营业务	供应咖啡、酒、饮料及点心（涉及许可经营的凭许可证经营）。				

企业名称	上海比比客餐饮管理有限公司				
企业地址	上海市浦东新区南泉路 1315 号 288 室（200235）				
投资总额	60 万 USD	电话	54247840	传真	54247725
设立日期	2003-4-3	负责人	尹洪根		
主营业务	餐饮管理，设立分支机构从事餐饮，餐饮管理业务咨询。				

企业名称	上海盛贸美餐饮有限公司				
企业地址	上海市大宁路 540 弄 26 号 108 室（200072）				
投资总额	51.16 万 USD	电话	64279669	传真	64271896
设立日期	2003-4-3	负责人	伊藤徹英		
主营业务	餐饮（含烟、酒、饮料）及餐饮管理（涉及许可经营的凭许可证经营）。				

企业名称	上海春喜餐饮有限公司				
企业地址	上海市长宁区虹桥路 1665 号 B5（200050）				
投资总额	20 万 USD	电话	64478916	传真	64477513
设立日期	2003-3-27	负责人	卢师凯		
主营业务	中餐、西餐（含酒、饮料）、点心（涉及许可经营的凭许可证经营）。				

企业名称	上海华万意餐饮管理有限公司				
企业地址	上海市浏河口路 88 号 000 室 A（200021）				
投资总额	20 万 USD	电话	63266188	传真	63266286
设立日期	2003-2-19	负责人	龙述斌		
主营业务	餐饮服务（含饮料、酒、烟），音乐餐厅。				

企业名称	上海元皇饮食有限公司				
企业地址	上海市卢湾区淮海中路 300 号 202 室（200021）				
投资总额	56 万 USD	电话	52895522	传真	52895076
设立日期	2003-1-30	负责人	范敏嫦		
主营业务	中西饮食及日本料理（含烟、酒、饮料）、烧烤、甜品点心。				

企业名称	上海新浜铁板烧餐饮有限公司				
企业地址	上海市长宁区虹桥路 2260 号 2 号楼（200336）				
投资总额	20 万 USD	电话	65409715	传真	
设立日期	2003-1-15	负责人	黄种德		
主营业务	西餐、铁板烧，供应酒、饮料及中西式点心。				

企业名称	上海新都里创意餐饮有限公司				
企业地址	上海市巨鹿路 805 号（200021）				
投资总额	20 万 USD	电话	54034862	传真	54031248
设立日期	2003-1-10	负责人	张黎明		
主营业务	餐饮（含酒、饮料）。				

企业名称	上海世纪香港城餐饮娱乐有限公司				
企业地址	上海市杨浦区逸仙路 519 号（200434）				
投资总额	170 万 USD	电话	65163288	传真	65445014
设立日期	2003-1-8	负责人	王 立		
主营业务	沐浴、桑拿、按摩、餐饮（含酒吧、茶座、咖啡室、棋牌室、卖品部）。				

企业名称	上海威捷餐饮有限公司				
企业地址	上海市遵义路 100 号虹桥上海城裙房 604-605 单元（200051）				
投资总额	14 万 USD	电话	62372686	传真	62372689
设立日期	2003-1-3	负责人	刘光茂		
主营业务	提供泰式火锅、供应点心、酒及非酒精饮料。				

企业名称	圆缘园餐饮管理咨询（上海）有限公司				
企业地址	上海市闵行区老虹井路 351 号（201103）				
投资总额	20 万 USD	电话	61136543	传真	61136546
设立日期	2002-10-15	负责人	江仁宏		
主营业务	餐饮管理及相关咨询服务。				

企业名称	上海采康运餐饮有限公司				
企业地址	上海市淮海中路 282 号香港广场南座 3 楼 S3-301 单元（200021）				
投资总额	20 万 USD	电话	63906390	传真	63907338
设立日期	2002-10-8	负责人	林建康		
主营业务	餐饮，点心（含烟、酒）。				

企业名称	上海德汉堡啤酒有限公司				
企业地址	上海市瑞金二路 42 号东楼 1-3 楼（200020）				
投资总额	20 万 USD	电话	66346358	传真	66346358
设立日期	2002-10-8	负责人	ENRICO THALLMANN		
主营业务	鲜酿啤酒，点心（含烟、酒、饮料），咖啡、酒吧，音乐茶座。				

企业名称	上海泰城餐饮有限公司				
企业地址	上海市陕西南路 5-7 号 3 楼（200020）				
投资总额	20 万 USD	电话	62429244	传真	62429287
设立日期	2002-10-8	负责人	吕同顺		
主营业务	餐饮（含烟、酒、饮料）。				

企业名称	上海银亭餐饮有限公司				
企业地址	上海市南汇路 75 号（200041）				
投资总额	27 万 USD	电话	62181932	传真	62181932
设立日期	2002-9-24	负责人	赵振雄		
主营业务	日式餐饮、快餐、酒吧、咖啡室、附设外卖。				

企业名称	上海香啡缤餐饮有限公司				
企业地址	上海市遵义路 100 号 140—141 单元（200051）				
投资总额	70 万 USD	电话	33056991	传真	33506270
设立日期	2002-9-16	负责人	PHNG LI KIM		
主营业务	餐饮、供应咖啡、非酒精饮料、中西糕点。				

企业名称	上海丹堤咖啡馆有限公司				
企业地址	上海市长宁区仙霞路 335 号一号楼 110 室 G（200336）				
投资总额	102 万 USD	电话	62267789	传真	52381761
设立日期	2002-9-10	负责人	陈美桂		
主营业务	咖啡、非酒精饮料、餐饮、餐饮管理。				

企业名称	上海谷美餐饮有限公司				
企业地址	上海市乌鲁木齐中路 328 号（200031）				
投资总额	50 万 USD	电话	52130571	传真	52130572
设立日期	2002-8-27	负责人	TIMOTHY PHILLIP HOLM		
主营业务	中西餐饮（含酒、饮料）餐饮管理。				

企业名称	上海共成餐饮有限公司				
企业地址	上海市衡山路 811 号（200031）				
投资总额	25 万 USD	电话	64711916	传真	64317229
设立日期	2002-8-24	负责人	平野泰造		
主营业务	餐饮（含酒、饮料）。				

企业名称	上海一点红餐饮管理有限公司				
企业地址	上海市浦东新区东川公路 3458 号楼 101 室（201209）				
投资总额	14 万 USD	电话	50540705	传真	58881796
设立日期	2002-8-23	负责人	叶书亚		
主营业务	餐饮管理，中西餐饮，酒类零售（涉及许可经营的凭许可证经营）。				

餐饮业

企业名称	上海银锐餐饮管理有限公司				
企业地址	上海市松江区叶榭镇东勤村（201600）				
投资总额	42万USD	电　话	53838433	传　真	53824821
设立日期	2002-8-19	负责人	叶黎成		
主营业务	餐饮服务（包括中西式点心、家禽类肉制品的制作、加工）。				

企业名称	上海沪翠餐饮有限公司				
企业地址	上海市兴业路123弄6号－7号楼单元2F－12A、12B（200020）				
投资总额	60万USD	电　话	53963260	传　真	53963277
设立日期	2002-7-19	负责人	叶耀东		
主营业务	餐饮（含酒、饮料）。				

企业名称	上海虹东餐饮有限公司				
企业地址	上海市虹口区多伦路239号（200081）				
投资总额	20万USD	电　话	65403636	传　真	65403366
设立日期	2002-7-5	负责人	田壬秀		
主营业务	餐饮、酒吧。				

企业名称	上海园邸餐饮有限公司				
企业地址	上海市闵行区中春路9988号（201101）				
投资总额	35万USD	电　话	54793636	传　真	64591203
设立日期	2002-6-27	负责人	施满郎		
主营业务	经营中外各式餐点，饮料及食品，提供餐饮相关咨询服务。				

企业名称	上海正大食品有限公司				
企业地址	上海市浦东新区陆家嘴路168号5楼01、02A/B商铺（200122）				
投资总额	300万USD	电　话	51358888	传　真	51358888
设立日期	2002-6-27	负责人	卢岳胜		
主营业务	中西餐饮、快点、附设酒类零售、销售正大食品促销小礼品。				

企业名称	上海美西餐饮管理有限公司				
企业地址	上海市黄浦区广东路20号B1层东部（200002）				
投资总额	20万USD	电　话	63294558	传　真	63294686
设立日期	2002-6-25	负责人	马桢科		
主营业务	中西餐饮、点心、饮料、烟酒，设立非独立核算的分支机构。				

企业名称	上海胜山日式料理有限公司				
企业地址	上海市兴义路48号西部商场第四单元第一层（200336）				
投资总额	20万USD	电　话	62733594	传　真	62733594
设立日期	2002-6-12	负责人	岛田真一		
主营业务	日式料理（含酒、饮料）（涉及许可经营的凭许可证经营）。				

企业名称	上海古典玫瑰园餐饮有限公司				
企业地址	上海市浦东新区陆家嘴西路168号正大广场2F32A、B号商铺(200122)				
投资总额	35万USD	电　话	50473012	传　真	63060539
设立日期	2002-5-31	负责人	黄腾辉		
主营业务	英国茶，咖啡，中西餐，点心，茶座。				

企业名称	上海官邸餐饮娱乐有限公司				
企业地址	上海市皋兰路2号甲（复兴公园内）（200020）				
投资总额	20万USD	电　话	53065543	传　真	53861325
设立日期	2002-5-30	负责人	关文胜		
主营业务	茶点，酒吧，餐饮（含烟、酒），音乐餐厅。				

企业名称	上海奇士特餐饮有限公司				
企业地址	上海市浦东新区陆家嘴西路168号正大广场5楼32号商铺（200120）				
投资总额	250万USD	电　话	64319558	传　真	64330331
设立日期	2002-5-16	负责人	谢汉人		
主营业务	中西餐饮，快餐，附设酒类零售，销售奇士特促销小礼品。				

企业名称	上海嘉迪饮食有限公司				
企业地址	上海市浦东新区东方路889号4楼（200122）				
投资总额	62万USD	电　话	58207979	传　真	58207979
设立日期	2002-5-14	负责人	马介璋		
主营业务	餐饮，附设小卖部。				

企业名称	上海吉野家快餐有限公司				
企业地址	上海市恒丰路585号（200070）				
投资总额	420万USD	电　话	63519715	传　真	63520126
设立日期	2002-5-13	负责人	孙　平		
主营业务	经营、销售以牛肉饭为主的快餐、食品、冷热饮料及相关的促销小礼品。				

企业名称	上海永和大王餐饮有限公司				
企业地址	上海市淮海中路222号101－103室（200021）				
投资总额	158.36万USD	电　话	52581666	传　真	52989050
设立日期	2002-4-30	负责人	陈觉中		
主营业务	快餐，点心。				

企业名称	上海伯莱咖啡有限公司				
企业地址	上海市浦东新区陆家嘴东路15号中心绿地2号玻璃房（200120）				
投资总额	20万USD	电　话	64480965	传　真	54940994
设立日期	2002-4-23	负责人	NHAT HUY		
主营业务	经营咖啡酒吧，餐饮，快餐。				

企业名称	上海蔡氏食谱餐饮管理有限公司				
企业地址	上海市长顺路11号1楼101B座（200051）				
投资总额	28万USD	电　话	64272160	传　真	64690290
设立日期	2002-3-12	负责人	蔡孟成		
主营业务	中西餐及点心（含外卖），饮料、酒（堂饮），餐饮管理咨询。				

企业名称	上海立邦餐饮有限公司				
企业地址	上海市定西路1515号二楼（200050）				
投资总额	14万USD	电　话	62114447	传　真	62114446
设立日期	2002-3-4	负责人	洪汉钧		
主营业务	中西餐、点心，供应酒及非酒精饮料。				

企业名称	上海一茶一坐餐饮有限公司				
企业地址	上海市虹口区四川北路2002弄12号201室（200081）				
投资总额	240万USD	电　话	64067229	传　真	64067119
设立日期	2002-2-10	负责人	林盛智		
主营业务	中西餐饮、酒吧、茶吧、卖品部（含烟、酒）。				

企业名称	上海艾迪多慕思餐饮管理有限公司				
企业地址	上海市延安西路200号（200040）				
投资总额	20万USD	电　话	62488499	传　真	62487593
设立日期	2002-1-20	负责人	安东尼奥·多那罗亚		
主营业务	西餐（含酒、饮料）、点心。				

社会服务业－公共服务业

企业名称	凯莫（上海）工艺品有限公司				
企业地址	上海市杨浦区长阳路738号A1007室（200082）				
投资总额	1.46万USD	电　　话	33775710	传　　真	
设立日期	2009-12-31	负责人	RACHID KHIMOUNE		
主营业务	原创艺术品的制作、设计，自产产品销售。				

企业名称	上海腾飞融资租赁有限公司				
企业地址	上海市浦东新区张江高科技园区春晓路289号21层A06室（200120）				
投资总额	1450万USD	电　　话	50864032	传　　真	
设立日期	2009-12-15	负责人	钱　侠		
主营业务	融资租赁业务；租赁业务.				

企业名称	艾尚摄影（上海）有限公司				
企业地址	上海市喜泰路239号8号楼底层105室（200232）				
投资总额	10万USD	电　　话	51083667	传　　真	
设立日期	2009-11-13	负责人	吴俊龙		
主营业务	婚纱、写真、儿童、人像的拍摄，摄影棚设计，造型设计。				

企业名称	盘谷银行（中国）有限公司				
企业地址	上海市黄浦区中山东一路7号二层B区、C区、三层及四层（200002）				
投资总额	58590万USD	电　　话	2329 0100	传　　真	2329 0162
设立日期	2009-10-26	负责人	陈智深		
主营业务	吸收公众存款，发放短期、中期和长期贷款.				

企业名称	信都国际租赁有限公司				
企业地址	上海市浦东新区沪南路2038号210室（201204）				
投资总额	2000万USD	电　　话	64747900	传　　真	64314463
设立日期	2009-10-20	负责人	周大为		
主营业务	融资租赁业务，租赁业务，向国内外购买租赁财产.				

企业名称	高银保理（中国）发展有限公司				
企业地址	上海市浦东新区张杨路707号39F39-05室（200120）				
投资总额	9967万USD	电　　话	50471367	传　　真	
设立日期	2009-9-27	负责人	林友飞		
主营业务	保付代理（非银行融资类）；投资管理咨询.				

企业名称	芭罗蕾（上海）摄影有限公司				
企业地址	上海市闵行区吴中路1100号5幢2楼B座（201103）				
投资总额	10万USD	电　　话	64061100	传　　真	
设立日期	2009-9-18	负责人	崔真修		
主营业务	婚纱摄影服务.				

企业名称	上海波音航空飞行培训有限公司				
企业地址	上海市浦东机场基地二路K2上海航空培训中心（201207）				
投资总额	3000万USD	电　　话		传　　真	
设立日期	2009-9-4	负责人	GREGORY DEAN ROBSON		
主营业务	飞行员培训、技术培训、地勤人员培训.				

企业名称	上海格新婚庆礼仪服务有限公司				
企业地址	上海市静安区万航渡路50号二层03室（200040）				
投资总额	7.32万USD	电　　话	51751220	传　　真	
设立日期	2009-8-31	负责人	李思皋		
主营业务	婚庆司仪服务，会务服务，婚礼策划及咨询.				

企业名称	上海御影摄影服务有限公司				
企业地址	上海市虹口区霍山路201号3幢109室（200082）				
投资总额	15万USD	电　　话	64668700	传　　真	64667599
设立日期	2009-8-24	负责人	黄志奇		
主营业务	婚纱摄影、人像摄影、写真摄影、婚礼活动策划。				

企业名称	上海东华之星汽车维修服务有限公司				
企业地址	上海市外高桥保税区港澳路285号二幢（200131）				
投资总额	2500万USD	电　　话	64200000	传　　真	
设立日期	2009-8-21	负责人	颜健生		
主营业务	一类汽车维修；汽车装潢装饰；技术咨询.				

企业名称	羽翘婚庆（上海）有限公司				
企业地址	上海市漕溪北路18号4楼C1室（200030）				
投资总额	2.93万USD	电　　话	64326186	传　　真	64325551
设立日期	2009-8-19	负责人	叶美琪		
主营业务	海外婚庆策划、婚纱摄影、婚庆礼仪服务。				

企业名称	上海金牌大风文化传播有限公司				
企业地址	上海市静安区石门一路211号16楼A-1单元（200041）				
投资总额	15万USD	电　　话	62189988	传　　真	
设立日期	2009-8-18	负责人	ERIC NORMAN KRONFELD		
主营业务	组织和策划各类演出活动，演出经纪，并提供上述业务的咨询服务。				

企业名称	上海汇津水务技术服务有限公司				
企业地址	上海市浦东新区浦东大道720号6楼C座（200120）				
投资总额	15万USD	电　　话	50367002	传　　真	
设立日期	2009-8-17	负责人	COLIN ROBERT TAYLOR（戴礼乐）		
主营业务	提供自来水生产、污水处理、中水回用相关技术的咨询服务.				

企业名称	齐一堂（上海）美发有限公司				
企业地址	上海市静安区南京西路1618号1楼S106-22商铺（200040）				
投资总额	14万USD	电　　话	62888039	传　　真	
设立日期	2009-8-4	负责人	陈丽玲		
主营业务	美发。				

企业名称	圣澳汽车修理服务（上海）有限公司				
企业地址	上海市浦东新区环林东路799弄3号1004室（200124）				
投资总额	64263691	电　　话	64263691	传　　真	64263707
设立日期	2009-7-22	负责人	XIE MICHAEL GANG		
主营业务	汽车美容装潢装饰服务。				

企业名称	上海嘉渤文化交流有限公司				
企业地址	上海市外高桥保税区马吉路2号711室（200131）				
投资总额	20万USD	电　　话	58692756	传　　真	
设立日期	2009-7-16	负责人	姚　姚		
主营业务	文化艺术交流活动策划，文化、娱乐、演艺行业的信息咨询。				

企业名称	上海莎碧斯可丽娜美容有限公司				
企业地址	上海市浦东新区世纪大道100号上海环球金融中心2F214室（200120）				
投资总额	15万USD	电　　话	68778080	传　　真	68778088
设立日期	2009-7-14	负责人	山口和也		
主营业务	美容。				

企业名称	伦特薇美容（上海）有限公司				
企业地址	上海市浦东新区牡丹路60号529室（201203）				
投资总额	118万USD	电　　话	62333566	传　　真	
设立日期	2009-7-8	负责人	ANDY CHUA KOK HONG		
主营业务	美容。				

企业名称	美梦成真（上海）婚庆服务有限公司				
企业地址	上海市静安区新闸路1250号412室（200041）				
投资总额	15万USD	电　　话	62891711	传　　真	
设立日期	2009-7-2	负责人	LEE HAI AN		
主营业务	婚庆司仪服务、会务服务、婚庆服务策划及咨询。				

企业名称	东方汇理银行（中国）有限公司				
企业地址	上海市浦东新区世纪大道100号33楼3370室（200120）				
投资总额	43923万USD	电　　话	50471675	传　　真	50471367
设立日期	2009-7-1	负责人	XAVIER, GABRIEL, PIERRE ROUX		
主营业务	吸收公众存款；发放短期、中期和长期贷款。				

企业名称	汇丰人寿保险有限公司				
企业地址	上海市浦东新区世纪大道88号5楼及50楼5003-5004房间（200121）				
投资总额	7321万USD	电　　话	38509200	传　　真	
设立日期	2009-6-27	负责人	DAVID LAWRENCE FRIED		
主营业务	人寿保险、健康保险和意外伤害保险等保险业务。				

企业名称	罗扬文灯饰设计（上海）有限公司				
企业地址	上海市松江区玉阳路699弄1-9号7幢510室（201600）				
投资总额	7.32万USD	电　　话	53027979	传　　真	53027355
设立日期	2009-5-22	负责人	杜家礼		
主营业务	灯饰设计，并提供相关配套服务和技术咨询。				

企业名称	通卡包装服务（上海）有限公司				
企业地址	上海市闵行区颛兴东路745号3幢2楼（200237）				
投资总额	88万USD	电　　话	33506000	传　　真	33507000
设立日期	2009-5-13	负责人	刘徐亮		
主营业务	提供各类纸制品、塑料制品的包装服务，各类包装材料的批发、进出口。				

企业名称	上海和记港陆汇贤居健身会所有限公司				
企业地址	上海市乌鲁木齐中路 99 弄 4 号楼（200031）				
投资总额	126 万 USD	电　　话	63501368	传　　真	
设立日期	2009-5-12	负 责 人	周伟淦		
主营业务	健身服务。				

企业名称	东方明珠安舒茨文化体育发展（上海）有限公司				
企业地址	上海市外高桥保税区马吉路 2 号 615 室（200131）				
投资总额	5700 万 USD	电　　话	68581631	传　　真	
设立日期	2009-5-6	负 责 人	钮卫平		
主营业务	演出场所经营、体育场馆经营、竞赛表演经营、场馆租赁、停车场出租。				

企业名称	上海和谐盈莹健身服务有限公司				
企业地址	上海市闵行区水清路 1000 弄 7、9-10 号 116-117 室（201100）				
投资总额	10 万 USD	电　　话	54171900	传　　真	
设立日期	2009-5-4	负 责 人	GINGER JIUNN JER CHANG		
主营业务	女子器械健身，健身服务咨询。				

企业名称	上海昶杒园林绿化有限公司				
企业地址	上海市松江区泖港镇新宾路 1469 弄 8 号 11 幢底楼（201600）				
投资总额	13 万 USD	电　　话	67742487	传　　真	
设立日期	2009-4-29	负 责 人	潘磊君		
主营业务	绿化服务，树木、草皮、盆景的批发、佣金代理。				

企业名称	上海玛莉爱路婚庆服务有限公司				
企业地址	上海市嘉定区真新街道金沙江路 3131 号 7 幢 1 楼 104 室（201800）				
投资总额	219 万 USD	电　　话	61526162	传　　真	
设立日期	2009-4-22	负 责 人	田中建次		
主营业务	婚庆礼仪策划，婚庆摄影摄像、司仪、花饰设计、现场布置。				

企业名称	飞日鸟安装工程（上海）有限公司				
企业地址	上海市冠生园路 231 号 1 幢 406 室（200235）				
投资总额	11 万 USD	电　　话		传　　真	
设立日期	2009-4-14	负 责 人	TAMUKAI RYUJI		
主营业务	水电安装、空调安装、暖通设备安装、照明设计、景观设计。				

企业名称	上海美兆门诊部有限公司				
企业地址	上海市长宁区延安西路 2558 号第 29 幢（201103）				
投资总额	325 万 USD	电　　话	34027606	传　　真	
设立日期	2009-4-13	负 责 人	曹纯铿		
主营业务	为中外患者提供诊疗保健服务。				

企业名称	保世洁（上海）洗涤有限公司				
企业地址	上海市松江区新桥镇荣乐东路 28 号第 9 幢（201612）				
投资总额	51 万 USD	电　　话	54887028	传　　真	
设立日期	2009-4-7	负 责 人	TEO HAN MENG		
主营业务	纺织品洗涤及相关产品的服务。				

企业名称	三井住友银行（中国）有限公司				
企业地址	上海市浦东新区世纪大道 100 号 11 楼、12 楼、13 楼（200120）				
投资总额	10 亿 USD	电　　话	28609000	传　　真	
设立日期	2009-4-3	负 责 人	奥山和则		
主营业务	吸收公众存款；发放短期、中期和长期贷款。				

企业名称	芸楠美发（上海）有限公司				
企业地址	上海市杨浦区四平路 2500 号 22 楼 C27 室（200433）				
投资总额	117 万 USD	电　　话	62333335	传　　真	62333335
设立日期	2009-4-2	负 责 人	ANDY CHUA KOK HONG		
主营业务	美发（限分支机构经营）及相关咨询服务。				

企业名称	苏特恩斯罐箱清洗服务（上海）有限公司				
企业地址	上海市金山区合展路 88 号 5 幢 401B 室（201507）				
投资总额	20 万 USD	电　　话	57259335	传　　真	
设立日期	2009-3-25	负 责 人	TIMOTHY NICHOLAS		
主营业务	罐箱/集装罐（包括储罐、桶和容器）的清洗、维修、测试。				

企业名称	上海丽时婚纱摄影有限公司				
企业地址	上海市浦东新区高荷路 301 弄 101 号（200137）				
投资总额	15 万 USD	电　　话	58666178	传　　真	
设立日期	2009-3-19	负 责 人	陈占国		
主营业务	婚纱摄影服务，婚庆礼仪庆典活动的会场布置及策划。				

企业名称	麦岭摄影（上海）有限公司				
企业地址	上海市虹口区沙泾路 10 号 447 幢 1-235-38、315、316 室（200081）				
投资总额	138 万 USD	电　　话	65350023	传　　真	65350023
设立日期	2009-2-27	负 责 人	王丽莉		
主营业务	摄影、摄像，婚纱礼服出租，婚庆礼仪服务。				

企业名称	大喜庆婚庆服务（上海）有限公司				
企业地址	上海市长宁区新华路 519 号 4B 室（200052）				
投资总额	10 万 USD	电　　话		传　　真	
设立日期	2009-2-4	负 责 人	安宇昭		
主营业务	从事婚庆、礼仪服务；婚庆信息咨询；礼品包装设计。				

企业名称	上海富程环保工程有限公司				
企业地址	上海市崇明县庙镇宏海公路 263 号 1 幢 239 室　（202153）				
投资总额	544 万 USD	电　　话	63640980	传　　真	63253719
设立日期	2009-1-19	负 责 人	冯世丹		
主营业务	以建筑施工总承包的形式从事市政公用工程施工。				

企业名称	上海星美影院管理有限公司				
企业地址	上海市虹口区海宁路 330 号 101-104 室、201-204 室（200080）				
投资总额	176 万 USD	电　　话		传　　真	
设立日期	2009-1-5	负 责 人	邹光林		
主营业务	在公司注册地内从事电影放映、会议服务、配套提供定型包装食品。				

企业名称	逸之园美容（上海）有限公司				
企业地址	上海市浦东新区锦延路 290-300 双号 1-3 层（200127）				
投资总额	15 万 USD	电　　话	62178139	传　　真	
设立日期	2009-1-5	负 责 人	CHUNG KAH YI		
主营业务	提供美容服务。				

企业名称	上海港丽楼宇服务有限公司				
企业地址	上海市北苏州路 668 号 210 室（200070）				
投资总额	7.32 万 USD	电　　话	63726666	传　　真	
设立日期	2009-1-5	负 责 人	蔡锦坤		
主营业务	从事楼宇清洁服务，灭虫服务。				

企业名称	达能乳业（上海）有限公司				
企业地址	上海市奉贤区金汇镇工业路 899 号（201404）				
投资总额	1024 万 USD	电　　话	62893377	传　　真	61498122
设立日期	2008-12-25	负 责 人	Isabelle Domercq		
主营业务	研究、开发、生产、加工乳制品项目。				

企业名称	挪信能源技术（上海）有限公司				
企业地址	上海市闸北区秣陵路 80 号 2 幢 603C 室（200070）				
投资总额	2980 万 USD	电　　话	51753000	传　　真	51753033
设立日期	2008-11-28	负 责 人	孙国平		
主营业务	能源利用的技术研发、技术转让。				

企业名称	水野商务咨询（上海）有限公司				
企业地址	上海市外高桥保税区富特西一路 473 号 404 室（200131）				
投资总额	10 万 USD	电　　话	64450199	传　　真	62750002
设立日期	2008-11-25	负 责 人	水野真澄		
主营业务	投资信息咨询；企业管理咨询。				

企业名称	上海玉华美容有限公司				
企业地址	上海市卢湾区淮海中路 1 号 1-2 楼部分（200021）				
投资总额	20 万 USD	电　　话		传　　真	63908100
设立日期	2008-11-12	负 责 人	郑锡庆		
主营业务	美容店，美容咨询。				

企业名称	博格华纳（中国）研发有限公司				
企业地址	上海市闵行区东川路 555 号己号楼 701 室（200241）				
投资总额	1200 万 USD	电　　话	51875500	传　　真	
设立日期	2008-11-7	负 责 人	谈跃生		
主营业务	从事汽车零部件及其相关产品的研究和开发。				

企业名称	上海唯萱美容有限公司				
企业地址	上海市闵行区龙茗路 2890、2892 号（201101）				
投资总额	10.1 万 USD	电　　话	33583354	传　　真	
设立日期	2008-10-24	负 责 人	SONG CHAHEE（宋次熙）		
主营业务	美容服务，化妆品零售。				

企业名称	上海宝侬丽美容有限公司				
企业地址	上海市徐汇区乌鲁木齐南路288号北楼2室（200031）				
投资总额	115万USD	电话	63747990	传真	
设立日期	2008-10-22	负责人	赖志郎		
主营业务	美容美发，形象设计及美容美发技术咨询。				

企业名称	上海标杆美容美发经营管理有限公司				
企业地址	上海市闵行区金都路4289号6幢2楼88室（201108）				
投资总额	29万USD	电话	34126824	传真	
设立日期	2008-10-8	负责人	程军建		
主营业务	美容美发。				

企业名称	埃克森美孚亚太研发有限公司				
企业地址	上海市紫竹科学园区东川路555号丁楼5层02室A座（200241）				
投资总额	2500万USD	电话	24075151	传真	
设立日期	2008-10-7	负责人	PAUL THEYS		
主营业务	从事聚合物及其相关产品、基于碳氢化合物的化工产品的研究和开发。				

企业名称	阿赞礼昂（上海）美容保健有限公司				
企业地址	上海市闵行区江桦路399弄40号115室（201112）				
投资总额	14万USD	电话	54313633	传真	
设立日期	2008-10-7	负责人	加藤爱美		
主营业务	美容美体、足部保健。				

企业名称	美创造摄影（上海）有限公司				
企业地址	上海市卢湾区黄陂南路700号D301室（200025）				
投资总额	3.3万USD	电话	63866123	传真	
设立日期	2008-9-28	负责人	宫本春洋		
主营业务	摄影，电脑图文设计、制作。				

企业名称	诺德（上海）保险经纪有限公司				
企业地址	上海市浦东新区世纪大道1600号3楼01-02室（200122）				
投资总额	73万USD	电话	50812338	传真	
设立日期	2008-9-26	负责人	JULIAN TIMOTHY JAMES		
主营业务	大型商业险经纪、再保险经纪、国际海运、空运和运输保险经纪。				

企业名称	上海研华慧胜智能科技有限公司				
企业地址	上海市闸北区江场三路136号1层（200436）				
投资总额	1500万USD	电话	33608989	传真	
设立日期	2008-9-24	负责人	刘克振		
主营业务	研发、设计工业用计算机及其零部件。				

企业名称	上海艺精轩美容有限公司				
企业地址	上海市静安区吴江路169号四季坊商场7层单元（200041）				
投资总额	20万USD	电话	63908890	传真	63908100
设立日期	2008-9-23	负责人	郑锡庆		
主营业务	美容店。				

企业名称	晳振美容（上海）有限公司				
企业地址	上海市普陀区常德路1217号（200060）				
投资总额	50万USD	电话	54224941	传真	
设立日期	2008-9-18	负责人	PARK CHUL HEE		
主营业务	美容，化妆品、服装服饰及配件的零售、批发和进出口。				

企业名称	国泰财产保险有限责任公司				
企业地址	上海市徐汇区长乐路989号世纪商贸广场大厦30层（200031）				
投资总额	5850万USD	电话	61032288	传真	
设立日期	2008-8-28	负责人	马万居		
主营业务	保险业务。				

企业名称	莱特波特（上海）电子技术有限公司				
企业地址	上海市浦东新区东方路69号16楼1611A、1611B、1612A室(200120)				
投资总额	7万USD	电话	61061500	传真	61061501
设立日期	2008-8-1	负责人	李竞麟		
主营业务	电子产品的维修、校验。				

企业名称	兴银融资租赁（中国）有限公司				
企业地址	上海市长宁区娄山关路555号长房国际广场16楼04－05室（200051）				
投资总额	1000万USD	电话	63235155	传真	62415670
设立日期	2008-7-30	负责人	酒井雅士		
主营业务	融资租赁业务。				

企业名称	东京海上日动火灾保险（中国）有限公司				
企业地址	上海市浦东新区陆家嘴环路1000号汇丰大厦38楼（200120）				
投资总额	4391万USD	电话	68414455	传真	
设立日期	2008-7-22	负责人	梅田道夫		
主营业务	保险业务。				

企业名称	上海法剪美发有限公司				
企业地址	上海市卢湾区陕西南路35－37号1楼（200020）				
投资总额	14.5万USD	电话	62675171	传真	52281359
设立日期	2008-7-18	负责人	GREGOIRE GRANDCHAMP		
主营业务	美发服务。				

企业名称	上海精涛文化会展有限公司				
企业地址	上海市外高桥保税区马吉路2号第33层3301室（200131）				
投资总额	64万USD	电话	62833100	传真	62814033
设立日期	2008-7-11	负责人	周澍钢		
主营业务	在中国境内主办、承办各类经济技术展览会。				

企业名称	富孚通微电子技术（上海）有限公司				
企业地址	上海市闸北区平型关路489号301－10室（200070）				
投资总额	2988万USD	电话	63520039	传真	63520039
设立日期	2008-7-1	负责人	ROBERT CHIH CHEN		
主营业务	微电子系统、集成电路的设计研发，技术转让。				

企业名称	上海老港再生能源有限公司				
企业地址	上海市南汇区中港镇东首美容路1号综合楼二楼201室（201302）				
投资总额	869.7万USD	电话	68296129	传真	68296126
设立日期	2008-6-16	负责人	刘广登		
主营业务	收集、处理、利用老港生活垃圾填埋场的沼气发电。				

企业名称	上海钱瑞娱乐有限公司				
企业地址	上海市浦东新区浦城路398号01区A区（200120）				
投资总额	210万USD	电话	68597666	传真	51206611
设立日期	2008-5-29	负责人	连福财		
主营业务	经营卡拉喔凯厅和卡拉喔凯包房。				

企业名称	奈斯美发（上海）有限公司				
企业地址	上海市虹口区黄浦路199号上海外滩茂悦大酒店地下一层（200080）				
投资总额	14.8万USD	电话	63931234	传真	62708988
设立日期	2008-5-28	负责人	TAN SOON LEE		
主营业务	美发服务。				

企业名称	格兰披治体育策划（上海）有限公司				
企业地址	上海市静安区万航渡路888号8楼10室（200041）				
投资总额	300万USD	电话	62883281	传真	
设立日期	2008-5-27	负责人	张志聪		
主营业务	各类汽车赛事、体育赛事组织和策划。				

企业名称	红萝纱美容（上海）有限公司				
企业地址	上海市长宁区新华路639号（200052）				
投资总额	14万USD	电话	52303880	传真	52303860
设立日期	2008-5-13	负责人	Martin Chintang Chan		
主营业务	美容（涉及行政许可的，凭许可证经营）。				

企业名称	上海新宇周玉赞钟表服务有限公司				
企业地址	上海市卢湾区淮海中路98号1409室（200021）				
投资总额	143万USD	电话	4006700168	传真	
设立日期	2008-5-6	负责人	宋建文		
主营业务	钟表的维修服务，钟表及零部件的进出口、批发。				

企业名称	上海丽芸鹤美发有限公司				
企业地址	上海市杨浦区武川路75弄55号店铺一1（200433）				
投资总额	4万USD	电话	65164279	传真	
设立日期	2008-5-4	负责人	PARK NAM SUK		
主营业务	理发。				

企业名称	安语美容（上海）有限公司				
企业地址	上海市黄浦区南京西路288号四层401单元（200003）				
投资总额	38万USD	电话		传真	
设立日期	2008-4-30	负责人	瞿杭燕		
主营业务	美容及相关的配套业务。				

企业名称	上海俊诺形象设计有限公司				
企业地址	上海市闵行区虹泉路1000号4幢301－302室（201103）				
投资总额	7万USD	电话		传真	
设立日期	2008-4-30	负责人	安香子		
主营业务	理发，美容。				

企业名称	泛亚环保（中国）有限公司				
企业地址	上海市南汇区康桥镇康意路499号2幢A座4129室（201315）				
投资总额	1290万USD	电话	63562299	传真	63936965
设立日期	2008-4-24	负责人	蒋泉龙		
主营业务	工业和民用污水处理工程、工业废气净化处理系统工程技术服务。				

企业名称	上海上影希杰莘庄影城有限公司				
企业地址	上海市闵行区莘浜路508弄1号1幢301室（201100）				
投资总额	353万USD	电话		传真	
设立日期	2008-4-11	负责人	王小军		
主营业务	电影放映，并附设配套的卖品部。				

企业名称	申泰天世清洗服务（上海）有限公司				
企业地址	上海市嘉定工业区叶城路1288号第5幢260室－262室（201800）				
投资总额	28万USD	电话	67621068	传真	
设立日期	2008-4-3	负责人	陆志春		
主营业务	通风系统、供水系统管道、设备的污染检测和净化服务。				

企业名称	农银汇理基金管理有限公司				
企业地址	上海市浦东新区世纪大道1600号浦项商务广场7楼（200122）				
投资总额	2814万USD	电话	61095588	传真	
设立日期	2008-3-18	负责人	杨琨		
主营业务	基金业务。				

企业名称	太阳联合保险（中国）有限公司				
企业地址	上海市浦东新区世纪大道1568号中建大厦10楼（200122）				
投资总额	7035万USD	电话	38554888	传真	
设立日期	2008-3-17	负责人	Michael Jakeman		
主营业务	保险业务。				

企业名称	东富资产管理有限公司				
企业地址	上海市卢湾区茂名南路205号瑞金大厦25层2507－2510室（200020）				
投资总额	10668万USD	电话	64732866	传真	
设立日期	2008-3-10	负责人	李欣		
主营业务	不良资产的追偿、重组、经营管理、置换。				

企业名称	斯考根（中国）投资有限公司				
企业地址	上海市浦东新区福山路500号1601室（200135）				
投资总额	3000万USD	电话		传真	
设立日期	2008-3-7	负责人	MICHAEL YEO YEW HEONG		
主营业务	在国家允许外商投资的领域依法进行投资。				

企业名称	上海德达医院有限公司				
企业地址	上海市青浦区徐泾镇振泾路120弄1号201室（201702）				
投资总额	2000万USD	电话		传真	
设立日期	2008-3-5	负责人	NORMAN LI-SHIH CHEN		
主营业务	预防保健科，内科。				

企业名称	丘博保险（中国）有限公司				
企业地址	上海市静安区南京西路1168号1301－1312室（200041）				
投资总额	3224万USD	电话	23256688	传真	
设立日期	2008-2-1	负责人	Michael James Casella		
主营业务	保险业务。				

企业名称	一兆韦德（上海）健身管理有限公司				
企业地址	上海市浦东新区浦东大道1200号1807室（200135）				
投资总额	2000万USD	电话	52199710	传真	52199723
设立日期	2008-1-21	负责人	金宇晴		
主营业务	体育场馆经营、健身，并提供相关的咨询服务。				

企业名称	事顺达体育赛事管理（上海）有限公司				
企业地址	上海市南汇区康桥镇康桥东路1号14楼3层A区（康桥）（201300）				
投资总额	500万USD	电话	68004486	传真	69568892
设立日期	2008-1-17	负责人	区颂瑜		
主营业务	体育产业的咨询与服务，体育赛事的组织，经营管理。				

企业名称	妮欧丽芙（上海）美容有限公司				
企业地址	上海市闵行区黄桦路163－171号（单号167号除外）（201105）				
投资总额	10万USD	电话	54470071	传真	54470071
设立日期	2008-1-11	负责人	朴容范		
主营业务	美容、美发。				

企业名称	菲亚特汽车金融有限责任公司				
企业地址	上海市卢湾区淮海中路300号香港新世界大厦20楼2004室（200021）				
投资总额	5亿RMB	电话	51782200	传真	51782201
设立日期	2007-12-20	负责人	CARLO NIZIA		
主营业务	提供购车贷款业务。				

企业名称	黛丝缇华（上海）美甲有限责任公司				
企业地址	上海市卢湾区巨鹿路423号（200020）				
投资总额	45万USD	电话	52133060	传真	52281078
设立日期	2007-12-17	负责人	MARK GREIZ		
主营业务	美甲服务。				

企业名称	上海豪丰酒店管理有限公司				
企业地址	上海市南汇区康桥镇康桥路1789号（201302）				
投资总额	980万USD	电话	58886669	传真	58886149
设立日期	2007-12-14	负责人	姚　征		
主营业务	酒店经营管理（除餐饮管理）。				

企业名称	南洋商业银行（中国）有限公司				
企业地址	上海市北京东路666、668号F幢2A、1A及地下1层银行室（200001）				
投资总额	26亿RMB	电话	53087170	传真	23069000
设立日期	2007-12-14	负责人	和广北		
主营业务	人民币业务。				

企业名称	上海恒德缘禾环境治理有限公司				
企业地址	上海市奉贤区海湾镇育才路20号1幢109室（201419）				
投资总额	500万RMB	电话	58401958	传真	58401958
设立日期	2007-12-10	负责人	包吉氢		
主营业务	环境污染治理及技术应用。				

企业名称	欧爱喜商务服务（上海）有限公司				
企业地址	上海市普陀区延长西路172号东楼106室（200065）				
投资总额	30万USD	电话	61036805	传真	61036868
设立日期	2007-12-5	负责人	汪　韬		
主营业务	商务咨询、投资咨询及相配套的办公室服务。				

企业名称	纽悦伊人（上海）美容咨询有限公司				
企业地址	上海市长宁区天山路600弄2号12E室（200051）				
投资总额	50万USD	电话	52068465	传真	52068463
设立日期	2007-12-3	负责人	TOH CHENG HUAY		
主营业务	美容咨询服务；美容、护肤。				

企业名称	上海汉青水处理科技有限公司				
企业地址	上海市金山区朱泾镇中发路888号第3幢（201500）				
投资总额	300万RMB	电话	57325533	传真	57333421
设立日期	2007-12-3	负责人	林壮恭		
主营业务	净水处理器材、设备的设计、生产。				

企业名称	雅鑫酒店管理（上海）有限公司				
企业地址	上海市浦东新区世博村路151弄6号（200125）				
投资总额	130万USD	电话	63236886	传真	63236886
设立日期	2007-11-29	负责人	王晓东		
主营业务	酒店管理、会务服务、商务服务。				

企业名称	威康健身管理咨询（上海）有限公司				
企业地址	上海市浦东新区上丰西路55号11幢101室E座（201203）				
投资总额	1000万USD	电话	52735326	传真	52735326
设立日期	2007-11-29	负责人	王文伟		
主营业务	健身服务，健身咨询，企业管理咨询，投资管理咨询。				

企业名称	日立（中国）财务有限公司				
企业地址	上海市卢湾区茂名南路205号瑞金大厦19楼1908室（200020）				
投资总额	3亿RMB	电话	64721002	传真	64158310
设立日期	2007-11-14	负责人	田裕之		
主营业务	对成员单位办理财务和融资顾问、信用鉴证及相关的咨询、代理业务。				

企业名称	上海新沙珑酒店有限公司				
企业地址	上海市松江区梅家浜路 1501 号（201613）				
投资总额	210 万 USD	电　话	37773442	传　真	37773535
设立日期	2007-11-9	负 责 人	繁延觉		
主营业务	提供客房经营，咖啡厅，健身房，美容室。				

企业名称	迈莱士商务服务（上海）有限公司				
企业地址	上海市浦东新区东方路 69 号裕景国际商务广场办公楼 16 层（200120）				
投资总额	41.16 万 USD	电　话	63265522	传　真	63262166
设立日期	2007-11-7	负 责 人	PAUL BARRINGTON WILLIAMS		
主营业务	提供会议、办公室服务，商务中心服务，物业管理。				

企业名称	大石空调技术服务（上海）有限公司				
企业地址	上海市长宁区芙蓉江路 191 号 202 室（200336）				
投资总额	10 万 USD	电　话	62730007	传　真	62730007
设立日期	2007-11-6	负 责 人	大石丰		
主营业务	空调设备的安装、维修和空调通风系统的保养。				

企业名称	和美婚庆礼仪服务（上海）有限公司				
企业地址	上海市杨浦区营口路 699 号（200433）				
投资总额	175 万 USD	电　话	64699202	传　真	64896766
设立日期	2007-10-30	负 责 人	谷口和弥		
主营业务	美容、美发、化妆。				

企业名称	东风日产汽车金融有限公司				
企业地址	上海市浦东新区福山路 500 号（200122）				
投资总额	5 亿 RMB	电　话	68670030	传　真	68765058
设立日期	2007-10-26	负 责 人	刘章民		
主营业务	提供购车贷款业务。				

企业名称	斯凯孚（上海）工业服务有限公司				
企业地址	上海市宝山区长建路 199 号 7 号楼（200949）				
投资总额	1528 万 RMB	电　话	33850108	传　真	33850181
设立日期	2007-10-22	负 责 人	CHNG BEE KEK		
主营业务	循环修复、综合再造高性能轴承、各种主机专用轴承。				

企业名称	上海罗泾矿石码头有限公司				
企业地址	上海市宝山区川念路 58 号（200942）				
投资总额	9900 万 USD	电　话	66870333	传　真	66877879
设立日期	2007-10-19	负 责 人	陈立身		
主营业务	国内外货物装卸（含过驳）、储存、中转、仓储。				

企业名称	雅阁澳斯特酒店管理（上海）有限公司				
企业地址	上海市普陀区长寿路 1076 号 1206 室（200063）				
投资总额	20 万 USD	电　话	32211775	传　真	32211705
设立日期	2007-10-16	负 责 人	张黎明（LIMING ZHANG）		
主营业务	酒店管理。				

企业名称	上海斯沃琪艺术中心有限公司				
企业地址	上海市黄浦区南京东路 23 号（200001）				
投资总额	2000 万 USD	电　话	24125283	传　真	64268113
设立日期	2007-10-12	负 责 人	GEORGES NICOLAS.HAYEK		
主营业务	钟表、珠宝首饰。				

企业名称	上海德琳璧珍婚庆礼仪有限公司				
企业地址	上海市浦东新区张杨路 188 号 200 室（200122）				
投资总额	10 万 USD	电　话	58769553	传　真	58765781
设立日期	2007-10-9	负 责 人	朴惠贞		
主营业务	婚庆服务；婚礼策划及相关礼仪服务。				

企业名称	路伟（上海）商标代理服务有限公司				
企业地址	上海市静安区南京西路 1515 号 1101 室（200041）				
投资总额	200 万 RMB	电　话	61381688	传　真	62792695
设立日期	2007-9-17	负 责 人	冯　臻		
主营业务	提供商标代理及相关咨询服务。				

企业名称	威华停车场管理（上海）有限公司				
企业地址	上海市浦东新区玉兰路 8 号盛第大厦 1205 室（201204）				
投资总额	350 万港币	电　话	51908630	传　真	51908630
设立日期	2007-9-12	负 责 人	GARY ALFRED KOCH		
主营业务	停车场经营管理。				

企业名称	上海长钰酒店管理有限公司				
企业地址	上海市黄浦区复兴东路 1117 号一、二、三层（200001）				
投资总额	60 万 USD	电　话	63852666	传　真	63853222
设立日期	2007-9-11	负 责 人	朱燕君		
主营业务	酒店管理。				

企业名称	荷锐会展服务（上海）有限公司				
企业地址	上海市长宁区中山西路 933 号 213 室（200051）				
投资总额	5 万 USD	电　话	62704474	传　真	62700363
设立日期	2007-9-7	负 责 人	GIJSBERT JAN DE BRUIN		
主营业务	为展览、展示提供设计、服务、会议服务。				

企业名称	上海莹水城美容服务有限公司				
企业地址	上海市武康路 374 号 5 楼（200031）				
投资总额	14 万 USD	电　话	61267800	传　真	61267800
设立日期	2007-8-29	负 责 人	BARBARA JEANNE MACATULAD		
主营业务	美容、形象设计并提供相关的咨询服务。				

企业名称	星德（上海）财务咨询有限公司				
企业地址	上海市中山北路 198 号 2203 室（200070）				
投资总额	1.5 万 USD	电　话	66540517	传　真	66540517
设立日期	2007-8-29	负 责 人	孙彦俊		
主营业务	财务咨询、代理记账、企业管理咨询、企业登记代理。				

企业名称	上海星丰酒店管理有限公司				
企业地址	上海市浦东新区金桥路 2446 号 D-4 室（201206）				
投资总额	20 万 USD	电　话	62495819	传　真	62495819
设立日期	2007-8-28	负 责 人	CHOE PENG SUM（曹炳森）		
主营业务	酒店管理，物业管理，商务咨询。				

企业名称	凯捷会务服务（上海）有限公司				
企业地址	上海市浦东新区孙环路 739 号 3 幢 16 室（201203）				
投资总额	5 万 USD	电　话	63568552	传　真	63561155
设立日期	2007-8-28	负 责 人	CHUA YING LIN		
主营业务	会务服务、会展信息咨询、商务信息咨询、投资咨询。				

企业名称	馨月汇酒店管理（上海）有限公司				
企业地址	上海市浦东新区桃林路 1160 号（200135）				
投资总额	2000 万 RMB	电　话	50936765	传　真	50936755
设立日期	2007-8-28	负 责 人	黎　华		
主营业务	酒店管理、健身咨询、会务服务、商务信息咨询。				

企业名称	固得成商务服务（上海）有限公司				
企业地址	上海市浦东新区耀华路 215 号 2 幢 1 楼 B106 室（200126）				
投资总额	105 万 USD	电　话	61159219	传　真	61159220
设立日期	2007-8-22	负 责 人	余人勇		
主营业务	商务信息咨询，投资咨询，企业管理咨询。				

企业名称	上海盛世婚庆礼仪有限公司				
企业地址	上海市浦东新区东方路 738 号 2309 室（200122）				
投资总额	51 万 USD	电　话	51725306	传　真	51725286
设立日期	2007-8-6	负 责 人	TERRY KUEI GUO		
主营业务	婚庆礼仪的策划和服务，会展会务咨询。				

企业名称	欧德克会展服务（上海）有限公司				
企业地址	上海市闵行区都市路 4418 号 301 室 B 座（201100）				
投资总额	15 万 USD	电　话	64890802	传　真	64890802
设立日期	2007-8-2	负 责 人	黄光明		
主营业务	会展服务咨询、展览展示服务咨询。				

企业名称	海华跆拳道（上海）有限公司				
企业地址	上海市天钥桥路 859 号 3 楼（200030）				
投资总额	15 万 USD	电　话	54259601	传　真	54259603
设立日期	2007-8-2	负 责 人	王玉华		
主营业务	跆拳道传授、技术指导和训练。				

企业名称	道富拍卖（上海）有限公司				
企业地址	上海市静安区南京西路 1038 号梅陇镇广场 2602B 室（200041）				
投资总额	100 万 RMB	电　话	62726246	传　真	62726247
设立日期	2007-8-1	负 责 人	隋俊克		
主营业务	工业设备，设施，生产资料及房地产的现场拍卖业务。				

企业名称	上海唐路科技服务有限公司				
企业地址	上海市奉贤区环城东路 399 号 1 幢 412 室（201400）				
投资总额	300 万 USD	电　话	24119886	传　真	24119966
设立日期	2007-7-30	负 责 人	WU HONG		
主营业务	网络通信软件的研发服务、通信领域内的技术服务。				

企业名称	安泊客（上海）停车场有限公司				
企业地址	上海市闵行区莘松路 225 弄 26 号 502 室（201100）				
投资总额	25 万 USD	电　话	64866799	传　真	64867616
设立日期	2007-7-27	负 责 人	郝　群		
主营业务	受托从事停车场管理、停车场管理咨询、物业管理。				

企业名称	魅卡酒店管理（上海）有限公司				
企业地址	上海市虹口区天宝路 80 号 208 室（200086）				
投资总额	5 亿日元	电　话	67728614	传　真	67728624
设立日期	2007-7-24	负 责 人	井本明		
主营业务	酒店管理，投资咨询，房地产咨询。				

企业名称	上海钱汇文化娱乐有限公司				
企业地址	上海市天钥桥路 580 号地上五层 B 区、地上六层（200030）				
投资总额	257 万 USD	电　话	51206699	传　真	51206699
设立日期	2007-7-23	负 责 人	连福财		
主营业务	卡拉 OK、KTV 包厢。				

企业名称	格洛柏美容管理咨询（上海）有限公司				
企业地址	上海市卢湾区打浦路 15 号 5 楼北区（200023）				
投资总额	14 万 USD	电　话	32140085	传　真	32145085
设立日期	2007-7-18	负 责 人	黄寿英		
主营业务	企业管理咨询、市场营销策划咨询、商务咨询。				

企业名称	申能集团财务有限公司				
企业地址	上海市浦东新区陆家嘴环路 958 号 10 楼（200120）				
投资总额	5 亿 RMB	电　话	68865087	传　真	68866561
设立日期	2007-7-17	负 责 人	王鸿祥		
主营业务	对成员单位办理财务和融资顾问、信用鉴证及相关的咨询、代理业务。				

企业名称	索米丽雅酒店管理（上海）有限公司				
企业地址	上海市浦东新区新金桥路 28 号 5F01 室（201206）				
投资总额	12 万 USD	电　话	33820800	传　真	33820700
设立日期	2007-7-16	负 责 人	GABRIEL JUAN ESCARRER JAUME		
主营业务	酒店管理和提供相关的技术咨询服务。				

企业名称	吉祥酒店管理（上海）有限公司				
企业地址	上海市闵行区吴中路 1361 号 1 幢 101 室（201103）				
投资总额	980 万 USD	电　话	64060420	传　真	64060420
设立日期	2007-7-2	负 责 人	罗明旭		
主营业务	酒店管理、企业管理咨询、物业管理及其配套软件的研发。				

企业名称	法佳维利酒店设备用品（上海）有限公司				
企业地址	上海市黄浦区瞿溪路 510 号 C336 室（200011）				
投资总额	12 万 USD	电　话	61194451	传　真	61194452
设立日期	2007-6-25	负 责 人	FOO SEI FOOK DOUGLAS		
主营业务	生产酒店客房电器设备、酒店卫浴设备和酒店日用品。				

企业名称	上海新发展大酒店有限公司				
企业地址	上海市普陀区曹杨路 362 弄 15 号 1006 室 W 座（200060）				
投资总额	500 万 USD	电　话	62708515	传　真	62708515
设立日期	2007-6-21	负 责 人	丁福如		
主营业务	餐饮管理（非实物方式）并提供相关咨询服务。				

企业名称	上海国际货币经纪有限责任公司				
企业地址	上海市陆家嘴银城北路 133 号汇亚大厦 1205-1206 室（200120）				
投资总额	6089 万 RMB	电　话	38617888	传　真	50472092
设立日期	2007-6-20	负 责 人	李　豫		
主营业务	境内外外汇市场交易；境内外货币市场交易。				

企业名称	叠泉酒店管理（上海）有限公司				
企业地址	上海市浦东新区耀华路 215 号 2 号楼 B202 室（200126）				
投资总额	300 万港币	电　话	58520299	传　真	51920676
设立日期	2007-6-15	负 责 人	黄观和		
主营业务	酒店管理、投资咨询、商务咨询、企业管理咨询。				

企业名称	爱顺酒店管理（上海）有限公司				
企业地址	上海市浦东新区浦东大道 2133 号 3086 室（200135）				
投资总额	110 万港币	电　话	62325666	传　真	50581748
设立日期	2007-6-15	负 责 人	姚祖辉		
主营业务	酒店管理、投资咨询、商务咨询、贸易信息咨询、企业管理咨询。				

企业名称	永盈泰酒店（上海）有限公司				
企业地址	上海市虹口区中山北一路 775 号第 4 幢 3-6 层（200080）				
投资总额	70 万 USD	电　话	65429777	传　真	65171622
设立日期	2007-6-11	负 责 人	CHANG PETER YO		
主营业务	酒店管理，停车管理，商务咨询。				

企业名称	明珩健身器材（上海）有限公司				
企业地址	上海市嘉定工业区招贤路 1280 号第 1 幢（201822）				
投资总额	1100 万 USD	电　话	68761919	传　真	68767044
设立日期	2007-6-7	负 责 人	LEE MICHAEL MING CHAUN		
主营业务	生产健身及按摩器材，水上游乐休闲器材，游艇用具。				

企业名称	上海京王酒店管理有限公司				
企业地址	上海市闵行区莲花路 1733 号 6 幢 1 楼（201103）				
投资总额	900 万 USD	电　话	64655777	传　真	64060440
设立日期	2007-6-4	负 责 人	林庆育		
主营业务	酒店管理及其管理系统的软件开发，商务咨询、旅游信息咨询。				

企业名称	速八（上海）酒店管理有限公司				
企业地址	上海市浦东新区陆家嘴环路 958 号 1706 室（200120）				
投资总额	301 万 USD	电　话	68865229	传　真	68865229
设立日期	2007-5-30	负 责 人	MITCHELL ADAM PRESNICK		
主营业务	酒店管理和相关的咨询服务。				

企业名称	辅特（上海）酒店管理有限公司				
企业地址	上海市虹口区武昌路 258 号 516 室（200081）				
投资总额	14 万 USD	电　话	53021971	传　真	63012968
设立日期	2007-5-30	负 责 人	HARRY TAN KIA CHYE		
主营业务	酒店管理，投资咨询，商务信息咨询。				

企业名称	海特斯（上海）洗涤服务有限公司				
企业地址	上海市嘉定区安亭镇漳翔路 1165 号（201800）				
投资总额	235 万 USD	电　话	33130767	传　真	63350677
设立日期	2007-5-28	负 责 人	ANDREAS HEINZE		
主营业务	从事工作服、盥洗室卫生用纺织品、日用品、防尘地毯的批发、进出口。				

企业名称	上海力贝商务服务有限公司				
企业地址	上海市长宁区延安西路 1118 号 609 室（200052）				
投资总额	14 万 USD	电　话	61156996	传　真	61156919
设立日期	2007-5-24	负 责 人	CHRISTOPHER EN-YING ZHANG		
主营业务	商务服务、商务信息咨询、旅游信息咨询、运输信息咨询。				

企业名称	恒生银行（中国）有限公司				
企业地址	上海市浦东新区浦东南路 500 号 11 层 A、B、F 单元和 22 层 E(200120）				
投资总额	45 亿 RMB	电　话	58821338	传　真	58829996
设立日期	2007-5-24	负 责 人	柯清辉		
主营业务	人民币业务。				

企业名称	星展银行（中国）有限公司				
企业地址	上海市浦东新区陆家嘴环路 1233 号 2801、2802、2901 单元（200120）				
投资总额	40 亿 RMB	电　话	38968888	传　真	38968989
设立日期	2007-5-24	负 责 人	黄钢城		
主营业务	人民币业务。				

企业名称	瑞穗实业银行（中国）有限公司				
企业地址	上海市浦东新区陆家嘴环路 1000 号汇丰大厦 24 楼（200120）				
投资总额	40 亿 RMB	电　话	68410001	传　真	68410002
设立日期	2007-5-24	负 责 人	花井健		
主营业务	人民币业务。				

企业名称	金锣玛大酒店（上海）有限公司				
企业地址	上海市浦东新区浦东南路 855 号 3A-3E（200120）				
投资总额	99 万 USD	电　话	68881717	传　真	58888167
设立日期	2007-5-15	负 责 人	叶序浪		
主营业务	饭店。				

企业名称	上海澳卓会务服务有限公司				
企业地址	上海市长宁区延安西路 1118 号 602 室（200052）				
投资总额	14 万 USD	电　话	64183368	传　真	32120327
设立日期	2007-5-15	负 责 人	GLEN BENJAMIN HINGLEY		
主营业务	提供会务服务及相关咨询服务。				

企业名称	凯发水处理环保运营管理（上海）有限公司				
企业地址	上海市张江高科技园区居里路 99 号 3 楼（201203）				
投资总额	70 万 USD	电　话	50805118	传　真	50805118
设立日期	2007-5-11	负 责 人	ONG ENG KEANG		
主营业务	提供关于市政供水、海水淡化、废水处理领域的技术服务和技术咨询。				

企业名称	上海金山鹏鹞水务有限公司				
企业地址	上海金山第二工业区海金路（201512）				
投资总额	520 万 USD	电　话	67260251	传　真	67260251
设立日期	2007-4-29	负 责 人	王春林		
主营业务	污水处理设施的建筑、经营。				

企业名称	上海林志清洗服务有限公司				
企业地址	上海市浦东新区唐陆路 2599 号 5 幢 201 室（201203）				
投资总额	10 万 USD	电　话	55897008	传　真	55897010
设立日期	2007-4-28	负 责 人	何天祈（HO，TIN KAY）		
主营业务	中央空调机组的保养、维护，管道的清洗服务，环保技术的研发。				

企业名称	上海贝倚美容健身有限公司				
企业地址	上海市静安区南京西路 1038 号第 9 层 901A 号（200041）				
投资总额	200 万港币	电　话	62711122	传　真	64263434
设立日期	2007-4-27	负 责 人	莫显玉		
主营业务	美容、美体、健身及相关的配套服务。				

企业名称	联太担保（上海）有限公司				
企业地址	上海市浦东新区归昌路 260 号 109 室（200129）				
投资总额	4000 万 USD	电　话	62884300	传　真	62889272
设立日期	2007-4-23	负 责 人	许云辉		
主营业务	为中小企业及其他组织机构投融资提供担保及相关咨询服务。				

企业名称	上海恒城源泉美容服务有限公司				
企业地址	上海市长宁区延安西路 1116 号 2602 室（200052）				
投资总额	80 万 USD	电　话	61159607	传　真	61159639
设立日期	2007-4-19	负 责 人	赵　欣		
主营业务	美容、健身以及提供美容和健身服务。				

企业名称	邦帝（上海）酒店管理有限公司				
企业地址	上海市浦东新区创新路 1 号 2 幢（201203）				
投资总额	20 万 USD	电　话	64223959	传　真	64223853
设立日期	2007-4-18	负 责 人	李俊杰（LEE,CHUN-CHIEH）		
主营业务	酒店管理、投资咨询、房地产信息咨询。				

企业名称	上海玛莎莉莉婚纱摄影有限公司				
企业地址	上海市浦东新区张杨路 579 号一楼 A01 室、二楼 B01 室（200140）				
投资总额	14 万 USD	电　话	58361989	传　真	58361997
设立日期	2007-4-18	负 责 人	郑素珍		
主营业务	婚纱摄影、婚庆服务、化妆以及业务咨询。				

企业名称	上海豪菲酒店管理有限公司				
企业地址	上海市闵行区莲花南路 955 号 32 幢厂房（200237）				
投资总额	180 万 USD	电　话	54406975	传　真	54406979
设立日期	2007-4-17	负 责 人	CHARLIE CAI		
主营业务	酒店管理。				

企业名称	汇丰银行（中国）有限公司				
企业地址	上海市浦东新区陆家嘴环路 1000 号汇丰大厦 3 楼、20 楼（200120）				
投资总额	80 亿 RMB	电　话	38883888	传　真	68411333
设立日期	2007-3-29	负 责 人	翁富泽		
主营业务	人民币业务。				

企业名称	渣打银行（中国）有限公司				
企业地址	上海市浦东新区陆家嘴东路 161 号招商局大厦 28 层、23 层（200120）				
投资总额	62.27 亿 RMB	电　话	68880660	传　真	58871608
设立日期	2007-3-29	负 责 人	曾璟璇		
主营业务	人民币业务。				

企业名称	花旗银行（中国）有限公司				
企业地址	上海市浦东新区花园石桥路 33 号花旗集团大厦 35 楼（200120）				
投资总额	39.7 亿 RMB	电　话	58797001	传　真	
设立日期	2007-3-29	负 责 人	施瑞德		
主营业务	人民币业务。				

企业名称	吉茂美容咨询（上海）有限公司				
企业地址	上海市浦东新区唐镇景雅路 221 号 1 幢 201 室（201203）				
投资总额	300 万日元	电　话	64078585	传　真	64483655
设立日期	2007-3-23	负 责 人	FUMIKO UEMURA		
主营业务	美容咨询，个人形象策划，商务咨询。				

企业名称	菲丽威健身咨询（上海）有限公司				
企业地址	上海市长宁区双流路 100 号 206 室（200335）				
投资总额	7 万 USD	电　话	62554020	传　真	62554020
设立日期	2007-3-19	负 责 人	LIU WILLIAM CHU HUNG		
主营业务	健身咨询、健身房设计咨询、形象设计咨询。				

企业名称	柏雅酒店管理（上海）有限公司				
企业地址	上海市浦东新区张杨路 828-838 号 30 楼 E、F 室（200120）				
投资总额	14 万 USD	电　话	50816881	传　真	50581859
设立日期	2007-3-19	负 责 人	周　炜		
主营业务	酒店管理、物业管理、餐饮企业管理咨询、投资咨询。				

企业名称	恩那社（上海）水处理系统有限公司				
企业地址	上海市天目西路 218 号 2 幢 2301 室（200070）				
投资总额	35 万 USD	电　话	51811323	传　真	51811322
设立日期	2007-3-16	负 责 人	WEE LEN		
主营业务	设计、集成、安装水处理设备和系统。				

企业名称	劳合社再保险（中国）有限公司				
企业地址	上海市陆家嘴环路 1233 号汇亚大厦 3301-3304 室（200120）				
投资总额	2 亿 RMB	电　话	61628206	传　真	61628256
设立日期	2007-3-15	负 责 人	IAN FARAGHER		
主营业务	经营非人寿再保险业务。				

企业名称	上海美奂酒店管理有限公司				
企业地址	上海市中山南二路 107 号 2 幢（200032）				
投资总额	500 万 USD	电　话	63785050	传　真	63785050
设立日期	2007-2-14	负 责 人	KOK CLAUDE（郭忠慧）		
主营业务	酒店管理。				

企业名称	上海远雄悦来酒店管理有限公司				
企业地址	上海市静安区昌化路 56 号（200041）				
投资总额	800 万 RMB	电　话	58824693	传　真	62701799
设立日期	2007-2-9	负 责 人	洪贤德		
主营业务	受产权人委托的酒店式公寓管理。				

企业名称	上海维佳乐美容休闲有限公司				
企业地址	上海市闵行区伊犁南路 111 号 601 室（201103）				
投资总额	20 万 USD	电　话	51532469	传　真	51532469
设立日期	2007-2-6	负 责 人	李龙才		
主营业务	美容、健身房（涉及行政许可的凭许可证经营）。				

企业名称	格林豪泰长宁酒店（上海）有限公司				
企业地址	上海市长宁区哈密路 1721 号（200336）				
投资总额	100 万 USD	电　话	32089918	传　真	32089916
设立日期	2007-1-30	负 责 人	ALEX SHUGUANG XU		
主营业务	酒店。				

企业名称	安德普翰商务服务（上海）有限公司				
企业地址	上海市黄浦区南京西路 338 号天安中心大厦 2508-2509 室（200003）				
投资总额	610 万 USD	电　话	61038989	传　真	61038900
设立日期	2007-1-29	负 责 人	KATHRYN FUKUDA AMOOI		
主营业务	从事员工工资、税收、福利的数据处理及相关的信息处理。				

企业名称	德清坊咖啡厅（上海）有限公司				
企业地址	上海市长宁区黄金城道 768 号连廊（200336）				
投资总额	14 万 USD	电　话	62197727	传　真	62193727
设立日期	2007-1-17	负 责 人	LEE JUNG HOON		
主营业务	咖啡厅。				

企业名称	上海威伦莱星顿酒店有限公司				
企业地址	上海浦东新区东方路738号裕安大厦2208室（200122）				
投资总额	50万USD	电　话	68750586	传　真	68750586
设立日期	2007-1-15	负责人	郭　彪		
主营业务	酒店管理与咨询、餐饮管理、商务信息咨询。				

企业名称	瓦锡兰维修服务（上海）有限公司				
企业地址	上海市浦东新区上丰西路55号9、10楼（201201）				
投资总额	150万欧元	电　话	58585500	传　真	58589336
设立日期	2007-1-15	负责人	JUKKA MURTOARO		
主营业务	从事柴油机及配套装置的修理、更新、技术咨询。				

企业名称	上海商旅票务有限公司				
企业地址	上海市长宁区广顺路33号3栋305室（200335）				
投资总额	160万港币	电　话	62322755	传　真	62323136
设立日期	2007-1-11	负责人	李　谦		
主营业务	道路客运的票务代理、文化体育活动的票务代理以及相关咨询服务。				

企业名称	上海浦东永琪酒店管理有限公司				
企业地址	上海市外高桥保税区杨高北路2001号F区管理楼310B室（200131）				
投资总额	100万RMB	电　话	58667319	传　真	58667319
设立日期	2006-12-31	负责人	王　腾		
主营业务	酒店管理，美容美发美体，国际贸易、转口贸易、保税区企业间的贸易。				

企业名称	上海钱亿娱乐有限公司				
企业地址	上海市虹口区四川北路1661号裙 楼3区（200081）				
投资总额	245万USD	电　话	51206666	传　真	51206611
设立日期	2006-12-27	负责人	连福财		
主营业务	卡拉OK，KTV包厢（涉及行政许可的凭许可证经营）。				

企业名称	高瀛酒店管理（上海）有限公司				
企业地址	上海市浦东新区莱阳路2819号320室（200120）				
投资总额	14万USD	电　话	58213873	传　真	58514018
设立日期	2006-12-25	负责人	邓国龙		
主营业务	酒店管理、餐饮管理、物业管理以及以上项目的咨询。				

企业名称	雅韵阁健身服务（上海）有限公司				
企业地址	上海市长宁区延安西路2789号三楼（200051）				
投资总额	14万USD	电　话	62708243	传　真	62708248
设立日期	2006-12-5	负责人	LIM KENG MENG		
主营业务	健身（涉及行政许可的凭许可证经营）。				

企业名称	馨园美容（上海）有限公司				
企业地址	上海市陕西北路457号4号幢（200040）				
投资总额	10万USD	电　话	62178139	传　真	62582886
设立日期	2006-12-4	负责人	LEUNG LAM CHOR YEE		
主营业务	美容（涉及行政许可的凭许可证经营）。				

企业名称	上海福灵斯酒店管理有限公司				
企业地址	上海市闵行区宜山路1618号综合楼807室（201103）				
投资总额	30万USD	电　话	13341763721	传　真	54852693
设立日期	2006-11-22	负责人	申铉振		
主营业务	酒店管理咨询（涉及行政许可的凭许可证经营）。				

企业名称	上海浪音酒店有限公司				
企业地址	上海市奉贤区金汇塘路2、4号（201424）				
投资总额	140万USD	电　话	57127070	传　真	57121313
设立日期	2006-11-20	负责人	江口龙雄		
主营业务	经营、管理宾馆业务，附设商场、餐厅、咖啡厅、酒吧、浴场、停车场。				

企业名称	上海花中美语美容有限公司				
企业地址	上海市襄阳南路175号105室（200031）				
投资总额	14万USD	电　话	64331006	传　真	64377882
设立日期	2006-11-14	负责人	李雪琳		
主营业务	化妆品、服装的批发、佣金代理和进出口业务以及其他配套服务。				

企业名称	美居酒店管理（上海）有限公司				
企业地址	上海市浦东新区浦东大道2056号709室（200120）				
投资总额	6000万RMB	电　话	51196868	传　真	51196868
设立日期	2006-11-10	负责人	沈飞宇		
主营业务	酒店管理、餐饮管理（涉及行政许可的，凭许可证经营）。				

企业名称	华典酒店（上海）有限公司				
企业地址	上海市新乐路82号（200030）				
投资总额	3000万港币	电　话	54039888	传　真	54037077
设立日期	2006-11-8	负责人	JERRY SZE		
主营业务	酒店经营管理、酒店投资和管理咨询、企业管理咨询、商务咨询。				

企业名称	上海百瑞肿瘤门诊部有限责任公司				
企业地址	上海市卢湾区重庆南路149号（200020）				
投资总额	2000万RMB	电　话	53823936	传　真	53826771
设立日期	2006-11-2	负责人	JACOB FRIESEL		
主营业务	肿瘤科、医学影像科、医学检验科、康复医学科、病理科、麻醉科等。				

企业名称	上海秀仕酒店经营有限公司				
企业地址	上海市浦东新区陆家嘴环路1000号汇丰大厦14楼042室（200120）				
投资总额	1.54亿RMB	电　话	68881234	传　真	68883400
设立日期	2006-10-27	负责人	森浩生		
主营业务	酒店客房的经营；附设宴会厅、小型商店等酒店相关服务企划运营管理。				

企业名称	佳天美（上海）国际旅行社有限公司				
企业地址	上海市徐汇区漕溪北路18号实业大厦6楼D座，E座（200030）				
投资总额	600万RMB	电　话	64681752	传　真	53965718
设立日期	2006-10-27	负责人	吉村久夫		
主营业务	国内旅游业务；入境旅游业务；与旅游相关的咨询业务。				

企业名称	模帝施美容（上海）有限公司				
企业地址	上海市黄浦区九江路399号24F（200001）				
投资总额	200万RMB	电　话	63612559	传　真	52372883
设立日期	2006-10-19	负责人	CHOI MYOUNG SOOK		
主营业务	化妆技术的研制与开发，化妆技术咨询服务。				

企业名称	精舍健身休闲（上海）有限公司				
企业地址	上海市浦东新区世纪大道88号3168室（200120）				
投资总额	28万USD	电　话	64153033	传　真	64651106
设立日期	2006-10-18	负责人	PETER JOHN HAMMOND		
主营业务	健身房的经营，健身服装、健身器材及配件的进出口、批发。				

企业名称	琉寓酒店经营管理（上海）有限公司				
企业地址	上海市长宁区幸福路137号7楼H座（200052）				
投资总额	14万USD	电　话	62827373	传　真	62823131
设立日期	2006-10-16	负责人	TAKASHI ISHII		
主营业务	酒店经营管理（涉及行政许可的凭许可证经营）。				

企业名称	上海拜西菲瑞佳酒店管理有限公司				
企业地址	上海市武定路1135弄1号405室（200042）				
投资总额	20万USD	电　话	63518058	传　真	63522510
设立日期	2006-9-27	负责人	陈延安		
主营业务	酒店管理及相关服务设施的管理（涉及行政许可的凭许可证经营）。				

企业名称	上海入江环境科技有限公司				
企业地址	上海市嘉定工业区北区16-7地块（201821）				
投资总额	600万USD	电　话	53525166	传　真	59996132
设立日期	2006-9-18	负责人	入江通夫		
主营业务	废液、废渣综合利用和处理、处置，销售自产产品并提供售后服务。				

企业名称	上海置梁行酒店管理有限公司				
企业地址	上海市宜山北路8号9室（200030）				
投资总额	20万USD	电　话	64260570	传　真	64260465
设立日期	2006-9-13	负责人	梁家栋		
主营业务	酒店管理，餐饮管理，物业管理，会所管理，房地产信息咨询。				

企业名称	亚麦（上海）酒店管理顾问有限公司				
企业地址	上海市闵行区虹桥镇吴中路1389号12幢931室（201103）				
投资总额	14万USD	电　话	64652525	传　真	64652525
设立日期	2006-9-8	负责人	姚　特		
主营业务	酒店管理咨询、餐饮管理咨询、投资咨询、商务咨询。				

企业名称	上海傲达酒店公寓管理有限公司				
企业地址	上海市长宁区长宁路1027号2208室（200050）				
投资总额	50万USD	电　话	52413111	传　真	52414008
设立日期	2006-9-8	负责人	潘凤金		
主营业务	酒店式公寓管理、自有房产的出租及物业内的配套服务。				

企业名称	上海富国酒店管理有限公司				
企业地址	上海市宛平南路 404 号 3 号楼 101 室（200030）				
投资总额	100 万 USD	电　话	63231200	传　真	63231511
设立日期	2006-8-24	负责人	FRANK SHEN		
主营业务	宾馆经营管理、酒店投资和管理咨询、酒店设计咨询、酒店营销咨询。				

企业名称	上海迪诺娱乐有限公司				
企业地址	上海市龙华路 2826-2910 号 03 幢三层（200232）				
投资总额	94 万 USD	电　话	64573765	传　真	64573716
设立日期	2006-8-21	负责人	吕坤谋		
主营业务	游艺机房、小型游乐场（凭许可证内容登记后方可经营）。				

企业名称	丽歌酒店管理（上海）有限公司				
企业地址	上海市青浦区城中西路 448 弄 7 号，8 号之间过街楼 B2 室（201700）				
投资总额	14 万 USD	电　话	64155588	传　真	64454788
设立日期	2006-8-17	负责人	杨碧瑶		
主营业务	酒店管理。（涉及行政许可的凭许可证经营）				

企业名称	上海裕景酒店经营有限公司				
企业地址	上海市浦东新区五莲路 602 号 101 室（200120）				
投资总额	100 万 USD	电　话	38789888	传　真	38789872
设立日期	2006-8-16	负责人	蔡黎明		
主营业务	受托进行酒店的经营与管理（涉及行政许可的凭许可证经营）。				

企业名称	上海叁美婚纱摄影有限公司				
企业地址	上海市闵行区虹桥镇吴中路 1100 号 5 幢 2 楼 B 座（201103）				
投资总额	20 万 USD	电　话	64057801	传　真	64057811
设立日期	2006-8-11	负责人	PARK CHI SUK		
主营业务	摄影服务，婚纱摄影（涉及行政许可的凭许可证经营）。				

企业名称	喜乐康酒店多媒体信息（上海）有限公司				
企业地址	上海市长宁区延安西路 777 号 1104 室（200050）				
投资总额	120 万 USD	电　话	62114700	传　真	62114200
设立日期	2006-8-11	负责人	郑亚伦		
主营业务	研发、设计、制造酒店多媒体系统及终端，销售产品，安装调试维修。				

企业名称	上海创逸健身发展有限公司				
企业地址	上海市杨浦区淞沪路 2100 号（200433）				
投资总额	30 万 USD	电　话	53836633	传　真	53830340
设立日期	2006-7-31	负责人	何树森		
主营业务	各类健身项目及健身运动的技术咨询，附设卖品部。				

企业名称	惠寓酒店经营管理（上海）有限公司				
企业地址	上海市长宁区幸福路 137 号 8 楼 H 座（200050）				
投资总额	14 万 USD	电　话	52588585	传　真	52586255
设立日期	2006-7-26	负责人	浪越雅信		
主营业务	酒店经营管理（涉及行政许可的凭许可证经营）。				

企业名称	邦臣佰瑞酒店管理（上海）有限公司				
企业地址	上海市浦东新区德州路 270 号 2 幢 211 室（200120）				
投资总额	20 万 USD	电　话	68885590	传　真	68885590
设立日期	2006-7-19	负责人	谷　鹏		
主营业务	酒店管理，酒店投资咨询，酒店设计技术咨询，市场营销策划。				

企业名称	上海八端旅游服务有限公司				
企业地址	上海市龙华路 2828-2838 号（200232）				
投资总额	37.5 万 USD	电　话	54072332	传　真	54072331
设立日期	2006-7-14	负责人	王乔治		
主营业务	提供国际酒店订房业务、商务咨询、旅游咨询、会议服务、展览咨询。				

企业名称	柏泰酒店管理（上海）有限公司				
企业地址	上海市崇明县城桥镇寒山寺路 297 号 101 室（202150）				
投资总额	200 万 RMB	电　话	62618446	传　真	62618119
设立日期	2006-7-6	负责人	徐洪林		
主营业务	酒店管理（除餐饮）、会务服务、商务咨询，				

企业名称	亚由美美容用品制造（上海）有限公司				
企业地址	上海市浦东新区上丰西路 55 号 3-4 幢（200127）				
投资总额	40 万 USD	电　话	58580806	传　真	58585311
设立日期	2006-7-5	负责人	船户文幸		
主营业务	生产美容工具，销售自产产品（涉及行政许可的凭许可证经营）。				

企业名称	信德国际旅行社（中国）有限公司				
企业地址	上海市卢湾区淮海中路 381 号 3320 室（200020）				
投资总额	400 万 RMB	电　话	63916800	传　真	63915779
设立日期	2006-7-1	负责人	何超琼		
主营业务	经营入境旅游业务；国内旅游业务（涉及行政许可的凭许可证经营）。				

企业名称	上海上茶茶艺有限公司				
企业地址	上海市长宁区古北路 1078 号 302 室（200051）				
投资总额	14 万 USD	电　话	62084062	传　真	62084062
设立日期	2006-7-1	负责人	蔡寿雄		
主营业务	茶室、堂饮酒；茶叶、茶具的零售；茶文化艺术咨询。				

企业名称	上海福泰酒店管理有限公司				
企业地址	上海市长宁区伊犁路 88 号 103 室（200051）				
投资总额	16 万 USD	电　话	62082323	传　真	62081008
设立日期	2006-6-28	负责人	廖吕琛慧		
主营业务	酒店管理；商务咨询、市场营销策划。				

企业名称	帝璟酒店（上海）有限公司				
企业地址	上海市闵行区虹莘路 3988 号（201103）				
投资总额	388 万 USD	电　话	51578888	传　真	51578666
设立日期	2006-6-10	负责人	吴凤仪		
主营业务	酒店管理、餐饮管理、物业管理、商务管理。				

企业名称	圣安东尼宠物康复医院（上海）有限公司				
企业地址	上海市长宁区哈密路 440 号 1、2 层（200335）				
投资总额	20 万 RMB	电　话	32082880	传　真	32082889
设立日期	2006-6-6	负责人	LY JEAN-PAUL		
主营业务	宠物诊疗，宠物美容服务；宠物健康咨询服务。				

企业名称	瑞年酒店管理咨询（上海）有限公司				
企业地址	上海市闵行区马桥镇江川路 1511 号 102 室（201111）				
投资总额	10 万 USD	电　话	63285909	传　真	63255806
设立日期	2006-6-1	负责人	LRONG YEWPOH		
主营业务	国际经济信息咨询、科技咨询、环保咨询、商务咨询、投资管理咨询。				

企业名称	上海上影星汇影城有限公司				
企业地址	上海市闸北区共和新路 1878 号（200128）				
投资总额	2000 万 RMB	电　话	56651212	传　真	56655958
设立日期	2006-5-27	负责人	王小军		
主营业务	从事电影放映，并附设配套的卖品部。				

企业名称	上海驿居酒店管理有限公司				
企业地址	上海市浦东新区浦东大道 2056 号 7010 室（200131）				
投资总额	3000 万 RMB	电　话	51196868	传　真	51196868
设立日期	2006-4-12	负责人	沈飞宇		
主营业务	酒店管理，餐饮管理（涉及行政许可的凭许可证经营）。				

企业名称	贝缇迪丝美容美发（上海）有限公司				
企业地址	上海市长宁区水城南路 75 号 C、D 首层商场 107 室（201103）				
投资总额	10 万 USD	电　话	62707220	传　真	56350234
设立日期	2006-4-5	负责人	TAN POH TIN		
主营业务	理发店、美容店；美容美发商品、化妆品的零售，自营商品的进口。				

企业名称	上海贯都酒店管理有限公司				
企业地址	上海市静安区延安西路 65 号三楼（200041）				
投资总额	350 万 RMB	电　话	62481688	传　真	62483896
设立日期	2006-4-5	负责人	张保华		
主营业务	酒店管理、物业管理及相关服务设施管理（涉及许可证的凭许可证经营）。				

企业名称	上海百汇华鹰门诊部有限公司				
企业地址	上海市南京西路 389 号上海明天广场裙房 4 楼（200003）				
投资总额	400 万 USD	电　话	63755588	传　真	63755688
设立日期	2006-4-3	负责人	LIM CHEOK PENG		
主营业务	为中外患者提供诊疗保健服务。				

企业名称	澳净清洁（上海）有限公司				
企业地址	上海市杨浦区四平路 2500 号 2219A-17 室（200433）				
投资总额	14 万 USD	电　话	62802187	传　真	9695550329
设立日期	2006-3-30	负责人	YIN LIAN YING		
主营业务	保洁服务（涉及行政许可的凭许可证经营）。				

企业名称	万景酒店管理（上海）有限公司				
企业地址	上海市浦东新区乳山路227号245室（200131）				
投资总额	14万USD	电　话	51028818	传　真	63851933
设立日期	2006-3-22	负责人	张振蜀		
主营业务	酒店管理与咨询、投资咨询、商务咨询、企业管理咨询。				

企业名称	上海史伟莎清洁灭虫服务有限公司				
企业地址	上海市嘉定工业区洪德路1365号6幢底层（201821）				
投资总额	14万USD	电　话	64628270	传　真	64628270
设立日期	2006-3-20	负责人	洪徐翊		
主营业务	提供保洁、灭鼠灭虫服务（涉及行政许可的凭许可证经营）。				

企业名称	汉庭星空（上海）酒店管理有限公司				
企业地址	上海市浦东新区杨高中路2108号2号楼五层（200127）				
投资总额	100万USD	电　话	50280022	传　真	50281622
设立日期	2006-3-3	负责人	季　琦		
主营业务	酒店管理、物业管理、投资咨询（涉及行政许可的凭许可证经营）。				

企业名称	耀亚酒店管理（上海）有限公司				
企业地址	上海市长宁区中山西路750号2号楼605室（200051）				
投资总额	1000万USD	电　话	63287700	传　真	63368929
设立日期	2006-2-27	负责人	何世柱		
主营业务	酒店客房经营管理、商务中心、投资咨询。				

企业名称	凯菲尔酒店管理（上海）有限公司				
企业地址	上海市浦东新区佳林路655号403室（201206）				
投资总额	25万USD	电　话	63226789	传　真	63229898
设立日期	2006-2-5	负责人	王建国		
主营业务	酒店管理、商务咨询、投资咨询、企业管理咨询、市场信息分析咨询。				

企业名称	上海集利美容美发有限公司				
企业地址	上海市闵行区虹梅路3194-2号（201103）				
投资总额	15万USD	电　话	62375558	传　真	62375308
设立日期	2006-1-24	负责人	畑集善		
主营业务	理发、美容（涉及行政许可的凭许可证经营）。				

企业名称	上海普昶酒店管理有限公司				
企业地址	上海市长宁区新华路365弄1号205室（200052）				
投资总额	500万USD	电　话	52588199	传　真	52588197
设立日期	2006-1-12	负责人	WILLIAM WALTER WILKINS III		
主营业务	酒店管理（涉及行政许可的凭许可证经营）。				

企业名称	上海缤琦美容有限公司				
企业地址	上海市天平路392号4楼（200030）				
投资总额	14万USD	电　话	13817733701	传　真	64477635
设立日期	2005-12-26	负责人	松本一男		
主营业务	美容美发、足部保健、美容美发的咨询服务。				

企业名称	上海森茂诊所有限公司				
企业地址	上海市浦东新区银城东路101号汇丰大厦3F（200120）				
投资总额	1400万RMB	电　话	68410513	传　真	50663200
设立日期	2005-12-1	负责人	刘中民		
主营业务	为中外患者提供诊疗保健服务。				

企业名称	呵丽美容（上海）有限公司				
企业地址	上海市长宁区古北路1398弄13号103室（200335）				
投资总额	14万USD	电　话	62048335	传　真	62757920
设立日期	2005-11-10	负责人	朴完洙		
主营业务	皮肤护理及相关美容服务。				

企业名称	依露花美容（上海）有限公司				
企业地址	上海市浦东新区迎春路1060号（200135）				
投资总额	40万USD	电　话	51352665	传　真	61604979
设立日期	2005-10-20	负责人	林呈亮		
主营业务	美容。				

企业名称	雅悦美容（上海）有限公司				
企业地址	上海市蓬莱路285弄4号581室（200011）				
投资总额	200万港币	电　话	63374633	传　真	63374633
设立日期	2005-10-20	负责人	叶国龙		
主营业务	美容、美发。				

企业名称	上海梨流花美发有限公司				
企业地址	上海市长宁区水城南路28号二楼A幢（200051）				
投资总额	14万USD	电　话	54045220	传　真	54045123
设立日期	2005-10-17	负责人	KANG MI SUG		
主营业务	美发。				

企业名称	上海白急便洗涤有限公司				
企业地址	上海市长宁区长宁路1279号（200050）				
投资总额	14万USD	电　话	62488007	传　真	62332572
设立日期	2005-10-17	负责人	三宅弘展		
主营业务	各类服饰、床上用品、餐饮纺织品的洗涤和整理。				

企业名称	上海山福美容美发有限公司				
企业地址	上海市长宁区虹梅路3717弄20号（200336）				
投资总额	14万USD	电　话	62494977	传　真	62496631
设立日期	2005-9-19	负责人	TONG AI LING		
主营业务	美发，美容。				

企业名称	艺科水处理技术（上海）有限公司				
企业地址	上海市浦东新区昌里路335号535A室（200126）				
投资总额	14万USD	电　话	34304083	传　真	34304088
设立日期	2005-9-7	负责人	周辉煌		
主营业务	设计、开发、生产水处理设备，销售自产产品。				

企业名称	上海上影华威影城有限公司				
企业地址	上海市南京西路2—68号12楼（200040）				
投资总额	97.56万USD	电　话	63594951	传　真	63594933
设立日期	2005-8-17	负责人	任仲伦		
主营业务	在合资公司的所在地上海新世界商城内从事电影放映。				

企业名称	上海伽玛医院有限公司				
企业地址	上海市吴中东路518号（200235）				
投资总额	290万USD	电　话	64385336	传　真	64640963
设立日期	2005-8-1	负责人	徐建光		
主营业务	为中外患者提供诊疗保健服务。				

企业名称	上海华顺医院有限公司				
企业地址	上海市乌鲁木齐中路12号（200040）				
投资总额	274万USD	电　话	62489999	传　真	62489999
设立日期	2005-8-1	负责人	徐建光		
主营业务	为中外患者提供医疗服务。				

企业名称	上海爱八酒店经营有限公司				
企业地址	上海市浦东新区通园路159号855室（200137）				
投资总额	1000万USD	电　话	62325666	传　真	32212537
设立日期	2005-7-25	负责人	王汉广		
主营业务	酒店的经营和管理。				

企业名称	上海天后美容有限公司				
企业地址	上海市卢湾区瑞金二路266号（200025）				
投资总额	14万USD	电　话	63851136	传　真	63852859
设立日期	2005-7-4	负责人	罗宇帆		
主营业务	美容、指甲护理。				

企业名称	上海诗玛依璐美容美发有限公司				
企业地址	上海市浦东新区张杨路500号211室（200122）				
投资总额	14万USD	电　话	58368136	传　真	58880378
设立日期	2005-6-9	负责人	TSUKIDA KIYOHIRO（月田清博）		
主营业务	美容、美发，个人形象设计及咨询。				

企业名称	上海瑞安肿瘤诊所有限公司				
企业地址	上海市瑞金二路197号（200020）				
投资总额	2000万RMB	电　话	64155988	传　真	64155115
设立日期	2005-3-10	负责人	陆凯祖		
主营业务	为中外患者提供诊疗保健服务。				

企业名称	诺雅（上海）美容有限公司				
企业地址	上海市卢湾区建国中路10号7号楼7601室（200023）				
投资总额	14万USD	电　话	64159681	传　真	64159680
设立日期	2005-2-5	负责人	张志刚		
主营业务	美甲服务及相关技术咨询服务。				

企业名称	仁美美容美发（上海）有限公司				
企业地址	上海市衡山路4号（200031）				
投资总额	14万USD	电　话	54656881	传　真	54656880
设立日期	2005-2-1	负责人	符琼瑛		
主营业务	美容、美发、美甲、减肥服务并提供相关的咨询服务。				

企业名称	文傲文化艺术传播发展（上海）有限公司				
企业地址	上海市长安路101号（200070）				
投资总额	30万USD	电　话	63804150	传　真	63804152
设立日期	2004-12-27	负责人	SIMON YUEN		
主营业务	文化艺术交流策划咨询，商务咨询，贸易信息咨询，市场调研等。				

企业名称	上海步升大风音乐文化传播有限公司				
企业地址	上海市静安区南京西路555号1304－1308室（200041）				
投资总额	128万USD	电　话	62556559	传　真	62588136
设立日期	2004-12-23	负责人	郑东汉		
主营业务	音像制品的批发、零售（涉及行政许可的凭许可证经营）。				

企业名称	上海颀丽美容有限公司				
企业地址	上海市闵行区虹许路788号名都城俱乐部2楼、3楼（201103）				
投资总额	130万USD	电　话	64671785	传　真	34060032
设立日期	2004-12-22	负责人	田代真		
主营业务	美容、美发及相关咨询服务。				

企业名称	亚网管理顾问（上海）有限公司				
企业地址	上海市长宁区娄山关路83号911室（200335）				
投资总额	14万USD	电　话	62369166	传　真	62369153
设立日期	2004-12-17	负责人	廖建超		
主营业务	人力资源管理咨询、企业财务咨询、投资咨询、国际经贸咨询等。				

企业名称	杜比实验室国际技术服务（上海）有限公司				
企业地址	上海市长乐路989号18层03－07A（200031）				
投资总额	14万USD	电　话	61133417	传　真	61133400
设立日期	2004-12-16	负责人	RICHARD LEE HOCKENBROCK		
主营业务	音视频的技术信息咨询及相关市场调研。				

企业名称	上海斯玛特企业服务有限公司				
企业地址	上海市冠生园路227号3号楼（200235）				
投资总额	200万USD	电　话	54972183	传　真	54972706
设立日期	2004-12-11	负责人	ABOTOMEY PETER KINGSLEY		
主营业务	为企事业单位提供各种员工福利相关的管理、策划及咨询服务等。				

企业名称	上海雅森娜专业美容有限公司				
企业地址	上海市天钥桥路333号3层312室（200030）				
投资总额	14万USD	电　话	64403336	传　真	64403339
设立日期	2004-12-11	负责人	LIM CHOI FONG		
主营业务	美容、美发、足浴、美容咨询（涉及行政许可的凭许可证经营）。				

企业名称	上海沪新专业检测管理有限公司				
企业地址	上海市宝山区呼兰路519号（200435）				
投资总额	35万USD	电　话	66206371	传　真	53742920
设立日期	2004-12-9	负责人	王　芳		
主营业务	室内空气污染物检测、建筑装饰材料的污染指标检测服务等。				

企业名称	万悦休闲健身（上海）有限公司				
企业地址	上海市黄浦区延安东路222号六楼（200003）				
投资总额	35万USD	电　话	63352929	传　真	63350658
设立日期	2004-12-8	负责人	ARIEL P VERA		
主营业务	泉浴桑拿，保健按摩，美体美发。				

企业名称	华特迪士尼（上海）有限公司				
企业地址	上海市浦东新区世纪大道88号金茂大厦31楼3105室（200120）				
投资总额	40万USD	电　话	61320257	传　真	61320226
设立日期	2004-12-7	负责人	ANDREW BIRD		
主营业务	向第三方提供下列服务：投资管理和咨询服务、经营管理和咨询服务等。				

企业名称	上海蔡火生摄影制作有限公司				
企业地址	上海市永和路200号1号楼205室（201106）				
投资总额	14万USD	电　话	59797816	传　真	59797820
设立日期	2004-12-2	负责人	蔡火生		
主营业务	摄影服务、电脑图文设计制作、企业管理咨询、市场调研。				

企业名称	格林豪泰酒店（上海）有限公司				
企业地址	上海市中山北路1228号（200065）				
投资总额	250万USD	电　话	36174886	传　真	56531211
设立日期	2004-11-30	负责人	徐曙光		
主营业务	酒店管理，酒店经营及餐饮、住宿等相关服务业务。				

企业名称	上海洛狮营销策划有限公司				
企业地址	上海市长宁区仙霞路345号1611室（200335）				
投资总额	22万USD	电　话	51187981	传　真	51187975
设立日期	2004-11-29	负责人	吴惠明		
主营业务	企业营销策划、企业形象策划、市场调研及咨询并提供相关服务。				

企业名称	万富浩信管理顾问（上海）有限公司				
企业地址	上海市浦东新区张杨路228号1919室（200120）				
投资总额	14万USD	电　话	63618686	传　真	63551378
设立日期	2004-11-18	负责人	陈超强		
主营业务	企业管理咨询、投资咨询、营销管理咨询、科技咨询及市场调研。				

企业名称	路易威登（中国）商业销售有限公司				
企业地址	上海市南京西路1266号恒隆广场3010—3012室（200040）				
投资总额	5000万人民币	电　话	62893399	传　真	62883576
设立日期	2004-11-9	负责人	FRANCOIS DELAGE		
主营业务	皮件、服装及鞋类、珠宝（不含毛钻、裸钻）、饰物和精品、太阳镜等。				

企业名称	康格会展（上海）有限公司				
企业地址	上海市南京西路1376号上海商城536室（200040）				
投资总额	20万USD	电　话	63862188	传　真	63862199
设立日期	2004-11-8	负责人	夏向明		
主营业务	在中国境内主办、承办各类经济技术展览会和会议；在境外举办会议等。				

企业名称	冕筠企业顾问（上海）有限公司				
企业地址	上海市南山路100号303室（200071）				
投资总额	20万USD	电　话	65923961	传　真	64127824
设立日期	2004-11-8	负责人	陈昌冕		
主营业务	企业管理咨询、财务管理咨询、投资咨询、国际经济咨询等。				

企业名称	安宝示展览展示工程（上海）有限公司				
企业地址	上海市闵行区澄建路351号4号楼D区（201108）				
投资总额	20万欧元	电　话	62285533	传　真	62414770
设立日期	2004-10-26	负责人	BERND AM BROSIUS		
主营业务	设计、制作展台、展架及相关配件，销售自产产品等。				

企业名称	华德培婚礼用品（上海）有限公司				
企业地址	上海市闵行区宜山路1618号719室（201206）				
投资总额	3500万USD	电　话	64732255	传　真	64012051
设立日期	2004-10-25	负责人	岛崎昌彦		
主营业务	生产婚礼用相册、请柬、席卡、纸盒包装物及相框，销售自产产品。				

企业名称	日旅国际旅行社有限公司				
企业地址	上海市虹桥开发区兴义路8号710－712室（200336）				
投资总额	400万人民币	电　话	52081712	传　真	52081745
设立日期	2004-10-22	负责人	太田千秋		
主营业务	国内旅游业务、入境旅游业务等。				

企业名称	上海天泰租赁有限公司				
企业地址	上海市长宁区长宁路426号205室（200336）				
投资总额	500万USD	电　话	63351612	传　真	63350486
设立日期	2004-10-19	负责人	谢吉人		
主营业务	国内外各种先进或适用的生产设备、通信设备、医疗设备、科研设备等。				

企业名称	贝塔斯曼管理（上海）有限公司				
企业地址	上海市浦东新区新金桥路201号5楼522－E室（201206）				
投资总额	200万USD	电　话	54630606	传　真	34080598
设立日期	2004-10-19	负责人	于　乐		
主营业务	提供投资管理和咨询服务；市场营销服务；信息服务等。				

企业名称	正博会议展览（上海）有限公司				
企业地址	上海市浦东新区梅花路281号D区222室（201204）				
投资总额	14万USD	电　话	51095546	传　真	68752877
设立日期	2004-10-14	负责人	RINI SUMARDI		
主营业务	在中国境内主办、承办各类经济技术展览会和会议；在境外举办会议等。				

企业名称	上海金福园实业发展有限公司				
企业地址	上海市金山区朱行镇欢兴村（201506）				
投资总额	800 万 USD	电　话	58475344	传　真	58470364
设立日期	2004-10-13	负 责 人	俞吾鸣		
主营业务	开发并经营骨灰寄存、骨灰墓葬、墓穴及相关的殡葬专用品等。				

企业名称	上海外滩半岛酒店有限公司				
企业地址	上海市黄浦区北京东路 666 号 C 区四层 4076 室（200003）				
投资总额	7000 万 USD	电　话	61221616	传　真	63353728
设立日期	2004-10-12	负 责 人	王伟贤		
主营业务	在批租地块上开发、经营（销售和租赁）和管理酒店客房等。				

企业名称	上海瑞庭酒店公寓管理有限公司				
企业地址	上海市奉贤区南桥镇人民中路 283 号三楼（201400）				
投资总额	38 万 USD	电　话	63810993	传　真	53718201
设立日期	2004-10-12	负 责 人	井上宽次		
主营业务	酒店公寓的住宿、餐饮管理和咨询、物业管理，室内装潢服务。				

企业名称	上海昂美美发美容技术有限公司				
企业地址	上海市长宁区天山路 789 号 112 室（200051）				
投资总额	30 万 USD	电　话	33023979	传　真	33100561
设立日期	2004-10-9	负 责 人	奥村慧太郎		
主营业务	美发美容技术研修、美发美容技术咨询，美容院管理咨询等。				

企业名称	泛达管理顾问（上海）有限公司				
企业地址	上海市浦东新区龚路公路 701 号 1 幢 103 室（200233）				
投资总额	80 万 USD	电　话	34153886	传　真	51168348
设立日期	2004-9-30	负 责 人	王金凤		
主营业务	企业管理咨询、投资咨询、贸易信息咨询、市场调研。				

企业名称	诺艾概念展示（上海）有限公司				
企业地址	上海市浦东新区北张家浜路 68 号 5 幢 552 室（201103）				
投资总额	14 万 USD	电　话	51501006	传　真	51079779
设立日期	2004-9-30	负 责 人	陈安国		
主营业务	会展标准层位设计、制作和安装，销售自产产品等。				

企业名称	精泰工程管理（上海）有限公司				
企业地址	上海市浦东新区龚路公路 701 号 1 幢 102 室（200122）				
投资总额	20 万 USD	电　话	38954599	传　真	38954599
设立日期	2004-9-28	负 责 人	董慧娟		
主营业务	土建、机电设备安装、厂房净化工程的工程管理。				

企业名称	上海锦麟天地酒店式公寓管理有限公司				
企业地址	上海市卢湾区兴业路 168 弄 2 号 101 室（200021）				
投资总额	20 万 USD	电　话	23061931	传　真	23061935
设立日期	2004-9-28	负 责 人	GARTH PETERSON		
主营业务	公司自有物业的出租，物业管理（涉及行政许可的凭许可证经营）。				

企业名称	宗诚企业管理顾问（上海）有限公司				
企业地址	上海市黄浦区延安东路 550 号 1603 室（200001）				
投资总额	14 万 USD	电　话	63529088	传　真	63528789
设立日期	2004-9-28	负 责 人	DENNIS HSIEH		
主营业务	企业管理咨询、国际经济咨询、投资咨询及投资中介、信息咨询。				

企业名称	上海奥绿思环保设施管理有限公司				
企业地址	上海市浦东新区博兴路 195 号 232 室（200129）				
投资总额	490 万人民币	电　话	59110929	传　真	59110904
设立日期	2004-9-24	负 责 人	王　坚		
主营业务	从事固体废弃物焚烧、填埋场和转运站等相关设施的受托经营管理等。				

企业名称	上海亿鼎休闲娱乐有限公司				
企业地址	上海市天钥桥路 123 号（200030）				
投资总额	100 万 USD	电　话	54255399	传　真	54252370
设立日期	2004-9-21	负 责 人	叶莉秋		
主营业务	餐饮、娱乐项目（凭许可证内容登记经营范围后方可经营）。				

企业名称	中瀚兴业行销策划顾问（上海）有限公司				
企业地址	上海市长宁区天山西路 789 号 2282 室（200335）				
投资总额	14 万 USD	电　话	54223003	传　真	54223010
设立日期	2004-9-20	负 责 人	王岚音		
主营业务	行销策划咨询，商务咨询，会展服务咨询，展览设计咨询等。				

企业名称	上海小南国海之源健身有限公司				
企业地址	上海市延安西路 396 号三、四楼（200040）				
投资总额	500 万人民币	电　话	62497705	传　真	62497703
设立日期	2004-9-15	负 责 人	王慧莉		
主营业务	会务，健身，餐饮，沐浴，棋牌。				

企业名称	罗盖特管理（上海）有限公司				
企业地址	上海市徐汇区淮海中路 1010 号嘉华中心 501 室（200031）				
投资总额	200 万 USD	电　话	54033388	传　真	54036606
设立日期	2004-9-8	负 责 人	MARC ROQUETTE		
主营业务	提供投资管理和咨询服务、市场营销服务、员工培训、财务管理服务等。				

企业名称	海立逊企业管理顾问（上海）有限公司				
企业地址	上海市南昌路 148 弄 4 号 A 室（200020）				
投资总额	15 万 USD	电　话	51352511	传　真	51352620
设立日期	2004-9-6	负 责 人	黄树成		
主营业务	企业管理咨询，商务信息咨询，贸易信息咨询，高科技信息咨询等。				

企业名称	嘉隆能源顾问（上海）有限公司				
企业地址	上海市浦东新区富城路 33 号五楼商务中心 1 号房（200120）				
投资总额	14 万 USD	电　话	63178008	传　真	63542352
设立日期	2004-9-6	负 责 人	郭孔辅		
主营业务	能源开发信息咨询、企业管理咨询、投资咨询、国际经济咨询等。				

企业名称	友益企业管理顾问（上海）有限公司				
企业地址	上海市浦东新区虹星路 558 号 10 幢 6 室（200122）				
投资总额	14 万 USD	电　话	63618509	传　真	63277898
设立日期	2004-9-6	负 责 人	黄钦杉		
主营业务	企业管理咨询、投资咨询、市场调研、国际经济信息咨询。				

企业名称	上海当代艺术馆有限公司				
企业地址	上海市黄浦区南京西路 231 号（200003）				
投资总额	101 万 USD	电　话	63279900	传　真	63271257
设立日期	2004-9-6	负 责 人	龚明光（执行董事）		
主营业务	艺术品的展示服务及相关咨询服务，附设卖品部、小吃部。				

企业名称	爱生雅管理服务（上海）有限公司				
企业地址	上海市陈行路 1958 号 4 号楼（201114）				
投资总额	200 万 USD	电　话	54335200	传　真	54332243
设立日期	2004-9-2	负 责 人	RIJK SCHIPPER		
主营业务	提供投资管理和咨询服务、市场营销服务、员工培训等。				

企业名称	史达凯商务顾问（上海）有限公司				
企业地址	上海市浦东新区灵山路 958 号 2 幢 110 室（200120）				
投资总额	14 万 USD	电　话	62095289	传　真	62095289
设立日期	2004-9-2	负 责 人	AMOS BENJAMIN		
主营业务	贸易信息咨询、投资咨询、科技咨询、企业管理咨询、国际经济咨询等。				

企业名称	环业商务服务（上海）有限公司				
企业地址	上海市卢湾区浏河口路 88 号 207B 室（200021）				
投资总额	40 万 USD	电　话	51160333	传　真	51160555
设立日期	2004-8-30	负 责 人	MARK LESLIE JAMES DIXON		
主营业务	商务咨询，投资咨询，市场营销策划及企业管理咨询，会务服务。				

企业名称	孚宝（上海）管理有限公司				
企业地址	上海市浦东新区梅花路 281 号 2 区 220 室（200122）				
投资总额	200 万 USD	电　话	64310000	传　真	64712752
设立日期	2004-8-24	负 责 人	TAN CHENG GUAN		
主营业务	管理咨询，财务管理咨询，采购咨询和质量监控和管理咨询等。				

企业名称	上海城贸展览服务有限公司				
企业地址	上海市闵行区华漕镇范巷村（201103）				
投资总额	30 万 USD	电　话	51096965	传　真	63178386
设立日期	2004-8-18	负 责 人	高志华		
主营业务	在中国境内主办、承办各类经济技术展览会和会议，在境外举办会议。				

企业名称	奥信常客策划顾问（上海）有限公司				
企业地址	上海市浦东新区花山路 706 号 925 室（201203）				
投资总额	14 万 USD	电　话	23080308	传　真	23080311
设立日期	2004-8-18	负 责 人	PAUL RICHARD SMITTON		
主营业务	市场营销策划咨询、市场调研、财务管理咨询、企业管理咨询等。				

企业名称	飞达仕空气处理研究开发（上海）有限公司				
企业地址	上海市青浦工业园区台 7—2 地块（201700）				
投资总额	240 万 USD	电　　话	69222323	传　　真	69206293
设立日期	2004-8-17	负 责 人	丘德芳		
主营业务	开展空气处理技术和相关技术领域的研究、开发和试验（包括中试）等。				

企业名称	聚众目标多媒体技术（上海）有限公司				
企业地址	上海市郭守敬路 498 号浦东软件园 14 幢 22301－491 座（200131）				
投资总额	20 万 USD	电　　话	32124661	传　　真	32124661
设立日期	2004-8-17	负 责 人	虞　锋		
主营业务	多媒体技术、网络技术的开发、设计；计算机软件的开发、设计等。				

企业名称	维客工业技术顾问（上海）有限公司				
企业地址	上海市浦东新区浦东大道 2056 号仁和大厦 1308 室（200122）				
投资总额	20 万 USD	电　　话	52416000	传　　真	52419918
设立日期	2004-8-17	负 责 人	MARTIN KRATZER		
主营业务	工业技术信息咨询、工业设备信息咨询、经济信息咨询等。				

企业名称	丽星邮轮旅行社（上海）有限公司				
企业地址	上海市武进路 255 号 601 室 J 座（200080）				
投资总额	200 万 USD	电　　话	52280101	传　　真	52925608
设立日期	2004-8-16	负 责 人	吴高贤		
主营业务	国内旅游业务、入境旅游业务、邮轮票务服务。				

企业名称	史丹利（上海）管理有限公司				
企业地址	上海市延安西路 2299 号 1908 室（200336）				
投资总额	200 万 USD	电　　话	32084550	传　　真	50805960
设立日期	2004-8-12	负 责 人	JEFF HUNG-TSE CHEN		
主营业务	提供投资管理和咨询服务，提供经营管理和咨询服务等。				

企业名称	泰科（上海）企业管理顾问有限公司				
企业地址	上海市田州路 99 号（200233）				
投资总额	200 万 USD	电　　话	51320400	传　　真	51320122
设立日期	2004-8-10	负 责 人	WALTER TARCA		
主营业务	企业形象策划、营销策划、企业管理咨询、投资咨询及中介、市场调研。				

企业名称	亚泰（上海）消防技术研发有限公司				
企业地址	上海市青浦工业园区山周路以东、新康路以南地块（201700）				
投资总额	503 万 USD	电　　话	64181769	传　　真	64180756
设立日期	2004-8-4	负 责 人	方桂芳		
主营业务	火灾探测、报警以及灭火系统的新技术开发与应用研究（包括中试）等。				

企业名称	环球联系国际展览（上海）有限公司				
企业地址	上海市黄浦区北京东路 666 号 F 幢 6K 室（200003）				
投资总额	20 万 USD	电　　话	64452219	传　　真	61209532
设立日期	2004-8-4	负 责 人	YONG MEE HIONG		
主营业务	在中国境内主办、承办各类国际经济及技术业展览会和会议。				

企业名称	拓索（上海）市场调研有限公司				
企业地址	上海市长宁区仙霞路 317 号 2414 室（200051）				
投资总额	14 万 USD	电　　话	63862188	传　　真	63500825
设立日期	2004-8-4	负 责 人	TANNIRU R RAO		
主营业务	市场调研、市场营销咨询、商务咨询、企业管理咨询。				

企业名称	上海康曼市场调研有限公司				
企业地址	上海市卢湾区打浦路 1 号 2301 室（200023）				
投资总额	20 万 USD	电　　话	53960019	传　　真	53020029
设立日期	2004-8-2	负 责 人	ADELE LEE		
主营业务	医药行业的市场调研及相关咨询，企业营销策划。				

企业名称	共和快捷供应链管理（上海）有限公司				
企业地址	上海市浦东新区浦东大道 2056 号 701 室（200120）				
投资总额	20 万 USD	电　　话	65135737	传　　真	50594616
设立日期	2004-7-23	负 责 人	WIWU QIAN（钱希吾）		
主营业务	供应链管理软件的设计、开发、制作，商务咨询，投资咨询等。				

企业名称	东与西会展（上海）有限公司				
企业地址	上海市零陵路 585 号 1B 室（200030）				
投资总额	15 万 USD	电　　话	64458006	传　　真	54660119
设立日期	2004-7-23	负 责 人	叶锡弘		
主营业务	在中国境内主办、承办各类经济技术展览会和会议等。				

企业名称	六洲酒店管理（上海）有限公司				
企业地址	上海市浦东新区银城中路 200 号中银大厦 1205 室（200120）				
投资总额	50 万 USD	电　　话	28933386	传　　真	28933388
设立日期	2004-7-21	负 责 人	BRUCE　MCKENZIE		
主营业务	提供酒店管理及相关服务设施的管理（涉及许可经营的凭许可证经营）。				

企业名称	上海米米企业形象策划有限公司				
企业地址	上海市永嘉路 36 号 202 室（200020）				
投资总额	14 万 USD	电　　话	64455820	传　　真	64455820
设立日期	2004-7-20	负 责 人	黄彩珠		
主营业务	图文设计制作，企业形象策划，园林花卉艺术设计咨询等。				

企业名称	贺博（上海）船舶技术有限公司				
企业地址	上海市浦东新区浦东南路 855 号 10G 室（200120）				
投资总额	14 万 USD	电　　话	58369620	传　　真	58369542
设立日期	2004-7-15	负 责 人	R.KEITH MICHEL		
主营业务	船舶技术咨询、船舶工程咨询、船舶设计咨询、船舶贸易信息咨询等。				

企业名称	上海克碧市场营销策划有限公司				
企业地址	上海市浦东新区梅花路 281 号 B237 室（201204）				
投资总额	20 万 USD	电　　话	54167774	传　　真	54167454
设立日期	2004-7-12	负 责 人	YOUN JIN MAN（尹镇满）		
主营业务	市场营销咨询、投资咨询、国际经济信息咨询、贸易信息咨询等。				

企业名称	大同利美特（上海）管理有限公司				
企业地址	上海市松江区方塔北路 618 号办公大楼 1 楼（201600）				
投资总额	200 万 USD	电　　话	57740088	传　　真	57741660
设立日期	2004-7-12	负 责 人	安江惠		
主营业务	提供投资管理和咨询服务，提供经营管理和咨询服务等。				

企业名称	网剑文化顾问（上海）有限公司				
企业地址	上海市闵行区金汇路 85 号（201103）				
投资总额	101 万 USD	电　　话	34121071	传　　真	54220534
设立日期	2004-7-12	负 责 人	尹慧文		
主营业务	文化信息咨询，美容造型设计之咨询顾问。				

企业名称	迦南酒店管理（上海）有限公司				
企业地址	上海市闵行区合川路 3071 号（201103）				
投资总额	101 万 USD	电　　话	34121071	传　　真	54132370
设立日期	2004-7-10	负 责 人	关　兰		
主营业务	酒店管理咨询（涉及许可经营的凭许可证经营）。				

企业名称	上海汤普逊市场调研有限公司				
企业地址	上海市浦东新区浦东大道 2056 号 306 室（200120）				
投资总额	14 万 USD	电　　话	51088002	传　　真	63523616
设立日期	2004-7-5	负 责 人	WILLIAM.SCOTT.THOMPSON		
主营业务	市场调研、企业管理咨询、经济信息咨询、投资咨询、贸易信息咨询等。				

企业名称	上海诺耐德质量认证服务有限公司				
企业地址	上海市黄浦区黄家阙路 65 号 12 楼 01 室（200011）				
投资总额	35 万 USD	电　　话	63455510	传　　真	63455400
设立日期	2004-7-1	负 责 人	俞国泰		
主营业务	管理体系认证（涉及许可经营的凭许可证经营）。				

企业名称	上海真木网络技术有限公司				
企业地址	上海市桂平路 680 号创业中心 3 楼 307 室（200233）				
投资总额	14 万 USD	电　　话	54261488	传　　真	54263208
设立日期	2004-7-1	负 责 人	大迫健治		
主营业务	计算机软件和开发、设计、制作，销售自产产品等。				

企业名称	华德培婚礼服务（上海）有限公司				
企业地址	上海市闵行区宜山路 1618 号综合楼 704 室（200020）				
投资总额	90 万 USD	电　　话	64732255	传　　真	64739577
设立日期	2004-6-29	负 责 人	渡部秀敏		
主营业务	婚礼服务全程策划、形象设计、婚纱摄影等。				

企业名称	亚旭（上海）市场研究顾问有限公司				
企业地址	上海市浦东新区浦东南路 1952 号 228 室（200120）				
投资总额	14 万 USD	电　　话	64692267	传　　真	64684080
设立日期	2004-6-29	负 责 人	NG CHONG HIN		
主营业务	市场调研、市场营销咨询、企业管理咨询、贸易信息咨询等				

企业名称	博尔陆展览服务（上海）有限公司				
企业地址	上海市昌平路710号769室（200042）				
投资总额	14万USD	电　话	62765252	传　真	62769170
设立日期	2004-6-28	负责人	KAL LU		
主营业务	设计、制作、安装展览用品（不含广告），并提供相关的技术咨询服务。				

企业名称	帝万展览服务（上海）有限公司				
企业地址	上海市静安区昌平路710号772室（200040）				
投资总额	14万USD	电　话	62586132	传　真	51500925
设立日期	2004-6-28	负责人	CHOI HO CHAN（崔虎灿）		
主营业务	设计、制作、安装展览用品（不含广告），并提供相应的技术咨询服务。				

企业名称	上海银月娱乐有限公司				
企业地址	上海市徐汇区岳阳路1号（200031）				
投资总额	14万USD	电　话	64331637	传　真	64331637
设立日期	2004-6-28	负责人	SANTOSO HANITIJ0		
主营业务	酒吧（涉及许可经营的凭许可证经营）。				

企业名称	上海全世盟美容美发有限公司				
企业地址	上海市徐汇区华山路1905号二楼（201103）				
投资总额	20万USD	电　话	51088798	传　真	63747996
设立日期	2004-6-24	负责人	赖志郎		
主营业务	美容美发、瘦身（涉及许可经营的凭许可证经营）。				

企业名称	雅马哈发动机研发（上海）有限公司				
企业地址	上海市剑川路468号（201109）				
投资总额	400万USD	电　话	61612900	传　真	61612971
设立日期	2004-6-17	负责人	北田三男		
主营业务	对摩托车、小型船舶等交通设备和机械用具进行研究、开发等。				

企业名称	上海新缇策划有限公司				
企业地址	上海市张江高科技园区郭守敬路351号2号楼668－098室（200120）				
投资总额	50万USD	电　话	58609390	传　真	58605063
设立日期	2004-6-16	负责人	金普焕		
主营业务	纺织服装企业形象设计（除广告）、市场调研、商务咨询、科技咨询等。				

企业名称	上海龙都酒店管理有限公司				
企业地址	上海市延安西路396号606室（200040）				
投资总额	70万USD	电　话	62485588	传　真	62485588
设立日期	2004-6-11	负责人	ALAN DONALD FEATHERBY		
主营业务	酒店管理及相关服务设施的管理（涉及许可经营的凭许可证经营）。				

企业名称	上海老港生活垃圾处置有限公司				
企业地址	上海市浦东新区梅花路281号A239室（201302）				
投资总额	1.7亿人民币	电　话	68296129	传　真	68296126
设立日期	2004-6-1	负责人	宋颂贤（JOE ALLEN ZORN）		
主营业务	固体废物填埋设施及其相应工程项目的设计和技术咨询等。				

企业名称	华富亭酒店管理（上海）有限公司				
企业地址	上海市闵行区吴中路1465号（201103）				
投资总额	1000万USD	电　话	34121071	传　真	34323637
设立日期	2004-6-1	负责人	罗福助		
主营业务	酒店管理咨询、房地产咨询、国际经济信息咨询。				

企业名称	金色生活保健品（上海）有限公司				
企业地址	上海市外高桥保税区富特东一路396号第五层三部位（200131）				
投资总额	25万USD	电　话	58860838	传　真	38830318
设立日期	2004-5-27	负责人	孙健（JACK SUN）		
主营业务	保税区内以保健品为主的仓储分拨业务以及相关产品的技术咨询等。				

企业名称	上海建发展览有限公司				
企业地址	上海市延安东路222号金光外滩中心第40层第6A单元（200003）				
投资总额	50万USD	电　话	63352213	传　真	53966645
设立日期	2004-5-25	负责人	施子丰		
主营业务	在中国境内主办、承办各类经济技术展览会和会议。				

企业名称	上海赛事商务有限公司				
企业地址	上海市浦东新区张杨路655号709A室（200020）				
投资总额	100万USD	电　话	63871111	传　真	63860333
设立日期	2004-5-24	负责人	邱　平		
主营业务	经授权的各种商标使用权的商业开发和产品推广、咨询服务等。				

企业名称	梅地亚（上海）企业管理有限公司				
企业地址	上海市闵行区宜山路1618号综合楼706室（201103）				
投资总额	20万USD	电　话	64756666	传　真	64757736
设立日期	2004-5-21	负责人	吕文生		
主营业务	国际经济、科技、环保信息咨询服务；企业管理服务等。				

企业名称	丹华水利环境技术（上海）有限公司				
企业地址	上海市张江高科技园区郭守敬路351号2号楼602H－11室（201203）				
投资总额	14万USD	电　话	64175869	传　真	64175882
设立日期	2004-5-20	负责人	ASGER KEJ		
主营业务	水利、环境应用软件的研究、开发、制作、销售自产产品等。				

企业名称	上海一定得美容有限公司				
企业地址	上海市淮海中路381号中环广场226－227室（200003）				
投资总额	15万USD	电　话	63278200	传　真	63755200
设立日期	2004-5-17	负责人	林宝仪		
主营业务	美容及瘦身服务（涉及许可经营的凭许可证经营）。				

企业名称	上海上汽索迪斯服务有限公司				
企业地址	上海市嘉定区曹新公路1388弄8号（200336）				
投资总额	30万USD	电　话	62096008	传　真	
设立日期	2004-5-14	负责人	董　英		
主营业务	提供餐饮服务，清洁服务，绿化养护服务，洗衣服务，物业管理服务。				

企业名称	精诚信忠市场营销（上海）有限公司				
企业地址	上海市张江高科技园区郭守敬路351号2号楼677－19室（201203）				
投资总额	14万USD	电　话	62878660	传　真	62878655
设立日期	2004-5-14	负责人	陈一丹		
主营业务	企业形象策划设计（除广告），市场调查，包装装潢设计咨询等。				

企业名称	上海泰路旅游休闲用品有限公司				
企业地址	上海市青浦区青浦工业园区外青松公路5500号108室（201700）				
投资总额	500万USD	电　话	13916306501	传　真	59790272
设立日期	2004-5-8	负责人	李爱平		
主营业务	生产、加工旅游休闲用品，销售公司自产产品。				

企业名称	上海达卫师认证有限公司				
企业地址	上海市静安区西康路1068号维多利广场A楼14B室（200060）				
投资总额	35万USD	电　话	62773910	传　真	62773343
设立日期	2004-4-29	负责人	倪国良		
主营业务	管理体系认证（涉及许可经营的凭许可证经营）。				

企业名称	赛得利（上海）管理服务有限公司				
企业地址	上海市浦东新区陆家嘴东路166号2005室（200122）				
投资总额	14万USD	电　话	38616888	传　真	38616899
设立日期	2004-4-28	负责人	WONG KIAT KONG		
主营业务	企业管理咨询、人力资源管理咨询、营销管理咨询等。				

企业名称	上海元祖启蒙乐园有限公司				
企业地址	上海市青浦区赵巷镇嘉松中路6088号（201703）				
投资总额	80万USD	电　话	59755678	传　真	59755155
设立日期	2004-4-26	负责人	张秀婉		
主营业务	开发并经营益智益体育儿童活动项目、儿童助乐园等。				

企业名称	上海富朗特动物保健有限公司				
企业地址	上海市松江区九亭镇盛高路（201615）				
投资总额	14万USD	电　话	67627383	传　真	67627393
设立日期	2004-4-26	负责人	杨　亮		
主营业务	加工、生产动物保健品（饲料、饲料、预混料及饲料添加剂）等。				

企业名称	英隆管理顾问（上海）有限公司				
企业地址	上海市长宁区江苏路121号13楼B－6座（200020）				
投资总额	15万USD	电　话	63870808	传　真	63870800
设立日期	2004-4-23	负责人	雷声隆		
主营业务	投资咨询及中介、企业管理咨询、国际贸易信息咨询、财务咨询等。				

企业名称	光大保德信基金管理有限公司				
企业地址	上海市延安东路222号外滩中心46－47层（200002）				
投资总额	1亿人民币	电　话	33074700	传　真	63351152
设立日期	2004-4-22	负责人	傅德修		
主营业务	发起设立基金，基金管理业务，中国证监会允许的其他业务。				

企业名称	唯太企业发展顾问（上海）有限公司				
企业地址	上海市长宁区遵义路 100 号 B 栋 2683P 室（200336）				
投资总额	14 万 USD	电　话	52531450	传　真	64811367
设立日期	2004-4-21	负 责 人	王志忠		
主营业务	企业形象策划咨询、建设项目规划咨询、投资咨询、房地产咨询等。				

企业名称	理特管理顾问（上海）有限公司				
企业地址	上海市南京西路 993 号 14 楼 V9（200041）				
投资总额	21 万 USD	电　话	64478866	传　真	64470506
设立日期	2004-4-19	负 责 人	PIERROT PHILIPPE JEAN-SEBASTIE		
主营业务	企业战略咨询、管理咨询、投资咨询及中介、国际经济咨询等。				

企业名称	上海花媚美容有限公司				
企业地址	上海市新乐路 158 号（200031）				
投资总额	36 万 USD	电　话	64311798	传　真	64073582
设立日期	2004-4-14	负 责 人	田中英姬		
主营业务	美容、美发及其相关的配套服务（涉及许可经营的凭许可证经营）。				

企业名称	斯道沃建筑规划顾问（上海）有限公司				
企业地址	上海市浦东新区浦东南路 1950 号 297 室（200120）				
投资总额	14 万 USD	电　话	62111177	传　真	52388896
设立日期	2004-4-13	负 责 人	AMANDA YAN LIU		
主营业务	建筑规划设计咨询（不含城市规划）、建筑设计咨询、室内设计咨询等。				

企业名称	上海乐庭酒店管理有限公司				
企业地址	上海市长宁区天山支路 168 号 518 室 23 座（200051）				
投资总额	14 万 USD	电　话	62488383	传　真	62475553
设立日期	2004-4-9	负 责 人	CHAN JOSEPH TIT MING		
主营业务	酒店管理，企业投资咨询，企业营销策划，商务咨询（除经纪）。				

企业名称	上海赛瑞质量认证有限公司				
企业地址	上海市奉贤区平安镇海港路 68 号（201400）				
投资总额	35 万 USD	电　话	54890596	传　真	58219209
设立日期	2004-4-8	负 责 人	毛慰庆		
主营业务	管理体系认证（涉及许可经营的凭许可证经营）。				

企业名称	吉奥西管理顾问（上海）有限公司				
企业地址	上海市浦东新区北张家浜路 68 号 5 幢 105 室（201103）				
投资总额	14 万 USD	电　话	34322895	传　真	34322758
设立日期	2004-4-8	负 责 人	SHIN SHIH		
主营业务	工程设计咨询、工程管理咨询、企业管理咨询、项目咨询等。				

企业名称	上海奥世管理体系认证有限公司				
企业地址	上海市金山区亭林工业园区兴工路 225 号（201505）				
投资总额	35 万 USD	电　话	51098266	传　真	51113289
设立日期	2004-4-2	负 责 人	张海燕		
主营业务	管理体系认证（涉及许可经营的凭许可证经营）。				

企业名称	上海易游网络技术有限公司				
企业地址	上海市南京西路 758 号 13 楼 A 室（200040）				
投资总额	60 万 USD	电　话	51175741	传　真	51175777
设立日期	2004-4-1	负 责 人	倪玛丽		
主营业务	设计、开发、制作计算机软件、网络软件、销售自产产品等。				

企业名称	上海丽卡环保技术有限公司				
企业地址	上海市奉贤区南桥镇奉浦大道西路 1 号 302 室（201400）				
投资总额	20 万 USD	电　话	33659253	传　真	33659251
设立日期	2004-3-25	负 责 人	谢松希		
主营业务	研究、生产环保型金属表面处理产品，销售自产产品。				

企业名称	上海新友好管道清洗有限公司				
企业地址	上海市嘉定区新成街道永新路 380 号（201822）				
投资总额	25 万 USD	电　话	69526568	传　真	59556110
设立日期	2004-3-23	负 责 人	王　焕		
主营业务	各类管道清洗、涂膜（涉及许可经营的凭许可证经营）。				

企业名称	上海浦江传奇实业经营发展有限公司				
企业地址	上海市张江高科技园区碧波路 635 号（201203）				
投资总额	120 万 USD	电　话	50273099	传　真	50270322
设立日期	2004-3-17	负 责 人	陈小石		
主营业务	物业管理、受托房屋的租赁、商业经营管理咨询、企业管理咨询。				

企业名称	上海群胜洗涤整理有限公司				
企业地址	上海市青浦工业园区外青松公路 5500 号 108 室（201700）				
投资总额	140 万 USD	电　话	69710881	传　真	69710557
设立日期	2004-3-11	负 责 人	谢士沧		
主营业务	各种织物、服装、宾馆用品的洗涤和整理加工，销售公司自产产品。				

企业名称	上海漕泾热电有限责任公司				
企业地址	上海市化学工业区联合路 69 号（C3－2 地块）（201507）				
投资总额	7.99 亿人民币	电　话	67250000	传　真	67250829
设立日期	2004-3-10	负 责 人	赵静雄		
主营业务	生产电力及热力；供应和销售热力；销售电力电量。				

企业名称	上海沙龙多媒体综合技术应用发展有限公司				
企业地址	上海市广中西路 777 弄 8 号（200072）				
投资总额	30 万 USD	电　话	64371547	传　真	64371743
设立日期	2004-3-8	负 责 人	汪长禹		
主营业务	多媒体软件的开发、设计、制作，销售自产产品等。				

企业名称	上海摩根盛融资产服务有限公司				
企业地址	上海市华山路 1245 号兴国宾馆 9 号楼 8 室（200040）				
投资总额	14 万 USD	电　话	62126500	传　真	62125230
设立日期	2004-3-3	负 责 人	施德容		
主营业务	资产管理、投资咨询、债务处置代理、债务重组与企业重组咨询服务。				

企业名称	贝卡尔特管理（上海）有限公司				
企业地址	上海市遵义路 88 号 1603 室（200336）				
投资总额	200 万 USD	电　话	62952233	传　真	35010009
设立日期	2004-2-20	负 责 人	HERMAN VANDAELE		
主营业务	提供投资管理和咨询服务，提供市场营销服务，提供员工培训等。				

企业名称	雅华酒店管理（上海）有限公司				
企业地址	上海市长宁区遵义路 100 号 A 座 1002 室（200051）				
投资总额	200 万 USD	电　话	60958947	传　真	62370059
设立日期	2004-2-16	负 责 人	BRIAN DEESON		
主营业务	酒店管理，商务管理，企业投资管理，市场营销管理，市场调研等。				

企业名称	凌空行（上海）企业经营有限公司				
企业地址	上海市中山南路 28 号久事大厦 2 楼 D 座（200010）				
投资总额	18 万 USD	电　话	63306980	传　真	63306981
设立日期	2004-2-11	负 责 人	严国超		
主营业务	企业经营管理咨询，贸易咨询，投资咨询，市场调研。				

企业名称	佩里约翰逊质量认证（上海）有限公司				
企业地址	上海市浦东新区世纪大道 211 号上海信息大楼 29 楼 02 单元（200120）				
投资总额	35 万 USD	电　话	58789586	传　真	
设立日期	2004-2-10	负 责 人	TERRY BOBOIGE		
主营业务	管理体系认证（涉及许可经营的凭许可证经营）。				

企业名称	上海现代商业发展研究中心有限公司				
企业地址	上海市长宁区天山西路 789 号 2138 室（200335）				
投资总额	15 万 USD	电　话	64285010	传　真	53857978
设立日期	2004-2-5	负 责 人	朱　桦		
主营业务	商业发展咨询、商务咨询、管理咨询、投资咨询、市场调研及中介等。				

企业名称	上海玛克西姆美容美发有限公司				
企业地址	上海市卢湾区淮海中路 300 号 B201（B）室（200021）				
投资总额	20 万 USD	电　话	63353550	传　真	63353551
设立日期	2004-1-30	负 责 人	吉本胜雄		
主营业务	美容美发，婚礼仪服务，美容美发技术咨询服务等。				

企业名称	上海十大书坊企业管理顾问有限公司				
企业地址	上海市张江高科技园区郭守敬路 351 号 2 号楼 653－20 室（201203）				
投资总额	14 万 USD	电　话	63299568	传　真	
设立日期	2004-1-17	负 责 人	颜田保		
主营业务	书店投资信息咨询、书店管理咨询、商品信息咨询、市场营销咨询等。				

企业名称	上海艾怡美容制品有限公司				
企业地址	上海市嘉定区沪宜公路 5058 号（201800）				
投资总额	150 万 USD	电　话	63601188	传　真	63609961
设立日期	2004-1-14	负 责 人	王　宏		
主营业务	生产负压式美胸器，销售本公司自产产品并提供售后服务和咨询服务。				

企业名称	上海丽晶健身有限公司				
企业地址	上海市长宁区新华路 730 号裙房一至四层（200052）				
投资总额	80 万 USD	电话	52580808	传真	52589688
设立日期	2003-12-24	负责人	杨焯兴		
主营业务	健身、美容、美发、棋牌、乒乓球、网球、供应饮料、食品。				

企业名称	上海上腾娱乐有限公司				
企业地址	上海市浦东新区东方路 2000 号 18 楼 1806 室（200125）				
投资总额	120.81 万 USD	电话	62887111	传真	62888859
设立日期	2003-12-22	负责人	滕俊杰		
主营业务	艺人形象及发展策划，文娱活动的策划及相关服务，文娱信息咨询服务。				

企业名称	樱美（上海）护肤美容有限公司				
企业地址	上海市桃江路 28 号 2 楼（200031）				
投资总额	14 万 USD	电话	64379083	传真	51197038
设立日期	2003-11-26	负责人	中山敏夫		
主营业务	护肤、美容、美发、SPA、彩妆、美甲、形象设计等。				

企业名称	美泊智能系统（上海）有限公司				
企业地址	上海市张江高科技园区郭守敬路 351 号 2 号楼 652－17 室(201203)				
投资总额	6.2 万 USD	电话	68761233	传真	50819997
设立日期	2003-11-20	负责人	陈连军		
主营业务	自动化控制系统、集中供热（冷）分户计量系统软件的研发、设计。				

企业名称	上海霓索人力资源服务有限公司				
企业地址	上海市浦东新区张杨路 1996 号 402 室（200135）				
投资总额	20 万 USD	电话	58511391	传真	58600190
设立日期	2003-11-19	负责人	陈绍璋		
主营业务	人力信息咨询、人才推荐，人才招聘，人才培训，商务咨询。				

企业名称	曼特利（上海）休闲用品有限公司				
企业地址	上海市闵行区莲花南路颛兴路口（201108）				
投资总额	800 万 USD	电话	64429338	传真	64428660
设立日期	2003-11-18	负责人	欧力春		
主营业务	研发生产体育、旅游、休闲、健身的服饰、用品、器械等。				

企业名称	上海安吉流休闲酒店发展有限公司				
企业地址	上海市闵行区虹中路 388 弄 16 号（201103）				
投资总额	50 万 USD	电话	64016111	传真	64468111
设立日期	2003-11-17	负责人	庄震霆		
主营业务	中西餐厅、日韩烧烤，咖啡店，酒吧（涉及许可经营的凭许可证经营）。				

企业名称	上海俊奥形象设计有限公司				
企业地址	上海市浦东新区陆家嘴西路 168 号 4 楼 32－33A 室（200120）				
投资总额	20 万 USD	电话	13817165566	传真	50471836
设立日期	2003-11-4	负责人	李同荣		
主营业务	美容、美发及相关的个人形象设计。				

企业名称	上海翰德人力资源有限公司				
企业地址	上海市黄浦区黄陂北路 227 号中区广场 1104 室（200001）				
投资总额	18 万 USD	电话	63758922	传真	68751040
设立日期	2003-10-20	负责人	LEE DONG YUENG		
主营业务	人才供求信息的收集、整理、储存和发布，人才推荐，人才招聘等。				

企业名称	才富培训（上海）有限公司				
企业地址	上海市浦东新区金桥路 2630 号 206 室（201206）				
投资总额	14 万 USD	电话	64741391	传真	64741027
设立日期	2003-10-20	负责人	MARK COGGINS		
主营业务	人员培训（不发放学历及上岗证书）、投资咨询、经济信息咨询等。				

企业名称	索迪斯（上海）管理服务有限公司				
企业地址	上海市浦东新区花山路 706 号 1207－1208 室（200120）				
投资总额	30 万 USD	电话	62096008	传真	23256009
设立日期	2003-10-17	负责人	CHRISTOPHE SOLAS		
主营业务	提供餐饮服务、清洁服务、绿化养护服务、洗衣服务、物业管理服务等。				

企业名称	中加动力系统（上海）有限公司				
企业地址	上海市张江高科技园区郭守敬路 351 号 2 号楼 648－19 室（201203）				
投资总额	9.4 万 USD	电话	50273911	传真	50278087
设立日期	2003-10-16	负责人	STEPHAN AO		
主营业务	应用工业过程的测量、监视和控制系统的软件研发、设计、制作。				

企业名称	和雅精密工业（上海）有限公司				
企业地址	上海市闵行区虹漕经济园区（201108）				
投资总额	150 万 USD	电话	64340800	传真	64550673
设立日期	2003-10-16	负责人	张郁诺		
主营业务	生产磁性设备、五金制品、模具精密零部件制品，销售自产产品。				

企业名称	玛花纤体（上海）健身有限公司				
企业地址	上海市衡山路 922 号 13D 座（200030）				
投资总额	35 万 USD	电话	64074652	传真	64482163
设立日期	2003-10-10	负责人	麦迪臣		
主营业务	健身服务、瘦身、营养咨询服务（涉及许可经营的凭许可证经营）。				

企业名称	上海赛日环境保护有限公司				
企业地址	上海市虹口区藏东路 41 号 305 室（200080）				
投资总额	25 万 USD	电话	62368698	传真	62368668
设立日期	2003-10-8	负责人	严圣军		
主营业务	废水、固体废气物、噪声、粉尘治理工程的设计、施工、调试。				

企业名称	上海大强汽车技术服务有限公司				
企业地址	上海市普陀区沪太路 790 号（200061）				
投资总额	31 万 USD	电话	56945172	传真	56945170
设立日期	2003-9-27	负责人	张申树		
主营业务	汽车美容。				

企业名称	上海佳务通家政服务有限公司				
企业地址	上海市青浦区重固镇北青公路 9138 号（201700）				
投资总额	20 万 USD	电话	62535821	传真	62535765
设立日期	2003-9-25	负责人	李健美		
主营业务	家庭清洁，家庭管道疏通。				

企业名称	上海友格加特科技有限公司				
企业地址	上海市天津路 188 号底层（200001）				
投资总额	20 万 USD	电话	53968326	传真	53967918
设立日期	2003-9-18	负责人	TONG CHOO CHERNG		
主营业务	移动电话的维修和相关技术咨询服务。				

企业名称	上海乐迪展览设计服务有限公司				
企业地址	上海市闵行区虹梅南路 4855 号 412 室（201108）				
投资总额	20 万 USD	电话	52192174	传真	62392635
设立日期	2003-8-25	负责人	杨志添		
主营业务	展览展示设计服务，市场策划，会场服务，企业形象设计策划。				

企业名称	上海旭宝高尔夫俱乐部有限公司				
企业地址	上海市青浦区沪青平公路 1366 号（201702）				
投资总额	110 万 USD	电话	59761818	传真	59767676
设立日期	2003-8-19	负责人	宋镰满		
主营业务	高尔夫练习场、餐厅、会议室、游泳池、网球场、场内高尔夫专卖店。				

企业名称	嘉泰酒店管理顾问（上海）有限公司				
企业地址	上海市长宁区天山西路 789 号 2320 室（200335）				
投资总额	14 万 USD	电话	62294335	传真	62412000
设立日期	2003-8-1	负责人	李忠琦		
主营业务	酒店管理顾问，餐饮管理顾问（涉及行政许可的凭许可证经营）。				

企业名称	上海虹叶酒店管理有限公司				
企业地址	上海市虹口区长春路 158 号 1 号楼 D、E 室（200081）				
投资总额	500 万 USD	电话	56961200	传真	56961200
设立日期	2003-7-29	负责人	GUO PING TAN		
主营业务	酒店管理咨询，餐饮，酒吧，卖品部（含烟、酒）。				

企业名称	索威斯胶带（上海）有限公司				
企业地址	上海市外高桥保税区希雅路 33 号 12 号楼第 1 层 B 部位（200131）				
投资总额	20 万 USD	电话	50461945	传真	50462281
设立日期	2003-7-23	负责人	WIM NOORLANDER		
主营业务	保税区内生产加工各种胶带、销售自产产品并相关产品的维修售后服务。				

企业名称	上海钱鸿企业发展有限公司				
企业地址	上海市闵行区七宝镇中春路 9988 号（201101）				
投资总额	1000 万 USD	电话	64193676	传真	64791587
设立日期	2003-7-1	负责人	陈森田		
主营业务	研制、生产计算机软件、电脑图文设计、制作（不涉及印刷）等。				

企业名称	上海索梅丽亚酒店管理有限公司				
企业地址	上海市浦东新区浦东南路256号2302室(200120)				
投资总额	20万USD	电　话	68885590	传　真	68885591
设立日期	2003-6-20	负责人	谷　鹏		
主营业务	酒店管理及咨询、投资咨询（涉及许可经营的凭许可证经营）。				

企业名称	上海中外建工程设计与顾问有限公司				
企业地址	上海市浦东新区洪山路164号308室（200120）				
投资总额	20万USD	电　话	63900700	传　真	63919130
设立日期	2003-6-11	负责人	张仲良		
主营业务	建筑工程设计、网络工程设计、房地产的信息技术咨询。				

企业名称	上海角王环境工程咨询有限公司				
企业地址	上海市浦东新区牡丹路60号B1802室（200120）				
投资总额	20万USD	电　话	58422328	传　真	58429121
设立日期	2003-6-6	负责人	角屋清忠		
主营业务	城市园林景观设计咨询、商业场所与居室装璜设计咨询等。				

企业名称	上海扩利体系统技术有限公司				
企业地址	上海市张江高科技园区碧波路5号1301室（201203）				
投资总额	20万USD	电　话	50807606	传　真	50807607
设立日期	2003-6-5	负责人	BEN JAMIN		
主营业务	无尘室部件、气体纯化器及分析仪器的设计、制作；销售自产产品等。				

企业名称	上海汎亚爱美美甲有限公司				
企业地址	上海市南京西路1168号中信泰富广场520室（200040）				
投资总额	20万USD	电　话	62448244	传　真	62448244
设立日期	2003-6-3	负责人	齐芷瑶		
主营业务	提供美甲服务（涉及许可经营的凭许可证经营）。				

企业名称	上海盛大新华网络发展有限公司				
企业地址	上海市张江高科技园区张衡路200号3号楼615室（200120）				
投资总额	61万USD	电　话	50504740	传　真	50805132
设立日期	2003-6-2	负责人	唐　骏		
主营业务	计算机硬件及网络技术的研发，计算机软件的开发、设计、制作等。				

企业名称	摩迪英联认证有限公司				
企业地址	上海市浦东新区东方路800号宝安大厦1903室（200120）				
投资总额	35万USD	电　话	50273066	传　真	50273503
设立日期	2003-5-27	负责人	M.J.R.LOWE		
主营业务	提供企业管理体系的认证服务和相关培训。				

企业名称	日日顺（上海）营销策划有限公司				
企业地址	上海市浦东新区银城东路139号2901室（200120）				
投资总额	100万USD	电　话	61152060	传　真	61152060
设立日期	2003-4-30	负责人	王颖民		
主营业务	市场营销咨询、商务和投资咨询、市场调研、企业管理咨询等。				

企业名称	上海郑明明美容美发有限公司				
企业地址	上海市衡山路598号（200031）				
投资总额	20万USD	电　话	59767878	传　真	54665119
设立日期	2003-4-24	负责人	陈维黛		
主营业务	美容美发美体、形象设计并提供相关的咨询服务。				

企业名称	上海克拉克海奇健身有限公司				
企业地址	上海市长宁区镇宁路55号（200050）				
投资总额	20万USD	电　话	64393486	传　真	64393406
设立日期	2003-4-22	负责人	陶赐祈		
主营业务	健身房、游泳馆、桌球、壁球、乒乓球并提供相关服务。				

企业名称	上海蓝实洗染有限公司				
企业地址	上海市青浦区青浦镇环城新路村50丘（201700）				
投资总额	28万USD	电　话	69711255	传　真	69711221
设立日期	2003-4-22	负责人	角南功治		
主营业务	服装整理、洗染加工。				

企业名称	上海修曼人才有限公司				
企业地址	上海市浦东新区世纪大道1090号斯米克大厦725室（200120）				
投资总额	15万USD	电　话	53757188	传　真	63862199
设立日期	2003-4-16	负责人	藤城孝一		
主营业务	人才招聘、人才推荐、人才培训、人才供求信息咨询、人才测评等。				

企业名称	益世环保科技工程（上海）有限公司				
企业地址	上海市黄浦区瞿溪路510号乙楼63座（200011）				
投资总额	80万USD	电　话	64953038	传　真	64952856
设立日期	2003-4-8	负责人	JESSE CHOW		
主营业务	通风系统和供水系统管道、设备的净化服务及相关业务的技术咨询。				

企业名称	上海碧云良千足球俱乐部有限公司				
企业地址	上海市浦东新区高桥镇兴学路160号601室（200120）				
投资总额	40万USD	电　话	62176996	传　真	52570413
设立日期	2003-4-7	负责人	庄志东		
主营业务	足球俱乐部的筹建（涉及许可经营的凭许可证经营）。				

企业名称	上海肯达酒店装饰用品有限公司				
企业地址	上海市浦东新区川沙路5943号（201200）				
投资总额	30万USD	电　话	58903528	传　真	58900058
设立日期	2003-4-4	负责人	JONATHAN CHI-JIA FU		
主营业务	设计、生产酒店客房家具、客房床罩、木制台灯等酒店客房配套产品等。				

企业名称	上海贯通自控系统有限公司				
企业地址	上海市浦东新区北张家浜路68号1幢251室（200122）				
投资总额	20万USD	电　话	54234667	传　真	54235272
设立日期	2003-4-4	负责人	CHUA YIAT HIN		
主营业务	智能建筑物弱电系统的设计、安装、维护等。				

企业名称	上海耀华教育管理有限公司				
企业地址	上海市浦东新区申波路9号C幢207室（200120）				
投资总额	30万USD	电　话	62759666	传　真	62753104
设立日期	2003-3-27	负责人	叶允鸿		
主营业务	教学管理咨询、教育信息学术交流咨询，教学用具的设计、生产等。				

企业名称	尊艺摄影制作（上海）有限公司				
企业地址	上海市昌平路994号B楼底层（200042）				
投资总额	20万USD	电　话	52286818	传　真	52286828
设立日期	2003-3-20	负责人	张家礼		
主营业务	平面摄影及摄影制作（不涉及广告）。				

企业名称	上海恩典结婚用品有限公司				
企业地址	上海市青浦区重固镇新联村101号（201100）				
投资总额	171万USD	电　话	64422565	传　真	64422566
设立日期	2003-3-19	负责人	赖岳军		
主营业务	设计、生产相册、相框、结婚用花、婚纱礼服、喜宴用桌椅等。				

企业名称	上海万宝盛华人力资源有限公司				
企业地址	上海市浦东新区世纪大道211号2809−2811室（200122）				
投资总额	15万USD	电　话	58782618	传　真	58782661
设立日期	2003-3-18	负责人	IAIN JAMES WILSON HE		
主营业务	人才供求信息的收集、整理、存储、发布和咨询服务；人才推荐等。				

企业名称	上海美佐江干洗服务有限公司				
企业地址	上海市宝山区盘古路383号（201900）				
投资总额	20万USD	电　话	56696285	传　真	56695897
设立日期	2003-3-11	负责人	邹雁东		
主营业务	服装、服饰、家庭用品、宾馆用品、餐饮用品的干洗、清洁及相关服务。				

企业名称	上海化学工业区太古升达废料处理有限公司				
企业地址	上海市化学工业区E4−2地块（200150）				
投资总额	6628万USD	电　话	67121767	传　真	67120988
设立日期	2003-3-10	负责人	阮延华		
主营业务	从事废物处理服务业务。				

企业名称	上海恩可埃认证有限公司				
企业地址	上海市浦东新区东方路985号15楼I室（200122）				
投资总额	35万USD	电　话	68670932	传　真	58208278
设立日期	2003-3-9	负责人	黄　权		
主营业务	管理体系认证（涉及许可经营的凭许可证经营）。				

企业名称	上海伊路达航空服务有限公司				
企业地址	上海市石门二路333弄3号29楼C座（200041）				
投资总额	20万USD	电　话	52110993	传　真	52110883
设立日期	2003-2-13	负责人	黄晓云		
主营业务	旅游信息咨询、商务咨询、民航国际机票销售代理及相关咨询服务。				

企业名称	上海黄电服饰喷砂水洗有限公司				
企业地址	上海市南汇工业园区汇成路 530 号（201300）				
投资总额	42 万 USD	电　　话	68009796	传　　真	68009627
设立日期	2003-2-9	负 责 人	王长清		
主营业务	服饰喷砂、喷浆、套色和水洗。				

企业名称	杜尼（上海）航空酒店用品有限公司				
企业地址	上海市长宁区延安西路 895 号 22 楼 C 座（200050）				
投资总额	21 万 USD	电　　话	62250788	传　　真	62253588
设立日期	2003-1-28	负 责 人	陆岸英		
主营业务	生产、加工航空用品、酒店用品；机上服务咨询、酒店管理咨询等。				

企业名称	上海松下电工盛一装饰有限公司				
企业地址	上海市茂名南路 205 号 F603 室（200020）				
投资总额	35 万 USD	电　　话	54651212	传　　真	54660056
设立日期	2003-1-20	负 责 人	有井利英		
主营业务	室内装潢设计咨询，电工、电器产品和家居产品的维修、安装服务。				

企业名称	上海必胜人力资源有限公司				
企业地址	上海市长宁区天山西路 789 号 105 室（200050）				
投资总额	20 万 USD	电　　话	52400840	传　　真	52400660
设立日期	2002-11-12	负 责 人	PAUL NG SING KING		
主营业务	人才供求信息的收集、整理、储存、发布和咨询服务。				

企业名称	上海年富清洗有限公司				
企业地址	上海市浦东新区唐镇唐陆路 2841 号 208 室（200437）				
投资总额	28 万 USD	电　　话	65530022	传　　真	65545804
设立日期	2002-11-4	负 责 人	鲍年富		
主营业务	楼宇及住宅小区的清洁，灭虫，绿化服务。				

企业名称	花俪化妆品（上海）有限公司				
企业地址	上海市浦东新区唐镇大众村唐陆路 2315 号（201206）				
投资总额	20 万 USD	电　　话	58966399	传　　真	58966377
设立日期	2002-9-23	负 责 人	洪阵荣		
主营业务	研发、生产美发护发产品、化妆品及相关工具，销售自产产品等。				

企业名称	上海千子莲健康服务有限公司				
企业地址	上海市长宁区定西路 1018 号（宁夏宾馆二楼）（200051）				
投资总额	200 万人民币	电　　话	62662492	传　　真	62988245
设立日期	2002-9-5	负 责 人	王 洁		
主营业务	足部保健服务（涉及许可经营的凭许可证经营）。				

企业名称	上海礼兴酒店有限公司				
企业地址	上海市淮海中路 333 号瑞安广场 26 楼 N 室（200021）				
投资总额	15000 万 USD	电　　话	63866887	传　　真	63867588
设立日期	2002-7-12	负 责 人	LEO KOGUAN		
主营业务	在卢湾区第 107108 号地块内建造经营及管理宾馆，物业出租。				

企业名称	上海杨佩佩影视基地有限公司				
企业地址	上海市松江区叶榭镇济众路 59 号（201609）				
投资总额	85 万 USD	电　　话	64177646	传　　真	62185597
设立日期	2002-7-12	负 责 人	杨佩佩		
主营业务	提供拍摄场地、拍摄器材、刀具及其配套服务。				

企业名称	上海泰村酒店经营管理有限公司				
企业地址	上海市长宁区虹桥路 2266 号（200336）				
投资总额	40 万 USD	电　　话	62422698	传　　真	62427929
设立日期	2002-7-3	负 责 人	吕同顺		
主营业务	特色餐饮，供应烟、酒、饮料，餐饮管理及相关咨询服务。				

企业名称	上海龙通娱乐休闲有限公司				
企业地址	上海市闵行区七宝镇吴中路 2115 号（201101）				
投资总额	1000 万 USD	电　　话	54869199	传　　真	54869299
设立日期	2002-6-11	负 责 人	刘和聪		
主营业务	茶艺，餐饮，小吃，咖啡厅，卖品部，音乐演奏，健身房，棋牌室。				

企业名称	上海亚力健身休闲有限公司				
企业地址	上海市卢湾区兴业路 123 弄 6－7 号三楼单元 1（200021）				
投资总额	800 万 USD	电　　话	53581188	传　　真	53581187
设立日期	2002-5-15	负 责 人	刘杏村		
主营业务	健身，桑拿，沐浴，美容，壁球，桌球，乒乓球，餐饮，附设小卖部。				

企业名称	上海斯伯麦数码美术有限公司				
企业地址	上海市虹口区邯郸路 159 号 4 楼 H、I 座（200437）				
投资总额	20 万 USD	电　　话	65556180	传　　真	65546122
设立日期	2002-4-7	负 责 人	藤元秀人		
主营业务	制作、生产电脑动画画稿，电脑动画着色，销售公司自产产品。				

企业名称	天地龙门（上海）艺术发展有限公司				
企业地址	上海市浦东新区潍坊六村 627 号 357 室（200120）				
投资总额	20 万 USD	电　　话	64722838	传　　真	64721258
设立日期	2002-4-3	负 责 人	李亚俐		
主营业务	公共环境，艺术空间设计咨询，企业形象推广活动策划（广告除外）。				

企业名称	上海世纪华创文化形象管理有限公司				
企业地址	上海市长宁区延安西路 1228 弄 2 号嘉利大厦 16 楼 H 座（200052）				
投资总额	40 万 USD	电　　话	52308236	传　　真	62945286
设立日期	2002-4-1	负 责 人	杉浦幸昌		
主营业务	策划、设计、制作、销售动画节目形象及相关卫生产品。				

企业名称	通成商亭发展（上海）有限公司				
企业地址	上海市中山南路 100 弄 10 号（200002）				
投资总额	280 万 USD	电　　话	62915533	传　　真	63297722
设立日期	2002-3-12	负 责 人	金伟琛		
主营业务	设计、生产各类书报亭、电话亭、候车亭等及其相关的街道设施。				

企业名称	上海永华影城有限公司				
企业地址	上海市虹桥路 1 号 6 楼（200030）				
投资总额	230 万 USD	电　　话	64073398	传　　真	64476208
设立日期	2002-2-20	负 责 人	任仲伦		
主营业务	从事电影放映、附设配套的卖品部。				

企业名称	上海福居游泳馆有限公司				
企业地址	上海市延平路 123 弄 16 号（200050）				
投资总额	20 万 USD	电　　话	62461277	传　　真	52560553
设立日期	2002-2-1	负 责 人	李丽花		
主营业务	游泳、沐浴（不含按摩）、附设小卖部。				

社会服务业—
租赁、投资、信息、咨询、广告服务业

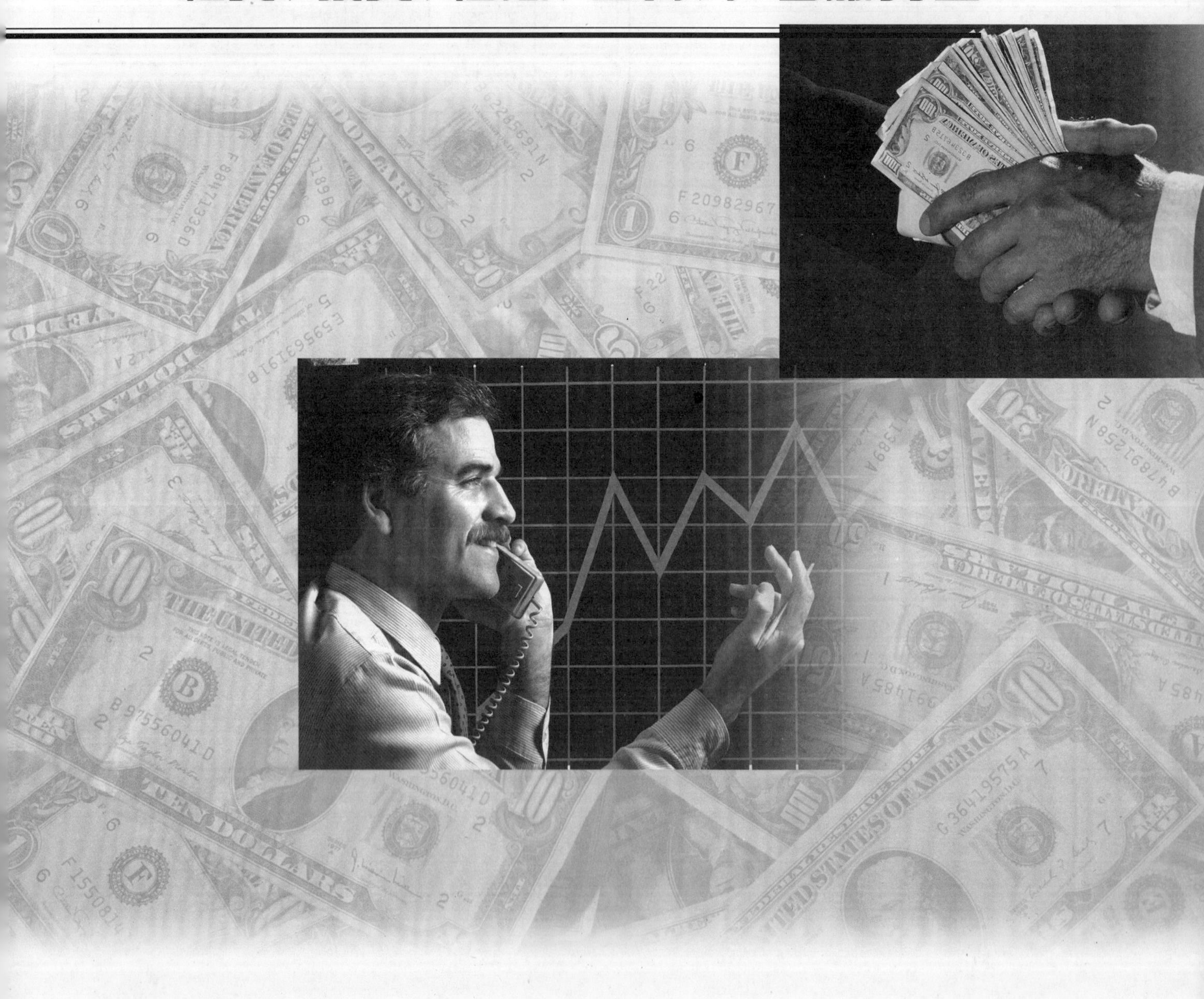

企业名称	方源知本股权投资管理（上海）有限公司				
企业地址	上海市浦东新区莲振路 298 号 4 幢 224 室（201204）				
投资总额	1500 万 USD	电　话	24190800	传　真	
设立日期	2009-12-31	负 责 人	唐益龄		
主营业务	受股权投资企业委托，从事投资管理及相关咨询服务业务。				

企业名称	日比野电子科技（上海）有限公司				
企业地址	上海市肇嘉浜路 1065 甲号 1609I 室（200030）				
投资总额	15 万 USD	电　话	51781377	传　真	
设立日期	2009-12-31	负 责 人	吉富正树		
主营业务	音像设备、显示屏的安装、维修以及提供相关技术咨询服务。				

企业名称	米狄兰营销策划（上海）有限公司				
企业地址	上海市茶陵北路 20 号 1 号楼 510 室（200032）				
投资总额	7.32 万 USD	电　话	51086200	传　真	64172171
设立日期	2009-12-31	负 责 人	贺德润		
主营业务	市场营销策划（广告除外），企业管理咨询。				

企业名称	普欧（上海）投资管理有限公司				
企业地址	上海市松江区小昆山镇广富林路 4855 弄 108 号 2701 室（201616）				
投资总额	300 万 USD	电　话		传　真	
设立日期	2009-12-30	负 责 人	MEI ZHI MING		
主营业务	投资管理咨询、实业投资咨询、投资顾问、企业管理咨询。				

企业名称	上海跃峰文化传播有限公司				
企业地址	上海市中山南二路 1007 号 602 室（200030）				
投资总额	14 万 USD	电　话	33630136	传　真	
设立日期	2009-12-30	负 责 人	余齐安		
主营业务	文化信息咨询（经纪除外）、投资咨询、会务服务、贸易信息咨询。				

企业名称	信投国际创业投资（上海）有限公司				
企业地址	上海市浦东新区花园石桥路 66 号东亚银行金融大厦 29 层（200120）				
投资总额	4000 万 USD	电　话	62077004	传　真	
设立日期	2009-12-29	负 责 人	刘亚东		
主营业务	向被投资企业提供管理咨询。				

企业名称	威世（中国）投资有限公司				
企业地址	上海市闸北区江场三路 331 号 101 部位（200436）				
投资总额	3000 万 USD	电　话	56030910	传　真	
设立日期	2009-12-29	负 责 人	WEE BOON HONG		
主营业务	在国家允许外商投资的领域依法进行投资。				

企业名称	曼胡默尔管理（上海）有限公司				
企业地址	上海市嘉定工业区叶城路 1288 号第 3 幢 2 楼 B 区（201807）				
投资总额	200 万 USD	电　话	61850323	传　真	
设立日期	2009-12-29	负 责 人	MANFRED WOLF		
主营业务	受母公司委托向境内外的关联企业提供投资经营决策服务。				

企业名称	格瑞夫（上海）投资管理有限公司				
企业地址	上海市化学工业区奉贤分区苍工路 818 号 1 幢 101 室（201424）				
投资总额	200 万 USD	电　话	53965505	传　真	
设立日期	2009-12-29	负 责 人	EUGENE XIAOGANG WU		
主营业务	为其提供投资经营决策及管理的咨询服务。				

企业名称	上海益博投资咨询有限公司				
企业地址	上海市黄浦区延安东路 175 号 15A09 室（200003）				
投资总额	23 万 USD	电　话	63266631	传　真	63266621
设立日期	2009-12-29	负 责 人	CHRISTOPHE JOURDAIN		
主营业务	投资咨询（除股权投资和股权投资管理）、经济信息咨询。				

企业名称	子福（上海）化妆品有限公司				
企业地址	上海市松江区中辰路 225 号 12 幢（201613）				
投资总额	100 万 USD	电　话		传　真	
设立日期	2009-12-25	负 责 人	KARTIKA		
主营业务	化妆品的灌装、包装。				

企业名称	金卫医保信息管理（中国）有限公司				
企业地址	上海市徐汇区肇嘉浜路 446 弄 1 号楼 1808 室（200031）				
投资总额	5000 万 USD	电　话	61198180	传　真	61198182
设立日期	2009-12-24	负 责 人	经建中		
主营业务	以承接服务外包方式提供医疗保险信息数据分析及处理。				

企业名称	上海加锐股权投资管理有限公司				
企业地址	上海市浦东新区莲振路 298 号 4 幢 223 室（201204）				
投资总额	294 万 USD	电　话	63073222	传　真	
设立日期	2009-12-24	负 责 人	胡长源		
主营业务	受股权投资企业委托，从事投资管理及相关咨询服务业务。				

企业名称	统益翻译（上海）有限公司				
企业地址	上海市江场三路 238 号 1122 室（200436）				
投资总额	77 万 USD	电　话		传　真	
设立日期	2009-12-24	负 责 人	方思现		
主营业务	翻译服务，电脑图文设计与制作。				

企业名称	贝恩创效管理咨询（上海）有限公司				
企业地址	上海市静安区南京西路 1266 号 2 号楼 3101-3113 室（200040）				
投资总额	72 万 USD	电　话	22115588	传　真	22115500
设立日期	2009-12-24	负 责 人	LARS MIKAEL THORNEMAN		
主营业务	企业管理咨询、投资咨询、国际经济信息咨询。				

企业名称	新鸿基（上海）投资顾问有限公司				
企业地址	上海市黄浦区南京西路 338 号 1902 室（200001）				
投资总额	30 万 USD	电　话	63276566	传　真	63276867
设立日期	2009-12-24	负 责 人	张修宽		
主营业务	投资咨询及顾问服务。				

企业名称	何黄工程咨询（上海）有限公司				
企业地址	上海市静安区康定路 1147 号 9 幢 1027 室（200042）				
投资总额	4.39 万 USD	电　话	64151122	传　真	
设立日期	2009-12-24	负 责 人	黄仲川		
主营业务	企业管理咨询，为工程和建筑项目提供管理咨询及技术咨询。				

企业名称	比可蒙多图文设计（上海）有限公司				
企业地址	上海市长宁区愚园路 1203 弄 16 号 201 室（200050）				
投资总额	7.50 万 USD	电　话	52389075	传　真	
设立日期	2009-12-23	负 责 人	THILO KUTHER		
主营业务	图文设计制作、视觉效果的设计和制作。				

企业名称	国誉（上海）企业管理有限公司				
企业地址	上海市奉贤区环城东路 383 号 5 楼 5111 室（201400）				
投资总额	200 万 USD	电　话	61413001	传　真	61413003
设立日期	2009-12-22	负 责 人	大田丰		
主营业务	向其提供投资经营决策、资金运作及财务管理、研究开发和技术支持。				

企业名称	上海迈思芭美容有限公司				
企业地址	上海市闵行区金都路 4299 号 5 幢 221 室（201108）				
投资总额	100 万 USD	电　话		传　真	
设立日期	2009-12-22	负 责 人	任乐乐		
主营业务	美容（仅限分支机构），企业管理咨询，市场营销策划，化妆品。				

企业名称	上海港豫投资咨询有限公司				
企业地址	上海市闵行区元江路 5500 号第 3 幢 246 室（201111）				
投资总额	7.32 万 USD	电　话	31260175	传　真	
设立日期	2009-12-22	负 责 人	石厚明		
主营业务	投资咨询，企业管理咨询，企业营销策划咨询，企业形象策划咨询。				

企业名称	杰思家电维修服务（上海）有限公司				
企业地址	上海市浦东新区凌河路 216 号 214 室（200120）				
投资总额	15 万 USD	电　话		传　真	
设立日期	2009-12-21	负 责 人	吕维民		
主营业务	提供电子产品、家用电器的延保、维修、置换服务方案的策划。				

企业名称	上海新思大教育信息咨询有限公司				
企业地址	上海市漕宝路 320 号 2 幢 302 室（200235）				
投资总额	7.32 万 USD	电　话	58724440	传　真	
设立日期	2009-12-21	负 责 人	王福钧		
主营业务	教育信息咨询。				

企业名称	天欣福人才服务（上海）有限公司				
企业地址	上海市虹口区高阳路 246 号 622 室（200080）				
投资总额	50 万 USD	电　话	64155368	传　真	64155367
设立日期	2009-12-17	负 责 人	佐分纪夫		
主营业务	人才供求信息的收集、整理、储存、发布和咨询服务。				

企业名称	吉天师动力科技（上海）有限公司				
企业地址	上海市奉贤区青村镇浦星公路 6695 弄 75 号 2 幢 1 车间（201400）				
投资总额	34 万 USD	电　话	51363363	传　真	
设立日期	2009-12-17	负 责 人	ZHOU NAICHENG		
主营业务	能源系统设计，机械制造、加工。				

企业名称	丹科医疗器械技术服务（上海）有限公司				
企业地址	上海市黄浦区南京西路 338 号 1207－1208 室（200001）				
投资总额	25 万 USD	电　话	63271122	传　真	63277008
设立日期	2009-12-17	负 责 人	PER TOELSTANG		
主营业务	诊断系统的仪器、试剂的贸易咨询及相关技术服务。				

企业名称	德塔颜色商贸（上海）有限公司				
企业地址	上海市黄浦区西藏中路 728 号 20I、J 室（200001）				
投资总额	20 万 USD	电　话	52373680	传　真	
设立日期	2009-12-17	负 责 人	ALBERTUS J. BUSCH		
主营业务	精密仪器及配套软件的批发、佣金代理。				

企业名称	赛迪埃脉韦瓦信息技术（上海）有限公司				
企业地址	上海市江场三路 238 号 1209 室（200436）				
投资总额	600 万 USD	电　话	36031829	传　真	36036829
设立日期	2009-12-16	负 责 人	ANDREA MARZAPANE		
主营业务	以承接服务外包方式从事软件开发、数据处理、系统应用管理及维护。				

企业名称	阿埃克建筑设计咨询（上海）有限公司				
企业地址	上海市浦东新区川沙路 955 号 11 幢 223 室（201209）				
投资总额	8 万 USD	电　话	58794537	传　真	
设立日期	2009-12-16	负 责 人	JOBURT BETADAM		
主营业务	建筑设计咨询、室内设计咨询、商务信息咨询、图文设计。				

企业名称	新基医药信息咨询（上海）有限公司				
企业地址	上海市黄浦区延安东路 222 号 1852 室（200001）				
投资总额	100 万 USD	电　话	63503790	传　真	
设立日期	2009-12-15	负 责 人	DAVID RUSSELL		
主营业务	医药信息咨询及相关技术咨询。				

企业名称	上海福冈物流信息咨询有限公司				
企业地址	上海市长宁区天山路 600 弄 2 号 18G 室（200051）				
投资总额	39 万 USD	电　话	62198707	传　真	
设立日期	2009-12-15	负 责 人	富永太郎		
主营业务	物流信息咨询。				

企业名称	骏朗（上海）投资管理咨询有限公司				
企业地址	上海市黄浦区北京东路 666 号 B 区 43A11 室（200001）				
投资总额	57 万 USD	电　话	54669891	传　真	
设立日期	2009-12-14	负 责 人	汪小龙		
主营业务	投资管理咨询。				

企业名称	上海元森投资咨询有限公司				
企业地址	上海市虹口区四平路 421 弄 107 号 H09 室（200092）				
投资总额	14 万 USD	电　话		传　真	
设立日期	2009-12-14	负 责 人	苏翠婵		
主营业务	投资咨询。				

企业名称	睿析（上海）科技咨询有限公司				
企业地址	上海市静安区乌鲁木齐北路 199 号 1612 室（200040）				
投资总额	4.39 万 USD	电　话	62483973	传　真	62483973
设立日期	2009-12-14	负 责 人	BERNARD MICHAEL CLENDENIN		
主营业务	科技咨询、投资咨询、企业管理咨询。				

企业名称	恒上（上海）投资咨询有限公司				
企业地址	上海市浦东新区光明路 718 号 819 室（200125）				
投资总额	293 万 USD	电　话	62371100	传　真	
设立日期	2009-12-11	负 责 人	JIN YAN		
主营业务	企业管理咨询、投资咨询、商务信息咨询。				

企业名称	地中海邮轮旅行社（上海）有限公司				
企业地址	上海市虹口区东大名路 358 号 413 室（200082）				
投资总额	73 万 USD	电　话	65375387	传　真	
设立日期	2009-12-11	负 责 人	何国添		
主营业务	从事国内旅游业务和入境旅游业务。				

企业名称	罗兰贝格管理咨询（上海）有限公司				
企业地址	上海市静安区南京西路 1515 号 2308-2309 室（200040）				
投资总额	60 万 USD	电　话	52986677	传　真	52986660
设立日期	2009-12-11	负 责 人	VINCENT MERCIER		
主营业务	投资咨询、市场策划。				

企业名称	埃康广告（上海）有限公司				
企业地址	上海市嘉定区汇源路 200 号 706 室（201815）				
投资总额	50 万 USD	电　话	33535090	传　真	33535098
设立日期	2009-12-11	负 责 人	黄建海		
主营业务	设计、制作、发布、代理国内外各类广告。				

企业名称	艾露法（上海）商贸有限公司				
企业地址	上海市金山区朱泾镇临仓街 600 号 8 幢 350 室（201500）				
投资总额	15 万 USD	电　话	62329380	传　真	62328975
设立日期	2009-12-11	负 责 人	马骏		
主营业务	促销牌、海报（不含广告）、服装、玩具、文具、纺织品。				

企业名称	校吉商务信息咨询（上海）有限公司				
企业地址	上海市奉贤区青村镇南奉公路 3081 号 3 幢 106 室（201414）				
投资总额	10 万 USD	电　话	4006 353536	传　真	
设立日期	2009-12-11	负 责 人	NAM MYONG HEE		
主营业务	贸易信息咨询，投资咨询，企业管理咨询。				

企业名称	毅业（上海）投资管理咨询有限公司				
企业地址	上海市长宁区延安西路 2299 号 259 室（200336）				
投资总额	10 万 USD	电　话	62414184	传　真	
设立日期	2009-12-11	负 责 人	刘文正		
主营业务	投资咨询、企业管理咨询、市场营销策划。				

企业名称	嘉玫尔（上海）企业管理咨询有限公司				
企业地址	上海市长宁区延安西路 2299 号 245 室（200336）				
投资总额	7.32 万 USD	电　话	64879121	传　真	64870816
设立日期	2009-12-11	负 责 人	村野和雄		
主营业务	企业管理咨询、美容技术咨询和信息咨询。				

企业名称	冠杰亚商务服务（上海）有限公司				
企业地址	上海市黄浦区西藏中路 168 号 2508－A 室（200001）				
投资总额	110 万 USD	电　话	62827082	传　真	
设立日期	2009-12-9	负 责 人	WONG DEAN YIN BENNY		
主营业务	办公室租赁服务、物业管理。				

企业名称	誉的雅企业管理咨询（上海）有限公司				
企业地址	上海市崇明县向化镇六滧河路 696 号 15 幢 98 室（202161）				
投资总额	7.78 万 USD	电　话	13818670716	传　真	
设立日期	2009-12-9	负 责 人	森信肇		
主营业务	企业管理咨询、投资咨询、国际经济信息咨询。				

企业名称	丰厚投资管理咨询（上海）有限公司				
企业地址	上海市卢湾区淮海中路 333 号 1110 室（200021）				
投资总额	50 万 USD	电　话		传　真	
设立日期	2009-12-7	负 责 人	戴章挥		
主营业务	经济信息咨询、投资咨询、企业管理咨询。				

企业名称	施贝华会展服务（上海）有限公司				
企业地址	上海市浦东新区世纪大道 1568 号中建大厦 25 楼 2503 室（200122）				
投资总额	15 万 USD	电　话	61681325	传　真	61681327
设立日期	2009-12-7	负 责 人	ERNST KICK		
主营业务	在中国境内主办、承办各类经济技术展览会和会议。				

企业名称	上海挚信创业投资管理有限公司				
企业地址	上海市浦东新区春晓路 289 号张江大厦 1801 室 10 单元（201203）				
投资总额	15 万 USD	电　话	50106188	传　真	
设立日期	2009-12-7	负 责 人	袁小红		
主营业务	受托管理创业投资企业的投资业务，提供创业投资咨询。				

企业名称	中水投资管理（上海）有限公司				
企业地址	上海市虹口区四川北路 1915 号 7B06 室（200080）				
投资总额	15 万 USD	电　话	58303305	传　真	
设立日期	2009-12-7	负 责 人	JIZU JOHN CHENG		
主营业务	投资咨询，预包装食品。				

企业名称	鑫域（上海）投资管理咨询有限公司				
企业地址	上海市浦东新区杨高北路528号14幢1C01室（200126）				
投资总额	6.45万USD	电话	68816261	传真	
设立日期	2009-12-7	负责人	LIM YU NENG PAUL		
主营业务	投资咨询、企业管理咨询、企业形象策划咨询。				

企业名称	久益教育信息咨询（上海）有限公司				
企业地址	上海市江场三路238号1205室（200435）				
投资总额	42万USD	电话	66108860	传真	33876697
设立日期	2009-12-4	负责人	LIANG CHANGNIAN		
主营业务	教育信息咨询。				

企业名称	海契投资咨询（上海）有限公司				
企业地址	上海市静安区大田路129弄1号27层D室（200041）				
投资总额	7万USD	电话	64289071	传真	
设立日期	2009-12-4	负责人	JONATHAN GILBERT TAIEB		
主营业务	投资咨询，投资管理咨询，企业管理咨询。				

企业名称	上海港恒投资咨询有限公司				
企业地址	上海市嘉定区新成路街道和政路888号206室（201822）				
投资总额	146万USD	电话	39532345	传真	
设立日期	2009-12-2	负责人	何厚镗		
主营业务	投资咨询、企业管理咨询、物业的管理。。				

企业名称	上海朗普企业管理有限公司				
企业地址	上海市静安区康定路1147号9幢2001室（200041）				
投资总额	20万USD	电话	62896996	传真	
设立日期	2009-12-2	负责人	PETER LAMPL		
主营业务	企业管理咨询、投资咨询、企业登记代理服务及咨询。				

企业名称	盛成商务咨询（上海）有限公司				
企业地址	上海市浦东新区浦东南路1101号1321室（200122）				
投资总额	7.32万USD	电话	68766803	传真	
设立日期	2009-11-30	负责人	TEO CHONG TECK		
主营业务	商务信息咨询、企业管理咨询、投资咨询、信息科技咨询。				

企业名称	上海磐华股权投资管理有限公司				
企业地址	上海市浦东新区上丰西路55号6幢110室（200121）				
投资总额	200万USD	电话	61010052	传真	
设立日期	2009-11-27	负责人	陈工孟		
主营业务	受股权投资企业委托，从事投资管理及相关咨询服务业务。				

企业名称	丽君文化交流（上海）有限公司				
企业地址	上海市松江区新松江路1296号8楼812室A单位（201620）				
投资总额	8万USD	电话		传真	
设立日期	2009-11-26	负责人	邓长富		
主营业务	歌演、民俗艺术表演的技术咨询。				

企业名称	翼特讯（上海）商务咨询有限公司				
企业地址	上海市金山区漕泾镇致富路7号10幢177室（201507）				
投资总额	4.39万USD	电话	51876681	传真	
设立日期	2009-11-26	负责人	HO SEEW CHING		
主营业务	贸易信息咨询、企业管理咨询、市场信息咨询。				

企业名称	上海宏睿油气田径向井技术服务有限公司				
企业地址	上海市浦东新区东陆路1992号二层（201206）				
投资总额	160万USD	电话	58970785	传真	58977667
设立日期	2009-11-25	负责人	刘刚强		
主营业务	油气田（含煤层气）径向井钻探。				

企业名称	创采（上海）企业管理咨询有限公司				
企业地址	上海市普陀区陕西北路1392弄8号1415室（200060）				
投资总额	7.32万USD	电话	61498271	传真	
设立日期	2009-11-25	负责人	HOLGER HILDEBRANDT		
主营业务	企业管理咨询、国际贸易咨询。				

企业名称	漠北矿业投资咨询（上海）有限公司				
企业地址	上海市闵行区庙泾路66号1379室（201100）				
投资总额	107万USD	电话	54172365	传真	
设立日期	2009-11-24	负责人	任戈亮		
主营业务	矿业投资咨询服务以及相关行业的软件开发。				

企业名称	三兴（上海）企业管理咨询有限公司				
企业地址	上海市长宁区定西路1232号2幢2号楼108室（200335）				
投资总额	30万USD	电话	62521926	传真	
设立日期	2009-11-24	负责人	白锡潭		
主营业务	企业管理咨询、企业形象策划、市场营销策划。				

企业名称	英飞尼迪（上海）创业投资管理有限公司				
企业地址	上海市静安区康定路1147号9幢1029室（200042）				
投资总额	15万USD	电话	33070045	传真	
设立日期	2009-11-23	负责人	AMIR GAL OR		
主营业务	提供投资咨询、商务咨询、企业管理咨询服务。				

企业名称	舒颖建筑设计咨询（上海）有限公司				
企业地址	上海市静安区新闸路831号8层M室（200041）				
投资总额	7.32万USD	电话	32170066	传真	
设立日期	2009-11-23	负责人	NICHOLAS MAK KENG KIT		
主营业务	建筑设计咨询，室内设计咨询，景观设计咨询。				

企业名称	三司商务咨询（上海）有限公司				
企业地址	上海市卢湾区淮海中路138号1802室（200021）				
投资总额	200万USD	电话		传真	
设立日期	2009-11-20	负责人	MAROUN LEBBOS		
主营业务	贸易信息咨询、建筑工程管理咨询、投资咨询。				

企业名称	赛卡夫（上海）标牌制作有限公司				
企业地址	上海市浦东新区南六公路882弄146号1幢101室（201300）				
投资总额	14万USD	电话	58032200	传真	
设立日期	2009-11-20	负责人	黄耀祥		
主营业务	招牌、灯箱、标识（以上均除广告）的设计制作。				

企业名称	资腾企业管理咨询（上海）有限公司				
企业地址	上海市中山南二路1007号1406室（200032）				
投资总额	32万USD	电话	56628022	传真	5625292
设立日期	2009-11-19	负责人	戚健宁		
主营业务	财务信息咨询，企业管理咨询，投资咨询。				

企业名称	优珍医疗信息咨询（上海）有限公司				
企业地址	上海市闵行区吴中路1238号3幢3楼F1座（201103）				
投资总额	10万USD	电话	64658092	传真	
设立日期	2009-11-19	负责人	BAE YUSHIK		
主营业务	医疗信息咨询。				

企业名称	上海金熊企业管理咨询有限公司				
企业地址	上海市长宁区延安西路2299号201室（200336）				
投资总额	5万USD	电话	62529901	传真	
设立日期	2009-11-19	负责人	CHARLES VICTOR SCHOLZ		
主营业务	企业管理咨询，投资信息咨询。				

企业名称	上海智广投资管理有限公司				
企业地址	上海市松江区小昆山镇广富林路4855弄108号203室（201600）				
投资总额	500万USD	电话		传真	
设立日期	2009-11-18	负责人	莫仲沛		
主营业务	受投资方委托对其进行投资管理、资产管理。				

企业名称	上海思壮投资管理咨询有限公司				
企业地址	上海市浦东新区崂山路332号B11幢2层1室（200120）				
投资总额	1.46万USD	电话	58371058	传真	
设立日期	2009-11-18	负责人	SUI PENG		
主营业务	投资管理咨询、企业管理咨询、商务信息咨询。				

企业名称	时溢投资咨询（上海）有限公司				
企业地址	上海市浦东新区光明路718号749室（200126）				
投资总额	10万USD	电话	61271951	传真	
设立日期	2009-11-16	负责人	JANG SI IL		
主营业务	商务信息咨询、投资咨询、企业管理咨询、贸易信息咨询。				

企业名称	宝胤企业管理咨询（上海）有限公司				
企业地址	上海市黄浦区制造局路437号58室（200010）				
投资总额	21万USD	电话	63938989	传真	63938989
设立日期	2009-11-13	负责人	王晓东		
主营业务	酒店管理咨询、投资咨询。				

企业名称	上海尚庆商务咨询有限公司				
企业地址	上海市黄浦区九江路 399 号 609 室 E 座（200002）				
投资总额	11 万 USD	电　话		传　真	
设立日期	2009-11-13	负 责 人	李爱华		
主营业务	投资咨询、企业策划、会务服务。				

企业名称	美德维实伟克（中国）投资有限公司				
企业地址	上海市徐汇区虹桥路 1 号港汇中心一座 22 楼 2207 室（200030）				
投资总额	3000 万 USD	电　话	61130502	传　真	61130505
设立日期	2009-11-11	负 责 人	BENJAMIN FRANKLIN WARD JR		
主营业务	在国家允许外商投资的领域依法进行投资。				

企业名称	梅原财务咨询（上海）有限公司				
企业地址	上海市黄浦区制造局路 437 号 61 室（200011）				
投资总额	16 万 USD	电　话	13918049508	传　真	
设立日期	2009-11-11	负 责 人	铃木勘也		
主营业务	财务管理咨询、投资咨询、国际经济信息咨询。				

企业名称	上海灵思市场营销顾问有限公司				
企业地址	上海市静安区石门一路 211 号 2103 室（200040）				
投资总额	15 万 USD	电　话	62262625	传　真	
设立日期	2009-11-11	负 责 人	谭明		
主营业务	市场营销咨询，企业管理咨询。				

企业名称	恩亚投资咨询（上海）有限公司				
企业地址	上海市闵行区合川路 3071 号 1 幢 435 室（201101）				
投资总额	14 万 USD	电　话	64889413	传　真	
设立日期	2009-11-11	负 责 人	王隽		
主营业务	投资咨询、市场信息咨询、企业管理咨询。				

企业名称	蓝华投资咨询（上海）有限公司				
企业地址	上海市卢湾区淮海中路 333 号 1109 室（200020）				
投资总额	10 万 USD	电　话		传　真	
设立日期	2009-11-11	负 责 人	文刚锐		
主营业务	投资咨询、企业管理咨询、市场营销策划咨询。				

企业名称	黑锁企业管理咨询（上海）有限公司				
企业地址	上海市浦东新区陆家嘴环路 166 号 20 楼 20-02D 室（200122）				
投资总额	8 万 USD	电　话	51757777	传　真	
设立日期	2009-11-11	负 责 人	RAMSBOTTOM ALISTAIR EDWARD		
主营业务	企业管理咨询。				

企业名称	阜丰投资咨询（上海）有限公司				
企业地址	上海市普陀区桃浦路 226 号北幢 240 室（200333）				
投资总额	11 万 USD	电　话		传　真	
设立日期	2009-11-10	负 责 人	JOHN ZILI SUN		
主营业务	投资咨询、国际经济信息咨询、财务管理咨询。				

企业名称	上海来恩商务咨询有限公司				
企业地址	上海市闵行区中春路 4999 号 1484 室（201100）				
投资总额	2.00 万 USD	电　话	64889413	传　真	
设立日期	2009-11-10	负 责 人	陈志强		
主营业务	企业管理咨询、化妆品的批发、进出口。				

企业名称	艺康（中国）投资有限公司				
企业地址	上海市浦东新区金桥路 939 号浦东宏南投资大厦 1606 室（200136）				
投资总额	3000 万 USD	电　话	62371000	传　真	
设立日期	2009-11-9	负 责 人	HSENG HUNG SAM HSU		
主营业务	在国家允许外商投资的领域依法进行投资。				

企业名称	大非环境设计咨询（上海）有限公司				
企业地址	上海市浦东新区花木路 832 号 305 室（200126）				
投资总额	10 万 USD	电　话	58773720	传　真	
设立日期	2009-11-9	负 责 人	林扬		
主营业务	环境设计咨询、景观设计咨询、建筑设计咨询。				

企业名称	健名商务咨询（上海）有限公司				
企业地址	上海市浦东新区东靖路 1831 号 603-17 室（201208）				
投资总额	5.00 万 USD	电　话	68889636	传　真	
设立日期	2009-11-9	负 责 人	陈建邦		
主营业务	商务信息咨询。				

企业名称	红运（上海）投资咨询有限公司				
企业地址	上海市金山区枫泾镇兴坊路 565 号 3 幢 323 室（201502）				
投资总额	75 万 USD	电　话		传　真	
设立日期	2009-11-6	负 责 人	魏国英		
主营业务	投资咨询、投资管理咨询、企业管理咨询。				

企业名称	杰特环亚（上海）医药信息咨询有限公司				
企业地址	上海市长乐路 989 号 2101 室（200031）				
投资总额	15 万 USD	电　话	54075353	传　真	54075280
设立日期	2009-11-6	负 责 人	CHRISTOPHER CHARLES CHURCH		
主营业务	医药产品信息咨询、生物技术咨询、贸易信息咨询。				

企业名称	那湾（上海）企业管理咨询有限公司				
企业地址	上海市天钥桥路 909 号 2 号楼 203 室（200032）				
投资总额	10 万 USD	电　话		传　真	
设立日期	2009-11-6	负 责 人	CHUNILAL NAVIN CHANDRA		
主营业务	企业管理咨询、国际经济信息咨询、投资咨询。				

企业名称	上海希杰星汇影视文化咨询有限公司				
企业地址	上海市共和新路 1968 号 10 号楼 908 室（200072）				
投资总额	25 万 USD	电　话	56651212	传　真	
设立日期	2009-11-5	负 责 人	LIM JONG KIL		
主营业务	影视文化信息咨询、影视技术咨询、企业管理咨询				

企业名称	盟博广告（上海）有限公司				
企业地址	上海市静安区万航渡路 888 号 8 楼 02 室（200042）				
投资总额	30 万 USD	电　话	61202755	传　真	61202755
设立日期	2009-11-4	负 责 人	DANIEL ADAM SIMON		
主营业务	设计、制作、发布、代理国内外各类广告。				

企业名称	夏宇投资咨询（上海）有限公司				
企业地址	上海市浦东新区枣庄路 667 号 410 室（200135）				
投资总额	14 万 USD	电　话	33926478	传　真	
设立日期	2009-11-4	负 责 人	GREGORY MARK HILL		
主营业务	投资咨询、企业管理咨询、商务信息咨询。				

企业名称	胡记投资咨询（上海）有限公司				
企业地址	上海市闵行区沪青平公路 206 弄 8 号 2 幢 1 楼 1065 室（201106）				
投资总额	12 万 USD	电　话	54891876	传　真	
设立日期	2009-11-4	负 责 人	上原健夫		
主营业务	投资咨询，企业管理咨询。				

企业名称	橙叁企业管理咨询（上海）有限公司				
企业地址	上海市闵行区平阳路 1526 号 1048 室（201100）				
投资总额	11 万 USD	电　话	54141214	传　真	
设立日期	2009-11-4	负 责 人	YAP MENG HUI		
主营业务	企业管理咨询，投资咨询，餐饮企业管理。				

企业名称	流创市场营销策划（上海）有限公司				
企业地址	上海市闵行区光华路 2118 号第 6 幢 1382 室（201111）				
投资总额	7.39 万 USD	电　话	68763001	传　真	
设立日期	2009-11-4	负 责 人	杨晓毅		
主营业务	市场营销策划，企业形象策划，计算机网络服务。				

企业名称	高傅（上海）投资咨询有限公司				
企业地址	上海市宝山区牡丹江路 1508 号 1105 室 A 座（201900）				
投资总额	50 万 USD	电　话	33607834	传　真	62896033
设立日期	2009-11-3	负 责 人	ROSS GEOFFREY ANDREW		
主营业务	投资咨询、经济信息咨询、企业管理咨询、市场营销咨询。				

企业名称	信润投资管理咨询（上海）有限公司				
企业地址	上海市宝山城市工业园区真陈路 868 号 3 号楼 1012 室（200444）				
投资总额	14 万 USD	电　话	36160736	传　真	
设立日期	2009-11-3	负 责 人	余子亮		
主营业务	从事投资咨询、企业管理信息咨询。				

企业名称	奇美（上海）商务咨询有限公司				
企业地址	上海市浦东新区东陆路 1962 号 1 层 E 室（200120）				
投资总额	7.74 万 USD	电　话	58817700	传　真	
设立日期	2009-11-3	负 责 人	伍威达		
主营业务	投资咨询、企业管理咨询、市场营销咨询、商务咨询。				

企业名称	上海志茂企业管理咨询有限公司				
企业地址	上海市浦东新区峨山路 613 号 11 幢 211 室（200127）				
投资总额	14 万 USD	电　话	51284425	传　真	
设立日期	2009-10-30	负责人	周仲昌		
主营业务	企业管理咨询、商务信息咨询。				

企业名称	莎啦啦创意设计（上海）有限公司				
企业地址	上海市静安区延平路 81 号 302 室（200040）				
投资总额	7.32 万 USD	电　话		传　真	
设立日期	2009-10-30	负责人	EU HO FOO		
主营业务	企业品牌策划咨询，企业营销策划咨询，企业管理咨询。				

企业名称	上海因正投资咨询有限公司				
企业地址	上海市闵行区光华路 2118 号 6 幢 1451 室（201111）				
投资总额	5 万 USD	电　话		传　真	
设立日期	2009-10-30	负责人	EVA SIMON		
主营业务	投资咨询、投资管理咨询、国际贸易信息咨询。				

企业名称	梅特朗（上海）文化艺术咨询有限公司				
企业地址	上海市静安区陕西北路 457 号 9 号幢 222 室（200040）				
投资总额	14 万 USD	电　话	62552858	传　真	62550718
设立日期	2009-10-29	负责人	JEAN GABRIEL PUAL JOSEPH		
主营业务	文化艺术及文化信息咨询，为展览展示的策划、设计。				

企业名称	上海美肌堂美容咨询有限公司				
企业地址	上海市闵行区庙泾路 66 号 1469 室（201100）				
投资总额	1 万 USD	电　话	61452768	传　真	
设立日期	2009-10-29	负责人	黄宝仪		
主营业务	美容技术咨询。				

企业名称	上海安吉星信息服务有限公司				
企业地址	上海市虹梅路 1801 号 B 楼 3、4 楼（200233）				
投资总额	1758 万 USD	电　话	4008201188	传　真	33959988
设立日期	2009-10-28	负责人	陈　虹		
主营业务	公司在中国提供车载信息通信（通讯）服务。				

企业名称	沪港机场管理（上海）有限公司				
企业地址	上海虹桥机场空港一路 300 号 206、208 室（200335）				
投资总额	1465 万 USD	电　话	22340858	传　真	
设立日期	2009-10-28	负责人	景逸鸣		
主营业务	在上海虹桥国际机场东西两个航站区内提供管理服务。				

企业名称	通用磨坊（中国）投资有限公司				
企业地址	上海市浦东新区懿德路 399 号 1 号楼 201、202 室（200124）				
投资总额	3000 万 USD	电　话	34234517	传　真	34234519
设立日期	2009-10-27	负责人	GARY CHU		
主营业务	在国家允许外商投资的领域依法进行投资。				

企业名称	新德辉酒店管理（上海）有限公司				
企业地址	上海市黄浦区制造局路 437 号 56（200011）				
投资总额	750 万 USD	电　话	52199806	传　真	
设立日期	2009-10-27	负责人	王荣鹏		
主营业务	酒店管理、投资咨询、企业管理咨询。				

企业名称	埃彼穆勒码头企业管理（上海）有限公司				
企业地址	上海市浦东新区陆家嘴环路 166 号 7 层 C 及 E 单元（200120）				
投资总额	200 万 USD	电　话	23062888	传　真	
设立日期	2009-10-27	负责人	MARTIN GAARD CHRISTIANSEN		
主营业务	投资经营决策和管理咨询。				

企业名称	碧志投资管理咨询（上海）有限公司				
企业地址	上海市茶陵路 159 弄 18 号 107 室（200032）				
投资总额	88 万 USD	电　话		传　真	
设立日期	2009-10-27	负责人	郑碧华		
主营业务	企业管理咨询、投资咨询、贸易信息咨询。				

企业名称	澳昱冠工程咨询（上海）有限公司				
企业地址	上海市肇嘉浜路 1065 甲号 1604-D 室（200030）				
投资总额	25 万 USD	电　话	63350585	传　真	
设立日期	2009-10-27	负责人	PAUL ANDREW HARDY		
主营业务	工程技术信息咨询、工程管理信息咨询。				

企业名称	多品检测技术（上海）有限公司				
企业地址	上海市浦东新区康桥镇康桥东路 1221 号 4 幢底层（201315）				
投资总额	15 万 USD	电　话	68183021	传　真	
设立日期	2009-10-27	负责人	何慧兰		
主营业务	玩具开发检测技术咨询。				

企业名称	百仕通（中国）股权投资管理有限公司				
企业地址	上海市浦东新区陆家嘴环路 166 号未来资产大厦 30 层 A 单元（200120）				
投资总额	2197 万 USD	电　话		传　真	
设立日期	2009-10-26	负责人	郭明鑑		
主营业务	受股权投资企业委托，从事投资管理及相关咨询服务业务。				

企业名称	世喜坊洗衣（上海）有限公司				
企业地址	上海市浦东新区航头镇航帆路 51 号四号 D 区（201316）				
投资总额	15 万 USD	电　话		传　真	
设立日期	2009-10-26	负责人	铃木康文		
主营业务	洗衣服务；洗衣设备、洗涤剂的批发、进出口。				

企业名称	迈励公共关系咨询（上海）有限公司				
企业地址	上海市静安区南京西路 818 号 1616 室（200041）				
投资总额	14 万 USD	电　话	53085929	传　真	
设立日期	2009-10-26	负责人	YAP BOH TIONG		
主营业务	公共关系咨询，企业形象策划，展览会务咨询。				

企业名称	华纪创业投资管理（上海）有限公司				
企业地址	上海市漕河泾新兴技术开发区宜山路 888 号新银大厦 1605 室（200233）				
投资总额	29 万 USD	电　话	64396829	传　真	
设立日期	2009-10-23	负责人	王利新		
主营业务	受托管理创业投资企业的投资业务。				

企业名称	上海柏兰川崎船舶技术服务有限公司				
企业地址	上海市浦东新区新金桥路 1295 号 4 幢 5 层（201206）				
投资总额	10 万 USD	电　话		传　真	
设立日期	2009-10-23	负责人	杨　华		
主营业务	接受船舶所有人或船舶承租人、船舶经营人的委托从事。				

企业名称	美诣建筑设计咨询（上海）有限公司				
企业地址	上海市杨浦区大学路 185 号 503 室（200433）				
投资总额	6.00 万 USD	电　话	68868366	传　真	
设立日期	2009-10-23	负责人	DAVID LAWRENCE MANICA		
主营业务	建筑设计信息咨询（建筑设计除外），企业管理咨询。				

企业名称	阳子企业管理咨询（上海）有限公司				
企业地址	上海市张江高科技园区龙东大道 3000 号 5 幢 504 室 A（201203）				
投资总额	1.50 万 USD	电　话		传　真	
设立日期	2009-10-23	负责人	MARIKAWA YOKO		
主营业务	项目策划、投资咨询、企业管理咨询及员工培训。				

企业名称	利楼可信（上海）企业管理咨询有限公司				
企业地址	上海市长宁区法华镇路 525 号 4 幢 103 室（200052）				
投资总额	50 万 USD	电　话	62730330	传　真	
设立日期	2009-10-22	负责人	志水康治		
志水康治	企业管理咨询、投资咨询、信息技术咨询。				

企业名称	泰孚租赁（上海）有限公司				
企业地址	上海市徐汇区淮海中路 1325 号 1004 室（200030）				
投资总额	40 万 USD	电　话	54660331	传　真	54660332
设立日期	2009-10-22	负责人	MARCO IJZERMAN		
主营业务	罐式集装箱租赁业务，向国内外购买租赁财产。				

企业名称	埃斯比约船舶技术咨询（上海）有限公司				
企业地址	上海市浦东新区民生路 1403 号 1610 室（200120）				
投资总额	6 万 USD	电　话		传　真	
设立日期	2009-10-22	负责人	LARSEN MICHAEL		
主营业务	船舶技术咨询与技术服务。				

企业名称	宏盟投资咨询（上海）有限公司				
企业地址	上海市虹桥路 1 号 3710 室（200030）				
投资总额	14 万 USD	电　话		传　真	
设立日期	2009-10-21	负责人	SERGE DUMONT		
主营业务	企业管理咨询、投资咨询、财务管理咨询、贸易信息咨询。				

企业名称	味丹生物科技（上海）有限公司				
企业地址	上海市静安区江宁路 495 号 2606 室（200041）				
投资总额	20 万 USD	电　　话	63028866	传　　真	
设立日期	2009-10-20	负 责 人	杨世安		
主营业务	食品生产技术咨询及技术服务。				

企业名称	上海心蕾教育信息咨询有限公司				
企业地址	上海市嘉定区马陆镇沪宜公路 1800 号第 2 幢 102 室（201801）				
投资总额	15 万 USD	电　　话	59158728	传　　真	
设立日期	2009-10-20	负 责 人	莫非（MO FEI）		
主营业务	教育信息咨询、企业管理咨询、企业营销策划。				

企业名称	颐华财务咨询（上海）有限公司				
企业地址	上海市崇明县城桥镇运良小区 288 号 2 幢 101－3 室（202150）				
投资总额	15 万 USD	电　　话	20381086	传　　真	23081080
设立日期	2009-10-20	负 责 人	YVONNE SIUHUNG WANG-LIU		
主营业务	投资咨询，财务管理咨询，企业管理咨询。				

企业名称	墨间建筑设计咨询（上海）有限公司				
企业地址	上海市黄浦区白渡路 256 号 210 室（200011）				
投资总额	22 万 USD	电　　话	61498330	传　　真	
设立日期	2009-10-19	负 责 人	汪维娜		
主营业务	建筑设计咨询、建筑工程技术咨询、施工咨询。				

企业名称	美加伦（上海）商务咨询有限公司				
企业地址	上海市虹口区四川北路 1688 号 1716 室（200082）				
投资总额	14 万 USD	电　　话	63569339	传　　真	63569175
设立日期	2009-10-19	负 责 人	钱晓燕		
主营业务	企业管理咨询，投资咨询，市场营销策划。				

企业名称	捷实（上海）汽车咨询有限公司				
企业地址	上海市静安区成都北路 333 号南楼 1607 室 H（200040）				
投资总额	7.39 万 USD	电　　话	6193 5623	传　　真	
设立日期	2009-10-19	负 责 人	HANS JOCHEN CHRISTIAN SIEBERT		
主营业务	汽车行业及相关信息咨询。				

企业名称	瑞鸣投资管理咨询（上海）有限公司				
企业地址	上海市浦东新区枣庄路 729 号 501 室（201206）				
投资总额	20 万 USD	电　　话		传　　真	
设立日期	2009-10-16	负 责 人	晁齐		
主营业务	投资管理咨询、投资咨询、贸易信息咨询。				

企业名称	百讯达瑞世（上海）广告有限公司				
企业地址	上海市静安区陕西北路 66 号科恩国际中心 708 室（200041）				
投资总额	51 万 USD	电　　话	51168877	传　　真	51160678
设立日期	2009-10-15	负 责 人	练秀兴		
主营业务	设计、制作、代理、发布国内外各类广告。				

企业名称	安郧建筑环境工程咨询（上海）有限公司				
企业地址	上海市静安区南京西路 1038 号 3307 室（200040）				
投资总额	19 万 USD	电　　话		传　　真	
设立日期	2009-10-15	负 责 人	JIMING XIE		
主营业务	建筑结构工程咨询，环境工程咨询，建筑节能环保设备及零配件。				

企业名称	捷帕企业管理咨询（上海）有限公司				
企业地址	上海市长宁区延安西路 1088 号 2202 室（200052）				
投资总额	14 万 USD	电　　话	32200189	传　　真	
设立日期	2009-10-15	负 责 人	陈刚达		
主营业务	企业管理咨询、投资咨询、经济信息咨询、贸易信息咨询。				

企业名称	乐与占建筑设计咨询（上海）有限公司				
企业地址	上海市浦东新区杨园南路 116 号 6 幢西 110 室（200126）				
投资总额	10 万 USD	电　　话		传　　真	
设立日期	2009-10-14	负 责 人	关其乐		
主营业务	建筑设计咨询、室内装饰设计咨询、商务信息咨询。				

企业名称	翠社设计咨询（上海）有限公司				
企业地址	上海市卢湾区黄陂南路 751 号 12 号楼 311 室、312 室、313 室(200021)				
投资总额	1.63 万 USD	电　　话	53066013	传　　真	
设立日期	2009-10-14	负 责 人	LI-AN TSIEN		
主营业务	企业管理咨询，商务信息咨询，市场营销咨询，商业环境策划咨询。				

企业名称	普士腾贸易信息咨询（上海）有限公司				
企业地址	上海市长宁区兴义路 8 号 902-904 室（200336）				
投资总额	30 万 USD	电　　话	52082051	传　　真	52082052
设立日期	2009-10-13	负 责 人	郑宗贤		
主营业务	贸易信息咨询、投资咨询、市场营销咨询、企业管理咨询。				

企业名称	洁欣（上海）形象设计有限公司				
企业地址	上海市新乐路 158 号 1FA 室（200031）				
投资总额	14 万 USD	电　　话		传　　真	
设立日期	2009-10-13	负 责 人	BARBARA JEANNE ABLAZA		
主营业务	形象设计策划服务（不含广告）。				

企业名称	康栢管理咨询（上海）有限公司				
企业地址	上海市虹桥路 3 号二座 27 楼 2703 室（200030）				
投资总额	11 万 USD	电　　话	64481122	传　　真	64472703
设立日期	2009-10-13	负 责 人	罗汉文		
主营业务	投资咨询、企业管理咨询、国际经济信息咨询。				

企业名称	银隆商业管理咨询（上海）有限公司				
企业地址	上海市卢湾区淮海中路 381 号中环广场 18 楼 1801 室（200021）				
投资总额	73 万 USD	电　　话	51099833	传　　真	63915282
设立日期	2009-10-12	负 责 人	张文生		
主营业务	商业管理咨询、投资咨询、市场营销策划。				

企业名称	汇扬（上海）投资咨询有限公司				
企业地址	上海市静安区康定路 1147 号 9 幢 1019 室（200040）				
投资总额	50 万 USD	电　　话	54668971	传　　真	54668971
设立日期	2009-10-12	负 责 人	陈文杰		
主营业务	企业登记代理，投资管理咨询，企业管理咨询。				

企业名称	康达科建筑工程技术咨询（上海）有限公司				
企业地址	上海市闵行区程家桥支路 201-211（单）号 2 楼 222 室（201103）				
投资总额	38 万 USD	电　　话	64053042	传　　真	64053043
设立日期	2009-10-12	负 责 人	冈山正		
主营业务	建筑信息咨询，室内设计信息咨询，工程技术信息咨询。				

企业名称	上海柏锦商务咨询有限公司				
企业地址	上海市金山区漕泾镇致富路 7 号 6 幢 104 室（201507）				
投资总额	7 万 USD	电　　话		传　　真	
设立日期	2009-10-12	负 责 人	ERIK RONALD GAIN		
主营业务	商务咨询、投资咨询、科技信息咨询、企业管理咨询。				

企业名称	上海游戏乐投资咨询有限公司				
企业地址	上海市浦东新区江东路 2215 号 8 幢 228 室（200137）				
投资总额	75 万 USD	电　　话		传　　真	
设立日期	2009-10-10	负 责 人	王贞匀		
主营业务	投资咨询，企业管理咨询，企业营销策划咨询。				

企业名称	慧姿企业形象策划（上海）有限公司				
企业地址	上海市静安区新闸路 831 号 17D 室（200040）				
投资总额	15 万 USD	电　　话		传　　真	
设立日期	2009-10-9	负 责 人	YAMADA KEIZO		
主营业务	图文设计咨询，平面设计咨询，美术设计咨询。				

企业名称	滨灿装潢设计（上海）有限公司				
企业地址	上海市虹口区物华路 73 号 6 号楼 104 室（200082）				
投资总额	22 万 USD	电　　话	63069268	传　　真	63561812
设立日期	2009-9-29	负 责 人	JULIO MANUEL IGLESIAS FALLA		
主营业务	建筑装饰工程设计及相关技术咨询服务。				

企业名称	世宗企业管理咨询（上海）有限公司				
企业地址	上海市嘉定工业区霍城路 569 号西侧 2 幢 2424 室（201821）				
投资总额	11 万 USD	电　　话	62125803	传　　真	62673992
设立日期	2009-9-29	负 责 人	MITCHELL ROBERT EUGENE		
主营业务	企业管理咨询。				

企业名称	梓俪荟管理咨询（上海）有限公司				
企业地址	上海市茶陵北路 20 号 3 号楼 401 室（200032）				
投资总额	7.50 万 USD	电　　话	60913456	传　　真	60913455
设立日期	2009-9-29	负 责 人	乐淑钰		
主营业务	品牌推广咨询、时尚品牌定位策划。				

企业名称	上海南风股权投资管理有限公司				
企业地址	上海市浦东新区浦东大道 1525 号西九楼 901 室（200135）				
投资总额	205 万 USD	电　话	52394142	传　真	
设立日期	2009-9-28	负 责 人	肖永吉		
主营业务	从事投资管理及相关咨询服务业务。				

企业名称	青锋股权投资管理（上海）有限公司				
企业地址	上海市浦东新区陆家嘴环路 1233 号汇亚大厦 1507 室（200120）				
投资总额	200 万 USD	电　话	50474700	传　真	50474705
设立日期	2009-9-28	负 责 人	CHARLES MARK CHAIKIN		
主营业务	受股权投资企业委托，从事投资管理及相关咨询服务业务。				

企业名称	上海德天企业有限公司				
企业地址	上海市浦东新区商城路 738 号 1708 室（200120）				
投资总额	65 万 USD	电　话		传　真	
设立日期	2009-9-28	负 责 人	李建宏		
主营业务	企业形象策划、投资咨询，计算机软件开发。				

企业名称	奂镜创意设计（上海）有限公司				
企业地址	上海市卢湾区黄陂南路 751 号 5 幢一层（200021）				
投资总额	26 万 USD	电　话	63848088	传　真	
设立日期	2009-9-28	负 责 人	EVANS RODNEY PAUL		
主营业务	创意设计咨询、图文设计制作（广告除外）。				

企业名称	平磊博企业管理咨询（上海）有限公司				
企业地址	上海市嘉定区南翔镇蕰北公路 1755 弄 25 号 3106 室（201802）				
投资总额	5.00 万 USD	电　话	13917747272	传　真	62586166
设立日期	2009-9-28	负 责 人	ROBERT MICHAEL PINATO		
主营业务	企业管理咨询、投资咨询、国际经济信息咨询。				

企业名称	离茨商务咨询（上海）有限公司				
企业地址	上海市卢湾区进贤路 172 号 206 室（200021）				
投资总额	4.39 万 USD	电　话		传　真	
设立日期	2009-9-28	负 责 人	JON EDMUND LIONG		
主营业务	市场营销咨询、企业管理咨询、投资咨询。				

企业名称	聚康（上海）投资咨询有限公司				
企业地址	上海市嘉定工业区嘉唐路 1155 号 7 幢 1513 室（201807）				
投资总额	258 万 USD	电　话	64228229	传　真	
设立日期	2009-9-27	负 责 人	金琴珠		
主营业务	企业管理咨询、投资咨询、商业信息咨询。				

企业名称	摩胜建筑设计咨询（上海）有限公司				
企业地址	上海市黄浦区广东路 429 号 1606 室（200002）				
投资总额	10 万 USD	电　话		传　真	
设立日期	2009-9-27	负 责 人	MOISE SHEU		
主营业务	建筑工程设计咨询、电脑图文设计咨询。				

企业名称	睿缇物业管理（上海）有限公司				
企业地址	上海市普陀区同普路 938 号 3 号楼（200060）				
投资总额	15 万 USD	电　话	51095189	传　真	
设立日期	2009-9-25	负 责 人	方向君		
主营业务	物业管理；企业管理咨询、物业管理咨询。				

企业名称	正业酒店管理（上海）有限公司				
企业地址	上海市杨浦区平凉路 2716 号 42 幢 08 室（200090）				
投资总额	13 万 USD	电　话	65681317	传　真	
设立日期	2009-9-25	负 责 人	陈伟棠		
主营业务	酒店管理并提供相关的配套服务。				

企业名称	上海弘悦广告有限公司				
企业地址	上海市普陀区长寿路 587 号 10F13 室（200030）				
投资总额	20 万 USD	电　话	51082961	传　真	
设立日期	2009-9-24	负 责 人	张嘉杰		
主营业务	设计、制作、发布、代理国内外各类广告，企业形象策划。				

企业名称	上海格蓓时装设计咨询有限公司				
企业地址	上海市虹口区物华路 288 号 4 号楼 1307 室（200086）				
投资总额	10 万 USD	电　话	63282278	传　真	
设立日期	2009-9-24	负 责 人	中岛悠子		
主营业务	时装的企划、设计及相关咨询。				

企业名称	赛闽体育咨询（上海）有限公司				
企业地址	上海市静安区新闸路 848 号 305 室（200040）				
投资总额	1.46 万 USD	电　话	51082765	传　真	
设立日期	2009-9-24	负 责 人	DE BEURGES ROSENTHAL		
主营业务	投资咨询，企业管理咨询，企业策划咨询，企业登记代理。				

企业名称	华宝（上海）管理有限公司				
企业地址	上海市嘉定区叶城路 1299 号 3 幢 3 层（201821）				
投资总额	220 万 USD	电　话	59166888	传　真	
设立日期	2009-9-23	负 责 人	夏利群		
主营业务	经投资方及其在中国地区所投资的其他企业委托。				

企业名称	诗梦美美容美发管理（上海）有限公司				
企业地址	上海市虹口区高阳路 246 号 621 室（200080）				
投资总额	26 万 USD	电　话	65590906	传　真	
设立日期	2009-9-23	负 责 人	宇根崎润也		
主营业务	受托对美容美发场所进行管理，营销策划管理及相关的配套管理服务。				

企业名称	中法水务环境技术咨询（上海）有限公司				
企业地址	上海市浦东新区东陆路 1958 号 1 层 B 室（201206）				
投资总额	4.39 万 USD	电　话	63589922	传　真	
设立日期	2009-9-23	负 责 人	郑志明		
主营业务	污水处理设施、水处理设施、污泥处理设施。				

企业名称	美光恩御（上海）投资管理有限公司				
企业地址	上海市漕宝路 66 号 502 室（200235）				
投资总额	200 万 USD	电　话	64845800	传　真	
设立日期	2009-9-22	负 责 人	杨　斌		
主营业务	投资管理咨询。				

企业名称	迈来芯电子科技（上海）有限公司				
企业地址	上海市浦东新区张杨路 838 号 19K 室（200122）				
投资总额	17 万 USD	电　话	58878000	传　真	
设立日期	2009-9-22	负 责 人	RUDI DE WINTER		
主营业务	集成电路开发及应用领域内的相关技术咨询和技术服务。				

企业名称	联钢工程咨询（上海）有限公司				
企业地址	上海市浦东新区杨高北路 528 号 14 幢 1B30 室（200137）				
投资总额	15 万 USD	电　话	63181212	传　真	
设立日期	2009-9-21	负 责 人	陈婉清		
主营业务	与钢结构建设工程相关的设计咨询，工程技术咨询。				

企业名称	莱晟特商务信息咨询（上海）有限公司				
企业地址	上海市浦东新区世纪大道 201 号 572 室（200120）				
投资总额	2.20 万 USD	电　话	51068155	传　真	
设立日期	2009-9-21	负 责 人	DAVID LEAR BAUER		
主营业务	商务信息咨询、企业管理咨询、贸易信息咨询。				

企业名称	大岩投资顾问（上海）有限公司				
企业地址	上海市崇明县城桥镇秀山路 8 号 3 幢 2 层 C 区 2053 室（202150）				
投资总额	2 万 USD	电　话	69625817	传　真	
设立日期	2009-9-18	负 责 人	高国荣		
主营业务	市场营销咨询，企业登记代理服务。				

企业名称	逻建投资咨询（上海）有限公司				
企业地址	上海市静安区成都北路 333 号南楼 1601E 室（200040）				
投资总额	100 万 USD	电　话	61935740	传　真	
设立日期	2009-9-17	负 责 人	ANN SOYOUNG		
主营业务	投资咨询，企业管理咨询，贸易信息咨询。				

企业名称	潘多蒙企业管理咨询（上海）有限公司				
企业地址	上海市静安区万航渡路 829 弄 1 号 1903 室 J 座（200040）				
投资总额	20 万 USD	电　话	62781500	传　真	62781503
设立日期	2009-9-17	负 责 人	DEEPAK HOTCHAND DARYANANI		
主营业务	企业管理咨询，投资咨询，产品信息咨询。				

企业名称	上海治宝企业管理咨询有限公司				
企业地址	上海市黄浦区南苏州路 933 号 1113 室（200003）				
投资总额	20 万 USD	电　话		传　真	
设立日期	2009-9-17	负 责 人	李国宝		
主营业务	企业管理咨询、贸易信息咨询、经济信息咨询。				

企业名称	美根博使（上海）管理咨询有限公司				
企业地址	上海市裕德路 168 号 712 室（200030）				
投资总额	14 万 USD	电　　话	33634680	传　　真	
设立日期	2009-9-17	负 责 人	SRIKANTH RAJAPPA NANGUNERI		
主营业务	企业管理咨询、投资咨询、贸易信息咨询。				

企业名称	全亚体育咨询（上海）有限公司				
企业地址	上海市卢湾区淮海中路 93 号 26 楼 26-10Q（200021）				
投资总额	10 万 USD	电　　话	01051235111	传　　真	1051235050
设立日期	2009-9-17	负 责 人	MARCUS OTTO LUER		
主营业务	国内外各类体育赛事信息咨询、体育信息咨询。				

企业名称	悦联投资咨询（上海）有限公司				
企业地址	上海市浦东新区景雅路 135 号 5 幢 101 室（201201）				
投资总额	125 万 USD	电　　话	68735805	传　　真	
设立日期	2009-9-15	负 责 人	KENNETH　WONG		
主营业务	投资咨询、商务信息咨询、企业管理咨询。				

企业名称	上海新浪广告有限公司				
企业地址	上海市崇明县良种场 4/2 丘 33 幢 2-4 层（202155）				
投资总额	100 万 USD	电　　话		传　　真	
设立日期	2009-9-15	负 责 人	CHARLES G.CHAO		
主营业务	设计、制作、发布、代理国内外各类广告。				

企业名称	柏堤顿酒店管理（上海）有限公司				
企业地址	上海市嘉定区南翔镇美裕路 600 号 2 幢 2115 室（201802）				
投资总额	50 万 USD	电　　话	32087392	传　　真	32087192
设立日期	2009-9-15	负 责 人	张　寅		
主营业务	酒店管理及咨询。				

企业名称	上海施达勒脉达思广告有限公司				
企业地址	上海市静安区延平路 98 号 2 号楼 2 楼 201-205 室（200042）				
投资总额	22 万 USD	电　　话	51759888	传　　真	51759886
设立日期	2009-9-15	负 责 人	沈飞雁		
主营业务	设计、制作、发布和代理国内外各类广告。				

企业名称	财进浩能投资咨询（上海）有限公司				
企业地址	上海市浦东新区浦东南路 1101 号 1518 室（200120）				
投资总额	1.68 万 USD	电　　话		传　　真	
设立日期	2009-9-15	负 责 人	钟妙珍		
主营业务	投资咨询、企业管理咨询、企业形象策划。				

企业名称	法慕泰（上海）医药技术咨询有限公司				
企业地址	上海市浦东新区上南路 3855 号 11 幢 3622-4 室（200124）				
投资总额	16 万 USD	电　　话	52350204	传　　真	52350204
设立日期	2009-9-11	负 责 人	马勇镐		
主营业务	受制药公司委托，为药物开发临床试验提供数据的统计。				

企业名称	凯卫投资管理咨询（上海）有限公司				
企业地址	上海市杨浦区许昌路 492 号 2 号楼 310 室（200082）				
投资总额	14 万 USD	电　　话		传　　真	
设立日期	2009-9-11	负 责 人	陈文伟		
主营业务	投资管理咨询、企业管理咨询、国际经济信息咨询。				

企业名称	上海睿钥企业管理咨询有限公司				
企业地址	上海市崇明县长兴乡长征路 1200 号一号楼 101 室（201913）				
投资总额	14 万 USD	电　　话	61810311	传　　真	
设立日期	2009-9-11	负 责 人	顾可维		
主营业务	企业管理咨询，企业形象策划，市场营销策划。				

企业名称	上海取智投资管理咨询有限公司				
企业地址	上海市浦东新区杨高北路 528 号 14 幢 5C18 室（201207）				
投资总额	100 万 USD	电　　话	38968188	传　　真	
设立日期	2009-9-10	负 责 人	何国英		
主营业务	企业管理咨询、投资咨询、国际经济信息咨询。				

企业名称	阿海那贸易信息咨询（上海）有限公司				
企业地址	上海市长宁区临虹路 280 弄 6 号 2 层（200335）				
投资总额	14 万 USD	电　　话	63906015	传　　真	
设立日期	2009-9-9	负 责 人	HANS-JOACHIM HERMANN		
主营业务	贸易信息咨询、企业管理咨询、投资咨询。				

企业名称	东通（上海）投资咨询有限公司				
企业地址	上海市静安区延安西路 396 号 1711 室（200040）				
投资总额	3.00 万 USD	电　　话	68511999	传　　真	
设立日期	2009-9-9	负 责 人	东通子		
主营业务	投资咨询，企业管理咨询，市场信息咨询。				

企业名称	凯优股权投资管理（上海）有限公司				
企业地址	上海市浦东新区峨山路 91 弄 20 号 1 幢北塔 5 层西单元（200127）				
投资总额	200 万 USD	电　　话	61683288	传　　真	61601620
设立日期	2009-9-8	负 责 人	GEOFFREY HENRY WALKER		
主营业务	受股权投资企业委托，从事投资管理及相关咨询服务业务。				

企业名称	骏业会财商务咨询（上海）有限公司				
企业地址	上海市静安区成都北路 333 号南幢 1201 室（200040）				
投资总额	7.32 万 USD	电　　话	51284425	传　　真	
设立日期	2009-9-8	负 责 人	黄日骏		
主营业务	投资咨询，企业管理咨询，市场信息咨询。				

企业名称	上海魅日建筑设计咨询有限公司				
企业地址	上海市静安区武定路 550 号 302 室（200040）				
投资总额	3.66 万 USD	电　　话		传　　真	
设立日期	2009-9-8	负 责 人	ROBERT HADDAD		
主营业务	建筑设计咨询。				

企业名称	慧衡财务管理咨询（上海）有限公司				
企业地址	上海市浦东新区北张家浜路 128 号 703—2 室（200122）				
投资总额	88 万 USD	电　　话	65984256	传　　真	54412285
设立日期	2009-9-4	负 责 人	TOM YAN　LIU		
主营业务	财务管理咨询、企业管理咨询。				

企业名称	固成投资咨询（上海）有限公司				
企业地址	上海市宝山区呼玛路 547 号 311 室（200441）				
投资总额	50 万 USD	电　　话		传　　真	
设立日期	2009-9-4	负 责 人	余人勇		
主营业务	从事物业管理、投资管理咨询。				

企业名称	梅伯面营销策划（上海）有限公司				
企业地址	上海市浦东新区杨高北路 528 号 14 幢 1B21 室（201207）				
投资总额	30 万 USD	电　　话	63181212	传　　真	
设立日期	2009-9-4	负 责 人	MICHAEL SCOTT NICHOLSON		
主营业务	企业及产品形象策划、市场营销策划、企业管理咨询。				

企业名称	英浦络企业管理咨询（上海）有限公司				
企业地址	上海市长宁区延安西路 2633 号 D 幢 302 室（200051）				
投资总额	15 万 USD	电　　话	62089572	传　　真	
设立日期	2009-9-4	负 责 人	JOHN RICHARD MAYO		
主营业务	信息技术管理咨询、投资咨询、商业信息咨询。				

企业名称	豪曼商务信息咨询（上海）有限公司				
企业地址	上海市普陀区江宁路 1158 号 1201、1202、1203 室（200000）				
投资总额	14 万 USD	电　　话	52289994	传　　真	
设立日期	2009-9-4	负 责 人	HAUSER PETER ALBERT		
主营业务	贸易信息咨询、市场信息咨询、营销策划咨询。				

企业名称	寰瀛投资咨询（上海）有限公司				
企业地址	上海市静安区陕西北路 457 号 9 号幢 103 室（200040）				
投资总额	20 万 USD	电　　话	61418445	传　　真	61418485
设立日期	2009-9-3	负 责 人	METHUSALAH JOSEPH SEALY		
主营业务	投资咨询，投资管理咨询。				

企业名称	殷智信息技术咨询（上海）有限公司				
企业地址	上海市长宁区兴义路 8 号 48 层 02 单元（200051）				
投资总额	17 万 USD	电　　话	52080750	传　　真	52080751
设立日期	2009-9-3	负 责 人	ANDREAS LEIDLOFF		
主营业务	信息技术咨询及有关信息系统的技术支持服务。				

企业名称	上海璇动市场信息咨询有限公司				
企业地址	上海市天目中路 353 号 406 室 B 座（200070）				
投资总额	2.58 万 USD	电　　话	51826090	传　　真	
设立日期	2009-9-3	负 责 人	张　微		
主营业务	市场信息咨询、品牌设计咨询、包装设计咨询。				

企业名称	上海龙扬企业管理咨询有限公司				
企业地址	上海市闵行区中春路 7001 号第 12 幢 141 室（201101）				
投资总额	15 万 USD	电　话	54869199	传　真	
设立日期	2009-9-2	负 责 人	刘家维		
主营业务	企业管理咨询，市场营销策划，投资咨询。				

企业名称	尊玛设计咨询（上海）有限公司				
企业地址	上海市静安区昌平路 990 号 4 号楼 203 室（200040）				
投资总额	15 万 USD	电　话		传　真	
设立日期	2009-9-2	负 责 人	梁约翰		
主营业务	建筑设计咨询。				

企业名称	上海今晨商务信息咨询有限公司				
企业地址	上海市凯旋路 2701 号 5 幢 3 楼 A-302 室（200030）				
投资总额	14 万 USD	电　话	60919819	传　真	60919817
设立日期	2009-9-2	负 责 人	任仕忠		
主营业务	国际经济信息咨询、企业管理咨询、医疗信息咨询。				

企业名称	上海汉肯会务服务有限公司				
企业地址	上海市天钥桥路 909 号 2 号楼 105 室（200032）				
投资总额	7 万 USD	电　话	54247327	传　真	54247362
设立日期	2009-9-2	负 责 人	陈俊杰		
主营业务	会务场地布置设计，会务信息咨询。				

企业名称	乌中商务咨询（上海）有限公司				
企业地址	上海市浦东新区航津路 658 号 846 室（200120）				
投资总额	7.50 万 USD	电　话	58362605	传　真	
设立日期	2009-9-1	负 责 人	ULUGBEK HOLMATOV		
主营业务	商务信息咨询、酒店管理咨询、企业管理咨询。				

企业名称	上海泓展会展服务有限公司				
企业地址	上海市浦东新区芳甸路 1088 号 202 室（201204）				
投资总额	15 万 USD	电　话	60875656	传　真	
设立日期	2009-8-31	负 责 人	潘志龙		
主营业务	展览服务，会务服务，室内设计，企业形象策划。				

企业名称	鼎陆企业管理咨询（上海）有限公司				
企业地址	上海市卢湾区太仓路 233 号 12-04J 室（200021）				
投资总额	6.51 万 USD	电　话	51785081	传　真	
设立日期	2009-8-31	负 责 人	戴一非		
主营业务	企业管理咨询、营销策划咨询、企业品牌管理咨询、创意设计咨询。				

企业名称	童之趣商务信息咨询（上海）有限公司				
企业地址	上海市浦东新区川沙路 955 号 11 幢 211 室（201200）				
投资总额	2.85 万 USD	电　话	58882185	传　真	
设立日期	2009-8-28	负 责 人	PATRICK VELLA		
主营业务	商务信息咨询、企业管理咨询、投资咨询。				

企业名称	福荣投资咨询（上海）有限公司				
企业地址	上海市杨浦区平凉路 1499 号二层 3-112 室（200090）				
投资总额	135 万 USD	电　话	65878297	传　真	
设立日期	2009-8-27	负 责 人	李福全		
主营业务	投资咨询、企业管理咨询。				

企业名称	远誉广告（上海）有限公司				
企业地址	上海市长宁区延安西路 726 号 28B 室（200050）				
投资总额	88 万 USD	电　话	62528899	传　真	62527682
设立日期	2009-8-27	负 责 人	MAN HO PATRICK LAM		
主营业务	设计、制作、发布、代理国内外各类广告。				

企业名称	尼悉皮革制品设计（上海）有限公司				
企业地址	上海市闵行区金都路 4289 号 6 幢 369 室（201108）				
投资总额	25 万 USD	电　话	54409847	传　真	54409942
设立日期	2009-8-27	负 责 人	王海云		
主营业务	皮革制品的设计、制版、打样及相关咨询和技术服务。				

企业名称	上海恒言百德企业管理咨询有限公司				
企业地址	上海市浦东新区金海路 2588 号 1 幢 255 室（201209）				
投资总额	12 万 USD	电　话	58889877	传　真	
设立日期	2009-8-27	负 责 人	HO LAY SIE EVA		
主营业务	企业管理咨询、投资咨询、国际经济信息咨询、科技咨询。				

企业名称	上海安鸿商务咨询有限公司				
企业地址	上海市闵行区金都路 4299 号 5 幢 213 室（201108）				
投资总额	10 万 USD	电　话	34319707	传　真	
设立日期	2009-8-27	负 责 人	CHIANG JOY WAI-CHIU		
主营业务	投资咨询，企业管理咨询，企业营销策划。				

企业名称	学学（上海）教育信息咨询有限公司				
企业地址	上海市灵石路 709 号 26 幢 206 室（200072）				
投资总额	30 万 USD	电　话	56035049	传　真	
设立日期	2009-8-26	负 责 人	章荣昌		
主营业务	教育信息咨询。				

企业名称	卫世敦环保咨询（上海）有限公司				
企业地址	上海市黄浦区南京西路 389 号 A417 室（200003）				
投资总额	15 万 USD	电　话	23081039	传　真	
设立日期	2009-8-26	负 责 人	PATRICK GEORGE MCCANN		
主营业务	从事环保工程、环境评价、环境监测方案的咨询。				

企业名称	上海惟圣投资咨询有限公司				
企业地址	上海市黄浦区制造局路 437 号 38 室（200011）				
投资总额	10 万 USD	电　话		传　真	
设立日期	2009-8-26	负 责 人	沈孝鸣		
主营业务	投资咨询（除股权投资和股权投资管理）、企业管理咨询。				

企业名称	摩丽茂建筑设计咨询（上海）有限公司				
企业地址	上海市黄浦区会稽路 8 号 1203 室（200010）				
投资总额	10 万 USD	电　话	56137457	传　真	
设立日期	2009-8-26	负 责 人	FUKAGAWA MAKOTO		
主营业务	建筑设计咨询、装璜设计咨询、企业管理咨询。				

企业名称	予衡（上海）教育信息咨询有限公司				
企业地址	上海市零陵路 899 号 30H（200030）				
投资总额	5.60 万 USD	电　话	64411885	传　真	64411885
设立日期	2009-8-26	负 责 人	BOYER NICOLAS JACQUES		
主营业务	教育信息咨询（留学中介除外）、企业投资咨询。				

企业名称	莱默建筑设计工程咨询（上海）有限公司				
企业地址	上海市黄浦区西藏中路 728 号 815 室（200003）				
投资总额	5.60 万 USD	电　话	63801160	传　真	
设立日期	2009-8-26	负 责 人	HANS-PETER DR LEIMER		
主营业务	建筑设计咨询、建筑工程咨询、建筑结构设计咨询。				

企业名称	法兴华宝汽车租赁（上海）有限公司				
企业地址	上海市浦东新区世纪大道 88 号 4 区 40 层 03A 单元（200120）				
投资总额	732 万 USD	电　话		传　真	
设立日期	2009-8-25	负 责 人	郑安国		
主营业务	汽车租赁。				

企业名称	上海上影依普亚影城开发管理有限公司				
企业地址	上海市虹桥路 1 号 6 楼 01-06 室（200030）				
投资总额	146 万 USD	电　话	64073398	传　真	
设立日期	2009-8-25	负 责 人	任仲伦		
主营业务	影院建设方案设计咨询。				

企业名称	盛维创业投资管理（上海）有限公司				
企业地址	上海市杨浦区淞沪路 234 号 409B、410B 室（200433）				
投资总额	60 万 USD	电　话	61208850	传　真	
设立日期	2009-8-25	负 责 人	MARK ALLEN MACLENNAN		
主营业务	受托管理创业投资企业的投资业务，提供创业投资咨询。				

企业名称	上海吉曼投资咨询有限公司				
企业地址	上海市长宁区天山路 585 弄 15 号 309 室（200336）				
投资总额	15 万 USD	电　话	6236 3222	传　真	
设立日期	2009-8-24	负 责 人	DR CHEN ECKART ZHAOYANG		
主营业务	投资咨询、企业管理咨询、企业形象策划。				

企业名称	夸勒提斯（上海）医药信息咨询有限公司				
企业地址	上海市漕溪路 123 弄 15 号乙 419 室（200030）				
投资总额	14 万 USD	电　话		传　真	
设立日期	2009-8-24	负 责 人	黄世聪		
主营业务	医疗信息咨询。				

企业名称	素维企业管理咨询（上海）有限公司				
企业地址	上海市静安区万航渡路 731 号 1 号楼 204 室（200042）				
投资总额	4.39 万 USD	电话	62100896	传真	
设立日期	2009-8-24	负责人	BJARNE CLEMENS BAUER		
主营业务	企业管理咨询，投资咨询，商业信息咨询。				

企业名称	梦君投资咨询（上海）有限公司				
企业地址	上海市闵行区合川路 3071 号 1 幢 430 室（201103）				
投资总额	14 万 USD	电话	51284426	传真	
设立日期	2009-8-21	负责人	吴楚君		
主营业务	投资咨询、市场信息咨询、企业管理咨询。				

企业名称	熠熠科技发展（上海）有限公司				
企业地址	上海市南汇区万祥镇宏祥北路 83 弄 15 号 3 楼（201315）				
投资总额	1500 万 USD	电话	62460132	传真	
设立日期	2009-8-20	负责人	钱萍芬		
主营业务	技术咨询、技术转让。				

企业名称	钍司电脑图文设计（上海）有限公司				
企业地址	上海市普陀区谈家渡路 28-1 号二层 2002 室（200000）				
投资总额	14 万 USD	电话	62167324	传真	
设立日期	2009-8-20	负责人	陈世伟		
主营业务	艺术创意图文设计、室内装饰设计咨询、企业形象策划。				

企业名称	上海飞茂商务咨询有限公司				
企业地址	上海市浦东新区金海路 2588 号 1 幢 446 室（201406）				
投资总额	1.46 万 USD	电话	51345155	传真	
设立日期	2009-8-20	负责人	廖超胜		
主营业务	商务信息咨询、投资咨询、企业管理咨询、贸易信息咨询。				

企业名称	英特宜家购物中心（中国）管理有限公司				
企业地址	上海市徐汇区龙田路 190 号 3 号楼 4 楼（200235）				
投资总额	1463 万 USD	电话	33955720	传真	
设立日期	2009-8-19	负责人	丁晖		
主营业务	投资决策、公司管理咨询。				

企业名称	铭德股权投资管理（上海）有限公司				
企业地址	上海市黄浦区中山南路 318 号 1204 室（200002）				
投资总额	1000 万 USD	电话	61470601	传真	
设立日期	2009-8-19	负责人	XIAO HUAN WEI		
主营业务	受股权投资企业委托，从事投资管理及相关咨询服务。				

企业名称	中启东（上海）股权投资管理有限公司				
企业地址	上海市浦东新区伽利略路 11 号 1 幢 1 层 05 室（201203）				
投资总额	200 万 USD	电话		传真	
设立日期	2009-8-19	负责人	TAKAKO GOTO		
主营业务	受股权投资企业委托，从事投资管理及相关咨询服务业务。				

企业名称	傲海广告（上海）有限公司				
企业地址	上海市奉贤区目华北路 388 号 1 幢 596 室（201424）				
投资总额	21 万 USD	电话	61717305	传真	61717310
设立日期	2009-8-19	负责人	水野贵之		
主营业务	设计、制作、发布、代理国内外各类广告。				

企业名称	富泽商务咨询（上海）有限公司				
企业地址	上海市嘉定区江桥镇金沙江西路 1555 弄 393 号 1 层 137 室（201803）				
投资总额	10 万 USD	电话	33632008	传真	
设立日期	2009-8-19	负责人	甘志成		
主营业务	市场营销策划、企业管理咨询、投资咨询、财务管理咨询。				

企业名称	华通（上海）投资有限公司				
企业地址	上海市浦东新区张杨路 828-838 号 26E01 室（200120）				
投资总额	3000 万 USD	电话	33665115	传真	
设立日期	2009-8-18	负责人	COLIN SHIUTUNG TAM		
主营业务	在国家允许外商投资的领域依法进行投资。				

企业名称	欧汉贸易信息咨询（上海）有限公司				
企业地址	上海市长宁区虹桥路 1452 号 402、403 室（200336）				
投资总额	15 万 USD	电话	61677002	传真	61671998
设立日期	2009-8-18	负责人	MAURICE OHANA		
主营业务	贸易信息咨询、市场营销策划。				

企业名称	住金商务咨询（上海）有限公司				
企业地址	上海市长宁区兴义路 8 号 2505 室（200336）				
投资总额	10 万 USD	电话	52081698	传真	
设立日期	2009-8-18	负责人	石崎雅志		
主营业务	投资咨询、科技咨询、企业管理咨询。				

企业名称	上海春润旅游信息咨询有限公司				
企业地址	上海市长宁区虹桥路 2381 号 40 幢（200336）				
投资总额	10 万 USD	电话		传真	
设立日期	2009-8-18	负责人	陈志诚		
主营业务	旅游信息咨询、旅游纪念品设计。				

企业名称	熔点商务咨询（上海）有限公司				
企业地址	上海市虹口区辽宁路 244 号东二层 205（B）室（200092）				
投资总额	4.39 万 USD	电话	56669877	传真	
设立日期	2009-8-18	负责人	CORRADO PINNA		
主营业务	平面设计咨询，产品包装设计咨询。				

企业名称	普凯股权投资管理（上海）有限公司				
企业地址	上海市浦东新区牡丹路 60 号 534 室（201204）				
投资总额	200 万 USD	电话	63850606	传真	
设立日期	2009-8-17	负责人	姚继平		
主营业务	受股权投资企业委托，从事投资管理及相关咨询服务业务。				

企业名称	杜塞尔多夫展览（上海）有限公司				
企业地址	上海市张江高科技园区科苑路 88 号 2 幢 301-007 单元（201203）				
投资总额	50 万 USD	电话	50278128	传真	50278138
设立日期	2009-8-17	负责人	WILHELM KONRAD HERBERT		
主营业务	在中国境内举办和承办经济技术展览会和会议。				

企业名称	贺利氏（上海）管理咨询有限公司				
企业地址	上海市闵行区光中路 1 号第 2 幢 3 楼（201108）				
投资总额	14 万 USD	电话	3357 5688	传真	3357 5699
设立日期	2009-8-17	负责人	FRANK HEINRICHT		
主营业务	提供企业管理咨询，投资咨询以及向其关联公司提供技术服务。				

企业名称	上海汤本机械设备维护有限公司				
企业地址	上海市黄浦区中华路 567 号 315 室（200011）				
投资总额	10 万 USD	电话	53751626	传真	
设立日期	2009-8-17	负责人	汤本毅雄		
主营业务	电器机械设备维护。				

企业名称	第一东方（上海）股权投资管理有限公司				
企业地址	上海市浦东新区银城中路 68 号 3306 室（200120）				
投资总额	250 万 USD	电话	50106260	传真	
设立日期	2009-8-14	负责人	诸立力		
主营业务	受股权投资企业委托，从事投资管理及相关咨询服务业务。				

企业名称	陆逊梯卡（中国）投资有限公司				
企业地址	上海市徐汇区南丹东路 109 号 4 幢 111 室（200030）				
投资总额	4000 万 USD	电话	24113857	传真	
设立日期	2009-8-13	负责人	CHRISTOPHER KEITH BEER		
主营业务	在国家允许外商投资的领域依法进行投资。				

企业名称	旭川先端（上海）商务咨询服务有限公司				
企业地址	上海市浦东新区凌河路 216 号 203 室（200431）				
投资总额	51 万 USD	电话	64668685	传真	64668629
设立日期	2009-8-13	负责人	铃木旭		
主营业务	商务咨询、企业管理咨询、投资管理咨询、会展信息咨询。				

企业名称	美海（上海）投资咨询有限公司				
企业地址	上海市茶陵路 159 弄 18 号 104 室（200032）				
投资总额	20 万 USD	电话	68760028	传真	
设立日期	2009-8-13	负责人	WANG JOHN YANG		
主营业务	投资咨询、企业管理咨询、企业形象策划。				

企业名称	爱犊林教育咨询（上海）有限公司				
企业地址	上海市闵行区虹泉路 1000 号 2 幢 813 室（201103）				
投资总额	15 万 USD	电话	34311480	传真	34311482
设立日期	2009-8-13	负责人	CHUL BAE PARK		
主营业务	教育信息咨询。				

企业名称	上海励奥医药咨询有限公司				
企业地址	上海市长乐路 989 号 39 层 9-11A 单元（200031）				
投资总额	150 万 USD	电　话	5407 5988	传　真	5407 5990
设立日期	2009-8-11	负 责 人	GITTE PUGHOLM AABO		
主营业务	向药品制造商和经销商提供医药信息咨询，提供药品开发、注册。				

企业名称	智港企业管理咨询（上海）有限公司				
企业地址	上海市闵行区光华路 2118 号第 6 幢 1376 室（201111）				
投资总额	15 万 USD	电　话		传　真	
设立日期	2009-8-11	负 责 人	阮宝琪		
主营业务	企业管理咨询，投资咨询，市场营销策划，企业形象策划。				

企业名称	帕瑞根投资咨询（上海）有限公司				
企业地址	上海市静安区南京西路 1266 号 1 幢 39 层 3917 室（200040）				
投资总额	6.45 万 USD	电　话	61038461	传　真	62883988
设立日期	2009-8-11	负 责 人	徐　凌		
主营业务	投资咨询、企业管理咨询、经济信息咨询、贸易信息咨询。				

企业名称	善择企业管理咨询（上海）有限公司				
企业地址	上海市浦东新区龙东大道 5680 号 1 号楼 120 室（201201）				
投资总额	6.00 万 USD	电　话	63287091	传　真	
设立日期	2009-8-11	负 责 人	MORLEY-KIRK JAMES HENRY		
主营业务	企业管理咨询、投资咨询、国际经济信息咨询、科技咨询。				

企业名称	明祺商务咨询（上海）有限公司				
企业地址	上海市金桥出口加工区新金桥路 1122 号 1502 室（201206）				
投资总额	4.39 万 USD	电　话	51025278	传　真	
设立日期	2009-8-11	负 责 人	PAULUS JOSEPH PHILIPPUS		
主营业务	商务信息咨询、国际经济信息咨询、投资咨询、企业管理咨询。				

企业名称	三井不动产（上海）投资咨询有限公司				
企业地址	上海市卢湾区淮海中路 222 号 901A-B 室（200020）				
投资总额	32 万 USD	电　话	53966969	传　真	53966899
设立日期	2009-8-10	负 责 人	齐藤一志		
主营业务	投资咨询、企业管理咨询、市场营销策划及咨询。				

企业名称	上海茂利趣管理咨询有限公司				
企业地址	上海市龙吴路 1500 号 3 幢 A101 室（200235）				
投资总额	14 万 USD	电　话		传　真	
设立日期	2009-8-7	负 责 人	MAH SAU CHEONG		
主营业务	企业管理咨询、投资咨询。				

企业名称	十車（上海）照明设计咨询有限公司				
企业地址	上海市灵石路 709 号 44 幢 102 室（200072）				
投资总额	7.32 万 USD	电　话	62888438	传　真	62888428
设立日期	2009-8-7	负 责 人	赖雨农		
主营业务	照明设计咨询，灯光设计咨询，景观设计咨询。				

企业名称	都民银商务咨询（上海）有限公司				
企业地址	上海市卢湾区淮海中路 918 号久事复兴大厦 24－C1 室（200020）				
投资总额	25 万 USD	电　话	64670011	传　真	64677333
设立日期	2009-8-6	负 责 人	井上义久		
主营业务	企业管理咨询、贸易信息咨询、投资咨询。				

企业名称	清庐投资咨询（上海）有限公司				
企业地址	上海市普陀区桃浦路 226 号（北幢）114 室（200060）				
投资总额	14 万 USD	电　话	56611708	传　真	
设立日期	2009-8-6	负 责 人	BERWIN TANCO		
主营业务	投资咨询、国际经济信息咨询、财务管理咨询。				

企业名称	皇鼎集投资咨询（上海）有限公司				
企业地址	上海市普陀区桃浦路 226 号（北幢）204 室（200060）				
投资总额	14 万 USD	电　话	63841464	传　真	62559094
设立日期	2009-8-6	负 责 人	BERWIN TANCO		
主营业务	投资咨询、国际经济信息咨询、财务管理咨询。				

企业名称	乐平笛雅口商务咨询（上海）有限公司				
企业地址	上海市闵行区沪青平公路 206 弄 8 号 2 幢 1015 室（201106）				
投资总额	5.00 万 USD	电　话	61152719	传　真	
设立日期	2009-8-6	负 责 人	HERVE HENRI PHILIPPE		
主营业务	投资咨询，企业管理咨询。				

企业名称	上海布莱格酒店管理有限公司				
企业地址	上海市浦东新区光明路 718 号 888 室（200137）				
投资总额	3.00 万 USD	电　话		传　真	
设立日期	2009-8-6	负 责 人	陈启中		
主营业务	酒店管理，商务信息咨询，投资管理咨询。				

企业名称	趣志家管理咨询（上海）有限公司				
企业地址	上海市黄浦区九江路 399 号 26 楼 06 室 I 室（200002）				
投资总额	140 万 USD	电　话	63900033	传　真	
设立日期	2009-8-4	负 责 人	DAVID SALIM		
主营业务	投资咨询，企业管理咨询，市场营销策划。				

企业名称	怡高（上海）广告有限公司				
企业地址	上海市闸北区江场三路 228 号 415 室（200043）				
投资总额	100 万 USD	电　话	66313982	传　真	
设立日期	2009-8-4	负 责 人	林志英		
主营业务	设计、制作、发布、代理国内外各类广告。				

企业名称	华卡信息服务（上海）有限公司				
企业地址	上海市黄浦区北京东路 666 号西 10A 室（200001）				
投资总额	50 万 USD	电　话	51571901	传　真	
设立日期	2009-8-4	负 责 人	廖振远		
主营业务	科技信息咨询、经济信息咨询。				

企业名称	朔源教育信息咨询（上海）有限公司				
企业地址	上海市茶陵路 159 弄 18 号 103 室（200032）				
投资总额	10 万 USD	电　话	51098245	传　真	51098245
设立日期	2009-8-4	负 责 人	夏东豪		
主营业务	从事各类教育信息咨询、企业管理咨询、会务服务。				

企业名称	伟络思工程管理咨询（上海）有限公司				
企业地址	上海市浦东新区金桥出口加工区黄杨路 18 号 4 幢 3001 室（201206）				
投资总额	7.32 万 USD	电　话	51871511	传　真	51025278
设立日期	2009-8-4	负 责 人	CHANDRASEKHAR VENKATA		
主营业务	石油工程管理咨询、机械工程技术咨询。				

企业名称	阿依达投资咨询（上海）有限公司				
企业地址	上海市黄浦区九江路 399 号 26 楼 02 室 E 座（200003）				
投资总额	1.46 万 USD	电　话	63241127	传　真	
设立日期	2009-8-4	负 责 人	RUSTAMJAN NAZARMUHAMEDOV		
主营业务	投资咨询、企业战略咨询、国际经济信息咨询。				

企业名称	秀铂思（上海）减重咨询有限公司				
企业地址	上海市杨浦区黄兴路 2005 弄 2 号 812-4 室（200433）				
投资总额	100 万 USD	电　话	63219901	传　真	
设立日期	2009-8-3	负 责 人	刘英慧		
主营业务	瘦身减重咨询服务，并提供相关的配套服务。				

企业名称	凯智企业管理咨询服务（上海）有限公司				
企业地址	上海市天钥桥路 325 号 2913 室（200030）				
投资总额	17 万 USD	电　话	33632299	传　真	
设立日期	2009-8-3	负 责 人	FRANK ADAM BRANDENBERG		
主营业务	企业管理咨询、贸易信息咨询、市场营销咨询。				

企业名称	巨神图文设计制作（上海）有限公司				
企业地址	上海市崇明县城桥镇秀山路 8 号 3 幢 2 层 C 区 2029 室（202150）				
投资总额	10 万 USD	电　话	63298311	传　真	
设立日期	2009-8-3	负 责 人	TSANG DERWENT MING		
主营业务	图文设计制作、企业形象策划、投资咨询。				

企业名称	美来沃投资咨询（上海）有限公司				
企业地址	上海市崇明县秀山路 8 号 3 幢 2 层 B 区 2011 室（202150）				
投资总额	32 万 USD	电　话	58883677	传　真	58883676
设立日期	2009-7-31	负 责 人	西田研志		
主营业务	投资咨询、公关咨询、企业管理咨询。				

企业名称	上海达尔文罗得斯人才咨询有限公司				
企业地址	上海市浦东新区张杨北路 5509 号 504R 室（200120）				
投资总额	13 万 USD	电　话	22112000	传　真	
设立日期	2009-7-31	负 责 人	ALAN J. MACKAY		
主营业务	人才供求信息的收集、整理、存储、发布和咨询服务。				

企业名称	威信汽车租赁（上海）有限公司				
企业地址	上海市浦东新区川沙路6999号28幢233室（200000）				
投资总额	500万USD	电　　话	61382222	传　　真	61382223
设立日期	2009-7-30	负 责 人	梁志仁		
主营业务	商务汽车租赁、残值处理，汽车零配件的批发。				

企业名称	灵雅企业形象咨询（上海）有限公司				
企业地址	上海市浦东新区康桥镇康桥东路1号1号楼2213室（201315）				
投资总额	1.50万USD	电　　话	53867701	传　　真	53867702
设立日期	2009-7-30	负 责 人	YANN GABRIEL DEBELLE MONTBY		
主营业务	企业形象咨询、企业营销咨询；展览展示咨询。				

企业名称	上海锐引企业管理咨询有限公司				
企业地址	上海市杨浦区江浦路259弄7号二层（200082）				
投资总额	51万USD	电　　话	55216256	传　　真	
设立日期	2009-7-29	负 责 人	徐之伟		
主营业务	企业管理咨询、国际经济信息咨询、科技信息咨询。				

企业名称	连智领域企业管理咨询（上海）有限公司				
企业地址	上海市黄浦区南京西路288号1228室（200042）				
投资总额	13万USD	电　　话	62495070	传　　真	
设立日期	2009-7-29	负 责 人	RUSSELL DAVIDSON		
主营业务	企业管理咨询、投资管理咨询。				

企业名称	群业（上海）投资咨询有限公司				
企业地址	上海市虹口区物华路73号六号楼1层106室（200080）				
投资总额	7.32万USD	电　　话	53015377	传　　真	
设立日期	2009-7-29	负 责 人	郭玉羣		
主营业务	投资咨询，企业管理咨询，市场营销策划。				

企业名称	荷贝柯企业管理咨询（上海）有限公司				
企业地址	上海市闵行区古美路457号1310室（200237）				
投资总额	1.46万USD	电　　话	63211117	传　　真	
设立日期	2009-7-29	负 责 人	方　芳		
主营业务	企业管理咨询，投资咨询，市场营销策划。				

企业名称	上海盟尚家居设计咨询有限公司				
企业地址	上海市闵行区吴中路1059号第10幢502-510室（201103）				
投资总额	44万USD	电　　话	64063226	传　　真	
设立日期	2009-7-28	负 责 人	STEPHANE MOISE SETBON		
主营业务	家居设计咨询、投资咨询。				

企业名称	乾元创艺（上海）规划建筑设计咨询有限公司				
企业地址	上海市浦东新区张江路665号307-3室（201210）				
投资总额	30万USD	电　　话	64400157	传　　真	
设立日期	2009-7-28	负 责 人	朱传江		
主营业务	建筑设计咨询，景观设计咨询，室内装潢设计咨询。				

企业名称	特易购企业管理（上海）有限公司				
企业地址	上海市闸北区江场三路228号808-810室（200436）				
投资总额	200万USD	电　　话	52942239	传　　真	
设立日期	2009-7-24	负 责 人	TOWLE KENNETH IAN		
主营业务	经营决策和管理咨询，财务管理咨询。				

企业名称	鼎容投资咨询（上海）有限公司				
企业地址	上海市浦东新区银城中路68号22楼2203室（200120）				
投资总额	30万USD	电　　话		传　　真	
设立日期	2009-7-24	负 责 人	朱　虹		
主营业务	投资咨询、企业管理咨询、企业营销策划。				

企业名称	瑱克商务信息咨询（上海）有限公司				
企业地址	上海市闵行区光华路2118号第6幢1372室（201111）				
投资总额	3.00万USD	电　　话	28901418	传　　真	
设立日期	2009-7-22	负 责 人	王　琳		
主营业务	外贸经济信息咨询、投资咨询。				

企业名称	法力标产品检测技术服务（上海）有限公司				
企业地址	上海市襄阳南路500号1215室（200031）				
投资总额	15万USD	电　　话	64052835	传　　真	64052853
设立日期	2009-7-21	负 责 人	FREDERIC CAMPANA		
主营业务	对医用假肢、电器、量具、五金产品、纺织品、日用品。				

企业名称	天闿投资咨询（上海）有限公司				
企业地址	上海市嘉定工业区霍城路569号西侧第2幢2419室（201821）				
投资总额	14万USD	电　　话	62125803	传　　真	
设立日期	2009-7-21	负 责 人	高谷昌宏		
主营业务	投资咨询、企业形象设计咨询。				

企业名称	长玖图文制作（上海）有限公司				
企业地址	上海市龙华路2577号27幢101室（200232）				
投资总额	7.32万USD	电　　话	68867180	传　　真	
设立日期	2009-7-21	负 责 人	陈嘉琪		
主营业务	平面设计、图文制作、企业形象设计。				

企业名称	恩勤投资管理顾问（上海）有限公司				
企业地址	上海市静安区南京西路1168号3538室（200040）				
投资总额	51万USD	电　　话	63406612	传　　真	63406622
设立日期	2009-7-20	负 责 人	何恩凯		
主营业务	投资咨询，企业管理咨询，企业形象策划。				

企业名称	上海乐恩儿教育信息咨询有限公司				
企业地址	上海市长宁区虹桥路2381号43幢（200336）				
投资总额	20万USD	电　　话	62685188	传　　真	62685198
设立日期	2009-7-20	负 责 人	陈志诚		
主营业务	教育信息咨询、企业管理咨询、投资管理咨询。				

企业名称	正纯室内设计咨询（上海）有限公司				
企业地址	上海市北宝兴路600号410室（200072）				
投资总额	10万USD	电　　话	62495070	传　　真	
设立日期	2009-7-17	负 责 人	万志辉		
主营业务	室内设计咨询，企业管理咨询，企业形象策划。				

企业名称	圆深建筑设计咨询（上海）有限公司				
企业地址	上海市静安区泰兴路567号203室（200040）				
投资总额	14万USD	电　　话	52133190	传　　真	
设立日期	2009-7-16	负 责 人	文荣佳		
主营业务	建筑设计咨询（不含建筑设计），装潢设计咨询。				

企业名称	意尚坊建筑设计咨询（上海）有限公司				
企业地址	上海市中山西路1800号11-L室（200235）				
投资总额	22万USD	电　　话	52985258	传　　真	
设立日期	2009-7-15	负 责 人	ROSLINA CHAI SAN SAN		
主营业务	建筑设计咨询（建筑设计除外）、建筑工程技术咨询。				

企业名称	上海英华鼎企业管理咨询有限公司				
企业地址	上海市桂箐路7号3幢701室（200233）				
投资总额	15万USD	电　　话	54266078	传　　真	54263558
设立日期	2009-7-15	负 责 人	朱　闻		
主营业务	投资咨询、企业管理咨询、贸易咨询。				

企业名称	八优图文设计（上海）有限公司				
企业地址	上海市龙吴路1500号2幢A307室（200232）				
投资总额	7.47万USD	电　　话	62402080	传　　真	
设立日期	2009-7-15	负 责 人	刘学亮		
主营业务	电脑图文设计制作、包装设计。				

企业名称	上海慧晋船舶信息咨询有限公司				
企业地址	上海市奉贤区青村镇南奉公路3081号2幢207室（201414）				
投资总额	8.00万USD	电　　话	34314503	传　　真	
设立日期	2009-7-14	负 责 人	SIM KI HO		
主营业务	船务信息咨询，船舶信息咨询，船舶技术咨询，贸易信息咨询。				

企业名称	志盟投资咨询（上海）有限公司				
企业地址	上海市闵行区合川路3071号1幢422室（201103）				
投资总额	5.00万USD	电　　话	54222166	传　　真	
设立日期	2009-7-14	负 责 人	OH JINWUG		
主营业务	投资咨询，企业管理咨询，经济信息咨询。				

企业名称	美砺杰热能环保技术（上海）有限公司				
企业地址	上海市松江区九亭镇九泾路1190弄125号第5幢厂房（201615）				
投资总额	15万USD	电　　话	67754415	传　　真	
设立日期	2009-7-13	负 责 人	ZHOUYANG LU		
主营业务	从事环保及清洁能源技术的开发、应用及相关配套工程的安装和调试。				

企业名称	美迪佳企业管理信息咨询（上海）有限公司				
企业地址	上海市长宁区延安西路 2299 号 11B55 室（200336）				
投资总额	5.03 万 USD	电　话	22116000	传　真	
设立日期	2009-7-13	负 责 人	久保和彦		
主营业务	企业管理咨询、国际国内贸易信息咨询。				

企业名称	上海健豪高尔夫训练场有限公司				
企业地址	上海市松江区宝益路 151 号 4 幢一层（201613）				
投资总额	25 万 USD	电　话	57602655	传　真	
设立日期	2009-7-10	负 责 人	俞炳云		
主营业务	提供高尔夫技术服务、技术培训、高尔夫球模拟训练。				

企业名称	巨乐多媒体制作（上海）有限公司				
企业地址	上海市静安区淮安路 668 号 6 层 6A（200040）				
投资总额	14 万 USD	电　话		传　真	
设立日期	2009-7-10	负 责 人	DIEDERIK HARALD JACQUES		
主营业务	多媒体制作。				

企业名称	格上汽车租赁（上海）有限公司				
企业地址	上海市浦东新区龙东大道 5179 号 1 幢三层 A 座（201203）				
投资总额	250 万 USD	电　话	50339908	传　真	50339908
设立日期	2009-7-9	负 责 人	陈力雄		
主营业务	汽车租赁，租赁汽车的残值处理，提供相关配套服务。				

企业名称	阿哈图文设计（上海）有限公司				
企业地址	上海市闵行区中春路 7001 号 12 幢 105 室（201101）				
投资总额	85 万 USD	电　话	54509588	传　真	
设立日期	2009-7-8	负 责 人	张　毅		
主营业务	动漫、图文设计制作。				

企业名称	品蕊投资咨询（上海）有限公司				
企业地址	上海市浦东新区金丰路 6 号 4 幢 109 室（201201）				
投资总额	15 万 USD	电　话		传　真	
设立日期	2009-7-8	负 责 人	张家瀛		
主营业务	投资咨询、投资管理咨询、企业管理咨询。				

企业名称	恩益思人才服务（上海）有限公司				
企业地址	上海市卢湾区太仓路 233 号新茂大厦 12 楼 12-04D 室（200030）				
投资总额	13 万 USD	电　话	61411090	传　真	
设立日期	2009-7-8	负 责 人	SIMON COTON		
主营业务	人才供求信息的收集、整理、储存、发布和咨询服务。				

企业名称	科鹏（上海）企业管理咨询有限公司				
企业地址	上海市金山区亭林镇亭卫公路 9299 号 46 号三楼（201505）				
投资总额	2.00 万 USD	电　话	67232805	传　真	
设立日期	2009-7-8	负 责 人	ZHON EN		
主营业务	经营企业管理策划，咨询及投资咨询业务。				

企业名称	上海悦利投资咨询有限公司				
企业地址	上海市崇明县中津桥路 116 号 1 幢 203 室－5（202150）				
投资总额	20 万 USD	电　话	69692161	传　真	
设立日期	2009-7-7	负 责 人	HO SOH CHOO JUDY		
主营业务	国际经济咨询、投资咨询、贸易信息咨询。				

企业名称	艺普得（上海）城市设计咨询有限公司				
企业地址	上海市卢湾区淮海中路 1 号 1109 室（200021）				
投资总额	15 万 USD	电　话	5382 2190	传　真	
设立日期	2009-7-7	负 责 人	MARIUS BRITS		
主营业务	城市建筑景观、生态环境的设计咨询。				

企业名称	睿桥公关咨询（上海）有限公司				
企业地址	上海市崇明县城桥镇秀山路 8 号 3 幢 2 层 C 区 2037 室（202150）				
投资总额	10 万 USD	电　话	69625818	传　真	
设立日期	2009-7-7	负 责 人	PENELOPE JANE BURGESS		
主营业务	公关咨询、公关关系策划、企业形象策划。				

企业名称	谷歌广告（上海）有限公司				
企业地址	上海市浦东新区科苑路 88 号 2 幢 601 部分（601-031 单元）（200128）				
投资总额	100 万 USD	电　话	62504618	传　真	
设立日期	2009-7-6	负 责 人	DANIEL I ALEGRE		
主营业务	设计、制作、发布、代理国内外各类广告及相关信息咨询服务。				

企业名称	嘉连希公关顾问（上海）有限公司				
企业地址	上海市静安区武定路 550 号 305 室（200041）				
投资总额	15 万 USD	电　话	62991007	传　真	
设立日期	2009-7-6	负 责 人	余基贤		
主营业务	市场营销策划、企业形象策划、公共关系咨询、投资咨询。				

企业名称	文墨广告（上海）有限公司				
企业地址	上海市徐汇区长乐路 989 号 1869 室（201418）				
投资总额	10 万 USD	电　话	51166899	传　真	
设立日期	2009-7-6	负 责 人	O'ROURKE,JEFFREY RYAN		
主营业务	设计、制作、发布、代理国内外各类广告。				

企业名称	迈敦（上海）建筑设计咨询有限公司				
企业地址	上海市普陀区长寿路 1118 号 B 幢 19 层 E（200000）				
投资总额	1.20 万 USD	电　话	62306938	传　真	
设立日期	2009-7-3	负 责 人	XU TI（许倜）		
主营业务	创意设计咨询，景观设计咨询，室内装饰咨询。				

企业名称	科瞻租赁（上海）有限公司				
企业地址	上海市浦东新区牡丹路 60 号 522 室（201204）				
投资总额	300 万 USD	电　话	68762977	传　真	
设立日期	2009-6-30	负 责 人	JAMES ADAM DAVIDSON		
主营业务	通信设备设施，通信相关配套设备设施、软件，办公用具的租赁业务。				

企业名称	禾闰能源系统咨询（上海）有限公司				
企业地址	上海市黄浦区西藏中路 336 号 1407-1408 室（200001）				
投资总额	13 万 USD	电　话	33303311	传　真	
设立日期	2009-6-30	负 责 人	LARS KLETT		
主营业务	风能特定软件及风能技术领域的研发咨询、技术咨询。				

企业名称	祥合投资咨询（上海）有限公司				
企业地址	上海市黄浦区制造局路 437 号 34 室（200011）				
投资总额	10 万 USD	电　话	63612902	传　真	
设立日期	2009-6-30	负 责 人	施芬妮		
主营业务	投资咨询，企业管理咨询，财务管理咨询，科技咨询。				

企业名称	想象商务服务（上海）有限公司				
企业地址	上海市浦东新区杨高北路 528 号 14 幢 1A33 室（201208）				
投资总额	14 万 USD	电　话	63020260	传　真	
设立日期	2009-6-29	负 责 人	辛顺辉		
主营业务	美发企业管理。				

企业名称	哈曼（上海）企业管理有限公司				
企业地址	上海市黄浦区南京西路 288 号 30 层 03B、03C、04、05 室（200002）				
投资总额	200 万 USD	电　话	51696006	传　真	
设立日期	2009-6-27	负 责 人	金定义		
主营业务	向母公司在中国所投资的企业提供投资及经营决策服务。				

企业名称	泰凌医药信息咨询（上海）有限公司				
企业地址	上海市肇嘉浜路 333 号 1001 室（200032）				
投资总额	50 万 USD	电　话	64228800	传　真	64223345
设立日期	2009-6-26	负 责 人	吴　铁		
主营业务	医疗信息咨询。				

企业名称	毫端建筑设计咨询（上海）有限公司				
企业地址	上海市天钥桥路 329 号 413A 室（200030）				
投资总额	14 万 USD	电　话	51087230	传　真	
设立日期	2009-6-26	负 责 人	NONCHI HWA-FONG WANG		
主营业务	建筑设计咨询，建筑设计规划咨询。				

企业名称	育勋商务咨询（上海）有限公司				
企业地址	上海市闵行区宜山路 1618 号综合楼 899 室（201103）				
投资总额	8.00 万 USD	电　话	64466806	传　真	
设立日期	2009-6-26	负 责 人	聂奎良		
主营业务	投资咨询、企业管理咨询。				

企业名称	立群教育信息咨询（上海）有限公司				
企业地址	上海市闵行区古美路 457 号 1287 室（200237）				
投资总额	3.00 万 USD	电　话	54141214	传　真	
设立日期	2009-6-26	负 责 人	MA HOU QUN		
主营业务	教育信息咨询。				

企业名称	智龙商务咨询（上海）有限公司				
企业地址	上海市龙华路 2577 号 11 幢 214 室（200232）				
投资总额	2.93 万 USD	电话	54182421	传真	
设立日期	2009-6-26	负责人	张智恒		
主营业务	企业投资咨询、企业形象策划。				

企业名称	曾曾李岑（上海）网络科技有限公司				
企业地址	上海市天钥桥路 909 号 2 号楼 205 室（200032）				
投资总额	2.58 万 USD	电话	51567774	传真	
设立日期	2009-6-26	负责人	曾奉基		
主营业务	电脑图文制作。				

企业名称	濡伸投资管理咨询（上海）有限公司				
企业地址	上海市浦东新区峨山路 613 号 11 幢 B396 室（200127）				
投资总额	51 万 USD	电话	60904711	传真	
设立日期	2009-6-25	负责人	YOO SUNG KEUN		
主营业务	投资管理咨询；企业管理咨询。				

企业名称	郑瑞祥船舶设计咨询（上海）有限公司				
企业地址	上海市浦东新区景雅路 135 号 3 幢 202 室（201201）				
投资总额	10 万 USD	电话	51096283	传真	
设立日期	2009-6-25	负责人	郑瑞祥		
主营业务	研究和开发船舶及海洋平台工程技术。				

企业名称	码临坦（上海）船舶信息咨询有限公司				
企业地址	上海市虹口区物华路 288 号 4 号楼 505 室（200086）				
投资总额	7.00 万 USD	电话	62708988	传真	
设立日期	2009-6-25	负责人	IOSIF EMIL BERNAL ABADIA		
主营业务	提供船舶信息咨询服务。				

企业名称	上海宜富商务咨询有限公司				
企业地址	上海市松江区茸梅路 215 号 502 室 B 区（201613）				
投资总额	368 万 USD	电话	37621194	传真	
设立日期	2009-6-23	负责人	蔡淑嫣		
主营业务	企业管理咨询，贸易信息咨询。				

企业名称	联合基因（上海）健康管理服务有限公司				
企业地址	上海市杨浦区国泰路 11 号 606 室（200433）				
投资总额	258 万 USD	电话	61420588	传真	61400208
设立日期	2009-6-23	负责人	秦文龙		
主营业务	健康管理服务、健康信息咨询。				

企业名称	伊时奴（上海）商务咨询有限公司				
企业地址	上海市普陀区中山北路 1496 弄 4 号 1 号楼 309 室（200060）				
投资总额	10 万 USD	电话	61373025	传真	
设立日期	2009-6-23	负责人	KUZI JOSEPH		
主营业务	国际经济信息咨询、投资咨询、贸易信息咨询。				

企业名称	上海赢睿投资咨询有限公司				
企业地址	上海市光复路 1 号 6 层 609A 室（200070）				
投资总额	7.30 万 USD	电话	63800077	传真	
设立日期	2009-6-23	负责人	SOFARNOS JOHN MARK		
主营业务	投资咨询、国际经济信息咨询。				

企业名称	上海鼎旺信息咨询有限公司				
企业地址	上海市杨浦区国定支路 24 号 3132 室（200433）				
投资总额	5 万 USD	电话		传真	
设立日期	2009-6-23	负责人	王思伟		
主营业务	投资咨询、企业管理咨询、营销策划咨询、贸易信息咨询。				

企业名称	关志文创意设计（上海）有限公司				
企业地址	上海市普陀区宜昌路 751 号 E2 区 01 室（200000）				
投资总额	4.52 万 USD	电话	51752773	传真	51752773
设立日期	2009-6-23	负责人	GWENOLE LEFEBVRE		
主营业务	产品设计、艺术设计、展台设计。				

企业名称	上海金拓企业管理有限公司				
企业地址	上海市浦东新区牡丹路 60 号 526 室（201204）				
投资总额	100 万 USD	电话	64737725	传真	
设立日期	2009-6-22	负责人	朱家儒		
主营业务	投资咨询、投资管理咨询，商务信息咨询。				

企业名称	上海登美丘商务咨询有限公司				
企业地址	上海市虹口区霍山路 201 号 3 幢 108 室（200086）				
投资总额	15 万 USD	电话	66600315	传真	
设立日期	2009-6-22	负责人	李匡华		
主营业务	企业形象策划，市场信息咨询。				

企业名称	福利德（上海）企业管理咨询有限公司				
企业地址	上海市静安区南京西路 1266 号 2809B 室（200040）				
投资总额	14 万 USD	电话	62881918	传真	
设立日期	2009-6-22	负责人	TREVOR MCCORMICK		
主营业务	投资咨询，企业管理咨询，市场营销策划。				

企业名称	上海极思态室内装潢设计咨询有限公司				
企业地址	上海市静安区胶州路 273 弄 60 号 1008 室（200040）				
投资总额	8.78 万 USD	电话	64150610	传真	
设立日期	2009-6-22	负责人	PETER TAO HSIANG CHIEN		
主营业务	室内装潢设计咨询，建筑设计咨询。				

企业名称	康全宏成（上海）医院管理有限公司				
企业地址	上海市建国西路 285 号 6 楼 601、602、603 室（200031）				
投资总额	293 万 USD	电话	51573822	传真	
设立日期	2009-6-18	负责人	翁彩虹		
主营业务	接受医院及医疗机构委托从事医院管理服务。				

企业名称	源悦投资管理咨询（上海）有限公司				
企业地址	上海市浦东新区光明路 718 号 728 室（201208）				
投资总额	80 万 USD	电话	58763186	传真	
设立日期	2009-6-17	负责人	徐惟		
主营业务	投资咨询、企业管理咨询、经济信息咨询、贸易信息咨询。				

企业名称	福川商务咨询（上海）有限公司				
企业地址	上海市崇明县城桥镇官山路 2 号 6 幢 D 区 2011 室（202150）				
投资总额	11 万 USD	电话	69625818	传真	
设立日期	2009-6-17	负责人	IRENE LING AI LIAN		
主营业务	投资咨询，企业管理咨询，企业形象策划。				

企业名称	爱德蒙洛希尔商务咨询服务（上海）有限公司				
企业地址	上海市浦东新区陆家嘴东路 166 号中国保险大厦第 28 层 02 室(200120)				
投资总额	15 万 USD	电话	58765190	传真	58767180
设立日期	2009-6-16	负责人	陈末翎		
主营业务	商务信息咨询、投资咨询、投资管理咨询。				

企业名称	亚利投资咨询（上海）有限公司				
企业地址	上海市浦东新区杨园南路 116 号 3 幢 247 室（200122）				
投资总额	7.32 万 USD	电话	63758886	传真	
设立日期	2009-6-15	负责人	MOHAMMAD REZA MOHAMMADIAN		
主营业务	投资咨询、商务信息咨询、企业管理咨询。				

企业名称	裔能信息科技（上海）有限公司				
企业地址	上海市龙吴路 1500 号 2 幢 A206 室（200231）				
投资总额	10 万 USD	电话	51087230	传真	
设立日期	2009-6-11	负责人	ONG CHIN HUI		
主营业务	计算机软硬件开发，电子产品、集成电路的设计。				

企业名称	春岑企业管理咨询（上海）有限公司				
企业地址	上海市长宁区遵义路 100 号 B1912 室（200051）				
投资总额	7.32 万 USD	电话	33538693	传真	62371067
设立日期	2009-6-11	负责人	林旻		
主营业务	企业管理咨询、投资咨询、经济信息咨询。				

企业名称	爱梦骏会展（上海）有限公司				
企业地址	上海市南汇区康桥镇秀浦路 2388 号 1 号楼 201 室（201300）				
投资总额	15 万 USD	电话	55600098	传真	
设立日期	2009-6-10	负责人	OH BERNARD		
主营业务	在中国境内主办、承办各类经济技术展览会和会议。				

企业名称	普乐公关咨询（上海）有限公司				
企业地址	上海市卢湾区淮海中路 93 号 26-10N 室（200021）				
投资总额	7.32 万 USD	电话	33315050	传真	33315226
设立日期	2009-6-10	负责人	钱江波		
主营业务	公共关系策划咨询、市场营销策划咨询、礼仪咨询。				

企业名称	逢生商务咨询（上海）有限公司				
企业地址	上海市浦东新区东陆路 1978 号 1 层 F 室（201206）				
投资总额	7.74 万 USD	电　话	58817700	传　真	
设立日期	2009-6-9	负 责 人	陈蝉虹		
主营业务	投资咨询、企业管理咨询、环保信息咨询。				

企业名称	莱恩帕里斯二十一商务咨询（上海）有限公司				
企业地址	上海市卢湾区淮海中路 93 号 1903 室（200021）				
投资总额	70 万 USD	电　话	63918150	传　真	63918170
设立日期	2009-6-8	负 责 人	深山英世		
主营业务	境外房产信息咨询。				

企业名称	上海大卫雷文知识产权代理有限公司				
企业地址	上海市奉贤区柘林镇浦卫公路 7818 号 3 幢 301 室（201416）				
投资总额	5.00 万 USD	电　话	64187137	传　真	
设立日期	2009-6-8	负 责 人	WU DAVID YANG LING		
主营业务	受境内客户委托，代理境外专利、商标、版权业务。				

企业名称	安舒茨企业管理咨询（上海）有限公司				
企业地址	上海市淮海中路 1010 号 4203 室（200031）				
投资总额	100 万 USD	电　话	6218 1212	传　真	5298 5037
设立日期	2009-6-5	负 责 人	JOHN ANTHONY CAPPO		
主营业务	企业管理咨询、市场营销策划咨询。				

企业名称	伯析（上海）企业管理咨询有限公司				
企业地址	上海市嘉定区南翔镇蓝天路 24 号 2 幢 313 室（201802）				
投资总额	2.93 万 USD	电　话	32124666	传　真	
设立日期	2009-6-5	负 责 人	太田薰正		
主营业务	投资咨询、贸易信息咨询、科技信息咨询。				

企业名称	日机装（上海）投资管理咨询有限公司				
企业地址	上海市长宁区延安西路 728 号 27 层 F2 座（200050）				
投资总额	30 万 USD	电　话	58692023	传　真	
设立日期	2009-6-3	负 责 人	红林哲夫		
主营业务	投资咨询、企业管理咨询、机电设备的技术咨询。				

企业名称	宝亚（上海）投资咨询有限公司				
企业地址	上海市金山工业区亭卫公路 6558 号 6 幢 172 室（201506）				
投资总额	73 万 USD	电　话	51303085	传　真	
设立日期	2009-6-2	负 责 人	韩跃		
主营业务	企业投资管理咨询，企业形象策划，会务礼仪服务。				

企业名称	太可尼康汽车设计咨询（上海）有限公司				
企业地址	上海市浦东新区浦东南路 360 号 6 层 N 座（200120）				
投资总额	15 万 USD	电　话	68861290	传　真	68862191
设立日期	2009-6-2	负 责 人	PAUL FRANCIS KASPEROWICZ		
主营业务	汽车设计咨询、企业营销策划咨询、企业管理咨询和投资咨询。				

企业名称	天合亚太有限公司				
企业地址	上海市徐汇区虹漕路 456 号漕河泾工业园区 9 号楼 6 楼（200233）				
投资总额	3000 万 USD	电　话	61202266	传　真	
设立日期	2009-6-1	负 责 人	NANCY GOUGARTY		
主营业务	在国家允许外商投资的领域依法进行投资。				

企业名称	上海利鸿投资咨询有限公司				
企业地址	上海市虹口区长阳路 235 号 729 室（200080）				
投资总额	12 万 USD	电　话	58362172	传　真	
设立日期	2009-6-1	负 责 人	TAN EE WHYE		
主营业务	投资咨询，企业管理咨询及营销策划，国际经济信息咨询。				

企业名称	美璧（上海）展示设计有限公司				
企业地址	上海市长宁区娄山关路 85 号 D 楼 403 室（200336）				
投资总额	20 万 USD	电　话	64438218	传　真	
设立日期	2009-5-31	负 责 人	长井敬一		
主营业务	从事各种商品陈列柜的设计。				

企业名称	谛贝（上海）文化咨询有限公司				
企业地址	上海市静安区万航渡路 767 弄 43 号 5 号楼 3 楼 G68 室（200040）				
投资总额	1.59 万 USD	电　话	61325005	传　真	62325499
设立日期	2009-5-31	负 责 人	RAIMONDO ANDREA GISSARA		
主营业务	文化信息咨询、市场信息咨询、市场营销策划。				

企业名称	开迪域连企业管理咨询（上海）有限公司				
企业地址	上海市浦东新区北张家浜路 128 号 702-7 室（200122）				
投资总额	1.46 万 USD	电　话	50106596	传　真	
设立日期	2009-5-31	负 责 人	KATJA KRISTIN HELLKOETTER		
主营业务	企业管理咨询、市场信息咨询、市场营销策划咨询。				

企业名称	汇加投资顾问（上海）有限公司				
企业地址	上海市卢湾区茂名南路 58 号 6 幢 205、211 室（200020）				
投资总额	100 万 USD	电　话	53086888	传　真	53086688
设立日期	2009-5-27	负 责 人	毕亮章		
主营业务	投资咨询、企业管理咨询、贸易信息咨询。				

企业名称	凯臣建筑设计咨询（上海）有限公司				
企业地址	上海市卢湾区淮海中路 333 号 1849 单元（200021）				
投资总额	30 万 USD	电　话	61414768	传　真	61414766
设立日期	2009-5-27	负 责 人	DONALD WILLIAM KASIAN		
主营业务	建筑设计咨询（建筑设计除外）、建筑工程咨询。				

企业名称	科乔（上海）农业科技有限公司				
企业地址	上海市东安路 8 号 703 室（200032）				
投资总额	20 万 USD	电　话	64188282	传　真	64163299
设立日期	2009-5-27	负 责 人	DAVID BULLEN		
主营业务	农业技术服务咨询，水产技术、饲料添加剂的研发。				

企业名称	春晓企业管理咨询（上海）有限公司				
企业地址	上海市黄浦区南苏州路 933 号 318 室（200003）				
投资总额	20 万 USD	电　话	64227025	传　真	
设立日期	2009-5-27	负 责 人	朱海红		
主营业务	企业管理咨询，投资咨询，企业形象策划。				

企业名称	雷富物业管理（上海）有限公司				
企业地址	上海市虹口区海宁路 137 号 7A729 室（200080）				
投资总额	15 万 USD	电　话	63079973	传　真	
设立日期	2009-5-27	负 责 人	翟迺强		
主营业务	物业管理和相配套的服务。				

企业名称	上海宜珂投资咨询有限公司				
企业地址	上海市浦东新区江东路 1586 号 1 幢 113 室（200137）				
投资总额	6.50 万 USD	电　话	52522034	传　真	52522034
设立日期	2009-5-27	负 责 人	SAADALLAH ABIAD		
主营业务	投资咨询、企业管理咨询、企业营销策划咨询。				

企业名称	茂华投资咨询（上海）有限公司				
企业地址	上海市浦东新区杨高北路 528 号 14 幢 1A29 室（200137）				
投资总额	88 万 USD	电　话	58798572	传　真	
设立日期	2009-5-26	负 责 人	王叔华		
主营业务	投资咨询，企业管理咨询，企业形象策划，市场营销策划。				

企业名称	上影寰亚文化发展（上海）有限公司				
企业地址	上海市永福路 52 号 2 号楼 112 室（200031）				
投资总额	146 万 USD	电　话		传　真	
设立日期	2009-5-25	负 责 人	任仲伦		
主营业务	影视文化娱乐事业的咨询策划，文化市场调查、咨询服务。				

企业名称	吾心吾语投资咨询（上海）有限公司				
企业地址	上海市浦东新区杨高北路 528 号 14 幢 1A42 室（200137）				
投资总额	66 万 USD	电　话	58798572	传　真	
设立日期	2009-5-22	负 责 人	GEORGE SHIUAN		
主营业务	投资咨询，企业管理咨询，企业形象策划，市场营销策划。				

企业名称	汇盛投资咨询（上海）有限公司				
企业地址	上海市黄浦区九江路 399 号 2604A 座（200001）				
投资总额	3.80 万 USD	电　话	23225033	传　真	
设立日期	2009-5-22	负 责 人	JONATHAN SAMUEL KOTLER		
主营业务	投资咨询、企业管理咨询、贸易信息咨询。				

企业名称	培嘉企业管理咨询（上海）有限公司				
企业地址	上海市闵行区光华路 2118 号第 6 幢 1249 室（201111）				
投资总额	3.00 万 USD	电　话	58696698	传　真	
设立日期	2009-5-22	负 责 人	王月峰		
主营业务	企业管理咨询，投资咨询。				

企业名称	世铭投资咨询（上海）有限公司				
企业地址	上海市黄浦区南京西路 338 号 702 室（200003）				
投资总额	14 万 USD	电　话	53752201	传　真	
设立日期	2009-5-19	负 责 人	HAMILTON TY TANG （唐维钟）		
主营业务	企业管理咨询、投资管理咨询。				

企业名称	金哈里斯（上海）健康信息咨询有限公司				
企业地址	上海市浦东新区杨新东路 24 号 349 室（200126）				
投资总额	2.93 万 USD	电　话	54590221	传　真	
设立日期	2009-5-19	负 责 人	KIM MARIANNE HARRIS		
主营业务	健康信息咨询，企业管理咨询，投资咨询。				

企业名称	富格商务咨询（上海）有限公司				
企业地址	上海市漕溪路 123 弄 15 号乙 414 室（200235）				
投资总额	51 万 USD	电　话	60904717	传　真	
设立日期	2009-5-14	负 责 人	洪学鹤		
主营业务	投资咨询、企业管理咨询、经济信息咨询。				

企业名称	魏德曼电力技术服务（上海）有限公司				
企业地址	上海市闵行区新骏环路 189 号 C113 室（201112）				
投资总额	30 万 USD	电　话	34637680	传　真	55747348
设立日期	2009-5-14	负 责 人	李新根		
主营业务	电气设备绝缘检测及提供相关咨询。				

企业名称	卫力特物流顾问（上海）有限公司				
企业地址	上海市虹桥机场空港六路 199 号 427 室（200335）				
投资总额	7.32 万 USD	电　话	62695083	传　真	62693968
设立日期	2009-5-14	负 责 人	陈国兴		
主营业务	物流信息咨询。				

企业名称	艾睿铂投资咨询（上海）有限公司				
企业地址	上海市静安区南京西路 1266 号 61 层 6110、6111 室（200041）				
投资总额	210 万 USD	电　话	61376111	传　真	61376110
设立日期	2009-5-13	负 责 人	JOHN JOSEPH COLLINS JR		
主营业务	投资咨询，管理咨询，经贸信息咨询。。				

企业名称	环逸投资管理咨询（上海）有限公司				
企业地址	上海市大木桥路 451 号 302-19 室（200032）				
投资总额	15 万 USD	电　话	64671304	传　真	
设立日期	2009-5-13	负 责 人	NEIL PHILIP RAYMOND		
主营业务	企业管理咨询、投资咨询、贸易信息咨询、市场营销策划。				

企业名称	英智人才服务（上海）有限公司				
企业地址	上海市浦东新区景雅路 135 号 1 幢 101 室（201201）				
投资总额	14 万 USD	电　话	61031070	传　真	
设立日期	2009-5-13	负 责 人	黄慧仪		
主营业务	人才供求信息的收集、整理、储存、发布和咨询服务。				

企业名称	上海卓熙物业管理有限公司				
企业地址	上海市肇嘉浜路 1117 号 609 室（200030）				
投资总额	10 万 USD	电　话	54905900	传　真	
设立日期	2009-5-13	负 责 人	马忠芳		
主营业务	物业管理、投资咨询、会务服务。				

企业名称	皇茗企业管理咨询（上海）有限公司				
企业地址	上海市浦东新区唐陆公路 2310 号 2 幢 106 室（201210）				
投资总额	15 万 USD	电　话	51158220	传　真	51158220
设立日期	2009-5-12	负 责 人	罗智先		
主营业务	企业管理咨询、投资管理咨询、投资咨询。				

企业名称	西迈斯（上海）投资咨询有限公司				
企业地址	上海市浦东新区浦东南路 588 号 27 楼 K 室（200120）				
投资总额	15 万 USD	电　话	58780962	传　真	58773233
设立日期	2009-5-12	负 责 人	VERA HAWKIN		
主营业务	投资咨询、商务信息咨询、财务管理咨询。。				

企业名称	瀚柏投资咨询（上海）有限公司				
企业地址	上海市虹口区广中路 168 号 212 室（200083）				
投资总额	12 万 USD	电　话	62708988	传　真	
设立日期	2009-5-11	负 责 人	李振业		
主营业务	投资咨询、企业管理咨询、国际经济信息咨询。				

企业名称	优辰华（上海）投资咨询有限公司				
企业地址	上海市长宁区延安西路 1600 号 17 幢 402 室（200052）				
投资总额	29 万 USD	电　话	51740128	传　真	51740131
设立日期	2009-5-8	负 责 人	LI CHIH-HSIANG		
主营业务	投资咨询、企业管理咨询、企业营销策划咨询。				

企业名称	恒美（上海）人才服务有限公司				
企业地址	上海市卢湾区西藏南路 218 号 1205B 室（200021）				
投资总额	13 万 USD	电　话	63343318	传　真	63343328
设立日期	2009-5-8	负 责 人	缪志财		
主营业务	人才供求信息的收集、整理、储存、发布和咨询服务。				

企业名称	衣恋（上海）投资管理有限公司				
企业地址	上海市闵行区虹梅南路 4999 弄 25 号 321 室（200024）				
投资总额	200 万 USD	电　话	54481004	传　真	64820448
设立日期	2009-5-7	负 责 人	金贤洙		
主营业务	投资经营决策；资金运作和财务管理。				

企业名称	使丹芮迩（上海）企业管理咨询服务有限公司				
企业地址	上海市长乐路 989 号 1810 室（200031）				
投资总额	14 万 USD	电　话	61031371	传　真	
设立日期	2009-5-6	负 责 人	RICCARDO AGOSTINI		
主营业务	提供企业管理咨询、投资咨询、教育信息咨询。				

企业名称	博答企业管理咨询（上海）有限公司				
企业地址	上海市嘉定工业区回城南路 1128 号 B215 幢 311 室（201821）				
投资总额	10 万 USD	电　话	54900220	传　真	
设立日期	2009-5-6	负 责 人	张聪信		
主营业务	投资咨询、贸易信息咨询、计算机应用软件。				

企业名称	契桥投资咨询（上海）有限公司				
企业地址	上海市闵行区吴中路 1065 号第 1 幢 1105A 室（201103）				
投资总额	5.00 万 USD	电　话	64016308	传　真	
设立日期	2009-5-6	负 责 人	KIM KYUNG OH		
主营业务	投资咨询，企业管理咨询，国际贸易信息咨询，经济信息咨询。				

企业名称	柯锐帝福商务咨询（上海）有限公司				
企业地址	上海市奉贤区目华北路 388 号 635 室（201424）				
投资总额	5.00 万 USD	电　话	57448056	传　真	
设立日期	2009-5-6	负 责 人	WIJAYA		
主营业务	信息系统管理咨询，企业管理咨询，投资信息咨询。				

企业名称	聚信国际租赁有限公司				
企业地址	上海市闵行区光华路 2118 号第 14 幢（201111）				
投资总额	1000 万 USD	电　话	33688833	传　真	
设立日期	2009-5-5	负 责 人	曹霞		
主营业务	融资租赁业务；租赁业务。				

企业名称	时百乐品牌咨询（上海）有限公司				
企业地址	上海市奉贤区青村镇奉柘公路 2789 号 29 幢 111 室（201407）				
投资总额	11 万 USD	电　话	57596135	传　真	57596135
设立日期	2009-5-5	负 责 人	CHOW MOON TONG		
主营业务	品牌咨询，企业管理咨询。				

企业名称	宾乐（上海）投资管理咨询有限公司				
企业地址	上海市浦东新区浦东大道 981 号 2 幢 306 室（200120）				
投资总额	14 万 USD	电　话	62881988	传　真	62881998
设立日期	2009-5-4	负 责 人	何骏伟		
主营业务	投资咨询、企业管理咨询、商务信息咨询。				

企业名称	亮保（上海）企业管理顾问有限公司				
企业地址	上海市静安区延安中路 1440 号第 20 幢 335 室（200040）				
投资总额	14 万 USD	电　话	62702215	传　真	
设立日期	2009-5-4	负 责 人	ALAN MICHAEL COUSINS		
主营业务	企业管理咨询，市场信息咨询。				

企业名称	合安博凯管理咨询（上海）有限公司				
企业地址	上海市淮海中路 1010 号 3904 室（200031）				
投资总额	14 万 USD	电　话	54048617	传　真	54048618
设立日期	2009-5-4	负 责 人	龚国权		
主营业务	投资咨询、经济信息咨询、企业管理咨询。				

企业名称	原氏投资咨询（上海）有限公司				
企业地址	上海市崇明县城桥镇官山路2号6幢D区2014室（202150）				
投资总额	11万USD	电话	69625818	传真	
设立日期	2009-5-4	负责人	ROSS ZONG YUAN		
主营业务	投资咨询、企业管理咨询、项目管理咨询。				

企业名称	杰浒（上海）投资咨询有限公司				
企业地址	上海市崇明县新河镇新申路829号194室（202156）				
投资总额	10万USD	电话	59682375	传真	
设立日期	2009-5-4	负责人	GENE ZHI HONG QUINN		
主营业务	投资咨询、企业管理咨询、品牌策划咨询。				

企业名称	蒙蒂尔贸易信息咨询（上海）有限公司				
企业地址	上海市静安区南京西路699号18楼1823室（200040）				
投资总额	10万USD	电话	61413833	传真	61413833
设立日期	2009-5-4	负责人	WILLIAM FRANCIS HUMBER		
主营业务	国际贸易信息咨询，国际经济信息咨询，企业管理咨询。				

企业名称	恩必维企业管理咨询（上海）有限公司				
企业地址	上海市黄浦区广东路500号2406（F）室（200002）				
投资总额	10万USD	电话	61528632	传真	
设立日期	2009-5-4	负责人	GIULIO GALLAZZI		
主营业务	企业管理咨询，市场信息咨询，国际经济信息咨询。				

企业名称	上海意咔啪齐企业管理咨询有限公司				
企业地址	上海市闵行区申南路59弄1号505室（201100）				
投资总额	1.72万USD	电话	34073340	传真	34073340
设立日期	2009-5-4	负责人	EMANUELA TROISI		
主营业务	投资咨询，企业管理咨询，营销策划咨询。				

企业名称	钻仰投资咨询（上海）有限公司				
企业地址	上海市浦东新区耀华路215号2幢602B室（200126）				
投资总额	1.46万USD	电话		传真	
设立日期	2009-5-4	负责人	O' ROURKE SEAN THOMAS		
主营业务	投资咨询、企业管理咨询、商务信息咨询。				

企业名称	加创拜克建筑规划设计咨询（上海）有限公司				
企业地址	上海市奉贤区远东路828号2幢611室（201400）				
投资总额	14万USD	电话	50390961	传真	
设立日期	2009-4-30	负责人	HONG JI HYUN		
主营业务	建筑规划设计咨询，景观园林设计咨询，室内设计咨询。				

企业名称	奥诺展览服务（上海）有限公司				
企业地址	上海市嘉定区真新街道曹安公路1611号2C52、2C53室（201824）				
投资总额	29万USD	电话	13918406612	传真	
设立日期	2009-4-29	负责人	LU RAMON		
主营业务	设计、制作、安装展览用品。				

企业名称	太筑环保技术（上海）有限公司				
企业地址	上海市静安区北京西路605弄57号1层C室（200040）				
投资总额	15万USD	电话	62712798	传真	
设立日期	2009-4-29	负责人	黄孟筠		
主营业务	环保技术开发，环保信息咨询，图文设计制作。				

企业名称	华因企业管理咨询（上海）有限公司				
企业地址	上海市闵行区吴中路1100号5幢718室（201103）				
投资总额	15万USD	电话	64013513	传真	
设立日期	2009-4-27	负责人	KIM DO GYUN		
主营业务	企业管理咨询，投资咨询，国际经济信息咨询。				

企业名称	可音可（上海）教育信息咨询有限公司				
企业地址	上海市闵行区吴中路1100号三号楼203A室（201103）				
投资总额	13万USD	电话	62708988	传真	
设立日期	2009-4-27	负责人	JIN KYOUNG HOON		
主营业务	教育信息咨询。				

企业名称	尤迪（上海）体育管理咨询有限公司				
企业地址	上海市金山区漕廊公路6825弄505号287室（201516）				
投资总额	7.32万USD	电话	57394853	传真	
设立日期	2009-4-27	负责人	BRENDON JOHN MCQUEEN		
主营业务	体育管理咨询（除经纪）、体育信息咨询。				

企业名称	理昂司商务咨询（上海）有限公司				
企业地址	上海市浦东新区航津路658号8层829室（201208）				
投资总额	5万USD	电话		传真	
设立日期	2009-4-27	负责人	MAJED WANSA		
主营业务	商务信息咨询、企业管理咨询、市场营销咨询。				

企业名称	上海万欣和企业服务有限公司				
企业地址	上海市虹口区四川北路1941号609室（200081）				
投资总额	293万USD	电话	63503790	传真	
设立日期	2009-4-24	负责人	LAURENT BERNARD NICOLAS		
主营业务	以承接服务外包方式提供健康数据分析、健康管理服务。				

企业名称	创傲投资咨询（上海）有限公司				
企业地址	上海市东安路8号616室（200031）				
投资总额	14万USD	电话	51083336	传真	
设立日期	2009-4-24	负责人	山中弘三		
主营业务	企业管理咨询、投资咨询、企业营销策划咨询。				

企业名称	必弗商务咨询（上海）有限公司				
企业地址	上海市虹口区武进路289号1608-1609室（200080）				
投资总额	10万USD	电话	63098108	传真	
设立日期	2009-4-24	负责人	PHILIPPE M.P.G.FOSSE		
主营业务	投资咨询、市场营销策划、企业管理咨询。				

企业名称	上海锋锐商务咨询有限公司				
企业地址	上海市卢湾区局门路427号3号楼401室（200023）				
投资总额	9.28万USD	电话	63017295	传真	63019562
设立日期	2009-4-24	负责人	PIERLUIGI SGARBI		
主营业务	贸易信息咨询、投资信息咨询、市场营销策划。				

企业名称	上海彦智投资管理咨询有限公司				
企业地址	上海市沪闵路9818号1幢306室（201100）				
投资总额	7.32万USD	电话	51068077	传真	
设立日期	2009-4-24	负责人	张旌		
主营业务	企业管理咨询、投资咨询。				

企业名称	上海世景企业管理咨询有限公司				
企业地址	上海市长宁区法华镇路525号F座101-201室（200052）				
投资总额	14万USD	电话	51875881	传真	52308728
设立日期	2009-4-22	负责人	GLEN BENJAMIN HINGLEY		
主营业务	企业管理咨询、经济信息咨询、市场营销策划。				

企业名称	俪莎佩兹建筑设计咨询（上海）有限公司				
企业地址	上海市浦东新区浦东南路1341弄9号201B室（200120）				
投资总额	5.00万USD	电话	52198572	传真	52198570
设立日期	2009-4-20	负责人	ELIZABETH CRISTINA PREMAZZI		
主营业务	建筑设计咨询、室内装璜设计咨询、景观设计咨询。				

企业名称	枚方商务咨询（上海）有限公司				
企业地址	上海市漕溪北路18号13E1室（200030）				
投资总额	55万USD	电话	54669595	传真	
设立日期	2009-4-17	负责人	御池敏美		
主营业务	医疗信息咨询，教育信息咨询。				

企业名称	杰泰商务咨询（上海）有限公司				
企业地址	上海市浦东新区环林东路799弄1号1019室（200124）				
投资总额	14万USD	电话	64869752	传真	
设立日期	2009-4-17	负责人	蓝婉绮		
主营业务	商务信息咨询、企业管理咨询、投资咨询。				

企业名称	栗原文化信息咨询（上海）有限公司				
企业地址	上海市静安区康定路1147号8幢1030室（200040）				
投资总额	4.39万USD	电话	54034342	传真	
设立日期	2009-4-17	负责人	栗原督		
主营业务	文化信息咨询，文化艺术交流策划咨询。				

企业名称	百发（中国）投资有限公司				
企业地址	上海市浦东新区东方路800号宝安大厦2104室（200122）				
投资总额	3100万USD	电话	68760161	传真	
设立日期	2009-4-16	负责人	黄茂德		
主营业务	在国家允许的外商投资的领域依法进行投资。				

企业名称	上海中意海歌邮轮咨询有限公司				
企业地址	上海市虹口区物华路 58 号 274 室（200086）				
投资总额	22 万 USD	电　话	63262200	传　真	
设立日期	2009-4-16	负 责 人	MASSIMO BRANCALEONI		
主营业务	邮轮航线信息咨询，旅游信息咨询，国际经济咨询。				

企业名称	肯洲商务咨询（上海）有限公司				
企业地址	上海市卢湾区淮海中路 283 号 2107 室（200021）				
投资总额	14 万 USD	电　话	62882289	传　真	
设立日期	2009-4-16	负 责 人	TERRY JASON KINER		
主营业务	贸易信息咨询、投资咨询、营销策划咨询。				

企业名称	英姆派尔（上海）投资咨询有限公司				
企业地址	上海市嘉定区马陆镇嘉新公路 698 号第 1 幢 2009 室（201801）				
投资总额	6.45 万 USD	电　话	59107740	传　真	
设立日期	2009-4-16	负 责 人	ZHANG MIN		
主营业务	投资咨询、市场营销策划、贸易信息咨询。				

企业名称	凯步企业管理咨询（上海）有限公司				
企业地址	上海市长宁区淮海西路 570 号 68 幢 B 区 206 单元（200052）				
投资总额	32 万 USD	电　话	32882118	传　真	
设立日期	2009-4-15	负 责 人	ELLEN SEIN AYE		
主营业务	企业管理咨询、营销策划咨询、投资咨询。				

企业名称	京阳投资咨询（上海）有限公司				
企业地址	上海市长宁区天山西路 165 号 533 室（200335）				
投资总额	14 万 USD	电　话	62672760	传　真	
设立日期	2009-4-15	负 责 人	前川知德		
主营业务	投资咨询、国际贸易咨询、科技咨询。				

企业名称	迈布克斯（上海）会议展览有限公司				
企业地址	上海市静安区延安中路 1440 号 20 幢 2C05 室（200040）				
投资总额	14 万 USD	电　话	53852299	传　真	
设立日期	2009-4-15	负 责 人	SIMON PAUL ADKINS		
主营业务	在中国境内主办、承办各类经济技术展览会和会议。				

企业名称	朗瑞投资顾问（上海）有限公司				
企业地址	上海市浦东新区光明路 718 号 726 室（200122）				
投资总额	100 万 USD	电　话	62106819	传　真	
设立日期	2009-4-14	负 责 人	JACK HEWANG		
主营业务	投资咨询、建筑设计咨询、市场营销策划、商务信息咨询。				

企业名称	上海奥德旺企业营销策划有限公司				
企业地址	上海市静安区西苏州路 71 号 7 层 701 室（200040）				
投资总额	49 万 USD	电　话	33531006	传　真	
设立日期	2009-4-14	负 责 人	陈念端		
主营业务	企业营销策划，企业形象策划，企业管理咨询。				

企业名称	富域美容（上海）有限公司				
企业地址	上海市浦东新区龙东大道 5680 号 2 号楼 107 室（201201）				
投资总额	220 万 USD	电　话	51352665	传　真	51352665
设立日期	2009-4-13	负 责 人	彭春梅		
主营业务	美容管理及相关的咨询服务。				

企业名称	百仁思展览服务（上海）有限公司				
企业地址	上海市黄浦区南京西路 389 号明天广场 A415 室（200002）				
投资总额	14 万 USD	电　话	23082019	传　真	
设立日期	2009-4-10	负 责 人	ROBERT E. ROGERS		
主营业务	会议展览及相关的咨询服务。				

企业名称	伟得检验服务（上海）有限公司				
企业地址	上海市静安区万航渡路 1 号环球世界大厦 B 座 1006 室（200040）				
投资总额	35 万 USD	电　话	3214 0731	传　真	3214 0731
设立日期	2009-4-8	负 责 人	PETER RANDAL WAKEFIELD		
主营业务	棉花检验鉴定，装船前检验，仓库检验。				

企业名称	缪斯谋（上海）商务咨询有限公司				
企业地址	上海市虹口区广粤路 439 弄 3 号 205-2 室（200434）				
投资总额	14 万 USD	电　话	62580525	传　真	62580527
设立日期	2009-4-8	负 责 人	MONIQUE MULDER		
主营业务	企业管理咨询、市场营销服务咨询、投资咨询。				

企业名称	大昌行汽车租赁服务（上海）有限公司				
企业地址	上海市浦东新区光明路 718 号 830 室（200135）				
投资总额	250 万 USD	电　话	64865599	传　真	64877809
设立日期	2009-4-3	负 责 人	何耀权		
主营业务	汽车租赁业务，并提供相关技术服务和咨询。				

企业名称	考立国际金融培训（上海）有限公司				
企业地址	上海市浦东新区世纪大道 1589 号 3 楼 06 单元（200122）				
投资总额	129 万 USD	电　话	60930888	传　真	60930880
设立日期	2009-4-3	负 责 人	蔡重直		
主营业务	从事国际金融人才资质应试的培训，并提供相关信息咨询。				

企业名称	吉博力（上海）投资管理有限公司				
企业地址	上海市嘉定区南翔开发区浏翔路 738 号 4 号楼 2 楼 A 区（201802）				
投资总额	200 万 USD	电　话	6185 3188	传　真	6917 8235
设立日期	2009-4-2	负 责 人	WILLIAM JAMES CHRISTENSEN		
主营业务	受投资方委托向其提供投资经营决策。				

企业名称	准那内理商务咨询（上海）有限公司				
企业地址	上海市长乐路 989 号 1809 室（200031）				
投资总额	15 万 USD	电　话	51166888	传　真	
设立日期	2009-4-2	负 责 人	STEFANO ZUNARELLI		
主营业务	企业管理咨询、投资咨询、贸易信息咨询、环保信息咨询。				

企业名称	美卓（中国）投资有限公司				
企业地址	上海市嘉定区徐行镇宝凤公路 688 号 10 幢 4 层（201809）				
投资总额	3000 万 USD	电　话	39975000	传　真	
设立日期	2009-4-1	负 责 人	KIM OLOF STENMAN		
主营业务	在国家允许外商投资的领域依法进行投资。				

企业名称	凯玛投资咨询（上海）有限公司				
企业地址	上海市奉贤区目华北路 388 号 634 室（201424）				
投资总额	480 万 USD	电　话	63066938	传　真	
设立日期	2009-3-31	负 责 人	KINGSLEY WHYTE		
主营业务	投资咨询、企业管理咨询、贸易信息咨询。				

企业名称	卡万塔能源（中国）投资有限公司				
企业地址	上海市浦东新区龙阳路 2277 号 17 楼 1、2、5、6 单元（201204）				
投资总额	3000 万 USD	电　话	63588686	传　真	
设立日期	2009-3-30	负 责 人	ALLARD M NOOY		
主营业务	在国家允许的外商投资的可再生能源领域依法进行投资。				

企业名称	柯乐勃商务咨询（上海）有限公司				
企业地址	上海市静安区愚园路 172 号世界环球大厦 22 楼 05 室（200040）				
投资总额	10 万 USD	电　话	54656852	传　真	
设立日期	2009-3-30	负 责 人	MATHIEU JEAN MICHEL ROLAND		
主营业务	产品信息咨询，质量管理咨询，企业管理咨询。				

企业名称	鸿浩（上海）商务咨询有限公司				
企业地址	上海市小木桥路 251 号 1502 室（200032）				
投资总额	3.66 万 USD	电　话	54960787	传　真	54960787
设立日期	2009-3-30	负 责 人	李家辉		
主营业务	产品营销策划、投资咨询、企业管理咨询。				

企业名称	达邦（上海）管理有限公司				
企业地址	上海市徐汇区长乐路 989 号世纪商贸大厦 3101A 室（200031）				
投资总额	200 万 USD	电　话	24050685	传　真	24050685
设立日期	2009-3-27	负 责 人	SCOTT EDWARD SPIRIT		
主营业务	受母公司和所投资企业的委托，为集团内企业提供投资经营决策。				

企业名称	普莱斯（上海）医疗健康信息咨询有限公司				
企业地址	上海市闵行区合川路 3089 号第 4 幢 10 楼 1001 室（201103）				
投资总额	15 万 USD	电　话	64058090	传　真	
设立日期	2009-3-27	负 责 人	ROBERT MICHAEL FRANZ		
主营业务	医疗信息咨询。				

企业名称	凡茂环保技术咨询（上海）有限公司				
企业地址	上海市嘉定区南翔镇真南路 3930 号 3 幢 201 室（201802）				
投资总额	15 万 USD	电　话	62981353	传　真	
设立日期	2009-3-25	负 责 人	王清俊		
主营业务	环保技术咨询。				

企业名称	思康博企业管理咨询（上海）有限公司				
企业地址	上海市静安区成都北路 333 号 16 楼 1606A 室（200040）				
投资总额	14 万 USD	电　话	68413005	传　真	68410115
设立日期	2009-3-25	负 责 人	西田忠康		
主营业务	企业管理咨询，企业营销策划。				

企业名称	上海奥神投资咨询有限公司				
企业地址	上海市闵行区金都路 4289 号 6 幢 2 楼 165 室（201108）				
投资总额	9.00 万 USD	电　话	64126524	传　真	
设立日期	2009-3-25	负 责 人	YIN HU		
主营业务	投资咨询，企业管理咨询，市场营销咨询。				

企业名称	明礼经济信息咨询（上海）有限公司				
企业地址	上海市闵行区虹梅路 3203 号 1 幢 305 室（201103）				
投资总额	8.80 万 USD	电　话	64065653	传　真	
设立日期	2009-3-25	负 责 人	REGEV SHAI		
主营业务	经济信息咨询，产品采购信息咨询，贸易信息咨询。				

企业名称	瑞万德（上海）投资管理顾问有限公司				
企业地址	上海市黄浦区广东路 689 号 2106 室（200001）				
投资总额	30 万 USD	电　话	63515885	传　真	63411618
设立日期	2009-3-24	负 责 人	戚盛荣		
主营业务	投资管理咨询，市场营销策划咨询，国际贸易信息咨询。				

企业名称	趣研（上海）商务信息咨询有限公司				
企业地址	上海市黄浦区南京西路 288 号 1903B、C 室（200003）				
投资总额	20 万 USD	电　话	33663135	传　真	33663133
设立日期	2009-3-24	负 责 人	CHRISTOPHER HAVEMANN		
主营业务	国际经济信息咨询、企业营销策划、投资管理咨询。				

企业名称	法孚阀门管道工程咨询（上海）有限公司				
企业地址	上海市浦东新区张杨路 500 号华润时代广场 17 楼 17-03D 室（200122）				
投资总额	15 万 USD	电　话	51782723	传　真	51782961
设立日期	2009-3-24	负 责 人	GARY THOMAS WEBB		
主营业务	阀门管道工程管理咨询、阀门管道工程技术咨询。				

企业名称	秦秦广告（上海）有限公司				
企业地址	上海市浦东新区商城路 1900 号 807 室（200120）				
投资总额	14 万 USD	电　话	61940260	传　真	
设立日期	2009-3-20	负 责 人	吉道博保		
主营业务	设计、制作、发布、代理国内外各类广告；企业营销策划。				

企业名称	懋特商务咨询（上海）有限公司				
企业地址	上海市南丹东路 188 号 1101 室（200031）				
投资总额	10 万 USD	电　话	62785001	传　真	
设立日期	2009-3-20	负 责 人	DEEPAK RAMCHAND		
主营业务	企业营销策划咨询、企业管理咨询、投资咨询。				

企业名称	迪恩智广告（上海）有限公司				
企业地址	上海市卢湾区泰康路 190 弄 1 号 104A 室（200023）				
投资总额	1000 万 USD	电　话	62884255	传　真	62884258
设立日期	2009-3-19	负 责 人	李颖中		
主营业务	设计、制作、发布、代理国内外各类广告。				

企业名称	意美酷认证（上海）有限公司				
企业地址	上海市长宁区江苏路 369 号 6F 室（200050）				
投资总额	44 万 USD	电　话	52380507	传　真	52400832
设立日期	2009-3-19	负 责 人	GIANFRANCO BASSI		
主营业务	产品认证。				

企业名称	上海特普来利投资顾问有限公司				
企业地址	上海市静安区武定路 550 号 201 室（200040）				
投资总额	30 万 USD	电　话	58785301	传　真	
设立日期	2009-3-19	负 责 人	BENJAMIN JAMES HIGGINS		
主营业务	投资咨询，国际经济信息咨询，财务管理咨询。				

企业名称	星瞻教育信息咨询（上海）有限公司				
企业地址	上海市黄浦区北京西路 126 号 116 室 G 座（200003）				
投资总额	15 万 USD	电　话	58369811	传　真	
设立日期	2009-3-19	负 责 人	TIMOTHY MICHAEL BRYANT		
主营业务	企业管理咨询、教育信息咨询。				

企业名称	上海金愿理商务咨询有限公司				
企业地址	上海市金山区朱泾镇金龙新街 528 弄 8 号 8158 室（201500）				
投资总额	1.46 万 USD	电　话	57332549	传　真	
设立日期	2009-3-18	负 责 人	MARKO STEFAN DUZEVIC		
主营业务	企业管理咨询、国际经济信息咨询、企业形象策划。				

企业名称	凯实投资咨询（上海）有限公司				
企业地址	上海市浦东新区光明路 718 号 727 室（200137）				
投资总额	450 万 USD	电　话	63067781	传　真	
设立日期	2009-3-16	负 责 人	KINGSLEY WHYTE		
主营业务	投资咨询、企业管理咨询、商务信息咨询。				

企业名称	达岸达品建筑设计咨询（上海）有限公司				
企业地址	上海市卢湾区太仓路 58 号 2 楼 223、227 室（200021）				
投资总额	20 万 USD	电　话	61036800	传　真	
设立日期	2009-3-16	负 责 人	DAVID JOHN DALZIEL		
主营业务	建筑设计咨询。				

企业名称	芬纳（上海）管理有限公司				
企业地址	上海市嘉定区外钱公路 445 号 1 幢 201 室（201823）				
投资总额	200 万 USD	电　话	33517373	传　真	
设立日期	2009-3-11	负 责 人	HENRY HARRIE LEE		
主营业务	经营决策和管理咨询，财务管理咨询。				

企业名称	瀚高投资咨询（上海）有限公司				
企业地址	上海市崇明县官山路 2 号 7 幢 D 区 2017 室（202150）				
投资总额	30 万 USD	电　话	69625816	传　真	
设立日期	2009-3-11	负 责 人	朱天禹		
主营业务	投资咨询、市场营销策划、企业管理咨询、企业形象策划。				

企业名称	曼町商务咨询（上海）有限公司				
企业地址	上海市奉贤区目华北路 388 号 614 室（201424）				
投资总额	10 万 USD	电　话	61377595	传　真	
设立日期	2009-3-11	负 责 人	JOHNSON SEAN ROBERT		
主营业务	企业管理咨询，网页制作。				

企业名称	百巴商务咨询（上海）有限公司				
企业地址	上海市肇嘉浜路 807 号 810、812 室（200032）				
投资总额	7.32 万 USD	电　话	61201905	传　真	
设立日期	2009-3-11	负 责 人	SUN JAMES JIAN		
主营业务	企业管理咨询、投资咨询、贸易信息咨询。				

企业名称	荷隆美船舶工业技术咨询（上海）有限公司				
企业地址	上海市长宁区延安西路 1319 号 1502 室（200050）				
投资总额	20 万 USD	电　话	6145 4900	传　真	6145 4902
设立日期	2009-3-10	负 责 人	SOEREN PETER WENDT LARSEN		
主营业务	船舶工业技术咨询；船舶工程技术咨询；企业管理咨询。				

企业名称	上海华伊企业管理咨询有限公司				
企业地址	上海市长宁区天山路 600 弄 2 号 24A 室（200051）				
投资总额	16 万 USD	电　话	63282278	传　真	
设立日期	2009-3-10	负 责 人	高桥利幸		
主营业务	企业管理咨询、投资咨询。				

企业名称	名期商务咨询（上海）有限公司				
企业地址	上海市普陀区陕西北路 1438 号 1919 室、1920 室（200000）				
投资总额	14 万 USD	电　话	62181866	传　真	62723661
设立日期	2009-3-10	负 责 人	周琴霞		
主营业务	企业管理咨询、国际经济信息咨询、贸易信息咨询。				

企业名称	珂希亚管理咨询（上海）有限公司				
企业地址	上海市黄浦区延安东路 175 号 1403 室（200002）				
投资总额	13 万 USD	电　话	63263377	传　真	
设立日期	2009-3-10	负 责 人	MARIACHIARA ALTOMONTE		
主营业务	企业管理咨询、贸易信息咨询和经济信息咨询。				

企业名称	韩国船级社（中国）有限公司				
企业地址	上海市中山西路 1800 号兆丰环球大厦 7 楼 F1（200235）				
投资总额	732 万 USD	电　话	64400672	传　真	64400236
设立日期	2009-3-9	负 责 人	CHA YOUNG JIN		
主营业务	对悬挂该国国旗及拟悬挂该国国旗的船舶、海上设施实施法定检验。				

企业名称	格拉司通企业管理（上海）有限公司				
企业地址	上海市浦东新区龙东大道 5179 号 5 幢 2 层 E 座（201201）				
投资总额	230 万 USD	电　话	58409778	传　真	58409766
设立日期	2009-3-9	负 责 人	张成东		
主营业务	提供投资管理和咨询服务、经营管理和咨询服务、市场营销服务。				

企业名称	艾捷是（上海）商务服务有限公司				
企业地址	上海市凯旋路 2200 号第五幢 2608 室（200030）				
投资总额	44 万 USD	电　话	61252169	传　真	61285516
设立日期	2009-3-9	负 责 人	竹之下正夫		
主营业务	提供存货盘点服务及相关技术咨询。				

企业名称	佩和商务咨询（上海）有限公司				
企业地址	上海市黄浦区南京西路 389 号 301B 室（200001）				
投资总额	15 万 USD	电　话	62882289	传　真	
设立日期	2009-3-9	负 责 人	RIENTS MATHIJS BAKKER		
主营业务	贸易信息咨询、投资咨询、营销策划咨询、国际经济咨询。				

企业名称	迈戛企业管理咨询（上海）有限公司				
企业地址	上海市静安区北京西路 1277 号国旅大厦 1505 室（200040）				
投资总额	10 万 USD	电　话	64132968	传　真	
设立日期	2009-3-9	负 责 人	杨志刚		
主营业务	企业管理咨询，投资咨询，市场营销策划，企业形象策划。				

企业名称	灵立商务咨询（上海）有限公司				
企业地址	上海市松江区茸梅路 223 号 501 室（201613）				
投资总额	100 万 USD	电　话	37667558	传　真	
设立日期	2009-3-5	负 责 人	王资元		
主营业务	教育信息咨询，计算机网络技术咨询。				

企业名称	喜尚投资咨询（上海）有限公司				
企业地址	上海市浦东新区上钢三村 2 号甲 C207 室（200126）				
投资总额	14 万 USD	电　话	50560746	传　真	
设立日期	2009-3-5	负 责 人	李树业		
主营业务	投资咨询、企业管理咨询、财务管理咨询。				

企业名称	上海乐佳多企业形象策划咨询有限公司				
企业地址	上海市长宁区宣化路 28 号 1305 室（200050）				
投资总额	7.66 万 USD	电　话	61327189	传　真	
设立日期	2009-3-5	负 责 人	PESTEL ERIC ROBERT HENRI		
主营业务	企业及个人形象策划咨询、市场营销策划。				

企业名称	方子市场营销策划（上海）有限公司				
企业地址	上海市襄阳南路 500 号 1803 室（200032）				
投资总额	7.32 万 USD	电　话	52288760	传　真	62171609
设立日期	2009-3-5	负 责 人	蔡子强		
主营业务	市场营销策划咨询、品牌策划咨询、企业管理咨询。				

企业名称	聚富荟休闲俱乐部（上海）有限公司				
企业地址	上海市静安区延安西路 65 号四楼 401、402 单元（200040）				
投资总额	14 万 USD	电　话	62486783	传　真	62481572
设立日期	2009-3-4	负 责 人	吴椪华		
主营业务	中型饭店（不含熟食卤味），酒吧。				

企业名称	上海预安企业管理咨询有限公司				
企业地址	上海市闵行区虹井路 185 号 10 幢 309 室（201103）				
投资总额	10 万 USD	电　话	54090088	传　真	
设立日期	2009-3-4	负 责 人	章致一		
主营业务	企业管理咨询、国际经济信息咨询、投资咨询。				

企业名称	上海云丽莎艺术装饰设计有限公司				
企业地址	上海市静安区康定路 1147 号 8 幢 1016 室（200040）				
投资总额	7.32 万 USD	电　话	62128083	传　真	62511166
设立日期	2009-3-4	负 责 人	陈荣锦		
主营业务	家庭装饰设计及装潢，家居用品及家具的设计。				

企业名称	承韵商务咨询（上海）有限公司				
企业地址	上海市黄浦区南苏州路 933 号 6 层 710 室（200003）				
投资总额	37 万 USD	电　话	50372668	传　真	
设立日期	2009-3-3	负 责 人	LINNANE NICHOLAS ANTHONY		
主营业务	投资咨询、企业管理咨询、经济信息咨询、会展信息咨询。				

企业名称	实践家企业营销策划（上海）有限公司				
企业地址	上海市华山路 2018 号 2205 室（200030）				
投资总额	10 万 USD	电　话	54072336	传　真	
设立日期	2009-3-2	负 责 人	林伟贤		
主营业务	企业营销策划、企业形象策划、企业管理咨询。				

企业名称	佳诗企业管理咨询（上海）有限公司				
企业地址	上海市襄阳南路 500 号 1314 室（200031）				
投资总额	4.39 万 USD	电　话	51025279	传　真	
设立日期	2009-3-2	负 责 人	NATASHA LEE PHILLIPS		
主营业务	企业管理咨询、酒店管理咨询、国际经济信息咨询。				

企业名称	上海艾乐弗信息技术有限公司				
企业地址	上海市长宁区天山西路 789 号 1 幢 224 室（200335）				
投资总额	300 万 USD	电　话	32523098	传　真	
设立日期	2009-2-27	负 责 人	徐向锋		
主营业务	设计、研发无线通讯产品。				

企业名称	锴智企业管理咨询（上海）有限公司				
企业地址	上海市杨浦区淞沪路 234 号 2 号楼 205B 室（200433）				
投资总额	7.50 万 USD	电　话	38654190	传　真	
设立日期	2009-2-27	负 责 人	DEAN LYLE MERRITT		
主营业务	企业经营管理咨询，市场营销策划，财务信息管理咨询。				

企业名称	亿赛思计算机租赁（上海）有限公司				
企业地址	上海市普陀区中江路 879 弄 1 号楼 166 室（200000）				
投资总额	64 万 USD	电　话	52080003	传　真	52080027
设立日期	2009-2-26	负 责 人	YVES CAPARROS		
主营业务	计算机（包括相关外围和辅助设备、软件）的租赁业务。				

企业名称	优吧（上海）商务咨询有限公司				
企业地址	上海市静安区海防路 421 号 7 幢 7 楼 B 座（200040）				
投资总额	6.39 万 USD	电　话	53068899	传　真	
设立日期	2009-2-25	负 责 人	SEBASTIEN BONNEFOI		
主营业务	市场营销咨询、企业管理咨询、投资咨询。				

企业名称	上海奇莱商务咨询有限公司				
企业地址	上海市长宁区天山四村 122 号 18 幢 409 室（200051）				
投资总额	3.00 万 USD	电　话	62718580	传　真	
设立日期	2009-2-25	负 责 人	CRAIPEAU MAXIME JEAN GEORGES		
主营业务	环境保护技术信息咨询。				

企业名称	博贺商务咨询（上海）有限公司				
企业地址	上海市杨浦区沧州路 138 号 631 室（200093）				
投资总额	10 万 USD	电　话	55808606	传　真	
设立日期	2009-2-24	负 责 人	RIDOUX DOMINIQUEE		
主营业务	国际经济信息咨询，企业管理咨询，企业形象策划。				

企业名称	戴柏形象设计（上海）有限公司				
企业地址	上海市卢湾区蒙自路 169 号 13 号（管理楼 2 号）B101 室（200023）				
投资总额	65 万 USD	电　话	53023923	传　真	53023030
设立日期	2009-2-23	负 责 人	徐　朝		
主营业务	从事美容美发咨询和形象设计咨询服务。				

企业名称	东极驿（上海）燃气技术咨询有限公司				
企业地址	上海市浦东新区世纪大道 1777 号东方希望大厦 6 层 D 室（200120）				
投资总额	22 万 USD	电　话	58315010	传　真	68411008
设立日期	2009-2-23	负 责 人	相原啓二		
主营业务	燃气工程设计咨询、燃气工程管理咨询、燃气设备技术咨询。				

企业名称	艺美商务咨询（上海）有限公司				
企业地址	上海市浦东新区环林东路 799 弄 1 号 1011 室（200126）				
投资总额	1.46 万 USD	电　话	68709137	传　真	
设立日期	2009-2-23	负 责 人	廖廷沛		
主营业务	商务信息咨询，市场营销策划咨询。				

企业名称	智鹏企业管理咨询（上海）有限公司				
企业地址	上海市黄浦区南苏州路 933 号 313 室（200003）				
投资总额	85 万 USD	电　话	64227025	传　真	
设立日期	2009-2-20	负 责 人	丁嘉怡		
主营业务	企业管理咨询。				

企业名称	**瑞沃企业管理咨询（上海）有限公司**					
企业地址	上海市黄浦区南苏州路 933 号 517 室（200001）					
投资总额	72 万 USD	电　话	63843773	传　真		
设立日期	2009-2-20	负 责 人	CHARLES P HSU			
主营业务	企业管理咨询、投资咨询。					

企业名称	**贝司企业管理咨询（上海）有限公司**					
企业地址	上海市黄浦区南苏州路 933 号 610 室（200003）					
投资总额	50 万 USD	电　话	64227025	传　真		
设立日期	2009-2-20	负 责 人	俞宗卫			
主营业务	企业管理咨询。					

企业名称	**贺曼（上海）建筑设计咨询有限公司**					
企业地址	上海市杨浦区控江路 1555 号 A 座 3006 室（200092）					
投资总额	3.00 万 USD	电　话	65635880	传　真		
设立日期	2009-2-20	负 责 人	JEFFREY HELLER			
主营业务	建筑设计咨询。					

企业名称	**挪威船级社（中国）有限公司**					
企业地址	上海市长宁区虹桥路 1591 号虹桥迎宾馆 4 号楼（200336）					
投资总额	732 万 USD	电　话	32084518	传　真	62788090	
设立日期	2009-2-19	负 责 人	OLAV NORTUN			
主营业务	对悬挂该国国旗及拟悬挂该国国旗的船舶、海上设施实施法定检验。					

企业名称	**艾府杰（上海）管理有限公司**					
企业地址	上海市长宁区仙霞路 317 号 2611 室（200051）					
投资总额	200 万 USD	电　话	62350883	传　真	62350887	
设立日期	2009-2-19	负 责 人	FELIX AEPLI			
主营业务	提供投资管理咨询服务，财务管理咨询服务。					

企业名称	**上海商霖华通投资咨询有限公司**					
企业地址	上海市静安区威海路 567 号 11C 室（200040）					
投资总额	200 万 USD	电　话	31338318	传　真	31338318	
设立日期	2009-2-19	负 责 人	HUANG ZHENG YU			
主营业务	投资咨询、企业经营管理咨询、贸易信息咨询。					

企业名称	**可瀚投资咨询（上海）有限公司**					
企业地址	上海市闵行区东川路 555 号甲楼 2015 室（200241）					
投资总额	20 万 USD	电　话	61212288	传　真		
设立日期	2009-2-19	负 责 人	姜耀			
主营业务	投资咨询，企业管理咨询，国际经济信息咨询。					

企业名称	**邓韩贝信息技术咨询（上海）有限公司**					
企业地址	上海市静安区南京西路 1168 号 35 楼 3528 室（200040）					
投资总额	14 万 USD	电　话	50580235	传　真		
设立日期	2009-2-19	负 责 人	OLIVER GILES HANSARD			
主营业务	提供市场信息咨询、贸易信息咨询以及相关技术咨询。					

企业名称	**迪世盟工程技术顾问（上海）有限公司**					
企业地址	上海市静安区康定路 1147 号 8 幢 1018 室（200040）					
投资总额	10 万 USD	电　话	52110188	传　真		
设立日期	2009-2-19	负 责 人	STEPHEN VINCENT DESIMONE			
主营业务	工程技术咨询、项目管理咨询、国际经济信息咨询。					

企业名称	**新声商务咨询（上海）有限公司**					
企业地址	上海市闵行区虹梅路 3215 弄 201 号 6 楼 A 室（201103）					
投资总额	9.52 万 USD	电　话	33821770	传　真		
设立日期	2009-2-19	负 责 人	WEIDNER III JAMES STEPHENS			
主营业务	企业管理咨询，投资咨询，营销策划咨询。					

企业名称	**迎帆商务咨询（上海）有限公司**					
企业地址	上海市天钥桥路 567 号 305D 室（200030）					
投资总额	9.00 万 USD	电　话	24193012	传　真		
设立日期	2009-2-19	负 责 人	ANA INCHAUSTI ARREGUI			
主营业务	国际经济信息咨询、企业管理咨询、企业投资咨询。					

企业名称	**正纬企业管理咨询（上海）有限公司**					
企业地址	上海市卢湾区茂名南路 58 号花园饭店（上海）601 室（200020）					
投资总额	7.32 万 USD	电　话	64735450	传　真		
设立日期	2009-2-18	负 责 人	伴仁			
主营业务	企业管理咨询、投资及投资管理咨询、市场营销策划、企业形象策划。					

企业名称	**博楷管理咨询（上海）有限公司**					
企业地址	上海市宝庆路 10 号 4 幢 310 室（200031）					
投资总额	2.93 万 USD	电　话	64399326	传　真		
设立日期	2009-2-17	负 责 人	RICHARD LEO KELLER JR			
主营业务	企业管理咨询、营销策划咨询、投资咨询。					

企业名称	**上海嘉亭投资咨询有限公司**					
企业地址	上海市嘉定区安亭镇博园路 6555 号第 1 幢第 2 层 A 区（201805）					
投资总额	15 万 USD	电　话	61401055	传　真		
设立日期	2009-2-16	负 责 人	郭明菊			
主营业务	投资咨询、国际经济信息咨询、企业文化咨询、企业营销策划。					

企业名称	**上海启卫商务咨询有限公司**					
企业地址	上海市虹口区汶水东路 51 号 106E 室（200437）					
投资总额	19 万 USD	电　话	63579695	传　真		
设立日期	2009-2-13	负 责 人	冯泰平			
主营业务	企业管理咨询，国际经济咨询，贸易信息咨询。					

企业名称	**上海擎盟商务咨询有限公司**					
企业地址	上海市浦东新区世纪大道 1777 号东方希望大厦 6 层 A 室（200135）					
投资总额	16 万 USD	电　话	50581851	传　真		
设立日期	2009-2-13	负 责 人	JAMES CHANG			
主营业务	商务信息咨询、企业管理咨询、投资咨询。					

企业名称	**艾尔建信息咨询（上海）有限公司**					
企业地址	上海市静安区南京西路 1266 号 56 层 5605 室（200040）					
投资总额	105 万 USD	电　话	61411393	传　真	61411393	
设立日期	2009-2-12	负 责 人	RAJKUMAR NARAYANAN			
主营业务	医疗、医药信息咨询及相关技术（不含医疗）咨询、市场营销策划咨询。					

企业名称	**贝诺建筑设计咨询（上海）有限公司**					
企业地址	上海市静安区南京西路 1168 号 39 层 3910B-3911 室（200040）					
投资总额	37 万 USD	电　话	52925533	传　真	52925668	
设立日期	2009-2-12	负 责 人	GRAHAM STANLEY CARTLEDGE			
主营业务	工程项目设计咨询、建筑设计咨询。					

企业名称	**尤艾普（上海）艺术设计咨询有限公司**					
企业地址	上海市浦东新区思浦路 13 弄 15 号 5 幢（200126）					
投资总额	14 万 USD	电　话	64335773	传　真	64335663	
设立日期	2009-2-12	负 责 人	MATTHEW JOSEPH TOBIN			
主营业务	景观艺术设计咨询及项目管理咨询。					

企业名称	**宜水环境科技（上海）有限公司**					
企业地址	上海市静安区南京西路 1266 号恒隆广场 39 层 3948 室（200040）					
投资总额	10 万 USD	电　话	61712521	传　真	61712520	
设立日期	2009-2-12	负 责 人	WEI JUN ZHANG			
主营业务	水务信息技术开发、环境工程咨询、技术咨询及相关技术服务。					

企业名称	**卓趣软件（上海）有限公司**					
企业地址	上海市天钥桥路 333 号 2603 I 室（200030）					
投资总额	5.00 万 USD	电　话	61213658	传　真		
设立日期	2009-2-12	负 责 人	SHIGERU CHIGUSA			
主营业务	计算机信息技术咨询、软件开发、软件销售与维护。					

企业名称	**范陈商务咨询（上海）有限公司**					
企业地址	上海市浦东新区浦东南路 1101 号 701 室（200120）					
投资总额	1.55 万 USD	电　话	58773951	传　真		
设立日期	2009-2-10	负 责 人	范世义			
主营业务	商务信息咨询、经济信息咨询、企业管理咨询。					

企业名称	**迪罗美课企业管理咨询（上海）有限公司**					
企业地址	上海市静安区新闸路 831 号 19 层 L 室（200040）					
投资总额	11 万 USD	电　话	62189816	传　真		
设立日期	2009-2-9	负 责 人	NG KING TEN			
主营业务	企业管理咨询、企业形象策划、展览会务咨询。					

企业名称	**上海汉虹综合装备设计咨询有限公司**					
企业地址	上海市宝山城市工业园区园新路 125 号 6 幢二楼 F 室（200436）					
投资总额	104 万 USD	电　话	36307113	传　真		
设立日期	2009-2-5	负 责 人	伊藤俊久			
主营业务	数控加工机械及半导体、太阳能电池相关生产设备。					

企业名称	天涛投资咨询（上海）有限公司				
企业地址	上海市黄浦区九江路 399 号 26 楼 08 室 I 座（200001）				
投资总额	15 万 USD	电　话	62708988	传　真	
设立日期	2009-2-5	负 责 人	陈镇洪		
主营业务	投资咨询、国际经济信息咨询、企业管理咨询。				

企业名称	天悠商务咨询（上海）有限公司				
企业地址	上海市浦东新区浦东大道 720 号 25 楼 C 座（200120）				
投资总额	14 万 USD	电　话	58217322	传　真	
设立日期	2009-2-4	负 责 人	RICHARD MARTIN FREESTONE		
主营业务	旅游信息咨询，会展信息咨询，投资咨询。				

企业名称	上海沛隆商务咨询有限公司				
企业地址	上海市普陀区同普路 1153 弄 4 号 4 楼 401 室（200000）				
投资总额	14 万 USD	电　话	52701009	传　真	
设立日期	2009-2-3	负 责 人	杨孝仪		
主营业务	国际经济信息咨询、企业管理咨询、投资咨询。				

企业名称	熙东图文设计（上海）有限公司				
企业地址	上海市金山区漕泾镇朱漕公路 3001 号 3 幢（201507）				
投资总额	3.00 万 USD	电　话	57253150	传　真	
设立日期	2009-2-1	负 责 人	LEE CHUL HEE		
主营业务	图文设计、平面设计。				

企业名称	雷勃企业管理（上海）有限公司				
企业地址	上海市徐汇区富民路 291 号 7 楼 02、03 室（200031）				
投资总额	200 万 USD	电　话	61701298	传　真	61701297
设立日期	2009-1-24	负 责 人	杨　青		
主营业务	受母公司委托向境内外的关联企业提供投资经营决策服务。				

企业名称	雅尚广告（上海）有限公司				
企业地址	上海市浦东新区兰村路 473 号 206 室（200120）				
投资总额	30 万 USD	电　话	53850388	传　真	53850358
设立日期	2009-1-24	负 责 人	KA YOUNG MYUNG		
主营业务	设计、制作、发布、代理国内外各类广告。				

企业名称	成卓企业管理咨询（上海）有限公司				
企业地址	上海市黄浦区南京西路 288 号 1203 室（200001）				
投资总额	5.00 万 USD	电　话	62722348	传　真	62722348
设立日期	2009-1-23	负 责 人	LANCE SAWA TANAKA		
主营业务	企业管理咨询、国际经济信息咨询、财务管理咨询。				

企业名称	都福企业管理（上海）有限公司				
企业地址	上海市浦东新区世纪大道 1589 号 19 楼 01-11 单元（200122）				
投资总额	200 万 USD	电　话	60812825	传　真	61633589
设立日期	2009-1-22	负 责 人	IVONNE MARIA CABRERA		
主营业务	为集团内企业提供经营决策和管理咨询服务。				

企业名称	上海高垣管理咨询有限公司				
企业地址	上海市静安区昌平路 68 号 3 幢 401 室（200040）				
投资总额	220 万 USD	电　话	62702215	传　真	
设立日期	2009-1-21	负 责 人	何志光		
主营业务	投资咨询、企业管理咨询、会务服务。				

企业名称	埃彼穆勒（上海）港口机械工程服务有限公司				
企业地址	上海市浦东新区陆家嘴环路 166 号未来资产大厦 8 层 D 单元（200120）				
投资总额	210 万 USD	电　话	23062410	传　真	
设立日期	2009-1-21	负 责 人	HALFDAN ROSS		
主营业务	港口机械项目管理、港口工程咨询、港口机械设备管理咨询。				

企业名称	恺升投资管理咨询（上海）有限公司				
企业地址	上海市浦东新区金海路 2588 号 1 幢 217 室（201209）				
投资总额	200 万 USD	电　话	58369652	传　真	
设立日期	2009-1-21	负 责 人	李家明		
主营业务	投资管理咨询、商务信息咨询、企业管理咨询。				

企业名称	资识署投资咨询（上海）有限公司				
企业地址	上海市浦东新区世纪大道 1589 号 1108-09 单元（200122）				
投资总额	100 万 USD	电　话	52281998	传　真	
设立日期	2009-1-21	负 责 人	曹祖佑		
主营业务	投资咨询、国际经济咨询、贸易信息咨询、企业管理咨询。				

企业名称	卡拓工程管理咨询（上海）有限公司				
企业地址	上海市浦东新区东方路 710 号 710 室（200122）				
投资总额	55 万 USD	电　话	68752103	传　真	51025279
设立日期	2009-1-21	负 责 人	AHMED MAZEN WAHBEH		
主营业务	建筑项目管理咨询、建筑项目技术咨询、国际经济信息咨询。				

企业名称	英创潜力信息服务（上海）有限公司				
企业地址	上海市静安区南京西路 699 号 2108 室（200040）				
投资总额	29 万 USD	电　话	52110211	传　真	52283018
设立日期	2009-1-21	负 责 人	高桥广敏		
主营业务	受企业委托提供商业信息的咨询服务、企业管理咨询。				

企业名称	孚乐（上海）商务咨询有限公司				
企业地址	上海市松江区文诚路 358 弄 6 号 806 室（201602）				
投资总额	2.93 万 USD	电　话	37668248	传　真	
设立日期	2009-1-21	负 责 人	FREDERIC LEGENDRE		
主营业务	投资咨询，企业管理咨询。				

企业名称	上海华期投资咨询有限公司				
企业地址	上海市浦东新区耀华路 215 号 2 幢 505A 室（200126）				
投资总额	300 万 USD	电　话	52286622	传　真	
设立日期	2009-1-19	负 责 人	YOON JONG WON		
主营业务	投资咨询、企业管理咨询、商务信息咨询。				

企业名称	思平商务咨询服务（上海）有限公司				
企业地址	上海市浦东新区世纪大道 201 号渣打银行大厦 5 楼 531 室（200120）				
投资总额	143 万 USD	电　话	61826780	传　真	
设立日期	2009-1-19	负 责 人	TSANG PIK YAN GRACE		
主营业务	商务信息咨询，旅行、居家安全信息咨询。				

企业名称	光辉（上海）人才咨询有限公司				
企业地址	上海市卢湾区淮海中路 809 号甲第 4 层 405 室（200020）				
投资总额	30 万 USD	电　话	32260252	传　真	32260251
设立日期	2009-1-19	负 责 人	GU WEI ZHONG		
主营业务	人才供求信息的收集、整理、储存、发布和咨询服务。				

企业名称	田岛投资管理咨询（上海）有限公司				
企业地址	上海市嘉定区马陆镇嘉新公路 698 号第 1 幢 3002 室（201801）				
投资总额	7.32 万 USD	电　话	59153552	传　真	
设立日期	2009-1-19	负 责 人	HENRYANTO SOESATYO		
主营业务	投资咨询、财务管理咨询。				

企业名称	德计都舍（上海）建筑设计咨询有限公司				
企业地址	上海市灵石路 930 号 10 幢 406 室（200072）				
投资总额	5.00 万 USD	电　话	31269180	传　真	
设立日期	2009-1-19	负 责 人	范奕闻		
主营业务	建筑设计咨询。				

企业名称	力一商务咨询（上海）有限公司				
企业地址	上海市黄浦区九江路 399 号 26 楼 10 室 F 座（200002）				
投资总额	7.32 万 USD	电　话	64185886	传　真	64043284
设立日期	2009-1-16	负 责 人	GARY DONALD LIVERMORE		
主营业务	国际经济信息咨询、投资咨询、企业管理咨询。				

企业名称	上海明珍健康信息咨询有限公司				
企业地址	上海市襄阳南路 500 号 1819 室（200031）				
投资总额	5.00 万 USD	电　话	54662621	传　真	
设立日期	2009-1-16	负 责 人	IVY FOUNG MING LEE FOOK CHOY		
主营业务	健康信息咨询。				

企业名称	布兰德企业管理咨询（上海）有限公司				
企业地址	上海市静安区南京西路 1266 号 1 号幢主楼 39 层 3939 室（200040）				
投资总额	14 万 USD	电　话	61038529	传　真	
设立日期	2009-1-15	负 责 人	NIGEL BANISTER		
主营业务	企业管理咨询。				

企业名称	三伸矢（上海）商务咨询有限公司				
企业地址	上海市浦东新区川沙路 450 号 319 室（201209）				
投资总额	7.30 万 USD	电　话	62361378	传　真	62360739
设立日期	2009-1-15	负 责 人	加地重久		
主营业务	商务信息咨询、投资咨询、企业管理咨询、企业营销策划咨询。				

企业名称	黄静雄建筑设计咨询（上海）有限公司				
企业地址	上海市浦东新区张杨北路 5509 号 504I 座（200137）				
投资总额	2 万 USD	电　话	63520733	传　真	
设立日期	2009-1-15	负 责 人	黄静雄		
主营业务	建筑设计咨询，装饰设计咨询，工程管理咨询。				

企业名称	上海倍忆思商务咨询有限公司				
企业地址	上海市浦东新区福山路 450 号 13 楼 E 座（200122）				
投资总额	7.00 万 USD	电　话	50811588	传　真	50811768.
设立日期	2009-1-14	负 责 人	FELIPE AMARAL FRACALANZA		
主营业务	商务信息咨询、企业营销策划咨询、企业形象策划咨询。				

企业名称	赫兹汽车租赁（上海）有限公司				
企业地址	上海市长宁区延安西路 1088 号 101B/103/104 室（200052）				
投资总额	400 万 USD	电　话	32200988	传　真	
设立日期	2009-1-13	负 责 人	WONG SOON HWA		
主营业务	汽车租赁。				

企业名称	上海世源网络科技有限公司				
企业地址	上海市杨浦区平凉路 2767 号 105 室（200090）				
投资总额	50 万 USD	电　话	65674174	传　真	
设立日期	2009-1-13	负 责 人	JIA SHU XU		
主营业务	网络科技、计算机科技领域内的技术咨询、技术服务。				

企业名称	泊斯停车场管理咨询（上海）有限公司				
企业地址	上海市长宁区安化路 44 号 9 幢 215 室（200050）				
投资总额	14 万 USD	电　话	52305026	传　真	
设立日期	2009-1-13	负 责 人	杨文杰		
主营业务	停车场管理和相关咨询服务。				

企业名称	瑞爬达图文设计（上海）有限公司				
企业地址	上海市长宁区法华镇路 867 号 101 室（200052）				
投资总额	5 万 USD	电　话	52302250	传　真	52302253
设立日期	2009-1-13	负 责 人	ERIC ERTANTO		
主营业务	图文设计（除广告），及相关的咨询服务。				

企业名称	贝雅投资咨询（上海）有限公司				
企业地址	上海市浦东新区陆家嘴环路 1000 号 42-042（200120）				
投资总额	100 万 USD	电　话	61820980	传　真	
设立日期	2009-1-9	负 责 人	NGO ENG LOCK		
主营业务	投资咨询、企业管理咨询、财务管理咨询和国际经济信息咨询。				

企业名称	瑞江工程咨询（上海）有限公司				
企业地址	上海市黄浦区方浜中路 199 弄 14 号 402 室（200010）				
投资总额	15 万 USD	电　话	33080119	传　真	
设立日期	2009-1-9	负 责 人	HARALD ROEHRIG		
主营业务	投资咨询、商务咨询、信息技术咨询。				

企业名称	画阁建筑设计咨询（上海）有限公司				
企业地址	上海市闵行区金都路 4289 号 6 幢 2 楼 78 室（201108）				
投资总额	15 万 USD	电　话	54850537	传　真	
设立日期	2009-1-7	负 责 人	GUANGXI DAVID LIU		
主营业务	建筑设计咨询，室内装饰设计及施工咨询。				

企业名称	思尔茨企业管理咨询（上海）有限公司				
企业地址	上海市长乐路 989 号 3207A 室（200031）				
投资总额	19 万 USD	电　话	54076107	传　真	54076080
设立日期	2009-1-6	负 责 人	JOSE ROMEU FREITAS CAETANO		
主营业务	企业管理咨询、市场营销咨询、经济信息咨询。				

企业名称	异秀教育信息咨询（上海）有限公司				
企业地址	上海市闵行区吴中路 1217 号 A 栋 407 室（201103）				
投资总额	1.46 万 USD	电　话	64467220	传　真	
设立日期	2009-1-6	负 责 人	戚志怜		
主营业务	教育信息咨询。				

企业名称	亿百媒会展（上海）有限公司				
企业地址	上海市中山西路 930 号 1103 室（200051）				
投资总额	74 万 USD	电　话	62787488	传　真	
设立日期	2009-1-5	负 责 人	MARGARET MA CONNOLLY		
主营业务	在中国境内主办、承办各类经济技术展览会和会议。				

企业名称	安态（上海）企业服务有限公司				
企业地址	上海市黄浦区西藏中路 18 号港陆广场 1307 室（200001）				
投资总额	50 万 USD	电　话	38780258	传　真	
设立日期	2009-1-5	负 责 人	程宏（HONG CHENG）		
主营业务	以承接服务外包方式提供健康数据分析、健康管理服务。				

企业名称	上海考成商务咨询有限公司				
企业地址	上海市虹口区运光路 49 号甲 101C 室（200080）				
投资总额	30 万 USD	电　话	65554133	传　真	
设立日期	2009-1-5	负 责 人	WONG SZU CHENG		
主营业务	投资咨询，企业管理咨询，国际经济信息咨询。				

企业名称	天开商务咨询（上海）有限公司				
企业地址	上海市闵行区光华路 2118 号第 3 幢 480 室（201111）				
投资总额	14 万 USD	电　话	54665261	传　真	54665263
设立日期	2009-1-5	负 责 人	徐　旭		
主营业务	投资咨询，企业管理咨询，市场营销策划咨询。				

企业名称	维力投资咨询（上海）有限公司				
企业地址	上海市浦东新区新金桥路 58 号 26 楼 C 室（201206）				
投资总额	10 万 USD	电　话	38726231	传　真	38726232
设立日期	2009-1-5	负 责 人	CHAVES THIAGO LUIZ		
主营业务	企业管理咨询、投资咨询、商务信息咨询、市场营销咨询。				

企业名称	雷格斯物业（上海）有限公司				
企业地址	上海市浦东新区世纪大道 201 号第 5 层 504 单元（200120）				
投资总额	15 万 USD	电　话	61498033	传　真	
设立日期	2009-1-4	负 责 人	FILIPPO SARTI		
主营业务	提供办公场地租赁服务（受产权人委托），物业管理。				

企业名称	佩迪高商务咨询（上海）有限公司				
企业地址	上海市闵行区合川路 3089 号 3 幢（B 座）6 楼 B 室（201103）				
投资总额	14 万 USD	电　话	54225308	传　真	54225309
设立日期	2008-12-30	负 责 人	QUENTIN MICHAEL FYNES GRACANIN		
主营业务	贸易咨询，企业管理咨询，投资咨询（涉及行政许可的凭许可证经营）。				

企业名称	仁维（上海）企业管理咨询有限公司				
企业地址	上海市外高桥保税区泰谷路 18 号 1 号楼七层 706B 室（200131）				
投资总额	100 万 USD	电　话	34250221	传　真	
设立日期	2008-12-29	负 责 人	曾育弘		
主营业务	企业管理咨询；国际贸易、转口贸易；保税区内企业间贸易及贸易代理。				

企业名称	贝珥蒂尼商务咨询（上海）有限公司				
企业地址	上海市长宁区愚园路 1258 号 1204 室（200050）				
投资总额	12 万 USD	电　话	62882288	传　真	52371205
设立日期	2008-12-29	负 责 人	张亚莉		
主营业务	营销策划咨询（广告除外）、国际经济咨询、企业管理咨询。				

企业名称	索诺商务咨询（上海）有限公司				
企业地址	上海市黄浦区陆家浜路 1378 号 1003 室（200011）				
投资总额	6 万 USD	电　话	61370801	传　真	61370803
设立日期	2008-12-29	负 责 人	VALYA KRASTEVA KRASTEVA		
主营业务	商务咨询，企业管理咨询，市场营销策划，企业形象策划。				

企业名称	悦沛商务咨询（上海）有限公司				
企业地址	上海市徐汇区建国西路 283 号 2 号楼 2302 单元（200031）				
投资总额	20 万 USD	电　话	63845570	传　真	54655992
设立日期	2008-12-26	负 责 人	FIELD,SUSAN JANE		
主营业务	投资咨询、项目管理咨询、市场营销策划咨询、公共关系咨询。				

企业名称	上海祥鹏生物技术咨询服务有限公司				
企业地址	上海市闵行区中春路 4999 号 1161 室（201100）				
投资总额	15 万 USD	电　话	54172365	传　真	62882366
设立日期	2008-12-26	负 责 人	YOKOYAMA MOTOYOSHI		
主营业务	生物技术服务咨询，生物产品的商务信息咨询，市场信息咨询。				

企业名称	御洋（上海）投资管理咨询有限公司				
企业地址	上海市奉贤区上海市工业综合开发区远东路 828 号 1 幢 613 室（201400）				
投资总额	15 万 USD	电　话	58791009	传　真	58790019
设立日期	2008-12-26	负 责 人	李艳萍		
主营业务	投资管理咨询、企业管理咨询、企业营销策划；化妆品、日用百货批发。				

企业名称	橙诚商务咨询（上海）有限公司				
企业地址	上海市静安区延安中路 1440 号 20 幢 316 室（200040）				
投资总额	14 万 USD	电　话	62681988	传　真	62872557
设立日期	2008-12-26	负 责 人	CAROLINA MARIA JACOBA DE WILD		
主营业务	会展信息咨询、国际经贸信息咨询、投资咨询、企业管理咨询。				

企业名称	谷瑞商务技术咨询（上海）有限公司				
企业地址	上海市浦东新区张杨路 560 号 1204 室（200122）				
投资总额	14 万 USD	电　话	62477293	传　真	
设立日期	2008-12-26	负 责 人	JOHAN GROENBERG		
主营业务	商务信息咨询、企业管理咨询。市场营销策划咨询、投资咨询。				

企业名称	浩善企业管理咨询（上海）有限公司				
企业地址	上海市浦东新区浦东南路 1101 号 530 室（200120）				
投资总额	1.5 万 USD	电　话	54892855	传　真	54892998
设立日期	2008-12-26	负 责 人	HENDRIK HOMAN		
主营业务	企业管理咨询、工业项目管理咨询、工业经济信息咨询、安全管理咨询。				

企业名称	锐耀商务咨询（上海）有限公司				
企业地址	上海市徐汇区龙华路 2577 号 3 幢 200 室（200232）				
投资总额	1.464 万 USD	电　话	64691507	传　真	54896558
设立日期	2008-12-26	负 责 人	CAO FANG		
主营业务	国际经济信息咨询、企业管理咨询、贸易咨询、科技信息咨询。				

企业名称	伯弟亚管理咨询（上海）有限公司				
企业地址	上海市浦东新区张杨北路 5509 号 504F 室（200137）				
投资总额	40 万 USD	电　话	63520733	传　真	
设立日期	2008-12-25	负 责 人	PATRICK MICHAEL HOEY		
主营业务	企业管理咨询、教育信息咨询（不含出国留学咨询和中介服务）。				

企业名称	莱恩现场文化信息咨询（上海）有限公司				
企业地址	上海市卢湾区黄陂南路 700 号 C 楼 507 室（200020）				
投资总额	25 万 USD	电　话	63866716	传　真	63858800
设立日期	2008-12-25	负 责 人	洪　迪		
主营业务	文化艺术交流信息咨询、投资咨询、市场策略咨询。				

企业名称	上海日翔电子科技有限公司				
企业地址	上海市普陀区安远路 84 号 1 幢 816 室（200060）				
投资总额	10 万 USD	电　话	62510667	传　真	62510667
设立日期	2008-12-25	负 责 人	周云鹄		
主营业务	电子技术咨询服务；计算机应用软件的技术开发、制作，销售自产产品。				

企业名称	杰一（上海）艺术品有限公司				
企业地址	上海市徐汇区田林路 140 号 9 号楼（200233）				
投资总额	146 万 USD	电　话	33676486	传　真	33676487
设立日期	2008-12-24	负 责 人	伍镇城		
主营业务	艺术品（文物除外）、工艺品展示，提供艺术策划咨询及相关服务。				

企业名称	上海富佰达企业管理咨询有限公司				
企业地址	上海市闵行区春申路 2328 号 3 幢 223 室（200237）				
投资总额	81 万 USD	电　话		传　真	34520769
设立日期	2008-12-24	负 责 人	LEE YUNG-CHANG		
主营业务	企业管理咨询、计算机信息咨询（涉及行政许可的凭许可证经营）。				

企业名称	菲亚特动力科技管理（上海）有限公司				
企业地址	上海市嘉定区叶城路 1288 号 4 幢 2 层（201821）				
投资总额	200 万 USD	电　话	51162804	传　真	39961388
设立日期	2008-12-23	负 责 人	SHEN HUI		
主营业务	受母公司委托，为关联企业提供企业管理咨询服务、投资经营决策服务。				

企业名称	宜维生物科技（上海）有限公司				
企业地址	上海市长宁区延安西路 895 号 16 楼 G 室（200050）				
投资总额	14 万 USD	电　话		传　真	52397720
设立日期	2008-12-22	负 责 人	徐荣彪		
主营业务	生物医疗诊断技术咨询、生物医疗诊断信息咨询(以上两项咨询除诊疗)。				

企业名称	墨狄睿（上海）商务信息咨询有限公司				
企业地址	上海市杨浦区淞沪路 290 号地下一层楼 05、06 单元（200433）				
投资总额	22 万 USD	电　话	31261291	传　真	31261292
设立日期	2008-12-18	负 责 人	MERCEDES MEIJEN GONZALEZ JUAN		
主营业务	国际经济信息咨询，科技信息咨询，贸易信息咨询，企业管理咨询。				

企业名称	佳沛管理咨询（上海）有限公司				
企业地址	上海市徐汇区肇嘉浜路 1065 甲号 1703 室（200030）				
投资总额	20 万 USD	电　话	63503790	传　真	33687533
设立日期	2008-12-18	负 责 人	陈郁然		
主营业务	品牌管理咨询、企业管理咨询、市场营销策划。				

企业名称	吉特商务咨询（上海）有限公司				
企业地址	上海市崇明县建设公路 1357 号 1 幢 194 室（202150）				
投资总额	6.4 万 USD	电　话	58784330	传　真	58699268
设立日期	2008-12-18	负 责 人	KUNAL AWASTHY		
主营业务	企业管理咨询、投资咨询、市场营销咨询、企业形象策划咨询。				

企业名称	范朴（上海）商务咨询有限公司				
企业地址	上海市徐汇区大木桥路 108 号 502 室（200032）				
投资总额	1.6 万 USD	电　话	64070982	传　真	
设立日期	2008-12-18	负 责 人	朱伟德		
主营业务	企业战略咨询、企业管理咨询、企业营销策划（除广告）、形象策划。				

企业名称	克莱斯勒亚太投资有限公司				
企业地址	上海市闵行区东川路 555 号丙号楼办公楼层 5 层（200240）				
投资总额	3000 万 USD	电　话	61927869	传　真	
设立日期	2008-12-17	负 责 人	PHILIP FRANCIS MURTAUGH		
主营业务	在国家允许的外商投资的领域依法进行投资。				

企业名称	上海星贸企业管理咨询有限公司				
企业地址	上海市闵行区宜山路 2016 号 12 楼 F 室（201103）				
投资总额	50 万 USD	电　话	60900850	传　真	
设立日期	2008-12-17	负 责 人	李冠辰		
主营业务	企业管理咨询，投资咨询，市场营销策划咨询，国际经济信息咨询。				

企业名称	赐福康投资咨询（上海）有限公司				
企业地址	上海市静安区南京西路 1266 号 2 幢 4702 室（200040）				
投资总额	18 万 USD	电　话	62881212	传　真	62889291
设立日期	2008-12-17	负 责 人	PATRICK NOUVEL		
主营业务	投资咨询、企业管理咨询、市场营销咨询、科技咨询、国际信息咨询。				

企业名称	黎欧思照明（上海）有限公司				
企业地址	上海市浦东新区光明路 718 号 718 室（201204）				
投资总额	14 万 USD	电　话	50806191	传　真	50809900
设立日期	2008-12-17	负 责 人	忻　榕		
主营业务	照明设计、平面设计咨询及企业形象设计咨询；建筑材料、家具的批发。				

企业名称	乐景投资咨询（上海）有限公司				
企业地址	上海市闵行区广通路 66 弄 2 号 120 室（201100）				
投资总额	15 万 USD	电　话	64137290	传　真	64137290
设立日期	2008-12-16	负 责 人	CHEW ENG HWEE		
主营业务	投资咨询、商务信息咨询（涉及行政许可的凭许可证经营）				

企业名称	上海庆联会议展览有限公司				
企业地址	上海市徐汇区斜土路 2140 号 2 号楼 101 室（200032）				
投资总额	14 万 USD	电　话	64434680	传　真	
设立日期	2008-12-15	负 责 人	时瑶如		
主营业务	在中国境内主办、承办各类经济技术展览会和会议。				

企业名称	上海遥森投资咨询有限公司				
企业地址	上海市静安区凤阳路 588 弄 3 号楼 326 室（200040）				
投资总额	14 万 USD	电　话	63607688	传　真	63289727
设立日期	2008-12-15	负 责 人	ANGEL LIN CHEN		
主营业务	投资咨询，企业管理咨询，经贸信息咨询。				

企业名称	披士迅商务咨询（上海）有限公司				
企业地址	上海市长宁区宣化路 28 号 1206 室（200050）				
投资总额	10 万 USD	电　话		传　真	32505673
设立日期	2008-12-15	负 责 人	WONG TSZ KIN		
主营业务	商务信息咨询，国际经济咨询，环保信息咨询，贸易信息咨询。				

企业名称	博洛海商务咨询（上海）有限公司				
企业地址	上海市闸北区灵石路 709 号 26 幢 103 室（200071）				
投资总额	5 万 USD	电　话	64596433	传　真	64594722
设立日期	2008-12-15	负 责 人	LEE JIN OH		
主营业务	商务咨询，投资咨询，国际贸易咨询，经济信息咨询、教育信息咨询。				

企业名称	典谊（上海）酒店管理有限公司				
企业地址	上海市静安区南京西路 1515 号北楼 2916 室（200040）				
投资总额	20 万 USD	电　话	63607046	传　真	
设立日期	2008-12-12	负 责 人	施向诚		
主营业务	酒店管理，物业管理，餐饮管理咨询，投资管理咨询，贸易信息咨询。				

企业名称	铿典商务咨询（上海）有限公司				
企业地址	上海市静安区康定路 528 号 3 栋 2 楼 202 室（200041）				
投资总额	7.3 万 USD	电　话	50372668	传　真	62886808
设立日期	2008-12-12	负 责 人	KOREN KOLLIGIAN		
主营业务	创意咨询，产品开发设计咨询，品牌推广咨询，市场营销咨询。				

企业名称	新扬创业投资管理（上海）有限公司				
企业地址	上海市长宁区兴义路 8 号 2001 室（200336）				
投资总额	30 万 USD	电　话	52080999	传　真	52081369
设立日期	2008-12-11	负 责 人	徐善可		
主营业务	受托管理和经营创业投资企业的创业资本；投资咨询。				

企业名称	上海友鸿电子工程技术咨询有限公司				
企业地址	上海市张江高科技园区龙东大道 2500 号 E 楼 101 室（201203）				
投资总额	30 万 USD	电　话	58961345	传　真	58961345
设立日期	2008-12-11	负 责 人	杨孟豪		
主营业务	电子工程技术咨询，建筑工程技术咨询，建筑工程设计咨询。				

企业名称	保柏物业服务（上海）有限公司				
企业地址	上海市崇明县新申路 829 号 109 室（202156）				
投资总额	25 万 USD	电　话	55961044	传　真	63268897
设立日期	2008-12-11	负 责 人	岑志强		
主营业务	物业管理及其咨询，工程管理咨询，投资咨询。				

企业名称	伟迈天（上海）广告有限公司				
企业地址	上海市嘉定区平城路 788 号 54 幢 510 室（201800）				
投资总额	14.6 万 USD	电　话	55393656	传　真	55381081
设立日期	2008-12-11	负 责 人	张宇亮		
主营业务	设计、制作、发布、代理国内外各类广告。				

企业名称	澳璇华（上海）投资咨询有限公司				
企业地址	上海市浦东新区银城中路 168 号 2110 号 2110-17 单元（200120）				
投资总额	42 万 USD	电　话	51167162	传　真	33626636
设立日期	2008-12-10	负 责 人	CHARLES SHEUNG HUI LUI		
主营业务	财务咨询、企业管理咨询、市场信息咨询、企业形象策划（不含广告）。				

企业名称	革博企业管理咨询（上海）有限公司				
企业地址	上海市虹口区物华路 58 号底层东间 01 室（200086）				
投资总额	15 万 USD	电　话	50323280	传　真	50323282
设立日期	2008-12-10	负 责 人	YU WEIXING		
主营业务	企业管理咨询，投资咨询，贸易信息咨询，网络技术信息咨询。				

企业名称	上海旭丞商务咨询有限公司				
企业地址	上海市闵行区宜山路 1618 号综合楼 879 室（201103）				
投资总额	10 万 USD	电　话	33870191	传　真	33870191
设立日期	2008-12-10	负 责 人	刘以诚		
主营业务	投资咨询、企业管理咨询、市场营销策划咨询。				

企业名称	丘以思（上海）医药信息咨询有限公司				
企业地址	上海市黄浦区西藏中路 268 号 49 楼 4908 室 05 部位（200001）				
投资总额	8 万 USD	电　话	63404424	传　真	63404909
设立日期	2008-12-10	负 责 人	PETER MARK KENNERLEY		
主营业务	医药信息咨询（医疗、诊断、治疗、心理咨询除外）。				

企业名称	革尔管理咨询（上海）有限公司				
企业地址	上海市卢湾区淮海中路 283 号 2609 室（200021）				
投资总额	12 万 USD	电　话	61035709	传　真	
设立日期	2008-12-9	负 责 人	LEGER METTE		
主营业务	投资咨询、投资管理咨询、经济信息咨询、市场营销咨询。				

企业名称	明一企业管理咨询（上海）有限公司				
企业地址	上海市浦东新区潍坊五村 546 号 217 室（200122）				
投资总额	5 万 USD	电　话	68868335	传　真	
设立日期	2008-12-9	负 责 人	BRIGITTE WOLFF		
主营业务	企业管理咨询（涉及行政许可的凭许可证经营）。				

企业名称	地中海（上海）管理有限公司				
企业地址	上海市虹口区东大名路 848 号三号楼 101 室一层（200082）				
投资总额	2000 万 USD	电　话	61201066	传　真	68861057
设立日期	2008-12-8	负 责 人	KEVIN LIONEL SCHELLACK		
主营业务	受 MSC 集团在中国和亚太地区所投资企业的委托，提供经营决策服务。				

企业名称	捷威投资咨询（上海）有限公司				
企业地址	上海市闵行区金都路 4289 号 6 幢 232 室（201108）				
投资总额	100 万 USD	电　话	52933352	传　真	
设立日期	2008-12-8	负 责 人	陈立宗		
主营业务	投资咨询、企业管理咨询、贸易信息咨询、商务咨询。				

企业名称	海蕴广告（上海）有限公司				
企业地址	上海市静安区常熟路 88 号 606 室（200021）				
投资总额	30 万 USD	电　话	62490198	传　真	62496887
设立日期	2008-12-8	负 责 人	周素珠		
主营业务	制作、代理、发布国内外各类广告；提供相关技术和商务咨询服务。				

企业名称	港日马微斯企业管理咨询（上海）有限公司				
企业地址	上海市黄浦区河南南路 665 号 606 室（200011）				
投资总额	12 万 USD	电　话		传　真	
设立日期	2008-12-8	负 责 人	余庆昌		
主营业务	企业管理咨询、投资咨询、贸易咨询、企业营销策划咨询。				

企业名称	上海种星堂企业管理咨询有限公司				
企业地址	上海市徐汇区建国西路 283 号 2 号楼 2301 室（200031）				
投资总额	7 万 USD	电　话		传　真	
设立日期	2008-12-8	负 责 人	吴美仪		
主营业务	企业管理策划咨询、企业形象策划咨询、企业营销策划咨询、投资咨询。				

企业名称	上海华衣商务咨询有限公司				
企业地址	上海市浦东新区金桥出口加工区新金桥路 255 号 311 室（200135）				
投资总额	7 万 USD	电　话	51352683	传　真	51384367
设立日期	2008-12-8	负 责 人	CECILIA BUISEDERA		
主营业务	投资咨询、商务咨询、商务信息咨询、市场营销咨询、企业管理咨询。				

企业名称	普廷数码影像科技（上海）有限公司				
企业地址	上海市徐汇区淮海中路 1010 号 4106 室（200031）				
投资总额	50 万 USD	电　话	52378989	传　真	52370889
设立日期	2008-12-5	负 责 人	PATRICK MCLAUGHLIN		
主营业务	影像传感器的设计、技术转让、技术支持、技术咨询。				

企业名称	费欧德利时装设计（上海）有限公司				
企业地址	上海市静安区康定路 1147 号 8 幢 1005 室（200042）				
投资总额	14 万 USD	电　话	32212325	传　真	62880072
设立日期	2008-12-5	负 责 人	FRANCESCO FIORDELLI		
主营业务	服装服饰设计、珠宝设计、提供时装活动设计及策划咨询服务。				

企业名称	遨导讯企业管理咨询（上海）有限公司				
企业地址	上海市静安区乌鲁木齐北路 199 号 2204 室（200040）				
投资总额	10 万 USD	电　话	62403117	传　真	
设立日期	2008-12-5	负 责 人	YAP MENG KWEE		
主营业务	企业管理咨询，投资咨询，经济信息咨询，市场营销咨询。				

企业名称	实诺环保咨询（上海）有限公司				
企业地址	上海市徐汇区漕溪北路 398 号 301 室（200030）				
投资总额	50 万 USD	电　话	60905282	传　真	60905281
设立日期	2008-12-4	负 责 人	OOI CHENG SWEE		
主营业务	环保咨询、投资咨询、企业管理咨询（涉及行政许可的，凭许可证经营）。				

企业名称	纳得福来速商务咨询（上海）有限公司				
企业地址	上海市静安区南京西路 819 号 2105 室（200040）				
投资总额	20 万 USD	电　话	63600099	传　真	63516559
设立日期	2008-12-4	负 责 人	佐藤辉英		
主营业务	企业管理咨询、投资咨询、贸易信息咨询、网络信息技术咨询。				

企业名称	溢美企业管理咨询（上海）有限公司				
企业地址	上海市静安区康定路 528 号 3 幢 3 楼 322 室（200041）				
投资总额	14 万 USD	电　话	53068899	传　真	62608171
设立日期	2008-12-4	负 责 人	PATRICK,LYSIAN MOLLE		
主营业务	经济信息咨询，企业管理咨询，市场营销策划。				

企业名称	佛吉亚（中国）投资有限公司				
企业地址	上海市漕河泾开发区钦州北路 1122 号 91 号楼 4 楼（200233）				
投资总额	3000 万 USD	电　话	34014588	传　真	
设立日期	2008-12-3	负 责 人	JEAN-MICHEL VALLIN		
主营业务	在国家允许外商投资的以下领域依法进行投资：汽车零部件。				

企业名称	君师者投资咨询（上海）有限公司				
企业地址	上海市浦东新区银城中路 168 号上海银行大厦 1701 室（200125）				
投资总额	21 万 USD	电　话	58882185	传　真	58882159
设立日期	2008-12-3	负 责 人	SUSANNA PEN		
主营业务	投资咨询、企业管理咨询、商务信息咨询。				

企业名称	宏弧商务咨询（上海）有限公司				
企业地址	上海市黄浦区中山东一路 23 号 1401 室（200011）				
投资总额	73 万 USD	电　话	62325199	传　真	63235228
设立日期	2008-12-2	负 责 人	MENGJIAO JIANG		
主营业务	商务咨询、企业管理咨询、企业营销策划、企业投资咨询。				

企业名称	艾斯伊艾斯工程技术（上海）有限公司				
企业地址	上海市闵行区金都路 4289 号 6 幢 2 楼 132 室（201108）				
投资总额	21 万 USD	电　话	64850066	传　真	64850016
设立日期	2008-12-2	负 责 人	GRAHAM SHARLAND		
主营业务	水下工程技术咨询服务（涉及行政许可的，凭许可证经营）。				

企业名称	安腾帝嘉营销咨询（上海）有限公司				
企业地址	上海市卢湾区太仓路 58 号 220 室（200021）				
投资总额	10 万 USD	电　话	61036873	传　真	61036873
设立日期	2008-12-2	负 责 人	PEH CHYI HAUR		
主营业务	营销咨询、企业形象策划、品牌设计咨询、网络技术咨询。				

企业名称	上海全企康企业管理咨询有限公司				
企业地址	上海市卢湾区湖滨路 222 号 1514D 室（200020）				
投资总额	6 万 USD	电　话	62759066	传　真	61222418
设立日期	2008-12-2	负 责 人	KAMER BARGAN-LOECHEL		
主营业务	企业管理咨询、企业员工健康管理策划咨询、投资咨询、国际经济咨询。				

企业名称	智摩莱商务咨询（上海）有限公司				
企业地址	上海市静安区南京西路 1601 号 3807-I 室（200040）				
投资总额	40 万 USD	电　话	62170556	传　真	
设立日期	2008-11-28	负 责 人	FUKUZUMI TOSHIO		
主营业务	投资咨询、企业经营管理咨询、经济信息咨询、贸易信息咨询。				

企业名称	营必速（上海）企业管理咨询有限公司				
企业地址	上海市卢湾区淮海中路 381 号 10 楼 1041 室（200020）				
投资总额	15 万 USD	电　话	63915852	传　真	
设立日期	2008-11-28	负 责 人	KENNETH ANTHONY LIPPE		
主营业务	企业管理咨询、投资咨询、市场营销咨询。				

企业名称	宇扬（上海）投资咨询有限公司				
企业地址	上海市浦东新区张杨北路 5509 号 504C 室（200137）				
投资总额	43 万 USD	电　话		传　真	
设立日期	2008-11-27	负 责 人	CHING CHIEN WEI		
主营业务	商务信息咨询、企业管理咨询；计算机软件开发、制作，销售自产产品。				

企业名称	宏道商务咨询（上海）有限公司				
企业地址	上海市黄浦区人民路 885 号 1210 室（200010）				
投资总额	15 万 USD	电　话	33070001	传　真	63360003
设立日期	2008-11-27	负 责 人	GIOVANNI PISACANE		
主营业务	商务咨询（涉及行政许可的凭许可证件经营）。				

企业名称	永丰余投资有限公司				
企业地址	上海市静安区万航渡路 888 号 8 楼 12 室（200042）				
投资总额	3000 万 USD	电　话	52983255	传　真	52920118
设立日期	2008-11-26	负 责 人	何寿川		
主营业务	在国家允许外商投资的领域依法进行投资。				

企业名称	碧瑷喜创业投资管理（上海）有限公司				
企业地址	上海市长宁区古北路 678 号 503 室（200336）				
投资总额	100 万 USD	电　话	68419495	传　真	62956808
设立日期	2008-11-26	负 责 人	金光福		
主营业务	受托管理和经营创业投资企业的创业资本，投资咨询。				

企业名称	史宾沙人力资源顾问（上海）有限公司				
企业地址	上海市卢湾区湖滨路 222 号 1 号楼 502-505 单元&523 单元（200021）				
投资总额	50 万 USD	电　话	23262848	传　真	61058957
设立日期	2008-11-26	负 责 人	MICHAEL C.BRUCE		
主营业务	人才供求信息的收集、整理、储存、发布和咨询服务，人才推荐。				

企业名称	上海真的好商务管理咨询有限公司				
企业地址	上海市奉贤区化学工业区目华北路 388 号 297 室（201424）				
投资总额	10 万 USD	电　话	52387636	传　真	
设立日期	2008-11-26	负 责 人	詹淑美		
主营业务	投资管理咨询、投资咨询、企业形象策划及咨询。				

企业名称	上海上凯商务咨询有限公司				
企业地址	上海市闵行区吴中路 1369 号 6 幢 6 层 07 单元（201103）				
投资总额	5 万 USD	电　话	51566025	传　真	51566023
设立日期	2008-11-26	负 责 人	RHEE JOON HWE		
主营业务	贸易信息咨询，市场营销策划咨询，企业管理咨询，投资咨询。				

企业名称	沃特财务顾问有限公司				
企业地址	上海市浦东新区民生路 600 号 16 幢 101 室、103 室（200126）				
投资总额	731 万 USD	电　话	51064295	传　真	
设立日期	2008-11-25	负 责 人	张志浩（ZHANG ZHIHAO）		
主营业务	财务管理咨询、投资管理咨询（涉及行政许可的凭许可证经营）。				

企业名称	庞立形象设计咨询（上海）有限公司				
企业地址	上海市长宁区宣化路 28 号 709 室（200050）				
投资总额	15 万 USD	电　话	62679773	传　真	51096661
设立日期	2008-11-25	负 责 人	PHANG SWEE LEONG DENNIS		
主营业务	企业形象设计咨询、企业营销策划、商务信息咨询、企业管理咨询。				

企业名称	安佰深（上海）投资顾问有限公司				
企业地址	上海市浦东新区世纪大道 100 号上海环球金融中心 6530 单元（200120）				
投资总额	10 万 USD	电　话	61356032	传　真	61356060
设立日期	2008-11-25	负 责 人	MAX BURGER		
主营业务	投资咨询、企业管理咨询、经济信息咨询、商务信息咨询。				

企业名称	通视（上海）商务咨询有限公司				
企业地址	上海市徐汇区凯旋路 1671 号 503 室（200030）				
投资总额	7.5 万 USD	电　话	51186388	传　真	51186319
设立日期	2008-11-25	负 责 人	KEBBAL YOUCEF		
主营业务	投资咨询，企业管理咨询，科技信息咨询，工程管理咨询。				

企业名称	凯仁投资咨询（上海）有限公司				
企业地址	上海市闵行区金都路 4289 号 6 幢 2 楼 134 室（201108）				
投资总额	10 万 USD	电　话	64126524	传　真	
设立日期	2008-11-24	负 责 人	BICHENG JIANG		
主营业务	投资咨询，企业管理咨询，商务信息咨询，市场营销咨询。				

企业名称	碳绿（上海）环保技术咨询有限公司				
企业地址	上海市浦东新区张杨北路 5509 号 1108B 座（200130）				
投资总额	20 万 USD	电　话	54040818	传　真	23019950
设立日期	2008-11-21	负 责 人	张泽民		
主营业务	环境技术咨询、空气净化工程技术咨询、温室气体减排项目咨询。				

企业名称	邦帝（上海）市场营销策划有限公司				
企业地址	上海市闸北区汶水支路 1 号 2 幢 230 室（200071）				
投资总额	14 万 USD	电　话	66521730	传　真	61452769
设立日期	2008-11-21	负 责 人	周妙珠		
主营业务	市场营销策划，企业管理咨询（企业经营涉及行政许可的凭许可证经营）。				

企业名称	远海船舶技术（上海）有限公司				
企业地址	上海市闵行区虹许路 560 号 606 室（201103）				
投资总额	20 万 USD	电　话	54222130	传　真	54222131
设立日期	2008-11-20	负 责 人	曾珊珊		
主营业务	从事船舶修理技术的咨询（涉及行政许可的，凭许可证经营）。				

企业名称	声连商务咨询（上海）有限公司				
企业地址	上海市杨浦区锦创路 26 号 801 室（200433）				
投资总额	10 万 USD	电　话	55666639	传　真	55678200
设立日期	2008-11-20	负 责 人	BACKSTROM JONAS		
主营业务	以承接服务外包方式从事订单处理、数据库处理和客户服务中心。				

企业名称	奥德威工业自动化技术服务（上海）有限公司				
企业地址	上海市卢湾区淮海中路 755 号新华联大厦东楼 11 楼 G 座（200020）				
投资总额	5.2 万 USD	电　话	64452719	传　真	
设立日期	2008-11-20	负 责 人	EDWIN JOHN AMONSEN JR		
主营业务	为工业自动化提供技术服务，包括技术咨询、技术工艺咨询及宣传推广。				

企业名称	海益得投资咨询（上海）有限公司				
企业地址	上海市长宁区延安西路 726 号 9C（200050）				
投资总额	21 万 USD	电　话		传　真	62250760
设立日期	2008-11-19	负 责 人	LIN LIN		
主营业务	投资咨询（涉及行政许可的，凭许可证经营）。				

企业名称	阳抱负商务咨询（上海）有限公司				
企业地址	上海市黄浦区汉口路 515 号 1004 室（200001）				
投资总额	7.3 万 USD	电　话	63515182	传　真	
设立日期	2008-11-19	负 责 人	JEROME JOSEPH ROBERT LE CARROU		
主营业务	商务信息咨询、企业管理咨询、企业营销策划咨询。				

企业名称	腾新投资咨询（上海）有限公司				
企业地址	上海市浦东新区耀华路 215 号 2 幢 206B 室（200126）				
投资总额	14 万 USD	电　话		传　真	63239724
设立日期	2008-11-18	负 责 人	WEN ZHANG		
主营业务	投资咨询、企业管理咨询、商务信息咨询。				

企业名称	懋鼎商务咨询（上海）有限公司				
企业地址	上海市浦东新区东方路 1988 号 605-2 室（200120）				
投资总额	7 万 USD	电　话	62128076	传　真	62528706
设立日期	2008-11-17	负 责 人	廖宇腾		
主营业务	企业管理咨询、投资咨询、会务服务、电子测试仪器维修咨询。				

企业名称	金钟万事利（上海）设备租赁有限公司				
企业地址	上海市卢湾区徐家汇路 430 号汇泰大楼 1 号楼 712 室（200031）				
投资总额	470 万 USD	电　话	54332033	传　真	53960599
设立日期	2008-11-14	负 责 人	CHEOK ENG LAN		
主营业务	船用空压机械及相关配套设备租赁；向国内外购买租赁财产。				

企业名称	亚原商务咨询（上海）有限公司				
企业地址	上海市徐汇区襄阳北路 97 号 612 室（200031）				
投资总额	6 万 USD	电　话	54041525	传　真	54041351
设立日期	2008-11-14	负 责 人	LIGNIERES DELPHINE EDWIGE		
主营业务	投资咨询、企业管理咨询、企业营销策划咨询、品牌形象策划咨询。				

企业名称	港科计算机科技（上海）有限公司				
企业地址	上海市杨浦区延吉中路 20 号 313 室（200093）				
投资总额	108 万 USD	电　话		传　真	
设立日期	2008-11-13	负 责 人	张玉英		
主营业务	计算机软硬件及网络工程的技术咨询、技术服务、技术开发、技术转让。				

企业名称	蒙咨斯哥企业管理咨询（上海）有限公司				
企业地址	上海市黄浦区福州路 567-587 号 4 层 4203A 室（200001）				
投资总额	25 万 USD	电　话	63410547	传　真	63229249
设立日期	2008-11-13	负 责 人	PETER STADELMANN		
主营业务	投资咨询，贸易咨询，商务咨询，企业营销策划，企业形象策划。				

企业名称	上海嘉立投资咨询有限公司				
企业地址	上海市徐汇区漕溪路 123 弄 15 号乙 405 室（200235）				
投资总额	17 万 USD	电　话	31268211	传　真	64289073
设立日期	2008-11-13	负 责 人	陈文辉		
主营业务	投资咨询，企业管理咨询，经济信息咨询，市场营销策划。				

企业名称	炼艺企业形象设计（上海）有限公司				
企业地址	上海市嘉定区外冈镇恒飞路 165 号 302 室（201806）				
投资总额	5 万 USD	电　话	39106653	传　真	63219117
设立日期	2008-11-13	负 责 人	TRISTAN NICOLAS THOMAS CHAPUIS		
主营业务	企业形象及产品包装的策划和设计，并提供相关的咨询服务。				

企业名称	宝号酒店管理咨询（上海）有限公司				
企业地址	上海市崇明县长江农场长江大街 161 号 4 幢 229 室（202178）				
投资总额	1.93 万 USD	电　话	59668616	传　真	59668616
设立日期	2008-11-13	负 责 人	黄绍忠		
主营业务	酒店管理咨询，市场营销策划，企业管理咨询，企业形象策划。				

企业名称	臻藏商务咨询（上海）有限公司				
企业地址	上海市虹口区物华路 58 号底层东间 10 室（200086）				
投资总额	50 万 USD	电　话		传　真	
设立日期	2008-11-12	负 责 人	林　黎		
主营业务	投资咨询，企业管理咨询，提供工业品、服装及包装的设计服务。				

企业名称	罗氏（中国）投资有限公司				
企业地址	上海市浦东新区龙东大道 1100 号 4 号楼（201203）				
投资总额	3000 万 USD	电　话	28922321	传　真	28922609
设立日期	2008-11-11	负 责 人	FRANZ BERNHARD HUMER		
主营业务	在国家允许的外商投资的领域依法进行投资。				

企业名称	维耐科企业管理咨询（上海）有限公司				
企业地址	上海市静安区南京西路 699 号 18 层 1820 室（200041）				
投资总额	15 万 USD	电　话	63588686	传　真	51699913
设立日期	2008-11-11	负 责 人	VINCENT BERNARD SWIFT		
主营业务	企业管理咨询，建筑工程咨询（不含建筑工程），科技信息咨询。				

企业名称	森维商务咨询（上海）有限公司				
企业地址	上海市长宁区淮海西路 442 弄 83 号 702 室（200052）				
投资总额	10 万 USD	电　话	62821415	传　真	62821826
设立日期	2008-11-11	负 责 人	彭成玉		
主营业务	商务信息咨询，企业管理咨询，投资咨询，经济信息咨询。				

企业名称	上海浩顿英菲市场信息咨询有限公司				
企业地址	上海市浦东新区乳山路 233 号国林商务中心 808 室（200120）				
投资总额	14 万 USD	电　话	58306270	传　真	58306271
设立日期	2008-11-10	负 责 人	XU JUNHUA		
主营业务	市场调查与研究，商务信息咨询，计算机软件的设计、销售自产产品。				

企业名称	煦实信息科技（上海）有限公司				
企业地址	上海市浦东新区耀华路 215 号 2 幢 302A 室（200126）				
投资总额	6.5 万 USD	电　话	32201523	传　真	52541638
设立日期	2008-11-10	负 责 人	许　刚		
主营业务	计算机软件的设计、制作；网络技术的研发，自有技术成果的转让。				

企业名称	上海智林货物运输代理咨询有限公司				
企业地址	上海市闵行区金都路 4289 号 6 幢 213 室（201108）				
投资总额	10 万 USD	电　话	64126524	传　真	
设立日期	2008-11-7	负 责 人	SHI-BEN XING		
主营业务	货物运输代理咨询，商务信息咨询，企业管理咨询，投资咨询。				

企业名称	富创投资管理咨询（上海）有限公司				
企业地址	上海市浦东新区世纪大道 1589 号 18 楼 01-04 单元（200122）				
投资总额	100 万 USD	电　话	58217811	传　真	
设立日期	2008-11-6	负 责 人	王治平		
主营业务	投资管理咨询、企业管理咨询、国际经济咨询、贸易信息咨询。				

企业名称	追星投资咨询（上海）有限公司				
企业地址	上海市浦东新区龙阳路 2277 号永达国际大厦 601 室（201105）				
投资总额	15 万 USD	电　话	6420000	传　真	50963098
设立日期	2008-11-6	负 责 人	TAN LEON LI-AN		
主营业务	投资咨询、企业管理咨询、企业营销策划咨询、贸易信息咨询。				

企业名称	磐高投资咨询（上海）有限公司				
企业地址	上海市静安区南京西路 1366 号二号楼 15 层 1523 室（200040）				
投资总额	10 万 USD	电　话	52062695	传　真	
设立日期	2008-11-6	负 责 人	KENNETH ROBERT PELOWSKI		
主营业务	投资咨询、投资管理咨询、企业管理咨询、市场信息咨询。				

企业名称	典华企业管理咨询（上海）有限公司				
企业地址	上海市普陀区曹杨路 1040 弄 1 号 1508、1509 室（200063）				
投资总额	14 万 USD	电　话	52501421	传　真	
设立日期	2008-11-5	负 责 人	陈素完		
主营业务	企业管理咨询、商务咨询、投资咨询（涉及行政许可的凭许可证经营）。				

企业名称	上海青木商务咨询有限公司				
企业地址	上海市长宁区兴义路 8 号 906 室（200051）				
投资总额	7.3 万 USD	电　话	62682690	传　真	52082295
设立日期	2008-11-5	负 责 人	李秀英		
主营业务	商务信息咨询、投资咨询、企业管理咨询、国际经贸信息咨询。				

企业名称	晨创启兴（上海）投资管理咨询有限公司				
企业地址	上海市徐汇区天钥桥路909号3号楼204A室（200030）				
投资总额	200万USD	电话	61197500	传真	61197578
设立日期	2008-11-4	负责人	刘芹		
主营业务	投资咨询、企业投资管理咨询、经济信息咨询、企业管理咨询。				

企业名称	美技商务咨询（上海）有限公司				
企业地址	上海市浦东新区浦东南路528号北楼N2207室（200120）				
投资总额	14万USD	电话	63906015	传真	68826857
设立日期	2008-11-4	负责人	PHILIPPE JOUVELOT		
主营业务	商务信息咨询、企业管理咨询（涉及行政许可的凭许可证经营）。				

企业名称	资优乐园（上海）企业管理咨询有限公司				
企业地址	上海市卢湾区淮海中路300号303室（200020）				
投资总额	7.3万USD	电话	51082398	传真	51082398
设立日期	2008-11-4	负责人	郭刁舟		
主营业务	企业管理咨询、投资咨询、企业营销策划、商务信息咨询。				

企业名称	阿齐兰兄弟（中国）投资有限公司				
企业地址	上海市杨浦区黄兴路2005弄2号楼1010室（200433）				
投资总额	3000万USD	电话		传真	
设立日期	2008-11-3	负责人	阿齐兰·本·阿布杜拉·阿齐兰		
主营业务	在国家允许外商投资的领域依法进行投资。				

企业名称	阿尔文管理（上海）有限公司				
企业地址	上海市浦东新区外高桥保税区日樱北路255号44号楼A部位(200129)				
投资总额	200万USD	电话	63621630	传真	50463515
设立日期	2008-11-3	负责人	FRANK CUSHMAN PIERCE, JR.		
主营业务	受母公司及其在中国所投资企业的委托，向其提供投资管理和咨询服务。				

企业名称	上海碧日广告有限公司				
企业地址	上海市卢湾区淮海中路300号香港新世界大厦2203室（200020）				
投资总额	30万USD	电话	51691333	传真	63353996
设立日期	2008-11-3	负责人	白井胜也		
主营业务	设计、制作、代理国内外各类广告（涉及行政许可的凭许可证经营）。				

企业名称	萨诺船平商务咨询（上海）有限公司				
企业地址	上海市静安区康定路1147号8幢1007室（200040）				
投资总额	6万USD	电话	52281998	传真	
设立日期	2008-10-31	负责人	UGUR GUNGOR		
主营业务	贸易信息咨询、经济信息咨询（涉及行政许可的凭许可证经营）。				

企业名称	贝秀商务咨询（上海）有限公司				
企业地址	上海市普陀区中山北路2790号1102室（200063）				
投资总额	20万USD	电话	62708988	传真	60955226
设立日期	2008-10-30	负责人	BECKER PATRICK MICHEL		
主营业务	商务咨询、企业形象策划、计算机信息咨询、企业管理咨询。				

企业名称	艾示亚（上海）商务咨询有限公司				
企业地址	上海市普陀区中山北路3323号304室（200063）				
投资总额	14万USD	电话	62105010	传真	
设立日期	2008-10-30	负责人	蔡瑞国		
主营业务	企业管理咨询、市场营销策划、企业形象策划、投资管理咨询。				

企业名称	依工（中国）投资有限公司				
企业地址	上海市长宁区兴义路8号万都中心1005室（200336）				
投资总额	3000万USD	电话	52081515	传真	52081550
设立日期	2008-10-29	负责人	ALLAN CAMERON SUTHERLAND,JR		
主营业务	在国家允许外商投资的领域依法进行投资。				

企业名称	上海优信胜管理咨询有限公司				
企业地址	上海市长宁区天山西路799号4号楼107室（200335）				
投资总额	14万USD	电话	62391192	传真	
设立日期	2008-10-29	负责人	JAMES VINCENT BROWN		
主营业务	投资管理咨询、企业管理咨询、商务信息咨询、科技和技术信息咨询。				

企业名称	码刻品牌管理咨询（上海）有限公司				
企业地址	上海市闸北区江场三路228号405室（200436）				
投资总额	14万USD	电话	62887299	传真	
设立日期	2008-10-29	负责人	DANIEL JOHN SUMICH		
主营业务	品牌管理咨询、营销策划、图文设计制作（不含广告），提供相关服务。				

企业名称	上海川扬投资咨询有限公司				
企业地址	上海市松江区九亭镇沪松公路1648号A栋2楼（201615）				
投资总额	14万USD	电话	67639475	传真	67639455
设立日期	2008-10-29	负责人	陈仲宏		
主营业务	投资咨询、商务咨询、企业管理咨询（涉及行政许可的凭许可证经营）。				

企业名称	孟欧商务咨询（上海）有限公司				
企业地址	上海市闵行区金都路4289号6幢223室（201108）				
投资总额	3.8万USD	电话	51087230	传真	
设立日期	2008-10-29	负责人	JAKOB MONTRASIO		
主营业务	商务咨询、图文设计制作（除广告），网页设计制作。				

企业名称	拓途（上海）企业管理咨询有限公司				
企业地址	上海市南汇区周浦镇周东路266号172室（201318）				
投资总额	1.4万USD	电话	51383719	传真	63857444
设立日期	2008-10-29	负责人	SUREN GUNATILLAKE		
主营业务	投资咨询，企业管理咨询，商务咨询，市场信息咨询。				

企业名称	亿辉普投资咨询（上海）有限公司				
企业地址	上海市南汇区康桥镇康士路25号117室（201315）				
投资总额	1.5万USD	电话	51383719	传真	
设立日期	2008-10-28	负责人	MANFRED SAMIR REINER HAMAD		
主营业务	国际经济咨询，科技咨询，环保信息咨询，投资咨询，贸易信息咨询。				

企业名称	万里通移动传媒（上海）有限公司				
企业地址	上海市奉贤区奉浦工业区远东北路1329号1幢301室（201400）				
投资总额	128万USD	电话	24119988	传真	24119966
设立日期	2008-10-27	负责人	张晚有		
主营业务	设计、制作、发布国内外各类广告（涉及行政许可的凭许可证经营）。				

企业名称	上海神舞体育传播发展有限公司				
企业地址	上海市闵行区伊犁南路111号1701室-9（201100）				
投资总额	50万USD	电话	51187578	传真	51187582
设立日期	2008-10-27	负责人	胡雄		
主营业务	从事体育赛事组织、经营、管理（经纪除外），并提供相关的咨询。				

企业名称	歌珞舶船舶技术咨询（上海）有限公司				
企业地址	上海市浦东新区商城路800号1422D室（200120）				
投资总额	21万USD	电话	58356662	传真	58350947
设立日期	2008-10-27	负责人	JAN VATSVAAG		
主营业务	船舶技术咨询，船舶工程设计咨询（涉及行政许可的，凭许可证经营）。				

企业名称	华威楷创（上海）创业投资管理有限公司				
企业地址	上海市浦东新区唐镇上丰路55号11幢101室G座（201201）				
投资总额	18万USD	电话	54075466	传真	54075499
设立日期	2008-10-27	负责人	侯文山		
主营业务	创业投资顾问业务。				

企业名称	睛焰（上海）文化传播有限公司				
企业地址	上海市徐汇区斜土路2601号6号楼218室（200030）				
投资总额	14万USD	电话	53023876	传真	53023876
设立日期	2008-10-27	负责人	王蕙君		
主营业务	文化信息咨询（经纪除外），投资咨询、会务服务、贸易信息咨询。				

企业名称	鲁阿商务咨询（上海）有限公司				
企业地址	上海市杨浦区许昌路492号2号楼113室（200082）				
投资总额	14万USD	电话	64282075	传真	66789654
设立日期	2008-10-24	负责人	刘懿慧		
主营业务	教育信息咨询（出国留学咨询和中介服务除外）、商务信息咨询。				

企业名称	赛速投资咨询（上海）有限公司				
企业地址	上海市静安区新闸路831号7层7M室（200041）				
投资总额	4.3万USD	电话	62673520	传真	62673521
设立日期	2008-10-24	负责人	SIMON JOHN MACKINNON		
主营业务	企业投资咨询，市场信息咨询，企业管理咨询。				

企业名称	施而派企业管理咨询（上海）有限公司				
企业地址	上海市静安区南京西路555号1207室（200041）				
投资总额	10万USD	电话	51696006	传真	
设立日期	2008-10-23	负责人	MARTIN FRANS PETER LOCKSTROEM		
主营业务	国际经济咨询，企业管理咨询（涉及行政许可的凭许可证经营）。				

企业名称	爱仕安投资顾问（上海）有限公司				
企业地址	上海市闵行区光华路 2118 号第 3 幢 280 室（201111）				
投资总额	50 万 USD	电　话	64693980	传　真	
设立日期	2008-10-22	负 责 人	KIM HONG		
主营业务	投资咨询、企业管理咨询、国际经济信息咨询、市场营销策划。				

企业名称	新鸿基物业管理服务（上海）有限公司				
企业地址	上海市浦东新区张杨路 828-838 号 26A02 室（200120）				
投资总额	20 万 USD	电　话	63115588	传　真	63916627
设立日期	2008-10-22	负 责 人	陈锦辉（CHAN,KAM FAI）		
主营业务	各类商业、住宅及综合大楼的物业管理及相关配套服务。				

企业名称	三嵘（上海）商务咨询有限公司				
企业地址	上海市闵行区吴中路 1067-1087 号第三幢 607 室（201103）				
投资总额	14 万 USD	电　话	64058878	传　真	64058876
设立日期	2008-10-22	负 责 人	王咏诗		
主营业务	商务咨询、贸易咨询、投资咨询、服装设计咨询（咨询类项目除经纪）。				

企业名称	心知行商务咨询（上海）有限公司				
企业地址	上海市闸北区共和新路 3155 号 702 室（200072）				
投资总额	8 万 USD	电　话		传　真	63250961
设立日期	2008-10-22	负 责 人	阮蕙习		
主营业务	商务信息咨询，投资咨询，教育信息咨询（除教育培训、中介）。				

企业名称	上海圣汇人才服务有限公司				
企业地址	上海市卢湾区淮海中路 381 号中环广场 27 层第 2718 室（200021）				
投资总额	29 万 USD	电　话	52068989	传　真	63915600
设立日期	2008-10-21	负 责 人	GORDON MILNE		
主营业务	人才供求信息的收集、整理、发布和咨询服务，人才推荐，人才招聘。				

企业名称	心驰教育信息咨询（上海）有限公司				
企业地址	上海市闵行区金都路 4289 号 6 幢 216 室（201108）				
投资总额	14 万 USD	电　话	31268211	传　真	
设立日期	2008-10-20	负 责 人	宋斐		
主营业务	教育信息咨询（出国留学咨询和中介服务除外）、经济信息咨询。				

企业名称	实康投资咨询（上海）有限公司				
企业地址	上海市闵行区金都路 4289 号 6 幢 220 室（201108）				
投资总额	14 万 USD	电　话	58696688	传　真	64132968
设立日期	2008-10-20	负 责 人	HOW SEE HOCK		
主营业务	投资咨询、商务咨询、企业管理咨询、市场营销策划、企业形象策划。				

企业名称	酷阿（上海）投资咨询有限公司				
企业地址	上海市长宁区汇川路 99 号 323 室（200050）				
投资总额	11 万 USD	电　话		传　真	62959107
设立日期	2008-10-20	负 责 人	吉田宪幸		
主营业务	商务信息咨询、企业管理咨询、网络科技咨询、环保信息咨询。				

企业名称	艾科宝饰会展服务（上海）有限公司				
企业地址	上海市静安区康定路 358 号 15 幢 118 室（200041）				
投资总额	6 万 USD	电　话	65107781	传　真	60917744
设立日期	2008-10-20	负 责 人	罗　铮		
主营业务	提供各类经济技术展览会和会议的展台搭建服务、及其他相关配套服务。				

企业名称	哲展投资管理咨询（上海）有限公司				
企业地址	上海市浦东新区牡丹路 60 号 502 室（201204）				
投资总额	10 万 USD	电　话	61701239	传　真	61701237
设立日期	2008-10-16	负 责 人	源永泰（YUEN,WING TAI）		
主营业务	投资管理咨询，企业管理咨询，企业形象策划，市场营销策划。				

企业名称	思腾企业管理咨询（上海）有限公司				
企业地址	上海市闸北区天目西路 99 号 801 室（200070）				
投资总额	7 万 USD	电　话	63808155	传　真	
设立日期	2008-10-16	负 责 人	SOLDAT KAREN ELSEBETH		
主营业务	企业管理咨询、管理软件技术咨询、商务咨询。				

企业名称	嘉逸商务发展（上海）有限公司				
企业地址	上海市黄浦区方浜中路 199 弄 14 号 502 室（200011）				
投资总额	146 万 USD	电　话	63287266	传　真	
设立日期	2008-10-14	负 责 人	周逸艳		
主营业务	投资咨询，商务咨询，工程咨询，贸易咨询，餐饮管理。				

企业名称	奥柏企业管理咨询（上海）有限公司				
企业地址	上海市黄浦区西藏中路 18 号 1807 单元（200001）				
投资总额	60 万 USD	电　话	52281998	传　真	63271212
设立日期	2008-10-14	负 责 人	HULYA BONFIL		
主营业务	商务咨询、投资咨询、企业管理咨询、贸易信息咨询。				

企业名称	埃姆康环保技术咨询（上海）有限公司				
企业地址	上海市黄浦区北京东路 689 号 8 楼 A－J 室（200003）				
投资总额	20 万 USD	电　话	63602266	传　真	63606780
设立日期	2008-10-14	负 责 人	HUANG WEN ZHANG		
主营业务	环保技术咨询、企业管理咨询、财务管理咨询和贸易信息咨询。				

企业名称	钰铭文化艺术交流策划（上海）有限公司				
企业地址	上海市闸北区闻喜路 555 弄 49 号 419 室（200071）				
投资总额	14 万 USD	电　话		传　真	62327166
设立日期	2008-10-14	负 责 人	ZHANG XIN		
主营业务	文化艺术交流策划咨询、会议会展信息咨询、商务咨询、投资咨询。				

企业名称	仓宝阁仓储（上海）有限公司				
企业地址	上海市洛川中路 1150 号第六幢三层（200072）				
投资总额	12 万 USD	电　话	52286639	传　真	
设立日期	2008-10-14	负 责 人	CARSON CUTLER BLOCK		
主营业务	普通货物的仓储，提供相关配套服务；仓储管理、仓储管理咨询。				

企业名称	共学管理咨询（上海）有限公司				
企业地址	上海市徐汇区华山路 2018 号 2204 室（200030）				
投资总额	8 万 USD	电　话	50597219	传　真	50597219
设立日期	2008-10-14	负 责 人	谢佳勋		
主营业务	企业管理咨询、教育信息咨询（除出国留学咨询与中介服务）。				

企业名称	荣中企业管理咨询（上海）有限公司				
企业地址	上海市崇明县庙镇窑桥村社南 780 号 2 幢 168 室（202156）				
投资总额	7 万 USD	电　话	59365632	传　真	39610001
设立日期	2008-10-14	负 责 人	张永军		
主营业务	企业管理咨询、商务咨询。				

企业名称	赛合（上海）商务咨询有限公司				
企业地址	上海市静安区成都北路 333 号南楼 1604A 室（200040）				
投资总额	10 万 USD	电　话	62884792	传　真	62884791
设立日期	2008-10-13	负 责 人	GUILLERMO FREIXES ROIG		
主营业务	投资咨询、国际经济信息咨询、企业管理咨询、会展信息咨询。				

企业名称	欧中商务咨询（上海）有限公司				
企业地址	上海市浦东新区浦东南路 1101 号远东大厦 1214 室（200120）				
投资总额	8 万 USD	电　话	58361761	传　真	64573230
设立日期	2008-10-10	负 责 人	ANDREA GIANNOTTA		
主营业务	商务信息咨询、投资咨询（涉及行政许可的凭许可证经营）。				

企业名称	上海欧贝萨投资管理咨询有限公司				
企业地址	上海市浦东新区耀华路 215 号 2 幢 506B 室（200126）				
投资总额	1.4 万 USD	电　话	62295501	传　真	
设立日期	2008-10-9	负 责 人	内田信（UCHIDA MAKOTO）		
主营业务	企业管理咨询、投资咨询、商务信息咨询、贸易信息咨询。				

企业名称	上海锐沃如山健身管理有限公司				
企业地址	上海市静安区延平路 340 弄 3-4 号 406 室（200042）				
投资总额	7 万 USD	电　话	64150062	传　真	64457896
设立日期	2008-10-8	负 责 人	李重谕		
主营业务	健身服务咨询，健身信息咨询（涉及行政许可的凭许可证经营）。				

企业名称	日趋服装设计（上海）有限公司				
企业地址	上海市长宁区娄山关路 85 号 C 座 1205 室（200336）				
投资总额	5 万 USD	电　话	32300102	传　真	
设立日期	2008-10-8	负 责 人	笠野克己		
主营业务	服装服饰设计并提供相关配套服务（涉及行政许可的凭许可证经营）。				

企业名称	瀛石企业管理（上海）有限公司				
企业地址	上海市浦东新区花园石桥路 33 号 1512 室（200120）				
投资总额	321 万 USD	电　话	55155100	传　真	
设立日期	2008-10-7	负 责 人	司徒文聪		
主营业务	商场租赁策划与咨询，投资咨询（涉及行政许可的，凭许可证经营）。				

企业名称	银蕨商务咨询（上海）有限公司				
企业地址	上海市卢湾区马当路 190 号 3 楼（200020）				
投资总额	260 万 USD	电　话	63588686	传　真	63589899
设立日期	2008-10-7	负 责 人	RODERICK DONALD MACKENZIE		
主营业务	贸易信息咨询、新西兰产品展示及相关会务服务。				

企业名称	宏观投资咨询（上海）有限公司				
企业地址	上海市浦东新区耀华路 215 号 2 幢 403B 室（200126）				
投资总额	10 万 USD	电　话	61010066	传　真	
设立日期	2008-10-7	负 责 人	PHANG HORNG WOEI		
主营业务	企业管理咨询、商务信息咨询（涉及行政许可的凭许可证经营）。				

企业名称	大义汽车技术（上海）有限公司				
企业地址	上海市浦东新区川沙路 6999 号 6 号厂房（201201）				
投资总额	8.7 万 USD	电　话		传　真	61590199
设立日期	2008-10-7	负 责 人	CHAE ROK		
主营业务	开发汽车整体技术、汽车外形、总体结构、电路，自有成果转让。				

企业名称	加仲商务咨询（上海）有限公司				
企业地址	上海市闵行区金都路 4289 号 6 幢 219 室（201105）				
投资总额	8 万 USD	电　话		传　真	54037502
设立日期	2008-10-7	负 责 人	TAO YUAN		
主营业务	商务咨询、投资咨询、企业管理咨询、企业管理咨询、贸易信息咨询。				

企业名称	立威（上海）商务服务有限公司				
企业地址	上海市杨浦区政通路 189 号 5 楼（200433）				
投资总额	800 万 USD	电　话	24082888	传　真	65110909
设立日期	2008-10-6	负 责 人	李丽秋		
主营业务	向家居家具用品、建材装饰产品制造商提供配套的经营设施，提供服务。				

企业名称	顺车利投资管理咨询（上海）有限公司				
企业地址	上海市松江区新松江路 1296 号 8 楼 805 室（201620）				
投资总额	20 万 USD	电　话		传　真	57748962
设立日期	2008-10-6	负 责 人	温兆涌		
主营业务	投资管理咨询，商务信息咨询。				

企业名称	上海多仔福畜牧科技有限公司				
企业地址	上海市松江区车墩镇车泾路 157 号 2 幢 301 室（201611）				
投资总额	14 万 USD	电　话	50586948	传　真	50586978
设立日期	2008-10-6	负 责 人	曹蓉		
主营业务	畜牧技术、动物护理的咨询服务，进出口业务及相关技术咨询服务。				

企业名称	岚腾图文设计咨询（上海）有限公司				
企业地址	上海市卢湾区蒙自路 169 号 3 号楼 302 室（200023）				
投资总额	13 万 USD	电　话	53521288	传　真	53526288
设立日期	2008-10-6	负 责 人	ANDREW THOMAS KRUSE		
主营业务	图文设计、企业形象策划、软件开发和销售自产软件，并提供咨询服务。				

企业名称	恩播思广告（上海）有限公司				
企业地址	上海市静安区南京西路 1038 号 2210A 室（200041）				
投资总额	126 万 USD	电　话	62671721	传　真	38773147
设立日期	2008-9-28	负 责 人	JEREMY BRUCE PINK		
主营业务	设计、制作、发布、代理国内外各类广告。				

企业名称	艺斯高（上海）商务咨询有限公司				
企业地址	上海市虹口区广纪路 173 号 1106 室（200083）				
投资总额	14 万 USD	电　话	60951955	传　真	60951948
设立日期	2008-9-28	负 责 人	LIM LAY YEW		
主营业务	投资咨询，企业管理咨询，国际经济、科技、环保信息咨询。				

企业名称	上海英复德人才服务有限公司				
企业地址	上海市浦东新区陆家嘴东路 161 号招商局大厦 2105 室（200120）				
投资总额	12.5 万 USD	电　话	68886333	传　真	68886633
设立日期	2008-9-28	负 责 人	莊淑儀		
主营业务	人才供求信息的收集、整理、储存、发布和咨询服务，人才推荐。				

企业名称	上海辛河商务咨询有限公司				
企业地址	上海市闵行区合川路 3071 号 1 幢 532 室（201103）				
投资总额	7.3 万 USD	电　话	64063103	传　真	
设立日期	2008-9-28	负 责 人	EDGAR THOMAS RAGOUZIS		
主营业务	投资咨询、旅行度假信息咨询（涉及行政许可的凭许可证经营）。				

企业名称	上海骋林企业管理有限公司				
企业地址	上海市奉贤区目华北路 388 号 262 室（201424）				
投资总额	300 万 USD	电　话	63548886	传　真	
设立日期	2008-9-27	负 责 人	松林忠努		
主营业务	企业管理及相关咨询、科技信息咨询（涉及行政许可的凭许可证经营）。				

企业名称	彼欧（上海）商务咨询有限公司				
企业地址	上海市徐汇区田林路 487 号 20 号楼 1105 室（200233）				
投资总额	36 万 USD	电　话	53068899	传　真	53068989
设立日期	2008-9-27	负 责 人	JEAN-MICHEL SZCZERBA		
主营业务	市场营销咨询、企业管理咨询、投资咨询、技术咨询及相关服务。				

企业名称	三三照明设计（上海）有限公司				
企业地址	上海市浦东新区兰村路 473 号 207 室（200120）				
投资总额	10 万 USD	电　话	32260887	传　真	52589599
设立日期	2008-9-27	负 责 人	姚仁恭		
主营业务	室内外照明设计，灯具设计，照明方案策划及咨询，国际经济咨询。				

企业名称	联技范安思企业管理（上海）有限公司				
企业地址	上海市徐汇区淮海西路 55 号申通信息广场 2 层 D2 座（200030）				
投资总额	200 万 USD	电　话	68889733	传　真	64878980
设立日期	2008-9-26	负 责 人	WILLIAM DOUGLAS WRIGHT		
主营业务	受母公司和所投资企业的委托，为企业提供经营决策和管理咨询服务。				

企业名称	帝浩亚人才服务（上海）有限公司				
企业地址	上海市黄浦区南京西路 288 号创兴金融中心 2805-2806 室（200003）				
投资总额	30 万 USD	电　话	63266892	传　真	63236899
设立日期	2008-9-26	负 责 人	JOHNSON CHIEN		
主营业务	人才供求信息的收集、整理、储存、发布和咨询服务，人才招聘。				

企业名称	澳倍斯商务咨询（上海）有限公司				
企业地址	上海市闵行区金都路 4289 号 6 幢 2 楼 75 室（201108）				
投资总额	10 万 USD	电　话	64138868	传　真	51025278
设立日期	2008-9-26	负 责 人	MAJZNER ANDREW		
主营业务	商务咨询，企业管理咨询，市场营销策划，品牌策划，产品包装设计。				

企业名称	饮迷商务咨询（上海）有限公司				
企业地址	上海市闵行区金都路 4289 号 6 幢 2 楼 204 室（201108）				
投资总额	7.3 万 USD	电　话	64484886	传　真	
设立日期	2008-9-26	负 责 人	WATT THEO FREDERICK JOHNSTONE		
主营业务	商务咨询，投资咨询，企业管理咨询（涉及行政许可的凭许可证经营）。				

企业名称	金码轮酒店管理（上海）有限公司				
企业地址	上海市黄浦区毛家园路 1 号第 3 号楼（200010）				
投资总额	250 万 USD	电　话	63782293	传　真	55214216
设立日期	2008-9-25	负 责 人	周燕华		
主营业务	酒店管理。（涉及行政许可的，凭许可证件经营）。				

企业名称	阖盛商务咨询服务（上海）有限公司				
企业地址	上海市徐汇区虹桥路 808 号 D 栋 321 室（200030）				
投资总额	16 万 USD	电　话	64476317	传　真	64474255
设立日期	2008-9-25	负 责 人	谢念劬		
主营业务	投资咨询，企业管理咨询，国际经济信息咨询，信息技术咨询。				

企业名称	誉隆商务咨询（上海）有限公司				
企业地址	上海市黄浦区陆家浜路 1378 号 1504 室（200010）				
投资总额	7 万 USD	电　话	62673520	传　真	61355171
设立日期	2008-9-25	负 责 人	CHING FOE AU		
主营业务	商务咨询、企业管理咨询（涉及行政许可的凭许可证件经营）。				

企业名称	上海楷博教育投资咨询有限公司				
企业地址	上海市浦东新区浦东大道 1476 号 604B 室（200135）				
投资总额	374 万 USD	电　话	22086229	传　真	
设立日期	2008-9-23	负 责 人	MARK STUART COGGINS		
主营业务	投资咨询，教育管理咨询，企业管理咨询，经济信息咨询。				

企业名称	世界日一（上海）企业管理咨询有限公司				
企业地址	上海市浦东新区莱阳路 2928 弄 30 号 1 幢二层 A 区（200120）				
投资总额	93 万 USD	电　话	54652233	传　真	50677295
设立日期	2008-9-23	负 责 人	南山学		
主营业务	企业管理咨询，商业信息咨询，服饰领域技术咨询。				

企业名称	商安信（上海）企业管理咨询有限公司				
企业地址	上海市普陀区宁夏路 201 号 5 楼 C 座（200063）				
投资总额	17.5 万 USD	电　话	51159066	传　真	51159298
设立日期	2008-9-23	负责人	陈晓东		
主营业务	企业管理咨询、经济信息咨询、贸易信息咨询、科技信息咨询。				

企业名称	怡凯投资咨询（上海）有限公司				
企业地址	上海市徐汇区天钥桥路 325 号 1911 室（200030）				
投资总额	15 万 USD	电　话	33632399	传　真	33632551
设立日期	2008-9-23	负责人	黄剑明		
主营业务	投资咨询、企业管理咨询、财务咨询、企业营销咨询。				

企业名称	启澜健身服务（上海）有限公司				
企业地址	上海市闵行区金都路 4289 号 6 幢 214 室（201008）				
投资总额	10 万 USD	电　话	64118888	传　真	62672782
设立日期	2008-9-23	负责人	TAN WHYE LEE JEFFREY		
主营业务	健身咨询（涉及行政许可的，凭许可证经营）。				

企业名称	培尔生（上海）企业管理咨询有限公司				
企业地址	上海市虹口区西江湾路 500 号 10 幢 102 室（200090）				
投资总额	100 万 USD	电　话	23238360	传　真	63501394
设立日期	2008-9-22	负责人	DUGALD LESLIE CAMERON		
主营业务	国际经济信息咨询，企业形象策划，计算机软、硬件的技术信息咨询。				

企业名称	英证管理咨询（上海）有限公司				
企业地址	上海市卢湾区淮海中路 222 号 2806-2807 室（200020）				
投资总额	12 万 USD	电　话	53966882	传　真	53966228
设立日期	2008-9-22	负责人	高丽琼		
主营业务	国际经济信息咨询、投资管理咨询、商务经济信息咨询、会展信息咨询。				

企业名称	科铭工程技术服务（上海）有限公司				
企业地址	上海市闵行区金都路 4289 号 6 幢 2 楼 105 室（201108）				
投资总额	44 万 USD	电　话		传　真	64126524
设立日期	2008-9-19	负责人	KURT BREUER		
主营业务	工程技术服务咨询，建筑工程、化工技术领域内的技术咨询。				

企业名称	辉鑫商务咨询（上海）有限公司				
企业地址	上海市静安区南京西路 1515 号 29 层 2940 室（200040）				
投资总额	14 万 USD	电　话	62708988	传　真	62495070
设立日期	2008-9-18	负责人	罗敏奇		
主营业务	国际经济咨询、投资咨询、贸易信息咨询、企业管理咨询。				

企业名称	合纵人才服务（上海）有限公司				
企业地址	上海市卢湾区西藏南路 218 号永银大厦 703 室（200021）				
投资总额	12.5 万 USD	电　话	63918008	传　真	63918008
设立日期	2008-9-18	负责人	山本圣子 YAMAMOTO ZOEY		
主营业务	人才供求信息的收集、整理、储存、发布和咨询服务，人才招聘。				

企业名称	柏克博朗投资咨询（上海）有限公司				
企业地址	上海市静安区南京西路 1168 号 35 层 3513 室（200040）				
投资总额	150 万 USD	电　话	52524618	传　真	
设立日期	2008-9-17	负责人	ZHANG LI HUA		
主营业务	投资咨询、项目管理咨询、商务信息咨询。				

企业名称	米高蒲志（上海）人才服务有限公司				
企业地址	上海市静安区南京西路 1515 号嘉里中心北楼 602 室（200041）				
投资总额	12.5 万 USD	电　话	32224758	传　真	
设立日期	2008-9-17	负责人	LUKE ANTHONY SOFTA		
主营业务	人才供求信息的收集、整理、储存、发布和咨询服务，人才推荐。				

企业名称	进安商务咨询（上海）有限公司				
企业地址	上海市静安区昌平路 990 号 4 号楼 502 室（200042）				
投资总额	7 万 USD	电　话	51025278	传　真	
设立日期	2008-9-17	负责人	EMILIO ANTONIO CANESSA		
主营业务	国际经济咨询、企业管理咨询、投资咨询、市场营销咨询。				

企业名称	旭硝子（上海）管理咨询有限公司				
企业地址	上海市卢湾区淮海中路 398 号 15A 室（200021）				
投资总额	45 万 USD	电　话	53830808	传　真	53825722
设立日期	2008-9-16	负责人	河原塚胜良		
主营业务	企业管理咨询、经营销售咨询、投资咨询。				

企业名称	艾帷（上海）商务咨询有限公司				
企业地址	上海市卢湾区黄陂南路 700 号 A104 室（200025）				
投资总额	8 万 USD	电　话	62477293	传　真	62894497
设立日期	2008-9-16	负责人	LUO XIANG（罗相）		
主营业务	商务咨询、投资咨询、企业管理咨询、市场营销策划。				

企业名称	铂德商务咨询（上海）有限公司				
企业地址	上海市浦东新区耀华路 215 号 2 幢 B604 室（200126）				
投资总额	7 万 USD	电　话	61513985	传　真	61513998
设立日期	2008-9-16	负责人	GOH TIAN CHYE		
主营业务	企业管理咨询，投资咨询（涉及行政许可的凭许可证经营）。				

企业名称	韦曼商务咨询（上海）有限公司				
企业地址	上海市浦东新区商城路 660 号 1103 室（200120）				
投资总额	4 万 USD	电　话	68877418	传　真	51321786
设立日期	2008-9-16	负责人	ALAN JEFFREY JOYCE		
主营业务	国际经济咨询，企业管理咨询（涉及行政许可的凭许可证经营）。				

企业名称	上海梦谊投资咨询有限公司				
企业地址	上海市闸北区江场三路 228 号 509 室（200436）				
投资总额	7 万 USD	电　话	56770133	传　真	
设立日期	2008-9-12	负责人	MORITA YASUHIRO		
主营业务	企业投资咨询，企业管理咨询，企业营销策划，商务咨询。				

企业名称	利福（中国）投资有限公司				
企业地址	上海市静安区南京西路 1618 号 9 楼 S909 室（200040）				
投资总额	5000 万 USD	电　话	32174838	传　真	64264911
设立日期	2008-9-11	负责人	刘銮鸿		
主营业务	协助或代理其所投资的企业从国内外采购自用的机器设备、办公设备。				

企业名称	欧众商务服务（上海）有限公司				
企业地址	上海市黄浦区北京东路 689 号 9 楼 Q-T 座（200001）				
投资总额	147 万 USD	电　话	63608000	传　真	63529200
设立日期	2008-9-11	负责人	PETER-MIKAL BOGH HANSEN		
主营业务	商务咨询、企业管理咨询、国际贸易咨询、投资咨询。				

企业名称	艾蓓丝箱包设计（上海）有限公司				
企业地址	上海市静安区江宁路 445 号 25 层 A 室（200041）				
投资总额	14 万 USD	电　话	62177143	传　真	64176462
设立日期	2008-9-11	负责人	JANA JOHNSON		
主营业务	箱包设计，服装设计，产品设计及提供相关咨询服务。				

企业名称	卓安酒店管理（上海）有限公司				
企业地址	上海市普陀区长寿路 393 号屋面一、屋面二（200062）				
投资总额	200 万 USD	电　话	61470601	传　真	61470605
设立日期	2008-9-10	负责人	XIAO HUAN WEI（肖焕伟）		
主营业务	酒店管理（除酒店经营、除餐饮管理）。				

企业名称	宝溢管理咨询（上海）有限公司				
企业地址	上海市卢湾区西藏南路 218 号 1608 室部分（200021）				
投资总额	100 万 USD	电　话	63858229	传　真	63847105
设立日期	2008-9-8	负责人	关子谛		
主营业务	物业管理咨询、企业管理咨询、企业形象策划咨询、市场营销策划咨询。				

企业名称	摩登特铭劳斯管理咨询（上海）有限公司				
企业地址	上海市卢湾区淮海中路 93 号 1005 室（200021）				
投资总额	50 万 USD	电　话	62675045	传　真	
设立日期	2008-9-8	负责人	ANDERS DOMMESTRUP		
主营业务	企业管理咨询（涉及行政许可的，凭许可证件经营）。				

企业名称	永嘉叁伍营销策划咨询（上海）有限公司				
企业地址	上海市卢湾区永嘉路 35 号 18 南室 A 座（200020）				
投资总额	30 万 USD	电　话	64731100	传　真	54665296
设立日期	2008-9-8	负责人	王懿行		
主营业务	营销策划咨询、企业管理咨询（涉及行政许可的，凭许可证经营）。				

企业名称	嘉域（上海）企业管理咨询有限公司				
企业地址	上海市徐汇区虹桥路 1 号 2001、2002 室（200030）				
投资总额	500 万 USD	电　话	64486133	传　真	64486134
设立日期	2008-9-5	负责人	TAN HWEE BIN		
主营业务	企业管理咨询、工程技术咨询、工程管理咨询、建筑设计咨询。				

企业名称	希尔顿酒店管理（上海）有限公司				
企业地址	上海市黄浦区延安东路 222 号 4205－4206 室（200003）				
投资总额	157.5 万 USD	电　话	63503790	传　真	
设立日期	2008-9-5	负 责 人	TIMOTHY EDWARD SOPER		
主营业务	酒店管理、商务咨询、投资咨询、企业管理咨询、市场营销策划。				

企业名称	蓝信机械工程咨询（上海）有限公司				
企业地址	上海市嘉定工业区嘉唐路 1155 号第 5 幢 2102 室（201807）				
投资总额	82 万 USD	电　话	69910681	传　真	32120327
设立日期	2008-9-5	负 责 人	JOUNI ANTERO LEMMETTI		
主营业务	机械工程信息咨询、供应链管理信息咨询、能源管理信息咨询。				

企业名称	恩比理（上海）投资咨询有限公司				
企业地址	上海市杨浦区锦创路 20 号 1702 室（200433）				
投资总额	64 万 USD	电　话	60940586	传　真	60940587
设立日期	2008-9-5	负 责 人	王章衛		
主营业务	投资咨询、商务信息咨询、企业管理咨询				

企业名称	新道（上海）投资咨询有限公司				
企业地址	上海市静安区石门一路 211 号 2002 室（200040）				
投资总额	50 万 USD	电　话	51556498	传　真	62675588
设立日期	2008-9-5	负 责 人	阎方军		
主营业务	投资咨询、经济贸易信息咨询、企业管理咨询、市场管理咨询。				

企业名称	宝路多（上海）旧机动车经纪有限公司				
企业地址	上海市徐汇区中山南二路 1007 号 608 室（200030）				
投资总额	31 万 USD	电　话	60905234	传　真	60905233
设立日期	2008-9-5	负 责 人	神谷健司		
主营业务	旧机动车经纪业务（涉及行政许可的凭许可证经营）。				

企业名称	艾莅特商务咨询（上海）有限公司				
企业地址	上海市闸北区延长路 149 弄 94 幢 102 室（200072）				
投资总额	20 万 USD	电　话	28909020	传　真	
设立日期	2008-9-5	负 责 人	HONDA　MAKOTO		
主营业务	商务咨询、贸易信息咨询、投资信息咨询、旅游信息咨询。				

企业名称	艺途鞋类设计咨询（上海）有限公司				
企业地址	上海市闸北区恒丰路 610 号 1 号楼 301 室（200070）				
投资总额	10 万 USD	电　话	52281122	传　真	
设立日期	2008-9-5	负 责 人	ARELLANO ZARAGOZA DAVID RAIMUNDO		
主营业务	鞋类设计、鞋样制作，并提供相关技术咨询。				

企业名称	地本（上海）景观设计咨询有限公司				
企业地址	上海市闸北区江场三路 86-88 号 9 层 902 室（200436）				
投资总额	10 万 USD	电　话	66313982	传　真	66315496
设立日期	2008-9-5	负 责 人	应纯平		
主营业务	景观设计咨询（涉及行政许可的，凭许可证经营）。				

企业名称	阿啰哈商务咨询（上海）有限公司				
企业地址	上海市浦东新区张杨北路 5509 号 501K 座（201206）				
投资总额	11 万 USD	电　话	63781212	传　真	
设立日期	2008-9-4	负 责 人	HAI SHI(施海)		
主营业务	商务信息咨询、投资咨询、企业管理咨询、企业形象策划				

企业名称	菲德勒环保投资咨询（上海）有限公司				
企业地址	上海市浦东新区耀华路 215 号 2 幢 B401 室（200135）				
投资总额	10 万 USD	电　话	61513986	传　真	52563396
设立日期	2008-9-4	负 责 人	KOH KIAN KIONG		
主营业务	环境保护投资项目咨询，环境保护工程建设技术咨询。				

企业名称	杰富意工程技术咨询（上海）有限公司				
企业地址	上海市卢湾区茂名南路 205 号瑞金大厦 1508－1510 室（200020）				
投资总额	40 万 USD	电　话	58827667	传　真	
设立日期	2008-9-3	负 责 人	露口哲男		
主营业务	从事企业管理咨询、营销咨询，市场策划及商务信息咨询服务。				

企业名称	常橙品牌策划咨询（上海）有限公司				
企业地址	上海市长宁区汇川路 99 号 2518 室（200050）				
投资总额	5.8 万 USD	电　话	51702370	传　真	52375102
设立日期	2008-9-3	负 责 人	CORRADO PIERO VON PLANTA		
主营业务	品牌策划、企业形象策划、企业营销策划，商务信息咨询。				

企业名称	特芮斯电子技术咨询（上海）有限公司				
企业地址	上海市浦东新区金桥出口加工区秦桥路 211 号第 7 幢一层西侧(201206)				
投资总额	180 万 USD	电　话	58996571	传　真	58996576
设立日期	2008-9-2	负 责 人	THOMAS D. REYNOLDS		
主营业务	各类电子技术的咨询（涉及行政许可的凭许可证经营）。				

企业名称	上海德意尔投资管理咨询有限公司				
企业地址	上海市南汇区康桥镇康士路 23 号 210 室（201318）				
投资总额	100 万 USD	电　话	68119911	传　真	23025082
设立日期	2008-9-2	负 责 人	章宜娟		
主营业务	投资咨询，管理咨询，国际经济商务咨询，科技咨询，医疗保健咨询。				

企业名称	广燕商务咨询（上海）有限公司				
企业地址	上海市普陀区宜川一村 86 号 209 室（200065）				
投资总额	51 万 USD	电　话	52393267	传　真	
设立日期	2008-9-2	负 责 人	汪广生		
主营业务	商务咨询、企业管理咨询、企业形象策划、国际经济信息咨询。				

企业名称	上海桥链企业管理咨询有限公司				
企业地址	上海市闵行区东川路 555 号己号楼 1 层 04 室 A 座（200241）				
投资总额	38 万 USD	电　话	34293979	传　真	34293977
设立日期	2008-9-2	负 责 人	黄钧铭		
主营业务	企业管理咨询，投资咨询，商务咨询，国际经济信息咨询。				

企业名称	骅尔兴展览设计（上海）有限公司				
企业地址	上海市普陀区真北路 988 号二号楼 222 室（200333）				
投资总额	20 万 USD	电　话	61313616	传　真	61313618
设立日期	2008-9-2	负 责 人	陈正元		
主营业务	展位、展台、展览会场的设计，并提供相关的设计咨询和服务。				

企业名称	上海日翔投资咨询有限公司				
企业地址	上海市长宁区荣华东道 96 号 506 室（201103）				
投资总额	20 万 USD	电　话	32091766	传　真	62085424
设立日期	2008-9-2	负 责 人	TAKASHI ABE		
主营业务	投资咨询，商务信息咨询，企业管理咨询；企业形象策划。				

企业名称	贤豪商务咨询（上海）有限公司				
企业地址	上海市闸北区灵石路 709 号 71 幢 306 室（200070）				
投资总额	10 万 USD	电　话		传　真	64594722
设立日期	2008-9-2	负 责 人	LEE MI HYUN		
主营业务	商务咨询、国际贸易咨询、经济信息咨询、教育信息咨询。				

企业名称	儒太森（上海）商务咨询有限公司				
企业地址	上海市闵行区曹建路 251 弄 1 号 103 室（200237）				
投资总额	6 万 USD	电　话	33504315	传　真	
设立日期	2008-9-2	负 责 人	詹儒森		
主营业务	投资咨询、企业管理咨询、企业形象策划、信息科技咨询。				

企业名称	上海佳确投资咨询有限公司				
企业地址	上海市黄浦区方浜中路 265 号 403 室（200010）				
投资总额	4.3 万 USD	电　话	63853088	传　真	62265179
设立日期	2008-9-2	负 责 人	季素福		
主营业务	企业管理咨询、商务咨询、市场营销策划咨询、国际贸易信息咨询。				

企业名称	升冶（上海）投资咨询有限公司				
企业地址	上海市杨浦区控江路 1555 号 A 座 512 室（200090）				
投资总额	1.5 万 USD	电　话	62492681	传　真	62492682
设立日期	2008-9-2	负 责 人	YE LIU		
主营业务	投资咨询、商务咨询、科技信息咨询（不含经纪）。				

企业名称	司坦厉商务咨询（上海）有限公司				
企业地址	上海市浦东新区航津路 658 号 8 层 844 室（200120）				
投资总额	7.3 万 USD	电　话	58362605	传　真	58362608
设立日期	2008-9-1	负 责 人	JEFFREY ROBERT SMITH		
主营业务	企业管理咨询、企业登记代理、市场营销咨询、国际经济信息咨询。				

企业名称	上海奥晟投资咨询有限公司				
企业地址	上海市浦东新区浦东大道 720 号国际航运金融大厦 11 楼 K 座(200120)				
投资总额	7.3 万 USD	电　话	50367578	传　真	63901976
设立日期	2008-9-1	负 责 人	PHILIP DAVID MORRIS		
主营业务	企业投资咨询、商务信息咨询、财务咨询、企业管理咨询。				

企业名称	上海进贤商务咨询有限公司				
企业地址	上海市卢湾区进贤路172号1幢101室（200023）				
投资总额	20万USD	电话	63262626	传真	63268200
设立日期	2008-8-29	负责人	李升昕		
主营业务	商务咨询、企业管理咨询、室内设计咨询、会展信息咨询、物业管理。				

企业名称	斯信商务咨询（上海）有限公司				
企业地址	上海市长宁区天山路8号406室（200335）				
投资总额	15万USD	电话	32504230	传真	32504230
设立日期	2008-8-29	负责人	KIMMO OJUVA		
主营业务	商务信息咨询、企业管理咨询、投资咨询（不含中介）、科技咨询。				

企业名称	虎坡特汽车工程技术（上海）有限公司				
企业地址	上海市徐汇区南丹东路300弄9号1303室（200030）				
投资总额	14万USD	电话	51197203	传真	63226583
设立日期	2008-8-29	负责人	马振国		
主营业务	从事汽车行业相关工程技术咨询服务。				

企业名称	格诺威特（上海）环境保护技术咨询有限公司				
企业地址	上海市静安区康定路528号2幢219室（200041）				
投资总额	10万USD	电话	32290343	传真	62881955
设立日期	2008-8-29	负责人	MIHAELA HLADIN		
主营业务	环境保护咨询、环保设备的设计、环境保护技术工程的设计咨询。				

企业名称	上海镒亨源投资咨询有限公司				
企业地址	上海市崇明县堡镇新港路165号4幢202室（202162）				
投资总额	15万USD	电话	27966489	传真	67621006
设立日期	2008-8-27	负责人	温嘉旋		
主营业务	投资咨询，商务咨询，国际经济咨询，市场信息咨询，资产管理咨询。				

企业名称	上海顺升企业管理咨询有限公司				
企业地址	上海市杨浦区国定路335号2号楼2104室（200433）				
投资总额	14万USD	电话		传真	63900952
设立日期	2008-8-27	负责人	唐闻铭		
主营业务	企业管理咨询（涉及行政许可的凭许可证经营）。				

企业名称	申仕展览策划（上海）有限公司				
企业地址	上海市浦东新区张杨北路5509号501N座（200137）				
投资总额	14万USD	电话	62304734	传真	63520733
设立日期	2008-8-27	负责人	曹祥军		
主营业务	展览策划、会展服务、会务服务、投资咨询、企业管理咨询。				

企业名称	浦锐（上海）企业管理咨询有限公司				
企业地址	上海市崇明县城桥镇官山路2号7幢B区2006室（202150）				
投资总额	14万USD	电话	69625816	传真	62471768
设立日期	2008-8-27	负责人	杨志弘		
主营业务	企业管理咨询，信息咨询，企业形象策划咨询，商务咨询，投资咨询。				

企业名称	雷曼兄弟商务咨询（上海）有限公司				
企业地址	上海市浦东新区商城路800号斯米克大厦1415D座（200120）				
投资总额	14万USD	电话	58818877	传真	62880306
设立日期	2008-8-27	负责人	姚毓林		
主营业务	商务信息咨询、企业管理信息咨询、企业财务管理咨询。				

企业名称	富晖投资咨询（上海）有限公司				
企业地址	上海市崇明县城桥镇聚训村258号11幢107室（202150）				
投资总额	7.9万USD	电话		传真	54177837
设立日期	2008-8-27	负责人	宫劲松（JING SONG GONG）		
主营业务	投资咨询，企业管理咨询，商务咨询，国际经济咨询，市场信息咨询。				

企业名称	上海网达营销咨询有限公司				
企业地址	上海市卢湾区雁荡路109号503室（200020）				
投资总额	43万USD	电话	61136577	传真	53830262
设立日期	2008-8-25	负责人	虞晨曦		
主营业务	提供企业营销咨询服务，计算机软件的设计、技术开发、技术服务。				

企业名称	星木酒店管理咨询（上海）有限公司				
企业地址	上海市卢湾区淮海中路93号18楼01－04室（200021）				
投资总额	14万USD	电话	61417799	传真	63910243
设立日期	2008-8-25	负责人	蔡西民		
主营业务	酒店管理咨询和商务咨询（涉及行政许可的凭许可证经营）。				

企业名称	古奈特商务咨询（上海）有限公司				
企业地址	上海市浦东新区航津路658号8层811室（201208）				
投资总额	4.5万USD	电话	58362607	传真	
设立日期	2008-8-25	负责人	GENE DONALD SMITH		
主营业务	企业管理咨询、市场营销咨询、投资咨询、国际经济信息咨询。				

企业名称	晟投投资咨询（上海）有限公司				
企业地址	上海市闵行区中春路4999号1362室（201100）				
投资总额	350万USD	电话	64922687	传真	62880306
设立日期	2008-8-22	负责人	MICHAEL MC CONVERY		
主营业务	投资咨询（证券及期货咨询除外）、企业管理咨询及相关服务。				

企业名称	明升（上海）投资咨询有限公司				
企业地址	上海市浦东新区张杨北路5509号1108A座（200137）				
投资总额	300万USD	电话	51162859	传真	31352005
设立日期	2008-8-22	负责人	SANG-HOON JEONG		
主营业务	投资咨询、国际经济信息咨询、国际金融信息咨询、科技信息咨询。				

企业名称	上海华柏信息技术咨询有限公司				
企业地址	上海市闵行区虹梅南路4999弄25号301室（201109）				
投资总额	173万USD	电话	61206800	传真	34293145
设立日期	2008-8-22	负责人	李汉生		
主营业务	计算机软件技术咨询，互联网技术咨询，投资信息咨询，经贸信息咨询。				

企业名称	明孚管理咨询（上海）有限公司				
企业地址	上海市长宁区娄山关路85号A座1510、1511室（200336）				
投资总额	30万USD	电话	62097829	传真	62097553
设立日期	2008-8-22	负责人	OTTO DUFFNER		
主营业务	商务信息咨询、投资咨询、市场营销策划（广告除外）、企业管理咨询。				

企业名称	量创投资咨询（上海）有限公司				
企业地址	上海市静安区南京西路1601号1801、1808室（200040）				
投资总额	20万USD	电话	32519900	传真	
设立日期	2008-8-22	负责人	MARC KEITH FURSTEIN		
主营业务	投资咨询、企业管理咨询、市场信息咨询、国际经济信息咨询。				

企业名称	善图船舶技术咨询（上海）有限公司				
企业地址	上海市黄浦区北京东路666号C区712－（2）室（200003）				
投资总额	14万USD	电话	62231999	传真	
设立日期	2008-8-22	负责人	GOVINDER SINGH CHOPRA		
主营业务	船舶技术咨询，企业管理咨询，商务信息咨询，经济信息咨询。				

企业名称	瑞动商务咨询（上海）有限公司				
企业地址	上海市奉贤区目华北路388号214室（201424）				
投资总额	7.3万USD	电话	62677821	传真	
设立日期	2008-8-22	负责人	ERIC HU		
主营业务	商务咨询、投资咨询、企业管理咨询、科技信息咨询。				

企业名称	盛冠商务咨询（上海）有限公司				
企业地址	上海市张江高科技园区郭守敬356号3幢106室（201203）				
投资总额	60万USD	电话	50504740	传真	
设立日期	2008-8-20	负责人	陈天桥		
主营业务	企业管理咨询，投资管理咨询，企业营销咨询，财务管理咨询。				

企业名称	西邦斯商务咨询（上海）有限公司				
企业地址	上海市浦东新区光明路718号826室（200137）				
投资总额	11万USD	电话	68406100	传真	68406020
设立日期	2008-8-20	负责人	YUN CHING LIANG SMITH		
主营业务	商务信息咨询，企业管理咨询，投资咨询，企业营销策划咨询。				

企业名称	拉法基博罗（上海）管理服务有限公司				
企业地址	上海市长宁区延安西路1088号长峰中心1902、1903、1905、1906室（200052）				
投资总额	200万USD	电话	23074902	传真	230749999
设立日期	2008-8-14	负责人	SANG KOOK KANG		
主营业务	投资经营决策，市场营销服务，资金运作与财务管理，技术支持和研究。				

企业名称	耐喜亚商贸咨询（上海）有限公司				
企业地址	上海市静安区南京西路1515号嘉里中心510室（200040）				
投资总额	60万USD	电话	62792626	传真	52985239
设立日期	2008-8-14	负责人	SEOUL MIN		
主营业务	从事商贸咨询、企业管理咨询、环保科技咨询、市场营销策划咨询。				

企业名称	风尔萨商务咨询（上海）有限公司				
企业地址	上海市静安区康定路 1147 号 8 幢 1015 室（200040）				
投资总额	55 万 USD	电　话	63058855	传　真	62103307
设立日期	2008-8-14	负 责 人	EDUARDO JULIO CASADO GALE		
主营业务	风电及其他可再生能源领域的项目投资咨询、项目开发及项目经营咨询。				

企业名称	宏卡市场信息咨询（上海）有限公司				
企业地址	上海市徐汇区龙华路 2577 号 28 幢（200232）				
投资总额	14 万 USD	电　话	61242003	传　真	61242081
设立日期	2008-8-14	负 责 人	蔡财源		
主营业务	企业管理咨询、市场营销策划、投资咨询、国际经济信息咨询。				

企业名称	集司尔企业管理咨询（上海）有限公司				
企业地址	上海市黄浦区中山东一路 12 号 202 室（200003）				
投资总额	10 万 USD	电　话	63236890	传　真	
设立日期	2008-8-14	负 责 人	JOHNSON CHIEN		
主营业务	企业管理咨询、企业投资咨询、国际经济信息咨询、科技咨询。				

企业名称	戈恒品牌设计咨询（上海）有限公司				
企业地址	上海市崇明县城桥镇秀山路 101 号 12 幢 D 区 5217 室（202150）				
投资总额	10 万 USD	电　话	63809856	传　真	63806091
设立日期	2008-8-14	负 责 人	MICHAEL-GARNET EDEN HOLT		
主营业务	品牌设计咨询，图文设计制作，网页设计制作，企业策划咨询。				

企业名称	沈逸彬商务咨询（上海）有限公司				
企业地址	上海市徐汇区襄阳南路 500 号 1216 室（200031）				
投资总额	7.3 万 USD	电　话	64666703	传　真	
设立日期	2008-8-14	负 责 人	TOBY SIMKIN		
主营业务	商务咨询、企业管理咨询、投资咨询。				

企业名称	睿态公关顾问（上海）有限公司				
企业地址	上海市静安区康定路 1147 号 6 幢 409 室（200041）				
投资总额	7 万 USD	电　话		传　真	61320806
设立日期	2008-8-14	负 责 人	RITELLA STEFANO		
主营业务	公关顾问、展会信息咨询、市场营销策划咨询、企业形象策划。				

企业名称	司盟（上海）项目咨询有限公司				
企业地址	上海市黄浦区会稽路 8 号 1810 室（200010）				
投资总额	5.7 万 USD	电　话	63730968	传　真	63730968
设立日期	2008-8-14	负 责 人	徐芙容		
主营业务	项目管理咨询、企业管理咨询、商务咨询、国际经济信息咨询。				

企业名称	艾尔发企业管理咨询（上海）有限公司				
企业地址	上海市长宁区延安西路 1228 弄 2 号 23B 室（200052）				
投资总额	5 万 USD	电　话	54485526	传　真	
设立日期	2008-8-14	负 责 人	陈金明		
主营业务	企业管理咨询、商务信息咨询。				

企业名称	上海顺新昌企业管理咨询有限公司				
企业地址	上海市静安区安远路 555 号 801 室（200041）				
投资总额	1.4 万 USD	电　话	62325666	传　真	62325666
设立日期	2008-8-14	负 责 人	姚祖辉		
主营业务	投资管理咨询，企业管理咨询，项目管理咨询，市场营销咨询。				

企业名称	毕森商务咨询（上海）有限公司				
企业地址	上海市卢湾区瑞金南路 345 弄 1 号 4A1 室（200023）				
投资总额	15 万 USD	电　话	63038008	传　真	63038008
设立日期	2008-8-12	负 责 人	钮 宁		
主营业务	商务咨询、投资管理咨询、企业管理咨询、会展咨询、物业管理。				

企业名称	亿满唐装饰设计工程（上海）有限公司				
企业地址	上海市浦东新区梅花路 281 号 D376 室（201204）				
投资总额	14 万 USD	电　话	51096551	传　真	58892175
设立日期	2008-8-12	负 责 人	吴锦强		
主营业务	室内装饰设计、建筑装饰工程、会展服务、舞台造型策划咨询。				

企业名称	上海金利融投资咨询有限公司				
企业地址	上海市徐汇区漕宝路 70 号 1002 室（200235）				
投资总额	14 万 USD	电　话	64325351	传　真	64325350
设立日期	2008-8-12	负 责 人	陈三荣		
主营业务	投资咨询、企业管理咨询、财务咨询、会务服务、市场营销策划咨询。				

企业名称	恒鑫企业管理咨询（上海）有限公司				
企业地址	上海市虹口区物华路 73 号一号楼四层 8812 室（200086）				
投资总额	14 万 USD	电　话	63028866	传　真	53018627
设立日期	2008-8-12	负 责 人	陈德伦		
主营业务	企业管理咨询，商务咨询及投资咨询。				

企业名称	华羿企业管理咨询（上海）有限公司				
企业地址	上海市闵行区金都路 4289 号 6 幢 2 楼 128 室（201108）				
投资总额	2 万 USD	电　话		传　真	64599042
设立日期	2008-8-12	负 责 人	YAN JAMES SONG		
主营业务	企业管理咨询，商务咨询信息，投资咨询，市场营销咨询。				

企业名称	慧俪轻体达能（中国）减重咨询有限公司				
企业地址	上海市黄浦区福州路 318 号高腾大厦 1408－1410 单元（200001）				
投资总额	1025 万 USD	电　话	64396829	传　真	63526289
设立日期	2008-8-8	负 责 人	毛天赐（MATTHEW MOUW）		
主营业务	提供与健康和减重相关的咨询服务。				

企业名称	凯立广告（上海）有限公司				
企业地址	上海市黄浦区延安东路 700 号 14 层 A 室 01 部位（200001）				
投资总额	28 万 USD	电　话	53851000	传　真	53850680
设立日期	2008-8-8	负 责 人	OKAZAKI SHINICHI		
主营业务	设计、制作、代理国内外各类广告业务，提供相关技术和商务咨询服务。				

企业名称	上海协睿商务咨询有限公司				
企业地址	上海市普陀区中山北路 1759 号 1401 室（200063）				
投资总额	14 万 USD	电　话		传　真	61478648
设立日期	2008-8-8	负 责 人	薛 勤		
主营业务	商务咨询（涉及行政许可的，凭许可证经营）。				

企业名称	美亦美兮企业咨询（上海）有限公司				
企业地址	上海市卢湾区淮海中路 2－8 号 1206 室（200021）				
投资总额	35 万 USD	电　话	51693588	传　真	63191766
设立日期	2008-8-7	负 责 人	KENNETH H.HANNAH.JR		
主营业务	管理咨询、财务咨询（涉及行政许可的凭许可证经营）。				

企业名称	汉心塾（上海）商务咨询有限公司				
企业地址	上海市长宁区天山路 641 号 20 幢 311 室（200336）				
投资总额	14 万 USD	电　话	62170556	传　真	62716920
设立日期	2008-8-7	负 责 人	小川善久		
主营业务	商务信息咨询、企业管理咨询、经济信息咨询、贸易信息咨询。				

企业名称	上海安采艺术设计有限公司				
企业地址	上海市长宁区镇宁路 9 号 17 层 A 单元（200050）				
投资总额	11 万 USD	电　话	62402080	传　真	62941096
设立日期	2008-8-7	负 责 人	衣淑凡		
主营业务	纺织品、饰品（毛钻、裸钻除外）、家具及其配件的批发、佣金代理。				

企业名称	枫合企业管理咨询（上海）有限公司				
企业地址	上海市浦东新区光明路 718 号 720 室（200126）				
投资总额	101 万 USD	电　话	28905962	传　真	28905961
设立日期	2008-8-6	负 责 人	周雪林		
主营业务	企业管理咨询、投资咨询、商务信息咨询、贸易信息咨询。				

企业名称	明香企业信息咨询（上海）有限公司				
企业地址	上海市卢湾区茂名南路 205 号 2005 室（200020）				
投资总额	14 万 USD	电　话	64738789	传　真	64738799
设立日期	2008-8-6	负 责 人	吉田俊明		
主营业务	企业管理咨询、商务信息咨询、投资咨询。				

企业名称	富台投资咨询（上海）有限公司				
企业地址	上海市浦东新区东陆路 1988 号 1 层 B 室（201206）				
投资总额	14 万 USD	电　话	50332761	传　真	50332761
设立日期	2008-8-6	负 责 人	斯培伦		
主营业务	市场营销策划咨询，企业形象策划咨询（不含广告），企业管理咨询。				

企业名称	众亮企业管理咨询（上海）有限公司				
企业地址	上海市卢湾区蒙自路 223 号 103 室（200023）				
投资总额	10 万 USD	电　话	53019377	传　真	53019277
设立日期	2008-8-6	负 责 人	林玉珍		
主营业务	企业形象策划咨询、投资咨询、会展信息咨询、电脑图文设计。				

企业名称	瑞赞商务信息咨询（上海）有限公司				
企业地址	上海市闸北区场中路 2965 弄 2 号－3 号 103 室（200435）				
投资总额	5 万 USD	电　话	64066124	传　真	
设立日期	2008-8-6	负责人	LAUREN FRANCES HANSEN		
主营业务	商务信息咨询，教育信息咨询。				

企业名称	满力商务咨询（上海）有限公司				
企业地址	上海市松江区九亭镇九新公路 76 号 1609 室（201615）				
投资总额	10 万 USD	电　话	61268990	传　真	61268991
设立日期	2008-8-1	负责人	石桥修		
主营业务	投资咨询、商务咨询、环保信息咨询、企业管理咨询、企业形象策划。				

企业名称	集萃商务策划（上海）有限公司				
企业地址	上海市徐汇区襄阳南路 500 号 1306、1308 室（200031）				
投资总额	4.3 万 USD	电　话	63616488	传　真	63616489
设立日期	2008-8-6	负责人	CEDRIC JOHAN JULIEN		
主营业务	企业品牌策划咨询（不含广告）、企业管理咨询、企业营销策划咨询。				

企业名称	睿隽企业营销策划（上海）有限公司				
企业地址	上海市浦东新区光明路 718 号 802 室（200122）				
投资总额	6.4 万 USD	电　话		传　真	50940623
设立日期	2008-8-1	负责人	ANTIE LAW		
主营业务	企业营销策划咨询，投资咨询，企业管理咨询，商务信息咨询。				

企业名称	欣驰（上海）企业管理咨询有限公司				
企业地址	上海市闵行区金都路 4289 号 6 幢 2 楼 70 室（201108）				
投资总额	14 万 USD	电　话	64573230	传　真	
设立日期	2008-8-5	负责人	HENDRY LUKMAN LIOE（刘桓杰）		
主营业务	企业营销策划，企业形象策划，商务信息咨询，投资咨询。				

企业名称	上海寰达投资管理咨询有限公司				
企业地址	上海市浦东新区板泉路 2089 号 1 层（201204）				
投资总额	20 万 USD	电　话	336655115	传　真	33665125
设立日期	2008-7-31	负责人	STEPHEN TSO-MIN CHOW		
主营业务	投资管理咨询、贸易信息咨询、经济信息咨询、企业管理咨询。				

企业名称	誉品企业形象策划（上海）有限公司				
企业地址	上海市崇明县庙镇宏海公路 263 号 1 幢 225 室（202154）				
投资总额	7.3 万 USD	电　话		传　真	39610001
设立日期	2008-8-5	负责人	卢　哲		
主营业务	企业形象策划，装潢装饰设计（建筑装潢装饰设计除外），商务咨询。				

企业名称	上海尔然企业管理咨询有限公司				
企业地址	上海市崇明县向化镇阜康路 68 号 2 号楼 382 室（202150）				
投资总额	7 万 USD	电　话	62884398	传　真	62884396
设立日期	2008-7-31	负责人	大野文宏		
主营业务	企业管理咨询，市场营销策划，贸易信息咨询，市场信息咨询。				

企业名称	必胜投资咨询（上海）有限公司				
企业地址	上海市长宁区天山西路 789 号 1 幢 128 室（200335）				
投资总额	150 万 USD	电　话		传　真	52400660
设立日期	2008-8-4	负责人	NG SING KING		
主营业务	企业管理咨询、投资咨询、企业形象策划（不含广告）、商务信息咨询。				

企业名称	慧梦拓（上海）企业管理咨询有限公司				
企业地址	上海市静安区新闸路 831 号 16D 室（200041）				
投资总额	31 万 USD	电　话	62675617	传　真	
设立日期	2008-7-30	负责人	MORITA SHIGENOBU		
主营业务	企业投资咨询、企业管理咨询、营销策划咨询、装潢设计咨询。				

企业名称	上海骏佳市场营销策划有限公司				
企业地址	上海市普陀区常德路 1258 弄 29、31 号 609 室（200060）				
投资总额	73 万 USD	电　话	65932608	传　真	65932108
设立日期	2008-8-4	负责人	麦庆龙		
主营业务	市场营销策划（除广告）、商务咨询、贸易信息咨询。				

企业名称	葡诚（上海）企业管理咨询有限公司				
企业地址	上海市卢湾区淮海中路 222 号 2505-2507 室（200021）				
投资总额	15 万 USD	电　话	53966060	传　真	53966510
设立日期	2008-7-30	负责人	ALVARO JOAO SERRA NAZARE		
主营业务	企业管理咨询，商务咨询，投资咨询，市场营销策划咨询。				

企业名称	展育企业发展（上海）有限公司				
企业地址	上海市闵行区七宝镇吴宝路 255 号 303 室（201101）				
投资总额	750 万 USD	电　话	54475603	传　真	64202930
设立日期	2008-8-1	负责人	王国达		
主营业务	家用电器、化妆品、服装服饰、玩具文具、文教用品、日用百货的批发。				

企业名称	上海恒颐科技咨询有限公司				
企业地址	上海市南汇区周浦镇周祝公路 317 号 2 幢 118 室（201315）				
投资总额	100 万 USD	电　话	58886669	传　真	58886149
设立日期	2008-7-29	负责人	汪伊芬		
主营业务	康复咨询、科技咨询、环保咨询及投资咨询。				

企业名称	希地投资咨询（上海）有限公司				
企业地址	上海市黄浦区中华路 97 号 407 室（200011）				
投资总额	140 万 USD	电　话	31265559	传　真	62803364
设立日期	2008-8-1	负责人	PAULINA LEI ZHU		
主营业务	投资咨询、企业管理咨询、商务信息咨询。				

企业名称	星程酒店管理（上海）有限公司				
企业地址	上海市长宁区福泉路 99 号 1 楼（200335）				
投资总额	30 万 USD	电　话	34064880	传　真	34064880
设立日期	2008-7-29	负责人	范　敏		
主营业务	酒店管理、酒店管理咨询、企业管理咨询、投资咨询、商务信息咨询。				

企业名称	国丰酒店管理（上海）有限公司				
企业地址	上海市普陀区宜川一村 86 号 208 室（200065）				
投资总额	50 万 USD	电　话	61356032	传　真	61356060
设立日期	2008-8-1	负责人	VIOLET LEE HUI MIN		
主营业务	酒店管理（不含酒店经营及餐饮管理）、物业管理、企业形象策划。				

企业名称	谨谋尔（上海）企业管理咨询有限公司				
企业地址	上海市虹口区欧阳路 561 号 4 层 F 室（200093）				
投资总额	14 万 USD	电　话	63912991	传　真	63912991
设立日期	2008-7-29	负责人	BULENT ULUSOY		
主营业务	经营管理咨询、市场营销策划、商务活动咨询、企业发展咨询。				

企业名称	美萌企业管理咨询（上海）有限公司				
企业地址	上海市浦东新区光明路 718 号 731 室（200137）				
投资总额	12 万 USD	电　话	37837676	传　真	37772192
设立日期	2008-8-1	负责人	CORTNEY LAMONT SMITH		
主营业务	企业管理咨询，投资咨询，企业营销策划咨询，商务信息咨询。				

企业名称	真宏企业管理顾问（上海）有限公司				
企业地址	上海市黄浦区南京西路 338 号 2604 室（200001）				
投资总额	80 万 USD	电　话	63580505	传　真	
设立日期	2008-7-28	负责人	郑敦谦		
主营业务	企业管理咨询、商务咨询、投资咨询、贸易信息咨询。				

企业名称	必须企业形象策划（上海）有限公司				
企业地址	上海市闵行区金都路 4289 号 6 幢 2 楼 125 室（201108）				
投资总额	10 万 USD	电　话	64692267	传　真	64684080
设立日期	2008-8-1	负责人	CHAPIN LYTTLETON BYE MELCHER		
主营业务	企业形象策划咨询、商务信息咨询、企业管理咨询、市场营销咨询。				

企业名称	瑞寰（上海）投资管理咨询有限公司				
企业地址	上海市长宁区仙霞路 345 号 15A 室（200336）				
投资总额	50 万 USD	电　话	62745323	传　真	61135806
设立日期	2008-7-28	负责人	KWONG CLEMENT KAT YIN		
主营业务	投资管理咨询、投资咨询（不含中介）、企业管理咨询、企业营销策划。				

企业名称	恩特浦企业管理咨询（上海）有限公司				
企业地址	上海市浦东新区航津路 658 号 805 室（201208）				
投资总额	10 万 USD	电　话	51119168	传　真	64452151
设立日期	2008-8-1	负责人	JEFFREY TODD JURAN		
主营业务	企业管理咨询，企业登记代理，市场营销咨询，商务信息咨询。				

企业名称	上海肯耐珂萨人才服务有限公司				
企业地址	上海市青浦区金泽镇练西公路 4375 号 201 室（201721）				
投资总额	30 万 USD	电　话	64263377	传　真	
设立日期	2008-7-28	负责人	沈健		
主营业务	人才供求信息的收集、整理、发布和咨询服务，人才推荐，人才招聘。				

企业名称	博敏（上海）投资咨询有限公司				
企业地址	上海市浦东新区耀华路 215 号 2 幢 A511 室（200126）				
投资总额	14 万 USD	电　话	50560746	传　真	
设立日期	2008-7-28	负 责 人	马贵梅		
主营业务	投资咨询，企业管理咨询，财务管理咨询，商务咨询，企业营销咨询。				

企业名称	艾礼商务咨询（上海）有限公司				
企业地址	上海市闵行区金都路 4289 号 6 幢 2 楼 87 室（201108）				
投资总额	14 万 USD	电　话	23231113	传　真	
设立日期	2008-7-23	负 责 人	JAMES NICHOLAS BARRIE SMITH		
主营业务	商务咨询、企业管理咨询、投资咨询（咨询类项目除经纪）。				

企业名称	方源投资顾问（上海）有限公司				
企业地址	上海市徐汇区淮海中路 1010 号 1602 室（200031）				
投资总额	295 万 USD	电　话	24190801	传　真	24190888
设立日期	2008-7-22	负 责 人	项韫		
主营业务	提供财务咨询，投资咨询，企业管理咨询，经济信息咨询及商务咨询。				

企业名称	佳迪（上海）商务咨询有限公司				
企业地址	上海市虹口区物华路 73 号 1 号楼四层 8425 室（200086）				
投资总额	70 万 USD	电　话	58402713	传　真	
设立日期	2008-7-22	负 责 人	PATRICIA C. A.LAMBERT		
主营业务	商务咨询，投资咨询，企业管理咨询，国际经济信息咨询。				

企业名称	美聪企业管理咨询（上海）有限公司				
企业地址	上海市普陀区延长西路 172 号西 110 室（200000）				
投资总额	14 万 USD	电　话	64684078	传　真	64684080
设立日期	2008-7-21	负 责 人	JEFFREY KENT HASENFRATZ		
主营业务	企业管理咨询、商务咨询、市场营销咨询、企业形象策划咨询。				

企业名称	艾平思企业管理咨询（上海）有限公司				
企业地址	上海市浦东新区东方路 69 号 16 层 1606B 室（200120）				
投资总额	14 万 USD	电　话	61061431	传　真	61061432
设立日期	2008-7-21	负 责 人	EDWARD SNELL		
主营业务	企业管理咨询、商务咨询、营销咨询				

企业名称	时福投资咨询（上海）有限公司				
企业地址	上海市静安区安远路 555 号 5 楼 501－508 室（200040）				
投资总额	10 万 USD	电　话		传　真	62323237
设立日期	2008-7-21	负 责 人	罗炳华		
主营业务	投资咨询，企业管理咨询，科技信息咨询，国际经济信息咨询。				

企业名称	泰卫医药信息咨询（上海）有限公司				
企业地址	上海市静安区南京西路 1366 号 2 号楼 4002 室（200041）				
投资总额	150 万 USD	电　话	60919500	传　真	
设立日期	2008-7-18	负 责 人	SUZANA NAHUM ZILBERBERG		
主营业务	医药信息咨询，企业管理咨询。				

企业名称	曼讯管理咨询（上海）有限公司				
企业地址	上海市徐汇区长乐路 989 号 3709 室（200031）				
投资总额	15 万 USD	电　话	62490302	传　真	62490501
设立日期	2008-7-17	负 责 人	JEAN-FRANCOIS　CANAT		
主营业务	企业管理咨询、商务咨询、投资咨询、信息技术咨询。				

企业名称	上海财溢企业管理咨询有限公司				
企业地址	上海市闵行区虹梅路 3203 号 1 幢 120 室（201103）				
投资总额	203 万 USD	电　话	64065647	传　真	
设立日期	2008-7-16	负 责 人	WANG CHI-CHEN		
主营业务	企业管理咨询、投资管理咨询、商务咨询、国际经济信息咨询。				

企业名称	依顿企业管理咨询（上海）有限公司				
企业地址	上海市长宁区江苏路 369 号 5I 室（200050）				
投资总额	73 万 USD	电　话	55600098	传　真	
设立日期	2008-7-16	负 责 人	胡锦珠		
主营业务	商务信息咨询、投资咨询。（涉及行政许可的，凭许可证经营）。				

企业名称	凯西医药咨询（上海）有限公司				
企业地址	上海市长宁区淮海西路 432 号 12 楼（200052）				
投资总额	51 万 USD	电　话	52588899	传　真	23238800
设立日期	2008-7-16	负 责 人	孟祖海		
主营业务	从事医药技术咨询、医药信息咨询和市场营销策划（广告除外）。				

企业名称	伊敏哲企业管理咨询（上海）有限公司				
企业地址	上海市黄浦区人民路 885 号 1903－1904 室（200010）				
投资总额	15 万 USD	电　话	54265581	传　真	54265582
设立日期	2008-7-16	负 责 人	MARTIN　HERMANN UHLEMANN		
主营业务	投资咨询、商务咨询、企业营销咨询、企业形象策划咨询。				

企业名称	上海景翔商务咨询有限公司				
企业地址	上海市普陀区甘泉路街道新村路 501 号甲 219 室（200065）				
投资总额	14 万 USD	电　话		传　真	69173312
设立日期	2008-7-16	负 责 人	STEWART LEE BECK		
主营业务	商务咨询、投资咨询、企业管理咨询、企业形象策划咨询、营销咨询。				

企业名称	百众商务咨询（上海）有限公司				
企业地址	上海市长宁区天山西路 165 号 528 室（200336）				
投资总额	5 万 USD	电　话		传　真	52198176
设立日期	2008-7-16	负 责 人	区卫芳		
主营业务	商务咨询、会务服务、投资咨询、企业管理咨询。				

企业名称	信星投资咨询（上海）有限公司				
企业地址	上海市浦东新区耀华路 215 号 2 幢 B510 室（200124）				
投资总额	15 万 USD	电　话	64050973	传　真	64050790
设立日期	2008-7-15	负 责 人	LEE SANG HEON		
主营业务	商务信息咨询、企业管理咨询、科技信息咨询、贸易信息咨询。				

企业名称	上海康替纳多网络科技有限公司				
企业地址	上海市浦东新区浦东南路 1101 号 1118 室（200120）				
投资总额	5 万 USD	电　话		传　真	58361732
设立日期	2008-7-15	负 责 人	JAFARI KOUROSH		
主营业务	网络技术咨询，商务信息咨询，市场营销策划。				

企业名称	宝易投资咨询（上海）有限公司				
企业地址	上海市闸北区延长路 149 号 94 幢 104 室（200072）				
投资总额	98 万 USD	电　话	60868023	传　真	60868047
设立日期	2008-7-14	负 责 人	周　忻		
主营业务	投资咨询，市场营销咨询，经济信息咨询，企业管理咨询。				

企业名称	环健（上海）企业管理顾问有限公司				
企业地址	上海市浦东新区银城中路 168 号 21 楼 2105 室（200120）				
投资总额	14 万 USD	电　话	51165116	传　真	
设立日期	2008-7-14	负 责 人	JOSEPH DAVID GRIFFIN		
主营业务	企业管理咨询、市场营销咨询、商务管理咨询。				

企业名称	唯适商务咨询（上海）有限公司				
企业地址	上海市徐汇区长华路 462 号 101 室（200231）				
投资总额	5 万 USD	电　话	58765720	传　真	58765170
设立日期	2008-7-14	负 责 人	DILLON　YE		
主营业务	项目投资咨询和代理，公司注册代理，商务及法律文书的翻译。				

企业名称	朗高投资咨询（上海）有限公司				
企业地址	上海市浦东新区浦东南路 1101 号 806 室（200122）				
投资总额	3.8 万 USD	电　话	58358534	传　真	58358534
设立日期	2008-7-14	负 责 人	YOAN MARCEL DANTE RIGART-LENISA		
主营业务	商务咨询、企业管理咨询、国际经济信息咨询、企业形象策划。				

企业名称	逸丰（上海）管理咨询有限公司				
企业地址	上海市徐汇区肇嘉浜路 807 号 809 室（200032）				
投资总额	2.9 万 USD	电　话	64417255	传　真	64417256
设立日期	2008-7-14	负 责 人	DANIELA　STEINMETZ		
主营业务	市场营销策划咨询、投资咨询。				

企业名称	永恒印记市场营销策划（上海）有限公司				
企业地址	上海市静安区南京西路 1601 号越洋广场 4001、4008 室（200040）				
投资总额	100 万 USD	电　话	61930600	传　真	61930606
设立日期	2008-7-11	负 责 人	BERNARD OLIVIER		
主营业务	市场营销策划，企业形象策划，企业管理咨询，商务咨询。				

企业名称	成为投资管理咨询（上海）有限公司				
企业地址	上海市静安区长乐路 672 弄 33 号 4 幢 102 室（200041）				
投资总额	60 万 USD	电　话	54048566	传　真	54048766
设立日期	2008-7-11	负 责 人	ERIC XUN LI		
主营业务	投资管理咨询，企业管理咨询，商务咨询。				

企业名称	**上海杰佳投资咨询有限公司**				
企业地址	上海市长宁区仙霞路 345 号 1903 室（200336）				
投资总额	10.5 万 USD	电　话	62289583	传　真	
设立日期	2008-7-11	负责人	TAN WEE CHIN		
主营业务	商务信息咨询、企业管理咨询、企业登记代理；市场营销策划。				

企业名称	**锐珂亚太管理（上海）有限公司**				
企业地址	上海市浦东新区金桥出口加工区新金桥路 27 号 15 号楼第 3 层(201206)				
投资总额	200 万 USD	电　话	50308810	传　真	
设立日期	2008-7-10	负责人	刘　杰		
主营业务	投资经营决策、资金运作与财务管理、技术支持与研究开发。				

企业名称	**学儿宝玩具设计咨询（上海）有限公司**				
企业地址	上海市浦东新区金桥出口加工区新金桥路 201 号 5225 室（201206）				
投资总额	14 万 USD	电　话	63013399	传　真	
设立日期	2008-7-10	负责人	谭宝琴（TAM PO KAM）		
主营业务	玩具及儿童益智类产品的设计咨询、信息咨询。				

企业名称	**三仁投资（中国）有限公司**				
企业地址	上海市浦东新区浦东大道 1200 号 1806 室（200120）				
投资总额	6000 万 USD	电　话	69179110	传　真	69179238
设立日期	2008-7-9	负责人	谢　光		
主营业务	在国家允许外商投资的领域依法进行投资。				

企业名称	**达闻商务咨询（上海）有限公司**				
企业地址	上海市卢湾区合肥路 223 弄 54 号 B317 室（200021）				
投资总额	15 万 USD	电　话	61173937	传　真	63850960
设立日期	2008-7-9	负责人	HARRINGTON JR THOMAS RICHARD		
主营业务	企业投资咨询、企业营销咨询、国际经济咨询、网络技术咨询。				

企业名称	**上海桥力投资咨询有限公司**				
企业地址	上海市长宁区中山西路 179 号 110 室（200051）				
投资总额	10 万 USD	电　话	51558186	传　真	51558184
设立日期	2008-7-9	负责人	GUO MEI WU		
主营业务	国际经济信息咨询、科技咨询、贸易信息咨询、企业管理咨询。				

企业名称	**上海林奇联智企业营销策划有限公司**				
企业地址	上海市闵行区东川路 555 号乙楼 2062 室（200241）				
投资总额	29 万 USD	电　话		传　真	62125803
设立日期	2008-7-8	负责人	林冬芝		
主营业务	企业管理咨询，投资咨询，商务信息咨询，企业营销策划。				

企业名称	**哈斯康宁工程咨询（上海）有限公司**				
企业地址	上海市徐汇区天钥桥路 325 号 1921 室（200030）				
投资总额	14 万 USD	电　话	54250543	传　真	54250643
设立日期	2008-7-8	负责人	BING　YU		
主营业务	工程技术咨询、工程管理咨询、商务咨询、财务信息咨询。				

企业名称	**拱彤门（上海）投资咨询有限公司**				
企业地址	上海市闵行区虹梅南路 3509 弄 298 号 3 幢 101 室（200237）				
投资总额	14.5 万 USD	电　话		传　真	64725996
设立日期	2008-7-8	负责人	孔清华		
主营业务	投资咨询、商务咨询、贸易信息咨询、市场营销策划咨询。				

企业名称	**奥致（上海）企业管理咨询有限公司**				
企业地址	上海市静安区康定路 528 号 2 幢 112A 室（200041）				
投资总额	7 万 USD	电　话	96741234	传　真	
设立日期	2008-7-8	负责人	ONG HAK KIONG HENRY		
主营业务	企业管理咨询，市场信息咨询，营销策划，商务咨询。				

企业名称	**飞翎（上海）商务咨询有限公司**				
企业地址	上海市闵行区宜山路 1618 号综合楼 862 室（201103）				
投资总额	5 万 USD	电　话		传　真	58798361
设立日期	2008-7-8	负责人	GR・NERT SEBASTIAN		
主营业务	商务信息咨询，投资咨询，企业管理咨询，市场营销策划咨询				

企业名称	**安索帕（上海）广告传播有限公司**				
企业地址	上海市长宁区延安西路 726 号 11 楼 J 座（200336）				
投资总额	140 万 USD	电　话	61376200	传　真	
设立日期	2008-7-4	负责人	HOLTHAM DAVID BRUCE		
主营业务	设计、制作、代理国内外各类广告；提供商业管理和市场咨询服务				

企业名称	**理韦思商务咨询（上海）有限公司**				
企业地址	上海市卢湾区打浦路 200 弄 2 号 602－3 室（200023）				
投资总额	50 万 USD	电　话	63906628	传　真	63906626
设立日期	2008-7-4	负责人	LAU　KAY　HENG		
主营业务	商务咨询、投资咨询、企业管理咨询、市场营销策划及会务咨询服务。				

企业名称	**纽恩商务咨询（上海）有限公司**				
企业地址	上海市徐汇区长乐路 989 号 3701B 室（200031）				
投资总额	15 万 USD	电　话	54075599	传　真	54075668
设立日期	2008-7-4	负责人	HANS-WOLFGANG　STREMME		
主营业务	商务咨询、企业管理咨询（涉及行政许可的凭许可证经营）。				

企业名称	**上海证声版权代理有限公司**				
企业地址	上海证声版权代理有限公司				
投资总额	14 万 USD	电　话	52376728	传　真	62707006
设立日期	2008-7-4	负责人	李延荣		
主营业务	音乐版权代理（涉及行政许可的，凭许可证经营）。				

企业名称	**达科企业管理咨询（上海）有限公司**				
企业地址	上海市徐汇区长华路 458 号 101 室（200231）				
投资总额	12 万 USD	电　话	64432808	传　真	64432880
设立日期	2008-7-4	负责人	PETER　GERARD　MG　GREEVY		
主营业务	投资咨询，商务咨询，经济信息咨询，营销咨询和企业形象设计。				

企业名称	**优言优格（上海）图文制作有限公司**				
企业地址	上海市静安区康定路 1147 号 6 幢 410 室（200041）				
投资总额	6.2 万 USD	电　话	61325005	传　真	61325499
设立日期	2008-7-4	负责人	RAIMONDO ANDREA GISSARA		
主营业务	图文设计、制作（广告除外）及相关的业务咨询。				

企业名称	**朗达玛赛（上海）商务咨询有限公司**				
企业地址	上海市黄浦区广东路 689 号 1506 室（200001）				
投资总额	23 万 USD	电　话	63411255	传　真	63411253
设立日期	2008-7-3	负责人	PIERRE　LASRY		
主营业务	商务咨询、企业管理咨询、市场营销策划。				

企业名称	**菱海商务咨询（上海）有限公司**				
企业地址	上海市卢湾区淮海中路 138 号 3603 室（200020）				
投资总额	200 万 USD	电　话	63591878	传　真	
设立日期	2008-7-2	负责人	胡晓明		
主营业务	企业管理咨询、投资咨询、贸易信息咨询、市场营销策划咨询。				

企业名称	**璞瑞投资管理咨询（上海）有限公司**				
企业地址	上海市卢湾区淮海中路 333 号 1865 室（200021）				
投资总额	35 万 USD	电　话	23060888	传　真	23060606
设立日期	2008-7-2	负责人	邹景文		
主营业务	投资咨询、商务咨询服务。（涉及行政许可的凭许可证经营）。				

企业名称	**日东电工（上海）医药咨询有限公司**				
企业地址	上海市静安区南京西路 1468 号 3509 室（200041）				
投资总额	92 万 USD	电　话	52082323	传　真	52082133
设立日期	2008-7-1	负责人	仲野善久		
主营业务	受企业委托提供医药技术咨询、医药信息咨询、医药产品市场营销策划。				

企业名称	**新富港商务咨询（上海）有限公司**				
企业地址	上海市卢湾区淮海中路 300 号 57 楼 5703D 室（200020）				
投资总额	20 万 USD	电　话	64336688	传　真	64316868
设立日期	2008-7-1	负责人	杜惠恺		
主营业务	企业管理咨询、投资咨询、贸易信息咨询、市场营销策划。				

企业名称	**会宇文化信息咨询（上海）有限公司**				
企业地址	上海市长宁区仙霞路 318－322 号 1805 室（200335）				
投资总额	14 万 USD	电　话	58282858	传　真	
设立日期	2008-7-1	负责人	戴英杰		
主营业务	商务咨询、经济信息咨询、企业形象策划、市场营销咨询。				

企业名称	**上海宝置德工程管理咨询有限公司**				
企业地址	上海市闸北区共和新路 1988 号 806 室（200070）				
投资总额	10 万 USD	电　话	33060125	传　真	
设立日期	2008-7-1	负责人	HOOI KA CHEONG		
主营业务	工程管理咨询、工程技术咨询、环保信息咨询。				

企业名称	思拜思商务咨询（上海）有限公司				
企业地址	上海市静安区延安中路 847 号 201－202 室（200041）				
投资总额	4.3 万 USD	电　话		传　真	60942090
设立日期	2008-7-1	负责人	INGO MATHIAS SPATH		
主营业务	商务咨询，投资咨询，企业管理咨询。				

企业名称	浚哲商务咨询（上海）有限公司				
企业地址	上海市长宁区荣华东道 90 号西部 505 室（200051）				
投资总额	3 万 USD	电　话	62702701	传　真	
设立日期	2008-7-1	负责人	PARK JOON SUK		
主营业务	商务咨询（涉及行政许可的，凭许可证经营）。				

企业名称	新丰福商务咨询（上海）有限公司				
企业地址	上海市卢湾区淮海中路 300 号 5703C 室（200021）				
投资总额	20 万 USD	电　话	64336688	传　真	64316868
设立日期	2008-7-1	负责人	杜惠恺		
主营业务	商务咨询、企业管理咨询、投资咨询、贸易信息咨询、市场策划。				

企业名称	鹏辉商务咨询（上海）有限公司				
企业地址	上海市黄浦区福州路 666 号 22 层 C 单元（200001）				
投资总额	15 万 USD	电　话	63917088	传　真	63917299
设立日期	2008-6-30	负责人	许丽琼		
主营业务	投资咨询、商务信息咨询、经济信息咨询、贸易信息咨询。				

企业名称	上海普昶上宜酒店管理有限公司				
企业地址	上海市闵行区宜山路 1728 号九楼（201100）				
投资总额	300 万 USD	电　话		传　真	34627975
设立日期	2008-6-27	负责人	WILLIAM WALTER WILKINS III		
主营业务	酒店管理（涉及行政许可的凭许可证经营）。				

企业名称	锦盛家具设计咨询（上海）有限公司				
企业地址	上海市浦东新区金桥出口加工区黄杨路 18 号 4 幢 2017 室（201206）				
投资总额	4 万 USD	电　话	62486588	传　真	62495758
设立日期	2008-6-27	负责人	JAMES MALCOLM BRANDON		
主营业务	家具设计咨询、商务咨询（涉及行政许可的凭许可证经营）。				

企业名称	信昌投资管理（上海）有限公司				
企业地址	上海市静安区南京西路 1168 号 810 室（200041）				
投资总额	800 万 USD	电　话	60863600	传　真	63819508
设立日期	2008-6-25	负责人	严梦英		
主营业务	受母公司及其关联公司委托，向其所投资公司提供投资管理和咨询服务。				

企业名称	铁肯姆国际货运代理（上海）有限公司				
企业地址	上海市卢湾区淮海中路 918 号 10F1 室（200020）				
投资总额	100 万 USD	电　话	64159772	传　真	52110185
设立日期	2008-6-25	负责人	ROBIN ANDREW PRAMANIK		
主营业务	承办海运、陆运、空运进出口货物及过境货物的国际运输代理业务。				

企业名称	利睦来（上海）企业管理咨询有限公司				
企业地址	上海市静安区成都北路 333 号南楼 1605A 室（200041）				
投资总额	14 万 USD	电　话	52980970	传　真	
设立日期	2008-6-25	负责人	下村正人		
主营业务	企业管理咨询，投资咨询，商务咨询，国际经济信息咨询。				

企业名称	如特尔设计咨询（上海）有限公司				
企业地址	上海市静安区延平路 98 号 2 幢 503 室（200042）				
投资总额	14 万 USD	电　话	61607100	传　真	61607000
设立日期	2008-6-25	负责人	FREDERIC JEAN NUGERON		
主营业务	创意设计咨询，产品包装设计咨询，室内外装潢工程设计咨询。				

企业名称	凯雷斯投资咨询（上海）有限公司				
企业地址	上海市静安区南京西路 699 号 18 层 1809C 室（200041）				
投资总额	14 万 USD	电　话	28785016	传　真	28787807
设立日期	2008-6-25	负责人	罗　一		
主营业务	投资咨询，企业管理咨询，经济信息咨询，商务咨询。				

企业名称	上海艾丝尔商务咨询有限公司				
企业地址	上海市虹口区物华路 73 号 1 号楼四层 8423 室（200086）				
投资总额	10 万 USD	电　话	51278220	传　真	51278221
设立日期	2008-6-25	负责人	吴　懿		
主营业务	商务咨询，投资咨询，企业管理咨询，国际经济信息咨询，会务服务。				

企业名称	吉提福（上海）汽车工程技术咨询有限公司				
企业地址	上海市浦东新区东方路 710 号汤臣金融大厦 22 楼 2236 室（200122）				
投资总额	1.2 万 USD	电　话	61652236	传　真	
设立日期	2008-6-25	负责人	GIAN CLAUDIO TRAVAGLIO		
主营业务	汽车底盘、悬架系统、赛车、赛道的设计、测试及技术咨询。				

企业名称	新锏环境工程（上海）有限公司				
企业地址	上海市浦东新区东靖路 1831 号 603－8 室（200137）				
投资总额	130 万 USD	电　话	50427980	传　真	
设立日期	2008-6-24	负责人	WEE SIEW KIM		
主营业务	环境、环保工程的设计、开发及相关咨询服务，环境工程信息咨询。				

企业名称	高乐人才服务（上海）有限公司				
企业地址	上海市静安区南京西路 1038 号梅龙镇广场 26 楼 2605A、B 室(200041)				
投资总额	12.5 万 USD	电　话	62723853	传　真	62717638
设立日期	2008-6-24	负责人	萧右强		
主营业务	人才供求信息的收集、整理、储存、发布和咨询服务，人才推荐。				

企业名称	艾文德伊思灵商务咨询（上海）有限公司				
企业地址	上海市浦东新区浦电路 438 号 504 室（200122）				
投资总额	6.4 万 USD	电　话	61050686	传　真	
设立日期	2008-6-24	负责人	ROLF ALFONS KONIGS		
主营业务	商务信息咨询，企业财务管理咨询（涉及行政许可的凭许可证经营）。				

企业名称	柯史艾商务咨询（上海）有限公司				
企业地址	上海市黄浦区浙江中路 400 号 603 室（200001）				
投资总额	14 万 USD	电　话	63519609	传　真	63519607
设立日期	2008-6-23	负责人	GERRIT WILLEM WIJBRANS		
主营业务	商务咨询、投资咨询、会展咨询、企业策划咨询、贸易信息咨询。				

企业名称	拾意企业形象策划（上海）有限公司				
企业地址	上海市徐汇区天钥桥路 325 号 2717 室（200030）				
投资总额	10 万 USD	电　话	33632421	传　真	
设立日期	2008-6-20	负责人	CHUN YIN HUNG		
主营业务	平面设计，网页设计，多媒体设计与咨询，会展策划与设计咨询。				

企业名称	凯评企业咨询（上海）有限公司				
企业地址	上海市崇明县新河镇新申路 829 号 19 室（202156）				
投资总额	8 万 USD	电　话	63268138	传　真	63268897
设立日期	2008-6-20	负责人	廖仲卿		
主营业务	物业管理及其咨询、工程管理咨询、投资咨询。				

企业名称	三孚投资管理咨询（上海）有限公司				
企业地址	上海市闵行区吴中路 1050 号第 6 幢 401、402 室（201103）				
投资总额	300 万 USD	电　话	62752906	传　真	62753580
设立日期	2008-6-19	负责人	王亚植		
主营业务	投资咨询、贸易咨询、科技咨询（咨询类项目除经纪）。				

企业名称	英飞睿盟人才顾问（上海）有限公司				
企业地址	上海市浦东新区张杨路 828－838 号 26F02 室（200122）				
投资总额	35 万 USD	电　话	52520550	传　真	
设立日期	2008-6-19	负责人	MILES WILLIAM RUPERT HUNT		
主营业务	人才供求信息的收集、整理、储存、发布和咨询服务，人才推荐。				

企业名称	意礼特商务咨询（上海）有限公司				
企业地址	上海市普陀区延长西路 172 号东 216 室（200060）				
投资总额	28.5 万 USD	电　话	64684078	传　真	64684080
设立日期	2008-6-19	负责人	HOCKLEY DAVID JOHN		
主营业务	商务咨询、国际经济信息咨询、投资咨询、财务管理咨询、物业管理。				

企业名称	汇思讯（上海）商务咨询有限公司				
企业地址	上海市卢湾区泰康路 210 弄 5 号 302 室（200020）				
投资总额	14 万 USD	电　话		传　真	58789308
设立日期	2008-6-19	负责人	VANGUESTAINE,RENE G.		
主营业务	商务咨询、企业管理咨询（涉及许可经营的项目凭许可证经营）。				

企业名称	蟠石投资顾问（上海）有限公司				
企业地址	上海市静安区南京西路 555 号 605 室（200040）				
投资总额	10 万 USD	电　话	62535602	传　真	62535361
设立日期	2008-6-19	负责人	丁学文		
主营业务	投资咨询，商务信息咨询、企业管理咨询，企业登记代理，会展咨询。				

企业名称	昕聆企业管理咨询（上海）有限公司				
企业地址	上海市静安区万航渡路 731 号 1 号 307 室（200041）				
投资总额	7 万 USD	电　　话	51162930	传　　真	51162930
设立日期	2008-6-19	负 责 人	RONALD CLIVE WIEGAND		
主营业务	企业管理咨询，投资咨询，商务信息咨询，国际经济信息咨询。				

企业名称	汉立管理咨询（上海）有限公司				
企业地址	上海市长宁区幸福路 137 号 3 幢 8 楼 M 座（200052）				
投资总额	15 万 USD	电　　话		传　　真	62884799
设立日期	2008-6-18	负 责 人	GRAHAM STUART LA COURT		
主营业务	企业管理咨询、投资咨询、商务咨询、企业形象策划、市场营销策划。				

企业名称	探前飞商务咨询（上海）有限公司				
企业地址	上海市闸北区闻喜路 555 弄 49 号 414 室（200070）				
投资总额	10 万 USD	电　　话	61337936	传　　真	61337999
设立日期	2008-6-18	负 责 人	ARVIND SINGH		
主营业务	商务咨询、企业管理咨询、信息科技咨询、国际经济信息咨询。				

企业名称	上海万同投资咨询有限公司				
企业地址	上海市浦东新区浦东大道 555 号 2704 室（200120）				
投资总额	85 万 USD	电　　话	61634399	传　　真	
设立日期	2008-6-16	负 责 人	沙昌达		
主营业务	投资咨询。企业管理咨询、企业形象策划（不含广告）。				

企业名称	上海星岛信息科技有限公司				
企业地址	上海市金山区漕泾镇阮巷村 2162 号 2 幢（201507）				
投资总额	20 万 USD	电　　话	57253150	传　　真	
设立日期	2008-6-16	负 责 人	林　田		
主营业务	计算机软硬件及相关电子产品设计、开发、制作，提供技术转让。				

企业名称	百空艺术设计咨询（上海）有限公司				
企业地址	上海市浦东新区潍坊五村 546 号 311 室（200122）				
投资总额	3 万 USD	电　　话	53085929	传　　真	
设立日期	2008-6-16	负 责 人	ERIC LELEU		
主营业务	电脑艺术多媒体设计、展览会务咨询、品牌设计咨询、商务咨询。				

企业名称	酷多营销策划（上海）有限公司				
企业地址	上海市静安区乌鲁木齐北路 199 号 2409 室（200041）				
投资总额	10 万 USD	电　　话	51001725	传　　真	51114359
设立日期	2008-6-11	负 责 人	林昌翰		
主营业务	企业营销策划咨询、企业形象策划、展览展会信息咨询。				

企业名称	华夏柏欣（上海）经营管理顾问有限公司				
企业地址	上海市徐汇区瑞金南路 438 号 202 室 D 座（200032）				
投资总额	5 万 USD	电　　话	63406733	传　　真	63406711
设立日期	2008-6-11	负 责 人	谭祐华		
主营业务	经济信息咨询、文化信息咨询（经纪除外）、市场推广策划咨询				

企业名称	康胜商务咨询（上海）有限公司				
企业地址	上海市闸北区灵石路 709 号 49 幢 203 室（200070）				
投资总额	2 万 USD	电　　话		传　　真	64658164
设立日期	2008-6-11	负 责 人	金文玉		
主营业务	国际贸易咨询、经济信息咨询、商务咨询、服装设计咨询。				

企业名称	钶特（上海）投资咨询有限公司				
企业地址	上海市徐汇区襄阳南路 500 号 3006 室（200031）				
投资总额	1.4 万 USD	电　　话	54660977	传　　真	
设立日期	2008-6-11	负 责 人	HANNES　KERNERT		
主营业务	投资咨询、商务咨询、国际贸易信息咨询、企业管理咨询。				

企业名称	新开发创业投资管理有限责任公司				
企业地址	上海市浦东新区浦东南路500号国家开发银行大厦33层01室(200120)				
投资总额	715 万 USD	电　　话	51870899	传　　真	58765060
设立日期	2008-6-10	负 责 人	范　珣		
主营业务	受托管理创投企业的投资业务；提供管理咨询服务。				

企业名称	啸闻（上海）商务咨询有限公司				
企业地址	上海市崇明县城桥镇鳌山路附 2 号 7 幢 207 室（202150）				
投资总额	8 万 USD	电　　话	64665215	传　　真	
设立日期	2008-6-10	负 责 人	SIMON NICHOLAS GEORGE BOWN		
主营业务	商务咨询、投资咨询、企业管理咨询（涉及行政许可的凭许可证经营）。				

企业名称	双威广地基础工程技术咨询（上海）有限公司				
企业地址	上海市崇明县建设公路 1238 号 329 室（202154）				
投资总额	178 万 USD	电　　话	65113585	传　　真	59332882
设立日期	2008-6-6	负 责 人	LEE SOONG HWA		
主营业务	土木工程技术咨询、建设工程技术咨询及各类基础工程技术咨询。				

企业名称	爱之尔德（上海）船务咨询有限公司				
企业地址	上海市黄浦区西藏中路 18 号 2301－02 单元（200001）				
投资总额	14 万 USD	电　　话	64473929	传　　真	64078957
设立日期	2008-6-6	负 责 人	GEORG　EIDE		
主营业务	船舶技术咨询、国际航运信息咨询、企业管理咨询、商务咨询。				

企业名称	西艾狄设计咨询（上海）有限公司				
企业地址	上海市静安区华山路 2 号 1102 室（200040）				
投资总额	10 万 USD	电　　话	62499200	传　　真	62499199
设立日期	2008-6-6	负 责 人	GEOFFREY DAVID DONALD MORRISON		
主营业务	室内设计，标志标识设计，平面设计（广告除外），装潢设计。				

企业名称	道衡财务咨询（上海）有限公司				
企业地址	上海市卢湾区湖滨路 222 号 1508B 室（200021）				
投资总额	15 万 USD	电　　话		传　　真	
设立日期	2008-6-5	负 责 人	EDWARD FORMAN		
主营业务	投资咨询、营销策划咨询、企业管理咨询、国际经济信息咨询。				

企业名称	恒瀚（上海）投资管理咨询有限公司				
企业地址	上海市黄浦区九江路 399 号 7 楼 10 室 D 座（200002）				
投资总额	14 万 USD	电　　话	63866189	传　　真	63866118
设立日期	2008-6-5	负 责 人	梁雨辰		
主营业务	商务咨询，企业管理咨询、财务管理咨询、投资咨询、企业登记代理。				

企业名称	一见（上海）投资咨询有限公司				
企业地址	上海市南汇区周浦镇周祝公路 317 号 2 幢 116 室（201318）				
投资总额	14 万 USD	电　　话	68760300	传　　真	68768823
设立日期	2008-6-5	负 责 人	李旭光		
主营业务	投资咨询、商务咨询、教育信息咨询、市场营销策划。				

企业名称	思动商务咨询（上海）有限公司				
企业地址	上海市卢湾区斜土路 106－108 号 234 室（200023）				
投资总额	14 万 USD	电　　话	53834038	传　　真	53834050
设立日期	2008-6-5	负 责 人	JACQUES　HERVE　MAURICE　ROUBE		
主营业务	商务咨询、企业管理咨询、市场营销策划咨询、企业形象策划咨询				

企业名称	励法企业管理咨询（上海）有限公司				
企业地址	上海市卢湾区淮海中路 300 号香港新世界大厦 41 层 4102 室（200021）				
投资总额	7 万 USD	电　　话	61359966	传　　真	61359955
设立日期	2008-6-5	负 责 人	PAUL EMMANUEL BENACHI		
主营业务	企业管理咨询、经济信息咨询、会展咨询、企业形象策划咨询。				

企业名称	新识（上海）商务咨询有限公司				
企业地址	上海市长宁区汇川路 99 号 1413 室（200050）				
投资总额	7 万 USD	电　　话	63288669	传　　真	
设立日期	2008-6-5	负 责 人	尾鹫光由		
主营业务	消费市场的信息管理咨询（市场调查除外）、企业管理咨询、商务咨询。				

企业名称	上海怡承投资管理咨询有限公司				
企业地址	上海市浦东新区耀华路 215 号 2 幢 B507 室（200134）				
投资总额	50 万 USD	电　　话	63724127	传　　真	
设立日期	2008-6-4	负 责 人	PAUL CHARLES HOPKINS		
主营业务	投资咨询、企业管理咨询、投资管理咨询、经济信息咨询。				

企业名称	明达科（上海）人才服务有限公司				
企业地址	上海市浦东新区张杨路 601 号 6 楼 O 室（200120）				
投资总额	30 万 USD	电　　话	62470606	传　　真	62473752
设立日期	2008-6-4	负 责 人	福田完次		
主营业务	人才供求信息的收集、整理、储存、发布和咨询服务，人才推荐。				

企业名称	苏栩商务咨询（上海）有限公司				
企业地址	上海市黄浦区九江路 399 号 2605 室 E 座（200001）				
投资总额	14 万 USD	电　　话	65882848	传　　真	
设立日期	2008-6-4	负 责 人	苏惠嫦		
主营业务	企业管理咨询，企业形象策划，国际经济信息咨询，贸易咨询。				

企业名称	起然投资管理咨询（上海）有限公司				
企业地址	上海市金山区张堰镇东大街 4 号 401 室（201514）				
投资总额	1002 万 USD	电　话	32120706	传　真	
设立日期	2008-6-3	负 责 人	谷如柏		
主营业务	投资咨询、教育信息咨询、企业管理咨询、商务咨询、科技咨询。				

企业名称	亚尚投资管理咨询（上海）有限公司				
企业地址	上海市宝山区共和新路 5308 弄 68 支弄 1 号 6 层 G 座（200441）				
投资总额	400 万 USD	电　话	66795550	传　真	
设立日期	2008-6-3	负 责 人	STEVEN CHARLES BACHAR		
主营业务	物流管理咨询，环保信息咨询，计算机技术咨询服务。				

企业名称	企鹅（上海）企业管理咨询有限公司				
企业地址	上海市闵行区吴中路 1050 号第 5 幢 705A 室（201103）				
投资总额	60 万 USD	电　话	54221000	传　真	54224081
设立日期	2008-6-3	负 责 人	郭君厚		
主营业务	企业管理咨询、投资咨询、市场策划、信息技术咨询、教育培训咨询。				

企业名称	浩屹（上海）投资咨询有限公司				
企业地址	上海市浦东新区商城路 618 号 1403 室（200120）				
投资总额	14 万 USD	电　话	51506060	传　真	51506625
设立日期	2008-6-3	负 责 人	赵　兵		
主营业务	投资咨询（涉及行政许可的凭许可证经营）。				

企业名称	澳列金投资咨询（上海）有限公司				
企业地址	上海市静安区南京西路 580 号 2910 室（200041）				
投资总额	8 万 USD	电　话	62679035	传　真	62679035
设立日期	2008-6-3	负 责 人	郑蔚英		
主营业务	投资咨询，商务咨询，经贸信息咨询，科技环保信息咨询，会务咨询。				

企业名称	牧德企业管理咨询（上海）有限公司				
企业地址	上海市崇明县城桥镇秀山路 101 号 12 幢 E 区 5228 室（202150）				
投资总额	10 万 USD	电　话	68060797	传　真	
设立日期	2008-6-2	负 责 人	许荣达		
主营业务	企业管理咨询、投资管理咨询、投资咨询、跨国文化交流咨询。				

企业名称	秦唐企业管理咨询（上海）有限公司				
企业地址	上海市闵行区光华路 2118 号第 3 幢 153 室（201111）				
投资总额	8 万 USD	电　话		传　真	64132968
设立日期	2008-6-2	负 责 人	GOSNEY NORMAN JAMES		
主营业务	企业管理咨询、商务咨询、投资咨询。				

企业名称	亿聚商务信息咨询（上海）有限公司				
企业地址	上海市黄浦区浙江中路 400 号 1207 室（200001）				
投资总额	22 万 USD	电　话	63529998	传　真	63529998
设立日期	2008-5-29	负 责 人	ERIC GUILLEMIN		
主营业务	商务咨询，会展咨询，酒店信息咨询。				

企业名称	触动多媒体设备租赁（上海）有限公司				
企业地址	上海市浦东新区张杨北路 5509 号 1105 室（200137）				
投资总额	500 万 USD	电　话	51098699	传　真	
设立日期	2008-5-28	负 责 人	MICHAEL FAI FUNG		
主营业务	移动交互式液晶设备的租赁业务；向国内外购买租赁财产。				

企业名称	沈意来投资顾问（上海）有限公司				
企业地址	上海市张江高科技园区龙东大道 2500 号 F 楼 259 室（201203）				
投资总额	38 万 USD	电　话	62716777	传　真	62716068
设立日期	2008-5-28	负 责 人	ELI DAVID SCHER		
主营业务	投资咨询、投资管理咨询、企业管理咨询。				

企业名称	毅马（上海）投资咨询有限公司				
企业地址	上海市浦东新区张杨北路 5509 号 1106A 室（200137）				
投资总额	200 万 USD	电　话	61636230	传　真	61636226
设立日期	2008-5-27	负 责 人	LOW PING（刘彬）		
主营业务	投资咨询、企业管理咨询、国际经济信息咨询、贸易信息咨询。				

企业名称	皓实企业管理咨询（上海）有限公司				
企业地址	上海市徐汇区淮海中路 1325 号 1 幢 1004 室（200031）				
投资总额	22 万 USD	电　话	64452615	传　真	64452625
设立日期	2008-5-27	负 责 人	DIEDERIK PEETERS		
主营业务	商务咨询、经济信息咨询、投资咨询。				

企业名称	特欧管理咨询（上海）有限公司				
企业地址	上海市奉贤区南航公路 2368 号 102 室（201404）				
投资总额	14 万 USD	电　话	29110758	传　真	
设立日期	2008-5-27	负 责 人	HAN YIH SIEW		
主营业务	企业管理咨询（涉及行政许可的凭许可证经营）。				

企业名称	千寿医药咨询（上海）有限公司				
企业地址	上海市静安区成都北路 333 号南楼 1603D 室（200040）				
投资总额	7 万 USD	电　话	52980263	传　真	52980269
设立日期	2008-5-27	负 责 人	OSAMU KAWAMATSU		
主营业务	医药技术信息咨询、商务信息咨询（涉及行政许可的凭许可证经营）。				

企业名称	伊塞恩培企业管理咨询（上海）有限公司				
企业地址	上海市虹口区物华路 58 号底层东间 09 室（200086）				
投资总额	6 万 USD	电　话		传　真	62886372
设立日期	2008-5-27	负 责 人	RICHARD GELDERS		
主营业务	商务咨询，国际经济信息咨询，投资咨询。				

企业名称	上海威励保企业管理咨询有限公司				
企业地址	上海市虹口区武进路 289 号 435 室（200085）				
投资总额	5 万 USD	电　话	63406111	传　真	
设立日期	2008-5-27	负 责 人	WILLIAM H.MOBLEY		
主营业务	企业管理咨询，国际经济信息咨询，企业形象策划，会务服务。				

企业名称	哥路波玮尔氏（上海）投资管理咨询有限公司				
企业地址	上海市黄浦区成都北路 500 号 101 室（200001）				
投资总额	40 万 USD	电　话		传　真	60942058
设立日期	2008-5-23	负 责 人	WOODWARD MERIEL LYNNE		
主营业务	投资管理咨询、商务策划咨询、营销策划咨询、企业管理咨询。				

企业名称	上海嘉厚投资管理咨询有限公司				
企业地址	上海市宝山区共和新路 5308 弄 68 支弄 1 号 6 层 F 座（200435）				
投资总额	14 万 USD	电　话	66795550	传　真	
设立日期	2008-5-23	负 责 人	唐剑炜		
主营业务	商务管理咨询、物流管理咨询、环保咨询。				

企业名称	客芯赢企业策划（上海）有限公司				
企业地址	上海市徐汇区漕溪北路 398 号 804 室（200030）				
投资总额	38 万 USD	电　话	60904522	传　真	60904524
设立日期	2008-5-22	负 责 人	杜镜国		
主营业务	企业及产品形象策划，工业及民用产品设计及模具设计，图文设计制作。				

企业名称	灵顿幕墙设计咨询（上海）有限公司				
企业地址	上海市闸北区天目西路 547 号 B 幢 2113 室（200070）				
投资总额	15 万 USD	电　话	33030401	传　真	33030234
设立日期	2008-5-22	负 责 人	SCHMID LUDWIG		
主营业务	建筑幕墙的设计咨询和技术咨询，商务咨询，贸易信息咨询。				

企业名称	上海澳胜投资咨询有限公司				
企业地址	上海市闵行区光华路 2118 号第 3 幢 553 室（201108）				
投资总额	14 万 USD	电　话	63813237	传　真	63805952
设立日期	2008-5-22	负 责 人	RI-RONG YU		
主营业务	投资咨询、商务咨询（涉及行政许可的凭许可证经营）。				

企业名称	晰迪亚商务咨询（上海）有限公司				
企业地址	上海市静安区成都北路 333 号 1607H 室（200040）				
投资总额	14 万 USD	电　话	68411008	传　真	50663589
设立日期	2008-5-22	负 责 人	石井光太郎		
主营业务	商务咨询、投资咨询、国际经济咨询、贸易信息咨询、企业管理咨询。				

企业名称	阿森纳投资顾问（上海）有限公司				
企业地址	上海市静安区南京西路 1515 号 1804 室（200041）				
投资总额	14 万 USD	电　话	52985858	传　真	
设立日期	2008-5-22	负 责 人	XIAOHU LI		
主营业务	企业投资咨询，商务信息咨询，财务咨询，企业管理咨询。				

企业名称	基腾新能源科技（上海）有限公司				
企业地址	上海市长宁区延安西路 1566 号第 4 层 04 室（200052）				
投资总额	215 万 USD	电　话	52586262	传　真	52581736
设立日期	2008-5-21	负 责 人	陈琳		
主营业务	从事风力发电设备的设计；风力发电设备、铁路交通供电设备批发。				

企业名称	颂创商务咨询（上海）有限公司				
企业地址	上海市卢湾区重庆南路 308 号 B1 层 101 室（200025）				
投资总额	14 万 USD	电　话	64452563	传　真	64452607
设立日期	2008-5-21	负 责 人	黄瀚泓		
主营业务	商务咨询、会务咨询、文化交流信息咨询、营销策划咨询。				

企业名称	长江实业（上海）企业管理有限公司				
企业地址	上海市浦东新区浦东大道 981 号 2 幢 203 室（200135）				
投资总额	513 万 USD	电　话	62725888	传　真	
设立日期	2008-5-20	负 责 人	钟慎强		
主营业务	提供地产领域的投资咨询、开发咨询、经营管理咨询服务。				

企业名称	优兴商务信息咨询（上海）有限公司				
企业地址	上海市卢湾区复兴中路 1 号 1005 室（200020）				
投资总额	14 万 USD	电　话	63900695	传　真	63919417
设立日期	2008-5-20	负 责 人	GANG WU		
主营业务	网络信息咨询、财务管理咨询、教育信息咨询、投资信息咨询。				

企业名称	柯斯龙商务咨询（上海）有限公司				
企业地址	上海市浦东新区东方路 69 号裕景国际商务广场 1604A 室（200120）				
投资总额	100 万 USD	电　话	61061403	传　真	61061404
设立日期	2008-5-19	负 责 人	ANDREW SCOT KERSHNER		
主营业务	商务信息咨询、企业管理咨询（涉及行政许可的凭许可证经营）。				

企业名称	舒伦仕颐养（上海）企业管理顾问有限公司				
企业地址	上海市徐汇区肇嘉浜路 1065 甲号 1709 室（200030）				
投资总额	25 万 USD	电　话	33680721	传　真	33680768
设立日期	2008-5-15	负 责 人	YU SHIRLEY HSIN-CHU		
主营业务	企业管理咨询、投资咨询、商务咨询、贸易咨询、信息技术咨询及服务。				

企业名称	颖德会展服务（上海）有限公司				
企业地址	上海市静安区南京西路 580 号主楼 2107 室（200041）				
投资总额	20 万 USD	电　话	62676530	传　真	62676537
设立日期	2008-5-15	负 责 人	小谷寿平		
主营业务	在中国境内主办、承办各类经济技术展览会和会议。				

企业名称	新港骏商务咨询（上海）有限公司				
企业地址	上海市徐汇区零陵路 899 号 20 楼 E 座（200030）				
投资总额	7 万 USD	电　话	51506090	传　真	51506099
设立日期	2008-5-15	负 责 人	梁逸文		
主营业务	企业登记代理，企业形象策划，企业管理咨询，企业营销策划。				

企业名称	妙笔汇创意咨询（上海）有限公司				
企业地址	上海市崇明县庙镇宏海公路 263 号 1 幢 202 室（202153）				
投资总额	4 万 USD	电　话	64660557	传　真	64663113
设立日期	2008-5-15	负 责 人	LAU TZER HUA		
主营业务	企业商务公关策划咨询、信息咨询、项目投资咨询、会议展览信息咨询。				

企业名称	上海维龙企业管理咨询有限公司				
企业地址	上海市嘉定区黄渡镇新黄路 17 号 406 室（201804）				
投资总额	64 万 USD	电　话	69528686	传　真	
设立日期	2008-5-14	负 责 人	ERIC JEAN VÉRON		
主营业务	投资咨询、企业管理咨询、商务咨询、贸易信息咨询。				

企业名称	堤麦营销策划（上海）有限公司				
企业地址	上海市静安区康定路 1147 号 2 幢 317A 室（200042）				
投资总额	14 万 USD	电　话		传　真	
设立日期	2008-5-13	负 责 人	彭弘光		
主营业务	品牌设计，市场营销策划，企业管理咨询，商务咨询。				

企业名称	时尚生活策划顾问（上海）有限公司				
企业地址	上海市卢湾区建国中路 10 号 1 号楼 1302－1303 室（200025）				
投资总额	14 万 USD	电　话	64451919	传　真	64150919
设立日期	2008-5-13	负 责 人	黄瀚泓		
主营业务	企业管理咨询、项目策划咨询、市场推广咨询、投资咨询。.				

企业名称	国典酒店管理（上海）有限公司				
企业地址	上海市静安区南阳路 170 号（200041）				
投资总额	359 万 USD	电　话	62897878	传　真	62895777
设立日期	2008-5-12	负 责 人	殷陆君		
主营业务	酒店经营管理、酒店投资咨询、商务信息咨询服务、企业管理咨询。				

企业名称	新将商务咨询（上海）有限公司				
企业地址	上海市浦东新区耀华路 215 号 2 幢 B105 室（200124）				
投资总额	14 万 USD	电　话		传　真	64394593
设立日期	2008-5-12	负 责 人	戴玉足		
主营业务	商务咨询，企业形象策划（不含广告），市场营销策划咨询。				

企业名称	信基投资咨询（上海）有限公司				
企业地址	上海市杨浦区平凉路 1055 号 E17－15 室（200090）				
投资总额	1.4 万 USD	电　话		传　真	
设立日期	2008-5-12	负 责 人	廖进明		
主营业务	投资咨询，企业管理咨询，国际贸易咨询（以上咨询除经纪）。				

企业名称	倍尔复工程技术服务（上海）有限公司				
企业地址	上海市徐汇区虹漕路 421 号 67 号楼 1010 室（200233）				
投资总额	14 万 USD	电　话	54270099	传　真	64851115
设立日期	2008-5-9	负 责 人	BRIAN LEONARD WHITMORE		
主营业务	提供灾后的设施、机器及设备的损坏复原管理服务以及维修服务。				

企业名称	视远商务咨询（上海）有限公司				
企业地址	上海市闵行区金都路 4289 号第 6 幢 221 室（201100）				
投资总额	14 万 USD	电　话	33872191	传　真	33872193
设立日期	2008-5-9	负 责 人	KOCH SAJAN GEORGE		
主营业务	商务咨询，市场营销策划，企业管理咨询，投资咨询。				

企业名称	股商投资咨询（上海）有限公司				
企业地址	上海市浦东新区长华路 458 号 105 室（200131）				
投资总额	14 万 USD	电　话	52510876	传　真	
设立日期	2008-5-9	负 责 人	陈育瑄		
主营业务	投资咨询、企业登记代理、商务信息咨询。				

企业名称	中侨丰投资咨询（上海）有限公司				
企业地址	上海市虹口区新市南路 585 号 305 室（200434）				
投资总额	200 万 USD	电　话	62889611	传　真	62889633
设立日期	2008-5-7	负 责 人	DESMOND CHAN CHEE LEONG		
主营业务	投资咨询，商务咨询，营销策划，企业形象策划，会务服务。				

企业名称	威林干那商务咨询服务（上海）有限公司				
企业地址	上海市长宁区遵义路 100 号 A 栋 2010－2014 室（200051）				
投资总额	25 万 USD	电　话	32512200	传　真	623726000
设立日期	2008-5-7	负 责 人	CHRISTOPHER MARK HARRISON		
主营业务	商务信息咨询、国际贸易信息咨询、经济信息咨询、市场营销策划。				

企业名称	梅德灵（上海）企业管理顾问有限公司				
企业地址	上海市徐汇区肇嘉浜路 288 号 2 号楼 1 层 101 室（200031）				
投资总额	12 万 USD	电　话	64333934	传　真	64319782
设立日期	2008-5-6	负 责 人	张玉贞		
主营业务	企业形象策划咨询、投资咨询、企业产品及服务宣传推广咨询。				

企业名称	罗赛塔翻译（上海）有限公司				
企业地址	上海市徐汇区襄阳南路 175 号 2 幢 501 室（200031）				
投资总额	7 万 USD	电　话	64676917	传　真	61638387
设立日期	2008-5-6	负 责 人	ERIC FIXMER		
主营业务	笔译和口译服务。（涉及行政许可的，凭许可证经营）。				

企业名称	上海传思译奥商务咨询有限公司				
企业地址	上海市静安区胶州路 757 号 1 幢南附楼五层（200042）				
投资总额	2.8 万 USD	电　话	61320813	传　真	
设立日期	2008-5-6	负 责 人	ANGELO NEGRO		
主营业务	投资咨询、商务咨询、企业形象策划、企业管理咨询、市场营销策划。				

企业名称	星通酒店管理（上海）有限公司				
企业地址	上海市黄浦区九江路 399 号 26 楼 05 室 A 座（200002）				
投资总额	143 万 USD	电　话	61932988	传　真	61932999
设立日期	2008-5-5	负 责 人	黄金湖		
主营业务	酒店管理、物业管理、提供相关的咨询服务。				

企业名称	上海吉阜服饰整理有限公司				
企业地址	上海市青浦区重固镇北青公路 5988 号 1 号厂房（201700）				
投资总额	35 万 USD	电　话		传　真	31331633
设立日期	2008-5-5	负 责 人	高木俊幸		
主营业务	从事服装、服饰及纺织面料的商业性检测整理服务。				

企业名称	偶门创意咨询（上海）有限公司				
企业地址	上海市浦东新区潍坊五村 546 号 218 室（200122）				
投资总额	12 万 USD	电　话		传　真	63321973
设立日期	2008-5-5	负 责 人	庄淑幸		
主营业务	创意产业信息咨询、品牌管理咨询、企业形象设计咨询（不含广告）。				

企业名称	富闻投资咨询（上海）有限公司				
企业地址	上海市浦东新区张杨路 620 号 1502A 室（200122）				
投资总额	6 万 USD	电　话	58364883	传　真	
设立日期	2008-5-5	负 责 人	冯国安		
主营业务	投资管理咨询、商务咨询、企业管理咨询、企业营销策划咨询。				

企业名称	鲍伯企业管理咨询（上海）有限公司				
企业地址	上海市虹口区黄浦路 53 号 2318 室（200080）				
投资总额	120 万 USD	电　话	63830148	传　真	57763088
设立日期	2008-5-4	负 责 人	曾孝平		
主营业务	市场营销管理咨询，信息技术咨询，国际经济信息咨询。				

企业名称	会福商务咨询（上海）有限公司				
企业地址	上海市静安区南京西路 1618 号 S910 室（200040）				
投资总额	14 万 USD	电　话	32174838	传　真	
设立日期	2008-5-4	负 责 人	刘銮鸿		
主营业务	商务咨询、企业管理咨询、经济信息咨询、投资咨询、营销策划咨询。				

企业名称	骏贤企业管理咨询（上海）有限公司				
企业地址	上海市奉贤区柘林镇新林路 2058 号 2 幢（201416）				
投资总额	12 万 USD	电　话	62712037	传　真	
设立日期	2008-5-4	负 责 人	孙嘉骏		
主营业务	企业管理咨询、资产管理咨询、商务信息咨询、市场营销策划。				

企业名称	尖置管理咨询（上海）有限公司				
企业地址	上海市黄浦区西藏中路 268 号 3906 室（200002）				
投资总额	100 万 USD	电　话	63747991	传　真	63747993
设立日期	2008-4-30	负 责 人	黄永光		
主营业务	投资咨询、企业管理咨询、酒店管理咨询并提供相关配套服务。				

企业名称	澳睿（上海）商务咨询有限公司				
企业地址	上海市卢湾区太仓路 233 号新茂大厦 12 楼 12－03D 室（200021）				
投资总额	14 万 USD	电　话	61058966	传　真	32092765
设立日期	2008-4-30	负 责 人	ANDREW CARTER SHEATS		
主营业务	商务咨询、国际经济信息咨询、贸易信息咨询、市场营销咨询。				

企业名称	墨璘创意设计（上海）有限公司				
企业地址	上海市闵行区光华路 2118 号第 3 幢 346 室（201111）				
投资总额	5 万 USD	电　话	53825539	传　真	53825539
设立日期	2008-4-30	负 责 人	倪周骛		
主营业务	图文设计、产品目录设计、包装设计、公司宣传册设计。				

企业名称	上海万援商务咨询有限公司				
企业地址	上海市闵行区剑川路 951 号综合业务楼 5 层 5117 室（200245）				
投资总额	2.8 万 USD	电　话		传　真	54071677
设立日期	2008-4-30	负 责 人	陈伟瑛		
主营业务	商务咨询、企业管理咨询、投资咨询、营销策划咨询。				

企业名称	赫兹设备租赁有限公司				
企业地址	上海市闵行区莘庄工业区银都路 4355 号（201108）				
投资总额	2039 万 USD	电　话	51078287	传　真	
设立日期	2008-4-29	负 责 人	MARK ALAN ALEWEL		
主营业务	生产设备和工程机械设备的批发、佣金代理（拍卖除外）。				

企业名称	璞玉投资咨询（上海）有限公司				
企业地址	上海市静安区南京西路 1266 号 41 层 4110 室（200041）				
投资总额	45 万 USD	电　话	60914400	传　真	60914401
设立日期	2008-4-29	负 责 人	BJOERN LUDVIG ULFSSON NILSSON		
主营业务	投资咨询，商务咨询，营销策划咨询，企业管理咨询。				

企业名称	星旅投资管理咨询（上海）有限公司				
企业地址	上海市浦东新区东方路 1988 号 707 室（200125）				
投资总额	32 万 USD	电　话	63210077	传　真	
设立日期	2008-4-29	负 责 人	黄金湖（WONG，KAM WOO）		
主营业务	企业形象设计咨询，企业管理咨询，商务信息咨询，会务服务。				

企业名称	略谋为策市场营销策划（上海）有限公司				
企业地址	上海市长宁区延安西路 1088 号 3102－3103 室（200052）				
投资总额	15 万 USD	电　话	62076677	传　真	
设立日期	2008-4-29	负 责 人	黄启鸿		
主营业务	企业形象策划（除广告），投资咨询，企业管理咨询，商务信息咨询。				

企业名称	安佩卓文化信息咨询（上海）有限公司				
企业地址	上海市徐汇区襄阳北路 97 号 608 室（200031）				
投资总额	7 万 USD	电　话	54046362	传　真	
设立日期	2008-4-29	负 责 人	FABIEN LOUIS ROIRON		
主营业务	商务咨询、企业管理咨询、会务服务、贸易信息咨询、经济信息咨询。				

企业名称	英威达管理（上海）有限公司				
企业地址	上海市卢湾区淮海中路 300 号香港新世界大厦 1701-1704 室（200021）				
投资总额	200 万 USD	电　话	63876666	传　真	
设立日期	2008-4-28	负 责 人	LEE SIEW PONG FRANCIS		
主营业务	为所投资的企业提供投资、经营和管理方面的咨询及服务。				

企业名称	上海荣禹投资咨询有限公司				
企业地址	上海市崇明县庙镇镇宏海公路 263 号 1 幢 204 室（202154）				
投资总额	60 万 USD	电　话		传　真	55958602
设立日期	2008-4-28	负 责 人	章新禹		
主营业务	投资管理咨询，商务信息咨询，企业管理咨询，物流咨询。				

企业名称	盛诺（上海）企业管理咨询有限公司				
企业地址	上海市普陀区中山北路 3856 弄 2 号 2127 室（200062）				
投资总额	14 万 USD	电　话	52681503	传　真	
设立日期	2008-4-28	负 责 人	JORHAN FREDRIK TORNQVIST		
主营业务	企业管理咨询、投资咨询、企业营销策划咨询、商务信息咨询。				

企业名称	阿碧尔（上海）商务咨询有限公司				
企业地址	上海市浦东新区浦东南路 528 号上海证券大厦北幢 22 层 06 室（200120）				
投资总额	10 万 USD	电　话	58822726	传　真	
设立日期	2008-4-28	负 责 人	BIBA ANDREY		
主营业务	投资咨询、企业管理咨询、市场营销策划、企业形象策划咨询。				

企业名称	丰睿企业营销策划（上海）有限公司				
企业地址	上海市长宁区延安西路 1228 弄 2 号 18K 室（200052）				
投资总额	4.2 万 USD	电　话	52301100	传　真	
设立日期	2008-4-28	负 责 人	黄志维		
主营业务	市场营销策划，商务咨询，企业管理咨询，投资咨询。				

企业名称	韵达商务咨询（上海）有限公司				
企业地址	上海市徐汇区肇嘉浜路 1065 甲号 11 层 1103 室（200030）				
投资总额	4.2 万 USD	电　话	33680558	传　真	33680179
设立日期	2008-4-28	负 责 人	邓金兰		
主营业务	商务咨询、品牌咨询、贸易信息咨询、投资咨询、企业管理咨询。				

企业名称	凤凰卫视都市传媒（上海）有限公司				
企业地址	上海市普陀区南石二路 77 号三楼 312 室（200333）				
投资总额	322 万 USD	电　话	64378093	传　真	
设立日期	2008-4-25	负 责 人	刘作庚		
主营业务	设计、制作、代理、发布国内外各类广告。				

企业名称	奎贝克（上海）图像技术服务有限公司				
企业地址	上海市闵行区宜山路 2016 号 6 楼 H 室（201103）				
投资总额	20 万 USD	电　话	37601065	传　真	
设立日期	2008-4-25	负 责 人	李冠辰		
主营业务	利用计算机软件对图形图像进行设计、制作、排版处理。				

企业名称	贝李（上海）项目投资咨询有限公司				
企业地址	上海市普陀区长寿路 1118 号 B 楼 18H（200060）				
投资总额	14 万 USD	电　话	62112210	传　真	62112280
设立日期	2008-4-25	负 责 人	PHILLIP EDMOND BRANHAM		
主营业务	工程技术咨询、商务咨询、企业管理咨询、国际贸易信息咨询。				

企业名称	百皋医疗管理咨询（上海）有限公司				
企业地址	上海市闵行区光华路 2118 号第 3 幢 658 室（201111）				
投资总额	14 万 USD	电　话	62102299	传　真	
设立日期	2008-4-25	负 责 人	GEORGE QIAO KUO		
主营业务	提供医疗机构后勤管理咨询，投资咨询，国际经济信息咨询。				

企业名称	美德维实伟克（上海）管理有限公司				
企业地址	上海市徐汇区虹桥路1号港汇中心一座22楼02－03A室（200030）				
投资总额	200万USD	电话	51130502	传真	
设立日期	2008-4-24	负责人	BENJAMIN F. WARD		
主营业务	提供经营决策和管理咨询服务，财务管理咨询服务，采购咨询服务。				

企业名称	侨丽（上海）酒店管理有限公司				
企业地址	上海市闵行区龙茗路1905号二层2150室（201101）				
投资总额	50万USD	电话		传真	54809961
设立日期	2008-4-23	负责人	张竣杰		
主营业务	酒店管理、商务咨询（除经纪）（涉及行政许可的凭许可证经营）。				

企业名称	安特优管理咨询（上海）有限公司				
企业地址	上海市徐汇区虹桥路1号一座4701－4703室（200030）				
投资总额	47万USD	电话	24190441	传真	24190550
设立日期	2008-4-23	负责人	PETER KNEIPP		
主营业务	企业管理咨询，市场营销咨询，品牌管理咨询，贸易信息咨询。				

企业名称	卫材机械科技发展（上海）有限公司				
企业地址	卫材机械科技发展（上海）有限公司				
投资总额	20万USD	电话	52161342	传真	52161343
设立日期	2008-4-23	负责人	塙健司		
主营业务	机械设备、仪器设备的维修和售后服务，并提供相关技术咨询				

企业名称	上海领意软件科技有限公司				
企业地址	上海市长宁区延安西路1600号222室（200052）				
投资总额	7万USD	电话	52587000	传真	52587001
设立日期	2008-4-23	负责人	黄治平		
主营业务	计算机软件设计、制作、开发；销售自产产品。				

企业名称	上海艺泛嗣艺术品咨询服务有限公司				
企业地址	上海市静安区康定路528号2幢111室（200041）				
投资总额	34万USD	电话		传真	
设立日期	2008-4-22	负责人	JONATHAN MARC PETTITT		
主营业务	为艺术品提供贸易咨询、物流咨询、展会信息咨询和仓储管理咨询。				

企业名称	洋运商务咨询（上海）有限公司				
企业地址	上海市闵行区光华路2118号第3幢351室（201111）				
投资总额	14万USD	电话	63210808	传真	63298991
设立日期	2008-4-21	负责人	HEO CHEOL HO		
主营业务	商务咨询、投资咨询、企业管理咨询（咨询类项目除经纪）。				

企业名称	雅鼎（上海）商务咨询有限公司				
企业地址	上海市卢湾区太仓路233号1203F室（200021）				
投资总额	14万USD	电话	63058855	传真	63058833
设立日期	2008-4-21	负责人	YIJIANG LI		
主营业务	投资咨询、企业管理咨询。（涉及行政许可的凭许可证经营）。				

企业名称	七夕投资咨询（上海）有限公司				
企业地址	上海市闵行区光华路2118号第3幢636室（201111）				
投资总额	7万USD	电话		传真	31268211
设立日期	2008-4-21	负责人	WU YUN QIU		
主营业务	投资咨询，商务咨询，企业管理咨询，经济信息咨询。				

企业名称	飞锐商务咨询（上海）有限公司				
企业地址	上海市浦东新区浦东南路1101号1709室（200120）				
投资总额	3.8万USD	电话	64283359	传真	
设立日期	2008-4-21	负责人	ASYA LYSOVA		
主营业务	商务咨询、投资咨询、企业管理咨询（涉及行政许可的，凭许可证经营）。				

企业名称	亚缇思平面设计（上海）有限公司				
企业地址	上海市静安区威海路598号1幢608室（200040）				
投资总额	4.2万USD	电话	62158110	传真	64649062
设立日期	2008-4-18	负责人	杨凯雯		
主营业务	平面设计（不含广告）、企业形象设计、商标设计、产品目录设计。				

企业名称	太汇商务咨询（上海）有限公司				
企业地址	上海市浦东新区张杨北路5509号1202K座（200125）				
投资总额	64万USD	电话	53083527	传真	
设立日期	2008-4-17	负责人	范赛金		
主营业务	商务信息咨询，经济信息咨询，科技信息咨询，财务管理咨询。				

企业名称	上海精莹企业管理咨询有限公司				
企业地址	上海市闸北区闻喜路555弄49号401室（200435）				
投资总额	35万USD	电话		传真	63817288
设立日期	2008-4-17	负责人	夏弘禹		
主营业务	企业咨询管理（涉及行政许可的凭许可证经营）。				

企业名称	博茨博得（上海）商务咨询有限公司				
企业地址	上海市浦东新区钱仓路1号22H室（200120）				
投资总额	14万USD	电话	68885082	传真	58876796
设立日期	2008-4-17	负责人	RICHARD MARK CLOWES		
主营业务	投资咨询、企业管理咨询、经济信息咨询、贸易信息咨询。				

企业名称	优洋汽车零配件技术（上海）有限公司				
企业地址	上海市长宁区仙霞路137号15C室（200336）				
投资总额	10.1万USD	电话	63165950	传真	
设立日期	2008-4-17	负责人	WEN CHUNG LIN		
主营业务	汽车零配件的设计、研制、开发，并提供相关配套服务。				

企业名称	上海诗杰商务咨询有限公司				
企业地址	上海市长宁区水城南路37号1402室（200336）				
投资总额	10万USD	电话	62706687	传真	
设立日期	2008-4-17	负责人	AHN SEUNGWOON		
主营业务	商务咨询、经济信息咨询、会务服务、展览展示服务。				

企业名称	上海金阳葱企业管理咨询有限公司				
企业地址	上海市闵行区沪闵路7388号5楼53190室（201102）				
投资总额	500万USD	电话		传真	64738371
设立日期	2008-4-16	负责人	吴 强		
主营业务	企业管理咨询、餐饮（大型饭店）（含熟食卤味）。				

企业名称	曼宁家（上海）投资管理有限公司				
企业地址	上海市长宁区延安西路1088号长峰中心大厦1205－1207室（200052）				
投资总额	200万USD	电话	51098692	传真	
设立日期	2008-4-16	负责人	CLAUDIO BENEVIDES SOARES		
主营业务	投资经营决策，市场营销服务，资金运作与财务管理。				

企业名称	致盛企业管理咨询（上海）有限公司				
企业地址	上海市卢湾区淮海中路93号1503室－1507室（200021）				
投资总额	100.5万USD	电话	23228211	传真	23228201
设立日期	2008-4-16	负责人	CHRISTOPHER ETHAN ARZT		
主营业务	企业管理咨询（涉及行政许可的凭许可证经营）。				

企业名称	维芙会展服务（上海）有限公司				
企业地址	上海市静安区延安中路1440号阿波罗大厦20幢333室（200040）				
投资总额	87万USD	电话	68598060	传真	68598070
设立日期	2008-4-16	负责人	AUDE ZIESENISS		
主营业务	在中国境内主办、承办各类经济和技术会议；在中国境外举办会议。				

企业名称	上海格龙商务咨询有限公司				
企业地址	上海市闵行区光华路2118号第3幢419室（201111）				
投资总额	31万USD	电话	60905292	传真	60905295
设立日期	2008-4-16	负责人	VERON ERIC JEAN		
主营业务	商务咨询、投资咨询、企业管理咨询（咨询类项目除经纪）。				

企业名称	麒兴企业策划（上海）有限公司				
企业地址	上海市普陀区柳园路588号3幢136室（200000）				
投资总额	14万USD	电话	52303881	传真	
设立日期	2008-4-16	负责人	齐国兴		
主营业务	投资咨询、商务咨询、市场营销咨询、企业形象策划、企业管理咨询。				

企业名称	上海雅鹭商务咨询有限公司				
企业地址	上海市闵行区红松路518号5053室（201105）				
投资总额	1.4万USD	电话	54419928	传真	
设立日期	2008-4-16	负责人	IWAMURA KEIKO（岩村圭子）		
主营业务	商务咨询、投资咨询、企业管理咨询、礼仪服务（摄影、客运服务除外）。				

企业名称	葆林瑞投资咨询（上海）有限公司				
企业地址	上海市浦东新区浦东南路500号国家开发银行大厦4103室（200120）				
投资总额	50万USD	电话	52281998	传真	
设立日期	2008-4-15	负责人	WILLIAM JAMES MC CLUSKEY		
主营业务	商务咨询、企业管理咨询、贸易信息咨询、国际经济信息咨询。				

企业名称	维视投资咨询（上海）有限公司				
企业地址	上海市徐汇区肇嘉浜路 608 号 301 室 C 座（200032）				
投资总额	300 万 USD	电　话	64317143	传　真	
设立日期	2008-4-14	负 责 人	廖世宏		
主营业务	国际经济、科技、环保信息咨询，企业管理咨询，市场营销策划咨询。				

企业名称	沙伯基础创新塑料企业管理（上海）有限公司				
企业地址	上海市浦东新区张江路 665 号 502 室（201210）				
投资总额	200 万 USD	电　话	62881088	传　真	
设立日期	2008-4-14	负 责 人	DAE HYUNG KIM		
主营业务	提供经营决策和管理咨询服务，财务管理咨询。				

企业名称	上海乐奔商务咨询有限公司				
企业地址	上海市虹口区武进路 289 号 606 室（200081）				
投资总额	10 万 USD	电　话	62890189	传　真	62899697
设立日期	2008-4-14	负 责 人	蔡志生		
主营业务	企业形象策划，企业管理咨询，投资咨询，国际经济信息咨询。				

企业名称	瑞前数码影像（上海）有限公司				
企业地址	上海市崇明县城桥镇西门北村 56 号楼北侧（202150）				
投资总额	7 万 USD	电　话	61513985	传　真	
设立日期	2008-4-14	负 责 人	MICHAEL J. FIORE		
主营业务	摄影（广告摄影）、摄像（广告摄像），企业形象策划及相关技术服务。				

企业名称	上海易汉投资管理咨询有限公司				
企业地址	上海市普陀区北石路 138 号底楼 102、103 室（200060）				
投资总额	80 万 USD	电　话		传　真	60868047
设立日期	2008-4-11	负 责 人	周　忻		
主营业务	投资管理咨询，商务信息咨询，营销策划咨询，贸易信息咨询。				

企业名称	奥的霏尔管理咨询（上海）有限公司				
企业地址	上海市长宁区延安西路 728 号 13 楼 C 室（200050）				
投资总额	35 万 USD	电　话	24053079	传　真	
设立日期	2008-4-11	负 责 人	ATLE KNUTSEN		
主营业务	企业管理咨询、财务咨询、市场营销咨询（广告除外）。				

企业名称	上海巨迅投资管理咨询有限公司				
企业地址	上海市闵行区虹梅路 3203 号 1 幢 116 室（201103）				
投资总额	14 万 USD	电　话		传　真	64060530
设立日期	2008-4-11	负 责 人	LIN TE-CHUAN		
主营业务	投资管理咨询、企业管理咨询、商务咨询、国际经济信息咨询。				

企业名称	贝儿福图文设计（上海）有限公司				
企业地址	上海市闵行区金都路 4289 号 6 幢 2 楼 17 室（201108）				
投资总额	10.5 万 USD	电　话	61320831	传　真	64126524
设立日期	2008-4-11	负 责 人	DON YAP		
主营业务	图文设计（图、文字的排版）、制作　（不含印刷）、商务咨询。				

企业名称	扎哈商务咨询（上海）有限公司				
企业地址	扎哈商务咨询（上海）有限公司				
投资总额	5 万 USD	电　话	64684077	传　真	
设立日期	2008-4-9	负 责 人	ZAHER AS ABUKMEIL		
主营业务	商务信息咨询、企业管理咨询、市场营销咨询、企业形象策划咨询。				

企业名称	鼓蓝都美术设计（上海）有限公司				
企业地址	上海市嘉定工业区回城南路 1128 号 D608（201800）				
投资总额	14 万 USD	电　话	59521459	传　真	
设立日期	2008-4-8	负 责 人	罗小平		
主营业务	图文设计（除广告），转让设计成果（涉及行政许可的凭许可证经营）。				

企业名称	鋆惠投资咨询（上海）有限公司				
企业地址	上海市闵行区沪青平公路 206 弄 8 号 1 幢 3 楼 344 室（201106）				
投资总额	10 万 USD	电　话		传　真	64200282
设立日期	2008-4-7	负 责 人	潘星宇		
主营业务	投资咨询、企业管理咨询、商务咨询（涉及行政许可的凭许可证经营）。				

企业名称	上海意尚商务咨询有限公司				
企业地址	上海市卢湾区蒙自路 169 号 7 号楼 101 室（200025）				
投资总额	120 万 USD	电　话	61030080	传　真	61030081
设立日期	2008-4-3	负 责 人	CAMILLA　DEI		
主营业务	商务咨询、葡萄酒营销咨询、葡萄酒推广咨询及其他相关业务咨询。				

企业名称	睿元商务咨询（上海）有限公司				
企业地址	上海市浦东新区浦东大道 900 号 2602 室（200122）				
投资总额	30 万 USD	电　话		传　真	68868021
设立日期	2008-4-3	负 责 人	MARTIN REYNOLDS		
主营业务	商务咨询、企业管理咨询（涉及行政许可的，凭许可证经营）。				

企业名称	赛时投资咨询（上海）有限公司				
企业地址	上海市长宁区哈密路 102 号 C402 室（200335）				
投资总额	14 万 USD	电　话	51119524	传　真	
设立日期	2008-4-2	负 责 人	SIMON MUELLER		
主营业务	投资咨询、商务咨询、企业管理咨询、经济信息咨询。				

企业名称	宝鼎（上海）人才服务有限公司				
企业地址	上海市徐汇区虹桥路 1 号港汇中心一座 41 楼 09 室（200120）				
投资总额	14 万 USD	电　话	68824700	传　真	
设立日期	2008-4-1	负 责 人	卞寅丞		
主营业务	人才供求信息的收集、整理、储存、发布和咨询、人才推荐及人才招聘。				

企业名称	帝欧（上海）商务咨询有限公司				
企业地址	上海市卢湾区蒙自路 169 号 2 号楼 205 室（200023）				
投资总额	4 万 USD	电　话		传　真	33763613
设立日期	2008-4-1	负 责 人	PARK　YOUNG　JEONG		
主营业务	平面设计咨询、企业形象策划、市场营销策划、商务咨询。				

企业名称	美速通商务咨询（上海）有限公司				
企业地址	上海市黄浦区南京西路 338 号 1808 室（200001）				
投资总额	110 万 USD	电　话	61370110	传　真	
设立日期	2008-3-31	负 责 人	CHARLES　HENRY　GREGSON		
主营业务	营销咨询，商务咨询，财务管理咨询，投资咨询，企业管理咨询。				

企业名称	上海天森商务咨询有限公司				
企业地址	上海市闵行区吴中路 1100 号 5 幢 903 室（201103）				
投资总额	3 万 USD	电　话		传　真	64658166
设立日期	2008-3-31	负 责 人	KIM WON BAE		
主营业务	贸易信息咨询、市场营销策划、企业管理咨询、投资咨询。				

企业名称	涵禹投资管理咨询（上海）有限公司				
企业地址	上海市浦东新区陆家嘴环路 958 号 35 层 02 室（200120）				
投资总额	20 万 USD	电　话	58790288	传　真	
设立日期	2008-3-27	负 责 人	苏萍（SU PING）		
主营业务	投资管理咨询、商务咨询、物业管理咨询、企业管理咨询。				

企业名称	索力雅斯商务咨询（上海）有限公司				
企业地址	上海市闵行区光华路 2118 号第 3 幢 141 室（201111）				
投资总额	20 万 USD	电　话		传　真	64901860
设立日期	2008-3-27	负 责 人	吴道春		
主营业务	商务咨询、企业管理咨询、投资咨询，电器产品领域内的技术开发。				

企业名称	欧通投资咨询（上海）有限公司				
企业地址	上海市闵行区莲花南路 1500 弄 8－9 号 1010 室（200237）				
投资总额	15 万 USD	电　话	33580456	传　真	33580458
设立日期	2008-3-27	负 责 人	THOMAS REICHENBACH		
主营业务	商务咨询，企业管理咨询，经济信息咨询，市场营销策划。				

企业名称	佳兆业投资管理（上海）有限公司				
企业地址	上海市浦东新区张杨北路 5509 号 1202 室 M 座（200137）				
投资总额	200 万 USD	电　话	68875126	传　真	68875298
设立日期	2008-3-27	负 责 人	罗汉敦		
主营业务	提供投资管理及咨询、市场营销、项目策划、财务管理服务。				

企业名称	卡朋罗兰（中国）投资有限公司				
企业地址	上海市长宁区延安西路 2299 号上海世贸商城 2907 室（200336）				
投资总额	3000 万 USD	电　话	51696006	传　真	
设立日期	2008-3-26	负 责 人	张永泰		
主营业务	在国家允许外商投资的领域依法进行投资。				

企业名称	尚友广告（上海）有限公司				
企业地址	上海市浦东新区张杨北路 5509 号 1202C 座（200137）				
投资总额	50 万 USD	电　话	62135321	传　真	
设立日期	2008-3-26	负 责 人	王国花		
主营业务	设计、制作、发布、代理国内外各类广告；电脑图文设计、制作。				

企业名称	上海达意美施市场营销策划有限公司				
企业地址	上海市徐汇区天钥桥路 333 号 19 楼（200030）				
投资总额	225 万 USD	电　话	64262255	传　真	64263696
设立日期	2008-3-25	负 责 人	虞晨曦		
主营业务	提供营销咨询、管理咨询、品牌咨询、公共关系咨询服务。				

企业名称	雅佶隆陶瓷产品贸易（上海）有限公司				
企业地址	上海市徐汇区漕溪北路 88 号 2410 室（200030）				
投资总额	39 万 USD	电　话	64284119	传　真	64282242
设立日期	2008-3-25	负 责 人	JOHN VITAS ZUBRICKAS		
主营业务	压电陶瓷、氧化铝陶瓷及其他陶瓷产品和原料的批发、佣金代理。				

企业名称	阿玛诺通讯技术服务（上海）有限公司				
企业地址	上海市徐汇区漕溪北路 398 号 2702 室（200030）				
投资总额	30 万 USD	电　话	33688427	传　真	33688429
设立日期	2008-3-25	负 责 人	高险峰		
主营业务	从事与网络电视及多媒体通讯相关的技术咨询、系统集成服务。				

企业名称	爱罗娣阿贝管理咨询（上海）有限公司				
企业地址	上海市长宁区仙霞路 335 号 1 号楼 306 室（200336）				
投资总额	3 万 USD	电　话	62337299	传　真	
设立日期	2008-3-25	负 责 人	ELODIE LOUISE ABBE		
主营业务	企业管理咨询，商务咨询，投资咨询。				

企业名称	上海美蒙教育信息咨询有限公司				
企业地址	上海市虹口区广中路 444 号 13 幢 411 室（200083）				
投资总额	27 万 USD	电　话		传　真	66355937
设立日期	2008-3-24	负 责 人	魏贻辉		
主营业务	教育信息咨询（出国留学咨询和中介服务除外）。				

企业名称	华特迪士尼英语培训（上海）有限公司				
企业地址	上海市卢湾区茂名南路 165 号乙室 1、2、3 层（200020）				
投资总额	210 万 USD	电　话	61320333	传　真	
设立日期	2008-3-20	负 责 人	ANDREW BIRD		
主营业务	英语培训，提供相关的培训咨询（涉及行政许可的凭许可证经营）。				

企业名称	修曼日语培训中心（上海）有限公司				
企业地址	上海市长宁区天山路 8 号上海兆益科技园 1006 室（200336）				
投资总额	49 万 USD	电　话	63291588	传　真	
设立日期	2008-3-20	负 责 人	新岡直樹		
主营业务	日语培训及相关的咨询服务（涉及许可的凭许可证经营）。				

企业名称	杰富意（上海）商务咨询有限公司				
企业地址	上海市卢湾区淮海中路 222 号 2112 室（200021）				
投资总额	47 万 USD	电　话	53965610	传　真	53965611
设立日期	2008-3-20	负 责 人	松江雄介		
主营业务	商务咨询、投资咨询、科技咨询、企业管理咨询。				

企业名称	昌泓投资咨询（上海）有限公司				
企业地址	上海市闵行区光华路 2118 号第 3 幢 334 室（201111）				
投资总额	14 万 USD	电　话	62822240	传　真	52307397
设立日期	2008-3-20	负 责 人	林甫毅		
主营业务	投资咨询、企业管理咨询、商务咨询（咨询类项目除经纪）。				

企业名称	伟鸿（上海）管理咨询有限公司				
企业地址	上海市长宁区中山西路 933 号 1111 室（200051）				
投资总额	6 万 USD	电　话		传　真	51113677
设立日期	2008-3-19	负 责 人	STEFANO MONTESI		
主营业务	企业管理咨询、企业营销策划（广告除外）、投资咨询、贸易信息咨询。				

企业名称	野村企业咨询（上海）有限公司				
企业地址	上海市卢湾区淮海中路 381 号中环广场 706 室（200021）				
投资总额	50 万 USD	电　话		传　真	63916882
设立日期	2008-3-18	负 责 人	清水浩一		
主营业务	国际经济咨询、企业收购兼并咨询、企业管理咨询、企业财务分析咨询。				

企业名称	上海疗远健康信息咨询有限公司				
企业地址	上海市闵行区联友路 369 号 3011 室（201106）				
投资总额	50 万 USD	电　话	64678888	传　真	64676060
设立日期	2008-3-18	负 责 人	ALICE KAO		
主营业务	健康信息咨询（医疗、诊断、治疗、心理咨询除外）。				

企业名称	上海久毅商务咨询有限公司				
企业地址	上海市闵行区古方路 18 号 601 室（200237）				
投资总额	15 万 USD	电　话	54136988	传　真	
设立日期	2008-3-18	负 责 人	袁　健		
主营业务	商务咨询、贸易咨询、企业管理咨询（涉及行政许可的，凭许可证经营）。				

企业名称	顶睿投资咨询（上海）有限公司				
企业地址	上海市浦东新区高科西路 551 号二楼北部 2224 室（200127）				
投资总额	14 万 USD	电　话	63803130	传　真	
设立日期	2008-3-17	负 责 人	JON TERENCE GREEN JR		
主营业务	投资咨询，企业管理咨询，商务信息咨询，市场营销策划。				

企业名称	安际盛投资咨询（上海）有限公司				
企业地址	上海市浦东新区海徐路 939 号 5 幢 208 室（200137）				
投资总额	14 万 USD	电　话	50941670	传　真	
设立日期	2008-3-17	负 责 人	NEO CHUAN TIONG		
主营业务	投资咨询、企业管理咨询、贸易信息咨询、商务信息咨询。				

企业名称	上海睿芽商务咨询有限公司				
企业地址	上海市浦东新区耀华路 215 号 2 幢 A506 室（200126）				
投资总额	14 万 USD	电　话	68406852	传　真	68406353
设立日期	2008-3-17	负 责 人	JEREMIAH BENJAMIN LEE		
主营业务	从事企业商务咨询，管理咨询的服务（涉及行政许可的凭许可证经营）。				

企业名称	汉德思邦克（上海）融资租赁有限公司				
企业地址	上海市黄浦区中山东一路 12 号外滩 12 号大楼 412 室（200002）				
投资总额	1000 万 USD	电　话	63299802	传　真	
设立日期	2008-3-14	负 责 人	ULF ERIK LORENZSON GRONLUND		
主营业务	融资租赁业务；租赁业务；向国内外购买租赁财产。				

企业名称	上海九晟广告传播有限公司				
企业地址	上海市崇明县长江农场长江大街 260 号 6 幢 308 室（202154）				
投资总额	50 万 USD	电　话	54042842	传　真	
设立日期	2008-3-14	负 责 人	顾自强		
主营业务	设计、制作、发布、代理国内外各类广告，提供广告设施管理服务。				

企业名称	康仕广告（上海）有限公司				
企业地址	上海市海湾旅游区奉炮公路 448 号 8 幢 106 室（201418）				
投资总额	30 万 USD	电　话	57415366	传　真	
设立日期	2008-3-13	负 责 人	简武浩		
主营业务	设计、制作、发布、代理国内外各类广告。				

企业名称	迈哲华（上海）管理咨询有限公司				
企业地址	上海市静安区青海路 118 号 13 楼 C、D 室（200040）				
投资总额	12 万 USD	电　话	62462121	传　真	62462066
设立日期	2008-3-13	负 责 人	LILY ZIPING CHEN		
主营业务	企业管理咨询、投资咨询、商务咨询、贸易信息咨询。				

企业名称	慧同商务咨询（上海）有限公司				
企业地址	上海市闵行区剑川路 951 号综合业务楼三层 3075 室（200245）				
投资总额	10.1 万 USD	电　话	34120177	传　真	
设立日期	2008-3-13	负 责 人	徐　进		
主营业务	商务咨询、市场营销服务咨询、信息服务咨询、工程施工管理咨询。				

企业名称	岛产（上海）环境机械工程咨询有限公司				
企业地址	上海市静安区新闸路 831 号 14l 室（200041）				
投资总额	7 万 USD	电　话	52182720	传　真	
设立日期	2008-3-13	负 责 人	岛宪吾		
主营业务	环境机械工程技术咨询、环境保护技术咨询、商务咨询、企业管理咨询。				

企业名称	上海贝律泰睦投资咨询有限公司				
企业地址	上海市闸北区恒丰北路 100 号 1801 室（200070）				
投资总额	14 万 USD	电　话	62498881	传　真	56550615
设立日期	2008-3-12	负 责 人	粟津笃哉		
主营业务	投资咨询、企业管理咨询、投资管理咨询、企业营销策划咨询。				

企业名称	太动体育管理咨询（上海）有限公司				
企业地址	上海市静安区南京西路 1168 号 1406 室（200041）				
投资总额	500 万 USD	电　话	32144518	传　真	
设立日期	2008-3-11	负 责 人	孙晓刚		
主营业务	体育管理咨询、体育推广策划、企业发展策划、品牌推广咨询。				

企业名称	卫顺投资管理咨询（上海）有限公司				
企业地址	上海市徐汇区龙吴路105号8号楼A室（200235）				
投资总额	210万USD	电话	64049915	传真	64049915
设立日期	2008-3-11	负责人	刘伟青		
主营业务	企业管理咨询、商务咨询、投资咨询、经贸信息咨询。				

企业名称	三菱日联融资租赁（中国）有限公司				
企业地址	上海市浦东新区陆家嘴环路1233号汇亚大厦2302室（200120）				
投资总额	1000万USD	电话	68813831	传真	
设立日期	2008-3-7	负责人	染谷 功		
主营业务	融资租赁业务；租赁业务；向国内外购买租赁财产。				

企业名称	道上道（上海）企业管理咨询有限公司				
企业地址	上海市嘉定工业区叶城路1411号第3幢152室（201821）				
投资总额	16万USD	电话	52683085	传真	
设立日期	2008-3-7	负责人	CINDY WU		
主营业务	企业管理咨询、投资咨询、商务咨询、贸易信息咨询。				

企业名称	普若商务咨询（上海）有限公司				
企业地址	上海市静安区新闸路1098弄1号403室（200041）				
投资总额	4万USD	电话	52289251	传真	52289257
设立日期	2008-3-7	负责人	THOMAS J.A.B. VERRAES		
主营业务	商务咨询，投资咨询，企业管理咨询（涉及行政许可的，凭许可证经营）。				

企业名称	史易兰商务咨询（上海）有限公司				
企业地址	上海市杨浦区营口路578号1316室（200433）				
投资总额	3万USD	电话	63661901	传真	65330997
设立日期	2008-3-7	负责人	SHU JIAN CHAO		
主营业务	商务咨询、科技信息咨询、企业管理咨询（以上咨询不含经纪）。				

企业名称	蓝格赛企业管理咨询（上海）有限公司				
企业地址	上海市黄浦区九江路288号2806室（200001）				
投资总额	117万USD	电话	63058855	传真	63058833
设立日期	2008-3-6	负责人	BENOIT LE CHATELIER		
主营业务	企业管理咨询、投资咨询、贸易信息咨询、经济信息咨询。				

企业名称	基恒（上海）投资管理咨询有限公司				
企业地址	上海市浦东新区东方路69号1706室（200120）				
投资总额	100万USD	电话	58765056	传真	
设立日期	2008-3-6	负责人	OURAN CRYSTAL PAYAO		
主营业务	投资管理咨询、企业管理咨询、商务咨询、投资咨询、环保信息咨询。				

企业名称	希三商务咨询（上海）有限公司				
企业地址	上海市浦东新区潍坊五村546号310室（200122）				
投资总额	25万USD	电话	51696006	传真	
设立日期	2008-3-6	负责人	CLAUDIO MICHELE D'AGOSTINO		
主营业务	商务咨询、企业管理咨询、信息技术咨询、国际经济信息咨询。				

企业名称	上海美士达商务咨询有限公司				
企业地址	上海市黄浦区延安东路222号1832室（200003）				
投资总额	25万USD	电话	61411255	传真	
设立日期	2008-3-6	负责人	江威娜		
主营业务	商务咨询、市场营销咨询、企业管理咨询、贸易信息咨询。				

企业名称	盛盛企业管理咨询（上海）有限公司				
企业地址	上海市浦东新区东方路710号2230室（200122）				
投资总额	14万USD	电话	58359960	传真	
设立日期	2008-3-6	负责人	望月 一央		
主营业务	企业管理咨询、财务管理咨询、国际经济咨询、贸易信息咨询。				

企业名称	澳特商务咨询（上海）有限公司				
企业地址	上海市静安区南京西路1515号29层2919室（200041）				
投资总额	14万USD	电话	63806338	传真	53085929
设立日期	2008-3-6	负责人	ANDREW JAMES BURNES		
主营业务	商务咨询，国际经济信息咨询，企业管理咨询。				

企业名称	新濠投资咨询（上海）有限公司				
企业地址	上海市杨浦区黄兴路2005弄2号1312室（200433）				
投资总额	15万USD	电话	63595700	传真	
设立日期	2008-3-5	负责人	富 强		
主营业务	投资管理咨询、企业管理咨询、企业形象策划、贸易信息咨询。				

企业名称	百郡（上海）投资管理咨询有限公司				
企业地址	上海市浦东新区浦东南路2054弄7号603室（200120）				
投资总额	14万USD	电话	58899224	传真	
设立日期	2008-3-5	负责人	区子忠		
主营业务	投资咨询，商务信息咨询，企业管理咨询，市场营销策划咨询。				

企业名称	莱盟迪塞纳企业形象设计（上海）有限公司				
企业地址	上海市虹口区武昌路258号北部514室（200082）				
投资总额	15万USD	电话	63214189	传真	63219117
设立日期	2008-3-4	负责人	PETIT DIT DARIEL THOMAS,ELIE,J		
主营业务	企业形象策划，商务咨询，企业管理咨询。				

企业名称	喜多俊之工业产品设计咨询（上海）有限公司				
企业地址	上海市卢湾区建国中路10号2号楼2207室（200025）				
投资总额	14万USD	电话		传真	54660672
设立日期	2008-3-4	负责人	喜多俊之		
主营业务	工业产品外观设计、企业形象设计、商品视觉形象设计、展示设计。				

企业名称	赤蔴商务咨询（上海）有限公司				
企业地址	上海市崇明县城桥镇秀山路7号5幢D区205室（202150）				
投资总额	10万USD	电话	63809856	传真	63806091
设立日期	2008-3-4	负责人	BROWN SCOTT WILLIAM		
主营业务	企业管理咨询，投资管理咨询，项目管理咨询，企业形象策划。				

企业名称	库亿营销策划（上海）有限公司				
企业地址	上海市崇明县城桥镇秀山路7号3幢103室（202150）				
投资总额	5万USD	电话	64686764	传真	64686764
设立日期	2008-3-4	负责人	雷明晋		
主营业务	企业营销策划，企业形象策划，企业管理咨询，经济信息咨询。				

企业名称	儒德管理咨询（上海）有限公司				
企业地址	上海市浦东新区兰村路60弄5号107单位（200122）				
投资总额	14万USD	电话	61635368	传真	
设立日期	2008-2-29	负责人	MONIKA KASTL		
主营业务	企业管理咨询，财务管理咨询（涉及行政许可的凭许可证经营）。				

企业名称	尧桥商务咨询（上海）有限公司				
企业地址	上海市虹口区四平路273号4楼410室（200083）				
投资总额	4万USD	电话	51800316	传真	51800317
设立日期	2008-2-29	负责人	ABOTSI KODJO ELOM		
主营业务	商务咨询、投资咨询、企业管理咨询、科技信息咨询。				

企业名称	松下广告（上海）有限公司				
企业地址	上海市浦东新区陆家嘴环路1000号汇丰大厦9楼（200120）				
投资总额	70万USD	电话	68410962	传真	
设立日期	2008-2-27	负责人	下垣内 利彦		
主营业务	设计、制作、代理、发布国内外各类广告；信息咨询。				

企业名称	益财投资咨询（上海）有限公司				
企业地址	上海市浦东新区南码头路101号402室（200125）				
投资总额	50万USD	电话	61457021	传真	61457030
设立日期	2008-2-26	负责人	KIM SEUNG GEON		
主营业务	投资咨询、企业管理咨询，国际经济信息咨询，建筑设计咨询。				

企业名称	安帕希（上海）企业管理咨询有限公司				
企业地址	上海市静安区南京西路1486号901-902单元（200040）				
投资总额	14万USD	电话	54255935	传真	54255936
设立日期	2008-2-26	负责人	MATTHEW HAROLD FISH		
主营业务	企业管理咨询、市场营销策划咨询、商务信息咨询、投资咨询。				

企业名称	上海幻奇商务咨询有限公司				
企业地址	上海市徐汇区龙华路2577号24幢102室（200233）				
投资总额	1.3万USD	电话		传真	61242013
设立日期	2008-2-26	负责人	柯皓文		
主营业务	商务信息咨询、企业管理咨询、投资咨询、贸易咨询、科技咨询。				

企业名称	复馨碳投资咨询（上海）有限公司				
企业地址	上海市闵行区合川路3071号1幢523室（201103）				
投资总额	60万USD	电话	62813858	传真	62813855
设立日期	2008-2-25	负责人	蒋劭清		
主营业务	投资咨询、企业管理咨询、商务策划咨询、经济信息咨询。				

企业名称	鸿昊商务咨询（上海）有限公司				
企业地址	上海市长宁区天山路 650 号 105 幢 106 室（200051）				
投资总额	30 万 USD	电　话		传　真	50265472
设立日期	2008-2-25	负责人	冼玉翎		
主营业务	商务咨询，企业管理咨询，投资咨询，贸易信息咨询，环保信息咨询。				

企业名称	上海朝岱易经投资咨询有限公司				
企业地址	上海市杨浦区四平路 2158 号 1609 室（200433）				
投资总额	30 万 USD	电　话	66402639	传　真	
设立日期	2008-2-25	负责人	周泰毅		
主营业务	投资咨询、商务信息咨询、教育信息咨询（出国留学咨询与中介除外）。				

企业名称	德优酒店管理咨询（上海）有限公司				
企业地址	上海市闸北区光复路 195 号 415 室（200070）				
投资总额	13 万 USD	电　话	52682761	传　真	63818815
设立日期	2008-2-25	负责人	GERHARD STEPHAN ANDREAS		
主营业务	酒店管理咨询、商务信息咨询、企业形象策划、信息技术咨询。				

企业名称	上海华延达商务咨询有限公司				
企业地址	上海市闵行区吴中路 1065 号 311 室（201103）				
投资总额	10 万 USD	电　话	64012051	传　真	
设立日期	2008-2-25	负责人	郑益雨		
主营业务	商务咨询、企业投资管理咨询、营销、形象策划咨询、贸易咨询。				

企业名称	家宝商务咨询（上海）有限公司				
企业地址	上海市浦东新区商城路 800 号 14 楼 1405B 室（200120）				
投资总额	9.8 万 USD	电　话	68870017	传　真	
设立日期	2008-2-25	负责人	李丽萍		
主营业务	企业管理咨询，国际经贸信息咨询。				

企业名称	迈越企业管理咨询（上海）有限公司				
企业地址	上海市闵行区光华路 2118 号第 5 幢 113 室（201111）				
投资总额	6.4 万 USD	电　话		传　真	
设立日期	2008-2-25	负责人	吴汝陵		
主营业务	企业管理咨询、投资咨询、商务咨询、贸易信息咨询。				

企业名称	晋高商务咨询（上海）有限公司				
企业地址	上海市静安区北京西路 1701 号 2305 室（200040）				
投资总额	6.4 万 USD	电　话	62886800	传　真	
设立日期	2008-2-25	负责人	潘家杰		
主营业务	企业管理咨询、商务咨询、投资咨询（涉及行政许可的，凭许可证经营）。				

企业名称	阿托雷思投资咨询（上海）有限公司				
企业地址	上海市静安区成都北路 333 号南楼 16 楼 1601D 室（200041）				
投资总额	10 万 USD	电　话	51372726	传　真	
设立日期	2008-2-22	负责人	PETER HUGHES		
主营业务	投资咨询、企业管理咨询、经济信息咨询、市场营销策划咨询。				

企业名称	韬智管理顾问（上海）有限公司				
企业地址	上海市崇明县城桥镇东河沿 68 号 4 号楼 232 室（202150）				
投资总额	1.2 万 USD	电　话	54892676	传　真	54252631
设立日期	2008-2-22	负责人	林展雲		
主营业务	企业管理咨询、商务信息咨询、市场营销咨询、投资信息咨询。				

企业名称	睿旅酒店管理（上海）有限公司				
企业地址	上海市浦东新区杨高北路 528 号 14 幢 5087 室（200120）				
投资总额	600 万 USD	电　话	68879672	传　真	
设立日期	2008-2-21	负责人	MARK HSU		
主营业务	酒店管理、酒店投资咨询、企业管理咨询、商务咨询。				

企业名称	帝通管理咨询（上海）有限公司				
企业地址	上海市卢湾区淮海中路 138 号 804（D）室（200021）				
投资总额	50 万 USD	电　话	52980624	传　真	
设立日期	2008-2-21	负责人	YONG WAI HONG		
主营业务	企业管理咨询、科技信息咨询、商务信息咨询、市场营销咨询。				

企业名称	上海双威会计培训有限公司				
企业地址	上海市浦东新区昌邑路 49 号（200135）				
投资总额	44 万 USD	电　话	68221396	传　真	
设立日期	2008-2-21	负责人	LEE SOONG HWA		
主营业务	从事国际会计专业应试的培训（限分支机构经营），提供相关配套服务。				

企业名称	上海艾坻商务咨询有限公司				
企业地址	上海市卢湾区泰康路 200 号 1 号楼 503 室（200025）				
投资总额	12 万 USD	电　话	51532025	传　真	
设立日期	2008-2-20	负责人	THOMAS STAVONHAGEN		
主营业务	企业形象设计咨询、企业管理咨询、电脑图文设计制作、会展会务咨询。				

企业名称	权美市场营销策划（上海）有限公司				
企业地址	上海市静安区南京西路 1515 号 606 室（200040）				
投资总额	10 万 USD	电　话	61411203	传　真	
设立日期	2008-2-20	负责人	CHAND KHAN		
主营业务	集装箱的营销策划，物流服务咨询，物流配送企业的市场营销策划。				

企业名称	谢宁企业管理咨询（上海）有限公司				
企业地址	上海市徐汇区长乐路 989 号 18 楼 1856 室（200032）				
投资总额	10 万 USD	电　话	51175805	传　真	
设立日期	2008-2-20	负责人	CHIN YAN LEONG KELVIN		
主营业务	企业管理咨询，产品质量管理咨询，商务信息咨询。				

企业名称	上帮商务咨询（上海）有限公司				
企业地址	上海市闵行区吴中路 1059 号 10 幢 608 室（201103）				
投资总额	17 万 USD	电　话	64053932	传　真	64069771
设立日期	2008-2-19	负责人	PAEK CHANG HO		
主营业务	商务咨询、市场营销策划咨询、贸易信息咨询、企业管理咨询。				

企业名称	沃康（上海）投资咨询有限公司				
企业地址	上海市静安区江宁路 188 号 8 楼 03 室（200041）				
投资总额	10 万 USD	电　话	58817700	传　真	
设立日期	2008-2-19	负责人	JESPER DALSGAARD JENSEN		
主营业务	投资咨询，管理咨询，市场营销策划（涉及行政许可的凭许可证经营）。				

企业名称	特英商务咨询（上海）有限公司				
企业地址	上海市静安区延安中路 1440 号第 20 幢 518 室（200040）				
投资总额	6.5 万 USD	电　话	61031618	传　真	
设立日期	2008-2-19	负责人	CHAN MAY PING		
主营业务	商务咨询，企业管理咨询。（涉及行政许可的凭许可证经营）。				

企业名称	埃驰（上海）管理有限公司				
企业地址	上海市浦东新区新金桥路 28 号新金桥大厦 5F03 室（201206）				
投资总额	200 万 USD	电　话	50302766	传　真	
设立日期	2008-2-18	负责人	GAJANAN VITHAL GANDHE		
主营业务	提供投资管理和咨询服务、市场营销服务、员工培训与管理服务。				

企业名称	翠丰（上海）采购咨询有限公司				
企业地址	上海市浦东新区银霄路 393 号 401、402 室（201204）				
投资总额	100 万 USD	电　话	50590011	传　真	
设立日期	2008-2-13	负责人	FRANCK JEAN-LOUIS MORENO		
主营业务	装饰建材、家居装饰用品、家用电器及相关消费品的采购服务咨询。				

企业名称	村山设计咨询（上海）有限公司				
企业地址	上海市长宁区淮海西路 432 号 1809 室（200052）				
投资总额	14 万 USD	电　话	52585690	传　真	52585692
设立日期	2008-2-13	负责人	古桥 和好		
主营业务	会展活动的策划、设计、制作、施工以及运营管理相关的咨询。				

企业名称	世杰联（上海）企业管理咨询有限公司				
企业地址	上海市浦东新区黄杨路 18 号 4 幢 2003 单元（201206）				
投资总额	1.2 万 USD	电　话	51396006	传　真	
设立日期	2008-2-13	负责人	PETER BUYTAERT		
主营业务	企业管理咨询、投资咨询、商务咨询（涉及行政许可的凭许可证经营）。				

企业名称	安德世化工技术咨询（上海）有限公司				
企业地址	上海市静安区南京西路 1266 号 39 层 3912 室（200041）				
投资总额	21 万 USD	电　话	61032761	传　真	
设立日期	2008-2-5	负责人	YONG HSU		
主营业务	化工技术咨询，投资咨询，企业管理咨询，企业营销咨询。				

企业名称	亚什兰（中国）投资有限公司				
企业地址	上海市闵行区宜山路 1618 号综合楼 9 号楼（200235）				
投资总额	5000 万 USD	电　话	24024954	传　真	
设立日期	2008-2-4	负责人	DALE M. MACDONALD		
主营业务	协助或代理其所投资企业从国内外采购该企业自用的机器设备。				

企业名称	正盈泰酒店（上海）有限公司				
企业地址	上海市杨浦区长阳路 999 号 1 幢（200092）				
投资总额	70 万 USD	电　话	65107768	传　真	
设立日期	2008-2-4	负 责 人	CHENG LAWRENCE MIN		
主营业务	酒店管理，提供住宿服务（旅客住宿）；停车管理；商务咨询。				

企业名称	上海笙策投资咨询有限公司				
企业地址	上海市嘉定区嘉唐路 1155 号第 5 幢 1133 室（201807）				
投资总额	60 万 USD	电　话	64716361	传　真	64716361
设立日期	2008-2-4	负 责 人	蔡振良		
主营业务	投资咨询、企业管理咨询、商务咨询、贸易信息咨询。				

企业名称	上海捷比爱企业管理咨询有限公司				
企业地址	上海市浦东新区东方路 899 号 1213 室（200135）				
投资总额	35 万 USD	电　话	58313379	传　真	58313067
设立日期	2008-2-4	负 责 人	永川显司		
主营业务	企业管理咨询、投资咨询、财务管理咨询、市场营销策划咨询。				

企业名称	寰富投资咨询（上海）有限公司				
企业地址	上海市闸北区共和新路 1898 号 1001－1003、1005－1008 室（200072）				
投资总额	100 万 USD	电　话	61176116	传　真	58792583
设立日期	2008-2-3	负 责 人	GEDON HERTSHTEN		
主营业务	投资咨询、市场信息咨询及商业信息咨询。				

企业名称	澳斯纳（上海）投资咨询有限公司				
企业地址	上海市金山区朱泾镇秀州街 478 号 116 室 A 座（201500）				
投资总额	4 万 USD	电　话	64735558	传　真	54661680
设立日期	2008-2-3	负 责 人	HANNING HENRY XU		
主营业务	商务咨询、企业管理咨询、投资管理咨询、国际经济信息咨询。				

企业名称	上海益华投资咨询有限公司				
企业地址	上海市静安区安远路 555 号 5 楼 510-514 室（200041）				
投资总额	250 万 USD	电　话	32279888	传　真	
设立日期	2008-2-2	负 责 人	罗炳华		
主营业务	企业管理咨询，商务咨询，投资咨询，贸易信息咨询，科技信息咨询。				

企业名称	上海鑫世投资咨询有限公司				
企业地址	上海市崇明县新河镇新开河路 825 号 8 幢 136 室（202156）				
投资总额	138 万 USD	电　话	58770928	传　真	
设立日期	2008-2-2	负 责 人	徐 菲		
主营业务	企业投资咨询、管理咨询、财务咨询（不含代理记帐）、会务服务。				

企业名称	派扬企业管理咨询（上海）有限公司				
企业地址	上海市普陀区中江路 879 弄 1 号楼 160 室（200060）				
投资总额	15 万 USD	电　话	51208000	传　真	
设立日期	2008-2-2	负 责 人	尹满华		
主营业务	企业管理咨询、商务信息咨询、经济信息咨询、贸易信息咨询。				

企业名称	乐驰商务咨询（上海）有限公司				
企业地址	上海市静安区乌鲁木齐北路 457 号 403 室（200041）				
投资总额	10 万 USD	电　话	62492316	传　真	62492316
设立日期	2008-2-2	负 责 人	JONATHAN HASSON		
主营业务	商务咨询、市场信息咨询、企业投资咨询、企业营销咨询。				

企业名称	莉瑞管理咨询（上海）有限公司				
企业地址	上海市浦东新区杨高北路 528 号 14 幢 5076 室（200137）				
投资总额	4 万 USD	电　话	62486588	传　真	62495758
设立日期	2008-2-2	负 责 人	MIRAFZALI S. MAGHSOUDLOO		
主营业务	企业管理咨询、科技信息咨询（涉及行政许可的凭许可证经营）。				

企业名称	马良（上海）管理咨询有限公司				
企业地址	上海市浦东新区浦东大道 1200 号 1804 室（200120）				
投资总额	2000 万 USD	电　话	63743103	传　真	
设立日期	2008-2-1	负 责 人	李 舸		
主营业务	企业管理咨询、项目管理咨询、商务咨询、投资咨询、会展服务咨询。				

企业名称	韩华（上海）投资咨询有限公司				
企业地址	上海市浦东新区世纪大道 88 号金茂大厦 2006A 室（200121）				
投资总额	100 万 USD	电　话	50490866	传　真	
设立日期	2008-1-30	负 责 人	姜熙择（KANG HEE TAEK）		
主营业务	投资咨询、商务信息咨询、企业管理咨询、市场营销咨询				

企业名称	创邦投资咨询（上海）有限公司				
企业地址	上海市浦东新区唐镇新虹村缪家宅 56 号 2 幢 203 室（201203）				
投资总额	100 万 USD	电　话	62887575	传　真	
设立日期	2008-1-30	负 责 人	陆光颢		
主营业务	投资咨询，企业投资项目策划，市场营销策划和咨询、企业管理咨询。				

企业名称	艾利安人才服务（上海）有限公司				
企业地址	上海市浦东新区商城路 660 号 2405 室（200122）				
投资总额	30 万 USD	电　话	62170610	传　真	
设立日期	2008-1-30	负 责 人	2008-1-30		
主营业务	人才供求信息的收集、整理、储存、发布和咨询服务，人才推荐。				

企业名称	美森轮船（上海）有限公司				
企业地址	上海市黄浦区延安东路 550 号海洋大厦 712 室（200001）				
投资总额	100 万 USD	电　话	53534888	传　真	
设立日期	2008-1-29	负 责 人	JAMES S. ANDRASICK		
主营业务	揽货、签发提单、结算运费和签订服务合同。				

企业名称	爱楷企业管理咨询（上海）有限公司				
企业地址	上海市卢湾区淮海中路 381 号 2935－2938 室（200021）				
投资总额	14 万 USD	电　话	53861777	传　真	53861777
设立日期	2008-1-29	负 责 人	ANDREW HOWARD HARDING		
主营业务	财务咨询、投资咨询、商务咨询、企业管理咨询、国际经济贸易咨询。				

企业名称	大含（上海）投资咨询有限公司				
企业地址	上海市奉贤区远东路 828 号 1 幢 407 室（201400）				
投资总额	5 万 USD	电　话	64645311	传　真	
设立日期	2008-1-25	负 责 人	金钟灿		
主营业务	投资咨询，企业管理咨询（涉及行政许可的凭许可证经营）。				

企业名称	金武（上海）企业管理咨询有限公司				
企业地址	上海市浦东新区绿科路 90 号 1 幢 401 室 F 座（201204）				
投资总额	30 万 USD	电　话	64477878	传　真	
设立日期	2008-1-24	负 责 人	DAMIEN RAMEAU		
主营业务	企业管理咨询、医药技术咨询（服务对象限于医院和医药公司）。				

企业名称	上海传实投资顾问有限公司				
企业地址	上海市浦东新区龙东大道 6111 号 1 栋 239 室（201201）				
投资总额	25 万 USD	电　话	51287919	传　真	50598506
设立日期	2008-1-24	负 责 人	陈仲华		
主营业务	投资管理咨询，企业管理咨询，国际经济信息咨询，贸易咨询。				

企业名称	利曼斯商务咨询（上海）有限公司				
企业地址	上海市徐汇区长乐路 989 号 3702－3704 室（200031）				
投资总额	20 万 USD	电　话	61709170	传　真	61709170
设立日期	2008-1-24	负 责 人	MARK DOUGLAS JARED		
主营业务	商务咨询、企业管理咨询（涉及行政许可的凭许可证经营）。				

企业名称	世贯（上海）商务咨询有限公司				
企业地址	上海市奉贤区环城东路 399 号 1 幢 416 室（201400）				
投资总额	14 万 USD	电　话	64567204	传　真	
设立日期	2008-1-24	负 责 人	大贯豊昭		
主营业务	投资咨询、商务咨询（涉及行政许可的，凭许可证经营）。				

企业名称	液体震撼（上海）商务咨询有限公司				
企业地址	上海市静安区康定路 1147 号 6 幢 401 室（200042）				
投资总额	7 万 USD	电　话	63265950	传　真	
设立日期	2008-1-24	负 责 人	LIANG JOSE SHU HAO		
主营业务	商务咨询、展览展示策划咨询、会务服务策划咨询、市场营销策划咨询。				

企业名称	法福克设备租赁（上海）有限公司				
企业地址	上海市闵行区新闵路 528 号 2007 室（200240）				
投资总额	200 万 USD	电　话	62193358	传　真	
设立日期	2008-1-23	负 责 人	DORDOY BRIAN WILLIAM		
主营业务	起重设备、工程机械设备的租赁业务。				

企业名称	永灵通项目管理咨询（上海）有限公司				
企业地址	上海市卢湾区斜土路 106-108 号 238 室（200023）				
投资总额	58 万 USD	电　话	61719700	传　真	61201860
设立日期	2008-1-23	负 责 人	WONG JOON KWANG		
主营业务	项目管理咨询，商务咨询，企业管理咨询，科技咨询，经济信息咨询。				

企业名称	上海德幸商务咨询有限公司				
企业地址	上海市浦东新区金沪路 1151 号 202H 室（201206）				
投资总额	50 万 USD	电　话	50280741	传　真	
设立日期	2008-1-23	负责人	陶惠丰		
主营业务	商务信息咨询，企业管理咨询，贸易信息咨询，投资咨询。				

企业名称	中鹰匠意商务咨询（上海）有限公司				
企业地址	上海市浦东新区牡丹路 60 号 402A 室（201204）				
投资总额	15 万 USD	电　话	61647533	传　真	
设立日期	2008-1-23	负责人	辻川正志		
主营业务	商务咨询、企业管理咨询、投资咨询（涉及行政许可的凭许可证经营）。				

企业名称	浅上信息咨询（上海）有限公司				
企业地址	上海市虹口区黄浦路 99 号 302 室（200080）				
投资总额	14 万 USD	电　话	63564820	传　真	63560358
设立日期	2008-1-23	负责人	KIKUI HIROHARU		
主营业务	物流信息管理咨询，商务咨询，国际经济信息咨询。				

企业名称	上海精睿商务咨询有限公司				
企业地址	上海市普陀区长寿路 97 号 1902 室（200060）				
投资总额	266 万 USD	电　话	62906677	传　真	
设立日期	2008-1-22	负责人	张　熙		
主营业务	商务咨询、企业管理咨询、投资咨询、营销策划、科技信息咨询。				

企业名称	百汇（上海）医院管理有限公司				
企业地址	上海市卢湾区南京西路 389 号明天广场裙楼 4 楼 B401 室（200020）				
投资总额	100 万 USD	电　话	64451515	传　真	
设立日期	2008-1-22	负责人	LIM CHEOK PENG		
主营业务	接受医院及医疗机构委托从事医院管理，提供医院管理咨询及培训服务。				

企业名称	康威投资咨询（上海）有限公司				
企业地址	上海市崇明县庙镇宏海公路 263 号 1 幢 141 室（202153）				
投资总额	100 万 USD	电　话		传　真	63591166
设立日期	2008-1-22	负责人	FAN PINGLI		
主营业务	国际经济信息咨询，科技咨询，投资咨询，贸易信息咨询。				

企业名称	永灵通投资咨询（上海）有限公司				
企业地址	上海市卢湾区斜土路 106-108 号 237 室（200023）				
投资总额	58 万 USD	电　话	61719700	传　真	61201861
设立日期	2008-1-22	负责人	WONG JOON KWANG		
主营业务	投资咨询，商务咨询，企业管理咨询，科技咨询，经济信息咨询。				

企业名称	智泽（上海）商务咨询有限公司				
企业地址	上海市张江高科技园区碧波路 690 号 2 号楼 401－13 室（201203）				
投资总额	7 万 USD	电　话	61042222	传　真	61041420
设立日期	2008-1-22	负责人	PASI KALEVI KASKINEN		
主营业务	商务咨询、营销咨询、工艺流程技术咨询和企业管理咨询。				

企业名称	文赐公共关系咨询（上海）有限公司				
企业地址	上海市崇明县庙镇宏海公路 263 号 1 幢 143 室（202153）				
投资总额	7 万 USD	电　话	32212718	传　真	32212719
设立日期	2008-1-22	负责人	LEON MAN LOUNG CHOI		
主营业务	企业形象策划，公关礼仪服务，公共活动策划与管理，咨询服务。				

企业名称	勃特蓝商务咨询（上海）有限公司				
企业地址	上海市黄浦区黄陂北路 227 号 812 室（200001）				
投资总额	20 万 USD	电　话	63759229	传　真	61222418
设立日期	2008-1-21	负责人	SOH　KAY-MENG		
主营业务	商务信息咨询、企业管理咨询、投资咨询、供应链管理和采购咨询。				

企业名称	隆力投资咨询（上海）有限公司				
企业地址	上海市黄浦区延安东路 222 号 1825 和 1826 室（200001）				
投资总额	14 万 USD	电　话	61221015	传　真	
设立日期	2008-1-21	负责人	严杰民		
主营业务	投资咨询、投资管理咨询、经济信息咨询、企业管理咨询。				

企业名称	凯辉投资咨询（上海）有限公司				
企业地址	上海市浦东新区浦东南路 588 号 12 层 K 单元（200120）				
投资总额	12 万 USD	电　话	68888069	传　真	62602491
设立日期	2008-1-21	负责人	蔡明泼		
主营业务	投资咨询、商务咨询、企业管理咨询（涉及行政许可的凭许可证经营）。				

企业名称	华德士人才咨询（上海）有限公司				
企业地址	上海市静安区威海路 567 号晶采世纪大厦 17 楼 B 座（200041）				
投资总额	12.5 万 USD	电　话	32290335	传　真	32290339
设立日期	2008-1-21	负责人	PHILIP STANLEY AIKEN		
主营业务	人才供求信息的收集、整理、储存、发布和咨询服务；人才推荐。				

企业名称	铁山信息管理咨询（上海）有限公司				
企业地址	上海市卢湾区淮海中路 283 号香港广场 907 室（200021）				
投资总额	50 万 USD	电　话	62534098	传　真	62535226
设立日期	2008-1-18	负责人	ROBERT GLENN MILLER		
主营业务	提供企业内部档案管理方案及相关咨询。				

企业名称	艺赫广告（上海）有限公司				
企业地址	上海市浦东新区杨高北路 528 号 14 幢 5081 室（200137）				
投资总额	20 万 USD	电　话	33632851	传　真	33632852
设立日期	2008-1-18	负责人	吴玮凡		
主营业务	设计、制作、发布国内外各类广告；会展服务（除主办、承办会展外）。				

企业名称	柏年投资咨询（上海）有限公司				
企业地址	上海市静安区康定路 358 号 15 幢 103 室（200041）				
投资总额	20 万 USD	电　话	62587575	传　真	
设立日期	2008-1-18	负责人	钟待昭		
主营业务	企业管理咨询、企业营销策划、商务信息咨询、经济信息咨询。				

企业名称	泰渊商务咨询（上海）有限公司				
企业地址	上海市卢湾区淮海中路 333 号瑞安广场 1207－A02 室（200021）				
投资总额	20 万 USD	电　话	51160538	传　真	
设立日期	2008-1-18	负责人	黎瑞铭		
主营业务	国际经济咨询，贸易信息咨询，企业管理咨询，项目管理咨询。				

企业名称	上海翰德健康信息咨询有限公司				
企业地址	上海市闵行区吴中路 686 弄 2 号（E 座）2 楼 206 室（201103）				
投资总额	20 万 USD	电　话	64015908	传　真	64015908
设立日期	2008-1-18	负责人	林义鈜		
主营业务	健康信息咨询（医疗、诊断、治疗、心理咨询除外），商务咨询				

企业名称	上海韦通企业管理咨询有限公司				
企业地址	上海市黄浦区广东路 689 号 1601 室（200001）				
投资总额	10 万 USD	电　话	63236890	传　真	63236899
设立日期	2008-1-18	负责人	PATRICE　VIDON		
主营业务	企业管理咨询、商务咨询、投资咨询及贸易信息咨询。				

企业名称	标之竿管理咨询（上海）有限公司				
企业地址	上海市闵行区吴中路 1050 号 6 幢 813 室（201103）				
投资总额	18 万 USD	电　话	34315701	传　真	
设立日期	2008-1-17	负责人	王振容		
主营业务	投资管理咨询、工程管理咨询、科技咨询、环保信息咨询、商务咨询。				

企业名称	英诺达设计咨询（上海）有限公司				
企业地址	上海市静安区江宁路 495 号 1805 室（200041）				
投资总额	15 万 USD	电　话	51156571	传　真	51156579
设立日期	2008-1-17	负责人	BRYAN KWANG SUE		
主营业务	工艺品、五金配件、日用百货的设计咨询，商务咨询。				

企业名称	数谱管理信息咨询（上海）有限公司				
企业地址	上海市浦东新区东方路 800 号 2506 室（200120）				
投资总额	3.2 万 USD	电　话	62883223	传　真	
设立日期	2008-1-17	负责人	CHERYL HANH ENGLEHART		
主营业务	企业管理咨询，商务信息咨询，企业投资咨询及经济信息咨询。				

企业名称	凯芮琛（上海）企业管理咨询有限公司				
企业地址	上海市普陀区中山北路 2911 号 305 室（200063）				
投资总额	102 万 USD	电　话		传　真	61454996
设立日期	2008-1-16	负责人	范誉凡		
主营业务	企业管理咨询、商务咨询、企业形象策划咨询、市场营销策划咨询。				

企业名称	摩根富林明投资咨询（上海）有限公司				
企业地址	上海市卢湾区湖滨路 222 号 1545 室（200025）				
投资总额	14 万 USD	电　话	64477878	传　真	33607100
设立日期	2008-1-16	负责人	张维坤		
主营业务	投资咨询及房地产咨询（不含房地产经纪）。				

企业名称	亚兰投资咨询（上海）有限公司				
企业地址	上海市长宁区双流路 31 号 601 室（200335）				
投资总额	14 万 USD	电 话	33608977	传 真	33608978
设立日期	2008-1-16	负 责 人	申 正		
主营业务	投资咨询、企业管理咨询、国际经济信息咨询、贸易信息咨询。				

企业名称	摩奇麻瓜网络科技（上海）有限公司				
企业地址	上海市浦东新区耀华路 215 号 2 号楼 A102 室（200126）				
投资总额	6.5 万 USD	电 话	32201523	传 真	
设立日期	2008-1-16	负 责 人	沈怡吟		
主营业务	网络技术及数码科技的研发，自有技术转让，提供技术服务和技术咨询。				

企业名称	上海信谊儿童文化创意信息咨询有限公司				
企业地址	上海市徐汇区瑞金南路 438 号 202 室 E 座（200032）				
投资总额	66 万 USD	电 话	62493725	传 真	62498758
设立日期	2008-1-15	负 责 人	温碧珠		
主营业务	从事文具用品、玩具的开发和批发、佣金代理（拍卖除外）。				

企业名称	或比玩具（上海）有限公司				
企业地址	上海市闵行区金都路 4299 号 5 幢 5 楼 15 室（201108）				
投资总额	2 万 USD	电 话	54134911	传 真	
设立日期	2008-1-15	负 责 人	张筠（铃木邑）		
主营业务	玩具和教具的设计咨询（涉及行政许可的凭许可证经营）。				

企业名称	凯承海事技术咨询（上海）有限公司				
企业地址	上海市浦东新区东方路 971 号 27 楼 E 室（200122）				
投资总额	14 万 USD	电 话	68769708	传 真	68769722
设立日期	2008-1-14	负 责 人	YANG JONG HOON		
主营业务	海事工程技术咨询、海事工程项目管理咨询、海事信息咨询、商务咨询。				

企业名称	上海国康联同土木工程顾问有限公司				
企业地址	上海市杨浦区控江路 2063 号 1509 室（200090）				
投资总额	156 万 USD	电 话	65988659	传 真	65981504
设立日期	2008-1-14	负 责 人	孙培卫		
主营业务	土木工程领域内的技术咨询及投资咨询（以上咨询不含中介）。				

企业名称	嘉惠支付管理有限公司				
企业地址	上海市张江高科技园区科苑路 88 号 2 幢 701 室部分 701－007 单元（201203）				
投资总额	644 万 USD	电 话	28986903	传 真	28986497
设立日期	2008-1-11	负 责 人	VOLKER HUBER		
主营业务	提供商务旅行支付服务以及相关的信息和咨询服务				

企业名称	立联设计咨询（上海）有限公司				
企业地址	上海市浦东新区峨山路 613 号 C 幢 201 室（200127）				
投资总额	5 万 USD	电 话	62182955	传 真	62182977
设立日期	2008-1-11	负 责 人	张敬礼		
主营业务	建筑及室内装潢设计咨询、环境设计咨询、建筑工程项目管理咨询。				

企业名称	上海利夫兰企业管理咨询有限公司				
企业地址	上海市长宁区兴义路 8 号 3107 室（200051）				
投资总额	350 万 USD	电 话	52080099	传 真	
设立日期	2008-1-10	负 责 人	刘常平		
主营业务	企业管理咨询，商务咨询，投资咨询，经济信息咨询，市场营销策划。				

企业名称	卓瑞企业管理咨询（上海）有限公司				
企业地址	上海市浦东新区昌里路 335 号 A305 室（200120）				
投资总额	20 万 USD	电 话	38610000	传 真	
设立日期	2008-1-10	负 责 人	黄淑玫		
主营业务	企业管理咨询、企业营销策划咨询（涉及行政许可的凭许可证经营）。				

企业名称	怡安亚太咨询（上海）有限公司				
企业地址	上海市卢湾区淮海中路 809 号甲 401 室（200020）				
投资总额	214 万 USD	电 话	38658388	传 真	50498337
设立日期	2008-1-8	负 责 人	刘渊		
主营业务	企业管理咨询、投资咨询，以服务外包方式提供员工薪酬福利发放管理。				

企业名称	上海富罐箱商务咨询有限公司				
企业地址	上海市卢湾区茂名南路 205 号 2212 室（200021）				
投资总额	27 万 USD	电 话		传 真	64739422
设立日期	2008-1-8	负 责 人	铃木弘志		
主营业务	商务咨询、企业管理咨询。（涉及行政许可的凭许可证经营）。				

企业名称	上海银洋酒店管理有限公司				
企业地址	上海市长宁区华山路 1336 号 10 楼 D 座（200052）				
投资总额	14 万 USD	电 话	33050086	传 真	
设立日期	2008-1-8	负 责 人	银忠和		
主营业务	酒店管理；商务咨询，企业管理咨询，投资咨询。				

企业名称	魔果企业管理咨询（上海）有限公司				
企业地址	上海市奉贤区远东路 828 号 2 幢 201 室（201400）				
投资总额	14 万 USD	电 话	62882555	传 真	
设立日期	2008-1-8	负 责 人	JU LAN		
主营业务	企业管理咨询、品牌管理咨询、企业形象和市场推广营销策划咨询。				

企业名称	爱真商务咨询（上海）有限公司				
企业地址	上海市闵行区金都路 4299 号 5 幢 5 楼 8 室（201108）				
投资总额	4 万 USD	电 话	64260820	传 真	64260620
设立日期	2008-1-8	负 责 人	司马正博		
主营业务	商务咨询，企业管理咨询（涉及行政许可的，凭许可证经营）。				

企业名称	九井广告（上海）有限公司				
企业地址	上海市浦东新区杨高北路 528 号 14 幢 5045 室（200737）				
投资总额	20 万 USD	电 话	63181212	传 真	63500825
设立日期	2008-1-7	负 责 人	林坤明		
主营业务	设计、制作、代理国内外各类广告；会展服务（除主办、承办会展外）。				

企业名称	欧杰思人才顾问（上海）有限公司				
企业地址	上海市浦东新区龙东大道 5385 号 804 室 C 座（201203）				
投资总额	30 万 USD	电 话	54051963	传 真	54051551
设立日期	2008-1-4	负 责 人	党新华		
主营业务	人才供求信息的收集、整理、储存、发布和咨询服务；人才推荐。				

企业名称	拓芮思企业管理咨询（上海）有限公司				
企业地址	上海市浦东新区昌里路 335 号 B304 室（200126）				
投资总额	14 万 USD	电 话		传 真	51160617
设立日期	2008-1-4	负 责 人	ONG ZHONG HWEY BRIAN		
主营业务	企业管理咨询、贸易信息咨询、商务信息咨询、教育信息咨询。				

企业名称	逖帝威廉森（上海）管道技术服务有限公司				
企业地址	上海市金山区吕巷镇朱吕公路 6285 弄 1 号（201517）				
投资总额	6.8 万 USD	电 话	57378080	传 真	57378083
设立日期	2008-1-4	负 责 人	ROBERT D. MC GREW		
主营业务	石油化工、燃气等工业管道及相关设备的检测、维修和维护。				

企业名称	客茂商务咨询（上海）有限公司				
企业地址	上海市闵行区剑川路 951 号 5049 室（201111）				
投资总额	1.3 万 USD	电 话		传 真	34510238
设立日期	2008-1-4	负 责 人	藤原美和（FUJIWARA MIWA）		
主营业务	商务咨询，企业管理咨询，营销策划咨询，投资咨询，教育信息咨询。				

企业名称	凡纬室内设计（上海）有限公司				
企业地址	上海市闸北区沪太路 1895 弄 51 号 10 幢 313 室（200436）				
投资总额	10 万 USD	电 话	67695258	传 真	
设立日期	2008-1-3	负 责 人	管恕民		
主营业务	室内外装饰装潢设计咨询（涉及行政许可的凭许可证经营）。				

企业名称	富美实（上海）设备租赁有限公司				
企业地址	上海市浦东新区蔡伦路 333 号 2 号楼 D 楼 214 室（201203）				
投资总额	800 万 USD	电 话	61238299	传 真	
设立日期	2008-1-2	负 责 人	KENNETH WAYNE ARNOLD		
主营业务	各种工业生产设备的出租业务及提供相关的咨询服务。				

企业名称	经恩（上海）科技咨询有限公司				
企业地址	上海市卢湾区淮海中路 398 号世纪巴士大厦 15 楼 D 单元（200021）				
投资总额	20 万 USD	电 话		传 真	68825164
设立日期	2008-1-2	负 责 人	CHNG HOCK HUAT		
主营业务	科技咨询，企业管理软件的开发、制作，销售自产产品。				

企业名称	歌洛宝（上海）贸易有限公司				
企业地址	上海市卢湾区复兴中路 1 号 1106A 室（200021）				
投资总额	14 万 USD	电 话	53580656	传 真	63900785
设立日期	2008-1-2	负 责 人	JOSE RAFAEL CHAHIN		
主营业务	服装、鞋帽、化工产品（危险品除外）、塑料制品的批发、佣金代理。				

企业名称	奇才教育管理咨询（上海）有限公司				
企业地址	上海市长宁区虹桥路 1985 号 21 号楼（201103）				
投资总额	14 万 USD	电话	62081716	传真	
设立日期	2008-1-2	负责人	SUSAN BROOKS LEARY		
主营业务	教育管理咨询，教育信息咨询（出国留学中介除外），企业管理咨询。				

企业名称	上海雷埃浦小桥商务咨询有限公司				
企业地址	上海市卢湾区泰康路 200 号 3 号楼 301 室（200023）				
投资总额	2 万欧元	电话	62759055	传真	62759025
设立日期	2007-12-28	负责人	MARTINE LEHERPEUR		
主营业务	市场营销咨询，品牌战略咨询，品牌形象策划，商务咨询，投资咨询。				

企业名称	枫雅居投资咨询（上海）有限公司				
企业地址	上海市静安区南京西路 1515 号北楼办公楼 1006 室（200041）				
投资总额	14 万 USD	电话	52985036	传真	52985036
设立日期	2007-12-27	负责人	唐文泽		
主营业务	企业投资咨询，建筑设计咨询，装潢设计咨询，企业咨询，商务咨询。				

企业名称	兰德隆与布朗交通技术咨询（上海）有限公司				
企业地址	上海市张江高科技园区龙东大道 2500 号 F 楼 246 室（201203）				
投资总额	14 万 USD	电话	33926560	传真	
设立日期	2007-12-27	负责人	JEFFREY N. THOMAS		
主营业务	交通工程技术咨询，交通投资咨询，环境分析咨询,相关软件的设计。				

企业名称	上海弗郧家建筑设计咨询有限公司				
企业地址	上海市闵行区光华路 2118 号第 3 幢 256 室（201111）				
投资总额	14 万 USD	电话	58357408	传真	58357408
设立日期	2007-12-27	负责人	邱碧莹		
主营业务	建筑设计咨询，景观园林设计咨询，室内设计咨询，建筑项目策划咨询。				

企业名称	沃茨（上海）管理有限公司				
企业地址	上海市长宁区延安西路 726 号华敏翰尊国际广场 26 层 I&J 室（200050）				
投资总额	200 万 USD	电话	52371188	传真	52373076
设立日期	2007-12-25	负责人	ZHOU PETER HUOLIN		
主营业务	受母公司及所投资企业的委托，向其提供投资管理咨询、经营管理服务。				

企业名称	上海百清商务咨询有限公司				
企业地址	上海市闵行区吴中路 1065 号第 1 幢 1009B 室（201103）				
投资总额	2 万 USD	电话	51503630	传真	51503635
设立日期	2007-12-25	负责人	李明在（LEE MYONGCHAE）		
主营业务	商务咨询，船舶机械技术咨询，船务管理咨询，海洋工程投资咨询。				

企业名称	百昆（上海）航运咨询有限公司				
企业地址	上海市黄浦区中山东一路 12 号 4 楼 442 室（200003）				
投资总额	14 万 USD	电话	63910028	传真	64151122
设立日期	2007-12-25	负责人	JAMES KIDWELL		
主营业务	航运咨询，船务咨询，投资咨询，市场营销策划，企业信息管理咨询。				

企业名称	安永（中国）企业咨询有限公司				
企业地址	上海市长乐路 989 号 42 楼 05-07 室（200031）				
投资总额	5000 万 RMB	电话	22288888	传真	22280000
设立日期	2007-12-25	负责人	孙德基		
主营业务	提供投资咨询，商务咨询，财务咨询，企业管理咨询，国际经济咨询。				

企业名称	思特博纳商务咨询（上海）有限公司				
企业地址	上海市卢湾区湖滨路 222 号 1 号楼 1514G 室（200021）				
投资总额	14 万 USD	电话	61042663	传真	61042789
设立日期	2007-12-24	负责人	DAVID NOCIFORA		
主营业务	商务咨询，投资咨询，企业管理咨询，经济咨询，国际贸易信息咨询。				

企业名称	陈曾黄朱梅市场营销策划（上海）有限公司				
企业地址	上海市黄浦区中山东一路 12 号第三幢 335、337 室（200001）				
投资总额	60 万 RMB	电话	63236166	传真	63235958
设立日期	2007-12-21	负责人	陈大仁		
主营业务	企业管理策划咨询、商务策划咨询、企业形象策划、市场营销策划咨询。				

企业名称	阿第米斯商务咨询（上海）有限公司				
企业地址	上海市黄浦区乔家路 160 号 204 室（200010）				
投资总额	70 万 RMB	电话	33134800	传真	63265326
设立日期	2007-12-21	负责人	郑碧霞		
主营业务	企业管理咨询服务，商务管理咨询服务，投资咨询服务。				

企业名称	磐硕商务咨询（上海）有限公司				
企业地址	上海市卢湾区黄陂南路 700 号 D 幢 305 室（200025）				
投资总额	50 万 USD	电话	63851136	传真	63851136
设立日期	2007-12-20	负责人	陈元寿		
主营业务	商务咨询，投资咨询，企业管理咨询，贸易信息咨询。				

企业名称	吉欧项目管理咨询（上海）有限公司				
企业地址	上海市科苑路 88 号 2 幢 601 室部分即 601-051 单元（201203）				
投资总额	14 万 USD	电话	28986863	传真	28986330
设立日期	2007-12-20	负责人	HARALD J.GEITZ		
主营业务	项目管理咨询，投资咨询，企业管理咨询，物流信息咨询。				

企业名称	金鲤洲投资管理咨询（上海）有限公司				
企业地址	上海市闵行区光华路 2118 号第 16 幢（201111）				
投资总额	7000 万港币	电话	54779836	传真	54779836
设立日期	2007-12-19	负责人	李时泰		
主营业务	投资咨询，企业管理咨询，企业形象策划，信息科技咨询，项目咨询。				

企业名称	傲利安管理咨询（上海）有限公司				
企业地址	上海市浦东新区浦东大道 900 号 606 室（200120）				
投资总额	8 万 USD	电话	50933825	传真	50933827
设立日期	2007-12-19	负责人	TODD STEPHEN FLECKENSTEIN		
主营业务	企业管理咨询，财务咨询，商务咨询，工程技术咨询，信息技术咨询。				

企业名称	黛森商务咨询（上海）有限公司				
企业地址	上海市长宁区延安西路 2299 号 05C26（200336）				
投资总额	7 万 USD	电话	62367672	传真	62367670
设立日期	2007-12-18	负责人	高月俊生		
主营业务	企业管理咨询，商务咨询，投资咨询，环保信息咨询，贸易信息咨询。				

企业名称	麦咨达（上海）农业信息咨询有限公司				
企业地址	上海市浦东新区白杨路 383 号 1 幢 M112 室（201204）				
投资总额	10 万 USD	电话	22078522	传真	22076620
设立日期	2007-12-18	负责人	HANS PETER REUST		
主营业务	从事农副产品生产、加工、销售的技术指导和信息咨询。				

企业名称	上海索福德体育策划咨询有限公司				
企业地址	上海市卢湾区五里桥路 219 号 607 室（200023）				
投资总额	400 万 RMB	电话	52655965	传真	52655967
设立日期	2007-12-18	负责人	JEREMY DODGSON		
主营业务	体育赛事活动的策划咨询和承办，足球场地的管理服务。				

企业名称	上海寰球园艺产品租赁有限公司				
企业地址	上海市浦东新区商城路 800 号 1401E 室（200720）				
投资总额	3000 万日元	电话	63522208	传真	63512108
设立日期	2007-12-18	负责人	森坂拓实		
主营业务	盆栽、盆景及配套、护理用品的租赁业务，向国内外购买租赁财产。				

企业名称	翼帆企业营销策划（上海）有限公司				
企业地址	上海市普陀区陕西北路 1438 号 522 室（200060）				
投资总额	10 万 USD	电话	62985911	传真	
设立日期	2007-12-17	负责人	HERMANN ALFRED BAREIS		
主营业务	企业营销策划，企业管理咨询，经贸信息咨询，投资咨询，商务咨询。				

企业名称	上海其志商务咨询有限公司				
企业地址	上海市宜山路 889 号第 4 幢第六层 A 单元（200235）				
投资总额	15 万 USD	电话	54500726	传真	54505321
设立日期	2007-12-17	负责人	陈正文		
主营业务	商务咨询，企业管理咨询，投资咨询，经济信息咨询。				

企业名称	上海色瑞斯认证有限公司				
企业地址	上海市杨浦区长海路 580 号 501-2A 室（200433）				
投资总额	300 万 RMB	电话	55060001	传真	55061651
设立日期	2007-12-17	负责人	袁才勇		
主营业务	认证（涉及行政许可的凭许可证经营）。				

企业名称	日亚投资咨询（上海）有限公司				
企业地址	上海市静安区南京西路 1376 号 522 室（200041）				
投资总额	65 万 USD	电话	62798635	传真	62798636
设立日期	2007-12-14	负责人	松本守祥		
主营业务	投资咨询，国际经济咨询，企业管理咨询，商业信息咨询，商务咨询。				

企业名称	欧安美投资咨询（上海）有限公司				
企业地址	上海市浦东新区杨高北路528号14幢5086室（200137）				
投资总额	5万USD	电话	58797015	传真	58798361
设立日期	2007-12-14	负责人	COSTA LOUIS ANTOINE PATRICK		
主营业务	投资咨询，商务信息咨询，企业管理咨询，市场营销策划咨询。				

企业名称	珏艺津（上海）文化信息咨询有限公司				
企业地址	上海市浦东新区锦严路121号一、二层、159号B04室（201204）				
投资总额	14万USD	电话	62293008	传真	62293008
设立日期	2007-12-13	负责人	王薇		
主营业务	文化信息咨询，商务咨询，图文设计咨询，企业管理咨询，科技咨询。				

企业名称	泽洋投资咨询（上海）有限公司				
企业地址	上海市长宁区娄山关路85号B座401室（200336）				
投资总额	14万USD	电话		传真	
设立日期	2007-12-13	负责人	TANG CLEMENT PO-LUN（邓宝麟）		
主营业务	投资咨询，商务咨询，贸易咨询，国际经济信息咨询、企业管理咨询。				

企业名称	瀚迈商务咨询（上海）有限公司				
企业地址	上海市长宁区江苏路369号9A室（200050）				
投资总额	14万USD	电话	52396010	传真	52396010
设立日期	2007-12-13	负责人	YECHEZKEL YECHIEL		
主营业务	投资咨询，国际经济咨询，贸易信息咨询，企业管理咨询，商务咨询。				

企业名称	富堡（上海）投资咨询有限公司				
企业地址	上海市浦东新区潍坊五村546号328室（200120）				
投资总额	10.5万USD	电话	61032993	传真	61032790
设立日期	2007-12-13	负责人	PAUL J. KIM		
主营业务	投资咨询，企业管理咨询，科技咨询，商务咨询，营销咨询和经济咨询。				

企业名称	斯佳投资咨询（上海）有限公司				
企业地址	上海市江场三路173号210D室（200070）				
投资总额	980万USD	电话	62990179	传真	62990179
设立日期	2007-12-12	负责人	THAM QIAN		
主营业务	投资咨询，企业管理咨询，企业形象策划，科技咨询，房产信息咨询。				

企业名称	西必及商务咨询（上海）有限公司				
企业地址	上海市黄浦区人民路885号1117室（200011）				
投资总额	10万USD	电话	63555571	传真	63555573
设立日期	2007-12-12	负责人	TORBJORN GISBERT		
主营业务	商务咨询，企业管理咨询，国际经济信息咨询，投资咨询。				

企业名称	盛明（上海）投资咨询有限公司				
企业地址	上海市虹口区大连西路557号8316室（200080）				
投资总额	800万USD	电话	62759025	传真	62759025
设立日期	2007-12-11	负责人	李雪花		
主营业务	企业投资信息咨询，企业管理咨询，商务咨询，企业营销咨询。				

企业名称	上海尚意商务咨询有限公司				
企业地址	上海市卢湾区局门路436号（200023）				
投资总额	300万USD	电话	64452553	传真	64451909
设立日期	2007-12-11	负责人	黄瀚泓		
主营业务	商务咨询，市场策划，规划设计咨询，特定园区运营管理及提供服务。				

企业名称	梦想家营销策划顾问（上海）有限公司				
企业地址	上海市静安区胶州路273弄60号5幢3楼（200041）				
投资总额	14万USD	电话	62188181	传真	62580887
设立日期	2007-12-11	负责人	林佳烨		
主营业务	企业管理咨询，营销策划咨询，商务咨询，投资咨询，国际经济咨询。				

企业名称	阿特拉斯科普柯（上海）设备租赁有限公司				
企业地址	上海市浦东新区金穗路1100号2号楼101室（200135）				
投资总额	100万RMB	电话	61082424	传真	61082435
设立日期	2007-12-11	负责人	EDWARD JONES		
主营业务	从事压缩机租赁业务，并提供相应的租后服务。				

企业名称	佳皓士商务咨询（上海）有限公司				
企业地址	上海市静安区南京西路1366号恒隆广场二号楼4704-4705室（200040）				
投资总额	210万USD	电话	62888046	传真	62889172
设立日期	2007-12-10	负责人	DEREK ROY CRANE		
主营业务	商务咨询，企业管理咨询，投资咨询和国际经济贸易咨询。				

企业名称	蓝驰投资咨询（上海）有限公司				
企业地址	上海市淮海中路1010号27楼2701-K室（200031）				
投资总额	2.5万USD	电话	61912689	传真	61912699
设立日期	2007-12-10	负责人	W.PETER BUHL		
主营业务	提供投资咨询，商务咨询，管理咨询服务。				

企业名称	集聚企业管理咨询（上海）有限公司				
企业地址	上海市浦东新区耀华路215号2幢A105室（200126）				
投资总额	5万USD	电话	61513913	传真	61513998
设立日期	2007-12-10	负责人	CHUA MING LEE ANDREW		
主营业务	企业管理咨询，企业内部员工培训，企业形象策划与咨询。				

企业名称	佑翊建筑工程咨询（上海）有限公司				
企业地址	上海市卢湾区进贤路202弄7号底层前间（200020）				
投资总额	14万USD	电话	51532182	传真	51532183
设立日期	2007-12-10	负责人	GARY Q.L. YEE		
主营业务	建筑工程咨询（建筑设计除外）。				

企业名称	声闻善来建筑工程设计咨询（上海）有限公司				
企业地址	上海市嘉定区南翔镇火车站路121弄53号203室（201800）				
投资总额	15万USD	电话	61252118	传真	61252108
设立日期	2007-12-10	负责人	邹淑芬		
主营业务	建筑工程设计咨询，室内设计咨询，商务咨询，园林工程设计咨询。				

企业名称	竣盈康华管理咨询（上海）有限公司				
企业地址	上海市静安区延安中路1440号20幢531室（200040）				
投资总额	20万港币	电话	62482592	传真	62485875
设立日期	2007-12-6	负责人	陈佩君		
主营业务	管理咨询、投资咨询、商务咨询、国际经济信息咨询、环保信息咨询。				

企业名称	顾氏船舶技术咨询（上海）有限公司				
企业地址	上海市浦东新区杨高北路528号14幢5070室（200137）				
投资总额	10万USD	电话	63058833	传真	63058833
设立日期	2007-12-6	负责人	KOH HWEE CHUANG		
主营业务	船舶工程技术咨询，船舶工程设计咨询，船舶建造信息咨询。				

企业名称	宝麦蓝（上海）商务咨询有限公司				
企业地址	上海市黄浦区九江路288号2601室（200001）				
投资总额	7万英镑	电话	33665550	传真	33665580
设立日期	2007-12-6	负责人	DAVID MCKIM GOOLD PEARCE		
主营业务	商务咨询，建筑设计咨询，企业管理咨询，投资咨询，国际经济咨询。				

企业名称	文明管理咨询（上海）有限公司				
企业地址	上海市浦东新区杨高北路528号14幢6062室（200137）				
投资总额	50万港币	电话	64062523	传真	64062523
设立日期	2007-12-5	负责人	KWAN MING SANG SAVIO		
主营业务	投资咨询，商务信息咨询，企业管理咨询，贸易信息咨询。				

企业名称	摩别安商务咨询（上海）有限公司				
企业地址	上海市长宁区中山西路1277号4幢5层512室（200051）				
投资总额	14万USD	电话	33602088	传真	33602088
设立日期	2007-12-5	负责人	KIM YOUNG SOO		
主营业务	商务咨询，企业管理咨询，投资管理咨询，市场营销策划，工程咨询。				

企业名称	赫斯贝德纳室内设计咨询（上海）有限公司				
企业地址	上海市淮海中路1375号1幢18楼（200031）				
投资总额	10万USD	电话	64335128	传真	64335128
设立日期	2007-12-5	负责人	RENE GROSS		
主营业务	室内装潢设计咨询。				

企业名称	喜柏企业形象策划（上海）有限公司				
企业地址	上海市闵行区光华路2118号第7幢127室（201111）				
投资总额	10万USD	电话	62256089	传真	62256089
设立日期	2007-12-5	负责人	高健维		
主营业务	企业形象策划，平面设计，图文设计，产品包装设计。				

企业名称	平克顿（上海）企业管理咨询有限公司				
企业地址	上海市浦东新区杨高北路528号14幢5062室（200137）				
投资总额	15万USD	电话	52379911	传真	52376560
设立日期	2007-12-5	负责人	赵志明		
主营业务	企业安全管理咨询，企业风险管理咨询，企业损耗预防管理咨询。				

企业名称	欧慕尼凯医药科技咨询（上海）有限公司				
企业地址	上海市长宁区汇川路 99 号 2819 室（200050）				
投资总额	8 万欧元	电话	62368678	传真	62368679
设立日期	2007-12-5	负责人	BENOIT M.C.A.MARTIN		
主营业务	临床实验方案策划，临床实验数据管理，并提供技术服务和技术咨询。				

企业名称	斯黛尔商务咨询（上海）有限公司				
企业地址	上海市虹口区东长治路 777 号 3 幢 317 室（200082）				
投资总额	980 万 RMB	电话	63558210	传真	63558208
设立日期	2007-12-5	负责人	KUBO YUICHIRO		
主营业务	商务信息咨询，投资咨询，贸易咨询，企业管理咨询，经济信息咨询。				

企业名称	上海韩承投资咨询有限公司				
企业地址	上海市漕溪北路 398 号 2203 室（200030）				
投资总额	20 万 USD	电话	33688233	传真	36688340
设立日期	2007-12-4	负责人	宋基弘（SONG KI HONG）		
主营业务	投资咨询、商务咨询、财务信息咨询、企业管理咨询、企业营销咨询。				

企业名称	英司科（上海）投资管理咨询有限公司				
企业地址	上海市长宁区兴义路 8 号 1007 室（200336）				
投资总额	20 万 USD	电话	52080868	传真	52080191
设立日期	2007-12-3	负责人	LAO CHENG SOON		
主营业务	商务咨询、房地产信息咨询、企业管理咨询、投资管理咨询。				

企业名称	戈壁管理咨询（上海）有限公司				
企业地址	上海市张江高科技园区龙东大道 2500 号 F 楼 239 室（201203）				
投资总额	100 万 USD	电话	52929729	传真	52929730
设立日期	2007-12-3	负责人	THOMAS GAI TEI TSAO		
主营业务	企业管理咨询，投资咨询，商务咨询，企业形象策划。				

企业名称	上海埃华管理咨询有限公司				
企业地址	上海市浦东新区商城路 800 号 904 室（200120）				
投资总额	18 万 USD	电话	62156813	传真	62550596
设立日期	2007-12-3	负责人	WEI LI		
主营业务	企业管理咨询，投资咨询，国际经济咨询，商务信息咨询，科技咨询。				

企业名称	普肖商务咨询（上海）有限公司				
企业地址	上海市浦东新区杨高北路 528 号 14 幢 5069 室（200137）				
投资总额	14 万 USD	电话		传真	
设立日期	2007-12-3	负责人	日高直哉		
主营业务	商务信息咨询，投资咨询，会展咨询，国际经济咨询，企业管理咨询。				

企业名称	上海中邑投资管理咨询有限公司				
企业地址	上海市浦东新区陆家嘴东路 166 号 3106 室（200120）				
投资总额	10 万 RMB	电话	68419699	传真	68419399
设立日期	2007-12-3	负责人	陈锦传		
主营业务	投资管理咨询，市场营销策划，企业形象设计，管理咨询，经济咨询。				

企业名称	稳顺通信技术咨询（上海）有限公司				
企业地址	上海市崇明县长江农场长江大街 260 号 6 幢 309 室（202178）				
投资总额	100 万 USD	电话	51506101	传真	51506101
设立日期	2007-11-30	负责人	朱 擎		
主营业务	计算机网络集成系统的设计、安装、调试、维护，提供技术咨询和服务。				

企业名称	宽德工程设计咨询（上海）有限公司				
企业地址	上海市浦东新区商城路 800 号斯米克大厦 1417C 室（200122）				
投资总额	16 万 USD	电话	58355322	传真	58356311
设立日期	2007-11-30	负责人	CHWEE CHAY LEE		
主营业务	建筑工程设计咨询，建筑工程项目管理咨询，投资咨询。				

企业名称	修曼（上海）商务咨询有限公司				
企业地址	上海市静安区南京西路 881 号 1111 室（200041）				
投资总额	15 万 USD	电话	63013399	传真	63017052
设立日期	2007-11-29	负责人	桑原加鹤子		
主营业务	商务咨询，投资咨询，企业管理咨询，企业营销策划，企业形象策划。				

企业名称	富茂（上海）投资咨询有限公司				
企业地址	上海市浦东新区高桥江东路 2200 号 111 室（200137）				
投资总额	14 万 USD	电话	28901319	传真	68671088
设立日期	2007-11-28	负责人	邵倩如		
主营业务	投资咨询，投资管理咨询，企业管理咨询，商务信息咨询，营销策划。				

企业名称	合谐企业管理咨询（上海）有限公司				
企业地址	上海市黄浦区九江路 399 号 2 楼 C15 室（200001）				
投资总额	15 万 USD	电话	51708530	传真	51708541
设立日期	2007-11-28	负责人	董峰豪		
主营业务	企业管理咨询、商务咨询，投资咨询，贸易信息咨询。				

企业名称	升福商务咨询（上海）有限公司				
企业地址	上海市四平路 188 号 11 楼 03 室（200086）				
投资总额	14 万 USD	电话	65077389	传真	65077390
设立日期	2007-11-27	负责人	KLAUS ERNST NOSNER		
主营业务	商务咨询，投资咨询，企业管理咨询。				

企业名称	科誉高瞻融资租赁（中国）有限公司				
企业地址	上海市浦东新区张杨路 828 号 26D08 室（200120）				
投资总额	2000USD	电话	68883969	传真	68883963
设立日期	2007-11-23	负责人	JAMES ADAM DAVIDSON		
主营业务	融资租赁业务,租赁业务,购买租赁财产,租赁财产残值处理及维修。				

企业名称	鲁特投资咨询（上海）有限公司				
企业地址	上海市张江高科技园区龙东大道 2500 号 F 楼 241 室（201203）				
投资总额	478 万 USD	电话	58775990	传真	58767238
设立日期	2007-11-23	负责人	李曙军		
主营业务	投资咨询，投资管理咨询，商务咨询（涉及行政许可的凭许可证经营）。				

企业名称	弘远企业管理咨询（上海）有限公司				
企业地址	上海市长宁区番禺路 390 号 20H 室（200052）				
投资总额	4 万 USD	电话	62943831	传真	62943831
设立日期	2007-11-23	负责人	YOON HYUNG KUN		
主营业务	企业管理咨询，企业形象策划，营销策划，商务咨询，产品外观设计。				

企业名称	美耐特企业管理咨询（上海）有限公司				
企业地址	上海市静安区南苏州路 1455 号 2 号楼 2213 室（200041）				
投资总额	15 万 USD	电话	61201082	传真	61201081
设立日期	2007-11-23	负责人	LEUNG KENNETH KA KEUNG		
主营业务	企业管理咨询，健康和医疗信息咨询，投资咨询，国际经济贸易咨询。				

企业名称	力讯工程咨询（上海）有限公司				
企业地址	上海市静安区康定路 358 号 11 幢 106 室（200041）				
投资总额	16 万 USD	电话	61377218	传真	61377218
设立日期	2007-11-22	负责人	刘言永思		
主营业务	工程咨询、建筑设计咨询、装潢设计咨询、投资咨询、企业管理咨询。				

企业名称	携浚管理咨询（上海）有限公司				
企业地址	上海市浦东新区世纪大道 88 号金茂大厦 3160 室（200120）				
投资总额	14 万 USD	电话	28909837	传真	28909187
设立日期	2007-11-22	负责人	DIMITRY G. DUTILLEUX		
主营业务	投资咨询，贸易信息咨询，商务咨询，企业管理咨询，船舶技术咨询。				

企业名称	华希商务咨询（上海）有限公司				
企业地址	上海市长宁区遵义路 227 号 604 室（200051）				
投资总额	5 万欧元	电话	62338180	传真	62283253
设立日期	2007-11-22	负责人	ADEMIS GEORGIOS		
主营业务	商务咨询，投资咨询，企业管理咨询，国际经济信息咨询，市场策划。				

企业名称	领辉（上海）投资咨询有限公司				
企业地址	上海市金山区朱泾镇万联村 3023 号（201500）				
投资总额	220 万 USD	电话	62957773	传真	62959995
设立日期	2007-11-21	负责人	金琴珠		
主营业务	投资咨询，企业管理咨询，环保、科技信息咨询。				

企业名称	迈酷威投资咨询（上海）有限公司				
企业地址	上海市闵行区吴中路 1375 号 1 幢 306 室（201103）				
投资总额	50 万 USD	电话	64477537	传真	64477930
设立日期	2007-11-21	负责人	LAM ALLAN SHU CHEUK		
主营业务	数字影院投资咨询，多媒体信息咨询，音视频技术咨询，商务咨询。				

企业名称	摩宝乐（上海）商务咨询有限公司				
企业地址	上海市虹口区华路 9 号 1405 室（200083）				
投资总额	14 万 USD	电话	56301728	传真	56301866
设立日期	2007-11-21	负责人	WONG WENG KUNG		
主营业务	商务咨询，国际经济，科技，环保咨询，管理咨询，计算机信息咨询。				

企业名称	世邦魏理仕投资管理咨询（上海）有限公司				
企业地址	上海市静安区南京西路 1266 号 6503、6504、6505 室（200041）				
投资总额	14 万 USD	电　话	61376135	传　真	58353500
设立日期	2007-11-21	负 责 人	ZHOU　HAO		
主营业务	投资咨询，企业管理咨询，贸易信息咨询，科技咨询及房地产信息咨询。				

企业名称	豪斯（上海）商务咨询有限公司				
企业地址	上海市天钥桥路 333 号 2603H 室（200030）				
投资总额	10 万 USD	电　话	51696006	传　真	68868021
设立日期	2007-11-21	负 责 人	ALAN J. MACKAY		
主营业务	商务咨询，企业管理咨询，科技信息咨询，投资信息咨询。				

企业名称	安特盛投资咨询（上海）有限公司				
企业地址	上海市闵行区光华路 2118 号第 3 幢 620 室（201111）				
投资总额	15 万 USD	电　话	52981634	传　真	52981330
设立日期	2007-11-21	负 责 人	YUN ROGER WU		
主营业务	投资咨询，企业管理咨询，投资管理咨询，商务咨询，企业形象策划。				

企业名称	联车商务咨询（上海）有限公司				
企业地址	上海市虹口区曲阳路 1 号 12 楼 C1202 室（200081）				
投资总额	10 万 USD	电　话	61079255	传　真	61070840
设立日期	2007-11-20	负 责 人	李　斌		
主营业务	商务咨询，投资咨询，企业管理咨询，市场营销咨询，国际经济咨询。				

企业名称	斯构莫尼建筑设计咨询（上海）有限公司				
企业地址	上海市静安区昌平路 68 号 3 幢 608 室（200041）				
投资总额	12 万欧元	电　话	52284600	传　真	52284605
设立日期	2007-11-20	负 责 人	FRANCOIS-XAVIER　MARIE　MENU		
主营业务	建筑设计咨询，建筑项目管理咨询，建筑材料信息咨询，景观设计咨询。				

企业名称	权亚商务咨询（上海）有限公司				
企业地址	上海市虹口区天宝路 80 号 303 室（200086）				
投资总额	28 万 RMB	电　话	65163415	传　真	65163415
设立日期	2007-11-20	负 责 人	G.DE HANOT DHARTOY		
主营业务	商务咨询，企业管理咨询（涉及行政许可的凭许可证经营）。				

企业名称	好优投资咨询（上海）有限公司				
企业地址	上海市静安区新闸路 831 号 14H 室（200041）				
投资总额	14 万 USD	电　话	62877779	传　真	62877717
设立日期	2007-11-19	负 责 人	BRIAN WHITEMAN MCKINSTRY		
主营业务	投资咨询，企业管理咨询，商务咨询，经济信息咨询，企业登记代理。				

企业名称	斯丽弗（上海）商务咨询有限公司				
企业地址	上海市静安区北京西路 1701 号 1208 室（200040）				
投资总额	25 万欧元	电　话	58882185	传　真	62887019
设立日期	2007-11-19	负 责 人	STEVEN　WILLEM　VEENENDAAL		
主营业务	商务咨询（涉及行政许可的凭许可证件经营）。				

企业名称	东灿商务咨询（上海）有限公司				
企业地址	上海市静安区陕西北路 457 号 9 号幢 109 室（200041）				
投资总额	5 万欧元	电　话	61418426	传　真	61418485
设立日期	2007-11-19	负 责 人	廖宜国		
主营业务	商务咨询，投资咨询，国际贸易信息咨询，企业管理咨询。				

企业名称	毅登园（上海）商务咨询有限公司				
企业地址	上海市卢湾区淮海中路 222 号 2806-2807 室（200021）				
投资总额	80 万 RMB	电　话	53966580	传　真	53966589
设立日期	2007-11-19	负 责 人	方仁宙		
主营业务	商务咨询，企业管理咨询，投资咨询（涉及行政许可的凭许可证经营）。				

企业名称	耐迅（上海）商务咨询有限公司				
企业地址	上海市静安区新闸路 831 号 20 层 B 室（200041）				
投资总额	40 万 RMB	电　话	52289625	传　真	52289626
设立日期	2007-11-19	负 责 人	AXEL　DOUCHIN		
主营业务	商务咨询，投资咨询，企业管理咨询，经济信息咨询，科技技术咨询。				

企业名称	方兴地产投资管理（上海）有限公司				
企业地址	上海市广灵四路 110-120 号 1 幢 305 室（200000）				
投资总额	800 万 USD	电　话	63352754	传　真	63352729
设立日期	2007-11-15	负 责 人	李雪花		
主营业务	提供经营决策和管理咨询，财务管理咨询，协助或代理采购及咨询。				

企业名称	杜日菲商务咨询（上海）有限公司				
企业地址	上海市长宁区中山西路 933 号 2516 室（200051）				
投资总额	3 万 USD	电　话	51709157	传　真	51709157
设立日期	2007-11-15	负 责 人	SAMEER KALIA		
主营业务	商务咨询，企业管理咨询，投资咨询（涉及行政许可的凭许可证经营）。				

企业名称	上海康毅投资咨询有限公司				
企业地址	上海市闵行区庙泾路 66 号 1224 室（201100）				
投资总额	190 万 USD	电　话	64640538	传　真	64640410
设立日期	2007-11-15	负 责 人	谭文山		
主营业务	实业投资咨询，商务咨询，企业管理咨询，酒店管理咨询，项目咨询。				

企业名称	盛运彩华企业管理咨询（上海）有限公司				
企业地址	上海市闵行区光华路 2118 号 6 幢 1237 室（201111）				
投资总额	14 万 USD	电　话	62728926	传　真	62728926
设立日期	2007-11-14	负 责 人	MASAAKI AKIYAMA		
主营业务	企业管理咨询，投资管理咨询，商务咨询，经济信息咨询，贸易咨询。				

企业名称	才馥投资管理咨询（上海）有限公司				
企业地址	上海市闵行区黎安路 1609 号 2 幢（201100）				
投资总额	10 万 USD	电　话	62361169	传　真	62361535
设立日期	2007-11-14	负 责 人	徐鸿模		
主营业务	投资管理咨询，企业管理咨询，经济咨询，企业形象策划、营销策划。				

企业名称	御略（上海）创意咨询有限公司				
企业地址	上海市浦东新区杨高北路 528 号 14 幢 3059 室（200137）				
投资总额	30 万 USD	电　话	64433771	传　真	64430225
设立日期	2007-11-13	负 责 人	徐庆光		
主营业务	创意产业咨询，商务咨询，企业管理咨询，品牌管理咨询，营销策划。				

企业名称	威萌投资咨询（上海）有限公司				
企业地址	上海市浦东新区梅花路 281 号 3 楼 D330 室（200213）				
投资总额	50 万 USD	电　话	63321575	传　真	63321575
设立日期	2007-11-13	负 责 人	王李美玲		
主营业务	投资咨询，企业管理咨询，经济信息咨询，科技信息咨询，商务咨询。				

企业名称	毅襄管理咨询（上海）有限公司				
企业地址	上海市张江高科技园区蔡伦路 333 号 2 号楼（D）楼 201 室（201203）				
投资总额	25 万港币	电　话	50793962	传　真	50793962
设立日期	2007-11-12	负 责 人	万碧汝		
主营业务	企业管理咨询，教育信息咨询，投资咨询，商务咨询。				

企业名称	安铂瑞创业投资管理（上海）有限公司				
企业地址	上海市闸北区老沪太路 202 号 204 弄 1 号 705 室（200070）				
投资总额	20 万 USD	电　话	63350918	传　真	63350928
设立日期	2007-11-12	负 责 人	MULLEN EDWARD VERNON		
主营业务	受托管理创业投资资本，投资咨询及相关业务。				

企业名称	赞盟（上海）投资咨询有限公司				
企业地址	上海市江场三路 238 号 1020、1021（200436）				
投资总额	10 万 USD	电　话	60951868	传　真	56652318
设立日期	2007-11-12	负 责 人	ALTUN MUHARREM ALP		
主营业务	投资咨询，国际经济咨询，企业策划咨询，企业管理咨询，贸易咨询。				

企业名称	八达会展（上海）有限公司				
企业地址	上海市静安区西康路 223 号 417 室（200041）				
投资总额	20 万澳元	电　话	53825303	传　真	63865197
设立日期	2007-11-9	负 责 人	DAVID GEN CAI LI		
主营业务	在中国境内主办、承办各类经济技术展览会和会议,在境外举办会议。				

企业名称	上海博亚信息咨询有限公司				
企业地址	上海市静安区北京西路 1701 号 705 室（200040）				
投资总额	50 万 RMB	电　话	62884953	传　真	62884965
设立日期	2007-11-9	负 责 人	PIERRE BAUDRY		
主营业务	贸易信息咨询，商务信息咨询，展览设计及信息咨询，投资信息咨询。				

企业名称	上海埃绮凯祺建筑设计咨询有限公司				
企业地址	上海市万航渡路 767 弄 43 号 5 号楼 3 楼 F56 室（200042）				
投资总额	100 万 RMB	电　话	52527108	传　真	52522475
设立日期	2007-11-9	负 责 人	胡　平		
主营业务	建筑设计咨询，室内设计咨询，景观设计咨询，家具设计咨询。				

企业名称	上海德材凯莱投资咨询有限公司				
企业地址	上海市黄浦区延安东路222号37楼9室（200001）				
投资总额	135万USD	电话	33130809	传真	63351899
设立日期	2007-11-8	负责人	JAN BUCK-EMDEN		
主营业务	投资咨询，商务咨询，营销策划咨询，企业管理咨询。				

企业名称	星光芸集（上海）商务咨询有限公司				
企业地址	上海市长宁区华山路1568号1003室（200052）				
投资总额	14万USD	电话	52589330	传真	52589330
设立日期	2007-11-8	负责人	崔震东		
主营业务	企业管理咨询，商务咨询，财务咨询，市场营销策划。				

企业名称	泰尔盟（上海）商务咨询有限公司				
企业地址	上海市闵行区宜山路1618号综合楼840室（201103）				
投资总额	14万USD	电话	54864120	传真	54864149
设立日期	2007-11-7	负责人	林扬程		
主营业务	商务咨询，投资咨询，管理咨询，企业形象策划，信息科技咨询。				

企业名称	林伟贤企业管理咨询（上海）有限公司				
企业地址	上海市长宁区延安西路1228弄2号23A室（200052）				
投资总额	11万USD	电话	62806363	传真	52585850
设立日期	2007-11-7	负责人	林伟贤		
主营业务	企业管理咨询，教育管理咨询，商务咨询，企业形象策划，营销咨询。				

企业名称	竺坊建筑设计咨询（上海）有限公司				
企业地址	上海市虹口区新市南路585号303室（200434）				
投资总额	110万港币	电话	61919800	传真	61919811
设立日期	2007-11-6	负责人	谢家贤		
主营业务	建筑设计咨询，室内设计咨询，建筑、室内装饰项目管理咨询。				

企业名称	上海西凯华顿教育信息咨询有限公司				
企业地址	上海市灵石路709号71幢106室（200072）				
投资总额	14万USD	电话	56035049	传真	56651026
设立日期	2007-11-6	负责人	杨玉莹		
主营业务	教育信息咨询，教育管理咨询，商务咨询，投资咨询，企业管理咨询。				

企业名称	马克西姆广告（上海）有限公司				
企业地址	上海市浦东新区世纪大道88号金茂大厦3111室（200120）				
投资总额	14万USD	电话	28909693	传真	
设立日期	2007-11-6	负责人	EMILE REINIER MAC GILLAVRY		
主营业务	设计、制作、发布、代理国内外各类广告，并提供相关咨询服务。				

企业名称	上海信铭投资咨询有限公司				
企业地址	上海市宜山路705号C座1102D室（200233）				
投资总额	2000万RMB	电话	54259635	传真	54259635
设立日期	2007-11-6	负责人	方麒麟		
主营业务	商务咨询，投资咨询，企业管理咨询（涉及行政许可的凭许可证经营）。				

企业名称	奥娱管理咨询（上海）有限公司				
企业地址	上海市长宁区天山路600弄2号2B2室（200051）				
投资总额	20万USD	电话	62370018	传真	62372998
设立日期	2007-11-5	负责人	陈伟能		
主营业务	企业管理咨询，投资咨询，经济咨询，企业形象策划咨询，房地产咨询。				

企业名称	联强国际（中国）投资有限公司				
企业地址	上海市长宁区广顺路33号3栋306室（200335）				
投资总额	3000万USD	电话	52355696	传真	52355336
设立日期	2007-11-5	负责人	杜书伍		
主营业务	在国家允许外商投资的领域依法进行投资,向其所投资企业提供服务。				

企业名称	捷鸿（上海）投资咨询有限公司				
企业地址	上海市静安区南京西路1038号1809室（200041）				
投资总额	4万USD	电话	62172552	传真	62173742
设立日期	2007-11-5	负责人	WANG GANG		
主营业务	商务咨询，投资咨询（涉及行政许可的凭许可证经营）。				

企业名称	康可项目管理咨询（上海）有限公司				
企业地址	上海市卢湾区复兴中路1号申能大厦1004室（200021）				
投资总额	10万USD	电话	63900033	传真	63919023
设立日期	2007-11-2	负责人	JOACHIM U.ROHN		
主营业务	工程、建筑等项目管理咨询，房地产业咨询，企业管理咨询，经济咨询。				

企业名称	别滋商务咨询（上海）有限公司				
企业地址	上海市虹口区四川北路1688号804室（200080）				
投资总额	20万RMB	电话	63240915	传真	
设立日期	2007-11-2	负责人	WILSON NDUBUISI EBELIDE		
主营业务	商务咨询，企业管理咨询，投资咨询（涉及行政许可的凭许可证经营）。				

企业名称	启通医药技术咨询（上海）有限公司				
企业地址	上海市静安区南京西路699号东方众鑫大厦1505-1506室（200041）				
投资总额	100万RMB	电话	52110772	传真	52110317
设立日期	2007-11-2	负责人	马 捷		
主营业务	药物的研发咨询及相关技术服务，医疗器械的研发咨询及相关技术服务。				

企业名称	太好商业管理咨询服务（上海）有限公司				
企业地址	上海市虹漕路39号4号楼第三层（200232）				
投资总额	250万USD	电话	61613361	传真	61613398
设立日期	2007-11-1	负责人	于日江		
主营业务	企业管理咨询，商务咨询，投资咨询，企业形象策划，营销策划咨询。				

企业名称	柏威年（上海）投资管理有限公司				
企业地址	上海市静安区南京西路1266号恒隆广场57层5707A室（200041）				
投资总额	501万USD	电话	62887038	传真	62887037
设立日期	2007-11-1	负责人	LIM SIEW CHOON		
主营业务	受母公司委托向其所投资的公司提供各种领域的投资管理和咨询服务。				

企业名称	一擎餐饮管理咨询（上海）有限公司				
企业地址	上海市卢湾区局门路649号1号楼3019室（200023）				
投资总额	10万USD	电话	54042395	传真	54042395
设立日期	2007-10-31	负责人	蒋文政		
主营业务	餐饮管理咨询（涉及行政许可的凭许可证经营）。				

企业名称	波特曼（上海）投资顾问有限公司				
企业地址	上海市静安区南京西路1376号上海商城804室（200041）				
投资总额	14万USD	电话	62798926	传真	62798936
设立日期	2007-10-29	负责人	JOHN C. PORTMAN JR		
主营业务	商务咨询，投资咨询，市场营销咨询，房地产咨询，企业管理咨询。				

企业名称	威华投资咨询（上海）有限公司				
企业地址	上海市浦东新区银城中路168号2209-2210室（200120）				
投资总额	10万USD	电话	38657197	传真	
设立日期	2007-10-29	负责人	LEE CHOON CHIN		
主营业务	投资咨询，投资管理咨询，企业管理咨询，经济信息咨询，商务咨询。				

企业名称	三梓建筑设计咨询（上海）有限公司				
企业地址	上海市浦东新区杨高北路528号14幢3076室（200137）				
投资总额	10万USD	电话		传真	
设立日期	2007-10-25	负责人	黄惠美		
主营业务	建筑设计咨询、工程管理咨询、室内设计咨询、建筑景观设计咨询。				

企业名称	上海联盛企业管理咨询有限公司				
企业地址	上海市闵行区剑川路951号综合业务楼1层1039室（200245）				
投资总额	100万USD	电话	33582998	传真	33582196
设立日期	2007-10-24	负责人	吴建超		
主营业务	企业管理咨询，市场营销服务咨询，财务管理咨询，信息服务咨询。				

企业名称	水有吉夫投资管理咨询（上海）有限公司				
企业地址	上海市虹口区横浜路123弄1号220室（200080）				
投资总额	14万USD	电话	51280209	传真	51280209
设立日期	2007-10-24	负责人	YANG YUANWU JEFF		
主营业务	国际经济信息咨询，贸易信息咨询，环保信息咨询，科技信息咨询。				

企业名称	新狮城广告（上海）有限公司				
企业地址	上海市静安区成都北路333号招商局广场北楼702室（200041）				
投资总额	14万USD	电话	68868021	传真	68868021
设立日期	2007-10-24	负责人	LEO GOH HOON KING		
主营业务	设计、制作、发布、代理国内外各类广告，市场、公共关系活动策划。				

企业名称	通快管理咨询（上海）有限公司				
企业地址	上海市卢湾区淮海中路398号7楼H座（200020）				
投资总额	250万RMB	电话	62490055	传真	62881636
设立日期	2007-10-24	负责人	PETER LEIBINGER		
主营业务	投资咨询、企业管理咨询（涉及行政许可的凭许可证经营）。				

企业名称	**新道信游乐场设计咨询（上海）有限公司**				
企业地址	上海市静安区南京西路580号主楼3301室（200041）				
投资总额	14万USD	电　话	52289772	传　真	52289773
设立日期	2007-10-23	负责人	RENATO FRANCESCHELLI		
主营业务	游乐场设计咨询，建筑设计咨询，工程管理咨询，环境景观设计咨询。				

企业名称	**苏尔赫普教育信息咨询（上海）有限公司**				
企业地址	上海市崇明县城桥镇官山路2号3幢B区2038室（202150）				
投资总额	1.5万USD	电　话	64861929	传　真	64694021
设立日期	2007-10-22	负责人	许金屯		
主营业务	教育信息咨询，企业管理咨询，健康保健咨询。				

企业名称	**上海礼兰图文设计有限公司**				
企业地址	上海市中兴路494号8幢311室（200071）				
投资总额	20万USD	电　话	56909589	传　真	56909589
设立日期	2007-10-19	负责人	李幼乔		
主营业务	数码图文设计，摄影器材的技术咨询、技术服务。				

企业名称	**沃伦设计（上海）有限公司**				
企业地址	上海市静安区西康路300号1607-1608室（200041）				
投资总额	25万USD	电　话	62888844	传　真	62888844
设立日期	2007-10-19	负责人	KAI ROBERT WORRELL		
主营业务	电动工具、仪器仪表设计，平面设计，环境空间设计，软件界面设计。				

企业名称	**迪道建筑设计咨询（上海）有限公司**				
企业地址	上海市黄浦区普育东路7号402室（200011）				
投资总额	7万USD	电　话	63212909	传　真	63218262
设立日期	2007-10-19	负责人	HENRIK　VALEUR		
主营业务	建筑设计咨询，景观工程设计咨询，环境设计咨询，展览展示策划咨询。				

企业名称	**菲德勒寰宇环境工程技术（上海）有限公司**				
企业地址	上海市普陀区宁夏路201号6层（200061）				
投资总额	15万USD	电　话	50460658	传　真	50460355
设立日期	2007-10-19	负责人	KOH KIAN KIONG		
主营业务	环保工程技术咨询服务，从事环保设备及产品批发、佣金代理、进出口。				

企业名称	**希迪峰投资咨询（上海）有限公司**				
企业地址	上海市静安区乌鲁木齐北路458号607室（200040）				
投资总额	30万USD	电　话	62499890	传　真	62499891
设立日期	2007-10-18	负责人	陈伟康		
主营业务	投资咨询，企业管理咨询，商务咨询，营销策划咨询，经贸信息咨询。				

企业名称	**好人生管理咨询（上海）有限公司**				
企业地址	上海市徐汇区漕溪北路398号汇智大厦1901室（200030）				
投资总额	100万USD	电　话	33688626	传　真	33688669
设立日期	2007-10-18	负责人	汤文巍		
主营业务	商务信息咨询，投资咨询，贸易咨询，企业管理咨询，经济信息咨询。				

企业名称	**上海光雅珠宝设计有限公司**				
企业地址	上海市浦东新区金海路3288号4幢403室（200122）				
投资总额	50万RMB	电　话	58776331	传　真	58776332
设立日期	2007-10-18	负责人	王世荧		
主营业务	珠宝、工艺礼品的设计、加工，销售产品，企业形象设计，展台设计。				

企业名称	**科德宝企业管理（上海）有限公司**				
企业地址	上海市浦东新区浦东大道720号24楼M室（200120）				
投资总额	200万USD	电　话	32260077	传　真	52581958
设立日期	2007-10-17	负责人	HANNO D.WENTZLER		
主营业务	提供投资及经营决策服务,市场营销服务；资金运作及财务管理服务。				

企业名称	**毅智教育信息咨询（上海）有限公司**				
企业地址	上海市辛耕路133号1号楼5楼02、03、05室（200030）				
投资总额	20万USD	电　话	4008806778	传　真	52136282
设立日期	2007-10-17	负责人	郑毓芬		
主营业务	教育管理咨询，教育信息咨询，企业管理咨询，商务咨询。				

企业名称	**海铭（上海）投资咨询有限公司**				
企业地址	上海市静安区延安中路1440号509室（200040）				
投资总额	14万USD	电　话	61331878	传　真	61331879
设立日期	2007-10-17	负责人	CHIA YIH WOEI		
主营业务	商务咨询，投资咨询，企业管理咨询，国际经济信息咨询，科技咨询。				

企业名称	**立瑞投资咨询（上海）有限公司**				
企业地址	上海市宜山路829号6幢518室（200235）				
投资总额	15万USD	电　话	63400583	传　真	63400583
设立日期	2007-10-17	负责人	刘若涵		
主营业务	投资咨询，企业管理咨询，贸易信息咨询，商务咨询，教育管理咨询。				

企业名称	**贝勒（上海）商务咨询有限公司**				
企业地址	上海市长宁区遵义路100号B栋1809室（200051）				
投资总额	15万欧元	电　话	62372886	传　真	62372816
设立日期	2007-10-17	负责人	FRÉDÉRIC NALIS		
主营业务	提供商务咨询服务（涉及行政许可的凭许可证经营）。				

企业名称	**上海宏实信息咨询有限公司**				
企业地址	上海市普陀区中山北路2911号1205室（200063）				
投资总额	750万港币	电　话	62512719	传　真	62513671
设立日期	2007-10-16	负责人	陈　松		
主营业务	商务咨询，汽车信息技术咨询服务，企业管理咨询及相关管理软件开发。				

企业名称	**英皇投资管理咨询（上海）有限公司**				
企业地址	上海市虹口区通州路69号123室（200080）				
投资总额	50万港币	电　话	60905369	传　真	60905366
设立日期	2007-10-15	负责人	黄志英		
主营业务	投资管理咨询，商务咨询，经济信息咨询，会务咨询，企业管理咨询。				

企业名称	**爱浦威（上海）商务咨询有限公司**				
企业地址	上海市卢湾区复兴中路1号申能国际大厦1406A室（200021）				
投资总额	7万USD	电　话	52136393	传　真	52136395
设立日期	2007-10-15	负责人	DIEDE JURN VAN LAMOEN		
主营业务	商务咨询，企业管理咨询，项目策划管理咨询，企业形象设计咨询。				

企业名称	**上海均兴投资咨询有限公司**				
企业地址	上海市沪太路453弄65号第3幢411室（200435）				
投资总额	100万USD	电　话	52413219	传　真	52413219
设立日期	2007-10-15	负责人	岑兆麟		
主营业务	投资咨询，商务咨询，企业管理咨询，市场营销咨询。				

企业名称	**幕迪建筑设计咨询（上海）有限公司**				
企业地址	上海市光复路1号403室（200070）				
投资总额	10万USD	电　话		传　真	
设立日期	2007-10-15	负责人	RALF ROLAND DR WINKLER		
主营业务	建筑设计咨询、装潢设计咨询、室内设计咨询、装饰品设计咨询。				

企业名称	**上海德豪众信商务咨询有限公司**				
企业地址	上海市嘉定工业区叶城路1411号第3幢2112室（201821）				
投资总额	100万RMB	电　话	63609966	传　真	63609079
设立日期	2007-10-15	负责人	周正云		
主营业务	财务咨询，投资咨询，商务咨询（涉及行政许可的凭许可证经营）。				

企业名称	**上海阜登管理咨询有限公司**				
企业地址	上海市静安区武定路881号8幢416室（200041）				
投资总额	49.6万新元	电　话	61331903	传　真	61331978
设立日期	2007-10-12	负责人	詹　文		
主营业务	企业管理咨询，商务咨询，投资咨询，国际经济咨询，市场信息咨询。				

企业名称	**珍兴商务咨询（上海）有限公司**				
企业地址	上海市虹口区新市南路585号308室（200434）				
投资总额	80万USD	电　话	55155100	传　真	55155100
设立日期	2007-10-10	负责人	TAN TIEN HIN WINSTON		
主营业务	投资咨询，商务咨询，信息咨询，企业管理咨询，财务管理咨询。				

企业名称	**戈朗（上海）海事技术咨询有限公司**				
企业地址	上海市浦东新区金桥路2446号6楼D座2室（201206）				
投资总额	40万USD	电　话	61068101	传　真	61068111
设立日期	2007-10-10	负责人	DAVID WEI HUA WU		
主营业务	海事工程装备技术和维修咨询，海事工程项目管理咨询，商务咨询。				

企业名称	**创意科影视设备租赁（上海）有限公司**				
企业地址	上海市静安区陕西北路457号9号幢226室（200040）				
投资总额	28万英镑	电　话	66958661	传　真	66951328
设立日期	2007-10-9	负责人	CHARLES WHITTOCK		
主营业务	多媒体、灯光照明、音响、影视和舞台设备的租赁和安装,提供技术服务。				

企业名称	裕利安怡信息咨询（上海）有限公司				
企业地址	上海市浦东新区世纪大道 88 号 2505A 室（200120）				
投资总额	20 万 USD	电　话	50474750	传　真	
设立日期	2007-10-8	负责人	HENNING JOACHIM SIESS		
主营业务	企业信用信息咨询，国际经济信息咨询，投资咨询和企业管理咨询。				

企业名称	上海弘理创业投资管理有限公司				
企业地址	上海市杨浦区翔殷路 128 号 1 号楼 D 座 211-213 室（200433）				
投资总额	5000 万 RMB	电　话	51613905	传　真	51613907
设立日期	2007-10-8	负责人	上官晓华		
主营业务	受托管理和经营创业投资企业的创业资本,投资咨询。				

企业名称	上海名昕投资管理咨询有限公司				
企业地址	上海市黄浦区傅家街 65 号南楼 321 室（200001）				
投资总额	100 万 USD	电　话	68419699	传　真	68419399
设立日期	2007-9-30	负责人	陈名捷		
主营业务	投资管理咨询、市场营销策划、企业形象设计、管理咨询、经济咨询。				

企业名称	意泽利投资咨询（上海）有限公司				
企业地址	上海市长乐路 989 号 3606B 室（200031）				
投资总额	10 万欧元	电　话	60909778	传　真	60909780
设立日期	2007-9-30	负责人	FRANCESCO SALUTO		
主营业务	商务咨询、投资咨询（涉及行政许可的凭许可证经营）。				

企业名称	信秀纺织品技术咨询（上海）有限公司				
企业地址	上海市长宁区延安西路 2299 号 05A12 室（200336）				
投资总额	300 万日元	电　话	62361205	传　真	62361599
设立日期	2007-9-30	负责人	岩濑信幸		
主营业务	纺织品领域内的技术咨询服务（涉及行政许可的凭许可证经营）。				

企业名称	世德南化投资管理（上海）有限公司				
企业地址	上海市静安区南京西路 1038 号梅陇镇广场 2201 室（200041）				
投资总额	200 万 USD	电　话	62189556	传　真	62184491
设立日期	2007-9-29	负责人	GUNTER ANTON VON AU		
主营业务	提供投资管理和咨询服务，经营决策服务，市场咨询与市场营销服务。				

企业名称	上海浩富投资管理顾问有限公司				
企业地址	上海市浦东新区世纪大道 88 号 3903 室（200120）				
投资总额	14 万 USD	电　话	63618686	传　真	63557378
设立日期	2007-9-29	负责人	黄奂川		
主营业务	投资管理咨询，商务信息咨询，市场营销策划。				

企业名称	钧锋投资管理咨询（上海）有限公司				
企业地址	上海市崇明县堡镇堡港路 109 号 6 幢 113 室（202150）				
投资总额	500 万 RMB	电　话	52981336	传　真	52981336
设立日期	2007-9-28	负责人	陈湘义		
主营业务	投资咨询，投资管理咨询服务（涉及行政许可的，凭许可证经营）。				

企业名称	新琢管理咨询（上海）有限公司				
企业地址	上海市静安区康定路 1147 号 6 栋 250P 室（200041）				
投资总额	50 万 RMB	电　话	51780363	传　真	
设立日期	2007-9-28	负责人	GOH TUAN KEONG		
主营业务	经贸信息咨询，投资咨询，商务咨询，财务咨询，企业管理咨询。				

企业名称	森芸艺术设计（上海）有限公司				
企业地址	上海市静安区大田路 129 弄 1 号 12B 室（200041）				
投资总额	2450 万日元	电　话	62183538	传　真	62183537
设立日期	2007-9-28	负责人	森田滋		
主营业务	美术品、艺术品设计，图书版面设计和咨询，图书出版物版权代理。				

企业名称	添平管理咨询（上海）有限公司				
企业地址	上海市浦东新区浦东大道 138 号 8 楼 F 座（200120）				
投资总额	12 万 USD	电　话	61058598	传　真	50470030
设立日期	2007-9-27	负责人	GLENN ROBERT DE SOUZA		
主营业务	商务管理咨询，财务管理咨询，企业管理咨询，营销咨询，科技咨询。				

企业名称	泛易商务咨询（上海）有限公司				
企业地址	上海市东湖路 20 号 603 室（200031）				
投资总额	14 万 USD	电　话	54046352	传　真	54046362
设立日期	2007-9-27	负责人	FRANCOIS MAURICE AMMAN		
主营业务	投资咨询、商务咨询、企业管理咨询、会务服务、企业营销策划。				

企业名称	上海昕萤商务咨询有限公司				
企业地址	上海市静安区昌平路 994 号 3 幢第 3 层（200041）				
投资总额	8 万 USD	电　话	62183377	传　真	
设立日期	2007-9-26	负责人	HOLGER ERDMANN METZGER		
主营业务	商务咨询，投资咨询，贸易咨询，管理咨询，营销策划，企业形象策划。				

企业名称	邱博投资（中国）有限公司				
企业地址	上海市徐汇区漕河泾工业园区桂平路 418 号兴园广场 7 楼（200233）				
投资总额	3000 万 USD	电　话	51758488	传　真	51758499
设立日期	2007-9-26	负责人	JEFFREY JEROME PROSINSKI		
主营业务	在国家允许外商投资的领域进行投资,向其所投资企业提供服务。				

企业名称	保华兴东投资管理咨询（上海）有限公司				
企业地址	上海市宜山路 900 号 1 幢 B507 室（200235）				
投资总额	101 万 USD	电　话	54235302	传　真	54235300
设立日期	2007-9-26	负责人	刘宏伟		
主营业务	企业管理咨询，投资管理咨询，工程管理咨询，房地产信息咨询。				

企业名称	澳克太特商务咨询（上海）有限公司				
企业地址	上海市静安区南京西路 1038 号 1608 室（200041）				
投资总额	14 万 USD	电　话	52289795	传　真	52289795
设立日期	2007-9-26	负责人	CLIVE ISENBERG		
主营业务	商务咨询，企业管理咨询，市场营销咨询，贸易咨询。				

企业名称	联碧德（上海）建筑设计咨询有限公司				
企业地址	上海市长宁区茅台路 1068 号 501 室（200336）				
投资总额	14 万 USD	电　话	33608589	传　真	
设立日期	2007-9-26	负责人	黄好甄		
主营业务	建筑设计咨询，商务信息咨询，科技咨询，房地产信息咨询。				

企业名称	日立建机租赁（中国）有限公司				
企业地址	上海市浦东新区莱阳路 2928 弄 30 号（200129）				
投资总额	2000 万 USD	电　话	58668686	传　真	58667942
设立日期	2007-9-25	负责人	坂井		
主营业务	融资租赁业务,租赁业务,购买租赁财产,租赁财产的残值处理及维修。				

企业名称	海帝（上海）投资咨询有限公司				
企业地址	上海市闵行区金都路 4299 号 4 幢 2 楼 10 室（201108）				
投资总额	15 万 USD	电　话	62969908	传　真	62969918
设立日期	2007-9-25	负责人	丁国才		
主营业务	投资咨询，商务咨询，建筑工程管理咨询，建筑设计咨询，技术咨询。				

企业名称	上海全能全方企业形象策划有限公司				
企业地址	上海市浦东新区杨高北路 528 号 14 幢 4057 室（200137）				
投资总额	15 万 USD	电　话	63181602	传　真	63500825
设立日期	2007-9-24	负责人	王　钧		
主营业务	企业形象专业策划，公关活动策划咨询，电脑图文设计，文化信息咨询。				

企业名称	上海柯如投资咨询有限公司				
企业地址	上海市嘉定区南翔镇丰北路 8 号第 1 幢 301 室（201802）				
投资总额	20 万 USD	电　话	58392742	传　真	58392742
设立日期	2007-9-21	负责人	NI LING KE		
主营业务	投资咨询、商务咨询、消防工程咨询（涉及行政许可的凭许可证经营）。				

企业名称	佳宏投资咨询（上海）有限公司				
企业地址	上海市张江高科技园区牛顿路 200 号 8 号 6 楼 G 室（201203）				
投资总额	30 万 USD	电　话	51086885	传　真	50801580
设立日期	2007-9-21	负责人	李云清		
主营业务	投资咨询，企业管理咨询，国际经济信息咨询，商务咨询。				

企业名称	美琪投资咨询（上海）有限公司				
企业地址	上海市闵行区光华路 2118 号第 3 幢 343 室（201111）				
投资总额	40 万 USD	电　话	64060530	传　真	64060530
设立日期	2007-9-21	负责人	TAN CLAUJEAN VICKY（陈美琪）		
主营业务	投资咨询，商务咨询，贸易信息咨询，经济信息咨询，企业管理咨询。				

企业名称	斯蜜街商务咨询（上海）有限公司				
企业地址	上海市杨浦区锦创路 20 号 1002 室（200433）				
投资总额	10 万 USD	电　话	65656533	传　真	
设立日期	2007-9-21	负责人	FRANKLIN JARTZEN YAO		
主营业务	商务咨询（涉及行政许可的凭许可证经营）。				

企业名称	**阿斯利康投资（中国）有限公司**				
企业地址	上海市生物医药基地研发 B 区哈雷路 898 弄 7 号（201203）				
投资总额	3000 万 USD	电　话	52564555	传　真	52925199
设立日期	2007-9-20	负 责 人	JAMES WARD-LILLEY		
主营业务	在国家允许外商投资的医药领域进行投资,向其所投资企业提供服务。				

企业名称	**慧艺坊（上海）商务咨询有限公司**				
企业地址	上海市浦东新区耀华路 215 号 2 幢 1 楼 B107 室（200126）				
投资总额	7 万 USD	电　话	62957111	传　真	62093425
设立日期	2007-9-19	负 责 人	LAU SHAO PHENG GRACE		
主营业务	企业商务公关策划咨询，商务信息咨询，项目投资咨询，会议展览咨询。				

企业名称	**览通（上海）企业咨询服务有限公司**				
企业地址	上海市黄浦区威海路 128 号一层 501-502 室（200001）				
投资总额	500 万 USD	电　话	52920305	传　真	52920320
设立日期	2007-9-19	负 责 人	周培培		
主营业务	企业管理咨询，投资咨询，商务咨询，商业信息咨询，国际经济咨询。				

企业名称	**安杰亚产品质量检测（上海）有限公司**				
企业地址	上海市闸北区广中西路 777 弄 12 号 3 楼（200072）				
投资总额	52.5 万 USD	电　话	36030861	传　真	36030863
设立日期	2007-9-19	负 责 人	WILHELM SCHUBERT		
主营业务	为欧洲市场和北美市场提供相关的检验、检测和检查服务。				

企业名称	**上海增辉投资管理咨询有限公司**				
企业地址	上海市闵行区虹梅路 3203 号 1 幢 113 室（201103）				
投资总额	150 万 USD	电　话	64065395	传　真	64065395
设立日期	2007-9-19	负 责 人	WANG CHI-CHEN		
主营业务	投资管理咨询，企业管理咨询，商务咨询，国际经济信息咨询。				

企业名称	**美育教育信息咨询（上海）有限公司**				
企业地址	上海市安福路 288 号 4 楼 403 室（200031）				
投资总额	150 万 USD	电　话	64264826	传　真	64264826
设立日期	2007-9-19	负 责 人	MARK WOODWORTH HARRIS		
主营业务	教育信息咨询，教育管理咨询，教育投资咨询，商务咨询，管理咨询。				

企业名称	**迪美奥商务咨询（上海）有限公司**				
企业地址	上海市静安区康定路 1147 号 9 栋 201 室（200041）				
投资总额	10 万 USD	电　话	61325111	传　真	61320988
设立日期	2007-9-19	负 责 人	方丽绢		
主营业务	商务咨询，物流咨询，企业管理咨询，投资咨询，企业形象策划。				

企业名称	**伽玛星企业管理咨询（上海）有限公司**				
企业地址	上海市广中西路 757 号 15 楼 1502 室（200070）				
投资总额	200 万 USD	电　话	61404252	传　真	61404252
设立日期	2007-9-18	负 责 人	胡明敏		
主营业务	从事医疗机构的管理咨询，投资咨询，商务咨询，市场营销咨询。				

企业名称	**上海海视商务咨询有限公司**				
企业地址	上海市虹口区天宝路 80 号 210 室（200086）				
投资总额	27 万 USD	电　话	65758044	传　真	65751074
设立日期	2007-9-18	负 责 人	KORBAN.ZIAD　RAFIC		
主营业务	商务咨询，投资咨询，商业信息咨询，国际经济信息咨询。				

企业名称	**上海海一商务咨询有限公司**				
企业地址	上海市虹口区天宝路 80 号 320 室（200086）				
投资总额	27 万 USD	电　话	63366777	传　真	63368777
设立日期	2007-9-18	负 责 人	KORBAN，ROULA LAURA ZIAD		
主营业务	商务咨询，投资咨询，商业信息咨询，国际经济信息咨询。				

企业名称	**艾仕百特企业管理咨询（上海）有限公司**				
企业地址	上海市卢湾区淮海中路 398 号世纪巴士大厦 22D 室部分（200021）				
投资总额	84 万 RMB	电　话	63855446	传　真	63858406
设立日期	2007-9-18	负 责 人	FRANK ELZINGA		
主营业务	企业管理咨询，国际经济咨询，商务咨询，投资咨询，市场营销策划。				

企业名称	**东急不动产咨询（上海）有限公司**				
企业地址	上海市中山东一路 12 号大楼第三幢四楼 419/421/423 室（200002）				
投资总额	3000 万日元	电　话	63230190	传　真	63230390
设立日期	2007-9-18	负 责 人	植村仁		
主营业务	房地产信息咨询，物业管理咨询，投资咨询，商务咨询，企业管理咨询。				

企业名称	**上海恒特斯管理咨询有限公司**				
企业地址	上海市浦东新区川沙路 450 号 303 室（200120）				
投资总额	90 万 USD	电　话	52289110	传　真	52286665
设立日期	2007-9-17	负 责 人	郑　峰		
主营业务	企业管理咨询，投资咨询，企业营销策划（不含广告）企业形象策划。				

企业名称	**创桥教育信息咨询（上海）有限公司**				
企业地址	上海市浦东新区浦东南路 1289 号 1012 室（200120）				
投资总额	30 万 USD	电　话	58367885	传　真	58777732
设立日期	2007-9-17	负 责 人	江　泊		
主营业务	教育信息咨询（涉及行政许可的凭许可证经营）。				

企业名称	**佳义设备租赁（上海）有限公司**				
企业地址	上海市普陀区常德路 1211 号 1010 室（200060）				
投资总额	150 万 USD	电　话	32212125	传　真	32212125
设立日期	2007-9-17	负 责 人	纪德旺		
主营业务	从事物流设备，仓储设备，办公设备的租赁,向国内外购买租赁财产。				

企业名称	**雅米罗（上海）营销咨询有限公司**				
企业地址	上海市长宁区中山西路 750 号 1 号楼 405 室（200051）				
投资总额	11.53USD	电　话	62291550	传　真	62296756
设立日期	2007-9-17	负 责 人	ODOARDO MARIA AMBROSO		
主营业务	营销咨询，营销策划，商务咨询，商业信息咨询。				

企业名称	**进亚（上海）商务咨询有限公司**				
企业地址	上海市静安区新闸路 831 号 11 楼 K 室（200041）				
投资总额	100 万港币	电　话	65288736	传　真	52286953
设立日期	2007-9-14	负 责 人	陈紫轩		
主营业务	商务咨询，投资咨询，企业管理咨询，营销策划咨询，经贸信息咨询。				

企业名称	**日瑞投资咨询（上海）有限公司**				
企业地址	上海市漕溪北路 18 号 25C 室（200030）				
投资总额	50 万 USD	电　话	64682223	传　真	64277366
设立日期	2007-9-14	负 责 人	陈宁生		
主营业务	投资咨询，企业管理咨询，市场营销策划，会展咨询，商务咨询。				

企业名称	**金榜商务咨询（上海）有限公司**				
企业地址	上海市卢湾区淮海中路 222 号力宝广场 2607-2608 室（200021）				
投资总额	500 万港币	电　话	53966639	传　真	53966063
设立日期	2007-9-13	负 责 人	包伟源		
主营业务	商务咨询，企业管理咨询，投资咨询，国际经济信息咨询。				

企业名称	**奥加史特（上海）投资咨询有限公司**				
企业地址	上海市浦东新区金明路 1000 号 4 幢 311 室（200126）				
投资总额	20 万 USD	电　话	58201815	传　真	58207033
设立日期	2007-9-13	负 责 人	林铭宏		
主营业务	投资咨询，企业管理咨询，财务管理咨询，贸易咨询，商务信息咨询。				

企业名称	**凯发水务环保工程设计（上海）有限公司**				
企业地址	上海市张江高科技园区居里路 99 号 2 楼（201203）				
投资总额	42 万 USD	电　话	50805118	传　真	50805128
设立日期	2007-9-13	负 责 人	TAN YU MING		
主营业务	市政工程设计和环境工程设计，提供上述业务技术服务及技术咨询。				

企业名称	**朱木投资咨询（上海）有限公司**				
企业地址	上海市闵行区宜山路 1618 号综合楼 832 室（201103）				
投资总额	40 万 USD	电　话	34240630	传　真	64685507
设立日期	2007-9-13	负 责 人	吴瑛瑛		
主营业务	投资咨询，企业管理咨询，企业形象策划，信息科技咨询，房地产咨询。				

企业名称	**上海民民创意咨询有限公司**				
企业地址	上海市浦东新区杨高北路 528 号 14 幢 3049 室（200137）				
投资总额	10 万 USD	电　话	63500821	传　真	63500825
设立日期	2007-9-13	负 责 人	包益民		
主营业务	创意产业咨询，品牌管理咨询，室内装饰设计咨询，服装服饰设计咨询。				

企业名称	**上海涌金华铱投资顾问有限公司**				
企业地址	上海市浦东新区海徐路 939 号 5 幢 122 室（200137）				
投资总额	110 万 RMB	电　话	62376696	传　真	62376696
设立日期	2007-9-13	负 责 人	沈正宁		
主营业务	投资管理咨询，经济信息咨询（涉及行政许可的凭许可证经营）。				

企业名称	梶本（上海）商务咨询有限公司				
企业地址	上海市卢湾区打浦路258弄1号201E室（200025）				
投资总额	14万USD	电话	63918118	传真	63918118
设立日期	2007-9-12	负责人	梶本真秀		
主营业务	展览展示服务咨询，礼仪服务咨询，会务服务咨询，各类商务咨询。				

企业名称	瑞域（上海）投资咨询有限公司				
企业地址	上海市黄浦区南京西路338号28层2806-07室（200001）				
投资总额	360万USD	电话	31330591	传真	31330599
设立日期	2007-9-11	负责人	刘永顺		
主营业务	商务咨询，企业管理咨询，经济咨询，冶金技术咨询，矿产投资咨询。				

企业名称	上海月湖文化传播有限公司				
企业地址	上海佘山国家旅游度假区林荫新路1158号（201602）				
投资总额	550万USD	电话	57798090	传真	57798089
设立日期	2007-9-11	负责人	曹日章		
主营业务	文化活动组织策划，企业形象设计咨询服务，企业管理咨询服务。				

企业名称	瑞笙包装设计（上海）有限公司				
企业地址	上海市龙华路2577号64幢（200232）				
投资总额	14万USD	电话	61249436	传真	61249437
设立日期	2007-9-11	负责人	THOMAS PETER BENEDICT FRATER		
主营业务	包装材料及包装设备的批发，进出口贸易,包装设计及产品信息咨询。				

企业名称	鼎合投资管理咨询（上海）有限公司				
企业地址	上海市长宁区延安西路728号15D-E座（200050）				
投资总额	30万USD	电话	52370022	传真	62375217
设立日期	2007-9-10	负责人	FENG YE		
主营业务	投资管理咨询（涉及行政许可的凭许可证经营）。				

企业名称	上海众泰商务咨询服务有限公司				
企业地址	上海市襄阳南路175号2幢201室（200031）				
投资总额	5万USD	电话	54658635	传真	54658637
设立日期	2007-9-10	负责人	FABIEN GUERIN		
主营业务	商务咨询，投资咨询，企业经营管理咨询。				

企业名称	美众（上海）商务咨询服务有限公司				
企业地址	上海市南丹东路300弄9号504室（200030）				
投资总额	13.5万USD	电话	64385260	传真	64385262
设立日期	2007-9-10	负责人	KENNETH JACK SHANG		
主营业务	投资咨询，商务咨询，经济贸易咨询，企业管理咨询，财务管理咨询。				

企业名称	瑞奈基商务咨询（上海）有限公司				
企业地址	上海市静安区南京西路555号五五五大厦601A室（200041）				
投资总额	4万USD	电话	62580675	传真	62585530
设立日期	2007-9-7	负责人	MARCO GERVASI		
主营业务	企业管理咨询，财务咨询，商务咨询，投资咨询，经济信息咨询。				

企业名称	孚诺企业管理咨询（上海）有限公司				
企业地址	上海市静安区乌鲁木齐北路199号1212室（200040）				
投资总额	10万USD	电话	62493636	传真	62719542
设立日期	2007-9-7	负责人	FAULKNER ERIC ALAN		
主营业务	企业管理咨询，形象策划咨询，贸易咨询。				

企业名称	上海迪飞信息咨询有限公司				
企业地址	上海市黄浦区傅家街65号南楼316室（200001）				
投资总额	11万USD	电话	63203424	传真	63223424
设立日期	2007-9-7	负责人	胡召海		
主营业务	经济信息咨询，商务咨询，智能化建筑物的网络、通讯、中央控制咨询。				

企业名称	劲道商务咨询（上海）有限公司				
企业地址	上海市静安区新闸路831号21层I室（200041）				
投资总额	6万欧元	电话	52281098	传真	52281098
设立日期	2007-9-7	负责人	GERALD SEMENJUK		
主营业务	商务咨询，投资咨询，贸易信息咨询，企业管理咨询。				

企业名称	隽汇（上海）商务咨询有限公司				
企业地址	上海市卢湾区瑞金一路139号复兴商厦611室（200020）				
投资总额	14万USD	电话	53510780	传真	63857872
设立日期	2007-9-6	负责人	郑立基		
主营业务	图文设计咨询，市场策划咨询，营销策划咨询，企业形象策划。				

企业名称	英敏特信息咨询（上海）有限公司				
企业地址	上海市卢湾区淮海中路398号巴士大厦20楼D2，D3室（200021）				
投资总额	10万USD	电话	61411315	传真	61411315
设立日期	2007-9-6	负责人	JOHN ALASTAIR DAY HOCTOR		
主营业务	经济信息咨询，企业管理咨询，科技信息咨询。				

企业名称	健斗士（上海）投资管理咨询有限公司				
企业地址	上海市卢湾区雁荡路29号301室10单元（200021）				
投资总额	300万日元	电话	61355237	传真	
设立日期	2007-9-6	负责人	安本昌弘		
主营业务	企业管理咨询，商务咨询，财务管理咨询，营销策划，企业形象策划。				

企业名称	富乐工业设计（上海）有限公司				
企业地址	上海市卢湾区太仓路233号新茂大厦12楼12-02H（200021）				
投资总额	14万USD	电话	23220200	传真	23220000
设立日期	2007-9-5	负责人	DOREEN M LORENZO		
主营业务	提供工业产品外观、结构、功能设计，企业形象设计，图文设计。				

企业名称	乐焰广告（上海）有限公司				
企业地址	上海市崇明长江农场长江大街260号6幢301室（202178）				
投资总额	300万RMB	电话	61248018	传真	61248078
设立日期	2007-9-5	负责人	PETER CHARLES BOMER		
主营业务	设计，制作，发布，代理国内外各类广告。				

企业名称	富颐投资咨询（上海）有限公司				
企业地址	上海市闵行区光华路2118号第7幢208室（201111）				
投资总额	30万USD	电话	64091860	传真	64091860
设立日期	2007-9-4	负责人	任绪先		
主营业务	投资咨询，企业管理咨询，贸易信息咨询。				

企业名称	哈特佛德技术咨询服务（上海）有限公司				
企业地址	上海市长宁区延安西路1023号1003室（200050）				
投资总额	25万USD	电话	62790965	传真	52391941
设立日期	2007-9-3	负责人	FRED ARTHUR BULL		
主营业务	从事锅炉，压力容器，设备和材料的技术咨询和商业检验服务。				

企业名称	施丰项目管理咨询（上海）有限公司				
企业地址	上海市科苑路88号德国中心二幢601区626室（201203）				
投资总额	5万USD	电话	28986184	传真	28986252
设立日期	2007-9-3	负责人	AXEL OROS		
主营业务	项目管理咨询，企业管理咨询，商务咨询，投资咨询，市场营销咨询。				

企业名称	艺葵家居设计（上海）有限公司				
企业地址	上海市浦东新区金海路2588号1幢302室（201209）				
投资总额	17.5万USD	电话	50907650	传真	50907650
设立日期	2007-9-3	负责人	EDMUND JIN		
主营业务	家用纺织品，服装及相关配套产品设计，建筑设计咨询，市场营销策划。				

企业名称	上海热动商务咨询有限公司				
企业地址	上海市东湖路20号206室（200031）				
投资总额	14万USD	电话	54038689	传真	62487616
设立日期	2007-9-3	负责人	XAVIER GEORGES EDMOND VAN		
主营业务	商务咨询，投资咨询，企业管理咨询（涉及行政许可的凭许可证经营）。				

企业名称	上海孟特管理咨询有限公司				
企业地址	上海市浦东新区商城路800号619室（200120）				
投资总额	15万USD	电话	50620208	传真	58362565
设立日期	2007-9-3	负责人	陈信文		
主营业务	企业管理咨询，投资咨询，市场营销策划咨询，商务咨询，财务咨询。				

企业名称	文斐商务咨询（上海）有限公司				
企业地址	上海市茶陵北路20号3幢5层501室（200032）				
投资总额	10万RMB	电话	51702370	传真	51702371
设立日期	2007-9-3	负责人	PAULUS MARIA THALER		
主营业务	国际经济咨询，投资咨询，商务咨询，企业管理咨询。				

企业名称	龙品投资咨询（上海）有限公司				
企业地址	上海市松江区小昆山镇崇南路3号1幢1号房（201616）				
投资总额	280万USD	电话	52110038	传真	52110052
设立日期	2007-8-30	负责人	邱伟康		
主营业务	物业管理服务，房产咨询，投资咨询，企业经营管理咨询，商务咨询。				

企业名称	**睿富（上海）投资咨询有限公司**				
企业地址	上海市浦东新区花园石桥路 33 号 2336 室（200120）				
投资总额	20 万 USD	电　　话	61010087	传　　真	61010087
设立日期	2007-8-30	负 责 人	BRIAN DAVID CHINAPPI		
主营业务	投资咨询，贸易信息咨询和企业管理咨询。				

企业名称	**英陶公关顾问（上海）有限公司**				
企业地址	上海市静安区华山路 439 号 407A 室（200041）				
投资总额	10 万 USD	电　　话	54233029	传　　真	54233119
设立日期	2007-8-30	负 责 人	陶宗慈		
主营业务	市场营销策划，企业形象策划，公共关系咨询，商务咨询。				

企业名称	**冠臻建筑设计工程咨询（上海）有限公司**				
企业地址	上海市长宁区天山路 600 弄 1 号楼 2603 室（200051）				
投资总额	60 万 USD	电　　话	61457087	传　　真	61457050
设立日期	2007-8-29	负 责 人	陈巍凯		
主营业务	建筑设计咨询，室内设计及施工咨询，工程咨询，环境景观设计咨询。				

企业名称	**茂徜顺（上海）商务咨询有限公司**				
企业地址	上海市浦东新区崮山路 322 弄 5 号 305 室（200135）				
投资总额	147 万 USD	电　　话	22284399	传　　真	22280000
设立日期	2007-8-29	负 责 人	LEE NIGEL LAURIE		
主营业务	商务咨询，企业管理咨询，营销咨询，与 POS 终端有关的安装，维护。				

企业名称	**天冲行（上海）企业管理咨询有限公司**				
企业地址	上海市浦东新区海徐路 939 号 5 幢 328 室（200137）				
投资总额	200 万 USD	电　　话	52360010	传　　真	58301538
设立日期	2007-8-28	负 责 人	金　晨		
主营业务	企业管理咨询，投资咨询，商务信息咨询，经济信息咨询，贸易咨询。				

企业名称	**中逸企业管理咨询（上海）有限公司**				
企业地址	上海市浦东新区海徐路 939 号 3 幢 205 室（201208）				
投资总额	70 万 USD	电　　话	51682889	传　　真	51682889
设立日期	2007-8-28	负 责 人	汤惠德		
主营业务	企业管理咨询，投资咨询，投资管理咨询。				

企业名称	**上海龙昱投资咨询有限公司**				
企业地址	上海市静安区南苏州路 1455 号 2 号楼 2202 室（200041）				
投资总额	14 万 USD	电　　话	62883645	传　　真	62889333
设立日期	2007-8-28	负 责 人	魏应交		
主营业务	投资咨询，企业管理咨询，商业管理咨询。				

企业名称	**缤科通信科技咨询（上海）有限公司**				
企业地址	上海市长宁区淮海西路 570 号第 67 幢 B126，B127 室（200052）				
投资总额	15 万 USD	电　　话	61248130	传　　真	61248136
设立日期	2007-8-28	负 责 人	赵逸龙		
主营业务	通信科技领域内的技术咨询，商务咨询，企业管理咨询，企业形象策划。				

企业名称	**顺亨隆商务咨询（上海）有限公司**				
企业地址	上海市浦东新区东靖路 1831 号 603-2 室（201208）				
投资总额	5 万欧元	电　　话	50909625	传　　真	50907529
设立日期	2007-8-28	负 责 人	JACOBUS SWALEN		
主营业务	商务信息咨询，企业管理咨询，营销咨询，投资咨询，国际经济咨询。				

企业名称	**上海上实投资管理咨询有限公司**				
企业地址	上海市浦东新区崂山东路 689 号七楼 706 室（200120）				
投资总额	5000 万 RMB	电　　话	64335589	传　　真	64715320
设立日期	2007-8-28	负 责 人	王荣峰		
主营业务	投资咨询，投资管理咨询，商务咨询，贸易信息咨询，企业管理咨询。				

企业名称	**秦谷（上海）信息咨询有限公司**				
企业地址	上海市肇嘉浜路 746 号 1201A 室（200030）				
投资总额	25 万 USD	电　　话	64459363	传　　真	64732636
设立日期	2007-8-27	负 责 人	WADE MENPES-SMITH		
主营业务	通讯技术咨询，互联网信息咨询，企业管理咨询，商务咨询，投资咨询。				

企业名称	**吴宗岳（上海）装潢设计咨询有限公司**				
企业地址	上海市闵行区虹许路 558 号 301-302 室（201103）				
投资总额	25 万 USD	电　　话	64060530	传　　真	64060530
设立日期	2007-8-27	负 责 人	吴宗岳		
主营业务	室内装潢设计咨询，商务咨询（涉及行政许可的，凭许可证经营）。				

企业名称	**巴隆商务咨询（上海）有限公司**				
企业地址	上海市长宁区仙霞路 369 号 1 号楼 1201 室（200336）				
投资总额	50 万 USD	电　　话	51559100	传　　真	51559122
设立日期	2007-8-27	负 责 人	FERNANDO OSCAR LIU		
主营业务	商务咨询，经济信息咨询，企业形象策划，市场营销咨询。				

企业名称	**家捷投资咨询（上海）有限公司**				
企业地址	上海市长宁区幸福路 137 号 808 室（200052）				
投资总额	14 万 USD	电　　话	62376361	传　　真	62376361
设立日期	2007-8-27	负 责 人	江家骏		
主营业务	投资咨询，商务咨询，贸易信息咨询，国际经济咨询，科技咨询。				

企业名称	**沃鹰投资咨询（上海）有限公司**				
企业地址	上海市卢湾区建国中路 25 号 9 号楼 105，205 室（200020）				
投资总额	14 万 USD	电　　话	61379338	传　　真	61379336
设立日期	2007-8-27	负 责 人	AUGUSTINE CHIN		
主营业务	企业管理咨询，投资咨询（涉及行政许可的凭许可证经营）。				

企业名称	**凯嘉丽企业形象策划（上海）有限公司**				
企业地址	上海市静安区乌鲁木齐北路 199 号 2212 室（200040）				
投资总额	80 万港币	电　　话	62493232	传　　真	62487560
设立日期	2007-8-24	负 责 人	曹淑仪		
主营业务	企业形象策划，品牌形象策划，市场营销策划，礼仪庆典服务及咨询。				

企业名称	**兴和（上海）医药咨询有限公司**				
企业地址	上海市黄浦区西藏中路 268 号 2905 室（200001）				
投资总额	60 万 USD	电　　话	63403801	传　　真	63403832
设立日期	2007-8-24	负 责 人	神谷信行		
主营业务	医药信息咨询，医疗器材咨询，市场推广咨询，商务咨询，投资咨询。				

企业名称	**悦展嘉投资咨询（上海）有限公司**				
企业地址	上海市世纪大道 88 号金茂大厦办公楼三区 20 层 06 单元（200120）				
投资总额	108 万 USD	电　　话	50475568	传　　真	50475568
设立日期	2007-8-24	负 责 人	曾永辉		
主营业务	投资咨询，商务信息咨询，企业管理咨询，贸易信息咨询及科技咨询。				

企业名称	**杰普（上海）企业管理咨询有限公司**				
企业地址	上海市静安区延安中路 1440 号 20 幢 512 室（200040）				
投资总额	14 万 USD	电　　话	61031754	传　　真	61031754
设立日期	2007-8-24	负 责 人	DOUGLAS EDWARD SHARP		
主营业务	商务咨询，企业管理咨询，国际经济信息咨询。				

企业名称	**上海三臣环保设备工程咨询有限公司**				
企业地址	上海市奉贤区远东路 828 号 1 幢第三层（201400）				
投资总额	14 万 USD	电　　话	64286002	传　　真	64812993
设立日期	2007-8-24	负 责 人	MASAKI UNO		
主营业务	环保设备安装工程管理咨询，环保设备工程技术咨询。				

企业名称	**碧姿玛商务咨询（上海）有限公司**				
企业地址	上海市普陀区江宁路 1165 号 1406 室（200061）				
投资总额	11 万 USD	电　　话	52522914	传　　真	52522974
设立日期	2007-8-24	负 责 人	UMUT UTKU EMER		
主营业务	商务咨询，贸易信息咨询，投资咨询，企业管理咨询。				

企业名称	**塞维爱温（上海）企业管理咨询有限公司**				
企业地址	上海市长宁区定西路 1016 号北楼 1010 室（200050）				
投资总额	1.5 万 USD	电　　话	62258260	传　　真	62256760
设立日期	2007-8-24	负 责 人	NGOI SING CHOOI		
主营业务	企业管理咨询，商务咨询（涉及行政许可的凭许可证经营）。				

企业名称	**马克特信阿甘（上海）商务咨询有限公司**				
企业地址	上海市静安区南京西路 1168 号 2705B 室（200041）				
投资总额	28 万 RMB	电　　话	52929933	传　　真	52929505
设立日期	2007-8-24	负 责 人	ZVI DORON		
主营业务	贸易咨询，产品采购咨询，投资咨询，企业管理咨询，经济信息咨询。				

企业名称	**艾蒂特广告（上海）有限公司**				
企业地址	上海市浦东新区张杨路 188 号汤臣中心 A1205 室（200122）				
投资总额	10 万新元	电　　话	38870738	传　　真	38870955
设立日期	2007-8-24	负 责 人	WONG KOK FOONG（黄国峰）		
主营业务	设计，制作，发布，代理国内外各类广告。				

企业名称	**上海英志汽车咨询有限公司**				
企业地址	上海市杨浦区民星路 172 号 2 幢（200433）				
投资总额	3900 万港币	电　话	62512719	传　真	62513671
设立日期	2007-8-23	负 责 人	张锦兴		
主营业务	汽车信息咨询，投资咨询，商务信息咨询。				

企业名称	**跨势管理咨询（上海）有限公司**				
企业地址	上海市浦东新区金桥路 2446 号 6 楼 F 座 1 室（201206）				
投资总额	2.1 万 USD	电　话	52729187	传　真	52736517
设立日期	2007-8-23	负 责 人	SEE KOK CHONG		
主营业务	企业管理咨询，投资咨询，科技信息咨询，商务信息咨询。				

企业名称	**上海兆皇投资咨询有限公司**				
企业地址	上海市浦东新区金明路 1000 号 100 室（200126）				
投资总额	14 万 USD	电　话	64159564	传　真	64159594
设立日期	2007-8-23	负 责 人	杨蕙临		
主营业务	投资咨询，贸易咨询，企业管理咨询，营销策划咨询，财务管理咨询。				

企业名称	**培腾司商务咨询（上海）有限公司**				
企业地址	上海市浦东新区花园石桥路 33 号花旗集团大厦 23 楼 30 室（200120）				
投资总额	14 万 USD	电　话	62702215	传　真	62702275
设立日期	2007-8-23	负 责 人	KEVIN ALFRED PERRETT		
主营业务	信息技术咨询，企业管理咨询，经济信息咨询及科技信息咨询。				

企业名称	**弘迈生物医药投资管理咨询（上海）有限公司**				
企业地址	上海市张江高科技园区蔡伦路 333 号 5 幢 804 室（201203）				
投资总额	15 万 USD	电　话	50800522	传　真	50800522
设立日期	2007-8-23	负 责 人	WILLIAM ROBERT KELLER		
主营业务	生物医药领域的投资管理咨询，投资咨询，科技咨询，商务咨询。				

企业名称	**勇贤商务咨询（上海）有限公司**				
企业地址	上海市闵行区金汇路 85 号第 2 幢 211 室（201103）				
投资总额	20 万 RMB	电　话	64060530	传　真	64060530
设立日期	2007-8-23	负 责 人	李武勇（LEE MOOYONG）		
主营业务	商务咨询，经济信息咨询，房地产信息咨询，国际贸易信息咨询。				

企业名称	**上海酷艺厨房工程设计咨询有限公司**				
企业地址	上海市恒丰北路 100 号 1205 室（200070）				
投资总额	50 万 RMB	电　话	56558065	传　真	56558095
设立日期	2007-8-23	负 责 人	郑益富		
主营业务	厨房设计咨询（涉及行政许可的凭许可证经营）。				

企业名称	**亚为旗建筑设计咨询（上海）有限公司**				
企业地址	上海市浦东新区杨高北路 528 号 14 幢 3061 室（200137）				
投资总额	5 万 USD	电　话	62498773	传　真	62499256
设立日期	2007-8-22	负 责 人	王久为		
主营业务	建筑设计咨询，建筑环境，规划设计咨询，建筑工程项目管理咨询。				

企业名称	**上海麟宇投资管理咨询有限公司**				
企业地址	上海市浦东新区牡丹路 60 号 523 室（201204）				
投资总额	18 万 USD	电　话	53966050	传　真	53966116
设立日期	2007-8-22	负 责 人	王胜年		
主营业务	投资管理咨询，企业管理咨询，国际经济信息咨询，商务信息咨询。				

企业名称	**博茂营销咨询（上海）有限公司**				
企业地址	上海市浦东新区商城路 1287 号 1 幢 2 楼 202 室（200120）				
投资总额	14 万 USD	电　话	54071999	传　真	54071966
设立日期	2007-8-22	负 责 人	YUAN-LI CHEN		
主营业务	市场营销咨询，经济咨询，商务信息咨询及相关软件开发并提供咨询。				

企业名称	**赫迩佐科商务咨询（上海）有限公司**				
企业地址	上海市卢湾区瞿溪路 694 号 4526 室（200023）				
投资总额	15 万 USD	电　话	63263680	传　真	63263609
设立日期	2007-8-20	负 责 人	李益		
主营业务	投资咨询，企业形象策划，企业营销策划咨询，会展咨询。				

企业名称	**诚专投资咨询（上海）有限公司**				
企业地址	上海市浦东新区张杨路 500 号 22 楼 J 座（200122）				
投资总额	75 万 RMB	电　话	61289288	传　真	61289288
设立日期	2007-8-20	负 责 人	SIMON HUGH DESMOND CULHANE		
主营业务	投资咨询，商务信息咨询，市场营销咨询，经济咨询，企业管理咨询。				

企业名称	**启洋企业形象策划（上海）有限公司**				
企业地址	上海市虹口区天宝路 80 号 213 室（200086）				
投资总额	10 万 RMB	电　话	51025278	传　真	51025277
设立日期	2007-8-20	负 责 人	KANG YOKE SUAN		
主营业务	品牌策划，企业形象策划，商务咨询，投资咨询，企业管理咨询。				

企业名称	**上海绵旺投资咨询有限公司**				
企业地址	上海市杨浦区四平路 1188 号 604 室（200090）				
投资总额	300 万 USD	电　话	64717877	传　真	64717887
设立日期	2007-8-17	负 责 人	林季芳		
主营业务	投资咨询，房地产咨询，企业管理咨询，市场营销信息咨询。				

企业名称	**利末商务咨询（上海）有限公司**				
企业地址	上海市杨浦区长阳路 999 号 1 号楼 405 室（200090）				
投资总额	14 万 USD	电　话	64282072	传　真	64282076
设立日期	2007-8-17	负 责 人	翁文昌		
主营业务	教育信息咨询，投资咨询，商务信息咨询，企业管理咨询，市场咨询。				

企业名称	**上海爱汉大科技咨询有限公司**				
企业地址	上海市虹桥路 3 号 3110 室（200030）				
投资总额	14 万 USD	电　话	51697003	传　真	64485591
设立日期	2007-8-17	负 责 人	JANG GUN HEE（张健熙）		
主营业务	科技咨询，投资咨询，商务咨询，企业管理咨询。				

企业名称	**上海申颠商务咨询有限公司**				
企业地址	上海市静安区华山路 439 号 405A 室（200040）				
投资总额	100 万新元	电　话	51508805	传　真	51508810
设立日期	2007-8-17	负 责 人	NG CHOON BENG		
主营业务	企业管理咨询，投资咨询，经济咨询，市场营销策划咨询，贸易咨询。				

企业名称	**迪巍思建筑咨询（上海）有限公司**				
企业地址	上海市卢湾区太仓路 233 号新茂大厦 1104 室（200021）				
投资总额	100 万 USD	电　话	64078957	传　真	64078957
设立日期	2007-8-16	负 责 人	ROGER LEE NEUENSCHWANDER		
主营业务	建筑工程项目咨询，工程管理咨询，建筑设计咨询，室内设计咨询。				

企业名称	**阡圣企业管理咨询（上海）有限公司**				
企业地址	上海市卢湾区雁荡路 109 号 520 室（200020）				
投资总额	14 万 USD	电　话	53511000	传　真	53511000
设立日期	2007-8-16	负 责 人	范清美		
主营业务	企业管理咨询，企业形象策划咨询，商务咨询，企业文化信息咨询。				

企业名称	**培雷克仕（上海）企业管理顾问有限公司**				
企业地址	上海市浦东新区东方路 985 号 9P 室（200120）				
投资总额	10 万 USD	电　话	58316986	传　真	68676020
设立日期	2007-8-16	负 责 人	石中璞		
主营业务	认证培训，质量管理技术咨询，信息咨询，商务咨询。				

企业名称	**位田商务咨询（上海）有限公司**				
企业地址	上海市卢湾区淮海中路 706 弄 19 号 101 室（200020）				
投资总额	10 万 USD	电　话	66524788	传　真	66524788
设立日期	2007-8-16	负 责 人	位田守也		
主营业务	商务咨询，企业管理咨询，市场营销策划咨询，投资咨询，财务咨询。				

企业名称	**德丰杰投资咨询（上海）有限公司**				
企业地址	上海市静安区南京西路 1366 号恒隆广场二号楼 4709 室（200040）				
投资总额	10 万 USD	电　话	62884000	传　真	
设立日期	2007-8-16	负 责 人	TIMOTHY COOK DRAPER		
主营业务	投资咨询，投资管理咨询和商务咨询（涉及行政许可的凭许可证经营）。				

企业名称	**上海埃孚克西机械技术咨询有限公司**				
企业地址	上海市闵行区浦江镇立跃路 1768 弄 67 号 8 号房屋 1 楼西半层（201112）				
投资总额	25 万欧元	电　话	51905281	传　真	51905283
设立日期	2007-8-15	负 责 人	EKKEHARD BEERMANN		
主营业务	提供工业零部件和工艺的技术分析（涉及行政许可的凭许可证经营）。				

企业名称	**盏博医药信息咨询服务（上海）有限公司**				
企业地址	上海市黄浦区九江路 288 号宏伊国际广场 1201-1203，1206 室（200001）				
投资总额	30 万 USD	电　话	33665188	传　真	33665180
设立日期	2007-8-14	负 责 人	BRUCE NEIL GARRETT		
主营业务	药品和医疗器械的信息咨询服务。				

企业名称	效意市场营销咨询（上海）有限公司				
企业地址	上海市天目西路 218 号第一座 1609 室（200070）				
投资总额	105 万 USD	电　话	63548818	传　真	63544213
设立日期	2007-8-14	负 责 人	HENRY HUNG CHEN		
主营业务	市场营销咨询，投资咨询，商务咨询，企业管理咨询，电脑图文设计。				

企业名称	玛恩姆图文设计（上海）有限公司				
企业地址	上海市长宁区娄山关路 85 号 A 座 906 室（200336）				
投资总额	27 万 USD	电　话	62759119	传　真	62759001
设立日期	2007-8-13	负 责 人	朴镇万		
主营业务	图文设计，制作，计算机软件开发，图文设计用品的批发，进出口。				

企业名称	道格必凯建筑设计咨询（上海）有限公司				
企业地址	上海市浦东新区光明路 718 号 812 室（200137）				
投资总额	14 万 USD	电　话	63410137	传　真	63410137
设立日期	2007-8-13	负 责 人	GREGORY JAMES DOWLING		
主营业务	建筑设计咨询，景观园林设计咨询，室内设计咨询，建筑项目策划咨询。				

企业名称	诺希本（上海）商务咨询有限公司				
企业地址	上海市黄浦区九江路 288 号宏伊国际广场 2301 室（200001）				
投资总额	15 万 USD	电　话	51176777	传　真	33665206
设立日期	2007-8-13	负 责 人	C.S. RAGSDALE		
主营业务	商务咨询服务，会务会展服务，企业形象策划，营销策划。				

企业名称	爱帝比商务咨询（上海）有限公司				
企业地址	上海市静安区南京西路 1376 号 738 室（200041）				
投资总额	14 万 USD	电　话	62797008	传　真	62797009
设立日期	2007-8-9	负 责 人	ANTHONY JAMES POLLOCK		
主营业务	商务咨询及营销策划（涉及行政许可的凭许可证经营）。				

企业名称	桦霖展览展示设计（上海）有限公司				
企业地址	上海市浦东新区浦东南路 1088 号中融大厦 1605 室（200120）				
投资总额	14 万 USD	电　话	68885516	传　真	61255670
设立日期	2007-8-9	负 责 人	溧文镇		
主营业务	展位，展台的设计，展览会场的设计，室内的设计和装潢，品牌策划。				

企业名称	上海长磐投资咨询有限公司				
企业地址	上海市杨高北路 2001 号市场商务楼一层 2-103 室（200131）				
投资总额	20 万 USD	电　话	51692223	传　真	51692223
设立日期	2007-8-8	负 责 人	杨适聪		
主营业务	企业管理和投资咨询，科技咨询，国际经济咨询，贸易信息咨询。				

企业名称	昆卓（上海）商务咨询有限公司				
企业地址	上海市张江高科技园区卡园二路 108 号 6 幢 4 层（201203）				
投资总额	14 万 USD	电　话	52930709	传　真	52930709
设立日期	2007-8-8	负 责 人	VAMAN SRIRAMAN		
主营业务	商务咨询，投资咨询，企业管理咨询，经济信息咨询。				

企业名称	上海亚积优商务咨询有限公司				
企业地址	上海市浦东新区张杨路 828-838 号 26B07 室（200120）				
投资总额	14 万 USD	电　话	62702215	传　真	62702275
设立日期	2007-8-8	负 责 人	WILLIAM FITTERLING SHARPE III		
主营业务	投资咨询，企业管理咨询，贸易信息咨询及经济信息咨询。				

企业名称	斯墨武德建筑设计咨询（上海）有限公司				
企业地址	上海市长宁区仙霞路 317 号 501 室（200051）				
投资总额	14 万 USD	电　话	62702215	传　真	62702275
设立日期	2007-8-8	负 责 人	SOH LEEN HOW		
主营业务	建筑装潢设计咨询，建筑景观设计咨询，企业形象策划，企业营销策划。				

企业名称	上海弘友商务信息咨询有限公司				
企业地址	上海市虹口区广灵四路 110-120 号 1 幢 310 室（200080）				
投资总额	10 万 USD	电　话	64457135	传　真	64665408
设立日期	2007-8-8	负 责 人	伊藤昌弘		
主营业务	商务咨询，投资咨询，经济信息咨询，贸易咨询，企业管理咨询。				

企业名称	裕轩品牌策划（上海）有限公司				
企业地址	上海市静安区胶州路 319 弄 30 号 10 幢 4301 室（200041）				
投资总额	25 万 RMB	电　话	50581673	传　真	50581673
设立日期	2007-8-8	负 责 人	ANITA LUU		
主营业务	品牌策划，商务咨询，投资咨询，企业管理咨询。				

企业名称	按透图文设计（上海）有限公司				
企业地址	上海市黄浦区成都北路 500 号 3701 室 7 部位（200001）				
投资总额	20 万 USD	电　话	51702363	传　真	51702363
设立日期	2007-8-7	负 责 人	LEE PAK SANG		
主营业务	电脑图文设计、制作及相关的技术咨询。				

企业名称	上海众桁企业管理咨询有限公司				
企业地址	上海市虹口区沙泾路 10 号 445 幢（200080）				
投资总额	191 万 USD	电　话	65011933	传　真	65147723
设立日期	2007-8-7	负 责 人	PAUL ALBERT LIU		
主营业务	投资咨询，房地产咨询，商务咨询，物业管理咨询，承租物业经营管理。				

企业名称	英富司（上海）企业管理咨询有限公司				
企业地址	上海市长宁区延安西路 2299 号 2810 室（200336）				
投资总额	10 万 USD	电　话	62367652	传　真	62367657
设立日期	2007-8-7	负 责 人	张申勇		
主营业务	投资咨询，企业管理咨询，国际经贸信息咨询，市场营销策划咨询。				

企业名称	格宁管理咨询（上海）有限公司				
企业地址	上海市浦东新区杨高北路 528 号 14 幢 3050 室（200136）				
投资总额	20 万 USD	电　话	63685935	传　真	63685935
设立日期	2007-8-6	负 责 人	刘家雍		
主营业务	企业管理咨询，品牌管理咨询，投资咨询，企业内部培训咨询。				

企业名称	浦银安盛基金管理有限公司				
企业地址	上海市浦东新区浦东大道 981 号 3 幢 316 室（200135）				
投资总额	2 亿 RMB	电　话	23212888	传　真	23212819
设立日期	2007-8-5	负 责 人	黄建平		
主营业务	证券投资基金募集，基金销售，资产管理和中国证监会许可的其他业务。				

企业名称	上海维姿岛教育信息咨询有限公司				
企业地址	上海市闵行区吴中路 1050 号 5 幢（A 座）第 7 层 701 室（201103）				
投资总额	10 万 USD	电　话		传　真	
设立日期	2007-8-3	负 责 人	金昭妍 KIM SO YEON		
主营业务	教育信息咨询（不含中介服务）（涉及行政许可的凭许可证经营）。				

企业名称	上海飒维企划咨询有限公司				
企业地址	上海市静安区成都北路 333 号招商局广场南楼 1606 室（200041）				
投资总额	10 万 USD	电　话	52980570	传　真	52980569
设立日期	2007-8-2	负 责 人	权藤邦彦		
主营业务	企业形象设计咨询，企业经营管理咨询，企业策划咨询，市场营销咨询。				

企业名称	基汇管理咨询（上海）有限公司				
企业地址	上海市卢湾区淮海中路 333 号 2202 室（200020）				
投资总额	15 万 USD	电　话	63867766	传　真	
设立日期	2007-8-2	负 责 人	彭庆邦		
主营业务	商务咨询，企业管理咨询，市场营销策划咨询，会务服务。				

企业名称	布拉沃瑟路申（上海）商务技术咨询有限公司				
企业地址	上海市静安区延安西路 129 号 19 层 1908 室（200040）				
投资总额	15 万欧元	电　话	61458503	传　真	61458503
设立日期	2007-8-2	负 责 人	GUILLAUME DE ROQUEFEUIL		
主营业务	商务咨询，企业管理咨询，投资咨询，企业管理及采购软件的技术开发。				

企业名称	马施云企业管理咨询（上海）有限公司				
企业地址	上海市长宁区江苏路 369 号 16F 室（200050）				
投资总额	50 万 RMB	电　话	62113678	传　真	62113678
设立日期	2007-8-2	负 责 人	陈德荣		
主营业务	从事投资咨询，企业管理咨询及市场分析咨询。				

企业名称	惠卡企业管理咨询（上海）有限公司				
企业地址	上海市静安区江宁路 167 号 1804 室（200041）				
投资总额	20 万 USD	电　话	51801266	传　真	62558533
设立日期	2007-8-1	负 责 人	薄玉娣		
主营业务	企业管理咨询，投资咨询（涉及许可证凭许可证经营）。				

企业名称	坛城建筑设计咨询（上海）有限公司				
企业地址	上海市崇明县城桥镇官山路 2 号 3 幢 A 区 2035 室（202150）				
投资总额	6 万 USD	电　话	64663066	传　真	64675053
设立日期	2007-8-1	负 责 人	钟培宁		
主营业务	建筑设计咨询，室内设计咨询，景观设计咨询，灯光设计，家具设计。				

企业名称	全股企业管理咨询（上海）有限公司				
企业地址	上海市陕西南路 180 弄 1 号 108 室（200031）				
投资总额	2 万 USD	电　话	64049915	传　真	64049915
设立日期	2007-7-31	负 责 人	SELENA CHENG KOH MIN		
主营业务	企业管理咨询，国际经济咨询，投资咨询，商务咨询，企业形象策划。				

企业名称	庄臣（中国）投资有限公司				
企业地址	上海市浦东新区新金桥路 828 号 A 幢 206 室（201206）				
投资总额	3000 万 USD	电　话	58994833	传　真	58990288
设立日期	2007-7-31	负 责 人	DARWIN K.LEWIS		
主营业务	在国家允许外商投资的领域依法进行投资,并其提供相关服务。				

企业名称	百玛士绿色能源投资管理咨询（上海）有限公司				
企业地址	上海市虹口区高阳路 246 号 205 室（200082）				
投资总额	110 万 USD	电　话	52663452	传　真	52663471
设立日期	2007-7-31	负 责 人	施　剑		
主营业务	环保公共设施的投资咨询和项目管理，环保技术研究、开发、环保咨询。				

企业名称	儒恩纺织咨询（上海）有限公司				
企业地址	上海市长宁区淮海西路 442 弄 89 号 1606 室（200052）				
投资总额	3 万 USD	电　话	52389102	传　真	52389102
设立日期	2007-7-30	负 责 人	JEROEN JOHN		
主营业务	纺织领域内的技术咨询，商务咨询，企业管理咨询，企业形象策划。				

企业名称	可口可乐企业管理（上海）有限公司				
企业地址	上海市闵行区东川路 555 号甲楼 2 楼 2033 室（200241）				
投资总额	50 万 USD	电　话	50310156	传　真	50310156
设立日期	2007-7-30	负 责 人	JOHAN WILLEM MAARTEN JANSEN		
主营业务	提供投资经营决策，营销服务，财务管理服务，技术支持，信息服务。				

企业名称	威内源企业管理咨询（上海）有限公司				
企业地址	上海市虹口区武昌路 258 号 521 室（200085）				
投资总额	17.5 万欧元	电　话	62886370	传　真	62886372
设立日期	2007-7-30	负 责 人	GUNTER HUBERT DR DORTMANN		
主营业务	企业管理咨询，科技咨询，国际经济咨询，投资咨询，市场营销策划。				

企业名称	志通人才信息咨询（上海）有限公司				
企业地址	上海市浦东新区东靖路 1831 号 422 室（200127）				
投资总额	50 万 USD	电　话	58217352	传　真	58212173
设立日期	2007-7-27	负 责 人	陈韦明		
主营业务	人才供求信息收集、整理、储存、发布和咨询，人才推荐，人才招聘。				

企业名称	宜家（中国）投资有限公司				
企业地址	上海市浦东新区沪南路 2038 号 2 楼 200 室（201204）				
投资总额	3000 万 USD	电　话	24124999	传　真	54250368
设立日期	2007-7-26	负 责 人	IAN DUFFY		
主营业务	在国家法律鼓励和允许外商投资范围内投资，向所投资企业提供服务。				

企业名称	迪玛商务咨询（上海）有限责任公司				
企业地址	上海市静安区康定路 358 号 16 幢 104 室（200041）				
投资总额	5 万 USD	电　话	51162802	传　真	51162970
设立日期	2007-7-26	负 责 人	DOLEZAL PETER MARTIN		
主营业务	商务咨询，企业管理咨询，市场营销策划咨询，投资咨询。				

企业名称	卡塔利娜市场营销策划（上海）有限公司				
企业地址	上海市浦东新区商城路 800 号 1418B 室（200122）				
投资总额	16 万欧元	电　话	68868335	传　真	68868021
设立日期	2007-7-26	负 责 人	ERIC NEAL WILLIAMS		
主营业务	市场营销策划咨询，相关软件的开发、制作，销售产品，提供相关服务。				

企业名称	法拉利管理咨询（上海）有限公司				
企业地址	上海市静安区南京西路 1266 号 6101A，6109-6112 室（200041）				
投资总额	210 万 USD	电　话	63232061	传　真	63232060
设立日期	2007-7-25	负 责 人	JEAN HENRI TODT		
主营业务	与法拉利汽车及其销售有关的管理咨询，营销策划咨询，技术应用咨询。				

企业名称	上海瑞可利都乐广告有限公司				
企业地址	上海市卢湾区西藏南路 218 号永银大厦 1801 室（200021）				
投资总额	2000 万 RMB	电　话	63343300	传　真	63343300
设立日期	2007-7-25	负 责 人	森英文		
主营业务	广告的设计，制作，发布及代理国内外各类广告。				

企业名称	上海耀中教育管理咨询有限公司				
企业地址	上海市长宁区延安西路 2099 号扬子江万丽大酒店 03 区一楼（200336）				
投资总额	500 万港币	电　话	62759666	传　真	62753104
设立日期	2007-7-24	负 责 人	陈保琼		
主营业务	教育管理咨询，教育信息学术交流咨询，教学用具设计咨询。				

企业名称	澳保投资管理服务（上海）有限公司				
企业地址	上海市浦东新区世纪大道 88 号 31 层 3115 室（200120）				
投资总额	200 万 USD	电　话	58209572	传　真	58209756
设立日期	2007-7-24	负 责 人	JUSTIN BREHENY		
主营业务	提供投资管理和咨询服务，营销服务，员工培训和管理服务及技术支持。				

企业名称	斯伯格商务咨询（上海）有限公司				
企业地址	上海市浦东新区商城路 800 号 1409B 室（200120）				
投资总额	2.5 万 USD	电　话	58354735	传　真	58359868
设立日期	2007-7-24	负 责 人	JAMES LAWRENCE HATCHER		
主营业务	商务咨询（涉及行政许可的凭许可证经营）。				

企业名称	星元投资咨询（上海）有限公司				
企业地址	上海市闵行区虹桥镇吴中路 1100 号 3 幢 308 室（201103）				
投资总额	3 万 USD	电　话	64658039	传　真	64658038
设立日期	2007-7-24	负 责 人	KIM SEONG MIN		
主营业务	投资咨询，商务咨询，市场营销策划咨询，贸易咨询，企业管理咨询。				

企业名称	康众（上海）企业咨询服务有限公司				
企业地址	上海市浦东新区银城中路 168 号上海银行大厦 1702-1704 室（200120）				
投资总额	500 万 USD	电　话	38527397	传　真	68889973
设立日期	2007-7-24	负 责 人	JHON PETER DOMEIKA		
主营业务	数据储存分析及处理，产品设计及营销，多方营销网络开发，风险管理。				

企业名称	潮域投资咨询（上海）有限公司				
企业地址	上海市浦东新区张杨路 158 号月亮幢 1812 室（200120）				
投资总额	14 万 USD	电　话	58824021	传　真	58824077
设立日期	2007-7-24	负 责 人	PAUL VANDOD KARVANDI		
主营业务	投资咨询，企业管理咨询，商务信息咨询，财务管理咨询，会务服务。				

企业名称	明乐商（上海）商务咨询有限公司				
企业地址	上海市浦东新区金桥路 18 号浦东民航大厦 20 层 2012 室（201206）				
投资总额	14 万 USD	电　话	33821201	传　真	33821206
设立日期	2007-7-24	负 责 人	HEIDI GRNSEDT		
主营业务	商务咨询，投资咨询，企业管理咨询（涉及行政许可的凭许可证经营）。				

企业名称	上海宝锭室内装潢设计咨询有限公司				
企业地址	上海市漕溪路 270 号 1 号楼 101 室（200233）				
投资总额	1.4 万 USD	电　话	62806869	传　真	62940100
设立日期	2007-7-24	负 责 人	陈义霖		
主营业务	室内装潢设计咨询，建筑设计咨询，建筑环境咨询，景观设计咨询。				

企业名称	高富诺管理咨询（上海）有限公司				
企业地址	上海市卢湾区打浦路 258 弄 1 号 201D 室（200023）				
投资总额	100 万 RMB	电　话	53063322	传　真	33080632
设立日期	2007-7-24	负 责 人	YU YANG		
主营业务	企业管理咨询，房产信息咨询，营销咨询，投资咨询。				

企业名称	晶坷商务咨询（上海）有限公司				
企业地址	上海市浦东新区商城路 800 号 1425C 室（200122）				
投资总额	10 万 RMB	电　话	52135852	传　真	52135852
设立日期	2007-7-24	负 责 人	CRAIG ALAN BACHNER		
主营业务	投资咨询，商务信息咨询，企业管理咨询。				

企业名称	赫瑞森商务信息咨询（上海）有限公司				
企业地址	上海市卢湾区淮海中路 887 号 9002 室（200020）				
投资总额	8 万 USD	电　话	64379050	传　真	64379070
设立日期	2007-7-23	负 责 人	HE MIN		
主营业务	商务信息咨询，企业管理咨询，科技信息咨询，国际经贸信息咨询。				

企业名称	群邑（上海）广告有限公司				
企业地址	上海市静安区南京西路 1038 号梅陇镇广场 35 楼 3501-05 室（200041）				
投资总额	100 万 USD	电　话	23077700	传　真	23077706
设立日期	2007-7-23	负 责 人	李倩玲		
主营业务	设计、制作、发布、代理各类广告，提供品牌咨询，公共关系咨询。				

企业名称	依她美商务咨询（上海）有限公司				
企业地址	上海市静安区西康路 300 号 1201-1202 室（200041）				
投资总额	14 万 USD	电话	62889891	传真	62889893
设立日期	2007-7-23	负责人	ING-NAN NANCY SHEN		
主营业务	投资咨询，企业管理咨询，市场营销策划，商务咨询，经济信息咨询。				

企业名称	友邦管理顾问（上海）有限公司				
企业地址	上海市静安区南京西路 1376 号 445A 室（200041）				
投资总额	14 万 USD	电话	62798712	传真	51062018
设立日期	2007-7-23	负责人	GRAEME TORRE		
主营业务	资产管理咨询，项目管理咨询，企业管理咨询，投资咨询，商务咨询。				

企业名称	上海伊恒企业管理咨询有限公司				
企业地址	上海市闵行区兴梅路 750 号 6 幢 201 室（200237）				
投资总额	10 万 USD	电话	54282255	传真	54415655
设立日期	2007-7-20	负责人	李培芬		
主营业务	投资咨询，商务咨询，营销策划咨询，贸易信息咨询，企业管理咨询。				

企业名称	上海禹嘉投资顾问有限公司				
企业地址	上海市黄浦区制造局路 893 号 206 室（200001）				
投资总额	20 万港币	电话	64264006	传真	64375236
设立日期	2007-7-19	负责人	YUEN LING JUDY TSE		
主营业务	企业投资顾问，投资项目策划与服务，国际贸易咨询，商务信息咨询。				

企业名称	泊莱兹建筑设计咨询（上海）有限公司				
企业地址	上海市静安区昌平路 68 号 3 幢 610 室（200041）				
投资总额	1.8 万欧元	电话	52289058	传真	
设立日期	2007-7-19	负责人	PASCAL PAUL BERGER		
主营业务	建筑设计咨询，工程技术设计，室内装潢设计咨询，环境工程设计咨询。				

企业名称	上海三纬广告有限公司				
企业地址	上海市浦东新区张江路 665 号 3 楼 A17，18 室（201203）				
投资总额	20 万 USD	电话	53580902	传真	61304648
设立日期	2007-7-18	负责人	女川大		
主营业务	设计、制作、发布、代理国内外各类广告。				

企业名称	上海煊晟企业管理咨询有限公司				
企业地址	上海市江场三路 303 号 408 室（200436）				
投资总额	5 万 USD	电话	56770133	传真	56770133
设立日期	2007-7-17	负责人	郭文静		
主营业务	企业管理咨询，企业营销策划，国际贸易信息咨询，投资咨询。				

企业名称	亚世连科投资咨询（上海）有限公司				
企业地址	上海市闵行区吴中路 1109 号第三幢 516 室（201103）				
投资总额	14 万 USD	电话	61458384	传真	61458345
设立日期	2007-7-17	负责人	崔钟远		
主营业务	投资咨询，商务咨询，贸易咨询，国际贸易信息咨询，房地产信息咨询。				

企业名称	上海纬德投资咨询有限公司				
企业地址	上海市中山西路 2259 号 2 楼 219 室（200233）				
投资总额	50 万 RMB	电话	52138728	传真	52918777
设立日期	2007-7-17	负责人	杨 兵		
主营业务	投资咨询，科技咨询，企业管理咨询（涉及行政许可的凭许可证经营）。				

企业名称	巍德谊电子产品技术咨询服务（上海）有限公司				
企业地址	上海市卢湾区淮海中路 283 号香港广场 2008 室（200021）				
投资总额	14 万 USD	电话	63907080	传真	63906078
设立日期	2007-7-16	负责人	WOLFGANG KLEBSCH		
主营业务	电子设备测试及相关技术咨询，科技咨询，企业管理咨询，商务咨询。				

企业名称	富理诚商务顾问（上海）有限公司				
企业地址	上海市静安区南京西路 1168 号 3521 室（200041）				
投资总额	15 万 USD	电话	61415300	传真	61415355
设立日期	2007-7-16	负责人	MARK SIMS CHADWICK		
主营业务	投资咨询，商务咨询，经济信息咨询，企业管理咨询。				

企业名称	凯欣博恩投资咨询（上海）有限公司				
企业地址	上海市静安区南京西路 1366 号恒隆广场办公楼二号 3709 室（200041）				
投资总额	25 万 USD	电话	61135800	传真	
设立日期	2007-7-13	负责人	LIM YONG CHYE LAWRENCE		
主营业务	投资咨询（涉及行政许可的凭许可证经营）。				

企业名称	满溢商务咨询（上海）有限公司				
企业地址	上海市长乐路 989 号 1869 室（200031）				
投资总额	6 万 USD	电话	62472820	传真	62472820
设立日期	2007-7-13	负责人	STUART DOUGLAS MACDONALD		
主营业务	企业管理咨询，计算机技术咨询，电脑软件应用咨询及提供相关服务。				

企业名称	宝广（上海）广告有限公司				
企业地址	上海市长宁区延安西路 1088 号长峰中心大厦 2408 室（200052）				
投资总额	30 万 USD	电话	62076819	传真	62076863
设立日期	2007-7-12	负责人	MOMI HODAKA		
主营业务	设计、制作、发布、代理国内外各类广告。				

企业名称	菱托企业管理咨询（上海）有限公司				
企业地址	上海市长宁区仙霞路 137 号 17E（200051）				
投资总额	2 亿日元	电话	52067171	传真	52060025
设立日期	2007-7-12	负责人	开发光治		
主营业务	企业管理咨询，投资咨询，贸易咨询，市场信息咨询，商务咨询。				

企业名称	上海希贝商务咨询有限公司				
企业地址	上海市闵行区龙茗路 1915 号三层 3024 室（201101）				
投资总额	5 万 USD	电话	64064898	传真	54811948
设立日期	2007-7-10	负责人	BRUCE JAMES CROMPTON		
主营业务	商务咨询，投资咨询，市场营销策划（涉及行政许可的凭许可证经营）。				

企业名称	维强投资咨询（上海）有限公司				
企业地址	上海市闵行区秀文路 517 号 3 楼 313 室（201100）				
投资总额	10 万 USD	电话	64921394	传真	64921394
设立日期	2007-7-10	负责人	H.CHOU		
主营业务	投资咨询，商务咨询（涉及行政许可的凭许可证经营）。				

企业名称	美延汽车服务咨询（上海）有限公司				
企业地址	上海市浦东新区福山路 500 号 705 室（200122）				
投资总额	150 万 USD	电话	38617666	传真	38617668
设立日期	2007-7-9	负责人	DAVID L. COLE		
主营业务	提供汽车营销咨询，汽车保养咨询，汽车维修咨询及相关服务信息咨询。				

企业名称	映美极企业形象策划（上海）有限公司				
企业地址	上海市卢湾区淮海中路 918 号 19 楼 G 座（200020）				
投资总额	14 万 USD	电话	51083336	传真	64159389
设立日期	2007-7-9	负责人	IRYNA BULAVINA		
主营业务	企业形象策划咨询，个人形象设计咨询，公共关系策划咨询，会展咨询。				

企业名称	上海恒华格建筑设计咨询有限公司				
企业地址	上海市奉贤区环城东路 399 号 1 幢 317 室（201400）				
投资总额	11 万 USD	电话	63218835	传真	62404492
设立日期	2007-7-9	负责人	RICHARD STANLEY HUNT		
主营业务	建筑设计咨询，建筑企业管理咨询，室内设计咨询，景观设计咨询。				

企业名称	杰利室内设计咨询（上海）有限公司				
企业地址	上海市浦东新区浦东南路 1289 号华融大厦 2508 室（200120）				
投资总额	20 万 RMB	电话	51156733	传真	51156733
设立日期	2007-7-9	负责人	WONG HUI LING		
主营业务	室内装潢设计咨询，建筑装潢设计咨询，装饰品、家具、工艺礼品。				

企业名称	凯维建筑设计咨询（上海）有限公司				
企业地址	上海市静安区康定路 1147 号 6 幢 4 楼 407 室（200042）				
投资总额	14 万 USD	电话	61325005	传真	61325499
设立日期	2007-7-6	负责人	RONALD DE GOEIJ		
主营业务	建筑设计咨询，室内外设计咨询，图文设计咨询，建筑工程咨询。				

企业名称	德罗雅克企业管理咨询（上海）有限公司				
企业地址	上海市外高桥保税区日京路 51 号发展大厦 1213 室（200131）				
投资总额	6.67 万 USD	电话	53858111	传真	58683319
设立日期	2007-7-5	负责人	JACEK DROZAK		
主营业务	科技咨询，企业管理和投资咨询，国际经济咨询，贸易信息咨询。				

企业名称	上海麦基嘉科得威船舶技术咨询有限公司				
企业地址	上海市外高桥保税区加枫路 28 号新康 2 号楼 4 层 2406 室（200131）				
投资总额	14 万 USD	电话	63912798	传真	63912276
设立日期	2007-7-5	负责人	LEIF ERIC BYSTROM		
主营业务	船用货物通道设备的设计，并提供相关的技术服务和技术咨询。				

企业名称	拓达投资咨询（上海）有限公司				
企业地址	上海市襄阳南路500号1515室（200031）				
投资总额	14万USD	电　话	64400990	传　真	64403173
设立日期	2007-7-3	负责人	MINGKWAN CHAIYAPONG		
主营业务	投资咨询，商务咨询，企业管理咨询，贸易咨询，国际经济信息咨询。				

企业名称	花椒树投资咨询（上海）有限公司				
企业地址	上海市张江高科技园区牛顿路501号2幢1002室（201203）				
投资总额	500万USD	电　话	50809980	传　真	50809990
设立日期	2007-7-2	负责人	常兆华		
主营业务	投资咨询，国际贸易咨询，企业管理咨询，财务管理咨询，科技咨询。				

企业名称	美艾克商务咨询（上海）有限公司				
企业地址	上海市浦东新区浦东南路999号新梅联合广场15D（200120）				
投资总额	14万USD	电　话	68882676	传　真	68882679
设立日期	2007-7-2	负责人	VICTOR LOO CHOR KHIANG		
主营业务	商务咨询，企业管理咨询，投资咨询（涉及行政许可的凭许可证经营）。				

企业名称	景景设计工程咨询（上海）有限公司				
企业地址	上海市静安区愚园路172号2601室（200040）				
投资总额	14万USD	电　话	63239045	传　真	63239724
设立日期	2007-7-2	负责人	邓运鸿		
主营业务	建筑设计咨询，建筑工程咨询，室内装饰咨询，项目管理咨询。				

企业名称	上海源胜企业管理咨询有限公司				
企业地址	上海市闵行区梅陇镇老沪闵路2029号第2幢202室（200237）				
投资总额	30万USD	电　话	33581618	传　真	33581618
设立日期	2007-6-28	负责人	王景明		
主营业务	提供商业型地产管理的IT支援系统，行销整合管理支援系统。				

企业名称	普华永道个人税务咨询（上海）有限公司				
企业地址	上海市卢湾区湖滨路202号1011，1012室（200021）				
投资总额	15万USD	电　话	61232426	传　真	61232426
设立日期	2007-6-28	负责人	MAN YEE MANDY KWOK		
主营业务	国际经济咨询，境内外个人税务咨询，企业员工管理和薪酬管理咨询。				

企业名称	上海思艾众成商务咨询有限公司				
企业地址	上海市静安区北京西路1287号2楼B室（200041）				
投资总额	50万RMB	电　话	51168118	传　真	51531407
设立日期	2007-6-28	负责人	LEE SU YIN		
主营业务	市场营销咨询，企业管理咨询，投资咨询，商务咨询，贸易信息咨询。				

企业名称	博洛尼（上海）展览有限公司				
企业地址	上海市浦东新区张家浜路37弄3号702F室（200120）				
投资总额	20万USD	电　话	32220381	传　真	32220338
设立日期	2007-6-27	负责人	MAURO MALFATTI		
主营业务	在中国境内主办，承办各类经济技术展览会和会议,在境外举办会议。				

企业名称	上海大贺投资咨询有限公司				
企业地址	上海市浦东新区玉兰路8号905室（201204）				
投资总额	230万USD	电　话	64159752	传　真	64159594
设立日期	2007-6-26	负责人	廖裕辉		
主营业务	投资咨询，企业管理咨询，国际经济咨询，科技咨询，贸易信息咨询。				

企业名称	上海木德尚室内设计咨询有限公司				
企业地址	上海市闵行区虹许路731号5号楼1楼（201103）				
投资总额	14万USD	电　话	64067832	传　真	64067851
设立日期	2007-6-26	负责人	杨立辉		
主营业务	室内设计咨询，工程管理施工咨询，企业管理咨询，营销策划。				

企业名称	吉凯恩（中国）投资有限公司				
企业地址	上海市浦东世纪大道1600号浦项商务广场1105-1110室（200122）				
投资总额	3000万USD	电　话	51348999	传　真	51345677
设立日期	2007-6-25	负责人	WALTER ROHREGGER		
主营业务	在国家允许外商投资领域依法进行投资,向其所投资企业提供相关服务。				

企业名称	梅克投资咨询（上海）有限公司				
企业地址	上海市张江高科技园区蔡伦路780号819室（201203）				
投资总额	10万USD	电　话	54661218	传　真	54661218
设立日期	2007-6-25	负责人	OLIVER GERALD SCHMIDTKE		
主营业务	投资咨询，经济信息咨询，商务咨询，贸易信息咨询，企业管理咨询。				

企业名称	森大厦（上海）房地产管理咨询有限公司				
企业地址	上海市浦东新区陆家嘴环路1000号14-033室（200120）				
投资总额	6700万RMB	电　话	68413000	传　真	68411162
设立日期	2007-6-22	负责人	渡边 五郎		
主营业务	物业管理，房地产经纪和咨询，会务服务，商务服务，停车场经营。				

企业名称	诗普企业管理咨询（上海）有限公司				
企业地址	上海市崇明县新河镇新申路921弄2号C区109室（202156）				
投资总额	368万RMB	电　话	63568830	传　真	63568835
设立日期	2007-6-22	负责人	郭子扬		
主营业务	网络技术咨询，营销策划咨询，企业形象策划咨询，企业产品形象策划。				

企业名称	嘉民管理咨询（上海）有限公司				
企业地址	上海市卢湾区淮海中路333号2107室（200020）				
投资总额	210万USD	电　话	61332017	传　真	63862386
设立日期	2007-6-21	负责人	PHILIP JOHN PEARCE		
主营业务	管理咨询，商务咨询，工程管理咨询，房地产信息咨询，物业管理咨询。				

企业名称	龙升企业形象策划（上海）有限公司				
企业地址	上海市虹口区广粤路439弄3号505-5室（200434）				
投资总额	20万USD	电　话	62786619	传　真	62786619
设立日期	2007-6-21	负责人	许登富		
主营业务	企业形象策划，会务咨询，科技咨询，商务咨询，投资咨询。				

企业名称	上海智源管理咨询有限公司				
企业地址	上海市宝山区罗芬路888号美兰湖国际会议中心2楼北翼（201907）				
投资总额	20万USD	电　话	66010999	传　真	66019058
设立日期	2007-6-21	负责人	余伟亮		
主营业务	企业管理咨询，商务信息咨询，展览会务咨询，礼仪服务咨询。				

企业名称	恩技电气技术设计咨询（上海）有限公司				
企业地址	上海市化学工业区目华路201号化工区大厦607室（201507）				
投资总额	2.5万USD	电　话	61238800	传　真	61238800
设立日期	2007-6-21	负责人	STEPHEN TUCKER		
主营业务	提供电气技术设计咨询，建筑设计咨询，商务咨询，企业管理咨询。				

企业名称	轩和（上海）医院管理咨询有限公司				
企业地址	上海市闵行区光华路728号4幢4楼8室（201111）				
投资总额	100万USD	电　话	62798921	传　真	62798921
设立日期	2007-6-21	负责人	DEXTER Y SUN		
主营业务	医院管理咨询，医疗器械及生物科技专业技术的开发，软件开发。				

企业名称	兄联投资咨询（上海）有限公司				
企业地址	上海市闵行区虹桥镇宜山路1618号E号厂房823室（201103）				
投资总额	14万USD	电　话	64521721	传　真	64521721
设立日期	2007-6-21	负责人	吴建立		
主营业务	投资咨询，企业管理咨询，商务咨询（涉及行政许可的凭许可证经营）。				

企业名称	三欣（上海）投资咨询有限公司				
企业地址	上海市静安区北京西路1399号13层A2室（200041）				
投资总额	500万USD	电　话	51753633	传　真	51753978
设立日期	2007-6-20	负责人	黄美龄		
主营业务	投资咨询，商务咨询，企业管理咨询，营销咨询，经贸信息咨询。				

企业名称	欣僖吉（上海）广告有限公司				
企业地址	上海市静安区成都北路333号招商局广场南楼16楼1601A室（200041）				
投资总额	15万USD	电　话	55238831	传　真	55238869
设立日期	2007-6-20	负责人	MOTONAMI SEIO		
主营业务	设计、制作、发布、代理国内外各类广告。				

企业名称	爱梯匹广告（上海）有限公司				
企业地址	上海市浦东新区龙东大道5385号1103室部分（201204）				
投资总额	20万USD	电　话	53826237	传　真	53826239
设立日期	2007-6-19	负责人	阿部乙彦		
主营业务	设计、制作、发布、代理国内外各类广告，广告市场咨询，会议服务。				

企业名称	盛创投资咨询（上海）有限公司				
企业地址	上海市桂林西街23号二层201室（200233）				
投资总额	14万USD	电　话	54253302	传　真	54253301
设立日期	2007-6-19	负责人	王生睿		
主营业务	投资咨询，科技咨询，企业管理咨询，环保信息咨询，经济信息咨询。				

企业名称	环球资源会展（上海）有限公司				
企业地址	上海市浙江中路 400 号 11 层 1157 室（200001）				
投资总额	30 万 USD	电　　话	53068968	传　　真	63600806
设立日期	2007-6-18	负 责 人	JOHN HIN WAH NG		
主营业务	在中国境内主办，承办各类经济技术展览会和会议。				

企业名称	太兴管理咨询（上海）有限公司				
企业地址	上海市卢湾区南昌路 28 号 2A，2B 室（200020）				
投资总额	100 万 USD	电　　话	53836177	传　　真	53836177
设立日期	2007-6-18	负 责 人	陈恩霖		
主营业务	商务咨询，管理咨询，贸易信息咨询，企业形象策划。				

企业名称	德深投资咨询（上海）有限公司				
企业地址	上海市浦东新区牡丹路 60 号 1509 室（200127）				
投资总额	14 万 USD	电　　话	58334908	传　　真	58335295
设立日期	2007-6-18	负 责 人	邵凤君		
主营业务	投资咨询，商务信息咨询，企业管理咨询，市场营销策划咨询。				

企业名称	联四海商务咨询（上海）有限公司				
企业地址	上海市浦东新区浦东南路 3909-3915 号 1-2 层（200120）				
投资总额	15 万 USD	电　　话	58798361	传　　真	58798361
设立日期	2007-6-18	负 责 人	GU ZHIYONG		
主营业务	商务信息咨询，教育信息咨询，投资咨询，企业管理咨询，旅游咨询。				

企业名称	欧波（上海）建筑设计咨询有限公司				
企业地址	上海市南汇区康桥路 1098 号 1 号楼 125 室（201315）				
投资总额	2 万 USD	电　　话	52928505	传　　真	52928506
设立日期	2007-6-15	负 责 人	JAMES FRANK PORTER		
主营业务	建筑工程咨询，建筑设计及室内设计咨询，投资咨询。				

企业名称	名趣商务咨询（上海）有限公司				
企业地址	上海市静安区延平路 128 号 2 号楼 309 室（200041）				
投资总额	10 万 USD	电　　话	32270872	传　　真	32270875
设立日期	2007-6-15	负 责 人	PHILIP SCHINDLER		
主营业务	商务咨询，物流咨询，企业管理咨询，投资咨询。				

企业名称	上海吉帝营销咨询有限公司				
企业地址	上海市浦东新区浦东南路 1036 号 2104 室（200120）				
投资总额	210 万港币	电　　话	68876687	传　　真	68876687
设立日期	2007-6-14	负 责 人	OLIVER ARDUIN		
主营业务	市场营销策划咨询，商务信息咨询（涉及行政许可的凭许可证经营）。				

企业名称	首邑投资管理咨询（上海）有限公司				
企业地址	上海市长宁区虹桥路 2272 号 C 段 5 楼 S 室（200336）				
投资总额	14 万 USD	电　　话	58779285	传　　真	58779289
设立日期	2007-6-14	负 责 人	郭文宪		
主营业务	商务咨询，经济信息咨询，投资咨询，企业管理咨询，科技信息咨询。				

企业名称	鸿昌投资管理咨询（上海）有限公司				
企业地址	上海市闵行区莘庄镇黎安路 1601-1605（单）号 2 幢 103 室（201100）				
投资总额	10 万 USD	电　　话	64922869	传　　真	64922869
设立日期	2007-6-13	负 责 人	周文斐		
主营业务	投资管理咨询，企业管理咨询，企业形象策划，市场营销策划。				

企业名称	景辅投资咨询（上海）有限公司				
企业地址	上海市杨浦区长阳路 999 号 1 号楼 403 室（200090）				
投资总额	1.4 万 USD	电　　话	51876865	传　　真	62085908
设立日期	2007-6-13	负 责 人	林嗳卿		
主营业务	投资咨询，商务信息咨询，企业管理咨询，市场信息咨询，贸易咨询。				

企业名称	丽欣酒店管理咨询（上海）有限公司				
企业地址	上海市卢湾区淮海中路 282 号香港广场北座 8 楼 806 室（200020）				
投资总额	30 万 RMB	电　　话	63908651	传　　真	63908779
设立日期	2007-6-13	负 责 人	司徒炳辉		
主营业务	酒店管理咨询，企业营销咨询，经营管理咨询。				

企业名称	瑞晋（上海）管理咨询有限公司				
企业地址	上海市卢湾区建国西路 91 弄 5 号 908 室（200025）				
投资总额	150 万港币	电　　话	51532070	传　　真	51532070
设立日期	2007-6-12	负 责 人	宁文伟		
主营业务	投资管理及咨询，企业管理咨询，商务管理咨询，经济信息咨询。				

企业名称	加铝企业管理（上海）有限公司				
企业地址	上海市静安区南京西路 1266 号恒隆广场办公楼 2501-2504 室（200040）				
投资总额	200 万 USD	电　　话	61336933	传　　真	62336969
设立日期	2007-6-12	负 责 人	VINCENT HION KOU		
主营业务	提供经营决策咨询服务，采购，物流，质量监控，市场推广咨询服务。				

企业名称	普济投资管理咨询（上海）有限公司				
企业地址	上海市浦东新区金沪路 1151 号 2021 室（200126）				
投资总额	14 万 USD	电　　话	33686655	传　　真	33686355
设立日期	2007-6-12	负 责 人	司徒德		
主营业务	投资咨询，资产管理咨询，财务咨询，企业管理咨询，营销策划咨询。				

企业名称	经信商务咨询（上海）有限公司				
企业地址	上海市浦东新区东靖路 1831 号 403-11 室（200135）				
投资总额	14 万 USD	电　　话	53083527	传　　真	53086270
设立日期	2007-6-12	负 责 人	范赛金		
主营业务	商务咨询，投资咨询，财务管理咨询，科技咨询，市场营销策划。				

企业名称	积极（上海）管理咨询有限公司				
企业地址	上海市黄浦区陆家浜路 1378 号 1102 室（200011）				
投资总额	25 万 USD	电　　话	22817365	传　　真	
设立日期	2007-6-11	负 责 人	CARL ROBERT TISONE		
主营业务	企业管理咨询（以上经营范围涉及行政许可的凭许可证经营）。				

企业名称	欣奈吉管理咨询（上海）有限公司				
企业地址	上海市静安区康定路 358 号 16 幢 102 室（200041）				
投资总额	1.3 万 USD	电　　话	51162983	传　　真	51162882
设立日期	2007-6-11	负 责 人	DAVID ERIC PRICHARD		
主营业务	企业管理咨询，投资咨询，市场营销咨询，商务咨询，国际贸易咨询。				

企业名称	佳构伙伴投资咨询（上海）有限公司				
企业地址	上海市中山西路 1800 号 13 楼 H 座（200235）				
投资总额	20 万 RMB	电　　话	64400280	传　　真	64400860
设立日期	2007-6-11	负 责 人	陈鼎股		
主营业务	投资咨询，国际经济信息咨询，企业管理咨询。				

企业名称	睿程（上海）职业介绍有限公司				
企业地址	上海市静安区南京西路 1168 号中信泰富广场 2306-2307 室（200041）				
投资总额	12.5 万 USD	电　　话	61232587	传　　真	61238800
设立日期	2007-6-8	负 责 人	ANNA RACHAEL POGSON		
主营业务	提供职业介绍服务，提供职业指导，咨询服务，收集和发布劳动力信息。				

企业名称	里贝拉（上海）商务咨询有限公司				
企业地址	上海市浦东新区三林路 722 号 8 幢 104 室（200126）				
投资总额	7 万 USD	电　　话	61320809	传　　真	61325117
设立日期	2007-6-7	负 责 人	TEPHANE FRANCOIS LAURENT DE MONTGROS		
主营业务	商务咨询，展览展示策划咨询，营销策划咨询，投资咨询，企业策划。				

企业名称	上海柏世商务咨询有限公司				
企业地址	上海市长宁区延安西路 1600 号 206 室（200052）				
投资总额	6.5 万 USD	电　　话	62944173	传　　真	62944173
设立日期	2007-6-6	负 责 人	穆雪莹		
主营业务	商务咨询，企业管理咨询。（涉及行政许可的凭许可证经营）。				

企业名称	擀霸企业管理咨询（上海）有限公司				
企业地址	上海市浦东新区金海路 2588 号 1 幢 220 室（201209）				
投资总额	6.5 万 USD	电　　话	61031675	传　　真	61031674
设立日期	2007-6-6	负 责 人	BRADLEY SCHMIDT		
主营业务	企业管理咨询，投资咨询，投资管理咨询。				

企业名称	华思道（上海）商务咨询有限公司				
企业地址	上海市浦东新区民风路 351 号 1 幢 603 室（201209）				
投资总额	5 万 USD	电　　话	63219544	传　　真	63219544
设立日期	2007-6-6	负 责 人	ANTHONY D GOUNARIS		
主营业务	商务咨询，企业管理咨询，项目管理咨询，投资咨询，会展服务咨询。				

企业名称	诚亚投资咨询（上海）有限公司				
企业地址	上海市闵行区虹桥镇虹梅路 3215 弄 201 号 5A 室（201103）				
投资总额	20 万 USD	电　　话	34240630	传　　真	64466441
设立日期	2007-6-5	负 责 人	蔡纯幸		
主营业务	投资咨询，管理咨询，企业形象策划，信息科技咨询，房地产信息咨询。				

企业名称	上海太商倍恩企业管理顾问有限公司				
企业地址	上海市普陀区中山北路 2911 号 801 室（200060）				
投资总额	45 万 USD	电　话	52830225	传　真	52830226
设立日期	2007-6-5	负责人	升井基		
主营业务	商务咨询，通讯信息技术咨询，企业管理咨询，市场营销策划咨询。				

企业名称	上海亚柏林项目投资咨询有限公司				
企业地址	上海市卢湾区淮海中路 381 号中环广场 906-917 室（200021）				
投资总额	100 万 USD	电　话	61361888	传　真	61361880
设立日期	2007-6-4	负责人	WILLIAM DAVID SCHOENF ELD		
主营业务	投资咨询，项目咨询，管理咨询，国际经济咨询，市场策划咨询。				

企业名称	恺慕建筑设计咨询（上海）有限公司				
企业地址	上海市闵行区光华路 728 号 4 幢 3 楼 18 室（201111）				
投资总额	2 万欧元	电　话	53750825	传　真	53750837
设立日期	2007-6-4	负责人	VINCENT JACOB ADRIAAN DE GRAAF		
主营业务	建筑设计咨询，工程技术咨询，室内装潢设计咨询，环境工程设计咨询。				

企业名称	接力投资管理咨询（上海）有限公司				
企业地址	上海市长宁区延安西路 1358 号 4B 室（200052）				
投资总额	100 万 USD	电　话	62830552	传　真	62830552
设立日期	2007-6-1	负责人	刘秦英		
主营业务	投资管理咨询，企业管理咨询，广告传媒咨询及技术服务，商务咨询。				

企业名称	帕雷特（上海）商务咨询有限公司				
企业地址	上海市静安区静安寺街道乌鲁木齐北路 199 号 2216 室（200041）				
投资总额	10 万 USD	电　话	63410784	传　真	63410584
设立日期	2007-6-1	负责人	CHIPLIEV DIMITRIY		
主营业务	商务咨询，投资咨询，企业管理咨询，市场营销策划咨询，贸易咨询。				

企业名称	易泰商务咨询（上海）有限公司				
企业地址	上海市虹口区天宝路 80 号 105 室（200086）				
投资总额	10 万 RMB	电　话	51025278	传　真	51025277
设立日期	2007-6-1	负责人	KRIS ANTHONY CHIN		
主营业务	商务咨询，企业管理咨询，投资咨询（涉及行政许可的凭许可证经营）。				

企业名称	速技商务咨询（上海）有限公司				
企业地址	上海市闵行区虹桥镇吴中路 1081 号 3 幢 507 室（201103）				
投资总额	4 万 USD	电　话	64656929	传　真	64656929
设立日期	2007-5-31	负责人	SINIGAGLIA MASSIMO（马斯姆）		
主营业务	商务咨询，贸易信息咨询，市场营销策划咨询，企业管理咨询。				

企业名称	安琦道尔（上海）环境规划建筑设计咨询有限公司				
企业地址	上海市莘庄工业区春光路 730 号 201 室 C 座（201100）				
投资总额	14 万 USD	电　话	63907288	传　真	63907279
设立日期	2007-5-31	负责人	MINGYUE LUN		
主营业务	环境工程设计咨询，建筑设计咨询，室内装潢设计咨询。				

企业名称	高彦（上海）投资咨询有限公司				
企业地址	上海市浦东新区世纪大道 88 号金茂大厦 31 层 3142 室（200120）				
投资总额	10 万 USD	电　话	62702215	传　真	62702275
设立日期	2007-5-28	负责人	DANIEL J. NOWISZEWSKI		
主营业务	投资咨询，商务咨询，科技咨询和企业管理咨询。				

企业名称	纽大教育信息咨询（上海）有限公司				
企业地址	上海市长宁区长宁路 855 号 13 楼 B，C 室（200050）				
投资总额	15 万 USD	电　话	52711341	传　真	52711342
设立日期	2007-5-24	负责人	JAMES YAW-BOATENG NYARKO		
主营业务	教育信息咨询，商务咨询，企业管理咨询。				

企业名称	小松（中国）融资租赁有限公司				
企业地址	上海市浦东新区陆家嘴环路 1000 号汇丰大厦 33 楼 33-011 室（200120）				
投资总额	2.8 亿 RMB	电　话	68414567	传　真	68410372
设立日期	2007-5-24	负责人	王子光		
主营业务	融资租赁业务,租赁业务,购买租赁财产,租赁财产残值处理及维修。				

企业名称	衡龙投资管理咨询（上海）有限公司				
企业地址	上海市浦东新区杨园南路 116 号 6 幢 113 室（200137）				
投资总额	200 万 RMB	电　话	61313588	传　真	62187838
设立日期	2007-5-23	负责人	虞金斌		
主营业务	投资咨询，企业管理咨询，工业气体生产技术咨询，多媒体信息咨询。				

企业名称	罗盛（上海）人才咨询服务有限公司				
企业地址	上海市浦东新区世纪大道 88 号金贸大厦 45 楼 04 室（200120）				
投资总额	30 万 USD	电　话	61630888	传　真	50988298
设立日期	2007-5-22	负责人	程　原		
主营业务	人才供求信息的收集，整理，储存，发布和咨询服务,人才推荐,人才招聘。				

企业名称	上海殷拓投资顾问有限公司				
企业地址	上海市南京西路 1366 号恒隆广场办公楼二号楼 2901 室（200041）				
投资总额	14 万 USD	电　话	61135868	传　真	61135866
设立日期	2007-5-22	负责人	STEFAN ARNE GUSTAF HOLMER		
主营业务	投资咨询，财务咨询，营销咨询，经济信息咨询，资产管理咨询。				

企业名称	瑞利达投资顾问（上海）有限公司				
企业地址	上海市浦东新区商城路 618 号良友大厦 1010 室（200120）				
投资总额	15 万 USD	电　话	50336262	传　真	50336262
设立日期	2007-5-21	负责人	FU JOSH CHIA-HSINE		
主营业务	商务咨询，投资咨询，贸易信息咨询，科技信息咨询，经济信息咨询。				

企业名称	上海都赛商务咨询有限公司				
企业地址	上海市长宁区番禺路 390 号 14F 室（200052）				
投资总额	24 万 RMB	电　话	52588005	传　真	52588011
设立日期	2007-5-21	负责人	朱志明		
主营业务	商务信息咨询，投资咨询，企业管理咨询，贸易咨询，市场营销咨询。				

企业名称	欧领特（上海）钢板桩租赁有限公司				
企业地址	上海市宝山区真陈路 1000 号 101 室（200436）				
投资总额	200 万 USD	电　话	32212126	传　真	32212125
设立日期	2007-5-18	负责人	GOH KIAN SIN		
主营业务	建筑工程用钢板桩，基础工程设备及配件租赁，租赁财产残值处理。				

企业名称	利莲企业管理咨询（上海）有限公司				
企业地址	上海市长宁区番禺路 383 号 205 室（200052）				
投资总额	500 万港币	电　话	62818888	传　真	62818888
设立日期	2007-5-17	负责人	孙正豪		
主营业务	企业管理咨询，投资管理咨询，商务咨询，科技咨询，企业形象策划。				

企业名称	玛富尔企业管理咨询（上海）有限公司				
企业地址	上海市浦东新区花园石桥路 33 号花旗集团大厦 2327A 室（200120）				
投资总额	14 万 USD	电　话	61010116	传　真	61010110
设立日期	2007-5-17	负责人	PANDIA RAJAN KARUPPASAMY		
主营业务	企业管理咨询，商务咨询，营销策划咨询，贸易信息咨询，投资咨询。				

企业名称	拓宝建筑设计咨询（上海）有限公司				
企业地址	上海市静安区康定路 1147 号 6 幢 408 室（200042）				
投资总额	10.5 万 USD	电　话	63165950	传　真	63165950
设立日期	2007-5-17	负责人	TROY R ALEXANDER WILLIAMS		
主营业务	建筑设计咨询，景观工程设计咨询，环境设计咨询，商务咨询。				

企业名称	达视光学设备技术咨询（上海）有限公司				
企业地址	上海市浦东新区东靖路 1831 号 401-402 室（200131）				
投资总额	5 万欧元	电　话	58362605	传　真	58362608
设立日期	2007-5-17	负责人	付奇志		
主营业务	光学设备技术咨询，生物技术咨询，提供医疗机构后勤管理咨询。				

企业名称	埃恩杰商务咨询（上海）有限公司				
企业地址	上海市静安区乌鲁木齐北路 199 号 1505 室（200040）				
投资总额	5 万 USD	电　话	62484605	传　真	
设立日期	2007-5-16	负责人	ALEXANDRA ROLOFF		
主营业务	商务策划咨询，投资咨询，企业管理咨询，市场营销咨询，公关咨询。				

企业名称	上海世伴企业管理咨询有限公司				
企业地址	上海市静安区成都北路 333 号 1607B 室（200041）				
投资总额	14 万 USD	电　话	52985252	传　真	62882699
设立日期	2007-5-16	负责人	TOBIAS WASMUHT		
主营业务	商务信息咨询，市场营销咨询，商业活动管理咨询，商业运营咨询。				

企业名称	上海周蔚吾交通工程咨询有限公司				
企业地址	上海市浦东新区浦东大道 2123 号 3112 室（200135）				
投资总额	2 万 USD	电　话	50930281	传　真	50930281
设立日期	2007-5-15	负责人	周蔚吾（WEI-WU ZHOU）		
主营业务	交通安全，交通控制和管理技术开发，并提供相关技术服务和技术咨询。				

企业名称	上海创艺宝贝教育管理咨询有限公司				
企业地址	上海市闵行区吴中路 1050 号 5 幢东楼 403 室 705 室（201103）				
投资总额	61 万 USD	电　话	54224081	传　真	54224081
设立日期	2007-5-15	负责人	江义政		
主营业务	教育管理咨询，教育信息咨询，教育投资咨询，商务咨询。				

企业名称	联艺福管理咨询服务（上海）有限公司				
企业地址	上海市静安区陕西北路 66 号 1506 室（200041）				
投资总额	3.8 万 USD	电　话	51168790	传　真	51168791
设立日期	2007-5-15	负责人	GARDINER HUDSON OSGOOD		
主营业务	企业管理咨询。（涉及行政许可的凭许可证管理）。				

企业名称	北家营销咨询（上海）有限公司				
企业地址	上海市浦东新区峨山路 613 号 11 幢 B324 室（200127）				
投资总额	14 万 USD	电　话	58356668	传　真	58356668
设立日期	2007-5-15	负责人	JAN JACOB WILLEM BOOM		
主营业务	市场营销咨询，企业管理咨询，投资咨询，计算机软件的设计与开发。				

企业名称	美播商务咨询（上海）有限公司				
企业地址	上海市静安区延平路 98-4（B）号 202 室（200042）				
投资总额	50 万 RMB	电　话	51759878	传　真	51759876
设立日期	2007-5-15	负责人	SIMON THOMAS MALONE		
主营业务	商务咨询，企业管理咨询（涉及行政许可的凭许可证经营）。				

企业名称	思媒思智（上海）管理咨询有限公司				
企业地址	上海市东湖路 20 号 204 室（200031）				
投资总额	6.5 万 USD	电　话	64394114	传　真	64394414
设立日期	2007-5-14	负责人	ALEXANDER NICOLAS ABPLANALP		
主营业务	企业管理咨询，营销策划咨询，投资咨询。				

企业名称	阿海珐输配电企业管理（上海）有限公司				
企业地址	上海市长宁区长宁路 1018 号 1701-1715 单元（200051）				
投资总额	200 万 USD	电　话	62376321	传　真	32200139
设立日期	2007-5-11	负责人	ARMAND DE BOURAYNE		
主营业务	提供投资经营决策服务，市场营销服务，财务管理服务，技术支持服务。				

企业名称	锡尔投资管理咨询（上海）有限公司				
企业地址	上海市浦东新区浦东大道 727 弄 1 号 501 室（200120）				
投资总额	35 万 USD	电　话	58306996	传　真	68763232
设立日期	2007-5-11	负责人	HUANG CHUN YUEH（黄浚岳）		
主营业务	投资管理咨询，房地产信息咨询，贸易信息咨询，市场营销策划咨询。				

企业名称	英域成语言培训（上海）有限公司				
企业地址	上海市福州路 666 号金陵海欣大厦 1 层 C，D，2 夹层 C，D，CD（200021）				
投资总额	100 万 RMB	电　话	34173966	传　真	34173977
设立日期	2007-5-11	负责人	MELISSA YIN-YIN LAM		
主营业务	英语培训，提供相关的培训咨询服务（涉及许可的凭许可证经营）。				

企业名称	华悦商务咨询（上海）有限公司				
企业地址	上海市卢湾区马当路 349 号夹层（200021）				
投资总额	110 万港币	电　话	55605520	传　真	55605520
设立日期	2007-5-10	负责人	江中一		
主营业务	商务咨询，国际经济信息咨询，科技信息咨询，环保咨询，会展咨询。				

企业名称	智良团企业管理咨询（上海）有限公司				
企业地址	上海市浦东新区张杨路 228 号星星幢 601 室（200122）				
投资总额	14 万 USD	电　话	68881813	传　真	58792583
设立日期	2007-5-10	负责人	庄　健		
主营业务	投资咨询，企业管理咨询，市场营销策划，会展咨询，商务咨询。				

企业名称	大是企业形象设计（上海）有限公司				
企业地址	上海市浦东新区杨高北路 528 号 14 幢 5021 室（201208）				
投资总额	14 万 USD	电　话	62460047	传　真	62460050
设立日期	2007-5-10	负责人	JOHN R. O'BRIEN		
主营业务	企业形象设计咨询，图文设计，企业管理咨询，投资咨询，商务咨询。				

企业名称	西杰艾（上海）投资管理有限公司				
企业地址	上海市浦东新区浦东南路 256 号华夏银行大厦 2703 单元（200120）				
投资总额	200 万 USD	电　话	68866228	传　真	68866170
设立日期	2007-5-9	负责人	陈大维（DAVID CHEN）		
主营业务	提供投资经营决策，营销服务，财务管理服务，技术支持，信息服务。				

企业名称	维尤派纳企业策划（上海）有限公司				
企业地址	上海市静安区新闸路 831 号 9A 室（200041）				
投资总额	10.1 万 USD	电　话	62187738	传　真	62187738
设立日期	2007-5-9	负责人	盛　黎		
主营业务	会展策划与设计咨询，公关咨询，企业形象策划与推广，市场营销策划。				

企业名称	伟讯投资咨询（上海）有限公司				
企业地址	上海市浦东新区银山路 181 号 5 楼（200136）				
投资总额	14 万 USD	电　话	51165505	传　真	51165501
设立日期	2007-5-8	负责人	吴旭晖		
主营业务	投资咨询，贸易信息咨询，企业管理咨询。				

企业名称	上海荣格展览有限公司				
企业地址	上海市静安区南京西路 1486 号东海广场 3 号楼 1009-1011 室（200041）				
投资总额	14 万 USD	电　话	62474896	传　真	62473897
设立日期	2007-5-8	负责人	HAY，MICHAEL ROBERT		
主营业务	在中国境内主办，承办各类经济技术展览会和会议,在境外举办会议。				

企业名称	罗卡玛特（上海）石材咨询有限公司				
企业地址	上海市宝山区川路 1926-1970 号 303 室（201901）				
投资总额	14 万 USD	电　话	62889870	传　真	62889133
设立日期	2007-4-30	负责人	CAMART RENE,ANDRE,FRANCOIS		
主营业务	石材加工技术的咨询及服务（以上涉及行政许可的凭许可证经营）。				

企业名称	淡联投资咨询（上海）有限公司				
企业地址	上海市静安区南京西路 1266 号恒隆广场 2201 室（200041）				
投资总额	14 万 USD	电　话	61331900	传　真	61331900
设立日期	2007-4-30	负责人	KOH CHAIK MING		
主营业务	投资咨询，企业管理咨询，商务咨询（涉及行政许可的凭许可证经营）。				

企业名称	速睿企业管理咨询（上海）有限公司				
企业地址	上海市浦东新区杨园南路 116 号 6 幢 113 室（200131）				
投资总额	2 万 USD	电　话	38963871	传　真	38963410
设立日期	2007-4-29	负责人	SHERI YUNG HSUEH		
主营业务	企业管理咨询，网络技术咨询，计算机数据维护咨询。				

企业名称	纳索（上海）图文设计咨询有限公司				
企业地址	上海市卢湾区建国中路 25 号 9 号楼 209，210 室（200023）				
投资总额	7 万 USD	电　话	61373437	传　真	61373431
设立日期	2007-4-29	负责人	MARCELO JOULIA		
主营业务	图文设计咨询，产品设计咨询（涉及行政许可的凭许可证经营）。				

企业名称	上海金宝百纳管理咨询有限公司				
企业地址	上海市闵行区先锋街 25 号 101 室（201103）				
投资总额	268 万 USD	电　话	61265771	传　真	60900299
设立日期	2007-4-28	负责人	黄宝根（WONG POH KUN）		
主营业务	投资咨询，企业管理咨询（涉及行政许可的凭许可证经营）。				

企业名称	丹纳赫（上海）企业管理有限公司				
企业地址	上海市浦东新区浦东大道 138 号永华大厦 16 楼 B 室（200120）				
投资总额	210 万 USD	电　话	61005287	传　真	61005298
设立日期	2007-4-28	负责人	STEVEN SIMMS		
主营业务	提供投资经营决策服务，市场营销服务，财务管理服务，信息技术支持。				

企业名称	上海海仕平面设计有限公司				
企业地址	上海市静安区延平路 98 号 2 幢 206 室（200041）				
投资总额	6.5 万 USD	电　话	51759868	传　真	51759869
设立日期	2007-4-28	负责人	陶小康		
主营业务	平面设计，网页设计，家具设计，电子产品设计，装潢设计，形象策划。				

企业名称	大和综研（上海）咨询有限公司				
企业地址	上海市浦东新区浦东南路 588 号 32 层 A，B 单元（200120）				
投资总额	50 万 USD	电　话	58777577	传　真	58777955
设立日期	2007-4-28	负责人	打越俊一（UCHIKOSHI TOSHIKAZU）		
主营业务	投资咨询，企业管理咨询，市场分析信息咨询。				

企业名称	交想乐商务咨询（上海）有限公司				
企业地址	上海市卢湾区建国中路 25 号 9 号楼 211 室（200023）				
投资总额	14 万 USD	电　话	61373437	传　真	61373431
设立日期	2007-4-28	负责人	HERVE DEVILLE		
主营业务	商务咨询，市场营销咨询，企业管理咨询，会展咨询，电脑图文设计。				

<table><tr><td>企业名称</td><td colspan="5">盛集投资管理咨询（上海）有限公司</td></tr><tr><td>企业地址</td><td colspan="5">上海市静安区南京西路 1266 号 39 层 1A 号（200041）</td></tr><tr><td>投资总额</td><td>33 万 USD</td><td>电　　话</td><td>62888770</td><td>传　　真</td><td>61376167</td></tr><tr><td>设立日期</td><td>2007-4-27</td><td>负 责 人</td><td colspan="3">LI LI</td></tr><tr><td>主营业务</td><td colspan="5">企业管理咨询，投资管理咨询，商务信息咨询，企业文化策划咨询。</td></tr></table>

<table><tr><td>企业名称</td><td colspan="5">秦敏祺企业管理咨询（上海）有限公司</td></tr><tr><td>企业地址</td><td colspan="5">上海市浦东新区绿科路 90 号 1 幢 5 层 501 室 D 座（201203）</td></tr><tr><td>投资总额</td><td>25 万 USD</td><td>电　　话</td><td>64473722</td><td>传　　真</td><td>64473722</td></tr><tr><td>设立日期</td><td>2007-4-26</td><td>负 责 人</td><td colspan="3">HOON HEH</td></tr><tr><td>主营业务</td><td colspan="5">通讯技术信息咨询，企业管理咨询，投资咨询，经济贸易信息咨询。</td></tr></table>

<table><tr><td>企业名称</td><td colspan="5">凯鹏（上海）投资咨询有限公司</td></tr><tr><td>企业地址</td><td colspan="5">上海市淮海中路 1010 号 2505 室（200031）</td></tr><tr><td>投资总额</td><td>14 万 USD</td><td>电　　话</td><td>54049558</td><td>传　　真</td><td>54049885</td></tr><tr><td>设立日期</td><td>2007-4-26</td><td>负 责 人</td><td colspan="3">TINA JU</td></tr><tr><td>主营业务</td><td colspan="5">投资咨询，商务咨询，营销策划咨询，企业管理咨询。</td></tr></table>

<table><tr><td>企业名称</td><td colspan="5">太山融资租赁有限公司</td></tr><tr><td>企业地址</td><td colspan="5">上海市浦东新区浦东南路 528 号上海证券大厦北塔 2306 室（200120）</td></tr><tr><td>投资总额</td><td>3000 万 USD</td><td>电　　话</td><td>68885752</td><td>传　　真</td><td>68885751</td></tr><tr><td>设立日期</td><td>2007-4-25</td><td>负 责 人</td><td colspan="3">文钟博（MOON JONGBAK）</td></tr><tr><td>主营业务</td><td colspan="5">融资租赁业务，租赁业务，购买租赁财产，租赁财产的残值处理及维修。</td></tr></table>

<table><tr><td>企业名称</td><td colspan="5">保富管理咨询（上海）有限公司</td></tr><tr><td>企业地址</td><td colspan="5">上海市浦东新区世纪大道 88 号金茂大厦 3165 室（200120）</td></tr><tr><td>投资总额</td><td>15 万 USD</td><td>电　　话</td><td>62889917</td><td>传　　真</td><td>62889916</td></tr><tr><td>设立日期</td><td>2007-4-25</td><td>负 责 人</td><td colspan="3">KEVIN ALLEN HUW PARRY</td></tr><tr><td>主营业务</td><td colspan="5">商业管理咨询，企业管理咨询，市场营销咨询，科技咨询，贸易咨询。</td></tr></table>

<table><tr><td>企业名称</td><td colspan="5">怡可投资咨询（上海）有限公司</td></tr><tr><td>企业地址</td><td colspan="5">上海市松江区科技园区青云街 56 号 2 楼 A 座（201602）</td></tr><tr><td>投资总额</td><td>1000 万 RMB</td><td>电　　话</td><td>58517160</td><td>传　　真</td><td>58517160</td></tr><tr><td>设立日期</td><td>2007-4-25</td><td>负 责 人</td><td colspan="3">戴荣贵（TAY ENG KWEE）</td></tr><tr><td>主营业务</td><td colspan="5">投资咨询，生物技术开发咨询，林业资源开发咨询，节约能源技术咨询。</td></tr></table>

<table><tr><td>企业名称</td><td colspan="5">日空（上海）投资咨询有限公司</td></tr><tr><td>企业地址</td><td colspan="5">上海市黄浦区北京东路 666 号 B 区四层 43B-15 室（200001）</td></tr><tr><td>投资总额</td><td>150 万日元</td><td>电　　话</td><td>62473980</td><td>传　　真</td><td></td></tr><tr><td>设立日期</td><td>2007-4-25</td><td>负 责 人</td><td colspan="3">单周三郎</td></tr><tr><td>主营业务</td><td colspan="5">投资咨询，企业管理咨询，科技信息咨询。</td></tr></table>

<table><tr><td>企业名称</td><td colspan="5">上海兆雍投资咨询有限公司</td></tr><tr><td>企业地址</td><td colspan="5">上海市杨浦区四平路 1188 号 602 室（200092）</td></tr><tr><td>投资总额</td><td>500 万 USD</td><td>电　　话</td><td>65797133</td><td>传　　真</td><td>65797133</td></tr><tr><td>设立日期</td><td>2007-4-24</td><td>负 责 人</td><td colspan="3">张　扬</td></tr><tr><td>主营业务</td><td colspan="5">投资咨询，市场营销策划咨询，房地产咨询。</td></tr></table>

<table><tr><td>企业名称</td><td colspan="5">康洋建筑咨询（上海）有限公司</td></tr><tr><td>企业地址</td><td colspan="5">上海市普陀区长寿路 30 号 305 室（200060）</td></tr><tr><td>投资总额</td><td>14 万 USD</td><td>电　　话</td><td>62762949</td><td>传　　真</td><td>62762949</td></tr><tr><td>设立日期</td><td>2007-4-23</td><td>负 责 人</td><td colspan="3">郑国洋</td></tr><tr><td>主营业务</td><td colspan="5">建筑工程管理咨询，建筑装潢设计信息咨询，项目管理咨询服务。</td></tr></table>

<table><tr><td>企业名称</td><td colspan="5">群越商务咨询（上海）有限公司</td></tr><tr><td>企业地址</td><td colspan="5">上海市卢湾区五里桥路 219 号 301 室-303 室（200023）</td></tr><tr><td>投资总额</td><td>10 万 USD</td><td>电　　话</td><td>61414558</td><td>传　　真</td><td>61414558</td></tr><tr><td>设立日期</td><td>2007-4-23</td><td>负 责 人</td><td colspan="3">曾志尧</td></tr><tr><td>主营业务</td><td colspan="5">商务咨询，投资咨询，国际经济信息咨询，市场营销咨询，管理咨询。</td></tr></table>

<table><tr><td>企业名称</td><td colspan="5">上海骏昱工程机械租赁有限公司</td></tr><tr><td>企业地址</td><td colspan="5">上海市浦东新区浦东大道 2123 号 3094 室（201206）</td></tr><tr><td>投资总额</td><td>1600 万 RMB</td><td>电　　话</td><td>50937603</td><td>传　　真</td><td>50937602</td></tr><tr><td>设立日期</td><td>2007-4-23</td><td>负 责 人</td><td colspan="3">李绮芳</td></tr><tr><td>主营业务</td><td colspan="5">混凝土机械设备经营性租赁，购买混凝土机械设备，混凝土机械维修。</td></tr></table>

<table><tr><td>企业名称</td><td colspan="5">晴天商务咨询（上海）有限公司</td></tr><tr><td>企业地址</td><td colspan="5">上海市虹口区物华路 28 号 327 室（200086）</td></tr><tr><td>投资总额</td><td>10 万 RMB</td><td>电　　话</td><td>51025278</td><td>传　　真</td><td>51025277</td></tr><tr><td>设立日期</td><td>2007-4-19</td><td>负 责 人</td><td colspan="3">LIU　CHIA　LIN</td></tr><tr><td>主营业务</td><td colspan="5">商务咨询，企业管理咨询，投资咨询（涉及行政许可的凭许可证经营）。</td></tr></table>

<table><tr><td>企业名称</td><td colspan="5">上海攀荣投资咨询有限公司</td></tr><tr><td>企业地址</td><td colspan="5">上海市闵行区庙泾路 58 号 1201 室（201100）</td></tr><tr><td>投资总额</td><td>3000 万港币</td><td>电　　话</td><td>53859066</td><td>传　　真</td><td>53859066</td></tr><tr><td>设立日期</td><td>2007-4-18</td><td>负 责 人</td><td colspan="3">潘　慰</td></tr><tr><td>主营业务</td><td colspan="5">投资咨询，商务咨询，企业管理咨询（涉及行政许可的凭许可证经营）。</td></tr></table>

<table><tr><td>企业名称</td><td colspan="5">上海睿楚管理咨询有限公司</td></tr><tr><td>企业地址</td><td colspan="5">上海市崇明县城桥镇长兴路 8 号 2 号楼 107 室（202150）</td></tr><tr><td>投资总额</td><td>10 万港币</td><td>电　　话</td><td>50581673</td><td>传　　真</td><td>50581673</td></tr><tr><td>设立日期</td><td>2007-4-17</td><td>负 责 人</td><td colspan="3">夏雪明</td></tr><tr><td>主营业务</td><td colspan="5">从事企业管理咨询，商务信息咨询，市场营销，投资信息咨询。</td></tr></table>

<table><tr><td>企业名称</td><td colspan="5">卓亮装潢设计（上海）有限公司</td></tr><tr><td>企业地址</td><td colspan="5">上海市浦东新区梅花路 281 号 B348 室（200051）</td></tr><tr><td>投资总额</td><td>7 万 USD</td><td>电　　话</td><td>63550900</td><td>传　　真</td><td>63550700</td></tr><tr><td>设立日期</td><td>2007-4-17</td><td>负 责 人</td><td colspan="3">MAH YONG TIAN</td></tr><tr><td>主营业务</td><td colspan="5">从事商场，展会，店铺建筑装饰装修工程施工与设计，以及咨询服务。</td></tr></table>

<table><tr><td>企业名称</td><td colspan="5">酋霓安（上海）商务咨询有限公司</td></tr><tr><td>企业地址</td><td colspan="5">上海市浦东新区浦建路 145 号 1302 室（200127）</td></tr><tr><td>投资总额</td><td>14 万 USD</td><td>电　　话</td><td>50909980</td><td>传　　真</td><td></td></tr><tr><td>设立日期</td><td>2007-4-17</td><td>负 责 人</td><td colspan="3">MUHAMMAD HANIF MERCHANT</td></tr><tr><td>主营业务</td><td colspan="5">商务咨询，企业形象策划，建筑设计咨询，室内装潢设计咨询。</td></tr></table>

<table><tr><td>企业名称</td><td colspan="5">迈图（上海）企业管理有限公司</td></tr><tr><td>企业地址</td><td colspan="5">上海市浦东新区张江高科技园区李冰路 227 号（201203）</td></tr><tr><td>投资总额</td><td>1675 万 USD</td><td>电　　话</td><td>38604500</td><td>传　　真</td><td>50793739</td></tr><tr><td>设立日期</td><td>2007-4-17</td><td>负 责 人</td><td colspan="3">段小缨</td></tr><tr><td>主营业务</td><td colspan="5">提供与有机硅、陶瓷和石英材料有关的技术支持和研究开发和咨询服务。</td></tr></table>

<table><tr><td>企业名称</td><td colspan="5">上海瑞可利投资咨询有限公司</td></tr><tr><td>企业地址</td><td colspan="5">上海市卢湾区西藏南路 218 号 802，804，805 室（200021）</td></tr><tr><td>投资总额</td><td>200 万 RMB</td><td>电　　话</td><td>62173000</td><td>传　　真</td><td>62178473</td></tr><tr><td>设立日期</td><td>2007-4-17</td><td>负 责 人</td><td colspan="3">森英文</td></tr><tr><td>主营业务</td><td colspan="5">投资咨询，企业管理咨询（涉及行政许可的凭许可证经营）。</td></tr></table>

<table><tr><td>企业名称</td><td colspan="5">瑞穗投资咨询（上海）有限公司</td></tr><tr><td>企业地址</td><td colspan="5">上海市浦东新区陆家嘴环路 1000 号汇丰大厦 28 层 012 室（200120）</td></tr><tr><td>投资总额</td><td>1000 万 RMB</td><td>电　　话</td><td>68415558</td><td>传　　真</td><td></td></tr><tr><td>设立日期</td><td>2007-4-17</td><td>负 责 人</td><td colspan="3">ENDO YUTAKA</td></tr><tr><td>主营业务</td><td colspan="5">投资咨询，企业管理咨询，商务咨询，国际经济咨询，财务管理咨询。</td></tr></table>

<table><tr><td>企业名称</td><td colspan="5">上海森海企业管理有限公司</td></tr><tr><td>企业地址</td><td colspan="5">上海市黄浦区中山南路 1117 号上海南浦商苑 309 室 C 座（200011）</td></tr><tr><td>投资总额</td><td>1600 万港币</td><td>电　　话</td><td>62716263</td><td>传　　真</td><td>62678702</td></tr><tr><td>设立日期</td><td>2007-4-16</td><td>负 责 人</td><td colspan="3">徐善海</td></tr><tr><td>主营业务</td><td colspan="5">受森林资源集团有限公司及所投资企业委托，向其提供管理和咨询服务。</td></tr></table>

<table><tr><td>企业名称</td><td colspan="5">龙控投资咨询（上海）有限公司</td></tr><tr><td>企业地址</td><td colspan="5">上海市张江高科技园区蔡伦路 780 号 808 室（201203）</td></tr><tr><td>投资总额</td><td>200 万 USD</td><td>电　　话</td><td>58556298</td><td>传　　真</td><td>58556286</td></tr><tr><td>设立日期</td><td>2007-4-16</td><td>负 责 人</td><td colspan="3">FENGXI FANSEAY WANG</td></tr><tr><td>主营业务</td><td colspan="5">投资咨询，企业管理咨询，商务咨询（涉及行政许可的凭许可证经营）。</td></tr></table>

<table><tr><td>企业名称</td><td colspan="5">迅达管理（上海）有限公司</td></tr><tr><td>企业地址</td><td colspan="5">上海市闸北区汶水路 40 号 3 幢 4 层（200070）</td></tr><tr><td>投资总额</td><td>200 万 USD</td><td>电　　话</td><td>56650991</td><td>传　　真</td><td>56032575</td></tr><tr><td>设立日期</td><td>2007-4-16</td><td>负 责 人</td><td colspan="3">郑瑞恒</td></tr><tr><td>主营业务</td><td colspan="5">研发、设计各类电梯，自动扶梯，自动人行道及零部件和辅助设备。</td></tr></table>

<table><tr><td>企业名称</td><td colspan="5">上海朗达汉国际广告有限公司</td></tr><tr><td>企业地址</td><td colspan="5">上海市长宁区安顺路 139 弄 2 号 801 室（200052）</td></tr><tr><td>投资总额</td><td>20 万 USD</td><td>电　　话</td><td>52587871</td><td>传　　真</td><td>52587871</td></tr><tr><td>设立日期</td><td>2007-4-16</td><td>负 责 人</td><td colspan="3">高诚梓</td></tr><tr><td>主营业务</td><td colspan="5">设计、制作、代理、发布国内外各类广告。</td></tr></table>

<table><tr><td>企业名称</td><td colspan="5">上海永坚企业形象策划有限公司</td></tr><tr><td>企业地址</td><td colspan="5">上海市漕宝路 320 号 2 号楼 2103-2104 室（200233）</td></tr><tr><td>投资总额</td><td>10 万 RMB</td><td>电　　话</td><td>64666944</td><td>传　　真</td><td>64666944</td></tr><tr><td>设立日期</td><td>2007-4-16</td><td>负 责 人</td><td colspan="3">巫永坚</td></tr><tr><td>主营业务</td><td colspan="5">企业形象策划（涉及行政许可的凭许可证经营）。</td></tr></table>

企业名称	安皑德茨建筑工程设计咨询（上海）有限公司				
企业地址	上海市嘉定区徐行镇前曹公路 657 号第 7 幢 203 室（201808）				
投资总额	120 万港币	电话	52729966	传真	52729966
设立日期	2007-4-13	负责人	方坚平		
主营业务	建筑工程设计咨询，景观设计咨询，商务咨询，投资咨询。				

企业名称	大洋国际租赁（上海）有限公司				
企业地址	上海市闸北区广中西路 1105 号 101 室（200072）				
投资总额	500 万 USD	电话	51095758	传真	61404252
设立日期	2007-4-13	负责人	周 浩		
主营业务	医疗设备，生产设备，通信设备，科研设备，检验检测设备的租赁业务。				

企业名称	必迪商务咨询（上海）有限公司				
企业地址	上海市闵行区吴中路 1065 号 1 幢 707 室（201103）				
投资总额	3 万 USD	电话	51503330	传真	51503334
设立日期	2007-4-12	负责人	LEE CHANG HUN 李昌勋		
主营业务	投资咨询，商务咨询，市场营销策划咨询，贸易咨询，企业管理咨询。				

企业名称	上海明锋商务咨询有限公司				
企业地址	上海市虹口区物华路 58 号 322 室（200086）				
投资总额	100 万 USD	电话	64067250	传真	64067250
设立日期	2007-4-12	负责人	谢丽萍		
主营业务	商务咨询服务，投资管理咨询服务，企业管理咨询服务，市场营销策划。				

企业名称	纽咖普教育信息咨询（上海）有限公司				
企业地址	上海市虹口区物华路 58 号 329 室（200086）				
投资总额	14 万 USD	电话	51025278	传真	51025278
设立日期	2007-4-12	负责人	MUHAMMAD ALI		
主营业务	教育信息咨询，商务咨询，企业管理咨询，投资咨询。				

企业名称	友邦环球投资顾问（上海）有限公司				
企业地址	上海市静安区南京西路 1376 号 548 室（200041）				
投资总额	50 万 USD	电话	62797222	传真	62797333
设立日期	2007-4-11	负责人	JOHN S.LIN		
主营业务	投资咨询，投资管理咨询，企业管理咨询，商务咨询，经济信息咨询。				

企业名称	怡扬（上海）广告有限公司				
企业地址	上海市黄浦区黄陂北路 227 号中区广场 1112 室（200003）				
投资总额	4500 万 RMB	电话	61361166	传真	61361160
设立日期	2007-4-11	负责人	杨小敏		
主营业务	设计、制作、发布、代理国内外各类广告。				

企业名称	泰普特医药咨询（上海）有限公司				
企业地址	上海市卢湾区淮海中路 1 号 2306 室（200021）				
投资总额	5 万 USD	电话	63866300	传真	63865086
设立日期	2007-4-10	负责人	MARK ENGEL		
主营业务	药品及药品包装领域的技术咨询，与药品相关的国际信息咨询。				

企业名称	上海卓域管理顾问有限公司				
企业地址	上海市卢湾区黄陂南路 700 号 D208 室（200025）				
投资总额	5 万 USD	电话	63406733	传真	63406711
设立日期	2007-4-10	负责人	伍步昂		
主营业务	商务咨询，市场信息咨询，经济信息咨询，文化咨询，市场推广咨询。				

企业名称	上海新波创意设计有限公司				
企业地址	上海市光复路 433 号（200072）				
投资总额	105 万 USD	电话	53550365	传真	53503605
设立日期	2007-4-9	负责人	羽田龙彦		
主营业务	服装创意设计，环境空间艺术设计，数码图像设计，文化艺术交流咨询。				

企业名称	辉门（中国）有限公司				
企业地址	上海市浦东新区金桥出口加工区金藏路 258 号 4 号楼 602 室（201206）				
投资总额	1800 万 USD	电话	55880898	传真	55882232
设立日期	2007-4-6	负责人	朱庆平		
主营业务	提供经营决策和管理咨询服务，财务管理咨询，提供产品采购质量监控。				

企业名称	英基投资咨询（上海）有限公司				
企业地址	上海市普陀区南石二路 75 号 218 室（200062）				
投资总额	14 万 USD	电话	52413219	传真	52413219
设立日期	2007-4-5	负责人	乐善发		
主营业务	投资咨询，商务信息咨询，企业管理咨询服务。				

企业名称	天益成投资咨询（上海）有限公司				
企业地址	上海市长宁区双流路 98 号 204 室（200335）				
投资总额	10 万 USD	电话	64317823	传真	64317823
设立日期	2007-4-5	负责人	片冈宽		
主营业务	投资咨询，商务咨询，企业管理咨询，国际经济咨询，平面设计。				

企业名称	辉瑞健康咨询（上海）有限公司				
企业地址	上海市静安区南京西路 1168 号 3605 室（200041）				
投资总额	400 万 RMB	电话	52925888	传真	
设立日期	2007-4-5	负责人	AHMET ESEN		
主营业务	健康信息咨询（医疗、诊断、治疗除外）（涉及许可证凭许可证经营）。				

企业名称	晶宝成投资管理咨询（上海）有限公司				
企业地址	上海市虹口区物华路 58 号 330 室（200086）				
投资总额	20 万 USD	电话	64867359	传真	64867359
设立日期	2007-4-4	负责人	郭玲琴		
主营业务	投资咨询，企业管理咨询，商务咨询，企业营销策划，市场信息咨询。				

企业名称	秀邦（上海）投资管理咨询有限公司				
企业地址	上海市卢湾区雁荡路 29 号 301 室 01 单元（200020）				
投资总额	100 万 USD	电话	61355208	传真	61355383
设立日期	2007-4-2	负责人	冈邦彦		
主营业务	企业管理咨询，商务咨询，企业营销策划，企业形象策划，会展咨询。				

企业名称	启进企业管理顾问（上海）有限公司				
企业地址	上海市浦东新区浦东南路 1101 号 1219 室（200120）				
投资总额	14 万 USD	电话	58360870	传真	58360871
设立日期	2007-4-2	负责人	陈衍慈		
主营业务	企业管理咨询，商务咨询，企业形象策划咨询，市场营销策划咨询。				

企业名称	上海可你迪企业管理咨询有限公司				
企业地址	上海市普陀区常德路 1211 号宝华大厦 1004 室（200060）				
投资总额	15 万 USD	电话	62194740	传真	62194740
设立日期	2007-4-2	负责人	NG THIEN PHING		
主营业务	企业管理咨询，国际经济信息咨询，贸易信息咨询，投资管理咨询。				

企业名称	腾衡（上海）科技咨询有限公司				
企业地址	上海市钦州路 100 号 2 号楼 801 室（200235）				
投资总额	10 万欧元	电话	64471106	传真	64471106
设立日期	2007-4-2	负责人	WILLIAM HOUARD		
主营业务	科技咨询，营销策划咨询，国际经济咨询，商务咨询，企业管理咨询。				

企业名称	安递蓝源质量管理咨询（上海）有限公司				
企业地址	上海市长宁区延安西路 1326 号 1202 室（200052）				
投资总额	6 万 USD	电话	52305338	传真	52305328
设立日期	2007-3-30	负责人	DAVID ROBERT PETERSON		
主营业务	能源工程及产品质量监督服务咨询（涉及行政许可的凭许可证经营）。				

企业名称	迪思普研信息咨询（上海）有限公司				
企业地址	上海市长宁区仙霞路 319 号 324A 室（200051）				
投资总额	10 万 USD	电话	62351744	传真	62705555
设立日期	2007-3-30	负责人	HSIEH CHIN-YI		
主营业务	经济信息咨询，企业管理咨询，会务服务以及科技信息咨询。				

企业名称	安牧创业投资管理（上海）有限公司				
企业地址	上海市张江高科技园区郭守敬路 351 号 2 号楼 A605-19 室（201203）				
投资总额	100 万 USD	电话	68419495	传真	68419496
设立日期	2007-3-29	负责人	HONG SUNG HYEOK		
主营业务	受托管理和经营创业投资企业的创业资本，投资咨询。				

企业名称	耐思得（上海）平面设计有限公司				
企业地址	上海市肇嘉浜路 680 号 1 号楼 515 室（200031）				
投资总额	14 万 USD	电话	64669635	传真	64331104
设立日期	2007-3-29	负责人	BERTOUX STEPHANE		
主营业务	品牌形象咨询与设计，企业标识设计，产品外观策划与设计，包装设计。				

企业名称	里卡多工程咨询（上海）有限公司				
企业地址	上海市长宁区兴义路 8 号 2809-2810 室（200336）				
投资总额	14 万 USD	电话	52080688	传真	52082811
设立日期	2007-3-29	负责人	STEPHEN JOHN CLARKE		
主营业务	汽车行业的工程咨询（涉及行政许可的凭许可证经营）。				

企业名称	**翰荣广告（上海）有限公司**				
企业地址	上海市浦东新区祖冲之路 1559 号 2 幢 1004 室（201203）				
投资总额	210 万 USD	电话	51781412	传真	51781381
设立日期	2007-3-28	负责人	何惠银		
主营业务	设计、制作、发布、代理国内外各类广告。				

企业名称	**龙工（上海）融资租赁有限公司**				
企业地址	上海市松江区民益路 26 号 22 幢 411，413 室（201613）				
投资总额	1000 万 USD	电话	57644948	传真	57687966
设立日期	2007-3-28	负责人	倪银英		
主营业务	融资租赁业务，租赁业务，租赁财产的购买和残值处理及维修业务。				

企业名称	**上海百瑞嘉投资管理咨询有限公司**				
企业地址	上海市静安区南京西路 1266 号 5810-5811 室（200041）				
投资总额	300 万 RMB	电话	62886231	传真	62885735
设立日期	2007-3-28	负责人	郑　州		
主营业务	投资咨询，国际经济贸易信息咨询，管理咨询，商务咨询。				

企业名称	**倍耐力科技咨询（上海）有限公司**				
企业地址	上海市闵行区吴中路 501 号（21-27）底层（201103）				
投资总额	20 万 USD	电话	51085658	传真	54778721
设立日期	2007-3-22	负责人	ALBERTO PONTIGGIA 艾尔波特		
主营业务	从事科技咨询，企业管理咨询和贸易信息咨询。				

企业名称	**曼胡默尔管理咨询（上海）有限公司**				
企业地址	上海市浦东新区张杨路 838 号 24H（200127）				
投资总额	50 万 USD	电话	61043222	传真	58206015
设立日期	2007-3-21	负责人	MANFRED WOLF		
主营业务	投资管理咨询，信息技术咨询，工业品生产过滤项目管理咨询。				

企业名称	**阿卡商务咨询（上海）有限公司**				
企业地址	上海市杨浦区长阳路 1750 号三楼第八单元（200090）				
投资总额	53 万欧元	电话	65184424	传真	65186844
设立日期	2007-3-21	负责人	TANG LOAEC		
主营业务	商务信息咨询，营销咨询以及技术咨询。				

企业名称	**澳地景观设计（上海）有限公司**				
企业地址	上海市茶陵北路 20 号 2 幢 2 层 203 室（200032）				
投资总额	100 万 RMB	电话	54960543	传真	54960545
设立日期	2007-3-21	负责人	杜谭淑萍		
主营业务	从事小区内的景观设计，建筑规划咨询（除城市规划），项目管理咨询。				

企业名称	**合宇投资咨询（上海）有限公司**				
企业地址	上海市安福路 288 号 402 室（200031）				
投资总额	24 万 USD	电话	54040860	传真	54037774
设立日期	2007-3-20	负责人	CHENG CHENG WEN（郑承文）		
主营业务	投资咨询，经济贸易咨询，企业管理咨询，会议服务，市场营销策划。				

企业名称	**伟乐思（上海）广告有限公司**				
企业地址	上海市静安区南京西路 1515 号上海嘉里中心 29 楼 38 室（200040）				
投资总额	30 万 USD	电话	61037001	传真	61037070
设立日期	2007-3-20	负责人	STEVEN MICHAEL MITZEL		
主营业务	设计、制作、发布、代理国内外各类广告业务，提供广告创意，设计。				

企业名称	**上海麒灵广告有限公司**				
企业地址	上海市卢湾区淮海中路 2-8 号 31 楼（200020）				
投资总额	30 万 USD	电话	63910011	传真	63191120
设立日期	2007-3-20	负责人	CHRISTOPHER CLARKE		
主营业务	设计、制作、代理和发布国内外各类广告，提供相关的技术，信息咨询。				

企业名称	**翔日语言培训（上海）有限公司**				
企业地址	上海市浦东新区梅花路 10 号 3 楼（200120）				
投资总额	50 万 USD	电话	50597242	传真	50597243
设立日期	2007-3-20	负责人	山崎良子		
主营业务	日语培训，提供相关的培训咨询（涉及行政许可的凭许可证经营）。				

企业名称	**亚宽管理咨询（上海）有限公司**				
企业地址	上海市卢湾区淮海中路 93 号 12 层 01 室（200021）				
投资总额	14 万 USD	电话	63866352	传真	63866362
设立日期	2007-3-20	负责人	BRADLEY DAVID GREENSPAN		
主营业务	企业管理咨询，营销咨询，网络技术咨询，投资咨询，国际经济咨询。				

企业名称	**上海易培达管理顾问有限公司**				
企业地址	上海市卢湾区巨鹿路 137 号 5G-1 室（200020）				
投资总额	15 万 USD	电话	33608999	传真	33608961
设立日期	2007-3-20	负责人	杨名远		
主营业务	商务咨询和企业管理咨询，会展咨询（涉及行政许可的凭许可证经营）。				

企业名称	**思新格创业投资管理（上海）有限公司**				
企业地址	上海市浦东张江蔡伦路 780 号 705 室（201203）				
投资总额	100 万 RMB	电话	61611777	传真	54035580
设立日期	2007-3-20	负责人	卓福民		
主营业务	受托管理创业投资企业的投资业务，从事创业投资的受托资产管理。				

企业名称	**上海华商商务咨询有限公司**				
企业地址	上海市虹口区甘河路 8 号 201 室（200083）				
投资总额	20 万 USD	电话	64679091	传真	64339820
设立日期	2007-3-19	负责人	怀培勇		
主营业务	商务咨询，企业投资咨询，企业管理咨询，国际经济咨询，科技咨询。				

企业名称	**读广大广（上海）广告有限公司**				
企业地址	上海市静安区威海路 567 号晶彩世纪大厦 8J 室（200040）				
投资总额	6000 万日元	电话	62885222	传真	62880797
设立日期	2007-3-16	负责人	高津伸司		
主营业务	设计、制作、发布、代理国内外各类广告。				

企业名称	**寰益投资咨询（上海）有限公司**				
企业地址	上海市浦东新区东方路 69 号 16 层 1811 室（200127）				
投资总额	100 万 USD	电话	58885101	传真	58875685
设立日期	2007-3-14	负责人	王譓评		
主营业务	投资咨询，国际经济咨询，市场营销咨询，企业管理咨询，商务咨询。				

企业名称	**庆钰龙商务咨询（上海）有限公司**				
企业地址	上海市青浦区夏阳街道淀浦河东路 61 号（201700）				
投资总额	3 万欧元	电话	59734837	传真	59734837
设立日期	2007-3-14	负责人	ROSE XIN GUAN		
主营业务	商务咨询，企业管理咨询，投资咨询，经济信息咨询，贸易信息咨询。				

企业名称	**沃培企业管理咨询（上海）有限公司**				
企业地址	上海市浦东新区东方路 1820 号 2 层 A 室（200120）				
投资总额	5 万 USD	电话	62787547	传真	62089378
设立日期	2007-3-13	负责人	JACOBUS PETRUS JOSEPH MENS		
主营业务	企业管理咨询，投资咨询，国际经济咨询，科技信息咨询，房产咨询。				

企业名称	**帝标管理咨询（上海）有限公司**				
企业地址	上海市静安区常德路 818 号 302 室（200041）				
投资总额	14 万 USD	电话	61359299	传真	61359298
设立日期	2007-3-13	负责人	顾耀忠		
主营业务	企业管理咨询，企业形象策划，商务咨询，标牌及展示产品的设计。				

企业名称	**富新思广告（上海）有限公司**				
企业地址	上海市徐汇区武康路 374 号新里二楼 205 和 206 室（200031）				
投资总额	20 万 USD	电话	54658099	传真	54657850
设立日期	2007-3-12	负责人	MARCO TINELLI		
主营业务	设计、制作、发布、代理国内外广告，提供品牌咨询，公共关系咨询。				

企业名称	**上海滋明投资咨询有限公司**				
企业地址	上海市长宁区中山西路 1279 弄 6，8 号 840 室（200051）				
投资总额	16 万 USD	电话	4006208873	传真	63857238
设立日期	2007-3-12	负责人	华　东		
主营业务	投资咨询，企业管理咨询，商务咨询，教育信息咨询，会展服务。				

企业名称	**乌节（上海）投资咨询有限公司**				
企业地址	上海市静安区西康路 828 号 301 室（200041）				
投资总额	14 万 USD	电话	62480439	传真	62496631
设立日期	2007-3-9	负责人	NG LI CHING		
主营业务	投资咨询，商务咨询，企业管理咨询，营销咨询，经贸信息咨询。				

企业名称	**资策投资咨询（上海）有限公司**				
企业地址	上海市虹口区黄浦路 53 号 4D 室（200080）				
投资总额	210 万 USD	电话	52925233	传真	52925177
设立日期	2007-3-8	负责人	楚　羲		
主营业务	商务咨询，投资咨询，市场营销策划，企业策划咨询，企业管理咨询。				

企业名称	西维（上海）管理咨询有限公司				
企业地址	上海市浦东新区浦东南路 1101 号远东大厦 1319 室（200120）				
投资总额	14 万 USD	电　话	33130900	传　真	33130866
设立日期	2007-3-7	负 责 人	BRUNO SALLE		
主营业务	企业管理咨询，投资咨询，贸易信息咨询，商务信息咨询。				

企业名称	信凌可管理咨询（上海）有限公司				
企业地址	上海市长宁区延安西路 1023 号 801 室（200050）				
投资总额	50 万 USD	电　话	51875988	传　真	62511279
设立日期	2007-3-6	负 责 人	林嘉怡		
主营业务	企业管理咨询，教育信息咨询，文体活动策划咨询，企业形象策划。				

企业名称	上海翠台商务咨询有限公司				
企业地址	上海市黄浦区广东路 689 号 1804 室（200001）				
投资总额	14 万 USD	电　话	63526066	传　真	63526066
设立日期	2007-3-6	负 责 人	林张贵惠		
主营业务	商务咨询，企业管理咨询，经济信息咨询，投资咨询，营销策划。				

企业名称	上海易提基商务咨询有限公司				
企业地址	上海市长宁区番禺路 390 号 12G 室（200052）				
投资总额	15 万 USD	电　话	62815352	传　真	62815313
设立日期	2007-3-6	负 责 人	FRITZ WILLI FEHRENSEN		
主营业务	商务咨询，贸易信息咨询，投资咨询，营销策划咨询，国际经济咨询。				

企业名称	天柏人才顾问（上海）有限公司				
企业地址	上海市九江路 288 号宏伊国际广场 16 楼 1606 室（200002）				
投资总额	12.5 万 USD	电　话	61332555	传　真	61332500
设立日期	2007-3-5	负 责 人	:ODILIA POON		
主营业务	人才供求信息的收集、整理、储存、发布和咨询服务，人才推荐和招聘。				

企业名称	柯力堡商务咨询（上海）有限公司				
企业地址	上海市浦东新区耀华路 215 号 2-A108 室（200135）				
投资总额	10 万 RMB	电　话	62472571	传　真	62472788
设立日期	2007-3-5	负 责 人	ALAN DAVID BREWARD		
主营业务	商务信息咨询，企业管理咨询，投资咨询。				

企业名称	英特誉（上海）半挂车租赁有限公司				
企业地址	上海市浦东新区东方路 971 号 16B 室（200122）				
投资总额	100 万 USD	电　话	50587867	传　真	50587862
设立日期	2007-3-2	负 责 人	AYMAN AWAD		
主营业务	半挂车的租赁及其相关配套服务（涉及行政许可的凭许可证经营）。				

企业名称	上海申通德高地铁广告有限公司				
企业地址	上海市长宁区天山路 310 号海益商务大厦（200336）				
投资总额	5000 万 RMB	电　话	61318222	传　真	61104904
设立日期	2007-3-1	负 责 人	俞国娟		
主营业务	设计、制作、代理、发布国内外各类广告。				

企业名称	上海兴谈商务咨询有限公司				
企业地址	上海市卢湾区淮海中路 927 弄 144 号底层（200020）				
投资总额	8 万 USD	电　话	53063670	传　真	53063670
设立日期	2007-2-28	负 责 人	周亚平		
主营业务	商务咨询，国际经济信息咨询，市场信息咨询。				

企业名称	浩添商务咨询（上海）有限公司				
企业地址	上海市浦东新区商城路 800 号 1412C 室（200120）				
投资总额	6.33 万 USD	电　话	52068989	传　真	52066738
设立日期	2007-2-26	负 责 人	HO WAN LENG		
主营业务	商务咨询，企业管理咨询（涉及行政许可的凭许可证经营）。				

企业名称	百识人才咨询（上海）有限公司				
企业地址	上海市浦东新区科苑路 88 号 2 幢 202 区部分 212-213 单元（200126）				
投资总额	30 万 USD	电　话	50277104	传　真	50278104
设立日期	2007-2-26	负 责 人	邓炳生		
主营业务	人才供求信息的收集、整理、储存、发布和咨询服务，人才推荐和招聘。				

企业名称	爱德威广告（上海）有限公司				
企业地址	上海市淮海中路 775 号新华联大厦西楼 10 楼（200020）				
投资总额	100 万 USD	电　话	64718181	传　真	64315478
设立日期	2007-2-26	负 责 人	清水洋一		
主营业务	设计，制作，发布，代理国内外各类广告。				

企业名称	劳瑞德投资咨询（上海）有限公司				
企业地址	上海市虹口区中山北一路 186 号 203 室（200083）				
投资总额	14 万 USD	电　话	62754200	传　真	62754200
设立日期	2007-2-26	负 责 人	ALFONSO DIAZ		
主营业务	投资咨询，企业管理咨询，科技咨询，市场营销咨询，商务咨询。				

企业名称	亚施德邦建筑设计咨询（上海）有限公司				
企业地址	上海市静安区延安中路 841 号 1505 室（200040）				
投资总额	14 万 USD	电　话	62791451	传　真	62790914
设立日期	2007-2-25	负 责 人	FRIEDBERT GREIF		
主营业务	建筑设计咨询（不含设计），建筑管理咨询及相关信息咨询。				

企业名称	侨丹投资咨询（上海）有限公司				
企业地址	上海市南京西路 1168 号第 23 层 2308，2309，2310 室（200041）				
投资总额	10 万 USD	电　话	52925566	传　真	52610008
设立日期	2007-2-25	负 责 人	YOUMING YE		
主营业务	投资咨询，商务咨询，企业管理咨询（涉及许可经营的凭许可证经营）。				

企业名称	神机管理咨询（上海）有限公司				
企业地址	上海市浦东新区金海路 3288 号 4 幢 305 室（200122）				
投资总额	10 万 RMB	电　话	68868335	传　真	68868021
设立日期	2007-2-25	负 责 人	马弘毅		
主营业务	企业管理咨询，投资咨询，商务咨询，经济信息咨询。				

企业名称	广教（上海）环境咨询有限公司				
企业地址	上海市杨浦区国定路 335 号 2 号楼 1709 室（200433）				
投资总额	7 万 USD	电　话	52680121	传　真	52680121
设立日期	2007-2-16	负 责 人	国广秀司		
主营业务	环境咨询，投资咨询，国际贸易咨询，市场营销咨询。				

企业名称	上海夏通信息咨询有限公司				
企业地址	上海市黄浦区中山东二路 15 号五层 516 室（200002）				
投资总额	50 万 USD	电　话	23210188	传　真	63266899
设立日期	2007-2-16	负 责 人	郑胜飞		
主营业务	提供国际经济咨询，商务咨询，投资咨询，企业管理咨询和登记代理。				

企业名称	江瑞管理咨询（上海）有限公司				
企业地址	上海市静安区乌鲁木齐北路 199 号 2008 室（200040）				
投资总额	1.3 万 USD	电　话	63852588	传　真	63852588
设立日期	2007-2-16	负 责 人	崔玉娟		
主营业务	企业管理咨询，商务咨询，房产咨询，市场信息咨询，国际贸易咨询。				

企业名称	风克资产管理咨询（上海）有限公司				
企业地址	上海市长宁区兴义路 8 号 3310 室（200336）				
投资总额	20 万 USD	电　话	52081560	传　真	52081558
设立日期	2007-2-15	负 责 人	YORCK ALAN OSCAR HILLEGAART		
主营业务	资产管理咨询，投资咨询，商务咨询，国际经济信息咨询，贸易咨询。				

企业名称	上海旗汛易为公关顾问有限公司				
企业地址	上海市长宁区愚园路 1258 号 1902 室（200050）				
投资总额	15 万 USD	电　话	52300401	传　真	52300401
设立日期	2007-2-15	负 责 人	UHLIN PAR AXEL NILS		
主营业务	公关咨询，企业管理咨询，商务信息咨询，企业营销策划，展览服务。				

企业名称	惠科（上海）航空工程咨询有限公司				
企业地址	上海市浦东新区牡丹路 60 号 1709 室（201204）				
投资总额	100 万港币	电　话	50595780	传　真	50591280
设立日期	2007-2-14	负 责 人	单伟彪		
主营业务	航空工程技术咨询，航空工程设计咨询，提供相关工程信息咨询。				

企业名称	传启（上海）投资咨询有限公司				
企业地址	上海市浦东新区张杨路 500 号华润时代广场 12 层 E，F 单元（200120）				
投资总额	14 万 USD	电　话	51751651	传　真	51751653
设立日期	2007-2-14	负 责 人	庞　阳		
主营业务	投资管理咨询，财务管理咨询，商务信息咨询，国际经济信息咨询。				

企业名称	瀚伦投资顾问（上海）有限公司				
企业地址	上海市浦东新区花园石桥路 33 号花旗集团大厦 16 楼 1603 室（200120）				
投资总额	15 万 RMB	电　话	38870769	传　真	58790371
设立日期	2007-2-14	负 责 人	CHRISTOPHER BENTHAM RUFFLE		
主营业务	投资咨询，经济信息咨询，企业管理咨询，商务咨询。				

企业名称	奥迈企业顾问（上海）有限公司				
企业地址	上海市浦东新区花园石桥路 33 号 23 楼 2309 室（200120）				
投资总额	14 万 USD	电　话	68883700	传　真	68883713
设立日期	2007-2-13	负 责 人	FERNANDO L. GASPAR		
主营业务	企业管理咨询，商务咨询，市场营销咨询，投资信息咨询以及财务咨询。				

企业名称	上海福美投资咨询有限公司				
企业地址	上海市北苏州路 1056 号 500 室（200070）				
投资总额	10 万 RMB	电　话	32110036	传　真	32110028
设立日期	2007-2-13	负 责 人	张福美		
主营业务	投资咨询，建筑工程管理咨询，商务咨询，会务服务，企业形象策划。				

企业名称	德宋商务咨询（上海）有限公司				
企业地址	上海市长宁区天山路 650 号 105 幢 408 室（200051）				
投资总额	80 万 USD	电　话	62182929	传　真	62182929
设立日期	2007-2-12	负 责 人	宋鸿植		
主营业务	商务咨询，企业管理咨询，投资咨询，贸易信息咨询，企业形象策划。				

企业名称	上海 ICI 研发管理有限公司				
企业地址	上海市松江工业区江田东路 135 号 1 幢（201600）				
投资总额	540 万 USD	电　话	57746812	传　真	57746717
设立日期	2007-2-12	负 责 人	尤新贵（SAM-KOOI EWE）		
主营业务	提供经营决策咨询服务，财务咨询服务，税务咨询服务，政策咨询服务。				

企业名称	上海四通酒店管理咨询有限公司				
企业地址	上海市浦东新区耀华路 215 号 2-A107 室（200126）				
投资总额	10 万 USD	电　话	50560746	传　真	50560746
设立日期	2007-2-12	负 责 人	石家璐（SHIH CHIA LOO LOUIS）		
主营业务	酒店投资咨询，酒店管理咨询，商务信息咨询，企业管理咨询。				

企业名称	豪登管理咨询（上海）有限公司				
企业地址	上海市浦东新区新金桥路 255 号 840 室（201206）				
投资总额	30 万 USD	电　话	62881808	传　真	62881811
设立日期	2007-2-9	负 责 人	JHY -DOU ROBERT		
主营业务	人才供求信息的收集、整理、储存、发布和咨询服务，人才推荐和招聘。				

企业名称	登卓德信息咨询（上海）有限公司				
企业地址	上海市静安区万航渡路 888 号 7 楼 A-18 室（200042）				
投资总额	42 万 USD	电　话	62719977	传　真	62720617
设立日期	2007-2-9	负 责 人	唐　燕		
主营业务	商务咨询，经济信息咨询，企业管理咨询，有关制药企业销售软件咨询。				

企业名称	亿基商务咨询（上海）有限公司				
企业地址	上海市虹口区东长治路 760 号 7 层 G 室（200082）				
投资总额	50 万 USD	电　话	65858883	传　真	65416839
设立日期	2007-2-9	负 责 人	KIM YOUNG SOO		
主营业务	商务咨询，投资咨询，经济信息咨询，贸易咨询，企业管理咨询。				

企业名称	上海苏浙汇投资管理咨询有限公司				
企业地址	上海市浦东新区浦电路 430 号 603 8 室（200122）				
投资总额	14 万 USD	电　话	64725555	传　真	64725555
设立日期	2007-2-9	负 责 人	刘裕俊		
主营业务	投资管理咨询，企业管理咨询，商务管理咨询，贸易管理咨询。				

企业名称	百利吉亚（上海）投资咨询有限公司				
企业地址	上海市张江高科技园区科苑路 88 号 2 幢 301 区 301 室（201203）				
投资总额	14 万 USD	电　话	28986117	传　真	28986119
设立日期	2007-2-8	负 责 人	DAVID SPENCER EBERLY		
主营业务	投资咨询，企业管理咨询，营销策划咨询，品牌策划咨询，商务咨询。				

企业名称	普美商务咨询（上海）有限公司				
企业地址	上海市卢湾区淮海中路 1 号 1208 室（200021）				
投资总额	6.25 万 USD	电　话	62282723	传　真	62282713
设立日期	2007-2-7	负 责 人	JEFFREY PETER SPRAFKIN		
主营业务	企业管理咨询，商务咨询，投资咨询，贸易信息咨询，市场策划咨询。				

企业名称	钢慧信息咨询（上海）有限公司				
企业地址	上海市黄浦区人民路 885 号 406 室（200010）				
投资总额	6.5 万 USD	电　话	51105488	传　真	51105480
设立日期	2007-2-7	负 责 人	ANDREW CHARLES GOODWIN		
主营业务	从事钢铁行业信息咨询（以上经营范围涉及行政许可的凭许可证经营）。				

企业名称	富忱企业管理咨询（上海）有限公司				
企业地址	上海市黄浦区会稽路 8 号 1409 室（200021）				
投资总额	5 万 USD	电　话	61418984	传　真	61418983
设立日期	2007-2-7	负 责 人	MARC ADRIAN BRIEN		
主营业务	企业管理咨询，商务信息咨询，投资咨询。				

企业名称	阁朗美工程咨询（上海）有限公司				
企业地址	上海市杨浦区国泰路 127 弄复旦科技园 1 号楼 1148 室（200433）				
投资总额	14 万 USD	电　话	61234086	传　真	61234085
设立日期	2007-2-7	负 责 人	JON MORALES		
主营业务	建筑工程咨询，建筑工程设计咨询，企业策划咨询，项目投资咨询。				

企业名称	酒仙酒业咨询（上海）有限公司				
企业地址	上海市浦东新区浦东南路 379 号金穗大厦 24L 室（200120）				
投资总额	14 万 USD	电　话	68889312	传　真	68869313
设立日期	2007-2-7	负 责 人	SIMON TAM		
主营业务	酒类、饮料、饮用水、食品的营销策划咨询，酒类存储管理咨询。				

企业名称	商贝商务咨询（上海）有限公司				
企业地址	上海市黄浦区黄陂北路 227 号 1812 室（200003）				
投资总额	15 万 USD	电　话	63758116	传　真	68868021
设立日期	2007-2-7	负 责 人	STEPHEN FRANCIS BELL		
主营业务	商务咨询，科技信息咨询，投资信息咨询，企业管理咨询。				

企业名称	柯博商务咨询（上海）有限公司				
企业地址	上海市浦东新区世纪大道 88 号金茂大厦 2404A 室（200120）				
投资总额	6 万欧元	电　话	50472160	传　真	50476998
设立日期	2007-2-7	负 责 人	ROBERTO GRANELLO		
主营业务	投资咨询，贸易信息咨询，市场营销咨询，国际经济咨询，财务咨询。				

企业名称	牧尔司建筑设计咨询（上海）有限公司				
企业地址	上海市奉贤区金海路 5885 号 2135 室（201400）				
投资总额	14 万 USD	电　话	52302301	传　真	52301739
设立日期	2007-2-6	负 责 人	WILLIAM F. MORRIS		
主营业务	建筑设计咨询，建筑制图咨询，三维透视图咨询，建筑表现图咨询。				

企业名称	上海万兴投资顾问有限公司				
企业地址	上海市东湖路 7 号 3 幢（200031）				
投资总额	15 万 USD	电　话	64158158	传　真	64158158
设立日期	2007-2-2	负 责 人	ALFRED HAI-LING KOO		
主营业务	投资咨询，企业管理咨询，经济信息咨询，项目策划咨询。				

企业名称	沙索欧德斯（中国）投资有限公司				
企业地址	上海市浦东新区花园石桥路 33 号花旗银行大厦 23 层 2334 室（200120）				
投资总额	3000 万 USD	电　话	51086747	传　真	58365601
设立日期	2007-2-1	负 责 人	WALTER ERIC SALISBURY BRYANT		
主营业务	在国家允许外商投资的化工领域依法投资,从事化工产品及技术研发。				

企业名称	上海玄星商务咨询有限公司				
企业地址	上海市浦东新区世纪大道 2002 号南广场 A 号（200120）				
投资总额	50 万 USD	电　话	68549701	传　真	68549701
设立日期	2007-2-1	负 责 人	HYUN IN SUK		
主营业务	商务咨询，市场信息咨询，房地产信息咨询，物业管理，投资咨询。				

企业名称	史帝戈（上海）投资咨询服务有限公司				
企业地址	上海市杨浦区大连路 970 号 908 室（200092）				
投资总额	14 万 USD	电　话	51287820	传　真	51287822
设立日期	2007-2-1	负 责 人	IRA BRIAN STIEGLER		
主营业务	投资咨询，影院规划设计咨询，市场营销策划咨询。				

企业名称	罗威建筑设计咨询（上海）有限公司				
企业地址	上海市浦东新区杨高北路 528 号 14 幢 6022 室（200137）				
投资总额	20 万 USD	电　话	61098785	传　真	62833934
设立日期	2007-1-31	负 责 人	MENG-SHYONG LEE（李梦熊）		
主营业务	建筑设计咨询，室内外装潢设计咨询，园林设计咨询，工程设计咨询。				

企业名称	亿康先达国际人力资源咨询（上海）有限公司				
企业地址	上海市淮海中路 333 号 1109 室（200021）				
投资总额	50 万 USD	电　话	63852118	传　真	63852008
设立日期	2007-1-31	负 责 人	JOHN GRUMBAR		
主营业务	人才供求信息的收集、整理、储存、发布和咨询服务,人才招聘和推荐。				

企业名称	威蔓水务管理咨询（上海）有限公司				
企业地址	上海市静安区南京西路 1168 号 1709-1712 室（200041）				
投资总额	210 万 USD	电话	52929984	传真	52929985
设立日期	2007-1-30	负责人	FRANK，JEAN，PAUL BENICHOU		
主营业务	水务管理咨询，废水处理行业管理咨询（包括工业废水）。				

企业名称	裕洋船舶管理（上海）有限公司				
企业地址	上海市浦东新区陆家嘴环路 958 号 1307 室（200120）				
投资总额	20 万 USD	电话	65016093	传真	65017445
设立日期	2007-1-30	负责人	王博		
主营业务	接受船舶所有人或者船舶承租人，船舶经营人委托，代为办理相关业务。				

企业名称	艾乐迈企业管理咨询（上海）有限公司				
企业地址	上海市虹口区高阳路 246 号 220 室（200080）				
投资总额	5 万 USD	电话	52110255	传真	52110255
设立日期	2007-1-30	负责人	WOO MARJORIE JACQUELINE		
主营业务	企业管理咨询，经济咨询，市场营销策划，科技咨询，企业形象策划。				

企业名称	曦缀商务咨询（上海）有限公司				
企业地址	上海市长宁区延安西路 2299 号 10A85（200336）				
投资总额	14 万 USD	电话	62362218	传真	62362219
设立日期	2007-1-30	负责人	MYUNG SOO SEO		
主营业务	贸易咨询，商务咨询，工程咨询，图文设计咨询，国际经济咨询。				

企业名称	上海南迦投资咨询有限公司				
企业地址	上海市上中路 462 号 19 号楼 432 室（200237）				
投资总额	30 万 USD	电话	58359212	传真	58359213
设立日期	2007-1-29	负责人	LIANG LONG XU		
主营业务	投资咨询，企业管理咨询，市场营销咨询，财务咨询（不含代理记账）。				

企业名称	辉聚酒店设施设备租赁（上海）有限公司				
企业地址	上海市张江高科技园区郭守敬路 351 号 2 号楼 431 室（201203）				
投资总额	1200 万 USD	电话	64861818	传真	54249938
设立日期	2007-1-29	负责人	孙坚		
主营业务	酒店相关设施设备，家具，办公设备设施的租赁，购买相关租赁财产。				

企业名称	和运国际租赁有限公司				
企业地址	上海市普陀区怒江北路 561 弄 2 号楼 3 楼东侧（200333）				
投资总额	1000 万 USD	电话	61170567	传真	61170566
设立日期	2007-1-29	负责人	田天明		
主营业务	融资租赁业务，租赁业务，购买租赁财产，租赁财产的残值处理及维修。				

企业名称	埃非索管理咨询（上海）有限公司				
企业地址	上海市浦东新区乳山路 227 号 401 室 96 座（200120）				
投资总额	14 万 USD	电话	68870148	传真	68870289
设立日期	2007-1-29	负责人	FILIPPO MANTEGAZZA		
主营业务	企业管理咨询，投资咨询，市场信息咨询以及国际贸易信息咨询。				

企业名称	上海法锐续投资管理咨询有限公司				
企业地址	上海市黄浦区北京东路 666 号裙楼 B610 室（200001）				
投资总额	100 万 RMB	电话	53085018	传真	53083628
设立日期	2007-1-29	负责人	郑经纬		
主营业务	投资管理咨询，企业管理咨询，投资咨询，商务咨询，科技咨询。				

企业名称	伟世安设备租赁（上海）有限公司				
企业地址	上海市浦东新区金高路 1296 弄 1306 室（201203）				
投资总额	500 万 USD	电话	54300338	传真	68500338
设立日期	2007-1-25	负责人	ABDUL HALIM BIN HARUN		
主营业务	机场地面辅助设备，升降机械设备，场面清洁设备，发电机的租赁业务。				

企业名称	雷曼兄弟投资咨询（上海）有限公司				
企业地址	上海市静安区南京西路 1168 号 3551 室（200041）				
投资总额	14 万 USD	电话	51178908	传真	51178908
设立日期	2007-1-25	负责人	BERNARD YU KWAN LAU		
主营业务	投资咨询，企业管理咨询，财务管理咨询，市场营销咨询，商务咨询。				

企业名称	上海腾翔投资咨询有限公司				
企业地址	上海市长宁区延安西路 2299 号 05B40（200336）				
投资总额	5 万 USD	电话	62361296	传真	62360116
设立日期	2007-1-24	负责人	小岛俊代		
主营业务	企业投资咨询，国际经济贸易咨询，企业经营管理咨询，企业形象咨询。				

企业名称	万加投资咨询（上海）有限公司				
企业地址	上海市肇嘉浜路 807 号 1006 室（200032）				
投资总额	14 万 USD	电话	64384673	传真	54253305
设立日期	2007-1-24	负责人	陈昭诚		
主营业务	投资咨询，商务咨询，专利咨询，企业管理咨询，环保信息咨询。				

企业名称	海恩斯坦纺织咨询（上海）有限公司				
企业地址	上海市长宁区愚园路 1258 号 1708 室（200050）				
投资总额	14 万 USD	电话	52371440	传真	52371449
设立日期	2007-1-24	负责人	STEFAN MECHEELS		
主营业务	提供纺织品，服装行业技术，质量控制和环境保护方面的咨询服务。				

企业名称	上海科星创业投资有限公司				
企业地址	上海市浦东张江蔡伦路 780 号 708 室（201203）				
投资总额	1500 万 USD	电话	61611777	传真	54035580
设立日期	2007-1-23	负责人	陈伟丰		
主营业务	高科技公司的投资，高增长和/或具高潜力公司的投资，公司的兼并收购。				

企业名称	肥水企业顾问管理（上海）有限公司				
企业地址	上海市襄阳南路 500 号 1815 室（200031）				
投资总额	1.3 万 USD	电话	54657505	传真	54657505
设立日期	2007-1-23	负责人	KURT JOSEPH BRAYBROOK		
主营业务	投资咨询，商务咨询，企业管理咨询，贸易信息咨询，国际经济咨询。				

企业名称	万鼎商务咨询（上海）有限公司				
企业地址	上海市浦东新区南码头路 101 号 317 室（200125）				
投资总额	14 万 USD	电话	51943232	传真	51943233
设立日期	2007-1-22	负责人	ROBERT DUIJNEVELD		
主营业务	商务咨询，投资咨询，企业管理咨询，图文设计咨询，财务咨询。				

企业名称	上海识新商务咨询有限公司				
企业地址	上海市黄浦区金陵东路街道延安东路 175 号 810 室（200002）				
投资总额	14 万 USD	电话	63288669	传真	63202976
设立日期	2007-1-18	负责人	赵海龙		
主营业务	商务咨询，企业管理咨询，投资咨询。				

企业名称	佩吉商务咨询（上海）有限公司				
企业地址	上海市肇嘉浜路 1065 号 1505 室（200030）				
投资总额	10 万欧元	电话	51699930	传真	64289623
设立日期	2007-1-16	负责人	CHRISTOPH SIMON GUETTINGER		
主营业务	商务咨询，贸易信息咨询，投资咨询，企业管理咨询。				

企业名称	奥托立夫（上海）管理有限公司				
企业地址	上海市嘉定区高台路 820 号 1 幢全幢（201821）				
投资总额	200 万 USD	电话	69169699	传真	69169698
设立日期	2007-1-15	负责人	郑洁亮（CHANG KET LEONG）		
主营业务	为母公司提供投资管理，投资咨询服务，并提供相关服务。				

企业名称	图素广告（上海）有限公司				
企业地址	上海市黄浦区河南南路 16 号中汇大厦 3 楼 3029 室（200002）				
投资总额	22 万 USD	电话	63362528	传真	63748180
设立日期	2007-1-15	负责人	HUANG KEVIN JIUNN JIN		
主营业务	广告的设计、制作、发布和代理（涉及行政许可的凭许可证经营）。				

企业名称	上海裕福企业管理咨询有限公司				
企业地址	上海市长宁区延安西路 1088 号 521 室（200052）				
投资总额	6 万 USD	电话	62076906	传真	62076906
设立日期	2007-1-15	负责人	HUEBNER RALF		
主营业务	企业管理咨询，商务咨询（涉及行政许可的凭许可证经营）。				

企业名称	凯摩建筑景观设计咨询（上海）有限公司				
企业地址	上海市康健路 139 号 A 座 5 楼（200235）				
投资总额	14 万 USD	电话	34140174	传真	34140174
设立日期	2007-1-15	负责人	谢仕雄		
主营业务	建筑方案设计咨询，景观设计咨询，室内设计咨询。				

企业名称	澳视达投资咨询（上海）有限公司				
企业地址	上海市浦东新区金明路 1000 号第 4 幢 105 室（201206）				
投资总额	14 万 USD	电话	52928901	传真	52928908
设立日期	2007-1-15	负责人	RYAN KERRY STOKES（施来恩）		
主营业务	投资咨询，企业管理咨询，商务信息咨询，经济咨询，市场营销策划。				

企业名称	上海金和源设备租赁有限公司				
企业地址	上海市浦东新区龙东大道 6111 号 1 幢 230 室（201201）				
投资总额	60 万 USD	电　　话	33927108	传　　真	33927109
设立日期	2007-1-12	负 责 人	金本宽中		
主营业务	建筑工程机械设备租赁，建筑工程机械设备及零配件批发，进出口业务。				

企业名称	旭化成管理（上海）有限公司				
企业地址	上海市卢湾区淮海中路 381 号中环广场 2321 房间（200020）				
投资总额	300 万 USD	电　　话	63916111	传　　真	63916686
设立日期	2007-1-12	负 责 人	伊藤一郎		
主营业务	提供投资管理及咨询服务，经营管理及咨询服务，商务咨询服务，物流。				

企业名称	上海伟事达企业咨询有限公司				
企业地址	上海市花园石桥路 33 号花旗集团大厦 23 楼 2321，2353 室（200120）				
投资总额	100 万 USD	电　　话	61010000	传　　真	61010110
设立日期	2007-1-12	负 责 人	RAFAEL PETER PASTOR		
主营业务	企业管理咨询，商务咨询，经济信息咨询，市场营销咨询和会务服务。				

企业名称	寇文商务咨询（上海）有限公司				
企业地址	上海市静安区北京西路 1701 号静安中华大厦 304 室（200040）				
投资总额	14 万 USD	电　　话	62880796	传　　真	62880798
设立日期	2007-1-12	负 责 人	COWAN MARK JOHN		
主营业务	商务咨询，企业管理咨询，营销策划，品牌管理咨询，品牌策划顾问。				

企业名称	意得蓝企划设计（上海）有限公司				
企业地址	上海市卢湾区瞿溪路 694 号 4521 室（200023）				
投资总额	15 万 USD	电　　话	54658295	传　　真	54658296
设立日期	2007-1-12	负 责 人	SERGIO BORTOLOZZO		
主营业务	从事时装，鞋帽，皮具及配饰设计咨询，会展咨询及时装流行趋势咨询。				

企业名称	思待可室内设计咨询（上海）有限公司				
企业地址	上海市茶陵北路 20 号 1 幢 3 层 306 室（200032）				
投资总额	50 万 RMB	电　　话	64180777	传　　真	64189994
设立日期	2007-1-12	负 责 人	HOWE VINCENT		
主营业务	室内设计咨询，装饰工程咨询，项目管理咨询。				

企业名称	佩罗系统技术咨询（上海）有限公司				
企业地址	上海市浦东新区世纪大道 88 号 31 楼 3156 室（200120）				
投资总额	30 万 USD	电　　话	61411255	传　　真	63350199
设立日期	2007-1-11	负 责 人	CHANG RICHARD CHEN-HIS		
主营业务	信息技术设备设施技术咨询，技术服务，软件应用系统集成设计，安装。				

企业名称	优伯（上海）企业管理咨询有限公司				
企业地址	上海市浦东新区东方路 1988 号 502 室（200122）				
投资总额	14 万 USD	电　　话	68646096	传　　真	32087209
设立日期	2007-1-11	负 责 人	CHEN QIANG		
主营业务	企业管理咨询，项目管理咨询，投资咨询，商务咨询，会展服务咨询。				

企业名称	法适安建筑设计咨询（上海）有限公司				
企业地址	上海市浦东新区浦东南路 1341 弄 9 号 206B 室（200127）				
投资总额	10 万 RMB	电　　话	62801229	传　　真	62802334
设立日期	2007-1-11	负 责 人	ELIZABETH SCHNOOR		
主营业务	建筑设计咨询，室内装潢咨询，环境设计咨询，建筑工程项目管理咨询。				

企业名称	默沙东（上海）医药咨询有限公司				
企业地址	上海市卢湾区淮海中路 381 号 3501-3520，3539-3541 室（200020）				
投资总额	20 万 USD	电　　话	63915522	传　　真	63916100
设立日期	2007-1-10	负 责 人	ATLE FLO		
主营业务	医药营销策划咨询，商务咨询，企业管理咨询和技术咨询。				

企业名称	向木管理咨询（上海）有限公司				
企业地址	上海市浦东新区张杨路 838 号 19 楼 E 座（200122）				
投资总额	100 万港币	电　　话	58200908	传　　真	58206266
设立日期	2007-1-8	负 责 人	李国星		
主营业务	企业管理咨询，投资咨询和商务咨询（涉及行政许可的凭许可证经营）。				

企业名称	保盛丰投资咨询（上海）有限公司				
企业地址	上海市浦东新区陆家嘴环路 1233 号汇亚大厦 1504 室（200120）				
投资总额	100 万 USD	电　　话	50472826	传　　真	
设立日期	2007-1-8	负 责 人	DANNY PANG		
主营业务	国际投资咨询，投资管理咨询，国际经济信息咨询，财务管理咨询。				

企业名称	美安盛商务咨询（上海）有限公司				
企业地址	上海市浦东新区陆家嘴东路 166 号 20 层 2008-2010 室（200120）				
投资总额	14 万 USD	电　　话	68419779	传　　真	68419154
设立日期	2007-1-8	负 责 人	MICHAEL GERALD FISCH		
主营业务	商务咨询，企业管理咨询，贸易信息咨询，投资咨询，投资管理咨询。				

企业名称	派弥尔投资咨询（上海）有限公司				
企业地址	上海市浦东新区浦东大道 1 号船舶大厦 1906 室（200120）				
投资总额	14 万 USD	电　　话	61059000	传　　真	61059100
设立日期	2007-1-5	负 责 人	HUANG DAVID HAO		
主营业务	投资咨询，商务咨询，经济信息咨询，贸易咨询，企业管理咨询。				

企业名称	施银舸船舶技术咨询（上海）有限公司				
企业地址	上海市卢湾区鲁班路 600 号 2706 室（200023）				
投资总额	20 万欧元	电　　话	63058855	传　　真	63058855
设立日期	2007-1-5	负 责 人	CAREL WILHELM		
主营业务	船舶业务咨询和船舶技术咨询（涉及行政许可的凭许可证经营）。				

企业名称	赛诺尔（上海）企业管理咨询有限公司				
企业地址	上海市静安区乌鲁木齐北路 30 弄 25 号 401 室（200041）				
投资总额	130 万澳元	电　　话	62154640	传　　真	62154640
设立日期	2007-1-4	负 责 人	JAMES BARRIS LEPLEY		
主营业务	企业管理咨询，投资咨询，经济咨询，市场营销策划咨询，贸易咨询。				

企业名称	上海大立企业管理咨询有限公司				
企业地址	上海市外高桥保税区杨高北路 2001 号 F 区管理楼 305A 室（200131）				
投资总额	100 万 RMB	电　　话	58666178	传　　真	58666178
设立日期	2006-12-31	负 责 人	王　腾		
主营业务	国际贸易，转口贸易，保税区企业间的贸易及区内贸易代理。				

企业名称	帝沃森投资咨询（上海）有限公司				
企业地址	上海市武康路 374 号 201，202 室（200031）				
投资总额	50 万 USD	电　　话	61267601	传　　真	61267603
设立日期	2006-12-30	负 责 人	STEPHEN RAPHAEL EDINKS		
主营业务	投资咨询，商务咨询，营销策划咨询，企业管理咨询。				

企业名称	白田投资咨询（上海）有限公司				
企业地址	上海市黄浦区广东路 500 号 38 层（200001）				
投资总额	300 万 USD	电　　话	50580345	传　　真	50580345
设立日期	2006-12-30	负 责 人	田蓓蕾		
主营业务	投资咨询，国际经济信息咨询，科技咨询，贸易咨询，企业管理咨询。				

企业名称	艾度（上海）商务咨询有限公司				
企业地址	上海市静安区江宁路 212 号 409A 室（200041）				
投资总额	14 万 USD	电　　话	32013400	传　　真	32018400
设立日期	2006-12-29	负 责 人	郑茹君		
主营业务	商务咨询，管理咨询，贸易信息咨询（涉及行政许可的凭许可证经营）。				

企业名称	思迪康（上海）通信测试咨询有限公司				
企业地址	上海市张江高科技园区郭守敬路 351 号 2 楼 534 室（201203）				
投资总额	350 万欧元	电　　话	68795890	传　　真	68795786
设立日期	2006-12-28	负 责 人	EL IDRISSI BOUTAHER		
主营业务	为通信产品，电子产品的生产商提供技术检测咨询服务。				

企业名称	天程商务咨询（上海）有限公司				
企业地址	上海市浦东新区浦东南路 1088 号 1212 室（200120）				
投资总额	14 万 USD	电　　话	63618686	传　　真	63551378
设立日期	2006-12-22	负 责 人	STEVEN LEW		
主营业务	投资咨询，商务咨询，企业管理咨询（涉及行政许可的凭许可证经营）。				

企业名称	瞻博网络信息咨询（上海）有限公司				
企业地址	上海市卢湾区淮海中路 333 号瑞安广场 1105 室（200021）				
投资总额	20 万 USD	电　　话	61415006	传　　真	61415006
设立日期	2006-12-22	负 责 人	ANDREW DAVID EVANS		
主营业务	网络软硬件技术咨询，提供相关产品的维护，商务咨询和物流咨询。				

企业名称	镗腾企业管理（上海）有限公司				
企业地址	上海市黄浦区西藏中路 168 号 1808 室（200001）				
投资总额	200 万 USD	电　　话	61222359	传　　真	62882602
设立日期	2006-12-21	负 责 人	WILLIAM PORTER		
主营业务	经营管理咨询服务，质量监控和管理；产品技术研发，信息服务。				

企业名称	宾中商务咨询（上海）有限公司				
企业地址	上海市黄浦区南京西路 389 号 4 层 A411 室（200003）				
投资总额	10 万 USD	电　　话	23081188	传　　真	23081199
设立日期	2006-12-21	负 责 人	邵　宁（执行董事）		
主营业务	商务咨询，企业管理咨询，国际经济咨询，科技咨询，环保信息咨询。				

企业名称	盛合企业管理咨询（上海）有限公司				
企业地址	上海市浦东新区世纪大道 88 号金茂大厦 3129 室（200120）				
投资总额	14 万 USD	电　　话	28909686	传　　真	28909999
设立日期	2006-12-20	负 责 人	WERNER SEIDENSCHWARZ		
主营业务	企业管理咨询，商务咨询，投资咨询，市场营销咨询，项目管理咨询。				

企业名称	上海福来彩投资咨询有限公司				
企业地址	上海市浦东新区耀华路 215 号 2 幢 1 楼 A104 室（200122）				
投资总额	20 万 USD	电　　话	61253208	传　　真	61253238
设立日期	2006-12-19	负 责 人	PAUL LAM		
主营业务	投资管理咨询，企业管理咨询，商务信息咨询，科技，软件转让咨询。				

企业名称	京瓷企业管理咨询（上海）有限公司				
企业地址	上海市浦东新区东方路 710 号汤臣金融大厦 401 室（200122）				
投资总额	60 万 USD	电　　话	58207108	传　　真	58207608
设立日期	2006-12-19	负 责 人	梅村正广		
主营业务	企业管理咨询，财务管理咨询，商务咨询，销售咨询，产品技术咨询。				

企业名称	亿万豪健桥商业经营管理（上海）有限公司				
企业地址	上海市浦东新区富城路 99 号震旦国际大楼主楼第 901 室（200120）				
投资总额	750 万 USD	电　　话	58826999	传　　真	58828878
设立日期	2006-12-19	负 责 人	Brian George Castle		
主营业务	受商业企业委托提供经营管理及咨询。				

企业名称	上海起然教育管理咨询有限公司				
企业地址	上海市长宁区江苏路 121-123 号 31 幢中西大厦 17 楼 B 室（200050）				
投资总额	700 万 RMB	电　　话	62111219	传　　真	62111233
设立日期	2006-12-19	负 责 人	苏文骏		
主营业务	教育管理咨询，教育信息咨询，投资咨询，企业管理咨询，商务咨询。				

企业名称	鹤天（上海）投资咨询有限公司				
企业地址	上海市长宁区虹桥路 2272 号 C 段 401L 室（200336）				
投资总额	50 万 USD	电　　话	61204517	传　　真	54652968
设立日期	2006-12-19	负 责 人	BAE JUNE HAHK		
主营业务	投资咨询，商务咨询，市场营销策划咨询，贸易信息咨询，企业咨询。				

企业名称	汉国投资咨询（上海）有限公司				
企业地址	上海市长宁区幸福路 88 号 103 室（200052）				
投资总额	8 万 USD	电　　话	29796122	传　　真	52163581
设立日期	2006-12-18	负 责 人	薛伟汉		
主营业务	投资咨询，科技咨询，企业管理咨询，投资管理咨询，会展咨询。				

企业名称	上海富怡医疗管理咨询有限公司				
企业地址	上海市长宁区广顺路 33 号 8 幢 202 室（200335）				
投资总额	100 万 USD	电　　话	52170621	传　　真	62783063
设立日期	2006-12-18	负 责 人	邓　莹		
主营业务	医院投资管理咨询，企业管理咨询，经济咨询服务；医用软件的开发。				

企业名称	宋腾添玛沙帝建筑工程设计咨询（上海）有限公司				
企业地址	上海市黄浦区九江路 399 号 1601，1602 室（200001）				
投资总额	14 万 USD	电　　话	63226009	传　　真	63220550
设立日期	2006-12-15	负 责 人	朱　毅		
主营业务	建筑设计咨询，建筑结构及机电设计咨询，施工管理咨询。				

企业名称	世络好商务服务（上海）有限公司				
企业地址	上海市静安区北京西路 1701 号 2902 室（200040）				
投资总额	10 万 USD	电　　话	51501988	传　　真	51501990
设立日期	2006-12-15	负 责 人	JUAN GUTIERREZ CANSECO		
主营业务	办公室服务和商务中心服务，商务咨询，投资咨询，企业管理咨询。				

企业名称	华奇（上海）投资咨询有限公司				
企业地址	上海市北京西路 1701 号 1808，1809 室（200040）				
投资总额	25 万 USD	电　　话	51508800	传　　真	51508801
设立日期	2006-12-15	负 责 人	陈仕信		
主营业务	投资咨询，商务咨询（涉及行政许可的凭许可证经营）。				

企业名称	合协投资咨询（上海）有限公司				
企业地址	上海市闵行区梅陇镇虹梅南路 3509 弄 298 号 A 幢（200237）				
投资总额	14 万 USD	电　　话	51168647	传　　真	51168647
设立日期	2006-12-14	负 责 人	丁志显		
主营业务	投资咨询，商务咨询（涉及行政许可的凭许可证经营）。				

企业名称	恒德源（中国）投资有限公司				
企业地址	上海市黄浦区延安东路 222 号 3802 室（200002）				
投资总额	3000 万 USD	电　　话	63350000	传　　真	63351111
设立日期	2006-12-13	负 责 人	黄柏年		
主营业务	依法进行投资；采购物品和设备；在其所投资企业之间平衡外汇。				

企业名称	国誉投资管理咨询（上海）有限公司				
企业地址	上海市番禺路 1150 号 133 室（200030）				
投资总额	14 万 USD	电　　话	54654339	传　　真	54654339
设立日期	2006-12-13	负 责 人	张永河		
主营业务	投资管理咨询，贸易咨询，商务咨询，企业管理咨询，市场营销策划。				

企业名称	嘉升投资管理咨询（上海）有限公司				
企业地址	上海市淮海中路 1045 号 2603 室　（200031）				
投资总额	10 万 USD	电　　话	64720860	传　　真	64720960
设立日期	2006-12-13	负 责 人	PAUL SHIU PO HSU		
主营业务	商务咨询，经济咨询，投资咨询，管理咨询，企业形象策划，科技咨询。				

企业名称	雅芳管理（上海）有限公司				
企业地址	上海市淮海中路 1010 号 39 层 3901，3902，3903 室（200031）				
投资总额	200 万 USD	电　　话	34234688	传　　真	
设立日期	2006-12-13	负 责 人	韦俊贤		
主营业务	从事投资和经营决策，市场营销，资金运作和财务管理，技术支持。				

企业名称	意康商务信息咨询（上海）有限公司				
企业地址	上海市瑞金南路 438 号 406 室（200032）				
投资总额	10 万 USD	电　　话	62582624	传　　真	62531968
设立日期	2006-12-13	负 责 人	SIN KENG CHOO		
主营业务	投资咨询，科技咨询，市场营销咨询，经济信息咨询，医疗信息咨询。				

企业名称	益康会展（上海）有限公司				
企业地址	上海市瑞金南路 438 号 405 室（200032）				
投资总额	30 万 USD	电　　话	62582624	传　　真	62531968
设立日期	2006-12-13	负 责 人	SIN KENG CHOO		
主营业务	主办、承办各类经济技术展览会和会议，会务服务，在境外举办会议。				

企业名称	梦组文化咨询（上海）有限公司				
企业地址	上海市长宁区定西路 1118 号 12 幢南半幢 806 室（200050）				
投资总额	14 万 USD	电　　话	62076522	传　　真	62076522
设立日期	2006-12-11	负 责 人	TUMAROFF DAVID SIMON		
主营业务	文化艺术交流咨询，商务咨询，投资咨询，管理咨询并提供相关服务。				

企业名称	环邦建筑咨询（上海）有限公司				
企业地址	上海市虹口区吴淞路 218 号 1010 室（200080）				
投资总额	150 万 USD	电　　话	65590117	传　　真	65590117
设立日期	2006-12-11	负 责 人	HOR KEN HUI		
主营业务	建筑涂料的技术咨询，投资管理咨询，企业形象策划，商务咨询。				

企业名称	狮城产业投资咨询（上海）有限公司				
企业地址	上海市浦东新区陆家嘴环路 1233 号汇亚大厦 805 室（200122）				
投资总额	42 万 USD	电　　话	61651930	传　　真	61651969
设立日期	2006-12-8	负 责 人	孙建军		
主营业务	投资咨询和投资管理咨询，商务咨询，房地产信息咨询。				

企业名称	捷鹏商务咨询（上海）有限公司				
企业地址	上海市浦东新区商城路 738 号 903 室（200122）				
投资总额	14 万 USD	电　　话	61058954	传　　真	50470030
设立日期	2006-12-5	负 责 人	HEI JIMMY YANG		
主营业务	商务咨询，生产流程和技术咨询；质量监控技术咨询；经济信息咨询。				

企业名称	探亮公关策划咨询（上海）有限公司				
企业地址	上海市浦东新区海徐路 939 号 5 幢 318 室（200120）				
投资总额	40 万港币	电　　话	62309577	传　　真	62309022
设立日期	2006-12-5	负 责 人	叶筱菁		
主营业务	企业公关策划咨询，企业形象策划咨询，文化艺术信息咨询（不含经纪）。				

企业名称	施奈德赛登巴赫建筑设计咨询（上海）有限公司				
企业地址	上海市恒丰路 218 号 1901 室（200070）				
投资总额	14 万 USD	电　　话	51089603	传　　真	
设立日期	2006-12-5	负 责 人	ULRICH GERD RICHARD SCHNEIDER		
主营业务	建筑设计咨询，工程咨询，室内装饰咨询，环境咨询和项目管理咨询。				

企业名称	上海益丰行投资顾问有限公司				
企业地址	上海市长宁区虹桥路 2298 号 8 幢 230 室（200335）				
投资总额	25 万 USD	电　　话	66364354	传　　真	66364354
设立日期	2006-12-5	负 责 人	黄振益		
主营业务	投资咨询，企业管理咨询，商务咨询，科技信息咨询。				

企业名称	上海驰江艺术设计咨询有限公司				
企业地址	上海市浦东新区三鲁公路 88 号（200122）				
投资总额	5 万 USD	电　　话	50337268	传　　真	50337268
设立日期	2006-12-4	负 责 人	林书民		
主营业务	舞台灯光设计咨询，舞台和展台设计咨询，视觉设计咨询，营销咨询。				

企业名称	精钥管理咨询（上海）有限公司				
企业地址	上海市浦东新区浦三路 518 号 2 幢 B309 室（200122）				
投资总额	1.3 万 USD	电　　话	50395155	传　　真	62531701
设立日期	2006-12-4	负 责 人	刘姿君		
主营业务	企业管理咨询，投资咨询，市场营销咨询，经济信息咨询，商务咨询。				

企业名称	盈克投资咨询（上海）有限公司				
企业地址	上海市卢湾区太仓路 233 号 503 室（200021）				
投资总额	14 万 USD	电　　话	61414788	传　　真	61414789
设立日期	2006-12-4	负 责 人	陈永川		
主营业务	投资咨询，企业管理咨询，商务信息咨询，市场策划，企业形象策划。				

企业名称	上海一莘企业管理咨询有限公司				
企业地址	上海市浦东新区耀华路 215 号 2 号楼 101 室（200135）				
投资总额	4 万 USD	电　　话	64019160	传　　真	64019165
设立日期	2006-12-1	负 责 人	徐泰正（SUH TAE JUNG）		
主营业务	企业管理咨询，代理记账，财务管理咨询，企业登记代理，投资咨询。				

企业名称	哲霖尼思商务咨询（上海）有限公司				
企业地址	上海市杨浦区大连路 990 号 708 室（200082）				
投资总额	14 万 USD	电　　话	33770121	传　　真	33770067
设立日期	2006-12-1	负 责 人	SEBASTIAN JAMES OKSER		
主营业务	企业管理咨询，商务信息咨询，投资信息咨询。				

企业名称	阿玛顺商务咨询（上海）有限公司				
企业地址	上海市黄浦区会稽路 8 号 2007 室（200021）				
投资总额	14 万 USD	电　　话	63127355	传　　真	63127355
设立日期	2006-12-1	负 责 人	出井克佳		
主营业务	国际贸易咨询，商务咨询，投资咨询，科技咨询，国际经济信息咨询。				

企业名称	凯图管理咨询（上海）有限公司				
企业地址	上海市黄浦区延安东路 222 号 1851 室（200002）				
投资总额	35 万 USD	电　　话	61331234	传　　真	63915087
设立日期	2006-12-1	负 责 人	SHAO DAN		
主营业务	企业管理咨询，商务咨询（涉及行政许可的凭许可证经营）。				

企业名称	溜溜旅游咨询（上海）有限公司				
企业地址	上海市长宁区仙霞路 345 号 11C 室（200336）				
投资总额	14 万 USD	电　　话	62743275	传　　真	62743833
设立日期	2006-12-1	负 责 人	BEN LIAO		
主营业务	旅游信息咨询，航空服务咨询，文化艺术交流咨询，教育信息咨询。				

企业名称	上海寰视文化传播有限公司				
企业地址	上海市松江区长谷东路 18 号 1 幢 507 室（201600）				
投资总额	90 万 USD	电　　话	67727558	传　　真	67727911
设立日期	2006-12-1	负 责 人	潘　雷		
主营业务	企业形象策划，商务咨询，企业管理咨询，文化活动交流策划等业务。				

企业名称	水麟商务咨询（上海）有限公司				
企业地址	上海市黄浦区人民路 885 号 717 室（200010）				
投资总额	10 万 USD	电　　话	32181116	传　　真	64580447
设立日期	2006-11-30	负 责 人	HO LI LIN		
主营业务	投资咨询，企业管理咨询，国际经济信息咨询，企业形象策划。				

企业名称	上海至上教育管理咨询有限公司				
企业地址	上海市长宁区虹桥路 2298 号 8 幢 217 室（200335）				
投资总额	37 万 USD	电　　话	62602334	传　　真	52985792
设立日期	2006-11-30	负 责 人	汪海萍		
主营业务	教育管理咨询，教育信息咨询，投资咨询，企业管理咨询，商务咨询。				

企业名称	吉实富（上海）投资咨询有限公司				
企业地址	上海市浦东新区杨高北路 528 号 14 栋 3029 室（200122）				
投资总额	15 万 USD	电　　话	62488877	传　　真	
设立日期	2006-11-29	负 责 人	WINSTON HENRY LEE		
主营业务	商务信息咨询，投资咨询，管理咨询，科技信息咨询，经贸信息咨询。				

企业名称	斗洋商务咨询（上海）有限公司				
企业地址	上海市长宁区延安西路 1228 弄 2 号 6H（200052）				
投资总额	6 万 USD	电　　话	62834763	传　　真	
设立日期	2006-11-29	负 责 人	KIM YONG HOON		
主营业务	商务咨询，货物运输咨询（涉及行政许可的凭许可证经营）。				

企业名称	上海安仕捷房地产投资顾问有限公司				
企业地址	上海市浦东新区上南路 1318 号 308 室（200122）				
投资总额	500 万 USD	电　　话	51692228	传　　真	62834786
设立日期	2006-11-28	负 责 人	DONALD ZHANG		
主营业务	房地产投资咨询，房地产经纪，室内装饰设计，展览展示设计咨询。				

企业名称	八岛广告（上海）有限公司				
企业地址	上海市奉贤区韩村路 708 号 209 室（201500）				
投资总额	37.5 万 USD	电　　话	64680077	传　　真	64645727
设立日期	2006-11-28	负 责 人	森田生		
主营业务	设计、制作、发布、代理国内外各类广告业务。				

企业名称	共同拓信公关顾问（上海）有限公司				
企业地址	上海市浦东新区上南路 1318 号 307 室（201300）				
投资总额	400 万 RMB	电　　话	63597811	传　　真	63597822
设立日期	2006-11-27	负 责 人	大桥 荣		
主营业务	企业公共关系咨询，会务服务，企业形象策划，企业管理咨询。				

企业名称	嘉沃投资咨询（上海）有限公司				
企业地址	上海市浦东新区浦东大道 2123 号 3032 室（200135）				
投资总额	15 万 USD	电　　话	23060885	传　　真	23060606
设立日期	2006-11-24	负 责 人	AVERY COLCORD		
主营业务	投资咨询，资产管理咨询，企业财务咨询，商务咨询。				

企业名称	上海新青商务咨询有限公司				
企业地址	上海市长宁区娄山关路 83 号 1105 室（200051）				
投资总额	20 万 USD	电　　话	61268588	传　　真	61268589
设立日期	2006-11-24	负 责 人	KIYOHIKO AOYAMA		
主营业务	商务咨询，企业营销策划咨询，投资咨询，质量和销售的管理咨询。				

企业名称	建英教育信息咨询（上海）有限公司				
企业地址	上海市长宁区幸福路 137 号 903 室（200052）				
投资总额	20 万 USD	电　　话	52376726	传　　真	67689171
设立日期	2006-11-24	负 责 人	蔡月娟		
主营业务	教育信息咨询，投资咨询，投资管理咨询，贸易信息咨询，商务咨询。				

企业名称	诚赋开朋商务咨询（上海）有限公司				
企业地址	上海市长宁区延安西路 728 号 11 楼 L 室（200050）				
投资总额	14 万 USD	电　　话	62490055	传　　真	62881636
设立日期	2006-11-24	负 责 人	JOHN PATRICK BYRNE		
主营业务	商务咨询，室内设计咨询，企业管理咨询，贸易信息咨询。				

企业名称	东澳贸易咨询（上海）有限公司				
企业地址	上海市浦东新区浙桥路 289 号 A1504 室（200127）				
投资总额	10 万 USD	电　　话	51330714	传　　真	51330714
设立日期	2006-11-22	负 责 人	CHRISTOPHER JOSEPH STARK		
主营业务	贸易咨询，投资咨询，企业管理咨询，市场营销策划咨询。				

企业名称	比格动会展服务（上海）有限公司				
企业地址	上海市闵行区沪闵路 3988 号 2 号楼（201108）				
投资总额	14 万 USD	电　　话	54831335	传　　真	54831337
设立日期	2006-11-22	负 责 人	陈清江		
主营业务	会展咨询服务，会展布置设计，企业形象策划，电脑图文设计制作。				

企业名称	上海市英教育信息咨询有限公司				
企业地址	上海市天平路 245 号 508 室（200030）				
投资总额	15 万 USD	电　话	64450822	传　真	64316024
设立日期	2006-11-20	负 责 人	刘　珩		
主营业务	投资咨询，经济贸易信息咨询，教育信息咨询，商务咨询。				

企业名称	仲谷商务咨询（上海）有限公司				
企业地址	上海市黄浦区人民路 885 号 806 室（200001）				
投资总额	20 万 USD	电　话	61413036	传　真	63265521
设立日期	2006-11-20	负 责 人	仲谷真宏		
主营业务	商务信息咨询，企业管理咨询，投资咨询。				

企业名称	乐清（上海）清洁用具租赁有限公司				
企业地址	上海市徐汇区苍梧路 450 号-460 号（双号）（200233）				
投资总额	3500 万 RMB	电　话	64858614	传　真	64850623
设立日期	2006-11-19	负 责 人	井和夫		
主营业务	清洁用具，门垫，小家电产品的租赁；清洁用品的零售，批发。				

企业名称	桑贝尔特（上海）投资顾问有限公司				
企业地址	上海市张江高科技园区郭守敬路 351 号 2 号楼 A605-02 室（201203）				
投资总额	30 万 USD	电　话	28467173	传　真	62332624
设立日期	2006-11-17	负 责 人	CHYI CHEN		
主营业务	投资咨询，企业管理咨询，贸易信息咨询，经济信息咨询。				

企业名称	亚凯医疗管理咨询（上海）有限公司				
企业地址	上海市浦东新区浦东南路东南新村 31 号 203 室（200122）				
投资总额	14 万 USD	电　话	58794537	传　真	58794537
设立日期	2006-11-17	负 责 人	STANLEY KIM CHUEN，　TAM		
主营业务	提供医疗机构后勤管理咨询，投资咨询，国际经济信息咨询，商务咨询。				

企业名称	智瑞（上海）企业管理咨询有限公司				
企业地址	上海市浦东新区浦东南路 999 号 29 层 A 室（200122）				
投资总额	300 万 RMB	电　话	62189955	传　真	62175152
设立日期	2006-11-16	负 责 人	MATS OLA BYDELL		
主营业务	企业管理咨询（涉及行政许可的，凭许可证经营）。				

企业名称	费戈曼商务咨询（上海）有限公司				
企业地址	上海市浦东新区银城中路 200 号中银大厦 3301 室（200120）				
投资总额	14 万 USD	电　话	63618686	传　真	63551378
设立日期	2006-11-16	负 责 人	BRENDAN JOHN RYAN		
主营业务	商务咨询（涉及行政许可的凭许可证经营）。				

企业名称	飞视通信技术咨询（上海）有限公司				
企业地址	上海市浦东新区金海路 3288 号 4 幢 304 室（200122）				
投资总额	30 万 USD	电　话	62826217	传　真	62826227
设立日期	2006-11-16	负 责 人	尹　飞		
主营业务	通信技术咨询，计算机技术咨询，企业管理咨询，投资咨询。				

企业名称	上海伊爱慕广告有限公司				
企业地址	上海市长宁区仙霞路 137 号盛高国际大厦 1806 室（200336）				
投资总额	20 万 USD	电　话	52062830	传　真	52062831
设立日期	2006-11-16	负 责 人	金永锡		
主营业务	设计，制作，发布，代理国内外各类广告，提供相关的技术，商务咨询。				

企业名称	哲达人才咨询（上海）有限公司				
企业地址	上海市静安区南京西路 1515 号上海嘉里中心 2505 室（200040）				
投资总额	12.5 万 USD	电　话	62702215	传　真	62702275
设立日期	2006-11-16	负 责 人	JOHN MAXWELL LUMMIS		
主营业务	人才供求信息的收集，整理，储存，发布和咨询服务；人才推荐。				

企业名称	瑞佑环保技术（上海）有限公司				
企业地址	上海市闵行区浦星路 789 号漕河泾出口加工区 4 号楼 401 室（201112）				
投资总额	20 万 USD	电　话	54315899	传　真	54315900
设立日期	2006-11-16	负 责 人	JESPER ORFELT		
主营业务	生产，组装一氧化碳检测贴片及相关配件的加工，销售自产产品。				

企业名称	埃迈企业管理咨询（上海）有限公司				
企业地址	上海市浦东新区福山路 500 号 9 层 03、06 单元（200122）				
投资总额	15 万 USD	电　话	61636555	传　真	61636510
设立日期	2006-11-16	负 责 人	ANTHONY JAMES FINOCCHIARO		
主营业务	企业管理咨询、工程设计咨询、商务信息咨询、投资咨询。				

企业名称	欧兰姿曼商务咨询（上海）有限公司				
企业地址	上海市卢湾区斜土路 768 号 909 室（200023）				
投资总额	5 万 USD	电　话	66379153	传　真	53010277
设立日期	2006-11-15	负 责 人	立和田正		
主营业务	商务咨询，会展会务咨询，贸易信息咨询，投资咨询，企业策划咨询。				

企业名称	上海良模公关顾问有限公司				
企业地址	上海市天目西路 547 号 1002 室（200070）				
投资总额	5 万 USD	电　话	63172255	传　真	63534150
设立日期	2006-11-15	负 责 人	苏鉴池		
主营业务	提供公关咨询服务（涉及行政许可的凭许可证经营）。				

企业名称	震鑫（上海）投资咨询有限公司				
企业地址	上海市闵行区吴中路 1100 号 617 室（201103）				
投资总额	10 万 USD	电　话	54890860	传　真	54890857
设立日期	2006-11-15	负 责 人	王立强		
主营业务	企业信息咨询，投资咨询，企业管理咨询，国际经济咨询。				

企业名称	维艾姆迪（上海）测量技术服务有限公司				
企业地址	上海市张江高科技园区松涛路 489 号 B 座 2 层 206 室（201203）				
投资总额	10.5 万 USD	电　话	50275816	传　真	50277789
设立日期	2006-11-14	负 责 人	MANFRED MESSING		
主营业务	隧道工程项目，建筑工程及工业工程项目技术咨询及测量服务。				

企业名称	创纪商务咨询（上海）有限公司				
企业地址	上海市上中路 462 号 19 号楼 423 室（200231）				
投资总额	10 万港币	电　话	63804793	传　真	63803547
设立日期	2006-11-14	负 责 人	郑　勇		
主营业务	市场营销咨询，企业管理咨询，投资咨询。				

企业名称	上海胜景达体育赛事有限公司				
企业地址	上海市康桥工业区康桥东路 1365 弄 1 号 2321 室（200127）				
投资总额	35 万 USD	电　话	58399307	传　真	68734686
设立日期	2006-11-14	负 责 人	区颂瑜		
主营业务	体育赛事的组织，经营，管理（经纪人除外），体育产业的咨询与服务。				

企业名称	上海安治水处理技术有限公司				
企业地址	上海市松江区富民仓桥经济城玉佳西路 78 号（201600）				
投资总额	14 万 USD	电　话	67728665	传　真	67728664
设立日期	2006-11-14	负 责 人	WALTER MILTON LEVY		
主营业务	加工，生产水处理剂，清洗剂及相关产品，提供相关的工业维护服务。				

企业名称	上海出津商务咨询有限公司				
企业地址	上海市浦东新区张杨路 620 号 1504 室（200122）				
投资总额	14 万 USD	电　话	58362367	传　真	58362368
设立日期	2006-11-13	负 责 人	出津　平		
主营业务	商务咨询，经贸信息咨询，投资咨询，企业管理咨询，财务管理咨询。				

企业名称	会才堂商务咨询（上海）有限公司				
企业地址	上海市浦东新区商城路 800 号 1418A 室（200120 ）				
投资总额	6.25 万 RMB	电　话	58357280	传　真	58357280
设立日期	2006-11-13	负 责 人	AW JOO LEE		
主营业务	商务咨询（涉及行政许可的，凭许可证经营）。				

企业名称	金多齐纳商务咨询（上海）有限公司				
企业地址	上海市浦东新区商城路 1900 号 1007 室（200120）				
投资总额	2.5 万 USD	电　话	58608403	传　真	32160360
设立日期	2006-11-9	负 责 人	KRISTINA MENSIKOVA		
主营业务	商务咨询（涉及行政许可的凭许可证经营）。				

企业名称	展盈商务咨询（上海）有限公司				
企业地址	上海市长宁区仙霞路 335 号 1 号楼 605 室（200335）				
投资总额	100 万港币	电　话	51727996	传　真	51727995
设立日期	2006-11-9	负 责 人	张国强		
主营业务	商务咨询，国际经济咨询，科技咨询，会展服务咨询，贸易信息咨询。				

企业名称	川崎重工咨询（上海）有限公司				
企业地址	上海市浦东新区陆家嘴环路 1000 号汇丰大厦 13 楼 011 室（200120）				
投资总额	25 万 USD	电　话	68414503	传　真	50663589
设立日期	2006-11-8	负 责 人	松枝繁		
主营业务	营销咨询，投资咨询，企业管理咨询，供应连锁管理咨询，市场咨询。				

企业名称	天增地长（上海）创业投资管理有限公司				
企业地址	上海市浦东新区张江蔡伦路 780 号 809 室（201203）				
投资总额	13 万 USD	电　话	52985606	传　真	52985601
设立日期	2006-11-8	负责人	OLIVER CURME		
主营业务	管理创业投资企业投资业务，提供投资咨询，创业投资管理咨询服务。				

企业名称	辉立投资咨询（上海）有限公司				
企业地址	上海市长宁区虹桥路 2266 号 4 号楼 205 室（200336）				
投资总额	14 万 USD	电　话	51698900	传　真	63540987
设立日期、	2006-11-8	负责人	KANG SIOK LAN		
主营业务	投资咨询，商务咨询，企业管理咨询（涉及行政许可的凭许可证经营）。				

企业名称	东京建物（上海）房地产咨询有限公司				
企业地址	上海市静安区南京西路 1266 号 1003-1004 室（200041）				
投资总额	100 万 USD	电　话	62881000	传　真	62881085
设立日期	2006-11-8	负责人	山本英作		
主营业务	为房地产活动当事人提供包括信息，技术等方面的咨询以及策划。				

企业名称	赫克力士管理（上海）有限公司				
企业地址	上海市卢湾区淮海中路 300 号香港新世界大厦 3301，3304 室（200021）				
投资总额	210 万 USD	电　话	54422323	传　真	54421739
设立日期	2006-11-7	负责人	JOHN MONTGOMERY		
主营业务	向母公司及在中国和亚洲的赫克力士集团公司提供投资管理咨询服务。				

企业名称	壹益社建筑设计咨询（上海）有限公司				
企业地址	上海市卢湾区茂名南路 59 号 21 幢 5323 室（200020）				
投资总额	2 万 USD	电　话	54667273	传　真	54667273
设立日期	2006-11-7	负责人	儿岛正明		
主营业务	建筑设计咨询，工程策划及管理咨询，房地产咨询，企业形象策划。				

企业名称	上海汉盟经营管理顾问有限公司				
企业地址	上海市卢湾区蒙自路 223 号 218 室（200023）				
投资总额	82 万 USD	电　话	51521380	传　真	51529956
设立日期	2006-11-7	负责人	王国安		
主营业务	投资咨询，贸易信息咨询，企业管理咨询，商务咨询。				

企业名称	上海加阳投资管理咨询有限公司				
企业地址	上海市嘉定区菊园新区嘉行公路 222 号 203 室（201800）				
投资总额	250 万 USD	电　话	52574004	传　真	52574004
设立日期	2006-11-7	负责人	邓　莹		
主营业务	投资管理咨询，商务咨询，经济信息咨询，开发，生产计算机软件。				

企业名称	炬力投资管理咨询（上海）有限公司				
企业地址	上海市张江高科技园区牛顿路 200 号 8 号楼 6 楼 E 座（201203）				
投资总额	250 万 USD	电　话	51035886	传　真	51035886
设立日期	2006-11-6	负责人	李湘伟		
主营业务	投资咨询，企业管理咨询，国际经济信息咨询，商务咨询。				

企业名称	上海高智派氏投资咨询有限公司				
企业地址	上海市钦江路 123 号 402 室（200233）				
投资总额	25 万 USD	电　话	64856485	传　真	64856789
设立日期	2006-11-6	负责人	刘幸偕		
主营业务	投资咨询，企业管理咨询，经济信息咨询，计算机技术与设备制造咨询。				

企业名称	宇朔建筑设计咨询（上海）有限公司				
企业地址	上海市田林东路 588 号 3 号楼 101 室（200235）				
投资总额	1.25 万 USD	电　话	13816041319	传　真	51756217
设立日期	2006-11-6	负责人	刘人龙		
主营业务	建筑设计咨询，室内设计咨询，建筑环境咨询，景观设计咨询。				

企业名称	斯道拉恩索（上海）企业咨询有限公司				
企业地址	上海市卢湾区淮海中路 300 号 2201A 室（200021）				
投资总额	35 万欧元	电　话	63353050	传　真	63353055
设立日期	2006-11-6	负责人	SONG WANGQIU		
主营业务	投资咨询，企业管理咨询，科技咨询，市场咨询，商务咨询证经营。				

企业名称	动线网络设计咨询（上海）有限公司				
企业地址	上海市浦东新区海徐路 939 号 5 幢 235 室（200120）				
投资总额	10 万欧元	电　话	62994415	传　真	62994417
设立日期	2006-11-3	负责人	ARMIN BIESER		
主营业务	多媒体软件设计，促销产品设计，市场营销咨询，企业管理咨询。				

企业名称	上海和友商务咨询有限公司				
企业地址	上海市浦东新区张杨路 158 号汤臣中心 C2105 室（200122）				
投资总额	10 万 USD	电　话	58795491	传　真	58795491
设立日期	2006-11-3	负责人	DERRY ANDREW MARK		
主营业务	商务咨询，企业营销策划咨询，企业形象策划咨询，企业管理咨询。				

企业名称	富顺投资咨询（上海）有限公司				
企业地址	上海市长宁区仙霞路 317 号 B 座 1301 室（200051）				
投资总额	14 万 USD	电　话	62350843	传　真	32087740
设立日期	2006-11-3	负责人	JEFF CHOU		
主营业务	国际经济咨询，企业管理咨询，投资咨询，商务咨询，国际贸易咨询。				

企业名称	恒华投资咨询（上海）有限公司				
企业地址	上海市长宁区兴义路 8 号万都中心 504-506 室（200051）				
投资总额	20 万 USD	电　话	52082060	传　真	52082050
设立日期	2006-11-3	负责人	袁中越		
主营业务	经济信息咨询，投资咨询，商务咨询，企业管理咨询，贸易信息咨询。				

企业名称	科洛博（上海）数字科技顾问有限公司				
企业地址	上海市浦东新区张杨路 228 号 1019 室（200122）				
投资总额	20 万 RMB	电　话	58790669	传　真	58790669
设立日期	2006-11-2	负责人	STEVEN COUWELS		
主营业务	数字科技咨询，企业管理咨询，信息科技咨询，工艺技术管理咨询。				

企业名称	阿文美驰（中国）投资有限公司				
企业地址	上海市广东路 500 号世界贸易大厦 17 楼（201206）				
投资总额	3000 万 USD	电　话	63621692	传　真	63621591
设立日期	2006-11-2	负责人	RAKESH SACHDEV		
主营业务	在允许外商投资的领域依法进行投资，向其所投资企业提供服务。				

企业名称	斯佩恩船舶技术咨询（上海）有限公司				
企业地址	上海市浦东新区商城路 738 号 910 室（200122）				
投资总额	14 万 USD	电　话	58351099	传　真	58351603
设立日期	2006-11-1	负责人	郑炳新		
主营业务	船舶技术咨询，商务咨询，投资咨询，市场营销咨询，经济信息咨询。				

企业名称	莫特森（上海）工程项目管理咨询有限公司				
企业地址	上海市浦东新区花园石桥路 33 号 2339 室（200120）				
投资总额	25 万 USD	电　话	58790179	传　真	58763673
设立日期	2006-11-1	负责人	DAVID C. MORTENSON		
主营业务	工程项目管理咨询，企业管理咨询，投资咨询，环保信息咨询。				

企业名称	好帮手商务管理咨询（上海）有限公司				
企业地址	上海市浦东新区浦东南路 999 号 16 层 B 室（200120）				
投资总额	12.5 万 USD	电　话	68598060	传　真	68598070
设立日期	2006-11-1	负责人	LAURENT DORPE		
主营业务	商务咨询，企业管理咨询，投资咨询，市场营销咨询。				

企业名称	泰鸿投资咨询（上海）有限公司				
企业地址	上海市浦东新区世纪大道 800 号 8 层 A 室（200120）				
投资总额	14 万 USD	电　话	51165503	传　真	51165501
设立日期	2006-11-1	负责人	吴旭晖		
主营业务	投资咨询，贸易信息咨询，企业管理咨询。				

企业名称	上海喜安喜投资咨询有限公司				
企业地址	上海市张江高科技园区碧波路 635 号 203-2F25A 室（201203）				
投资总额	40 万 USD	电　话	58992072	传　真	50550908
设立日期	2006-11-1	负责人	SEOK MIN CHOI		
主营业务	国际经济咨询，投资咨询，科技咨询，企业管理咨询，商务咨询。				

企业名称	矢崎（中国）投资有限公司				
企业地址	上海市浦东新区浦东南路 999 号新梅联合广场 28 楼（200127）				
投资总额	3000 万 USD	电　话	58774747	传　真	
设立日期	2006-11-1	负责人	西川博文		
主营业务	在国家允许外商投资的领域进行投资，向所投资企业提供服务。				

企业名称	毅铭投资咨询（上海）有限公司				
企业地址	上海市卢湾区太仓路 233 号 2004 室（200021）				
投资总额	14 万 USD	电　话	61289288	传　真	61289289
设立日期	2006-11-1	负责人	曾福荣		
主营业务	商务咨询，财务信息咨询，管理咨询，网络技术咨询，营销策划咨询。				

企业名称	上海络杰企业管理咨询有限公司				
企业地址	上海市卢湾区瑞金南路 345 弄 1 号 5B1 室（200023）				
投资总额	7 万 USD	电　话	63035351	传　真	63035361
设立日期	2006-11-1	负 责 人	应　华		
主营业务	企业管理咨询，会展咨询，图文设计咨询，电力及石化电气工程咨询。				

企业名称	纽伦堡会展服务（上海）有限公司				
企业地址	上海市静安区青海路 118 号 18 楼 A，B 室（200041）				
投资总额	30 万欧元	电　话	52286572	传　真	52286573
设立日期	2006-10-31	负 责 人	BERND A. DIEDERICHS		
主营业务	主办，承办各类经济技术展览会和会议，在境外举办会议；展会咨询。				

企业名称	赢合诺建筑工程咨询（上海）有限公司				
企业地址	上海市黄浦区浙江中路 400 号 7 楼 09-10 室（200001）				
投资总额	10 万 USD	电　话	63525002	传　真	63525003
设立日期	2006-10-31	负 责 人	ICNACIO OLAVARRI FERNANDEZ		
主营业务	建筑设计咨询，民用建筑工程设计咨询，工业工程设计咨询，商务咨询。				

企业名称	缔博室内设计咨询（上海）有限公司				
企业地址	上海市浦东新区向城路 58 号 17 层 D 室（200120）				
投资总额	10 万 USD	电　话	68406880	传　真	63758328
设立日期	2006-10-30	负 责 人	方秀敏		
主营业务	室内设计咨询，建筑设计咨询，景观设计咨询，工程管理咨询。				

企业名称	上海瑞可利商务咨询有限公司				
企业地址	上海市静安区威海路 755 号 29 层 5-7 室（200041）				
投资总额	280 万 RMB	电　话	63343300	传　真	63343866
设立日期	2006-10-30	负 责 人	森英文		
主营业务	投资咨询，项目管理咨询，企业管理咨询，贸易咨询，国际经济咨询。				

企业名称	西埃比商务咨询（上海）有限公司				
企业地址	上海市浦东新区陆家嘴环路 958 号 32 层 02 甲单元（200120）				
投资总额	14 万 USD	电　话	68865285	传　真	68866439
设立日期	2006-10-27	负 责 人	TERRI ELISE JONDAHL		
主营业务	商务咨询，企业管理咨询，投资咨询，国际经济贸易咨询。				

企业名称	上海时久渡婚庆服务有限公司				
企业地址	上海市卢湾区淮海中路 1 号 2310 室（200021）				
投资总额	14 万 USD	电　话	63840138	传　真	63840138
设立日期	2006-10-27	负 责 人	小原楠绪		
主营业务	婚庆活动的策划及相关的咨询（涉及行政许可的凭许可证经营）。				

企业名称	上海网聚人才咨询有限公司				
企业地址	上海市浦东新区张江路 665 号 3 楼 A 室（201203）				
投资总额	30 万 USD	电　话	61601888	传　真	68796255
设立日期	2006-10-26	负 责 人	甄荣辉		
主营业务	人才信息的收集、整理、储存、发布和咨询服务；人才推荐；人才招聘。				

企业名称	奥联财务管理咨询（上海）有限公司				
企业地址	上海市静安区延安中路 841 号 1608 室（200041）				
投资总额	14 万 USD	电　话	62475755	传　真	62890770
设立日期	2006-10-26	负 责 人	TONY MUSTAFA		
主营业务	财务管理咨询，投资咨询，企业管理咨询，营销策划。				

企业名称	富登商务咨询（上海）有限公司				
企业地址	上海市闵行区漕宝路 3111 号 1 幢（201101）				
投资总额	18 万 USD	电　话	63297878	传　真	63295787
设立日期	2006-10-26	负 责 人	洪学鹤		
主营业务	商务咨询，投资咨询，企业管理咨询（涉及行政许可的凭许可证经营）。				

企业名称	嘉峰投资咨询（上海）有限公司				
企业地址	上海市长宁区中山西路 933 号 2301 室（200051）				
投资总额	20 万 USD	电　话	51113303	传　真	51113442
设立日期	2006-10-26	负 责 人	张安平		
主营业务	商务咨询，投资咨询，企业管理咨询，科技咨询，经贸信息咨询。				

企业名称	中扬投资顾问（上海）有限公司				
企业地址	上海市长宁区虹桥路 2298 号 8 幢 214 室（200336）				
投资总额	150 万 USD	电　话	52080999	传　真	52081368
设立日期	2006-10-26	负 责 人	徐善可		
主营业务	国际商务咨询，投资咨询，企业管理咨询，财务咨询，公关策划咨询。				

企业名称	澳达理财务咨询（上海）有限公司				
企业地址	上海市静安区南京西路 1168 号 1407 室（200041）				
投资总额	14 万 USD	电　话	32181861	传　真	52925589
设立日期	2006-10-26	负 责 人	RICHARD MICHAEL PETTY		
主营业务	财务信息咨询，投资咨询，商务咨询，企业管理咨询，国际经贸咨询。				

企业名称	世威商务咨询（上海）有限公司				
企业地址	上海市浦东新区张杨路 158 号 2305 室（200122）				
投资总额	20 万 USD	电　话	58777009	传　真	64317235
设立日期	2006-10-25	负 责 人	LAI YOK HOW		
主营业务	商务咨询，企业管理咨询，投资咨询，营销策划咨询，企业形象咨询。				

企业名称	雷格斯投资咨询（上海）有限公司				
企业地址	上海市浦东新区世纪大道 88 号金茂大厦 31 层 3161 室（200120）				
投资总额	2 万 USD	电　话	61221168	传　真	61221458
设立日期	2006-10-24	负 责 人	MARK DIXON		
主营业务	投资咨询，企业管理咨询，商务咨询（涉及行政许可的凭许可证经营）。				

企业名称	维德汽车技术咨询服务（上海）有限公司				
企业地址	上海市浦东新区民生路 1286 号 806 室（200135）				
投资总额	20 万 USD	电　话	68622308	传　真	68622339
设立日期	2006-10-24	负 责 人	ANDREW M. TWEDDLE		
主营业务	提供汽车维修技术，保养方案的咨询，商务咨询，国际经济信息咨询。				

企业名称	上海冶元投资咨询有限公司				
企业地址	上海市浦东新区金沪路 1151 号 202D 室（201206）				
投资总额	100 万 USD	电　话	65159594	传　真	65159594
设立日期	2006-10-24	负 责 人	周如贤		
主营业务	投资咨询，贸易信息咨询，企业管理咨询，市场营销策划，财务咨询。				

企业名称	亚力克（上海）能源设备租赁有限公司				
企业地址	上海市松江工业区华加路 99 号 16 号厂房（201611）				
投资总额	400 万 USD	电　话	57749906	传　真	64718066
设立日期	2006-10-24	负 责 人	BRIAN HODGSON		
主营业务	机电设备，发电机组及配套设备的租赁，购买，安装，维修租赁设备。				

企业名称	国福龙凤（上海）实业有限公司				
企业地址	上海市闵行区东兰路 338 号第 2 幢 210 室（200237）				
投资总额	500 万 USD	电　话	54931616	传　真	54931616
设立日期	2006-10-24	负 责 人	叶惠德		
主营业务	国际投资咨询，建筑工程咨询，企业发展咨询，房产信息咨询。				

企业名称	刘宇扬建筑设计顾问（上海）有限公司				
企业地址	上海市共和新路 3201 号 1637 室（200072）				
投资总额	5 万 USD	电　话	54041288	传　真	54041288
设立日期	2006-10-24	负 责 人	刘宇扬		
主营业务	建筑与环境设计咨询，艺术与工业设计咨询，工程管理信息咨询。				

企业名称	彤悦网络技术顾问（上海）有限公司				
企业地址	上海市浦东新区张杨路 158 号 1315 室（200122）				
投资总额	10 万 RMB	电　话	68530511	传　真	68530511
设立日期	2006-10-23	负 责 人	YEE FOOK KHONG		
主营业务	网络技术咨询，商务咨询，企业管理咨询，市场营销咨询。				

企业名称	上海欧第管理顾问有限公司				
企业地址	上海市浦东新区浦东南路 1101 号 706 室（200122）				
投资总额	14 万 USD	电　话	32210537	传　真	32210867
设立日期	2006-10-23	负 责 人	ISHITA BISSET		
主营业务	企业管理咨询，经济咨询，商务信息咨询，营销策划，企业形象策划。				

企业名称	上海韩实商务咨询有限公司				
企业地址	上海市浦东新区东方路 800 号 1506 室（200122）				
投资总额	14 万 USD	电　话	52372883	传　真	52372883
设立日期	2006-10-23	负 责 人	朴正倍（PARK JUNG BAE）		
主营业务	商务咨询，集装箱生产及检测的技术咨询，国际经济贸易信息咨询。				

企业名称	今之本投资咨询（上海）有限公司				
企业地址	上海市浦东世纪大道 88 号金茂大厦办公楼 4 区 38 层 08 单元（200120）				
投资总额	35 万 USD	电　话	50988886	传　真	50988050
设立日期	2006-10-23	负 责 人	李明达		
主营业务	投资咨询，国际经济咨询，贸易信息咨询，企业管理咨询。				

企业名称	上海身德佳商务咨询有限公司				
企业地址	上海市浦东新区金明路 1000 号 4 幢 101 室（200120）				
投资总额	1.25 万 USD	电　话	51019262	传　真	51019278
设立日期	2006-10-23	负 责 人	EKKEHARD RATHGEBER		
主营业务	商务信息咨询，企业管理咨询，投资咨询，市场营销策划。				

企业名称	杰拉企业形象策划（上海）有限公司				
企业地址	上海市延长路 149 号 121 幢科技楼 343 室（200072）				
投资总额	4 万 USD	电　话	52285952	传　真	52285953
设立日期	2006-10-23	负 责 人	POTIER BRUNO，JEAN-LUC,MICHEL		
主营业务	企业形象策划，会展会务咨询，展台搭建，营销咨询，企业管理咨询。				

企业名称	联水水务投资咨询（上海）有限公司				
企业地址	上海市长宁区兴义路 8 号万都中心 2211 室（200051）				
投资总额	25 万 USD	电　话	52081230	传　真	52081233
设立日期	2006-10-23	负 责 人	PHILLIP WEI JING YU		
主营业务	水务投资项目咨询，工程建设和安装技术咨询，企业管理咨询。				

企业名称	云顶丽星（上海）教育信息咨询有限公司				
企业地址	上海市三门路 661 号行政楼 515 室（200439）				
投资总额	14 万 USD	电　话	52280101	传　真	52130833
设立日期	2006-10-23	负 责 人	CHEAH YOKE SIM		
主营业务	教育信息咨询，企业管理咨询，投资咨询。				

企业名称	高麦企业管理咨询（上海）有限公司				
企业地址	上海市黄浦区福州路 318 号 1506-1507 室（200001）				
投资总额	40 万 RMB	电　话	63224071	传　真	63224071
设立日期	2006-10-20	负 责 人	李乐生		
主营业务	企业管理咨询，投资咨询，商务咨询，贸易咨询，企业形象策划咨询。				

企业名称	谢尔会展服务（上海）有限公司				
企业地址	上海市浦东新区科苑路 88 号德国中心 712A 室（200121）				
投资总额	6.8 万 USD	电　话	63375712	传　真	63378722
设立日期	2006-10-19	负 责 人	CHRISTA HELENE SCHERER		
主营业务	在中国境内主办，承办各类经济技术展览会和会议；在境外举办会议。				

企业名称	威连建筑设计咨询（上海）有限公司				
企业地址	上海市黄浦区中山南路 268 号 2003 室（200010）				
投资总额	14 万 USD	电　话	63325825	传　真	63325827
设立日期	2006-10-19	负 责 人	WILLIAM MAO		
主营业务	建筑设计咨询，经济信息咨询，投资咨询，企业管理咨询。				

企业名称	上海洪宽商务咨询有限公司				
企业地址	上海市黄浦区金陵西路 28 号一号楼 8001 室（200021）				
投资总额	14 万 USD	电　话	63879228	传　真	63879218
设立日期	2006-10-19	负 责 人	表仁洙		
主营业务	投资咨询，商务咨询，国际经济贸易信息咨询，企业经营管理咨询。				

企业名称	罗尔夫杰森消防技术咨询（上海）有限公司				
企业地址	上海市浦东新区世纪大道 88 号金茂大厦 3153 室（200120）				
投资总额	6 万 USD	电　话	28909735	传　真	28909999
设立日期	2006-10-18	负 责 人	MARTIN H. REISS		
主营业务	为建筑的火灾防护和消防安全保卫系统提供专业的消防技术咨询服务。				

企业名称	盘石投资咨询（上海）有限公司				
企业地址	上海市静安区南京西路 1266 号 4609-4611 室（200041）				
投资总额	14 万 USD	电　话	62886679	传　真	62886679
设立日期	2006-10-18	负 责 人	ROBERT JOSEPH ZULKOSKI		
主营业务	投资咨询，企业管理咨询，商务咨询和经济信息咨询。				

企业名称	万里投资顾问（上海）有限公司				
企业地址	上海市崇明县城桥镇秀山路 101 号 5 号楼 B 区 5128 室（202150）				
投资总额	14 万 USD	电　话	51289982	传　真	51289982
设立日期	2006-10-17	负 责 人	李京伦		
主营业务	企业管理咨询，投资咨询，商务咨询，企业形象策划，图文设计制作。				

企业名称	高启商务咨询（上海）有限公司				
企业地址	上海市浦东新区世纪大道 88 号 3108 室（200120）				
投资总额	30 万 USD	电　话	28909999	传　真	28909999
设立日期	2006-10-16	负 责 人	MARK CHARLES PASQUALE		
主营业务	商务咨询，投资咨询，贸易信息咨询（涉及行政许可的凭许可证经营）。				

企业名称	迪世太克展示制作（上海）有限公司				
企业地址	上海市浦东新区川沙镇高桥路 199 号 2 号楼（201204）				
投资总额	20 万 USD	电　话	68650223	传　真	68650223
设立日期	2006-10-13	负 责 人	MICHAEL JOHANNES SCHONING		
主营业务	灯箱（除广告），展架和展示产品及其零部件的研制，开发和生产。				

企业名称	澳思（上海）环境科技咨询有限公司				
企业地址	上海市浦东新区浦东南路 855 号世界广场 19 层 F 座（200122）				
投资总额	10 万 USD	电　话	68872968	传　真	68872969
设立日期	2006-10-13	负 责 人	NIGEL COURNANE MURPHY		
主营业务	环境科技咨询，投资咨询，商务咨询，国际经济咨询，环保技术。				

企业名称	美迪医药信息咨询（上海）有限公司				
企业地址	上海市北京西路 1399 号建京大厦 22 楼 A1 室（200040）				
投资总额	14 万 USD	电　话	52136622	传　真	52136621
设立日期	2006-10-13	负 责 人	夏　瑾		
主营业务	医疗医药信息咨询，市场营销策划咨询，图文设计咨询。				

企业名称	上海可以可广告有限公司				
企业地址	上海市长宁区仙霞路 137 号盛高国际大厦 5 楼 F 单元（200051）				
投资总额	20 万 USD	电　话	52530286	传　真	52062030
设立日期	2006-10-12	负 责 人	CHANG SUKEUKN（张锡殷）		
主营业务	设计、制作、代理、发布国内外各类广告。				

企业名称	上海亚波商务咨询有限公司				
企业地址	上海市漕溪北路 88 号 1010A 室（200030）				
投资总额	14 万 USD	电　话	61601957	传　真	61601966
设立日期	2006-10-11	负 责 人	佐藤泰朋		
主营业务	商务咨询，投资咨询，企业管理咨询，国际经济信息咨询，科技咨询。				

企业名称	杰仕投资咨询（上海）有限公司				
企业地址	上海市卢湾区南塘浜路 103 号 1 幢 202 室（200023）				
投资总额	14 万 USD	电　话	62198623	传　真	62096657
设立日期	2006-10-10	负 责 人	陈荣达		
主营业务	投资信息咨询，策划咨询，企业管理咨询，国际贸易咨询，会展咨询。				

企业名称	傲杰商务咨询（上海）有限公司				
企业地址	上海市浦东新区杨高北路 528 号 16 幢 162 室（200131）				
投资总额	6.25 万 USD	电　话	63285909	传　真	63285806
设立日期	2006-9-29	负 责 人	JOHN WILLIAM HULME II		
主营业务	商务咨询，投资咨询，管理咨询，经济信息咨询，市场营销策划咨询。				

企业名称	纬礴建筑结构咨询（上海）有限公司				
企业地址	上海市浦东新区成山路 220 号 1204D 室（200127）				
投资总额	14 万 USD	电　话	62957527	传　真	62093425
设立日期	2006-9-29	负 责 人	HOSSEIN REZAI-JORABI		
主营业务	从事建筑结构设计咨询（涉及行政许可的凭许可证经营）。				

企业名称	塔领德博商务咨询（上海）有限公司				
企业地址	上海市浦东新区浦东南路 999 号新梅联合广场 14-E（200122）				
投资总额	20 万 USD	电　话	51341816	传　真	51341826
设立日期	2006-9-29	负 责 人	HYACINTHUS J.H.J.M.KORTMANN		
主营业务	商务咨询，企业管理咨询，投资咨询，经济信息咨询和信息技术咨询。				

企业名称	异途商务策划咨询（上海）有限公司				
企业地址	上海市襄阳南路 500 号 1801 室（200031）				
投资总额	1.7 万 USD	电　话	54560146	传　真	54560158
设立日期	2006-9-29	负 责 人	PEDER BECH LISBYGD		
主营业务	商务策划咨询（涉及行政许可的凭许可证经营）。				

企业名称	旭瑞（上海）房地产咨询有限公司				
企业地址	上海市卢湾区淮海中路 98 号 26 楼 C-1 座（200021）				
投资总额	14 万 USD	电　话	62825000	传　真	62825777
设立日期	2006-9-29	负 责 人	YU ZHI CUI		
主营业务	房地产咨询（不含房地产经纪），商务咨询，经济咨询，企业咨询。				

企业名称	上海汉胜商务咨询有限公司				
企业地址	上海市闵行区莘庄工业区申富路 879 号 1 栋 A 室（201100）				
投资总额	30 万 USD	电　话	54425055	传　真	54425266
设立日期	2006-9-28	负 责 人	NG POCK TOO（吴博韬）		
主营业务	提供工程及相关技术咨询，营销咨询和商务咨询服务。				

企业名称	上海丽发投资管理咨询有限公司				
企业地址	上海市天目西路 99 号 22 楼 B 室（200070）				
投资总额	200 万 USD	电话	52391562	传真	69308878
设立日期	2006-9-28	负责人	林建岳		
主营业务	投资管理咨询，房地产信息咨询，商务咨询，企业策划咨询。				

企业名称	上海网创投资咨询有限公司				
企业地址	上海市长宁区仙霞路 650 号 301 室（200336）				
投资总额	50 万 USD	电话	27697777	传真	52307787
设立日期	2006-9-27	负责人	江　博		
主营业务	企业投资咨询，管理咨询，商务咨询，国际经济，科技咨询。				

企业名称	上海赛宜沃商务咨询有限公司				
企业地址	上海市长宁区定西路 1235 弄 32 号底层东间 104 室（200050）				
投资总额	2 万 USD	电话	52376737	传真	52376737
设立日期	2006-9-27	负责人	渡边伊津子		
主营业务	商务咨询，翻译，投资咨询，企业登记代理。				

企业名称	磐锐投资咨询（上海）有限公司				
企业地址	上海市共和新路 3201 号 1618 室（200072）				
投资总额	14 万 USD	电话	64319126	传真	64319709
设立日期	2006-9-26	负责人	STEVEN SIU SAN ENG		
主营业务	企业投资咨询，市场信息咨询，企业管理咨询，商务咨询。				

企业名称	佟一清建筑设计咨询（上海）有限公司				
企业地址	上海市长宁区昭化路 357 号 B-西 308 室（200050）				
投资总额	14 万 USD	电话	62511398	传真	62511358
设立日期	2006-9-26	负责人	佟一清		
主营业务	建筑设计咨询，环境艺术设计咨询，室内设计咨询，工程管理咨询。				

企业名称	太河投资咨询（上海）有限公司				
企业地址	上海市长宁区延安西路 726 号 8A 室（200050）				
投资总额	14 万 USD	电话	51530888	传真	51530999
设立日期	2006-9-26	负责人	张法俊		
主营业务	投资咨询，企业管理咨询，商务咨询。				

企业名称	三宝麟投资咨询（上海）有限公司				
企业地址	上海市长宁区延安西路 1319 号 1801 室（200050）				
投资总额	18 万 USD	电话	62402900	传真	62402925
设立日期	2006-9-26	负责人	MICHAEL JOSEPH SAMPOERNA		
主营业务	投资咨询，商务咨询，经济信息咨询（涉及行政许可的凭许可证经营）。				

企业名称	思维佳展览服务（上海）有限公司				
企业地址	上海市浦东新区牡丹路 60 号 1505-1506 室（200120）				
投资总额	14 万 USD	电话	51698787	传真	50595090
设立日期	2006-9-25	负责人	薛　亮		
主营业务	展览设计，展览设计咨询，会务服务，市场营销咨询，商务信息咨询。				

企业名称	新速佰管理咨询（上海）有限公司				
企业地址	上海市浦东新区浦东南路 379 号 16 楼 D 室（200120）				
投资总额	17 万 USD	电话	68869523	传真	68869525
设立日期	2006-9-25	负责人	海野惠一		
主营业务	企业管理咨询，商务咨询，投资咨询，贸易信息咨询，市场策划咨询。				

企业名称	上海可智尚广告有限公司				
企业地址	上海市徐汇区龙华西路 585 号 20A4 室（200232）				
投资总额	14 万 USD	电话	64280432	传真	34245517
设立日期	2006-9-25	负责人	野尻卓裕		
主营业务	设计、制作、发布、代理国内外各类广告业务。				

企业名称	上海美秋斯广告传播有限公司				
企业地址	上海市浦东新区东方路 3409 号 3 号楼 106 室（200125）				
投资总额	30 万 USD	电话	52415085	传真	28939802
设立日期	2006-9-25	负责人	林德兴		
主营业务	设计、制作、代理、发布各类国内外广告。				

企业名称	上海亿贝网络信息服务有限公司				
企业地址	上海市浦东张江高科技园区郭守敬路 351 号 2 号楼 697 室（200131）				
投资总额	1000 万 RMB	电话	61206700	传真	
设立日期	2006-9-25	负责人	MARTIN SHYH-SHYONG WU		
主营业务	在线信息和数据检索；提供计算机软件，在线安全软件和应用的设计。				

企业名称	简意企业管理咨询（上海）有限公司				
企业地址	上海市闵行区颛桥镇灯辉路 1128 号综合楼 306 室（201108）				
投资总额	2.5 万 USD	电话	51085711	传真	54787192
设立日期	2006-9-25	负责人	沈卫明		
主营业务	企业管理咨询，投资咨询，经济信息咨询，信息咨询，市场营销咨询。				

企业名称	盛世利（中国）租赁有限公司				
企业地址	上海市黄浦区延安东路 175 号旺角广场 806 室（200001）				
投资总额	1000 万 USD	电话	63362300	传真	63362301
设立日期	2006-9-22	负责人	刀根秀已		
主营业务	融资租赁业务，国内外购买租赁财产，租赁财产的残值处理及维修。				

企业名称	睿尔特（上海）企业管理咨询有限公司				
企业地址	上海市浦东新区张杨路 620 号 805 室（200122）				
投资总额	14 万 USD	电话	61614677	传真	61614577
设立日期	2006-9-21	负责人	TAN HEE TAN		
主营业务	企业管理咨询，商务咨询，企业形象策划，企业营销策划。				

企业名称	船场设计咨询（上海）有限公司				
企业地址	上海市静安区南京西路 993 号 16C 室（200041）				
投资总额	700 万港币	电话	62722213	传真	62722040
设立日期	2006-9-21	负责人	栗山浩一		
主营业务	室内效果布置，设计咨询服务（涉及行政许可的凭许可证经营）。				

企业名称	斯考根（上海）船舶技术咨询有限公司				
企业地址	上海市浦东新区海徐路 939 号 5 幢 224 室（200122）				
投资总额	25 万 USD	电话	61632186	传真	61632198
设立日期	2006-9-20	负责人	MICHAEL YEO YEW HEONG		
主营业务	船舶建造技术咨询，造船市场信息咨询，管理咨询，工业污染防治咨询。				

企业名称	杰桦旅游信息咨询（上海）有限公司				
企业地址	上海市浦东新区金明路 1000 号第四幢 103 室（200127）				
投资总额	10 万 USD	电话	32170120	传真	62719867
设立日期	2006-9-20	负责人	GEOFFROY DE BECDELIEVRE		
主营业务	旅游信息咨询，企业管理咨询，企业形象策划，商务信息咨询。				

企业名称	汉基投资管理咨询（上海）有限公司				
企业地址	上海市浦东新区金沪路 1283 号 1103 室（200120）				
投资总额	14 万 USD	电话	52069211	传真	52069216
设立日期	2006-9-20	负责人	吴恒耀		
主营业务	投资管理咨询，商务服务咨询，市场营销策划咨询，企业管理咨询。				

企业名称	华馥建筑设计咨询（上海）有限公司				
企业地址	上海市海宁路 1399 号 1906 室（200070）				
投资总额	14 万 USD	电话	64452219	传真	64452604
设立日期	2006-9-19	负责人	曾国展		
主营业务	建筑设计咨询，室内设计咨询，投资咨询，企业管理咨询，商务咨询。				

企业名称	雄狮商务咨询（上海）有限公司				
企业地址	上海市北京西路 1399 号 25 层 D2（200040）				
投资总额	14 万 USD	电话	62898669	传真	62898665
设立日期	2006-9-18	负责人	孙明台		
主营业务	旅游信息咨询，商务咨询，企业管理咨询。				

企业名称	上海济达商务咨询有限公司				
企业地址	上海市闵行区东川路 555 号 5008 室（201100）				
投资总额	15 万 USD	电话	64475988	传真	64473099
设立日期	2006-9-15	负责人	苏　蕴		
主营业务	商务咨询，企业管理咨询，市场信息咨询，计算机技术咨询。				

企业名称	爱芮特商务咨询（上海）有限公司				
企业地址	上海市延长路 149 号 121 幢科技楼 341 室（200072）				
投资总额	1.28 万 USD	电话	64684078	传真	64684080
设立日期	2006-9-14	负责人	PRADEEP KUMAR		
主营业务	商务咨询，市场营销咨询，企业管理咨询，投资咨询，贸易信息咨询。				

企业名称	途度投资管理咨询（上海）有限公司				
企业地址	上海市长宁区仙霞路 335 号 1 号楼 603 室（200336）				
投资总额	14 万 USD	电话	52713520	传真	52713556
设立日期	2006-9-14	负责人	JIANG WEI		
主营业务	投资管理咨询，投资咨询，商务咨询，国际经济咨询，科技咨询。				

企业名称	华生（上海）投资咨询有限公司				
企业地址	上海市长宁区延安西路 2299 号 1806-1807 室（200051）				
投资总额	14 万 USD	电　话	56039517	传　真	56039517
设立日期	2006-9-14	负 责 人	许文聪		
主营业务	商务咨询，投资咨询，投资管理咨询（涉及行政许可的凭许可证经营）。				

企业名称	华先企业策划（上海）有限公司				
企业地址	上海市卢湾区瞿溪路 801 号 719B 室（200023）				
投资总额	680 万 USD	电　话	61135972	传　真	64480585
设立日期	2006-9-14	负 责 人	GRAHAM		
主营业务	企业策划咨询，品牌策划咨询，展览展示策划咨询，市场营销策划咨询。				

企业名称	群采建筑设计咨询（上海）有限公司				
企业地址	上海市浦东新区浦东大道 138 号 6 楼 C-01 室（200122）				
投资总额	10 万 USD	电　话	58829179	传　真	58829164
设立日期	2006-9-13	负 责 人	江建平		
主营业务	建筑设计咨询，室内设计咨询，水电环控设计咨询，环境景观设计咨询。				

企业名称	国师管理咨询（上海）有限公司				
企业地址	上海市浦东新区海徐路 939 号 5 幢 233 室（200135）				
投资总额	14 万 USD	电　话	51098783	传　真	51097683
设立日期	2006-9-13	负 责 人	陶建国		
主营业务	企业管理咨询，投资咨询，商务咨询，会务咨询，贸易信息咨询。				

企业名称	黑骑士普莱尔（上海）商务咨询有限公司				
企业地址	上海市静安区胶州路 397 号 14 号楼 302 室（200041）				
投资总额	25 万 USD	电　话	62105010	传　真	62186208
设立日期	2006-9-12	负 责 人	施宣麟		
主营业务	商务咨询，企业管理咨询，品牌咨询，市场营销策划，公关活动策划。				

企业名称	上海微创大宇宙商务咨询有限公司				
企业地址	上海市闵行区东川路 555 号乙楼 5020 室（200241）				
投资总额	300 万 USD	电　话	52564600	传　真	52564608
设立日期	2006-9-12	负 责 人	曲列锋		
主营业务	商务咨询，企业信息化咨询，技术支持和电子商务解决方案，软件开发。				

企业名称	合层企业策划（上海）有限公司				
企业地址	上海市长宁区仙霞路 335 号 1 号楼 602 室（200336）				
投资总额	15 万 USD	电　话	62199268	传　真	62199268
设立日期	2006-9-12	负 责 人	JEFFERY CHEN		
主营业务	企业形象设计，策划咨询服务；企业广告印刷品设计及相关制作咨询。				

企业名称	新熙地投资咨询（上海）有限公司				
企业地址	上海市浦东新区世纪大道 88 号 3126 室（200120）				
投资总额	300 万 USD	电　话	38966228	传　真	38966201
设立日期	2006-9-11	负 责 人	FRANK S.ORRELL		
主营业务	投资咨询，商务咨询，市场营销咨询，房地产咨询，企业管理咨询。				

企业名称	领华财务管理咨询（上海）有限公司				
企业地址	上海市卢湾区淮海中路 93 号 2609G 室（200021）				
投资总额	10 万 USD	电　话	53855362	传　真	53855363
设立日期	2006-9-8	负 责 人	招永扬		
主营业务	财务管理咨询，投资咨询，企业管理咨询，商务咨询，决策评估咨询。				

企业名称	上海帝美帝亚企业管理咨询有限公司				
企业地址	上海市金山区廊下镇廊华公路 96 号 A 幢 105 室（201516）				
投资总额	1000 万 RMB	电　话	51501503	传　真	51501503
设立日期	2006-9-7	负 责 人	针英霆		
主营业务	企业管理咨询，商务咨询，投资咨询，科技信息咨询，企业形象策划。				

企业名称	上海和啓雅投资管理咨询有限公司				
企业地址	上海市卢湾区建国中路 10 号 8 号楼三层 314，315 室（200025）				
投资总额	14 万 USD	电　话	54651616	传　真	54657656
设立日期	2006-9-7	负 责 人	伊藤和泉		
主营业务	商务咨询，企业管理咨询，投资咨询，贸易信息咨询，企业形象策划。				

企业名称	帝人医药咨询（上海）有限公司				
企业地址	上海市卢湾区淮海中路 93 号 1001 室（200020）				
投资总额	14 万 USD	电　话	63918307	传　真	63918309
设立日期	2006-9-7	负 责 人	渡边哲二		
主营业务	医药科技咨询，商务信息咨询（涉及行政许可的凭许可证经营）。				

企业名称	上海唐码广告有限公司				
企业地址	上海市卢湾区陕西南路 35-37 号 5 层（200020）				
投资总额	1000 万 RMB	电　话	51162120	传　真	51162604
设立日期	2006-9-5	负 责 人	汤美娟		
主营业务	设计、制作、代理、发布国内外各类广告。				

企业名称	百比赫广告（上海）有限公司				
企业地址	上海市黄浦区延安东路 222 号 2504 室（200001）				
投资总额	50 万 USD	电　话	63351177	传　真	63352220
设立日期	2006-9-5	负 责 人	ARTO HAMPARTSOUMIAN		
主营业务	设计、制作、发布代理国内外广告，提供品牌咨询，公共关系咨询。				

企业名称	上海秀仕观光会务有限公司				
企业地址	上海市浦东新区陆家嘴环路 1000 号汇丰大厦 14 楼 043 室（200120）				
投资总额	1.26 亿 RMB	电　话	58780101	传　真	58775099
设立日期	2006-9-4	负 责 人	横井勋		
主营业务	观光设施和会议设施的经营管理；餐饮，咖啡厅，酒吧经营管理。				

企业名称	上海胡润百富投资管理咨询有限公司				
企业地址	上海市奉贤区柘林镇沪杭公路 2453 号（201424）				
投资总额	14 万 USD	电　话	62724690	传　真	62724679
设立日期	2006-9-4	负 责 人	胡　润		
主营业务	商务信息咨询，企业管理咨询，企业营销策划，会议服务。				

企业名称	上海学建教育管理咨询有限公司				
企业地址	上海市松江区新松江路 1000 号 7 层 721 室（201620）				
投资总额	12.5 万 USD	电　话	67824412	传　真	
设立日期	2006-9-1	负 责 人	MONTE RANDALL ROSEN		
主营业务	提供教育管理咨询服务（涉及行政许可的凭许可证经营）。				

企业名称	模欧博工程技术服务（上海）有限公司				
企业地址	上海市浦东新区张杨路 620 号 1704 室（200122）				
投资总额	14 万 USD	电　话	58361260	传　真	58361260
设立日期	2006-9-1	负 责 人	ALEXIS JEAN MARIE BERTHELET		
主营业务	提供塑胶和机械工程方面的技术咨询与相关技术服务。				

企业名称	上海易利登投资咨询有限公司				
企业地址	上海市浦东新区杨高北路 528 号 14 幢 3011 室（200122）				
投资总额	50 万 USD	电　话	51699069	传　真	62192834
设立日期	2006-9-1	负 责 人	DERRICK C LAY		
主营业务	投资咨询，企业管理咨询，商务信息咨询，财务管理咨询。				

企业名称	共律（上海）投资咨询有限公司				
企业地址	上海市长宁区延安西路 2201 号 1711 室（200336）				
投资总额	1000 万 RMB	电　话	62707372	传　真	62753319
设立日期	2006-8-30	负 责 人	山内静弘		
主营业务	投资咨询，商务咨询，企业管理咨询（涉及行政许可的凭许可证经营）。				

企业名称	上海瑞岛投资咨询有限公司				
企业地址	上海市浦东新区杨高北路 528 号 14 幢 3014 室（200122）				
投资总额	14 万 USD	电　话	52683062	传　真	52683062
设立日期	2006-8-30	负 责 人	叶德栋（YE DE DONG）		
主营业务	投资咨询，商务咨询（除经纪），企业管理咨询，国际经贸信息咨询。				

企业名称	欧易投资咨询（上海）有限公司				
企业地址	上海市外高桥保税区泰谷路 88 号 688 室（200131）				
投资总额	13 万 USD	电　话	58369515	传　真	58369516
设立日期	2006-8-29	负 责 人	张　翼		
主营业务	投资咨询，商务咨询；国际贸易，转口贸易，贸易代理，货物进出口。				

企业名称	德凯达管理咨询（上海）有限公司				
企业地址	上海市浦东新区张杨路 828-838 号 12F 室（200122）				
投资总额	202 万 RMB	电　话	58203660	传　真	58203690
设立日期	2006-8-28	负 责 人	GUNTHER STROBEL		
主营业务	企业管理咨询，市场营销策划咨询，科技信息咨询，工程技术咨询。				

企业名称	兴媒（上海）商务咨询有限公司				
企业地址	上海市浦东新区归昌路 260 号 327 室（200122）				
投资总额	120 万 RMB	电　话	62116540	传　真	62524461
设立日期	2006-8-28	负 责 人	MOURRE CHARIES HENRI EDGARD		
主营业务	商务信息咨询，市场营销咨询，信息技术咨询，网络信息分析。				

企业名称	纳柏投资咨询（上海）有限公司				
企业地址	上海市卢湾区徐家汇 430 号 727 室（200023）				
投资总额	4.5 万 USD	电　话	64458410	传　真	64452604
设立日期	2006-8-28	负责人	KAN THIM WAH		
主营业务	投资咨询，经济信息咨询，贸易信息咨询，市场咨询，企业管理咨询。				

企业名称	普莱姆斯管理咨询（上海）有限公司				
企业地址	上海市长乐路 989 号 2029 室（200031）				
投资总额	14 万 USD	电　话	62702215	传　真	62702275
设立日期	2006-8-28	负责人	CHARLES MATTHEW SPINOLO		
主营业务	企业管理咨询，商务咨询，投资咨询和企业员工的后勤服务。				

企业名称	纳柏投资咨询（上海）有限公司				
企业地址	上诲市卢湾区徐家汇 430 号 727 室（200023）				
投资总额	4.5 万 USD	电　话	64458410	传　真	64452604
设立日期	2006-8-28	负责人	KAN THIN WAH		
主营业务	投资咨询，经济信息咨询，贸易咨询，市场营销咨询，企业管理咨询。				

企业名称	麦尔肯投资咨询（上海）有限公司				
企业地址	上海市静安区北京西路 1399 号 17 层 E1 室（200041）				
投资总额	14 万 USD	电　话	64642524	传　真	62471905
设立日期	2006-8-25	负责人	DAVID QIAN LEE		
主营业务	商务咨询，投资咨询，贸易信息咨询，经济信息咨询，企业管理咨询。				

企业名称	翔盛信鸽比赛咨询（上海）有限公司				
企业地址	上海市天宝路 884 号 406 室（200080）				
投资总额	100 万 USD	电　话	64065265	传　真	64651139
设立日期	2006-8-25	负责人	何育纶		
主营业务	信鸽比赛专业化的市场营销策划，公共关系咨询，投资咨询，商务咨询。				

企业名称	贝菲斯（上海）商务咨询有限公司				
企业地址	上海市南汇区康桥工业区康桥东路 1365 弄 1 号 3 室（201315）				
投资总额	7.5 万 USD	电　话		传　真	
设立日期	2006-8-24	负责人	PIETRO CARENZA		
主营业务	商务咨询，财务咨询，管理咨询，市场信息咨询。				

企业名称	上海瑞丽商务咨询有限公司				
企业地址	上海市浦东新区张杨路 228 号 1410 室（200122）				
投资总额	14 万 USD	电　话	55570241	传　真	55570241
设立日期	2006-8-23	负责人	PIETRO CARENZA		
主营业务	商务咨询，市场营销策划咨询，贸易信息咨询，企业管理咨询。				

企业名称	伟岭盛（上海）管理咨询有限公司				
企业地址	上海市浦东新区杨高北路 528 号 14 幢 3016 室（200131）				
投资总额	14 万 USD	电　话	62319494	传　真	62319494
设立日期	2006-8-23	负责人	NESTER KAMELIA TABITA		
主营业务	企业管理咨询，商务咨询，投资咨询。				

企业名称	马龙工业技术管理咨询（上海）有限公司				
企业地址	上海张江高科技园区龙东大道 3000 号 1 幢 A 楼 504 室（201203）				
投资总额	10 万 RMB	电　话	68790821	传　真	68790822
设立日期	2006-8-23	负责人	JUERGEN MALLON		
主营业务	工程技术咨询，企业管理咨询，投资咨询，商务咨询。				

企业名称	博培克投资咨询（上海）有限公司				
企业地址	上海市浦东新区浦电路 438 号 507 室（200127）				
投资总额	10 万欧元	电　话	61050801	传　真	61050806
设立日期	2006-8-23	负责人	REINHOLD POPPEK		
主营业务	投资咨询，商务咨询，企业管理咨询，市场营销咨询，经济信息咨询。				

企业名称	上海士柏雅商务信息咨询有限公司				
企业地址	上海市浦东新区川沙路 5278 号 5 幢 202 室 A-8（200122）				
投资总额	7 万 USD	电　话	68596299	传　真	68598990
设立日期	2006-8-23	负责人	JAMES EDWARD GWYNN JR		
主营业务	投资咨询，市场营销策划，企业形象策划（不含广告），企业管理咨询。				

企业名称	博恩亚数码影像制作（上海）有限公司				
企业地址	上海市浦东新区罗山路 1502 弄 14 号 302-2 室（200122）				
投资总额	14 万 USD	电　话	64272198	传　真	64270977
设立日期	2006-8-23	负责人	柯惠扬		
主营业务	图文设计及数码影像制作服务，并提供相关的技术和咨询服务。				

企业名称	三奥商务咨询（上海）有限公司				
企业地址	上海市西江湾路 170-174 号 101 室（200091）				
投资总额	14 万 USD	电　话	62360298	传　真	62362348
设立日期	2006-8-23	负责人	SNG TONG CHYE		
主营业务	会议展览咨询，经济咨询，投资咨询，贸易信息咨询，房产信息咨询。				

企业名称	上海大岳文化传播有限公司				
企业地址	上海市青浦区赵巷镇民实路 91 号 3072 室（201703）				
投资总额	14 万 USD	电　话	62957071	传　真	62487013
设立日期	2006-8-22	负责人	柯上闵		
主营业务	提供与文艺活动相关的文化咨询服务（不含经纪）。				

企业名称	亚义赛投资咨询（上海）有限公司				
企业地址	上海市浦东新区杨高北路 528 号 14 幢 3A26 室（200122）				
投资总额	8 万欧元	电　话	62892883	传　真	62892615
设立日期	2006-8-21	负责人	钱法仁		
主营业务	投资咨询，商务咨询，企业管理咨询，经贸信息咨询，科技信息咨询。				

企业名称	得一高教育信息咨询（上海）有限公司				
企业地址	上海市中山北路 968 号 203 室（200070）				
投资总额	14 万 USD	电　话	62769552	传　真	62769552
设立日期	2006-8-18	负责人	YANG HENRY TSUNG-HSU		
主营业务	教育信息咨询，商务咨询，投资咨询，管理咨询，科技咨询，贸易咨询。				

企业名称	劳氏工业技术服务（上海）有限公司				
企业地址	上海市黄浦区延安东路 550 号 2003，2005，2006，2007 室（200003）				
投资总额	21 万 USD	电　话	63680162	传　真	63906866
设立日期	2006-8-18	负责人	ROBIN WINSTON PICKUP		
主营业务	工业设备，产品的技术服务及相关的咨询服务。				

企业名称	马莎贸易咨询（上海）有限公司				
企业地址	上海市长宁区延安西路 2299 号上海世贸商城 2901-2902 室（200051）				
投资总额	14 万 USD	电　话	54663988	传　真	54661218
设立日期	2006-8-17	负责人	JAMES STUART MCIVOR		
主营业务	贸易信息咨询，商务咨询，投资咨询，采购服务咨询，企业管理咨询。				

企业名称	逸迅管理咨询（上海）有限公司				
企业地址	上海市长宁区汇川路 99 号 420 室（200050）				
投资总额	70 万港币	电　话	52397171	传　真	62111168
设立日期	2006-8-17	负责人	LINA ROSS MOHINDAR		
主营业务	提供企业经营管理咨询服务（涉及行政许可的凭许可证经营）。				

企业名称	唐浩投资管理咨询（上海）有限公司				
企业地址	上海市浦东新区新金桥路 196 号 514 室（201206）				
投资总额	1500 万 USD	电　话	54148238	传　真	54148248
设立日期	2006-8-16	负责人	詹智能		
主营业务	投资咨询，投资管理咨询，房地产信息咨询，企业管理咨询。				

企业名称	上海讯展会议展览有限公司				
企业地址	上海市浦东张江高科技园区祖冲之路 1559 号 2 幢 3017 室（201203）				
投资总额	14 万 USD	电　话	63045419	传　真	64181136
设立日期	2006-8-16	负责人	杨　静		
主营业务	在中国境内主办，承办各类经济技术展览会和会议；在境外举办会议。				

企业名称	上海康景房地产信息咨询有限公司				
企业地址	上海市杨浦区国泰路 127 弄复旦科技园 1 号楼 1073 室（200433）				
投资总额	14 万 USD	电　话	62998693	传　真	62992801
设立日期	2006-8-15	负责人	郑志彦		
主营业务	房地产信息咨询，物业管理，企业策划咨询，项目投资咨询。				

企业名称	亚昱（上海）实业有限公司				
企业地址	上海市闵行区虹莘路 3069 号（201101）				
投资总额	1000 万 USD	电　话	54893773	传　真	54893773
设立日期	2006-8-15	负责人	邓柏申		
主营业务	投资咨询，商务咨询，物业管理，大楼智能软件研发，销售自产产品。				

企业名称	亚研信息咨询（上海）有限公司				
企业地址	上海市宜山北路 79 号 101 室（200030）				
投资总额	14 万 USD	电　话	22818771	传　真	64874110
设立日期	2006-8-14	负责人	张光平		
主营业务	科技信息咨询，投资咨询及中介，市场营销咨询，会展咨询，会务服务。				

企业名称	研达商务咨询（上海）有限公司				
企业地址	上海市襄阳南路 500 号 1902 室（200031）				
投资总额	10 万 USD	电　　话	54655587	传　　真	64599042
设立日期	2006-8-14	负 责 人	MICHAEL GEOFFREY		
主营业务	商务咨询，投资咨询，企业管理咨询，建筑工程咨询。				

企业名称	仕弼优商务咨询（上海）有限公司				
企业地址	上海市乐山路 33 号 706 室（200030）				
投资总额	14 万 USD	电　　话	51556355	传　　真	51556360
设立日期	2006-8-14	负 责 人	MARC VAN DER CHIJS		
主营业务	国际经济信息咨询，科技信息咨询，投资咨询，商务咨询，企业咨询。				

企业名称	广亚（上海）商务咨询有限公司				
企业地址	上海市南汇区沪南路 2502 号 217 室（201315）				
投资总额	14 万 USD	电　　话	52263211	传　　真	52260617
设立日期	2006-8-14	负 责 人	FITZMAURICE ANDREW		
主营业务	商务咨询，投资咨询，企业管理咨询，市场营销咨询，教育信息咨询。				

企业名称	带可隆商务咨询（上海）有限公司				
企业地址	上海市静安区北京西路 1701 号 301 室（200041）				
投资总额	14 万 USD	电　　话	62295432	传　　真	62885872
设立日期	2006-8-14	负 责 人	PIER LUIGI STERZI		
主营业务	商务咨询，投资咨询，企业管理咨询，财务信息咨询，市场营销咨询。				

企业名称	学美（上海）教育信息咨询有限公司				
企业地址	上海市共和新路 3201 号 1609 室（200072）				
投资总额	14 万 USD	电　　话	62487813	传　　真	62485405
设立日期	2006-8-11	负 责 人	张恒瑞		
主营业务	教育信息咨询，商务咨询（涉及行政许可的凭许可证经营）。				

企业名称	宿谷商务咨询（上海）有限公司				
企业地址	上海市杨浦区国定路 335 号 12005D 室（200433）				
投资总额	10 万 USD	电　　话	55221107	传　　真	55221066
设立日期	2006-8-11	负 责 人	仲仰侠		
主营业务	商务咨询，科技咨询，投资咨询，贸易信息咨询，企业管理咨询。				

企业名称	壹特克工程建设咨询（上海）有限公司				
企业地址	上海市长宁区仙霞路 137 号 12E 室（200051）				
投资总额	25 万 USD	电　　话	52067077	传　　真	52067078
设立日期	2006-8-11	负 责 人	SO YOUNG CHAN		
主营业务	工程项目管理咨询，建筑设计咨询，工程技术咨询，贸易信息咨询。				

企业名称	奇华顿管理咨询（上海）有限公司				
企业地址	上海市张江高科技园区李时珍路 298 号第 5 幢 3 楼（201203）				
投资总额	14 万 USD	电　　话	28931161	传　　真	50271412
设立日期	2006-8-10	负 责 人	WONG JEE TING NICHOLAS		
主营业务	企业管理咨询，商务咨询，财务管理咨询，化工技术咨询，营销策划。				

企业名称	纪德商务咨询（上海）有限公司				
企业地址	上海市浦东新区海徐路 939 号 5 幢 222 室（200120）				
投资总额	10 万 USD	电　　话	51064343	传　　真	64840875
设立日期	2006-8-10	负 责 人	CHOO LED TEH		
主营业务	商务咨询，会务服务，投资咨询，经济信息咨询，财务咨询，企业咨询。				

企业名称	德勤管理咨询（上海）有限公司				
企业地址	上海市黄浦区延安东路 222 号金光外滩金融中心 2704 室（200002）				
投资总额	14 万 USD	电　　话	61418888	传　　真	63351118
设立日期	2006-8-9	负 责 人	TSE YING FUNG		
主营业务	企业管理咨询，投资咨询，市场策划咨询，信息技术咨询，财务咨询。				

企业名称	百萨诺商务咨询（上海）有限公司				
企业地址	上海市黄浦区陆家浜路 413 号 5 号 3004B 室（200010）				
投资总额	3.5 万 USD	电　　话	63783387	传　　真	63762390
设立日期	2006-8-9	负 责 人	赵宝理		
主营业务	商务信息咨询，企业管理咨询，投资咨询，市场营销咨询，企业策划。				

企业名称	上海唐码浩盛广告有限公司				
企业地址	上海市浦东新区向城路 58 号东方国际科技大厦 23 楼 C 座（200122）				
投资总额	100 万 RMB	电　　话	50589692	传　　真	50589096
设立日期	2006-8-8	负 责 人	倪惠伟		
主营业务	设计，制作，发布及代理国内外各类广告。				

企业名称	晨奕企业顾问（上海）有限公司				
企业地址	上海市延长路 149 号 121 幢（科技楼 318 室）（200072）				
投资总额	10 万港币	电　　话	62489358	传　　真	62482729
设立日期	2006-8-8	负 责 人	王晨奕		
主营业务	企业管理咨询，企业登记代理，投资咨询，商务咨询，企业形象策划。				

企业名称	上海新兴洋船务咨询有限公司				
企业地址	上海市浦东新区海徐路 939 号 5 幢 106 室（201203）				
投资总额	15 万 USD	电　　话	68556724	传　　真	68556730
设立日期	2006-8-7	负 责 人	张恒林		
主营业务	船务管理咨询，船舶技术咨询（限分支机构经营）。				

企业名称	德奕佳管理咨询（上海）有限公司				
企业地址	上海市长宁区愚园路 1258 号 2001 室（200050）				
投资总额	14 万 USD	电　　话	62409090	传　　真	62409881
设立日期	2006-8-2	负 责 人	JOACHIM HANS IHRCKE		
主营业务	企业管理咨询，投资咨询，商务咨询（涉及行政许可的，凭许可证经营）。				

企业名称	清弘商务咨询（上海）有限公司				
企业地址	上海市金山区板桥东路 777 号（201512）				
投资总额	3 万 USD	电　　话	62084749	传　　真	62084891
设立日期	2006-8-2	负 责 人	井畑忠		
主营业务	商务咨询，工程管理咨询，企业管理咨询，投资咨询，国际物流咨询。				

企业名称	贤明（上海）企业管理咨询有限公司				
企业地址	上海市浦东新区浦东南路 1101 号 1008 室（200122）				
投资总额	14 万 USD	电　　话	68407462	传　　真	58359281
设立日期	2006-7-31	负 责 人	吉见浩一		
主营业务	企业管理咨询，投资咨询，教育咨询，商务咨询，会务咨询，贸易咨询。				

企业名称	如临其境创意（上海）有限公司				
企业地址	上海张江高科技园区祖冲之路 1559 号 2 幢 3 楼 3003-3005 室（201203）				
投资总额	100 万 RMB	电　　话	58552926	传　　真	58555812
设立日期	2006-7-28	负 责 人	章　珂		
主营业务	企业形象策划，计算机软件研发、制作，销售产品，提供相关技术服务。				

企业名称	费尼格文化发展（上海）有限公司				
企业地址	上海市浦东新区崮山路，322 弄 5 号 301 室（201203）				
投资总额	100 万 USD	电　　话	50277198	传　　真	50276978
设立日期	2006-7-28	负 责 人	叶　莹		
主营业务	工艺美术品的创意设计，制作及自产产品的销售及相关信息交流咨询，				

企业名称	上海利赛齐企业管理咨询有限公司				
企业地址	上海市虹桥路 3 号二座 35 楼 09 室（200030）				
投资总额	10 万 USD	电　　话	61132259	传　　真	61132209
设立日期	2006-7-28	负 责 人	小岛史靖		
主营业务	企业管理咨询（涉及行政许可的凭许可证经营）。				

企业名称	华邑商务咨询（上海）有限公司				
企业地址	上海市浦东新区陆家嘴东路 166 号 3009 室（200120）				
投资总额	51 万 USD	电　　话	68876575	传　　真	68876577
设立日期	2006-7-26	负 责 人	阮待荣		
主营业务	企业管理咨询，企业形象策划及咨询，投资管理咨询，资产管理咨询。				

企业名称	加弘科技咨询（上海）有限公司				
企业地址	上海市张江高科技园区龙东大道 3000 号 1 幢 A 楼 701，801 室（201203）				
投资总额	45 万 USD	电　　话	61006028	传　　真	28982569
设立日期	2006-7-26	负 责 人	冯银英		
主营业务	科技咨询，企业咨询，投资咨询，计算机，网络硬件和软件制作销售。				

企业名称	德来爱投资咨询（上海）有限公司				
企业地址	上海市浦东新区民生路 1286 号 802 室（200135）				
投资总额	20 万 USD	电　　话	68768896	传　　真	68768185
设立日期	2006-7-26	负 责 人	PARK KYU HUN		
主营业务	投资咨询，企业管理咨询，贸易信息咨询，市场营销策划咨询。				

企业名称	上海乐望投资管理咨询有限公司				
企业地址	上海市浦东新区海徐路 939 号 5 幢 225 室（200137 ）				
投资总额	14 万 USD	电　　话	63850952	传　　真	63846655
设立日期	2006-7-26	负 责 人	余崇正		
主营业务	投资管理咨询，投资咨询，会议展览服务，商务咨询，企业形象策划。				

社会服务业-租赁、投资、信息、咨询、广告服务业

企业名称	七维（上海）设计咨询有限公司				
企业地址	上海市威海路 567 号 7 层 C 室 （200040）				
投资总额	250 万 USD	电 话	62888182	传 真	62888138
设立日期	2006-7-26	负 责 人	SUNGMIN CHOI		
主营业务	图文设计咨询，投资咨询，商务咨询，企业管理咨询，营销咨询。				

企业名称	锐普投资咨询（上海）有限公司				
企业地址	上海市静安区南京西路 1266 号 39 层 8 室（200041）				
投资总额	14 万 USD	电 话	61289288	传 真	61289298
设立日期	2006-7-26	负 责 人	袁文达		
主营业务	投资咨询，投资管理咨询，商务咨询（涉及许可证凭许可证经营）。				

企业名称	亚维尼公共关系顾问（上海）有限公司				
企业地址	上海市静安区万航渡路 888 号 7 楼 A-6 室（200041）				
投资总额	25 万 USD	电 话	51721359	传 真	62766505
设立日期	2006-7-26	负 责 人	华薇婷		
主营业务	企业管理咨询，投资咨询，商务咨询，公关策划，企业形象策划。				

企业名称	上海丽柏商务咨询有限公司				
企业地址	上海市长宁区仙霞路 319 号 2306-2310 室（200051）				
投资总额	14 万 USD	电 话	62128822	传 真	62128822
设立日期	2006-7-26	负 责 人	JONATHAN M KUPPERMAN		
主营业务	商务咨询，企业管理咨询（涉及行政许可的凭许可证经营）。				

企业名称	鹏源（上海）企业管理咨询有限公司				
企业地址	上海市长宁区番禺路 222 弄 50 支弄 4 号 202 室（200052）				
投资总额	14 万 USD	电 话	60729801	传 真	62728580
设立日期	2006-7-26	负 责 人	黄俊康		
主营业务	企业管理咨询，商务咨询，营销策划，企业形象策划，经济信息咨询。				

企业名称	碧优缇商务咨询（上海）有限公司				
企业地址	上海市长宁区定西路 1232 号 1 号楼 301A，302B 室（200050）				
投资总额	2200 万日元	电 话	54047536	传 真	
设立日期	2006-7-26	负 责 人	陈果祁		
主营业务	商务咨询，礼仪咨询，企业形象策划，会务服务。				

企业名称	上海思汇企业管理咨询有限公司				
企业地址	上海市卢湾区雁荡路 109 号复兴广场 521 室（200020）				
投资总额	10 万 USD	电 话	53865508	传 真	53836299
设立日期	2006-7-25	负 责 人	王善平		
主营业务	会展咨询，投资咨询，商务咨询，管理咨询。				

企业名称	凯同科技咨询（上海）有限公司				
企业地址	上海市华山路 2088 号 2205 室（200030）				
投资总额	14 万 USD	电 话	54070099	传 真	54070099
设立日期	2006-7-25	负 责 人	朱继平		
主营业务	科技咨询，计算机软硬件开发应用的咨询，通讯产品技术咨询营销策划。				

企业名称	帝梅可商务咨询（上海）有限公司				
企业地址	上海市长宁区水城路 12-20 号 1-4 单元（200336）				
投资总额	15 万 USD	电 话	62195344	传 真	62195344
设立日期	2006-7-25	负 责 人	郑汉基		
主营业务	商务信息咨询，企业咨询，市场营销策划，企业形象策划，投资咨询。				

企业名称	史密斯投资管理咨询（上海）有限公司				
企业地址	上海市黄浦区延安东路 618 号东海商业中心（二期）7 层 E2 室（200002）				
投资总额	25 万 USD	电 话	33184650	传 真	
设立日期	2006-7-21	负 责 人	ALOYSIUS PETRUS MARIA BRANS		
主营业务	为史密斯集团在中国的企业进行投资管理咨询，企业咨询，财务咨询。				

企业名称	裕顺投资咨询（上海）有限公司				
企业地址	上海市浦东新区浦东南路 360 号 18 楼 H（200120）				
投资总额	100 万 USD	电 话	68863559	传 真	68863559
设立日期	2006-7-21	负 责 人	谢士英		
主营业务	投资咨询（涉及行政许可的凭许可证经营）。				

企业名称	京明禾投资管理咨询（上海）有限公司				
企业地址	上海市浦东新区张杨路 228 号 1915 室（200131）				
投资总额	100 万 USD	电 话	68881813	传 真	62403900
设立日期	2006-7-21	负 责 人	汪明璟		
主营业务	商务咨询，投资咨询，贸易信息咨询，经济信息咨询，企业管理咨询。				

企业名称	上海瑞莱新康医学产业发展有限公司				
企业地址	上海市南汇区康桥工业区康士路 23 号 101 室（201315）				
投资总额	600 万 USD	电 话	58156428	传 真	58156458
设立日期	2006-7-20	负 责 人	黄 俊		
主营业务	在批租地块内从事医疗器械产业基地的开发，建设，经营。				

企业名称	普洛特思照明设计咨询（上海）有限公司				
企业地址	上海市工业综合开发区奉浦大道 111 号 1009 室（201400）				
投资总额	14 万 USD	电 话	51780059	传 真	51780049
设立日期	2006-7-19	负 责 人	FEZIA. GABRIELE		
主营业务	建筑，景观和室内外设计咨询；照明系统设计和咨询；舞台照明设计。				

企业名称	坤龙建筑设计咨询（上海）有限公司				
企业地址	上海市黄浦区黄陂北路 227 号 812 室（200003）				
投资总额	14 万 USD	电 话	61289288*	传 真	61289288
设立日期	2006-7-18	负 责 人	MARK ROBERT MENDELL		
主营业务	建筑设计咨询，室内设计咨询，景观设计咨询，物业设备管理咨询。				

企业名称	上海万惠通投资咨询有限公司				
企业地址	上海市浦东新区浦东南路 588 号浦发大厦 17 层 C 座（200120）				
投资总额	14 万 USD	电 话	58403201	传 真	58403203
设立日期	2006-7-18	负 责 人	PHILIPPE HENRI LUCIEN STAIB		
主营业务	提供与电子技术相关的技术咨询，信息咨询，市场咨询和投资咨询服务。				

企业名称	东楷传媒（上海）有限公司				
企业地址	上海市浦东新区浦东南路 1101 号 1710 室（200120）				
投资总额	20 万 USD	电 话	63502868	传 真	63502868
设立日期	2006-7-18	负 责 人	陈建东		
主营业务	企业形象策划，品牌管理咨询，市场策划，公共关系咨询，商务咨询。				

企业名称	德丰杰龙投（上海）创业投资咨询有限公司				
企业地址	上海市张江高科技园区春晓路 289 号张江大厦 301 室 A（201203）				
投资总额	14 万 USD	电 话	51312388	传 真	51312366
设立日期	2006-7-18	负 责 人	KWANCDOU BOBBY CHA0		
主营业务	创业投资咨询，企业管理咨询，国际经济咨询。				

企业名称	上海晟礼企业顾问有限公司				
企业地址	上海市黄浦区福州路 120 号 6 层 1 单元（200002）				
投资总额	10 万 USD	电 话	63592389	传 真	63596600
设立日期	2006-7-17	负 责 人	吕礼恒		
主营业务	投资，经济，环保咨询，财务管理咨询，企业管理咨询。				

企业名称	唯妙广告（上海）有限公司				
企业地址	上海市崇明县建设公路 1385 号 5 号楼 106 室（203000）				
投资总额	14 万 USD	电 话	64699066	传 真	64696686
设立日期	2006-7-17	负 责 人	施养德		
主营业务	设计，制作，发布，代理国内外各类广告。				

企业名称	嘉立利建筑设计咨询（上海）有限公司				
企业地址	上海市蒲汇塘路 50 号 5 号楼 101 室 B 铺（200030）				
投资总额	14 万 USD	电 话	62265258	传 真	62265908
设立日期	2006-7-14	负 责 人	王松筠		
主营业务	建筑设计咨询，建筑设计规划咨询，商业策划及商业环境规划咨询。				

企业名称	东瑞融资租赁有限公司				
企业地址	上海市长宁区长宁路 1027 号 33 楼 3307 室部分（200050）				
投资总额	1000 万 USD	电 话	62135511	传 真	52385285
设立日期	2006-7-14	负 责 人	大池收		
主营业务	融资租赁业务；租赁业务；向国内外购买租赁财产；租赁财产残值处理。				

企业名称	乔治费歇尔商务咨询服务（上海）有限公司				
企业地址	上海市张江高科技园区科苑路 88 号 2 幢 628-629 单元（201203）				
投资总额	14 万 USD	电 话	58133333	传 真	58133366
设立日期	2006-7-13	负 责 人	ABT 博士		
主营业务	国际经济咨询，国际贸易咨询，技术咨询，管理信息咨询，投资咨询。				

企业名称	信毅投资咨询（上海）有限公司				
企业地址	上海市浦东新区锦安东路 399 号（200127）				
投资总额	300 万港币	电 话	35013213	传 真	65951001
设立日期	2006-7-13	负 责 人	高 岩		
主营业务	商务信息咨询，投资咨询，企业管理咨询，科技咨询，经贸信息咨询。				

企业名称	上海沙曼达信鸽有限公司				
企业地址	上海市嘉定区马陆镇嘉新公路758号第3幢（201801）				
投资总额	14万USD	电　　话	59902222	传　　真	59903333
设立日期	2006-7-13	负 责 人	林信涌		
主营业务	信鸽赛事组织策划及咨询，生产公棚，信鸽用品。				

企业名称	庞巴迪运输咨询（上海）有限公司				
企业地址	上海市浦东新区浦东南路360号15楼B，C座（200120）				
投资总额	147万欧元	电　　话	61054853	传　　真	58353500
设立日期	2006-7-10	负 责 人	CHRISTOPHER JOHN SHOESMITH		
主营业务	运输信息咨询，采购咨询，贸易信息咨询，投资咨询，企业管理咨询。				

企业名称	麦富隆投资咨询（上海）有限公司				
企业地址	上海市张江高科技园区郭守敬路498号14幢22301-1115座（201203）				
投资总额	14万USD	电　　话	61002425	传　　真	61001709
设立日期	2006-7-10	负 责 人	MICHAEL MEIER		
主营业务	投资咨询，企业管理咨询，贸易信息咨询，房地产信息咨询。				

企业名称	迈氏企业管理咨询（上海）有限公司				
企业地址	上海市静安区新闸路831号27H室（200041）				
投资总额	10万USD	电　　话	62875008	传　　真	56437795
设立日期	2006-7-10	负 责 人	萧明阳		
主营业务	企业管理咨询，会务服务咨询，商务咨询。				

企业名称	楷道（上海）管理咨询有限公司				
企业地址	上海市静安区南京西路街道北京西路1399号6层A3室（200041）				
投资总额	14万USD	电　　话	52589881	传　　真	52589885
设立日期	2006-7-10	负 责 人	ANGELA GILLIAN CAMPBELL-NOE		
主营业务	经济信息咨询，贸易信息咨询，企业管理咨询，投资咨询，商务咨询。				

企业名称	悠畅（上海）商务服务有限公司				
企业地址	上海市黄浦区福州路666号15F/A室（200001）				
投资总额	14万USD	电　　话	62895559	传　　真	62893972
设立日期	2006-7-7	负 责 人	MANUEL FERRER MASSANET		
主营业务	代客订房，会议服务，旅游咨询和商务信息咨询。				

企业名称	荷龙展览服务（上海）有限公司				
企业地址	上海市浦东新区峨山路613号6幢378室（200125）				
投资总额	5万USD	电　　话	61031790	传　　真	61031789
设立日期	2006-7-7	负 责 人	MICHIEL FRANS KRUSE		
主营业务	展览服务，会议服务，市场营销策划，企业管理咨询，投资咨询。				

企业名称	思伟投资顾问（上海）有限公司				
企业地址	上海市卢湾区湖滨路222号1号楼10楼02-04室（200021）				
投资总额	30万USD	电　　话	33113559	传　　真	61289888
设立日期	2006-7-7	负 责 人	ALEXANDER BARRETT HARTIGAN		
主营业务	投资咨询，企业管理咨询，商务咨询及经济信息咨询。				

企业名称	惠记（上海）市政工程咨询有限公司				
企业地址	上海市浦东新区牡丹路60号东辰大厦1713室（200127）				
投资总额	7万USD	电　　话	50594988	传　　真	50594230
设立日期	2006-7-6	负 责 人	单伟彪		
主营业务	市政工程的技术咨询，企业管理咨询，建筑工程咨询，商务咨询。				

企业名称	惠尔本投资咨询（上海）有限公司				
企业地址	上海市浦东新区德州路270号2幢1202室（200127）				
投资总额	7万USD	电　　话	64072117	传　　真	64073998
设立日期	2006-7-6	负 责 人	TER-CHINELSON LIAO		
主营业务	投资咨询，商务信息咨询，企业管理咨询，科技信息咨询，经贸咨询。				

企业名称	德睿医疗咨询（上海）有限公司				
企业地址	上海市浦东新区金海路3288号4幢3302室（200127）				
投资总额	14万USD	电　　话	52355272	传　　真	52355272
设立日期	2006-7-5	负 责 人	SHELDON I.DORENFEST		
主营业务	为国内外医疗机构提供商务咨询，企业管理咨询，医疗咨询，投资咨询。				

企业名称	华特意富商务咨询（上海）有限公司				
企业地址	上海市浦东新区崮山路648号7幢301室（200127）				
投资总额	16万USD	电　　话	24340870	传　　真	24340870
设立日期	2006-7-5	负 责 人	EANIEL SION GOLDST ONE		
主营业务	企业管理咨询，投资咨询，商务咨询，国际，国内经济咨询，科技咨询。				

企业名称	荷思瑞健康信息咨询（上海）有限公司				
企业地址	上海市静安区南京西路1266号4104室（200040）				
投资总额	14万USD	电　　话	54668488	传　　真	54665811
设立日期	2006-7-5	负 责 人	CHANEL YING HUANG		
主营业务	健康信息咨询，企业管理咨询，经济信息咨询。				

企业名称	倍世水技术（上海）有限公司				
企业地址	上海市青浦工业园区新团路200号（201700）				
投资总额	50万欧元	电　　话	59867056	传　　真	59867100
设立日期	2006-7-4	负 责 人	ANDREAS WEISSENBACHER		
主营业务	设计、开发、生产水处理技术产品设备，销售公司自产产品。				

企业名称	柯岚科技咨询（上海）有限公司				
企业地址	上海市张江高科技园区郭守敬路351号2号楼695-19室（201203）				
投资总额	17.5万欧元	电　　话	51571445	传　　真	51571446
设立日期	2006-7-4	负 责 人	LESLIE FRANCIS BUCKLEY		
主营业务	科技咨询，企业管理咨询及商务咨询（涉及行政许可的凭许可证经营）。				

企业名称	上海佛伦斯教育信息咨询有限公司				
企业地址	上海市长宁区虹桥路2298号8号楼215室（200335）				
投资总额	14万USD	电　　话	64396827	传　　真	64396827
设立日期	2006-7-4	负 责 人	丁建智		
主营业务	教育信息咨询，教育管理咨询，投资咨询，企业管理咨询，商务咨询。				

企业名称	威埃励企业管理咨询（上海）有限公司				
企业地址	上海市南浔路260号108室（200082）				
投资总额	5万USD	电　　话	63406222	传　　真	63406226
设立日期	2006-7-4	负 责 人	WILLIAM H. MOBLEY		
主营业务	企业管理咨询，经济信息咨询，企业形象策划，商务咨询及其技术服务。				

企业名称	百京腾投资咨询（上海）有限公司				
企业地址	上海市宝山区牡丹江路1508号5502室（201900）				
投资总额	75万USD	电　　话	62403816	传　　真	62513897
设立日期	2006-7-3	负 责 人	LAU HOWARD（刘志宏）		
主营业务	投资咨询服务；房地产咨询（不含经纪）服务。				

企业名称	上海积穗投资管理咨询有限公司				
企业地址	上海市崇明县城桥镇秀山路101号5号楼A区5112室（202150）				
投资总额	30万USD	电　　话	54421633	传　　真	54421633
设立日期	2006-7-3	负 责 人	陈朝全		
主营业务	从事投资管理咨询，物业管理，投资咨询，市场营销咨询，房地产咨询。				

企业名称	数达企业管理咨询（上海）有限公司				
企业地址	上海市西康路223号401室（200040）				
投资总额	14万USD	电　　话	62891138	传　　真	62890973
设立日期	2006-7-1	负 责 人	SAMUEL FRANCIS MULLIGAN		
主营业务	市场营销策划，企业管理咨询，商务信息咨询，投资信息咨询。				

企业名称	安而保投资管理咨询（上海）有限公司				
企业地址	上海市康健路139号601室（200235）				
投资总额	14万USD	电　　话	64671304	传　　真	64670328
设立日期	2006-6-29	负 责 人	NEIL PHILIP RAYMOND		
主营业务	企业管理咨询，投资咨询及贸易信息咨询。				

企业名称	瑞易通商务咨询（上海）有限公司				
企业地址	上海市静安区南京西路1168号3541室（200041）				
投资总额	14万USD	电　　话	61356022	传　　真	61356060
设立日期	2006-6-29	负 责 人	DORIS MARTY-ALBISSER		
主营业务	商务咨询，投资咨询，企业管理咨询，国际经济咨询，贸易信息咨询。				

企业名称	上海国兴实业有限公司				
企业地址	上海市闵行区纪展路358号1019座（201107）				
投资总额	500万USD	电　　话	54931616	传　　真	54931616
设立日期	2006-6-27	负 责 人	李清燕		
主营业务	投资咨询，商务咨询（涉及行政许可的凭许可证经营）。				

企业名称	邦库企业策划（上海）有限公司				
企业地址	上海市卢湾区绍兴路23号1号楼208室（200020）				
投资总额	14万USD	电　　话	54666262	传　　真	54652292
设立日期	2006-6-26	负 责 人	叶兆强		
主营业务	企业管理咨询，品牌策划和商务策划咨询，展览策划和市场营销咨询。				

企业名称	王隆（上海）商务咨询有限公司				
企业地址	上海市闵行区金都路 3688 号 1 幢 308 号（201100）				
投资总额	14 万 USD	电　话	54831081	传　真	54831082
设立日期	2006-6-26	负 责 人	PHILIPPE ZWAHLEN		
主营业务	投资咨询，商务信息咨询，企业形象策划（除广告），市场营销策划。				

企业名称	杰派管理咨询（上海）有限公司				
企业地址	上海市浦东新区梅花路 281 号 B330 室（200127）				
投资总额	1.25 万 USD	电　话	62123531	传　真	62123531
设立日期	2006-6-26	负 责 人	GOH CHEE WHATT		
主营业务	企业管理咨询，企业投资咨询，商务咨询，财务管理咨询。				

企业名称	金牛管理咨询（上海）有限公司				
企业地址	上海市长宁区古北路 666 号嘉麒大厦 602 室（200336）				
投资总额	14 万 USD	电　话	62956721	传　真	62956719
设立日期	2006-6-26	负 责 人	张泽民		
主营业务	企业管理咨询，国际经济管理咨询，投资咨询，贸易咨询，房地产咨询。				

企业名称	上海康迪特创业投资管理有限公司				
企业地址	上海市闵行区浦江镇航联路 1588 号 2 号楼 101 室（201114）				
投资总额	100 万 RMB	电　话	64333028	传　真	64337796
设立日期	2006-6-26	负 责 人	LINDA ZENG		
主营业务	受托管理创业投资资本，投资咨询及其相关业务。				

企业名称	鑫舆企业策划咨询（上海）有限公司				
企业地址	上海市长宁区新华路 345 弄 2 号楼底楼 C 座（200052）				
投资总额	9 万 USD	电　话	62941457	传　真	62941457
设立日期	2006-6-26	负 责 人	吕锦诚		
主营业务	企业策划咨询，投资咨询，商务咨询，国际贸易信息咨询。				

企业名称	美翼腾展览服务（上海）有限公司				
企业地址	上海市长宁区长宁路 1027 号兆丰广场 1103 室（200052）				
投资总额	45 万 USD	电　话	52415566	传　真	52412387
设立日期	2006-6-22	负 责 人	DOMINIC SILVIO		
主营业务	在中国境内主办，承办各类经济技术展览会和会议。				

企业名称	上海安馨企业管理咨询有限公司				
企业地址	上海市闵行区虹梅路 3219－3223 号四楼（201103）				
投资总额	102 万 USD	电　话	34121071	传　真	45132370
设立日期	2006-6-21	负 责 人	YEN ROSSANA		
主营业务	企业管理咨询，投资管理咨询，商务咨询，国际经济信息咨询。				

企业名称	上海上宾商务咨询有限公司				
企业地址	上海市喜泰路 242 号 2 幢 301 室（200233）				
投资总额	14 万 USD	电　话	62499319	传　真	62499319
设立日期	2006-6-20	负 责 人	孙慧明		
主营业务	商务咨询，投资咨询，投资管理咨询，企业管理咨询，市场营销策划。				

企业名称	中意投资咨询（上海）有限公司				
企业地址	上海市浦东新区金海路 3288 号 4 幢 3301 室（200127）				
投资总额	20 万欧元	电　话	61118678	传　真	61118679
设立日期	2006-6-19	负 责 人	ACCAME SALVATORE ALESSANDRO		
主营业务	投资咨询，国际贸易信息咨询，企业管理咨询，市场信息分析咨询。				

企业名称	帕金斯威尔建筑设计咨询（上海）有限公司				
企业地址	上海市浦东新区港城路 2 号 3 幢 301 室（201206）				
投资总额	14 万 USD	电　话	62880611	传　真	32290005
设立日期	2006-6-13	负 责 人	GWILLIAM DOERGE		
主营业务	建筑工程设计技术咨询，室内设计技术咨询，经济信息咨询。				

企业名称	上海达丰机械租赁有限公司				
企业地址	上海市浦东新区茂兴路 86 号仁恒广场 24B（200127）				
投资总额	350 万 USD	电　话	33608117	传　真	33608107
设立日期	2006-6-13	负 责 人	YAU KOK SAN		
主营业务	建筑工程机械设备的租赁，管理，建筑工程机械设备残值处理和维修。				

企业名称	恩格教育信息咨询（上海）有限公司				
企业地址	上海市浦东新区梅花路 281 号 C312 室（200127）				
投资总额	750 万日元	电　话	63699008	传　真	63699009
设立日期	2006-6-13	负 责 人	江后良平		
主营业务	教育信息咨询，计算机软件技术咨询，企业管理咨询，员工培训咨询。				

企业名称	龙盈（上海）投资咨询有限公司				
企业地址	上海市浦东新区东方路 877 号 1902 室（200122）				
投资总额	20 万 USD	电　话	50583622	传　真	50583822
设立日期	2006-6-13	负 责 人	张念慈		
主营业务	投资咨询，商务咨询，贸易信息咨询，企业管理咨询。				

企业名称	田边企业管理咨询（上海）有限公司				
企业地址	上海市静安区南京西路 1038 号梅龙镇广场 1202 室（200041）				
投资总额	28 万 USD	电　话	62178521	传　真	62178527
设立日期	2006-6-12	负 责 人	田边次良		
主营业务	企业管理咨询，商务咨询，贸易信息咨询，电脑软硬件咨询。				

企业名称	易狮营销咨询（上海）有限公司				
企业地址	上海市浦东新区梅花路 281 号 B347 室（200127）				
投资总额	12.5 万 USD	电　话	52378811	传　真	52379950
设立日期	2006-6-11	负 责 人	李兰娇		
主营业务	营销策划咨询，企业形象策划咨询，企业管理咨询，网络技术咨询。				

企业名称	盖世理投资咨询（上海）有限公司				
企业地址	上海市长宁区仙霞路 137 号 12B 室（200051）				
投资总额	80.5 万英镑	电　话	52986622	传　真	52985098
设立日期	2006-6-10	负 责 人	RONG HUA YANG		
主营业务	投资咨询，商务咨询，市场营销咨询，建筑工程开发项目咨询。				

企业名称	英佳商务咨询（上海）有限公司				
企业地址	上海市浦东新区梅花路 281 号 B346 室（200122）				
投资总额	5 万 USD	电　话	32260252	传　真	52300499
设立日期	2006-6-7	负 责 人	AARON B.LANDIS		
主营业务	商务咨询，投资管理咨询，企业营销咨询，企业投资咨询。				

企业名称	葛兰丹凝管理咨询（上海）有限公司				
企业地址	上海市长乐路 989 号 27 层 07B 单元（200031）				
投资总额	16 万 USD	电　话	24051682	传　真	24050005
设立日期	2006-6-7	负 责 人	COLIN GEORGE HUNTER		
主营业务	销售和营销管理咨询（涉及行政许可的凭许可证经营）。				

企业名称	力文（上海）投资咨询有限公司				
企业地址	上海市南丹东路 255 号 308 室（200030）				
投资总额	1.3 万 USD	电　话	64473929	传　真	64078957
设立日期	2006-6-7	负 责 人	苏振明		
主营业务	投资咨询，企业管理咨询，贸易信息咨询，国际经济信息咨询。				

企业名称	启明维创投资咨询（上海）有限公司				
企业地址	上海市浦东新区世纪大道 88 号金茂大厦 4706 室（200120）				
投资总额	14 万 USD	电　话	52414606	传　真	52414787
设立日期	2006-6-7	负 责 人	DUANE Z.KUANG		
主营业务	投资咨询，企业管理咨询，商务咨询，国际经济咨询，科技信息咨询。				

企业名称	柏迩投资咨询（上海）有限公司				
企业地址	上海市浦东新区龚路公路 701 号 2 幢 110 室（201203）				
投资总额	1.25 万 USD	电　话	54652496	传　真	54653630
设立日期	2006-6-6	负 责 人	MICHAEL L.BARE		
主营业务	投资咨询，商务咨询，企业管理咨询，市场咨询，企业营销策划咨询。				

企业名称	晋合投资管理（上海）有限公司				
企业地址	上海市浦东新区陆家嘴环路 1233 号汇业大厦 1501 室（200120）				
投资总额	200 万 USD	电　话	58796666	传　真	68882116
设立日期	2006-6-6	负 责 人	陈明镜		
主营业务	受投资方及其所投资的中国公司委托，向其提供投资管理和咨询服务。				

企业名称	高鹰投资咨询（上海）有限公司				
企业地址	上海市闵行区光华路 2118 号第 3 幢 603 室（201111）				
投资总额	50 万 USD	电　话	63049560	传　真	63049560
设立日期	2006-6-6	负 责 人	王清建		
主营业务	投资咨询，经济信息咨询，贸易信息咨询，营销咨询，企业管理咨询。				

企业名称	建同会展服务（上海）有限公司				
企业地址	上海市长宁区仙霞路 318-322 号 1203 室（200336）				
投资总额	14 万 USD	电　话	61199058	传　真	61199025
设立日期	2006-6-6	负 责 人	黄耀祥		
主营业务	在中国境内主办，承办各类经济技术展览会和会议；在境外举办会议。				

企业名称	杰洲文化策划（上海）有限公司				
企业地址	上海市崇明县新河镇新申路 921 号商务大楼 A 区 114 室（202156）				
投资总额	8 万 USD	电　　话	63326864	传　　真	63326892
设立日期	2006-6-5	负 责 人	JACK JOSEPH PERRY		
主营业务	从事演艺活动的策划，演艺人员的推广，会务服务，商务咨询。				

企业名称	多卡（上海）建筑工程咨询有限公司				
企业地址	上海市长宁区延安西路 726 号 28 层 F 座（200050）				
投资总额	14 万 USD	电　　话	52370790	传　　真	52370796
设立日期	2006-6-1	负 责 人	HUANG CHUNG HSIUN		
主营业务	项目管理咨询，工程技术咨询，建筑设计咨询，工程咨询，信息咨询。				

企业名称	卓德时（上海）设计咨询有限公司				
企业地址	上海市虹桥路 808 号 B 栋 401 室（200030）				
投资总额	14 万 USD	电　　话	64480012	传　　真	64481176
设立日期	2006-6-1	负 责 人	IVAR JERKER PETTERSSON		
主营业务	时尚玩具及娱乐产品的开发和设计的咨询，国际经贸信息咨询。				

企业名称	博思格投资管理（上海）有限公司				
企业地址	上海市浦东新区陆家嘴环路 1000 号 12 层 031 室（200120）				
投资总额	200 万 USD	电　　话	58120138	传　　真	58121363
设立日期	2006-6-1	负 责 人	PAUL H ZUCKERMAN		
主营业务	在投资方授权下，向其位于中国的关联公司提供投资管理和咨询服务。				

企业名称	现代重工（中国）投资有限公司				
企业地址	上海市浦东新区花园石桥路 33 号花旗集团大厦 23 楼 29 室（200120）				
投资总额	3000 万 USD	电　　话	68800808	传　　真	68800608
设立日期	2006-5-31	负 责 人	李载星		
主营业务	依法进行投资，受其所投资企业的书面委托向所投资企业提供有关服务。				

企业名称	纳克管理咨询（上海）有限公司				
企业地址	上海市浦东新区张杨路 228 号 A 栋 2311 室（200122）				
投资总额	14 万 USD	电　　话	68881813	传　　真	58792583
设立日期	2006-5-30	负 责 人	长尾久（HISASHI NAGAO）		
主营业务	企业管理咨询，投资咨询，商务咨询，贸易信息咨询。				

企业名称	上海上影英皇文化发展有限公司				
企业地址	上海市徐汇区斜土路 2899 号甲室（200030）				
投资总额	500 万港币	电　　话	64387100	传　　真	64875768
设立日期	2006-5-30	负 责 人	任仲伦		
主营业务	影视文化娱乐事业的咨询策划，文化市场调查，咨询服务，演出策划。				

企业名称	怡达信企业管理咨询（上海）有限公司				
企业地址	上海市静安区昌平路 363 号 1 幢 321 室（200041）				
投资总额	14 万 USD	电　　话	52289995	传　　真	52289994
设立日期	2006-5-29	负 责 人	吴洁莹		
主营业务	经济信息咨询，投资咨询，企业管理咨询，商务咨询。				

企业名称	丹尼斯克（中国）投资有限公司				
企业地址	上海市外高桥保税区基隆路 1 号汤臣国际贸易大楼 520 室（200131）				
投资总额	3000 万 USD	电　　话	62798809	传　　真	62797598
设立日期	2006-5-27	负 责 人	ER0 HUOPANIEMI		
主营业务	依法进行投资；受其所投资企业的书面委托向所投资企业提供有关服务。				

企业名称	艾迪石（上海）建筑设计咨询有限公司				
企业地址	上海市威海路 567 号 4H 室（200041）				
投资总额	14 万 USD	电　　话	62885978	传　　真	62885979
设立日期	2006-5-26	负 责 人	THANG DO		
主营业务	建筑设计咨询，室内设计咨询，景观设计咨询，建筑科技咨询。				

企业名称	焱君商务咨询（上海）有限公司				
企业地址	上海市广中路 44 号乙 309 室（200434）				
投资总额	20 万 USD	电　　话	62360298	传　　真	62362348
设立日期	2006-5-26	负 责 人	梁桂泉		
主营业务	从事国际经济信息咨询，投资咨询，贸易信息咨询，房产信息咨询。				

企业名称	上海艾利伊博商务咨询服务有限公司				
企业地址	上海市浦东新区东方路 710 号汤臣金融大厦 1206 室（200122）				
投资总额	14 万 USD	电　　话	50814043	传　　真	50811443
设立日期	2006-5-25	负 责 人	ANDREW W HITLOW		
主营业务	提供电器类产品及原材料的采购咨询服务及相关技术咨询，市场分析。				

企业名称	衡联（上海）投资咨询有限公司				
企业地址	上海市嘉定区叶城路 1288 号 3 号楼 401 室（201821）				
投资总额	45 万 USD	电　　话	51506296	传　　真	
设立日期	2006-5-24	负 责 人	TONY KWOKFAI YIP		
主营业务	投资咨询，商务咨询，经济信息咨询，企业管理咨询，市场营销咨询。				

企业名称	凯维营销策划咨询（上海）有限公司				
企业地址	上海市长乐路 989 号 25 层 05B 单元（200031）				
投资总额	16 万 USD	电　　话	24050183	传　　真	24050005
设立日期	2006-5-23	负 责 人	DOUGLAS FRANCIS BUEMI		
主营业务	提供企业公关服务，营销咨询服务及其他相关服务。				

企业名称	清游（上海）商务咨询有限公司				
企业地址	上海市浦东新区莱阳路 2819 号 432 室（200122）				
投资总额	14 万 USD	电　　话	52351852	传　　真	52351852
设立日期	2006-5-22	负 责 人	WU HSIANG HUAN		
主营业务	商务信息咨询，投资咨询，企业管理咨询，贸易咨询，市场营销咨询。				

企业名称	道瑞固特种胶乳技术服务（上海）有限公司				
企业地址	上海市黄浦区南京西路 388 号 3703 室（200003）				
投资总额	17 万 USD	电　　话	52920000	传　　真	633465510
设立日期	2006-5-22	负 责 人	JEFFREY WELKER		
主营业务	乳胶制品的研发，相关产品的技术支持，技术服务和技术咨询。				

企业名称	金狮百盛投资有限公司				
企业地址	上海市浦东新区浦电路 489 号 304，305 室（200129）				
投资总额	3000 万 USD	电　　话	64150621	传　　真	64152936
设立日期	2006-5-22	负 责 人	锺荣俊		
主营业务	依法进行投资，向所投资企业提供有关服务。				

企业名称	上海辉昌商务咨询有限公司				
企业地址	上海市曲阳路 553 号 119B 室（200092）				
投资总额	14 万 USD	电　　话	63934758	传　　真	63257586
设立日期	2006-5-22	负 责 人	牟　兰		
主营业务	商务咨询，企业管理咨询，市场营销策划，企业形象策划，投资咨询。				

企业名称	易驰管理咨询（上海）有限公司				
企业地址	上海市南汇区康桥工业区康桥东路 1365 弄 1 号 8 室（201315）				
投资总额	8 万 USD	电　　话	64662374	传　　真	64675464
设立日期	2006-5-19	负 责 人	JEROME H. VAUGHAN		
主营业务	财务管理咨询，投资咨询，企业管理咨询。				

企业名称	爱因斯特投资咨询（上海）有限公司				
企业地址	上海市浦东新区陆家嘴环路 958 号 1404 室（200120）				
投资总额	2 万 USD	电　　话	68866474	传　　真	68866475
设立日期	2006-5-17	负 责 人	RICHARD W U		
主营业务	投资咨询，商务咨询，企业管理咨询（涉及行政许可的凭许可证经营）。				

企业名称	上海旺卡信息咨询有限公司				
企业地址	上海市钦州路 100 号 B 座 410 室（200235）				
投资总额	14 万 USD	电　　话	64082503	传　　真	64082483
设立日期	2006-5-17	负 责 人	RANXI LIANG		
主营业务	商务信息咨询，投资信息咨询，工程管理信息咨询，国际经济信息咨询。				

企业名称	亚施奇商务咨询（上海）有限公司				
企业地址	上海市浦东新区梅花路 281 号 B329 室（201203）				
投资总额	6.2 万 USD	电　　话	63803913	传　　真	63804118
设立日期	2006-5-16	负 责 人	KHERN YENG KEONG		
主营业务	投资咨询，企业管理咨询，网络技术咨询。				

企业名称	上海众力物流设备租赁有限公司				
企业地址	上海市浦东新区张杨路 828 号-838 号 14 楼 A，B 座（200122）				
投资总额	50 万 USD	电　　话	27091952	传　　真	58319296
设立日期	2006-5-16	负 责 人	朴在文（PARK JAE MOON）		
主营业务	物流专用容器租赁，购买租赁财产；租赁财产的残值处理，维修及咨询。				

企业名称	上海威司迈文化体育投资咨询有限公司				
企业地址	上海市长宁区中山西路 933 号虹桥银城 213 室（200051）				
投资总额	100 万 USD	电　　话	62429022	传　　真	
设立日期	2006-5-15	负 责 人	陈汉耘		
主营业务	文化，体育信息咨询，投资咨询，管理咨询，市场营销咨询。				

企业名称	华赛体育策划（上海）有限公司				
企业地址	上海市长宁区中山西路 750 号 2 号楼 435 室（200051）				
投资总额	15 万 USD	电话	62883281	传真	62885655
设立日期	2006-5-15	负责人	吴恩霖		
主营业务	各类汽车赛事，体育赛事组织和策划及相关咨询服务。				

企业名称	佰富门（上海）投资咨询有限公司				
企业地址	上海市静安区南京西路 1266 号 2507 室（200041）				
投资总额	125 万 USD	电话	62888686	传真	62888068
设立日期	2006-5-11	负责人	LIEW HOCK KIANG MICHAEL		
主营业务	投资咨询，商务咨询，企业管理咨询，营销咨询，经贸信息咨询。				

企业名称	上海美瀚国拍机动车拍卖有限公司				
企业地址	上海市浦东新区高翔环路 565 号（200142）				
投资总额	160 万 USD	电话	58486137	传真	58486073
设立日期	2006-5-10	负责人	NEVILLE GREEN		
主营业务	二手车的现场拍卖及相关服务。				

企业名称	上海鹰杰汽车技术咨询有限公司				
企业地址	上海市浦东新区梅花路 281 号 B335 室（201203）				
投资总额	8.5 万欧元	电话	62325133	传真	62327166
设立日期	2006-5-9	负责人	WILFRIED ACHIM JARRASCH		
主营业务	汽车产品设计及加工技术咨询，汽车模具产品设计及加工技术咨询。				

企业名称	英智广告（上海）有限公司				
企业地址	上海市黄浦区南苏州路 333 号 106 室 C 座（200002）				
投资总额	50 万 RMB	电话	63556327	传真	63556327
设立日期	2006-5-9	负责人	何朝晖		
主营业务	设计，制作，发布，代理国内外各类广告。				

企业名称	帝人管理（上海）有限公司				
企业地址	上海市长宁区延安西路 2201 号上海国际贸易中心 816A 室（200336）				
投资总额	200 万 USD	电话	22818060	传真	58799115
设立日期	2006-5-9	负责人	辻隆久		
主营业务	为投资方及其所投资企业，管理企业或关联企业提供管理和咨询服务。				

企业名称	上海峤吉晟投资咨询有限公司				
企业地址	上海市浦东新区龙东大道 5177 号 3 幢 104 室（201203）				
投资总额	1.25 万 USD	电话		传真	
设立日期	2006-4-30	负责人	QUEK JIN SUAN OLIVER SHAWN		
主营业务	投资咨询，企业管理咨询，企业营销策划咨询，企业形象策划咨询。				

企业名称	丸红商务咨询（上海）有限公司				
企业地址	上海市卢湾区茂名南路 58 号 501 室（200025）				
投资总额	30 万 USD	电话	50483019	传真	
设立日期	2006-4-30	负责人	水野真澄		
主营业务	商务咨询，投资咨询，企业管理咨询，贸易信息咨询，房地产信息咨询。				

企业名称	捷励克日能咨询（上海）有限公司				
企业地址	上海市卢湾区茂名南路 58 号 602 室（200020）				
投资总额	25 万 USD	电话	64665642	传真	64665749
设立日期	2006-4-28	负责人	斋藤彰一		
主营业务	企业管理咨询，投资咨询，财务管理咨询，商务咨询，科技咨询。				

企业名称	威震企业投资管理咨询（上海）有限公司				
企业地址	上海市闵行区金都路 4299 号 A 幢 357 号（201100）				
投资总额	14 万 USD	电话		传真	
设立日期	2006-4-28	负责人	洪圣贤		
主营业务	投资管理咨询，企业管理咨询，美容美发技术咨询，器材设备的咨询。				

企业名称	熙埃驰尔商务咨询（上海）有限公司				
企业地址	上海市闵行区吴中路 1100 号 703 室（201103）				
投资总额	14 万 USD	电话	64658707	传真	
设立日期	2006-4-28	负责人	KIM JU HONG		
主营业务	商务咨询，贸易信息咨询，企业管理咨询，市场营销策划咨询。				

企业名称	海纳百川投资管理咨询（上海）有限公司				
企业地址	上海市长宁区延安西路 728 号 15 层 L 室（200050）				
投资总额	100 万 USD	电话	62403140	传真	
设立日期	2006-4-28	负责人	RYAN DAVID WEIDENMILLER		
主营业务	投资管理咨询，企业管理咨询，科技咨询，商务咨询。				

企业名称	上海长江联合产权投资信息有限公司				
企业地址	上海市嘉定工业区叶城路 1288 号 5 号楼 B 区 117 室（201821）				
投资总额	1000 万 RMB	电话	52582020	传真	52582121
设立日期	2006-4-28	负责人	王 龙		
主营业务	产权投资信息咨询，投资管理咨询，国际经济信息咨询，商务咨询。				

企业名称	上海华钟投资咨询有限公司				
企业地址	上海市浦东新区银城中路 200 号中银大厦 4 楼 406 室（200120）				
投资总额	1000 万日元	电话	64671198	传真	64679155
设立日期	2006-4-27	负责人	周良才		
主营业务	投资咨询，企业管理咨询，翻译和文案设计，相关的软件等系统的设计。				

企业名称	上海港普泰建筑设计咨询有限公司				
企业地址	上海市浦东新区浦东南路 1950 号 132 室（200122）				
投资总额	14 万 USD	电话	50586550	传真	50586552
设立日期	2006-4-26	负责人	周文斗		
主营业务	建筑，室内，景观及环境绿化设计咨询，建筑技术咨询服务。				

企业名称	上海思梯教育信息咨询有限公司				
企业地址	上海市浦东新区芳甸路 199 弄 46 号，47 号 B 室（200135）				
投资总额	20 万 USD	电话	50333053	传真	
设立日期	2006-4-26	负责人	PEGGY MOH		
主营业务	教育信息咨询（不含出国留学咨询和中介服务）。				

企业名称	伟恩投资咨询（上海）有限公司				
企业地址	上海市浦东新区花园石桥路 33 号花旗集团大厦 2311 室（200131）				
投资总额	14 万 USD	电话	61010266	传真	61010110
设立日期	2006-4-24	负责人	柳 青		
主营业务	投资咨询，企业管理咨询，商务咨询，科技咨询，工程管理咨询。				

企业名称	日建设计（上海）咨询有限公司				
企业地址	上海市浦东新区银城中路 200 号中银大厦 4305 室（200131）				
投资总额	70 万 USD	电话	50372265	传真	50372779
设立日期	2006-4-24	负责人	陆钟骁		
主营业务	建筑设计咨询，建筑工程咨询，景观设计咨询及技术咨询和技术服务。				

企业名称	上海卡瓦诺投资咨询有限公司				
企业地址	上海市天钥桥路 333 号 2628 室（200030）				
投资总额	14 万 USD	电话	63294158	传真	63391346
设立日期	2006-4-24	负责人	河野一良		
主营业务	投资咨询及中介，商务咨询，科技咨询，企业管理咨询，经济信息咨询。				

企业名称	铨威投资咨询（上海）有限公司				
企业地址	上海市长宁区天山路 600 弄 1 号 1407 室（200051）				
投资总额	100 万 USD	电话	68799086	传真	68799086
设立日期	2006-4-24	负责人	PEICHING LING		
主营业务	投资管理咨询，企业管理咨询，房产信息咨询，国际经济信息咨询。				

企业名称	跨洲投资管理咨询（上海）有限公司				
企业地址	上海市浦东新区枣庄路 665 号 202 室（201203）				
投资总额	15 万 USD	电话	51389747	传真	51389747
设立日期	2006-4-21	负责人	CHAN EG PIN		
主营业务	国际经济信息咨询，科技咨询，投资咨询，贸易信息咨询。				

企业名称	易美济公共关系顾问（上海）有限公司				
企业地址	上海市浦东新区浦东大道 138 号永华大厦 16A 座（200131）				
投资总额	14 万 USD	电话	58878007	传真	58878338
设立日期	2006-4-21	负责人	FARRETT GREGORY PETER		
主营业务	公共关系咨询，企业形象策划和咨询，产品推广策略咨询，商务咨询。				

企业名称	百安居（中国）投资有限公司				
企业地址	上海市浦东新区三林镇三林路 234 号 4 号楼 308 室（201204）				
投资总额	3000 万 USD	电话	50590088	传真	50591192
设立日期	2006-4-21	负责人	STEPHEN GILMAN		
主营业务	依法进行投资；受其所投资企业的书面委托向其提供有关服务。				

企业名称	上海华门企业财务顾问有限公司				
企业地址	上海市浦东新区峨山路 613 号第 6 幢 453 室（200131）				
投资总额	1.5 万 USD	电话	64684077	传真	64684080
设立日期	2006-4-19	负责人	郭 翔		
主营业务	代理记账，财务管理咨询，企业登记代理，投资咨询，企业管理咨询。				

企业名称	上海博贸管理咨询有限公司				
企业地址	上海市浦东新区港城路2号2405室（200120）				
投资总额	14万USD	电话	64228725	传真	64228727
设立日期	2006-4-19	负责人	潘盛贤		
主营业务	企业管理咨询，商务咨询，投资咨询，国际经济信息咨询，贸易咨询。				

企业名称	乐派展览（上海）有限公司				
企业地址	上海市潍坊路16弄2号中星商务楼13层1302室（200120）				
投资总额	14万USD	电话	58763258	传真	58879176
设立日期	2006-4-19	负责人	ARNAUD		
主营业务	主办，承办各类经济技术展览会和会议；在中国境外举办会议。				

企业名称	上海金顶广告有限公司				
企业地址	上海市淮海中路283号香港广场（南座）3201单元（200021）				
投资总额	30万USD	电话	63907111	传真	63907066
设立日期	2006-4-19	负责人	高桥增夫		
主营业务	设计，制作，发布，代理国内外各类广告。提供相关技术商务咨询服务。				

企业名称	瑞凯知识产权代理（上海）有限公司				
企业地址	上海市武宁南路488号13层06室（200042）				
投资总额	100万USD	电话	62402080	传真	62402080
设立日期	2006-4-19	负责人	荣建勋		
主营业务	商务咨询，企业形象设计，知识产权，涉外知识产权代理事项。				

企业名称	上海日特商务咨询有限公司				
企业地址	上海市卢湾区南塘浜路103号422室（200023）				
投资总额	14万USD	电话	61031725	传真	61031725
设立日期	2006-4-19	负责人	KAZUNORI ISAMA		
主营业务	国际国内商务咨询服务，外商投资咨询服务，经济信息咨询服务。				

企业名称	童心教育信息咨询（上海）有限公司				
企业地址	上海市闵行区光华路2118号C-1275（201111）				
投资总额	18万USD	电话	51533839	传真	51533840
设立日期	2006-4-19	负责人	KIM KWAN SEOP		
主营业务	教育信息咨询，企业管理咨询，投资咨询，企业策划咨询。				

企业名称	路凯包装设备租赁（上海）有限公司				
企业地址	上海市浦东新区世纪大道88号316A室（200121）				
投资总额	310万USD	电话	61058966	传真	50470030
设立日期	2006-4-18	负责人	GARRY CLIVE BACHELL		
主营业务	包装设备的租赁，境内外采购和维修，包装设备残值处理。				

企业名称	上海运得司企业管理咨询有限公司				
企业地址	上海市浦东新区昌里路247号212室（200120）				
投资总额	15万USD	电话	50585029	传真	50585013
设立日期	2006-4-17	负责人	高桥康夫（TAKAHASHI YASUO）		
主营业务	企业管理咨询，投资咨询，经济信息咨询，商务咨询，企业营销策划。				

企业名称	捷斯管理咨询（上海）有限公司				
企业地址	上海市浦东张杨路707号1506室（200122）				
投资总额	20万USD	电话	58357543	传真	58357902
设立日期	2006-4-17	负责人	林方顺（LIM PANG SOON）		
主营业务	企业管理咨询，商务咨询，投资咨询（涉及行政许可的凭许可证经营）。				

企业名称	柏亚天管理咨询（上海）有限公司				
企业地址	上海市浦东世纪大道88号31楼3167室（200120）				
投资总额	14万USD	电话	28909662	传真	28909999
设立日期	2006-4-17	负责人	CRAIG WILLIAM KERR		
主营业务	供应链管理咨询，企业管理咨询，商务咨询，产品开发咨询。				

企业名称	布兰堡企业财务咨询（上海）有限公司				
企业地址	上海市黄浦区黄陂北路227号1606室（200003）				
投资总额	14万USD	电话	51089297	传真	63758797
设立日期	2006-4-17	负责人	ULRICH PLUMBOHM		
主营业务	财务管理咨询，国际经济咨询，企业管理咨询，贸易咨询，投资咨询。				

企业名称	睿林企业管理咨询（上海）有限公司				
企业地址	上海市嘉定区外冈镇嘉松北路28号403室（201806）				
投资总额	14万USD	电话	34244090	传真	64687091
设立日期	2006-4-17	负责人	夏先瑞		
主营业务	投资咨询，企业管理咨询，商务咨询，贸易信息咨询，国际经济咨询。				

企业名称	华达投资管理咨询（上海）有限公司				
企业地址	上海市中山西路2006号1017室（200233）				
投资总额	14万USD	电话	64685507	传真	64685507
设立日期	2006-4-14	负责人	张丽玲		
主营业务	投资管理咨询，商务咨询，投资咨询，信息技术咨询，环保信息咨询。				

企业名称	东门商务信息服务（上海）有限公司				
企业地址	上海市南京西路1856号3幢518室（200040）				
投资总额	14万USD	电话	62179725	传真	62179726
设立日期	2006-4-14	负责人	RICHARD DIIANNI		
主营业务	投资咨询，商务信息咨询，文化交流信息咨询，企业形象策划及设计。				

企业名称	麟研部建筑设计咨询（上海）有限公司				
企业地址	上海市浦东新区昌里路335号310B室（200120）				
投资总额	10万RMB	电话	64737100	传真	64737527
设立日期	2006-4-13	负责人	HENRY HANLE CHIANG		
主营业务	建筑工程咨询，建筑设计咨询，室内设计咨询。				

企业名称	上海安莱医疗管理咨询有限公司				
企业地址	上海市浦东新区民生路1518号B栋2004室（200135）				
投资总额	14万USD	电话	33927298	传真	61049501
设立日期	2006-4-13	负责人	黄炳杰（HUANG BING JIE）		
主营业务	提供医疗机构后勤管理咨询，国际经济信息咨询，投资咨询，商务咨询。				

企业名称	上华德图商务咨询（上海）有限公司				
企业地址	上海市浦东新区江东路1488弄80号3幢105室（200120）				
投资总额	1.5万USD	电话	32220742	传真	62894497
设立日期	2006-4-13	负责人	何培锦		
主营业务	商务咨询，投资咨询，企业公共关系活动策划咨询，企业管理咨询。				

企业名称	立佳商务咨询（上海）有限公司				
企业地址	上海市长宁区中山西路713号3号楼301室（200051）				
投资总额	14万USD	电话	51553789	传真	61136546
设立日期	2006-4-13	负责人	白惠珠		
主营业务	商务咨询，企业管理咨询，投资咨询，国际经济咨询，贸易信息咨询。				

企业名称	高亮企业管理咨询（上海）有限公司				
企业地址	上海市嘉定区外冈镇嘉松北路28号402室（201806）				
投资总额	14万USD	电话	54852310	传真	54852310
设立日期	2006-4-13	负责人	许秀玲		
主营业务	投资咨询，企业管理咨询，商务咨询，贸易信息咨询，国际经济咨询。				

企业名称	上海板机人造板装备售后服务有限公司				
企业地址	上海市嘉定区安亭镇墨玉南路98号2幢（201805）				
投资总额	37万USD	电话	59577480	传真	59572568
设立日期	2006-4-13	负责人	汪锦星		
主营业务	安装，维修人造板机械设备，生产人造板机械设备，销售自产产品。				

企业名称	蒙哥马瑞投资咨询（上海）有限公司				
企业地址	上海市嘉定工业区叶城路1288号5号楼B区116室（201821）				
投资总额	15万USD	电话	51098599	传真	62369591
设立日期	2006-4-13	负责人	陆江东		
主营业务	投资咨询，商务咨询，企业管理咨询，科技及环保信息咨询。				

企业名称	星凯投资咨询（上海）有限公司				
企业地址	上海市黄浦区傅家街65号507室（200001）				
投资总额	20万RMB	电话	63619905	传真	63519845
设立日期	2006-4-13	负责人	LEE THON（执行董事）		
主营业务	商务咨询，投资咨询，企业登记代理，财务管理咨询。				

企业名称	海恩思科技咨询（上海）有限公司				
企业地址	上海市张江高科技园区郭守敬路351号2号楼695-13室（201203）				
投资总额	14万USD	电话	58950215	传真	
设立日期	2006-4-12	负责人	NIELS HUGO SCHNEIDEWIND		
主营业务	铁路，机械制造，航空等领域内文献汇编及流程最优化技术的研究开发。				

企业名称	普华永道商务咨询（上海）有限公司				
企业地址	上海市浦东新区陆家嘴环路1233号汇亚大厦1601室（200120）				
投资总额	20万USD	电话	61238888	传真	61238800
设立日期	2006-4-12	负责人	SILAS YANG（杨绍信）		
主营业务	经济信息咨询，税务咨询，投资咨询，市场策划，财务软件开发，设计。				

企业名称	上海中外先智广告有限公司				
企业地址	上海市徐汇区淮海中路 1010 号 27 楼 2762 室（200031）				
投资总额	30 万 USD	电　话	63294158	传　真	63391346
设立日期	2006-4-11	负 责 人	远山胜		
主营业务	设计，制作，代理国内外各类广告（涉及行政许可的凭许可证经营）。				

企业名称	乐势力广告（上海）有限公司				
企业地址	上海市张江高科技园区祖冲之路 1559 号 2 幢 1001-20 室（201203）				
投资总额	30 万 USD	电　话	62496111	传　真	62496222
设立日期	2006-4-10	负 责 人	董朝晖		
主营业务	设计，制作，发布，代理国内外各类广告。				

企业名称	上海沪盈广告有限公司				
企业地址	上海市静安区胶州路 58 号胶州大楼 13 楼 1302 室（200040）				
投资总额	30 万 USD	电　话	62497466	传　真	62497660
设立日期	2006-4-10	负 责 人	施莲茜		
主营业务	设计，制作，发布，代理国内外各类广告。				

企业名称	富礼德（上海）礼仪服务有限公司				
企业地址	上海市杨浦区国定路 335 号 10005C 室（200433）				
投资总额	14 万 USD	电　话	65650840	传　真	65100256
设立日期	2006-4-10	负 责 人	LIHONG LISA WAN		
主营业务	礼仪服务，商务信息咨询，投资咨询，会议展览咨询，教育信息咨询。				

企业名称	上海衡泰商务服务有限公司				
企业地址	上海市卢湾区黄陂南路 700 号 A 号楼 201 室（200021）				
投资总额	14 万 USD	电　话	53966086	传　真	53966096
设立日期	2006-4-7	负 责 人	壮培基		
主营业务	商务咨询，投资咨询，市场营销策划及企业管理咨询，会务咨询。				

企业名称	御隆企业管理咨询（上海）有限公司				
企业地址	上海市长宁区延安西路 726 号 15 楼 G 室（200050）				
投资总额	15 万 USD	电　话	63870808	传　真	63870800
设立日期	2006-4-7	负 责 人	雷心韵		
主营业务	商务咨询，企业管理咨询，财务咨询，企业形象策划咨询（不含广告）。				

企业名称	雅仑迪商务信息咨询（上海）有限公司				
企业地址	上海市张江高科技园区郭守敬路 498 号 9 幢 20214 室（200131）				
投资总额	25 万 USD	电　话	50270568	传　真	50270570
设立日期	2006-4-6	负 责 人	ALIBASIAH HALIMAN		
主营业务	商务信息咨询，企业管理咨询，市场信息分析咨询，计算机软件的开发。				

企业名称	上海帕柯德景观设计咨询有限公司				
企业地址	上海市浦东新区莱阳路 2819 号 313 室（200131）				
投资总额	15 万 USD	电　话	58356918	传　真	58356918
设立日期	2006-4-5	负 责 人	ROGER BRUCE PACKARD		
主营业务	景观设计咨询，高尔夫球场设计咨询（涉及行政许可的凭许可证经营）。				

企业名称	言丰商务咨询（上海）有限公司				
企业地址	上海市长宁区虹桥路 2266 号 10 号楼 205 室（200335）				
投资总额	50 万港币	电　话	61253123	传　真	61253080
设立日期	2006-4-5	负 责 人	姚伟伦		
主营业务	商务咨询，企业管理咨询（涉及行政许可的，凭许可证经营）。				

企业名称	上海张江艾西益商务咨询有限公司				
企业地址	上海市张江高科技园区郭守敬路 351 号 2 号楼 695-11 室（200131）				
投资总额	1200 万 RMB	电　话	50798015	传　真	50798014
设立日期	2006-4-4	负 责 人	顾学励		
主营业务	商务咨询（涉及行政许可的，凭许可证经营）。				

企业名称	锦湖（中国）轮胎销售有限公司				
企业地址	上海市嘉定区安亭镇民丰路 24 号（201400）				
投资总额	625 万 USD	电　话	61391000	传　真	62320057
设立日期	2006-4-4	负 责 人	金昌年		
主营业务	轮胎，汽车轮毂和蓄电池的批发，进出口，佣金代理，提供相关服务。				

企业名称	齐思工业设计咨询（上海）有限公司				
企业地址	上海市杨浦区大连路 990 号 10 栋 1306 室（200092）				
投资总额	14 万 USD	电　话	65018111	传　真	65010020
设立日期	2006-4-4	负 责 人	KLAUS HERMANN BAUMGARTNER		
主营业务	工业产品的设计咨询（涉及行政许可的，凭许可证经营）。				

企业名称	侨光投资（中国）有限公司				
企业地址	上海市浦东新区东方路 818 号 5 层（200120）				
投资总额	3000 万 USD	电　话	68880508	传　真	68881508
设立日期	2006-4-3	负 责 人	王启翔		
主营业务	依法进行投资；受其所投资企业的书面委托向所投资企业提供有关服务。				

企业名称	嘉力达（上海）管理咨询有限公司				
企业地址	上海市虹桥路 3 号二座 40 楼 01 室（200030）				
投资总额	14 万 USD	电　话	64485855	传　真	64485255
设立日期	2006-4-3	负 责 人	ANTHONY ROBERT AKRED		
主营业务	经济信息咨询，贸易信息咨询，企业管理咨询，投资咨询，商务咨询。				

企业名称	惠好房地产开发咨询（上海）有限公司				
企业地址	上海市卢湾区湖滨路 222 号 1121 室（200021）				
投资总额	35 万 USD	电　话	53829983	传　真	53828113
设立日期	2006-4-3	负 责 人	CLAIRE SHERWIN GRACE		
主营业务	房地产项目初期阶段的分析和策划，房地产项目开发和管理的咨询。				

企业名称	康善颂健康咨询（上海）有限公司				
企业地址	上海市浦东新区金桥出口加工区金皖路 389 号 514-B（201203）				
投资总额	20 万 USD	电　话	58999879	传　真	58995569
设立日期	2006-3-31	负 责 人	萧励川		
主营业务	健康信息咨询（医疗、诊断、治疗除外）。				

企业名称	志贤投资咨询（上海）有限公司				
企业地址	上海市长宁区延安西路 728 号 7K 室（200050）				
投资总额	55 万 USD	电　话	62109021	传　真	62103851
设立日期	2006-3-31	负 责 人	TOMLI-YEI CHOU		
主营业务	投资咨询，商务咨询，经济咨询，管理咨询，数据处理；软件设计开发。				

企业名称	怡善投资管理咨询（上海）有限公司				
企业地址	上海市长宁区哈密路 106 号 2 楼第 3 单元（200335）				
投资总额	20 万 USD	电　话	62090531	传　真	62702732
设立日期	2006-3-30	负 责 人	梁惠康		
主营业务	投资管理咨询，商务咨询，贸易信息咨询，经济咨询，企业管理咨询。				

企业名称	建略商务咨询（上海）有限公司				
企业地址	上海市长宁区仙霞路 319 号远东国际广场 A 栋 3 楼 339 室（200051）				
投资总额	14 万 USD	电　话	63916161	传　真	62705555
设立日期	2006-3-30	负 责 人	ROBERT WILLIAM PHILLPOT		
主营业务	商务咨询，企业管理咨询（涉及行政许可的，凭许可证经营）。				

企业名称	日兴柯迪（上海）投资咨询有限公司				
企业地址	上海市淮海中路 1010 号 2701 室（300031）				
投资总额	5000 万日元	电　话	61031234	传　真	61031234
设立日期	2006-3-30	负 责 人	鸟羽悦郎		
主营业务	投资咨询，商务咨询（涉及行政许可的凭许可证经营）。				

企业名称	加东旅游咨询（上海）有限公司				
企业地址	上海市长宁区仙霞路 650 号 207 室（200335）				
投资总额	50 万 USD	电　话	62797288	传　真	62797288
设立日期	2006-3-29	负 责 人	SHUK FONG ANNE TSU		
主营业务	旅游信息咨询，航空服务咨询，文艺交流咨询，教育咨询，商务咨询。				

企业名称	上海百里投资管理咨询有限公司				
企业地址	上海市浦东新区浦东南路 855 号世界广场 33 楼 G 座（200122）				
投资总额	62.5 万 USD	电　话	58822131	传　真	58369070
设立日期	2006-3-28	负 责 人	赖郁辰		
主营业务	商务咨询，投资信息咨询，企业管理咨询，物业管理咨询，餐饮咨询。				

企业名称	康得轩商务策划咨询（上海）有限公司				
企业地址	上海市浦东新区港城路 2 号 2402 室（200131 ）				
投资总额	5 万 USD	电　话	63058855	传　真	63058833
设立日期	2006-3-28	负 责 人	WONG CHING WEN		
主营业务	商务策划咨询，投资咨询，企业管理咨询，营销咨询，公关服务咨询。				

企业名称	上海西门东洲估价咨询有限公司				
企业地址	上海市大木桥路 451 号 302-1 室（200032）				
投资总额	14 万 USD	电　话	62252086	传　真	62252086
设立日期	2006-3-28	负 责 人	PAUL L.BROWN（彭乐贤）		
主营业务	估价咨询，财务咨询，投资咨询及中介，企业上市策划，市场调研。				

企业名称	铜联商务咨询（上海）有限公司				
企业地址	上海市卢湾区淮海中路 381 号 2518-2520 室（200021）				
投资总额	14 万 USD	电话	63915816	传真	63916331
设立日期	2006-3-27	负责人	PETER CHARLTON		
主营业务	与铜有关的技术咨询，商务咨询，企业管理咨询和企业投资咨询。				

企业名称	堀江投资咨询（上海）有限公司				
企业地址	上海市卢湾区湖滨路 222 号 1556 室（200021）				
投资总额	50 万 USD	电话	51553668	传真	
设立日期	2006-3-27	负责人	WILFRED YOSHITO HORIE		
主营业务	投资咨询，项目管理咨询，企业管理咨询，贸易咨询，经济信息咨询。				

企业名称	上海和乐网企业管理咨询有限公司				
企业地址	上海市长宁区长宁路 1488 弄 6 号 106 室（200051）				
投资总额	12.5 万 USD	电话	64726611	传真	64732467
设立日期	2006-3-27	负责人	沈永祥		
主营业务	企业管理咨询，国际经济咨询及贸易信息咨询。				

企业名称	上海汉基新干线投资咨询有限公司				
企业地址	上海市长宁区长宁路 1488 弄 6 号 110 室（200051）				
投资总额	200 万 RMB	电话	62834909	传真	62834959
设立日期	2006-3-24	负责人	吴晓红		
主营业务	投资咨询，经济信息咨询，企业管理咨询，企业形象设计，营销策划。				

企业名称	星徽管理（上海）有限公司				
企业地址	上海市闵行区旗忠村光华路 2118 号 A-28 室（201100）				
投资总额	210 万 USD	电话	64200000	传真	64202607
设立日期	2006-3-23	负责人	颜健生		
主营业务	为本公司及其他利星行集团所拥有，控股或关联企业提供投资经营决策。				

企业名称	力嘉投资咨询服务（上海）有限公司				
企业地址	上海市静安区北京西路 1701 号 2409 室（200041）				
投资总额	14 万 USD	电话	62884573	传真	62884546
设立日期	2006-3-23	负责人	林建兴		
主营业务	投资咨询，商务咨询，企业管理咨询，市场营销策划咨询。				

企业名称	三廉洲际（上海）企业管理咨询有限公司				
企业地址	上海市肇嘉浜路 798 号 1809 室（200030）				
投资总额	14 万 USD	电话	64737785	传真	64737907
设立日期	2006-3-23	负责人	TAI，WILLIAM CHI		
主营业务	企业经营管理咨询，企业投资咨询，贸易咨询。				

企业名称	爱迪管理咨询（上海）有限公司				
企业地址	上海市浦东新区花园石桥路 33 号 23 楼 2324 室（200120）				
投资总额	14 万 USD	电话	63375720	传真	63375720
设立日期	2006-3-22	负责人	JON PAUL ENWILLER		
主营业务	质量控制管理咨询，物流系统管理咨询。				

企业名称	峰瑞商务咨询（上海）有限公司				
企业地址	上海市黄浦区蓬莱路 285 弄 4 号 453 室（200011）				
投资总额	14 万 USD	电话	63522331	传真	62352331
设立日期	2006-3-22	负责人	柿崎义治		
主营业务	投资咨询，商务咨询，经济信息咨询，国际贸易咨询，企业管理咨询。				

企业名称	史泰博（中国）投资有限公司				
企业地址	上海市浦东花园石桥路 33 号花旗集团大厦 28 楼 1 单元（200120）				
投资总额	3000 万 USD	电话	8006100999	传真	64316696
设立日期	2006-3-17	负责人	金卫国		
主营业务	依法进行投资，其所投资企业的书面委托向其所投资企业提供有关服务。				

企业名称	台雅（上海）商务咨询有限公司				
企业地址	上海市闵行区虹梅路 3203 号 503 室（201103）				
投资总额	14 万 USD	电话	64062590	传真	54224910
设立日期	2006-3-17	负责人	郭惠瑗		
主营业务	服装设计咨询，商务咨询（涉及行政许可的凭许可证经营）。				

企业名称	博凡诺公共关系咨询（上海）有限公司				
企业地址	上海市北海宁路 58 弄 22 号 206 室（200081）				
投资总额	14 万 USD	电话	51692005	传真	64619060
设立日期	2006-3-17	负责人	宣 艳		
主营业务	公共关系咨询，商务信息咨询，企业管理咨询，企业形象策划及设计。				

企业名称	上海保圣那人才服务有限公司				
企业地址	上海市浦东新区乳山路 227 号 218 室（200135）				
投资总额	12.5 万 USD	电话	53828210	传真	53828219
设立日期	2006-3-16	负责人	HATA TOMOKO		
主营业务	人才推荐，人才招聘，人才信息咨询。				

企业名称	艾华茨投资管理咨询（上海）有限公司				
企业地址	上海市武宁南路 488 号 15 层 09-10 室（200042）				
投资总额	14 万 USD	电话	52989678	传真	52989681
设立日期	2006-3-16	负责人	RAMON LU		
主营业务	投资管理咨询，商务咨询，投资咨询，环保信息咨询，科技咨询。				

企业名称	保圣那人才服务（上海）有限公司				
企业地址	上海市浦东新区乳山路 227 号 218 室（200122）				
投资总额	12.5 万 USD	电话	53828210	传真	53828219
设立日期	2006-3-16	负责人	HATA TOMOKO		
主营业务	人才推荐，人才招聘，人才信息咨询（涉及行政许可的凭许可证经营）。				

企业名称	上海翊安房地产咨询有限公司				
企业地址	上海市乌鲁木齐中路 328 号 309／B 室（200031）				
投资总额	14 万 USD	电话	64814971	传真	64814973
设立日期	2006-3-16	负责人	陈英杰		
主营业务	房地产信息咨询（不含经纪），物业管理。				

企业名称	上海恒峰投资咨询有限公司				
企业地址	上海市虹桥路 3 号 4011，4012 室（200030）				
投资总额	30 万 USD	电话	61132500	传真	61132567
设立日期	2006-3-16	负责人	张志远		
主营业务	投资咨询，商务咨询，企业管理咨询（涉及行政许可的凭许可证经营）。				

企业名称	加商英可管理咨询服务（上海）有限公司				
企业地址	上海市浦东新区世纪大道 1600 号 1914 室（200120）				
投资总额	50 万 USD	电话	62492100	传真	62491700
设立日期	2006-3-15	负责人	罗国铨		
主营业务	企业管理咨询，财务管理咨询，商务咨询和投资咨询。				

企业名称	杰努英（上海）体育咨询有限公司				
企业地址	上海市闵行区金都路 4299 号 A 幢 1870 号（201108）				
投资总额	14 万 USD	电话	63854909	传真	63854903
设立日期	2006-3-15	负责人	八木幸雄		
主营业务	高尔夫球运动咨询，商务咨询，企业形象策划，教育信息咨询。				

企业名称	柯林布坎南（上海）工程技术咨询有限公司				
企业地址	上海市浦东新区乳山路 227 号 254 室（200135）				
投资总额	14 万 USD	电话	58361529	传真	58352998
设立日期	2006-3-13	负责人	SIMON JAMES BABES		
主营业务	陆路交通的工程技术咨询服务，企业管理咨询，营销策划，商务咨询。				

企业名称	派克汉尼汾管理（上海）有限公司				
企业地址	上海市金桥出口加工区云桥路 280 号（27-28 号地块）201 室（201206）				
投资总额	200 万 USD	电话	50312525	传真	64459717
设立日期	2006-3-13	负责人	MICHAEL WAI SUM LEUNG		
主营业务	投资经营决策服务，营销服务，财务管理服务，员工培训与人事服务。				

企业名称	国誉商务服务（上海）有限公司				
企业地址	上海市工业综合开发区国际商贸园奉浦大道 111 号 1006 室（201400）				
投资总额	70 万 USD	电话	68412808	传真	68412208
设立日期	2006-3-13	负责人	长谷川畅彦		
主营业务	商务服务，商务信息咨询，图文处理，图面喷绘，平面图案设计和制作。				

企业名称	上海信利投资管理咨询有限公司				
企业地址	上海市浦东新区浦东南路 1950 号 128 室（200120）				
投资总额	8000 万港币	电话	50498558	传真	50498558
设立日期	2006-3-9	负责人	郑玉琳		
主营业务	投资管理咨询，投资咨询，企业管理咨询，经济信息咨询，商务咨询。				

企业名称	上海伟敦企业管理顾问有限公司				
企业地址	上海市浦东新区长青路 92 号 315 室（200131）				
投资总额	14 万 USD	电话	64025856	传真	64025856
设立日期	2006-3-8	负责人	刘昌福		
主营业务	企业管理咨询，商务咨询（限分支机构经营）。				

企业名称	乔安投资管理咨询（上海）有限公司				
企业地址	上海市闵行区虹井路 225 号 801 室（201103）				
投资总额	20 万 USD	电　话	34312409	传　真	31312409
设立日期	2006-3-8	负责人	阙光伦		
主营业务	投资管理咨询，酒店管理咨询，国际商务咨询，国际经济信息咨询。				

企业名称	人仁管理咨询（上海）有限公司				
企业地址	上海市浦东新区杨新东路 24 号 213 室（200131）				
投资总额	14 万 USD	电　话	58421055	传　真	58421055
设立日期	2006-3-7	负责人	JENNIFER HWONG KANG		
主营业务	企业管理咨询，投资咨询，房产信息咨询（不含经纪），商务信息咨询。				

企业名称	瑞舍投资咨询（上海）有限公司				
企业地址	上海市张江高科技园区郭守敬路 351 号 2 号楼 695-04 室（201203）				
投资总额	14 万 USD	电　话	65442105	传　真	63249557
设立日期	2006-3-6	负责人	王丹丽		
主营业务	投资咨询，投资管理咨询，企业管理咨询，商务咨询，国际经济咨询。				

企业名称	渥美设计工程咨询（上海）有限公司				
企业地址	上海市虹口区物华路 11 号 582 室（200080）				
投资总额	15 万 USD	电　话	54487509	传　真	32098771
设立日期	2006-3-6	负责人	鲁　仁		
主营业务	工程设计咨询，工程管理咨询，投资咨询，经济信息咨询，科技咨询。				

企业名称	析迈商务咨询（上海）有限公司				
企业地址	上海市浦东新区向城路 58 号 10 楼 H 室（200122）				
投资总额	14 万 USD	电　话	58200135	传　真	58207301
设立日期	2006-3-3	负责人	DAVID HOWARD WITTE		
主营业务	为石油化工，塑料，纤维产业及其相关的生产和加工业提供技术咨询。				

企业名称	高黎亚（上海）商务咨询有限公司				
企业地址	上海市闵行区吴中路 1029 号虹桥新世纪广场 5 楼 502 室（201103）				
投资总额	14 万 USD	电　话	64460287	传　真	64460297
设立日期	2006-3-1	负责人	裴佑 BAE JUN WOO		
主营业务	商务咨询，营销策划咨询，贸易咨询，国际经济咨询，企业管理咨询。				

企业名称	丽佳文化信息咨询（上海）有限公司				
企业地址	上海市浦东新区罗山路 1700 弄 16 号 240 室（200137）				
投资总额	1.2 万 USD	电　话	53757188	传　真	63862199
设立日期	2006-2-28	负责人	KAYO IWABUCHI		
主营业务	文化咨询（不含经纪），展览信息咨询，投资咨询，企业管理咨询。				

企业名称	家洛商务咨询（上海）有限公司				
企业地址	上海市浦东新区乳山路 227 号 240 室（200127）				
投资总额	320 万 USD	电　话	61135972	传　真	64480585
设立日期	2006-2-28	负责人	GRAHAM ANTON EARNSHAW		
主营业务	商务咨询，投资咨询，经济咨询，贸易咨询，科技咨询，企业管理咨询。				

企业名称	豪斯泰勒张思图德建筑设计咨询上海有限公司				
企业地址	上海市浦东新区北张家浜路 68 号 6 幢 556 室（200127）				
投资总额	14 万 USD	电　话	52356700	传　真	52351700
设立日期	2006-2-28	负责人	RUNZHOU ZHANG		
主营业务	建筑设计及室内设计咨询，建筑环境及景观设计咨询（不含城市规划）。				

企业名称	飞搜特网络技术服务（上海）有限公司				
企业地址	上海市张江高科技园区郭守敬路 351 号 2 号楼 697-05 室（201203）				
投资总额	6 万 USD	电　话		传　真	
设立日期	2006-2-27	负责人	CHRISTOPHER WADE REDLITZ		
主营业务	互联网搜索引擎技术服务，自有技术转让。				

企业名称	创思会展策划（上海）有限公司				
企业地址	上海市浦东新区峨山路 613 号 6 号楼 367 室（201203）				
投资总额	14 万 USD	电　话	64692267	传　真	64684080
设立日期	2006-2-27	负责人	吕尚松		
主营业务	展览展示设计服务，市场策划，会场服务，展台搭建，企业形象策划。				

企业名称	上海联创永宜创业投资企业				
企业地址	上海市闵行区剑川路 468 号（201103）				
投资总额	3500 万 USD	电　话	61237000	传　真	61237000
设立日期	2006-2-24	负责人	董叶顺		
主营业务	以全部自有资金进行股权投资，与投资活动有关的各种咨询和顾问服务。				

企业名称	知财信息咨询（上海）有限公司				
企业地址	上海市杨浦区杨树浦路 2310 号 819 室（200090）				
投资总额	14 万 USD	电　话	55801583	传　真	55801585
设立日期	2006-2-24	负责人	辻野吉胜（YOSHIKATSU TSUJINO）		
主营业务	商务信息咨询，投资咨询，教育信息咨询。				

企业名称	加泉商务信息服务（上海）有限公司				
企业地址	上海市静安区昌平路 710 号 B 座 049 室（200042）				
投资总额	14 万 USD	电　话	62677138	传　真	62677200
设立日期	2006-2-24	负责人	LAM SANDYC HUN FAI		
主营业务	计算机信息技术咨询，商务咨询，市场营销策划咨询，企业管理咨询。				

企业名称	茂地（上海）工程管理咨询有限公司				
企业地址	上海市张江高科技园区郭守敬路 351 号 2 号楼 604Y-02 室（201203）				
投资总额	14 万 USD	电　话	62323160	传　真	62323159
设立日期	2006-2-22	负责人	MATTHEW HOTCHIN STAGG		
主营业务	建筑设计咨询，室内外装潢设计咨询，建筑工程项目咨询，投资咨询。				

企业名称	联合厂商会检定中心（上海）有限公司				
企业地址	上海市宝庆路 10 号 8 栋 6 楼（200031）				
投资总额	35 万 USD	电　话	64330500	传　真	64316663
设立日期	2006-2-22	负责人	刘达明		
主营业务	有关电动工具，电器产品，纺织品，玩具，化学品，食品技术测试分析。				

企业名称	智鸿轩（上海）管理咨询有限公司				
企业地址	上海市静安区南京西路 555 号 602B 室（200041）				
投资总额	14 万 USD	电　话	62155400	传　真	62155945
设立日期	2006-2-22	负责人	EDERVEEN，JAN WILLEM		
主营业务	经济信息咨询，贸易信息咨询，企业管理咨询，投资咨询，商务咨询。				

企业名称	安赛乐亚太管理服务（上海）有限公司				
企业地址	上海市浦东新区张杨路 500 号时代广场 13 楼 C 单元（200120）				
投资总额	200 万 USD	电　话	58368660	传　真	58368423
设立日期	2006-2-21	负责人	DIRK MATTHYS		
主营业务	向安赛乐集团及其在中国和亚洲所投资企业提供投资管理咨询服务。				

企业名称	环汇咨询（上海）有限公司				
企业地址	上海市静安区延安中路 1440 号阿波罗大厦 3 楼 316 室（200040）				
投资总额	500 万 USD	电　话	38882966	传　真	38881378
设立日期	2006-2-21	负责人	IAN DAVID COURTNATE		
主营业务	市场营销咨询，商务咨询，投资咨询，科技咨询；数据处理。				

企业名称	上海鼎盛文化礼仪服务有限公司				
企业地址	上海市番禺路 1150 号二楼（200030）				
投资总额	14 万 USD	电　话	54250388	传　真	54250788
设立日期	2006-2-20	负责人	沈　旗		
主营业务	婚庆礼仪策划咨询，展览信息咨询，会议服务，商务咨询，市场咨询。				

企业名称	上海翰尔威营销策划有限公司				
企业地址	上海市浦东新区昌里路 335 号 311B 室（200127）				
投资总额	14 万 USD	电　话	52681468	传　真	52681365
设立日期	2006-2-17	负责人	刘启莹		
主营业务	企业营销策划，企业管理咨询，电脑图文设计，电脑网络多媒体设计。				

企业名称	法筑建筑设计咨询（上海）有限公司				
企业地址	上海市浦东新区北张家浜路 68 号 6 幢 558 室（200135）				
投资总额	14 万 USD	电　话	64668945	传　真	64668945
设立日期	2006-2-17	负责人	ANTOINE LEYGONIE		
主营业务	建筑设计咨询，建筑工程咨询，景观设计咨询，环境工程设计咨询。				

企业名称	昂睿投资咨询（上海）有限公司				
企业地址	上海市张江高科技园区蔡伦路 720 弄 3 号楼 103 室（201203）				
投资总额	15 万 USD	电　话	51320088	传　真	51320140
设立日期	2006-2-15	负责人	KEWEN KEVIN JIN		
主营业务	投资咨询，企业管理咨询，市场策划，医疗信息咨询。				

企业名称	意德拉压铸技术咨询服务（上海）有限公司				
企业地址	上海市浦东新区杨高北路 528 号 16 幢 138 室（201203）				
投资总额	12.5 万 USD	电　话	68751216	传　真	68751236
设立日期	2006-2-15	负责人	ERNESTO MUSUMECI		
主营业务	压铸技术咨询，投资咨询，企业管理咨询。				

企业名称	上海申斯商务咨询有限公司				
企业地址	上海市中州路 133 弄 2 号 506 室（200081）				
投资总额	14 万 USD	电　　话	62408272	传　　真	62408829
设立日期	2006-2-15	负 责 人	史美强		
主营业务	商务咨询，投资咨询，管理咨询（涉及行政许可的凭许可证经营）。				

企业名称	上海犀牛角管理咨询服务有限公司				
企业地址	上海市浦东新区浦东南路 855 号 34 楼 F 座（200120）				
投资总额	14 万 USD	电　　话	58369111	传　　真	58369070
设立日期	2006-2-14	负 责 人	赖郁辰		
主营业务	企业管理咨询，投资咨询，国际经济咨询，商务咨询，营销策划。				

企业名称	廖宜康建筑设计顾问（上海）有限公司				
企业地址	上海市淮海中路 1010 号 2503 室（200031）				
投资总额	14 万 USD	电　　话	54051601	传　　真	64418888
设立日期	2006-2-14	负 责 人	廖宜康		
主营业务	建筑设计咨询，室内设计咨询（涉及行政许可的凭许可证经营）。				

企业名称	惠那科立维投资咨询（上海）有限公司				
企业地址	上海市长宁区延安西路 728 号 15 楼 F-39 室（200050）				
投资总额	14 万 USD	电　　话	63073867	传　　真	63073867
设立日期	2006-2-14	负 责 人	吉昉康一		
主营业务	投资咨询，投资管理咨询，企业管理咨询，商务咨询，国际经济咨询。				

企业名称	卡尔森市场营销服务（上海）有限公司				
企业地址	上海市长宁区延安西路 1118 号 1611 室（200052）				
投资总额	35 万 USD	电　　话	61156200	传　　真	61156211
设立日期	2006-2-14	负 责 人	GERALD AUGUSTINE PEREIRA		
主营业务	市场推广，营销服务；会议服务，公共活动策划；商务咨询，管理咨询。				

企业名称	购宝联商企业管理咨询（上海）有限公司				
企业地址	上海市静安区南京西路 1266 号 3917 室（200042）				
投资总额	14 万 USD	电　　话	64316161	传　　真	64717366
设立日期	2006-2-14	负 责 人	DAVID COLIN YOUNG		
主营业务	企业管理咨询，营销策划咨询，投资咨询，国际经济咨询，贸易咨询。				

企业名称	德同投资咨询（上海）有限公司				
企业地址	上海市张江高科技园区郭守敬路 351 号 2 号楼 695-09 室（200131）				
投资总额	20 万 USD	电　　话	53835999	传　　真	53835998
设立日期	2006-2-13	负 责 人	邵　俊		
主营业务	投资咨询，商务咨询，企业管理咨询，科技咨询，经济咨询，环保咨询。				

企业名称	贝恩投资顾问（中国）有限公司				
企业地址	上海市浦东世纪大道 88 号金茂大厦办公楼 3 区 23 层 06 单元（200121）				
投资总额	620 万 USD	电　　话	61632000	传　　真	61632088
设立日期	2006-2-13	负 责 人	PAUL EDGERLEY		
主营业务	投资咨询（涉及行政许可的凭许可证经营）。				

企业名称	上海末极产品设计咨询有限公司				
企业地址	上海市崇明县建设公路 1385 号（202152）				
投资总额	1.25 万 USD	电　　话	54659078	传　　真	54659077
设立日期	2006-2-9	负 责 人	王小昌		
主营业务	从事产品设计咨询，文化艺术咨询，商务咨询，企业策划服务。				

企业名称	上海复嘉企业管理咨询有限公司				
企业地址	上海市衡山路 17 弄 1 号（200031）				
投资总额	20 万 USD	电　　话	54560455	传　　真	54560296
设立日期	2006-2-9	负 责 人	王新力		
主营业务	企业管理咨询，商务信息咨询，投资咨询，企业形象策划。				

企业名称	日宏（上海）建筑设计咨询有限公司				
企业地址	上海市长宁区延安西路 2201 号上海国际贸易中心 406B 室（200051）				
投资总额	14 万 USD	电　　话	62702763	传　　真	62702856
设立日期	2006-2-6	负 责 人	浜田知直		
主营业务	建筑，景观及环境设计咨询，建筑工程咨询，室内设计咨询服务。				

企业名称	摩克斯威投资咨询（上海）有限公司				
企业地址	上海市浦东新区昌里路 335 号 304A 室（200127）				
投资总额	20 万 USD	电　　话	62956276	传　　真	62956350
设立日期	2006-2-5	负 责 人	吴佳玲		
主营业务	投资咨询，投资管理咨询，商务咨询，企业营销策划。				

企业名称	色得锐克（上海）商务咨询有限公司				
企业地址	上海市浦东新区唐镇创新中路 601 号 8 幢 305 室（201206）				
投资总额	1.25 万 USD	电　　话	51719522	传　　真	51197663
设立日期	2006-2-5	负 责 人	CEDRICK JEAN		
主营业务	商务咨询，投资咨询，企业管理咨询，市场信息咨询，营销策划咨询。				

企业名称	先复材料技术咨询（上海）有限公司				
企业地址	上海市东湖路 17 号 3 幢 203 室（200031）				
投资总额	14 万 USD	电　　话	54661189	传　　真	54661189
设立日期	2006-2-5	负 责 人	叶常青		
主营业务	提供与木制，复合材料及其利用与制造相关的技术咨询，工程咨询。				

企业名称	帕维利科技咨询（上海）有限公司				
企业地址	上海市零陵路 899 号 25E 室（200030）				
投资总额	10 万 USD	电　　话	54243632	传　　真	54243981
设立日期	2006-2-5	负 责 人	俞纪鲲		
主营业务	科技咨询，投资咨询，企业管理咨询，商务咨询。				

企业名称	上海俊通博业人才咨询有限公司				
企业地址	上海市浦东新区乳山路 233 号 809 室（200120）				
投资总额	35 万 USD	电　　话	61132300	传　　真	61132321
设立日期	2006-1-28	负 责 人	朱　松		
主营业务	人才供求信息的收集、整理、储存、发布和咨询服务；人才推荐招聘。				

企业名称	小可由船务咨询（上海）有限公司				
企业地址	上海市浦东新区乳山路 227 号 231 室（200120）				
投资总额	14 万 USD	电　　话	58872825	传　　真	58879989
设立日期	2006-1-28	负 责 人	外山尚人（NAOTO TOYAMA）		
主营业务	船运船务信息咨询，船务专业技术咨询，商务管理咨询及船舶机械设备。				

企业名称	费玛企业管理咨询（上海）有限公司				
企业地址	上海市浦东新区东方路 800 号 1805 室（200122）				
投资总额	14 万 USD	电　　话	50584588	传　　真	50940952
设立日期	2006-1-27	负 责 人	WILLIAM WALTER SNYDER		
主营业务	投资咨询，营销策划咨询，企业管理咨询，经济信息咨询，贸易咨询。				

企业名称	冈山商务咨询（上海）有限公司				
企业地址	上海市闵行区虹梅南路 4999 号（200237）				
投资总额	14 万 USD	电　　话	64823582	传　　真	54970425
设立日期	2006-1-27	负 责 人	藤田庆二		
主营业务	商务咨询，企业形象咨询，投资咨询，产品信息咨询，经济信息咨询。				

企业名称	有伟投资管理咨询（上海）有限公司				
企业地址	上海市浦东新区张江镇张江路 625 号 719A 室（201203 ）				
投资总额	14 万 USD	电　　话	58850403	传　　真	53961350
设立日期	2006-1-26	负 责 人	叶公伟		
主营业务	投资管理咨询，企业管理咨询，财务管理咨询，商务咨询。				

企业名称	上海睿智创业投资发展有限公司				
企业地址	上海市张江高科技园区郭守敬路 351 号 2 号楼 695-08 室（201203）				
投资总额	2980 万 USD	电　　话	59623081	传　　真	59623081
设立日期	2006-1-25	负 责 人	刘素莲		
主营业务	投资信息，现代医药，新材料等高新产业，受托管理和经营被投资企业。				

企业名称	爱美克思（上海）船务咨询有限公司				
企业地址	上海市静安区北京西路 1701 号 2907 室（200040）				
投资总额	14 万 USD	电　　话	62886833	传　　真	62886887
设立日期	2006-1-24	负 责 人	岩崎在宏		
主营业务	船舶建造、修理，船用机械和关联器材的供求商务信息咨询，船舶租赁。				

企业名称	嘉鸿（上海）信息科技咨询有限公司				
企业地址	上海市南汇区周浦镇康沈路 1611 弄 9 号 302 室（201318）				
投资总额	160 万 USD	电　　话	68116800	传　　真	68116038
设立日期	2006-1-24	负 责 人	胡嘉逊		
主营业务	国际经济，科技，环保信息咨询服务（凡涉及行政许可的凭许可证经营）。				

企业名称	埃新斯科技咨询（上海）有限公司				
企业地址	上海市浦东新区唐镇创新中路 601 号 7 幢 204 室（201203）				
投资总额	14 万 USD	电　　话	54962299	传　　真	64220869
设立日期	2006-1-23	负 责 人	DONALD　P.BUNNELL		
主营业务	科技咨询，国际经济信息咨询，贸易咨询，管理咨询，营销企划咨询。				

企业名称	上海森诺吉商务咨询有限公司				
企业地址	上海市外高桥保税区富特西一路 139 号 1027 室（200131）				
投资总额	6.2 万 USD	电话	58317609	传真	58398581
设立日期	2006-1-23	负责人	YAP BEE THO		
主营业务	商务咨询，投资咨询，企业管理咨询，经济信息咨询，科技咨询。				

企业名称	友诺罐箱租赁（上海）有限公司				
企业地址	上海市浦东新区佳林路 655 号 308 室 D 座（201206）				
投资总额	40 万 USD	电话	63610440	传真	63610443
设立日期	2006-1-23	负责人	CLAUS RINGGAARD		
主营业务	从事罐箱租赁业务；租赁财产的维修，保养，租赁财产的残值处理。				

企业名称	中日加能教育信息咨询（上海）有限公司				
企业地址	上海市浦东新区浦东大道 138 号永华大厦 15 楼 F-02 座（200120）				
投资总额	14 万 USD	电话	68888516	传真	68888517
设立日期	2006-1-20	负责人	MUNAKATA MAMORU（宗像守）		
主营业务	教育信息咨询，商务咨询，企业管理咨询，市场营销咨询。				

企业名称	吾爱商务咨询（上海）有限公司				
企业地址	上海市浦东新区陆家嘴东路 161 号 2112 室（200120）				
投资总额	14 万 USD	电话	68887879	传真	68887869
设立日期	2006-1-20	负责人	PETER RONALD HUTCHINSON		
主营业务	商务咨询，旅游信息咨询，投资咨询，经济信息咨询，酒店管理咨询。				

企业名称	巴卡维管理咨询（上海）有限公司				
企业地址	上海市浦东新区世纪大道 1600 号 2302 室（200122）				
投资总额	12 万欧元	电话	58305787	传真	58305923
设立日期	2006-1-20	负责人	王　涌		
主营业务	投资咨询，企业管理咨询，商务咨询，经营战略咨询。				

企业名称	动力维珍管理咨询（上海）有限公司				
企业地址	上海市浦东新区花园石桥路 33 号 23 楼 27 室（200131）				
投资总额	300 万 USD	电话	64477878	传真	64473722
设立日期	2006-1-19	负责人	ROBERT WALTER SAMUELSON		
主营业务	企业管理咨询，投资咨询，商务信息咨询，经济信息咨询，环保咨询。				

企业名称	爱必吉（上海）商务咨询有限公司				
企业地址	上海市外高桥保税区富特北路 458 号 2 号楼 4 层 451 室（200131）				
投资总额	15 万 USD	电话	58683902	传真	58682706
设立日期	2006-1-19	负责人	刘尔彬		
主营业务	企业管理咨询（涉及许可证经营的凭许可证经营）。				

企业名称	通用电气管理技术咨询（上海）有限公司				
企业地址	上海市张江高科技园区郭守敬路 351 号 2 号楼 695-07 室（201203）				
投资总额	300 万 USD	电话	32179688	传真	62897189
设立日期	2006-1-19	负责人	MICHAEL BARRETT		
主营业务	提供财务，信息远程技术管理咨询服务，包括软件开发，设计和制作。				

企业名称	明迪特（上海）市场策划咨询有限公司				
企业地址	上海市北京西路 1701 号 703 室（200040）				
投资总额	15 万 USD	电话	52895038	传真	52895039
设立日期	2006-1-19	负责人	CAMERON　STEPHEN		
主营业务	市场策划咨询，商品信息咨询及相关的会展，会务咨询服务。				

企业名称	览鹏展览展示工程（上海）有限公司				
企业地址	上海市闵行区颛桥镇瓶北路 158 号 150 弄 1#，6#车间（201108）				
投资总额	13.5 万欧元	电话	64904375	传真	64902006
设立日期	2006-1-18	负责人	FRANK-DIETER KEINATH		
主营业务	设计，制作展台，展架及相关配件，销售自产产品，提供售后安装服务。				

企业名称	上海博纳船舶工程技术咨询有限公司				
企业地址	上海市成都北路 333 号招商局广场南楼 14 楼　03-04 室（200041）				
投资总额	14 万 USD	电话	62712758	传真	62712768
设立日期	2006-1-18	负责人	JAN　BOHNE		
主营业务	船舶建造和维修方面的技术咨询，近海平台及设备安装技术咨询。				

企业名称	东太宇（上海）投资咨询有限公司				
企业地址	上海市浦东新区浦电路 438 号 705E 室（200127）				
投资总额	14 万 USD	电话	64050323	传真	6405323
设立日期	2006-1-17	负责人	卫庚侨		
主营业务	国际经济信息咨询，投资咨询，企业管理咨询，企业形象策划咨询。				

企业名称	伟拓商务咨询（上海）有限公司				
企业地址	上海市张江高科技园区科苑路 88 号 2 幢 602 室（201203）				
投资总额	14 万 USD	电话	28986690	传真	28986691
设立日期	2006-1-17	负责人	KLAUS PETER HÜSGEN		
主营业务	投资咨询，市场营销咨询，企业管理咨询，商务咨询，经济信息咨询。				

企业名称	奥西租赁（上海）有限公司				
企业地址	上海市浦东新区海高路 272 号花山大厦 14B8 室（201200）				
投资总额	125 万 USD	电话	38657662	传真	33932120
设立日期	2006-1-17	负责人	HARALD PAUL WURGES		
主营业务	办公设备租赁，购买租赁用办公设备，租赁用办公设备残值处理及维修。				

企业名称	上海善营盛宜商务咨询有限公司				
企业地址	上海市松江工业区东部新区 IV-78 号地块 3 号办公楼 B 座（201600）				
投资总额	1.5 万 USD	电话	54891263	传真	54891263
设立日期	2006-1-17	负责人	刘宇红		
主营业务	服务（涉及行政许可的凭许可证经营）。				

企业名称	上海协幸机械设备租赁有限公司				
企业地址	上海市闵行区光华路 2118 号 A-21（201111）				
投资总额	300 万 USD	电话	66255990	传真	66255993
设立日期	2006-1-16	负责人	MUTO HAJIME		
主营业务	机械设备租赁业务，购买租赁财产，租赁财产的残值处理及维修。				

企业名称	兰馨投资咨询（上海）有限公司				
企业地址	上海市张江高科技园区郭守敬路 351 号 2 号楼 691-22 室（201203）				
投资总额	14 万 USD	电话	52986448	传真	52985210
设立日期	2006-1-13	负责人	杨瑞荣		
主营业务	投资管理咨询，企业管理咨询，商务信息咨询。				

企业名称	埃莫森企业管理顾问（上海）有限公司				
企业地址	上海市浦东新区峨山路 488 号 1 号楼 127 室（200127）				
投资总额	1.25 万 USD	电话	64275486	传真	64275486
设立日期	2006-1-12	负责人	彭伟乐		
主营业务	企业管理咨询服务，商务咨询，企业投资咨询，企业形象策划。				

企业名称	麟雅商务咨询（上海）有限公司				
企业地址	上海市浦东新区川南奉公路 3397 号 3 幢 208 室（201203）				
投资总额	14 万 USD	电话	52891716	传真	52891720
设立日期	2006-1-12	负责人	CHRISTOPHER DAVID COX		
主营业务	商务咨询，贸易信息咨询，投资咨询，企业管理咨询，经济信息咨询。				

企业名称	丰田合成（上海）商务咨询有限公司				
企业地址	上海市长宁区兴义路 8 号上海万都中心 809 室（200335）				
投资总额	70 万 USD	电话	52080353	传真	52080296
设立日期	2006-1-12	负责人	园部英生		
主营业务	贸易信息咨询，技术咨询，企业管理咨询。				

企业名称	恒好（上海）科技咨询有限公司				
企业地址	上海市长宁区遵义路 300 号 203 室（200051）				
投资总额	14 万 USD	电话	63190358	传真	63190668
设立日期	2006-1-12	负责人	西野恒五郎		
主营业务	科技咨询，计算机技术咨询，商务咨询；IT 行业领域内软件开发销售。				

企业名称	上海印倍乐建筑工程咨询有限公司				
企业地址	上海市嘉定工业区叶城路 1288 号 5 号楼 B 区 113 室（201821）				
投资总额	1.5 万 USD	电话	62643841	传真	62643841
设立日期	2006-1-12	负责人	印倍乐		
主营业务	提供工程建筑设计咨询，景观设计咨询。				

企业名称	明鹏投资管理（上海）有限公司				
企业地址	上海市张江高科技园区郭守敬路 351 号 2 号楼 695-02 室（201203）				
投资总额	1200 万 USD	电话	62569035	传真	62158171
设立日期	2006-1-11	负责人	CHO JOCK KIM		
主营业务	受投资方及其在中国及亚太所投资企业委托，提供投资管理和投资咨询。				

企业名称	安耀投资咨询（上海）有限公司				
企业地址	上海市浦东新区杨高北路 528 号 14 幢 155 室（201203）				
投资总额	14 万 USD	电话	51165501	传真	51165503
设立日期	2006-1-11	负责人	吴旭晖		
主营业务	房产投资咨询，企业管理咨询，贸易信息咨询。				

企业名称	武藤系统信息咨询（上海）有限公司				
企业地址	上海市长宁区延安西路 2299 号 11B74 室（200335）				
投资总额	50 万 USD	电话	62361155	传真	62365122
设立日期	2006-1-11	负责人	芹泽永志		
主营业务	计算机软件开发，销售自产产品并提供相关服务；计算机系统维修服务。				

企业名称	纽森建筑设计咨询（上海）有限公司				
企业地址	上海市浦东新区浦东南路 1950 号 116 室（200120）				
投资总额	14 万 USD	电话	64692267	传真	62559194
设立日期	2006-1-11	负责人	BERWIN TANCO		
主营业务	建筑设计咨询，工程技术咨询，室内装潢设计，景观设计咨询。				

企业名称	上海音特莱迪广告有限公司				
企业地址	上海市浦东新区通园路 159 号 851 室（200122）				
投资总额	21 万 USD	电话	52388989	传真	52381076
设立日期	2006-1-10	负责人	陈信雄		
主营业务	设计、制作、代理、发布国内外各类广告。				

企业名称	应用材料投资（中国）有限公司				
企业地址	上海市浦东张江高科技园区郭守敬路 351 号 2 号楼 688 室（201203）				
投资总额	3000 万 USD	电话	58958985	传真	58958955
设立日期	2006-1-10	负责人	CHEN RONG LING（陈荣玲）		
主营业务	依法进行投资，受其所投资企业书面委托向其所投资企业提供有关服务。				

企业名称	特格建筑工程设计咨询（上海）有限公司				
企业地址	上海市浦东新区东方路 3409 号 7 号楼 368 室（200122）				
投资总额	14 万 USD	电话	63215807	传真	33130564
设立日期	2006-1-9	负责人	GOH LEK IMM（吴绿茵）		
主营业务	建筑工程设计咨询，室内、外装饰设计咨询，工程项目管理咨询。				

企业名称	建通（上海）教育信息咨询有限公司				
企业地址	上海市浦东新区莱阳路 2819 号 401 室（200120）				
投资总额	14 万 USD	电话	62957529	传真	62093425
设立日期	2006-1-9	负责人	YAP BOON HOCK PATRICK		
主营业务	教育信息咨询，商务咨询，企业管理咨询，投资咨询，贸易信息咨询。				

企业名称	友誉财务管理咨询（上海）有限公司				
企业地址	上海市江苏北路 125 号华联创意广场 A 幢 308 室（200042）				
投资总额	1.25 万 USD	电话	61289288	传真	61289298
设立日期	2006-1-9	负责人	KHOONG CHEE MUN		
主营业务	财务管理咨询，投资咨询，企业管理咨询。				

企业名称	健赞（上海）生物医药咨询有限公司				
企业地址	上海市西藏中路 268 号 2807 室（200001）				
投资总额	15 万 USD	电话	63404777	传真	63405039
设立日期	2006-1-9	负责人	SANDFORD DREXEL SMITH		
主营业务	生物医药信息咨询服务。				

企业名称	道晨胜管理咨询（上海）有限公司				
企业地址	上海市浦东新区杨园南路 116 号 3 幢 128 室（200120）				
投资总额	7.5 万 USD	电话	64393592	传真	64393592
设立日期	2006-1-9	负责人	PETER KINGSLEY ABOTOMEY		
主营业务	企业管理咨询，投资咨询，商务咨询，房地产信息咨询。				

企业名称	学之园教育信息咨询（上海）有限公司				
企业地址	上海市丰镇路 788 号 4 号楼 407 室（200434）				
投资总额	14 万 USD	电话	62627668	传真	62614114
设立日期	2006-1-9	负责人	张于群		
主营业务	教育管理信息咨询，幼儿双语教育方法咨询，教师培训信息咨询。				

企业名称	多门朗工程技术咨询（上海）有限公司				
企业地址	上海市浦东新区莱阳路 2819 号 402 室（200127）				
投资总额	14 万 USD	电话	62110500	传真	62110523
设立日期	2006-1-6	负责人	HONGYI TAO		
主营业务	工程建筑设计咨询，工程施工技术研发及设计咨询，安装工程设计咨询。				

企业名称	星洲威豪（上海）投资咨询有限公司				
企业地址	上海市浦东新区浦电路 438 号 703C 室（200122）				
投资总额	14 万 USD	电话	58359903	传真	68886270
设立日期	2006-1-6	负责人	TAN SIOW CHUAN		
主营业务	投资咨询，商务咨询，企业管理咨询，国际经济咨询，贸易信息咨询。				

企业名称	达盟（上海）财务管理咨询有限公司				
企业地址	上海市浦东新区浦电路 438 号 605E 室（200120）				
投资总额	20 万欧元	电话	63128318	传真	63127056
设立日期	2006-1-6	负责人	BRIAN JACKSON		
主营业务	财务管理咨询，代理记账，投资咨询，商务咨询，企业管理咨询。				

企业名称	上海登贝品牌管理咨询有限公司				
企业地址	上海市浦东新区乳山路 227 号 391 室（200127）				
投资总额	25 万 USD	电话	51581360	传真	51581361
设立日期	2006-1-5	负责人	MICHAEL DE BOER		
主营业务	品牌管理咨询，品牌策划顾问，品牌推广设计，多媒体互动设计制作。				

企业名称	丽趣坊（上海）文化信息咨询有限公司				
企业地址	上海市浦东新区碧云路 633 号 B11-12（200127）				
投资总额	14 万 USD	电话	61059336	传真	61059339
设立日期	2006-1-5	负责人	YEO LI-SHIEN GILLIAN		
主营业务	文化信息咨询，商务咨询，图文设计咨询，企业管理咨询，科技咨询。				

企业名称	金镒细戈唛管理咨询（上海）有限公司				
企业地址	上海市浦东新区浦电路 438 号 706B 室（200127）				
投资总额	14 万 USD	电话	68886671	传真	68886672
设立日期	2006-1-5	负责人	GARY HOURSELT		
主营业务	提供工厂生产系统，质量控制系统，物流系统技术咨询，企业管理咨询。				

企业名称	智奥展览设备租赁（上海）有限公司				
企业地址	上海市普陀区同普路 1030 号（200070）				
投资总额	100 万 USD	电话	52694890	传真	52694891
设立日期	2006-1-5	负责人	王耀丰		
主营业务	租赁、安装、装饰、设计与展览有关的设备用品，并为展览会提供咨询。				

企业名称	菱发汽车技术咨询（上海）有限公司				
企业地址	上海市虹桥路 1 号一座 4707，4708 室（200030）				
投资总额	3000 万日元	电话	51087530	传真	64485250
设立日期	2006-1-5	负责人	古贺正纯		
主营业务	与汽车及汽车零配件相关设计咨询，技术咨询，企业咨询，商务咨询。				

企业名称	普光租赁服务（上海）有限公司				
企业地址	上海市黄浦区人民路 885 号淮海中华大厦 1017 室（200010）				
投资总额	20 万 USD	电话	63286511	传真	63286515
设立日期	2006-1-5	负责人	区华龙		
主营业务	多媒体，灯光照明，音响及影视设备，舞台设备租赁，并提供技术服务。				

企业名称	凌合建筑设计咨询（上海）有限公司				
企业地址	上海市长宁区天山西路 789 号 2570 室（200335 ）				
投资总额	14 万 USD	电话	62390483	传真	52183999
设立日期	2006-1-4	负责人	何恩礼		
主营业务	建筑设计咨询，科技咨询，国际贸易信息咨询，经济咨询，商务咨询。				

企业名称	上海意美建筑设计咨询有限公司				
企业地址	上海市静安区昌平路 990 号 6 号楼 6206-C 室（200040）				
投资总额	14 万 USD	电话	62715540	传真	62329096
设立日期	2006-1-4	负责人	RENATO RUSSI		
主营业务	建筑设计咨询，室内装潢设计咨询，景观设计咨询。				

企业名称	安赛乐亚太管理服务（上海）有限公司				
企业地址	上海市浦东新区张杨路 500 号时代广场 13 楼（200122）				
投资总额	200 万 USD	电话	58368660	传真	58368423
设立日期	2006-2-21	负责人	DIRK MATTHYS		
主营业务	向所投资的企业提供投资管理和咨询服务，市场营销服务等。				

企业名称	上海盛望投资咨询有限公司				
企业地址	上海市常熟路 157 号三楼 B 座（200031）				
投资总额	112 万港币	电话	54657412	传真	54657411
设立日期	2005-12-29	负责人	李万全		
主营业务	企业管理咨询，投资咨询，商务咨询，国际经济信息咨询，科技咨询。				

企业名称	上海日茂广告有限公司				
企业地址	上海市杨浦区杨树浦路 2310 号 117 室（200090）				
投资总额	50 万 USD	电话	65209910	传真	65209906
设立日期	2005-12-29	负责人	陈建新		
主营业务	设计、制作、发布、代理国内外各类广告，会务服务。				

社会服务业-租赁、投资、信息、咨询、广告服务业

企业名称	上海瀚纳仕人才管理咨询有限公司				
企业地址	上海市卢湾区湖滨路 222 号企业天地 1 号楼 2010 室（200021）				
投资总额	12.5 万 USD	电　话	53824662	传　真	53824947
设立日期	2005-12-27	负 责 人	JAMES HARRIS		
主营业务	人才供求信息的收集、整理、储存、发布和咨询服务；人才推荐。				

企业名称	圆颖商务咨询（上海）有限公司				
企业地址	上海市长宁区天山路 600 弄 2 号 5G 室（200335）				
投资总额	14 万 USD	电　话	52068311	传　真	52068875
设立日期	2005-12-23	负 责 人	骆寅杰		
主营业务	商务咨询，企业管理咨询，投资咨询，国际经济咨询，国际贸易咨询。				

企业名称	韦登肯迪（上海）商务咨询有限公司				
企业地址	上海市卢湾区南塘浜路 103 号 207 室 C 座（200023）				
投资总额	14 万 USD	电　话	51583900	传　真	51583977
设立日期	2005-12-23	负 责 人	DAN GORDON WIEDEN		
主营业务	商务咨询，图文设计咨询，企业管理咨询和企业形象策划。				

企业名称	村田（中国）投资有限公司				
企业地址	上海市娄山关路 85 号东方国际大厦 C 座 14 楼 1403 室（200336）				
投资总额	3000 万 USD	电　话	52080077	传　真	52082680
设立日期	2005-12-22	负 责 人	村田恒夫		
主营业务	在国家允许外商投资的领域依法进行投资。				

企业名称	上海瀚资软件咨询有限公司				
企业地址	上海市静安区胶州路 58 号 312 室 B3 室（200040）				
投资总额	20 万 USD	电　话	62670683	传　真	62670647
设立日期	2005-12-22	负 责 人	冯维绰		
主营业务	企业资源规划管理信息系统技术咨询和技术服务；设计和销售自产软件。				

企业名称	柯爵管理咨询（上海）有限公司				
企业地址	上海市浦东新区杨园南路 116 号 3 幢 127 室（201208）				
投资总额	7.5 万 USD	电　话	52287301	传　真	52287302
设立日期	2005-12-21	负 责 人	MATTHEW JOSHUA ARNOL		
主营业务	酒店管理咨询，营销咨询（限分支机构经营的，涉及行政许可的凭许可证经营）。				

企业名称	媒示杰（上海）商务咨询有限公司				
企业地址	上海市浦东新区峨山路 488 号 1 号楼 135 室（200127）				
投资总额	14 万 USD	电　话	64692267	传　真	64684080
设立日期	2005-12-21	负 责 人	道下行夫		
主营业务	商务咨询，市场营销咨询，企业管理咨询，投资咨询，贸易信息咨询。				

企业名称	朗星投资咨询（上海）有限公司				
企业地址	上海市浦东新区浦电路 438 号 601D 室（200122）				
投资总额	310 万 USD	电　话	63403136	传　真	63403136
设立日期	2005-12-19	负 责 人	MANOR ZEMER		
主营业务	投资咨询，商务咨询，企业管理咨询。				

企业名称	上海国利货币经纪有限公司				
企业地址	上海市浦东新区浦东南路 360 号新上海国际大厦 34 楼 D 座（200120）				
投资总额	4000 万 RMB	电　话	68863661	传　真	68863537
设立日期	2005-12-19	负 责 人	杨德红		
主营业务	境内外外汇市场交易，境内外货币市场贸易，境内外债券市场交易。				

企业名称	上海金玖机械租赁有限公司				
企业地址	上海市浦东新区高行镇航津路 658 号 861 室（200137）				
投资总额	60 万 USD	电　话	51330928	传　真	51340020
设立日期	2005-12-19	负 责 人	CHUA GEOK NEG		
主营业务	机械设备租赁；机械设备的安装，维修服务及技术咨询。				

企业名称	诺斯克泛亚（上海）商务咨询有限公司				
企业地址	上海市长宁区娄山关路 83 号新虹桥大厦 2808,2809,2810 室(200335)				
投资总额	14 万 USD	电　话	62369968	传　真	62369978
设立日期	2005-12-19	负 责 人	徐峻吉		
主营业务	商务咨询，投资咨询，企业管理咨询及与纸业相关的技术咨询。				

企业名称	日立金属投资（中国）有限公司				
企业地址	上海市黄浦区南京西路 338 号天安中心 1103-1109 室（200003）				
投资总额	3000 万 USD	电　话	63586353	传　真	63586328
设立日期	2005-12-16	负 责 人	中田启一		
主营业务	在国家允许外商投资的高级金属制品，电子及通信设备零部件产品。				

企业名称	统基（上海）管理咨询有限公司				
企业地址	上海市北京西路 1701 号 2102 室（200040）				
投资总额	14 万 USD	电　话	54594545	传　真	62473799
设立日期	2005-12-16	负 责 人	PHILIP TRUONG		
主营业务	商务咨询，企业管理咨询，国际经济信息咨询。				

企业名称	司凯特休闲运动（上海）有限公司				
企业地址	上海市浦东新区陆家嘴西路 168 号 8F03A 室（200120）				
投资总额	32 万 USD	电　话	50471722	传　真	50471723
设立日期	2005-12-14	负 责 人	伊藤英一		
主营业务	真冰溜冰场及溜冰技术服务；筹建：附设咖啡休闲厅和食品小卖部。				

企业名称	威普企业管理咨询（上海）有限公司				
企业地址	上海市浦东新区浦电路 438 号 702F 室（200122）				
投资总额	15 万欧元	电　话	51175031	传　真	51175000
设立日期	2005-12-14	负 责 人	RUGGERO JENNA		
主营业务	投资咨询，商务咨询，企业管理咨询，贸易信息咨询。				

企业名称	上海恩联凯德投资咨询有限公司				
企业地址	上海市浦东新区乳山路 227 号 301 室 11 座（200120）				
投资总额	14 万 USD	电　话	62471122	传　真	62471210
设立日期	2005-12-14	负 责 人	陈宽聪		
主营业务	企业投资咨询，企业管理咨询，企业财务管理咨询，会展服务咨询。				

企业名称	孚茂商务咨询（上海）有限公司				
企业地址	上海市长宁区武夷路 490 号 6 幢 202 室（200050）				
投资总额	14 万 USD	电　话	61457417	传　真	61457416
设立日期	2005-12-13	负 责 人	刘至刚		
主营业务	商务咨询，企业管理咨询，投资咨询，国际经济咨询，贸易信息咨询。				

企业名称	梭巽建筑设计咨询（上海）有限公司				
企业地址	上海市卢湾区南塘浜路 103 号 209 室 C 座（200023）				
投资总额	25 万欧元	电　话	62370088	传　真	62370088
设立日期	2005-12-12	负 责 人	BENOIT GREINDL		
主营业务	建筑工程咨询，室内装潢工程咨询，建筑与室内装潢设计咨询。				

企业名称	博格曼（上海）投资管理咨询有限公司				
企业地址	上海市浦东新区商城路 800 号斯米克大厦 205B 室（200120）				
投资总额	20.5 万欧元	电　话	58353711	传　真	58354838
设立日期	2005-12-8	负 责 人	郭锡明		
主营业务	投资管理咨询，企业管理咨询，商务咨询，贸易信息咨询。				

企业名称	上海意中海事咨询服务有限责任公司				
企业地址	上海市浦东新区民生路 550 号 1301-1302 室（200135）				
投资总额	50 万 USD	电　话	68556553	传　真	68556823
设立日期	2005-12-8	负 责 人	莫鉴辉		
主营业务	为船舶的设计及建造提供相关的技术信息咨询；船厂企业管理咨询。				

企业名称	泰科尼亚（上海）商务咨询有限公司				
企业地址	上海市张江高科技园区蔡伦路 780 号 601 室（201203）				
投资总额	6.2 万 USD	电　话	51320400	传　真	51320112
设立日期	2005-12-8	负 责 人	HANNU KALEVI JANHUNEN		
主营业务	商务咨询，投资咨询，企业管理咨询，市场营销策划，企业形象策划。				

企业名称	丰亚投资咨询（上海）有限公司				
企业地址	上海市浦东新区北张家浜路 68 号 6 幢 638 室（200122）				
投资总额	14 万 USD	电　话	52081330	传　真	52081520
设立日期	2005-12-8	负 责 人	TEO TONG KOOI		
主营业务	投资咨询，企业管理咨询，市场营销策划，会展咨询，商务咨询。				

企业名称	上海盖志企业管理咨询有限公司				
企业地址	上海市浦东新区上川公路 5635 号三幢 101 室（201209）				
投资总额	7 万 USD	电　话	53832277	传　真	53832279
设立日期	2005-12-8	负 责 人	MYERS WILLIAM RUEBEN		
主营业务	企业管理咨询，投资咨询，贸易信息咨询，国际经济信息咨询。				

企业名称	拉赫兰顿融资租赁（中国）有限公司				
企业地址	上海市浦东新区银城北路 133 号汇亚大厦 1105 室（200120）				
投资总额	1000 万 USD	电　话	63618686	传　真	63551378
设立日期	2005-12-7	负 责 人	DAVID L MAMO		
主营业务	1．融资租赁业务；2．租赁业务；3．向国内外购买租赁财产。				

企业名称	顺丰投资咨询（上海）有限公司				
企业地址	上海市浦东新区莱阳路 2819 号 304 室（200129）				
投资总额	800 万港币	电　　话	62571069	传　　真	62571069
设立日期	2005-12-7	负 责 人	王　瑜		
主营业务	投资咨询，商务咨询，营销策划，会展服务，建筑设计及园林设计咨询。				

企业名称	滋伯意建筑咨询（上海）有限公司				
企业地址	上海市静安区南京西路 1576 号 B 室（200040）				
投资总额	14 万 USD	电　　话	62553282	传　　真	64684080
设立日期	2005-12-7	负 责 人	HARUMASA TSUBOI		
主营业务	建筑设计咨询，装潢设计咨询，景观设计咨询及相关的服务业务。				

企业名称	星翰管理咨询（上海）有限公司				
企业地址	上海市浦东新区浦东南路 588 号 19B 室（200120）				
投资总额	1000 万港币	电　　话	68876848	传　　真	58795190
设立日期	2005-12-6	负 责 人	田　力		
主营业务	国际经济信息咨询，科技咨询，贸易信息咨询，企业管理咨询。				

企业名称	马戈威视设计制作（上海）有限公司				
企业地址	上海市卢湾区复兴中路 1 号 1405A 室（200021）				
投资总额	14 万 USD	电　　话	63058855	传　　真	63058833
设立日期	2005-12-6	负 责 人	MARCUS ROTH		
主营业务	图文设计制作，产品的二维，三维动画设计制作，产品设计咨询。				

企业名称	国辉（上海）商务咨询有限公司				
企业地址	上海市闵行区沪青平公路 966 号（201100）				
投资总额	70 万 USD	电　　话	64214808	传　　真	54475506
设立日期	2005-12-6	负 责 人	ALICHENDRA INDONESIA		
主营业务	提供商务咨询，房地产信息咨询以及房地产投资咨询。				

企业名称	常石（上海）船舶设计有限公司				
企业地址	上海市长宁区延安西路 719 号 1002-B 室（200050）				
投资总额	14 万 USD	电　　话	33011115	传　　真	
设立日期	2005-12-6	负 责 人	森贤一		
主营业务	船舶、海洋作业平台，大型浮体，各种船用成套设备及相关产品的设计。				

企业名称	卓越企业管理顾问（上海）有限公司				
企业地址	上海市船厂路 173 号 E4 室（200032）				
投资总额	14 万 USD	电　　话	62883299	传　　真	
设立日期	2005-12-5	负 责 人	袁靖波		
主营业务	房地产信息咨询，企业管理咨询，经济信息咨询，投资咨询。				

企业名称	如新（上海）管理有限公司				
企业地址	上海市淮海中路 381 号中环广场 2218-2238 室（200020）				
投资总额	200 万 USD	电　　话	53574588	传　　真	
设立日期	2005-12-2	负 责 人	邱锦云		
主营业务	受投资方的委托，向其所投资的企业提供产品生产，销售。				

企业名称	上海和靖企业管理咨询有限公司				
企业地址	上海市嘉定区真新街道曹安公路 1685 号 A2，3-3 室（201824）				
投资总额	217 万 USD	电　　话	59190086	传　　真	59185696
设立日期	2005-12-2	负 责 人	徐正材		
主营业务	企业管理咨询，物业管理，商务咨询（涉及行政许可的凭许可证经营）。				

企业名称	上海来福租赁有限公司				
企业地址	上海市浦东新区商城路 800 号 316A 室（200120）				
投资总额	30 万 USD	电　　话	54885407	传　　真	58353296
设立日期	2005-12-1	负 责 人	大沼俊彦		
主营业务	清洁用具，电器设备及各类室内杂货的租赁业务。				

企业名称	切线投资咨询（上海）有限公司				
企业地址	上海市浦东新区北张家浜路 68 号 6 幢 102 室（200122）				
投资总额	14 万 USD	电　　话	24120148	传　　真	
设立日期	2005-12-1	负 责 人	JOSEPH MICHAEL CONSTANTY		
主营业务	高尔夫，篮球，足球场地信息咨询，投资咨询，国际经济信息咨询。				

企业名称	联英管理（上海）有限公司				
企业地址	上海市延安西路 889 号太平洋企业中心 2006 室（200050）				
投资总额	200 万 USD	电　　话	52402295	传　　真	52402177
设立日期	2005-12-1	负 责 人	王美玲		
主营业务	受母公司和所投资企业的委托，为本公司及投资者提供经营决策管理咨询服务。				

企业名称	上海福迈迪工程技术有限公司				
企业地址	上海市闵行区吴中路 1050 号 15 幢-1118（201103）				
投资总额	12 万欧元	电　　话	68863199	传　　真	68863190
设立日期	2005-12-1	负 责 人	胥　晔		
主营业务	汽车设计技术咨询，企业管理咨询，商务咨询（咨询类项目除经纪）。				

企业名称	德豪嘉投资咨询（上海）有限公司				
企业地址	上海市外高桥保税区奥纳路 79 号第二层 2073 室（200131）				
投资总额	6.5 万 USD	电　　话	64399432	传　　真	34255220
设立日期	2005-11-30	负 责 人	PHIUPPE MAESTRATI		
主营业务	投资咨询，企业管理咨询；国际贸易，转口贸易。				

企业名称	上海家合酒店管理有限公司				
企业地址	上海市南京西路 931，933，941 号（200041）				
投资总额	450 万 USD	电　　话	33024990	传　　真	62879001
设立日期	2005-11-30	负 责 人	黄佩茵		
主营业务	酒店式公寓经营管理及相关设施的管理，物业代理出租。				

企业名称	上海达用标科技咨询有限公司				
企业地址	上海市浦东新区北张家浜路 68 号 6 幢 606 室（200122）				
投资总额	21 万 USD	电　　话	54261199	传　　真	54261505
设立日期	2005-11-29	负 责 人	RANDALL W.LUECKE		
主营业务	科技咨询，产品技术咨询，产品设计咨询，环保咨询，国际经济咨询。				

企业名称	达迪奇森设计咨询（上海）有限公司				
企业地址	上海市外高桥保税区泰谷路 88 号五层 540 室（200131）				
投资总额	6.2 万 USD	电　　话	52391175	传　　真	52391108
设立日期	2005-11-28	负 责 人	罗　玮		
主营业务	建筑设计咨询，室内装潢设计咨询，景观设计咨询（不含城市规划景观）。				

企业名称	德益齐租赁（中国）有限公司				
企业地址	上海市陆家嘴东路 166 号中保大厦 8 楼 08-10 室（200120）				
投资总额	1000 万 USD	电　　话	50624255	传　　真	50624258
设立日期	2005-11-25	负 责 人	HANS-MICHAEL HEITMULLER		
主营业务	融资租赁业务，租赁业务，向国内外购买租赁财产，租赁财产的残值处理及维修。				

企业名称	必信新语公关顾问（上海）有限公司				
企业地址	上海市静安区昌平路 990 号 6 号楼 6204-T 室（200040）				
投资总额	14 万 USD	电　　话	61379288	传　　真	61379289
设立日期	2005-11-25	负 责 人	陈晓彤		
主营业务	企业形象策划，企业管理咨询，公共关系咨询，企业营销策划。				

企业名称	上海埃姆斯会议服务有限公司				
企业地址	上海市静安区昌平路 990 号 6 号楼 6205-Y 室（200040）				
投资总额	14 万 USD	电　　话	62493262	传　　真	62491571
设立日期	2005-11-25	负 责 人	刘雯益		
主营业务	商务咨询，会展会议服务咨询，展览展示服务咨询，企业管理信息咨询。				

企业名称	怡善酒店公寓管理（上海）有限公司				
企业地址	上海市长宁区虹桥路 1115 弄 19 号 301 室（200051）				
投资总额	20 万 USD	电　　话	62090531	传　　真	62702732
设立日期	2005-11-25	负 责 人	梁惠康		
主营业务	酒店管理，餐饮管理并提供相关技术咨询服务。				

企业名称	路通展览展示设计（上海）有限公司				
企业地址	上海市静安区昌平路 68 号 301A 室（200041）				
投资总额	14 万 USD	电　　话	62713319	传　　真	62715479
设立日期	2005-11-25	负 责 人	ULRICH SAUERWEIN		
主营业务	多媒体图文制作（不含广告、影视制作业务），展台设计和会展咨询。				

企业名称	高禄富（上海）管理咨询有限公司				
企业地址	上海市静安区延安中路 1440 号阿波罗大厦 618 室（200040）				
投资总额	14 万 USD	电　　话	62485012	传　　真	62493486
设立日期	2005-11-25	负 责 人	KURATA　TOSHIO（仓田俊男）		
主营业务	投资咨询，企业管理咨询，企业形象策划咨询，企业策划咨询。				

企业名称	海天地商务咨询（上海）有限公司				
企业地址	上海市龙吴路 420 号 5 号楼 3 楼（200232）				
投资总额	14 万 USD	电　　话	54360730	传　　真	54360772
设立日期	2005-11-24	负 责 人	黄裕德		
主营业务	商务咨询，投资咨询，企业管理咨询，贸易信息咨询。				

企业名称	安普吉酒店管理（上海）有限公司				
企业地址	上海市浦东南路 855 号 20 楼 I 座（200120）				
投资总额	15 万 USD	电　话	68886023	传　真	68886021
设立日期	2005-11-24	负责人	DANIEL TENG		
主营业务	酒店管理，会所管理，休闲活动中心管理，酒店管理咨询。				

企业名称	沛升达商务咨询（上海）有限公司				
企业地址	上海长宁区虹桥路 2266 号 10 号楼 201 室（200335）				
投资总额	14 万 USD	电　话	62185630	传　真	62185631
设立日期	2005-11-23	负责人	RICHARD HENRY GODDARD		
主营业务	商务咨询，企业管理咨询（涉及行政许可的凭许可证经营）。				

企业名称	住友电工咨询（上海）有限公司				
企业地址	上海市长宁区延安西路 2201 号上海国际贸易中心 2015 室（200336）				
投资总额	14 万 USD	电　话	62785978	传　真	63785968
设立日期	2005-11-17	负责人	西村义明		
主营业务	营销咨询，商务咨询，企业管理咨询，生产管理咨询，技术咨询。				

企业名称	万生景观设计咨询（上海）有限公司				
企业地址	上海市长宁区天山路 600 弄 1 号 2102 室（200335）				
投资总额	15 万 USD	电　话	61457333	传　真	61457456
设立日期	2005-11-17	负责人	CHEN JIN （陈劲）		
主营业务	景观设计咨询，城市设计咨询，建筑及装饰设计咨询，园林设计咨询。				

企业名称	法兴（上海）融资租赁有限公司				
企业地址	上海市卢湾区湖滨路 222 号企业天地 1514 室（200020）				
投资总额	1000 万 USD	电　话	52080666	传　真	52080666
设立日期	2005-11-17	负责人	JEAN-FRANCOIS GAUTIER		
主营业务	1．融资租赁业务；2．租赁及相关服务；3．向国内外购买租赁财产。				

企业名称	环旺（上海）投资咨询有限公司				
企业地址	上海市浦东新区杨高北路 528 号 14 幢 147 室（201208）				
投资总额	14 万 USD	电　话	62135321	传　真	63875288
设立日期	2005-11-17	负责人	品野修三		
主营业务	投资咨询，企业管理咨询，商务信息咨询，财务管理咨询。				

企业名称	西易商务咨询（上海）有限公司				
企业地址	上海市浦东新区北张家浜路 68 号 6 幢 627 室（200122）				
投资总额	15 万 USD	电　话	53966981	传　真	53966700
设立日期	2005-11-17	负责人	WONG MENG CHOONG		
主营业务	商务咨询，国际经济信息咨询，贸易信息咨询，财务管理咨询。				

企业名称	鼎族企业营销策划（上海）有限公司				
企业地址	上海市浦东新区浦电路 438 号 602B 室（200122）				
投资总额	14 万 USD	电　话	58354067	传　真	58355822
设立日期	2005-11-17	负责人	FENG JIA YI		
主营业务	为酒店提供会籍营销策划服务，企业营销策划，企业形象策划。				

企业名称	上海艺阁盛装饰工程设计咨询有限公司				
企业地址	上海市外高桥保税区美桂北路 317 号第三层 C 部位（200131）				
投资总额	14 万 USD	电　话	61044988	传　真	61044989
设立日期	2005-11-16	负责人	刘永明		
主营业务	室内装潢设计咨询，展览展台设计咨询，橱窗布置咨询，舞台布置咨询。				

企业名称	汇丰晋信基金管理有限公司				
企业地址	上海市浦东新区富城路 99 号震旦大厦 35 楼 01，02，04 室（200120）				
投资总额	20000 万 RMB	电　话	38789898	传　真	68881925
设立日期	2005-11-16	负责人	杨小勇		
主营业务	发起、设立、登记、管理和销售经证监会批准的基金。				

企业名称	柯斯顿贝塔（上海）投资咨询有限公司				
企业地址	上海市浦东新区乳山路 227 号 379 室（200120）				
投资总额	10 万 USD	电　话	58882515	传　真	58882515
设立日期	2005-11-15	负责人	ALVERT IKYU HAWK		
主营业务	投资咨询，项目管理咨询，企业管理咨询，贸易咨询，国际经济咨询。				

企业名称	圣拓管理咨询（上海）有限公司				
企业地址	上海市浦东新区北张家浜路 68 号 6 幢 308 室（200127）				
投资总额	14 万 USD	电　话	64691193	传　真	64681163
设立日期	2005-11-14	负责人	PANG SUNG HWAN		
主营业务	工程管理咨询，工程技术咨询，投资信息咨询，企业管理咨询。				

企业名称	上海顺龙商务咨询有限公司				
企业地址	上海市黄浦区西藏中路 268 号 4908-27 室（200001）				
投资总额	14 万 USD	电　话	32100232	传　真	
设立日期	2005-11-11	负责人	蔡　莹		
主营业务	国际经济咨询，科技咨询，投资咨询，贸易信息咨询，企业管理咨询。				

企业名称	上海威斯特摄影服务有限公司				
企业地址	上海市浦东新区昌里路 335 号 103A 室（201204）				
投资总额	14 万 USD	电　话	64330077	传　真	64157524
设立日期	2005-11-10	负责人	西江胜巳		
主营业务	摄影，摄像，以及相关业务的咨询。				

企业名称	意念创中商务咨询（上海）有限公司				
企业地址	上海市长宁区绥宁路 805 号 4 幢 202 室（201106）				
投资总额	14 万 USD	电　话	51175705	传　真	
设立日期	2005-11-10	负责人	马慧恩		
主营业务	商务咨询，投资咨询，旅游信息咨询，企业形象策划，会务服务。				

企业名称	温富文（上海）商务咨询有限公司				
企业地址	上海市卢湾区绍兴路 17 弄 3 号-4 号底室 J8（200021）				
投资总额	14 万 USD	电　话	53830055	传　真	53830262
设立日期	2005-11-10	负责人	陈家辉		
主营业务	企业形象策划与推广，市场营销策划与推广，投资咨询，商务咨询。				

企业名称	贤蛰泓投资顾问（上海）有限公司				
企业地址	上海市闵行区黎安路 668 号（201100）				
投资总额	14 万 USD	电　话	64880906	传　真	64880906
设立日期	2005-11-9	负责人	郭轩豪		
主营业务	投资咨询，商务咨询，企业营销策划，企业管理咨询。				

企业名称	艾帝亚商务咨询（上海）有限公司				
企业地址	上海市长宁区新华路 365 弄 1 号 105 室（200052）				
投资总额	18 万 USD	电　话	54960813	传　真	54960663
设立日期	2005-11-8	负责人	井手信子		
主营业务	商务咨询，企业管理咨询（涉及行政许可的凭许可证经营）。				

企业名称	盛维商务顾问（上海）有限公司				
企业地址	上海市卢湾区淮海中路 333 号瑞安广场 1604 室（200020）				
投资总额	40 万 USD	电　话	61289288	传　真	61289289
设立日期	2005-11-8	负责人	MARC JOSEPH VERISSIMO		
主营业务	投资咨询，商务咨询，国际经济咨询。				

企业名称	珉钧集装箱服务（上海）有限公司				
企业地址	上海市浦东新区海徐路 939 号 5 幢 308 室（200137）				
投资总额	1000 万港币	电　话	64686804	传　真	
设立日期	2005-11-7	负责人	陈闽仲		
主营业务	仓储，集装箱堆存，维修及相关技术服务（限分支机构经营）。				

企业名称	迈启新力管理咨询（上海）有限公司				
企业地址	上海市浦东新区浦东南路 360 号 6 楼 D 座（200122）				
投资总额	14 万 USD	电　话	68862777	传　真	68862313
设立日期	2005-11-7	负责人	TANG BUCK PENG		
主营业务	企业管理咨询，营销咨询，投资咨询，国际经济信息咨询。				

企业名称	豪亚商务咨询（上海）有限公司				
企业地址	上海市共和新路 3050 号 11 幢 322 室（200127）				
投资总额	10 万 RMB	电　话	62267546	传　真	62267546
设立日期	2005-11-4	负责人	OUWENEEL DESIREE MARGUERITE		
主营业务	商务咨询，贸易信息咨询（涉及行政许可的，凭许可证经营）。				

企业名称	澳娱清洁服务（上海）有限公司				
企业地址	上海市长宁区遵义路 100 号 B 栋 885 室（200051）				
投资总额	20 万 USD	电　话	62370018	传　真	
设立日期	2005-11-4	负责人	陈伟能		
主营业务	环境清洁，清洁服务（除汽车、外墙清洗）及其相关的咨询服务。				

企业名称	上海茱丽雅婚纱摄影有限公司				
企业地址	上海市长宁区番禺路 48 号（200052）				
投资总额	25 万 USD	电　话	51551818	传　真	52300662
设立日期	2005-11-4	负责人	陈美琼		
主营业务	婚纱摄影，礼服出租并提供相关配套服务。				

企业名称	熙琨建筑工程咨询（上海）有限公司				
企业地址	上海市浦东新区浦电路 438 号 601C 室（200122）				
投资总额	14 万 USD	电　　话	54039978	传　　真	54039978
设立日期	2005-11-3	负 责 人	KWAN HOCK HAI		
主营业务	建筑工程咨询，项目管理咨询，建筑设计咨询，室内装潢设计咨询。				

企业名称	巴布科克能源技术（上海）有限公司				
企业地址	上海市浦东新区银城路 101 号 27 楼 032 室（200120）				
投资总额	50 万 USD	电　　话	68410505	传　　真	68415547
设立日期	2005-11-3	负 责 人	JOHN RICHARD PROSSER		
主营业务	能源技术的研究，开发及相关技术服务，动力系统的设计、安装、调试。				

企业名称	韩娜商务咨询（上海）有限公司				
企业地址	上海市闵行区吴中路 1238 号六楼 A 座（201103）				
投资总额	14 万 USD	电　　话	64465513	传　　真	64463932
设立日期	2005-11-3	负 责 人	LEE SANG JOO		
主营业务	商务咨询，企业管理咨询，贸易信息咨询（咨询类项目除经纪）。				

企业名称	上海骏地建筑设计咨询有限公司				
企业地址	上海市闵行区闵北路 88 弄 30 号-109 室（201102）				
投资总额	14 万 USD	电　　话	58399469	传　　真	58399469
设立日期	2005-11-3	负 责 人	凡　丁		
主营业务	建筑设计咨询，景观园艺设计咨询，室内设计咨询。				

企业名称	上海美都管理咨询有限公司				
企业地址	上海市漕溪北路 88 号 2201 室（200030）				
投资总额	14 万 USD	电　　话	54891150	传　　真	54891151
设立日期	2005-11-2	负 责 人	TANG KW ONG KIN		
主营业务	投资咨询，管理咨询，商务咨询，教育管理咨询，教育信息咨询。				

企业名称	麦科设计咨询（上海）有限公司				
企业地址	上海市卢湾区绍兴路 17 弄 3 号-4 号 R 座 04 室（200020）				
投资总额	14 万 USD	电　　话	65460866	传　　真	65460857
设立日期	2005-11-2	负 责 人	MICHAEL JIANLEE		
主营业务	产品外观设计咨询，电脑图文设计制作，企业形象策划，企业信息咨询。				

企业名称	容广建筑工程咨询（上海）有限公司				
企业地址	上海市闵行区虹梅路 3203 号 511 室（201103）				
投资总额	101 万 USD	电　　话	54225058	传　　真	
设立日期	2005-11-2	负 责 人	陈志铭		
主营业务	建筑设计及装饰设计咨询，工程管理及施工咨询，企业管理咨询。				

企业名称	埃必士建筑工程技术（上海）有限公司				
企业地址	上海市宝山区淞兴西路 234 号 3F-363 室（200940）				
投资总额	100 万 USD	电　　话	65978775	传　　真	65626477
设立日期	2005-11-2	负 责 人	LEE IN SUB（李仁燮）		
主营业务	地坪处理及相关技术咨询服务（以上涉及行政许可的凭许可证经营）。				

企业名称	特纳唐逊工程项目咨询（上海）有限公司				
企业地址	上海市杨浦区赤峰路 65 号同济科技园 903-23 室（200092）				
投资总额	14 万 USD	电　　话	68860700	传　　真	68860208
设立日期	2005-11-1	负 责 人	VINCENT PATRICK CLANCY		
主营业务	工程项目咨询，建设工程管理咨询，建设工程设计咨询，成本咨询。				

企业名称	史楷琳（上海）建筑装潢设计咨询有限公司				
企业地址	上海市南京西路 1486 号 1 号楼 209 室（200040）				
投资总额	14 万 USD	电　　话	62586877	传　　真	62996291
设立日期	2005-11-1	负 责 人	KATHRYN JOAN SCOTT		
主营业务	建筑设计咨询，装潢设计咨询，家居产品设计咨询。				

企业名称	杜莎夫人展览（上海）有限公司				
企业地址	上海市黄浦区南京西路 2-68 号新世界商厦第十层（200002）				
投资总额	624 万英镑	电　　话	63587878	传　　真	63722228
设立日期	2005-10-31	负 责 人	BRET PIDGON		
主营业务	蜡像互动展示，附设卖品部，餐厅，咖啡吧，承办宴会，投币式自动售货机服务。				

企业名称	福欧仕德商务咨询（上海）有限公司				
企业地址	上海市胶州路 58 号 312 室 A011 座（200040）				
投资总额	14 万 USD	电　　话	62883603	传　　真	62883611
设立日期	2005-10-28	负 责 人	TREVOR MCCORMICK		
主营业务	商务咨询，投资咨询，企业管理咨询（除中介）。				

企业名称	敖特商务咨询（上海）有限公司				
企业地址	上海市浦东新区北张家浜路 68 号 6 幢 142 室（200122）				
投资总额	14 万 USD	电　　话	63806338	传　　真	63806554
设立日期	2005-10-27	负 责 人	潘正浩		
主营业务	市场营销策划，会展咨询，品牌营销策划，设计创意咨询（除广告外）。				

企业名称	高达（上海）工程咨询有限公司				
企业地址	上海市长宁区延安西路 2299 号世贸商城 10G28 室（200336）				
投资总额	14 万 USD	电　　话	62585522	传　　真	52132052
设立日期	2005-10-27	负 责 人	CHRISTOPHER FREDERICK SWINDELLS		
主营业务	工程地质勘查咨询，岩土工程设计咨询，岩土工程监理咨询，岩土工程治理咨询。				

企业名称	百奥维达投资咨询（上海）有限公司				
企业地址	上海市北京西路 1701 号静安中华大厦 2010 室（200040）				
投资总额	14 万 USD	电　　话	51320477	传　　真	51320477
设立日期	2005-10-27	负 责 人	CHEN LIAN YONG		
主营业务	投资咨询，企业管理咨询，贸易信息咨询，国际经济咨询。				

企业名称	锐衡（上海）咨询有限责任公司				
企业地址	上海市卢湾区淮海中路 222 号力宝广场 1002－1005 室（200021）				
投资总额	15 万欧元	电　　话	53563400	传　　真	53563420
设立日期	2005-10-26	负 责 人	ROBERTO GILARDINO		
主营业务	投资咨询，管理咨询，财务咨询，商务咨询，企业登记代理服务。				

企业名称	上海葩尔统商务咨询有限公司				
企业地址	上海市长宁区娄山关路 85 号 A 座 2107 室（200051）				
投资总额	14 万 USD	电　　话	32283251	传　　真	32283250
设立日期	2005-10-25	负 责 人	平川尚市		
主营业务	商务咨询，投资咨询，科技信息咨询，国际经贸咨询，企业管理咨询。				

企业名称	佳创管理咨询（上海）有限公司				
企业地址	上海市浦东新区浦东南路 1078 号上海中融大厦 908 室（200122）				
投资总额	14 万 USD	电　　话	58790360	传　　真	58791905
设立日期	2005-10-24	负 责 人	HAKAN ANDERSSON		
主营业务	与物流有关的管理咨询，商务咨询，经济信息咨询。				

企业名称	华伟力投资咨询（上海）有限公司				
企业地址	上海市漕溪北路 737 弄 1 号 801 室（200030）				
投资总额	14 万 USD	电　　话	54257378	传　　真	64282983
设立日期	2005-10-24	负 责 人	童中白		
主营业务	投资咨询，投资管理咨询，企业管理咨询，国际经济咨询，科技咨询。				

企业名称	比意安企业管理咨询（上海）有限公司				
企业地址	上海市浦东新区北张家浜路 68 号 6 幢 628 室（200122）				
投资总额	15 万 USD	电　　话	52985060	传　　真	52985061
设立日期	2005-10-20	负 责 人	LUCA BIRINDELLI		
主营业务	投资咨询，商务咨询，企业管理咨询，贸易信息咨询。				

企业名称	意氏企业管理咨询（上海）有限公司				
企业地址	上海市浦东新区乳山路 227 号 366 室（200120）				
投资总额	14 万 USD	电　　话	52283212	传　　真	52283027
设立日期	2005-10-20	负 责 人	ANDREA SECCHI		
主营业务	工业品设计技术咨询，企业管理咨询，营销策划，商务咨询。				

企业名称	上海崇德企业管理咨询有限公司				
企业地址	上海市卢湾区淮海中路 93 号大上海时代广场 26 楼 06J 号室（200021）				
投资总额	14 万 USD	电　　话	51179307	传　　真	51179307
设立日期	2005-10-20	负 责 人	LAUREL ELIZABETH GROSSMAN		
主营业务	企业管理咨询，投资管理咨询，商务咨询，经济信息咨询。				

企业名称	上海启裕投资顾问有限公司				
企业地址	上海市秣陵路 50 号 204 室（200070）				
投资总额	18 万 USD	电　　话	33030408	传　　真	33030408
设立日期	2005-10-20	负 责 人	PHKP WAYNE		
主营业务	投资咨询，商务咨询，企业管理咨询，企业形象策划，物业管理。				

企业名称	能率（中国）投资有限公司				
企业地址	上海市奉贤区大叶公路 7318 号（201405）				
投资总额	3000 万 USD	电　　话	58994547	传　　真	58994547
设立日期	2005-10-19	负 责 人	熊泽英和		
主营业务	在国家鼓励、允许外商投资的领域依法进行投资。				

企业名称	东沛投资咨询（上海）有限公司				
企业地址	上海市江场西路 395 号 107 室（200435）				
投资总额	14 万 USD	电　话	66313362	传　真	66313372
设立日期	2005-10-19	负 责 人	郭　斌		
主营业务	投资咨询，商务咨询，国际贸易信息咨询，企业管理咨询。				

企业名称	信诚基金管理有限公司				
企业地址	上海市浦东陆家嘴东路 166 号中国保险大厦 8 楼（200120）				
投资总额	10000 万 RMB	电　话	68649788	传　真	58826673
设立日期	2005-9-30	负 责 人	张翔燕		
主营业务	证券投资基金管理业务中国证监会批准基金管理公司的其他业务。				

企业名称	诺风景观设计咨询（上海）有限公司				
企业地址	上海市张江高科技园区郭守敬路 351 号 2 号楼 691-07 室（201203）				
投资总额	14 万 USD	电　话	68530511	传　真	58512743
设立日期	2005-10-18	负 责 人	YOSHINARI OKAWA （大川善成）		
主营业务	景观设计咨询，建筑设计咨询，装潢设计咨询，图文设计。				

企业名称	吉港建筑工程设备（上海）有限公司				
企业地址	上海市外高桥保税区美桂北路 317 号 3 层 B 部位（200131）				
投资总额	6.2 万 USD	电　话	62030146	传　真	62033708
设立日期	2005-9-29	负 责 人	DAVLD JAMES STEWART		
主营业务	保税区内以建筑工程设备为主的仓储，分拨，技术开发，技术培训。				

企业名称	上海逸飞创意实业发展有限公司				
企业地址	上海市浦东新区浦东大道 981 号 101 室（200135）				
投资总额	1000 万 USD	电　话	61633613	传　真	61112770
设立日期	2005-10-18	负 责 人	胡　岚		
主营业务	在受让地块内从事房地产开发，经营，物业管理相应配套服务设施建设。				

企业名称	鸿忻企业管理咨询（上海）有限公司				
企业地址	上海市浦东新区港城路 2 号（200137）				
投资总额	7 万 USD	电　话	54046698	传　真	54039687
设立日期	2005-9-28	负 责 人	郑玉丞		
主营业务	企业管理咨询。				

企业名称	理想威普家庭服务（上海）有限公司				
企业地址	上海市浦东新区上南路 4184 号 106 室（200126）				
投资总额	14 万 USD	电　话	38954830	传　真	68796988
设立日期	2005-10-18	负 责 人	丁志铭		
主营业务	建筑物室内清洁服务，会务服务，家庭软装潢咨询。				

企业名称	华镫商务管理顾问（上海）有限公司				
企业地址	上海市浦东新区北张家浜路 68 号 6 幢 445 室（200120）				
投资总额	14 万 USD	电　话	64453810	传　真	64453002
设立日期	2005-9-27	负 责 人	徐耀祥		
主营业务	投资管理及管理技术的研究、开发，自有成果的转让，品牌管理咨询。				

企业名称	安舶船舶技术咨询（上海）有限公司				
企业地址	上海市浦东新区浦东大道 1 号 1204 室（200120）				
投资总额	14 万 USD	电　话	68860181	传　真	68860182
设立日期	2005-10-14	负 责 人	张尚纯		
主营业务	船舶技术咨询，环保信息咨询，科技咨询，商务咨询，展览会务咨询。				

企业名称	胜区投资咨询（上海）有限公司				
企业地址	上海市长宁区绥宁路 805 号 4 幢 102 室（200335）				
投资总额	14 万 USD	电　话	51167888	传　真	51818237
设立日期	2005-9-27	负 责 人	ALVIN KHOO CHIAN HOWE		
主营业务	投资咨询，信息技术咨询，企业管理咨询，商务信息咨询，环保咨询。				

企业名称	上海先科桥梁隧道检测加固工程技术有限公司				
企业地址	上海市天目中路 291 号 201 室（200070）				
投资总额	400 万 RMB	电　话	51225097	传　真	63817090
设立日期	2005-10-13	负 责 人	柳京京		
主营业务	桥梁隧道加固工程设计与施工，建筑物纠偏、平移、结构补强。				

企业名称	美瀚投资管理咨询（上海）有限公司				
企业地址	上海市浦东新区花园石桥 33 号花旗银行大厦 23 楼 2348 室（200120）				
投资总额	50 万 USD	电　话	68669922	传　真	58486073
设立日期	2005-9-26	负 责 人	MICHAEL JOHN LANGHORNE		
主营业务	商务咨询，投资咨询，企业管理咨询，科技咨询，国际经济信息咨询。				

企业名称	上海国际商务有限公司				
企业地址	上海市浦东新区上南路 3327 号（200126）				
投资总额	100 万 USD	电　话	64017195	传　真	64017069
设立日期	2005-10-12	负 责 人	陆秉孙		
主营业务	食品、百货、木制品、皮革、工艺品、仪器仪表、批发、进出口。				

企业名称	贝肯商务咨询（上海）有限公司				
企业地址	上海市浦东新区花园石桥路 33 号花旗银行大厦 2341 室（200122）				
投资总额	14 万 USD	电　话	61010295	传　真	61010110
设立日期	2005-9-26	负 责 人	BAHADUR NARAYANA		
主营业务	商务咨询，投资咨询，企业管理咨询，贸易信息咨询。				

企业名称	三煌投资咨询（上海）有限公司				
企业地址	上海市徐汇区龙华西路 1 号（200232）				
投资总额	200 万 USD	电　话	54096738	传　真	51596388
设立日期	2005-10-12	负 责 人	MANPO WEI		
主营业务	投资咨询，投资中介，企业管理咨询，汽车信息咨询，物业管理。				

企业名称	上海创衍投资咨询有限公司				
企业地址	上海市嘉定区马陆镇嘉戬公路 341 号 2 幢（201801）				
投资总额	85 万 USD	电　话	59100938	传　真	59100938
设立日期	2005-9-26	负 责 人	金　良		
主营业务	投资咨询，商务咨询，企业管理咨询。				

企业名称	博地（上海）体育俱乐部管理咨询有限公司				
企业地址	上海市长宁区遵义路 300 号 201 室（200051）				
投资总额	50 万 USD	电　话	68120287	传　真	68120287
设立日期	2005-10-12	负 责 人	吕芳彦		
主营业务	体育俱乐部的经营管理咨询。				

企业名称	英爱孚文化交流咨询（上海）有限公司				
企业地址	上海市钦州路 770 号（200233）				
投资总额	14 万 USD	电　话	61336031	传　真	61336080
设立日期	2005-9-23	负 责 人	JOANNA LOUISE ELSON		
主营业务	文化交流信息咨询，旅游信息咨询，投资咨询，商务咨询。				

企业名称	宏悦会展服务（上海）有限公司				
企业地址	上海市浦东新区张杨路 707 号 2005-2006 室（200122）				
投资总额	14 万 USD	电　话	58353568	传　真	58353568
设立日期	2005-10-12	负 责 人	梁志昌		
主营业务	展览服务，会务服务，室内设计，企业形象策划，国际经济信息咨询。				

企业名称	愈奇投资咨询（上海）有限公司				
企业地址	上海市张江高科技园区郭守敬路 498 号 16 幢 17405 室（201203）				
投资总额	14 万 USD	电　话	51314277	传　真	51314279
设立日期	2005-9-22	负 责 人	ROBERT C.MC CORMACK JR		
主营业务	投资咨询，国际经济咨询，贸易信息咨询，企业管理咨询，企业策划。				

企业名称	上海怡乐斯企业管理服务有限公司				
企业地址	上海市浦东新区博兴路 195 号 234 室（200129）				
投资总额	120 万 RMB	电　话	64263615	传　真	64263615
设立日期	2005-10-10	负 责 人	丹尼斯・鲍尔・安德烈		
主营业务	企业管理服务，为陆上及海上工程项目提供后勤支持服务。				

企业名称	友龙（上海）投资管理咨询有限公司				
企业地址	上海市浦东新区崮山路 951 号主楼 703 室（200135）				
投资总额	50 万 USD	电　话	54660917	传　真	54660918
设立日期	2005-9-22	负 责 人	YUEJIAN WANG		
主营业务	投资咨询，企业管理咨询，市场信息咨询，企业营销策划咨询。				

企业名称	迈进外墙建筑设计咨询（上海）有限公司				
企业地址	上海市浦东新区北张家浜路 68 号 6 幢 201 室（200122）				
投资总额	15 万 USD	电　话	64668375	传　真	54654093
设立日期	2005-10-10	负 责 人	LAURISON JAMES SMITH		
主营业务	建筑设计咨询，室内设计咨询，投资咨询，企业管理咨询，商务咨询。				

企业名称	傲环企业管理咨询（上海）有限公司				
企业地址	上海市南京西路 1266 号 2511 室（200040）				
投资总额	14 万 USD	电　话	62882288	传　真	62882138
设立日期	2005-9-22	负 责 人	朱海燕		
主营业务	企业管理咨询，营销策划咨询，投资咨询，国际经济咨询，贸易咨询。				

企业名称	上海讯联管理顾问有限公司				
企业地址	上海市长宁区天山支路 154 号 206－J 室（200051）				
投资总额	14 万 USD	电　　话	62882593	传　　真	62882593
设立日期	2005-9-22	负 责 人	蔡明达		
主营业务	国际商务咨询，投资咨询，企业管理咨询，财务咨询，房地产信息咨询。				

企业名称	任仕高企业管理咨询（上海）有限公司				
企业地址	上海市张江高科技园区郭守敬路 351 号 2 号楼 69－04 室（201203）				
投资总额	14 万 USD	电　　话	62370450	传　　真	62370450
设立日期	2005-9-20	负 责 人	VANDE KERKHOF PETRUS		
主营业务	企业管理咨询，投资咨询，商务咨询，国际经济咨询。				

企业名称	中盟舜源投资管理咨询（上海）有限公司				
企业地址	上海市浦东新区东方路 3409 号 7 号楼 359 室（200120）				
投资总额	20 万 USD	电　　话	27990987	传　　真	62495758
设立日期	2005-9-20	负 责 人	YAN KOCK YEUN		
主营业务	投资管理咨询，投资咨询，企业管理咨询，国际经济信息咨询。				

企业名称	百业通商务咨询（上海）有限公司				
企业地址	上海市浦东新区三林路 234 号 4 号楼 309 室（200124）				
投资总额	14 万 USD	电　　话	62709938	传　　真	62709965
设立日期	2005-9-20	负 责 人	TAN YEOW HORNG		
主营业务	投资咨询，商务咨询。				

企业名称	威立雅水处理服务（上海）有限公司				
企业地址	上海市浦东新区历城路 70 号甲 1026A 室（200126）				
投资总额	14 万 USD	电　　话	52925599	传　　真	52925860
设立日期	2005-9-20	负 责 人	ANNE DE BAGNEUX		
主营业务	提供供水处理和污水处理的技术服务。				

企业名称	乐瑞商务咨询（上海）有限公司				
企业地址	上海市闵行区虹梅路 3203 号 205 室（201103）				
投资总额	14 万 USD	电　　话	64468999	传　　真	63862199
设立日期	2005-9-20	负 责 人	MARTIN SCHWARTZ		
主营业务	贸易咨询，产品采购咨询，投资咨询，企业管理咨询，经济信息咨询。				

企业名称	上海伯百乐商务咨询有限公司				
企业地址	上海市长宁区天山支路 154 号 406D 室（200051）				
投资总额	14 万 USD	电　　话	61204108	传　　真	61204109
设立日期	2005-9-19	负 责 人	猪股护		
主营业务	商务咨询，企业策划咨询，投资信息咨询，企业形象策划。				

企业名称	上海士畅商务咨询有限公司				
企业地址	上海市闵行区华漕镇纪翟路 1199 弄 B 办公楼 3 楼（201107）				
投资总额	50 万 USD	电　　话	62961199	传　　真	
设立日期	2005-9-19	负 责 人	方耀明		
主营业务	国际经贸信息咨询，科技信息咨询，商品营销，商品信息咨询及其服务。				

企业名称	西纳可商务咨询（上海）有限公司				
企业地址	上海市张江高科技园区碧波路 690 号 2 号楼 401－03，401－18 室（201203）				
投资总额	14 万 USD	电　　话	62676132	传　　真	61041423
设立日期	2005-9-16	负 责 人	JOHAN WALLIN		
主营业务	商务咨询，经济信息咨询，企业登记代理，投资咨询，企业管理咨询。				

企业名称	上海傲孚企业形象策划有限公司				
企业地址	上海市卢湾区绍兴路 23 号 1 号楼 205 室（200020）				
投资总额	14 万 USD	电　　话	62710404	传　　真	
设立日期	2005-9-16	负 责 人	周绪腾		
主营业务	会展策划与设计咨询，企业形象策划与推广市场营销策划与商务咨询。				

企业名称	上海美普氏企业管理有限公司				
企业地址	上海市共和新路 3050 号 11 幢 125 室（200072）				
投资总额	14 万 USD	电　　话	62484186	传　　真	62482472
设立日期	2005-9-15	负 责 人	赵　骏		
主营业务	企业管理咨询，商务咨询，投资咨询，企业形象设计，策划。				

企业名称	施陶普建筑系统设备（上海）有限公司				
企业地址	上海市浦东新区张江镇三灶路 518 号 2 幢（200126）				
投资总额	15 万 USD	电　　话	50202350	传　　真	50202350
设立日期	2005-9-14	负 责 人	HANS JAKOB STRAUB		
主营业务	设计，生产建筑用供暖阀门，管道，控制系统及零部件，销售自产产品。				

企业名称	新秦商务咨询（上海）有限公司				
企业地址	上海市嘉定工业区叶城路 1288 号 5 号楼 B 区 110 室（201821）				
投资总额	14 万 USD	电　　话	30297487	传　　真	30297489
设立日期	2005-9-12	负 责 人	端木正和		
主营业务	商务咨询，企业形象设计咨询，国际经济咨询，计算机软件的技术开发。				

企业名称	泓策知识产权咨询（上海）有限公司				
企业地址	上海市长宁区延安西路 2633 号 B201 室（200335）				
投资总额	50 万 USD	电　　话	51099899	传　　真	67635773
设立日期	2005-9-12	负 责 人	王　唯		
主营业务	知识产权咨询，国际经济咨询，投资咨询，企业管理咨询，商务咨询。				

企业名称	钦伟建筑设计咨询（上海）有限公司				
企业地址	上海市静安区昌平路 710 号 B 座 018 室（200040）				
投资总额	14 万 USD	电　　话	62159337	传　　真	
设立日期	2005-9-12	负 责 人	张永武		
主营业务	为工程建筑项目提供投资咨询，设计咨询，项目管理咨询，景观咨询。				

企业名称	上海东方饭店管理有限公司				
企业地址	上海市黄浦区金陵东路 1 号（200001）				
投资总额	7500 万 RMB	电　　话	63280010	传　　真	63203311
设立日期	2005-9-12	负 责 人	TSENG-KWAN PEN		
主营业务	酒店改建与经营管理及其配套服务，咨询企划，酒店管理培训服务。				

企业名称	艾伟亚商务咨询（上海）有限公司				
企业地址	上海市黄浦区广东路 689 号 1012 室（200001）				
投资总额	14 万 USD	电　　话	63410213	传　　真	63410217
设立日期	2005-9-12	负 责 人	WILLIAM ROBERT GALLAGHER		
主营业务	商务咨询。				

企业名称	上海森杰投资管理有限公司				
企业地址	上海市浦东新区莲安东路 367 弄 365 号（201204）				
投资总额	510 万 RMB	电　　话	61638400	传　　真	61638411
设立日期	2005-9-9	负 责 人	徐　骏		
主营业务	投资管理，投资咨询，企业管理咨询，市场营销咨询，企业形象策划。				

企业名称	上海城投绿衍污水处理有限公司				
企业地址	上海市青浦区华新镇华强街 584 号（201708）				
投资总额	1800 万港币	电　　话	59774477	传　　真	59774477
设立日期	2005-9-9	负 责 人	钟炫柱		
主营业务	从事污水处理厂的建设，经营，并提供相关技术服务。				

企业名称	领瀚投资管理咨询（上海）有限公司				
企业地址	上海市浦东新区杨园南路 116 号 3 幢 120 室（201208）				
投资总额	100 万 USD	电　　话	52280976	传　　真	52280976
设立日期	2005-9-8	负 责 人	梁　鄂		
主营业务	投资管理咨询，企业管理咨询，商务策划咨询，环保信息咨询。				

企业名称	奥斯普建筑设计咨询（上海）有限公司				
企业地址	上海市卢湾区建国中路 10 号 3 号楼 3204－3206 室（200020）				
投资总额	14 万 USD	电　　话	64458041	传　　真	64450160
设立日期	2005-9-7	负 责 人	STEPHEN JOHN PIMBLEY		
主营业务	建筑设计咨询，环境艺术设计咨询，园林景观设计咨询，室内设计咨询。				

企业名称	逸兰公寓管理（上海）有限公司				
企业地址	上海市卢湾区淡水路 135 号 2 层 202，203 室（200021）				
投资总额	14 万 USD	电　　话	23061931	传　　真	23061935
设立日期	2005-9-7	负 责 人	谭伟英		
主营业务	从事酒店式公寓及服务式公寓的管理。				

企业名称	燃熙企业管理咨询（上海）有限公司				
企业地址	上海市张江高科技园区郭守敬路 351 号 2 号楼 691－02 室（201203）				
投资总额	10 万 USD	电　　话	68407100	传　　真	22116111
设立日期	2005-9-6	负 责 人	KERRY SUSAN DRIVER		
主营业务	企业管理咨询，市场营销咨询，企业形象策划，商务信息咨询。				

企业名称	上海中集洋山集装箱服务有限公司				
企业地址	上海市南汇区南芦公路 2158 号 101 室（201306）				
投资总额	500 万 USD	电　　话	65143783	传　　真	66155700
设立日期	2005-9-6	负 责 人	赵庆生		
主营业务	各类集装箱的中转，堆存，拆拼及上述服务过程中货物的仓储。				

企业名称	星鸿鹄（上海）文化咨询有限公司				
企业地址	上海市长宁区北翟路163弄30号5幢205C室（200335）				
投资总额	14万USD	电　　话	52370590	传　　真	55967596
设立日期	2005-9-6	负 责 人	廖德明		
主营业务	商务信息咨询，企业管理咨询，投资咨询，文化策划，电脑图文设计。				

企业名称	上海东穗投资咨询有限公司				
企业地址	上海市松江区中山街道茸兴路368号2号厂房2楼（201613）				
投资总额	14万USD	电　　话	52531119	传　　真	52531316
设立日期	2005-9-6	负 责 人	久佐贺浩史		
主营业务	投资咨询，商务咨询及相关服务。				

企业名称	立卡纽马克室内设计（上海）有限公司				
企业地址	上海市浦东新区罗山路1700弄16号213室（201204）				
投资总额	14万USD	电　　话	62363872	传　　真	62363877
设立日期	2005-9-5	负 责 人	MACGREGOR KENNETH		
主营业务	室内装潢设计，厨房设计，建筑设计咨询，景观设计咨询。				

企业名称	乐健体育健身咨询（上海）有限公司				
企业地址	上海市长宁区北翟路163弄30号5栋205E室（200335）				
投资总额	14万USD	电　　话	62893139	传　　真	64663709
设立日期	2005-9-5	负 责 人	BULLARD PETER WILLIA		
主营业务	健身体育咨询，健康咨询，健身运动设计，健身俱乐部运营管理咨询。				

企业名称	上海恩越思企业管理咨询有限公司				
企业地址	上海市天钥桥路333号2302室（200030）				
投资总额	14万USD	电　　话	62957512	传　　真	
设立日期	2005-9-5	负 责 人	LIM KAH BIN		
主营业务	企业管理咨询，教育信息咨询，会展咨询，投资咨询。				

企业名称	上海美善商务咨询有限公司				
企业地址	上海市共和新路3050号10幢131室（200072）				
投资总额	14万USD	电　　话	62367998	传　　真	62367968
设立日期	2005-9-2	负 责 人	山本宗弘		
主营业务	经济信息咨询，营销咨询，商务咨询，投资信息咨询。				

企业名称	上海汇丞投资顾问有限公司				
企业地址	上海市浦东新区乳山路227号26座301室（200120）				
投资总额	14万USD	电　　话	62882953	传　　真	
设立日期	2005-9-1	负 责 人	杨晓胜（YOUNG，SHIAO-MING）		
主营业务	投资咨询，企业管理咨询，经济信息咨询，环保信息咨询，科技咨询。				

企业名称	歌德企业管理顾问（上海）有限公司				
企业地址	上海市浦东新区峨山路488号1号楼123室（200126）				
投资总额	14万USD	电　　话	64692267	传　　真	64685629
设立日期	2005-9-1	负 责 人	吕秀金		
主营业务	企业管理咨询，投资咨询，贸易信息咨询，环保信息咨询，科技咨询。				

企业名称	索购管理咨询（上海）有限公司				
企业地址	上海市长宁区天山支路154号404F室（200051）				
投资总额	14万USD	电　　话	51085855	传　　真	63511703
设立日期	2005-8-31	负 责 人	MIKE MIKKELBORG		
主营业务	企业管理咨询，投资咨询，贸易信息咨询，国际经济咨询，市场策划。				

企业名称	上海康加美企业管理咨询有限公司				
企业地址	上海市浦东新区罗山路1700弄16号213室（200135）				
投资总额	14万USD	电　　话	54892703	传　　真	54892703
设立日期	2005-8-30	负 责 人	戴震		
主营业务	企业管理咨询，投资咨询，市场营销咨询，国际经济信息咨询。				

企业名称	光洋精工（上海）国际贸易有限公司				
企业地址	上海市长宁区遵义路107号安泰大楼1906室（200051）				
投资总额	3000万USD	电　　话	62375280	传　　真	62375280
设立日期	2005-8-29	负 责 人	佐佐木贤兹		
主营业务	在国家允许外商投资的领域内依法进行投资。				

企业名称	华洋旅游酒店订房（上海）有限公司				
企业地址	上海市黄浦区蓬莱路285弄4号573室（200001）				
投资总额	35万USD	电　　话	62081616	传　　真	62706680
设立日期	2005-8-29	负 责 人	MICHAEL YU MEIN LEE		
主营业务	提供国际酒店系统订房业务及相关的商务咨询，旅游信息咨询。				

企业名称	上海好运运输周转箱租赁有限公司				
企业地址	上海市虹口区四平路710号720－A（200086）				
投资总额	20万USD	电　　话	58799782	传　　真	58799763
设立日期	2005-8-26	负 责 人	刘佑斌		
主营业务	向国内外购买租赁用途的运输周转箱，并从事租赁业务；提供咨询服务。				

企业名称	红芥茉营销咨询（上海）有限公司				
企业地址	上海市长乐路989号2703B室（200031）				
投资总额	14万USD	电　　话	24051682	传　　真	24051700
设立日期	2005-8-26	负 责 人	YASUYUKI KATAGI		
主营业务	企业营销策划，企业形象策划，企业管理咨询，商务咨询，投资咨询。				

企业名称	百灿企业管理顾问（上海）有限公司				
企业地址	上海市浦东新区杨高北路528号14幢114室（200137）				
投资总额	14万USD	电　　话	51028566	传　　真	50986900
设立日期	2005-8-25	负 责 人	徐梦育		
主营业务	商务咨询，投资咨询，企业管理咨询，市场营销策划，计算机软件开发。				

企业名称	上海健宇投资管理咨询有限公司				
企业地址	上海市卢湾区淮海中路98号1301室（200021）				
投资总额	200万港币	电　　话	32504589	传　　真	32504679
设立日期	2005-8-25	负 责 人	郭玉珍		
主营业务	投资管理咨询，酒店管理咨询，旅游信息咨询，商务咨询，会展咨询。				

企业名称	易诚合投资咨询（上海）有限公司				
企业地址	上海市浦东新区港城路2号2322室（200137）				
投资总额	14万USD	电　　话	52080976	传　　真	52080970
设立日期	2005-8-25	负 责 人	王晓卉		
主营业务	投资咨询，企业管理咨询，市场信息分析咨询，商务咨询。				

企业名称	亿居（上海）酒店管理有限公司				
企业地址	上海市浦东新区峨山路613号6幢369室（200127）				
投资总额	100万USD	电　　话	51156767	传　　真	64857409
设立日期	2005-8-24	负 责 人	JOHN JIONG WU		
主营业务	酒店管理，物业管理，投资咨询。				

企业名称	世能达企业咨询（上海）有限公司				
企业地址	上海市浦东新区世纪大道88号金茂大厦3119室（200120）				
投资总额	14万USD	电　　话	50587909	传　　真	50587909
设立日期	2005-8-24	负 责 人	THOMAS IVAN ESCOTT		
主营业务	企业管理；企业管理咨询；与货物运输相关的专业技术咨询。				

企业名称	国迈管理咨询（上海）有限公司				
企业地址	上海市长宁区虹桥路2266号10号楼334室（200335）				
投资总额	14万USD	电　　话	62363140	传　　真	62361879
设立日期	2005-8-24	负 责 人	RYU DUCK SU		
主营业务	投资咨询，企业管理咨询，国际经贸信息咨询，市场营销策划咨询。				

企业名称	名人（上海）城市酒店管理有限公司				
企业地址	上海市浦东新区浦东南路528号N2701室（200126）				
投资总额	50万USD	电　　话	68873066	传　　真	58874030
设立日期	2005-8-24	负 责 人	孙新民		
主营业务	酒店管理，餐饮管理。				

企业名称	上海莉致婚纱摄影有限公司				
企业地址	上海市卢湾区淮海中路688号5楼，L111室（200020）				
投资总额	70万USD	电　　话	53826368	传　　真	53510063
设立日期	2005-8-23	负 责 人	洪品蓁		
主营业务	婚纱摄影。				

企业名称	慧达管理咨询（上海）有限公司				
企业地址	上海市静安区南京西路1515号2505－2506A室（200040）				
投资总额	14万USD	电　　话	62702215	传　　真	62702275
设立日期	2005-8-22	负 责 人	JOHN MAXWELL LUMMIS		
主营业务	管理咨询，投资咨询，贸易咨询，经济信息咨询。				

企业名称	夏泰文化咨询（上海）有限公司				
企业地址	上海市会文路50号17楼71座（200071）				
投资总额	100万USD	电　　话	61135972	传　　真	64480585
设立日期	2005-8-19	负 责 人	GRAHAM		
主营业务	文化艺术交流咨询，投资咨询，国际经济咨询，贸易咨询，科技咨询。				

企业名称	好伦哥管理咨询（上海）有限公司				
企业地址	上海市浦东新区乳山路 227 号 301 室 8 座（200120）				
投资总额	14 万 USD	电　话	62259769	传　真	62268295
设立日期	2005-8-18	负责人	牟　骥		
主营业务	餐饮管理咨询，企业管理咨询，商务咨询，企业投资咨询。				

企业名称	奥绿思（上海）环保技术咨询有限公司				
企业地址	上海市浦东新区博兴路 195 号 279 室（200127）				
投资总额	14 万 USD	电　话	52928808	传　真	52928770
设立日期	2005-8-18	负责人	JORGE MORA,		
主营业务	环保技术，信息咨询，环保项目运行管理咨询。				

企业名称	中西泰和文化咨询（上海）有限公司				
企业地址	上海市会文路 50 号 17 楼 67 座（200071）				
投资总额	200 万 USD	电　话	61135972	传　真	64480585
设立日期	2005-8-18	负责人	GRAHAM		
主营业务	文化艺术交流咨询（不含经纪），投资咨询，国际经济咨询，贸易咨询。				

企业名称	欧逊威顿投资咨询（上海）有限公司				
企业地址	上海市长宁区延安西路 2067 号仲盛金融中心 2503－2504 室（200336）				
投资总额	14 万 USD	电　话	62784500	传　真	62784508
设立日期	2005-8-18	负责人	张德华		
主营业务	投资咨询，经济信息咨询，企业形象策划，市场营销咨询，商务咨询.				

企业名称	梯迪西商务咨询（上海）有限公司				
企业地址	上海市奉贤区南桥镇环城东路西奉浦大道南侧（201400）				
投资总额	18 万 USD	电　话	63295787	传　真	62720166
设立日期	2005-8-17	负责人	MICHAEL K LEE		
主营业务	商务咨询，房地产咨询（不含经纪），投资咨询，企业管理咨询。				

企业名称	德加拉（中国）投资有限公司				
企业地址	上海市成都北路 500 号峻岭广场 38 楼（200003）				
投资总额	3000 万 USD	电　话	61418822	传　真	63608626
设立日期	2005-8-16	负责人	KARTAR SINGH THAKRAL		
主营业务	在国家允许外商投资的领域依法进行投资。				

企业名称	领群企业管理咨询（上海）有限公司				
企业地址	上海市愚园路 172 号 902B 室（200040）				
投资总额	14 万 USD	电　话	62726468	传　真	62720661
设立日期	2005-8-16	负责人	JOHN HANSU CHUANG		
主营业务	企业管理咨询，投资咨询，经济信息咨询，贸易信息咨询。				

企业名称	上海光研医疗管理咨询有限公司				
企业地址	上海市浦东新区张江路 625 号 714-D 室（201203）				
投资总额	14 万 USD	电　话	64166127	传　真	64166127
设立日期	2005-8-16	负责人	姚进荣		
主营业务	提供医疗机构后勤管理咨询，医疗咨询，投资咨询。				

企业名称	卡德商务咨询（上海）有限公司				
企业地址	上海市张江高科技园区龙东大道 5385 号 801 室（201203）				
投资总额	15 万 USD	电　话	58589915	传　真	58589916
设立日期	2005-8-15	负责人	KAZUO SHIROKI		
主营业务	商务咨询，投资咨询，科技咨询，国际经济咨询，企业管理咨询。				

企业名称	埃科姆企业管理咨询（上海）有限公司				
企业地址	上海市化学工业区目华路 201 号 605 室（201507）				
投资总额	14 万 USD	电　话	67121057	传　真	64576862
设立日期	2005-8-15	负责人	ARMIN KNORS		
主营业务	企业管理咨询，国际经济信息咨询，投资咨询，科技咨询，环保咨询。				

企业名称	钰迅（上海）商务咨询有限公司				
企业地址	上海市黄浦区北京东路 433 号-471 号 2104 室（200001）				
投资总额	14 万 USD	电　话	63514711	传　真	63514720
设立日期	2005-8-15	负责人	CHIPLIEV DIMITRIY（执行董事）		
主营业务	商务咨询，投资咨询，企业形象策划，贸易咨询。				

企业名称	天合来（上海）化妆设计有限公司				
企业地址	上海市虹口区广中路 44 号乙 313 室（200080）				
投资总额	14 万 USD	电　话	56964810	传　真	56964810
设立日期	2005-8-11	负责人	甲伊美津子		
主营业务	提供化妆服务以及相关的技术咨询（涉及行政许可的，凭许可证经营）。				

企业名称	星八酒店管理（上海）有限公司				
企业地址	上海市闵行区金汇路 465 号（200233）				
投资总额	500 万 USD	电　话	61136600	传　真	61242861
设立日期	2005-8-10	负责人	申光植		
主营业务	投资咨询，商务策划咨询，企业管理咨询，酒店管理，物业管理。				

企业名称	楠坊装饰设计（上海）有限公司				
企业地址	上海市浦东新区唐镇创新中路 601 号 7 幢 102 室（201203）				
投资总额	30 万 USD	电　话	52413607	传　真	52728757
设立日期	2005-8-9	负责人	彭培龙		
主营业务	室内装饰设计，室内装潢，建筑环境设计咨询，景观及园林设计咨询。				

企业名称	格林豪泰江浦酒店（上海）有限公司				
企业地址	上海市杨浦区许昌路 1220 号（200082）				
投资总额	70 万 USD	电　话	36174886	传　真	56531211
设立日期	2005-8-9	负责人	徐曙光（ALEX SHUGUANG XU ）		
主营业务	酒店经营及餐饮，住宿等相关服务（涉及行政许可的，凭许可证经营）。				

企业名称	上海创知展示设计有限公司				
企业地址	上海市长宁区凯旋路 166 号 6 幢 3 层乙（200042）				
投资总额	15 万 USD	电　话	52725272	传　真	
设立日期	2005-8-9	负责人	崔硕中		
主营业务	展览展示的设计与布展，提供相关咨询。				

企业名称	上海亚特兰帝营销咨询有限公司				
企业地址	上海市杨浦区惠民路 759 号 103-5 室（200082）				
投资总额	14 万 USD	电　话	62106283	传　真	62106361
设立日期	2005-8-9	负责人	LAU LAY MEE		
主营业务	营销策划咨询，品牌策划咨询，会议展览咨询，企业形象策划咨询。				

企业名称	博泽（上海）汽车技术咨询有限公司				
企业地址	上海市嘉定区安亭镇墨玉路 18 号 2 楼（201805）				
投资总额	100 万欧元	电　话	39575528	传　真	69502906
设立日期	2005-8-8	负责人	KURT WILLI SAUERNHEIMER		
主营业务	提供汽车部件开发，生产的技术服务及汽车部件供应链管理的咨询服务。				

企业名称	上海诚盟教育管理咨询有限公司				
企业地址	上海市长宁区天山支路 154 号 205B 室（200051）				
投资总额	305 万 USD	电　话	58366318	传　真	58366317
设立日期	2005-8-8	负责人	聂章艳		
丰营业务	教育管理咨询，教育信息咨询，投资管理咨询，企业管理咨询。				

企业名称	异码界图文设计（上海）有限公司				
企业地址	上海市长宁区平武路 38 号 406 室（200052）				
投资总额	14 万 USD	电　话	52397306	传　真	60952833
设立日期	2005-8-6	负责人	CHRISTOPHER PAUL DUE		
主营业务	图文设计，图文处理以及图文处理技术相关的软件技术咨询服务。				

企业名称	上海基尔嘉禾投资顾问有限公司				
企业地址	上海市浦东新区北张家浜路 68 号 6 幢 426 室（200120）				
投资总额	1200 万 RMB	电　话	65215533	传　真	55155300
设立日期	2005-8-5	负责人	XIANPENG JIA（贾险峰）		
主营业务	投资咨询，商务咨询，企业管理咨询，教育信息咨询。				

企业名称	天隼投资管理咨询（上海）有限公司				
企业地址	上海市浦东新区北张家浜路 68 号 6 幢 437 室（200122）				
投资总额	14 万 USD	电　话	64963913	传　真	63662875
设立日期	2005-8-5	负责人	林明照		
主营业务	投资管理咨询，投资咨询，品牌策划咨询，市场信息咨询，企业咨询。				

企业名称	杰引商务咨询（上海）有限公司				
企业地址	上海市卢湾区淮海中路 93 号 22 层 03 室（200021）				
投资总额	14 万 USD	电　话	63910868	传　真	63910378
设立日期	2005-8-4	负责人	YAP HUI LIAN		
主营业务	企业管理咨询，经济信息咨询，员工管理咨询，商务咨询，投资咨询。				

企业名称	千方工业产品设计（上海）有限公司				
企业地址	上海市浦东新区乳山路 227 号 301 室 13 座（200120）				
投资总额	14 万 USD	电　话	64452219	传　真	64452604
设立日期	2005-8-3	负责人	DAVID JOHN LAW		
主营业务	以网络路由器，可视会议系统，手机外壳等工业和消费产品为主的设计。				

企业名称	雷杰思商务服务（上海）有限公司				
企业地址	上海市卢湾区湖滨路 222 号 1 号楼 15 层 1506－1522 室（200021）				
投资总额	49 万 USD	电　话	61220808	传　真	61221458
设立日期	2005-8-3	负 责 人	MARK LESLIE JAMES DIXON		
主营业务	办公场地租赁，配套商务中心（涉及行政许可的凭许可证经营）。				

企业名称	柯凯建筑设计顾问（上海）有限公司				
企业地址	上海市中山东一路 18 号四楼（200002）				
投资总额	14 万 USD	电　话	63235611	传　真	63235611
设立日期	2005-8-3	负 责 人	FILIPPO GABBIANI		
主营业务	建筑工程设计咨询，室内设计咨询，项目管理咨询，景观美化设计咨询。				

企业名称	马里奥特企业管理咨询（上海）有限公司				
企业地址	上海市黄浦区南京西路 389 号明天广场 302 室（200040）				
投资总额	30 万 USD	电　话	53594969	传　真	63754599
设立日期	2005-8-3	负 责 人	GEOFFERY GARSIDE		
主营业务	企业管理咨询，商务信息咨询，贸易信息咨询。				

企业名称	易唯思商务咨询（上海）有限公司				
企业地址	上海市中山西路 1800 号 6F2 室（200233）				
投资总额	14 万 USD	电　话	64403360	传　真	64403357
设立日期	2005-8-3	负 责 人	MARC ULRICH VOLLENWEIDER		
主营业务	科技咨询，投资咨询，企业管理咨询，商务信息咨询，贸易信息咨询。				

企业名称	思科系统（中国）研发有限公司				
企业地址	上海市漕河泾新兴技术开发区宜山路 900 号科技大楼 C 楼 13－15 层（200233）				
投资总额	604 万 USD	电　话	85155786	传　真	24057314
设立日期	2005-8-2	负 责 人	沈丹尼		
主营业务	数据通信，电子产品，软件和网络技术及产品的研究，开发。				

企业名称	佛吉亚（上海）管理有限公司				
企业地址	上海市漕河泾开发区钦州北路 1122 号 91 号楼 1-4 层（200233）				
投资总额	210 万 USD	电　话	34014588	传　真	64959007
设立日期	2005-8-2	负 责 人	ARMAND CHEN		
主营业务	提供投资管理和咨询服务，提供经营管理和咨询服务等。				

企业名称	欧力士融资租赁（中国）有限公司				
企业地址	上海市长宁区古北路 666 号 1801A 室（200336）				
投资总额	1000 万 USD	电　话	63522208	传　真	62957763
设立日期	2005-8-1	负 责 人	柿本良		
主营业务	1．融资租赁业务；2．租赁业务；3．向国内外购买租赁财产。				

企业名称	启立博雅酒店管理（上海）有限公司				
企业地址	上海市浦东新区梅花路 281 号 A338 室（201204）				
投资总额	100 万 USD	电　话	50274981	传　真	50272555
设立日期	2005-8-1	负 责 人	RICHARD CHI KEUNG YEUNG		
主营业务	酒店管理，投资咨询，市场营销咨询，企业管理咨询。				

企业名称	中新会展（上海）有限公司				
企业地址	上海市浦东新区梅花路 281 号 A336 室（201204）				
投资总额	14 万 USD	电　话	63181212	传　真	63500825
设立日期	2005-8-1	负 责 人	PHUA MUI HWA		
主营业务	在中国境内主办，承办各类经济技术展览会和会议；在境外举办会议。				

企业名称	博骏企业管理顾问（上海）有限公司				
企业地址	上海市虹桥路 1 号 1 号楼 4001 室（200030）				
投资总额	35 万 USD	电　话	64483000	传　真	64483879
设立日期	2005-8-1	负 责 人	YAN CHIOW PENG MINICA		
主营业务	企业管理咨询，商务咨询，市场营销咨询，财务管理咨询。				

企业名称	思播（上海）营销策划有限公司				
企业地址	上海市南京西路 1168 号中信泰富广场 8 楼 812 室（200041）				
投资总额	14 万 USD	电　话	52524628	传　真	52984680
设立日期	2005-7-29	负 责 人	朱汉辉		
主营业务	理货服务，产品库存管理及其他理货服务，信息咨询，营销咨询及服务。				

企业名称	路卡翠西设计咨询（上海）有限公司				
企业地址	上海市北京西路 1701 号静安中华大厦 2001 室（200040）				
投资总额	14 万 USD	电　话	62883939	传　真	62884496
设立日期	2005-7-29	负 责 人	LUCA TRAZZI		
主营业务	电子，电器产品的设计咨询服务，家居用品的设计咨询服务。				

企业名称	上海会点会展服务有限公司				
企业地址	上海市浦东新区博兴路 195 号 269 室（200120）				
投资总额	14 万 USD	电　话	62360298	传　真	63285806
设立日期	2005-7-28	负 责 人	何超琼		
主营业务	在中国境内主办，承办各类经济技术展览会和会议。				

企业名称	通济隆商务咨询（上海）有限公司				
企业地址	上海市长宁区天山支路 154 号 404E 室（200051）				
投资总额	40 万 USD	电　话	68339099	传　真	68339198
设立日期	2005-7-28	负 责 人	张国梁		
主营业务	商务咨询，投资咨询，企业管理咨询，国际经贸信息咨询，科技服务。				

企业名称	上海赫兹国际租车咨询有限责任公司				
企业地址	上海市长宁区延安西路 1088 号 101 单元（200052）				
投资总额	14 万 USD	电　话	32200988	传　真	62110021
设立日期	2005-7-28	负 责 人	蔡燕莲		
主营业务	国际租车信息咨询，投资咨询，商务咨询，经济信息咨询，市场策划。				

企业名称	力桥企业管理咨询（上海）有限公司				
企业地址	上海市静安区北京西路 1701 号 508 室（200040）				
投资总额	9.6 万港币	电　话	62884474	传　真	62884484
设立日期	2005-7-28	负 责 人	翟创志		
主营业务	企业管理咨询，投资信息咨询，贸易信息咨询。				

企业名称	上海兆鼎投资管理咨询有限公司				
企业地址	上海市浦东新区乳山路 227 号 201 室 71 座（200120）				
投资总额	14 万 USD	电　话	32501250	传　真	32501250
设立日期	2005-7-28	负 责 人	简倍祥		
主营业务	投资管理咨询，投资咨询，企业管理咨询，国际经济咨询，科技咨询。				

企业名称	尤尼森品牌策划（上海）有限公司				
企业地址	上海市浦东新区龙东大道 5179 号 1 幢 103 室（201203）				
投资总额	14 万 USD	电　话	68767575	传　真	68762525
设立日期	2005-7-27	负 责 人	OLAF LITJENS		
主营业务	品牌策划，市场推广策划，营销策划，营销咨询。				

企业名称	拓莱柏环保技术（上海）有限公司				
企业地址	上海市浦东新区莲林路 33 号 1 号楼 128 室（201204）				
投资总额	14 万 USD	电　话	63155291	传　真	63158195
设立日期	2005-7-27	负 责 人	EDGAR PASTOR CABALLERO		
主营业务	环境污染治理及监测技术服务，环保技术咨询。				

企业名称	广友租赁（上海）有限公司				
企业地址	上海市卢湾区淮海中路 527 号 B912 室（200020）				
投资总额	100 万 USD	电　话	53064150	传　真	53068736
设立日期	2005-7-26	负 责 人	梶原稔		
主营业务	办公自动化设备，办公用品，电器设备及各类家具的租赁业务。				

企业名称	上海美理安投资顾问有限公司				
企业地址	上海市浦东新区梅花路 281 号 A341 室（201204）				
投资总额	2 万 USD	电　话	56373704	传　真	56373704
设立日期	2005-7-25	负 责 人	吴培毅		
主营业务	投资咨询，企业管理咨询，贸易信息咨询，市场营销策划咨询。				

企业名称	上海奥睿星企业管理咨询有限公司				
企业地址	上海市卢湾区淮海中路 381 号 23 楼 2304－2308 室（200021）				
投资总额	14 万 USD	电　话	53510773	传　真	53510773
设立日期	2005-7-25	负 责 人	RASHID ALEXANDER DELGADO		
主营业务	企业管理咨询，市场营销策划咨询，经济信息咨询，贸易信息咨询。				

企业名称	万图（上海）广告有限公司				
企业地址	上海市徐汇区龙华后马路 147 号 9 幢 103 室（200232）				
投资总额	43 万 USD	电　话	53839948	传　真	22110288
设立日期	2005-7-21	负 责 人	张丽娜		
主营业务	设计、制作、代理、发布国内外各类广告；企业宣传策划服务。				

企业名称	汉堡王（上海）商务咨询有限公司				
企业地址	上海市黄浦区九江路 333 号 708 室（200001）				
投资总额	14 万 USD	电　话	61324105	传　真	63520409
设立日期	2005-7-21	负 责 人	PETER TAN		
主营业务	商务咨询，企业管理咨询，餐饮管理咨询，营销策划，投资咨询。				

企业名称	罗门哈斯（中国）投资有限公司				
企业地址	上海市浦东新区郭守敬路351号2号楼685－21（200131）				
投资总额	3000万USD	电　话	38206803	传　真	38628603
设立日期	2005-7-20	负责人	窦马克		
主营业务	在国家允许外商投资的化工及电子材料等领域内依法进行投资。				

企业名称	瓦克化学投资（中国）有限公司				
企业地址	上海市浦东新区银城中路200号中银大厦3101－3102室（200120）				
投资总额	3000万USD	电　话	61003421	传　真	61003500
设立日期	2005-7-20	负责人	JEAN-LIONEL GROS		
主营业务	在国家允许外商投资的领域内依法进行投资。				

企业名称	德高贝登户外广告（中国）有限责任公司				
企业地址	上海市天山路310号10楼A，B，C座（200051）				
投资总额	1000万RMB	电　话	62915533	传　真	62917219
设立日期	2005-7-20	负责人	WAI SUM KAN（金伟琛）		
主营业务	设计，制作，代理，发布国内外各类广告。				

企业名称	嘉汇恒合（上海）管理有限公司				
企业地址	上海市浦东新区王桥路968号（201201）				
投资总额	200万USD	电　话	58385838	传　真	58380901
设立日期	2005-7-20	负责人	LALIT NAIK		
主营业务	管理咨询，财务管理咨询，采购咨询和管理咨询，市场营销服务。				

企业名称	三机建筑工程（上海）有限公司				
企业地址	上海市长宁区娄山关路83号新虹桥中心大厦3204/5室（200336）				
投资总额	44万USD	电　话	62369000	传　真	62369500
设立日期	2005-7-20	负责人	赤尾辉昭		
主营业务	建筑装修装饰工程专业承包，机电设备安装工程专业承包。				

企业名称	上海搏创投资咨询有限公司				
企业地址	上海市浦东新区崮山路65号2214室（200135）				
投资总额	14万USD	电　话	52381838	传　真	52381880
设立日期	2005-7-20	负责人	邓健洪		
主营业务	投资咨询，贸易咨询，国际经济信息咨询，科技咨询，市场信息咨询。				

企业名称	兴方建筑设计咨询（上海）有限公司				
企业地址	上海市漕溪北路18号上海实业大厦5楼C2座（200030）				
投资总额	21万USD	电　话	63853066	传　真	63852588
设立日期	2005-7-19	负责人	JOSEPH YAU HING LO		
主营业务	建筑设计咨询，景观设计咨询，投资咨询，企业管理咨询。				

企业名称	卡斯帕建筑设计咨询（上海）有限公司				
企业地址	上海市张江高科技园区郭守敬路351号2号楼685－06室（201203）				
投资总额	14万USD	电　话	65907870	传　真	65900659
设立日期	2005-7-18	负责人	JURGEN ENGEL		
主营业务	建筑设计咨询（涉及行政许可的凭许可证经营）。				

企业名称	亚太投资管理（上海）有限公司				
企业地址	上海市浦东新区张家浜路68号6幢322室（200122）				
投资总额	250万USD	电　话	02552856188	传　真	02552856199
设立日期	2005-7-18	负责人	ALLAN YONG HENG CHONG		
主营业务	受投资方及其所投资的中国公司委托，向其提供投资管理和咨询服务。				

企业名称	优思室内设计（上海）有限公司				
企业地址	上海市静安区北京西路1701号609室（200040）				
投资总额	14万USD	电　话	62884780	传　真	62884781
设立日期	2005-7-18	负责人	邹伟刚		
主营业务	室内设计，景观及环境艺术设计，室内设计顾问服务。				

企业名称	马思投资咨询（上海）有限公司				
企业地址	上海市浦东新区浦东南路588号16层F单元（200122）				
投资总额	14万USD	电　话	38870092	传　真	58879647
设立日期	2005-7-15	负责人	DOMINIQUE GILLES MARS		
主营业务	投资咨询，企业管理咨询，商务咨询，财务管理咨询，经济信息咨询。				

企业名称	爱体企业管理咨询（上海）有限公司				
企业地址	上海市浦东新区东方路989号3A02F室（200122）				
投资总额	14万USD	电　话	50814437	传　真	58307335
设立日期	2005-7-15	负责人	包蕾蕾		
主营业务	企业管理咨询，投资咨询，贸易信息咨询，市场策划，国际经济。				

企业名称	平亚（上海）投资管理有限公司				
企业地址	上海市浦东新区梅花路281号A345室（201204）				
投资总额	70万USD	电　话	62376077	传　真	62376361
设立日期	2005-7-15	负责人	王亚平（WANC YA PING）		
主营业务	为投资方所投资的企业提供相关的技术，投资的研究开发，技术人力的支持。				

企业名称	康宁（上海）管理有限公司				
企业地址	上海市浦东新区金桥出口加工区鲁桥路358号B（201206）				
投资总额	200万USD	电　话	54674666	传　真	54075173
设立日期	2005-7-15	负责人	ERIC S.MUSSER		
主营业务	为康宁公司在亚太设立的公司提供管理和咨询服务，提供市场营销服务。				

企业名称	上海信而富企业管理有限公司				
企业地址	上海市襄阳南路500号1302室（200031）				
投资总额	100万USD	电　话	64151621	传　真	54654522
设立日期	2005-7-15	负责人	王征宇		
主营业务	企业管理咨询，市场营销策划，会议展览咨询，财务咨询，投资咨询。				

企业名称	康沛甫建筑设计咨询（上海）有限公司				
企业地址	上海市卢湾区淮海中路300号47A10室，4715室（200021）				
投资总额	14万USD	电　话	53067722	传　真	63859557
设立日期	2005-7-15	负责人	LEE ANTHONY POLISANO		
主营业务	建筑设计咨询，建筑景观和室内设计咨询，建筑总体规划和设计咨询。				

企业名称	可赢（上海）商务咨询有限公司				
企业地址	上海市静安区陕西北路66号1210室（200040）				
投资总额	14万USD	电　话	62770838	传　真	62770710
设立日期	2005-7-15	负责人	伊藤弘一郎		
主营业务	经济信息分析咨询，投资咨询，管理咨询，商务咨询。				

企业名称	名唐展览服务（上海）有限公司				
企业地址	上海市浦东新区灵山路958号5幢108室（201204）				
投资总额	19.6万USD	电　话	52379199	传　真	52375029
设立日期	2005-7-13	负责人	LANCE HU		
主营业务	承接国内外展台制作，安装和设计，并提供与展览，展品有关技术服务。				

企业名称	来府士酒店管理（上海）有限公司				
企业地址	上海市浦东新区东方路877号504D室（200122）				
投资总额	14万USD	电　话	61356032	传　真	61356060
设立日期	2005-7-13	负责人	CHRISTOPHER JOHN JAMES CAHILL		
主营业务	酒店经营管理（涉及行政许可的凭许可证经营）。				

企业名称	上海视元素影像制作有限公司				
企业地址	上海市卢湾区绍兴路17弄3号－4号底室I10（200020）				
投资总额	20万USD	电　话	51115678	传　真	
设立日期	2005-7-13	负责人	俞旭濬		
主营业务	电脑图文，影像画面及数码影像画面的设计与制作（不含广告）。				

企业名称	东锦源投资咨询（上海）有限公司				
企业地址	上海市长宁区幸福路66号501室（200052）				
投资总额	14万USD	电　话	62830006	传　真	
设立日期	2005-7-12	负责人	陈加英		
主营业务	商务咨询，企业形象策划，科技技术咨询，营销策划，国际经济咨询。				

企业名称	乔特波工程设计咨询（上海）有限公司				
企业地址	上海市浦东新区浦东南路360号新上海国际大厦30楼A座（200120）				
投资总额	20万USD	电　话	54510619	传　真	64183069
设立日期	2005-7-11	负责人	WERNER SCHLOTT		
主营业务	气体工程设备设计咨询，项目设计咨询及企业管理咨询，商务咨询。				

企业名称	年耀商务咨询（上海）有限公司				
企业地址	上海市长宁区定西路650号811室（200052）				
投资总额	14万USD	电　话	52583993	传　真	52583990
设立日期	2005-7-11	负责人	周文姬		
主营业务	商务咨询，投资咨询，企业管理咨询，市场营销咨询，公共关系咨询。				

企业名称	联全建设工程技术咨询（上海）有限公司				
企业地址	上海市张江高科技园区郭守敬路351号2号楼685-19室（201203）				
投资总额	20万USD	电　话	31240630	传　真	64685507
设立日期	2005-7-11	负责人	陈胜彦		
主营业务	工程技术咨询，工程设计咨询，建筑设计咨询，企业管理咨询。				

企业名称	上海华财投资咨询有限公司				
企业地址	上海市长宁区武夷路 697 号 3 室（200051）				
投资总额	750 万 USD	电　　话	61135916	传　　真	64486916
设立日期	2005-7-8	负 责 人	GRAHAM ANTON EARNSHAW		
主营业务	投资咨询，国际经济咨询，商务咨询，企业管理咨询计算机软件的开发。				

企业名称	展丰能源技术（上海）有限公司				
企业地址	上海市莘庄工业区申富路 679 号 5 号厂房（201108）				
投资总额	250 万 RMB	电　　话	54880958	传　　真	54888364
设立日期	2005-7-8	负 责 人	李文男		
主营业务	研究，开发，生产太阳能硅电池等高技术绿色电池，发电站的建设应用。				

企业名称	君泰建筑设计咨询（上海）有限公司				
企业地址	上海市浦东新区梅花路 281 号 A348 室（201204）				
投资总额	14 万 USD	电　　话	64395915	传　　真	64685507
设立日期	2005-7-7	负 责 人	陈泰宏		
主营业务	建筑设计室内设计咨询，建筑环境景观设计，建筑工程技术和管理咨询。				

企业名称	上海磊承信投资顾问有限公司				
企业地址	上海市卢湾区浏河口路 88 号 223 室 C 座（200021）				
投资总额	15 万 USD	电　　话	61356022	传　　真	61356060
设立日期	2005-7-7	负 责 人	贺剑青		
主营业务	商务咨询，投资咨询，企业管理咨询，市场营销策划。				

企业名称	环思企业管理咨询（上海）有限公司				
企业地址	上海市凉城路 465 弄 60 号 1382 室　（200080）				
投资总额	200 万 USD	电　　话	51681004	传　　真	51681099
设立日期	2005-7-7	负 责 人	樊　敏		
主营业务	企业管理咨询，投资咨询，开发，制作计算　机软件，数据库服务。				

企业名称	巨加城市艺术设计工程咨询（上海）有限公司				
企业地址	上海市长宁区中山西路 750 号二号楼 601－H 室（200051）				
投资总额	20 万 USD	电　　话	64874700	传　　真	54249582
设立日期	2005-7-6	负 责 人	李荣平		
主营业务	城市艺术设计咨询，建筑景观设计咨询，室内建筑装潢。				

企业名称	上海持盈管理咨询有限公司				
企业地址	上海市浦东新区洪山路 164 号 215 室（200126）				
投资总额	250 万 USD	电　　话	50271888	传　　真	50271809
设立日期	2005-7-5	负 责 人	冯美珍		
主营业务	企业管理咨询，商务咨询，提供医疗机构后勤管理。				

企业名称	上海艾威益商务咨询有限公司				
企业地址	上海市浦东新区乳山路 227 号 201 室 81 座（200120）				
投资总额	14 万 USD	电　　话	63321735	传　　真	63321725
设立日期	2005-7-5	负 责 人	张立丰		
主营业务	商务咨询，国际经济信息咨询，科技咨询，贸易信息咨询，投资咨询。				

企业名称	恩蒂埃建筑设计咨询（上海）有限公司				
企业地址	上海市外高桥保税区日京路 38 号 228 室（200131）				
投资总额	6.2 万 USD	电　　话	62836833	传　　真	52541323
设立日期	2005-7-5	负 责 人	EMMANUEL DELARUE		
主营业务	建筑设计咨询，装潢设计咨询，室内设计咨询，装饰品设计咨询。				

企业名称	华尔街英语培训中心（上海）有限公司				
企业地址	上海市浦东新区潍坊路 5 号 505 室（200120）				
投资总额	100 万 RMB	电　　话	38804666	传　　真	50470629
设立日期	2005-7-5	负 责 人	DAVID KEDWARDS		
主营业务	英语培训，提供相关的培训咨询。				

企业名称	毕德投资咨询（上海）有限公司				
企业地址	上海市长乐路 989 号世纪商贸广场 3706 室（200031）				
投资总额	14 万 USD	电　　话	54075580	传　　真	54075680
设立日期	2005-7-5	负 责 人	HUNTLEY ANDREW DAVID		
主营业务	投资咨询，财务管理咨询，商务咨询，市场营销咨询，经济信息咨询。				

企业名称	上海敏思咨询有限公司				
企业地址	上海市长宁区延安西路 1088 号长峰中心 830 室（200052）				
投资总额	14 万 USD	电　　话	32200189	传　　真	32200190
设立日期	2005-7-5	负 责 人	施淑暖		
主营业务	国际经济咨询，投资咨询，贸易信息咨询，房产信启，咨询。				

企业名称	雅马哈乐器技术培训（上海）有限公司				
企业地址	上海市静安区南京西路 1618 号（200040）				
投资总额	100 万 USD	电　　话	62272211	传　　真	62471833
设立日期	2005-7-5	负 责 人	越场正明		
主营业务	雅马哈乐器，音响设备的培训，咨询及维修保养。				

企业名称	上海中峰投资管理有限公司				
企业地址	上海市杨浦区延吉中路 65 号 48 室（200093）				
投资总额	120 万 USD	电　　话	62124009	传　　真	62134066
设立日期	2005-7-4	负 责 人	黄贤生		
主营业务	投资管理，投资咨询，商务信息咨询，电脑软件设计及相关咨询。				

企业名称	夏恳尼曦（上海）建筑设计咨询有限公司				
企业地址	上海市闵行区金都路 4299 号 A 幢 350 号（201108）				
投资总额	14 万 USD	电　　话	58363682	传　　真	58363689
设立日期	2005-7-4	负 责 人	夏迪良		
主营业务	建筑设计咨询，室内装潢设计咨询，景观设计咨询。				

企业名称	上海彩唐婚纱有限公司				
企业地址	上海市卢湾区南塘浜路 103 号 203 室 A 座（200040）				
投资总额	14 万 USD	电　　话	62895565	传　　真	62475927
设立日期	2005-7-4	负 责 人	黄缃语		
主营业务	婚纱，服装，服饰及其他配件的开发设计，生产，销售自产产品。				

企业名称	金思企业管理咨询（上海）有限公司				
企业地址	上海市零陵路 899 号 10 楼 C 室（200030）				
投资总额	14 万 USD	电　　话	54892478	传　　真	54892480
设立日期	2005-7-1	负 责 人	大卫・西尔福斯坦		
主营业务	提供企业管理咨询及内部员工培训（涉及行正许可的凭许可证经营）。				

企业名称	上海海都投资咨询有限公司				
企业地址	上海市松江区石湖荡镇石湖新路 95 号 202 室（201604）				
投资总额	14 万 USD	电　　话	57847587	传　　真	57847607
设立日期	2005-7-1	负 责 人	山木清		
主营业务	投资咨询，医疗机械技术咨询，电子技术应用咨询。				

企业名称	康奈可（中国）投资有限公司				
企业地址	上海市虹桥开发区兴义路 8 号上海万都中心第 18 层（200336）				
投资总额	3000 万 USD	电　　话	52080707	传　　真	52080586
设立日期	2005-7-1	负 责 人	樋本 治		
主营业务	在国家允许外商投资的领域内依法进行投资。				

企业名称	天高投资咨询（上海）有限公司				
企业地址	上海市杨浦区四平路 1059 号 215 室（200092）				
投资总额	1000 万 USD	电　　话	58334908	传　　真	58335295
设立日期	2005-6-30	负 责 人	利　智		
主营业务	投资咨询，商务信息咨询（除经纪），品牌策划咨询，营销策划咨询。				

企业名称	戈登企业管理咨询（上海）有限公司				
企业地址	上海市长宁区武夷路 490 号六幢 207 室（200050）				
投资总额	14 万 USD	电　　话	61136543	传　　真	61136546
设立日期	2005-6-30	负 责 人	廖时和		
主营业务	企业管理咨询，国际经济咨询，投资咨询，贸易信息咨询。				

企业名称	嘉思明管理咨询（上海）有限公司				
企业地址	上海市浦东新区东方路 877 号 505E 室（200021）				
投资总额	210 万 USD	电　　话	63406683	传　　真	61410908
设立日期	2005-6-30	负 责 人	GLENN RICHARD HERSHEY		
主营业务	企业管理咨询，商务咨询，国际经济咨询，投资咨询。				

企业名称	上海艾迪克婚庆服务有限公司				
企业地址	上海市浦东新区草高路 469 号 5 幢（200137）				
投资总额	14 万 USD	电　　话	54243585	传　　真	33781262
设立日期	2005-6-30	负 责 人	山坂大辅		
主营业务	提供婚庆礼仪的策划，礼堂布置和全过程联络服务，婚庆用品采购咨询。				

企业名称	上海上影威秀娱乐有限公司				
企业地址	上海市黄浦区南京西路 2-68 号 11 楼部分（200001）				
投资总额	48.78 万 USD	电　　话	64954951	传　　真	64954951
设立日期	2005-6-29	负 责 人	冯定国		
主营业务	餐饮管理，筹建餐饮、酒吧、咖啡、茶室及其相关辅助业务。				

企业名称	亚盛天宝（上海）创业投资管理有限公司					
企业地址	上海市张江高科技园区郭守敬路351号2号楼685-18室（201203）					
投资总额	14万USD	电话	62258975	传真	62258573	
设立日期	2005-6-29	负责人	CHING-HWA			
主营业务	受托管理和经营创业投资公司的创业资本，投资咨询。					

企业名称	上海英特拉集装箱服务有限公司					
企业地址	上海市宝山区沪太路6388号（201907）					
投资总额	45万USD	电话	66016971	传真	66016962	
设立日期	2005-6-28	负责人	LOH SING SEET			
主营业务	集装箱罐维修、改造、清洗，空箱堆存及其相关服务。					

企业名称	画一文化发展（上海）有限公司					
企业地址	上海市平凉路67号（200082）					
投资总额	380万USD	电话	65452299	传真	65350371	
设立日期	2005-6-27	负责人	赵小蝶/总经理，王宋洲			
主营业务	国内版图书，报纸，期刊（不包括港澳，台地区）的批发和零售业务。					

企业名称	上海靖铭建筑艺术石业有限公司					
企业地址	上海市奉贤区柘林镇南电路4号（201424）					
投资总额	14万USD	电话	50341241	传真	50342411	
设立日期	2005-6-27	负责人	矫 民			
主营业务	设计，生产建筑艺术品，雕塑，墙面艺术品，建筑装潢材料。					

企业名称	技天（上海）能源技术服务有限公司					
企业地址	上海市浦东新区乳山路227号201室80座（200120）					
投资总额	25万USD	电话	64325991	传真	34141541	
设立日期	2005-6-24	负责人	李国祥			
主营业务	能源系统和节能的技术服务，咨询（涉及行政许可的凭许可证经营）。					

企业名称	上海安得是会展服务有限公司					
企业地址	上海市浦东新区港城路2号2幢303室（200137）					
投资总额	830万RMB	电话	58996204	传真	58996205	
设立日期	2005-6-24	负责人	SHIGEAKI MATSUI			
主营业务	会展服务，并提供相关的咨询服务（涉及行政许可的凭许可证经营）。					

企业名称	上海华意达商务咨询有限公司					
企业地址	上海市浦东新区陆家嘴东路161号招商局大厦10楼1010室（200120）					
投资总额	120万USD	电话	68883000	传真	68889226	
设立日期	2005-6-24	负责人	WALTER AMBROGI			
主营业务	商务咨询，投资咨询，贸易信息咨询，国际经济信息咨询。					

企业名称	南又华投资咨询（上海）有限公司					
企业地址	上海市南京西路580号B615室（200041）					
投资总额	15万USD	电话	68419990	传真	68419800	
设立日期	2005-6-23	负责人	叶伟伦			
主营业务	投资咨询，管理咨询，商务咨询（涉及行政许可的凭许可证经营）。					

企业名称	思远投资咨询（上海）有限公司					
企业地址	上海市中山东一路12号230室（200002）					
投资总额	14万USD	电话	51158626	传真	63266556	
设立日期	2005-6-23	负责人	TOBY ROSENTHAL			
主营业务	投资咨询，海外投资注册咨询，企业管理咨询，企业策划咨询。					

企业名称	缪志成企业管理咨询（上海）有限公司					
企业地址	上海市瞿溪路510号F17室（200011）					
投资总额	10万USD	电话	64264826	传真	64264825	
设立日期	2005-6-23	负责人	缪志成			
主营业务	企业管理咨询，商务咨询，经济信息咨询，投资咨询，贸易信息咨询。					

企业名称	巴亚营销咨询（上海）有限公司					
企业地址	上海市张江高科技园区郭守敬路498号浦东软件园14幢22301-769座（201203）					
投资总额	14万USD	电话	58817700	传真	58818903	
设立日期	2005-6-23	负责人	GEORGES SANEROT			
主营业务	图文设计，营销策划，计算机软件研发并提供相关技术咨询和技术服务。					

企业名称	上海绿环商品检测有限公司					
企业地址	上海市长宁区广顺路33号C型北幢二楼西楼（200335）					
投资总额	6402万日元	电话	52198048	传真	52198048	
设立日期	2005-6-23	负责人	鹤田晓			
主营业务	商业性质量检测服务，检验服务，环境保护检测服务。					

企业名称	上海巴那克投资咨询有限公司					
企业地址	上海市长宁区中山西路555号绿洲大厦601室（200051）					
投资总额	25万USD	电话	56270627	传真	56629227	
设立日期	2005-6-22	负责人	MASAHIRO HAYASHI			
主营业务	投资咨询，商务咨询，企业管理咨询，信息技术咨询。					

企业名称	奥乐中投资咨询（上海）有限公司					
企业地址	上海市杨浦区国泰路127弄1号楼1039室（200003）					
投资总额	20万USD	电话	61289727	传真	61289715	
设立日期	2005-6-21	负责人	JEAL GRAHAM FRANK			
主营业务	投资咨询，商务咨询，管理咨询（涉及行政许可的凭许可证经营）。					

企业名称	上海新民生罗蒂欧商务咨询有限公司					
企业地址	上海市陆家浜路285号902室（200011）					
投资总额	60万USD	电话	63606063	传真	63607831	
设立日期	2005-6-21	负责人	ROBERT KARL ERIK BRAUNERHIELM			
主营业务	投资咨询，国际经济信息咨询，企业管理咨询，企业形象策划咨询。					

企业名称	天虹（中国）投资有限公司					
企业地址	上海市浦东新区东方路877号502B室（200122）					
投资总额	3000万USD	电话	62958666	传真	62958627	
设立日期	2005-6-21	负责人	洪天祝			
主营业务	在国家允许外商投资的领域内依法进行投资。					

企业名称	梁建伟建筑设计（上海）有限公司					
企业地址	上海市南丹东路255号（200030）					
投资总额	51万USD	电话	62724100	传真	62724112	
设立日期	2005-6-21	负责人	梁建伟			
主营业务	建筑设计咨询，室内设计咨询，建筑结构设计咨询，规划设计咨询。					

企业名称	美医德（上海）创业投资有限公司					
企业地址	上海市张江高科技园区郭守敬路351号2号楼685－12室（201203）					
投资总额	365万USD	电话	62954710	传真	62086186	
设立日期	2005-6-21	负责人	黄南奎			
主营业务	投资信息，现代生物医药，新材料等高新技术企业，经营被投资企业。					

企业名称	天策投资管理咨询（上海）有限公司					
企业地址	上海市浦东新区高桥镇通园路159号503室（200137）					
投资总额	100万USD	电话	52082127	传真	52082793	
设立日期	2005-6-21	负责人	ZHANG BOB J.			
主营业务	投资管理咨询，商务咨询，企业管理咨询，经济信息咨询，营销咨询。					

企业名称	冈三（上海）投资顾问有限公司					
企业地址	上海市浦东新区浦东南路528号2007室（200120）					
投资总额	14万USD	电话	51556016	传真	51556033	
设立日期	2005-6-21	负责人	山口荣一			
主营业务	经济信息咨询，投资咨询，市场信息分析咨询，贸易信息咨询。					

企业名称	里昂投资咨询服务（上海）有限公司					
企业地址	上海市浦东新区博兴路195号274室（200129）					
投资总额	14万USD	电话	23066028	传真	23066189	
设立日期	2005-6-21	负责人	ROBERT MORRISON			
主营业务	投资咨询，企业管理咨询，财务管理咨询，国际经济信息咨询。					

企业名称	招商海达远东保险经纪（上海）有限公司					
企业地址	上海市虹口区四平路710号807-P座（200041）					
投资总额	1000万RMB	电话	52981116	传真	52980308	
设立日期	2005-6-21	负责人	黄大展			
主营业务	为投保人拟订投保方案，选择保险人，办理投保方案。					

企业名称	凸版（上海）企业管理有限公司					
企业地址	上海市静安区南京西路580号南证大厦611室（200041）					
投资总额	200万USD	电话	62183111	传真	62184222	
设立日期	2005-6-20	负责人	渡部康辛			
主营业务	提供投资管理和咨询服务，提供经营管理咨询服务，提供市场营销服务。					

企业名称	是匀意因企业形象策划（上海）有限公司					
企业地址	上海市虹口区凉城路465弄60号1355室（200080）					
投资总额	14万USD	电话	52282118	传真	62671602	
设立日期	2005-6-20	负责人	郑茜匀			
主营业务	企业形象策划，会务咨询，科技咨询，商务咨询，国际经济咨询。					

企业名称	诺锐思商务咨询（上海）有限公司				
企业地址	上海市浦东新区东方路 877 号 505D 室（200120）				
投资总额	14 万 USD	电　话	58366718	传　真	58366717
设立日期	2005-6-20	负责人	NIGEL ROBIN HAZELL		
主营业务	商务咨询，企业管理咨询，贸易信息咨询，投资咨询，环保信息咨询。				

企业名称	富德理商务咨询（上海）有限公司				
企业地址	上海市浦东新区东方路 877 号 502D 室（200122）				
投资总额	14 万 USD	电　话	62729985	传　真	62675497
设立日期	2005-6-20	负责人	WONG MUN KIT		
主营业务	商务咨询，财务管理咨询，企业管理咨询，国际经济信息咨询。				

企业名称	米卡拉国际贸易咨询（上海）有限公司				
企业地址	上海市长宁区武夷路 490 号西大楼 209 室（200050）				
投资总额	14 万 USD	电　话	54510167	传　真	64477513
设立日期	2005-6-20	负责人	FELIX TONG LEE		
主营业务	国际经济咨询，投资咨询，贸易信息咨询，企业管理咨询。				

企业名称	益海投资有限公司				
企业地址	上海市武进路 255 号 601－U 室（200080）				
投资总额	3000 万 USD	电　话	61006006	传　真	68865308
设立日期	2005-6-17	负责人	郭孔丰		
主营业务	在国家允许外商投资的领域内依法进行投资。				

企业名称	意法半导体（中国）投资有限公司				
企业地址	上海市闵行区东川路 555 号丁楼 4 层（201109）				
投资总额	10000 万 USD	电　话	34054688	传　真	34054689
设立日期	2005-6-17	负责人	ROBERT ALEXANDER KRYSIAK		
主营业务	在国家允许外商投资的领域内依法进行投资。				

企业名称	欧德莫提（上海）商务咨询有限公司				
企业地址	上海市南京西路 1168 号中信泰富广场 3551 室（200040）				
投资总额	14 万 USD	电　话	52130713	传　真	52130713
设立日期	2005-6-17	负责人	MICHAEL JAMES DUNNE		
主营业务	投资咨询，经贸信息咨询，商务咨询，企业管理咨询。				

企业名称	远翔投资（中国）有限公司				
企业地址	上海市仙霞路 319 号 3109 室（200335）				
投资总额	3000 万 USD	电　话	62709999	传　真	62701799
设立日期	2005-6-17	负责人	赵文嘉		
主营业务	在国家允许外商投资的领域内依法进行投资。				

企业名称	恩梯恩（中国）投资有限公司				
企业地址	上海市兴义路 8 号万都中心 2201A 室（200336）				
投资总额	3000 万 USD	电　话	52081005	传　真	52081015
设立日期	2005-6-17	负责人	加藤修		
主营业务	国家允许外商投资的轴承及其零部件，万向节与精密仪器及其零部件。				

企业名称	上海怡联海悦商务酒店有限公司				
企业地址	上海市钦江路 99 号（200233）				
投资总额	300 万 USD	电　话	64956666	传　真	64959876
设立日期	2005-6-17	负责人	吴贵淑		
主营业务	餐饮、住宿（涉及行政许可的凭许可证经营）。				

企业名称	上海扬实同投资管理咨询有限公司				
企业地址	上海市张江高科技园区郭守敬路 351 号 2 号楼 685－15 室（201203）				
投资总额	670 万 USD	电　话	62883990	传　真	63291465
设立日期	2005-6-16	负责人	GRANT LEWIS KKLLEY		
主营业务	投资咨询，商务咨询，企业管理咨询（涉及行政许可的，凭许可证经营）。				

企业名称	来思达管理咨询（上海）有限公司				
企业地址	上海市中山南二路 923 号（200030）				
投资总额	14 万 USD	电　话	64680999	传　真	
设立日期	2005-6-16	负责人	萧燕雄		
主营业务	商务咨询，企业管理咨询，企业咨询（涉及行政许可的，凭许可证经营）。				

企业名称	上海框架投资咨询有限公司				
企业地址	上海市衡山路 17 弄 1 号（200031）				
投资总额	14 万 USD	电　话	61218726	传　真	61218728
设立日期	2005-6-16	负责人	刘　磊		
主营业务	投资咨询，商务咨询，企业管理咨询，市场营销咨询，公共关系咨询。				

企业名称	迈达生投资咨询（上海）有限公司				
企业地址	上海市张江高科技园区郭守敬路 351 号 2 号楼 685－16 室（201203）				
投资总额	14 万 USD	电　话	54250400	传　真	54250280
设立日期	2005-6-16	负责人	NOGUCHIHIROSHI		
主营业务	投资咨询，企业管理咨询，教育咨询（涉及行政许可的凭许可证经营）。				

企业名称	上海三盛王磊形象设计有限公司				
企业地址	上海市卢湾区淮海中路 688 号 L403，L404 室（200020）				
投资总额	4000 万日元	电　话	54662811	传　真	54662811
设立日期	2005-6-15	负责人	桑原和男		
主营业务	美容，美发（凭许可证内容登记营范围后方可经营）。				

企业名称	上海禾邦认证有限公司				
企业地址	上海市武夷路 258 号（200050）				
投资总额	50 万 USD	电　话	52377700	传　真	52389971
设立日期	2005-6-15	负责人	孙纯一		
主营业务	从事管理体系认证业务（涉及行政许可的凭许可证经营）。				

企业名称	西图建筑工程（上海）有限公司				
企业地址	上海市浦东新区唐陆公路 3618 号 12 幢 101 室（201203）				
投资总额	245 万 USD	电　话	61132000	传　真	61132008
设立日期	2005-6-15	负责人	WILLIAM LOUDY CALHOUN		
主营业务	以建筑施工承包形式从事房屋建筑工程施工，市政公用工程施工总承包。				

企业名称	诺沃孟德商务咨询（上海）有限公司				
企业地址	上海市浦东新区张杨路 877 号 502-4 室（200120）				
投资总额	14 万 USD	电　话	62497528	传　真	62491655
设立日期	2005-6-15	负责人	WEI YEA MARCO TCHEN		
主营业务	商务咨询，经济信息咨询，企业登记代理，投资咨询，企业管理咨询。				

企业名称	庆延建筑设计咨询（上海）有限公司				
企业地址	上海市浦东新区梅花路 281 号 A334 室（201204）				
投资总额	14 万 USD	电　话	53081862	传　真	53081857
设立日期	2005-6-15	负责人	冯庆延		
主营业务	建筑设计咨询，室内设计咨询，建筑环境及景观设计咨询。				

企业名称	安心理研投资管理咨询（上海）有限公司				
企业地址	上海市静安区新闸路 1250 号 A 座 065 室（200040）				
投资总额	14 万 USD	电　话	69192305	传　真	69192503
设立日期	2005-6-14	负责人	森下和典		
主营业务	投资管理咨询，知识产权咨询，企业管理咨询，营销策略咨询。				

企业名称	环智管理咨询（上海）有限公司				
企业地址	上海市浦东新区高桥镇通园路 159 号 814 室（200137）				
投资总额	2.1 万 USD	电　话	51119158	传　真	64470573
设立日期	2005-6-13	负责人	MABC ROBEBT DAWSON		
主营业务	企业管理咨询，投资咨询，经济信息咨询，商务咨询，市场分析咨询。				

企业名称	海柯商务咨询（上海）有限公司				
企业地址	上海市长宁区长宁路 1027 号 1008A 室（200050）				
投资总额	14 万 USD	电　话	54960378	传　真	54960375
设立日期	2005-6-13	负责人	BABIKIAN HRAIR ARA		
主营业务	商务咨询，国际经济咨询，科技咨询，环境保护信息咨询。				

企业名称	鹰腾（上海）建筑工程咨询有限公司				
企业地址	上海市浦东新区赵高路 1388 号 2 幢 201 室（201208）				
投资总额	14 万 USD	电　话	64624201	传　真	64624201
设立日期	2005-6-13	负责人	WEE SENG HWAT		
主营业务	建筑工程咨询，建筑装潢咨询，物业管理，企业管理咨询。				

企业名称	上海贤光商务咨询有限公司				
企业地址	上海市松江区石湖荡镇塔汇路 98 号（201604）				
投资总额	14 万 USD	电　话	64649958	传　真	64647277
设立日期	2005-6-13	负责人	任贤治		
主营业务	投资咨询，商务咨询，环保信息咨询，企业管理咨询，企业形象策划。				

企业名称	禾美摄影（上海）有限公司				
企业地址	上海市康健路 135 号 C 座 222 室（200235）				
投资总额	14 万 USD	电　话	52390371	传　真	64878067
设立日期	2005-6-13	负责人	COSTI		
主营业务	提供平面数码摄影服务（不包括广告制作）。				

企业名称	上海日报广告发展有限公司				
企业地址	上海市静安区威海路755号38层（200041）				
投资总额	5000万RMB	电　　话	52921339	传　　真	52921339
设立日期	2005-6-9	负 责 人	胡劲军		
主营业务	设计、制作、代理、发布国内外各类广告；商务信息咨询，企业管理咨询。				

企业名称	特伦思装饰设计工程咨询（上海）有限公司				
企业地址	上海市奉贤区南桥镇环城东路西，奉浦大道南侧（201400）				
投资总额	14万USD	电　　话	62942180	传　　真	62942361
设立日期	2005-6-9	负 责 人	陈淑枫		
主营业务	工程技术管理咨询，工程项目管理咨询，建筑材料，装饰家具设计咨询。				

企业名称	鸿中（上海）工程技术咨询有限公司				
企业地址	上海市黄浦区延安东路222号外滩中心18楼1812室（200001）				
投资总额	14万USD	电　　话	62729985	传　　真	62675497
设立日期	2005-6-8	负 责 人	CHUA CHONG KHENG		
主营业务	提供有关陆路交通的工程技术咨询服务（涉及行政许可的凭许可证经营）。				

企业名称	史密斯艾莫雷检测咨询（上海）有限公司				
企业地址	上海市黄浦区威海路128号503室（200001）				
投资总额	14万USD	电　　话	63271433	传　　真	66544108
设立日期	2005-6-8	负 责 人	PHILLIP JOHN LATIOLA		
主营业务	商品检测咨询（不涉及行政许可经营的法定检测），商务咨询，企业管理咨询。				

企业名称	上海景禾投资咨询有限公司				
企业地址	上海市杨浦区军工路1436号24幢A1-212室（200433）				
投资总额	14万USD	电　　话	62729966	传　　真	62485958
设立日期	2005-6-7	负 责 人	余玲玲		
主营业务	投资咨询，商务信息咨询，房地产信息咨询（除中介）。				

企业名称	上海腾力商务咨询有限公司				
企业地址	上海市曲阳路553号503A室（200080）				
投资总额	14万USD	电　　话	62532555	传　　真	62588120
设立日期	2005-6-7	负 责 人	阮励豪		
主营业务	商务咨询，企业管理咨询，市场营销策划，企业形象策划，投资咨询。				

企业名称	埃格斯（上海）投资管理咨询有限公司				
企业地址	上海市浦东新区世纪大道88号金茂大厦31楼45室（200120）				
投资总额	14万USD	电　　话	61233854	传　　真	63758328
设立日期	2005-6-7	负 责 人	CLARENCE SEAH		
主营业务	投资管理咨询，企业管理咨询，营销策划咨询。				

企业名称	上海鼎明投资咨询有限公司				
企业地址	上海市长宁区天山支路154号204D室（200051）				
投资总额	35万USD	电　　话	62110000	传　　真	62371199
设立日期	2005-6-7	负 责 人	林 江		
主营业务	市场策划，投资咨询及推广（涉及行政许可的凭许可证经营）。				

企业名称	恒锵投资管理（上海）有限公司				
企业地址	上海市大宁路660弄18号102室（200072）				
投资总额	130万USD	电　　话	62279375	传　　真	51559931
设立日期	2005-6-6	负 责 人	曾婉莉		
主营业务	受投资企业委托对所投资企业进行管理，国际贸易咨询，国际经济咨询。				

企业名称	创梦人（上海）管理咨询有限公司				
企业地址	上海市延安中路1440号阿波罗商务中心6楼715房（200040）				
投资总额	20万USD	电　　话	62484690	传　　真	61031731
设立日期	2005-6-6	负 责 人	桥本忠广		
主营业务	企业管理咨询，物流管理咨询，旅游业管理咨询，旅游资源开发咨询。				

企业名称	贝洱亚太管理（上海）有限公司				
企业地址	上海市浦东新区世纪大道1600号浦项商务广场22楼（200120）				
投资总额	210万USD	电　　话	68654510	传　　真	58546120
设立日期	2005-6-3	负 责 人	KOH YEW HEE		
主营业务	经营决策和管理咨询，财务管理咨询，采购咨询和质量监控和管理咨询。				

企业名称	上海如愿光瘦身服务有限公司				
企业地址	上海市金山区朱泾镇东风路45号（201500）				
投资总额	20万USD	电　　话	58395863	传　　真	58395821
设立日期	2005-6-3	负 责 人	许维瑛		
主营业务	减肥，美容及相关技术咨询服务（涉及行政许可的凭许可证经营）。				

企业名称	喜力亚太酿酒（中国）企业管理有限公司				
企业地址	上海市闵行区莲花路1559号518室（201100）				
投资总额	610万USD	电　　话	54584680	传　　真	64103503
设立日期	2005-6-2	负 责 人	KOH POH TYONG		
主营业务	提供投资管理和咨询服务，经营管理和咨询服务，市场营销服务。				

企业名称	洛湘企业管理咨询（上海）有限公司				
企业地址	上海市浦东新区东方路877号507D室（200120）				
投资总额	14万USD	电　　话	62487141	传　　真	58589377
设立日期	2005-6-1	负 责 人	EDWARD LING-FU WANG（王令甫）		
主营业务	企业管理咨询，投资咨询，商务咨询，科技信息咨询，国际经贸信息咨询。				

企业名称	优美科管理（上海）有限公司				
企业地址	上海市中山西路1800号兆丰环球大厦18楼E2（200235）				
投资总额	200万USD	电　　话	24116831	传　　真	34240969
设立日期	2005-6-1	负 责 人	KLAUS KLEMENS OSTGATHE		
主营业务	提供投资管理服务，经营管理服务，技术支持和研究开发服务。				

企业名称	上海薇阁酒店管理有限公司				
企业地址	上海市闵行区宜山路1618号F栋（201103）				
投资总额	600万USD	电　　话	64655777	传　　真	64069528
设立日期	2005-6-1	负 责 人	林庆育		
主营业务	酒店管理咨询，国际经济信息咨询，房地产咨询（除经纪）。				

企业名称	上海纳德西咨询有限公司				
企业地址	上海市浦东新区世纪大道88号金茂大厦3147室（200120）				
投资总额	14万USD	电　　话	50472866	传　　真	50478039
设立日期	2005-6-1	负 责 人	PHILIPPE GARSUAULT		
主营业务	财务管理咨询，技术咨询，商务与管理信息咨询，投资管理咨询。				

企业名称	上海亚船投资咨询有限公司				
企业地址	上海市虹口区保定路42号329室（200080）				
投资总额	14万USD	电　　话	68866608	传　　真	68866628
设立日期	2005-5-31	负 责 人	赵式中		
主营业务	投资咨询，商务咨询，贸易咨询，国际经济信息咨询，企业管理咨询。				

企业名称	蒙特富（上海）企业形象策划有限公司				
企业地址	上海市松江区新桥镇陈春路178号（201612）				
投资总额	14万USD	电　　话	67648816	传　　真	62702275
设立日期	2005-5-31	负 责 人	RICHARD MORSCHER		
主营业务	企业形象策划与设计，国际经济，技术和环境保护信息咨询服务。				

企业名称	上海商翼商务咨询有限公司				
企业地址	上海市卢湾区淮海中路381号中环广场818－824室（200021）				
投资总额	14万USD	电　　话	63916398	传　　真	63916396
设立日期	2005-5-30	负 责 人	MICHAEL J.DEERING		
主营业务	投资咨询，国际经济咨询，贸易信息咨询，房地产信息咨询（不含经纪）。				

企业名称	乔林投资咨询（上海）有限公司				
企业地址	上海市江场西路395号105室（200435）				
投资总额	14万USD	电　　话	54936637	传　　真	64801400
设立日期	2005-5-30	负 责 人	LIM CHEE YONG		
主营业务	投资咨询，商务咨询，企业管理咨询，物业管理咨询，会议展览咨询。				

企业名称	上海丰树管理咨询有限公司				
企业地址	上海市浦东新区通园路159号837室（200120）				
投资总额	14万USD	电　　话	58400658	传　　真	68876476
设立日期	2005-5-30	负 责 人	LOH SHYH		
主营业务	企业管理咨询，物业管理，投资咨询，贸易信息咨询，科技咨询。				

企业名称	上海新恒阶投资管理咨询有限公司				
企业地址	上海市浦东新区东方路877号507C室（200120）				
投资总额	42万USD	电　　话	62487627	传　　真	62487013
设立日期	2005-5-30	负 责 人	刘恩维		
主营业务	投资管理咨询，企业管理咨询，市场策划，国际经济，环保信息咨询。				

企业名称	迪诺思科管理咨询（上海）有限公司				
企业地址	上海市浦东新区浦东南路360号6层E座（200120）				
投资总额	36.5万USD	电　　话	58817700	传　　真	58818903
设立日期	2005-5-27	负 责 人	PAUL STEWART CAMPBELL		
主营业务	石化行业，船舶及海洋平台，输送管道管理技术咨询，风险技术咨询。				

企业名称	埃杰斯建筑咨询（上海）有限公司				
企业地址	上海市浦东新区银城东路 101 号汇丰大厦 2123A 室（200120）				
投资总额	14 万 USD	电　话	51089602	传　真	32160360
设立日期	2005-5-25	负责人	ALBAN AH CHAY KHINCH		
主营业务	建筑设计咨询，室内设计咨询，环境设计咨询（不含城市规则）。				

企业名称	三木酒店管理咨询（上海）有限公司				
企业地址	上海市闵行区虹桥镇虹许路 408 号 2 楼（201103）				
投资总额	120 万 USD	电　话	61131888	传　真	
设立日期	2005-5-24	负责人	申成万		
主营业务	酒店经营管理咨询，投资咨询，科技咨询，环保信息咨询，贸易咨询。				

企业名称	凯誉管理咨询（上海）有限公司				
企业地址	上海市静安区南京西路 1266 号 6103－6107A 室（200040）				
投资总额	20 万 USD	电　话	62882275	传　真	62880306
设立日期	2005-5-23	负责人	IAIN FERGUSON BRUCE		
主营业务	企业管理咨询，经济信息咨询，投资咨询，商务咨询，贸易信息咨询。				

企业名称	恩凯环境设计咨询（上海）有限公司				
企业地址	上海市静安区昌平路 990 号 6 号楼 6205－W 室（200042）				
投资总额	14 万 USD	电　话	62715540	传　真	62717114
设立日期	2005-5-23	负责人	ALEXANDRA CHU		
主营业务	建筑工程设计咨询，景观工程设计咨询，环境设计咨询。				

企业名称	上海当纳利图文设计有限公司				
企业地址	上海市卢湾区复兴中路 369 号 1701（F，G，H）室（200025）				
投资总额	14 万 USD	电　话	23211188	传　真	53829611
设立日期	2005-5-20	负责人	JAMES MAUCK		
主营业务	商业图文设计，制作，提供印刷前期的技术咨询服务。				

企业名称	火马投资咨询（上海）有限公司				
企业地址	上海市浦东新区浦东南路 1952 号 278 室（200127）				
投资总额	14 万 USD	电　话	64282072	传　真	64282076
设立日期	2005-5-20	负责人	黄若筠		
主营业务	投资咨询，企业管理咨询，商务信息咨询，国际经济咨询，环保信息咨询。				

企业名称	济丰环保科技咨询（上海）有限公司				
企业地址	上海市长宁区虹桥路 2266 号 10 号楼 339 室（200335）				
投资总额	20 万 USD	电　话	54504666	传　真	54502166
设立日期	2005-5-19	负责人	张化本		
主营业务	环境保护咨询，能源利用咨询，清洁发展机制项目咨询。				

企业名称	上海中盛华旭管理顾问有限公司				
企业地址	上海市长宁区遵义路 100 号 A 座 1901 室（200051）				
投资总额	20 万 USD	电　话	62372228	传　真	62371233
设立日期	2005-5-19	负责人	林　杉		
主营业务	投资咨询，管理咨询，商务咨询，会务咨询并提供相关服务。				

企业名称	茜亿尔工程咨询（上海）有限公司				
企业地址	上海市浦东新区高桥镇通园路 159 号 813 室（200137）				
投资总额	14 万 USD	电　话	64263220	传　真	64264066
设立日期	2005-5-18	负责人	SIMON NICHOLAS MAGUIRE		
主营业务	工程项目管理咨询，工程项目技术咨询，企业管理咨询，环保科技咨询。				

企业名称	固特异轮胎管理（上海）有限公司				
企业地址	上海市徐汇区长乐路 989 号 3201 室（200031）				
投资总额	200 万 USD	电　话	61326152	传　真	
设立日期	2005-5-18	负责人	PIERRE E.COHADE		
主营业务	提供经营管理决策和管理咨询；投资管理咨询，商务（零售及分销）咨询。				

企业名称	富井企业管理咨询（上海）有限公司				
企业地址	上海市外高桥保税区加枫路 17 号 304 室（200131）				
投资总额	3.5 万 USD	电　话	64261295	传　真	64261297
设立日期	2005-5-17	负责人	龟井廉幸		
主营业务	保税区内以环保设备及其零部件为主的仓储分拨业务，及相关产品的售后服务。				

企业名称	上海富士飞浦商务咨询有限公司				
企业地址	上海市杨浦区国权路 39 号 2 号楼 301A 室（200433）				
投资总额	15 万 USD	电　话	64819355	传　真	68419246
设立日期	2005-5-17	负责人	木下直义		
主营业务	商务咨询，投资咨询，信息咨询（以上咨询除经纪）。				

企业名称	加柏利投资咨询（上海）有限公司				
企业地址	上海市共和新路 3050 号 11 幢 317 室（200070）				
投资总额	10 万 USD	电　话	61313188	传　真	61313189
设立日期	2005-5-17	负责人	ANDREW WYLES WATERS		
主营业务	投资咨询，房地产信息咨询，投资管理服务，企业登记代理服务。				

企业名称	英波基洛工程咨询（上海）有限公司				
企业地址	上海市浦东新区北蔡镇御桥路 869 号 225 室（200020）				
投资总额	14 万 USD	电　话	64747105	传　真	64747107
设立日期	2005-5-16	负责人	PIETRO BAGNATI		
主营业务	建筑工程设计咨询，项目管理咨询，工程技术咨询，环保技术咨询。				

企业名称	上海星煌商务咨询有限公司				
企业地址	上海市卢湾区瞿溪路 768 号 406B 室（200023）				
投资总额	120 万 USD	电　话	54852310	传　真	54852310
设立日期	2005-5-12	负责人	冯颂义		
主营业务	商务咨询，会展会务咨询，投资咨询，管理咨询。				

企业名称	上海万宝恺迪企业咨询有限公司				
企业地址	上海市卢湾区湖滨路 222 号企业天地 1 号楼 15 楼 1503B 室（200021）				
投资总额	14 万 USD	电　话	38606525	传　真	38606774
设立日期	2005-5-11	负责人	吴若萱		
主营业务	企业管理咨询，项目管理咨询，投资管理咨询，国际商贸咨询。				

企业名称	嘉凯商务咨询（上海）有限公司				
企业地址	上海市衡山路 17 弄 1 号（200031）				
投资总额	14 万 USD	电　话	64335278	传　真	64333785
设立日期	2005-5-11	负责人	WONG，KAM LOR DENNIS		
主营业务	商务咨询，经济信息咨询，企业管理咨询，投资咨询，市场策划。				

企业名称	贝利欧（上海）企业管理咨询有限公司				
企业地址	上海市浦东新区陆家嘴东路 161 号 2309 室（200120）				
投资总额	14 万 USD	电　话	58792106	传　真	58792106
设立日期	2005-5-10	负责人	MONICA SGARBI		
主营业务	企业管理咨询，投资咨询，商务咨询，财务管理咨询，经济信息咨询。				

企业名称	上海宝都来企业管理咨询有限公司				
企业地址	上海市浦东新区上南路 4184 号 101 室（200127）				
投资总额	70 万 USD	电　话	51089603	传　真	32160360
设立日期	2005-5-10	负责人	高桥彻（TAKAHASHI TORU）		
主营业务	企业管理咨询，企业商务信息咨询，企业营销策划。				

企业名称	上海扬子投资管理咨询有限公司				
企业地址	上海市张江高科技园区郭守敬路 351 号 2 号楼 685－7 室（201203）				
投资总额	1888.89 万 USD	电　话	62883930	传　真	63291465
设立日期	2005-4-29	负责人	GRANT LEWIS KELLEY		
主营业务	投资咨询，商务信息咨询，企业管理咨询，科技咨询。				

企业名称	仲外制药咨询（上海）有限公司				
企业地址	上海市卢湾区淮海中路 2 号－8 号 1209B 室（200021）				
投资总额	40 万 USD	电　话	63190388	传　真	63191108
设立日期	2005-4-29	负责人	内仓良树		
主营业务	医药科技咨询，商务信息咨询（涉及行政许可的凭许可证经营）。				

企业名称	法玛林珂（上海）医药咨询服务有限公司				
企业地址	上海市新闸路 1250 号 A 座 063 室（200040）				
投资总额	14 万 USD	电　话	62884851	传　真	63615925
设立日期	2005-4-29	负责人	RENAAT J.JANSSEN		
主营业务	投资咨询，商务咨询，医药营销咨询和医药策划咨询，企业咨询服务。				

企业名称	京伦装潢设计工程（上海）有限公司				
企业地址	上海市静安区石门一路 239 号 3A9 室（200040）				
投资总额	14 万 USD	电　话	51699088	传　真	51289982
设立日期	2005-4-28	负责人	李京伦		
主营业务	室内装潢及室内装潢设计，并提供相关的工程技术咨询服务。				

企业名称	澳瑞迅商务咨询（上海）有限公司				
企业地址	上海市静安区南京西路 1376 号 305A 室（200040）				
投资总额	14 万 USD	电　话	62798072	传　真	62798074
设立日期	2005-4-28	负责人	BEVERLY D MAYHEW		
主营业务	商务信息咨询（凡涉及行政许可的凭许可证经营）。				

企业名称	侨福商务咨询（上海）有限公司				
企业地址	上海市浦东新区龙东大道 5179 号 3 幢 3 层（201203）				
投资总额	1250 万 USD	电　话	63757311	传　真	51527123
设立日期	2005-4-27	负 责 人	黄德华		
主营业务	商务咨询，投资咨询，企业管理咨询，经济信息咨询。				

企业名称	上海雅乐商务咨询有限公司				
企业地址	上海市虹口区飞虹路 360 弄 9 号 3418 室（200081）				
投资总额	15 万 USD	电　话	54048333	传　真	54045283
设立日期	2005-4-25	负 责 人	黎　亮		
主营业务	商务咨询，投资咨询，企业管理咨询，经济信息咨询。				

企业名称	上海全达数码影像有限公司				
企业地址	上海市康健路 135 号 C 座 313 室（200235）				
投资总额	14 万 USD	电　话	64430819	传　真	
设立日期	2005-4-25	负 责 人	沈春范		
主营业务	摄影及数码影像制作，冲印，数码相册制作（不涉及广告）。				

企业名称	德聿佳企业管理顾问（上海）有限公司				
企业地址	上海市浦东新区江东路 1376 号 1 号楼 401 室（201202）				
投资总额	350 万 USD	电　话	51352665	传　真	51352667
设立日期	2005-4-22	负 责 人	周荣昌		
主营业务	企业管理咨询，企业形象设计咨询，投资咨询，商务咨询。				

企业名称	思富宁投资咨询（上海）有限公司				
企业地址	上海市浦东新区银城中路 200 号 4407－4408 室（200120）				
投资总额	14 万 USD	电　话	58779889	传　真	58779979
设立日期	2005-4-22	负 责 人	KIM WON HONG 金源弘		
主营业务	投资咨询，商务咨询，市场营销咨询，贸易信息咨询。				

企业名称	信刚管理顾问（上海）有限公司				
企业地址	上海市卢湾区淮海中路 381 号 809 室－817 室（200021）				
投资总额	14 万 USD	电　话	63915999	传　真	63915928
设立日期	2005-4-21	负 责 人	RUSSELL MAURICE MCGUIGAN		
主营业务	企业管理咨询，企业兼并收购咨询，国际经济信息咨询；科技信息咨询。				

企业名称	博驰路投资咨询（上海）有限公司				
企业地址	上海市卢湾区徐家汇路 555 号 7B 室（200023）				
投资总额	14 万欧元	电　话	63901782	传　真	62761083
设立日期	2005-4-21	负 责 人	ALBERTO GANDINO/总经理包幼佩		
主营业务	企业管理咨询，投资咨询，商务咨询和国际信息咨询。				

企业名称	纳玛特康而健健身（上海）有限公司				
企业地址	上海市卢湾区湖滨路 202 号 2 号楼 18 号商铺（200021）				
投资总额	30 万 USD	电　话	64334292	传　真	64333646
设立日期	2005-4-21	负 责 人	符致恩		
主营业务	健身房，美容，配套快餐（凭许可证内容登记经营范围后方可经营）。				

企业名称	伊索泰和（上海）环境保护技术咨询有限公司				
企业地址	上海市张江高科技园区郭守敬路 351 号 2 号楼 685－04 室（201203）				
投资总额	20 万 USD	电　话	63375720	传　真	63375722
设立日期	2005-4-21	负 责 人	ZOFIJA MAZEJ KUKOVIC		
主营业务	环境保护咨询，环保设备的设计，环境保护技术工程的设计和咨询。				

企业名称	丰科室内装潢设计咨询（上海）有限公司				
企业地址	上海市浦东新区乳山路 227 号 101－98 室（200122）				
投资总额	168 万港币	电　话	50462328	传　真	50460889
设立日期	2005-4-21	负 责 人	陈增荣		
主营业务	工程技术咨询，工程设计咨询，工程项目管理咨询，环保信息咨询。				

企业名称	吉双艺工程咨询（上海）有限公司				
企业地址	上海市浦东新区昌里路 335 号 529A 室（200127）				
投资总额	14 万 USD	电　话	62490321	传　真	62490322
设立日期	2005-4-21	负 责 人	LESLIE ROBERT GRAY		
主营业务	工程技术咨询，工程管理咨询，工程安装咨询，环保技术咨询。				

企业名称	麦基嘉盈科船用设备设计咨询（上海）有限公司				
企业地址	上海市崇明县新河镇新申路 921 号（202156）				
投资总额	14 万 USD	电　话	28459739	传　真	63129989
设立日期	2005-4-19	负 责 人	吴伟伟		
主营业务	从事为提供海运货物装卸及维护设备的设计服务和技术支持。				

企业名称	冯格康玛戈建筑设计咨询（上海）有限公司				
企业地址	上海市卢湾区湖滨路 202 号企业天地大厦 2 座 511 室（200020）				
投资总额	14 万 USD	电　话	54655151	传　真	54655131
设立日期	2005-4-18	负 责 人	MEINHARD HERBERT VON GERKAN		
主营业务	建筑设计咨询，室内装饰咨询，环境设计咨询，工程施工技术咨询。				

企业名称	会能士商务咨询（上海）有限公司				
企业地址	上海市浦东新区峨山路 613 号第六幢 348 室（200127）				
投资总额	20 万 USD	电　话	52401102	传　真	52401107
设立日期	2005-4-18	负 责 人	HENRY KONG LING（凌钢）		
主营业务	商务策划，会展服务，投资咨询，经济信息咨询，财务管理咨询。				

企业名称	上海登杰品牌咨询有限公司				
企业地址	上海市静安区南京西路 1168 号 3541 室（200040）				
投资总额	14 万 USD	电　话	64485994	传　真	62580447
设立日期	2005-4-18	负 责 人	JAMES KEVIN LINES		
主营业务	品牌策划，品牌咨询，品牌设计咨询服务。				

企业名称	上海泾海华贝莫国际投资咨询有限公司				
企业地址	上海市沪宜公路 1011 号－1（201802）				
投资总额	22 万 USD	电　话	63016555	传　真	53015200
设立日期	2005-4-15	负 责 人	曹长全		
主营业务	企业注册代理，投资咨询，管理咨询，信息咨询。				

企业名称	逸耘居投资咨询（上海）有限公司				
企业地址	上海市浦东新区花山路 706 号 623 室（200137）				
投资总额	14 万 USD	电　话	62887555	传　真	62171220
设立日期	2005-4-15	负 责 人	LILY ZIPING CHEN		
主营业务	投资咨询，房地产经纪，房地产信息咨询，企业管理咨询。				

企业名称	上海咏鹤相册制作有限公司				
企业地址	上海市嘉定区江桥镇华江路 958 号 10 幢（201824）				
投资总额	15 万 USD	电　话	59131638	传　真	39556980
设立日期	2005-4-15	负 责 人	陈宇宫		
主营业务	生产相框相册，销售本公司自产产品。				

企业名称	上海凯瑞克质量体系认证有限公司				
企业地址	上海市嘉定区环城路 1800 号 101 室（201800）				
投资总额	35 万 USD	电　话	62278251	传　真	62998452
设立日期	2005-4-13	负 责 人	余雅文		
主营业务	管理体系认证（涉及行政许可的凭许可证经营）。				

企业名称	豪鹰企业管理咨询（上海）有限公司				
企业地址	上海市浦东新区峨山路 613 号 6 幢 366 室（200127）				
投资总额	14 万 USD	电　话	62952910	传　真	62952912
设立日期	2005-4-13	负 责 人	INGE DE MEY		
主营业务	企业管理咨询，投资咨询，国际经济咨询，科技信息咨询，房产咨询。				

企业名称	富士施乐租赁（中国）有限公司				
企业地址	上海市淮海中路 300 号香港新世界大厦 3201 室（200021）				
投资总额	2000 万 USD	电　话	23022288	传　真	63353284
设立日期	2005-4-13	负 责 人	庄野次郎		
主营业务	办公设备及其他与文件管理相关的设备的融资租赁业务，提供相关服务。				

企业名称	仲利国际租赁有限公司				
企业地址	上海市遵义路 100 号虹桥上海城 B 栋 2683-15 单元（200051）				
投资总额	2000 万 USD	电　话	52080101	传　真	
设立日期	2005-4-12	负 责 人	陈凤龙		
主营业务	1.融资租赁业务；2.租赁业务；3.向国内外购买租赁财产。				

企业名称	仲信企业管理咨询（上海）有限公司				
企业地址	上海市黄浦区中山东一路 18 号四层 A 室（200001）				
投资总额	14 万 USD	电　话	64313053	传　真	
设立日期	2005-4-12	负 责 人	白嘉辉		
主营业务	企业管理咨询，投资咨询，贸易咨询，国际经济咨询，科技咨询。				

企业名称	上海达一财务咨询有限公司				
企业地址	上海市崇明县城桥镇东门路 181 号（202150）				
投资总额	14 万 USD	电　话	52897123	传　真	
设立日期	2005-4-12	负 责 人	刘　榛		
主营业务	财务咨询，企业投资咨询，企业形象策划，国际经济咨询，商务咨询。				

企业名称	汇林贝通投资咨询（上海）有限公司				
企业地址	上海市长宁区天山路 310 号 8 楼 E－F 座（200335）				
投资总额	14 万 USD	电　话	51532888	传　真	51532288
设立日期	2005-4-11	负 责 人	吴军		
主营业务	投资咨询，贸易信息咨询，国际经济咨询，企业管理咨询服务。				

企业名称	上海锦江国际 JTB 会展有限公司				
企业地址	上海市北京西路 1277 号 12 楼（200041）				
投资总额	100 万 USD	电　话	62898830	传　真	
设立日期	2005-4-11	负 责 人	宋超麒		
主营业务	在中国境内主办，承办各类经济技术展览会和会议。				

企业名称	上海蓝泽投资咨询有限公司				
企业地址	上海市静安区南京西路 580 号 3801 室（200040）				
投资总额	14 万 USD	电　话	62881699	传　真	
设立日期	2005-4-11	负 责 人	蓝泽基弥		
主营业务	投资咨询，经济信息咨询，管理信息咨询，商业信息咨询。				

企业名称	观宏商务咨询（上海）有限公司				
企业地址	上海市浦东新区归昌路 258 号 430 室（201206）				
投资总额	14 万 USD	电　话	64673816	传　真	
设立日期	2005-4-8	负 责 人	LOUIS RANDALL MAYER		
主营业务	商务咨询，投资咨询，企业管理咨询，市场营销咨询，贸易信息咨询。				

企业名称	上海得贵装饰设计工程有限公司				
企业地址	上海市浦东新区梅花路 281 号 A314 室（201200）				
投资总额	14 万 USD	电　话	63862188	传　真	63862100
设立日期	2005-4-8	负 责 人	蔡仙霞		
主营业务	室内装修装饰工程的设计，施工，并提供相关的咨询服务。				

企业名称	宣映商务咨询（上海）有限公司				
企业地址	上海市浦东新区张家浜路 68 号 6 幢 510 室（200122）				
投资总额	14 万 USD	电　话	58401941	传　真	58481492
设立日期	2005-4-8	负 责 人	LEE GEUN TAEG		
主营业务	商务咨询，船舶技术咨询，投资咨询，企业管理咨询，科技咨询。				

企业名称	卓新清洁服务（上海）有限公司				
企业地址	上海市黄浦区浙江中路 400 号 11 楼 1138 室（200001）				
投资总额	14 万 USD	电　话	63518007	传　真	63603395
设立日期	2005-4-6	负 责 人	侯志远		
主营业务	室内保洁及室内保洁咨询服务（涉及许可经营的凭许可证经营）。				

企业名称	上海艾蒙建筑规划设计咨询有限责任公司				
企业地址	上海市浦东新区东绣路 999 弄万源杰座 8 号楼 904 室（200124）				
投资总额	120 万 RMB	电　话	65046574	传　真	65046454
设立日期	2005-4-5	负 责 人	张晓白		
主营业务	建筑工程设计咨询（不含城市总体规划），园林绿化设计咨询。				

企业名称	英见管理咨询（上海）有限公司				
企业地址	上海市浦东新区世纪大道 88 号金茂大厦 31 层 3163 室（200120）				
投资总额	14 万 USD	电　话	28909353	传　真	
设立日期	2005-4-5	负 责 人	OLIVER HERKOMMER		
主营业务	项目管理咨询，企业管理咨询，工程技术咨询，贸易信息咨询。				

企业名称	宏略广告（上海）有限公司				
企业地址	上海市番禺路 1150 号 105 室（200030）				
投资总额	30 万 USD	电　话	64485473	传　真	64485467
设立日期	2005-4-5	负 责 人	LAU WAI KUEN AARON		
主营业务	设计，制作，代理，发布国内外各类广告。品牌咨询，公共关系咨询。				

企业名称	爵士酒店公寓管理（上海）有限公司				
企业地址	上海市浦东新区向城路 29 号首层 3 室（200120）				
投资总额	100 万 USD	电　话	62750108	传　真	62195919
设立日期	2005-4-5	负 责 人	郑佳		
主营业务	酒店公寓经营管理，房地产经纪，物业管理，停车场（库）经营。				

企业名称	上海虎专源商务顾问服务有限公司				
企业地址	上海市卢湾区淮海中路 1 号 1910 室（200021）				
投资总额	14 万 USD	电　话	63866300	传　真	63865086
设立日期	2005-4-5	负 责 人	MARK ENGEL		
主营业务	国际经济贸易咨询，商务咨询，医疗器械行业的市场策划。				

企业名称	美特科（上海）商务咨询有限公司				
企业地址	上海市杨浦区通北路 540 号 207 室－1（200120）				
投资总额	14 万 USD	电　话	58313447	传　真	68416070
设立日期	2005-4-4	负 责 人	王金革		
主营业务	商务咨询，经济信息咨询，投资咨询，企业管理咨询。				

企业名称	上海环球票务有限公司				
企业地址	上海市浦东新区通园路 159 号 833 室（200137）				
投资总额	36 万 USD	电　话	62189127	传　真	58313413
设立日期	2005-4-4	负 责 人	SUNG HOON WOO		
主营业务	票务的代理销售服务，票务系统相关软件的开发，设计和制作。				

企业名称	上海百利工程管理咨询有限公司				
企业地址	上海市南汇区康桥镇康士路 17 号 299 室（201315）				
投资总额	50 万 USD	电　话	62727381	传　真	62485958
设立日期	2005-4-4	负 责 人	余玲玲		
主营业务	提供建筑工程管理咨询，建筑工程技术咨询。				

企业名称	颖速装潢设计（上海）有限公司				
企业地址	上海市浦东新区东方路 877 号 506A 室（200233）				
投资总额	14 万 USD	电　话	54816846	传　真	54812629
设立日期	2005-4-4	负 责 人	刘秀彰		
主营业务	室内设计，施工，建筑设计，景观设计的技术咨询服务。				

企业名称	花旗管理咨询（上海）有限公司				
企业地址	上海市浦东新区世纪大道 88 号金茂大厦 3137，3138 室（200120）				
投资总额	35 万 USD	电　话		传　真	
设立日期	2005-4-1	负 责 人	RICHARD DANIEL STANLEY		
主营业务	投资咨询，经济信息咨询，管理咨询，销售和市场营销咨询。				

企业名称	上海路易吉贝利尼文化艺术交流策划有限公司				
企业地址	上海市浦东新区灵山路 958 号 11 幢 506 室（200135）				
投资总额	20 万欧元	电　话	58790376	传　真	58797292
设立日期	2005-4-1	负 责 人	LUIGI BELLINI		
主营业务	在中国境内主办，承办各类经济、技术、文化展览会和会议。				

企业名称	泰优企业管理咨询（上海）有限公司				
企业地址	上海市长宁区江苏路 369 号 28 楼 B－21 室（200050）				
投资总额	14 万 USD	电　话	62183131	传　真	62727822
设立日期	2005-4-1	负 责 人	ROBERT LESLIE TAYLOR		
主营业务	企业管理咨询，投资管理咨询，投资咨询，国际经济咨询，商务咨询。				

企业名称	星巴克企业管理（中国）有限公司				
企业地址	上海市浦东新区世纪大道 88 号金茂大厦 5 区 4702 室（200120）				
投资总额	700 万 USD	电　话	24125861	传　真	24125999
设立日期	2005-3-31	负 责 人	王金龙		
主营业务	受星巴克集团，星巴克集团所投资企业的委托，向其提供经营决策和管理咨询。				

企业名称	豪鼎工程咨询（上海）有限公司				
企业地址	上海市闵行区金都路 3688 号附楼 209 室（201108）				
投资总额	14 万 USD	电　话	54131071	传　真	
设立日期	2005-3-30	负 责 人	EDNA KO POH THIM 高宝琛		
主营业务	工程项目咨询，工程设计咨询和工程管理咨询（咨询类项目除经纪）。				

企业名称	鲤阳德（上海）投资顾问有限公司				
企业地址	上海市长宁区延安西路 726 号 9L 室（200050）				
投资总额	14 万 USD	电　话	52381358	传　真	69118044
设立日期	2005-3-29	负 责 人	黄宗民		
主营业务	投资咨询，国际经济咨询，商务咨询，企业管理咨询。				

企业名称	上海国民油井兰石工程咨询有限公司				
企业地址	上海市嘉定区马陆镇陆家村亚钢路 500 号 3 号楼（201801）				
投资总额	150 万 USD	电　话	59157168	传　真	59156712
设立日期	2005-3-29	负 责 人	JERRY NICHOLAS GAUCHE		
主营业务	提供石油天然气及相关领域的工程项目管理咨询，工程规划和设计咨询。				

企业名称	潘世奇（上海）物流咨询有限公司				
企业地址	上海市静安区昌平路 990 号 6 号楼 6205－S 室（200040）				
投资总额	84 万 USD	电　话	62881470	传　真	62887988
设立日期	2005-3-28	负 责 人	BRIAN MICHAEL HARD		
主营业务	物流咨询及相关服务（涉及行政许可的凭许可证经营）。				

企业名称	上海滨凯投资管理咨询有限公司				
企业地址	上海市崇明县城桥镇秀山路 78 号（202150）				
投资总额	27 万 USD	电　话	27921625	传　真	59618004
设立日期	2005-3-28	负 责 人	金炳键		
主营业务	从事投资管理咨询，物业管理，餐饮管理，管理咨询，市场管理咨询。				

企业名称	上海华燊商务咨询有限公司				
企业地址	上海市宝山区蕴川路 5475 号（200942）				
投资总额	20 万 USD	电　话	65225158	传　真	55151513
设立日期	2005-3-25	负 责 人	星山光弘		
主营业务	商务咨询，投资咨询服务（以上涉及行政许可的凭许可证经营）。				

企业名称	爱可爱咨询（上海）有限公司				
企业地址	上海市长宁区江苏路 369 号兆丰世贸大厦 20C 室（200050）				
投资总额	14 万 USD	电　话	52400771	传　真	52400772
设立日期	2005-3-25	负 责 人	猪饲邦三		
主营业务	企业营销策划，企业管理咨询（涉及行政许可的凭许可证经营）。				

企业名称	世尊商务咨询（上海）有限公司				
企业地址	上海市黄浦区湖北路 200 号 6 楼 609 室（200003）				
投资总额	70 万 USD	电　话	61224518	传　真	
设立日期	2005-3-25	负 责 人	铃木秀敏		
主营业务	商务咨询，投资咨询，企业管理咨询，市场分析，科技信息咨询。				

企业名称	鑫威龙投资咨询（上海）有限公司				
企业地址	上海市工业综合开发区奉浦大道 111 号（201400）				
投资总额	14 万 USD	电　话	57545160	传　真	57545160
设立日期	2005-3-25	负 责 人	陈荣辉		
主营业务	投资咨询，国际经济咨询，贸易咨询，企业管理咨询，项目管理咨询。				

企业名称	高品（上海）图像服务有限公司				
企业地址	上海市长乐路 989 号世纪商贸广场 3601A（200031）				
投资总额	14 万 USD	电　话	54075711	传　真	54075712
设立日期	2005-3-24	负 责 人	JAMES DAYNE MITCHELL		
主营业务	自行摄影制作的商业图片和采购的商业图片整理加工后进行销售使用。				

企业名称	上海合建资产管理有限公司				
企业地址	上海市东方路 3409 号 7 号楼 2 层 C 区（200125）				
投资总额	37298 万 RMB	电　话	62126500	传　真	62126500
设立日期	2005-3-24	负 责 人	JOHN LANGLOIS		
主营业务	资产的收购，追偿，重组，经营管理，置换，转让和出售。				

企业名称	上海天地直复营销策划服务有限公司				
企业地址	上海市黄浦区西藏中路 268 号 4506 室（200003）				
投资总额	20 万 USD	电　话	53524688	传　真	63403362
设立日期	2005-3-24	负 责 人	ERIC-WILLEM VAN DEN BERG		
主营业务	商业咨询服务，包括商业数据的收集服务。				

企业名称	奥特肯管理咨询（上海）有限公司				
企业地址	上海市浦东新区莲林路 33 号 1 号楼 405 室（200124）				
投资总额	14 万 USD	电　话	68358329	传　真	63842388
设立日期	2005-3-23	负 责 人	NEO POH KIAT		
主营业务	国际经济信息咨询，科技咨询，投资咨询，贸易信息咨询。				

企业名称	欣诺科投资咨询（上海）有限公司				
企业地址	上海市闵行区合川路 3071 号 A 栋 502 室（201103）				
投资总额	14 万 USD	电　话	51119114	传　真	52524616
设立日期	2005-3-23	负 责 人	郑晶太		
主营业务	投资咨询，项目咨询，国际经济咨询，企业管理咨询。				

企业名称	上海伟联光栅展览展示服务有限公司				
企业地址	上海市浦东新区三林镇三民村北港队 190 号（200124）				
投资总额	14 万 USD	电　话	50826056	传　真	
设立日期	2005-3-23	负 责 人	吴明伟		
主营业务	展览展示服务，会务服务，图文设计制作（不含广告），商务咨询。				

企业名称	伺动常客公共关系咨询（上海）有限公司				
企业地址	上海市浦东新区三林路 234 号 301-302 室（200124）				
投资总额	14 万 USD	电　话	62561117	传　真	52137397
设立日期	2005-3-23	负 责 人	张维家		
主营业务	企业管理咨询，企业形象策划，市场营销咨询，投资咨询。				

企业名称	达宝管理咨询（上海）有限公司				
企业地址	上海市漕河泾新兴技术开发区漕宝路 509 号 1407，1408 室（200233）				
投资总额	14 万 USD	电　话	61115958	传　真	61115956
设立日期	2005-3-23	负 责 人	赵致敦		
主营业务	企业管理咨询，企业投资咨询，企业财务管理咨询，企业项目管理咨询。				

企业名称	康成投资（中国）有限公司				
企业地址	上海市共和新路 3318 号（200436）				
投资总额	3000 万 USD	电　话	56657857	传　真	56659820
设立日期	2005-3-23	负 责 人	黄明端		
主营业务	在国家允许外商投资的领域内依法进行投资。				

企业名称	美音美（上海）餐饮管理咨询有限公司				
企业地址	上海市卢湾区绍兴路 17 弄 3 号-4 号底室 G7 室（200020）				
投资总额	210 万 USD	电　话	64375401	传　真	64375403
设立日期	2005-3-23	负 责 人	森正春		
主营业务	餐饮管理咨询，商务咨询，企业投资咨询，企业营销策划。				

企业名称	上海美光房数码摄影有限公司				
企业地址	上海市卢湾区建国中路 10 号 5 号楼 5207，5307 室（200025）				
投资总额	14 万 USD	电　话	64010982	传　真	64010993
设立日期	2005-3-22	负 责 人	前野宏		
主营业务	摄影，冲扩（涉及行政许可的凭许可证经营）。				

企业名称	必科恩企业管理咨询（上海）有限公司				
企业地址	上海市卢湾区淮海中路 381 号 618-620 室（200021）				
投资总额	40 万 USD	电　话	63916565	传　真	63915209
设立日期	2005-3-22	负 责 人	山内英树		
主营业务	企业管理咨询，信息咨询，商务咨询（涉及行政许可的凭许可证经营）。				

企业名称	鼎汉沪通工程咨询（上海）有限公司				
企业地址	上海市杨浦区赤峰路 65 号 706B 室（200092）				
投资总额	14 万 USD	电　话	65975023	传　真	
设立日期	2005-3-21	负 责 人	HU YICHIN		
主营业务	建筑工程咨询，道路交通工程项目规划设计咨询，城市环境规划咨询。				

企业名称	李尔管理（上海）有限公司				
企业地址	上海市浦东新区花园石桥路 33 号花旗集团大厦 1508 室（200120）				
投资总额	200 万 USD	电　话	68876000	传　真	68876005
设立日期	2005-3-21	负 责 人	PETER TAT MING KONG		
主营业务	受投资方，其关联公司及所投资的中国公司委托，向其提供投资管理和咨询服务。				

企业名称	意迪雅工业设计（上海）有限公司				
企业地址	上海市长宁区天山路 310 号海益大厦 6 楼 A，B 室（200335）				
投资总额	40 万 USD	电　话	51532882	传　真	51532880
设立日期	2005-3-18	负 责 人	PAOLO CACCAMO		
主营业务	工业产品及消费品外观设计，外形设计，造型设计。				

企业名称	雅鸥咨询（上海）有限公司				
企业地址	上海市长宁区天山路 641 号 1 号楼 300A 室（200335）				
投资总额	700 万日元	电　话	62745792	传　真	62745793
设立日期	2005-3-18	负 责 人	木谷雅典		
主营业务	国际经济咨询，贸易信息咨询，商务咨询，投资咨询，企业管理咨询。				

企业名称	艾毕思会务服务（上海）有限公司				
企业地址	上海市南京西路 1168 号 3406－3407 室（200041）				
投资总额	14 万 USD	电　话	51165912	传　真	51165913
设立日期	2005-3-18	负 责 人	CHRISTINE ROSEMARY L		
主营业务	在中国境内主办各类经济技术会议，提供信息咨询和会务管理。				

企业名称	西比埃能源工程咨询（上海）有限公司				
企业地址	上海市浦东新区峨山路 613 号第六幢 329 室（200021）				
投资总额	14 万 USD	电　话	53966118	传　真	53966881
设立日期	2005-3-18	负 责 人	PING-CHUNG HAN		
主营业务	能源，化工咨询，建筑设计咨询，项目管理咨询，景观环境设计咨询。				

企业名称	达波文工程项目咨询（上海）有限公司				
企业地址	上海市浦东新区崮山路 65 号 2 层 210 室（200135）				
投资总额	50 万 USD	电　话	68121411	传　真	68121320
设立日期	2005-3-16	负 责 人	周东辉		
主营业务	工程项目技术咨询，工程项目管理咨询。				

企业名称	柯尼卡美能达（中国）投资有限公司				
企业地址	上海市徐汇区淮海中路 1010 号嘉华中心 3306 室（200030）				
投资总额	3500 万 USD	电话	54050101	传真	54050070
设立日期	2005-3-16	负责人	石河宏		
主营业务	在国家允许外商投资的领域内依法进行投资。				

企业名称	广迅先趋企业管理咨询（上海）有限公司				
企业地址	上海市张江高科技园区郭守敬路 351 号 2 号楼 683－12 室（201203）				
投资总额	90 万 USD	电话	61205688	传真	54666200
设立日期	2005-3-16	负责人	RUNCIEMAN NEIL CHARLES		
主营业务	企业管理咨询，投资咨询，国际经济咨询，企业形象策划。				

企业名称	圣告鲁士医疗管理咨询（上海）有限公司				
企业地址	上海市张江高科技园区郭守敬路 351 号 2 号楼 680-18 室（201203）				
投资总额	14 万 USD	电话	64261618	传真	64261878
设立日期	2005-3-16	负责人	王昌怡		
主营业务	医疗管理咨询，医疗信息咨询，医疗设备技术咨询。				

企业名称	上海日研管理咨询有限公司				
企业地址	上海市长宁区长宁路 1027 号兆丰广场 1305 室（200050）				
投资总额	35 万 USD	电话	62953534	传真	62954110
设立日期	2005-3-15	负责人	林研志		
主营业务	企业经营管理咨询，物流管理咨询（涉及行政许可的凭许可证经营）。				

企业名称	万国纸业企业管理（上海）有限公司				
企业地址	上海市淮海中路 1010 号 30 楼（200031）				
投资总额	200 万 USD	电话	61133281	传真	61133212
设立日期	2005-3-15	负责人	THOMAS GESTRICH EDWARD		
主营业务	提供经营决策和管理咨询服务，财务管理咨询，提供产品采购的质量监控和管理。				

企业名称	上海芬华创新中心有限公司				
企业地址	上海市张江高科技园区碧波路 690 号 2 号楼 401，402 室（201203）				
投资总额	14 万 USD	电话	61042222	传真	61042200
设立日期	2005-3-14	负责人	TIMO ANTERO MATTILA		
主营业务	办公服务（除专项审批），会务服务，商务咨询，投资咨询。				

企业名称	吴宋美加设计咨询（上海）有限公司				
企业地址	上海市杨浦区黄兴路 156 号 928 室（200090）				
投资总额	1.2 万 USD	电话	65111508	传真	65676501
设立日期	2005-3-11	负责人	吴稼豪（JIA HAO WU）		
主营业务	交通道路规划设计咨询；计算机技术咨询和软件开发，销售自产产品。				

企业名称	口日田建筑设计咨询（上海）有限公司				
企业地址	上海市杨浦区延吉中路 65 号 43 室（200093）				
投资总额	14 万 USD	电话	62793019	传真	
设立日期	2005-3-11	负责人	THOMAS TSENGHWA PEN		
主营业务	建筑设计咨询，建筑装潢设计咨询，投资咨询，房地产信息咨询。				

企业名称	喜而怡（上海）会展服务有限公司				
企业地址	上海市浦东新区申波路 9 号 9 幢 107 室（201204）				
投资总额	30 万 USD	电话	68062290	传真	68062291
设立日期	2005-3-11	负责人	郑竣和		
主营业务	会展服务，企业形象策划，商务信息咨询，计算机网络信息咨询。				

企业名称	上海凸版广告有限公司				
企业地址	上海市静安区南京西路 580 号南证大厦 601 室（200040）				
投资总额	100 万 USD	电话	52340442	传真	52340309
设立日期	2005-3-10	负责人	沖津仁彦		
主营业务	设计，制作，代理，发布国内外各类广告，提供相关技术与咨询服务。				

企业名称	淑怡企业管理咨询（上海）有限公司				
企业地址	上海市卢湾区南塘浜路 103 号 409 室 D 座（200023）				
投资总额	14 万 USD	电话	63862188	传真	
设立日期	2005-3-8	负责人	LEONG KOK WAH		
主营业务	企业管理咨询，市场营销策划，投资咨询，商务咨询，会务咨询。				

企业名称	平和美全展示设计制作（上海）有限公司				
企业地址	上海市延长路 149 号 519 室（200072）				
投资总额	20 万 USD	电话	52363098	传真	52363099
设立日期	2005-3-8	负责人	末次广宪		
主营业务	从事各种商品的陈列台，棚，货柜，道具，展板，促销礼品的设计。				

企业名称	天际展具制造（上海）有限公司				
企业地址	上海市浦东新区川沙路 6999 号 19 号厂房（201202）				
投资总额	50 万 USD	电话	58599900	传真	58599932
设立日期	2005-3-8	负责人	CHARLES A . SCHAEFER		
主营业务	生产展览展示器材，销售自产产品并提供相关售后服务。				

企业名称	上海真季婚礼服务有限公司				
企业地址	上海市漕溪北路 18 号 13E2 室（200030）				
投资总额	14 万 USD	电话	64276291	传真	64276294
设立日期	2005-3-4	负责人	高濑涉		
主营业务	从事婚庆礼宴的策划服务，婚庆礼服的出租及其相关的管理咨询。				

企业名称	好杰教育管理咨询（上海）有限公司				
企业地址	上海市浦东新区商城路 341 号 201 室 9 座（200120）				
投资总额	14 万 USD	电话	51162822	传真	62471122
设立日期	2005-3-4	负责人	PIYUSH JOSHI		
主营业务	教育管理咨询（出国留学咨询除外），教育投资咨询，企业管理咨询。				

企业名称	瑞之茗企业管理咨询（上海）有限公司				
企业地址	上海市长宁区仙霞路 335 号 1 号楼荣博商务楼 401 室（200336）				
投资总额	14 万 USD	电话	64666985	传真	64668387
设立日期	2005-3-3	负责人	向井公崇		
主营业务	企业管理咨询，投资咨询，企业形象策划，商务咨询。				

企业名称	马勒技术投资（中国）有限公司				
企业地址	上海市奉贤区上海市工业综合开发区环城北路 1299 号（201400）				
投资总额	3000 万 USD	电话	51360595	传真	
设立日期	2005-3-2	负责人	BERNHARD VOLKMANN		
主营业务	在国家允许外商投资的领域依法进行投资。				

企业名称	华威慧创（上海）投资管理咨询有限公司				
企业地址	上海市长乐路 989 号 35 层 08-10 单元（200031）				
投资总额	125 万 USD	电话	54075469	传真	54075499
设立日期	2005-3-1	负责人	张景溢		
主营业务	企业管理咨询，国际经济信息咨询，投资咨询，科技咨询，环保咨询。				

企业名称	上海筑曲建筑设计咨询有限公司				
企业地址	上海市张江高科技园区郭守敬路 351 号 2 号楼 603A－06 室（201203）				
投资总额	14 万 USD	电话	57609119	传真	
设立日期	2005-2-28	负责人	刘培森		
主营业务	建筑咨询，室内咨询，企业管理咨询（涉及行政许可的凭许可证经营）。				

企业名称	上海唐码城邦广告有限公司				
企业地址	上海市虹口区武进路 255 号 601 室 R（200086）				
投资总额	30 万 USD	电话	51162107	传真	62550858
设立日期	2005-2-28	负责人	EKKEHARD RATHGEBER		
主营业务	设计，制作，发布国内外各类广告（涉及行政许可的凭许可证经营）。				

企业名称	赛麒商务咨询（上海）有限公司				
企业地址	上海市浦东新区莲林路 33 号 1 号楼 306 室（201204）				
投资总额	14 万 USD	电话	62473561	传真	62473562
设立日期	2005-2-28	负责人	CHRISTOPHER RAY WINGO		
主营业务	商务咨询，投资咨询，国际经济信息咨询，市场营销咨询，企业咨询。				

企业名称	上海奇境咨询有限公司				
企业地址	上海市浦东新区长青路 92 号 305 室（200126）				
投资总额	14 万 USD	电话	53851177	传真	53851177
设立日期	2005-2-28	负责人	黄寄萍		
主营业务	商务信息咨询，企业管理咨询，投资管理咨询，图文设计制作。				

企业名称	胜德建筑设计咨询（上海）有限公司				
企业地址	上海市浦东新区长青路 92 号 304 室（200126）				
投资总额	180 万 RMB	电话	63736600	传真	63114810
设立日期	2005-2-28	负责人	洪光麟		
主营业务	建筑工程及园林工程设计咨询，商务咨询，投资咨询。				

企业名称	上海锦江摩可婚庆礼仪服务有限公司				
企业地址	上海市茂名南路 59 号锦江饭店贵宾楼西条底层（200020）				
投资总额	300 万 USD	电话	63264000	传真	63291821
设立日期	2005-2-28	负责人	孙 平		
主营业务	摄影摄像，美容美发，餐饮；金银饰品，珠宝（毛钻、裸钻除外）。				

企业名称	奈技工业产品设计（上海）有限公司				
企业地址	上海市张江高科技园区郭守敬路 351 号 2 号楼 603A-17 室（201203）				
投资总额	36 万 USD	电　话	54043600	传　真	
设立日期	2005-2-28	负 责 人	黎少伦		
主营业务	工业产品，电子信息产品外观的设计，开发，提供相关的技术咨询及技术服务。				

企业名称	丸步图文设计（上海）有限公司				
企业地址	上海市浦东新区东方路 989 号 101 室（200122）				
投资总额	20 万 USD	电　话	68750050	传　真	58310023
设立日期	2005-2-25	负 责 人	青山幸弘		
主营业务	图文设计与制作（除广告），企业形象策划，多媒体软件设计与制作。				

企业名称	鸥秀（上海）管理咨询有限公司				
企业地址	上海市浦东新区北张家浜路 87 号 208 室（200120）				
投资总额	20 万 USD	电　话	64271939	传　真	64273656
设立日期	2005-2-25	负 责 人	严乐安		
主营业务	人力资源管理咨询，企业管理咨询，投资咨询，房地产咨询。				

企业名称	上海欧缇吉商务咨询有限公司				
企业地址	上海市普陀区志丹路 168 号 3012 室（200065）				
投资总额	14 万 USD	电　话	62767548	传　真	62767548
设立日期	2005-2-25	负 责 人	NATHAN WEBSTER RICKS		
主营业务	国际经济贸易咨询，企业管理咨询，投资咨询，科技咨询。				

企业名称	萌贤商务咨询（上海）有限公司				
企业地址	上海市静安区石门一路 239 号 3A40 室（200040）				
投资总额	14 万 USD	电　话	62370913	传　真	62370911
设立日期	2005-2-25	负 责 人	TAN CHAI LUAN ALICE		
主营业务	投资咨询，商务咨询，企业管理咨询。				

企业名称	欧图（上海）企业管理咨询有限公司				
企业地址	上海市浦东新区东方路 877 号 505A 室（200120）				
投资总额	14 万 USD	电　话	50670377	传　真	50670378
设立日期	2005-2-23	负 责 人	陶高毅（JAKOB JACOBUS KOERT TU）		
主营业务	服装设计技术咨询，服饰质量管理咨询，服饰营销策划，企业管理咨询。				

企业名称	奋腾投资咨询管理（上海）有限公司				
企业地址	上海市静安区昌平路 710 号静安科技馆 F611 室（200041）				
投资总额	14 万 USD	电　话	63354111	传　真	63373372
设立日期	2005-2-23	负 责 人	陈　宇		
主营业务	企业投资管理咨询，企业策划咨询。				

企业名称	惠而浦（中国）投资有限公司				
企业地址	上海市金桥出口开发区宁桥路 600 号五部位（201206）				
投资总额	3000 万 USD	电　话	51331777	传　真	58994449
设立日期	2005-2-23	负 责 人	LEE IAN 李　彦		
主营业务	在国家允许外商投资的家用电器，小家电，煮食炉具依法进行投资。				

企业名称	瑞阜金投资顾问（上海）有限公司				
企业地址	上海市卢湾区淮海中路 93 号 1901，1910 室（200021）				
投资总额	14 万 USD	电　话	63918338	传　真	63918339
设立日期	2005-2-22	负 责 人	黄开源		
主营业务	国际经济咨询，投资咨询，贸易信息咨询，企业管理策划，项目咨询。				

企业名称	上海盈迈笔克形象策划有限公司				
企业地址	上海市长宁区仙霞路 335 号 1 号楼 401 室-20（200336）				
投资总额	14 万 USD	电　话	63875363	传　真	
设立日期	2005-2-22	负 责 人	何君多		
主营业务	企业形象策划，电脑图文制作，展览展示咨询，企业管理咨询。				

企业名称	毕克化学技术咨询（上海）有限公司				
企业地址	上海市漕溪北路 18 号 26B 室（200030）				
投资总额	14 万 USD	电　话	64273640	传　真	64273652
设立日期	2005-2-22	负 责 人	ROLAND PETER		
主营业务	对添加剂的使用，应用和测试提供技术咨询。				

企业名称	钱恒企业管理咨询（上海）有限公司				
企业地址	上海市普陀区同普路 1175 弄 1 号 2A（200333）				
投资总额	56 万 USD	电　话	51206666	传　真	
设立日期	2005-2-22	负 责 人	刘宏达		
主营业务	商务咨询，企业管理咨询，企业形象策划，会展咨询。				

企业名称	琦申景观设计咨询（上海）有限公司				
企业地址	上海市南京西路 555 号 1102 室（200041）				
投资总额	14 万 USD	电　话	62556356	传　真	62158142
设立日期	2005-2-22	负 责 人	DUGGIE ALEXANDER MAIN		
主营业务	环境绿化设计咨询服务，园林设计咨询服务，环境评估咨询。				

企业名称	奥福特投资咨询（上海）有限公司				
企业地址	上海市张江高科技园区郭守敬路 351 号 2 号楼 680－15 室（201203）				
投资总额	20 万 USD	电　话	68877090	传　真	68877090
设立日期	2005-2-21	负 责 人	ERNEST TAN PENG ERN		
主营业务	投资咨询，科技咨询，商务咨询，企业管理咨询，贸易信息咨询。				

企业名称	世珏国际贸易咨询（上海）有限公司				
企业地址	上海市长宁区武夷路 490 号西大楼 210 室（200051）				
投资总额	14 万 USD	电　话	61136542	传　真	61136546
设立日期	2005-2-21	负 责 人	游佳洋		
主营业务	国际经济咨询，国际贸易咨询，贸易信息咨询，企业管理咨询。				

企业名称	荣特科（上海）环保服务有限公司				
企业地址	上海市浦东新区东方路 971 号 22H 室（200120）				
投资总额	140 万 USD	电　话	68769338	传　真	68769337
设立日期	2005-2-21	负 责 人	KONG，WILLIAM WAI LU		
主营业务	提供有害生物防治灭除服务，提供楼宇保洁及室内保洁服务。				

企业名称	百特豪世房地产咨询（上海）有限公司				
企业地址	上海市浦东新区北张家浜路 68 号 6 幢 609 室（200122）				
投资总额	50 万 USD	电　话	54045318	传　真	54045368
设立日期	2005-2-21	负 责 人	奥村尚树		
主营业务	房地产经纪，房地产市场信息咨询，商务咨询，投资咨询，企业咨询。				

企业名称	丹氏（上海）房地产咨询有限公司				
企业地址	上海市浦东新区航津路 658 号 804 室（200052）				
投资总额	20 万 USD	电　话	52589980	传　真	52589981
设立日期	2005-2-17	负 责 人	GRANT ARNOLD DENNIS		
主营业务	房地产信息咨询，建筑工程信息咨询，企业管理咨询，经济信息咨询。				

企业名称	上海卫昌投资管理咨询有限公司				
企业地址	上海市卢湾区瑞金二路 118 号 6302 室（200020）				
投资总额	35 万 USD	电　话	64229999	传　真	
设立日期	2005-2-7	负 责 人	沈奕（YI SHEN）		
主营业务	投资咨询，管理咨询，国际经济商务咨询，科技咨询，房地产信息咨询。				

企业名称	上海日都环创建筑咨询有限公司				
企业地址	上海市杨浦区中山北二路 1111 号 3 号楼 209 室－5（200092）				
投资总额	14 万 USD	电　话	54045220	传　真	54045123
设立日期	2005-2-6	负 责 人	梶原文生（KAJIWARA FUMIO）		
主营业务	建筑信息咨询，投资咨询，房地产信息咨询，室内设计装潢。				

企业名称	上海聚雄商务咨询有限公司				
企业地址	上海市虹口区高阳路 245 号 497 室（200082）				
投资总额	14 万 USD	电　话	54233292	传　真	
设立日期	2005-2-6	负 责 人	JOE CHIEN-CHOU CHEN		
主营业务	商务咨询，企业管理咨询，投资管理咨询，公共关系咨询。				

企业名称	千代田化工咨询（上海）有限公司				
企业地址	上海市浦东新区浦东南路 588 号 29 楼 E 单元（200120）				
投资总额	14 万 USD	电　话	58776266	传　真	58776366
设立日期	2005-2-5	负 责 人	源 淳郎		
主营业务	化工项目投资咨询；工程项目投资咨询，设计咨询，管理咨询。				

企业名称	上海西中投资管理有限公司				
企业地址	上海市奉贤区奉城镇南奉公路北侧（奉城经济园区）（201411）				
投资总额	600 万 USD	电　话	57513845	传　真	57513800
设立日期	2005-2-5	负 责 人	唐德根		
主营业务	项目投资咨询，房地产咨询，商贸咨询，文化艺术交流咨询。				

企业名称	仓岳（上海）皮饰设计有限公司				
企业地址	上海市闵行区浦江镇立跃路 2708 号（201112）				
投资总额	400 万 USD	电　话	64118888	传　真	64119677
设立日期	2005-2-3	负 责 人	彭雄浑（STEPHEN PENG）		
主营业务	服饰，包袋，鞋帽的设计，研发，加工，生产，销售自产产品。				

企业名称	夏临工程顾问（上海）有限公司				
企业地址	上海市长宁区武夷路 697 号 718-F 室（200051）				
投资总额	20 万 USD	电　话	52582671	传　真	
设立日期	2005-2-2	负责人	许宏华		
主营业务	工程项目咨询，工程管理咨询，投资咨询，房地产咨询，企业管理咨询。				

企业名称	上海兆威投资管理咨询有限公司				
企业地址	上海市浦东新区乳山路 227 号 101—54 室（200040）				
投资总额	15 万 USD	电　话	54075466	传　真	54075499
设立日期	2005-2-2	负责人	简倍祥		
主营业务	投资管理咨询，房地产信息咨询，物业管理，房地产项目管理。				

企业名称	叶氏企业管理咨询（上海）有限公司				
企业地址	上海市浦东新区北张家浜路 68 号 6 幢 121 室（200120）				
投资总额	14 万 USD	电　话	65927743	传　真	65927743
设立日期	2005-2-2	负责人	ADRIAN YEAP TONG CHER		
主营业务	企业管理咨询，科技咨询，经济贸易信息咨询，投资咨询，商务咨询。				

企业名称	依摩比利亚投资管理（上海）有限公司				
企业地址	上海市浦东新区向城路 58 号东方国际科技大厦 17 层（200120）				
投资总额	20 万 USD	电　话	64150799	传　真	64150881
设立日期	2005-1-3L	负责人	莫丽丽		
主营业务	投资管理，投资咨询，物业管理，企业管理咨询，市场调查，商务咨询。				

企业名称	汉旭房产咨询（上海）有限公司				
企业地址	上海市浦东新区张杨路 228 号 2316 室（200120）				
投资总额	20 万 USD	电　话	68567491	传　真	
设立日期	2005-1-31	负责人	ALAN LIPING WONG（王立平）		
主营业务	房产信息咨询，国际经济信息咨询，投资咨询，企业管理咨询。				

企业名称	环茂（上海）投资咨询有限公司				
企业地址	上海市襄阳南路 175 号 118 室（200031）				
投资总额	110 万港币	电　话	64722600	传　真	64728850
设立日期	2005-1-27	负责人	叶仲午		
主营业务	投资咨询，房产管理咨询（涉及行政许可的凭许可证经营）。				

企业名称	上海辉旭商务咨询有限公司				
企业地址	上海市黄浦区瞿溪路 510 号 202 室（200011）				
投资总额	14 万 USD	电　话	62780839	传　真	52081197
设立日期	2005-1-27	负责人	胡雪梅（执行董事）		
主营业务	商务信息咨询，商业管理咨询，国际贸易咨询，企业管理咨询。				

企业名称	西迪士咨询（上海）有限公司				
企业地址	上海市浦东新区浦东大道 2123 号龙珠广场 4 楼（200135）				
投资总额	14 万 USD	电　话	68555032	传　真	68555033
设立日期	2005-1-27	负责人	MARC FOLACHIER		
主营业务	技术咨询，信息技术咨询，商务与管理信息咨询，公司的决策评估咨询。				

企业名称	蔓达梦水疗企业管理（上海）有限公司				
企业地址	上海市浦东新区桃林路 18 号 A 座 12 楼 03 室（200135）				
投资总额	14 万 USD	电　话	58527317	传　真	58521155
设立日期	2005-1-27	负责人	WILLIAM E.HEINECKE		
主营业务	美容水疗企业管理并提供相关技术咨询；商务咨询和市场营销咨询。				

企业名称	上海马克西斯柴田工业设计有限公司				
企业地址	上海市黄浦区金陵东路 569 号 907 室（200003）				
投资总额	14 万 USD	电　话	53826369	传　真	
设立日期	2005-1-26	负责人	木野敬三		
主营业务	机械设备设计，产品造型设计，模具的设计和加工。				

企业名称	上海嘉医通策划咨询有限公司				
企业地址	上海市南京西路 580 号南证大厦 3503 室（200041）				
投资总额	15 万 USD	电　话	62188555	传　真	52400007
设立日期	2005-1-26	负责人	LENA CHOW		
主营业务	商务咨询，企业管理咨询策划，会务会展服务咨询，室内装潢设计咨询。				

企业名称	同佑延希（上海）建筑设计咨询有限公司				
企业地址	上海市虹口区四平路 775 弄 1 号 1306，1307，1308 室（200092）				
投资总额	14 万 USD	电　话	65750400	传　真	
设立日期	2005-1-26	负责人	BYUNG MIN ROH		
主营业务	建筑设计咨询，室内设计咨询，景观设计咨询，建筑景观设计咨询。				

企业名称	速给客管理咨询（上海）有限公司				
企业地址	上海市浦东新区商城路 738 号 709 室（200120）				
投资总额	14 万 USD	电　话	68225022	传　真	68598070
设立日期	2005-1-24	负责人	LOUIS WINTENBERGER		
主营业务	企业管理咨询，营销策划咨询，市场信息分析咨询，计算机图文设计和制作。				

企业名称	采埃孚（中国）投资有限公司				
企业地址	上海市莘庄工业园金都路 3688 号附楼 3 层（201100）				
投资总额	3000 万 USD	电　话	54674636	传　真	54075226
设立日期	2005-1-24	负责人	HANS-GEORG HARTER		
主营业务	在国家允许外商投资的领域依法进行投资。				

企业名称	宝尔营销策划（上海）有限公司				
企业地址	上海市船厂路 169 号（200032）				
投资总额	14 万 USD	电　话	62518001	传　真	64169701
设立日期	2005-1-21	负责人	王文政		
主营业务	企业营销策划，企业形象策划，企业管理咨询，经济信息咨询。				

企业名称	上海赛特康斯景观设计咨询有限公司				
企业地址	上海市浦东新区梅花路 281 号 C 区 226 室（200122）				
投资总额	14 万 USD	电　话	62128822	传　真	
设立日期	2005-1-21	负责人	MARK SUTTON MAHAN		
主营业务	景观设计咨询和建筑设计咨询。				

企业名称	明亚商务咨询（上海）有限公司				
企业地址	上海市浦东新区浦东大道 2056 号 1301 室（200120）				
投资总额	28 万 USD	电　话	68556037	传　真	68556039
设立日期	2005-1-21	负责人	渡边大英		
主营业务	商务咨询，投资咨询，企业管理咨询，市场策划，市场信息分析咨询。				

企业名称	上海亚细亚投资咨询有限公司				
企业地址	上海市闵行区金都路 1111 号（201108）				
投资总额	10 万 USD	电　话	33505555	传　真	33505987
设立日期	2005-1-21	负责人	詹村雄		
主营业务	国际经济咨询，科技咨询，环保信息咨询，投资咨询，贸易信息咨询。				

企业名称	相权投资咨询（上海）有限公司				
企业地址	上海市静安区昌平路 990 号 6 号楼 6205－L 室（200042）				
投资总额	1000 万 USD	电　话	52385000	传　真	52385000
设立日期	2005-1-20	负责人	韩湘镇		
主营业务	投资咨询，商务咨询，企业管理咨询，建筑设计咨询，消防，环保工程设计咨询。				

企业名称	上海坤厚投资咨询有限公司				
企业地址	上海市长宁区天山支路 154 号 203C 室（200051）				
投资总额	14 万 USD	电　话	62697291	传　真	52732608
设立日期	2005-1-20	负责人	CHONG TAO BOON		
主营业务	投资咨询，商务咨询，经济信息咨询，市场营销策划，企业形象策划。				

企业名称	考面斯商务咨询（上海）有限公司				
企业地址	上海市黄浦区瞿溪路 510 号甲 2（200011）				
投资总额	10 万 USD	电　话	52451283	传　真	
设立日期	2005-1-18	负责人	CHIU ALLEN（执行董事）		
主营业务	投资咨询，房产咨询，商务咨询，经济信息咨询，国际贸易咨询。				

企业名称	元化医疗咨询服务（上海）有限公司				
企业地址	上海市卢湾区浏河口路 88 号 212 室 D 座（200336）				
投资总额	20 万 USD	电　话	51501555	传　真	
设立日期	2005-1-17	负责人	赵　雷		
主营业务	健康，保健及医疗信息咨询（涉及行政许可的凭许可证经营）。				

企业名称	伍德工程咨询（上海）有限公司				
企业地址	上海市浦东新区乳山路 227 号 101—38 室（200032）				
投资总额	14 万欧元	电　话	64181819	传　真	64223220
设立日期	2005-1-17	负责人	CEORG RICHARD BREIDENBACH		
主营业务	工程项目管理咨询，建筑设计咨询，工程技术咨询，贸易信息咨询。				

企业名称	上海东湖伯乐广告有限公司				
企业地址	上海市徐汇区高安路 8 号（200030）				
投资总额	120 万 USD	电　话	62915533	传　真	
设立日期	2005-1-17	负责人	金玮深		
主营业务	设计，制作，代理，发布国内外各类广告；企业宣传的策划。				

企业名称	上海豪海企业管理有限公司				
企业地址	上海市宝山区密山路 50 号 208 室（201900）				
投资总额	14 万 USD	电话	51057796	传真	51057510
设立日期	2005-1-14	负责人	王青海		
主营业务	企业管理咨询，物流管理咨询，投资管理咨询，商务管理咨询。				

企业名称	上海英萃广告有限公司				
企业地址	上海市淮海中路 333 号瑞安广场 8 楼 817 室（200020）				
投资总额	150 万 USD	电话	61208810	传真	61208810
设立日期	2005-1-14	负责人	ROSEMARIE ELIZABETH WALLACE		
主营业务	设计，制作，代理，发布国内外各类广告，提供相关的技术。				

企业名称	杰睿森市场营销策划（上海）有限公司				
企业地址	上海市浦东新区峨山路 613 号 6 幢 333 室（201200）				
投资总额	16 万 USD	电话	62487212	传真	62491240
设立日期	2005-1-14	负责人	杨德华		
主营业务	市场营销策划，科技咨询，商务咨询，产品外观设计咨询。				

企业名称	安妥思管理咨询（上海）有限公司				
企业地址	上海市长宁区延安西路 2299 号上海世贸商城 05P04，05P06 室（200336）				
投资总额	50 万欧元	电话	62363521	传真	
设立日期	2005-1-14	负责人	MARTIJN N N BRENNINKMEIJER		
主营业务	为母公司及其附属和关联公司提供管理咨询，商业及贸易咨询。				

企业名称	赫摩仕商务咨询（上海）有限公司				
企业地址	上海市长宁区武夷路 697 号 716-D 室（200050）				
投资总额	14 万 USD	电话	52582671	传真	
设立日期	2005-1-13	负责人	许宏华		
主营业务	商务咨询，投资管理咨询，企业管理咨询，房地产信息咨询。				

企业名称	家得宝企业管理咨询（上海）有限公司				
企业地址	上海市浦东新区浦东大道 720 号国际航运大厦 14 楼 M 室（200120）				
投资总额	500 万 USD	电话	61648124	传真	
设立日期	2005-1-12	负责人	FRANK L.FERNANDEZ		
主营业务	投资咨询，企业管理咨询，经济信息咨询。				

企业名称	柯马克展示设施（上海）有限公司				
企业地址	上海市南汇区航头镇航南公路 880 号（201316）				
投资总额	56 万 USD	电话	68220983	传真	68220986
设立日期	2005-1-11	负责人	李 鸿		
主营业务	生产高档展示设备及其零部件，模具，销售公司自产产品。				

企业名称	普加鑫投资管理咨询（上海）有限公司				
企业地址	上海市浦东新区花山路 706 号 616 室（200137）				
投资总额	14 万 USD	电话	68314451	传真	68314451
设立日期	2005-1-11	负责人	CHO RIKIMAKI		
主营业务	投资管理咨询，国际经济信息咨询，贸易信息咨询，企业管理咨询。				

企业名称	上海赛鐾投资咨询有限公司				
企业地址	上海市松江科技园区港业东路 18 号（200069）				
投资总额	60 万 USD	电话	62319407	传真	
设立日期	2005-1-11	负责人	罗庆华		
主营业务	投资咨询，商务咨询，环保信息咨询，企业管理咨询，企业形象策划。				

企业名称	欧艾斯鸿润设施管理服务（上海）有限公司				
企业地址	上海市杨浦区平凉路 1112 号 13 楼（200090）				
投资总额	210 万 USD	电话	65195234	传真	65196412
设立日期	2005-1-11	负责人	GREGORY RONALD ROOKE		
主营业务	从事公共场所的清洁服务，绿化管理服务，设施管理服务。				

企业名称	上海樱岛婚庆礼仪服务有限公司				
企业地址	上海市高邮路 50 弄 5 号（200031）				
投资总额	100 万 USD	电话	64330077	传真	64157524
设立日期	2005-1-10	负责人	稻田岚		
主营业务	婚庆礼仪服务，婚纱摄影。				

企业名称	上海佐辅企业管理咨询有限公司				
企业地址	上海市闵行区金都路 4299 号 A 幢 59 号（201100）				
投资总额	14 万 USD	电话	54966945	传真	
设立日期	2005-1-10	负责人	蒋总诚		
主营业务	企业管理咨询，企业投资咨询，商务信息咨询，企业形象策划。				

企业名称	阿克苏诺贝尔管理（上海）有限公司				
企业地址	上海市南京西路 1468 号中欣大厦 3 楼（200040）				
投资总额	200 万 USD	电话	62475022	传真	62475008
设立日期	2005-1-10	负责人	ERIK ANDERS BROSTROM		
主营业务	受关联公司的委托向其所投资的企业提供投资管理服务；经营管理服务。				

企业名称	达志（上海）数码影像有限公司				
企业地址	上海市桂平路 96 号（200233）				
投资总额	14 万 USD	电话	64649321	传真	64694558
设立日期	2005-1-10	负责人	LINT ZU CHAO		
主营业务	电脑图文的设计，制作，并提供相关的技术咨询服务。				

企业名称	荣光研创工业设计（上海）有限公司				
企业地址	上海市松江工业区车墩分区松江 CD-04-038 地块（201613）				
投资总额	300 万 USD	电话	58364728	传真	58361615
设立日期	2005-1-8	负责人	出云秀树		
主营业务	设计，制造非金属制品模具，汽车和摩托车模具，生产汽车组合仪表。				

企业名称	考面斯商务咨询（上海）有限公司				
企业地址	上海市黄浦区瞿溪路 510 号甲 2（200011）				
投资总额	10 万 USD	电话	54251283	传真	54251586
设立日期	2005-1-8	负责人	CHIU ALIEN（执行董事）		
主营业务	投资咨询，房产咨询，商务咨询，经济信息咨询，国际贸易咨询。				

企业名称	万智诺（上海）市场咨询有限公司				
企业地址	上海市卢湾区淮海中路 526 弄 30 号 A 室（200002）				
投资总额	14 万 USD	电话	63740220	传真	63367268
设立日期	2005-1-7	负责人	ZUNG MING KANG MICHAEL		
主营业务	市场营销咨询，市场调研，企业管理咨询，贸易咨询，国际经济咨询。				

企业名称	阿海那企业管理咨询（上海）有限公司				
企业地址	上海市普陀区中山北路 2900 号 6 幢 2 楼 1201－1212 室及 1214 室（200060）				
投资总额	14 万 USD	电话	62882275	传真	62880306
设立日期	2005-1-7	负责人	BARIS BLACHE		
主营业务	国际经济咨询，企业管理咨询，投资咨询，贸易信息咨询，市场调研。				

企业名称	堡密特建筑材料（上海）有限公司				
企业地址	上海市外高桥保税区荷丹路 240 号 2 号楼 D206 部位（200131）				
投资总额	50 万 USD	电话	51028802	传真	58209725
设立日期	2005-1-7	负责人	UWE MUNCHOW		
主营业务	保税区内以建筑材料及部件为主的仓储、分拨、展示、技术咨询以及售后服务。				

企业名称	和美酒店管理（上海）有限公司				
企业地址	上海市张江高科技园区蔡伦路 782 号 201 室（201203）				
投资总额	100 万 USD	电话	51320101	传真	51320100
设立日期	2005-1-7	负责人	孙 坚		
主营业务	酒店管理，会务服务，商务咨询，投资咨询，市场调研，企业形象策划。				

企业名称	上海普罗麦德医院管理咨询有限公司				
企业地址	上海市浦东新区机场镇水闸南路 260 号 1 幢（200120）				
投资总额	160 万 USD	电话	64669520	传真	64668527
设立日期	2005-1-6	负责人	BERNICE W ING -YU LEUNG		
主营业务	医院管理咨询，投资咨询，房地产咨询，商务咨询，项目管理咨询。				

企业名称	和腾投资咨询（上海）有限公司				
企业地址	上海市浦东新区乳山路 227 号 101-60 室（200021）				
投资总额	14 万 USD	电话	53965500	传真	53965530
设立日期	2005-1-5	负责人	JIN CHEN（金晨）		
主营业务	投资咨询，商务信息咨询，财务咨询，企业管理咨询，教育信息咨询。				

企业名称	才库企业管理顾问（上海）有限公司				
企业地址	上海市浦东新区北张家浜路 68 号 6 幢 305 室（200021）				
投资总额	50 万 USD	电话	33871010	传真	33870830
设立日期	2005-1-5	负责人	LAU CHUK KIN（刘竹坚）		
主营业务	企业管理咨询，商务咨询，投资咨询，国际经济咨询，贸易咨询。				

企业名称	美华人源企业管理顾问（上海）有限公司				
企业地址	上海市浦东新区长青路 92 号 301 室（200122）				
投资总额	14 万 USD	电话	58402563	传真	58402562
设立日期	2005-1-5	负责人	KENNETH KAMKIN LEE		
主营业务	企业管理咨询，投资咨询，商务信息咨询，房地产信息咨询。				

企业名称	派维商务咨询（上海）有限公司				
企业地址	上海市浦东新区浦东南路 1952 号 260 室（200122）				
投资总额	14 万 USD	电话	62952772	传真	
设立日期	2005-1-5	负责人	YUEN W EI LING EMMELINE		
主营业务	商务咨询，企业管理咨询，投资咨询，市场调研，市场营销咨询。				

企业名称	上海东烟建筑设计咨询有限公司				
企业地址	上海市外高桥保税区华京路 8 号三联大厦 527 室（200131）				
投资总额	20 万 USD	电话	64276752	传真	64273657
设立日期	2005-1-4	负责人	胜田哲弘		
主营业务	建设咨询，设计咨询及商务咨询。				

企业名称	上海文展建筑工程顾问有限公司				
企业地址	上海市闵行区金都路 4299 号 A 幢 330 号（201100）				
投资总额	14 万 USD	电话	64670720	传真	63222327
设立日期	2005-1-4	负责人	谢介文		
主营业务	建筑工程信息咨询，企业管理咨询，国际经济信息咨询，投资咨询，科技咨询。				

企业名称	上海绿野仙踪摄影有限公司				
企业地址	上海市长宁区可乐路 205 号 12 幢 104 室（200335）				
投资总额	14 万 USD	电话	62088535	传真	34317009
设立日期	2005-1-4	负责人	朴在永		
主营业务	摄影（不含彩扩）及相关配套技术咨询服务。				

企业名称	马自达（中国）企业管理咨询有限公司				
企业地址	上海市浦东新区世纪大道 211 号信息大楼 20 楼 17-12 单元（200120）				
投资总额	750 万 USD	电话	28933000	传真	28933101
设立日期	2005-1-4	负责人	尾崎清		
主营业务	企业管理咨询服务，投资经营决策服务，市场营销服务。				

企业名称	日综（上海）投资咨询有限公司				
企业地址	上海市浦东新区银城东路 101 号汇丰大厦 18 楼 123 室（200120）				
投资总额	50 万 USD	电话	50663368	传真	64813378
设立日期	2005-1-4	负责人	川中智之		
主营业务	投资咨询，企业管理咨询，营销咨询（涉及行政许可的凭许可证经营）。				

企业名称	君衡装饰设计工程（上海）有限公司				
企业地址	上海市浦东新区浦东南路 1952 号 245 室（200120）				
投资总额	14 万 USD	电话	64282072	传真	64282076
设立日期	2005-1-4	负责人	薛衡山		
主营业务	室内装潢设计与施工，并提供相关的技术咨询。				

企业名称	采埃孚（中国）投资有限公司				
企业地址	上海市徐汇区长乐路 989 号世纪商贸广场 30 层 1 单元（200031）				
投资总额	3000 万 USD	电话	54674636	传真	54075226
设立日期	2005-1-18	负责人	叶国弘		
主营业务	向采埃孚在中国的子公司和总部提供人力资源，财务管理，信息技术支持等服务。				

企业名称	塞拉尼斯（中国）投资有限公司				
企业地址	上海市陆家嘴东路 166 号中国保险大厦 26 楼（200120）				
投资总额	3000 万 USD	电话	68875800	传真	68776035
设立日期	2004-12-29	负责人	程嘉树		
主营业务	在国家允许外商投资的化学原料及化学品，化工产品，化学纤维等。				

企业名称	米高蒲志（上海）咨询有限公司				
企业地址	上海市南京西路 1515 号嘉里中心 1010 室（200040）				
投资总额	14 万 USD	电话	32224758	传真	32224759
设立日期	2004-12-28	负责人	JANICE HO		
主营业务	企业管理咨询和市场调研服务。				

企业名称	环盛（上海）管理咨询有限公司				
企业地址	上海市静安区昌平路 990 号 6 号楼 6205－C 室（200042）				
投资总额	110 万港币	电话	64722600	传真	64728850
设立日期	2004-12-28	负责人	YEH OON，KIM YEAN（叶温金燕）		
主营业务	房产管理咨询服务（不涉及物业管理），投资咨询。				

企业名称	上海爱康网健康信息咨询有限公司				
企业地址	上海市张江高科技园区李冰路 151 号 6 号楼（200120）				
投资总额	50 万 USD	电话	51532022	传真	54962135
设立日期	2004-12-27	负责人	张黎刚		
主营业务	健康信息咨询，开发，制作相关的计算机软件，销售自产产品等。				

企业名称	刘白管理咨询（上海）有限公司				
企业地址	上海市南京西路 1266 号恒隆广场 57 楼 5708 室（200040）				
投资总额	30 万 RMB	电话	62883223	传真	62882201
设立日期	2004-12-27	负责人	刘嘉彦		
主营业务	管理咨询，投资咨询，商务咨询，市场调研及预测，管理技术咨询。				

企业名称	德格酒店管理咨询（上海）有限公司				
企业地址	上海市浦东新区长青路 92 号 303 室				
投资总额	14 万 USD	电话	50396928	传真	50396928
设立日期	2004-12-27	负责人	JOACHIM BURGER		
主营业务	酒店管理咨询，商务信息咨询，投资咨询，企业管理咨询等。				

企业名称	翰康投资咨询（上海）有限公司				
企业地址	上海市长宁区天山西路 789 号 2340 室（200335）				
投资总额	20 万 USD	电话	54224275	传真	54224279
设立日期	2004-12-27	负责人	邱秀辉		
主营业务	投资咨询，贸易信息咨询，国际经济信息咨询，环保信息咨询等。				

企业名称	麒麟（中国）投资有限公司				
企业地址	上海市漕溪北路 18 号上海实业大厦 21G 室（200030）				
投资总额	3500 万 USD	电话	33727070	传真	
设立日期	2004-12-23	负责人	大岛仁志		
主营业务	在国家允许外商投资的领域依法进行投资等。				

企业名称	艾西斯腾技术咨询（上海）有限公司				
企业地址	上海市浦东新区张杨路 500 号华润时代广场 22 楼 H＋1 单元（200122）				
投资总额	14 万 USD	电话	68598060	传真	68598070
设立日期	2004-12-23	负责人	DOMINIQUE LOUIS		
主营业务	工业设计技术及相关项目的咨询（涉及行政许可的凭许可证经营）。				

企业名称	上海宝迪广告有限公司				
企业地址	上海市北京东路 666 号（科技京城）B 区四层 43177 室（200001）				
投资总额	30 万 USD	电话	24110261	传真	54698060
设立日期	2004-12-23	负责人	JAMES HOLLAND		
主营业务	设计，制作，发布，代理国内外各类广告；提供策划服务等。				

企业名称	靳羽西文化传媒咨询（上海）有限公司				
企业地址	上海市凯旋路 2288 弄 1 号（200030）				
投资总额	50 万 USD	电话	52286007	传真	52286002
设立日期	2004-12-22	负责人	靳羽西		
主营业务	中西方文化交流信息咨询，商务咨询（涉及行政许可的凭许可证经营）。				

企业名称	上海魁钺企业管理咨询有限公司				
企业地址	上海市闵行区金都路 4299 号 A 幢 60 号（201108）				
投资总额	14 万 USD	电话	54969645	传真	54260136
设立日期	2004-12-21	负责人	蒋总诚		
主营业务	企业管理咨询，企业投资咨询，商务信息咨询，企业形象策划等。				

企业名称	诺高信息科技（上海）有限公司				
企业地址	上海市张江高科技园区郭守敬路 351 号 2 号楼 679－17 室（201203）				
投资总额	125 万 USD	电话	55662893	传真	55662873
设立日期	2004-12-20	负责人	张世永		
主营业务	计算机软件，硬件，通讯产品的研发，计算机软件的制作等。				

企业名称	美标咨询（上海）有限公司				
企业地址	上海市卢湾区淮海中路 8 号 23 楼（200021）				
投资总额	14 万 USD	电话	63190022	传真	63190655
设立日期	2004-12-20	负责人	RICHARD MEDRIC WARD		
主营业务	计算机信息咨询，计算机软件，硬件咨询，投资咨询，管理咨询等。				

企业名称	酷宝信息技术（上海）有限公司				
企业地址	上海市长宁区广顺路 33 号 H 楼 505A（200335）				
投资总额	20 万 USD	电话	62395566	传真	62389263
设立日期	2004-12-20	负责人	张秉新		
主营业务	开发，设计计算机软件；销售自行开发产品，并提供相关服务。				

企业名称	优然设计咨询（上海）有限公司				
企业地址	上海市长宁区江苏路 369 号 28 楼 B－6 室（200030）				
投资总额	14 万 USD	电话	32124666	传真	64718558
设立日期	2004-12-20	负责人	黄显堂		
主营业务	建筑装饰设计咨询，室内装潢设计，建筑景观设计咨询，投资咨询。				

企业名称	软铸信息科技（上海）有限公司				
企业地址	上海市黄浦区北京东路 666 号 15 楼（200003）				
投资总额	50 万 USD	电　　话	32180065	传　　真	52895180
设立日期	2004-12-20	负 责 人	郭新敏		
主营业务	设计，研发先进的网络系统集成，研制网际视讯电话会议系统。				

企业名称	上海泽言市场咨询有限公司				
企业地址	上海市闵行区顾戴路 1538 号（201102）				
投资总额	20 万 USD	电　　话	64987050	传　　真	54881050
设立日期	2004-12-15	负 责 人	黑泽晃		
主营业务	市场调查，市场研究，投资咨询，广告创意策划咨询。				

企业名称	腾狮商务咨询（上海）有限公司				
企业地址	上海市外高桥保税区奥纳路 79 号 106 室（200131）				
投资总额	20 万 USD	电　　话	63181212	传　　真	
设立日期	2004-12-15	负 责 人	0W SIN CHUNG		
主营业务	商务咨询，市场调研；国际贸易，转口贸易，保税区企业间的贸易等。				

企业名称	凯京商务咨询（上海）有限公司				
企业地址	上海市闵行区吴中路 1065 号 1111 室（201103）				
投资总额	14 万 USD	电　　话	65312186	传　　真	51192320
设立日期	2004-12-15	负 责 人	金京姬		
主营业务	商务咨询，企业投资、管理、营销、形象策划咨询、贸易、旅游等。				

企业名称	替您录（上海）信息科技有限公司				
企业地址	上海市张江高科技园区郭守敬路 351 号 2 号楼 648－17 室（201203）				
投资总额	301 万 USD	电　　话	51317200	传　　真	51317210
设立日期	2004-12-15	负 责 人	CHIEN TA-W EI		
主营业务	数字录放机，数字音视频编解码设备，数字电视等。				

企业名称	奈瑞廷斯信息技术（上海）有限公司				
企业地址	上海市张江高科技园区郭守敬路 351 号 2 号楼 679－09 室（201203）				
投资总额	14 万 USD	电　　话	54484566	传　　真	54484578
设立日期	2004-12-14	负 责 人	FORREST LOUIS DIDIER		
主营业务	网络信息技术的开发，转让自有技术，数据处理等。				

企业名称	国龙信息技术（上海）有限公司				
企业地址	上海市宜山路 1618 号综合楼 720 号（200237）				
投资总额	200 万 USD	电　　话	64088898	传　　真	54970876
设立日期	2004-12-13	负 责 人	陶　强		
主营业务	移动通讯技术及相关产品的技术研究、开发，无线通讯用电子模块等。				

企业名称	普利斯设计咨询（上海）有限公司				
企业地址	上海市浦东新区北张家浜路 68 号 6 栋 112 室（200120）				
投资总额	14 万 USD	电　　话	62994170	传　　真	62992442
设立日期	2004-12-11	负 责 人	LIDSAY GORDEN THORPE		
主营业务	建筑规划设计咨询（不含城市规划），建筑设计咨询，景观等。				

企业名称	炜松信息技术（上海）有限公司				
企业地址	上海市张江高科技园区郭守敬路 351 号 2 号楼 679－14 室（201203）				
投资总额	14 万 USD	电　　话	51321070	传　　真	51321071
设立日期	2004-12-11	负 责 人	胡文邦		
主营业务	计算机软件的设计、开发、制作，销售自产产品等。				

企业名称	飞资得信息技术（上海）有限公司				
企业地址	上海市上中路 462 号（200041）				
投资总额	20 万 USD	电　　话	52980007	传　　真	54242903
设立日期	2004-12-11	负 责 人	刘淑德		
主营业务	计算机软件的设计、开发、制作，销售自产产品，并提供相关的技术等。				

企业名称	泛亚景观设计（上海）有限公司				
企业地址	上海市浦东新区佳林路 655 号 306 室 C 座（201203）				
投资总额	14 万 USD	电　　话	62261771	传　　真	62265775
设立日期	2004-12-9	负 责 人	刘兴达		
主营业务	景观设计咨询，建筑工程项目管理及技术咨询。				

企业名称	佛吉亚（上海）商务咨询有限公司				
企业地址	上海市嘉定区安亭镇和静路 1200 号二层（201805）				
投资总额	30 万欧元	电　　话	52261188	传　　真	69576011
设立日期	2004-12-7	负 责 人	THIERRY BOLLORE		
主营业务	商务咨询，企业投资咨询，企业管理咨询，信息技术咨询。				

企业名称	星贝科教服务（上海）有限公司				
企业地址	上海市金山区朱泾镇金枫公路 900 号（201500）				
投资总额	14 万 USD	电　　话	51036264	传　　真	51036264
设立日期	2004-12-6	负 责 人	卓振家		
主营业务	亲子教育咨询，学龄前儿童智力开发咨询，商务信息咨询，企业咨询。				

企业名称	华亮（上海）咨询有限公司				
企业地址	上海市静安区万航渡路 1 号 702 室（200041）				
投资总额	14 万 USD	电　　话	68883690	传　　真	68883690
设立日期	2004-12-6	负 责 人	陈燕华		
主营业务	商务咨询，投资咨询，企业管理咨询，国际经济信息咨询等。				

企业名称	达曼国际咨询（上海）有限公司				
企业地址	上海市卢湾区淮海中路 300 号 4722 室（200020）				
投资总额	14 万 USD	电　　话	54259535	传　　真	54259536
设立日期	2004-12-2	负 责 人	MILTON SENDER		
主营业务	国际市场信息咨询与策划，市场调研，企业营销咨询及策划等。				

企业名称	精中（上海）管理咨询有限公司				
企业地址	上海市浦东新区乳山路 227 号 101 室－1（200120）				
投资总额	35 万 USD	电　　话	50819229	传　　真	50819229
设立日期	2004-12-2	负 责 人	RICK LEE（李若鹏）		
主营业务	企业管理咨询，商务管理咨询，企业营销策划咨询，市场调研。				

企业名称	上海曼都创业投资管理有限公司				
企业地址	上海市张江高科技园区郭守敬路 351 号 2 号楼 680－07 室（201203）				
投资总额	400 万 USD	电　　话	51088798	传　　真	63747996
设立日期	2004-12-1	负 责 人	赖志郎		
主营业务	受让管理和经营创业投资公司的创业资本，投资咨询。				

企业名称	上海晟沃企业管理咨询有限公司				
企业地址	上海市闵行区虹中路 649 号 1 号楼 4 楼（201103）				
投资总额	3000 万港币	电　　话	54222770	传　　真	54222077
设立日期	2004-11-30	负 责 人	陈波寅		
主营业务	企业管理咨询及顾问服务，产品设计及企划服务，企业形象策划等。				

企业名称	长煦信息技术咨询（上海）有限公司				
企业地址	上海市闵行区莘庄镇莘朱路 737 号（201100）				
投资总额	14 万 USD	电　　话	54656669	传　　真	54656669
设立日期	2004-11-30	负 责 人	POH LEONG W AH 傅仰华		
主营业务	商务信息咨询，企业管理咨询，文化艺术咨询，图书信息咨询等。				

企业名称	上海科怡方兴商务咨询有限公司				
企业地址	上海市浦东新区杨东路 6 号 6 幢 308 室（201209）				
投资总额	800 万人民币	电　　话	65373973	传　　真	65862057
设立日期	2004-11-29	负 责 人	田汉雄		
徐林宝	商务咨询，投资咨询，企业管理咨询，经济信息咨询。				

企业名称	上海漫世纪文化咨询有限公司				
企业地址	上海市长宁区天山西路 789 号 2205 室（200335）				
投资总额	120 万 USD	电　　话	52308236	传　　真	62945286
设立日期	2004-11-29	负 责 人	杉浦幸昌		
主营业务	文化艺术事业咨询及市场调研（涉及行政许可的，凭许可证经营）。				

企业名称	远缘行商务咨询（上海）有限公司				
企业地址	上海市长宁区天山西路 789 号 2311 室（200335）				
投资总额	20 万 USD	电　　话	54048806	传　　真	
设立日期	2004-11-29	负 责 人	MARTIN BOTZ		
主营业务	商务信息咨询，企业管理咨询，投资咨询，企业形象策划等。				

企业名称	上海易积通管理咨询有限公司				
企业地址	上海市黄浦区西藏中路 728 号 17 层 A 室（200001）				
投资总额	14 万 USD	电　　话	53590156	传　　真	63163424
设立日期	2004-11-29	负 责 人	陈晓雷		
主营业务	计算机软件及信息系统的设计，开发及销售自产产品等。				

企业名称	上海裕欣教育咨询有限公司				
企业地址	上海市青浦区练塘镇小蒸芦周路 21 号 A－41 室（201715）				
投资总额	22 万 USD	电　　话	6211000	传　　真	
设立日期	2004-11-29	负 责 人	孙　影		
主营业务	国际院校信息咨询，国际经贸信息咨询，投资咨询，企业管理咨询等。				

企业名称	厚仁国际贸易咨询（上海）有限公司				
企业地址	上海市长宁区天山路600弄3号7AD室（200336）				
投资总额	14万USD	电　话	61136543	传　真	61136546
设立日期	2004-11-29	负责人	吴清耀		
主营业务	国际贸易咨询，国际经济咨询，贸易信息咨询，企业管理咨询等。				

企业名称	恰恰投资管理咨询（上海）有限公司				
企业地址	上海市淮海中路1325号10楼1003室（200031）				
投资总额	2200万日元	电　话	56776842	传　真	54655766
设立日期	2004-11-17	负责人	鹫谷和彦		
主营业务	投资管理咨询，经济贸易信息咨询，企业管理咨询，商务咨询等。				

企业名称	东电化（中国）投资有限公司				
企业地址	上海市闵行区虹梅南路4999号（200336）				
投资总额	3000万USD	电　话	62702345	传　真	62709970
设立日期	2004-11-26	负责人	梁少康		
主营业务	在国家允许外商投资领域内依法进行投资等。				

企业名称	上海林全商务咨询服务有限公司				
企业地址	上海市静安区安远路285号106D座				
投资总额	350万USD	电　话	52385000	传　真	52385000
设立日期	2004-11-17	负责人	韩湘镇		
主营业务	商务咨询，企业管理咨询，建筑设计咨询，消防及环保工程设计咨询等。				

企业名称	可烈投资咨询（上海）有限公司				
企业地址	上海市闵行区宜山路1618号综合楼730室（201103）				
投资总额	14万USD	电　话	51182666	传　真	51182622
设立日期	2004-11-24	负责人	金容范		
主营业务	企业管理咨询，环保信息咨询，贸易信息咨询，投资开发咨询等。				

企业名称	智谦经营管理咨询（上海）有限公司				
企业地址	上海市龙华西路585号19楼A座6室（200232）				
投资总额	14万USD	电　话	64118888	传　真	64282211
设立日期	2004-11-17	负责人	冯仕明		
主营业务	商务咨询，市场营销策划咨询，会展信息咨询，企业管理咨询等。				

企业名称	铁姆肯（中国）投资有限公司				
企业地址	上海市静安区延安西路65号上海贵都大饭店办公楼705室（200040）				
投资总额	3500万USD	电　话	61138169	传　真	61138005
设立日期	2004-11-22	负责人	罗杰·W·林赛		
主营业务	在国家允许外商投资领域内依法进行投资等。				

企业名称	上海优畅电子信息技术有限公司				
企业地址	上海市中山北路972号A座804室（200070）				
投资总额	25万USD	电　话	64388949	传　真	64388950
设立日期	2004-11-15	负责人	曾仁武		
主营业务	开发、生产、加工车用电子导航产品，便携式导航器等。				

企业名称	爱斯普乐（上海）投资咨询有限公司				
企业地址	上海市黄浦区河南南路16号3040室（200003）				
投资总额	40万USD	电　话	64699121	传　真	64658166
设立日期	2004-11-22	负责人	姜芳千（执行董事）		
主营业务	投资咨询，企业管理咨询，商务咨询，国际经济信息咨询等。				

企业名称	金溪湖（上海）投资管理有限公司				
企业地址	上海市普陀区真光路1326号兴力达国际广场招商中心2F（200333）				
投资总额	380万USD	电　话	52809530	传　真	52809530
设立日期	2004-11-12	负责人	张　钧		
主营业务	投资咨询，企业管理，市场调查，商贸管理分析软件的开发制作，销售自产产品。				

企业名称	维萨信息系统（上海）有限公司				
企业地址	上海市浦东新区浦东大道1号502室（200120）				
投资总额	96万USD	电　话	62702215	传　真	62702275
设立日期	2004-11-22	负责人	RICHARD KAI TZUNG CHANG		
主营业务	提供网络系统的设计、安装、维护及相关技术支持服务等。				

企业名称	摩德工程咨询（上海）有限公司				
企业地址	上海市奉贤区庄行镇东风村三组（201415）				
投资总额	1.2万USD	电　话	62884020	传　真	
设立日期	2004-11-12	负责人	陈　冰		
主营业务	提供建筑设计咨询，景观园林咨询，环保技术咨询，投资咨询。				

企业名称	天联世纪信息技术（上海）有限公司				
企业地址	上海市郭守敬路498号浦东软件园22301－536室（201203）				
投资总额	50万USD	电　话	54278388	传　真	54262830
设立日期	2004-11-22	负责人	邓润泽（TENG JUN-TSE）		
主营业务	计算机软件的设计，开发，制作，销售自产产品，计算机硬件的设计等。				

企业名称	骏特商务咨询（上海）有限公司				
企业地址	上海市浦东新区乳山路227号101室38座（200122）				
投资总额	14万USD	电　话	28651703	传　真	28651703
设立日期	2004-11-11	负责人	STEVEN JAMES SMITH		
主营业务	国际经济信息咨询，商务咨询，贸易信息咨询，市场调研。				

企业名称	艾宾信息技术开发（上海）有限公司				
企业地址	上海市郭守敬路498号浦东软件园23号楼4楼22409－415室（201203）				
投资总额	50万USD	电　话	58817700	传　真	58818903
设立日期	2004-11-18	负责人	KOJI UEHARA		
主营业务	软件的开发，设计，制作；销售自产产品；计算机系统集成的设计等。				

企业名称	百景辉（上海）咨询有限公司				
企业地址	上海市浦东新区梅花路281号D251室（201204）				
投资总额	10万人民币	电　话	53524668	传　真	63404657
设立日期	2004-11-11	负责人	PETER BAKKER		
主营业务	项目管理咨询，国际经济信息咨询，商务咨询，投资咨询等。				

企业名称	上海司尔亚司数据信息有限公司				
企业地址	上海市浦东新区世纪大道211号3505－3506室（200120）				
投资总额	20万USD	电　话	58775860	传　真	62304958
设立日期	2004-11-18	负责人	ALOISIO PULLEN PARENTE		
主营业务	提供经济数据的汇总，处理和分析服务；国内外经济信息咨询等。				

企业名称	黑笔广告（上海）有限公司				
企业地址	上海市北京东路666号B区43179室（200001）				
投资总额	30万USD	电　话	63352883	传　真	63352485
设立日期	2004-11-11	负责人	MICHAEL DONALD		
主营业务	设计、制作、发布、代理国内外各类广告；提供策划服务等。				

企业名称	格兰普信息技术（上海）有限公司				
企业地址	上海市郭守敬路498号浦东软件园22301－538座（201203）				
投资总额	380万USD	电　话	50504740	传　真	50805132
设立日期	2004-11-17	负责人	陈天桥		
主营业务	计算机软件的开发，设计，制作，销售自产产品，计算机硬件等。				

企业名称	鹰皇投资管理（上海）有限公司				
企业地址	上海市浦东新区梅花路281号D228室（201024）				
投资总额	30万USD	电　话	68824808	传　真	68818182
设立日期	2004-11-11	负责人	郑福隆		
主营业务	投资管理，投资咨询及分析，财务分析，企业管理咨询，商务咨询等。				

企业名称	格立图企业管理咨询（上海）有限公司				
企业地址	上海市张江高科技园区郭守敬路351号2号楼673－20室（201203）				
投资总额	14万USD	电　话	52356693	传　真	52356673
设立日期	2004-11-17	负责人	MA CHIN -KAI AKKA		
主营业务	企业形象策划，企业管理咨询，投资咨询。				

企业名称	上海技冠信息科技有限公司				
企业地址	上海市张江高科技园区郭守敬路351号2号楼676－20室（201203）				
投资总额	14万USD	电　话	57609119	传　真	57609523
设立日期	2004-11-10	负责人	苏玉玲		
主营业务	计算机软件的开发、设计、制作，技术咨询，投资咨询，管理咨询。				

企业名称	力山森堡（上海）投资管理有限公司				
企业地址	上海市番禺路1150号（200233）				
投资总额	500万USD	电　话	64856019	传　真	64850691
设立日期	2004-11-17	负责人	季　琦		
主营业务	受委托对商业设施，物业，酒店的经营管理，投资咨询等。				

企业名称	皓钧投资咨询（上海）有限公司				
企业地址	上海市长宁区延安西路2299号03A11室（200336）				
投资总额	20万USD	电　话	54510167	传　真	64477512
设立日期	2004-11-9	负责人	胡光华		
主营业务	投资咨询，国际经济咨询，贸易信息咨询，企业管理咨询，市场调研。				

企业名称	英培信息技术（上海）有限公司				
企业地址	上海市浦东新区浦东大道1476号山海大厦14层14室（200135）				
投资总额	14万USD	电　　话	63343366	传　　真	63343005
设立日期	2004-11-8	负 责 人	MELISSA YIN -YIN LAM		
主营业务	计算机网络技术，计算机信息系统技术，计算机工程技术的开发等。				

企业名称	上海悦达信一投资咨询有限公司				
企业地址	上海市安远路285号102A座				
投资总额	350万USD	电　　话	52987700	传　　真	52987212
设立日期	2004-11-8	负 责 人	韩相镇		
主营业务	投资咨询，商务咨询，企业管理咨询，建筑设计咨询等。				

企业名称	宝林广告（上海）有限公司				
企业地址	上海市淡水路450号243室A座（200020）				
投资总额	30万USD	电　　话	23077956	传　　真	23077979
设立日期	2004-11-5	负 责 人	李倩玲		
主营业务	设计、制作、发布、代理国内外各类广告；提供品牌咨询等。				

企业名称	盈联信息科技（上海）有限公司				
企业地址	上海市张江高科技园区郭守敬路351号2号楼676－16室（201203）				
投资总额	15万USD	电　　话	63508855	传　　真	63202808
设立日期	2004-11-5	负 责 人	关志恒		
主营业务	呼叫中心软件，统一信息平台及系统交换机软件的研究，开发，制作等。				

企业名称	超众设计咨询（上海）有限公司				
企业地址	上海市长宁区仙霞路335号1号楼210－W室（200336）				
投资总额	14万USD	电　　话	57386778	传　　真	57386778
设立日期	2004-11-4	负 责 人	蔡智仁		
主营业务	建筑工程设计咨询，建筑工程管理咨询，建筑设计和室内设计咨询等。				

企业名称	卓捷商务咨询（上海）有限公司				
企业地址	上海市江宁路495号2201室				
投资总额	14万USD	电　　话	51154434	传　　真	51154437
设立日期	2004-11-4	负 责 人	大桥阳		
主营业务	会展服务咨询，市场调研，品牌策划咨询，科技咨询，商务咨询等。				

企业名称	上海传智华光广告有限公司				
企业地址	上海市浦东新区商城路345号107室，201A室（200120）				
投资总额	40万USD	电　　话	33680088	传　　真	33680058
设立日期	2004-11-3	负 责 人	张朋口		
主营业务	设计、制作、发布、代理国内外各类广告。				

企业名称	荷皇天地（中国）投资有限公司				
企业地址	上海市西藏中路268号来福士广场45层（200001）				
投资总额	3000万USD	电　　话	53524688	传　　真	63403507
设立日期	2004-11-2	负 责 人	PETER BAKKER		
主营业务	在国际快递、物流、货物运输等国家允许外商投资的领域依法进行投资。				

企业名称	上海汉阳人通商务咨询有限公司				
企业地址	上海市永嘉路692号201室（200031）				
投资总额	14万USD	电　　话	51697003	传　　真	64485991
设立日期	2004-11-2	负 责 人	KANC YOUNG SHIN（姜英信）		
主营业务	商务咨询，企业管理咨询，投资咨询，科技咨询，环保咨询等。				

企业名称	庆隆（上海）投资管理有限公司				
企业地址	上海市淮海中路1010号601室（200031）				
投资总额	200万USD	电　　话	54046337	传　　真	54051677
设立日期	2004-10-30	负 责 人	黄一超		
主营业务	商务咨询，投资咨询，企业管理咨询，经贸信息咨询，科技咨询。				

企业名称	上海瑞宝工程技术咨询有限公司				
企业地址	上海市金山区兴塔镇兴福利路168弄38号8号厅（201502）				
投资总额	50万USD	电　　话	58213873	传　　真	57361159
设立日期	2004-10-29	负 责 人	邓国龙		
主营业务	提供工程技术咨询服务，房地产咨询服务，建筑及装潢设计咨询服务等。				

企业名称	吐巴塞克斯咨询（上海）有限公司				
企业地址	上海市静安区成都北路333号北楼1502室（200041）				
投资总额	14万USD	电　　话	52980242	传　　真	52980241
设立日期	2004-10-29	负 责 人	FRANCESC RIBAS COLLELL		
主营业务	项目管理咨询，投资咨询及中介，市场营销咨询及策划等。				

企业名称	悦格品牌策划咨询（上海）有限公司				
企业地址	上海市浦东新区乳山路227号101－21座（200120）				
投资总额	20万瑞士法郎	电　　话	63290808	传　　真	63295766
设立日期	2004-10-28	负 责 人	CARSTEN JOERGENSEN		
主营业务	品牌策划咨询（广告除外），企业形象策划咨询，企业营销策划咨询。				

企业名称	久之游信息技术（上海）有限公司				
企业地址	上海市张江高科技园区郭守敬路351号2号楼676－17室（201203）				
投资总额	15万USD	电　　话	63517280	传　　真	53852351
设立日期	2004-10-27	负 责 人	OJI TAKESHI		
主营业务	计算机软件的开发，设计，制作，销售自产产品，网络技术的开发等。				

企业名称	上海车艺投资咨询有限公司				
企业地址	上海市崇明县港沿镇港沿公路1008号（202158）				
投资总额	15万USD	电　　话	64745930	传　　真	64673319
设立日期	2004-10-27	负 责 人	张哲伟		
主营业务	汽车技术，设计咨询及相关“四技”服务，国际合作咨询。				

企业名称	啡加乐管理咨询（上海）有限公司				
企业地址	上海市浦东新区花山路706号621室(200137)				
投资总额	14万USD	电　　话	63847242	传　　真	63847242
设立日期	2004-10-26	负 责 人	PACITA U.JUAN		
主营业务	企业管理咨询，投资咨询，市场调研，贸易信息咨询。				

企业名称	环正信息咨询（上海）有限公司				
企业地址	上海市闵行区吴中路1358号106室（201103）				
投资总额	14万USD	电　　话	28216067	传　　真	64015337
设立日期	2004-10-26	负 责 人	魏怡诚（TONY W EI）		
主营业务	贸易信息咨询（涉及行政许可的凭许可证经营）。				

企业名称	富力胶信息咨询（上海）有限公司				
企业地址	上海市黄浦区西藏中路268号2906室（200001）				
投资总额	14万USD	电　　话	64721960	传　　真	64721987
设立日期	2004-10-25	负 责 人	M.J.G.DEKKER		
主营业务	提供商业管理咨询，企业管理咨询，营销和销售，管理咨询等。				

企业名称	鼎正管理咨询（上海）有限公司				
企业地址	上海市浦东新区银城中路200号2706室				
投资总额	14万USD	电　　话	68889589	传　　真	58406100
设立日期	2004-10-25	负 责 人	叶锦程		
主营业务	企业管理咨询，投资咨询，国际经济信息咨询，贸易信息咨询等。				

企业名称	花王（中国）研究开发中心有限公司				
企业地址	上海市闵行区剑川路468号（201109）				
投资总额	740万USD	电　　话	63352020	传　　真	63350370
设立日期	2004-10-22	负 责 人	加藤富士夫		
主营业务	研究开发护肤产品，口腔护理产品，沐浴剂，护发产品，卫生用品等。				

企业名称	普利司通（中国）投资有限公司				
企业地址	上海市浦东新区碧波路888号101室（201203）				
投资总额	9085万USD	电　　话	51311888	传　　真	50270188
设立日期	2004-10-22	负 责 人	竹内雄二		
主营业务	在中国政府允许外商投资的领域内依法进行投资等。				

企业名称	景福珠宝商业（中国）有限公司				
企业地址	上海市浦东新区杨园南路116号3幢240室（200120）				
投资总额	1000万人民币	电　　话	62499590	传　　真	62499589
设立日期	2004-10-22	负 责 人	刘秉濂		
主营业务	商业零售（限分支机构经营），批发，包括：珠宝、钟表、首饰等。				

企业名称	观月艺术咨询（上海）有限公司				
企业地址	上海市肇嘉浜路301号1501室（200031）				
投资总额	14万USD	电　　话	54236280	传　　真	54236291
设立日期	2004-10-22	负 责 人	徐政夫		
主营业务	艺术信息咨询，企业形象策划咨询，项目管理咨询，投资咨询。				

企业名称	爱比西国际科技管理咨询（上海）有限公司				
企业地址	上海市宜山路711号（200233）				
投资总额	14万USD	电　　话	62798532	传　　真	62798005
设立日期	2004-10-22	负 责 人	DENNIS P MCGUIRK		
主营业务	国际经济贸易咨询，投资咨询及中介，企业管理咨询，科技咨询等。				

企业名称	薪得付信息技术（上海）有限公司				
企业地址	上海市张江高科技园区郭守敬路351号2号楼676－19室（201203）				
投资总额	100万USD	电　话	52280850	传　真	52280853
设立日期	2004-10-21	负 责 人	WEI WANG		
主营业务	计算机软件的开发、设计、制作，销售自产产品，网络技术的开发等。				

企业名称	高知特信息技术（上海）有限公司				
企业地址	上海市张江高科技园区龙东大道3000号5号楼819－824室（201203）				
投资总额	120万USD	电　话	61006466	传　真	58124943
设立日期	2004-10-20	负 责 人	CORDON J.COBURN		
主营业务	计算机软件的研究、开发、设计、制作，销售自产产品，计算机技术等。				

企业名称	万克德商务咨询（上海）有限公司				
企业地址	上海市钦州路770号（200233）				
投资总额	14万USD	电　话	64825228	传　真	
设立日期	2004-10-20	负 责 人	杉山定久		
主营业务	商务咨询，企业管理咨询，投资咨询，贸易信息咨询，建筑设计咨询等。				

企业名称	上海磐龙实亚投资咨询有限公司				
企业地址	上海市浦东新区梅花路281号D225室（201204）				
投资总额	14万USD	电　话	64811571	传　真	
设立日期	2004-10-19	负 责 人	祝　颖		
主营业务	投资咨询，建筑规划咨询（不涉及城市规划），企业管理咨询等。				

企业名称	车谈企业管理咨询（上海）有限公司				
企业地址	上海市长宁区江苏路369号28楼A39（200050）				
投资总额	36万USD	电　话	54257799	传　真	54254929
设立日期	2004-10-18	负 责 人	党启元		
主营业务	企业管理咨询，商务咨询，科技咨询，贸易咨询，投资咨询等。				

企业名称	飞科（上海）咨询有限公司				
企业地址	上海市长宁区幸福路137号210室（200052）				
投资总额	14万USD	电　话	28987206	传　真	28987055
设立日期	2004-10-18	负 责 人	DAVID DUDEK		
主营业务	提供物流咨询及相关的管理咨询，国际经济咨询，企业管理咨询等。				

企业名称	鸿翔兴投资咨询（上海）有限公司				
企业地址	上海市普陀区金沙江路1777号三楼302室（200333）				
投资总额	25万USD	电　话	62752956	传　真	
设立日期	2004-10-18	负 责 人	庄贵仑		
主营业务	投资咨询，科技咨询，商务咨询，市场调查，企业，管理咨询等。				

企业名称	陆晶信息咨询（上海）有限公司				
企业地址	上海市长宁区延安西路726号26A室（200050）				
投资总额	15万USD	电　话	52379595	传　真	52380781
设立日期	2004-10-18	负 责 人	林智仁		
主营业务	投资信息咨询，商业信息咨询，科技信息咨询。				

企业名称	上海丽秀投资咨询有限公司				
企业地址	上海市闵行区合川路3071号A栋三楼（201103）				
投资总额	40万USD	电　话	54223035	传　真	54222388
设立日期	2004-10-18	负 责 人	李椿宰		
主营业务	房产信息咨询，投资咨询，商务咨询，国际贸易咨询，企业管理咨询等。				

企业名称	太平星管理咨询（上海）有限公司				
企业地址	上海市浦东新区虹星路558号10幢7室（200021）				
投资总额	14万USD	电　话	53838686	传　真	53836878
设立日期	2004-10-15	负 责 人	CHANG TONG WAH		
主营业务	企业管理咨询，投资咨询（涉及行政许可的凭许可证经营）。				

企业名称	上海博取投资管理咨询有限公司				
企业地址	上海市浦东新区陆家嘴东路166号中保大厦20层2011室（200021）				
投资总额	20万USD	电　话	68419980	传　真	
设立日期	2004-10-14	负 责 人	吴征（BBUNO ZHENG WU）		
主营业务	投资管理咨询，企业管理咨询，市场调研，国际经济信息咨询等。				

企业名称	上海美升商务咨询有限公司				
企业地址	上海市静安区华山路301号316室				
投资总额	1.75万USD	电　话	62486631	传　真	62487584
设立日期	2004-10-14	负 责 人	郑　军		
主营业务	商务信息咨询，企业管理咨询，贸易信息咨询，投资管理咨询。				

企业名称	菱证投资咨询（上海）有限公司				
企业地址	上海市浦东新区银城东路101号汇丰大厦18层142室（200120）				
投资总额	14万USD	电　话	68413018	传　真	68413038
设立日期	2004-10-13	负 责 人	松村康裕		
主营业务	投资咨询，贸易信息咨询，企业管理咨询，营销策划咨询，国际经济等。				

企业名称	汉柏投资顾问（上海）有限公司				
企业地址	上海市张江高科技园区郭守敬路351号2号楼673－15室（201203）				
投资总额	14万USD	电　话	64319426	传　真	
设立日期	2004-10-13	负 责 人	HARRISON HONG—SHE WANG		
主营业务	投资咨询，企业管理咨询，经济信息咨询。				

企业名称	贝赛莱（上海）多媒体信息技术有限公司				
企业地址	上海市郭守敬路498号浦东软件园22301－516座（201203）				
投资总额	25万USD	电　话	53852799	传　真	53853677
设立日期	2004-10-13	负 责 人	HIROSHI FUJIOKA（藤冈浩）		
主营业务	软件的开发，制作，销售自产产品（涉及行政许可的凭许可证经营）。				

企业名称	艾蓝信（上海）旅游管理咨询有限公司				
企业地址	上海市长宁区虹桥路2266号10号楼321室（200335）				
投资总额	14万USD	电　话	58796783	传　真	
设立日期	2004-10-13	负 责 人	WU KENNETH		
主营业务	旅游信息咨询，会展会务信息咨询，票务信息咨询，投资管理咨询。				

企业名称	上海京士威管理咨询有限公司				
企业地址	上海市浦东新区上南路4059号1幢101室（200124）				
投资总额	14万USD	电　话	63507898	传　真	
设立日期	2004-10-13	负 责 人	MEI IN JOY KAO		
主营业务	企业管理咨询，投资咨询，市场营销咨询，国际经济信息咨询。				

企业名称	住友电工硬质合金咨询（上海）有限公司				
企业地址	上海市长宁区延安西路2201号2001室（200336）				
投资总额	14万USD	电　话	62705011	传　真	
设立日期	2004-10-12	负 责 人	横泽和司		
主营业务	以硬质合金类产品，立方氮化硼工具，金刚石工具为主的营销咨询。				

企业名称	坤迈信息技术（上海）有限公司				
企业地址	上海市长宁区江苏路369号28楼A67室（200050）				
投资总额	14万USD	电　话	52414605	传　真	52419858
设立日期	2004-10-12	负 责 人	车　挺		
主营业务	开发、设计、制作计算机网络应用软件；销售公司自产产品。				

企业名称	新五常商务咨询（上海）有限公司				
企业地址	上海市外高桥保税区新灵路118号308B室（200131）				
投资总额	20万USD	电　话	62957107	传　真	62957109
设立日期	2004-10-10	负 责 人	李东铉		
主营业务	保税区内商务咨询服务；国际贸易，转口贸易，保税区企业间的贸易等。				

企业名称	申城嘉宇（上海）投资咨询有限公司				
企业地址	上海市长宁区北翟路163弄30号5幢301室（200335）				
投资总额	14万USD	电　话	54657831	传　真	54655893
设立日期	2004-10-9	负 责 人	吴茂松		
主营业务	投资咨询，企业管理咨询，国际经济咨询，科技咨询，环保信息咨询等。				

企业名称	万弗玛信息服务（上海）有限公司				
企业地址	上海市卢湾区浏河口路88号211室D座（200020）				
投资总额	14万USD	电　话	63403588	传　真	63403788
设立日期	2004-9-30	负 责 人	JAMES FARRAR BRELSFO		
主营业务	手机软件及手机游戏软件的开发，图像和数据处理和相关技术咨询。				

企业名称	圻泰投资咨询（上海）有限公司				
企业地址	上海市黄浦区四川中路220号321（B）室（200011）				
投资总额	14万USD	电　话	63218102	传　真	63218097
设立日期	2004-9-30	负 责 人	DAVID HAU-MAN SUNG		
主营业务	经济信息咨询，企业管理咨询，科技咨询，环保咨询，房地产咨询等。				

企业名称	上海莉迪斯企业管理咨询有限公司				
企业地址	上海市北京西路669号东展商业大厦12楼B室				
投资总额	14万USD	电　话	62189922	传　真	
设立日期	2004-9-30	负 责 人	蒋　涛		
主营业务	企业管理咨询，企业形象策划咨询，投资咨询及市场调研咨询。				

企业名称	上海迈卡投资咨询有限公司				
企业地址	上海市淮海西路 55 号 21 楼 B－C 座（200030）				
投资总额	35 万 USD	电　　话	62953951	传　　真	
设立日期	2004-9-30	负 责 人	楼云立		
主营业务	投资信息咨询，经济信息咨询，贸易信息咨询，科技信息咨询。				

企业名称	柯斯顿阿尔发（上海）投资咨询有限公司				
企业地址	上海市浦东新区北张家浜路 68 号 6 幢 117 室（200120）				
投资总额	14 万 USD	电　　话	68419377	传　　真	58882515
设立日期	2004-9-30	负 责 人	ALBERT IKYU HAWK		
主营业务	投资咨询，项目管理咨询，企业管理咨询，贸易咨询，国际经济咨询。				

企业名称	皆喜（上海）商务咨询有限公司				
企业地址	上海市襄阳南路 500 号 1920 室（200010）				
投资总额	27 万 USD	电　　话	53966439	传　　真	53965718
设立日期	2004-9-29	负 责 人	五十岚力		
主营业务	会展策划咨询，营销咨询，投资咨询，企业管理咨询等。				

企业名称	上海凯龙瑞项目投资咨询有限公司				
企业地址	上海市卢湾区湖滨路 222 号企业天地 1 号 1105－1106 室（200020）				
投资总额	14 万 USD	电　　话	63406300	传　　真	63406308
设立日期	2004-9-29	负 责 人	郑喜明		
主营业务	投资咨询，项目咨询，管理咨询，国际经济咨询，市场研究和咨询等。				

企业名称	上海土度技术咨询有限公司				
企业地址	上海市卢湾区茂名南路 59 号锦江饭店峻岭楼 1352 室（200020）				
投资总额	15 万 USD	电　　话	64737683	传　　真	64737863
设立日期	2004-9-29	负 责 人	王心一		
主营业务	软件及因特网的技术咨询和顾问服务（涉及行政许可的凭许可证经营）。				

企业名称	网目信息技术（上海）有限公司				
企业地址	上海市张江高科技园区郭守敬路 351 号 2 号楼 676－11 室（201203）				
投资总额	14 万 USD	电　　话	63621554	传　　真	63621556
设立日期	2004-9-29	负 责 人	TAN KOON ONC，CERALD		
主营业务	信息技术软件的开发、设计、制作，销售自产产品等。				

企业名称	上海联奥商务咨询有限公司				
企业地址	上海市番禺路 1150 号二楼（200030）				
投资总额	15 万 USD	电　　话	64398552	传　　真	64695649
设立日期	2004-9-29	负 责 人	何子刚		
主营业务	商务咨询，房地产咨询，投资咨询，企业管理咨询，国际经济咨询。				

企业名称	佳学商务咨询（上海）有限公司				
企业地址	上海市闵行区莘朱路 737 号（201100）				
投资总额	14 万 USD	电　　话	51699169	传　　真	54894981
设立日期	2004-9-28	负 责 人	黄　玉		
主营业务	幼儿教育信息咨询，文化艺术咨询，图书信息咨询，商务咨询。				

企业名称	美柯斯（上海）咨询有限公司				
企业地址	上海市襄阳南路 175 号 401 室（200031）				
投资总额	15 万 USD	电　　话	54655533	传　　真	64665885
设立日期	2004-9-28	负 责 人	张子敏		
主营业务	企业管理咨询，商业策划咨询，市场营销咨询，国际经济咨询等。				

企业名称	天王咨询（上海）有限公司				
企业地址	上海市卢湾区茂名南路 58 号 101 室（200020）				
投资总额	14 万 USD	电　　话	64720900	传　　真	
设立日期	2004-9-28	负 责 人	平野至康		
主营业务	企业管理咨询，商务咨询，投资信息咨询，科技信息咨询等。				

企业名称	先时投资咨询（上海）有限公司				
企业地址	上海市张江高科技园区郭守敬路 351 号 2 号楼 673－06 室（201203）				
投资总额	50 万 USD	电　　话	51019075	传　　真	58807473
设立日期	2004-9-28	负 责 人	赵　兵		
主营业务	投资咨询，企业管理咨询，企业兼并收购重组咨询。				

企业名称	上海星素元商务咨询有限公司				
企业地址	上海市闵行区春申路 2980 号（201100）				
投资总额	15 万 USD	电　　话	64660890	传　　真	
设立日期	2004-9-28	负 责 人	JOHN ARYANANDA（李宗正）		
主营业务	投资咨询，商务咨询，企业管理咨询，市场推广策划，公关事务策划等。				

企业名称	全向（上海）商务咨询服务有限公司				
企业地址	上海市南汇区康桥镇康桥路 1098 号 301 室（201315）				
投资总额	14 万 USD	电　　话	51089866	传　　真	64085379
设立日期	2004-9-27	负 责 人	YIP WEI SUM		
主营业务	商务咨询，会展服务咨询，企业形象策划，市场营销策划。				

企业名称	上海鹰龙投资咨询有限公司				
企业地址	上海市工业综合开发区奉浦大道 111 号（201400）				
投资总额	100 万 USD	电　　话	58820421	传　　真	58877973
设立日期	2004-9-27	负 责 人	丁伟中		
主营业务	企业收购与兼并策划，管理咨询，财务管理与商务咨询等。				

企业名称	奥浦诺管理咨询（上海）有限公司				
企业地址	上海市浦东新区浦东南路 588 号 29 楼 H，I 室（200120）				
投资总额	14 万 USD	电　　话	68599001	传　　真	68599002
设立日期	2004-9-24	负 责 人	XIAODONG DON YAN		
主营业务	企业管理咨询，投资咨询，贸易信息咨询。				

企业名称	康银管理咨询（上海）有限公司				
企业地址	上海市浦东新区花山路 706 号 1230 室（200137）				
投资总额	14 万 USD	电　　话	61036500	传　　真	61036598
设立日期	2004-9-24	负 责 人	PETER RICHARD FANCKE		
主营业务	企业管理咨询，投资咨询，房地产信息咨询，国际经济咨询等。				

企业名称	德旭信息技术（上海）有限公司				
企业地址	上海市郭守敬路 498 号浦东软件园 20302－20313，20312 室				
投资总额	14 万 USD	电　　话	51314270	传　　真	51314268
设立日期	2004-9-24	负 责 人	杨莘军		
主营业务	计算机软件的开发、设计、制作，销售自产产品；系统集成的设计等。				

企业名称	哥大（上海）教育咨询有限公司				
企业地址	上海市长宁区虹桥路 2266 号 10 号楼 329 室（200335）				
投资总额	20 万 USD	电　　话	68824808	传　　真	68818182
设立日期	2004-9-24	负 责 人	邱吉源		
主营业务	教育咨询，投资咨询，企业管理咨询，经济管理咨询，商务信息咨询。				

企业名称	上海硕宝信息技术服务有限公司				
企业地址	上海市桂平路 680 号 33 号厂房 3 楼 303－307 室（200233）				
投资总额	25 万 USD	电　　话	62182080	传　　真	62183188
设立日期	2004-9-24	负 责 人	唐海松		
主营业务	设计、开发、制作计算机软件，销售自产产品。				

企业名称	科乐欧投资咨询（上海）有限公司				
企业地址	上海市静安区昌平路 710 号 B 座 007 室（200041）				
投资总额	14 万 USD	电　　话	62883876	传　　真	62883896
设立日期	2004-9-24	负 责 人	黑田健二		
主营业务	投资咨询，管理咨询，市场调研（涉及行政许可的凭许可证经营）。				

企业名称	上海劳智商务咨询有限公司				
企业地址	上海市长宁区虹桥路 2266 号 10 号楼 134 室（200335）				
投资总额	14 万 USD	电　　话	62884616	传　　真	62884636
设立日期	2004-9-23	负 责 人	ANGELO VICTOR VALDEVITT		
主营业务	商务信息咨询，企业形象策划，企业管理咨询。				

企业名称	亚什兰管理（上海）有限公司				
企业地址	上海市中山南二路 1089 号徐汇苑大厦 18 楼（200030）				
投资总额	200 万 USD	电　　话	24024773	传　　真	24024850
设立日期	2004-9-22	负 责 人	DALE MATTHEW MACDONALD		
主营业务	向关联公司提供与之有关的投资管理咨询服务，经营管理咨询服务等。				

企业名称	哥伦美雅信息咨询（上海）有限公司				
企业地址	上海市长宁区江苏北路 89 号 A 楼 6 层（200042）				
投资总额	14 万 USD	电　　话	61200509	传　　真	61200511
设立日期	2004-9-22	负 责 人	PATRICK DAVID ANDERSON		
主营业务	国际经济信息咨询及企业管理信息咨询。				

企业名称	浩艾德投资管理顾问（上海）有限公司				
企业地址	上海市浦东新区世纪大道 88 号 3 区 22 层 04，05 单元（200120）				
投资总额	14 万 USD	电　　话	50471881	传　　真	50470220
设立日期	2004-9-22	负 责 人	张志浩（ZHANG ZHIHAO）		
主营业务	投资管理咨询，企业管理咨询（涉及行政许可的凭许可证经营）。				

企业名称	纽浦工业产品设计（上海）有限公司				
企业地址	上海市外高桥保税区华京路 8 号 639 室（200131）				
投资总额	20 万 USD	电　话	50909902	传　真	
设立日期	2004-9-22	负责人	DAMON STEWART CANFIELD		
主营业务	提供家居保健品，清洁产品，宠物护理产品，家用电器，通讯产品等。				

企业名称	东空工程技术咨询（上海）有限公司				
企业地址	上海市浦东新区浦东大道 138 号 7 楼 B－02 室				
投资总额	14 万 USD	电　话	58797118	传　真	58792812
设立日期	2004-9-20	负责人	TOBITA YOSHIHIRO		
主营业务	厂房和楼宇的空调及空气净化系统工程的技术咨询。				

企业名称	玩网体育咨询（上海）有限公司				
企业地址	上海市静安区万航渡路 154 号 306 室 21 座（200040）				
投资总额	14 万 USD	电　话	62675051	传　真	62725919
设立日期	2004-9-20	负责人	倪　侃		
主营业务	体育信息咨询，管理咨询，市场调研（涉及行政许可的凭许可证经营）。				

企业名称	瑞讯华识投资咨询（上海）有限公司				
企业地址	上海市浦东新区浦东南路 1088 号 1407，1409 室（200120）				
投资总额	14 万 USD	电　话	58876060	传　真	58877558
设立日期	2004-9-17	负责人	VINCENT HUGH CASSIUS PEYMAN		
主营业务	投资咨询，商务咨询，经济信息咨询，市场调查咨询。				

企业名称	爱捷商务咨询（上海）有限公司				
企业地址	上海市黄浦区瞿溪路 510 号（200011）				
投资总额	14 万 USD	电　话	54591349	传　真	54256943
设立日期	2004-9-16	负责人	PUNJABI JAGDISH PARSHOTAMDAS		
主营业务	投资咨询，商务咨询，经济信息咨询，国际贸易咨询，市场调研。				

企业名称	网安咨询（上海）有限公司				
企业地址	上海市南京西路 881 号新时代大厦 12 楼 D 座（200041）				
投资总额	14 万 USD	电　话	62724690	传　真	62724679
设立日期	2004-9-16	负责人	亚来西奥		
主营业务	投资咨询，市场调研，商务咨询，企业管理咨询。				

企业名称	埃特博朗咨询（上海）有限公司				
企业地址	上海市浦东新区新金桥路 201 号现代通信大厦 522－S 室（200124）				
投资总额	14 万 USD	电　话	58419988	传　真	64427200
设立日期	2004-9-15	负责人	SAMI JAAKKO PAKKANEN		
主营业务	机电产品制造方面的技术咨询和商务咨询。				

企业名称	麦柯莱依斯信息咨询（上海）有限公司				
企业地址	上海市浦东新区乳山路 227 号 101 室－35 座（200120）				
投资总额	14 万 USD	电　话	62126562	传　真	62127252
设立日期	2004-9-15	负责人	MAKOTO SAKAI		
主营业务	汽车整车和零部件的市场信息咨询，市场调研，国际经济信息咨询等。				

企业名称	企谛思企业咨询（上海）有限公司				
企业地址	上海市高邮路 5 弄 4 号（200031）				
投资总额	6.05 万 USD	电　话	52585880	传　真	52585878
设立日期	2004-9-13	负责人	陈达仁		
主营业务	提供工业及商业咨询服务（涉及行政许可的凭许可证经营）。				

企业名称	思博灵（上海）咨询有限公司				
企业地址	上海市浦东新区北张家浜路 68 号 6 幢 348 室（200120）				
投资总额	14 万 USD	电　话	51097272	传　真	51097272
设立日期	2004-9-13	负责人	IVAN JARRY		
主营业务	项目管理咨询，投资咨询，科技咨询，市场调研。				

企业名称	上海棕柳酒店管理咨询有限公司				
企业地址	上海市闵行区虹中路 527 号 2 楼 205－208 室（201103）				
投资总额	101 万 USD	电　话	34121071	传　真	
设立日期	2004-9-10	负责人	关则茶		
主营业务	酒店管理咨询（涉及行政许可的凭许可证经营）。				

企业名称	唐西文化信息咨询（上海）有限公司				
企业地址	上海市浦东新区北张家浜路 68 号 5 幢 255 室（200040）				
投资总额	14 万 USD	电　话	62881483	传　真	62894088
设立日期	2004-9-10	负责人	STEVEN P.SYBESMA		
主营业务	文化市场调研，商务咨询，投资咨询，市场营销咨询。				

企业名称	旺旺（中国）投资有限公司				
企业地址	上海市闵行区宜山路 1718 号（201103）				
投资总额	3000 万 USD	电　话	61151056	传　真	
设立日期	2004-9-8	负责人	李玉生		
主营业务	在中国的食品，饮料及房地产等国家允许外商投资的领域依法进行投资。				

企业名称	迈峰凌普信息技术（上海）有限公司				
企业地址	上海市长宁区江苏路 369 号 28 楼 A58 室（200050）				
投资总额	35 万 USD	电　话	52162109	传　真	
设立日期	2004-9-8	负责人	袁　辉		
主营业务	计算机网络应用软件的开发、设计、制作，销售自产产品等。				

企业名称	如恩设计咨询（上海）有限公司				
企业地址	上海市浦东新区北张家浜路 68 号 5 幢 335 室（200120）				
投资总额	14 万 USD	电　话	64452560	传　真	64456830
设立日期	2004-9-8	负责人	LYNDON UYKIM NERI		
主营业务	建筑设计咨询，室内装饰设计和咨询，家居产品 设计和咨询。				

企业名称	凯必丰管理咨询（上海）有限公司				
企业地址	上海市浦东新区浦东南路 528 号上海证券大厦南幢 20 层 09 室（200120）				
投资总额	14 万 USD	电　话	68808188	传　真	68808288
设立日期	2004-9-7	负责人	TAY GEOK SENG（郑玉生）		
主营业务	企业管理咨询，投资咨询，商务咨询，信息技术咨询，市场营销策划等。				

企业名称	上海渔人码头投资开发咨询有限公司				
企业地址	上海市杨树浦路 1100 号 2502 室（200082）				
投资总额	1000 万 USD	电　话	53931118	传　真	53931192
设立日期	2004-9-7	负责人	洪根云		
主营业务	房地产开发咨询，投资咨询，城市规划设计咨询，园林设计咨询等。				

企业名称	上海钻树商务咨询有限公司				
企业地址	上海市闵行区友东路 39 号（201100）				
投资总额	14 万 USD	电　话	34075518	传　真	34075518
设立日期	2004-9-7	负责人	ANDRE ASUHLEM A YR		
主营业务	从事项目投资管理咨询，企业经营管理咨询，人力资源开发等。				

企业名称	星环企（上海）市场咨询有限公司				
企业地址	上海市黄浦区延安东路 550 号 2302 室（200001）				
投资总额	14 万 USD	电　话	63606500	传　真	63606776
设立日期	2004-9-6	负责人	TEO MOH GIN		
主营业务	市场咨询，投资咨询，企业管理咨询，国际经济咨询，贸易信息咨询等。				

企业名称	小雪人亲子活动咨询（上海）有限公司				
企业地址	上海市天钥桥路 333 号 5 层 503A 室（200030）				
投资总额	14 万 USD	电　话	64403336	传　真	63213617
设立日期	2004-9-1	负责人	邓颖芝		
主营业务	婴幼儿的智能开发咨询及相关的咨询活动。				

企业名称	佐岛投资管理咨询（上海）有限公司				
企业地址	上海市永嘉路 31 号茂名大厦 306 室（200020）				
投资总额	14 万 USD	电　话	65794448	传　真	65794448
设立日期	2004-9-1	负责人	中岛香奈子（NAKAJIMA KANAKO）		
主营业务	投资管理咨询，酒店管理咨询，商务咨询。				

企业名称	上海楷进商务咨询有限公司				
企业地址	上海市永嘉路 31 号茂名大厦 309 室（200020）				
投资总额	20 万 USD	电　话	61204129	传　真	61204128
设立日期	2004-9-1	负责人	小桥俊哉		
主营业务	企业管理咨询，企业形象策划咨询，商务咨询，计算机软件等。				

企业名称	韩锐检测技术咨询（上海）有限公司				
企业地址	上海庙镇经济开发区（崇明县宏海公路 681 号）（202153）				
投资总额	14 万 USD	电　话	64025227	传　真	
设立日期	2004-8-30	负责人	CHO BYUNG HO		
主营业务	冶金设备和材料的检测技术咨询，企业管理咨询，经济信息咨询等。				

企业名称	英特尔亚太研发有限公司				
企业地址	上海市紫竹科学园区东川路 555 号 4 号楼 2 楼（201108）				
投资总额	600 万 USD	电　话	50481818	传　真	
设立日期	2004-8-30	负责人	TIFFANY DOON SILVA		
主营业务	为英特尔产品提供安装，调试，维护，咨询，技术解决方案。				

企业名称	橡果信息科技（上海）有限公司				
企业地址	上海市张江高科技园区郭守敬路351号2号楼669－05室（201203）				
投资总额	20万 USD	电 话	51518888	传 真	54500703
设立日期	2004-8-27	负 责 人	杨东杰		
主营业务	计算机软件的开发，设计，制作，销售自产产品等。				

企业名称	玛珂酒店咨询（上海）有限公司				
企业地址	上海市浦东新区张杨路228号汤臣中心910室（200120）				
投资总额	14万 USD	电 话	52920000	传 真	52921369
设立日期	2004-8-27	负 责 人	FRANCES REGAL QUISAN0		
主营业务	酒店管理咨询，投资咨询，市场营销咨询，市场调研。				

企业名称	美银宝信息技术（上海）有限公司				
企业地址	上海市郭守敬路498号浦东软件园14幢22301－474座（201203）				
投资总额	14万 USD	电 话	28913333	传 真	28913005
设立日期	2004-8-27	负 责 人	廖光宇		
主营业务	计算机软件，多媒体及网络系统软件的设计，开发，制作等。				

企业名称	翁毓麟工程管理咨询（上海）有限公司				
企业地址	上海市外高桥保税区冰克路500号233室（200131）				
投资总额	20万 USD	电 话	68868335	传 真	
设立日期	2004-8-27	负 责 人	LAM CHEE W00I		
主营业务	工程管理咨询，建筑设计咨询，投资咨询；国际贸易，转口贸易等。				

企业名称	美商力迅半导体咨询（上海）有限公司				
企业地址	上海市黄浦区黄陂北路227号2501室（200003）				
投资总额	14万 USD	电 话	63758800	传 真	63758004
设立日期	2004-8-26	负 责 人	MARTIN JOHN KIDEGELL		
主营业务	提供半导体产品，技术和企业管理方面的咨询服务等。				

企业名称	上海石义商务咨询有限公司				
企业地址	上海市黄浦区九江路333号608室（200003）				
投资总额	14万 USD	电 话	63607046	传 真	63604386
设立日期	2004-8-26	负 责 人	FRANK ROCCO		
主营业务	商务咨询，投资咨询，企业管理咨询，市场调研。				

企业名称	上海艺凯设计有限公司				
企业地址	上海市黄浦区南京东路233号603室（200003）				
投资总额	14.5万 USD	电 话	51160663	传 真	63211430
设立日期	2004-8-26	负 责 人	野口瑠璃		
主营业务	工业产品设计，平面设计，建筑环境设计，市场调查，模具设计。				

企业名称	液化空气（中国）投资有限公司				
企业地址	上海市古美路1515号18号楼（200233）				
投资总额	3000万 USD	电 话	60903688	传 真	60903616
设立日期	2004-8-25	负 责 人	MOK KWONG WENG		
主营业务	在国家允许外商投资的以下领域进行投资等。				

企业名称	沃科咨询（上海）有限公司				
企业地址	上海市浦东新区世纪大道88号金茂大厦3125室（200120）				
投资总额	14万 USD	电 话	61238304	传 真	68790829
设立日期	2004-8-25	负 责 人	BRUCE RICHARD WRIGHT		
主营业务	科技咨询，市场调研，投资咨询（涉及许可经营的凭许可证经营）。				

企业名称	东舞工程咨询（上海）有限公司				
企业地址	上海市浦东新区北张家浜路68号5幢256室（200120）				
投资总额	14万 USD	电 话	64273425	传 真	64273426
设立日期	2004-8-25	负 责 人	森田博		
主营业务	舞台照明工程咨询，工程管理咨询，企业管理咨询，投资咨询等。				

企业名称	上海意合锦咨询有限公司				
企业地址	上海市长宁区安顺路89弄9号1208室（200051）				
投资总额	20万 USD	电 话	62118537	传 真	
设立日期	2004-8-23	负 责 人	周 慧		
主营业务	商务咨询（除中介），贸易信息咨询，国际经济咨询，科技咨询等。				

企业名称	维众投资管理咨询（上海）有限公司				
企业地址	上海市长宁区江苏路369号28楼A57室（200050）				
投资总额	14万 USD	电 话	62403140	传 真	52400958
设立日期	2004-8-20	负 责 人	余 蔚		
主营业务	投资管理咨询，市场调研，企业管理咨询，商务咨询（除中介）等。				

企业名称	康圣工程咨询（上海）有限公司				
企业地址	上海市浦东新区北张家浜路68号5幢326室（200120）				
投资总额	21万 USD	电 话	64602115	传 真	64602119
设立日期	2004-8-18	负 责 人	范恒达		
主营业务	工程技术咨询，工程设计咨询，工程项目管理咨询，环保信息咨询等。				

企业名称	宝泽投资咨询（上海）有限公司				
企业地址	上海市淮海中路138号3304室（200021）				
投资总额	51万 USD	电 话	51098036	传 真	63756987
设立日期	2004-8-17	负 责 人	GEORGE WANG		
主营业务	企业管理咨询，国际经济信息咨询，投资咨询，科技咨询等。				

企业名称	思格投资咨询（上海）有限公司				
企业地址	上海市长乐路400号锦江迪生商厦501室（200020）				
投资总额	14万 USD	电 话	54650101	传 真	54666026
设立日期	2004-8-17	负 责 人	关 新（KUAN，MICHAEL CHAO）		
主营业务	国际经济咨询，投资咨询，贸易及商务咨询，企业管理咨询等。				

企业名称	上海欧发管理咨询有限公司				
企业地址	上海市杨浦区长阳路1750号（200090）				
投资总额	14万 USD	电 话	65432211	传 真	55804509
设立日期	2004-8-16	负 责 人	黄明端		
主营业务	市场咨询，产品开发咨询，产品质量检验咨询，产品包装检验咨询等。				

企业名称	上海正韩广告材料有限公司				
企业地址	上海市南汇区新场镇仁义村（201314）				
投资总额	50万 USD	电 话	68070279	传 真	68154590
设立日期	2004-8-16	负 责 人	池泽华		
主营业务	生产灯箱布，旗帜布，涂层布，即时贴等广告材料，销售公司自产产品。				

企业名称	京一典展览设计（上海）有限公司				
企业地址	上海市浦东新区梅花路281号C209室（201204）				
投资总额	14万 USD	电 话	63862188	传 真	63500825
设立日期	2004-8-16	负 责 人	杨政宪		
主营业务	展览设计，提供相关的布展服务（涉及许可经营的凭许可证经营）。				

企业名称	桥讯投资顾问（上海）有限公司				
企业地址	上海市长宁区江苏路121号13B－4室（200336）				
投资总额	14万 USD	电 话	62664631	传 真	62664631
设立日期	2004-8-16	负 责 人	钟 毅		
主营业务	从事投资咨询，投资管理咨询，企业管理咨询，房地产投资咨询。				

企业名称	中信投资管理（上海）有限公司				
企业地址	上海市南京西路1168号中信泰富广场4506B，4507，4508室（200040）				
投资总额	1000万 USD	电 话	62156215	传 真	52984022
设立日期	2004-8-12	负 责 人	荣明杰		
主营业务	投资咨询，企业管理咨询，财务管理咨询，经济信息咨询等。				

企业名称	德思泰信息技术（上海）有限公司				
企业地址	上海市外高桥保税区华京路8号501室（200120）				
投资总额	25万 USD	电 话	51097020	传 真	68863805
设立日期	2004-8-11	负 责 人	RHONDA LYNN LEPSCH		
主营业务	金融管理软件及企业管理软件的研究、设计、开发、制作等。				

企业名称	得爱（上海）信息技术有限公司				
企业地址	上海市外高桥保税区台中南路2号新贸楼175室				
投资总额	20万 USD	电 话	62861992	传 真	52725995
设立日期	2004-8-11	负 责 人	卫藤俊广		
主营业务	计算机硬件及软件的设计，开发，制作，销售自产产品等。				

企业名称	普迪威驰信息科技（上海）有限公司				
企业地址	上海市松江区小昆山经济区B区1号厂房（201616）				
投资总额	20万 USD	电 话	37720150	传 真	37720572
设立日期	2004-8-11	负 责 人	石佳璐		
主营业务	加工、生产数字通讯产品，网络通讯产品，工业控制机及其周边产品等。				

企业名称	上海桑友信息科技有限公司				
企业地址	上海市金山工业区朱行镇开乐大街131号301-303室（201505）				
投资总额	20万 USD	电 话	58820722	传 真	58820733
设立日期	2004-8-11	负 责 人	神崎道雄		
主营业务	生产，开发各种计算机软件及其软件的安装与维护等。				

企业名称	缘利元（上海）投资咨询有限公司				
企业地址	上海市斜土路 2526 号 311 室（200030）				
投资总额	14 万 USD	电　话	54244996	传　真	54244996
设立日期	2004-8-11	负责人	HAI LIU		
主营业务	投资咨询，商务咨询，企业管理咨询，企业策划咨询，市场经济咨询。				

企业名称	协庆投资管理咨询（上海）有限公司				
企业地址	上海市张江高科技园区郭守敬路 351 号 2 号楼 673－05 室（201203）				
投资总额	14 万 USD	电　话	62882238	传　真	63846655
设立日期	2004-8-10	负责人	吴子健		
主营业务	投资咨询，企业管理咨询，国际经济咨询，环保信息咨询等。				

企业名称	道琼斯广告（上海）有限公司				
企业地址	上海市浦东新区张杨路 500 号时代广场 27 层 H 单元（200122）				
投资总额	30 万 USD	电　话	58368228	传　真	58367677
设立日期	2004-8-9	负责人	ABERNATHY PENELOPE MUSE		
主营业务	设计、制作、发布、代理国内外报刊广告。				

企业名称	普洛斯项目管理咨询（上海）有限公司				
企业地址	上海市浦东新区世纪大道 88 号金茂大厦 40 楼 4002 室（200122）				
投资总额	200 万 USD	电　话	61053971	传　真	62528861
设立日期	2004-8-9	负责人	PATRICK JAMES B0OT		
主营业务	项目管理咨询，工程技术咨询环保信息咨询，建筑设计咨询，投资咨询。				

企业名称	上海瑞可利广告有限公司				
企业地址	上海市淮海中路 398 号 20AB（200020）				
投资总额	1000 万人民币	电　话	53065522	传　真	53832274
设立日期	2004-8-9	负责人	田村刚		
主营业务	设计，制作，发布，代理国内外各类广告；广告咨询，婚庆服务咨询等。				

企业名称	果核设计咨询（上海）有限公司				
企业地址	上海市淡水路 450 号 245C 室（200021）				
投资总额	14 万 USD	电　话	58369556	传　真	64314845
设立日期	2004-8-9	负责人	余俊辉		
主营业务	装潢设计咨询，建筑工程管理咨询，企业形象策划，企业信息咨询。				

企业名称	上海大班企业管理咨询有限公司				
企业地址	上海市长宁区遵义路 100 号虹桥上海城裙房 608A 室（200051）				
投资总额	25 万 USD	电　话	62370363	传　真	62370446
设立日期	2004-8-5	负责人	甘沛霖		
主营业务	企业管理咨询，国际经济咨询，贸易信息咨询，投资咨询，科技咨询等。				

企业名称	维众创业投资管理（上海）有限公司				
企业地址	上海市长宁区江苏路 369 号 28 楼 A41 室（200050）				
投资总额	15 万 USD	电　话	62403140	传　真	52400958
设立日期	2004-8-5	负责人	余　蔚		
主营业务	受托管理创业投资企业的投资业务，投资咨询，企业管理咨询等。				

企业名称	东思信息技术（上海）有限公司				
企业地址	上海市张江高科技园区郭守敬路 351 号 2 号楼 674－18 室				
投资总额	14 万 USD	电　话	63621554	传　真	63621556
设立日期	2004-8-4	负责人	THOMAS LEE ENG SIONG		
主营业务	信息技术软件的开发、设计、制作，销售自产产品等。				

企业名称	瑟福商务咨询（上海）有限公司				
企业地址	上海市浦东新区北张家浜路 68 号 5 幢 339 室（200120）				
投资总额	14 万 USD	电　话	54510167	传　真	64477513
设立日期	2004-8-3	负责人	MICHAEL JOHN COSNETT		
主营业务	物业管理信息咨询，房地产信息咨询，家政服务信息咨询等。				

企业名称	上海卡斯特工程管理咨询有限公司				
企业地址	上海市奉贤区南桥镇西渡社区沪杭公路 1091 号（201401）				
投资总额	14 万 USD	电　话	57431928	传　真	57432990
设立日期	2004-8-3	负责人	MARTIN C.KARSTEN		
主营业务	工程咨询，投资咨询，商务咨询，净化设备工程安装及管理。				

企业名称	杰玛士市场策划咨询（上海）有限公司				
企业地址	上海市卢湾区南塘浜路 103 号 325 室 B 座（200020）				
投资总额	35 万 USD	电　话	64318135	传　真	64319663
设立日期	2004-8-3	负责人	MINORU ONO（小野実）		
主营业务	投资咨询，市场调研，市场推广策划和企业管理咨询。				

企业名称	胜科公用事业投资管理（上海）有限公司				
企业地址	上海市静安区北京西路 1701 号 503 - 506 室（200063）				
投资总额	200 万 USD	电　话	62880822	传　真	62884648
设立日期	2004-8-3	负责人	TANG KIN FEI		
主营业务	为投资方所投资的企业提供相关的技术研究开发服务，投资管理服务等。				

企业名称	思果商务咨询（上海）有限公司				
企业地址	上海市卢湾区淮海中路 755 号 12 层 D 室（200020）				
投资总额	14 万 USD	电　话	64154668	传　真	
设立日期	2004-8-3	负责人	GILLES FRIES		
主营业务	投资咨询，房地产信息咨询，商务信息咨询，产品开发咨询服务等。				

企业名称	普莱斯梯基（上海）咨询服务有限公司				
企业地址	上海市浦东新区银城东路 101 号汇丰大厦 14 层 023 室（200120）				
投资总额	20 万 USD	电　话	68410118	传　真	68411908
设立日期	2004-8-3	负责人	玉上进一		
主营业务	客户关系及信息管理咨询，征信信息咨询，市场调研，市场营销咨询等。				

企业名称	上海华源健康创业投资有限公司				
企业地址	上海市张江高科技园区郭守敬路 351 号 2 号楼 668－17 室（201203）				
投资总额	1500 万 USD	电　话	68592880	传　真	68592881
设立日期	2004-8-2	负责人	张勇鹤		
主营业务	投资咨询，现代生物医药，新材料等高新技术产业，受托管理等。				

企业名称	上海凌骏科技咨询有限公司				
企业地址	上海市静安区南京西路 1266 号 39 楼 23 室（200040）				
投资总额	14 万 USD	电　话	64325556	传　真	64325558
设立日期	2004-7-30	负责人	王永生		
主营业务	科技咨询，投资咨询，商务咨询，市场调研，企业管理咨询。				

企业名称	朝灿亚（上海）咨询有限公司				
企业地址	上海市长宁区虹桥路 2266 号 10 号楼 305 室（200335）				
投资总额	14 万 USD	电　话	64386555	传　真	54254822
设立日期	2004-7-29	负责人	KIM KWANG WEON		
主营业务	服装设计咨询，形象策划，投资咨询，企业管理咨询等。				

企业名称	上海创喜投资咨询有限公司				
企业地址	上海市南京西路 1266 号恒隆广场 56 楼 5603 室（200040）				
投资总额	14 万 USD	电　话	62880103	传　真	
设立日期	2004-7-29	负责人	TADAHIKO OTSUKA		
主营业务	投资咨询，经济信息咨询，管理信息咨询，商业信息咨询等。				

企业名称	上海丹伦商务咨询有限公司				
企业地址	上海市普陀区长寿路 30 号 518 室（200060）				
投资总额	147 万 USD	电　话	52356771	传　真	52988982
设立日期	2004-7-29	负责人	J.VAN SCHENDEL		
主营业务	商务咨询，科技咨询，国际经济贸易咨询，环境景观设计咨询等。				

企业名称	上海欧麒瑞信息技术有限公司				
企业地址	上海市浦东新区世纪大道 1500 号东方大厦 1727 室（200120）				
投资总额	15 万 USD	电　话	68406979	传　真	51164800
设立日期	2004-7-29	负责人	TRY JEAN-CAMILLE		
主营业务	计算机软件的开发，制作，销售自产产品等。				

企业名称	上海雄乐投资咨询有限公司				
企业地址	上海市漕宝路 401 号虹金科技园区 2 号楼 5 楼（200233）				
投资总额	3000 万日元	电　话	64088323	传　真	
设立日期	2004-7-29	负责人	郁建福		
主营业务	制造技术咨询，投资咨询及中介（涉及许可经营的凭许可证经营）。				

企业名称	英博夏尔咨询（上海）有限公司				
企业地址	上海市浦东新区北张家浜路 68 号 5 幢 325 室（200010）				
投资总额	17 万 USD	电　话	63734450	传　真	
设立日期	2004-7-29	负责人	NIGEL ROBIN HAZELL		
主营业务	企业管理咨询，商务咨询，贸易信息咨询，投资咨询，环保信息咨询等。				

企业名称	上海近流投资咨询有限公司				
企业地址	上海市闵行区合川路 3071 号 A 栋 411（201103）				
投资总额	20 万 USD	电　话	54223500	传　真	54223533
设立日期	2004-7-29	负责人	李钟虎		
主营业务	投资咨询，企业管理咨询，经济信息咨询。				

企业名称	凯阔福咨询（上海）有限公司				
企业地址	上海市浦东新区世纪大道 88 号金茂大厦 2203A 室（200122）				
投资总额	14 万 USD	电　话	50472028	传　真	50472030
设立日期	2004-7-28	负责人	GERD KERKHOFF		
主营业务	提供有关货物采购服务的咨询，企业管理咨询等。				

企业名称	随身游戏（上海）信息科技咨询有限公司				
企业地址	上海市浦东新区虹星路 558 号 10 幢 3 号（200120）				
投资总额	14 万 USD	电　话	54891270	传　真	
设立日期	2004-7-28	负责人	黄惠玲		
主营业务	通讯技术咨询，互联网信息咨询，企业管理咨询，投资咨询等。				

企业名称	新世界淮海（上海）投资有限公司				
企业地址	上海市淮海中路 300 号 4104 室（200021）				
投资总额	2998 万 USD	电　话	64336688	传　真	64316868
设立日期	2004-7-27	负责人	杜惠恺		
主营业务	在国家允许外商投资的房地产领域及与此相关的领域依法进行投资。				

企业名称	牌士（上海）商务咨询有限公司				
企业地址	上海市黄浦区延安东路 222 号 1802 室（200003）				
投资总额	14 万 USD	电　话	51155259	传　真	
设立日期	2004-7-27	负责人	TAY CHEE MING		
主营业务	企业形象策划，市场营销策划，企业管理咨询，公共关系咨询等。				

企业名称	宏霸图文设计（上海）有限公司				
企业地址	上海市张江高科技园区郭守敬路 351 号 2 号楼 602H－18 室（201203）				
投资总额	14 万 USD	电　话		传　真	
设立日期	2004-7-27	负责人	RANDOLPH V.SHIOZAKI		
主营业务	图文设计（不含广告），经济贸易信息咨询，投资咨询。				

企业名称	欧睿信息咨询（上海）有限公司				
企业地址	上海市黄浦区延安东路 222 号 41 楼 5A 室（200003）				
投资总额	14 万 USD	电　话	63352808	传　真	63352801
设立日期	2004-7-27	负责人	ROBERT NORMAN SENIOR		
主营业务	企业管理咨询，投资咨询，国际经济咨询，贸易信息咨询，科技咨询等。				

企业名称	上海登捷时咨询有限公司				
企业地址	上海市卢湾区淮海中路 381 号 31 层 3109－3117 室（200021）				
投资总额	20 万 USD	电　话	63916893	传　真	63916896
设立日期	2004-7-26	负责人	潘伟中		
主营业务	企业管理咨询，经济信息咨询，投资咨询，商务咨询，贸易信息咨询等。				

企业名称	好上健身咨询（上海）有限公司				
企业地址	上海市闵行区合川路 3071 号（201103）				
投资总额	101 万 USD	电　话	64462192	传　真	64462192
设立日期	2004-7-26	负责人	丁　芳		
主营业务	健身咨询，保健咨询，食品营养咨询（涉及许可经营的凭许可证经营）。				

企业名称	联合包裹咨询（上海）有限公司				
企业地址	上海市浦东新区银城东路 101 号汇丰大厦 21 楼 57A 室（200122）				
投资总额	14 万 USD	电　话	51303888	传　真	
设立日期	2004-7-26	负责人	JOSEPH PAUL WILKINS		
主营业务	企业管理咨询，人才资源管理咨询，营销咨询，市场调研等。				

企业名称	派视尔信息科技（上海）有限公司				
企业地址	上海市郭守敬路 498 号浦东软件园 22301－511 座（200137）				
投资总额	100 万 USD	电　话	58209982	传　真	50589173
设立日期	2004-7-23	负责人	李瑞圭（LEE SEO KYU）		
主营业务	集成电路产品的设计，开发，制作，相关配套软件的设计，开发等。				

企业名称	上海法兰克福机场咨询服务有限公司				
企业地址	上海市浦东新区新金桥路 18 号 2202 室（201202）				
投资总额	20 万欧元	电　话	50554618	传　真	50306099
设立日期	2004-7-23	负责人	汪光弟		
主营业务	为在中华人民共和国境内开展针对机场建设，运营和管理的咨询服务等。				

企业名称	斯必克（中国）投资有限公司				
企业地址	上海市长宁区华山路 1568 号财瑞大厦 2 楼（200052）				
投资总额	3000 万 USD	电　话	22085972	传　真	22085981
设立日期	2004-7-23	负责人	刘晓华		
主营业务	在国家允许外商投资的领域依法进行投资等。				

企业名称	巴赛尔亚太咨询（上海）有限公司				
企业地址	上海市长乐路 989 号 2208 室（200031）				
投资总额	14 万 USD	电　话	61210112	传　真	
设立日期	2004-7-22	负责人	黄伟方		
主营业务	企业管理咨询，市场营销咨询，投资咨询和市场调研。				

企业名称	达林卡设计咨询（上海）有限公司				
企业地址	上海市浦东新区归昌路 260 号 132 室				
投资总额	14 万 USD	电　话	54663988	传　真	54661218
设立日期	2004-7-21	负责人	VINCENT ASSELIN		
主营业务	建筑规划设计咨询（不含城市规划），景观及园林设计咨询等。				

企业名称	若信信息科技（上海）有限公司				
企业地址	上海市长宁区江苏路 369 号 28 楼 A48 室（200050）				
投资总额	14 万 USD	电　话	32124666	传　真	62403140
设立日期	2004-7-20	负责人	毛向辉		
主营业务	计算机网络应用软件的开发，设计，制作，销售自产产品等。				

企业名称	大赛璐（中国）投资有限公司				
企业地址	上海市闵行区浦江镇立跃路 2708 号 1 号楼 206 室（201109）				
投资总额	3000 万 USD	电　话	54045855	传　真	58780649
设立日期	2004-7-19	负责人	井口友二		
主营业务	在国家允许外商投资的化学及化工产品，烟草等领域依法进行投资。				

企业名称	南创咨询（上海）有限公司				
企业地址	上海市张江高科技园区春晓路 350 号北楼 2 层（201204）				
投资总额	42 万 USD	电　话	50270618	传　真	50273303
设立日期	2004-7-19	负责人	TAN TENG KEE		
主营业务	企业管理咨询，科技咨询，教育信息咨询（不涉及留学中介服务）等。				

企业名称	信尚投资咨询（上海）有限公司				
企业地址	上海市闵行区浦江镇立跃路 2708 号 1 号楼 206 室（201114）				
投资总额	190 万 USD	电　话	61197900	传　真	61197971
设立日期	2004-7-19	负责人	吴文贵		
主营业务	投资咨询，贸易信息咨询和企业管理咨询。				

企业名称	美智荐投资咨询（上海）有限公司				
企业地址	上海市静安区南京西路 1168 号 1108 室（200040）				
投资总额	52929208	电　话	52929208	传　真	
设立日期	2004-7-19	负责人	DALE EDWARD COLLING		
主营业务	投资咨询，国际经济咨询，贸易信息咨询，房地产信息咨询，企业咨询。				

企业名称	科望技术咨询（上海）有限公司				
企业地址	上海市静安区石门二路 483 号 901 室（200041）				
投资总额	14 万 USD	电　话	62472092	传　真	62472095
设立日期	2004-7-15	负责人	LILY L WANG		
主营业务	提供光学及机械产品制造的技术咨询及技术服务。				

企业名称	上海铭泉投资管理顾问有限公司				
企业地址	上海市卢湾区复兴中路 593 号 1310 室（200020）				
投资总额	14 万 USD	电　话	62883756	传　真	62883807
设立日期	2004-7-14	负责人	周微青		
主营业务	投资咨询，企业管理咨询，财务咨询（涉及许可经营的凭许可证经营）。				

企业名称	上海美和投资咨询有限公司				
企业地址	上海市长宁区虹桥路 2266 号 10 号楼 130 室（200336）				
投资总额	100 万 USD	电　话	62807655	传　真	62253835
设立日期	2004-7-13	负责人	安　然		
主营业务	投资管理咨询，企业管理咨询，房产信息咨询，国际经济咨询等。				

企业名称	法兴咨询（上海）有限公司				
企业地址	上海市长宁区幸福路 137 号 207 室（200052）				
投资总额	14 万 USD	电　话	65665575	传　真	
设立日期	2004-7-12	负责人	NAHON PIERRE		
主营业务	提供物流领域的咨询（涉及许可经营的凭许可证经营）。				

企业名称	上海喜多市场信息咨询有限公司				
企业地址	上海市杨浦区翔殷路 1128 号 14FA3 室（200433）				
投资总额	22 万 USD	电　话	55970978	传　真	55971996
设立日期	2004-7-12	负责人	陈献桢		
主营业务	市场信息咨询，国际经济信息咨询，科技信息咨询，企业形象策划等。				

企业名称	上海贺风工业产品设计有限公司				
企业地址	上海市黄浦区南京东路 233 号 401 室（200003）				
投资总额	14 万 USD	电话	63295636	传真	63295828
设立日期	2004-7-9	负责人	古贺治风		
主营业务	家用电器，机械设备的设计。				

企业名称	松山日新租赁（上海）有限公司				
企业地址	上海市淮海中路 93 号大上海时代广场 1607-1610 室（200021）				
投资总额	1000 万 USD	电话	63910222	传真	63918145
设立日期	2004-7-9	负责人	陈云薇		
主营业务	融资租赁业务，租赁业务，向国内外购买租赁财产，租赁财产的处理。				

企业名称	上海尊年企业管理咨询有限公司				
企业地址	上海市卢湾区斜土路 768 号 1114 室（200023）				
投资总额	14 万 USD	电话	53020655	传真	
设立日期	2004-7-8	负责人	魏盈年		
主营业务	企业管理咨询，商务咨询，美学咨询，美容咨询，色彩学咨询等。				

企业名称	上海昊升精算技术咨询有限公司				
企业地址	上海市浦东新区虹星路 558 号 10 幢 2 号（201204）				
投资总额	14 万 USD	电话	64729421	传真	64729421
设立日期	2004-7-8	负责人	SHENG HAU YU（俞圣灏）		
主营业务	精算技术咨询（涉及许可经营的凭许可证经营）。				

企业名称	菱三商事（上海）咨询有限公司				
企业地址	上海市外高桥保税区泰谷路 88 号 669 室（200131）				
投资总额	20 万 USD	电话	62950958	传真	62094245
设立日期	2004-7-7	负责人	林　敬		
主营业务	投资咨询；企业管理咨询；市场信息调查；国际贸易，转口贸易等				

企业名称	合胜信息科技（上海）有限公司				
企业地址	上海市长宁区天山西路 789 号 2223 室（200335）				
投资总额	25 万 USD	电话	52178866	传真	52398303
设立日期	2004-7-7	负责人	施　巍		
主营业务	计算机网络应用软件的开发、设计、制作，销售自产产品等。				

企业名称	前卫咨询（上海）有限公司				
企业地址	上海市光复路 311 号 201 室（200070）				
投资总额	14 万 USD	电话	63816600	传真	63819898
设立日期	2004-7-7	负责人	MARTIN SCHNAACK		
主营业务	公共关系咨询，市场策划及营销咨询，商务管理咨询。				

企业名称	上海东采咨询顾问有限公司				
企业地址	上海市长宁区兴义路 8 号万都中心 1513 室（200336）				
投资总额	16 万 USD	电话	66148326	传真	66142175
设立日期	2004-7-7	负责人	赵　怡		
主营业务	投资咨询，贸易咨询，国际经济咨询，科技咨询，企业管理咨询等。				

企业名称	上海必嘉投资咨询有限公司				
企业地址	上海市虹桥路 333 号 111 室（200030）				
投资总额	14 万 USD	电话	62957512	传真	
设立日期	2004-7-6	负责人	ONG ANN TEE		
主营业务	投资咨询，软件开发咨询，网络技术咨询，企业管理咨询，商务咨询等。				

企业名称	上海丽阳咨询有限公司				
企业地址	上海市长宁区遵义路 107 号安泰大楼 1708 室（200051）				
投资总额	14 万 USD	电话	62375868	传真	62375832
设立日期	2004-7-5	负责人	指山正敏		
主营业务	商务咨询，投资咨询；企业管理咨询；市场营销策划咨询等。				

企业名称	思递波（上海）信息技术咨询有限公司				
企业地址	上海市浦东新区浦东南路 588 号 16 层 E 座（200120）				
投资总额	30 万 USD	电话	61239828	传真	58767350
设立日期	2004-7-5	负责人	RANDALL MONTE PIERSON		
主营业务	计算机信息技术咨询，教育信息咨询，培训信息咨询等。				

企业名称	亿贝易趣网络信息服务（上海）有限公司				
企业地址	上海市张江高科技园区郭守敬路 351 号 2 号楼 669－15 室（201203）				
投资总额	1160 万 USD	电话	61206700	传真	34240870
设立日期	2004-7-5	负责人	邵亦波		
主营业务	计算机软件的设计，多媒体，网络系统的设计，研发，应用等。				

企业名称	上海德莱亚特投资咨询有限公司				
企业地址	上海市浦东新区商城路 660 号 12 楼 1201 室（200122）				
投资总额	14 万 USD	电话	63618883	传真	63618887
设立日期	2004-7-5	负责人	SI DONG LIN（林思东）		
主营业务	投资咨询，企业管理咨询，企业营销策划。				

企业名称	以萨迦信息咨询（上海）有限公司				
企业地址	上海市闵行区合川路 3071 号（201103）				
投资总额	101 万 USD	电话	34121071	传真	54132370
设立日期	2004-7-2	负责人	关　兰		
主营业务	房地产咨询，投资咨询，餐饮咨询，食品生物工程咨询等。				

企业名称	阔锐咨询（上海）有限公司				
企业地址	上海市静安区南京西路 1038 号 1611 室（200041）				
投资总额	14 万 USD	电话	52289966	传真	62719769
设立日期	2004-7-2	负责人	KEVIN JAMES MCCORMICK		
主营业务	企业管理咨询，投资咨询，科技信息咨询，商务咨询等。				

企业名称	纤研时装咨询（上海）有限公司				
企业地址	上海市静安区延安中路 1440 号 517 室（200040）				
投资总额	14 万 USD	电话	52341000	传真	
设立日期	2004-7-2	负责人	KITAGAWA IWAO		
主营业务	时装企业管理咨询，时装会展咨询，经济信息咨询。				

企业名称	安格（中国）投资有限公司				
企业地址	上海市浦东金桥出口加工区鲁桥路 199 号二楼（201206）				
投资总额	3000 万 USD	电话	50460886	传真	58760708
设立日期	2004-7-1	负责人	陈殿甲		
主营业务	在国家鼓励和允许外商投资的化工等领域依法进行投资。				

企业名称	斯凯孚（上海）投资咨询有限公司				
企业地址	上海市黄浦区北京东路 689 号 29 层 Q－T 座（200003）				
投资总额	100 万 USD	电话	63501166	传真	63617855
设立日期	2004-7-1	负责人	JOHANSSON OLOF MAGNUS		
主营业务	投资咨询，商务咨询，企业管理咨询，采购及贸易信息咨询等。				

企业名称	展富投资咨询（上海）有限公司				
企业地址	上海市黄浦区威海路 128 号 509 室（200003）				
投资总额	15 万 USD	电话	63274135	传真	63274162
设立日期	2004-7-1	负责人	SUN MEI-LAN		
主营业务	商务咨询，投资咨询，市场调研，企业管理咨询，房地产信息咨询等。				

企业名称	艾向互动媒体技术咨询（上海）有限公司				
企业地址	上海市浦东新区归昌路 258 号 333 室				
投资总额	14 万 USD	电话	54663988	传真	54661218
设立日期	2004-7-1	负责人	HENRI LAURENT MURA		
主营业务	互动媒体技术应用咨询，互动媒体软件开发咨询等。				

企业名称	联邦快递管理咨询（上海）有限公司				
企业地址	上海市长乐路 989 号 18 层 01－02，8B－11 室（200031）				
投资总额	88.2 亿 USD	电话	62750808	传真	62709588
设立日期	2004-6-29	负责人	陈嘉良		
主营业务	企业管理咨询，投资咨询，商务咨询，企业形象策划咨询，科技咨询等。				

企业名称	欧西爱咨询（上海）有限公司				
企业地址	上海市襄阳南路 500 号 2910 室（200031）				
投资总额	14 万 USD	电话	54653635	传真	54653863
设立日期	2004-6-29	负责人	BARTHOLOMEW F.PALMISANO		
主营业务	企业管理咨询，企业形象策划咨询，国际科技信息咨询。				

企业名称	上海磐派管理咨询有限公司				
企业地址	上海市浦东新区陆家嘴东路 166 号 20 层 2003 室（200120）				
投资总额	40 万 USD	电话	64667277	传真	64677581
设立日期	2004-6-29	负责人	吴　征		
主营业务	企业管理咨询，投资咨询，市场调研，国际经济信息咨询。				

企业名称	上海科清投资顾问有限公司				
企业地址	上海市黄浦区中山南路 969 号 9 楼（200011）				
投资总额	15 万 USD	电话	63355500	传真	63355388
设立日期	2004-6-28	负责人	刘　泉		
主营业务	管理咨询，投资咨询，商务咨询，信息交流，企业形象策划。				

企业名称	上海艾姆欧信息技术有限公司				
企业地址	上海市长宁区天山支路168号518室28座（200336）				
投资总额	14万USD	电话	51113720	传真	51113740
设立日期	2004-6-28	负责人	宫下勉		
主营业务	计算机软件的设计，制作，开发，销售自产产品。				

企业名称	长江盛融咨询（上海）有限公司				
企业地址	上海市长宁区华山路1245号6号楼601室				
投资总额	15万USD	电话	62126500	传真	62125230
设立日期	2004-6-28	负责人	施德容		
主营业务	投资咨询，经济信息咨询，企业管理咨询，营销策划咨询，市场调研。				

企业名称	机敏咨询（上海）有限公司				
企业地址	上海市长宁区天山支路168号518室16座（200050）				
投资总额	14万USD	电话	62709937	传真	33780027
设立日期	2004-6-28	负责人	连荣辉		
主营业务	投资咨询，企业策划咨询，贸易信息咨询，商务咨询，企业管理咨询。				

企业名称	敏科投资管理咨询（上海）有限公司				
企业地址	上海市长宁区江苏路369号28楼A40室（200050）				
投资总额	15万USD	电话	52534888	传真	
设立日期	2004-6-28	负责人	薛林禾		
主营业务	投资管理咨询，市场调研，企业管理咨询，商务咨询，投资咨询等。				

企业名称	上海迪恩拜企业管理咨询有限公司				
企业地址	上海市襄阳南路500号301室（200031）				
投资总额	14万USD	电话	54656790	传真	64736603
设立日期	2004-6-28	负责人	JORGEN KRISTIAN HANSEN		
主营业务	商务咨询，投资咨询，企业管理咨询（涉及许可经营的凭许可证经营）。				

企业名称	魏德理商务咨询（上海）有限公司				
企业地址	上海市静安区延安中路841号501室（200040）				
投资总额	14万USD	电话	62896090	传真	62891546
设立日期	2004-6-28	负责人	MICHAEL GERARD WADLEY		
主营业务	商务咨询，投资咨询，企业管理咨询，企业海外重组信息咨询等。				

企业名称	曜盈（上海）信息技术有限公司				
企业地址	上海市张江高科技园区郭守敬路351号2号楼669－13室（201203）				
投资总额	15万USD	电话	50275566	传真	50275003
设立日期	2004-6-25	负责人	张颂华		
主营业务	计算机软件的设计、研发、制作；销售自产产品；计算机硬件的设计。				

企业名称	普华永道国际贸易咨询（上海）有限公司				
企业地址	上海市湖滨路202号普华永道中心11楼（200021）				
投资总额	15万USD	电话	61232840	传真	61238800
设立日期	2004-6-24	负责人	JOHN PHILIP ROBINSON		
主营业务	国际贸易信息咨询（涉及许可经营的凭许可证经营）。				

企业名称	摩新商务策划咨询（上海）有限公司				
企业地址	上海市建国中路10号2号楼2101 02，2201-2202，2301室（200025）				
投资总额	14万USD	电话	54667766	传真	54667760
设立日期	2004-6-24	负责人	OLIVIER CHOUVET		
主营业务	商业策划及经营管理咨询，市场营销推广策划咨询等。				

企业名称	上海网村信息技术有限公司				
企业地址	上海市外高桥保税区冰克路500号214室（200041）				
投资总额	78万USD	电话	68411008	传真	63919499
设立日期	2004-6-23	负责人	三浦浩之		
主营业务	平面、网络媒体用软件的研究、开发、制造及销售自产产品等。				

企业名称	舍弗勒投资（中国）有限公司				
企业地址	上海市嘉定区安亭镇安拓路1号（201804）				
投资总额	10000万欧元	电话	53958002	传真	53580995
设立日期	2004-6-23	负责人	勾健辉		
主营业务	根据法律在国家允许外商投资的领域依法进行投资。				

企业名称	上海市奥创业投资有限公司				
企业地址	上海市张江高科技园区郭守敬路351号2号楼664－05室（201203）				
投资总额	368万USD	电话	58768888	传真	58823440
设立日期	2004-6-22	负责人	巫凤珠		
主营业务	投资信息，现代生物医药，新材料等高新技术产业，受托管理等。				

企业名称	上海汉睿创业投资有限公司				
企业地址	上海市张江高科技园区郭守敬路351号2号楼668－08室（201203）				
投资总额	800万USD	电话	58558091	传真	58559718
设立日期	2004-6-22	负责人	华裕达		
主营业务	投资信息，现代生物医药，新材料等高新技术产业，受托管理等。				

企业名称	左岸创意设计顾问（上海）有限公司				
企业地址	上海市浦东新区崮山路648号7幢407室（200120）				
投资总额	14万USD	电话	52574038	传真	52574039
设立日期	2004-6-21	负责人	KAWAI KUNIO		
主营业务	纺织品，服装类的设计和技术咨询，企业形象策划咨询，装潢设计咨询。				

企业名称	迈恩图投资咨询（上海）有限公司				
企业地址	上海市浦东新区张杨路655号1509室（200120）				
投资总额	14万USD	电话	58361122	传真	58358826
设立日期	2004-6-21	负责人	SEAN CHEAN TENG LOUIS		
主营业务	投资咨询，企业管理咨询，商务信息咨询，国际经济信息咨询。				

企业名称	上海爱提亚投资咨询有限公司				
企业地址	上海市广中西路777弄12号2楼A－22室（200072）				
投资总额	14万USD	电话	62776162	传真	62776202
设立日期	2004-6-21	负责人	RICHARD LOH		
主营业务	投资咨询及中介，国际贸易信息咨询，市场调研，商务咨询等。				

企业名称	上海毕法克咨询有限公司				
企业地址	上海市浦东新区长岛路239号121B室（200120）				
投资总额	14万USD	电话	58352011	传真	58357382
设立日期	2004-6-21	负责人	莫少玲		
主营业务	投资咨询，国际贸易咨询（涉及许可经营的凭许可证经营）。				

企业名称	加尔顿管理咨询（上海）有限公司				
企业地址	上海市闵行区虹梅南路4999号（201100）				
投资总额	14万USD	电话	54177114	传真	54177114
设立日期	2004-6-17	负责人	LEE LI WEI （李立维）		
主营业务	企业管理，教育管理咨询（涉及许可经营的凭许可证经营）。				

企业名称	凯达普科技咨询（上海）有限公司				
企业地址	上海市长宁区兴义路8号2606－2607室（200336）				
投资总额	14万USD	电话	52081591	传真	52081590
设立日期	2004-6-17	负责人	MAYFIELD DAVID NELSON		
主营业务	提供电信行业测试系统的咨询服务和市场调研。				

企业名称	益川外商务咨询（上海）有限公司				
企业地址	上海市卢湾区淮海中路283号1902B单元（200021）				
投资总额	14万USD	电话	52081591	传真	
设立日期	2004-6-17	负责人	MAYFIELD DAVID NELSO		
主营业务	商务咨询，国际院校信息咨询，文化交流信息咨询等。				

企业名称	上海千兆商务咨询有限公司				
企业地址	上海市卢湾区瞿溪路760号110A室（200023）				
投资总额	14万USD	电话	53521168	传真	63024956
设立日期	2004-6-16	负责人	耿 弘		
主营业务	国际经济咨询，投资咨询，商务咨询，房地产咨询，市场调研等。				

企业名称	创光咨询（上海）有限公司				
企业地址	上海市张江高科技园区郭守敬路351号2号楼668-16室（201203）				
投资总额	14万USD	电话	53759688	传真	53759689
设立日期	2004-6-15	负责人	森 学		
主营业务	商务咨询，市场调研，企业管理咨询，投资咨询，科技咨询。				

企业名称	网锦信息技术（上海）有限公司				
企业地址	上海市昌平路710号760室（200041）				
投资总额	100万USD	电话	32014888	传真	
设立日期	2004-6-14	负责人	甄荣辉		
主营业务	计算机软件的开发、设计、制作，多媒体、网络和系统集成的设计等。				

企业名称	星华隆咨询（上海）有限公司				
企业地址	上海市长宁区虹桥路2266号10号楼110室（200336）				
投资总额	14万USD	电话	58358392	传真	
设立日期	2004-6-10	负责人	赵中隆		
主营业务	商务咨询，国际经济咨询，科技咨询，投资咨询，贸易咨询等。				

企业名称	吉毅信息咨询（上海）有限公司				
企业地址	上海市浦东新区东方路 989 号中达广场 2306－1 室（200122）				
投资总额	14 万 USD	电话	64177647	传真	64177621
设立日期	2004-6-9	负责人	安井重磨		
主营业务	国际经济贸易信息咨询，投资咨询及中介，展览信息咨询，物流咨询等。				

企业名称	上海骏腾管理咨询有限公司				
企业地址	上海市浦东新区东方路 989 号中达广场 2306－1 室（200127）				
投资总额	14 万 USD	电话	68763119	传真	61518833
设立日期	2004-6-8	负责人	吴焕章		
主营业务	投资咨询，市场调研，企业管理咨询，商务咨询，财务管理咨询等。				

企业名称	上海施普林格管理咨询有限公司				
企业地址	上海市浦东新区金桥出口加工区金沪路 1311 号 205 室（200122）				
投资总额	14 万 USD	电话	50932800	传真	50933338
设立日期	2004-6-8	负责人	CAREL JAN PIETER LIMBURG		
主营业务	国际经济咨询，企业管理咨询，贸易信息咨询，投资咨询，市场调研等。				

企业名称	万庭投资咨询（上海）有限公司				
企业地址	上海市淮海中路 283 号香港广场南座 1902 室 A 座（200021）				
投资总额	14 万 USD	电话	63906116	传真	63906116
设立日期	2004-6-7	负责人	CHIU YIU-LEUNG EDWIN		
主营业务	投资咨询中介，房产信息咨询，项目管理咨询，营销策划咨询等。				

企业名称	上海达克米勒设计咨询有限公司				
企业地址	上海市高邮路 5 弄 4 号（200031）				
投资总额	16 万 USD	电话	51699933	传真	62559119
设立日期	2004-6-7	负责人	ROBERT SCOTT BOYD		
主营业务	建筑设计咨询，室内装潢设计咨询，园林景观设计咨询等。				

企业名称	上海智能投资咨询有限公司				
企业地址	上海市胶州路 58 号 219 室（200040）				
投资总额	14 万 USD	电话	53860558	传真	53860559
设立日期	2004-6-4	负责人	GREGORY W.POTE		
主营业务	投资咨询，贸易信息咨询和企业管理咨询。				

企业名称	盈思迈（上海）咨询有限公司				
企业地址	上海市静安区华山路 620 号 5 楼 A 座（200040）				
投资总额	110 万港币	电话	62497585	传真	62254253
设立日期	2004-6-4	负责人	KUOK KOON SENG		
主营业务	投资咨询，管理咨询，市场调研，形象策划咨询，品牌策划咨询等。				

企业名称	上海英得利科技信息咨询有限公司				
企业地址	上海市中山南二路 923 号（200030）				
投资总额	14 万 USD	电话	62361642	传真	62361642
设立日期	2004-6-3	负责人	IAIN MILNE		
主营业务	国际经济贸易信息咨询，科技信息咨询，投资咨询及中介，商务咨询等。				

企业名称	柴特亚帝汽车技术咨询（上海）有限公司				
企业地址	上海市浦东新区乳山路 98 号 5H 座－6 室（200122）				
投资总额	14 万 USD	电话	62758369	传真	62758982
设立日期	2004-6-2	负责人	李大松		
主营业务	提供汽车零部件的技术和信息咨询服务，市场调研，设备咨询。				

企业名称	明芳咨询（上海）有限公司				
企业地址	上海市长宁区天山西路 789 号 2218 室（200052）				
投资总额	15 万 USD	电话	52375186	传真	52375189
设立日期	2004-6-1	负责人	藤江正谨		
主营业务	国际经济咨询，投资管理咨询，企业管理咨询，科技咨询等。				

企业名称	信亚伙伴（上海）咨询有限公司				
企业地址	上海市浦东新区陆家嘴东路 166 号 14F01－02（200120）				
投资总额	14 万 USD	电话	58798152	传真	58798153
设立日期	2004-6-1	负责人	阮淑论		
主营业务	企业管理咨询，投资咨询，国际经济咨询，贸易信息咨询，科技咨询等。				

企业名称	上海保德信息科技有限公司				
企业地址	上海市奉贤区奉浦大道 518 号（201400）				
投资总额	50 万 USD	电话	62307041	传真	62314925
设立日期	2004-5-27	负责人	袁海荣		
主营业务	设计，开发，生产各种数字终端设备软，硬件，销售公司自产产品等。				

企业名称	格拉慕可企业形象设计咨询（上海）有限公司				
企业地址	上海市黄浦区人民路 885 号 2505 室（200001）				
投资总额	14 万 USD	电话	63268787	传真	63281301
设立日期	2004-5-26	负责人	山田敦郎		
主营业务	企业形象设计咨询，品牌创作设计咨询及市场调研。				

企业名称	金诗（上海）投资咨询有限公司				
企业地址	上海市黄浦区广东路 689 号 603 室（200003）				
投资总额	14 万 USD	电话	51288983	传真	51288913
设立日期	2004-5-26	负责人	NG KOON YEE MICKEY		
主营业务	投资咨询，国际经济信息咨询，贸易信息咨询，房地产咨询等。				

企业名称	上海威展途管理咨询有限公司				
企业地址	上海市黄浦区西藏中路 728 号 909 室（200003）				
投资总额	10 万人民币	电话	53080891	传真	63507417
设立日期	2004-5-25	负责人	钟志豪		
主营业务	企业管理咨询服务（以上经营范围涉及经营许可的凭许可证经营）。				

企业名称	麦肯锡（中国）咨询有限公司				
企业地址	上海市黄浦区北京东路 666 号 C 区四层 4077 室（200003）				
投资总额	160 万 USD	电话	63858888	传真	
设立日期	2004-5-24	负责人	GORDON ORR		
主营业务	提供企业管理，企业发展，市场开发等方面的顾问，咨询代理服务。				

企业名称	上海智上扬企业咨询有限公司				
企业地址	上海市卢湾区绍兴路 23 号 1 号楼二层 03 室（200020）				
投资总额	14 万 USD	电话	64325434	传真	64669241
设立日期	2004-5-24	负责人	邱晓文		
主营业务	国内国际咨询，贸易经济信息咨询，企业管理咨询，设计创意咨询等。				

企业名称	百舜信息技术（上海）有限公司				
企业地址	上海市闵行区宜山路 1618 号综合楼六层（200233）				
投资总额	20 万 USD	电话	64925434	传真	64985107
设立日期	2004-5-24	负责人	柏代华		
主营业务	设计制作计算机软件并提供相关的技术服务咨询。				

企业名称	扬子（上海）咨询有限公司				
企业地址	上海市张江高科技园区郭守敬路 351 号 2 号楼 668-01 室（201203）				
投资总额	15 万 USD	电话	62883990	传真	63291645
设立日期	2004-5-24	负责人	THOMAS JOSEPH BARRACK JR		
主营业务	投资咨询，贸易信息咨询，国际经济咨询，企业管理咨询。				

企业名称	库柏（中国）投资有限公司				
企业地址	上海市龙东大道 6111 号 1 栋 101F 室（200122）				
投资总额	3000 万 USD	电话	51118397	传真	58316762
设立日期	2004-5-21	负责人	KIRK STEPHEN HACHIGIAN		
主营业务	在国家允许外商投资的领域依法进行投资等。				

企业名称	博纳思咨询（上海）有限公司				
企业地址	上海市浦东新区乳山路 98 号 5F 座－8 室（200120）				
投资总额	14 万 USD	电话	63406788	传真	63406818
设立日期	2004-5-21	负责人	COOK，JAMES PAUL		
主营业务	企业管理咨询，投资咨询，市场信息咨询，营销策划，商务咨询等。				

企业名称	地茂景观设计咨询（上海）有限公司				
企业地址	上海市黄浦区浙江中路 400 号 1152 室（200003）				
投资总额	14 万 USD	电话	63867426	传真	63867425
设立日期	2004-5-21	负责人	LAW D DWIGHT		
主营业务	景观设计咨询，室内装潢设计咨询，建设设计咨询。				

企业名称	马海曼登投资咨询（上海）有限公司				
企业地址	上海市浦东新区北张家浜路 68 号 1 幢 258 室（200122）				
投资总额	14 万 USD	电话	62172238	传真	62172278
设立日期	2004-5-21	负责人	袁国章		
主营业务	投资咨询，商务咨询，经济信息咨询，企业营销策划咨询，科技咨询等。				

企业名称	上海城市之光灯光设计有限公司				
企业地址	上海市浦东新区世纪大道 1 号（200120）				
投资总额	200 万人民币	电话	61112378	传真	50399355
设立日期	2004-5-20	负责人	钮卫平		
主营业务	灯光工程设计、安装、设计、维护及提供相关技术服务，技术咨询。				

企业名称	华纳兄弟咨询服务（上海）有限公司				
企业地址	上海市长乐路 989 号 6 楼（200021）				
投资总额	21 万 USD	电　话	61402708	传　真	61402780
设立日期	2004-5-20	负 责 人	MILLARD LUIS OCHS		
主营业务	企业管理咨询，技术咨询，市场营销策划和市场调查分析咨询等。				

企业名称	上海展塑科技咨询有限公司				
企业地址	上海市浦东新区乳山路 98 号 606 室（200120）				
投资总额	14 万 USD	电　话	58407120	传　真	58775636
设立日期	2004-5-19	负 责 人	卢厚生		
主营业务	塑料材料应用技术科技咨询，贸易信息咨询，商务咨询。				

企业名称	上海樱邦工程咨询有限公司				
企业地址	上海市奉贤区南桥镇解放东路 121 号（201400）				
投资总额	20 万 USD	电　话	52183386	传　真	
设立日期	2004-5-17	负 责 人	橘俊夫		
主营业务	从事交通，基础设施，环境保护，水处理等领域的投资咨询等。				

企业名称	路好信息技术（上海）有限公司				
企业地址	上海市长宁区江苏路 369 号 28 楼 A27 室（200051）				
投资总额	20 万 USD	电　话	52534888	传　真	52400700
设立日期	2004-5-17	负 责 人	薛村禾		
主营业务	计算机网络应用软件的开发，设计，制作，销售公司自产产品等。				

企业名称	上海康程医院管理咨询有限公司				
企业地址	上海市浦东新区创新中路 86 号 5 号楼 201 室（201203）				
投资总额	18 万 USD	电　话	64260596	传　真	64260597
设立日期	2004-5-14	负 责 人	赵　钧		
主营业务	医院管理咨询，投资咨询，企业管理咨询，科技咨询等。				

企业名称	瀛申信息系统（上海）有限公司				
企业地址	上海市永嘉路 692 号（200030）				
投资总额	18 万 USD	电　话	64072771	传　真	64072573
设立日期	2004-5-13	负 责 人	冼　锋		
主营业务	研制，设计，开发软件，销售自产产品，提供相关技术咨询，技术服务。				

企业名称	建翔管理咨询（上海）有限公司				
企业地址	上海市长宁区泾力西路 399 号（200050）				
投资总额	14 万 USD	电　话	52172718	传　真	52178215
设立日期	2004-5-12	负 责 人	张嘉纯		
主营业务	企业管理咨询，商业信息咨询，市场调研并提供相关服务。				

企业名称	上海奥丽奇商务咨询有限公司				
企业地址	上海市长宁区延安西路 777 号 2703 室（200050）				
投资总额	14 万 USD	电　话	62947909	传　真	52192601
设立日期	2004-5-12	负 责 人	杨华申		
主营业务	商务咨询，企业管理咨询，企业形象策划，投资咨询，国际经济咨询等。				

企业名称	上海华奕医疗信息技术有限公司				
企业地址	上海市张江高科技园区郭守敬路 351 号 659－17 室（201203）				
投资总额	14 万 USD	电　话	65161435	传　真	65161436
设立日期	2004-5-12	负 责 人	董建民		
主营业务	计算机软件的开发，设计，制作；销售自产产品等。				

企业名称	上海晶典酒店管理有限公司				
企业地址	上海市金山区朱泾镇健康路 475 号（200030）				
投资总额	70 万 USD	电　话	51156867	传　真	
设立日期	2004-5-12	负 责 人	韦光华		
主营业务	酒店管理，饮食：饭菜（不含外送），湿点、饮料、酒、熟食。				

企业名称	上海纳迪克咨询有限公司				
企业地址	上海市长宁区天山路 30 号 2 号楼 208 室（200051）				
投资总额	14 万 USD	电　话	54656876	传　真	54656875
设立日期	2004-5-12	负 责 人	北条彼得		
主营业务	个人形象策划咨询，商业信息咨询，市场调研等咨询服务。				

企业名称	伟高达（上海）投资咨询有限公司				
企业地址	上海市浦东新区北蔡镇沪南路 2178 号 4 号楼 202 室（201204）				
投资总额	44 万 USD	电　话	51021868	传　真	50817862
设立日期	2004-5-11	负 责 人	FINIAN TAN SENG CHIN		
主营业务	国际经济信息咨询，科技咨询，投资咨询，贸易信息咨询等。				

企业名称	上海英盈商务咨询服务有限公司				
企业地址	上海市奉贤区南桥镇南桥路 246 号 4012 室（201400）				
投资总额	21 万 USD	电　话	64326247	传　真	64326051
设立日期	2004-5-10	负 责 人	陈道钧		
主营业务	国际经贸咨询，物流运输咨询，投资咨询，信息咨询，房地产咨询等。				

企业名称	上海讯洲信息系统有限公司				
企业地址	上海市长宁区天山路 30 号 2 号楼 111 室（200050）				
投资总额	18 万 USD	电　话	52155188	传　真	32181096
设立日期	2004-5-8	负 责 人	长尾良幸		
主营业务	计算机软件的开发、设计、制作，销售自产产品等。				

企业名称	得鱼咨询（上海）有限公司				
企业地址	上海市浦东新区浦东南路 1950 号 298 室（200127）				
投资总额	14 万 USD	电　话	64282072	传　真	64282076
设立日期	2004-5-8	负 责 人	陈稻松		
主营业务	贸易咨询，投资咨询，企业管理咨询，市场调研，商务信息咨询等。				

企业名称	上海西帝爱企划咨询有限公司				
企业地址	上海市浦东新区北张家浜路 68 号 1 幢 428 室（200120）				
投资总额	14 万 USD	电　话	62154771	传　真	62531968
设立日期	2004-5-8	负 责 人	BAY CHEOW GUAN DAVID		
主营业务	室内设计装修咨询，企业形象设计咨询，展览信息咨询等。				

企业名称	上海优和咨询有限公司				
企业地址	上海市静安区南京西路 993 号 15 层（200041）				
投资总额	66.55 万 USD	电　话	63877856	传　真	63877759
设立日期	2004-5-8	负 责 人	TAY POEY CHER（郑培书）		
主营业务	文化信息咨询，经济信息咨询，贸易咨询，商务咨询，企业管理咨询等。				

企业名称	上海永诺信息技术有限公司				
企业地址	上海市崇明县城桥镇东门路 107 号（202150）				
投资总额	24 万 USD	电　话	32100881	传　真	32100881
设立日期	2004-5-2	负 责 人	蔡龙根		
主营业务	从事信息技术，电子通讯技术与软硬件的研究，开发销售及“四技”服务等。				

企业名称	上海集博投资管理咨询有限公司				
企业地址	上海市卢湾区复兴中路 593 号 604 室（200025）				
投资总额	14 万 USD	电　话	24028069	传　真	24028052
设立日期	2004-4-30	负 责 人	MATTHEW CHERVENAK		
主营业务	生物科技咨询，管理咨询，商务咨询，投资咨询，风险投资管理咨询。				

企业名称	上海国宇工程项目咨询有限公司				
企业地址	上海市浦东新区高桥镇清溪路 574 号 2 幢（200122）				
投资总额	50 万 USD	电　话	62709999	传　真	62701799
设立日期	2004-4-30	负 责 人	陈玉梅		
主营业务	工程项目技术咨询，工程项目管理咨询(涉及许可经营的凭许可证经营)。				

企业名称	赛得利（上海）企业管理有限公司				
企业地址	上海市浦东新区陆家嘴东路 166 号 2005 室（200120）				
投资总额	250 万 USD	电　话	58798708	传　真	58798611
设立日期	2004-4-28	负 责 人	TONG SIEW HUA		
主营业务	提供投资管理和咨询服务，提供资金运作和财务管理服务。				

企业名称	瑞萨半导体管理（中国）有限公司				
企业地址	上海市浦东新区浦建路 145 号 21 楼 01 室（201204）				
投资总额	610 万 USD	电　话	62505530	传　真	64156301
设立日期	2004-4-28	负 责 人	小仓节生		
主营业务	为投资方所投资的企业提供半导体相关产品的技术研究开发等。				

企业名称	金鹰管理咨询（上海）有限公司				
企业地址	上海市浦东新区陆家嘴东路 166 号 2006 室（200125）				
投资总额	14 万 USD	电　话	58798708	传　真	58798611
设立日期	2004-4-28	负 责 人	TONG SIEW HUA		
主营业务	企业管理咨询，投资咨询，营销咨询（涉及许可经营的凭许可证经营）。				

企业名称	绩思思信息技术（上海）有限公司				
企业地址	上海市张江高科技园区碧波 690 号 2 号楼 201 室（201203）				
投资总额	14 万 USD	电　话	50270971	传　真	50270971
设立日期	2004-4-28	负 责 人	白一胜		
主营业务	在线游戏软件的研发，制作，销售自产产品，并提供相关的技术咨询等。				

企业名称	上海三机工程咨询有限公司				
企业地址	上海市长宁区娄山关路83号3205室（200336）				
投资总额	14万USD	电话	62368801	传真	62369188
设立日期	2004-4-28	负责人	石井泰三		
主营业务	工程管理咨询，企业管理咨询，贸易信息咨询，投资咨询。				

企业名称	上海银泉投资咨询有限公司				
企业地址	上海市长宁区定西路1016号银统大厦北楼第四层B－6室（200051）				
投资总额	15万USD	电话		传真	
设立日期	2004-4-28	负责人	朱成稳		
主营业务	国际经济咨询，科技咨询，贸易咨询，环保信息咨询，房产信息咨询等。				

企业名称	东洋油墨企业管理（上海）有限公司				
企业地址	上海市徐汇区零陵路899号飞洲国际广场12D（200030）				
投资总额	200万USD	电话	64876767	传真	54891773
设立日期	2004-4-27	负责人	千代晴康		
主营业务	提供投资管理和咨询服务，提供经营管理和咨询服务等。				

企业名称	上海盛慧投资管理有限公司				
企业地址	上海市黄浦区北京东路666号B区43163室（200003）				
投资总额	130万USD	电话	63609900	传真	63516699
设立日期	2004-4-27	负责人	施德容		
主营业务	自有和受托资产的经营管理，投资管理，企业管理咨询，投资咨询。				

企业名称	好朴实（上海）信息科技有限公司				
企业地址	上海市张江高科技园区郭守敬路498号14幢22301－409座(201203)				
投资总额	30万USD	电话	64221333	传真	64221319
设立日期	2004-4-27	负责人	侏市胜洋		
主营业务	计算机软件的开发，设计，测试，制作，集成电路芯片的开发，设计等。				

企业名称	上海派洛企业管理咨询有限公司				
企业地址	上海市黄浦区陆家浜路413弄5号1804室（200011）				
投资总额	14万USD	电话	53011426	传真	53011441
设立日期	2004-4-27	负责人	浅山弘志		
主营业务	企业管理咨询，投资咨询（涉及许可经营的凭许可证经营）。				

企业名称	创光信息技术（上海）有限公司				
企业地址	上海市外高桥保税区台中南路2号新贸楼160室（200127）				
投资总额	40万USD	电话	68545730	传真	68545731
设立日期	2004-4-26	负责人	田村荣作		
主营业务	以数码制品，日用品为主的国际贸易，转口贸易等。				

企业名称	德和威工程咨询（上海）有限公司				
企业地址	上海市漕溪北路18号7楼（200030）				
投资总额	20万USD	电话	64277370	传真	64277376
设立日期	2004-4-23	负责人	CHRISTOPH MARCUS ENGELSMAN		
主营业务	投资咨询，企业管理咨询，商务咨询，国际经济信息咨询等。				

企业名称	上海甫瀚投资管理咨询有限公司				
企业地址	上海市长宁区江苏路369号28楼A26室（200050）				
投资总额	14万USD	电话	63915031	传真	63915110
设立日期	2004-4-23	负责人	刘建新		
主营业务	投资管理咨询，市场调研，企业管理咨询，商务咨询，投资咨询等。				

企业名称	戴思弗管理咨询（上海）有限公司				
企业地址	上海市浦东新区花山路706号511室（200137）				
投资总额	84万USD	电话	51501155	传真	51501115
设立日期	2004-4-22	负责人	HANS DASHOFER		
主营业务	企业管理咨询，计算管理软件应用服务，国际经济信息咨询等。				

企业名称	戴姆（上海）投资咨询有限公司				
企业地址	上海市奉贤区奉浦大厦10楼1004室（200126）				
投资总额	25万USD	电话	50568898	传真	
设立日期	2004-4-21	负责人	王益		
主营业务	工程管理咨询，投资咨询．房地产咨询及市场调查，商务咨询。				

企业名称	幼敏（上海）网络信息技术有限公司				
企业地址	上海市张江高科技园区郭守敬路351号2号楼666－18室（201203）				
投资总额	14万USD	电话	54892001	传真	
设立日期	2004-4-21	负责人	张振荣		
主营业务	计算机网络系统软件的开发，设计，制作，销售自产产品等。				

企业名称	瑞可碧（上海）咨询有限公司				
企业地址	上海市浦东新区枣庄路661号508室（200120）				
投资总额	14万USD	电话	62107977	传真	
设立日期	2004-4-21	负责人	SCOTT WILLIAM BROWN		
主营业务	商务咨询，市场调研，企业管理咨询，企业投资咨询。				

企业名称	富兰美林咨询（上海）有限公司				
企业地址	上海市浦东新区北张家浜路68号5幢536室（200120）				
投资总额	14万USD	电话	54070388	传真	54070162
设立日期	2004-4-20	负责人	刘芳荣		
主营业务	国际经济咨询，投资咨询，贸易信息咨询，企业管理咨询，市场调研等。				

企业名称	上海福明信息技术有限公司				
企业地址	上海市郭守敬路498号浦东软件园14幢22301－420座（201203）				
投资总额	46万USD	电话	52280722	传真	62181045
设立日期	2004-4-20	负责人	王江		
主营业务	计算机软件的开发、设计、制作，销售自产产品，并提供售后服务等。				

企业名称	康风工程管理咨询（上海）有限公司				
企业地址	上海市番禺路1150号二楼（200030）				
投资总额	15万USD	电话	63540200	传真	
设立日期	2004-4-19	负责人	HENG YEOW KUANG		
主营业务	项目管理咨询，机电工程咨询，建筑工程咨询，装饰工程咨询等。				

企业名称	旭阳（上海）管理咨询有限公司				
企业地址	上海市长宁区仙霞路319号2311，2312室（200336）				
投资总额	15万USD	电话	51098769	传真	
设立日期	2004-4-19	负责人	洪淑媛		
主营业务	企业管理咨询，科技咨询，国际经济咨询，房地产信息咨询等。				

企业名称	嘉希活企业管理咨询（上海）有限公司				
企业地址	上海市普陀区曹杨一村184号201室（200063）				
投资总额	14万USD	电话	32010075	传真	32015075
设立日期	2004-4-15	负责人	梁家辉		
主营业务	国际经济咨询，企业管理咨询，环境保护信息咨询，投资咨询等。				

企业名称	锦邦投资顾问（上海）有限公司				
企业地址	上海市长宁区遵义南路88号7010室（200336）				
投资总额	19万USD	电话	62955500	传真	62787810
设立日期	2004-4-15	负责人	万逸伟		
主营业务	投资咨询，房地产经纪，经济咨询，科技咨询，管理咨询，信息咨询。				

企业名称	矢崎（上海）管理咨询有限公司				
企业地址	上海市张江高科技园区郭守敬路351号2号楼664-16室（201203）				
投资总额	20万USD	电话	58774747	传真	58776747
设立日期	2004-4-14	负责人	西川博文		
主营业务	企业管理咨询，科技咨询，市场营销和市场信息咨询，国际经济咨询等。				

企业名称	凯尼信息科技（上海）有限公司				
企业地址	上海市张江高科技园区碧波路912弄7号楼（201203）				
投资总额	14万USD	电话	50272693	传真	50274990
设立日期	2004-4-12	负责人	EMILY PING WANG		
主营业务	计算机软件的设计、开发、制作，网络技术的开发、设计等。				

企业名称	医软信息科技（上海）有限公司				
企业地址	上海市张江高科技园区郭守敬路351号2号楼503B室（201203）				
投资总额	31.25万USD	电话	63907025	传真	63906551
设立日期	2004-4-12	负责人	钱建中		
主营业务	计算机软件的开发，设计，制作，医疗信息系统等的开发，设计等。				

企业名称	迈腾奖励（上海）咨询有限公司				
企业地址	上海市浦东新区浦东南路256号602C室（200120）				
投资总额	14万USD	电话	58776663	传真	58778883
设立日期	2004-4-8	负责人	NIGEL PETER GAUNT		
主营业务	投资咨询，财务管理咨询，企业管理咨询，商务咨询，科技咨询等。				

企业名称	艾迈克司投资顾问（上海）有限公司				
企业地址	上海市浦东新区银城东路139号华能联合大厦1708室				
投资总额	14万USD	电话	58828297	传真	58828297
设立日期	2004-4-7	负责人	CHI QIAN XIE		
主营业务	投资咨询，企业兼并收购，资产重组，股份化信息咨询等。				

企业名称	**富临投资咨询（上海）有限公司**				
企业地址	上海市浦东新区金桥路2628号303室（201103）				
投资总额	14万USD	电话	64054850	传真	50332761
设立日期	2004-4-7	负责人	JERRY PEI LUNG SZE（斯培伦）		
主营业务	投资咨询，房地产咨询，建筑项目管理咨询，市场调研，市场营销。				

企业名称	**妙诗顿（上海）咨询有限公司**				
企业地址	上海市浦东新区浦东南路256号2205室（200120）				
投资总额	14万USD	电话	58369836	传真	58369838
设立日期	2004-4-7	负责人	BIRGIT RIEKER-JONGEN		
主营业务	国际经济信息咨询，科技咨询，市场营销咨询，贸易信息咨询等。				

企业名称	**鹏威投资咨询（上海）有限公司**				
企业地址	上海市长宁区江苏路369号28楼A3室（200050）				
投资总额	14万USD	电话	54075511	传真	54075022
设立日期	2004-4-6	负责人	CHAN KAI KONG		
主营业务	投资咨询，商务咨询，企业管理咨询，科技咨询，贸易咨询等。				

企业名称	**群顺信息技术（上海）有限公司**				
企业地址	上海市浦东新区东方路3698号220室（200127）				
投资总额	14万USD	电话	52285862	传真	52285860
设立日期	2004-4-6	负责人	LIU THEN TANG		
主营业务	计算机软件开发，设计，制作，销售自产产品，提供系统集成的设计等。				

企业名称	**新利创业投资（上海）有限公司**				
企业地址	上海市张江高科技园区郭守敬路351号2号楼664－16室（201203）				
投资总额	362万USD	电话	51083508	传真	63375096
设立日期	2004-4-5	负责人	严俊旭		
主营业务	投资信息，现代医药，新材料等高新技术产业，受托管理等。				

企业名称	**上海昂山咨询有限公司**				
企业地址	上海市浦东新区北张家浜68号5幢539室（200120）				
投资总额	14万USD	电话	64679900	传真	64158178
设立日期	2004-4-1	负责人	萧红玉		
主营业务	教育信息咨询，会展咨询，投资咨询，企业形象策划咨询等。				

企业名称	**上海航佳投资管理有限公司**				
企业地址	上海市嘉定区马陆镇沪宜公路2585号－0555（201801）				
投资总额	1000万人民币	电话	61334804	传真	61334800
设立日期	2004-4-1	负责人	谢王寿鸽		
主营业务	商务咨询，信息咨询，企业管理策划及咨询，物业管理咨询等。				

企业名称	**驿顺达咨询（上海）有限公司**				
企业地址	上海市浦东新区世纪大道1600号浦项商务广场2611室（200122）				
投资总额	20万USD	电话	50815858	传真	50815959
设立日期	2004-3-31	负责人	NIKOLAUS ELLRODT		
主营业务	为酒店业提供企业管理咨询，信息咨询和投资咨询服务。				

企业名称	**嘉瑞梁行（上海）投资咨询有限公司**				
企业地址	上海市浦东新区牡丹路60号B1820室（201204）				
投资总额	14万USD	电话	62770911	传真	62770911
设立日期	2004-3-31	负责人	关 琳		
主营业务	投资咨询，房地产咨询，商务咨询，项目管理咨询，企业管理咨询等。				

企业名称	**兆彦咨询（上海）有限公司**				
企业地址	上海市长宁区兴义路8号1005室（200336）				
投资总额	14万USD	电话	52080101	传真	52081838
设立日期	2004-3-31	负责人	陈凤龙		
主营业务	国际、国内经济咨询，科技咨询，环保信息咨询，投资咨询及中介等。				

企业名称	**美光半导体咨询（上海）有限责任公司**				
企业地址	上海市碧波路518号孵化楼三期B座303B2座（200002）				
投资总额	14万USD	电话	61033331	传真	63352008
设立日期	2004-3-29	负责人	WILBUR GELBACH STOVER JR		
主营业务	提供经营管理，营销和技术咨询；向其关联公司提供办公事务支持等。				

企业名称	**上海君皇投资管理有限公司**				
企业地址	上海市崇明县城桥镇秀山路68号201室（202150）				
投资总额	10万USD	电话	62590188	传真	62332549
设立日期	2004-3-29	负责人	林蔚旷		
主营业务	从事物业管理，餐饮管理，管理咨询，投资咨询，市场营销咨询等。				

企业名称	**上海艾碧克商务咨询有限公司**				
企业地址	上海市淮海中路93号大上海时代广场2601室（200020）				
投资总额	14万USD	电话	51179333	传真	51179300
设立日期	2004-3-26	负责人	ROBERT CONWAY CHEN		
主营业务	商务咨询，投资咨询，市场营销策划及企业管理咨询服务。				

企业名称	**似鸟（中国）采购有限公司**				
企业地址	上海市浦东新区银城东路101号汇丰大厦21楼56室（200120）				
投资总额	5000万USD	电话	52305570	传真	52305581
设立日期	2004-3-25	负责人	似鸟昭雄		
主营业务	采购国内货物出口业务，与出口有关的仓储，信息咨询和技术服务等。				

企业名称	**澳柒网络多媒体技术咨询（上海）有限公司**				
企业地址	上海市浦东新区花山路706号913室（200137）				
投资总额	14万USD	电话	63521655	传真	63521622
设立日期	2004-3-25	负责人	RYAN KERRY STOKES（施来恩）		
主营业务	国际经济咨询，数字网络科技咨询，软件开发咨询，投资咨询等。				

企业名称	**中智投行企业咨询（上海）有限公司**				
企业地址	上海市衡山路922号18楼A座（200030）				
投资总额	50万USD	电话	54904534	传真	
设立日期	2004-3-25	负责人	MARC SIEGEL		
主营业务	研发，生产用于白光LED荧光粉，销售自产产品等。				

企业名称	**爱来斯酒店管理（上海）有限公司**				
企业地址	上海市闵行区吴中路1389号（201103）				
投资总额	99万USD	电话	64590837	传真	
设立日期	2004-3-24	负责人	林峻均		
主营业务	酒店管理咨询，房地产开发咨询（不含经纪），商务咨询，投资咨询。				

企业名称	**爱儿投资管理咨询（上海）有限公司**				
企业地址	上海市浦东新区乳山路98号5S－4室(200120)				
投资总额	14万USD	电话	58791498	传真	
设立日期	2004-3-23	负责人	SAW CHAIK BENG		
主营业务	投资管理咨询，教育信息咨询，教育管理技术咨询等。				

企业名称	**德路（上海）视像技术咨询有限公司**				
企业地址	上海市浦东新区北张家浜路68号5幢443室(200120)				
投资总额	14万USD	电话	66198501	传真	66198502
设立日期	2004-3-23	负责人	HALIM RACHMAT		
主营业务	影视市场推广咨询有影视技术咨询，商务咨询，企业管理咨询。				

企业名称	**中创企业管理咨询（上海）有限公司**				
企业地址	上海市浦东新区金桥路999号204室（200002）				
投资总额	14万USD	电话	63232255	传真	33130383
设立日期	2004-3-23	负责人	JENNY HSUI THELEEN		
主营业务	企业管理咨询，投资管理咨询，商务咨询，经济信息咨询等。				

企业名称	**理慈知识产权信息咨询（上海）有限公司**				
企业地址	上海市静安区南京西路1266号4609－4611室（200040）				
投资总额	20万USD	电话	62882988	传真	62882989
设立日期	2004-3-22	负责人	蔡玉玲		
主营业务	与知识产权信息有关的咨询服务（凡涉及许可经营的凭许可证经营）。				

企业名称	**戴闻信息技术（上海）有限公司**				
企业地址	上海市郭守敬路498号浦东软件园14幢22301－389室（201203）				
投资总额	14万USD	电话	51098180	传真	52987770
设立日期	2004-3-22	负责人	JOHN ARTHUR BENNETT		
主营业务	计算机软件的开发、设计、制作，销售自产产品等。				

企业名称	**文耀投资咨询（上海）有限公司**				
企业地址	上海市张江高科技园区郭守敬路351号2号楼664－11室（201203）				
投资总额	14万USD	电话	51320410	传真	51320411
设立日期	2004-3-22	负责人	LAWRENCE MANYIU WOO		
主营业务	投资咨询，商务咨询，企业管理咨询，贸易信息咨询，科技咨询等。				

企业名称	**苏慧信息技术（上海）有限公司**				
企业地址	上海市张江高科技园区郭守敬路498号14幢22301－205室(201203)				
投资总额	15万USD	电话	51703058	传真	51703059
设立日期	2004-3-17	负责人	施广新		
主营业务	计算机软件的开发和制作，自产产品的销售，提供相关的售后服务等。				

企业名称	科加诺信息技术（上海）有限公司				
企业地址	上海市郭守敬路 498 号浦东软件园 14 幢 22301－386 座（201203）				
投资总额	14 万 USD	电　　话	50277438	传　　真	50277428
设立日期	2004-3-16	负 责 人	JIONG CAI（蔡炯）		
主营业务	计算机软件的开发，设计，制作，销售自产产品等。				

企业名称	博钜盛管理咨询（上海）有限公司				
企业地址	上海市大木桥路 108 号 216 室（200032）				
投资总额	14 万 USD	电　　话	64036622	传　　真	64186530
设立日期	2004-3-11	负 责 人	熊培霖		
主营业务	国际经济贸易信息咨询，科技信息咨询，商务咨询，企业管理咨询等。				

企业名称	天籁信息科技（上海）有限公司				
企业地址	上海市长宁区仙霞路 317 号 608 室（200336）				
投资总额	50 万 USD	电　　话	62351115	传　　真	62955556
设立日期	2004-3-10	负 责 人	邓季珊		
主营业务	计算机软件的开发、设计、制作，计算机系统集成的设计、安装等。				

企业名称	博思艾伦（上海）咨询有限公司				
企业地址	上海市张江高科技园区郭守敬路 351 号 2 号楼 664-08 室（201203）				
投资总额	14 万 USD	电　　话	63406633	传　　真	63406048
设立日期	2004-3-9	负 责 人	DANIEL CARROLL LEWIS		
主营业务	企业管理咨询，市场信息咨询，营销咨询，采购咨询，投资咨询等。				

企业名称	康圃管理咨询（上海）有限公司				
企业地址	上海市浦东新区北张家浜路 68 号 1 幢 210 室（200032）				
投资总额	14 万 USD	电　　话	64260183	传　　真	64263856
设立日期	2004-3-9	负 责 人	李虹万		
主营业务	投资咨询，企业管理咨询，医疗产品商务和技术咨询，房地产咨询等。				

企业名称	精构（上海）工程咨询有限公司				
企业地址	上海市浦东康桥工业区康桥路 1100 号 432 室（201315）				
投资总额	14 万 USD	电　　话	64720475	传　　真	64724670
设立日期	2004-3-8	负 责 人	MICHAEL R．PATTERSON		
主营业务	建筑工程咨询，建筑设计咨询，建筑管理咨询等。				

企业名称	英糖咨询服务（上海）有限公司				
企业地址	上海市长宁区延安西路 889 号 2109 室（200040）				
投资总额	70 万 USD	电　　话	51089603	传　　真	
设立日期	2004-3-8	负 责 人	戴文博		
主营业务	企业投资咨询，商务信息咨询，企业管理咨询及经济信息咨询。				

企业名称	慈贝投资咨询（上海）有限公司				
企业地址	上海市杨浦区许昌路 811 号 202 室（200082）				
投资总额	200 万 USD	电　　话	62893170	传　　真	62893172
设立日期	2004-3-5	负 责 人	LI CHI NINA		
主营业务	投资咨询，房地产咨询，国际经济信息咨询，国际贸易咨询等。				

企业名称	曼都企业管理咨询（上海）有限公司				
企业地址	上海市浦东新区浦东南路 1952 号 200 室（200030）				
投资总额	30 万 USD	电　　话	64692267	传　　真	63747996
设立日期	2004-3-5	负 责 人	赖志郎		
主营业务	企业管理咨询，投资咨询，市场调研，贸易信息咨询，环保信息咨询等。				

企业名称	群盛工程管理咨询（上海）有限公司				
企业地址	上海市普陀区西康路 1068 号维多利广场 B 幢 25 层 B 室（200040）				
投资总额	14 万 USD	电　　话	32121068	传　　真	32121058
设立日期	2004-3-5	负 责 人	刘大才		
主营业务	工程管理咨询，企业管理咨询，工程设计咨询，信息技术咨询等。				

企业名称	唯扬投资咨询（上海）有限公司				
企业地址	上海市康健路 135 号 B 座 106 室（200235）				
投资总额	14 万 USD	电　　话	53530088	传　　真	53530080
设立日期	2004-3-5	负 责 人	庄捷博		
主营业务	投资咨询及中介，国际经济贸易信息咨询，商务咨询等。				

企业名称	上海富临宝信息科技有限公司				
企业地址	上海市宝山区真陈路 1398 弄 63 号（乙）（200436）				
投资总额	20 万 USD	电　　话	50800467	传　　真	50800467
设立日期	2004-3-5	负 责 人	尚保罗		
主营业务	从事科技信息的咨询服务及其软件开发。				

企业名称	戈壁投资咨询（上海）有限公司				
企业地址	上海市南京西路 1168 号 3708 室（200040）				
投资总额	14 万 USD	电　　话	52929729	传　　真	52929730
设立日期	2004-3-3	负 责 人	THOMAS GAI TEI		
主营业务	投资咨询，管理咨询，房地产咨询，市场调研，形象策划咨询等。				

企业名称	泰顺管理咨询（上海）有限公司				
企业地址	上海市海防路 421 号 301 室（200041）				
投资总额	14 万 USD	电　　话	53010910	传　　真	63041012
设立日期	2004-3-3	负 责 人	萧琇文		
主营业务	贸易咨询，经济信息咨询，企业管理咨询，商务咨询。				

企业名称	亚沙工业设计（上海）有限公司				
企业地址	上海市松江区九亭镇九里亭村 518 号（201615）				
投资总额	17.5 万 USD	电　　话	54867625	传　　真	54867351
设立日期	2004-3-3	负 责 人	岩城和彦		
主营业务	开发、设计和生产各类塑料、金属制品及相关模型、模具等。				

企业名称	绿屋信息技术（上海）有限公司				
企业地址	上海市外高桥保税区日京路 35 号 1148 室（200001）				
投资总额	30 万 USD	电　　话	53852301	传　　真	53852305
设立日期	2004-3-2	负 责 人	佐佐木元幸		
主营业务	研究，开发，制作计算机应用软件，销售自产产品等。				

企业名称	宏杰兴中（上海）商务咨询有限公司				
企业地址	上海市静安区愚园路 172 号 2205 室（200040）				
投资总额	14 万 USD	电　　话	62490383	传　　真	62495516
设立日期	2004-3-2	负 责 人	方少云		
主营业务	商务咨询，国际经济咨询，科技咨询，环保信息咨询，投资咨询等。				

企业名称	毕维咨询（上海）有限公司				
企业地址	上海市浦东新区北张家浜路 68 号 5 幢 429 室（200122）				
投资总额	14 万 USD	电　　话	64485362	传　　真	64485362
设立日期	2004-2-26	负 责 人	SEBASTIAN PIECH		
主营业务	投资咨询，企业管理咨询，经济信息咨询，项目管理咨询，市场调研。				

企业名称	上海罗明哲商务咨询服务有限公司				
企业地址	上海市汶水路 269 号 A－57 室（200072）				
投资总额	14 万 USD	电　　话	62179848	传　　真	62592577
设立日期	2004-2-26	负 责 人	罗明哲		
主营业务	投资咨询，经贸咨询，房地产咨询，建筑设计，规划，管理的咨询。				

企业名称	华丰汇顺咨询（上海）有限公司				
企业地址	上海市浦东新区沪南路 217 号（201204）				
投资总额	30 万 USD	电　　话	64785050	传　　真	54495115
设立日期	2004-2-25	负 责 人	苏庆阳		
主营业务	汽车市场营销咨询，企业管理咨询，企业管理讯息系统咨询等。				

企业名称	上海新可建商务咨询有限公司				
企业地址	上海市浦东新区松林路 300 号期货大厦 1905B 室（200120）				
投资总额	14 万 USD	电　　话	68401593	传　　真	68401253
设立日期	2004-2-25	负 责 人	刘新洲		
主营业务	国际经济信息咨询，投资咨询，商务咨询。				

企业名称	上海易易信息技术有限公司				
企业地址	上海市漕河泾新兴技术开发区漕宝路 509 号 206－207 室（200233）				
投资总额	14 万 USD	电　　话	62887593	传　　真	62887591
设立日期	2004-2-24	负 责 人	田部井健一		
主营业务	计算机软件的开发，设计，制作，销售自产产品等。				

企业名称	新晨业管理咨询（上海）有限公司				
企业地址	上海市浦东新区张杨路 228 号星星幢 609 室（200120）				
投资总额	14 万 USD	电　　话	62702215	传　　真	62702275
设立日期	2004-2-23	负 责 人	CHIN YONG KOK		
主营业务	市场营销管理咨询，商务咨询，市场策划及信息咨询，市场调研。				

企业名称	海波龙咨询（上海）有限公司				
企业地址	上海市浦东新区归昌路 258 号 410 室（201206）				
投资总额	14 万 USD	电　　话	61238488	传　　真	61238800
设立日期	2004-2-20	负 责 人	曹建静		
主营业务	软件设计，开发咨询，软件技术咨询，商务咨询，企业管理咨询等。				

企业名称	罗便士保险公估（中国）有限公司				
企业地址	上海市南京西路 580 号南证大厦 9 层附 901 室（200041）				
投资总额	250 万人民币	电　话	63221616	传　真	63528668
设立日期	2004-2-20	负责人	李全英		
主营业务	保险标的承保前的检验，估价及风险评估；对保险标的出险后的查勘等。				

企业名称	上海茂木咨询有限公司				
企业地址	上海市延安中路 841 号 1704 室（200040）				
投资总额	14 万 USD	电　话	51876900	传　真	62897599
设立日期	2004-2-18	负责人	茂木和夫		
主营业务	经贸信息咨询，投资咨询，商务咨询，企业管理咨询，财务咨询等。				

企业名称	信凌可信息科技（上海）有限公司				
企业地址	上海市张江高科技园区郭守敬路 351 号 2 号楼 660－15 室（201203）				
投资总额	14 万 USD	电　话	62525257	传　真	62521096
设立日期	2004-2-16	负责人	林嘉怡		
主营业务	计算机软件的研发、设计、制作，网络技术的开发、设计等。				

企业名称	喜多信息科技（上海）有限公司				
企业地址	上海市杨浦区控江路 1029 弄 1 号 1003 室（200093）				
投资总额	20 万 USD	电　话	54560198	传　真	64674630
设立日期	2004-2-13	负责人	林肇基		
主营业务	电脑软件开发及系统集成，智能化系统应用开发与相关服务。				

企业名称	全进信息技术（上海）有限公司				
企业地址	上海市外高桥保税区加枫路 28 号 210 室（200131）				
投资总额	20 万 USD	电　话	64439352	传　真	64438709
设立日期	2004-2-11	负责人	王群中		
主营业务	计算机软件、计算机信息系统集成的开发、设计、制作等。				

企业名称	上海龙智文化咨询有限公司				
企业地址	上海市普陀区金沙江路 1006 号 2 幢 231 室（200333）				
投资总额	18 万 USD	电　话	62228272	传　真	62228343
设立日期	2004-2-11	负责人	朱杰人		
主营业务	产品策划咨询，企业形象策划，企业管理设计咨询，市场营销策划等。				

企业名称	礼恩派（上海）咨询有限公司				
企业地址	上海市浦东新区新金桥路 28 号 705 室（201206）				
投资总额	14 万 USD	电　话	50306200	传　真	50306200
设立日期	2004-2-10	负责人	章国雄		
主营业务	企业管理咨询，投资咨询，财务管理咨询，市场策划和调研。				

企业名称	纳比信息系统（上海）有限公司				
企业地址	上海市江场西路 395 号 3 楼 301 室（200436）				
投资总额	1600 万日元	电　话	63746692	传　真	63746690
设立日期	2004-2-9	负责人	陆　兵		
主营业务	设计，开发，制作计算机软件，多媒体制作，图文处理等。				

企业名称	上海科维安信息技术顾问有限公司				
企业地址	上海市郭守敬路 498 号浦东软件园 1 幢 1211 室（201203）				
投资总额	14 万 USD	电　话	63588686	传　真	63589899
设立日期	2004-2-5	负责人	S.R.MOHNOT		
主营业务	信息技术咨询，商务咨询，工艺管理咨询，质量管理咨询等。				

企业名称	维心康咨询（上海）有限公司				
企业地址	上海市静安区延安西路 65 号办公楼六楼 608 单元（200040）				
投资总额	37 万 USD	电　话	32210689	传　真	32210689
设立日期	2004-2-5	负责人	CHAN SLANG KHING（曾祥钦）		
主营业务	投资咨询，企业策划，商务咨询，市场调研，市场策划等。				

企业名称	智动营销策划咨询（上海）有限公司				
企业地址	上海市浦东新区花山路 706 号 619 室（200137）				
投资总额	28 万 USD	电　话	61359755	传　真	61359711
设立日期	2004-2-5	负责人	万世仪		
主营业务	营销策划咨询，企业管理咨询，商务咨询，投资咨询，市场调研。				

企业名称	尤通服装技术咨询（上海）有限公司				
企业地址	上海市长宁区娄山关路 85 号 D 栋 410 室（200336）				
投资总额	20 万 USD	电　话	62090891	传　真	62351229
设立日期	2004-2-5	负责人	周江丽		
主营业务	服装及服饰形象设计咨询，服装计算机软件咨询，服装生产技术咨询等。				

企业名称	平田生产设备设计咨询（上海）有限公司				
企业地址	上海市外高桥保税区冰克路 500 号 502 室（201100）				
投资总额	20 万 USD	电　话	51105226	传　真	51171812
设立日期	2004-2-4	负责人	平田雄一郎		
主营业务	各种生产设备的设计，提供相关的咨询和技术服务；国际贸易等。				

企业名称	飞康信息技术（上海）有限公司				
企业地址	上海市张江高科技园区郭守路 351 号 2 号楼 660－08 室（201203）				
投资总额	14 万 USD	电　话	52401218	传　真	52401318
设立日期	2004-2-4	负责人	ALEX CHIA-HWANG CHEN		
主营业务	计算机软件的开发、设计、制作，销售自产产品等。				

企业名称	上海亚逊诺矿业咨询有限公司				
企业地址	上海市浦东新区普新路 753 号（200120）				
投资总额	14 万 USD	电　话	58821581	传　真	58821031
设立日期	2004-2-3	负责人	KAIHUI YANG		
主营业务	矿产勘探与开采咨询，投资咨询，贸易信息咨询，科技咨询等。				

企业名称	司迪迈（上海）环保咨询有限公司				
企业地址	上海市闵行区金都路 4299 号 A 幢 1 楼 506 室（201108）				
投资总额	14 万 USD	电　话	62472883	传　真	62893302
设立日期	2004-1-20	负责人	钟耀奇		
主营业务	环保咨询，科技咨询（涉及许可经营的凭许可证经营）。				

企业名称	航创信息技术（上海）有限公司				
企业地址	上海市张江高科技园区郭守敬路 351 号 2 号楼 660－11 室（201203）				
投资总额	50 万 USD	电　话	62825553	传　真	62825554
设立日期	2004-1-19	负责人	胡　梅		
主营业务	计算机硬件，通讯网络产品的研发，计算机软件的开发，制作。				

企业名称	炬点（上海）信息技术咨询有限公司				
企业地址	上海市浦东新区乳山路 98 号 51 座－4 室（200120）				
投资总额	20 万 USD	电　话	63853066	传　真	63852588
设立日期	2004-1-19	负责人	YOUNG SANC CH0 工（崔荣相）		
主营业务	提供网上支付系统维护服务，企业网络管理和维护服务等。				

企业名称	奈米视咨询（上海）有限公司				
企业地址	上海市浦东新区北张家浜路 68 号 1 幢 217 室（200120）				
投资总额	14 万 USD	电　话	52580909	传　真	52589901
设立日期	2004-1-19	负责人	林长荣		
主营业务	精密医疗器材商务咨询和技术咨询，企业管理咨询，市场营销咨询等。				

企业名称	思尔芯（上海）信息科技有限公司				
企业地址	上海市张江高科技园区郭守敬路 351 号 2 号楼 660－12 室（201203）				
投资总额	15 万 USD	电　话	61202790	传　真	61202793
设立日期	2004-1-19	负责人	THOMAS B K HUANG		
主营业务	计算机软件的开发、设计、制作、销售自产产品，网络技术的开发等。				

企业名称	机能投资咨询（上海）有限公司				
企业地址	上海市崇明工业园区秀山路 72 号（202150）				
投资总额	12 万 USD	电　话	59610750	传　真	59610840
设立日期	2004-1-19	负责人	本谷清志		
主营业务	从事投资咨询，商务咨询，管理咨询，市场营销咨询，企业形象策划。				

企业名称	安易施工程咨询（上海）有限公司				
企业地址	上海市浦东新区乳山路 98 号 5XF 室（200120）				
投资总额	14 万 USD	电　话	58354085	传　真	58354041
设立日期	2004-1-18	负责人	KATSUTO ANDO		
主营业务	工程项目管理咨询，工程材料和设备贸易咨询等				

企业名称	明山造型艺术设计咨询（上海）有限公司				
企业地址	上海市康健路 135 号（200235）				
投资总额	20 万 USD	电　话	64510293	传　真	64039910
设立日期	2004-1-18	负责人	王庆华		
主营业务	景观园林设计咨询，室内装饰设计咨询，科技信息咨询，市场调研。				

企业名称	凌玑（上海）咨询有限公司				
企业地址	上海市闵行区虹井路 349 号（201103）				
投资总额	14 万 USD	电　话	54580505	传　真	64466900
设立日期	2004-1-15	负责人	任锦钟		
主营业务	投资咨询，贸易信息咨询和企业管理咨询。				

企业名称	挪亚投资管理咨询（上海）有限公司				
企业地址	上海市黄浦区人民路 885 号 2806 室（200003）				
投资总额	20 万 USD	电　话	63111131	传　真	63111151
设立日期	2004-1-15	负 责 人	ALEX HSIONG CHU		
主营业务	投资管理咨询，企业管理咨询，商务咨询，房产咨询，市场调研。				

企业名称	上海东方希杰商务有限公司				
企业地址	上海市洛川东路 487 号（201802）				
投资总额	1000 万 USD	电　话	51119910	传　真	56385272
设立日期	2004-1-15	负 责 人	张大钟		
主营业务	商务咨询，投资咨询及中介，企业管理咨询，房产信息咨询等。				

企业名称	力昌（上海）信息柜制造有限公司				
企业地址	上海市嘉定工业区一期 31 号－2 号地块（201807）				
投资总额	510 万 USD	电　话	69522601	传　真	69961593
设立日期	2004-1-14	负 责 人	黄良国		
主营业务	开发，设计，加工，生产防火保险箱，销售本公司自产产品等。				

企业名称	上海唯晶信息科技有限公司				
企业地址	上海市张江高科技园区郭守敬路 351 号 2 号楼 660－06 室（201203）				
投资总额	14 万 USD	电　话	61379280	传　真	691379290
设立日期	2004-1-13	负 责 人	詹承翰		
主营业务	计算机软件的开发，设计，制作，转让自有技术，销售自产产品等。				

企业名称	可拔德咨询（上海）有限公司				
企业地址	上海市浦东新区灵山路 958 号 11 幢 214 室（200120）				
投资总额	14 万 USD	电　话	62780225	传　真	62780223
设立日期	2004-1-12	负 责 人	SHALOM GREENBERG		
主营业务	贸易信息咨询，投资咨询，科技咨询，企业管理咨询，企业策划咨询等。				

企业名称	兴南投资咨询（上海）有限公司				
企业地址	上海市湖北路 20 号 15 楼 A 座（200010）				
投资总额	25 万 USD	电　话	63511576	传　真	63511576
设立日期	2004-1-12	负 责 人	金寿南		
主营业务	国际经济贸易信息咨询，投资咨询及中介服务，商务信息咨询等。				

企业名称	上海名南企业管理咨询有限公司				
企业地址	上海市卢湾区茂名南路 205 号 2508 室－2510 室（200020）				
投资总额	30 万 USD	电　话	54669595	传　真	54660500
设立日期	2004-1-9	负 责 人	影山胜行		
主营业务	企业管理咨询，项目管理咨询；投资咨询，国际经济咨询等。				

企业名称	上海盛盈投资管理有限公司				
企业地址	上海市北京东路 666 号 13E43149 室（200001）				
投资总额	120 万 USD	电　话	62126500	传　真	52399025
设立日期	2004-1-9	负 责 人	施德容		
主营业务	自有和受托资产的经营管理，投资管理，企业管理咨询，投资咨询等。				

企业名称	新康健体育咨询（上海）有限公司				
企业地址	上海市闵行区金都路 4299 号 C 幢 1 楼 105 室（201100）				
投资总额	20 万 USD	电　话	63815955	传　真	63815992
设立日期	2004-1-8	负 责 人	王立兴		
主营业务	体育娱乐咨询，商务咨询，市场营销策划，投资信息咨询等。				

企业名称	伊思特（上海）咨询有限公司				
企业地址	上海市张江高科技园区郭守敬路 351 号 2 号楼 668－02 室（201203）				
投资总额	5 万 USD	电　话	63616370	传　真	63616369
设立日期	2004-1-8	负 责 人	翟俊		
主营业务	景观规划设计咨询，城市与区域规划设计咨询，建筑设计咨询。				

企业名称	宽梦信息技术（上海）有限公司				
企业地址	上海市闵行区剑川路 468 号（200240）				
投资总额	15 万 USD	电　话	64526488	传　真	61212691
设立日期	2004-1-7	负 责 人	吴曼		
主营业务	开发，设计，生产网络通讯系统，互联网站系统，电子商务系统等。				

企业名称	上海利坚投资咨询有限公司				
企业地址	上海市闵行区吴中路 1379 号（201103）				
投资总额	30 万 USD	电　话	52260094	传　真	52262692
设立日期	2004-1-7	负 责 人	黄荣辉		
主营业务	国际经济贸易信息咨询，企业经营管理咨询，投资咨询等。				

企业名称	金码商务咨询（上海）有限公司				
企业地址	上海市静安区昌平路 990 号 6 号楼 6205－H 室（200042）				
投资总额	14 万 USD	电　话	62717104	传　真	62717204
设立日期	2004-1-7	负 责 人	BEAU GIANNINI		
主营业务	国际经济咨询，科技咨询，环保信息咨询，投资咨询，贸易信息咨询等。				

企业名称	奥雅纳工程咨询（上海）有限公司				
企业地址	上海市卢湾区淮海中路 222 号 3801－06 室（200020）				
投资总额	14 万 USD	电　话	61262888	传　真	61262882
设立日期	2004-1-6	负 责 人	陈嘉正		
主营业务	工程设计咨询，建筑设计咨询，装潢设计咨询，房产信息咨询等。				

企业名称	上海恒发投资咨询有限公司				
企业地址	上海市金山区亭卫公路 66 号 201 室（201508）				
投资总额	30 万 USD	电　话	58886663	传　真	58886149
设立日期	2004-1-6	负 责 人	汪伊芬		
主营业务	商务咨询，投资咨询，企业管理咨询（涉及许可经营的凭许可证经营）。				

企业名称	上海日技环境技术咨询有限公司				
企业地址	上海市普陀区延长西路 25 号 304 室 A 座（200065）				
投资总额	300 万人民币	电　话	52138028	传　真	52138226
设立日期	2004-1-6	负 责 人	龙吉生		
主营业务	环境领域的政策咨询，环境工程咨询，环保等项目的方案咨询等。				

企业名称	福申信息系统（上海）有限公司				
企业地址	上海市张江高科技园区郭守敬路 351 号 2 号楼 657－14 室（201203）				
投资总额	29.8 万 USD	电　话	62992501	传　真	62992502
设立日期	2004-1-5	负 责 人	小林德也		
主营业务	测绘、土木；建筑设计软件系统，信息处理软件系统的研究、开发等。				

企业名称	特力富群投资咨询（上海）有限公司				
企业地址	上海市长宁区遵义路 100 号 10 楼（200050）				
投资总额	14 万 USD	电　话	52574588	传　真	62370281
设立日期	2004-1-5	负 责 人	何汤雄		
主营业务	企业投资咨询，企业管理咨询，市场调研，国际经济信息咨询等。				

企业名称	澳达咨询（上海）有限公司				
企业地址	上海市浦东新区商城路 738 号 1205 室（200120）				
投资总额	15 万 USD	电　话	58356226	传　真	
设立日期	2004-1-5	负 责 人	NILKANTH DHUME PRADEEP		
主营业务	机电工程信息咨询，涉及楼宇内机电设备等。				

企业名称	上海池下咨询有限公司				
企业地址	上海市张江高科技园区郭守敬路 351 号 2 号楼 653－08 室（201203）				
投资总额	1600 万日元	电　话	64720811	传　真	
设立日期	2004-1-5	负 责 人	池下荣治		
主营业务	企业管理咨询，建筑设计咨询及市场调研（涉及可经营的凭许可证经营）。				

企业名称	识腾达（上海）咨询有限公司				
企业地址	上海市浦东新区张杨路 188 号星星栋 507 室（200120）				
投资总额	14 万 USD	电　话	52392819	传　真	52392813
设立日期	2004-1-5	负 责 人	NG KIAN SENG		
主营业务	人力资源管理咨询，企业管理咨询，投资咨询，国际经济咨询等。				

企业名称	上海井上宪商务咨询有限公司				
企业地址	上海市南丹路 169 号 3012 室（200030）				
投资总额	14 万 USD	电　话	64276480	传　真	64276480
设立日期	2004-1-5	负 责 人	井上宪氏		
主营业务	商务咨询，经济信息咨询，企业管理咨询以及市场调研。				

企业名称	上海和凌汽车服务有限公司				
企业地址	上海市普陀区同普路 1411 号（200333）				
投资总额	350 万 USD	电　话	52697989	传　真	52697066
设立日期	2003-12-30	负 责 人	陈顺德		
主营业务	汽车维修（一类），清洗服务，生产汽车零配件，销售自产产品。				

企业名称	环球货柜管理咨询（上海）有限公司				
企业地址	上海市长宁区遵义路 107 号 2101 室（200051）				
投资总额	35 万 USD	电　话	62375500	传　真	62375550
设立日期	2003-12-29	负 责 人	黄冠华		
主营业务	投资咨询，企业管理咨询，商务咨询，科技咨询及提供相关服务。				

企业名称	上海密卡市场研究顾问有限公司				
企业地址	上海市浦东新区浦东大道1089号启泰阁19楼D室（200135）				
投资总额	14万USD	电　话	58826606	传　真	68557066
设立日期	2003-12-29	负责人	JEAN PIERRE MALOSTO		
主营业务	提供技术咨询，商务与管理信息咨询，公司的决策评估咨询。				

企业名称	上海巍昌投资咨询有限公司				
企业地址	上海市华山路620号6F-A座（200040）				
投资总额	14万USD	电　话	62497466	传　真	62482909
设立日期	2003-12-26	负责人	刘顺德		
主营业务	会展服务咨询，经贸信息咨询，品牌策划咨询，投资咨询等。				

企业名称	资博（上海）商务咨询有限公司				
企业地址	上海市中山西路1800号4G室（200235）				
投资总额	30万USD	电　话	64403342	传　真	64403343
设立日期	2003-12-26	负责人	蔡治正		
主营业务	企业形象策划，企业管理咨询，商务咨询，信息咨询，市场调研策划等。				

企业名称	祥人环保咨询（上海）有限公司				
企业地址	上海市外高桥保税区冰克路500号707室（200127）				
投资总额	27万USD	电　话	58393808	传　真	50395838
设立日期	2003-12-25	负责人	伊地知祥人		
主营业务	环保咨询，市场调研；国际贸易，转口贸易，保税区企业间的贸易。				

企业名称	上海南华勃洋商务咨询有限公司				
企业地址	上海市卢湾区淡水路450号205室C座（200021）				
投资总额	66.66万USD	电　话	63060455	传　真	63096175
设立日期	2003-12-25	负责人	吴旭莱		
主营业务	投资咨询，出版制作及编排技术咨询，企业管理咨询等。				

企业名称	资生堂（中国）投资有限公司				
企业地址	上海市浦东南路999号新梅联合广场33F-35F（200120）				
投资总额	4265万USD	电　话	38612830	传　真	58761109
设立日期	2003-12-24	负责人	宫川胜		
主营业务	在中国政府允许外商投资的领域依法进行投资。				

企业名称	诺丰先策咨询（上海）有限公司				
企业地址	上海市张江高科技园区郭守敬路351号2号楼653-18室				
投资总额	1.2万USD	电　话	63307083	传　真	
设立日期	2003-12-23	负责人	陈宇晓		
主营业务	企业管理咨询，投资咨询，市场调研。				

企业名称	欧机商务咨询（上海）有限公司				
企业地址	上海市天目西路218号2座3701室（200070）				
投资总额	1.2万USD	电　话	63176316	传　真	63170425
设立日期	2003-12-23	负责人	徐光辉		
主营业务	企业商务咨询，国际商务咨询，企业管理咨询等。				

企业名称	新视韦尔投资咨询（上海）有限公司				
企业地址	上海市嘉定区马陆镇希望城五路西侧（201801）				
投资总额	102万USD	电　话	54451195	传　真	54451192
设立日期	2003-12-19	负责人	唐　健		
主营业务	国际经济咨询，投资咨询及中介，贸易信息咨询，科技咨询，市场调研。				

企业名称	上海梯希埃斯会展咨询有限公司				
企业地址	上海市浦东新区潍坊路5号217室（200122）				
投资总额	14万USD	电　话	58357157	传　真	58357159
设立日期	2003-12-18	负责人	柿沼猛		
主营业务	会展咨询，投资咨询，经济信息咨询，企业形象策划咨询。				

企业名称	丰田汽车技术研发（上海）有限公司				
企业地址	上海市嘉定区国际汽车城黄渡工业区嘉松路东侧（201804）				
投资总额	1060万USD	电　话	69592200	传　真	69592211
设立日期	2003-12-18	负责人	砚贝匡志		
主营业务	汽车新技术，新结构，新装置以及新车型的研究开发。				

企业名称	吉浦投资咨询（上海）有限公司				
企业地址	上海市浦东新区沈家弄路650号1207室（200135）				
投资总额	20万USD	电　话	58863297	传　真	68536621
设立日期	2003-12-17	负责人	刘　君		
主营业务	国际经济咨询，科技咨询，贸易信息咨询，投资咨询，市场调研。				

企业名称	毕马威企业咨询（中国）有限公司				
企业地址	上海市南京西路1266号恒隆广场51层5105－5107A室（200040）				
投资总额	605万USD	电　话	22122884	传　真	62881889
设立日期	2003-12-16	负责人	JOHN BARRIE HARRISON		
主营业务	财务咨询，税务咨询，商务咨询，投资咨询，企业管理咨询等。				

企业名称	本位咨询（上海）有限公司				
企业地址	上海市浦东新区花山路706号618室（200137）				
投资总额	14万USD	电　话	62266705	传　真	62266783
设立日期	2003-12-15	负责人	黄志远		
主营业务	提供数字视音频技术的技术咨询和技术服务。				

企业名称	庞贝捷商务咨询（上海）有限公司				
企业地址	上海市浦东新区张杨路500号华润时代广场24C（200120）				
投资总额	14万USD	电　话	58368321	传　真	58368115
设立日期	2003-12-12	负责人	TERRY EUGENE FRY		
主营业务	项目管理咨询，企业管理咨询，经济信息咨询，市场营销策划咨询。				

企业名称	上海富士达电梯研发有限公司				
企业地址	上海市松江工业区东部新区内（201100）				
投资总额	800万USD	电　话	67600566	传　真	67600722
设立日期	2003-12-11	负责人	内山高一		
主营业务	电梯，自动扶梯，人行道以及立体停车设备技术的研究和开发。				

企业名称	卡博特（中国）投资有限公司				
企业地址	上海市闵行区双柏路558号（200241）				
投资总额	3000万USD	电　话	64346115	传　真	64346557
设立日期	2003-12-10	负责人	HO IL KIM		
主营业务	在国家鼓励和允许外商投资的碳黑等附属产品领域依法进行投资。				

企业名称	柯杨咨询（上海）有限公司				
企业地址	上海市嘉定区叶城路1288号C-33室（201821）				
投资总额	1.2万USD	电　话	62307137	传　真	62945468
设立日期	2003-12-10	负责人	杨　雄		
主营业务	国际经济，科技，投资信息咨询，企业管理咨询，市场调研。				

企业名称	上海联亚商务咨询有限公司				
企业地址	上海市静安区吴江路31号803室（200041）				
投资总额	14万USD	电　话	52110606	传　真	52110116
设立日期	2003-12-10	负责人	王明明		
主营业务	提供各类会议服务咨询，经济信息咨询，市场调研，会展策划和咨询。				

企业名称	务腾咨询（上海）有限公司				
企业地址	上海市虹口区物华路178号2号楼102室（200086）				
投资总额	14万USD	电　话	64185171	传　真	54520410
设立日期	2003-12-10	负责人	黄伟光		
主营业务	工程造价咨询，工程项目管理咨询。				

企业名称	奥特富朗投资管理咨询（上海）有限公司				
企业地址	上海市长宁区江苏路369号28楼A1座（200050）				
投资总额	120万USD	电　话	52534888	传　真	52400700
设立日期	2003-12-9	负责人	薛村禾		
主营业务	投资管理咨询，商务咨询，房地产投资咨询，物业管理，市场调研。				

企业名称	上海灵鸽世达福咨询有限公司				
企业地址	上海市淮海中路918号久事复兴大厦24楼D座（200020）				
投资总额	14万USD	电　话	62488743	传　真	64154982
设立日期	2003-12-9	负责人	杉多保昭		
主营业务	投资咨询，商务咨询，企业管理咨询，房地产咨询及市场调查。				

企业名称	福乐思特（上海）投资顾问有限公司				
企业地址	上海市共和新路2100号（闸北体育场）103室（200070）				
投资总额	14万USD	电　话	66301818	传　真	66305298
设立日期	2003-12-8	负责人	黄崇圣		
主营业务	投资咨询及中介，市场调研，房地产信息咨询，物业管理咨询。				

企业名称	上海奥茂咨询有限公司				
企业地址	上海市徐家汇路555号广东发展银行大厦6E，F，H室（200023）				
投资总额	14万USD	电　话	53012061	传　真	63901235
设立日期	2003-12-5	负责人	STUART ANDREW BALDWI		
主营业务	商务咨询，投资咨询，企业管理顾问咨询服务。				

企业名称	**大家（中国）投资有限公司**				
企业地址	上海市卢湾区淮海中路 222 号力宝广场 2810－11（200021）				
投资总额	3000 万 USD	电　话	53966838	传　真	53966308
设立日期	2003-12-4	负 责 人	孙洪斌		
主营业务	在国家允许外商投资的药品，食品，医疗器械等领域依法进行投资等。				

企业名称	**德硕管理咨询（上海）有限公司**				
企业地址	上海市静安区昌平路 990 号 6 号楼 6205－I 室（200040）				
投资总额	50 万 USD	电　话	50272500	传　真	50272625
设立日期	2003-12-4	负 责 人	JOHN NESBITT MURDOCH		
主营业务	企业管理咨询，商务咨询，科技技术咨询。				

企业名称	**尚华咨询（上海）有限公司**				
企业地址	上海市浦东新区机场镇川南公路 1403 号 14 幢 202 室（201201）				
投资总额	140 万 USD	电　话	53852488	传　真	53852511
设立日期	2003-12-4	负 责 人	严隽泰		
主营业务	工程设计咨询，工程管理咨询，工程施工咨询，房地产咨询等。				

企业名称	**汇盈咨询（上海）有限公司**				
企业地址	上海市肇嘉浜路 680 号 408 室（200031）				
投资总额	14 万 USD	电　话	61462161	传　真	61462161
设立日期	2003-11-28	负 责 人	PETER CHIUSING PANG		
主营业务	投资咨询及中介，国际经济贸易信息咨询，科技咨询，商务咨询等。				

企业名称	**柏盟项目咨询（上海）有限公司**				
企业地址	上海市浦东新区东川路 516 号 1 栋 1 层西部（200240）				
投资总额	30 万 USD	电　话	64361399	传　真	54489992
设立日期	2003-11-27	负 责 人	JP-LEFOUL		
主营业务	建设项目设计及施工管理咨询，投资咨询，国际经济信息咨询。				

企业名称	**上海爱的福商务投资咨询有限公司**				
企业地址	上海市闵行区宜山路 1618 号综合楼 692 室（201101）				
投资总额	14 万 USD	电　话	62195291	传　真	62195291
设立日期	2003-11-27	负 责 人	宋净模		
主营业务	经济信息咨询，企业管理咨询，环保信息咨询，贸易信息咨询等。				

企业名称	**上海美约空调冷冻设备技术服务有限公司**				
企业地址	上海市普陀区西康路 1380 号（200060）				
投资总额	35 万 USD	电　话	62766509	传　真	62770608
设立日期	2003-11-27	负 责 人	陈裕年		
主营业务	对中国境内的约克产品及其相关空调冷冻系统设备的安装，调试等服务。				

企业名称	**海江田咨询（上海）有限公司**				
企业地址	上海市中兴路 401 弄 4 号二楼（200086）				
投资总额	14 万 USD	电　话	63935022	传　真	63095181
设立日期	2003-11-25	负 责 人	海江田建		
主营业务	建筑工程管理咨询，城市规划信息咨询，房地产投资及中介咨询等。				

企业名称	**奂鑫（中国）投资有限公司**				
企业地址	上海市闵行区沪闵路贵都路（201108）				
投资总额	3000 万 USD	电　话	64892888	传　真	64899666
设立日期	2003-11-24	负 责 人	徐鸿钧		
主营业务	在国家允许外商投资的计算机，新型电子元器件等领域依法进行投资等。				

企业名称	**格利资工程咨询（上海）有限公司**				
企业地址	上海市浦东新区北张家浜路 68 号 5 幢 613 室（200023）				
投资总额	14 万 USD	电　话	64187134	传　真	64183067
设立日期	2003-11-24	负 责 人	RICHARD PETER STEER		
主营业务	工程咨询，投资咨询，管理咨询，房地产咨询，市场调研。				

企业名称	**台元咨询（上海）有限公司**				
企业地址	上海市张江高科技园区郭守敬路 351 号 2 号楼 653－10 室（200131）				
投资总额	15 万 USD	电　话	62400595	传　真	62400855
设立日期	2003-11-24	负 责 人	李博文		
主营业务	物流信息咨询，企业管理信息咨询，国际经济信息咨询。				

企业名称	**上海霓索人力资源服务有限公司**				
企业地址	上海市浦东新区张杨路 1996 号 402 室（200135）				
投资总额	14 万 USD	电　话	58511391	传　真	58600190
设立日期	2003-11-24	负 责 人	陈绍璋		
主营业务	人才中介，人才推荐，人才培训，商务咨询。				

企业名称	**上海上谊信息咨询有限公司**				
企业地址	上海市张江高科技园区郭守敬路 351 号 2 号楼 653－03 室				
投资总额	300 万人民币	电　话	62813681	传　真	62944252
设立日期	2003-11-24	负 责 人	张杏如		
主营业务	幼儿学习信息咨询，计算机图文设计，信息技术的开发。				

企业名称	**基源投资顾问（上海）有限公司**				
企业地址	上海市皋兰路 2 号甲复兴公司内展览室（200020）				
投资总额	1.2 万 USD	电　话	53832328	传　真	63874716
设立日期	2003-11-21	负 责 人	张浩东		
主营业务	创业投资，商务，物业管理，海外市场投资咨询，市场调研。				

企业名称	**上海新安祈天禧禧企业管理咨询有限公司**				
企业地址	上海市瞿溪路 510 号 2 楼 7 座（200023）				
投资总额	14 万 USD	电　话	50581571	传　真	50581572
设立日期	2003-11-21	负 责 人	方　颖		
主营业务	劳动保障咨询（不含中介），投资咨询，商务咨询，经济信息咨询。				

企业名称	**上海朝日慧源咨询服务有限公司**				
企业地址	上海市延安东路 222 号 41 层 5C-5D 室（200002）				
投资总额	2.53 万 USD	电　话	63352191	传　真	63352195
设立日期	2003-11-21	负 责 人	久田真吾		
主营业务	企业投资咨询，企业管理咨询，市场分析，贸易信息咨询等。				

企业名称	**上海商维投资咨询有限公司**				
企业地址	上海市南京西路 455 弄 16 号 106 室（200003）				
投资总额	240 万 USD	电　话	50491188	传　真	50499598
设立日期	2003-11-21	负 责 人	任　筠		
主营业务	投资咨询，国际贸易咨询，商务信息咨询，企业管理咨询。				

企业名称	**杰欧管理咨询（上海）有限公司**				
企业地址	上海市嘉定区叶城路 1288 号 C－31 室（201821）				
投资总额	1.2 万 USD	电　话	33080076	传　真	64673203
设立日期	2003-11-20	负 责 人	赵家鹿		
主营业务	投资咨询，贸易信息咨询，房地产信息咨询，企业管理咨询。				

企业名称	**上海胜科至诚环境服务有限公司**				
企业地址	上海市南汇区康桥镇康沈路 538 号（201314）				
投资总额	212 万人民币	电　话	50425605	传　真	58442501
设立日期	2003-11-20	负 责 人	王章义		
主营业务	废弃物的收集，运输，处置（涉及许可经营的凭许可证经营）。				

企业名称	**上海银狮管理咨询有限公司**				
企业地址	上海市浦东新区牡丹路 60 号 1906A 室（201204）				
投资总额	20 万 USD	电　话	64159730	传　真	64155958
设立日期	2003-11-20	负 责 人	钟廷豪（CHENC THENG HOW）		
主营业务	企业管理咨询，投资咨询，商务咨询，国际经济信息咨询等。				

企业名称	**丹尼斯设计咨询（上海）有限公司**				
企业地址	上海市浦东新区北张家浜路 68 号 5 幢 323 室（201702）				
投资总额	14 万 USD	电　话	59888931	传　真	67822470
设立日期	2003-11-19	负 责 人	林长华		
主营业务	室内设计咨询，投资咨询，商务咨询（涉及许可经营的凭许可证经营）。				

企业名称	**上海翰祥景观设计咨询有限公司**				
企业地址	上海市浦东新区牡丹路 60 号 1918B 室（201204）				
投资总额	14 万 USD	电　话	62115654	传　真	63862199
设立日期	2003-11-19	负 责 人	储晓琪		
主营业务	建筑环境设计咨询，景观设计咨询，建筑规划设计咨询等。				

企业名称	**上海嘉信投资咨询有限公司**				
企业地址	上海市浦东新区乳山路 98 号第五层 F 座（200120）				
投资总额	14 万 USD	电　话	63098712	传　真	63072996
设立日期	2003-11-19	负 责 人	JIAN KE		
主营业务	投资咨询（涉及许可经营的凭许可证经营）。				

企业名称	**尼克夏陈与司徒投资咨询（上海）有限公司**				
企业地址	上海市黄陂北路 227 号 1209 室（200003）				
投资总额	14 万 USD	电　话	63758226	传　真	63758326
设立日期	2003-11-18	负 责 人	陈颂国		
主营业务	投资咨询，企业管理咨询，会议服务咨询，企业形象策划咨询。				

企业名称	高柏（上海）管理咨询有限公司				
企业地址	上海市虹口区物华路11号534室（200086）				
投资总额	14万USD	电话	54659080	传真	54659997
设立日期	2003-11-17	负责人	梁树年		
主营业务	投资管理咨询，企业管理咨询，商务咨询，商务策划，市场调研。				

企业名称	上海创希商务咨询有限公司				
企业地址	上海市淮海中路755号新华联大厦东楼15C座（200020）				
投资总额	14万USD	电话	34240007	传真	34245007
设立日期	2003-11-17	负责人	内田三男		
主营业务	商务咨询，投资咨询及中介，房地产咨询，项目管理咨询。				

企业名称	上海博都设计咨询有限公司				
企业地址	上海市浦东新区长岛路239号118－D室（200122）				
投资总额	1.2万USD	电话	68402467	传真	68402462
设立日期	2003-11-13	负责人	方　明		
主营业务	建筑设计咨询，工程项目设计，技术和管理咨询。				

企业名称	吴周投资咨询（上海）有限公司				
企业地址	上海市普陀区枣阳路108号13楼1301室（200062）				
投资总额	35万USD	电话	28157549	传真	
设立日期	2003-11-13	负责人	GOH TEE KIA		
主营业务	商务咨询，国际经济咨询，科技咨询，环境保护信息咨询，投资咨询。				

企业名称	三和喜雅达门业设计（上海）有限公司				
企业地址	上海市武定西路1189号607室（200042）				
投资总额	70万USD	电话	62495162	传真	62492195
设立日期	2003-11-12	负责人	山本修		
主营业务	门窗，卷帘门及建筑五金产品的设计，以及相关的施工工艺咨询。				

企业名称	上海泰仁伊岸希咨询有限公司				
企业地址	上海市长宁区延安西路2633号B311室（200336）				
投资总额	20万USD	电话	52735505	传真	52735505
设立日期	2003-11-11	负责人	朴相撤		
主营业务	投资咨询，工程建设咨询，建筑设计咨询，企业管理咨询，商务咨询等。				

企业名称	安鹏投资咨询（上海）有限公司				
企业地址	上海市浦东新区北张家浜路68号5幢322室				
投资总额	14万USD	电话	62882077	传真	62881384
设立日期	2003-11-10	负责人	欧阳咏诗		
主营业务	投资咨询，企业管理咨询，商务咨询，市场咨询，房地产咨询。				

企业名称	莱佛士拉萨尔（上海）教育咨询有限公司				
企业地址	上海市长宁区延安西路1600号207室（200051）				
投资总额	14万USD	电话	62373132	传真	62783174
设立日期	2003-11-7	负责人	CHEW HUA SENG		
主营业务	教育信息咨询，培训策划咨询，艺术设计策划咨询，营销咨询等。				

企业名称	思汇环境设计（上海）有限公司				
企业地址	上海市浦东新区龙东大道3000号通用厂房1号楼第1层109室				
投资总额	1.2万USD	电话	58960753	传真	68868969
设立日期	2003-11-7	负责人	高超一		
主营业务	工程项目管理咨询，平面图案设计，室内装饰设计，景观设计。				

企业名称	宇讯管理咨询（上海）有限责任公司				
企业地址	上海市浦东新区历城路70号甲2013室（200126）				
投资总额	100万USD	电话	63326660	传真	63326669
设立日期	2003-11-6	负责人	任　群		
主营业务	企业管理咨询，市场信息咨询，市场调研。				

企业名称	日置投资咨询服务（上海）有限公司				
企业地址	上海市奉贤区南桥镇解放西路338号（201400）				
投资总额	14万USD	电话	51099588	传真	51096662
设立日期	2003-11-5	负责人	黄绍忠		
主营业务	投资咨询，房地产信息咨询，环保咨询，商务咨询，企业管理咨询。				

企业名称	金榜企业财务顾问（上海）有限公司				
企业地址	上海市浦东新区浦东南路528号证券大厦南塔2001室				
投资总额	50万USD	电话	68828802	传真	68816898
设立日期	2003-11-4	负责人	高宝明		
主营业务	财务管理咨询，投资咨询，贸易信息咨询，国际经济咨询，市场调研。				

企业名称	荣格智育商务咨询（上海）有限公司				
企业地址	上海市青浦区练塘镇小蒸贞溪北路45号（201716）				
投资总额	14万USD	电话	54034308	传真	54034185
设立日期	2003-10-28	负责人	钟锦龙		
主营业务	国际经济咨询，科技咨询，环保信息咨询，投资咨询及中介等。				

企业名称	罗氏研发（中国）有限公司				
企业地址	上海市张江高科技园区蔡伦路720弄5号（201203）				
投资总额	625万USD	电话	38954910	传真	50803930
设立日期	2003-10-27	负责人	周平山		
主营业务	从事药物，诊断和相关领域的研究和开发，转让公司开发或拥有的技术。				

企业名称	澳泽咨询（上海）有限公司				
企业地址	上海市嘉定区叶城路1288号（200092）				
投资总额	1.5万USD	电话	65015083	传真	65013075
设立日期	2003-10-27	负责人	苑剑英		
主营业务	建筑装修设计咨询及相关的景观，图形设计咨询企业管理咨询。				

企业名称	瑞狮投资管理咨询（上海）有限公司				
企业地址	上海市浦东新区杨园南路116号3幢333室（200336）				
投资总额	20万USD	电话	50813452	传真	52896506
设立日期	2003-10-23	负责人	HADAR SHARAN		
主营业务	投资咨询，房地产咨询，科技咨询，企业管理咨询，贸易信息咨询等。				

企业名称	乐特仕生物科技咨询（上海）有限公司				
企业地址	上海市长宁区虹桥路2272号3层T室（200336）				
投资总额	14万USD	电话	52573880	传真	52573880
设立日期	2003-10-23	负责人	刘淑华		
主营业务	医药科技咨询，化学药品咨询，化学制剂咨询，医疗器械咨询等。				

企业名称	谋事客（上海）设计咨询有限公司				
企业地址	上海市浦东新区芳华路37号403室（201204）				
投资总额	14万USD	电话	68402467	传真	68402462
设立日期	2003-10-23	负责人	李贵超（LEE KWEE CHOW）		
主营业务	建筑工程设计咨询，多媒体制作（不含广告），企业营销策划咨询等。				

企业名称	知泉科技咨询（上海）有限公司				
企业地址	上海市大田路129弄1号11层G室（200041）				
投资总额	1.75万USD	电话	62719846	传真	62719846
设立日期	2003-10-23	负责人	奥田捻		
主营业务	信息科技咨询，企业管理咨询，贸易信息咨询，投资管理咨询等。				

企业名称	德维亚帕特咨询（上海）有限公司				
企业地址	上海市浦东新区东方路985号18楼B座（200122）				
投资总额	14万USD	电话	63728118	传真	63726626
设立日期	2003-10-21	负责人	NIGEL JAMES GREEN		
主营业务	企业管理咨询，经济信息咨询，投资咨询，贸易信息咨询，商务咨询等。				

企业名称	索迪斯（上海）管理服务有限公司				
企业地址	上海市浦东新区花山路706号1207-1208室（200137）				
投资总额	30万USD	电话	62096008	传真	62096009
设立日期	2003-10-21	负责人	CHRISTOPHE SOLAS		
主营业务	提供餐饮服务，清洁服务，绿化养护服务，洗衣服务，物业管理服务等。				

企业名称	马凯投资咨询（上海）有限公司				
企业地址	上海市浦东新区张江镇张江路727号508－B室（201203）				
投资总额	14万USD	电话	61138311	传真	61138580
设立日期	2003-10-21	负责人	李　震		
主营业务	投资信息咨询，策略咨询，市场营销策划咨询，企业形象策划等。				

企业名称	普轩（上海）投资咨询有限公司				
企业地址	上海市长宁区仙霞路317号B座1503室（200051）				
投资总额	14万USD	电话	62096698	传真	62350257
设立日期	2003-10-20	负责人	赵　兵		
主营业务	投资咨询，国际经济咨询，贸易咨询，科技咨询，商务咨询等。				

企业名称	桥场会展服务咨询（上海）有限公司				
企业地址	上海市嘉定工业区福海路1055号（201821）				
投资总额	14万USD	电话	62307137	传真	62701167
设立日期	2003-10-17	负责人	戸塚道夫		
主营业务	展览信息咨询，会议策划咨询，国际商务咨询，企业形象策划咨询。				

企业名称	杜邦（中国）研发管理有限公司				
企业地址	上海市张江高科技园区蔡伦路 600 号（201203）				
投资总额	800 万 USD	电话	63866366	传真	63859522
设立日期	2003-10-16	负责人	缪国华		
主营业务	从事与杜邦相关的技术和产品的科研，开发，成果转让和授权应用。				

企业名称	海沪船务咨询（上海）有限公司				
企业地址	上海市浦东新区陆家嘴东路 161 号 1906 室（200120）				
投资总额	14 万 USD	电话	58790300	传真	58761773
设立日期	2003-10-16	负责人	许志勤		
主营业务	船务信息咨询，船舶管理咨询，企业管理咨询，科技咨询，投资咨询等。				

企业名称	英科浦商务咨询（上海）有限公司				
企业地址	上海市浦东新区乳山路 98 号普联大厦 5F－S 室（200120）				
投资总额	14 万 USD	电话	58528379	传真	58528379
设立日期	2003-10-16	负责人	陈鹏慧		
主营业务	投资咨询，贸易咨询，国际经济信息咨询，科技咨询，市场调研等。				

企业名称	上海爱实得饮食管理有限公司				
企业地址	上海市北京东路 465 号物资大厦 1709 室（200002）				
投资总额	30 万 USD	电话	63521115	传真	63521115
设立日期	2003-10-15	负责人	寺地实		
主营业务	生产饮料食品自动销售设备，销售公司自产产品等。				

企业名称	上海普列文教育咨询服务有限公司				
企业地址	上海市普陀区枣阳路 108 号 519 室（200052）				
投资总额	20 万 USD	电话	62578899	传真	62433238
设立日期	2003-10-13	负责人	冯克胜		
主营业务	科技咨询，商务咨询，国际经济咨询，企业管理咨询，投资咨询。				

企业名称	田旺企业管理咨询（上海）有限公司				
企业地址	上海市浦东新区花山路 706 号 1201 室（200137）				
投资总额	14 万 USD	电话	62891977	传真	62891978
设立日期	2003-10-13	负责人	ZEV ALAN ROSENTHAL		
主营业务	企业管理咨询，经济信息咨询，投资咨询，贸易信息咨询，商务咨询等。				

企业名称	上海培思咨询有限公司				
企业地址	上海市浦东新区牡丹路 60 号东辰大厦 1811D 室（201204）				
投资总额	14 万 USD	电话	53588686	传真	63589899
设立日期	2003-10-10	负责人	SAROJA DEVI BEATTIE		
主营业务	商业管理咨询，市场策划咨询，职业培训咨询，商务信息咨询等。				

企业名称	万华（上海）投资咨询有限公司				
企业地址	上海市浦东新区浦东大道 1089 号中信五牛城启泰阁 13 楼 C 室				
投资总额	14 万 USD	电话	64692050	传真	64692050
设立日期	2003-10-10	负责人	严小纯		
主营业务	企业投资咨询，市场调研，企业管理咨询，贸易信息咨询等。				

企业名称	质城检测咨询（上海）有限公司				
企业地址	上海市浦东新区张江镇庵东村新乐宅 64 号（201209）				
投资总额	60 万 USD	电话	50200115	传真	50200116
设立日期	2003-10-10	负责人	张永强		
主营业务	金属零件的检测技术咨询（涉及许可经营的凭许可证经营）。				

企业名称	殷太咨询（上海）有限公司				
企业地址	上海市黄浦区人民路 885 号 913 室（200021）				
投资总额	14 万 USD	电话	63281370	传真	
设立日期	2003-10-10	负责人	庄震仲		
主营业务	从事企业管理咨询，经济信息咨询，投资咨询，商务咨询。				

企业名称	日清奥利友（中国）投资有限公司				
企业地址	上海市黄浦区福州路 666 号金陵海欣大厦 8 楼 D 座（200001）				
投资总额	3000 万 USD	电话	63917441	传真	63917817
设立日期	2003-10-9	负责人	大込一男		
主营业务	在国家鼓励和允许外商投资大豆深加工等的合同栽培等领域进行投资。				

企业名称	上海瀚航投资咨询有限公司				
企业地址	上海市浦东新区洪山路 174 号 402 室（200080）				
投资总额	14 万 USD	电话	55953308	传真	33010440
设立日期	2003-9-30	负责人	王 强		
主营业务	投资咨询，企业管理咨询，市场调研，贸易信息咨询，环保信息咨询。				

企业名称	上海梁山泊投资咨询有限公司				
企业地址	上海市浦东新区银城东路 101 号汇丰大厦 13 楼（200120）				
投资总额	14 万 USD	电话	68758685	传真	50588845
设立日期	2003-9-30	负责人	根本康彦		
主营业务	投资咨询（涉及许可经营的凭许可证经营）。				

企业名称	上海金螳螂环境设计研究有限公司				
企业地址	上海市浦东新区张江路 727 号 506－D 室（201203）				
投资总额	25 万 USD	电话	58882036	传真	58882036
设立日期	2003-9-30	负责人	倪 林		
主营业务	环境艺术设计，景观设计，建筑设计咨询，工程项目咨询。				

企业名称	普凯投资管理（上海）有限公司				
企业地址	上海市浦东新区牡丹路 60 号 1909D 室（201204）				
投资总额	30 万 USD	电话	62376673	传真	62376709
设立日期	2003-9-28	负责人	姚继平		
主营业务	投资管理，投资咨询，企业管理咨询，国际经济信息咨询，项目策划。				

企业名称	智买道积分通咨询（上海）有限公司				
企业地址	上海市张江高科技园区郭守敬路 351 号 2 号楼 648—14 室（201203）				
投资总额	14 万 USD	电话	64455575	传真	64457998
设立日期	2003-9-25	负责人	HENRY WINTER		
主营业务	计算机网络软件的开发、设计、制作，销售自产产品。				

企业名称	奈思飞信息技术（上海）有限公司				
企业地址	上海市张江高科技园区郭守敬路 351 号 2 号楼 676－02 室（201203）				
投资总额	14 万 USD	电话	33041245	传真	63519845
设立日期	2003-09-25	负责人	LAI TEIN HUAT		
主营业务	信息技术软件的开发、设计、制作，销售自产产品。				

企业名称	友好投资咨询（上海）有限公司				
企业地址	上海市浦东新区桃林路 18 号环球广场 2204－2205 室（200120）				
投资总额	14 万 USD	电话	58523771	传真	58525720
设立日期	2003-9-24	负责人	CHRISTOPHER GEOFFREY		
主营业务	国际经济咨询，科技咨询，贸易信息咨询，投资咨询，房产咨询。				

企业名称	韩美派森斯咨询（上海）有限公司				
企业地址	上海市浦东新区北张家浜路 68 号 5 幢 155 室（200021）				
投资总额	30 万 USD	电话	63858713	传真	63855907
设立日期	2003-9-24	负责人	张大成		
主营业务	工程项目咨询，工程管理咨询，工程技术咨询，建筑设计咨询。				

企业名称	名业商务咨询（上海）有限公司				
企业地址	上海市虹口区水电路 120 号 412 室（200083）				
投资总额	10 万 USD	电话	51539261	传真	51539291
设立日期	2003-09-24	负责人	余洁仪		
主营业务	品牌规划咨询，整行咨询等。				

企业名称	捷培森咨询（上海）有限公司				
企业地址	上海市浦东新区花山路 706 号 829 室（200137）				
投资总额	14 万 USD	电话	51608888	传真	62361120
设立日期	2003-9-23	负责人	NG LIAN CHING		
主营业务	商务咨询，企业管理咨询，经济信息咨询，项目管理咨询及策划咨询。				

企业名称	立欧医药咨询（上海）有限公司				
企业地址	上海市张江高科技园区郭守敬路 351 号 2 号楼 685－09 室（201203）				
投资总额	20 万 USD	电话	58559032	传真	51320411
设立日期	2003-9-23	负责人	李 欣		
主营业务	生物医药产品，医疗器械设备需求信息咨询，医疗信息咨询等。				

企业名称	展思咨询（上海）有限公司				
企业地址	上海市张江高科技园区郭守敬路 351 号 2 号楼 648-07 室（201203）				
投资总额	14 万 USD	电话	62793615	传真	50817321
设立日期	2003-9-19	负责人	曾璟璇		
主营业务	企业管理咨询，经济信息咨询，投资咨询，商务咨询，贸易咨询等。				

企业名称	碧谱照明设计（上海）有限公司				
企业地址	上海市长宁区新泾路 118 号 101 室（200335）				
投资总额	3 万 USD	电话	53960327	传真	53961087
设立日期	2003-9-18	负责人	林志明		
主营业务	照明控制系统设计咨询，照明工程设计咨询，灯具设计咨询等。				

企业名称	上海英菲柯斯设计咨询有限公司				
企业地址	上海市永嘉路 692 号（200021）				
投资总额	14 万 USD	电话	63877252	传真	63877252
设立日期	2003-9-18	负责人	小川训央		
主营业务	建筑设计咨询，室内装潢设计咨询，投资咨询，企业管理咨询等。				

企业名称	上海商沃广告材料有限公司				
企业地址	上海市青浦区华新镇纪鹤公路 2451 号（201708）				
投资总额	140 万 USD	电话	51060119	传真	51060125
设立日期	2003-9-16	负责人	钟德钦		
主营业务	生产，加工指示标志，广告招牌，展示器材及其配套件等。				

企业名称	特力和乐（上海）投资咨询有限公司				
企业地址	上海市长宁区仙霞西路 88 号 B2（200335）				
投资总额	300 万 USD	电话	52191818	传真	52190808
设立日期	2003-9-15	负责人	李丽秋		
主营业务	投资咨询，企业管理咨询，有关国际经济，科技，环保信息等。				

企业名称	上海伟驰咨询有限公司				
企业地址	上海市长宁区延安西路 2299 号 5 楼 K11（200336）				
投资总额	20 万 USD	电话	62361296	传真	62360355
设立日期	2003-9-12	负责人	及川英明		
主营业务	企业投资咨询及中介，国际经济贸易信息咨询，企业管理咨询等。				

企业名称	克力思咨询（上海）有限公司				
企业地址	上海市静安区铜仁路 195 号 1208 室（200041）				
投资总额	14 万 USD	电话	62360780	传真	
设立日期	2003-9-10	负责人	RICHARD GRANGER		
主营业务	房地产信息咨询，建筑咨询，投资咨询，项目管理咨询和企业管理咨询。				

企业名称	宝智坚思管理咨询（上海）有限公司				
企业地址	上海市郭守敬路 498 号浦东软件园 22301－300 座（201203）				
投资总额	14 万 USD	电话	51036998	传真	68876179
设立日期	2003-9-8	负责人	黄得承		
主营业务	信息技术咨询，企业管理咨询，软件研发，制作，销售自产产品。				

企业名称	赫亚企业管理咨询（上海）有限公司				
企业地址	上海市浦东新区顾高路 1383 号 B 区（200127）				
投资总额	14 万 USD	电话	63285909	传真	64451866
设立日期	2003-9-8	负责人	TAN ANN KOK		
主营业务	企业管理咨询，投资咨询，国际经济信息咨询，科技咨询等。				

企业名称	世汇咨询（上海）有限公司				
企业地址	上海市张江高科技园区郭守敬路 351 号 2 号楼 648－10 室（201203）				
投资总额	51164476	电话	63222324	传真	
设立日期	2003-9-8	负责人	刘 慧		
主营业务	企业管理咨询，投资信息咨询，科技信息咨询，商务策划咨询等。				

企业名称	均富咨询（上海）有限公司				
企业地址	上海市黄浦区南京西路 128 号 1602，1603 室（200040）				
投资总额	20 万 USD	电话	63272200	传真	63588966
设立日期	2003-9-4	负责人	DIAS-AZEDO,GABRIEL		
主营业务	投资咨询，商务咨询，财务管理咨询，企业形象策划。				

企业名称	保德信顾问（上海）有限公司				
企业地址	上海市浦东新区银城东路 101 号汇丰大厦 21 楼 13 室（200120）				
投资总额	14 万 USD	电话	62708988	传真	63852299
设立日期	2003-9-4	负责人	JOHN J.O CONNELL		
主营业务	企业管理咨询，投资咨询，国际经济贸易咨询。				

企业名称	上海智财风险管理咨询有限公司				
企业地址	上海市张江高科技园区郭守敬路 351 号 2 号楼 648-09 室（201203）				
投资总额	14.51 万 USD	电话	64647670	传真	64393298
设立日期	2003-9-4	负责人	张 沁		
主营业务	各类经济及行政管理项目的风险预测，风险控制计划等。				

企业名称	上海奥珂投资咨询服务有限公司				
企业地址	上海市崇明县大同公路 158 号（202155）				
投资总额	12 万 USD	电话	62821278	传真	62821278
设立日期	2003-9-4	负责人	NIGEL JOHN UPSTONE		
主营业务	从事投资项目的中介，咨询服务，贸易信息咨询，国际经济咨询等。				

企业名称	中电科技电子信息系统（上海）有限公司				
企业地址	上海市天目西路 99 号汇贡大厦 9 楼（200070）				
投资总额	1208.2 万 USD	电话	53718987	传真	53718979
设立日期	2003-9-3	负责人	王建章		
主营业务	智能交通，智能建筑等行业的机电系统工程，电子信息系统工程等。				

企业名称	传慎（中国）投资有限公司				
企业地址	上海市浦东新区乳山路 227 号 201 室 86 座（200021）				
投资总额	3000 万 USD	电话	52604610	传真	52604611
设立日期	2003-9-3	负责人	李怀靖		
主营业务	房地产开发，管理相关领域，电子，建筑等及国家允许外商投资的领域。				

企业名称	多码信息咨询（上海）有限公司				
企业地址	上海市张江高科技园区郭守敬路 351 号 2 号楼 648-08 室（201203）				
投资总额	14 万 USD	电话	51276765	传真	51276795
设立日期	2003-9-1	负责人	THOMAS SAI YIN HHO		
主营业务	科技咨询，企业管理咨询，经济信息咨询，管理软件研发，制作。				

企业名称	美育奥福商务咨询（上海）有限公司				
企业地址	上海市斜土路 2601 号 T3 幢 23F 室（200030）				
投资总额	14 万 USD	电话	62495506	传真	62495507
设立日期	2003-8-28	负责人	徐亢绪		
主营业务	商务咨询，市场调研，科技咨询，投资咨询，企业管理咨询。				

企业名称	上海乐迪展览设计服务有限公司				
企业地址	上海市闵行区虹梅南路 4855 号 412 室（201109）				
投资总额	15 万 USD	电话	52192174	传真	62392635
设立日期	2003-8-28	负责人	杨志添		
主营业务	展览展示设计服务，市场策划，会场服务，企业形象设计策划。				

企业名称	博莱克威奇国际贸易（上海）有限公司				
企业地址	上海市外高桥保税区奥纳路 185 号 644 室（200131）				
投资总额	28 万 USD	电话	58165939	传真	58165889
设立日期	2003-8-27	负责人	STEPHEN ENILES		
主营业务	国际贸易，转口贸易，保税区企业间的贸易及贸易代理，工程咨询服务。				

企业名称	上海巨霖咨询有限公司				
企业地址	上海市浦东新区牡丹路 60 号 1819D 室（201204）				
投资总额	14 万 USD	电话	63345389	传真	63345399
设立日期	2003-8-22	负责人	余 燕		
主营业务	投资咨询，贸易信息咨询，国际经济信息咨询，科技咨询，市场调研等。				

企业名称	上海菁菁商务咨询有限公司				
企业地址	上海市漕溪北路 41 号 4 楼 D 座（200030）				
投资总额	15 万 USD	电话	56414651	传真	56414651
设立日期	2003-8-21	负责人	赵 菁		
主营业务	投资咨询及中介，房地产信息咨询，科技咨询等。				

企业名称	欧睦技术咨询（上海）有限公司				
企业地址	上海市浦东新区世纪大道 88 号 3101 室（200120）				
投资总额	14 万 USD	电话	63403588	传真	63403788
设立日期	2003-8-13	负责人	ULF CARLSSON		
主营业务	交易技术软件方面的技术支持和咨询及商务咨询。				

企业名称	汇侨设计咨询顾问（上海）有限公司				
企业地址	上海市浦东康桥工业区康桥路 1100 号 390 室（201318）				
投资总额	15 万 USD	电话	62498000	传真	64153090
设立日期	2003-8-13	负责人	刘淑美		
主营业务	建筑装饰装修，工程设计咨询（涉及许可经营的凭许可证经营）。				

企业名称	桦田咨询（上海）有限公司				
企业地址	上海市黄浦区金陵西路 38 号 101 室（200020）				
投资总额	120 万 USD	电话	63877606	传真	63877607
设立日期	2003-8-12	负责人	张维良		
主营业务	国际经济咨询，科技咨询，贸易信息咨询，投资咨询，房产咨询等。				

企业名称	震威通运咨询（上海）有限公司				
企业地址	上海市长宁区武夷路 697 号 700－7 室（200051）				
投资总额	14 万 USD	电话	34230333	传真	34230103
设立日期	2003-8-8	负责人	薛兆龄		
主营业务	企业管理咨询，物流咨询，企业投资咨询，国际经济咨询。				

企业名称	澳泽咨询（上海）有限公司				
企业地址	上海市嘉定区叶城路 1288 号（201821）				
投资总额	1.5 万 USD	电话	65015083	传真	65013075
设立日期	2003-8-6	负责人	苑剑英		
主营业务	建筑装修设计咨询及相关的景观，图形设计咨询，企业管理咨询。				

企业名称	开宝咨询（上海）有限公司				
企业地址	上海市肇嘉浜路 333 号 507 室（200032）				
投资总额	14 万 USD	电话	64228369	传真	64228370
设立日期	2003-8-6	负责人	李俊杰		
主营业务	投资咨询，房地产咨询，建筑设计咨询（涉及许可经营的凭许可证经营）。				

企业名称	上海芬林纸业咨询有限公司				
企业地址	上海市淮海中路 381 号中环广场 2918 室（200021）				
投资总额	14 万 USD	电话	61039006	传真	61039000
设立日期	2003-8-6	负责人	OLLI MAKI		
主营业务	纸业市场咨询，纸业技术咨询，纸业信息咨询。				

企业名称	多可思综合策划咨询（上海）有限公司				
企业地址	上海市浦东新区北张家浜路 68 号 1 幢 307 室				
投资总额	2.56 万 USD	电话	63597811	传真	63597822
设立日期	2003-8-5	负责人	魏 昂		
主营业务	国际经济咨询，科技咨询，贸易信息咨询，投资咨询，房产咨询。				

企业名称	印华咨询（上海）有限公司				
企业地址	上海市中山南路 28 号 401 室（200010）				
投资总额	14 万 USD	电话	54940994	传真	54940994
设立日期	2003-8-5	负责人	陈和杰		
主营业务	企业投资咨询及中介，企业经营管理咨询，企业形象设计咨询。				

企业名称	上海佳点信息咨询有限公司				
企业地址	上海市秣陵路 50 号市北科技创业大厦 705 室（200070）				
投资总额	14 万 USD	电话	63176440	传真	63177362
设立日期	2003-7-31	负责人	吕旻		
主营业务	投资咨询，企业形象策划，企业管理咨询，经济信息咨询，科技咨询等。				

企业名称	上海科进咨询有限公司				
企业地址	上海市静安区吴江路 31 号 1507 室（200041）				
投资总额	20 万 USD	电话	52110228	传真	52110075
设立日期	2003-7-31	负责人	林建源		
主营业务	土木工程咨询，结构工程咨询，机电工程咨询，地质技术工程咨询等。				

企业名称	苏兰纳咨询（上海）有限公司				
企业地址	上海市南京西路 1486 号 3 号楼 702 室（200040）				
投资总额	15 万 USD	电话	63539030	传真	63531093
设立日期	2003-7-31	负责人	SOH ENG KOOI		
主营业务	机电设备，消防设备安装工程设计，施工工程中的咨询服务。				

企业名称	亚东投资有限公司				
企业地址	上海市浦东新区连云港路 138 号（200126）				
投资总额	3000 万 USD	电话	58474136	传真	58474048
设立日期	2003-7-24	负责人	张才雄		
主营业务	在国家鼓励和允许外商投资的水泥等及相关附属产品领域进行投资。				

企业名称	上海泛锐投资管理有限公司				
企业地址	上海市张江高科技园区郭守敬路 351 号 2 楼 647-17 室（201203）				
投资总额	12.08 万 USD	电话	62376077	传真	62376361
设立日期	2003-7-22	负责人	江家骏		
主营业务	受托管理和经营创业投资公司的创业资本，投资咨询。				

企业名称	前锐（上海）商务咨询有限公司				
企业地址	上海市余姚路 2 号 404 室（200040）				
投资总额	14 万 USD	电话	52068989	传真	52066738
设立日期	2003-7-22	负责人	TOR RUSSELL PETERSEN		
主营业务	市场调查，国际经济咨询，科技咨询，环境保护信息咨询，投资咨询。				

企业名称	迪爱生投资有限公司				
企业地址	上海市长乐路 989 号世纪商贸广场 22F（200031）				
投资总额	3000 万 USD	电话	54040066	传真	54075008
设立日期	2003-7-18	负责人	东乡洋次		
主营业务	在国家鼓励和允许外商投资的化工原料，化工产品等领域进行投资。				

企业名称	东芝产品服务（上海）有限公司				
企业地址	上海市淮海中路 93 号大上海时代广场 16 楼（200021）				
投资总额	400 万 USD	电话	63911188	传真	63918018
设立日期	2003-7-18	负责人	新田昌幸		
主营业务	销售和代理销售东芝品牌的商品等。				

企业名称	法安（上海）投资咨询有限公司				
企业地址	上海市浦东新区牡丹路 60 号 1290C 室（201204）				
投资总额	65 万 USD	电话	51021868	传真	51021868
设立日期	2003-7-18	负责人	BRIAN CHUNGCHI KENG		
主营业务	医疗医药领域市场调研，企业管理咨询，科技与经济信息咨询。				

企业名称	宏腾技术咨询（上海）有限公司				
企业地址	上海市浦东新区乳山路 227 号 101 室－4 座（200120）				
投资总额	14 万 USD	电话	63912323	传真	63912325
设立日期	2003-7-18	负责人	CHIN YIN LIN		
主营业务	楼宇节能技术咨询，楼宇环保技术咨询，楼宇智能化管理咨询等。				

企业名称	上海欣体念管理咨询有限公司				
企业地址	上海市浦东新区乳山路 98 号第五层 M 座（200051）				
投资总额	14 万 USD	电话	52414347	传真	52414340
设立日期	2003-7-18	负责人	KTMO D CUMMTNGS		
主营业务	企业管理咨询，营销企划咨询，投资咨询，市场调研，国际经济咨询等。				

企业名称	上海卓佳财务咨询有限公司				
企业地址	上海市瑞金二路 202 号 105 室（200020）				
投资总额	14 万 USD	电话	61023336	传真	63917697
设立日期	2003-7-17	负责人	刘震东		
主营业务	商务投资咨询，财务咨询，企业收购兼并咨询，物业管理咨询。				

企业名称	美洲俱乐部管理（上海）有限公司				
企业地址	上海市虹口区四平路 421 弄 20 号 529 室（200080）				
投资总额	15 万 USD	电话	63933093	传真	62982441
设立日期	2003-7-15	负责人	LIAO HONG YU		
主营业务	俱乐部经营管理，技术指导及相关咨询（涉及许可经营的凭许可证经营）。				

企业名称	安真商务咨询（上海）有限公司				
企业地址	上海市长宁区天山路 600 弄 2 号 9 楼 E 座（200051）				
投资总额	20 万 USD	电话	52530118	传真	62909120
设立日期	2003-7-11	负责人	ANDY MANNHART		
主营业务	商务咨询，国际经济信息咨询，企业投资咨询，贸易咨询，科技咨询。				

企业名称	朗睿咨询（上海）有限公司				
企业地址	上海市新华路 730 号 717 室（200052）				
投资总额	1.2 万 USD	电话	62941889	传真	62941882
设立日期	2003-7-11	负责人	马晓明		
主营业务	投资咨询，国际经济咨询，企业管理咨询，科技咨询，商务信息咨询。				

企业名称	如景商务咨询（上海）有限公司				
企业地址	上海市制造局路 833 弄 23 号 17 座（200070）				
投资总额	14 万 USD	电话	63549802	传真	63530226
设立日期	2003-07-10	负责人	梁如筠		
主营业务	商务咨询，营销管理咨询，公共关系咨询，装饰设计咨询。				

企业名称	上海沐古管理咨询有限公司				
企业地址	上海市南京西路 1486 号 1 号楼 328 室（200041）				
投资总额	14 万 USD	电话	62106630	传真	62108238
设立日期	2003-7-9	负责人	余顺男		
主营业务	企业管理咨询，企业形象策划咨询，市场调研，会展服务咨询。				

企业名称	库玛林薪信息咨询（上海）有限公司				
企业地址	上海市河南北路 441 号 1717 室（200085）				
投资总额	14 万 USD	电话	54243427	传真	54243427
设立日期	2003-7-9	负责人	林志明		
主营业务	市场开发信息咨询，企业管理信息咨询，投资及中介信息咨询。				

企业名称	中瀚石林企业咨询（上海）有限公司				
企业地址	上海市长宁区遵义南路 88 号 12 楼（200336）				
投资总额	14 万 USD	电话	62702215	传真	62702275
设立日期	2003-7-4	负责人	钟铭光		
主营业务	企业管理咨询，商务信息咨询，国际经济信息咨询，贸易信息咨询。				

企业名称	异琪设计咨询（上海）有限公司				
企业地址	上海市浦东新区兴学路 160 号 513 室（200137）				
投资总额	1.5 万 USD	电　话	51155498	传　真	51155496
设立日期	2003-7-3	负 责 人	章　纯		
主营业务	景观设计咨询，环境艺术设计咨询，室内装潢设计咨询，市场调研。				

企业名称	上海和统商务咨询有限公司				
企业地址	上海市嘉定区徐行镇新建一路 368 号（201808）				
投资总额	15.39 万 USD	电　话	62271048	传　真	62274609
设立日期	2003-7-2	负 责 人	乔成模		
主营业务	国际经济咨询，投资咨询，贸易信息咨询，市场调研。				

企业名称	奥陆企业管理咨询（上海）有限公司				
企业地址	上海市闵行区虹梅路 3203 号 1 楼 106 室（201102）				
投资总额	14 万 USD	电　话	54970355	传　真	54970355
设立日期	2003-7-2	负 责 人	方志宏		
主营业务	企业管理咨询，国际经济咨询，贸易信息咨询，投资咨询等。				

企业名称	百鸥科技信息咨询服务（上海）有限公司				
企业地址	上海市四平路 1945 号 A 座 1002B（200433）				
投资总额	1.2 万 USD	电　话	52712410	传　真	52712410
设立日期	2003-7-2	负 责 人	黄雪芬		
主营业务	科技咨询，市场调研。				

企业名称	联贸创作咨询（上海）有限公司				
企业地址	上海市延安中路 557 号二楼（200020）				
投资总额	14 万 USD	电　话	62719992	传　真	62711212
设立日期	2003-7-1	负 责 人	林建中		
主营业务	企业形象策划，市场调研，展览会务及服务咨询，公关咨询等。				

企业名称	苏力信投资咨询（上海）有限公司				
企业地址	上海市长宁区广顺路 33 号 5025 室（200336）				
投资总额	15 万 USD	电　话	62128961	传　真	62127710
设立日期	2003-6-30	负 责 人	潘国华		
主营业务	投资咨询，商务咨询，企业管理咨询，房产咨询，经济贸易信息咨询。				

企业名称	统勤投资咨询（上海）有限公司				
企业地址	上海市黄浦区北京东路 666 号西 7 楼 D 室（200001）				
投资总额	50 万 USD	电　话	53083400	传　真	64957650
设立日期	2003-06-30	负 责 人	邓润泽		
主营业务	商务信息咨询，国际经济信息咨询，投资咨询及中介服务，科技咨询。				

企业名称	艾博思川力咨询（上海）有限公司				
企业地址	上海市外高桥保税区日京路 38 号 107 室（200131）				
投资总额	20 万 USD	电　话	62192209	传　真	62780536
设立日期	2003-6-26	负 责 人	朱国良		
主营业务	企业策划咨询；展览设计咨询；商业会议策划咨询；房产信息咨询。				

企业名称	上海美进工程项目咨询有限公司				
企业地址	上海市浦东新区灵山路 898 号 11 幢 573 室（200122）				
投资总额	40 万 USD	电　话	63071177	传　真	63240874
设立日期	2003-6-26	负 责 人	邹志忠		
主营业务	工程项目技术咨询，工程项目管理（涉及许可经营的凭许可证经营）。				

企业名称	上海西岛国际商务咨询有限公司				
企业地址	上海市闵行区平阳路 258 号 2067 室（201102）				
投资总额	14 万 USD	电　话	63906558	传　真	63906609
设立日期	2003-6-25	负 责 人	叶志江		
主营业务	投资咨询，企业管理咨询，经贸信息咨询，房产信息咨询。				

企业名称	英博企业管理（上海）有限公司				
企业地址	上海市湖滨路 222 号新天地大厦 1 号楼 1115 室（200021）				
投资总额	1816.9 万 USD	电　话	53827878	传　真	53829670
设立日期	2003-6-24	负 责 人	DIRK MOENS		
主营业务	提供投资管理和咨询服务，提供市场营销服务。				

企业名称	上海大教咨询有限公司				
企业地址	上海市闵行区虹梅路 3211 号 5A-1（201103）				
投资总额	23 万 USD	电　话	61458323	传　真	61458325
设立日期	2003-6-23	负 责 人	朴台永		
主营业务	培训信息咨询，计算机信息咨询，经贸信息咨询，商务信息咨询。				

企业名称	希菲亚咨询（上海）有限公司				
企业地址	上海市南汇区惠南镇车站北路 18 号 408 室（201300）				
投资总额	11 万 USD	电　话	63725570	传　真	63725570
设立日期	2003-6-19	负 责 人	赵　寅		
主营业务	投资咨询，商务咨询，企业管理咨询，房产咨询，经济贸易信息咨询。				

企业名称	上海人合人力资源管理有限公司				
企业地址	上海市淮海中路 283 号香港广场南座 702 室（200021）				
投资总额	14 万 USD	电　话	63058855	传　真	62782793
设立日期	2003-6-18	负 责 人	陈　敏		
主营业务	人才供求信息的收集，整理，储存和发布，人才推荐，人才招聘等。				

企业名称	佳通轮胎（中国）投资有限公司				
企业地址	上海市闵行区华翔路 331 号（201105）				
投资总额	3000 万 USD	电　话	63353000	传　真	22073087
设立日期	2003-06-18	负 责 人	林美金		
主营业务	轮胎及轮胎配件，橡胶制品，汽车零配件，化工产品等及相关领域。				

企业名称	丹青创艺设计咨询（上海）有限公司				
企业地址	上海市张江高科技园区郭守敬路 351 号 2 号楼 642-16 室（201203）				
投资总额	30 万 USD	电　话	54894017	传　真	63350867
设立日期	2003-6-17	负 责 人	伊藤芳晃		
主营业务	建筑设计咨询，景观设计咨询，会议及展览的策划咨询，商务咨询等。				

企业名称	才博管理咨询（上海）有限公司				
企业地址	上海市虹桥路 2272 号 6S 室（200336）				
投资总额	1.2 万 USD	电　话	62376684	传　真	62376697
设立日期	2003-6-13	负 责 人	徐廉生		
主营业务	企业管理咨询，投资咨询及中介，国际经济信息咨询，贸易信息咨询。				

企业名称	威孚特品牌设计（上海）有限公司				
企业地址	上海市长宁区虹桥路 2272 号六楼 L 座（200336）				
投资总额	20 万 USD	电　话	52390779	传　真	52390477
设立日期	2003-6-13	负 责 人	陈丹阳		
主营业务	企业品牌设计，咨询（涉及许可经营的凭许可证经营）。				

企业名称	上海角王环境工程咨询有限公司				
企业地址	上海市浦东新区牡丹路 60 号 B1802 室（200135）				
投资总额	14 万 USD	电　话	58422328	传　真	58429121
设立日期	2003-6-11	负 责 人	角屋清忠		
主营业务	城市园林景观设计咨询，商业场所与居室装潢设计咨询。				

企业名称	上海爱意特商务咨询有限公司				
企业地址	上海市虹口区物华路 11 号 503 室（200080）				
投资总额	14 万 USD	电　话	63621226	传　真	63526657
设立日期	2003-6-10	负 责 人	矢仓英一		
主营业务	投资咨询，企业管理咨询，经济管理咨询，商务信息咨询。				

企业名称	浩汉工业产品设计（上海）有限公司				
企业地址	上海市上海国际汽车城零部件配套工业园区园大路 46 号（201805）				
投资总额	500 万 USD	电　话	69576246	传　真	69576297
设立日期	2003-6-9	负 责 人	黄景宇		
主营业务	工业产品（汽机车，电脑，家电）工业设计，电脑辅助设计等。				

企业名称	华汉国际会议展览（上海）有限公司				
企业地址	上海市长宁区仙霞路 318－322 号 2402 室（200336）				
投资总额	14 万 USD	电　话	62089040	传　真	62095210
设立日期	2003-6-9	负 责 人	博金宇		
主营业务	市场营销咨询，会展服务咨询，企业形象策划咨询，商务咨询等。				

企业名称	上海北半秋景观设计咨询有限公司				
企业地址	上海市张江高科技园区碧波路 456 号 B101－102（201203）				
投资总额	1.2 万 USD	电　话	38953500	传　真	50808005
设立日期	2003-6-9	负 责 人	于健生		
主营业务	投资咨询，企业管理咨询，经济管理咨询，商务信息咨询。				

企业名称	玮致活咨询（上海）有限公司				
企业地址	上海市静安区南京西路 1168 号 35 楼 31A（200041）				
投资总额	14 万 USD	电　话	58768996	传　真	58798691
设立日期	2003-6-5	负 责 人	HANS PETER KAPPELER		
主营业务	市场调研，市场营销管理咨询，商务咨询，信息咨询，贸易咨询。				

企业名称	旭普林工程咨询（上海）有限公司				
企业地址	上海市傅家街65号西203室（200010）				
投资总额	14万USD	电　　话	62702288	传　　真	62700990
设立日期	2003-6-5	负 责 人	EBERHARD GLASER		
主营业务	工程咨询，建筑咨询及国际经济贸易咨询，科技咨询。				

企业名称	财技品牌咨询（上海）有限公司				
企业地址	上海市控江路1029弄1号21C（200093）				
投资总额	1.2万USD	电　　话	33070230	传　　真	63110976
设立日期	2003-6-5	负 责 人	何晓腾		
主营业务	企业管理咨询。				

企业名称	合流联咨询（上海）有限公司				
企业地址	上海市静安区南京西路1468号3801楼（200040）				
投资总额	14万USD	电　　话	62475885	传　　真	62475895
设立日期	2003-6-5	负 责 人	谷口由记		
主营业务	投资咨询，商务咨询，企业管理咨询，房地产信息咨询等。				

企业名称	康泰纳仕文化事业咨询（上海）有限公司				
企业地址	上海市湖滨路222号企业天地2505室（200021）				
投资总额	230万USD	电　　话	63406699	传　　真	63406629
设立日期	2003-6-3	负 责 人	JAMES ROBERT WOOLHOUSE		
主营业务	出版物的设计咨询，出版物的技术咨询，市场营销咨询，印务咨询。				

企业名称	柏克沪晟市场调查咨询（上海）有限公司				
企业地址	上海市浦东新区北张家浜路68号5幢520室（201206）				
投资总额	14万USD	电　　话	62183636	传　　真	
设立日期	2003-6-3	负 责 人	刘国鸿		
主营业务	国际经济信息咨询，投资管理咨询，企业管理咨询，市场调研等。				

企业名称	上海可以可迈伊兹明胜人才咨询服务有限公司				
企业地址	上海市徐汇区漕溪北路18号21层A座（200030）				
投资总额	14万USD	电　　话	64275802	传　　真	64279644
设立日期	2003-6-3	负 责 人	和纳勉		
主营业务	人才供求信息的收集，整理，储存和发布，人才推荐，人才招聘等。				

企业名称	一通明堂商务策划咨询（上海）有限公司				
企业地址	上海市浦东新区龙阳路2000号110－12室（201204）				
投资总额	14万USD	电　　话	63553662	传　　真	63736313
设立日期	2003-5-29	负 责 人	KWOK KING HUNG KENNE		
主营业务	企业管理咨询，商务策划咨询，投资咨询，市场营销咨询等。				

企业名称	上海企达航空服务有限公司				
企业地址	上海市南京西路819号910室（200040）				
投资总额	23万USD	电　　话	52130265	传　　真	52130281
设立日期	2003-5-27	负 责 人	西内路子		
主营业务	国际航空机票销售代理，旅游信息咨询（涉及许可经营的凭许可证经营）。				

企业名称	百讯达（上海）广告有限公司				
企业地址	上海市威海路128号长发大厦405室（200003）				
投资总额	30万USD	电　　话	51168877	传　　真	51160678
设立日期	2003-5-26	负 责 人	郑伟明		
主营业务	设计，制作，发布，代理国内外各类广告。				

企业名称	上海凌思咨询有限公司				
企业地址	上海市长宁区仙霞路1225弄106号401室（200336）				
投资总额	14万USD	电　　话	62767622	传　　真	62767622
设立日期	2003-5-23	负 责 人	陆元昌		
主营业务	文化交流咨询，商务咨询，企业投资咨询，企业管理咨询，市场调研。				

企业名称	玛扎尔咨询（上海）有限公司				
企业地址	上海市浦东新区浦东南路528号上海证券大厦南塔2205室（200120）				
投资总额	14万USD	电　　话	68598060	传　　真	68598070
设立日期	2003-5-23	负 责 人	THIERRY LABARRE		
主营业务	提供有关财务管理咨询，技术咨询，商务与管理信息咨询。				

企业名称	佳力利咨询（上海）有限公司				
企业地址	上海市凯旋路2288弄1号101室（200030）				
投资总额	14万USD	电　　话	62265258	传　　真	62265258
设立日期	2003-5-22	负 责 人	EDDIES.Y.WANG		
主营业务	商业策划及商业环境规划咨询，投资咨询和中介，市场调研。				

企业名称	蓝钟科技咨询（上海）有限公司				
企业地址	上海市四平路1945号T座2A室（200433）				
投资总额	1.2万USD	电　　话	62256060	传　　真	62256566
设立日期	2003-5-22	负 责 人	董武敏		
主营业务	科技咨询，市场调研。				

企业名称	上海业益生态环境咨询有限公司				
企业地址	上海市闵行区金都路4299号A幢2015室12座（201108）				
投资总额	3万USD	电　　话	28139412	传　　真	53082047
设立日期	2003-5-22	负 责 人	庄　平		
主营业务	环保技术管理咨询，环保工程咨询，环境污染防止设备的安装咨询。				

企业名称	上海迅亚商务咨询有限公司				
企业地址	上海市闵行区陪昆路206号（201109）				
投资总额	14万USD	电　　话	62566399	传　　真	62567099
设立日期	2003-5-22	负 责 人	梅田丰		
主营业务	投资咨询，通讯技术咨询，市场调查咨询。				

企业名称	上海博智咨询有限公司				
企业地址	上海市浦东新区牡丹路60号D1805号（201204）				
投资总额	15万USD	电　　话	63756309	传　　真	63756305
设立日期	2003-5-21	负 责 人	薛立财		
主营业务	科技信息咨询，软件开发咨询，企业管理咨询，经济信息咨询。				

企业名称	上海零点远景投资管理咨询有限公司				
企业地址	上海市张江高科技园区郭守敬路351号2号楼642-11室				
投资总额	15万USD	电　　话	63606207	传　　真	63606211
设立日期	2003-5-21	负 责 人	袁　岳		
主营业务	投资咨询，企业管理咨询，商务咨询（涉及许可经营的凭许可证经营）。				

企业名称	梓耀投资咨询（上海）有限公司				
企业地址	上海市闵行区光华路2118号（201109）				
投资总额	680万USD	电　　话	62291006	传　　真	62291008
设立日期	2003-5-16	负 责 人	姜曼兰		
主营业务	商务咨询，信息咨询，投资咨询（涉及许可经营的凭许可证经营）。				

企业名称	仪诺娲（上海）商务咨询有限公司				
企业地址	上海市普陀区中山北路1958号华源世界广场2709室（200060）				
投资总额	14万USD	电　　话	52911304	传　　真	62035428
设立日期	2003-5-16	负 责 人	MARIA POPPE		
主营业务	企业管理咨询，商务咨询，国际贸易信息咨询，投资咨询。				

企业名称	上海威厚商务咨询有限公司				
企业地址	上海市闵行区莘庄镇东闸路899号（201100）				
投资总额	30万USD	电　　话	54170616	传　　真	54171852
设立日期	2003-5-16	负 责 人	杜洁明		
主营业务	企业管理咨询，商务咨询，环保信息咨询，市场调查，有关资产管理等。				

企业名称	不莱梅贝克（上海）自动化系统技术有限公司				
企业地址	上海市外高桥保税区新灵路118号1009A室（200131）				
投资总额	28万USD	电　　话	63900881	传　　真	63900079
设立日期	2003-5-16	负 责 人	WALFGANG　ALBERTZ		
主营业务	自动化系统及计算机软件的研究开发，并提供相关技术咨询服务。				

企业名称	上海凯岚商务咨询有限公司				
企业地址	上海市松江区荣乐东路81号310室（201600）				
投资总额	14万USD	电　　话	37740168	传　　真	
设立日期	2003-5-15	负 责 人	蓝弘远		
主营业务	企业形象设计咨询服务，企业管理咨询服务，国际经济信息咨询服务。				

企业名称	江场投资咨询（上海）有限公司				
企业地址	上海市松江区中山街道茸梅路139号（201613）				
投资总额	20万USD	电　　话	54656759	传　　真	54656755
设立日期	2003-5-15	负 责 人	李克欣		
主营业务	投资咨询，贸易，营销咨询，信息，工程咨询，提供技术培训服务。				

企业名称	协亚投资顾问（上海）有限公司				
企业地址	上海市浦东新区浦东南路256号京银大厦1703室（200120）				
投资总额	14万USD	电　　话	51150585	传　　真	51150565
设立日期	2003-5-15	负 责 人	李帝强		
主营业务	国际经济咨询，投资咨询，贸易信息咨询，企业管理咨询。				

企业名称	盖克（上海）商务咨询有限公司				
企业地址	上海市闵行区吴中路 681 号 1 号楼 2 楼（201100）				
投资总额	2 万 USD	电　　话	62311580	传　　真	62308135
设立日期	2003-5-14	负 责 人	白方克		
主营业务	国际经济咨询，投资咨询，贸易信息咨询，房产信息咨询等。				

企业名称	上海德台企业管理顾问有限公司				
企业地址	上海市闵行区莘庄镇黎安路，友东路（201100）				
投资总额	25 万 USD	电　　话	54148269	传　　真	54148262
设立日期	2003-5-14	负 责 人	柯宗荣		
主营业务	企业管理咨询，商务咨询，环保信息咨询，市场调查，资产管理。				

企业名称	信客网络咨询（上海）有限公司				
企业地址	上海市静安区南京西路 1266 号 39 楼（200040）				
投资总额	14 万 USD	电　　话	50581895	传　　真	50581906
设立日期	2003-5-14	负 责 人	TINOTHY P.MOGORROM		
主营业务	网络技术咨询，科技咨询，经贸信息咨询，企业内部职工培训咨询。				

企业名称	逸悦投资顾问（上海）有限公司				
企业地址	上海市浦东新区张江路 727 号 412-C 室（201203）				
投资总额	20 万 USD	电　　话	58552931	传　　真	58957172
设立日期	2003-5-14	负 责 人	屠文超		
主营业务	投资咨询，企业策划咨询，贸易信息咨询，商务咨询。				

企业名称	赛怡投资咨询（上海）有限公司				
企业地址	上海市杨浦区江浦路 1322 号 301－C 室（200092）				
投资总额	50 万 USD	电　　话	62278407	传　　真	63219047
设立日期	2003-5-14	负 责 人	朱继华		
主营业务	投资咨询，国际贸易咨询，房地产咨询。				

企业名称	威立雅工业水处理（上海）有限公司				
企业地址	上海市南京西路 1168 号 1010－1012 室（200040）				
投资总额	20 万 USD	电　　话	52928618	传　　真	52928658
设立日期	2003-5-14	负 责 人	REGIS CALMELS		
主营业务	制水，配水，污水（包括工业污水）处理技术和运营管理咨询服务。				

企业名称	安和迪咨询（上海）有限公司				
企业地址	上海市浦东新区高桥镇兴学路 160 号 710 室（200137）				
投资总额	14 万 USD	电　　话	52987560	传　　真	52987558
设立日期	2003-5-13	负 责 人	杨　权		
主营业务	建筑工程管理咨询，城市规划信息咨询，室内与景观工程设计咨询。				

企业名称	得钜项目管理咨询（上海）有限公司				
企业地址	上海市瞿溪路 760 号 202D 室（200023）				
投资总额	14 万 USD	电　　话	64019921	传　　真	64019291
设立日期	2003-5-13	负 责 人	林松林		
主营业务	建筑工程及工业钢结构工程管理咨询，环保工程咨询等。				

企业名称	金狮亚太管理咨询（上海）有限公司				
企业地址	上海市浦东新区牡丹路 60 号 1907A 室（201204）				
投资总额	20 万 USD	电　　话	64158818	传　　真	64155958
设立日期	2003-5-13	负 责 人	钟荣光		
主营业务	企业管理咨询，投资咨询，商务咨询，国际经济信息咨询。				

企业名称	上海德基咨询有限公司				
企业地址	上海市浦东新区北张家浜路 68 号 1 幢 150 室（200122）				
投资总额	14 万 USD	电　　话	63859816	传　　真	63859821
设立日期	2003-5-13	负 责 人	JOHN RODNEY LAW		
主营业务	投资咨询，贸易信息咨询，企业管理咨询。				

企业名称	盛烜投资咨询（上海）有限公司				
企业地址	上海市金山区枫泾镇枫阳路 287 号（201501）				
投资总额	20 万 USD	电　　话	64727702	传　　真	64735569
设立日期	2003-5-8	负 责 人	ELLIOT DON ABRAVANEL		
主营业务	国际经济咨询，科技咨询，投资咨询及中介，贸易信息咨询等。				

企业名称	鑫酷咨询（上海）有限公司				
企业地址	上海市长宁区新华路 345 号 3 号楼 2 楼 B 座（200052）				
投资总额	14 万 USD	电　　话	62941469	传　　真	62941452
设立日期	2003-5-8	负 责 人	吕锦诚		
主营业务	投资咨询，企业策划咨询，贸易信息咨询，商务咨询。				

企业名称	上海诺安农产品检测服务有限公司				
企业地址	上海市斜土路 1175 号 101 室（200032）				
投资总额	50 万 USD	电　　话	13854259002	传　　真	64033173
设立日期	2003-5-8	负 责 人	黄裕翔		
主营业务	蔬菜、水产、瓜果类的商业性的技术测试和分析服务（非法定测试）。				

企业名称	上海博陆广告传媒有限公司				
企业地址	上海市金山区山阳镇红旗东路 518 号（201508）				
投资总额	60 万 USD	电　　话	63410444	传　　真	63410772
设立日期	2003-5-8	负 责 人	邬　义		
主营业务	设计、制作、发布、代理国内外各类广告；企业管理咨询。				

企业名称	嘉强（上海）咨询有限公司				
企业地址	上海市浦东新区北张家浜路 68 号 5 幢 353 室（200120）				
投资总额	14 万 USD	电　　话	54075028	传　　真	54075029
设立日期	2003-5-7	负 责 人	程骁远		
主营业务	投资咨询，企业管理咨询，市场调研，贸易信息咨询，环保信息咨询。				

企业名称	铿晓设计咨询（上海）有限公司				
企业地址	上海市浦东新区世纪大道 777 号 2 楼（200120）				
投资总额	14 万 USD	电　　话	68878777	传　　真	58406281
设立日期	2003-4-30	负 责 人	PETER DUNCAN		
主营业务	建筑设计咨询及设计咨询，城市及环境设计咨询等。				

企业名称	利普（上海）咨询有限公司				
企业地址	上海市南丹东路 255 号 306 室（200030）				
投资总额	20 万 USD	电　　话	64736853	传　　真	64736849
设立日期	2003-4-30	负 责 人	李中平		
主营业务	国际经济咨询，能源基础设施项目管理咨询，企业人才培训咨询。				

企业名称	优耐智咨询（上海）有限公司				
企业地址	上海市可乐路 209 号 3 幢 101 室（200335）				
投资总额	1.2 万 USD	电　　话	62567799	传　　真	62567799
设立日期	2003-4-30	负 责 人	张能兴		
主营业务	投资咨询，贸易信息咨询，企业管理咨询。				

企业名称	中迪（上海）教育管理咨询有限公司				
企业地址	上海市浦东新区芳草路 273 号 301 室（200120）				
投资总额	14 万 USD	电　　话	53850783	传　　真	53850787
设立日期	2003-4-30	负 责 人	ANTONY HLL		
主营业务	教育管理咨询，教育信息咨询，商务咨询，教育投资咨询。				

企业名称	德勤商务咨询（上海）有限公司				
企业地址	上海市浦东新区浦东大道 138 号永华大厦 8B03 室（200122）				
投资总额	14 万 USD	电　　话	61418888	传　　真	
设立日期	2003-4-30	负 责 人	郑树成		
主营业务	投资咨询，企业管理咨询，市场调研。				

企业名称	艾博特科会展器材（上海）有限公司				
企业地址	上海市浦东新区金桥出口加工区宁桥路 615 号 4 幢 209 室（200122）				
投资总额	14 万 USD	电　　话	58348190	传　　真	58348192
设立日期	2003-4-30	负 责 人	PETER W. SOSCHINSKI		
主营业务	设计、生产、加工、安装会展展位和展台，销售自产产品等。				

企业名称	上海财友投资咨询服务有限公司				
企业地址	上海市虹口区武昌路 559 号 318 室 B 楼				
投资总额	14 万 USD	电　　话	50560199	传　　真	50560399
设立日期	2003-4-29	负 责 人	国友祥志		
主营业务	投资咨询，房产信息咨询，市场营销咨询，财务咨询，商务咨询等。				

企业名称	文迪商务咨询（上海）有限公司				
企业地址	上海市南塘浜路 103 号 512 室 C 座（200023）				
投资总额	21 万 USD	电　　话	34061128	传　　真	64456691
设立日期	2003-4-29	负 责 人	范祖德		
主营业务	国际经济咨询，投资咨询，贸易信息咨询，商务咨询和企业管理咨询。				

企业名称	智迪商务咨询（上海）有限公司				
企业地址	上海市淮海中路 222 号力宝广场 1211 室（200021）				
投资总额	14 万 USD	电　　话	34061128	传　　真	64456691
设立日期	2003-4-29	负 责 人	罗元玲		
主营业务	商务咨询，项目管理咨询，市场调研和企业形象策划（不含广告）。				

企业名称	**路与桥信息咨询（上海）有限公司**				
企业地址	上海市四平路 1945 号 1 座 06 室（200433）				
投资总额	1.5 万 USD	电话	63173090	传真	64478828
设立日期	2003-4-24	负责人	朱瀛		
主营业务	贸易信息咨询，投资咨询（涉及许可证的凭许可证经营）。				

企业名称	**爱伦投资咨询（上海）有限公司**				
企业地址	上海市金山区干巷镇干溪街 70 号 101－102 室（201518）				
投资总额	14 万 USD	电话	54186730	传真	54186102
设立日期	2003-4-24	负责人	金望英		
主营业务	投资咨询，商务贸易咨询及其中介服务（涉及许可经营的凭许可证经营）。				

企业名称	**上海申星信息咨询有限公司**				
企业地址	上海市长宁区新华路 365 弄 6 号东华大学科技园 2 号楼 3C 室（200052）				
投资总额	14 万 USD	电话	53930788	传真	53930789
设立日期	2003-4-24	负责人	江学麟		
主营业务	投资咨询，商务咨询，管理咨询，国际贸易咨询，房地产信息咨询。				

企业名称	**中联讯咨询（上海）有限公司**				
企业地址	上海市南汇区康桥镇康士路 17 号 301 室（201315）				
投资总额	15 万 USD	电话	63215789	传真	62472770
设立日期	2003-4-24	负责人	赵培红		
主营业务	投资咨询，国际经济咨询，贸易信息咨询，商务咨询，企业管理咨询等。				

企业名称	**乔暄装卸服务（上海）有限公司**				
企业地址	上海市浦东新区牡丹路 60 号 1904C 室（201204）				
投资总额	30 万 USD	电话	57854935	传真	63862199
设立日期	2003-4-23	负责人	张钰和		
主营业务	为企业提供半导体设备，机械设备及电子设备零配件的装卸服务。				

企业名称	**上海天信粘扣带有限公司**				
企业地址	上海市嘉定区外冈镇外冈工业小区内（201806）				
投资总额	150 万 USD	电话	59588188	传真	59589788
设立日期	2003-4-22	负责人	陈爱华		
主营业务	生产尼龙粘扣带，销售自产产品。				

企业名称	**上海资承投资管理咨询有限公司**				
企业地址	上海市松江区叶榭镇车亭路 1288 号（201609）				
投资总额	110 万 USD	电话	57803689	传真	57803585
设立日期	2003-4-22	负责人	顾大宁		
主营业务	经济信息咨询，商务咨询，财务咨询，物流及市场营销咨询等。				

企业名称	**良佐商务咨询（上海）有限公司**				
企业地址	上海市长宁区天山西路 789 号 2062 室（200052）				
投资总额	14 万 USD	电话	58409476	传真	58405546
设立日期	2003-4-22	负责人	郭志明		
主营业务	投资咨询，商务咨询，企业管理咨询，经济信息咨询，市场调查。				

企业名称	**上海信特工程咨询有限公司**				
企业地址	上海市南汇区康桥工业区康桥路 1100 号（201315）				
投资总额	14 万 USD	电话	62838428	传真	62838429
设立日期	2003-4-22	负责人	LEE CHENG HONG		
主营业务	为工程建筑项目提供投资咨询，设计咨询及与工程有关的技术咨询。				

企业名称	**上海全净环保科技有限公司**				
企业地址	上海市浦东新区福山路 455 号 6601 室（200120）				
投资总额	50 万 USD	电话	64167777	传真	64179015
设立日期	2003-4-22	负责人	黄保		
主营业务	开发、生产以控制汽车尾气污染为主的环保产品等。				

企业名称	**乐凯茨管理咨询（上海）有限公司**				
企业地址	上海市浦东新区银城中路 200 号中银大厦 902-910 室（200120）				
投资总额	20 万 USD	电话	50372511	传真	50372249
设立日期	2003-4-21	负责人	THOMAS BREISTROFF		
主营业务	企业管理咨询，国际商务咨询，投资咨询，贸易信息咨询，市场调研。				

企业名称	**上海广告有限公司**				
企业地址	上海市华山路 868 弄 1 号（200010）				
投资总额	200 万 USD	电话	63320022	传真	63322962
设立日期	2003-4-21	负责人	郭丽娟		
主营业务	设计、制作、发布、代理国内外各类广告，市场调查，咨询。				

企业名称	**上海浙大网新德维创业投资有限公司**				
企业地址	上海市浦东新区张江高科技园区春晓路 439 号 14 号楼（201203）				
投资总额	500 万 USD	电话	50807916	传真	50807911
设立日期	2003-4-21	负责人	朱成羿		
主营业务	投资信息，现代生物医药，新材料等高新技术产业投资咨询。				

企业名称	**上海捷扬乡村俱乐部有限公司**				
企业地址	上海市松江区泖港镇（201103）				
投资总额	2980 万 USD	电话	64068068	传真	64065359
设立日期	2003-4-21	负责人	麦嘉阳		
主营业务	生态农业，观光农业，高尔夫球场，高尔夫球练习场，种子花卉树木。				

企业名称	**上海亚赛特投资咨询有限公司**				
企业地址	上海市浦东新区花山路 706 号 612 室（200137）				
投资总额	20 万 USD	电话	58401200	传真	58401201
设立日期	2003-4-19	负责人	古川令治		
主营业务	房地产咨询及中介服务，房地产市场调查咨询，企业管理咨询等。				

企业名称	**上海威盛商务咨询有限公司**				
企业地址	上海市浦东新区龙阳路 1880 弄 33 号 1 层 103 室（201204）				
投资总额	14 万 USD	电话	50420993	传真	68949105
设立日期	2003-4-18	负责人	范昌良		
主营业务	商务咨询，投资咨询，房地产咨询及中介，装潢设计咨询。				

企业名称	**日写数码设计（上海）有限公司**				
企业地址	上海市长宁区兴义路 8 号 33 楼 10 室（200336）				
投资总额	14 万 USD	电话	52081270	传真	52081269
设立日期	2003-4-16	负责人	神田纪子		
主营业务	商业数码图片的设计、加工（不涉及印刷），销售自产产品。				

企业名称	**晨崛（上海）咨询有限公司**				
企业地址	上海市闵行区光华路 2118 号（201108）				
投资总额	950 万 USD	电话	52081667	传真	52081662
设立日期	2003-4-16	负责人	杨文瑛		
主营业务	商务咨询，信息咨询，投资咨询（涉及许可经营的凭许可证经营）。				

企业名称	**八方企业咨询（上海）有限公司**				
企业地址	上海市黄浦路 99 号上海滩国际大厦 2003 室（200080）				
投资总额	14 万 USD	电话	63254982	传真	63254985
设立日期	2003-4-16	负责人	潘国驹		
主营业务	企业管理咨询，科技咨询，投资咨询，贸易咨询，商务咨询等。				

企业名称	**鹅妈妈教育咨询（上海）有限公司**				
企业地址	上海市浦东新区北张家浜路 68 号 1 幢 239 室（200120）				
投资总额	14 万 USD	电话	68737325	传真	68737325
设立日期	2003-4-16	负责人	汪瑞民		
主营业务	教育信息咨询，国际经济信息咨询，投资咨询，营销策划等。				

企业名称	**和顿（上海）投资咨询有限公司**				
企业地址	上海市南京西路 1486 号东海广场 3 号楼 618 室（200040）				
投资总额	14 万 USD	电话	62480439	传真	
设立日期	2003-4-16	负责人	BAUROL，DAUID EVAN		
主营业务	市场调查，国际经济咨询，科技咨询，环保信息咨询，投资咨询等。				

企业名称	**上海时业投资管理有限公司**				
企业地址	上海市崇明县城桥镇秀山路 68 号（202150）				
投资总额	20 万 USD	电话	62298667	传真	62298667
设立日期	2003-4-16	负责人	石磊		
主营业务	从事餐饮管理，物业管理，管理咨询，投资咨询，市场营销咨询。				

企业名称	**望月咨询（上海）有限公司**				
企业地址	上海市浦东新区东方路 710 号 1110 室（200122）				
投资总额	14 万 USD	电话	68763505	传真	68763506
设立日期	2003-4-15	负责人	望月一央		
主营业务	企业管理咨询，项目管理咨询，投资咨询，国际经济咨询。				

企业名称	**航达咨询（上海）有限公司**				
企业地址	上海市浦东新区东方路 3698 号 320 室（200125）				
投资总额	14 万 USD	电话	64399331	传真	64399335
设立日期	2003-4-15	负责人	CHOO TECK WONG		
主营业务	企业管理咨询，投资咨询，市场调研，营销策划，计算机软件开发等。				

企业名称	史泰帕咨询（上海）有限公司				
企业地址	上海市浦东新区申波路 9 号 B 幢 203 室（201204）				
投资总额	14 万 USD	电　话	63808921	传　真	60828242
设立日期	2003-4-14	负 责 人	NC HOCK BIN		
主营业务	项目管理咨询，建筑咨询，商务咨询（涉及许可经营的凭许可证经营）。				

企业名称	八骏策划咨询（上海）有限公司				
企业地址	上海市浦东新区归昌路 258 号 317 室（201206）				
投资总额	14 万 USD	电　话	63538631	传　真	62471112
设立日期	2003-4-14	负 责 人	JAMES PHILIP BEST		
主营业务	企业形象策划咨询，投资咨询，贸易信息咨询，商务咨询，科技咨询等。				

企业名称	上海群宇投资咨询有限公司				
企业地址	上海市青浦区沪青平公路 4502 号中纺科技产业城（201708）				
投资总额	36 万 USD	电　话	69710881	传　真	69710557
设立日期	2003-4-12	负 责 人	谢士沧		
主营业务	投资咨询，企业管理咨询，投资中介服务，市场调研。				

企业名称	艾姆斯林艺咨询（上海）有限公司				
企业地址	上海市闵行区虹梅路 3203 号 603 室（201103）				
投资总额	14 万 USD	电　话	64468880	传　真	64461172
设立日期	2003-4-10	负 责 人	DVANE ROBERT GREENLY		
主营业务	产品采购服务的咨询，管理咨询和市场调研。				

企业名称	赛乐敏咨询（上海）有限公司				
企业地址	上海市浦东新区北张家浜路 68 号 1 幢 154 室（200120）				
投资总额	14 万 USD	电　话	62798907	传　真	62798905
设立日期	2003-4-10	负 责 人	BARBRO ANDERSSON		
主营业务	企业管理咨询，经济信息咨询，房地产咨询，投资咨询，市场调研。				

企业名称	置富匙（上海）投资咨询有限公司				
企业地址	上海市浦东新区商城路 660 号乐凯大厦 1405 室				
投资总额	1.2 万 USD	电　话	68870226	传　真	68879180
设立日期	2003-4-10	负 责 人	沈钟淑敏		
主营业务	市场调查，国际经济咨询，科技咨询，环保信息咨询，投资咨询。				

企业名称	上海丽致育乐经营管理有限公司				
企业地址	上海市普陀区交通路 2803 室（200063）				
投资总额	800 万 USD	电　话	56056888	传　真	66250276
设立日期	2003-4-7	负 责 人	周启英		
主营业务	从事健身，娱乐，餐饮等及相关配套设施的经营管理及咨询服务。				

企业名称	龙科创业投资管理（上海）有限公司				
企业地址	上海市张江高科技园区郭守敬路 351 号 2 号楼 642-02 室（201203）				
投资总额	15 万 USD	电　话	53064558	传　真	53822982
设立日期	2003-4-7	负 责 人	朱大铭		
主营业务	受托管理和经营创业投资公司的创业资本，投资咨询和企业管理咨询。				

企业名称	中野咨询（上海）有限公司				
企业地址	上海市张江高科技园区郭守敬路 351 号 2 号楼 637-20 室（201203）				
投资总额	14 万 USD	电　话	62838428	传　真	62838429
设立日期	2003-4-7	负 责 人	KIYOSHI UDAGAWA		
主营业务	建筑项目管理咨询，建筑设计咨询，企业管理咨询。				

企业名称	特恩斯市场咨询（上海）有限公司				
企业地址	上海市浦东新区东方路 135 号 626 室（200127）				
投资总额	14 万 USD	电　话	63600808	传　真	63600908
设立日期	2003-4-6	负 责 人	ASHOK SETHI		
主营业务	投资咨询，市场调研，企业发展策划（涉及许可经营的，凭许可证经营）。				

企业名称	维奥生物科技咨询（上海）有限公司				
企业地址	上海市浦东新区张江镇汭北路 58 弄 202 号 102-A 室（200122）				
投资总额	24.18 万 USD	电　话	68868096	传　真	68868814
设立日期	2003-4-3	负 责 人	金　炜		
主营业务	从事有关生物科技，生物工程方面的咨询服务。				

企业名称	日岩工程咨询（上海）有限公司				
企业地址	上海市张江高科技园区郭守敬路 351 号 2 号楼 642-03 室				
投资总额	5 万 USD	电　话	55505522	传　真	
设立日期	2003-4-3	负 责 人	安　琳		
主营业务	工程技术咨询，国际经济咨询，投资咨询及中介，科技咨询等。				

企业名称	上海动向咨询有限公司				
企业地址	上海市长宁区江苏路 369 号 2518 室（200050）				
投资总额	14 万 USD	电　话	51097898	传　真	63410185
设立日期	2003-4-3	负 责 人	毛云龙		
主营业务	商务咨询，企业投资咨询（涉及许可经营的凭许可证经营）。				

企业名称	上海汇富融略投资顾问有限公司				
企业地址	上海市浦东新区世纪大道 88 号金茂大厦 3303 室（200122）				
投资总额	25 万 USD	电　话	50471710	传　真	50490368
设立日期	2003-4-3	负 责 人	刘黄玉凤		
主营业务	投资咨询，国际经济信息咨询，贸易信息咨询。				

企业名称	申昭和科技咨询（上海）有限公司				
企业地址	上海市肇嘉浜路 680 号 1 号楼 907 室				
投资总额	1.2 万 USD	电　话	64722426	传　真	64722491
设立日期	2003-4-3	负 责 人	周　力		
主营业务	科技咨询，房产信息咨询，贸易信息咨询，环保信息咨询，投资咨询。				

企业名称	羽中（上海）咨询有限公司				
企业地址	上海市张江高科技园区郭守敬路 351 号 2 号楼 637-16 室（201203）				
投资总额	14 万 USD	电　话	62720802	传　真	62720802
设立日期	2003-4-3	负 责 人	刘　聪		
主营业务	科技咨询，企业管理咨询，投资咨询，贸易信息咨询，房产信息咨询。				

企业名称	浩宏管理顾问（上海）有限公司				
企业地址	上海市南京东路 61 号 402 室（200001）				
投资总额	14 万 USD	电　话	63618686	传　真	63392305
设立日期	2003-04-03	负 责 人	黄奂川		
主营业务	投资咨询，商务咨询，市场咨询，企业管理咨询。				

企业名称	上海耀华教育管理有限公司				
企业地址	上海市浦东新区申波路 9 号 C 幢 207 室（201204）				
投资总额	30 万 USD	电　话	62584465	传　真	62586784
设立日期	2003-4-1	负 责 人	叶允鸿		
主营业务	教学管理咨询，教育信息学术交流咨询，教学用具的设计，生产等。				

企业名称	好又多管理咨询服务（上海）有限公司				
企业地址	上海市浦东新区齐河路 258 号 402 室（200233）				
投资总额	100 万 USD	电　话	54624555	传　真	
设立日期	2003-3-31	负 责 人	于日江		
主营业务	企业管理咨询，企业投资开发咨询，经济信息咨询，科技咨询等。				

企业名称	上海美臻投资顾问有限公司				
企业地址	上海浦东新区东方路 710 号 1503 室（201120）				
投资总额	20 万 USD	电　话	58317900	传　真	58307753
设立日期	2003-3-28	负 责 人	李视津		
主营业务	投资咨询，企业管理咨询，环保信息咨询，科技咨询，贸易咨询等。				

企业名称	凯升机电咨询（上海）有限公司				
企业地址	上海市宝山区呼玛路 800 号 101－1（200431）				
投资总额	20 万 USD	电　话	53016701	传　真	53016703
设立日期	2003-3-28	负 责 人	袁　蜜		
主营业务	机电产品的技术，安装及市场咨询服务（涉及许可经营的凭许可证经营）。				

企业名称	硕科图像（上海）有限公司				
企业地址	上海市浦东新区金桥金藏路 351 号 T22－30 幢通用厂房第三层				
投资总额	140 万 USD	电　话	58545475	传　真	58344654
设立日期	2003-3-27	负 责 人	叶国顺		
主营业务	从事包装装潢印刷的激光分色及柔性版制版，销售自产产品。				

企业名称	彼德斯各咨询（上海）有限公司				
企业地址	上海市张江高科技园区郭守敬路 351 号 2 号楼 639－15 室				
投资总额	14 万 USD	电　话	53864052	传　真	53834029
设立日期	2003-3-26	负 责 人	PETER DALKEITH SCOTT		
主营业务	国际经济咨询，投资咨询，科技咨询，环保信息咨询，贸易信息咨询。				

企业名称	浦莱科咨询（上海）有限公司				
企业地址	上海市浦东新区浦东南路 360 号 2001B 室（200122）				
投资总额	14 万 USD	电　话	68766131	传　真	
设立日期	2003-3-26	负 责 人	中村三喜		
主营业务	投资信息咨询，贸易信息咨询，企业管理咨询。				

企业名称	上海恩系信息咨询有限公司				
企业地址	上海市浦东新区迎春路96号三菱商事办公楼二楼（200127）				
投资总额	98万USD	电　话	38460064	传　真	38460073
设立日期	2003-3-26	负责人	西野哲		
主营业务	国际经济信息咨询，科技咨询，环保信息咨询，贸易信息咨询。				

企业名称	富吉事投资管理顾问（上海）有限公司				
企业地址	上海市嘉定工业区辛勤村（201821）				
投资总额	20万USD	电　话	69169085	传　真	62699928
设立日期	2003-3-25	负责人	李国书		
主营业务	提供投资咨询，环境保护咨询，企业管理咨询。				

企业名称	欧好光电控制技术（上海）有限公司				
企业地址	上海市嘉定区叶城路1288号（201821）				
投资总额	50万USD	电　话	69523946	传　真	69523946
设立日期	2003-3-25	负责人	皮　波		
主营业务	研发，生产各类防爆控制阀，各类传感、探测器检测等。				

企业名称	上海身心佳咨询有限公司				
企业地址	上海市黄浦区西藏南路760号1405室（200011）				
投资总额	24万USD	电　话	51019262	传　真	51019278
设立日期	2003-3-21	负责人	DORIS PETRA RATHGEBER		
主营业务	商务咨询，经贸信息咨询，管理咨询，投资咨询，科技咨询。				

企业名称	利克坚管理咨询（上海）有限公司				
企业地址	上海市金沙江路1340弄172支弄14号二号楼东侧第三层（200062）				
投资总额	14万USD	电　话	62651687	传　真	52827136
设立日期	2003-3-21	负责人	JAMES STEVEN PURDIN		
主营业务	国际经济贸易咨询，企业管理咨询，投资咨询，科技咨询及中介。				

企业名称	贝科工程咨询（上海）有限公司				
企业地址	上海市浦东新区北张家浜路68号447室（200122）				
投资总额	14万USD	电　话	65129383	传　真	67612576
设立日期	2003-3-20	负责人	LEE CHUAN SENG		
主营业务	工程咨询，建筑设计咨询，企业管理咨询，投资咨询，经济信息咨询等。				

企业名称	狄爱士迪船舶管理咨询（上海）有限公司				
企业地址	上海市浦东新区陆家嘴东路161号2208室（200120）				
投资总额	14万USD	电　话	58825125	传　真	58877968
设立日期	2003-3-20	负责人	ODDVAR HAUSKEN		
主营业务	船舶管理咨询（涉及许可经营的凭许可证经营）。				

企业名称	上海住电装咨询服务有限公司				
企业地址	上海市外高桥保税区基隆路1号2118室（200131）				
投资总额	20万USD	电　话	63915250	传　真	63915271
设立日期	2003-3-20	负责人	石田宪克		
主营业务	保税区内商务咨询服务，计算机软硬件应用的相关咨询服务。				

企业名称	上海诚洋信息咨询有限公司				
企业地址	上海市浦东新区罗山路1700弄14号361室（200122）				
投资总额	1.4万USD	电　话	58517600	传　真	
设立日期	2003-3-20	负责人	汤国波		
主营业务	环保信息，技术咨询，工程咨询，建筑项目管理咨询服务。				

企业名称	上海美佐江干洗服务有限公司				
企业地址	上海市宝山区盘古路383号（201900）				
投资总额	14万USD	电　话	56696285	传　真	56695897
设立日期	2003-3-19	负责人	邹雁东		
主营业务	服装，服饰，家庭用品，宾馆用品，餐饮用品的干洗，清洁等。				

企业名称	大越设计咨询（上海）有限公司				
企业地址	上海市闵行区吴中路1081号（201103）				
投资总额	14万USD	电　话	64010338	传　真	64010433
设立日期	2003-3-19	负责人	许振林		
主营业务	室内设计咨询，工程咨询（涉及许可经营的凭许可证经营）。				

企业名称	泉宣宏社策划咨询（上海）有限公司				
企业地址	上海市浦东新区乳山路227号201室14座（200120）				
投资总额	20万USD	电　话	53062000	传　真	53069812
设立日期	2003-3-19	负责人	户田光太郎		
主营业务	展览会务咨询，设计咨询，营销策划，市场调研，工程咨询等。				

企业名称	上海住电装咨询服务有限公司				
企业地址	上海市外高桥保税区基隆路1号2118室（200131）				
投资总额	25万USD	电　话	63915250	传　真	63915271
设立日期	2003-03-18	负责人	石田宪克		
主营业务	保税区内商务咨询服务，计算机软硬件应用的相关咨询服务。				

企业名称	花王（上海）产品服务有限公司				
企业地址	上海市闵行区七莘路889号2号楼第三层（201100）				
投资总额	1500万USD	电　话	63352020	传　真	63351530
设立日期	2003-3-17	负责人	平峰伸一郎		
主营业务	销售和代理销售花王集团在中国所投资企业生产的产品。				

企业名称	爱儿坊（上海）管理咨询有限公司				
企业地址	上海市长宁区延安西路889号太平洋企业中心708室（200050）				
投资总额	14万USD	电　话	52402725	传　真	52396071
设立日期	2003-3-13	负责人	苏哲明		
主营业务	国际经济咨询，科技咨询，软件开发咨询，投资咨询及中介。				

企业名称	恩成商务咨询（上海）有限公司				
企业地址	上海市长宁区兴义路8号1511室（200336）				
投资总额	10万USD	电　话	52080989	传　真	25080030
设立日期	2003-3-13	负责人	梁颂芹		
主营业务	国内外投资咨询，教育信息咨询，国际经贸信息咨询，企业管理咨询等。				

企业名称	商典咨询（上海）有限公司				
企业地址	上海市浦东新区北张家浜路68号1幢219室（200122）				
投资总额	14万USD	电　话	54070630	传　真	53069533
设立日期	2003-3-13	负责人	刘蕙琪		
主营业务	文娱体育项目的策划和咨询，市场调研，企业形象策划（除广告）等。				

企业名称	优斯咨询（上海）有限公司				
企业地址	上海市长宁区遵义路107号901室（200051）				
投资总额	14万USD	电　话	62375388	传　真	62375311
设立日期	2003-3-13	负责人	ABRAHAM VARGHEST MAR		
主营业务	环保信息，技术咨询，工程咨询，建筑项目管理咨询服务。				

企业名称	时尚生活策划咨询（上海）有限公司				
企业地址	上海市虹口区霍山路170号9003室（200092）				
投资总额	10.26万USD	电　话	64150789	传　真	64150919
设立日期	2003-3-13	负责人	黄瀚泓		
主营业务	企业策划咨询服务（涉及许可经营的凭许可证经营）。				

企业名称	爱里程科技咨询（上海）有限公司				
企业地址	上海市石门二路483号707室（200041）				
投资总额	1.2万USD	电　话	62722530	传　真	62722531
设立日期	2003-3-12	负责人	钟永纯		
主营业务	企业形象策划及咨询，科技咨询，企业管理咨询，国际经济信息咨询。				

企业名称	雷格斯商务咨询（上海）有限公司				
企业地址	上海市延安东路222号18楼（200002）				
投资总额	64万USD	电　话	61323888	传　真	63351336
设立日期	2003-3-12	负责人	MARK DI XON		
主营业务	从事提供管理完善，设备齐全的办公室服务和商务中心服务。				

企业名称	纬哲纽咨信息咨询（上海）有限公司				
企业地址	上海市张江高科技园区郭守敬路351号2号楼638－20室（201203）				
投资总额	14万USD	电　话	62791105	传　真	62893293
设立日期	2003-3-12	负责人	石桥博良		
主营业务	国际经济咨询，科技咨询，环保信息咨询，投资咨询，贸易信息咨询等。				

企业名称	上海新漫传感技术研究发展有限公司				
企业地址	上海市嘉定区城北路235号（201800）				
投资总额	200万USD	电　话	59927252	传　真	59924868
设立日期	2003-3-12	负责人	林心如		
主营业务	研究开发新型传感技术，检测技术和相关产品，转让自研成果等。				

企业名称	上海骏隆投资管理有限公司				
企业地址	上海市张江高科技园区郭守敬路351号2号楼637-15室（201203）				
投资总额	14万USD	电　话	52402050	传　真	
设立日期	2003-3-10	负责人	杨　侃		
主营业务	受托管理和经营创业投资公司的创业资本，科技咨询，企业管理咨询。				

企业名称	城奉咨询（上海）有限公司				
企业地址	上海市浦东新区东方路 286 号上海新新商务中心 412 室（200120）				
投资总额	14 万 USD	电　话	53965656	传　真	53965585
设立日期	2003-3-7	负责人	DERRICK WRIGHT MCCUL		
主营业务	项目管理咨询，企业管理咨询（涉及许可经营的凭许可证经营）。				

企业名称	艾区博设计咨询（上海）有限公司				
企业地址	上海市浦东新区北张家浜路 68 号 1 幢 443 室（200122）				
投资总额	20 万 USD	电　话	64718099	传　真	64718098
设立日期	2003-3-6	负责人	I-CHING HIM		
主营业务	设计咨询，工程咨询，投资咨询（涉及许可经营的凭许可证经营）。				

企业名称	纳玛特健身管理（上海）有限公司				
企业地址	上海市南汇区康桥工业区康桥路 1100 号 357 室（201315）				
投资总额	14 万 USD	电　话	64334292	传　真	64333646
设立日期	2003-3-6	负责人	符致恩		
主营业务	健身俱乐部及相关设施的经营和管理（涉及许可经营的凭许可证经营）。				

企业名称	上海呵佳信息咨询有限公司				
企业地址	上海市青浦区青浦镇胜利路 588 号 1 室（201700）				
投资总额	35 万 USD	电　话	27720626	传　真	
设立日期	2003-3-6	负责人	张　铭（ZHANG MING）		
主营业务	科技咨询，环保信息咨询，投资咨询及中介，贸易信息咨询等。				

企业名称	上海全中船业咨询有限公司				
企业地址	上海市南汇区滨海旅游度假区通源西路 1 号 4300 室（201302）				
投资总额	20 万 USD	电　话	58319060	传　真	58319061
设立日期	2003-3-6	负责人	陈彬彬		
主营业务	船舶相关业务的咨询，商业投资咨询（涉及许可经营的凭许可证经营）。				

企业名称	上海亚京咨询有限公司				
企业地址	上海市浦东新区浦三路 11 号 407 室（200125）				
投资总额	1.23 万 USD	电　话	64319390	传　真	64377305
设立日期	2003-3-6	负责人	王京明		
主营业务	营销策划，市场调研，贸易信息咨询，房地产咨询，国际经济咨询等。				

企业名称	上海优异人力资源管理顾问有限公司				
企业地址	上海市浦东新区浦东南路 1085 号 707 室（200120）				
投资总额	14 万 USD	电　话	63865012	传　真	63865010
设立日期	2003-3-4	负责人	ROBERT MACDONALD		
主营业务	人才供求信息的收集，整理，储存，发布和咨询服务，人才推荐等。				

企业名称	上海高宇昌弘软件咨询有限公司				
企业地址	上海市松江区中山街道茸梅路 139 号（201600）				
投资总额	14 万 USD	电　话	62791392	传　真	62791392
设立日期	2003-2-28	负责人	魏泓寿（执行董事）		
主营业务	计算机及网络系统软件的设计制作，销售自产产品等。				

企业名称	上海信尔诺投资咨询有限公司				
企业地址	上海市南京东路 61 号 909 室（200001）				
投资总额	20 万 USD	电　话	63392880	传　真	33130258
设立日期	2003-2-28	负责人	BRIAN WARRIS		
主营业务	国际经济咨询，科技咨询，投资咨询及中介，贸易信息咨询等。				

企业名称	南影咨询（上海）有限公司				
企业地址	上海市北京西路 669 号 601 室（200041）				
投资总额	14 万 USD	电　话	62726650	传　真	62726662
设立日期	2003-2-28	负责人	GEORGE EDWIN WILLIAM		
主营业务	商务咨询，经贸信息咨询，企业管理咨询，企业形象咨询等。				

企业名称	上海英高咨询有限公司				
企业地址	上海市南京西路 1266 号恒隆广场 5705 室（200040）				
投资总额	15 万 USD	电　话	62881313	传　真	
设立日期	2003-2-28	负责人	PATRICK RALPH JOHNSON		
主营业务	商务咨询，投资咨询，经贸信息咨询，市场调研。				

企业名称	肯威投资咨询（上海）有限公司				
企业地址	上海市浦东新区灵山路 898 号 11 幢 5056 室（200135）				
投资总额	14 万 USD	电　话	68126666	传　真	68115717
设立日期	2003-2-26	负责人	张惠中		
主营业务	国际经济咨询，科技咨询，环保信息咨询，投资咨询；贸易信息咨询等。				

企业名称	贝卡商务咨询（上海）有限公司				
企业地址	上海市闵行区金都路 4299 号 A 幢 2015 室 6 座（201109）				
投资总额	2 万 USD	电　话	62684236	传　真	
设立日期	2003-2-24	负责人	张晓明		
主营业务	企业管理咨询，经济信息咨询，企业形象策划。				

企业名称	纽优企业策划（上海）有限公司				
企业地址	上海市长宁区北翟路渔行湾 455 号（200235）				
投资总额	1.5 万 USD	电　话	52560580	传　真	52560585
设立日期	2003-2-24	负责人	郑小平		
主营业务	企业管理咨询，经济信息咨询，企业形象策划，投资咨询，商务咨询。				

企业名称	子嘉（上海）企业发展有限公司				
企业地址	上海市闵行区漕宝路 1687 号（200233）				
投资总额	2000 万 USD	电　话	64326741	传　真	64326992
设立日期	2003-2-24	负责人	谭景福		
主营业务	投资咨询，商务咨询，企业管理咨询，房地产市场咨询等。				

企业名称	上海名成礼品设计有限公司				
企业地址	上海市竹行码头街 10 号六楼（200052）				
投资总额	35 万 USD	电　话	62806000	传　真	62806000
设立日期	2003-2-24	负责人	陈伍松		
主营业务	工艺礼品，玩具的开发，设计，制作，加工，销售自产产品等。				

企业名称	赛哲管理投资咨询（上海）有限公司				
企业地址	上海市杨浦区新宾路 138 号 205－3 室（200093）				
投资总额	14 万 USD	电　话	56654986	传　真	56037458
设立日期	2003-2-24	负责人	博多·克来特尔		
主营业务	国际经济咨询，贸易信息咨询，科技咨询，投资咨询等。				

企业名称	上海多芬咨询有限公司				
企业地址	上海市浦东新区东方路 738 号裕安大厦 2217 室（200122）				
投资总额	1.2 万 USD	电　话	50814313	传　真	50814513
设立日期	2003-2-19	负责人	王礼强		
主营业务	企业形象策划，企业管理咨询，经济信息咨询，投资咨询。				

企业名称	上海伍哈德技术咨询有限公司				
企业地址	上海市卢湾区南昌路 148 弄 4 号底层 G 室（200020）				
投资总额	14 万 USD	电　话	63565999	传　真	63259596
设立日期	2003-2-19	负责人	GEOFFREY HOWARD LEE		
主营业务	建筑设计咨询，工程技术咨询，项目管理咨询，工程管理咨询等。				

企业名称	上海华盈创业投资有限公司				
企业地址	上海市张江高科技园区郭守敬路 351 号 2 号楼 653－14 室（201203）				
投资总额	365 万 USD	电　话	54670500	传　真	54047557
设立日期	2003-2-18	负责人	THOMAS NG		
主营业务	投资信息，现代生物医药，新材料等高新技术产业，投资咨询。				

企业名称	德全教育信息咨询（上海）有限公司				
企业地址	上海市浦东新区归昌路 258 号 418 室（201206）				
投资总额	14 万 USD	电　话	62487878	传　真	62486899
设立日期	2003-2-14	负责人	FRASER GEORGE WHITE		
主营业务	教育管理信息咨询，商务咨询，投资咨询，贸易信息咨询。				

企业名称	阿帕奇信息咨询（上海）有限公司				
企业地址	上海市黄兴路 2005 弄 1 号 7C 室（200090）				
投资总额	1.5 万 USD	电　话	55670949	传　真	55054677
设立日期	2003-2-13	负责人	樊延军		
主营业务	科技信息咨询，投资信息咨询。				

企业名称	恩斯克投资有限公司				
企业地址	上海市仙霞路 319 号远东国际广场 A 栋 10 楼（200336）				
投资总额	3000 万 USD	电　话	62350198	传　真	62351033
设立日期	2003-2-13	负责人	MURAMOTO KAORU		
主营业务	在国家鼓励和允许外商投资的轴承及其零部件等领域进行投资等。				

企业名称	阿克苏·诺贝尔高分子化学（上海）咨询有限公司				
企业地址	上海市南京西路 1468 号中欣大厦 305 室（200041）				
投资总额	14 万 USD	电　话	50470027	传　真	62475578
设立日期	2003-2-13	负责人	WILFRIDUS MARIA BROU		
主营业务	投资咨询及中介，企业管理咨询，国际经济信息咨询，贸易信息咨询等。				

企业名称	上海福鹏商务咨询有限公司				
企业地址	上海市曹杨一村 184 号 212 室（200062）				
投资总额	20 万 USD	电　话	62320341	传　真	62320341
设立日期	2003-2-13	负 责 人	刘志旋		
主营业务	投资咨询，商务咨询，国际贸易信息咨询。				

企业名称	伟城环保科技（上海）有限公司				
企业地址	上海市虹口区场中路 685 弄 79 号（200023）				
投资总额	50 万 USD	电　话	57687662	传　真	57687663
设立日期	2003-2-12	负 责 人	李春航		
主营业务	电子产品及衍生废弃物收集，运输，储藏及处理等。				

企业名称	艺淮咨询（上海）有限公司				
企业地址	上海市张江高科技园区郭守敬路 351 号 2 号楼 637-08 室				
投资总额	1.2 万 USD	电　话	64618200	传　真	
设立日期	2003-2-10	负 责 人	马伟宜		
主营业务	企业管理咨询，经济信息咨询，企业形象策划，投资咨询，商务咨询。				

企业名称	必文咨询（上海）有限公司				
企业地址	上海市浦东新区罗山路 1700 弄 14 号 348 室（200135）				
投资总额	42 万 USD	电　话	52986611	传　真	52985899
设立日期	2003-1-31	负 责 人	CHRIS HUMPHRIES		
主营业务	提供教育信息咨询，职业培训技术咨询（涉及许可经营的凭许可证经营）。				

企业名称	上海澳使企业管理咨询有限公司				
企业地址	上海市青浦工业园区外青松公路 5500 号 103 室（201700）				
投资总额	35 万 USD	电　话	64282351	传　真	64695740
设立日期	2003-1-30	负 责 人	ZHI PHILLIP WANG		
主营业务	企业管理咨询，商务咨询，投资咨询，信息咨询等。				

企业名称	上海夏兴工程咨询有限公司				
企业地址	上海市青浦工业园区外青松公路 5500 号 308 室（201700）				
投资总额	25 万 USD	电　话	68735416	传　真	68735416
设立日期	2003-1-30	负 责 人	曹大鹏		
主营业务	从事工程项目调研，工程设计咨询，工程管理咨询，工程施工咨询等。				

企业名称	霍克信息咨询（上海）有限公司				
企业地址	上海市斜土路 2601 号 T1-10E 室（200030）				
投资总额	14 万 USD	电　话	52390145	传　真	
设立日期	2003-1-30	负 责 人	DAVID THOMAS		
主营业务	投资咨询，商务咨询，科技咨询，商业管理咨询。				

企业名称	捷门咨询（上海）有限公司				
企业地址	上海市桂林西街 19 号-21 号（200235）				
投资总额	1.2 万 USD	电　话	64821888	传　真	54481075
设立日期	2003-1-30	负 责 人	汪仕锦		
主营业务	投资咨询，商务咨询，科技咨询，商业管理咨询。				

企业名称	上海上古信息技术咨询有限公司				
企业地址	上海市闵行区剑川路 468 号（200241）				
投资总额	14 万 USD	电　话	61212288	传　真	61212691
设立日期	2003-1-30	负 责 人	李汉生		
主营业务	计算机软件技术咨询，互联网络技术咨询，投资信息咨询等。				

企业名称	至美（上海）投资咨询有限公司				
企业地址	上海市龙华西路 585 号 7A2 室（200232）				
投资总额	35 万 USD	电　话	65871509	传　真	65871509
设立日期	2003-1-30	负 责 人	邱允恭		
主营业务	投资咨询，贸易信息咨询，企业管理咨询，国际经济咨询，科技咨询等。				

企业名称	上海欧维希市场信息咨询有限公司				
企业地址	上海市天目中路 380 号 12 楼 K 室（200070）				
投资总额	14 万 USD	电　话	32100002	传　真	32140792
设立日期	2003-1-29	负 责 人	JOHN W.M.DICKSON		
主营业务	企业管理咨询，贸易信息咨询，市场调研。				

企业名称	优胜美地咨询（上海）有限公司				
企业地址	上海市张江高科技园区郭守敬路 351 号 2 号楼 63711 室（201203）				
投资总额	500 万 USD	电　话	53560056	传　真	53080573
设立日期	2003-1-29	负 责 人	杨中坚		
主营业务	投资咨询（涉及许可经营的，凭许可证经营）。				

企业名称	金宝商务咨询（上海）有限公司				
企业地址	上海市长宁区延安西路 1088 号 401－404，410 室（200052）				
投资总额	14 万 USD	电　话	62076999	传　真	62116650
设立日期	2003-1-28	负 责 人	谢荣杰		
主营业务	国际经济咨询，科技咨询，贸易信息咨询，投资咨询，房产咨询等。				

企业名称	广鼎投资开发咨询（上海）有限公司				
企业地址	上海市浦东新区齐河路 258 号 4 楼 401 室（200126）				
投资总额	20 万 USD	电　话	54624555	传　真	54971618
设立日期	2003-1-28	负 责 人	于日江		
主营业务	企业投资开发咨询，商场规划，建设，装潢的咨询，商场信息咨询等。				

企业名称	上海冈林形象设计有限公司				
企业地址	上海市卢湾区茂名南路 59 号 J 铺位（200020）				
投资总额	14 万 USD	电　话	54661528	传　真	54661528
设立日期	2003-1-28	负 责 人	冈林文彦		
主营业务	美容（不含按摩），美发，指甲护理（涉及许可经营的凭许可证经营）。				

企业名称	上海陆劲科技咨询有限公司				
企业地址	上海市漕溪北路 18 号 6A 座（200030）				
投资总额	20 万 USD	电　话	64286108	传　真	64286308
设立日期	2003-1-28	负 责 人	李述舜		
主营业务	科技咨询，系统集成解决方案的设计与咨询。				

企业名称	崇邦新基（上海）企业管理咨询有限公司				
企业地址	上海市共和新路 1968 号大宁国际商业广场 8 号楼 10 楼（200072）				
投资总额	14 万 USD	电　话	66301818	传　真	66310722
设立日期	2003-1-28	负 责 人	郑秉泽		
主营业务	房地产投资开发咨询，商务咨询，管理咨询。				

企业名称	奥曼克（上海）咨询有限公司				
企业地址	上海市大田路 129 号嘉发大厦 A 幢 9B 室（200072）				
投资总额	14 万 USD	电　话	62678160	传　真	62678269
设立日期	2003-1-27	负 责 人	CHANDRAN KYMAL		
主营业务	技术咨询，质量管理咨询，企业管理咨询，市场调研。				

企业名称	远达（上海）工程咨询管理有限公司				
企业地址	上海市昌平路 990 号 6 号楼 6204－M 室（200040）				
投资总额	20 万 USD	电　话	64646859	传　真	64641651
设立日期	2003-1-27	负 责 人	LEE THAI LUEN		
主营业务	建设工程投资咨询，设计施工咨询及工程项目管理咨询。				

企业名称	上海亚丽诗数码影像有限公司				
企业地址	上海市虹桥路 1 号 346A，346B（200030）				
投资总额	14 万 USD	电　话	62670940	传　真	62671342
设立日期	2003-1-23	负 责 人	猪狩茂		
主营业务	数码影像制作（涉及许可经营的凭许可证经营）。				

企业名称	上海道宾商务咨询有限公司				
企业地址	上海市南京西路 1468 号中欣大厦 33 层 3311，3312 单元（200040）				
投资总额	14 万 USD	电　话	62472290	传　真	62470634
设立日期	2003-1-22	负 责 人	箫长明		
主营业务	商务咨询，企业管理咨询，品牌策划咨询，房地产咨询，市场调研等。				

企业名称	思洋教育咨询（上海）有限公司				
企业地址	上海市昌平路 710 号 728 室（200042）				
投资总额	14 万 USD	电　话	62460535	传　真	62460572
设立日期	2003-1-22	负 责 人	CHRISTINE LRU		
主营业务	教育信息咨询（涉及许可经营的凭许可证经营），商务咨询。				

企业名称	温仕登（上海）投资咨询有限公司				
企业地址	上海市闵行区宜山路 1618 号 667 室（201103）				
投资总额	101 万 USD	电　话	62119190	传　真	62117155
设立日期	2003-1-22	负 责 人	吴健明		
主营业务	投资咨询，商务咨询，房地产咨询，环境保护咨询等。				

企业名称	布兰佳咨询（上海）有限公司				
企业地址	上海市张江高科技园区郭守敬路 351 号 2 号楼 637-6 室（201203）				
投资总额	1.2 万 USD	电　话	65090062	传　真	
设立日期	2003-1-21	负 责 人	刘鲁明		
主营业务	国际经济咨询，科技咨询，环保信息咨询，投资咨询，信息咨询。				

企业名称	桔龙和咨询（上海）有限公司				
企业地址	上海市长宁区番禺路 390 号 19 楼 C 座（200052）				
投资总额	14 万 USD	电　　话	62946746	传　　真	62946746
设立日期	2003-1-21	负 责 人	ERAN ELIEZER YARON		
主营业务	企业管理咨询，投资咨询，国际经济咨询，贸易信息咨询。				

企业名称	派瑞迪景观园林环境设计咨询（上海）有限公司				
企业地址	上海市淮海西路 442 弄 83 号 1201 室				
投资总额	1.2 万 USD	电　　话	62811986	传　　真	52540618
设立日期	2003-1-21	负 责 人	赵　岩		
主营业务	园林建设咨询，工程设计咨询，市场咨询，企业管理咨询，商业咨询。				

企业名称	上海艾比森商务咨询有限公司				
企业地址	上海市浦东新区商城路 800 号 14 楼（200120）				
投资总额	20 万 USD	电　　话	58352278	传　　真	58352998
设立日期	2003-1-20	负 责 人	曾润琴		
主营业务	提供办公室服务和商务中心服务，企业管理咨询，企业营销策划等。				

企业名称	合益管理咨询（上海）有限公司				
企业地址	上海市浦东新区商城路 800 号胜康斯米克大厦 210 室（200120）				
投资总额	14 万 USD	电　　话	62798832	传　　真	62798831
设立日期	2003-1-20	负 责 人	WILLIAM EDGAR，HEPPL		
主营业务	企业管理咨询服务（涉及许可经营的凭许可证经营）。				

企业名称	艾凯琦咨询（上海）有限公司				
企业地址	上海市黄浦区福州路 318 号 904 室（200001）				
投资总额	14 万 USD	电　　话	63913408	传　　真	63912270
设立日期	2003-1-16	负 责 人	KATALINA　WOO		
主营业务	工程技术咨询，建筑设计咨询，装潢设计咨询，项目管理咨询。				

企业名称	东博咨询（上海）有限公司				
企业地址	上海市九江路 619 号 709 室（200001）				
投资总额	14 万 USD	电　　话	54775643	传　　真	64462363
设立日期	2003-1-16	负 责 人	LIU LAN SHIN		
主营业务	投资咨询，企业管理咨询，国际经济信息咨询，科技咨询，市场调研。				

企业名称	利联信息咨询（上海）有限公司				
企业地址	上海市黄浦区半淞园路街道保屯路 221 号 306 室（200011）				
投资总额	1.2 万 USD	电　　话	62672367	传　　真	62672369
设立日期	2003-1-16	负 责 人	傅良知		
主营业务	国内外商务信息咨询，国际经济信息咨询，投资咨询及中介服务。				

企业名称	上海文朝健康管理服务有限公司				
企业地址	上海市黄浦区方斜路 269 号 3 楼（200011）				
投资总额	200 万 USD	电　　话	63450599	传　　真	63459400
设立日期	2003-1-16	负 责 人	余益文		
主营业务	建筑工程施工，公路工程施工，市政公用工程施工。				

企业名称	沪衡（上海）管理咨询有限公司				
企业地址	上海市南京西路 819 号 1504 室（200041）				
投资总额	35 万 USD	电　　话	62542118	传　　真	63542208
设立日期	2003-1-16	负 责 人	ROLANDO P GOSIENGFIA		
主营业务	投资咨询，房地产信息咨询，营销咨询，企业管理咨询等。				

企业名称	皆美咨询（上海）有限公司				
企业地址	上海市虹桥路 808 号 41 幢 A 栋 8227 室（200030）				
投资总额	1.2 万 USD	电　　话	64480259	传　　真	64481030
设立日期	2003-1-16	负 责 人	罗予华		
主营业务	投资咨询，房地产信息咨询，营销咨询，企业管理咨询等。				

企业名称	上海汉斯商务咨询有限公司				
企业地址	上海市中山南路 28 号 803 室（200010）				
投资总额	15 万 USD	电　　话	63302399	传　　真	63305298
设立日期	2003-1-16	负 责 人	王益弘		
主营业务	投资咨询，商务咨询，经济信息咨询，物流咨询，市场调研等。				

企业名称	上海星巢影视咨询有限公司				
企业地址	上海市浦东新区灵山路 898 号 11 幢 536 室（200135）				
投资总额	20 万 USD	电　　话	62813828	传　　真	62813018
设立日期	2003-1-15	负 责 人	钟再思		
主营业务	提供与影视相关的技术咨询和经营管理咨询。				

企业名称	万马咨询（上海）有限公司				
企业地址	上海市张江高科技园区郭守敬路 351 号 2 号楼 636-7 室（201203）				
投资总额	1.2 万 USD	电　　话	56259910	传　　真	
设立日期	2003-1-15	负 责 人	马仲文		
主营业务	投资咨询，市场咨询，企业管理咨询，商业咨询，国际经济咨询。				

企业名称	上海艾世投资咨询有限公司				
企业地址	上海市浦东新区东方路 989 号 2208 室（200122）				
投资总额	14 万 USD	电　　话	58201114	传　　真	58208114
设立日期	2003-1-14	负 责 人	全　寅珪		
主营业务	投资咨询，国际经济信息咨询，企业管理咨询。				

企业名称	店设宜（上海）咨询有限公司				
企业地址	上海市外高桥保税区基隆路 1 号 1124－3 室（200131）				
投资总额	14 万 USD	电　　话	68545753	传　　真	68545753
设立日期	2003-1-10	负 责 人	THOANCIS K.FVICHMAN		
主营业务	投资咨询，市场咨询，企业管理咨询，商业咨询，国际经济咨询。				

企业名称	凯茂咨询（上海）有限公司				
企业地址	上海市长宁区虹桥路 2272 号 2F 室（200336）				
投资总额	14 万 USD	电　　话	62376902	传　　真	62376906
设立日期	2003-1-9	负 责 人	周莉莉		
主营业务	投资咨询及中介，市场调研，国际经济咨询，科技咨询，环保咨询。				

企业名称	巧活信息管理咨询（上海）有限公司				
企业地址	上海市长宁区天山支路 168 号 516 室 2 座（200051）				
投资总额	1.5 万 USD	电　　话	62345267	传　　真	5239379
设立日期	2003-1-9	负 责 人	郭益宏		
主营业务	投资咨询，房地产信息咨询，营销咨询，企业管理咨询等。				

企业名称	群龙企业咨询（上海）有限公司				
企业地址	上海市肇嘉浜路 680 号 912 室（200031）				
投资总额	14 万 USD	电　　话	64156061	传　　真	
设立日期	2003-1-9	负 责 人	刘逸群		
主营业务	国际贸易信息咨询，投资咨询，企业管理咨询，市场信息咨询。				

企业名称	群信咨询（上海）有限公司				
企业地址	上海市漕溪北路 88 号 2109 室（200032）				
投资总额	14 万 USD	电　　话	54253302	传　　真	54253301
设立日期	2003-1-9	负 责 人	谢文益		
主营业务	企业管理咨询，投资咨询，环保信息咨询，科技咨询等。				

企业名称	上海沃耐咨询有限公司				
企业地址	上海市张江高科技园区郭守敬路 351 号 2 号楼 637-2 室（201203）				
投资总额	1.2 万 USD	电　　话	52956578	传　　真	52928383
设立日期	2003-1-7	负 责 人	屠煜明		
主营业务	投资咨询，房地产信息咨询，营销咨询，企业管理咨询等。				

企业名称	申尼邦德咨询（上海）有限公司				
企业地址	上海市浦东新区东三里桥路 79 弄 5 号 109 室（200125）				
投资总额	1.2 万 USD	电　　话	62158888	传　　真	62150000
设立日期	2003-1-7	负 责 人	倪　剑		
主营业务	企业管理咨询，投资咨询，商务咨询，产品推荐，市场调研。				

企业名称	佳美投资咨询（上海）有限公司				
企业地址	上海市张江高科技园区郭守敬路 351 号 2 号楼 637-04 室（201203）				
投资总额	1.2 万 USD	电　　话	58302179	传　　真	58303633
设立日期	2003-1-7	负 责 人	张　健		
主营业务	投资咨询，房地产信息咨询，营销咨询，企业管理咨询等。				

企业名称	上海伊路达航空服务有限公司				
企业地址	上海市静安区南京西路 699 号上海东方众鑫大厦 28－B 室（200041）				
投资总额	20 万 USD	电　　话	62152808	传　　真	62156386
设立日期	2003-01-06	负 责 人	丁　煌		
主营业务	旅游信息咨询，商务咨询，民航国际机票销售代理及相关咨询服务。				

企业名称	施霖高诚投资咨询（上海）有限公司				
企业地址	上海市浦东新区乳山路 98 号 5FY 座（200122）				
投资总额	14 万 USD	电　　话	63849600	传　　真	63849856
设立日期	2003-1-3	负 责 人	ANG KAY TIONG		
主营业务	管理咨询，投资咨询，国际经济咨询，贸易信息咨询，财务咨询。				

企业名称	数益信息服务（上海）有限公司				
企业地址	上海市长宁区茅台路 270 弄 7 号 101－1 室（200336）				
投资总额	1 万 USD	电 话	62327262	传 真	62327212
设立日期	2002-12-31	负 责 人	孙家春		
主营业务	计算机系统实施咨询，维修咨询，网络工程咨询，电脑配件咨询。				

企业名称	温仕登（上海）投资咨询有限公司				
企业地址	上海市闵行区宜山路 1618 号 667 室（200030）				
投资总额	142 万 USD	电 话	62119190	传 真	62117155
设立日期	2002-12-31	负 责 人	吴健明		
主营业务	投资咨询，商务咨询，房地产咨询，环境保护咨询，国际经济科技咨询。				

企业名称	瑞汉商务咨询（上海）有限公司				
企业地址	上海市闵行区金都路 4299 号 A 幢 2015 室 9 座（201108）				
投资总额	2 万 USD	电 话	62761128	传 真	62760856
设立日期	2002-12-26	负 责 人	杨 凯		
主营业务	提供商务咨询，投资顾问，市场营销信息，企业管理咨询。				

企业名称	逸闻管理咨询（上海）有限公司				
企业地址	上海市长宁区延安西路 1088 号 1805 室（200052）				
投资总额	32 万 USD	电 话	62076800	传 真	62076621
设立日期	2002-12-26	负 责 人	MOHINDAR LINA ROSS		
主营业务	提供商业管理咨询和商业信息咨询，提供企业管理咨询，投资咨询。				

企业名称	家易得咨询（上海）有限公司				
企业地址	上海市南京西路 555 号 206 室（200041）				
投资总额	24 万 USD	电 话	52131280	传 真	52131272
设立日期	2002-12-25	负 责 人	刘 英		
主营业务	房地产咨询及中介服务，投资咨询及中介服务，管理咨询。				

企业名称	梁志天设计咨询（上海）有限公司				
企业地址	上海市乌鲁木齐中路 328 号 304B 室（200031）				
投资总额	20 万 USD	电 话	51095920	传 真	54040093
设立日期	2002-12-24	负 责 人	严俊汉		
主营业务	建筑设计咨询，室内装潢设计咨询，投资咨询，企业管理咨询。				

企业名称	派瑞迪景观园林环境设计咨询（上海）有限公司				
企业地址	上海市长宁区淮海西路 442 弄 83 号 1201 室（200052）				
投资总额	1.2 万 USD	电 话	62811986	传 真	52540618
设立日期	2002-12-24	负 责 人	赵 岩		
主营业务	景观设计咨询，环境设计咨询，企业管理咨询，国际经济咨询等。				

企业名称	上海三辉咨询有限公司				
企业地址	上海市凯旋路 3131 号 606 室（200030）				
投资总额	32 万 USD	电 话	54652272	传 真	54656955
设立日期	2002-12-24	负 责 人	林载爵		
主营业务	企业管理咨询，市场营销咨询，市场调研和科技信息咨询。				

企业名称	上海佑达营销咨询有限公司				
企业地址	上海市张江高科技园区郭守敬路 351 号 2 号楼 635－20 室（201203）				
投资总额	20 万 USD	电 话	54077038	传 真	54070162
设立日期	2002-12-20	负 责 人	王鹏飞		
主营业务	营销咨询，市场调研，国际经济咨询，贸易信息咨询，投资咨询。				

企业名称	美施威尔洁净室系统产品（上海）有限公司				
企业地址	上海市浦东新区新镇路 18 号（201203）				
投资总额	71 万 USD	电 话	58965993	传 真	58965991
设立日期	2002-12-18	负 责 人	THOMAS BERNHARDT		
主营业务	开发、生产洁净室墙体系统，天花板栅格，空气过滤器。				

企业名称	启立投资咨询（上海）有限公司				
企业地址	上海市张江高科技园区郭守敬路 351 号 2 号楼 637－1 室（201203）				
投资总额	56 万 USD	电 话	53560056	传 真	53080573
设立日期	2002-12-17	负 责 人	RICHARD YEUNG(杨志强)		
主营业务	投资管理咨询。				

企业名称	上海广爱商务咨询有限公司				
企业地址	上海市长宁区新华路 722 号－1 地层（200052）				
投资总额	50 万 USD	电 话	63762026	传 真	62942620
设立日期	2002-12-17	负 责 人	山本新一		
主营业务	商务咨询，企业管理咨询，科技咨询，贸易咨询，投资咨询。				

企业名称	施霖高诚投资咨询（上海）有限公司				
企业地址	上海市浦东新区乳山路 98 号 5FY 座（200120）				
投资总额	20 万 USD	电 话	63849600	传 真	63849856
设立日期	2002-12-17	负 责 人	ANG KAY TIONG		
主营业务	企业战略咨询，管理咨询，投资咨询及中介，国际经济咨询。				

企业名称	伍德佳帕塔设计咨询（上海）有限公司				
企业地址	上海市太仓路 181 弄 28 号楼 302 单元（200021）				
投资总额	20 万 USD	电 话	53510806	传 真	63365182
设立日期	2002-12-17	负 责 人	BENJAMIN TRAVIS WOOD		
主营业务	建筑，室内装潢设计咨询，工程技术，项目管理，科技投资。				

企业名称	里里通（上海）交通工程咨询有限公司				
企业地址	上海市嘉定区马陆镇希望城陈安路 147 号（201801）				
投资总额	20 万 USD	电 话	62493812	传 真	62493813
设立日期	2002-12-13	负 责 人	林振海		
主营业务	城市交通工程的咨询，城市交通管理方案的咨询。				

企业名称	桔龙和咨询（上海）有限公司				
企业地址	上海市长宁区番禺路 390 号 19 楼 C 座（200052）				
投资总额	20 万 USD	电 话	62819256	传 真	62819176
设立日期	2002-12-12	负 责 人	ERAN ELIEDER YARON		
主营业务	企业管理咨询，投资咨询及中介，国际经济咨询，贸易信息咨询。				

企业名称	迪亚天天（上海）管理咨询服务有限公司				
企业地址	上海市浦东新区浦东大道 720 号国际航运大厦 7B－D 座（200120）				
投资总额	534 万 USD	电 话	50368282	传 真	50368385
设立日期	2002-12-11	负 责 人	DIEGO CAVESTANY		
主营业务	商业企业管理咨询，投资咨询，贸易咨询，科技咨询，工业设计咨询。				

企业名称	上海久佳咨询有限公司				
企业地址	上海市浦东新区商城路 800 号 906 室（200120）				
投资总额	50 万 USD	电 话	62259210	传 真	62559210
设立日期	2002-12-9	负 责 人	卓恺平		
主营业务	投资咨询，信息咨询，企业管理咨询，营销活动策划，管理策划。				

企业名称	西尧投资咨询（上海）有限公司				
企业地址	上海市金山区亭林工业园区南区（201505）				
投资总额	20 万 USD	电 话	65088020	传 真	65078354
设立日期	2002-12-9	负 责 人	罗西尧		
主营业务	食品投资咨询，服务。				

企业名称	亚财同星投资管理（上海）有限公司				
企业地址	上海市张江高科技园区郭守敬路 351 号 2 号楼 635－5 室（201203）				
投资总额	42 万 USD	电 话	51320410	传 真	51320411
设立日期	2002-12-9	负 责 人	KEENE TIAIOTHY PETER		
主营业务	受托投资管理，创业投资管理，投资咨询，企业管理咨询等。				

企业名称	凯德置地管理咨询（上海）有限公司				
企业地址	上海市黄浦区西藏中路 268 号来福士广场 19 楼（200001）				
投资总额	20 万 USD	电 话	33114633	传 真	63403866
设立日期	2002-12-3	负 责 人	林明彦		
主营业务	为工程建设项目提供投资咨询，设计咨询，项目管理咨询等。				

企业名称	上海汉萨投资咨询有限公司				
企业地址	上海市浦东新区金新路 58 号银桥大厦 815 室（201206）				
投资总额	30 万 USD	电 话	62459142	传 真	62454122
设立日期	2002-12-3	负 责 人	柳起铉		
主营业务	投资咨询，电气工程项目咨询，国际经济信息咨询。				

企业名称	上海乐通管道工程有限公司				
企业地址	上海市长宁区中山西路 1410 弄 25 号一楼（200233）				
投资总额	60 万 USD	电 话	64953399	传 真	64958006
设立日期	2002-12-2	负 责 人	吴基胜		
主营业务	地下管线探测检测，市政管道及各类民用管道的检测、疏浚、清洗等。				

企业名称	中睦投资咨询（上海）有限公司				
企业地址	上海市张江高科技园区郭守敬路 351 号 2 号楼 635－19 室（201203）				
投资总额	42 万 USD	电 话	62839878	传 真	62800410
设立日期	2002-12-1	负 责 人	郭亚陶		
主营业务	市场调研，国际经济咨询，科技咨询，环保信息咨询，投资咨询。				

企业名称	比崴吉工程管理（上海）有限公司				
企业地址	上海市奉贤区庄行镇华园路 68 号 50 幢 101 室（201415）				
投资总额	15 万 USD	电　话	64270631	传　真	54591132
设立日期	2002-11-29	负 责 人	YEOH GUAN BENG		
主营业务	工程规划设计咨询，建筑设计咨询，室内设计咨询，城市规划咨询。				

企业名称	贸御企业管理咨询（上海）有限公司				
企业地址	上海市四川中路 410 号 5 楼（200002）				
投资总额	20 万 USD	电　话	63236886	传　真	63236887
设立日期	2002-11-29	负 责 人	王晓东		
主营业务	酒店管理咨询，投资咨询，企业管理咨询，商务咨询，经济信息咨询。				

企业名称	上海中荷环保有限公司				
企业地址	上海富盛经济开发区（200023）				
投资总额	300 万 USD	电　话	63024310	传　真	63906942
设立日期	2002-11-29	负 责 人	张来辉		
主营业务	垃圾中转系统，垃圾渗沥水处理，沼气处理，废物处理，环境保护。				

企业名称	活力咨询（上海）有限公司				
企业地址	上海市张江高科技园区郭守敬路 351 号 2 号楼 680－10 室（201203）				
投资总额	1 万 USD	电　话	68559464	传　真	68559565
设立日期	2002-11-27	负 责 人	左　明		
主营业务	国际贸易咨询，经济信息咨询，企业形象策划，市场营销。				

企业名称	吉迪国际贸易（上海）有限公司				
企业地址	上海市外高桥保税区马吉路 28 号 1403 室（200131）				
投资总额	20 万 USD	电　话	53010910	传　真	62555918
设立日期	2002-11-26	负 责 人	张健刚		
主营业务	国际贸易，转口贸易，保税区企业间的贸易及贸易代理。				

企业名称	上海胡克科克雷蒙工程技术咨询有限公司				
企业地址	上海市长宁区延安西路 1228 弄 2 号楼嘉利大厦 23 楼 K 室（200052）				
投资总额	50 万 USD	电　话	52383666	传　真	52397318
设立日期	2002-11-20	负 责 人	DAVID JUDD		
主营业务	建筑工程技术咨询，工程管理咨询，房地产咨询。				

企业名称	上海仁达允真信息工程有限公司				
企业地址	上海市青浦区赵屯镇红旗村（201711）				
投资总额	35 万 USD	电　话	54900369	传　真	54900079
设立日期	2002-11-14	负 责 人	刘元生		
主营业务	图形图像系统工程设计、安装、电子系统集成、软件开发、设计等。				

企业名称	毕盛（上海）投资咨询有限公司				
企业地址	上海市浦东新区陆家嘴东路 161 号 1416 室（200120）				
投资总额	20 万 USD	电　话	58790091	传　真	50472580
设立日期	2002-11-13	负 责 人	王国辉		
主营业务	国际经济咨询，科技咨询，投资咨询，贸易信息咨询，市场调研。				

企业名称	升力管理咨询（上海）有限公司				
企业地址	上海市浦东新区东方路 710 号 1206 室（200122）				
投资总额	20 万 USD	电　话	52379177	传　真	52379068
设立日期	2002-11-12	负 责 人	刑治矿		
主营业务	企业管理咨询，经济信息咨询，投资咨询及中介，贸易信息咨询等。				

企业名称	莱丝杰咨询（上海）有限公司				
企业地址	上海市淮海中路 222 号力宝广场 2501－2502 室（200021）				
投资总额	20 万 USD	电　话	61150150	传　真	61150288
设立日期	2002-11-11	负 责 人	ALISON PORTER		
主营业务	产品采购服务，管理咨询和市场调研。				

企业名称	上海搏邦地产投资顾问有限公司				
企业地址	上海市金山区山阳镇山新路 127 号（201400）				
投资总额	48 万 USD	电　话	51692227	传　真	51692227
设立日期	2002-11-11	负 责 人	黄　茜		
主营业务	房地产代理投资顾问，咨询服务，中介及营销策划服务。				

企业名称	上海得为投资咨询有限公司				
企业地址	上海市闵行区合川路 3071 号 A 栋 4 楼（200103）				
投资总额	20 万 USD	电　话	64054049	传　真	54223933
设立日期	2002-11-11	负 责 人	韩昭妍		
主营业务	投资咨询，企业管理咨询，商务咨询，经济信息咨询。				

企业名称	上海育德商务咨询有限公司				
企业地址	上海市虹口区黄浦路 99 号 1103 室（200080）				
投资总额	20 万 USD	电　话	63937088	传　真	63931893
设立日期	2002-11-11	负 责 人	杨本忠		
主营业务	商务咨询，投资咨询，管理咨询。				

企业名称	伊尔姆环境资源管理咨询（上海）有限公司				
企业地址	上海市虹口区周家嘴路 786 弄 67 号 401 室（200086）				
投资总额	20 万 USD	电　话	53853050	传　真	64692185
设立日期	2002-11-11	负 责 人	JOHN ALEXANDER		
主营业务	为国内和国际提供可行性研究及环境，安全，工业卫生等咨询服务。				

企业名称	麦格金国际地产咨询（上海）有限公司				
企业地址	上海市常熟路 88 号东艺大厦 5C（200040）				
投资总额	20 万 USD	电　话	62371112	传　真	64076133
设立日期	2002-11-7	负 责 人	RICHARD DAVID		
主营业务	房地产咨询和中介服务，项目管理咨询，投资咨询。				

企业名称	威可楷（中国）投资有限公司				
企业地址	上海市浦东新区陆家嘴环路 1000 号上海汇丰大厦 7 楼（200120）				
投资总额	37500 万 USD	电　话	68412400	传　真	68413500
设立日期	2002-11-7	负 责 人	井上孝		
主营业务	在建材制品，精密机械和装置，模具系列产品的领域进行投资。				

企业名称	百音商务咨询（上海）有限公司				
企业地址	上海市长宁区延安西路 2299 号 08C23 室（200051）				
投资总额	20 万 USD	电　话	62360395	传　真	62360382
设立日期	2002-11-6	负 责 人	李玫芬		
主营业务	企业管理咨询，经贸信息咨询，投资咨询，科技咨询，市场调研。				

企业名称	上海摩克室内设计咨询有限公司				
企业地址	上海市泰康路 200 号三号楼 220 室（200025）				
投资总额	1.2 万 USD	电　话	54650267	传　真	64738062
设立日期	2002-11-6	负 责 人	孙坚毅		
主营业务	室内设计，房地产信息咨询。				

企业名称	豪艺设计咨询（上海）有限公司				
企业地址	上海市浦东新区归昌路 260 号 129 室（201206）				
投资总额	20 万 USD	电　话	63223688	传　真	63229033
设立日期	2002-11-5	负 责 人	MARCUS JAMES PETER		
主营业务	室内与景观工程设计咨询，建筑工程管理咨询，企业形象策划咨询。				

企业名称	德麟网络天地咨询（上海）有限公司				
企业地址	上海市静安区南京西路 1515 号嘉里中心 1507 单元（200040）				
投资总额	20 万 USD	电　话	32220068	传　真	32220069
设立日期	2002-11-4	负 责 人	RONALD JOHN CATTELL		
主营业务	提供数据传送，系统网络，计算机保安，项目管理等。				

企业名称	奇略品牌形象管理咨询（上海）有限公司				
企业地址	上海市浦东新区北张家浜路 68 号 1 栋 220 室（200120）				
投资总额	30 万 USD	电　话	52400225	传　真	52400229
设立日期	2002-11-4	负 责 人	林盈州		
主营业务	企业形象策划咨询，广告设计咨询，品牌策划咨询等。				

企业名称	上海耀德计算机咨询服务有限公司				
企业地址	上海市北京西路 1399 号 10 楼 E3 座（200040）				
投资总额	14 万 USD	电　话	62892998	传　真	62890611
设立日期	2002-11-4	负 责 人	刘洪伦		
主营业务	计算机技术咨询，科技咨询，企业管理咨询，企业内部职工培训咨询。				

企业名称	中管商务咨询（上海）有限公司				
企业地址	上海市浦东新区川南奉公路 672 号第三幢 205 室（201202）				
投资总额	20 万 USD	电　话	51539999	传　真	51538706
设立日期	2002-11-1	负 责 人	劳元一		
主营业务	商务信息咨询，企业管理咨询，经济信息咨询，贸易信息咨询。				

企业名称	泛太咨询（上海）有限公司				
企业地址	上海市浦东新区上南路 4184 号 210 室（200124）				
投资总额	20 万 USD	电　话	63345663	传　真	63345661
设立日期	2002-10-31	负 责 人	AU ENG FONG		
主营业务	企业管理咨询，经济信息咨询，企业形象策划，投资咨询等。				

企业名称	上海壹恩得信息科技有限公司				
企业地址	上海市张江高科技园区郭守敬路 351 号 2 号楼 634－10 室（201203）				
投资总额	70 万 USD	电　话	64368417	传　真	64754863
设立日期	2002-10-31	负责人	简武和		
主营业务	信息技术的研究，设计，开发，提供相关的技术咨询服务。				

企业名称	琛桥咨询（上海）有限公司				
企业地址	上海市浦东新区北张家浜路 68 号 1 幢 504 室（201203）				
投资总额	20 万 USD	电　话	68596883	传　真	68596889
设立日期	2002-10-30	负责人	JAMES KUO PEN LIN		
主营业务	房地产咨询及中介，企业内部人才培训咨询，教育培训咨询等。				

企业名称	威秀投资咨询（上海）有限公司				
企业地址	上海市淮海西路 55 号 15 楼 C－1 室(200052)				
投资总额	20 万 USD	电　话	62252210	传　真	62252210
设立日期	2002-10-30	负责人	杨锡文		
主营业务	国际经济咨询，投资咨询及中介，贸易信息咨询，商务咨询等。				

企业名称	阿基里斯（上海）国际贸易有限公司				
企业地址	上海市外高桥保税区奥纳路 185 号 611 室（200131）				
投资总额	20 万 USD	电　话	63648024	传　真	63936549
设立日期	2002-10-24	负责人	东出俊雄		
主营业务	国际贸易，转口贸易，保税区企业间的贸易及贸易代理等。				

企业名称	赛博数码总汇（上海宝山）有限公司				
企业地址	上海市宝山区友谊路 49 号（201900）				
投资总额	57 万 USD	电　话	56602340	传　真	56781643
设立日期	2002-10-24	负责人	张瑞麟		
主营业务	向通讯，数码和电脑产品制造商提供装饰配套的营业场所。				

企业名称	上海贝杰商务管理咨询有限公司				
企业地址	上海市浦东新区浦东南路 855 号 29G（200120）				
投资总额	20 万 USD	电　话	58369686	传　真	58369027
设立日期	2002-10-24	负责人	WILLIAM CHOW		
主营业务	企业管理咨询，贸易信息咨询，经济信息咨询，房地产信息咨询。				

企业名称	上海帆利健身管理有限公司				
企业地址	上海市浦东新区张杨路 1458 号体育场四楼 406 室（200135）				
投资总额	20 万 USD	电　话	62700380	传　真	62789300
设立日期	2002-10-24	负责人	野上千夫		
主营业务	从事群众性健身活动的咨询及技术指导。				

企业名称	上海汉丰管理咨询有限公司				
企业地址	上海市虹口区水电路 1312 弄 165 号 222 室（200434）				
投资总额	20 万 USD	电　话	61280550	传　真	61280593
设立日期	2002-10-23	负责人	金种植		
主营业务	企业管理咨询，贸易信息咨询，投资咨询，企业管理软件的开发。				

企业名称	威瑞咨询（上海）有限公司				
企业地址	上海市长宁区天山西路 789 号 2433B 室（200050）				
投资总额	1.2 万 USD	电　话	32200103	传　真	32200103
设立日期	2002-10-23	负责人	刘　宾		
主营业务	科技咨询，工程设计咨询，国际经济咨询，环保信息咨询，投资咨询等。				

企业名称	卓效营销咨询（上海）有限公司				
企业地址	上海市愚园路 172 号 1001B 室（200040）				
投资总额	20 万 USD	电　话	62296758	传　真	62296756
设立日期	2002-10-22	负责人	MAH YONG TIAN		
主营业务	企业管理咨询，国际经济咨询，贸易信息咨询，投资咨询。				

企业名称	上海合乐工程咨询有限公司				
企业地址	上海市虹口区四平路 710 号 1012A 室（200092）				
投资总额	20 万 USD	电　话	51870288	传　真	62175908
设立日期	2002-10-21	负责人	陈淦伟		
主营业务	交通，基础设施，环境保护，水处理。				

企业名称	华歌尔（上海）研发中心有限公司				
企业地址	上海市淮海中路 283 号香港广场南座 1203 室（200021）				
投资总额	28 万 USD	电　话	53526099	传　真	63024043
设立日期	2002-10-18	负责人	篠崎彰大		
主营业务	服装设计，企业管理，营销投资，贸易咨询。				

企业名称	康萨特管理咨询（上海）有限公司				
企业地址	上海市黄浦区黄陂北路 227 号中区广场 2509 室（200001）				
投资总额	20 万 USD	电　话	63759366	传　真	63759368
设立日期	2002-10-15	负责人	OLIVER ANTHONY TYSON		
主营业务	企业管理咨询，投资咨询。				

企业名称	纳士福管理咨询（上海）有限公司				
企业地址	上海市威海路 511 号 1131 室（200040）				
投资总额	14 万 USD	电　话	62101128	传　真	62101128
设立日期	2002-10-15	负责人	SHIGE YAMAJI		
主营业务	国际市场营销，企业投资，市场品牌策略的咨询。				

企业名称	上海天亨弼商务管理咨询有限公司				
企业地址	上海市闵行区金都路 4299 号 A 幢 2015 室 5 座（201108）				
投资总额	1 万 USD	电　话	62517557	传　真	62511746
设立日期	2002-10-15	负责人	杨耀铭		
主营业务	商务管理咨询，营销与企业管理咨询，美容技术咨询，食品技术咨询。				

企业名称	上海博视达广告有限公司				
企业地址	上海市东方路 3409 号 7 楼 337 室（200120）				
投资总额	30 万 USD	电　话	24014880	传　真	52392955
设立日期	2002-10-14	负责人	袁绮芬		
主营业务	设计，制作，发布和代理各类国内外广告。				

企业名称	莱佛士管理咨询（上海）有限公司				
企业地址	上海市长宁区遵义路 100 号 A 栋 1806 室（200051）				
投资总额	3 万 USD	电　话	62372458	传　真	62197275
设立日期	2002-10-11	负责人	高燕萍		
主营业务	企业管理咨询，科技咨询，工程设计咨询，国际经济咨询等。				

企业名称	赛勉管理咨询（上海）有限公司				
企业地址	上海市浦东新区世纪大道 88 号金茂大厦 2406A 室（201203）				
投资总额	20 万 USD	电　话	50801705	传　真	50801705
设立日期	2002-10-11	负责人	丁辉文		
主营业务	国际经济咨询，科技咨询，企业管理咨询，投资咨询，贸易信息咨询。				

企业名称	上海菱洋工程咨询有限公司				
企业地址	上海市静安区南京西路 1468 号 3111 室（200040）				
投资总额	14 万 USD	电　话	54076025	传　真	62792140
设立日期	2002-10-11	负责人	管原清		
主营业务	工程管理咨询，企业管理咨询，贸易信息咨询，投资咨询。				

企业名称	金革咨询（上海）有限公司				
企业地址	上海市静安区石门二路 333 弄 3 号 22B 室（200040）				
投资总额	20 万 USD	电　话	52130261	传　真	52130260
设立日期	2002-10-9	负责人	陈建育		
主营业务	营销策划，图文设计咨询（不涉及广告业务），企业管理咨询等。				

企业名称	艾诺思投资管理咨询（上海）有限公司				
企业地址	上海市张江高科技园区郭守敬路 498 号 21312 室（201203）				
投资总额	50 万 USD	电　话	63025757	传　真	63025656
设立日期	2002-10-1	负责人	裘明昌		
主营业务	国际经济咨询，投资咨询，环保咨询，物业发展管理咨询。				

企业名称	蓝贯记（上海）咨询有限公司				
企业地址	上海市浦东新区景明路 156 号 106 室（200042）				
投资总额	20 万 USD	电　话	64335619	传　真	64743.778
设立日期	2002-9-30	负责人	MARK JON WOOD		
主营业务	投资咨询，贸易信息咨询，企业内部培训咨询，国际信息咨询等。				

企业名称	吴振麒园境规划顾问（上海）有限公司				
企业地址	上海市浦东新区乳山路 98 号普联大厦五层 I 座（200120）				
投资总额	20 万 USD	电　话	62262870	传　真	62262876
设立日期	2002-9-29	负责人	吴振麒		
主营业务	园境规划咨询，环境规划咨询，环保规划咨询。				

企业名称	秦业企业管理咨询（上海）有限公司				
企业地址	上海市浦东新区牡丹路 60 号 1903B 室（201204）				
投资总额	70 万 USD	电　话	63916622	传　真	63916200
设立日期	2002-9-28	负责人	马晟杰		
主营业务	商务咨询，企业管理咨询，企业形象策划咨询，市场营销咨询等。				

企业名称	联新医疗管理咨询（上海）有限公司				
企业地址	上海市张江镇高科技园区郭守敬路 351 号 2 号楼 631－15 室（201204）				
投资总额	25 万 USD	电　　话	52400789	传　　真	52400699
设立日期	2002-9-27	负 责 人	张焕桢		
主营业务	医疗机构经营管理咨询，医疗管理软件的开发，制作，销售自产产品。				

企业名称	林申工程咨询（上海）有限公司				
企业地址	上海市中山南一路 538 号 601 室（200023）				
投资总额	20 万 USD	电　　话	62675890	传　　真	32170800
设立日期	2002-9-25	负 责 人	戴　忠		
主营业务	工程设计，建筑规划设计咨询，环保，科技信息咨询，房产经纪。				

企业名称	汉钰投资管理顾问（上海）有限公司				
企业地址	上海市浦东新区佳林路 1028 号 411 室（201206）				
投资总额	20 万 USD	电　　话	63226789	传　　真	63229898
设立日期	2002-9-20	负 责 人	林汉克		
主营业务	投资咨询，企业管理咨询，市场调研，信息咨询。				

企业名称	上海申利宇丰企业咨询有限公司				
企业地址	上海市山东中路 311 号三楼 302 室（200001）				
投资总额	14 万 USD	电　　话	68640095	传　　真	58899403
设立日期	2002-9-19	负 责 人	何美宝		
主营业务	商务咨询服务，经济信息咨询，企业策划咨询，企业营销咨询等。				

企业名称	远联（上海）咨询有限公司				
企业地址	上海市黄浦区延安东路 618 号 11 楼 C 座（200040）				
投资总额	20 万 USD	电　　话	53855199	传　　真	53855120
设立日期	2002-9-18	负 责 人	CHRISTIAN JAKOBSSON		
主营业务	投资咨询及中介，国际经济咨询，贸易信息咨询，企业管理咨询等。				

企业名称	上海仕达富新桥人才资源有限公司				
企业地址	上海市南京西路 1515 号上海嘉里中心 26 层 2608－9 室（200040）				
投资总额	85 万 USD	电　　话	52137827	传　　真	52986698
设立日期	2002-9-17	负 责 人	西村昌裕		
主营业务	人才供求信息的收集，整理，储存，发布和咨询服务，人才推荐。				

企业名称	新派海事技术咨询（上海）有限公司				
企业地址	上海市天目中路 428 号凯旋门大厦 9H（200070）				
投资总额	20 万 USD	电　　话	63545631	传　　真	63537104
设立日期	2002-9-17	负 责 人	TAYE SIANG LING MERV		
主营业务	国际经济信息咨询，海事信息咨询，科技咨询，交运容箱的技术咨询。				

企业名称	上海达亚集装箱服务有限公司				
企业地址	上海市宝山区江济路 8 号（200940）				
投资总额	45 万 USD	电　　话	33791511	传　　真	33791884
设立日期	2002-9-13	负 责 人	郑义芳		
主营业务	集装箱（含罐装箱）的维修，清洗，保养及相关服务。				

企业名称	法蒂玛咨询（上海）有限公司				
企业地址	上海市茂名南路 59 号锦江饭店峻岭楼 2353 室（200020）				
投资总额	20 万 USD	电　　话	51086638	传　　真	51696901
设立日期	2002-9-12	负 责 人	徐正文		
主营业务	营销策划，经济信息，投资顾问，兼并收购咨询。				

企业名称	上海麒灵咨询有限公司				
企业地址	上海市淮海中路 93 号大上海时代广场 2509－2510 室（200021）				
投资总额	20 万 USD	电　　话	63910011	传　　真	63918300
设立日期	2002-9-12	负 责 人	CHRISTORHER PAUL CLA		
主营业务	科技，贸易，企业管理，房产咨询，投资咨询及中介。				

企业名称	依摩比利亚管理咨询（上海）有限公司				
企业地址	上海市卢湾区茂名南路 59 号（200020）				
投资总额	20 万 USD	电　　话	64150799	传　　真	64150801
设立日期	2002-9-12	负 责 人	莫丽丽		
主营业务	物业管理、室内装潢，房产经纪，企业形象策划，商品展示咨询等。				

企业名称	依涌投资咨询（上海）有限公司				
企业地址	上海市嘉定区叶城路 1288 号 C－21 室（201821）				
投资总额	14 万 USD	电　　话	54668989	传　　真	54661099
设立日期	2002-9-12	负 责 人	李海东		
主营业务	科技咨询，国际经济咨询，贸易信息咨询，市场调研，投资咨询。				

企业名称	固惠工程咨询（上海）有限公司				
企业地址	上海市浦东新区栖霞路 33 号 337 室（200122）				
投资总额	28 万 USD	电　　话	64325985	传　　真	64696073
设立日期	2002-9-11	负 责 人	LOW BENG TIN		
主营业务	工程管理咨询，工程设计咨询，工程信息咨询。				

企业名称	上海港之杰洗涤有限公司				
企业地址	上海市松江区新桥镇民益路 72 号（201612）				
投资总额	38 万 USD	电　　话	57686299	传　　真	57687299
设立日期	2002-9-11	负 责 人	余庆垣		
主营业务	承接各类洗涤业务。				

企业名称	理光（中国）投资有限公司				
企业地址	上海市延安西路 728 号华敏·翰尊国际广场 17 楼（200050）				
投资总额	3295 万 USD	电　　话	52380222	传　　真	52382210
设立日期	2002-9-10	负 责 人	新村悦广		
主营业务	在国家鼓励，允许的机械，电气设备，信息设备等行业进行投资。				

企业名称	上海慧仓咨询有限公司				
企业地址	上海市张江高科技园区郭守敬路 351 号 2 号楼 631－11 室				
投资总额	1 万 USD	电　　话	65543654	传　　真	65543654
设立日期	2002-9-10	负 责 人	李　斌		
主营业务	工程设计咨询，技术咨询，房地产信息咨询，投资咨询，管理咨询等。				

企业名称	上海励华国际展览有限公司				
企业地址	上海市外高桥保税区新灵路 80 号 310 室（200131）				
投资总额	20 万 USD	电　　话	51188218	传　　真	51188586
设立日期	2002-9-9	负 责 人	马日豪		
主营业务	提供会务服务，经济信息咨询服务。				

企业名称	新观念（上海）艺术发展有限公司				
企业地址	上海市浦东新区潍坊六村 627 号 241 室（200120）				
投资总额	20 万 USD	电　　话	50807855	传　　真	50807858
设立日期	2002-9-6	负 责 人	郭承丰		
主营业务	艺术空间，公共环境的设计空间咨询，展览咨询，管理咨询等。				

企业名称	厉亚项目管理咨询（上海）有限公司				
企业地址	上海市浦东新区浦东南路 588 号 18 层 J 室（200120）				
投资总额	20 万 USD	电　　话	68888770	传　　真	68888770
设立日期	2002-9-4	负 责 人	PAUL WILLIAM HAVILAN		
主营业务	项目管理咨询和投资咨询，市场调研，企业管理咨询。				

企业名称	纳峰真空镀膜（上海）有限公司				
企业地址	上海市浦东新区向城路 58 号 18 楼 E 室（200122）				
投资总额	6 万 USD	电　　话	33861663	传　　真	69712836
设立日期	2002-9-3	负 责 人	史　旭		
主营业务	高科技镀膜和相关的研究开发，销售自产产品，提供相关技术咨询。				

企业名称	派黎思管理咨询（上海）有限公司				
企业地址	上海市长宁区北翟路 1262 号 302 室（201103）				
投资总额	28 万 USD	电　　话	33764725	传　　真	33763613
设立日期	2002-9-3	负 责 人	林达光		
主营业务	国际经济咨询，贸易咨询，科技咨询，企业管理咨询，文化艺术咨询。				

企业名称	乔禾设计咨询（上海）有限公司				
企业地址	上海市漕溪北路 737 弄 1 号楼 904 室（200030）				
投资总额	20 万 USD	电　　话	64174292	传　　真	64174297
设立日期	2002-9-1	负 责 人	杨　杰		
主营业务	建筑与室内装潢设计咨询，投资咨询，管理咨询，科技咨询。				

企业名称	金头脑（上海）咨询有限公司				
企业地址	上海市张江高科技园区郭守敬路 351 号 2 号楼 631－13 室（201203）				
投资总额	1 万 USD	电　　话	58893095	传　　真	58393844
设立日期	2002-8-30	负 责 人	吴栋炯		
主营业务	管理咨询，商务信息咨询，经济信息咨询，会议咨询服务。				

企业名称	祥富创业投资（上海）有限公司				
企业地址	上海市张江高科技园区郭守敬路 351 号 2 号楼 631－12 室（201203）				
投资总额	368 万 USD	电　　话	61042718	传　　真	61042710
设立日期	2002-8-30	负 责 人	朱友明		
主营业务	投资信息技术，现代生物医药，中药，新材料等高新技术企业投资咨询。				

企业名称	**上海同耀通信技术有限公司**				
企业地址	上海市宜山路 900 号科技大楼 B 楼第三层（200233）				
投资总额	50 万 USD	电　话	50791141	传　真	50791147
设立日期	2002-8-28	负责人	王　南		
主营业务	测试通讯产品，提供相关技术咨询服务。				

企业名称	**上海见行投资咨询有限公司**				
企业地址	上海市闵行区七宝镇七莘路 3019 号（201101）				
投资总额	28 万 USD	电　话	54791618	传　真	64794962
设立日期	2002-8-26	负责人	吴君途		
主营业务	投资咨询，信息咨询，商业咨询，科技咨询，管理咨询。				

企业名称	**倍科电子技术咨询服务（上海）有限公司**				
企业地址	上海市静安区延安西路 65 号国际贵都大饭店商务楼 601 室（200040）				
投资总额	20 万 USD	电　话	52392219	传　真	62484761
设立日期	2002-8-22	负责人	JOHN YUK CHAN		
主营业务	家用电器，仪器仪表，计算机设备和通信设备的调试咨询服务。				

企业名称	**健诚企业管理顾问（上海）有限公司**				
企业地址	上海市静安区延安中路 841 号 1201 室（200040）				
投资总额	20 万 USD	电　话	62895836	传　真	63856333
设立日期	2002-8-21	负责人	翁德昌		
主营业务	企业管理咨询，国际经济咨询，投资咨询，科技咨询，环保信息咨询。				

企业名称	**三源传艺商务咨询（上海）有限公司**				
企业地址	上海市延安西路 2299 号世贸商城展示间 11D86，11D88 室（200336）				
投资总额	20 万 USD	电　话	63230526	传　真	63230527
设立日期	2002-8-21	负责人	冯崇堃		
主营业务	公共关系咨询，企业管理咨询，投资咨询，科技咨询和贸易信息咨询。				

企业名称	**上海惠来顺实业有限公司**				
企业地址	上海市闵行区吴中路 1389 号（201103）				
投资总额	700 万 USD	电　话	34318598	传　真	34213287
设立日期	2002-8-21	负责人	钟吉龙		
主营业务	房地产咨询，投资咨询，餐饮咨询，食物生物工程咨询等。				

企业名称	**伍克能咨询（上海）有限公司**				
企业地址	上海市西藏南路 831 弄 2 号交通大厦 16 楼（200011）				
投资总额	20 万 USD	电　话	63459881	传　真	63450869
设立日期	2002-8-21	负责人	伍克能		
主营业务	投资咨询及中介，科技咨询，贸易咨询。				

企业名称	**上海平克顿咨询有限公司**				
企业地址	上海市浦东新区牡丹路 60 号 1901A 室（200122）				
投资总额	20 万 USD	电　话	52379911	传　真	52376560
设立日期	2002-8-20	负责人	赵志明		
主营业务	市场调研，企业管理咨询，经济信息咨询，投资咨询，贸易信息咨询。				

企业名称	**上海益海商务咨询有限公司**				
企业地址	上海市西藏南路 765 号永惠大厦 702 室（200011）				
投资总额	1.2 万 USD	电　话	63450259	传　真	63457761
设立日期	2002-8-20	负责人	王艺霖		
主营业务	企业管理咨询，投资咨询，市场调研，国际经济信息咨询等。				

企业名称	**上海拜克太阳能技术有限公司**				
企业地址	上海市莘庄工业区申南路 555 号（201108）				
投资总额	32 万 USD	电　话	69857250	传　真	64422947
设立日期	2002-8-19	负责人	陈志宇		
主营业务	开发，生产，销售太阳能系列产品及零配件，提供相应的技术。				

企业名称	**上海沪邑科技信息咨询有限公司**				
企业地址	上海市浦东新区源深路 92 号 25 楼 A 室（200121）				
投资总额	35 万 USD	电　话	52382666	传　真	62268852
设立日期	2002-8-16	负责人	郭瑞丰		
主营业务	人力资源管理咨询，企业管理咨询，财务管理咨询，市场营销咨询等。				

企业名称	**全盛工程管理咨询（上海）有限公司**				
企业地址	上海市浦东新区世纪大道 1500 号东方大厦 1728 室（200122）				
投资总额	25 万 USD	电　话	68407969	传　真	68407970
设立日期	2002-8-14	负责人	柳骏勇		
主营业务	工程管理咨询，企业管理咨询，工程设计咨询，信息技术咨询。				

企业名称	**上海网环信息科技有限公司**				
企业地址	上海市大统路 988 号 B 座 503 室（200070）				
投资总额	6 万 USD	电　话	56559288	传　真	56559288
设立日期	2002-8-14	负责人	王　飞		
主营业务	计算机软件开发，制作和咨询，企业形象策划，销售自产产品。				

企业名称	**上海维纳咨询有限公司**				
企业地址	上海市浦东新区莲林路 33 号 1 号楼 426 室（200002）				
投资总额	20 万 USD	电　话	50809677	传　真	50809677
设立日期	2002-8-14	负责人	周卫民		
主营业务	企业管理咨询，商务咨询，房地产信息咨询，市场营销咨询等。				

企业名称	**上海中乐汽车油漆喷涂制作有限公司**				
企业地址	上海市闵行区宜山路 1618 号 696 室（201103）				
投资总额	43 万 USD	电　话	64650089	传　真	64017626
设立日期	2002-8-14	负责人	杜碧珊		
主营业务	承接汽车车身油漆，图案喷绘。				

企业名称	**储贤咨询（上海）有限公司**				
企业地址	上海市浦东新区潍坊六村 627 号 B6 室（200127）				
投资总额	20 万 USD	电　话	64264611	传　真	64264911
设立日期	2002-8-13	负责人	沈秀娴		
主营业务	服饰营销，服饰技术咨询，投资咨询，市场调研，企业管理咨询等。				

企业名称	**国旅运通航空服务有限公司**				
企业地址	上海市延安东路 222 号金光外滩金融中心 2005－2006 室（200002）				
投资总额	150 万 USD	电　话	23067227	传　真	23067241
设立日期	2002-8-13	负责人	张建华		
主营业务	在中国境内提供国际和国内航空客运销售。				

企业名称	**上海宝贸管理咨询有限公司**				
企业地址	上海市长宁区仙霞路 319 号远东国际广场（A 栋）三楼 327 室（200336）				
投资总额	20 万 USD	电　话	52137827	传　真	52137800
设立日期	2002-8-13	负责人	周荣昌		
主营业务	国内外经济，科技，环保信息咨询，市场调研，企业形象策划等。				

企业名称	**上海信昌咨询服务有限公司**				
企业地址	上海市静安区南京西路 1168 号 8 楼（200041）				
投资总额	50 万 USD	电　话	52524628	传　真	52984680
设立日期	2002-8-12	负责人	严梦英		
主营业务	国际经济咨询，科技咨询，投资咨询及中介，贸易信息咨询等。				

企业名称	**上海名人苑罗曼缘婚礼有限公司**				
企业地址	上海市浦东新区张杨路 2948 号（200135）				
投资总额	70 万 USD	电　话	50333222	传　真	58334128
设立日期	2002-8-12	负责人	中北正秀		
主营业务	提供婚庆礼仪系列服务，餐饮（涉及许可证管理的凭许可证经营）。				

企业名称	**爱依迪克投资管理咨询（上海）有限公司**				
企业地址	上海市杨浦区抚顺路 372 号 206 室（200080）				
投资总额	1.2 万 USD	电　话	65397278	传　真	65121394
设立日期	2002-8-8	负责人	俞　斌		
主营业务	国际贸易咨询，投资咨询及中介，房地产咨询及中介，科技咨询等。				

企业名称	**华微纳米技术（上海）有限公司**				
企业地址	上海市张江高科技园区碧波路 518 号 B 座 106 室（201203）				
投资总额	130 万 USD	电　话	50805683	传　真	50805689
设立日期	2002-8-7	负责人	李　红		
主营业务	开发，研制，生产高科技纳米新材料产品和加工组装而成的部件。				

企业名称	**科友（上海）商务咨询有限公司**				
企业地址	上海市闵行区金都路 4299 号 A 幢 2015 室 3 座（201100）				
投资总额	1 万 USD	电　话	54131372	传　真	54131373
设立日期	2002-8-6	负责人	孙　宇		
主营业务	商业信息咨询，投资咨询，管理咨询，物业中介咨询，技术信息咨询。				

企业名称	**普世（上海）咨询有限公司**				
企业地址	上海市浦东新区东方路 989 号 2207 室（200122）				
投资总额	20 万 USD	电　话	58309636	传　真	58309639
设立日期	2002-8-6	负责人	JUAN FONT ROCA		
主营业务	国际经济信息咨询，科技咨询，投资咨询及中介，贸易信息咨询等。				

企业名称	德希尼布工程咨询（上海）有限公司				
企业地址	上海市淮海中路 1329 号 1101，1103 室（200031）				
投资总额	20 万 USD	电话	64154525	传真	64154274
设立日期	2002-7-31	负责人	DOMINIQUE PEIFFERT		
主营业务	汽油开发，石油化工等工业领域内的工程项目的设计咨询等。				

企业名称	上海诚讯信息咨询有限公司				
企业地址	上海市张江高科技园区郭守敬路 351 号 2 号楼 631－6 室（201203）				
投资总额	15 万 USD	电话	62177338	传真	62197228
设立日期	2002-7-31	负责人	邰中和		
主营业务	企业管理咨询，国际经济信息咨询，投资咨询，科技咨询等。				

企业名称	柯达（中国）投资有限公司				
企业地址	上海市黄浦区南京西路 128 号第五层（200040）				
投资总额	3000 万 USD	电话	58345678	传真	58347999
设立日期	2002-7-29	负责人	YING YEH		
主营业务	在国家允许外商投资的感光及影像材料，产品，设备等领域进行投资。				

企业名称	上海创凌信息科技有限公司				
企业地址	上海市虹口区四平路 421 弄 20 号 403 室（200080）				
投资总额	70 万 USD	电话	63198088	传真	63198001
设立日期	2002-7-26	负责人	林国祯		
主营业务	开发，生产计算机软件，提供相关的技术咨询和技术服务等。				

企业名称	上海新利恒租赁有限公司				
企业地址	上海市浦东新区川沙镇川周公路 5655 号（200120）				
投资总额	800 万 USD	电话	58593999	传真	58599931
设立日期	2002-7-25	负责人	梁林河		
主营业务	生产建筑工程机械，超重机械，升降式停车设备，机电设备等。				

企业名称	开国咨询（上海）有限公司				
企业地址	上海市浦东新区浦东南路 588 号 30 楼 D 座（200120）				
投资总额	20 万 USD	电话	51095546	传真	58796761
设立日期	2002-7-25	负责人	戴开国		
主营业务	市场调研，企业管理咨询，国际经济信息咨询，投资咨询及中介等。				

企业名称	设府（上海）咨询有限公司				
企业地址	上海市浦东新区潍坊六村 627 号 159 室（200025）				
投资总额	20 万 USD	电话	64159950	传真	67420895
设立日期	2002-7-24	负责人	莫若辑		
主营业务	城市规划咨询，建筑设计咨询，室内设计咨询，产品设计咨询等。				

企业名称	昂博普亚管理顾问（上海）有限公司				
企业地址	上海市重庆北路 167 号 15 室（200003）				
投资总额	20 万 USD	电话	34060415	传真	68670717
设立日期	2002-7-23	负责人	JUAN DIEZ AUSIAS		
主营业务	投资咨询及中介，企业管理咨询，企业营销咨询，企业形象策划。				

企业名称	捷禾信息咨询（上海）有限公司				
企业地址	上海市长宁区定西路 1016 号银统大厦北楼 24 层 B 室（200050）				
投资总额	2 万 USD	电话	62408727	传真	62515787
设立日期	2002-7-23	负责人	张永文		
主营业务	科技咨询，国际经济咨询，企业管理咨询，环保信息咨询，投资咨询。				

企业名称	思品管理咨询（上海）有限公司				
企业地址	上海市卢湾区雁荡路 107 号 15C 室（200020）				
投资总额	20 万 USD	电话	63725842	传真	63599588
设立日期	2002-7-23	负责人	CHARCES JULIAN CRISP		
主营业务	市场调研，建筑设计，工程管理咨询，房地产咨询及经纪，投资咨询。				

企业名称	上海味之素食品研究开发中心有限公司				
企业地址	上海市松江工业区开明路 268 号（200613）				
投资总额	200 万 USD	电话	68411008	传真	50663589
设立日期	2002-7-23	负责人	仓谷隆博		
主营业务	食品分析技术，生产技术，食品营养，微生物的研究，开发及中试。				

企业名称	上海宜事管理咨询有限公司				
企业地址	上海市宝山区沪太路 8885 号（200949）				
投资总额	42 万 USD	电话	63170385	传真	63179323
设立日期	2002-7-22	负责人	CHONG KIM WENG		
主营业务	国内外经济，科技信息咨询，投资信息，中介贸易信息等。				

企业名称	奥迪嘉（上海）投资咨询有限公司				
企业地址	上海市浦东新区东方路 899 号 1207 室（200122）				
投资总额	20 万 USD	电话	50819052	传真	58306938
设立日期	2002-7-19	负责人	郭立柱		
主营业务	投资咨询，项目管理咨询，企业管理咨询，贸易咨询，环保咨询等。				

企业名称	上海波特曼咨询有限公司				
企业地址	上海市南京西路 1376 号上海商城西峰 901 室（200040）				
投资总额	20 万 USD	电话	62798926	传真	62788936
设立日期	2002-7-19	负责人	JOHN C.PORTMAN，III		
主营业务	工程技术咨询，建筑设计咨询，装潢设计咨询，项目管理咨询等。				

企业名称	橡子园创业投资管理（上海）有限公司				
企业地址	上海市张江郭守敬路 498 号 9 号楼二层，10 号楼二层（201203）				
投资总额	20 万 USD	电话	50806606	传真	50806686
设立日期	2002-7-19	负责人	TIEN-LAI HWANG(黄天来)		
主营业务	受托管理和经营创业投资公司的创业成本，投资咨询和企业管理咨询。				

企业名称	牛津（上海）咨询有限公司				
企业地址	上海市华山路 2 号中华企业大厦 1009 室（200040）				
投资总额	28 万 USD	电话	62173355	传真	62726698
设立日期	2002-7-18	负责人	李庆生		
主营业务	教育科技咨询，印刷软件咨询，贸易咨询，经济咨询，管理咨询等。				

企业名称	上海美仕投资咨询有限公司				
企业地址	上海市南京西路 819 号 2102 室（200041）				
投资总额	20 万 USD	电话	62884606	传真	62884607
设立日期	2002-7-16	负责人	山本幸希		
主营业务	投资咨询，商务咨询，展览会议咨询，企业管理咨询，高科技信息咨询。				

企业名称	上海胜远咨询有限公司				
企业地址	上海市长宁区天山西路 789 号 1158 室（200335）				
投资总额	1.2 万 USD	电话	63172779	传真	63177787
设立日期	2002-7-16	负责人	孙业扬		
主营业务	科技咨询，国际经济咨询，企业管理咨询，环保信息咨询，投资咨询等。				

企业名称	上海朱周空间设计咨询有限公司				
企业地址	上海市金山区干巷镇西新卫公路十字路口（201518）				
投资总额	20 万 USD	电话	52723698	传真	52724655
设立日期	2002-7-15	负责人	朱彤云		
主营业务	室内装潢设计咨询，建筑外观设计咨询（空间，平面，照明设计咨询）。				

企业名称	野村综研（上海）咨询有限公司				
企业地址	上海市南京西路 1515 号 601 室（200040）				
投资总额	150 万 USD	电话	54659980	传真	54659981
设立日期	2002-7-14	负责人	川野忠明		
主营业务	国际经济咨询，投资咨询，科技，软件和信息系统咨询等。				

企业名称	液化空气工程咨询（上海）有限公司				
企业地址	上海市浦东新区历城路 70 号甲 210 室（200126）				
投资总额	20 万 USD	电话	60903507	传真	60903580
设立日期	2002-7-12	负责人	MARC DUCROCQ		
主营业务	投资咨询，工程管理咨询，工程设计咨询，市场调研。				

企业名称	上海神成投资咨询有限公司				
企业地址	上海市闵行区伊犁南路 20 号（201103）				
投资总额	64 万 USD	电话	64315107	传真	64315173
设立日期	2002-7-11	负责人	神成裕		
主营业务	国际经济贸易咨询，企业经营管理咨询，投资咨询，环保信息咨询等。				

企业名称	中营设计咨询（上海）有限公司				
企业地址	上海市太仓路 58 号 210 室（200021）				
投资总额	20 万 USD	电话	62295399	传真	62298733
设立日期	2002-7-11	负责人	李坤威		
主营业务	建筑与室内装潢设计，投资，企业管理，科技咨询。				

企业名称	美习展览服务（上海）有限公司				
企业地址	上海市浦东新区银霄路 393 号 302 室（200120）				
投资总额	21 万 USD	电话	50590506	传真	50590908
设立日期	2002-7-9	负责人	IRMELA LANGE		
主营业务	提供展览会，展览厅和展台构造的设计咨询，市场营销咨询。				

企业名称	安略华市场研究咨询（上海）有限公司				
企业地址	上海市浦东新区牡丹路 60 号 C 区 2012 室（200122）				
投资总额	20 万 USD	电　话	54671566	传　真	54071586
设立日期	2002-7-5	负 责 人	CHRIS ROBINSON		
主营业务	市场调研，投资，咨询，企业管理咨询，经济信息咨询。				

企业名称	君凯环境管理咨询（上海）有限公司				
企业地址	上海市普陀区长寿路 97 号 21 楼 K－1 室（200060）				
投资总额	20 万 USD	电　话	64084137	传　真	64084147
设立日期	2002-7-3	负 责 人	KEN LANGER		
主营业务	环境保护信息咨询，新型环保技术咨询，国际经济信息咨询。				

企业名称	上海泛洋商务投资咨询有限公司				
企业地址	上海市长宁区延安西路 1221 号泛太大厦 2602 室（200050）				
投资总额	20 万 USD	电　话	62522218	传　真	62100020
设立日期	2002-7-3	负 责 人	王正男		
主营业务	投资咨询，国际经济信息咨询，市场调研，企业管理咨询等。				

企业名称	上海兴桥管理咨询有限公司				
企业地址	上海市浦东新区牡丹路 60 号 2010A 室（200122）				
投资总额	20 万 USD	电　话	63230077	传　真	62264862
设立日期	2002-7-2	负 责 人	杨岳华		
主营业务	投资咨询及中介，房地产信息咨询，企业管理咨询，市场调研。				

企业名称	新华投资咨询（上海）有限公司				
企业地址	上海市浦东新区潍坊六村 627 号 367 室（201201）				
投资总额	50 万 USD	电　话	61135915	传　真	64484916
设立日期	2002-7-2	负 责 人	GRAHAM ANTON EARNSHA		
主营业务	投资咨询，商务咨询，经济信息咨询，销售自产产品等。				

企业名称	金凯商务咨询（上海）有限公司				
企业地址	上海市张江高科技园区郭守敬路 351 号 2 号楼 625－16 室（201203）				
投资总额	1 万 USD	电　话	68882608	传　真	61001627
设立日期	2002-7-1	负 责 人	鞠　凯		
主营业务	商务管理，高新技术及信息，人才信息的咨询及相关服务。				

企业名称	上海美进工程项目咨询有限公司				
企业地址	上海市延安东路 100 号联谊大厦 11 楼 1103 室（200002）				
投资总额	30 万 USD	电　话	63071177	传　真	63240874
设立日期	2002-6-30	负 责 人	邹志忠		
主营业务	工程项目技术咨询，工程项目管理（涉及许可经营的凭许可证经营）。				

企业名称	东丽（中国）投资有限公司				
企业地址	上海市浦东新区银城东路 101 号汇丰大厦 10 楼（200120）				
投资总额	4870 万 USD	电　话	68411560	传　真	68413220
设立日期	2002-6-28	负 责 人	下村彬一		
主营业务	在中国政府鼓励或允许外商投资的纤维、服装、塑料、化工产品等。				

企业名称	旺安投资咨询（上海）有限公司				
企业地址	上海市虹口区四平路 421 弄 107 号（200080）				
投资总额	8 万 USD	电　话	65750913	传　真	65750436
设立日期	2002-6-28	负 责 人	张秀涛		
主营业务	工程咨询，工程设计咨询，投资咨询等。				

企业名称	尚思咨询（上海）有限公司				
企业地址	上海市浦东新区归昌路 258 号 227 室（201206）				
投资总额	20 万 USD	电　话	62673183	传　真	62719379
设立日期	2002-6-27	负 责 人	KIM BISHTON WALKER		
主营业务	投资咨询，国际经济咨询，贸易信息咨询，市场营销咨询。				

企业名称	上海三协咨询有限公司				
企业地址	上海市嘉定区叶城路 1288 号 C－03 室（201821）				
投资总额	1 万 USD	电　话	62307137	传　真	62300717
设立日期	2002-6-26	负 责 人	田国庆		
主营业务	科技咨询，投资咨询及中介，国际经济咨询，贸易信息咨询，市场调研。				

企业名称	罗思（上海）咨询有限公司				
企业地址	上海市浦东新区牡丹路 60 号 2019A 座（201204）				
投资总额	20 万 USD	电　话	32519966	传　真	33063400
设立日期	2002-6-25	负 责 人	卞孜真		
卞孜真	国际经济咨询，科技咨询，投资咨询及中介，贸易信息咨询等。				

企业名称	益峰客户关系管理（上海）有限公司				
企业地址	上海市徐汇区零陵路 899 号飞洲国际广场 10M 室（200030）				
投资总额	310 万 USD	电　话	54890505	传　真	54892662
设立日期	2002-6-25	负 责 人	宋健名		
主营业务	企业管理咨询，商务咨询，经贸信息咨询，科技咨询，市场调研等。				

企业名称	先行咨询（上海）有限公司				
企业地址	上海市浦东新区高桥镇清溪路 574 号 2 幢 01 室（200120）				
投资总额	20 万 USD	电　话	52985036	传　真	52985037
设立日期	2002-6-24	负 责 人	LOUISE ARDAGH		
主营业务	国际经济信息咨询，科技咨询，环境保护信息咨询，投资咨询等。				

企业名称	友邦咨询（上海）有限公司				
企业地址	上海市南京西路 1376 号 750 室（200040）				
投资总额	50 万 USD	电　话	62798333	传　真	62798777
设立日期	2002-6-24	负 责 人	JOEL LEWIS EPSTEIN		
主营业务	投资咨询，科技咨询，商务咨询，经济信息咨询，企业管理咨询等。				

企业名称	轩捷商务咨询（上海）有限公司				
企业地址	上海市沪闵路 9333 号 1 号楼 3 楼（200235）				
投资总额	20 万 USD	电　话	64223400	传　真	64225258
设立日期	2002-6-21	负 责 人	孟祥瑞		
主营业务	企业管理咨询，经贸信息咨询，投资咨询及中介，科技咨询，市场调研。				

企业名称	捷梅设计咨询（上海）有限公司				
企业地址	上海市泰康路 200 号 502A 室（200023）				
投资总额	1.2 万 USD	电　话	32180637	传　真	32181208
设立日期	2002-6-19	负 责 人	梅　萍		
主营业务	国际经济，科技，室内设计，建筑设计咨询。				

企业名称	力赛佳管道支架技术（上海）有限公司				
企业地址	上海市青浦区外青松路 5500 号 104 号 B 座（201700）				
投资总额	510 万 USD	电　话	69212888	传　真	69216999
设立日期	2002-6-18	负 责 人	HANS-HERLOF HARDTKE		
主营业务	设计、生产用于保障电力等行业工业管道安全运行的高技术支架系统。				

企业名称	得可咨询（上海）有限公司				
企业地址	上海市浦东新区牡丹路 60 号 2003D 室（200020）				
投资总额	20 万 USD	电　话	53830200	传　真	53063018
设立日期	2002-6-17	负 责 人	PELANO KOH		
主营业务	在中国境内为得可公司的供货商和生产合作伙伴提供技术咨询。				

企业名称	欧立旺展览设计咨询（上海）有限公司				
企业地址	上海市浦东新区浦东南路 256 号 1301 室（200120）				
投资总额	20 万 USD	电　话	68866665	传　真	68866667
设立日期	2002-6-17	负 责 人	MICHAEL ROBERT ERNST		
主营业务	展览设计咨询，展览工程设计，企业形象策划咨询，商务咨询。				

企业名称	上海境格设计工程咨询有限公司				
企业地址	上海市闵行区沪闵路 6850 弄 8 号（201100）				
投资总额	20 万 USD	电　话	54890453	传　真	54891259
设立日期	2002-6-17	负 责 人	欧阳新简		
主营业务	建筑，装饰工程设计咨询，城市规划及环境景观设计咨询等。				

企业名称	上海联都投资咨询有限公司				
企业地址	上海市浦东新区杨高路 2359 号 4 幢 103，104 室（201208）				
投资总额	106 万 USD	电　话	53530397	传　真	33041059
设立日期	2002-6-17	负 责 人	杨鸣一		
主营业务	信用卡营销咨询，风险管理咨询，企业形象策划，商务咨询。				

企业名称	威宇投资咨询（上海）有限公司				
企业地址	上海市浦东新区东方路 3698 号 208 室（200125）				
投资总额	40 万 USD	电　话	68062290	传　真	68062291
设立日期	2002-6-17	负 责 人	马俊荣		
主营业务	投资咨询，酒店管理咨询，房地产咨询，贸易信息咨询，商务咨询等。				

企业名称	钜筑设计咨询（上海）有限公司				
企业地址	上海市浦东康桥工业区康桥路 1100 号 3053 室（201315）				
投资总额	20 万 USD	电　话	62196700	传　真	62196710
设立日期	2002-6-12	负 责 人	谭懋仲		
主营业务	建筑工程咨询，建筑设计咨询，城市环境设计咨询，投资咨询。				

企业名称	毅群市场研究咨询（上海）有限公司				
企业地址	上海市浦东新区牡丹路60号C区2011室（201204）				
投资总额	20万USD	电　话	54071566	传　真	54071586
设立日期	2002-6-12	负责人	FENG HSIAO LUN		
主营业务	市场调研，投资咨询，企业管理咨询，经济信息咨询。				

企业名称	鼎鼐企业管理咨询（上海）有限公司				
企业地址	上海市浦东新区上川路5635号301室（201209）				
投资总额	20万USD	电　话	54892299	传　真	54893309
设立日期	2002-6-11	负责人	叶微微		
主营业务	企业管理咨询，投资咨询，市场营销咨询，国际经济信息咨询等。				

企业名称	凯睿特（上海）国际商务咨询服务有限公司				
企业地址	上海市浦东新区杨东路6号（200120）				
投资总额	1万USD	电　话	56338420	传　真	56331418
设立日期	2002-6-10	负责人	开振南		
主营业务	贸易咨询，市场营销策划，企业管理咨询，企业形象策划等。				

企业名称	上海安成投资咨询有限公司				
企业地址	上海市陆家浜路1088号1605室（200011）				
投资总额	1万USD	电　话	63788383	传　真	63785050
设立日期	2002-6-10	负责人	肖林来		
主营业务	经济信息咨询，科技咨询，投资咨询，商务咨询，房地产信息咨询等。				

企业名称	环球货柜吊车服务（上海）有限公司				
企业地址	上海市宝山区军工路4049号九楼（200432）				
投资总额	50万USD	电　话	62375500	传　真	62375550
设立日期	2002-6-7	负责人	EDWARD PAUL DALY		
主营业务	为货柜吊车及港口机械制造行业提供技术支持，技术服务与技术咨询。				

企业名称	葛乔治设计咨询（上海）有限公司				
企业地址	上海市淮海中路1325号百富勤广场1008室(200031)				
投资总额	20万USD	电　话	64665457	传　真	64673887
设立日期	2002-6-6	负责人	GRIGORIAN GEORGE		
主营业务	建筑与室内装潢设计咨询，投资咨询，管理咨询，科技咨询。				

企业名称	汉那可尼管理咨询（上海）有限公司				
企业地址	上海市浦东新区牡丹路60号C区2016室（201204）				
投资总额	20万USD	电　话	53067834	传　真	53067835
设立日期	2002-6-5	负责人	HENDRA WAHJUDI		
主营业务	项目管理咨询，房地产信息咨询及中介，科技咨询，投资咨询等。				

企业名称	嘉华（中国）投资有限公司				
企业地址	上海市淮海中路1010号嘉华中心12层（200031）				
投资总额	3000万USD	电　话	61133333	传　真	61133366
设立日期	2002-6-3	负责人	吕耀东		
主营业务	在国家允许外商投资的房地产领域进行投资。				

企业名称	上海玉豪咨询有限公司				
企业地址	上海市闵行区吴中路1128号（201103）				
投资总额	20万USD	电　话	57121702	传　真	57120019
设立日期	2002-6-3	负责人	詹秀春		
主营业务	先进技术信息咨询，投资咨询，电子商务咨询，贸易咨询等。				

企业名称	上海思博露生态能源科技有限公司				
企业地址	上海市张江高科技园区郭守敬路351号2号楼601X－4室（201203）				
投资总额	10万USD	电　话	68760828	传　真	58306712
设立日期	2002-5-30	负责人	奚建平		
主营业务	可再生能源，建筑与工业节能，微米纳米，自动化等领域的技术研发等。				

企业名称	上海中信未来投资管理有限公司				
企业地址	上海市张江高科技园区郭守敬路351号2号楼625-11室（201203）				
投资总额	120万USD	电　话	32233220	传　真	52081300
设立日期	2002-5-28	负责人	CHUL WOO LEE		
主营业务	受让管理和经营创业投资公司的创业资本，投资咨询。				

企业名称	联品管理咨询（上海）有限公司				
企业地址	上海市浦东新区张杨路707号507室（200122）				
投资总额	20万USD	电　话	58352896	传　真	58358059
设立日期	2002-5-27	负责人	ERIC DIENY		
主营业务	企业管理咨询，投资咨询，市场营销咨询，国际经济信息咨询等。				

企业名称	上海先达商务咨询有限公司				
企业地址	上海市浦东康桥工业区康桥路1100号307室（201315）				
投资总额	20万USD	电　话	63862188	传　真	63862199
设立日期	2002-5-27	负责人	王敏夫		
主营业务	国际经贸信息咨询，国际货运咨询，物流信息及技术咨询等。				

企业名称	盛邦企业管理咨询（上海）有限公司				
企业地址	上海市漕溪北路18号6B室（200030）				
投资总额	20万USD	电　话	64279645	传　真	64279648
设立日期	2002-5-27	负责人	张景峰		
主营业务	企业管理咨询，投资咨询，国际经济咨询，科技信息咨询等。				

企业名称	威宁谢工程咨询（上海）有限公司				
企业地址	上海市浦东新区康桥工业区康桥路1100号3052室（201315）				
投资总额	28万USD	电　话	62372322	传　真	62372323
设立日期	2002-5-27	负责人	李应祺		
主营业务	为工程建筑项目提供投资咨询，设计咨询，开发测量工程的软件等。				

企业名称	卓扬企业管理咨询（上海）有限公司				
企业地址	上海市浦东新区潍坊六村627号362室（200120）				
投资总额	20万USD	电　话	62511398	传　真	62511368
设立日期	2002-5-27	负责人	姚衡山		
主营业务	国际经济信息咨询，企业管理咨询，市场调研，企业形象策划咨询。				

企业名称	秋信投资咨询（上海）有限公司				
企业地址	上海市闵行区银都路4599号202室（201108）				
投资总额	14万USD	电　话	62084251	传　真	62084286
设立日期	2002-5-24	负责人	秋　炜		
主营业务	投资咨询，经营管理咨询，房地产咨询。				

企业名称	稳泰管理咨询（上海）有限公司				
企业地址	上海市闵行区金都路4299号A幢107室1座（201103）				
投资总额	1万USD	电　话	64022416	传　真	64024647
设立日期	2002-5-24	负责人	胡继旋		
主营业务	企业管理咨询，国际经济咨询，科技咨询，环保信息咨询，投资咨询等。				

企业名称	上海集智商务咨询有限公司				
企业地址	上海市南丹东路188号久隆大厦1105室（200030）				
投资总额	1万USD	电　话	54362638	传　真	54351119
设立日期	2002-5-21	负责人	史幼之		
主营业务	商务信息咨询，投资咨询及中介，市场营销策划，企业形象咨询。				

企业名称	上海烙印企业形象咨询有限公司				
企业地址	上海市天目中路380号北方大厦12D（200070）				
投资总额	20万USD	电　话	53550259	传　真	53550259-26
设立日期	2002-5-20	负责人	赵良轩		
主营业务	企业形象策划，市场调研，市场营销咨询，科技咨询。				

企业名称	上海同盟广告有限公司				
企业地址	上海市四川北路1666号高宝新时代广场1908室（200080）				
投资总额	34万USD	电　话	32140868	传　真	32141098
设立日期	2002-5-20	负责人	郭丽娟		
主营业务	设计，制作，代理分布国内外各类广告。				

企业名称	祺阳（上海）投资咨询服务有限公司				
企业地址	上海金山高科技园区长卫路1号（201506）				
投资总额	1.2万USD	电　话	34130570	传　真	34220605
设立日期	2002-5-16	负责人	韩永前		
主营业务	投资咨询服务及其中介服务（涉及许可经营的凭许可证经营）。				

企业名称	上海维宇科技咨询有限公司				
企业地址	上海市长宁区天山西路789号1193室（200335）				
投资总额	1万USD	电　话	61355100	传　真	61355061
设立日期	2002-5-15	负责人	罗　宇		
主营业务	科技信息咨询，工程设计咨询，国际经济咨询，环保信息咨询等。				

企业名称	身边（上海）设计有限公司				
企业地址	上海市张江高科技园区郭守敬路351号2号楼626－16室（201203）				
投资总额	2万USD	电　话	58360222	传　真	58360222
设立日期	2002-5-15	负责人	卢敏辉		
主营业务	工业设计，相关软件设计，开发，制作，销售自产产品等。				

企业名称	永进咨询（上海）有限公司				
企业地址	上海市张江高科技园区郭守敬路 351 号 2 号楼 625－4 室（201203）				
投资总额	14 万 USD	电　话	68949350	传　真	50428869
设立日期	2002-5-14	负责人	PATRICK HUNG FAI YU		
主营业务	企业管理咨询，国际经济信息咨询，投资咨询，科技咨询等。				

企业名称	上海迈新咨询服务有限公司				
企业地址	上海市崇明县城桥镇西门路 518 号（202150）				
投资总额	28 万 USD	电　话	54070398	传　真	54070594
设立日期	2002-5-6	负责人	贺慧芳		
主营业务	工程管理咨询，房地产咨询，投资咨询。				

企业名称	耶比欧企业管理咨询（上海）有限公司				
企业地址	上海市浦东新区浦东南路 360 号新上海国际大厦 20 楼 E 座（200120）				
投资总额	20 万 USD	电　话	68862218	传　真	68862216
设立日期	2002-4-30	负责人	洪良浩		
主营业务	企业管理咨询，国际经济咨询，投资咨询，市场营销咨询，市场调研。				

企业名称	爱利琴商务咨询（上海）有限公司				
企业地址	上海市福建中路 225 号 18 楼 B 座（200001）				
投资总额	20 万 USD	电　话	50366966	传　真	50366936
设立日期	2002-4-29	负责人	ROBERT KENT MCCARTNE		
主营业务	餐饮管理策划及企业营销管理咨询，商务信息咨询。				

企业名称	艾尔法软件科技（上海）有限公司				
企业地址	上海市中山西路 1800 号兆丰环球大厦 24A1 室（200233）				
投资总额	42.799 万 USD	电　话	52378000	传　真	52371585
设立日期	2002-4-28	负责人	桑梓强		
主营业务	设计，开发，制作计算机软件，销售自产产品，提供相关技术咨询服务。				

企业名称	上海埃托工程咨询有限公司				
企业地址	上海市松江区新桥镇新桥村（原上消二分厂）（201700）				
投资总额	20 万 USD	电　话	63259911	传　真	64741486
设立日期	2002-4-28	负责人	查安东		
主营业务	国际工程，环保工程咨询，施工管理咨询，招投标咨询等。				

企业名称	上海汇易咨询有限公司				
企业地址	上海市浦东新区牡丹路 60 号 2015B 室（200120）				
投资总额	20 万 USD	电　话	68751628	传　真	68752578
设立日期	2002-4-28	负责人	李　强		
主营业务	投资咨询，企业管理咨询，贸易信息咨询，国际经济信息咨询等。				

企业名称	上海瑞致商务咨询有限公司				
企业地址	上海市保屯路 221 号 539 室（200010）				
投资总额	5 万 USD	电　话	63788181	传　真	63788181
设立日期	2002-4-28	负责人	姚　俊		
主营业务	投资咨询，投资中介，商务咨询，经济信息咨询，经济政策咨询等。				

企业名称	上海四礴激光科技有限公司				
企业地址	上海市张江高科技园区郭守敬路 351 号 2 号楼 623－9 室（201203）				
投资总额	13 万 USD	电　话	65217652	传　真	65217652
设立日期	2002-4-28	负责人	孙家乐		
主营业务	演示激光产品软件的开发，研制，生产，销售自产产品。				

企业名称	上海优腾设计工程咨询有限公司				
企业地址	上海市浦东康桥工业区康桥路 1100 号 3501 室（201315）				
投资总额	20 万 USD	电　话	62893225	传　真	62893224
设立日期	2002-4-28	负责人	黄娴仙		
主营业务	建筑，装饰工程设计咨询，城市规划及环境景观设计咨询，投资咨询等。				

企业名称	科罗思咨询（上海）有限公司				
企业地址	上海市浦东新区浦东北路 1958 号 301 室（200127）				
投资总额	14 万 USD	电　话	62486488	传　真	62487488
设立日期	2002-4-27	负责人	唐一帆		
主营业务	企业管理咨询，科技信息咨询，市场调研及相关的软件开发、制作。				

企业名称	远传营销咨询（上海）有限公司				
企业地址	上海市浦东新区潍坊六村 627 号 360 室（200122）				
投资总额	70 万 USD	电　话	62528899	传　真	62528899
设立日期	2002-4-27	负责人	郑恒全		
主营业务	国际信息咨询，企业管理咨询，企业形象策划咨询，市场营销咨询等。				

企业名称	坤陆工程咨询（上海）有限公司				
企业地址	上海市浦东新区上南路 4588 号 2 号楼（200135）				
投资总额	28 万 USD	电　话	62736842	传　真	63016175
设立日期	2002-4-24	负责人	张嘉洁		
主营业务	工程设计咨询，工程管理咨询，工程施工咨询，工程安装咨询等。				

企业名称	埃克森美孚咨询服务（上海）有限公司				
企业地址	上海市天钥桥路 30 号（200030）				
投资总额	20 万 USD	电　话	64644588	传　真	
设立日期	2002-4-23	负责人	陈培璋		
主营业务	国际经济咨询，投资咨询及中介，贸易信息咨询，商务咨询等。				

企业名称	基强联行投资管理顾问（上海）有限公司				
企业地址	上海市浦东新区康桥工业区沪南路 2727 弄 1 号（201315）				
投资总额	65 万 USD	电　话	62897733	传　真	62897722
设立日期	2002-4-23	负责人	陈基强		
主营业务	国际经济咨询，投资咨询及中介，环保信息咨询，基建信息咨询等。				

企业名称	上海索欣商务咨询有限公司				
企业地址	上海市普陀区农林路 271 号 5 幢 4 楼 A－5 室（200061）				
投资总额	28 万 USD	电　话	62313177	传　真	62313488
设立日期	2002-4-22	负责人	薛慧亮		
主营业务	投资咨询，商务咨询，企业管理咨询。				

企业名称	尚丰高科技投资咨询（上海）有限公司				
企业地址	上海市卢湾区淮海中路 222 号 1805－07 室（200021）				
投资总额	140 万 USD	电　话	53966698	传　真	53966558
设立日期	2002-4-22	负责人	戴书文		
主营业务	投资咨询，项目管理咨询，科技信息咨询，企业管理咨询等。				

企业名称	上海东安海上溢油应急中心有限公司				
企业地址	上海市杨浦区国顺东路 24 号三层（200433）				
投资总额	35 万 USD	电　话	53937210	传　真	53937154
设立日期	2002-4-19	负责人	卢守海		
主营业务	水上溢油应急处理及污染物的清洗，污染物回收利用，提供四技服务。				

企业名称	上海光辉人力资源咨询有限公司				
企业地址	上海市静安区南京西路 1168 号 3207C，3208，3209A 室（200040）				
投资总额	50 万 USD	电　话	62567333	传　真	62567222
设立日期	2002-4-18	负责人	蔡春霖		
主营业务	人才供求信息的收集、整理、储存、发布和咨询服务，人才招聘等。				

企业名称	诚义咨询（上海）有限公司				
企业地址	上海市浦东新区历城路 70 号甲 1056 室（200126）				
投资总额	14 万 USD	电　话	50540449	传　真	50894135
设立日期	2002-4-18	负责人	纪锦荣		
主营业务	企业管理咨询，投资咨询，市场调研，贸易信息咨询，房产信息咨询。				

企业名称	上海华伦斯工业清洗有限公司				
企业地址	上海市卢湾区瞿溪路 760 号 409B 室（200023）				
投资总额	20 万 USD	电　话	52188861	传　真	52188861
设立日期	2002-4-17	负责人	VEERA VARANYANOND		
主营业务	工业设备管道，大楼管道清洗，污水废水处理及相关工程设计咨询服务。				

企业名称	五贝景观设计咨询（上海）有限公司				
企业地址	上海市闵行区金都路 4299 号 A 幢 202 室（201100）				
投资总额	1 万 USD	电　话	64738100	传　真	63060620
设立日期	2002-4-17	负责人	王梅讯		
主营业务	建筑设计咨询，景观设计咨询，室内装潢设计咨询。				

企业名称	庞德咨询（上海）有限公司				
企业地址	上海市闵行区金都路 4299 号 A－207（201100）				
投资总额	1 万 USD	电　话	64137211	传　真	51010728
设立日期	2002-4-16	负责人	薛　峰		
主营业务	管理咨询，技术及投资咨询，包括供应链管理及物流咨询。				

企业名称	创值管理咨询（上海）有限公司				
企业地址	上海市长宁区天山西路 789 号 1165 室（200335）				
投资总额	2 万 USD	电　话	64393309	传　真	64393563
设立日期	2002-4-11	负责人	姚稼恒		
主营业务	企业管理咨询。				

企业名称	奥星瑞尔工程咨询（上海）有限公司				
企业地址	上海市张江高科技园区郭守敬路 351 号 2 号楼 681－15 室（201203）				
投资总额	20 万 USD	电　话	52415531	传　真	52415537
设立日期	2002-4-10	负 责 人	何建红		
主营业务	建筑工程咨询，管理咨询，投资咨询。				

企业名称	上海达库咨询有限公司				
企业地址	上海市浦东大道 2330 号 1 号楼 6 楼 A5－3 室（200135）				
投资总额	40 万 USD	电　话	63036935	传　真	64757986
设立日期	2002-4-10	负 责 人	ROBERT BEE		
主营业务	商务咨询，投资咨询，企业管理咨询，国际经济咨询，贸易信息咨询。				

企业名称	上海扬泽纳米新材料有限公司				
企业地址	上海市嘉定区叶城路 1288 号 B－125 室（201821）				
投资总额	25 万 USD	电　话	34080396	传　真	34160631
设立日期	2002-4-10	负 责 人	王江玲		
主营业务	开发、研制、生产特种纳米新材料（纳米碳管及相关产品）等。				

企业名称	阁壹工程技术（上海）有限公司				
企业地址	上海市奉贤区庄行镇东风村三组（200120）				
投资总额	20 万 USD	电　话	68791988	传　真	68790180
设立日期	2002-4-9	负 责 人	颜汉庆		
主营业务	机械及管道工程系统的设计、安装、相关技术咨询服务。				

企业名称	普创管理咨询（上海）有限公司				
企业地址	上海市浦东新区东方路 738 号 1611 室（200122）				
投资总额	20 万 USD	电　话	58895489	传　真	58895489
设立日期	2002-4-9	负 责 人	邵全凯		
主营业务	投资管理咨询，企业管理咨询，贸易信息咨询，市场调研等。				

企业名称	亚可亚咨询（上海）有限公司				
企业地址	上海市浦东新区唐镇唐陆公路 3618 号 8 幢 102 室（201203）				
投资总额	20 万 USD	电　话	62180077	传　真	62170401
设立日期	2002-4-9	负 责 人	高田胜已		
主营业务	投资咨询，企业管理咨询，国际经济咨询，科技咨询，软件等。				

企业名称	德鑫管理咨询（上海）有限公司				
企业地址	上海市嘉定区马陆镇沪宜公路 2585 号（201801）				
投资总额	20 万 USD	电　话	63279118	传　真	63279228
设立日期	2002-4-8	负 责 人	葛友勤		
主营业务	企业管理咨询，环保信息咨询，贸易信息咨询，市场调研等。				

企业名称	日京投资咨询服务（上海）有限公司				
企业地址	上海市南京西路 1468 号中欣大厦 2001 室（200041）				
投资总额	20 万 USD	电　话	68762899	传　真	68763157
设立日期	2002-4-5	负 责 人	富谷英雄		
主营业务	投资咨询及中介服务，房地产咨询，中介服务及物业代理，管理咨询等。				

企业名称	上海杰凯投资咨询有限公司				
企业地址	上海市青浦区重固镇郏店村（赵重公路 1741 号）（201706）				
投资总额	1 万 USD	电　话	50304376	传　真	54776485
设立日期	2002-4-5	负 责 人	关茵洁		
主营业务	国际经济咨询，投资咨询及中介，贸易信息咨询，房产信息咨询。				

企业名称	上海雷奥咨询有限公司				
企业地址	上海市闵行区金都路 4299 号 A－206（201108）				
投资总额	1 万 USD	电　话	61325005	传　真	64397206
设立日期	2002-4-5	负 责 人	韩　弢		
主营业务	科技，经济，贸易，市场，房地产信息及投资咨询。				

企业名称	上海群宇投资咨询有限公司				
企业地址	上海市青浦区沪青平公路 4502 号中纺科技产业城（201700）				
投资总额	51 万 USD	电　话	69710881	传　真	69710557
设立日期	2002-4-4	负 责 人	谢士沧		
主营业务	投资咨询，企业管理咨询，投资中介服务，市场调研。				

企业名称	上海盈策市场推广有限公司				
企业地址	上海市浦东新区牡丹路 60 号 B2001 室（200120）				
投资总额	20 万 USD	电　话	62128822	传　真	52392812
设立日期	2002-4-4	负 责 人	胡秀慧		
主营业务	企业形象策划推广（广告除外），投资咨询及中介，经济信息咨询。				

企业名称	家得宝采购服务咨询（上海）有限公司				
企业地址	上海市浦东新区浦东大道 720 号国际航运大厦 14 楼（200120）				
投资总额	200 万 USD	电　话	61648123	传　真	68873640
设立日期	2002-4-3	负 责 人	FREANK FERNANDEZ		
主营业务	提供有关产品采购服务的咨询，管理咨询，市场调研和投资咨询。				

企业名称	上海拓宝工艺品有限公司				
企业地址	上海市浦东新区机场镇川南奉公路 426 号（201202）				
投资总额	20 万 USD	电　话	58936914	传　真	58931864
设立日期	2002-4-2	负 责 人	MARCO TRVERSO		
主营业务	设计、加工、生产玻璃、金属、木制、蜡、陶瓷、树脂等。				

企业名称	上海亚迪斯半导体科技有限公司				
企业地址	上海市外高桥保税区杨高北路 2005 号新易楼 344 室（200133）				
投资总额	20 万 USD	电　话	38953598	传　真	50801838
设立日期	2002-4-2	负 责 人	INAO MASASHI		
主营业务	以半导体为主的国际贸易，转口贸易，保税区内企业间贸易及贸易代理。				

企业名称	精鼎医药研究开发（上海）有限公司				
企业地址	上海市张江高科技园区碧波路 5 号 7 楼（201203）				
投资总额	50 万 USD	电　话	50805058	传　真	50804176
设立日期	2002-4-1	负 责 人	刘致显		
主营业务	生物医药的研究、开发、临床试验咨询，提供相关的技术咨询等。				

企业名称	阿佩尔堡企业咨询（上海）有限公司				
企业地址	上海市襄阳南路 175 号 S202 室（200031）				
投资总额	28 万 USD	电　话	64729159	传　真	64729011
设立日期	2002-3-29	负 责 人	OLOF APPELBERG		
主营业务	企业形象策划咨询，企业管理咨询及市场营销咨询。				

企业名称	上海元乔咨询有限公司				
企业地址	上海市双峰路 398 号（200030）				
投资总额	20 万 USD	电　话	64391800	传　真	64870411
设立日期	2002-3-29	负 责 人	谢弼盛		
主营业务	科技咨询，国际经济咨询，贸易信息咨询，投资咨询及中介。				

企业名称	花王（中国）投资有限公司				
企业地址	上海市闵行区七莘路 889 号 2 号楼第二层（201100）				
投资总额	3780 万 USD	电　话	63352532	传　真	63350370
设立日期	2002-3-28	负 责 人	桶口信厚		
主营业务	在国家鼓励和允许外商投资的个体护理用品等领域进行投资。				

企业名称	运盛投资（上海）有限公司				
企业地址	上海市青浦区朱家角镇新溪路 48 号（201713）				
投资总额	2421 万 USD	电　话	63503806	传　真	63503024
设立日期	2002-3-22	负 责 人	陈泽盛		
主营业务	在房地产及国家鼓励和允许的行业进行投资，从事投资管理等。				

企业名称	晋才教育咨询（上海）有限公司				
企业地址	上海市长宁区虹古路 321 号 224 室（200336）				
投资总额	28 万 USD	电　话	62750065	传　真	52570082
设立日期	2002-3-21	负 责 人	张奕敏		
主营业务	教育信息咨询，国际院校信息咨询，国际经贸信息咨询。				

企业名称	毅诺进（上海）咨询有限公司				
企业地址	上海市威海路 497 号 2004 室（200040）				
投资总额	15 万 USD	电　话	62715002	传　真	54236664
设立日期	2002-3-20	负 责 人	杨　狄勳		
主营业务	市场策划，贸易信息咨询，企业管理咨询，环保信息咨询等。				

企业名称	富士胶片（中国）投资有限公司				
企业地址	上海市浦东新区崂山西路 201 号 24 楼 2407 室（200120）				
投资总额	12654 万 USD	电　话	33024655	传　真	63847700
设立日期	2002-3-16	负 责 人	古森重隆		
主营业务	在国家鼓励和允许外商投资的化学，机械，轻工业等领域进行投资。				

企业名称	上海天博咨询有限公司				
企业地址	上海市浦东新区上川公路 5631 号（201209）				
投资总额	20 万 USD	电　话	64155368	传　真	64155367
设立日期	2002-3-15	负 责 人	大平贤		
主营业务	国际经济信息咨询，科技咨询，投资咨询，房产信息咨询等。				

企业名称	上海凯帆咨询有限公司				
企业地址	上海市张江高科技园区郭守敬路 351 号 2 号楼 681－9 室（201203）				
投资总额	1 万 USD	电　话	62792737	传　真	
设立日期	2002-3-14	负 责 人	桑平凡		
主营业务	国际经济咨询，科技咨询，贸易信息咨询，房产信息咨询，投资咨询等。				

企业名称	长流投资咨询（上海）有限公司				
企业地址	上海市长宁区遵义路 100 号上海城 B 栋 2688 室（200051）				
投资总额	20 万 USD	电　话	62371888	传　真	62372888
设立日期	2002-3-7	负 责 人	刘振玮		
主营业务	经济信息咨询，企业管理咨询，贸易咨询，环保信息咨询。				

企业名称	澳捷咨询（上海）有限公司				
企业地址	上海市西藏南路 1218 号 512 室（200011）				
投资总额	1.2 万 USD	电　话	56661809	传　真	56660762
设立日期	2002-3-6	负 责 人	徐继英		
主营业务	国际经济咨询，环保信息咨询，投资咨询及中介，贸易信息咨询等。				

企业名称	上海百订安酒店管理有限公司				
企业地址	上海市淮海西路 55 号（200030）				
投资总额	28.5 万 USD	电　话	52989889	传　真	52989880
设立日期	2002-3-6	负 责 人	MICHAER WAGNER		
主营业务	提供国际，国内酒店客房预订服务与相关商务咨询服务。				

企业名称	上海精策都邑空间与不动产研究所有限公司				
企业地址	上海市浦东新区崂山东路 528 号江苏大厦 20 楼 C1，D1 室（200122）				
投资总额	20 万 USD	电　话	68868155	传　真	68868152
设立日期	2002-3-6	负 责 人	杨文龙		
主营业务	不动产咨询，市场调研，策划，投资咨询，规划设计咨询。				

企业名称	上海森松环境技术工程有限公司				
企业地址	上海市浦东新区高翔环路 562 号（200137）				
投资总额	1180 万 USD	电　话	68481217	传　真	58651514
设立日期	2002-3-6	负 责 人	松久信夫		
主营业务	开发，设计，生产环保水处理成套设备，有机垃圾污泥再生成套设备。				

企业名称	建维科技创业发展（上海）有限公司				
企业地址	上海市长宁区江苏路 369 号 26 楼 B 座（200050）				
投资总额	1250 万 USD	电　话	52534888	传　真	52400700
设立日期	2002-3-5	负 责 人	薛村禾		
主营业务	高新技术企业的孵化；技术创新和科研成果开发，转化，转让等。				

企业名称	上海瑞恩商务咨询服务有限公司				
企业地址	上海市浦东新区栖霞路 33 号 213 室（200120）				
投资总额	26 万 USD	电　话	51113101	传　真	51113101
设立日期	2002-3-5	负 责 人	王金龙		
主营业务	投资咨询及中介，国际经济信息咨询，市场营销咨询等。				

企业名称	上海星资投资咨询有限公司				
企业地址	上海市郭守敬路 351 号海泰楼 2 号楼 681－8 室（201203）				
投资总额	100 万 USD	电　话	50807912	传　真	64384102
设立日期	2002-3-5	负 责 人	戚其文		
主营业务	投资咨询及中介，技术咨询，科技咨询，国际经济咨询等。				

企业名称	联合基因科技有限公司				
企业地址	上海市张江高科技园区郭守敬路 351 号 2 号楼 624－14 室（201203）				
投资总额	1224 万 USD	电　话	61406788	传　真	61406900
设立日期	2002-3-4	负 责 人	毛裕民		
主营业务	生物工程和基因工程专业领域的技术开发，技术转让，技术服务等。				

企业名称	澳金投资咨询（上海）有限公司				
企业地址	上海市常熟路 88 号 5C 室（200040）				
投资总额	50 万 USD	电　话	61036519	传　真	61036598
设立日期	2002-2-27	负 责 人	蒋国雄		
主营业务	企业管理咨询，投资咨询及中介，国际经济咨询，科技咨询，市场调研。				

企业名称	上海贝尔蒙企业管理顾问有限公司				
企业地址	上海市浦东新区潍坊六村 627 号 250 室（200122）				
投资总额	280 万 USD	电　话	52581666	传　真	62989050
设立日期	2002-2-26	负 责 人	陈觉中		
主营业务	企业管理咨询，市场调研，国际经济信息咨询，投资咨询及中介。				

企业名称	赛思达（上海）技术咨询有限公司				
企业地址	上海市天目中路 428 号 24F（200070）				
投资总额	20 万 USD	电　话	63549810	传　真	63547568
设立日期	2002-2-22	负 责 人	RICHARD SUN		
主营业务	铁路，轨道交通，城市交通领域的规划咨询，技术咨询。				

企业名称	上海宏睿投资咨询有限公司				
企业地址	上海市长宁区天山西路 789 号 1113 室（200051）				
投资总额	1.5 万 USD	电　话	62754728	传　真	62754728
设立日期	2002-2-22	负 责 人	管翌槟		
主营业务	国际经济咨询，科技咨询，环保信息咨询，投资咨询及中介等。				

企业名称	恩田科技咨询（上海）有限公司				
企业地址	上海市浦东新区世纪大道 88 号金茂大厦 2006A 室（200120）				
投资总额	20 万 USD	电　话	504989718	传　真	50499719
设立日期	2002-2-21	负 责 人	恩田博宣		
主营业务	国际经济信息咨询，科技咨询，企业管理咨询，市场调研，投资咨询。				

企业名称	楷思旺华管理咨询（上海）有限公司				
企业地址	上海市长宁区天山西路 789 号 1127 室（200051）				
投资总额	2 万 USD	电　话	58448494	传　真	58448494
设立日期	2002-2-20	负 责 人	彭　戟		
主营业务	企业管理咨询，国际经济咨询，科技咨询，环保信息咨询，投资咨询。				

企业名称	智豪咨询（上海）有限公司				
企业地址	上海市长宁区天山二村 64 号 309 室（200336）				
投资总额	20 万 USD	电　话	62741131	传　真	52081238
设立日期	2002-2-20	负 责 人	梁妙婵		
主营业务	国际经济咨询，科技咨询，企业管理咨询，贸易信息咨询。				

企业名称	上海地球村环保技术有限公司				
企业地址	上海市浦东新区北张家浜路 87 号一层（200135）				
投资总额	114 万 USD	电　话	58215667	传　真	58216418
设立日期	2002-2-20	负 责 人	冈村隆		
主营业务	设计，开发，生产城市污水处理设备，工业废水膜处理，刮泥机等。				

企业名称	上海日能综研中智咨询有限公司				
企业地址	上海市浦东新区东方路 710 号汤臣金融大厦 1508 室（200122）				
投资总额	28 万 USD	电　话	64728822	传　真	64073472
设立日期	2002-2-17	负 责 人	广尾义彰		
主营业务	商务咨询，投资项目咨询，经济管理咨询，信息技术咨询。				

企业名称	上海泽东咨询有限公司				
企业地址	上海市卢湾区济南路 8 号东苑 202 室（200021）				
投资总额	40 万 USD	电　话	62884316	传　真	62884208
设立日期	2002-2-17	负 责 人	彭绮华		
主营业务	企业管理，贸易，投资，企业形象策划咨询。				

企业名称	上海核铭辐射科技有限公司				
企业地址	上海市闵行区梅陇镇虹曹开发区 II－1 地块（201108）				
投资总额	106 万 USD	电　话	54407277	传　真	54407177
设立日期	2002-2-11	负 责 人	吕建成		
主营业务	辐射消毒，食品保鲜，化工材料改性，辐射产品开发，研制和生产销售。				

企业名称	爱思开生物医药科技（上海）有限公司				
企业地址	上海市张江高科技园区春晓路 122 弄 34 号 3 幢（201203）				
投资总额	200 万 USD	电　话	50804990	传　真	50803483
设立日期	2002-2-10	负 责 人	朴相勋		
主营业务	新药（包括生产工程药物，天然药物，合成药物）的研究，开发等。				

企业名称	英德知市场咨询（上海）有限公司				
企业地址	上海市长宁区延安西路 37 号 101 室（200336）				
投资总额	90 万 USD	电　话	64311515	传　真	64310537
设立日期	2002-2-10	负 责 人	铃木常夫		
主营业务	市场调研，投资咨询，管理咨询及相关咨询服务。				

企业名称	技鼎工程咨询（上海）有限公司				
企业地址	上海市长宁区长宁路 250 号 1 号楼 114 室（200052）				
投资总额	20 万 USD	电　话	62810632	传　真	62812557
设立日期	2002-2-8	负 责 人	蒋绍良		
主营业务	工程设计咨询，工程管理咨询，投资咨询，经济信息咨询。				

企业名称	伊奈（中国）投资有限公司				
企业地址	上海市茂名南路205号瑞金大厦1503，1504室（200020）				
投资总额	3000万USD	电　　话	64731964	传　　真	64732360
设立日期	2002-2-8	负 责 人	幸村训良		
主营业务	在国家鼓励和允许外商投资的建筑材料等系列产品行业进行投资。				

企业名称	高升咨询（上海）有限公司				
企业地址	上海市浦东大道2330号1号楼6层A1－3（200135）				
投资总额	50万USD	电　　话	53019629	传　　真	63052823
设立日期	2002-2-6	负 责 人	张情昌		
主营业务	投资咨询，管理咨询，商务咨询，科技咨询。				

企业名称	快依时（上海）工程咨询有限公司				
企业地址	上海市虹口区四川北路1688号福德商务中心南楼0915室（200080）				
投资总额	14万USD	电　　话	51096832	传　　真	51096823
设立日期	2002-2-6	负 责 人	陈本霖		
主营业务	工程技术咨询，企业管理咨询。				

企业名称	迈克尔商务咨询（上海）有限公司				
企业地址	上海市浦东新区北张家浜路68号521室（200122）				
投资总额	20万USD	电　　话	52985108	传　　真	62886592
设立日期	2002-2-6	负 责 人	姚玉坤		
主营业务	投资咨询，企业管理咨询，市场营销咨询，国际经济信息咨询。				

企业名称	上海旭玻窑炉工程技术有限公司				
企业地址	上海市闵行区莘朱路1760弄5号（200237）				
投资总额	20万USD	电　　话	64159384	传　　真	64159563
设立日期	2002-2-4	负 责 人	吉冈范敏		
主营业务	窖炉及相关设备的设计，建设，安装，维修，保养服务等。				

企业名称	上海一华投资咨询有限公司				
企业地址	上海市普陀区长寿路97号16楼B-10室（200060）				
投资总额	28万USD	电　　话	62987251	传　　真	62772269
设立日期	2002-1-31	负 责 人	吴一鸣		
主营业务	投资咨询，商务咨询，企业管理咨询。				

企业名称	ABB鲁玛斯咨询（上海）有限公司				
企业地址	上海市浦东新区陆家嘴路161号招商局大厦813室（200120）				
投资总额	50万USD	电　　话	50540772	传　　真	58788214
设立日期	2002-1-30	负 责 人	DANIEL MC CARTHY		
主营业务	项目管理咨询，石油化工技术咨询，投资咨询及中介，市场调研。				

企业名称	凯博顿咨询（上海）有限公司				
企业地址	上海市浦东新区上川路6555号102室（201209）				
投资总额	2万USD	电　　话	55122290	传　　真	55215547
设立日期	2002-1-30	负 责 人	茅仲平		
主营业务	投资信息咨询，贸易信息咨询，企业管理咨询，医药技术信息咨询。				

企业名称	心灵海培训技术咨询（上海）有限公司				
企业地址	上海市浦东新区牡丹路60号4楼402室（200122）				
投资总额	20万USD	电　　话	63862188	传　　真	63500825
设立日期	2002-1-29	负 责 人	游明裕		
主营业务	企业管理咨询，国际经贸信息咨询，相关软件的研发，设计，生产等。				

企业名称	安永大华会计师事务所				
企业地址	上海市昆山路146号（200080）				
投资总额	24万USD	电　　话	24052058	传　　真	63243522
设立日期	2002-1-28	负 责 人	沈钰文		
主营业务	为国内企事业单位，外商投资企业，外国企业等提供会计审计服务。				

企业名称	上海信匠软件有限公司				
企业地址	上海市郭守敬路498号浦东软件园19504－19507室（201203）				
投资总额	20万USD	电　　话	50805967	传　　真	50805967
设立日期	2002-1-25	负 责 人	渡边典孝		
主营业务	软件的开发，制作，销售自产产品，并提供相关的技术咨询服务。				

企业名称	魏智仁咨询（上海）有限公司				
企业地址	上海市张江高科技园区郭守敬路351号2号楼681－4室（201203）				
投资总额	50万USD	电　　话	64400557	传　　真	64400377
设立日期	2002-1-25	负 责 人	RONALD PAUL ADRIANSE		
主营业务	室内装潢设计咨询，工程管理咨询。				

企业名称	大金管理咨询（上海）有限公司				
企业地址	上海市华山路2018号汇银广场北幢2603A室（200030）				
投资总额	28万USD	电　　话	62870568	传　　真	
设立日期	2002-1-24	负 责 人	陈定国		
主营业务	企业管理咨询，国际经济咨询，科技咨询，贸易信息咨询，投资咨询。				

企业名称	蔚然咨询（上海）有限公司				
企业地址	上海市松江区新桥镇新庙三路西侧18号标房（200235）				
投资总额	14万USD	电　　话	64400320	传　　真	64400319
设立日期	2002-1-24	负 责 人	郭海棠		
主营业务	投资咨询及中介，贸易信息咨询，房产信息咨询，国际经济咨询。				

企业名称	上海环贸商务咨询有限公司				
企业地址	上海市长宁区水城南路37号701室（200335）				
投资总额	50万USD	电　　话	62702434	传　　真	62702437
设立日期	2002-1-23	负 责 人	黄志伟		
主营业务	国际经济咨询，科技咨询，环保信息咨询，投资咨询及中介。				

企业名称	三星工程咨询（上海）有限公司				
企业地址	上海市浦东新区潍坊六村627号347室（200120）				
投资总额	50万USD	电　　话	62350886	传　　真	62350887
设立日期	2002-1-22	负 责 人	金在声		
主营业务	工程项目咨询，工程管理咨询，工程技术咨询，环保咨询。				

企业名称	上海南澳全面质量认证服务有限公司				
企业地址	上海市云南北路59号1707，1708，1709室（200001）				
投资总额	35万USD	电　　话	63508362	传　　真	63502724
设立日期	2002-1-22	负 责 人	张　雯		
主营业务	提供从事企业的ISO9000，ISO14000等国际标准认证的技术服务。				

企业名称	阿美科工程咨询（上海）有限公司				
企业地址	上海市浦东新区栖霞路33号212室（200120）				
投资总额	28万USD	电　　话	58774646	传　　真	58770248
设立日期	2002-1-21	负 责 人	ALAN ROSS GIBSON		
主营业务	石油化工，无机化工，石油天然气项目管理咨询，工程设计咨询等。				

企业名称	山发咨询（上海）有限公司				
企业地址	上海市浦东新区浦东大道138号6楼C－02室（200120）				
投资总额	50万USD	电　　话	58829719	传　　真	58829760
设立日期	2002-1-21	负 责 人	郑茂成		
主营业务	工程咨询，设计咨询，经济信息咨询，房地产咨询，投资咨询。				

企业名称	理律商务咨询（上海）有限公司				
企业地址	上海市南京西路1168号1411室（200040）				
投资总额	50万USD	电　　话	52928987	传　　真	52928743
设立日期	2002-1-20	负 责 人	李光焘		
主营业务	国际经济信息咨询，投资咨询，贸易咨询，科技咨询，企业管理咨询。				

企业名称	上海巨门激光科技有限公司				
企业地址	上海市宜山路1618号综合管理楼630室（200233）				
投资总额	20万USD	电　　话	64012903	传　　真	64014325
设立日期	2002-1-18	负 责 人	何琼玲		
主营业务	成套设备部件的激光加工，镗体的激光镗缸，淬火，磨轴等。				

企业名称	新佳奥咨询服务（上海）有限公司				
企业地址	上海市卢湾区打浦路1号金玉兰广场D2幢19层08室（200023）				
投资总额	20万USD	电　　话	53961193	传　　真	53961291
设立日期	2002-1-18	负 责 人	孙　浩		
主营业务	国际经济，投资，贸易信息，房地产，企业管理咨询，市场调研。				

企业名称	上海捷普仕人力资源咨询有限公司				
企业地址	上海市天目中路12号（200041）				
投资总额	20万USD	电　　话	62679268	传　　真	52341483
设立日期	2002-1-17	负 责 人	苏吉安		
主营业务	人力资源咨询及中介，投资咨询及中介，国际贸易信息咨询。				

企业名称	上海宇商投资咨询有限公司				
企业地址	上海市南京西路555号409室A座（200040）				
投资总额	100万USD	电　　话	52286622	传　　真	52287089
设立日期	2002-1-15	负 责 人	李硕远		
主营业务	市场调研，国际经济信息咨询，投资咨询及中介，企业发展策划等。				

企业名称	上海联亚商务咨询有限公司				
企业地址	上海市静安区吴江路 31 号 803 室（200041）				
投资总额	20 万 USD	电　　话	52281919	传　　真	62181515
设立日期	2002-1-12	负 责 人	王明明		
主营业务	提供各类会议服务，经济信息咨询，市场调研，会展策划和咨询。				

企业名称	比欧西（中国）投资有限公司				
企业地址	上海市浦东新区金桥川桥路 1525 号（201206）				
投资总额	12000 万 USD	电　　话	61059854	传　　真	61059777
设立日期	2002-1-10	负 责 人	方世文		
主营业务	在中国的工业气体及相关产品和工业，真空技术服务领域进行投资。				

企业名称	视维咨询（上海）有限公司				
企业地址	上海市浦东新区潍坊六村 627 号 244 室（200122）				
投资总额	20 万 USD	电　　话	68754452	传　　真	58363715
设立日期	2002-1-12	负 责 人	SIERK WILLIAM		
主营业务	企业管理咨询，投资咨询及中介，经济和技术咨询，项目管理咨询。				

企业名称	逸华咨询（上海）有限公司				
企业地址	上海市长宁区天山西路 789 号 1103 室（200335）				
投资总额	2 万 USD	电　　话	53016129	传　　真	58936524
设立日期	2002-1-8	负 责 人	陈仲熙		
主营业务	国际经济咨询，科技咨询，环保信息咨询，投资咨询及中介等。				

企业名称	上海伊诺威不动产咨询有限公司				
企业地址	上海市浦东新区北张家浜路 68 号 1 幢 101 室（200122）				
投资总额	18 万 USD	电　　话	62190700	传　　真	62701290
设立日期	2002-1-11	负 责 人	井上文泰		
主营业务	房地产信息咨询及中介，投资咨询，经济信息咨询，贸易信息咨询。				

企业名称	诺捷船务管理咨询（上海）有限公司				
企业地址	上海市浦东新区陆家嘴东路 161 号招商局大厦 2210，2211 室（200120）				
投资总额	20 万 USD	电　　话	61632119	传　　真	61632111
设立日期	2002-1-5	负 责 人	JAN MORITS SKAUGEN		
主营业务	航运信息咨询，国际经济信息咨询，科技咨询，投资咨询及中介。				

社会服务业－
计算机应用及科技服务业

企业名称	上海兆瑞网络技术有限公司				
企业地址	上海市浦东新区金桥出口加工区金滇路 176 号 4 幢 2016 室（201206）				
投资总额	820 万 USD	电　话	58915211	传　真	
设立日期	2009-12-31	负 责 人	吴建明		
主营业务	网络与数据库控件的设计、开发，销售自产产品。				

企业名称	上海波洋网络技术有限公司				
企业地址	上海市浦东新区金桥出口加工区金滇路 176 号 4 幢 2018 室（201206）				
投资总额	293 万 USD	电　话	58915211	传　真	
设立日期	2009-12-31	负 责 人	吴建明		
主营业务	网络与数据库控件的设计、开发，销售自产产品。				

企业名称	欧棣斯软件（上海）有限公司				
企业地址	上海市普陀区陕西北路 1392 弄 8 号 808 室（200060）				
投资总额	15 万 USD	电　话	61498468	传　真	61498001
设立日期	2009-12-28	负 责 人	PETER MOORHOUSE		
主营业务	计算机软件的开发、制作，销售自产产品，并提供相关的技术咨询。				

企业名称	上海欣龙网络科技发展有限公司				
企业地址	上海市普陀区中山北路 1777 号 2008 室（200006）				
投资总额	15 万 USD	电　话	52910825	传　真	
设立日期	2009-12-25	负 责 人	李　槟		
主营业务	计算机网络技术的开发、设计，计算机软件的开发、制作。				

企业名称	琢品网络科技（上海）有限公司				
企业地址	上海市卢湾区进贤路 172 号 202 室（200021）				
投资总额	10 万 USD	电　话		传　真	
设立日期	2009-12-25	负 责 人	RONAN BERDER		
主营业务	计算机软件的开发、设计和制作，计算机系统集成、调试。				

企业名称	创拓软件技术服务（上海）有限公司				
企业地址	上海市浦东新区川沙路 955 号 11 幢 225 室（201209）				
投资总额	92 万 USD	电　话	4008881096	传　真	61062159
设立日期	2009-12-22	负 责 人	邹衡新		
主营业务	计算机软件的研发、设计、制作，销售自产产品。				

企业名称	飞儿网络科技（上海）有限公司				
企业地址	上海市长宁区天山路 780 号 119 幢 315 室（200051）				
投资总额	15 万 USD	电　话	62949305	传　真	
设立日期	2009-12-15	负 责 人	赵善龙		
主营业务	计算机软件的开发、设计、制作、网络技术的开发、设计、制作。				

企业名称	仕麦仕网络科技（上海）有限公司				
企业地址	上海市黄浦区西藏南路 889 号 309 室 A 座（200011）				
投资总额	15 万 USD	电　话	63460568	传　真	
设立日期	2009-12-14	负 责 人	WILLIAM LAU GHEE KAI		
主营业务	网络技术、信息技术等领域的技术开发、技术咨询、技术服务。				

企业名称	上海完美时空软件有限公司				
企业地址	上海市杨浦区四平路 2500 号 22C-15 室（200433）				
投资总额	200 万 USD	电　话	61049936	传　真	
设立日期	2009-12-11	负 责 人	李　剑		
主营业务	计算机软件的制作、研发并提供相应的技术开发、技术咨询。				

企业名称	魔杰（上海）信息技术有限公司				
企业地址	上海市浦东新区杨高北路 528 号 14 幢 1C03 室（200137）				
投资总额	8 万 USD	电　话		传　真	
设立日期	2009-12-11	负 责 人	WILLIAMS DAVID MARTYN LEWIS		
主营业务	计算机软件的开发、设计、制作，计算机硬件的开发、设计。				

企业名称	国青信息科技（上海）有限公司				
企业地址	上海市张江高科技园区博霞路 22 号 303 室（201203）				
投资总额	29 万 USD	电　话		传　真	
设立日期	2009-12-10	负 责 人	何世尧		
主营业务	智能卡软件、计算机软件的开发、设计、制作，销售自产产品。				

企业名称	上海乐客网络技术有限公司				
企业地址	上海市浦东新区世纪大道 100 号 17 楼 1740 室（200120）				
投资总额	111 万 USD	电　话	68776000	传　真	
设立日期	2009-12-7	负 责 人	三柴元		
主营业务	计算机网络系统集成；设计、开发、生产计算机软件，销售自产产品。				

企业名称	立时飞讯信息科技（上海）有限公司				
企业地址	上海市浦东新区浦东大道 2000 号 28 层 F 室（200136）				
投资总额	73 万 USD	电　话	58602820	传　真	50280603
设立日期	2009-12-7	负 责 人	陈凌超群		
主营业务	计算机软件的设计、开发、制作，销售自产产品并提供相关的技术咨询。				

企业名称	翰骏电子科技（上海）有限公司				
企业地址	上海市闵行区沪青平公路 206 弄 8 号 2 幢 2 楼 2051 室（201106）				
投资总额	10 万 USD	电　话	64285069	传　真	64285079
设立日期	2009-12-4	负 责 人	傅严箴		
主营业务	设计、开发计算机软件，销售自产产品、电子产品。				

企业名称	上海舟逸通信技术有限公司				
企业地址	上海市青浦区外青松公路 5045 号 507 室（201700）				
投资总额	513 万 USD	电　话		传　真	
设立日期	2009-12-2	负 责 人	ROBERT JAMES WALSH		
主营业务	计算机应用软件、软件系统集成、信息网络技术的开发。				

企业名称	伟特电脑科技（上海）有限公司				
企业地址	上海市浦东新区张杨路 601 号 8017 室（200122）				
投资总额	15 万 USD	电　话	50815652	传　真	50815662
设立日期	2009-12-1	负 责 人	GAYLORD CHIWEI HO		
主营业务	计算机领域内的技术开发、技术转让、技术咨询及技术服务。				

企业名称	上海灵境信息科技有限公司				
企业地址	上海市闵行区吴中路 1369 号第 8 层 806 室（201103）				
投资总额	14 万 USD	电　话	63504300	传　真	
设立日期	2009-11-30	负 责 人	CHOI SUNG RYUL		
主营业务	计算机软件的开发、设计、制作，销售自产产品。				

企业名称	毕恩吉商务信息系统工程（上海）有限公司				
企业地址	上海市浦东新区浦东南路 1088 号中融大厦 1706 室（200122）				
投资总额	33 万 USD	电　话	58887991	传　真	58792073
设立日期	2009-11-23	负 责 人	岡文一（OKA FUMIKAZU）		
主营业务	计算机软件的设计、制作，销售自产产品；计算机软件。				

企业名称	太辰信息技术（上海）有限公司				
企业地址	上海市浦东新区景雅路 155 号 1 幢 101 室（201206）				
投资总额	44 万 USD	电　话	51530888	传　真	
设立日期	2009-11-20	负 责 人	DAVID CHI-PING CHOW		
主营业务	计算机软件的设计、开发和制作，销售自产产品。				

企业名称	上海申蕊电脑科技开发有限公司				
企业地址	上海市金山区山阳镇东方村七组 204 室（201508）				
投资总额	513 万 USD	电　话	62035140	传　真	
设立日期	2009-11-19	负 责 人	PRIMUS TOSHI MICHAEL		
主营业务	计算机应用软件及信息网络技术的开发、设计和制作，销售自产产品。				

企业名称	盛夏（上海）信息科技有限公司				
企业地址	上海市静安区胶州路 397 号 5 号楼 373 室（200042）				
投资总额	15 万 USD	电　话	71748989	传　真	
设立日期	2009-11-19	负 责 人	武仲秀晃		
主营业务	计算机软件设计（音像制品除外），自有技术转让，平面设计咨询。				

企业名称	上海奈克艾斯信息技术有限公司				
企业地址	上海市长宁区仙霞路 345 号 1606B 室（200336）				
投资总额	15 万 USD	电　话	62290173	传　真	
设立日期	2009-11-17	负 责 人	海老泽敬		
主营业务	计算机信息技术、网络软件的研究、开发、设计，转让自研成果。				

企业名称	因卓信息技术咨询（上海）有限公司				
企业地址	上海市黄浦区延安东路 222 号 36 层第 7 单元（200003）				
投资总额	20 万 USD	电　话		传　真	
设立日期	2009-11-13	负 责 人	ERIC GORDON WINSTON		
主营业务	提供与计算机网络技术相关的技术咨询、技术服务及技术培训。				

企业名称	准致数据信息（上海）有限公司				
企业地址	上海市浦东新区光明路 718 号 734 室（200137）				
投资总额	10 万 USD	电　话	61001709	传　真	61001709
设立日期	2009-11-12	负 责 人	JASON CHE HANG KWAN		
主营业务	计算机数据信息的开发、维护，计算机软件及网络技术的开发。				

企业名称	纽鑫信息技术（上海）有限公司				
企业地址	上海市浦东新区康桥镇康桥东路1号1号楼208室（201315）				
投资总额	513万USD	电　　话	65329617	传　　真	
设立日期	2009-11-9	负 责 人	HUANG DAVID WEIKAI		
主营业务	计算机软件、硬件的研发及设计，自有技术成果转让，数据处理设备。				

企业名称	弗格光电科技（上海）有限公司				
企业地址	上海市普陀区谈家渡路28-1号三层3015室（200060）				
投资总额	220万USD	电　　话	68868335	传　　真	
设立日期	2009-11-9	负 责 人	ANDREW CARLETON TEICH		
主营业务	红外热成像监控系统软件、夜视系统软件、红外检测器技术软件的开发。				

企业名称	尚行信息技术（上海）有限公司				
企业地址	上海市普陀区陕西北路1392弄8号805、806室（200000）				
投资总额	15万USD	电　　话	61498458	传　　真	
设立日期	2009-11-9	负 责 人	FRANKLIN IRWIN BOBER		
主营业务	计算机软件的设计、开发、制作，销售自产产品。				

企业名称	科群计算机科技（上海）有限公司				
企业地址	上海市长宁区广顺路33号3幢602室（200335）				
投资总额	15万USD	电　　话	52184395	传　　真	
设立日期	2009-11-9	负 责 人	黄鸿腾		
主营业务	研发、设计计算机软硬件，环保科技产品，系统集成，转让自研成果。				

企业名称	重茂信息技术（上海）有限公司				
企业地址	上海市普陀区真北路2126号1幢（200000）				
投资总额	513万USD	电　　话		传　　真	
设立日期	2009-11-6	负 责 人	HUA-CHANG RICHARD HUANG		
主营业务	计算机软件的开发、制作，计算机网络技术的开发、设计。				

企业名称	上海久辉康星数据服务有限公司				
企业地址	上海市金山区张堰镇松金公路2758号1幢1053室（201514）				
投资总额	7万USD	电　　话	64283186	传　　真	57282126
设立日期	2009-11-6	负 责 人	BRIAN JOSEPH STARR		
主营业务	医药领域的数据处理等信息技术服务。				

企业名称	积优芯电子科技（上海）有限公司				
企业地址	上海市黄浦区九江路288号1806室（200002）				
投资总额	50万USD	电　　话	33680578	传　　真	
设立日期	2009-11-4	负 责 人	赖俊豪		
主营业务	从事集成电路产品及相关软件的评测、销售。				

企业名称	聚胜万合信息技术（上海）有限公司				
企业地址	上海市张江高科技园区郭守敬路351号2号楼534室（201203）				
投资总额	250万USD	电　　话	51969388	传　　真	
设立日期	2009-11-3	负 责 人	杨炯纬		
主营业务	软件的研发、设计、制作，销售自产产品。				

企业名称	水砚石客信息科技（上海）有限公司				
企业地址	上海市浦东新区光明路718号745室（200137）				
投资总额	30万USD	电　　话	51875988	传　　真	62521096
设立日期	2009-11-3	负 责 人	吕子杰		
主营业务	计算机硬件、网络技术、计算机软件的设计、制作。				

企业名称	上海汉浦电子科技有限公司				
企业地址	上海市虹漕路421号1219室（200233）				
投资总额	20万USD	电　　话	64858966	传　　真	
设立日期	2009-11-3	负 责 人	KIM JEA DAL		
主营业务	生产组装半导体电子器件和集成电路整机装配专用设备。				

企业名称	上海虹海软件开发有限公司				
企业地址	上海市松江区九亭镇九新公路339号1幢2楼-439（201615）				
投资总额	513万USD	电　　话		传　　真	
设立日期	2009-10-30	负 责 人	JEFFREY LEWIS GREGG		
主营业务	计算机应用软件及信息网络技术的开发、设计和制作，销售自产产品。				

企业名称	上海宋唐信息技术开发有限公司				
企业地址	上海市浦东新区杨高北路528号14幢1B47室（200137）				
投资总额	513万USD	电　　话	51973208	传　　真	
设立日期	2009-10-30	负 责 人	HUANG HUA-CHANG RICHARD		
主营业务	计算机软件的开发、设计、制作，销售自产产品。				

企业名称	思菲软件（上海）有限公司				
企业地址	上海市闵行区江川路1511号第2幢1110室（201111）				
投资总额	14万USD	电　　话	64139655	传　　真	
设立日期	2009-10-28	负 责 人	HANS GERHARD ZIMMER		
主营业务	设计、开发软件，计算机系统集成，销售自产产品。				

企业名称	上海欣光多媒体有限公司				
企业地址	上海市长宁区虹桥路2288号206室（200336）				
投资总额	513万USD	电　　话	62035140	传　　真	
设立日期	2009-10-27	负 责 人	DAVID WEIKAL HUANG		
主营业务	计算机应用软件及信息网络技术的开发、设计和制作，销售自产产品。				

企业名称	雅游网络科技（上海）有限公司				
企业地址	上海市张江高科技园区春晓路289号张江大厦1802室02单元(201203)				
投资总额	50万USD	电　　话	50106188	传　　真	
设立日期	2009-10-27	负 责 人	李立钧		
主营业务	网络技术的研发；游戏软件及相关软件的研发、设计、制作。				

企业名称	阳太赛诺贸易（上海）有限公司				
企业地址	上海市浦东新区东陆路1962号1层F室（201206）				
投资总额	25万USD	电　　话	57866388	传　　真	
设立日期	2009-10-27	负 责 人	李建宏		
主营业务	计算机软硬件及其配件、电子元器件、电子产品。				

企业名称	思来得网络科技（上海）有限公司				
企业地址	上海市茶陵北路20号1号楼511室（200232）				
投资总额	5万USD	电　　话	64177226	传　　真	
设立日期	2009-10-23	负 责 人	许可欣		
主营业务	计算机网络应用软件的开发、设计、制作，销售自产产品。				

企业名称	安悦先锋汽车信息技术有限公司				
企业地址	上海市闵行区东川路555号乙楼2101室（201109）				
投资总额	1318万USD	电　　话	64673555	传　　真	64671055
设立日期	2009-10-22	负 责 人	叶永明		
主营业务	研究、开发智能交通信息软件及硬件。				

企业名称	丝略软件（上海）有限公司				
企业地址	上海市崇明县庙镇宏海公路263号1幢340室（202153）				
投资总额	40万USD	电　　话		传　　真	
设立日期	2009-10-22	负 责 人	HAOBO LAWRENCE CHEN		
主营业务	计算机软件的开发、设计制作及维护服务。				

企业名称	起于凡信息技术（上海）有限公司				
企业地址	上海市嘉定区马陆镇丰登路1028弄8号519室（201801）				
投资总额	470万USD	电　　话	68756959	传　　真	
设立日期	2009-10-21	负 责 人	李立钧		
主营业务	计算机软件（应用软件）及计算机系统集成的开发、设计。				

企业名称	盛衡信息技术（上海）有限公司				
企业地址	上海市张江高科技园区郭守敬路356号3幢202室（201203）				
投资总额	900万USD	电　　话	50504740	传　　真	
设立日期	2009-10-16	负 责 人	陈天桥		
主营业务	计算机软件的开发、设计、制作，销售自产产品，并提供相关配套服务。				

企业名称	盛腾信息技术（上海）有限公司				
企业地址	上海市张江高科技园区郭守敬路356号3幢203室（201203）				
投资总额	850万USD	电　　话	50504740	传　　真	
设立日期	2009-10-16	负 责 人	朱海发		
主营业务	计算机软件的开发、设计、制作，销售自产产品，并提供相关配套服务。				

企业名称	盛乾信息技术（上海）有限公司				
企业地址	上海市张江高科技园区郭守敬路356号3幢205室（201203）				
投资总额	800万USD	电　　话	50504740	传　　真	
设立日期	2009-10-16	负 责 人	朱海发		
主营业务	计算机软件的开发、设计、制作，销售自产产品，并提供相关配套服务。				

企业名称	盛崇信息技术（上海）有限公司				
企业地址	上海市张江高科技园区郭守敬路356号3幢204室（201203）				
投资总额	550万USD	电　　话	50504740	传　　真	
设立日期	2009-10-16	负 责 人	朱海发		
主营业务	计算机软件的开发、设计、制作，销售自产产品，并提供相关配套服务。				

企业名称	博极网络科技（上海）有限公司				
企业地址	上海市杨浦区武东路 198 号 1307-2 室（200433）				
投资总额	200 万 USD	电　　话	65908107	传　　真	
设立日期	2009-10-15	负 责 人	赵　莉		
主营业务	计算机软件的设计、开发、制作，提供相关的技术开发。				

企业名称	学亦乐信息科技（上海）有限公司				
企业地址	上海市嘉定区南翔镇美裕路 600 号 2 幢 326 室（201802）				
投资总额	150 万 USD	电　　话	64703333	传　　真	
设立日期	2009-10-15	负 责 人	王　琪		
主营业务	研发、生产远程教育培训软件，销售自产产品并提供相关的技术服务。				

企业名称	上海睿播网络科技有限公司				
企业地址	上海市普陀区祁连山路 2889 号 3 号楼 359 室（200060）				
投资总额	15 万 USD	电　　话	52043303	传　　真	
设立日期	2009-10-14	负 责 人	蒋子厚		
主营业务	计算机网络技术的开发、设计，计算机软件的开发。				

企业名称	双乘信息科技发展（上海）有限公司				
企业地址	上海市漕溪路 121 号 2 幢 206 室（200235）				
投资总额	20 万 USD	电　　话	62125803	传　　真	
设立日期	2009-10-13	负 责 人	DWYER RICHARD VINCENT		
主营业务	开发、设计、制作计算机软件，销售自产产品。				

企业名称	起星（上海）软件科技有限公司				
企业地址	上海市奉贤区远东路 828 号 1 幢 507 室（201400）				
投资总额	8 万 USD	电　　话	53521168	传　　真	
设立日期	2009-10-13	负 责 人	KEVIN CHAO		
主营业务	计算机软件开发及计算机领域内的技术开发、技术服务。				

企业名称	上海晨浪信息技术有限公司				
企业地址	上海市张江高科技园区松涛路 563 号 B 座（2 号楼）107 室（201203）				
投资总额	3 万 USD	电　　话		传　　真	
设立日期	2009-10-12	负 责 人	GEORGE J.MIAO（缪乔杰）		
主营业务	电子交易系统和信息技术软件的研究、开发、设计、制作。				

企业名称	上海琴天信息技术开发有限公司				
企业地址	上海市闵行区光华路 2118 号第 6 幢 1558 室（201111）				
投资总额	513 万 USD	电　　话	62125803	传　　真	
设立日期	2009-10-9	负 责 人	HUANG HUA-CHANG RICHARD		
主营业务	计算机软件的开发、设计、制作，销售自产产品，并提供相关配套服务。				

企业名称	新模方软件（上海）有限公司				
企业地址	上海市天钥桥路 325 号 2005 室（200030）				
投资总额	15 万 USD	电　　话	68868335	传　　真	
设立日期	2009-9-28	负 责 人	KOH SAMUEL YOUNG		
主营业务	计算机软件的开发、设计、制作和销售自产产品。				

企业名称	科唐软件开发（上海）有限公司				
企业地址	上海市黄浦区北京东路 666 号 B 区 602-（1）室（200001）				
投资总额	512 万 USD	电　　话		传　　真	
设立日期	2009-9-27	负 责 人	HUA-CHANG RICHARD HUANG		
主营业务	计算机应用软件及信息网络技术的开发、设计和制作，销售自产产品。				

企业名称	亚博互动信息科技（上海）有限公司				
企业地址	上海市浦东新区金海路 3288 号 4 幢 T303 室（201209）				
投资总额	146 万 USD	电　　话	65331888	传　　真	
设立日期	2009-9-27	负 责 人	白晋民		
主营业务	多媒体信息技术的研发，计算机软件、通信软件、网络游戏软件的开发。				

企业名称	上海威实网络科技有限公司				
企业地址	上海市卢湾区淮海中路 333 号瑞安广场 18 楼 1855 室（200020）				
投资总额	75 万 USD	电　　话		传　　真	
设立日期	2009-9-25	负 责 人	韦　嘉		
主营业务	计算机软件的设计，开发，制作，维护和调试，销售自产产品。				

企业名称	艾息讯信息技术（上海）有限公司				
企业地址	上海市张江高科技园区张江路 91 号 6 幢 3 楼 308 室（210203）				
投资总额	15 万 USD	电　　话	61410998	传　　真	
设立日期	2009-9-25	负 责 人	STEPHEN ALAN HARVEY		
主营业务	计算机软件的开发、设计、制作；销售自产产品。				

企业名称	友盈（上海）信息技术有限公司				
企业地址	上海市长宁区宋园路 38 号 207 室（200336）				
投资总额	150 万 USD	电　　话	62755818	传　　真	
设立日期	2009-9-24	负 责 人	施教兴		
主营业务	设计、开发计算机软硬件及通讯技术、转让自研成果。				

企业名称	雍煌信息技术（上海）有限公司				
企业地址	上海市静安区胶州路 397 号 5 号楼 240 室（200040）				
投资总额	512 万 USD	电　　话	62035140	传　　真	
设立日期	2009-9-22	负 责 人	WEI ZHANG		
主营业务	计算机应用软件（音像制品除外）及信息网络技术的开发、设计和制作。				

企业名称	派速信息科技（上海）有限公司				
企业地址	上海市杨浦区国定路 335 号 2 号楼 1701 室（200433）				
投资总额	1 万 USD	电　　话	65647801	传　　真	
设立日期	2009-9-22	负 责 人	CASPER PLAT		
主营业务	计算机软件的开发、设计和服务，并提供经济信息咨询，科技信息咨询。				

企业名称	腾起信息系统（上海）有限公司				
企业地址	上海市张江高科技园区松涛路 489 号 B 座 201 室（201203）				
投资总额	147 万 USD	电　　话	50277262	传　　真	50277267
设立日期	2009-9-21	负 责 人	IMIN TSANG LEE		
主营业务	计算机软件的设计、研发、制作，销售自产产品。				

企业名称	帝羽信息技术（上海）有限公司				
企业地址	上海市嘉定工业区霍城路 569 号西侧 2 幢 2422 室（201821）				
投资总额	512 万 USD	电　　话		传　　真	
设立日期	2009-9-17	负 责 人	SUN PHILLIP		
主营业务	计算机软件（应用软件）的开发、设计、制作，销售自产产品。				

企业名称	北花（上海）网络科技有限公司				
企业地址	上海市长宁区延安西路 777 号 2303 室（200050）				
投资总额	15 万 USD	电　　话	63531239	传　　真	
设立日期	2009-9-17	负 责 人	唐　雯		
主营业务	网络技术、网络系统集成、网络软件的开发，销售自产产品。				

企业名称	雍鼎信息技术（上海）有限公司				
企业地址	上海市天钥桥南路 1128 号 7 幢 109 室（200232）				
投资总额	512 万 USD	电　　话		传　　真	
设立日期	2009-9-9	负 责 人	WEI ZHANG		
主营业务	计算机软件、硬件的研发，转让自有技术成果。				

企业名称	腾轮信息技术（上海）有限公司				
企业地址	上海市张江高科技园区郭守敬路 498 号 6 幢 14208—1 室（210203）				
投资总额	512 万 USD	电　　话	64682753	传　　真	
设立日期	2009-9-8	负 责 人	JENNIFER WAI NGAN KWOK		
主营业务	计算机软件及信息网络技术的开发、设计、制作，销售自产产品。				

企业名称	康泰克（上海）信息科技有限公司				
企业地址	上海市桂平路 481 号 1 号楼 302 室（200233）				
投资总额	80 万 USD	电　　话	64851907	传　　真	
设立日期	2009-9-4	负 责 人	李　明		
主营业务	工业自动控制系统的设计与开发。				

企业名称	威诚伟特电子科技发展（上海）有限公司				
企业地址	上海市黄浦区淮海东路 45-49 号 2202 室（200021）				
投资总额	14 万 USD	电　　话	52895038	传　　真	52895699
设立日期	2009-9-4	负 责 人	殷明康		
主营业务	提供计算机系统的设计、集成、安装服务。				

企业名称	上海极越信息技术有限公司				
企业地址	上海市宝山区新川沙路 517 号 5 幢 2 楼东座（200949）				
投资总额	11 万 USD	电　　话		传　　真	
设立日期	2009-9-4	负 责 人	马立祖		
主营业务	计算机软硬件、网络工程技术、多媒体信息技术的研制、开发和销售。				

企业名称	雀罗（上海）信息科技有限公司				
企业地址	上海市浦东新区昌里路 335 号 201A 室（200135）				
投资总额	10 万 USD	电　　话	61498256	传　　真	61498001
设立日期	2009-9-4	负 责 人	王彦雄		
主营业务	计算机软件的开发、设计、制作，销售自产产品。				

企业名称	中银通支付商务有限公司				
企业地址	上海市张江高科技园区春晓路289号张江大厦1801室08单元(201203)				
投资总额	6585万USD	电　话	4006208890.	传　真	
设立日期	2009-8-31	负责人	祝树民		
主营业务	电子支付产品的制作、发行、结算业务。				

企业名称	亿雍信息技术（上海）有限公司				
企业地址	上海市虹口区纪念路500号18幢105室（200434）				
投资总额	512万USD	电　话	64820340	传　真	
设立日期	2009-8-31	负责人	JENNIFER WAI NGAN KWOK		
主营业务	计算机软件及信息网络技术的开发、设计、制作，销售自产产品。				

企业名称	君海半导体技术（上海）有限公司				
企业地址	上海市张江高科技园区祖冲之路1077号2幢3104室（201203）				
投资总额	30万USD	电　话	50278936	传　真	
设立日期	2009-8-31	负责人	彭达元		
主营业务	集成电路的研发、设计、测试；计算机软件的研发、设计、制作。				

企业名称	艺运信息技术（上海）有限公司				
企业地址	上海市宝山区呼玛路547号310室（200441）				
投资总额	512万USD	电　话	15000518015	传　真	
设立日期	2009-8-28	负责人	KWOK JENNIFER WAI NGAN		
主营业务	计算机软件及信息网络技术的开发、设计和制作，销售自产产品。				

企业名称	上海凯迪迪爱通信技术有限公司				
企业地址	上海市黄浦区福州路666号22层B1单元（200001）				
投资总额	293万USD	电　话		传　真	
设立日期	2009-8-24	负责人	NOZAKA AKIO（野坂章雄）		
主营业务	计算机网络系统集成；开发、生产通信系统软件。				

企业名称	炬创芯（上海）微电子有限公司				
企业地址	上海市张江高科技园区牛顿路200号8号楼501室（201203）				
投资总额	2000万USD	电　话	50809905	传　真	
设立日期	2009-8-20	负责人	许崇豪		
主营业务	集成电路的研发、设计，计算机软件的研发、设计、制作。				

企业名称	昊成（上海）信息科技有限公司				
企业地址	上海市卢湾区建国中路29号国信商务大厦一层1113室（200025）				
投资总额	10万USD	电　话		传　真	
设立日期	2009-8-20	负责人	李冠中		
主营业务	设计、开发和制作计算机软件，销售自产产品。				

企业名称	司必迪（上海）信息科技有限公司				
企业地址	上海市长宁区金钟路658弄12号甲201A室（200335）				
投资总额	1000万USD	电　话	33601599	传　真	
设立日期	2009-8-18	负责人	林哲钜		
主营业务	计算机软件、网络软件和游戏软件的开发、设计、制作。				

企业名称	鼎赢信息技术（上海）有限公司				
企业地址	上海市浦东新区张杨北路5509号905室（200137）				
投资总额	512万USD	电　话		传　真	
设立日期	2009-8-18	负责人	WEI ZHANG		
主营业务	计算机软件的开发、设计、制作、销售自产产品。				

企业名称	上海秀立数码科技有限公司				
企业地址	上海市长宁区延安西路777号1901室（200050）				
投资总额	15万USD	电　话		传　真	
设立日期	2009-8-18	负责人	李琦峰		
主营业务	数码科技、计算机系统集成。				

企业名称	叁威信息科技（上海）有限公司				
企业地址	上海市黄浦区南京西路338号1910室（200003）				
投资总额	15万USD	电　话	62032409	传　真	
设立日期	2009-8-13	负责人	GOH GEOK CHUAN		
主营业务	计算机软件的开发、设计、制作，销售自产产品。				

企业名称	捷礼信息系统服务（上海）有限公司				
企业地址	上海市黄浦区威海路128、138、158号406室（200003）				
投资总额	10万USD	电　话	53752778	传　真	
设立日期	2009-8-10	负责人	MARTIN FRANK ELLIS		
主营业务	计算机软件的开发、设计、制作，计算机硬件的开发。				

企业名称	盛绩信息技术（上海）有限公司				
企业地址	上海市闵行区东川路555号乙楼2041室（200241）				
投资总额	200万USD	电　话	50504740	传　真	
设立日期	2009-8-7	负责人	谭群钊		
主营业务	计算机软件的开发、设计、制作，销售自产产品。				

企业名称	扬领计算机科技（上海）有限公司				
企业地址	上海市杨浦区黄兴路2005弄2号1506室（200433）				
投资总额	90万USD	电　话		传　真	
设立日期	2009-8-7	负责人	严靖		
主营业务	计算机软件的开发、设计，并提供相关技术服务。				

企业名称	韬腾（上海）通信技术有限公司				
企业地址	上海市黄浦区南京西路338号2110室（200002）				
投资总额	15万USD	电　话	5375 2660	传　真	5375 2663
设立日期	2009-8-4	负责人	LIONEL SMEERS		
主营业务	电子计算机软件、硬件及外部设备的技术开发、技术咨询。				

企业名称	佐荣软件开发（上海）有限公司				
企业地址	上海市杨浦区国定支路24号3145室（200433）				
投资总额	512万USD	电　话	64682753	传　真	
设立日期	2009-7-31	负责人	HUA-CHANG RICHARD HUANG		
主营业务	计算机软件的研发、设计、制作，销售自产产品，网络技术开发。				

企业名称	德影多媒体技术（上海）有限公司				
企业地址	上海市长宁区万航渡路1384弄12号6幢2层A（200050）				
投资总额	20万USD	电　话	61285822	传　真	
设立日期	2009-7-29	负责人	JOSE MIGUEL BUSTAMANTE		
主营业务	多媒体及数码图文的设计、制作（广告除外）。				

企业名称	上海美你德软件有限公司				
企业地址	上海市闵行区金都路4289号6幢337室（201108）				
投资总额	1万USD	电　话	52522104	传　真	
设立日期	2009-7-29	负责人	ZHONGWEI TONG		
主营业务	开发计算机软件，销售自产产品，并提供相关咨询服务。				

企业名称	上海唐世网络技术服务有限公司				
企业地址	上海市浦东新区世纪大道1589号3楼01A单元（200122）				
投资总额	5万USD	电　话	28943588	传　真	
设立日期	2009-7-28	负责人	杨国猛		
主营业务	计算机软件、多媒体、网络系统的设计、研发，自有技术成果的转让。				

企业名称	翊远电子科技（上海）有限公司				
企业地址	上海市张江高科技园区郭守敬路498号6幢10301室（201203）				
投资总额	50万USD	电　话	64289073	传　真	
设立日期	2009-7-24	负责人	DONALD WANG		
主营业务	电子产品、芯片、测量仪器、新型仪表、通讯产品、计算机硬件研发。				

企业名称	佰路得信息技术（上海）有限公司				
企业地址	上海市静安区康定路1147号9幢1002室（200040）				
投资总额	15万USD	电　话		传　真	
设立日期	2009-7-16	负责人	BACK ISTVAN HENRIK		
主营业务	电子信息技术咨询、企业管理咨询；软件、网页。				

企业名称	擘纳（上海）信息科技有限公司				
企业地址	上海市张江高科技园区郭守敬路498号6幢10205室（201220）				
投资总额	15万USD	电　话	51087230	传　真	
设立日期	2009-7-15	负责人	CHEN JOHN B		
主营业务	计算机软件开发及技术服务，市场推广策划咨询、企业管理咨询。				

企业名称	龙霸软件开发（上海）有限公司				
企业地址	上海市浦东新区江东路2215号8幢215室（200137）				
投资总额	586万USD	电　话		传　真	
设立日期	2009-7-13	负责人	YU YAN		
主营业务	计算机软件开发、设计、制作，销售自产产品。				

企业名称	上海征铎信息技术有限公司				
企业地址	上海市漕溪路165号1006室（200235）				
投资总额	750万USD	电　话	61139999	传　真	
设立日期	2009-7-8	负责人	刘伟		
主营业务	计算机软件的开发、设计、制作，计算机硬件开发、设计。				

企业名称	上海求步申亚信息系统有限公司				
企业地址	上海市长宁区天山路641号20幢（二号楼）605室（200336）				
投资总额	29万USD	电　话	58305899	传　真	
设立日期	2009-7-8	负责人	崎山 收		
主营业务	计算机软件及网络技术的研究、开发、设计；销售自产产品。				

企业名称	一优软件技术（上海）有限公司				
企业地址	上海市浦东新区张杨路800号607室（200122）				
投资总额	5万USD	电　话		传　真	
设立日期	2009-7-7	负责人	LUDVIG FEIVEL MAISELMAN		
主营业务	计算机软件的开发、设计、制作，销售自产产品。				

企业名称	必雅咨（上海）软件技术咨询有限公司				
企业地址	上海市黄浦区南京西路288号1212室（200003）				
投资总额	4万USD	电　话	62999899	传　真	
设立日期	2009-7-7	负责人	WILLI JOST		
主营业务	计算机软件系统维护，技术支持和技术咨询服务。				

企业名称	上海精瑞信息科技有限公司				
企业地址	上海市浦东新区上丰西路55号8幢401室（201201）				
投资总额	600万USD	电　话	52391888	传　真	
设立日期	2009-7-6	负责人	管政明		
主营业务	计算机软件技术的研究、技术开发、技术转让、技术咨询和技术服务。				

企业名称	上海港芯电子科技有限公司				
企业地址	上海市闵行区民仙路86号第1幢229室（201112）				
投资总额	51万USD	电　话	54590912	传　真	
设立日期	2009-7-3	负责人	张忠洲		
主营业务	计算机软件的开发及设计，销售自产产品，提供相关的配套服务。				

企业名称	上海马可麦迪斯软件有限公司				
企业地址	上海市杨浦区淞沪路290号402A室（200433）				
投资总额	7万USD	电　话	61935219	传　真	
设立日期	2009-7-3	负责人	SIMON DAVID JACOBSON		
主营业务	计算机软件设计、开发和制作，并提供相关技术转让与服务。				

企业名称	开想软件（上海）有限公司				
企业地址	上海市闵行区金都路4289号6幢2楼131室（201108）				
投资总额	10万USD	电　话	62492363	传　真	
设立日期	2009-7-1	负责人	张泽恩		
主营业务	开发计算机软件，销售自产产品，提供计算机软硬件领域内的技术咨询。				

企业名称	宏碁信息技术研发（上海）有限公司				
企业地址	上海市漕河泾开发区宜山路900号科技大楼2幢21层（200233）				
投资总额	140万USD	电　话		传　真	
设立日期	2009-6-30	负责人	翁建仁		
主营业务	计算机软硬件、智能型手机软硬件的研究开发，自有研发成果转让。				

企业名称	钲迅铤数码科技（上海）有限公司				
企业地址	上海市龙华西路585号A座21A4室（200232）				
投资总额	15万USD	电　话	64695907	传　真	
设立日期	2009-6-30	负责人	JESSE PERNGFEI SHIAH		
主营业务	设计、开发、制作数码科技、计算机专业领域内的软件。				

企业名称	创忆半导体技术（上海）有限公司				
企业地址	上海市外高桥保税区法赛路601号70楼第1-2层全部位（200131）				
投资总额	1200万USD	电　话		传　真	
设立日期	2009-6-23	负责人	DAVID JOHN BUTLER		
主营业务	自行或以服务外包方式从事半导体器件及其产品的电路设计。				

企业名称	上海益富软件科技有限公司				
企业地址	上海市松江区茸梅路215号502室C区（201613）				
投资总额	468万USD	电　话	37621195	传　真	
设立日期	2009-6-23	负责人	蔡淑嫣		
主营业务	计算机软件的设计、开发、制作，销售自产产品。				

企业名称	灿弘软件开发（上海）有限公司				
企业地址	上海市广中西路777弄88号701-5室（200072）				
投资总额	512万USD	电　话	64820340	传　真	
设立日期	2009-6-15	负责人	SUN PHILLIP		
主营业务	计算机应用软件的开发及制作，数据处理服务。				

企业名称	康姆阿克软件（上海）有限公司				
企业地址	上海市浦东新区上南路3855号11幢3610-2室（200124）				
投资总额	20万USD	电　话	58352369	传　真	
设立日期	2009-6-15	负责人	MARZENA GRAZYNA		
主营业务	计算机软件的开发、设计、制作，销售自产产品。				

企业名称	他她信息科技（上海）有限公司				
企业地址	上海市普陀区武宁路19号1902室（200000）				
投资总额	7万USD	电　话	51097809	传　真	
设立日期	2009-6-15	负责人	HAIGH LUCIA QI		
主营业务	计算机软件的开发、设计、制作，销售自产产品。				

企业名称	上海圣然信息科技有限公司				
企业地址	上海市田林路487号20号大楼2201室（200233）				
投资总额	250万USD	电　话	61280056	传　真	
设立日期	2009-6-12	负责人	曾李青		
主营业务	计算机软件的开发、设计、制作，销售自产产品。				

企业名称	上海保浦乐软件有限公司				
企业地址	上海市浦东新区峨山路91弄101号101室（200127）				
投资总额	8万USD	电　话	50392269	传　真	50393529
设立日期	2009-6-9	负责人	林文豪		
主营业务	计算机软件的开发、设计、制作，销售自产产品。				

企业名称	上海成也软件科技有限公司				
企业地址	上海市浦东新区惠南镇园中路533号17幢205室（201300）				
投资总额	1500万USD	电　话	20916006	传　真	
设立日期	2009-6-8	负责人	张飞雁		
主营业务	开发设计计算机软硬件，销售公司自产产品；橡胶制品。				

企业名称	上海纽梦软件开发有限公司				
企业地址	上海市张江高科技园区郭守敬路498号1幢1102-B室（201203）				
投资总额	600万USD	电　话	62125803	传　真	
设立日期	2009-6-5	负责人	YONGLING SHI		
主营业务	计算机软件的研究、开发、制作；计算机硬件的研发，销售自产产品。				

企业名称	易查理曼（上海）信息技术有限公司				
企业地址	上海市黄浦区北京东路666号B区703室（200001）				
投资总额	13万USD	电　话	53082166	传　真	53082165
设立日期	2009-6-4	负责人	MARIE-PIERRE.PAULE DUBOST		
主营业务	计算机软件的设计、开发、制作，销售自产产品。				

企业名称	上海本略信息科技有限公司				
企业地址	上海市张江高科技园区郭守敬路498号1幢1327室（201203）				
投资总额	15万USD	电　话	61635551	传　真	61635552
设立日期	2009-6-3	负责人	ZHIBAO FU（付志宝）		
主营业务	计算机软件的开发、设计、制作，销售自产产品。				

企业名称	库斯戴（上海）信息科技有限公司				
企业地址	上海市静安区南京西路1486号3号楼322室（200041）				
投资总额	14万USD	电　话	62550228	传　真	
设立日期	2009-6-2	负责人	叶德光		
主营业务	从事通讯网络、电子商务、信息管理、财务。				

企业名称	蓝沙信息技术（上海）有限公司				
企业地址	上海市闵行区东川路555号乙楼5066室（200241）				
投资总额	100万USD	电　话	61212288	传　真	
设立日期	2009-6-1	负责人	陈天桥		
主营业务	计算机软件的开发、设计、制作，销售自产产品。				

企业名称	晋熙电子科技（上海）有限公司				
企业地址	上海市普陀区中江路879弄1号楼209室（200000）				
投资总额	512万USD	电　话		传　真	
设立日期	2009-5-31	负责人	HUANG DAVID WEIKAI		
主营业务	计算机软件的研究、开发、制作。				

企业名称	康导科微电子（上海）有限公司				
企业地址	上海市长宁区延安西路726号21楼K室（200050）				
投资总额	25万USD	电　话	64325790	传　真	64411855
设立日期	2009-5-31	负责人	鞠建宏		
主营业务	微电子产品的设计、开发。				

企业名称	友圈网络信息科技（上海）有限公司				
企业地址	上海市杨浦区黄兴路 2005 弄 2 号 1201 室（200433）				
投资总额	26 万 USD	电　话		传　真	
设立日期	2009-5-27	负 责 人	陈策策		
主营业务	计算机软件的开发、设计、制作。				

企业名称	迈霖（上海）信息技术有限公司				
企业地址	上海市浦东新区杨高北路 528 号 14 幢 1A34 室（200137）				
投资总额	20 万 USD	电　话		传　真	
设立日期	2009-5-27	负 责 人	CHOW AH KWEE		
主营业务	计算机软件的研发、制作，销售自产产品。				

企业名称	文雅科信息技术（上海）有限公司				
企业地址	上海市卢湾区淮海中路 381 号 2711-17 室（200021）				
投资总额	101 万 USD	电　话	61369050	传　真	61369051
设立日期	2009-5-25	负 责 人	KOMEI SAKURAI		
主营业务	设计、开发、制作计算机数据处理系统及相关软件。				

企业名称	顷通（上海）信息技术有限公司				
企业地址	上海市张江高科技园区卡园二路 108 号研发楼 1#楼 2001 室(201203)				
投资总额	50 万 USD	电　话		传　真	
设立日期	2009-5-25	负 责 人	JOHN CHEN		
主营业务	计算机软件的研究、设计、开发、制作，相关信息数据的处理。				

企业名称	宏亚信息科技（上海）有限公司				
企业地址	上海市张江高科技园区松涛路 563 号 A 座（1 号楼）405 室（201203）				
投资总额	20 万 USD	电　话	50803221	传　真	
设立日期	2009-5-25	负 责 人	叶宏尧		
主营业务	计算机软件的开发、设计、制作，销售自产产品。				

企业名称	驰广信息科技（上海）有限公司				
企业地址	上海市张江高科技园区张衡路 198 弄 10 号 401B 室（201203）				
投资总额	10 万 USD	电　话		传　真	
设立日期	2009-5-25	负 责 人	FENG HAO（郝锋）		
主营业务	计算机软件的开发、设计、制作，销售自产产品。				

企业名称	信诺西格纳数据技术服务（上海）有限公司				
企业地址	上海市浦东新区陆家嘴环路 166 号 7 楼 A 单元（200121）				
投资总额	200 万 USD	电　话	24126129	传　真	
设立日期	2009-5-21	负 责 人	HONG CHEN		
主营业务	以承接服务外包方式从事数据存储、分析、处理服务。				

企业名称	上海万思软件技术有限公司				
企业地址	上海市中山西路 2368 号 101 室（200233）				
投资总额	10 万 USD	电　话	54248770	传　真	
设立日期	2009-5-21	负 责 人	陈淑宁		
主营业务	计算机软硬件的开发、制作，销售自产产品。				

企业名称	莱万特软件（上海）有限公司				
企业地址	上海市浦东新区东方路 971 号钱江大厦 7A 室（200122）				
投资总额	15 万 USD	电　话	58313335	传　真	
设立日期	2009-5-19	负 责 人	JAMES JOHN AURELIO		
主营业务	实验室信息管理系统和企业管理软件的开发、设计、制作。				

企业名称	裴克铭信息技术（上海）有限公司				
企业地址	上海市浦东新区杨新东路 24 号 348 室（200126）				
投资总额	15 万 USD	电　话	54590221	传　真	
设立日期	2009-5-19	负 责 人	PETER ALEXANDER CUMMINGS		
主营业务	信息技术开发、数据处理系统和软件的开发、设计和制作。				

企业名称	柏视数码科技（上海）有限公司				
企业地址	上海市闵行区宜山路 2016 号 11 楼 1105 室（201103）				
投资总额	1000 万 USD	电　话	64012051	传　真	
设立日期	2009-5-14	负 责 人	吕品		
主营业务	开发、生产各类数码设备的系统应用软件、系统管理软件。				

企业名称	广游信息科技（上海）有限公司				
企业地址	上海市张江高科技园区祖冲之路 1559 号 2 幢 4002 室（201203）				
投资总额	10 万 USD	电　话		传　真	
设立日期	2009-5-14	负 责 人	MA KUK SEONG		
主营业务	计算机软件开发、设计、制作，销售自产产品。				

企业名称	上海点翔通信设备有限公司				
企业地址	上海市浦东新区光明路 718 号 729 室（200137）				
投资总额	146 万 USD	电　话		传　真	
设立日期	2009-5-12	负 责 人	杨鸿巧		
主营业务	通信应用系统的设计，以及配套计算机软件的设计、制作。				

企业名称	钜仁软件（上海）有限公司				
企业地址	上海市浦东新区唐陆公路 2310 号 2 幢 107 室（201210）				
投资总额	15 万 USD	电　话		传　真	
设立日期	2009-5-12	负 责 人	RONG-KAI HONG		
主营业务	计算机软件的开发、设计、制作，销售自产产品。				

企业名称	泰珩软件科技（上海）有限公司				
企业地址	上海市浦东新区新金桥路 27 号第 13 号（G2-13）第四层（201206）				
投资总额	200 万 USD	电　话	52069078	传　真	
设立日期	2009-5-11	负 责 人	TERRENCE HENG		
主营业务	自动化软件的研究和开发，销售自产产品。				

企业名称	威勃庞尔（上海）信息科技有限公司				
企业地址	上海市黄浦区会稽路 8 号 801 室（200010）				
投资总额	30 万 USD	电　话	61413980	传　真	
设立日期	2009-5-4	负 责 人	JACOB GERRIT BOUW		
主营业务	在线互动软件的开发，销售自产产品。				

企业名称	音乐叉叉网络科技（上海）有限公司				
企业地址	上海市青浦区华青南路 485 号芊岱大厦 1703A 室（201700）				
投资总额	20 万 USD	电　话	33862387	传　真	
设立日期	2009-4-22	负 责 人	JULIA ZHOU		
主营业务	计算机软件的研究、开发，提供相关技术支持和咨询服务。				

企业名称	东捷信息科技（上海）有限公司				
企业地址	上海市杨浦区包头路 1135 弄 4 号 219 室（200432）				
投资总额	15 万 USD	电　话	58353076	传　真	58353076
设立日期	2009-4-22	负 责 人	YEH YONG HUA		
主营业务	计算机系统集成，软件的设计、开发、制作。				

企业名称	天集信息科技（上海）有限公司				
企业地址	上海市浦东新区陆家嘴东路 161 号 1403 室（200120）				
投资总额	20 万 USD	电　话		传　真	
设立日期	2009-4-17	负 责 人	BRUCE ALLEN GEIER		
主营业务	计算机软件的开发、设计、制作，销售自产产品。				

企业名称	上海裔林信息技术有限公司				
企业地址	上海市闵行区东川路 555 号甲楼 2011 室（200241）				
投资总额	512 万 USD	电　话	61212288	传　真	
设立日期	2009-4-15	负 责 人	XIANG GAO		
主营业务	开发、设计、生产计算机软件，销售自产产品。				

企业名称	每克末软件科技（上海）有限公司				
企业地址	上海市闵行区吴中路 1366 号第 5 幢 615 室（201103）				
投资总额	14 万 USD	电　话	34323261	传　真	34323260
设立日期	2009-3-31	负 责 人	KIM YOUNG CHUL		
主营业务	设计、开发、生产计算机软件，销售自产产品。				

企业名称	派瑞日软件科技（上海）有限公司				
企业地址	上海市卢湾区湖滨路 222 号企业天地 1 号楼 15 层 1557 室（200021）				
投资总额	51025279	电　话		传　真	
设立日期	2009-3-31	负 责 人	SUPRIYO SIRCAR		
主营业务	计算机软件开发、销售自产产品。				

企业名称	必孚网络科技（上海）有限公司				
企业地址	上海市浦东新区新金桥路 1088 号 A 幢 1115 室（201206）				
投资总额	7 万 USD	电　话	62708988	传　真	
设立日期	2009-3-31	负 责 人	洪海		
主营业务	计算机系统及软件、网络信息系统、智能供货系统。				

企业名称	泰肯锘华信息技术（上海）有限公司				
企业地址	上海市张江高科技园区张衡路 198 弄 10 号 501A 室（201204）				
投资总额	20 万 USD	电　话	50372668	传　真	
设立日期	2009-3-30	负 责 人	GREGORY MICHAEL CALTABIANO		
主营业务	芯片的研发、设计；计算机软件研发、制作，销售自产产品。				

企业名称	上海胜略软件技术有限公司					
企业地址	上海市浦东新区银城中路 68 号时代金融中心 22 楼 2251 室（200120）					
投资总额	15 万 USD	电话	61712640	传真		
设立日期	2009-3-30	负责人	BRUCE CHARLES FELT JR			
主营业务	人力资源软件的研发、设计、制作，销售自产产品。					

企业名称	上海群扬网络有限公司					
企业地址	上海市肇嘉浜路 1065 甲号 1607B 室（200030）					
投资总额	14 万 USD	电话	51581605	传真		
设立日期	2009-3-27	负责人	韦积庆			
主营业务	计算机软件开发、制作，网络技术和通讯技术的开发，销售自产产品。					

企业名称	蓝一软件技术（上海）有限公司					
企业地址	上海市宝山区呼玛路 547 号 308 室（200435）					
投资总额	15 万 USD	电话	56752108	传真		
设立日期	2009-3-25	负责人	RICHARD BING KAN SAM			
主营业务	从事计算机及互联网技术开发、技术转让、技术咨询、技术服务。					

企业名称	欧微软件科技（上海）有限公司					
企业地址	上海市黄浦区西藏中路 268 号 4908 室 07 部位（200001）					
投资总额	14 万 USD	电话	32231656	传真		
设立日期	2009-3-24	负责人	RADASA CHAIPIDEJ			
主营业务	计算机软硬件产品的设计、开发。					

企业名称	嘉丰（上海）软件有限公司					
企业地址	上海市闵行区金都路 4289 号 6 幢 2 楼 159 室（201108）					
投资总额	2 万 USD	电话	51592298	传真		
设立日期	2009-3-20	负责人	刘姗姗			
主营业务	开发计算机和手机软件，销售自产产品。					

企业名称	皆安喜信息技术（上海）有限公司					
企业地址	上海市张江高科技园区毕升路 299 弄 11 号 201 室（201204）					
投资总额	9 万 USD	电话	33933511	传真	33933511	
设立日期	2009-3-18	负责人	叶锦			
主营业务	计算机软件的开发、设计、制作，销售自产产品。					

企业名称	纽电商务服务（上海）有限公司					
企业地址	上海市新金桥路 230 号（200122）					
投资总额	45 万 USD	电话	28900200	传真		
设立日期	2009-3-16	负责人	崔文娟			
主营业务	计算机软件的设计、开发和制作，销售自产产品。					

企业名称	上海艾登络技信息技术有限公司					
企业地址	上海市中山西路 1515 号 1 幢 1002 室（200335）					
投资总额	146 万 USD	电话	62260557	传真		
设立日期	2009-3-12	负责人	YEOW SEE YUEN			
主营业务	无线射频辨识技术及相关软件的研发、制作。					

企业名称	科笛斯（上海）信息系统有限公司					
企业地址	上海市卢湾区湖滨路 222 号 1 号楼 304 室（200021）					
投资总额	15 万 USD	电话	63869000	传真	63869000	
设立日期	2009-3-12	负责人	冯满亮			
主营业务	软件设计、开发和制作，销售自产产品。					

企业名称	圣加仑汽车工程技术（上海）有限公司					
企业地址	上海市张江高科技园区卡园二路 108 号 1#楼 2008 室（201203）					
投资总额	60 万 USD	电话	61052032	传真		
设立日期	2009-3-11	负责人	THORSTEN CONNEMANN			
主营业务	汽车零部件及相关技术的研发。					

企业名称	奥解思信息技术（上海）有限公司					
企业地址	上海市张江高科技园区郭守敬路 498 号 1 幢 303-04 室（201203）					
投资总额	16 万 USD	电话	38954626	传真		
设立日期	2009-3-11	负责人	BALWANT RAO JAIN			
主营业务	计算机软、硬件和网络技术的设计、研究、开发。					

企业名称	宽能通讯技术（上海）有限公司					
企业地址	上海市南丹东路 300 弄 9 号 4 层 09-10 室（200030）					
投资总额	14 万 USD	电话	64263608	传真	64262228	
设立日期	2009-3-5	负责人	CHAK CHUNG EDWARD TSANG			
主营业务	通讯软件、计算机信息技术软件的设计、开发、制作、维护。					

企业名称	纽播电子（上海）有限公司					
企业地址	上海市松江区九亭镇健鹏路 98 号 5 幢 4 楼南侧（201615）					
投资总额	14 万 USD	电话	57637906	传真	57637902	
设立日期	2009-3-4	负责人	LAMINE BRAHIM			
主营业务	嵌入式网络系统的硬件和软件、工业电子设备。					

企业名称	达石软件（上海）有限公司					
企业地址	上海市浦东新区世纪大道 1777 号东方希望大厦 6 层 E 室（200122）					
投资总额	110 万 USD	电话	63588078	传真	63588089	
设立日期	2009-3-3	负责人	YIHUA SUN			
主营业务	以人力资源管理软件为主的计算机软件开发、制作，销售自产产品。					

企业名称	五娱（上海）网络有限公司					
企业地址	上海市古美路 1515 号 19 号楼 906 室（200233）					
投资总额	150 万 USD	电话	54452150	传真		
设立日期	2009-3-2	负责人	BAIK IL SUNG			
主营业务	开发、设计、制作计算机软件，销售自产产品。					

企业名称	实践家管理软件（上海）有限公司					
企业地址	上海市华山路 2018 号 2206 室（200030）					
投资总额	10 万 USD	电话	54072336	传真		
设立日期	2009-3-2	负责人	林伟贤			
主营业务	企业管理软件、财务软件的开发、设计、制作及销售。					

企业名称	上海豪港网络信息科技有限公司					
企业地址	上海市青浦区外青松公路 5399 号 A28、A29 厂房（201700）					
投资总额	350 万 USD	电话	56978954	传真		
设立日期	2009-2-26	负责人	陈 烨			
主营业务	第三代及后续移动通信系统手机、基站、核心网设备的开发制造。					

企业名称	康深达软件服务（上海）有限公司					
企业地址	上海市浦东新区长柳路 58 号 1005 室（200135）					
投资总额	15 万 USD	电话	50589350	传真	5058 9352	
设立日期	2009-2-25	负责人	KATHERINE LYNN KINDER			
主营业务	计算机软件的设计、制作，销售自产产品。					

企业名称	上海慕扬信息科技有限公司					
企业地址	上海市张江高科技园区郭守敬路 498 号 6 幢 14102 室（201203）					
投资总额	15 万 USD	电话	58817700	传真		
设立日期	2009-2-24	负责人	俞 峰			
主营业务	软件的设计、开发、制作，销售自产产品。					

企业名称	篮缘（上海）网络技术有限公司					
企业地址	上海市浦东新区银城中路 68 号 2232 室（200120）					
投资总额	14 万 USD	电话		传真		
设立日期	2009-2-23	负责人	MATTHEW WILLIAM COMBS			
主营业务	图文及多媒体的开发、设计。					

企业名称	恩梯梯数据英特玛软件系统（上海）有限公司					
企业地址	上海市卢湾区淮海中路 809 号甲 409 室（200020）					
投资总额	210 万 USD	电话	63529990	传真	63529190	
设立日期	2009-2-20	负责人	中山义人			
主营业务	制作、设计、安装计算机软件及相关的系统集成、销售自产产品。					

企业名称	上海易房软件技术有限公司					
企业地址	上海市奉贤区金汇镇工业路 1766 号 10 幢 213 室（201404）					
投资总额	200 万 USD	电话	52980808	传真		
设立日期	2009-2-17	负责人	丁祖昱			
主营业务	计算机软件及相关产品的开发，计算机软硬件及网络工程的技术开发。					

企业名称	上海莛泰信息科技发展有限公司					
企业地址	上海市奉贤区目华北路 388 号 637 室（201424）					
投资总额	150 万 USD	电话	63548608	传真		
设立日期	2009-2-12	负责人	GREGG JEFFREY LEWIS			
主营业务	餐饮娱乐管理系统软件的开发，销售本公司研发的软件。					

企业名称	瑞寰网络科技（上海）有限公司					
企业地址	上海市静安区成都北路 333 号北楼 1607-1608 室（200040）					
投资总额	150 万 USD	电话	63843773	传真		
设立日期	2009-2-12	负责人	马 瑛			
主营业务	计算机软件（音像制品除外）的开发、设计、制作，销售自产产品。					

企业名称	赛技软件（上海）有限公司				
企业地址	上海市浦东新区张杨路 228 号 2202 室（200120）				
投资总额	15 万 USD	电　话	51696006	传　真	58403199
设立日期	2009-2-12	负责人	STEPHEN JAMES		
主营业务	计算机软件的设计、研发，销售自产产品。				

企业名称	犹厮奈驰（上海）网络科技有限公司				
企业地址	上海市杨浦区股行路 751 号 116 室（200438）				
投资总额	50 万 USD	电　话		传　真	
设立日期	2009-2-9	负责人	徐建炬		
主营业务	计算机软件的开发、设计、制作；网络技术。				

企业名称	上海埃米柯信息系统有限公司				
企业地址	上海市长宁区剑河路 679 号 3 幢 321 室（200335）				
投资总额	14 万 USD	电　话	62673342	传　真	
设立日期	2009-2-9	负责人	田北晓		
主营业务	计算机软硬件、通信设备、网络信息技术的开发、设计。				

企业名称	悟而得（上海）信息技术有限公司				
企业地址	上海市静安区南京西路 1486 号 3 号楼 307 室（200040）				
投资总额	15 万 USD	电　话	61703131	传　真	
设立日期	2009-2-6	负责人	小林诚一郎		
主营业务	计算机软硬件（音像制品除外）开发、设计，网络科技开发。				

企业名称	盛旋（上海）软件设计有限公司				
企业地址	上海市张江高科技园区张江路 91 号 6 幢 430 室（201210）				
投资总额	60 万 USD	电　话	61459808	传　真	
设立日期	2009-2-5	负责人	DURBRIDGE-FREEMAN ROHAN		
主营业务	动画软件的设计、制作，销售自产产品。				

企业名称	上海汉磬信息科技有限公司				
企业地址	上海市奉贤区目华北路 388 号 638 室（201424）				
投资总额	160 万 USD	电　话	57448015	传　真	
设立日期	2009-2-4	负责人	CHOW WILLIAM		
主营业务	软件制作及销售，数据库服务。				

企业名称	西阁玛软件系统（上海）有限公司				
企业地址	上海市长宁区延安西路 1600 号 505 室（200052）				
投资总额	15 万 USD	电　话	62809316	传　真	62809312
设立日期	2009-1-24	负责人	顾　晨		
主营业务	计算机硬件及网络技术的开发，计算机系统集成、计算机软件开发。				

企业名称	皎誉网络技术发展（上海）有限公司				
企业地址	上海市金山工业区通业路 218 号 4 幢 5 号（201506）				
投资总额	80 万 USD	电　话		传　真	
设立日期	2009-1-22	负责人	夏　蓓		
主营业务	计算机软硬件及相关产品的开发、设计、制作。				

企业名称	摩地（上海）信息科技有限公司				
企业地址	上海市虹口区物华路 73 号一号楼四层 8612 室（200086）				
投资总额	146 万 USD	电　话		传　真	
设立日期	2009-1-21	负责人	张楚翘		
主营业务	计算机软、硬件的设计，研究和开发，销售自产产品。				

企业名称	东林互动营销策划（上海）有限公司				
企业地址	上海市卢湾区南塘浜路 103 号 118 室 D 座（200023）				
投资总额	10 万 USD	电　话	62325133	传　真	
设立日期	2009-1-21	负责人	MARC JOHAN OOSTERHOUDT		
主营业务	市场营销策划及咨询，软件的开发和销售自产产品。				

企业名称	上海展众信息科技有限公司				
企业地址	上海市漕宝路 70 号 2205 室（200233）				
投资总额	15 万 USD	电　话	68361972	传　真	68361972
设立日期	2009-1-14	负责人	黄俊生		
主营业务	从事通讯软件开发，通讯技术转让和技术咨询。				

企业名称	联美新视信息科技（上海）有限公司				
企业地址	上海市浦东新区商城路 660 号 1401 室（200120）				
投资总额	14 万 USD	电　话	63843773	传　真	
设立日期	2009-1-14	负责人	MOHY ELDEEN FOUAD ABDELGANY		
主营业务	计算机软件的开发、设计、制作；销售自产产品。				

企业名称	上海斯瑞迈诺软件技术有限公司				
企业地址	上海市金桥出口加工区新金桥路 27 号 13 号楼第二层 C 单元（201206）				
投资总额	14 万 USD	电　话	6109 7375	传　真	6109 7380
设立日期	2009-1-14	负责人	OLIVIER FRANCIS AVARO		
主营业务	计算机软件的设计、开发、制作，销售自产产品。				

企业名称	怡海数据服务（上海）有限公司				
企业地址	上海市金山区朱枫公路 9135 号枫泾商城 4 号楼 1－60 室（201501）				
投资总额	10 万 USD	电　话	64814050	传　真	
设立日期	2009-1-14	负责人	陈　华		
主营业务	计算机软、硬件的开发、生产，计算机网络工程。				

企业名称	翎先信息科技（上海）有限公司				
企业地址	上海市黄浦区成都北路 500 号 1105 室（200001）				
投资总额	40 万 USD	电　话	62759055	传　真	
设立日期	2009-1-13	负责人	JONATHAN M. LEVINE		
主营业务	从事与互联网营销相关的技术开发、应用软件开发、销售自产产品。				

企业名称	希而路（上海）信息科技有限公司				
企业地址	上海市浦东新区胜利路 836 号 4 幢甲 401 室（200001）				
投资总额	11 万 USD	电　话	58377931	传　真	
设立日期	2009-1-12	负责人	GANG CHEN		
主营业务	计算机软件研发、制作，销售自产产品，网络技术的开发。				

企业名称	新控信息工程（上海）有限公司				
企业地址	上海市闵行区光华路 2118 号第六幢 1373 室（201111）				
投资总额	20 万 USD	电　话	37788786	传　真	37788707
设立日期	2009-1-6	负责人	YONG TENG KOH		
主营业务	计算机软硬件开发。				

企业名称	帆越（上海）信息技术有限公司				
企业地址	上海市浦东新区商城路 800 号 910 室（200120）				
投资总额	17 万 USD	电　话		传　真	
设立日期	2009-1-4	负责人	JOHAN WOUTER FLEERS		
主营业务	计算机软件的开发、设计、制作，销售自产产品。				

企业名称	触动多媒体软件（上海）有限公司				
企业地址	上海市浦东新区张杨北路 5509 号 504H 座（200137）				
投资总额	10 万 USD	电　话	51098699	传　真	
设立日期	2009-1-4	负责人	冯晖中		
主营业务	计算机软件的开发、设计、制作，销售自产产品。				

企业名称	上海新致仕海软件有限公司				
企业地址	上海市浦东新区峨山路 91 弄 98 号 302 室（200127）				
投资总额	17 万 USD	电　话	51105660	传　真	
设立日期	2008-12-31	负责人	郭　玮		
主营业务	计算机软件的开发、设计和制作。				

企业名称	佳睿信息技术（上海）有限公司				
企业地址	上海市张江高科技园区蔡伦路 1690 号 2 号楼 415 室（201203）				
投资总额	75 万 USD	电　话	63843773	传　真	
设立日期	2008-12-29	负责人	赵　杰		
主营业务	计算机软件的开发、设计、制作。				

企业名称	上海易爱网络技术有限公司				
企业地址	上海市浦东新区东方路 1988 号华南大厦 401 室（200135）				
投资总额	18 万 USD	电　话	51035170	传　真	51035170
设立日期	2008-12-26	负责人	刘相峰		
主营业务	设计、开发、制作计算机软件、网络软件。				

企业名称	埃倍普兰自动化系统工程（上海）有限公司				
企业地址	上海市张江高科技园区科苑路 88 号 2 幢[701-039]单元（210203）				
投资总额	14 万 USD	电　话	38953220	传　真	38953230
设立日期	2008-12-24	负责人	HARALD JESSNER		
主营业务	自动化系统设备的设计、研发，相关软件的设计。				

企业名称	复弦科（上海）信息技术有限公司				
企业地址	上海市黄浦区广东路 689 号 1509A 室（200002）				
投资总额	16 万 USD	电　话	63410099	传　真	
设立日期	2008-12-18	负责人	邓　晖		
主营业务	计算机、电子、网络科技领域内的设计、开发，科技咨询和服务。				

企业名称	跃阳信息技术（上海）有限公司				
企业地址	上海市浦东新区东方路 710 号 2212 室（200122）				
投资总额	20 万 USD	电　　话	61652212	传　　真	61652274
设立日期	2008-12-16	负 责 人	山口正则		
主营业务	计算机软件的设计、开发、制作。				

企业名称	沃优（上海）信息技术有限公司				
企业地址	上海市闵行区宜山路 1618 号 E 厂房 858 室（201103）				
投资总额	30 万 USD	电　　话	64723895	传　　真	64731854
设立日期	2008-12-16	负 责 人	汪旭红		
主营业务	计算机软件的开发，销售自产产品。				

企业名称	上海传景通讯技术有限公司				
企业地址	上海市闸北区共和新路 3201 号 706 室（200072）				
投资总额	16 万 USD	电　　话	63812763	传　　真	
设立日期	2008-12-15	负 责 人	吴建响		
主营业务	通信系统技术及网络技术的研发，通讯软件及相关软件的开发。				

企业名称	上海蒂姆联铂信息技术有限公司				
企业地址	上海市闸北区共和新路 912 号 1403-5 室（200070）				
投资总额	14.6 万 USD	电　　话	50939181	传　　真	
设立日期	2008-12-15	负 责 人	张　晨		
主营业务	计算机软件的设计、开发、制作，销售自产产品。				

企业名称	统络信息科技（上海）有限公司				
企业地址	上海市静安区长乐路 989 号 1859 室（200040）				
投资总额	62 万 USD	电　　话	51175851	传　　真	51166899
设立日期	2008-12-10	负 责 人	LAURENT LEVY		
主营业务	计算机软件的设计、开发、制作。				

企业名称	战上风信息技术（上海）有限公司				
企业地址	上海市张江高科技园区碧波路 690 号 9 号楼 502 室（201203）				
投资总额	800 万 USD	电　　话	54048163	传　　真	
设立日期	2008-12-9	负 责 人	丁　磊		
主营业务	计算机软、硬件和网络技术的设计、研究。				

企业名称	盛碧信息技术（上海）有限公司				
企业地址	上海市张江高科技园区碧波路 690 号一号楼 101 室（201203）				
投资总额	300 万 USD	电　　话	50504740	传　　真	
设立日期	2008-12-9	负 责 人	陈天桥		
主营业务	计算机硬件及网络的研发、计算机软件的开发、设计。				

企业名称	盛居信息技术（上海）有限公司				
企业地址	上海市张江高科技园区郭守敬路 356 号 2 幢 103 室（201203）				
投资总额	100 万 USD	电　　话	50504740	传　　真	
设立日期	2008-12-9	负 责 人	陈天桥		
主营业务	计算机硬件及网络的研发、计算机软件的开发、设计。				

企业名称	上海久之耀信息科技有限公司				
企业地址	上海市闵行区东川路 555 号乙号楼 5054 室（200241）				
投资总额	300 万 USD	电　　话	61212288	传　　真	
设立日期	2008-12-8	负 责 人	OJI TAKESHI		
主营业务	计算机软件的开发、设计、制作。				

企业名称	上海酷吧信息技术有限公司				
企业地址	上海市黄浦区北京东路 666 号 C 区 816 室（200001）				
投资总额	12 万 USD	电　　话	53529900	传　　真	51571033
设立日期	2008-12-8	负 责 人	韩迎梅		
主营业务	通讯、电信及计算机软件、信息系统集成的开发、设计。				

企业名称	亿尔兰信息技术（上海）有限公司				
企业地址	上海市浦东新区商城路 800 号斯米克大厦 14 楼 1422B 室（200120）				
投资总额	12 万 USD	电　　话	58356553	传　　真	
设立日期	2008-12-8	负 责 人	MATTHEW GABRIEL CONNOLLY		
主营业务	计算机软件的设计、制作，销售自产产品。				

企业名称	美科微半导体（上海）有限公司				
企业地址	上海市张江高科技园区龙东大道 2500 号 E 楼 235 室（201203）				
投资总额	50 万 USD	电　　话	50275660	传　　真	50275660
设立日期	2008-12-5	负 责 人	陈　巍		
主营业务	半导体集成电路的设计、研发。				

企业名称	磐启信息科技（上海）有限公司				
企业地址	上海市浦东新区唐陆公路 2310 号 6 幢 105 室（201203）				
投资总额	15 万 USD	电　　话		传　　真	38506188
设立日期	2008-12-5	负 责 人	LARRY BAOQI LI		
主营业务	计算机软件的开发、设计、制作。				

企业名称	乐众网络科技（上海）有限公司				
企业地址	上海市徐汇区天钥桥路 325 号 3212、3213 室（200030）				
投资总额	14 万 USD	电　　话	33632866	传　　真	33632877
设立日期	2008-12-5	负 责 人	傅崇仁		
主营业务	集成电路的设计。				

企业名称	支付宝（中国）信息技术有限公司				
企业地址	上海市浦东新区民生路 1199 弄 1 号 2301 室（200135）				
投资总额	1000 万 USD	电　　话		传　　真	61681188
设立日期	2008-12-3	负 责 人	马　云		
主营业务	计算机软件的开发、设计、制作。				

企业名称	韩进软件科技（上海）有限公司				
企业地址	上海市浦东新区张杨路 620 号中融恒瑞大厦东楼 2605 室（200122）				
投资总额	20 万 USD	电　　话	28995333	传　　真	
设立日期	2008-12-2	负 责 人	TAE MAN UM		
主营业务	计算机软件的设计、开发、制作。				

企业名称	萨继信息技术（上海）有限公司				
企业地址	上海市闵行区沪青平路 206 弄 8 号 1 幢 4 楼 430 室（201106）				
投资总额	14 万 USD	电　　话	58356731	传　　真	
设立日期	2008-11-28	负 责 人	JIANG YUAN		
主营业务	计算机软件的开发、设计及制作。				

企业名称	讯拍（上海）网络科技有限公司				
企业地址	上海市浦东新区金海路 2588 号 1 幢 412 室（201209）				
投资总额	800 万 USD	电　　话	62281786	传　　真	
设立日期	2008-11-26	负 责 人	张文杰		
主营业务	开发、制作计算机网络软件、应用软件。				

企业名称	联蒂（上海）信息科技有限公司				
企业地址	上海市奉贤区青村镇人民路 48 号 2 幢 104 室（201414）				
投资总额	5 万 USD	电　　话	64263770	传　　真	64263880
设立日期	2008-11-26	负 责 人	LEE SEUNG CHAN		
主营业务	计算机领域内的技术开发、技术咨询。				

企业名称	酷美（上海）信息技术有限公司				
企业地址	上海市徐汇区虹桥路 333 号 1 幢 406 室（200030）				
投资总额	140 万 USD	电　　话	54482610	传　　真	
设立日期	2008-11-25	负 责 人	裴大鹏		
主营业务	计算机软件及计算机网络系统的技术开发。				

企业名称	上海杰邮网络科技发展有限公司				
企业地址	上海市长宁区延安西路 1228 弄 2 号 28F 室（200050）				
投资总额	51 万 USD	电　　话	62193740	传　　真	
设立日期	2008-11-24	负 责 人	朱　军		
主营业务	通信网络管理软件、计算机网络软件及其他计算机软件的设计。				

企业名称	慧圣信息技术（上海）有限公司				
企业地址	上海市浦东新区光明路 718 号 701、704 室（200137）				
投资总额	50 万 USD	电　　话	61313588	传　　真	
设立日期	2008-11-24	负 责 人	NINGSHENG DAVID SHEN		
主营业务	计算机信息技术咨询。				

企业名称	猫头鹰软件（上海）有限公司				
企业地址	上海市静安区南京西路 1266 号恒隆广场 3962 室（200041）				
投资总额	10 万 USD	电　　话	61376134	传　　真	
设立日期	2008-11-24	负 责 人	李国民		
主营业务	计算机软硬件（音像制品除外）开发、设计。				

企业名称	上海厚易信息技术有限公司				
企业地址	上海市奉贤区目华北路 388 号 612 室（201424）				
投资总额	160 万 USD	电　　话	63548886	传　　真	
设立日期	2008-11-20	负 责 人	PRIMUS TOSHI MICHAEL		
主营业务	软件制作及销售，数据库服务。				

企业名称	上海博氏科软件科技发展有限公司				
企业地址	上海市长宁区兴义路8号2501-2502室（200336）				
投资总额	14万USD	电话	32091729	传真	
设立日期	2008-11-20	负责人	LEE JOO YONG		
主营业务	从事计算机软件开发制作，销售自产产品，并提供相关咨询服务。				

企业名称	浩擎（上海）信息科技有限公司				
企业地址	上海市黄浦区北京东路666号B区603室（200001）				
投资总额	20万USD	电话	51873387	传真	51560790
设立日期	2008-11-19	负责人	廖长健		
主营业务	电子产品的开发、设计；计算机软件。				

企业名称	典源（上海）信息技术有限公司				
企业地址	上海市黄浦区陆家浜路1011号1005室（200010）				
投资总额	3万USD	电话	51158579	传真	31265623
设立日期	2008-11-19	负责人	REDENBACH KARL URMAS		
主营业务	计算机软件的研究、开发、制作。				

企业名称	云络网络科技（上海）有限公司				
企业地址	上海市徐汇区龙吴路1500号2幢A116室（200231）				
投资总额	44万USD	电话	64221946	传真	64224911
设立日期	2008-11-18	负责人	STEVEN MUSHERO		
主营业务	计算机软件的开发、设计、制作。				

企业名称	上海汉客软件开发有限公司				
企业地址	上海市宝山区蕰川路516号2－17室（201907）				
投资总额	10万USD	电话	54370743	传真	
设立日期	2008-11-18	负责人	LILY LI		
主营业务	计算机软、硬件的设计、开发，销售自产产品。				

企业名称	千言信息技术（上海）有限公司				
企业地址	上海市徐汇区漕溪北路88号404室（200030）				
投资总额	20万USD	电话	62481392	传真	62481392
设立日期	2008-11-18	负责人	蒋永跃		
主营业务	在信息科技、网络科技、计算机软硬件专业领域内从事技术开发。				

企业名称	天云信息科技（上海）有限公司				
企业地址	上海市闵行区东川路555号乙楼2022室（200241）				
投资总额	25万USD	电话	61212288	传真	
设立日期	2008-11-12	负责人	田溯宁		
主营业务	研发、设计、制作计算机软件，销售自产产品。				

企业名称	艾坦网络科技（上海）有限公司				
企业地址	上海市闵行区吴中路1079号第3幢8楼809室（201103）				
投资总额	50万USD	电话	64050625	传真	
设立日期	2008-11-5	负责人	KIM YOUNG CHUL		
主营业务	设计、开发、生产计算机软件。				

企业名称	钜汇信息技术（上海）有限公司				
企业地址	上海市长宁区延安西路1600号17幢601室（200052）				
投资总额	14万USD	电话	52588882	传真	52588868
设立日期	2008-11-5	负责人	刘惠兰		
主营业务	计算机应用软件系统的设计、开发、制作。				

企业名称	捷东信息科技（上海）有限公司				
企业地址	上海市闵行区东川路555号甲楼2039室（200241）				
投资总额	10万USD	电话	62828800	传真	
设立日期	2008-11-5	负责人	HARRY HU		
主营业务	研发、设计、制作计算机软件。				

企业名称	因科（上海）信息技术有限公司				
企业地址	上海市长宁区延安西路2299号1602室（200336）				
投资总额	15万USD	电话	62366077	传真	62366078
设立日期	2008-11-5	负责人	AVISHAY BLANKITNY		
主营业务	计算机软件及信息系统、集成电路芯片的设计和开发。				

企业名称	锐码软件科技（上海）有限公司				
企业地址	上海市浦东新区福山路450号新天国际大厦12A室（200122）				
投资总额	15万USD	电话	68769066	传真	68769962
设立日期	2008-11-3	负责人	XI HUI FANG		
主营业务	计算机软件的开发、设计、制作。				

企业名称	明衡信息科技（上海）有限公司				
企业地址	上海市静安区康定路1147号8幢1003室（200042）				
投资总额	20万USD	电话	50988686	传真	50491378
设立日期	2008-10-31	负责人	谢宗甯		
主营业务	计算机应用软件的开发、制作、销售自产产品。				

企业名称	海游（上海）信息技术有限公司				
企业地址	上海市张江高科技园区碧波路5号科苑大厦15楼（201203）				
投资总额	73万USD	电话	61940233	传真	61940230
设立日期	2008-10-30	负责人	LIM GEON SU		
主营业务	计算机软件的开发、设计、制作。				

企业名称	科坊信息科技（上海）有限公司				
企业地址	上海市长宁区延安西路1228弄2号27A、27B室（200052）				
投资总额	15万USD	电话	52306737	传真	
设立日期	2008-10-29	负责人	松本龙祐		
主营业务	计算机硬件及网络技术的开发。				

企业名称	齐放网络科技（上海）有限公司				
企业地址	上海市崇明县城桥镇官山路2号7幢B区2004室（202150）				
投资总额	10万USD	电话	69625818	传真	
设立日期	2008-10-29	负责人	CALVIN EUGENE CHIN		
主营业务	网络科技、信息技术领域内的技术开发、技术转让。				

企业名称	鼎举（上海）软件技术有限公司				
企业地址	上海市张江高科技园区龙东大道2500号A楼110室（201203）				
投资总额	50万USD	电话	58820022	传真	
设立日期	2008-10-28	负责人	邓力		
主营业务	计算机软、硬件、网络技术、电子元器件及通讯产品的设计、研究。				

企业名称	纳司杰（上海）软件技术有限公司				
企业地址	上海市浦东新区东昌路498弄15号3楼3005室（200120）				
投资总额	18万USD	电话	50811258	传真	50811258
设立日期	2008-10-23	负责人	SANJAY NAVRATTAN KOTHARI		
主营业务	多媒体和网络软件开发，企业管理软件开发。				

企业名称	瑞速信息科技（上海）有限公司				
企业地址	上海市长宁区延安西路1088号605室（200052）				
投资总额	14万USD	电话	52387316	传真	
设立日期	2008-10-23	负责人	JEREMY DAVID GEIGER		
主营业务	计算机软件和硬件、多媒体技术以及网络技术的开发、设计。				

企业名称	上海迦美信芯通讯技术有限公司				
企业地址	上海市张江高科技园区蔡伦路1690号2号楼211室（201203）				
投资总额	7万USD	电话	50273709	传真	50273709
设立日期	2008-10-23	负责人	倪文海		
主营业务	通讯技术、集成电路的研发，并提供相关的技术咨询和技术服务。				

企业名称	昂波微电子（上海）有限公司				
企业地址	上海市浦东新区浦东南路855号第8层I室（200120）				
投资总额	73万USD	电话	68876318	传真	68877857
设立日期	2008-10-22	负责人	IRAJ FARZADFAR		
主营业务	微电子产品及技术的研发、设计。				

企业名称	仕大信息科技（上海）有限公司				
企业地址	上海市闵行区东川路555号已楼2层03室A座（200241）				
投资总额	14万USD	电话	61259002	传真	
设立日期	2008-10-22	负责人	MIN BIAN		
主营业务	研究、开发、生产计算机软件，销售自产产品。				

企业名称	上海职酷信息技术有限公司				
企业地址	上海市卢湾区淮海中路809号甲501室（200020）				
投资总额	660万USD	电话	61361910	传真	
设立日期	2008-10-21	负责人	郭栓贵		
主营业务	从事信息技术和软件解决方案的研究、开发、应用。				

企业名称	美凌微电子（上海）有限公司				
企业地址	上海市张江高科技园区碧波路328号B座207、209室（201203）				
投资总额	50万USD	电话	50805261	传真	
设立日期	2008-10-21	负责人	RENYONG FAN		
主营业务	集成电路的设计、研发；系统集成的设计、调试、维护。				

企业名称	海旭船舶技术（上海）有限公司				
企业地址	上海市闵行区虹许路408号603室（201103）				
投资总额	20万USD	电　话	54222130	传　真	
设立日期	2008-10-20	负责人	曾珊珊		
主营业务	从事船舶技术软件的开发、设计，销售自产产品。				

企业名称	巴克莱信息技术（上海）有限公司				
企业地址	上海市张江高科技园区郭守敬路498号6幢8102室（201203）				
投资总额	963万USD	电　话		传　真	50271407
设立日期	2008-10-17	负责人	GOH SOON CHENG		
主营业务	信息技术开发，数据处理系统和软件的开发、设计和制作。				

企业名称	翰仪电子科技（上海）有限公司				
企业地址	上海市闵行区莘庄镇中春路4999号1330室（201100）				
投资总额	10万USD	电　话	62748228	传　真	62749118
设立日期	2008-10-17	负责人	LIM TAI THONG		
主营业务	软件开发，硬件设计，销售自产产品。				

企业名称	会泽通讯科技（上海）有限公司				
企业地址	上海市闸北区江场三路228号508室（200436）				
投资总额	7万USD	电　话	63542465	传　真	63542460
设立日期	2008-10-17	负责人	曾木宏		
主营业务	计算机软件的开发、设计、制作，销售自产产品。				

企业名称	十光（上海）电子科技有限公司				
企业地址	上海市黄浦区北京东路666号C区702室（200001）				
投资总额	8万USD	电　话	53083238	传　真	53083239
设立日期	2008-10-15	负责人	周宏明		
主营业务	电子产品的开发设计；计算机软件、信息系统集成的开发、设计。				

企业名称	唯立普软件技术（上海）有限公司				
企业地址	上海市静安区南京西路699号1813室（200041）				
投资总额	16万USD	电　话	52400028	传　真	
设立日期	2008-10-14	负责人	宍井勇人		
主营业务	受客户企业委托从事企业软件（音像制品除外）开发外包服务。				

企业名称	艺思哲软件（上海）有限公司				
企业地址	上海市嘉定工业区人民街81号第8幢110室（201807）				
投资总额	15万USD	电　话	50590174	传　真	51686982
设立日期	2008-10-14	负责人	LI GUOJIE		
主营业务	计算机软件的开发、设计、制作。				

企业名称	白藤信息科技（上海）有限公司				
企业地址	上海市普陀区中江路889号14层1410室（200333）				
投资总额	18.7万USD	电　话	51623348	传　真	51623748
设立日期	2008-10-10	负责人	屠伟新		
主营业务	计算机软件的开发、设计、制作及相关计算机系统集成。				

企业名称	派程（上海）软件科技有限公司				
企业地址	上海市奉贤区青村镇人民路48号8幢126室（201414）				
投资总额	15万USD	电　话	64401023	传　真	64401359
设立日期	2008-10-10	负责人	KUNIYOSHI TAKAHASHI		
主营业务	软件研发，商务信息咨询，软件以及相关配套设备的批发、进出口。				

企业名称	理格档案文件管理（上海）有限公司				
企业地址	上海市浦东新区莱阳路2927弄60号厂房1楼北部位（200137）				
投资总额	170万USD	电　话	61411315	传　真	51501932
设立日期	2008-10-7	负责人	ANTHONY THONG		
主营业务	以服务外包方式进行企业文件数据处理、储存及管理。				

企业名称	析数软件（上海）有限公司				
企业地址	上海市黄浦区延安东路550号905室（200002）				
投资总额	50万USD	电　话	63523300	传　真	63523511
设立日期	2008-10-7	负责人	JHUNG JHINSUP		
主营业务	计算机软件的批发、进出口、佣金代理。				

企业名称	瑞铂金数码科技（上海）有限公司				
企业地址	上海市普陀区同普路898号6楼（200333）				
投资总额	20万USD	电　话	66057667	传　真	
设立日期	2008-10-7	负责人	MINZE FAN		
主营业务	电脑平面设计及制作，计算机软件的开发、设计及制作。				

企业名称	久趣（上海）信息技术有限公司				
企业地址	上海市闵行区红松路518号5072室（201103）				
投资总额	15万USD	电　话		传　真	64289073
设立日期	2008-10-7	负责人	张　磊		
主营业务	研发、生产计算机软件，销售自产产品。				

企业名称	红扬（上海）多媒体科技有限公司				
企业地址	上海市闵行区合川路3071号1幢538室（201102）				
投资总额	14万USD	电　话	52400080	传　真	52400082
设立日期	2008-10-7	负责人	沈健安		
主营业务	计算机软件的设计、研发，销售自产产品。				

企业名称	数广信息科技（上海）有限公司				
企业地址	上海市徐汇区冠生园路227号7幢206室（200235）				
投资总额	1000万USD	电　话	54223269	传　真	54225828
设立日期	2008-10-6	负责人	朱渡渡		
主营业务	数字广播电视系统的研发、设计规划、系统集成。				

企业名称	爱晟特微电子（上海）有限公司				
企业地址	上海市张江高科技园区毕升路299弄3号401室（201203）				
投资总额	21万USD	电　话	33933610	传　真	33932531
设立日期	2008-9-27	负责人	FEDERICO ARCELLI		
主营业务	集成电路的研发、设计。				

企业名称	意星图文设计（上海）有限公司				
企业地址	上海市静安区延平路98号2幢307室（200042）				
投资总额	8万USD	电　话	51759861	传　真	51759862
设立日期	2008-9-27	负责人	AGUZZONI SIMONA		
主营业务	电脑图文（音像制品除外）设计、制作，网页设计。				

企业名称	上海宏奇海事技术咨询有限公司				
企业地址	上海市徐汇区南丹东路109号4幢103室（200030）				
投资总额	6.5万USD	电　话	64861842	传　真	52211858
设立日期	2008-9-27	负责人	陈伟光		
主营业务	在海事船舶专业领域内从事技术咨询、技术服务。				

企业名称	玺诚信息技术（上海）有限公司				
企业地址	上海市张江高科技园区张江路91号6幢1楼121-123室（201203）				
投资总额	500万USD	电　话	32124661	传　真	
设立日期	2008-9-26	负责人	ZHI TAN		
主营业务	计算机软、硬件和网络技术的设计、研究、开发。				

企业名称	埃丁科司信息科技（上海）有限公司				
企业地址	上海市虹口区物华路73号一号楼四层8712室（200080）				
投资总额	15万USD	电　话	65859360	传　真	
设立日期	2008-9-26	负责人	中原江宏		
主营业务	计算机软硬件的研究、开发，销售自产产品。				

企业名称	宜丰信息科技（上海）有限公司				
企业地址	上海市徐汇区龙吴路1500号2幢102室（200231）				
投资总额	万USD	电　话	51506060	传　真	
设立日期	2008-9-25	负责人	邝庆裕		
主营业务	通讯技术的研发及其成果转让、通讯技术咨询。				

企业名称	上海议通信息科技有限公司				
企业地址	上海市静安区康定路1147号2幢3楼317D室（200042）				
投资总额	14万USD	电　话	36031227	传　真	
设立日期	2008-9-19	负责人	GLAGLANON LUDOVIC ANSELME		
主营业务	通讯软件（音像制品除外）的开发、设计及制作。				

企业名称	普光（上海）软件研发有限公司				
企业地址	上海市长宁区仙霞路317号远东国际广场B栋2612室（200051）				
投资总额	200万USD	电　话	62351746	传　真	
设立日期	2008-9-18	负责人	HWANG KI SOO		
主营业务	多媒体软件研发；消费类电子产品及其相关技术的研发。				

企业名称	拽亘佛莱（上海）软件开发有限公司				
企业地址	上海市普陀区祁连山南路2889号3号楼321室（200331）				
投资总额	14万USD	电　话	37701296	传　真	37701296
设立日期	2008-9-18	负责人	HE WEIDONG		
主营业务	计算机软件的设计、开发、制作及维护。				

企业名称	东方龙（上海）信息技术有限公司				
企业地址	上海市杨浦区淞沪路98号1704-6室（200433）				
投资总额	200万USD	电　话	52110836	传　真	
设立日期	2008-9-18	负 责 人	张大钟		
主营业务	科技信息技术开发、技术服务，计算机软件开发、制作。				

企业名称	麦奇网络科技（上海）有限公司				
企业地址	上海市长宁区杨宅路20号1幢204室（200052）				
投资总额	100万USD	电　话	63028866	传　真	53018627
设立日期	2008-9-16	负 责 人	杨正大		
主营业务	计算机硬件设计，计算机软件及多媒体开发、设计、制作。				

企业名称	美佳图乐自动化设计（上海）有限公司				
企业地址	上海市徐汇区天钥桥路333号北幢2603J室（200030）				
投资总额	14万USD	电　话	64262155	传　真	61213669
设立日期	2008-9-16	负 责 人	矢野雄一郎		
主营业务	工业生产设备的软件设计、开发、制作。				

企业名称	尚浦信息系统（上海）有限公司				
企业地址	上海市闵行区金都路4289号6幢215室（201108）				
投资总额	8万USD	电　话	53018092	传　真	53018099
设立日期	2008-9-12	负 责 人	林银山		
主营业务	开发计算机、多媒体信息系统软件，销售自产产品。				

企业名称	上海书通通信科技有限公司				
企业地址	上海市闵行区东川路555号乙楼2040室（200241）				
投资总额	263万USD	电　话	61212260	传　真	
设立日期	2008-9-10	负 责 人	ROBERT JAMES WALSH		
主营业务	以移动通讯软件为主的计算机软件的开发。				

企业名称	麦网信息技术（上海）有限公司				
企业地址	上海市浦东新区南码头路101号507-2室（200125）				
投资总额	20万USD	电　话	64950500	传　真	
设立日期	2008-9-8	负 责 人	顾备春		
主营业务	计算机软件的开发、设计、制作，销售自产产品。				

企业名称	上海智乃信管理咨询有限公司				
企业地址	上海市徐汇区罗秀路108号417室（200231）				
投资总额	10万USD	电　话	64384366	传　真	64384366
设立日期	2008-9-8	负 责 人	上原隆幸		
主营业务	企业信息管理咨询、企业管理软件的系统集成与开发。				

企业名称	柏菲半导体（上海）有限公司				
企业地址	上海市普陀区志丹路186号507室（200060）				
投资总额	14万USD	电　话	64684077	传　真	64684080
设立日期	2008-9-5	负 责 人	SNG GUAN HONG		
主营业务	半导体测试技术相关配套软件的研究、开发、设计和制作。				

企业名称	丰信得软件科技（上海）有限公司				
企业地址	上海市张江高科技园区郭守敬路498号12幢21102、21109室(201203)				
投资总额	25万USD	电　话	50277399	传　真	50273653
设立日期	2008-9-4	负 责 人	KOMALI GADDAM		
主营业务	计算机软件开发、设计、制作。				

企业名称	上海微固影像科技有限公司				
企业地址	上海市松江区文诚路358弄6号906室（201620）				
投资总额	20万USD	电　话	67752008	传　真	67752007
设立日期	2008-9-1	负 责 人	李丸山		
主营业务	软件开发。				

企业名称	上海祺升信息科技有限公司				
企业地址	上海市张江高科技园区郭守敬路498号1幢1201室（201203）				
投资总额	10万USD	电　话	63917428	传　真	
设立日期	2008-9-1	负 责 人	许纬		
主营业务	计算机软件的开发、设计、制作、销售自产产品。				

企业名称	上海凯同建筑防护工程有限公司				
企业地址	上海市嘉定区徐行镇前曹公路166弄1-3号9幢348室（201809）				
投资总额	7万USD	电　话	68670910	传　真	
设立日期	2008-8-29	负 责 人	刘勇敏		
主营业务	建筑物和构筑物防护领域内的技术咨询、技术服务。				

企业名称	硅特（上海）信息科技有限公司				
企业地址	上海市闵行区金都路4289号6幢2楼122室（201108）				
投资总额	14万USD	电　话	63531239	传　真	
设立日期	2008-8-25	负 责 人	FUSAO ISHII		
主营业务	设计开发计算机软件、电子信息类各种应用系统，销售自产产品。				

企业名称	上海贝恣康信息技术有限公司				
企业地址	上海市闸北区灵石路709号49幢207室（200072）				
投资总额	14万USD	电　话	64691580	传　真	64692120
设立日期	2008-8-25	负 责 人	HO SHU-KUANG		
主营业务	计算机软件的研究、设计、制作，销售自产产品。				

企业名称	分众（中国）信息技术有限公司				
企业地址	上海市张江高科技园区张江路91号10幢3楼305-306室（201203）				
投资总额	1000万USD	电　话	31338030	传　真	
设立日期	2008-8-22	负 责 人	TAN ZHI		
主营业务	计算机软、硬件和网络技术的设计、研究、开发。				

企业名称	好耶软件技术（上海）有限公司				
企业地址	上海市张江高科技园区张江路91号10幢3楼307-308室（201203）				
投资总额	300万USD	电　话		传　真	33729066
设立日期	2008-8-22	负 责 人	周　佁		
主营业务	计算机软件的开发、制作，销售自产产品。				

企业名称	帅虎网络科技（上海）有限公司				
企业地址	上海市闵行区金都路4289号6幢2楼111室（201108）				
投资总额	105万USD	电　话	63239258	传　真	
设立日期	2008-8-22	负 责 人	DING GUO PING		
主营业务	开发多媒体信息系统软件，销售自产产品。				

企业名称	宽景网络科技（上海）有限公司				
企业地址	上海市奉贤区南桥镇体育场路20号内611室（201400）				
投资总额	18万USD	电　话	64376783	传　真	57106977
设立日期	2008-8-22	负 责 人	张　程		
主营业务	计算机软件、硬件及网络工程的开发、设计、制作。				

企业名称	金目灵信息科技（上海）有限公司				
企业地址	上海市长宁区广顺路33号7幢201室（200335）				
投资总额	10.5万USD	电　话	35500050	传　真	
设立日期	2008-8-22	负 责 人	张效海（ZHANG XIAO HAI）		
主营业务	计算机软硬件、通信设备、网络信息、系统集成技术的开发。				

企业名称	商理软件系统（上海）有限公司				
企业地址	上海市长宁区天山路8号802室（200336）				
投资总额	20万USD	电　话	32505200	传　真	32505300
设立日期	2008-8-20	负 责 人	PAUL RUSSELL CRAVEN		
主营业务	计算机软件、硬件的开发、设计，销售自产产品。				

企业名称	莫必优思软件（上海）有限公司				
企业地址	上海市闵行区光华路2118号第三幢173室（201111）				
投资总额	14万USD	电　话	64264711	传　真	
设立日期	2008-8-20	负 责 人	PAUL JOSEPH NEUNER		
主营业务	以移动通讯软件为主的计算机软件的开发。				

企业名称	康保世环保科技（上海）有限公司				
企业地址	上海市长宁区仙霞路369号1号楼1601室（200336）				
投资总额	100万USD	电　话	51556621	传　真	51556623
设立日期	2008-8-20	负 责 人	吴　刚		
主营业务	环保技术及相关产品的研究、开发。				

企业名称	汇通百达网络科技（上海）有限公司				
企业地址	上海市杨浦区松花江路251弄3号601室（200093）				
投资总额	700万USD	电　话	61226688	传　真	61226689
设立日期	2008-8-19	负 责 人	张　滇		
主营业务	计算机软件开发、制作，销售自产产品。				

企业名称	长渝数码科技（上海）有限公司				
企业地址	上海市长宁区华山路1336号10楼C座（200052）				
投资总额	15万USD	电　话	62139908	传　真	
设立日期	2008-8-19	负 责 人	YUAN-HAO LIN		
主营业务	计算机软件的开发、设计、制作，销售自产产品。				

企业名称	立劲晢信息技术（上海）有限公司				
企业地址	上海市黄浦区成都北路 500 号 3701 室 8 部位（200003）				
投资总额	15 万 USD	电　话	51167888	传　真	
设立日期	2008-8-16	负 责 人	MONG WENG KEONG		
主营业务	网络及通信系统集成的软件和产品以及工程设计、安装。				

企业名称	你的客栈（上海）信息技术有限公司				
企业地址	上海市静安区南京西路 1486 号 3 幢 225 室（200041）				
投资总额	200 万 USD	电　话	62883299	传　真	62883799
设立日期	2008-8-14	负 责 人	XIAO HUAN WEI		
主营业务	计算机软硬件（音像制品除外）开发、设计。				

企业名称	图奇垦软件开发（上海）有限公司				
企业地址	上海市黄浦区西藏中路 268 号 4102 室（200001）				
投资总额	120 万 USD	电　话	61289288	传　真	61289298
设立日期	2008-8-14	负 责 人	MARTIN JAMES GOOD		
主营业务	开发、设计和制作计算机软件和游戏软件，销售自产产品。				

企业名称	魅亚（上海）信息技术有限公司				
企业地址	上海市杨浦区杨树浦路 2310 号 S809 室（200090）				
投资总额	58.6 万 USD	电　话	24126000	传　真	
设立日期	2008-8-14	负 责 人	RICHARD J. A. VAN DEN BERGH		
主营业务	计算机多媒体影音软件开发制作，销售自产产品。				

企业名称	上海世纪创荣数字信息科技有限公司				
企业地址	上海市张江高科技园区龙东大道 3000 号 1 幢 C 楼 8 层 802 室(201203)				
投资总额	293 万 USD	电　话	64458838	传　真	64451050
设立日期	2008-8-13	负 责 人	陈　和		
主营业务	电子信息产品（不含电子出版物）、通讯产品。				

企业名称	乐氏（上海）软件有限公司				
企业地址	上海市浦东新区耀华路 215 号 2 幢 B511 室（200127）				
投资总额	15 万 USD	电　话	58763186	传　真	
设立日期	2008-8-13	负 责 人	陈荣华		
主营业务	计算机软件的开发、设计、制作。				

企业名称	亚思登软件科技（上海）有限公司				
企业地址	上海市长宁区延安西路 1319 号 1802 室（200050）				
投资总额	14 万 USD	电　话	52387920	传　真	52387922
设立日期	2008-8-7	负 责 人	刘国威		
主营业务	管理软件的设计、制作、销售自产产品。				

企业名称	派帝盛软件服务（上海）有限公司				
企业地址	上海市卢湾区湖滨路 222 号 1506D 室（200021）				
投资总额	13 万 USD	电　话		传　真	61222418
设立日期	2008-8-6	负 责 人	KAREN PATRICIA PATERSON		
主营业务	计算机软件的开发、制作，销售自产产品。				

企业名称	辅利数码科技（上海）有限公司				
企业地址	上海市普陀区同普路 1030 号 4 号楼 3 楼西侧（200333）				
投资总额	15 万 USD	电　话	32023322	传　真	52693721
设立日期	2008-8-4	负 责 人	林直哉		
主营业务	计算机软件的设计、制作，销售自产产品。				

企业名称	夏亚信息技术（上海）有限公司				
企业地址	上海市张江高科技园区张江路 91 号 6 幢 423 室（201203）				
投资总额	14 万 USD	电　话	64052209	传　真	64052209
设立日期	2008-8-4	负 责 人	邓润泽		
主营业务	计算机软件的开发、设计、制作。				

企业名称	德朴思信息技术（上海）有限公司				
企业地址	上海市黄浦区南京西路 338 号 2107 室（200001）				
投资总额	50 万 USD	电　话	62882288	传　真	62882288
设立日期	2008-8-1	负 责 人	殷文彦		
主营业务	计算机信息技术服务、计算机软件开发、咨询服务。				

企业名称	亿加乐（上海）网络技术有限公司				
企业地址	上海市浦东新区杨园南路 116 号 6 幢西 442 室（200137）				
投资总额	219 万 USD	电　话	51386200	传　真	51386202
设立日期	2008-7-31	负 责 人	谢大宏		
主营业务	网页设计制作，网络技术咨询。				

企业名称	上海意凌数码科技有限公司				
企业地址	上海市徐汇区天钥桥路 909 号 3 号楼 309、311、313 室（200032）				
投资总额	14 万 USD	电　话	51099309	传　真	
设立日期	2008-7-30	负 责 人	陈民辕		
主营业务	计算机软件的设计、开发、制作。				

企业名称	群达软件科技（上海）有限公司				
企业地址	上海市张江高科技园区龙东大道 2500 号 F 楼 125 室（201203）				
投资总额	20 万 USD	电　话	33932812	传　真	
设立日期	2008-7-29	负 责 人	JOHN YONGFEI YAN		
主营业务	计算机软件的开发、设计、制作，销售自产产品。				

企业名称	威立（上海）网络科技有限公司				
企业地址	上海市虹口区凉城路 205 号 206 室（200434）				
投资总额	20 万 USD	电　话	50937385	传　真	
设立日期	2008-7-28	负 责 人	许智凯		
主营业务	网络技术的研究、开发；计算机软件的开发、设计、制作。				

企业名称	晒播网络技术（上海）有限公司				
企业地址	上海市张江高科技园区龙东大道 2500 号 F 楼 252 室（201203）				
投资总额	15 万 USD	电　话	50936552	传　真	50936553
设立日期	2008-7-28	负 责 人	DAI KYU KIM		
主营业务	网络技术、计算机硬件的研发，计算机软件的设计、开发。				

企业名称	绎展软件（上海）有限公司				
企业地址	上海市浦东新区南码头路 101 号 818 室（200122）				
投资总额	12 万 USD	电　话	50894015	传　真	68737116
设立日期	2008-7-28	负 责 人	平塚浩		
主营业务	计算机软件的开发、制作，销售自产产品。				

企业名称	达宜高电子技术（上海）有限公司				
企业地址	上海市浦东新区浦星公路 182 号 8 幢（200124）				
投资总额	5 万 USD	电　话	58303179	传　真	58207157
设立日期	2008-7-28	负 责 人	武田昌胜		
主营业务	计算机软件的设计、制作，销售自产产品。				

企业名称	斯安（上海）信息技术服务有限公司				
企业地址	上海市金山区张堰镇松金公路 2758 号 3 幢（201514）				
投资总额	14 万 USD	电　话	51532026	传　真	
设立日期	2008-7-28	负 责 人	潘　健		
主营业务	从事电子领域内的技术服务、技术咨询、商务咨询。				

企业名称	丽工信息技术（上海）有限公司				
企业地址	上海市浦东新区浦东南路 1101 号 1608 室（200120）				
投资总额	14 万 USD	电　话		传　真	58340068
设立日期	2008-7-24	负 责 人	CHO BYUNG KYU		
主营业务	计算机软件的开发、设计、制作。				

企业名称	菩洛集信息技术（上海）有限公司				
企业地址	上海市闵行区金都路 4289 号 6 幢 2 楼 86 室（201108）				
投资总额	5 万 USD	电　话	61701088	传　真	61701085
设立日期	2008-7-23	负 责 人	GEISER CARSTEN		
主营业务	计算机软件的开发、生产，销售自产产品。				

企业名称	上海铭塔飞信息技术有限公司				
企业地址	上海市长宁区中山西路 933 号 1009 室（200051）				
投资总额	20 万 USD	电　话	64394114	传　真	
设立日期	2008-7-22	负 责 人	城野诚大		
主营业务	计算机软件、网络技术的开发、设计。				

企业名称	融锋网络科技（上海）有限公司				
企业地址	上海市闵行区宜山路 1618 号综合楼 866 室（201103）				
投资总额	11 万 USD	电　话		传　真	64153977
设立日期	2008-7-22	负 责 人	CHANG AARON KAHN		
主营业务	计算机软件及网页的设计、制作。				

企业名称	吉象信息技术（上海）有限公司				
企业地址	上海市张江高科技园区郭守敬路 356 号 3 幢 101 室（201203）				
投资总额	105 万 USD	电　话	50504740	传　真	
设立日期	2008-7-21	负 责 人	陈大年		
主营业务	计算机硬件及网络技术的研发。				

企业名称	富必达（上海）计算机科技有限公司				
企业地址	上海市浦东新区六团普陀路 218 号一栋二楼（201201）				
投资总额	14.6 万 USD	电　话	64686577	传　真	
设立日期	2008-7-21	负 责 人	项崇仁		
主营业务	计算机软件的研发、制作，销售自产产品。				

企业名称	讯亦无线通信科技（上海）有限公司				
企业地址	上海市徐汇区富民路 291 号 7 层 04－05 单元（200031）				
投资总额	131 万 USD	电　话	61032655	传　真	61032650
设立日期	2008-7-21	负 责 人	吴庆华		
主营业务	无线通信模块及其相关技术的研发，并提供相关的技术咨询及服务。				

企业名称	灿芯半导体（上海）有限公司				
企业地址	上海市张江高科技园区蔡伦路 1690 号 2 号楼 501 室（201203）				
投资总额	300 万 USD	电　话	50277866	传　真	50271667
设立日期	2008-7-17	负 责 人	职春星		
主营业务	集成电路的设计、研发，软件的研发、制作。				

企业名称	思田（上海）网络科技有限公司				
企业地址	上海市闵行区光华路 2118 号第 3 幢 662 室（201111）				
投资总额	14 万 USD	电　话	68671622	传　真	68671622
设立日期	2008-7-17	负 责 人	夏丽敏		
主营业务	计算机软件设计、制作，销售自产产品。				

企业名称	凯业必达信息技术（上海）有限公司				
企业地址	上海市浦东新区浦东南路 500 号 10 楼 A 单元（200120）				
投资总额	200 万 USD	电　话	52289730	传　真	52289750
设立日期	2008-7-16	负 责 人	CARL ERIC PRESLEY		
主营业务	计算机软件及互联网技术的研究和开发。				

企业名称	埔心电子科技（上海）有限公司				
企业地址	上海市长宁区安顺路 83 号 402 室（200052）				
投资总额	10 万 USD	电　话	52541008	传　真	
设立日期	2008-7-16	负 责 人	张村竹		
主营业务	设计、开发电子产品的开发软件。				

企业名称	早大（上海）信息科技有限公司				
企业地址	上海市浦东新区浦东南路 1271 号 2009 室（200120）				
投资总额	14 万 USD	电　话	61118588	传　真	58882690
设立日期	2008-7-15	负 责 人	内山雄辉		
主营业务	计算机软件的开发、设计、制作。				

企业名称	宝义信息技术（上海）有限公司				
企业地址	上海市浦东新区耀华路 215 号 2 幢 310A 室（200126）				
投资总额	1.3 万 USD	电　话		传　真	61346929
设立日期	2008-7-15	负 责 人	易换棣		
主营业务	计算机软件、网络系统软件的设计、开发、制作。				

企业名称	实力网络信息技术（上海）有限公司				
企业地址	上海市张江高科技园区张江路 91 号 6 幢 413 室（201203）				
投资总额	300 万 USD	电　话		传　真	50806255
设立日期	2008-7-14	负 责 人	ANDREW JUN HOE KU		
主营业务	计算机软件的开发、设计、制作。				

企业名称	发顺计算机服务（上海）有限公司				
企业地址	上海市黄浦区中山南路 1416 号 109 室（200010）				
投资总额	11 万 USD	电　话	53830667	传　真	53829772
设立日期	2008-7-9	负 责 人	黄锐康		
主营业务	设计、开发管理软件、网络系统软件。				

企业名称	应信通讯信息技术（上海）有限公司				
企业地址	上海市静安区南京西路 1515 号北楼 2932 室（200040）				
投资总额	20 万 USD	电　话	51167156	传　真	
设立日期	2008-7-8	负 责 人	JEREMY MILES MARIUS WILMOT		
主营业务	开发、制作通讯软件和计算机应用软件及销售自产产品。				

企业名称	上海瑞者信息技术有限公司				
企业地址	上海市奉贤区金汇镇金钱公路 2258 号 3 幢 316 室（201403）				
投资总额	900 万 USD	电　话	57575150	传　真	
设立日期	2008-7-4	负 责 人	丁祖昱		
主营业务	计算机软件的开发、制作，销售自产产品。				

企业名称	上海和迅软件有限公司				
企业地址	上海市长宁区愚园路 1258 号 1909 室（200050）				
投资总额	14 万 USD	电　话	62110783	传　真	
设立日期	2008-7-4	负 责 人	STEPHANE DANIEL RAMBAUD		
主营业务	计算机软件的开发、设计、制作，销售自产产品。				

企业名称	奥缇玛（上海）网络通讯技术有限公司				
企业地址	上海市卢湾区黄陂南路 700 号 C506 室（200020）				
投资总额	14 万 USD	电　话	63866716	传　真	
设立日期	2008-7-3	负 责 人	RICHARD SCOTT MYERS		
主营业务	电子科技领域内技术开发，电子计算机及网络技术咨询服务。				

企业名称	远维信息科技（上海）有限公司				
企业地址	上海市徐汇区南丹东路 188 号 1504 室（200030）				
投资总额	14 万 USD	电　话	31262558	传　真	64649180
设立日期	2008-7-3	负 责 人	谢德贤		
主营业务	计算机软、硬件及系统集成的研发、设计。				

企业名称	依贝莱比网络科技（上海）有限公司				
企业地址	上海市静安区成都北路 333 号南楼 1605G 室（200041）				
投资总额	15 万 USD	电　话	52980953	传　真	52283027
设立日期	2008-7-1	负 责 人	CHRISTOPHE DEPEUX		
主营业务	计算机软件的开发、设计，计算机系统集成。				

企业名称	游亚软件科技（上海）有限公司				
企业地址	上海市静安区石门一路 211 号 17 层（200041）				
投资总额	35 万 USD	电　话	62606060	传　真	
设立日期	2008-6-30	负 责 人	JUSTIN TAN NGUYEN		
主营业务	计算机软件（音像制品除外）的设计、开发、制作。				

企业名称	益擎计算机软件（上海）有限公司				
企业地址	上海市普陀区中江路 879 弄 8 号楼 3 楼 C 座（200333）				
投资总额	14 万 USD	电　话	51208281	传　真	51208259
设立日期	2008-6-26	负 责 人	GARLAND WONG		
主营业务	计算机软件的设计、开发、制作，销售自产产品。				

企业名称	捷进（上海）信息科技有限公司				
企业地址	上海市金山区枫泾镇泾商路 99 弄 2087 号 209 室（201501）				
投资总额	4 万 USD	电　话	64289073	传　真	
设立日期	2008-6-26	负 责 人	叶显豪		
主营业务	计算机科技领域内的技术开发、技术咨询。				

企业名称	宏加新型建筑工程技术（上海）有限公司				
企业地址	上海市静安区万航渡路 731 号 1 号楼 208 室（200041）				
投资总额	2 万 USD	电　话	64081888	传　真	52110185
设立日期	2008-6-25	负 责 人	FANG MING		
主营业务	新型环保及节能建筑技术开发、技术咨询。				

企业名称	证永信息技术（上海）有限公司				
企业地址	上海市浦东新区东方路 710 号 1312 室（200120）				
投资总额	14 万 USD	电　话	50819999	传　真	
设立日期	2008-6-24	负 责 人	赵志伟		
主营业务	网络数据库的开发、设计、维护，计算机软件的研发、设计、制作。				

企业名称	安欣信息网络（上海）有限公司				
企业地址	上海市虹口区东江湾路 188 号 9 幢（B 栋）11 楼（200083）				
投资总额	100 万 USD	电　话	33872202	传　真	
设立日期	2008-6-24	负 责 人	朱晓冬		
主营业务	计算机软、硬件的研究、开发，销售自产产品。				

企业名称	都客梦（上海）通信技术有限公司				
企业地址	上海市黄浦区西藏中路 336 号 14 楼 1410（200001）				
投资总额	400 万 USD	电　话	33303111	传　真	
设立日期	2008-6-23	负 责 人	三木茂		
主营业务	网络及通信系统集成的软件和产品以及工程的设计、安装。				

企业名称	上海椞智信息科技有限公司				
企业地址	上海市徐汇区钦江路 123 号 3 幢 203 室（200233）				
投资总额	120 万 USD	电　话	64852695	传　真	64850078
设立日期	2008-6-20	负 责 人	IECHIEL MICHAEL WIGDERHAUS		
主营业务	设计、研发、制作计算机软件和系统。				

企业名称	上海艾腾信息技术有限公司				
企业地址	上海市闵行区古美路457号1138室（201102）				
投资总额	59万USD	电话	54453000	传真	54452606
设立日期	2008-6-19	负责人	顾凡		
主营业务	开发、生产计算机软件、网络系统软件。				

企业名称	上海克而瑞软件技术有限公司				
企业地址	上海市普陀区中山北路2911号1204室（200063）				
投资总额	900万USD	电话	60868046	传真	60868047
设立日期	2008-6-13	负责人	丁祖昱		
主营业务	计算机软件的开发、制作，销售自产产品。				

企业名称	上海博康安防科技有限公司				
企业地址	上海市徐汇区桂箐路69号29幢3A室（200233）				
投资总额	128万USD	电话	53880666	传真	53880660
设立日期	2008-6-12	负责人	周农		
主营业务	计算机网络系统、安全防范系统的设计、研发、组装。				

企业名称	阿海珐输配电系统（上海）有限公司				
企业地址	上海市长宁区长宁路1018号1707室（200050）				
投资总额	167万USD	电话	58128822	传真	58128833
设立日期	2008-6-11	负责人	JEAN ,SATRIJO TANUDJOJO		
主营业务	用于电厂、变电站、铁路和轨道交通项目的输配电系统的开发、设计。				

企业名称	以能领信息技术服务（上海）有限公司				
企业地址	上海市卢湾区淮海中路138号805（E）室（200020）				
投资总额	50万USD	电话	61380700	传真	61380718
设立日期	2008-6-11	负责人	杨伟康		
主营业务	网络工程及软件设计，计算机软硬件系统集成和提供相关的技术咨询。				

企业名称	赛印信息技术（上海）有限公司				
企业地址	上海市普陀区中山北路2911号405室（200063）				
投资总额	14万USD	电话	61494700	传真	61494755
设立日期	2008-6-11	负责人	LEE JUNG MOON		
主营业务	计算机软件开发及制作，销售自产产品。				

企业名称	地开达信息技术（上海）有限公司				
企业地址	上海市张江高科技园区张江路185号1幢2B室（201203）				
投资总额	50万USD	电话	50807833	传真	58556118
设立日期	2008-6-10	负责人	JONATHAN KIM FENNELL		
主营业务	计算机软件的开发、设计、制作。				

企业名称	英骑软件开发（上海）有限公司				
企业地址	上海市普陀区陕西北路1392弄8号1515室（200060）				
投资总额	14.万USD	电话	2008-6-10	传真	
设立日期	2008-6-10	负责人	RICHARD VAN DEN BERGH		
主营业务	计算机软件的研发及制作，销售自产产品。				

企业名称	檀慕信息技术（上海）有限公司				
企业地址	上海市崇明县城桥镇鳌山路附2号7幢103-2室（202150）				
投资总额	14万USD	电话	54256549	传真	54256548
设立日期	2008-6-10	负责人	姜毅荣		
主营业务	计算机软硬件开发及系统集成服务、软件测试服务。				

企业名称	英游信息科技（上海）有限公司				
企业地址	上海市闸北区恒通路360号A1605室（200070）				
投资总额	90万USD	电话	63179220	传真	63179859
设立日期	2008-6-6	负责人	胡立里		
主营业务	计算机软件及游戏软件的研究、开发、设计。				

企业名称	艺夺创意软件开发（上海）有限公司				
企业地址	上海市卢湾区建国中路25号9号楼9201室（200025）				
投资总额	15万USD	电话	61379292	传真	
设立日期	2008-6-5	负责人	CHRISTINETHARUP VESTERGAARD		
主营业务	游戏软件的开发，销售自产产品。				

企业名称	富贤网络科技（上海）有限公司				
企业地址	上海市徐汇区田州路99号13幢911室（200233）				
投资总额	15万USD	电话	54451400	传真	
设立日期	2008-6-4	负责人	MOSHE RAFIAH		
主营业务	开发、生产计算机软件，销售自产产品。				

企业名称	上海歆通信息技术有限公司				
企业地址	上海市嘉定区马陆镇思义路1689号第1幢101室（201801）				
投资总额	2000万USD	电话	59158718	传真	
设立日期	2008-6-3	负责人	李广欣		
主营业务	手机嵌入式应用软件的开发、设计和维护。				

企业名称	馨特信息技术（上海）有限公司				
企业地址	上海市张江高科技园区祖冲之路2288弄3号833室（201203）				
投资总额	6万USD	电话	68795916	传真	61097539
设立日期	2008-6-3	负责人	张青茄		
主营业务	计算机软件的研究、开发、制作。				

企业名称	上海科姆特电子技术有限公司				
企业地址	上海市卢湾区马当路349号304B室（200020）				
投资总额	500万USD	电话	53599650	传真	53850872
设立日期	2008-5-28	负责人	姚国庆		
主营业务	电子及自动化产品应用软件的开发，销售自产产品。				

企业名称	上海鑫游软件有限公司				
企业地址	上海市闵行区莲花路1733号715室（201103）				
投资总额	14万USD	电话	61196880	传真	61196883
设立日期	2008-5-28	负责人	LOO TZE CHEN		
主营业务	计算机软件的开发、设计、制作。				

企业名称	盟智软件（上海）有限公司				
企业地址	上海市杨浦区锦创路20号901-902室（200433）				
投资总额	25万USD	电话	65104307	传真	65104354
设立日期	2008-5-28	负责人	DANIEL YIU BOR LAU		
主营业务	计算机软件开发、设计。				

企业名称	盛霆信息技术（上海）有限公司				
企业地址	上海市张江高科技园区郭守敬路356号3幢103室（201203）				
投资总额	600万USD	电话	50504740	传真	
设立日期	2008-5-27	负责人	陈天桥		
主营业务	计算机硬件及网络技术的研发、计算机软件的开发、设计。				

企业名称	开弈信息技术（上海）有限公司				
企业地址	上海市普陀区中山北路2911号1203室（200063）				
投资总额	15.万USD	电话	52717798	传真	
设立日期	2008-5-26	负责人	郭志洪		
主营业务	计算机软件的开发、设计、制作及维护，销售自产产品。				

企业名称	声朗信息科技（上海）有限公司				
企业地址	上海市闵行区光华路2118号第6幢1227室（201111）				
投资总额	106万USD	电话		传真	54978819
设立日期	2008-5-23	负责人	李建复		
主营业务	计算机软件的开发、设计、制作，销售自产产品。				

企业名称	格控（上海）信息技术有限公司				
企业地址	上海市徐汇区漕溪北路18号28楼G1座（200030）				
投资总额	600万USD	电话	64287741	传真	
设立日期	2008-5-21	负责人	刘功哲		
主营业务	计算机软件的设计、开发与制作，销售自产产品。				

企业名称	优艺亚同环保科技（上海）有限公司				
企业地址	上海市杨浦区国定路335号2号楼1804室（200433）				
投资总额	80万USD	电话	55666708	传真	
设立日期	2008-5-21	负责人	CHANG CHEW KIENT		
主营业务	污水处理技术的科技开发、应用，并提供相关的技术开发。				

企业名称	欧宝软件（上海）有限公司				
企业地址	上海市长宁区天山路641号20幢（二号楼）603室（200336）				
投资总额	28万USD	电话	62287363	传真	
设立日期	2008-5-19	负责人	HEW POH YIN		
主营业务	计算机软件的开发、设计、制作，销售自产产品。				

企业名称	欧瑞斯信息科技（上海）有限公司				
企业地址	上海市张江高科技园区毕升路289弄6号502室（201203）				
投资总额	150万USD	电话	4006700336	传真	33932762
设立日期	2008-5-16	负责人	LARRY YU LAU		
主营业务	计算机软件、计算机硬件及相关产品的开发、设计。				

企业名称	莱因特电子系统（上海）有限公司				
企业地址	上海市浦东新区龙桂路 121 号 11 幢 201 室（201206）				
投资总额	14 万 USD	电　话	58585463	传　真	51320110
设立日期	2008-5-16	负责人	THOMAS HENRY COLE		
主营业务	仪器仪表及相关配件、自动化控制设备、电器设备的设计、生产。				

企业名称	福善（上海）信息技术有限公司				
企业地址	上海市闸北区江场三路 228 号 1015 室（200070）				
投资总额	13 万 USD	电　话	56770133	传　真	63604628
设立日期	2008-5-15	负责人	杉田義明		
主营业务	计算机软件的开发、设计、制作，销售自产产品。				

企业名称	吉天师能源科技（上海）有限公司				
企业地址	上海市奉贤区南桥镇浦星公路 6978 号（201400）				
投资总额	100 万 USD	电　话	58968951	传　真	51390689
设立日期	2008-5-14	负责人	卫玉飞		
主营业务	能源系统设计，机械制造、加工，销售公司自产产品。				

企业名称	上海思开美琪网络技术有限公司				
企业地址	上海市徐汇区宜山路 829 号 10 幢 401 室（200233）				
投资总额	600 万 USD	电　话	64959196	传　真	64959119
设立日期	2008-5-13	负责人	叶　伟		
主营业务	计算机软件的开发、设计、制作，网络技术的开发、设计。				

企业名称	游传信息技术（上海）有限公司				
企业地址	上海市张江高科技园区郭守敬路 356 号 3 幢 104 室（201203）				
投资总额	700 万 USD	电　话	50504740	传　真	
设立日期	2008-5-12	负责人	陈念端		
主营业务	计算机硬件及网络技术的研发、计算机软件的开发、设计。				

企业名称	欢天喜地信息科技（上海）有限公司				
企业地址	上海市卢湾区蒙自路 169 号 6 号楼 201－203 室（200023）				
投资总额	100 万 USD	电　话	53016666	传　真	63042053
设立日期	2008-5-12	负责人	SUN HEE CHAE		
主营业务	计算机软件、网络产品的设计、开发，销售自产软件。				

企业名称	青苑（上海）信息技术有限公司				
企业地址	上海市闸北区灵石路 709 号 71 幢 510 室（200070）				
投资总额	70 万 USD	电　话	62371100	传　真	
设立日期	2008-5-12	负责人	刘慧琴		
主营业务	计算机软件、网络安全技术软件的研发、制作，销售自产产品。				

企业名称	飞钰通讯科技（上海）有限公司				
企业地址	上海市闵行区金都路 4289 号 6 幢 2 楼 36 室（201108）				
投资总额	20 万 USD	电　话		传　真	64395750
设立日期	2008-5-9	负责人	徐丽青		
主营业务	设计、开发、制作计算机软件，计算机系统集成。				

企业名称	上翼信息科技（上海）有限公司				
企业地址	上海市徐汇区淮海中路 1634 号 2 号楼 100 室（200031）				
投资总额	14 万 USD	电　话	64712577	传　真	
设立日期	2008-5-9	负责人	崎滨秀彦		
主营业务	网页排版设计，计算机软件的设计、研发。				

企业名称	好乐通信科技（上海）有限公司				
企业地址	上海市虹口区东江湾路 188 号 5 幢 410 室（200080）				
投资总额	77 万 USD	电　话	51278246	传　真	51284656
设立日期	2008-5-9	负责人	丰田繁太郎		
主营业务	通信语言技术的研究开发。				

企业名称	上海传富网络科技有限公司				
企业地址	上海市浦东新区民生路 1199 弄 1 号 2308 室（200135）				
投资总额	3000 万 USD	电　话	85002208	传　真	85261655
设立日期	2008-5-8	负责人	马　云		
主营业务	计算机软件的研究、开发、制作，销售自产产品。				

企业名称	上海新浪乐居信息科技有限公司				
企业地址	上海市浦东新区东方路 971 号 11A 室（200122）				
投资总额	500 万 USD	电　话	63843773	传　真	82607195
设立日期	2008-5-8	负责人	CHARLES G. CHAO		
主营业务	计算机软件的开发、设计、制作，销售自产产品。				

企业名称	上海明希网络科技有限公司				
企业地址	上海市卢湾区淮海中路 283 号 602 室（200021）				
投资总额	270 万 USD	电　话	63907000	传　真	63906046
设立日期	2008-5-7	负责人	笠原健治		
主营业务	研究开发网络技术及通讯技术。				

企业名称	迪迪思（上海）信息技术有限公司				
企业地址	上海市浦东新区耀华路 215 号 2 幢 B409 室（200126）				
投资总额	20 万 USD	电　话	58777331	传　真	58777332
设立日期	2008-5-7	负责人	YING CHANGWEI		
主营业务	计算机软件的开发、设计、制作。				

企业名称	世格软件（上海）有限公司				
企业地址	上海市徐汇区淮海西路 55 号 26 楼 K 座、L 座（200030）				
投资总额	14 万 USD	电　话	61450230	传　真	61450233
设立日期	2008-5-5	负责人	JOHN D. ROBERTS		
主营业务	设计、开发、制作与计算机有关的软件。				

企业名称	盛乐信息技术（上海）有限公司				
企业地址	上海市张江高科技园区郭守敬路 356 号 3 幢 102 室（201203）				
投资总额	70 万 USD	电　话	50504740	传　真	
设立日期	2008-5-4	负责人	陈天桥		
主营业务	计算机硬件及网络技术的研发，计算机软件的开发、设计。				

企业名称	上海林唯信息系统有限公司				
企业地址	上海市徐汇区罗秀路 42 号 306 室（200231）				
投资总额	10 万 USD	电　话	54896565	传　真	
设立日期	2008-4-30	负责人	林　坚		
主营业务	计算机软件的设计、开发与制作。				

企业名称	领业网络科技（上海）有限公司				
企业地址	上海市徐汇区罗秀路 897 号 1 幢 207 室（200235）				
投资总额	10 万 USD	电　话	63253647	传　真	63934954
设立日期	2008-4-30	负责人	MICHAEL STEVEN COLE		
主营业务	计算机软件的开发、设计和制作，销售自产产品。				

企业名称	戴文信息科技（上海）有限公司				
企业地址	上海市崇明县城桥镇官山路 2 号 3 幢 C 区 2062 室（202150）				
投资总额	2 万 USD	电　话	51875172	传　真	
设立日期	2008-4-30	负责人	DAVID SUISSA		
主营业务	信息科技、计算机技术领域内的技术开发。				

企业名称	乐鑫信息科技（上海）有限公司				
企业地址	上海市浦东新区民生路 1403 号 3 楼 08 室（200135）				
投资总额	14 万 USD	电　话	62048335	传　真	
设立日期	2008-4-29	负责人	TEO SWEE ANN		
主营业务	计算机硬件的研究、开发。				

企业名称	暴雪软件开发（上海）有限公司				
企业地址	上海市张江高科技园区碧波路 690 号 9 号楼 501 室（201203）				
投资总额	100 万 USD	电　话	38953599	传　真	50276607
设立日期	2008-4-24	负责人	MICHAEL SAMUEL MORHAIME		
主营业务	计算机软件的开发、制作，销售自产产品。				

企业名称	恒原微电子（上海）有限公司				
企业地址	上海市张江高科技园区龙东大道 2500 号 E 楼 117 室（201203）				
投资总额	500 万 USD	电　话	50272356	传　真	50272357
设立日期	2008-4-18	负责人	王俊峰		
主营业务	电子元器件的研究、开发，无线射频技术相关产品的开发、设计。				

企业名称	八维士杰网络科技（上海）有限公司				
企业地址	上海市长宁区万航渡路 2452 号 10 幢 B101 室（200050）				
投资总额	425 万 USD	电　话	52725222	传　真	
设立日期	2008-4-18	负责人	ALEX LEI WANG		
主营业务	计算机软件设计、制作。				

企业名称	上海宝开软件有限公司				
企业地址	上海市黄浦区西藏中路 585 号 15 楼 A 室（200003）				
投资总额	28 万 USD	电　话	53755019	传　真	53755022
设立日期	2008-4-17	负责人	JAMES SAMUEL GWERTZMAN		
主营业务	研究、开发和生产游戏软件，销售自产产品。				

企业名称	上海视尊信息技术有限公司				
企业地址	上海市张江高科技园区龙东大道3000号1幢C楼6层617室(201203)				
投资总额	10万USD	电话	61097112	传真	
设立日期	2008-4-17	负责人	LEE ARTHUR		
主营业务	户外媒体信息技术、数字媒体技术、通信技术、视听技术的研发。				

企业名称	荣聚（上海）信息技术有限公司				
企业地址	上海市浦东新区张杨北路5509号1102D座（200137）				
投资总额	10.1万USD	电话	51380571	传真	
设立日期	2008-4-16	负责人	ROGER ZHAO（赵荣峥）		
主营业务	计算机信息技术的研发，计算机软件的研发、设计、制作。				

企业名称	麻州信息技术（上海）有限公司				
企业地址	上海市张江高科技园区龙东大道2500号C楼118室（201203）				
投资总额	14万USD	电话	50801818	传真	50801818
设立日期	2008-4-14	负责人	YONG ZHANG（张咏）		
主营业务	计算机硬件的研发、设计。				

企业名称	凌昱信息科技（上海）有限公司				
企业地址	上海市张江高科技园区郭守敬路498号6幢11102室（201203）				
投资总额	12.8万USD	电话	38953798	传真	51314226
设立日期	2008-4-14	负责人	丁慧洋		
主营业务	计算机软件的开发、设计、制作。				

企业名称	银橙（上海）信息技术有限公司				
企业地址	上海市奉贤区青村镇南奉公路3878号8幢203室（201414）				
投资总额	28万USD	电话	26967514	传真	26967524
设立日期	2008-4-11	负责人	隋恒举		
主营业务	计算机软件的开发、设计、制作。				

企业名称	上海北极巍软件技术有限公司				
企业地址	上海市宝山区上大路668号602室（200436）				
投资总额	1000万USD	电话	33927698	传真	33927697
设立日期	2008-4-8	负责人	钱国强		
主营业务	计算机软件开发、维护，计算机技术咨询服务。				

企业名称	扬耀网络科技（上海）有限公司				
企业地址	上海市闸北区共和新路1346号1503室A座（200072）				
投资总额	128万USD	电话	56701256	传真	56701569
设立日期	2008-4-8	负责人	彭振声		
主营业务	网络科技咨询、计算机软件的开发、制作。				

企业名称	添马信息技术（上海）有限公司				
企业地址	上海市长宁区淮海西路570号9幢G楼205单元（200052）				
投资总额	47万USD	电话	52581760	传真	51171769
设立日期	2008-4-7	负责人	AIDAN JAMES MOORE		
主营业务	计算机软件开发、制作、销售自产产品。				

企业名称	纳威辟（上海）软件开发有限公司				
企业地址	上海市浦东新区商城路738号909室（200120）				
投资总额	14万USD	电话	58365030	传真	58365030
设立日期	2008-4-7	负责人	SHINOZAKI NOBORU		
主营业务	计算机软件设计、开发与制作，销售自产产品。				

企业名称	智播通讯科技（上海）有限公司				
企业地址	上海市黄浦区九江路399号2605D室（200002）				
投资总额	15.6万USD	电话	61323888	传真	
设立日期	2008-4-2	负责人	DJANGO REINHARDT KOOLE		
主营业务	研制、开发多媒体信息系统软件，销售公司自产的产品。				

企业名称	上海坤帝科软件科技有限公司				
企业地址	上海市黄浦区福州路666号13楼F室（200002）				
投资总额	14万USD	电话	53513887	传真	53513891
设立日期	2008-4-2	负责人	ENNO MARTEN PETERS		
主营业务	计算机软件和计算机网络技术的研发、制作。				

企业名称	芯擘科技信息技术（上海）有限公司				
企业地址	上海市黄浦区延安东路222号1805室（200001）				
投资总额	14万USD	电话	58356311	传真	58352998
设立日期	2008-4-2	负责人	MAX MOSHAYEDI		
主营业务	数据存储设备以及数据存储检测设备的技术开发。				

企业名称	瑞易信息技术（上海）有限公司				
企业地址	上海市徐汇区虹桥路333号1幢123室（200030）				
投资总额	70万USD	电话	54254608	传真	54253326
设立日期	2008-3-27	负责人	孙伟		
主营业务	计算机软件及红外线信息技术的开发、技术转让。				

企业名称	上海功典科技发展有限公司				
企业地址	上海市徐汇区茶陵北路20号3幢2层203室（200032）				
投资总额	21万USD	电话	51086122	传真	64049835
设立日期	2008-3-25	负责人	赵伟志		
主营业务	设计、开发、制作计算机软件，销售自产产品。				

企业名称	上海睿觉动画制作有限公司				
企业地址	上海市普陀区宜昌路751号A区202室（200060）				
投资总额	15万USD	电话	51752705	传真	
设立日期	2008-3-25	负责人	GORDON SCOTT OWNBEY		
主营业务	动画设计、制作。				

企业名称	雾飞软件（上海）有限公司				
企业地址	上海市张江高科技园区龙东大道2500号E楼223室（201203）				
投资总额	1.2万USD	电话	51696006	传真	68868021
设立日期	2008-3-24	负责人	TAN SENG CHONG		
主营业务	软件的开发、设计、制作，销售自产产品。				

企业名称	伟迪视软件科技（上海）有限公司				
企业地址	上海市闵行区光华路2118号3幢416室（201111）				
投资总额	13万USD	电话	33927698	传真	33927697
设立日期	2008-3-17	负责人	石津嘉规		
主营业务	开发计算机软件，销售自产产品。				

企业名称	上海动虎信息科技有限公司				
企业地址	上海市闵行区金都路4289号6幢2楼4室（201108）				
投资总额	95万USD	电话	51515023	传真	58886836
设立日期	2008-3-12	负责人	程杭		
主营业务	开发计算机软件、销售自产产品。				

企业名称	大展信城信息科技（上海）有限公司				
企业地址	上海市长宁区延安西路1088号401室（200052）				
投资总额	30万USD	电话	52386770	传真	52386780
设立日期	2008-3-10	负责人	李锦成		
主营业务	软件的开发、设计、制作，销售自产产品。				

企业名称	鹿寮坑通信科技（上海）有限公司				
企业地址	上海市闵行区浦星路789号316室（海关、管委会大楼）（201112）				
投资总额	101万USD	电话	64396829	传真	
设立日期	2008-3-6	负责人	钟聪明		
主营业务	设计蓝牙晶件及相关自有技术转让。				

企业名称	易转软件（上海）有限公司				
企业地址	上海市闵行区浦星公路789号315室（海关、管委会大楼）（201112）				
投资总额	14万USD	电话	64856299	传真	
设立日期	2008-3-5	负责人	JESSICA J SHEN		
主营业务	开发、设计、制作计算机软件，销售自产产品。				

企业名称	蔼柏系软件科技（上海）有限公司				
企业地址	上海市徐汇区中山西路2025号1426室（200233）				
投资总额	7万USD	电话	64599320	传真	
设立日期	2008-3-3	负责人	PUSPAK PATRO		
主营业务	计算机软件设计及开发，自产计算机软件的销售。				

企业名称	讯舟信息科技（上海）有限公司				
企业地址	上海市浦东新区金湘路333号410室（201206）				
投资总额	14万USD	电话	62404462	传真	
设立日期	2008-2-29	负责人	潘良荣		
主营业务	计算机软件的开发、设计、制作，销售自产产品。				

企业名称	狄奥信息科技（上海）有限公司				
企业地址	上海市虹口区天宝路578号1704室（200080）				
投资总额	4万USD	电话	6522 9433	传真	6522 9432
设立日期	2008-2-29	负责人	杨铭沛		
主营业务	计算机软件的开发、制作，销售自产产品。				

企业名称	爱特梅尔半导体科技（上海）有限公司				
企业地址	上海市长宁区定西路 657 号 1 幢 6 楼（200052）				
投资总额	20 万 USD	电　话	61916888	传　真	54235509
设立日期	2008-2-27	负责人	TSUNG-CHING WU		
主营业务	半导体、电子元器件、集成电路及相关软件的研发、设计。				

企业名称	克美（上海）软件有限公司				
企业地址	上海市长宁区虹古路 427 弄 27 号（200336）				
投资总额	10 万 USD	电　话		传　真	64325070
设立日期	2008-2-27	负责人	周晶晶		
主营业务	开发、制作计算机应用软件及销售自产产品。				

企业名称	鼎亿数码科技（上海）有限公司				
企业地址	上海市张江高科技园区张衡路 198 弄 10 号 401 室（201203）				
投资总额	200 万 USD	电　话	61609615	传　真	
设立日期	2008-2-26	负责人	LI HSU（徐立）		
主营业务	数码产品、通信产品、计算机外围设备的研发。				

企业名称	路克博信息系统科技（上海）有限公司				
企业地址	上海市张江高科技园区张东路 1388 号第 28（4－9）幢 02 室（201203）				
投资总额	140 万 USD	电　话	58356668	传　真	58353500
设立日期	2008-2-26	负责人	MARK BARRENECHEA		
主营业务	计算机软件的设计、研发、测试、制作。				

企业名称	卡通派多媒体科技（上海）有限公司				
企业地址	上海市长宁区长宁路 1027 号 1201 室（200050）				
投资总额	100 万 USD	电　话	61526158	传　真	
设立日期	2008-2-25	负责人	刘伟杰		
主营业务	计算机软、硬件、网络技术应用领域内的技术开发。				

企业名称	聚涛信息技术（上海）有限公司				
企业地址	上海市闸北区闻喜路 555 弄 49 号 315 室（200070）				
投资总额	90 万 USD	电　话	63845570	传　真	
设立日期	2008-2-25	负责人	PATRICIA　LI		
主营业务	计算机软件的开发、设计、制作。				

企业名称	上海弘宜德系统控制有限公司				
企业地址	上海市闵行区光华路 2118 号第 3 幢 263 室（201111）				
投资总额	7 万 USD	电　话	32516891	传　真	32516892
设立日期	2008-2-25	负责人	HARA HIROYUKI		
主营业务	开发自动化生产管理系统软件，销售自产产品，提供售后服务。				

企业名称	特佳易（上海）网络技术咨询有限公司				
企业地址	上海市静安区南京西路 1468 号 3202 室（200040）				
投资总额	150 万 USD	电　话	34313366	传　真	34323672
设立日期	2008-2-19	负责人	OMAR IHSAN HIJAZI		
主营业务	计算机和网络技术咨询，企业管理咨询，商业信息咨询。				

企业名称	上海上影五龙动漫软件制作有限公司				
企业地址	上海市张江高科技园区张江路 91 号 6 幢 314 室（201203）				
投资总额	50 万 USD	电　话		传　真	64319663
设立日期	2008-2-18	负责人	圆谷英明		
主营业务	动漫软件开发、设计、制作。				

企业名称	瑷谛斯软件（上海）有限公司				
企业地址	上海市徐汇区中山西路 1800 号 2 楼 F 座（200233）				
投资总额	15 万 USD	电　话	64400680	传　真	64401353
设立日期	2008-2-15	负责人	BRUNO RODOLPHE LHOPITEAU		
主营业务	计算机软件、多媒体及网络系统软件的设计和制作。				

企业名称	瑞影图文设计（上海）有限公司				
企业地址	上海市静安区万航渡路 767 弄 43 号 5 号幢 3 层 F92 室（200042）				
投资总额	15 万 USD	电　话	51570280	传　真	51570288
设立日期	2008-2-5	负责人	LORENZ DIETER WAGENER		
主营业务	图文设计（广告除外），产品目录设计。				

企业名称	音博信息技术（上海）有限公司				
企业地址	上海市张江高科技园区碧波路 690 号 2 号楼 401－4 室（201203）				
投资总额	9 万 USD	电　话		传　真	32504230
设立日期	2008-2-1	负责人	JOUKO JUHANI TOSSAVAINEN		
主营业务	计算机的软件研发、设计、制作。				

企业名称	恺壹软件科技（上海）有限公司				
企业地址	上海市漕河泾开发区田州路 159 号 15 单元 7 楼（200233）				
投资总额	200 万 USD	电　话	64859922	传　真	
设立日期	2008-1-30	负责人	翁陆峰		
主营业务	网络应用软件的开发，销售自产产品。				

企业名称	现宇数码科技软件（上海）有限公司				
企业地址	上海市普陀区中山北路 2911 号 706 室（200063）				
投资总额	15 万 USD	电　话	61494500	传　真	
设立日期	2008-1-29	负责人	CHOI HYUKJOON		
主营业务	计算机软件的开发、制作，销售自产产品。				

企业名称	上海怡海软件技术有限公司				
企业地址	上海市金山区朱枫公路 588 号枫泾商城 4 号楼 4－30 号（201501）				
投资总额	150 万 USD	电　话	52402579	传　真	52402578
设立日期	2008-1-29	负责人	顾新国		
主营业务	计算机软、硬件开发。				

企业名称	上海华势信息科技有限公司				
企业地址	上海市长宁区天山路 8 号 1002 室（200335）				
投资总额	500 万 USD	电　话	51078287	传　真	
设立日期	2008-1-24	负责人	梁　健		
主营业务	计算机、手机及其他终端软件的开发、设计、制作。				

企业名称	梦启信息科技（上海）有限公司				
企业地址	上海市徐汇区天钥桥 909 号 3 号楼 301D 室（200030）				
投资总额	200 万 USD	电　话	64475675	传　真	64475239
设立日期	2008-1-24	负责人	WILLIAM　ZHU		
主营业务	网络技术及计算机硬件的设计、开发。				

企业名称	精实信息科技（上海）有限公司				
企业地址	上海市长宁区延安西路 728 号 7L 室（200050）				
投资总额	67 万 USD	电　话	52386687	传　真	52386683
设立日期	2008-1-24	负责人	李勇锋		
主营业务	计算机软件开发、电脑系统集成。				

企业名称	航唯信息科技（上海）有限公司				
企业地址	上海市张江高科技园区碧波路 328 号 A 楼 A－205 室（201203）				
投资总额	10 万 USD	电　话		传　真	55663378
设立日期	2008-1-24	负责人	YOUQIANG QIAN		
主营业务	计算机软件的开发、设计和制作。				

企业名称	胜发信息科技（上海）有限公司				
企业地址	上海市徐汇区襄阳南路 500 号 2606 室（200031）				
投资总额	7 万 USD	电　话	52289730	传　真	
设立日期	2008-1-24	负责人	BENNY　PRANANTO		
主营业务	计算机软件的开发、设计、制作。				

企业名称	亚历山大斯翠特软件（上海）有限公司				
企业地址	上海市普陀区延长西路 172 号西 106 室（200060）				
投资总额	10.5 万 USD	电　话		传　真	64684080
设立日期	2008-1-22	负责人	STEPHEN WILLIAM RHIND-TUTT		
主营业务	计算机软件的设计、开发、制作，销售自产产品。				

企业名称	安世辅伦特（上海）工程软件贸易有限公司				
企业地址	上海市黄浦区延安东路 222 号第 22 层第 4C 单元（200001）				
投资总额	14 万 USD	电　话	62886350	传　真	62886351
设立日期	2008-1-21	负责人	JOSEPH C. FAIRBANKS JR.		
主营业务	软件的进出口、批发。				

企业名称	洲帝信息技术（上海）有限公司				
企业地址	上海市徐汇区中山西路 2006 号甲 508 室（200233）				
投资总额	1.7 万 USD	电　话	31268558	传　真	63103577
设立日期	2008-1-18	负责人	SHIM　YOUN　BO		
主营业务	计算机软件的开发、设计、制作。				

企业名称	接力网络技术发展（上海）有限公司				
企业地址	上海市金山工业区亭卫公路 6505 号 2 幢 5 号（201505）				
投资总额	2900 万 USD	电　话	51695556	传　真	
设立日期	2008-1-16	负责人	刘秦英		
主营业务	计算机软硬件及相关电子产品的开发、设计。				

社会服务业-计算机应用及科技服务业

企业名称	祥舜信息科技（上海）有限公司				
企业地址	上海市张江高科技园区达尔文路 88 号 2 号楼 502 室（201203）				
投资总额	50 万 USD	电话	33932506	传真	
设立日期	2008-1-16	负责人	戴明火		
主营业务	智能控制软件的开发、设计、制作。				

企业名称	高沃信息技术（上海）有限公司				
企业地址	上海市黄浦区延安东路 550 号 2108 室（200001）				
投资总额	25 万 USD	电话	63265522	传真	63260166
设立日期	2008-1-11	负责人	JUN EUGENE ZHANG		
主营业务	设计和开发计算机软件。				

企业名称	元镁信息技术服务（上海）有限公司				
企业地址	上海市张江高科技园区卡园二路 108 号 6 号楼一层（201203）				
投资总额	140 万 USD	电话	64400200	传真	64403228
设立日期	2008-1-10	负责人	徐昌焕		
主营业务	承接企业数据分析、帐单列印等外包服务业务。				

企业名称	山诺信息技术（上海）有限公司				
企业地址	上海市杨浦区控江路 1555 号 A 座 2707 室（200090）				
投资总额	7 万 USD	电话	65044618	传真	
设立日期	2008-1-10	负责人	黄伟斌		
主营业务	开发、生产计算机软件，计算机系统集成。				

企业名称	上海宜赋通信息技术有限公司				
企业地址	上海市长宁区天山西路 789 号 1 幢 254 室（200335）				
投资总额	13.7 万 USD	电话	52069112	传真	52069117
设立日期	2008-1-8	负责人	苏小冬		
主营业务	研究、开发软硬件，销售自产产品。				

企业名称	杰比岱信息技术（上海）有限公司				
企业地址	上海市张江高科技园区龙东大道 2500 号 F 楼 256 室（201203）				
投资总额	6 万 USD	电话	68975320	传真	
设立日期	2008-1-4	负责人	蒯文明		
主营业务	计算机软件的开发、设计、制作。				

企业名称	优茶翼动漫设计（上海）有限公司				
企业地址	上海市浦东新区浦东南路 256 号 1104B 室（200120）				
投资总额	20 万 USD	电话	61638580	传真	
设立日期	2008-1-2	负责人	稻田晋一		
主营业务	动漫画的设计、制作和咨询。				

企业名称	远壮信息技术（上海）有限公司				
企业地址	上海市张江高科技园区蔡伦路 333 号 5 幢 513 室（201203）				
投资总额	2500 万 USD	电话	62403140	传真	52400958
设立日期	2007-12-28	负责人	马丽雅		
主营业务	计算机软件开发、设计、制作，网络技术的开发、设计，销售自产产品。				

企业名称	风雷网络科技（上海）有限公司				
企业地址	上海市浦东新区龙东大道 5385 号 903 室 B 座（201201）				
投资总额	100 万 USD	电话	51879316	传真	50945017
设立日期	2007-12-28	负责人	邓广宇		
主营业务	计算机软件的开发、设计和制作，销售自产产品，并提供相关技术服务。				

企业名称	枫雷网络科技（上海）有限公司				
企业地址	上海市浦东新区龙东大道 5385 号 903 室 B 座（201201）				
投资总额	100 万 USD	电话	51879316	传真	50945017
设立日期	2007-12-28	负责人	邓广宇		
主营业务	计算机软件的开发、设计和制作，销售自产产品，并提供相关技术服务。				

企业名称	联集软件（上海）有限公司				
企业地址	上海市嘉定区新成路街道博乐南路 158 号 411 室（201800）				
投资总额	14 万 USD	电话	59166609	传真	59166606
设立日期	2007-12-27	负责人	张君文		
主营业务	计算机应用软件开发、销售本公司自产产品，上述产品进出口，批发等。				

企业名称	上海笔特信息科技有限公司				
企业地址	上海市中山南二路 1007 号 222 室（200031）				
投资总额	15 万 USD	电话	64565707	传真	64565707
设立日期	2007-12-27	负责人	朴龙石（PARK YONG SEOK）		
主营业务	从事计算机软硬件技术及软件系统开发，网络技术开发等，销售产品。				

企业名称	瑞庭网络技术（上海）有限公司				
企业地址	上海市浦东新区浦东南路 1036 号 1301-1302 室（200120）				
投资总额	200 万 USD	电话	68878071	传真	68877608
设立日期	2007-12-25	负责人	梁伟平		
主营业务	计算机软件及相关网络技术的开发和设计、制作，销售自产产品。				

企业名称	上海乐雅网络科技有限公司				
企业地址	上海市张江高科技园区龙东大道 2500 号 F 楼 230 室（201203）				
投资总额	200 万 USD	电话	54657520	传真	
设立日期	2007-12-20	负责人	武雷		
主营业务	网络技术、计算机软件的研发，转让自有研发成果，提供技术咨询服务。				

企业名称	圆刚多媒体科技（上海）有限公司				
企业地址	上海市静安区武宁南路 488 号智慧广场 1510 室（200041）				
投资总额	70 万 USD	电话	52987988	传真	52987970
设立日期	2007-12-20	负责人	黄福君		
主营业务	计算机系统集成、无线视频电子产品、安控器材等研发、制作，销售。				

企业名称	统天信息技术（上海）有限公司				
企业地址	上海市广中西路 757 号 205 室（200070）				
投资总额	2500 万 USD	电话	62403140	传真	52400238
设立日期	2007-12-12	负责人	马丽雅		
主营业务	开发、生产计算机软件，计算机系统集成，销售产品，提供咨询服务。				

企业名称	盟聚媒体技术（上海）有限公司				
企业地址	上海市黄浦区南京东路 800 号 18 楼 B 室（200001）				
投资总额	300 万 USD	电话	63615856	传真	63615856
设立日期	2007-12-12	负责人	李锋		
主营业务	开发、设计媒体用镜框及视频设备，并提供相关的技术咨询和配套服务。				

企业名称	上海领跃信息技术有限公司				
企业地址	上海市青浦区白鹤镇白石路 2690 号 301 室（201712）				
投资总额	14 万 USD	电话	32092299	传真	32092298
设立日期	2007-12-11	负责人	YIP FOO KIONG		
主营业务	计算机网络工程技术开发，软硬件开发，网络设备维修服务，销售产品。				

企业名称	美吉亿信息技术（上海）有限公司				
企业地址	上海市浦东新区耀华路 215 号 2 号楼 A109 室（200126）				
投资总额	5 万 USD	电话	61513913	传真	61513913
设立日期	2007-12-10	负责人	JAMES CHAN LOKE KIE（陈乐基）		
主营业务	计算机周边产品的设计、测试，提供相关技术咨询和技术服务。				

企业名称	环玺信息科技（上海）有限公司				
企业地址	上海市普陀区江宁路 1165 号 401 室（200060）				
投资总额	14 万 USD	电话	51801549	传真	51801537
设立日期	2007-12-6	负责人	CHUJO ICHIRO		
主营业务	开发、设计、制作计算机软件，销售自产产品，提供技术咨询和服务。				

企业名称	艾买网络科技（上海）有限公司				
企业地址	上海市肇嘉浜路 680 号 1 号楼 406 室（200031）				
投资总额	14 万 USD	电话	64660703	传真	64660703
设立日期	2007-12-6	负责人	LEE JAE WON		
主营业务	网络技术的研发、转让、咨询与服务；商务咨询、技术信息咨询。				

企业名称	全威信息科技（上海）有限公司				
企业地址	上海市张江高科技园区龙东大道 2500 号 F 楼 147 室（201203）				
投资总额	300 万 USD	电话	52736887	传真	52735326
设立日期	2007-12-4	负责人	王文伟		
主营业务	计算机软件研发、制作；计算机硬件的研发；系统集成的设计,销售产品。				

企业名称	上海计凯斯软件有限公司				
企业地址	上海市医学院路 69 号 5 楼 A 座（200031）				
投资总额	20 万 USD	电话	64859215	传真	64433687
设立日期	2007-12-3	负责人	HONG CHANG WOO		
主营业务	软件产品的设计、开发、制作，销售自产产品，提供软硬件技术服务。				

企业名称	颖拔（上海）信息科技有限公司				
企业地址	上海市张江高科技园区毕升路 289 弄 5 号 401 室（201203）				
投资总额	15 万 USD	电话	33933566	传真	
设立日期	2007-12-3	负责人	THOMAS B K HUANG		
主营业务	计算机软件的开发、设计、制作，销售自产产品，网络技术开发、设计。				

企业名称	奥朴提摩软件（上海）有限公司				
企业地址	上海市张江高科技园区郭守敬路 498 号 9 幢 20110 室（201203）				
投资总额	54 万 RMB	电话	51871680	传真	50276083
设立日期	2007-12-3	负责人	陈兆仁		
主营业务	研发、制作计算机软件，销售产品；网络技术研发，网络平台的设计等。				

企业名称	纽海信息技术（上海）有限公司				
企业地址	上海市张江高科技园区祖冲之路 295 号 102 室（201203）				
投资总额	14 万 USD	电话	51315103	传真	
设立日期	2007-11-29	负责人	GANG YU		
主营业务	计算机软件的研发、设计、制作；计算机硬件的研发、设计、生产。				

企业名称	备实必（上海）软件科技有限公司				
企业地址	上海市黄浦区广东路 500 号世界贸易大厦 15 层 09（I）室（200001）				
投资总额	30 万 USD	电话	63600099	传真	63516559
设立日期	2007-11-28	负责人	FUTOSHI TAKAHASHI		
主营业务	计算机软件产品的设计、开发、批发、进出口业务，并提供咨询和服务。				

企业名称	上海研亚软件信息技术有限公司				
企业地址	上海市静安区康定路 358 号 16 幢 108 室（200041）				
投资总额	100 万 RMB	电话	68731371	传真	68731371
设立日期	2007-11-28	负责人	胡志刚		
主营业务	计算机软件的开发、设计、制作；销售自产产品，并提供技术咨询服务。				

企业名称	德昱软件科技（上海）有限公司				
企业地址	上海市闵行区金都路 4299 号 5 幢 2 楼 1 室（201108）				
投资总额	10 万 USD	电话	34120824	传真	34120824
设立日期	2007-11-27	负责人	李正媛		
主营业务	开发计算机软件，销售自产产品并提供相关技术咨询与售后服务。				

企业名称	酷瑞（上海）网络科技有限公司				
企业地址	上海市普陀区陕西北路 1392 弄 8 号 402 室（200060）				
投资总额	50 万 USD	电话	61498138	传真	64198139
设立日期	2007-11-26	负责人	ZHUO CHEN（陈卓）		
主营业务	计算机软件的开发、设计、制作，销售软件产品并提供技术咨询服务。				

企业名称	载信软件（上海）有限公司				
企业地址	上海市浦东新区浦东大道 1 号 601 室（200120）				
投资总额	14 万 USD	电话	68860698	传真	68860699
设立日期	2007-11-26	负责人	YUN YEOGIRL		
主营业务	开发并制作计算机软件，销售自产产品，提供相关技术咨询及技术服务。				

企业名称	杰同信息技术（上海）有限公司				
企业地址	上海市漕宝路 509 号 6 幢 1303 室（200235）				
投资总额	6.2 万 USD	电话	64857600	传真	64959067
设立日期	2007-11-23	负责人	XIAO-QIANG WU		
主营业务	研发、设计、制作计算机软件，销售自产产品，并提供技术咨询和服务。				

企业名称	吕策控制系统（上海）有限公司				
企业地址	上海市谈家桥路 163 弄 0 号 ·层（200070）				
投资总额	50 万 USD	电话	51007566	传真	56527164
设立日期	2007-11-23	负责人	LÜTZE UDO		
主营业务	设计、生产自动化控制系统设备，销售自产产品并提供技术咨询服务。				

企业名称	上海阪飞信息技术有限公司				
企业地址	上海市长宁区遵义路 107 号 902-903 室（200051）				
投资总额	14 万 USD	电话	62375190	传真	62375033
设立日期	2007-11-22	负责人	仲弘明		
主营业务	计算机软件设计、开发、制作、销售产品；提供钢结构工程技术咨询等。				

企业名称	日航亚维安电脑网络（上海）有限公司				
企业地址	上海市长乐路 989 号 1870 室（200031）				
投资总额	14 万 USD	电话	64739783	传真	64739786
设立日期	2007-11-22	负责人	KENJI LSHIYAMA		
主营业务	计算机软件开发、设计、安装、维修、保养及系统集成，提供技术咨询。				

企业名称	健邻信息技术（上海）有限公司				
企业地址	上海市钦州路 100 号 1 幢 705 室（200235）				
投资总额	14 万 USD	电话	64403336	传真	64403328
设立日期	2007-11-21	负责人	MINGLIN LI		
主营业务	计算机软件设计、开发、制作，销售，应用系统集成、数据处理服务等。				

企业名称	上海千渔网络科技有限公司				
企业地址	上海市杨浦区图们路 6 号 1206 室（200093）				
投资总额	60 万 USD	电话	33666363	传真	33666368
设立日期	2007-11-20	负责人	DONG TAI		
主营业务	网络科技软件的研发、制作，并提供技术服务、技术支持、技术咨询。				

企业名称	泡饭网数码科技（上海）有限公司				
企业地址	上海市虹口区四川北路 1666 号 2602 室（200080）				
投资总额	7 万 USD	电话	63243798	传真	63243799
设立日期	2007-11-20	负责人	罗杰生		
主营业务	开发与设计网络软件程序，销售自产产品，提供网络信息技术咨询服务。				

企业名称	乃特美软件技术（上海）有限公司				
企业地址	上海市卢湾区淮海中路 1 号 2207 室（200021）				
投资总额	100 万 USD	电话	64476342	传真	64476342
设立日期	2007-11-15	负责人	ZVI ALON		
主营业务	计算机软件和其他应用软件的研究、设计、开发和生产，销售自产产品。				

企业名称	利库（上海）软件有限公司				
企业地址	上海市长宁区遵义路 100 号 B 楼 1904 室（200051）				
投资总额	100 万 RMB	电话	62371038	传真	62371078
设立日期	2007-11-15	负责人	日高一隆		
主营业务	计算机软件的设计、开发、制作，销售产品，提供相关技术服务和咨询。				

企业名称	上海敦沪信息科技有限公司				
企业地址	上海市长宁区长宁路 1027 号 2705 室（200050）				
投资总额	66 万 USD	电话	52416660	传真	52416669
设立日期	2007-11-14	负责人	陈国鸿		
主营业务	计算机软硬件、通讯技术、电子技术的设计、研发；相关技术咨询等。				

企业名称	维鹏信息技术（上海）有限公司				
企业地址	上海市普陀区中江路 879 弄 19 号 A 座 2 楼（200333）				
投资总额	70 万 USD	电话	52658356	传真	52658358
设立日期	2007-11-14	负责人	张毅斌		
主营业务	商务信息咨询，信息技术咨询，商务信息服务系统软件的开发、运营。				

企业名称	上海佳预信息科技发展有限公司				
企业地址	上海市松江区松江 JT-07-001 地块（201615）				
投资总额	1000 万 USD	电话	57741442	传真	57742235
设立日期	2007-11-12	负责人	林明俊		
主营业务	研究、设计、开发计算机软件，生产生物医学工程材料与仪器。				

企业名称	上海露倩网络信息有限公司				
企业地址	上海市虹口区通州路 69 号 315 室（200082）				
投资总额	5 万 USD	电话	64377958	传真	64710618
设立日期	2007-11-8	负责人	西谷有弘		
主营业务	研究、开发网络及计算机软、硬件系统技术，提供相关的技术咨询服务。				

企业名称	智格网信息科技（上海）有限公司				
企业地址	上海市张江高科技园区牛顿路 200 号 8 号楼 4 楼 F04 室（201203）				
投资总额	200 万 USD	电话	50803372	传真	50271819
设立日期	2007-11-7	负责人	陈 毅		
主营业务	计算机软件的研发、设计、制作；网络技术、多媒体技术的研发。				

企业名称	酷佰软件开发（上海）有限公司				
企业地址	上海市河南北路 441 号 704 室（200070）				
投资总额	14 万 USD	电话	62152010	传真	62152010
设立日期	2007-11-5	负责人	WANG JAMES DS		
主营业务	计算机应用软件的开发、制作，销售自产产品，并提供相关的技术咨询。				

企业名称	新游网络科技（上海）有限公司				
企业地址	上海市浦东新区东方路 985 号一百杉杉大厦 19 层 A 座（200120）				
投资总额	90 万 USD	电话	50819948	传真	50819157
设立日期	2007-10-29	负责人	HAN SANG WOO		
主营业务	计算机软件的开发、设计，系统集成，销售自产产品。				

企业名称	帝普信息科技（上海）有限公司				
企业地址	上海市静安区南苏州路 1455 号 2 号楼 2320 室（200041）				
投资总额	7 万 USD	电话	52930094	传真	52930054
设立日期	2007-10-29	负责人	ROBB B ALLEN		
主营业务	计算机系统的安装、调试和维护，并提供相关的技术咨询和技术服务。				

企业名称	宏梦（上海）卡通实业有限公司				
企业地址	上海市卢湾区成都南路 101 号四层（200020）				
投资总额	50 万 USD	电话	63036060	传真	53025592
设立日期	2007-10-24	负责人	王敬		
主营业务	数码产品、玩具、工艺品、灯具、家具、文具、钟表等批发、进出口。				

企业名称	智群唯天信息科技（上海）有限公司				
企业地址	上海市张江高科技园区郭守敬 498 号浦东软件园 1 幢 1503 座（201203）				
投资总额	15 万 USD	电话	52351021	传真	52351021
设立日期	2007-10-24	负责人	STOBIE JEREMY GRAY		
主营业务	计算机网络软件的开发、设计、制作，销售自产产品。				

企业名称	新蛋信息技术（上海）有限公司				
企业地址	上海市嘉定区嘉唐路 2260 号第 6 幢（201804）				
投资总额	1100 万 USD	电话	51530888	传真	51530999
设立日期	2007-10-18	负责人	FRED FACHING CHANG		
主营业务	计算机及网络通讯产品的软硬件开发、生产；承接计算机及网络工程。				

企业名称	获捷特网络技术咨询（上海）有限公司				
企业地址	上海市静安区南京西路 819 号 2105 室（200041）				
投资总额	14.5 万 USD	电话	52138866	传真	62532907
设立日期	2007-10-18	负责人	REBEIRO FABIAN SAVIO		
主营业务	网络技术开发及设计咨询、网络技术信息咨询、网络产品营销策划咨询。				

企业名称	精诚胜龙信息系统有限公司				
企业地址	上海市张江高科技园区龙东大道 2500 号 C 楼 115 室（201203）				
投资总额	5000 万 RMB	电话	33688777	传真	33688638
设立日期	2007-10-16	负责人	林隆奋		
主营业务	计算机软件的开发、设计、制作，销售自产产品。				

企业名称	麦拓（上海）信息科技有限公司				
企业地址	上海市张江高科技园区居里路 123 号 3 幢 206 室（201203）				
投资总额	12.5 万 USD	电话	58358217	传真	58361438
设立日期	2007-10-15	负责人	ZHANG JUN		
主营业务	工业控制系统软件、计算机软件的研究开发、销售自产产品。				

企业名称	莱得圣智能科技（上海）有限公司				
企业地址	上海市闵行区颛兴东路 745 号拉法叶园区一号楼四至五层（200237）				
投资总额	100 万澳元	电话	33688596	传真	33688860
设立日期	2007-10-12	负责人	沈文才		
主营业务	生产、组装和测试照明控制产品、智能电气产品及相关的配套设备。				

企业名称	上海尔凌软件科技有限公司				
企业地址	上海市长宁区延安西路 1303 号第 2 幢 6 层 A-B 室（200050）				
投资总额	50 万 USD	电话	62112406	传真	62112406
设立日期	2007-10-10	负责人	蔡启文		
主营业务	计算机软件的开发、设计、制作，销售自产产品；网络和应用系统集成。				

企业名称	帕诗媞信息科技（上海）有限公司				
企业地址	上海市浦东新区浦东南路 1036 号 1701 室（200122）				
投资总额	14 万 USD	电话	68870771	传真	68870580
设立日期	2007-10-10	负责人	张文昶		
主营业务	计算机软件开发、制作，销售自产产品，商务信息咨询，企业管理咨询。				

企业名称	华榜数码科技（上海）有限公司				
企业地址	上海市闵行区光华路 2118 号第三幢 333 室（201111）				
投资总额	70 万 USD	电话	64091860	传真	64091860
设立日期	2007-10-9	负责人	王维绪		
主营业务	数码技术、计算机多媒体软件的开发、制作，销售产品，提供相关咨询。				

企业名称	捷步士信息技术（上海）有限公司				
企业地址	上海市漕溪北路 398 号 1902 室（200030）				
投资总额	50 万欧元	电话	33688372	传真	33688371
设立日期	2007-10-9	负责人	JEFF QUAN LIN（林泉）		
主营业务	研发、设计、制作导航定位管理系统软件及相关的数据产品和配套硬件。				

企业名称	上海崴方数码科技有限公司				
企业地址	上海市浦东新区杨高北路 528 号 14 幢 3053 室（200137）				
投资总额	20 万 USD	电话	63181212	传真	63181212
设立日期	2007-9-30	负责人	江淑慧		
主营业务	计算机软件的设计、开发，销售自产产品。				

企业名称	睿安信息技术（上海）有限公司				
企业地址	上海市浦东新区张杨路 601 号 7A 室（200032）				
投资总额	14 万 USD	电话	58365163	传真	51901378
设立日期	2007-9-30	负责人	JOHNATHAN CHOONG-POH MUN		
主营业务	计算机软件开发、制作，销售自产产品，上述同类商品的批发和进出口。				

企业名称	上海恺迩帝计算机技术开发有限公司				
企业地址	上海市外高桥保税区英伦路 38 号 324 室（200131）				
投资总额	850 万日元	电话	61135609	传真	61135605
设立日期	2007-9-30	负责人	平野和树		
主营业务	计算机软件的开发及销售自产产品，提供相关咨询及技术服务。				

企业名称	上海欢腾宽频信息技术有限公司				
企业地址	上海市杨浦区江浦路 627 号 31 幢 606 室（200082）				
投资总额	1000 万 USD	电话	52286295	传真	62157611
设立日期	2007-9-29	负责人	张大钟		
主营业务	宽频信息技术的研发，计算机软件制作、应用，并提供相关技术服务。				

企业名称	派达软件（上海）有限公司				
企业地址	上海市长宁区淮海西路 432 号 13 楼 08 室（200052）				
投资总额	14 万 USD	电话	52300737	传真	53839942
设立日期	2007-9-28	负责人	SIU MING TANG		
主营业务	计算机软硬件开发，转让自研成果，销售自营开发产品，提供技术咨询。				

企业名称	上海纵游网络技术有限公司				
企业地址	上海市虹口区天宝路 80 号 319 室（200086）				
投资总额	150 万 USD	电话	62676611	传真	62676611
设立日期	2007-9-25	负责人	FRED Y JU		
主营业务	软件研发、设计、制作，销售公司产品；系统集成的设计、调试、维护。				

企业名称	凯锐精信息技术（上海）有限公司				
企业地址	上海市张江高科技园区郭守敬路 351 号 2 号楼 600 室（201203）				
投资总额	30 万 USD	电话	50276235	传真	50276235
设立日期	2007-9-24	负责人	程立耸		
主营业务	计算机软件的开发、设计、制作；系统集成的设计、调试、维护。				

企业名称	梦果多媒体科技（上海）有限公司				
企业地址	上海市喜泰路 237 号 2 幢 116，118 室（200232）				
投资总额	520 万港币	电话	61320872	传真	61320873
设立日期	2007-9-21	负责人	许美琼		
主营业务	计算机多媒体动画软件、计算器软件的设计、开发和制作，销售产品。				

企业名称	艾施托康计算机系统集成（上海）有限公司				
企业地址	上海市长宁区天山路 641 号 2 号楼 708 室（200336）				
投资总额	66 万 USD	电话	62590728	传真	62590718
设立日期	2007-9-17	负责人	王斗明		
主营业务	计算机软、硬件的设计、开发，计算机系统集成，销售自产产品。				

企业名称	颢天钛舸信息技术（上海）有限公司				
企业地址	上海市华泾路 1000 弄 121 号 101 室（200231）				
投资总额	15 万 USD	电话	52510123	传真	62602491
设立日期	2007-9-12	负责人	王笑雷		
主营业务	设计、开发、制作计算机软件，系统集成，销售自产产品，提供咨询。				

企业名称	龙火信息技术（上海）有限公司				
企业地址	上海市杨浦区国定路 335 号 2 号楼 2102 室（200433）				
投资总额	30 万 USD	电话	55663002	传真	55663007
设立日期	2007-9-10	负责人	CHEN FENG		
主营业务	计算机软件开发、制作，并提供相关技术服务、技术支持、技术咨询。				

企业名称	赛世（上海）信息科技有限公司				
企业地址	上海市杨浦区国定路 335 号 2 号楼 1908 室（200433）				
投资总额	100 万 USD	电话	55665568	传真	55666118
设立日期	2007-9-10	负责人	GRAHAM RALPH FENN NAPIER		
主营业务	开发、生产计算机软件并提供相关的技术服务、技术咨询、技术转让。				

企业名称	页惠信息技术（上海）有限公司				
企业地址	上海市闵行区宜山路 1618 号综合楼 835 室（201103）				
投资总额	14 万 USD	电话	54220000	传真	54220789
设立日期	2007-9-7	负责人	王志远（ONG CHEE WAN）		
主营业务	从事信息技术领域内技术开发、技术服务和咨询，网络软件开发应用。				

企业名称	上海音宝软件科技有限公司				
企业地址	上海市黄浦区黄陂北路227号1102室（200003）				
投资总额	55万USD	电话	63759188	传真	63759199
设立日期	2007-9-6	负责人	张力		
主营业务	设计、开发和制作计算机软件，销售产品，计算机及信息技术的开发。				

企业名称	上海万博软件技术有限公司				
企业地址	上海市杨浦区国定路335号2号楼903室（200433）				
投资总额	14万USD	电话	65026815	传真	65026815
设立日期	2007-9-6	负责人	RODRIGO JIMENEZ		
主营业务	计算机软件开发、制作，并提供相关的技术服务、技术支持、技术咨询。				

企业名称	遨骋电脑软件（上海）有限公司				
企业地址	上海市普陀区中江路879弄17号楼3楼B座（200333）				
投资总额	50万USD	电话	51208209	传真	51208209
设立日期	2007-9-5	负责人	兰海文		
主营业务	计算机软件的设计、开发、制作，销售自产产品，并提供相关售后服务。				

企业名称	上海首机网络科技有限公司				
企业地址	上海市嘉定工业区叶城路1411号第3幢2100室（201800）				
投资总额	200万RMB	电话	64275489	传真	64275490
设立日期	2007-9-5	负责人	周蓓蓓		
主营业务	开发、生产计算机软件，承接计算机网络系统工程，销售本公司产品。				

企业名称	上海欧计斯软件有限公司				
企业地址	上海市长宁区天山路641号三号楼506室（200336）				
投资总额	200万RMB	电话	62590325	传真	62590356
设立日期	2007-9-3	负责人	许炎		
主营业务	计算机软件开发、设计、制作，销售自产产品，并提供相关的维护管理。				

企业名称	数飞信息科技（上海）有限公司				
企业地址	上海市广中西路757号1402-1403室（200070）				
投资总额	1001万USD	电话	61404273	传真	61404282
设立日期	2007-8-31	负责人	谢志南		
主营业务	开发、生产计算机软件，计算机系统集成，销售产品，并提供技术咨询。				

企业名称	上海迅碟信息技术有限公司				
企业地址	上海市普陀区中山北路1715号2302室（200061）				
投资总额	14万USD	电话	61405698	传真	61405614
设立日期	2007-8-31	负责人	徐英杰		
主营业务	计算机应用软件系统的设计、开发、制作，销售自产产品。				

企业名称	缤动信息技术（上海）有限公司				
企业地址	上海市杨浦区淞沪路290号301室（200433）				
投资总额	500万USD	电话	51781777	传真	51781778
设立日期	2007-8-29	负责人	孙涛		
主营业务	计算机领域内的技术开发、技术咨询、技术服务、技术转让。				

企业名称	上海丘比可网络信息技术有限公司				
企业地址	上海市南汇区周祝公路317号2幢106室（201300）				
投资总额	14万USD	电话	63852879	传真	63852879
设立日期	2007-8-29	负责人	CHARLES HANSON GILLESPIE		
主营业务	计算机软件的开发与应用、程序设计及提供技术咨询和服务。				

企业名称	嘉盛汇通软件技术（上海）有限公司				
企业地址	上海市静安区南京西路580号2609室（200041）				
投资总额	80万USD	电话	62673888	传真	62170888
设立日期	2007-8-28	负责人	CHRISTOPHER WARREN CALHOUN		
主营业务	投资咨询软件的开发、设计、制作，销售自产产品，提供相关技术咨询。				

企业名称	育翰（上海）信息技术有限公司				
企业地址	上海市浦东新区海徐路939号5幢330室（201208）				
投资总额	100万USD	电话	50811199	传真	50811199
设立日期	2007-8-28	负责人	刘慧琴		
主营业务	计算机软件的设计、制作，销售自产产品，计算机技术的研发。				

企业名称	炙阳数码科技（上海）有限公司				
企业地址	上海市徐汇区钦州北路1066号74幢2楼A室（200233）				
投资总额	50万RMB	电话	64951550	传真	64951551
设立日期	2007-8-27	负责人	李葳		
主营业务	计算机软件、计算机硬件及外部设备的研究、开发、设计、制作。				

企业名称	漫步家软件科技（上海）有限公司				
企业地址	上海市黄浦区延安东路222号1858室（200001）				
投资总额	6.5万USD	电话	61323877	传真	63351336
设立日期	2007-8-24	负责人	C.R.W. ASHLEY		
主营业务	从事电子通讯软件的开发，销售产品，提供相关的技术咨询和技术服务。				

企业名称	倍瑞软件（上海）有限公司				
企业地址	上海市张江高科技园区郭守敬路498号9幢20108室（201203）				
投资总额	54万RMB	电话	51692989	传真	50276083
设立日期	2007-8-22	负责人	THOMAS MING CHE CHEN		
主营业务	研究、开发、制作计算机软件、销售自产产品，网络技术的研发。				

企业名称	音至信息技术（上海）有限公司				
企业地址	上海市长宁区江苏路369号16C室（200050）				
投资总额	100万USD	电话	52400960	传真	52400960
设立日期	2007-8-20	负责人	曹茗		
主营业务	计算机领域内的软硬件开发、设计、销售自产产品并提供相关咨询服务。				

企业名称	首路欣信息科技（上海）有限公司				
企业地址	上海市外高桥保税区华申路180号综合大楼七层719室（200131）				
投资总额	50万USD	电话	62108989	传真	62262117
设立日期	2007-8-16	负责人	路国祥		
主营业务	计算机软件的开发、设计、制作、销售自产产品及提供相关的技术服务。				

企业名称	艾世德信息技术咨询（上海）有限公司				
企业地址	上海市静安区南京西路1168号3510室（200041）				
投资总额	50万RMB	电话	52925203	传真	52524616
设立日期	2007-8-16	负责人	MELVIN AUGUSTUS CASBERGⅢ		
主营业务	信息技术咨询及有关信息系统的技术支持服务。				

企业名称	迪奕网络科技（上海）有限公司				
企业地址	上海市沪松公路1686号一幢三楼302室（201615）				
投资总额	15万USD	电话	57638453	传真	57638457
设立日期	2007-8-15	负责人	臧煜卓		
主营业务	网络技术的开发、转让，并提供相关咨询服务，投资咨询。				

企业名称	敏讯（上海）信息科技有限公司				
企业地址	上海市广中西路757号8楼805室（200072）				
投资总额	20万USD	电话	66304140	传真	66304340
设立日期	2007-8-14	负责人	钟金明		
主营业务	开发、生产计算机软件，计算机系统集成，销售自产产品。				

企业名称	极思软件（上海）有限公司				
企业地址	上海市江场三路305号101室B座（200436）				
投资总额	14万USD	电话	62406118	传真	62402581
设立日期	2007-8-9	负责人	朱韧		
主营业务	开发、设计、生产计算机软硬件、系统集成，销售自产产品。				

企业名称	上海宇松工控软件开发有限公司				
企业地址	上海市龙吴路2715号1幢212室（200231）				
投资总额	10万USD	电话	54405530	传真	54403078
设立日期	2007-8-9	负责人	谢宏昌		
主营业务	从事CNC数控、工业控制自动化软件的设计、开发、制作、销售产品。				

企业名称	悦游计算机软件开发（上海）有限公司				
企业地址	上海市虹口区广灵四路110号-120号1幢304室（200096）				
投资总额	100万USD	电话	34601233	传真	34601250
设立日期	2007-8-7	负责人	何汉锦		
主营业务	计算机软件的设计，开发，销售自产产品，提供相关的技术服务。				

企业名称	上海优赛软件开发有限公司				
企业地址	上海市杨浦区平凉路2716号55幢（200090）				
投资总额	2990万USD	电话	63325003	传真	63325003
设立日期	2007-8-6	负责人	吴平		
主营业务	软件产品的开发，销售自产产品，并提供相关的技术咨询服务。				

企业名称	唐宋软件科技（上海）有限公司				
企业地址	上海市青浦区夏阳街道浦仓路485号202室（201700）				
投资总额	50万USD	电话	62800925	传真	62800925
设立日期	2007-8-6	负责人	张伟		
主营业务	计算机网络设备及软件的设计、开发、安装、调试，销售公司自产产品。				

企业名称	视聚多媒体科技（上海）有限公司				
企业地址	上海市长宁区长宁路 1027 号 3505 室（200050）				
投资总额	100 万 USD	电　话	62367658	传　真	62367656
设立日期	2007-8-6	负 责 人	PAUL THADDEUS WINNOWSKI		
主营业务	研究、开发多媒体软件、硬件，并提供相关的技术咨询、系统集成。				

企业名称	威政德信息科技（上海）有限公司				
企业地址	上海市杨浦区国定路 335 号 2 号楼 2006 室（200433）				
投资总额	10 万 USD	电　话	65443490	传　真	65443490
设立日期	2007-8-2	负 责 人	德川博文		
主营业务	计算机软件开发、制作，并提供相关的技术服务、技术支持、技术咨询。				

企业名称	爱思特信息技术（上海）有限公司				
企业地址	上海市钦州路 100 号 1 幢 706 室（200235）				
投资总额	14 万 USD	电　话	68881812	传　真	58792583
设立日期	2007-7-31	负 责 人	JEAN-LUC BERNARD		
主营业务	计算机信息系统技术、计算机工程技术、计算机软件的开发。				

企业名称	欧必盛信息科技（上海）有限公司				
企业地址	上海市南丹东路 109 号 4 幢 105 室（200030）				
投资总额	43 万欧元	电　话	64401276	传　真	64401279
设立日期	2007-7-31	负 责 人	GERARD ENGELKAMP		
主营业务	计算机软件设计、研发、制作，销售产品，代理母公司软件产品进出口。				

企业名称	绿江信息技术（上海）有限公司				
企业地址	上海市浦东新区杨园南路 116 号 6 幢 129 室（200137）				
投资总额	7 万 USD	电　话	50803297	传　真	50803297
设立日期	2007-7-30	负 责 人	邢　健		
主营业务	计算机软硬件、网络工程技术的研发，自有研发成果的转让。				

企业名称	思铸凯（上海）软件有限公司				
企业地址	上海市长宁区新华路 664 号 400B 室（200052）				
投资总额	7 万 USD	电　话	62801909	传　真	62826505
设立日期	2007-7-26	负 责 人	张　润		
主营业务	计算机软件开发、制作，销售自产产品，提供相关技术支持和咨询服务。				

企业名称	上海锐跃信息科技有限公司				
企业地址	上海市静安区乌鲁木齐北路 199 号 901 室（200041）				
投资总额	14 万 USD	电　话	63522208	传　真	63512108
设立日期	2007-7-26	负 责 人	东保孝		
主营业务	计算机系统研究开发、技术服务、技术咨询；计算机系统批发、进出口。				

企业名称	德敖仕信息科技（上海）有限公司				
企业地址	上海市长宁区天山路 600 弄 1 号 2305 室（200051）				
投资总额	14 万 USD	电　话	51691636	传　真	61457098
设立日期	2007-7-26	负 责 人	WOON SHUNG TOON		
主营业务	设计、开发计算机软件产品，销售自产产品，计算机系统集成。				

企业名称	上海蒂晟软件开发有限公司				
企业地址	上海市长宁区仙霞路 345 号 106 室（200336）				
投资总额	2980 万 USD	电　话	63322990	传　真	63325003
设立日期	2007-7-25	负 责 人	吴　平		
主营业务	软件产品的开发、销售自产产品，并提供相关技术咨询服务。				

企业名称	上海文理信息技术有限公司				
企业地址	上海市浦东新区杨园南路 116 号 6 幢 133 室（200122）				
投资总额	45 万 USD	电　话	50581470	传　真	
设立日期	2007-7-24	负 责 人	高　鹏		
主营业务	研究、开发、制作计算机软件，销售自产产品，并提供相关的技术咨询。				

企业名称	爱渠西来信息技术（上海）有限公司				
企业地址	上海市张江高科技园区郭守敬路 498 号 14 幢 23500 室（201203）				
投资总额	70 万 USD	电　话	50805106	传　真	50805776
设立日期	2007-7-23	负 责 人	ANIL KUMAR CHANANA		
主营业务	软件的设计、开发、制作，销售自产产品，系统集成的调试和维护。				

企业名称	上海钜鸥信息科技有限公司				
企业地址	上海市龙吴路 2715 号 1 幢 211 室（200235）				
投资总额	50 万 USD	电　话	54560198	传　真	64674630
设立日期	2007-7-23	负 责 人	林肇基		
主营业务	计算机软件、计算机网络系统的设计、开发，销售自产产品。				

企业名称	上海臻元信息技术有限公司				
企业地址	上海市嘉定区马陆镇胜辛路 18 号 2 幢（201801）				
投资总额	2990 万 USD	电　话	63322990	传　真	63325003
设立日期	2007-7-19	负 责 人	吴　平		
主营业务	软件产品的开发，销售本公司自产产品，并提供相关技术咨询服务。				

企业名称	上海锐兴软件开发有限公司				
企业地址	上海市黄浦区延安东路 222 号 1835 室（200001）				
投资总额	14 万 USD	电　话		传　真	
设立日期	2007-7-18	负 责 人	N.V. KRISHNA		
主营业务	开发、生产计算机软件；计算机网络技术的开发；计算机系统集成。				

企业名称	网三信息科技（上海）有限公司				
企业地址	上海市虹口区凉城路 465 弄 60 号 1657 室（200434）				
投资总额	14 万 USD	电　话	54481433	传　真	54481432
设立日期	2007-7-17	负 责 人	黄德辉		
主营业务	研究、开发、生产计算机软件，销售自产产品，提供相关技术咨询。				

企业名称	堂科互联信息科技（上海）有限公司				
企业地址	上海市肇嘉浜路 798 号 1903 室（200032）				
投资总额	15 万 USD	电　话	64726615	传　真	64450518
设立日期	2007-7-17	负 责 人	LIANG XIAO ZHUANG		
主营业务	互联网应用软件的开发、设计、制作；网络技术开发、设计，销售产品。				

企业名称	佑优信息技术（上海）有限公司				
企业地址	上海市普陀区常德路 1211 号 1502 室（200062）				
投资总额	500 万 USD	电　话	61426237	传　真	61426238
设立日期	2007-7-10	负 责 人	杨　农		
主营业务	计算机应用软件，网络通讯软件及相关设备的开发、制作、制造。				

企业名称	上海贝得斯软件开发有限公司				
企业地址	上海市静安区万航渡路 888 号 7 楼 B9 室（200041）				
投资总额	2990 万 USD	电　话	63322990	传　真	63325003
设立日期	2007-7-6	负 责 人	吴　平		
主营业务	软件产品的开发，销售自产产品，并提供相关技术咨询服务。				

企业名称	上海昱辉软件开发有限公司				
企业地址	上海市长宁区仙霞路 318 号-322 号 1801 室（200336）				
投资总额	15 万 USD	电　话	62092548	传　真	62197113
设立日期	2007-7-6	负 责 人	保利淳		
主营业务	计算机软件开发，销售产品；配套计算机硬件及零配件批发、进出口。				

企业名称	泰凯信息科技（上海）有限公司				
企业地址	上海市普陀区中江路 879 弄 27 号楼 304 室（200333）				
投资总额	14 万 USD	电　话	61423234	传　真	61423239
设立日期	2007-7-3	负 责 人	ROBERT PETER BADANAS		
主营业务	计算机软件的开发、设计、制作、销售自产产品并提供相关售后咨询。				

企业名称	英然信息技术（上海）有限公司				
企业地址	上海市张江高科技园区郭守敬路 498 号 1 幢 1432 室（201203）				
投资总额	14 万 USD	电　话	58556119	传　真	58556118
设立日期	2007-7-2	负 责 人	XINNONG YANG		
主营业务	计算机软件的开发、设计、制作，销售自产产品，网络技术设计、开发。				

企业名称	盈迅网络科技（上海）有限公司				
企业地址	上海市长宁区汇川路 99 号 2420 室（200050）				
投资总额	14 万 USD	电　话	52385908	传　真	52385909
设立日期	2007-6-29	负 责 人	陈渭民		
主营业务	电脑网络系统、电话语音系统、电视监控系统、出入口控制系统设计。				

企业名称	上海意瑞网络科技有限公司				
企业地址	上海市长宁区仙霞路 345 号 12C 室（200336）				
投资总额	50 万 USD	电　话	62283668	传　真	62286128
设立日期	2007-6-28	负 责 人	黄庆凯		
主营业务	开发、制作商业管理软件，销售自产产品，提供相关的技术和售后服务。				

企业名称	华沃软件（上海）有限公司				
企业地址	上海市卢湾区淮海中路 138 号 1701 室（200021）				
投资总额	15 万 USD	电　话	63756387	传　真	63756598
设立日期	2007-6-28	负 责 人	RICHARD MARK YOUHILL		
主营业务	计算机软件开发、设计，销售产品，并提供相关技术咨询和技术服务。				

企业名称	淘知数码科技（上海）有限公司				
企业地址	上海市长宁区长宁路 1027 号 1108 室（200050）				
投资总额	20 万 USD	电　　话	52729174	传　　真	52729174
设立日期	2007-6-25	负 责 人	刘家信		
主营业务	研究、开发计算机软件，并提供相关的技术咨询，系统集成。				

企业名称	百翡信息技术（上海）有限公司				
企业地址	上海市长宁区遵义路 100 号 A 栋 2904-05 室（200051）				
投资总额	100 万 USD	电　　话	62372277	传　　真	62370042
设立日期	2007-6-25	负 责 人	HO DAVID CHI CHING		
主营业务	计算机软件的开发、设计、制作，销售自产产品并提供相关咨询和服务。				

企业名称	艾克塞迪斯信息技术咨询（上海）有限公司				
企业地址	上海市浦东新区张家浜路 37 弄 3 号 703H 室（200120）				
投资总额	10 万 RMB	电　　话	63503790	传　　真	63502868
设立日期	2007-6-22	负 责 人	FRANCIS ALBERT MULLIGAN		
主营业务	计算机软件开发咨询、计算机信息技术咨询、企业管理咨询、商务咨询。				

企业名称	十印（上海）信息技术有限公司				
企业地址	上海市静安区西康路 223 号 404 室（200041）				
投资总额	14 万 USD	电　　话	32220012	传　　真	32220012
设立日期	2007-6-20	负 责 人	渡边麻吕		
主营业务	从事软件本地化服务及相关业务的技术咨询，互联网技术咨询。				

企业名称	淘宝网络技术（上海）有限公司				
企业地址	上海市张江高科技园区郭守敬路 351 号 1 号楼 636-B 室（201203）				
投资总额	20 万 USD	电　　话	50800522	传　　真	50800522
设立日期	2007-6-18	负 责 人	马　云		
主营业务	计算机软件开发、设计、制作；销售产品；网络技术、多媒体技术研发。				

企业名称	支付宝软件（上海）有限公司				
企业地址	上海市张江高科技园区郭守敬路 351 号 1 号楼 636-A 室（201203）				
投资总额	20 万 USD	电　　话	50800522	传　　真	50800522
设立日期	2007-6-18	负 责 人	马　云		
主营业务	计算机软件开发、设计、制作；销售产品；网络技术、多媒体技术研发。				

企业名称	嘉辰信息科技（上海）有限公司				
企业地址	上海市长宁区长宁路 1033 号 13 楼 G 室（200051）				
投资总额	14 万 USD	电　　话	32212011	传　　真	32211188
设立日期	2007-6-18	负 责 人	叶再长		
主营业务	研制、开发多媒体网络信息系统软件并提供相关的技术服务。				

企业名称	翱特信息系统（上海）有限公司				
企业地址	上海市浦东大道 720 号国际航运金融大厦 24 楼 I，J，K 室（200120）				
投资总额	210 万 USD	电　　话	50366665	传　　真	50366663
设立日期	2007-6-11	负 责 人	冯朝晖		
主营业务	计算机软件的开发、设计、制作，销售自产产品，自有技术转让。				

企业名称	眼糖（上海）多媒体科技有限公司				
企业地址	上海市静安区康定路 358 号 16 幢 105 室（200041）				
投资总额	15 万 USD	电　　话	61457021	传　　真	61457030
设立日期	2007-6-6	负 责 人	SHI CHUN WEI		
主营业务	计算机软件的开发、设计、制作，销售产品，网络技术的开发、设计。				

企业名称	语培信息科技（上海）有限公司				
企业地址	上海市浦东新区浦建路 145 号强生大厦 2508 室（200127）				
投资总额	1000 万 USD	电　　话	68644666	传　　真	58734554
设立日期	2007-6-1	负 责 人	陈子昂		
主营业务	从事与宽带技术相关的计算机软件的开发和应用，销售自产产品。				

企业名称	蓝媒（上海）信息科技有限公司				
企业地址	上海市普陀区中山北路 2911 号 604-A 室（200063）				
投资总额	10 万 USD	电　　话	52179319	传　　真	52179319
设立日期	2007-6-1	负 责 人	詹爱红		
主营业务	提供与计算机网络布线及技术相关的技术咨询，计算机管理技术咨询。				

企业名称	康邑信息科技（上海）有限公司				
企业地址	上海市郭守敬路 498 号浦东软件园 1 幢 1108-1110、1115 室（201203）				
投资总额	40.8 万 USD	电　　话	50809658	传　　真	50809820
设立日期	2007-5-31	负 责 人	WONG HENG HWIE		
主营业务	进行物流及企业管理软件的开发，销售产品，并提供相关的咨询服务。				

企业名称	爱亚软件技术咨询（上海）有限公司				
企业地址	上海市黄浦区黄陂北路 227 号 2510 室（200003）				
投资总额	14 万 USD	电　　话	63758658	传　　真	63758650
设立日期	2007-5-30	负 责 人	OLLE ERIKSSON		
主营业务	软件设计及软件产品开发技术咨询，软件市场信息咨询，软件营销策划。				

企业名称	优学网网络技术（上海）有限公司				
企业地址	上海市静安区康定路 358 号 16 幢 106 室（200041）				
投资总额	14 万 USD	电　　话	64684396	传　　真	64684932
设立日期	2007-5-30	负 责 人	郑子昱		
主营业务	网络技术的设计、开发，并提供相关的技术支持和技术服务。				

企业名称	艾特尼斯信息技术（上海）有限公司				
企业地址	上海市浦东新区莲溪路 1151 号 2 号厂房第 3 层 B 座（201204）				
投资总额	5 万 USD	电　　话	50425900	传　　真	50425903
设立日期	2007-5-28	负 责 人	AHN CHUL WOO（安哲佑）		
主营业务	计算机软件、硬件专业技术的研发，自有技术成果转让，提供技术服务。				

企业名称	瀚莎信息技术（上海）有限公司				
企业地址	上海市张江高科技园区郭守敬路 498 号 6 幢 13503 室（201203）				
投资总额	14 万 USD	电　　话	50803138	传　　真	50277306
设立日期	2007-5-28	负 责 人	THOMAS ECKART		
主营业务	地理信息系统软件和航空摄影测量软件的开发、设计、制作，销售产品。				

企业名称	晴明科技有限公司				
企业地址	上海市莘庄工业区春光路 730 号 101 室 A 座（201100）				
投资总额	2980 万 USD	电　　话	62831866	传　　真	62831966
设立日期	2007-5-24	负 责 人	陈乾元		
主营业务	研究、开发、制作计算机软件，销售产品，提供技术咨询和技术服务。				

企业名称	纽马特软件商贸（上海）有限公司				
企业地址	上海市浦东新区世纪大道 88 号金茂大厦 3159 室（200021）				
投资总额	100 万 RMB	电　　话	62888080	传　　真	62887879
设立日期	2007-5-23	负 责 人	STEVEN ALBERT STEARNS		
主营业务	软件的批发、进出口及相关配套业务。				

企业名称	盛幕网络技术（上海）有限公司				
企业地址	上海市长宁区天山西路 789 号 1 幢 301 室（200335）				
投资总额	105 万 USD	电　　话	51559069	传　　真	51559089
设立日期	2007-5-22	负 责 人	严　颢		
主营业务	计算机网络应用软件的开发、设计、制作。销售产品，并提供技术咨询。				

企业名称	通乾信息科技（上海）有限公司				
企业地址	上海市虹口区四川北路 2261、2263 号 1201 室（200081）				
投资总额	19 万 USD	电　　话	56710995	传　　真	56710922
设立日期	2007-5-22	负 责 人	冉　斌		
主营业务	研制、开发、生产计算机软件及配套硬件，网络和应用系统集成。				

企业名称	高律科（上海）信息系统有限公司				
企业地址	上海市外高桥保税区泰谷路 88 号丰谷大楼第七层 711A 室（200131）				
投资总额	14 万 USD	电　　话	52289600	传　　真	52289656
设立日期	2007-5-22	负 责 人	藤宫宏章		
主营业务	计算机软件开发、设计、制作，销售产品及软件维护、测试、安装。				

企业名称	甲码工业软件贸易（上海）有限公司				
企业地址	上海市吴兴路 277 号 11 楼 1105 室（200031）				
投资总额	20 万欧元	电　　话	51696131	传　　真	54658526
设立日期	2007-5-21	负 责 人	EMMANUEL JEANTET		
主营业务	从事计算机软件产品的批发、进出口及相关配套业务。				

企业名称	才望子信息技术（上海）有限公司				
企业地址	上海市浦东新区商城路 618 号良友大厦 17 楼 01-02，20 号（200000）				
投资总额	3000 万日元	电　　话	68880384	传　　真	68888952
设立日期	2007-5-21	负 责 人	KITAHARA YASUTOMI（北原 康富）		
主营业务	从事计算机软件设计、开发、制作，计算机硬件的开发、设计。				

企业名称	真心彩网络科技（上海）有限公司				
企业地址	上海市浦东新区微捷路 236 号 1 幢 102 室（201203）				
投资总额	14 万 USD	电　　话	50800718	传　　真	50800718
设立日期	2007-5-18	负 责 人	YUTAKA ITASAKI		
主营业务	计算机软件的开发、设计、制作，销售自产产品，网络技术的开发。				

企业名称	中映数码影像制作（上海）有限公司				
企业地址	上海市浦东新区杨高北路528号14幢5013室（200137）				
投资总额	14万USD	电话	51751010	传真	51751009
设立日期	2007-5-17	负责人	李澄		
主营业务	创意设计的摄影制作，数码图文设计制作，并提供技术和咨询服务。				

企业名称	速拍（上海）信息技术有限公司				
企业地址	上海市长宁区古北路678号901室（200336）				
投资总额	70万USD	电话	62281787	传真	62281787
设立日期	2007-5-15	负责人	张文杰		
主营业务	开发、制作计算机应用软件及销售自产产品，并提供相关的技术转让。				

企业名称	意界信息技术（上海）有限公司				
企业地址	上海市浦东新区杨高北路528号14幢6023室（200125）				
投资总额	50万USD	电话	68880708	传真	68880796
设立日期	2007-5-11	负责人	GUY A PECKHAM		
主营业务	计算机软件的设计、开发、制作，销售产品，计算机硬件的设计、研发。				

企业名称	欧世康软件（上海）有限公司				
企业地址	上海市浦东新区浦东南路1101号518室（200120）				
投资总额	14万USD	电话	58363216	传真	58363217
设立日期	2007-5-11	负责人	MATTHIAS HOFMANN		
主营业务	计算机软件开发、制作，销售自产产品，并提供相关技术咨询。				

企业名称	觅缘（上海）信息科技有限公司				
企业地址	上海市杨浦区淞沪路98号1701-9室（200433）				
投资总额	15万USD	电话	65047873	传真	65148251
设立日期	2007-5-9	负责人	钱永强		
主营业务	计算机软件的开发、设计、制作；网络技术开发、设计并提供相关咨询。				

企业名称	依士特软件（上海）有限公司				
企业地址	上海市浦东新区金桥路2446号6楼C座4室（201206）				
投资总额	25.9万USD	电话	61659600	传真	33821115
设立日期	2007-5-8	负责人	吴育成		
主营业务	计算机软件的开发、设计、制作，销售产品，并提供技术服务和咨询。				

企业名称	上海双高软件系统开发有限公司				
企业地址	上海市闵行区龙茗路1905号203室（201102）				
投资总额	2000万日元	电话	61390912	传真	61390912
设立日期	2007-5-8	负责人	石川佳照		
主营业务	计算机软件开发、销售产品，从事计算机领域内技术开发、技术转让。				

企业名称	永涌（上海）信息科技有限公司				
企业地址	上海市虹桥路550号303室（200030）				
投资总额	14万USD	电话	64955522	传真	64959697
设立日期	2007-4-30	负责人	ALBERT TENG		
主营业务	电子产品、通讯设备、系统及零部件的设计、研发。				

企业名称	必科温信息技术（上海）有限公司				
企业地址	上海市黄浦区九江路399号601室（200001）				
投资总额	20万USD	电话	63220322	传真	63222382
设立日期	2007-4-27	负责人	巴音都仁		
主营业务	计算机软件的开发、制作、销售自产产品，提供技术咨询、技术服务。				

企业名称	思建软件科技（上海）有限公司				
企业地址	上海市静安区新闸路931号171室（200041）				
投资总额	14万USD	电话	64264711	传真	64264911
设立日期	2007-4-27	负责人	OLIVIER ANTOINE CHAINE		
主营业务	计算机软件的开发、制作，销售产品并提供相关技术咨询和技术服务。				

企业名称	越田（上海）信息科技有限公司				
企业地址	上海市长宁区仙霞路345号1905室（200336）				
投资总额	26万USD	电话	52069801	传真	52069809
设立日期	2007-4-26	负责人	越田亮三		
主营业务	从事计算机、半导体的硬件和软件的技术开发、自研成果的转让。				

企业名称	爱迪友联（上海）信息技术有限公司				
企业地址	上海市杨浦区淞沪路98号1604-1房（200433）				
投资总额	100万USD	电话	55228287	传真	55228287
设立日期	2007-4-24	负责人	水沛		
主营业务	计算机软硬件开发；计算机领域内技术开发、咨询、服务、转让。				

企业名称	上海集视信息科技有限公司				
企业地址	上海市闵行区合川路3089号第3幢10楼B室（201103）				
投资总额	15万USD	电话	51533900	传真	64468982
设立日期	2007-4-24	负责人	叶宗男		
主营业务	信息科技咨询，计算机系统服务，信息图文的软件开发，销售自产产品。				

企业名称	爱唱数码科技（上海）有限公司				
企业地址	上海市桂林南路105号5幢214室（200237）				
投资总额	140万USD	电话	51751788	传真	51751777
设立日期	2007-4-23	负责人	曾炳荣		
主营业务	设计、开发、制作计算机网络平台、软件，销售产品，提供技术咨询。				

企业名称	逻辑通（上海）系统工程有限公司				
企业地址	上海市南汇区康桥镇康意路188号402室（201315）				
投资总额	1000万USD	电话	68062533	传真	68062531
设立日期	2007-4-23	负责人	林庆伟		
主营业务	研发、生产制卡设备、自动售卡、售货设备、智能卡，计算机软件开发。				

企业名称	上海尚媒软件技术有限公司				
企业地址	上海市浦东新区光明路718号804室（200108）				
投资总额	61万USD	电话	62470788	传真	62471368
设立日期	2007-4-19	负责人	吕品良		
主营业务	开发、制作计算机系统软件，销售产品，提供技术咨询和技术服务。				

企业名称	基信康信息技术（上海）有限公司				
企业地址	上海市长宁区天山西路789号1幢232室（200335）				
投资总额	20万USD	电话	52063366	传真	52063376
设立日期	2007-4-18	负责人	徐向峰		
主营业务	设计、研究、开发无线通讯产品和相关软件，销售公司自产产品。				

企业名称	翱欧邻信息安全科技（上海）有限公司				
企业地址	上海市张江高科技园区毕生路289弄3号楼602室（201203）				
投资总额	65万USD	电话	33932882	传真	33932885
设立日期	2007-4-18	负责人	PARK DONG HYUCK（朴东赫）		
主营业务	计算机软件、网络安全设备及其零部件开发，设计，产品系统集成。				

企业名称	飞利浦建兴数字系统（上海）有限公司				
企业地址	上海市天目西路218号1座2309室（200070）				
投资总额	100万USD	电话	31263296	传真	63175448
设立日期	2007-4-18	负责人	STEPHEN HO KIAM KONG		
主营业务	研究、设计、开发、测试光存储模块，上述同类商品的批发、佣金代理。				

企业名称	伍盛计算机科技（上海）有限公司				
企业地址	上海市浦东新区金桥出口加工区金沪路1143号4楼B座（201206）				
投资总额	50万USD	电话	51692767	传真	23010267
设立日期	2007-4-17	负责人	蓝健伦（LAN CHIEN-LUN）		
主营业务	设计、生产、加工电脑及其零部件；计算机软件开发、制作，销售产品。				

企业名称	上海斯歌信息技术有限公司				
企业地址	上海市张江高科技园区郭守敬路351号2号楼A608-14室（201203）				
投资总额	14万USD	电话	64389586	传真	64389556
设立日期	2007-4-17	负责人	KOH WENG HIM		
主营业务	网络技术研发，计算机系统集成设计、安装、调试、维护，软件的开发。				

企业名称	菱东信息技术（上海）有限公司				
企业地址	上海市郭守敬路498号浦东软件园22301-1212座（201203）				
投资总额	14万USD	电话	58427795	传真	58427795
设立日期	2007-4-17	负责人	饭田哲郎		
主营业务	计算机软件开发、设计、制作，销售产品，系统集成设计、安装、调试。				

企业名称	优看网络技术（上海）有限公司				
企业地址	上海市静安区康定路358号16幢101室（200040）				
投资总额	14万USD	电话	62258059	传真	64665285
设立日期	2007-4-12	负责人	ANGELITO PEREZ TAN		
主营业务	网络技术开发，计算机网络平台设计、开发，计算机系统集成设计安装。				

企业名称	翰佳软件（上海）有限公司				
企业地址	上海市杨浦区四平路1059号236室（200090）				
投资总额	10万USD	电话	59836200	传真	59836284
设立日期	2007-4-12	负责人	JONATHAN WU		
主营业务	计算机软件的开发、生产，销售自产产品，并提供相关技术咨询服务。				

企业名称	迅桐网络研发（上海）有限公司				
企业地址	上海市漕河泾开发区内古美路 1515 号 19 号楼 4、5 楼（200233）				
投资总额	200 万 USD	电　话	24050816	传　真	24050880
设立日期	2007-4-10	负 责 人	RICHARD GAYNOR		
主营业务	网络设备研究和开发，自研成果许可和转让，相关技术支持和咨询服务。				

企业名称	德锐（上海）软件技术有限公司				
企业地址	上海市浦东新区浦东南路 999 号 30A（200120）				
投资总额	20 万 USD	电　话	51388338	传　真	51388339
设立日期	2007-4-6	负 责 人	KON KHAR HUI		
主营业务	计算机系统集成、软件产品的开发应用、调试和维护，并提供技术服务。				

企业名称	幻熊信息技术（上海）有限公司				
企业地址	上海市浦东新区张杨路 838 号华都大厦 25 层 J 室（200122）				
投资总额	14 万 USD	电　话	50819100	传　真	50819100
设立日期	2007-4-3	负 责 人	颜栋		
主营业务	计算机软件开发、设计、制作及自有产品的销售，市场营销策划咨询。				

企业名称	上海恒辉能效信息科技有限公司				
企业地址	上海市张江高科技园区郭守敬路 351 号 2 号楼 A608-11 室（201203）				
投资总额	14 万 USD	电　话	64183050	传　真	34160290
设立日期	2007-4-3	负 责 人	OLIVER FRANCIS DOWSON		
主营业务	计算机网络技术、计算机信息系统技术、计算机工程技术的开发、设计。				

企业名称	天钰信息科技（上海）有限公司				
企业地址	上海市张江高科技园区毕升路 289 弄 3 号 201、202 室（201203）				
投资总额	70 万 USD	电　话	50276656	传　真	50276652
设立日期	2007-4-2	负 责 人	许思澄		
主营业务	信息应用软件开发、设计、测试、制作；销售自产产品并提供技术咨询。				

企业名称	阿里巴巴软件（上海）有限公司				
企业地址	上海市张江高科技园区郭守敬路 351 号 2 号楼 A608-15 室（201203）				
投资总额	100 万 USD	电　话	68471198	传　真	
设立日期	2007-4-2	负 责 人	马　云		
主营业务	计算机软件开发、设计、制作，销售产品，网络技术、多媒体技术研发。				

企业名称	上海欧奥科斯信息科技有限公司				
企业地址	上海市长宁区古北路 666 号 1603A 室（200336）				
投资总额	38.6 万 USD	电　话	64483655	传　真	64483655
设立日期	2007-3-27	负 责 人	落合伸治		
主营业务	计算机软件的设计、制作、开发，销售自产产品并提供相关的技术咨询。				

企业名称	掌诺（上海）软件科技有限公司				
企业地址	上海市郭守敬路 498 号浦东软件园 14 幢 22301-1215 座（201203）				
投资总额	10 万 USD	电　话	68868335	传　真	68868335
设立日期	2007-3-26	负 责 人	林立基		
主营业务	软件开发、设计、制作、销售自产产品并提供相关技术咨询及技术服务。				

企业名称	影莅驰信息技术（上海）有限公司				
企业地址	上海市黄浦区福州路 666 号 15 楼 B、C 室（200001）				
投资总额	100 万 USD	电　话	51172360	传　真	51172350
设立日期	2007-3-22	负 责 人	BO WU		
主营业务	设计、开发、制作数字音、视频解码、压缩设备集成电路、系统软件。				

企业名称	趣博信息科技（上海）有限公司				
企业地址	上海市郭守敬路 498 号浦东软件园 14 幢 22301-1211 座（201203）				
投资总额	11 万欧元	电　话	53085929	传　真	53082056
设立日期	2007-3-19	负 责 人	张　文		
主营业务	互联网应用软件开发、设计、制作，网络技术的开发、设计，销售产品。				

企业名称	上海轶龙信息技术有限公司				
企业地址	上海市郭守敬路 498 号浦东软件园 14 幢 22301-1209 座（201203）				
投资总额	50 万 RMB	电　话	54234807	传　真	54234807
设立日期	2007-3-19	负 责 人	JIANHUA WANG		
主营业务	应用软件、无线传感网络技术的研发，提供相关技术服务。				

企业名称	撼维数码科技（上海）有限公司				
企业地址	上海市崇明县堡镇向阳路西首 4 幢 307 室（202150）				
投资总额	100 万 USD	电　话	54253939	传　真	54258999
设立日期	2007-3-14	负 责 人	卞模良		
主营业务	从事三 D 视屏技术及相关的技术咨询、技术服务、国际经济咨询。				

企业名称	上海翔同软件有限公司				
企业地址	上海市闵行区光华路 1508 号 202 室（201100）				
投资总额	180 万 RMB	电　话	52765770	传　真	34120824
设立日期	2007-3-13	负 责 人	RAYMOND LIN		
主营业务	开发和生产计算机软件，销售自产产品并提供相关技术咨询。				

企业名称	上海黑快马软件科技有限公司				
企业地址	上海市静安区北京西路 1465 号 501 室（200041）				
投资总额	50 万 USD	电　话	52120167	传　真	52120169
设立日期	2007-3-9	负 责 人	李经康		
主营业务	设计、开发计算机软件、销售自产产品及相关的配套服务。				

企业名称	传弈（上海）信息科技有限公司				
企业地址	上海市张江高科技园区郭守敬路 351 号 2 号楼 A608-06 室（201203）				
投资总额	14 万 USD	电　话	58354941	传　真	58350996
设立日期	2007-3-7	负 责 人	祁泽宇		
主营业务	计算机软件的开发、设计、研究和制作，销售产品，并提供售后服务。				

企业名称	好耶信息技术（上海）有限公司				
企业地址	上海市长宁区江苏路 369 号 28 楼 F 室（200050）				
投资总额	200 万 USD	电　话	33728866	传　真	33729066
设立日期	2007-3-6	负 责 人	王建岗		
主营业务	计算机软件的开发、设计、生产，销售自产产品并提供售后服务。				

企业名称	核聚信息科技（上海）有限公司				
企业地址	上海市长宁区延安西路 1599 号 20 幢 801、803-808 室（200050）				
投资总额	35 万 USD	电　话	62116891	传　真	62116778
设立日期	2007-3-2	负 责 人	白羽挥		
主营业务	设计、开发、制作电脑软件，销售自产产品，并提供技术咨询服务。				

企业名称	奔迈优势移动计算机技术（上海）有限公司				
企业地址	上海市漕河泾开发区桂平路 418 号兴园科技广场大厦 1501 室（200233）				
投资总额	84 万 USD	电　话	64734871	传　真	
设立日期	2007-2-27	负 责 人	KAREN LANGOSCH HARRISON		
主营业务	研究开发应用于移动计算和智能电话产品的硬件和软件，自有技术转让。				

企业名称	易安信信息技术研发（上海）有限公司				
企业地址	上海市张江高科技园区郭守敬路 351 号 2 号楼 427 室（201203）				
投资总额	200 万 USD	电　话	61601168	传　真	58776760
设立日期	2007-2-16	负 责 人	PAUL THOMAS DACIER		
主营业务	数据存储信息技术和软件的研发，技术成果的转让，提供相关技术咨询。				

企业名称	埃尔锐博软件技术服务（上海）有限公司				
企业地址	上海市黄浦区九江路 333 号 2902 室（200001）				
投资总额	14 万 USD	电　话	63607700	传　真	63609807
设立日期	2007-2-16	负 责 人	UMESH KUMAR SINGH		
主营业务	软件开发；软件的批发、进出口和提供咨询服务、技术支持、技术服务。				

企业名称	构思网络科技（上海）有限公司				
企业地址	上海市浦东新区曹路镇秦家港路 1723 号 1 幢（201200）				
投资总额	6.5 万 USD	电　话	64781036	传　真	64781036
设立日期	2007-2-15	负 责 人	王容钧		
主营业务	计算机软件、通信软件的开发、设计、制作，销售自产产品。				

企业名称	五匹马（上海）网络科技有限公司				
企业地址	上海市浦东新区东方路 800 号宝安大厦 1305 室（200122）				
投资总额	30 万 USD	电　话	68753825	传　真	68753826
设立日期	2007-2-14	负 责 人	IPAI TERRY HSIAO		
主营业务	设计、开发、制作计算机应用软件，销售产品并提供相关的技术咨询。				

企业名称	伊比仕信息科技（上海）有限公司				
企业地址	上海市张江高科技园区郭守敬路 351 号 2 号楼 429 室（201203）				
投资总额	14 万 USD	电　话	68414392	传　真	68414393
设立日期	2007-2-14	负 责 人	ROBERT CHUNG-HSIN TAN（谭中兴）		
主营业务	计算机软件的开发、设计和制作，销售自产产品，并提供技术咨询。				

企业名称	杰触信息技术（上海）有限公司				
企业地址	上海市张江高科技园区郭守敬路 498 号 14 幢 22301-1197 座（201203）				
投资总额	14 万 USD	电　话	62470455	传　真	62470453
设立日期	2007-2-9	负 责 人	单　天		
主营业务	计算机软件的研究、开发、设计、制作，销售自产产品。				

社会服务业-计算机应用及科技服务业

企业名称	住商信息系统（上海）有限公司				
企业地址	上海市浦东新区陆家嘴环路 1000 号江丰大厦 40 楼 40-011 室（200120）				
投资总额	50 万 USD	电　话	61461898	传　真	
设立日期	2007-2-8	负责人	小川和博		
主营业务	计算机、网络软件开发，网络设计、安装、维护及相关配套服务。				

企业名称	索尼（上海）信息技术有限公司				
企业地址	上海市松江工业区江田东路 99 号 2 号厂房第 2 层（201613）				
投资总额	100 万 USD	电　话	57745028	传　真	57745457
设立日期	2007-2-8	负责人	DIETER DAUM		
主营业务	生产、加工计算机、家电及电子设备的周边产品，开发制作电脑软件。				

企业名称	上海力恺软件有限公司				
企业地址	上海市闵行区东川路 555 号乙号楼 5066 室（200241）				
投资总额	51 万 USD	电　话	34293088	传　真	34293011
设立日期	2007-2-7	负责人	王力群		
主营业务	开发、设计、生产计算机软件，销售自产产品并提供相关服务。				

企业名称	埃思本软件技术（上海）有限公司				
企业地址	上海市张江高科技园区金科路 2966 号北楼三层 301 室（201203）				
投资总额	14 万 USD	电　话	51375000	传　真	51375100
设立日期	2007-2-7	负责人	ANTONIO JOSE MAEER PIETRI		
主营业务	计算机软件产品开发、设计和测试，并提供相关的技术支持及咨询服务。				

企业名称	友之息（上海）网络科技有限公司				
企业地址	上海市虹口区东江湾路 188 号 9 号楼 208 室（200081）				
投资总额	10 万 USD	电　话	65876027	传　真	65876027
设立日期	2007-2-6	负责人	曹祖佑		
主营业务	计算机网络应用软件的开发、设计、制作，销售产品并提供技术咨询。				

企业名称	百柯菲信息技术（上海）有限公司				
企业地址	上海市张江高科技园区科苑路 151 号 6 楼 601 室（201203）				
投资总额	120 万 USD	电　话	62370275	传　真	62370042
设立日期	2007-2-1	负责人	GAO YUN FENG		
主营业务	计算机软件的开发、设计、制作，销售产品，网络技术的开发、设计。				

企业名称	星汇易信息技术服务（上海）有限公司				
企业地址	上海市浦东新区东方路 69 号裕景国际商务大厦 1704 室（200121）				
投资总额	100 万 USD	电　话	51380538	传　真	
设立日期	2007-2-1	负责人	PHILIP DAVID BECK		
主营业务	信息技术咨询，项目管理咨询，数据处理技术研究，系统集成安装。				

企业名称	司特令软件（上海）有限公司				
企业地址	上海市卢湾区太仓路 233 号 25 层 5 及 6 单元（200021）				
投资总额	14 万 USD	电　话	61414777	传　真	61414799
设立日期	2007-2-1	负责人	MICHAEL A. MEYER		
主营业务	开发、设计和生产计算机应用软件，销售产品，提供相关的咨询服务。				

企业名称	证宁信息技术（上海）有限公司				
企业地址	上海市郭守敬路 498 号浦东软件园 14 幢 22301-1196 座（201203）				
投资总额	50 万 USD	电　话	50819999	传　真	50819798
设立日期	2007-1-31	负责人	赵志伟		
主营业务	网络数据库的开发、设计、维护，计算机软件的研发、设计、制作。				

企业名称	喜科（上海）软件系统有限公司				
企业地址	上海市浦东新区商城路 738 号 707 室（200120）				
投资总额	10 万欧元	电　话	58363553	传　真	50540496
设立日期	2007-1-31	负责人	LHOPITEAU BRUNO RODOLPHE		
主营业务	计算机应用软件的开发、设计、制作、销售自产产品。				

企业名称	百客信息技术（上海）有限公司				
企业地址	上海市长宁区遵义路 100 号 A 栋 2910 室（200051）				
投资总额	125 万 USD	电　话	62372277	传　真	62370042
设立日期	2007-1-30	负责人	GAO YUN FENG		
主营业务	计算机软硬件的开发、设计、网络技术开发及设计，销售自产产品。				

企业名称	天速特信息科技（上海）有限公司				
企业地址	上海市江场西路 395 号 323 室（200436）				
投资总额	18 万 USD	电　话	51095110	传　真	56776647
设立日期	2007-1-29	负责人	苏正贤		
主营业务	智能软件开发，智能系统及智能设备的开发，销售自产产品。				

企业名称	元丰信息科技（上海）有限公司				
企业地址	上海市浦东新区金桥出口加工区金沪路 1143 号 4 楼 A 座（201206）				
投资总额	100 万 USD	电　话	51096766	传　真	23010268
设立日期	2007-1-17	负责人	徐律哲		
主营业务	计算机软件的研发、制作，计算机系统集成设计、调试与维护。				

企业名称	智善（上海）信息技术有限公司				
企业地址	上海市静安区南京西路 1486 号 3 号楼 518 室（200040）				
投资总额	2300 万日元	电　话	68406173	传　真	68406173
设立日期	2007-1-15	负责人	高间贞男		
主营业务	计算机软件开发、制作，销售自产产品，计算机信息系统的技术支持。				

企业名称	光速信息科技（上海）有限公司				
企业地址	上海市浦东新区杨高北路 528 号 14 幢 6015 室（200137）				
投资总额	30 万 USD	电　话	63181212	传　真	63500825
设立日期	2007-1-11	负责人	吴炎良		
主营业务	网络通讯系统、智能终端控制技术及软件研发，系统集成的设计、安装。				

企业名称	上海达喜斯软件科技有限公司				
企业地址	上海市郭守敬路 498 号浦东软件园 14 幢 22301-1190 座（201203）				
投资总额	7 万 USD	电　话	58363820	传　真	58363821
设立日期	2007-1-10	负责人	ISHII SHOJI（石井照司）		
主营业务	计算机软件开发、设计、制作，销售产品，计算机系统集成设计、调试。				

企业名称	莱佛士信息科技（上海）有限公司				
企业地址	上海市虹口区水电路 393 弄 2 号 1003 室（200082）				
投资总额	14 万 USD	电　话	65602222	传　真	65602222
设立日期	2007-1-9	负责人	HO PUI FUN		
主营业务	计算机软硬件的开发、制作，销售产品，计算机系统集成的设计、安装。				

企业名称	上海环宇太平洋信息科技有限公司				
企业地址	上海市浦东新区张杨路 721 号 542 室（200122）				
投资总额	14 万 USD	电　话	54905900	传　真	64684565
设立日期	2006-12-29	负责人	林怀仁		
主营业务	计算机、多媒体、网络软件的研究、开发、制作，销售自产产品。				

企业名称	上海英琪信息技术咨询有限公司				
企业地址	上海市浦东新区张杨路 721 号 546 室（200122）				
投资总额	14 万 USD	电　话	54905900	传　真	64684565
设立日期	2006-12-29	负责人	王大鑫（JEFF DA-SHIN WANG）		
主营业务	计算机软件、硬件的设计、开发，提供相关技术咨询和技术服务。				

企业名称	上海英越信息技术咨询有限公司				
企业地址	上海市浦东新区张杨路 721 号 548 室（200122）				
投资总额	14 万 USD	电　话	54905900	传　真	64684565
设立日期	2006-12-29	负责人	王大鑫（JEFF DA-SHIN WANG）		
主营业务	计算机软件、硬件的设计、开发，提供相关技术咨询和技术服务。				

企业名称	永琪软件（上海）有限公司				
企业地址	上海市郭守敬路 498 号浦东软件园 14 幢 22301-1192 座（201203）				
投资总额	3 万 USD	电　话	68407106	传　真	68407106
设立日期	2006-12-29	负责人	王采勇		
主营业务	计算机软件的开发、设计、制作，投资咨询、企业管理咨询。				

企业名称	上海英铭信息技术咨询有限公司				
企业地址	上海市浦东新区张杨路 721 号 545 室（200122）				
投资总额	14 万 USD	电　话	54905900	传　真	64684565
设立日期	2006-12-29	负责人	王大鑫（JEFF DA-SHIN WANG）		
主营业务	计算机软件、硬件的设计、开发，提供相关技术咨询和技术服务。				

企业名称	上海英坦丁信息技术咨询有限公司				
企业地址	上海市浦东新区张杨路 721 号 547 室（200122）				
投资总额	14 万 USD	电　话	54905900	传　真	64684565
设立日期	2006-12-29	负责人	王大鑫（JEFF DA-SHIN WANG）		
主营业务	计算机软件、硬件的设计、开发，提供相关技术咨询和技术服务。				

企业名称	上海英康信息技术咨询有限公司				
企业地址	上海市浦东新区张杨路 721 号 549 室（200122）				
投资总额	14 万 USD	电　话	54905900	传　真	64684565
设立日期	2006-12-29	负责人	王大鑫（JEFF DA-SHIN WANG）		
主营业务	计算机软件、硬件的设计、开发，提供相关技术咨询和技术服务。				

企业名称	上海摩比源软件技术有限公司				
企业地址	上海市虹口区丰镇路 806 号 4 号楼 4009 室（200000）				
投资总额	14 万 USD	电　　话	63343999	传　　真	63343393
设立日期	2006-12-26	负 责 人	DUY LINH TANG		
主营业务	从事软件研发，信息系统集成、维护管理，电脑图文制作，提供咨询。				

企业名称	畅视网络技术（上海）有限公司				
企业地址	上海市浦东新区张杨路 500 号 28 层 G 单元（200135）				
投资总额	14 万 USD	电　　话	64736048	传　　真	64736148
设立日期	2006-12-20	负 责 人	ALLEN THOMAS PREECE		
主营业务	开发、设计数字视频系统、电脑与网络通讯系统、可视电话会议系统。				

企业名称	爱狄爱特数码科技（上海）有限公司				
企业地址	上海市长乐路 672 弄 33 号 5 幢 301 室（200040）				
投资总额	10 万 USD	电　　话	54040778	传　　真	54040522
设立日期	2006-12-18	负 责 人	MINZE FAN		
主营业务	计算机辅助设计（三维 CAD），平面设计制作，三维动画设计制作。				

企业名称	上海帕泰电子信息技术有限公司				
企业地址	上海市江场三路 165 号 101 室（200436）				
投资总额	14 万 USD	电　　话	61398577	传　　真	61398577
设立日期	2006-12-15	负 责 人	XIAO PANG GUO		
主营业务	设计、研发、制作收银机及相关软件，系统集成，酒店管理系统软件。				

企业名称	尚瑞薪才信息技术（上海）有限公司				
企业地址	上海市张江高科技园区碧波路 690 号 2 号楼 201-B 室（201203）				
投资总额	215 万 USD	电　　话	50278058	传　　真	50278059
设立日期	2006-12-13	负 责 人	张　咏		
主营业务	计算机软件的开发、设计、制作；销售自产产品，提供相关技术咨询。				

企业名称	高陆凯信息科技（上海）有限公司				
企业地址	上海市浦东新区浦东南路 1101 号 621 室（200120）				
投资总额	4 万 USD	电　　话	53757188	传　　真	63862199
设立日期	2006-12-12	负 责 人	大野秀昭		
主营业务	研究、设计、开发、制作计算机软件和数据库系统，销售自产产品。				

企业名称	联衡网络数据（上海）有限公司				
企业地址	上海市张江高科技园区郭守敬路 351 号 2 号楼 532 室（201203）				
投资总额	100 万 USD	电　　话	62537766	传　　真	62534548
设立日期	2006-12-11	负 责 人	谢　巍		
主营业务	网络数据库的设计、分析、维护，网络技术的研发，提供相关技术咨询。				

企业名称	上海长颈鹿信息技术有限公司				
企业地址	上海市上中路 462 号 19 号楼 436 室（200231）				
投资总额	14 万 USD	电　　话	54108802	传　　真	54108803
设立日期	2006-12-5	负 责 人	BABY LYN JAVIER BRIONES		
主营业务	开发、设计、制作计算机软件，系统集成，销售自产产品，提供咨询。				

企业名称	豪景信息技术（上海）有限公司				
企业地址	上海市浦东新区川桥路 1000 号 2 幢 201 室（201206）				
投资总额	400 万 USD	电　　话	61625227	传　　真	61625223
设立日期	2006-12-4	负 责 人	王仕峰		
主营业务	计算机软件开发、设计、制作，网络系统集成设计、安装、调试、维护。				

企业名称	智伟航信（上海）软件有限公司				
企业地址	上海市浦东新区民生路 1518 号 A 楼 704 室（200135）				
投资总额	14 万 USD	电　　话	68598060	传　　真	68598070
设立日期	2006-11-29	负 责 人	GEOFFREY GODET		
主营业务	计算机软件的生产和开发，自有产品的安装、调试、维修和维护。				

企业名称	卡迈奇信息科技（上海）有限公司				
企业地址	上海市闵行区联航路 1588 号 1#业务楼（南楼）5 层（201112）				
投资总额	50 万 USD	电　　话	54325022	传　　真	
设立日期	2006-11-28	负 责 人	陈宥杉		
主营业务	计算机软件研发、制作，销售自产产品，提供计算机软件技术开发咨询。				

企业名称	升丰电子信息科技（上海）有限公司				
企业地址	上海市奉贤区奉城镇神州路 288 号（201411）				
投资总额	250 万 USD	电　　话	50272693	传　　真	50274990
设立日期	2006-11-27	负 责 人	WANG EMILY PING		
主营业务	研发、制造电子防盗系统、电子智能控制系统及相关软、硬件。				

企业名称	博览达软件科技（上海）有限公司				
企业地址	上海市张江高科技园区郭守敬路 351 号 2 号楼 421 室（201203）				
投资总额	48 万 USD	电　　话	52400270	传　　真	52400275
设立日期	2006-11-23	负 责 人	CHEWEI LARRY CHANG		
主营业务	计算机软件的开发、设计、制作；销售自产产品；计算机系统集成设计。				

企业名称	利得玛工业设计（上海）有限公司				
企业地址	上海市田州路 159 号 10 单元 101 室（200031）				
投资总额	25 万 USD	电　　话	52068989	传　　真	52066738
设立日期	2006-11-23	负 责 人	RYAN ANTHONY MC MUNN		
主营业务	小型工具设计、公司形象设计、商务咨询、市场营销策划及咨询。				

企业名称	壹博（上海）信息科技有限公司				
企业地址	上海市柳营路 8 号 6 号楼 622 室（200082）				
投资总额	10 万 RMB	电　　话	62090885	传　　真	62190738
设立日期	2006-11-21	负 责 人	郑　伟		
主营业务	软件设计、开发与制作，销售自产产品，并提供相关的技术支持。				

企业名称	第一太平洋科技（上海）有限公司				
企业地址	上海市四平路 710 号 703-T 室（200086）				
投资总额	20 万 USD	电　　话	63538610	传　　真	63534426
设立日期	2006-11-21	负 责 人	章海东		
主营业务	开发、设计计算机软件及制造配套硬件设备，提供相关的技术咨询。				

企业名称	特玛捷票务信息技术（上海）有限公司				
企业地址	上海市科苑路 88 号德意志工商中心 2 幢 701（区）部分（201203）				
投资总额	50 万 USD	电　　话	58589637	传　　真	58589839
设立日期	2006-11-17	负 责 人	ALAN DEZON		
主营业务	与票务相关的软件的开发、设计和制作，并提供相关的技术咨询。				

企业名称	点识网络技术（上海）有限公司				
企业地址	上海市科苑路 88 号上海德国中心 2 幢 202（区）部分 215-220（201203）				
投资总额	200 万 USD	电　　话	50277104	传　　真	50277054
设立日期	2006-11-17	负 责 人	杨基宽		
主营业务	网络技术开发；计算机软件开发、制作；销售自产产品，提供相关咨询。				

企业名称	英坊信息技术（上海）有限公司				
企业地址	上海市张江高科技园区郭守敬路 498 号 1 幢 1415 室（201203）				
投资总额	14 万 USD	电　　话	50800526	传　　真	
设立日期	2006-11-16	负 责 人	QIANJIN HU		
主营业务	计算机软件的开发、设计、制作，销售自产产品，并提供相关技术咨询。				

企业名称	亚银（上海）信息技术有限公司				
企业地址	上海市张江高科技园区郭守敬路 351 号 2 号楼 A606-13 室（201203）				
投资总额	75 万 USD	电　　话	50583585	传　　真	50583635
设立日期	2006-11-16	负 责 人	王悦书		
主营业务	计算机软件的开发和制作；销售自产产品；系统集成的调试、维护。				

企业名称	伟伯利网络技术（上海）有限公司				
企业地址	上海市张江高科技园区郭守敬路 351 号 2 号楼 A606-08 室（201203）				
投资总额	100 万 RMB	电　　话	68766593	传　　真	68766593
设立日期	2006-11-16	负 责 人	DOMINIQUE GAYLE FISHER		
主营业务	网络技术的开发，计算机软件的开发、设计、制作，销售自产产品。				

企业名称	日浦福博软件科技（上海）有限公司				
企业地址	上海市张江高科技园区郭守敬路 351 号 2 号楼 A606-10 室（201203）				
投资总额	14 万 USD	电　　话	68595995	传　　真	68599897
设立日期	2006-11-14	负 责 人	严　峰		
主营业务	计算机软件的开发、设计、制作，销售自产产品，提供相关的技术服务。				

企业名称	上海嘉亮信息科技有限公司				
企业地址	上海市上中路 426 号 19 号楼 418 室（200231）				
投资总额	100 万港币	电　　话	50940623	传　　真	50940623
设立日期	2006-11-14	负 责 人	施昀亮		
主营业务	开发、设计、制作计算机软件，系统集成，销售自产产品，提供咨询。				

企业名称	上海富昱特图像技术有限公司				
企业地址	上海市茶陵北路 20 号 301B 室（200211）				
投资总额	20 万 USD	电　　话	51702338	传　　真	51702337
设立日期	2006-11-14	负 责 人	林诗灵		
主营业务	图像制作，媒体资产管理软件及图像处理软件的开发、设计和制作。				

企业名称	速索信息技术（上海）有限公司				
企业地址	上海市闵行区东川路 555 号乙楼 5005 室（200241）				
投资总额	15 万 USD	电　话	62499691	传　真	62499692
设立日期	2006-11-14	负责人	KIAT CHAI TONG		
主营业务	开发、设计、生产计算机软件，销售自产产品，提供相关技术咨询服务。				

企业名称	惠孚网络技术（上海）有限公司				
企业地址	上海市番禺路 1028 号 902 室（200030）				
投资总额	1000 万 USD	电　话	64486999	传　真	64485322
设立日期	2006-11-7	负责人	GOH KIM SENG MICHAEL		
主营业务	网络技术开发、金融支付软件设计、制作及数据外包处理，销售产品。				

企业名称	英佩数码科技（上海）有限公司				
企业地址	上海市长宁区长宁路 1027 号 3603 室（200050）				
投资总额	100 万 USD	电　话	52418252	传　真	52418252
设立日期	2006-11-7	负责人	LAU KA SHUN		
主营业务	研究、开发计算机软件，并提供相关技术咨询，系统集成，销售产品。				

企业名称	维迩森室内建筑设计（上海）有限公司				
企业地址	上海市卢湾区淮海中路 300 号 1803 室（200021）				
投资总额	14 万 USD	电　话	63870866	传　真	63870766
设立日期	2006-11-1	负责人	BERNARD HIMEL		
主营业务	室内建筑装潢设计咨询、建筑景观设计咨询、企业形象策划、企业策划。				

企业名称	五人易软件（上海）有限公司				
企业地址	上海市襄阳南路 175 号 502 室（200031）				
投资总额	14 万 USD	电　话	64660162	传　真	64318031
设立日期	2006-10-31	负责人	先树森		
主营业务	财务软件、计算机防御系统软件的开发、生产、销售自产产品。				

企业名称	韩斯图文设计（上海）有限公司				
企业地址	上海市奉贤区奉浦大道 111 号 1205 室（201400）				
投资总额	14 万 USD	电　话	52683337	传　真	52683339
设立日期	2006-10-30	负责人	文铉浩		
主营业务	图文设计、展会代理、网页设计、网络维护。				

企业名称	帕拉达信息科技（上海）有限公司				
企业地址	上海市奉贤区奉浦大道 111 号 803 室（201400）				
投资总额	14 万 USD	电　话	64658166	传　真	64658166
设立日期	2006-10-30	负责人	柳钟必		
主营业务	软件技术开发、技术咨询、技术服务、软件开发及销售。				

企业名称	希连卓系统软件咨询（上海）有限公司				
企业地址	上海市浦东新区东方路 710 号 303 室（200122）				
投资总额	14 万 USD	电　话	61289288	传　真	61289298
设立日期	2006-10-27	负责人	PETER ANTHONY BONEE JR		
主营业务	计算机软件设计，计算机系统集成设计、开发、调试、维护，技术咨询。				

企业名称	科理特信息技术（上海）有限公司				
企业地址	上海市浦东新区灵山路 958 号 11 幢 568 室（200127）				
投资总额	30 万 RMB	电　话	51381505	传　真	51381505
设立日期	2006-10-27	负责人	酒造 孝		
主营业务	计算机软件的开发、制作；通信设备的研究开发；商务咨询；销售产品。				

企业名称	安垒信息技术（上海）有限公司				
企业地址	上海市张江高科技园区祖冲之路 1559 号 2 幢 3032 室（201203）				
投资总额	1.5 万 USD	电　话	50793328	传　真	50793327
设立日期	2006-10-27	负责人	ALAN WATSON STEELMAN JR		
主营业务	网络信息安全技术的开发、设计；计算机软件的开发、设计、制作。				

企业名称	微云软件（上海）有限公司				
企业地址	上海市黄浦区延安东路 110 号底层 A 座（200003）				
投资总额	20 万 USD	电　话	51697501	传　真	51529829
设立日期	2006-10-26	负责人	杨也（执行董事）		
主营业务	计算机软件开发、设计和制作，销售本公司生产的计算机软件。				

企业名称	优径（上海）软件开发有限公司				
企业地址	上海市小木桥路 251 号 1304 室（200032）				
投资总额	14 万 USD	电　话	64172110	传　真	64176201
设立日期	2006-10-25	负责人	JUNWEN YUAN		
主营业务	计算机应用软件开发、设计、制作，销售自产产品，电脑硬件设计咨询。				

企业名称	丞信汽车信息科技（上海）有限公司				
企业地址	上海市浦东新区宁桥路 615 号 2 幢 6 楼（201206）				
投资总额	20 万 USD	电　话	50314317	传　真	50316022
设立日期	2006-10-24	负责人	倪集熙		
主营业务	设计、组装、加工汽车用电子产品、信息多媒体产品及相关软件的研发。				

企业名称	上海巍德工业产品设计有限公司				
企业地址	上海市昌平路 68 号 626 室（200042）				
投资总额	14 万 USD	电　话	52288112	传　真	52288119
设立日期	2006-10-24	负责人	GERHARD SEIZER		
主营业务	工业产品设计,图像、多媒体领域产品与零件的产品设计和商标设计。				

企业名称	盈丰信息技术（上海）有限公司				
企业地址	上海市钦州路 100 号 1 号楼 905 室（200235）				
投资总额	20 万 USD	电　话	54640077	传　真	64088309
设立日期	2006-10-23	负责人	MA THO DUC		
主营业务	计算机软件的设计、开发、制作；计算机系统集成的设计、调试、维护。				

企业名称	诺埃蒂信息科技（上海）有限公司				
企业地址	上海市张江高科技园区科苑路 151 号 5 楼 5106 室（201203）				
投资总额	1200 万港币	电　话	62181353	传　真	62181353
设立日期	2006-10-23	负责人	韩　蕾		
主营业务	通信技术的开发，通信软件的设计、制作，销售自产产品，提供咨询。				

企业名称	上海智趣信息技术有限公司				
企业地址	上海市静安区常熟路 88-90 号 218 室（200041）				
投资总额	14 万 USD	电　话	54036977	传　真	54038993
设立日期	2006-10-20	负责人	莫赞生		
主营业务	计算机软件开发、设计、制作，销售自产产品；网络技术的开发、设计。				

企业名称	优准软件科技（上海）有限公司				
企业地址	上海市黄浦区延安东路 222 号 1836 室（200003）				
投资总额	14 万 USD	电　话	61323860	传　真	61323860
设立日期	2006-10-20	负责人	TAN THIAM WEE（执行董事）		
主营业务	从事计算机软硬件产品开发、研究、制作，销售本公司计算机产品。				

企业名称	上海方象软件有限公司				
企业地址	上海市沪闵路 9818 号 502 室（200030）				
投资总额	14 万 USD	电　话	64878735	传　真	64879904
设立日期	2006-10-19	负责人	郑清然		
主营业务	计算机软件研制、设计、开发、销售自产产品并提供售后服务和咨询。				

企业名称	汉荣信息技术（上海）有限公司				
企业地址	上海市张江高科技园区祖冲之路 1559 号 2 幢 1005 室（201203）				
投资总额	210 万 USD	电　话	51781412	传　真	51781381
设立日期	2006-10-18	负责人	何惠银		
主营业务	计算机软件设计、开发、制作，销售自产产品，计算机硬件设计、研发。				

企业名称	印达科技（上海）有限公司				
企业地址	上海市外高桥保税区富特西一路 139 号 1311 室（200131）				
投资总额	18 万 USD	电　话	58682526	传　真	68590669
设立日期	2006-10-18	负责人	卢仲堃		
主营业务	计算机软件开发、设计、制作、销售自产产品；系统集成设计调试维护。				

企业名称	阿库纳网络技术（上海）有限公司				
企业地址	上海市浦东新区陆家嘴东路 166 号 9 楼 08-10 室（200120）				
投资总额	100 万 USD	电　话	68419908	传　真	68419918
设立日期	2006-10-16	负责人	STUART SAUL KAUDER		
主营业务	网络技术设计、开发、系统集成安装调试维护；软件设计开发制作。				

企业名称	杰恩士信息科技（上海）有限公司				
企业地址	上海市浦东新区浦东南路 855 号 8 层 F、G、H 单元（200122）				
投资总额	350 万 RMB	电　话	68880701	传　真	68880702
设立日期	2006-10-13	负责人	中村和彦		
主营业务	计算机软件及硬件设计、研发、制作：自有技术成果的转让、技术咨询。				

企业名称	联制信息技术（上海）有限公司				
企业地址	上海市张江高科技园区郭守敬路 351 号 2 号楼 535 室（201203）				
投资总额	50 万 USD	电　话	61351133	传　真	61351130
设立日期	2006-10-11	负责人	LEIGH KINNEBREW		
主营业务	计算机软件、多媒体和网络系统的设计、开发、提供相关技术咨询。				

企业名称	飞龠设计策划（上海）有限公司				
企业地址	上海市冠生园路230弄22号101室（200233）				
投资总额	14万USD	电　话	62110978	传　真	62110758
设立日期	2006-10-11	负责人	尹炫翰		
主营业务	展览设计、会务服务，企业形象策划、产品外形设计。				

企业名称	竞察信息技术（上海）有限公司				
企业地址	上海市徐汇区虹梅路2008号虹梅大厦207室（200233）				
投资总额	14万USD	电　话	64853779	传　真	64853779
设立日期	2006-10-10	负责人	AN HSU		
主营业务	计算机软件的开发、设计、制作及自产产品的销售，提供相关技术服务。				

企业名称	上海好想信息技术有限公司				
企业地址	上海市浦东新区张杨路228号汤臣中心A-602室（200122）				
投资总额	14万USD	电　话	58769313	传　真	58783648
设立日期	2006-10-9	负责人	尹成镐（YUN SUNGHO）		
主营业务	计算机软件的开发、制作、销售自产产品，并提供相关的技术咨询。				

企业名称	戏谷软件（上海）有限公司				
企业地址	上海市南京西路1486号2号楼103室（200040）				
投资总额	34万USD	电　话	52895131	传　真	32180117
设立日期	2006-10-9	负责人	周建辉		
主营业务	计算机软件及其配件设计、开发，销售自产产品，并提供相关技术咨询。				

企业名称	友瀛网络科技（上海）有限公司				
企业地址	上海市闵行区联航路1588号1#业务楼（北楼）507室（201112）				
投资总额	2万USD	电　话	54325672	传　真	54325186
设立日期	2006-10-9	负责人	丁国平		
主营业务	计算机软件及网络系统工程的设计、开发、制作，销售自产产品。				

企业名称	翼科信息科技（上海）有限公司				
企业地址	上海市张江高科技园区郭守敬路351号2号楼A606-03室（201203）				
投资总额	14万USD	电　话	58360231	传　真	58360231
设立日期	2006-10-8	负责人	高桥健二		
主营业务	计算机软件及工业控制产品软件的设计、开发、制作；销售自产产品。				

企业名称	博钜数码科技（上海）有限公司				
企业地址	上海市黄浦区浙江中路400号1167室（200001）				
投资总额	12万USD	电　话	64385905	传　真	64385395
设立日期	2006-9-30	负责人	陈勇聪		
主营业务	数码产品、网络产品、计算机周边产品开发设计，计算机系统集成设计。				

企业名称	梦博（上海）信息技术有限公司				
企业地址	上海市奉贤区海湾旅游区奉炮公路448号5幢105室（201400）				
投资总额	14万USD	电　话	64182579	传　真	64182579
设立日期	2006-9-30	负责人	于　鹏		
主营业务	商务咨询（涉及行政许可的凭许可证经营）。				

企业名称	中悦祥网络科技（上海）有限公司				
企业地址	上海市番禺路1028号305室（200030）				
投资总额	25万USD	电　话	58815522	传　真	58815522-16
设立日期	2006-9-29	负责人	KIM JEONG HUN		
主营业务	LCD软件的设计、研发，自产产品的销售及相关领域的技术研发。				

企业名称	吉之福数码产品（上海）有限公司				
企业地址	上海市闵行区吴中路1361号（201103）				
投资总额	998万USD	电　话	34121071	传　真	54132370
设立日期	2006-9-29	负责人	罗明旭		
主营业务	生产加工家庭影音设备，销售自产产品。				

企业名称	迈致软件（上海）有限公司				
企业地址	上海市浦东新区杨高北路528号14幢3017室（200122）				
投资总额	10万RMB	电　话	52138877	传　真	52138083
设立日期	2006-9-28	负责人	林晓凌		
主营业务	计算机软件的开发、设计、制作，销售自产产品并提供相关技术咨询。				

企业名称	篱信软件科技（上海）有限公司				
企业地址	上海市番禺路1028号405室（200030）				
投资总额	200万USD	电　话	51575151	传　真	
设立日期	2006-9-26	负责人	张国华		
主营业务	计算机软件的研发、制作，计算机网络技术开发、设计、相关技术引进。				

企业名称	英比汀商用软件（上海）有限公司				
企业地址	上海市长宁区天山路600弄2号27A室（200051）				
投资总额	14万USD	电　话	62280560	传　真	62280576
设立日期	2006-9-26	负责人	阚祺宁		
主营业务	计算机软件的开发、设计、制作；销售自产产品；网络技术开发、设计。				

企业名称	钰江软件科技（上海）有限公司				
企业地址	上海市张江高科技园区郭守敬路351号2号楼A604-15室（201203）				
投资总额	14万USD	电　话	64282072	传　真	64282079
设立日期	2006-9-25	负责人	熊钰麟		
主营业务	计算机软件的开发、设计、制作，销售自产产品；并提供相关技术服务。				

企业名称	上海逸多信息技术有限公司				
企业地址	上海市长宁区虹桥路2266号4号楼203室（200336）				
投资总额	50万USD	电　话	62763737	传　真	62760066
设立日期	2006-9-21	负责人	郑玉龙		
主营业务	计算机软件及通讯设备软件的开发及技术咨询服务，销售公司自产产品。				

企业名称	上海天歌软件有限公司				
企业地址	上海市杨浦区国泰路11号1004室（200433）				
投资总额	11万USD	电　话	61406556	传　真	61406557
设立日期	2006-9-19	负责人	李明晓		
主营业务	计算机软件产品开发设计制作，并提供技术开发、技术支持、技术咨询。				

企业名称	上海长江创域信息科技有限公司				
企业地址	上海市张江高科技园区郭守敬路351号1号楼607室（201203）				
投资总额	20万USD	电　话	63517131	传　真	63517131
设立日期	2006-9-13	负责人	章玉宇		
主营业务	智能指纹识别产品的研发、生产，销售自产产品，提供相关的技术咨询。				

企业名称	欧斯皑自动化软件系统（上海）有限公司				
企业地址	上海市浦东新区德州路270号2幢206室（200127）				
投资总额	13万USD	电　话	58361122	传　真	58358826
设立日期	2006-9-13	负责人	BAHMAN HOVEIDA		
主营业务	计算机自动化软件研究、开发、制作；销售自产产品并提供技术咨询。				

企业名称	红箭游戏软件（上海）有限公司				
企业地址	上海市浦东新区金海路3288号4幢307室（200127）				
投资总额	14万USD	电　话	62405060	传　真	62405015
设立日期	2006-9-13	负责人	JUNG BACK SUH		
主营业务	设计、开发和制作游戏软件，销售自产产品并提供售后服务及技术支持。				

企业名称	蓝色天空数码科技（上海）有限公司				
企业地址	上海市张江高科技园区祖冲之路1559号2幢3楼3036室（201203）				
投资总额	50万USD	电　话	61526188	传　真	61526186
设立日期	2006-9-8	负责人	郭　芳		
主营业务	计算机软件的开发、设计、制作；销售自产产品；网络技术开发、设计。				

企业名称	御博信息科技（上海）有限公司				
企业地址	上海市浦东新区罗山路1502弄14号302-1室（200127）				
投资总额	11万USD	电　话	58360982	传　真	58360983
设立日期	2006-9-7	负责人	曾勤英		
主营业务	计算机软硬件的设计和研发，网络工程技术的开发以及应用。				

企业名称	上海征途信息技术有限公司				
企业地址	上海市沪闵路9858号501室（200223）				
投资总额	150万USD	电　话	64518006	传　真	64518006
设立日期	2006-9-6	负责人	张　旅		
主营业务	计算机硬件、计算机软件开发、设计、制作；计算机系统集成设备安装。				

企业名称	上海秀工房图文设计制作有限公司				
企业地址	上海市长宁区虹桥路2298号8幢227室（200336）				
投资总额	20万USD	电　话	61253167	传　真	61253169
设立日期	2006-9-6	负责人	下谷敏博		
主营业务	数字信息、多媒体图文设计制作，销售公司自产产品并提供技术咨询。				

企业名称	恩仪仕（上海）软件有限公司				
企业地址	上海市黄浦区北京东路666号东（H）楼22层F2室（200001）				
投资总额	10万USD	电　话	51571203	传　真	51571205
设立日期	2006-9-5	负责人	胡正培		
主营业务	设计、开发计算机软件，销售自产产品，提供技术支持、咨询服务。				

企业名称	万贸网络科技（上海）有限公司				
企业地址	上海市长宁区长宁路 1027 号 4108 室（200050）				
投资总额	20 万 USD	电　话	51752163	传　真	51752143
设立日期	2006-9-5	负责人	尹维安		
主营业务	设计、开发计算机软件、网络技术，并提供相关技术咨询，销售产品。				

企业名称	立倍趣信息科技（上海）有限公司				
企业地址	上海市平顺路 721 弄 8 号 102 室（200436）				
投资总额	50 万 USD	电　话	62953951	传　真	62198577
设立日期	2006-9-4	负责人	郭　晖		
主营业务	计算机软硬件设计、研发、制作，计算机系统集成，销售自产产品。				

企业名称	上海意晗信息技术有限公司				
企业地址	上海市卢湾区陕西南路 73 号底层部分（200020）				
投资总额	100 万 USD	电　话	53965690	传　真	53965691
设立日期	2006-9-1	负责人	CEORGE QUINN CHEN		
主营业务	软件开发，信息网络技术研制开发及相关技术服务咨询；销售自产产品。				

企业名称	新格信息科技（上海）有限公司				
企业地址	上海市天钥桥路 438 号 901 室（200031）				
投资总额	10 万 RMB	电　话	64642147	传　真	
设立日期	2006-8-30	负责人	陈光前		
主营业务	计算机软件的设计、开发、生产，销售自产产品，并提供技术咨询服务。				

企业名称	极立多媒体技术（上海）有限公司				
企业地址	上海市宝山区长江南路 668 号 2 楼（200441）				
投资总额	125 万 USD	电　话	66189399	传　真	66189299
设立日期	2006-8-30	负责人	JIANG ZHAO GUO		
主营业务	多媒体广告显示技术和系统的开发、研究、生产及相关的技术咨询服务。				

企业名称	部络吧信息科技（上海）有限公司				
企业地址	上海市龙华西路 2577 号 5 号楼（200232）				
投资总额	50 万 USD	电　话	61249420	传　真	61249417
设立日期	2006-8-29	负责人	窦　毅		
主营业务	设计开发制作计算机软件，提供互联网应用技术、电子商务平台建设。				

企业名称	上海易市网络信息有限公司				
企业地址	上海市田林东路 588 号 A 幢 107 室（200233）				
投资总额	14 万 USD	电　话	64331800	传　真	64339511
设立日期	2006-8-29	负责人	片岗宽		
主营业务	计算机软、硬件开发，网络技术、办公自动化技术开发、技术咨询。				

企业名称	涵睿软件科技（上海）有限公司				
企业地址	上海市黄浦区人民路 885 号 2010 室（200001）				
投资总额	10 万 USD	电　话	63740937	传　真	63740936
设立日期	2006-8-24	负责人	朴承赫（执行董事）		
主营业务	设计研发计算机系统集成、数据交换系统、网络系统及处理开发研制。				

企业名称	华众数字传媒科技（上海）有限公司				
企业地址	上海市长宁区长宁路 1027 号 1004 室（200050）				
投资总额	14 万 USD	电　话	63618021	传　真	63606195
设立日期	2006-8-24	负责人	徐翠萍		
主营业务	数字信息、多媒体图文软件设计制作，销售公司自产产品并提供咨询。				

企业名称	千层浪图文设计（上海）有限公司				
企业地址	上海市浦东新区商城路 800 号 1412E 室（200122）				
投资总额	12.7 万新元	电　话	58355336	传　真	58355378
设立日期	2006-8-18	负责人	LEE KUOK MING		
主营业务	图文设计、网页设计、市场策划（不含广告），提供相关技术咨询。				

企业名称	衣魔豆（上海）网络科技有限公司				
企业地址	上海市黄浦区南京东路 409 号-459 号 1505 室（200001）				
投资总额	15 万 USD	电　话	63600089	传　真	63509159
设立日期	2006-8-18	负责人	许嘉荣		
主营业务	计算机网络工程及计算机软硬件领域内技术开发、技术转计、技术咨询。				

企业名称	昭营科技（上海）有限公司				
企业地址	上海市漕河泾新兴技术开发区古美路 1515 号 19 号楼 902 室（200233）				
投资总额	30 万 USD	电　话	54451777	传　真	54451767
设立日期	2006-8-17	负责人	邱英祯		
主营业务	研究、开发、设计嵌入式计算机及相关软件，销售自产产品并提供咨询。				

企业名称	人因在华软件咨询（上海）有限公司				
企业地址	上海市南京西路 555 号 407 室（200041）				
投资总额	15 万 USD	电　话	52132061	传　真	52132062
设立日期	2006-8-17	负责人	黄　峰		
主营业务	互联网、电信技术和相关应用软件咨询，企业互联网技术和应用的咨询。				

企业名称	太德软件（上海）有限公司				
企业地址	上海市浦东新区浦东南路 1036 号隆宇大厦 180LA 室（200122）				
投资总额	14 万 USD	电　话	58885855	传　真	58888823
设立日期	2006-8-16	负责人	JEROME TERNYNCK		
主营业务	以人才管理软件为主的计算机软件的开发；销售自产产品并提供咨询。				

企业名称	毅杰信息技术（上海）有限公司				
企业地址	上海市凯旋路 3131 号 1311 室（200030）				
投资总额	20 万 USD	电　话	54071305	传　真	54071306
设立日期	2006-8-4	负责人	苏进成		
主营业务	集成电路和计算机软件的研究、设计、开发，销售自产产品。				

企业名称	上海乐宝信息技术有限公司				
企业地址	上海市郭守敬路 498 号浦东软件园 14 幢 22301-1134 座（201203）				
投资总额	175 万 USD	电　话	50270985	传　真	50802481
设立日期	2006-8-2	负责人	蒋宏业		
主营业务	计算机软件的开发、设计、制作，销售自产产品；计算机硬件开发设计。				

企业名称	晨讯科技（上海）有限公司				
企业地址	上海市长宁区天山西路 789 号 1 幢 352 室（200335）				
投资总额	4000 万 RMB	电　话	54278872	传　真	54278992
设立日期	2006-8-2	负责人	杨文瑛		
主营业务	软件研发、设计、制作，销售自产产品，提供相关的技术咨询。				

企业名称	澳龙信息科技（上海）有限公司				
企业地址	上海市张江高科技园区郭守敬路 351 号 2 号楼 A604-09 室（201203）				
投资总额	14 万 USD	电　话	51348932	传　真	51348919
设立日期	2006-7-31	负责人	JO-ANNE KELLEWAY		
主营业务	计算机软件的开发、设计、制作，销售自产产品并提供相关的技术咨询。				

企业名称	迪艾工程技术软件（上海）有限公司				
企业地址	上海市漕溪北路 18 号 24 楼 D 室（200235）				
投资总额	14 万 USD	电　话	64385725	传　真	64385752
设立日期	2006-7-31	负责人	马　亮		
主营业务	工程技术软件的开发、设计、制作，销售自产产品，并提供售后服务。				

企业名称	德泰信息技术（上海）有限公司				
企业地址	上海市郭守敬路 498 号浦东软件园 6 幢 15501 室（201203）				
投资总额	14 万 USD	电　话	50806686	传　真	50803862
设立日期	2006-7-28	负责人	FANG SAN KONG		
主营业务	计算机软件的开发、设计、制作；系统集成的设计调试维护，销售产品。				

企业名称	美屋得信息技术（上海）有限公司				
企业地址	上海市黄浦区会稽路 8 号 1201 室（200021）				
投资总额	14 万 USD	电　话		传　真	
设立日期	2006-7-20	负责人	KARMING HENRY SHAO		
主营业务	计算机软件的研究、开发、制作；网络技术开发、设计；销售自产产品。				

企业名称	宏超信息技术（上海）有限公司				
企业地址	上海市郭守敬路 498 号浦东软件园 14 幢 22301—1104 座（201203）				
投资总额	100 万 USD	电　话	58363136	传　真	58363136
设立日期	2006-7-20	负责人	潘　龙		
主营业务	计算机软件的开发、设计、制作，销售自产产品；计算机系统集成设计。				

企业名称	翼媒图文设计（上海）有限公司				
企业地址	上海市汾阳路 138 号 5 楼 06 单元（200031）				
投资总额	14 万 USD	电　话	54653850	传　真	54653872
设立日期	2006-7-20	负责人	JAN VAN DEN BERGH		
主营业务	平面图案和个性化图文的设计和制作，数码图片和照片制作。				

企业名称	创信信息技术（上海）有限公司				
企业地址	上海市静安区万航渡路 888 号 16 层 A 座　（200042）				
投资总额	1580 万日元	电　话	52930866	传　真	52930865
设立日期	2006-7-17	负责人	三浦优佳		
主营业务	计算机软件的开发、制作；计算机系统集成的设计、调试、维护。				

企业名称	盛融信息技术（上海）有限公司				
企业地址	上海市郭守敬路 498 号浦东软件园 14 幢 22301-1118 座（201203）				
投资总额	20 万 USD	电　话	61001022	传　真	61001023
设立日期	2006-7-13	负 责 人	THOMAS PEI CHUNG CHANG		
主营业务	计算机软件开发设计、制作，销售自产产品；网络技术和系统集成设计。				

企业名称	科康信息技术（上海）有限公司				
企业地址	上海市郭守敬路 498 号浦东软件园 14 幢 22301-1117 室（201203）				
投资总额	6.5 万 USD	电　话	50270685	传　真	
设立日期	2006-7-13	负 责 人	曾繁祺		
主营业务	计算机软件的研究、开发、制作，销售自产产品，并提供相关技术咨询。				

企业名称	泛海通联（上海）信息技术有限公司				
企业地址	上海市张江高科技园区毕升路 299 弄 6 号 601 室（201203）				
投资总额	120 万 USD	电　话	51702307	传　真	51702307
设立日期	2006-7-13	负 责 人	BEI XU		
主营业务	计算机软件的开发、设计、制作，销售自产产品；网络技术开发、设计。				

企业名称	傲捷网络科技（上海）有限公司				
企业地址	上海市会文路 50 号 17 楼 1703 室（200071）				
投资总额	14 万 USD	电　话	61486578	传　真	
设立日期	2006-7-13	负 责 人	STEPHEN KEVIN BANNON		
主营业务	网络技术研发、转让、咨询与服务；游戏类视听节目咨询与技术咨询。				

企业名称	环海（上海）信息科技有限公司				
企业地址	上海市浦东新区杨高北路 528 号 14 幢 3A01 室（200131）				
投资总额	14 万 USD	电　话	62294441	传　真	51521114
设立日期	2006-7-12	负 责 人	WU CHEN HAN		
主营业务	计算机通信软件的设计、开发和制作，销售自产产品，并提供相关咨询。				

企业名称	澳深信息技术（上海）有限公司				
企业地址	上海市郭守敬路 498 号浦东软件园 14 幢 22301-1127 座（201203）				
投资总额	14 万 USD	电　话	32100716	传　真	32145822
设立日期	2006-7-10	负 责 人	JONATHAN LI		
主营业务	计算机软件开发、设计、制作，销售自产产品，计算机硬件开发、设计。				

企业名称	上海中兴软件有限责任公司				
企业地址	上海市张江高科技园区碧波路 889 号 B 座 205（201203）				
投资总额	5000 万 RMB	电　话	68896563	传　真	68896563
设立日期	2006-7-10	负 责 人	侯为贵		
主营业务	软件开发、设计、制作，销售自产产品，并提供相关技术咨询技术服务。				

企业名称	摩科信息科技（上海）有限公司				
企业地址	上海市张江高科技园区碧波路 456 号 B204-2 室（201203）				
投资总额	50 万 USD	电　话	38958828	传　真	38958858
设立日期	2006-7-7	负 责 人	刘惠贞		
主营业务	软件的开发、设计及制作，销售自产产品，提供相关技术咨询和服务。				

企业名称	怡和科技（上海）有限公司				
企业地址	上海市黄浦区中山南路 268 号 7 楼 01、02、04 单元（200010）				
投资总额	3000 万港币	电　话	63326622	传　真	63322882
设立日期	2006-7-6	负 责 人	尹　铭		
主营业务	提供计算机网络、办公室网络系统、结构化布线系统集成、安装等服务。				

企业名称	科必睿信息技术（上海）有限公司				
企业地址	上海市浦东新区梅花路 281 号 C317 室（200127）				
投资总额	2 万 USD	电　话	53757188	传　真	53757199
设立日期	2006-7-5	负 责 人	HU WANXIANG		
主营业务	计算机软件研发、设计、制作，计算机信息系统集成安装、调试、维护。				

企业名称	上海坦瑞信息技术有限公司				
企业地址	上海市闵行区联航路 1588 号 2 号楼 203 室（201112）				
投资总额	25 万 USD	电　话	64329186	传　真	64329185
设立日期	2006-7-5	负 责 人	王鹏海		
主营业务	计算机软件及系统工程设计、开发，销售自产产品，并提供相关技术咨询。				

企业名称	上海劲升软件科技有限公司				
企业地址	上海市卢湾区肇嘉浜路 108 号 802 室（200023）				
投资总额	38 万 USD	电　话	51088773	传　真	63746666
设立日期	2006-7-5	负 责 人	CHUA CHIN PING		
主营业务	计算机软件的开发、设计、制作，销售自产产品并提供相关的技术咨询。				

企业名称	上海克而瑞信息技术有限公司				
企业地址	上海市延长路 149 号科技楼 A 楼 308 室（200072）				
投资总额	500 万 USD	电　话	56388686	传　真	56382275
设立日期	2006-7-3	负 责 人	周　忻		
主营业务	计算机软硬件及技术的开发、制作，销售自产产品，提供相关技术咨询。				

企业名称	米里麦实（上海）品牌设计有限公司				
企业地址	上海市黄浦区南京东路 233 号 422 室（200002）				
投资总额	14 万 USD	电　话	64672778	传　真	34065240
设立日期	2006-6-26	负 责 人	黄孟倪		
主营业务	企业品牌设计、定位，新产品创新、营销活动的策划及相关的顾问服务。				

企业名称	环荣网络系统服务（上海）有限公司				
企业地址	上海市长宁区延安西路 726 号 11C 室（200050）				
投资总额	20 万 USD	电　话	62116836	传　真	62116556
设立日期	2006-6-26	负 责 人	林典莹		
主营业务	计算机及网络软件开发、设计、制作，计算机及网络系统集成安装维护。				

企业名称	突触计算机系统（上海）有限公司				
企业地址	上海市长宁区延安西路 728 号 15C 室（200050）				
投资总额	200 万 USD	电　话	50273032	传　真	50277177
设立日期	2006-6-26	负 责 人	姚　欣		
主营业务	多媒体信息技术和数据通讯领域内计算机软件开发、生产，销售产品。				

企业名称	今题（上海）信息技术有限公司				
企业地址	上海市襄阳南路 500 号 2011 室（200031）				
投资总额	15 万 USD	电　话	51169028	传　真	53020142
设立日期	2006-6-20	负 责 人	ZHAO JIN		
主营业务	计算机网络技术开发、技术服务、技术咨询、商务信息咨询、投资咨询。				

企业名称	摩仕网络科技（上海）有限公司				
企业地址	上海市张江高科技园区郭守敬路 351 号 2 号楼 A602-06 室（201203）				
投资总额	20 万 USD	电　话	51096221	传　真	38875900
设立日期	2006-6-11	负 责 人	施玮亮		
主营业务	网络通讯的技术咨询，计算机信息咨询，电子商务的技术咨询。				

企业名称	裕冠信息科技（上海）有限公司				
企业地址	上海市浦东新区北张家浜路 68 号 6-158 室（201201）				
投资总额	80 万 USD	电　话	51352842	传　真	51352842
设立日期	2006-6-10	负 责 人	卢建琼		
主营业务	计算机网络系统工程及系统集成设计、安装调试和维修服务，软件开发。				

企业名称	迪锋信息技术（上海）有限公司				
企业地址	上海市科苑路 88 号德意志工商中心 2 幢 605 单元（201203）				
投资总额	210 万 USD	电　话	61379966	传　真	61379970
设立日期	2006-6-7	负 责 人	ERIC ANDREW JOHNSON		
主营业务	软件的研发、设计和制作；提供相关的科技咨询和技术咨询。				

企业名称	上海柯慧网络科技有限公司				
企业地址	上海市长宁区长宁路 1027 号 3501 室（200050）				
投资总额	70 万 USD	电　话	51553796	传　真	51553799
设立日期	2006-6-1	负 责 人	冉宁煜		
主营业务	设计、制作计算机软件，销售自产产品；计算机网络领域内的技术开发。				

企业名称	上海一邦科技发展有限公司				
企业地址	上海市漕河泾出口加工区浦星路 789 号管委会大楼 4 层（200233）				
投资总额	8000 万 RMB	电　话	64957200	传　真	64957201
设立日期	2006-5-31	负 责 人	王明晨		
主营业务	研发、生产数字音视频广播系统设备、数字音响设备、扩音录音设备。				

企业名称	掘乐信息技术（上海）有限公司				
企业地址	上海市长宁区江苏路 369 号 28 楼 I（200050）				
投资总额	100 万 USD	电　话	50277291	传　真	52120581
设立日期	2006-5-26	负 责 人	王定标		
主营业务	计算机网络软件开发、设计、制作，销售自产产品并提供相关技术咨询。				

企业名称	上海艾悉缇网络科技有限公司				
企业地址	上海市黄浦区北京东路 666 号 C 区四层 4111 室（200003）				
投资总额	10.1 万 USD	电　话	51580140	传　真	51580351
设立日期	2006-5-26	负 责 人	OHTAKE MASAHIKO（执行董事）		
主营业务	计算机软、硬件及网络系统的设计、开发，自产产品销售及配套服务。				

企业名称	麦思瑞信息技术（上海）有限公司				
企业地址	上海市张江高科技园区郭守敬路 498 号 14 幢 22301-1090 座（201203）				
投资总额	14 万 USD	电话	68872758	传真	68872757
设立日期	2006-5-22	负责人	A.A.Kuehn		
主营业务	计算机软件的开发、设计、制作，销售自产产品，并提供相关技术咨询。				

企业名称	上海技奥工业设计有限公司				
企业地址	上海市虹口区武进路 456 号永生大楼西楼第三层 3005 甲（200080）				
投资总额	14 万 USD	电话	65557767	传真	56321135
设立日期	2006-5-22	负责人	田中浩昭		
主营业务	工业及民用产品的外观、结构设计及模具设计，企业及产品形象策划。				

企业名称	上海网鹏软件有限公司				
企业地址	上海市宝山区东林路 393 号 101 室（201900）				
投资总额	28 万 USD	电话	52510004	传真	52510004
设立日期	2006-5-18	负责人	傅勤忠		
主营业务	软件的开发、设计、制作，销售自产产品。				

企业名称	上海冠林西科姆智能科技有限公司				
企业地址	上海市杨浦区周家嘴路 3255 号船舶大楼 5 楼（200090）				
投资总额	1600 万 RMB	电话	55804663	传真	55804712
设立日期	2006-5-17	负责人	倪锡高		
主营业务	建筑智能化系统产品的设计、开发、制造，销售自产产品。				

企业名称	瑞际资讯科技（上海）有限公司				
企业地址	上海市黄浦区南京东路 66 号 601 室（200003）				
投资总额	14 万 USD	电话	63236896	传真	63294241
设立日期	2006-5-17	负责人	曾德云（执行董事）		
主营业务	设计开发管理软件、网络系统软件、网站设计，相关软、硬件系统集成。				

企业名称	泰帝计算机软件开发（上海）有限公司				
企业地址	上海市田州路 159 号 13 单元 401 室（200126）				
投资总额	14 万 USD	电话	62289999	传真	62296655
设立日期	2006-5-17	负责人	CHEN-CHANG DANNY K00		
主营业务	计算机软件、系统集成技术、数据处理技术研发，网络系统软件设计。				

企业名称	集思特思（上海）软件开发有限公司				
企业地址	上海市浦东新区福山路 450 号 10F 室（200135）				
投资总额	14 万 USD	电话	62486588	传真	62495758
设立日期	2006-5-16	负责人	KLAUS KISTERS		
主营业务	软件开发，销售自产产品，并提供相关的技术咨询服务。				

企业名称	宜弘软件科技（上海）有限公司				
企业地址	上海市漕河泾新兴技术开发区田州路 159 号 5 单元（200233）				
投资总额	200 万 USD	电话	54451855	传真	54451855
设立日期	2006-5-15	负责人	杨传刚		
主营业务	计算机软件的开发、设计、制作，销售自产产品并提供相关的技术咨询。				

企业名称	僖迪网络科技（上海）有限公司				
企业地址	上海市宜山路 900 号 A 楼 1502 室（200233）				
投资总额	30 万 USD	电话	64019161	传真	64019165
设立日期	2006-5-12	负责人	李俊昊		
主营业务	计算机软件开发、设计和制作、销售自产产品，提供相关的技术咨询。				

企业名称	财亨利材料科技（上海）有限公司				
企业地址	上海市长宁区长宁路 855 号亨通国际大厦 19A--C 室（200051）				
投资总额	15 万 USD	电话	62402720	传真	62403226
设立日期	2006-5-11	负责人	庄财亨		
主营业务	研究、开发纳米硅碳复合纤维技术及产品，提供相关技术咨询。				

企业名称	摩根士丹利信息技术（上海）有限公司				
企业地址	上海市静安区南京西路 1168 号中信泰富广场 3535-3539 室（200041）				
投资总额	70 万 USD	电话	62797150	传真	62797157
设立日期	2006-4-30	负责人	JAMES FRANKLIN MCGILL		
主营业务	设计和开发计算机软件、硬件、数据库和集成系统；提供相关管理运作。				

企业名称	罗恩网络科技（上海）有限公司				
企业地址	上海市浦东新区杨高北路 528 号 8 幢（200137）				
投资总额	14 万 USD	电话	51712139	传真	51712142
设立日期	2006-4-27	负责人	梁培献		
主营业务	计算机软件、硬件的开发，计算机系统集成的设计、施工和维护。				

企业名称	赛捷软件（上海）有限公司				
企业地址	上海市张江高科技园区郭守敬路 351 号 2 号　楼 A601-17 室（201203）				
投资总额	14 万 USD	电话	63850097	传真	63850226
设立日期	2006-4-27	负责人	LOW GEE SING		
主营业务	商业软件的开发、设计、制作，销售自产产品，提供相关的技术服务。				

企业名称	极之索信息技术（上海）有限公司				
企业地址	上海市郭守敬路 498 号浦东软件园 14 幢 22301-1074 座（201203）				
投资总额	150 万 USD	电话	66529731	传真	66529732
设立日期	2006-4-18	负责人	徐龙江		
主营业务	计算机软件开发、设计制作，销售产品，网络技术和系统集成设计安装。				

企业名称	睿实信息系统（上海）有限公司				
企业地址	上海市张江高科技园区郭守敬路 351 号 2 号楼 A601-04 室（201203）				
投资总额	14 万 USD	电话	50806686	传真	50803862
设立日期	2006-4-14	负责人	YEE-HSIANG SEAN CHANG		
主营业务	计算机软件的开发、设计、制作，系统集成的设计、调试及维护。				

企业名称	升东网络科技发展（上海）有限公司				
企业地址	上海市浦东新区港城路 2 号 2415 室（200131）				
投资总额	300 万 USD	电话	58815151	传真	50391941
设立日期	2006-4-13	负责人	庞升东		
主营业务	计算机软件开发制作，销售产品，计算机应用网络系统集成设计安装。				

企业名称	上海耐美信息技术有限公司				
企业地址	上海市浦东新区峨山路 613 号 6 幢 563 室（200131）				
投资总额	15 万 USD	电话	64837968	传真	64837968
设立日期	2006-4-13	负责人	蔡　淑		
主营业务	计算机硬件及网络技术的研发，计算机软件的开发、设计、制作。				

企业名称	喜久屋信息科技发展（上海）有限公司				
企业地址	上海市长宁区广顺路 33 号 D 幢 401 室（200335）				
投资总额	15 万 USD	电话	52729230	传真	52729230
设立日期	2006-4-13	负责人	吉田光昭		
主营业务	研制、开发、设计、装配计算机存储设备；应用系统集成及软件开发。				

企业名称	迈达克（上海）软件有限公司				
企业地址	上海市浦东新区三林路 494 号 1 幢 104 室（200131）				
投资总额	14 万 USD	电话	62888058	传真	62888068
设立日期	2006-4-12	负责人	CHUA PWEY CHAN		
主营业务	计算机软件研究、开发和制作，销售自产产品，并提供相关的技术咨询。				

企业名称	美优（上海）网络技术有限公司				
企业地址	上海市张江高科技园区郭守敬路 351 号 2 号楼 698-19 室（201203）				
投资总额	360 万港币	电话	54659922	传真	54653579
设立日期	2006-4-11	负责人	TAKAHIRO KITANO		
主营业务	计算机软件开发、设计、制作，销售产品，计算机硬件、网络技术开发。				

企业名称	上海亿动信息技术有限公司				
企业地址	上海市张江高科技园区郭守敬路 351 号 2 号楼 698-07 室（201203）				
投资总额	200 万 USD	电话	61159760	传真	61159755
设立日期	2006-4-11	负责人	马良骏		
主营业务	计算机软件的开发、制作，销售自产产品，并提供售后服务。				

企业名称	上海洛城数码科技有限公司				
企业地址	上海市外高桥保税区加太路 108 号第三层 F 部位（200131）				
投资总额	15 万 USD	电话	52300759	传真	52300779
设立日期	2006-4-11	负责人	MICHAEL M.TSAI		
主营业务	区内以数码电子科技产品为主的仓储分拨业务以及相关产品售后服务。				

企业名称	迈可百茂信息技术（上海）有限公司				
企业地址	上海市郭守敬路 498 号浦东软件园 14 幢 22301-1067 座（201203）				
投资总额	14 万 USD	电话	62892998	传真	62893261
设立日期	2006-4-7	负责人	DECLAN MONAHAN		
主营业务	计算机软件的技术咨询和技术服务，企业商务咨询，企业营销策划。				

企业名称	爱启信息科技（上海）有限公司				
企业地址	上海市张江高科技园区郭守敬路 351 号 2 号楼 698-02 室（201203）				
投资总额	14 万 USD	电话	63649557	传真	63649557
设立日期	2006-4-6	负责人	THIERRY LOUAIL		
主营业务	网页设计；计算机软件的研发、设计、制作，销售自产产品。				

企业名称	上海维亚泰柯网络技术有限公司				
企业地址	上海市浦东新区北张家浜路 87 号 302 室（200131）				
投资总额	14.1 万 USD	电　话	63815002	传　真	63815002
设立日期	2006-4-5	负 责 人	JEON JOO HO		
主营业务	网络与数据库软件的设计、开发，销售自产产品，网络系统的设计安装。				

企业名称	音墙网络科技（上海）有限公司				
企业地址	上海市杨浦区国泰路 127 弄复旦科技园 1 号 1064 室（200092）				
投资总额	20 万 USD	电　话	54594545	传　真	62473798
设立日期	2006-4-4	负 责 人	ROBERT DOUGLAS SELVI		
主营业务	网络技术软件及计算机软件开发，销售自产产品，提供技术咨询及服务。				

企业名称	视动数码科技（上海）有限公司				
企业地址	上海市长宁区天山路 641 号 3 号楼 401 室（200335）				
投资总额	30 万 USD	电　话	61211994	传　真	52065237
设立日期	2006-3-31	负 责 人	高　峥		
主营业务	研制、开发多媒体软件及系统集成，销售公司自产产品并提供营销策划。				

企业名称	天盛（上海）数字电视发展有限公司				
企业地址	上海市中州路 133 弄 2 号 507 室（200082）				
投资总额	100 万 USD	电　话	62478666	传　真	
设立日期	2006-3-31	负 责 人	宋　政		
主营业务	数字音、视频编解码设备，数字有线电视系统设备及软件开发、制造。				

企业名称	艾奈信息科技（上海）有限公司				
企业地址	上海市张江高科技园区龙东大道 3000 号 A 号楼 305 室（201203）				
投资总额	40 万 USD	电　话	33932770	传　真	33932760
设立日期	2006-3-29	负 责 人	LARRY YU LAU		
主营业务	计算机软件开发、设计、制作，销售自产产品；集成电路的研究、设计。				

企业名称	总成信息技术（上海）有限公司				
企业地址	上海市张江高科技园区郭守敬路 351 号 2 号楼 698-03 室（201203）				
投资总额	25 万 USD	电　话	62896923	传　真	62471774
设立日期	2006-3-29	负 责 人	YOJI NAKAGAWA（中川要治）		
主营业务	多媒体技术、网络技术的开发、设计；计算机软件的开发、设计、制作。				

企业名称	友比达数码科技（上海）有限公司				
企业地址	上海市番禺路 1150 号二楼（200030）				
投资总额	16 万 USD	电　话	54262450	传　真	54262440
设立日期	2006-3-28	负 责 人	DING WEI		
主营业务	开发、设计、制作计算机软件，销售自产产品，并提供相关技术咨询。				

企业名称	优尼索信息技术（上海）有限公司				
企业地址	上海市长宁区延安西路 719 号 1102 室（200050）				
投资总额	15 万 USD	电　话	63375808	传　真	64377727
设立日期	2006-3-24	负 责 人	林曼玲		
主营业务	电脑软件开发，计算机软件、多媒体、系统集成领域内技术开发、咨询。				

企业名称	上海卓速网络技术有限公司				
企业地址	上海市虹漕路 461 号 57 号楼第 3 层（200233）				
投资总额	48 万 USD	电　话	54263666	传　真	54263555
设立日期	2006-3-22	负 责 人	张拥军		
主营业务	开发、制作计算机软件、宽带视频服务器等生产，通讯技术研发，咨询。				

企业名称	恒御网络科技（上海）有限公司				
企业地址	上海市闵行区马桥镇江川路 1511 号（201111）				
投资总额	14 万 USD	电　话	52181556	传　真	51171131
设立日期	2006-3-21	负 责 人	陈伟樑		
主营业务	网络科技、计算机、集成系统专业领域内的技术咨询、技术服务。				

企业名称	上海智源无限信息技术有限责任公司				
企业地址	上海市郭守敬路 498 号浦东软件园 14 幢 22301-1031 座（201203）				
投资总额	120 万 USD	电　话	50392600	传　真	50390873
设立日期	2006-3-17	负 责 人	李　源		
主营业务	计算机软件的开发、设计、制作，销售自产产品，并提供相关技术咨询。				

企业名称	汉海信息技术（上海）有限公司				
企业地址	上海市长宁区延安西路 728 号 15 层 F 室（200050）				
投资总额	100 万 USD	电　话	52521070	传　真	52525193
设立日期	2006-3-16	负 责 人	张　涛		
主营业务	多媒体信息技术、数据通讯、无线电工程、计算机软、硬件设计、咨询。				

企业名称	大禧信息技术（上海）有限公司				
企业地址	上海市张江高科技园区郭守敬路 351 号 2 号楼 697-18 室（201203）				
投资总额	14 万 USD	电　话	52396306	传　真	52396306
设立日期	2006-3-15	负 责 人	SEUNG YUP PAEK		
主营业务	计算机软件的开发、设计、制作，销售自产产品，网络技术开发、设计。				

企业名称	上海爵特信息科技有限公司				
企业地址	上海市张江高科技园区郭守敬路 351 号 2 号楼 697-17 室（201203）				
投资总额	14 万 USD	电　话	58782447	传　真	58782447
设立日期	2006-3-15	负 责 人	米麒峰		
主营业务	计算机软件开发、设计、制作，销售自产产品，计算机硬件开发、设计。				

企业名称	奈维特信息科技（上海）有限公司				
企业地址	上海市郭守敬路 498 号浦东软件园 14 幢 22301-1041 室（201203）				
投资总额	34.7 万 USD	电　话	64383722	传　真	61431195
设立日期	2006-3-15	负 责 人	TZAU-JIN CHUNG		
主营业务	车载导航系统设备的研发设计及系统集成，导航应用软件的设计制作。				

企业名称	川崎信息科技（上海）有限公司				
企业地址	上海市浦东新区浦东南路 999 号 15 层 C 单元（200120）				
投资总额	40 万 USD	电　话	68888499	传　真	68888411
设立日期	2006-3-13	负 责 人	小田和之		
主营业务	计算机软件的开发、设计及维护；网络技术的开发及技术支持。				

企业名称	绘展科技（上海）有限公司				
企业地址	上海市漕河泾新兴技术开发区宜山路 1618 号综合楼 760 室（200233）				
投资总额	15 万 USD	电　话	64395074	传　真	64395064
设立日期	2006-3-13	负 责 人	林弘尧		
主营业务	提供计算机软件技术、集成电路技术、电子技术的技术咨询，技术服务。				

企业名称	纬创资通电脑技术服务（上海）有限公司				
企业地址	上海市凯旋路 1010 号四楼（200051）				
投资总额	14 万 USD	电　话	64952080	传　真	64952081
设立日期	2006-3-13	负 责 人	王长梁		
主营业务	维修各式电脑、服务器、通讯电子产品，上述产品及零配件的批发代理。				

企业名称	上海喜恩幕装潢设计有限公司				
企业地址	上海市天目中路 749 弄 53 号 928 室（200070）				
投资总额	14 万 USD	电　话	54867224	传　真	54867224
设立日期	2006-3-13	负 责 人	李龙世		
主营业务	从事室内装饰装潢设计、施工（涉及行政许可的，凭许可证经营）。				

企业名称	上海伯汉信息技术有限公司				
企业地址	上海市金山区漕泾镇张漕公路 1368 号（201507）				
投资总额	300 万 RMB	电　话	56666825	传　真	65879909
设立日期	2006-3-8	负 责 人	大江浩志		
主营业务	计算机软件的设计、开发、制作；计算机系统集成的设计、调试与维护。				

企业名称	恩士迅信息科技（上海）有限公司				
企业地址	上海市张江高科技园区郭守敬路 351 号 2 号楼 697-08 室（201203）				
投资总额	140 万新元	电　话	61415511	传　真	63621800
设立日期	2006-2-27	负 责 人	CHONG YOKE SIN（钟玉旋）		
主营业务	软件设计、开发、制作，销售产品；系统集成设计、安装、调试、维护。				

企业名称	搜缘（上海）信息科技有限公司				
企业地址	上海市张江高科技园区郭守敬路 351 号 2 号楼 697-07 室（201203）				
投资总额	135 万 USD	电　话	65633071	传　真	65044001
设立日期	2006-2-22	负 责 人	龚海燕		
主营业务	计算机软件的开发、设计、制作，销售自产产品，网络技术开发、设计。				

企业名称	企泰信息技术（上海）有限公司				
企业地址	上海市张江高科技园区郭守敬路 351 号 2 号楼 693-01 室（201203）				
投资总额	14 万 USD	电　话	64157268	传　真	64157266
设立日期	2006-2-22	负 责 人	BRYN EVAN HEIMBECK		
主营业务	计算机软件的设计、开发、制作，销售自产产品，网络技术开发、设计。				

企业名称	上海多正软件开发有限公司				
企业地址	上海市静安区愚园路 172 号 31 层 02B 室（200041）				
投资总额	6.5 万 USD	电　话	62496781	传　真	62496782
设立日期	2006-2-20	负 责 人	LIM CHING FAN		
主营业务	软件及软件技术的开发、制作、销售和应用，并提供咨询和技术服务。				

企业名称	创成包装设计（上海）有限公司				
企业地址	上海市长宁区福泉路 111 号神州数码大厦 1 楼（200335）				
投资总额	40 万 USD	电话	52161188	传真	52162880
设立日期	2006-2-14	负责人	MARK NEIL JORGENSEN		
主营业务	产品商标与包装设计、市场推广的策划，并提供相关咨询服务。				

企业名称	广控信息技术（上海）有限公司				
企业地址	上海市张江高科技园区郭守敬路 351 号 2 号楼 696-21 室（201203）				
投资总额	14 万 USD	电话	61452797	传真	61452797
设立日期	2006-2-8	负责人	HIROYUKIWADA（和田裕幸）		
主营业务	计算机软件开发、设计、制作，销售产品，计算机硬件及网络技术开发。				

企业名称	诺氏信息科技（上海）有限公司				
企业地址	上海市张江高科技园区郭守敬路 351 号 2 号楼 696-20 室（201203）				
投资总额	100 万 USD	电话	52080626	传真	33518529
设立日期	2006-2-8	负责人	ROBERT WALTER ROCHE		
主营业务	计算机、通信软件开发、设计、制作，销售产品；通讯产品硬件开发。				

企业名称	辐技威（上海）信息技术有限公司				
企业地址	上海市区张衡路 290 号培训中心五楼 01、02、03 室（201203）				
投资总额	300 万 USD	电话	50277330	传真	50277537
设立日期	2006-2-7	负责人	龚　鹏		
主营业务	集成电路芯片研发、设计；计算机软件的研发、设计、制作；销售产品。				

企业名称	优利（上海）信息技术有限公司				
企业地址	上海市张江高科技园区张东路 1387 号 7 幢（201203）				
投资总额	620 万 USD	电话	63758300	传真	63758308
设立日期	2006-2-7	负责人	LIANG CHUNG DAVID FU		
主营业务	计算机软件的开发、设计、制作，销售自产产品，系统集成，数据处理。				

企业名称	特新数码技术（上海）有限公司				
企业地址	上海市外高桥保税区奥纳路 79 号 2011 室（200131）				
投资总额	12.8 万 USD	电话	51036628	传真	52412568
设立日期	2006-2-6	负责人	李竞松		
主营业务	保税区内数码产品设计、研发；以数码产品为主国际贸易及技术咨询。				

企业名称	车盟网络科技（上海）有限公司				
企业地址	上海市龙吴路 1270 号 1 号楼 201B 室（200231）				
投资总额	126 万 USD	电话	54366666	传真	51585002
设立日期	2006-2-5	负责人	林　振		
主营业务	开发、设计、制作计算机软件、互联网软件、电子商务系统，销售产品。				

企业名称	爱谊达建筑设计（上海）有限公司				
企业地址	上海市零陵路 899 号 29 层 F、G 室（200030）				
投资总额	70 万 USD	电话	54892525	传真	64648351
设立日期	2006-2-5	负责人	TAKASHI INOMATA		
主营业务	计算机辅助软件及建筑工程软件的设计、开发和制作，销售自产产品。				

企业名称	车盟（中国）网络有限公司				
企业地址	上海市龙吴路 1270 号 1 号楼 201B 室（200231）				
投资总额	650 万 USD	电话	51585000	传真	51585002
设立日期	2006-2-5	负责人	林　振		
主营业务	开发设计制作计算机软件、互联网软件、电子商务系统，销售自产产品。				

企业名称	美恩孚信息科技（上海）有限公司				
企业地址	上海市长宁区长宁路 1027 号 4002 室（200050）				
投资总额	30 万 USD	电话	64392200	传真	64392200
设立日期	2006-1-26	负责人	ALVIN WANG GRAYLIN		
主营业务	设计研发计算机软件、网络技术、并提供技术咨询，销售公司自产产品。				

企业名称	仟游软件科技（上海）有限公司				
企业地址	上海市长宁区长宁路 1027 号 4003 室（200050）				
投资总额	100 万 USD	电话	52416502	传真	52416532
设立日期	2006-1-26	负责人	JOHNNY HSUN-LEI MA		
主营业务	设计、开发计算机软件、网络技术，提供技术咨询，销售公司自产产品。				

企业名称	聚流网络科技（上海）有限公司				
企业地址	上海市长宁区延安西路 728 号 15 层 F-42 室（200050）				
投资总额	14 万 USD	电话	64484270	传真	64484275
设立日期	2006-1-26	负责人	徐伟峰		
主营业务	计算机软件、移动通讯软件产品的研发、制作，销售自产产品。				

企业名称	未序网络科技（上海）有限公司				
企业地址	上海市郭守敬路 498 号浦东软件园 14 幢 22301-1007 座（201203）				
投资总额	100 万 USD	电话	53750261	传真	53750273
设立日期	2006-1-25	负责人	王　微		
主营业务	网络信息系统软件开发设计制作，销售产品，计算机硬件的开发、设计。				

企业名称	泰景信息科技（上海）有限公司				
企业地址	上海市张江高科技园区碧波路 328 号 B 座 208 室（201203）				
投资总额	14 万 USD	电话	50806655	传真	50277338
设立日期	2006-1-25	负责人	QING WANG		
主营业务	信息技术软件的开发、设计、制作，销售产品，电子视频系统开发设计。				

企业名称	艺也创意设计（上海）有限公司				
企业地址	上海市静安区昌平路 68 号 210、212 室（200040）				
投资总额	20 万 USD	电话	52282662	传真	52282663
设立日期	2006-1-25	负责人	杨文波		
主营业务	家居用品、服装配件、礼品专业设计，相关软件开发制作，提供咨询。				

企业名称	上海绿山创意美术设计有限公司				
企业地址	上海市卢湾区打浦路 88 号 16 楼 D 座（200023）				
投资总额	14 万 USD	电话	53964560	传真	53964773
设立日期	2006-1-25	负责人	罗锡炼		
主营业务	绘画作品、工艺美术作品、商品图案创意设计、加工、制作，销售产品。				

企业名称	宙壹信息科技（上海）有限公司				
企业地址	上海市静安区昌平路 710 号 B 座 048 室（200040）				
投资总额	1 亿日元	电话	62329911	传真	62323603
设立日期	2006-1-20	负责人	桥本新一		
主营业务	计算机软件及网络软件的设计、开发、系统集成，销售自产产品。				

企业名称	上海陆发思考科技有限公司				
企业地址	上海市虹口区四川北路 1755 号副楼 208G 室（200080）				
投资总额	20 万 USD	电话	56026263	传真	56026160
设立日期	2006-1-19	负责人	陆　敏		
主营业务	生产微型电机、汽车节油器、手机振动器及模块，销售公司自产产品。				

企业名称	和家网（上海）信息技术有限公司				
企业地址	上海市闵行区浦江镇立跃路 2708 室（201112）				
投资总额	38 万 USD	电话	62875566	传真	62317050
设立日期	2006-1-18	负责人	张鏐鏐		
主营业务	计算机软件产品研发、设计、制作，销售产品，企业管理及经济咨询。				

企业名称	上海梯三软件科技有限公司				
企业地址	上海市长宁区中山西路 1277 号海螺大厦 1 号楼 402 室（200051）				
投资总额	14 万 USD	电话	52416737	传真	62124673
设立日期	2006-1-17	负责人	KIM KEE YOUNG		
主营业务	设计、开发、制作网络、手机游戏软件，销售产品并提供技术和咨询。				

企业名称	韵礴诗软件技术（上海）有限公司				
企业地址	上海市郭守敬路 498 号浦东软件园 14 幢 22301-991 座（201203）				
投资总额	14 万 USD	电话	64363311	传真	64838882
设立日期	2006-1-11	负责人	YIKE GUO		
主营业务	计算机软件的开发、设计、制作，销售自产产品，提供相关技术咨询。				

企业名称	柏德维信息技术（上海）有限公司				
企业地址	上海市长宁区延安西路 728 号 15 层 F-28 室（200050）				
投资总额	1280 万 USD	电话	52980990	传真	52980990
设立日期	2006-1-11	负责人	吴　鹰（YING WU）		
主营业务	研究、开发宽带网络技术；研究、开发现代电视技术；研究、设计。				

企业名称	润百计算机（上海）有限公司				
企业地址	上海市浦东新区杨高北路 528 号 14 幢 123 室（200131）				
投资总额	14 万 USD	电话	64480707	传真	64072243
设立日期	2006-1-10	负责人	陈宗杰		
主营业务	计算机软件研究、开发和制作，销售自产产品，并提供相关的技术咨询。				

企业名称	英环（上海）软件技术有限公司				
企业地址	上海市黄浦区金陵东路街道金陵西路 28 号 8 楼 849 室（200021）				
投资总额	14 万 USD	电话	53830585	传真	53830585
设立日期	2006-1-9	负责人	DEEPAK DESAI		
主营业务	研发销售电脑网络系统软件和信息产品，提供与电脑网络有关的服务。				

企业名称	日综（上海）信息系统有限公司				
企业地址	上海市浦东新区银城北路 101 号汇丰大厦 18 楼 122 室（200120）				
投资总额	100 万 USD	电　话	68413368	传　真	68413378
设立日期	2006-1-9	负 责 人	INOUE SHIGEMI		
主营业务	计算机软件的开发设计制作，系统集成，销售产品，并提供技术咨询。				

企业名称	上海蓼科软件有限公司				
企业地址	上海市张江高科技园区郭守敬路 351 号 2 号楼 693-17 室（201203）				
投资总额	20 万 USD	电　话	51187578	传　真	51187582
设立日期	2006-1-6	负 责 人	AKIRA IMAI（今井明）		
主营业务	计算机软件设计开发制作，销售产品，计算机系统集成的设计调试维护。				

企业名称	励强科技（上海）有限公司				
企业地址	上海市长宁区金钟路 658 号 4 号楼 4 楼（200335）				
投资总额	52 万 USD	电　话	52600005	传　真	52161825
设立日期	2006-1-6	负 责 人	GERHARD ING.SCHONSTEIN		
主营业务	分析测试仪器技术研究，计算机软件设计开发；化纤分析设备技术咨询。				

企业名称	光星信息技术（上海）有限公司				
企业地址	上海市钦州路 100 号 1 号楼 1010 室（200235）				
投资总额	14 万 USD	电　话	64830209	传　真	64833370
设立日期	2006-1-5	负 责 人	大桥至		
主营业务	计算机软件的设计、开发、生产，销售自产产品，并提供相关技术咨询。				

企业名称	科纬迅软件服务（上海）有限公司				
企业地址	上海市静安区南京西路 1468 号 804 室（200040）				
投资总额	45 万 USD	电　话	62479222	传　真	62898063
设立日期	2006-1-5	负 责 人	THOMAS M COSTELLO		
主营业务	设计、开发电脑软件，销售自产产品，提供数据处理及相关的技术服务。				

企业名称	康普科纬迅软件服务（上海）有限公司				
企业地址	上海市静安区南京西路 1468 号 804 室（200040）				
投资总额	45 万 USD	电　话	62479222	传　真	62470683
设立日期	2006-1-5	负 责 人	THOMAS M COSTELLO		
主营业务	设计开发电脑软件，销售产品，提供数据处理及技术服务和技术支持。				

企业名称	雅为信息技术（上海）有限公司				
企业地址	上海市浦东新区浦东大道 720 号 8 楼 G、H 部位（200120）				
投资总额	124 万 USD	电　话	50368300	传　真	50368301
设立日期	2006-1-4	负 责 人	黄焕渊		
主营业务	计算机软件和通讯器材的研究开发和制作，销售产品；系统集成的设计。				

企业名称	至真（上海）信息技术有限公司				
企业地址	上海市浦东新区虹星路 558 号 10 幢 11 室（201209）				
投资总额	100 万 USD	电　话	64399061	传　真	54891277
设立日期	2006-1-4	负 责 人	李香云		
主营业务	计算机软件及系统集成的研发，自有技术成果转让，并提供技术咨询。				

企业名称	毕格凯信息技术（上海）有限公司				
企业地址	上海市外高桥保税区奥纳路 79 号第二层 2050 室（200137）				
投资总额	12.5 万 USD	电　话	50461897	传　真	50461897
设立日期	2006-1-9	负 责 人	LIM HUCK TECK		
主营业务	保税区内计算机软件系统开发、设计及相关产品的销售和服务。				

企业名称	达索析统（上海）信息技术有限公司				
企业地址	上海市浦东新区银城北路 133 号 806、807、808 室（200120）				
投资总额	100 万 USD	电　话	58880101	传　真	58889951
设立日期	2005-12-26	负 责 人	CHRISTIAN　NARDIN		
主营业务	计算机软件的技术咨询及技术服务，企业商务咨询，企业营销策划。				

企业名称	上海中器环保科技有限公司				
企业地址	上海市浦东新区星火开发区白石路 18 号（201419）				
投资总额	2000 万 RMB	电　话	62104025	传　真	62104025
设立日期	2005-12-22	负 责 人	薛向东		
主营业务	生产生物柴油，销售自产产品，并提供相关的技术服务。				

企业名称	上海神州数码技术信息管理有限公司				
企业地址	上海市长宁区福泉路 111 号 1 幢 3 楼北区（200335）				
投资总额	37 万 USD	电　话	22110896	传　真	22110886
设立日期	2005-12-22	负 责 人	李绍远		
主营业务	开发、设计、制作与技术信息化相关的计算机软件产品。				

企业名称	杰魔（上海）软件有限公司				
企业地址	上海市张江高科技园区郭守敬路 498 号 14 幢 22301-978 座（201203）				
投资总额	14 万 USD	电　话	64320776	传　真	64320779
设立日期	2005-12-20	负 责 人	PING FU		
主营业务	计算机软件的设计、开发、测试与制作，销售自产产品。				

企业名称	上海鸥新软件有限公司				
企业地址	上海市张江高科技园区郭守敬路 351 号 2 号楼 693-08 室（201203）				
投资总额	20 万 USD	电　话	54070820	传　真	54070356
设立日期	2005-12-20	负 责 人	桑原克己		
主营业务	软件的设计、开发、制作，销售自产产品。				

企业名称	库道斯软件科技（上海）有限公司				
企业地址	上海市张江高科技园区碧波路 912 弄 18 号 108 室（201203）				
投资总额	14 万 USD	电　话	61040102	传　真	61304687
设立日期	2005-12-20	负 责 人	EDGAR DR DIETRICH		
主营业务	计算机软件的研发、制作；测量分析仪器及数据采集系统的研发、生产。				

企业名称	新宇欣信息技术（上海）有限公司				
企业地址	上海市浦东新区浦东南路 855 号世界广场 31 层 C 单元（200120）				
投资总额	14 万 USD	电　话	68880620	传　真	68880630
设立日期	2005-12-14	负 责 人	KHOO TENG EE FREDDY		
主营业务	数据的信息处理（互联网信息服务除外）并提供相关技术咨询。				

企业名称	上海印涵商务信息咨询有限公司				
企业地址	上海市浦东新区博兴路 195 号 287 室（201206）				
投资总额	15 万 USD	电　话	64332649	传　真	
设立日期	2005-12-12	负 责 人	大谷真树		
主营业务	市场调研，商务信息咨询，以及计算机软件开发及相关技术服务。				

企业名称	各路为系统信息技术（上海）有限公司				
企业地址	上海市中山西路 2025 号 1425 室（200235）				
投资总额	14 万 USD	电　话	68346683	传　真	
设立日期	2005-12-7	负 责 人	各务正人		
主营业务	计算机软件的设计、开发、制作，销售自产产品。				

企业名称	诺城信息技术（上海）有限公司				
企业地址	上海市中山西路 2368 号 3304 室（200233）				
投资总额	20 万 USD	电　话	51087768	传　真	51087765
设立日期	2005-12-2	负 责 人	欧文杰		
主营业务	计算机软件的设计、开发、制作，销售自产产品。				

企业名称	福莱斯特信息技术（上海）有限公司				
企业地址	上海市浦东新区浦电路 438 号 701D 室（200120）				
投资总额	14 万 USD	电　话	64393534	传　真	64393534
设立日期	2005-12-1	负 责 人	江　浩		
主营业务	计算机软件的研究、开发、制作；网络技术开发、设计。				

企业名称	上海威骏经济信息咨询有限公司				
企业地址	上海市光复路 1 号五楼 507 室（200070）				
投资总额	14 万 USD	电　话	63813098	传　真	63813099
设立日期	2005-11-30	负 责 人	郑　丹		
主营业务	国际经济信息咨询、商务咨询、投资咨询、企业管理咨询。				

企业名称	传美信息技术（上海）有限公司				
企业地址	上海市张江高科技园区郭守敬路 351 号 2 号楼 690-19 室（201203）				
投资总额	50 万 USD	电　话	51283366	传　真	52401394
设立日期	2005-11-29	负 责 人	STUART HASKELL SIMON		
主营业务	计算机软件的研究、开发、设计、制作，销售自产产品。				

企业名称	上海星歌丽多媒体科技有限公司				
企业地址	上海市长宁区哈密路 1233 号 6 号楼 3 楼西侧（200335）				
投资总额	30 万 USD	电　话	52181162	传　真	62390131
设立日期	2005-11-29	负 责 人	刘玲玉		
主营业务	生产、加工多媒体播放机、伴唱机、音像复制机及其配套产品。				

企业名称	柏柯软件（上海）有限公司				
企业地址	上海市浦东新区浦东南路 360 号 31 楼 E 座（200120）				
投资总额	16 万 USD	电　话	62702275	传　真	62702275
设立日期	2005-11-28	负 责 人	PETER HARRY ARMSTRANG		
主营业务	软件产品的研发、技术咨询、技术服务、技术支持；企业管理咨询。				

企业名称	世存信息技术（上海）有限公司				
企业地址	上海市张江高科技园区郭守敬路 498 号 14 幢 22301-964 座（201203）				
投资总额	3000 万日元	电　话	64393282	传　真	64399536
设立日期	2005-11-28	负 责 人	西川信次		
主营业务	计算机软件的开发、制作；销售自产产品。				

企业名称	微诺光学科技（上海）有限公司				
企业地址	上海市松江高新技术园区富民路 88 号第 11 号房（201600）				
投资总额	50 万 USD	电　话	57736054	传　真	57736034
设立日期	2005-11-25	负 责 人	OH HYEONG RYEOL		
主营业务	生产新型电子元器件（敏感元器件及传感器、光电子器件）。				

企业名称	富讯（上海）信息技术有限公司				
企业地址	上海市静安区南京西路 1266 号恒隆广场 1807 室（200040）				
投资总额	35 万 USD	电　话	62885331	传　真	62885332
设立日期	2005-11-25	负 责 人	MICHAEL JAY ALFANT		
主营业务	计算机软件开发、设计制作，销售自产产品。				

企业名称	盛泰软件（上海）有限公司				
企业地址	上海市张江高科技园区龙东大道 3000 号 1 幢 A 楼 802 室（201203）				
投资总额	100 万 USD	电　话	50795813	传　真	58950381
设立日期	2005-11-23	负 责 人	LAURENCE JAMES W ALLACE		
主营业务	游戏软件的研发、设计、制作；销售自产产品。				

企业名称	艾菲诗软件（上海）有限公司				
企业地址	上海市张江高科技园区郭守敬路 498 号 14 幢 22301-963 室（201203）				
投资总额	15 万 USD	电　话	64483398	传　真	64482338
设立日期	2005-11-23	负 责 人	LIM HUEN CHIN		
主营业务	软件的研发、设计、制作，销售自产产品，系统集成的设计。				

企业名称	三井信息电子科技（上海）有限公司				
企业地址	上海市张江高科技园区科苑路 151 号 5111 室（201203）				
投资总额	400 万 USD	电　话	68761330	传　真	68761331
设立日期	2005-11-23	负 责 人	MIYAKE SHINICHI （三宅信一）		
主营业务	精密仪器的维修改造、组装调试和技术咨询服务。				

企业名称	结行信息技术（上海）有限公司				
企业地址	上海市张江高科技园区郭守敬路 498 号 14 幢 22301-961 室（201203）				
投资总额	14 万 USD	电　话	64873326	传　真	64873326
设立日期	2005-11-22	负 责 人	张　翔		
主营业务	电子支付系统的开发；通信软件及计算机软件的设计、开发。				

企业名称	光辉软件（上海）有限公司				
企业地址	上海市浦东新区浦电路 438 号三幢 606E 室（200122）				
投资总额	15 万 USD	电　话	68753688	传　真	52373633
设立日期	2005-11-22	负 责 人	MONTGOMERY SINGMAN		
主营业务	计算机软件开发、制作，销售自产产品，并提供相关的技术服务。				

企业名称	君岳信息科技（上海）有限公司				
企业地址	上海市闵行区宜山路 1618 号综合楼 757 室（201103）				
投资总额	62 万 USD	电　话	51156299	传　真	51156289
设立日期	2005-11-22	负 责 人	吴其伦		
主营业务	设计生产计算机软、硬件，音视频设备系统集成。				

企业名称	通维数码科技（上海）有限公司				
企业地址	上海市长宁区天山路 789 号 2 号楼 1104 室（200051）				
投资总额	14 万 USD	电　话	62716086	传　真	62715799
设立日期	2005-11-21	负 责 人	PAUL SHEN		
主营业务	计算机软件开发及计算机系统集成，销售公司自产产品。				

企业名称	上海佛朗思软件开发有限公司				
企业地址	上海市卢湾区绍兴路 17 弄 3 号-4 号 S 座 03 室（200025）				
投资总额	14 万 USD	电　话	54560231	传　真	64665345
设立日期	2005-11-21	负 责 人	GILLES PARDON		
主营业务	软件开发、设计、制作，销售自产产品。				

企业名称	欧比科（上海）软件有限公司				
企业地址	上海市黄浦区北京东路 666 号 C901 室（200003）				
投资总额	35 万 USD	电　话	52287958	传　真	
设立日期	2005-11-21	负 责 人	野田顺弘		
主营业务	设计、开发、生产计算机软件，销售自产产品。				

企业名称	上海行动商祺信息技术有限公司				
企业地址	上海市长宁区长宁路 1488 弄 6 号 109 室（200051）				
投资总额	14 万 USD	电　话	62832757	传　真	
设立日期	2005-11-17	负 责 人	EDWARD ZHONGYAO CHEN		
主营业务	计算机软件开发，销售自产产品，计算机系统实施咨询。				

企业名称	浦科软件技术（上海）有限公司				
企业地址	上海市长宁区遵义南路 88 号 19B、19C 室（200335）				
投资总额	20 万 USD	电　话	61619282	传　真	61619279
设立日期	2005-11-17	负 责 人	PULIN PATEL		
主营业务	设计、研发计算机软件、网络技术，并提供相关的技术咨询。				

企业名称	世商（上海）软件有限公司				
企业地址	上海市浦东南路 855 号 12 楼 E 座（200120）				
投资总额	20 万 USD	电　话	68880855	传　真	68880966
设立日期	2005-11-16	负 责 人	仲跻明		
主营业务	软件的开发、设计、制作，销售自产产品。				

企业名称	法达（上海）信息技术有限公司				
企业地址	上海市松江科技园区崇南路 6 号 B 区 5 号房（201616）				
投资总额	14 万 USD	电　话	62139969	传　真	62139969
设立日期	2005-11-16	负 责 人	姜临奎		
主营业务	软件制作、开发，电子数据及影像处理，销售自产产品。				

企业名称	敏速信息技术（上海）有限公司				
企业地址	上海市长宁区长宁路 855 号亨通国际大厦 15 楼 C 座（200050）				
投资总额	120 万 RMB	电　话	52389811	传　真	52389833
设立日期	2005-11-14	负 责 人	詹咏梅		
主营业务	计算机软硬件的设计、开发，销售自产产品。				

企业名称	旭本软件（上海）有限公司				
企业地址	上海市浦东新区北张家浜路 68 号 6 幢 136 室（200122）				
投资总额	20 万 USD	电　话	51504181	传　真	51504182
设立日期	2005-11-11	负 责 人	应浪峰		
主营业务	计算机软件的研究、开发、制作，计算机系统集成。				

企业名称	德铭信息技术（上海）有限公司				
企业地址	上海市闵行区剑川路 468 号（201111）				
投资总额	108 万 USD	电　话	62660101	传　真	
设立日期	2005-11-9	负 责 人	李翠英		
主营业务	开发、设计、生产计算机软件、通讯网络技术设备。				

企业名称	上海兴韦教育信息咨询有限公司				
企业地址	上海市张江高科技园区郭守敬路 351 号 2 号楼 691－11 室（201203）				
投资总额	866 万 USD	电　话	58515261	传　真	58212173
设立日期	2005-11-8	负 责 人	欧阳长健		
主营业务	教育信息咨询（出国留学咨询和中介服务除外）；计算机软件技术咨询。				

企业名称	艺电计算机软件（上海）有限公司				
企业地址	上海市张江高科技园区春晓路 350 号南楼 201 室（201203）				
投资总额	940 万 USD	电　话	61321550	传　真	63406177
设立日期	2005-11-8	负 责 人	ERICK HACHENBURG		
主营业务	计算机软件和其他软件的研究、设计、开发和生产。				

企业名称	鹏智软件开发（上海）有限公司				
企业地址	上海市张江高科技园区郭守敬路 498 号 6 幢 15201 室（201203）				
投资总额	20 万 USD	电　话	51314277	传　真	51314279
设立日期	2005-11-8	负 责 人	高惠敏		
主营业务	计算机软件的开发、设计、制作，销售自产产品。				

企业名称	咕嘟妈咪（上海）信息咨询有限公司				
企业地址	上海市虹桥路 1 号一座 2001 室（200030）				
投资总额	15000 万日元	电　话	64481717	传　真	64477739
设立日期	2005-11-8	负 责 人	久保征一郎		
主营业务	餐饮管理信息咨询（涉及行政许可的凭许可证经营）。				

企业名称	龙尚科技（上海）有限公司				
企业地址	上海市张江高科技园区郭守敬路 351 号 2 号楼 693－04 室（201203）				
投资总额	500 万港币	电　话	64088898	传　真	54970806
设立日期	2005-11-4	负 责 人	杜军红		
主营业务	移动通讯及相关产品、无线通讯用电子模块的开发、制作。				

企业名称	顶高软件科技（上海）有限公司				
企业地址	上海市张江高科技园区郭守敬路 351 号 2 号楼 693－02 室（201203）				
投资总额	14 万 USD	电话	50806686	传真	50803862
设立日期	2005-11-4	负责人	DON-MIW FRANK		
主营业务	计算机软件的开发、设计、制作，销售自产产品。				

企业名称	上海帝位奈特网络科技有限公司				
企业地址	上海市松江区小昆山镇崇南路 3 号 7 号房（201616）				
投资总额	20 万 USD	电话	52379910	传真	52379930
设立日期	2005-11-4	负责人	铃木伸隆		
主营业务	网络科技领域内的技术开发、技术转让；计算机网络工程。				

企业名称	博圣信息技术（上海）有限公司				
企业地址	上海市长宁区延安西路 728 号 15 楼 F21 室（200050）				
投资总额	100 万 USD	电话	58775990	传真	58767238
设立日期	2005-11-1	负责人	李曙军		
主营业务	计算机网络应用软件的开发、设计、制作，销售自产产品。				

企业名称	上海锦江德尔互动有限公司				
企业地址	上海市张江高科技园区郭守敬路 498 号 14 幢 22301－899 座（201203）				
投资总额	300 万 USD	电话	61226688	传真	61226689
设立日期	2005-10-31	负责人	杨卫民		
主营业务	计算机软件的研发、制作，销售自产产品。				

企业名称	上海杰易数码科技有限公司				
企业地址	上海市张江高科技园区郭守敬路 498 号 14 幢 22301-921 座（201203）				
投资总额	14 万 USD	电话	62836411	传真	62837407
设立日期	2005-10-27	负责人	SHO NISHIDA （西田祥）		
主营业务	软件产品的研发、制作；销售自产产品。				

企业名称	格林贝尔多媒体科技（上海）有限公司				
企业地址	上海市浦东新区博兴路 195 号 258 室（200129）				
投资总额	50 万 USD	电话	52066928	传真	32140190
设立日期	2005-10-27	负责人	SHIH HONG TEH（斯弘德）		
主营业务	多媒体软件、教学用具的设计、开发和制作，销售自产产品。				

企业名称	上海创品华国生物科技有限公司				
企业地址	上海市外高桥保税区富特西一路 155 号 C 楼第二层 2002 部位（200131）				
投资总额	13 万 USD	电话	62485533	传真	62485522
设立日期	2005-10-26	负责人	陶克平		
主营业务	区内以生物、保健科技产品为主的仓储、分拨业务。				

企业名称	新华自动化科技发展（上海）有限公司				
企业地址	上海市闵行区剑川路 468 号（201111）				
投资总额	3000 万 RMB	电话	64348333	传真	64847787
设立日期	2005-10-26	负责人	李培植		
主营业务	研制、生产自动化控制系统、数码控制系统、高压变频控制系统。				

企业名称	远亚网络科技（上海）有限公司				
企业地址	上海市万航渡路 888 号开开广场 13 楼 L 座（200042）				
投资总额	20 万 USD	电话	62269092	传真	62269092
设立日期	2005-10-25	负责人	黄锦国		
主营业务	设计、开发计算机软硬件、1C 卡、射频卡读写机器。				

企业名称	巫合图腾软件科技（上海）有限公司				
企业地址	上海市张江高科技园区郭守敬路 498 号 14 幢 22301－901 座（201203）				
投资总额	14 万 USD	电话	62048335	传真	62042691
设立日期	2005-10-24	负责人	孙涵郁		
主营业务	计算机软件的研究、开发、设计、制作，销售自产产品。				

企业名称	知源软件（上海）有限公司				
企业地址	上海市张江高科技园区郭守敬路 351 号 2 号楼 692-16 室（201203）				
投资总额	14 万 USD	电话	62491525	传真	62494818
设立日期	2005-10-24	负责人	CHENG CHUNG HIN		
主营业务	软件的开发、设计、制作；网络技术开发；系统集成的开发。				

企业名称	欧鑫普软件（上海）有限公司				
企业地址	上海市张江高科技园区郭守敬路 498 号 14 幢 22301-919 座（201203）				
投资总额	14 万 USD	电话	68554440	传真	58761946
设立日期	2005-10-20	负责人	JARRAH ALEX		
主营业务	计算机软件的开发、设计、制作，销售自产产品。				

企业名称	集晟春颜生物科技（上海）有限公司				
企业地址	上海市嘉定区南翔镇蕴北公路 1755 弄 30 号楼四层（201802）				
投资总额	100 万 USD	电话	39125550	传真	
设立日期	2005-10-20	负责人	HUANG CHUANG SHUEH 0U		
主营业务	研发、生产化妆品，销售本公司自产产品。				

企业名称	恒安网络科技（上海）有限公司				
企业地址	上海市浦东新区浦东南路 588 号 23 楼 B 座（200122）				
投资总额	20 万 USD	电话	58795063	传真	58795283
设立日期	2005-10-19	负责人	刘　旭		
主营业务	计算机软件和网络软件的设计、开发、制作。				

企业名称	帝恩（上海）软件科技有限公司				
企业地址	上海市张江高科技园区郭守敬路 351 号 2 号楼 692-13 室（201203）				
投资总额	14 万 USD	电话	68411008	传真	63649557
设立日期	2005-10-18	负责人	TERUHIRO SHIMONO （下野辉弘）		
主营业务	软件的研发、设计、制作，销售自产产品，工业机械的研发、设计。				

企业名称	雷技信息科技（上海）有限公司				
企业地址	上海市张江高科技园区郭守敬路 498 号 14 幢 22301－917 室（201203）				
投资总额	14 万 USD	电话	58365578	传真	58365579
设立日期	2005-10-11	负责人	JIMMY CHENG-MING HSIAO		
主营业务	计算机软件的研究、开发、制作，销售自产产品。				

企业名称	迪浦兰软件（上海）有限公司				
企业地址	上海市张江高科技园区郭守敬路 498 号 14 幢 22301－860 座（201203）				
投资总额	14 万 USD	电话	58824882	传真	58824881
设立日期	2005-10-11	负责人	DR KARSTEN SCHLÜTER		
主营业务	计算机软件的研发、设计、制作；销售自产产品。				

企业名称	天绩信息技术（上海）有限公司				
企业地址	上海市张江高科技园区郭守敬路 351 号 2 号楼 692－13 室（201203）				
投资总额	150 万 USD	电话	54278388	传真	54262830
设立日期	2005-10-11	负责人	邓润泽		
主营业务	软件的设计、制作，销售自产产品，系统集成。				

企业名称	创寰信息科技（上海）有限公司				
企业地址	上海市长宁区延安西路 2299 号世贸商城 10A32 室（200336）				
投资总额	25 万 USD	电话	62365670	传真	62365686
设立日期	2005-10-11	负责人	DAVID TING KWEI		
主营业务	计算机软件的设计、制作，通讯技术的研发，通讯设备。				

企业名称	上海瑞衡节能科技有限公司				
企业地址	上海市长宁区天山支路 201-209 号 418 室（200051）				
投资总额	14 万 USD	电话	62340105	传真	62340706
设立日期	2005-10-11	负责人	胡　俊		
主营业务	研发设计、装配加工电力节电电器设备，维护安装销售自产产品。				

企业名称	详迅信息科技（上海）有限公司				
企业地址	上海市浦东新区北张家浜路 68 号 6 幢 133 室（200122）				
投资总额	14 万 USD	电话	58820811	传真	58820811
设立日期	2005-10-10	负责人	张宏裕		
主营业务	计算机软件的研究、开发、制作，销售自产产品。				

企业名称	上海傲博同风科技发展有限公司				
企业地址	上海市长宁区天山路 600 弄 3 号 24 层 C 座（200051）				
投资总额	250 万 USD	电话	52063152	传真	52063283
设立日期	2005-10-10	负责人	周　炜		
主营业务	设计、开发计算机软硬件、多媒体技术、数码技术。				

企业名称	博力加软件（上海）有限公司				
企业地址	上海市外高桥保税区冰克路 500 号底层 E33 部位（200131）				
投资总额	15 万 USD	电话	51187299	传真	51187298
设立日期	2005-10-9	负责人	MARC SOUCY		
主营业务	计算机软件的研究、开发、制作；以计算机硬件为主的仓储、分拨业务。				

企业名称	盖丽睿文化信息咨询（上海）有限公司				
企业地址	上海市张江高科技园区祖冲之路 1559 号 2 幢 1001－03 室（201203）				
投资总额	28 万 USD	电话	50806591	传真	50806590
设立日期	2005-10-8	负责人	王慧君		
主营业务	文化艺术交流信息咨询，展览信息咨询，投资咨询，企业管理咨询。				

企业名称	美阁信息技术（上海）有限公司				
企业地址	上海市延长路149号科技楼606室（200072）				
投资总额	3000万日元	电　话	56388582	传　真	
设立日期	2005-10-8	负责人	畑中雄次		
主营业务	计算机软硬件制作．计算机系统集成，水气处理净化设备的生产。				

企业名称	娱美德数码科技（上海）有限公司				
企业地址	上海市张江高科技园区郭守敬路498号14幢22301－911座(201203)				
投资总额	20万USD	电　话	54235111	传　真	54234818
设立日期	2005-9-30	负责人	CHOI KI CHEOL		
主营业务	计算机软件的开发、设计、制作；销售自产产品。				

企业名称	长今信息科技（上海）有限公司				
企业地址	上海市浦东新区北张家浜路68号6幢131室（200122）				
投资总额	14万USD	电　话	52359951	传　真	52355272
设立日期	2005-9-30	负责人	曾丽玉		
主营业务	计算机软件的研究、开发、制作；网络技术开发、设计。				

企业名称	上海基福文化信息咨询有限公司				
企业地址	上海市中山南二路923号（200032）				
投资总额	32万USD	电　话	64177956	传　真	64177956
设立日期	2005-9-29	负责人	吴有成		
主营业务	图文设计制作（不包括广告制作）、文化信息咨询。				

企业名称	上海舒快信息技术有限公司				
企业地址	上海市外高桥保税区荷丹路240号二层D209室（200131）				
投资总额	7万USD	电　话	63455653	传　真	63458659.
设立日期	2005-9-28	负责人	铃木圭次		
主营业务	保税区内计算机软件产品为主的研发、设计及技术服务。				

企业名称	欣世控通讯科技（上海）有限公司				
企业地址	上海市静安区南京西路1515号29楼30-31室（200041）				
投资总额	50万USD	电　话	54234000	传　真	54234510
设立日期	2005-9-28	负责人	ANTONIO TURGEON		
主营业务	软件开发及芯片设计，销售自产产品。				

企业名称	上海用友幅驰信息咨询有限公司				
企业地址	上海市黄浦区延安东路58号4楼05室（200001）				
投资总额	24.7万USD	电　话	63239090	传　真	63239090
设立日期	2005-9-26	负责人	邵　凯		
主营业务	向中国境内物流、零售及相关企业提供商务信息、经济信息咨询。				

企业名称	上海科集信息技术有限公司				
企业地址	上海市虹桥路628号501-5室(200030)				
投资总额	65万USD	电　话	64439438	传　真	
设立日期	2005-9-26	负责人	康　宏		
主营业务	计算机软件的设计、开发、制作，销售自产产品。				

企业名称	久兴信息技术（上海）有限公司				
企业地址	上海市张江高科技园区郭守敬路351号2号楼692－02室（201203）				
投资总额	14万USD	电　话	52588777	传　真	52301343
设立日期	2005-9-22	负责人	HAICHA0 JOSEPH LEE		
主营业务	计算机软件的研发、设计、制作；销售自产产品。				

企业名称	上海威意盛信息科技发展有限公司				
企业地址	上海市胶州路397号14号楼318室（200040）				
投资总额	50万USD	电　话	62314931	传　真	62314925
设立日期	2005-9-21	负责人	袁海荣		
主营业务	笔记本电脑、台式计算机及相关外围设备、电子产品。				

企业名称	易享信息技术（上海）有限公司				
企业地址	上海市张江高科技园区郭守敬路351号2号楼690－20室（201203）				
投资总额	25万USD	电　话	61058999	传　真	50470030
设立日期	2005-9-20	负责人	RAFEAL EDGAR BROWN		
主营业务	研究、开发和制作商业软件和应用软件；销售自产软件。				

企业名称	知库软件技术（上海）有限公司				
企业地址	上海市张江高科技园区郭守敬路498号14幢22301－894室(201203)				
投资总额	14万USD	电　话	61020303	传　真	
设立日期	2005-9-20	负责人	CRYSTAL WANG		
主营业务	计算机软件的开发、设计、制作，销售自产产品。				

企业名称	凯策软件技术（上海）有限公司				
企业地址	上海市张江高科技园区郭守敬路498号21404-21406室（201203）				
投资总额	14万USD	电　话	50273781	传　真	50273785
设立日期	2005-9-16	负责人	TILMAN S．WAGNER		
主营业务	软件的设计、研发、制作，销售自产产品。				

企业名称	联凡计算机技术（上海）有限公司				
企业地址	上海市长宁区北翟路163弄30号5幢202F室（200335）				
投资总额	14万USD	电　话	64486897	传　真	64486899
设立日期	2005-9-16	负责人	张家铭		
主营业务	计算机硬件设计，计算机软件及多媒体开发、设计、制作。				

企业名称	上海晶龙光电科技有限公司				
企业地址	上海市奉贤区四团镇华峰路1号（201412）				
投资总额	120万USD	电　话	67530368	传　真	67530368
设立日期	2005-9-15	负责人	靳保芳		
主营业务	开发、制造、组装太阳能电池组件、太阳能硅片材料。				

企业名称	实信商业应用软件（上海）有限公司				
企业地址	上海市嘉定区马陆镇宝安公路3601号（201801）				
投资总额	2000万USD	电　话	62783063	传　真	52574004
设立日期	2005-9-14	负责人	陈　成		
主营业务	软件产品的应用、开发，销售本公司自产产品。				

企业名称	百脑通数码科技（上海）有限公司				
企业地址	上海市长宁区凯旋路1010号综合楼一楼101室（200052）				
投资总额	100万USD	电　话	62946200	传　真	62946211
设立日期	2005-9-12	负责人	许家祥		
主营业务	计算机及其相关产品的售后维护、维修。				

企业名称	中芯能源科技（上海）有限公司				
企业地址	上海市张江高科技园区张江路18号2号楼1楼（201203）				
投资总额	600万USD	电　话	50802000	传　真	50802000
设立日期	2005-9-9	负责人	张汝京		
主营业务	晶体硅太阳能光伏电池的制造和封装；太阳能电板系统设计、封装。				

企业名称	上海生大合成树脂科技发展有限公司				
企业地址	上海市嘉定工业区北区14－3号地块（201807）				
投资总额	500万USD	电　话	59166047	传　真	59163069
设立日期	2005-9-9	负责人	苏宗球		
主营业务	生产乳胶制品，塑胶制品，镜制品，美容器具。				

企业名称	上海富永通太阳能科技有限公司				
企业地址	上海市黄浦区芦席街77号二楼（200001）				
投资总额	30万USD	电　话	51088672	传　真	63147185
设立日期	2005-9-8	负责人	张敏祥		
主营业务	各类太阳能电池的研发、加工、生产，销售自产产品。				

企业名称	长环信息科技（上海）有限公司				
企业地址	上海市张江高科技园区郭守敬路498号14幢22301－881座(201203)				
投资总额	14万USD	电　话	51348976	传　真	51348976
设立日期	2005-9-6	负责人	HONG HAYDEN CHIHOI		
主营业务	计算机软件、通讯软件的开发、设计、制作，销售自产产品。				

企业名称	德峰信息技术（上海）有限公司				
企业地址	上海市长宁区延安西路728号15层F12室（200050）				
投资总额	800万USD	电　话	32124661	传　真	32124661
设立日期	2005-9-5	负责人	江南春		
主营业务	研制、开发多媒体网络信息系统软件；多媒体网络工程设计咨询。				

企业名称	乐动数码科技（上海）有限公司				
企业地址	上海市张江高科技园区郭守敬路498号14幢22301－886座(201203)				
投资总额	400万USD	电　话	54666111	传　真	54666111
设立日期	2005-9-2	负责人	董朝晖		
主营业务	数字化互动多媒体技术的研发，计算机件的开发、设计、制作。				

企业名称	指科物流科技（上海）有限公司				
企业地址	上海市闵行区金都路4299号A栋793号（201108）				
投资总额	14万USD	电　话	54240196	传　真	54241383
设立日期	2005-9-2	负责人	许哲学		
主营业务	生产计算机软件与用于供应链与物流及相关网络设备硬件产品。				

企业名称	林可威尔通讯科技（上海）有限公司				
企业地址	上海市张江高科技园区郭守敬路498号14幢22301－845座(201203)				
投资总额	200万USD	电　话	64066006	传　真	64064201
设立日期	2005-8-31	负责人	卓祺嘉		
主营业务	语言数据处理相关产品的研发，软件的开发、设计、制作。				

企业名称	上海港洋航运物流信息咨询有限公司				
企业地址	上海市浦东新区浦电路438号702A室（200127）				
投资总额	500万港币	电　话	62372626	传　真	62371320
设立日期	2005-8-30	负责人	曹文锦		
主营业务	航运业发展的研究咨询，物流运输业发展的研究咨询。				

企业名称	玺诚数码科技（上海）有限公司				
企业地址	上海市张江高科技园区张衡路200号2幢2207室（201203）				
投资总额	100万USD	电　话	62372250	传　真	62371918
设立日期	2005-8-29	负责人	CHAN YI SING（曾义兴）		
主营业务	计算机软件的设计、开发、制作，销售自产产品。				

企业名称	稳成商务信息咨询（上海）有限公司				
企业地址	上海市闵行区江川路1511号（201100）				
投资总额	14万USD	电　话	54429698	传　真	54429371
设立日期	2005-8-25	负责人	李建鸿		
主营业务	商务咨询、国际经济信息咨询、企业投资咨询、企业形象策划咨询。				

企业名称	上海蓝力新数码科技有限公司				
企业地址	上海市张江高科技园区郭守敬路351号2号楼690－09室（201203）				
投资总额	14万USD	电　话	64692267	传　真	64684080
设立日期	2005-8-24	负责人	詹圣生		
主营业务	通讯及数码产品的设计、研发，计算机软件的设计、开发、制作。				

企业名称	上海宇拟捌肃信息系统有限公司				
企业地址	上海市张江高科技园区郭守敬路351号2号楼690－14室（201203）				
投资总额	14万USD	电　话	53087101	传　真	53087102
设立日期	2005-8-24	负责人	谷庚三		
主营业务	计算机软件的研发、设计、制作，销售自产产品。				

企业名称	新勤网络信息技术（上海）有限公司.				
企业地址	上海市长宁区延安西路2299号世贸商城1611室（200335）				
投资总额	20万USD	电　话	52581717	传　真	52589001
设立日期	2005-8-23	负责人	江金龙		
主营业务	研发、设计、开发通信网络技术产品，资料存储技术，计算机软硬件。				

企业名称	上海锐松环保科技有限公司				
企业地址	上海市永和路164号18幢105室（200070）				
投资总额	20万USD	电　话	58898287	传　真	58896563
设立日期	2005-8-18	负责人	藤本英治		
主营业务	开发培植、加工微生物菌种、微生物制品（制剂），销售自产产品。				

企业名称	上海乐科科软件有限公司				
企业地址	上海市张江高科技园区郭守敬路351号2号楼690－10室（201203）				
投资总额	14万USD	电　话	64414655	传　真	64414656
设立日期	2005-8-18	负责人	长谷川一彦		
主营业务	计算机软件开发、制作，销售自产产品，计算机硬件的研发。				

企业名称	上海念汉数码科技有限公司				
企业地址	上海市漕河泾新兴技术开发区虹漕路421号虹漕大楼1223室(200233)				
投资总额	30万USD	电　话	64954210	传　真	64954209
设立日期	2005-8-18	负责人	郑达雷		
主营业务	研发、生产网络音频、视频电话机、手持媒体播放机。				

企业名称	上海美升环保科技有限公司				
企业地址	上海市松江区中山街道车新公路185号6号A区（201613）				
投资总额	14万USD	电　话	64685769	传　真	64875178
设立日期	2005-8-18	负责人	于　飞		
主营业务	资源再生及综合利用技术，国际经济、科技、环保信息咨询服务。				

企业名称	博阳生物科技（上海）有限公司				
企业地址	上海市张江高科技园区蔡伦路88号五楼东面（201203）				
投资总额	210万USD	电　话	50791287	传　真	50791280
设立日期	2005-8-17	负责人	WEI GU0 ZHAO（赵卫国）		
主营业务	医学诊断试剂的开发，转让自有技术，并提供相关技术服务和技术咨询。				

企业名称	索问管理信息科技（上海）有限公司				
企业地址	上海市张江高科技园区郭守敬路351号2号楼690-07室（201203）				
投资总额	14万USD	电　话	53510001	传　真	53510390
设立日期	2005-8-15	负责人	朱晓龙		
主营业务	计算机软件的设计、开发、制作，销售自产产品。				

企业名称	慧舟软件技术（上海）有限公司				
企业地址	上海市乌鲁木齐中路328号304／B室（200031）				
投资总额	70万USD	电　话	51502808	传　真	51502809
设立日期	2005-8-12	负责人	李　英		
主营业务	计算机工程项目的软件开发，销售自产产品。				

企业名称	芬纳密封科技（上海）有限公司				
企业地址	上海市嘉定工业区北区14－5地块（201821）				
投资总额	500万USD	电　话	59936989	传　真	59936734
设立日期	2005-8-8	负责人	DAVID HENRY JONES		
主营业务	设计和制造无机非金属材料及制品，非金属制品模具。				

企业名称	上海红色草原软件系统有限公司				
企业地址	上海市张江高科技园区郭守敬路498号14幢22301-817室（201203）				
投资总额	14万USD	电　话	50806857	传　真	50806851
设立日期	2005-8-8	负责人	MARK ANDREW SKIPPER		
主营业务	物流软件的开发、设计、制作，销售自产产品。				

企业名称	沪讯信息技术（上海）有限公司				
企业地址	上海市浦东新区港城路2号2323室（200137）				
投资总额	14万USD	电　话	50275551	传　真	50275551
设立日期	2005-8-5	负责人	蔡静郁		
主营业务	开发、设计、制作计算机软件，销售自产产品。				

企业名称	上海奥睿星信息技术有限公司				
企业地址	上海市卢湾区淮海中路381号2301－2303室（200021）				
投资总额	21万USD	电　话	53510727	传　真	53510773
设立日期	2005-8-3	负责人	RASHID ALEXANDER DELGADO		
主营业务	计算机数据处理，软件开发与维护，数据库管理及技术支持服务。				

企业名称	博跃财经信息咨询（上海）有限公司				
企业地址	上海市静安区南京西路1376号上海商城西峰703A室（200040）				
投资总额	14万USD	电　话	61232732	传　真	61238800
设立日期	2005-8-3	负责人	ALLEN HEERY		
主营业务	经济信息咨询、企业管理咨询、财务管理咨询、营销咨询。				

企业名称	大宇宙营链创信息咨询（上海）有限公司				
企业地址	上海市静安区北京西路1701号1208室（200040）				
投资总额	14万USD	电　话	60952155	传　真	60952876
设立日期	2005-8-3	负责人	IW AMI KOICHI		
主营业务	企业管理咨询、投资咨询、国际经济咨询、科技咨询。				

企业名称	鹏昆科技（上海）有限公司				
企业地址	上海市浦东新区唐镇工业园区金丰路8号3幢（201203）				
投资总额	14万USD	电　话	68796898	传　真	58961010
设立日期	2005-8-3	负责人	夏万里		
主营业务	计算机软件的研发，数控设备及相关元器件的研发、生产。				

企业名称	麦迪实信息软件（上海）有限公司				
企业地址	上海市闵行区漕河泾出口加工区浦星路789号7号楼（201103）				
投资总额	14万USD	电　话	54315055	传　真	54315038
设立日期	2005-8-1	负责人	韩宏元		
主营业务	开发制作与信息技术相关的软件，电子零部件的生产。				

企业名称	上海吉麒净水科技有限公司				
企业地址	上海市奉贤区金汇镇金钱公路2268号（201404）				
投资总额	20万USD	电　话	57579288	传　真	57579987
设立日期	2005-8-1	负责人	林献铭		
主营业务	研制、开发、生产水处理膜、工业废水处理设备。				

企业名称	三珠数码软件开发（上海）有限公司				
企业地址	上海市广中西路777弄12号2楼A-40室（200072）				
投资总额	60万USD	电　话	63175566	传　真	63179810
设立日期	2005-7-28	负责人	TROY LEON KENNETH HORTON		
主营业务	开发制作软件，销售自产产品，提供相关技术咨询、技术服务。				

社会服务业-计算机应用及科技服务业

企业名称	环大环保科技（上海）有限公司				
企业地址	上海市松江区佘山镇新宅路 366 号（201602）				
投资总额	150 万 USD	电　话	57664681	传　真	57664685
设立日期	2005-7-27	负 责 人	周钜洸		
主营业务	环保技术的研发，环保工程咨询，资源再生利用，生产环保设备。				

企业名称	富帝克信息技术（上海）有限公司				
企业地址	上海市黄浦区延安东路 59 号 505 室（200001）				
投资总额	14 万 USD	电　话	63374400	传　真	63374422
设立日期	2005-7-26	负 责 人	深田刚（执行董事）		
主营业务	计算机软件的开发、设计、制作，销售本公司自产产品。				

企业名称	上海思级光电科技有限公司				
企业地址	上海市松江区佘山工业区陶干路 48 号（201602）				
投资总额	100 万 USD	电　话	57794118	传　真	57794008
设立日期	2005-7-21	负 责 人	张凯森		
主营业务	研发、设计、组装、生产液晶背光板、导光板、仪表板。				

企业名称	曼都威信息系统（上海）有限公司				
企业地址	上海市长宁区天山支路 154 号 206K 室（200051）				
投资总额	14 万 USD	电　话	51036959	传　真	51036950
设立日期	2005-7-21	负 责 人	大塚正一		
主营业务	图文设计、制作，计算机软件开发，投资咨询，商务咨询。				

企业名称	正音计算机科技（上海）有限公司				
企业地址	上海市嘉定区嘉定镇清河路 468 号 8 幢（201800）				
投资总额	20 万 USD	电　话	52378080	传　真	52378060
设立日期	2005-7-21	负 责 人	SHIH KANG LU		
主营业务	设计开发计算机软件及系统集成，销售本公司自产产品。				

企业名称	上海乐升软件有限公司				
企业地址	上海市张江高科技园区郭守敬路 351 号 2 号楼 689-24 室（201203）				
投资总额	93 万 USD	电　话	62106655	传　真	62262715
设立日期	2005-7-21	负 责 人	许金龙		
主营业务	软件的设计、制作，销售自产产品，数码动画、数码漫画。				

企业名称	阿雷斯登海洋科技（上海）有限公司				
企业地址	上海市浦东新区川沙路 6999 号 18B 厂房（201201）				
投资总额	100 万 USD	电　话	58528002	传　真	38821808
设立日期	2005-7-20	负 责 人	林汉辉		
主营业务	研究开发海洋科技工程技术，工业自动化系统设计。				

企业名称	艾莫基计算机软件服务（上海）有限公司				
企业地址	上海市松江科技园区崇南路 6 号 B 区 1 号房（201616）				
投资总额	60 万 USD	电　话	62372266	传　真	62372166
设立日期	2005-7-20	负 责 人	前田吉彦		
主营业务	计算机软件开发，并提供相关的技术咨询和技术服务。				

企业名称	威孚商务信息咨询（上海）有限公司				
企业地址	上海市浦东新区北张家浜路 68 号 6 幢 341 室（200120）				
投资总额	14 万 USD	电　话	58769262	传　真	50620137
设立日期	2005-7-20	负 责 人	ZUBIN KARKARIA		
主营业务	商务咨询，企业管理咨询，计算机软件的开发、设计、制作。				

企业名称	上海阿加斯网络科技有限公司				
企业地址	上海市浦东新区崮山路 65 号 2215 室（200135）				
投资总额	14 万 USD	电　话	52381838	传　真	52381880
设立日期	2005-7-20	负 责 人	邓健洪		
主营业务	网络技术的开发、设计；计算机软件的开发、设计、制作。				

企业名称	路拓（上海）地理软件系统有限公司				
企业地址	上海市张江高科技园区郭守敬路 351 号 2 号楼 689－17 室（201203）				
投资总额	14 万 USD	电　话	51572266	传　真	51572285
设立日期	2005-7-18	负 责 人	T.A.W.M.LANEN		
主营业务	地理软件系统的研发、设计、制作，相关软件的开发。				

企业名称	上海即时利尼克斯软件有限公司				
企业地址	上海市卢湾区南塘浜路 103 号 524 室 D 座（200023）				
投资总额	15 万 USD	电　话	63756500	传　真	63756119
设立日期	2005-7-18	负 责 人	谢伯宁		
主营业务	计算机软件的设计、开发、制作，销售自产产品。				

企业名称	爱威世软件（上海）有限公司				
企业地址	上海市张江高科技园区郭守敬路 498 号 14 幢 22301－829 座（201203）				
投资总额	14 万 USD	电　话	58362300	传　真	58362900
设立日期	2005-7-15	负 责 人	GOH SWEE HOCK BENJAMIN		
主营业务	计算机软件的开发、设计、制作，销售自产产品。				

企业名称	灵天慕信息技术（上海）有限公司				
企业地址	上海市浦东新区张杨路 828－838 号华都大厦 9 楼 A、J 座（200122）				
投资总额	14 万 USD	电　话	68764016	传　真	58406188
设立日期	2005-7-15	负 责 人	KAYVAN OBOU DIYAT		
主营业务	计算机软件的制作、设计和开发，相关计算机软硬件的技术咨询服务。				

企业名称	上海银信网络科技发展有限公司				
企业地址	上海市浦东新区浦东南路 1950 号 106 室（200120）				
投资总额	8000 万港币	电　话	50498558	传　真	50498598
设立日期	2005-7-11	负 责 人	黄湘如		
主营业务	计算机软件和网络软件的设计、开发、制作，销售自产产品。				

企业名称	康尔普信息技术（上海）有限公司				
企业地址	上海市外高桥保税区华京路 8 号 529 室（200137）				
投资总额	105 万 USD	电　话	51506800	传　真	51506810
设立日期	2005-7-11	负 责 人	HARALD JOSEF UNKELBACH		
主营业务	研究、开发、制作计算机应用软件，销售自产产品。				

企业名称	蔼士天信息咨询（上海）有限公司				
企业地址	上海市黄浦区南京西路 338 号 1204 室（200002）				
投资总额	14 万 USD	电　话	62702215	传　真	62702275
设立日期	2005-7-11	负 责 人	THOMAS JAMES GOEDKEN		
主营业务	教育信息咨询（出国留学咨询和中介服务除外）。				

企业名称	上海吉星辐照科技发展有限公司				
企业地址	上海市青浦区外青松公路 5399 号 A15 厂房（201700）				
投资总额	1200 万 USD	电　话	69719889	传　真	69719889
设立日期	2005-7-8	负 责 人	林春育		
主营业务	辐射技术的研究、开发，粮食、蔬菜、水果、畜禽产品的储藏、保鲜。				

企业名称	莫礼士（上海）教育信息咨询有限公司				
企业地址	上海市浦东新区北张家浜路 68 号 6 幢 430 室（200120）				
投资总额	14 万 USD	电　话	51083383	传　真	51083383
设立日期	2005-7-7	负 责 人	CHENG SIM KOK		
主营业务	教育信息咨询（出国留学咨询和中介服务除外），商务咨询。				

企业名称	畅意导航系统科技（上海）有限公司				
企业地址	上海市漕河泾新兴技术开发区虹漕路 421 号 67 号厂房 1230 室（200233）				
投资总额	20 万 USD	电　话	64952895	传　真	64403335
设立日期	2005-7-6	负 责 人	夏镇邦		
主营业务	研发、生产汽车多媒体资讯导航系统，车载仪及其相关零配件。				

企业名称	万攀泰软件开发（上海）有限公司				
企业地址	上海市肇嘉浜路 288 号中福商务 4 楼 403 室（200030）				
投资总额	14 万 USD	电　话	64338091	传　真	64338092
设立日期	2005-7-6	负 责 人	DAVID, RUDY LAYANI		
主营业务	计算机软件的设计、开发、制作；计算机硬件的设计、开发。				

企业名称	上海艾格文信息科技有限公司				
企业地址	上海市长宁区淮海西路 432 号凯利大厦 11 楼 B 座（200052）				
投资总额	14 万 USD	电　话	53860627	传　真	53839942
设立日期	2005-6-30	负 责 人	李耀荣		
主营业务	信息技术软件开发、制作，销售自产产品。				

企业名称	阿迪纳（上海）物流信息系统管理有限公司				
企业地址	上海市北海宁路 58 弄 22 号 207 室（200080）				
投资总额	30 万 USD	电　话	64518406	传　真	64518487
设立日期	2005-6-29	负 责 人	SUZUKI HIDETO		
主营业务	计算机软件、网络系统的设计、开发、制作。				

企业名称	康伟实软件技术（上海）有限公司				
企业地址	上海市张江高科技园区郭守敬路 498 号 8 幢 19504-19506 室（201203）				
投资总额	14 万 USD	电　话	50807705	传　真	50807702
设立日期	2005-6-29	负 责 人	SUBRAHMANIAM KRISHNASWAMY		
主营业务	计算机软件的开发，提供相关的技术咨询和技术服务。				

企业名称	上海永乐数码科技有限公司				
企业地址	上海市张江高科技园区郭守敬路 351 号 2 号楼 689-16 室（201203）				
投资总额	14 万 USD	电　　话	64712760	传　　真	64712760
设立日期	2005-6-28	负 责 人	HUA QU（瞿华）		
主营业务	多媒体技术、仿真技术的开发，计算机控制软件的开发与制作。				

企业名称	上海金田科瑞洁净科技有限公司				
企业地址	上海市青浦工业园区外青松公路 5500 号 108 室（201700）				
投资总额	300 万 USD	电　　话	69228227	传　　真	69228237
设立日期	2005-6-27	负 责 人	刘伟峰		
主营业务	研究、开发无尘洁净技术，设计、开发、生产。				

企业名称	上海科瑞奇生物科技有限公司				
企业地址	上海市张江高科技园区郭守敬路 351 号 2 号楼 687-07 室（201203）				
投资总额	60 万 USD	电　　话	68407231	传　　真	68407235
设立日期	2005-6-24	负 责 人	张　荔		
主营业务	生物医药产品的研究、开发，自有技术转让，提供相关的技术咨询。				

企业名称	上海掌万通软件有限公司				
企业地址	上海市张江高科技园区郭守敬路 498 号 14 幢 22301－787 座（201203）				
投资总额	100 万 USD	电　　话	33184900	传　　真	63611558
设立日期	2005-6-23	负 责 人	RAYMOND LEI YANG（杨镭）		
主营业务	应用软件的开发、制作，销售自产产品。				

企业名称	德加拉（上海）软件开发有限公司				
企业地址	上海市张江高科技园区郭守敬路 351 号 2 号楼 689－03 室（201203）				
投资总额	200 万 USD	电　　话	64930011	传　　真	64933330
设立日期	2005-6-23	负 责 人	ARVIND KUMAR CHANDAK		
主营业务	计算机软件的开发、设计、制作，销售自产产品。				

企业名称	吧呱信息科技（上海）有限公司				
企业地址	上海市张江高科技园区郭守敬路 351 号 2 号楼 689-14 室（201203）				
投资总额	14 万 USD	电　　话	51177678	传　　真	51177678
设立日期	2005-6-23	负 责 人	李澍泰		
主营业务	计算机软件的开发、设计、制作，销售自产产品。				

企业名称	凯晟生物科技（上海）有限公司				
企业地址	上海市卢湾区复兴中路 1 号申能国际大厦 1603 室、1604 室（200021）				
投资总额	14 万 USD	电　　话	63900866	传　　真	63900855
设立日期	2005-6-22	负 责 人	STEVE JIA CHANG		
主营业务	生物检测仪器及相关软件的技术研究、开发、设计、制作。				

企业名称	网评信息技术（上海）有限公司				
企业地址	上海市西藏中路 18 号港陆广场裙楼 403 室（200001）				
投资总额	25 万 USD	电　　话	53852321	传　　真	53852320
设立日期	2005-6-21	负 责 人	姚永和		
主营业务	计算机硬件及网络的研发；计算机软件的开发、设计、制作。				

企业名称	康博嘉信息科技（上海）有限公司				
企业地址	上海市北京东路 666 号 B704B 室（200001）				
投资总额	40 万 USD	电　　话	53852288	传　　真	53832468
设立日期	2005-6-21	负 责 人	KOH HWEE NGUAN		
主营业务	设计、研发计算机系统集成、数据交换系统、网络系统。				

企业名称	伟翔环保科技发展（上海）有限公司				
企业地址	上海市嘉定工业区回城南路 2358 号（201821）				
投资总额	600 万 USD	电　　话	69526622	传　　真	69526611
设立日期	2005-6-21	负 责 人	李春刚		
主营业务	电子产品及衍生废弃物的回收及循环再生利用。				

企业名称	美慧信息科技（上海）有限公司				
企业地址	上海市四川北路 2261、2263 号 2402 室 B 座　（200080）				
投资总额	80 万 USD	电　　话	56662784	传　　真	
设立日期	2005-6-21	负 责 人	RAN BIN		
主营业务	交通数据的采集、处理和分析，向客户提供各类交通数据产品。				

企业名称	网言信息技术咨询（上海）有限公司				
企业地址	上海市长宁区延安西路 728 号华敏世纪广场 15 层 F1－D 室（200050）				
投资总额	14 万 USD	电　　话	52980010	传　　真	52980366
设立日期	2005-6-20	负 责 人	孙　浩		
主营业务	计算机网络应用软件的开发、设计、制作。				

企业名称	亚摩信息技术（上海）有限公司				
企业地址	上海市外高桥保税区新灵路 106 号 326 室（200131）				
投资总额	14 万 USD	电　　话	53966131	传　　真	53966020
设立日期	2005-6-17	负 责 人	CHOI MUN SUK		
主营业务	计算机应用软件的研究、开发、制作，销售自产产品。				

企业名称	客齐集网络信息技术服务（上海）有限公司				
企业地址	上海市张江高科技园区郭守敬路 351 号 2 号楼 685－14 室（201203）				
投资总额	300 万 USD	电　　话	64403336	传　　真	34240870
设立日期	2005-6-16	负 责 人	RANDALL K.H.CHING		
主营业务	网络技术咨询及服务，市场营销咨询。				

企业名称	泉耀新材料科技（上海）有限公司				
企业地址	上海市嘉川路 245 号南幢 403、406 室（200237）				
投资总额	60 万 USD	电　　话	54288661	传　　真	54288277
设立日期	2005-6-16	负 责 人	黄建国		
主营业务	开发、研制、生产高科技纳米材料、纳米设备。				

企业名称	翔傲信息科技（上海）有限公司				
企业地址	上海市张江高科技园区郭守敬路 351 号 2 号楼 689－2 室（201203）				
投资总额	14 万 USD	电　　话	22819100	传　　真	22819100
设立日期	2005-6-14	负 责 人	ANDREW WAI K1T TONG		
主营业务	计算机软件的研发、制作，销售自产产品。				

企业名称	明锐光电科技（上海）有限公司				
企业地址	上海市张江高科技园区松涛路 563 号 A223、225 室（201203）				
投资总额	30 万 USD	电　　话	54594545	传　　真	54594545
设立日期	2005-6-14	负 责 人	GREGORY ALLEN MILLER		
主营业务	光电产品的研发、设计、生产；半导体芯片开发、设计。				

企业名称	耐格如信（上海）软件技术服务有限公司				
企业地址	上海市浦东新区张杨路 500 号 18 楼 C2.D 单元（200120）				
投资总额	20 万 USD	电　　话	51189338	传　　真	51189333
设立日期	2005-6-13	负 责 人	PIERRE GERARD JEAN ROY		
主营业务	数字电视机顶盒软件的开发、测试，以及相关系统的设计、调试。				

企业名称	建腾创达（上海）数码科技有限公司				
企业地址	上海市外高桥保税区富特东一路 396 号第四层 404 部位（200131）				
投资总额	12.5 万 USD	电　　话	52988666	传　　真	52988666
设立日期	2005-6-8	负 责 人	朱伯伦		
丰营业务	保税区内以高科技数码产品为主的仓储分拨业务。				

企业名称	加贺见医疗信息咨询（上海）有限公司				
企业地址	上海市江宁路 495 号 2406 室（200041）				
投资总额	14 万 USD	电　　话	62484690	传　　真	61031731
设立日期	2005-6-7	负 责 人	李信广		
主营业务	医疗信息咨询（医疗、诊断、治疗、心理咨询除外）、投资咨询。				

企业名称	上海贝因赛生物科技有限公司				
企业地址	上海市张江高科技园区郭守敬路 351 号 2 号楼 678-22 室（201203）				
投资总额	20 万 USD	电　　话	68540713	传　　真	50271977
设立日期	2005-6-7	负 责 人	蒋继伟		
主营业务	绿色营养保健品，保健仪器、保健医疗器械的研发，转让自有技术。				

企业名称	福递利信息技术（上海）有限公司				
企业地址	上海市张江高科技园区郭守敬路 351 号 2 号楼 686-15 室（201203）				
投资总额	14 万 USD	电　　话	62770838	传　　真	62770710
设立日期	2005-6-7	负 责 人	宫下崇俊		
主营业务	网络信息技术的开发，软件的开发、制作。				

企业名称	百度（中国）有限公司				
企业地址	上海市张江高科技园区郭守敬路 351 号 2 号楼 686－20 事（201203）				
投资总额	1250 万 USD	电　　话	61353262	传　　真	61353266
设立日期	2005-6-6	负 责 人	ZHANSHENG WANG		
主营业务	计算机软件的研发、设计、制作，销售自产产品。				

企业名称	升永华软件科技（上海）有限公司				
企业地址	上海市张江高科技园区郭守敬路 351 号 2 号楼 689-06 室（201203）				
投资总额	20 万 USD	电　　话	68759756	传　　真	50472188
设立日期	2005-6-6	负 责 人	许锦龙		
主营业务	计算机软件的研发、设计、制作；销售自产产品。				

社会服务业-计算机应用及科技服务业

企业名称	上海雅环信息咨询有限公司				
企业地址	上海市长宁区天山路 641 号 1 号楼 601 室（200335）				
投资总额	14 万 USD	电　话	62291717	传　真	62291718
设立日期	2005-6-6	负责人	DEDRIC LAM		
主营业务	经济信息咨询、企业形象策划、市场营销咨询、商务咨询。				

企业名称	上海克利泊信息科技有限公司				
企业地址	上海市钦江路 123 号 206 室（200233）				
投资总额	27 万 USD	电　话	64852695	传　真	64850078
设立日期	2005-6-3	负责人	PHILIP MICHAEL VERGES		
主营业务	设计、开发、制作计算机软件和系统，销售自产产品。				

企业名称	乐多数码科技（上海）有限公司				
企业地址	上海市张江高科技园区郭守敬路 498 号 14 幢 22301-760 室（201203）				
投资总额	50 万 USD	电　话	64074999	传　真	64074999
设立日期	2005-6-2	负责人	朱益		
主营业务	数字多媒体信息技术的开发；计算机软件的设计、研发。				

企业名称	一飞软件科技（上海）有限公司				
企业地址	上海市龙华后马路 147 号 28 幢 108 室（200232）				
投资总额	14 万 USD	电　话	63830279	传　真	
设立日期	2005-6-2	负责人	杨秀彬		
主营业务	设计、开发、制作计算机软件，销售自产产品。				

企业名称	炫城软件（上海）有限公司				
企业地址	上海市普陀区金沙江路 1006 号 2 幢 436 室（200062）				
投资总额	14 万 USD	电　话	58363713	传　真	58363715
设立日期	2005-6-1	负责人	金原中		
主营业务	开发、制作商业管理软件，销售自产产品。				

企业名称	上海英孚威信息技术有限公司				
企业地址	上海市肇嘉浜路 1117 号 605 室（200030）				
投资总额	14 万 USD	电　话	54905900	传　真	
设立日期	2005-6-1	负责人	束建平		
主营业务	电脑、电子产品信息咨询、企业营销策划、会展服务咨询。				

企业名称	传育网络科技（上海）有限公司				
企业地址	上海市杨浦区阜新路 25 号 6 楼（200092）				
投资总额	14 万 USD	电　话	65037900	传　真	65039120
设立日期	2005-5-30	负责人	黄玉传		
主营业务	开发、制作计算机软件，网络维护并提供相关技术服务、技术咨询。				

企业名称	新镁斯半导体科技（上海）有限公司				
企业地址	上海市松江区新浜镇工业园区浩海路 258－7 号厂房（201605）				
投资总额	100 万 USD	电　话	50275212	传　真	50275211
设立日期	2005-5-30	负责人	职春星		
主营业务	开发、生产半导体、元器件专用材料，销售公司自产产品。				

企业名称	上海索乐软件有限公司				
企业地址	上海市张江高科技园区郭守敬路 351 号 2 号楼 686－16 室（201203）				
投资总额	50 万 USD	电　话	51068280	传　真	50398002
设立日期	2005-5-25	负责人	PAUL L CHEN		
主营业务	计算机软件的开发、设计、制作，销售自产产品。				

企业名称	悠然生物科技（上海）有限公司				
企业地址	上海市奉贤区现代农业园区大叶公路 4688 号（201400）				
投资总额	750 万 USD	电　话	51320588	传　真	51320502
设立日期	2005-5-24	负责人	邓秋云		
主营业务	植物提取物及相关设备的研究、开发，营养食品的研究、开发。				

企业名称	钜泉光电科技（上海）有限公司				
企业地址	上海市张江高科技园区郭守敬路 498 号 3308／3310 室（201203）				
投资总额	301 万 USD	电　话	51035886	传　真	50277833
设立日期	2005-5-19	负责人	洪龙珠		
主营业务	光电技术产品的开发、设计、生产，销售自产产品。				

企业名称	扬盛科技（上海）有限公司				
企业地址	上海市张江高科技园区祖冲之路 887 弄 84 号 307 室（201203）				
投资总额	14 万 USD	电　话	50807796	传　真	50807796
设立日期	2005-5-17	负责人	MING-SHAN WANG（王铭山）		
主营业务	计算机软件的研发、设计、制作，销售自产产品。				

企业名称	上海冈三华大计算机系统有限公司				
企业地址	上海市张江高科技园区郭守敬路 351 号 2 号楼 686－05 室（201203）				
投资总额	120 万 RMB	电　话	51556016	传　真	51556033
设立日期	2005-5-17	负责人	应吉康		
主营业务	计算机软件的开发、设计、制作，销售自产产品。				

企业名称	上海凌欲达软件科技有限公司				
企业地址	上海市张江高科技园区郭守敬路 498 号 14 幢 22301－751 座（201203）				
投资总额	14 万 USD	电　话	64282683	传　真	64280683
设立日期	2005-5-17	负责人	CHAN SAW KUEN（陈信铨）		
主营业务	软件的开发、设计、制作，销售自产产品。				

企业名称	威麟信息技术开发（上海）有限公司				
企业地址	上海市张江高科技园区郭守敬路 351 号 2 号楼 686－11 室（201203）				
投资总额	14 万 USD	电　话	63621554	传　真	63621556
设立日期	2005-5-17	负责人	KAI LIANG JANMESONG		
主营业务	信息技术软件的开发、设计、制作，销售自产产品。				

企业名称	瀚斯宝丽科技（上海）有限公司				
企业地址	上海市嘉定区南翔镇蕴北公路 1725 号 5 号楼（201802）				
投资总额	500 万 USD	电　话	39126999	传　真	39126969
设立日期	2005-5-12	负责人	嵇德斌		
主营业务	生产数字电视机、新型平板显示器件及相关配套产品。				

企业名称	脉縌高软件技术（上海）有限公司				
企业地址	上海市张江高科技园区郭守敬路 351 号 2 号楼 686－09 室（201203）				
投资总额	14 万 USD	电　话	68871127	传　真	68871127
设立日期	2005-5-11	负责人	HEE MOON SHIN		
主营业务	软件的开发、设计、制作，销售自产产品。				

企业名称	碟龙信息技术（上海）有限公司				
企业地址	上海市张江高科技园区郭守敬路 498 号 14 幢 22301－739 座（201203）				
投资总额	14 万 USD	电　话	63540842	传　真	63540842
设立日期	2005-5-11	负责人	森末伸宏		
主营业务	计算机软件的设计、开发、制作，销售自产产品。				

企业名称	亿旅（上海）信息技术有限公司				
企业地址	上海市张江高科技园区郭守敬路 351 号 2 号楼 686－10 室（201203）				
投资总额	14 万 USD	电　话	51312611	传　真	51312612
设立日期	2005-5-11	负责人	筒井康浩		
主营业务	计算机软件的开发、设计、制作，销售自产产品。				

企业名称	构强教育信息咨询（上海）有限公司				
企业地址	上海市浦东新区昌里路 335 号 528A 室（200127）				
投资总额	14 万 USD	电　话	62487878	传　真	62486899
设立日期	2005-5-9	负责人	FRASER GEORGE WHITE		
主营业务	教育信息咨询（出国留学咨询和中介服务除外）、企业管理咨询。				

企业名称	行动家信息科技（上海）有限公司				
企业地址	上海市康健路 135 号 B 座 215 室（200235）				
投资总额	20 万 USD	电　话	64461991	传　真	64462990
设立日期	2005-5-8	负责人	丁伟文		
主营业务	设计、开发、制作计算机应用软件，销售自产产品。				

企业名称	宝诺信息科技（上海）有限公司				
企业地址	上海市张江高科技园区郭守敬路 498 号 14 幢 22301－733 座（201203）				
投资总额	20 万 USD	电　话	62487828	传　真	62488471
设立日期	2005-4-30	负责人	KAI YENG		
主营业务	计算机通信软件的开发、设计、制作，销售自产产品。				

企业名称	咕果信息技术（上海）有限公司				
企业地址	上海市张江高科技园区龙东大道 3000 号 1 号楼 1105A 室（201203）				
投资总额	720 万 USD	电　话		传　真	
设立日期	2005-4-30	负责人	DAVID CARL DRUMMOND		
主营业务	设计、研究和开发计算机软、硬件。				

企业名称	上海希门斯信息技术有限公司				
企业地址	上海市外高桥保税区泰谷路 169 号 A 楼 601 室（200131）				
投资总额	30 万 USD	电　话	68558928	传　真	68558908
设立日期	2005-4-30	负责人	HUNN KXI NG		
主营业务	保税区内软件、系统开发及其相关产品的售后服务。				

企业名称	上海国睿生命科技有限公司				
企业地址	上海市闵行区剑川路468号（200240）				
投资总额	11790万RMB	电　话	54641589	传　真	54641587
设立日期	2005-4-30	负责人	华裕达		
主营业务	研究、开发、生产组织工程产品、材料、消耗品、试剂。				

企业名称	上海伊爱特信息咨询有限公司				
企业地址	上海市杨浦区国权路39号3号楼211E室（200433）				
投资总额	20万USD	电　话	68419355	传　真	68419246
设立日期	2005-4-28	负责人	王敏良		
主营业务	信息咨询、投资咨询（以上咨询除经纪）。				

企业名称	上海得博环保科技有限公司				
企业地址	上海市杨浦区民星路201号17幢（200433）				
投资总额	20万USD	电　话	62367996	传　真	62367997
设立日期	2005-4-28	负责人	OGATA RYUICHIRO		
主营业务	生产“光触媒”空气净化产品、水处理设备、太阳能节能设备。				

企业名称	天欧汽车工程软件（上海）有限公司				
企业地址	上海市浦东新区乳山路227号201室45座（200120）				
投资总额	14万USD	电　话	58358036	传　真	58352998
设立日期	2005-4-27	负责人	刘学军		
主营业务	设计、开发、制作汽车工程模拟软件，销售自产产品。				

企业名称	学乐教育信息咨询（上海）有限公司				
企业地址	上海市天钥桥路333号502A，502B（200030）				
投资总额	14万USD	电　话	64264828	传　真	64264131
设立日期	2005-4-26	负责人	FRANK CHI-HONG WONG		
主营业务	教育信息咨询（出国留学咨询和中介服务除外）。				

企业名称	硕琦（上海）信息科技有限公司				
企业地址	上海市黄浦区瞿溪路510号（200011）				
投资总额	62万USD	电　话	63617001	传　真	63617004
设立日期	2005-4-21	负责人	郑志文		
主营业务	计算机软件的开发、设计、制作，网络技术及电子产品的开发、设计。				

企业名称	上海飞锐光电科技有限公司				
企业地址	上海市浦东新区华东路5001号第二大道128号T3－10幢102(201201)				
投资总额	2000万RMB	电　话	58589996	传　真	51010252
设立日期	2005-4-20	负责人	郑安民		
主营业务	设计、生产光引擎、光学元器件，销售自产产品。				

企业名称	新诗信息科技（上海）有限公司				
企业地址	上海市张江高科技园区郭守敬路498号14幢22301－695座(201203)				
投资总额	14万USD	电　话	52377661	传　真	52377663
设立日期	2005-4-18	负责人	NANCY F H LI		
主营业务	计算机软件的开发、设计、制作，销售自产产品。				

企业名称	伊藤生命科技（上海）有限公司				
企业地址	上海市张江高科技园区哈雷路1043号402室（201203）				
投资总额	140万USD	电　话	50790977	传　真	50791047
设立日期	2005-4-18	负责人	SHIGEKI ENOMOTO		
主营业务	氨基酸类（肽）的（除药品、保健品）研究、开发、生产。				

企业名称	上海富乐马生物科技有限公司				
企业地址	上海市张江高科技园区蔡伦路720弄1号楼518室（201203）				
投资总额	21万USD	电　话	51320327	传　真	51320430
设立日期	2005-4-18	负责人	GIUSEPPE MAZZOLENI		
主营业务	生物医药及相关产品的研发，提供相关的技术咨询和技术服务。				

企业名称	上海孚浪思软件有限公司				
企业地址	上海市浦东新区通园路159号832室（200137）				
投资总额	14万USD	电　话	63906799	传　真	
设立日期	2005-4-18	负责人	MICHAEL JAMES MC CLOSKEY		
主营业务	计算机软件开发、设计、制作，销售自产产品。				

企业名称	顶顶城教育信息咨询（上海）有限公司				
企业地址	上海市浦东新区北张家浜路68号6幢523室（200120）				
投资总额	14万USD	电　话	53834388	传　真	
设立日期	2005-4-18	负责人	LAURENT BACHELOT		
主营业务	教育信息咨询（出国留学咨询和中介服务除外），商务咨询。				

企业名称	上海易趣爱教育信息咨询有限公司				
企业地址	上海市浦东新区芳甸路333弄1号底楼（200124）				
投资总额	14万USD	电　话	50596248	传　真	50596247
设立日期	2005-4-15	负责人	朴有贞		
主营业务	亲子教育信息咨询、学龄前儿童智力开发咨询。				

企业名称	莎罗雅（上海）生物科技有限公司				
企业地址	上海市闵行区虹建路58号（201103）				
投资总额	100万USD	电　话	64341925	传　真	64345010
设立日期	2005-4-13	负责人	佐藤纯二		
主营业务	生产日用洗涤剂系列产品、化妆品及配套的自动感应储存装置。				

企业名称	励安盟软件科技（上海）有限公司				
企业地址	上海市张江高科技园区郭守敬路351号2号楼684-18室（201203）				
投资总额	14万USD	电　话	52400190	传　真	52401107
设立日期	2005-4-13	负责人	HENRY KONG LING		
主营业务	计算机软件的研究、开发、设计、制作，销售自产产品。				

企业名称	艾德曼讯软件（上海）有限公司				
企业地址	上海市张江高科技园区郭守敬路498号14幢22301-640室（201203）				
投资总额	14万USD	电　话	50594215	传　真	50594205
设立日期	2005-4-13	负责人	HU KAI XIANG IRVING		
主营业务	软件的开发、设计、制作，销售自产产品。				

企业名称	上海顺富节电科技有限公司				
企业地址	上海市外高桥保税区加枫路新发展综合楼二层212室（200131）				
投资总额	30万USD	电　话	34061000	传　真	34066000
设立日期	2005-4-13	负责人	黄钰惠		
主营业务	保税区内节电技术的开发、设计；节电技术系统集成、技术咨询。				

企业名称	阿特米斯信息技术（上海）有限公司				
企业地址	上海市浦东新区东方路877号505B室（200120）				
投资总额	14万USD	电　话	58352232	传　真	58352998
设立日期	2005-4-8	负责人	TAN KHOON HUI JOHNNY		
主营业务	计算机软件、网络软件的研究、开发、制作，销售公司自产产品。				

企业名称	上海铱地计算机科技有限公司				
企业地址	上海市长宁区江苏路369号3C室（200050）				
投资总额	14万USD	电　话	52401083	传　真	52401091
设立日期	2005-4-1	负责人	CHI MIKE SU		
主营业务	计算机软件开发及系统集成，销售公司自产产品。				

企业名称	上海匡明商务信息咨询有限公司				
企业地址	上海市静安区石门二路483号901室-52（200040）				
投资总额	14万USD	电　话	54850763	传　真	54850763
设立日期	2005-4-1	负责人	钟承夏		
主营业务	商务信息咨询，经济信息咨询，科技信息咨询，企业管理咨询。				

企业名称	上海凯利泰医疗科技有限公司				
企业地址	上海市张江高科技园区春晓路149号三号楼3楼（201203）				
投资总额	14万USD	电　话	50791832	传　真	50791832
设立日期	2005-3-31	负责人	章伟青		
主营业务	医疗设备的研究、开发，并提供相关的技术咨询。				

企业名称	群宇信息科技（上海）有限公司				
企业地址	上海市张江高科技园区郭守敬路351号2号楼684-05室（200131）				
投资总额	100万USD	电　话	62154058	传　真	62154062
设立日期	2005-3-31	负责人	李永进		
主营业务	计算机硬件的研发，计算机软件的开发、设计、制作。				

企业名称	易多利精密模具科技（上海）有限公司				
企业地址	上海青浦工业园区盈秀路178号2号厂房（201700）				
投资总额	55万USD	电　话	69222669	传　真	59202148
设立日期	2005-3-30	负责人	陈玉坤		
主营业务	生产、加工精密模具及相关配套件，销售公司自产产品。				

企业名称	麦格纳唐纳利（上海）汽车科技有限公司				
企业地址	上海市浦东新区秦桥路211号（T71－5）西侧二楼（201206）				
投资总额	50万USD	电　话	57205720	传　真	57205487
设立日期	2005-3-29	负责人	KEN JINZHANG CAO		
主营业务	设计、开发、生产汽车后视镜系统及相关电子产品、照明产品和零部件。				

企业名称	上海申嘉三和环保科技开发有限公司				
企业地址	上海市嘉定区外冈镇外钱公路1393号1幢（201806）				
投资总额	50万USD	电 话	62773206	传 真	62772502
设立日期	2005-3-29	负责人	戴由良		
主营业务	生产废塑料再生造粒生产线，污水处理系统及相关配件。				

企业名称	恩碧势达晟（上海）汽车科技有限公司				
企业地址	上海市奉贤区奉城镇奉粮路868号（201411）				
投资总额	100万USD	电 话	57523000	传 真	57523070
设立日期	2005-3-29	负责人	日比利雄		
主营业务	开发、设计、生产、制造汽车电子装置，销售企业自产产品。				

企业名称	睿而德商务信息咨询（上海）有限公司				
企业地址	上海市浦东新区高桥镇通园路159号812室（200137）				
投资总额	14万USD	电 话	54594545	传 真	64072082
设立日期	2005-3-28	负责人	VINCENT BERNARD SWIFT		
主营业务	商务咨询、经济信息咨询、企业管理咨询、市场分析。				

企业名称	平纳科（上海）信息咨询有限公司				
企业地址	上海市浦东新区东方路877号505C室（200122）				
投资总额	14万USD	电 话	61200188	传 真	61200189
设立日期	2005-3-28	负责人	HAO ERIC JIANG		
主营业务	计算机信息咨询、网络通讯的技术咨询、电子商务的技术咨询。				

企业名称	上海中湾软件有限公司				
企业地址	上海市闵行区金都路4299号A幢169室（201108）				
投资总额	14万USD	电 话	52908435	传 真	52912425
设立日期	2005-3-25	负责人	林行芳 LIN RAYMOND		
主营业务	开发、生产计算机软件，销售自产产品并提供相关的技术咨询。				

企业名称	上海担似理软件有限公司				
企业地址	上海市外高桥保税区日京路38号221室（200131）				
投资总额	6.5万USD	电 话	51113651	传 真	51113652
设立日期	2005-3-24	负责人	TOMOO SHUTO		
主营业务	保税区内计算机软硬件的设计、开发；国际贸易、转口贸易。				

企业名称	甲子数码科技（上海）有限公司				
企业地址	上海市秣陵路50号309－15室（200070）				
投资总额	14万USD	电 话	63801270	传 真	63801152
设立日期	2005-3-23	负责人	蔡益雄		
主营业务	从事数码图像制作及提供相关咨询服务。				

企业名称	网研软件科技发展（上海）有限公司				
企业地址	上海市虹桥路333号1号楼507室（200030）				
投资总额	50万USD	电 话	54244541	传 真	54244925
设立日期	2005-3-22	负责人	黎 锋		
主营业务	设计、开发、制作计算机软件，销售自产产品。				

企业名称	金超霸照明科技（上海）有限公司				
企业地址	上海市闵行区虹梅南路3509弄298号（200111）				
投资总额	200万USD	电 话	64973762	传 真	64972987
设立日期	2005-3-15	负责人	周国伟		
主营业务	生产智能化控制系统、照明器材及配件、太阳能电池板。				

企业名称	上海速汇佳信息技术有限公司				
企业地址	上海市虹桥路628号503室（200336）				
投资总额	200万USD	电 话	52080477	传 真	52080969
设立日期	2005-3-15	负责人	GOH KIM SENG MICHAEL		
主营业务	计算机软件及信息系统的开发、应用和制作。				

企业名称	艾联朴浪（上海）软件开发有限公司				
企业地址	上海市虹口区物华路11号421室（200086）				
投资总额	14万USD	电 话	52930752	传 真	52930750
设立日期	2005-3-14	负责人	OSAMU FUKAYAMA		
主营业务	开发、设计、制作金融软件、电子商务软件、企业生产管理软件。				

企业名称	国尊（上海）信息技术有限公司				
企业地址	上海市宝山区呼兰路1059号47号综合楼501室（200435）				
投资总额	14万USD	电 话	52383811	传 真	52383812
设立日期	2005-3-11	负责人	ERIK FLOMAN		
主营业务	旅游信息咨询、酒店服务咨询、会展信息咨询及科技咨询。				

企业名称	一创信兴（上海）计算机技术有限公司				
企业地址	上海市浦东新区枣庄路663号330室（200136）				
投资总额	20万USD	电 话	53835153	传 真	53821527
设立日期	2005-3-8	负责人	侯晓兵		
主营业务	计算机信息系统的技术支持、网络技术开发；计算计软件开发、制作。				

企业名称	百脑通科技服务（上海）有限公司				
企业地址	上海市工业综合开发区奉浦大道111号Z-122（201400）				
投资总额	300万USD	电 话	33655000	传 真	33655009
设立日期	2005-3-4	负责人	束崇政		
主营业务	计算机及其相关产品的维护与维修。				

企业名称	其进信息科技（上海）有限公司				
企业地址	上海市张江高科技园区郭守敬路351号2号楼684-06室（201203）				
投资总额	20万USD	电 话	63610294	传 真	63520002
设立日期	2005-3-4	负责人	张锦全		
主营业务	计算机软件的研究、开发、制作，销售自产产品。				

企业名称	盛大计算机（上海）有限公司				
企业地址	上海市浦东新区张江路625号712-A室（201203）				
投资总额	800万USD	电 话	50504740	传 真	50805132
设立日期	2005-3-4	负责人	陈天桥		
主营业务	计算机软、硬件的开发，计算机软件的制作，销售自产产品。				

企业名称	奈杰信息科技（上海）有限公司				
企业地址	上海市长宁区延安西路726号华敏世纪广场28B室（200050）				
投资总额	25万USD	电 话	52373306	传 真	52373307
设立日期	2005-3-3	负责人	许曙辉		
主营业务	研究、开发企业管理软件，系统集成，销售自产产品。				

企业名称	传息软件（上海）有限公司				
企业地址	上海市张江高科技园区郭守敬路351号2号楼684-02室（201203）				
投资总额	14万USD	电 话	53085358	传 真	53082414
设立日期	2005-3-3	负责人	黄鼎新		
主营业务	软件的开发、设计、制作，销售自产产品。				

企业名称	韦伯库鲁信息技术（上海）有限公司				
企业地址	上海市浦东新区航津路658号820室（200137）				
投资总额	20万USD	电 话	62884132	传 真	62884131
设立日期	2005-2-28	负责人	HIDEHIKO MASAKI（真崎英彦）		
主营业务	计算机软件的开发、设计、制作，销售自产产品。				

企业名称	近计系统（上海）电力科技有限公司				
企业地址	上海市黄浦区南京东路233号507室（200003）				
投资总额	14万USD	电 话	61224782	传 真	61224785
设立日期	2005-2-28	负责人	西坦丈人		
主营业务	开发、设计、制作以在电力系统应用为主的软件系统及相关产品。				

企业名称	迅信商务信息咨询（上海）有限公司				
企业地址	上海市浦东新区陆家嘴东路161号1908室（200120）				
投资总额	14万USD	电 话	58790919	传 真	58799708
设立日期	2005-2-25	负责人	JOSE JACQUES-GUSTAVE		
主营业务	商务信息咨询和企业管理信息咨询、软件开发。				

企业名称	上海炼珍堂信息科技有限公司				
企业地址	上海市卢湾区瞿溪路754号－774号3号楼408室（200023）				
投资总额	72.5万USD	电 话	58300681	传 真	58300681
设立日期	2005-2-23	负责人	张 玮		
主营业务	集成电路技术、软件和相关产品的开发、设计和转让，商务信息咨询。				

企业名称	允福传动科技（上海）有限公司				
企业地址	上海市青浦区徐泾镇诸陆东路1699号5号楼（201702）				
投资总额	21万USD	电 话	59883978	传 真	59883979
设立日期	2005-2-18	负责人	张瑞仁		
主营业务	加工、组装齿轮箱、方向机、传动和驱动部件、工业用泵。				

企业名称	嘉易伦信息技术咨询（上海）有限公司				
企业地址	上海市张江高科技园区郭守敬路351号2号楼683－21室（201203）				
投资总额	14万USD	电 话	64327616	传 真	64327620
设立日期	2005-2-17	负责人	ALLAN SIROTKIN		
主营业务	信息技术咨询，企业管理咨询，国际经济信息咨询，投资咨询。				

企业名称	恒塑生物科技（上海）有限公司				
企业地址	上海松江高新技术园区富民路88号6号厂房（201600）				
投资总额	40万USD	电　话	58821945	传　真	58822545
设立日期	2005-2-7	负责人	LIN LI		
主营业务	研发、生产环保生物塑料，研发环保设备及环保新技术新产品。				

企业名称	上海维塔士电脑软件有限公司				
企业地址	上海市虹桥路333号607A室（200030）				
投资总额	14万USD	电　话	64641856	传　真	64642322
设立日期	2005-2-6	负责人	GILLES LANGOURIEUX		
主营业务	电脑、多媒体、游戏软件的设计、开发、制作，销售自产产品。				

企业名称	上海亿邦软件有限公司				
企业地址	上海市张江高科技园区郭守敬路351号2号楼682－21室（201203）				
投资总额	14万USD	电　话	63274135	传　真	63274162
设立日期	2005-2-5	负责人	张峰旗		
主营业务	计算机软件的研发、设计、制作，销售自产产品。				

企业名称	宏德软件科技（上海）有限公司				
企业地址	上海市长宁区淮海西路442弄83号403室（200052）				
投资总额	14万USD	电　话	62837525	传　真	62837916
设立日期	2005-2-5	负责人	RONALDO MUELLER		
主营业务	软件技术的开发及系统集成，销售公司自产产品。				

企业名称	攸质能科技（上海）有限公司				
企业地址	上海市外高桥保税区加枫路17号新发展综合楼第二层209室（200131）				
投资总额	20万USD	电　话	52911461	传　真	52911463
设立日期	2005-2-5	负责人	郭华容		
主营业务	计算机软件的设计、研发、制作；销售自产产品。				

企业名称	澳海得信息咨询（上海）有限公司				
企业地址	上海市黄浦区西藏中路268号3902室（200003）				
投资总额	100万USD	电　话	63404646	传　真	63404747
设立日期	2005-2-5	负责人	克里斯提安·布鲁尔		
主营业务	贸易信息咨询、房产信息咨询、建筑设计咨询、投资咨询。				

企业名称	铭板模具科技（上海）有限公司				
企业地址	上海市嘉定区马陆镇樊家村龙盘路655号4幢A区（201801）				
投资总额	90万USD	电　话	69154489	传　真	69153895
设立日期	2005-2-5	负责人	洪树楷		
主营业务	设计、制造、生产非金属制品模具，汽车、摩托车专用冲模、注塑模。				

企业名称	上海曼能动力科技有限公司				
企业地址	上海市嘉定区马陆镇众芳村（201801）				
投资总额	30万USD	电　话	59510666	传　真	59512555
设立日期	2005-2-5	负责人	胡著平		
主营业务	生产节能型柴油发电机组及控制系统，销售本公司自产产品。				

企业名称	腾仁信息技术（上海）有限公司				
企业地址	上海市长宁区天山路600弄4号25A（200051）				
投资总额	14.8万USD	电　话	61454818	传　真	61454919
设立日期	2005-2-4	负责人	杨　震		
主营业务	开发、设计、制作计算机网络应用软件；销售公司自产产品。				

企业名称	直钱信息技术（上海）有限公司				
企业地址	上海市张江高科技园区郭守敬路498号14幢22301-590室（200120）				
投资总额	70万USD	电　话	58779699	传　真	58779099
设立日期	2005-2-3	负责人	关国光		
主营业务	电子数据交换产品的开发、研究、设计；信息系统集成。				

企业名称	魔力软件（上海）有限公司				
企业地址	上海市张江高科技园区郭守敬路351号2号楼683－14室（201203）				
投资总额	14万USD	电　话	53857767	传　真	53857600
设立日期	2005-2-3	负责人	吴立基		
主营业务	计算机软件的开发、设计、制作，计算机硬件的开发。				

企业名称	九城互动信息技术（上海）有限公司				
企业地址	上海市张江高科技园区郭守敬路351号2号楼682-19室（201203）				
投资总额	500万USD	电　话	51729750	传　真	51729500
设立日期	2005-2-2	负责人	王　勇		
主营业务	计算机软件的开发、设计、制作，计算机硬件及外部设备的开发、设计。				

企业名称	大宇宙信息系统（上海）有限公司				
企业地址	上海市普陀区同普路1153弄5号（200333）				
投资总额	5000万日元	电　话	52692955	传　真	
设立日期	2005-2-2	负责人	石見浩一		
主营业务	开发、生产计算机软件系统；数据处理；销售合资公司的自产产品。				

企业名称	河田防水科技（上海）有限公司				
企业地址	上海市浦东新区金桥出口加工区宁桥路615号南二楼218室（201206）				
投资总额	2000万日元	电　话	50328155	传　真	50328918
设立日期	2005-2-2	负责人	白云山		
主营业务	防水材料、防水设备及相关配套件的设计和生产，销售自产产品。				

企业名称	上海卡米尔软件开发有限公司				
企业地址	上海市浦东新区乳山路227号101—52室（200120）				
投资总额	14万USD	电　话	62702487	传　真	62702489
设立日期	2005-2-2	负责人	黄金灿		
主营业务	计算机软件的设计、开发、制作，销售自产产品。				

企业名称	泰乐生物科技（上海）有限公司				
企业地址	上海市张江高科技园区哈雷路899号B座302-2室（201203）				
投资总额	35万USD	电　话	63849729	传　真	63849727
设立日期	2005-2-1	负责人	EDW ARD HU		
主营业务	研究和开发治疗免疫系统疾病、呼吸系统疾病、艾滋病的新药。				

企业名称	摩力游（上海）信息科技有限公司				
企业地址	上海市张江高科技园区郭守敬路351号2号楼683-15室（201203）				
投资总额	200万USD	电　话	62076655	传　真	
设立日期	2005-1-31	负责人	林哲钜		
主营业务	计算机软件、网络软件和游戏软件的开发、设计、制作。				

企业名称	上海华茂软件科技有限公司				
企业地址	上海市长宁区长宁路865号8号楼1202室（200050）				
投资总额	14万USD	电　话	52376692	传　真	52376696
设立日期	2005-1-31	负责人	陈鸿达		
主营业务	计算机软、硬件产品及网络工程的技术开发，提供相关技术咨询服务。				

企业名称	视翔科技（上海）有限公司				
企业地址	上海市张江高科技园区郭守敬路351号2号楼683-04室（201203）				
投资总额	14万USD	电　话	62130273	传　真	62130273
设立日期	2005-1-26	负责人	王亦鸣		
主营业务	计算机软件的研发、设计、制作，销售自产产品。				

企业名称	亚鼎视频科技（上海）有限公司				
企业地址	上海市长宁区兴义路8号万都中心49层（200335）				
投资总额	140万USD	电　话	61601838	传　真	
设立日期	2005-1-25	负责人	ADRIAN HENRY HARTOG		
主营业务	从事半导体及相关硬件和软件领域内的技术研发、产品开发。				

企业名称	盈趣信息技术（上海）有限公司				
企业地址	上海市张江高科技园区郭守敬路351号2号楼683-07室（201203）				
投资总额	20万USD	电　话	63912848	传　真	63912846
设立日期	2005-1-25	负责人	ASSEO PIERRE SAMUEL		
主营业务	设计、开发和制作手机游戏软件，销售自产产品。				

企业名称	上海敦盛光电科技有限公司				
企业地址	上海市嘉定区马陆镇丰年路88弄20号（201801）				
投资总额	35万USD	电　话	69157161	传　真	69157167
设立日期	2005-1-21	负责人	童景勇		
主营业务	半导体、元器件专用材料开发、生产，销售本公司自产产品。				

企业名称	上海上大吉柴电子信息技术有限公司				
企业地址	上海市延长路149号6023室（200072）				
投资总额	50万USD	电　话	56338824	传　真	56338554
设立日期	2005-1-20	负责人	柴国强		
主营业务	计算机软硬件研发、制作、计算机系统集成，销售自产产品。				

企业名称	上海如宝信息技术有限公司				
企业地址	上海市虹口区四平路710号716-N室（200080）				
投资总额	100万USD	电　话	68644666	传　真	58734554
设立日期	2005-1-20	负责人	司　瑾		
主营业务	设计、开发、制作电气、电力软件及网络技术。				

企业名称	百时宜信息技术（上海）有限公司				
企业地址	上海市浦东新区商城路 738 号 601 室（200120）				
投资总额	14 万 USD	电　　话	58358776	传　　真	58358775
设立日期	2005-1-19	负 责 人	SVEN ALEX BUSCH		
主营业务	设计、开发和制作工业用计算机软件，销售自产产品。				

企业名称	上海萨德帕迪信息技术有限公司				
企业地址	上海市黄浦区汉口路 515 号汇金大厦 11 楼 1111 室（200003）				
投资总额	14 万 USD	电　　话	63607545	传　　真	63604964
设立日期	2005-1-18	负 责 人	森和昭		
主营业务	计算机软件、网络软件、IC 软件的设计、开发、制作。				

企业名称	华拓管理信息科技（上海）有限公司				
企业地址	上海市浦东新区花山路 706 号 729 室（200120）				
投资总额	15 万 USD	电　　话	58821838	传　　真	58823336
设立日期	2005-1-17	负 责 人	周　强		
主营业务	计算机软件的开发、设计、制作，销售自产产品。				

企业名称	夏瑞科技（上海）有限公司				
企业地址	上海市嘉定区复华高新技术园区复华路 33 号 C3－2（201801）				
投资总额	50 万 USD	电　　话	59902255	传　　真	59902266
设立日期	2005-1-17	负 责 人	陈一之		
主营业务	生产电子测试仪器、无线数据传输监控设备及相关软件开发。				

企业名称	上海北之辰软件技术有限公司				
企业地址	上海市张江高科技园区郭守敬路 351 号 2 号楼 675-17 室（201203）				
投资总额	14 万 USD	电　　话	64482901	传　　真	
设立日期	2005-1-13	负 责 人	ALICE YU		
主营业务	软件的开发、设计、制作、测试、维护，销售自产产品。				

企业名称	奇波（上海）软件技术有限公司				
企业地址	上海市闵行区虹桥镇虹许路 558 号三楼（201103）				
投资总额	14 万 USD	电　　话	61201998	传　　真	61201979
设立日期	2005-1-11	负 责 人	林承濂		
主营业务	研究、开发教育软件，销售自产产品，转让技术成果。				

企业名称	威步信息系统（上海）有限公司				
企业地址	上海市张江高科技园区郭守敬路 351 号 2 号楼 679-13 室（201203）				
投资总额	12 万欧元	电　　话	63735932	传　　真	63865355
设立日期	2005-1-11	负 责 人	OLIVER WINZENRIED		
主营业务	研究、开发和制作数据安全和信息保护系统软件，销售自产产品。				

企业名称	上海掌铃通网络科技有限公司				
企业地址	上海市嘉定区马陆镇新联村（201800）				
投资总额	100 万 USD	电　　话	33184900	传　　真	63611550
设立日期	2005-1-11	负 责 人	杨　镭		
主营业务	应用软件的开发、制作，销售本公司自产产品并提供售后服务。				

企业名称	鼎仁信息技术（上海）有限公司				
企业地址	上海市长宁区长宁路 1027 号 1005 室 A 座（200050）				
投资总额	25 万 USD	电　　话	52289700	传　　真	52289711
设立日期	2005-1-10	负 责 人	MICHELLE WU		
主营业务	设计、开发、研制计算机软件与信息网络技术，销售公司自产产品。				

企业名称	逸桥信息技术（上海）有限公司				
企业地址	上海市张江高科技园区郭守敬路 351 号 2 号楼 682-10 室（201203）				
投资总额	14 万 USD	电　　话	58762398	传　　真	
设立日期	2005-1-7	负 责 人	吉田邦子		
主营业务	软件的开发、设计、制作，系统集成的设计、调试、维护。				

企业名称	赫光透镜科技（上海）有限公司				
企业地址	上海市浦东新区曹路镇顾高路 3151 号 1 幢（200135）				
投资总额	250 万 USD	电　　话	50313636	传　　真	50312266
设立日期	2005-1-5	负 责 人	YAO　HSIAO TUNG（姚晓东）		
主营业务	研发、生产、组装手机及小型家电产品用的镜片，提供相关技术咨询。				

企业名称	游希道（上海）软件技术有限公司				
企业地址	上海市张江高科技园区郭守敬路 351 号 2 号楼 682－03 室（201203）				
投资总额	38 万 USD	电　　话	62479645	传　　真	62479646
设立日期	2004-12-30	负 责 人	吕品良		
主营业务	开发、制作计算机系统软件，销售自产产品及提供相关服务。				

企业名称	上海英卫安全防范科技有限公司				
企业地址	上海市南丹路 80 号 1405 室（200030）				
投资总额	14 万 USD	电　　话	54255841	传　　真	64483511
设立日期	2004-12-29	负 责 人	李善群		
主营业务	设计、开发、制作公共安全防范行业的计算机软件，销售自产产品。				

企业名称	上海畅宇导航科技有限公司				
企业地址	上海市郭守敬路 498 号浦东软件园 23012-559 座（201203）				
投资总额	1260 万 USD	电　　话	50278160	传　　真	50278189
设立日期	2004-12-27	负 责 人	ADRIANUS BASTIAANSEN		
主营业务	汽车导航、移动位置服务（LBS）等相关电子地图数据处理。				

企业名称	至亚网络技术（上海）有限公司				
企业地址	上海市漕宝路 70 号 C 座 1102 室（200235）				
投资总额	25 万 USD	电　　话	61026928	传　　真	51616796
设立日期	2004-11-17	负 责 人	佐井强		
主营业务	设计、开发、制作计算机软件，制作网络技术平台，销售自产产品等。				

企业名称	上海宏科半导体技术有限公司				
企业地址	上海青浦工业园区天一路 455 号（201700）				
投资总额	67 万 USD	电　　话	59227080	传　　真	59227081
设立日期	2004-12-24	负 责 人	盛建东		
主营业务	为半导体 CVD 、PVD 、ETCH 工具、关键元件等提供清洗服务。				

企业名称	西希安工程模拟软件（上海）有限公司				
企业地址	上海市浦东新区北张家浜路 68 号 6 幢 412 室（200120）				
投资总额	25 万 USD	电　　话	64716031	传　　真	64716050
设立日期	2004-12-23	负 责 人	长岛扬一		
主营业务	设计、开发、制作工程模拟及工程计算软件，销售自产产品。				

企业名称	上海创铨科技有限公司				
企业地址	上海市郭守敬路 498 号浦东软件园 22301-556 座（201203）				
投资总额	20 万 USD	电　　话	50311463	传　　真	50311461
设立日期	2004-12-23	负 责 人	谢长安		
主营业务	软件的开发、设计、制作，销售自产产品，电子产品的设计、开发。				

企业名称	益思美诠生物科技（上海）有限公司				
企业地址	上海市张江高科技园区哈雷路 1043 号 204 室（201203）				
投资总额	14 万 USD	电　　话	50790895	传　　真	50790893
设立日期	2004-12-22	负 责 人	PETER CHUN		
主营业务	生物医学材料及其制品的研发、生产，销售自产产品。				

企业名称	上海绿新烟包材料科技有限公司				
企业地址	上海市普陀区南大路 2888 号三区 16 座（200331）				
投资总额	216 万 USD	电　　话	66959697	传　　真	66959600
设立日期	2004-12-21	负 责 人	张少怀		
主营业务	开发、生产、加工卷烟包装材料；其它包装材料及纸品，销售自产产品。				

企业名称	风与月软件技术开发（上海）有限公司				
企业地址	上海市张江高科技园区郭守敬路 351 号 2 号楼 679－19 室（200123）				
投资总额	20 万 USD	电　　话	51192277	传　　真	51192299
设立日期	2004-12-21	负 责 人	BAE JIL—W0ONG		
主营业务	计算机软件的开发、制作，销售自产产品，提供相关技术咨询。				

企业名称	慧国（上海）软件科技有限公司				
企业地址	上海市杨浦区国泰路 127 号复旦科技园区 2 号楼 403 室（200433）				
投资总额	20 万 USD	电　　话	65107780	传　　真	65105059
设立日期	2004-12-20	负 责 人	周邦基		
主营业务	开发、设计、制作软件产品和软件系统集成产品。				

企业名称	名德仕教育管理软件（上海）有限公司				
企业地址	上海市浦东新区施新路 955 号 2 栋 1-A 室（201202）				
投资总额	14 万 USD	电　　话	62781833	传　　真	62752610
设立日期	2004-12-15	负 责 人	侯洁琼		
主营业务	教育管理软件和网络软件的研发、制作，销售自产产品。				

企业名称	德泰医疗科技（上海）有限公司				
企业地址	上海市外高桥保税区新灵路 118 号 1415A 室（200131）				
投资总额	20 万 USD	电　　话	34144555	传　　真	34144550
设立日期	2004-12-10	负 责 人	杨凤鸣		
主营业务	保税区内以医疗机械设备及其耗材为主的国际贸易、转口贸易。				

企业名称	上海欣凯斯特信息技术有限公司		
企业地址	上海市静安区愚园路 546 号 410 室（200040）		
投资总额	15 万 USD	电　话	62512927
传　真	62108836		
设立日期	2004-12-10	负 责 人	陈克宏
主营业务	计算机硬件及相关电子产品的设计、开发、制作，销售自产产品。		

企业名称	安稳特科技（上海）有限公司		
企业地址	上海市外高桥保税区奥纳路 79 号一层四部位（200131）		
投资总额	20 万 USD	电　话	62886079
传　真	62886080		
设立日期	2004-12-8	负 责 人	符传才
主营业务	保税区内以信息安全产品、网络存储产品为主的仓储分拨业务。		

企业名称	上海兆羽科技有限公司		
企业地址	上海市黄浦区黄陂北路 227 号 708 室（200003）		
投资总额	20 万 USD	电　话	63758105
传　真	63758101		
设立日期	2004-12-8	负 责 人	陈建铭
主营业务	开发、设计、生产计算机软件、网络应用服务软件等。		

企业名称	英飞达软件（上海）有限公司		
企业地址	上海市钦州路 770 号（200235）		
投资总额	20 万 USD	电　话	64955945
传　真	64955948		
设立日期	2004-12-7	负 责 人	张尊民
主营业务	设计、开发、制作计算机软件，销售自产产品，提供相关的技术咨询。		

企业名称	网禅（上海）软件开发有限公司		
企业地址	上海市郭守敬路 498 号浦东软件园 22301-542 座（201203）		
投资总额	200 万 USD	电　话	51163704
传　真	51163750		
设立日期	2004-12-3	负 责 人	CHO KI YONG
主营业务	计算机软件的开发、设计、制作，销售自产产品，并提供相关技术咨询。		

企业名称	利乐软件技术（上海）有限公司		
企业地址	上海市郭守敬路 498 号浦东软件园 22301－541 室（201203）		
投资总额	50 万 USD	电　话	62269429
传　真	62269542		
设立日期	2004-12-2	负 责 人	邵晓立
主营业务	计算机软件的开发、设计、制作，销售自产产品，网络技术产品的开发。		

企业名称	苏米科技（上海）有限公司		
企业地址	上海市张江高科技园区郭守敬路 351 号 2 号楼 679-12 室（201203）		
投资总额	14 万 USD	电　话	50312928
传　真	50312328		
设立日期	2004-12-2	负 责 人	CHUNG FUN SENG
主营业务	半导体测试封装生产线设备的设计，以及相关配件的设计。		

企业名称	桥弘数控科技（上海）有限公司		
企业地址	上海市金桥出口加工区宁桥路 999 号 T15-1（4－6 层）（201206）		
投资总额	200 万 USD	电　话	61016401
传　真	61016402		
设立日期	2004-11-25	负 责 人	JOHNNY SHEN
主营业务	设计、加工、生产数控系统，销售自产产品，并提供相关的技术咨询。		

企业名称	美普思科技（上海）有限公司		
企业地址	上海市卢湾区湖滨路 222 号 1559、1562 室（200021）		
投资总额	100 万 USD	电　话	61232938
传　真	61238800		
设立日期	2004-11-25	负 责 人	JOHN E.BOURGOIN
主营业务	集成电路技术、软件和相关产品的开发、设计、试制和转让。		

企业名称	上海国颂医疗科技有限公司		
企业地址	上海市南汇区康桥镇康桥东路 1 号（201315）		
投资总额	30 万 USD	电　话	58529935
传　真	58529935		
设立日期	2004-11-25	负 责 人	张国通
主营业务	生产医疗塑胶制品，销售公司自产产品，提供售后技术咨询服务。		

企业名称	侨思软件技术（上海）有限公司		
企业地址	上海市杨浦区临青路 66 号 307-H 室（200090）		
投资总额	8 万 USD	电　话	58870987
传　真	68869368		
设立日期	2004-11-25	负 责 人	殷　豪
主营业务	计算机软件开发、制作，并提供技术咨询、技术服务、技术支持等。		

企业名称	上海元邦生物科技有限公司		
企业地址	上海市青浦区中纺科技城内华浦路 500 号（201700）		
投资总额	2000 万 USD	电　话	59783999
传　真			
设立日期	2004-11-23	负 责 人	吴正友
主营业务	开发、生产、加工化工中间体、催化剂，销售公司自产产品。		

企业名称	飞昂软件技术（上海）有限公司		
企业地址	上海市张江高科技园区郭守敬路 351 号 2 号楼 676-03 室（201203）		
投资总额	14 万 USD	电　话	53855180
传　真	53855182		
设立日期	2004-11-18	负 责 人	JOHN W . MITCHELL
主营业务	计算机软件的设计、研究、开发、制作，销售自产产品。		

企业名称	匹尔软件科技（上海）有限公司		
企业地址	上海市襄阳南路 500 号 602 室（200031）		
投资总额	14 万 USD	电　话	64050625
传　真			
设立日期	2004-11-18	负 责 人	许宰荣
主营业务	设计、开发、制作计算机软件，销售自产产品，并提供相关的技术。		

企业名称	昂达博思科技（上海）有限公司		
企业地址	上海市漕河泾新兴技术开发区虹漕路 461 号（200233）		
投资总额	31 万 USD	电　话	51097278
传　真	54902267		
设立日期	2004-11-11	负 责 人	VERNON LEE FOTHERINGHAM
主营业务	宽带接入网通信系统设备（基于 OFDMA 技术的宽带无线基站）。		

企业名称	优奈利斯软件科技（上海）有限公司		
企业地址	上海市钦州路 770 号底层（200233）		
投资总额	14 万 USD	电　话	64177956
传　真	64178051		
设立日期	2004-11-9	负 责 人	郑宏森
主营业务	计算机软件的开发、设计，自有开发成果的转让。		

企业名称	奇恩软件科技（上海）有限公司		
企业地址	上海市虹桥路 550 号 310 室（200030）		
投资总额	14 万 USD	电　话	54278820
传　真	54276336		
设立日期	2004-11-4	负 责 人	姜正焕
主营业务	计算机软件的设计、开发、制作，销售自产产品。		

企业名称	上海开拓者生物科技发展有限公司		
企业地址	上海市张江高科技园区蔡伦路 720 弄 3 号 203 室（201203）		
投资总额	200 万 USD	电　话	51320088
传　真	51320110		
设立日期	2004-11-3	负 责 人	肖文娟
主营业务	生物、医药、保健技术的研究、开发，自有技术转让。		

企业名称	仰民软件（上海）有限公司		
企业地址	上海市张江高科技园区郭守敬路 351 号 2 号楼 676-02 室（201203）		
投资总额	14 万 USD	电　话	50270982
传　真	50275866		
设立日期	2004-11-3	负 责 人	HARISH NIM
主营业务	计算机软件的设计、研究、开发、制作，销售自产产品。		

企业名称	晔科智能识别科技（上海）有限公司		
企业地址	上海市嘉定区马陆镇希望路 558 号甲区（201801）		
投资总额	30 万 USD	电　话	32120539
传　真	32120735		
设立日期	2004-11-2	负 责 人	BAE SANG YEOL
主营业务	研发、生产无线智能识别系统，销售本公司自产产品。		

企业名称	自协软件科技（上海）有限公司		
企业地址	上海市张江高科技园区龙东大道 3000 号 7 号楼 307 室（201203）		
投资总额	15 万 USD	电　话	61629588
传　真	61629566		
设立日期	2004-11-2	负 责 人	MARK YAT-YEE WANG
主营业务	计算机软件的设计、开发、制作，销售自产产品，提供相关的技术咨询。		

企业名称	上海欧乐康饲料科技有限公司		
企业地址	上海市松江高新技术园区玉佳西路 67 号（201600）		
投资总额	14 万 USD	电　话	67728481
传　真	67727932		
设立日期	2004-11-2	负 责 人	EDWARD VAN KRUIJSSEN
主营业务	生产畜禽配合饲料、浓缩饲料、预混合饲料及相关产品。		

企业名称	上海撒该软件技术有限公司		
企业地址	上海市张江高科技园区郭守敬路 351 号 2 号楼 676-09 室（201203）		
投资总额	14 万 USD	电　话	51580140
传　真	51580351		
设立日期	2004-11-2	负 责 人	LUI PAK TONG
主营业务	计算机软件的设计、研究、开发、制作，销售自产产品。		

企业名称	汉岱电气科技（上海）有限公司		
企业地址	上海市闵行区银都路 588 号（201108）		
投资总额	20 万 USD	电　话	54993191
传　真	54993080		
设立日期	2004-11-1	负 责 人	黄学通
主营业务	开发、生产水净化设备、保健器材，销售自产产品，提供售后服务。		

企业名称	上海纳维信息技术有限公司				
企业地址	上海市静安区江宁路 212 号 25 层 C1 室（200041）				
投资总额	100 万 USD	电　话	52895380	传　真	
设立日期	2004-10-29	负 责 人	孙玉国		
主营业务	开发、生产汽车导航、智能交通管理系统及相关的数据产品和软件产品。				

企业名称	上海慧润软件技术有限公司				
企业地址	上海市张江高科技园区郭守敬路 351 号 2 号楼 640-23 室（201203）				
投资总额	14 万 USD	电　话	63649557	传　真	63649557
设立日期	2004-10-28	负 责 人	VERNON DUANE STINEBAKER		
主营业务	计算机软件的设计、开发、制作，网络技术的研发。				

企业名称	索肯（上海）科技有限公司				
企业地址	上海市宝山区沪太路 8889 号 102 室（200949）				
投资总额	1200 万 USD	电　话	50589018	传　真	68769360
设立日期	2004-10-27	负 责 人	陈道贤		
主营业务	从事经营电子电力、工业自动化控制高新技术和产品的研发。				

企业名称	龙旗科技（上海）有限公司				
企业地址	上海市漕河泾新兴技术开发区漕宝路 401 号（200233）				
投资总额	450 万 USD	电　话	64088898	传　真	54970876
设立日期	2004-10-27	负 责 人	陶　强		
主营业务	移动通讯技术及相关产品的技术研究、开发，无线通讯用电子模块。				

企业名称	驰韩软件开发（上海）有限公司				
企业地址	上海市张江高科技园区郭守敬路 498 号浦东软件园 22301－506 座（201203）				
投资总额	14 万 USD	电　话	58825230	传　真	
设立日期	2004-10-27	负 责 人	LIM JUN WOO（林俊禹）		
主营业务	计算机软件的开发、制作，销售自产产品，提供相关的技术咨询。				

企业名称	日冲科技（上海）有限公司				
企业地址	上海市漕河泾新兴技术开发区虹漕路 461 号软件大楼 8 层（200233）				
投资总额	200 万 USD	电　话	64950055	传　真	64859589
设立日期	2004-10-13	负 责 人	森丘正彦		
主营业务	设计、开发半导体、集成电路、电子元器件、计算机软件。				

企业名称	韩瑞软件技术（上海）有限公司				
企业地址	上海市黄浦区制造局路 833 弄翁家沙 8 号三座（200011）				
投资总额	20 万 USD	电　话	63740937	传　真	63740936
设立日期	2004-10-13	负 责 人	朴承赫		
主营业务	设计、开发、研制各类软件，销售自产产品，提供相关技术服务及咨询。				

企业名称	上海浩年科技有限公司				
企业地址	上海市闵行区莘朱路 1398 弄 65 号（200237）				
投资总额	150 万 USD	电　话	64100388	传　真	54295845
设立日期	2004-10-10	负 责 人	陈本健		
主营业务	研发、生产电子专用设备，销售公司自产产品，提供售后服务。				

企业名称	允成机电科技（上海）有限公司				
企业地址	上海市嘉定区黄渡镇春浓路 299 号 1 号楼（201805）				
投资总额	38 万 USD	电　话	69580760	传　真	69590755
设立日期	2004-10-10	负 责 人	邱创平		
主营业务	生产电梯零配件，输送带及控制系统，金属制品，无尘室设备。				

企业名称	靖史软件科技（上海）有限公司				
企业地址	上海市长宁区武夷路 697 号 720 室（200051）				
投资总额	14 万 USD	电　话	62733940	传　真	62592493
设立日期	2004-9-29	负 责 人	田泽靖史		
主营业务	计算机软件开发，销售公司自产产品。				

企业名称	上海科技宇航有限公司				
企业地址	上海市虹桥国际机场空港三路（200335）				
投资总额	7300 万 USD	电　话	51188298	传　真	51188289
设立日期	2004-9-28	负 责 人	李养民		
主营业务	飞机的检查、维护、大修及相关改装工作；零部件的维护、修理等。				

企业名称	美埃净化科技（上海）有限公司				
企业地址	上海市外高桥保税区泰谷路 88 号三层 D 区（200235）				
投资总额	20 万 USD	电　话	64325550	传　真	64325024
设立日期	2004-9-28	负 责 人	LOW KOK YEW		
主营业务	保税区内以净化设备为主的仓储分拨业务及相关技术咨询服务。				

企业名称	赛瓦软件（上海）有限公司				
企业地址	上海市中山西路 2025 号 1411 室（200235）				
投资总额	15 万 USD	电　话	64398788	传　真	
设立日期	2004-9-28	负 责 人	PETER WOLFGANG SEITZ		
主营业务	设计、研制、开发计算机软件，销售自产产品，并提供相关技术咨询。				

企业名称	硅葆软件科技（上海）有限公司				
企业地址	上海市长宁区天山西路 789 号 2270 室（200335）				
投资总额	35 万 USD	电　话	52382273	传　真	
设立日期	2004-9-27	负 责 人	W ILLIAM PANG		
主营业务	研制、开发计算机应用软件，销售自产产品。				

企业名称	荣研生物科技（上海）有限公司				
企业地址	上海市张江高科技园区哈雷路 899 号 B 座 311 室（201203）				
投资总额	350 万 USD	电　话	51323333	传　真	51370681
设立日期	2004-9-24	负 责 人	黑住忠夫		
主营业务	医疗试剂、医疗仪器的研发及提供相关技术咨询、技术服务。				

企业名称	上海爱碧喜软件有限公司				
企业地址	上海市张江高科技园区郭守敬路 351 号 2 号楼 676-07 室（201203）				
投资总额	14 万 USD	电　话	68411008	传　真	63263678
设立日期	2004-9-24	负 责 人	横井启之		
主营业务	软件的开发、设计、制作，销售自产产品，提供相关的技术咨询。				

企业名称	上海欣泰格生物科技有限公司				
企业地址	上海市松江区佘山工业区顺业路南侧（201602）				
投资总额	85 万 USD	电　话	57796868	传　真	57796959
设立日期	2004-9-23	负 责 人	CHRISTOPHER DW IGHTHOW E		
主营业务	筹建：植物有效成分分离纯化、抗癌药。				

企业名称	昌硕科技（上海）有限公司				
企业地址	上海市浦东康桥工业区秀沿路 3668 号（201315）				
投资总额	15000 万 USD	电　话	38113768	传　真	58136687
设立日期	2004-9-21	负 责 人	林志昌		
主营业务	研究、开发和生产大、中型电子计算机，便携式微型计算机等。				

企业名称	凯利嘉自动化科技（上海）有限公司				
企业地址	上海市杨浦区股行路 490 弄 10 号 2 号楼 301B（200434）				
投资总额	20 万 USD	电　话	58799031	传　真	58766730
设立日期	2004-9-17	负 责 人	CAMERON SHU LIN LIU		
主营业务	开发、生产工业自动化控制系统设备及零配件，销售自产产品。				

企业名称	佳锦科技（上海）有限公司				
企业地址	上海市嘉定区马陆镇复华路 33 号 A 座 3 楼（201801）				
投资总额	50 万 USD	电　话	59903582	传　真	59517490
设立日期	2004-9-15	负 责 人	吕　迅		
主营业务	生产数码摄像组件，数码光电仪器，监视器，内窥镜及零配件。				

企业名称	英源达科技有限公司				
企业地址	上海市漕河泾出口加工区浦星路 789 号（201114）				
投资总额	1200 万 USD	电　话	64298888	传　真	64298848
设立日期	2004-9-13	负 责 人	李诗钦		
主营业务	设计、开发、生产大中型电子计算机、便携式微型计算机、高档服务器。				

企业名称	上海好升多氟碳科技有限公司				
企业地址	上海市闵行区莘庄镇黎安西路 1605 号（201100）				
投资总额	20 万 USD	电　话	54169251	传　真	
设立日期	2004-9-13	负 责 人	王世昌		
主营业务	开发、生产各种氟碳树脂内衬容器；配管、热交换器及氟碳树脂塑材。				

企业名称	巴柏赛斯船舶科技（上海）有限公司				
企业地址	上海市浦东新区钱仓路 1 号良丰大厦 15H 室（200120）				
投资总额	51 万 USD	电　话	51029058	传　真	65341020
设立日期	2004-9-6	负 责 人	周建华		
主营业务	研究和开发船舶及海洋平台工程技术，自行研发技术成果的转让。				

企业名称	上海捷彩数码喷墨科技有限公司				
企业地址	上海市浦东新区民风路 351 号（201209）				
投资总额	21 万 USD	电　话	68726669	传　真	58635266
设立日期	2004-9-2	负 责 人	张合义		
主营业务	灌装各式打印机的墨盒（不含墨粉生产）、销售自产产品。				

企业名称	上海视龙软件有限公司				
企业地址	上海市张江高科技园区碧波路 328 号 B 座 101 室（201203）				
投资总额	14 万 USD	电　话	50271778	传　真	50271798
设立日期	2004-8-30	负责人	蔡　扬		
主营业务	计算机软件的开发、设计、制作，销售自产产品，提供相关的技术咨询。				

企业名称	卡新数码科技（上海）有限公司				
企业地址	上海市闵行区春申路 2980 号（201100）				
投资总额	30 万 USD	电　话	62032677	传　真	62032677
设立日期	2004-8-27	负责人	蔡玉焜		
主营业务	设计、研发、制作计算机软件、计算机系统集成；开发计算机网络。				

企业名称	上海美天易拍网络技术有限公司				
企业地址	上海市浦东新区乳山路 227 号 101 室－25 座（200120）				
投资总额	18 万 USD	电　话	64401527	传　真	
设立日期	2004-8-26	负责人	胡燕青		
主营业务	计算机软件和网络技术的设计、开发，计算机软件的制作等。				

企业名称	上海江达新系统科技有限公司				
企业地址	上海市外高桥保税区奥纳路 79 号 1 号楼 509 室（200122）				
投资总额	30 万 USD	电　话	52281801	传　真	52281802
设立日期	2004-8-24	负责人	张奇真		
主营业务	区内计算机软件的设计、开发、制作；国际贸易、区内贸易代理。				

企业名称	博奥杰软件（上海）有限公司				
企业地址	上海市张江高科技园区郭守敬路 498 号浦东软件园 22301-484 座				
投资总额	14 万 USD	电　话	61226335	传　真	61226089
设立日期	2004-8-24	负责人	JAMES ROBERT TOLOWEN		
主营业务	计算机软件的设计、开发、制作，销售自产产品，提供相关的技术咨询。				

企业名称	上海好记星数码科技有限公司				
企业地址	上海市青浦区华新镇嘉松中路 1135 弄 55 号（200233）				
投资总额	20 万 USD	电　话	54654600	传　真	54500703
设立日期	2004-8-23	负责人	杨东杰		
主营业务	生产加工数码电子产品及其配件，销售公司自产产品。				

企业名称	日立物流软件系统（上海）有限公司				
企业地址	上海市黄浦区西藏中路 268 号 2901 室（200003）				
投资总额	50 万 USD	电　话	63403730	传　真	63403410
设立日期	2004-8-20	负责人	中岛穗男		
主营业务	计算机软件的研究、开发、制作，销售自产产品。				

企业名称	埃莱弗软件科技（上海）有限公司				
企业地址	上海市浦东新区梅花路 281 号 B218 室（201204）				
投资总额	14 万 USD	电　话	63550900	传　真	61289298
设立日期	2004-8-19	负责人	AIDAN SULLIVAN		
主营业务	开发、设计、研制计算机软件，销售自产产品。				

企业名称	上海九菱农业科技有限公司				
企业地址	上海市松江区叶榭镇叶新公路 806 号（浦南花卉基地）（201607）				
投资总额	14 万 USD	电　话	57887203	传　真	
设立日期	2004-8-19	负责人	蔡素珍		
主营业务	花卉、蔬果及其他农林产品的种苗繁育、组织培养栽培、花卉等。				

企业名称	惠斯顿（上海）丝印科技有限公司				
企业地址	上海市松江区佘山镇新宅二路（201602）				
投资总额	140 万 USD	电　话	63538760	传　真	63531836
设立日期	2004-8-16	负责人	史庭良		
主营业务	开发、生产、加工精密丝网模板、厚膜电路模板、SMT 不锈钢模板。				

企业名称	上海华医高科技有限公司				
企业地址	上海市闵行区宜山路 1618 号综合楼 713 室（201103）				
投资总额	400 万 USD	电　话	64657655	传　真	54223913
设立日期	2004-8-12	负责人	KARO YUNG KONG		
主营业务	生产液体护创膜，销售自产产品（涉及许可经营的凭许可证经营）。				

企业名称	鸿茂（上海）箔膜科技有限公司				
企业地址	上海市松江区文翔路 352 号 5 号、6 号厂房（201620）				
投资总额	100 万 USD	电　话	57786509	传　真	
设立日期	2004-8-12	负责人	江俊秀		
主营业务	农膜新技术及新产品（光解膜、多功能膜及原料等）的开发与生产。				

企业名称	大卫逊工业设计软件（上海）有限公司				
企业地址	上海市浦东新区金藏路 258－T20-4 号 601 室 A 座（201206）				
投资总额	14 万 USD	电　话	58993124	传　真	50315229
设立日期	2004-8-12	负责人	GEORCE MC CONNELL DAVISON		
主营业务	计算机辅助设计（三维 CAD）、辅助测试（CAT）软件产品。				

企业名称	帝尔勒斯（上海）软件科技有限公司				
企业地址	上海市郭守敬路 498 号浦东软件园 22301-480 座（201203）				
投资总额	14 万 USD	电　话	54934382	传　真	34222431
设立日期	2004-8-12	负责人	林宏泉		
主营业务	计算机软件的开发、设计、制作，销售自产产品，计算机图像设计。				

企业名称	金士顿科技（上海）有限公司				
企业地址	上海市外高桥保税区英伦路 1 号（200131）				
投资总额	2000 万 USD	电　话	50480128	传　真	50483808
设立日期	2004-8-10	负责人	JOHN TU		
主营业务	保税区内生产存储模块及相关零部件，相关产品的研发、销售自产产品。				

企业名称	耀宇软件（上海）有限公司				
企业地址	上海市张江高科技园区郭守敬路 351 号 2 号楼 674—12 室（201203）				
投资总额	100 万 USD	电　话	51095970	传　真	62154062
设立日期	2004-8-10	负责人	李永进		
主营业务	计算机硬件及网络技术的研发，计算机软件的开发、设计、制作。				

企业名称	上海二医新生基因科技有限公司				
企业地址	上海市松江区车亭公路 128 号 B-L/10 号（201611）				
投资总额	100 万 USD	电　话	37601588	传　真	37601598
设立日期	2004-8-9	负责人	ZHANG YUNFU		
主营业务	癌症的治疗基因和相关诊断试剂盒产品的研究、开发、生产。				

企业名称	瑞声开泰声学科技（上海）有限公司				
企业地址	上海市普陀区云岭西路 356 弄 1 号一、三、四楼（200062）				
投资总额	50 万 USD	电　话	54270077	传　真	64952132
设立日期	2004-8-5	负责人	吴春媛		
主营业务	研发、生产新型电子元器件（片式元器件，新型机电元器件）和耳机。				

企业名称	华润矽威科技（上海）有限公司				
企业地址	上海市漕河泾新兴技术开发区虹漕路 421 号 67 号楼 1103 室（200233）				
投资总额	300 万 USD	电　话	54278989	传　真	64951258
设立日期	2004-8-4	负责人	王国平		
主营业务	设计、开发、制造 0.35 微米及以下大规模集成电路、新型电子元器件。				

企业名称	上海增富数码科技有限公司				
企业地址	上海市张江高科技园区郭守敬路 351 号 2 号楼 674-17 室（201203）				
投资总额	14 万 USD	电　话	54036977	传　真	54038993
设立日期	2004-8-3	负责人	张雁帅		
主营业务	计算机软件的开发、设计、制作，销售自产产品，网络技术的开发。				

企业名称	应微研（上海）科技有限公司				
企业地址	上海市浦东新区世纪大道 1500 号 825 室（200120）				
投资总额	14 万 USD	电　话	28901817	传　真	28901837
设立日期	2004-8-2	负责人	堀内勋（HORIUCHI ISAO）		
主营业务	蔬菜（含食用菌）、水果、茶叶等无公害栽培技术及产品系列化开发。				

企业名称	新世唯环保科技（上海）有限公司				
企业地址	上海市船厂路 177 号 D10 室（200233）				
投资总额	60 万 USD	电　话	64958555	传　真	64952856
设立日期	2004-7-30	负责人	JESSE CHOW		
主营业务	环保领域内的四技服务，通风系统和供水系统管道、设备的净化服务。				

企业名称	康速医疗科技（上海）有限公司				
企业地址	上海市浦东新区梅花路 281 号 B242 室（201204）				
投资总额	50 万 USD	电　话	53757188	传　真	63862188
设立日期	2004-7-28	负责人	ALEXANDER YIM LEUNG ING		
主营业务	医疗物品的研究、开发，自有研发成果的技术转让等。				

企业名称	翔傲系统科技（上海）有限公司				
企业地址	上海市张江高科技园区科苑路 151 号 5 楼 5008 室（201203）				
投资总额	14 万 USD	电　话	50272183	传　真	50272182
设立日期	2004-7-28	负责人	SHAWN WANG		
主营业务	计算机软件的研发、制作，销售自产产品，提供相关的技术咨询。				

企业名称	必翔科技企业（上海）有限公司				
企业地址	上海市闵行区浦江镇立跃路 2708 号（201114）				
投资总额	2000 万 USD	电话	54311791	传真	64118188
设立日期	2004-7-20	负责人	林东庆		
主营业务	研发、设计、生产电动代步车、电动轮椅、电动脚踏车及相关产品。				

企业名称	上海亚西怡比网络科技有限公司				
企业地址	上海市张江高科技园区郭守敬路 351 号 2 号楼 674-11 室（201203）				
投资总额	90 万 USD	电话	54772932	传真	54772932
设立日期	2004-7-16	负责人	TAN BOON NUNT		
主营业务	计算机软件的开发、设计、制作，销售自产产品。				

企业名称	安德鲁科技（上海）有限公司				
企业地址	上海市漕河泾新兴技术开发区漕宝路 509 号兴园大楼 1 楼（200233）				
投资总额	500 万 USD	电话	54644688	传真	54263180
设立日期	2004-7-13	负责人	XIUTIAN ZHAO		
主营业务	通信系统和设备（移动通讯射频放大器为核心的基站射频子系统）。				

企业名称	文典软件信息（上海）有限公司				
企业地址	上海市张江高科技园区郭守敬路 351 号 2 号楼 699-20 室（201203）				
投资总额	20 万 USD	电话	64262173	传真	64260633
设立日期	2004-7-13	负责人	陈振芳		
主营业务	计算机软件的研发、设计、制作，相关系统集成的设计、调试、维护。				

企业名称	凤瑞奇软件科技（上海）有限公司				
企业地址	上海市闵行区宜山路 1618 号综合楼 712 室（201103）				
投资总额	15 万 USD	电话	64483975	传真	54787328
设立日期	2004-7-10	负责人	CHRISTOPHER QU HE		
主营业务	计算机软件的研发、制作，销售自产产品，并提供相关的技术咨询。				

企业名称	统网科技（上海）有限公司				
企业地址	上海市浦东康桥工业区沪南公路 2502 号（201315）				
投资总额	200 万 USD	电话	54262227	传真	
设立日期	2004-7-9	负责人	杨丹丹		
主营业务	宽带接入网通信系统设备及其零部件生产、加工。				

企业名称	泰高系统科技（上海）有限公司				
企业地址	上海市外高桥保税区富特西一路 135 号 B 楼 503 部位（200137）				
投资总额	60 万 USD	电话	58683858	传真	58683859
设立日期	2004-7-7	负责人	CHIN AH SEHI		
主营业务	以电源保护科技产品为主的国际贸易、转口贸易，贸易代理。				

企业名称	信泰光电科技（上海）有限公司				
企业地址	上海市嘉定区外冈镇北沪宜公路西侧（201806）				
投资总额	1200 万 USD	电话	69575766	传真	69575771
设立日期	2004-7-6	负责人	赖以仁		
主营业务	生产、加工数字照相机及关键件，数字摄录机、数字放声设备等。				

企业名称	美盈科纳米科技（上海）有限公司				
企业地址	上海市奉贤区四团镇彭平公路 993 号（201400）				
投资总额	68 万 USD	电话	54776655	传真	54776655
设立日期	2004-7-6	负责人	陈维谅		
主营业务	研究、开发、生产纳米涂料，纳米胶粘剂，水性油墨，阻燃液等。				

企业名称	坦密诺斯软件（上海）有限公司				
企业地址	上海市静安区南京西路 1376 号 531 室（200040）				
投资总额	14 万 USD	电话	62798786	传真	62798776
设立日期	2004-7-1	负责人	ANDREAS ANDREADES		
主营业务	开发各类软件，销售自产产品并提供相关的技术咨询和售后服务。				

企业名称	上海恭和科技有限公司				
企业地址	上海市长宁区绥宁路 291 号 B1（200335）				
投资总额	377.7 万日元	电话	52192139	传真	52195139
设立日期	2004-6-28	负责人	太田则明		
主营业务	非金属制品模具设计、制造，销售自产产品，并提供相关技术咨询。				

企业名称	浩沙纺织科技（上海）有限公司				
企业地址	上海市青浦区青浦工业园区外青松公路 5500 号 108 室（201700）				
投资总额	800 万 USD	电话	54245282	传真	54070337
设立日期	2004-6-23	负责人	施洪流		
主营业务	纺织面料织染及后整理加工新技术的研究、开发，高档织物面料的织染。				

企业名称	上海迈控智能科技有限公司				
企业地址	上海市金山区新农镇牡丹村一组 1054 号（201503）				
投资总额	20 万 USD	电话	62989491	传真	62989491
设立日期	2004-6-22	负责人	龙仕州		
主营业务	生产楼宇智能系统设备及楼宇智能系统的开发，销售公司自产产品。				

企业名称	创新科技（中国）有限公司				
企业地址	上海市张江高科技园区松涛路 647 弄 5 号楼 14.15.16 号（201203）				
投资总额	800 万 USD	电话	50270400	传真	50271110
设立日期	2004-6-17	负责人	SIM WONG HOO（沈望傅）		
主营业务	半导体元器件及其相关应用系统的设计、开发、调试、维护。				

企业名称	诶佩格斯（上海）数码科技有限公司				
企业地址	上海市肇嘉浜路 301 号 25 层 04、06 室（200032）				
投资总额	110 万 USD	电话	63901603	传真	63901596
设立日期	2004-6-17	负责人	DAVID LONG FEN JI		
主营业务	数码电子产品的技术咨询（涉及许可经营的凭许可证经营）。				

企业名称	安码商务软件系统（上海）有限公司				
企业地址	上海市长宁区长顺路 11 号 109 室（200051）				
投资总额	14 万 USD	电话	64288308	传真	64288307
设立日期	2004-6-14	负责人	崔志立		
主营业务	计算机软件的设计、开发、制作，销售自产产品，系统集成的设计。				

企业名称	上海欧比爱思晟峰软件有限公司				
企业地址	上海市郭守敬路 498 号浦东软件园 22301-452 座（201203）				
投资总额	20 万 USD	电话	52289155	传真	52289155
设立日期	2004-6-9	负责人	山田孝		
主营业务	计算机软件的开发、设计、制作；销售自产产品。				

企业名称	拜青生物科技（上海）有限公司				
企业地址	上海市长宁区天山西路 789 号 2164 室（200336）				
投资总额	500 万 USD	电话	68865166	传真	68865116
设立日期	2004-6-7	负责人	曾正光		
主营业务	研制、开发生物工程与生物医学工程技术，生产加工生物原料。				

企业名称	华研（上海）数码科技有限公司				
企业地址	上海市宜山路 889 号 3 号楼 5 层 C 单元（200233）				
投资总额	101 万 USD	电话	54893166	传真	54891269
设立日期	2004-6-3	负责人	载玉足		
主营业务	生产数码相机、数码摄像机、MP3 播放器，销售自产产品。				

企业名称	爵讯软件（上海）有限公司				
企业地址	上海市浦东新区梅花路 281 号 C201 室（201204）				
投资总额	25 万 USD	电话	53850662	传真	53851077
设立日期	2004-6-2	负责人	PHUAH EWE CHENG		
主营业务	计算机软件的开发、设计和制作，销售自产产品。				

企业名称	柏格立（上海）计算机科技有限公司				
企业地址	上海市静安区昌平路 710 号 564 室（200040）				
投资总额	14 万 USD	电话	54669898	传真	54669878
设立日期	2004-5-31	负责人	TIMOTHY LEE		
主营业务	生产计算机网络服务器及其配件，开发计算机软件，销售自产产品。				

企业名称	澜起科技（上海）有限公司				
企业地址	上海市桂平路 680 号 32 号 4 楼 406A 室（200233）				
投资总额	100 万 USD	电话	51696833	传真	54263132
设立日期	2004-5-27	负责人	杨崇和		
主营业务	集成电路设计与线宽 0.25 微米及以下大规模集成电路生产等。				

企业名称	上海天可华数码科技有限公司				
企业地址	上海市浦东新区崂山东路 689 号 301 室（200122）				
投资总额	720 万 USD	电话	63366655	传真	63360909
设立日期	2004-5-25	负责人	郜才华		
主营业务	计算机软件的开发、设计、制作，销售自产产品，经营信息咨询。				

企业名称	欣阳精模科技（上海）有限公司				
企业地址	上海市金桥出口加工区外利枝路 279 号 T12－4 厂房（201203）				
投资总额	1192 万 USD	电话	58388000	传真	58388015
设立日期	2004-5-18	负责人	NG BOON HOO		
主营业务	设计、生产汽车模具、汽车组合仪表，精冲模，精密型腔膜等。				

企业名称	上海锐信计算机科技有限公司				
企业地址	上海市闵行区剑川路468号（200235）				
投资总额	100万USD	电话	52068077	传真	52068075
设立日期	2004-5-17	负责人	PAUL PO TING YAN		
主营业务	研究、开发、生产计算机软硬件产品，销售自产产品。				

企业名称	明思（上海）软件技术有限公司				
企业地址	上海市郭守敬路498号浦东软件园22301*423室（201203）				
投资总额	14万USD	电话	58316490	传真	58355475
设立日期	2004-5-10	负责人	杜 刚		
主营业务	计算机软件的设计、开发、制作；销售自产产品；并提供相关技术咨询。				

企业名称	上海全炬科技有限公司				
企业地址	上海市闵行区华漕镇华翔路1680号（201106）				
投资总额	21万USD	电话	59883895	传真	59883897
设立日期	2004-4-30	负责人	古清淮		
主营业务	研发、设计、生产电磁炉等小家电产品，销售自产产品。				

企业名称	优酷软件（上海）有限公司				
企业地址	上海市浦东新区乳山路98号5P座-2室（200120）				
投资总额	20万USD	电话	54893322	传真	64680998
设立日期	2004-4-28	负责人	MICHEL JEAV YVES		
主营业务	开发、设计、制作计算机软件，销售自产产品；并提供相关技术咨询。				

企业名称	远迅（上海）数码科技有限公司				
企业地址	上海市浦东新区莲溪路1151号1号厂房2层（201204）				
投资总额	42万USD	电话	50423976	传真	50423980
设立日期	2004-4-27	负责人	李冠军		
主营业务	智能控制设备和安全技术防范产品及相关配件的设计、生产、安装。				

企业名称	上海启明联和计算机技术有限公司				
企业地址	上海市郭守敬路498号浦东软件园22301-424室（201203）				
投资总额	20万USD	电话	63808986	传真	63808987
设立日期	2004-4-27	负责人	吴 伟		
主营业务	软件产品的开发、系统集成，销售自产产品，计算机设备的维修。				

企业名称	英业达科技有限公司				
企业地址	上海市漕河泾出口加工区浦星路789号（201114）				
投资总额	2950万USD	电话	64298888	传真	64298848
设立日期	2004-4-26	负责人	王智诚		
主营业务	设计、开发、生产大中型电子计算机、便携式微型计算机、高档服务器。				

企业名称	上海软主电脑软件技术有限公司				
企业地址	上海市长宁区武夷路697号648室（200051）				
投资总额	20万USD	电话	62326036	传真	62326036
设立日期	2004-4-26	负责人	陈品周		
主营业务	计算机软件产品的技术开发，提供相关技术咨询，销售自产产品。				

企业名称	上海信昊日用科技有限公司				
企业地址	上海市普陀区金沙江路1275号综合楼602室（200333）				
投资总额	20万USD	电话	63741952	传真	63286088
设立日期	2004-4-26	负责人	宫 平		
主营业务	生产制造游艺机、玩具、五金零部件，销售自产产品。				

企业名称	上海金沪泉科技有限公司				
企业地址	上海市闵行区顾戴路3100弄33号（201100）				
投资总额	600万USD	电话	27308800	传真	57244783
设立日期	2004-4-19	负责人	张 晖		
主营业务	水处理技术项目的开发与咨询，净化水处理技术产品的研制。				

企业名称	希达软件（上海）有限公司				
企业地址	上海市襄阳南路175号W201室（200031）				
投资总额	30万USD	电话	64728685	传真	54657061
设立日期	2004-4-19	负责人	ALSEN HSU-SEN HSIEN		
主营业务	设计、研制、开发软件，销售自产产品，提供相关技术咨询。				

企业名称	上海高鸟机电科技有限公司				
企业地址	上海市闵行区友东路38号3号厂房（201100）				
投资总额	75万USD	电话	54889713	传真	54888004
设立日期	2004-4-16	负责人	驹井幸三		
主营业务	研发、生产服装自动剪裁机，销售自产产品及提供售后服务。				

企业名称	博河（上海）科技发展有限公司				
企业地址	上海市闵行区合川路3152号南二层（201103）				
投资总额	51万USD	电话	54222988	传真	54222989
设立日期	2004-4-16	负责人	WALTER M.BURT		
主营业务	生产塑料、塑料制品、橡胶制品、五金制品及相关模具。				

企业名称	曜硕科技（上海）有限公司				
企业地址	上海市江宁路212号26楼D座（200041）				
投资总额	20万USD	电话	52895240	传真	52895243
设立日期	2004-4-15	负责人	郭荣昌		
主营业务	集成电路、计算机软件、网络软件的开发、制作；销售自产产品。				

企业名称	亿贝软件工程（上海）有限公司				
企业地址	上海市张江高科技园区郭守敬路351号2号楼667-12室（201203）				
投资总额	210万USD	电话	64403336	传真	34240870
设立日期	2004-4-13	负责人	许良杰		
主营业务	计算机软件的研发、设计，提供相关技术咨询服务。				

企业名称	法视特（上海）图像科技有限公司				
企业地址	上海市张江高科技园区郭守敬路498号浦东软件园20214座（201203）				
投资总额	14万USD	电话	38460059	传真	68545301
设立日期	2004-4-9	负责人	牧野正胜		
主营业务	图像处理开发软件、通用画像应用系统软件等。				

企业名称	上海金仕达卫宁软件有限公司				
企业地址	上海市浦东新区上南路4184号258室（200023）				
投资总额	20万USD	电话	63052727	传真	63024066
设立日期	2004-4-7	负责人	周 炜		
主营业务	计算机软件的开发、设计和制作，销售自产产品				

企业名称	凌华科技（中国）有限公司				
企业地址	上海市张江高科技园区郭守敬路351号2号楼666-12室（201203）				
投资总额	600万USD	电话	65955210	传真	54500414
设立日期	2004-4-6	负责人	刘 钧		
主营业务	计算机产品和计算机软件的研发、设计、制作，销售公司自产产品。				

企业名称	天展软件（上海）有限公司				
企业地址	上海市黄浦区浙江中路400号1209室（200001）				
投资总额	15万USD	电话	36173700	传真	36173700
设立日期	2004-4-6	负责人	STANLEY FEDERMAN		
主营业务	媒体广告软件设计、开发、销售、售后服务、软件本地化。				

企业名称	英顺源（上海）科技有限公司				
企业地址	上海市漕河泾新兴技术开发区宜山路1295号2楼（200233）				
投资总额	200万USD	电话	64298888	传真	
设立日期	2004-3-26	负责人	卓桐华		
主营业务	设计、开发、生产中型电子计算机、便携式微型计算机、高档服务器。				

企业名称	超尊环保科技（上海）有限公司				
企业地址	上海市闵行区吴中路1079号（201103）				
投资总额	20万USD	电话	54222502	传真	54222507
设立日期	2004-3-26	负责人	廖国良		
主营业务	环保设备的设计、生产，销售自产产品，提供维修售后服务。				

企业名称	上海东忠软件有限公司				
企业地址	上海市虹桥路628号225室（200030）				
投资总额	2000万日元	电话	52563415	传真	52351400
设立日期	2004-3-25	负责人	丁伟儒		
主营业务	计算机软件的开发、设计、制作，销售公司自产产品。				

企业名称	运软网络科技（上海）有限公司				
企业地址	上海市黄浦区北京东路666号C区505室（200052）				
投资总额	40万USD	电话	52370735	传真	52370735
设立日期	2004-3-25	负责人	薛薏华		
主营业务	计算机网络软件的开发、研制，销售自产产品，提供相关的技术服务。				

企业名称	上海绿鲜保鲜科技有限公司				
企业地址	上海市闵行区沪青平公路97号2楼（201105）				
投资总额	20万USD	电话	54495899	传真	54496909
设立日期	2004-3-25	负责人	张丽陈		
主营业务	食品、动植物保鲜技术的相关技术咨询和技术服务。				

企业名称	上海欧比西晟峰软件有限公司				
企业地址	上海市郭守敬路 498 号浦东软件园 22301-373 室（201203）				
投资总额	20 万 USD	电　　话	63618878	传　　真	63878813
设立日期	2004-3-22	负 责 人	SHIGEFUMI WADA（和田成史）		
主营业务	计算机软件的研发、制作，销售自产产品，并提供相关的技术服务。				

企业名称	满星计算机技术（上海）有限公司				
企业地址	上海市黄浦区广东路 689 号 704－707 室（200031）				
投资总额	14 万 USD	电　　话	61050700	传　　真	61050699
设立日期	2004-3-19	负 责 人	HARRY TSAO		
主营业务	设计、开发、制作企业管理、生产管理、客户管理、目录管理等。				

企业名称	英华达（上海）科技有限公司				
企业地址	上海市漕河泾出口加工区内浦星路 699 号（200233）				
投资总额	1200 万 USD	电　　话	54336899	传　　真	54335788
设立日期	2004-3-18	负 责 人	张景嵩		
主营业务	开发、设计、生产计算机，计算器，无线通讯产品（网络通讯产品）等。				

企业名称	彦发软件（上海）有限公司				
企业地址	上海市钦州北路 1198 号 82 号厂房第 15 层（200233）				
投资总额	120 万 USD	电　　话	64957111	传　　真	64958628
设立日期	2004-3-16	负 责 人	杜益兆		
主营业务	计算机软件的开发、设计、制作，销售自产产品等。				

企业名称	上海承哲光电科技有限公司				
企业地址	上海市松江出口加工区罗伊乐四期园区 7 号标准厂房（201600）				
投资总额	80 万 USD	电　　话	57749809	传　　真	57749886
设立日期	2004-3-16	负 责 人	林志泱		
主营业务	研发、生产用于光电、电子等产品的金属化合物、塑胶等薄膜新材料。				

企业名称	索科思软件测试（上海）有限公司				
企业地址	上海市普陀区武宁路 505 号 14 号楼 202-1 室（200063）				
投资总额	35 万 USD	电　　话	51168606	传　　真	51168607
设立日期	2004-3-16	负 责 人	仓田克德		
主营业务	软件测试、软件开发、设计、制作、销售自产产品，并提供相关的技术。				

企业名称	上海泛德创成光电科技有限公司				
企业地址	上海市闵行区宜山路 1618 号综合楼 698 室（201103）				
投资总额	20 万 USD	电　　话	67627294	传　　真	67627244
设立日期	2004-3-16	负 责 人	姚毓明		
主营业务	生产光学元器件、激光器、调制器及其相关系统，销售自产产品。				

企业名称	上海仁维软件有限公司				
企业地址	上海市张江高科技园区郭守敬路 515 号南大楼 1314 室（201203）				
投资总额	300 万 USD	电　　话	51319086	传　　真	51319059
设立日期	2004-3-15	负 责 人	夏雪松		
主营业务	计算机、自动化软硬件产品的开发、生产、集成，销售自产产品。				

企业名称	上海洋铭数码科技有限公司				
企业地址	上海市广中西路 777 弄 2 号楼 2F-D 室（200072）				
投资总额	20 万 USD	电　　话	56036599	传　　真	56036770
设立日期	2004-3-11	负 责 人	林鸿铭		
主营业务	开发、生产数码视频产品，销售自产产品。				

企业名称	协微软件（上海）有限公司				
企业地址	上海市张江高科技园区郭守敬路 351 号 2 号楼 660-14 室（201203）				
投资总额	105 万 USD	电　　话	51156088	传　　真	51156099
设立日期	2004-3-10	负 责 人	XIAOZHONG WU		
主营业务	计算机软件和硬件的设计、开发；计算机软件的制作，销售自产产品。				

企业名称	上海祝新家电科技有限公司				
企业地址	上海市宝山区真陈路 1398 弄 63 号（200436）				
投资总额	52 万 USD	电　　话	54853932	传　　真	64199193
设立日期	2004-3-5	负 责 人	徐朝堂		
主营业务	生产、加工、设计各种家电产品及其零配件，销售自产产品。				

企业名称	骄越软件（上海）有限公司				
企业地址	上海市浦东新区崮山路 648 号 1 号楼 405 室（200122）				
投资总额	50 万 USD	电　　话	51098699	传　　真	51531988
设立日期	2004-3-5	负 责 人	MICHAEL FUNG		
主营业务	计算机软件的开发、设计，制作，销售自产产品并提供售后服务。				

企业名称	勤联软件科技（上海）有限公司				
企业地址	上海市长宁区定西路 1100 号 503 室（200050）				
投资总额	20 万 USD	电　　话	62121681	传　　真	62121700
设立日期	2004-3-4	负 责 人	林家庆		
主营业务	开发计算机软件及系统集成，销售公司自产产品并提供相关技术维护。				

企业名称	爱迪斯（上海）软件有限公司				
企业地址	上海市张江高科技园区郭守敬路 351 号 2 号楼 660-17 室（201203）				
投资总额	14 万 USD	电　　话	62887171	传　　真	62887608
设立日期	2004-2-26	负 责 人	DANIEL JOSEPH SHEAHAN		
主营业务	软件的开发、设计、制作，销售自产产品，提供相关的技术咨询。				

企业名称	上海凤凰数码科技有限公司				
企业地址	上海市中山北路 864 号 1403 室（200070）				
投资总额	3000 万人民币	电　　话	61390861	传　　真	61390861
设立日期	2004-2-25	负 责 人	欧国伦		
主营业务	开发、生产投影机、背投电视及相关数码影像、电子产品等。				

企业名称	琳得科胶膜科技（上海）有限公司				
企业地址	上海市外高桥保税区泰谷路 88 号第四层 C 部位（200131）				
投资总额	30 万 USD	电　　话	52082483	传　　真	
设立日期	2004-2-24	负 责 人	范海诚		
主营业务	以胶带、特殊用纸及配套机器为主的仓储分拨业务。				

企业名称	上海三宝食用菌科技有限公司				
企业地址	上海市松江区车墩镇车亭公路 6 号桥西（201611）				
投资总额	150 万 USD	电　　话	57601006	传　　真	57601007
设立日期	2004-2-23	负 责 人	廖宗明		
主营业务	生产金针菇、杏鲍菇等各种高级食用菌，销售公司自产产品。				

企业名称	思代软件（上海）有限公司				
企业地址	上海市张江高科技园区郭守敬路 498 号浦东软件园 1411 室（201203）				
投资总额	30 万 USD	电　　话	50270600	传　　真	50270382
设立日期	2004-2-23	负 责 人	BRIAN PEDLAR		
主营业务	计算机软件的开发、制作；销售自产产品，并提供相关的技术咨询。				

企业名称	朝统科技（上海）有限公司				
企业地址	上海市闵行区华漕镇联友路东侧纪梅路北侧（201106）				
投资总额	100 万 USD	电　　话	62965858	传　　真	52969008
设立日期	2004-2-18	负 责 人	王天来		
主营业务	加工、生产新型电子传导原配件、新型合金材料制品，销售自产产品。				

企业名称	儒友软件科技（上海）有限公司				
企业地址	上海市松江区北松公路 4608 号 4 楼（201611）				
投资总额	80 万 USD	电　　话	54451068	传　　真	54451071
设立日期	2004-2-18	负 责 人	朱俊豪		
主营业务	计算机软件的开发、设计，销售自产产品，并提供相关技术咨询服务。				

企业名称	霓达机电科技（上海）有限公司				
企业地址	上海市虹漕路 421 号 64 号楼第四层 401 室（200233）				
投资总额	35 万 USD	电　　话	61213027	传　　真	54501055
设立日期	2004-2-17	负 责 人	安东和义		
主营业务	研发、生产机电产品（包括自动机器手、工具交换装置、张力控制器等）。				

企业名称	润燊智能科技（上海）有限公司				
企业地址	上海市卢湾区南塘浜路 103 号 314C 室（200023）				
投资总额	100 万 USD	电　　话	52980090	传　　真	52980536
设立日期	2004-2-16	负 责 人	李松德		
主营业务	机电工程、电子工程的智能化系统，计算机应用系统集成和开发。				

企业名称	意帝皮毛科技（上海）有限公司				
企业地址	上海市青浦工业园区外青松公路 5500 号 104 室（筹建处）（201700）				
投资总额	250 万 USD	电　　话	69214990	传　　真	69214993
设立日期	2004-2-9	负 责 人	刘志华		
主营业务	皮革后整饰新技术加工，销售公司自产产品并提供技术支持和技术服务。				

企业名称	百奇生物科技（上海）有限公司				
企业地址	上海市南汇区康桥镇康沈路 1150 弄 25 号（201315）				
投资总额	14 万 USD	电　　话	51320450	传　　真	51320452
设立日期	2004-2-6	负 责 人	吴　纯		
主营业务	生产生物生化试剂及相关配套的实验器具及耗材、塑胶包装制品。				

企业名称	基因科技（上海）有限公司				
企业地址	上海市闵行区剑川路 468 号（201109）				
投资总额	210 万 USD	电　　话	51876181	传　　真	64757610
设立日期	2004-2-4	负 责 人	张　涛		
主营业务	研发、开发、生产各类用于生命科学研究和用于临床检验等。				

企业名称	上海尚顶机电科技有限公司				
企业地址	上海市闵行区莘庄镇黎安路友东路（201712）				
投资总额	150 万 USD	电　　话	54888269	传　　真	52888262
设立日期	2004-2-4	负 责 人	王德仁		
主营业务	生产机电设备、自动化设备、光电设备及配件，销售自产产品。				

企业名称	上海马新忆科技有限公司				
企业地址	上海市嘉定工业区南区二期 10-1 号地块（201821）				
投资总额	2000 万 USD	电　　话	59167666	传　　真	59160609
设立日期	2004-2-3	负 责 人	彭君平		
主营业务	生产数字电视机，数字录放设备及软件产品，销售自产产品。				

企业名称	西威自动化科技（上海）有限公司				
企业地址	上海市嘉定工业区洪德路 1265 号 B1 幢（201821）				
投资总额	180 万 USD	电　　话	69169133	传　　真	69169333
设立日期	2004-1-20	负 责 人	吕德荣		
主营业务	研发、生产、智能型交直流变频器、驱动器，控制开关柜及相关零配件。				

企业名称	上海八叉乐软件有限公司				
企业地址	上海市浦东新区乳山路 98 号普联大厦 5FL 座（200120）				
投资总额	20 万 USD	电　　话	33665298	传　　真	33665318
设立日期	2004-1-20	负 责 人	金川博		
主营业务	计算机软件的开发、制作，销售自产产品。				

企业名称	恩喜爱思（上海）计算机系统有限公司				
企业地址	上海市南京西路 580 号附 903、905 室（200041）				
投资总额	15 万 USD	电　　话	62170148	传　　真	62170148
设立日期	2004-1-20	负 责 人	松木谦吾		
主营业务	计算机软件开发、销售自产产品、并提供相关的技术咨询服务。				

企业名称	衍科软件科技（上海）有限公司				
企业地址	上海市长宁区法华镇路 555 号 C 座 1201 室（200052）				
投资总额	14 万 USD	电　　话	51696936	传　　真	52371900
设立日期	2004-1-18	负 责 人	杨宝恩		
主营业务	计算机软件的开发及系统集成，销售公司自产产品。				

企业名称	上海上环光电科技有限公司				
企业地址	上海市宝山区真陈路 1000 号（201907）				
投资总额	1000 万 USD	电　　话	36160388	传　　真	36161288
设立日期	2004-1-16	负 责 人	张谋益		
主营业务	生产无内容大容量 CD-R、CD-RW、DVD-R、DVD-RAM、MO 等。				

企业名称	乐线软件开发（上海）有限公司				
企业地址	上海市张江高科技园区郭守敬路 351 号 2 号楼 660-03 室（201203）				
投资总额	50 万 USD	电　　话	54266141	传　　真	54263272
设立日期	2004-1-15	负 责 人	HYUNG KEE KIM		
主营业务	计算机的开发、设计、制作，销售自产产品，并提供售后服务。				

企业名称	上海翰烨气源净化科技有限公司				
企业地址	上海市浦东新区龚丰路 709 号第三幢（200122）				
投资总额	14 万 USD	电　　话	58200900	传　　真	58200901
设立日期	2004-1-15	负 责 人	章　军		
主营业务	开发、生产空气净化干燥机，压缩空气过滤器，空气压缩机，冷水机。				

企业名称	上海天博生物科技有限公司				
企业地址	上海市钦州路 100 号 1110 室（200235）				
投资总额	50 万 USD	电　　话	54972337	传　　真	54972339
设立日期	2004-1-12	负 责 人	王　毅		
主营业务	生产保健食品中间体、医药中间体、植物提取物，销售公司自产产品。				

企业名称	上海微强软件科技有限公司				
企业地址	上海市松江区洞泾工业区洞业路东（200233）				
投资总额	14 万 USD	电　　话	61619366	传　　真	61619311
设立日期	2004-1-12	负 责 人	杨文祥		
主营业务	计算机软件产品的开发、生产，销售公司自产产品。				

企业名称	诺网软件（上海）有限公司				
企业地址	上海市浦东新区三林路 910 号 3 号楼 207－208 室（200124）				
投资总额	14 万 USD	电　　话	63875003	传　　真	63875005
设立日期	2004-1-9	负 责 人	CHUA BEE LING		
主营业务	计算机软件的开发、设计、制作，销售自产产品。				

企业名称	上海群茂科技有限公司				
企业地址	上海市漕河泾新兴技术开发区虹漕路 461 号软件大楼 11 楼东（200233）				
投资总额	170 万 USD	电　　话	54278800	传　　真	54276600
设立日期	2004-1-8	负 责 人	汤宇方		
主营业务	研发、设计、生产集成电路产品，制作相关软件，销售自产产品。				

企业名称	上海科意喜物流设备科技有限公司				
企业地址	上海市闵行区顾戴路 3100 弄 33 号（201100）				
投资总额	200 万 USD	电　　话	64144291	传　　真	64144292
设立日期	2004-1-7	负 责 人	尹明奎		
主营业务	设计、生产物流输送机械设备及其配套系统部件、配件，销售自产产品。				

企业名称	亚申科技研发中心（上海）有限公司				
企业地址	上海市张江高科技园区龙东大道 3000 号 5 号楼 101－112 室（201203）				
投资总额	1000 万 USD	电　　话	61002000	传　　真	61005800
设立日期	2004-1-6	负 责 人	JANE HUA CHUAN		
主营业务	高新材料的科学研究（涉及许可经营的凭许可证经营）。				

企业名称	蔚尼软件（上海）有限公司				
企业地址	上海市张江高科技园区郭守敬路 351 号 2 号楼 660-04 室（201203）				
投资总额	14 万 USD	电　　话	53510669	传　　真	63735085
设立日期	2004-1-6	负 责 人	DIETER THOMAS SEIFERT		
主营业务	计算机软件的开发、设计、制作；销售自产产品。				

企业名称	美会软件科技（上海）有限公司				
企业地址	上海市郭守敬路 498 号浦东软件园 17301-17303 室（201203）				
投资总额	14 万 USD	电　　话	68863670	传　　真	38784539
设立日期	2004-1-5	负 责 人	JUSTIN TAN NGUYEN		
主营业务	软件的研究、设计、开发、制作，销售自产产品。				

企业名称	爱派克测试技术（上海）有限公司				
企业地址	上海市张江高科技园区张衡路 200 号 3 号楼 3303 室（201203）				
投资总额	6.2 万 USD	电　　话	50809791	传　　真	38870861
设立日期	2003-12-29	负 责 人	潘海滨		
主营业务	开发、计算机软件，销售自产产品。				

企业名称	慧工信息技术（上海）有限公司				
企业地址	上海市奉贤区奉城镇（201411）				
投资总额	15 万 USD	电　　话	57511688	传　　真	57521257
设立日期	2003-12-24	负 责 人	忻效秦		
主营业务	开发、设计、制作计算机软件，销售公司自产产品。				

企业名称	清河体能科技（上海）有限公司				
企业地址	上海市江场三路 303 号第四层（200436）				
投资总额	200 万 USD	电　　话	51060666	传　　真	51060026
设立日期	2003-12-23	负 责 人	张绍营		
主营业务	体能运动健身器材的研制、设计、开发，研发设计成果的转让。				

企业名称	银畅信息技术（上海）有限公司				
企业地址	上海市张江高科技园区郭守敬路 498 号浦东软件园 22301—352 座（201203）				
投资总额	14 万 USD	电　　话	58795450	传　　真	58796657
设立日期	2003-12-23	负 责 人	MARTIJN HOVINGA		
主营业务	计算机软件的开发、设计、制作；销售自产产品；计算机系统集成设计。				

企业名称	上海智企信息技术有限公司				
企业地址	上海市张江高科技园区郭守敬路 351 号 2 号楼 657-12 室（201203）				
投资总额	12 万 USD	电　　话	64454338	传　　真	64454338
设立日期	2003-12-23	负 责 人	CHEN QI		
主营业务	设计、制作和销售计算机软件，提供相关的技术服务和技术支持。				

企业名称	源传科技发展（上海）有限公司				
企业地址	上海市张江高科技园区郭守敬路 351 号 2 号楼 641－09 室（201203）				
投资总额	144.5 万 USD	电　　话	51535599	传　　真	51535599
设立日期	2003-12-22	负 责 人	吴嘉昌		
主营业务	提供相关的技术服务和技术支持。				

企业名称	管丽环境技术（上海）有限公司				
企业地址	上海市闵行区金都路 4299 号 C 幢 1 楼 601 室（201101）				
投资总额	15 万 USD	电话	63609161	传真	63609169
设立日期	2003-12-22	负责人	孙跃平		
主营业务	研究，开发，生产地下管道和用于地下管道的检测及安装设备。				

企业名称	虹软（上海）科技有限公司				
企业地址	上海市张江高科技园区郭守敬路 351 号 2 号楼 657—04 室（201203）				
投资总额	15 万 USD	电话	52981600	传真	52980248
设立日期	2003-12-22	负责人	钟骅		
主营业务	计算机软件的设计、开发、制作，销售自产产品。				

企业名称	诚硕科技（上海）有限公司				
企业地址	上海市闵行区宜山路 1618 号 C 栋 2 楼（201103）				
投资总额	200 万 USD	电话	64659091	传真	64659092
设立日期	2003-12-16	负责人	叶德荣		
主营业务	从事信息产品、电子产品、电机产品、软件产品、精密仪器设备的技术。				

企业名称	普卫信息技术（上海）有限公司				
企业地址	上海市郭守敬路 498 号浦东软件园 14 幢 22301－558 座（201203）				
投资总额	14 万 USD	电话	50805586	传真	50805589
设立日期	2003-12-16	负责人	MICHAEL LEE ZULIANI		
主营业务	计算机软件的开发、设计、制作；销售自产产品；网络技术的开发。				

企业名称	德尔福（中国）科技研发中心有限公司				
企业地址	上海市富特中路 299 号 47 号楼（F14－3）第二层 A 部位（200137）				
投资总额	1670 万 USD	电话	28968866	传真	50464019
设立日期	2003-12-15	负责人	CHOON T.CHON		
主营业务	从事汽车及其他有关领域的新产品、新材料、新工艺、新技术的研究等。				

企业名称	台达能源技术（上海）有限公司				
企业地址	上海市浦东新区夏民路 238 号二楼（201209）				
投资总额	8280 万人民币	电话	68723988	传真	68723996
设立日期	2003-12-12	负责人	郑崇华		
主营业务	太阳能、风能等绿色能源开发及电能有效利用和计算机、信息等。				

企业名称	爱德威软件开发（上海）有限公司				
企业地址	上海市黄浦区广东路 689 号 2104 室（200001）				
投资总额	14 万 USD	电话	63410128	传真	63410208
设立日期	2003-12-11	负责人	苏迭		
主营业务	计算机软件的设计、开发，制作，销售自产产品。				

企业名称	神州数码通用软件（上海）有限公司				
企业地址	上海市长宁区福泉路 111 号 2 楼（200335）				
投资总额	100 万 USD	电话	22019813	传真	22019807
设立日期	2003-12-9	负责人	颜迪民		
主营业务	研究开发和生产计算机、应用软件系统、硬件及配套零部件等。				

企业名称	达宝软件（上海）有限公司				
企业地址	上海市张江高科技园区郭守敬路 351 号 2 号楼 502A 室（201203）				
投资总额	14 万 USD	电话	63600088	传真	63223351
设立日期	2003-12-8	负责人	胡宏基		
主营业务	计算机软件的开发、设计、制作，销售自产产品，提供相关技术咨询。				

企业名称	智胜传讯科技（上海）有限公司				
企业地址	上海市漕河泾新兴技术开发区宜山路 888 号新银大厦 901 室（200223）				
投资总额	20 万 USD	电话	64402336	传真	34240870
设立日期	2003-12-4	负责人	沈定纬		
主营业务	研发、生产有线和无线的视频服务器、网络摄像机、网络快球等。				

企业名称	丰扬数码技术（上海）有限公司				
企业地址	上海市乐山路 33 号 505 室（200030）				
投资总额	14 万 USD	电话	54070388	传真	54070162
设立日期	2003-12-1	负责人	朱永光		
主营业务	计算机软件的设计、开发、制作，销售公司自产产品。				

企业名称	亚艺堂图文信息技术（上海）有限公司				
企业地址	上海市张江高科技园区郭守敬路 498 号浦东软件园 22301—352 座（201203）				
投资总额	14 万 USD	电话	64672622	传真	64677665
设立日期	2003-11-26	负责人	SIMON BLANCHARD		
主营业务	图文设计软件的开发、设计、制作，销售自产产品；计算机数据处理。				

企业名称	派那信息系统（上海）有限公司				
企业地址	上海市桂平路 680 号 33 号厂房 619-22 室（200233）				
投资总额	6.2 万 USD	电话	28728362	传真	28728362
设立日期	2003-11-25	负责人	翁明华		
主营业务	设计、制作和销售计算机软件，提供相关的技术服务和技术支持。				

企业名称	艾悌亚信息技术（上海）有限公司				
企业地址	上海市张江高科技园区郭守敬路 498 号浦东软件园 22301 座（201203）				
投资总额	6.2 万 USD	电话	58708141	传真	
设立日期	2003-11-24	负责人	姜连生		
主营业务	提供相关的技术服务和技术支持。				

企业名称	讯增信息科技（上海）有限公司				
企业地址	上海市张郭守敬路 498 号浦东软件园 22301-338 室（201203）				
投资总额	6.2 万 USD	电话	50305138	传真	68568321
设立日期	2003-11-24	负责人	卢盈岑		
主营业务	提供相关的技术服务和技术支持。				

企业名称	上海明洋兴软件科技有限公司				
企业地址	上海市延安东路 222 号 31 楼 6A 室（200002）				
投资总额	50 万 USD	电话	63352822	传真	63352522
设立日期	2003-11-21	负责人	JEFFREY LEE PREMER		
主营业务	企业管理，生产管理，客户关系管理，目录管理，教育管理等。				

企业名称	华诠科技（上海）有限公司				
企业地址	上海市闵行区金都路 4299 号 6007 室（201108）				
投资总额	50 万 USD	电话	64146050	传真	64146055
设立日期	2003-11-19	负责人	张原彰		
主营业务	生产计算机软件，与装配自动化、物流仓储、安防等。				

企业名称	康博建创软件（上海）有限公司				
企业地址	上海市张江高科技园区郭守敬路 498 号浦东软件园 22301—352 座（201203）				
投资总额	14 万 USD	电话	56525280	传真	56525280
设立日期	2003-11-19	负责人	李炳魁		
主营业务	网络技术开发；计算机软件的开发、设计、制作。				

企业名称	诚皆达（上海）软件有限公司				
企业地址	上海市北京东路 666 号科技京城 F 幢 14H 室（200002）				
投资总额	40 万 USD	电话	612402641	传真	61202648
设立日期	2003-11-12	负责人	竹内诚		
主营业务	汽车电子控制系统、微电子、通信集成电路、嵌入式软件。				

企业名称	斯伦加光电科技（上海）有限公司				
企业地址	上海市嘉定工业区二期 9 号地块（201821）				
投资总额	305 万 USD	电话	69166146	传真	69166148
设立日期	2003-11-6	负责人	刘金东		
主营业务	生产测试仪器及相关的专用计算机软件，销售本公司自产产品。				

企业名称	恒川系统软件开发（上海）有限公司				
企业地址	上海市天目西路 749 弄 53 号 844 室（200070）				
投资总额	14 万 USD	电话	62439544	传真	62439544
设立日期	2003-11-5	负责人	上川著芳		
主营业务	计算机软件的开发、设计、制作，销售自产产品。				

企业名称	奥特富朗信息技术（上海）有限公司				
企业地址	上海市长宁区江苏路 369 号 28 楼 B1 座（200050）				
投资总额	120 万 USD	电话	62113030	传真	52398099
设立日期	2003-11-4	负责人	薛村禾		
主营业务	设计、开发、制作计算机网络应用软件，销售自产产品。				

企业名称	乐嘉文高合金钢技术（上海）有限公司				
企业地址	上海市莘庄工业区春东路 288 号 1 号厂房（201108）				
投资总额	119 万 USD	电话	54428989	传真	54428278
设立日期	2003-11-4	负责人	STEPHEN RICHARD RENS		
主营业务	汽车、摩托车模具（含冲模、注塑模、模压模具等）的设计、制造。				

企业名称	上海双鹏信息技术有限公司				
企业地址	上海市虹漕路 461 号软件大楼第 2 层 F 室（200233）				
投资总额	30 万 USD	电话	64959209	传真	64959239
设立日期	2003-11-3	负责人	王洪勇		
主营业务	研发、设计、制作移动电话中个人资料管理及信息传输接口装置。				

企业名称	上海威瑟科技有限公司				
企业地址	上海市北京西路 1465 号 18 楼 02－03 室（200040）				
投资总额	30 万 USD	电　　话	52120736	传　　真	52120711
设立日期	2003-11-3	负 责 人	李效文		
主营业务	开发、生产计算机应用软件、手机应用软件、网络加密软件。				

企业名称	萨古拉科技（上海）有限公司				
企业地址	上海市松江区新桥镇华民路 11 号标准厂房（201612）				
投资总额	500 万 USD	电　　话	57681266	传　　真	57681267
设立日期	2003-10-31	负 责 人	RAZALI BIN JAAFAR		
主营业务	设计、生产精密模具，新型打印装置及零配件，销售公司自产产品。				

企业名称	智航信息处理（上海）有限公司				
企业地址	上海市北京东路 666 号 A 区 502 室（200001）				
投资总额	20 万 USD	电　　话	53081122	传　　真	53082457
设立日期	2003-10-31	负 责 人	陈盛宝		
主营业务	电子文档、图档及资料的制作，以及电子信息处理、信息咨询。				

企业名称	满水科技发展（上海）有限公司				
企业地址	上海市闵行区春申路 2980 号（201100）				
投资总额	126 万 USD	电　　话	54168939	传　　真	54168935
设立日期	2003-10-24	负 责 人	陈镜沼		
主营业务	各种交通运输设施设备内装饰材料、各种座椅配件等。				

企业名称	上海金州田熊环保工程技术有限公司				
企业地址	上海市张江高科技园区郭守敬路 351 号 2 号楼 603Y-20 室（201203）				
投资总额	61 万 USD	电　　话	54450835	传　　真	54450960
设立日期	2003-10-23	负 责 人	蒋　超（CHAO JIANG）		
主营业务	固体废弃物处理设备、处理技术的开发、研究、设计。				

企业名称	上海金州富昌环保技术有限公司				
企业地址	上海市张江高科技园区郭守敬路 351 号 2 号楼 603Y－18 室（201203）				
投资总额	60 万 USD	电　　话	54451011	传　　真	54451011
设立日期	2003-10-23	负 责 人	张荣庆		
主营业务	环保及水处理机械设备、电子设备、信息网络设备、自动化系统设备。				

企业名称	宏联（上海）科技有限公司				
企业地址	上海市闵行区顾戴路 3100 弄 68 号（201100）				
投资总额	20 万 USD	电　　话	54857213	传　　真	54857210
设立日期	2003-10-23	负 责 人	何宏城		
主营业务	环境测试设备、工业仪器、仪表及相关产品的研发、生产。				

企业名称	阿里巴巴网络科技（上海）有限公司				
企业地址	上海市长宁区长宁路 1027 号 3601-3604 室（200050）				
投资总额	14 万 USD	电　　话	51158008	传　　真	51158100
设立日期	2003-10-23	负 责 人	谢世煌		
主营业务	设计、开发、制作计算机网络应用软件，销售自产产品。				

企业名称	飞德数码科技（上海）有限公司				
企业地址	上海市南丹东路 106 号 2016 室（200030）				
投资总额	14 万 USD	电　　话	64956701	传　　真	64956709
设立日期	2003-10-23	负 责 人	葛胜言		
主营业务	开发、设计、生产数字监控主机工业 PC 卡和软件；销售公司自产产品。				

企业名称	上海竹田包装印务技术有限公司				
企业地址	上海市外高桥保税区荷丹路 242 号第五层 B 部位（200122）				
投资总额	30 万 USD	电　　话	52392546	传　　真	52392549
设立日期	2003-10-21	负 责 人	山本真一		
主营业务	以包装印刷用品及其关联产品为主的保税区内软件开发、设计等。				

企业名称	陵嘉防伪技术（上海）有限公司				
企业地址	上海市杨浦区佳木斯路 72 号新厂房 4 楼（200093）				
投资总额	14 万 USD	电　　话	51095360	传　　真	58680484
设立日期	2003-10-21	负 责 人	姜嘉文		
主营业务	防伪电子产品的开发、设计，网络技术的研发，计算机软件的开发等。				

企业名称	参数技术（上海）软件有限公司				
企业地址	上海市张江高科技园区郭守敬路 351 号 2 号楼 638－04 室（201203）				
投资总额	50 万 USD	电　　话	51114249	传　　真	63758328
设立日期	2003-10-17	负 责 人	CORNELIUS F. MOSES		
主营业务	计算机软件的开发、制作，销售自产产品。				

企业名称	上海南都能源科技有限公司				
企业地址	上海市浦东新区金桥出口加工区川桥路 1510 号（201206）				
投资总额	2800 万人民币	电　　话	58996188	传　　真	51010220
设立日期	2003-10-16	负 责 人	何　伟		
主营业务	研究、开发、生产聚合物锂离子电池、电极材料及相关产品。				

企业名称	上海上大瑞沪微系统集成技术有限公司				
企业地址	上海市延长路 149 号科技楼新楼 101 室（200072）				
投资总额	6.2 万 USD	电　　话	56333140	传　　真	56333140
设立日期	2003-10-16	负 责 人	刘进影		
主营业务	研制、开发、生产微电子产品，销售自产产品。				

企业名称	锐德世系统科技（上海）有限公司				
企业地址	上海市张江高科技园区牛顿路 200 号 5 号楼（201203）				
投资总额	42 万 USD	电　　话	50804062	传　　真	50270057
设立日期	2003-10-10	负 责 人	黄声扬		
主营业务	计算机、数据处理和网络密集型应用的嵌入系统硬件和软件的研究开发。				

企业名称	特维英数码科技（上海）有限公司				
企业地址	上海市虹漕路 461 号 6 楼（200233）				
投资总额	210 万 USD	电　　话	64957722	传　　真	64959552
设立日期	2003-10-9	负 责 人	罗森洲		
主营业务	数码科技软件产品、多媒体软件及相关电子软件产品的开发、设计等。				

企业名称	斯都时装技术（上海）有限公司				
企业地址	上海市莘庄工业区申富路北侧得丘园西侧 2 号厂房（201108）				
投资总额	470 万欧元	电　　话	54428188	传　　真	54427117
设立日期	2003-10-8	负 责 人	H.P.G STOU		
主营业务	生产有电脑花型的各种时装及辅料，销售自产产品。				

企业名称	上海大强汽车技术服务有限公司				
企业地址	上海市普陀区沪太路 790 号（200065）				
投资总额	22 万 USD	电　　话	56945172	传　　真	56058143
设立日期	2003-10-8	负 责 人	张申树		
主营业务	汽车美容（除车辆清洗）（涉及许可经营的凭许可证经营）。				

企业名称	敦讯数码科技（上海）有限公司				
企业地址	上海市长宁区天山路 641 号 3 号楼 503 室（200336）				
投资总额	14 万 USD	电　　话	52068120	传　　真	52068123
设立日期	2003-10-8	负 责 人	赵国栋		
主营业务	计算机管理软件的研制、开发、系统集成，提供相关的技术咨询服务。				

企业名称	上海奇蒙信息科技有限公司				
企业地址	上海市闵行区金都路 4299 号 A 幢 2017 室 82 座（201103）				
投资总额	6.2 万 USD	电　　话	64125178	传　　真	64127089
设立日期	2003-10-8	负 责 人	杨　刚		
主营业务	研发，开发，生产计算机软件以及上述产品相配套的系统集成。				

企业名称	恒融数码科技（上海）有限公司				
企业地址	上海市张江高科技园区郭守敬路 351 号 2 号楼 651-14 室（201203）				
投资总额	60.45 万 USD	电　　话	63783076	传　　真	63783075
设立日期	2003-9-25	负 责 人	蔡建森		
主营业务	计算机、网络软件的开发、设计、制作；销售自产产品。				

企业名称	信真软件（上海）有限公司				
企业地址	上海市郭守敬路 498 号浦东软件园 1423－1427 座（201203）				
投资总额	20 万 USD	电　　话	38954510	传　　真	38953928
设立日期	2003-9-25	负 责 人	JIAYUAU FANG		
主营业务	集成电路、芯片及电路板分析软件的开发、设计、制作。				

企业名称	环球数码媒体科技（上海）有限公司				
企业地址	上海市长宁区长宁路 1027 号 31 层（200050）				
投资总额	14 万 USD	电　　话	52375008	传　　真	51158159
设立日期	2003-9-25	负 责 人	陈　征		
主营业务	设计、多媒体软件及数据视频技术，从事计算机二、三维数码图像设计。				

企业名称	上海虹鹏信息技术有限公司				
企业地址	上海市虹口区武进路 255 号 601 室 B（200080）				
投资总额	14 万 USD	电　　话	68400850	传　　真	68533333
设立日期	2003-9-23	负 责 人	李大鹏		
主营业务	开发设计制作金融系统软件，电子商务软件，企业信息管理软件。				

企业名称	科胜通软件技术（上海）有限公司				
企业地址	上海市淮海中路300号香港新世界大厦2402(A)、2402(B)室(200021)				
投资总额	50万USD	电话	63353382	传真	63353383
设立日期	2003-9-23	负责人	LIU XIANG		
主营业务	软件开发、制作，系统集成支持，销售自产产品，并提供相关软件咨询。				

企业名称	上海统发水族科技有限公司				
企业地址	上海市奉贤区邬桥镇（201402）				
投资总额	20万USD	电话	27561823	传真	63723002
设立日期	2003-9-18	负责人	王明星		
主营业务	水族器材、宠物用品（含饲料）的加工、生产，水草、观赏鱼的养殖。				

企业名称	上海光毅印刷器材科技有限公司				
企业地址	上海市江场西路300号1218室（200436）				
投资总额	30万USD	电话	66312008	传真	66312009
设立日期	2003-9-17	负责人	吉本光毅		
主营业务	研制、开发、设计、生产印刷用印刷版、印刷材料、印刷器材等。				

企业名称	依玛士（上海）标码技术有限公司				
企业地址	上海市工业综合开发区（201400）				
投资总额	250万USD	电话	61635811	传真	57432002
设立日期	2003-9-15	负责人	OMAR KERBAGE		
主营业务	开发、制造、加工高科技标码设备及工业喷印设备系统和相关产品。				

企业名称	翔耀软件科技（上海）有限公司				
企业地址	上海市郭守敬路498号浦东软件园22301-311室（201203）				
投资总额	20万USD	电话	62485117	传真	
设立日期	2003-9-15	负责人	MARVIN TSEU		
主营业务	计算机软件、网络软件的研发、制作；网络技术的研发；销售自产产品。				

企业名称	胜托信息技术（上海）有限公司				
企业地址	上海市长宁区新华路345号2号楼1室（200051）				
投资总额	6.2万USD	电话	62940001	传真	52300722
设立日期	2003-9-12	负责人	孙怀宽		
主营业务	提供相关的技术服务和技术支持。				

企业名称	上海黄金搭档生物科技有限公司				
企业地址	上海市徐汇区虹梅路1535号（200233）				
投资总额	2900万USD	电话	53960085	传真	53960643
设立日期	2003-09-11	负责人	段永基		
主营业务	研制、生产、加工保健食品等功能性食品，销售自产产品。				

企业名称	群硕软件开发（上海）有限公司				
企业地址	上海市郭守敬路498号浦东软件园17号楼三层（201203）				
投资总额	100万USD	电话	51314277	传真	51314279
设立日期	2003-9-8	负责人	高惠敏		
主营业务	计算机软件的开发、设计、制作；销售自产产品。				

企业名称	英库软件科技（上海）有限公司				
企业地址	上海市长宁区武夷路658号302室（200050）				
投资总额	14万USD	电话	62188310	传真	62188310
设立日期	2003-9-5	负责人	LAI LOK		
主营业务	开发计算机信息技术软件、网络技术软件、多媒体技术软件。				

企业名称	银泰科技（上海）有限公司				
企业地址	上海市松江区永丰街道玉树路538号（松江1755号地块）（201600）				
投资总额	260万USD	电话	67710098	传真	57739337
设立日期	2003-9-5	负责人	刘鸣		
主营业务	研究、开发数字电子技术、数字监控智能化软件、涂料色彩数字化软件。				

企业名称	数邦科技（上海）有限公司				
企业地址	上海市闵行区北松公路3589号689座（201111）				
投资总额	20万USD	电话	53860808	传真	53860208
设立日期	2003-9-5	负责人	LEO KOGUAN		
主营业务	开发、制作计算机应用软件、城市发展程序软件等。				

企业名称	汉略（上海）信息技术有限公司				
企业地址	上海市钦州北路1198号82号楼19－21层（200233）				
投资总额	14万USD	电话	54452525	传真	54452130
设立日期	2003-9-5	负责人	CHIEN-MING HUANG		
主营业务	开发、设计、制作计算机软件，销售公司自产产品。				

企业名称	兴康软件系统（上海）有限公司				
企业地址	上海市郭守敬路498号浦东软件园22301－285座（201203）				
投资总额	20万USD	电话	63758200	传真	63758277
设立日期	2003-9-4	负责人	THOMAS MATTHEW NIES		
主营业务	计算机软件的开发、设计、制作；销售自产产品。				

企业名称	诺明软件（上海）有限公司				
企业地址	上海市郭守敬路498号浦东软件园22301-306室（201203）				
投资总额	15万USD	电话	52361766	传真	52361766
设立日期	2003-9-2	负责人	李建新		
主营业务	计算机软件的设计、开发、制作，销售自产产品。				

企业名称	永晃系统技术（上海）有限公司				
企业地址	上海市张江高科技园区郭守敬路498号1号楼1410室（201203）				
投资总额	14万USD	电话	51314306	传真	51314307
设立日期	2003-8-28	负责人	三宅晃		
主营业务	涉及计算机、工业自动化控制、通信电子、车用电子、嵌入式电子等。				

企业名称	速尼软件（上海）有限公司				
企业地址	上海市张江高科技园区郭守敬路351号2号楼649－18室（201203）				
投资总额	140万USD	电话	63351988	传真	63351989
设立日期	2003-8-27	负责人	DAVID CYRIL HABIGER		
主营业务	计算机软件的开发、设计、制作；销售自产产品。				

企业名称	上海寰联科技有限公司				
企业地址	上海市胶州路58号312室F（200040）				
投资总额	25万USD	电话	62470046	传真	62472744
设立日期	2003-8-27	负责人	ALAN FANG		
主营业务	开发、制作计算机软件；开发网络技术，销售自产产品。				

企业名称	三宇数码科技（上海）有限公司				
企业地址	上海市真南路2548弄8号厂房底层（200331）				
投资总额	20万USD	电话	52844259	传真	52842096
设立日期	2003-8-22	负责人	上田朱宇		
主营业务	生产智能卡及配套的设备，销售自产产品，并提供相关的技术服务。				

企业名称	震旦华夏资讯（上海）有限公司				
企业地址	上海市郭守敬路498号浦东软件园22301－302室（201203）				
投资总额	20万USD	电话	59165258	传真	59165769
设立日期	2003-8-22	负责人	陈永泰		
主营业务	网络技术的开发、设计；系统集成的设计、调试、维护。				

企业名称	度卡软件科技（上海）有限公司				
企业地址	上海市张江高科技园区郭守敬路351号2号楼649－19室（201203）				
投资总额	14万USD	电话	62361877	传真	62361876
设立日期	2003-8-22	负责人	杨振明		
主营业务	计算机软件的研究、开发、设计、制作；销售自产产品。				

企业名称	恩亿凯嘉表面处理技术（上海）有限公司				
企业地址	上海市莘庄工业区申富路以北，得丘园以西（201108）				
投资总额	126万USD	电话	54427450	传真	54427451
设立日期	2003-8-21	负责人	PETER SONNE CHRISTEN		
主营业务	研究、开发、生产表面活性剂和水处理剂，销售自产产品。				

企业名称	上海奥星制药技术装备有限公司				
企业地址	上海市松江高新技术园区玉阳路南侧、东环路东侧（201600）				
投资总额	225万USD	电话	57734811	传真	57733238
设立日期	2003-8-20	负责人	何国强		
主营业务	研制、生产先进的制药新设备、新型药品包装材料、容器等。				

企业名称	上海环商商务咨询有限公司				
企业地址	上海市淮海中路887号13F（200020）				
投资总额	7万USD	电话	64740041	传真	64740026
设立日期	2003-8-19	负责人	晥谷晶子		
主营业务	生产、制作计算机网络系统应用软件、数据库系统软件。				

企业名称	睿行信息科技（上海）有限公司				
企业地址	上海市郭守敬路498号浦东软件园22301－288座（201203）				
投资总额	14万USD	电话	54373160	传真	54373160
设立日期	2003-8-18	负责人	王笑冬		
主营业务	计算机软件的开发、制作；销售自产产品，并提供相关的技术咨询。				

企业名称	远翔信息技术（上海）有限公司				
企业地址	上海市长宁区仙霞路 319 号 3112 室（200336）				
投资总额	550 万 USD	电　话	62709999	传　真	62701799
设立日期	2003-8-15	负 责 人	洪贤德		
主营业务	研制、开发房地产相关管理软件；多媒体网络信息系统软件。				

企业名称	尖微软件（上海）有限公司				
企业地址	上海市龙吴路 1270 号 201 室（200233）				
投资总额	6.2 万 USD	电　话	54264093	传　真	54264213
设立日期	2003-8-14	负 责 人	黄雷琴		
主营业务	设计、制作和销售计算机软件，提供相关的技术服务和技术支持。				

企业名称	安讯软件（上海）有限公司				
企业地址	上海市张江高科技园区郭守敬路 498 号 3 号楼 3301－3309 室(201203)				
投资总额	14 万 USD	电　话	58826388	传　真	58826002
设立日期	2003-8-12	负 责 人	WEN FENG LI		
主营业务	计算机软件的开发、设计、制作，销售自产产品，提供售后服务。				

企业名称	发奕迪克软件（上海）有限公司				
企业地址	上海市外高桥保税区冰克路 500 号 704 室（200131）				
投资总额	20 万 USD	电　话	58691292	传　真	
设立日期	2003-8-11	负 责 人	桧物雄作		
主营业务	计算机信息系统软件以及网络的开发、设计、制作、维护、更新。				

企业名称	黑迈数码科技（上海）有限公司				
企业地址	上海市闵行区金都路 4299 号 4 楼一层（201108）				
投资总额	6.2 万 USD	电　话	54426400	传　真	54426401
设立日期	2003-8-6	负 责 人	忻国华		
主营业务	开发，设计，生产数字印刷设备及其零部件，相关的软件产品。				

企业名称	思迁数码科技（上海）有限公司				
企业地址	上海市长宁区天山路 641 号 2 号楼 502 室（200336）				
投资总额	14 万 USD	电　话	61211991	传　真	52065237
设立日期	2003-7-29	负 责 人	高　峥		
主营业务	研制、开发多媒体软件及系统集成，销售公司自产产品。				

企业名称	上海永新显示技术有限公司				
企业地址	上海市漕河泾新兴技术开发区钦江路 288 号（200233）				
投资总额	200 万 USD	电　话	54397001	传　真	54397002
设立日期	2003-7-18	负 责 人	俞之圻		
主营业务	开发、生产投资显示核心部件光引擎系统及其他周边产品，零组件等。				

企业名称	亿控楼宇科技（上海）有限公司				
企业地址	上海市外高桥保税区英伦路 300 号中南部位（200131）				
投资总额	25 万 USD	电　话	54262642	传　真	
设立日期	2003-7-17	负 责 人	YIDONG TU		
主营业务	楼宇自动化控制软件的研究、设计、开发、制作、销售自产产品等。				

企业名称	华夏媒体信息技术（上海）有限公司				
企业地址	上海市张江高科技园区郭守敬路 498 号 21212－21214 座（201203）				
投资总额	12 万 USD	电　话	50805055	传　真	50805268
设立日期	2003-7-16	负 责 人	林　亮		
主营业务	计算机硬件和研究、开发；计算机软件的开发、制作，销售自产产品。				

企业名称	代达信息技术（上海）有限公司				
企业地址	上海市张江高科技园区郭守敬路 351 号 2 号楼 647-12 室（201203）				
投资总额	26 万 USD	电　话	58734259	传　真	
设立日期	2003-7-15	负 责 人	叶丹昭		
主营业务	设计、制作和销售计算机软件，提供相关的技术服务和技术支持。				

企业名称	刃之砺信息科技（上海）有限公司				
企业地址	上海市张江高科技园区郭守敬路 351 号 2 号楼 647-15 室（201203）				
投资总额	6.2 万 USD	电　话	61508060	传　真	64860768
设立日期	2003-7-15	负 责 人	王岩峰		
主营业务	计算机硬件及外部设备的设计、开发；计算机系统集成的设计、调试。				

企业名称	上海北方汇博信息技术有限公司				
企业地址	上海市张江高科技园区郭守敬路 498 号 22301-278 室（201203）				
投资总额	24 万 USD	电　话	63138449	传　真	61232509
设立日期	2003-7-14	负 责 人	缪　申		
主营业务	网络技术的开发、设计；计算机软件的开发、设计、制作。				

企业名称	亚固光电科技（上海）有限公司				
企业地址	上海市嘉定工业区南区 9-1 号地块（201821）				
投资总额	380 万 USD	电　话	69169892	传　真	
设立日期	2003-7-9	负 责 人	张锦源		
主营业务	生产光电子器件，新型平板显示器件，销售公司自产产品。				

企业名称	英飞凌科技（中国）有限公司				
企业地址	上海市浦东新区张江高科技园区松涛路 647 弄 7 号（200131）				
投资总额	3000 万 USD	电　话	61019047	传　真	61019435
设立日期	2003-7-8	负 责 人	POW TIEN TEE		
主营业务	在半导体等国家允许外商投资的领域内进行投资。				

企业名称	南亮压力容器技术（上海）有限公司				
企业地址	上海市青浦区朱家角工业园区 A8 号（201713）				
投资总额	300 万 USD	电　话	58445778	传　真	58445775
设立日期	2003-7-8	负 责 人	朴允昭		
主营业务	压力容器测试，生产压力容器及配件、零部件，燃料容器装备。				

企业名称	同开科技（上海）有限公司				
企业地址	上海市张江高科技园区碧波路 518 号 B 座 108 室（201203）				
投资总额	70 万 USD	电　话	50801566	传　真	50801565
设立日期	2003-7-8	负 责 人	陈博仁		
主营业务	用于电子、生物、医疗行业的净化系统专用设备及部件的研发、设计等。				

企业名称	冠网数码科技（上海）有限公司				
企业地址	上海市漕河泾新兴技术开发区桂平路 471 号 4 号楼 2 层（200233）				
投资总额	60 万 USD	电　话	64955656	传　真	64955656
设立日期	2003-7-8	负 责 人	魏永年		
主营业务	设计电脑软件，销售自产产品，提供相关技术咨询服务。				

企业名称	上海钱鸿企业发展有限公司				
企业地址	上海市闵行区七宝镇中春路 9988 号（201101）				
投资总额	900 万 USD	电　话	64193676	传　真	64791587
设立日期	2003-7-4	负 责 人	陈森田		
主营业务	研制、生产计算机软件、电脑图文设计、制作（不涉及印刷）等。				

企业名称	亚克喜思软件（上海）有限公司				
企业地址	上海市凯旋路 3131 号 905-906 室（200030）				
投资总额	2000 万日元	电　话	63585658	传　真	63585659
设立日期	2003-7-2	负 责 人	小仓博文		
主营业务	计算机软件的开发、设计、制作，销售自产产品。				

企业名称	上海伊化关键数码科技有限公司				
企业地址	上海市天目中路 749 弄 53 号 8F11 室（200070）				
投资总额	14 万 USD	电　话	51570230	传　真	51570230
设立日期	2003-7-2	负 责 人	陈滢如		
主营业务	计算机软件的开发、设计、制作；网络技术及电子产品的开发、设计等。				

企业名称	上海精锐广用动力科技有限公司				
企业地址	上海市青浦工业园区外青松公路 5500 号 109 室（201700）				
投资总额	250 万 USD	电　话	69220577	传　真	69220571
设立日期	2003-7-1	负 责 人	颜世行		
主营业务	开发、生产三轴以上联动的数控机床、伺服装置及其关键零部件等。				

企业名称	上海广钜康电子科技有限公司				
企业地址	上海市松江出口加工区南乐路 309 弄 5 号（201611）				
投资总额	50 万 USD	电　话	57749818	传　真	57749801
设立日期	2003-6-30	负 责 人	郭上幌		
主营业务	精密仪器和设备、办公机械和设备（包括计算机）的维修等。				

企业名称	上海快易科技有限公司				
企业地址	上海市张江高科技园区郭守敬路 498 号 21301-255 座（201203）				
投资总额	14 万 USD	电　话	54883134	传　真	54883134
设立日期	2003-6-26	负 责 人	李光波		
主营业务	电脑硬件的设计研发，计算机软件的开发、设计、制作；销售自产产品。				

企业名称	安工（上海）信息科技有限公司				
企业地址	上海市中山南二路 923 号（200030）				
投资总额	20 万 USD	电　话	51082737	传　真	51580259
设立日期	2003-6-25	负 责 人	IAN T. COWIE		
主营业务	开发、设计、制作以石油化工企业安全信息管理系统为主的软件。				

企业名称	上海京松环保科技有限公司				
企业地址	上海市闵行区龙吴路 4567 号（200241）				
投资总额	20 万 USD	电　　话	64343040	传　　真	64343040
设立日期	2003-6-25	负 责 人	金　洵		
主营业务	生产餐厨环保设备，销售自产产品，并提供环保节能技术的咨询服务。				

企业名称	杰浦斯信息科技（上海）有限公司				
企业地址	上海市彭江路 200 号 4 号楼 406 室（200072）				
投资总额	6.2 万 USD	电　　话	32095581	传　　真	32095515
设立日期	2003-6-25	负 责 人	沈　杰		
主营业务	研制、开发、生产计算机软件、硬件及计算机系统集成。				

企业名称	晶科封装测试科技（上海）有限公司				
企业地址	上海市龙东大道 3000 号 5 号楼 5113－5124 室（201203）				
投资总额	1188 万 USD	电　　话	59765858	传　　真	59760307
设立日期	2003-6-24	负 责 人	NG CHONGMENG		
主营业务	半导体（硅片及化合物半导体）集成电路元器件的晶园针测、测试等。				

企业名称	上海侨云科技有限公司				
企业地址	上海市嘉定区马陆镇包桥村（201801）				
投资总额	500 万 USD	电　　话	59510491	传　　真	
设立日期	2003-6-24	负 责 人	黄献川		
主营业务	生产电线、电缆、电源线插头、插座等相关电器产品等。				

企业名称	卡驰诺光电科技（上海）有限公司				
企业地址	上海市嘉定区江桥镇金宝工业园区西区（201800）				
投资总额	20 万 USD	电　　话	69529975	传　　真	69529976
设立日期	2003-6-24	负 责 人	桂伸一		
主营业务	生产电子光学检测仪器及相关配件，销售本公司自产产品。				

企业名称	上海网赢信息系统有限公司				
企业地址	上海市金山区金枫公路 1080 号（200021）				
投资总额	100 万 USD	电　　话	53966882	传　　真	53966228
设立日期	2003-6-19	负 责 人	米革贵		
主营业务	开发、生产计算机及网络系统软件；智能自动控制产品。				

企业名称	根道数码科技（上海）有限公司				
企业地址	上海市松江区九亭镇上海松江高科技园区亭中工业小区（201615）				
投资总额	20 万 USD	电　　话	67697020	传　　真	67697023
设立日期	2003-6-19	负 责 人	严英哲		
主营业务	生产数码喷绘系统液体覆膜机、冷热裱机、灯箱布、油墨等。				

企业名称	岱德科技工程（上海）有限公司				
企业地址	上海市吴中路 1079 号灿虹大厦五层东座（201103）				
投资总额	102 万 USD	电　　话	64017701	传　　真	64062988
设立日期	2003-6-18	负 责 人	曾鸿洋		
主营业务	涂装厂全套生产线设备、部件和工业环保设备的设计、制造。				

企业名称	远景生物科技（上海）有限公司				
企业地址	上海市嘉定区江桥镇金宝工业园区西区宝园二路（201803）				
投资总额	50 万 USD	电　　话	69136100	传　　真	69136120
设立日期	2003-6-17	负 责 人	张荣利		
主营业务	生产洗涤用品、护肤品，销售本公司自产产品。				

企业名称	贝肯（上海）航空技术有限公司				
企业地址	上海市徐汇区宜山路 888 号 503 室（200233）				
投资总额	15 万 USD	电　　话	64320022	传　　真	64952343
设立日期	2003-6-17	负 责 人	RICHARD J.LAJOIE,JR		
主营业务	航空机具及运用类似技术的其他工业用机具等。				

企业名称	上海鼎科软件有限公司				
企业地址	上海市张江高科技园区郭守敬路 498 号 22301-267 座（201203）				
投资总额	16 万 USD	电　　话	64869450	传　　真	64869450
设立日期	2003-6-16	负 责 人	陈铭传		
主营业务	计算机软件的开发、制作，销售自产产品并提供技术服务。				

企业名称	映硕半导体科技（上海）有限公司				
企业地址	上海市张江高科技园区郭守敬路 351 号 2 号楼 660－19 室（201203）				
投资总额	14 万 USD	电　　话	61423178	传　　真	61423175
设立日期	2003-6-16	负 责 人	吕东升		
主营业务	半导体生产设备的设计、研发、制造；销售自产产品。				

企业名称	创注（上海）信息技术有限公司				
企业地址	上海市虹桥路 628 号（200030）				
投资总额	50 万 USD	电　　话	62894200	传　　真	62890770
设立日期	2003-6-13	负 责 人	石川忠雄		
主营业务	软件的设计、开发和制作，销售自产产品。				

企业名称	上海扩利体系统技术有限公司				
企业地址	上海市张江高科技园区碧波路 5 号 1301 室（201203）				
投资总额	14 万 USD	电　　话	50807606	传　　真	50807607
设立日期	2003-6-12	负 责 人	BENJAMIN		
主营业务	无尘室部件、气体纯化器及分析仪器的设计、制作，销售自产产品。				

企业名称	佳杰科技（上海）有限公司				
企业地址	上海市长宁区广顺路 33 号 B 幢 6 层（200050）				
投资总额	500 万 USD	电　　话	62259099	传　　真	62255510
设立日期	2003-6-11	负 责 人	刘　伟		
主营业务	研究、开发、生产计算机硬件、软件系统及配套零件，网络产品等。				

企业名称	泰思通软件（上海）有限公司				
企业地址	上海市闵行区剑川路 468 号（200032）				
投资总额	51 万 USD	电　　话	64226959	传　　真	64226956
设立日期	2003-6-11	负 责 人	邬文华		
主营业务	软件产品开发、生产，网络管理系统集成、企业管理系统集成等。				

企业名称	明青（上海）数码技术有限公司				
企业地址	上海市张江高科技园区祖冲之路 887 弄 84 号 502、503、508 室（200131）				
投资总额	33 万 USD	电　　话	51317171	传　　真	51317170
设立日期	2003-6-11	负 责 人	北岛修		
主营业务	计算机软件的设计、数码复制技术的开发、网络系统技术服务。				

企业名称	分众多媒体技术（上海）有限公司				
企业地址	上海市长宁区长宁路 1027 号 1003 室 E 座（200050）				
投资总额	45 万 USD	电　　话	31214666	传　　真	52419858
设立日期	2003-6-9	负 责 人	江南春		
主营业务	研制、开发多媒体网络信息系统软件；多媒体网络工程设计咨询。				

企业名称	茂达信息技术开发（上海）有限公司				
企业地址	上海市长宁区长宁路 1027 号 2801 室（200051）				
投资总额	14 万 USD	电　　话	62114934	传　　真	62114481
设立日期	2003-6-9	负 责 人	KUAN EDWARD REN-MING		
主营业务	设计、制作计算机软件及数码图片，销售自产产品。				

企业名称	凸版资讯信息系统（上海）有限公司				
企业地址	上海市外高桥保税区港澳路 389 号 5 号厂房第三层西部位（200137）				
投资总额	20 万 USD	电　　话	58682467	传　　真	58682334
设立日期	2003-6-5	负 责 人	篠原就司		
主营业务	保税区内以各种胶卡产品、发卡系统产品为主的分拨业务及维修服务。				

企业名称	上海桐港信息科技有限公司				
企业地址	上海市张江高科技园区郭守敬路 351 号 2 号楼 643-19 室（201203）				
投资总额	1.2 万 USD	电　　话	50273061	传　　真	50458002
设立日期	2003-6-4	负 责 人	王　雷		
主营业务	设计、制作和销售计算机软件，提供相关的技术服务和技术支持。				

企业名称	上海洁申环保技术有限公司				
企业地址	上海市宝山区沪太路 5587 号（201907）				
投资总额	20 万 USD	电　　话	58578114	传　　真	58579121
设立日期	2003-6-3	负 责 人	吴　蓉		
主营业务	生产、研究开发以活性炭为核心的环保技术与产品，销售自产产品。				

企业名称	上海环宇太平洋数码科技有限公司				
企业地址	上海市浦东新区张杨路 721 号 511 室（200120）				
投资总额	500 万 USD	电　　话	54905900	传　　真	54905800
设立日期	2003-6-2	负 责 人	陈国平		
主营业务	数码、电脑及电子产品的科技咨询和维修服务，自有物业出租等。				

企业名称	数模软件（上海）有限公司				
企业地址	上海市张江高科技园区郭守敬路 351 号 2 号楼 645-4 室（201203）				
投资总额	14 万 USD	电　　话	64262902	传　　真	64262901
设立日期	2003-6-2	负 责 人	王宏凯		
主营业务	计算机软件的设计、开发、制作，销售自产产品。				

企业名称	上海明嘉金属科技有限公司				
企业地址	上海市嘉定区娄塘镇朱桥工业园区（201815）				
投资总额	72.49 万 USD	电话	59962281	传真	59962281
设立日期	2003-5-29	负责人	苏治光		
主营业务	生产、加工精密模具及配件，五金制品及机械零件。				

企业名称	上海菱威深信息技术有限公司				
企业地址	上海市张江高科技园区郭守敬路 351 号 2 号楼 645-2 室（201203）				
投资总额	62 万 USD	电话	51088830	传真	58363830
设立日期	2003-5-26	负责人	小西正秀		
主营业务	电子及通信设备、计算机系统、计算机软件、计算机硬件研究、设计等。				

企业名称	经典（上海）软件科技有限公司				
企业地址	上海市张江高科技园区郭守敬路 498 号 20408 室（201203）				
投资总额	20 万 USD	电话	50806881	传真	50806883
设立日期	2003-5-23	负责人	FUNG PING CHEUNG		
主营业务	计算机软件的开发、设计、制作，销售自产产品。				

企业名称	利策工程技术（上海）有限公司				
企业地址	上海市彭江路 200 号 4 号楼 401 室（200072）				
投资总额	20 万 USD	电话	52305338	传真	52305328
设立日期	2003-5-23	负责人	戚涛		
主营业务	石油天然气工程、海洋及船舶工程、机电工程、建筑工程的技术咨询。				

企业名称	上海崎美崎太阳能新材料有限公司				
企业地址	上海市嘉定区叶城路 1288 号（201821）				
投资总额	30 万 USD	电话	54379520	传真	54389971
设立日期	2003-5-22	负责人	何志伟		
主营业务	生产太阳能电池组件及相关的配套件，开发、生产计算机应用软件。				

企业名称	上海蔻兰色料科技有限公司				
企业地址	上海市闵行区黎安路 1607 号（201108）				
投资总额	20 万 USD	电话	54887041	传真	54884213
设立日期	2003-5-22	负责人	胡正		
主营业务	生产助剂及电子用高科技化学品，销售自产产品。				

企业名称	王氏信息科技（上海）有限公司				
企业地址	上海市黄浦区九江路 333 号 1206 室（200001）				
投资总额	14 万 USD	电话	63849242	传真	63849342
设立日期	2003-05-22	负责人	陈子华		
主营业务	计算机软件开发、设计及相关技术咨询，并提供信息管理咨询。				

企业名称	上海金鹤数码科技发展有限公司				
企业地址	上海市张江高科技园区张衡路 200 号（201204）				
投资总额	120 万 USD	电话	64085858	传真	64085858
设立日期	2003-5-21	负责人	刘展		
主营业务	数码科技产品的软件，销售自产产品，提供相关的技术咨询服务。				

企业名称	上海台瞻通讯科技有限公司				
企业地址	上海市张江高科技园区郭守敬路 351 号 2 号楼 613-21 室（201203）				
投资总额	35 万 USD	电话	61213118	传真	61213118
设立日期	2003-5-21	负责人	吴钧源		
主营业务	软件产品的开发、制作，集团电话及专用机的开发。				

企业名称	启扬半导体科技（上海）有限公司				
企业地址	上海市张江高科技园区碧波路 5 号 4 楼（201203）				
投资总额	14 万 USD	电话	61355061	传真	61355061
设立日期	2003-5-20	负责人	林铭村		
主营业务	半导体生产设备的研发、设计、制造；销售自产产品。				

企业名称	昂科信息技术（上海）有限公司				
企业地址	上海市张江高科技园区郭守敬路 351 号 2 号楼 643-17 室（201203）				
投资总额	150 万 USD	电话	51028298	传真	50803296
设立日期	2003-5-16	负责人	邢军		
主营业务	无线、有线网络通信软、硬件及系统产品的研发。				

企业名称	珈伟太阳能科技（上海）有限公司				
企业地址	上海市松江区新桥镇新润路 5 号 B 型标准厂房（201612）				
投资总额	30 万 USD	电话	57686998	传真	57686995
设立日期	2003-5-15	负责人	野村明伯		
主营业务	研发、生产、加工节能型太阳能光电产品、太阳能通讯电源及零配件。				

企业名称	万欧液压技术（上海）有限公司				
企业地址	上海市浦东新区严桥路 410 号 C 栋底楼（200125）				
投资总额	14 万 USD	电话	50908746	传真	50908749
设立日期	2003-5-13	负责人	朱丽花		
主营业务	液压总成加工，开闭系统交直流动力单元和液压成套系统的设计和生产。				

企业名称	提爱斯数码（上海）有限公司				
企业地址	上海市外高桥保税区日樱南路 11 号 201 室（200127）				
投资总额	30 万 USD	电话	52280909	传真	
设立日期	2003-5-8	负责人	安宅尚司		
主营业务	计算机软件的研究、设计、开发、制作、销售自产产品，维护等。				

企业名称	上海安普罗环保科技有限公司				
企业地址	上海市张江高科技园区郭守敬路 498 号浦东软件园 20314 座（201203）				
投资总额	14 万 USD	电话	64282072	传真	64282076
设立日期	2003-5-7	负责人	卢信能		
主营业务	开发制作计算机软件，设计、开发、生产车辆排放噪音分析仪等。				

企业名称	英地锦信息技术（上海）有限公司				
企业地址	上海市郭守敬路 498 号浦东软件园 22301-241 座（201203）				
投资总额	7.25 万 USD	电话	58219066	传真	58525100
设立日期	2003-4-30	负责人	马彬		
主营业务	设计、制作和销售计算机软件，提供相关的技术服务和技术支持。				

企业名称	上海联全网络科技有限公司				
企业地址	上海市虹口区东长治路 505 号（200060）				
投资总额	14 万 USD	电话	62982479	传真	62668495
设立日期	2003-4-29	负责人	陈礼龙		
主营业务	研究、开发网络技术、电子产品、公共安全技术防范及视频设备产品。				

企业名称	泰雷兹软件系统（上海）有限公司				
企业地址	上海市张杨路 500 号上海时代广场 22 层 B、C、D、E、F 单元（200122）				
投资总额	45 万 USD	电话	61055522	传真	61055524
设立日期	2003-4-28	负责人	BRUNO COHAPES		
主营业务	计算机软件的研发和制作，系统集成的设计、安装、调试和维护等。				

企业名称	联顺智能科技（上海）有限公司				
企业地址	上海市张江高科技园区郭守敬路 351 号 2 号楼 643-12 室（201203）				
投资总额	20 万 USD	电话	63021155	传真	53011934
设立日期	2003-4-28	负责人	GOH HOCK SIAIVG		
主营业务	设计、制作和销售计算机软件，提供相关的技术服务和技术支持。				

企业名称	乌斯特技术（上海）有限公司				
企业地址	上海市外高桥保税区外高桥大厦 503 室（200131）				
投资总额	20 万 USD	电话	62856656	传真	62540141
设立日期	2003-4-25	负责人	GEOFFREY SCOTT		
主营业务	国际贸易及贸易咨询；保税区企业间的贸易及贸易代理。				

企业名称	宝识培训技术软件（上海）有限公司				
企业地址	上海市郭守敬路 498 号浦东软件园 22301-229 室（201203）				
投资总额	14 万 USD	电话	56560896	传真	52565876
设立日期	2003-4-23	负责人	WILLIAM HEWITT CRAMP		
主营业务	计算机软件的研究、开发、制作；销售自产产品，提供相关技术咨询。				

企业名称	上海方多生物科技有限公司				
企业地址	上海市莘庄工业区中春路西、春申塘北侧（201108）				
投资总额	300 万 USD	电话	54405876	传真	54405876
设立日期	2003-4-22	负责人	夏靖友		
主营业务	研究开发生物技术，提供相关技术咨询、技术服务及自研成果转让。				

企业名称	益世环保科技工程（上海）有限公司				
企业地址	上海市黄浦区瞿溪路 510 号乙楼 63 座（200233）				
投资总额	60 万 USD	电话	64953038	传真	64952856
设立日期	2003-4-22	负责人	JESSE CHOW		
主营业务	通风系统和供水系统管道、设备的净化服务。				

企业名称	上海恒琪环境科技有限公司				
企业地址	上海市奉贤西渡工业区（201401）				
投资总额	20 万 USD	电话	57436968	传真	57436978
设立日期	2003-4-22	负责人	朱华晨		
主营业务	研制生产高科技的洁净室系统产品，环境控制净化系统。				

社会服务业-计算机应用及科技服务业

企业名称	**驰崴科技（上海）有限公司**				
企业地址	上海市张江郭守敬路 498 号浦东软件园 22301—233 座（201203）				
投资总额	14 万 USD	电　话	62048335	传　真	62042691
设立日期	2003-4-22	负 责 人	JING－LONG CHU		
主营业务	提供相关的技术服务和技术支持。				

企业名称	**特立系统集成技术（上海）有限公司**				
企业地址	上海市金桥出口加工区宁桥路 999 号 T15－3 幢五层西侧（201203）				
投资总额	14 万 USD	电　话	58542099	传　真	58340733
设立日期	2003-4-21	负 责 人	FOO FOOK TONG		
主营业务	系统集成控制软件的开发、设计、制作，销售自产产品。				

企业名称	**上海仁新信息科技有限公司**				
企业地址	上海市张江高科技园区郭守敬路 498 号 1420 室（201203）				
投资总额	24.16 万 USD	电　话	54253686	传　真	
设立日期	2003-4-16	负 责 人	胡长春		
主营业务	计算机软件的开发、设计、制作；系统集成的设计、调试、维护。				

企业名称	**天荣信息技术（上海）有限公司**				
企业地址	上海市张江高科技园区郭守敬路 351 号 2 号楼 643-03 室（201203）				
投资总额	1.81 万 USD	电　话	68537283	传　真	68537283
设立日期	2003-4-16	负 责 人	陈　捷		
主营业务	设计、制作和销售计算机软件，提供相关的技术服务和技术支持。				

企业名称	**欧好光电控制技术（上海）有限公司**				
企业地址	上海市嘉定区叶城路 1288 号（201821）				
投资总额	10.1 万 USD	电　话	69523946	传　真	69523945
设立日期	2003-4-10	负 责 人	皮　波		
主营业务	研发、生产各类防爆控制阀，种类传感、探测器、检测、报警控制系统。				

企业名称	**上海可诺软件技术有限公司**				
企业地址	上海市郭守敬路 498 号浦东软件园 14 幢 22301－223 室（201203）				
投资总额	6.2 万 USD	电　话	61426516	传　真	
设立日期	2003-4-10	负 责 人	经　颖		
主营业务	设计、制作和销售计算机软件，提供相关的技术服务和技术支持。				

企业名称	**上海佳杳软件科技有限公司**				
企业地址	上海市郭守敬路 498 号浦东软件园 11402、11404 座（201203）				
投资总额	60 万 USD	电　话	50808077	传　真	50805433
设立日期	2003-4-9	负 责 人	YEICHUN WANG		
主营业务	计算机软件的研发、设计、制作，系统集成的设计、调试、维护。				

企业名称	**上海乐龙人工智能软件有限公司**				
企业地址	上海市郭守敬路 498 号浦东软件园 6 幢 13205 室（201203）				
投资总额	20 万 USD	电　话	51021957	传　真	38958740
设立日期	2003-4-8	负 责 人	TSUYOSHI MIZOGUCHI		
主营业务	仿真软件、物流软件的开发、设计、制作，相关系统集成的设计。				

企业名称	**阿仨希工业科技（上海）有限公司**				
企业地址	上海市松江工业区九泾路 B-3 地块（201615）				
投资总额	800 万 USD	电　话	67697360	传　真	67697361
设立日期	2003-4-7	负 责 人	吉本光男		
主营业务	生产精冲模、精密型腔模、模具标准件、工程塑料及塑料合金。				

企业名称	**美齐光电科技（上海）有限公司**				
企业地址	上海市外高桥保税区日京路 35 号第五层 A－2 部位（200131）				
投资总额	20 万 USD	电　话	58662293	传　真	
设立日期	2003-4-7	负 责 人	许张义		
主营业务	保税区内以显示设备、电子产品及其零部件为主的仓储分拨业务。				

企业名称	**上海金州旭弗环境工程技术有限公司**				
企业地址	上海市江宁路 167 号 2002 室（200040）				
投资总额	20 万 USD	电　话	52130635	传　真	52130637
设立日期	2003-4-3	负 责 人	蒋超（CHAO JIANG）		
主营业务	研制开发、制造水和废水处理设备以及城市固体废弃物处理设备。				

企业名称	**上海闵湾生物科技有限公司**				
企业地址	上海市闵行区颛桥镇新春路 318 号（201108）				
投资总额	20 万 USD	电　话	64900889	传　真	64902092
设立日期	2003-4-3	负 责 人	马永玲		
主营业务	生产有机肥料、饮料添加剂，销售自产产品。				

企业名称	**上海诺亚方舟自动化科技有限公司**				
企业地址	上海市嘉定区复华高新技术园区兴平路 569 号（201803）				
投资总额	20 万 USD	电　话	59900795	传　真	59903795
设立日期	2003-4-3	负 责 人	郭有忠		
主营业务	设计、生产机电自动化设备，环保设备及相关零部件。				

企业名称	**麦达维斯信息技术（上海）有限公司**				
企业地址	上海市肇嘉浜路 777 号 916 室（200032）				
投资总额	15 万 USD	电　话	64430779	传　真	64430779
设立日期	2003-4-3	负 责 人	王志刚		
主营业务	设计、开发、制作计算机软件产品，销售自产产品。				

企业名称	**上海鸣锐软件技术有限公司**				
企业地址	上海市张江高科技园区郭守敬路 351 号 2 号楼 641-10 室（201203）				
投资总额	6.2 万 USD	电　话	56717126	传　真	56961146
设立日期	2003-4-1	负 责 人	SHHIFENG GAO		
主营业务	设计、制作和销售计算机软件，提供相关的技术服务和技术支持。				

企业名称	**安度实（上海）水处理科技有限公司**				
企业地址	上海市金沪路 278 号第 2 幢（T4－2）第 1 层西侧单元（201206）				
投资总额	20 万欧元	电　话	50551012	传　真	50320596
设立日期	2003-3-28	负 责 人	周旭东		
主营业务	开发、设计、生产、加工水处理设备及附件，销售自产产品。				

企业名称	**上海新漫传感技术研究发展有限公司**				
企业地址	上海市嘉定区城北路 235 号（201800）				
投资总额	140 万 USD	电　话	59927252	传　真	59924868
设立日期	2003-3-28	负 责 人	林心如		
主营业务	研究开发新型传感技术、检测技术和相关产品。				

企业名称	**上海赛数数码技术服务有限公司**				
企业地址	上海市淮海中路 282 号香港广场北座二楼 235 室（200021）				
投资总额	50 万 USD	电　话	64726565	传　真	64728829
设立日期	2003-3-28	负 责 人	张瑞麟		
主营业务	电脑产品、通讯产品、网络产品、数码家电产品的维修服务。				

企业名称	**上海斯坦信息科技有限公司**				
企业地址	上海市浦东新区北张家浜路 68 号 1 幢 551 室（200122）				
投资总额	20 万 USD	电　话	62473585	传　真	62891773
设立日期	2003-3-28	负 责 人	李志杰		
主营业务	计算机软件的设计、开发，销售自产产品，提供售后服务。				

企业名称	**迪胜信息技术服务（上海）有限公司**				
企业地址	上海市九江路 137 号 808 室（200041）				
投资总额	1.2 万 USD	电　话	52282620	传　真	52340805
设立日期	2003-3-28	负 责 人	杜　敏		
主营业务	工农业高新技术推广，科学技术信息咨询、国际经济信息咨询等。				

企业名称	**网强信息技术（上海）有限公司**				
企业地址	上海市闵行区剑川路 468 号（201109）				
投资总额	125 万 USD	电　话	51096578	传　真	64326184
设立日期	2003-3-27	负 责 人	美　唯		
主营业务	开发、设计、生产安防系统、数字视频系统、电脑与网络通讯系统。				

企业名称	**诺益晶体技术（上海）有限公司**				
企业地址	上海市闵行区华漕镇纪翟路 2 号（201107）				
投资总额	60 万 USD	电　话	62966072	传　真	62966072
设立日期	2003-3-27	负 责 人	田村秀雄		
主营业务	设计、加工、生产频率控制与选择元件，销售自产产品。				

企业名称	**佩思宾软件科技（上海）有限公司**				
企业地址	上海市长宁区虹桥路 2279 号北 104 室（200030）				
投资总额	10 万 USD	电　话	62239655	传　真	
设立日期	2003-3-27	负 责 人	贺乃和		
主营业务	开发、设计电脑软件；销售自行开发产品，提供相关技术服务。				

企业名称	**恒逸软件（上海）有限公司**				
企业地址	上海市郭守敬路 498 号浦东软件园 22301－206 室（201203）				
投资总额	35 万 USD	电　话	54653400	传　真	54653113
设立日期	2003-3-26	负 责 人	应文逡		
主营业务	计算机软件的开发、设计、制作，互联网技术的开发，销售自产产品。				

企业名称	迈络软件技术（上海）有限公司				
企业地址	上海市张江高科技园区郭守敬路 351 号 2 号楼 641－04 室（201203）				
投资总额	14 万 USD	电　　话	59959425	传　　真	59951149
设立日期	2003-3-26	负 责 人	柳来馨		
主营业务	软件的设计、开发和制作，销售自产产品。				

企业名称	睿森光电科技（上海）有限公司				
企业地址	上海市嘉定区黄渡镇联星村翔江路翔黄路口（201812）				
投资总额	500 万 USD	电　　话	69136689	传　　真	69136680
设立日期	2003-3-25	负 责 人	陆善睿		
主营业务	研发、设计、生产网络传输设备（卫星通讯、有线电视、光纤传输等）。				

企业名称	上海全方位数码科技有限公司				
企业地址	上海市闵行区颛桥镇中春路北松公路北（201109）				
投资总额	210 万 USD	电　　话	64900889	传　　真	64902092
设立日期	2003-3-25	负 责 人	马永玲		
主营业务	研发、生产、数字放声设备、数字音、视频编解码设备。				

企业名称	上海工立科技有限公司				
企业地址	上海市闵行区颛兴东路 1421 弄 155 号（201108）				
投资总额	200 万 USD	电　　话	64893634	传　　真	64893502
设立日期	2003-3-25	负 责 人	佐竹徹		
主营业务	生产新型电子元器件、新型仪表元器件，销售自产产品。				

企业名称	安部环保技术（上海）有限公司				
企业地址	上海市普陀区真南路 2548 号 19 幢（200331）				
投资总额	30 万 USD	电　　话	52840151	传　　真	62507289
设立日期	2003-3-25	负 责 人	安部幸治		
主营业务	纯粹二氧化氯清洁剂、消毒剂系列产品以及制造设备的研制、生产。				

企业名称	瑾烨（上海）软件有限公司				
企业地址	上海市张江高科技园区郭守敬路 351 号 2 号楼 641－03 室（201203）				
投资总额	14 万 USD	电　　话	63234008	传　　真	63235077
设立日期	2003-3-25	负 责 人	孙维宗		
主营业务	计算机软件的开发、设计、制作，销售自产产品，提供售后服务。				

企业名称	马尔软件技术开发（上海）有限公司				
企业地址	上海市外高桥保税区富特西一路 139 号 1421 室（200131）				
投资总额	20 万 USD	电　　话	58669840	传　　真	58666896
设立日期	2003-3-24	负 责 人	张昭明		
主营业务	计算机软件的开发、设计，销售自产产品，提供相关的咨询和技术服务。				

企业名称	阳溢软件（上海）有限公司				
企业地址	上海市黄浦区西藏中路 268 号 1502－1506 室（200001）				
投资总额	20 万 USD	电　　话	53599666	传　　真	
设立日期	2003-3-21	负 责 人	ROBERT ASHLEY CLARKE		
主营业务	计算机软件的设计、开发、制作，销售自产产品。				

企业名称	英飞凌科技资源中心（上海）有限公司				
企业地址	上海市张江高科技园区松涛路 647 弄 8 号（201203）				
投资总额	210 万 USD	电　　话	61019047	传　　真	61019435
设立日期	2003-3-20	负 责 人	POW TIEN TEE		
主营业务	提供微电子及相关系统方案；微电子技术和产品的研究开发。				

企业名称	蓬天信息系统（上海）有限公司				
企业地址	上海市张江郭守敬路 498 号浦东软件园 22301-199 座（201203）				
投资总额	50 万 USD	电　　话		传　　真	
设立日期	2003-3-19	负 责 人	王念迪		
主营业务	计算机软件的开发、设计、制作，销售自产产品并提供相关技术咨询。				

企业名称	声达软件科技（上海）有限公司				
企业地址	上海市静安区南京西路 1038 号 2201、2202 室（200041）				
投资总额	50 万 USD	电　　话	62834405	传　　真	62834405
设立日期	2003-3-19	负 责 人	姚秉伟		
主营业务	研究、开发和制作计算机通讯系统、电子商务系统和网络应用软件。				

企业名称	上海德讯网络系统有限公司				
企业地址	上海市外高桥保税区奥纳路 79 号 207 室（200131）				
投资总额	25 万 USD	电　　话	62941199	传　　真	52588177
设立日期	2003-3-19	负 责 人	蒋树春		
主营业务	网络技术有电子产品的开发、设计；系统集成的设计、调试及维护。				

企业名称	展镭纳米科技（上海）有限公司				
企业地址	上海市闵行区宜山路 1618 号 676 室（201103）				
投资总额	20 万 USD	电　　话	64052820	传　　真	64052830
设立日期	2003-3-19	负 责 人	曾珊珊		
主营业务	研发、生产纳米技术材料及应用系统，光电产品的开发与制造。				

企业名称	上海赛星软件有限公司				
企业地址	上海市张江郭守敬路 498 号浦东软件园 22301-207 座（201203）				
投资总额	6.2 万 USD	电　　话	64698883	传　　真	64696787
设立日期	2003-3-18	负 责 人	森伟明		
主营业务	设计、制作和销售计算机软件，提供相关的技术服务和技术支持。				

企业名称	几何信息科技（上海）有限公司				
企业地址	上海市浦东新区花山路 706 号 1105 室（200120）				
投资总额	1.2 万 USD	电　　话	62135321	传　　真	62135321
设立日期	2003-3-18	负 责 人	丁　理		
主营业务	计算机软件的开发、设计及相关的技术咨询，电脑排版技术咨询等。				

企业名称	技源科技（中国）有限公司				
企业地址	上海市漕河泾新兴技术开发区钦州北路 1089 号 54 栋（200233）				
投资总额	650 万 USD	电　　话	64950900	传　　真	64951096
设立日期	2003-3-17	负 责 人	周京石		
主营业务	银杏黄酮、茶多酚、大豆异黄酮等天然提取物以及硫酸软骨素等。				

企业名称	游戏米果网络科技（上海）有限公司				
企业地址	上海市张江郭守敬路 498 号浦东软件园 22301-203 室（201203）				
投资总额	100 万 USD	电　　话	53965977	传　　真	53965976
设立日期	2003-3-13	负 责 人	张尧勇		
主营业务	设计、制作和销售计算机软件，提供相关的技术服务和技术支持。				

企业名称	上海智赢信息技术有限公司				
企业地址	上海市长宁区长宁路 1027 号 1003 室 A（200050）				
投资总额	70 万 USD	电　　话	52400558	传　　真	52400286
设立日期	2003-3-13	负 责 人	GOPALA　KPISHNAN		
主营业务	开发、生产计算机软件，销售自产产品以及提供咨询服务。				

企业名称	携程旅游信息技术（上海）有限公司				
企业地址	上海市张江高科技园区郭守敬路 351 号 2 号楼 640-09 室（201203）				
投资总额	15 万 USD	电　　话	34064880	传　　真	54261397
设立日期	2003-3-13	负 责 人	范　敏		
主营业务	研究、开发、制作旅游行业的计算机软件，销售自产产品。				

企业名称	威顺软件科技（上海）有限公司				
企业地址	上海市郭守敬路 498 号浦东软件园 22301－143 座（201203）				
投资总额	14 万 USD	电　　话	50580180	传　　真	50580178
设立日期	2003-3-13	负 责 人	LIM KAH CHUAN		
主营业务	计算机软件的开发、设计、制作，销售自产产品，提供售后服务。				

企业名称	海成（上海）信息技术有限公司				
企业地址	上海市桂平路 410 号 4 楼（200233）				
投资总额	1000 万 USD	电　　话	64853130	传　　真	64853130-84
设立日期	2003-3-12	负 责 人	杨绵绵		
主营业务	开发、生产计算机软件、硬件及外围设备，计算机网络工程建设。				

企业名称	上海朝日浦力环境科技有限公司				
企业地址	上海市化学工业区奉贤区楚华支路 8 号（201424）				
投资总额	180 万 USD	电　　话	57448158	传　　真	57448168
设立日期	2003-3-12	负 责 人	寺山满春		
主营业务	资源再生及综合利用技术的研制、开发、应用，资源再生等。				

企业名称	李赛克软件（上海）有限公司				
企业地址	上海市青浦工业园区新技路 55 号（201700）				
投资总额	21.44 万 USD	电　　话	69210055	传　　真	69210070
设立日期	2003-3-12	负 责 人	彼得·李赛克		
主营业务	软件的开发、制作，销售公司自产产品，并提供产品售后技术咨询服务。				

企业名称	上海钢机科技有限公司				
企业地址	上海市虹口区曲阳路 800 号 1706、1707 室（200437）				
投资总额	14 万 USD	电　　话	65546279	传　　真	65179048
设立日期	2003-3-12	负 责 人	神部正明		
主营业务	研究、开发、设计和制作与工程相关的软件，销售自产产品。				

企业名称	庆霖数码技术（上海）有限公司				
企业地址	上海市张江高科技园区郭守敬路351号2号楼640-03室（201203）				
投资总额	50万USD	电　话	54794075	传　真	64730057
设立日期	2003-3-7	负责人	钮承泽		
主营业务	设计、制作和销售计算机软件，提供相关的技术服务和技术支持。				

企业名称	捷网信息科技（上海）有限公司				
企业地址	上海市张江高科技园区郭守敬路351号2号楼640－02室（201203）				
投资总额	14万USD	电　话	62560926	传　真	62560936
设立日期	2003-3-6	负责人	NG SHEE MENG		
主营业务	计算机硬件及网络研究、开发、转让自有技术成果，并提供技术服务。				

企业名称	上海乾同信息科技有限公司				
企业地址	上海市浦东新区南洋泾路529号39号楼109室（200135）				
投资总额	14万USD	电　话	52920277	传　真	52921922
设立日期	2003-3-6	负责人	崔立台		
主营业务	软件的开发、设计、制作，销售自产产品，提供相关技术咨询。				

企业名称	贺德软件（上海）有限公司				
企业地址	上海市浦东新区张江路727号405-D室（200135）				
投资总额	6.2万USD	电　话	63112202	传　真	63111978
设立日期	2003-3-6	负责人	ANDRE GISIGER		
主营业务	计算机硬件及网络研究、开发、转让自有技术成果。				

企业名称	数益信息服务（上海）有限公司				
企业地址	上海市长宁区茅台路270弄7号101－1室（200336）				
投资总额	1.2万USD	电　话	62327262	传　真	62327212
设立日期	2003-3-5	负责人	孙家春		
主营业务	软件的开发、设计、制作，销售自产产品。				

企业名称	技业思（上海）信息技术有限公司				
企业地址	上海市张江高科技园区郭守敬路351号2号楼636－16室（201203）				
投资总额	26万USD	电　话	51096020	传　真	
设立日期	2003-3-4	负责人	ZEN ZHENYYU LIAO		
主营业务	计算机软件的研发、制作，销售自产产品并提供相关技术咨询。				

企业名称	上海富量光电技术有限公司				
企业地址	上海市闵行区吴宝路1265弄108号（201105）				
投资总额	22万USD	电　话	52272458	传　真	52275250
设立日期	2003-2-28	负责人	王晓东		
主营业务	开发、生产物料分选设备、包装输送及称重设备、电子监测设备。				

企业名称	帝讯信息技术（上海）有限公司				
企业地址	上海市张江高科技园区郭守敬路351号2号楼639-17室（201203）				
投资总额	14万USD	电　话	64325544	传　真	64326768
设立日期	2003-2-18	负责人	KEI KADOWAKI		
主营业务	计算机软件的开发；销售自产产品并提供相关的咨询服务。				

企业名称	福客斯（上海）软件有限公司				
企业地址	上海市张江高科技园区郭守敬路351号2号楼639－15室（201203）				
投资总额	14万USD	电　话	50345755	传　真	50345755
设立日期	2003-2-14	负责人	李海生		
主营业务	计算机软件的开发、设计、制作，销售自产产品并提供售后服务。				

企业名称	新医科技（上海）有限公司				
企业地址	上海市长宁区仙霞路335号1号楼210室S（200336）				
投资总额	24万USD	电　话	64955945	传　真	64955952
设立日期	2003-2-13	负责人	张尊民		
主营业务	计算机软件的设计、制作、开发；销售自产产品。				

企业名称	讯技光电科技（上海）有限公司				
企业地址	上海市南汇区康桥工业区康桥东路1号406室（201300）				
投资总额	14万USD	电　话	54071828	传　真	54071801
设立日期	2003-2-13	负责人	蔡大猷		
主营业务	生产光电系统软件、计算机软件、多媒体软件、网络系统软件。				

企业名称	英顺达科技有限公司				
企业地址	上海市漕河泾出口加工区浦星路699号（201114）				
投资总额	5000万USD	电　话	64298888	传　真	64298848
设立日期	2003-1-30	负责人	叶国一		
主营业务	设计、开发、生产中大型电子计算机、携带式微型计算机、高档服务器。				

企业名称	九娱（上海）信息技术有限公司				
企业地址	上海市张江高科技园区郭守敬路351号2号楼638-11室（201203）				
投资总额	70万USD	电　话	51163715	传　真	51163750
设立日期	2003-1-29	负责人	李　载喆		
主营业务	计算机软件的开发、设计、制作；销售自产产品并提供售后服务。				

企业名称	凯龙财金软件（上海）有限公司				
企业地址	上海市张江高科技园区郭守敬路351号2号楼638-8室（201203）				
投资总额	20万USD	电　话	52398811	传　真	32206887
设立日期	2003-1-29	负责人	陈松男		
主营业务	计算机应用软件开发、设计、制作；销售自产产品。				

企业名称	上海新浪乐谷信息技术有限公司				
企业地址	上海市郭守敬路498号浦东软件园22301-168座（201203）				
投资总额	500万USD	电　话	51179666	传　真	51179777
设立日期	2003-1-28	负责人	汪　延		
主营业务	计算机硬件设备、辅助设备及相关网络设备的研制开发。				

企业名称	上海达科斯科技开发有限公司				
企业地址	上海市南汇区康桥工业区沪南路2502号401室（201315）				
投资总额	125万USD	电　话	50326080	传　真	
设立日期	2003-1-22	负责人	KOCH.WERNOR		
主营业务	园区内基础设施工程配套，园区的开发、管理、科技项目咨询。				

企业名称	上海泉源复合制剂技术有限公司				
企业地址	上海市秣陵路50号209室（200233）				
投资总额	20万USD	电　话	54480551	传　真	64513932
设立日期	2003-1-22	负责人	增田和子		
主营业务	生产、制造复合制剂、复合电子元件、复合材料，销售自产产品。				

企业名称	盛趣信息技术（上海）有限公司				
企业地址	上海市张江高科技园区碧波路690号1号楼（201203）				
投资总额	1000万USD	电　话	50504720	传　真	50504720
设立日期	2003-1-21	负责人	陈天桥		
主营业务	计算机硬件及网络的研发，计算机软件的开发、设计、制作。				

企业名称	上海交大慧谷信息产业股份有限公司				
企业地址	上海市桂平路471号7号楼2楼（200233）				
投资总额	580万USD	电　话	64283303	传　真	64272140
设立日期	2003-01-20	负责人	袁廷亮		
主营业务	电子信息行业的产品开发、技术服务及维护，信息产品分销及销售。				

企业名称	网标信息技术（上海）有限公司				
企业地址	上海市外高桥保税区富特西一路139号物资大厦922室（200131）				
投资总额	30万USD	电　话	63910290	传　真	63910013
设立日期	2003-1-17	负责人	KAZUSHI HODA		
主营业务	研究、开发、制作计算机应用软件、销售自产产品。				

企业名称	领泰管道工程技术（上海）有限公司				
企业地址	上海市奉贤区庄行镇华园路68号60栋101室（200030）				
投资总额	25万USD	电　话	64396112	传　真	64396105
设立日期	2003-1-16	负责人	李丽洁		
主营业务	机械系统设备及底座的设计与安装，相关的工种技术咨询服务。				

企业名称	上海友格加特科技有限公司				
企业地址	上海市天津路188号底层（200001）				
投资总额	14万USD	电　话	53968326	传　真	53967918
设立日期	2003-1-16	负责人	TONG CHOO CHERNG		
主营业务	移动电话的维修和相关技术咨询服务。				

企业名称	创函信息技术（上海）有限公司				
企业地址	上海市乐山路33号P205室（200030）				
投资总额	6.2万USD	电　话	54510664	传　真	54510664
设立日期	2003-1-16	负责人	傅禄正		
主营业务	研究、开发、制作计算机应用软件、销售自产产品。				

企业名称	普爱纳米位移技术（上海）有限公司				
企业地址	上海市张江高科技园区龙东大道3000号7号楼306室（201203）				
投资总额	33万USD	电　话	68790008	传　真	68790098
设立日期	2003-1-15	负责人	KARL SPANNER		
主营业务	设计、制造纳米高精度定位位移测量设备，销售自产产品。				

企业名称	上海晟峰软件有限公司				
企业地址	上海市郭守敬路 498 号浦东软件园 22301－165 室（201203）				
投资总额	20 万 USD	电　话	52287070	传　真	52281986
设立日期	2003-1-13	负 责 人	张松峰		
主营业务	计算机软件的研发、制作；销售自产产品并提供相关技术咨询服务。				

企业名称	全策科技资讯（上海）有限公司				
企业地址	上海市漕河泾新兴技术开发区宜山路 888 号 502 室（200233）				
投资总额	20 万 USD	电　话	64861246	传　真	64859619
设立日期	2003-1-10	负 责 人	汪筑生		
主营业务	计算机软件的设计、开发，销售自产产品，提供相关技术咨询服务。				

企业名称	宏络信息科技（上海）有限公司				
企业地址	上海市漕宝路 80 号光大会展中心 D 座 2502 室（200233）				
投资总额	30 万 USD	电　话	64326340	传　真	64326340
设立日期	2003-1-9	负 责 人	陈尚仲		
主营业务	计算机软件的开发、设计、制作，销售自产产品并提供相关技术咨询。				

企业名称	微效信息技术（上海）有限公司				
企业地址	上海市长宁区天山西路 1280 号 11 幢 105 室				
投资总额	14 万 USD	电　话	62298933	传　真	62296162
设立日期	2003-1-9	负 责 人	王澄宇		
主营业务	计算机软件的开发、设计、制作，销售自产产品。				

企业名称	上海千速环保设备科技有限公司				
企业地址	上海市嘉定区徐行镇宝钱公路 556 号（201811）				
投资总额	51 万 USD	电　话	59975099	传　真	59975100
设立日期	2003-1-8	负 责 人	魏溪湖		
主营业务	生产环保设备、通风设备及相关产品，销售本公司自产产品。				

企业名称	三博生化科技（上海）有限公司				
企业地址	上海市嘉定区叶城路 1288 号（201821）				
投资总额	15 万 USD	电　话	67696413	传　真	67696214
设立日期	2003-1-8	负 责 人	刘宪斌		
主营业务	研究、开发、生产工业和日化产品的防腐剂、防霉剂、防菌剂等。				

企业名称	毕博信息技术（上海）有限公司				
企业地址	上海市张江高科技园区郭守敬路 498 号 16 号楼 1-4 层（201203）				
投资总额	350 万 USD	电　话	50806700	传　真	50806336
设立日期	2003-1-7	负 责 人	DAVID BLACK		
主营业务	计算机软件的研发，设计，制作，网络技术的设计、开发。				

企业名称	上海东朋科技有限公司				
企业地址	上海市青浦工业园区汇金路 1008 号（201700）				
投资总额	150 万 USD	电　话	69212179	传　真	69212612
设立日期	2003-1-7	负 责 人	富田英之		
主营业务	设计、开发、生产信息处理及多重传送设备、控制系统设备、半导体。				

企业名称	大雄软件（上海）有限公司				
企业地址	上海市郭守敬路 498 号浦东软件园 14 幢 22301－173 室（201203）				
投资总额	6.2 万 USD	电　话	64693198	传　真	64692178
设立日期	2003-1-7	负 责 人	王建雄		
主营业务	开发、制作计算机软件。				

企业名称	上海声软网络技术有限公司				
企业地址	上海市延安西路 1228 弄 2 号 5 楼 J 座（200051）				
投资总额	25 万 USD	电　话	62825453	传　真	62826801
设立日期	2003-1-3	负 责 人	TIM T.GONG		
主营业务	开发、设计、制作计算机软件及多媒体软件，计算机系统集成。				

企业名称	俊才信息科技（上海）有限公司				
企业地址	上海市张江高科技园区松涛路 563 号 A 座 209 室（201203）				
投资总额	6 万 USD	电　话	51348933	传　真	51348919
设立日期	2002-12-17	负 责 人	顾学斌		
主营业务	计算机软件的开发，设计，制作，销售自产产品。				

企业名称	龙尔数码软件（上海）有限公司				
企业地址	上海市延安东路 500 号 1601 室（200001）				
投资总额	20 万 USD	电　话	63619399	传　真	63603172
设立日期	2002-12-16	负 责 人	袁小航		
主营业务	开发、生产计算机、电子数码产品的应用软件，销售自产产品。				

企业名称	威安诺计算机科技（上海）有限公司				
企业地址	上海市浦东新区浦东大道 2123 号 904 室（200135）				
投资总额	20 万 USD	电　话	68555025	传　真	68555029
设立日期	2002-12-15	负 责 人	MARKUS WINTER		
主营业务	计算机软件的设计和开发，销售自产产品并提供相关的技术咨询服务。				

企业名称	捷汇信息技术（上海）有限公司				
企业地址	上海市郭守敬路 498 号浦东软件园 21 号楼五层（201203）				
投资总额	200 万 USD	电　话	50805679	传　真	50805727
设立日期	2002-12-12	负 责 人	庞　宗珮		
主营业务	计算机硬件及网络技术的研发，计算机软件的开发、设计、制作。				

企业名称	上海四季生物科技有限公司				
企业地址	上海市松江区九亭高科技园区 B-3 号地块（201615）				
投资总额	120 万 USD	电　话	67697758	传　真	67697758
设立日期	2002-12-6	负 责 人	俞乃奋		
主营业务	研制、生产环境生物产品、菌剂、环保系统工程、生态肥料产品。				

企业名称	开维（上海）信息科技有限公司				
企业地址	上海市郭守敬路 498 号浦东软件园 14 幢 22301－148 室（201203）				
投资总额	20 万 USD	电　话	54489567	传　真	54489567
设立日期	2002-12-6	负 责 人	章正国		
主营业务	计算机软件的 开发，设计，制作，销售自产产品，系统集成的设计。				

企业名称	上海鑫锘计算机软件开发有限公司				
企业地址	上海市虹口区四平路 710 号 902A 室（200080）				
投资总额	150 万 USD	电　话	65229101	传　真	65229106
设立日期	2002-12-5	负 责 人	徐德强		
主营业务	开发研制生产网络软件系统，承接相关的网络安装工程。				

企业名称	辛烷软件科技（上海）有限公司				
企业地址	上海市张江高科技园区郭守敬路 351 号 2 号楼 640－16 室（201203）				
投资总额	20 万 USD	电　话	63649557	传　真	63649557
设立日期	2002-12-2	负 责 人	CHRISTOPHER CHENG CH		
主营业务	软件及软件技术平台的开发、设计、制作；网络技术的开发。				

企业名称	实益软件开发（上海）有限公司				
企业地址	上海市浦东新区东方路 3698 号 215 室（200125）				
投资总额	8 万 USD	电　话	64170558	传　真	64172018
设立日期	2002-11-29	负 责 人	何　炯		
主营业务	计算机软件的开发，设计，制作，网络技术的开发，设计。				

企业名称	际康软件技术（上海）有限公司				
企业地址	上海市北京东路 666 号科技京城西楼 31 层 E 座（200001）				
投资总额	8.85 万 USD	电　话	63862188	传　真	63862199
设立日期	2002-11-28	负 责 人	西冈等		
主营业务	计算机软件、嵌入式软件的设计、开发、生产，销售自产产品。				

企业名称	英坦峡（上海）软件技术有限公司				
企业地址	上海市静安区延安中路 1440 号第二层 H 单元（200040）				
投资总额	20 万 USD	电　话	62485853	传　真	62497108
设立日期	2002-11-27	负 责 人	DAVID ANTHONY HOPE		
主营业务	开发、制作计算机应用软件，销售自产产品并提供相关技术咨询服务。				

企业名称	上海维元信息技术有限公司				
企业地址	上海市张江高科技园区郭守敬路 351 号 2 号楼 640－11 室（201203）				
投资总额	6 万 USD	电　话	62487144	传　真	62487144
设立日期	2002-11-27	负 责 人	桑史宏		
主营业务	计算机软件的开发、设计、制作，销售自产产品并提供售后服务。				

企业名称	智川（上海）信息技术有限公司				
企业地址	上海市郭守敬路 498 号浦东软件园 22301-134 座（201203）				
投资总额	6 万 USD	电　话	51327370	传　真	51327360
设立日期	2002-11-27	负 责 人	王　兵		
主营业务	计算机软件的开发，制作，销售自产产品，提供相关技术咨询服务。				

企业名称	上海有利数码科技有限公司				
企业地址	上海市虹梅路 1535 号 103 室（200233）				
投资总额	20 万 USD	电　话	34010182	传　真	64312431
设立日期	2002-11-20	负 责 人	嵇凤声		
主营业务	计算机应用软件、企业管理软件的开发、设计、制作，销售自产产品。				

企业名称	上海东软时代物流软件有限公司				
企业地址	上海市张江高科技园区碧波路250号3号楼103室（200131）				
投资总额	40万USD	电　　话	50804004	传　　真	50803413
设立日期	2002-11-15	负 责 人	荣新节		
主营业务	计算机物流软件的开发，设计，制作，销售自产产品，提供售后服务。				

企业名称	网控信息技术（上海）有限公司				
企业地址	上海市浦东新区峨山路91弄98号304室（200127）				
投资总额	20万USD	电　　话	52580572	传　　真	
设立日期	2002-11-13	负 责 人	于伯渊		
主营业务	自动化应用软件开发，工业自动化控制器件及配套软件的开发，设计。				

企业名称	泰科拉软件（上海）有限公司				
企业地址	上海市虹口区曲阳路800号商务大厦3006室（200437）				
投资总额	14万USD	电　　话	65549695	传　　真	55540356
设立日期	2002-11-13	负 责 人	ARI TAPANI KOHONEN		
主营业务	开发、生产计算机软件，提供相关的技术咨询和技术服务。				

企业名称	上海科米信息技术有限公司				
企业地址	上海市张江高科技园区郭守敬路351号2号楼634－15室（201203）				
投资总额	6万USD	电　　话	33680507	传　　真	33680507
设立日期	2002-11-7	负 责 人	三浦航		
主营业务	设计，开发，制作计算机应用软件，销售自产产品。				

企业名称	萨蒂扬软件技术（上海）有限公司				
企业地址	上海市郭守敬路498号浦东软件园23102、23104室（201203）				
投资总额	20万USD	电　　话	50807600	传　　真	50806851
设立日期	2002-11-4	负 责 人	SRIVINASO VADLAMANI		
主营业务	软件的设计，开发，制作，测试，维护，包括嵌入系统软件。				

企业名称	晏阳科技国际贸易（上海）有限公司				
企业地址	上海市外高桥保税区富特西一路139号1306室（200131）				
投资总额	20万USD	电　　话	62376515	传　　真	62376678
设立日期	2002-11-4	负 责 人	吴铭雄		
主营业务	计算机软件的开发、设计、制作。				

企业名称	上海新浪技术服务有限公司				
企业地址	上海市青浦区公园路348号709－A室（201700）				
投资总额	363万USD	电　　话	62895678	传　　真	34240870
设立日期	2002-10-31	负 责 人	严援朝		
主营业务	互联网络技术的开发、设计，数据、图文信息的收集、整理、加工。				

企业名称	开埠咨询（上海）有限公司				
企业地址	上海市卢湾区茂名南路58号花园饭店锦泰办公楼615室（200020）				
投资总额	20万USD	电　　话	54663988	传　　真	54661218
设立日期	2002-10-31	负 责 人	YI-PING JOEY CHOU		
主营业务	经济信息咨询，商务咨询，教育管理咨询，财务管理咨询。				

企业名称	远东网络信息技术（上海）有限公司				
企业地址	上海市郭守敬路498号浦东软件园23号楼3层（201203）				
投资总额	500万USD	电　　话	50808599	传　　真	38953403
设立日期	2002-10-29	负 责 人	李冠军		
主营业务	计算机网络系统软件的开发、设计、制作，销售自产产品。				

企业名称	考斯科信息技术（上海）有限公司				
企业地址	上海市静安区延平路121号5E7室（200042）				
投资总额	12万USD	电　　话	62323586	传　　真	62725085
设立日期	2002-10-28	负 责 人	丁国平		
主营业务	计算机软件设计、制作，计算机数据信息的采集及传输系统的开发。				

企业名称	聚领信息技术（上海）有限公司				
企业地址	上海市南丹东路109号204室（200030）				
投资总额	14万USD	电　　话	54656777	传　　真	54654222
设立日期	2002-10-24	负 责 人	陈剑虹		
主营业务	计算机软件的设计、开发，销售自产产品并提供相关技术咨询服务。				

企业名称	乔鼎（上海）计算机科技有限公司				
企业地址	上海市外高桥保税区日京路35号1131室（200131）				
投资总额	50万USD	电　　话	62494199	传　　真	62494267
设立日期	2002-10-23	负 责 人	李志恩		
主营业务	计算机软件的开发，设计制作，销售自产产品，提供售后服务和相关技术咨询。				

企业名称	上海佳路技术发展有限公司				
企业地址	上海市静安区西康路223号511室（200040）				
投资总额	30万USD	电　　话	62791218	传　　真	62792186
设立日期	2002-10-18	负 责 人	山本孝雄		
主营业务	计算机软件的研究、开发、设计、生产，销售自产产品。				

企业名称	上海软件能力评估咨询中心有限公司				
企业地址	上海市徐汇区南丹东路109号（200030）				
投资总额	30万USD	电　　话	64287123	传　　真	64283086
设立日期	2002-10-18	负 责 人	李湛		
主营业务	软件成熟度和软件复用技术方面的咨询、培训以及软件项目中介。				

企业名称	新日铁软件（上海）有限公司				
企业地址	上海市外高桥保税区日京路38号主楼103室（200131）				
投资总额	70万USD	电　　话	64739299	传　　真	64725867
设立日期	2002-10-15	负 责 人	宫田收		
主营业务	研究、设计、开发、制作计算机软件和数据库系统。				

企业名称	上海上大雷克网络系统有限公司				
企业地址	上海市延长路149号科技楼（200072）				
投资总额	15万USD	电　　话	56333711	传　　真	56332859
设立日期	2002-10-15	负 责 人	冯国新		
主营业务	研制、开发计算机软件、硬件，计算机系统集成，销售自产产品。				

企业名称	真一（上海）集成电路设备有限公司				
企业地址	上海市浦东新区共青路175号（201201）				
投资总额	20万USD	电　　话	58207742	传　　真	58583600
设立日期	2002-10-14	负 责 人	周鸿琪		
主营业务	设计、制造电子及通信设备厂专用的管道及相关配件、销售自产产品。				

企业名称	京旭数码科技（上海）有限公司				
企业地址	上海市外高桥保税区日京路161号商都大楼4楼第一层B部位(200131)				
投资总额	20万USD	电　　话	64660227	传　　真	64660865
设立日期	2002-10-14	负 责 人	孙效正		
主营业务	计算机软件的研究，设计，开发，制作，销售自产产品，维护并提供相关的技术。				

企业名称	泰为信息科技（上海）有限公司				
企业地址	上海市北京东路666号C区805室（200001）				
投资总额	38万USD	电　　话	63372220	传　　真	63372920
设立日期	2002-10-11	负 责 人	金海平		
主营业务	计算机应用软件的开发、设计、制作，销售自产产品。				

企业名称	信广信息技术（上海）有限公司				
企业地址	上海市虹桥路333号312室（200030）				
投资总额	21万USD	电　　话	62758222	传　　真	62758333
设立日期	2002-10-6	负 责 人	黄志成		
主营业务	计算机软件的设计、开发，销售自产产品并提供相关技术咨询服务。				

企业名称	上海鲍麦克斯电子科技有限公司				
企业地址	上海市郭守敬路498号浦东软件园22301－103座（201203）				
投资总额	1807万USD	电　　话	50588010	传　　真	50588010
设立日期	2002-9-28	负 责 人	张学阳		
主营业务	嵌入式软件，电力电子，电机与控制，机电一体化系统产品。				

企业名称	华生塑胶科技（上海）有限公司				
企业地址	上海市浦东新区金沪路1155号1楼（201206）				
投资总额	1200万USD	电　　话	58996883	传　　真	58996262
设立日期	2002-9-26	负 责 人	SEOW POH LEOK		
主营业务	设计、生产精冲模、精密型腔膜、模具标准件。				

企业名称	上海高智毕诚电子有限公司				
企业地址	上海市钦州北路1199号第87座601室（200233）				
投资总额	42.799万USD	电　　话	64852487	传　　真	64850942
设立日期	2002-9-26	负 责 人	张德全		
主营业务	生产光机电一体化电子产品，销售自产产品，提供相关技术服务。				

企业名称	信盛咨询（上海）有限公司				
企业地址	上海市张江高科技园区郭守敬路351号2号楼634－3室（201203）				
投资总额	2万USD	电　　话	62770838	传　　真	62770710
设立日期	2002-9-24	负 责 人	沈　焱		
主营业务	国际经济咨询、贸易信息咨询、软件开发咨询、科技咨询、投资咨询。				

企业名称	唐友信息技术（上海）有限公司				
企业地址	上海市闵行区金都路 4299 号 A 幢 2015 室 4 座（201100）				
投资总额	7 万 USD	电话	64082767	传真	64082767
设立日期	2002-9-23	负责人	唐涤修		
主营业务	计算机软件，软件系统集成的开发制作，销售自产产品。				

企业名称	穴吹（上海）软件开发有限公司				
企业地址	上海市浦东新区峨山路 91 弄 98 号 305－306 室（200127）				
投资总额	46 万 USD	电话	50580384	传真	50583840
设立日期	2002-9-20	负责人	木村大哲		
主营业务	计算机软件开发，建筑设计图纸及相关数据的委托制作和处理。				

企业名称	上海班特力信息技术有限公司				
企业地址	上海市虹漕路 461 号 58 号楼 4-5 层（200233）				
投资总额	140 万 USD	电话	54262388	传真	64313390
设立日期	2002-9-19	负责人	蔡裕琛		
主营业务	计算机软件研究开发制作数据处理服务。				

企业名称	上海顶尖堂生化科技有限公司				
企业地址	上海市长宁区遵义路 100 号 B 栋 1993 室（200051）				
投资总额	15 万 USD	电话	62370308	传真	62370321
设立日期	2002-9-19	负责人	陈道申		
主营业务	生化技术及医疗器械的研究，转让自研成果，提供相关的技术咨询。				

企业名称	德麟网络天地咨询（上海）有限公司				
企业地址	上海市虹口区吴淞路 297 号甲 403 室（200080）				
投资总额	20 万 USD	电话	32220068	传真	32220069
设立日期	2002-9-17	负责人	RONALD JOHN CATTELL		
主营业务	提供数据传递，系统网络、计算机保安、项目管理等。				

企业名称	灵顺教育信息咨询（上海）有限公司				
企业地址	上海市浦东新区归昌路 258 号 237 室（200122）				
投资总额	14 万 USD	电话	62487878	传真	62486899
设立日期	2002-9-17	负责人	FRASER WHITE		
主营业务	教育管理信息咨询、商务咨询、投资咨询、贸易信息咨询等。				

企业名称	万域系统软件（上海）有限公司				
企业地址	上海市郭守敬路 498 号浦东软件园 22301－106 座（201203）				
投资总额	28 万 USD	电话	58549230	传真	58543921
设立日期	2002-9-13	负责人	萧铭铧		
主营业务	计算机软件的开发制作，销售自产产品。				

企业名称	晨泽创意资讯科技（上海）有限公司				
企业地址	上海市浦东新区商城路 660 号乐凯大厦 2313 室（200122）				
投资总额	20 万 USD	电话	58827537	传真	58827537
设立日期	2002-9-12	负责人	马志华		
主营业务	计算机软件的设计、制作，销售自产产品，网页设计、制作咨询服务。				

企业名称	方天信息技术（上海）有限公司				
企业地址	上海市张江高科技园区郭守敬路 498 号浦东软件园 20108－20110 座（201203）				
投资总额	10 万 USD	电话	51314080	传真	51314081
设立日期	2002-9-11	负责人	刘宇峰		
主营业务	计算机软件及嵌入式硬件的开发，设计，制作，销售自产产品。				

企业名称	第一资讯（中国）有限公司				
企业地址	上海市郭守敬路 498 号浦东软件园 22301－108 室（201203）				
投资总额	2000 万 USD	电话	53524698	传真	63353277
设立日期	2002-9-11	负责人	NIGEL LAURIE LEE		
主营业务	研究，开发数据（包括支付数据）处理系统及软件，销售自产产品。				

企业名称	美荻特光电医疗软件（上海）有限公司				
企业地址	上海市嘉定区叶城路 1288 号（201821）				
投资总额	35 万 USD	电话	64178580	传真	64175453
设立日期	2002-9-9	负责人	德宫和之		
主营业务	开发、生产计算机应用软件，销售企业自产产品并提供售后服务。				

企业名称	上海播扬信息科技有限公司				
企业地址	上海市郭守敬路 498 号浦东软件园 14 幢 22301－634 座（201203）				
投资总额	6 万 USD	电话	31008880	传真	53851198
设立日期	2002-9-2	负责人	余用彤		
主营业务	开发、生产计算机软件、硬件，销售自产产品。				

企业名称	上海鹏达计算机系统开发有限公司				
企业地址	上海市张江高科技园区郭守敬路 498 号 22301－100 座（201203）				
投资总额	179 万 USD	电话	50931788	传真	50932788
设立日期	2002-8-30	负责人	彭文胜		
主营业务	设计，开发，生产计算机软件，通讯技术的开发，系统集成的设计。				

企业名称	明导（上海）电子科技有限公司				
企业地址	上海市世纪大道 88 号金茂大厦办公楼 3 区 29 层 02 和 03 单元（200120）				
投资总额	70 万 USD	电话	61016300	传真	61238800
设立日期	2002-8-29	负责人	DEAN FREED		
主营业务	提供软件产品的技术咨询和技术支持。				

企业名称	健一机械设计（上海）有限公司				
企业地址	上海市奉贤区南桥镇（江海）张翁庙村（201400）				
投资总额	28 万 USD	电话	57433172	传真	
设立日期	2002-8-21	负责人	松冈健一		
主营业务	工业软件开发，机械设计、制作、安装及售后服务，销售公司自产产品。				

企业名称	阔利达软件（上海）有限公司				
企业地址	上海市张江高科技园区郭守敬路 351 号 2 号楼 629－8 室（201203）				
投资总额	20 万 USD	电话	53080707	传真	53087227
设立日期	2002-8-21	负责人	浦圣治		
主营业务	研究，开发和制作计算机信息系统，电子商务系统和网络应用软件。				

企业名称	杰众（上海）电脑软件有限公司				
企业地址	上海市张江高科技园区郭守敬路 498 号 14 号楼 502、504、506 室（201203）				
投资总额	20 万 USD	电话	50806676	传真	50806671
设立日期	2002-8-21	负责人	EER YONG KOH		
主营业务	计算机硬件的设计，开发；计算机及网络软件的开发，制作，销售自产产品。				

企业名称	智程信息科技（上海）有限公司				
企业地址	上海市郭守敬路 498 号浦东软件园 22301－090 座（201203）				
投资总额	3 万 USD	电话	63550032	传真	51069309
设立日期	2002-8-21	负责人	颜 峻		
主营业务	计算机软件的设计、开发、制作，销售自产产品并提供相关技术咨询。				

企业名称	爱可声语音导览系统（上海）有限公司				
企业地址	上海市宜山路 900 号 A0304－0306 室（200233）				
投资总额	28 万 USD	电话	54260077	传真	54234319
设立日期	2002-8-20	负责人	邵 珉		
主营业务	开发、生产智能型语音导览系统及相关的应用软件，销售自产产品。				

企业名称	上海肇通信息技术有限公司				
企业地址	上海市张江高科技园区郭守敬路 498 号 14 幢 22301－092 座（201203）				
投资总额	14 万 USD	电话	52728545	传真	52728545
设立日期	2002-8-16	负责人	李维肇		
主营业务	计算机软件的开发、设计、制作；销售自产产品及售后服务、相关技术咨询。				

企业名称	塔塔信息技术（上海）有限公司				
企业地址	上海市张江高科技园区郭守敬路 498 号 1 幢 1525－1529 室（201203）				
投资总额	143 万 USD	电话	50804995	传真	50807037
设立日期	2002-8-16	负责人	ANANTHA MURTHY		
主营业务	计算机软件和计算机信息系统的研究、设计、开发、集成和维护；销售自产产品。				

企业名称	乾方软件（上海）有限公司				
企业地址	上海市张江高科技园区郭守敬路 351 号 2 号楼 632－5 室（201203）				
投资总额	12 万 USD	电话	34243375	传真	34243374
设立日期	2002-8-15	负责人	钱 方		
主营业务	计算机软件的开发，设计，制作，销售自产产品及售后服务。				

企业名称	飞腾创业投资（上海）有限公司				
企业地址	上海市张江高科技园区郭守敬路 351 号 2 号楼 631－7 室（200120）				
投资总额	2980 万 USD	电话	68865166	传真	68865116
设立日期	2002-8-14	负责人	曾世珍		
主营业务	对高新技术产业的投资，对投资项目的管理及创业投资咨询服务。				

企业名称	上海盖茨信息技术有限公司				
企业地址	上海市奉贤区洪庙镇唐城街（200023）				
投资总额	120 万 USD	电话	64436472	传真	64436471
设立日期	2002-8-9	负责人	陈善文		
主营业务	研发、设计、生产计算机软件、IT 系统集成、销售公司自产产品。				

企业名称	上海兴邦计算机辅助设计技术有限公司				
企业地址	上海市浦东新区浦东大道2000号阳光世界大厦9楼G座（200135）				
投资总额	1万USD	电话	38821134	传真	58512433
设立日期	2002-8-7	负责人	刘强		
主营业务	利用计算机辅助设计系统，开发，研制应用绘图软件及相关图纸制作。				

企业名称	益策信息技术（上海）有限公司				
企业地址	上海市长宁区延安西路889号太平洋中心2602室（200050）				
投资总额	20万USD	电话	52402190	传真	52402887
设立日期	2002-8-6	负责人	苏德良		
主营业务	计算机软件的设计、制作、开发，销售自产产品。				

企业名称	宝之捷（上海）信息技术有限公司				
企业地址	上海市张江高科技园区郭守敬路498号浦东软件园11505室（201203）				
投资总额	2万USD	电话	50806253	传真	50806259
设立日期	2002-8-6	负责人	周晓钟		
主营业务	计算机软机的设计、开发、制作；系统集成的安装、调试、维护。				

企业名称	瑞丰软件（上海）有限公司				
企业地址	上海市张江高科技园区郭守敬路351号2号楼629－19室（201203）				
投资总额	20万USD	电话	61619156	传真	62701625
设立日期	2002-8-2	负责人	竺家宝		
主营业务	计算机软件开发、设计、制作，销售自产产品。				

企业名称	科雅微电子（上海）有限公司				
企业地址	上海市张江高科技园区郭守敬路351号2号楼503C室（201203）				
投资总额	20万USD	电话	58815746	传真	58815746
设立日期	2002-7-29	负责人	张正荣		
主营业务	电子信息产品的软件设计及集成，制造、销售自产产品。				

企业名称	上海创凌信息科技有限公司				
企业地址	上海市虹口区四平路421弄20号403室（200080）				
投资总额	20万USD	电话	63198088	传真	63198001
设立日期	2002-7-26	负责人	林国祯		
主营业务	开发、生产计算机软件，提供相关的技术咨询和技术服务。				

企业名称	万民通信技术（上海）有限公司				
企业地址	上海市郭守敬路498号浦东软件园22301－483座（201203）				
投资总额	14万USD	电话	61359505	传真	61359428
设立日期	2002-7-24	负责人	刘明刚		
主营业务	通信集成电路，系统和设备的研发；计算机软件，网络软件的研发制作。				

企业名称	钜林信息技术（上海）有限公司				
企业地址	上海市张江高科技园区郭守敬路351号2号楼629－6室（201203）				
投资总额	28万USD	电话	51036755	传真	64758832
设立日期	2002-7-22	负责人	蔡志聪		
主营业务	计算机软件的研发，制作，与产品相关的系统集成设计。				

企业名称	易谙信息管理（上海）有限公司				
企业地址	上海市普陀区长寿路97号21楼K－2室（200060）				
投资总额	20万USD	电话	54178007	传真	54178007
设立日期	2002-7-15	负责人	WONG CHIN KING		
主营业务	计算机软件开发、生产，网络、信息技术研究开发，销售自产产品。				

企业名称	上海美事达软件开发有限公司				
企业地址	上海市郭守敬路498号浦东软件园14幢22301－063室（201203）				
投资总额	14万USD	电话	52921698	传真	52921922
设立日期	2002-7-15	负责人	卿秀惠		
主营业务	软件的开发，设计，制作，销售自产产品，提供相关的技术支持。				

企业名称	上海佳亨电子有限公司				
企业地址	上海市奉贤区胡桥镇临海工业区崇缺村7号（201417）				
投资总额	38万USD	电话	57457876	传真	57457876
设立日期	2002-7-12	负责人	包凯		
主营业务	计算机软件开发、互连网服务、计算机耗材包装（软盘CD-R）。				

企业名称	科胜讯宽带通讯（上海）有限公司				
企业地址	上海市张江春晓路439号3号楼（201203）				
投资总额	200万USD	电话	50270188	传真	50270166
设立日期	2002-7-9	负责人	ERIC CHAONAN HUANG		
主营业务	研究和开发用于国际互联网宽带接入的软件和集成电路产品。				

企业名称	上海贝信软件有限公司				
企业地址	上海市郭守敬路498号浦东软件园22301-067室（201203）				
投资总额	20万USD	电话	51801101	传真	51015122
设立日期	2002-7-5	负责人	中山克成		
主营业务	计算机软件的设计、开发、制作，网络技术的开发、设计。				

企业名称	上海创基软件开发有限公司				
企业地址	上海市嘉定区叶城路1288号C-05室（201821）				
投资总额	6.2万USD	电话	54185400	传真	54185400
设立日期	2002-7-5	负责人	季颖红		
主营业务	开发、制作计算机软件及相关产品，销售企业自产产品。				

企业名称	上海瀚资软件系统有限公司				
企业地址	上海市郭守敬路498号浦东软件园14幢22301－068座（201203）				
投资总额	20万USD	电话	62670683	传真	62670647
设立日期	2002-7-1	负责人	李君卫		
主营业务	企业资源计划管理信息系统软件及相关软件的设计，开发，制作。				

企业名称	勇瑞科技（上海）有限公司				
企业地址	上海市张江高科技园区碧波路572弄116号10幢B楼（201203）				
投资总额	140万USD	电话	50806588	传真	50806589
设立日期	2002-6-27	负责人	褚美惠		
主营业务	研究，开发，设计集成电路芯片；研究，开发，制作计算机网络软件。				

企业名称	竞优信息技术（上海）有限公司				
企业地址	上海市张江高科技园区郭守敬路351号2号楼628－11室（201203）				
投资总额	20万USD	电话	63748406	传真	63748407
设立日期	2002-6-27	负责人	杨镜全		
主营业务	软件的开发，设计，制作；计算机硬件的生产，销售自产产品。				

企业名称	日软信息科技（上海）有限公司				
企业地址	上海市郭守敬路498号浦东软件园22号楼22301－057室（201203）				
投资总额	20万USD	电话	63535800	传真	63535810
设立日期	2002-6-25	负责人	中山大桦		
主营业务	计算机软件，硬件及外围设备的研制，开发，生产；网络技术的设计。				

企业名称	上海电装创智信息技术有限公司				
企业地址	上海市郭守敬路498号浦东软件园18号楼18401-18404座（201203）				
投资总额	60万USD	电话	64276752	传真	51314315
设立日期	2002-6-20	负责人	山田元一		
主营业务	计算机软件开发，设计，制作，信息处理系统的研究，开发，维护。				

企业名称	上海全富汉得软件技术有限公司				
企业地址	上海市青浦工业园区外青松公路5500号303室（200020）				
投资总额	430万USD	电话	63916282	传真	63916855
设立日期	2002-6-18	负责人	范建震		
主营业务	研究、开发和生产计算机软件、信息系统和网络产品等。				

企业名称	理全科技（上海）有限公司				
企业地址	上海市闵行区沪青平公路97号（201100）				
投资总额	140万USD	电话	64141900	传真	64148986
设立日期	2002-6-18	负责人	胥屏		
主营业务	制作计算机软件及生产相关硬件，并提供配套的计算机相关网络工程。				

企业名称	图研（上海）技术开发有限公司				
企业地址	上海市外高桥保税区冰克路500号623室（200131）				
投资总额	28万USD	电话	32181784	传真	32181784
设立日期	2002-6-14	负责人	胜部迅也		
主营业务	计算机软件的开发，设计，制作，销售自产产品，提供相关的咨询和技术服务。				

企业名称	上海捷银信息技术有限公司				
企业地址	上海市长乐路400号502室（200041）				
投资总额	224万USD	电话	53852689	传真	53852689
设立日期	2002-6-12	负责人	CHARLES ERICRSENBLUM		
主营业务	电子商务软件设计。				

企业名称	联竣信息科技（上海）有限公司				
企业地址	上海市闵行区吴中路2576号（201105）				
投资总额	70万USD	电话	54863059	传真	54863065
设立日期	2002-6-10	负责人	吴政泰		
主营业务	开发，制作，销售计算机应用软件及计算机系统集成，信息技术开发等。				

企业名称	上海嘉实信息技术有限公司				
企业地址	上海市张江高科技园区郭守敬路351号2号楼627－10室（201203）				
投资总额	20万USD	电话	62992888	传真	62989119
设立日期	2002-6-7	负责人	乔培伟		
主营业务	研究，开发，生产电子学习系统软件和与之配套的硬件产品。				

企业名称	上海申发软件有限公司				
企业地址	上海市郭守敬路498号浦东软件园14幢22301－045座（201203）				
投资总额	14万USD	电话	62512102	传真	62519582
设立日期	2002-6-6	负责人	橘民义		
主营业务	开发，制作计算机软件，销售自产产品并提供相关的技术咨询服务。				

企业名称	上海日浦信息技术有限公司				
企业地址	上海市张江高科技园区郭守敬路351号2号楼626－13室（201203）				
投资总额	6万USD	电话	68595995	传真	68595996
设立日期	2002-6-1	负责人	严峰		
主营业务	计算机软件的开发、设计、制作，计算机硬件和软件的技术咨询服务。				

企业名称	英凯软件系统（上海）有限公司				
企业地址	上海市张江高科技园区郭守敬路351号2号楼623－15室（201203）				
投资总额	6万USD	电话	54374195	传真	54374195
设立日期	2002-5-28	负责人	廖洪涛		
主营业务	计算机软件的设计、开发；销售自产产品，提供售后服务的技术咨询。				

企业名称	大协科技实业（上海）有限公司				
企业地址	上海市闵行区虹梅南路1755弄C区1号甲（200237）				
投资总额	210万USD	电话	54286441	传真	
设立日期	2002-5-22	负责人	赵友邦		
主营业务	生产电子设备及元器件、工业用机械及零部件、轴流风机及其配件等。				

企业名称	上海赛唯伦科技有限公司				
企业地址	上海市虹口区长阳路288号二楼（200080）				
投资总额	60万USD	电话	65452099	传真	65452039
设立日期	2002-5-22	负责人	程国强		
主营业务	生产高精密数码摄像仪器及其配套的电子零件等。				

企业名称	宏音飞翼信息科技（上海）有限公司				
企业地址	上海市长宁区长宁路1027号1801－1802室（200050）				
投资总额	71万USD	电话	52412300	传真	64395750
设立日期	2002-5-20	负责人	徐克宇		
主营业务	研究、开发、制作计算机软件，销售自产产品并提供相关的技术服务。				

企业名称	思达奇（上海）计算机技术有限公司				
企业地址	上海市徐家汇路430号509室（200025）				
投资总额	28万USD	电话	53960266	传真	53960288
设立日期	2002-5-20	负责人	李曦		
主营业务	网络软件产品设计、制作及计算机配套开发。				

企业名称	上海微创软件有限公司				
企业地址	上海市延安东路222号21楼（200002）				
投资总额	800万USD	电话	63352266	传真	63352277
设立日期	2002-5-16	负责人	叶峻		
主营业务	开发、营销，提供软件产品保证期内的技术支持服务，系统集成服务。				

企业名称	上海方润计算机有限公司				
企业地址	上海市松江高新技术园区松汇西路1558号401室（201600）				
投资总额	20万USD	电话	64121947	传真	64121947
设立日期	2002-5-16	负责人	邓庆生		
主营业务	开发、设计、生产计算机软件，销售自产产品。				

企业名称	上海卓扬科技有限公司				
企业地址	上海市虹漕路461号57号楼3层（200233）				
投资总额	163万USD	电话	54263666	传真	54263555
设立日期	2002-5-15	负责人	张拥军		
主营业务	计算机软件的开发，制作，宽带交换机，宽带接入服务器等。				

企业名称	普利斯亚美信息科技（上海）有限公司				
企业地址	上海市北京东路666号15层E室（200001）				
投资总额	28万USD	电话	53088022	传真	53085841
设立日期	2002-5-10	负责人	BECKY RAMAMOORTHY		
主营业务	网络工程技术开发及物流、人力资源等软件研发与应用，销售自产产品。				

企业名称	上海博申软件科技有限公司				
企业地址	上海市张江高科技园区郭守敬路351号2号楼621－2室（201203）				
投资总额	20万USD	电话	62118742	传真	62115202
设立日期	2002-5-10	负责人	黄郁津		
主营业务	计算机软件的开发，设计，制作；销售自产产品及售后服务。				

企业名称	瓯堡软件技术（上海）有限公司				
企业地址	上海市张江高科技园区碧波路572弄116号6号楼（201203）				
投资总额	20万USD	电话	68184799	传真	68184711
设立日期	2002-4-30	负责人	章德功		
主营业务	计算机软件，电脑周边卡的设计，研发，制作，销售自产产品。				

企业名称	爱梯维（上海）信息技术有限公司				
企业地址	上海市郭守敬路351号海泰楼2号楼621－19室（201203）				
投资总额	30万USD	电话	52530555	传真	62285310
设立日期	2002-4-28	负责人	永田照之		
主营业务	计算机软件开发，设计制作；销售自产产品及售后服务，相关技术咨询。				

企业名称	上海韶光信息有限公司				
企业地址	上海市南丹路80号天文大厦1801室（200030）				
投资总额	100万USD	电话	64386191	传真	64694940*612
设立日期	2002-4-22	负责人	林光铭		
主营业务	设计、开发、制作计算机软件、嵌入式软件，销售自产产品。				

企业名称	新贺电子技术（上海）有限公司				
企业地址	上海市嘉定区马陆镇印村（201801）				
投资总额	42万USD	电话	69529607	传真	69521848
设立日期	2002-4-17	负责人	吕胜宗		
主营业务	计算机辅助设计（三维CAD）、辅助测试（CAT）等应用软件的开发。				

企业名称	通力凯顿（上海）系统集成有限公司				
企业地址	上海市南昌路59号1510室、1511室、1512室（200020）				
投资总额	20万USD	电话	53828362	传真	53828362
设立日期	2002-4-17	负责人	马兴国		
主营业务	计算机辅助设计、辅助测试、辅助制造、辅助工程的软件开发和制作。				

企业名称	以昂软件（上海）有限公司				
企业地址	上海市张江高科技园区郭守敬路351号2号楼623－5室（201203）				
投资总额	20万USD	电话	64327287	传真	64327287
设立日期	2002-4-17	负责人	CHAN WAI JEREMY		
主营业务	计算机软件的开发、设计、制作，销售自产产品并提供相关技术咨询。				

企业名称	上海超技数据软件有限公司				
企业地址	上海市宝山区呼兰路1059号102室（200435）				
投资总额	55万USD	电话	64438679	传真	64044892
设立日期	2002-4-10	负责人	TONY MATTINA		
主营业务	计算机软件开发、制作及其技术咨询，销售自产产品。				

企业名称	世嘉（上海）软件有限公司				
企业地址	上海市乐山路33号707室（200030）				
投资总额	7000万日元	电话	52586655	传真	52301648
设立日期	2002-4-5	负责人	岡村秀树		
主营业务	设计、制作计算机软件、销售自产产品，并提供相关的技术咨询服务。				

企业名称	环众软件（上海）有限公司				
企业地址	上海市张江高科技园区郭守敬路351号2号楼622－17室（201203）				
投资总额	20万USD	电话	64015369	传真	64011911
设立日期	2002-4-1	负责人	蓝仁昌		
主营业务	计算机软件的设计，开发，制作，计算机网络技术的开发。				

企业名称	上海弘昱软件科技有限公司				
企业地址	上海市嘉定区叶城路1288号B-123室（201821）				
投资总额	20万USD	电话	64954635	传真	64955515
设立日期	2002-3-27	负责人	姚毅		
主营业务	开发、研制、生产计算机应用软件，销售企业自产产品。				

企业名称	上海方润多媒体软件有限公司				
企业地址	上海市高邮路5弄4号（200031）				
投资总额	20万USD	电话	64320350	传真	64320310
设立日期	2002-3-24	负责人	伞崴巍		
主营业务	计算机软件、多媒体软件的设计，开发，制作，销售自产产品。				

企业名称	鼎强软件（上海）有限公司				
企业地址	上海市虹桥路 333 号 606－608 室（200050）				
投资总额	20 万 USD	电　话	54254608	传　真	54253326
设立日期	2002-3-21	负 责 人	RICHARD ZIPF		
主营业务	计算机软件的开发、设计、制作、销售自产产品并提供售后服务。				

企业名称	明世科技（上海）有限公司				
企业地址	上海市张江高科技园区郭守敬路 351 号 2 号楼 622－21 室（201203）				
投资总额	6 万 USD	电　话	52891678	传　真	52891869
设立日期	2002-3-20	负 责 人	黄佩森		
主营业务	计算机软件的研究，计算机相关的硬件、测量仪器、工业控制设备开发。				

企业名称	惠普科技（上海）有限公司				
企业地址	上海市外高桥保税区港澳路 281 号 3 楼（200131）				
投资总额	200 万 USD	电　话	50481088	传　真	50480982
设立日期	2002-3-17	负 责 人	CHOW SENG CHEAH		
主营业务	研发制造、销售惠普计算机及信息类硬件、软件产品；管理运营中心、国际贸易。				

企业名称	上海电通信息服务有限公司				
企业地址	上海市南京西路 128 号永新广场 1202 室（200003）				
投资总额	30 万 USD	电　话	63600216	传　真	63600217
设立日期	2002-3-15	负 责 人	田中润一朗		
主营业务	生产、加工微电子产品和通讯器材；开发、设计、制作计算机软件。				

企业名称	上海卓雅数码科技有限公司				
企业地址	上海市郭守敬路 498 号浦东软件园 23101、23103、23105 室（201203）				
投资总额	7 万 USD	电　话	64271939	传　真	64273656
设立日期	2002-3-15	负 责 人	严乐安		
主营业务	计算机软件的开发、设计、制作，销售自产产品并提供咨询服务。				

企业名称	天玑信息技术（上海）有限公司				
企业地址	上海市郭守敬路浦东软件园 22 号楼 22301-005 室（201202）				
投资总额	50 万 USD	电　话	54278888	传　真	54279888
设立日期	2002-3-15	负 责 人	陆文雄		
主营业务	计算机软件、网络软件及通讯系统软件的设计、开发、制作。				

企业名称	上海耀诚软件系统开发有限公司				
企业地址	上海市张江高科技园区郭守敬路 351 号 2 号楼 621－5 室（201203）				
投资总额	30 万 USD	电　话	51168056	传　真	63512993
设立日期	2002-3-13	负 责 人	朱兆深		
主营业务	研制、开发计算机、网络、通讯系统软件，销售自产产品，相关应用系统的调试。				

企业名称	奈科科技（上海）有限公司				
企业地址	上海市张江高科技园区郭守敬路 351 号 2 号楼 621－16 室（201203）				
投资总额	20 万 USD	电　话	64656771	传　真	64656770
设立日期	2002-3-12	负 责 人	禹廷锡		
主营业务	计算机软件，网络软件，通信软件的研发，制作。				

企业名称	上海佳力信息科技有限公司				
企业地址	上海市张江高科技园区郭守敬路 351 号 2 号楼 621－4 室（201203）				
投资总额	35 万 USD	电　话	54071231	传　真	54071233
设立日期	2002-3-11	负 责 人	TAKASHI EBITANI		
主营业务	计算机软件的开发，设计，制作，销售自产产品并提供售后服务。				

企业名称	花旗软件技术服务（上海）有限公司				
企业地址	上海市郭守敬路 498 号 19 号楼 19304－19306 室（201203）				
投资总额	257 万 USD	电　话	38954626	传　真	34240870
设立日期	2002-3-7	负 责 人	CHOW AH KWEE		
主营业务	软件的开发，设计，销售自产产品并提供相关的技术支持和技术服务。				

企业名称	东宏电子（上海）有限公司				
企业地址	上海市外高桥保税区日樱南路 11 号科苑厂房 202 室（200131）				
投资总额	45 万 USD	电　话	62941368	传　真	62816814
设立日期	2002-3-6	负 责 人	陈月霞		
主营业务	保税区内以 OEM 的方式组装电脑及周边器材，液晶显示器，晶片录音机。				

企业名称	舜远科技（上海）有限公司				
企业地址	上海市外高桥保税区马吉路 28 号 20 层 01A 室（200131）				
投资总额	60 万 USD	电　话	62492598	传　真	62493286
设立日期	2002-3-5	负 责 人	邱垂源		
主营业务	IP 通信设备软件的开发和制作、系统集成、技术服务和产品销售。				

企业名称	上海畅星智能系统有限公司				
企业地址	上海市张江高科技园区郭守敬路 351 号 2 号楼 622－13 室（200041）				
投资总额	450 万 USD	电　话	52981821	传　真	52981820
设立日期	2002-3-1	负 责 人	陈　刚		
主营业务	智能化系统的软件开发，设计，制作，相关系统集成的设计，调试。				

企业名称	上海奥佳软件有限公司				
企业地址	上海市浦东新区峨山路 91 弄 98 号 409 室（200127）				
投资总额	20 万 USD	电　话	50905881	传　真	50907252
设立日期	2002-2-25	负 责 人	乔青松		
主营业务	计算机软件，网络技术开发，应用，销售自产产品，提供相关技术咨询。				

企业名称	明友电脑系统（上海）有限公司				
企业地址	上海市漕溪路 258 弄 27 号航星商务楼 1 号楼 304、306、308 室（201108）				
投资总额	28 万 USD	电　话	51522051	传　真	51522053
设立日期	2002-2-20	负 责 人	佐藤明彦		
主营业务	电脑平面设计，电脑软件开发、制作。				

企业名称	耀欣数位科技（上海）有限公司				
企业地址	上海市张江高科技园区郭守敬路 351 号 2 号楼 620－4 室（201203）				
投资总额	14 万 USD	电　话	54255030	传　真	64641231
设立日期	2002-2-4	负 责 人	郑莒		
主营业务	计算机软件的设计，开发，制作，计算机网络技术的开发。				

企业名称	珊和电机工业（上海）有限公司				
企业地址	上海市工业综合开发区运河北路 1109 号（201400）				
投资总额	800 万 USD	电　话	57418888	传　真	57426088
设立日期	2002-1-22	负 责 人	陈石祥		
主营业务	生产精密测量仪器，保护继电器，低压空气断路器等。				

企业名称	冠亚信息科技服务（上海）有限公司				
企业地址	上海市青浦区沪青平公路 3841 弄 5 号（201702）				
投资总额	100 万 USD	电　话	54662568	传　真	
设立日期	2002-1-16	负 责 人	陈子昂		
主营业务	计算机网络系统和涉及、安装调试和硬件维修服务等。				

企业名称	日立信息系统（上海）有限公司				
企业地址	上海市张江高科技园区碧波路 518 号 B 座 103 室（200131）				
投资总额	500 万 USD	电　话	64731244	传　真	54562339
设立日期	2002-1-15	负 责 人	山中大三郎		
主营业务	计算机设备的软件，硬件及外围设备的研制，开发，生产。				

企业名称	上海炫赫计算机科技有限公司				
企业地址	上海市卢湾区泰康路 200 号 216 室（200025）				
投资总额	20 万 USD	电　话	62318825	传　真	62318825
设立日期	2002-1-11	负 责 人	BRIAN KEITA SCHILD		
主营业务	计算机软件开发和数据处理，相关技术、信息咨询服务。				

企业名称	中嘉多媒体技术（上海）有限公司				
企业地址	上海市郭守敬路 498 号浦东软件园 14 幢 22301－592 座（201203）				
投资总额	280 万 USD	电　话	64270101	传　真	
设立日期	2002-1-10	负 责 人	蔡志浩		
主营业务	网络技术、系统集成的科技咨询，计算机软件的研究、开发、设计等。				

企业名称	上海实道信息科技有限公司				
企业地址	上海市郭守敬路 498 号浦东软件园 14 幢 22301－631 座（201203）				
投资总额	108 万 USD	电　话	54450011	传　真	54450001
设立日期	2002-1-7	负 责 人	路嘉星		
主营业务	计算机软件的开发、制作，销售自产产品。				

公司名称	德国麦克斯·威索有限公司上海代表处 Max Weishaupt GmbH Shanghai Rep. Office				
负责人	戴征浩	电话	62834201	传真	62834207
单位地址	上海市延安西路 1118 号龙之梦大厦 26 楼 2605 室			邮编	200052
电子信箱	support@weishaupt-china.com	网址	www.weishaupt-china.com		

业务范围：

Max Weishaupt GmbH is one of Europe's leading manufacturers who produce burners and heating systems with high quality and low energy costing.Weishaupt products are composed of gas，oll and dual fuel burners with rating range between 10KW and 17.5MV.

As its only organization built in China,Weishaupt Shanghai Rep.Office is responsible for communication about gas & oil heating technology and marketing research.

麦克斯威索有限公司是欧洲领先的生产燃烧器和加热系统的制造厂商之一，其产品以质量高、耗能低而著称。威索燃烧器主要分为燃气型、燃油型和油气两用型三种，功率范围为 10KW-17.5MV,适用于所有需经济、安全及低废气排放量运行的供热设备领域。

作为威索公司在国内所设的唯一机构，威索上海代表处主要负责从事燃气，燃油加热技术交流和相关的市场调研。

公司名称	法国普利苏德有限公司上海代表处 Polysoude S.A.S. Shanghai Rep. Office				
负责人	潘建明	电话	64097826	传真	64097812
单位地址	上海市闵行区马桥镇中辉路 60 号			邮编	201111
电子信箱	j.zhang@polysoude.cn	网址	www.polysoude.com.cn		

业务范围：

法国 POLYSOUDE 产轨道及机械化自动焊接设备，管管焊、管板焊设备在中国市场的业务联络及咨询服务。

Business Liaison and consultation in China market for orbital and mechanical auto welding equipments, tube tube, tube sheet, welding machine made by Polysoude France.

公司名称	美国欣凯公司上海代表处 American Cinkate Corp. Shanghai Office				
负责人	肖　飞	电话	63621100	传真	62958239
单位地址	上海市广东路 500 号世界贸易大厦 2501 室			邮编	200001
电子信箱		网址	www.cinkate.com.cn		

业务范围：

从事有关新药研制的技术交流及药品进出口和相关投资的业务联络。

公司名称	美国玉米制品国际有限公司上海代表处 Corn Products International, Inc. Shanghai Representative Office				
负责人	Dale A. Larson	电话	63915676	传真	63916208
单位地址	上海市卢湾区淮海中路 381 号中环广场 2732 室			邮编	200020
电子信箱		网址	www.cornproducts.com		

业务范围：

代表本公司从事有关湿磨和加工玉米及其他淀粉类产品，相关食品原料和工业产品的进出口业务联络、技术交流、市场调研和产品介绍。

公司名称	日本王子制纸株式会社上海代表处 Oji Paper Co., Ltd. Shanghai Rep. Office				
负责人	中岛孝	电话	62195555	传真	32231101
单位地址	上海市长宁区延安西路 2201 号上海国际贸易中心 1506 室			邮编	200336
电子信箱		网址	www.ojipaper.cn		

业务范围：

从事有关纸张、纸浆在华投资的业务联络。

公司名称	日本亚细亚国际商事株式会社上海代表处 Asia International Co.,Ltd. Shanghai Representative Office				
负责人	CORA SHUKUJI HAYASHI	电话	64275760	传真	64275761
单位地址	上海市漕溪北路 18 号实业大楼 13FB 座			邮编	200030
电子信箱	asia18@public3.sta.net.cn	网址			

业务范围：

CYBELEC 数控系统及数控折弯机、剪板机冲床产品介绍及推广。
DAIKIN 液压介绍： INTRODUCTION FOR MECHATRONICS PRODUCTS
SPECIALLY FOR SWISS CYBELEC CONTROLLERS
AND JAPANESE DAIKIN HYDROLIC PARTS
AND OTHER EUROPEAN EQUIPMENTS.

公司名称	日本株式会社大阪真空机器制作所上海代表处 Osaka Vacuum Ltd. Shanghai Office				
负责人	村川武彦	电话	61010360	传真	61010110
单位地址	上海市陆家嘴金融区花园石桥路 33 号花旗银行大厦 23F2319 室			邮编	200120
电子信箱	joy@osakavacuum.com.cn	网址	www.osakavacuum.co.jp		

业务范围：

从事有关真空机器制造、贸易、技术开发的业务联络、市场调研、产品介绍、技术交流。

公司名称	新加坡国际贸易私人有限公司上海代表处 INTRACO SHANGHAI REP OFFICE				
负责人	黄 非	电话	58312567	传真	68757809
单位地址	上海市浦东新区东方路 800 号宝安大厦 1206 室			邮编	200122
电子信箱	guoly@intraco.com	网址	www.intraco.com		

业务范围：

塑料、橡胶制品、化工制品（危险化学品除外）、金属制品、日用百货、电子产品的批发，佣金代理（拍卖除外），上述产品的进出口业务及其他相关配套业务（涉及行政许可的，凭许可证经营）。

公司名称	群益国际控股有限公司上海代表处				
	CSC International Holdings Ltd. Shanghai Rep. Office				
负责人	刁维仁	电话	58887188	传真	58882929
单位地址	上海市浦东新区浦东南路 360 号 18 楼 A 座			邮编	200120
电子信箱		网址	www.e-capital.com.cn		

业务范围：

群益上海代表处研究力量雄厚，为总部提供各项资本市场及产业分析，并于国外传播媒体连线，每日定时提供股市资讯及研究报告给投资人。所涉及的行业有纺织、电力、药业、轮胎、化妆品、钢铁、科技、房地产等等。定期拜访国内知名企业、公司，发表专题评论及产业报告。为群益香港公司保荐大陆企业在香港创业板上市作必要的联络、咨询工作，为台湾企业大陆投资与境内企业合资合作进行联络工作。

公司名称	瑞果食品（上海）有限公司				
	Ruei Guo Food Service (Shanghai)Co.,Ltd.				
法人代表	陈翔立	总经理	林信志	注册资本	3000 万人民币
单位地址(邮编)	上海市普陀区长寿路 587 号沙田大厦 1601 室（200060）			电话	62329512
电子信箱	judy917@msn.com	网址	www.dunkondoruds.sh.cn	传真	62329577

主营项目、经营范围：

生产糕点（面包、蛋糕）。

公司名称	好俪姿（上海）服饰商贸有限公司				
	Honeys Shanghai Co.,Ltd.				
法人代表	江尻义久	总经理	小野道博	注册资本	300 万美元
单位地址(邮编)	上海市南京西路 555 号 1001 室（200041）			电话	51873699
电子信箱		网址		传真	52130859

主营项目、经营范围：

服饰制品，针纺织品、服装辅料及配件的零售、批发、佣金代理；上述商品的进出口，并提供相关配套服务。HONEYS 旗下诸多品牌，GLACIER,J-honey,CINEMACLUB,C.O.L.Z.A 能代表着东京最先端的潮流及设计，每周近百个款式的更新，最大的亮点在于坚持以低价位最大程度地满足顾客的需求。

公司名称	上海黑田服饰有限公司				
	SHANGHAI KURODA FASHION GOODS CO.,LTD.				
法人代表	黑田俊真	总经理	川野佳佑	注册资本	76 万美元
单位地址(邮编)	上海市松江区茸兴路 101 号（201613）			电话	57786691
电子信箱	kurodafashion@sj.net.cn	网址		传真	57786690

主营项目、经营范围：

生产各类中高档车缝手套及其手套和箱包，腰带、皮鞋帮、帽子、围巾、服装、耳套、袜子、胸花、头花及相关服饰用品，销售公司自产产品（涉及许可经营的凭许可证经营）。

Enterprise is majon in processing high-grade ctitching gloves.and other Series of gloves and bags,belts,shoes upper,caps, mufflers, fashion, earcaps,sicks, corsages,headaress flowers,caps, and fashion articles; sales of own-made produts(All the prosecution involved in license granting mechanisms)

公 司 名 称	上海美声服饰辅料有限公司 Shanghai Maxim Garment Accessories Co.,Ltd.				
法 人 代 表	翟所强	总经理	翟所强	注册资本	866.40 万美元
单位地址(邮编)	上海市闵行区虹中路 639 号（201103）			电　　话	64064227
电 子 信 箱	fangzr@maxim-group.com.cn	网　址	www.maxim-group.com.cn	传　　真	64064227

主营项目、经营范围：

上海美声服饰辅料有限公司成立于 1994 年，投资总额 1800 万美元，主要经营范围为生产各类服饰辅料、设计、制版、生产各式包装袋、印标、织标、吊牌、不干胶贴纸、条形码标、条形码软、硬件及销售自产产品等。Our Scopes of Business:Clothing Accessorie,Fashion Designs,Fashion Plates,Bags,Labels,Woven Labels,Tags,Non-drying Labels,Bar-code Labels,Barcode Software&Hardware,Self Marketing.上海美声通过不断技术更新、创新，凭借雄厚的技术支持及研发成果，2006 年至今都被评定为“上海市高新技术企业”；2009 年上海市诚信认证信用资信为“ＡＡＡ”级；并且在 2010 年获得“上海市著名商标”称号。上海美声公司以上海总部为中心，相继在深圳、北京、青岛、大连、武汉，美国、越南、印度、中国香港、中国台湾等地成立了分支机构，形成以上海为龙头，辐射全国，布点全球的全球供货网络系统。

公 司 名 称	上海信辉服饰有限公司 Shanghai Reliable Source Industrial Co.,Ltd.				
法 人 代 表	许义荣	总经理	杨丽芬	注册资本	1016.4915 万美元
单位地址(邮编)	上海市嘉定区马陆镇育绿路 88 号（201801）			电　　话	69156188
电 子 信 箱		网　址		传　　真	69156696

主营项目、经营范围：

生产服装和服饰及相关配套产品，主营销售泳装及休闲运动产品。生产加工世界第一大运动品牌 NIKE，分别为 under Arnour & Lululemon 美国及加拿大品牌企业加工运动服饰。

公 司 名 称	西雅衣家（中国）商业有限公司 C&A (china) Co.,Ltd.				
法 人 代 表	Lee Seng Kiat	总经理		注册资本	5300 万欧元
单位地址(邮编)	上海市延安西路 2299 号世贸商城 5P18 室（200336）			电　　话	52534666
电 子 信 箱		网　址	www.c-and-a.com.cn	传　　真	62366268

主营项目、经营范围：

C&A 始创于 1841 年，隶属于由家族拥有并管理的 COFRA 控股集团，迄今已遍布世界 20 个国家。至 2010 年 1 月，在全球拥有超过 1645 家专卖店，雇有 35，000 多名员工。在全球市场，C&A 在过去三年中就已经新开设了 405 家专卖店，日客流量突破 200 万人次，2007 年 C&A 成功在上海开设了其中国的第一家门店，成为迈入中国市场的第一步。至 2010 年 3 月，C&A 在上海有 7 家门店，在北京有 4 家门店，在常熟、无锡、郑州、沈阳、苏州及大连各有 1 家专卖店，共计 17 家门店。

Established in 1841,C&A is a major global fashion retailer renowned for trendy,moderm,and exciting fashion products.Untill Jan,2010,C&A has a dominant marker presence in 20 countries and over 1645 stores,and employs over 35,000employees worldwide.In Eueope,405 C&A stores have opened in the past three years with daily traffic exceeding two million visitors. Untul March,2010,C&A China operates 7 storses in Shanghai.

公 司 名 称	王子包装（上海）有限公司 OJI Packaging (Shanghai) Co.,Ltd.				
法 人 代 表	中山博资	总经理	龟山忠	注册资本	8 亿日元
单位地址(邮	上海市青浦工业园区胜利路 1818 号（201700）			电　　话	69225881
电 子 信 箱		网　址	www.ojipack.sh.cn/cn/index.html	传　　真	69225882

主营项目、经营范围：

本公司是日本王子集团旗下的王子制袋株式会社投资的包装型独资企业。主要使用王子制纸会社生产的包装纸为原料，引进日本先进的生产设备及总公司的独特的生产技术，生产工业用纸袋，也可生产本地域无法生产的高要求、高品质的包装袋。＊主要是开发、制造、加工并销售用于石油化工树脂(如：聚乙烯、聚丙烯、尼龙、聚氯乙烯)、化学药品、面粉、食品添加剂、盐、砂糖等 10-40KG 装产品的多层牛皮包装纸袋、塑料薄膜压合牛皮纸袋、塑料编织加工牛皮纸袋及压合铝薄膜牛皮纸袋等多种重包装纸袋。＊本公司的机制纸袋的类型：1、单片底贴袋(Single Fold Bag)阶梯剪切型(适用于微粉末的包装) 2、单片底贴袋(Double Fold Bag)简易开封型 3、内置 PT 纸袋(Polyethylene Tube)机器自动插入(防污染、卫生) 4、高防漏性纸袋

公 司 名 称	上海诚美化妆品有限公司/日本诚美化妆品株式会社上海代表处				
	Shanghai Faith Cosmetics Co.,Ltd.				
法 人 代 表	王振平	总经理	钟方盛	注册资本	
单位地址(邮编)	上海市徐汇区天钥桥路 30 号美罗大厦 9 楼（200030）			电　　话	64267198
电 子 信 箱		网　址	www.canmay.net	传　　真	64267118

主营项目、经营范围：

生产、研制化妆品、护肤保健品、美容仪器、保健内衣及其它日化产品，销售公司自产产品(涉及许可经营的凭许可证经营)。

公 司 名 称	大明通商化学工业（上海）有限公司				
	DAE Myung Chemical Industry (Shanghai) Co., Ltd.				
法 人 代 表	全大荣	总经理	全大荣	注册资本	20 万美元
单位地址(邮编)	上海市松江区玉佳西路 83 号（201600）			电　　话	67728032
电 子 信 箱	qqzhr@163.com	网　址	www.shdmts.com.cn	传　　真	67728037

主营项目、经营范围：

座落在东海之滨，繁华的国际大都市——上海，有着上海之根美誉之称的松江高新技术开发区的大明通商化学工业（上海）有限公司是中国制笔协会会员单位之一，是专业生产和制造书写墨水的韩国独资企业。产品采用韩国先进的生产技术和工艺，专业的生产设备，主要原材料全部从韩国、德国、美国、日本等国家进口，公司所倾尽精湛高科技纳米的技艺，一丝不苟严谨制作精神所奉献的书写墨水，被国内众多的企业所采用，由此产品出口欧洲、美洲、澳洲、非洲及东南亚，受到众多制笔企业的认可和青睐。

“大明”主要产品有：白板笔墨水、记号笔墨水、医用笔墨水、考试专用笔墨水、荧光笔墨水、可擦荧光笔墨水、CD 笔墨水、签字笔墨水、水彩笔墨水、中性普通颜料及中性染料墨水以及特种墨水等。

产品通过欧洲 EN71 PART3 EN71PART9 美国 ASTM 4236 对人体有害物质含量检测标准，无毒无害。

公 司 名 称	麒麟鲲鹏（中国）生物药业有限公司				
	Kirin Kunpeng (China) Bio-Pharmaceutical Co., Ltd.				
法 人 代 表	小野寺利浩	总经理	小野寺利浩	注册资本	2980 万美元
单位地址(邮编)	上海市浦东新区龙东大道 970 号（201203）			电　　话	50800909
电 子 信 箱	kkcl@kirinkunpeng.com.cn	网　址	www.kirinkunpeng.com.cn	传　　真	50800026

主营项目、经营范围：

麒麟鲲鹏(中国)生物药业有限公司是日本协和发酵麒麟株式会社投资的独资公司，成立于 1997 年 6 月，注册资金 2,980 万美元。

公司引进日本母公司提供的专利和专有技术以及先进管理体制，按照国际标准建设的医药工厂于 2001 年建成投产,并通过国家 G M P 认证。

日本麟麟公司和合资公司在国内开拓了 EPO、G-C S F 在肾脏、血液、肿瘤、心血管、免疫等等领域中的应用,在相关医疗领域树立了良好的质量信誉和学术形象。公司主要产品有利血宝、惠尔血、白舒非、可力洛、丝裂霉素、左旋门冬酰胺酶等，公司致力于引进和开发新的重组基因药物及其他药物产品,努力为中国的医疗事业继续作出新的贡献。

Kirin Kunpeng (China) Bio-pharmaceutical Co., Ltd. was a sole-Investment Corporation which fully invested by Kyowa-Hakko Kirin Inc. It was founded in June 1997 with an investment by USD 29.8 millions.

The Company has been introducing patents, proprietary technologies and advanced management systems from the Headquarter in Japan. Based on international standards and national GMP, we established our pharmaceutical plant and commenced manufacturing in 2001.

Kyowa-Hakko Kirin in Japan and its invested company has explored the applications of rhG-CSF (Gran®), rhEPO (ESPO®) and benidipine hydrochloride (Coniel®) in nephrology, haematology, oncology, cardiology and immunology. We have set an excellent reputation in product quality and academic communication in relevant therapeutic areas. The major products in the Company include rhG-CSF (Gran®), rhEPO (ESPO®), busulfan (Busulfex®), benidipine hydrochloride (Coniel®), mitomycin (Mitomycin-C®), L-Asparaginase (Leunase®) and olopatadine hydrochloride (Allelock®). The company is dedicated to introducing and developing new recombinant biologics and other drugs, and make efforts to contribute to the healthcare in China.

公 司 名 称	上海向荣胶粘制品有限公司 Shanghai SHIANG-LONG Co.,Ltd.				
法 人 代 表	陈世荣	总经理	陈瑞斌	注册资本	50 万美元
单位地址(邮编)	上海市闵行区七宝镇中春路 7155 弄 14 号（201101）			电　话	54792100
电 子 信 箱	shianglong@sh163.com	网　址		传　真	54792128

主营项目、经营范围：

我司为 3M 特约经销商，生产加工胶粘制品、海棉、泡棉垫片、铝箔垫片和绝缘材料、橡胶垫片，销售自产产品。

公 司 名 称	上海西川密封件有限公司 Shanghai Nishikawa Sealing System Co., Ltd.				
法 人 代 表	小川秀树	总经理	惠谷计泰	注册资本	2100 万美元
单位地址(邮编)	上海市松江区玉树路 467 号（201600）			电　话	57734608
电 子 信 箱		网　址		传　真	57734606

主营项目、经营范围：

设计、开发、生产合成橡胶及其制品，提供技术及售后服务，销售公司自产产品。

公 司 名 称	奇耐联合纤维（上海）有限公司 Unifrax (Shanghai) Limited				
法 人 代 表	KEVIN J. OGORMAN	总经理	高　阳	注册资本	110 万美元
单位地址(邮编)	上海外高桥保税区美桂北路 378 号 37 号楼 D 部位（200131）			电　话	50464566
电 子 信 箱	info@unifrax.cn	网　址	www.unifrax.cn	传　真	50464418

主营项目、经营范围：

美国奇耐联合纤维公司(Unifrax I LLC)成立于 1891 年，其前身是 Carborundum 公司。作为高温隔热纤维制品的主要生产厂商，Unifrax 的产品在钢铁、有色金属、石油化工、发电、陶瓷、汽车、防火、锻造、船舶和海洋工程、航空航天、电器设备及其他许多工业领域都有相当广泛的应用。Unifrax I LLC 在世界上 10 个国家拥有 15 个销售及生产中心，及雇员 1900 余名，分销网络遍布世界各主要地区，产品在全球高温隔热纤维制品市场上独占鳌头。

奇耐联合纤维有限公司作为 Unifrax I LLC 在中国的第一家独资子公司，在苏州拥有目前亚太单线产能最大的、最先进的陶瓷纤维生产线。在北京、广州等大中城市设有办事处。产品有 Fiberfrax®陶瓷纤维系列产品和绿色环保产品 Insulfrax®和 Isofrax®系列棉、毯、板、模块、纸、真空成型件等产品。所有 Unifrax 加工厂都通过了国际 ISO 质量体系认证。目前奇耐联合纤维在中国拥有员工 100 多名，拥有训练有素且经验丰富的员工以及专业的设备。

Unifrax I LLC is a company with a long and respected heritage. The company was formerly part of the Carborundum Company, a leading manufacturer of abrasive and refractory products founded in 1891. Unifrax fiber products are used to solve application problems in the ferrous and non-ferrous metals, industrial chemicals, petroleum products, power generation, ceramic, automotive, fire protection, aerospace, appliance and other industries. Unifrax employs over 1,900 people in 15 manufacturing facilities and regional sales offices in 10 countries. In addition, its highly regarded distributor network maintains convenient worldwide locations.

As the first fully invested company in China, Unifrax (Shanghai) Limited owns one of the largest and the most advanced ceramic fiber production line among Asia-Pacific countries in its Suzhou plant. Unifrax China launches regional sales offices in Beijing, Guangzhou and other large cities in China. Its Fiberfrax® products line and green products: Insulfrax® and Isofrax® products line include ceramic fiber, blanket, board, module, paper, vacuum forming, etc. All Unifrax manufacturing facilities have achieved current ISO certifications. Unifrax China employs more than 100 people now; the manufacturing facilities are operated by its experienced and carefully trained staff.

<table>
<tr><td rowspan="2">公司名称</td><td colspan="5">艾森曼机械设备（上海）有限公司</td></tr>
<tr><td colspan="5">EISENMANN (Shanghai) Co.,Ltd.</td></tr>
<tr><td>法人代表</td><td>Dr.Matthias von Krauland</td><td>总经理</td><td>Mr. Michael Hager</td><td>注册资本</td><td>20 万美元</td></tr>
<tr><td>单位地址(邮编)</td><td colspan="3">上海市虹桥路 1452 号古北财富中心 301 室（200336）</td><td>电　话</td><td>31352188</td></tr>
<tr><td>电子信箱</td><td>info@eisenmann.sh.cn</td><td>网　址</td><td>www.eisenmann.com</td><td>传　真</td><td>31352199</td></tr>
<tr><td colspan="6">主营项目、经营范围：
开发和生产涂装设备的配件、环保设备的配件、电陶设备的配件、自动输送设备的配件、销售公司自产产品并提供上述产品的安装和售后服务。</td></tr>
</table>

<table>
<tr><td rowspan="2">公司名称</td><td colspan="5">津田驹机械设备（上海）有限公司</td></tr>
<tr><td colspan="5">Tsudakoma (Shanghai) Co.,Ltd.</td></tr>
<tr><td>法人代表</td><td>奥波猛</td><td>总经理</td><td></td><td>注册资本</td><td></td></tr>
<tr><td>单位地址(邮编)</td><td colspan="3">上海市外高桥保税区富特西一路 135 号 A203（200235）</td><td>电　话</td><td>64326538</td></tr>
<tr><td>电子信箱</td><td></td><td>网　址</td><td>www.tsudakoma.co.jp</td><td>传　真</td><td>64325579</td></tr>
<tr><td colspan="6">主营项目、经营范围：
保税区内以机械设备及相关零部件为主的仓储、分拨业务；相关产品的技术咨询及售后服务；国际贸易、转口贸易，保税区企业间的贸易及贸易代理；通过国内有进出口经营权的企业代理与非保税区企业从事贸易业务；保税区内商业性简单加工；保税区内商务咨询服务(涉及许可经营的凭许可证经营)。</td></tr>
</table>

<table>
<tr><td rowspan="2">公司名称</td><td colspan="5">中瑞捷赛宝（上海）锅炉有限公司</td></tr>
<tr><td colspan="5">C&S Gesab (Shanghai) Boiler Co.,Ltd.</td></tr>
<tr><td>法人代表</td><td>MR.THOR LUND</td><td>总经理</td><td>应孟员</td><td>注册资本</td><td>30 万美元</td></tr>
<tr><td>单位地址(邮编)</td><td colspan="3">上海市闵行区浦江工业园区立跃路 2989 号（201114）</td><td>电　话</td><td>64291038</td></tr>
<tr><td>电子信箱</td><td>cs-gesab@gesabcn.cn</td><td>网　址</td><td>www.gesab.net</td><td>传　真</td><td>64291423</td></tr>
<tr><td colspan="6">主营项目、经营范围：
主营项目：船用热油加热系统 Thermal Oil Heating System
经营范围：生产加工船用有机热载体锅炉、船用压力容器、船用加热盘管，销售自产产品，并提供相关的技术咨询和技术服务
产品介绍：热油锅炉(Thermal Fluid Heater)、废气锅炉(Exhaust Gas Heater)、电热炉(Electro Fluid Heater)、加热盘管(Heating Coils)、甲板加热器(Deck Heaters)、加热系统辅件(GESAB Heating System Accesseries)。</td></tr>
</table>

<table>
<tr><td rowspan="2">公司名称</td><td colspan="5">伸鼎机械（上海）有限公司</td></tr>
<tr><td colspan="5">G-team Machinery (Shanghai) Co.,Ltd.</td></tr>
<tr><td>法人代表</td><td>施资沐</td><td>总经理</td><td>施资沐</td><td>注册资本</td><td>392 万美元</td></tr>
<tr><td>单位地址(邮编)</td><td colspan="3">上海市浦东新区外高桥保税区泰谷路 211 号（200131）</td><td>电　话</td><td>58660606</td></tr>
<tr><td>电子信箱</td><td>shanghai@g-team.com</td><td>网　址</td><td>www.g-team.com</td><td>传　真</td><td>58669483</td></tr>
<tr><td colspan="6">主营项目、经营范围：
本公司是属于研磨材&工具的专业进出口企业，于 1976 年创立于台湾省台北市。于 1999 年在上海市设置了新的营业据点，并且拥有完善的加工设备与充足的库存。针对木工、金属、汽车、船舶、电子、精密加工等诸多研磨领域的纱布、砂纸、不织布、抛光等研磨材产品与研磨工具，产品种类齐全，供货及时服务到位。产品项目：水砂纸、干砂纸、平面砂布轮、带柄砂布轮、套环砂布轮、紧扣式圆盘、砂布、砂纸、不织布环带、自黏式砂纸、黏扣式砂纸、手提式研磨机。</td></tr>
</table>

公 司 名 称	真诺测量仪表（上海）有限公司				
	zenner meters (shanghai)Ltd.				
法 人 代 表	Alexander Lehmann	总经理	杨燕明	注册资本	330 万美元
单位地址(邮编)	上海市松江工业区东兴路 15 号（201613）			电　　话	57744789
电 子 信 箱	info@zenner-meters.com	网　址	www.zenner-meters.com	传　　真	57744790

主营项目、经营范围：

真诺测量仪表（上海）有限公司为德国米诺－真兰集团在大中华区总部。公司主要从事水表,热量表,远传表等仪表制造销售和数据采摘等配套服务。

公 司 名 称	上海佩纳沙士吉打机械有限公司				
	Shanghai Peiner SMAG Machinery Co.,Ltd.				
法 人 代 表	文　德	总经理	陈宇显	注册资本	410 万美元
单位地址(邮编)	上海市青浦区朱家角镇沪青平公路 6098 号（201713）			电　　话	59240052
电 子 信 箱	info@shpeiner.com	网　址	www.shpeiner.com	传　　真	59240057

主营项目、经营范围：

公司主要业务是以“佩纳”专有技术与工艺生产机械抓斗、电动液压抓斗、工程车辆配套液压抓斗、特种抓斗等类型抓斗，以及系列集装箱吊具、大型钢坯、钢卷吊具等装卸机械与其它非标机械产品。

公司是德国 RWT ü V ISO9001：2000 质量保证体系认证公司，也是国内第一个同时拥有两张 SLV（德国杜伊斯堡焊接技术培训与研究所颁发）证书的企业：2001 年取得 DIN18800-7“钢结构焊接企业资质”证书，目前证书等级为最高级---E 级（动载荷钢结构焊接资质）；2002 年又取得 DIN6700-2“轨道车辆及辅件焊接资质”证书。

公司是目前国内最大的抓斗专业制造商，技术力量雄厚、工艺装备先进、质保体系及检测设备完善。具备包括设计制造、安装维修及相关技术服务在内的整套业务能力。

The core business of the company is the production of various types of grabs using the special know how from PEINER, such as mechanical grabs, electro-hydraulic grabs, hydraulic grabs for engineering vehicles, special grabs etc, as well as spreaders for container handling, special tongs for slab and coil handling, and other non-standardized loading/unloading equipment.

The company has passed the certification of ISO9001:2000 Quality Assurance System issued by RWTüV, and we are also the first company in China to have two SLV certificates (issued by the Welding Technology Training & Research Institute of Duisburg, Germany), i.e. in 2001 we achieved the certificate for “Steel Structure Welding Qualification” class DIN18800-7 Grade E (Dynamic Loading Steel Structure Welding Qualification), the highest, at present, and in 2002 we achieved the certificate for DIN6700-2 for “Railroad Vehicle and components”.

Today, the company is one of the largest professional grab manufacturers in China. We have excellent technical knowledge, advanced production processes and facilities, perfect quality assurance system，inspection and testing equipment. The company is capable of a complete range of services ranging from design, manufacturing, setup, repair and related technical services.

公 司 名 称	必能信超声（上海）有限公司				
	Branson Ultrasonics (Shanghai) Co., Ltd.				
法 人 代 表	EDWIN MARCEL BOONE	总经理	WARD JASEPH CHANTIEN	注册资本	207 万美元
单位地址(邮编)	上海市松江工业区荣乐东路 528 号（201613）			电　　话	37810588
电 子 信 箱	Linda.yan@emerson.com	网　址	www.branson-china.com	传　　真	57743128

主营项目、经营范围：

必能信超声有限公司创建于 1946 年，其在超声塑料焊接和精密清洗的设计、开发、制造和市场营销方面均居世界领先地位目前已经在全球范围内拥有近 2000 名员工和 70 多个销售及服务网点。1984 年必能信成为艾默生电气集团所属子公司。

必能信超声（上海）有限公司成立于 1993 年，由艾默生电气（中国）控股有限公司和上海仪表电子实业有限公司合资兴办。公司现有员工 250 人，是必能信在亚洲最大的生产和销售配套服务基地，也是国内最具规模的综合性超声设备生产和技术开发企业。目前，公司主要生产和销售超声波清洗，超声波塑料焊接和振动摩擦塑料设备等系列多种标准及非标产品。

必能信超声（上海）有限公司 地址：上海市松江工业区荣乐东路 528 号 邮政编码：201613 电话：86-21-57745558 传真：86-21-57745100 电子邮件：marketing@branson-sina.com

Branson was founded in 1946,With more than 1,500 employees and 70 sales offfices wordwide, Branson is the global industry innovator in the design, development, manufacture,and marketing of plastics joining and precision cleaning equipment Since 1984,Branson has been among more than 50 autonomous divisions of St.Louis-based Emerson,a Fortune 100 company.

Branson Ultrasonics (Shanghai) Co.,Ltd. mutually in vested by Emerson Electric (China) Holding Co.,Ltd and Shanghai Electronics Science and Technoloy Co.,Ltd. was established in 1993. Branson Shanghai has 250 employees and owns the most modem and largest manufacturing,sales and service factilities in Asia Pacific and also is the leading enterprise engaging in the manufacturing and development of ultrasonic equipment throughout China.Our products can be categorized into ultrasonic cleaning, ultrasonic welding products (including vibration welding products).Apart from that,we also produce customized products to meet customers' specific requirements.

Branson Ultrasonisc (Shanghai) Co.,Ltd. 528 Rong le Road (E), Songjiang,Shanghai,201613 Tel:86-21-57745558 Fax:86-21-57745100 Email:marketing@branson-china.com

公 司 名 称	上海樱总业电子有限公司 Shanghai Sakura Electrical Co.,Ltd.				
法 人 代 表	田中敏夫	总经理	泉山吉夫	注册资本	150 万美元
单位地址(邮编)	上海市松江区新浜镇工业区林天路 238 号（201605）			电　话	67891055
电 子 信 箱		网　址	www.sakura-sohgyo.co.jp	传　真	67891059

主营项目、经营范围：

本公司成立于 2002 年 9 月，是一家日本独资企业。主要生产电子线束，包括汽车线束，LED 用线束，高压背光源线束以及机器设备内用其它线束。

公 司 名 称	上海西门子高压开关有限公司 Siemens High Voltage Switchgear Ltd., Shanghai				
法 人 代 表	刘史华	总经理	刘史华	注册资本	1310 万美元
单位地址(邮编)	上海市闵行区天宁路 299 号（200245）			电　话	24085500
电 子 信 箱	Sales.shvs@siemens.com	网　址	www.shvs.com.cn	传　真	54721797

主营项目、经营范围：

上海西门子高压开关有限公司(英文简称是 SHVS)是由西门子(中国)有限公司与上海电气集团股份有限公司共同投资组建的，是目前在欧洲以外唯一生产西门子高压气体绝缘开关(GIS)的合资公司。公司总投资 2620 万美元，注册资金 1310 万美元，由西门子(中国)有限公司控股。

公司负责 52KV 及以上高压气体绝缘开关(GIS)的研发、生产、销售和服务，拥有一支经验丰富的 GIS 设计、生产和管理的高级人才队伍。

Siemens High Voltage Switchgear Ltd., Shanghai (SHVS) is a joint venture established by Siemens Ltd., China and Shanghai Electric Group Co.,Ltd. SHVS is the first factory outside of Europe who manufactures Siemens GIS. SHVS total investment is US$26.2 million and the registered capital totals US$13.1 million with the majority of the registered capital held by Siemens Ltd., China.

The business scope of the Joint Venture is marketing, development, sales, engineering, manufacturing and services of High Voltage Gas Insulated Switchgear (GIS and HIS) from 52kv and above. SHVS possesses qualified staff members for many years in designing, production, or in management.

公 司 名 称	必盛自动门贸易（上海）有限公司 Besam Automatic Door Systems Trading (shanghai) Co.,Ltd.				
法 人 代 表	Juan Ramon Vargues Hverta	总经理	王　敏	注册资本	20 万美元
单位地址(邮编)	上海市恒丰路 218 号现代交通商务大厦 1903 室（200070）			电　话	51288909
电 子 信 箱	eva.yu@besam.com.cn	网　址	www.besam.com	传　真	51288919

主营项目、经营范围：

瑞典必盛门业隶属亚萨合莱集团(ASSA ABLOY)，亚萨合莱集团是世界上最大的门业、五金、保安集团，其总部位于瑞典首都斯德哥尔摩，为瑞典上市公司。目前在美洲、欧洲、亚洲共拥有近 110 家工厂，180 多家全资和合资子公司，全球雇员 30000 人，销售总额超过 50 亿美元。

亚萨合莱集团旗下共有近 100 个国际品牌，包括瑞典的 ASSA、必盛，芬兰的 ABLOY，挪威的 VINGCARD，德国的 effeff(安福)、IKON，美国的 YALE(耶鲁)、SARGENT、HID，法国的 VACHETTE、JPM，澳洲的 LOCKWOOD，以色列的 MUT-T-LOCK，韩国的 Cheil，意大利的 DITEC，中国的固力(Guli)等。

必盛公司是自动门领域内集生产、安装和服务于一体的知名跨国公司，其高质量的产品已获英国劳氏 ISO9001 认证。同时获得美国 UL 安全认证、德国 TUV 认证、德国 SP 安全认证、瑞典 SITAC 认证、而且通过 CE 及 EEC 欧洲测试标准。

自必盛自动门于 1962 年发明了第一樘推拉门开始，产品以其无与论比的安全性能和可靠性能销量排列全球门业之首。从机场到酒店，从零售到医疗，从交通到办公厂房，从政府项目到私人住宅，必盛都能提供最完整的自动门系统解决方案。我们的用户跨越了全球五大洲，从北美的纽约到欧洲的伦敦，从澳洲的澳大利亚到中东的伊朗，从非洲埃及到亚洲日本，从冰岛到中国都有必盛的长期合作伙伴……

必盛产品包括二翼,三翼,四翼自动旋转门，手动旋转门，自动双开/单开平滑门，自动套叠门,自动双开/单开平推门，自动门 ADS 系统，必盛感应器，维保及服务等等，必盛提供了最完整的自动门业解决方案.

公司名称	上海宏和电子材料有限公司 Shanghai Grace Fabric Co.,Ltd.				
法人代表	谢坤洲	总经理	谢坤洲	注册资本	6400 万美元
单位地址(邮编)	上海市浦东康桥工业区秀沿路 123 号（201315）			电话	38299688
电子信箱	irin126@126.com	网址	www.gracefabric.com	传真	58122161

主营项目、经营范围：

本公司经营电子级玻璃纤维布，销售自产产品。本公司的玻璃纤维布具有高强度、高耐热性、耐化性佳、电器特性佳及尺寸安定性佳等优点，为制造铜箔基板的主要原料，使基板具备优异的电气特性及机械强度等性能需求。多用于覆铜板 fr4, CEM-1, CEM-3, 多层板；电器绝缘板；建材（阻燃窗帘布、隔音结构、PRF 补强材等）；铜管包覆涂料；还可广泛应用于电脑、通讯器材、航太仪器及其它高科技电子产品。

公司名称	霍尼韦尔航空电子（上海）有限公司 Honeywell Avionics (Shanghai) Co.,Ltd.				
法人代表	SHANE.TEDJARATI	总经理	罗文钧	注册资本	550 万美元
单位地址(邮编)	上海市浦东新区张江高科技园区李冰路 430 号（201203）			电话	28943360
电子信箱	yan.cai2@honeywell.com	网址	www.honeywell.com	传真	50792013

主营项目、经营范围：

翻新、维修、检测及安装航空电子精密仪器、设备、设施、仪表、部件和模块等；升级与更新上述精密设备仪器的有关软件和功能；向国内外客户提供技术和技术支持及航电系统和操作方面的咨询服务；并向国内外客户提供航空电子精密仪器设备的替换、租借、供销及售后服务；在国内外霍尼韦尔会员用户之间更换和互换航电精密仪器设备等；上述产品同类商品的批发、佣金代理（拍卖除外）、进出口及其他相关业务（不含国家禁止项目）（涉及行政许可的，凭许可证经营）。

公司名称	吾爱旅游产品开发（上海）有限公司 Pacific Sunrise Trared Product Derelopment (Shanghai) Co.,Ltd.				
法人代表	Peter Ponald Hutc-Hinson	总经理	陈　洋	注册资本	32 万美元
单位地址(邮编)	上海浦东新区民生路 1408 号 1708、1709 号（200135）			电话	68887860
电子信箱	shanny@paunrise.cn	网址	www.psunrise.cn	传真	68887869

主营项目、经营范围：

吾爱旅游产品开发（上海）有限公司，是英国哈金森集团在中国唯一的全资子公司。自 2005 年成立以来，公司致力于旅游度假市场的开发，现已发展成为一家集为酒店/度假村开发商提供专业咨询服务、度假产品研发、管理、推广及客户服务为一体的综合性企业。公司管理的环球/环宇会员制度假俱乐部会员数量已突破六千并遍及全国，公司于 2010 年同时成立上海吾爱国际旅行社，向广大会员提供优质度假服务的同时，也全面满足各方的度假休闲的需求。公司以强大的资金优势，经验丰富的管理团队，资深销售机构和专业客服，全力为度假会员及广大客户提供世界范围内的高品质一站式度假服务。

公司名称	尤妮佳生活用品（中国）有限公司 Unicharm Consumer Products(China) Co., Ltd.				
法人代表	中野健之亮	总经理	中野健之亮	注册资本	10980.7 万美元
单位地址(邮编)	上海市延安东路 618 号东海商业中心 22 楼（200001）			电话	53854166
电子信箱	chunlei-yuan@unicharm.com	网址	www.unicharm-china.com	传真	53854799

主营项目、经营范围：

纸尿裤系列（婴儿、成人）,日用清洁用品系列（湿纸巾、化妆用粉扑、清扫用品、家用洗涤剂），妇女卫生用品系列(卫生巾、卫生护垫、卫生棉条、经期用内裤)的生产，食品保鲜材料的生产（委托加工），销售公司自产产品；上述产品同类商品以及日本尤妮佳集团生产的产品的批发、进出口、售后服务以及上述业务相关的咨询服务；设立内部研发中心，对上述各系列产品的新产品、生产技术、生产原材料的研究开发、委托开发以及研究成果的转让；出租多余的经营场地。(涉及行政许可的凭许可证经营)

公 司 名 称	日一新国际货运代理（上海）有限公司				
	NISSHIN UNYU (SHANGHAI) CO.,LTD.				
法 人 代 表	越水进	总经理	杨浔	注册资本	307 万美元
单位地址(邮编)	上海市浦东东方路 710 号汤臣金融大厦 1106-1109 室（200122）			电　　话	58303208
电 子 信 箱	hr@nisshin-china.com	网　址		传　　真	50812519

主营项目、经营范围：

日一新国际货运代理（上海）有限公司是日本日立集团旗下日立物流公司的子公司日新运输株式会社于 2006 年 11 月中国物流独资企业政策开放后设立的首批独资物流公司。日新运输创业近 60 年来，一直致力于货运业务的发展，并于 90 年代率先进入中国市场，先后和 COSCO 等航运巨擘合作在上海、青岛、大连创办了多家货运代理企业。

日一新是集海运空运一体的国际货运代理、报关、报检、仓储以及综合物流加工和贸易代理为一体的现代国际物流公司。特别中日航线的一贯多式联运、服装整理等流通加工业务和保税物流业务是公司的推介项目。

结合母公司的优势，公司的服务网点遍布日本各大港口及宁波、南通、深圳、香港、青岛、大连、天津、北京等中国各大沿海城市。

公 司 名 称	劳氏船级社（中国）有限公司				
	LLOYD'S REGISTER CLASSIFICATION SOCLETY (CHINA) CO.,LTD.				
法 人 代 表	ROBERT REID THOMSON	总经理	NICHOLAS LEE BROWN	注册资本	5000 万人民币
单位地址(邮编)	上海市黄浦区延安东路 550 号海洋大厦 3 楼（200001）			电　　话	51581000
电 子 信 箱		网　址	www.lr.org	传　　真	63513258

主营项目、经营范围：

按照中国政府的规定，办理英国劳氏船级社同中国航运、造船、船舶设计、检验及有关企业间的业务联络；并可在中国为已入该船级社（LR）船级或申请入该社（LR）船级的船舶及船用设备、材料办理检验业务；对申请英国劳氏船级社检验的船运货物集装箱办理检验业务。

公 司 名 称	大连沛华国际物流有限公司上海分公司/上海沛荣国际航运有限公司				
	Pacific Star Int'l Logistics (China) Co.,Ltd. Shanghai Branch / Pacific Concord Int'l Limitel				
法 人 代 表	Philip Lin	总经理	陈忠正/陈黄煌	注册资本	人民币 1380 万（沛华） 62 万美元（沛荣）
单位地址(邮编)	上海市威海路 233 号恒利国际大厦 16 楼（200041）			电　　话	61201122
电 子 信 箱	grace.wang@pacificstar-sha.com	网　址		传　　真	61224309

主营项目、经营范围：

沛华国际物流有限公司是一家由中国商务部批准成立的 A 级货代及无船承运人。总公司沛华集团于 1977 年在台湾由林光博士所创办，如今已发展为台湾规模最大且营收第一的定期货柜船舶货运承揽公司，其中沛华从 1993 至 2008 年，荣获台湾交通部及基隆港务局统计为最优的船舶运承揽业，同时连续荣获天下杂志/商业周刊/中华征信 500 大服务业。

目前沛华集团拥有全球员工 1，400 余人，关系企业包括中国大陆在内的 13 个分公司；美国沛华运通公司（洛杉矶、芝加哥、纽约四所分公司）；沛华实业台湾（台北，台中，高雄）；沛荣国际台湾（台北、台中、高雄）；香港永生航运公司，香港百通航运有限公司，新加坡沛荣航运有限公司。

另外集团公司于 04 年以香港 CEPA 的名义在中国成立“上海沛华国际物流有限公司”及“上海沛荣国际航运有限公司”，成为同时拥有两家一级货运代理的少数公司之一。公司始终秉承着“质量”“效率”“创新”“顾客响应”的经营理念，为广大客户提供船期安排、订舱、托卡车运输（门点服务－拖车、仓储）、报关、商检等一条龙的服务，服务点远及中国只要港口及重庆、武汉、南京、宁波至整个长江三角洲周边地带。

公司名称	一志商贸（上海）有限公司 Shanghai Comrade Trade Company				
法人代表	金原利根里	总经理	渕野邦彦	注册资本	20万美元
单位地址(邮编)	上海市闵行区吴中路1068号燎申国际大厦7楼F、G座（201103）			电　话	64019711
电子信箱	Youfuku-hi@doshisha.co.jp	网　址	www.shcomrad.com	传　真	64019622

主营项目、经营范围：

家用纺织品、服装、鞋帽、箱包、钟表、化妆品、室内照明用具、家具、厨具、家用电器、日用杂货、圣诞礼品、体育用品的批发、进出口。House textile goods,shoes,hat,bay,clock,watch,cosmetics,room lighting,furniture,kitchenware,household good,christmas goods,sports goods wholesale and export.

公司名称	上海新赛博百货商业有限公司				
法人代表	张瑞麟	总经理		注册资本	230万美元
单位地址(邮编)	上海市卢湾区淮海中路1号柳林大厦1-3层（200021）			电　话	64726565
电子信箱		网　址	www.cybermart.com.cn	传　真	64641754

主营项目、经营范围：

赛博数码广场是业内数量最多、规模最大的连锁性专业3C卖场，3C即计算机产品（Computer）、通讯产品（communication）、数码家电（Consumer Electronics)，她既是一个消费者了解、接触和购买3C产品的一站式场所，又是3C业界厂商展示其公司形象、品牌形象、并与消费者互动的场所。

"从心开始，你的数码新生活"，全新经营理念的"赛博数码百货"在上海淮海中路1号正式开业，她首创了国内3C卖场"统一经营、统一管理"的经营模式，力争成为中国最有价值的IT行销渠道与平台。

公司名称	瑞司得（上海）国际贸易有限公司 Dolder Shanghai Co.,Ltd.				
法人代表	朱铁忠	总经理	朱铁忠	注册资本	20万美元
单位地址(邮编)	上海市徐汇区斜土路2601号嘉汇广场T2座28H（200030）			电　话	64261685
电子信箱	info@dolder.com.cn	网　址	www.dolder.com	传　真	64261684

主营项目、经营范围：

Dolder AG is a pharmaceutical/ fine chemical marketing and distribution company in Switzerland. Dolder Shanghai is the subsidiary company in China, working closely with the qualified manufactures and aiming at developing the international market together.DOLDER AG(都得)公司总部位于瑞士，主要从事医药/精细化工的市场和分销。瑞司得(上海)国际贸易有限公司作为其在中国的独资子公司，与国内高质量的生产企业紧密合作，共同开拓国际市场。

公司名称	普罗旺斯欧舒丹贸易（上海）有限公司 L'OCCITANE TRADING (SHANGHAI) CO.,LTD.				
法人代表		总经理		注册资本	
单位地址(邮编)	上海市静安区南京西路819号2209－2210室（200041）			电　话	62563881
电子信箱		网　址	www.loccitane.com.cn	传　真	62563771

主营项目、经营范围：

1976年品牌创始人 Olivier Baussan 创立法国知名个人护理及家居品牌 L'OCCITANE （欧舒丹），2005年6月25日，L'OCCITANE在中国首都北京的国贸中心开设了其在中国的旗舰店，截至到2009年年底，已在中国开设了43家分店。

L'OCCITANE is an unique brand focusing on manufacturing natural body, skincare are fragrance products for men and woman. Founded in 1976, its first shop mail order service was opened in VDX, France. L'OCCITANE's first store in China was opened in June, 2005. Until to the end of 2009 year's, 43 outlets were opened.

公司名称	酷柏光学产品贸易（上海）有限公司				
	Coopervision Optical Trading (Shanghai) Co.,Ltd.				
法人代表	Juan carlos Agagon	总经理	施立文	注册资本	165 万美元
单位地址(邮编)	上海市静安区安远路 555 号静安门大厦 1109-1110 室（200040）			电　话	22114999
电子信箱	sxue@cn.coopervision.com	网　址	www.coopervision.com	传　真	32212224

主营项目、经营范围：

Coopervision 长期致力于光学软性角膜接触镜的开发及研究，今天的 Coopervision 已经成为全球第一的散光片生产商，全球第三的软性隐形眼镜生产商。公司的技术支持来自法国、西班牙及澳大利亚，产品销售遍及全球。

公司主营隐形眼镜业务，目前共推出了依视明系列、欧柯莱视系列、宝晴系列、爱维纳系列及丽彩五大类 10 余种品种的隐形眼镜产品，通过公司的独特生产工艺及技术支持，保证产品的优良品资，在隐形眼镜消费市场享有良好的声誉。

公司长期致力于产品的研发工作，通过新技术的运用不断改良产品，精益求精，以提供给消费者更舒适，更安全的隐形眼镜产品为我们服务的最终目的，同时希望通过新产品的面世能带给消费者全新的配戴理念及全新的舒适感受。

公司名称	帝辰钟表商贸（上海）有限公司				
	Royal Swiss Watch (Shanghai)				
法人代表	ANG, LAM-POAH	总经理	谢仁寿	注册资本	125 万美元
单位地址(邮编)	上海市黄浦区中山东一路 18 号 204 室（200002）			电　话	63211271
电子信箱		网　址	WWW.ULYSSE-NARDIN.COM	传　真	

主营项目、经营范围：

经营瑞士雅典表（ULYSSE NARDIN）品牌在中国的旗舰店。

公司名称	迪联物流工程设备贸易（上海）有限公司				
	Tech-Link Storage Engineering (Shanghai) Trading Co.,Ltd.				
法人代表	张　露	总经理	张　露	注册资本	60 万美元
单位地址(邮编)	上海市浦东王桥路 999 弄 1018 号 A 座（201201）			电　话	58382988
电子信箱	yang.tengjiang@tech-link.com.cn	网　址		传　真	58382989

主营项目、经营范围：

我们主要的业务为仓储、配送、物料处理系统和产品的采购、制造及营销。我们研究、分析、设计，供应并安装整个解决方案。

Our principal actirity is procurement,manufacturing and marketing of storage, distribution and materials handling systems and priducts.We investigate,analyse, design, manufacture supply and impliment total solutions.

公司名称	上海金裕房地产有限公司				
	Shanghai Goldrich Real Estate Co.,Ltd.				
法人代表	金天任	总经理	张乾源	注册资本	1310 万美元
单位地址(邮编)	上海市徐汇区安福路 198 号 2D 单元（200031）			电　话	54036217
电子信箱	shanghai.goldrich@live.cn	网　址		传　真	54036300

主营项目、经营范围：

上海金裕房地产有限公司是由香港金裕国际投资有限公司出资成立的一家外商独资企业，于 1993 年在上海成立。公司从事房地产开发、建造、销售、出租并经营物业管理和房地产中介，投资开发等业务。

公司在上海市中心高级住宅区，建有两幢 30 楼的五星级酒店式公寓，名为“金苑大厦”。金苑位于上海市徐汇安福路 198 号，有网球场、游泳池、健身房等健身设施，并特设严密保安系统。大厦住户大都来自于欧美等地，多为世界 500 强企业首席代表或总经理，还有十多个国家驻沪领事入住。金苑为现今上海提供无与伦比的高素质生活享受，金苑平面畅销各地。在上海“艺术家”（SHANGHAI TATLER）刊物中被评定为全上海最豪华的高标准住宅公寓。

公司名称	上海静安商楼有限公司 Shanghai Jingan Commercial House Co.,Ltd.				
法人代表	吴明华	总经理	倪明宪	注册资本	640万人民币
单位地址(邮编)	上海市静安区华山路301号（200040）			电　话	62488400
电子信箱		网　址		传　真	62498036

主营项目、经营范围：

向外商驻沪机构提供办公用房，本商楼物业管理。

公司名称	福慧网络科技（上海）有限公司 Shanghai Fuhbic Corporation				
法人代表	吴东明	总经理	洪明元	注册资本	100万美元
单位地址(邮编)	上海市张江高科技园区牛顿路200号8号楼7层D座（201203）			电　话	50802226
电子信箱		网　址	www.fuhbic.com.cn	传　真	50802231

主营项目、经营范围：

主营项目、经营范围：电子信息产品，自动化控制产品及智能化产品系统集成的工程设计、安装、调试与维护，计算机软件的设计、研发、制作，销售自产产品提供相关的技术咨询服务和售后服务。

产品介绍：

工业自动化（Industrial Automation）

1.厂务设施管理与监控集成工程（FMCS）

2.洁净室监控工程（C/R SCADA）

3.机械设备监控工程（MEP SCADA）

4.气体监视系统工程（GMS）

5.漏液监测系统工程（Leakage Detection）

IBS 智能化楼宇监控系统（Intelligent Building System)

1.楼宇自动化系统（BAS）

2.闭路电视监视系统（CCTV）

3.门禁保全系统（SA）

智能家居（e-home）

1.智能家居箱、家居布线产品

2.家居灯光、机电自动/远端监制系统

公司名称	上海外商投资咨询有限公司 Shanghai Foreign Investment Consulting Co.,Ltd.				
法人代表	朱文斌	总经理	张天平	注册资本	50万人民币
单位地址(邮编)	上海市娄山关路55号新虹桥大厦601室（200336）			电　话	62752713
电子信箱	sficc@sficc.com	网　址	www.sficc.com	传　真	62097610

主营项目、经营范围：

上海外商投资咨询有限公司于一九九二年八月在上海注册成立，是一家提供外商投资咨询服务的专业性机构，也是上海市外商投资企业协会咨询服务的窗口。

公司坚持以诚信、务实的作风，多次被上海市科委及咨询行业协会授予“信誉咨询企业”，是上海市A类资质咨询机构。 ※ 主要服务产品：投资咨询；承办外资企业、常驻代表机构设立、变更及注销；提供财税顾问、代理记帐；人事服务、外籍人士的商务签证、邀请和在华就业、居留；翻译；赴台组团考察等。

Founded in August 1992, Shanghai Foreign Investment Consulting Co.,Ltd.(SFICC) is a professional institute providing foreign investment consulting servise.SFICC is also the external consulting window of Shanghai Association of Enterprises with Foreign Investment (SAEFI). ※ With honest and pragmetic working style,Time after time SFICC was aaward the title "Reliable Consulting Enterprise" by Shanghai Municipal Science and Technology Commission (SMSTC)and Shanghai Municipal Consulting Association.

Main business products: incestment consultatich; agency for foreign invested enterprise and representative office setup, alteration and cancellation;tax and finance consultation,agency bookkeeping; human recourse service,foreigner business visa invitetion,work permit and resident permit;translation; organizing visiting delegation to Taiwan,etc.

公司名称	维德汽车技术咨询服务（上海）有限公司				
	Tweddle Automotive Shanghai Co.,Ltd.				
法人代表	ANDREW TWEDDLE	总经理	Li Li	注册资本	20万美元
单位地址(邮编)	上海市浦东新区世纪大道1500号东方大厦1101-B（200122）			电话	50580500
电子信箱		网址	www.tweddle.com	传真	50580501

主营项目、经营范围：

汽车无线应用技术开发，汽车售后工程技术支持，各类汽车技术资料内容开发与交付。

Automotive related mobile application, After-sale engineering,technical support, Coatent developmen of autormotive service documents or user document.

公司名称	天速特信息科技（上海）有限公司				
法人代表	苏正贤	总经理	苏正贤	注册资本	18万美元
单位地址(邮编)	上海市徐汇区漕溪北路4号楼2807室（200030）			电话	51095110
电子信箱		网址	www.tsp-cn.com.cn	传真	51095110

主营项目、经营范围：

主营项目：TSP餐饮管理，TSP洗衣管理系统，Web在线订货系统，TSPIC会员卡系统，IC储值卡系统。

经营范围：智能软件开发，智能系统及智能设备的开发，销售自产产品，并提供相关技术服务。企业管理咨询，投资管理咨询，商务咨询。

公司名称	上海钊辉科技有限公司				
	Shanghai Sentec Co.,Ltd.				
法人代表	黄钊辉	总经理		注册资本	1085万美元
单位地址(邮编)	上海市青浦工业园区新业路568号（201707）			电话	69212868
电子信箱		网址	www.sentecee.com	传真	69211130

主营项目、经营范围：

开发、生产发动机排放控制装置，发动机电控装置，燃油系统装置，车辆进气系统装置，转向系统装置，新型电子元器件，销售公司自产产品，提供产品技术服务和售后服务及上述产品同类商品批发、进出口、佣金代理（拍卖除外），并提供相关配套服务（涉及配额许可证管理、专项规定管理的商品按照国家有关规定办理）

公司名称	上海迅亚商务咨询有限公司				
	Express Shanghai Co., Ltd.				
法人代表	梅田丰	总经理	梅田丰	注册资本	26.5万美元
单位地址(邮编)	上海市静安区武定路1128号16号2楼（200042）			电话	62187876
电子信箱	umeda@luc.ad.com	网址		传真	62187099

主营项目、经营范围：

上海迅亚商务咨询有限公司成立于2003年4月，是一家专业提供投资咨询、通讯技术咨询和市场调查咨询的综合型服务公司。本公司还为合作公司手机增值服务运营商上海易触通讯科技有限公司提供手机增值业务方面的业务方案。同时，针对外资企业提供中国移动通信网络相关的业务方案。* 除手机增值业务以外，本公司还提供和英特网相关的业务方案。在透彻了解中国市场的基础上提供有效的网络促销推广战略方案。 * 我们一直遵循“高质量、高效率、高准确性”的服务原则，坚持以“业务创新提升服务价值”的经营理念，为企业或个人提供最优质高效的信息咨询服务！

公司名称	汉军智能系统（上海）有限公司 Hundure Technology Co.,Ltd.				
法人代表	李齐志	总经理	刘恒	注册资本	50.4955 万美元
单位地址(邮编)	上海市闵行区友东路 259 号（201100）			电　话	54885010
电子信箱	marketing@hundure.net	网　址	www.hundure.com.cn	传　真	54889025

主营项目、经营范围：

主营项目：从事高新科技智能化控制系统的开发研制及销售服务。

经营范围：包括门禁管理、考勤管理、巡逻管理、电梯管理、停车场管理和楼控监视、安全防盗消防连动、员工用餐、证卡识别等系列整合的智能控制系统。

产品介绍：提供目前业界最完整的系统整合解决方案◇高价：eNitor 网络整合安防管理系统◇中价：Power Working 安防管理系统◇低价：RMS 门禁/考勤/用餐/管理系统

公司名称	欧直商贸（上海）有限公司 EUROCOPTER CHINA CO.,LTD.				
法人代表	NORBERT DNCROT	总经理	Stephane	注册资本	100 万欧元
单位地址(邮	上海市虹口区东大名路 908 号金岸大厦 22D 座（200082）			电　话	65956101
电子信箱	Charles.shui@eurocopter-china.com	网　址	www.eurocopter-china.com	传　真	65956100

主营项目、经营范围：

1. 佣金代理投资人生产的民用直升机
2. 进口并销售用于直升机维护和修理所需的零部件，工具及文件
3. 提供操作直升机所需的全部技术服务（包括提供业务操作支持、技术支持、技术辅导、提供相关技术资料）
4. 采购二手直升机出口
5. 采购中国制造的用于直升机或飞机的零部件或原材料并出口。（涉及行政许可的凭许可证经营）

公司名称	欧唯特数码科技（上海）有限公司 arvato digital services (Shanghai) Co.,Ltd				
法人代表	HANS-PETER	总经理	洪文杰	注册资本	20 万美元
单位地址(邮编)	上海市徐汇区罗秀路 162 号（200231）			电　话	64550209
电子信箱		网　址	www.arvatodigitalservices.cn	传　真	64550210

主营项目、经营范围：

开发，加工，制作多媒体软件产品，销售自产产品，提供相关技术服务。
各类光盘的外包装设计、后续包装及运输等配套供应链服务。

公司名称	纽伦堡会展服务（上海）有限公司 NürnbergMesse China Co.,Ltd.				
法人代表	BERND A. DIEDERICHS	总经理	Axel BARTKUS	注册资本	120 万欧元
单位地址(邮编)	上海市静安区青海路 118 号 18 楼（200041）			电　话	52284010
电子信箱	axel.bartkus@nm-china.com.cn	网　址	www.nm-china.com.cn	传　真	52284011

主营项目、经营范围：

纽伦堡会展服务（上海）有限公司，隶属于德国纽伦堡展会有限公司。专攻于举办一些专业的贸易展览，例如有机产品、电子信息、粉体技术等以吸引更多的参展商和贸易商，为其与欧洲国家之间的合作提供一个良好、完善的交流平台。

N ü rnbergMesse China Co.,Ltd. is a 100% subsidiary of N ü rnbergMesse specializing in high quality trade shows such as Originic Products, IT and Electronics, Powders and Bulk Technologies.

公 司 名 称	环玺信息科技（上海）有限公司				
	GlobalSign China Co.,Ltd.				
法 人 代 表	中条一郎	总经理	查海磊	注册资本	24 万美元
单位地址(邮编)	上海市江宁路 1165 号圣天地商务楼 1204 室（200060）			电　　话	51801532
电 子 信 箱	milu.liu@globalsign.com	网　址	http://cn.globalsign.com	传　　真	51801537

主营项目、经营范围

GlobalSign—Asia's premier Certificate Authority

GlobalSign was the first and is now the longest serving Certification Authority in Europe and has been providing Digital Certificate and credentialing services since 1996. It houses its highly recognised Root CA Certificate in its secure data centre operations in Belgium and operates sales and technical support offices in Britain, Belgium, U.S., Japan, Singapore, Australia and China.

GlobalSign—亚洲首区一指的数字证书授证权威

GlobalSign 源自于欧洲比利时，为一家悠久历史且备受全球客户信赖的证书管理机构和 SSL 提供商。作为公众信任服务行业的领头羊，GlobalSign 自 1996 年成立伊始，便致力于网络安全认证及数字证书服务，并在英国、比利时、美国、日本、新加坡、澳洲及中国等地设立专属的销售及技术支持团队，为全球客户带来一个更值得信赖的网络经营环境。

公 司 名 称	伟达（中国）公共关系顾问有限公司				
	Hill & Knowlton (China) Public Relation Co.,Ltd.				
法 人 代 表	赵　军	董事总经理	赵　军	注册资本	16 万美元
单位地址(邮编)	上海市长乐路 989 号世纪商贸广场 28 楼（200031）			电　　话	51097070
电 子 信 箱		网　址	www.hillandknowlton.com.cn	传　　真	54075700

主营项目、经营范围：

伟达于 1984 年率先设立了北京办事处，1993 年又设立了上海办事处。伟达根据客户的需要统一协调北京和上海的资源，调配最佳团队。伟达的资源遍及全国各地，目前已在 40 多个城市开展工作。

伟达以其新颖先进的营销公关活动和全面连贯的企业定位与管理活动建立了自己的信誉。伟达被公认为具有不可比拟的经验、无可争辩的洞察力和极其强大的影响力。

与我们合作过的客户各种各样。 我们代表着领先的国际品牌和世界一流的中国公司。我们代表着各行各业：◇汽车 ◇航天 ◇食品与饮料◇专业与金融服务 ◇零售和快速消费品 ◇体育 ◇技术与电信 ◇石油天然气 ◇高档消费品 ◇美容美发产品 ◇运输与物流 ◇房地产

We opened our Beijing office 1984, followed by our Shanghai office in 1993. The offices operate as one unit providing teams from one or both offices depending on client needs. We have resources nationwide and to date have worked in over 40 cities.

We have built our reputation on cutting edge marketing communications campaigns and comprehensive and consistent corporate positioning and management campaigns. We are recognized as offering unparalled experience, unrivalled insights and high impact campaigns.

Our client base is diverse. We represent leading global brands and world-class Chinese national companies. We represent a broad spectrum of industry sectors: ◇Automotive ◇Aerospace ◇Food & Drink ◇Professional and Financial Services ◇Retail and Fast Moving Consumer Goods ◇Sports ◇Technology and Telecommunications ◇Oil and Gas ◇Luxury Goods ◇Hair Care and Beauty Products ◇Transportation and Logistics ◇Real Estate

公 司 名 称	亿康先达国际人力资源咨询（上海）有限公司				
	Egon Zehnder International (Shanghai) Co.,Ltd.				
法 人 代 表	Dennis Chung-Wah.ku	总经理	Dennis Chung-Wah.ku	注册资本	50 万美元
单位地址(邮编)	上海市徐汇区高安路 8 号（200030）			电　　话	24018200
电 子 信 箱	shanghai@egonzehnder.com	网　址	www.egonzehnder.com.cn	传　　真	64453330

主营项目、经营范围：

Founded in Switzerland in 1964,Egon Zehnder International is the world's leading executive search and management consulting firm.

The most fundamental expression of ourclient-first vision resides in Our structure,which is unique to our profession.Our 370 consultants,operating form 63 wholly owned office in 37 countries,are organized around a single-profit center partnership.Underpining this unique structure is our private ownership. We have chosen to operate our firm independent of any outside interests and are motivated solely by a desire to exceed our clients' expectations.

In Greater China,EZI provides executive search,management appraisal and board consuliting services to both loal and global clients through offices in Beijing,Shanghai and Hong kong.We command the highest client satisfaction rate in our profession,and 80% of our business derives from existing client.Upholding the mottoof "Client First",we look forward to serving clients in financial services,technology and communications,life sciences and healthcare,consumer,industrial and services.

亿康先达国际有限公司于 1964 年创办于瑞士，是全球最大的合伙人制高级管理人才顾问公司之一。目前，亿康先达在全球 37 个国家有 131 个分支机构，提供高管寻访、管理层评估和董事会顾问服务。在大中华地区，亿康先达通过其在上海、北京和香港的分公司为国际和本地客户提供专业服务。亿康先达独创了全球唯一的利润中心、平等的合伙人制度和固定收费制度，使公司在业界独树一帜。亿康先达拥有在行业中最高的客户满意度，公司 80%的业务来自于老客户。秉承“客户第一”的理念，亿康先达期待着为金融服务、消费品、科技、电信、生命科学、工业与服务等行业的国内外企业提供服务。

公司名称	上海上外翻译有限公司 Shanghai SISU Translation Service Co.				
法人代表	江海林	总经理	江海林	注册资本	60万人民币
单位地址(邮编)	上海市虹口区赤峰路573号（200083）			电　话	65362023
电子信箱	sisuts@yeah.net	网　址	www.sisuts.com	传　真	65362025

主营项目、经营范围：

上海上外翻译总公司是上海外国语大学投资的一家翻译公司。公司充分利用上海外国语大学的外语优势，拥有一支具有中高级职称、精通外语、富有经验的翻译队伍。多年来，以质量高、交件快、一流水平、一流服务的特色，得到了社会各界的赞誉和支持，深受海内外客户的赏识和欢迎。

公司承接各类法律文书、公证书、证明书、经济合同、科技资料、产品说明和广告等书面翻译、声像带翻译，并提供外派口译(同传和交传)和外语咨询服务。语种有英、日、德、法、西、俄、意、葡、希腊、荷兰、芬兰、印地、阿拉伯、韩国、尼泊尔、波斯、缅甸、蒙、越、印尼、土耳其、老挝、泰、马来西亚、匈、捷语等27种。

本公司是上海市商务委员会、国家外汇管理局上海分局、上海市司法局、市公证处、市公安局出入境管理处、市公安局车辆管理所和工商行政管理部门指定的涉外翻译单位。除了在浦东总公司和上海外国语大学接受翻译业务外，公司还在市公证处、黄浦、虹口、闸北、静安、杨浦和浦东新区公证处等设立了代表处。本公司竭诚欢迎海内外各界人士光临惠顾。

公司名称	法兰克福展览（上海）有限公司 Messe Frankfurt Shanghai Co.,Ltd.				
法人代表	赵慰平	总经理	赵慰平	注册资本	
单位地址(邮编)	上海市浦东新区浦东南路999号新梅联合广场32层（200120）			电　话	61608555
电子信箱	info@china.messefrankfurt.com	网　址	www.messefrankfurt.com.nk	传　真	58769332

主营项目、经营范围：

法兰克福展览有限公司自1996年起已踏足中国大陆的展览业，在北京、上海、广州及深圳举办20个围绕着六个行业的国际展览项目。

纺织业展：Intertextile Beijing apparel fabrics - 中国国际纺织面料及辅料（春夏）博览会、Intertextile Shanghai Apparel Fabrics - 中国国际纺织面料及辅料（秋冬）博览会、Source It、Yarn Expo Spring - 中国国际纺织纱线（春夏）展览会、Yarn Expo Autumn -中国国际纺织纱线(秋冬)展览会、Intertextile Shanghai Home Textiles - 中国国际家用纺织品及辅料博览会、Cinte Techtextil China - 中国国际产业用纺织品及非织造布展览会、深圳国际纺织面料及辅料博览会、Hometextile Intertextile Guangzhou 中国（广州）国际家用纺织品及辅料博览会。

建筑技术展：ISH China - 中国（北京）国际供热空调、卫生洁具及城建设备与技术展览会、广州国际照明+建筑电气技术展览会。

汽车零配件：Automechanika Shanghai - 上海国际汽车零配件、维修检测诊断设备及服务用品展览会。

休闲及通讯展：Music China - 中国(上海)国际乐器展览会、Prolight + Sound Shanghai - 上海国际专业灯光音响展览会。

消费品展：Interior Lifestyle China - 中国（上海）国际时尚家居用品展览会、Paperworld China - 中国国际文具及办公用品展览会。

其它展览会： Texcare Asia - 亚洲北京国际纺织品专业处理(洗衣)展览会、Water Expo China - 中国水博览会、Asiamold 广州国际模具应用与设计及制造技术展览会、Intersec China 深圳国际城市安全博览会。

此外，法兰克福展览(上海)有限公司亦为中国国内企业提供参与由法兰克福展览有限公司在全世界举行展览会的咨询服务。

Messe Frankfurt has been cultivating its trade fair business on the Chinese mainland since 1996, and now boasts 20 international events serving six different industry sectors in Beijing, Shanghai, Guangzhou and Shenzhen.

Textile fairs include Intertextile Beijing apparel fabrics, Intertextile Shanghai Apparel Fabrics, Source It, Yarn Expo Spring, Yarn Expo Autumn, Intertextil Shanghai Home Textiles, Cinte Techtextil China, Hometextile Intertextile Guangzhou.

Architecture & building fairs include: ISH China, Guangzhou International Lighting Exhibition and Electrical Building Technology China.

Automotive fairs include: Automechanika Shanghai.

Leisure & communications fairs include: Music China and Prolight + Sound Shanghai.

Consumer goods fair includes: Interior Lifestyle Shanghai and Paperworld China.

Other fairs include: Texcare Asia, Water Expo China, Asiamold and Intersec China.

Apart from the trade fairs in mainland China, Messe Frankfurt (Shanghai) Co., Ltd. also provides services to local companies who want to exhibit at Messe Frankfurt trade fairs around the world.

公司名称	德国罗德律师事务所驻上海代表处 Roedl Rechtsanwaltsgesellschaft Steuerbertungs gesellscheft mbH Shanghai Representative Office				
负责人	Alexander Fischer	电　话	61635300	传　真	61635310
单位地址	上海市浦东新区世纪大道1600号陆家嘴商务广场31楼			邮　编	200122
电子信箱	ra.shanghai@roedlasia.com	网　址	www.roedl.de		

业务范围：

德国罗德律师事务所驻上海代表处是位于德国纽伦堡的德国罗德集团的上海分支机构，是一家以提供德语服务为特色的顶级法律、会计/审计和税务咨询企业。分布在上海、北京、广州和香港以及纽伦堡总部的近一百名中德专业人士组成的中国业务组，竭诚提供24小时不间断的专业服务，所提供之咨询可以是德文、英文、中文。

Roedl Rechtsanwaltsgesellschaft Steuerberatoys gesellscheft mbh Shanghai Representative Office is the Shanghai branch of Rödl & Partner GbR with headquarter in Nuremberg, Germany and is one of the leading German professional services firms in the following areas: Legal Advice, Accounting/Auditing, Tax advice. With a team of approximately 100 German and Chinese professionals based in Shanghai, Beijing, Guangzhou and Hong Kong as well as in our China-Desk at the headquarter in Nuremberg, we provide professional services in German, English and Chinese for 24 hours per day.

公司名称	美国余晨峰律师事务所驻上海代表处				
	MICHAEL S.Yu.A LAW CORPORATION U.S.A				
负责人	余晨峰	电话	52382833	传真	52382733
单位地址	上海市延安西路 726 号华敏翰尊国际广场 25 楼 K 室			邮编	200050
电子信箱		网址	www.mylawcorp.com		

业务范围：

美国余晨峰律师事务所代理中国企业和个人办理了大量涉美商务和法律诉讼及非诉讼法律事物，同时经营 Mylaw.com－我的法律搜索引擎，Mylaw.com 重视客户感受，不断提升服务水平，立志于为客户最迅速、最高效的找到有用的法律资讯。

公司名称	东电化（中国）投资有限公司				
	TDK (China) Co.,Ltd.				
法人代表	梁少康	总经理	井出亨	注册资本	3000 万美元
单位地址(邮编)	上海市延安西路 2201 号国际贸易中心 1907 室（200336）			电话	61962345
电子信箱		网址	www.tdkchina.com	传真	62709970

主营项目、经营范围：

一、在国家允许外商投资的领域依法进行投资；

二、受其所投资企业的书面委托(经董事会一致通过)，向其所投资企业提供下列服务：1.协助或代理其所投资的企业从国内外采购该企业自用的机器设备、办公设备和生产所需的原材料、元器件、零部件和在国内外销售其所投资企业生产的产品，并提供售后服务；2.在国家外汇管理部门的批准和监督下，在其所投资企业之间平衡外汇；3.为其所投资企业提供产品生产、销售和市场开发过程中的技术支持、员工培训、企业内部人事管理等服务；4.协助其所投资企业寻求贷款及提供担保。

三、在中国境内设立科研开发中心或部门，从事新产品及高新技术的研究开发，转让其研究开发成果，并提供相应的技术服务。

四、为其投资者提供咨询服务，为其关联公司提供与其投资有关的市场信息、投资政策等咨询服务。

五、承接其母公司和关联公司的服务外包业务(涉及行政许可的，凭许可证经营)。

公司名称	欧尚（中国）投资有限公司				
	Auchan (China) Investment Co.,Ltd.				
法人代表	BRUNO.MERCIER	总经理	OLIVIER SOUL DEBAS	注册资本	1 亿美元
单位地址(邮编)	上海市杨浦区长阳路 1750 号 3 楼（200090）			电话	65432211
电子信箱		网址		传真	55804509

主营项目、经营范围：

欧尚集团诞生于 1961 年，在世界 500 强排名第 126 位，为法国排名第二的商业集团，2008 年集团营业额达 398 亿欧元。目前，在全世界拥有 468 个大型超级市场，726 个超级市场，289 个商业中心，600 多个便利店，员工人数 20 万人。

欧尚于 1996 年进入中国市场，1999 年第一家超市在上海杨浦区开业，经营商品品种达 2 万多种，其中 60%为食品。欧尚在中国第二家大卖场——长阳店于 2001 年 9 月底开业，购物环境及设施已达到欧美水平。目前，欧尚在上海一共有四家店。

2002 年，上海欧尚配送服务有限公司成立，为欧尚公司在华东地区开设大型超市提供统一进货等便利。2004 年，上海欧发管理咨询有限公司成立，采用先进技术、设备和科学的管理方法，使产品质量达到国际水平，使投资者获得满意的经济利益。2006 年，上海欧尚配送服务有限公司更名为欧尚（中国）投资有限公司，该公司主要负责欧尚集团在中国境内的投资工作。目前，欧尚集团已在中国开出了三十二家分店，除了上海的五家外，还在苏州、无锡、杭州、成都、北京、南京、宁波、常州、常熟、舟山、张家港、嘉兴和台州等地开设了分店，还有正在筹备的北京、芜湖等地的分店。

欧尚将秉承“低价、选择与质量、服务”的宗旨，为顾客提供质优价廉的商品，不断发展壮大。

Auchan Hypermarket Group was established in 1961, we are No.126 in World Top 500, and the second greatest commerce group in France. We got turnover of 39.8 hundred billion euro in 2008. At present, Auchan Group has 413 hypermarkets,708 supermarkets and more than 600 shops in the world.

Auchan engrossed Chinese market in 1996. The first hypermarket was opened in Shanghai Yangpu district, 1999, gross area is 15,000 square meters, item of goods is over 20,000 kinds, and 60% of them are food. The second hypermarket was opened in Sep, 2001, its conditions and equipments reach the European – American standard.

Shanghai Auchan Delivery Company was founded in 2003, it provides advantage for Auchan goods delivery in Eastern China. In 2004, Auchan Consulting Company was established. We adopt advanced technique、equipment and management, to keep our goods in national quality, and make our investor get satisfied economical benefit. 2006, Shanghai Auchan Delivery Company became to be Auchan (China) Investment Co.,Ltd. It's work rang include investment.

Up to the present, Auchan has opened hypermarket in Suzhou, Wuxi, Hangzhou, Beijin Golden Season, Beijin Kexing, Chengdu Jinniu,Chengdu Hitech, Shanghai Yangpu#1, Shanghai Yangpu#2, Shanghai Jiading, Shanghai Minhang, Nanjing #1,Nanjing #2, Ningbo #1, Ningbo #2, Changshu, Zhoushan, Changzhou Lanling, Changzhou Wuxing ,Zhangjiagang, Jiaxing and Taizhou Store, Totally 22 Hypermarkets in China, and offer great contribution for local commerce. At present, Auchan Beijing #3 and Changzhou #3 are preparing for opening.

We will always obey our tenet of “Low Price, Choice and Service”, growing stronger and stronger, and provide high quality and low price goods for our customers.

公 司 名 称	联太担保（上海）有限公司				
法 人 代 表	许云辉	总经理	许云辉	注册资本	
单位地址(邮编)	上海市浦东新区归昌路 260 号 109 室（200129）			电　　话	
电 子 信 箱		网　址		传　　真	62889272

主营项目、经营范围：

为中小企业及其他组织机构融资提供担保，及相关咨询服务。

公 司 名 称	法兴（上海）融资租赁有限公司				
	Société Générale Leasing & Renting Co.,Ltd.				
法 人 代 表	John Rees	总经理	John Rees	注册资本	2000 万美元
单位地址(邮编)	上海市长宁区兴义路 8 号万都中心 4803-4804 室（200336）			电　　话	52080666
电 子 信 箱	stella.chen@socgen.com	网　址	www.sgef.com	传　　真	52081311

主营项目、经营范围：

1、融资租赁业务；2、租赁及相关服务；3、向国内外购买租赁财产；4、租赁财产的残值处理及维修；5、租赁交易咨询和担保(涉及行政许可的凭许可证经营)

1. Financial leasing; 2. Leasing and Related Business; 3. To Purchase rental properties domestically; 4. To maintain the rental properties and deal with the residual value; 5. To provide assurance and consultation for Renting business.

公 司 名 称	中信新际期货有限公司				
	Citic Calyon Futures Brokerage Company Ltd.				
法 人 代 表	赵　磊	总经理		注册资本	一亿元人民币
单位地址(邮编)	上海市浦东新区浦东大道 1085 号中信五牛城 C 座 401 室（200135）			电　　话	61051175
电 子 信 箱	liting@citicnewedge.com	网　址	www.citicnewedge.com	传　　真	61051111

主营项目、经营范围：

为了应对中国金融市场逐步和国际接轨的挑战，及迎接黄金、股指等大宗商品和金融期货推出所带来的历史性机遇，2007 年 3 月中信华东集团有限公司、上海中信进出口有限公司及东方汇理金融香港有限公司（Calyon Financial HK Ltd）签署成立了中信东方汇理期货经纪有限公司。合资方将利用各自的优势强强联合，为中国投资者进入国际市场和国外客户投资中国提供全方位的服务，创造价值。

公司现拥有上海期货交易所、大连商品交易所、郑州商品交易所、中国金融期货交易所四家期货交易所的会员资格，并将成为中国金融期货交易所结算会员，可从事代理国内所有上市期货品种。

中信东方汇理期货经纪有限公司的战略定位是成为一个以境内和境外，商品和金融期货经纪业务为基础，多种业务类型共同发展的全球性期货公司。公司以专业的素质、贴心的服务回报客户、股东和社会。中信东方汇理期货有限公司利用多年积累的专业知识和经验，配合精心选择的外部软件，为客户提供量身定做的交易解决方案来满足其各种需求。

公司拥有强大的研发团队，定期在国内外主要媒体发表专业性信息评述。我们和遍布在全球同事紧密合作，每天将来自世界各地的交易信息和行情评述发送给客户，确保他们及时了解国际、国内期货交易市场行情，把握期货投资交易的最佳时机；同时根据不同的客户需要，公司将为客户度身设计各种套期保值、跨期跨市套利计划，以全方位的信息咨询服务为客户的投资决策提供更有价值的参考观点。

无论何时，无论何地，您都可以获得即时、准确、专业的投资服务

------------中信东方汇理，您最忠实的投资顾问